COLLECTION LANGUE ET CULTURE
DIRIGÉE PAR JEAN-CLAUDE CORBEIL

MULTI
DICTIONNAIRE
DE LA LANGUE FRANÇAISE

DE LA MÊME AUTEURE CHEZ LE MÊME ÉDITEUR

LE DICO PRATIQUE (EN COÉDITION AVEC LAROUSSE)

LA NOUVELLE GRAMMAIRE EN TABLEAUX

LE MULTI DES JEUNES. DICTIONNAIRE DE LA LANGUE FRANÇAISE

LE VIF DÉSIR DE DURER. ILLUSTRATION DE LA NORME RÉELLE DU FRANÇAIS QUÉBÉCOIS

MARIE-ÉVA DE VILLERS

MULTI DICTIONNAIRE

DE LA LANGUE FRANÇAISE

ORTHOGRAPHE
GRAMMAIRE
DIFFICULTÉS
CONJUGAISON
SYNTAXE
ANGLICISMES
TYPOGRAPHIE
QUÉBÉCISMES
ABRÉVIATIONS
CORRESPONDANCE

CINQUIÈME ÉDITION

QUÉBEC AMÉRIQUE

Catalogage avant publication de Bibliothèque et Archives nationales du Québec et Bibliothèque et Archives Canada

Villers, Marie-Éva de,
Multidictionnaire de la langue française
5e éd.
Publ. antérieurement sous le titre: Multidictionnaire des difficultés de la langue française. 1988.
Comprend des réf. bibliogr.
ISBN 978-2-7644-0623-6

1. Français (Langue) - Dictionnaires. 2. Français (Langue) - Grammaire - Dictionnaires. I. Titre. II. Titre: Multidictionnaire des difficultés de la langue française.

PC2625.V54 2009 443 C2009-940955-0

Conseil des Arts du Canada Canada Council for the Arts

SODEC Québec

Nous reconnaissons l'aide financière du gouvernement du Canada par l'entremise du Fonds du livre du Canada pour nos activités d'édition.

Gouvernement du Québec – Programme de crédit d'impôt pour l'édition de livres – Gestion SODEC.

Les Éditions Québec Amérique bénéficient du programme de subvention globale du Conseil des Arts du Canada. Elles tiennent également à remercier la SODEC pour son appui financier.

Québec Amérique
329, rue de la Commune Ouest, 3e étage
Montréal (Québec) H2Y 2E1
Téléphone : 514 499-3000, télécopieur : 514 499-3010

Dépôt légal : 2e trimestre 2009
Bibliothèque nationale du Québec
Bibliothèque nationale du Canada

Réimpression : avril 2012

Imprimé au Canada

DIRECTION
Jacques Fortin – éditeur
Luc Roberge – direction générale
Jean-Claude Corbeil – direction linguistique

CONCEPTION ET RÉDACTION
Marie-Éva de Villers

COORDINATION ET RECHERCHE
Liliane Michaud

CONCEPTION DES TABLEAUX
Marie-Éva de Villers
Annie Desnoyers
Karine Pouliot

LECTURE-CORRECTION
Yvon Delisle
Karine Pouliot
Madeleine Côté
Éditions précédentes : Monique Héroux, Serge-Pierre Noël,
Agnès Guitard, Odette Dubois-Comeau, Roger Magini

CITATIONS LITTÉRAIRES
Marie Malo
Liliane Michaud

CONCEPTION INFORMATIQUE
Daniel R. Beaulieu

DESIGN GRAPHIQUE
Isabelle Lépine
Éditions précédentes : Emmanuel Blanc, Anne Tremblay

CONCEPTION GRAPHIQUE DE LA COUVERTURE
Isabelle Lépine

MONTAGE
Karine Raymond
Célia Provencher-Galarneau
Isabelle Lépine

REMERCIEMENTS

Nous exprimons notre vive reconnaissance à la direction et aux artisans des Éditions Québec Amérique pour leur appui exceptionnel tout au long des deux dernières décennies ainsi qu'à Liliane Michaud pour l'immense travail accompli à la coordination et à la recherche depuis la première édition de l'ouvrage.

Nous tenons à souligner l'excellente collaboration de l'Office de la langue française (OLF), en particulier celle de Bernard Salvail, qui a mis à notre disposition les questions de nature linguistique adressées de septembre à décembre 1987 au Service des consultations qu'il dirigeait, lors de la première édition de l'ouvrage. Pour la cinquième édition du *Multidictionnaire*, nous avons été en mesure de consulter les nouvelles fiches ainsi que les fiches remaniées du *Grand Dictionnaire terminologique* (GDT) de 2004 à 2006, avec le concours de Gérald Paquette, directeur des communications de l'Office québécois de la langue française (OQLF), et d'André Collin, de la Direction des services linguistiques du même organisme.

Nous remercions les membres du comité de lecture de la première édition, Murielle Arsenault, Diane Martin, Guylaine Massoutre, Paul Migeotte et Paul Pupier pour les commentaires judicieux qu'ils nous ont transmis. Camil Chouinard, alors qu'il était conseiller linguistique à la Société Radio-Canada, a enrichi considérablement les indications portant sur les prononciations difficiles.

De nombreuses personnes nous ont transmis des informations pertinentes, des suggestions d'ajouts et d'enrichissements. Nous adressons nos remerciements en particulier à Marie Malo, pour ses remarques éclairées ainsi que pour le choix des citations littéraires, à Annie Desnoyers, directrice de l'enseignement des langues et cultures étrangères à l'Université de Montréal, pour ses tableaux sur la nouvelle grammaire et sur la grammaire du texte, à Karine Pouliot de la Direction de la qualité de la communication de l'École des HEC de Montréal pour ses tableaux sur les courriels, sur les rectifications de l'orthographe ainsi que pour ses nouveaux modèles de curriculums vitæ, à Serge-Pierre Noël, à Jacinthe Dupuis, également de la Direction de la qualité de la communication de HEC, pour leurs observations précieuses.

Citons aussi notamment les suggestions pertinentes d'Yvon Delisle ainsi que les contributions utiles d'Yves Beauchemin, André Brochu, Yvan Comeau, Monique C. Cormier, professeure au Département de linguistique et de traduction de l'Université de Montréal, Martial Denis, Lévi Fortier, Noëlle Guilloton de l'OQLF, Monique Héroux, anciennement terminologue à l'OLF, Yves Lanthier, André Vanasse et Gigi Vidal, anciennement chef du Service de terminologie et de diffusion d'Hydro-Québec.

Enfin, nous exprimons notre gratitude à Paul Sidani ainsi qu'à nos enfants, Étienne et Marie-Ève, pour leurs encouragements et leur indéfectible appui.

Marie-Éva de Villers

TABLE DES MATIÈRES

Préface XI
Introduction de la cinquième édition XIII
Abréviations utilisées dans l'ouvrage XVII
Alphabet phonétique XVIII
Icônes et signes typographiques XVIII
Marques d'usage et termes du *Multidictionnaire* XIX
Liste des tableaux XX
Mode d'emploi XXII
Dictionnaire 1
Bibliographie 1703

PRÉFACE

D'une édition à l'autre, le Multidictionnaire de la langue française *évolue pour mieux répondre aux besoins des usagers de la langue française, tout en demeurant fidèle à son objectif fondamental : fournir une réponse sûre à toutes les questions linguistiques qui peuvent se poser.*

Au départ, nous étions convaincus qu'il fallait offrir au grand public un ouvrage de référence moderne, sous la forme d'un dictionnaire polyvalent, de consultation facile et rapide. Le succès du Multidictionnaire *a confirmé que cette orientation est, en effet, bien adaptée au mode d'usage contemporain de la langue française.*

Traditionnellement, on distingue trois types de dictionnaires :

- *Les dictionnaires de langue, dont l'objectif est de faire l'inventaire des mots du lexique de la langue générale, de répertorier et de décrire les diverses significations qui leur sont attachées selon les contextes, en prenant comme point de départ l'observation de l'usage et en tenant compte des jugements sociaux que portent les locuteurs sur certains mots ou sens.* Le Petit Robert *en est le meilleur exemple.*
- *Les dictionnaires terminologiques, dont l'objectif est de décrire avec rigueur le vocabulaire d'une spécialité, par exemple celui de la médecine ou de l'informatique, dans le but d'assurer l'efficacité de la communication entre spécialistes du même domaine, notamment en réduisant au minimum le nombre de mots qui désignent la même notion. L'intention de normalisation, de standardisation, est ici prédominante: idéalement, un seul terme pour une notion et le même pour tous. À cause de la grande variété des domaines de spécialité, ces dictionnaires ou lexiques sont très nombreux.*
- *À l'intersection de ces deux genres de dictionnaires se situent les dictionnaires encyclopédiques. À l'inventaire des sens d'un mot en langue commune, ils ajoutent les sens qu'il peut avoir d'une spécialité à l'autre. Parfois, de longs développements scientifiques ou techniques explicitent une définition.* Le Petit Larousse *est le plus connu.*

Le Multidictionnaire *n'entre dans aucune de ces catégories. Il innove tant qu'il représente un nouveau type de dictionnaire, le dictionnaire pragmatique, qui prend comme angle d'analyse la situation réelle d'une personne au moment d'utiliser la langue, comme point de départ la langue de celle-ci et qui a pour objectif de fournir rapidement des réponses claires et sûres aux questions, doutes ou problèmes susceptibles de surgir en cours de travail. Les difficultés étant de divers ordres, le* Multidictionnaire *décloisonne la description de la langue et traite aussi bien de grammaire, de conjugaison, d'orthographe, de prononciation, de ponctuation que de lexique, d'emprunt, de néologie ou des variantes propres au français du Québec. D'où les deux caractéristiques fondamentales du* Multidictionnaire *: l'inventaire des difficultés prévisibles, d'une part, le respect de la norme sociale la plus généralement admise, d'autre part. Ce sont elles qui guident le choix de la nomenclature et la rédaction du texte des articles. Le* Multidictionnaire de la langue française *propose ainsi un nouveau genre de dictionnaire, caractérisé par une approche globale de l'usage plutôt que par la seule description du sens des mots, répondant ainsi aux besoins spécifiques des usagers du XXI*e *siècle.*

La position normative du Multidictionnaire *est nuancée. L'ouvrage décrit le français standard, tel qu'il est explicité par les grammaires et les grands dictionnaires, noyau dur de la langue française commune à tous les francophones, qui permet l'intercommunication entre l'ensemble des usagers de la langue française, par-delà les particularismes de chaque pays ou de chaque région. Il situe par rapport à cette norme commune les variantes sociales, notamment celles qui correspondent à des circonstances particulières de communication. Il signale les usages propres au Québec et précise leur statut par rapport à la norme du français au Québec, selon qu'ils sont admis comme standards, qu'ils appartiennent à des registres de langue ou qu'ils sont discutables, voire à éviter en communication soignée, le plus souvent parce que ce sont des anglicismes ou des formes fautives, parfois simplement vieillies, perpétuées par la tradition orale. Dans tous les cas, le souci est de fournir à l'usager les renseignements les plus sûrs, de lui proposer une solution quand les avis sont partagés, non sans savoir qu'il demeure libre de faire ses propres choix, à ses risques et périls, mais, cette fois, en connaissance de cause.*

Le Multidictionnaire *maintient sa politique initiale : mieux vaut donner plus de renseignements que de risquer de ne pas répondre à une question, en partant de l'idée que ce qui est simple pour l'un peut être compliqué pour l'autre. La connaissance de la langue s'est démocratisée avec l'école, mais chaque personne atteint un niveau de compétence fort différent; la transformation du monde du travail exige de plus en plus la maîtrise de la lecture et de l'écriture; l'interactivité des systèmes informatiques comporte des exigences linguistiques souvent contraignantes; en un mot, le monde qui se construit autour de nous favorise ceux qui maîtrisent la forme standard de la langue. Le* Multidictionnaire *apparaît alors comme l'allié le plus fidèle puisqu'il décrit cet usage sous toutes ses facettes.*

Le Multidictionnaire *répond aux besoins des utilisateurs du français au Québec. Il leur donne, avec simplicité et respect, la certitude d'utiliser une langue de qualité, souci du plus grand nombre d'entre eux, et le moyen d'améliorer leur maîtrise de cette langue, qu'elle soit maternelle ou apprise en sus d'une autre.*

JEAN-CLAUDE CORBEIL

INTRODUCTION DE LA CINQUIÈME ÉDITION

Vingt ans se sont écoulés depuis le lancement du *Multidictionnaire*. Le bon accueil réservé aux différentes éditions de l'ouvrage – plus de 750 000 exemplaires au Québec et en France – atteste la justesse de l'orientation adoptée, son adéquation aux besoins multiples des usagers de la langue française. Nous poursuivons l'objectif initial de constituer un mode d'emploi complet et actuel de la langue française sous toutes ses facettes, de fournir les indications les plus pertinentes sur l'usage, de neutraliser les frontières entre les diverses questions linguistiques. Par une organisation des données pratique et claire, cet ouvrage de référence innove et facilite le repérage des renseignements en regroupant dans un seul ordre alphabétique tous les éléments utiles aux lecteurs et aux lectrices du dictionnaire.

L'étude d'un vaste corpus de textes informatisés nous a permis d'actualiser et d'enrichir la nomenclature du *Multidictionnaire* afin de refléter plus fidèlement l'usage contemporain de la langue française au Québec et dans l'ensemble de la francophonie : cette cinquième édition, considérablement augmentée, comporte 2000 nouveaux articles et 2500 articles enrichis. Sont ainsi répertoriés des néologismes désignant notamment les avancées de la médecine et de la recherche, les préoccupations écologiques, les nouvelles technologies de l'information, les réalités du troisième millénaire (ex. : *agrégateur, atraumatique, convivialiser, écoénergétique, ultrapropre, valorisable, végétaliser*) ainsi que de nouvelles locutions (ex. : *accommodement raisonnable, aidant naturel, bâtiment vert, empreinte écologique, partenariat public-privé, voiture hybride*).

La cinquième édition poursuit l'intégration des différents types de renseignements linguistiques en proposant des notes spécialisées qui explicitent les difficultés de tous ordres : des notes grammaticales qui signalent les accords problématiques, en particulier l'accord du participe passé des verbes pronominaux, le choix de l'auxiliaire, le genre du nom ; des notes syntaxiques qui précisent la construction de la phrase, du complément, la préposition qui convient à tel adjectif ou à tel verbe, les temps et modes verbaux ; des notes sémantiques qui apportent des distinctions de sens ; des notes typographiques qui soulignent l'emploi des majuscules ou des minuscules, l'usage des symboles et abréviations ; des notes orthographiques qui mettent en évidence les graphies qui sont fréquemment la cause d'erreurs. Sont également mentionnées en fin d'article les préconisations orthographiques des *Rectifications* de 1990, s'il y a lieu.

Fidèle à la position adoptée en 1988, le *Multidictionnaire* décrit le français de tous les francophones ainsi que le bon usage québécois. Au cours des dernières décennies, les échanges entre les citoyens de la planète entière se sont intensifiés. Dans ce contexte, il apparaît encore plus important d'être en mesure de distinguer les usages qu'ont en partage tous les francophones de ceux qui sont propres au Québec et à la francophonie canadienne. Que ce soit ici ou ailleurs, il importe également de connaître les emplois admis et ceux qui sont jugés incorrects dans un registre courant de communication écrite ou dans un registre familier, de pouvoir substituer aux emplois fautifs des formes correctes et d'éviter les écueils de tous types.

Depuis sa quatrième édition, le *Multidictionnaire* intègre davantage de mots ou d'expressions propres au français du Québec, des emplois qui sont essentiels à la communication. Indiqués à l'aide de l'icône de la fleur de lis, les québécismes sont principalement des créations servant à nommer des réalités québécoises, canadiennes ou nord-américaines (ex. : *acériculture, bande amérindienne, classe d'immersion, fleurdelisé, nordicité, pourvoirie*), des néologismes destinés à éviter un emprunt à l'anglais (ex. : *clavardage, courriel, dépanneur, décrochage scolaire*), des mots et expressions originaires de France, mais qui ne font plus partie de l'usage des autres francophones (ex. : *achalandage, avant-midi, bois franc, noirceur* au sens de « obscurité », *traversier*) et des emprunts nécessaires à l'anglais (ex. : *coroner, curling, registraire, whip*), aux langues amérindiennes et inuites (ex. : *achigan, atoca, inuktitut, maskinongé, ouananiche*) ou à d'autres langues.

Notre parti pris demeure celui d'informer précisément l'usager ou l'usagère du dictionnaire, de lui fournir toutes les indications utiles afin de lui permettre de choisir et d'agencer sciemment ses mots, « à ses risques et périls, mais en connaissance de cause », comme l'écrit Jean-Claude Corbeil dans la préface.

Instrument de vulgarisation, le *Multidictionnaire* s'adresse à quiconque veut communiquer avec efficacité et exactitude. Accessible, mais toujours rigoureux, il est destiné au grand public tout autant qu'aux professionnels de l'écriture, aux étudiants et élèves comme aux enseignants, à l'ensemble du personnel administratif, à tous ceux et celles qui doivent s'exprimer en français.

LA NOMENCLATURE

La nomenclature du *Multidictionnaire* est constituée de la plupart des mots courants du français contemporain, à l'exception des termes très techniques ou scientifiques. Les expressions et locutions figées – dont l'inventaire a été augmenté notablement – sont explicitées à l'ordre alphabétique du mot clé et leurs particularités linguistiques y sont signalées.

En vue d'éviter la consultation de nombreux ouvrages, il a semblé plus pratique de traiter l'ensemble des mots usuels et de mettre en évidence tous les types de renseignements linguistiques qui leur sont propres, indépendamment de leur nature.

LES DÉFINITIONS

Les définitions du *Multidictionnaire* exposent de façon concise les principales acceptions de l'entrée, en fonction de l'usage habituel du mot. Pour distinguer clairement les divers sens de chaque entrée, les définitions sont numérotées et elles commencent toujours en début de ligne.

À la suite de la mention LOCUTION ou LOCUTIONS, selon le cas, les expressions et locutions figées sont désormais regroupées après les définitions et classées par ordre alphabétique pour en faciliter le repérage. Elles sont toujours définies, souvent illustrées par un exemple et accompagnées d'une note au besoin. La nouvelle édition intègre ainsi plusieurs milliers d'expressions et de locutions figées.

LES EXEMPLES, CITATIONS LITTÉRAIRES ET ATTESTATIONS DE LA PRESSE ÉCRITE

La majorité des définitions sont suivies d'exemples qui illustrent les emplois ou qui insistent sur les difficultés liées au mot : pluriel des noms composés, constructions syntaxiques, choix des modes du verbe, emploi des majuscules et minuscules...

Innovation de la cinquième édition, des citations de grands auteurs viennent éclairer les significations de certains mots, en particulier des emplois propres au français du Québec. Sont ainsi mis à contribution, notamment, Samuel de Champlain, Philippe Aubert de Gaspé, Arthur Buies, Alfred DesRochers, Hélène Dorion, Réjean Ducharme, Jacques Ferron, Alain Grandbois, Germaine Guèvremont, Anne Hébert, Félix Leclerc, Gaston Miron, Pierre Morency, Émile Nelligan, Jean-Guy Pilon, Ringuet, Hector de Saint-Denys Garneau, Félix-Antoine Savard, Gilles Vigneault.

Enfin, des extraits de la presse écrite française et québécoise mettent principalement en évidence les emplois les plus récents. Ces attestations proviennent entres autres des quotidiens *Le Monde, Le Figaro, Libération, Le Devoir, La Presse* et des périodiques *Courrier international, L'actualité, L'Express, Le Nouvel Observateur, Voir.*

LES MARQUES D'USAGE ET LES DOMAINES D'UTILISATION

Les niveaux de langue précisent les registres divers en fonction des locuteurs et des contextes d'utilisation. Ils sont indiqués par les parenthèses qui précèdent les définitions : (LITT.) littéraire, (FAM.) familier, (VULG.) vulgaire. En l'absence d'une indication, le niveau de langue est neutre. Les mots, sens ou emplois qui tendent à sortir de l'usage, tout en restant compris, ou qui n'appartiennent plus à l'usage sont précédés des mentions (VIEILLI) ou (VX), abréviation de *vieux*, selon le cas. Les emplois figurés sont précédés de la mention (FIG.), abréviation de *figuré* ; les emplois absolus, de la mention (ABSOL.), abréviation de *absolument* (voir les définitions des marques d'usage et des termes de l'ouvrage dans les pages qui suivent). Les domaines d'utilisation sont signalés par des abréviations entre parenthèses précédant la définition (voir la liste des abréviations de l'ouvrage dans les pages qui suivent).

LES NOTES

De nombreux articles comprennent des notes de divers types dont le rôle est d'apporter un complément d'information.

- Les notes grammaticales rappellent principalement les particularités des accords du verbe, du participe passé et de l'adjectif, la formation du pluriel et de certains féminins, le choix de l'auxiliaire, etc. Innovation de la cinquième édition, tous les verbes pronominaux sont accompagnés par la règle détaillée de l'accord du participe passé et des exemples illustrant tous les cas possibles.

- Les notes syntaxiques apportent des renseignements sur la construction de la phrase, sur le choix de la préposition, sur les temps et modes verbaux.

- Les notes typographiques T précisent notamment l'emploi des signes de ponctuation, l'utilisation des majuscules et des minuscules, la graphie des abréviations, l'usage particulier des symboles.

- Les notes sémantiques apportent des distinctions de sens entre des mots dont la ressemblance peut être source d'erreurs, les nuances (valeurs favorable ou défavorable) des mots ; des notes techniques précisent les modalités d'utilisation d'un mot.

- Les notes orthographiques soulignent les pièges de l'orthographe d'usage.

LES QUÉBÉCISMES

La cinquième édition intègre davantage de québécismes, c'est-à-dire des mots ou des expressions propres au français du Québec. Certains de ces québécismes sont issus du fonds français : originaires des provinces de France d'où sont venus les premiers colons de la Nouvelle-France, ces formes lexicales sont disparues de l'usage contemporain standard, mais elles demeurent vivantes au Québec. Citons à titre d'exemples les termes *achalandé, brunante, ennuyant* ou *garde-robe* au sens de « placard », *croche* au sens de « crochu » ou « malhonnête », *jambette* au sens de « croc-en-jambe », *tantôt* au sens de « dans peu de temps » et les dialectalismes qui proviennent de certains parlers régionaux français, mais qui n'appartiennent pas à l'usage de la majorité des locuteurs du français tels *cenellier, écornifler, s'épivarder, bec* au sens de « baiser », *creux* au sens de « profond ».

Dans les formes lexicales propres au français du Québec, ce sont les québécismes de création qui sont les plus nombreux : ces formes lexicales, anciennes ou récentes, ont été créées sur le territoire québécois le plus souvent pour dénommer une réalité nord-américaine ou pour éviter un emprunt direct à l'anglais. Ainsi, les termes *baladodiffusion, cégep, courriel, motoneige, recherchiste, relationniste, réseautage* sont des néologismes de forme, alors que les termes *babillard* au sens de « tableau d'affichage », *dépanneur* au sens de « épicerie de proximité », *polyvalente* au sens de « école secondaire » sont des néologismes de sens, c'est-à-dire des formes lexicales françaises ayant reçu une nouvelle signification au Québec.

Citons enfin les québécismes d'emprunt qui sont des formes lexicales anciennes ou récentes, originaires d'une langue étrangère et intégrées dans le français standard du Québec, avec ou sans adaptation graphique, morphologique ou syntaxique. Ces emprunts de forme proviennent principalement de l'anglais (ex. : *aréna, brunch, caucus, coroner, drave* et *draveur, registraire*). D'autres mots ou expressions propres au français du Québec ont été empruntés aux langues amérindiennes ou inuites (ex. : *abénaquis, algonquin, attikamek, carcajou, caribou, inuit, inuktitut, maskinongé, ouaouaron*) ou à d'autres langues (ex. : *bagel, pita, souvlaki, taboulé*).

Dans le *Multidictionnaire*, les mots, expressions ou sens propres au français québécois sont signalés par l'icône de la fleur de lis (ex. : ⚜ *achigan*, ⚜ *babillard*, ⚜ *banc de neige*, ⚜ *dépanneur*, ⚜ *pourvoirie*). L'ouvrage mentionne le terme correspondant en usage dans l'ensemble de la francophonie, s'il y a lieu.

Seuls les termes et significations conformes au bon usage québécois ont été retenus, qu'ils soient de niveau neutre, familier ou, plus rarement, littéraire. Les critères de choix de ces mots respectent l'*Énoncé d'une politique linguistique relative aux québécismes*, publié par l'Office de la langue française en 1985.

LES SYNONYMES, LES ANTONYMES, LES PARONYMES ET LES HOMONYMES

Les synonymes et les antonymes figurent à la suite de la définition et de l'exemple ; ils sont accompagnés d'une marque d'usage (niveau de langue) ou de l'icône du québécisme, s'il y a lieu.

Les articles du *Multidictionnaire* font état des paronymes à l'aide d'une note précisant les distinctions sémantiques entre les mots dont la ressemblance orthographique ou phonétique peut être source de confusion (ex. : *acceptation* et *acception, conjecture* et *conjoncture, évoquer* et *invoquer*).

Les homonymes sont accompagnés d'une brève définition qui permet d'en distinguer le sens et l'orthographe (ex. : ***air***, mélange gazeux ; ***aire***, surface ; ***ère***, époque ; ***erre***, vitesse acquise d'un navire ;

hère, jeune cerf; *hère*, malheureux.). Afin d'éviter les renvois d'une entrée à l'autre, ces renseignements sont répétés toutes les fois qu'il est nécessaire, de manière à rendre chaque article complet en lui-même.

LES FORMES FAUTIVES ET LES FORMES JUSTES CORRESPONDANTES

L'inventaire des formes fautives, toujours accompagnées des formes justes correspondantes, constitue un élément distinctif du *Multidictionnaire*. Elles sont regroupées en fin d'article, sous la mention FORME FAUTIVE ou FORMES FAUTIVES, selon le cas, et sont précédées d'un astérisque. La cinquième édition comporte de nombreux enrichissements à cet égard.

Les ajouts sont principalement des anglicismes et des calques, qui sont intégrés à l'ordre alphabétique; ces formes fautives renvoient aux formes correctes. Citons à titre d'exemples *abstract pour ***abrégé, résumé***, *agenda secret pour ***objectif secret, stratégie secrète***, *appeler des élections pour ***déclencher des élections*** ou ***provoquer des élections***, selon le cas, *bris de contrat pour ***rupture de contrat***, *clause grand-père pour ***clause de droits acquis***, *empowerment pour ***autonomisation***. Les barbarismes et formes inexistantes (ex.: *aéropage, *aréoport) figurent à leur ordre alphabétique; ils sont précédés de l'astérisque et renvoient à la forme correcte.

LES ANGLICISMES

La connaissance et la proximité de la langue anglaise créent des interférences avec la langue française qui peuvent compromettre l'efficacité de la communication. Certains mots de forme identique ou semblable dans les deux langues sont employés dans un sens qu'ils ne possèdent pas, sous l'influence de l'anglais: ce sont des emprunts sémantiques nommés faux amis (ex.: *adresser un problème, une question pour ***aborder***, ***considérer*** un problème, ***s'attaquer à*** une question; *agressif au sens de «dynamique, persuasif»; *anxieux au sens de «impatient»). Certaines expressions sont la traduction littérale d'expressions anglaises: ce sont des calques (ex.: *à toutes fins pratiques, calque de «for all practical purposes» pour **en pratique**, ***pratiquement, en fait***; *passé dû, calque de «past due» pour ***échu*** ou ***périmé***, selon le sens; *retourner un appel pour ***rappeler***).

LES TABLEAUX

Le *Multidictionnaire* comprend 134 tableaux portant sur l'ensemble des notions fondamentales de la grammaire, de la syntaxe, de la typographie et de la correspondance. Sans avoir à recourir à un index, sans se perdre dans un classement systématique, l'usager ou l'usagère peut avoir accès facilement et rapidement à ces synthèses qui sont intégrées à la nomenclature du dictionnaire et figurent à l'ordre alphabétique du mot clé.

Les tableaux de la cinquième édition couvrent l'ensemble des notions inscrites dans les programmes de français du ministère de l'Éducation du Québec. Citons particulièrement les nouveaux tableaux de la grammaire du texte (concordance des temps dans le texte, connecteur, progression de l'information, reprise de l'information), les tableaux sur la grammaire de la phrase (analyse grammaticale de la phrase, fonctions de la phrase, types et formes de la phrase), sur la concordance des temps dans la phrase, sur la terminologie de la nouvelle grammaire, sur l'adjectif, sur les déterminants, sur l'accord des adjectifs de couleur, sur l'écriture des déterminants numéraux, sur le pluriel des noms composés, sur les règles de la ponctuation, sur la syntaxe des modes et des temps verbaux, sur l'accord du participe passé, sur les mots complexes *quelque, tel, tout*.

Font aussi l'objet de tableaux les québécismes, la féminisation des titres, les emprunts à l'anglais, à l'arabe, à l'italien, au latin ou au grec, les abréviations, acronymes, sigles et symboles courants, les espacements typographiques, les principales formules de correspondance, de nouveaux modèles de curriculum vitæ, pour ne citer que ceux-ci. La liste complète des tableaux figure à la suite des abréviations de l'ouvrage, dans les pages liminaires.

LES RECTIFICATIONS DE L'ORTHOGRAPHE

Présentées par le Conseil supérieur de la langue française [France] avec l'aval de l'Académie française, les *Rectifications de l'orthographe* ont été publiées au *Journal officiel de la République française* en 1990. Ces propositions visent à simplifier certaines graphies et à supprimer des anomalies, des exceptions ou des irrégularités de l'orthographe française. Elles touchent un peu plus de 2000 mots du vocabulaire actuel, mais aussi et surtout l'écriture des nouveaux mots, tout particulièrement dans les domaines techniques et scientifiques (voir le tableau RECTIFICATIONS ORTHOGRAPHIQUES).

Le *Multidictionnaire* intègre les formes rectifiées qui sont déjà passées dans l'usage et qui représentent approximativement 60% des nouvelles graphies proposées. Ce sont en fait des variantes orthographiques qui ont trait principalement: à la soudure et au trait d'union (ex.: BRONCOPNEUMONIE, MILLEFEUILLE, BASKETBALL ou BASKET-BALL); au pluriel des noms composés (ex.: *des après-ski* ou *après-skis, des croque-madame* ou *croque-madames*); à l'emploi du tréma sur la voyelle prononcée plutôt que sur la voyelle muette (ex.: AIGÜE ou AIGUË, CONTIGÜE ou CONTIGUË); à la correction d'anomalies orthographiques (ex.: BOURSOUFLER ou BOURSOUFFLER, COMBATIF ou COMBATTIF, NÉNUPHAR ou NÉNUFAR); à la francisation des emprunts à d'autres langues par l'accentuation des mots empruntés (ex.: ARTÉFACT ou ARTEFACT, TORÉRO ou TORERO) et le pluriel des noms empruntés (ex.: *des curriculum vitæ* ou *curriculums vitæ, des maximums* ou *maxima*).

Dans la cinquième édition, ces nouvelles formes figurent sur la ligne de l'entrée à la suite des formes traditionnelles ainsi que dans les exemples.

Par ailleurs, compte tenu du fait que les formes rectifiées comme les formes traditionnelles sont admises lors de la correction des épreuves de français depuis quelques années au Québec, il a paru nécessaire de faire état également des formes préconisées qui ne sont pas passées dans l'usage. À titre de renseignement, ces graphies sont citées entre crochets à la fin des articles concernés (ex.: [*Les Rectifications* (1990) admettent: ognon]).

Ainsi que l'écrit l'Office québécois de la langue française dans son site Internet, «les rectifications de l'orthographe sont des recommandations, des propositions; même si elles sont officielles, elles n'ont pas de caractère obligatoire» [www.oqlf.gouv.qc.ca].

LE TRAITEMENT DES VERBES ET LES CONJUGAISONS

Le verbe joue un rôle de premier plan dans la langue française et il est souvent source d'erreurs, notamment en ce qui a trait à ses accords, à sa conjugaison et à ses constructions. En vue d'apporter des réponses à ces interrogations, le *Multidictionnaire* propose un traitement très détaillé du verbe.

En premier lieu, le dictionnaire énumère les acceptions du verbe et en illustre les emplois de la même manière que pour tous les autres mots: définitions numérotées, exemples, synonymes, antonymes et notes, le cas échéant.

En deuxième lieu, l'ouvrage définit les modalités de construction du verbe à la voix active: construction directe (verbe transitif direct), construction indirecte introduite par une préposition (verbe transitif indirect), construction sans complément (verbe intransitif); il décrit également la forme pronominale, au besoin, et donne des indications sur l'accord du participe passé, en particulier le participe passé des verbes pronominaux. Enfin, une note sur la construction précise les prépositions à employer avec un verbe donné.

En troisième lieu, le *Multidictionnaire* vise à faciliter la conjugaison en incluant 76 modèles complets à l'ordre alphabétique du verbe type et en précisant le modèle à imiter pour chacun des verbes. Le dictionnaire signale également les particularités de formes de tous les verbes irréguliers de la nomenclature et précise l'auxiliaire à employer, s'il y a lieu.

LE MULTI A 20 ANS ET... «QUAND ON AIME, ON A TOUJOURS 20 ANS»

Au fil des années et de ses cinq éditions, le *Multidictionnaire* n'a cessé de s'enrichir afin de répondre aux besoins divers de ses lecteurs et de ses lectrices. De nouveaux mots ont étoffé la nomenclature, des acceptions et des définitions se sont ajoutées peu à peu; il en est ainsi des exemples, des citations littéraires et des attestations de la presse écrite française aussi bien que québécoise qui illustrent les emplois. Des notes grammaticales, syntaxiques, sémantiques, typographiques ou orthographiques ont été créées pour souligner les difficultés propres à l'écriture du français. Un soin particulier a été apporté aux mots et sens propres au français du Québec et de la francophonie canadienne. Les locutions figées ainsi que les formes fautives – toujours accompagnées des formes correctes correspondantes – ont été classées par ordre alphabétique et présentées à la fin des articles afin de faciliter leur repérage. Enfin, les tableaux grammaticaux, syntaxiques et typographiques, les modèles pour conjuguer tous les verbes d'usage courant ont formé progressivement une grammaire et un code typographique abrégés ainsi qu'un recueil de conjugaison. Par ces ajouts, nous visons toujours l'atteinte de notre objectif initial, celui de constituer un mode d'emploi de la langue française sous toutes ses facettes le plus complet possible. Fort heureusement, le sujet ne sera jamais épuisé!

Marie-Éva de Villers

ABRÉVIATIONS UTILISÉES DANS L'OUVRAGE

absol.	absolument
adj.	adjectif
adm.	administration
adv.	adverbe
alpin.	alpinisme
anat.	anatomie
ancienn.	anciennement
ant.	antonyme
antiq.	antiquité
appos.	apposition
archit.	architecture
arg.	argot
art.	article
ass.	assurance
astron.	astronomie
auto.	automobile
aviat.	aviation
biochim.	biochimie
biol.	biologie
bot.	botanique
CD	complément direct
chim.	chimie
chir.	chirurgie
CI	complément indirect
cin.	cinéma
comm.	commerce
compt.	comptabilité
conj.	conjonction
CP	complément de phrase
cuis.	cuisine
déf.	défini
dém.	démonstratif
démogr.	démographie
didact.	didactique
dr.	droit
écol.	écologie
écon.	économie
électr.	électricité
ellipt.	elliptiquement
ex.	exemple
ext.	extension
f., fém.	féminin
fam.	familier
fig.	figuré
fin.	finances
fisc.	fiscalité
gastron.	gastronomie
gén.	généralement
génét.	génétique
géogr.	géographie
géom.	géométrie
gest.	gestion
gramm.	grammaire
hist.	histoire
hom.	homonyme
hort.	horticulture
impers.	impersonnel
imprim.	imprimerie
ind.	indirect
indéf.	indéfini
inform.	informatique
interj.	interjection
interr.	interrogatif
intr.	intransitif
inv.	invariable
iron.	ironiquement
jur.	juridique
ling.	linguistique
litt.	littéraire
liturg.	liturgie
loc.	locution
loc. adj.	locution adjective
loc. adv.	locution adverbiale
loc. conj.	locution conjonctive
loc. interj.	locution interjective
loc. nom.	locution nominale
loc. prép.	locution prépositive
loc. pronom.	locution pronominale
loc. verb.	locution verbale
m., masc.	masculin
manut.	manutention
mar.	maritime
math.	mathématiques
mécan.	mécanique
méd.	médecine
météorol.	météorologie
milit.	militaire
mus.	musique
n.	nom
néol.	néologisme
nom.	nominal
onomat.	onomatopée
peint.	peinture
péj.	péjoratif
pers.	personnel
pharm.	pharmacie
philo.	philosophie
phonét.	phonétique
phot.	photographie
phys.	physique
physiol.	physiologie
pl., plur.	pluriel
plaisant.	plaisanterie
polit.	politique
poss.	possessif
p. passé	participe passé
p. présent	participe présent
préf.	préfixe
prép.	préposition
pron.	pronom
pronom.	pronominal
psychan.	psychanalyse
psych.	psychiatrie
psycho.	psychologie
rég.	régionalisme
relig.	religion
s.	siècle
sing.	singulier
stat.	statistique
suff.	suffixe
syn.	synonyme
tech.	technique
tél.	téléphone
théol.	théologie
tr.	transitif
typogr.	typographie
v.	verbe
var.	variable
vulg.	vulgaire
vx	vieux
zool.	zoologie

ALPHABET PHONÉTIQUE
(ASSOCIATION PHONÉTIQUE INTERNATIONALE)

VOYELLES

[i] **ly**re, r**i**z
[e] jou**er**, cl**é**
[ɛ] l**ai**d, m**è**re
[a] n**a**tte, l**a**
[ɑ] l**â**che, l**a**s
[ɔ] d**o**nner, p**o**rt
[o] d**ô**me, **eau**
[u] gen**ou**, r**ou**ler
[y] n**u**, pl**u**tôt
[ø] p**eu**, m**eu**te
[œ] p**eu**r, fl**eu**r
[ə] r**e**gard, c**e**
[ɛ̃] mat**in**, f**ein**te
[ɑ̃] d**an**s, mom**en**t
[ɔ̃] p**om**pe, l**on**g
[œ̃] parf**um**, **un**

CONSONNES

[p] **p**oivre, lou**p**e
[t] vi**t**e, **t**rop
[k] **c**ri, **q**uitter
[b] **b**onbon
[d] ai**d**e, **d**rap
[g] ba**g**ue, **g**ant
[f] **ph**oto, en**f**ant
[s] **s**el, de**sc**endre
[ʃ] **ch**at, man**ch**e
[v] **v**oler, fau**v**e
[z] **z**éro, mai**s**on
[ʒ] **j**e, ti**g**e
[l] so**l**eil, **l**umière
[r] **r**oute, aveni**r**
[m] **m**aison, fe**mm**e
[n] **n**œud, to**nn**erre
[ɲ] vi**gn**e, campa**gn**e
['] **h**aricot (pas de liaison)
[ŋ] (emprunts à l'anglais) campi**ng**

SEMI-CONSONNES

[j] **y**eux, trav**ail**
[w] j**ou**er, **oi**e
[ɥ] **hu**it, br**u**it

ICÔNES ET SIGNES TYPOGRAPHIQUES

Placées en début de ligne ou devant l'entrée, les icônes indiquent visuellement la nature de la difficulté et simplifient la recherche.

Prononciation
Les mots difficiles à prononcer ou les mots d'origine étrangère sont accompagnés d'une indication en toutes lettres ainsi que de leur transcription entre crochets selon les critères de l'Association phonétique internationale (API). Les principes de la transcription phonétique sont donnés ci-contre.

Français québécois
Les québécismes (mots, expressions ou sens propres au français du Québec) sont précédés de la fleur de lis.

Note grammaticale
Les notes grammaticales signalent principalement les particularités des accords du verbe, du participe passé et de l'adjectif, la formation du pluriel et de certains féminins, le choix de l'auxiliaire.

Note syntaxique
La syntaxe des modes et des temps verbaux, la construction de la phrase, le choix de la préposition sont précisés dans les notes syntaxiques.

T **Note typographique**
Les notes typographiques renseignent notamment sur l'emploi des signes de ponctuation, sur l'utilisation des majuscules et des minuscules, sur la graphie des abréviations et l'usage particulier des symboles.

Note sémantique ou technique
Des notes sémantiques établissent les distinctions de sens utiles entre des mots dont la ressemblance peut être source d'erreurs, indiquent les connotations mélioratives ou péjoratives d'un mot. D'autres notes attirent l'attention sur un genre difficile, précisent les modalités d'utilisation d'un mot ou donnent un renseignement utile.

Note orthographique
Les pièges orthographiques sont signalés à la fin de l'article à l'aide de cette icône. Les lettres sur lesquelles portent les difficultés sont mises en évidence par des caractères gras.

* **Forme fautive**
Précédées d'un astérisque, les formes fautives (anglicismes, calques, impropriétés, etc.) renvoient aux emplois corrects. À l'entrée du mot exact, les formes à éviter sont également citées.

[ ] Les crochets encadrent les transcriptions phonétiques.

( ) Les parenthèses indiquent une possibilité de double lecture ou l'inversion d'un mot.

MARQUES D'USAGE ET TERMES DU *MULTIDICTIONNAIRE*

ABSOLUMENT mot en construction absolue, c'est-à-dire sans les autres mots qui l'accompagnent généralement (complément, adjectif, etc.)

ANCIENNEMENT mot ou sens d'emploi courant, mais qui désigne une réalité du passé aujourd'hui disparue

ANGLICISME mot, expression, sens propre à la langue anglaise et considéré comme un emprunt abusif ou inutile

ANTONYME mot dont le sens est opposé à celui d'un autre

APPOSITION nom qui en suit un autre et le détermine, sans mot grammatical entre eux

ARCHAÏSME mot, sens, construction qui n'est plus en usage

ARGOT emploi argotique limité à un milieu particulier

CALQUE traduction littérale d'une expression, transposition dans une langue d'une construction d'une autre langue

COURANT emploi connu et employé de tous

DIDACTIQUE mot ou emploi de la langue savante ou spécialisée

ELLIPTIQUEMENT expression où un terme attendu n'est pas exprimé

EMPRUNT mot, expression, sens emprunté à une autre langue

FAMILIER usage parlé de la langue quotidienne, qui ne s'emploie pas dans les écrits de style courant ou soutenu, dans les circonstances solennelles

FIGURÉ sens figuré : sens issu d'une image (métaphore, métonymie, etc.), par opposition à sens propre

FORME FAUTIVE emploi incorrect, d'un mot, d'une expression (anglicisme, calque, impropriété, etc.)

HOMONYME forme ayant la même prononciation que le mot traité, sans avoir la même signification

IMPROPRIÉTÉ emploi inexact d'un mot

IRONIQUEMENT pour se moquer, souvent en disant le contraire de ce qu'on veut faire entendre (antiphrase)

LITTÉRAIRE emploi soutenu de la langue écrite

LOCUTION groupe de mots formant une unité, fixé par la tradition, dont le sens est souvent figuré

NÉOLOGISME mot nouveau attesté depuis peu de temps

PÉJORATIF mot comportant un sens, une connotation défavorable

PLAISANTERIE emploi qui vise à amuser, mais sans ironie

POPULAIRE qualifie un mot ou un sens courant dans la langue parlée, qui ne s'emploierait pas dans un milieu social élevé

PROPRE sens propre : sens premier d'un mot, par opposition à sens figuré

QUÉBÉCISME mot ou emploi particulier au français du Québec, qui n'est pas d'usage général au sein de la francophonie

(RECOMM. OFF.) terme, expression qui a fait l'objet d'une recommandation officielle au Québec (OQLF) ou en France

SYNONYME mot qui a la même signification qu'un autre ou une signification très voisine

VIEILLI mot, sens ou expression encore compréhensible de nos jours, mais qui tend à sortir de l'usage

VIEUX mot, expression peu compréhensible aujourd'hui et rarement employé, sauf par effet de style

VULGAIRE mot, sens ou emploi choquant, qui heurte la délicatesse, la bienséance

LISTE DES TABLEAUX

(Les tableaux figurent à l'ordre alphabétique du mot clé.)

Abréviation (règles de l')
Abréviations courantes
Accents
Accents pièges
Accroître (conjugaison du verbe)
Acquérir (conjugaison du verbe)
Acronyme
Adjectif
Adresse
Adverbe
Aimer (conjugaison du verbe)
Aller (conjugaison du verbe)
Aller, s'en (conjugaison du verbe)
Anglais (emprunts à l')
Anglicismes
Animaux
Anomalies orthographiques
Antonymes
Apercevoir (conjugaison du verbe)
Apostrophe
Appel de note
Appeler (conjugaison du verbe)
Apprendre (conjugaison du verbe)
Arabe (emprunts à l')
Asseoir (conjugaison du verbe)
Attribut
Auxiliaire
Avancer (conjugaison du verbe)
Avis linguistiques et terminologiques
Avoir (conjugaison du verbe)

Boire (conjugaison du verbe)
Bouillir (conjugaison du verbe)

Changer (conjugaison du verbe)
Chiffres arabes
Chiffres romains
Clore (conjugaison du verbe)
Collectif
Combattre (conjugaison du verbe)
Complément
Concordance des temps dans la phrase
Concordance des temps dans le texte
Conduire (conjugaison du verbe)
Congeler (conjugaison du verbe)
Conjonction de coordination
Conjonction de subordination
Connecteur
Correspondance
Coudre (conjugaison du verbe)
Couleur (adjectifs de)
Courir (conjugaison du verbe)
Courriel
Craindre (conjugaison du verbe)
Créer (conjugaison du verbe)
Croire (conjugaison du verbe)
Cueillir (conjugaison du verbe)
Curriculum vitæ

Date
Déterminant
Devoir (conjugaison du verbe)
Dire (conjugaison du verbe)
Discours rapporté
Division des mots
Dormir (conjugaison du verbe)
Doublets

Écrire (conjugaison du verbe)
Élision
Émouvoir (conjugaison du verbe)
Employer (conjugaison du verbe)
En, préposition
En, pronom
Énumération
Enveloppe
Envoyer (conjugaison du verbe)
Espacements
Éteindre (conjugaison du verbe)
Être (conjugaison du verbe)
Étudier (conjugaison du verbe)

Faillir (conjugaison du verbe)
Faire (conjugaison du verbe)
Falloir (conjugaison du verbe)
Famille de mots
Féminisation des titres
Fendre (conjugaison du verbe)
Figurés (emplois)
Finir (conjugaison du verbe)
Fuir (conjugaison du verbe)
Futur

Genre
Géographiques (noms)
Grades et diplômes universitaires
Grec (emprunts au)
Groupe
Guillemets

Haïr (conjugaison du verbe)
Heure
H muet et h aspiré
Homonymes

Impératif
Inclure (conjugaison du verbe)
Indéfini (déterminant)
Indicatif
Infinitif
Interjection
Interrogatif (pronom)
Interrogatif et déterminant exclamatif (déterminant)

Italien (emprunts à l')
Italique

Joindre (conjugaison du verbe)

Là, adverbe et interjection
Latin (emprunts au)
Le, la, les, déterminants définis
Le, la, les, pronoms personnels
Lettre type
Lever (conjugaison du verbe)
Liaison
Lire (conjugaison du verbe)
Locutions
Locutions figées

Majuscules et minuscules
Mille, million, milliard
Moudre (conjugaison du verbe)
Mourir (conjugaison du verbe)
Multiples et sous-multiples décimaux

Naître (conjugaison du verbe)
Ne, ni, non
Néologisme
Nom
Nombres
Noms composés
Numéral et adjectif ordinal (déterminant)

Odonymes
Ou, conjonction
Où, adverbe et pronom
Ouvrir (conjugaison du verbe)

Paître (conjugaison du verbe)
Paraître (conjugaison du verbe)
Parenthèses
Paronymes
Participe passé
Participe présent
Passé (temps du)
Payer (conjugaison du verbe)
Périodicité et durée
Peuples (noms de)
Phrase (analyse grammaticale de la)
Phrase (fonctions de la)
Phrase (types et formes de la)
Plaire (conjugaison du verbe)
Pleuvoir (conjugaison du verbe)
Pluriel des noms
Pluriel et féminin des adjectifs
Points cardinaux
Ponctuation
Posséder (conjugaison du verbe)
Possessif et pronom possessif (déterminant)
Pourvoir (conjugaison du verbe)
Pouvoir (conjugaison du verbe)
Préfixe
Préposition
Présent
Progression de l'information
Pronom
Pronominaux
Protéger (conjugaison du verbe)

Que, conjonction de subordination
Que, pronom
Québécisme
Quel
Quelque
Qui
Quoi

Raison sociale
Rectifications orthographiques
Références bibliographiques
Remettre (conjugaison du verbe)
Reprise de l'information
Résoudre (conjugaison du verbe)

Savoir (conjugaison du verbe)
Servir (conjugaison du verbe)
Sigle
Sortir (conjugaison du verbe)
Sourire (conjugaison du verbe)
Soustraire (conjugaison du verbe)
Subjonctif
Suffire (conjugaison du verbe)
Suffixe
Suivre (conjugaison du verbe)
Sujet
Superlatif
Surseoir (conjugaison du verbe)
Symbole
Symboles des unités monétaires
Synonymes

Tel
Terminologie grammaticale
Titres de fonctions
Titres d'œuvres
Tout (accord de)
Trait d'union
Tressaillir (conjugaison du verbe)

Un

Vaincre (conjugaison du verbe)
Valoir (conjugaison du verbe)
Venir (conjugaison du verbe)
Verbe
Vêtir (conjugaison du verbe)
Vivre (conjugaison du verbe)
Voir (conjugaison du verbe)
Vouloir (conjugaison du verbe)

MODE D'EMPLOI

CHANGER v. tr., intr., pronom.
VERBE TRANSITIF DIRECT
1. Modifier. *Il a changé les appareils d'éclairage.* SYN. remplacer.
2. Convertir une monnaie en une autre monnaie. *Changer des dollars en euros.*
Ne pas confondre avec le verbe ***échanger***, qui implique toujours une action réciproque et volontaire.
3. Transformer en. *L'alchimiste a changé le fer en or.*
4. Céder une chose pour une autre. *Il a changé son automobile contre une bicyclette.*
En ce sens, le verbe se construit avec la préposition ***contre.***
VERBE TRANSITIF INDIRECT
1. Choisir une autre personne, une autre chose. *Ils ont décidé de changer de pays.*
2. Varier. *Elle a changé d'avis.*
En ces sens, le verbe se construit avec la préposition ***de.***
VERBE INTRANSITIF
Passer d'un état à un autre. *Depuis quelques années, il a beaucoup changé.* SYN. évoluer ; se transformer.
Le verbe ***changer*** se conjugue généralement avec l'auxiliaire ***avoir***, à l'exception de l'expression ***être changé*** au sens de ***devenir différent***. *Depuis sa maladie, il est bien changé.*
VERBE PRONOMINAL
1. Faire place à. *À minuit, votre voiture pourrait se changer en crapaud.* SYN. se métamorphoser ; se transformer.
2. (FAM.) Changer de vêtements. *Elle s'est changée avant de sortir.*
À la forme pronominale, le participe passé de ce verbe s'accorde toujours en genre et en nombre avec son sujet. *Les chenilles se sont changées en papillons.*
FORMES FAUTIVES
*changer pour le mieux. Calque de « *to change for the better* » pour ***s'améliorer, changer en mieux.***
*changer un chèque. Anglicisme pour ***encaisser un chèque.***
CONJUGAISON : VOIR MODÈLE CHANGER.
Le ***g*** est suivi d'un ***e*** devant les lettres ***a*** et ***o***. *Il changea, nous changeons.*

CHARIOT n. m.
Voiture à quatre roues servant à la manutention ou au transport de produits. *Des chariots de supermarché. Des chariots de bagages.* « *Des trains presque sans fin de chariots vides de tout bagage* » (Pierre Nepveu, *Lignes aériennes*).
LOCUTION
– ***Chariot élévateur.*** Chariot motorisé à conducteur porté, qui permet de manutentionner, de lever ou d'abaisser une charge (GDT). *Un chariot élévateur* (et non *lift truck).
[Les *Rectifications* (1990) admettent : charriot.]

Entrée en majuscules

Définitions numérotées et disposées à la ligne

Note syntaxique choix de la préposition

Note grammaticale choix de l'auxiliaire

Note grammaticale accord du participe passé du pronominal illustré par un exemple

Conjugaison renvoi au modèle et **remarque** sur les particularités de la conjugaison

***Forme fautive** précédée d'un astérisque

Catégories grammaticales abrégées

Exemple en italique

Note sémantique

Formes du verbe en petites capitales

Synonymes énumérés à la suite de l'exemple

Formes fautives précédées d'un astérisque et renvoi aux formes justes en italique gras

Citation littéraire entre guillemets, nom de l'auteur et titre de l'œuvre citée entre parenthèses

Mention de la forme rectifiée entre crochets

Renvoi
à un tableau

Citation littéraire
entre guillemets, nom de l'auteur et titre de l'œuvre citée entre parenthèses

Note grammaticale
sur l'accord des adjectifs de couleur

Locutions
en italique gras définies, et classées en ordre alphabétique pour en faciliter le repérage

VERT, VERTE adj. et n. m.
ADJECTIF DE COULEUR VARIABLE
1. Qui est de la couleur verte de l'herbe, des feuilles. *Les beaux yeux verts de Delphine.*
VOIR TABLEAU – COULEUR (ADJECTIFS DE).
2. Qui n'a pas atteint la couleur de la maturité. *Des bananes encore vertes.*
3. Qui est jeune. *« le vert paradis des amours enfantines »* (Baudelaire, *Les Fleurs du mal*).
4. Se dit d'une odeur qui évoque la fraîche senteur des végétaux. *Ce parfum très frais, très vert est idéal pour l'été.*
5. Qui est caractérisé par une grande vitalité malgré un âge avancé. *Des nonagénaires encore verts.*
6. Qui a de la crudité, qui ne s'embarrasse pas des convenances. *Un dictionnaire de la langue verte.*
7. Qui a trait au mouvement écologiste. *Les candidats verts ont remporté 5 % des suffrages.*
8. Qui contribue au respect de l'environnement. *Des procédés verts. Des constructions vertes.*
Les adjectifs de couleur composés sont invariables. *Des robes vert tendre, vert amande, vert olive, vert pistache.*
ADJECTIF
Qui n'est pas mûr. *Ces fruits sont trop verts.*
NOM MASCULIN
Couleur intermédiaire entre le bleu et le jaune. *Teindre une étoffe en vert.*
LOCUTIONS
– ***Avoir la main verte.*** (FIG.) Savoir cultiver plantes et fleurs.
– ***Bâtiment vert.*** Bâtiment construit en vue de réduire ses impacts négatifs sur l'environnement. *Le bâtiment vert se caractérise notamment par ses matériaux écologiques ou recyclés, l'utilisation de capteurs solaires, le recyclage des eaux de pluie.* SYN. bâtiment écologique.
– ***Donner le feu vert à quelqu'un, à quelque chose.*** (FIG.) Autoriser, donner son accord.
– ***Langue verte.*** Argot. *Un dictionnaire de la langue verte.*
– ***Le billet vert.*** Dollar américain.
– ***Se mettre au vert.*** (FAM.) (FIG.) Aller à la campagne.
– ***Trouver les raisins trop verts.*** Critiquer, dédaigner ce qu'on ne peut obtenir.
– ***Une volée de bois vert.*** Série de coups vigoureux et bien appliqués.
– ***Une volée de bois vert.*** (FIG.) Critiques cinglantes.
HOM.
• ***vair,*** fourrure d'écureuil ;
• ***ver,*** animal invertébré ;
• ***verre,*** substance transparente ;
• ***verre,*** récipient pour boire ;
• ***vers,*** assemblage de mots dans un poème.

Retour à la ligne
pour chaque acception

Catégories grammaticales
en petites capitales

Marques d'usage
entre parenthèses

Homonymes
disposés à la ligne et définis brièvement

ABAISSER v. tr., pronom.
VERBE TRANSITIF
1. Faire descendre. *Elle abaissa la manette.* ANT. élever ; relever ; remonter.
2. Réduire. *Abaisser les prix.* ANT. augmenter ; relever ; remonter.
Alors que le verbe ***abaisser*** signifie surtout « amener à un point plus bas », le verbe ***baisser*** signifie plutôt « amener à son point le plus bas » et le verbe ***rabaisser,*** « amener ou estimer à une valeur moindre ».
VERBE PRONOMINAL
1. (FIG.) S'humilier. *Il a dû s'abaisser à demander l'aumône.*
2. (LITT.) Se compromettre. *S'abaisser à des insinuations, jusqu'à calomnier des collègues.*
À la forme pronominale, le verbe se construit avec la préposition ***à,*** la locution prépositive ***jusqu'à.***
À la forme pronominale, le participe passé de ce verbe s'accorde toujours en genre et en nombre avec son sujet. *Elles se sont abaissées à formuler des critiques injustes.*
Alors que le verbe ***s'abaisser*** est employé au sens figuré, le verbe ***se baisser*** désigne une action concrète, physique.
CONJUGAISON : VOIR MODÈLE AIMER.

Antonymes

Note sémantique distinction de sens

Note syntaxique choix de la préposition

Note grammaticale accord du participe passé du pronominal illustré par un exemple

Note sémantique sens figuré et sens propre

Conjugaison renvoi au modèle

ABAQUE n. m.
1. Planchette rectangulaire munie de boules servant à compter. *Un abaque ancien.* SYN. boulier.
2. (ARCHIT.) Tablette qui forme la partie supérieure d'un chapiteau de colonne.
Attention au genre masculin de ce nom : ***un*** abaque.

Domaine d'emploi

Note genre difficile

ABASOURDIR v. tr.
Le *s* se prononce *z*, [abazurdir].
1. Assourdir, étourdir par un grand bruit.
2. (FIG.) Ahurir, étonner. *Abasourdis par l'arrivée inattendue du directeur, les élèves se sont tus.* SYN. ébahir ; éberluer ; sidérer ; stupéfier ; surprendre.
CONJUGAISON : VOIR MODÈLE FINIR.

Prononciation explication et notation API entre crochets

Synonymes

Conjugaison renvoi au modèle

ABÉNAQUIS, ISE adj. et n. m. et f.
Relatif aux Amérindiens abénaquis. *La culture abénaquise, des projets abénaquis. Un Abénaquis, une Abénaquise.*
T L'adjectif s'écrit avec une minuscule ; le nom, avec une majuscule.

T Note typographique majuscule et minuscule

ABÎME n. m.
1. (LITT.) Gouffre sans fond. SYN. précipice.
2. (FIG.) (LITT.) Profondeur insondable. *« Qu'est devenu mon cœur, navire déserté ? Hélas ! Il a sombré dans l'abîme du Rêve ! »* (Émile Nelligan, « Le Vaisseau d'or », *Poésies complètes*).
3. (FIG.) Grande différence entre deux choses. *Il y a un abîme entre ce qu'il dit et ce qu'il fait.* SYN. écart ; (FIG.) fossé ; monde.
LOCUTIONS
– ***En abyme.*** (FIG.) Se dit d'éléments enchâssés les uns dans les autres. *Une mise en abyme (un tableau dans un tableau, un récit dans un récit, etc.).*
Il revient à André Gide d'avoir emprunté au vocabulaire de l'héraldique cette expression qui désigne l'insertion d'un blason dans un autre blason ; l'écrivain redonna au nom son orthographe ancienne (avec un *y*) dans cette locution.
– ***Être au bord de l'abîme.*** (FIG.) Se trouver dans une situation désespérée.
Attention au genre masculin de ce nom : ***un*** abîme.
[Les *Rectifications* (1990) admettent : abime.]

Citation littéraire entre guillemets, nom de l'auteur et titre de l'œuvre citée entre parenthèses

Marques d'usage emploi figuré et niveau de langue

Locutions définies, illustrées par des exemples et classées par ordre alphabétique

Note orthographique et technique

Note genre difficile

Forme préconisée par les *Rectifications* présentée entre crochets à la fin de l'article

ABONNEMENT n. m.
Le premier ***e*** ne se prononce pas, [abɔnmɑ̃].
Paiement à l'avance pour la livraison régulière d'un journal, d'un périodique, pour une série de spectacles, de compétitions sportives, etc. *Avoir, prendre, renouveler, résilier, souscrire un abonnement au journal* Le Devoir, *aux concerts de l'Orchestre symphonique de Montréal. Prendre un abonnement d'un an* (et non un *billet de saison) *au hockey.*
abonnement.

Prononciation explication et notation API entre crochets

Cooccurences verbes à employer avec ce nom

Anglicisme forme correcte et forme fautive

Note orthographique

ABRÉGER v. tr.
1. Rendre plus court. *Le professeur abrégeait les exercices.* SYN. écourter.
2. Réduire la longueur d'un texte, d'un document. *Abrégez votre introduction, elle est un peu trop longue.* SYN. condenser ; resserrer ; résumer.
3. Supprimer une partie des lettres d'un mot. *Le nom* téléphone *s'abrège en* tél. *Abréger* (et non *abrévier) *un mot.*
CONJUGAISON : VOIR MODÈLE PROTÉGER.
Le ***é*** se change en ***è*** devant une syllabe contenant un ***e*** muet, sauf à l'indicatif futur et au conditionnel présent. *J'abrège,* mais *j'abrégerai.*
Le ***g*** est suivi d'un ***e*** devant les lettres ***a*** et ***o***. *Il abrégea, nous abrégeons.*
[Les *Rectifications* (1990) admettent : il abrègera, abrègerait...]

Conjugaison renvoi au modèle et **remarque** sur les particularités de la conjugaison

***Forme fautive** exemple de forme correcte et indication de l'impropriété

Forme préconisée par les *Rectifications* présentée entre crochets à la fin de l'article

***ABRÉVIER**
Impropriété pour *abréger.*

***Forme fautive** classée à l'ordre alphabétique

Renvoi à la forme correcte

Féminisation des titres désignation écrite au long

ACÉRICULTEUR n. m.
ACÉRICULTRICE n. f.
⚜ Personne qui exploite une érablière.

Réalité québécoise

Québécisme

⊶ Note emploi particulier du mot au Québec et dans la francophonie canadienne

Marques d'usage, domaine d'emploi entre parenthèses

ACHALANDAGE n. m.
1. ⚜ Ensemble des clients attirés par un établissement commercial (Recomm. off.). *L'achalandage d'une boutique.* SYN. clientèle.
⊶ Ce nom demeure usuel au Québec et dans la francophonie canadienne, mais il n'appartient plus à l'usage courant de la majorité des locuteurs du français.
2. ⚜ Par extension, ensemble des personnes qui fréquentent un lieu, qui utilisent un service. *L'achalandage du métro a augmenté au cours des derniers mois. L'achalandage d'une bibliothèque, d'un aéroport.* SYN. fréquentation.
3. ⚜ (VIEILLI) (COMPT.) Partie incorporelle d'une entreprise ayant une valeur financière. *La bonne réputation de l'entreprise ou son bon emplacement constituent des éléments de l'achalandage.* SYN. fonds commercial; survaleur.
⊶ En France et en Belgique, on emploie fréquemment le terme ***goodwill*** pour désigner cet élément d'actif.

Recommandation officielle

Synonymes en français standard

⚜ Québécisme emprunt à une langue amérindienne

✎ Note orthographique

ACHIGAN n. m.
⚜ Poisson d'eau douce de l'est de l'Amérique du Nord, mesurant généralement une trentaine de centimètres, à la tête large et à la coloration variable, recherché pour sa combativité et sa chair tendre. *Le nom* achigan, *qui est d'origine algonquienne, s'emploie depuis les débuts de la Nouvelle-France; le* Dictionnaire historique du français québécois *du TLFQ en cite une attestation qui date de 1656.*
⊶ Au Canada, on trouve deux espèces d'achigans indigènes, l'achigan à petite bouche et l'achigan à grande bouche (GDT).
✎ achi**gan**, sans ***t***, contrairement à ***gant.***

⊶ Note technique

***ACTING-OUT**
Anglicisme pour ***passage à l'acte.***

***Anglicisme** renvoi au terme français

Prononciation explication et notation API entre crochets

[T] Note typographique

AIGU, ÜE ou **UË** adj.
Les lettres ***ai*** se prononcent ***é***, [egy].
1. Effilé. *Une lame aigüe* ou *aiguë.* SYN. acéré.
2. Haut, en parlant d'un son. *Un son aigu.* SYN. élevé; perçant.
3. Violent. *Des crises aiguës.*
4. Vif, en parlant de l'esprit. *Une intelligence aiguë.* SYN. pénétrant; subtil.
LOCUTION
– ***Accent aigu.*** (GRAMM.) Accent qui marque le ***e*** fermé. *Les mots* école, éléphant, cinéma *comportent des accents aigus.* ANT. accent grave.
[T] L'accent aigu est constitué d'un signe oblique descendant de droite à gauche.

Forme rectifiée variante orthographique présentée comme entrée et dans les exemples

A

A n. m. inv.
Première lettre de l'alphabet. *Tracer un* a *minuscule et des* a *majuscules.*
LOCUTION
– ***De a à z.*** Du début à la fin. *Apprendre un texte de a à z.*

A
– ***a,*** symbole de ***année.***
– ***a,*** symbole de ***are.***
– ***a,*** symbole de ***atto-.***
– ***a,*** ancienne notation musicale qui correspond à la note ***la.***
– ***A,*** symbole de ***ampère.***

A- préf.
Élément d'origine grecque signifiant « négation, privation ». *Anormal.*
Devant une voyelle, le préfixe devient ***an-***. *Analphabète.*

À prép.
1. La préposition introduit un **complément indirect.** *Alain participera à la fête. Contribuer à la diffusion et à l'adoption de nouvelles idées.*
Il importe de répéter la préposition ***à*** devant chaque complément.
2. La préposition marque :
– Le **lieu.** *Ils sont en vacances à la montagne.*
– Le **temps.** *La cloche sonne à midi.*
– La **possession.** *Cette calculatrice est à moi.*
– Le **moyen.** *Les enfants rentreront à cheval ou à pied.*
– La **manière.** *Ce bonnet est tricoté à la main.*
3. La préposition marque le prix. *Un blouson à 100 $.*
Cette construction est plutôt familière ; dans un style soigné, on emploiera la préposition ***de***. *Un manteau de 200 $.*
LOCUTION
– ***À la.*** À la manière de. *Ils parlent à la française.*
Ne pas confondre la préposition ***à,*** qui s'écrit avec un accent grave, avec la troisième personne du singulier du présent de l'indicatif du verbe ***avoir, a*** (que l'on peut remplacer par ***avait***). *Elle a (avait) un travail à terminer.*
HOM. ***a, as,*** formes du verbe ***avoir***. *Elle a une thèse à écrire. Tu as une propriété à la campagne.*

@
Symbole du ***a commercial.***
1. Au prix de. *Douze règles @ 2,50 $.*
2. (INFORM.) Séparateur utilisé dans les adresses Internet. *Mon adresse électronique est : Marie-Eva.de-Villers@hec.ca.*
SYN. arobas ; arrobas.
[T] L'utilisation du @ doit se limiter aux documents administratifs et commerciaux ou aux adresses électroniques. *Son adresse se dit ainsi : Fanny.Vergnolle a commercial Umontreal.ca* ou *Fanny.Vergnolle a Umontreal.ca.*
À l'oral, les mentions ***a, a commercial*** ou ***arrobas*** sont employées. *Son adresse se dit ainsi : Fanny.Vergnolle a Umontreal.ca* ou *Fanny.Vergnolle a commercial Umontreal.ca* ou *Fanny.Vergnolle arrobas Umontreal.ca.*

AANB
Sigle de ***Acte de l'Amérique du Nord britannique.***

AB ABSURDO loc. adv.
Le ***u*** se prononce ***ou,*** [ababsurdo].
Locution latine signifiant « par l'absurde ».
[T] En typographie soignée, les mots étrangers sont composés en italique. Dans des textes déjà en italique, la notation se fait en romain. Pour les textes manuscrits, on utilisera les guillemets.

ABAISSABLE adj.
Qui peut être abaissé. *Un siège abaissable.*

ABAISSANT, ANTE adj.
Qui abaisse moralement, humilie ou dévalorise. *Des complicités abaissantes.* SYN. avilissant ; dégradant ; déshonorant.

ABAISSE n. f.
Pâte amincie au rouleau dont on fait des pâtisseries. *L'abaisse d'une tarte.*
« L'abaisse est un morceau de pâte qui a été abaissé, c'est-à-dire dont on a diminué la hauteur en le passant sous le rouleau, jusqu'à ce qu'il soit devenu mince », selon l'explication d'Émile Littré dans son *Dictionnaire de la langue française* (1863-1873).
HOM. ***abbesse,*** supérieure d'une abbaye.

ABAISSE-LANGUE n. m. (pl. *abaisse-langue* ou *abaisse-langues*)
Palette servant à abaisser la langue pour examiner la bouche et la gorge.

ABAISSEMENT n. m.
1. Le fait d'abaisser ou de s'abaisser. *L'abaissement des taux hypothécaires. Un abaissement des températures.* SYN. baisse ; diminution ; fléchissement ; réduction.
2. État de ce qui est abaissé. *On a constaté un abaissement du niveau de l'eau.* SYN. baisse ; diminution ; réduction.
3. (VIEILLI) État accidentel d'une personne qui a perdu sa dignité, son indépendance.
Ne pas confondre avec les noms suivants :
• ***bassesse,*** absence naturelle de dignité, de fierté ;
• ***humiliation,*** sentiment éprouvé par la personne placée dans un état d'infériorité.

A

ABAISSER v. tr., pronom.
VERBE TRANSITIF
1. Faire descendre. *Elle abaissa la manette.* ANT. élever; relever; remonter.
2. Réduire. *Abaisser les prix.* ANT. augmenter; relever; remonter.
Alors que le verbe ***abaisser*** signifie surtout « amener à un point plus bas », le verbe ***baisser*** signifie plutôt « amener à son point le plus bas » et le verbe ***rabaisser,*** « amener ou estimer à une valeur moindre ».
VERBE PRONOMINAL
1. (FIG.) S'humilier. *Il a dû s'abaisser à demander l'aumône.*
2. (LITT.) Se compromettre. *S'abaisser à des insinuations, jusqu'à calomnier des collègues.*
À la forme pronominale, le verbe se construit avec la préposition ***à,*** la locution prépositive ***jusqu'à.***
À la forme pronominale, le participe passé de ce verbe s'accorde toujours en genre et en nombre avec son sujet. *Elles se sont abaissées à formuler des critiques injustes.*
Alors que le verbe ***s'abaisser*** est employé au sens figuré, le verbe ***se baisser*** désigne une action concrète, physique.
CONJUGAISON : VOIR MODÈLE AIMER.

ABAJOUE n. f.
Joue de certains animaux (singes, rongeurs) servant à mettre des aliments en réserve. *L'écureuil a mis des glands dans ses abajoues.*
Ne pas confondre avec le nom ***bajoue,*** joue pendante.

ABANDON n. m.
1. Action d'abandonner. *Une campagne annuelle contre l'abandon des animaux. Un taux d'abandon des études trop élevé. Sauver de l'abandon un bâtiment historique.*
2. Renonciation à un bien, à un droit. *Un abandon de créances.*
3. Action de cesser d'occuper. *Abandon de poste.* SYN. désertion.
4. Fait d'être délaissé. *Un abandon absolu, complet, entier, total.*
5. Action de laisser aller (son corps, ses esprits, ses sentiments) à leur pente naturelle. *Se confier avec abandon. Une atmosphère d'abandon à la douceur du monde. Des moments d'abandon. Un abandon doux, entier, gracieux, heureux, séduisant.*
LOCUTIONS
– ***Abandon scolaire.*** Fait, pour un, une élève, de quitter l'école sans avoir obtenu un diplôme d'études secondaires ni une autre qualification (GDT).
– ***(Laisser) à l'abandon.*** En désordre. *Un terrain à l'abandon.* SYN. négligé.
aban**don**.

ABANDONNÉ, ÉE adj.
1. Qui est laissé sans soins. *Des chatons abandonnés.* SYN. délaissé; esseulé; seul.
2. Qui est laissé à l'abandon. *Un village abandonné.* SYN. dépeuplé; déserté; inhabité.

ABANDONNER v. tr., pronom.
VERBE TRANSITIF
1. Cesser d'occuper. *Abandonner son poste.* SYN. déserter.
2. Délaisser. *Martin a recueilli un chaton que le voisin avait abandonné.* ANT. garder; recueillir.
3. Ne pas continuer (quelque chose de difficile). *Les joueurs ont abandonné la partie. On abandonne les recherches.* SYN. abdiquer; capituler; céder; (FAM.) démissionner; se désister; laisser tomber; renoncer à; se retirer. ANT. continuer; poursuivre.
VERBE PRONOMINAL
Se laisser aller à. *Ils se sont abandonnés à la gourmandise.* SYN. se livrer à; succomber à.
À la forme pronominale, le verbe se construit avec la préposition ***à.***
À la forme pronominale, le participe passé de ce verbe s'accorde toujours en genre et en nombre avec son sujet. *Elle s'est abandonnée à la joie de retrouver ses amis.*
CONJUGAISON : VOIR MODÈLE AIMER.
aban**don**ner.

ABAQUE n. m.
1. Planchette rectangulaire munie de boules servant à compter. *Un abaque ancien.* SYN. boulier.
2. (ARCHIT.) Tablette qui forme la partie supérieure d'un chapiteau de colonne.
Attention au genre masculin de ce nom : ***un*** abaque.

ABASOURDI, IE adj.
1. Étourdi par un grand bruit. *Abasourdis par les détonations, les passants ont fui dans toutes les directions.* SYN. dérouté; ébahi; éberlué; sidéré; surpris.
2. (FIG.) Ahuri, stupéfait. *« Quand la duchesse reçoit, elle dresse de petits enclos de verre sur la table, où des poulettes pondent sous les yeux des convives abasourdis »* (*Le Monde*).

ABASOURDIR v. tr.
Le *s* se prononce ***z,*** [abazurdir].
1. Assourdir, étourdir par un grand bruit.
2. (FIG.) Ahurir, étonner. *Abasourdis par l'arrivée inattendue du directeur, les élèves se sont tus.* SYN. ébahir; éberluer; sidérer; stupéfier; surprendre.
CONJUGAISON : VOIR MODÈLE FINIR.

ABASOURDISSANT, ANTE adj.
Le *s* se prononce ***z,*** [abazurdisɑ̃, ɑ̃t].
Stupéfiant. *Des résultats abasourdissants.* SYN. (FAM.) époustouflant; étonnant; extraordinaire; renversant; sidérant.
Ne pas confondre avec le participe présent invariable ***abasourdissant.*** *Ses réponses abasourdissant le professeur, l'étudiant reçut la plus haute note.*

ABASOURDISSEMENT n. m.
Le *s* se prononce ***z,*** [abazurdismɑ̃].
1. Action d'abasourdir et son résultat.
2. (FIG.) Étonnement extrême, stupéfaction.

ABÂTARDIR v. tr., pronom.
VERBE TRANSITIF
1. Rendre bâtard, altérer, en faisant perdre les qualités et la vigueur originelle inhérentes à une espèce. *« La mauvaise culture abâtardira ces plantes »* (*Dictionnaire de l'Académie*, 6e éd.). SYN. dégénérer.
2. (FIG.) Altérer, en faisant perdre les qualités inhérentes (à un groupe social, à une personne, à une œuvre...). *Des bâtiments anciens abâtardis par des ajouts.* SYN. avilir; corrompre; dégrader; dénaturer; pervertir.
VERBE PRONOMINAL
Dégénérer, au propre et au figuré. *Une race canine qui s'est abâtardie. Ces musiques qui empruntent à tous les styles se sont abâtardies.*
À la forme pronominale, le participe passé de ce verbe s'accorde toujours en genre et en nombre avec son sujet. *Cette lignée s'est abâtardie.*
CONJUGAISON : VOIR MODÈLE FINIR.
abâtardir.

ABÂTARDISSEMENT n. m.
État de ce qui est abâtardi. SYN. dégénérescence; dégradation.
abâtardissement.

ABATIS
VOIR – ABATTIS.

ABAT-JOUR n. m. inv. (pl. *abat-jour*)
Dispositif servant à rabattre la lumière d'une lampe. *Un abat-jour de soie. Des abat-jour en parchemin.*
[Les *Rectifications* (1990) admettent : des abat-jours.]

ABATS n. m. pl.
Parties accessoires non nobles (cœur, foie, rate, rognons, tripes, etc.) d'un animal de boucherie (bœuf, veau, mouton, porc).
Ne pas confondre avec le nom ***abattis,*** qui désigne les pattes, ailerons, foie, gésier de volaille.

ABAT-SON(S) n. m. (pl. *abat-son* ou *abat-sons*)
Dispositif servant à renvoyer le son des cloches d'un clocher vers le sol.

ABATTABLE adj.
Qui peut être abattu. *Cette voiture comporte un hayon arrière abattable en deux parties.*

ABATTAGE n. m.
1. Action d'abattre, de faire tomber. *L'abattage d'un arbre.* SYN. coupe.
La graphie ***abatage*** est aujourd'hui vieillie.
2. Action de mettre à mort un animal. *Les règles sanitaires exigent l'abattage des animaux contaminés.*
3. Art de tenir son public en haleine. *Clinton est un conférencier qui a de l'abattage.* SYN. brio.
LOCUTION
– ***Vente à l'abattage.*** (COMM.) Vente de produits de qualité médiocre avec une marge bénéficiaire réduite.
abattage.

ABATTANT n. m.
Partie d'un meuble, d'un siège qui s'abaisse et se relève. *L'abattant d'un piano, d'une table, d'un secrétaire.*
La graphie ***abatant*** est aujourd'hui vieillie.
abattant.

ABATTEMENT n. m.
1. Diminution des forces physiques. « *Jules* [...] *souffrait de l'abattement de toute la famille* » (Philippe Aubert de Gaspé, *Les Anciens Canadiens*). SYN. apathie ; épuisement ; faiblesse ; fatigue ; langueur ; lassitude ; prostration.
2. État mental de dépression et de lassitude. *Ce patient est dans un état d'abattement, d'anxiété ou de dépression.* SYN. affliction ; découragement ; mélancolie ; nostalgie ; prostration ; tristesse.
3. (COMM.) Réduction consentie à l'acheteur sur le prix de vente d'un produit. *Un abattement de 10 %.*
4. (COMPT.) Crédit d'impôt. SYN. dégrèvement fiscal.
abattement.

ABATTIS ou **ABATIS** n. m.
1. Amas de bois abattu, terrain qui n'est pas complètement essouché. « *On traversa l'abatis du Columbier piqueté de souches* » (Félix-Antoine Savard, *Menaud, maître-draveur*). « *En plus, je dois surveiller certains travaux que nous faisons faire autour de la maison, abattis d'arbres, etc.* » (Hector de Saint-Denys Garneau, *Lettres*).
2. (AU PLUR.) Pattes, ailerons, foie, gésier de volaille.
Ne pas confondre avec le nom ***abats,*** qui désigne les parties accessoires non nobles (cœur, foie, rate, rognons, tripes, etc.) d'un animal de boucherie (bœuf, veau, mouton, porc).

ABATTOIR n. m.
Lieu où l'on abat les animaux de boucherie.
abattoir.

ABATTRE v. tr., pronom.
VERBE TRANSITIF
1. Faire tomber, renverser quelque chose de vertical. *Ils ont dû abattre un arbre pour bâtir la maison.*
2. Tuer, blesser avec une arme à feu. *Le gardien a abattu le cambrioleur.* SYN. (FAM.) descendre.
3. Épuiser, décourager. *Il ne faut pas se laisser abattre.* SYN. accabler ; démoraliser ; déprimer ; désespérer.
VERBE PRONOMINAL
1. Tomber subitement. *Les avions se sont abattus au sol. Une violente tempête de neige s'est abattue sur les Laurentides.*
En ce sens, le verbe se construit avec les prépositions ***à***, ***sur.***
2. Se jeter sur. *Le vautour s'abat sur sa proie.* SYN. foncer ; fondre.
À la forme pronominale, le participe passé de ce verbe s'accorde toujours en genre et en nombre avec son sujet. *Les rapaces se sont abattus sur leurs proies.*
LOCUTIONS
– ***Abattre de la besogne.*** Accomplir efficacement de nombreuses tâches.
– ***Abattre ses cartes, son jeu.*** (FIG.) Dévoiler ses plans, ses projets.
CONJUGAISON : VOIR MODÈLE COMBATTRE.
INDICATIF PRÉSENT *J'abats, tu abats, il abat, nous abattons, vous abattez, ils abattent.* IMPARFAIT *J'abattais.* PASSÉ SIMPLE *J'abattis.* FUTUR *J'abattrai.* IMPÉRATIF PRÉSENT *Abats, abattons, abattez.* SUBJONCTIF PRÉSENT *Que j'abatte.* PARTICIPE PRÉSENT *Abattant.* PASSÉ *Abattu, ue.*

ABATTU, UE adj.
1. Affaibli. *La malade est moins abattue aujourd'hui : elle reprend peu à peu ses forces.* SYN. épuisé ; fatigué.
2. Déprimé, prostré. « *Je me sens mieux depuis hier midi. Mais jeudi fut vraiment sans nulle force. Très abattu* » (Paul Valéry, *Correspondance*). SYN. découragé ; las ; triste.
LOCUTION
– ***À bride abattue.*** En abandonnant toute la bride au cheval. « *Je repars ventre à terre à bride abattue jusqu'à Paris, jusqu'à vous, Madame* » (P.-L. Courier, *Lettres de France et d'Italie*, 1811, cité dans le TLF). SYN. (FIG.) à toute vitesse ; rapidement.

ABAT-VENT n. m. (pl. *abat-vent* ou *abat-vents*)
Dispositif adapté à une ouverture pour la protéger du vent.

ABAT-VOIX n. m. inv. (pl. *abat-voix*)
Dais d'une chaire servant à rabattre la voix du prédicateur vers les fidèles.

ABBATIAL, IALE, IAUX adj. et n. f.
Le ***t*** se prononce ***s***, [abasjal, jo].
ADJECTIF
Qui relève d'un abbé, d'une abbesse ou d'une abbaye. *Des palais abbatiaux.*
NOM FÉMININ
Église principale d'une abbaye. *L'abbatiale romane de Conques.*

ABBAYE n. f.
La deuxième syllabe se prononce ***bé-i***, [abei].
1. Communauté religieuse dirigée par un abbé, une abbesse. *Une abbaye bénédictine.*
2. Bâtiments de cette communauté. *L'abbaye d'Oka, l'abbaye bénédictine de Saint-Benoît-du-Lac.*
Attention au genre féminin de ce nom : ***une*** abbaye.
Dans les désignations d'édifices religieux, le nom générique (***basilique, cathédrale, chapelle, église, oratoire,*** etc.) s'écrit avec une minuscule.
abbaye.

ABBÉ n. m.
1. Supérieur d'une abbaye ou d'un monastère de religieux.
2. Prêtre séculier. *L'abbé Dubois.*
Comme les titres administratifs, les titres religieux s'écrivent généralement avec une minuscule. *L'archevêque, le cardinal, le chanoine, le curé, l'évêque, le pape.* Cependant, ces titres s'écrivent avec une majuscule lorsqu'ils remplacent un nom de personne. *L'Abbé sera présent à la réunion.*
VOIR TABLEAU – TITRES DE FONCTIONS.

ABBESSE n. f.
Supérieure d'une abbaye ou d'un monastère de religieuses. HOM. ***abaisse,*** pâte amincie au rouleau.
abbesse.

ABC ou **A B C** n. m. inv.
Rudiments d'un art, d'une science. *Elle connaît l'a b c de son métier. Il maîtrise l'abc de la biologie.*

ABCÈS n. m.
Le ***b*** se prononce ***p,*** [apsɛ].
Amas de pus. *L'abcès qu'il a au talon le fait souffrir.* SYN. clou; furoncle.
Ne pas confondre avec le nom ***accès,*** entrée.
LOCUTION
– ***Crever, vider l'abcès.*** (FIG.) Résoudre une situation critique.
abcès.

ABDICATION n. f.
Action d'abdiquer. SYN. renonciation.

ABDIQUER v. tr., intr.
VERBE TRANSITIF
Renoncer au pouvoir, à la couronne. *Le roi Édouard VIII abdiqua la couronne d'Angleterre.*
Le verbe se construit sans complément (absolument) ou avec un complément direct. *Le duc a abdiqué.*
VERBE INTRANSITIF
S'avouer vaincu, abandonner. *Il abdiqua devant les multiples problèmes.* SYN. capituler; céder; démissionner.
CONJUGAISON : VOIR MODÈLE AIMER.

ABDOMEN n. m.
Le ***n*** se prononce, [abdɔmɛn]; le mot rime avec ***domaine.***
1. (ANAT.) Cavité viscérale formant la partie inférieure du tronc. *Un robot qui se déplace à l'intérieur de l'abdomen pour donner aux chirurgiens une nouvelle perspective sur la zone à opérer.*
2. (PAR EXT.) Partie antérieure de l'abdomen. *Des abdomens douloureux.* SYN. ventre.

ABDOMINAL, ALE, AUX adj. et n. m. pl.
ADJECTIF
De l'abdomen. *La cavité abdominale. Des muscles abdominaux.*
NOM MASCULIN PLURIEL
1. Muscles abdominaux.
2. (PAR EXT.) Exercices destinés à renforcer ces muscles. *Elle fait des abdominaux tous les jours.*

ABDOMINAUX n. m. pl.
1. Les muscles abdominaux.
2. (PAR EXT.) Exercices de développement de ces muscles. *Faire des abdominaux tous les matins.*

ABÉCÉDAIRE n. m.
Livre d'apprentissage de l'alphabet. *Elle a reçu un abécédaire très joliment illustré.*

ABEILLE n. f.
Insecte qui vit en colonie et produit le miel. *Dans les ruches où elles vivent, les abeilles construisent des rayons de cire et y déposent leur miel. Les abeilles se défendent au moyen d'un dard venimeux. Elle s'est fait piquer par une abeille. Un essaim d'abeilles.*
VOIR TABLEAU – ANIMAUX.
Les apiculteurs et apicultrices pratiquent l'élevage des abeilles (apiculture).
LOCUTIONS
– ***Nid-d'abeilles.*** Point de broderie. *Des corsages garnis de nids-d'abeilles.*
– ***Nid d'abeilles.*** Tissu qui présente des alvéoles en relief. *Des nappes nids d'abeilles.*

ABÉNAQUIS, ISE adj. et n. m. et f.
Relatif aux Amérindiens abénaquis. *La culture abénaquise, des projets abénaquis. Un Abénaquis, une Abénaquise.*
T L'adjectif s'écrit avec une minuscule; le nom, avec une majuscule.

ABERRANCE n. f.
(STAT.) Propriété d'une valeur qui s'écarte considérablement de la moyenne.
Ne pas confondre avec le nom ***aberration,*** déviation du bon sens.
aberrance, un seul ***b***, deux ***r.***

ABERRANT, ANTE adj.
Qui va contre la logique, qui s'écarte de la normale. *Des projets aberrants, une décision aberrante.* SYN. absurde; déraisonnable; illogique; insensé; irrationnel; saugrenu.
aberrant, un seul ***b***, deux ***r.***

ABERRATION n. f.
1. Déviation du bon sens. *Dans un moment d'aberration, il s'enfuit.* SYN. égarement; folie.
2. Absurdité. « *Mettons fin à cette aberration : réservons les vocables de "francophonie" et de "francophone" à la sphère diplomatique et géopolitique, et prenons l'habitude de dire "écrivains de langue française"* » (Amin Maalouf, *Le Monde,* 2006).
Ne pas confondre avec le nom ***aberrance,*** propriété d'une valeur qui s'écarte considérablement de la moyenne.
aberration, un seul ***b***, deux ***r.***

ABÊTIR v. tr., pronom.
VERBE TRANSITIF
Abrutir, rendre bête. *La télévision corrompt-elle la culture, abêtit-elle les téléspectateurs?* SYN. crétiniser.
VERBE PRONOMINAL
Devenir stupide. *Ils se sont abêtis à force d'écouter ces soi-disant humoristes.*
À la forme pronominale, le participe passé de ce verbe s'accorde toujours en genre et en nombre avec son sujet. *Elles ne se sont pas abêties.*
CONJUGAISON : VOIR MODÈLE FINIR.

ABÊTISSANT, ANTE adj.
Qui abrutit, rend bête. *Passer de la réclame abêtissante aux communications pertinentes.*

ABÊTISSEMENT n. m.
Action d'abêtir; son résultat. SYN. abrutissement; crétinisation.

ABHORRER v. tr.
(LITT.) Exécrer, avoir en horreur. *Ils abhorrent les traîtres.* SYN. abominer; détester; haïr.
CONJUGAISON : VOIR MODÈLE AIMER.
abhorrer.

ABÎME n. m.
1. (LITT.) Gouffre sans fond. SYN. précipice.
2. (FIG.) (LITT.) Profondeur insondable. « *Qu'est devenu mon cœur, navire déserté? Hélas! Il a sombré dans l'abîme du Rêve!* » (Émile Nelligan, « Le Vaisseau d'or », *Poésies complètes*).
3. (FIG.) Grande différence entre deux choses. *Il y a un abîme entre ce qu'il dit et ce qu'il fait.* SYN. écart; (FIG.) fossé; monde.
LOCUTIONS
– ***En abyme.*** (FIG.) Se dit d'éléments enchâssés les uns dans les autres. *Une mise en abyme (un tableau dans un tableau, un récit dans un récit, etc.).*
Il revient à André Gide d'avoir emprunté au vocabulaire de l'héraldique cette expression qui désigne l'insertion d'un blason dans un autre blason; l'écrivain redonna au nom son orthographe ancienne (avec un ***y***) dans cette locution.
– ***Être au bord de l'abîme.*** (FIG.) Se trouver dans une situation désespérée.
Attention au genre masculin de ce nom : ***un*** abîme.
[Les *Rectifications* (1990) admettent : abime.]

ABÎMÉ, ÉE adj.
En mauvais état, endommagé. *Des livres abîmés par la pluie.* SYN. dégradé ; détérioré.
[Les *Rectifications* (1990) admettent : abimé.]

ABÎMER v. tr., pronom.
VERBE TRANSITIF
Endommager, détériorer. *Les cerises sont vendues en barquette ou dans des barquettes, ce qui évite de les abîmer.* SYN. (FAM.) amocher ; (FAM.) bousiller ; casser ; dégrader ; endommager.
VERBE PRONOMINAL
1. (LITT.) Sombrer, s'engloutir. *Le missile s'est abîmé dans le Pacifique.*
2. (FIG.) (LITT.) Se plonger, se perdre. *« Une génération qui a prôné la révolution avant de s'abîmer dans l'embourgeoisement » (Le Monde). S'abîmer dans ses réflexions.*
3. Se détériorer. *La soie s'est abîmée au soleil.* SYN. se dégrader.
À la forme pronominale, le participe passé de ce verbe s'accorde toujours en genre et en nombre avec son sujet. *Ces livres se sont abîmés en raison de l'humidité.*
CONJUGAISON : VOIR MODÈLE AIMER.
[Les *Rectifications* (1990) admettent : abimer.]

AB INTESTAT loc. adv. et loc. adj.
Le ***t*** final ne se prononce pas.
LOCUTION
Locution latine signifiant « sans testament ». *Ils sont décédés* ab intestat. *Des héritières* ab intestat.
En typographie soignée, les mots étrangers sont composés en italique. Dans des textes déjà en italique, la notation se fait en romain. Pour les textes manuscrits, on utilisera les guillemets.

ABIOTIQUE adj.
(ÉCOL.) Qualifie un milieu où la vie est impossible. *Une atmosphère abiotique.* ANT. biotique.

ABJECT, E adj.
Le ***c*** et le ***t*** se prononcent, [abʒɛkt].
Qui suscite un profond mépris. *Sa conduite est abjecte.* SYN. ignoble ; infâme ; méprisable ; odieux ; vil.

ABJECTEMENT adv.
D'une manière abjecte. *Ces financiers ont volé abjectement de petits épargnants.*

ABJECTION n. f.
Attention à la prononciation, [abʒɛksjɔ̃].
1. État de ce qui est abject, de ce qui avilit. *Ils ont sombré dans l'abjection, la destruction de soi et des autres.* SYN. avilissement ; bassesse ; honte ; ignominie ; infamie ; turpitude.
2. Chose abjecte. *Cette accusation non fondée est une abjection.*

ABJURATION n. f.
1. Action d'abjurer une religion. *L'abjuration du calvinisme, du catholicisme.*
2. (FIG.) Action de renoncer à une doctrine, à une philosophie. *Une abjuration de la modernité.*
Ne pas confondre avec le nom ***adjuration***, prière instante, supplication.

ABJURER v. tr.
Déclarer solennellement que l'on renonce à (une religion). *Elles ont refusé d'abjurer leur foi.*
CONJUGAISON : VOIR MODÈLE AIMER.

ABLATIF n. m.
Cas de la déclinaison latine qui exprime l'éloignement, la séparation, la cause.

ABLATION n. f.
(MÉD.) Action d'enlever un organe, une tumeur, un tissu, un corps étranger. *Procéder à l'ablation d'un rein, de la thyroïde.*
Ne pas confondre avec les noms suivants :
- ***amputation,*** action d'enlever un membre, une partie d'un membre au cours d'une opération chirurgicale ;
- ***mutilation,*** perte accidentelle d'une partie du corps.

-ABLE suff.
Élément signifiant « qui peut être ». *Transformable, lavable.*

ABLUTION n. f.
Purification religieuse. *Les ablutions des musulmans avant la prière.*
LOCUTION
– ***Faire ses ablutions.*** Faire sa toilette.

ABNÉGATION n. f.
Oubli volontaire de soi, de son intérêt au bénéfice d'autrui. *Ces missionnaires font preuve d'une grande abnégation.* SYN. renoncement ; sacrifice.

ABOI n. m.
1. (VX) Cri du chien.
2. (AU PLUR.) Cris de la meute cernant le gibier.
LOCUTION
– ***Être aux abois.*** Être dans une situation désespérée. *Ces financiers sont aux abois.*
Ce nom s'emploie généralement au pluriel.

ABOIEMENT n. m.
1. Cri du gros chien. *Nos voisins pourraient-ils faire cesser les aboiements de leurs bergers allemands ?*
2. (FIG.) Cris importuns. *Les aboiements des protestataires.*
Pour les chiens de petite taille, on emploiera plutôt ***jappement.***
aboiement.

ABOITEAU n. m. (pl. *aboiteaux*)
1. En Acadie, barrage muni de vannes disposées de façon qu'elles se ferment automatiquement quand la marée monte et qu'elles laissent s'écouler l'eau quand la marée baisse.
2. Digue permettant la récupération des terres littorales pour la culture (Recomm. off.).

ABOLIR v. tr.
Faire disparaître, supprimer. *Doit-on abolir la chasse à courre ? Abolir la peine de mort.* SYN. annuler ; invalider.
On ***abolit*** une pratique, une institution, un usage, mais on ***abroge*** une loi, un décret, une disposition.
CONJUGAISON : VOIR MODÈLE FINIR.
abolir.

ABOLITION n. f.
Annulation, suppression. *L'abolition de la peine de mort, de l'esclavage.* SYN. invalidation.
abolition.

ABOLITIONNISME n. m.
Doctrine prônant l'abolition de l'esclavage, de la peine de mort.
abolitionnisme.

ABOLITIONNISTE adj. et n. m. et f.
ADJECTIF
Relatif à l'abolitionnisme. *Des prises de position abolitionnistes.*
NOM MASCULIN ET FÉMININ
Partisan de l'abolitionnisme.

ABOMINABLE adj.
1. Qui inspire de l'horreur. *Un abominable tortionnaire.* SYN. affreux ; atroce ; monstrueux.
2. Très mauvais. *Des résultats abominables. Un temps abominable.*
Ne pas confondre avec les mots suivants :
- ***détestable,*** exécrable ;
- ***effroyable,*** qui cause une grande frayeur ;
- ***horrible,*** qui soulève un dégoût physique et moral.

ABOMINABLEMENT adv.
1. De façon abominable. *Ils ont eu abominablement peur quand la terre s'est mise à bouger.*
2. Extrêmement. *Des honoraires abominablement élevés.* SYN. affreusement.

ABOMINATION n. f.
Horreur. *Elle a l'hypocrisie en abomination.*

ABOMINER v. tr.
(LITT.) Exécrer, avoir en horreur. SYN. abhorrer; détester; haïr.
CONJUGAISON : VOIR MODÈLE AIMER.

ABONDAMMENT adv.
De manière abondante. *Il pleut abondamment.* SYN. beaucoup; largement.
abondamment.

ABONDANCE n. f.
1. Grande quantité. *Une abondance de desserts.* SYN. profusion.
2. Aisance, luxe. *Ils vivent dans l'abondance.* SYN. richesse.
LOCUTION
– ***Parler d'abondance.*** Improviser facilement.
abondance.

ABONDANT, ANTE adj.
En grand nombre, en grande quantité, copieux. *Des mets abondants, une récolte abondante.* SYN. nombreux.
Ne pas confondre avec le participe présent invariable ***abondant***. *Les touristes affluaient, les merveilles abondant dans la région.*

ABONDER v. intr.
1. Exister en grande quantité. *Cet automne, les perdrix abondent. Les visiteurs abondent à cette foire. Les livres abondent dans cette maison. Le gibier abonde en forêt.* SYN. pulluler; regorger.
Le verbe peut se construire absolument ou avec les prépositions ***à, dans, en***.
2. Produire en abondance. *La région abonde en fruits.*
LOCUTION
– ***Abonder dans le sens de.*** Être d'accord avec l'opinion de quelqu'un. *J'abonde dans le sens de Karine : cette proposition est très intéressante.*
CONJUGAISON : VOIR MODÈLE AIMER.

ABONNÉ, ÉE adj. et n. m. et f.
Qui a un abonnement. *Un lecteur abonné. Le catalogue est envoyé à tous les abonnés.*
abonné.

ABONNEMENT n. m.
Le premier ***e*** ne se prononce pas, [abɔnmɑ̃].
Paiement à l'avance pour la livraison régulière d'un journal, d'un périodique, pour une série de spectacles, de compétitions sportives, etc. *Avoir, prendre, renouveler, résilier, souscrire un abonnement au journal* Le Devoir, *aux concerts de l'Orchestre symphonique de Montréal. Prendre un abonnement d'un an* (et non un *billet de saison) *au hockey.*
abonnement.

ABONNER v. tr., pronom.
VERBE TRANSITIF
Prendre un abonnement pour (quelqu'un). *Abonner sa famille à* L'actualité, *au* Nouvel Observateur. ANT. désabonner.
VERBE PRONOMINAL
Souscrire un abonnement pour soi-même. *Ils se sont abonnés au câble, à un service d'entretien, au journal* La Presse.
À la forme pronominale, le participe passé de ce verbe s'accorde toujours en genre et en nombre avec son sujet. *Ils se sont abonnés à cette revue.*
CONJUGAISON : VOIR MODÈLE AIMER.
abonner.

ABORD n. m.
NOM MASCULIN SINGULIER
1. Accès. *Cette côte est d'un abord difficile.*
2. (FIG.) Manière de recevoir, accueil. *Une personne d'un abord courtois.* SYN. approche.
NOM MASCULIN PLURIEL
Environs. *Les abords de la ville sont jolis.* SYN. alentours.
LOCUTIONS
– ***Au premier abord, de prime abord.*** À première vue. *Au premier abord* (et non *à prime abord), *j'ai cru reconnaître Luc, mais ce n'était pas lui.*
– ***D'abord.*** Avant tout, en premier lieu. *Les femmes et les enfants d'abord!* SYN. au préalable. ANT. après; ensuite.
– ***D'abord.*** (FAM.) En ce cas, puisqu'il en est ainsi. *Tu t'en vas? Moi aussi d'abord.* SYN. alors.
– ***D'abord que,*** loc. conj. (FAM.) Pourvu que. *D'abord que tu as fait tes devoirs, tu peux aller jouer dehors.* SYN. puisque; si.
– ***Tout d'abord.*** Avant toute chose. *Tout d'abord, nous devons prévenir nos amis.*
FORME FAUTIVE
*à prime abord. Impropriété pour ***de prime abord, au premier abord.***

ABORDABLE adj.
1. Qui est facile d'accès. *Un rivage abordable.*
2. Qui est d'un abord facile. *Des collègues tout à fait abordables.*
3. D'un prix accessible. *Un livre à prix abordable.* SYN. bon marché. ANT. cher; inabordable.

ABORDAGE n. m.
1. Assaut donné d'un navire à un autre. *« À l'abordage! » hurlèrent les pirates.*
2. Collision de deux navires.
3. Action d'atteindre le rivage.

ABORDER v. tr., intr.
VERBE TRANSITIF
1. (MAR.) Atteindre un navire pour s'en emparer.
2. (MAR.) Heurter un navire accidentellement.
3. (FIG.) Adresser la parole à quelqu'un. *Aborder quelqu'un dans la rue pour lui demander un renseignement.*
Par rapport au verbe ***accoster,*** qui comporte une nuance péjorative, le verbe ***aborder*** est neutre.
4. Entreprendre l'examen d'un problème, d'une question; commencer à parler d'un thème. *Aborder un sujet d'un point de vue nouveau, sous un angle différent.* SYN. entamer.
VERBE INTRANSITIF
Atteindre le rivage. *Le voilier a abordé au port.*
Le verbe se conjugue avec l'auxiliaire ***avoir.***
CONJUGAISON : VOIR MODÈLE AIMER.

ABORIGÈNE adj. et n. m. et f.
NOM MASCULIN ET FÉMININ
Personne dont les ancêtres habitent depuis les origines le pays, la région où elle vit. SYN. autochtone; indigène.
ADJECTIF
Originaire du pays où il vit. *Une tribu aborigène. Les langues aborigènes d'Australie.*

ABORTIF, IVE adj. et n. m.
ADJECTIF
Qui provoque un avortement. *La pilule du lendemain contient une substance abortive.*
NOM MASCULIN ET FÉMININ
Substance susceptible de provoquer un avortement. *Un abortif efficace.*

ABOUCHEMENT n. m.
Action d'aboucher. *L'abouchement de conduits d'aération.* SYN. jonction; raccord.

ABOUCHER v. tr., pronom.
VERBE TRANSITIF
1. Relier (des conduits). *Aboucher des tuyaux.* SYN. raccorder.
2. (VX) Mettre en rapport (des personnes).
VERBE PRONOMINAL
(PÉJ.) S'acoquiner. *S'aboucher à un politicien amoral. Il s'était abouché avec un drôle d'individu.*
La forme pronominale se construit avec les prépositions ***à, avec.***
À la forme pronominale, le participe passé de ce verbe s'accorde toujours en genre et en nombre avec son sujet. *Elles s'étaient abouchées avec des réactionnaires.*
CONJUGAISON : VOIR MODÈLE AIMER.

ABOULIE n. f.
Trouble mental entraînant une diminution de la volonté, l'inaptitude à prendre une décision et à passer à l'acte. *La dépression entraîne l'aboulie.*
aboulie.

ABOULIQUE adj. et n. m. et f.
Qui souffre d'aboulie. *Un patient aboulique. Des abouliques incurables.*

ABOUTER v. tr.
Mettre bout à bout. *Abouter des canalisations.*
CONJUGAISON : VOIR MODÈLE AIMER.

ABOUTI, IE adj.
Qui a été accompli, réussi. *Ce roman est l'œuvre la plus aboutie de cette romancière. Une réforme non aboutie.*

ABOUTIR v. tr. ind., intr.
VERBE TRANSITIF INDIRECT
1. Mener, se terminer, en parlant d'un chemin. *Le sentier aboutit à une forêt de pins.*
En ce sens, le verbe se construit avec les prépositions ***à, dans, sur.*** *Un couloir qui aboutit au salon, dans la cuisine, sur la terrasse.*
2. (FIG.) Avoir pour résultat, pour conséquence. *Cette enquête aboutira-t-elle à quelque chose ?*
Au sens figuré, le verbe se construit avec la préposition ***à.***
VERBE INTRANSITIF
Réussir. *Les recherches aboutiront bientôt.* ANT. échouer.
CONJUGAISON : VOIR MODÈLE FINIR.

ABOUTISSANT n. m.
– ***Les tenants et les aboutissants.*** (DR.) Tous les éléments d'une affaire, d'une question.
Le mot ne s'emploie que dans cette locution.

ABOUTISSEMENT n. m.
Résultat. *Cette réussite est l'aboutissement de nos efforts.* SYN. conclusion ; dénouement ; issue.

ABOYER v. tr. ind., intr.
VERBE TRANSITIF INDIRECT
Invectiver. *Le sergent aboie après les soldats. Il aboie contre eux. Aboyer à la lune.*
Le verbe se construit avec les prépositions ***après, contre, à.***
VERBE INTRANSITIF
Crier, en parlant du chien. *Les bergers allemands aboyaient. Les chiens aboient, la caravane passe.* (Proverbe signifiant qu'il ne faut pas s'occuper des personnes jalouses qui critiquent, mais accomplir plutôt ce qu'on doit faire.)
Les chiens de petite taille jappent.
CONJUGAISON : VOIR MODÈLE EMPLOYER.
Le ***y*** se change en ***i*** devant un ***e*** muet. *Il aboie, il aboiera.*
Le ***y*** est suivi d'un ***i*** à la première et à la deuxième personne du pluriel de l'indicatif imparfait et du subjonctif présent. *(Que) nous aboyions, (que) vous aboyiez.*

ABRACADABRANT, ANTE adj.
Incroyable, bizarre. *Une histoire abracadabrante.*
Cet adjectif est formé d'après la formule magique « abracadabra ».

ABRASER v. tr., pronom.
VERBE TRANSITIF
(TECH.) User ou polir par frottement. *Cet instrument permet d'abraser la surface des dents.*
VERBE PRONOMINAL
(TECH.) S'user par frottement. *À l'usage, ces éléments se sont abrasés.*
À la forme pronominale, le participe passé de ce verbe s'accorde toujours en genre et en nombre avec son sujet. *Ces pièces se sont abrasées.*
CONJUGAISON : VOIR MODÈLE AIMER.

ABRASIF, IVE adj. et n. m.
Se dit d'une substance qui use, qui polit par frottement. *Gratter les légumes à l'aide d'une éponge abrasive. La Ville répand des abrasifs et du sable sur la chaussée glacée.*

ABRASION n. f.
Action d'user par frottement. *Un revêtement qui résiste à l'abrasion.*

ABRÉACTION n. f.
(PSYCHAN.) Traitement permettant à un patient de revivre une expérience ancienne malheureuse et de libérer son émotion refoulée. SYN. défoulement.

ABRÉGÉ n. m.
Ouvrage concis présentant l'essentiel d'une science, d'une matière. *Consulter un abrégé* (et non *abstract) *de biologie.* SYN. précis ; résumé.
LOCUTION
– ***En abrégé,*** loc. adv. En peu de mots. SYN. en bref ; en résumé.

ABRÈGEMENT ou **ABRÉGEMENT** n. m.
Action d'abréger. *L'abrègement d'un mot, d'un texte.*

ABRÉGER v. tr.
1. Rendre plus court. *Le professeur abrégeait les exercices.* SYN. écourter.
2. Réduire la longueur d'un texte, d'un document. *Abrégez votre introduction, elle est un peu trop longue.* SYN. condenser ; resserrer ; résumer.
3. Supprimer une partie des lettres d'un mot. *Le nom* téléphone *s'abrège en* tél. *Abréger* (et non *abrévier) *un mot.*
CONJUGAISON : VOIR MODÈLE PROTÉGER.
Le ***é*** se change en ***è*** devant une syllabe contenant un ***e*** muet, sauf à l'indicatif futur et au conditionnel présent. *J'abrège,* mais *j'abrégerai.*
Le ***g*** est suivi d'un ***e*** devant les lettres ***a*** et ***o***. *Il abrégea, nous abrégeons.*
[Les *Rectifications* (1990) admettent : il abrègera, abrègerait...]

ABREUVEMENT n. m.
Action de faire boire un animal. *L'abreuvement des chevaux.*

ABREUVER v. tr., pronom.
VERBE TRANSITIF
1. Faire boire abondamment (un animal). *Abreuver des chèvres.*
2. (FIG.) Mouiller considérablement. *L'orage a abreuvé les champs. Des terres abreuvées d'eau.*
3. (FIG.) Donner en abondance, couvrir de. *Il les a abreuvés d'injures.* SYN. accabler.
VERBE PRONOMINAL
Boire, en parlant d'un animal.
À la forme pronominale, le participe passé de ce verbe s'accorde toujours en genre et en nombre avec son sujet. *Les chevaux se sont abreuvés à la rivière.*
CONJUGAISON : VOIR MODÈLE AIMER.

A

ABREUVOIR n. m.
Lieu aménagé pour faire boire les animaux. *Le fermier a disposé des abreuvoirs pour ses vaches.*
FORME FAUTIVE
*abreuvoir. Impropriété au sens de ***fontaine*** (pour les personnes).

ABRÉVIATIF, IVE adj.
Qui sert à abréger. *Un point abréviatif.*

ABRÉVIATION n. f.
1. Retranchement des lettres dans un mot pour le rendre plus court.
2. Mot abrégé. *L'abréviation de* page *est* p. *Quand on dit* télé *au lieu de* télévision, *on emploie une abréviation.*
VOIR TABLEAU – ABRÉVIATION (RÈGLES DE L').
VOIR TABLEAU – ABRÉVIATIONS COURANTES.
VOIR TABLEAU – ACRONYME.
VOIR TABLEAU – SIGLE.
VOIR TABLEAU – SYMBOLE.

***ABRÉVIER**
Impropriété pour ***abréger.***

ABRI n. m.
1. Installation sommaire destinée à protéger (d'un danger, des intempéries, etc.). *Un abri contre le vent. Un abri antiatomique. Cette grotte a servi d'abri contre l'ennemi.*
2. (FIG.) Ce qui protège des difficultés. *Un abri contre la pression politique.*
LOCUTIONS
– ***Abri fiscal.*** ⚜ (COMPT.) Activité, placement favorisé par l'État et donnant droit à une réduction des impôts.
– ***À l'abri de,*** loc. prép. Protégé par. *Restons au sec à l'abri de ce porche.*
– ***À l'abri de,*** loc. prép. Protégé contre. *Restons ici à l'abri de la pluie.*

ABRIBUS n. m.
Le *s* se prononce, [abribys], comme dans ***autobus.***
Abri pour les voyageurs d'une ligne d'autobus. *J'attends l'autobus dans l'abribus parce qu'il pleut.*

ABRICOT adj. inv. et n. m.
NOM MASCULIN
Fruit de l'abricotier, à noyau lisse, à peau et à chair jaune orangé. *Une tarte aux abricots.*
ADJECTIF DE COULEUR INVARIABLE
De la couleur orangée de l'abricot. *Des gants abricot.*
VOIR TABLEAU – COULEUR (ADJECTIFS DE).

ABRICOTIER n. m.
Arbre cultivé pour son fruit, l'abricot.

ABRIER v. tr., pronom.
Le verbe rime avec ***briller,*** [abrije].
VERBE TRANSITIF
1. ⚜ (FAM.) Mettre à l'abri. « *Elle s'estoit retirée sous une mécha[n]te écorce qui ne l'abrioit d'aucun vent* » (Paul Le Jeune, *Relations des jésuites*). « *J'amassay des branches de pin, dont je fis un matelats pour me defendre de l'humidité de la terre, et une couverture pour m'abrier contre le froid* » (Jacques Buteux, *Relations des jésuites*).
2. ⚜ (FAM.) Couvrir, border. « *Pendant un instant, Érica a été nue, posée sur une civière, minuscule poupée inanimée. J'ai voulu l'abrier* » (Marie Laberge, *La Cérémonie des anges*). « *La nuit, encore une fois, va l'abrier de sa tendresse* » (Andrée Maillet, *Nouvelles montréalaises*).
3. Recouvrir. « *La bordée de ce soir a presque abrié les balises* » (Adjutor Rivard, *Chez nous*).
VERBE PRONOMINAL
⚜ (FAM.) Se couvrir, s'habiller chaudement. *Abriez-vous bien, les enfants, il fait très froid!* SYN. s'emmitoufler.
À la forme pronominale, le participe passé de ce verbe s'accorde toujours en genre et en nombre avec son sujet. *Elle s'est abriée suffisamment pour ne pas avoir froid.*
Ce verbe de registre familier demeure usuel au Québec et dans la francophonie canadienne, mais il n'appartient plus à l'usage courant de la majorité des locuteurs du français.
CONJUGAISON : VOIR MODÈLE ÉTUDIER.
Redoublement du ***i*** à la première et à la deuxième personne du pluriel de l'indicatif imparfait et du subjonctif présent. *(Que) nous abriions, (que) vous abriiez.*
➾ **abrier.**

ABRITÉ, ÉE adj.
Se dit d'un lieu qui est à l'abri du vent. *Les voiliers peuvent s'ancrer dans une rade bien abritée.*

ABRITER v. tr., pronom.
VERBE TRANSITIF
1. Mettre à l'abri (du soleil, du vent, des intempéries, d'un danger). *Un muret abrite le bosquet du vent* ou *contre le vent.* SYN. protéger.
2. Loger. *Ce refuge de montagne peut abriter dix personnes.* SYN. héberger.
VERBE PRONOMINAL
Se protéger. *Ils se sont abrités sous un arbre, elle s'abrite du soleil.*
À la forme pronominale, le participe passé de ce verbe s'accorde toujours en genre et en nombre avec son sujet. *Ils se sont abrités sous un grand parapluie.*
CONJUGAISON : VOIR MODÈLE AIMER.

ABRIVENT n. m.
1. Treillis destiné à protéger les plantes du vent. *Des abrivents efficaces.*
2. Guérite servant à protéger les sentinelles du soleil et des intempéries.

ABROGATIF, IVE adj.
(DR.) Qui abroge. *Des décisions abrogatives* SYN. abrogatoire.

ABROGATION n. f.
(DR.) Annulation (d'une loi, d'un décret).

ABROGATOIRE adj.
(DR.) Qui abroge. *Des mesures abrogatoires.* SYN. abrogatif.

ABROGEABLE adj.
Qui peut être abrogé. *Une loi abrogeable.*

ABROGER v. tr.
(DR.) Annuler une loi, un décret. *Ces traités pourraient être abrogés.* ANT. instituer.
On ***abroge*** une loi, un décret, une disposition, mais on ***abolit*** une pratique, une institution, un usage.
CONJUGAISON : VOIR MODÈLE CHANGER.
Le ***g*** est suivi d'un ***e*** devant les lettres ***a*** et ***o.*** *Il abrogea, nous abrogeons.*

ABRUPT, E adj.
Les lettres ***p*** et ***t*** se prononcent, [abrypt].
1. Dont la pente est presque verticale, à pic. *La paroi est très abrupte.* SYN. escarpé; raide.
2. (FIG.) Rude, trop direct (en parlant d'une personne). SYN. brutal.

ABRUPTEMENT adv.
Le ***p*** se prononce, [abryptəmɑ̃].
De façon brutale, rude. *Ils mirent fin à l'entretien abruptement.*

ABRUTI, IE adj. et n. m. et f.
(FAM.) Stupide, hébété. *Un air abruti. Taisez-vous, espèce d'abruti!* SYN. crétin; idiot.

ABRUTIR v. tr., pronom.
VERBE TRANSITIF
Rendre stupide, pareil à la brute. *Cette musique assourdissante nous abrutit. Abrutir ses employés de travail.* SYN. abêtir.
VERBE PRONOMINAL
Devenir stupide. *Tu t'abrutis à regarder cette émission : prends plutôt un livre.* SYN. s'abêtir.
À la forme pronominale, le participe passé de ce verbe s'accorde toujours en genre et en nombre avec son sujet. *Ils se sont abrutis de travail pour ne pas réfléchir.*
CONJUGAISON : VOIR MODÈLE FINIR.

ABRUTISSANT, ANTE adj.
Qui abrutit et finit par rendre stupide. *Des travaux abrutissants.*

ABRUTISSEMENT n. m.
Action d'abrutir ; état qui en résulte. *Ces propos sont un monument d'abrutissement et d'asservissement.*

A.B.S. n. m.
Sigle de l'allemand ***Antiblockiersystem.***
Système antiblocage des roues d'un véhicule visant à réduire le dérapage en cas de freinage d'urgence ou de freinage sur un sol offrant peu d'adhérence.

ABSCISSE n. f.
(MATH.) Coordonnée horizontale qui sert à définir un point.
Ne pas confondre avec le nom ***ordonnée,*** coordonnée verticale qui sert à définir un point.
Attention au genre féminin de ce nom : ***une*** abscisse.
abscisse.

ABSCONS, ONSE adj.
Le ***s*** final est muet à la forme masculine, [apskɔ̃, ɔ̃s].
(LITT.) Difficile à comprendre. *Un texte abscons. Une justification absconse.* SYN. abstrait ; (LITT.) abstrus ; hermétique ; incompréhensible ; obscur ; sibyllin. ANT. clair ; intelligent ; limpide.
abscons.

ABSENCE n. f.
1. Fait de n'être pas présent. *Son absence a été remarquée. « Guettant l'heure du couteau de ton absence »* (Alain Grandbois, *Les Îles de la nuit*). ANT. présence.
2. Manque. *Une absence totale de goût, de savoir-vivre.*
3. Moment de distraction, brève perte de mémoire. *Sa grand-maman a parfois des absences.*
LOCUTION
– ***Briller par son absence.*** Se faire remarquer par son absence. *Les députés en désaccord ont brillé par leur absence.*
absence.

ABSENT, ENTE adj. et n. m. et f.
ADJECTIF
1. Qui n'est pas présent. *Plusieurs élèves sont absents en raison de la tempête de neige. Les absents ont toujours tort.* ANT. présent.
Suivi d'un complément de lieu, l'adjectif se construit avec la préposition ***de.*** *Elle est absente de Montréal. Il était absent de* (et non *à) *la réunion.* Suivi d'un complément de temps exprimant la durée, l'adjectif se construit avec la préposition ***pendant.*** *Ils seront absents pendant* (et non *pour) *un mois.*
2. Qui a des distractions. *Il observait la scène d'un air absent : il avait l'esprit ailleurs.* SYN. distrait ; inattentif.
NOM MASCULIN ET FÉMININ
Personne qui n'est pas présente. *Les absents ont toujours tort.*

ABSENTÉISME n. m.
Fait d'être souvent absent (du travail, de l'école). *Un problème d'absentéisme. Le taux d'absentéisme est en baisse.*

ABSENTÉISTE adj. et n. m. et f.
Se dit d'une personne qui est fréquemment absente (du travail, de l'école).

ABSENTER (S') v. pronom.
Quitter momentanément un lieu, en particulier son lieu de travail. *Ils se sont absentés quelques minutes de la salle du conseil.* ANT. demeurer.
Le participe passé de ce verbe, qui n'existe qu'à la forme pronominale, s'accorde toujours en genre et en nombre avec son sujet. *Elle s'est absentée quelques minutes.*
Le verbe se conjugue avec l'auxiliaire ***être.***
CONJUGAISON : VOIR MODÈLE AIMER.

ABSIDE n. f.
Partie d'une église située derrière le chœur. *Une abside harmonieuse.* SYN. chevet.

ABSIDIOLE n. f.
Chacune des petites chapelles s'ouvrant sur l'abside.

ABSINTHE n. f.
1. Plante aromatique.
2. Liqueur alcoolique très nocive extraite de cette plante.
absinthe.

ABSOLU, UE adj. et n. m.
ADJECTIF
1. Total. *Un silence absolu.* SYN. complet.
2. Sans bornes, sans limites. *Le pouvoir absolu.*
3. Parfait. *Le bonheur absolu.*
4. Sans nuances, intransigeant. *Un caractère entier, absolu.*
5. Considéré en lui-même (par opposition à ***relatif***). *La majorité absolue.*
6. (GRAMM.) Se dit de l'emploi d'un mot en l'absence des autres mots qui l'entourent généralement.
La phrase *Madame reçoit* (ses invités) *tous les jeudis* est un exemple de construction absolue, le verbe transitif ***recevoir*** étant employé sans complément direct. En ce sens, on dit aussi *mot employé* ou *pris absolument.*
Quelques exemples de mots employés absolument :
– **Verbe sans complément.** *L'objectif de ce traitement est de guérir* (le malade) *ou, à tout le moins, de soulager. Le chirurgien opère* (un patient) *depuis deux heures.*
– **Nom sans adjectif qualificatif.** *Cette orthographe est préconisée par l'Académie* (française). *Ce dossier est du ressort de l'Administration* (publique).
– **Nom sans complément.** *Le gouvernement* (du Québec) *a effectué des compressions budgétaires.*
NOM MASCULIN
Ce qui existe indépendamment de toute autre chose. *Une soif d'absolu.*
LOCUTION
– ***Dans l'absolu,*** loc. adv. En théorie. SYN. théoriquement.

ABSOLUMENT adv.
1. Nécessairement. *Il faut y aller absolument.* SYN. obligatoirement ; à tout prix.
2. Tout à fait. *Je suis absolument d'accord.* SYN. complètement ; entièrement ; totalement.
3. (GRAMM.) En construction absolue, c'est-à-dire sans complément, en parlant d'un verbe, d'un nom ; sans adjectif, en parlant d'un nom. *Un verbe employé absolument.*
VOIR – ABSOLU.

ABSOLUTION n. f.
1. Rémission des péchés accordée par un prêtre à la suite de la confession.
2. (DR.) Pardon accordé à un coupable.

ABSORBABLE adj.
Qui peut être absorbé. *Une substance absorbable.*

RÈGLES DE L'**ABRÉVIATION**

L'abréviation est la suppression de lettres dans un mot à des fins d'économie d'espace ou de temps.

A

ABRÉVIATION

Mot dont on a supprimé des lettres.

M**^me^* est l'abréviation de *madame*; ***M., de *monsieur*; ***app.***, de *appartement*; ***p.***, de *page*.

⊶ Lors d'une première mention dans un texte, il importe d'écrire au long la signification de toute abréviation non usuelle, tout sigle, acronyme ou symbole non courant.

SIGLE

Abréviation constituée par les initiales de plusieurs mots et qui s'épelle lettre par lettre.

PME est le sigle de *petite et moyenne entreprise*; ***SVP***, de *s'il vous plaît*; ***BD***, de *bande dessinée*.

ACRONYME

Sigle composé des initiales ou des premières lettres d'une désignation et qui se prononce comme un seul mot.

Cégep est l'acronyme de *collège d'enseignement général et professionnel*;
OACI, de *Organisation de l'aviation civile internationale*.

SYMBOLE

Signe conventionnel constitué par une lettre, un groupe de lettres, etc.
Par exemple, les symboles des unités de mesure, les symboles chimiques et mathématiques.

Le symbole de *mètre* est ***m***, celui de *kilogramme*, ***kg***, celui de *dollar*, ***$***.

⊶ Les symboles appartiennent au système de notation des sciences et des techniques et s'écrivent sans point abréviatif.

- **Pluriel des abréviations**

Les abréviations, les sigles et les symboles ne prennent pas la marque du pluriel, à l'exception de certaines abréviations consacrées par l'usage.

Mme ***Mmes*** *n^{o}* ***n^{os}*** *M.* ***MM.***

- **Accents et traits d'union**

Les accents et les traits d'union du mot abrégé sont conservés dans l'abréviation.

c'est-à-dire ***c.-à-d.*** *États-Unis* ***É.-U.***

- **Point abréviatif en fin de phrase**

En fin de phrase, le point abréviatif se confond avec le point final.

Ces étudiantes sont titulaires d'un M.B.A.

RÈGLES DE L'ABRÉVIATION | **SUITE >**

▸ **Absence de point abréviatif pour les symboles**

Les symboles ne comportent pas de point abréviatif.

année ***a*** *centimètre* ***cm*** *mercure* ***Hg*** *cent* (monnaie) ***¢*** *heure* ***h*** *watt* ***W***

▸ **Espacement des symboles**

Les symboles des unités de mesure et les symboles des unités monétaires sont séparés par un espacement simple du nombre entier ou fractionnaire obligatoirement exprimé en chiffres.

15 ¢ *10,5 cm*

En l'absence d'une abréviation consacrée par l'usage, on abrégera selon les modes suivants :

- SUPPRESSION DES LETTRES FINALES
(après une consonne et avant une voyelle)

La dernière lettre de l'abréviation est suivie du point abréviatif. On abrège généralement devant la voyelle de l'avant-dernière syllabe.

environ ***env.*** *introduction* ***introd.*** *traduction* ***trad.*** *exemple* ***ex.***

[T] S'il n'y a pas de risque de confusion, il est possible de supprimer un plus grand nombre de lettres.
quelque chose ***qqch.*** *téléphone* ***tél.***

- SUPPRESSION DES LETTRES MÉDIANES

La lettre finale n'est pas suivie du point abréviatif, puisque la lettre finale de l'abréviation correspond à la dernière lettre du mot.

compagnie ***Cie*** *maître* ***M^{e}*** *madame* ***Mme*** *vieux* ***vx***

[T] L'abréviation des adjectifs ordinaux obéit à cette règle.
premier ***1er*** *deuxième* ***2e***

- SUPPRESSION DE TOUTES LES LETTRES, À L'EXCEPTION DE L'INITIALE

L'initiale est suivie du point abréviatif.

monsieur ***M.*** *page* ***p.*** *siècle* ***s.*** *verbe* ***v.***

- SUPPRESSION DES LETTRES DE PLUSIEURS MOTS, À L'EXCEPTION DES INITIALES

Les sigles et les acronymes sont constitués par les lettres initiales de plusieurs mots. Par souci de simplification, on observe une tendance à omettre les points abréviatifs dans les sigles et les acronymes.

Organisation des Nations Unies ***ONU*** *Société Radio-Canada* ***SRC***
Produit national brut ***PNB*** *Train à grande vitesse* ***TGV***

VOIR TABLEAUX ▸ **ABRÉVIATIONS COURANTES.** ▸ **ACRONYME.** ▸ **SIGLE.** ▸ **SYMBOLE.**

ABRÉVIATIONS COURANTES

a	année
AC	atmosphère contrôlée
adr.	adresse
al.	alinéa
Alb.	Alberta
AM	modulation d'amplitude
app.	appartement
apr. J.-C.	après Jésus-Christ
art.	article
a/s de	aux soins de
av.	avenue
av. J.-C.	avant Jésus-Christ
BD	bande dessinée
bdc	bas-de-casse
bibl.	bibliothèque
bibliogr.	bibliographie
boul.	boulevard
bur.	bureau
c.	contre
CA ou c. a.	comptable agréé
CA ou c. a.	comptable agréée
c. a.	courant alternatif
c.-à-d.	c'est-à-dire
C.-B.	Colombie-Britannique
c. c.	copie conforme
c. c.	courant continu
C/c	compte courant
c. élec.	courrier électronique
cf., conf.	*confer*
ch.	chacun, chacune
ch.	chemin
chap.	chapitre
ch. de f.	chemin de fer
Cie	compagnie
coll.	collection
C. P.	case postale
C. R.	contre remboursement
c^{té}, cté	comté
CV	curriculum vitæ
dom.	domicile
D^{r}, Dr	docteur
D^{re}, Dre	docteure
E.	est
éd.	édition
édit.	éditeur
édit.	éditrice
enr.	enregistrée
env.	environ
et al.	*et alii*
etc.	*et cetera*
É.-U., USA	États-Unis
ex.	exemple
excl.	exclusivement
exp.	expéditeur, expéditrice
FAB	franco à bord
féd.	fédéral
fig.	figure
FM	modulation de fréquence
gouv.	gouvernement
H., haut.	hauteur
HT	hors taxes
ibid.	*ibidem*
id.	*idem*
inc.	incorporée
incl.	inclusivement
Î.-P.-É.	Île-du-Prince-Édouard
l., larg.	largeur
l., long.	longueur
ltée	limitée
M.	monsieur
Man.	Manitoba
max.	maximum
MD	marque déposée
M^{e}	maître
M^{es}	maîtres
min.	minimum
Mlle	mademoiselle
Mlles	mesdemoiselles
MM.	messieurs
Mme	madame
Mmes	mesdames
N.	nord
N. B.	*nota bene*
N.-B.	Nouveau-Brunswick
n^{bre}	nombre
NDLR	note de la rédaction
NDT	note du traducteur
N.-É.	Nouvelle-Écosse
N^{o}, n^{o}	numéro
N^{os}, n^{os}	numéros
Nt	Nunavut
O.	ouest
o	octet
Ont.	Ontario
p.	page(s)
%, p. c., p. cent	pour cent
p. c. q.	parce que
p.-d. g., pdg	président-directeur général
p.-d. g., pdg	présidente-directrice générale
p. ex.	par exemple
pH	potentiel hydrogène
p. j.	pièce jointe
P^{r}, Pr	professeur
P^{re}, Pre	professeure
prov.	province
prov.	provincial
P.-S.	post-scriptum
p.-v.	procès-verbal
Qc	Québec
qq.	quelque
qqch.	quelque chose
qqn	quelqu'un
quest., Q.	question
RC, r.-de-ch.	rez-de-chaussée
réf.	référence
rép., R.	réponse
r^{o}	recto
RR	route rurale
RSVP	répondez, s'il vous plaît
r^{te}, rte	route
r.-v.	rendez-vous
s.	siècle
S.	sud
Sask.	Saskatchewan
sc.	science(s)
s. d.	sans date
SI	Système international d'unités
s. l.	sans lieu
s. l. n. d.	sans lieu ni date
s. o.	sans objet
S^{t}, S^{ts}	Saint, Saints
S^{te}, S^{tes}	Sainte, Saintes
S^{té}	société
suppl.	supplément
SVP, svp	s'il vous plaît
t.	tome
tél.	téléphone
tél. cell.	téléphone cellulaire
téléc.	télécopie
T.-N.-L.	Terre-Neuve-et-Labrador
T. N.-O.	Territoires du Nord-Ouest
TSVP	tournez, s'il vous plaît
TTC, t. t. c.	toutes taxes comprises
TU	temps universel
V., v.	voir
v^{o}	verso
vol.	volume(s)
v.-p.	vice-président
v.-p.	vice-présidente
Yn	Territoire du Yukon

VOIR TABLEAUX ▸ ABRÉVIATION (RÈGLES DE L'). ▸ GRADES ET DIPLÔMES UNIVERSITAIRES. ▸ SIGLE.

ABSORBANT, ANTE adj.
1. Qui absorbe. *Des papiers absorbants. L'éponge est absorbante.*
2. Qui occupe l'esprit entièrement. *Une tâche absorbante.*
Ne pas confondre avec le participe présent invariable ***absorbant***. *Ces serviettes absorbant l'eau, tout sera sec dans quelques minutes.*
FORME FAUTIVE
*coton absorbant. Calque de «*absorbent cotton*» pour ***coton hydrophile***.

ABSORBER v. tr., pronom.
VERBE TRANSITIF
1. Faire disparaître en aspirant. *Cette éponge absorbera le café renversé.*
2. Prendre une boisson, un aliment, un médicament. *Absorber un sirop.* SYN. avaler ; ingurgiter.
VERBE PRONOMINAL
Être entièrement pris par une réflexion. *S'absorber dans l'étude de ses leçons.* SYN. se concentrer ; se plonger.
À la forme pronominale, le participe passé de ce verbe s'accorde toujours en genre et en nombre avec son sujet. *Elles se sont absorbées dans leur lecture.*
À la forme pronominale, le verbe se construit avec la préposition ***dans***.
CONJUGAISON : VOIR MODÈLE AIMER.

ABSORPTION n. f.
1. Action d'absorber ; résultat de cette action. *L'absorption d'un liquide, d'un gaz.*
2. Action d'avaler. *L'absorption d'un médicament.*
Ne pas confondre avec le nom ***adsorption***, rétention d'un liquide, d'un gaz.

ABSORPTIVITÉ n. f.
Pouvoir d'absorption d'un corps.

ABSOUDRE v. tr.
1. Pardonner, donner l'absolution à quelqu'un.
2. (DR.) Exempter de sa peine l'auteur d'une infraction. *Les membres du comité l'ont absous de ses manquements.* ANT. condamner.
Attention au participe passé, ***absous, absoute***.
CONJUGAISON : VOIR MODÈLE RÉSOUDRE.
INDICATIF PRÉSENT *J'absous, tu absous, il absout, nous absolvons, vous absolvez, ils absolvent.* IMPARFAIT *J'absolvais.* FUTUR *J'absoudrai.* CONDITIONNEL PRÉSENT *J'absoudrais.* SUBJONCTIF PRÉSENT *Que j'absolve.* PARTICIPE PRÉSENT *Absolvant.* PASSÉ *Absous, absoute.*
Le passé simple et l'imparfait du subjonctif ne sont pas usités. [Les *Rectifications* (1990) admettent : absout (participe passé masculin).]

ABSOUTE n. f.
Absolution solennelle, après l'office des morts.

ABSTENIR (S') v. pronom.
1. Éviter de. *S'abstenir de répondre.* SYN. se dispenser de ; se garder de.
2. Se priver de. *Elles se sont abstenues de dessert.* SYN. se passer de ; renoncer à.
Le participe passé de ce verbe, qui n'existe qu'à la forme pronominale, s'accorde toujours en genre et en nombre avec son sujet. *Ces personnes se sont abstenues de voter.*
Le verbe se construit avec la préposition ***de***.
CONJUGAISON : VOIR MODÈLE VENIR.

ABSTENTION n. f.
1. Action de s'abstenir de faire quelque chose.
2. (PAR EXT.) Fait de ne pas participer à un vote. *Le Parlement a voté la proposition par 389 voix contre 135 et 55 abstentions.*
abstention.

ABSTENTIONNISME n. m.
Doctrine prônant le refus de voter.
abstentionnisme.

ABSTENTIONNISTE adj. et n. m. et f.
1. Relatif à l'abstentionnisme.
2. Qui est partisan de l'abstentionnisme.
abstentionniste.

ABSTINENCE n. f.
Privation volontaire de certains aliments, de certains plaisirs.
abstinence.

ABSTINENT, ENTE adj. et n. m. et f.
Qui pratique l'abstinence.
abstinent.

***ABSTRACT**
Anglicisme pour ***abrégé, résumé*** (d'un texte scientifique).

ABSTRACTION n. f.
1. Action d'abstraire.
2. Idée abstraite, concept.
LOCUTIONS
– ***Abstraction faite de.*** À l'exclusion de. *Abstraction faite de son inexpérience, il satisfait à toutes les conditions.* SYN. compte non tenu de.
– ***Faire abstraction de.*** Ne pas tenir compte de. *Nous devons faire abstraction de cette erreur de jugement.*

ABSTRAIRE v. tr., pronom.
VERBE TRANSITIF
Considérer isolément un élément.
Ce verbe est d'emploi peu fréquent : on emploie plutôt l'expression ***faire abstraction de***.
VERBE PRONOMINAL
S'isoler pour méditer. SYN. se concentrer.
À la forme pronominale, le participe passé de ce verbe s'accorde toujours en genre et en nombre avec son sujet. *Ils se sont abstraits totalement malgré les allées et venues des invités.*
CONJUGAISON : VOIR MODÈLE SOUSTRAIRE.
INDICATIF PRÉSENT *J'abstrais, tu abstrais, il abstrait, nous abstrayons, vous abstrayez, ils abstraient.* IMPARFAIT *J'abstrayais, nous abstrayions, vous abstrayiez.* FUTUR *J'abstrairai.* CONDITIONNEL PRÉSENT *J'abstrairais.* IMPÉRATIF PRÉSENT *Abstrais, abstrayons, abstrayez.* SUBJONCTIF PRÉSENT *Que j'abstraie, que nous abstrayions, que vous abstrayiez.* PARTICIPE PRÉSENT *Abstrayant.* PASSÉ *Abstrait, aite.*

ABSTRAIT, AITE adj.
1. Qui résulte d'une abstraction. *Les mathématiques abstraites.*
2. Difficile à comprendre, privé de réalité concrète. *Une explication trop abstraite.* SYN. abscons ; (LITT.) abstrus. ANT. concret.
3. Qui ne représente pas fidèlement ce que l'on voit. *L'art abstrait.* SYN. non figuratif. ANT. figuratif.

ABSTRAITEMENT adv.
De façon abstraite. *« L'intégration de l'Europe ne se décrète pas abstraitement, elle naît de solidarités effectivement réalisées »* (*Le Monde*). ANT. concrètement.

ABSTRUS, USE adj.
(LITT.) Très difficile à comprendre. *Un exposé hermétique, abstrus. « Il vient toujours un moment où l'essentiel d'une doctrine qui a paru abstruse est expliqué en trois mots par un homme d'esprit »* (Paul Valéry). SYN. abscons ; abstrait.
abstrus.

ABSURDE adj. et n. m.
ADJECTIF
Insensé, contraire à la raison. *Un comportement dénué de sens, absurde.* SYN. aberrant ; déraisonnable ; fou ; illogique ; irrationnel ; stupide. ANT. raisonnable.
NOM MASCULIN
Ce qui est absurde. *Ionesco ou la parodie de l'absurde.*

ABSURDEMENT adv.
De façon absurde. SYN. follement ; stupidement.

ABSURDITÉ n. f.
1. Caractère de ce qui est contraire à la raison. *L'absurdité de l'existence.* ANT. sens.
2. Chose absurde. *Cette démonstration fourmille d'absurdités.* SYN. ineptie ; non-sens.

ABUS n. m.
1. Usage injustifié de quelque chose. *L'État a tendance à utiliser un double langage, dont l'abus peut confiner au cynisme. Commettre des abus graves, révoltants, scandaleux. Dénoncer, faire cesser, mettre fin à, prévenir, remédier à, réprimer, s'élever contre, signaler, souligner, subir, tolérer un, des abus.*
2. Excès. *Une étude italienne vient de montrer que l'abus d'aspartame favorisait le cancer chez les rats. Le cardinal dénonce sans relâche les abus du néocapitalisme.*
LOCUTIONS
– ***Abus de biens sociaux.*** (DR.) Usage abusif des biens d'une entreprise, d'une organisation.
– ***Abus de confiance.*** (DR.) Délit par lequel une personne fait un mauvais usage de la confiance de quelqu'un. *Une enquête a été ouverte pour abus* (et non *bris) *de confiance et escroquerie.*
– ***Abus de droit.*** Usage abusif d'un droit.
– ***Abus de langage, de mots.*** Emploi de mots dont on détourne le sens. *« Un abus de langage fait qu'"avoir du cholestérol" est vécu comme pathologique, alors que ce lipide nous est indispensable et que seul son excès expose au risque cardiovasculaire »* (Le Monde).
– ***Abus de pouvoir.*** (DR.) Acte d'une personne qui outrepasse son droit. *« Cet universitaire franco-libanais n'a surtout eu de cesse de dénoncer les abus de pouvoir auxquels la Syrie s'est impunément livrée au Liban »* (Le Monde). SYN. abus d'autorité.
– ***Il y a de l'abus.*** (FAM.) On exagère.
FORMES FAUTIVES
*abus physique. Calque de «*physical abuse*» pour ***mauvais traitements, sévices, maltraitance.***
*abus sexuel. Calque de «*sexual abuse*» pour ***sévices sexuels, agression sexuelle.*** *Ces sévices* (et non *abus) *sexuels sur des déficients mentaux sont particulièrement répugnants.*
*abus verbal. Calque de «*verbal abuse*» pour ***injures, insultes, propos offensants.*** *En principe, on n'a pas à fermer une station de radio pour se protéger des propos offensants* (et non des *abus verbaux) *de ses animateurs.*
abus.

ABUSER v. tr., pronom.
VERBE TRANSITIF DIRECT
Tromper, duper. *Certains correspondants désinforment et abusent le monde sur la réalité cubaine.* SYN. berner ; leurrer.
VERBE TRANSITIF INDIRECT
1. Faire mauvais usage de. *Et il y a ce problème qui n'a jamais été résolu – la tendance de l'être humain à abuser de son pouvoir. N'abusez pas de la situation.*
2. User de façon excessive. *Lorsqu'un État abuse de la planche à billets, n'est-il pas faussaire ? Le développement durable est devenu une « tarte à la crème », dont abusent parfois les entreprises pour améliorer une image très détériorée.*
En ces sens, le verbe se construit avec la préposition ***de.***
3. (ABSOL.) Exagérer. *La démocratie est plus saine quand on ne ménage pas ceux qui abusent. Face aux hôteliers qui abusent, il existe des moyens coercitifs.*
VERBE PRONOMINAL
Se méprendre, se faire illusion. *S'abuser sur le pouvoir.*
À la forme pronominale, le participe passé de ce verbe s'accorde toujours en genre et en nombre avec son sujet. *Elle commençait à croire qu'elle s'était abusée.*
LOCUTION
– ***Si je ne m'abuse.*** Sauf erreur. *Vous avez participé à la réunion, si je ne m'abuse.*
FORME FAUTIVE
*abusée (en parlant d'une personne). Anglicisme au sens de ***violée, maltraitée, violentée, victime de mauvais traitements.***
CONJUGAISON : VOIR MODÈLE AIMER.

ABUSEUR, EUSE adj. et n. m. et f.
Personne qui abuse. *Ce sont des profiteurs, voire des abuseurs.*
FORME FAUTIVE
*abuseur. Anglicisme au sens de ***agresseur sexuel.***

ABUSIF, IVE adj.
1. Qui constitue un abus. *Une condition abusive.*
2. Erroné. *L'emploi abusif d'une expression.* SYN. inexact.
3. Qui abuse de son pouvoir, de son autorité. *Des parents abusifs.*

ABUSIVEMENT adv.
De façon abusive.

ABYSSAL, ALE, AUX adj.
1. Très profond. *Une faille abyssale.*
2. Qui appartient aux abysses. *Des poissons abyssaux.*
abyssal.

ABYSSE n. m.
Fosse sous-marine très profonde.
Attention au genre masculin de ce nom : ***un*** abysse.
abysse.

ABYSSIN adj. et n. m.
Chat d'une race à la tête triangulaire, au corps élancé, aux poils fauves. *Des chats abyssins. Un abyssin.*

ABYSSIN, INE adj. et n. m. et f.
De l'Abyssinie. *Le plateau abyssin. Des Abyssins.*

Ac
Symbole chimique de ***actinium.***

AC
Abréviation de ***atmosphère contrôlée.***

***A.C.**
Abréviation anglaise de «*alternating current*».

ACABIT n. m.
Le ***t*** ne se prononce pas, [akabi].
Ce mot ne s'emploie plus que dans les locutions péjoratives ***de cet acabit, de tout acabit, du même acabit*** signifiant « du même genre », avec un sens défavorable. *Deux individus du même acabit.*

ACACIA n. m.
Arbre à fleurs odorantes blanches ou jaunes. *Un bel acacia à fleurs blanches.*

ACADÉMICIEN n. m.
ACADÉMICIENNE n. f.
1. Membre d'une académie.
2. Membre de l'Académie française.
FORME FAUTIVE
*académicien. Anglicisme au sens de ***scientifique, universitaire.***

ACADÉMIE n. f.
1. Groupe d'écrivains, de savants, d'artistes. *L'Académie des sciences, l'Académie française.*
T En ce sens, le nom s'écrit avec une majuscule. Pris absolument, le nom désigne l'Académie française. *Richelieu fonda l'Académie en 1635.*
2. École de dessin, de peinture.

ACADÉMIQUE adj.
1. D'une académie, d'une société savante. *Une élection académique. Un discours académique. Des fauteuils académiques vacants.*

2. (PÉJ.) Conventionnel, sans originalité. *L'esthétique n'a rien de conventionnel ni d'académique. Il filme son sujet dans un style académique empesé, sans jamais dépasser la banalité de son propos.*

FORMES FAUTIVES

*académique. Anglicisme au sens de ***scolaire, universitaire.***

*académique. Anglicisme au sens de ***théorique, stérile.*** *L'article provoque un intense débat théorique* (et non *académique) *entre experts.*

*année académique. Calque de «*academic year*» pour ***année scolaire, universitaire.***

*bagage académique. Anglicisme pour ***formation (générale, scolaire, universitaire).***

*dossier académique. Calque de «*academic record*» pour ***dossier scolaire.***

*formation académique. Calque de «*academic training*» pour ***formation scolaire, universitaire.***

*liberté académique. Calque de «*academic freedom*» pour ***liberté de l'enseignement.***

*matière académique. Calque de «*academic matter*» pour ***matière scolaire.***

*savoir académique. Anglicisme pour ***formation scolaire, universitaire.***

*sur le plan académique. Anglicisme pour ***sur le plan de la formation, des études.***

ACADÉMIQUEMENT adv.
De façon académique.

ACADÉMISME n. m.
1. Observation stricte des traditions et règles d'une académie.
2. Absence d'originalité. *On ne peut accuser le peintre Gustav Klimt d'avoir fait preuve d'académisme.*

ACADIANISME n. m.
(LING.) Mot, expression ou sens propre au français en usage en Acadie. *Le nom* aboiteau *est un acadianisme.*

ACADIEN, IENNE adj. et n. m. et f.
ADJECTIF ET NOM MASCULIN ET FÉMININ
D'Acadie. *L'histoire acadienne. Un Acadien, une Acadienne.*
[T] L'adjectif s'écrit avec une minuscule; le nom, avec une majuscule.
NOM MASCULIN
Langue parlée en Acadie. *La Sagouine d'Antonine Maillet parle l'acadien.*
[T] Le nom de la langue s'écrit avec une minuscule.

ACAJOU adj. inv. et n. m.
NOM MASCULIN
1. Arbre d'Amérique à bois dur. *Des acajous.*
Le fruit de l'acajou est le ***cajou*** (et non le *cachou).
2. Bois de cet arbre. *Ces meubles sont en acajou.*
ADJECTIF DE COULEUR INVARIABLE
De la couleur orangée de l'acajou. *Des cheveux acajou.*
VOIR TABLEAU – COULEUR (ADJECTIFS DE).

ACALORIQUE adj.
Sans calories. *Un régime acalorique.*

ACANTHE n. f.
Plante ornementale. *Une belle feuille d'acanthe.*
LOCUTION
– ***Feuille d'acanthe.*** Ornement architectural qui imite la feuille de cette plante. *Un chapiteau corinthien orné de feuilles d'acanthe.*
acanthe.

A CAPPELLA ou **A CAPELLA** loc. adj. et loc. adv.
Locution latine signifiant « sans accompagnement d'instruments ». *Des chants* a cappella. *Chanter* a capella.
[T] En typographie soignée, les mots étrangers sont composés en italique. Dans des textes déjà en italique, la notation se fait en romain. Pour les textes manuscrits, on utilisera les guillemets.
[Les *Rectifications* (1990) admettent : à capella.]

ACARIÂTRE adj.
Insupportable par son mauvais caractère. *Cette personne est sympathique : elle n'est pas acariâtre.* SYN. agressif; désagréable; grincheux; hargneux.
acariâtre.

ACARICIDE adj. et n. m.
Se dit d'un produit qui détruit les acariens.

ACARIEN n. m.
Animal de très petite taille, souvent parasite.

***À CAUSE QUE**
Archaïsme pour ***parce que.***

ACCABLANT, ANTE adj.
1. Qui accable. *Cette chaleur est accablante.*
2. Qui accuse. *Une preuve accablante.*
Ne pas confondre avec le participe présent invariable ***accablant.*** *Les ennuis accablant notre ami, épargnons-lui cette mauvaise nouvelle.*

ACCABLEMENT n. m.
État d'une personne accablée par un poids physique ou moral. *Comment préserver la confiance indispensable lorsqu'un désastre suscite terreur et accablement? Ils sont en proie à un profond sentiment d'accablement.* SYN. abattement; découragement.

ACCABLER v. tr.
1. Épuiser, écraser de fatigue. *Ils sont accablés par la chaleur.*
2. Imposer à quelqu'un une chose très pénible, très dure pour le moral. *Des chercheurs accablés de travail, des gestionnaires accablés sous le poids des responsabilités.* SYN. décourager; écraser; surcharger.
CONJUGAISON : VOIR MODÈLE AIMER.

ACCALMIE n. f.
1. Calme de la mer qui succède à la tempête. SYN. éclaircie; embellie.
2. (FIG.) Interruption momentanée d'une activité intense. *Profiter d'une courte accalmie pour boire un café.*
accalmie.

ACCAPARANT, ANTE adj.
Qui occupe totalement. *Des tâches accaparantes.* SYN. absorbant.

ACCAPAREMENT n. m.
Action, fait d'accaparer.

ACCAPARER v. tr.
1. Monopoliser. *Il a accaparé notre invité toute la soirée.*
2. Occuper complètement. *Sa fonction l'accapare.* SYN. absorber.
La forme pronominale est à éviter. *Elle a accaparé* (et non *s'est accaparé) *tous les honneurs.*
CONJUGAISON : VOIR MODÈLE AIMER.

ACCÉDER v. tr. ind.
1. Donner accès à un lieu. *Ce couloir accède à la terrasse.* SYN. mener.
2. Parvenir. *Elle accéda au sommet de la montagne.* SYN. arriver; atteindre.
3. Accepter. *Il accéda à sa demande.* SYN. acquiescer; agréer; consentir.
Le verbe se construit avec la préposition ***à.***

CONJUGAISON : VOIR MODÈLE POSSÉDER.
Le ***é*** se change en ***è*** devant une syllabe contenant un ***e*** muet, sauf à l'indicatif futur et au conditionnel présent. *J'accède,* mais *j'accéderai.*
[Les *Rectifications* (1990) admettent : il accèdera, accèderait...]

ACCELERANDO adv.
Les lettres ***cc*** se prononcent ***ks***, [akselerɑ̃do].
Mot italien signifiant « en pressant le mouvement », en musique.
[T] En typographie soignée, les mots étrangers sont composés en italique. Dans des textes déjà en italique, la notation se fait en romain. Pour les textes manuscrits, on utilisera les guillemets.
[Les *Rectifications* (1990) admettent : accélérando.]

ACCÉLÉRATEUR, TRICE adj. et n. m.
ADJECTIF
Qui accélère. *Une force accélératrice.*
NOM MASCULIN
1. Organe qui commande l'admission du mélange gazeux dans le moteur d'un véhicule. *Appuyer sur l'accélérateur* (et non le *gaz).
2. (CHIM.) Substance qui accélère une réaction.

ACCÉLÉRATION n. f.
1. Accroissement de la vitesse d'un corps en mouvement. *Cette moto puissante a de bonnes accélérations.* ANT. ralentissement.
2. (FIG.) Mouvement plus rapide. *Une accélération brusque, inquiétante. L'accélération d'un processus, du pouls, de la respiration.* ANT. ralentissement.

ACCÉLÉRÉ n. m.
(CIN.) Effet spécial qui simule des mouvements accélérés. ANT. ralenti.

ACCÉLÉRER v. tr., intr., pronom.
VERBE TRANSITIF
Accroître la vitesse de. *Il accélère le pas et court presque.* ANT. ralentir.
VERBE INTRANSITIF
Aller plus vite, en parlant d'un conducteur de véhicule. *N'accélérez pas trop : vous risqueriez une contravention.*
VERBE PRONOMINAL
Devenir plus rapide. *Les battements de son cœur se sont accélérés.*
À la forme pronominale, le participe passé de ce verbe s'accorde toujours en genre et en nombre avec son sujet. *La hausse des prix s'est accélérée.*
CONJUGAISON : VOIR MODÈLE POSSÉDER.
Le deuxième ***é*** se change en ***è*** devant une syllabe contenant un ***e*** muet, sauf à l'indicatif futur et au conditionnel présent. *J'accélère,* mais *j'accélérerai.*
[Les *Rectifications* (1990) admettent : il accélèrera, accélèrerait...]

ACCENT n. m.
1. Façon de parler propre à une communauté linguistique. *Elle parle avec un charmant accent italien. Atténuer, cacher, se départir de, dissimuler, imiter un accent anglais.*
2. Inflexion de la voix qui permet l'expression d'un sentiment. *Des accents de sincérité, l'accent du désespoir.* SYN. intonation.
3. Signe graphique qui se place sur une voyelle pour la définir. *Un accent grave, un accent circonflexe, un accent aigu.*
VOIR TABLEAU – ACCENTS.
VOIR TABLEAU – ACCENTS PIÈGES.
LOCUTIONS
– ***Accent aigu.*** (GRAMM.) Accent qui marque le ***e*** fermé. *Les mots* école, éléphant, cinéma *comportent des accents aigus.* ANT. accent grave.
[T] L'accent aigu est constitué d'un signe oblique descendant de droite à gauche.
– ***Accent circonflexe.*** (GRAMM.) Accent qui marque un ***e*** ouvert lorsqu'il est placé sur un ***e*** (*blême, chêne, crêpe*), une voyelle longue lorsqu'il est placé sur un ***a*** (*âcre, pâte, tâche*) ou sur un ***o*** (*arôme, diplôme, pôle*).
L'accent circonflexe sert aussi à distinguer des homonymes : ***acre*** « surface » et ***âcre*** « irritant » ; ***mur*** « paroi » et ***mûr*** « parvenu à maturité » ; ***tache*** « marque » et ***tâche*** « travail ».
[T] L'accent circonflexe est constitué d'un petit chevron horizontal.
– ***Accent grave.*** (GRAMM.) Accent qui marque le ***e*** ouvert. *Les mots* trouvère, flèche, nèfle *comportent des accents graves.* ANT. accent aigu.
L'accent grave sert aussi à distinguer des homonymes : ***où*** (adverbe) et ***ou*** (conjonction) ; ***à*** (préposition) et ***a*** (verbe ***avoir***).
[T] L'accent grave est constitué d'un signe oblique descendant de gauche à droite.
– ***Mettre l'accent sur, faire porter l'accent sur.*** Insister. *Mettre l'accent* (et non *emphase) *sur les verbes irréguliers.* SYN. souligner.

ACCENTUATION n. f.
Action d'accentuer (une voyelle, une syllabe).

ACCENTUÉ, ÉE adj.
1. Qui porte un accent. *Une voyelle accentuée. Des majuscules accentuées.* ANT. inaccentué.
2. Bien marqué, appuyé. *Des traits accentués par la fatigue.*

ACCENTUER v. tr., pronom.
VERBE TRANSITIF
1. Tracer un accent sur. *Accentuer une lettre.*
2. Rendre plus apparent. *Ses cheveux noirs accentuent sa pâleur.* SYN. montrer ; souligner.
3. Augmenter. *Les taux d'intérêt ont accentué l'inflation.*
VERBE PRONOMINAL
Devenir plus fort. *Sa douleur s'est accentuée.* SYN. s'intensifier.
À la forme pronominale, le participe passé de ce verbe s'accorde toujours en genre et en nombre avec son sujet. *Leur excitation s'est accentuée.*
CONJUGAISON : VOIR MODÈLE AIMER.

ACCEPTABILITÉ n. f.
Ensemble de caractéristiques qui font qu'une chose mérite d'être acceptée. *L'acceptabilité d'une proposition.* SYN. admissibilité ; recevabilité.

ACCEPTABLE adj.
1. Qui peut être accepté. *Un compromis acceptable.* SYN. valable.
2. Assez bon. *Une dissertation acceptable.* SYN. satisfaisant.

ACCEPTATION n. f.
Action de donner son accord. *Une acceptation absolue, inconditionnelle, entière, passive, résignée, totale. L'acceptation d'une invitation, d'un mandat, d'une mutation, d'une offre, d'un projet, d'une succession. Donner, signifier son acceptation.*
Ne pas confondre avec le nom ***acception***, sens d'un mot.

ACCEPTER v. tr., pronom.
VERBE TRANSITIF
1. Être d'accord pour recevoir. *J'accepte votre cadeau avec joie.*
2. Donner son accord à. *Les parties ont accepté ce compromis.* SYN. consentir.
3. Admettre. *La Faculté de médecine accepte peu d'étudiants.*
VERBE PRONOMINAL
1. S'assumer. *Elles se sont acceptées telles qu'elles étaient.*

2. Admettre mutuellement la présence, la personnalité, etc. *Ces collègues se sont acceptés rapidement.*
À la forme pronominale, le participe passé de ce verbe s'accorde toujours en genre et en nombre avec son sujet. *Ils s'étaient acceptés en toute sérénité.*
CONJUGAISON : VOIR MODÈLE AIMER.

ACCEPTION n. f.
Sens d'un mot. *Une acception figurée, méliorative, péjorative, propre. Un mot qui a plusieurs acceptions. Un terme pris dans son acception figurée.* SYN. signification.
LOCUTION
– ***Dans toute l'acception du mot, du terme.*** Au sens intégral du mot, du terme. *Ce professeur donne un cours magistral, dans toute l'acception du mot.*
Ne pas confondre avec le nom ***acceptation,*** accord.

ACCÈS n. m.
1. Ce qui permet de pénétrer dans un lieu, d'atteindre un but, d'obtenir quelque chose. *L'accès récent des femmes à des postes prestigieux, à des professions naguère réservées aux hommes. Bloquer, couper, faciliter, fermer, interdire, limiter, permettre, refuser l'accès. Un accès aléatoire, gratuit, interdit, libre, limité, rapide, réservé, restreint.*
2. Poussée. *Un accès de fièvre, des accès de colère, de toux.*
Ne pas confondre avec le nom ***abcès,*** amas de pus.
LOCUTIONS
– ***Accès direct.*** (INFORM.) Mode d'exploitation d'un fichier permettant d'atteindre une donnée, dans un ordre indépendant de sa position en mémoire.
– ***Accès sécurisé.*** (INFORM.) Accès à un réseau informatique selon une procédure qui vise à protéger la sécurité des données afin d'éviter leur perte ou leur utilisation par des personnes non autorisées.
– ***Accès séquentiel.*** (INFORM.) Mode d'exploitation d'un fichier imposant la lecture de toutes les données précédemment enregistrées avant celle qui est recherchée.
– ***Avoir accès à (un lieu, quelque chose).*** Pouvoir y accéder. *Par la salle à manger, nous avons accès au jardin.*
– ***Donner accès à.*** Permettre de pénétrer (en un lieu).
– ***Donner accès à.*** (FIG.) Permettre d'obtenir (quelque chose). *Cette formation spécialisée donne accès à des postes intéressants.*
accès.

ACCESSIBILITÉ n. f.
Caractère de ce qui est accessible. *L'accessibilité d'un ouvrage de référence bien vulgarisé, l'accessibilité à des postes intéressants.*
accessibilité.

ACCESSIBLE adj.
1. Que l'on peut facilement approcher. *Le sommet du mont Royal est accessible aux marcheurs.*
2. (FIG.) Compréhensible, sans difficulté. *Un livre accessible aux adolescents.* SYN. intelligible ; à la portée de.
3. Raisonnable, en parlant d'un prix. SYN. abordable. ANT. inaccessible.
accessible.

ACCESSION n. f.
Action d'accéder à. *L'accession à l'indépendance.*
accession.

ACCESSIT n. m.
Le *t* se prononce, [aksesit].
Mot latin signifiant « il s'est approché », utilisé aujourd'hui pour désigner une mention honorable accordée par défaut à la personne qui, sans avoir de prix, s'en est approchée. *Des accessits.*

ACCESSOIRE adj. et n. m.
Le mot se prononce [akseswar].
ADJECTIF
Secondaire. *Des considérations accessoires.* ANT. essentiel ; principal.
NOM MASCULIN
1. Élément secondaire. *Se préoccuper de l'essentiel, non de l'accessoire.*
2. Pièce qui complète un élément principal. *Des accessoires informatiques. Des accessoires d'automobile.*
LOCUTIONS
– ***Accessoire (de mode).*** Élément qui complète une tenue. *Le sac à main est un accessoire important.*
– ***Accessoire de théâtre.*** Objet nécessaire à une représentation théâtrale.
accessoire.

A

ACCESSOIREMENT adv.
De façon accessoire. *Ce toit améliore l'acoustique du lieu et présente, accessoirement, l'avantage de loger les équipements scéniques.*

ACCESSOIRISTE n. m. et f.
Personne chargée des accessoires (au cinéma, au théâtre, à la télévision). *Une accessoiriste débrouillarde.*

ACCIDENT n. m.
1. Évènement imprévisible, désagréable. *Oh ! Un petit accident : Claude a sali la nappe.*
2. Évènement malheureux qui cause des dégâts, des blessures, la mort. *Un accident d'avion, de chasse, de chemin de fer, de cheval, de la circulation, de motocyclette, de la route, de voiture. Échapper, survivre à un accident. Causer, occasionner, provoquer un accident.*
Ne pas confondre avec le nom ***incident,*** évènement imprévu d'importance secondaire.
LOCUTIONS
– ***Accident de parcours.*** Erreur qui ne remet pas en cause une évolution favorable.
– ***Accident de terrain.*** Inégalité du sol.
– ***Accident de travail.*** Accident survenant pendant le travail.
– ***Accident vasculaire cérébral (AVC).*** (MÉD.) Hémorragie ou infarctus d'une région du cerveau.
Le GDT et le DDFM admettent le québécisme correctement formé ***accident cérébrovasculaire (ACV).***
– ***Par accident.*** Par hasard. *Je les ai rencontrés par accident.*

ACCIDENTÉ, ÉE adj. et n. m. et f.
ADJECTIF
1. Dont le relief présente des inégalités, qui n'est pas uniforme. *Une surface accidentée. Des régions accidentées.* SYN. montagneux. ANT. plat ; uni.
2. Qui a subi un accident. *Une voiture accidentée.*
NOM MASCULIN ET FÉMININ
Victime d'un accident. *Cette accidentée a été indemnisée.*

ACCIDENTEL, ELLE adj.
Produit par accident. *Une rupture accidentelle de câbles.*

ACCIDENTELLEMENT adv.
De façon accidentelle. *Ils se sont heurtés accidentellement.*

ACCIDENTER v. tr., pronom.
VERBE TRANSITIF
1. (FAM.) Causer un accident à, endommager. *Ce chauffard a accidenté un cycliste.*
2. (LITT.) Rompre le déroulement habituel de, bouleverser l'ordre des choses. *Des promotions inattendues ont accidenté sa carrière.*
VERBE PRONOMINAL
Devenir inégal, en parlant d'une surface, d'un relief. *Plus vous allez vers le nord, plus la région s'accidente.*
À la forme pronominale, le participe passé de ce verbe s'accorde toujours en genre et en nombre avec son sujet. *Les parcours de golf se sont accidentés.*
CONJUGAISON : VOIR MODÈLE AIMER.

ACCENTS

Les accents sont des signes qui se placent sur certaines voyelles afin d'en préciser la prononciation ou de distinguer des mots ayant une prononciation identique, mais une signification différente (homophones).

Certains accents ne sont présents que par tradition orthographique.

A

- **Accent aigu** [´]
  Éléphant, école, accéléré, cinéma, télévision, féminiser, malgré, nuitée, péril.

- **Accent grave** [`]
  Règle, grève, lèvre, complètement, baromètre, lèche-vitrines, nèfle, parallèle.

- **Accent circonflexe** [^]
  Arôme, câble, extrême, pâle, tâche, forêt, prêt, quête, plutôt, rôder, jeûner.

- **Tréma** [¨]
  Signe orthographique que l'on met sur les voyelles ***e, i, u*** pour indiquer que cette voyelle doit être prononcée séparément de celle qui précède ou qui suit.
  Noël, héroïsme, capharnaüm, naïf, laïque, maïs, haïr, inouï, mosaïque.

ACCENTS ET SENS

En plus d'indiquer la prononciation, les accents permettent de distinguer certains mots de forme semblable, mais dont la signification varie :

acre	« surface »	et	**âcre**	« irritant »
chasse	« poursuite du gibier »	et	**châsse**	« coffret »
colon	« membre d'une colonie »	et	**côlon**	« intestin »
cote	« mesure »	et	**côte**	« pente »
haler	« tirer »	et	**hâler**	« bronzer »
mat	« non brillant »	et	**mât**	« pièce dressée d'un voilier »
mur	« paroi »	et	**mûr**	« parvenu à maturité »
roder	« mettre au point »	et	**rôder**	« aller et venir »
sur	« aigre »	et	**sûr**	« certain »
tache	« marque »	et	**tâche**	« travail »

ACCENTS ET MAJUSCULES

Parce que les accents permettent de préciser la prononciation ou le sens des mots, il importe d'accentuer les majuscules aussi bien que les minuscules. En effet, l'absence d'accents peut modifier complètement le sens d'un mot ou d'une phrase. Ainsi, les mots ***SALE*** et ***SALÉ***, ***MEUBLE*** et ***MEUBLÉ*** ne se distinguent que par l'accent. Autre exemple : seul l'accent permet de différencier les phrases *UN ASSASSIN TUÉ* et *UN ASSASSIN TUE.*

[T] Les abréviations, les sigles et les acronymes n'échappent pas à cette règle. ***É.-U.*** (abréviation de ***États-Unis***).

ACCENTS ET PRONONCIATION

Pour harmoniser l'orthographe et la prononciation de certains mots, l'Académie française a admis l'emploi d'un accent grave en remplacement de l'accent aigu devant une syllabe contenant un *e* muet.

abrègement	(traditionnellement orthographié ***abrégement***)
allègement	(traditionnellement orthographié ***allégement***)
allègrement	(traditionnellement orthographié ***allégrement***)
évènement	(traditionnellement orthographié ***événement***)

Les *Rectifications orthographiques* (1990) harmonisent l'orthographe et la prononciation de certains mots (voir à l'ordre alphabétique du dictionnaire).

VOIR TABLEAUX ▸ **ACCENTS PIÈGES.** ▸ **RECTIFICATIONS ORTHOGRAPHIQUES.**

ACCENTS PIÈGES

La langue française comporte plusieurs illogismes, de nombreuses anomalies qui peuvent être la cause d'erreurs. Voici, à titre d'exemples, une liste de mots pour lesquels les fautes d'accent sont fréquentes.

A

MOTS DE MÊME ORIGINE AVEC OU SANS ACCENT ?

âcre	et	acrimonie	infâme	et	infamie
arôme	et	aromatique	jeûner	et	déjeuner
binôme	et	binomial	pôle	et	polaire
côte	et	coteau	râteau	et	ratisser
diplôme	et	diplomatique	sûr	et	assurer
grâce	et	gracieux	symptôme	et	symptomatique
impôt	et	imposer	trône	et	introniser

MOTS AVEC OU SANS ACCENT CIRCONFLEXE ?

Les participes passés des verbes ***croître, devoir*** et ***mouvoir***:
crû, mais ***crue, crus, crues*** – ***dû,*** mais ***due, dus, dues*** – ***mû,*** mais ***mue, mus, mues.***

Avec un accent circonflexe		**Sans** accent circonflexe	
abîme	fraîche	barème	cyclone
aîné	gîte	bateau	égout
bâbord	huître	boiter	flèche
blême	maître	chalet	guépard
câble	mât	chapitre	pédiatre
chaîne	piqûre	cime	racler
dégât	voûte	crèche	toit

Avec un accent circonflexe	**Sans** accent circonflexe
assidûment	éperdument
crûment	ingénument
dûment	prétendument

MOTS AVEC UN ACCENT AIGU OU UN ACCENT GRAVE ?

Avec un accent **aigu**		Avec un accent **grave**	Avec un accent **aigu**		Avec un accent **grave**
assécher	et	assèchement	réglementer	et	règlement
bohémien	et	bohème	régler	et	règle
crémerie	et	crème	régner	et	règne
hypothéquer	et	hypothèque	repérer	et	repère
poésie	et	poète	zébrer	et	zèbre

MOTS AVEC OU SANS TRÉMA ?

Avec un tréma		**Sans** tréma
aïeul	haïr	coefficient
archaïque	héroïsme	goéland
caïd	inouï	goélette
caïman	maïs	homogénéiser
canoë	mosaïque	israélien
coïncidence	naïf	kaléidoscope
égoïste	ouïe	moelle
faïence	païen	poème
glaïeul	troïka	protéine

Les *Rectifications orthographiques* (1990) suppriment ou modifient les accents de certains mots (voir à l'ordre alphabétique du dictionnaire).

VOIR TABLEAU ► **ACCENTS.**

ACCIDENTOGÈNE adj.
Se dit de ce qui est particulièrement susceptible de causer un accident. *Un pont accidentogène. La vitesse excessive et l'alcool sont accidentogènes.* SYN. dangereux.

ACCISE n. f.
(FISC.) Impôts indirects prélevés par l'État le plus souvent au moment de la fabrication de certains produits (tabac, alcool, etc.) ou, dans certains pays, sur des objets de consommation (Recomm. off.). SYN. droits d'accise; taxes d'accise.

ACCLAMATION n. f.
Cri d'enthousiasme collectif. *Des acclamations de joie saluèrent leur arrivée.* SYN. applaudissement; ovation.
LOCUTION
– ***Nommer, élire, voter par acclamation.*** Nommer, élire, sans qu'il soit besoin d'un scrutin. *Elle fut élue par acclamation.*
L'expression ***à l'unanimité*** n'exclut pas le vote et signifie « à la totalité des suffrages ».

ACCLAMER v. tr.
Saluer par des cris d'enthousiasme. *Les élèves ont acclamé les vainqueurs de la partie de hockey.* SYN. applaudir; ovationner. ANT. huer.
CONJUGAISON : VOIR MODÈLE AIMER.

ACCLIMATABLE adj.
Qui peut être acclimaté. *Des espèces acclimatables.*

ACCLIMATATION n. f.
Action d'adapter un organisme, un être à un nouveau climat, à un nouveau milieu géographique. *Un jardin d'acclimatation.* SYN. adaptation.
Ne pas confondre avec les noms suivants :
• ***acclimatement,*** adaptation spontanée d'un organisme ou d'un être à un milieu nouveau;
• ***acculturation,*** adaptation d'un individu à une culture étrangère.

ACCLIMATEMENT n. m.
Adaptation spontanée d'un organisme, d'un être à un milieu nouveau.
Ne pas confondre avec les noms suivants :
• ***acclimatation,*** action d'adapter un organisme ou un être à un nouveau climat;
• ***acculturation,*** adaptation d'un individu à une culture étrangère.

ACCLIMATER v. tr., pronom.
VERBE TRANSITIF
Adapter (un animal, un végétal) à un nouveau climat.
VERBE PRONOMINAL
S'habituer à un nouveau milieu. *Ils se sont très bien acclimatés à la ville.* SYN. s'adapter.
À la forme pronominale, le participe passé de ce verbe s'accorde toujours en genre et en nombre avec son sujet. *Elles se sont acclimatées facilement.*
CONJUGAISON : VOIR MODÈLE AIMER.

ACCOINTANCES n. f. pl.
1. Relations familières ou d'intérêt (avec des personnes haut placées). *« Au contraire "de nos sœurs" qui avaient des accointances importantes et par là de l'influence »* (Gabrielle Roy, *La Détresse et l'Enchantement*).
2. (PÉJ.) Relations peu recommandables. *Le nouveau venu avait des accointances multiples.*

ACCOLADE n. f.
1. Action de serrer quelqu'un entre ses bras. *Recevoir l'accolade.*
2. Signe typographique destiné à réunir les termes d'une énumération. Elle sera verticale pour rassembler des lignes, horizontale pour relier des colonnes.
T Il faut veiller à diriger la pointe centrale de l'accolade vers l'indication unique.

ACCOLEMENT n. m
Action de réunir par une accolade, de rapprocher.

ACCOLER v. tr.
1. Réunir par une accolade. *Accoler les éléments d'une énumération.*
2. Joindre. *Accoler deux noms.*
CONJUGAISON : VOIR MODÈLE AIMER.
accoler.

ACCOMMODANT, ANTE adj.
Facile à contenter. *Des personnes accommodantes.* SYN. conciliant.
Ne pas confondre avec le participe présent invariable ***accommodant.*** *Des cuisinières accommodant du poulet.*
accommodant.

ACCOMMODATION n. f.
1. (RARE) Action d'adapter, de s'adapter aux individus, aux circonstances. *Cela signifie que le devoir d'accommodation (à la pratique religieuse d'un individu, par exemple) s'applique en droit civil privé, a expliqué l'avocat.* SYN. adaptation; ajustement.
2. (MÉD.) Mise au point de la vision de façon à former une image claire sur la rétine. *L'accommodation de l'œil aux distances. Un neuro-ophtalmologiste a constaté des spasmes d'accommodation et des problèmes à évaluer les distances.*
3. (FIG.) Mise au point, clarification. *« Le lexicographe fait une espèce d'accommodation rétinienne et précise, sous microscope, le sens, l'intention, le calcul, l'exigence et les ressources du mot »* (Alain Rey, *Le Point, 2001*).
FORME FAUTIVE
*accommodation. Anglicisme au sens de ***hébergement, capacité d'hébergement, installations hôtelières.***
accommodation.

ACCOMMODEMENT n. m.
1. Accord pour terminer une affaire à l'amiable. *« Un méchant (ou mauvais) accommodement vaut mieux que le meilleur procès »* (*Dictionnaire de l'Académie*, 5e éd.). SYN. compromis.
2. Règlement à l'amiable. *Une commission d'étude examinera les divers accommodements aux différences culturelles.*
LOCUTION
– ***Accommodement raisonnable.*** Instrument juridique destiné à concilier une règle générale avec la liberté de religion et le droit à l'égalité.
Créé spontanément au Québec à la suite d'un fait divers, ce terme désigne une forme de conciliation jugée acceptable par une communauté en vue de permettre à une personne, à un groupe minoritaire de maintenir une tradition religieuse ou culturelle, dans le respect mutuel, selon le GDT.
accommodement.

ACCOMMODER v. tr., intr., pronom.
VERBE TRANSITIF
1. Apprêter des aliments pour la consommation. *Le secret de son art : accommoder subtilement des produits dits classiques (pigeonneaux, ris de veau, fruits de mer...) avec des saveurs singulières (gingembre, coriandre...).* SYN. cuisiner; préparer.
2. Adapter aux individus, aux circonstances. *Les terres des jardins ont été modifiées, par exemple par l'ajout de roches concassées, pour accommoder ces fleurs, habituées aux hauteurs.*
VERBE INTRANSITIF
(MÉD.) Réaliser l'accommodation, en parlant de l'œil. *La presbytie est le résultat de la perte de déformabilité du cristallin indispensable pour accommoder et ainsi voir de près.*
VERBE PRONOMINAL
1. Se satisfaire de. *L'État doit s'accommoder d'un budget déficitaire avant même de commencer à rembourser sa dette.* SYN. s'arranger de; se contenter de.

En ce sens, le verbe se construit avec la préposition ***de***.
2. S'adapter à. *S'accommoder à de nouvelles conditions de travail. Ils ont essayé de s'accommoder avec son successeur sans vraiment obtenir tout ce que leurs ambitions réclamaient.* SYN. s'habituer à.
En ce sens, le verbe se construit avec les prépositions ***à, avec.***
À la forme pronominale, le participe passé de ce verbe s'accorde toujours en genre et en nombre avec son sujet. *Les étudiants se sont accommodés du nouvel horaire.*
FORMES FAUTIVES
*accommoder. Anglicisme au sens de ***loger, héberger, accueillir, recevoir.*** *Cette auberge peut accueillir* (et non *accommoder) *vingt clients.*
*accommoder. Anglicisme au sens de ***satisfaire, contenter, aider, rendre service à.*** *J'aimerais pouvoir vous rendre service* (et non vous *accommoder), *mais ce n'est pas possible.*
CONJUGAISON : VOIR MODÈLE AIMER.
accommoder, deux **c**, deux ***m***.

ACCOMPAGNATEUR n. m.
ACCOMPAGNATRICE n. f.
1. Personne qui accompagne et guide un groupe ou une autre personne. *L'enseignant et deux accompagnateurs voyageront avec les enfants.*
2. (MUS.) Personne qui accompagne un chanteur, un musicien, avec un instrument ou avec la voix.
3. Personne qui assure un accompagnement individuel ou collectif (GDT). *Une accompagnatrice* (et non *coach) *pour dirigeants.*
L'accompagnateur peut être une personne d'expérience à l'interne qui a reçu une formation ou un consultant externe qualifié (GDT).

ACCOMPAGNEMENT n. m.
1. Ce qui vient s'ajouter. *Comme accompagnement, je vous suggère des haricots verts.*
2. (MUS.) Ensemble des parties vocales ou instrumentales secondaires qui soutiennent la partie principale. *Un accompagnement de guitare.*
3. Ensemble de conseils personnalisés et de mesures de suivi apportés à court et à moyen terme, à une ou à plusieurs personnes, pour répondre à des besoins d'ordre personnel, familial et professionnel (GDT). *L'accompagnement* (et non le *coaching) *de dirigeants.*
L'accompagnement vise notamment le développement des aptitudes, l'amélioration de l'efficacité et du niveau de performance, la résolution de problèmes, la mise en place de stratégies centrées sur les objectifs (GDT).

ACCOMPAGNER v. tr., pronom.
VERBE TRANSITIF
1. Aller avec. *On l'accompagnera à l'aéroport. Une carte accompagne ce bouquet.*
2. Ajouter à. *Accompagner un texte de graphiques.* SYN. joindre.
3. Soutenir par un accompagnement musical. *Alain accompagne la chanteuse au piano.*
À la forme passive, le verbe se construit avec les prépositions ***de, par***. *Elle est accompagnée par* ou *de son copain.*
VERBE PRONOMINAL
1. Avoir pour conséquence. *Le verglas s'accompagne souvent d'accidents.*
2. Jouer la partie d'accompagnement tout en chantant. *Ils se sont accompagnés à la guitare.*
À la forme pronominale, le participe passé de ce verbe s'accorde toujours en genre et en nombre avec son sujet. *L'inondation s'est accompagnée de dégâts importants.*
CONJUGAISON : VOIR MODÈLE AIMER.

ACCOMPLI, IE adj.
1. Révolu. *Douze ans accomplis.*
2. Idéal. *Une jeune fille accomplie.*
LOCUTION
– ***Fait accompli.*** Ce sur quoi on ne peut revenir. *Il a été mis devant le fait accompli : elle était partie.*

ACCOMPLIR v. tr., pronom.
VERBE TRANSITIF
Exécuter, faire. *Accomplir une œuvre. Leur mission est accomplie.* SYN. achever ; réaliser ; terminer.
VERBE PRONOMINAL
Se réaliser. *Ses vœux se sont accomplis.* SYN. arriver.
À la forme pronominale, le participe passé de ce verbe s'accorde toujours en genre et en nombre avec son sujet. *Ces actions se sont accomplies en collaboration.*
CONJUGAISON : VOIR MODÈLE FINIR.

ACCOMPLISSEMENT n. m.
1. Le fait d'accomplir quelque chose. *Une ordonnance relative à l'accomplissement de certaines formalités contractuelles par voie électronique. L'accomplissement d'une mission. « L'œil se reposait à la voir apporter à l'accomplissement de toutes choses des gestes si précis, si paisibles »* (Germaine Guèvremont, *Le Survenant*). SYN. exécution.
2. État de ce qui est accompli. *Elle veille jalousement sur sa mémoire et l'accomplissement de ses désirs. Ce journaliste-plongeur vit l'accomplissement d'un vieux rêve.* SYN. réalisation.
Le *Trésor de la langue française* énumère des compléments fréquents du nom : « accomplissement d'un devoir, d'un désir, du destin, d'un projet, d'un dessein, d'un vœu, d'une promesse, d'une œuvre, d'une loi, etc. ».
FORME FAUTIVE
*accomplissement. Anglicisme au sens de ***exploit, réussite, succès.***

ACCORD n. m.
1. Entente entre plusieurs personnes. *C'est l'accord parfait entre Geneviève et Jean.* SYN. complicité ; sympathie. ANT. désaccord ; mésentente.
2. Fait de s'entendre sur quelque chose pour des personnes, des groupes. *Nous avons leur accord pour aller explorer le petit bois.*
3. Règlement, convention entre plusieurs parties. *Le Canada et les pays européens ont signé un accord relativement à la pêche au flétan.* SYN. arrangement ; entente.
4. Harmonie, correspondance. *Ces sons, ces couleurs forment un bel accord.*
5. (GRAMM.) Fait pour un mot de prendre le genre, le nombre ou la personne d'un autre mot. *L'accord de l'adjectif avec le nom. On fait l'accord du verbe en personne et en nombre avec le sujet.*
LOCUTIONS
– ***D'accord***, loc. adv. Oui, je veux bien. *Viens-tu à la pêche avec nous ? D'accord !*
Plus familièrement, on dit aussi ***OK***, abréviation d'origine américaine. Il est préférable d'employer ***d'accord***.
– ***Donner son accord.*** Autoriser, permettre. *Les autorités ont donné leur accord à l'exploration de cette caverne.*
– ***D'un commun accord.*** Avec l'accord de tous. *D'un commun accord, les copropriétaires ont entrepris de restaurer leur immeuble.*
– ***Être d'accord,*** loc. verb. Donner son assentiment à quelque chose. *Vous m'avez convaincue : je suis d'accord.* SYN. s'entendre.
– ***Être d'accord pour,*** loc. verb. Accepter. *Il est d'accord pour revenir.* SYN. consentir.
La locution est suivie de l'infinitif.
– ***Être d'accord pour que,*** loc. verb. Consentir. *Ils sont d'accord pour que la maison soit restaurée.*
La locution est suivie du subjonctif.

– ***Être d'accord que,*** loc. verb. Convenir, reconnaître. *Tu es d'accord que le prix est trop élevé. Nous sommes d'accord que ce choix pourrait être risqué.*
La locution est suivie de l'indicatif ou du conditionnel.
– ***Être d'accord sur, à propos de,*** loc. verb. Partager la même opinion au sujet de quelque chose. *Elle est d'accord sur ce choix, à propos de cette décision.*
La locution se construit avec la préposition ***sur*** ou avec la locution prépositive ***à propos de,*** et elle est suivie d'un nom.
– ***Être en accord.*** Être en harmonie. *Ces fleurs et le décor de cette pièce sont en accord.*
– ***Se mettre d'accord, tomber d'accord.*** S'entendre. *Elles se sont mises d'accord pour partager le travail. Ils sont tombés d'accord sur l'urgence de débloquer des fonds.*
Dans ces expressions, le nom ***accord*** est invariable.
FORME FAUTIVE
*en accord avec. Calque de «*in accordance with*» pour ***conformément à, en vertu de, suivant.*** Conformément à (et non *en accord avec) *l'article 3.*

ACCORD-CADRE n. m. (pl. *accords-cadres*)
Accord dont les dispositions générales doivent orienter des textes d'application.

ACCORDÉON n. m.
Instrument de musique portatif à soufflet. *Le soir du 14 juillet, on entend des airs d'accordéon.*
LOCUTION
– ***En accordéon.*** Plissé comme le soufflet de l'instrument. *Son pantalon est en accordéon.*

ACCORDÉONISTE n. m. et f.
Personne qui joue de l'accordéon.
accordéoniste, un seul ***n*** comme ***violoniste.***

ACCORDER v. tr., pronom.
VERBE TRANSITIF
1. Mettre en accord (un instrument de musique). *Accorder un piano.*
2. Autoriser. *Accorder un congé de paternité à un employé.* ANT. refuser.
3. Mettre en harmonie. *Accorder des couleurs, des sons. Accorder ses décisions avec ses valeurs.* SYN. agencer; harmoniser.
En ce sens, le verbe se construit avec la préposition ***avec.***
4. (GRAMM.) Faire l'accord grammatical de. *Accorder un participe passé.*
VERBE PRONOMINAL
1. Bien s'entendre, aller bien ensemble. *Ces deux-là, ils s'accordent à merveille; ils se sont toujours bien accordés l'un avec l'autre. Ils s'accordent comme chien et chat, comme larrons en foire.* ANT. se brouiller.
2. Être en harmonie. *Ces tableaux s'accordent parfaitement avec le décor.*
3. Être d'accord. *Elles s'accordent à reconnaître l'intérêt de cette recherche, pour convenir d'un arrangement.*
En ce sens,le verbe se construit avec les prépositions ***à, pour.***
4. Se donner. *Ils s'accordent un moment de détente.*
5. (GRAMM.) Être en accord grammatical avec un autre mot. *L'adjectif s'accorde en genre et en nombre avec le nom ou le pronom auquel il se rapporte.*
À la forme pronominale, le participe passé de ce verbe s'accorde en genre et en nombre avec le complément direct si celui-ci le précède. *Les vacances qu'il s'est accordées lui ont été bénéfiques.* Le participe passé reste invariable si le complément direct suit le verbe. *Elles se sont accordé un peu de repos.* En l'absence d'un complément direct, le verbe s'accorde en genre et en nombre avec le sujet. *Ces collègues se sont toujours bien accordés.*
LOCUTION
– ***Accorder ses flûtes, ses violons.*** (FIG.) Se mettre d'accord.
CONJUGAISON : VOIR MODÈLE AIMER.

ACCORDEUR n. m.
ACCORDEUSE n. f.
Personne qui accorde les instruments de musique. *Un accordeur de pianos.*

ACCORDOIR n. m.
Instrument de l'accordeur.

ACCORT, ORTE adj.
(VX) (LITT.) Aimable et gracieux. *Une accorte personne.* SYN. avenant; joli.
accort.

ACCOSTAGE n. m.
Action d'accoster; le fait d'accoster.

ACCOSTER v. tr.
1. S'approcher contre, se ranger bord à bord avec, en parlant d'un navire. *Le canot automobile de la brigade côtière accosta le bâtiment louche.* SYN. aborder.
En ce sens, le verbe ***accoster*** se construit également avec la préposition ***à*** ou absolument. *Le bateau accosta à l'extrémité du quai. Le paquebot vient d'accoster.*
2. Aborder quelqu'un avec sans-gêne, avec brusquerie. *Il l'accosta à la porte du café.*
Par rapport au verbe ***aborder,*** qui peut avoir un sens favorable ou défavorable, le verbe ***accoster*** comporte une nuance péjorative.
CONJUGAISON : VOIR MODÈLE AIMER.

ACCOTEMENT n. m.
Partie latérale d'une route entre la chaussée et le fossé (Recomm. off.). *Il est interdit de stationner sur l'accotement.*
Les accotements, stabilisés ou non, ne font pas partie de la chaussée.
accotement.

ACCOTER v. tr., pronom.
VERBE TRANSITIF
Appuyer d'un côté. *Accoter une échelle contre un mur. « Assis sur leurs chaises accotées contre le mur, en équilibre sur deux pieds […], ils retiraient leur pipe »* (Ringuet, *Trente Arpents*).
VERBE PRONOMINAL
S'appuyer. *Elle s'est accotée à un arbre, contre un arbre.*
À la forme pronominale, le verbe se construit avec les prépositions ***à, contre.***
À la forme pronominale, le participe passé de ce verbe s'accorde toujours en genre et en nombre avec son sujet. *Ils s'étaient accotés au comptoir.*
FORME FAUTIVE
*s'accoter (avec quelqu'un). Impropriété au sens de ***vivre en union libre.***
CONJUGAISON : VOIR MODÈLE AIMER.
accoter.

ACCOTOIR n. m.
Appui pour les bras. SYN. accoudoir; bras.
On emploie surtout le nom ***accoudoir.***
accotoir.

ACCOUCHÉE n. f.
Femme qui vient d'accoucher.

ACCOUCHEMENT n. m.
Action de mettre un enfant au monde. *Un accouchement rapide.* SYN. naissance.

ACCOUCHER v. tr.
VERBE TRANSITIF DIRECT
Aider à accoucher. *C'est un gynécologue qui m'a accouchée; toi, c'est une sage-femme.*
VERBE TRANSITIF INDIRECT
Donner naissance à (un enfant). *Elle a accouché d'un garçon.*
En ce sens, le verbe se construit avec la préposition ***de.***

Le verbe se conjugue avec l'auxiliaire ***être*** pour insister sur l'état, alors que la construction avec l'auxiliaire ***avoir*** exprime l'acte. *Elle est accouchée d'hier.*
LOCUTION
– ***C'est une montagne qui accouche d'une souris.*** (FIG.) Se donner beaucoup de mal pour peu de résultats.
CONJUGAISON : VOIR MODÈLE AIMER.

ACCOUCHEUR n. m.
ACCOUCHEUSE n. f.
Personne dont la profession est de faire des accouchements.

ACCOUDER (S') v. pronom.
S'appuyer sur un coude, sur les coudes. *Ils se sont accoudés à la rampe, sur l'appui de la fenêtre.*
Le verbe se construit avec les prépositions ***à, sur.***
Le participe passé de ce verbe, qui n'existe qu'à la forme pronominale, s'accorde toujours en genre et en nombre avec son sujet. *Elles s'étaient accoudées à un parapet.*
CONJUGAISON : VOIR MODÈLE AIMER.

ACCOUDOIR n. m.
Appui pour les coudes. *Les accoudoirs d'un fauteuil.* SYN. accotoir ; bras.

ACCOUPLEMENT n. m.
Union sexuelle du mâle et de la femelle, en parlant surtout des animaux.
VOIR TABLEAU – ANIMAUX.

ACCOUPLER v. tr., pronom.
VERBE TRANSITIF
1. Réunir des choses, des animaux par deux. *Accoupler des chevaux.*
2. Unir pour la reproduction. *Accoupler des chiens de race.*
VERBE PRONOMINAL
S'unir pour la reproduction, en parlant des animaux.
À la forme pronominale, le participe passé de ce verbe s'accorde toujours en genre et en nombre avec son sujet. *Le mâle et la femelle se sont accouplés.*
CONJUGAISON : VOIR MODÈLE AIMER.

ACCOURIR v. intr.
Venir très rapidement à un lieu donné. *Elle a accouru aussitôt vers son amie, jusqu'à elle, dans la maison. Il est accouru dans l'appartement pour la rassurer.* SYN. se précipiter.
Le verbe se construit avec ***jusqu'à, dans*** et ***vers.***
Le verbe se conjugue avec l'auxiliaire ***avoir*** pour exprimer l'action, avec l'auxiliaire ***être*** pour exprimer l'état, le résultat de l'action.
Ne pas confondre avec ***courir,*** se déplacer rapidement, dans n'importe quelle direction, sans but précis.
CONJUGAISON : VOIR MODÈLE COURIR.
INDICATIF PRÉSENT *J'accours, tu accours, il accourt, nous accourons, vous accourez, ils accourent.* IMPARFAIT *J'accourais.* PASSÉ SIMPLE *J'accourus.* FUTUR *J'accourrai.* CONDITIONNEL PRÉSENT *J'accourrais.* IMPÉRATIF PRÉSENT *Accours, accourons, accourez.* SUBJONCTIF PRÉSENT *Que j'accoure.* PARTICIPE PRÉSENT *Accourant.* PASSÉ *Accouru, ue.*
accourir, deux ***c***, un ***r.***

ACCOUTREMENT n. m.
Tenue ridicule. *Quel est cet accoutrement bizarre ?* SYN. déguisement.

ACCOUTRER v. tr., pronom.
VERBE TRANSITIF
Habiller d'une manière ridicule. *Avez-vous vu comment ils ont accoutré leur caniche ?*
Le verbe a une connotation défavorable.
VERBE PRONOMINAL
S'habiller bizarrement. *Regardez comment ils se sont accoutrés de vêtements trouvés au grenier.* SYN. se déguiser.
À la forme pronominale, le participe passé de ce verbe s'accorde toujours en genre et en nombre avec son sujet. *Ils s'étaient accoutrés de tenues excentriques.*
CONJUGAISON : VOIR MODÈLE AIMER.

ACCOUTUMANCE n. f.
1. Habitude. *Une accoutumance au bruit.* SYN. adaptation.
2. Dépendance. *L'accoutumance* (et non *addiction) *aux somnifères.*
accoutumance.

ACCOUTUMÉ, ÉE adj.
Habituel. *Le facteur passe à l'heure accoutumée.*
LOCUTION
– ***À l'accoutumée,*** loc. adv. À l'ordinaire. *Ils sont venus dimanche comme à l'accoutumée. « Il n'en fallait pas moins, le jour, soigner les bêtes à l'accoutumée et faire l'ordinaire des travaux »* (Ringuet, *Trente Arpents*).

ACCOUTUMER v. tr., pronom.
VERBE TRANSITIF
Habituer. *Accoutumer son chien à ne pas japper.*
VERBE PRONOMINAL
S'habituer à. *Ils se sont accoutumés à ne pas trop manger.*
À la forme pronominale, le participe passé de ce verbe s'accorde toujours en genre et en nombre avec son sujet. *Ils se sont accoutumés à ce nouveau logiciel.*
Le verbe se construit avec la préposition ***à*** aux formes transitive et pronominale.
CONJUGAISON : VOIR MODÈLE AIMER.

ACCRÉDITATION n. f.
Action d'accréditer (un diplomate) auprès d'un gouvernement étranger.
FORME FAUTIVE
*accréditation. Anglicisme au sens de ***agrément.***

ACCRÉDITER v. tr., pronom.
VERBE TRANSITIF
1. Déléguer quelqu'un pour agir en qualité de. *Accréditer un ambassadeur auprès du président de la République.*
2. Avoir un crédit (dans un établissement bancaire). *Être accrédité auprès d'une banque.*
3. Rendre plausible. *Ces indices accréditent l'hypothèse d'une fusion.*
VERBE PRONOMINAL
Devenir plus crédible, se propager. *Ces rumeurs s'accréditent.*
À la forme pronominale, le participe passé de ce verbe s'accorde toujours en genre et en nombre avec son sujet. *La rumeur s'est accréditée progressivement.*
CONJUGAISON : VOIR MODÈLE AIMER.

ACCRÉDITIF, IVE adj. et n. m.
ADJECTIF
Qui accrédite.
NOM MASCULIN
Crédit bancaire.

ACCRÉTION n. f.
Agglomération. *Accrétion de particules.*

ACCRO adj. inv. en genre et n. m. et f.
ADJECTIF INVARIABLE EN GENRE
1. (FAM.) Dépendant (de l'alcool, d'une drogue, du travail...). *Ils sont accros* (et non *addict) *du jeu.*
2. (FAM.) (FIG.) Passionné de. *Elle est accro des dicos.*
NOM MASCULIN ET FÉMININ
(FAM.) Personne qui ne peut se passer de quelque chose. *C'est une accro du travail, du vélo.* SYN. fanatique ; fervent ; passionné.

ACCROC n. m.
Le **c** final ne se prononce pas, [akro].
1. Déchirure. *Il a fait un accroc à son gilet.*
2. (FIG.) Incident fâcheux. *Une mission sans accroc.*
accroc, un **c** final.

ACCROCHAGE n. m.
1. Action d'accrocher. *L'accrochage d'un tableau.*
2. Accident mineur (entre deux véhicules). *Il a eu un accrochage, mais sa voiture n'est pas très endommagée.*
3. (FAM.) Dispute. SYN. querelle.

ACCROCHE n. f.
Phase initiale d'une campagne publicitaire se présentant sous forme d'énigme en vue d'attirer l'attention du public. *Une accroche* (et non un *teaser) *efficace.* SYN. aguiche ; annonce-mystère.

ACCROCHE-CŒUR n. m. (pl. *accroche-cœur* ou *accroche-cœurs*)
Boucle de cheveux sur le front ou la tempe. SYN. guiche.

ACCROCHE-PLAT n. m. (pl. *accroche-plats*)
Dispositif servant à fixer un plat, une assiette au mur. *Des accroche-plats pratiques.*

ACCROCHER v. tr., pronom.
VERBE TRANSITIF
1. Suspendre. *Accrocher des tableaux au mur.* ANT. décrocher.
2. Heurter légèrement, en parlant d'un véhicule ou de son conducteur. *Elle a accroché le pare-chocs d'une fourgonnette.*
3. Faire un accroc à. *Zut, j'ai accroché mon collant !*
4. Retenir l'attention, susciter l'intérêt. *Ces témoignages ont accroché l'attention des élèves.*
VERBE PRONOMINAL
1. Être retenu à. *Une vigne qui s'accroche par des vrilles.*
2. (FIG.) Persévérer, se cramponner. *Ils se sont accrochés à la vie.* SYN. tenir bon.
3. (FAM.) Se disputer avec. *S'accrocher avec quelqu'un.* SYN. se quereller.
À la forme pronominale, le participe passé de ce verbe s'accorde toujours en genre et en nombre avec son sujet. *Les naufragés se sont accrochés à l'épave.*
LOCUTION
– ***Accrocher ses patins.*** (FIG.) Cesser une activité, prendre sa retraite.
CONJUGAISON : VOIR MODÈLE AIMER.

ACCROCHEUR, EUSE adj.
Qui retient l'attention. *Un message publicitaire accrocheur.*

ACCROIRE v. tr.
LOCUTIONS
– ***En faire accroire à quelqu'un.*** Le tromper. SYN. duper ; leurrer ; tromper.
– ***Faire accroire, laisser accroire.*** (FAM.) Faire croire une chose fausse, tromper. *« C'est pas à moi que vous ferez accroire ça »* (Germaine Guèvremont, *Le Survenant*). *Cet individu veut nous faire accroire qu'il habite ici.*
1° Contrairement à la locution ***faire accroire***, qui a un sens défavorable, l'expression ***faire croire***, qui signifie « persuader », peut avoir un sens favorable ou défavorable.
2° Cette locution de registre familier demeure usuelle au Québec et dans la francophonie canadienne, mais elle n'appartient plus à l'usage courant de la majorité des locuteurs du français.
Le verbe ne s'emploie qu'à l'infinitif et il est précédé du verbe *faire* ou plus rarement du verbe *laisser*.

ACCROISSEMENT n. m.
Fait d'accroître, de s'accroître. *L'accroissement du chiffre des affaires.* SYN. augmentation ; hausse.

ACCROÎTRE v. tr., pronom.
VERBE TRANSITIF
Rendre plus grand. *Accroître ses connaissances.* SYN. amplifier ; augmenter ; développer ; enrichir ; étendre.
VERBE PRONOMINAL
Devenir plus important, plus étendu. *Sa fortune s'est accrue de plusieurs millions.* SYN. croître ; se développer ; grandir ; grossir. ANT. diminuer.
À la forme pronominale, le participe passé de ce verbe s'accorde toujours en genre et en nombre avec son sujet. *Ses biens se sont accrus considérablement.*
CONJUGAISON : VOIR MODÈLE ACCROÎTRE.
À la différence du verbe ***croître***, le verbe ***accroître*** ne prend un accent circonflexe qu'à l'infinitif, à la troisième personne du singulier de l'indicatif présent ainsi qu'à toutes les personnes de l'indicatif futur et du conditionnel.
[Les *Rectifications* (1990) admettent : il accroit, accroitra, accroitrait...]

ACCROUPIR (S') v. pronom.
S'asseoir sur ses talons. *Ils se sont accroupis pour passer sous la clôture.*
Le participe passé de ce verbe, qui n'existe qu'à la forme pronominale, s'accorde toujours en genre et en nombre avec son sujet. *Ils se sont accroupis pour ne pas être vus.*
CONJUGAISON : VOIR MODÈLE FINIR.

ACCRU, UE adj.
Augmenté, plus grand. *Des dépenses accrues.*

ACCT
Sigle de ***Agence de coopération culturelle et technique***, maintenant désignée ***Agence de la francophonie.***
L'organisme conserve le sigle *ACCT.*

ACCU n. m.
Forme abrégée familière de ***accumulateur.*** *Ses accus sont à plat.*

ACCUEIL n. m.
1. Manière d'accueillir. *Il nous a réservé un excellent accueil. Faites-lui bon accueil. Merci de votre accueil aimable, bienveillant, chaleureux, cordial, courtois, sympathique. Un accueil distant, froid, glacial, réservé.*
2. Réception (dans une entreprise, une organisation). *Veuillez vous présenter à l'accueil.*
LOCUTION
– ***Centre d'accueil.*** Bâtiment situé à l'entrée d'un parc et où sont regroupés la plupart des services offerts aux visiteurs (GDT). *Des centres d'accueil bien aménagés.*
Ne pas confondre avec l'orthographe en ***-euil*** de ***cerfeuil, fauteuil***, etc.
accueil.

ACCUEILLANT, ANTE adj.
Qui fait bon accueil. *Ces voisins sont très accueillants.* SYN. hospitalier.

ACCUEILLIR v. tr.
1. Recevoir bien ou mal. *Ils les ont accueillis dans leur équipe, parmi eux, au sein du groupe, à bras ouverts.*
2. Donner l'hospitalité à, recevoir. *Cette résidence accueille les personnes âgées. Une école qui peut accueillir 200 élèves.*
3. Accepter bien ou mal. *Les étudiants accueilleraient mal une hausse des droits de scolarité.*
CONJUGAISON : VOIR MODÈLE CUEILLIR.
INDICATIF PRÉSENT *J'accueille, tu accueilles, il accueille, nous accueillons, vous accueillez, ils accueillent.* IMPARFAIT *J'accueillais, nous accueillions, vous accueilliez.* PASSÉ SIMPLE *J'accueillis.* FUTUR *J'accueillerai.* CONDITIONNEL PRÉSENT *J'accueillerais.* IMPÉRATIF PRÉSENT *Accueille, accueillons, accueillez.* SUBJONCTIF PRÉSENT *Que j'accueille, que nous accueillions, que vous accueilliez.* PARTICIPE PRÉSENT *Accueillant.* PASSÉ *Accueilli, ie.*
accueillir.

CONJUGAISON DU VERBE **ACCROÎTRE**

INDICATIF

PRÉSENT		PASSÉ COMPOSÉ		
j'	accr**ois**	j'	ai	accru
tu	accr**ois**	tu	as	accru
elle	accr**oît**	elle	a	accru
il	accr**oît**	il	a	accru
nous	accr**oissons**	nous	avons	accru
vous	accr**oissez**	vous	avez	accru
elles	accr**oissent**	elles	ont	accru
ils	accr**oissent**	ils	ont	accru

IMPARFAIT		PLUS-QUE-PARFAIT		
j'	accr**oissais**	j'	avais	accru
tu	accr**oissais**	tu	avais	accru
elle	accr**oissait**	elle	avait	accru
il	accr**oissait**	il	avait	accru
nous	accr**oissions**	nous	avions	accru
vous	accr**oissiez**	vous	aviez	accru
elles	accr**oissaient**	elles	avaient	accru
ils	accr**oissaient**	ils	avaient	accru

PASSÉ SIMPLE		PASSÉ ANTÉRIEUR		
j'	accr**us**	j'	eus	accru
tu	accr**us**	tu	eus	accru
elle	accr**ut**	elle	eut	accru
il	accr**ut**	il	eut	accru
nous	accr**ûmes**	nous	eûmes	accru
vous	accr**ûtes**	vous	eûtes	accru
elles	accr**urent**	elles	eurent	accru
ils	accr**urent**	ils	eurent	accru

FUTUR SIMPLE		FUTUR ANTÉRIEUR		
j'	accr**oîtrai**	j'	aurai	accru
tu	accr**oîtras**	tu	auras	accru
elle	accr**oîtra**	elle	aura	accru
il	accr**oîtra**	il	aura	accru
nous	accr**oîtrons**	nous	aurons	accru
vous	accr**oîtrez**	vous	aurez	accru
elles	accr**oîtront**	elles	auront	accru
ils	accr**oîtront**	ils	auront	accru

CONDITIONNEL PRÉSENT		CONDITIONNEL PASSÉ		
j'	accr**oîtrais**	j'	aurais	accru
tu	accr**oîtrais**	tu	aurais	accru
elle	accr**oîtrait**	elle	aurait	accru
il	accr**oîtrait**	il	aurait	accru
nous	accr**oîtrions**	nous	aurions	accru
vous	accr**oîtriez**	vous	auriez	accru
elles	accr**oîtraient**	elles	auraient	accru
ils	accr**oîtraient**	ils	auraient	accru

SUBJONCTIF

PRÉSENT			PASSÉ			
que	j'	accr**oisse**	que	j'	aie	accru
que	tu	accr**oisses**	que	tu	aies	accru
qu'	elle	accr**oisse**	qu'	elle	ait	accru
qu'	il	accr**oisse**	qu'	il	ait	accru
que	nous	accr**oissions**	que	nous	ayons	accru
que	vous	accr**oissiez**	que	vous	ayez	accru
qu'	elles	accr**oissent**	qu'	elles	aient	accru
qu'	ils	accr**oissent**	qu'	ils	aient	accru

IMPARFAIT			PLUS-QUE-PARFAIT			
que	j'	accr**usse**	que	j'	eusse	accru
que	tu	accr**usses**	que	tu	eusses	accru
qu'	elle	accr**ût**	qu'	elle	eût	accru
qu'	il	accr**ût**	qu'	il	eût	accru
que	nous	accr**ussions**	que	nous	eussions	accru
que	vous	accr**ussiez**	que	vous	eussiez	accru
qu'	elles	accr**ussent**	qu'	elles	eussent	accru
qu'	ils	accr**ussent**	qu'	ils	eussent	accru

IMPÉRATIF

PRÉSENT	PASSÉ	
accr**ois**	aie	accru
accr**oissons**	ayons	accru
accr**oissez**	ayez	accru

INFINITIF

PRÉSENT	PASSÉ
accr**oître**	avoir accru

PARTICIPE

PRÉSENT	PASSÉ
accr**oissant**	accru, ue
	ayant accru

ACCULER v. tr.
1. Interdire tout recul à, conduire dans un lieu sans issue. *Acculer une bête enragée contre un mur, dans un coin. L'incendie de la ville a acculé les habitants à la mer.*
2. (FIG.) Contraindre. *La hausse des taux d'intérêt les a acculés à la faillite. Des pays en guerre acculés dans une impasse.* SYN. forcer.
Ne pas confondre avec les verbes suivants :
• ***astreindre,*** imposer la pratique d'un acte peu agréable ;
• ***obliger,*** lier par la nécessité ou le devoir.
CONJUGAISON : VOIR MODÈLE AIMER.

ACCULTURATION n. f.
1. Processus par lequel un groupe assimile totalement ou en partie un autre groupe.
2. Adaptation d'un individu à une culture étrangère.
Ne pas confondre avec les noms suivants :
• ***acclimatation,*** action d'adapter un organisme ou un être à un nouveau climat ;
• ***acclimatement,*** adaptation spontanée d'un organisme, d'un être à un milieu nouveau.

ACCULTURÉ, ÉE adj.
Qui a subi une acculturation. *Des immigrés acculturés.*

ACCULTURER v. tr., pronom.
VERBE TRANSITIF
Adapter (quelqu'un, un groupe) à une autre culture. *Ces nouveaux venus dans l'organisation ont besoin d'être acculturés à nos façons de procéder.*
VERBE PRONOMINAL
Adopter les valeurs culturelles d'un autre groupe, d'une autre communauté. *Les Indiens macujes du Brésil sont-ils en train de perdre leurs rites et traditions, de s'acculturer ?*
À la forme pronominale, le participe passé de ce verbe s'accorde toujours en genre et en nombre avec son sujet. *Ils se sont acculturés.*
CONJUGAISON : VOIR MODÈLE AIMER.

ACCUMULATEUR n. m.
Dispositif servant à emmagasiner de l'énergie électrique et à la restituer. *La batterie d'accumulateurs sert à alimenter tous les appareils électriques d'un véhicule automobile.*
Le nom s'abrège familièrement en ***accu.***

ACCUMULATION n. f.
Action d'augmenter, d'entasser. SYN. amoncellement ; entassement.
accumulation, deux **c**, un ***m.***

ACCUMULER v. tr., pronom.
VERBE TRANSITIF
Entasser, amasser peu à peu. *Accumuler des biens.* SYN. réunir.
VERBE PRONOMINAL
S'amonceler, augmenter, en quantité. *La neige s'est accumulée au cours de la nuit. Les griefs s'accumulent depuis des années.* SYN. s'entasser.
À la forme pronominale, le participe passé de ce verbe s'accorde toujours en genre et en nombre avec son sujet. *Les profits se sont accumulés graduellement.*
CONJUGAISON : VOIR MODÈLE AIMER.
accumuler, deux **c**, un ***m.***

ACCUSATEUR, TRICE adj. et n. m. et f.
ADJECTIF
Qui accuse. *Des propos accusateurs.*
NOM MASCULIN ET FÉMININ
Personne qui accuse.

ACCUSATIF n. m.
Cas de la déclinaison latine exprimant la fonction grammaticale de complément direct.

ACCUSATION n. f.
Action d'accuser ; son résultat. *Une accusation mal fondée.*

ACCUSÉ, ÉE n. m. et f.
Personne à qui la justice impute un délit, un crime.
Ne pas confondre avec le nom ***inculpé,*** personne présumée coupable.

ACCUSÉ DE RÉCEPTION n. m. (pl. *accusés de réception*)
Avis informant l'expéditeur qu'une chose envoyée a été reçue par le destinataire.

ACCUSER v. tr., pronom.
VERBE TRANSITIF
1. Présenter quelqu'un comme coupable. *On les a accusés de vol.*
2. Accentuer, faire ressortir. *Une coiffure qui accuse les traits.* SYN. marquer ; souligner.
3. Révéler. *Ses traits accusent la lassitude.* SYN. indiquer ; montrer ; trahir.
VERBE PRONOMINAL
Avouer, se dire coupable. *Ils se sont accusés de tous les crimes.*
À la forme pronominale, le participe passé de ce verbe s'accorde toujours en genre et en nombre avec son sujet. *Ils se sont accusés des pires maladresses.*
LOCUTIONS
– ***Accuser le coup.*** (FAM.) Laisser paraître qu'on est affecté par une chose, physiquement ou moralement.
– ***Accuser réception.*** Signaler à l'expéditeur qu'une chose a été reçue. *Elles ont accusé réception du colis.*
CONJUGAISON : VOIR MODÈLE AIMER.

ACDI
Sigle de ***Agence canadienne de développement international.***

-ACÉ suff.
Élément du latin ***-aceus*** utilisé surtout par les naturalistes pour désigner des familles d'animaux ou de plantes. *Gallinacé, herbacé.*

ACÉF
Sigle de ***associations coopératives d'économie familiale.***

ACÉPHALE adj.
1. Sans tête. *Personnifiée par une femme ailée, la Victoire de Samothrace est acéphale.*
2. (FIG.) Sans chef. *Un gouvernement acéphale.*

ACERBE adj.
1. Âpre. *Un goût acerbe.* SYN. aigre.
2. Sarcastique. *Un ton acerbe.* SYN. acrimonieux ; agressif ; mordant.

ACÉRÉ, ÉE adj.
1. Tranchant. *Une flèche acérée. Une arme acérée.*
2. (FIG.) (LITT.) Blessant. *Une réplique acérée.*

ACÉRER v. tr.
(Rare) Rendre tranchant.
CONJUGAISON : VOIR MODÈLE POSSÉDER.
Le ***é*** se change en ***è*** devant une syllabe contenant un ***e*** muet, sauf à l'indicatif futur et au conditionnel présent. *J'acère,* mais *j'acérerai.*
[Les *Rectifications* (1990) admettent : il acèrera, acèrerait...]

ACÉRICOLE adj.
Relatif à l'exploitation de l'érable à sucre. *Le secteur acéricole.*

ACÉRICULTEUR n. m.
ACÉRICULTRICE n. f.
Personne qui exploite une érablière.

ACÉRICULTURE n. f.
Exploitation et culture de l'érable à sucre.

ACÉTATE n. m.
1. Sel de l'acide acétique.
2. Fibre artificielle. *Un chemisier en acétate.*

FORME FAUTIVE

*acétate. Impropriété au sens de ***transparent.*** *Le diagramme a été reproduit sur un transparent* (et non un *acétate).

Attention au genre masculin de ce nom : ***un*** acétate.

ACÉTIQUE adj.

Qui se rapporte au vinaigre. *Acide acétique.*

HOM. ***ascétique,*** austère.

ACÉTONE n. f.

Liquide utilisé comme solvant. *Une acétone volatile.*

ACÉTYLÈNE n. m.

Gaz incolore. *Soudure à l'acétylène.*

acétylène.

ACÉTYLÉNIQUE adj.

Dérivant de l'acétylène.

acétylénique.

ACÉTYLSALICYLIQUE adj.

LOCUTION

– ***Acide acétylsalicylique.*** Nom savant de l'aspirine.

acétylsalicylique.

ACFAS

Sigle de ***Association canadienne-française pour l'avancement des sciences,*** renommée en 2001 ***Association francophone pour le savoir,*** qui conserve le même sigle.

ACHALANDAGE n. m.

1. Ensemble des clients attirés par un établissement commercial (Recomm. off.). *L'achalandage d'une boutique.* SYN. clientèle.

Ce nom demeure usuel au Québec et dans la francophonie canadienne, mais il n'appartient plus à l'usage courant de la majorité des locuteurs du français.

2. Par extension, ensemble des personnes qui fréquentent un lieu, qui utilisent un service. *L'achalandage du métro a augmenté au cours des derniers mois. L'achalandage d'une bibliothèque, d'un aéroport.* SYN. fréquentation.

3. (VIEILLI) (COMPT.) Partie incorporelle d'une entreprise ayant une valeur financière. *La bonne réputation de l'entreprise ou son bon emplacement constituent des éléments de l'achalandage.* SYN. fonds commercial; survaleur.

En France et en Belgique, on emploie fréquemment le terme ***goodwill*** pour désigner cet élément d'actif.

ACHALANDÉ, ÉE adj.

Fréquenté par beaucoup de clients, d'utilisateurs. *Des magasins bien achalandés. Un aéroport extrêmement achalandé.*

Au sens de « bien fréquenté », cet adjectif demeure usuel au Québec et dans la francophonie canadienne, mais il n'appartient plus à l'usage courant de la majorité des locuteurs du français. Au sens de « bien approvisionné », qui provient d'une confusion de l'effet avec la cause, cet adjectif n'est pas usité au Québec.

ACHALANT, ANTE adj. et n. m. et f.

(FAM.) Se dit de quelqu'un, de quelque chose qui agace, fatigue, embarrasse. *Ce chien est achalant : il ne cesse pas de japper. Des achalants.* SYN. agaçant; embarrassant; fatigant; importun.

ACHALER v. tr.

(FAM.) Agacer, embarrasser, incommoder. SYN. embêter; fatiguer; impatienter; importuner.

CONJUGAISON : VOIR MODÈLE AIMER.

ACHARNÉ, ÉE adj.

Qui manifeste une volonté tenace et beaucoup d'énergie pour atteindre un objectif. *Une recherche acharnée. Des combats acharnés.*

ACHARNEMENT n. m.

Détermination, obstination. *Ils ont fait preuve d'acharnement au travail pour atteindre leur but. Défendre, lutter, pourchasser, travailler avec acharnement.* SYN. ténacité.

LOCUTION

– ***Acharnement thérapeutique.*** Poursuite des soins médicaux visant à maintenir en vie un patient dont l'état est désespéré. *Refuser l'acharnement thérapeutique.*

Cette expression a un sens défavorable.

A

ACHARNER (S') v. pronom.

1. Persévérer avec obstination. *Ils se sont acharnés à défricher ce sol.*

2. Poursuivre avec hostilité. *Le sort s'est acharné contre eux. Les critiques s'acharnent sur cet auteur après cette création.*

Le verbe se construit avec les prépositions ***après, contre, sur.***

Le participe passé de ce verbe, qui n'existe qu'à la forme pronominale, s'accorde toujours en genre et en nombre avec son sujet. *Ils se sont acharnés à les détruire.*

CONJUGAISON : VOIR MODÈLE AIMER.

ACHAT n. m.

1. Action d'acheter. *L'achat d'une voiture.* SYN. acquisition.

2. Ce qui est acheté. *Elle a fait de nombreux achats.* SYN. course; emplette.

ACHE n. f.

Plante ombellifère.

HOM. ***hache,*** outil.

ACHEMINEMENT n. m.

Action d'acheminer. *L'acheminement des colis.*

ACHEMINER v. tr., pronom.

VERBE TRANSITIF

Diriger (quelqu'un, quelque chose) vers un lieu. *Acheminer des livres par bateau.* SYN. envoyer; transmettre.

VERBE PRONOMINAL

Progresser vers un but. *Ils se sont acheminés vers le quai.*

À la forme pronominale, le participe passé de ce verbe s'accorde toujours en genre et en nombre avec son sujet. *Les passagers se sont acheminés vers la salle d'embarquement.*

CONJUGAISON : VOIR MODÈLE AIMER.

ACHETABLE adj.

1. Qu'on peut acquérir par de l'argent. *Une propriété hors de prix, non achetable.*

2. Qu'on peut soudoyer. *D'après l'enquête menée, les arbitres étaient achetables.*

ACHETER v. tr., pronom.

VERBE TRANSITIF

1. Se procurer quelque chose contre paiement. *Le yen permettait d'acheter n'importe quoi à n'importe quel prix, des châteaux dans le Bordelais au Rockefeller Center. Acheter (au) comptant, à crédit, au détail, en gros.* ANT. vendre.

2. (FIG.) Obtenir la collaboration de quelqu'un, au moyen d'un avantage. *Il a nié que le Parti des travailleurs ait distribué des pots-de-vin mensuels à des députés de petits partis pour acheter leurs voix.* SYN. corrompre; soudoyer.

En ce sens, le verbe a un sens péjoratif.

3. (FIG.) Payer chèrement quelque chose. *Acheter la sécurité au prix de sa liberté.*

En ce sens, le verbe n'a pas une valeur défavorable.

VERBE PRONOMINAL

1. Faire l'acquisition de quelque chose pour soi. *Elle s'est acheté une voiture hybride.*

2. (FIG.) S'offrir, se procurer. *Ils essaient de s'acheter une bonne réputation.*

3. Être acheté. *La liberté ne s'achète pas.*

À la forme pronominale, le participe passé de ce verbe s'accorde en genre et en nombre avec le complément direct si celui-ci le précède. *Les robes qu'elle s'est achetées.* Le participe passé reste invariable si le complément direct suit le verbe. *Elle s'est acheté une tenue estivale.*

FORME FAUTIVE

*acheter (une idée, un argument, un point de vue, une suggestion). Anglicisme au sens de ***adopter*** (une idée), ***admettre*** (un argument), ***souscrire*** à (un point de vue), ***retenir*** (une suggestion). *Six pays ont adopté* (et non *acheté) *cette idée, admis cet argument, souscrit à ce point de vue, retenu cette suggestion.*

CONJUGAISON : VOIR MODÈLE CONGELER.

Le ***e*** se change en ***è*** devant une syllabe contenant un ***e*** muet. *Il achète,* mais *il achetait.*

ACHETEUR n. m.
ACHETEUSE n. f.

1. Personne qui achète. *Ces nouvelles boutiques ont attiré de nombreux acheteurs.* SYN. client.
2. Personne chargée de l'approvisionnement d'une entreprise, d'un organisme. SYN. agent d'approvisionnement.

ACHEVÉ, ÉE adj.

1. Entièrement terminé. *Une œuvre achevée.* SYN. parfait.
2. Parfait dans son genre, en bien ou en mal. *Un idiot achevé. Une affirmation d'un ridicule achevé.*

ACHEVÉ D'IMPRIMER n. m.

(IMPRIM.) Mention qui figure en fin de volume indiquant la date de fin de tirage et le nom de l'imprimeur. SYN. colophon.

ACHÈVEMENT n. m.

1. Action d'achever. *L'achèvement des travaux.* SYN. fin. ANT. inachèvement.
2. (LITT.) Perfection. *Dans ce tableau, Renoir atteint son achèvement.*

ACHEVER v. tr., pronom.

Le ***e*** central est muet, [aʃve].

VERBE TRANSITIF

1. Terminer ce qui est commencé. *Elle achève son tableau.* SYN. mettre au point ; mettre la dernière main à ; parachever.
2. Terminer l'action de. *Il achève de relire le contrat.* SYN. conclure ; finir.
3. Accabler, tuer. *Ce nouvel échec l'a achevé.* SYN. anéantir.

VERBE PRONOMINAL

Prendre fin. *L'hiver s'achève.* SYN. se terminer.

À la forme pronominale, le participe passé de ce verbe s'accorde toujours en genre et en nombre avec son sujet. *La fête s'est achevée dans la joie.*

CONJUGAISON : VOIR MODÈLE LEVER.

Le ***e*** se change en ***è*** devant une syllabe contenant un ***e*** muet. *Il achève,* mais *il achevait.*

ACHIGAN n. m.

Poisson d'eau douce de l'est de l'Amérique du Nord, mesurant généralement une trentaine de centimètres, à la tête large et à la coloration variable, recherché pour sa combativité et sa chair tendre. *Le nom* achigan, *qui est d'origine algonquienne, s'emploie depuis les débuts de la Nouvelle-France ; le* Dictionnaire historique du français québécois *du TLFQ en cite une attestation qui date de 1656.*

Au Canada, on trouve deux espèces d'achigans indigènes, l'achigan à petite bouche et l'achigan à grande bouche (GDT).

achig**an**, sans ***t***, contrairement à ***gant***.

ACHILLÉE n. f.

Les lettres ***ch*** se prononcent ***k*** [akile].

Plante vivace à fleurs blanches ou jaunes, à feuilles finement découpées.

ACHOPPEMENT n. m.

– ***Pierre d'achoppement.*** Obstacle, écueil qui empêche de réussir.

Le mot ne s'emploie que dans cette locution.

ACHOPPER v. intr.

(FIG.) Buter. *Achopper sur l'accord d'un participe passé, à un obstacle inattendu.* SYN. se heurter à.

Le verbe se construit avec les prépositions ***sur, à.***

CONJUGAISON : VOIR MODÈLE AIMER.

ACIDE adj. et n. m.

ADJECTIF

1. Qui a une saveur aigre. *Cette pomme verte est un peu acide.* SYN. sur.
2. (CHIM.) Qui a les propriétés d'un acide.

NOM MASCULIN

1. (CHIM.) Corps susceptible de libérer des ions d'hydrogène. *L'acide sulfurique est un produit toxique.*
2. (FAM.) LSD (acide lysergique diéthylamide), drogue hallucinogène.

LOCUTIONS

– ***Acide désoxyribonucléique (ADN).*** Acide nucléique qui se présente sous forme d'une double chaîne hélicoïdale dont les deux brins sont complémentaires, et qui constitue le génome de la plupart des organismes vivants. *L'acide désoxyribonucléique, qui se trouve principalement dans le noyau cellulaire, gère l'activité des cellules.*

– ***Acide ribonucléique (ARN).*** Acide nucléique servant d'intermédiaire dans la synthèse des protéines.

ACIDIFIABLE adj.

Qui peut être transformé en acide.

ACIDIFIANT, IANTE adj. et n. m.

ADJECTIF

Qui acidifie. *Des substances acidifiantes.*

NOM MASCULIN

Produit qui acidifie. *Des acidifiants.*

ACIDIFICATION n. f.

Transformation en acide.

ACIDIFIER v. tr., pronom.

VERBE TRANSITIF

Convertir en acide.

VERBE PRONOMINAL

Devenir acide. *Le sol s'est acidifié.*

À la forme pronominale, le participe passé de ce verbe s'accorde toujours en genre et en nombre avec son sujet. *Cette matière s'est acidifiée.*

CONJUGAISON : VOIR MODÈLE ÉTUDIER.

Redoublement du ***i*** à la première et à la deuxième personne du pluriel de l'indicatif imparfait et du subjonctif présent. *(Que) nous acidifiions, (que) vous acidifiiez.*

ACIDITÉ n. f.

1. Saveur acide. *L'acidité d'un citron.*
2. Caractère acide d'un corps. *L'acidité d'un sol.*
3. (FIG.) Caractère incisif. *L'acidité d'une critique.*

ACIDULÉ, ÉE adj.

De saveur légèrement acide. *Des bonbons acidulés.*

ACIDULER v. tr.

Rendre légèrement acide. *Aciduler une vinaigrette.*

CONJUGAISON : VOIR MODÈLE AIMER.

ACIER adj. inv. et n. m.

NOM MASCULIN

Alliage de fer et de carbone. *Des aciers très résistants. Acier inoxydable.*

ADJECTIF DE COULEUR INVARIABLE

De la couleur grise de l'acier. *Des costumes acier.*

VOIR TABLEAU – COULEUR (ADJECTIFS DE).

ACIÉRAGE n. m.

Action de recouvrir d'une couche d'acier.

ACIÉRER v. tr.
Recouvrir d'une couche d'acier.
CONJUGAISON : VOIR MODÈLE POSSÉDER.
Le *é* se change en *è* devant une syllabe contenant un *e* muet, sauf à l'indicatif futur et au conditionnel présent. *J'acière,* mais *j'aciérerais.*
[Les *Rectifications* (1990) admettent : il acièrera, acièrerait...]

ACIÉRIE n. f.
Usine où l'on fabrique l'acier.
aciérie, un accent aigu, malgré ***acier.***

ACIÉRISTE n. m. et f.
Spécialiste de la fabrication de l'acier.

ACMÉ n. m. ou f.
(LITT.) Point culminant, apogée. *L'acmé d'une œuvre.* SYN. sommet.
Ne pas confondre avec le nom féminin ***acné,*** lésion de la peau.

ACNÉ n. f.
Lésion de la peau. *Une acné rebelle.*
Attention au genre féminin de ce nom : ***une*** acné.
Ne pas confondre avec le nom masculin ou féminin ***acmé,*** point culminant, apogée.

ACNÉIQUE adj.
Relatif à l'acné. *Une peau acnéique.*
acnéique, sans tréma.

ACNOR
Sigle de ***Association canadienne de normalisation.***

ACNU
Sigle de ***Association canadienne pour les Nations Unies.***

ACOLYTE n. m. et f.
Complice d'une action répréhensible. *Un bandit notoire accompagné de deux acolytes.*
Le nom ***acolyte*** a une connotation péjorative.
acolyte, un ***y.***

A COMMERCIAL
VOIR – @.

ACOMPTE n. m.
Paiement partiel à valoir sur une somme due. *Sébastien a versé un acompte de 10 $ sur le prix de la bicyclette.*
Attention au genre masculin de ce nom : ***un*** acompte.
Ne pas confondre avec le nom ***arrhes,*** somme d'argent donnée au moment de la conclusion d'un contrat.
acompte, un seul ***c.***

A CONTRARIO loc. adv.
Locution latine signifiant « par la raison des contraires ». Se dit d'un raisonnement qui, partant d'une hypothèse contraire, aboutit à une conclusion inverse.
T En typographie soignée, les mots étrangers sont composés en italique. Dans des textes déjà en italique, la notation se fait en romain. Pour les textes manuscrits, on utilisera les guillemets.
[Les *Rectifications* (1990) admettent : à contrario.]

ACOQUINER (S') v. pronom.
(PÉJ.) Fréquenter une personne peu recommandable. *S'acoquiner avec des voyous.*
Le participe passé de ce verbe, qui n'existe qu'à la forme pronominale, s'accorde toujours en genre et en nombre avec son sujet. *Elle s'est acoquinée avec des arrivistes.*
CONJUGAISON : VOIR MODÈLE AIMER.
acoquiner.

À-CÔTÉ n. m. (pl. *à-côtés)*
1. Point accessoire. *Ces dernières questions ne sont que des à-côtés.*
2. Salaire d'appoint.
Ne pas confondre avec la locution ***à côté*** qui s'écrit sans trait d'union et qui signifie « près ».
à-côté, avec un trait d'union.

À-COUP n. m. (pl. *à-coups)*
Saccade, soubresaut. *Des à-coups anormaux du moteur.* SYN. secousse.
LOCUTION
– ***Par à-coups.*** De façon irrégulière.
à-coup, avec un trait d'union.

ACOUPHÈNE n. m.
(MÉD.) Ensemble de phénomènes auditifs anormaux (bourdonnement, sifflement, etc.) qui ne résultent pas d'un son extérieur.
Attention au genre masculin de ce nom.

ACOUSTICIEN n. m.
ACOUSTICIENNE n. f.
Spécialiste de l'acoustique. *« La future salle de l'Orchestre symphonique de Montréal conservera la prestigieuse signature de l'acousticien Russell Johnson »* (*Le Devoir*).
acousticien, un seul ***c.***

ACOUSTIQUE adj. et n. f.
ADJECTIF
Relatif à la perception du son. *Un phénomène acoustique.*
NOM FÉMININ
1. Partie de la physique qui étudie les sons.
2. Qualité d'un lieu au point de vue de la propagation du son. *La salle Wilfrid-Pelletier a une excellente acoustique.*
Attention au genre féminin de ce nom : ***une*** acoustique.
acoustique, un seul ***c.***

ACQUÉREUR n. m.
ACQUÉRESSE n. f.
Personne qui acquiert un bien. *Les acquéreurs d'une entreprise.* SYN. acheteur.
La forme féminine ***acquéresse*** appartient à la langue juridique.
LOCUTIONS
– ***Se porter acquéreur, se rendre acquéreur.*** Acheter. *Elle s'est portée acquéreur de la propriété. Ils se sont rendus acquéreurs du domaine.*
Dans cette locution, le nom ***acquéreur*** s'accorde généralement en nombre avec le sujet du verbe.
– ***Trouver acquéreur.*** Se vendre. *Cette armoire ancienne n'a pas trouvé acquéreur.*

ACQUÉRIR v. tr., pronom.
VERBE TRANSITIF
1. Devenir propriétaire d'un bien, d'un droit, par achat, échange, succession. *Acquérir une propriété.*
2. Obtenir (par l'effort, par le temps) quelque chose d'intéressant. *Ils ont acquis de l'expérience. En vingt ans, cette maison a acquis beaucoup de valeur. Acquérir des connaissances.* SYN. gagner ; mériter ; prendre.
VERBE PRONOMINAL
Obtenir pour soi à force d'efforts. *Elles se sont acquis une solide réputation.*
À la forme pronominale, le participe passé de ce verbe s'accorde en genre et en nombre avec le complément direct si celui-ci le précède. *La gloire qu'il s'est acquise a été instantanée.* Le participe passé reste invariable si le complément direct suit le verbe. *Elles se sont acquis la reconnaissance de leurs amis.*
CONJUGAISON : VOIR MODÈLE ACQUÉRIR.

ACQUÊT n. m.
Bien acquis pendant le mariage. *Ce régime matrimonial est la communauté réduite aux acquêts.* ANT. bien propre.
acquêt, accent circonflexe sur le ***e.***

CONJUGAISON DU VERBE **ACQUÉRIR**

INDICATIF

PRÉSENT		PASSÉ COMPOSÉ		
j'	acqu**iers**	j'	ai	acquis
tu	acqu**iers**	tu	as	acquis
elle	acqu**iert**	elle	a	acquis
il	acqu**iert**	il	a	acquis
nous	acqu**érons**	nous	avons	acquis
vous	acqu**érez**	vous	avez	acquis
elles	acqu**ièrent**	elles	ont	acquis
ils	acqu**ièrent**	ils	ont	acquis

IMPARFAIT		PLUS-QUE-PARFAIT		
j'	acqu**érais**	j'	avais	acquis
tu	acqu**érais**	tu	avais	acquis
elle	acqu**érait**	elle	avait	acquis
il	acqu**érait**	il	avait	acquis
nous	acqu**érions**	nous	avions	acquis
vous	acqu**ériez**	vous	aviez	acquis
elles	acqu**éraient**	elles	avaient	acquis
ils	acqu**éraient**	ils	avaient	acquis

PASSÉ SIMPLE		PASSÉ ANTÉRIEUR		
j'	acqu**is**	j'	eus	acquis
tu	acqu**is**	tu	eus	acquis
elle	acqu**it**	elle	eut	acquis
il	acqu**it**	il	eut	acquis
nous	acqu**îmes**	nous	eûmes	acquis
vous	acqu**îtes**	vous	eûtes	acquis
elles	acqu**irent**	elles	eurent	acquis
ils	acqu**irent**	ils	eurent	acquis

FUTUR SIMPLE		FUTUR ANTÉRIEUR		
j'	acqu**errai**	j'	aurai	acquis
tu	acqu**erras**	tu	auras	acquis
elle	acqu**erra**	elle	aura	acquis
il	acqu**erra**	il	aura	acquis
nous	acqu**errons**	nous	aurons	acquis
vous	acqu**errez**	vous	aurez	acquis
elles	acqu**erront**	elles	auront	acquis
ils	acqu**erront**	ils	auront	acquis

CONDITIONNEL PRÉSENT		CONDITIONNEL PASSÉ		
j'	acqu**errais**	j'	aurais	acquis
tu	acqu**errais**	tu	aurais	acquis
elle	acqu**errait**	elle	aurait	acquis
il	acqu**errait**	il	aurait	acquis
nous	acqu**errions**	nous	aurions	acquis
vous	acqu**erriez**	vous	auriez	acquis
elles	acqu**erraient**	elles	auraient	acquis
ils	acqu**erraient**	ils	auraient	acquis

SUBJONCTIF

PRÉSENT			PASSÉ			
que	j'	acqu**ière**	que	j'	aie	acquis
que	tu	acqu**ières**	que	tu	aies	acquis
qu'	elle	acqu**ière**	qu'	elle	ait	acquis
qu'	il	acqu**ière**	qu'	il	ait	acquis
que	nous	acqu**érions**	que	nous	ayons	acquis
que	vous	acqu**ériez**	que	vous	ayez	acquis
qu'	elles	acqu**ièrent**	qu'	elles	aient	acquis
qu'	ils	acqu**ièrent**	qu'	ils	aient	acquis

IMPARFAIT			PLUS-QUE-PARFAIT			
que	j'	acqu**isse**	que	j'	eusse	acquis
que	tu	acqu**isses**	que	tu	eusses	acquis
qu'	elle	acqu**ît**	qu'	elle	eût	acquis
qu'	il	acqu**ît**	qu'	il	eût	acquis
que	nous	acqu**issions**	que	nous	eussions	acquis
que	vous	acqu**issiez**	que	vous	eussiez	acquis
qu'	elles	acqu**issent**	qu'	elles	eussent	acquis
qu'	ils	acqu**issent**	qu'	ils	eussent	acquis

IMPÉRATIF

PRÉSENT	PASSÉ
acqu**iers**	aie acquis
acqu**érons**	ayons acquis
acqu**érez**	ayez acquis

INFINITIF

PRÉSENT	PASSÉ
acqu**érir**	avoir acquis

PARTICIPE

PRÉSENT	PASSÉ
acqu**érant**	acquis, ise ayant acquis

ACQUIESCEMENT n. m.
Consentement. *L'acquiescement de la direction à la refonte d'un cours.* SYN. acceptation ; accord ; adhésion ; assentiment.
acquiescement.

ACQUIESCER v. tr. ind., intr.
VERBE TRANSITIF INDIRECT
(LITT.) Consentir sans réserve. *Il acquiesça à sa demande.* SYN. accepter ; approuver.
Le verbe se construit avec la préposition ***à.***
VERBE INTRANSITIF
(LITT.) Dire oui, accepter. *Il acquiesça d'un signe de la tête.* ANT. s'opposer ; refuser.
CONJUGAISON : VOIR MODÈLE AVANCER.
Le ***c*** prend une cédille devant les lettres ***a*** et ***o***. *Il acquiesça, nous acquiesçons.*

ACQUIS, ISE adj. et n. m.
ADJECTIF
1. Que l'on a acquis, obtenu (par opposition à ***inné, naturel***). *Le savoir-faire acquis au fil des ans. Des caractères acquis.* ANT. héréditaire.
2. Qui ne peut être contesté. *La ligne de conduite en matière de services d'éducation et de santé ne doit pas dévier du respect scrupuleux des droits acquis de la minorité anglophone.*
3. Entièrement gagné à. *Les Néerlandais sont majoritairement acquis à l'idée que leur pays paie trop pour ce qu'il reçoit en retour.*
4. Dont on a fait l'acquisition. *Des hectares acquis par le gouvernement de la Nouvelle-Écosse afin de protéger l'habitat d'espèces menacées.*
NOM MASCULIN
Avantages, droits déjà obtenus. *Les Québécois ne sont pas prêts à laisser saccager les acquis de la Révolution tranquille. La nomination, par le président américain, de juges conservateurs pourrait bientôt remettre en cause de nombreux acquis sociaux.*
LOCUTIONS
– ***Fait acquis.*** Fait certain.
– ***Tenir pour acquis, considérer comme acquis.*** Croire que quelque chose est certain. *Nous tenons* (et non *prenons) *pour acquise son adhésion au programme.*
FORMES FAUTIVES
*par acquis de conscience. Impropriété pour ***par acquit de conscience.***
*prendre pour acquis. Calque de «*to take for granted*» pour ***tenir pour acquis, considérer comme acquis.***
HOM. ***acquit,*** du verbe ***acquitter***, reconnaissance écrite d'un paiement.
acquis.

ACQUISITION n. f.
1. Action d'acquérir (un bien). *Il a fait l'acquisition d'une maison.* SYN. achat.
2. Bien acheté. *Elle a fait de nombreuses acquisitions.* SYN. achat ; emplette.
3. Fait d'acquérir. *L'acquisition de connaissances est le meilleur investissement que l'on puisse faire.*

ACQUIT (du verbe ***acquitter***) n. m.
Reconnaissance écrite d'un paiement.
LOCUTIONS
– ***Par acquit de conscience.*** Pour libérer sa conscience.
– ***Pour acquit.*** La mention ***pour acquit*** avec date et signature constitue une quittance, c'est-à-dire la reconnaissance par le créancier de l'acquittement de la dette du débiteur.
HOM. ***acquis,*** savoir, expérience (du verbe ***acquérir***).
acquit, un ***t*** final.

ACQUITTEMENT n. m.
1. Paiement. *L'acquittement d'une facture, d'une dette.* SYN. règlement ; remboursement.
2. Action de déclarer un accusé non coupable. *Un immense soupir de soulagement suivit l'annonce de son acquittement.* ANT. condamnation.

ACQUITTER v. tr., pronom.
VERBE TRANSITIF
1. Payer entièrement (ce qu'on doit). *Acquitter ses dettes, une facture.* SYN. régler ; rembourser.
2. Déclarer un accusé non coupable par décision judiciaire. *Il a été acquitté et libéré aussitôt.* ANT. condamner.
VERBE PRONOMINAL
Remplir une obligation (juridique ou morale). *S'acquitter d'un devoir. Elles se sont bien acquittées de cette mission.* SYN. accomplir.
À la forme pronominale, le participe passé de ce verbe s'accorde toujours en genre et en nombre avec son sujet. *Ils se sont acquittés de leurs obligations.*
À la forme pronominale, le verbe se construit avec la préposition ***de.***
CONJUGAISON : VOIR MODÈLE AIMER.
acquitter.

ACRE n. f.
1. Surface (mesure agraire).
2. Mesure agraire d'environ 40 ares.
HOM. ***âcre,*** irritant.

ÂCRE adj.
Irritant au goût, à l'odorat. *Une odeur âcre de produits chimiques.* ANT. doux.
Ne pas confondre avec les mots suivants :
• ***aigre,*** acide ;
• ***âpre,*** rude ou amer au goût.
HOM. ***acre,*** mesure agraire.
âcre, accent circonflexe sur le ***a.***

ÂCRETÉ n. f.
Caractère de ce qui est âcre.
âcreté, accent circonflexe sur le ***a.***

ACRIMONIE n. f.
(LITT.) Humeur blessante, hargne.
acrimonie, sans accent circonflexe sur le ***a***, malgré âcre.

ACRIMONIEUSEMENT adv.
Avec acrimonie.

ACRIMONIEUX, IEUSE adj.
(LITT.) Qui a de l'acrimonie. *Une critique acrimonieuse.* SYN. acerbe ; hargneux.

ACRO- préf.
Élément du grec signifiant « extrémité ». *Acronyme.*

ACROBATE n. m. et f.
Le **o** est ouvert, [akrɔbat].
Personne qui exécute des exercices d'équilibre, d'adresse, de force. *Les acrobates du Cirque du Soleil sont très habiles, ils marchent sur un fil, sautent d'un trapèze à l'autre.*

ACROBATIE n. f.
Le ***t*** se prononce ***s,*** [akrɔbasi] ; le mot rime avec ***assis.***
1. Exercice d'acrobate. *Les acrobaties d'un funambule.*
2. (FIG.) Virtuosité dangereuse. *Les acrobaties d'un coureur automobile.*

ACROBATIQUE adj.
Qui tient de l'acrobatie. *Du ski acrobatique.*

ACRONYME n. m.
Sigle composé des initiales ou des premières lettres d'une désignation et qui se prononce comme un seul mot.
VOIR TABLEAU – ACRONYME.

ACROPOLE n. f.
(ANCIENN.) Citadelle des cités grecques.
Lorsqu'il désigne l'ancienne citadelle d'Athènes, le nom s'écrit avec une majuscule. *Ils ont visité l'Acropole.*
Attention au genre féminin de ce nom : ***une*** acropole.

ACRONYME

L'acronyme est un sigle composé des initiales ou des premières lettres d'une désignation et qui se prononce comme un seul mot, à la différence du sigle qui s'épelle lettre par lettre (SRC, PME, CLSC).

A

Benelux	**Be**lgique-**Ne**derland-**Lux**embourg
Cégep	**C**ollège d'**e**nseignement **g**énéral **e**t **p**rofessionnel
CILF	**C**onseil **i**nternational de la **l**angue **f**rançaise
Laser	**L**ight **A**mplification by **S**timulated **E**mission of **R**adiation
Modem	**Mod**ulateur **dém**odulateur
OACI	**O**rganisation de l'**a**viation **c**ivile **i**nternationale
Radar	**Ra**dio **D**etecting **a**nd **R**anging

⊶ À son premier emploi dans un texte, l'acronyme est généralement précédé de sa désignation au long.

▸ **Points abréviatifs**

La tendance actuelle est d'omettre les points abréviatifs. Dans cet ouvrage, les acronymes sont notés sans points ; cependant, la forme avec points est généralement correcte.

▸ **Genre et nombre des acronymes**

Les acronymes sont du genre et du nombre du mot principal de la désignation abrégée.

La ZEC (zone [féminin singulier] *d'exploitation contrôlée).*
Le SIDA (syndrome [masculin singulier] *immuno-déficitaire acquis).*

ACDI	**A**gence **c**anadienne de **d**éveloppement **i**nternational
AFNOR	**A**ssociation **f**rançaise de **nor**malisation
ALÉNA	**A**ccord de **l**ibre-**é**change **n**ord-**a**méricain
ASCII	**A**merican **S**tandard **C**ode for **I**nformation **I**nterchange
CHU	**C**entre **h**ospitalier **u**niversitaire
CNUCED	**C**onférence des **N**ations **U**nies sur le **c**ommerce **e**t le **d**éveloppement
CROP	**C**entre de **r**echerches sur l'**o**pinion **p**ublique
DOM	**D**épartement (français) d'**o**utre-**m**er
ÉNA	**É**cole **n**ationale d'**a**dministration (France)
ÉNAP	**É**cole **n**ationale d'**a**dministration **p**ublique
MIDEM	**M**arché **i**nternational du **d**isque et de l'**é**dition **m**usicale
NASA	**N**ational **A**eronautics and **S**pace **A**dministration
ONU	**O**rganisation des **N**ations **U**nies
OPEP	**O**rganisation des **p**ays **e**xportateurs de **p**étrole
OTAN	**O**rganisation du **t**raité de l'**A**tlantique **N**ord
OVNI	**O**bjet **v**olant **n**on **i**dentifié
RADAR	**R**épertoire **a**nalytique **d'ar**ticles de **r**evues
RAIF	**R**éseau d'**a**ction et d'**i**nformation pour les **f**emmes
REÉR	**R**égime **e**nregistré d'**é**pargne-**r**etraite
RREGOP	**R**égime de **re**traite des **e**mployés du **g**ouvernement et des **o**rganismes **p**ublics
SACO	**S**ervice **a**dministratif **c**anadien **o**utre-mer
SALT	**S**trategic **A**rms **L**imitation **T**alks
SIDA	**S**yndrome **i**mmuno-**d**éficitaire **a**cquis
UNICEF	**U**nited **N**ations **I**nternational **C**hildren's **E**mergency **F**und
UQAM	**U**niversité du **Q**uébec **à** **M**ontréal
ZAC	**Z**one d'**a**ménagement et de **c**onservation
ZEC	**Z**one d'**e**xploitation **c**ontrôlée
ZLÉA	**Z**one de **l**ibre-**é**change des **A**mériques

VOIR TABLEAUX ▸ **ABRÉVIATION (RÈGLES DE L').** ▸ **ABRÉVIATIONS COURANTES.** ▸ **SIGLE.** ▸ **SYMBOLE.**

ACROSTICHE n. m.
Poème dont les initiales de chaque vers composent un nom, un thème. *Un acrostiche amusant.*
Exemple d'un acrostiche de Guillaume Apollinaire destiné à Louise de Coligny-Châtillon (cité par Claude Gagnière dans *Au bonheur des mots*) :
La nuit descend
On y pressent
Un long un long destin de sang.
Attention au genre masculin de ce nom : ***un*** acrostiche.

ACRYLIQUE adj. et n. m.
Se dit d'une fibre textile synthétique. *Fibre acrylique. Tissu en acrylique.*
Attention au genre masculin de ce nom : ***un*** acrylique.
acrylique, un *y* puis un *i*.

ACTE n. m.
1. Action accomplie. *Un groupe clandestin multiplie les actes de vandalisme.*
2. (DR.) Écrit constatant légalement un acte. *Il faut inscrire cette clause dans l'acte notarié. Le notaire est appelé à rédiger des testaments, des mandats en cas d'inaptitude, des actes de vente, etc.* SYN. certificat; document.
3. (AU PLUR.) Document, publié après un congrès ou un colloque, qui réunit les textes complets des communications et qui peut faire état de la transcription des discussions. *Les actes ont paru le jour même du colloque sous le titre* Les dictionnaires Le Robert. Genèse et évolution *aux Presses de l'Université de Montréal.*
4. Division d'une pièce de théâtre. *Une pièce en trois actes.*
LOCUTIONS
– ***Acte de naissance.*** Acte de l'état civil faisant preuve de la naissance, dressé par l'officier de l'état civil dès la déclaration de naissance (GDT). *Vous devez présenter votre acte* (et non *certificat) *de naissance.*
Le terme *extrait de naissance* désigne un document qui reprend les données de l'acte de naissance.
– ***Dont acte.*** Formule signifiant qu'on a pris bonne note de quelque chose.
– ***Faire acte de.*** Donner la preuve de. *Nous devons faire acte de bonne volonté.* SYN. manifester.
– ***Faire acte de présence.*** Venir quelques instants par politesse.
– ***Prendre acte de.*** Noter. *Nous avons pris acte de votre recommandation.*

***ACTE DE DIEU**
Calque de «*act of God*» pour ***cas de force majeure, catastrophe naturelle, événement fortuit.***

ACTE DE L'AMÉRIQUE DU NORD BRITANNIQUE
Sigle *AANB* (s'écrit avec ou sans points).

ACTEUR n. m.
ACTRICE n. f.
1. Personne dont la profession est de jouer (au cinéma, à la scène, à la télévision). SYN. comédien; interprète.
2. (FIG.) Personne qui joue un rôle déterminant dans un évènement. *La gestion des universités concerne plusieurs acteurs.*

ACTH
Sigle de ***Adreno-Cortico-Trophic-Hormone.***
Hormone adrénocorticotrope de l'hypophyse.

ACTIF, IVE adj. et n. m.
ADJECTIF
1. Qui agit. *La population active.* SYN. dynamique; entreprenant; travailleur. ANT. passif.
2. En exercice, en activité. *Des membres actifs.* ANT. inactif; passif.
NOM MASCULIN
Ensemble des biens possédés. *L'actif de cette entreprise est considérable. L'excédent de l'actif sur le passif.* ANT. passif.
LOCUTIONS
– ***Avoir à son actif.*** Pouvoir se prévaloir de quelque chose. *Elle a à son actif plusieurs publications.*
– ***Forme, voix active.*** (GRAMM.) Forme dans laquelle le sujet fait l'action (par opposition à la ***forme passive*** où il la subit).

***ACTING-OUT**
Anglicisme pour ***passage à l'acte.***

ACTINIUM n. m.
Symbole *Ac* (s'écrit sans point).
Corps radioactif. *Des actiniums.*

ACTINOLOGIE n. f.
Science des propriétés curatives des rayons ultraviolets, infrarouges, etc.

ACTINOMÈTRE n. m.
Appareil de mesure servant à définir l'intensité des radiations.

ACTION n. f.
1. Ce que l'on fait. *Le chef de l'État tente de rallier ses homologues à une bonne action qui vise à doubler l'aide publique au développement.* SYN. acte; activité.
Dans les expressions où le mot ***action*** désigne le fait d'agir, il est généralement au singulier. *Il importe d'élargir nos champs d'action. Des moyens d'action efficaces.*
2. Manière d'agir. *Ces pays ont utilisé l'action concertée de leur État comme un catalyseur d'innovation. On évalue contre un placebo l'action d'un médicament antidépresseur,* SYN. effet.
3. Titre de propriété représentatif d'une part du capital d'une société. *Les étrangers qui achètent des actions* (et non *parts) *des États-Unis investissent en fait dans l'économie mondiale.*
4. Développement des évènements (d'un film, d'un roman, d'une pièce de théâtre, etc.). *L'action de cette œuvre se déroule dans le Québec des années 1960 en pleine effervescence.*
5. (DR.) Poursuite en justice. *Ils comptent intenter une action afin de récupérer les capitaux qui leur sont dus.*
LOCUTION
– ***Option d'achat d'actions.*** Droit qu'une société par actions accorde, par exemple à un cadre, d'acheter un nombre donné de ses actions rachetées à cette fin ou de souscrire un nombre donné d'actions non encore émises de cette société, à un prix stipulé d'avance, et au cours d'une période déterminée (Recomm. off.). *Les cadres supérieurs de l'entreprise ont reçu des options d'achat d'actions* (et non *stock-options). SYN. option sur actions; option sur titres.
FORME FAUTIVE
*prendre action. Calque de «*to take action*» pour ***agir, intervenir, passer aux actes, prendre des mesures, poursuivre en justice.***

ACTION DE GRÂCE(S) n. f.
1. Témoignage de reconnaissance. *Une prière d'action de grâces.*
2. En Amérique du Nord, jour férié. *Au Canada, nous fêtons l'Action de grâces* ou *grâce le deuxième lundi d'octobre.*
T Le nom du jour férié s'écrit avec une majuscule initiale.

ACTIONNAIRE n. m. et f.
Personne qui possède des actions d'une entreprise. *Elle est actionnaire de cette entreprise. Les petits et les gros actionnaires.*

ACTIONNARIAT n. m.
1. Fait d'être actionnaire.
2. Ensemble des actionnaires.

ACTIONNER v. tr.
1. Mettre en mouvement. *Cette manette actionne le mécanisme de l'appareil.*

A

2. (DR.) Poursuivre en justice.
CONJUGAISON : VOIR MODÈLE AIMER.

ACTIVATEUR, TRICE adj. et n. m.
ADJECTIF
Se dit d'une substance propre à favoriser l'activité de quelque chose.
NOM MASCULIN
Substance qui augmente l'activité de quelque chose.

ACTIVATION n. f.
Action d'activer.

ACTIVEMENT adv.
D'une manière active, avec ardeur. ANT. passivement.

ACTIVER v. tr., pronom.
VERBE TRANSITIF
1. Accélérer. *Ils devront activer la révision.* SYN. hâter. ANT. ralentir.
2. Rendre plus actif. *Activer le feu.* SYN. stimuler.
VERBE PRONOMINAL
Se hâter. *Ils se sont activés pour ne pas être en retard.* SYN. se presser.
À la forme pronominale, le participe passé de ce verbe s'accorde toujours en genre et en nombre avec son sujet. *Elles se sont activées pour atteindre leur objectif.*
CONJUGAISON : VOIR MODÈLE AIMER.

ACTIVISME n. m.
Doctrine prônant l'action politique violente.

ACTIVISTE n. m. et f.
Partisan de l'action politique violente.

ACTIVITÉ n. f.
1. Ensemble des actes et des travaux de l'être humain. *Des activités économiques. Des activités de plein air.*
2. (PAR EXT.) Fonctionnement. *Une entreprise en activité.*
Employé globalement en ce sens, le terme ***activité*** est au singulier. *Des secteurs d'activité. Un rapport d'activité.*

***ACT OF GOD**
Anglicisme pour ***cas de force majeure.***

ACTUAIRE n. m. et f.
Spécialiste de l'application de la statistique et du calcul des probabilités au domaine des assurances et des opérations financières.

ACTUALISATION n. f.
Action d'actualiser, de mettre à jour. *L'actualisation de la valeur d'une propriété.*

ACTUALISER v. tr.
1. Mettre à jour. *Actualiser les données.*
2. (ÉCON.) Calculer la valeur d'un bien à une date donnée.
CONJUGAISON : VOIR MODÈLE AIMER.

ACTUALITÉ n. f.
1. Caractère de ce qui existe au moment présent, de ce qui est actuel. *L'actualité d'une œuvre, d'une recherche.*
2. Ensemble des évènements actuels. *L'actualité économique.*
3. (AU PLUR.) Émission d'information. *Les actualités télévisées.* SYN. nouvelles.
LOCUTION
– ***D'actualité.*** À la mode.

ACTUARIAT n. m.
Fonction d'actuaire.

ACTUARIEL, IELLE adj.
Se dit des calculs effectués par les actuaires. *Des taux actuariels.*

ACTUEL, ELLE adj.
1. Qui concerne notre époque. *Le décrochage est un problème actuel.* SYN. d'aujourd'hui; présent.
2. Qui existe au moment présent. *Le niveau actuel de l'eau est élevé. La protection de l'environnement est une préoccupation actuelle.* SYN. présent. ANT. démodé; futur; passé.
3. Qui est d'actualité. *Une œuvre actuelle.*
4. Effectif (par opposition à ***virtuel***). SYN. réel.

ACTUELLEMENT adv.
En ce moment. *Il est absent actuellement.* SYN. présentement.
FORME FAUTIVE
*actuellement. Anglicisme au sens de ***réellement, vraiment.***

ACUITÉ n. f.
1. Caractère de ce qui est aigu. *L'acuité d'une douleur.* SYN. intensité.
2. Degré de sensibilité d'un sens. *L'acuité auditive, visuelle.*
3. Puissance de pénétration. *Un jugement d'une grande acuité.* SYN. perspicacité.

ACUPUNCTEUR ou **ACUPONCTEUR** n. m.
ACUPUNCTRICE ou **ACUPONCTRICE** n. f.
Spécialiste de l'acupuncture.

ACUPUNCTURE ou **ACUPONCTURE** n. f.
Traitement médical d'origine chinoise qui consiste à piquer des aiguilles en certains points du corps.

ACYCLIQUE adj.
Qui n'est pas cyclique.

ADAC
Sigle de ***avion à décollage et atterrissage courts.***
L'anglicisme «*STOL*» (*short take-off and landing*) est déconseillé.

ADAGE n. m.
Sentence populaire, généralement ancienne. Le trois fait le mois *est un adage que cite souvent Francine Grimaldi.*
VOIR – DICTON.

ADAGIO adv. et n. m.
Attention à la prononciation, [adadʒjo].
ADVERBE
(MUS.) Lentement.
T En typographie soignée, les mots étrangers sont composés en italique. Dans des textes déjà en italique, la notation se fait en romain. Pour les textes manuscrits, on utilisera les guillemets.
NOM MASCULIN
(MUS.) Morceau qui doit être exécuté lentement. *Des adagios magnifiques.*

ADAMANTIN, INE adj.
(LITT.) Qui a l'éclat du diamant.

ADAPTABILITÉ n. f.
Caractère de ce qui est adaptable.

ADAPTABLE adj.
Qui peut être adapté. *Un horaire adaptable.* SYN. flexible.

ADAPTATEUR n. m.
ADAPTATRICE n. f.
Personne qui adapte une œuvre pour le théâtre ou le cinéma.

ADAPTATEUR n. m.
Dispositif permettant d'adapter un objet à un autre usage que celui qui était prévu initialement. *Un adaptateur pour prises électriques.*

ADAPTATION n. f.
1. Action d'adapter; son résultat. *L'adaptation cinématographique d'un roman.*
2. Fait de s'adapter. *L'adaptation de ces nouveaux venus a été facile.* SYN. acclimatation.

ADAPTER v. tr., pronom.
VERBE TRANSITIF
1. Ajuster. *Adapter un conduit à un autre conduit.*
2. Mettre en harmonie. *Le ton était bien adapté aux circonstances.* SYN. accorder.
3. Présenter (une œuvre littéraire, musicale, etc.) sous une nouvelle forme. *Adapter un roman pour le cinéma.*

VERBE PRONOMINAL
S'habituer. *Ces immigrants se sont adaptés très rapidement à leur nouveau mode de vie.* SYN. s'acclimater.
À la forme pronominale, le participe passé de ce verbe s'accorde toujours en genre et en nombre avec son sujet. *Ils se sont adaptés rapidement.*
CONJUGAISON : VOIR MODÈLE AIMER.

***À DATE**
Calque de «*to date*» pour ***à jour, à ce jour, jusqu'à maintenant, jusqu'à présent, jusqu'ici.***

ADAV
Sigle de ***avion à décollage et atterrissage verticaux.***
L'anglicisme «*VTOL*» (*vertical take-off and landing*) est déconseillé.

ADDENDA n. m. (pl. *addenda* ou *addendas*)
Les lettres ***en*** se prononcent ***in,*** [adɛ̃da].
Mot latin signifiant « choses à ajouter ».
Notes, articles ajoutés à un ouvrage, à un document pour le compléter. *Il y a plusieurs* addenda *à inclure dans le contrat.*
Ce nom qui est un pluriel latin est généralement invariable ; cependant, certains auteurs lui donnent la marque du pluriel.
T En typographie soignée, les mots étrangers sont composés en italique. Dans des textes déjà en italique, la notation se fait en romain. Pour les textes manuscrits, on utilisera les guillemets.

***ADDICT**
Anglicisme pour ***dépendant, accro.***

***ADDICTION**
Anglicisme pour ***accoutumance, dépendance.*** *L'accoutumance* (et non *addiction) *aux somnifères.*

ADDITIF n. m.
Substance ajoutée à une autre pour en modifier les propriétés. *Un additif alimentaire jugé dangereux.*

ADDITION n. f.
1. Action d'ajouter ; ce qui est ainsi ajouté.
2. (MATH.) Première des quatre opérations fondamentales de l'arithmétique dont le symbole est le signe +. ANT. soustraction.
Le résultat de l'addition est une ***somme.***
3. Total des dépenses effectuées au restaurant. *Régler l'addition.*
À l'hôtel, c'est une ***note*** et dans le commerce, une ***facture.***

ADDITIONNEL, ELLE adj.
Qui s'ajoute. *Apporter une précision additionnelle.*
Ne pas confondre avec les adjectifs suivants :
- ***complémentaire,*** qui constitue un complément ;
- ***supplémentaire,*** ajouté à une chose déjà complète.

ADDITIONNER v. tr.
1. Faire la somme en ajoutant un nombre à un autre. *Additionner 2 et 2. Elle additionne des fractions.* ANT. soustraire.
2. Ajouter une chose à une autre. *Le chef additionne le jus de fruit d'un peu de rhum. Additionner les résultats d'aujourd'hui avec ceux d'hier.*
Le verbe peut se construire avec les prépositions ***à, de, avec.***
CONJUGAISON : VOIR MODÈLE AIMER.

ADÉN(O)- préf.
Élément du grec signifiant « glande ».

ADÉNOME n. m.
Tumeur d'une glande.

ADEPTE n. m. et f.
1. Personne qui pratique une activité. *C'est une adepte de la natation.*
2. Partisan d'une doctrine, d'une théorie. *Un adepte du socialisme.*
Le mot ***adepte*** est souvent suivi d'un nom de doctrine, alors que le mot ***disciple*** peut être suivi d'un nom de personne. *Une adepte du libéralisme. Un disciple de Freud.*

ADÉQUAT, ATE adj.
Au masculin, le ***t*** ne se prononce pas, [adekwa, at].
Approprié. *Ce calcul est adéquat, la réponse est juste. Vous avez employé l'expression adéquate.*
Cet adjectif est de niveau technique ; dans la langue courante, on pourra le remplacer par ***approprié, convenable, juste, pertinent.***

ADÉQUATEMENT adv.
De façon adéquate, qui convient. *Vous avez agi adéquatement.* SYN. convenablement ; correctement.

ADÉQUATION n. f.
Adaptation parfaite, équivalence. *L'adéquation des pratiques aux principes définis par la profession.*

ADÉQUISTE adj. et n. m. et f.
Adepte de l'Action démocratique du Québec (ADQ). *Ils sont adéquistes. Des adéquistes.*
Le mot est formé à partir du sigle ***ADQ.***

ADHÉRENCE n. f.
État d'un objet qui tient fortement à un autre.
Ne pas confondre avec le nom ***adhésion,*** action de s'inscrire à un groupe, à un parti, à une association.
adhérence.

ADHÉRENT, ENTE adj. et n. m. et f.
ADJECTIF
Qui est fortement attaché. *Une branche adhérente au tronc.*
NOM MASCULIN ET FÉMININ
Membre d'un parti, d'une association. *Nous avons compté 500 adhérents.*
Ne pas confondre avec le participe présent invariable ***adhérant.*** *Les membres adhérant avant la fin du mois recevront un agenda.*
adhérent.

ADHÉRER v. tr. ind.
1. Coller à. *Un revêtement qui adhère au mur.*
2. Entrer dans un parti, souscrire à une idée, à une opinion. *Ils ont adhéré au Parti québécois dès 1968.*
Le verbe se construit avec la préposition ***à.***
CONJUGAISON : VOIR MODÈLE POSSÉDER.
Le ***é*** se change en ***è*** devant une syllabe contenant un ***e*** muet, sauf à l'indicatif futur et au conditionnel présent. *J'adhère,* mais *j'adhérerai.*
adhérer.
[Les *Rectifications* (1990) admettent : il adhèrera, adhèrerait...]

ADHÉSIF, IVE adj. et n. m.
ADJECTIF
Collant. *Ruban adhésif.*
NOM MASCULIN
Substance permettant de coller des surfaces. SYN. colle.

ADHÉSION n. f.
1. Accord. *Donner son adhésion à un projet.* SYN. agrément ; assentiment ; autorisation.
2. Action de s'inscrire à un groupe, à un parti, à une association.
Ne pas confondre avec le nom ***adhérence,*** état d'un objet qui tient fortement à un autre.

ADHÉSIVITÉ n. f.
Aptitude d'un matériau à adhérer à une surface.

AD HOC loc. adj. inv.
Le ***c*** se prononce, [adɔk].
Locution latine signifiant « à cet effet ».
1. Qui convient à la situation. *Un expert* ad hoc.
2. Spécialement pour cela. *Une décision* ad hoc, *des comités* ad hoc.

T En typographie soignée, les mots étrangers sont composés en italique. Dans des textes déjà en italique, la notation se fait en romain. Pour les textes manuscrits, on utilisera les guillemets.

AD HOMINEM loc. adj. inv.
Les ***m*** se prononcent, [adɔminɛm].
Locution latine signifiant « vers l'homme », employée de nos jours au sens de « qui vise personnellement l'adversaire ». *Les arguments* ad hominem *ne seront pas tolérés.*
T En typographie soignée, les mots étrangers sont composés en italique. Dans des textes déjà en italique, la notation se fait en romain. Pour les textes manuscrits, on utilisera les guillemets.

ADIEU interj. et n. m. (pl. *adieux*)
INTERJECTION
Formule servant à prendre congé de quelqu'un que l'on ne reverra pas avant longtemps ou que l'on ne reverra plus. *Adieu ! je te retrouverai peut-être un jour.*
T L'interjection est toujours suivie d'un point d'exclamation qui est souvent repris à la fin de la phrase. Si la phrase exclamative n'est pas complète, le mot qui suit le point d'exclamation s'écrit avec une minuscule initiale.
NOM MASCULIN
Fait de prendre congé. *Faire ses adieux. Une lettre d'adieu.*
LOCUTION
– ***Dire adieu à.*** Faire son deuil de quelque chose, renoncer à. *Vous devriez dire adieu à votre sécurité d'emploi.*

À-DIEU-VA(T) ! interj.
Locution signifiant « Va à la grâce de Dieu ! » qui est employée dans une situation périlleuse. *À-Dieu-va* ou *à-Dieu-vat ! soyez prudents.* SYN. advienne que pourra !
T L'interjection est toujours suivie d'un point d'exclamation qui est souvent repris à la fin de la phrase. Si la phrase exclamative n'est pas complète, le mot qui suit le point d'exclamation s'écrit avec une minuscule initiale.

ADIPEUX, EUSE adj.
Qui renferme de la graisse. *Les tissus adipeux.* SYN. gras.

ADIPOSITÉ n. f.
Accumulation de graisse dans les tissus.

ADJACENT, ENTE adj.
1. Qui est proche. *Des immeubles adjacents. Le jardin est adjacent à la cuisine.* SYN. contigu ; voisin.
L'adjectif se construit absolument ou avec la préposition ***à***.
2. (MATH.) Qui ont un côté commun. *Des angles adjacents.*
adjacent.

ADJECTIF n. m.
Mot joint à un nom pour exprimer la qualité de l'être ou de l'objet désigné par ce nom (adjectif qualifiant) ou pour attribuer une catégorie à l'être ou à l'objet désigné par ce nom (adjectif classifiant).
LOCUTIONS
– ***Adjectif classifiant.*** (GRAMM.) Adjectif qui attribue une catégorie à l'être ou à l'objet désigné par le nom qu'il accompagne et avec lequel il s'accorde. *Exemples d'adjectifs classifiants : un dictionnaire* encyclopédique, *un animal* herbivore.
L'adjectif classifiant exprime une caractéristique objective.
– ***Adjectif de couleur.*** (GRAMM.) Adjectif exprimant la couleur. *Les adjectifs de couleur peuvent être simples (*beige, blanc, rouge, *etc.) ou composés (*bleu marine, gris acier, vert olive, *etc.).*
VOIR TABLEAU – COULEUR (ADJECTIFS DE).
– ***Adjectif qualifiant.*** (GRAMM.) Adjectif qui exprime une qualité de l'être ou de l'objet désigné par le nom qu'il accompagne et avec lequel il s'accorde. *Exemples d'adjectifs qualifiants : des roses* odorantes, *une analyse* minutieuse.
La qualité exprimée par l'adjectif qualifiant peut être objective ou subjective, positive ou négative.
VOIR TABLEAU – ADJECTIF.
VOIR TABLEAU – GROUPE.
VOIR TABLEAU – PLURIEL ET FÉMININ DES ADJECTIFS.

ADJECTIF ou **ADJECTIVAL, ALE, AUX** adj.
Qui a une valeur d'adjectif. *Une locution adjective* ou *adjectivale.*
VOIR TABLEAU – ADJECTIF.

ADJECTIVEMENT adv.
Avec la valeur d'un adjectif.

ADJECTIVER ou **ADJECTIVISER** v. tr.
Utiliser comme adjectif. *Dans la phrase « Cette femme pressée est en retard », le mot* pressé *est un participe passé adjectivé.*
CONJUGAISON : VOIR MODÈLE AIMER.

ADJOINDRE v. tr., pronom.
VERBE TRANSITIF
Associer une personne à une autre. *Elle adjoindra un graphiste à l'équipe.*
VERBE PRONOMINAL
Prendre comme collaborateur. *Ils se sont adjoint une informaticienne.*
À la forme pronominale, le participe passé de ce verbe s'accorde en genre et en nombre avec le complément direct si celui-ci le précède. *Les deux conseillers qu'il s'est adjoints sont compétents.* Le participe passé reste invariable si le complément direct suit le verbe. *Ils se sont adjoint des collaborateurs compétents.*
Ce verbe s'emploie surtout en parlant des personnes.
CONJUGAISON : VOIR MODÈLE JOINDRE.
INDICATIF PRÉSENT *J'adjoins, tu adjoins, il adjoint, nous adjoignons, vous adjoignez, ils adjoignent.* IMPARFAIT *J'adjoignais.* PASSÉ SIMPLE *J'adjoignis.* FUTUR *J'adjoindrai.* CONDITIONNEL PRÉSENT *J'adjoindrais.* IMPÉRATIF PRÉSENT *Adjoins, adjoignons, adjoignez.* SUBJONCTIF PRÉSENT *Que j'adjoigne.* PARTICIPE PRÉSENT *Adjoignant.* PASSÉ *Adjoint, adjointe.*
Les lettres ***gn*** sont suivies d'un ***i*** à la première et à la deuxième personne du pluriel de l'indicatif imparfait et du subjonctif présent. *(Que) nous adjoignions, (que) vous adjoigniez.*

ADJOINT n. m.
ADJOINTE n. f.
1. Personne qui en seconde une autre dans ses fonctions. *Son adjoint est compétent. Elle est adjointe au directeur commercial.*
T Les titres administratifs s'écrivent avec une minuscule.
2. ***Adjoint*** + adjectif. Le nom ***adjoint*** suivi d'un adjectif s'écrit sans trait d'union. *Une adjointe administrative, des adjoints techniques.*
3. Désignation de fonction + ***adjoint*** (fonction administrative). Le mot ***adjoint*** apposé à un nom de profession s'écrit sans trait d'union. *La directrice adjointe* (et non l'*assistante-directrice). *Les secrétaires adjoints.*
1° La place du nom ***adjoint*** est déterminante pour son sens : il y a une distinction importante entre le titre de ***directeur adjoint*** et celui de ***adjoint du directeur.*** En effet, en l'absence du directeur, c'est le ***directeur adjoint*** qui dirigera, alors que l'***adjoint*** seconde le directeur dans certaines de ses tâches.
2° Le mot ***adjoint*** est utilisé généralement pour des fonctions de nature administrative, alors que le mot ***aide*** s'emploie surtout pour des tâches d'exécution ou pour un travail matériel.

Comme adjectif, le mot ***adjoint*** se construit avec la préposition ***à***. *Elle est adjointe au directeur général.* Comme nom, le mot ***adjoint*** se construit avec la préposition ***de***. *Consultez l'adjointe de M. Boies, directeur des ressources humaines.*
VOIR – AIDE.

ADJONCTION n. f.
Action d'adjoindre ; résultat de cette action. SYN. ajout.

ADJUDANT n. m.
ADJUDANTE n. f.
Sous-officier.

ADJUDICATAIRE n. m. et f.
Bénéficiaire d'une adjudication. *L'adjudicataire d'un marché.*

ADJUDICATION n. f.
Attribution d'un marché au mieux-disant (au plus offrant ou à celui qui demande le prix le moins élevé, selon le cas).

ADJUGER v. tr., pronom.
VERBE TRANSITIF
1. Attribuer un avantage, une récompense. *On lui adjugea la médaille d'or.*
2. Attribuer par adjudication, à l'encan. *Mille dollars une fois, deux fois, trois fois. Adjugé !*
VERBE PRONOMINAL
S'approprier. *Ils se sont adjugé le travail le plus facile.* SYN. s'attribuer.
À la forme pronominale, le participe passé de ce verbe s'accorde en genre et en nombre avec le complément direct si celui-ci le précède. *La couronne que le gagnant s'est adjugée.* Le participe passé reste invariable si le complément direct suit le verbe. *Elle s'est adjugé la compilation des données.*
CONJUGAISON : VOIR MODÈLE CHANGER.
Le ***g*** est suivi d'un ***e*** devant les lettres ***a*** et ***o***. *Il adjugea, nous adjugeons.*

ADJURATION n. f.
Prière instante, supplication.
Ne pas confondre avec le nom ***abjuration,*** renonciation solennelle à la religion professée.

ADJURER v. tr.
Supplier. SYN. conjurer.
CONJUGAISON : VOIR MODÈLE AIMER.

ADJUVANT, ANTE adj. et n. m.
ADJECTIF
Se dit d'un produit qui seconde l'action d'un médicament. *Des traitements adjuvants.*
NOM MASCULIN
Additif. *Les adjuvants du plâtre.*

ad lib.
Abréviation de ***ad libitum***.

AD LIBITUM loc. adv.
Attention à la prononciation, [adlibitɔm].
Abréviation ***ad lib.*** (s'écrit avec un point final).
Locution latine signifiant « au choix ». SYN. à volonté.
T En typographie soignée, les mots étrangers sont composés en italique. Dans des textes déjà en italique, la notation se fait en romain. Pour les textes manuscrits, on utilisera les guillemets.

ADMETTRE v. tr.
1. Accepter dans une école, une classe ; considérer comme ayant satisfait aux épreuves d'un examen. *Ce collège a admis nos amis.* SYN. accueillir.
2. Autoriser. *Elle a été admise à présenter une demande.*
Suivi de l'infinitif, le verbe s'emploie avec la préposition ***à***.
3. Accepter dans un lieu, dans un groupe. *Les enfants ne sont pas admis dans les bars. Ils ont été admis en France.*
Le verbe se construit avec les prépositions ***dans, en*** lorsqu'il est suivi d'un complément de lieu.
4. Considérer comme vrai. *J'admets qu'il a raison. Il n'admet pas que son collègue ait raison. Admettons !* SYN. accorder ; reconnaître ; supposer.
À la forme affirmative, le verbe se construit avec l'indicatif ou le subjonctif ; à la forme négative, il se construit avec le subjonctif.
CONJUGAISON : VOIR MODÈLE REMETTRE.
INDICATIF PRÉSENT *J'admets, tu admets, il admet, nous admettons, vous admettez, ils admettent.* IMPARFAIT *J'admettais.* PASSÉ SIMPLE *J'admis.* FUTUR *J'admettrai.* CONDITIONNEL PRÉSENT *J'admettrais.* IMPÉRATIF PRÉSENT *Admets, admettons, admettez.* SUBJONCTIF PRÉSENT *Que j'admette.* IMPARFAIT *Que j'admisse.* PARTICIPE PRÉSENT *Admettant.* PASSÉ *Admis, ise.*

ADMINISTRATEUR n. m.
ADMINISTRATRICE n. f.
1. Personne chargée de l'administration (de biens, d'une entreprise).
2. Membre d'un conseil d'administration. *À titre de membre du conseil d'administration, il est administrateur* (et non *directeur ou *gouverneur).

ADMINISTRATIF, IVE adj.
Relatif à l'administration. *Des règles administratives.*

ADMINISTRATION n. f.
1. Action d'administrer. *L'administration d'un service après-vente.*
2. Ensemble des services publics. *L'Administration a adopté un budget pour le nouvel exercice.*
T Le mot ***administration*** prend la majuscule quand il désigne l'ensemble des services publics et qu'il est construit absolument.

ADMINISTRATIVEMENT adv.
Par la voie administrative.

ADMINISTRÉ, ÉE n. m. et f.
Personne soumise à une autorité administrative. *Le nouveau maire saura-t-il convaincre ses administrés du bien-fondé des réformes qu'il préconise ?*

ADMINISTRER v. tr.
1. Diriger, gérer les affaires publiques ou privées. *Elle administre une PME.* SYN. conduire ; régir.
2. (MÉD.) Faire absorber, en parlant d'un médicament. *On lui a administré des antibiotiques.*
3. Conférer un sacrement. *L'aumonier a administré l'extrême-onction à cette malade.*
FORMES FAUTIVES
*administrer (un examen, un test, un sondage). Impropriété au sens de ***faire passer un examen, un test, effectuer*** ou ***faire un sondage.***
*administrer des soins. Impropriété pour ***donner, prodiguer des soins.***
*administrer une loi. Impropriété pour ***appliquer une loi.***
CONJUGAISON : VOIR MODÈLE AIMER.

ADMIRABLE adj.
Digne d'admiration. *Ce dessin est admirable.* SYN. beau ; magnifique ; merveilleux ; superbe.

ADMIRABLEMENT adv.
De façon admirable. *Il chante admirablement.* SYN. magnifiquement ; merveilleusement.

ADMIRATEUR, TRICE n. m. et f.
Personne qui admire quelqu'un. *Ce chanteur a de nombreux admirateurs et admiratrices.*

ADMIRATIF, IVE adj.
Qui exprime l'admiration. *Un regard admiratif.* SYN. enthousiaste.

A

ADJECTIF

On distingue deux catégories d'adjectifs :

- L'**adjectif qualifiant**, qui exprime une qualité de l'être ou de l'objet désigné par un nom.
  Un ***beau*** *citron, des roses* ***odorantes****, des avis* ***discutables****, une analyse* ***minutieuse****.*

☞ La qualité exprimée par l'adjectif qualifiant peut être objective ou subjective, positive ou négative.

- L'**adjectif classifiant**, qui attribue une catégorie à l'être ou à l'objet désigné par un nom.
  Un animal ***invertébré****, des cours* ***obligatoires****, des plantes* ***aquatiques****, un dictionnaire* ***encyclopédique****.*

☞ L'adjectif classifiant exprime une caractéristique objective.

FORMATION DU FÉMININ ET DU PLURIEL DES ADJECTIFS

Pour mettre un adjectif au féminin, il faut généralement ajouter un ***e*** à la forme du masculin.
*Grand, grand****e****; vert, vert****e****; coquin, coquin****e****; pressé, pressé****e****.*

Pour mettre un adjectif au pluriel, il faut généralement ajouter un ***s*** à la forme du singulier.
*Grand****s****, grande****s****; vert****s****, verte****s****; coquin****s****, coquine****s****; pressé****s****, pressée****s****.*

VOIR TABLEAU ▸ **PLURIEL ET FÉMININ DES ADJECTIFS.**

ACCORD DE L'ADJECTIF

L'adjectif est un receveur d'accord : il s'accorde en **genre** (masculin ou féminin) et en **nombre** (singulier ou pluriel) avec le nom qu'il accompagne, c'est-à-dire qu'il complète ou dont il est l'attribut.
Ces plantes aquatiques sont très odorantes.

ACCORDS PARTICULIERS

- Avec **plusieurs noms au singulier** auxquels il se rapporte, l'adjectif se met au pluriel.
  Un fruit et un légume ***mûrs****. Une pomme et une orange* ***juteuses****.*
- Avec **plusieurs noms de genre différent**, l'adjectif se met au masculin pluriel.
  Une mère et un fils ***avisés****.*
- Avec des **mots séparés par *ou***, si l'un des mots exclut l'autre, l'adjectif s'accorde avec le dernier.
  Il est d'une générosité ou d'une bêtise ***extraordinaire*** *: il donne sans compter.*
- Avec des mots coordonnés par *ainsi que, avec, comme, de même que…*, l'adjectif se met au pluriel s'il y a addition et au masculin, dans le cas où les noms sont de genre différent. *L'imagination ainsi que le style* ***débridés*** *de cet auteur ont surpris les lecteurs.* L'adjectif s'accorde avec le premier nom s'il y a comparaison.
  Sa générosité, comme son désintéressement, tellement ***inusitée****, force l'admiration.*
- Avec un **nom complément d'un autre nom**, l'adjectif s'accorde selon le sens avec le nom complété ou avec le complément du nom.
  Une coupe d'or ***ciselée*** ou ***ciselé****.*
- Avec un **nom collectif**, l'adjectif s'accorde avec le collectif ou avec son complément, selon le sens.
  Ce groupe de touristes ***est américain****. Un groupe de touristes* ***américains****.*
- Si deux adjectifs classifiants se rapportent à un même nom au pluriel, ils se mettent au singulier ou au pluriel selon le sens.
  Les gouvernements fédéral et provincial. Les cours obligatoires et optionnels.

VOIR TABLEAU ▸ **COLLECTIF.**

- Les adjectifs de couleur de forme simple s'accordent en genre et en nombre, alors que les adjectifs composés et les noms employés pour exprimer la couleur restent invariables.
  Des robes ***bleues****, des costumes* ***noirs****. Une jupe* ***vert forêt****, des cheveux* ***poivre et sel****.*
  Des écharpes ***tangerine****, des foulards* ***turquoise*** *ou* ***kaki****.*

VOIR TABLEAU ▸ **COULEUR (ADJECTIFS DE).**

> ADJECTIF | SUITE

- Certains adjectifs peuvent être employés comme adverbes pour modifier le sens d'un verbe; dans ce cas, ils sont invariables.

  *Ces produits coûtent **cher**. Cette soupe sent **bon**. Ils vont **vite**. Elles s'habillent **jeune**.*

A

DEGRÉS DE SIGNIFICATION

Les adjectifs **qualifiants** peuvent s'employer :

• au **positif**	qualité attribuée	*La rose est belle.*
• au **comparatif**	supériorité	*La rose est **plus** belle **que** l'iris.*
	égalité	*La rose est **aussi** belle **que** l'iris.*
	infériorité	*La rose est **moins** belle **que** l'iris.*
• au **superlatif** relatif	supériorité	*La rose est **la plus** belle de toutes.*
	infériorité	*La rose est **la moins** belle de toutes.*
• au **superlatif** absolu	supériorité	*La rose est **très** belle.*
	infériorité	*La rose est **très peu** belle.*

Les adjectifs **classifiants** ne peuvent être accompagnés d'un adverbe modificateur pour exprimer divers degrés.

*Un animal invertébré (*et non un animal **très** invertébré*), des plantes aquatiques (*et non des plantes **très** aquatiques*).*

Le langage de la publicité crée volontiers des superlatifs à l'aide des préfixes latins **super, extra, ultra**. *C'était une fête **super**.* Les adolescents font aussi largement usage de ces superlatifs. *Ma copine est **extra**.* Ces emplois doivent être réservés à la langue familière. *Elle est **hyper-chouette**. Il est **archi-fou**.* Les mots formés pour la circonstance à l'aide de ces préfixes s'écrivent avec un trait d'union.

PLACE DE L'ADJECTIF

L'adjectif se place généralement à la suite du nom qu'il accompagne.

▸ Les **adjectifs qualifiants** obéissent généralement à cette règle et suivent le plus souvent le nom.

Une histoire fantaisiste. Des outils maniables. Un véhicule rapide. Des images originales.

Cependant, les adjectifs qualifiants précèdent parfois le nom qu'ils accompagnent :

- s'ils sont courts (souvent monosyllabiques) et d'emploi très courant tels que *beau, bon, grand, gros, jeune, joli, long, meilleur, nouveau, petit, vieux…* (ex. : *un bon garçon, un beau voilier, un grand jardin, une grosse somme, un vieux château*);
- si l'usage a consacré cet ordre (ex. : *un faible taux d'abandon, en piètre état, une excellente maîtrise de la langue*);
- s'ils ont une signification différente selon qu'ils sont placés avant ou après le nom qu'ils accompagnent, par exemple :

  une église ancienne = « qui existe depuis longtemps », *une ancienne église* = « désaffectée »

  une personne curieuse = « indiscrète », *une curieuse personne* = « étrange »

  un homme jeune = « qui n'est pas âgé », *un jeune homme* = « célibataire »

  une voiture propre = « nette », *sa propre voiture* = « qui lui appartient »

  un patron seul = « solitaire », *un seul patron* = « unique »;

- s'il s'agit d'un choix stylistique, notamment dans le style littéraire ou poétique (ex. : *le blanc manteau, un lourd chagrin, un élégant badinage*).

Les adjectifs de couleur, les adjectifs exprimant la forme et les adjectifs participes (issus d'un participe présent ou d'un participe passé) suivent généralement le nom qu'ils accompagnent. *Des pantalons verts, une table rectangulaire, un chapeau pointu, des écharpes tricotées, des couleurs flamboyantes.*

ADJECTIF | SUITE >

- Les adjectifs **classifiants** suivent le nom qu'ils déterminent, sauf s'ils marquent le rang (adjectifs ordinaux).
  Un parti fédéral, des cours facultatifs, une direction régionale, une recherche scientifique, un bâtiment municipal, mais *la Première Avenue, la dernière semaine, le cinquième prix.*

  - Les adjectifs classifiants qui marquent le rang précèdent le nom qu'ils déterminent. Ils sont formés du déterminant numéral auquel on ajoute la terminaison **ième** (à l'exception de **premier** et de **dernier**).
    Les premières (1res) pages, les cinquièmes (5es) places.

Abréviations courantes : premier **1er**, première **1re**, deuxième **2e**, troisième **3e**, quatrième **4e** et ainsi de suite **100e**, **500e**, **$1\ 000^{e}$**. Philippe **Ier**, **1re** année, **6e** étage. Les autres manières d'abréger ne doivent pas être retenues (1ère, 2ème, 2ième, $2^{è}$...).

ADJECTIF PARTICIPE

Certains adjectifs proviennent d'un verbe au participe passé ou au participe présent.
De la crème fouettée. Un regard fuyant. Une élève déterminée. Des carottes cuites.

Ces adjectifs, nommés adjectifs participes, s'accordent en genre et en nombre avec le nom qu'ils accompagnent.

Il ne faut pas confondre l'adjectif participe se terminant par *-ant* ou *-ent* et le participe présent. Alors que le participe présent, toujours invariable, exprime une action qui a lieu en même temps que l'action du verbe qu'il accompagne, l'adjectif participe traduit un état, une qualité ; il prend la marque du genre et du nombre et ne peut être suivi d'un complément de verbe ni d'un complément de phrase.

L'orthographe du participe présent d'un verbe diffère parfois de celle de l'adjectif participe qui en est issu :

PARTICIPE PRÉSENT	ADJECTIF PARTICIPE
adhérant	adhérent
communiquant	communicant
convainquant	convaincant
différant	différent
équivalant	équivalent
excellant	excellent
fatiguant	fatigant
intriguant	intrigant
naviguant	navigant
négligeant	négligent
précédant	précédent
provoquant	provocant
suffoquant	suffocant
zigzaguant	zigzagant

Négligeant *leur rôle d'arbitres, ils ont pris parti pour nos adversaires. Ces arbitres* ***négligents*** *seront congédiés. Les articles vendus* ***équivalant*** *à plusieurs milliers, le chiffre d'affaires est excellent. Il faut acheter des quantités* ***équivalentes*** *à celles de l'an dernier.*

VOIR TABLEAU ► **PARTICIPE PRÉSENT.**

ADMIRATION n. f.
Sentiment ressenti à l'égard de ce qui est noble, beau. *Ce geste héroïque a soulevé l'admiration de tous.* SYN. (FAM.) emballement; engouement; enthousiasme.

ADMIRATIVEMENT adv.
Avec admiration.

ADMIRER v. tr.
1. Éprouver de l'admiration pour (ce qui est beau, grand). *Ils admirent cette magnifique forêt.* SYN. s'enthousiasmer.
2. (IRON.) S'étonner. *J'admire ton inconscience. Il admire qu'on puisse être naïf à ce point.*
En ce dernier sens, le verbe se construit avec le subjonctif.
À la forme passive, le verbe se construit avec les prépositions ***de, par***. *Elle est admirée de ses collègues. Il est admiré par tous les partisans.*
CONJUGAISON : VOIR MODÈLE AIMER.

ADMISSIBILITÉ n. f.
1. Fait d'être admissible (à un examen, à un concours). *Les critères d'admissibilité* (et non d'*éligibilité) *sont très stricts. Une liste d'admissibilité.*
2. Fait d'être admissible (à un programme d'études, à un concours, à une bourse, à un poste, à une subvention, etc.).
Ne pas confondre avec le nom ***éligibilité***, aptitude légale à être élu.

ADMISSIBLE adj.
1. Acceptable. *Ce prétexte n'est pas admissible.* SYN. recevable; valable. ANT. inadmissible.
2. Qui peut être admis. *Cette entreprise est admissible* (et non *éligible) *à cette subvention.*
L'adjectif se construit avec la préposition ***à*** suivie d'un nom.
3. Qui, après avoir réussi les épreuves écrites, est admis à passer les épreuves orales d'un examen. *Un candidat admissible* (et non *éligible).

ADMISSION n. f.
1. Action d'admettre (quelqu'un). *Une demande d'admission.*
2. Fait d'être admis. *Liste d'admission à un concours.*
FORMES FAUTIVES
*admission. Anglicisme au sens de ***entrée.*** *L'entrée* (et non l'*admission) *à l'exposition est gratuite.*
*pas d'admission. Calque de «*no admission*» pour ***entrée interdite.*** *Sur la porte, on peut lire : entrée interdite.*
*pas d'admission sans affaires. Calque de « *no admission without business* » pour ***interdit au public*** ou ***accès réservé aux personnes autorisées.***
*prix d'admission. Anglicisme au sens de ***entrée, prix d'entrée.*** *L'entrée* ou *le prix d'entrée* (et non *prix d'admission) *est de 5 $ pour les enfants.*

ADMONESTATION n. f.
(LITT.) Remontrance sévère. *Les admonestations du secrétaire perpétuel de l'Académie française relativement à la féminisation des titres sont demeurées vaines.* SYN. avertissement; objurgation; semonce.

ADMONESTER v. tr.
(LITT.) Réprimander sévèrement.
CONJUGAISON : VOIR MODÈLE AIMER.

ADN
Sigle de ***acide désoxyribonucléique.***
Acide nucléique qui se présente sous forme d'une double chaîne hélicoïdale dont les deux brins sont complémentaires, et qui constitue le génome de la plupart des organismes vivants. *L'ADN, qui se trouve principalement dans le noyau cellulaire, gère l'activité des cellules.*
L'anglicisme «*DNA*» (*desoxyribonucleic acid*) est déconseillé.

AD NAUSEAM loc. adv.
Locution latine signifiant «jusqu'à la nausée».
Jusqu'au dégoût. *Les guerres constituent des délires de l'humanité, comme le démontre* ad nauseam *l'histoire.*
T En typographie soignée, les mots étrangers sont composés en italique. Dans des textes déjà en italique, la notation se fait en romain. Pour les textes manuscrits, on utilisera les guillemets.

A

ADO n. m. et f. (pl. *ados*)
Abréviation familière de ***adolescent, adolescente.*** *C'est une ado très déterminée. Cette piste cyclable est le rendez-vous des ados.*

ADOLESCENCE n. f.
Âge compris entre la puberté et l'âge adulte (environ de 12 à 20 ans).
adolescence.

ADOLESCENT, ENTE n. m. et f.
S'abrège familièrement en ***ado.***
Celui, celle qui a l'âge de l'adolescence. *Ces adolescents participeront à une randonnée en forêt.*
adolescent.

ADONIS n. m.
Le *s* se prononce, [adɔnis].
1. (LITT.) Beau jeune homme. SYN. apollon; éphèbe.
Ce nom s'emploie parfois de façon ironique.
2. Plante à larges fleurs rouges ou jaunes.

ADONNER v. intr., impers., pronom.
VERBE INTRANSITIF
(FAM.) Convenir. *Est-ce que cela t'adonnerait de venir demain ?* SYN. être d'accord pour.
VERBE IMPERSONNEL
(FAM.) Arriver au bon moment, au mauvais moment, par hasard. *Ça adonne bien que tu sois là, je voulais te voir. Ça adonne mal que son examen ait lieu vendredi.* SYN. tomber.
VERBE PRONOMINAL
1. Faire quelque chose avec passion, avec constance. *S'adonner à la musique. S'adonner au jeu.*
En ce sens, le verbe se construit avec la préposition ***à.***
Ce verbe peut avoir un sens favorable ou défavorable.
2. (FAM.) Bien s'entendre. *Ils se sont adonnés avec leurs camarades.* SYN. s'accorder; fraterniser; sympathiser.
En ce sens, le verbe se construit avec la préposition ***avec.***
À la forme pronominale, le participe passé de ce verbe s'accorde toujours en genre et en nombre avec son sujet. *Elles se sont adonnées au ski alpin.*
Ce verbe de registre familier demeure usuel au Québec et dans la francophonie canadienne, mais il n'appartient plus à l'usage courant de la majorité des locuteurs du français.
CONJUGAISON : VOIR MODÈLE AIMER.

ADOPTABLE adj.
Qui peut être adopté.

ADOPTANT, ANTE n. m. et f.
(DR.) Personne qui adopte légalement quelqu'un.

ADOPTÉ, ÉE adj. et n. m. et f.
ADJECTIF
Qui fait l'objet d'une adoption. *Un enfant adopté. Une proposition adoptée.*
NOM MASCULIN ET FÉMININ
Personne qui a fait l'objet d'une adoption.

ADOPTER v. tr.
1. Prendre pour fils, pour fille dans les formes reconnues par la loi. *Ils ont adopté un petit Brésilien.*
2. (FIG.) Faire sien par choix, par décision. *Nous avons adopté sa façon de procéder.* SYN. choisir; suivre.

3. Approuver par un vote. *Ce règlement a été adopté récemment.*
CONJUGAISON : VOIR MODÈLE AIMER.

A

ADOPTIF, IVE adj.
1. Qui a été adopté. *Un enfant adoptif.*
2. Qui a adopté légalement. *Une mère adoptive.*

ADOPTION n. f.
1. Action d'adopter une personne. *L'adoption d'un enfant.*
2. Action d'approuver quelque chose. *L'adoption d'un règlement.*
LOCUTION
– ***D'adoption.*** Par choix. *Un pays d'adoption.*

ADORABLE adj.
Charmant, très agréable. *La petite Fanny est adorable avec ce costume de lapin.* SYN. aimable; gentil; gracieux; mignon; ravissant.

ADORABLEMENT adv.
De façon adorable.

ADORATEUR, TRICE n. m. et f.
1. Qui rend un culte à une divinité. *Des adorateurs qui ont offert un sacrifice aux divinités de la forêt.*
2. Qui aime, admire passionnément. *Les adorateurs d'une vedette. Les adoratrices du pouvoir.*

ADORATION n. f.
1. Action d'adorer (Dieu, une divinité). SYN. vénération.
2. Amour très vif. *Ses parents sont en adoration devant lui.*

ADORER v. tr.
1. Rendre un culte (à Dieu, à une divinité). *Les chrétiens adorent Dieu.* SYN. prier; vénérer.
À la forme passive, au sens de « rendre un culte », le verbe se construit avec la préposition ***par***. *Un Dieu adoré par les chrétiens.* Au sens « d'aimer, d'apprécier », le verbe se construit plutôt avec la préposition ***de***. *Elle est adorée de ses élèves.*
2. Aimer beaucoup, idolâtrer. *Ses enfants l'adorent.* SYN. chérir.
3. Apprécier vivement (quelque chose). *Elle adore la musique.*
CONJUGAISON : VOIR MODÈLE AIMER.

ADOSSEMENT n. m.
État de ce qui est adossé, fait d'être adossé.

ADOSSER v. tr., pronom.
VERBE TRANSITIF
Placer une personne, une chose contre un appui. *La chaise est adossée à la cloison, contre la cloison.*
VERBE PRONOMINAL
S'appuyer. *Il s'adossa contre le mur.*
À la forme pronominale, le participe passé de ce verbe s'accorde toujours en genre et en nombre avec son sujet. *Elle s'est adossée à un arbre.*
Le verbe se construit avec les prépositions ***à, contre***.
CONJUGAISON : VOIR MODÈLE AIMER.

ADOUBEMENT n. m.
1. Cérémonie au cours de laquelle un homme était armé chevalier, au Moyen Âge.
2. (FIG.) Action d'adouber quelqu'un ou quelque chose. *L'adoubement d'une romancière à titre de membre de l'Académie des lettres du Québec.* SYN. consécration; reconnaissance.

ADOUBER v. tr.
1. Armer chevalier par la cérémonie de l'adoubement.
2. (FIG.) Élever au rang de, reconnaître, consacrer. *Michael Ignatieff vient d'être adoubé à titre de chef du parti libéral. « Le Comité du patrimoine mondial de l'Unesco s'est réuni à Québec pour adouber de nouveaux sites »* (*L'Express*).
CONJUGAISON : VOIR MODÈLE AIMER.

ADOUCIR v. tr., pronom.
VERBE TRANSITIF
1. Rendre plus doux, polir. *Ce produit adoucit la peau.*
2. (FIG.) Rendre moins rude. *Adoucir le ton. La musique adoucit les mœurs* (Proverbe). SYN. atténuer.
VERBE PRONOMINAL
Devenir plus doux. *En vieillissant, il s'adoucit.*
À la forme pronominale, le participe passé de ce verbe s'accorde toujours en genre et en nombre avec son sujet. *Elles se sont adoucies avec le temps.*
CONJUGAISON : VOIR MODÈLE FINIR.

ADOUCISSANT, ANTE adj. et n. m.
ADJECTIF
Qui adoucit. *Une lotion adoucissante.*
NOM MASCULIN
Produit de rinçage qui assouplit les tissus. *Des adoucissants parfumés à la lavande.*

ADOUCISSEMENT n. m.
Action d'adoucir, fait de s'adoucir.

ADOUCISSEUR n. m.
Appareil destiné à adoucir l'eau.

AD PATRES loc. adv.
Le *s* se prononce, [adpatrεs].
Locution latine signifiant « vers les ancêtres », qu'on utilise familièrement de nos jours au sens de « dans l'autre monde ». *Envoyer quelqu'un* ad patres.
T En typographie soignée, les mots étrangers sont composés en italique. Dans des textes déjà en italique, la notation se fait en romain. Pour les textes manuscrits, on utilisera les guillemets.

ADQ
Sigle de ***Action démocratique du Québec.***

adr.
Abréviation de ***adresse.***

ADRAGANTE n. f.
Résine utilisée en pharmacie, en pâtisserie, etc.

ADRÉNALINE n. f.
Hormone sécrétée par les glandes surrénales.

ADRESSAGE n. m.
1. (INFORM.) Action d'adresser.
2. Façon de libeller une adresse. *Le* Guide canadien d'adressage *de la Société canadienne des postes.*

ADRESSE n. f.
Abréviation ***adr.*** (s'écrit avec un point).
1. Indication du nom et du domicile d'une personne, du siège d'un établissement. *Un carnet d'adresses.*
VOIR TABLEAU – ADRESSE.
2. Habileté. *Julien a beaucoup d'adresse : c'est un bon bricoleur. Un tour d'adresse. Des jeux d'adresse.* SYN. dextérité; savoir-faire.
3. (INFORM.) Expression numérique définissant l'emplacement d'une information dans une mémoire électronique.
LOCUTIONS
– ***Adresse électronique.*** (INFORM.) Adresse permettant de communiquer par courrier électronique avec un internaute (utilisateur du réseau Internet). *Mon adresse électronique* (et non adresse *E-mail ou *e-mail) *se lit ainsi : Marie-Eva.de-Villers@hec.ca.*
– ***Adresse Internet.*** Appellation complète attribuée à un ordinateur relié à Internet, selon les règles du système de noms de domaine et qui correspond à l'adresse Internet de cet ordinateur (GDT). *L'adresse Internet de l'École des HEC est : www.hec.ca.*

Pour citer une adresse Internet, on peut recourir aux crochets, aux parenthèses ou aux chevrons simples. *Consultez nos cyberchroniques au* [www.hec.ca/qualitecomm/]. *Vous pouvez accéder au* Grand Dictionnaire terminologique *de l'OQLF* <www.oqlf.gouv.qc.ca> ou (www.oqlf.gouv.qc.ca).
– ***Adresse URL.*** (INFORM.) Chaîne de caractères normalisés servant à identifier et à localiser des ressources consultables sur Internet et à y accéder à l'aide d'un navigateur (GDT). *Saisir une adresse URL, une URL.*
– ***À l'adresse de.*** À l'intention de. *Mme Dubois a fait cette remarque à l'adresse des élèves turbulents.*
FORME FAUTIVE
*adresse e-mail, E-mail. Anglicisme pour ***adresse électronique.***

ADRESSER v. tr., pronom.
VERBE TRANSITIF
1. Faire parvenir à l'adresse de quelqu'un. *Adresser des colis à ses amis.* SYN. envoyer ; expédier.
2. Dire à quelqu'un. *Adresser des reproches.*
3. (INFORM.) Pourvoir une information d'une adresse.
4. Diriger vers (un spécialiste). *Adresser* (et non *référer) *un patient à un confrère.*
VERBE PRONOMINAL
1. Prendre la parole. *Le président s'adressera aux* (et non *adressera les) *électeurs.* SYN. parler.
2. Être destiné à (quelqu'un). *Cette recommandation ne s'adresse pas à vous.* SYN. concerner.
À la forme pronominale, le complément du verbe est une personne. S'il s'agit d'une chose, d'un concept, on emploie les verbes ***concerner, porter sur.*** *Une réflexion qui concerne* (et non *s'adresse à) *la morale.*
À la forme pronominale, le participe passé de ce verbe s'accorde avec le complément direct si celui-ci le précède. *Les colis qu'elles se sont adressés ont été livrés.* Le participe passé reste invariable si le complément direct suit le verbe. *Ils se sont adressé des reproches.* En l'absence d'un complément direct, le participe passé s'accorde avec le sujet du verbe. *La présidente s'est adressée aux membres de l'association.*
FORMES FAUTIVES
*adresser le public, l'auditoire. Calque de «*to address the meeting*» pour ***s'adresser au public, à l'auditoire ; prendre la parole devant l'assistance.***
*adresser un problème, une question. Calque de «*to address an issue*» pour ***aborder, considérer un problème, s'attaquer à une question.***
*s'adresser à une tâche. Calque de «*to address oneself to a task*» pour ***s'attaquer à, se mettre à une tâche.***
CONJUGAISON : VOIR MODÈLE AIMER.

ADROIT, OITE adj.
1. Habile. *Martine est très adroite de ses mains.*
2. Astucieux. *Ils sont adroits, car ils ont réussi à nous convaincre.* SYN. habile. ANT. gauche ; maladroit ; malhabile.

ADROITEMENT adv.
Avec adresse, habileté. SYN. astucieusement.

ADSORPTION n. f.
Rétention d'un liquide, d'un gaz.
Ne pas confondre avec le nom ***absorption***, pénétration d'un liquide, d'un gaz.

ADULATEUR, TRICE n. m. et f.
(LITT.) Personne qui loue à l'excès. SYN. flatteur.

ADULATION n. f.
(LITT.) Louange excessive.

ADULER v. tr.
(LITT.) Combler de louanges.
CONJUGAISON : VOIR MODÈLE AIMER.

ADULTE adj. et n. m. et f.
ADJECTIF
Qualifie un être vivant dont la croissance est terminée et qui est parvenu à la maturité. *Un chien adulte.*
NOM MASCULIN ET FÉMININ
Personne qui a terminé sa croissance et qui est parvenue à la maturité (physique, intellectuelle et affective). SYN. grande personne.

ADULTÈRE adj. et n. m. et f.
ADJECTIF
Coupable d'adultère. SYN. infidèle.
NOM MASCULIN ET FÉMININ
Personne adultère.
NOM MASCULIN
Infidélité conjugale.

ADULTÉRIN, INE adj.
Né d'un adultère. *Enfant adultérin.*

AD VALOREM loc. adj.
Le ***m*** se prononce, [advalɔrɛm].
Locution latine signifiant « d'après la valeur ». Fondé sur la valeur d'un produit. *Des droits* ad valorem.
En typographie soignée, les mots étrangers sont composés en italique. Dans des textes déjà en italique, la notation se fait en romain. Pour les textes manuscrits, on utilisera les guillemets.

ADVENIR v. intr.
Arriver par hasard. *Il advint qu'elle gagna le gros lot.* SYN. se produire ; survenir.
1° Ce verbe ne s'emploie plus qu'à la troisième personne ainsi qu'à l'infinitif et aux participes présent et passé. *Il advint que la pluie tomba pendant 40 jours.*
2° Ce verbe se conjugue avec l'auxiliaire ***être***. *Qu'est-il advenu de cet ami d'enfance ?*
3° Dans la langue juridique, le verbe s'emploie au participe présent au sens de « dans le cas où ». *Advenant la disparition du propriétaire, la maison reviendrait à ses héritiers.*
LOCUTIONS
– ***Advienne que pourra.*** Peu importe ce qui pourra arriver.
– ***Fais ce que dois, advienne que pourra*** (Proverbe). Il faut accomplir son devoir, quelles qu'en soient les conséquences.
– ***Quoi qu'il advienne.*** Quoi qu'il arrive.
CONJUGAISON : VOIR MODÈLE VENIR.
INDICATIF PRÉSENT *Il advient.* IMPARFAIT *Il advenait.* PASSÉ SIMPLE *Il advint.* FUTUR *Il adviendra.* CONDITIONNEL PRÉSENT *Il adviendrait.* SUBJONCTIF PRÉSENT *Qu'il advienne.* IMPARFAIT *Qu'il advînt.* PARTICIPE PRÉSENT *Advenant.* PASSÉ *Advenu, ue.*

ADVERBE n. m.
Mot invariable qui se joint à un autre mot pour en modifier ou en préciser le sens.
VOIR TABLEAU – ADVERBE.
VOIR TABLEAU – GROUPE.

ADVERBIAL, IALE, IAUX adj.
Qui a le caractère de l'adverbe. *Une locution adverbiale.*

ADVERBIALEMENT adv.
À la manière d'un adverbe. *Pris adverbialement, le mot* grand *est invariable.*

ADVERSAIRE n. m. et f.
1. Concurrent, rival. *C'est un redoutable adversaire.* SYN. ennemi. ANT. partenaire.
2. Personne hostile à (une idée, une doctrine, etc.). *Ce sont des adversaires du libre-échange.* ANT. défenseur ; partisan.

ADVERSE adj.
Opposé, contraire. *Les camps adverses, l'équipe adverse.*
LOCUTION
– ***Partie adverse.*** (DR.) Partie contre laquelle on plaide.

ADVERSITÉ n. f.
(LITT.) Infortune, malheur. SYN. malchance.

A

ADRESSE

RÈGLES D'ÉCRITURE	EXEMPLES
1. DESTINATAIRE	
• **Titre de civilité** au long, prénom et nom T Le titre de civilité (le plus souvent ***Monsieur*** ou ***Madame***) s'écrit au long et le prénom est abrégé ou non. • **Fonction,** s'il y a lieu • **Nom de l'entreprise, de l'organisme,** s'il y a lieu	Madame Laurence Dubois Directrice des communications Dubuffet et Lavigne Monsieur Philippe Larue Chef de produit Groupe Gamma
2. DESTINATION	
• **Numéro et nom de la voie publique** T L'indication du numéro est suivie d'une virgule, du nom générique (***avenue, boulevard, chemin, côte, place, rue,*** etc.) écrit en minuscules et enfin du nom spécifique de la voie publique. Si ce nom comporte plusieurs éléments, ils sont joints par des traits d'union.	37, avenue Claude-Champagne 55, place Cambray NOMS GÉNÉRIQUES USUELS — ABRÉVIATIONS avenue — **av.** boulevard — **boul.** chemin — **ch.** route — **rte ou r^{te}**
• **Point cardinal,** s'il y a lieu T Le point cardinal (abrégé ou non) s'écrit avec une majuscule à la suite du nom spécifique de la voie publique. VOIR TABLEAU ▸ **ODONYMES.**	630, boul. Laurentien Ouest ou O. ABRÉVIATIONS DES POINTS CARDINAUX Est . . . . **E.** Ouest . . **O.** Nord. . . **N.** Sud . . . . **S.**
• **Appartement, bureau,** s'il y a lieu T Le nom ***appartement*** s'abrège en ***app.*** (et non *apt.) et le nom ***bureau*** en ***bur.*** L'emploi du nom *suite en ce sens est un anglicisme.	234, rue Lajoie, app. 102 630, boul. Lebeau, bureau 500
• **Bureau de poste,** s'il y a lieu Pour des raisons d'uniformisation, le nouveau *Guide canadien d'adressage* recommande d'utiliser le terme ***case postale*** (abrégé ***C. P.***) de préférence à l'expression ***boîte postale*** (abrégée ***B. P.***).	Case postale 6204, succursale Centre-ville ou C. P. 6204, succ. Centre-ville

> *ADRESSE* | ***SUITE***

• **Nom de la ville** et **de la province,** s'il y a lieu Il est recommandé d'écrire le nom de la province au long entre parenthèses. S'il est nécessaire d'abréger, on utilisera l'abréviation normalisée. ☞ L'Office de la langue française a normalisé le symbole ***QC*** (pour ***Québec***) qui doit être réservé à certains usages techniques (tableaux, formulaires, envois massifs, etc.). Le symbole ***QC*** s'écrit sans parenthèses.	Montréal (Québec) Ottawa (Ontario) ABRÉVIATIONS NORMALISÉES DES PROVINCES ET TERRITOIRES DU CANADA Alberta — Alb. Colombie-Britannique — C.-B. Île-du-Prince-Édouard — Î.-P.-É. Manitoba — Man. Nouveau-Brunswick — N.-B. Nouvelle-Écosse — N.-É. Nunavut — Nt Ontario — Ont. Québec — Qc Saskatchewan — Sask. Terre-Neuve-et-Labrador — T.-N.-L. Territoire du Yukon — Yn Territoires du Nord-Ouest — T. N.-O.
• **Code postal** Mention obligatoire, le code postal doit figurer en majuscules après l'indication de la ville et de la province, s'il y a lieu. Dans la mesure du possible, le code postal suit la mention de la ville et de la province après un espacement équivalant à deux caractères. Sinon, il figure à la ligne suivante.	Montréal (Québec) H3T 1A3 Hudson (Québec) J0P 1J0 Sainte-Agathe-des-Monts (Québec) J2D 4G8
• **Nom du pays** Pour les lettres destinées à l'étranger, on écrit le nom du pays en majuscules à la dernière ligne de l'adresse. Au Québec, il est préférable d'écrire le nom du pays en français puisque cette indication sert au tri postal du pays de départ. Dans la mesure du possible, il importe de se conformer aux usages du pays de destination.	19, rue Bonaparte 75006 Paris FRANCE Time Magazine 541 North Fairbanks Court Chicago Illinois ÉTATS-UNIS 60611

3. NATURE ET MODE D'ACHEMINEMENT

Les mentions relatives à la nature de l'envoi ainsi qu'au mode d'acheminement s'écrivent au **masculin singulier en majuscules.**	RECOMMANDÉ PERSONNEL CONFIDENTIEL

VOIR TABLEAU ▸ **ENVELOPPE.**

REMARQUE GÉNÉRALE : Ces règles d'écriture sont conformes au *Guide canadien d'adressage* de la Société canadienne des postes. Il importe de respecter l'usage français en ce qui a trait à l'emploi des majuscules et des minuscules, à l'emploi de la virgule et des abréviations ; c'est pourquoi il est déconseillé de noter l'adresse en majuscules non accentuées et sans ponctuation ainsi que le propose la Société canadienne des postes dans l'adresse qu'elle qualifie d'optimale.

A

A

ADVERBE

L'adverbe est un mot invariable qui se joint à un autre mot pour en modifier ou en préciser le sens.

L'adverbe peut ainsi modifier ou préciser :

– un verbe	*Il dessine **bien**.*
– un adjectif	*Une maison **trop** petite.*
– un autre adverbe	*Elle chante **tellement** mal !*
– un nom	*Un roi **vraiment** roi.*
– un pronom	*C'est **bien** lui, mon ami.*
– une phrase	***Généralement**, il arrive à l'heure.*
– une préposition	*Il est arrivé **peu** après huit heures.*

Les adverbes peuvent exprimer :

– la manière	*tendrement, férocement*
– le lieu	*derrière, devant*
– le temps	*demain, hier*
– la quantité	*beaucoup, peu*
– l'affirmation	*certainement, assurément*
– la négation	*nullement, aucunement*
– le doute	*peut-être, probablement*
– l'interrogation	*où ? combien ? quand ? comment ?*

L'adverbe composé ou locution adverbiale est formé de plusieurs mots et joue le même rôle que l'adverbe.

LES ADVERBES DE **MANIÈRE**

COMMENT?

ainsi	comment	calmement
à loisir	d'aplomb	doucement
à part	exprès	gentiment
à tort	faux	gravement
à volonté	fort	méchamment
beau	gratis	prudemment
bien	juste	rapidement
bon	mal	sagement
cher	pêle-mêle…	la plupart des adverbes en **-ment**.

Certains adjectifs comme ***bon, cher, faux, fort, jeune, juste...*** peuvent être employés adverbialement pour modifier le sens d'un verbe ; ils sont alors invariables. *Ces fleurs sentent bon, des vêtements qui coûtent cher et font jeune, elles chantent juste, ils courent vite.*

DANS QUEL ORDRE?

après	premièrement	primo
auparavant	deuxièmement	secundo
avant	troisièmement	tertio
d'abord	quatrièmement	quarto
dernièrement	cinquièmement	quinto
de suite	sixièmement	sexto
ensuite	septièmement	septimo
successivement…	huitièmement…	octavo…

LES ADVERBES DE **LIEU**

OÙ?

à droite	au-dessous	dessous	en dehors	loin
à gauche	au-dessus	dessus	en dessous	par-derrière
ailleurs	au-devant	devant	en dessus	par-devant
alentour	autour	en arrière	en haut	partout
au-dedans	dedans	en avant	ici	près
au-dehors	dehors	en bas	là	quelque part…
au-delà	derrière	en dedans	là-bas	

ADVERBE | ***SUITE*** >

Certains mots comme ***autour, devant, derrière, dessous, dessus, près, au-devant...*** ne sont des adverbes de lieu simples ou composés que s'ils modifient le sens du mot auquel ils se rapportent. *Elle joue **derrière**. Ils sont assis **devant**. Tourne à **gauche**.* S'ils sont suivis d'un complément, ils sont des prépositions. *Il y a un arbre **derrière** la maison. Ils jouent **devant** l'école. Prends le sentier **à gauche de** la maison.*

A

LES ADVERBES DE **TEMPS**

QUAND?

antérieurement	bientôt	ensuite	postérieurement	tard
après	demain	hier	puis	tôt
aujourd'hui	dernièrement	jadis	soudain	toujours
auparavant	désormais	jamais	sous peu	tout à coup
autrefois	dorénavant	naguère	souvent	tout à l'heure
avant-hier	encore	parfois	tantôt	tout de suite...

PENDANT COMBIEN DE TEMPS? brièvement, longtemps...

DEPUIS COMBIEN DE TEMPS? depuis longtemps, depuis peu...

LES ADVERBES DE **QUANTITÉ** ET D'**INTENSITÉ**

COMBIEN?

à demi	aussi... que	entièrement	peu	tant
à moitié	autant	le moins	plus	tellement
à peine	beaucoup	le plus	plus ou moins	tout
à peu près	bien	moins	plus... que	tout à fait
assez	comme	moins... que	presque	très
aussi	davantage	pas du tout	quasi	trop...

1° Certains mots comme ***aussi, comme...*** peuvent être également des conjonctions. *J'arrivais comme* (conjonction) *il partait. Comme* (adverbe) *il est grand! Ces produits ne sont pas biodégradables, aussi* (conjonction) *vaut-il mieux ne pas les utiliser. Il est aussi* (adverbe) *gentil qu'elle.*

2° Les mots ***autant, bien, tant, tellement...*** immédiatement suivis de la conjonction ***que*** forment des ***locutions conjonctives de subordination***. *Je ne le changerai pas tant qu'il fonctionnera.*

LES ADVERBES D'**AFFIRMATION**

absolument	certes	justement	si
à la vérité	d'accord	oui	sûr
après tout	effectivement	parfaitement	volontiers...
assurément	en vérité	pour sûr	
bien sûr	évidemment	précisément	
certainement	exactement	sans doute	

LES ADVERBES DE **NÉGATION**

aucunement	ne... guère	ne... plus	non
jamais	ne... jamais	ne... point	nullement
ne	ne... pas	ne... rien	pas du tout...

LES ADVERBES DE **DOUTE**

à peu près	environ	par hasard	probablement
apparemment	éventuellement	peut-être	sans doute...

LES ADVERBES D'**INTERROGATION**

combien?	est-ce que?	n'est-ce pas?	pourquoi?
comment?	et alors?	où?	quand?...

A

AD VITAM ÆTERNAM loc. adv.
Les lettres ***æ*** se prononcent ***é***, [advitameternam].
Locution latine signifiant « pour la vie éternelle », utilisée familièrement aujourd'hui avec le sens de « pour toujours », « à perpétuité ». *Il s'est installé ici* ad vitam æternam, *semble-t-il.*
[T] En typographie soignée, les mots étrangers sont composés en italique. Dans des textes déjà en italique, la notation se fait en romain. Pour les textes manuscrits, on utilisera les guillemets.

AÉRATION n. f.
Action d'aérer ; son résultat. *L'aération de ces locaux laisse à désirer.*

AÉRÉ, ÉE adj.
1. Où l'air circule facilement. *Une pièce bien aérée.*
2. Peu chargé, peu compact. *Une disposition des mots et des illustrations bien aérée.*

AÉRER v. tr.
1. Donner de l'air frais à, exposer à l'air. *Il faudrait aérer cette pièce qui sent le renfermé.* SYN. ventiler.
2. (FIG.) Rendre moins dense, moins lourd. *Aérer un texte.*
CONJUGAISON : VOIR MODÈLE POSSÉDER.
Le ***é*** se change en ***è*** devant une syllabe contenant un ***e*** muet, sauf à l'indicatif futur et au conditionnel présent. *J'aère,* mais *j'aérerai.*
[Les *Rectifications* (1990) admettent : il aèrera, aèrerait...]

AÉRIEN, IENNE adj.
1. Qui se trouve dans l'air. *Remplacer des câbles électriques aériens par des câbles souterrains.*
2. Relatif à l'aviation. *Le transport aérien, des lignes aériennes.*
3. Léger comme l'air, délicat. *Une dentelle aérienne.*
LOCUTION
– ***Espace aérien d'un pays.*** Espace au-dessus de son territoire.

AÉRO- préf.
Élément du grec signifiant « air ».
Les mots composés avec le préfixe ***aéro-*** s'écrivent sans trait d'union, à l'exception du nom ***aéro-club***. *Aérogare. Aéroport.*

AÉROBIE adj. et n. m.
ADJECTIF
Qualifie un micro-organisme qui a besoin d'oxygène pour se développer. *Une bactérie aérobie.*
NOM MASCULIN
Micro-organisme ayant besoin d'oxygène pour se développer. *Le streptocoque est un aérobie.* ANT. anaérobie.
Attention au genre masculin de ce nom : ***un*** aérobie.

AÉROBIQUE adj. et n. f.
(NÉOL.) Se dit de la gymnastique qui modèle le corps et oxygène les tissus par des mouvements rapides exécutés en musique. *La danse aérobique. Pratiquer l'aérobique.*
Le terme ***aérobic*** emprunté à l'anglais est également utilisé.

AÉRO-CLUB ou **AÉROCLUB** n. m. (pl. *aéro-clubs* ou *aéroclubs*)
Club réunissant des amateurs d'activités aéronautiques.

AÉRODROME n. m.
Terrain aménagé pour le décollage et l'atterrissage des avions.
Ne pas confondre avec le nom ***aérogare***, ensemble des bâtiments d'un aéroport réservés aux voyageurs et aux marchandises.

AÉRODYNAMIQUE adj. et n. f.
ADJECTIF
1. Qui a un profil réduisant au minimum la résistance à l'air. *Un design aérodynamique.*
2. Relatif à la résistance de l'air. *Des études aérodynamiques.*
NOM FÉMININ
Étude des lois de la résistance opposée par l'air aux corps dans leur mouvement.
aérodynamique.

AÉRODYNAMISME n. m.
Caractère aérodynamique d'un objet, d'un véhicule.
aérodynamisme.

AÉROGARE n. f.
Ensemble des bâtiments d'un aéroport réservés aux voyageurs et aux marchandises.
Ne pas confondre avec le nom ***aérodrome***, terrain aménagé pour le décollage et l'atterrissage des avions.

AÉROGLISSEUR n. m.
Véhicule de transport se déplaçant sans frottement grâce à un coussin d'air injecté sous lui (et non un *hovercraft).

AÉROGRAMME n. m.
Lettre acheminée par avion à un tarif forfaitaire.

AÉROLITE ou **AÉROLITHE** n. m.
(VX) Météorite.

AÉRONAUTIQUE adj. et n. f.
ADJECTIF
Relatif à la navigation aérienne.
NOM FÉMININ
Science et technique de la navigation aérienne. *Bombardier est un constructeur en aéronautique.*
Ne pas confondre avec le mot ***astronautique***, science qui a pour objet la navigation spatiale.
aéronautique.

AÉRONEF n. m.
(DIDACT.) Tout appareil capable de se déplacer dans les airs.
Attention au genre masculin de ce nom : ***un*** aéronef, malgré le mot ***nef*** qui est féminin.

***AÉROPAGE**
Impropriété pour ***aréopage.***

AÉROPHAGIE n. f.
Pénétration d'air dans l'œsophage et dans l'estomac.

AÉROPLANE n. m.
(VX) (PLAISANT.) Avion.

AÉROPORT n. m.
Ensemble des installations (aérodrome, aérogare, etc.) nécessaires à la circulation aérienne d'une ville ou d'une région. *Rendez-vous à l'aéroport* (et non l'*aréoport).

AÉROPORTÉ, ÉE adj.
Transporté par avion et parachuté sur l'objectif. *Des troupes aéroportées.*

AÉROPORTUAIRE adj.
D'un aéroport. *La zone aéroportuaire.*

AÉROPOSTAL, ALE, AUX adj.
Relatif à la poste aérienne.

AÉROSOL n. m.
1. Suspension de particules très fines, dans un gaz.
2. Appareil servant à pulvériser les particules d'un liquide dans l'air. *Produit insecticide vendu en aérosol.*
En apposition, le nom est invariable. *Des bombes aérosol.*

AÉROSPATIAL, IALE, IAUX adj.
Relatif aux domaines aéronautique et spatial. *Des engins aérospatiaux.*

AÉROSTAT n. m.
Le ***t*** final ne se prononce pas, [aerɔsta].
Appareil (ballon, dirigeable, montgolfière) rempli d'un gaz plus léger que l'air et pouvant ainsi s'élever et se soutenir dans l'atmosphère.

AFÉAS
Sigle de ***Association féminine d'éducation et d'action sociale.***

AFFABILITÉ n. f.
Amabilité, politesse. SYN. courtoisie.

AFFABLE adj.
Aimable et poli. *Une réponse affable. Être affable envers ses aînés, avec tout un chacun.* SYN. courtois.

AFFABLEMENT adv.
(LITT.) Avec affabilité.

AFFABULATION n. f.
1. Récit de faits plus ou moins imaginaires.
2. Arrangement de faits imaginaires pour constituer une œuvre.
Ne pas confondre avec le nom ***fabulation,*** récit imaginaire présenté comme vrai.

AFFABULER v. intr.
1. Fabuler.
2. Composer une œuvre de fiction.
CONJUGAISON : VOIR MODÈLE AIMER.

AFFACTURAGE n. m.
Transfert des créances d'une entreprise à une société financière qui se charge d'en assurer le recouvrement.
L'anglicisme «*factoring*» est déconseillé.

AFFADIR v. tr.
Priver de saveur, au sens propre et au sens figuré.
CONJUGAISON : VOIR MODÈLE FINIR.

AFFADISSANT, ANTE adj.
Qui prive de saveur, de piquant.

AFFADISSEMENT n. m.
Perte de saveur.

AFFAIBLIR v. tr., pronom.
VERBE TRANSITIF
Rendre faible, diminuer la force. *Une pneumonie l'a affaibli.* SYN. abattre; épuiser.
VERBE PRONOMINAL
Devenir faible. *Elles se sont affaiblies à force de jeûner.* SYN. dépérir.
À la forme pronominale, le participe passé de ce verbe s'accorde toujours en genre et en nombre avec son sujet. *Privés d'exercices et de nourriture, ils se sont affaiblis.*
CONJUGAISON : VOIR MODÈLE FINIR.

AFFAIBLISSANT, ANTE adj.
Qui rend plus faible.

AFFAIBLISSEMENT n. m.
Fait de s'affaiblir; état qui en résulte. SYN. dépérissement; faiblesse.

AFFAIRE n. f.
1. Tout ce qui est à faire, occupation. *Je dois régler une affaire urgente.* SYN. activité.
2. Entreprise. *Gérer une affaire. Lancer* (et non *partir) *une affaire.*
3. (AU PLUR.) Opérations financières, commerciales. *Un homme, une femme d'affaires. Ils sont dans les affaires.*
4. (AU PLUR.) Objets divers. *Rangez vos affaires dans ce bureau.*
LOCUTIONS
– ***Avoir affaire à quelqu'un.*** Avoir à discuter avec quelqu'un.
On écrit plus souvent ***avoir affaire*** que ***avoir à faire*** sans changement de sens, sauf dans le cas où la locution ***avoir à faire*** a un complément direct. *Elle a à faire une course* (on peut à ce moment inverser les mots). *Elle a une course à faire. Il a affaire à forte partie.*
– ***Chiffre d'affaires.*** Total des ventes d'un exercice financier. *Le chiffre d'affaires de cette entreprise atteindra bientôt cinq millions.*
Dans cette expression, le nom ***affaire*** est au pluriel.
– ***En faire son affaire.*** S'en charger. *J'en fais mon affaire : vous l'aurez à temps.*
– ***Être à son affaire.*** Être attentif. *Ils sont à leur affaire : ils sont très consciencieux.*
– ***Faire affaire.*** Traiter, conclure un marché. *Nous faisons affaire ou faisons des affaires avec cette entreprise depuis longtemps.*
– ***Faire l'affaire.*** Convenir. *Ces articles feront l'affaire.*
– ***Les affaires sont les affaires.*** En matière commerciale, il n'y a pas lieu de tenir compte des sentiments.
– ***Relation d'affaires.*** Personne que l'on connaît et qui appartient au milieu professionnel.
– ***Se mêler de ses affaires.*** Être discret, ne pas s'immiscer dans les affaires d'autrui. *Elles se sont mêlées de nos affaires.*
Dans cette locution, le participe passé s'accorde toujours avec le sujet du verbe.
– ***Tirer d'affaire.*** Aider, secourir. *Nous l'avons tiré d'affaire : il est hors de danger.*
Dans cette expression, le nom ***affaire*** est au singulier.
– ***Toutes affaires cessantes.*** Immédiatement. *Il s'est rendu à son chevet toutes affaires cessantes.*
– ***Une affaire de.*** Une question de. *C'est une affaire de goût.*
FORMES FAUTIVES
*carte d'affaires. Calque de «*business card*» pour ***carte professionnelle.***
*être d'affaires. Impropriété pour ***avoir le sens des affaires, être habile en affaires.***
*être en affaires. Calque de «*to be in business*» pour ***être dans les affaires, faire des affaires.***
*faire affaires (en un lieu). Impropriété pour ***être établi (en un lieu).*** *Cette entreprise est établie* (et non *fait affaires) *au Québec depuis 20 ans.*
*heures d'affaires. Calque de «*business hours*» pour ***heures d'ouverture.***
*place d'affaires. Calque de «*place of business*» pour ***siège social, établissement.***
*voyager par affaires. Impropriété pour ***voyager pour affaires.***

AFFAIRÉ, ÉE adj.
Qui est ou paraît très occupé. SYN. surchargé.

AFFAIREMENT n. m.
Fait d'être affairé.

AFFAIRER (S') v. pronom.
Être ou paraître occupé à plusieurs tâches. *Les vendeuses se sont affairées auprès des clients.* SYN. s'activer; s'agiter; travailler fort.
Le participe passé de ce verbe, qui n'existe qu'à la forme pronominale, s'accorde toujours en genre et en nombre avec son sujet. *Ils se sont affairés pour terminer le travail à temps.*
Le verbe se conjugue avec l'auxiliaire ***être.***
CONJUGAISON : VOIR MODÈLE AIMER.

AFFAIRISME n. m.
(PÉJ.) Spéculation.

AFFAIRISTE n. m. et f.
(PÉJ.) Spéculateur.

AFFAISSEMENT n. m.
Écroulement. *Il y a eu un affaissement de terrain.* SYN. effondrement.
aff**ai**ssement.

AFFAISSER (S') v. pronom.
S'effondrer. *Les parois se sont affaissées.*
Le participe passé de ce verbe, qui n'existe qu'à la forme pronominale, s'accorde toujours en genre et en nombre avec son sujet. *Ces murs se sont affaissés.*
CONJUGAISON : VOIR MODÈLE AIMER.
aff**ai**sser.

A

AFFALER v. tr., pronom.
VERBE TRANSITIF
Faire échouer (un bateau).
VERBE PRONOMINAL
Se laisser tomber lourdement. *Ils s'étaient affalés sur la banquette.*
À la forme pronominale, le participe passé de ce verbe s'accorde toujours en genre et en nombre avec son sujet. *Les enfants se sont affalés sur le canapé.*
CONJUGAISON : VOIR MODÈLE AIMER.

AFFAMÉ, ÉE adj. et n. m. et f.
1. Qui souffre de la faim. *Je suis affamée, mais j'attendrai l'heure du repas. Ces affamés n'ont rien à manger.* ANT. rassasié.
2. (FIG.) Avide. *Il est affamé de pouvoir.* SYN. assoiffé.
LOCUTION
– ***Ventre affamé n'a pas d'oreilles.*** Proverbe qui signifie que les personnes qui ont faim ne peuvent pas écouter attentivement.

AFFAMER v. tr.
Priver de nourriture. *Cette journée de ski m'a affamée.*
CONJUGAISON : VOIR MODÈLE AIMER.

AFFECT n. m.
Les lettres ***ct*** se prononcent [afɛkt].
État affectif élémentaire. *Un affect inadéquat.*

AFFECTATION n. f.
1. Destination à un usage spécifique. *Affectation d'une somme à une dépense.* SYN. attribution.
2. Désignation à une fonction, à un poste. *L'affectation de cette personne à ce poste est provisoire.*
3. Manque de naturel. SYN. préciosité. ANT. simplicité.
Ne pas confondre avec le nom ***affection,*** sentiment, attachement.

AFFECTÉ, ÉE adj.
Qui n'est pas naturel. *Un ton affecté.* SYN. maniéré ; précieux.

AFFECTER v. tr., pronom.
VERBE TRANSITIF
1. Nommer, destiner à un usage particulier. *Nous affecterons ces nouveaux employés à la plantation des arbres.* SYN. désigner.
2. Faire étalage de sentiments qu'on n'éprouve pas vraiment. *Ils affectaient de l'enthousiasme, mais en réalité ils étaient déçus.*
3. Toucher de façon pénible. *Ce départ l'a beaucoup affecté.* SYN. chagriner ; émouvoir ; peiner.
En ce sens, le verbe ne s'emploie qu'en parlant de l'organisme, de la sensibilité.
4. (MÉTÉOROL.) Produire un effet sur. *Le froid affectera les régions situées au nord du fleuve.*
VERBE PRONOMINAL
Souffrir de. *Il s'affectait de son indifférence.*
Le verbe se construit avec ***de*** ou ***de ce que.***
À la forme pronominale, le participe passé de ce verbe s'accorde toujours en genre et en nombre avec son sujet. *Ces étudiants se sont affectés de leur échec.*
FORMES FAUTIVES
*affecter (une activité, un programme...). Anglicisme pour ***compromettre, nuire à*** (une activité, un programme...).
*affecter (une personne, un service...). Anglicisme pour ***concerner, viser*** (une personne, un service...).
*affecter (un résultat, des données...). Anglicisme pour ***influencer, influer sur, modifier*** (un résultat...).
CONJUGAISON : VOIR MODÈLE AIMER.

AFFECTIF, IVE adj.
Qui concerne les sentiments. *La vie affective.*
Ne pas confondre avec l'adjectif ***affectueux,*** tendre, qui témoigne de l'affection.

AFFECTION n. f.
1. Attachement, tendresse. *Ils ont beaucoup d'affection l'un pour l'autre. « Seule l'affection [...] peut me porter à ce degré de confiance où je ne crains plus la vie »* (Gabrielle Roy, *La Détresse et l'Enchantement*). SYN. amour.
Ne pas confondre avec le nom ***affectation,*** manque de naturel.
2. Maladie. *Le cancer est une grave affection, mais ne constitue pas une infection.*
Ne pas confondre avec le nom ***infection,*** contamination par des microbes.
LOCUTION
– ***Prendre quelqu'un en affection.*** S'attacher à quelqu'un.

AFFECTIONNER v. tr.
Aimer avec affection quelqu'un, s'intéresser ardemment à quelque chose. *Elle affectionne ses parents. Il affectionne la musique.*
CONJUGAISON : VOIR MODÈLE AIMER.

AFFECTIVITÉ n. f.
Ensemble des phénomènes affectifs.

AFFECTUEUSEMENT adv.
De façon affectueuse. SYN. tendrement.

AFFECTUEUX, EUSE adj.
Tendre, qui témoigne de l'affection. *Une enfant affectueuse.* SYN. aimant.
Ne pas confondre avec l'adjectif ***affectif,*** qui concerne les sentiments.
affectueu**x**.

AFFÉRENT, ENTE adj.
1. (DR.) Qui revient à. *La part afférente à un héritier.*
2. (DR.) Qui se rattache à. *Les* addenda *afférents à ce contrat doivent être étudiés. Vous trouverez ci-joints le contrat et les documents y afférents.*
L'adjectif verbal s'accorde en genre et en nombre avec le nom auquel il se rapporte.
La construction avec ***y*** est archaïque et ne s'emploie plus que dans la langue juridique ou administrative.

AFFERMAGE n. m.
Location d'un bien rural.

AFFERMER v. tr.
Donner un bien rural en location.
CONJUGAISON : VOIR MODÈLE AIMER.

AFFERMIR v. tr.
1. Rendre plus ferme. *Ces exercices affermissent les bras.*
2. (FIG.) Consolider. *Cette entreprise tente d'affermir sa position de chef de file.* SYN. assurer ; renforcer.
CONJUGAISON : VOIR MODÈLE FINIR.

AFFERMISSEMENT n. m.
Action d'affermir ; son résultat.

AFFÉTERIE ou **AFFÈTERIE** n. f.
(LITT.) Affectation. SYN. préciosité.

AFFICHAGE n. m.
1. Action d'afficher ; son résultat. *L'affichage doit être en français. Un tableau d'affichage.*
2. Visualisation de données. *Affichage numérique.*

AFFICHE n. f.
Avis officiel, publicitaire, etc., placardé dans un lieu public. *Des affiches de cinéma.* SYN. annonce.
LOCUTIONS
– ***Mettre à l'affiche.*** Présenter (une pièce de théâtre, un film, un spectacle, etc.).
– ***Tenir l'affiche.*** Faire l'objet de nombreuses représentations en parlant d'un spectacle, d'un film. Notre-Dame de Paris *a tenu l'affiche pendant plusieurs mois à Paris, à Londres et à Montréal.*
Ce nom remplace avantageusement le mot anglais «*poster*».

AFFICHER v. tr., pronom.
VERBE TRANSITIF
1. Annoncer au moyen d'affiches. *Les résultats des examens seront affichés demain.*
2. (FIG.) Montrer avec ostentation. *Il affiche le plus grand désintéressement.*
VERBE PRONOMINAL
Se montrer en public avec quelqu'un. *Ils se sont affichés avec arrogance.*
À la forme pronominale, le participe passé de ce verbe s'accorde toujours en genre et en nombre avec son sujet. *Ils se sont affichés avec des malotrus.*
CONJUGAISON : VOIR MODÈLE AIMER.

AFFICHETTE n. f.
Affiche de format réduit.

AFFICHEUR n. m.
Écran d'un appareil téléphonique, généralement de taille réduite, qui permet d'afficher des caractères alphanumériques afin de préciser l'origine d'un appel, de transmettre un message, etc. SYN. écran d'affichage.

AFFICHISTE n. m. et f.
Dessinateur d'affiches.

AFFIDAVIT n. m.
Le *t* se prononce, [afidavit].
Déclaration relative à des valeurs mobilières étrangères. *Des affidavits.*
FORME FAUTIVE
*affidavit. Anglicisme au sens de ***déclaration sous serment.***

AFFIDÉ, ÉE adj. et n. m. et f.
(PÉJ.) Acolyte. SYN. complice.

AFFILAGE n. m.
Action d'affiler. *L'affilage des couteaux et des ciseaux.*

AFFILÉ, ÉE adj.
Tranchant, aiguisé. *Des ciseaux bien affilés.*
LOCUTION
– ***Avoir la langue bien affilée.*** Être très bavard et dire du mal d'autrui. SYN. avoir une langue de vipère ; avoir une mauvaise langue.

AFFILÉE (D') loc. adv.
Sans interruption. *Elle a travaillé pendant trois heures d'affilée sans la moindre petite pause.* SYN. à la file.

AFFILER v. tr.
Aiguiser un instrument tranchant. *Une lame bien affilée.*
Ne pas confondre avec le verbe ***effiler,*** défaire fil à fil.
FORME FAUTIVE
*affiler un crayon. Impropriété pour ***tailler un crayon.***
CONJUGAISON : VOIR MODÈLE AIMER.

AFFILIATION n. f.
Action d'affilier ; son résultat.

AFFILIER v. tr., pronom.
VERBE TRANSITIF
Admettre dans une association.
VERBE PRONOMINAL
Adhérer à une association. *Ils se sont affiliés à un syndicat.*
Le verbe se construit avec la préposition ***à.***
À la forme pronominale, le participe passé de ce verbe s'accorde toujours en genre et en nombre avec son sujet. *Elles se sont affiliées à cette organisation.*
CONJUGAISON : VOIR MODÈLE ÉTUDIER.
Redoublement du ***i*** à la première et à la deuxième personne du pluriel de l'indicatif imparfait et du subjonctif présent. *(Que) nous affiliions, (que) vous affiliiez.*

AFFINAGE n. m.
Action d'affiner. *L'affinage de fromages de chèvre.*

AFFINEMENT n. m.
Fait de s'affiner.

AFFINER v. tr., pronom.
VERBE TRANSITIF
Rendre plus fin, plus pur. *Affiner de l'or.*
VERBE PRONOMINAL
Devenir plus fin. *Sa taille s'est affinée.*
À la forme pronominale, le participe passé de ce verbe s'accorde toujours en genre et en nombre avec son sujet. *Ces fromages se sont affinés.*
CONJUGAISON : VOIR MODÈLE AIMER.

AFFINITÉ n. f.
Rapport de conformité, de parenté, d'harmonie. *Il y a beaucoup d'affinités entre ces deux personnes.* SYN. sympathie.

AFFIRMATIF, IVE adj. et adv.
ADJECTIF
Qui exprime une affirmation. *Une phrase affirmative.*
ADVERBE
Oui, dans la langue des militaires, des pilotes. *L'objectif est-il en vue ? Affirmatif.* ANT. négatif.

AFFIRMATION n. f.
Action de dire qu'une chose est réelle et positive. *L'affirmation d'un droit.* ANT. négation.

AFFIRMATIVE n. f.
Réponse positive.
LOCUTIONS
– ***Dans l'affirmative.*** Dans le cas où la réponse est positive. *Pourrez-vous accepter notre invitation ? Dans l'affirmative, prévenez-nous afin que nous puissions aller vous accueillir à l'aéroport.*
– ***Par l'affirmative.*** Affirmativement. *Répondre par l'affirmative.*

AFFIRMATIVEMENT adv.
De façon affirmative. *Répondre affirmativement.* ANT. négativement.

AFFIRMER v. tr., pronom.
VERBE TRANSITIF
Déclarer, assurer qu'une chose est vraie. *Il affirme qu'il a vu l'assassin. « Cela ne donnait rien d'affirmer, ce qui comptait c'était de faire voir, de faire aimer »* (Gabrielle Roy, *De quoi t'ennuies-tu, Éveline?*). SYN. soutenir. ANT. nier.
VERBE PRONOMINAL
Se définir. *Elle s'affirme comme une architecte novatrice.*
À la forme pronominale, le participe passé de ce verbe s'accorde toujours en genre et en nombre avec son sujet. *Ils se sont affirmés comme des ingénieurs hors pair.*
CONJUGAISON : VOIR MODÈLE AIMER.

AFFIXE n. m.
(LING.) Élément qui s'ajoute à un mot pour en modifier le sens. *Les préfixes, les suffixes sont des affixes.*
VOIR TABLEAU – PRÉFIXE.
VOIR TABLEAU – SUFFIXE.

AFFLEUREMENT n. m.
Action de mettre au niveau.

AFFLEURER v. tr., intr.
VERBE TRANSITIF
Arriver à toucher. *La mer affleure le mur de pierre.*
VERBE INTRANSITIF
Apparaître à la surface. *Des récifs qui affleurent.*
Ne pas confondre avec le verbe ***effleurer,*** toucher à peine.
CONJUGAISON : VOIR MODÈLE AIMER.

AFFLICTIF, IVE adj.
(DR.) Qui frappe directement le criminel. *Peine afflictive.*

AFFLICTION n. f.
(LITT.) Peine profonde. SYN. abattement.

Ne pas confondre avec les noms suivants :
- ***chagrin***, tristesse ;
- ***consternation***, grande douleur morale ;
- ***douleur***, souffrance physique ou morale ;
- ***peine***, douleur morale ;
- ***prostration***, abattement causé par la douleur.

A

AFFLIGEANT, ANTE adj.
Qui cause de la peine, pénible. *Une situation affligeante.* SYN. décourageant ; désespérant ; désolant ; navrant ; triste.
affligeant.

AFFLIGER v. tr., pronom.
VERBE TRANSITIF
Attrister, désoler. *Sa disparition afflige tous ses proches.* SYN. chagriner ; peiner.
VERBE PRONOMINAL
Éprouver une peine profonde. *Nous nous affligeons de le savoir blessé. Je m'afflige que vous soyez si souvent malade.*
1° Le verbe se construit avec ***de*** suivi de l'infinitif ou avec ***que*** suivi du subjonctif.
2° La construction avec ***de ce que*** est à éviter.
À la forme pronominale, le participe passé de ce verbe s'accorde toujours en genre et en nombre avec son sujet. *Elles s'étaient affligées de savoir leur ami malade.*
CONJUGAISON : VOIR MODÈLE CHANGER.
Le ***g*** est suivi d'un ***e*** devant les lettres ***a*** et ***o***. *Il affligea, nous affligeons.*

AFFLUENCE n. f.
Foule. *Éviter les heures d'affluence pour prendre le métro.*
Ne pas confondre avec le nom ***influence***, action qu'une personne exerce sur quelqu'un.
LOCUTION
– ***Heures d'affluence***. Heures de pointe. *L'autobus passe toutes les sept minutes pendant les heures d'affluence.*
affluence.

AFFLUENT n. m.
Cours d'eau qui se jette dans un autre. *Le Saguenay est un affluent du Saint-Laurent.*
Ne pas confondre avec le participe présent invariable ***affluant***. *Les demandes affluant, nous ne suffirons pas à la tâche.*
affluent.

AFFLUER v. intr.
1. Couler en abondance vers. *Le sang afflue au cerveau.* SYN. circuler.
2. Arriver en grand nombre en un lieu. *Les touristes affluent en été.* SYN. se presser ; venir en foule.
CONJUGAISON : VOIR MODÈLE AIMER.

AFFLUX n. m.
Le ***x*** ne se prononce pas, [afly].
1. Fait d'affluer.
2. Arrivée massive. *Un afflux de touristes, de personnes.* SYN. flot ; foule.
afflux.

AFFOLANT, ANTE adj.
1. Qui est de nature à faire perdre son sang-froid. *Ces masques sont affolants.* SYN. alarmant ; bouleversant ; effrayant ; troublant.
2. (FAM.) Effarant, de nature à faire perdre son calme. *La hausse des prix est affolante.*
affolant, un seul ***l***.

AFFOLEMENT n. m.
Fait de s'affoler. SYN. inquiétude.
affolement.

AFFOLER v. tr., pronom.
VERBE TRANSITIF
Bouleverser, inquiéter. *Ces cris les ont affolés.* SYN. alarmer ; effrayer ; troubler.
VERBE PRONOMINAL
Perdre son sang-froid. *Elle s'est affolée quand elle a entendu la détonation.* SYN. paniquer.
À la forme pronominale, le participe passé de ce verbe s'accorde toujours en genre et en nombre avec son sujet. *En entendant cette nouvelle, ses collègues se sont affolés.*
CONJUGAISON : VOIR MODÈLE AIMER.
affoler, un seul ***l***.

AFFRANCHI, IE adj. et n. m. et f.
1. (HIST.) Libéré de la servitude. *Une esclave affranchie.*
2. Libéré de tout préjugé.

AFFRANCHIR v. tr., pronom.
VERBE TRANSITIF
1. Rendre libre. *Le gouvernement a affranchi tous les esclaves.*
2. Timbrer un envoi postal. *Affranchir une lettre.*
VERBE PRONOMINAL
Se libérer. *Elles se sont affranchies de son autorité.* SYN. s'émanciper.
À la forme pronominale, le participe passé de ce verbe s'accorde toujours en genre et en nombre avec son sujet. *Elles se sont affranchies de ces règles désuètes.*
CONJUGAISON : VOIR MODÈLE FINIR.

AFFRANCHISSEMENT n. m.
1. Émancipation. *L'affranchissement des esclaves.* SYN. délivrance ; libération.
2. Paiement préalable du transport au moyen de timbres-poste. *L'affranchissement d'une lettre.*

AFFRES n. f. pl.
(LITT.) Angoisses, tortures morales. *Les affres de l'inquiétude.* SYN. tourment.

AFFRÈTEMENT n. m.
Louage d'un navire, d'un avion. SYN. nolisement.
affrètement.

AFFRÉTER v. tr.
Louer (un navire, un avion). SYN. noliser.
CONJUGAISON : VOIR MODÈLE POSSÉDER.
Le ***é*** se change en ***è*** devant une syllabe contenant un ***e*** muet, sauf à l'indicatif futur et au conditionnel présent. *J'affrète*, mais *j'affréterai.*
[Les *Rectifications* (1990) admettent : il affrètera, affrèterait...]

AFFRÉTEUR n. m.
Personne qui affrète (un navire, un avion).

AFFREUSEMENT adv.
1. D'une manière affreuse. *Ils ont souffert affreusement.* SYN. horriblement.
2. Extrêmement. *Des produits affreusement chers.* SYN. terriblement.

AFFREUX, EUSE adj.
1. Horrible. *Un crime affreux.* SYN. abominable ; atroce ; barbare ; effrayant ; ignoble.
2. Détestable. *Un temps affreux.* SYN. déplaisant ; désagréable.
3. Très laid. *Ces tatouages sont affreux.* SYN. hideux.
affreux.

AFFRIOLANT, ANTE adj.
1. Qui excite le désir. *Des dessous affriolants.* SYN. attirant ; excitant ; séduisant ; troublant.
2. (FIG.) Séduisant. *Des discussions techniques loin d'être affriolantes.* SYN. excitant.

AFFRIOLER v. tr.
Attirer, exciter le désir de. SYN. séduire ; troubler.
L'étymologie de ce verbe est amusante : de l'ancien verbe du XIVe siècle ***frioler*** signifiant « faire griller d'envie ».
CONJUGAISON : VOIR MODÈLE AIMER.

AFFRONT n. m.
Injure, outrage. *Ils m'ont fait l'affront de refuser.* SYN. humiliation ; insulte ; offense.

AFFRONTEMENT n. m.
Opposition violente de deux ou de plusieurs adversaires. *Il y a eu des affrontements entre les policiers et les grévistes.*
Ne pas confondre avec le nom ***confrontation***, action de mettre en présence des personnes pour comparer leurs témoignages.

AFFRONTER v. tr., pronom.
VERBE TRANSITIF
S'exposer résolument à. *Affronter le danger, des concurrents.* SYN. braver ; se mesurer à.
VERBE PRONOMINAL
S'opposer, se combattre. *Les équipes se sont affrontées, et le Canadien a gagné.* SYN. être en compétition ; se faire concurrence.
À la forme pronominale, le participe passé de ce verbe s'accorde toujours en genre et en nombre avec son sujet. *Ils se sont affrontés à la boxe.*
CONJUGAISON : VOIR MODÈLE AIMER.

AFFUBLER v. tr., pronom.
VERBE TRANSITIF
Accoutrer. *Anne voulait affubler sa petite sœur d'un chapeau à plumes.*
VERBE PRONOMINAL
Se vêtir d'une manière ridicule. *Ils se sont affublés de manteaux trop grands.*
À la forme pronominale, le participe passé de ce verbe s'accorde toujours en genre et en nombre avec son sujet. *Elles se sont affublées de chapeaux invraisemblables.*
CONJUGAISON : VOIR MODÈLE AIMER.

AFFÛT n. m.
Endroit où l'on se cache pour guetter le gibier.
LOCUTION
– ***Être à l'affût.*** Être aux aguets, attendre le moment favorable. SYN. guetter.
[Les *Rectifications* (1990) admettent : affut.]

AFFÛTAGE n. m.
Action d'affûter ; son résultat.
[Les *Rectifications* (1990) admettent : affutage.]

AFFÛTER v. tr.
Aiguiser un outil tranchant. *Affûter des couteaux.*
CONJUGAISON : VOIR MODÈLE AIMER.
[Les *Rectifications* (1990) admettent : affuter.]

AFGHAN, ANE adj. et n. m. et f.
ADJECTIF ET NOM MASCULIN ET FÉMININ
De l'Afghanistan. *Une coutume afghane. Un Afghan, une Afghane.*
T L'adjectif s'écrit avec une minuscule ; le nom, avec une majuscule.
NOM MASCULIN
Langue parlée en Afghanistan. *Il parle l'afghan.*
T Le nom de la langue s'écrit avec une minuscule.
afghan.

AFGHANI n. m.
Unité monétaire de l'Afghanistan. *Des afghanis.*
VOIR TABLEAU – SYMBOLES DES UNITÉS MONÉTAIRES.

AFICIONADO n. m. (pl. *aficionados*)
1. Mot espagnol signifiant « amateur de corridas ». *Des aficionados.*
2. (PAR EXT.) Amateur passionné.

AFIN DE loc. prép.
En vue de. *Elle m'a appelé afin de m'informer de sa venue.* SYN. dans le but de ; pour.
Cette locution prépositive qui se construit avec l'infinitif ne s'emploie que lorsque le sujet de la proposition principale est également le sujet de l'infinitif. Dans les autres cas, on emploie plutôt la locution conjonctive ***afin que*** suivie du subjonctif.

AFIN QUE loc. conj.
Pour que. *Nous avons choisi ce quartier afin que les enfants puissent aller au collège à pied.*
Cette locution conjonctive se construit avec le subjonctif.

AFNOR
Sigle de ***Association française de normalisation.***

A FORTIORI loc. adv.
Le ***t*** se prononce ***s***, [afɔrsjɔri].
Locution latine signifiant « à plus forte raison ». *Si ces craintes sont fondées lorsqu'il s'agit de pays démocratiques,* a fortiori *le sont-elles à propos d'États plus ou moins autoritaires.* SYN. raison de plus.
La locution entraîne parfois l'inversion du sujet.
T En typographie soignée, les mots étrangers sont composés en italique. Dans des textes déjà en italique, la notation se fait en romain. Pour les textes manuscrits, on utilisera les guillemets.
[Les *Rectifications* (1990) admettent : à fortiori.]

AFP
Sigle de ***Agence France-Presse.***

AFRICAIN, AINE adj. et n. m. et f.
D'Afrique. *Une musique africaine. Un Africain, une Africaine.*
T L'adjectif s'écrit avec une minuscule ; le nom, avec une majuscule.

AFRICANISATION n. f.
Action de rendre africain, de donner un caractère africain.

AFRICANISER v. tr.
Rendre africain, donner un caractère africain.
CONJUGAISON : VOIR MODÈLE AIMER.

AFRICANISME n. m.
Mot ou expression propre au français de l'Afrique noire.

AFRIKAANS ou **AFRIKANS** n. m.
Langue parlée en Afrique du Sud. *Il parle l'afrikaans.*
T Le nom de la langue s'écrit avec une minuscule.

AFRIKANER ou **AFRIKAANDER** adj. et n. m. et f.
Relatif à la culture néerlandaise d'Afrique du Sud. *La culture afrikaner* ou *afrikaander. Un Afrikaner* ou *Afrikaander, une Afrikaner* ou *Afrikaander.*
T L'adjectif s'écrit avec une minuscule ; le nom, avec une majuscule.

AFRO adj. inv.
De type africain. *Des coiffures afro.*

AFRO-AMÉRICAIN, AINE adj. et n. m. et f.
ADJECTIF
Qui est d'origine africaine, aux États-Unis. *Les rythmes afro-américains.*
NOM MASCULIN ET FÉMININ
Un Afro-Américain, une Afro-Américaine. Les Afro-Américains.
T L'adjectif s'écrit avec des minuscules ; le nom, avec des majuscules.
afro-américain, avec un trait d'union.

***AFTER-SHAVE**
Anglicisme pour ***lotion après-rasage.***

Ag
Symbole de ***argent.***

AGA
VOIR – AGHA.

A

AGAÇANT, ANTE adj.
Irritant. *Ces bruits sont agaçants.* SYN. embêtant; énervant; exaspérant.
agaçant.

AGACEMENT n. m.
Irritation nerveuse désagréable. SYN. embêtement; énervement; exaspération.
Ne pas confondre avec ***agaceries***, taquineries plutôt agréables.

AGACER v. tr.
Énerver. *Elle m'agaçait avec ses remarques.* SYN. embêter; exaspérer.
CONJUGAISON : VOIR MODÈLE AVANCER.
Le *c* prend une cédille devant les lettres ***a*** et ***o***. *Il agaça, nous agaçons.*

AGACERIE n. f.
Taquinerie plutôt agréable. SYN. coquetterie; minauderie.
Ne pas confondre avec ***agacement***, irritation nerveuse désagréable.
Ce mot s'utilise généralement au pluriel.

AGAMI n. m.
Oiseau d'Amérique du Sud, à plumage noir.

AGAPE n. f.
1. Repas en commun des premiers chrétiens.
2. (AU PLUR.) Repas entre amis. *Des agapes somptueuses qui furent de véritables retrouvailles.*

AGAR-AGAR n. m. (pl. *agars-agars*)
Substance visqueuse extraite d'une algue et qui sert à la préparation de gelées, de certaines colles.

AGATE n. f.
Roche aux teintes nuancées dont on fait des bijoux, des objets précieux. *En Gaspésie, on trouve des agates sur le rivage.*
Ce mot ne comporte pas de ***h***, contrairement au prénom ***Agathe***.

AGAVE n. m.
Plante mexicaine ornementale aux feuilles épaisses en forme d'épées au rebord épineux, dont on extrait des fibres textiles. *Les agaves ne fleurissent qu'une seule fois avant de mourir.* « *des agaves au long cou portant haut leur fleur unique* » (Gabrielle Roy, *La Détresse et l'Enchantement*).
Attention au genre masculin de ce nom : ***un*** agave.

ÂGE n. m.
1. Temps écoulé depuis la naissance. *Quel âge avez-vous ? Nous avons le même âge.*
T Dans les textes administratifs et juridiques, l'âge est inscrit en chiffres. *L'âge de la majorité légale a été fixé à 18 ans.*
2. Période de l'histoire. *L'âge d'or.* SYN. époque; ère.
LOCUTIONS
– ***Âge de raison.*** Âge auquel l'enfant commence à devenir raisonnable (vers sept ans).
– ***Âge tendre.*** Période de l'enfance.
– ***Bas âge.*** Période de la petite enfance. *Un enfant en bas âge, plus précisément de trois mois.*
– ***Classe d'âge.*** Groupe d'individus dont l'âge est compris entre deux limites. SYN. groupe d'âge.
– ***D'âge en âge.*** De génération en génération. SYN. de siècle en siècle.
– ***Être dans la force de l'âge.*** Être en pleine maturité, en possession de tous ses moyens.
– ***Hors d'âge.*** Très vieux. *Un armagnac hors d'âge.*
– ***Quatrième âge.*** Âge excédant les 75 ans.
– ***Troisième âge.*** Âge de la retraite (vers 65 ans).

ÂGÉ, ÉE adj.
1. Qui a un âge déterminé. *Elle est âgée de 18 ans.*
Attention à l'emploi fautif de la préposition ***entre*** pour marquer un âge approximatif. *Il est âgé de 20 à 25 ans* (et non *entre 20 et 25 ans).
2. Vieux. *Il est très âgé. Les personnes âgées.*
FORMES FAUTIVES
*être âgé dans (la vingtaine, la trentaine...). Construction fautive pour ***être dans*** (la vingtaine, la trentaine...).
*être âgé entre (20 et 30 ans...). Construction fautive pour ***être âgé de*** (20 à 30 ans...), ***avoir entre*** (20 et 30 ans...).

AGENCE n. f.
1. Entreprise commerciale proposant des services d'intermédiaire. *Agence de voyages, agence de publicité.*
2. Organisme administratif. *Une agence gouvernementale.*
3. Succursale bancaire.
agence.

AGENCE CANADIENNE DE DÉVELOPPEMENT INTERNATIONAL
Sigle *ACDI* (s'écrit avec ou sans points).

AGENCE DE COOPÉRATION CULTURELLE ET TECHNIQUE
VOIR – ACCT.

AGENCE DE LA FRANCOPHONIE
VOIR – ACCT.

AGENCE FRANCE-PRESSE
Sigle *AFP* (s'écrit avec ou sans points).

AGENCE INTERNATIONALE DE DÉVELOPPEMENT
Sigle *AID* (s'écrit avec ou sans points).

AGENCE INTERNATIONALE DE L'ÉNERGIE ATOMIQUE
Sigle *AIÉA* (s'écrit avec ou sans points).

AGENCEMENT n. m.
Action d'agencer, de disposer harmonieusement des éléments pour former un ensemble. *Repenser l'agencement des articles dans une boutique. L'agencement des mots et des phrases dans un texte.* SYN. aménagement; arrangement; composition; disposition.

AGENCER v. tr., pronom.
VERBE TRANSITIF
Disposer selon un ordre défini. *Les élèves agençaient les livres dans la bibliothèque.* SYN. arranger; ordonner.
VERBE PRONOMINAL
Se combiner harmonieusement. *Des motifs qui s'agencent à merveille.*
À la forme pronominale, le participe passé de ce verbe s'accorde toujours en genre et en nombre avec son sujet. *Ces couleurs se sont bien agencées.*
CONJUGAISON : VOIR MODÈLE AVANCER.
Le ***c*** prend une cédille devant les lettres ***a*** et ***o***. *Il agença, nous agençons.*

AGENDA n. m. (pl. *agendas*)
Les lettres ***en*** se prononcent ***in***, [aʒɛ̃da].
1. Mot latin signifiant « ce que l'on doit faire », utilisé au sens de « carnet destiné à noter jour par jour ce que l'on doit faire ». *Un agenda de poche. Des agendas électroniques.*
2. (PAR EXT.) Contenu d'un agenda. *Son agenda est bien rempli.* SYN. emploi du temps.
FORMES FAUTIVES
*agenda. Anglicisme au sens de ***ordre du jour***.
*agenda. Anglicisme au sens figuré de ***programme, ligne d'action***.
*agenda caché, secret. Calque de «*hidden agenda*» pour ***objectif secret, intentions cachées, stratégie secrète***.
*agenda politique. Calque de «*political agenda*» pour ***ligne d'action, programme (d'un parti)***.

AGENOUILLEMENT n. m.
Fait de s'agenouiller.

AGENOUILLER (S') v. pronom.
Se mettre à genoux. *Elle s'est agenouillée longuement pour prier.*
Le participe passé de ce verbe, qui n'existe qu'à la forme pronominale, s'accorde toujours en genre et en nombre avec son sujet. *Les religieuses se sont agenouillées.*
CONJUGAISON : VOIR MODÈLE AIMER.
Les lettres ***ill*** sont suivies d'un ***i*** à la première et à la deuxième personne du pluriel de l'indicatif imparfait et du subjonctif présent. *(Que) nous nous agenouillions, (que) vous vous agenouilliez.*

AGENT n. m.
AGENTE n. f.
Personne chargée d'administrer pour le compte d'autrui. *Une agente culturelle.* SYN. intermédiaire.
LOCUTIONS
– ***Agent, agente d'affaires.*** Intermédiaire qui, moyennant rétribution, se charge de gérer les affaires d'autrui.
– ***Agent, agente d'assurances.*** Personne représentant une compagnie d'assurances auprès des clients potentiels. *L'agent d'assurances l'a persuadé de contracter une assurance-vie.*
– ***Agent, agente de bord.*** Personne qui, dans un avion, veille au confort des passagers.
– ***Agent, agente de change.*** Personne qui effectue des opérations de change pour le compte de tiers.
– ***Agent, agente de maîtrise.*** Salarié chargé de diriger, de coordonner et de contrôler le travail du personnel d'exécution (Recomm. off.). *Les chefs d'équipe, les contremaîtres et les chefs d'atelier sont des agents de maîtrise.*
– ***Agent, agente de police.*** Policier. *Se renseigner auprès d'un agent de police.*
Construit absolument, le nom désigne un agent de police. *Monsieur l'agent, où se trouve la rue Lajoie?*
– ***Agent, agente de voyages.*** Personne qui exploite une agence de voyages.
– ***Agent immobilier, agente immobilière.*** Personne représentant un courtier immobilier. SYN. ⚜ agent, agente d'immeubles.
– ***Agent secret, agente secrète.*** Espion.

AGENT n. m.
Tout ce qui exerce une action. *Les agents naturels (air, eau, etc.) ont dégradé ce bâtiment.* SYN. cause; facteur.
LOCUTION
– ***Agent économique.*** (ÉCON.) Personne, groupe, organisation qui joue un rôle dans l'économie. *Cette politique a reçu l'aval des principaux agents économiques.*

AGGIORNAMENTO n. m.
Le mot se prononce [adʒjɔrnamɛnto].
Mot italien signifiant « adaptation ».
Adaptation à l'évolution du monde actuel, au progrès.

AGGLOMÉRAT n. m.
Le ***o*** est ouvert, [aglɔmera].
Assemblage d'éléments disparates.

AGGLOMÉRATION n. f.
Le ***o*** est ouvert, [aglɔmerasjɔ̃].
Concentration d'habitations, ville entourée de ses banlieues. *L'agglomération de Montréal* (et non le *Montréal métropolitain) *compte plus de trois millions d'habitants.*

AGGLOMÉRÉ n. m.
Le ***o*** est ouvert, [aglɔmere].
Matériau de construction composé de particules liées. *Des panneaux d'aggloméré.*

AGGLOMÉRER v. tr., pronom.
VERBE TRANSITIF
Réunir des éléments précédemment distincts. *Le mercure est utilisé pour agglomérer les particules d'or.*
VERBE PRONOMINAL
Se réunir en une masse compacte.
À la forme pronominale, le participe passé de ce verbe s'accorde toujours en genre et en nombre avec son sujet. *Ces particules se sont agglomérées rapidement.*
CONJUGAISON : VOIR MODÈLE POSSÉDER.
Le ***é*** se change en ***è*** devant une syllabe contenant un ***e*** muet, sauf à l'indicatif futur et au conditionnel présent. *J'agglomère,* mais *j'agglomérerai.*
[Les *Rectifications* (1990) admettent : il agglomèrera, agglomèrerait...]

A

AGGLUTINANT, ANTE adj.
Qui réunit en collant.

AGGLUTINATION n. f.
Action d'agglutiner.

AGGLUTINER v. tr., pronom.
VERBE TRANSITIF
Coller fortement de manière à former une masse compacte ou un tout cohérent. *La pluie a agglutiné ces grains de sable.* SYN. agglomérer; lier; unir.
VERBE PRONOMINAL
Se coller, s'assembler. *Les élèves se sont agglutinés dans les fenêtres pour voir le défilé.*
À la forme pronominale, le participe passé de ce verbe s'accorde toujours en genre et en nombre avec son sujet. *Ces globules rouges se sont agglutinés.*
CONJUGAISON : VOIR MODÈLE AIMER.

AGGRAVANT, ANTE adj.
Qui aggrave. *Des circonstances aggravantes.* ANT. atténuant.

AGGRAVATION n. f.
Action d'aggraver; fait de s'aggraver. *L'aggravation de l'inondation menace le petit village.*

AGGRAVER v. tr., pronom.
VERBE TRANSITIF
Rendre plus grave. *Aggraver une querelle.* SYN. intensifier. ANT. atténuer.
VERBE PRONOMINAL
Empirer. *Son état s'est aggravé. L'inondation s'est aggravée.* SYN. se détériorer. ANT. s'améliorer.
À la forme pronominale, le participe passé de ce verbe s'accorde toujours en genre et en nombre avec son sujet. *La situation ne s'est pas aggravée.*
CONJUGAISON : VOIR MODÈLE AIMER.

AGHA ou **AGA** n. m.
Officier de la cour du sultan dans l'ancien Empire ottoman. *L'agha Khan.*

AGILE adj.
1. Souple, alerte. *Cet alpiniste est très agile.* SYN. adroit.
2. (FIG.) Intelligent, qui réagit vite. *Un esprit agile.* SYN. vif.
agile.

AGILEMENT adv.
Avec agilité.

AGILITÉ n. f.
Souplesse, vivacité. *Il a grimpé sur la falaise avec agilité.* SYN. adresse.

AGIO n. m. (pl. *agios*)
Le mot se prononce [aʒjo].
Frais financiers (intérêt, commission et charge).

A GIORNO adv.
La locution se prononce [adʒɔrno].
Locution italienne signifiant « brillamment éclairé ».
T En typographie soignée, les mots étrangers sont composés en italique. Dans des textes déjà en italique, la notation se fait en romain. Pour les textes manuscrits, on utilisera les guillemets.

AGIOTAGE n. m.
(PÉJ.) Spéculation malhonnête à la Bourse, sur les marchés financiers, etc.

AGIR v. intr., pronom. impers.
VERBE INTRANSITIF
1. Exercer une action. *Elle agit bien envers les défavorisés. Il est temps d'agir.* SYN. faire; s'occuper de; procéder à.
2. Produire un effet. *Ce médicament agit contre les maux de tête.* SYN. faire effet.
VERBE PRONOMINAL IMPERSONNEL
1. Être question de. *De quoi s'agit-il?*
2. Il faut. *Il s'agit de partir à temps.* SYN. il est nécessaire de.
À la forme impersonnelle, le verbe se construit avec la préposition ***de***.
Le participe passé de ce verbe est toujours invariable. *De quelles explications s'est-il agi?*
CONJUGAISON : VOIR MODÈLE FINIR.

ÂGISME n. m.
Attitude discriminatoire à l'égard d'une personne du fait de son âge. *Les personnes âgées sont parfois victimes d'âgisme.* ANT. jeunisme.

AGISSANT, ANTE adj.
Qui agit efficacement. *Des médicaments agissants.* SYN. actif; efficace.

AGISSEMENTS n. m. pl.
Procédés, manœuvres condamnables. SYN. intrigues; (FAM.) magouilles; manigances.

AGITATEUR, TRICE n. m. et f.
Personne qui cherche à provoquer l'agitation.

AGITATION n. f.
1. État de ce qui est agité. *La plus grande agitation règne : le spectacle va commencer.* SYN. animation; effervescence.
2. État de mécontentement d'ordre politique ou social. SYN. (FAM.) grogne.

AGITÉ, ÉE adj.
Qui manifeste de l'agitation. *Un patient agité.*

AGITER v. tr., pronom.
VERBE TRANSITIF
1. Remuer vivement en tous sens. *Agitez avant de servir.*
2. (LITT.) Troubler. *Une grande inquiétude les agitait.* SYN. inquiéter; tourmenter.
VERBE PRONOMINAL
Être en mouvement, s'exciter. *Ne vous agitez pas trop, les enfants, vous allez réveiller le bébé.* SYN. bouger; remuer; se tortiller.
À la forme pronominale, le participe passé de ce verbe s'accorde toujours en genre et en nombre avec son sujet. *Pressentant le séisme, les animaux de la ferme se sont agités de façon inhabituelle.*
CONJUGAISON : VOIR MODÈLE AIMER.

AGNEAU n. m. (pl. *agneaux*)
Petit de la brebis. *Un agneau et une agnelle. Doux comme un agneau.*
VOIR TABLEAU – ANIMAUX.

AGNELAGE n. m.
Mise bas, chez la brebis.

AGNELÉE n. f.
Ensemble des agneaux d'une portée.

AGNELER v. intr.
Mettre bas (en parlant de la brebis).
CONJUGAISON : VOIR MODÈLE APPELER.
Redoublement du ***l*** devant un ***e*** muet. *Elle agnelle, elle agnellera,* mais *elle agnelait.*
[Les *Rectifications* (1990) admettent : il agnèle, agnèlera, agnèlerait...]

AGNELET n. m.
Petit agneau.

AGNELLE n. f.
Petit femelle de la brebis. *Une agnelle et un agneau.*

AGNOSTICISME n. m.
Les lettres ***g*** et ***n*** se prononcent séparément, [agnɔstisism].
Absence de croyance religieuse.

AGNOSTIQUE adj. et n. m. et f.
Les lettres ***g*** et ***n*** se prononcent séparément, [agnɔstik].
Qui refuse la métaphysique, qui n'a pas la foi.

AGNUS DEI n. m. inv.
Les lettres ***g*** et ***n*** se prononcent séparément, [agnysdei].
1. Prière de la messe.
En ce sens, le nom s'écrit ***Agnus Dei*** ou ***agnus Dei***.
2. Médaillon portant l'image de l'Agneau mystique.
En ce sens, le nom s'écrit ***agnus-Dei*** ou ***agnus-dei***.

À GOGO
VOIR – GOGO.

AGONIE n. f.
1. Moment précédant immédiatement la mort. *Être à l'agonie.* SYN. dernière heure; derniers moments.
2. (FIG.) Déclin.

AGONIR v. tr.
(LITT.) Accabler. *Il les a agonis d'injures, de bêtises.* SYN. injurier.
Ne pas confondre avec le verbe ***agoniser***, être sur le point de mourir.
CONJUGAISON : VOIR MODÈLE FINIR.

AGONISANT, ANTE adj. et n. m. et f.
Qui est à l'agonie. *Des personnes agonisantes.* SYN. moribond; mourant.

AGONISER v. intr.
1. Être sur le point de mourir. SYN. s'éteindre; expirer.
Ne pas confondre avec le verbe ***agonir***, accabler.
2. (FIG.) Être sur son déclin.
CONJUGAISON : VOIR MODÈLE AIMER.

AGORA n. f.
1. Place publique de la Grèce antique.
2. Espace piétonnier. *L'agora de Québec.*

AGORAPHOBE adj. et n. m. et f.
Qui souffre d'agoraphobie.

AGORAPHOBIE n. f.
Phobie des lieux publics (et non des foules).

AGRAFAGE n. m.
Action d'agrafer; son résultat.
agrafage.

AGRAFE n. f.
1. Attache formée d'un crochet qu'on passe dans un anneau, une bride. *Les agrafes d'une jupe.*
2. Pièce métallique recourbée servant à attacher ensemble des papiers, des objets. *Des agrafes* (et non des *broches) *de bureau.*
agrafe.

AGRAFER v. tr.
1. Fixer avec des agrafes. *Elle n'arrive pas à agrafer son corsage.* ANT. dégrafer.
2. Assembler à l'aide d'agrafes. *Agrafer* (et non *brocher) *deux feuilles ensemble.*
CONJUGAISON : VOIR MODÈLE AIMER.

AGRAFEUSE n. f.
Petit appareil servant à agrafer, entre autres, des feuilles de papier. *Veuillez rassembler ces feuilles avec une agrafeuse* (et non une *brocheuse).
On enlève les agrafes à l'aide d'une dégrafeuse.
agrafeuse.

AGRAIRE adj.
Qui concerne les terres, l'agriculture. *La réforme agraire.*
agraire.

AGRAMMATICAL, ALE , AUX adj.
Non conforme aux règles de la grammaire.

AGRANDIR v. tr., pronom.
VERBE TRANSITIF
Rendre plus grand, accroître. *On a agrandi l'école.*
VERBE PRONOMINAL
Devenir plus grand, s'étendre. *La ville s'est agrandie.* SYN. se développer.
À la forme pronominale, le participe passé de ce verbe s'accorde toujours en genre et en nombre avec son sujet. *Ces domaines se sont agrandis au fil du temps.*
CONJUGAISON : VOIR MODÈLE FINIR.

AGRANDISSEMENT n. m.
1. Action d'agrandir. *L'agrandissement du jardin se fera au cours de l'été. Faites-moi deux agrandissements de cette photo.*
2. Résultat de cette action. *Grâce à cet agrandissement, nous aurons un potager.*

AGRÉABLE adj.
Qui fait plaisir, attrayant. *La promenade a été très agréable.* SYN. plaisant.

AGRÉABLEMENT adv.
De façon agréable.

AGRÉÉ, ÉE adj.
1. Admis. *Fournisseur agréé de la cour d'Angleterre.*
2. Officiellement reconnu. *Une clinique agréée. Un ouvrage agréé par le ministère de l'Éducation.*

AGRÉER v. tr.
VERBE TRANSITIF DIRECT
Accepter. *Sa demande a été agréée. Veuillez agréer, Monsieur, l'expression de mes sentiments distingués.* SYN. admettre; approuver.
VERBE TRANSITIF INDIRECT
(LITT.) Convenir, plaire. *La proposition agrée à tous.* SYN. être au gré de.
En ce sens, le verbe se construit avec la préposition ***à***.
CONJUGAISON : VOIR MODÈLE CRÉER.

AGRÉGAT n. m.
Assemblage d'éléments distincts.
agrégat.

AGRÉGATEUR n. m.
(INFORM.) Logiciel ou application Web qui permet à l'internaute de s'abonner à un service afin de recevoir automatiquement le nouveau contenu de sites choisis et d'en prendre connaissance dès sa parution. *Le blogueur peut inscrire son carnet Internet à un agrégateur, application qui avertit les internautes quand de nouveaux commentaires figurent sur son blogue.*
Le nom s'écrit avec un ***g*** non redoublé, comme ***agrégat, agréger, agrégateur.***

AGRÉGATION n. f.
1. Action d'assembler en un tout homogène.
2. Nomination d'un professeur au rang d'agrégé dans une université.

AGRÉGÉ, ÉE adj. et n. m. et f.
Personne reçue à l'agrégation. *Professeur agrégé.*

AGRÉGER v. tr., pronom.
VERBE TRANSITIF
Assembler des éléments distincts en un tout.
VERBE PRONOMINAL
S'assembler, s'agglutiner. *Les copeaux et la colle se sont agrégés.*
À la forme pronominale, le participe passé de ce verbe s'accorde toujours en genre et en nombre avec son sujet. *Ces particules se sont agrégées.*
CONJUGAISON : VOIR MODÈLE PROTÉGER.
Le ***é*** se change en ***è*** devant une syllabe contenant un ***e*** muet, sauf à l'indicatif futur et au conditionnel présent. *J'agrège,* mais *j'agrégerai.*
Le ***g*** est suivi d'un ***e*** devant les lettres ***a*** et ***o***. *Il agrégea, nous agrégeons.*
[Les *Rectifications* (1990) admettent : il agrègera, agrègerait...]

AGRÉMENT n. m.
1. Fait d'agréer. *Sa thèse a reçu l'agrément de son professeur.* SYN. accord; approbation.
2. Reconnaissance officielle. *Recevoir l'agrément* (et non l'*accréditation) *du ministère de l'Éducation.* SYN. autorisation.
3. Attrait. *Les agréments des vacances.* SYN. plaisir.
LOCUTION
– ***D'agrément.*** Destiné au seul plaisir. *Un voyage d'agrément.* ANT. d'affaires.

AGRÉMENTER v. tr.
Rendre plus agréable. *Pour agrémenter ce repas, voici un beau gâteau au chocolat.* SYN. relever.
CONJUGAISON : VOIR MODÈLE AIMER.

AGRÈS n. m. pl.
1. (VIEILLI) Gréement d'un navire.
2. Appareil de gymnastique.
Au sens d'« attirail de pêche », ce nom est vieilli.

AGRESSER v. tr.
1. Assaillir, attaquer. *Ils ont agressé le commis.*
2. (FIG.) Offenser, provoquer. *Ces propos sexistes nous ont agressées.*
LOCUTION
– ***Être, se sentir agressé.*** Être l'objet d'une menace, d'une attaque, au propre comme au figuré.
CONJUGAISON : VOIR MODÈLE AIMER.

AGRESSEUR adj. et n. m.
ADJECTIF
Qui commet une agression, qui attaque. *Un État agresseur.* SYN. assaillant; attaquant.
NOM MASCULIN
Il a été victime d'un agresseur qui s'est enfui.
Ce mot ne comporte pas de forme féminine.

AGRESSIF, IVE adj.
1. Violent. *Ces garçons sont trop agressifs : ils se querellent constamment. Soyez polis et n'employez pas ce ton agressif.* SYN. batailleur; belliqueux; querelleur.
2. Qui s'apparente à une attaque, qui agresse psychologiquement. *Un ton agressif.* SYN. malveillant; méchant; mordant.
FORME FAUTIVE
*agressif. Anglicisme au sens de ***combatif, dynamique, énergique, persuasif.***

AGRESSION n. f.
1. Attaque brutale. *Ces malfaiteurs ont commis des vols et des agressions.*
2. Attaque qui vise à blesser sur le plan psychologique. *Ces insultes sont une agression insoutenable.*

AGRESSIVEMENT adv.
De façon agressive. SYN. méchamment; violemment.

AGRESSIVITÉ n. f.
Tendance à rechercher la violence, l'agression.
FORME FAUTIVE
*agressivité. Anglicisme au sens de ***combativité, dynamisme, énergie, persuasion, vigueur.***

AGRESTE adj.
(LITT.) Champêtre.

A

AGRICOLE adj.
Qui est relatif à l'agriculture. *Les travaux agricoles. Des machines agricoles.*

AGRICULTEUR n. m.
AGRICULTRICE n. f.
Personne qui dirige des travaux agricoles sur une grande échelle. *Les nouveaux agriculteurs sont des gestionnaires expérimentés.*
En raison des nouvelles techniques agricoles, le nom ***agriculteur*** tend à remplacer celui de ***cultivateur*** qui désigne la personne qui cultive elle-même une terre. Ne pas confondre avec le nom ***agronome,*** celui qui enseigne l'art de l'agriculture.

AGRICULTURE n. f.
Art de cultiver la terre.
L'agriculture comporte aujourd'hui de nombreuses spécialités dont :
– l'***acériculture,*** exploitation d'une érablière ;
– l'***agrumiculture,*** culture des agrumes ;
– l'***algoculture,*** culture des algues marines ;
– l'***apiculture,*** élevage des abeilles ;
– l'***arboriculture,*** culture des arbres fruitiers ;
– l'***aviculture,*** élevage des oiseaux, des volailles ;
– la ***céréaliculture,*** culture des céréales ;
– l'***héliciculture,*** élevage des escargots ;
– l'***horticulture,*** culture des jardins, des fleurs ;
– le ***maraîchage,*** culture des légumes ;
– la ***pisciculture,*** élevage des poissons ;
– la ***pomiculture*** (ou ***pomoculture***), culture des arbres donnant des fruits à pépins, surtout des pommiers ;
– la ***sériciculture,*** élevage des vers à soie ;
– la ***sylviculture,*** exploitation des forêts ;
– la ***viticulture,*** culture de la vigne et de la production du vin.

AGRIPPER v. tr., pronom.
VERBE TRANSITIF
Saisir violemment avec les doigts. *Il agrippa son manteau et partit en courant.*
Ne pas confondre avec les verbes suivants :
• ***attraper,*** prendre comme dans un piège, au passage ;
• ***gober,*** avaler sans mâcher ;
• ***happer,*** saisir brusquement, attraper avidement avec la gueule.
VERBE PRONOMINAL
S'accrocher à. *Ils se sont agrippés au câble de secours.* SYN. se cramponner.
À la forme pronominale, le participe passé de ce verbe s'accorde toujours en genre et en nombre avec son sujet. *Ils se sont agrippés à la quille du voilier renversé.*
CONJUGAISON : VOIR MODÈLE AIMER.

AGRITOURISME n. m.
Ensemble d'activités touristiques (gîtes ruraux, repas, visites à la ferme) liées à l'agriculture, aux exploitations agricoles.

AGRO- préf.
Élément d'origine grecque signifiant « champ ».
Les mots composés avec le préfixe ***agro-*** s'écrivent sans trait d'union sauf si le second élément commence par un ***i.*** *Agrochimie, agroalimentaire, agro-industrie, agro-industriel.*

AGROALIMENTAIRE adj. et n. m.
Se dit de l'industrie des produits agricoles destinés à l'alimentation. *Des produits agroalimentaires. Le secteur de l'agroalimentaire.*

AGROCHIMIE n. f.
Ensemble des produits de l'industrie chimique destinés à l'agriculture (fertilisants, pesticides, etc.).

AGROCHIMIQUE adj.
Relatif à l'agrochimie.

AGRO-INDUSTRIE n. f.
Ensemble des industries qui concernent l'agriculture (agrochimie, agroalimentaire, etc.).

AGRO-INDUSTRIEL, IELLE adj.
Qui concerne l'agro-industrie. *Le secteur agro-industriel est en croissance.*

AGRONOME n. m. et f.
Les ***o*** sont ouverts, [agrɔnɔm].
Spécialiste de l'agronomie.
VOIR – AGRICULTEUR.

AGRONOMIE n. f.
Les ***o*** sont ouverts, [agrɔnɔmi].
Science de l'agriculture.

AGRONOMIQUE adj.
Relatif à l'agronomie.

AGRUME n. m.
Agrumes. Nom collectif désignant les oranges, les citrons, les mandarines, les pamplemousses, etc. *La culture des agrumes. La clémentine est un agrume.*
Attention au genre masculin de ce nom : ***un*** agrume.

AGRUMICULTURE n. f.
Culture des agrumes (oranges, citrons, mandarines, pamplemousses, etc.).

AGUERRIR v. tr., pronom.
VERBE TRANSITIF
Entraîner (à quelque chose de pénible). *Des marcheurs aguerris.*
VERBE PRONOMINAL
S'endurcir. *Elle s'est aguerrie à, contre la solitude.*
Le verbe pronominal se construit avec les prépositions ***à, contre.***
À la forme pronominale, le participe passé de ce verbe s'accorde toujours en genre et en nombre avec son sujet. *Ils se sont aguerris.*
CONJUGAISON : VOIR MODÈLE FINIR.

AGUETS (AUX) loc. adv.
Sur ses gardes. *Soyez vigilants et tenez-vous aux aguets.* SYN. à l'affût.
Ce mot s'emploie surtout dans les locutions ***être, se tenir, se mettre aux aguets.***

AGUICHANT, ANTE adj.
Provocant. *Une tenue aguichante.* SYN. affriolant.

AGUICHE n. f.
Accroche publicitaire qui prend la forme d'une énigme, la marque ou le nom du produit n'étant pas nommé. *Une aguiche* (et non un *teaser) *qui intrigue.* SYN. accroche.

AGUICHER v. tr.
(PÉJ.) Exciter, provoquer. SYN. allumer.
CONJUGAISON : VOIR MODÈLE AIMER.

AGUICHEUR, EUSE adj.
Qui aguiche.

Ah
Symbole de ***ampère-heure.***

AH ! interj. et n. m. inv.
INTERJECTION
Exclamation servant à marquer la joie, la douleur, l'admiration, le rire, la surprise, etc. *Ah ! que c'est gentil d'être venu ! Ah ! vous me faites mal ! Ah ! que c'est bon !*
T L'interjection est toujours suivie d'un point d'exclamation qui est souvent repris à la fin de la phrase. Si la phrase exclamative n'est pas complète, le mot qui suit le point d'exclamation s'écrit avec une minuscule initiale.
L'interjection ***ha !*** dans sa forme redoublée ne marque plus que le rire.
NOM MASCULIN INVARIABLE
Ils poussaient des ah ! et des oh ! émerveillés.

AHAN n. m.
(VX) (LITT.) Respiration bruyante causée par l'effort.

AHANER v. intr.
(VX) (LITT.) Peiner sous l'effort.
CONJUGAISON : VOIR MODÈLE AIMER.

À HUIS CLOS
VOIR – HUIS.

AHURI, IE adj.
Ébahi, abasourdi. *Un air ahuri.* SYN. éberlué.

AHURIR v. tr.
Troubler, faire perdre la tête. SYN. étonner; stupéfier; surprendre.
CONJUGAISON : VOIR MODÈLE FINIR.

AHURISSANT, ANTE adj.
Incroyable, stupéfiant. *Des résultats ahurissants.* SYN. étonnant.

AHURISSEMENT n. m.
Stupéfaction. *Elle le regarda avec ahurissement.* SYN. étonnement; surprise.

AI
Sigle de ***Amnesty International.***
Cette appellation n'a pas de traduction officielle en français; cependant au Québec, l'appellation ***Amnistie internationale*** est en usage.

AID
Sigle de ***Agence internationale de développement.***

AIDANT, ANTE adj. et n. m. et f.
ADJECTIF
Qui aide. *Une infirmière cordiale et aidante. Une personne aidante.*
NOM MASCULIN ET FÉMININ
Personne qui prête son concours à quelqu'un, qui aide quelqu'un.
LOCUTION
– ***Aidant naturel.*** Membre de la famille ou personne qui vit dans l'entourage immédiat d'un malade ou d'une personne ayant besoin d'assistance et qui assume la responsabilité de l'aide, du soutien et des soins quotidiens (GDT). *L'aidant naturel n'est pas rémunéré pour l'aide apportée. Au Canada, plus de 1,7 million de personnes seraient des aidants naturels, prenant soin de quelque 2,3 millions de personnes du troisième âge.*

AIDE n. m. et f.
Personne qui seconde quelqu'un dans une fonction.
– ***Aide*** + nom de métier. Le nom ***aide*** est joint par un trait d'union à un nom de métier. *Un aide-plombier, une aide-comptable, des aides-électriciens* (et non un *assistant-plombier, une *assistante-comptable).
– ***Aide*** + adjectif. Le nom ***aide*** joint à un adjectif n'est pas suivi d'un trait d'union. *Une aide familiale, des aides maternelles.*
Le nom ***aide*** s'emploie surtout pour des tâches d'exécution, pour un travail matériel, alors que le nom ***adjoint*** s'utilise généralement pour des fonctions de nature administrative.

AIDE n. f.
Appui, assistance. *Nous avons besoin de votre aide.* SYN. coup de main; soutien.
LOCUTIONS
– ***Aide juridique.*** Avantage accordé aux personnes à faible revenu afin de leur faciliter l'accès aux services professionnels d'un avocat ou d'un notaire, à l'information nécessaire sur leurs droits et obligations ainsi qu'aux tribunaux.
– ***Aide sociale.*** Ensemble des allocations ou aides en nature ou en espèces accordées à titre gratuit aux personnes dont les ressources sont insuffisantes (Recomm. off.). *Recevoir de l'aide sociale* (et non le *bien-être social). *Ils vivent de l'aide sociale* (et non *sur le BS).
L'aide sociale est l'une des subdivisions de la sécurité sociale.
– ***À l'aide de,*** loc. prép. Grâce à. SYN. au moyen de.
– ***Service d'aide téléphonique.*** Service d'assistance mis en place par une organisation pour répondre aux questions des usagers, pour résoudre les problèmes de (ses membres, ses clients, etc.). *À la suite de l'inondation, le gouvernement a mis sur pied un service d'aide téléphonique* (et non une *hot line) *d'urgence destiné à la population du secteur touché.* SYN. service d'assistance téléphonique.

AIDE-MÉMOIRE n. m. inv. (pl. *aide-mémoire*)
Résumé. *Des aide-mémoire utiles.*
Dans ce nom composé, ***aide*** est invariable parce qu'il s'agit du verbe.
[Les *Rectifications* (1990) admettent : des aide-mémoires.]

AIDER v. tr., pronom.
VERBE TRANSITIF DIRECT
Assister, seconder. *Elle les* (et non *leur) *a beaucoup aidés par ses conseils. Il l'a* (et non *lui a) *aidé à traverser la rue.* SYN. soutenir.
Dans un magasin, en s'adressant à la clientèle, à l'expression *puis-je vous aider?*, calquée sur la formule d'accueil anglaise «*can I help you?,*» on préférera les formules ***puis-je vous renseigner?, puis-je vous être utile?, vous désirez?***
VERBE TRANSITIF INDIRECT
Contribuer à. *Ces fonds aideront à la recherche scientifique.* SYN. faciliter; favoriser; permettre.
Le verbe se construit avec la préposition ***à.***
VERBE PRONOMINAL
1. S'entraider. *Ils se sont aidés pour étudier cette matière aride.*
2. Se servir de. *Il s'aidait d'un bâton pour marcher.* SYN. tirer parti de.
En ce sens, le verbe se construit avec la préposition ***de.***
À la forme pronominale, le participe passé de ce verbe s'accorde toujours en genre et en nombre avec son sujet. *Elles s'étaient aidées en mettant leurs ressources en commun.*
CONJUGAISON : VOIR MODÈLE AIMER.

AÏE! interj.
Se prononce comme ***ail,*** [aj].
Interjection qui exprime la douleur, un souci, etc. *Aïe! je me suis blessée. Aïe, aïe! que j'ai mal!*
T L'interjection est toujours suivie d'un point d'exclamation qui est souvent repris à la fin de la phrase. Si la phrase exclamative n'est pas complète, le mot qui suit le point d'exclamation s'écrit avec une minuscule initiale.
HOM. ***ail,*** plante potagère.

AÏEUL, AÏEULE n. m. et f. (pl. *aïeuls* ou *aïeux*)
NOM MASCULIN ET FÉMININ
Grand-père, grand-mère.
NOM MASCULIN PLURIEL
Au pluriel, deux formes différentes : ***aïeuls*** pour désigner des grands-pères, ***aïeux*** pour désigner des ancêtres masculins.
NOM FÉMININ PLURIEL
Au pluriel, une seule forme : ***aïeules*** pour désigner des grand-mères ou des ancêtres féminines.
1° Par rapport au nom ***ancêtre, aïeul*** est plus littéraire, parfois ironique. *Mes aïeux!*
2° Bisaïeul, bisaïeule (arrière-grand-père, arrière-grand-mère). *Des bisaïeuls. Des bisaïeules.*
3° Trisaïeul, trisaïeule (arrière-arrière-grand-père et arrière-arrière-grand-mère).
4° Au-delà de ces générations, on dira ***quatrième aïeul, cinquième aïeul,*** etc.

AIGLE n. m. et f.
NOM MASCULIN
1. Oiseau de proie mâle. *L'aigle à tête chauve.*
VOIR TABLEAU – ANIMAUX.
2. (FIG.) (FAM.) Esprit supérieur. *Ce n'est pas un aigle.*
NOM FÉMININ
1. Oiseau de proie femelle. *Une aigle immense et ses petits.*
2. Figure héraldique. *Une belle aigle bicéphale.*

AIGLEFIN
VOIR – ÉGLEFIN.

AIGLON, ONNE n. m. et f.
Petit de l'aigle.
VOIR TABLEAU – ANIMAUX.

AIGRE adj. et n. m.
ADJECTIF
1. Acide. *Ce vin est aigre.*
2. (FIG.) Aigu, perçant. *Une voix aigre.*
3. (FIG.) Acerbe, acrimonieux. *Des propos aigres.* SYN. agressif; amer; malveillant.
NOM MASCULIN
Goût aigre.
LOCUTION
– ***Tourner à l'aigre.*** Devenir amer, acerbe. *Les échanges ont tourné à l'aigre.* SYN. s'envenimer.
Ne pas confondre avec les mots suivants :
• ***âcre,*** irritant;
• ***âpre,*** rude, qui a une saveur amère.

AIGRE-DOUX, DOUCE adj.
1. Dont la saveur est à la fois acide et sucrée. *Une soupe aigre-douce.*
2. (FIG.) Désagréable en dépit de la douceur apparente. *Des réflexions aigres-douces.*

AIGREFIN n. m.
Escroc.
Ne pas confondre avec le nom ***aiglefin,*** poisson de mer.

AIGRELET, ETTE adj.
Légèrement aigre. *Un lait aigrelet.* SYN. acidulé.

AIGREMENT adv.
Avec aigreur.

AIGRETTE n. f.
Ornement de plumes. *Un cormoran à aigrettes.*

AIGREUR n. f.
1. Caractère de ce qui est aigre. *L'aigreur du vinaigre.* SYN. acidité; amertume.
2. (AU PLUR.) Sensations désagréables causées par une mauvaise digestion.
3. (FIG.) Agressivité. *Elle lui demanda avec aigreur pourquoi il lui téléphonait en pleine nuit.* SYN. hargne; humeur; irritation; ressentiment.

AIGRI, IE adj.
Devenu amer, irritable. *Des personnes aigries par la déception.*

AIGRIR v. tr., intr., pronom.
VERBE TRANSITIF
1. Rendre aigre. *Le temps a aigri ce vin.* SYN. faire surir.
2. (FIG.) Rendre amer. *Les malheurs l'ont aigri.* SYN. désabuser; irriter.
VERBE INTRANSITIF
Devenir aigre. *Le vin a aigri.* SYN. surir; tourner.
VERBE PRONOMINAL
1. Devenir aigre. *Le vin s'est aigri.*
2. (FIG.) Devenir irritable, amer. *Esseulée et maintes fois déçue, cette personne s'est aigrie.*
À la forme pronominale, le participe passé de ce verbe s'accorde toujours en genre et en nombre avec son sujet. *Avec l'âge, ils se sont aigris.*
CONJUGAISON : VOIR MODÈLE FINIR.

AIGU n. m.
Les lettres ***ai*** se prononcent ***é,*** [egy].
Son aigu. *Des aigus désagréables.*

AIGU, ÜE ou **UË** adj.
Les lettres ***ai*** se prononcent ***é,*** [egy].
1. Effilé. *Une lame aigüe* ou *aiguë.* SYN. acéré.
2. Haut, en parlant d'un son. *Un son aigu.* SYN. élevé; perçant.
3. Violent. *Des crises aiguës.*
4. Vif, en parlant de l'esprit. *Une intelligence aiguë.* SYN. pénétrant; subtil.
LOCUTION
– ***Accent aigu.*** (GRAMM.) Accent qui marque le ***e*** fermé. *Les mots* école, éléphant, cinéma *comportent des accents aigus.* ANT. accent grave.
T L'accent aigu est constitué d'un signe oblique descendant de droite à gauche.

AIGUE-MARINE adj. inv. et n. f.
NOM FÉMININ
Pierre fine de teinte bleu-vert semblable à l'eau de mer. *Des aigues-marines.*
ADJECTIF DE COULEUR INVARIABLE
De la couleur bleu-vert de l'aigue-marine. *Des lainages aigue-marine.*

AIGUIÈRE n. f.
Les lettres ***ai*** se prononcent ***è,*** [egjɛr].
(ANCIENN.) Vase à pied muni d'un bec.
aiguière.

AIGUILLAGE n. m.
Les lettres ***ai*** se prononcent ***é,*** [egɥijaʒ].
Déplacement des aiguilles de chemin de fer. *Une erreur d'aiguillage.*

AIGUILLE n. f.
Les lettres ***ai*** se prononcent ***é,*** [egɥij].
1. Petite tige d'acier dont une extrémité est pointue. *Le chas d'une aiguille. Des aiguilles à tricoter. Les aiguilles de l'horloge indiquent minuit.*
2. Feuille pointue de certains conifères. *Des aiguilles de pin.*
LOCUTIONS
– ***Chercher une aiguille dans une botte de foin, dans une meule de foin.*** Chercher une chose qu'il est à peu près impossible de retrouver.
– ***De fil en aiguille.*** En passant d'une chose à une autre.

AIGUILLÉE n. f.
Longueur de fil enfilée sur une aiguille.

AIGUILLER v. tr.
Les lettres ***ai*** se prononcent ***é,*** [egɥije].
1. Diriger en manœuvrant un aiguillage.
2. (FIG.) Orienter dans une direction déterminée.
CONJUGAISON : VOIR MODÈLE AIMER.
Les lettres ***ill*** sont suivies d'un ***i*** à la première et à la deuxième personne du pluriel de l'indicatif imparfait et du subjonctif présent. *(Que) nous aiguillions, (que) vous aiguilliez.*

AIGUILLETTE n. f.
1. (ANCIENN.) Cordon ferré aux deux bouts.
2. (CUIS.) Tranche de chair coupée en long. *Des aiguillettes de canard.*

AIGUILLEUR n. m.
AIGUILLEUSE n. f.
1. Agent de chemin de fer.
2. Contrôleur de la navigation aérienne. *Les aiguilleurs du ciel.*

AIGUILLON n. m.
1. Dard de certains insectes. *L'aiguillon de l'abeille.*
2. (LITT.) Stimulant, incitation. *L'ambition, cet aiguillon efficace.*

AIGUILLONNER v. tr.
1. Piquer.
2. (FIG.) Stimuler, inciter.
CONJUGAISON : VOIR MODÈLE AIMER.

AIGUISAGE n. m.
Action d'aiguiser; son résultat. *Ici, on fait l'aiguisage des patins.*

AIGUISER v. tr.
Rendre tranchant ou pointu (le métal). *Elle a aiguisé ses ciseaux.*
FORME FAUTIVE
*aiguiser un crayon. Impropriété pour ***tailler un crayon.***
On ***aiguise*** le métal, mais on ***taille*** le bois.
CONJUGAISON : VOIR MODÈLE AIMER.

AIGUISOIR n. m.
Outil qui sert à aiguiser (le métal).
FORME FAUTIVE
*aiguisoir. Au sens de ***taille-crayon,*** ce nom est un archaïsme.

AÏKIDO n. m.
Mot japonais signifiant « voie de la paix » qui désigne un art martial.

AIL n. m. (pl. *ails* ou *aulx*)
1. Plante potagère dont les gousses ont une odeur forte et un goût caractéristique. *Des plants d'ail sauvage.*
2. Fruit de cette plante utilisé en cuisine pour relever le goût. *Des croûtons de pain frottés à l'ail. Un gigot d'agneau piqué de gousses d'ail.*
Le pluriel ***aulx*** est vieilli.
HOM. ***aïe !,*** interjection qui exprime la douleur.

AILE n. f.
1. Partie du corps de certains animaux qui sert à voler. *Les ailes de l'hirondelle.*
2. Partie de l'avion qui lui permet de voler. *Les ailes d'un planeur.*
3. Partie latérale. *L'aile droite de cet hôpital a été rénovée.*
LOCUTIONS
– ***Avoir des ailes.*** Se sentir léger et rapide comme un oiseau.
– ***Battement d'aile.*** Dans cette expression, les auteurs écrivent généralement le mot ***aile*** au singulier. *Un battement d'aile,* mais *des battements d'ailes.*
– ***Battre de l'aile, tirer de l'aile.*** Être mal en point.
– ***Voler à tire-d'aile,*** loc. adv. Voler aussi rapidement qu'il est possible.
La locution s'écrit avec un trait d'union et le mot ***aile*** reste au singulier.
– ***Voler de ses propres ailes.*** Acquérir son indépendance, agir seul pour la première fois.
HOM. ***elle,*** pronom personnel de la troisième personne.

AILÉ, ÉE adj.
Pourvu d'ailes. *La chauve-souris est ailée.*
HOM. ***héler,*** appeler de loin.

AILERON n. m.
1. Nageoire des grands poissons (requin, espadon). *Des ailerons de requin.*
2. Volet articulé placé à l'arrière de l'aile d'un avion. *L'aileron droit de l'avion est défectueux.*

AILETTE n. f.
Objet qui a la forme d'une petite aile. *Un écrou à ailettes. Les ailettes d'un ventilateur.*

AILIER n. m.
Joueur de football ou de hockey situé soit à l'extrême droite, soit à l'extrême gauche. *Un ailier droit.*
ailier.

AILLADE n. f.
Croûton de pain frotté d'ail.

A

-AILLE(S) suff.
1. Au singulier, le suffixe a une valeur généralement péjorative, un sens défavorable. *Mangeaille. Marmaille.*
2. Au pluriel, le suffixe s'emploie surtout dans des mots qui n'ont pas de singulier. *Fiançailles. Retrouvailles.*

-AILLER suff.
Ce suffixe a une valeur péjorative, un sens défavorable. *Criailler.*

AILLER v. tr.
Frotter d'ail. *Ailler un gigot.*
CONJUGAISON : VOIR MODÈLE AIMER.

AILLEURS adv.
En un autre lieu. *Allez faire du bruit ailleurs !* ANT. ici.
LOCUTIONS
– ***D'ailleurs,*** loc. adv. D'un autre lieu. *Ils sont venus d'ailleurs.*
– ***D'ailleurs,*** loc. adv. Du reste, de plus. *Je ne vous ai pas entendus. D'ailleurs, êtes-vous venus ?*
– ***Par ailleurs,*** loc. adv. D'un autre côté, d'un autre point de vue. *Ces élèves sont sympathiques ; par ailleurs, ils sont très motivés.*
ailleurs.

AILLOLI
VOIR – AÏOLI.

AIMABLE adj.
Qui est de nature à plaire, affable. *Vous êtes très aimable de nous inviter.* SYN. gentil.

AIMABLEMENT adv.
Avec amabilité.

AIMANT n. m.
Corps qui attire naturellement le fer et certains autres métaux. *Le champ magnétique d'un aimant.*

AIMANT, ANTE adj.
Qui aime et témoigne son affection. *Des enfants aimants.* SYN. affectueux.
Ne pas confondre avec le participe présent invariable ***aimant.*** *Les enfants aimant les sucreries sont nombreux.*

AIMANTATION n. f.
Action d'aimanter; son résultat.

AIMANTER v. tr.
Communiquer à un corps la propriété de l'aimant.
CONJUGAISON : VOIR MODÈLE AIMER.

AIMER v. tr., pronom.
VERBE TRANSITIF
1. Éprouver de l'affection, de la tendresse, de la sympathie pour quelqu'un. *Laurence aime son frère.*
2. Être amoureux de quelqu'un. *Il l'aime à la folie.* SYN. adorer ; chérir ; être épris de.
3. Avoir du goût pour quelque chose. *Aimer la lecture.* SYN. apprécier ; s'intéresser à ; prendre plaisir à ; trouver agréable.
Suivi d'un infinitif, le verbe se construit sans préposition ou avec la préposition ***à.*** *Il aime dessiner. Elle aime à se raconter.*
VERBE PRONOMINAL
Éprouver une affection, un amour mutuels. *Ils se sont beaucoup aimés. Aimez-vous les uns les autres.*
À la forme pronominale, le participe passé de ce verbe s'accorde toujours en genre et en nombre avec son sujet. *Ils se sont aimés et s'aiment toujours.*

LOCUTION
– ***Aimer mieux.*** Préférer. *Elle aime mieux jouer de la flûte que de faire ses devoirs.*
CONJUGAISON : VOIR MODÈLE AIMER.

AINE n. f.
Partie du corps entre le haut de la cuisse et le bas-ventre. *Il a une blessure à l'aine.*
HOM. ***haine,*** aversion, hostilité.

A

AÎNÉ, ÉE adj. et n. m. et f.
1. Premier-né. *Elle est l'aînée des trois enfants. Son frère aîné.* ANT. benjamin.
2. Personne plus âgée qu'une autre. *Je suis son aînée de cinq ans.*
LOCUTION
– ***Les aînés.*** Personnes âgées. *Des activités sportives pour les aînés.* SYN. âge d'or; troisième âge.
[Les *Rectifications* (1990) admettent : ainé, ainée.]

AÎNESSE n. f.
Priorité d'âge entre enfants d'une même famille. *Un droit d'aînesse.*
[Les *Rectifications* (1990) admettent : ainesse.]

AINSI adv.
De cette façon. *À s'amuser ainsi, ils ont oublié l'heure.* SYN. comme cela.
L'inversion est assez fréquente à la suite de l'adverbe placé en début de phrase. *Ainsi prenait-elle soin de toujours fleurir la maison.*
Éviter les pléonasmes *ainsi par exemple, *ainsi par conséquent.
LOCUTIONS
– ***Ainsi que,*** loc. conj. De même que, comme. *Paul, ainsi que Pierre, est gentil.* SYN. à l'exemple de; à l'instar de.
Lorsque la locution marque un rapport de comparaison, le verbe et l'attribut sont au singulier. La comparaison est généralement placée entre virgules.
– ***Ainsi que,*** loc. conj. Et. *Paul ainsi que Pierre viendront demain.*
Lorsque la locution marque ***un rapport de coordination,*** le verbe et l'attribut sont au pluriel. En ce sens, on ne met pas de virgules.
– ***Ainsi soit-il.*** Que cela se réalise.
– ***Et ainsi de suite.*** De la même façon (jusqu'à la fin de l'énumération).
– ***Pour ainsi dire.*** À peu près, si l'on peut s'exprimer comme cela.

AÏOLI ou **AILLOLI** n. m.
Mayonnaise à l'ail et à l'huile d'olive. *Des aïolis.*

AIR n. m.
1. Mélange gazeux que nous respirons. *Elle manque d'air.*
2. Espace aérien. *Voyager par air et par mer.*
3. Aviation. *L'armée de l'air.*
4. Expression d'une personne, allure, aspect. *Un air de famille.*
5. Mélodie. *Elle fredonnait un air à la mode.*
LOCUTIONS
– ***Air conditionné.*** Air d'un lieu auquel on a donné une certaine température et un certain degré d'humidité, à l'aide d'un climatiseur ou d'un conditionneur d'air. *Un cinéma à air conditionné.*
Une pièce dont l'air est conditionné est dite ***climatisée.***
– ***Avoir l'air,*** loc. verb. Dont le visage a l'apparence, l'allure de (en parlant d'une personne). *Ces fillettes ont l'air joyeux* (ont un visage joyeux).
L'adjectif qui suit s'accorde avec le nom masculin ***air*** si le sujet désigne une personne.
– ***Avoir l'air,*** loc. verb. Paraître, sembler. *Ces pommes ont l'air mûres* (elles paraissent mûres). *Ces personnes ont l'air inquiètes* (semblent inquiètes).
En ce sens, l'adjectif qui suit la locution s'accorde avec le sujet du verbe.
– ***Changer d'air.*** Partir, s'en aller.
– ***N'avoir l'air de rien.*** Avoir faussement une apparence anodine, insignifiante. *Ce petit restaurant n'a l'air de rien, mais on y mange très bien.*
– ***Prendre l'air,*** loc. verb. Se promener dehors.
Attention au genre masculin de ce nom : ***un*** air.
HOM.
• ***aire,*** surface;
• ***ère,*** époque;
• ***erre,*** vitesse acquise d'un navire;
• ***hère,*** jeune cerf;
• ***hère,*** malheureux.

AIRAIN n. m.
(LITT.) Bronze.

***AIRBAG**
Anglicisme pour ***coussin gonflable, sac gonflable.***

***AIR CONDITIONNÉ**
Impropriété au sens de ***climatiseur, conditionneur d'air.*** *Acheter, installer un climatiseur* (et non *air conditionné).

***AIR D'ALLER**
Impropriété pour ***erre d'aller.***

AIRE n. f.
1. Surface, territoire. *Aire d'atterrissage, aire de pique-nique.*
2. Nid des oiseaux de proie. *L'aire de l'aigle.*
LOCUTION
– ***Aire de repos.*** SYN. halte routière.
HOM.
• ***air,*** mélange gazeux;
• ***air,*** mélodie;
• ***air,*** expression;
• ***ère,*** époque;
• ***erre,*** vitesse acquise d'un navire;
• ***hère,*** jeune cerf;
• ***hère,*** malheureux.

AIREDALE n. m.
Ce mot se prononce à l'anglaise, [ɛrdɛl].
Variété de chien terrier.

AIRELLE n. f.
1. Petit arbuste donnant des baies comestibles.
2. Baie de ce petit arbuste, de couleur rouge vif, de 3 à 6 mm de diamètre, acide et légèrement amère, de la même famille que la canneberge. *Un sauté de chevreuil aux airelles. Des confitures, gelées et sauces à base de chicoutais ou d'airelles.*

AIRER v. intr.
Faire son nid, en parlant des oiseaux de proie.
HOM. ***errer,*** aller à l'aventure.
CONJUGAISON : VOIR MODÈLE AIMER.

***AIRFOAM**
Anglicisme pour ***caoutchouc mousse, mousse de caoutchouc.***

AISANCE n. f.
1. Naturel, facilité. *Converser avec aisance.* SYN. grâce. ANT. gaucherie.
2. Abondance. *Ils vivent dans une certaine aisance.* SYN. confort; richesse. ANT. pauvreté.
LOCUTION
– ***Lieux, cabinet d'aisances.*** (VIEILLI) Toilettes.
aisance.

AISE adj. et n. f.
ADJECTIF
(LITT.) Content. *Elles sont bien aises de pouvoir se reposer un peu.* ANT. gêné; mal à l'aise.
Cet adjectif est toujours précédé des adverbes ***fort, bien*** ou ***tout.*** *Être fort aise, être bien aise, se sentir tout aise.*
NOM FÉMININ
1. Absence de gêne. *Mettez-vous à l'aise.*
2. (AU PLUR.) Bien-être, confort. *Prendre ses aises.*
LOCUTION
– ***Être à l'aise,*** loc. adv. Se sentir bien, en confiance.

A

CONJUGAISON DU VERBE **AIMER**

INDICATIF

PRÉSENT		PASSÉ COMPOSÉ		
j'	aime	j'	ai	aimé
tu	aimes	tu	as	aimé
elle	aime	elle	a	aimé
il	aime	il	a	aimé
nous	aimons	nous	avons	aimé
vous	aimez	vous	avez	aimé
elles	aiment	elles	ont	aimé
ils	aiment	ils	ont	aimé

IMPARFAIT		PLUS-QUE-PARFAIT		
j'	aimais	j'	avais	aimé
tu	aimais	tu	avais	aimé
elle	aimait	elle	avait	aimé
il	aimait	il	avait	aimé
nous	aimions	nous	avions	aimé
vous	aimiez	vous	aviez	aimé
elles	aimaient	elles	avaient	aimé
ils	aimaient	ils	avaient	aimé

PASSÉ SIMPLE		PASSÉ ANTÉRIEUR		
j'	aimai	j'	eus	aimé
tu	aimas	tu	eus	aimé
elle	aima	elle	eut	aimé
il	aima	il	eut	aimé
nous	aimâmes	nous	eûmes	aimé
vous	aimâtes	vous	eûtes	aimé
elles	aimèrent	elles	eurent	aimé
ils	aimèrent	ils	eurent	aimé

FUTUR SIMPLE		FUTUR ANTÉRIEUR		
j'	aimerai	j'	aurai	aimé
tu	aimeras	tu	auras	aimé
elle	aimera	elle	aura	aimé
il	aimera	il	aura	aimé
nous	aimerons	nous	aurons	aimé
vous	aimerez	vous	aurez	aimé
elles	aimeront	elles	auront	aimé
ils	aimeront	ils	auront	aimé

CONDITIONNEL PRÉSENT		CONDITIONNEL PASSÉ		
j'	aimerais	j'	aurais	aimé
tu	aimerais	tu	aurais	aimé
elle	aimerait	elle	aurait	aimé
il	aimerait	il	aurait	aimé
nous	aimerions	nous	aurions	aimé
vous	aimeriez	vous	auriez	aimé
elles	aimeraient	elles	auraient	aimé
ils	aimeraient	ils	auraient	aimé

SUBJONCTIF

PRÉSENT			PASSÉ			
que	j'	aime	que	j'	aie	aimé
que	tu	aimes	que	tu	aies	aimé
qu'	elle	aime	qu'	elle	ait	aimé
qu'	il	aime	qu'	il	ait	aimé
que	nous	aimions	que	nous	ayons	aimé
que	vous	aimiez	que	vous	ayez	aimé
qu'	elles	aiment	qu'	elles	aient	aimé
qu'	ils	aiment	qu'	ils	aient	aimé

IMPARFAIT			PLUS-QUE-PARFAIT			
que	j'	aimasse	que	j'	eusse	aimé
que	tu	aimasses	que	tu	eusses	aimé
qu'	elle	aimât	qu'	elle	eût	aimé
qu'	il	aimât	qu'	il	eût	aimé
que	nous	aimassions	que	nous	eussions	aimé
que	vous	aimassiez	que	vous	eussiez	aimé
qu'	elles	aimassent	qu'	elles	eussent	aimé
qu'	ils	aimassent	qu'	ils	eussent	aimé

IMPÉRATIF

PRÉSENT	PASSÉ
aime	aie aimé
aimons	ayons aimé
aimez	ayez aimé

INFINITIF

PRÉSENT	PASSÉ
aimer	avoir aimé

PARTICIPE

PRÉSENT	PASSÉ
aimant	aimé, ée
	ayant aimé

A

AISÉ, ÉE adj.
1. Facile, naturel. *Un calcul aisé à faire. Il n'est pas aisé d'établir les causes de cet incident.* ANT. difficile.
2. Qui vit dans l'aisance. *Une famille aisée.* SYN. riche. ANT. pauvre.

AISÉMENT adv.
1. Facilement. *Il a aisément gagné la première manche.* SYN. sans peine.
2. Au moins. *L'effectif de cette entreprise compte aisément 100 employés.* SYN. au minimum ; largement.

AISSELLE n. f.
Cavité située sous l'épaule, à l'endroit où le bras se joint au thorax.

AITA
Sigle de ***Association internationale du transport aérien.***

AJOURÉ, ÉE adj.
Où l'on a ménagé des ouvertures. *Des points de broderie ajourés.*

AJOURER v. tr.
Percer d'ouvertures. *Ajourer un mouchoir.*
CONJUGAISON : VOIR MODÈLE AIMER.

AJOURNEMENT n. m.
Renvoi à une date ultérieure. SYN. report.

AJOURNER v. tr.
Renvoyer à une date déterminée ou non. *La réunion a été ajournée au 2 août. La rencontre sera ajournée de deux semaines.* SYN. différer ; reporter.
On peut ***ajourner*** une décision, une réunion, à une date définie, mais on dira ***lever*** (et non *ajourner) la séance pour déclarer que la réunion est terminée.
CONJUGAISON : VOIR MODÈLE AIMER.

AJOUT n. m.
Élément ajouté à l'original. *Ce texte est plein d'ajouts.*
ajout.

AJOUTER v. tr., pronom.
VERBE TRANSITIF DIRECT
1. Mettre en plus, additionner. *Ajouter du sucre à son café.* ANT. enlever.
2. Dire en plus. *N'ajoutez plus rien ; j'ai compris. Ils ont ajouté que la question était réglée.*
On ***ajoute*** une phrase au début ou à la fin d'un texte, mais on ***insère*** une phrase dans un texte. L'expression *ajouter en plus est un pléonasme.
VERBE TRANSITIF INDIRECT
Augmenter. *Ses soucis financiers ajoutent à sa tristesse.* SYN. accroître.
Le verbe se construit avec la préposition ***à***.
VERBE PRONOMINAL
Se joindre à. *À ces frais s'ajoute le coût des produits.*
Le verbe se construit avec la préposition ***à***.
À la forme pronominale, le participe passé de ce verbe s'accorde toujours en genre et en nombre avec son sujet. *Les soucis se sont ajoutés au chagrin.*
LOCUTION
– ***Ajouter foi,*** loc. verb. Croire. *Il ne faut pas ajouter foi à ces racontars.*
CONJUGAISON : VOIR MODÈLE AIMER.

AJUSTAGE n. m.
Opération ayant pour objet de donner à une pièce la dimension nécessaire pour l'ajuster à une autre.
Pour un vêtement, on utilisera plutôt le mot ***ajustement.***

AJUSTEMENT n. m.
1. Action d'ajuster. *L'ajustement d'une draperie, d'un vêtement.*
2. Le fait d'être ajusté. *L'ajustement de cette jupe est impeccable.*
FORMES FAUTIVES
*ajustement des salaires. Impropriété pour ***rajustement, réajustement, révision des salaires.***
*ajustement d'un compte. Impropriété pour ***rectification d'un compte.***

AJUSTER v. tr.
VERBE TRANSITIF
1. Adapter avec exactitude une chose à une autre. *Ajuster un vêtement à sa taille.*
2. Rendre précis. *Ajuster un mécanisme.*
3. Arranger avec soin. *Ajuster sa coiffure.*
VERBE PRONOMINAL
S'adapter exactement. *Ce pantalon élastique s'ajuste parfaitement à sa taille.* SYN. s'emboîter.
À la forme pronominale, le participe passé de ce verbe s'accorde toujours en genre et en nombre avec son sujet. *Ces moulures se sont bien ajustées.*
FORMES FAUTIVES
*ajuster (un appareil). Anglicisme au sens de ***régler, mettre au point.*** *Nous éprouvons des difficultés : ne réglez pas* (et non *n'ajustez pas) *votre appareil.*
*ajuster une réclamation. Calque de «*to adjust a claim*» pour ***régler une réclamation, une demande d'indemnité.***
CONJUGAISON : VOIR MODÈLE AIMER.

AJUSTEUR n. m.
AJUSTEUSE n. f.
Personne qui procède à l'ajustement de pièces mécaniques.
FORME FAUTIVE
*ajusteur. Anglicisme au sens de ***expert, experte en sinistres.***

AJUTAGE n. m.
Dispositif destiné à modifier l'écoulement d'un fluide.

al
Symbole de ***année-lumière.***

al.
Abréviation de ***alinéa.***

Al
Symbole chimique de ***aluminium.***

ALACRITÉ n. f.
(LITT.) Allégresse, enjouement. SYN. vivacité.
Ne pas confondre avec le nom ***âcreté,*** amertume.

ALAIRE adj.
Qui se rapporte aux ailes. *Des plumes alaires.*

ALAISE ou **ALÈSE** n. f.
Drap imperméable destiné à protéger un matelas.

ALAMBIC n. m.
Le **c** se prononce, [alɑ̃bik].
Appareil servant à la distillation.

ALAMBIQUÉ, ÉE adj.
Compliqué à l'excès. *Une explication alambiquée, totalement incompréhensible.* SYN. tarabiscoté.

ALANGUIR v. tr., pronom.
VERBE TRANSITIF
Rendre indolent, affaiblir. *Cette chaleur l'alanguissait.*
VERBE PRONOMINAL
Perdre de son énergie, devenir languissant. *Elle s'était alanguie.*
À la forme pronominale, le participe passé de ce verbe s'accorde toujours en genre et en nombre avec son sujet. *Les coureurs se sont alanguis.*
CONJUGAISON : VOIR MODÈLE FINIR.
alanguir.

ALANGUISSEMENT n. m.
État de langueur.

À LAQUELLE
VOIR – LEQUEL.

ALARMANT, ANTE adj.
Qui alarme, inquiète. *Des résultats alarmants.* SYN. angoissant; inquiétant; préoccupant. ANT. rassurant.

ALARME n. f.
1. Signal prévenant d'un danger. *Donner l'alarme.* SYN. alerte.
2. Vive inquiétude. SYN. appréhension.
LOCUTIONS
– ***Sonnette d'alarme.*** Signal destiné à prévenir d'un danger.
– ***Tirer la sonnette d'alarme.*** (FIG.) Prévenir d'un danger.

ALARMER v. tr., pronom.
VERBE TRANSITIF
Effrayer, remplir de crainte. *Sa pâleur a alarmé ses amis.*
VERBE PRONOMINAL
S'inquiéter vivement. *Ils se sont alarmés de son retard.*
À la forme pronominale, le participe passé de ce verbe s'accorde toujours en genre et en nombre avec son sujet. *Leurs parents s'étaient alarmés.*
CONJUGAISON : VOIR MODÈLE AIMER.

ALARMISME n. m.
Tendance à être alarmiste.

ALARMISTE adj. et n. m. et f.
ADJECTIF
Qui inquiète à tort. *Des propos alarmistes.*
NOM MASCULIN ET FÉMININ
Personne qui a tendance à s'inquiéter de façon excessive et à répandre l'inquiétude.

ALB.
Abréviation de ***Alberta.***

ALBANAIS, AISE adj. et n. m. et f.
ADJECTIF ET NOM MASCULIN ET FÉMININ
D'Albanie. *Des traditions albanaises. Un Albanais, une Albanaise.*
T L'adjectif s'écrit avec une minuscule; le nom, avec une majuscule.
NOM MASCULIN
Langue parlée en Albanie. *Ismaïl parle l'albanais.*
T Le nom de la langue s'écrit avec une minuscule.

ALBÂTRE n. m.
1. Matière minérale blanche. *Un chandelier en albâtre.*
2. Objet en albâtre. *Un albâtre joliment sculpté.*
Attention au genre masculin de ce nom : ***un*** albâtre.
LOCUTION
– ***D'albâtre.*** (LITT.) Blancheur éclatante. *Un teint d'albâtre.*

ALBATROS n. m.
Le **o** est fermé et le **s** se prononce, [albatros].
Grand oiseau de mer palmipède. « *Ses ailes de géant l'empêchent de marcher* » (Baudelaire, « L'Albatros », *Les Fleurs du mal*).

ALBERTA n. f.
Abréviation ***Alb.*** (s'écrit avec un point).
Les habitants de l'Alberta sont des Albertains, des Albertaines. *Une tradition albertaine.*

ALBINISME n. m.
Absence congénitale de pigment dans la peau, les cheveux, les poils, l'iris.

ALBINOS adj. et n. m. et f. inv.
Le **o** est fermé et le **s** se prononce, [albinos].
Se dit d'une personne ou d'un animal atteint d'albinisme. *Des lapines albinos.*

ALBUM n. m.
La lettre ***u*** se prononce **o**, [albɔm].
1. Cahier destiné à recevoir des dessins, des photos, des timbres, etc. *Un vieil album* (et non *scrapbook) *de photos. Des albums à colorier* (et non *colorer). *Un album* (et non *scrapbook) *d'autocollants.*
2. Livre racontant une histoire à l'aide d'illustrations. *Un album de Tintin.*
3. Disque. *Ce chanteur lancera bientôt son premier album.*
LOCUTION
– ***Album(-)souvenir.*** Recueil où sont consignés des textes, des photographies, des témoignages relatifs à un évènement, une personne, etc. *Des albums souvenirs largement illustrés.*

A

ALBUMEN n. m.
Le ***n*** se prononce, [albymɛn].
Blanc d'un œuf.

ALBUMINE n. f.
Protéine présente dans les organismes animaux.

ALCALI n. m.
Nom générique des bases. *Des alcalis.*

ALCALIN, INE adj.
1. Relatif aux alcalis. *Une solution alcaline.*
2. Qui contient une base.

ALCALINISER v. tr.
Rendre alcalin.
CONJUGAISON : VOIR MODÈLE AIMER.

ALCALINITÉ n. f.
État alcalin.

ALCAZAR n. m.
Palais fortifié des souverains maures d'Espagne. *L'alcazar de Séville. Des alcazars.*

ALCHIMIE n. f.
1. Science secrète du Moyen Âge fondée sur la chimie et la magie.
2. (FIG.) Transformation mystérieuse de quelqu'un ou de quelque chose. *L'alchimie du verbe.*

ALCOOL n. m.
On ne prononce plus qu'un seul **o**, [alkɔl], comme dans ***col.***
1. Liquide obtenu par distillation.
2. Toute boisson comportant de l'alcool. *Un alcool de poire.*

ALCOOLÉMIE n. f.
On prononce un seul **o**, [alkɔlemi].
Présence d'alcool dans le sang.

ALCOOLIER, IÈRE adj. et n. m.
ADJECTIF
Relatif aux boissons alcoolisées. *La production alcoolière.*
NOM MASCULIN
Producteur de boissons alcoolisées. *Il faut surveiller les pratiques des alcooliers pour que l'alcool ne soit pas gratuit ou presque pour les soirées étudiantes.*

ALCOOLIQUE adj. et n. m. et f.
On prononce un seul **o**, [alkɔlik].
ADJECTIF
1. Qui contient naturellement de l'alcool. *Le vin, la bière, l'eau-de-vie sont des boissons alcooliques.*
Ne pas confondre avec l'adjectif ***alcoolisé,*** qui qualifie une boisson additionnée d'alcool.
2. Qui boit trop d'alcool.
NOM MASCULIN ET FÉMININ
Personne atteinte d'alcoolisme. *Les Alcooliques anonymes.*

ALCOOLISATION n. f.
On prononce un seul **o**, [alkɔlizasjɔ̃].
Action d'alcooliser; son résultat.

ALCOOLISÉ, ÉE adj.
On prononce un seul **o**, [alkɔlize].
Additionné d'alcool. *Le punch est une boisson alcoolisée à base de rhum.*
Ne pas confondre avec l'adjectif ***alcoolique,*** qui qualifie une boisson qui contient naturellement de l'alcool.

ALCOOLISER v. tr., pronom.
On prononce un seul **o**, [alkɔlize].
VERBE TRANSITIF
Ajouter de l'alcool à quelque chose.
VERBE PRONOMINAL
(FAM.) Boire avec excès.
À la forme pronominale, le participe passé de ce verbe s'accorde toujours en genre et en nombre avec son sujet. *Ils se sont alcoolisés.*
CONJUGAISON : VOIR MODÈLE AIMER.

ALCOOLISME n. m.
On prononce un seul **o**, [alkɔlism].
Abus de boissons alcooliques; dépendance qui en résulte.

ALCOOLODÉPENDANCE n. f.
Dépendance à l'alcool. *Ces personnes souffrent d'alcoolodépendance.*

ALCOOLODÉPENDANT, ANTE adj. et n. m. et f.
Qui souffre d'une dépendance à l'alcool. *Une personne alcoolodépendante. Des alcoolodépendants.*

ALCOOMÈTRE n. m.
On prononce un seul **o**, [alkɔmɛtr].
Appareil servant à déterminer la teneur en alcool d'un liquide.

***ALCOTEST, *ALCOOTEST**
Marques déposées pour ***éthylomètre, éthylotest.***

ALCÔVE n. f.
Enfoncement dans le mur d'une chambre, destiné à recevoir un lit.
alcôve.

ALCYON n. m.
Oiseau de mer mythique, présage de paix.
alcyon.

AL DENTE adv.
Le ***n*** est sonore et le dernier ***e*** se prononce ***é***, [aldɛnte].
Locution italienne signifiant « croquant ». *Les spaghettis doivent être servis* al dente.
En typographie soignée, les mots étrangers sont composés en italique. Dans des textes déjà en italique, la notation se fait en romain. Pour les textes manuscrits, on utilisera les guillemets.

ALE n. f.
Le ***a*** se prononce ***è***, [ɛl].
Bière anglaise légère.

ALÉA n. m.
Mot latin signifiant « coup de dés ».
1. Hasard favorable ou non. *Les aléas du destin.* SYN. incertitude.
2. (AU PLUR.) Risques d'évènements défavorables. SYN. danger.
1° Ce mot, qui à l'origine n'avait pas de connotation bonne ou mauvaise, tend à prendre une valeur péjorative, peut-être en raison de sa ressemblance avec le nom vieilli ***aria*** qui désigne un ennui, un tracas. *Les aléas du métier.*
2° Ce mot d'origine latine est francisé : il s'écrit avec un accent aigu et prend la marque du pluriel. *Des aléas.*

ALEA JACTA EST
LOCUTION
Locution latine attribuée à Jules César, signifiant « le sort en est jeté ».
Cette phrase s'emploie quand on prend une décision grave, après avoir hésité.

ALÉATOIRE adj.
Lié au hasard. *Un succès aléatoire.* SYN. incertain.

ALÉATOIREMENT adv.
De façon aléatoire.

ALÉMANIQUE adj. et n. m. et f.
Relatif à la Suisse de langue germanique et aux régions de dialecte alémanique.

ALÊNE n. f.
Outil de cordonnier servant à percer le cuir.
HOM.
- ***allène***, hydrocarbure;
- ***haleine***, souffle.

ALENTOUR adv.
Aux environs. *Sur la photo aérienne, on voit la ville et la campagne alentour.* SYN. à proximité; autour.
alentour, sans **s**.

ALENTOURS n. m. pl.
Lieux qui entourent un espace. *Les alentours du château.* SYN. environnement; environs.
LOCUTION
– ***Aux alentours de***, loc. prép. Locution qui indique une approximation de lieu, de temps, de quantité. *Le commerce reprend aux alentours de Pâques.* SYN. autour de; vers.
La locution ***à l'entour de*** est vieillie, on dit aujourd'hui ***aux alentours de.***

ALERTE adj., interj. et n. f.
ADJECTIF
Vif et agile (malgré l'âge). *Il est encore très alerte.* SYN. fringant.
INTERJECTION
Cri d'appel pour signaler un danger. *Alerte ! la maison est en feu ! Alerte ! Au voleur !* SYN. au secours !
L'interjection est toujours suivie d'un point d'exclamation qui est souvent repris à la fin de la phrase. Si la phrase exclamative n'est pas complète, le mot qui suit le point d'exclamation s'écrit avec une minuscule initiale.
NOM FÉMININ
Signal prévenant d'un danger. *Une fausse alerte. Une alerte à la bombe.* SYN. alarme.
LOCUTION
– ***Être en alerte, en état d'alerte.*** Être sur ses gardes, sur le qui-vive. SYN. être aux aguets.

ALERTER v. tr.
1. Donner l'alerte à, avertir d'un danger. *Marc et Julien ont alerté le gardien : quelqu'un est blessé.*
2. (FIG.) Prévenir d'un problème, d'une difficulté, mettre en garde. *Il faut alerter les responsables de l'évènement à propos de ces fraudeurs.*
CONJUGAISON : VOIR MODÈLE AIMER.

ALÉSAGE n. m.
Calibrage exact du diamètre intérieur d'une pièce métallique.

ALÈSE
VOIR – ALAISE.

ALÉSER v. tr.
Calibrer avec exactitude les trous dont une pièce métallique est percée.
CONJUGAISON : VOIR MODÈLE POSSÉDER.
Le ***é*** se change en ***è*** devant une syllabe contenant un ***e*** muet, sauf à l'indicatif futur et au conditionnel présent. *J'alèse,* mais *j'aléserai.*
[Les *Rectifications* (1990) admettent : il alèsera, alèserait...]

ALÉSEUR n. m.
ALÉSEUSE n. f.
Spécialiste de l'alésage.

ALÉSEUSE n. f.
Machine-outil servant à l'alésage.

ALÉSOIR n. m.
Outil pour aléser.

ALEVIN n. m.
Jeune poisson destiné au repeuplement des eaux.

ALEVINAGE n. m.
Pisciculture.

ALEVINER v. tr.
Peupler d'alevins.
CONJUGAISON : VOIR MODÈLE AIMER.

ALEVINIER n. m.
Vivier où l'on produit les alevins. SYN. alevinière.

ALEXANDRIN n. m.
Vers de douze syllabes. *Ce poème est en alexandrins.*

ALEXANDRIN, INE adj. et n. m. et f.
D'Alexandrie. *La poésie alexandrine. Un Alexandrin, une Alexandrine.*
T L'adjectif s'écrit avec une minuscule ; le nom, avec une majuscule.

ALEZAN, ANE adj. et n. m.
Le *e* est muet [alzɑ̃, an].
NOM MASCULIN
Cheval alezan. *De magnifiques alezans.*
ADJECTIF DE COULEUR
Qualifie un cheval de couleur fauve tirant sur le roux.
VOIR TABLEAU – COULEUR (ADJECTIFS DE).
L'adjectif de couleur simple s'accorde (*des juments alezanes*) ; en revanche, l'adjectif composé est invariable (*des chevaux alezan clair*).

ALFA n. m.
Plante herbacée qui sert à la fabrication des paniers, des cordages, etc.
HOM. ***alpha,*** lettre grecque.

ALGARADE n. f.
Attaque verbale. *De violentes algarades.*
algarade.

ALGÈBRE n. f.
Partie des mathématiques qui étudie les structures abstraites. *Une algèbre nouvelle.*
algèbre.

ALGÉBRIQUE adj.
Qui appartient à l'algèbre. *Un nombre algébrique.*
algébrique.

ALGÉBRIQUEMENT adv.
De façon algébrique.
algébriquement.

ALGÉRIEN, IENNE adj. et n. m. et f.
D'Algérie. *Des villes algériennes. Un Algérien, une Algérienne.*
T L'adjectif s'écrit avec une minuscule ; le nom, avec une majuscule.

ALGÉROIS, OISE adj. et n. m. et f.
De la ville d'Alger. *Une rue algéroise. Un Algérois, une Algéroise.*
T L'adjectif s'écrit avec une minuscule ; le nom, avec une majuscule.

-ALGIE suff.
Élément du grec signifiant « douleur ». *Névralgie.*

ALGOCULTURE n. f.
Culture des algues marines.

ALGOL n. m.
(INFORM.) Langage de programmation.
Le nom résulte de la contraction des mots ***algorithmic oriented language.***

ALGONQUIEN, IENNE adj. et n. m. et f.
ADJECTIF
Se dit des peuples amérindiens qui parlent les langues algonquiennes. *Les tribus algonquiennes.*
NOM MASCULIN ET FÉMININ
Nom servant à désigner tout Amérindien appartenant à un vaste ensemble de nations autochtones du Canada et des États-Unis qui sont de souche commune et de langues apparentées et qui sont réparties depuis la côte atlantique jusqu'aux contreforts des Rocheuses. (*Dictionnaire historique du français québécois*) *Les Cris sont des Algonquiens.*
T L'adjectif s'écrit avec une minuscule ; le nom, avec une majuscule.

ALGONQUIN, INE adj. et n. m. et f.
Relatif aux Amérindiens algonquins. *La culture algonquine, des projets algonquins. Un Algonquin, une Algonquine.*
L'Office de la langue française a recommandé que le pluriel des noms de peuples amérindiens se forme suivant les règles du français, c'est-à-dire par l'adjonction d'un *s* lorsque la dernière lettre du mot le permet. On aura donc : *un Algonquin, des Algonquins.* Par ailleurs, le féminin se forme de la façon suivante : *un Algonquin, une Algonquine.*
T L'adjectif s'écrit avec une minuscule ; le nom, avec une majuscule.

ALGORITHME n. m.
Ensemble de règles définies en vue d'obtenir un résultat déterminé.
algorithme, un *i*, contrairement à ***rythme.***

ALGORITHMIQUE adj.
De la nature de l'algorithme.
algorithmique, un *i*, contrairement à ***rythmique.***

ALGUE n. f.
Végétal généralement aquatique. *Catherine n'aime pas se baigner où il y a des algues.*

ALIAS n. m.
(INFORM.) Icône permettant d'avoir accès rapidement à certains fichiers. *Le terme* alias *appartient à la terminologie de Macintosh.*
Dans le système Windows, c'est le nom *raccourci* qui est employé en ce sens.

ALIAS adv.
Le *s* se prononce, [aljɑs].
Autrement dit. *James Bond, alias 007.*

ALIBI n. m.
1. (DR.) Preuve que l'on était absent d'un lieu où a été commis un crime ou un délit. *Ils ont tous d'excellents alibis.*
2. (FIG.) Prétexte, activité permettant de faire diversion. *Une maladie qui sert d'alibi à sa nonchalance.* SYN. excuse ; justification.
Mot d'origine latine signifiant « ailleurs ».

ALICAMENT n. m.
(NÉOL.) Aliment enrichi d'éléments considérés comme bénéfiques pour la santé. *Le sel auquel on a ajouté de l'iode, un jus additionné de calcium, les œufs enrichis d'acides oméga-3 sont des exemples d'alicaments.* SYN. aliment fonctionnel.
Ce néologisme est un mot-valise formé de la contraction des noms ***ali****(ment)* et *(médi)****cament.***

A

A

ALIÉNABILITÉ n. f.
Possibilité juridique d'un bien d'être aliéné.

ALIÉNABLE adj.
Dont la propriété peut être transmise à autrui.

ALIÉNANT, ANTE adj.
Qui dépossède, asservit. *Des tâches aliénantes.*

ALIÉNATAIRE n. m. et f.
(DR.) Personne en faveur de qui se fait une aliénation.

ALIÉNATEUR, TRICE n. m. et f.
(DR.) Personne qui aliène un bien.

ALIÉNATION n. f.
1. (DR.) Transmission à autrui d'un bien ou d'un droit.
2. (PHILOS.) État de la personne asservie, soumise à de telles contraintes qu'elle devient étrangère à elle-même.
LOCUTION
– ***Aliénation mentale.*** Troubles mentaux.

ALIÉNÉ, ÉE n. m. et f.
(VIEILLI) Personne atteinte de troubles mentaux. *Nelligan a été enfermé dans un asile d'aliénés.* SYN. malade mental.

ALIÉNER v. tr., pronom.
VERBE TRANSITIF
1. Transférer la propriété d'une chose à autrui. *Aliéner un bien à titre gratuit.*
2. (LITT.) Détourner de quelqu'un. *Cette déclaration lui aliéna les appuis qu'il avait.*
3. (VX) Entraîner l'aliénation, rendre fou.
VERBE PRONOMINAL
Perdre. *S'aliéner le vote des travailleurs.* SYN. se priver de.
À la forme pronominale, le participe passé de ce verbe s'accorde en genre et en nombre avec le complément direct si celui-ci le précède. *Les collègues qu'il s'est aliénés ne reviendront plus.* Le participe passé reste invariable si le complément direct suit le verbe. *Elles se sont aliéné une partie de l'électorat.*
CONJUGAISON : VOIR MODÈLE POSSÉDER.
Le ***é*** se change en ***è*** devant une syllabe contenant un ***e*** muet, sauf à l'indicatif futur et au conditionnel présent. *J'aliène*, mais *j'aliénerai.*
[Les *Rectifications* (1990) admettent : il aliènera, aliènerait...]

ALIÉNISTE n. m. et f.
Spécialiste du traitement des aliénés.
Ce nom est vieilli ; on emploie aujourd'hui le nom ***psychiatre.***

ALIGNEMENT n. m.
1. Fait d'aligner. *L'alignement des soldats.*
2. Suite de choses alignées. *Un alignement de colonnes.*
FORME FAUTIVE
*alignement des roues. Anglicisme au sens de ***réglage du parallélisme*** (et non *alignement) des roues, réglage du train avant.

ALIGNER v. tr., pronom.
VERBE TRANSITIF
1. Ranger sur une ligne droite. *Les élèves ont aligné les pupitres.*
2. (FIG.) Rendre conforme une chose à une autre. *Le Canada aligne sa politique monétaire sur* (et non *avec) *celle des États-Unis.*
VERBE PRONOMINAL
1. Se disposer sur une même ligne. *Les élèves se sont alignés* (et non *enlignés) *dans la cour.*
On entend souvent à tort *enligner, qui n'existe pas.
2. (FIG.) Se conformer à, adopter la même position. *Les politiciens devront s'aligner sur la ligne de conduite du gouvernement.*
En ce sens, le verbe se construit avec la préposition ***sur.***
3. Affronter à plusieurs dans une compétition. *Ces joueurs seront alignés contre l'équipe de France.*
En ce sens, le verbe se construit avec la préposition ***contre.***
À la forme pronominale, le participe passé de ce verbe s'accorde toujours en genre et en nombre avec son sujet. *Les bateaux se sont alignés le long du quai.*
FORME FAUTIVE
*aligner avec. Calque de «*to align with*» pour ***aligner une chose sur une autre.*** *Aligner les salaires d'une entreprise sur* (et non *avec) *ceux du secteur d'activité économique.*
CONJUGAISON : VOIR MODÈLE AIMER.

ALIGOTÉ adj. m. et n. m.
1. Cépage à raisins blancs cultivé en Bourgogne.
2. Vin provenant de ce cépage. *D'excellents aligotés.*

ALIMENT n. m.
1. Nourriture. *Des aliments riches en fer.*
2. (AU PLUR.) (DR.) Moyens d'existence nécessaires à un individu.
LOCUTION
– ***Aliment vide.*** Aliment beaucoup plus riche en calories qu'en valeur nutritive (Recomm. off.). *Préférer les fruits et les légumes aux aliments vides* (et non au *junk food).

ALIMENTAIRE adj.
1. Qui se rapporte à l'alimentation. *Des produits alimentaires.*
2. (DR.) Qui se rapporte aux aliments (moyens d'existence nécessaires à un individu). *Obligation, pension alimentaire.*
alimentai**re.**

ALIMENTATION n. f.
1. Action d'alimenter. *Pour avoir une bonne alimentation, on doit manger tous les jours des produits laitiers, des fruits et légumes, des viandes et substituts, du pain et des produits céréaliers qui composent les quatre groupes alimentaires.*
2. Produits servant à alimenter. *Un magasin d'alimentation.*
3. Action de fournir. *L'alimentation en électricité d'une région.*

ALIMENTER v. tr.
1. Nourrir. *Cette cuisinière alimente bien les enfants.*
2. Approvisionner. *Alimenter le village en eau potable.* SYN. fournir.
CONJUGAISON : VOIR MODÈLE AIMER.

ALINÉA n. m.
Abréviation ***al.*** (s'écrit avec un point).
1. Disposition en retrait, dite en renfoncement, du premier mot d'un paragraphe afin d'en marquer le début. *De nombreux alinéas.*
2. Fragment de texte compris entre deux alinéas.
Les textes juridiques se subdivisent généralement en parties, en articles, en paragraphes, en alinéas et en dispositions.

ALITEMENT n. m.
1. Action de s'aliter.
2. Fait d'être alité.

ALITER v. tr., pronom.
VERBE TRANSITIF
Obliger à se mettre au lit.
VERBE PRONOMINAL
Se mettre au lit pour cause de maladie, de fatigue, etc. *Elle s'est alitée parce qu'elle était fiévreuse.* SYN. s'allonger ; se coucher ; s'étendre.
À la forme pronominale, le participe passé de ce verbe s'accorde toujours en genre et en nombre avec son sujet. *Ils se sont alités parce qu'ils étaient grippés.*
CONJUGAISON : VOIR MODÈLE AIMER.

ALIZÉ adj. m. et n. m.
Vent régulier soufflant de l'est vers l'ouest. *Les alizés.*

ALKÉKENGE n. m.
Plante dont le calice, d'une belle teinte orangée, entoure le fruit. SYN. amour-en-cage ; coqueret.

ALLAITANTE adj. f.
Qui allaite. *Le recours aux suppléments est justifié, notamment pour les enfants en croissance et les femmes enceintes ou allaitantes. Dans les pays scandinaves, le taux de femmes allaitantes se situe autour de 80-90 % à la sortie de la maternité.*

ALLAITEMENT n. m.
Action d'allaiter.
HOM. ***halètement***, essoufflement.

ALLAITER v. tr.
Nourrir de son lait un nouveau-né.
CONJUGAISON : VOIR MODÈLE AIMER.

ALLANT, ANTE adj. et n. m.
ADJECTIF
(LITT.) Actif.
NOM MASCULIN
Ardeur. *Avoir de l'allant.* SYN. énergie ; entrain.

ALLÉCHANT, ANTE adj.
Attrayant. *Cette invitation est bien alléchante.* SYN. attirant ; séduisant ; tentant.

ALLÉCHER v. tr.
Attirer par les sens, tenter. *« Maître Renard, par l'odeur alléché »* (Jean de La Fontaine, *Le Corbeau et le Renard*). SYN. séduire ; tenter.
CONJUGAISON : VOIR MODÈLE POSSÉDER.
Le ***é*** se change en ***è*** devant une syllabe contenant un ***e*** muet, sauf à l'indicatif futur et au conditionnel présent. *J'allèche,* mais *j'allécherai.*
[Les *Rectifications* (1990) admettent : il allèchera, allècherait...]

ALLÉE n. f.
Chemin bordé d'arbres, de verdure. *Une allée ombragée de beaux érables.*
LOCUTION
– ***Allées et venues.*** Déplacements de personnes qui vont et viennent. SYN. va-et-vient.
HOM.
• ***aller,*** trajet, titre de transport ;
• ***aller,*** se déplacer ;
• ***haler,*** tirer avec force.

ALLÉGATION n. f.
Affirmation. *Selon les allégations du chef de l'opposition...* SYN. déclaration ; propos.

ALLÉGÉ, ÉE adj.
1. Rendu plus léger. *Des taxes allégées.*
2. Se dit d'un produit alimentaire dont la teneur normale en graisse ou en sucre a été réduite. *Du fromage allégé* (et non *light). SYN. léger.

ALLÈGE n. f.
Mur à la partie inférieure de la base d'une fenêtre.

ALLÉGEANCE n. f.
1. (DR.) Obligation de fidélité et d'obéissance à une nation. *Prêter le serment d'allégeance.*
2. Fidélité à un groupe. *Une allégeance politique.* SYN. appartenance.
✎ allégeance.

ALLÈGEMENT ou **ALLÉGEMENT** n. m.
👄 Le premier ***e*** de ce mot se prononce ***è,*** même lorsqu'il s'écrit avec un accent aigu, [alɛʒmɑ̃].
1. Action de diminuer une charge. *Les contribuables rêvent d'un allègement fiscal.*
2. (FIG.) Adoucissement. SYN. apaisement.

ALLÉGER v. tr.
1. Rendre plus léger. *La pente est raide, Martin allège son panier.*
2. Rendre plus supportable. *Pour alléger sa peine, elle a invité ses grandes amies.* SYN. adoucir ; atténuer ; diminuer. ANT. alourdir.
CONJUGAISON : VOIR MODÈLE PROTÉGER.
Le ***é*** se change en ***è*** devant une syllabe contenant un ***e*** muet, sauf à l'indicatif futur et au conditionnel présent. *J'allège,* mais *j'allégerai.*
[Les *Rectifications* (1990) admettent : il allègera, allègerait...]

ALLÉGORIE n. f.
Personnification. *La Bible comprend plusieurs allégories dont notamment celle du serpent – incarnation du démon – qui tenta Ève au paradis terrestre.*

ALLÉGORIQUE adj.
Qui raconte une histoire.
LOCUTION
– ***Char allégorique.*** ⚜ Grande voiture décorée selon des thèmes particuliers pour un défilé. *Les chars allégoriques de la Saint-Jean.*

ALLÉGORIQUEMENT adv.
De façon allégorique.

ALLÈGRE adj.
(LITT.) Plein d'entrain et de vivacité. *Les enfants marchaient d'un pas allègre.* SYN. gai ; vif.

ALLÈGREMENT ou **ALLÉGREMENT** adv.
👄 Le premier ***e*** de ce mot se prononce ***è,*** même lorsqu'il s'écrit avec un accent aigu, [alɛgʀəmɑ̃].
De façon allègre. *Courir allègrement.* SYN. joyeusement ; vivement.

ALLÉGRESSE n. f.
(LITT.) Joie très vive. *Les enfants déballent leurs cadeaux dans l'allégresse des fêtes.* SYN. enjouement ; entrain ; gaieté. ANT. chagrin ; tristesse.

ALLEGRETTO ou **ALLÉGRETTO** adv. et n. m. (pl. *allegrettos* ou *allégrettos*)
ADVERBE
Selon un mouvement musical gai et assez vif.
NOM MASCULIN
Morceau de musique exécuté allegretto. *Des allégrettos.*

ALLEGRO ou **ALLÉGRO** adv. et n. m. (pl. *allegros* ou *allégros*)
ADVERBE
Selon un mouvement musical exécuté vivement.
NOM MASCULIN
Morceau de musique exécuté allegro. *Des allégros de Beethoven.*

ALLÉGUER v. tr.
1. Invoquer, s'appuyer sur une autorité, un texte de loi, etc., pour se défendre. *Ces consommateurs lésés allèguent le contrat qu'ils ont signé pour réclamer leur dû.*
2. Prétexter. *Il a allégué qu'il était malade pour justifier son absence.*
CONJUGAISON : VOIR MODÈLE POSSÉDER.
Le ***é*** se change en ***è*** devant une syllabe contenant un ***e*** muet, sauf à l'indicatif futur et au conditionnel présent. *J'allègue,* mais *j'alléguerai.*
Ce verbe s'écrit toujours avec un ***u,*** même devant les lettres ***a*** et ***o.*** *Nous alléguons, il allégua.*
[Les *Rectifications* (1990) admettent : il allèguera, allèguerait...]

ALLÈLE n. m.
Nom donné à deux gènes d'une paire de chromosomes, formant paire eux-mêmes, ayant des emplacements identiques sur chacun de ces deux chromosomes et possédant tous deux la même fonction, mais chacun l'exerçant d'une manière différente. SYN. gène allèle.

ALLÉLUIA n. m.
👄 Le ***u*** se prononce ***ou,*** [aleluja].
Chant d'allégresse. *Des alléluias.*

A

ALLEMAND, ANDE adj. et n. m. et f.
ADJECTIF ET NOM MASCULIN ET FÉMININ
D'Allemagne. *Le drapeau allemand. Un Allemand, une Allemande.*
T L'adjectif s'écrit avec une minuscule; le nom, avec une majuscule.
NOM MASCULIN
Langue parlée en Allemagne. *Heidi parle l'allemand.*
T Le nom de la langue s'écrit avec une minuscule.

ALLER v. intr., pronom.
VERBE INTRANSITIF
1. Se déplacer en s'éloignant du lieu où l'on se trouve. *Nous allons au parc. Nous irons en Gaspésie.*
Ne pas confondre avec le verbe ***venir,*** qui exprime l'idée inverse. *Ce soir, j'irai chez toi. Demain, tu viendras chez moi.*
– ***Aller* + *à*.** Aller sur, en parlant d'un moyen de transport. *Aller à cheval, à vélo.*
– ***Aller* + *en*.** Aller dans, en parlant d'un moyen de transport. *Aller en voiture, en bateau, en avion.*
– ***Aller* + *chez*.** *Aller chez le dentiste. Ma grand-maman allait chez Dupuis Frères.*
Devant un nom de profession, un nom de famille, on emploiera la préposition ***chez,*** alors que le complément de lieu est généralement lié au verbe par la préposition ***à***. *Aller à l'épicerie, à la campagne.*
– ***Aller à*** + nom géographique féminin de ville, de petite île ou devant un nom masculin d'île. *Aller à Québec, à Saint-Pierre, à Cuba.*
– ***Aller au*** + nom géographique masculin singulier ou pluriel, ou nom féminin pluriel. *Aller au Portugal, au Québec, aux États-Unis, aux Îles-de-la-Madeleine.*
– ***Aller en*** + nom géographique féminin ou masculin singulier commençant par une voyelle ou un ***h} muet.*** *Aller en Abitibi, en Italie, en Équateur, en Uruguay, en Hongrie.*
2. Se sentir. *Comment ça va? Je vais mieux depuis que je suis en vacances.*
3. Convenir. *Ce vert va bien avec le jaune maïs. Sa robe lui va à ravir, elle est très jolie.*
4. Marcher, fonctionner, en parlant d'une chose. *Mon nouveau vélo va très vite.*
VERBE PRONOMINAL
– ***S'en aller.*** Quitter un lieu. *S'en aller de Vaudreuil.*
– ***S'en aller*** (avec mouvement). Se rendre. *Je m'en vais à l'école, à ce soir!*
– ***S'en aller*** (FAM.) (sans mouvement). Être sur le point de. *Je m'en vais te dire ce que je pense.*
– ***S'en aller.*** (FIG.) Disparaître. *Les jours s'en vont, le temps passe vite.*
Le verbe se conjugue avec l'auxiliaire ***être.***
À la forme pronominale, le participe passé de ce verbe s'accorde toujours en genre et en nombre avec son sujet. *Nos parents s'en sont allés* ou *se sont en allés avant nous.*
AUXILIAIRE DE MODALITÉ :
Le verbe peut agir comme un auxiliaire de modalité (semi-auxiliaire) qui situe le moment de l'action.
Aller + infinitif ou phrase infinitive. Être sur le point de. *Il va neiger. Attention! tu vas tomber!* Cette construction exprime l'idée d'un futur proche.
Aller + participe présent. Progresser. *Son inquiétude va croissant depuis qu'elle est sans nouvelles.* En ce sens, le participe est invariable. Cette construction est remplacée aujourd'hui par ***en*** + participe présent. *Son inquiétude va en croissant.*
Aller + sur. Atteindre bientôt (un certain âge). *Mes grands-parents vont sur leurs 80 ans.*
LOCUTIONS
– ***À la va-comme-je-te-pousse.*** N'importe comment. *Ils travaillent mal, à la va-comme-je-te-pousse.*
– ***Aller (droit) au fait, aller (droit) au but.*** Aller à l'essentiel.
– ***Aller son chemin.*** Se rendre à la destination prévue.
– ***Aller son petit bonhomme de chemin.*** Ne pas se laisser distraire de sa voie et cheminer sans se presser.
– ***Allez au diable!*** (FAM.) Fichez-moi la paix! *Allez au diable, espèce de malotru!*
– ***Cela va de soi.*** C'est évident. *Il lui offrira des fleurs, cela va de soi.*
– ***Cela va sans dire.*** Il est clair que. *Cela va sans dire que je serai de la fête.*
– ***Il y va, il en va.*** (LITT.) Être en jeu. *Il y va de notre honneur, il en va de notre succès.*
– ***Ne pas y aller de main morte.*** Attaquer avec vivacité et, au figuré, exagérer.
– ***Ne pas y aller par quatre chemins.*** Parler franchement, sans détour.
– ***Se laisser aller à.*** Ne pas résister. *Ils se sont laissés aller à dormir.*
– ***Va pour.*** (FAM.) Accord non enthousiaste. *Va pour l'excursion, mais demain j'opte pour la lecture.*
– ***Y aller.*** Agir d'une certaine manière. *Il faut y aller doucement.*
FORMES FAUTIVES
*aller en appel. Impropriété pour ***en appeler, faire appel, interjeter appel, se pourvoir en appel.***
*aller en élections. Impropriété pour ***convoquer, déclencher, provoquer des élections.***
*aller en grève. Calque de «*to go on strike*» pour ***faire la grève.***
*aller sous presse. Calque de «*to go to press*» pour ***mettre sous presse.***
CONJUGAISON : VOIR MODÈLE ALLER, ALLER (S'EN).
À la deuxième personne du singulier de l'impératif présent, lorsque le verbe est suivi de l'adverbe et pronom personnel ***y,*** on ajoute un *s* final afin de rendre la prononciation plus harmonieuse. *Vas-y.*

ALLER n. m.
1. Trajet vers une destination. *À l'aller, ils ont suivi la rive nord du fleuve; au retour, la rive sud.* ANT. retour.
2. Titre de transport vers une destination. *Elle a pris deux allers pour Québec.*
LOCUTIONS
– ***Aller et retour*** ou ***aller-retour.*** Billet double valable pour l'aller et le retour. *Elle a pris deux allers-retours* ou *deux allers et retours. Il a acheté deux billets d'aller-retour,* mais *faire deux voyages allers et retours.*
– ***Erre d'aller.*** ⚜ En continuant sur sa lancée, en utilisant l'élan initial. *La patineuse continuait sur son erre d'aller en glissant doucement.*
HOM.
• ***allée,*** chemin bordé d'arbres;
• ***aller,*** se déplacer;
• ***haler,*** tirer avec force.

ALLERGÈNE adj. et n. m.
ADJECTIF
Qui provoque ou peut provoquer des phénomènes d'allergie. SYN. allergénique.
Ne pas confondre avec les adjectifs suivants :
• ***anallergique,*** qui ne provoque pas d'allergie;
• ***hypoallergique,*** qui diminue les risques d'allergie.
NOM MASCULIN
Substance provoquant une réaction allergique.

ALLERGÉNIQUE
VOIR – ALLERGÈNE.

CONJUGAISON DU VERBE **ALLER**

INDICATIF

PRÉSENT		PASSÉ COMPOSÉ		
je	vais	je	suis	allé, ée
tu	vas	tu	es	allé, ée
elle	va	elle	est	allée
il	va	il	est	allé
nous	allons	nous	sommes	allés, ées
vous	allez	vous	êtes	allés, ées
elles	vont	elles	sont	allées
ils	vont	ils	sont	allés

IMPARFAIT		PLUS-QUE-PARFAIT		
j'	allais	j'	étais	allé, ée
tu	allais	tu	étais	allé, ée
elle	allait	elle	était	allée
il	allait	il	était	allé
nous	allions	nous	étions	allés, ées
vous	alliez	vous	étiez	allés, ées
elles	allaient	elles	étaient	allées
ils	allaient	ils	étaient	allés

PASSÉ SIMPLE		PASSÉ ANTÉRIEUR		
j'	allai	je	fus	allé, ée
tu	allas	tu	fus	allé, ée
elle	alla	elle	fut	allée
il	alla	il	fut	allé
nous	allâmes	nous	fûmes	allés, ées
vous	allâtes	vous	fûtes	allés, ées
elles	allèrent	elles	furent	allées
ils	allèrent	ils	furent	allés

FUTUR SIMPLE		FUTUR ANTÉRIEUR		
j'	irai	je	serai	allé, ée
tu	iras	tu	seras	allé, ée
elle	ira	elle	sera	allée
il	ira	il	sera	allé
nous	irons	nous	serons	allés, ées
vous	irez	vous	serez	allés, ées
elles	iront	elles	seront	allées
ils	iront	ils	seront	allés

CONDITIONNEL PRÉSENT		CONDITIONNEL PASSÉ		
j'	irais	je	serais	allé, ée
tu	irais	tu	serais	allé, ée
elle	irait	elle	serait	allée
il	irait	il	serait	allé
nous	irions	nous	serions	allés, ées
vous	iriez	vous	seriez	allés, ées
elles	iraient	elles	seraient	allées
ils	iraient	ils	seraient	allés

SUBJONCTIF

PRÉSENT			PASSÉ			
que	j'	aille	que	je	sois	allé, ée
que	tu	ailles	que	tu	sois	allé, ée
qu'	elle	aille	qu'	elle	soit	allée
qu'	il	aille	qu'	il	soit	allé
que	nous	allions	que	nous	soyons	allés, ées
que	vous	alliez	que	vous	soyez	allés, ées
qu'	elles	aillent	qu'	elles	soient	allées
qu'	ils	aillent	qu'	ils	soient	allés

IMPARFAIT			PLUS-QUE-PARFAIT			
que	j'	allasse	que	je	fusse	allé, ée
que	tu	allasses	que	tu	fusses	allé, ée
qu'	elle	allât	qu'	elle	fût	allée
qu'	il	allât	qu'	il	fût	allé
que	nous	allassions	que	nous	fussions	allés, ées
que	vous	allassiez	que	vous	fussiez	allés, ées
qu'	elles	allassent	qu'	elles	fussent	allées
qu'	ils	allassent	qu'	ils	fussent	allés

IMPÉRATIF

PRÉSENT	PASSÉ
va	sois allé, ée
allons	soyons allés, ées
allez	soyez allés, ées

INFINITIF

PRÉSENT	PASSÉ
aller	être allé, ée

PARTICIPE

PRÉSENT	PASSÉ
allant	allé, ée étant allé, ée

A

CONJUGAISON DU VERBE S'EN **ALLER**

INDICATIF

PRÉSENT			PASSÉ COMPOSÉ			
je	m'en	**vais**	je	m'en	suis	allé, ée
tu	t'en	**vas**	tu	t'en	es	allé, ée
elle	s'en	**va**	elle	s'en	est	allée
il	s'en	**va**	il	s'en	est	allé
ns	ns en	all**ons**	ns	ns en	sommes	allés, ées
vs	vs en	all**ez**	vs	vs en	êtes	allés, ées
elles	s'en	**vont**	elles	s'en	sont	allées
ils	s'en	**vont**	ils	s'en	sont	allés

IMPARFAIT			PLUS-QUE-PARFAIT			
je	m'en	all**ais**	je	m'en	étais	allé, ée
tu	t'en	all**ais**	tu	t'en	étais	allé, ée
elle	s'en	all**ait**	elle	s'en	était	allée
il	s'en	all**ait**	il	s'en	était	allé
ns	ns en	all**ions**	ns	ns en	étions	allés, ées
vs	vs en	all**iez**	vs	vs en	étiez	allés, ées
elles	s'en	all**aient**	elles	s'en	étaient	allées
ils	s'en	all**aient**	ils	s'en	étaient	allés

PASSÉ SIMPLE			PASSÉ ANTÉRIEUR			
je	m'en	all**ai**	je	m'en	fus	allé, ée
tu	t'en	all**as**	tu	t'en	fus	allé, ée
elle	s'en	all**a**	elle	s'en	fut	allée
il	s'en	all**a**	il	s'en	fut	allé
ns	ns en	all**âmes**	ns	ns en	fûmes	allés, ées
vs	vs en	all**âtes**	vs	vs en	fûtes	allés, ées
elles	s'en	all**èrent**	elles	s'en	furent	allées
ils	s'en	all**èrent**	ils	s'en	furent	allés

FUTUR SIMPLE			FUTUR ANTÉRIEUR			
je	m'en	**irai**	je	m'en	serai	allé, ée
tu	t'en	**iras**	tu	t'en	seras	allé, ée
elle	s'en	**ira**	elle	s'en	sera	allée
il	s'en	**ira**	il	s'en	sera	allé
ns	ns en	**irons**	ns	ns en	serons	allés, ées
vs	vs en	**irez**	vs	vs en	serez	allés, ées
elles	s'en	**iront**	elles	s'en	seront	allées
ils	s'en	**iront**	ils	s'en	seront	allés

CONDITIONNEL PRÉSENT			CONDITIONNEL PASSÉ			
je	m'en	**irais**	je	m'en	serais	allé, ée
tu	t'en	**irais**	tu	t'en	serais	allé, ée
elle	s'en	**irait**	elle	s'en	serait	allée
il	s'en	**irait**	il	s'en	serait	allé
ns	ns en	**irions**	ns	ns en	serions	allés, ées
vs	vs en	**iriez**	vs	vs en	seriez	allés, ées
elles	s'en	**iraient**	elles	s'en	seraient	allées
ils	s'en	**iraient**	ils	s'en	seraient	allés

SUBJONCTIF

PRÉSENT				PASSÉ				
que	je	m'en	all**e**	que	je	m'en	sois	allé, ée
que	tu	t'en	all**es**	que	tu	t'en	sois	allé, ée
qu'	elle	s'en	all**e**	qu'	elle	s'en	soit	allée
qu'	il	s'en	all**e**	qu'	il	s'en	soit	allé
que	ns ns	en	all**ions**	que	ns ns	en	soyons	allés, ées
que	vs vs	en	all**iez**	que	vs vs	en	soyez	allés, ées
qu'	elles	s'en	all**ent**	qu'	elles	s'en	soient	allées
qu'	ils	s'en	all**ent**	qu'	ils	s'en	soient	allés

IMPARFAIT				PLUS-QUE-PARFAIT				
que	je	m'en	all**asse**	que	je	m'en	fusse	allé, ée
que	tu	t'en	all**asses**	que	tu	t'en	fusses	allé, ée
qu'	elle	s'en	all**ât**	qu'	elle	s'en	fût	allée
qu'	il	s'en	all**ât**	qu'	il	s'en	fût	allé
que	ns ns	en	all**assions**	que	ns ns	en	fussions	allés, ées
que	vs vs	en	all**assiez**	que	vs vs	en	fussiez	allés, ées
qu'	elles	s'en	all**assent**	qu'	elles	s'en	fussent	allées
qu'	ils	s'en	all**assent**	qu'	ils	s'en	fussent	allés

IMPÉRATIF

PRÉSENT	PASSÉ
va-t'en	*(n'existe pas)*
allons-nous-en	
allez-vous-en	

INFINITIF

PRÉSENT	PASSÉ
s'en all**er**	s'en être allé, ée

PARTICIPE

PRÉSENT	PASSÉ
s'en all**ant**	en allé, ée
	s'en étant allé, ée

ALLERGIE n. f.
1. Réaction anormale d'un organisme à un agent extérieur. *Elle fait une allergie à la poussière.*
2. (FIG.) Opposition à quelque chose. *Une allergie aux mathématiques.* SYN. aversion.
allergie.

ALLERGIQUE adj.
1. Qui souffre d'allergie. *Une réaction allergique. Jean-Pierre est allergique aux chiens.* ANT. anallergique.
2. (FIG.) Opposé à quelqu'un, à quelque chose. *Es-tu allergique aux dictées ?*
allergique.

ALLERGOLOGIE n. f.
Partie de la médecine qui étudie et traite les allergies.

ALLERGOLOGISTE ou **ALLERGOLOGUE** n. m. et f.
Spécialiste du traitement des allergies.

ALLIACÉ, ÉE adj.
Qui se rapporte à l'ail.

ALLIAGE n. m.
Combinaison de métaux. *Un alliage léger à base d'aluminium.*

ALLIANCE n. f.
1. Entente entre des puissances politiques. *La France, la Grande-Bretagne, le Canada et les États-Unis sont unis par une alliance.* SYN. accord; convention; union.
2. Accord entre des personnes, des groupes. *Ce syndicat a fait une alliance avec l'association.*
3. Union par mariage. *Elle est parente avec lui par alliance.*
4. Anneau du mariage.
Le quatrième doigt à partir du pouce se nomme l'***annulaire*** parce que c'est lui qui porte l'anneau du mariage, l'alliance.

ALLIÉ, ÉE adj. et n. m. et f.
Uni par traité, mariage, affinité. *Les pays alliés.* ANT. adversaire; ennemi.

ALLIER v. tr., pronom.
VERBE TRANSITIF
1. Combiner des matières, des métaux. *Allier l'or et l'argent. Allier l'or avec l'argent.* SYN. assembler; joindre; marier.
2. (FIG.) Associer une chose abstraite à une autre. *Allier la jeunesse à la beauté.* SYN. réunir.
VERBE PRONOMINAL
S'unir, s'associer. *Le Canada et les États-Unis se sont alliés au Mexique ou avec le Mexique pour un accord de libre-échange.*
À la forme pronominale, le participe passé de ce verbe s'accorde toujours en genre et en nombre avec son sujet. *Les deux syndicats se sont alliés.*
À la forme pronominale, le verbe se construit avec les prépositions ***à, avec.***
CONJUGAISON : VOIR MODÈLE ÉTUDIER.
Redoublement du ***i*** à la première et à la deuxième personne du pluriel de l'indicatif imparfait et du subjonctif présent. *(Que) nous alliions, (que) vous alliiez.*

ALLIGATOR n. m.
Crocodile d'Amérique pouvant atteindre cinq mètres de long. *Les mâchoires de l'alligator sont moins longues que celles du crocodile, mais tout aussi redoutables.*
alligator.

ALLITÉRATION n. f.
Répétition des mêmes consonnes dans des mots voisins. Exemple d'allitération : *Ton thé t'a-t-il ôté ta toux ?*
Ne pas confondre avec les noms suivants :
• ***assonance,*** répétition des mêmes voyelles, d'un même son final d'un vers;
• ***rime,*** répétition de la syllabe finale.
allitération.

ALLO- préf.
Élément du grec signifiant « autre ». *Allophone.*

ALLÔ! ou **ALLO!** interj.
On ne prononce qu'un seul ***l,*** [alo].
Interjection utilisée dans les communications téléphoniques. *Allô! Comment vas-tu, Martin ? Allo, allo! je vous entends mal, parlez plus fort, je vous prie.*
L'interjection est toujours suivie d'un point d'exclamation qui est souvent repris à la fin de la phrase. Si la phrase exclamative n'est pas complète, le mot qui suit le point d'exclamation s'écrit avec une minuscule initiale.
HOM. ***halo,*** cercle lumineux.
allô ou allo.

ALLOCATAIRE n. m. et f.
Personne qui reçoit une allocation.

ALLOCATION n. f.
1. Fait d'allouer.
2. Prestation individualisée de la collectivité publique. *Allocations familiales. Des allocations de chômage.*
1° Ne pas confondre avec le nom ***indemnité,*** somme accordée en compensation de frais engagés, en réparation d'un préjudice.
2° Ne pas confondre non plus avec le nom ***allocution,*** discours bref de caractère officiel.
FORME FAUTIVE
*allocation. Anglicisme au sens de ***indemnité.***

ALLOCHTONE adj. et n. m. et f.
Les lettres ***ch*** se prononcent ***k,*** [alɔktɔn].
ADJECTIF
Qui n'est pas originaire du pays où il habite. SYN. non-autochtone. ANT. autochtone.
NOM MASCULIN ET FÉMININ
Au Canada, toute personne qui n'est pas d'origine amérindienne ou inuite (GDT).
En ce sens, le mot ***allochtone*** s'oppose à ***autochtone*** (Amérindiens et Inuits). Il s'agit d'une spécialisation du sens d'***allochtone*** (GDT).

ALLOCUTION n. f.
Discours bref de caractère officiel. *Le président a prononcé une allocution.*
1° Ne pas confondre avec les noms suivants :
• ***discours,*** exposé d'idées d'une certaine longueur;
• ***plaidoyer,*** discours d'un avocat;
• ***sermon, prêche, homélie,*** discours d'un prédicateur.
2° Ne pas confondre non plus avec le nom ***allocation,*** somme d'argent.

ALLONGEMENT n. m.
Action d'augmenter en longueur ou en durée; résultat de cette action. *L'allongement des jours.*

ALLONGER v. tr., intr., pronom.
VERBE TRANSITIF
1. Rendre plus long. *Pour suivre la mode, faut-il allonger ou raccourcir les jupes ?*
2. Augmenter la durée de. *Nous allongeons le congé.*
Ne pas confondre avec le verbe ***rallonger,*** rendre plus long en ajoutant une partie.
VERBE INTRANSITIF
Devenir plus long. *Les cheveux et les ongles allongent sans cesse.*
VERBE PRONOMINAL
1. Devenir plus long. *La liste s'allongeait de plus en plus.*
2. Se coucher. *Je vais m'allonger un peu pour me reposer.* SYN. s'étendre; se mettre au lit.
À la forme pronominale, le participe passé de ce verbe s'accorde toujours en genre et en nombre avec son sujet. *Nous nous sommes allongés quelques instants.*
CONJUGAISON : VOIR MODÈLE CHANGER.
Le ***g*** est suivi d'un ***e*** devant les lettres ***a*** et ***o.*** *Il allongea, nous allongeons.*

ALLOPATHE adj. et n. m. et f.
Médecin qui traite par allopathie. ANT. homéopathe.

ALLOPATHIE n. f.
Traitement des maladies avec des remèdes d'une nature contraire à ces maladies. ANT. homéopathie.

A

ALLOPHONE adj. et n. m. et f.
Se dit d'une personne qui parle une autre langue que la ou les langues officielles du pays où elle vit. *À Montréal, les Italiens et les Grecs constituent d'importants groupes allophones. Ce sont des allophones.*

ALLOUER v. tr.
Attribuer. *On lui allouera un peu plus de temps pour terminer sa recherche.* SYN. accorder; donner.
CONJUGAISON : VOIR MODÈLE AIMER.

ALLUMAGE n. m.
1. Action d'allumer; son résultat.
2. Action d'enflammer le mélange combustible d'un moteur à explosion. *L'allumage électronique* (et non l'*ignition).

ALLUME-CIGARE n. m. (pl. *allume-cigares*)
Appareil servant à allumer les cigares, les cigarettes (dans un véhicule).

ALLUME-FEU n. m. (pl. *allume-feu* ou *allume-feux*)
Bûchette, petit bois pour allumer le feu.

ALLUMER v. tr., pronom.
VERBE TRANSITIF
1. Enflammer. *Allumer un feu de camp.* ANT. éteindre.
2. Rendre lumineux. *Elle alluma les lumières du sapin. Allumer la lampe.* ANT. éteindre.
L'usage l'a emporté sur la logique dans les expressions ***allumer la lumière, l'électricité.***
3. (FAM.) Faire fonctionner. *Allumer la télévision.*
VERBE PRONOMINAL
1. Prendre feu. *L'incendie s'alluma instantanément.*
2. Devenir lumineux. *La chambre s'allumait toujours à 7 heures.*
À la forme pronominale, le participe passé de ce verbe s'accorde toujours en genre et en nombre avec son sujet. *Deux lampes s'étaient allumées.*
CONJUGAISON : VOIR MODÈLE AIMER.

ALLUMETTE n. f.
Bâtonnet dont une extrémité est destinée à s'enflammer quand on la frotte. *Une pochette d'allumettes.*

ALLUMEUR, EUSE n. m. et f.
NOM MASCULIN
1. Dispositif servant à l'allumage (d'un moteur, d'une charge explosive, etc.).
2. (ANCIENN.) Préposé à l'allumage et à l'extinction des appareils d'éclairage publics. *L'allumeur de réverbères du* Petit Prince *de Saint-Exupéry.*
NOM FÉMININ
(PÉJ.) Femme aguichante. *Sans être une allumeuse, elle aime faire des agaceries.*

ALLURE n. f.
1. Façon plus ou moins rapide de se déplacer. *Il roulait à vive allure, à toute allure.* SYN. vitesse.
2. Manière de se tenir. *Une allure détendue.* SYN. démarche; maintien.
3. (FAM.) Apparence générale. *Ce costume a une belle allure.* SYN. air; aspect.
LOCUTIONS
– ***À toute allure,*** loc. adv. Très vite.
– ***Avoir de l'allure.*** Avoir un air de distinction.
– ***Avoir de l'allure.*** (FAM.) Avoir du sens. *Cette idée a de l'allure, elle est même géniale.*

ALLURÉ, ÉE adj.
Qui donne de l'allure, de l'élégance. *Un tailleur très alluré.* SYN. chic.

ALLUSIF, IVE adj.
À mots couverts.

ALLUSION n. f.
Sous-entendu, affirmation à mots couverts. *Une allusion peu sympathique. Je n'ai pas compris son allusion.* SYN. insinuation; sous-entendu.
Ne pas confondre avec le nom ***illusion***, perception sensorielle erronée.

ALLUSIVEMENT adv.
De façon allusive.

ALLUVIAL, IALE, IAUX adj.
Produit par des alluvions. *Des sols alluviaux.*

ALLUVION n. f.
Dépôt de terre, de sable apporté par les eaux courantes. *Des alluvions anciennes.*
Attention au genre féminin de ce nom : ***une*** alluvion.

ALLUVIONNAIRE adj.
Relatif aux alluvions.
alluvionnaire.

ALLUVIONNER v. intr.
Déposer des alluvions, en parlant d'un cours d'eau.
CONJUGAISON : VOIR MODÈLE AIMER.
alluvionner.

ALMA MATER n. f. inv. (pl. *alma mater*)
Le ***r*** se prononce, [almamatɛr].
Expression latine signifiant « mère nourricière », qui désigne l'établissement où l'on a fait ses études.
T En typographie soignée, les mots étrangers sont composés en italique. Dans des textes déjà en italique, la notation se fait en romain. Pour les textes manuscrits, on utilisera les guillemets.

ALMANACH n. m.
Les lettres ***ch*** ne se prononcent pas, [almana].
Calendrier comportant divers renseignements (astrologie, cuisine, météorologie, etc.). *Des almanachs illustrés.*

ALMÉE n. f.
Danseuse égyptienne.

ALOÈS n. m.
Le ***s*** se prononce, [alɔɛs].
(BOT.) Plante cultivée pour ses propriétés calmantes, cicatrisantes et hydratantes. *Une lotion à base d'aloès.*
aloès.

ALOI n. m.
– ***De bon, de mauvais aloi.*** De bonne, de mauvaise nature, qualité. *Plaisanterie de mauvais aloi. Succès de bon aloi.*
Le mot ne s'emploie que dans ces locutions.

À LONGUEUR DE loc. prép.
Tout au long de. *Les bateaux naviguent sur le fleuve à longueur d'année* (et non *à l'année longue).

ALORS adv.
1. À une certaine époque. *Ils avaient alors une jolie maison à la campagne.* SYN. à ce moment; en ce temps-là.
2. En conséquence. *Il était toujours en retard, alors la directrice a dû le réprimander.* SYN. aussi; dans ces conditions; donc.
LOCUTIONS
– ***Alors que,*** loc. conj. Au moment où, pendant que. *Elle est venue alors qu'il pleuvait.* SYN. lorsque.
Cette locution est suivie de l'indicatif ou du conditionnel.
En ce sens, la locution marque la simultanéité.
– ***Alors que,*** loc. conj. Tandis que. *Les cheveux d'Alain sont blonds, alors que ceux de Martine sont roux.*
En ce sens, la locution marque une opposition et est précédée d'une virgule..
– ***Ça alors !,*** loc. interj. Cette locution marque l'étonnement.

– ***D'alors,*** loc. adv. De cette époque. *Les maisons d'alors n'étaient pas bien chauffées.*
– ***Et alors ?*** Et puis ? *J'ai changé d'idée, c'est vrai. Et alors ?*
– ***Jusqu'alors.*** Jusqu'à ce moment. *Jusqu'alors, on s'était accommodé de la lampe à huile.*
Si l'évènement se poursuit jusqu'au moment où l'on parle, on dira : ***jusqu'à présent, jusqu'à maintenant.***
– ***Ou alors.*** Sinon. *Prends ton imperméable ou alors un parapluie.*

ALOSE n. f.
Le *o* est fermé, [aloz].
Poisson voisin de la sardine.
Attention au genre féminin de ce nom : ***une*** alose.

ALOUETTE n. f.
Petit oiseau des champs au plumage brunâtre. *L'alouette turlute.*
VOIR TABLEAU – ANIMAUX.

ALOURDIR v. tr., pronom.
VERBE TRANSITIF
Rendre plus lourd. *Des cadeaux alourdissent sa valise. Ces compléments déterminatifs trop nombreux alourdissent la phrase.* ANT. alléger.
VERBE PRONOMINAL
Devenir plus lourd (au propre et au figuré). *Au fil des années, sa silhouette s'est alourdie. Le bilan des victimes ne cesse de s'alourdir. L'ambiance s'est alourdie brusquement.*
À la forme pronominale, le participe passé de ce verbe s'accorde toujours en genre et en nombre avec son sujet. *La dette s'est alourdie de plusieurs milliards.*
CONJUGAISON : VOIR MODÈLE FINIR.

ALOURDISSEMENT n. m.
État de ce qui est alourdi. SYN. lourdeur.

ALOYAU n. m. (pl. *aloyaux*)
Morceau de bœuf comportant le filet, le contre-filet et le romsteck. *Un morceau d'aloyau, dans l'aloyau.*

ALPAGA n. m.
1. Ruminant voisin du lama, remarquable par sa longue fourrure laineuse.
2. Tissu composé de fibres d'alpaga. *Des alpagas soyeux.*

ALPAGE n. m.
Pâturage dans les montagnes.

ALPESTRE adj.
Propre aux Alpes, aux montagnes.

ALPHA n. m. inv.
Première lettre de l'alphabet grec.
LOCUTION
– ***L'alpha et l'oméga.*** Le commencement et la fin.
HOM. ***alfa,*** plante.
[Les *Rectifications* (1990) admettent : des alphas.]

ALPHABET n. m.
Liste des lettres servant à transcrire les sons d'une langue. *L'alphabet français compte 26 lettres. Les lettres de l'alphabet sont du genre masculin : un* l, *des* m.
Le nom ***alphabet*** est formé à partir des deux premières lettres grecques : ***alpha*** et ***bêta.***
LOCUTION
– ***Alphabet phonétique.*** Système de signes graphiques servant à transcrire uniformément les sons de diverses langues.

ALPHABÉTIQUE adj.
1. Qui appartient à l'alphabet. *Un caractère alphabétique.*
2. Selon l'ordre de l'alphabet. *Un classement alphabétique.*

ALPHABÉTIQUEMENT adv.
Selon l'ordre alphabétique.

ALPHABÉTISATION n. f.
1. Enseignement de l'écriture et de la lecture aux éléments analphabètes d'une population (Recomm. off.).
2. Résultat de cette action.

ALPHABÉTISER v. tr.
Apprendre à lire et à écrire à une personne, à un groupe.
CONJUGAISON : VOIR MODÈLE AIMER.

ALPHANUMÉRIQUE adj.
Composé de caractères alphabétiques et de chiffres. *Le code postal du Canada est alphanumérique.*

ALPIN, INE adj.
1. Des Alpes ou de la haute montagne.
2. Relatif à l'alpinisme. *Un club alpin.*
LOCUTION
– ***Ski alpin.*** Ski sur des pistes à forte dénivellation.
Le ***ski de fond*** se pratique sur des parcours à faible dénivellation.

ALPINISME n. m.
Sport des ascensions en montagne.

ALPINISTE n. m. et f.
Personne qui pratique l'alpinisme.

ALSACIEN, IENNE adj. et n. m. et f.
Le *s* se prononce *z*, [alzasjɛ̃, jɛn].
ADJECTIF ET NOM MASCULIN ET FÉMININ
D'Alsace. *Un vin alsacien. Un Alsacien, une Alsacienne.*
L'adjectif s'écrit avec une minuscule ; le nom, avec une majuscule.
NOM MASCULIN
Dialecte parlé en Alsace. *Franck parle l'alsacien.*
Le nom du dialecte s'écrit avec une minuscule.

ALTÉRABLE adj.
Qui peut se détériorer. *Ces produits sont altérables : ils ne peuvent se conserver longtemps.* ANT. inaltérable.

ALTÉRATION n. f.
Détérioration, modification de la nature de quelque chose. SYN. dégradation.
FORME FAUTIVE
*altération. Anglicisme au sens de ***retouche*** (à un vêtement), de ***modification*** (à un projet), de ***rénovation*** (à un édifice).

ALTERCATION n. f.
Échange verbal violent. *Une altercation entre des automobilistes.* SYN. dispute ; querelle.

ALTÉRÉ, ÉE adj.
Détérioré, dénaturé. *Des huiles altérées.*

ALTER EGO n. m. inv. (pl. *alter ego*)
Le ***r*** se prononce et le ***e*** de ***ego*** se prononce ***é***, [altɛrego].
1. Expression latine signifiant « un autre moi-même ».
2. Personne de confiance, bras droit. *En son absence, consultez ses* alter ego.
En typographie soignée, les mots étrangers sont composés en italique. Dans des textes déjà en italique, la notation se fait en romain. Pour les textes manuscrits, on utilisera les guillemets.

ALTÉRER v. tr., pronom.
VERBE TRANSITIF
1. Changer l'état d'un corps de bien en mal, détériorer. *La chaleur a altéré ces produits.* SYN. dégrader.
2. Falsifier. *Altérer des documents.* SYN. contrefaire ; modifier.
3. Assoiffer. *Cette promenade les a altérés.*
VERBE PRONOMINAL
Se détériorer. *Les teintes de cette aquarelle se sont altérées.* SYN. s'abîmer ; se modifier.
À la forme pronominale, le participe passé de ce verbe s'accorde toujours en genre et en nombre avec son sujet. *Ces produits s'étaient altérés.*

CONJUGAISON : VOIR MODÈLE POSSÉDER.
Le ***é*** se change en ***è*** devant une syllabe contenant un ***e*** muet, sauf à l'indicatif futur et au conditionnel présent. *J'altère*, mais *j'altérerai.*
[Les *Rectifications* (1990) admettent : il altèrera, altèrerait...]

ALTÉRITÉ n. f.
Caractère de ce qui est autre. ANT. identité.

ALTERMONDIALISATION n. f.
Mouvement de contestation politique datant de la fin des années 1990, qui s'oppose au néolibéralisme et propose un développement économique plus humain et soucieux de l'environnement.

ALTERMONDIALISME n. m.
Conception défendue par les partisans de l'altermondialisation.

ALTERMONDIALISTE adj. et n. m. et f.
ADJECTIF
1. Relatif à l'altermondialisme. *Une philosophie altermondialiste.*
2. Partisan de l'altermondialisation. *Des militants altermondialistes.*
NOM MASCULIN ET FÉMININ
Partisan de l'altermondialisation. *La rencontre des altermondialistes a été grandement enrichie par l'apport des populations africaines.*

ALTERNANCE n. f.
Succession dans l'espace et le temps dans un ordre régulier. *L'alternance des saisons.*
LOCUTION
– ***En alternance,*** loc. adv. Tour à tour, successivement.
⇨ alternance.

ALTERNATEUR n. m.
Appareil produisant des courants alternatifs.

ALTERNATIF, IVE adj.
1. Périodique. *Un mouvement alternatif de gauche à droite, puis de droite à gauche.*
2. Qui propose un mode de vie plus adapté à l'individu que celui de la société industrielle. *Une philosophie alternative.*
LOCUTION
– ***Courant alternatif.*** Qui change périodiquement de sens (par opposition à ***courant continu***).
FORMES FAUTIVES
*alternatif. Anglicisme au sens de ***de rechange, de remplacement.*** *Une solution de rechange* (et non *alternative).
*médecine alternative. Calque de «*alternative medicine*» pour ***médecine douce.***

ALTERNATIVE n. f.
Situation où il n'y a que deux possibilités opposées, deux éventualités entre lesquelles il faut choisir. *L'alternative est claire* (et non *voici les alternatives) *: perdre notre pari ou le gagner. Il n'a pas le choix* (et non *d'alternative).
1° Les deux partis possibles constituent les termes de l'alternative.
2° Contrairement au mot anglais «*alternative*», qui désigne chacune des possibilités, le mot français signifie un ensemble de deux éventualités et doit être utilisé au singulier. Au pluriel, on emploiera les mots ***choix, issue, possibilité, voie.***
FORMES FAUTIVES
*alternative. Anglicisme au sens de ***solution de rechange.***
*en dernière alternative. Impropriété pour ***en dernier lieu, en dernier ressort.***

ALTERNATIVEMENT adv.
Tour à tour. *Des danseurs qui valsent alternativement.* SYN. successivement.

ALTERNER v. tr., intr.
VERBE TRANSITIF
Faire se succéder régulièrement. *Alterner les ronds et les carrés, les ronds avec les carrés. Le comédien alterne la séduction, la persuasion et l'emportement.*
VERBE INTRANSITIF
Se succéder en alternance. *Les saisons alternent. Des concerts symphoniques alternent avec des concerts de musique de chambre. Les activités alternent entre promenades en calèche et visites du patrimoine local.*
CONJUGAISON : VOIR MODÈLE AIMER.

ALTESSE n. f.
NOM FÉMININ
Titre des princes, des princesses. *Son Altesse Royale la reine d'Angleterre.*
Après ce titre, le nom qui suit est au masculin pour un homme, au féminin pour une femme. *Son Altesse, le prince. Son Altesse, la reine.* Cependant les adjectifs, les pronoms et les participes passés sont toujours au féminin. *Son Altesse viendra si elle se sent bien.*
ABRÉVIATIONS
– ***S.A.*** Son Altesse.
– ***LL.AA.*** Leurs Altesses.
– ***S.A.I.*** Son Altesse Impériale.
– ***LL.AA.II.*** Leurs Altesses Impériales.
– ***S.A.R.*** Son Altesse Royale.
– ***LL.AA.RR.*** Leurs Altesses Royales.

ALTIER, IÈRE adj.
Fier. *Une allure altière.* SYN. hardi ; hautain.

ALTIMÈTRE n. m.
Appareil servant à mesurer l'altitude.

ALTIPORT n. m.
Terrain d'atterrissage en haute montagne.

ALTISTE n. m. et f.
Joueur d'alto.

ALTITUDE n. f.
1. Élévation au-dessus du sol. *L'avion volait à faible altitude.*
2. Élévation verticale d'un lieu par rapport au niveau de la mer. *Cette ville est à 200 m d'altitude.*

ALTO n. m. et f.
NOM MASCULIN
Instrument de musique. *Des altos.*
NOM FÉMININ
Voix de femme la plus grave. SYN. contralto.

ALTOCUMULUS n. m.
Le *s* se prononce, [altokymylys] ; le nom rime avec ***puce.***
Nuage composé de gros flocons blancs.

ALTOSTRATUS n. m.
Le *s* se prononce, [altostratys] ; le nom rime avec ***puce.***
Nuage grisâtre.

ALTRUISME n. m.
Disposition bienveillante pour autrui. SYN. bienveillance ; charité.

ALTRUISTE adj. et n. m. et f.
ADJECTIF
Qui manifeste de l'altruisme. SYN. bienveillant ; charitable.
NOM MASCULIN ET FÉMININ
Personne qui pratique l'altruisme.

ALUMINE n. f.
Oxyde d'aluminium.

ALUMINER v. tr.
Recouvrir d'aluminium.
CONJUGAISON : VOIR MODÈLE AIMER.

ALUMINERIE n. f.
⚜ Usine de production de l'aluminium à partir de l'électrolyse de l'alumine (Recomm. off.). *L'aluminerie Alouette de Sept-Îles.* SYN. usine d'aluminium ; usine d'électrolyse.

ALUMINIUM n. m.
Symbole *Al* (s'écrit sans point).
Métal blanc brillant, léger, bon conducteur d'électricité. *On produit beaucoup d'aluminium au Québec.*

ALUN n. m.
Sulfate d'aluminium et de potassium aux propriétés astringentes.

ALUNIR v. intr.
Se poser sur la Lune. *Le 21 juillet 1969, les Américains alunissaient pour la première fois.*
L'Académie française et l'Académie des sciences recommandent plutôt ***atterrir.***
CONJUGAISON : VOIR MODÈLE FINIR.

ALUNISSAGE n. m.
Action d'alunir.
L'Académie française et l'Académie des sciences recommandent plutôt ***atterrissage.***

ALVÉOLAIRE adj.
1. Relatif aux alvéoles.
2. En forme d'alvéole.

ALVÉOLE n. f.
1. Cellule créée par l'abeille. *Une alvéole de cire.*
2. Cavité des maxillaires où sont implantées les dents. *Les alvéoles dentaires.*
Ce nom était autrefois masculin. Aujourd'hui, on dit plutôt ***une*** alvéole.
Ne pas confondre avec le nom ***aréole,*** cercle coloré autour du mamelon du sein.

ALVÉOLÉ, ÉE adj.
Qui a des alvéoles.

ALVÉOLITE n. f.
Inflammation des alvéoles dentaires ou pulmonaires.

ALZHEIMER (MALADIE D') n. f.
Abréviation *MA* (s'écrit avec ou sans points).
(MÉD.) Maladie dégénérative du système nerveux central d'origine inconnue, qui se manifeste par un syndrome démentiel lentement évolutif irréversible et par la présence, dans le cerveau, de plaques séniles (GDT). *La maladie d'Alzheimer entraîne une démence progressive.* SYN. Alzheimer ; démence de type Alzheimer.
T Le nom propre du médecin allemand qui a décrit la maladie en 1906 s'écrit avec une majuscule initiale.
Le Grand Robert de la langue française (2001) admet le nom ***alzheimer*** comme un nom commun de genre masculin. « *Mais pour les maladies dégénératives comme l'alzheimer ou le parkinson, on ne connaît pas encore assez bien les mécanismes en jeu* » (*Le Nouvel Observateur,* 1er déc. 1994, cité dans *Le Grand Robert*).

A/m
Symbole de ***ampère par mètre.***

AM
(RADIO) Abréviation internationale de ***modulation d'amplitude.***

***A.M.**
Abréviation du latin «*ante meridiem*» servant à la notation de l'heure dans le système anglais. En français, on emploie plutôt, par exemple, ***3 h*** ou ***3 h du matin*** (et non *3 h a.m.).
VOIR TABLEAU – HEURE.

AMABILITÉ n. f.
Affabilité. *Ses parents ont eu l'amabilité de le reconduire à la maison.* SYN. courtoisie ; délicatesse ; gentillesse ; obligeance.

AMADOU n. m.
Substance qui, imbibée de salpêtre, prend feu facilement. *Une mèche d'amadou.*

AMADOUER v. tr.
Flatter quelqu'un pour l'apaiser, le convaincre. SYN. enjôler ; gagner.
CONJUGAISON : VOIR MODÈLE AIMER.

AMAIGRI, IE adj.
Rendu plus maigre. *Une personne amaigrie par la maladie.* SYN. émacié.

AMAIGRIR v. tr., pronom.
VERBE TRANSITIF
Rendre maigre. *La maladie les a amaigris.*
VERBE PRONOMINAL
Maigrir, perdre du poids. *Elle s'est un peu amaigrie.*
À la forme pronominale, le participe passé de ce verbe s'accorde toujours en genre et en nombre avec son sujet. *Ces malades se sont amaigris.*
CONJUGAISON : VOIR MODÈLE FINIR.

AMAIGRISSANT, ANTE adj.
Qui fait maigrir. *Des régimes amaigrissants.*

AMAIGRISSEMENT n. m.
Fait de maigrir.

AMALGAMATION n. f.
Action d'amalgamer ; son résultat.

AMALGAME n. m.
1. Alliage de métaux. *Un amalgame d'argent et d'étain.*
2. (FIG.) Mélange d'éléments très différents. *Ce tableau est un amalgame de dessins d'enfants.* SYN. assemblage.
Attention au genre masculin de ce nom : ***un*** amalgame.
amalgame.

AMALGAMER v. tr., pronom.
VERBE TRANSITIF
1. Faire un amalgame de. *Amalgamer des fraises et du sucre, des œufs à un mélange.* SYN. fondre ; fusionner.
2. Rapprocher des éléments disparates. *Des préjugés qui amalgament de vieilles idées à de nouvelles idées progressistes. Ces financiers ont amalgamé de savants calculs mathématiques avec des informations parcellaires. Des définitions qui amalgament précarité et pauvreté.* SYN. mélanger.
VERBE PRONOMINAL
S'unir, se fondre en un tout. *Les ingrédients se sont amalgamés pour former une belle pâte. Le beurre s'est amalgamé à la farine.*
À la forme pronominale, le participe passé de ce verbe s'accorde toujours en genre et en nombre avec son sujet. *Les souvenirs, bons ou mauvais, se sont amalgamés.*
CONJUGAISON : VOIR MODÈLE AIMER.
amalgamer.

AMANDE n. f.
Fruit de l'amandier. *Un gâteau à la pâte d'amandes.*
LOCUTION
– ***En amande.*** Dont la forme oblongue rappelle celle de l'amande. *Des yeux en amande.*
HOM. ***amende,*** sanction pécuniaire.

AMANDIER n. m.
Arbre fruitier cultivé pour ses graines, les amandes. *Les amandiers fleurissent au printemps.*

AMANITE n. f.
Champignon. *Plusieurs amanites ne sont pas comestibles.*
Attention au genre féminin de ce nom : ***une*** amanite.
Ne pas confondre avec l'adjectif ***annamite,*** vietnamien.

A

A

AMANT, ANTE n. m. et f.
NOM MASCULIN ET FÉMININ
1. (VX) Personne qui éprouve un amour partagé pour une autre personne.
2. (LITT.) Personne qui a une attirance particulière pour quelque chose. *Les amants de la musique.*
NOM MASCULIN
Homme qui a des relations intimes avec une femme à laquelle il n'est pas marié.

AMARANTE adj. inv. et n. m. et f.
NOM FÉMININ
Plante aux fleurs rouges. *Un joli bouquet d'amarantes.*
NOM MASCULIN
Couleur rouge bordeaux. *Un amarante éclatant.*
ADJECTIF DE COULEUR INVARIABLE
De couleur rouge bordeaux. *Des tissus amarante.*
VOIR TABLEAU – COULEUR (ADJECTIFS DE).

AMAREYEUR n. m.
AMAREYEUSE n. f.
Personne qui s'occupe de l'entretien des parcs à huîtres.

AMARRAGE n. m.
Action d'amarrer; son résultat.
amarrage.

AMARRE n. f.
Ce qui sert à retenir un navire, un ballon. *« Larguez les amarres ! » crie le capitaine.*
Ne pas confondre avec les noms suivants :
• ***câble,*** gros cordage de fibres textiles ou d'acier;
• ***cordage,*** tout ce qui sert au gréement d'un navire ou à la manœuvre d'une machine, d'un engin;
• ***corde,*** lien fait de brins tordus ensemble;
• ***ficelle,*** petite corde pour attacher des paquets.
amarre.

AMARRER v. tr.
Attacher avec une amarre. *Il faut amarrer solidement le voilier, car il vente beaucoup.* SYN. fixer; lier.
CONJUGAISON : VOIR MODÈLE AIMER.
amarrer.

AMARYLLIS n. f.
Le *s* se prononce, [amarilis].
Plante aux grandes fleurs colorées et odorantes.
amary**llis**.

AMAS n. m.
Le *s* ne se prononce pas, [amɑ].
Accumulation de choses diverses. SYN. amoncellement; entassement; monceau; tas.
Ce mot est plus recherché que le nom ***tas,*** qui a la même signification.

AMASSER v. tr., pronom.
VERBE TRANSITIF
Accumuler, entasser. *Amasser des richesses.*
VERBE PRONOMINAL
Se rassembler en grand nombre. *Les feuilles se sont amassées sur le sol.* SYN. s'amonceler.
À la forme pronominale, le participe passé de ce verbe s'accorde toujours en genre et en nombre avec son sujet. *Ces fonds se sont amassés avec difficulté.*
CONJUGAISON : VOIR MODÈLE AIMER.

AMATEUR, TRICE adj. et n. m. et f.
ADJECTIF
Qui pratique un sport sans recevoir de rémunération. *Un escrimeur amateur.* ANT. professionnel.
L'adjectif est invariable en genre. *Une nageuse amateur.*
NOM MASCULIN ET FÉMININ
1. Personne qui a une attirance particulière pour quelque chose. *Un amateur de cuisine.*
2. Personne qui cultive un art, une science pour son plaisir, sans en faire profession. *Une amatrice de bricolage.*
3. (PÉJ.) Personne qui manque de compétence. *C'est un travail d'amateur.* ANT. expert.

AMATEURISME n. m.
1. Condition d'une personne qui pratique une activité, un sport en amateur.
2. (PÉJ.) Caractère inachevé, imparfait, incomplet de quelque chose.

AMAZONE n. f.
Femme qui monte à cheval.
Le nom ***cavalière*** est plus courant aujourd'hui.
LOCUTION
– ***En amazone.*** Façon de monter à cheval avec les deux jambes du même côté de la selle.

AMAZONIEN, IENNE adj. et n. m. et f.
De l'Amazonie. *La jungle amazonienne. Un Amazonien, une Amazonienne.*
T L'adjectif s'écrit avec une minuscule; le nom, avec une majuscule.

AMBAGES n. f. pl.
– ***Sans ambages,*** loc. adv. Sans détour. *Elle le mit au courant sans ambages.* SYN. directement; franchement; tout de go.
Le mot ne s'emploie que dans cette locution.

AMBASSADE n. f.
1. Députation envoyée à un État.
2. Bureaux de l'ambassadeur ou de l'ambassadrice.
T Le nom ***ambassade*** s'écrit généralement avec une minuscule. *L'ambassade des États-Unis a été l'objet d'un attentat à la bombe.*

AMBASSADEUR n. m.
AMBASSADRICE n. f.
1. Personne qui représente un État de façon permanente auprès d'un État étranger. *L'ambassadrice des États-Unis à Paris.*
Il est recommandé de faire suivre ce titre du nom du pays. *L'ambassadeur du Canada* (et non l'ambassadeur *canadien).
2. Personne chargée d'une mission. *Une ambassadrice de la paix.* SYN. chargé de mission; émissaire.
3. Personne qui représente bien un groupe. *L'ambassadeur des étudiants.* SYN. délégué; représentant.

AMBI- préf.
Élément du latin signifiant « tous les deux ». *Ambidextre, ambivalence.*

AMBIANCE n. f.
Atmosphère, caractère particulier du milieu qui nous entoure. *Une ambiance chaleureuse, une mauvaise ambiance.* SYN. climat.
Sans qualificatif, le nom a un sens favorable. *La fête a été très réussie : il y avait beaucoup d'ambiance.*
ambiance.

AMBIANT, IANTE adj.
Qui entoure. *La température ambiante.* SYN. environnant.

AMBIDEXTRE adj. et n. m. et f.
Qui peut se servir de chacune de ses deux mains avec autant d'adresse. *Une dessinatrice ambidextre. C'est une ambidextre.*

AMBIGU, ÜE ou **UË** adj.
Peu clair, difficile à comprendre. *Des phrases ambigües* ou *ambiguës.* SYN. équivoque. ANT. clair.

AMBIGÜITÉ ou **AMBIGUÏTÉ** n. f.
Défaut de ce qui est équivoque, de ce qui présente plusieurs sens. *Ces propos ne comportent pas d'ambigüité* ou *ambiguïté.* ANT. clarté.

Ne pas confondre avec le nom ***ambivalence,*** caractère de ce qui comprend deux composantes très distinctes.

AMBIGUMENT adv.
De façon ambiguë. ANT. clairement.
ambigument, sans tréma.

AMBITIEUSEMENT adv.
De façon ambitieuse.

AMBITIEUX, IEUSE adj. et n. m. et f.
Qui a de l'ambition, qui veut réussir. *Un avocat très ambitieux.*
ambitieux.

AMBITION n. f.
1. Désir ardent de réussite, d'honneurs, de pouvoir. *Il a trop d'ambition.*
2. Désir profond de quelque chose. *Avoir l'ambition d'être heureux.* SYN. rêve.

AMBITIONNER v. tr., intr.
VERBE TRANSITIF
Aspirer à. *Il ambitionne le pouvoir. Elle ambitionne d'être nommée à la direction de l'entreprise.* SYN. prétendre à ; viser.
VERBE INTRANSITIF
(ABSOL.) Exagérer. *Tu ambitionnes : trois pâtisseries, c'est trop !* SYN. abuser.
LOCUTION
– ***Ambitionner sur le pain bénit.*** (FIG.) (FAM.) Abuser de quelqu'un, de quelque chose.
CONJUGAISON : VOIR MODÈLE AIMER.

AMBIVALENCE n. f.
Caractère de ce qui comprend deux composantes très distinctes, voire opposées.
Ne pas confondre avec le nom ***ambiguïté,*** défaut de ce qui est équivoque, de ce qui présente plusieurs sens.
ambivalence.

AMBIVALENT, ENTE adj.
Qui comporte deux éléments contraires. *Ils sont ambivalents ; ils n'arrivent pas à faire leur choix.*
ambivalent.

AMBLE n. m.
Allure d'un quadrupède qui fait mouvoir simultanément les deux membres du même côté.
Ne pas confondre avec le nom ***ambre,*** résine fossile transparente.

AMBLER v. intr.
(VX) Aller l'amble.
CONJUGAISON : VOIR MODÈLE AIMER.

AMBRE adj. inv. et n. m.
NOM MASCULIN
Résine fossile transparente. *De l'ambre jaune.*
Ne pas confondre avec le nom ***amble,*** allure d'un quadrupède qui fait mouvoir simultanément les deux membres du même côté.
Attention au genre masculin de ce nom : ***un*** ambre.
ADJECTIF DE COULEUR INVARIABLE
De la couleur jaune doré de l'ambre. *Des soies ambre.*
VOIR TABLEAU – COULEUR (ADJECTIFS DE).

AMBRÉ, ÉE adj.
1. Parfumé à l'ambre.
2. De la couleur de l'ambre. *Un verre ambré.*

AMBROISIE n. f.
1. Nourriture des dieux de l'Olympe.
2. (FIG.) Mets exquis.
La boisson des dieux est le ***nectar.***

AMBROSIEN, IENNE adj.
Qui se rapporte au rite attribué à saint Ambroise. *Chant ambrosien.*

AMBULANCE n. f.
Véhicule aménagé pour le transport des blessés, des malades.
ambulance.

AMBULANCIER n. m.
AMBULANCIÈRE n. f.
Personne qui conduit une ambulance, qui donne les premiers soins à un blessé, à un malade.
ambulancier.

AMBULANT, ANTE adj.
Qui se déplace pour faire son travail, pour exercer une activité. *Des marchands de fruits et légumes ambulants.* SYN. itinérant.

AMBULATOIRE adj.
Qui n'interrompt pas les activités habituelles d'un malade. *La « chirurgie d'un jour » est un traitement ambulatoire.*

ÂME n. f.
1. Principe de vie et de pensée de la personne humaine. *En mon âme et conscience. Ils se sont dévoués corps et âmes.*
2. Cœur. *Une âme sensible, délicate.*
3. (LITT.) Habitant. *Un village de 5000 âmes. Je n'ai rencontré âme qui vive.*
LOCUTION
– ***Rendre l'âme.*** Mourir.
âme.

AMÉLIORABLE adj.
Qui peut être amélioré.

AMÉLIORANT, ANTE adj.
Qui améliore la fertilité d'un sol. *Des engrais améliorants.* SYN. fertilisant.

AMÉLIORATION n. f.
Changement en mieux. *L'amélioration du sol. Faire des améliorations dans un appartement.*
FORME FAUTIVE
*il y a place pour amélioration. Calque de «*there is room for improvement*» pour ***cela pourrait être mieux, on pourrait faire mieux, cela est susceptible d'amélioration, cela laisse à désirer.***

AMÉLIORER v. tr., pronom.
VERBE TRANSITIF
Rendre meilleur. *Il a amélioré ce moteur.* SYN. perfectionner.
VERBE PRONOMINAL
Devenir meilleur. *Ses notes se sont améliorées.*
À la forme pronominale, le participe passé de ce verbe s'accorde toujours en genre et en nombre avec son sujet. *Ses résultats se sont considérablement améliorés.*
CONJUGAISON : VOIR MODÈLE AIMER.

AMEN n. m. inv. (pl. *amen*)
Le ***n*** se prononce, [amɛn].
Mot qui vient de l'hébreu signifiant « ainsi soit-il ». *Des* amen.
[T] En typographie soignée, les mots étrangers sont composés en italique. Dans des textes déjà en italique, la notation se fait en romain. Pour les textes manuscrits, on utilisera les guillemets.
HOM. ***amène,*** aimable.

AMÉNAGEABLE adj.
Qui peut être aménagé. *Un sentier de randonnée aménageable.*

AMÉNAGEMENT n. m.
1. Action d'organiser en vue d'un usage déterminé. *L'aménagement d'un local. L'aménagement des temps de travail.*
Ne pas confondre avec le nom ***emménagement,*** installation dans un nouveau logement.

A

2. Ensemble de mesures destinées à assurer un développement équilibré des régions par une meilleure répartition des populations et des activités. *L'aménagement du territoire.*
LOCUTION
– ***Aménagement linguistique.*** Ensemble d'actions et de mesures qui visent à assurer la vitalité d'une langue ou à régulariser la concurrence entre plusieurs langues sur un même territoire. (Jean-Claude Corbeil)

AMÉNAGER v. tr.
Disposer, organiser en vue d'un usage déterminé. *Aménager un appartement.* SYN. arranger.
Ne pas confondre avec le verbe ***emménager***, installer un mobilier dans un lieu.
CONJUGAISON : VOIR MODÈLE CHANGER.
Le ***g*** est suivi d'un ***e*** devant les lettres ***a*** et ***o***. *Il aménagea, nous aménageons.*

AMENDE n. f.
Somme d'argent à payer en raison d'une infraction, d'une faute commise. *Cette infraction m'a valu une amende.* SYN. contravention.
LOCUTION
– ***Faire amende honorable.*** Demander pardon, reconnaître ses torts.
HOM. ***amande***, fruit de l'amandier.
amende.

AMENDEMENT n. m.
1. Amélioration du sol. *L'amendement par l'ajout de substances comme la chaux et la sciure de bois augmente le rendement du sol.* SYN. fertilisation.
2. (POLIT.) Modification à un projet de loi. *Voter un amendement.*
Le terme *amendement* s'emploie en parlant d'un projet de loi; lorsqu'il s'agit d'une loi, on utilise plutôt le terme *modification.*
amendement.

AMENDER v. tr., pronom.
VERBE TRANSITIF
1. Améliorer (un sol, une terre) par des engrais, du fumier, etc.
2. Modifier un projet de loi par amendement. *Le projet de loi sera certainement amendé.*
On amende un projet de loi, on modifie une loi.
VERBE PRONOMINAL
(LITT.) Devenir meilleur. *Ils se sont amendés.*
À la forme pronominale, le participe passé de ce verbe s'accorde toujours en genre et en nombre avec son sujet. *Les fautifs se sont amendés.*
CONJUGAISON : VOIR MODÈLE AIMER.
amender.

AMÈNE adj.
(LITT.) Aimable. *Une personne peu amène.* SYN. affable; courtois; poli.
HOM. ***amen***, ainsi soit-il.

AMENER v. tr., pronom.
VERBE TRANSITIF
1. Conduire quelqu'un vers un endroit ou vers une personne. *Je vous amènerai ma fille cet après-midi.*
1° On ***amène*** une personne, un animal, mais on ***apporte*** une chose.
2° On ***amène*** une personne vers un lieu donné et on la quitte lorsqu'on est arrivé à destination, mais on ***emmène*** avec soi une personne du lieu où l'on est dans un autre.
2. Entraîner, convaincre. *Ils les ont amenés à prendre position pour eux.*
VERBE PRONOMINAL
(FAM.) Arriver, se présenter. *Elle s'amène tous les samedis avec sa ribambelle.*
La construction pronominale est familière.
À la forme pronominale, le participe passé de ce verbe s'accorde toujours en genre et en nombre avec son sujet. *Ils se sont amenés avec tous leurs bagages.*
CONJUGAISON : VOIR MODÈLE LEVER.
Le ***e*** se change en ***è*** devant une syllabe contenant un ***e*** muet. *Il amène,* mais *il amenait.*

AMÉNITÉ n. f.
1. Amabilité, affabilité. *Elle répondit avec aménité à sa question. « Je regardais avec appréhension madame Jouve la regarder sans aménité »* (Gabrielle Roy, *La Détresse et l'Enchantement*). SYN. courtoisie.
2. (AU PLUR.) (PLAISANT.) Paroles désagréables, blessantes. *Ils se sont échangé des aménités.*

AMENUISEMENT n. m.
Diminution. SYN. réduction.

AMENUISER v. tr., pronom.
VERBE TRANSITIF
Rendre plus mince, réduire.
VERBE PRONOMINAL
Diminuer. *Vos chances s'amenuisent.* SYN. s'amoindrir.
À la forme pronominale, le participe passé de ce verbe s'accorde toujours en genre et en nombre avec son sujet. *Au fil du temps, sa patience s'est amenuisée.*
CONJUGAISON : VOIR MODÈLE AIMER.

AMER, ÈRE adj.
1. Qui a une saveur désagréable, âcre. *Une boisson amère.*
2. Pénible. *Des regrets amers.*
3. Dur. *Des propos amers.* SYN. aigre; caustique; déplaisant.

AMÈREMENT adv.
Avec amertume, tristesse.

AMÉRICAIN, AINE adj. et n. m. et f.
ADJECTIF
1. D'Amérique du Nord. *Le continent américain.*
2. Des États-Unis. *Un citoyen américain. Le drapeau américain.*
NOM MASCULIN ET FÉMININ
Un Américain, une Américaine.
T L'adjectif s'écrit avec une minuscule; le nom, avec une majuscule.
NOM MASCULIN
L'anglais parlé aux États-Unis. *Ce roman a été traduit de l'américain.*
T Le nom de la langue s'écrit avec une minuscule.

AMÉRICANISATION n. f.
Action d'américaniser; son résultat.

AMÉRICANISER v. tr., pronom.
VERBE TRANSITIF
Donner le caractère américain à.
VERBE PRONOMINAL
Prendre les manières des Américains. *Ils se sont américanisés à San Francisco.*
À la forme pronominale, le participe passé de ce verbe s'accorde toujours en genre et en nombre avec son sujet. *Étienne et Delphine ne se sont pas américanisés.*
CONJUGAISON : VOIR MODÈLE AIMER.

AMÉRICANISME n. m.
Tournure de langage propre à la langue américaine (par rapport à l'anglais britannique).

AMÉRINDIANISME n. m.
Mot ou expression propre aux langues amérindiennes. *Le nom* achigan, *qui vient de l'algonquin, est un amérindianisme.*

AMÉRINDIEN, IENNE adj. et n. m. et f.
ADJECTIF
Relatif aux peuples autochtones de l'Amérique du Nord (à l'exception des Inuits). *La culture amérindienne.*

NOM MASCULIN ET FÉMININ
Autochtone d'Amérique d'origine asiatique, dont l'habitat et la civilisation se sont étendus historiquement à l'ensemble du continent, à l'exception de sa partie la plus septentrionale (Recomm. off.). *Ce sont des Amérindiens.*
T L'adjectif s'écrit avec une minuscule ; le nom, avec une majuscule. Auparavant, on employait le mot ***indien*** en ce sens.
Au Canada, la Loi constitutionnelle de 1982 reconnaît légalement les Indiens comme peuple autochtone.

AMERRIR v. intr.
Se poser sur l'eau, en parlant d'un hydravion, d'un vaisseau spatial. *L'hydravion a amerri.*
Sous l'influence du verbe ***atterrir***, le verbe ***amerrir*** s'écrit avec deux ***r***.
CONJUGAISON : VOIR MODÈLE FINIR.

AMERRISSAGE n. m.
Action d'amerrir. *L'amerrissage de l'hydravion s'est fait sans difficulté.*
amerrissage.

AMERTUME n. f.
1. Saveur amère. *L'amertume d'un café noir.*
2. Mécontentement, déception. *De la jalousie teintée d'amertume.*

AMÉTHYSTE adj. inv. et n. m. et f.
NOM FÉMININ
Pierre, quartz teinté en violet. *Une améthyste ancienne.*
NOM MASCULIN
Couleur violette. *Un améthyste profond voisin du violet.*
ADJECTIF DE COULEUR INVARIABLE
De la couleur violette de l'améthyste. *Des lainages améthyste.*
VOIR TABLEAU – COULEUR (ADJECTIFS DE).
améthyste.

AMEUBLEMENT n. m.
Ensemble des meubles, tapis, tentures qui garnissent une maison, un appartement. *Des tissus d'ameublement.* SYN. mobilier.

AMEUBLIR v. tr.
1. (DR.) Doter de meubles.
2. Rendre une terre plus légère.
CONJUGAISON : VOIR MODÈLE FINIR.

AMEUBLISSEMENT n. m.
Action d'ameublir ; son résultat.

AMEUTER v. tr.
1. Grouper des chiens en meute.
2. Attrouper, exciter. *Il excelle à ameuter les journalistes.* SYN. alerter.
CONJUGAISON : VOIR MODÈLE AIMER.

AMI, IE adj. et n. m. et f.
ADJECTIF
Qui éprouve de l'amitié pour quelqu'un. *Laurence et Fanny sont amies.*
La construction *ami avec est familière.
NOM MASCULIN ET FÉMININ
Personne pour laquelle on éprouve de l'amitié. *Il était son ami, elle sera son amie. L'amie de Fanny s'appelle Sandrine.* SYN. copain ; copine.
LOCUTION
– ***Faux ami.*** (LING.) Emploi d'un mot dans un sens qu'il ne possède pas, sous l'influence d'un mot d'une autre langue qui a une forme semblable. *Le nom* emphase *employé au sens de « accent » est un faux ami inspiré du mot anglais* «emphasis».
FORME FAUTIVE
*ami de garçon, amie de fille. Calques de «*boy friend*», «*girl friend*» au sens de ***ami, amie.***

AMIABLE adj.
Se dit d'une entente faite par des adversaires sans le recours à une instance judiciaire statuant sur leur litige, leur conflit. *Un constat amiable* (et non *hors cour).
LOCUTION
– ***À l'amiable,*** loc. adv. De gré à gré, par voie de conciliation. *Un règlement à l'amiable* (et non *hors cour).

AMIANTE n. m.
Substance minérale à l'épreuve du feu. *Un amiante fibreux.*
Attention au genre masculin de ce nom : ***un*** amiante.

AMIBE n. f.
Animal unicellulaire. *Une amibe dangereuse.*

AMIBIEN, IENNE adj.
Occasionné par les amibes.

AMICAL, ALE, AUX adj.
Qui est inspiré par l'amitié. *Des conseils amicaux.* SYN. d'ami. ANT. hostile ; inamical.

AMICALE n. f.
Regroupement de personnes du même établissement scolaire, de la même profession.

AMICALEMENT adv.
De façon amicale. *Ils se sont salués amicalement.*

AMIDON n. m.
Fécule servant à empeser le linge.

AMIDONNAGE n. m.
Action de passer à l'amidon. *L'amidonnage d'un col.* SYN. empesage.

AMIDONNER v. tr.
Enduire d'amidon. *Une chemise amidonnée.* SYN. empeser.
CONJUGAISON : VOIR MODÈLE AIMER.

AMINCIR v. tr., pronom.
VERBE TRANSITIF
Rendre plus mince. *Amincir une planche.*
VERBE PRONOMINAL
Devenir plus mince. *Ils se sont amincis. La glace s'est amincie, il serait imprudent de patiner sur le lac.*
À la forme pronominale, le participe passé de ce verbe s'accorde toujours en genre et en nombre avec son sujet. *Ces toiles se sont usées et amincies.*
CONJUGAISON : VOIR MODÈLE FINIR.

AMINCISSANT, ANTE adj.
Qui fait paraître plus mince. *Le noir est amincissant.*

AMINCISSEMENT n. m.
Action d'amincir ; son résultat.
amincissement.

AMIRAL n. m.
AMIRALE n. f.
Officier du grade le plus élevé dans la marine militaire. *Des amiraux et des amirales assistaient à la cérémonie.*

AMIRAL, ALE, AUX adj.
1. Se dit d'un navire ayant à son bord un amiral. *Des vaisseaux amiraux.*
2. (FIG.) Se dit d'un élément qui prédomine, qui est le plus important. *L'usine amirale du groupe est à la fine pointe de la technologie. La marque amirale de ce constructeur automobile. La boutique amirale Rykiel à l'angle du boulevard Saint-Germain et de la rue des Saints-Pères.*

AMIRAUTÉ n. f.
Haut commandement d'une flotte de guerre.

AMITIÉ n. f.
1. Affection, sympathie. *J'ai beaucoup d'amitié pour lui.*
2. (AU PLUR.) Salutations amicales. *Mes amitiés à la famille !*
LOCUTION
– ***En toute amitié,*** loc. adv. Très amicalement.

AMMONIAC n. m.
Le *c* se prononce, [amɔnjak].
Gaz.
HOM. ***ammoniaque,*** solution aqueuse d'ammoniac.

AMMONIAC, IAQUE adj.
Relatif à l'ammoniac.
Attention au féminin en ***que,*** comme pour les adjectifs ***public, turc, caduc.***

AMMONIACAL, ALE, AUX adj.
Qui contient de l'ammoniac, qui en a l'odeur ou les propriétés.

AMMONIAQUE n. f.
Solution aqueuse d'ammoniac.
HOM. ***ammoniac,*** gaz.

AMNÉSIE n. f.
Maladie caractérisée par la diminution ou la perte de la mémoire.
Ne pas confondre avec les noms suivants :
• ***amnistie,*** annulation d'infractions à la loi ainsi que de leurs conséquences pénales;
• ***armistice,*** convention entre des armées ennemies pour mettre fin au combat.

AMNÉSIQUE adj. et n. m. et f.
Atteint d'amnésie. *Depuis son accident, il est amnésique.*

AMNESTY INTERNATIONAL
Sigle ***AI*** (s'écrit avec ou sans points).
Cette appellation n'a pas de traduction officielle en français; cependant au Québec, l'appellation ***Amnistie internationale*** est en usage.

AMNIOCENTÈSE n. f.
Les lettres ***en*** se prononcent ***in,*** [amnjosɛ̃tɛz].
(MÉD.) Examen du liquide dans lequel baigne le fœtus, prélevé par ponction, afin de détecter les anomalies fœtales éventuelles.

AMNISTIE n. f.
Annulation d'infractions à la loi ainsi que de leurs conséquences pénales.
Ne pas confondre avec les noms suivants :
• ***amnésie,*** perte de la mémoire;
• ***armistice,*** convention entre des armées ennemies pour mettre fin au combat.

AMNISTIER v. tr.
Accorder une amnistie à. *Les prisonniers ont été amnistiés : ils sont libres désormais.* SYN. absoudre; gracier.
CONJUGAISON : VOIR MODÈLE ÉTUDIER.
Redoublement du ***i*** à la première et à la deuxième personne du pluriel de l'indicatif et du subjonctif présent. *(Que) nous amnistiions, (que) vous amnistiiez.*

AMOCHER v. tr.
1. (FAM.) Blesser. *Il a eu de la chance : il n'est pas trop amoché, malgré sa chute.*
2. (FAM.) Détériorer. *Sa voiture est plutôt amochée.*
CONJUGAISON : VOIR MODÈLE AIMER.

AMOINDRIR v. tr., pronom.
VERBE TRANSITIF
Affaiblir, diminuer la force, la valeur de. *Amoindrir le choc de la surprise.* SYN. atténuer; diminuer.
VERBE PRONOMINAL
Devenir moindre, décroître. *Ses forces se sont amoindries avec l'âge.* ANT. s'accroître; augmenter.
À la forme pronominale, le participe passé de ce verbe s'accorde toujours en genre et en nombre avec son sujet. *Les déficits se sont amoindris.*
CONJUGAISON : VOIR MODÈLE FINIR.

AMOINDRISSEMENT n. m.
Diminution, affaiblissement. *Ces médicaments permettront un amoindrissement de la douleur.* SYN. réduction.

AMOLLIR v. tr., pronom.
VERBE TRANSITIF
1. Rendre mou. *Il faut amollir la pâte avec un peu d'eau.* ANT. durcir.
2. (FIG.) Rendre mou, sans énergie. *La chaleur nous amollit.* SYN. affaiblir. ANT. endurcir.
VERBE PRONOMINAL
Devenir mou. *Le beurre s'est amolli.*
À la forme pronominale, le participe passé de ce verbe s'accorde toujours en genre et en nombre avec son sujet. *Leur détermination s'est amollie au fil du temps.*
Le verbe ***ramollir*** est plus usité.
CONJUGAISON : VOIR MODÈLE FINIR.

AMOLLISSEMENT n. m.
Action d'amollir; son résultat.

AMONCELER v. tr., pronom.
Le ***e*** central est muet, [amɔ̃sle].
VERBE TRANSITIF
Entasser. *Le vent amoncelait la neige contre la maison.* SYN. accumuler.
VERBE PRONOMINAL
S'accumuler, s'empiler. *Les vêtements en désordre s'amoncellent dans sa chambre.*
À la forme pronominale, le participe passé de ce verbe s'accorde toujours en genre et en nombre avec son sujet. *La neige s'était amoncelée dans les rues.*
CONJUGAISON : VOIR MODÈLE APPELER.
Redoublement du ***l*** devant un ***e*** muet. *J'amoncelle, j'amoncellerai,* mais *j'amoncelais.*
amonceler.
[Les *Rectifications* (1990) admettent : il amoncèle, amoncèlera, amoncèlerait...]

AMONCELLEMENT n. m.
Le deuxième ***e*** est muet, [amɔ̃sɛlmɑ̃].
Accumulation. *Un amoncellement de feuilles mortes bouche la gouttière.*
[Les *Rectifications* (1990) admettent : amoncèlement.]

AMONT n. m.
Le côté d'où descend un cours d'eau, depuis la source jusqu'à un point considéré. *En marchant vers l'amont de la rivière.* ANT. aval.
Le nom ***amont*** signifie « vers la montagne ».
LOCUTIONS
– ***En amont de,*** loc. prép. En remontant le cours de l'eau. *En amont du village, vous trouverez une érablière.*
– ***En amont de,*** loc. prép. (FIG.) Au sens de « qui vient avant ». *Dans le processus de fabrication, le montage est en amont de la finition.*

AMORAL, ALE, AUX adj.
Qui ignore les règles de la morale.
Ne pas confondre avec l'adjectif ***immoral,*** contraire à la morale.

AMORALISME n. m.
Attitude d'une personne amorale.

AMORALITÉ n. f.
Caractère de ce qui est amoral.

AMORÇAGE n. m.
Action d'amorcer. *L'amorçage de la fusée.*
amorçage.

AMORCE n. f.
1. Entrée en matière. *Une bonne amorce à la discussion.* SYN. commencement; début.
2. Détonateur. *L'amorce est mouillée : c'est peine perdue.*
3. Appât. *Les mouches servent d'amorces à la pêche à la truite.*

AMORCER v. tr., pronom.
VERBE TRANSITIF
1. Ébaucher, commencer quelque chose. *Elle amorça les négociations.*
2. Appâter. *Amorcer un hameçon.*
VERBE PRONOMINAL
Commencer. *Une baisse des taux d'intérêt s'est amorcée.*
À la forme pronominale, le participe passé de ce verbe s'accorde toujours en genre et en nombre avec son sujet. *Les changements se sont amorcés.*
CONJUGAISON : VOIR MODÈLE AVANCER.
Le *c* prend une cédille devant les lettres ***a*** et ***o***. *Il amorça, nous amorçons.*

AMOROSO adv.
Mot italien signifiant « avec tendresse », qui sert d'indication musicale.

AMORPHE adj.
Apathique, inactif. *Un chien amorphe qui ne fait que dormir.* SYN. indolent ; léthargique.
amorphe.

AMORTI n. m.
Manière de frapper le ballon, la balle dans certains sports. *Des amortis efficaces.*

AMORTIR v. tr., pronom.
VERBE TRANSITIF
1. Rendre moins fort, atténuer. *Le liège amortit le bruit.* SYN. réduire.
2. (FIN.) Rembourser un emprunt, réduire graduellement une dette.
VERBE PRONOMINAL
1. Diminuer, s'affaiblir. *Les secousses se sont amorties peu à peu.*
2. Être remboursé graduellement. *Cette hypothèque s'est amortie sur dix ans.*
À la forme pronominale, le participe passé de ce verbe s'accorde toujours en genre et en nombre avec son sujet. *Les bruits se sont amortis.*
CONJUGAISON : VOIR MODÈLE FINIR.

AMORTISSABLE adj.
Qui peut être amorti.

AMORTISSEMENT n. m.
1. Action d'amortir ou de s'amortir.
2. (FIN.) Remboursement graduel d'une dette.
3. (FIN.) Constatation comptable de la perte subie sur la valeur des immobilisations qui se déprécient avec le temps.

AMORTISSEUR n. m.
Dispositif destiné à amortir les secousses, les vibrations, etc. *Réparer les amortisseurs* (et non les *shock absorbers).

AMOUR n. m. et f.
NOM MASCULIN SINGULIER
1. Sentiment amoureux, sentiment passionné d'une personne pour une autre. *Un amour heureux.* SYN. affection ; attachement ; tendresse.
2. Affection entre des personnes. *L'amour maternel.*
3. Goût très vif pour quelque chose. *L'amour de la musique.* SYN. intérêt.
NOM FÉMININ PLURIEL
Les folles amours.
L'usage actuel tend à donner au mot ***amour*** le genre masculin également au pluriel.
NOM MASCULIN
Enfant symbolisant l'amour. *Les amours ailés de la Renaissance.*
LOCUTIONS
– ***Faire l'amour.*** Avoir des relations sexuelles avec quelqu'un.
– ***Un amour de...*** Personne, animal, chose adorable. *Un amour de chaton.* SYN. joli ; mignon.
FORME FAUTIVE
*être, tomber en amour. Calques de «*to be in love*», «*to fall in love*» pour ***être, tomber amoureux.***

AMOURACHER (S') v. pronom.
(PÉJ.) Tomber subitement amoureux. *Elle s'est amourachée du premier venu.* SYN. s'enticher.
Le participe passé de ce verbe, qui n'existe qu'à la forme pronominale, s'accorde toujours en genre et en nombre avec son sujet. *Cette personne s'est amourachée d'un séducteur.*
CONJUGAISON : VOIR MODÈLE AIMER.

A

AMOUR-EN-CAGE
VOIR – ALKÉKENGE.

AMOURETTE n. f.
1. Amour passager. *Hélas ! ce n'était qu'une amourette !* SYN. aventure ; flirt ; passade.
2. (AU PLUR.) Morceaux de moelle épinière de veau, de bœuf ou de mouton servis comme garnitures.

AMOUREUSEMENT adv.
Avec amour.

AMOUREUX, EUSE adj. et n. m. et f.
1. Qui éprouve de l'amour ou qui est enclin à l'amour. *Il est follement amoureux d'elle.*
2. Passionné de. *Elle est amoureuse de la peinture.* SYN. fanatique ; fervent ; fou.
amoureux.

AMOUR-PROPRE n. m. (pl. *amours-propres*)
Respect de soi-même, fierté.
amour-propre, avec un trait d'union.

AMOVIBILITÉ n. f.
Fait d'être amovible.

AMOVIBLE adj.
Qui peut être déplacé. *Un toit amovible.*

AMPÉRAGE n. m.
Intensité d'un courant électrique.

AMPÈRE n. m.
Symbole ***A*** (s'écrit sans point).
Unité de mesure d'intensité de courant électrique.

AMPÈRE-HEURE n. m. (pl. *ampères-heures*)
Symbole ***Ah*** (s'écrit sans points).
Unité de mesure de quantité d'électricité.
[Les *Rectifications* (1990) admettent : ampèreheure, ampèreheures.]

AMPÈREMÈTRE n. m.
Appareil servant à mesurer l'intensité d'un courant électrique.

AMPÈRE PAR MÈTRE
Symbole ***A/m*** (s'écrit sans points).

AMPHÉTAMINE n. f.
Médicament qui stimule l'activité cérébrale.
amphétamine.

AMPHI n. m.
Abréviation familière de ***amphithéâtre.***

AMPHI- préf.
Élément du grec signifiant « en double » ou « autour ».
Les mots composés avec le préfixe ***amphi-*** s'écrivent sans trait d'union. *Amphibie, amphithéâtre.*

AMPHIBIE adj. et n. m.
Qui vit sur terre et dans l'eau. *La grenouille est un amphibie.*
Qui peut être utilisé sur terre et dans l'eau. *Des véhicules amphibies.*
amphibie.

AMPHIBIEN n. m.
Animal vertébré qui vit sur terre et dans l'eau. *La grenouille est un amphibien ; elle appartient à la classe des amphibiens.*
Le nom ***batracien*** est aujourd'hui vieilli.

AMPHIGOURI n. m. (pl. *amphigouris*)
(PÉJ.) Texte incompréhensible et prétentieux.

AMPHIGOURIQUE adj.
(PÉJ.) Incompréhensible. SYN. ésotérique; obscur.

AMPHITHÉÂTRE n. m.
S'abrège familièrement en ***amphi*** (s'écrit sans point).
1. Édifice garni de gradins où se livraient les combats de gladiateurs.
2. Salle de cours garnie de gradins.
amp**h**ithéâtre.

AMPHITRYON n. m.
(PLAISANT.) Hôte.
amph**i**tryon.

AMPHORE n. f.
Vase à deux anses, terminé en pointe. *Une amphore de grand prix.*
Attention au genre féminin de ce nom : ***une*** amphore.
amp**h**ore.

AMPLE adj.
1. Qui a des dimensions plus que suffisantes pour l'usage envisagé. *Une tunique ample.*
2. Abondant. *Pour (de) plus amples renseignements, plus amples explications, n'hésitez pas à communiquer avec nous.*
LOCUTION
– ***Jusqu'à plus ample informé.*** (DR.) Locution figée au sens de « avant d'être mieux renseigné ».

AMPLEMENT adv.
Largement, avec ampleur. *Ces données suffiront amplement.*

AMPLEUR n. f.
Grandeur, largeur qui dépasse la mesure ordinaire. *L'ampleur des moyens mis à leur disposition leur a permis d'être élus. Étant donné l'ampleur des dégâts, le maire a demandé de l'aide.*

AMPLI n. m. (pl. *amplis*)
Forme abrégée de ***amplificateur.***

AMPLIFICATEUR n. m.
S'abrège familièrement en ***ampli*** (s'écrit sans point).
1. Appareil d'amplification.
2. Élément d'une chaîne acoustique qui sert à accroître la puissance des sons.

AMPLIFICATION n. f.
1. Augmentation de la puissance.
2. Développement exagéré d'un sujet. SYN. emphase.

AMPLIFIER v. tr., pronom.
VERBE TRANSITIF
Accroître le volume, l'étendue, l'importance de. *Le haut-parleur amplifie les sons.*
À la forme pronominale, le participe passé de ce verbe s'accorde toujours en genre et en nombre avec son sujet. *La rumeur s'est amplifiée.*
VERBE PRONOMINAL
Prendre plus d'amplitude. *Les tensions se sont amplifiées.* SYN. augmenter.
CONJUGAISON : VOIR MODÈLE ÉTUDIER.
Redoublement du ***i*** à la première et à la deuxième personne du pluriel de l'indicatif imparfait et du subjonctif présent. *(Que) nous amplifiions, (que) vous amplifiiez.*

AMPLITUDE n. f.
Étendue en largeur et en longueur. *L'amplitude d'un mouvement.*

AMPOULE n. f.
1. Tube de verre contenant un médicament. *Une ampoule de vitamines.*
2. Globe de verre renfermant le filament des lampes à incandescence. *L'ampoule est brûlée.*
3. Cloque de la peau. *J'ai des ampoules aux pieds.*

AMPOULÉ, ÉE adj.
Emphatique, enflé, prétentieux. *Un style ampoulé.* SYN. grandiloquent; pompeux.

AMPUTATION n. f.
Action d'enlever un membre, une partie d'un membre au cours d'une opération chirurgicale.
Ne pas confondre avec les noms suivants :
• ***ablation,*** action d'enlever un organe, une tumeur;
• ***mutilation,*** perte accidentelle d'une partie du corps.

AMPUTÉ, ÉE n. m. et f.
Personne qui a subi une amputation. *Les amputés de guerre.*

AMPUTER v. tr.
Sectionner un membre au cours d'une opération chirurgicale.
Ne pas confondre avec le verbe ***imputer,*** attribuer la responsabilité (d'une faute) à quelqu'un; porter une somme au débit d'un compte.
CONJUGAISON : VOIR MODÈLE AIMER.

AMUÏR (S') v. pronom.
(PHONÉT.) Devenir muet. *Le* g *du mot* amygdale *s'est amuï.*
Le participe passé de ce verbe, qui n'existe qu'à la forme pronominale, s'accorde toujours en genre et en nombre avec son sujet. *Certaines consonnes se sont amuïes.*
Le verbe se conjugue avec l'auxiliaire ***être.***
CONJUGAISON : VOIR MODÈLE FINIR.

AMUÏSSEMENT n. m.
(PHONÉT.) Fait de devenir muet.

AMULETTE n. f.
Talisman. *Ce sorcier africain porte des amulettes.* SYN. fétiche; porte-bonheur.

AMUSANT, ANTE adj.
Divertissant. *Une activité amusante à faire en groupe.* SYN. drôle; (FAM.) rigolo.

AMUSE-GUEULE n. m. (pl. *amuse-gueule* ou *amuse-gueules*)
Hors-d'œuvre. *Les enfants ont préparé des amuse-gueule* ou *amuse-gueules appétissants pour la fête.*

AMUSEMENT n. m.
Divertissement. *Pour votre amusement, le clown fera son numéro.*

AMUSER v. tr., pronom.
VERBE TRANSITIF
Divertir. *Le funambule amuse les enfants.* SYN. égayer.
VERBE PRONOMINAL
Se distraire. *Ils s'amusent à la contredire. Les enfants s'amusent de tout.* SYN. se divertir; jouer.
À la forme pronominale, le participe passé s'accorde toujours en genre et en nombre avec son sujet. *Elles se sont bien amusées.*
CONJUGAISON : VOIR MODÈLE AIMER.

AMUSETTE n. f.
Bagatelle, petit amusement.

AMUSEUR, EUSE n. m. et f.
Personne qui divertit.

AMYGDALE n. f.
On ne prononce pas le ***g,*** [amidal].
Chacun des deux organes situés sur le côté du larynx. *On l'a opéré des amygdales : depuis deux jours, il ne mange que de la crème glacée.*
Attention au genre féminin de ce nom : ***une*** amygdale.
am**yg**dale.

AMYGDALECTOMIE n. f.
On ne prononce pas le ***g,*** [amidalɛktɔmi].
Ablation des amygdales.
am**yg**dalectomie.

AMYGDALITE n. f.
On ne prononce pas le ***g,*** [amidalit].
Inflammation des amygdales. *Il a mal à la gorge : il souffre d'une amygdalite.*
amy**g**dalite.

AN n. m.
Période de 12 mois. *Fanny a 21 ans, tandis que Laurence en a 20. Il y a 20 ans paraissait la 1re édition du* Multidictionnaire. *L'an 2010.*
Par rapport au nom ***année,*** qui insiste sur la durée, l'écoulement du temps, le nom ***an*** marque davantage la date, l'âge. Le nom ***an*** tend à être remplacé par ***année,*** sauf dans les actes notariés, la poésie, où les dates sont composées en lettres.
LOCUTIONS
– ***An de grâce.*** Cette locution figée ne doit s'employer que pour désigner une année postérieure à l'an 1000. À cette date où l'on craignait la fin du monde, chaque année en plus était une grâce divine.
– ***Bon an, mal an.*** Au cours d'une année, en moyenne. *Bon an, mal an, nous récoltons quinze tonnes de pommes.*
– ***Le jour de l'An.*** Le premier jour de l'année. SYN. le Nouvel An ; le premier de l'An.
– ***S'en moquer comme de l'an quarante.*** Ne pas prendre quelqu'un ou quelque chose au sérieux, ne pas s'en soucier.
HOM.
• ***en,*** marque le lieu, la manière, etc. ;
• ***en,*** de lui, d'elle, de cela ;
• ***han,*** cri sourd.

ANA- préf.
Élément du grec signifiant « à rebours, à nouveau ».

ANABOLISANT, ANTE adj. et n. m. et f.
Se dit d'une substance stimulant l'anabolisme et favorisant l'accroissement du système musculaire. *Des stéroïdes anabolisants.*

ANABOLISME n. m.
Processus cellulaire par lequel s'édifient, par voie de synthèse, des matières organiques complexes dans les tissus vivants (GDT). ANT. catabolisme.

ANACARDIER n. m.
Arbre tropical qui produit la noix de cajou.

ANACHORÈTE n. m.
Les lettres ***ch*** se prononcent ***k,*** [anakɔrɛt].
Ermite.

ANACHRONIQUE adj.
1. Non conforme aux habitudes d'une époque.
2. Vieilli, désuet. *Des pratiques anachroniques.*

ANACHRONISME n. m.
Les lettres ***ch*** se prononcent ***k,*** [anakrɔnism].
1. Erreur de date, confusion entre des époques différentes. *Il y a plusieurs anachronismes cocasses dans ce film.*
2. Caractère de ce qui est vieilli, démodé. SYN. désuétude ; obsolescence.

ANACOLUTHE n. f.
Modification soudaine de la construction d'une phrase. *Quelques exemples d'anacoluthes : Tous plus ou moins mortellement blessés, le premier a été tué sur le coup, le deuxième à son arrivée à l'hôpital. Caché dans un classeur, il n'a pu retrouver son dossier. Des trous dans sa culotte laissaient entrevoir une famille pauvre.*
ana**co**lu**th**e.

ANACONDA n. m.
Grand serpent de l'Amérique du Sud. *L'anaconda peut atteindre huit mètres.*

ANAÉROBIE adj. et n. m.
ADJECTIF
Qualifie un organisme qui n'a pas besoin d'oxygène pour se développer. ANT. aérobie.
NOM MASCULIN
Organisme n'ayant pas besoin d'oxygène pour se développer.

ANAGRAMME n. f.
Mot obtenu par transposition des lettres d'un autre mot. *Une anagramme intéressante : aimer – Marie. Alcofribas Nasier est l'anagramme de François Rabelais.*
Attention au genre féminin de ce nom : ***une*** anagramme.
anagra**mm**e.

ANAL, ALE, AUX adj.
Relatif à l'anus. *Le sphincter anal permet la contraction et le relâchement de l'anus.*
HOM.
• ***annal,*** qui ne dure qu'un an ;
• ***annales,*** histoire.

ANALGÉSIE n. f.
Perte naturelle ou provoquée de la sensibilité à la douleur.

ANALGÉSIQUE adj. et n. m.
ADJECTIF
Qui calme les douleurs névralgiques. *Une gelée analgésique.* SYN. antidouleur.
NOM MASCULIN
Produit qui atténue ou supprime la sensibilité à la douleur. *Un analgésique efficace.*

ANALLERGIQUE adj.
Se dit d'une substance qui ne provoque pas d'allergie. *Une crème anallergique.*
Ne pas confondre avec le mot ***hypoallergique*** qui se dit d'une substance qui diminue les risques d'allergie.

ANALOGIE n. f.
Rapport entre deux ou plusieurs choses qui présentent certains traits communs. *L'analogie entre les deux situations est amusante.*
Ne pas confondre avec le nom ***similitude,*** relation entre des choses exactement semblables.

ANALOGIQUE adj.
Fondé sur l'analogie. *Un dictionnaire analogique.*
LOCUTION
– ***Montre, pendule analogique.*** Montre, pendule avec aiguilles. *Des montres analogiques et des montres numériques.*
La représentation de l'heure au moyen de chiffres mobiles est dite ***numérique*** (et non *digitale).

ANALOGIQUEMENT adv.
Par analogie.

ANALOGUE adj.
Qui est à peu près semblable. *Cette étude est analogue à celle que nous avons examinée.* SYN. comparable ; similaire ; voisin.
Ne pas confondre avec les mots suivants :
• ***homologue,*** personne qui exerce une fonction équivalente à celle d'une autre dans un ensemble différent ;
• ***identique,*** qui est tout à fait semblable.
Cet adjectif se construit avec la préposition ***à.***

ANALPHABÈTE adj. et n. m. et f.
Qui ne sait ni lire ni écrire. *Une personne analphabète. Un analphabète.*
Le mot ***illettré*** peut être synonyme de ***analphabète*** ; il peut également désigner une personne qui manque de culture.
anal**ph**abète.

A

ANALPHABÉTISME n. m.
État de l'analphabète. *Le taux d'analphabétisme est encore très élevé dans ce pays.*
analphabétisme.

ANALYSABLE adj.
Qui peut être analysé. *Des modifications analysables.*
analysable.

ANALYSE n. f.
Action de décomposer un tout en ses parties afin d'en saisir les rapports. *Une analyse chimique, une analyse du sang.*
LOCUTIONS
– ***Analyse grammaticale.*** Détermination de la nature d'un mot, de son genre, de son nombre, de sa personne, s'il y a lieu, et de sa fonction.
VOIR TABLEAU – PHRASE (ANALYSE GRAMMATICALE DE LA).
– ***Analyse logique.*** Décomposition de la phrase en propositions et détermination de la nature et de la fonction de chaque proposition.
– ***En dernière analyse.*** En définitive.
analyse.

ANALYSER v. tr.
1. Soumettre à une analyse. *Analyser le sang d'un patient.*
2. (FIG.) Étudier attentivement. *La situation mérite d'être analysée.* SYN. examiner; scruter.
CONJUGAISON : VOIR MODÈLE AIMER.
analyser.

ANALYSEUR n. m.
Appareil permettant de définir la structure d'un son, d'une vibration.
analyseur.

ANALYSTE n. m. et f.
1. Spécialiste de l'analyse (financière, informatique, mathématique). *Une analyste informatique. Un analyste financier.*
2. Psychanalyste.
HOM. ***annaliste,*** historien qui écrit des annales.
analyste.

ANALYTIQUE adj.
Qui procède par analyse, qui comporte une analyse. *Comptabilité analytique.* ANT. synthétique.
analytique.

ANALYTIQUEMENT adv.
D'une manière analytique.
analytiquement.

ANANAS n. m.
Le *s* ne se prononce généralement pas, [anana, ananas].
Plante tropicale cultivée pour son fruit sucré; ce fruit. *Des jus d'ananas.*

ANAPHYLACTIQUE adj.
(MÉD.) Relatif à l'allergie. *Un choc anaphylactique violent.*
anaphylactique.

ANARCHIE n. f.
1. État de désordre causé par l'absence d'autorité politique.
2. État généralisé de désordre et de confusion. *Tout un chacun fait ce qu'il veut : c'est l'anarchie totale !*

ANARCHIQUE adj.
Où règne l'anarchie.
Ne pas confondre avec le nom ***anarchiste,*** partisan de l'anarchisme.

ANARCHIQUEMENT adv.
De façon anarchique.

ANARCHISME n. m.
Doctrine qui rejette toute autorité.

ANARCHISTE adj. et n. m. et f.
Partisan de l'anarchisme.
Ne pas confondre avec l'adjectif ***anarchique,*** caractérisé par le désordre.

ANATHÈME n. m.
1. Sentence d'excommunication.
2. (FIG.) Condamnation publique, réprobation. *Jeter l'anathème sur les autorités.*
Attention au genre masculin de ce nom : ***un*** anathème.
anathème.

ANATOMIE n. f.
Étude de la forme, de la structure d'un être vivant. *On peut étudier l'anatomie humaine, animale ou végétale.*

ANATOMIQUE adj.
1. Qui se rapporte à l'anatomie. *Un dessin anatomique.*
2. Qui est bien adapté à l'anatomie de l'utilisateur. *Un clavier anatomique.* SYN. ergonomique.

ANATOMIQUEMENT adv.
Du point de vue de l'anatomie.

ANCESTRAL, ALE, AUX adj.
Relatif aux ancêtres. *La maison ancestrale, des droits ancestraux.*

ANCÊTRE n. m. et f.
1. (AU PLUR.) (LITT.) Ascendants d'une famille et plus généralement ceux qui ont vécu avant les grands-parents. SYN. aïeul.
2. (FAM.) Personne âgée.
Par rapport au nom ***aïeul,*** le nom ***ancêtre*** est plus littéraire, d'un niveau de langue plus soutenu. À compter de la troisième génération (arrière-grand-père), on emploie le mot ***ancêtre.***

ANCHE n. f.
Pièce de certains instruments à vent (clarinette, saxophone, etc.).
HOM. ***hanche,*** partie du corps.

ANCHOÏADE n. f.
Sauce provençale à l'anchois et à l'huile d'olive. *Les bonnes anchoïades de Collioure.*

ANCHOIS n. m.
Petit poisson de mer. *Les anchois sont très salés. Des bouchées aux anchois.*
anchois, avec un *s*, au singulier comme au pluriel.

ANCIEN, IENNE adj. et n. m. et f.
ADJECTIF
1. Qui existe depuis longtemps. *L'Ancien Testament. Une construction ancienne.*
2. Se dit d'un mot, d'une expression qui désigne une personne, une chose disparue, qui n'existe plus.
3. Qui n'est plus en fonction. *L'ancien président du conseil a assisté à la rencontre.*
NOM MASCULIN ET FÉMININ
Personne qui a fréquenté une école, un établissement d'enseignement. *Les anciens du collège Brébeuf.*
NOM MASCULIN PLURIEL
Ceux qui ont vécu très longtemps avant nous, surtout les Grecs et les Romains. *Les Anciens.*
LOCUTION
– ***Dans les temps anciens.*** Autrefois.
Ne pas confondre avec les mots suivants :
- ***antique,*** très ancien;
- ***archaïque,*** trop ancien.

ANCIENNEMENT adv.
Autrefois. *Anciennement, on s'éclairait à la chandelle.*

ANCIENNETÉ n. f.
1. État de ce qui est ancien. *L'ancienneté d'un usage.*
2. Temps passé dans une fonction. *Elle a 15 ans d'ancienneté dans l'entreprise* (et non de *séniorité).

ANCIEN TESTAMENT n. m.
Abréviation ***A.T.*** (s'écrit avec des points).
Livres de l'Écriture sainte.

ANCILLAIRE adj.
Les deux *l* se prononcent comme un seul, [ɑ̃silɛr].
(LITT.) Relatif aux servantes. *Des liaisons ancillaires.*

ANCOLIE n. f.
Plante aux fleurs bleues, blanches, roses ou jaunes.

ANCRAGE n. m.
1. Action d'ancrer (un bateau).
2. Action d'attacher à un point fixe.
LOCUTION
– ***Point d'ancrage.*** Élément fondamental autour duquel s'organise un ensemble.

ANCRE n. f.
1. Lourde pièce d'acier généralement à deux crochets qu'on laisse tomber à l'aide d'un câble au fond de l'eau, afin de retenir un navire. *Les navigateurs ont jeté l'ancre dans une baie. Ils ont mis le voilier à l'ancre. Ils lèveront l'ancre à l'aube.*
2. (INFORM.) Zone déterminée d'un document Web, qui permet d'activer un lien hypertexte entre des données ayant une relation de complémentarité les unes avec les autres, et ce, où qu'elles se trouvent dans Internet (GDT).
Le terme ***ancre*** appartient plutôt à la langue technique des concepteurs de documents Web. Les internautes recourent plus généralement au terme ***hyperlien*** pour désigner ce sur quoi ils cliquent pour naviguer dans Internet.
Attention au genre féminin de ce nom : ***une*** ancre.
HOM. ***encre,*** liquide utilisé pour écrire.

ANCRER v. tr., pronom.
VERBE TRANSITIF
1. Immobiliser en jetant l'ancre. *Ancrer une barque dans la baie.*
2. Fixer solidement. *Ancrer un câble. L'alpiniste a ancré ses piolets dans la glace.*
3. (FIG.) Assurer. *L'entreprise veut ancrer ses recherches avec des produits phares.*
VERBE PRONOMINAL
1. Se fixer à l'aide d'une ancre. *Paul s'est ancré dans l'anse pour pêcher.*
2. (FIG.) S'implanter, s'installer. *Un mouvement qui s'ancre dans la modernité.* SYN. s'enraciner.
À la forme pronominale, le participe passé de ce verbe s'accorde toujours en genre et en nombre avec son sujet. *Les voiliers se sont ancrés dans la baie.*
CONJUGAISON : VOIR MODÈLE AIMER.

ANDALOU, OUSE adj. et n. m. et f.
D'Andalousie. *Des poètes andalous. Un Andalou, une Andalouse.*
L'adjectif s'écrit avec une minuscule ; le nom, avec une majuscule.

ANDANTE adv. et n. m.
Le mot se prononce, [andante].
ADVERBE
Mouvement musical modéré.
En typographie soignée, les mots étrangers sont composés en italique. Dans des textes déjà en italique, la notation se fait en romain. Pour les textes manuscrits, on utilisera les guillemets.
NOM MASCULIN
Morceau de musique exécuté andante. *Des andantes.*

ANDOUILLE n. f.
1. Charcuterie.
2. (FAM.) Personne sotte. *Quelle andouille !* SYN. bête ; imbécile ; (FAM.) nouille.

ANDOUILLETTE n. f.
Petite andouille.

ANDRAGOGIE n. f.
Science et pratique de l'aide éducative à l'apprentissage pour des adultes dont la formation générale a été de courte durée (Recomm. off.).

ANDRAGOGUE n. m. et f.
Spécialiste de l'andragogie.

ANDRO- préf.
Élément du grec signifiant « homme mâle ». *Androgyne.*

ANDROGÈNE adj. et n. m.
Se dit d'une substance hormonale qui provoque l'apparition de caractères sexuels masculins.

ANDROGYNE adj. et n. m. et f.
Individu qui présente des caractères sexuels du sexe opposé. *Un androgyne troublant.*
L'***hermaphrodite*** est doté de caractères des deux sexes.

ANDROÏDE n. m.
Robot à forme humaine.

ANDROPAUSE n. f.
Diminution progressive de l'activité sexuelle chez l'homme.
Au féminin, c'est la ***ménopause*** qui désigne la fin de la fonction ovarienne.

ANDROSTÉRONE n. f.
Hormone sexuelle mâle.

ÂNE n. m.
1. Quadrupède du genre cheval, mais plus petit et avec des oreilles plus longues. Mâle de l'ânesse. *L'âne brait.*
VOIR TABLEAU – ANIMAUX.
2. (FIG.) Personne bornée.
LOCUTION
– ***Dos d'âne.*** Gonflement transversal de la chaussée. *Les dos d'âne du chemin.*

ANÉANTIR v. tr., pronom.
VERBE TRANSITIF
Détruire complètement. *Un incendie a anéanti la maison et tous les biens.* SYN. ruiner.
VERBE PRONOMINAL
Disparaître, s'effondrer. *Nos rêves se sont anéantis.* SYN. s'écrouler.
À la forme pronominale, le participe passé de ce verbe s'accorde toujours en genre et en nombre avec son sujet. *Leurs espoirs se sont anéantis.*
Contrairement au verbe ***annihiler,*** qui ne peut avoir comme compléments que des choses non matérielles, le verbe ***anéantir*** peut être construit avec des compléments désignant des choses matérielles ou immatérielles.
CONJUGAISON : VOIR MODÈLE FINIR.

ANÉANTISSEMENT n. m.
Destruction totale. *Cet incendie, c'est l'anéantissement de dix années d'efforts.* SYN. ruine.

ANECDOTE n. f.
Récit court d'un fait particulier. *Raconter des anecdotes amusantes. « Et cette journée se passa en anecdotes, en échanges de souvenirs, en contes que chacun retrouvait miraculeusement dans sa mémoire »* (Gabrielle Roy, *De quoi t'ennuies-tu, Éveline?*).

ANECDOTIQUE adj.
1. Qui contient des anecdotes.
2. Secondaire. *Un fait purement anecdotique.*

ANÉMIE n. f.
Appauvrissement du sang.

ANÉMIER v. tr.
Affaiblir. *La maladie l'a anémié.*
CONJUGAISON : VOIR MODÈLE ÉTUDIER.
Redoublement du ***i*** à la première et à la deuxième personne du pluriel de l'indicatif imparfait et du subjonctif présent. *(Que) nous anémiions, (que) vous anémiiez.*

A

ANÉMIQUE adj.
Atteint d'anémie.

ANÉMO- préf.
Élément du grec signifiant « vent ».

ANÉMOMÈTRE n. m.
Instrument destiné à mesurer la vitesse du vent.

ANÉMONE n. f.
1. Plante cultivée pour ses fleurs décoratives.
2. Fleur de cette plante. *Des anémones violettes.*
anémone.

ÂNERIE n. f.
Bêtise. *Il débite des âneries.* SYN. sottise.

ÂNESSE n. f.
Femelle de l'âne. *Le petit de l'ânesse est l'ânon.*
VOIR TABLEAU – ANIMAUX.

ANESTHÉSIANT, IANTE adj. et n. m. et f.
Se dit d'une substance qui procure une anesthésie. *Un gaz anesthésiant.* SYN. anesthésique.
anesthésiant.

ANESTHÉSIE n. f.
Perte plus ou moins complète de la sensibilité provoquée par un médicament. *Pour l'opérer des amygdales, on lui a fait une anesthésie locale.*
anesthésie.

ANESTHÉSIER v. tr.
1. Rendre insensible à la douleur au moyen d'un anesthésique.
2. (FIG.) Endormir. *Ces beaux discours l'ont anesthésié, ont calmé son inquiétude.* SYN. apaiser; rassurer.
CONJUGAISON : VOIR MODÈLE ÉTUDIER.
Redoublement du ***i*** à la première et à la deuxième personne du pluriel de l'indicatif imparfait et du subjonctif présent. *(Que) nous anesthésiions, (que) vous anesthésiiez.*
anesthésier.

ANESTHÉSIQUE adj. et n. m.
Se dit d'un produit qui procure une anesthésie locale ou générale. *Un produit anesthésique. L'éther est un anesthésique peu utilisé.* SYN. anesthésiant.
anesthésique.

ANESTHÉSISTE n. m. et f.
Médecin spécialiste de l'anesthésie.
anesthésiste.

ANETH n. m.
Le ***t*** se prononce, [anɛt].
Plante aromatique, appelée communément ***fenouil***.
aneth.

ANÉVRISMAL, ALE, AUX adj.
Relatif à un anévrisme.

ANÉVRISME n. m.
Dilatation des membranes d'une artère dont la rupture peut être mortelle. *Elle a subi une rupture d'anévrisme.*
La graphie ***anévrysme*** est peu usitée.

ANFRACTUOSITÉ n. f.
Cavité profonde, inégalité. *Les anfractuosités* (et non *infractuosités) *de la paroi rocheuse.*
Ce nom s'emploie surtout au pluriel.

ANGE n. m.
1. Créature spirituelle. *Mon ange gardien.*
2. (FIG.) Personne parfaite. *Son amie est un ange de dévouement.*
Le nom ***ange*** est toujours masculin, même lorsqu'il désigne une femme.
LOCUTION
– ***Être aux anges.*** Être ravi. *Les enfants sont aux anges : ils sont en vacances.*

ANGÉLIQUE adj. et n. f.
ADJECTIF
Propre à l'ange, digne d'un ange. *Une douceur angélique.*
NOM FÉMININ
Plante aromatique dont on confit les tiges.

ANGÉLIQUEMENT adv.
De façon angélique.

ANGÉLISME n. m.
Rejet de la réalité, candeur utopique. SYN. irréalisme; utopisme.

ANGELOT n. m.
Petit ange. *Des angelots joufflus.*

ANGÉLUS n. m.
Le ***s*** se prononce, [ɑ̃ʒelys].
1. Prière en l'honneur de la Vierge. *L'Angélus du soir.*
T En ce sens, le nom s'écrit avec une majuscule.
2. Sonnerie de cloche annonçant cette prière. « *Par-dessus le désert du fleuve, un son lointain de cloches, l'angélus de midi, arriva ouaté par la distance* » (Ringuet, *Trente Arpents*).
T En ce sens, le nom s'écrit avec une minuscule.
angélus, puisque ce nom d'origine latine est francisé.

ANGEVIN, INE adj. et n. m. et f.
Habitant de l'Anjou ou de la ville d'Angers.
T L'adjectif s'écrit avec une minuscule; le nom, avec une majuscule.

ANGINE n. f.
Inflammation de la gorge ou du pharynx. SYN. mal de gorge.
LOCUTION
– ***Angine de poitrine.*** Accès de douleur cardiaque accompagné d'une sensation d'angoisse.

ANGIOGRAPHIE n. f.
(MÉD.) Radiographie des vaisseaux. *L'angiographie permet notamment de détecter des sténoses artérielles.*

ANGIOPLASTIE n. f.
(MÉD.) Technique chirurgicale de réparation des vaisseaux. *La nouvelle génération de prothèses placées à l'intérieur de l'artère coronaire devrait améliorer les résultats de l'angioplastie.*

ANGLAIS, AISE adj. et n. m. et f.
ADJECTIF
1. D'Angleterre. *Une ville anglaise. De jolis jardins anglais.*
2. Propre à la langue anglaise. *Un verbe anglais.*
NOM MASCULIN ET FÉMININ
Un Anglais, une Anglaise.
T L'adjectif s'écrit avec une minuscule; le nom, avec une majuscule.
NOM MASCULIN
Langue parlée surtout en Grande-Bretagne, aux États-Unis et dans le Commonwealth britannique. *Elle parle l'anglais, elle parle anglais. Un livre écrit en anglais.*
VOIR TABLEAU – ANGLAIS (EMPRUNTS À L').
T Le nom de la langue s'écrit avec une minuscule.
NOM FÉMININ
Boucle de cheveux.

ANGLE n. m.
1. Figure formée par l'intersection de deux lignes. *Un angle droit.*
2. Coin. *À l'angle du boulevard Laurier et de la rue des Bouleaux.*
LOCUTIONS
– ***Angle mort.*** Zone de visibilité inaccessible au conducteur lorsqu'il regarde dans le rétroviseur. *Cette voiture comporte des angles morts dangereux* (et non des *points aveugles).
– ***Arrondir les angles.*** Aplanir les difficultés.
– ***Sous l'angle de,*** loc. prép. Du point de vue de.

EMPRUNTS À L'**ANGLAIS**

Bon nombre de mots anglais – empruntés principalement au cours du XIXe siècle – sont passés dans l'usage français tout en conservant leur forme originale. Ces emprunts, qui appartiennent surtout à la langue des sports, des techniques et des transports, sont nécessaires parce que le français ne dispose pas d'équivalents pour ces mots.

A

En voici quelques exemples :

aluminium	cortisone	kilt	scout
auburn	cottage	laser	short
autocar	cow-boy	lock-out	sketch
bacon	crash	lunch	slogan
badminton	crawl	music-hall	smoking
bar	curling	nylon	snob
barman	cyclone	palace	soda
barracuda	drain	ping-pong	square
baseball	ferry	plaid	stand
basket-ball	film	poker	standard
bifteck	folklore	punch	steak
blazer	football	quota	stock
bluff	gang	radar	studio
bobsleigh	geyser	rade	tank
boomerang	gin	raglan	tartan
bridge	golf	raid	test
camping	hall	rail	tract
cardigan	handicap	rallye	tramway
cheddar	harmonica	record	transistor
clone	hockey	reporter	volley-ball
clown	jazz	revolver	wagon
club	jockey	rhum	water-polo
cocktail	jogging	sandwich	western
coroner	joker	scotch	whisky...

▸ **Orthographe**

Ces emprunts conservent le plus souvent leur graphie d'origine et s'écrivent sans accents ; la plupart prennent un ***s*** au pluriel (*des crawls, des cocktails*), certains sont invariables (*des ping-pong, des manches raglan*), d'autres gardent ou non leur pluriel anglais (*des sandwiches, des whiskies*). On consultera ces mots à leur entrée alphabétique.

▸ **Un juste retour des choses**

Certains emprunts à l'anglais réintègrent leur langue d'origine puisqu'ils proviennent eux-mêmes du français.

Exemples :	antilope	de ***antelope*** « animal fabuleux »
	budget	de ***bougette*** au sens de « petit sac »
	flirt	de ***fleureter*** au sens de « conter fleurette »
	gentleman	de ***gentilhomme*** au sens de « homme noble »
	hockey	de ***hoquet*** au sens de « bâton crochu »
	palace	de ***palais*** au sens de « résidence des rois »
	stencil	de ***estinceler*** « parer de couleurs éclatantes »
	tennis	de ***tenez***, exclamation du joueur lançant la balle au jeu de paume
	ticket	de ***estiquette*** « marque fixée à un pieu »
	toast	de ***tosté*** au sens de « grillé »

VOIR TABLEAU ▸ **ANGLICISMES.**

A

ANGLICAN, ANE adj. et n. m. et f.
ADJECTIF
Propre à l'anglicanisme. *La religion anglicane.*
NOM MASCULIN ET FÉMININ
De religion anglicane.
[T] L'adjectif ainsi que le nom s'écrivent avec une minuscule.

ANGLICANISME n. m.
Religion officielle de l'Angleterre.
[T] Les noms de religions s'écrivent avec une minuscule.

ANGLICISATION n. f.
Le fait d'angliciser; résultat de cette action. *Depuis trois décennies, l'anglicisation de la langue de travail a diminué au Québec.*

ANGLICISER v. tr., pronom.
VERBE TRANSITIF
Rendre anglais. *Gérard se fait appeler Jerry : il a anglicisé son prénom.*
VERBE PRONOMINAL
Prendre un caractère anglais. *L'affichage commercial s'est anglicisé. La terminologie de ce domaine s'est anglicisée.*
À la forme pronominale, le participe passé de ce verbe s'accorde toujours en genre et en nombre avec son sujet. *Ces Franco-Manitobains ne se sont pas anglicisés.*
CONJUGAISON : VOIR MODÈLE AIMER.

ANGLICISME n. m.
Mot, expression, construction, orthographe propre à la langue anglaise.
VOIR TABLEAU – ANGLICISMES.

ANGLO- préf.
Élément signifiant « anglais ».

ANGLOMANIE n. f.
Manie d'imiter et d'admirer les usages, les termes anglais.

ANGLOPHILE adj. et n. m. et f.
Qui aime les Anglais, ce qui est anglais.

ANGLOPHOBE adj. et n. m. et f.
Qui a de l'aversion pour les Anglais, pour ce qui est anglais.

ANGLOPHOBIE n. f.
Aversion pour les Anglais, pour ce qui est anglais.

ANGLOPHONE adj. et n. m. et f.
De langue anglaise. *Les anglophones recevront la documentation en anglais. Un étudiant anglophone.*
[T] L'adjectif et le nom s'écrivent avec une minuscule.

ANGLO-SAXON, ONNE adj. et n. m. et f.
ADJECTIF ET NOM MASCULIN ET FÉMININ
De civilisation britannique. *Les peuples anglo-saxons. Un Anglo-Saxon, une Anglo-Saxonne. Les Anglo-Saxons.*
[T] L'adjectif s'écrit avec des minuscules; le nom, avec des majuscules.
NOM MASCULIN
Langue anglaise ancienne. *Elle étudie l'anglo-saxon.*
[T] Le nom de la langue s'écrit avec des minuscules.

ANGOISSANT, ANTE adj.
Qui cause de l'angoisse. *Une solitude angoissante.* SYN. alarmant; inquiétant. ANT. apaisant; rassurant.
angoissant.

ANGOISSE n. f.
Sensation de peur, d'inquiétude profonde. *Ils attendaient le diagnostic avec angoisse.* SYN. désarroi.

ANGOISSÉ, ÉE adj. et n. m. et f.
ADJECTIF
Qui éprouve un sentiment d'angoisse. *Une personne angoissée.*
NOM MASCULIN ET FÉMININ
Des angoissés perpétuels.

ANGOISSER v. tr., pronom.
VERBE TRANSITIF
Causer de l'angoisse à quelqu'un. *L'obscurité angoisse un peu cet enfant.* SYN. alarmer; inquiéter; faire peur.
VERBE PRONOMINAL
Devenir angoissé, s'inquiéter, s'alarmer. *Il s'angoisse pour des riens.*
À la forme pronominale, le participe passé de ce verbe s'accorde toujours en genre et en nombre avec son sujet. *Elles se sont angoissées inutilement.*
CONJUGAISON : VOIR MODÈLE AIMER.

ANGOLAIS, AISE adj. et n. m. et f.
De l'Angola. *Le drapeau angolais. Un Angolais, une Angolaise.*
[T] L'adjectif s'écrit avec une minuscule; le nom, avec une majuscule.

ANGORA adj. inv. en genre et n. m. et f.
ADJECTIF INVARIABLE EN GENRE
Se dit d'animaux à poil long et soyeux. *Des chattes angoras.*
NOM MASCULIN ET FÉMININ
Animal à poil long et soyeux. *Ce lapin est un angora. Cette chèvre est une angora.*
L'adjectif et le nom conservent la même forme au masculin et au féminin. *Une chatte angora, une angora.*
NOM MASCULIN
Textile. *Un tricot en angora bleu. Des angoras.*

ANGUILLE n. f.
Le ***u*** ne se prononce pas, [ɑ̃gij].
Poisson d'eau douce, de forme allongée. *Une matelote d'anguille.*
LOCUTION
– ***Il y a anguille sous roche.*** Il y a une chose cachée que l'on soupçonne.
anguille.

ANGULAIRE adj.
Qui comporte un ou plusieurs angles.
LOCUTION
– ***Pierre angulaire.*** (FIG.) Élément constitutif essentiel. SYN. fondement.
Ne pas confondre avec ***anguleux,*** qui a des angles aigus.

ANGULEUX, EUSE adj.
Qui a des angles aigus. *Un profil anguleux.*
Ne pas confondre avec ***angulaire,*** qui comporte un ou plusieurs angles.

ANGUSTURE ou **ANGUSTURA** n. f.
Écorce tonique ou fébrifuge fournie par certains arbustes d'Amérique du Sud.

ANHYDRE adj.
(CHIM.) Qui ne contient pas d'eau.
anhydre.

ANICROCHE n. f.
(FAM.) Difficulté. *La rencontre a eu lieu sans anicroche.* SYN. incident.
Attention au genre féminin de ce nom : ***une*** anicroche.

ANILINE n. f.
Colorant.

ANIMAL, ALE, AUX adj. et n. m.
ADJECTIF
Propre aux animaux (par opposition à ***végétaux*** et ***minéraux***). *Le règne animal. Les fonctions animales.*
NOM MASCULIN
Être vivant organisé. *L'homme est un animal doué de raison. Des animaux sauvages, des animaux domestiques.*
VOIR TABLEAU – ANIMAUX.

ANIMALCULE n. m.
Animal microscopique. *Un animalcule coloré.*

ANGLICISMES

Les anglicismes sont des mots, des expressions, des sens, des constructions propres à la langue anglaise et qui sont empruntés par une autre langue.

On distingue principalement :

- l'**anglicisme lexical** ou **anglicisme formel** (emprunt d'un mot anglais ou d'une expression anglaise) ;
- l'**anglicisme sémantique** (emploi d'un mot français dans un sens anglais) ;
- l'**anglicisme syntaxique** (emploi d'une construction calquée sur celle de l'anglais).

A

ANGLICISME LEXICAL OU ANGLICISME FORMEL (EMPRUNT À L'ANGLAIS)

Emploi d'une unité lexicale originaire de l'anglais avec ou sans adaptation phonétique, graphique ou morphologique.

EMPRUNT UTILE

Emploi d'un mot, d'un terme anglais parce que le français ne dispose pas de mot pour désigner une notion.

Ex. : ***baseball, coroner, golf, rail, scout, soccer, steak, stock, tennis.***

☞ Ces emprunts – souvent anciens – sont passés dans l'usage français. La langue des sports notamment comprend plusieurs de ces emprunts. Les linguistes Ferdinand Brunot et Charles Bruneau qualifient ces emplois d'**emprunts nécessaires**.

EMPRUNT INUTILE

Emploi d'un mot, d'un terme ou d'une expression emprunté directement à l'anglais, alors que le français dispose déjà de mots pour désigner ces notions.

☞ Les linguistes Ferdinand Brunot et Charles Bruneau qualifient ces emplois d'**emprunts de luxe**.

Ex. : *bumper pour ***pare-chocs,***
*computer pour ***ordinateur,***
*discount pour ***rabais,***
*opener pour ***ouvre-bouteille,***
*refill pour ***recharge,***
*software pour ***logiciel.***

ANGLICISME SÉMANTIQUE (FAUX AMI)

Emploi d'un mot français dans un sens qu'il ne possède pas, sous l'influence d'un mot anglais qui a une forme semblable.

Ex. : *accomplissement au sens de ***exploit,***
*articulé au sens de ***éloquent,***
*balance au sens de ***solde,***
*batterie au sens de ***pile,***
*juridiction au sens de ***compétence,***
*quitter au sens de ***démissionner,***
*sanctuaire au sens de ***réserve (naturelle),***
*voûte au sens de ***chambre forte.***

ANGLICISME SYNTAXIQUE (CALQUE)

Traduction littérale d'une expression anglaise, transposition d'une construction de l'anglais.

Ex. : *à date, calque de « *up-to-date* » au lieu de ***jusqu'à maintenant, à ce jour,***
*aller en grève, calque de « *to go on strike* » au lieu de ***faire la grève,***
*hors d'ordre, calque de « *out of order* » au lieu de ***en panne,***
*passé dû, calque de « *past due* » au lieu de ***échu,***
*prendre pour acquis, calque de « *to take for granted* » au lieu de ***tenir pour acquis,***
*prime de séparation, calque de « *severance pay* » au lieu de ***indemnité de départ,***
*retourner un appel, calque de « *to return a call* » au lieu de ***rappeler,***
*siéger sur un comité, calque de « *to sit on a board* » au lieu de ***siéger à un comité,***
*temps supplémentaire, calque de « *overtime* » au lieu de ***heures supplémentaires.***

VOIR TABLEAU ► ANGLAIS (EMPRUNTS À L').

ANIMAUX

Les animaux **domestiques** vivent à la maison, servent aux besoins de l'homme ou à son agrément, et sont nourris, logés et protégés par lui, tandis que les animaux **sauvages** vivent dans les forêts, les déserts, en liberté.

A

Les animaux **terrestres** vivent sur terre, les animaux **aquatiques**, dans l'eau et les **amphibies**, aussi bien sur terre que dans l'eau.

Les animaux **carnivores** se nourrissent de chair, les **herbivores**, d'herbe, les **frugivores**, de fruits ou de graines, les **granivores**, exclusivement de graines, les **insectivores**, d'insectes et les **omnivores**, à la fois de végétaux et d'animaux.

Les **ovipares** se reproduisent par des œufs, les **vivipares** mettent au monde des petits vivants.

LES NOMS ET LES BRUITS D'ANIMAUX

Le nom de l'animal désigne généralement et le mâle et la femelle.

Ainsi, on dira une *autruche mâle* pour la différencier de la femelle, *une couleuvre mâle*, ou *un gorille femelle* pour le distinguer du mâle, *une grenouille mâle* ou *femelle*.

Cependant, le vocabulaire des animaux qui nous sont plus familiers comporte parfois des désignations spécifiques du mâle, de la femelle, du petit, des cris ou des bruits, de l'accouplement ou de la mise bas.

MÂLE	FEMELLE	PETIT	BRUIT
abeille, faux bourdon	reine (mère), ouvrière	larve, nymphe	bourdonne
aigle (un)	aigle (une)	aiglon, aiglonne	glapit, trompette
alouette mâle	alouette femelle		turlute
âne	ânesse	ânon	brait
bouc	chèvre	chevreau, chevrette	bêle, chevrote
bœuf, taureau	vache, taure	veau, génisse	meugle, beugle
buffle	bufflonne	buffletin, bufflette	mugit, souffle
canard	cane	caneton	nasille
carpe mâle	carpe femelle	carpeau	elle est muette !
cerf	biche	faon, hère	brame
chameau	chamelle	chamelon	blatère
chat, matou	chatte	chaton	miaule, ronronne
cheval, étalon	jument	poulain, pouliche	hennit
chevreuil	chevrette	faon, chevrotin	brame
chien	chienne	chiot	aboie, jappe, hurle, grogne
chouette mâle	chouette femelle		(h)ulule
cigale mâle	cigale femelle		chante, stridule
cigogne mâle	cigogne femelle	cigogneau	craquette
cochon, porc, verrat	truie	goret, porcelet	grogne, grouine
coq	poule	poussin	chante (coq), glousse (poule)
corbeau mâle	corbeau femelle	corbillat	croasse
crocodile mâle	crocodile femelle		pleure, vagit
daim	daine	faon	brame
dindon	dinde	dindonneau	glougloute
éléphant	éléphante	éléphanteau	barrit
faisan	faisane	faisandeau	criaille
geai mâle	geai femelle		cajole
grenouille mâle	grenouille femelle	grenouillette, têtard	coasse

ANIMAUX | ***SUITE*** >

> *ANIMAUX* | ***SUITE***

hibou mâle	hibou femelle		(h)ulule
hirondelle mâle	hirondelle femelle	hirondeau	gazouille, tridule, trisse
jars	oie	oison	criaille, jargonne
lapin	lapine	lapereau	clapit, glapit
lièvre	hase	levraut	vagit
lion	lionne	lionceau	rugit
loup	louve	louveteau	hurle
marmotte mâle	marmotte femelle		siffle
merle	merlette	merleau	flûte, siffle
moineau mâle	moineau femelle		pépie
mouton, bélier	brebis	agneau, agnelle, agnelet	bêle
ours	ourse	ourson	gronde, grogne
paon	paonne	paonneau	braille
perdrix mâle	perdrix femelle	perdreau	cacabe, glousse
perroquet mâle	perroquet femelle		parle, cause
perruche mâle	perruche femelle		jacasse, siffle
pie mâle	pie femelle		jacasse, jase
pigeon	pigeonne	pigeonneau	roucoule
pintade mâle	pintade femelle	pintadeau	cacabe, criaille
rat	rate	raton	chicote, couine
renard	renarde	renardeau	glapit
rhinocéros mâle	rhinocéros femelle		barète, barrit
rossignol mâle	rossignol femelle	rossignolet	chante, trille
sanglier	laie	marcassin	grumelle, grommelle
serpent mâle	serpent femelle	serpenteau	siffle
singe	guenon		crie, hurle
souris mâle	souris femelle	souriceau	chicote
tigre	tigresse		râle, feule
tourterelle mâle	tourterelle femelle	tourtereau	roucoule
zèbre mâle	zèbre femelle		hennit

- **Les animaux hybrides**

Certains animaux proviennent du croisement de deux races, de deux espèces différentes. *Le mulet, la mule proviennent d'une jument et d'un âne.*

- **Reproduction des animaux**

Pour se reproduire, *l'âne* ***saillit****, le bélier* ***lutte****, l'étalon et le taureau* ***montent*** *ou* ***saillissent****, le lapin, le lièvre* ***bouquinent****, l'oiseau mâle* ***côche****, les oiseaux* ***s'apparient****, le poisson* ***fraye****...*

La mise bas se nomme différemment selon les animaux : *la brebis* ***agnelle****, la biche et la chevrette* ***faonnent****, la chatte* ***chatte****, la chèvre* ***chevrote****, la chienne* ***chienne****, la jument* ***pouline****, la lapine* ***lapine****, la louve* ***louvette****, la truie* ***cochonne****, la vache* ***vêle****...*

ANIMALERIE n. f.
1. Lieu où se trouvent, dans un laboratoire, les animaux destinés aux expériences scientifiques.
2. Magasin se spécialisant dans la vente de petits animaux et d'articles les concernant (Recomm. off.). *Acheter un chat à l'animalerie* (et non au *pet shop).

ANIMALIER, IÈRE adj. et n. m. et f.
ADJECTIF
Qui concerne les animaux. *Une gravure animalière.*
NOM MASCULIN ET FÉMININ
Artiste qui représente les animaux.
LOCUTION
– ***Parc animalier.*** Où les animaux vivent en liberté.

ANIMALITÉ n. f.
Ensemble des caractéristiques qui constituent l'animal.

ANIMATEUR n. m.
ANIMATRICE n. f.
1. Personne qui présente une émission (radio, télévision), un spectacle, etc.
2. Spécialiste de l'animation, de l'organisation d'activités dans une collectivité.

ANIMATION n. f.
1. Action d'animer un groupe, de créer des relations entre les personnes.
2. Vivacité, entrain. *Ils discutaient avec animation.*

ANIMÉ, ÉE adj.
1. Doué de vie. *Les animaux sont des êtres animés.* ANT. inanimé.
2. Plein de vivacité, d'activité. *Une réunion animée.*
LOCUTIONS
– ***Dessin animé.*** Film composé de dessins qui s'enchaînent pour donner l'apparence du mouvement. *Des dessins animés amusants.*
– ***Être animé.*** Être vivant. *Les animaux sont des êtres animés.*

ANIMER v. tr., pronom.
VERBE TRANSITIF
1. Donner de la vie, du dynamisme à (un groupe, un lieu, etc.). SYN. stimuler ; vivifier.
2. Inciter, inspirer. *Elle était animée des meilleures intentions.*
VERBE PRONOMINAL
Devenir vivant, s'exciter. *Quand il l'aperçut, il s'anima aussitôt.*
À la forme pronominale, le participe passé de ce verbe s'accorde toujours en genre et en nombre avec son sujet. *La soirée s'est animée quand les enfants sont arrivés.*
CONJUGAISON : VOIR MODÈLE AIMER.

ANIMISME n. m.
Croyance qui attribue une âme aux choses, aux animaux.

ANIMISTE adj. et n. m. et f.
ADJECTIF
Relatif à l'animisme.
NOM MASCULIN ET FÉMININ
Partisan de l'animisme.

ANIMOSITÉ n. f.
Antipathie. *On lui répondit avec animosité, d'un ton agressif.* SYN. ressentiment.

ANIS n. m.
Le *s* se prononce ou non, [anis, ani].
Substance aromatique. *Une liqueur à l'anis.*

ANISER v. tr.
Parfumer à l'anis.
CONJUGAISON : VOIR MODÈLE AIMER.

ANISETTE n. f.
Liqueur d'anis.

ANKYLOSE n. f.
Abolition plus ou moins complète des mouvements d'une articulation. *Ankylose du genou.*
ankylose.

ANKYLOSÉ, ÉE adj.
Atteint d'ankylose. *Une jambe ankylosée.*
ankylosé.

ANKYLOSER v. tr., pronom.
VERBE TRANSITIF
Produire une ankylose. *Ce voyage l'a ankylosé.*
VERBE PRONOMINAL
1. Être atteint d'ankylose. *Ses muscles s'ankylosent.*
2. (FIG.) Se scléroser. *En vieillissant, ils se sont ankylosés.*
À la forme pronominale, le participe passé de ce verbe s'accorde toujours en genre et en nombre avec son sujet. *Ses jambes se sont ankylosées.*
CONJUGAISON : VOIR MODÈLE AIMER.
ankyloser.

ANNAL, ALE, AUX adj.
(DR.) Qui ne dure qu'un an. *Des prescriptions annales.*
HOM.
• ***anal,*** relatif à l'anus ;
• ***annales,*** histoire.

ANNALES n. f. pl.
Histoire, année par année. *Les annales de la course automobile.*
HOM.
• ***anal,*** relatif à l'anus ;
• ***annal,*** qui ne dure qu'un an.

ANNALISTE n. m. et f.
Historien qui écrit des annales.
HOM. ***analyste,*** spécialiste de l'analyse.

ANNAMITE adj. et n. m. et f.
De l'Annam, région centrale du Vietnam.
Ne pas confondre avec le nom ***amanite,*** champignon.
T L'adjectif s'écrit avec une minuscule ; le nom, avec une majuscule.

ANNEAU n. m. (pl. *anneaux*)
1. Cercle de métal servant à attacher. *Les anneaux d'une chaîne.*
2. Bijou circulaire sans pierre qui se porte au doigt. *Un bel anneau en argent ciselé.*

ANNÉE n. f.
Symbole ***a*** (s'écrit sans point).
Période de 12 mois. *Quinze années se sont écoulées. L'année compte 365 jours, sauf si elle est bissextile.*
1° Dans la transcription de la date, il est toujours préférable d'inscrire le millésime plutôt que de se limiter aux deux derniers chiffres. On écrira donc ***1999*** (et non *99 ou *'99). Dans la plupart des cas, l'année se compose en chiffres arabes. *Elle est née le 31 juillet 1976.*
2° Par rapport au nom ***an,*** qui marque la date, l'âge, le nom ***année*** insiste sur la durée, l'écoulement du temps.
LOCUTIONS
– ***Année bissextile.*** Année qui revient tous les quatre ans et qui compte 366 jours (le mois de février a 29 jours).
– ***Année civile.*** Période de 12 mois commençant le 1er janvier et se terminant le 31 décembre. *Il ne faut pas confondre l'année civile* (et non l'*année de calendrier) *avec l'exercice financier* (et non l'*année fiscale).
– ***Année scolaire.*** Temps qui s'écoule depuis l'ouverture des classes jusqu'aux grandes vacances (Recomm. off.).
– ***Année universitaire.*** Dans un établissement universitaire, année scolaire (Recomm. off.).
FORMES FAUTIVES
*à l'année longue. Calque de « *all year long* » pour ***à longueur d'année, toute l'année.***

*année académique. Calque de «*academic year*» pour ***année scolaire, universitaire.***
*année de calendrier. Calque de «*calendar year*» pour ***année civile.***
*année fiscale. Calque de «*fiscal year*» pour ***exercice (financier, comptable).***

ANNÉE-LUMIÈRE n. f. (pl. *années-lumière*)
Symbole ***al*** (s'écrit sans point).
Unité de mesure astronomique. *Une année-lumière est la distance que parcourt la lumière en un an.*
On dit aussi ***année de lumière.***

ANNELER v. tr.
Disposer en anneaux, boucler.
CONJUGAISON : VOIR MODÈLE APPELER.
[Les *Rectifications* (1990) admettent : il annèle, annèlera, annèlerait...]

ANNEXE adj. et n. f.
ADJECTIF
Qui se rattache à une chose principale en la complétant. *Des constructions annexes.*
NOM FÉMININ
Document composé de commentaires, tableaux, etc., qui n'ont pu trouver place dans le texte et qui complètent un ouvrage. *On trouvera en annexe une carte géographique.*
Ne pas confondre avec le nom ***appendice,*** supplément joint à la fin d'un ouvrage.
Les annexes ne constituent pas des subdivisions, mais des parties indépendantes qui seront numérotées en chiffres romains.
annexe.

ANNEXÉ, ÉE adj.
Joint à un objet principal. *Un graphique annexé à un rapport.*
VOIR – CI-ANNEXÉ.

ANNEXER v. tr., pronom.
VERBE TRANSITIF
1. Rattacher à un objet principal. *Annexer des graphiques à un document.*
2. Faire passer un territoire sous la souveraineté d'un autre État.
VERBE PRONOMINAL
1. Être annexé. *Ces coteaux se sont annexés progressivement à la propriété.*
2. (FAM.) S'attribuer quelque chose sans y avoir droit. *Les dirigeants s'étaient annexé des propriétés confisquées.*
À la forme pronominale, le participe passé de ce verbe s'accorde en genre et en nombre avec le complément direct si celui-ci le précède. *Les avocats qu'elle s'était annexés étaient les meilleurs.* Le participe passé reste invariable si le complément direct suit le verbe. *Les vagabonds s'étaient annexé des locaux à l'abandon.* En l'absence d'un complément direct, le verbe s'accorde en genre et en nombre avec le sujet. *Ces terres se sont finalement annexées à la ferme de M. Fréchette.*
CONJUGAISON : VOIR MODÈLE AIMER.
annexer.

ANNEXION n. f.
Action d'annexer. *L'annexion d'une ville à une autre.*
annexion.

ANNEXIONNISME n. m.
Théorie qui préconise l'annexion des petits États aux grands États voisins.

ANNIHILATION n. f.
(LITT.) Suppression totale. *L'annihilation de ses ambitions.* SYN. anéantissement ; destruction.
annihilation.

ANNIHILER v. tr.
Supprimer complètement, réduire à rien. *Cette guerre a annihilé tous nos efforts.* SYN. détruire.
Contrairement au verbe ***anéantir,*** qui peut être construit avec des compléments désignant des choses matérielles ou immatérielles, des animaux ou des personnes, le verbe ***annihiler*** ne peut avoir comme compléments que des choses non matérielles.
CONJUGAISON : VOIR MODÈLE AIMER.
annihiler.

ANNIVERSAIRE adj. et n. m.
ADJECTIF
Qui rappelle un évènement arrivé à pareille date. *Une messe anniversaire.*
NOM MASCULIN
Jour où l'on fête un évènement survenu le même jour une ou plusieurs années avant. *Demain, nous fêterons son anniversaire : elle aura 5 ans. L'année 1992 a marqué le 350e anniversaire de la fondation de Montréal. L'année 2008 marquera le 400e anniversaire de la fondation de Québec.*
1° On confond souvent ***fête*** et ***anniversaire*** : le mot ***fête*** désigne le jour de la fête du saint dont on porte le nom.
2° On célèbre, on fête un anniversaire, mais *commémorer un anniversaire est un pléonasme.
anniversaire

ANNONCE n. f.
1. Action de faire connaître. *L'annonce de la victoire des alliés.*
2. Avis oral ou écrit. *Ils ont loué ce chalet grâce aux petites annonces du journal.*
3. Signe précurseur. *L'annonce du printemps.* SYN. présage.
Attention au genre féminin de ce nom : ***une*** annonce.
LOCUTION
– ***Annonce-mystère.*** Phase initiale d'une campagne publicitaire se présentant sous forme d'énigme en vue d'attirer l'attention du public. *Une annonce-mystère* (et non un *teaser) *efficace.* SYN. accroche.
FORME FAUTIVE
*annonces classées. Calque de «*classified ads*» pour ***petites annonces.***

ANNONCER v. tr., pronom.
VERBE TRANSITIF
1. Communiquer, signaler. *La cloche annonce le début de la récréation.*
2. Faire paraître une annonce, un message publicitaire. *Le nouveau produit est annoncé dans les journaux et à la télévision.*
3. Prédire. *Cet astrologue avait annoncé le tremblement de terre.* SYN. prévoir.
4. Laisser présager. *Ces hirondelles annoncent le printemps.* SYN. marquer ; signaler.
VERBE PRONOMINAL
1. Apparaître comme prochain. *Un krach boursier s'annonce.* SYN. se dessiner.
2. Se présenter (bien ou mal). *Les élections s'annoncent* (et non *annoncent) *bien : les sondages nous sont favorables.*
À la forme pronominale, le participe passé de ce verbe s'accorde toujours en genre et en nombre avec son sujet. *Des visiteurs importants se sont annoncés.*
FORME FAUTIVE
*annoncer (de la pluie, du beau temps...). Impropriété au sens de « prévoir ». *On prévoit* (et non *annonce) *une tempête de neige.*
CONJUGAISON : VOIR MODÈLE AVANCER.
Le **c** prend une cédille devant les lettres ***a*** et **o**. *Il annonça, nous annonçons.*

ANNONCEUR n. m.
ANNONCEURE ou **ANNONCEUSE** n. f.
1. Personne ou entreprise qui paie un message publicitaire.
2. Présentateur, commentateur.

A

ANNONCIATEUR, TRICE adj. et n. m. et f.
ADJECTIF
Qui présage. *Un sourire annonciateur de plaisir.*
NOM MASCULIN ET FÉMININ
Celui ou celle qui prédit une époque nouvelle.

ANNOTATEUR, TRICE n. m. et f.
Commentateur d'un texte.

ANNOTATION n. f.
Remarque explicative, note inscrite sur un texte. *L'auteur a fait des annotations dans la marge.* SYN. observation.
⊂⊃ annotation.

ANNOTER v. tr.
Ajouter des notes à un texte. *Annoter un livre.* SYN. commenter.
CONJUGAISON : VOIR MODÈLE AIMER.
⊂⊃ annoter.

ANNUAIRE n. m.
Recueil annuel de renseignements divers. *L'annuaire du téléphone.*
Ne pas confondre avec le nom ***annulaire,*** quatrième doigt de la main.

ANNUALISATION n. f.
Action d'annualiser; son résultat.

ANNUALISER v. tr.
Calculer sur la base d'une année. *Un taux d'intérêt annualisé.*
CONJUGAISON : VOIR MODÈLE AIMER.

ANNUALITÉ n. f.
Caractère de ce qui est annuel.
Ne pas confondre avec le nom ***annuité,*** paiement annuel.

ANNUEL, ELLE adj.
1. Qui a lieu tous les ans. *Un rapport annuel.*
2. Qui ne dure qu'un an, qu'une saison. *Des plantes annuelles.*
VOIR TABLEAU – PÉRIODICITÉ ET DURÉE.

ANNUELLEMENT adv.
Chaque année; une fois par an. *Le prix Goncourt est décerné annuellement.*

ANNUITÉ n. f.
Paiement annuel.
Ne pas confondre avec le nom ***annualité,*** périodicité annuelle.

ANNULABLE adj.
Qui peut être annulé. *Des réservations annulables.*

ANNULAIRE adj. et n. m.
Le quatrième doigt de la main, celui qui porte l'anneau.
Ne pas confondre avec le nom ***annuaire,*** recueil annuel.
⊂⊃ annulaire.

ANNULATION n. f.
Action de rendre nul; son résultat. *L'annulation d'un record de vitesse. L'annulation* (et non la *cancellation) d'un rendez-vous.
⊂⊃ annulation.

ANNULER v. tr., pronom.
VERBE TRANSITIF
1. Rendre nul. *Le Comité olympique annule les records de vitesse des coureurs qui ont consommé des substances interdites.*
2. Supprimer. *Les cours ont été annulés* (et non *cancellés) *en raison de la tempête de neige.*
VERBE PRONOMINAL
Se neutraliser, s'équilibrer. *Des forces contraires qui s'annulent.*
À la forme pronominale, le participe passé de ce verbe s'accorde toujours en genre et en nombre avec son sujet. *Les dépenses et les profits se sont annulés.*
CONJUGAISON : VOIR MODÈLE AIMER.
⊂⊃ annuler.

ANOBLIR v. tr.
Conférer un titre de noblesse à. *Anoblir un chevalier.*
Ne pas confondre avec le verbe ***ennoblir,*** rendre noble, digne de (au sens moral).
CONJUGAISON : VOIR MODÈLE FINIR.

ANOBLISSEMENT n. m.
Action d'anoblir; résultat de cette action.

ANODE n. f.
Électrode positive (par opposition à ***cathode***).

ANODIN, INE adj.
Insignifiant, sans danger, sans importance. *Des reproches anodins, une égratignure anodine.* ANT. grave.
⊂⊃ anodin.

ANODISATION n. f.
Oxydation superficielle d'un métal.

ANODISER v. tr.
Procéder à l'anodisation d'un métal. *Les accessoires en aluminium anodisé sont en vogue.*
CONJUGAISON : VOIR MODÈLE AIMER.

ANOMAL, ALE, AUX adj.
Qui fait exception à la règle, à la norme générale. *Un pluriel anomal.*
Ne pas confondre avec l'adjectif ***anormal,*** qui présente un écart par rapport à la norme.

ANOMALIE n. f.
Écart par rapport à une norme, exception à la règle.
VOIR TABLEAU – ANOMALIES ORTHOGRAPHIQUES.

ÂNON n. m.
Petit de l'âne.
VOIR TABLEAU – ANIMAUX.
⊂⊃ ânon.

ÂNONNEMENT n. m.
Action d'ânonner.
⊂⊃ ânonnement.

ÂNONNER v. tr., intr.
VERBE TRANSITIF
Réciter péniblement. *Ânonner sa leçon.* SYN. bafouiller; balbutier; bredouiller.
VERBE INTRANSITIF
Parler en hésitant. *Toute la classe ânonnait en chœur.*
CONJUGAISON : VOIR MODÈLE AIMER.
⊂⊃ ânonner.

ANONYMAT n. m.
Caractère de ce qui est anonyme. *Elle préfère garder l'anonymat.*
⊂⊃ anonymat.

ANONYME adj. et n. m. et f.
ADJECTIF
1. Dont on ignore le nom, dont l'auteur est inconnu. *Une lettre, un appel anonyme.*
2. Sans personnalité, sans originalité. *Des maisons identiques, anonymes.* SYN. banal.
NOM MASCULIN ET FÉMININ
Personne non nommée.
Ne pas confondre avec le mot ***incognito,*** qui ne veut pas être reconnu.
⊂⊃ anonyme.

ANONYMEMENT adv.
De façon anonyme, sans se nommer. *On l'a prévenu anonymement.*
⊂⊃ anonymement.

ANORAK n. m. (pl. *anoraks*)
Le ***k*** est sonore, [anɔrak].

Veste chaude généralement à capuchon. *Ces skieurs portent des anoraks rouges.*
Ce nom qui vient de l'inuktitut signifie « vent ».

ANOREXIE n. f.
Perte pathologique de l'appétit ; refus de s'alimenter.
anorexie.

ANOREXIGÈNE adj.
Propre à supprimer la faim.

ANOREXIQUE adj. et n. m. et f.
Qui souffre d'anorexie. *Cette adolescente est anorexique.*
anorexique.

ANORMAL, ALE, AUX adj.
Qui n'est pas habituel, qui s'écarte de la norme. *Il fait un froid anormal pour cette saison. Des résultats anormaux.* SYN. bizarre ; insolite. ANT. normal.
Ne pas confondre avec l'adjectif ***anomal***, qui fait exception à la règle, à la norme générale.

ANORMALEMENT adv.
De façon anormale. *Il a fait anormalement froid cet hiver.*

ANORMALITÉ n. f.
Caractère de ce qui n'est pas normal.

ANOVULATION n. f.
Absence d'ovulation.

ANOVULATOIRE adj.
Qui ne présente pas d'ovulation. *Des cycles anovulatoires.*

ANSE n. f.
1. Partie saillante et recourbée par laquelle on prend certains objets. *L'anse d'une tasse.*
2. (GÉOGR.) Petite baie. *L'anse de Vaudreuil.*

***ANTAGONISER**
Anglicisme pour ***contrarier, éveiller l'hostilité de, heurter, indisposer, se mettre à dos quelqu'un, vexer.***

ANTAGONISME n. m.
Opposition de deux forces ; rivalité d'intérêts.

ANTAGONISTE adj. et n. m. et f.
ADJECTIF
Contraire. *Des vents antagonistes.*

ANOMALIES ORTHOGRAPHIQUES

Certains mots d'une même origine, d'une même famille ont des orthographes différentes.

Orthographes différentes

À titre d'exemples, voici quelques mots dont il faut se méfier :

affoler	et	folle
asepsie	et	aseptique
assonance	et	sonner
battu	et	courbatu
bonhomme	et	bonhomie[1]
boursoufler[1]	et	souffler
chariot[1]	et	charrette
combattant	et	combatif[1]
concourir	et	concurrence
consonne	et	consonance
donner	et	donation
exclu	et	inclus
hypothèse	et	hypoténuse
imbécile	et	imbécillité[1]
interpeller[1]	et	appeler
mamelle	et	mammifère
nommer	et	nomination
persifler[1]	et	siffler
pomme	et	pomiculteur
psychose	et	métempsycose
relais	et	délai
résonance	et	résonner
spacieux	et	spatial
tonnerre	et	détonation...

Variantes orthographiques

Plusieurs mots ont des **orthographes multiples**, appelées **variantes orthographiques**. Ces mots qui sont souvent empruntés à d'autres langues peuvent s'écrire de deux façons, parfois davantage. En voici quelques exemples :

acupuncture	ou	acuponcture
cacher	ou	kascher, casher, cascher
cari	ou	carry, curry
clé	ou	clef
cleptomane	ou	kleptomane
cuiller	ou	cuillère
gaieté	ou	(vx) gaîté
haschisch	ou	haschich, hachisch
hululement	ou	ululement
igloo	ou	iglou
kola	ou	cola
lis	ou	lys
paie	ou	paye
tsar	ou	tzar
tsigane	ou	tzigane
yack	ou	yak
yaourt	ou	yogourt, yoghourt

1. Les *Rectifications orthographiques* (1990) permettent d'harmoniser l'orthographe de ce mot avec celle de sa famille. On consultera ce mot à l'ordre alphabétique dans le dictionnaire.

NOM MASCULIN ET FÉMININ
Adversaire, personne en conflit avec une autre. SYN. concurrent.
Ne pas confondre avec le nom ***protagoniste,*** personne qui joue un rôle important dans une pièce de théâtre et, au figuré, dans une affaire.

A

ANTAN (D') loc. adj.
(LITT.) D'autrefois, du temps passé. *« Mais où sont les neiges d'antan ? »* (François Villon, *Œuvres complètes*).

ANTARCTIQUE adj. et n. m.
Le *c* se prononce, [ɑ̃tarktik].
ADJECTIF
Relatif au pôle Sud. *Le climat antarctique est très froid.* ANT. arctique.
NOM MASCULIN
Continent à l'intérieur du cercle polaire austral. *Les glaces de l'Antarctique.*
T Dans les dénominations géographiques où l'adjectif précise le générique, l'adjectif prend la majuscule. *L'océan Antarctique.*
antarctique.

ANTÉ- préf.
Élément du latin signifiant « avant ». *Antérieur.*
Les mots composés avec le préfixe ***anté-*** s'écrivent sans trait d'union.

ANTÉCÉDENT, ENTE adj. et n. m.
ADJECTIF
Qui précède dans le temps.
NOM MASCULIN
1. Fait antérieur.
2. (GRAMM.) Mot ou groupe de mots représentés par le pronom qui dispense de les répéter. *Dans la phrase « Les enfants qui jouaient dehors... », le nom « enfants » est l'antécédent du pronom « qui ».*
NOM MASCULIN PLURIEL
Actes antérieurs de quelqu'un. *Avoir de bons, de mauvais antécédents. Définir les antécédents médicaux d'un patient* (et non *faire son histoire de cas).
Ce nom s'emploie en bonne ou mauvaise part.

ANTÉCHRIST n. m.
Ennemi du Christ. *Des antéchrists.*

ANTÉDILUVIEN, IENNE adj.
1. Qui a existé avant le déluge.
2. (FIG.) Démodé, très ancien. *Des méthodes antédiluviennes* (et non *antidiluviennes). SYN. dépassé; désuet; préhistorique.

ANTENNE n. f.
1. Appendice mobile de la tête de certains insectes et crustacés. *Les abeilles ont des antennes, les homards également.*
2. Appareil destiné à capter les ondes électromagnétiques. *Une antenne parabolique.*
3. Avant-poste médical. *Les secouristes transportent les blessés à l'antenne d'urgence.*
LOCUTION
– ***Avoir des antennes.*** (FAM.) Avoir de l'intuition.
Attention au genre féminin de ce nom : ***une*** antenne.
antenne.

ANTÉPÉNULTIÈME adj. et n. f.
ADJECTIF
Qui vient avant l'avant-dernier.
NOM FÉMININ
(LING.) Syllabe qui précède la pénultième.

ANTÉRIEUR, IEURE adj.
Qui est avant par rapport au temps ou au lieu. *La fondation de la ville de Québec (1608) est antérieure à celle de Montréal (1642).* ANT. postérieur.
L'adjectif ***antérieur*** étant un comparatif, on évitera les constructions *plus antérieur, *moins antérieur. Par contre, la construction avec le superlatif ***très*** est possible. *Ce texte est très antérieur à ceux-ci.*

ANTÉRIEUREMENT adv.
Avant, précédemment. *La ville de Québec a été fondée antérieurement à celle de Montréal.*

ANTÉRIORITÉ n. f.
Priorité de temps. *Le plus-que-parfait s'emploie pour marquer l'antériorité dans une phrase dont le verbe principal est au passé.* ANT. postériorité.

ANTHÈRE n. f.
Partie supérieure de l'étamine qui renferme le pollen.
anthère.

ANTHOLOGIE n. f.
Recueil de morceaux choisis. *Une anthologie de poèmes d'amour.*

ANTHRACITE adj. inv. et n. m.
NOM MASCULIN
Charbon. *Un anthracite très pur.*
Attention au genre masculin de ce nom : ***un*** anthracite.
ADJECTIF DE COULEUR INVARIABLE
De la couleur gris foncé du charbon. *Des robes anthracite.*
VOIR TABLEAU – COULEUR (ADJECTIFS DE).

ANTHRAX n. m.
Ensemble de furoncles.

-ANTHROPE, -ANTHROPIE, -ANTHROPIQUE suff.
Élément du grec signifiant « homme ». *Philanthrope.*

ANTHROPIQUE adj.
(DIDACT.) Causé par les activités humaines. *Les gaz à effet de serre sont d'origine naturelle ou anthropique.*

ANTHROPO- préf.
Élément du grec signifiant « homme ». *Anthropologie.*

ANTHROPOCENTRIQUE adj.
Propre à l'anthropocentrisme.

ANTHROPOCENTRISME n. m.
Conception qui considère l'homme comme le centre de l'univers.

ANTHROPOGENÈSE n. f.
Étude des origines de l'homme.
anthropogenèse.

ANTHROPOLOGIE n. f.
Ensemble des sciences qui étudient l'homme, les sociétés humaines.
anthropologie.

ANTHROPOLOGIQUE adj.
Relatif à l'anthropologie. *Des recherches anthropologiques.*
anthropologique.

ANTHROPOLOGUE n. m. et f.
Spécialiste de l'anthropologie.
anthropologue.

ANTHROPOMÉTRIE n. f.
Mesure de différentes parties du corps de l'homme. *L'étude des empreintes digitales est l'un des procédés de l'anthropométrie.*

ANTHROPOMÉTRIQUE adj.
Qui relève de l'anthropométrie. *Une fiche anthropométrique.*

ANTHROPOMORPHISME n. m.
Conception attribuant à la divinité une forme humaine.

ANTHROPOPHAGE adj. et n. m. et f.
Qui mange de la chair humaine, cannibale.
anthropophage.

ANTHROPOPHAGIE n. f.
Cannibalisme.
anthropo**ph**agie.

ANTHROPOPITHÈQUE n. m.
Primate fossile intermédiaire entre le singe et l'homme.

ANTI- préf.
Élément du grec signifiant « contre ». *Antibruit, antigel.*
Trait d'union
Les mots composés avec le préfixe **anti-** s'écrivent avec un trait d'union :
– lorsque le deuxième mot commence par un ***i*** : *anti-inflammatoire, anti-infectieux;*
– lorsqu'ils sont formés pour la circonstance : *anti-tout, anti-cinéma;*
– lorsqu'ils comportent trois éléments : *anti-sous-marin;*
– lorsqu'ils sont constitués d'un nom propre : *un mouvement anti-Québec.*
Pluriel
Pluriel des mots composés avec le préfixe ***anti-*** :
• ***Anti*** + adjectif.
– L'adjectif composé du préfixe ***anti-*** suivi d'un adjectif s'accorde en genre et en nombre avec le nom auquel il se rapporte. *Des surfaces antidérapantes.*
– Le nom composé du préfixe ***anti-*** suivi d'un adjectif prend la marque du pluriel. *Des antibiotiques.*
• ***Anti*** + nom au pluriel (par le sens).
– L'adjectif et le nom composés du préfixe ***anti-*** suivis d'un nom pluriel (par le sens) sont invariables. Plusieurs de ces mots composés ont une orthographe flottante selon que l'on a considéré l'unité ou la pluralité lors de la composition du mot. *Un produit antimite* ou *antimites.*
• ***Anti*** + nom d'un inconvénient (contre quoi on lutte).
– L'adjectif composé du préfixe ***anti-*** suivi d'un nom désignant un inconvénient contre lequel on lutte est généralement invariable. *Des campagnes antitabac. Des écrans antibruit. Des phares antibrouillard* ou *antibrouillards.*
– Le nom composé du préfixe ***anti-*** suivi d'un nom désignant un inconvénient contre lequel on lutte prend la marque du pluriel. *Des antigels, des antivols.*

ANTIACARIEN, IENNE adj. et n. m.
ADJECTIF
Se dit d'un produit qui s'attaque aux acariens.
NOM MASCULIN
Un antiacarien efficace.

ANTIACIDE adj. et n. m.
ADJECTIF
Se dit d'un produit, d'un médicament qui réduit l'acidité, notamment du système digestif. *Des comprimés antiacides.*
NOM MASCULIN
Des antiacides périmés.

ANTIADHÉSIF, IVE adj. et n. m.
Se dit d'un revêtement qui empêche les adhérences. *Cette poêle est recouverte d'un antiadhésif.*

ANTIAÉRIEN, IENNE adj.
Qui protège des attaques aériennes. *Des missiles antiaériens.*

ANTI-ÂGE ou **ANTIÂGE** adj. inv.
Destiné à lutter contre le vieillissement (de la peau, de l'organisme). *Des produits et des soins anti-âge. Des aliments anti-âge, antiâge.*

ANTIALCOOLIQUE adj.
Qui combat l'abus de l'alcool. *Des associations antialcooliques.*

ANTIALLERGIQUE adj.
Propre à prévenir, à traiter les allergies. *Un médicament antiallergique.*

ANTIAMÉRICAIN, AINE adj.
Hostile aux Américains. *Des slogans antiaméricains.*

ANTIAPARTHEID adj. inv.
Les lettres ***ei*** se prononcent ***è***, [ɑ̃tiapartɛd].
Contre le régime de ségrégation raciale d'Afrique du Sud. *Des politiques antiapartheid.*
antiapar**theid**.

ANTIASTHMATIQUE adj. et n. m.
Se dit d'un médicament propre à combattre, à apaiser l'asthme. *Des médicaments antiasthmatiques.*

ANTIATOMIQUE adj.
Qui s'oppose aux effets des radiations atomiques. *Des abris antiatomiques.*

ANTIAVORTEMENT adj. inv.
Qui s'oppose à l'avortement. *Des militants antiavortement. Une loi antiavortement.*

ANTIBACTÉRIEN, IENNE adj. et n. m.
Qui combat les bactéries. *Des produits antibactériens. Des antibactériens.*

ANTIBIOTIQUE adj. et n. m.
Produit chimique destiné à lutter contre les infections. *Des médicaments antibiotiques. Des antibiotiques.*

ANTIBLOCAGE n. m.
Dispositif complexe permettant d'éviter le blocage des roues lors d'un freinage d'urgence (GDT).

ANTIBROUILLARD adj. et n. m.
Qui éclaire malgré le brouillard. *Des phares antibrouillard* ou *antibrouillards. Des antibrouillards.*

ANTIBRUIT adj. inv.
Qui protège du bruit. *Des murs antibruit.*

ANTIBUÉE adj. inv.
Qui empêche ou limite la formation de la buée. *Des produits antibuée.*

ANTICANCER adj. inv.
Qui prévient ou combat le cancer. *Des aliments anticancer.*

ANTICANCÉREUX, EUSE adj. et n. m.
Qui s'emploie pour prévenir ou traiter le cancer. *Des cliniques anticancéreuses. Des anticancéreux.*

ANTICHAMBRE n. f.
Vestibule, salle d'attente. *Des antichambres désertes.*

ANTICHAR(S) adj.
Qui s'oppose à l'action des blindés. *Des obus antichar(s).*

ANTICHOC(S) adj.
Qui limite ou supprime les heurts. *Des pièces antichoc(s).*

ANTICIPATION n. f.
1. Action d'anticiper, d'imaginer le futur. *Un film d'anticipation.* SYN. science-fiction.
2. Prévision, faculté de prévoir.
LOCUTION
– ***Par anticipation.*** Par avance.

ANTICIPÉ, ÉE adj.
Qui se produit avant. *Des remerciements anticipés, une retraite anticipée.*

ANTICIPER v. tr.
VERBE TRANSITIF DIRECT
1. Exécuter avant la date prévue. *Anticiper des paiements.* SYN. devancer.
2. (NÉOL.) Prévoir. *Les investisseurs anticipent une augmentation des profits.* SYN. s'attendre à; entrevoir; prédire.
Cet emploi critiqué par certains auteurs est maintenant passé dans l'usage.
VERBE TRANSITIF INDIRECT
1. Utiliser à l'avance. *N'anticipez pas sur vos revenus.* SYN. entamer.
2. Prévoir. *Anticiper sur l'évolution de la situation.* SYN. s'attendre à; entrevoir; prédire.

3. (ABSOL.) Être patient, respecter l'ordre normal des choses. *N'anticipons pas, laissons-lui le soin de nous raconter.*
CONJUGAISON : VOIR MODÈLE AIMER.

ANTICLÉRICAL, ALE, AUX adj. et n. m. et f.
1. Qui est hostile à l'égard du clergé. *Des textes anticléricaux.*
2. Qui s'oppose à l'influence du clergé dans la politique.

A

ANTICLÉRICALISME n. m.
1. Hostilité à l'égard du clergé.
2. Opposition à l'ingérence du clergé dans la politique.

ANTICOAGULANT, ANTE adj. et n. m.
Le *o* est ouvert, [ɑ̃tikɔagylɑ̃, ɑ̃t].
Qui empêche ou retarde la coagulation du sang. *Des produits anticoagulants. Des anticoagulants.*

ANTICOLONIALISME n. m.
Opposition au colonialisme.

ANTICOLONIALISTE adj. et n. m. et f.
ADJECTIF
Qui s'oppose au colonialisme.
NOM MASCULIN ET FÉMININ
Un anticolonialiste convaincu.

ANTICOMMERCIAL, IALE, IAUX adj.
Qui est contraire aux intérêts du commerce. *Des subventions anticommerciales.*

ANTICOMMUNISME n. m.
Opposition au communisme.

ANTICOMMUNISTE adj. et n. m. et f.
Hostile au communisme. *Des écrits anticommunistes.*

ANTICONCEPTIONNEL, ELLE adj.
Propre à prévenir la grossesse. *Des procédés anticonceptionnels.*
Le mot ***contraceptif*** est plus couramment utilisé aujourd'hui.

ANTICONCURRENTIEL, IELLE adj.
(ÉCON.) Qui limite le libre jeu de la concurrence.

ANTICONFORMISME n. m.
Opposition aux traditions, aux usages établis.

ANTICONFORMISTE adj. et n. m. et f.
Qui s'oppose aux usages établis. *Des manifestations anticonformistes. Des anticonformistes.*

ANTICONSTITUTIONNEL, ELLE adj.
Contraire à la Constitution. *Des règlements anticonstitutionnels.*

ANTICONSTITUTIONNELLEMENT adv.
De façon anticonstitutionnelle.

ANTICORPS n. m.
Substance de défense qui est fabriquée par le corps en présence d'antigènes (microbe, substance chimique, etc.) avec lesquels elle se combine pour en neutraliser l'effet toxique.

ANTICORROSION adj. inv.
Qui protège contre la corrosion. *Des peintures anticorrosion.*

ANTICYCLONE n. m.
(MÉTÉOROL.) Phénomène atmosphérique porteur d'un temps sec et clair, accompagné d'une brise légère. *Les météorologues prévoient un anticyclone pour quelques jours : il fera beau.* ANT. cyclone; dépression (atmosphérique).
anticyclone.

ANTICYCLONIQUE adj.
(MÉTÉOROL.) Relatif à un anticyclone. *Un système anticyclonique.*

ANTIDATE n. f.
Date antérieure à la date véritable.

ANTIDATER v. tr.
Inscrire une date antérieure à la date véritable. *Antidater une lettre.*
Ne pas confondre avec ***postdater,*** inscrire une date postérieure à la date véritable. *À la signature du bail, est-il illégal d'exiger des chèques postdatés ?*
CONJUGAISON : VOIR MODÈLE AIMER.

ANTIDÉMARRAGE adj. inv. et n. m.
ADJECTIF INVARIABLE
Se dit d'un système antivol qui empêche le démarrage d'un véhicule. *Munir une voiture d'un dispositif antidémarrage.*
NOM MASCULIN
Des antidémarrages.
Système antivol qui empêche le démarrage d'un véhicule. SYN. système antidémarrage.

***ANTIDÉMARREUR**
Impropriété pour ***antidémarrage, système antidémarrage.***

ANTIDÉMOCRATIQUE adj.
Contraire à la démocratie. *Des élections antidémocratiques.*

ANTIDÉPRESSEUR adj. m. et n. m.
ADJECTIF MASCULIN
Se dit d'un produit qui combat la dépression. *Des médicaments antidépresseurs.* SYN. antidépressif.
NOM MASCULIN
Produit qui combat la dépression. *Des antidépresseurs efficaces.*

ANTIDÉPRESSIF, IVE adj. et n. m.
Se dit d'un produit qui combat la dépression. *Des produits antidépressifs. Il prend constamment des antidépressifs.* SYN. antidépresseur.

ANTIDÉRAPANT, ANTE adj.
Qui prévient le dérapage. *Des pneus antidérapants.*
antidérapant.

ANTIDÉTONANT, ANTE adj. et n. m.
Se dit d'un additif ajouté à un carburant pour en augmenter l'indice d'octane. *Des carburants antidétonants. Des antidétonants.*

***ANTIDILUVIEN**
Impropriété pour ***antédiluvien.***

ANTIDIURÉTIQUE adj. et n. m.
Qui diminue la sécrétion urinaire. *Des comprimés antidiurétiques. Des antidiurétiques.*

ANTIDOPAGE adj. inv.
Le *o* est ouvert, [ɑ̃tidɔpaʒ].
Qui s'oppose au dopage. *Des contrôles antidopage.*

ANTIDOTE n. m.
1. Contrepoison. *Le lait est un antidote à plusieurs produits toxiques.*
2. (FIG.) Remède, dérivatif contre un mal moral. *Un antidote des champignons vénéneux, des antidotes de l'amour.*
Le nom se construit avec les prépositions ***de, à.*** Bien que jugée pléonastique, la construction avec la préposition ***contre*** est de plus en plus courante. *Un antidote contre le découragement.*
Attention au genre masculin de ce nom : ***un*** antidote.

ANTIDOULEUR adj. inv. et n. m.
Se dit d'un produit qui réduit ou supprime la douleur. *Des médicaments antidouleur. On lui a prescrit des antidouleurs.* SYN. analgésique.

ANTIDUMPING n. m.
(ÉCON.) Mesure destinée à contrer une pratique commerciale consistant à vendre un produit à un prix inférieur à celui de son coût de revient.

ANTIÉBLOUISSANT, ANTE adj.
Propre à réduire l'éblouissement. *Des phares antiéblouissants.*

ANTIÉMÉTIQUE adj.
Propre à combattre les vomissements. *Des médicaments antiémétiques. Des antiémétiques.*

ANTIENNE n. f.
Attention à bien prononcer le *t*, [ɑ̃tjɛn].
Verset chanté avant un psaume ou un cantique.

ANTIFASCISTE adj. et n. m. et f.
Les lettres *sc* se prononcent ***ch***, [ɑ̃tifaʃist].
Qui s'oppose au fascisme. *Des défilés antifascistes. Des antifascistes.*

ANTIFONGIQUE adj. et n. m.
ADJECTIF
Se dit d'un produit qui détruit les champignons, qui empêche leur développement. *Un médicament antifongique. Des emballages antifongiques.*
NOM MASCULIN
Utiliser des antifongiques.

ANTIFRICTION adj. inv. et n. m.
Qui réduit le frottement. *Des produits antifriction. Des antifrictions.*

ANTIFUMÉE adj. inv. et n. m.
Qui diminue les fumées. *Des produits antifumée. Des antifumées.*

ANTI-G adj. inv.
Forme abrégée de ***antigravitationnel.***
Qui sert à réduire les effets de l'accélération ou de la décélération. *Une combinaison spatiale anti-g.*

ANTIGANG adj. et n. m.
Qui s'oppose aux gangs. *Des groupes antigangs. Des antigangs. La brigade antigang.*

ANTIGEL adj. inv. et n. m.
Substance qui abaisse le point de congélation d'un liquide. *Des substances antigel. Des antigels. On met de l'antigel dans le lave-glace pour qu'il ne gèle pas.*
L'adjectif est invariable, alors que le nom prend la marque du pluriel.

ANTIGÈNE n. m.
Substance étrangère à l'organisme (microbe, substance chimique ou organique, etc.) capable d'entraîner la production d'anticorps. *Des antigènes dangereux.*

ANTIGIVRANT, ANTE adj. et n. m.
ADJECTIF
Se dit d'un produit qui prévient la formation de givre. *Des produits antigivrants.*
NOM MASCULIN
Des antigivrants.

ANTIGIVRE adj. inv. et n. m. inv.
Qui empêche la formation de givre. *Des liquides antigivre. Des antigivre.* SYN. antigivrant.

ANTIGOUVERNEMENTAL, ALE, AUX adj.
Qui s'oppose au gouvernement. *Des manifestants antigouvernementaux.*

ANTIGRIPPE adj. inv.
Se dit d'un médicament, d'un vaccin qui prévient la grippe. *Des vaccins antigrippe.* SYN. antigrippal.

ANTIGUÉRILLA adj. inv.
Qui s'oppose à la guérilla. *Des tactiques antiguérilla.*

ANTIHALO adj. inv. et n. m.
Qui réduit l'effet de halo. *Des films antihalo. Des antihalos.*

ANTIHISTAMINIQUE adj. et n. m.
Propre à réduire les manifestations allergiques. *Des produits antihistaminiques efficaces. Des antihistaminiques.*

ANTIHYGIÉNIQUE adj.
Contraire à l'hygiène. *Des pratiques antihygiéniques.*

ANTI-IMPÉRIALISTE adj. et n. m. et f.
Opposé à l'impérialisme. *Des groupes anti-impérialistes. Des anti-impérialistes.*

ANTI-INFECTIEUX, IEUSE adj. et n. m.
ADJECTIF
Se dit d'un médicament qui combat l'infection.
NOM MASCULIN
Des anti-infectieux.

ANTI-INFLAMMATOIRE adj. et n. m.
Se dit d'un médicament qui prévient ou combat l'inflammation. *Des produits anti-inflammatoires. Prendre des anti-inflammatoires.*

ANTI-INFLATIONNISTE adj.
Qui lutte contre l'inflation. *Des mesures anti-inflationnistes.*

ANTILLAIS, AISE adj. et n. m. et f.
Des Antilles. *Une danse antillaise. Un Antillais, une Antillaise.*
T L'adjectif s'écrit avec une minuscule ; le nom, avec une majuscule.

ANTILOPE n. f.
Mammifère de l'ordre des ruminants, à cornes creuses et effilées, au corps svelte, dont la peau est recherchée pour la confection de vêtements.
Ce nom est toujours féminin : ***une*** antilope mâle.
antilope.

ANTIMATIÈRE n. f.
Matière hypothétique composée d'antiparticules.

ANTIMIGRAINEUX, EUSE adj. et n. m.
ADJECTIF
Se dit d'un médicament qui combat les migraines, les maux de tête.
NOM MASCULIN
Prendre un antimigraineux.

ANTIMILITARISME n. m.
Doctrine qui s'oppose à l'esprit militaire.

ANTIMILITARISTE adj. et n. m. et f.
ADJECTIF
Qui s'oppose à l'esprit militaire.
NOM MASCULIN ET FÉMININ
Un groupe d'antimilitaristes.

ANTIMISSILE adj. et n. m.
Destiné à neutraliser l'action de missiles. *Des boucliers antimissiles. Le pays a acheté des antimissiles.*
L'adjectif est maintenant variable et le nom prend la marque du pluriel. Certains auteurs préconisent encore l'invariabilité de l'adjectif.

ANTIMITE adj. et n. m.
ADJECTIF
Se dit d'un produit qui protège les lainages contre les mites. *Vaporiser des produits antimites.*
NOM MASCULIN
Un antimite, des antimites.

ANTIMOINE n. m.
Symbole ***Sb*** (s'écrit sans point).
Métal d'un blanc bleuâtre.

ANTIMONDIALISATION adj. inv. et n. f.
ADJECTIF INVARIABLE
Opposé à la mondialisation de l'économie. *Les manifestants antimondialisation.*
NOM FÉMININ
Mouvement de contestation qui s'oppose à la mondialisation de l'économie.

ANTIMONDIALISTE adj. et n. m. et f.
ADJECTIF
Relatif à l'antimondialisation. *Une manifestation antimondialiste. Des étudiants antimondialistes.*
NOM MASCULIN ET FÉMININ
Partisan de l'antimondialisation. *Les antimondialistes.*

ANTINATIONAL, ALE, AUX adj.
Contraire à l'intérêt national. *Des écrits antinationaux.*

A

ANTINÉVRALGIQUE adj. et n. m.
Se dit d'un médicament propre à calmer les névralgies. *Des médicaments antinévralgiques. Des antinévralgiques.*

ANTINOMIE n. f.
Contradiction réelle ou apparente entre deux conceptions, deux idées. SYN. opposition.
⊶ Ne pas confondre avec le nom ***antonymie,*** juxtaposition de mots de sens contraire.

ANTINOMIQUE adj.
Contradictoire. *Des idées, des principes antinomiques.* SYN. opposé.

ANTINUCLÉAIRE adj. et n. m. et f.
ADJECTIF
Qui s'oppose à l'utilisation de l'énergie nucléaire.
NOM MASCULIN ET FÉMININ
Des antinucléaires convaincus.

ANTIOXYDANT, ANTE adj. et n. m.
ADJECTIF
Qui empêche l'oxydation.
NOM MASCULIN
Des antioxydants qui retardent la dégradation des aliments.

ANTIPARASITAIRE adj. et n. m.
ADJECTIF
Qui lutte contre les parasites. *Des savons antiparasitaires.*
NOM MASCULIN
Des antiparasitaires efficaces.

ANTIPARASITE adj. et n. m.
ADJECTIF
(RADIO) Qui empêche la propagation des parasites dans les transmissions radiophoniques. *Des dispositifs antiparasites.*
NOM MASCULIN
Des antiparasites.

ANTIPARLEMENTAIRE adj. et n. m. et f.
Opposé au régime parlementaire. *Des propos antiparlementaires. Des antiparlementaires.*

ANTIPATHIE n. f.
Aversion naturelle irraisonnée, hostilité instinctive. *Dès le premier instant, cette personne lui inspira de l'antipathie.* ANT. sympathie.
⇨ antipat**h**ie.

ANTIPATHIQUE adj.
Qui ne plaît pas, désagréable. *Ce prétentieux est antipathique à toute l'équipe.* SYN. déplaisant. ANT. sympathique.
↝ L'adjectif se construit avec la préposition ***à.***
⇨ antipat**h**ique.

ANTIPELLICULAIRE adj. et n. m.
ADJECTIF
Qui lutte contre les pellicules. *Un shampoing antipelliculaire.* SYN. antipellicules.
NOM MASCULIN
Un antipelliculaire.

ANTIPELLICULES adj. et n. m.
ADJECTIF
Qui lutte contre les pellicules. *Une lotion antipellicules.* SYN. antipelliculaire.
NOM MASCULIN
Un antipellicules.

ANTIPERSONNEL adj. inv.
(MILIT.) Se dit de bombes, d'armes, d'engins destinés à blesser, à mutiler ou à tuer des personnes plutôt qu'à détruire des bâtiments, du matériel, etc. *Les mines antipersonnel devraient être totalement bannies.*
▭ Emprunté à l'anglais, l'adjectif ***antipersonnel*** est invariable. Sur le modèle de l'adjectif ***antichar,*** qui prend la marque du pluriel *(des grenades antichars)*, on pourrait préférer l'adjectif variable ***antipersonne.*** *L'interdiction des bombes antipersonnes.*

ANTIPHRASE n. f.
Emploi d'un mot, d'une phrase dans un sens contraire à la véritable signification, par ironie ou par plaisanterie.

ANTIPIRATAGE adj. inv.
(INFORM.) Relatif à la lutte contre le piratage informatique (GDT). *Installer un grand nombre d'applications dotées d'une protection antipiratage efficace.*

ANTIPLAGIAT adj. inv.
Propre à prévenir, à déceler la copie de textes d'autrui sans autorisation. *Des règles antiplagiat, un logiciel antiplagiat.*

ANTIPODE n. m.
1. Lieu de la terre diamétralement opposé au point où l'on se trouve. *L'Australie est à l'antipode, aux antipodes du Québec.*
2. Région très éloignée. *Mais c'est aux antipodes !*
⊶ Attention au genre masculin de ce nom : ***un*** antipode.
LOCUTION
– ***À l'antipode de*** ou ***aux antipodes de,*** loc. prép. À l'opposé.

ANTIPOISON adj. inv. et n. m.
ADJECTIF INVARIABLE
Se dit d'un établissement spécialisé dans le traitement des empoisonnements. *Des centres antipoison.*
NOM MASCULIN
Antidote. *Des antipoisons.*
▭ L'adjectif est invariable, alors que le nom prend la marque du pluriel.

ANTIPOLLUTION adj. inv.
Destiné à réduire la pollution. *Des filtres antipollution.*
▭ Cet adjectif est invariable.

ANTIPROTECTIONNISME n. m.
Doctrine qui s'oppose à la protection de l'économie nationale contre la concurrence étrangère.

ANTIQUAILLE n. f.
(PÉJ.) (FAM.) Vieilleries, brocante.

ANTIQUAIRE n. m. et f.
Personne qui fait le commerce des objets, des meubles anciens. *Mme Fougère est antiquaire.*
⇨ antiqu**aire**.

ANTIQUE adj. et n. m.
ADJECTIF
1. Qui appartient à l'Antiquité. *Les antiques coutumes grecques.*
2. Très ancien. *Un vase antique.*
⊶ Ne pas confondre avec les mots suivants :
• ***ancien,*** qui existe depuis longtemps ;
• ***archaïque,*** trop ancien.
NOM MASCULIN
Art antique. *Imiter l'antique.*
FORME FAUTIVE
*antiques. Anglicisme au sens de ***antiquités.***

ANTIQUITÉ n. f.
1. Époque des civilisations les plus anciennes. *Les pharaons appartiennent à l'Antiquité.*
🅃 Lorsqu'il désigne une période historique précise, le mot ***antiquité*** prend la majuscule.
2. Objets, meubles anciens. *Ces amphores sont des antiquités.*
🅃 En ce sens, le nom s'écrit avec une minuscule.

ANTIRABIQUE adj.
Employé contre la rage. *Des vaccins antirabiques.*

ANTIRACISME n. m.
Opposition aux théories racistes. *Le slogan « Touche pas à mon pote » prône l'antiracisme.*

ANTIRACISTE adj. et n. m. et f.
Hostile au racisme. *Une manifestation antiraciste. Des antiracistes.*

ANTIRADAR adj. et n. m.
Destiné à neutraliser les radars ennemis. *Des dispositifs antiradars. Des antiradars.*
L'adjectif est maintenant variable et le nom prend la marque du pluriel. Certains auteurs préconisent encore l'invariabilité de l'adjectif.

ANTIREFLET adj.
Qui limite la réflexion de la lumière. *Des lunettes antireflets* ou *antireflet.*
L'adjectif prend maintenant la marque du pluriel, mais certains auteurs le considèrent comme invariable.

ANTIRÉGLEMENTAIRE adj.
Contraire au règlement. *Des pratiques antiréglementaires.*

ANTIRÉTROVIRAL, ALE, AUX adj. et n. m.
ABRÉVIATION
ARV.
ADJECTIF
Qui agit sur les virus à ARN (rétrovirus) en bloquant leur multiplication dans l'organisme. *Des traitements antirétroviraux.*
NOM MASCULIN
Médicament qui s'oppose aux rétrovirus, particulièrement au virus de l'immunodéficience humaine (VIH). *Selon Médecins sans frontières, l'accès à un antirétroviral dans les pays les plus pauvres est très limité.* SYN. agent antirétroviral.

ANTIRIDES adj. inv. et n. m. inv.
ADJECTIF INVARIABLE
Se dit d'un produit destiné à prévenir les rides. *Une crème antirides.*
NOM MASCULIN INVARIABLE
Produit destiné à prévenir les rides. *Des antirides.*

ANTIROUILLE adj. inv. et n. m.
ADJECTIF INVARIABLE
Se dit d'une substance propre à prévenir l'apparition de la rouille. *Des produits antirouille.*
NOM MASCULIN
Des antirouilles efficaces.
L'adjectif est invariable, mais le nom prend la marque du pluriel.

ANTIROULIS adj.
(TECH.) Qui tend à réduire le mouvement d'oscillation d'un véhicule ou à s'opposer à l'apparition du roulis sur un bateau. *Navire équipé d'un dispositif antiroulis.*

ANTISCIENTIFIQUE adj.
Contraire à l'esprit scientifique. *Des méthodes antiscientifiques.*

ANTISÉMITE adj. et n. m. et f.
Hostile au peuple juif. *Des textes antisémites. Des antisémites.*

ANTISÉMITISME n. m.
Hostilité au peuple juif. *L'antisémitisme est une forme de racisme.*

ANTISEPSIE n. f.
Ensemble des procédés employés pour détruire les microbes.
L'***asepsie*** a pour objet de maintenir un milieu sans microbes, stérile.

ANTISEPTIQUE adj. et n. m.
Qui comporte des agents anti-infectieux. *Des produits antiseptiques.*
antiseptique.

ANTISIDA adj. inv.
Relatif à la lutte contre le sida.

ANTISISMIQUE adj.
Qui peut résister aux séismes. *Des immeubles antisismiques.*

ANTISOCIAL, IALE, IAUX adj.
Contraire à l'ordre social. *Des mesures antisociales.*
Ne pas confondre avec l'adjectif ***asocial***, opposé à la vie sociale.

ANTISOLAIRE adj.
Se dit d'un produit qui limite les effets du soleil sur la peau. *Des crèmes antisolaires.*

ANTI-SOUS-MARIN, INE adj.
Qui détecte les sous-marins. *Des dispositifs anti-sous-marins.*
Contrairement aux autres mots composés avec ***anti-***, le préfixe est joint au nom composé ***sous-marin*** par un trait d'union.

ANTISOVIÉTIQUE adj. et n. m. et f.
Opposé à ce qui est soviétique. *Des slogans antisoviétiques. Des antisoviétiques.*

ANTISPASMODIQUE adj. et n. m.
Qui combat les spasmes. *Des médicaments antispasmodiques. Des antispasmodiques.*

ANTISTATIQUE adj.
Qui réduit l'électricité statique. *Des tapis antistatiques.*

ANTISTRESS adj. inv.
Qui vise à réduire ou à supprimer le stress. *Des massages antistress.*

ANTITABAC adj. inv.
Qui lutte contre l'usage du tabac. *Des lois antitabac.*
Cet adjectif est invariable.

ANTITACHE adj. et n. m.
ADJECTIF
Se dit d'un procédé qui prévient les taches ou facilite leur élimination. *Ces nappes antitaches sont d'un entretien facile.*
NOM MASCULIN
Des antitaches.

ANTITERRORISME n. m.
Ensemble de mesures visant à lutter contre le terrorisme.

ANTITERRORISTE adj.
Qui combat le terrorisme. *Une loi antiterroriste.*

ANTITÉTANIQUE adj.
Qui prévient ou combat le tétanos. *Des sérums antitétaniques.*

ANTITHÈSE n. f.
Opposition de deux pensées. *Thèse, antithèse et synthèse.* SYN. contraire.
Attention au genre féminin de ce nom : ***une*** antithèse.

ANTITHÉTIQUE adj.
Contradictoire. *Des hypothèses antithétiques.* SYN. contraire; opposé.

ANTITOXINE n. f.
Substance produite par l'organisme pour neutraliser les toxines.

ANTITRUST adj.
Qui s'oppose à la création de trusts. *Une loi antitrust. Des lois antitrust* ou *antitrusts.*
Pour certains auteurs, cet adjectif est variable alors que, pour d'autres, il est invariable.

ANTITUBERCULEUX, EUSE adj.
Qui combat la tuberculose.

ANTITUSSIF, IVE adj. et n. m.
Qui calme la toux. *Des sirops antitussifs. Des antitussifs.*
antitussif.

ANTIULCÉREUX, EUSE adj. et n. m.
Se dit d'un médicament propre à réduire les ulcères de l'estomac.

ANTIVIRAL, ALE, AUX adj.
Qui combat les virus. *Des médicaments antiviraux.*

ANTIVIRUS adj. et n. m.
ADJECTIF
(INFORM.) Se dit d'un logiciel destiné à détecter et à éliminer les virus informatiques. *Un logiciel antivirus.*
NOM MASCULIN
(INFORM.) Logiciel de sécurité qui procède, automatiquement ou sur demande, à l'analyse des fichiers et de la mémoire d'un ordinateur, soit pour empêcher toute introduction parasite, soit pour détecter et éradiquer tout virus dans un système informatique (Recomm. off.). *Des antivirus efficaces.*

ANTIVOL adj. inv. et n. m.
ADJECTIF INVARIABLE
Se dit d'un dispositif de sécurité destiné à empêcher les vols. *Des systèmes antivol.*
NOM MASCULIN
Dispositif de sécurité destiné à empêcher les vols. *Installer des antivols.*
L'adjectif est invariable; le nom prend la marque du pluriel.

ANTONOMASE n. f.
Figure de rhétorique consistant à employer un nom propre comme nom commun. *Cet homme est un vrai tartufe* (pour dire qu'il est hypocrite, d'après le personnage de Molière). *C'est un vrai séraphin* (pour dire qu'il est avare, d'après le personnage de Séraphin Poudrier de Claude-Henri Grignon).

ANTONYME adj. et n. m.
Se dit d'un mot qui a un sens opposé au sens d'un autre. *Les adjectifs* petit *et* grand *sont des antonymes.*
VOIR TABLEAU – ANTONYMES.

ANTONYMIE n. f.
Juxtaposition de mots de sens contraire. *La sombre lueur de ses yeux.*
Ne pas confondre avec le nom ***antinomie,*** contradiction entre deux idées.

ANTRE n. m.
Excavation naturelle, souvent occupée par des animaux. *L'antre du lion.* SYN. repaire.
Contrairement aux synonymes féminins ***caverne*** et ***grotte,*** le nom ***antre*** est masculin : ***un*** antre.
HOM. ***entre,*** dans l'intervalle de.

ANUS n. m.
Le *s* se prononce, [anys].
Orifice extérieur du rectum.

ANXIÉTÉ n. f.
Inquiétude extrême. *François attend ses résultats avec anxiété, car il craint un échec.* SYN. angoisse.

ANXIEUSEMENT adv.
Avec anxiété.
FORME FAUTIVE
*anxieusement. Anglicisme au sens de ***impatiemment.***

ANXIEUX, IEUSE adj. et n. m. et f.
Qui éprouve de l'angoisse, de l'anxiété. SYN. angoissé; inquiet; tourmenté.
FORME FAUTIVE
*être anxieux de. Anglicisme au sens de ***avoir hâte de, désirer vivement, être impatient de.***

ANXIOGÈNE adj.
Qui cause de l'anxiété.

ANXIOLYTIQUE adj. et n. m.
Médicament propre à réduire l'anxiété.
anxio**lytique.**

AOC
Sigle de ***appellation d'origine contrôlée*** (vins).

AORTE n. f.
Artère qui part du ventricule gauche du cœur. *L'aorte a été touchée.*
Attention au genre féminin de ce nom : ***une*** aorte.

AORTIQUE adj.
Relatif à l'aorte.

AOÛT n. m.
Les lettres ***aoû*** se prononcent ***ou***, en une syllabe, et le ***t*** est muet, [u].
Huitième mois de l'année. *Le 10 août.*
T Les noms de mois s'écrivent avec une minuscule.
VOIR TABLEAU – DATE.
LOCUTION
– ***À la mi-août.*** Le 15 août.
HOM.
• ***houx,*** arbrisseau;
• ***ou,*** conjonction;
• ***où,*** adverbe et pronom relatif.
[Les *Rectifications* (1990) admettent : aout.]

APAISANT, ANTE adj.
Qui apporte le calme et la sérénité. *Des paroles apaisantes.* SYN. calmant; rassurant. ANT. angoissant.

APAISEMENT n. m.
Action d'apaiser; résultat de cette action.

APAISER v. tr., pronom.
VERBE TRANSITIF
1. Calmer. *Elle réussit à apaiser ses élèves turbulents.* « *Elle m'apaisa avec de bonnes paroles consolantes* » (Gabrielle Roy, *La Détresse et l'Enchantement*). ANT. exciter; inquiéter.
2. Satisfaire un sentiment, un désir. *Apaiser sa soif.*
VERBE PRONOMINAL
Devenir calme. *Les flots se sont apaisés.*
À la forme pronominale, le participe passé de ce verbe s'accorde toujours en genre et en nombre avec son sujet. *Leurs tourments se sont apaisés.*
CONJUGAISON : VOIR MODÈLE AIMER.

APANAGE n. m.
Privilège propre de quelqu'un, de quelque chose.
LOCUTIONS
– ***Avoir l'apanage de.*** Avoir le privilège, l'exclusivité de.
– ***Être l'apanage de.*** (LITT.) Appartenir en propre à.
L'expression *apanage exclusif est redondante.

APARTÉ n. m.
Entretien particulier. *Des apartés inquiétants.*
LOCUTION
– ***En aparté,*** loc. adv. Tout bas.

APARTHEID n. m.
Les lettres ***ei*** se prononcent ***è,*** [apartɛd].
Régime de ségrégation raciale en Afrique du Sud. *La politique de l'apartheid.*
apart**heid.**

APATHIE n. f.
Indolence, inertie. *Leur apathie est causée par l'extrême chaleur.* SYN. langueur.
apat**hie.**

APATHIQUE adj. et n. m. et f.
Sans énergie, indolent. *Des élèves apathiques.* SYN. amorphe; inactif. ANT. énergique; vif.
apat**hique.**

APATRIDE adj. et n. m. et f.
Personne sans nationalité légale. *Le statut des apatrides.*

APERCEVOIR v. tr., pronom.

VERBE TRANSITIF

Découvrir au loin. *Il apercevait la lune très clairement.* SYN. discerner ; entrevoir.

VERBE PRONOMINAL

Se rendre compte. *Elles se sont aperçues trop tard de leur erreur. Ils se sont aperçus que vous n'étiez pas là.* SYN. constater ; remarquer.

À la forme pronominale, le verbe se construit avec la préposition ***de*** ou avec la conjonction ***que*** suivie de l'indicatif.

À la forme pronominale, le participe passé de ce verbe s'accorde toujours en genre et en nombre avec son sujet. *Ses amies ne s'étaient aperçues de rien.*

CONJUGAISON : VOIR MODÈLE APERCEVOIR.

Le **c** prend une cédille devant les lettres **o** et ***u***. *Il aperçoit, il aperçut.*

apercevoir.

APERÇU n. m.

Explication de base. *J'ai eu un aperçu du problème.* SYN. idée.

APÉRITIF, IVE adj. et n. m.

ADJECTIF

(LITT.) Qui ouvre l'appétit. *Une liqueur apéritive.*

NOM MASCULIN

Boisson alcoolique ou alcoolisée que l'on prend avant le repas.

Après le repas, on prend un ***digestif.***

apéritif, un seul ***p***, contrairement à ***appétit.***

APESANTEUR n. f.

État dans lequel les effets de la pesanteur sont annihilés. *Les cosmonautes flottent dans l'espace : ils sont en état d'apesanteur.*

À PEU PRÈS loc. adv.

Environ. *Il était à peu près 10 heures.*

La locution adverbiale s'écrit sans traits d'union.

A

ANTONYMES

Les antonymes ou contraires sont des mots de même catégorie qui ont une signification opposée.

beauté	et	laideur	(noms)
chaud	et	froid	(adjectifs)
allumer	et	éteindre	(verbes)
rapidement	et	lentement	(adverbes)

Voici quelques exemples d'antonymes :

ancien	et	moderne	force	et	faiblesse	mou	et	dur
antipathique	et	sympathique	fort	et	faible	plein	et	vide
avare	et	généreux	grand	et	petit	premier	et	dernier
baisser	et	monter	haut	et	bas	public	et	privé
bon	et	méchant	jeune	et	vieux	rapide	et	lent
calmer	et	exciter	malheur	et	bonheur	riche	et	pauvre
clair	et	sombre	masculin	et	féminin	rigide	et	flexible
court	et	long	minimal	et	maximal	sec	et	humide
difficilement	et	facilement	monter	et	descendre	visibilité	et	invisibilité

Ne pas confondre avec les mots suivants :

- **homonymes**, mots qui s'écrivent ou se prononcent de façon identique sans avoir la même signification :

  air (expression)
  air (mélange gazeux)
  air (mélodie)
  aire (surface)
  ère (époque)
  erre (vitesse acquise d'un navire)
  hère (malheureux)
  hère (jeune cerf)

- **paronymes**, mots qui présentent une ressemblance d'orthographe ou de prononciation sans avoir la même signification :

  acception (sens d'un mot)
  acceptation (accord)

  allocation (somme d'argent)
  allocution (discours bref)

  notable (digne d'être noté)
  notoire (qui est bien connu)

- **synonymes**, mots qui ont la même signification ou une signification très voisine :

  affable, aimable
  berner, duper
  gravement, grièvement
  riche, fortuné
  sens, signification

VOIR TABLEAUX ▸ HOMONYMES. ▸ PARONYMES. ▸ SYNONYMES.

CONJUGAISON DU VERBE **APERCEVOIR**

INDICATIF

PRÉSENT		PASSÉ COMPOSÉ		
j'	aperç**ois**	j'	ai	aperçu
tu	aperç**ois**	tu	as	aperçu
elle	aperç**oit**	elle	a	aperçu
il	aperç**oit**	il	a	aperçu
nous	aper**cevons**	nous	avons	aperçu
vous	aper**cevez**	vous	avez	aperçu
elles	aperç**oivent**	elles	ont	aperçu
ils	aperç**oivent**	ils	ont	aperçu

IMPARFAIT		PLUS-QUE-PARFAIT		
j'	aper**cevais**	j'	avais	aperçu
tu	aper**cevais**	tu	avais	aperçu
elle	aper**cevait**	elle	avait	aperçu
il	aper**cevait**	il	avait	aperçu
nous	aper**cevions**	nous	avions	aperçu
vous	aper**ceviez**	vous	aviez	aperçu
elles	aper**cevaient**	elles	avaient	aperçu
ils	aper**cevaient**	ils	avaient	aperçu

PASSÉ SIMPLE		PASSÉ ANTÉRIEUR		
j'	aperç**us**	j'	eus	aperçu
tu	aperç**us**	tu	eus	aperçu
elle	aperç**ut**	elle	eut	aperçu
il	aperç**ut**	il	eut	aperçu
nous	aperç**ûmes**	nous	eûmes	aperçu
vous	aperç**ûtes**	vous	eûtes	aperçu
elles	aperç**urent**	elles	eurent	aperçu
ils	aperç**urent**	ils	eurent	aperçu

FUTUR SIMPLE		FUTUR ANTÉRIEUR		
j'	aper**cevrai**	j'	aurai	aperçu
tu	aper**cevras**	tu	auras	aperçu
elle	aper**cevra**	elle	aura	aperçu
il	aper**cevra**	il	aura	aperçu
nous	aper**cevrons**	nous	aurons	aperçu
vous	aper**cevrez**	vous	aurez	aperçu
elles	aper**cevront**	elles	auront	aperçu
ils	aper**cevront**	ils	auront	aperçu

CONDITIONNEL PRÉSENT		CONDITIONNEL PASSÉ		
j'	aper**cevrais**	j'	aurais	aperçu
tu	aper**cevrais**	tu	aurais	aperçu
elle	aper**cevrait**	elle	aurait	aperçu
il	aper**cevrait**	il	aurait	aperçu
nous	aper**cevrions**	nous	aurions	aperçu
vous	aper**cevriez**	vous	auriez	aperçu
elles	aper**cevraient**	elles	auraient	aperçu
ils	aper**cevraient**	ils	auraient	aperçu

SUBJONCTIF

PRÉSENT			PASSÉ			
que	j'	aperç**oive**	que	j'	aie	aperçu
que	tu	aperç**oives**	que	tu	aies	aperçu
qu'	elle	aperç**oive**	qu'	elle	ait	aperçu
qu'	il	aperç**oive**	qu'	il	ait	aperçu
que	nous	aper**cevions**	que	nous	ayons	aperçu
que	vous	aper**ceviez**	que	vous	ayez	aperçu
qu'	elles	aperç**oivent**	qu'	elles	aient	aperçu
qu'	ils	aperç**oivent**	qu'	ils	aient	aperçu

IMPARFAIT			PLUS-QUE-PARFAIT			
que	j'	aperç**usse**	que	j'	eusse	aperçu
que	tu	aperç**usses**	que	tu	eusses	aperçu
qu'	elle	aperç**ût**	qu'	elle	eût	aperçu
qu'	il	aperç**ût**	qu'	il	eût	aperçu
que	nous	aperç**ussions**	que	nous	eussions	aperçu
que	vous	aperç**ussiez**	que	vous	eussiez	aperçu
qu'	elles	aperç**ussent**	qu'	elles	eussent	aperçu
qu'	ils	aperç**ussent**	qu'	ils	eussent	aperçu

IMPÉRATIF

PRÉSENT	PASSÉ	
aperç**ois**	aie	aperçu
aper**cevons**	ayons	aperçu
aper**cevez**	ayez	aperçu

INFINITIF

PRÉSENT	PASSÉ
aper**cevoir**	avoir aperçu

PARTICIPE

PRÉSENT	PASSÉ
aper**cevant**	aperçu, ue ayant aperçu

À-PEU-PRÈS n. m. inv. (pl. *à-peu-près*)
Chose imprécise, vague. *Ces affirmations ne sont que des à-peu-près.*
✏ **à-peu-près**, avec des traits d'union.

APEURER v. tr.
Rendre craintif, effrayer.
CONJUGAISON : VOIR MODÈLE AIMER.

APHASIE n. f.
1. (MÉD.) Perte de la faculté de parler.
2. (FIG.) Mutisme. *« et au matin dans l'aphasie/d'un grand départ »* (Pierre Nepveu, *Lignes aériennes*).

APHASIQUE adj. et n. m. et f.
(MÉD.) Qui est atteint d'aphasie.

APHÉRÈSE n. f.
Abrègement d'un mot par la suppression de lettres initiales. Copieur *se dit familièrement pour* photocopieur *par aphérèse.* ANT. apocope.

APHONE adj.
Le *o* est ouvert, [afɔn].
Qui est sans voix. *Il a une extinction de voix : il est aphone.*

APHORISME n. m.
Sentence, maxime énoncée en peu de mots. Qui a bu boira *est un aphorisme.* SYN. adage.

APHRODISIAQUE adj. et n. m.
Qui excite, ou est censé exciter, le désir sexuel.

APHTE n. m.
Petite ulcération. *L'aphte qu'il a dans la bouche est douloureux.*
Attention au genre masculin de ce nom : ***un*** aphte.

APHTEUX, EUSE adj.
Qui s'accompagne d'aphtes. *La fièvre aphteuse.*

API n. m.
Petite pomme rouge vif.

API
Sigle de ***Association phonétique internationale.***

À PIC loc. adv.
1. Abrupt. *Une falaise à pic.*
2. (FIG.) Au bon moment. *Vous tombez à pic.* SYN. à propos.

À-PIC n. m. (pl. *à-pics*)
Paroi abrupte d'un rocher. *Des à-pics terrifiants.*
Le nom prend la marque du pluriel.

APICOLE adj.
Le *o* est ouvert, [apikɔl].
Qui est relatif à l'apiculture.

APICULTEUR n. m.
APICULTRICE n. f.
Personne qui élève des abeilles.

APICULTURE n. f.
Élevage des abeilles.
VOIR – AGRICULTURE.
Ne pas confondre avec ***aviculture***, élevage des oiseaux, des volailles.

APITOIEMENT n. m.
Compassion. *On ne peut se contenter d'apitoiements : il nous faut de l'aide et des ressources.* SYN. attendrissement ; pitié.
✏ **apitoiement.**

APITOYER v. tr., pronom.
VERBE TRANSITIF
Exciter la pitié, la compassion de. *Elle essaie d'apitoyer son amie en exagérant ses problèmes.* SYN. émouvoir.
VERBE PRONOMINAL
Éprouver de la pitié. *Ils se sont apitoyés sur le sort de ces réfugiés.* SYN. s'attendrir ; plaindre.
À la forme pronominale, le participe passé de ce verbe s'accorde toujours en genre et en nombre avec son sujet. *Ils ne se sont pas apitoyés sur leur sort.*
CONJUGAISON : VOIR MODÈLE EMPLOYER.
Le ***y*** se change en ***i*** devant un ***e*** muet. *Il apitoie, il apitoiera.*
Le ***y*** est suivi d'un ***i*** à la première et à la deuxième personne du pluriel de l'indicatif imparfait et du subjonctif présent. *(Que) nous apitoyions, (que) vous apitoyiez.*

A

APL
Sigle de l'anglais ***A Programming Language.***
(INFORM.) Langage de programmation fondé sur une notation dense, concise et rigoureuse principalement utilisée dans les applications de gestion et dans la programmation scientifique.

APLANIR v. tr.
1. Rendre uni ce qui est inégal. *Aplanir un relief.* SYN. égaliser ; niveler.
2. (FIG.) Adoucir, faire disparaître. *Aplanir les difficultés.*
CONJUGAISON : VOIR MODÈLE FINIR.

APLANISSEMENT n. m.
Action d'aplanir.

APLATI, IE adj.
Rendu plat. *Une pâte aplatie, une tête aplatie.*

APLATIR v. tr., pronom.
VERBE TRANSITIF
Rendre plat ce qui avait une forme ronde, pointue, etc. *Aplatir ses cheveux.*
VERBE PRONOMINAL
1. S'écraser. *La boîte s'est aplatie.*
2. (FIG.) S'humilier, faire des bassesses. *Il a tendance à s'aplatir devant son supérieur.*
À la forme pronominale, le participe passé de ce verbe s'accorde toujours en genre et en nombre avec son sujet. *Ses chapeaux s'étaient aplatis.*
CONJUGAISON : VOIR MODÈLE FINIR.

APLATISSEMENT n. m.
Action d'aplatir ; fait d'être aplati.

APLAT ou **À-PLAT** n. m.
Surface d'une seule teinte dans la langue des peintres, des imprimeurs. *Des aplats, à-plats.*

À-PLAT-VENTRISME n. m. (pl. *à-plat-ventrismes*)
⚜ Attitude obséquieuse, comportement servile. *Vous n'avez pas à faire de l'à-plat-ventrisme pour obtenir ce poste.* SYN. obséquiosité ; servilité.

APLOMB n. m.
1. Direction verticale. *Cette cloison a perdu son aplomb.*
2. Équilibre. *Il a sauté et retrouvé son aplomb.*
3. (FIG.) Assurance, parfois excessive. *Elle répondit avec aplomb.* SYN. confiance.
LOCUTION
– ***D'aplomb,*** loc. adv. En équilibre. *Cette table est bien d'aplomb.*
✏ **aplomb.**

APNÉE n. f.
Suppression momentanée de la respiration.
LOCUTION
– ***Plonger en apnée.*** Plonger sans bouteille d'oxygène.
✏ **apnée.**

APNÉISTE n. m. et f.
Personne qui pratique la plongée en apnée. *Avec l'entraînement, les apnéistes développent leur volume pulmonaire.*

APOCALYPSE n. f.
Le *o* est ouvert, [apɔkalips].
1. Dernier livre du Nouveau Testament attribué à saint Jean.
T En ce sens, le nom prend la majuscule.
2. Fin du monde, catastrophe. *Une terrifiante apocalypse.*
✏ **apocalypse.**

APOCALYPTIQUE adj.
Qui ressemble à une apocalypse; catastrophique. *Une vision d'horreur, complètement apocalyptique.*
apocalyptique.

APOCOPE n. f.
Les **o** sont ouverts, [apɔkɔp].
Abrègement d'un mot par la suppression des dernières lettres. Cinéma *est l'apocope de cinématographe*; photo, *de photographie.* ANT. aphérèse.

APOCRYPHE adj.
Dont l'authenticité est douteuse. *Des écrits apocryphes.*
apocryphe.

APOGÉE n. m.
1. Point où un astre est à sa plus grande distance de la Terre. ANT. périgée.
2. Le plus haut point d'élévation. *Il est à l'apogée de son art.* SYN. sommet; zénith.
Compte tenu de la valeur superlative de ce mot, on évitera les expressions le *maximum, le *zénith de son apogée.
Attention au genre masculin de ce nom : ***un*** apogée.
Ne pas confondre avec le mot ***apothéose,*** triomphe.
apogée.

APOLITIQUE adj.
Qui ne s'occupe pas de politique, qui professe la neutralité politique.

APOLLON n. m.
(IRON.) Éphèbe.

APOLOGÉTIQUE adj.
Qui contient une apologie.

APOLOGIE n. f.
Discours ou écrit qui a pour objet de défendre, de justifier une personne, une doctrine. *L'apologie du plaisir.*
Ne pas confondre avec le nom ***panégyrique,*** éloge d'une personne, d'une cité, d'une nation.

APOLOGUE n. m.
Courte fable.

APOPHYSE n. f.
Partie saillante d'un os.

APOPLECTIQUE adj. et n. m. et f.
1. Relatif à l'apoplexie.
2. Personne atteinte d'apoplexie.

APOPLEXIE n. f.
Suppression brusque de l'activité du cerveau avec perte de connaissance.
Ne pas confondre avec le nom ***épilepsie,*** maladie nerveuse caractérisée par des attaques convulsives.

APOSTASIE n. f.
Renonciation à sa foi religieuse.

APOSTASIER v. intr.
Renoncer à sa foi religieuse.
CONJUGAISON : VOIR MODÈLE ÉTUDIER.
Redoublement du ***i*** à la première et à la deuxième personne du pluriel de l'imparfait et du subjonctif présent. *(Que) nous apostasiions, (que) vous apostasiiez.*

A POSTERIORI n. m. inv.
Jugement fondé sur les faits. *Des* a posteriori *rigoureux.*
LOCUTION
– ***A posteriori.*** Locution latine signifiant « en partant de ce qui vient après ». En se fondant sur les faits. *Des déductions* a posteriori. ANT. a priori.
[T] En typographie soignée, les mots étrangers sont composés en italique. Dans des textes déjà en italique, la notation se fait en romain. Pour les textes manuscrits, on utilisera les guillemets.
[Les *Rectifications* (1990) admettent : à postériori.]

APOSTILLE n. f.
(DR.) Note en marge d'un texte.

APOSTILLER v. tr.
(DR.) Annoter un contrat.
CONJUGAISON : VOIR MODÈLE AIMER.
Les lettres ***ill*** sont suivies d'un ***i*** à la première et à la deuxième personne du pluriel de l'indicatif imparfait et du subjonctif présent. *(Que) nous apostillions, (que) vous apostilliez.*

APOSTOLAT n. m.
Action de propager une doctrine.
apostolat.

APOSTOLIQUE adj.
1. Qui est conforme à la mission des apôtres.
2. Qui émane du Saint-Siège. *Un nonce apostolique.*

APOSTOLIQUEMENT adv.
De manière apostolique.

APOSTROPHE n. f.
1. (GRAMM.) Mots au moyen desquels on s'adresse directement à des personnes ou à des choses personnifiées. *Mélanie, viens ici!* Dans cette phrase, le nom « Mélanie » est mis en apostrophe.
Ne pas confondre avec les mots mis en ***apposition*** qui ajoutent une qualification à un nom ou à un pronom.
2. Signe orthographique qui marque l'élision d'une voyelle. *Il y a deux apostrophes dans cette définition.*
VOIR TABLEAU – APOSTROPHE.
3. Parole brusque. *Une apostrophe désagréable.* SYN. insulte; invective.

APOSTROPHER v. tr.
Adresser des paroles désagréables à quelqu'un. *Le voyou l'a apostrophée.* SYN. insulter; interpeller; invectiver.
CONJUGAISON : VOIR MODÈLE AIMER.

APOTHÉOSE n. f.
Le premier **o** est ouvert et le deuxième est fermé, [apɔteoz].
1. Triomphe fait à quelqu'un.
2. (FIG.) Épanouissement extraordinaire. *Le feu d'artifice a été l'apothéose de la soirée du 24 juin.*
apothéose.

APOTHICAIRE n. m.
(VX) Pharmacien.
apothicaire.

APÔTRE n. m.
1. L'un des douze disciples de Jésus-Christ.
2. Personne qui propage avec ardeur une doctrine, une opinion. *Un apôtre de l'écologie.*

app.
Abréviation de ***appartement.***
L'abréviation *apt. est anglaise.

APPALACHIEN, IENNE adj.
Des Appalaches.

APPARAÎTRE v. intr., impers.
VERBE INTRANSITIF
1. Devenir brusquement visible, évident. *Après la longue traversée, la côte apparaissait enfin. La vérité apparut enfin à Claire.* SYN. se montrer; paraître; se révéler. ANT. disparaître.
2. Sembler, se présenter à l'esprit. *Cette œuvre intemporelle n'apparaît aucunement démodée.*
Le nom attribut du sujet est introduit par **comme** ou **tel,** alors que l'adjectif peut se construire avec ou sans la conjonction **comme.** *La Russie entend apparaître comme l'intermédiaire privilégiée entre l'Europe et l'Asie. Le lac Léman, qui apparaît tel un songe quand on arrive de Paris en train. Le succès lui apparaissait probable* ou *comme probable.*
3. Commencer à exister. *Les premières automobiles sont apparues au début du* XX*e siècle.*

Ce verbe se construit généralement avec l'auxiliaire ***être*** ou, moins fréquemment, avec ***avoir.*** *Le soleil est apparu* ou *a apparu dans l'après-midi.*

VERBE IMPERSONNEL

Il semble que, il ressort que. *Il apparaît que la contestation ira en s'amplifiant. Il n'apparaît pas qu'Il y ait des possibilités de faire autrement.*

À la forme affirmative, le verbe est suivi de l'indicatif ou du conditionnel ; à la forme interrogative ou négative, le verbe est suivi du subjonctif.

Ne pas confondre avec le verbe ***paraître,*** sembler, avoir l'air. *Elle parut contente. Il paraît que le concert était excellent.*

CONJUGAISON : VOIR MODÈLE PARAÎTRE.

[Les *Rectifications* (1990) admettent : il apparait, apparaitra, apparaitrait...]

APPARAT n. m.

Éclat, faste. *Un costume d'apparat.*

apparat, avec un ***t*** final.

APPARATCHIK n. m. et f.

1. (POLIT.) Membre influent du parti communiste.
2. Membre important d'un parti politique, d'un syndicat, etc. *Des apparatchiks dogmatiques.*

Ce nom a souvent une connotation péjorative.

APPAREIL n. m.

1. (VX) (LITT.) Déroulement d'un cérémonial. *L'appareil pompeux d'un couronnement.*
2. Instrument qui permet d'exécuter une opération matérielle. *Un appareil téléphonique.*

Ne pas confondre avec les noms suivants :

- ***machine,*** appareil utilisant l'énergie ;
- ***outil,*** instrument utilisé directement par la main pour faire un travail ;
- ***ustensile,*** instrument servant aux usages domestiques.

3. (ANAT.) Ensemble d'organes accomplissant une fonction. *L'appareil digestif.*
4. Dispositif. *Un appareil de levage.*
5. Dispositif qui sert à redresser les dents. *Catherine porte un appareil.*
6. Agrès, dans la langue des gymnastes.

LOCUTIONS

– ***Appareil photographique.*** S'abrège en ***appareil photo, appareil de photo.*** Instrument destiné à prendre des images photographiques. *Des appareils photo, des appareils de photo d'excellente qualité.*

1° Dans ces expressions, le mot ***photo*** est invariable.
2° Ne pas confondre avec le nom ***caméra,*** appareil de prises de vues.

– ***Dans le plus simple appareil.*** Nu, peu habillé.

APPAREILLAGE n. m.

Ensemble d'appareils.

Ne pas confondre avec ***appareillement,*** action de réunir des animaux pour le travail, la reproduction.

APPAREILLEMENT n. m.

Action de réunir des animaux pour le travail, la reproduction.

Ne pas confondre avec ***appareillage,*** ensemble d'appareils.

A

APOSTROPHE

Signe orthographique en forme de virgule qui se place en haut et à droite d'une lettre, l'apostrophe remplace la voyelle finale ***(a, e, i)*** qu'un mot perd devant un mot qui commence par une voyelle ou un ***h*** muet. Cette suppression de la voyelle finale, appelée ***élision,*** n'a pas lieu devant un mot commençant par un ***h*** aspiré.

*D'abord, je prendrai **l'**orange, s'il vous plaît, puis **le** homard.*

Certains mots qui comportaient une apostrophe s'écrivent maintenant en un seul mot. *Entracte, entraide,* mais *entr'apercevoir...*

Les mots qui peuvent s'élider sont :

le, la, je, me, te, se, ne, de, que, ce	devant une voyelle ou un ***h*** muet. ***J'****aurai ce qui convient.*
jusque	devant une voyelle. ***Jusqu'****au matin.*
lorsque, puisque, quoique	devant ***il, elle, en, on, un, une, ainsi*** seulement. ***Lorsqu'****elle est contente.* ***Puisqu'****il est arrivé.* ***Quoiqu'****on ait prétendu certaines choses...*
presque	devant ***île*** seulement. *Une **presqu'**île,* mais *un bâtiment **presque** achevé.*
quelque	devant ***un, une*** seulement. ***Quelqu'****un,* ***quelqu'****une.*
si	devant ***il*** seulement. ***S'****il fait beau.*

VOIR TABLEAU ► **ÉLISION.**

APPAREILLER v. tr., intr.
VERBE TRANSITIF
1. Assortir. *Appareiller des chaussettes.* SYN. apparier.
2. (MÉD.) Équiper d'une prothèse. *Appareiller une jambe.*
3. Lever l'ancre. *« Tentant d'appareiller les caravelles vers les îles miraculeuses »* (Alain Grandbois, *Les Îles de la nuit*).
VERBE INTRANSITIF
(MAR.) Quitter le port. *Le bâtiment est appareillé, a appareillé.*
Au passé composé, le verbe se construit avec l'auxiliaire ***être*** ou ***avoir.***
CONJUGAISON : VOIR MODÈLE AIMER.

APPAREMMENT adv.
La troisième syllabe se prononce ***ra***, [aparamɑ̃].
Vraisemblablement. *Apparemment, il fera beau pour le week-end.* SYN. sans doute ; selon toute vraisemblance.
apparem**m**ent.

APPARENCE n. f.
Ce qui paraît au-dehors et peut ne pas correspondre à la réalité. *Les apparences sont trompeuses : il ne faut pas s'y fier. « Un livre étrange […] qui, sous une apparence de légèreté, baigne au fond dans la gravité »* (Gabrielle Roy, *La Détresse et l'Enchantement*). SYN. air ; aspect.
LOCUTIONS
– ***En apparence.*** D'après ce qui paraît ; extérieurement.
– ***Sauver les apparences.*** Taire, cacher ce qui est contraire aux convenances, ce qui pourrait nuire à la réputation de quelqu'un. SYN. ménager les apparences.
– ***Selon toute apparence,*** loc. adv. Très probablement.
appar**e**nce.

APPARENT, ENTE adj.
1. Qui est visible. *La différence entre ces deux tissus est apparente.* SYN. clair ; évident. ANT. invisible.
2. Qui n'est qu'une apparence, illusoire. *Malgré son apparente bonne humeur, elle est triste.* ANT. réel.
appar**e**nt.

APPARENTÉ, ÉE adj.
1. Qui a des liens de parenté. *Elle est apparentée à ma cousine.*
2. Qui présente des affinités. *Des musiques apparentées.*
L'adjectif se construit avec la préposition ***à.***

APPARENTER (S') v. pronom.
Avoir des affinités, une ressemblance avec quelque chose. *Ces remarques s'apparentent aux tiennes.* SYN. ressembler.
Le verbe se construit avec la préposition ***à.***
Le participe passé de ce verbe, qui n'existe qu'à la forme pronominale, s'accorde toujours en genre et en nombre avec son sujet. *Ces personnes se sont apparentées à la noblesse par le mariage.*
CONJUGAISON : VOIR MODÈLE AIMER.

APPARIEMENT n. m.
Action d'assortir par paires, par affinités.
appari**e**ment.

APPARIER v. tr., pronom.
VERBE TRANSITIF
Assortir par paires, par couples. *Apparier des pinsons.*
VERBE PRONOMINAL
Se mettre en couple. *Les cardinaux se sont appariés.*
À la forme pronominale, le participe passé de ce verbe s'accorde toujours en genre et en nombre avec son sujet. *Ces oiseaux se sont appariés.*
CONJUGAISON : VOIR MODÈLE ÉTUDIER.
Redoublement du ***i*** à la première et à la deuxième personne du pluriel de l'indicatif imparfait et du subjonctif présent. *(Que) nous appariions, (que) vous appariiez.*

APPARITEUR n. m.
Huissier (d'une faculté), préparateur d'atelier, de laboratoire.

APPARITION n. f.
1. Manifestation subite d'un être, d'un phénomène qui devient visible. *L'apparition d'une étoile filante. Le médecin a noté l'apparition de certains symptômes.*
2. Vision. *La petite bergère a eu une apparition : elle a vu la Vierge.*

APPAROIR v. intr.
(DR.) Être manifeste. *Il appert que le coupable était armé.*
Ce verbe appartient à la langue juridique et il est quelque peu vieilli dans la langue courante ; on emploie aujourd'hui en ce sens les verbes ***apparaître, constater, ressortir, résulter.*** *Il apparaît que le coupable n'était pas armé. On a constaté que les auteurs du vol étaient mineurs.*
Ce verbe se construit avec l'indicatif. *Il appert que la cause sera entendue sous peu.*
Ce verbe est usité seulement à la troisième personne du singulier de l'indicatif présent. *Il appert.*

APPARTEMENT n. m.
Abréviation ***app.*** (s'écrit avec un point).
Ensemble de pièces destinées à l'habitation. *Un appartement ensoleillé de six pièces. Cet immeuble compte 12 appartements au total.*
FORMES FAUTIVES
*appartement. Archaïsme au sens de ***pièce*** (d'une maison, d'un logement). *Elle a loué un appartement de quatre pièces* (et non un *quatre appartements).
*bloc appartements. Calque de «*apartment block*» pour ***immeuble.***
*maison appartements. Calque de «*apartment house*» pour ***immeuble (résidentiel).***
appart**e**ment.

APPARTENANCE n. f.
Le fait d'appartenir à une collectivité, à un ensemble. *Dans cette entreprise, il y a un fort sentiment d'appartenance.*
apparten**a**nce.

APPARTENIR v. tr. ind., impers., pronom.
VERBE TRANSITIF INDIRECT
1. Être la propriété de. *Ce vélo appartient à Julie.* SYN. être.
2. Faire partie d'un tout. *Le renard appartient à la famille des canidés.* SYN. se rattacher à.
Le verbe se construit avec la préposition ***à.***
VERBE IMPERSONNEL
Être le rôle de. *Il appartient aux parents de décider où la famille ira en vacances.* SYN. convenir ; être à ; revenir à.
Le verbe se construit avec la préposition ***à.***
VERBE PRONOMINAL
Ne plus s'appartenir. Ne plus être libre. *Avec tout ce travail, tous ces invités, nos amis ne se sont plus appartenu.*
À la forme pronominale, le verbe s'emploie surtout dans des phrases négatives et le participe passé est invariable. *À l'annonce de cette bonne nouvelle, ils ne se sont plus appartenu.*
CONJUGAISON : VOIR MODÈLE VENIR.
INDICATIF PRÉSENT *J'appartiens, nous appartenons.* IMPARFAIT *J'appartenais.* FUTUR *J'appartiendrai.* SUBJONCTIF PRÉSENT *Que j'appartienne, que nous appartenions.*

APPAS n. m. pl.
Le ***s*** ne se prononce pas, [apɑ].
(LITT.) Charmes physiques d'une femme.
HOM. ***appât,*** pâture pour attirer le poisson.
[Les *Rectifications* (1990) admettent : appâts.]

APPÂT n. m.
Le ***t*** ne se prononce pas, [apɑ].
1. Pâture pour attirer le gibier, le poisson. *Préparer les appâts pour la pêche.*
2. (FIG.) Ce qui attire. *L'appât du gain.*
HOM. ***appas,*** charmes physiques d'une femme.
app**â**t.

APPÂTER v. tr.
1. Attirer au moyen d'un appât. *Appâter des truites avec une mouche.*
2. (FIG.) Attirer une personne à l'aide d'une récompense. *La promesse d'un bon salaire les a appâtés.* SYN. attirer; séduire.
CONJUGAISON : VOIR MODÈLE AIMER.

APPAUVRIR v. tr., pronom.
VERBE TRANSITIF
Rendre pauvre. *La sécheresse les a appauvris.* SYN. ruiner. ANT. enrichir.
VERBE PRONOMINAL
Devenir pauvre. *Ils se sont appauvris peu à peu et ont fait faillite.* ANT. enrichir.
À la forme pronominale, le participe passé de ce verbe s'accorde toujours en genre et en nombre avec son sujet. *Ces familles se sont appauvries.*
CONJUGAISON : VOIR MODÈLE FINIR.
appauvrir.

APPAUVRISSEMENT n. m.
1. État progressif de pauvreté. ANT. enrichissement.
2. Diminution de qualité. *L'appauvrissement de la terre.*
appauvrissement.

APPEAU n. m. (pl. *appeaux*)
Sorte de sifflet servant à contrefaire le cri de certains oiseaux pour les attirer vers le chasseur.
appeau.

APPEL n. m.
1. Action d'appeler. *Avez-vous entendu son appel au secours ?*
2. Fait d'appeler à l'aide du téléphone. *Des appels interurbains.*
3. Incitation. *L'appel des grands espaces.*
LOCUTIONS
– ***Appel de note.*** Signe noté dans un texte pour signaler une note.
VOIR TABLEAU – APPEL DE NOTE.
– ***Appel d'offres.*** Procédure d'appel à la concurrence pour la conclusion d'un marché public. *Un appel d'offres public. Des appels d'offres restreints.*
Dans cette expression, le nom **offre** est toujours au pluriel.
– ***Faire appel.*** (DR.) Recourir à une juridiction supérieure en vue de faire modifier un jugement. *Ces entreprises ont fait appel d'un jugement* (et non *sont allées en appel). SYN. en appeler; interjeter appel; se pourvoir en appel.
– ***Faire appel à.*** Demander l'aide de. *Ses parents ont fait appel au plombier.*
Dans cette expression, le nom ***appel*** est toujours au singulier.
– ***Formules d'appel.*** Les formules d'appel les plus couramment utilisées dans la correspondance sont ***Madame, Monsieur.***
1° L'adjectif ***cher*** doit être réservé aux correspondants que l'on connaît bien.
2° On évitera le titre de ***Mademoiselle,*** qui est de moins en moins courant.
3° Contrairement à l'anglais, où il est d'usage d'inscrire le patronyme dans l'appel, le français se contente du seul titre de civilité. *Madame, Monsieur* (et non *Madame Blois). *Chère Madame, Cher Monsieur* (et non *Cher Monsieur Bleau).
VOIR TABLEAU – CORRESPONDANCE.
– ***Prix d'appel.*** (COMM.) Prix fixé très bas en vue d'attirer les clients.
– ***Produit d'appel.*** Produit dont le prix a été fixé très bas en vue d'attirer la clientèle. *Des produits d'appel* (et non *loss leaders).
– ***Sans appel.*** Qui ne peut être modifié. *Cette décision est sans appel.*
FORMES FAUTIVES
*appel conférence. Calque de «*conference call*» pour ***conférence téléphonique.***
*loger, placer un appel téléphonique. Calque pour ***faire un appel téléphonique, appeler, donner un coup de téléphone.***
*retourner un appel. Calque de «*to return a call*» pour ***rappeler.***

APPELER v. tr., pronom.
VERBE TRANSITIF DIRECT
1. Donner un nom à. *Elle appellera sa fille Raphaëlle.* SYN. nommer; prénommer.
2. Faire venir quelqu'un. *Il faut appeler le médecin.* SYN. demander; inviter.
3. Entrer en communication téléphonique avec quelqu'un. *Appelez-moi ce soir.* SYN. téléphoner.
4. Entraîner. *Cette décision appelle des frais considérables.*
VERBE TRANSITIF INDIRECT
1. Recourir à une juridiction supérieure contre la sentence prononcée par une juridiction inférieure. *Appeler d'un jugement, en appeler à la Cour suprême.*
2. S'en remettre à. *J'en appelle à votre sens du devoir.*
VERBE PRONOMINAL
Se nommer. *Il s'appelle Julien.*
À la forme pronominale, le participe passé de ce verbe s'accorde toujours en genre et en nombre avec son sujet. *Elles se sont appelées hier.*
LOCUTION
– ***Appeler l'ascenseur.*** Faire venir l'ascenseur.
FORMES FAUTIVES
*appeler des élections. Calque de «*to call an election*» pour ***déclencher, convoquer des élections.***
*appeler une grève. Calque de «*to call for a strike*» pour ***lancer un ordre de grève, décréter une grève.***
*appeler une réunion. Calque de «*to call a meeting*» pour ***convoquer une assemblée, fixer une réunion, organiser une rencontre.***
*appeler un numéro de téléphone. Impropriété pour ***composer un numéro de téléphone.***
CONJUGAISON : VOIR MODÈLE APPELER.
Redoublement du ***l*** devant un ***e*** muet. *J'appelle, j'appellerai,* mais *j'appelais.*

APPELLATION n. f.
Façon d'appeler une chose. *Ces champignons ont des appellations différentes.* SYN. désignation; nom.
LOCUTIONS
– ***Appellation d'origine.*** Dénomination garantissant l'origine d'un produit.
– ***Appellation d'origine contrôlée.*** (VIN) Sigle ***AOC*** (s'écrit avec ou sans points).
appellation.

APPENDICE n. m.
Les lettres ***en*** se prononcent ***in,*** [apɛ̃dis].
1. Prolongement. *Un bel appendice nasal.*
2. Partie de l'intestin (prolongement du cæcum). *Une inflammation de l'appendice* (et non de l'*appendicite).
3. Supplément joint à la fin d'un ouvrage.
Ne pas confondre avec le nom ***annexe***, document qui complète un ouvrage.

APPENDICECTOMIE n. f.
Les lettres ***en*** se prononcent ***in,*** [apɛ̃disɛktɔmi].
(CHIR.) Ablation de l'appendice.

APPENDICITE n. f.
Les lettres ***en*** se prononcent ***in,*** [apɛ̃disit].
Inflammation de l'appendice. *Elle a été opérée de l'appendice, car elle avait une appendicite, une crise d'appendicite.*

APPENTIS n. m.
Les lettres ***en*** se prononcent ***an*** et le ***s*** est muet, [apɑ̃ti].
Abri adossé contre un mur.

A

APPERT (IL)
VOIR – APPAROIR.

APPESANTIR v. tr., pronom.
VERBE TRANSITIF
Alourdir. *Ce sac à dos l'appesantit.*
VERBE PRONOMINAL
1. Devenir plus lourd. *Elle s'est beaucoup appesantie.*
2. (FIG.) (FAM.) Insister lourdement. *Ils se sont trop appesantis sur ce sujet.*
À la forme pronominale, le participe passé de ce verbe s'accorde toujours en genre et en nombre avec son sujet. *Ses paupières s'étaient appesanties de sommeil.*
CONJUGAISON : VOIR MODÈLE FINIR.
appesantir.

APPESANTISSEMENT n. m.
(LITT.) Alourdissement.
appesantissement.

APPÉTENCE n. f.
(LITT.) Désir instinctif pour un objet quelconque.

APPÉTISSANT, ANTE adj.
Qui excite l'appétit. *Cette tarte est appétissante.*

APPÉTIT n. m.
NOM MASCULIN SINGULIER
Besoin de manger. *Il a un bon appétit, un appétit d'ogre. L'appétit vient en mangeant.* (Proverbe)
NOM MASCULIN PLURIEL
Désirs instinctifs. *Les appétits sexuels.*
appétit.

APPLAUDIR v. tr., intr.
VERBE TRANSITIF DIRECT
Battre des mains pour marquer son approbation, son intérêt. *Applaudir un bon acteur.*
VERBE TRANSITIF INDIRECT
(LITT.) Donner son assentiment à. *Applaudir à cette ambitieuse proposition.* SYN. approuver.
VERBE INTRANSITIF
Témoigner son accord, son admiration, son intérêt. *À la fin de la pièce, les spectateurs ont applaudi très longtemps.*
CONJUGAISON : VOIR MODÈLE FINIR.

APPLAUDISSEMENT n. m.
Action de battre des mains en témoignage d'approbation, de plaisir. *Des applaudissements enthousiastes ont éclaté quand les musiciens ont salué.*
En ce sens, le nom s'emploie généralement au pluriel.

APPLICABILITÉ n. f.
(DR.) Qualité de ce qui est applicable.

APPLICABLE adj.
Qui peut ou doit être appliqué. *Ce règlement n'est pas applicable aux passagers en transit. La lutte en faveur d'un environnement sain est posée par les Inuits comme un droit applicable à tous, autochtones ou non, riches ou démunis, et concernant l'ensemble de la planète.*
L'adjectif se construit avec la prépostion ***à***.
FORME FAUTIVE
*non applicable. Calque de «*non applicable*» pour ***sans objet (s. o.)*** *Signes particuliers : sans objet* (et non *non applicable).
La locution ***sans objet*** s'emploie dans un questionnaire, un formulaire et s'abrège ***s. o.***

APPLICATEUR adj. m. et n. m.
ADJECTIF MASCULIN
Qui sert à appliquer un produit. *Un bec applicateur.*
NOM MASCULIN
Objet qui sert à appliquer un produit. *Un applicateur efficace.*

APPEL DE NOTE

Signe noté dans un texte pour signaler qu'une note, un éclaircissement ou une référence bibliographique figure au bas de la page, à la fin du chapitre ou à la fin de l'ouvrage.

L'appel de note est indiqué par un chiffre, une lettre, un astérisque inscrit entre parenthèses ou non, généralement en exposant, après la mention faisant l'objet du renvoi.

Ex. : BOUCANE n. f. (Amérindianisme) Fumée. *Il y a de la boucane quand il y a un incendie*[1].
ÉPINGLETTE n. f. Bijou (général. porté par les femmes) muni d'une épingle, qui peut être orné d'une pierre précieuse. Vieilli *Épinglette de dame.* SYN. broche (auj. plus usuel)[2]. […]

On s'en tiendra à une présentation uniforme des appels de note tout au long du texte. Si l'on a recours à l'astérisque, il est recommandé de ne pas effectuer plus de trois appels de note par page (*), (**), (***).

1. Gaston Dulong, *Dictionnaire des canadianismes*, Montréal, Larousse, 1989, p. 57.
2. *Dictionnaire historique du français québécois*, sous la direction de Claude Poirier, par l'équipe du *Trésor de la langue française au Québec*, Sainte-Foy, Presses de l'Université Laval, 1998, p. 257-258.

Dans la note, le prénom précède le nom de famille, contrairement à la bibliographie où le nom de famille est inscrit avant le prénom pour faciliter le classement alphabétique.

VOIR TABLEAU ► **RÉFÉRENCES BIBLIOGRAPHIQUES.**

CONJUGAISON DU VERBE **APPELER**

INDICATIF

PRÉSENT		PASSÉ COMPOSÉ		
j'	appel**le**	j'	ai	appelé
tu	appel**les**	tu	as	appelé
elle	appel**le**	elle	a	appelé
il	appel**le**	il	a	appelé
nous	appel**ons**	nous	avons	appelé
vous	appel**ez**	vous	avez	appelé
elles	appel**lent**	elles	ont	appelé
ils	appel**lent**	ils	ont	appelé

IMPARFAIT		PLUS-QUE-PARFAIT		
j'	appel**ais**	j'	avais	appelé
tu	appel**ais**	tu	avais	appelé
elle	appel**ait**	elle	avait	appelé
il	appel**ait**	il	avait	appelé
nous	appel**ions**	nous	avions	appelé
vous	appel**iez**	vous	aviez	appelé
elles	appel**aient**	elles	avaient	appelé
ils	appel**aient**	ils	avaient	appelé

PASSÉ SIMPLE		PASSÉ ANTÉRIEUR		
j'	appel**ai**	j'	eus	appelé
tu	appel**as**	tu	eus	appelé
elle	appel**a**	elle	eut	appelé
il	appel**a**	il	eut	appelé
nous	appel**âmes**	nous	eûmes	appelé
vous	appel**âtes**	vous	eûtes	appelé
elles	appel**èrent**	elles	eurent	appelé
ils	appel**èrent**	ils	eurent	appelé

FUTUR SIMPLE		FUTUR ANTÉRIEUR		
j'	appel**lerai**	j'	aurai	appelé
tu	appel**leras**	tu	auras	appelé
elle	appel**lera**	elle	aura	appelé
il	appel**lera**	il	aura	appelé
nous	appel**lerons**	nous	aurons	appelé
vous	appel**lerez**	vous	aurez	appelé
elles	appel**leront**	elles	auront	appelé
ils	appel**leront**	ils	auront	appelé

CONDITIONNEL PRÉSENT		CONDITIONNEL PASSÉ		
j'	appel**lerais**	j'	aurais	appelé
tu	appel**lerais**	tu	aurais	appelé
elle	appel**lerait**	elle	aurait	appelé
il	appel**lerait**	il	aurait	appelé
nous	appel**lerions**	nous	aurions	appelé
vous	appel**leriez**	vous	auriez	appelé
elles	appel**leraient**	elles	auraient	appelé
ils	appel**leraient**	ils	auraient	appelé

SUBJONCTIF

PRÉSENT			PASSÉ			
que	j'	appel**le**	que	j'	aie	appelé
que	tu	appel**les**	que	tu	aies	appelé
qu'	elle	appel**le**	qu'	elle	ait	appelé
qu'	il	appel**le**	qu'	il	ait	appelé
que	nous	appel**ions**	que	nous	ayons	appelé
que	vous	appel**iez**	que	vous	ayez	appelé
qu'	elles	appel**lent**	qu'	elles	aient	appelé
qu'	ils	appel**lent**	qu'	ils	aient	appelé

IMPARFAIT			PLUS-QUE-PARFAIT			
que	j'	appel**asse**	que	j'	eusse	appelé
que	tu	appel**asses**	que	tu	eusses	appelé
qu'	elle	appel**ât**	qu'	elle	eût	appelé
qu'	il	appel**ât**	qu'	il	eût	appelé
que	nous	appel**assions**	que	nous	eussions	appelé
que	vous	appel**assiez**	que	vous	eussiez	appelé
qu'	elles	appel**assent**	qu'	elles	eussent	appelé
qu'	ils	appel**assent**	qu'	ils	eussent	appelé

IMPÉRATIF

PRÉSENT	PASSÉ	
appel**le**	aie	appelé
appel**ons**	ayons	appelé
appel**ez**	ayez	appelé

INFINITIF

PRÉSENT	PASSÉ
appel**er**	avoir appelé

PARTICIPE

PRÉSENT	PASSÉ
appel**ant**	appelé, ée ayant appelé

APPLICATION n. f.
1. Action d'appliquer une chose sur une autre. *L'application d'une peinture sur une surface.* SYN. pose.
2. Attention, soin. *Elle étudie avec application.* ANT. distraction.
3. Mise en pratique, utilisation spécifique. *Une application informatique.*
FORMES FAUTIVES
*application. Anglicisme au sens de ***demande d'emploi.***
*faire application. Calque de «*to make an application*» pour ***poser sa candidature, faire une demande d'emploi, postuler un poste, un emploi.***
*formule d'application. Calque de «*application form*» pour ***formule de demande d'emploi.***

APPLIQUE n. f.
1. Ce qui est appliqué sur un objet pour l'orner. *Un corsage avec des appliques de dentelle.*
2. Appareil d'éclairage fixé au mur. *Une applique de style Art déco.*
Dans ce dernier sens, ne pas confondre avec les noms suivants :
– ***lampadaire,*** appareil d'éclairage muni d'un long support vertical ;
– ***lampe,*** appareil d'éclairage muni d'un pied, d'une base ;
– ***luminaire,*** appareil d'éclairage, en général ;
– ***plafonnier,*** appareil d'éclairage fixé au plafond ;
– ***suspension,*** appareil d'éclairage suspendu au plafond.

APPLIQUÉ, ÉE adj.
1. Se dit de toute discipline scientifique qui comporte des applications concrètes. *La recherche appliquée, par opposition à la recherche fondamentale, la linguistique appliquée par opposition à la linguistique pure, les mathématiques appliquées par opposition aux mathématiques pures.*
2. Studieux. *Une élève appliquée.* SYN. attentif ; zélé.

APPLIQUER v. tr., pronom.
VERBE TRANSITIF
1. Apposer. *Appliquer une couche de peinture sur un meuble.*
2. Diriger son attention. *Elle applique son esprit à la réflexion.*
VERBE PRONOMINAL
Donner toute son attention. *Elle s'est appliquée à étudier la chimie.*
À la forme pronominale, le participe passé de ce verbe s'accorde toujours en genre et en nombre avec son sujet. *Ils se sont appliqués à les convaincre du bien-fondé de leur projet.*
FORME FAUTIVE
*appliquer pour. Calque de «*to apply for*» pour ***présenter une demande, poser sa candidature à un emploi, postuler un poste, un emploi.***
CONJUGAISON : VOIR MODÈLE AIMER.

APPOINT n. m.
1. Complément d'une somme en petite monnaie.
2. Supplément à un gain principal. *Un salaire d'appoint.*
LOCUTION
– ***Faire l'appoint.*** Régler exactement la somme due. *Les passagers sont tenus de faire l'appoint, car on ne rend pas la monnaie.*

***APPOINTEMENT**
Anglicisme au sens de ***rendez-vous.***

APPOINTEMENTS n. m. pl.
Rétribution attachée à un emploi permanent.

APPONTAGE n. m.
Opération par laquelle un avion, un hélicoptère se pose sur le pont d'un porte-avions.

APPONTEMENT n. m.
Construction servant au chargement et au déchargement des navires.

APPONTER v. intr.
Se poser sur la plate-forme d'un porte-avions.
CONJUGAISON : VOIR MODÈLE AIMER.

APPORT n. m.
1. Biens investis dans une entreprise par un actionnaire. *L'apport de capital des actionnaires.*
2. (DR.) Biens qu'un époux apporte en mariage. *Apports en communauté.*
3. Contribution. *Son apport a été capital.*

APPORTER v. tr.
Prendre avec soi et porter au lieu où est quelqu'un, quelque chose. *L'élève apporte ses cahiers à l'école.*
1° Le verbe ***apporter*** comporte l'idée de point d'arrivée, d'aboutissement, alors que le verbe ***emporter*** comprend l'idée de point de départ. *Elle a emporté des pommes du jardin de son amie. Tartes à emporter.*
2° On ***apporte*** une chose, on ***amène*** une personne, un animal.
LOCUTION
– ***Apporter de l'eau au moulin.*** (FIG.) Favoriser un point de vue, volontairement ou non. *Tes commentaires apportent de l'eau au moulin de la position que nous défendons.*
CONJUGAISON : VOIR MODÈLE AIMER.

APPOSER v. tr.
Poser sur. *Ils ont apposé des affiches sur le mur. Apposer sa signature au bas d'une lettre.*
CONJUGAISON : VOIR MODÈLE AIMER.

APPOSITION n. f.
1. Action d'apposer. *Apposition des scellés.*
2. (GRAMM.) Emploi d'un nom, d'un adjectif placé auprès d'un autre nom, ou d'un pronom, pour le situer, en préciser le sens ou pour y ajouter une qualification.
1° L'apposition est généralement encadrée par des virgules et pourrait être omise sans compromettre la clarté de la phrase. *M. Chapdelaine, **entrepreneur,** coordonna les travaux de construction. La maison, **claire et accueillante,** l'attendait. Elle rêvait, **seule.***
2° Le nom mis en apposition peut précéder immédiatement le nom déterminé. *J'ai été examiné par le **docteur** Desjardins. Il a rencontré **M**^e^ Fougère. C'est un **apprenti** cuisinier.*
3° L'apposition peut être jointe au nom déterminé par un ***de*** explétif ou parfois par un trait d'union. *L'arrondissement d'**Outremont.** Une aide-**infirmière.***
Ne pas confondre avec les mots mis en ***apostrophe*** au moyen desquels on s'adresse directement à des personnes ou à des choses personnifiées. *« Anne, ma sœur Anne, ne vois-tu rien venir ? »* (Perrault) *Mélanie, viens ici !*

APPRÉCIABLE adj.
1. Qui peut être apprécié. *C'est un atout appréciable.*
2. Assez considérable, notable. *Des progrès appréciables.* SYN. sensible.

APPRÉCIATEUR, TRICE n. m. et f.
Personne qui apprécie.

APPRÉCIATIF, IVE adj.
Approximatif, estimatif.

APPRÉCIATION n. f.
1. Évaluation, avis. *L'appréciation de la valeur de ce contrat.*
2. Jugement. *Je laisse cette décision à votre appréciation.*
3. Augmentation de la valeur. *L'appréciation de cette maison est considérable.*
FORME FAUTIVE
*appréciation. Anglicisme au sens de ***reconnaissance, satisfaction.***

APPRÉCIER v. tr., pronom.
VERBE TRANSITIF
1. Estimer quantitativement. *Cet expert pourra apprécier la valeur de ce tableau pour en déterminer le juste prix.* SYN. évaluer.
2. (FIG.) Porter un jugement de valeur sur une personne ou une chose. *Pourra-t-on apprécier la dimension innovatrice de ces recherches ?* SYN. estimer ; juger ; mesurer.
3. Aimer. *Il a beaucoup apprécié le concert.* SYN. goûter ; priser.
VERBE PRONOMINAL
Prendre de la valeur. *En trois ans, cette maison s'est beaucoup appréciée.*
À la forme pronominale, le participe passé de ce verbe s'accorde toujours en genre et en nombre avec son sujet. *Ces tableaux se sont appréciés.*
FORMES FAUTIVES
*apprécié. Anglicisme au sens de ***bienvenu.*** *Vos propositions seront bienvenues, les bienvenues* (et non *appréciées).
*apprécier + verbe à l'infinitif. Calque de «*to appreciate*» pour ***désirer, souhaiter que, être heureux de.*** *Je souhaiterais* (et non *apprécierais) *rencontrer le président.*
*apprécier un hommage, un témoignage... Calque de «*to appreciate an honor*» pour ***être touché par, être sensible à.***
*apprécier que. Calque de «*to appreciate*» pour ***être reconnaissant, savoir gré de, souhaiter que.*** *Je vous serais reconnaissante, je vous saurais gré de me transmettre ces données le plus rapidement possible. Je souhaiterais* (et non *j'apprécierais) *que vous me transmettiez ce renseignement.*
CONJUGAISON : VOIR MODÈLE ÉTUDIER.
Redoublement du ***i*** à la première et à la deuxième personne du pluriel de l'indicatif imparfait et du subjonctif présent. *(Que) nous appréciions, (que) vous appréciiez.*

APPRÉHENDER v. tr.
1. (DR.) Arrêter. *Le suspect a été appréhendé.*
2. Craindre. *Elle appréhende qu'il ne se mette à pleuvoir. Ils appréhendent de devoir quitter le pays.* SYN. avoir peur ; redouter.
1° Dans la langue soutenue, le verbe ***appréhender*** construit avec ***que*** suivi du subjonctif est souvent accompagné de la particule ***ne*** dite explétive, sans valeur négative, lorsqu'on redoute qu'un évènement (ne) se produise.
2° Par contre, si l'on craint qu'un évènement ne se produise pas, l'emploi de la négation ***ne... pas*** est obligatoire. *Elle appréhende que l'approvisionnement ne soit pas assuré à temps.*
3° Il en est ainsi pour les autres verbes exprimant une notion de crainte : ***redouter, craindre, avoir peur, trembler,*** etc.
3. (LITT.) Comprendre, saisir par la pensée. *Appréhender partiellement un phénomène.* SYN. concevoir.
CONJUGAISON : VOIR MODÈLE AIMER.

APPRÉHENSION n. f.
Inquiétude vague, crainte indéfinie. *Ils attendent les résultats avec appréhension. « La vérité était que nous avions vécu dans l'appréhension de voir notre pauvre amour tremblant [...] incompris »* (Gabrielle Roy, *La Détresse et l'Enchantement*).
appréhension.

APPRENANT, ANTE n. m. et f.
Personne qui apprend, qui est en apprentissage. *Des apprenants studieux.* SYN. écolier ; élève ; étudiant.

APPRENDRE v. tr.
1. Acquérir la connaissance, la pratique de. *Elle apprend l'histoire de l'art aux enfants. Ils ont appris à sauter en parachute.*
2. Informer, communiquer un savoir à. *Lui avez-vous appris la nouvelle ?* SYN. annoncer.
CONJUGAISON : VOIR MODÈLE APPRENDRE.

APPRENTI, IE n. m. et f.
Celui, celle qui apprend un métier, surtout manuel. *Une apprentie cuisinière. Des apprentis menuisiers.*
Le nom ***apprenti*** est apposé au nom de métier, sans trait d'union, et prend la marque du féminin et du pluriel.
apprenti.

A

APPRENTISSAGE n. m.
1. Action d'apprendre un métier manuel. *Un centre d'apprentissage.*
2. Première expérience, premiers essais. *Faire l'apprentissage de la démocratie.*

APPRÊT n. m.
1. Préparatifs méticuleux. *« C'était donc une maison qui connaissait les apprêts à la fois majestueux et familiers dont on entourait alors la mort »* (Gabrielle Roy, *La Détresse et l'Enchantement*).
En ce sens, le nom s'emploie généralement au pluriel.
2. Traitement des cuirs, des étoffes.
3. Matière qui sert à apprêter. *L'apprêt d'une étoffe.*
4. Couche de fond qu'on applique sur une surface à peindre. *Appliquer un apprêt* (et non *primer).
LOCUTION
– ***Sans apprêt.*** Sans affectation, simplement.
HOM. ***après,*** préposition.

APPRÊTÉ, ÉE adj.
Affecté, dépourvu de naturel. *Un style apprêté.* SYN. précieux.

APPRÊTER v. tr., pronom.
VERBE TRANSITIF
1. (LITT.) Préparer, mettre en état. *Apprêter un banquet.*
2. Donner une tenue ferme à certaines étoffes.
VERBE PRONOMINAL
Se préparer à. *Ils s'apprêtent à partir. Elles s'apprêtent pour la fête.*
À la forme pronominale, le participe passé de ce verbe s'accorde toujours en genre et en nombre avec son sujet. *Les passagers se sont apprêtés à partir.*
CONJUGAISON : VOIR MODÈLE AIMER.

APPRIVOISABLE adj.
Qui peut être apprivoisé. *Des biches apprivoisables.*

APPRIVOISEMENT n. m.
Action d'apprivoiser ; son résultat.

APPRIVOISER v. tr., pronom.
VERBE TRANSITIF
1. Rendre moins sauvage. *Apprivoiser un oiseau. « Plusieurs citoyens de chez nous gardaient des visons dans leur cour, et même des chevreuils qu'ils apprivoisaient »* (Félix Leclerc, *Pieds nus dans l'aube*).
2. Rendre plus sociable. *Apprivoiser un grincheux.*
VERBE PRONOMINAL
Devenir moins farouche. *Ces ours se sont apprivoisés.*
À la forme pronominale, le participe passé de ce verbe s'accorde toujours en genre et en nombre avec son sujet. *Ces chevaux sauvages se sont finalement apprivoisés.*
CONJUGAISON : VOIR MODÈLE AIMER.

APPROBATEUR, TRICE adj. et n. m. et f.
ADJECTIF
Qui approuve. *Un ton approbateur.* SYN. favorable.
NOM MASCULIN ET FÉMININ
Personne qui approuve. *Les approbateurs ne sont pas nombreux.*

APPROBATIF, IVE adj.
Qui marque l'approbation. *Un air approbatif.*

APPROBATION n. f.
Accord. *La directrice a donné son approbation au projet.* SYN. consentement.

CONJUGAISON DU VERBE **APPRENDRE**

INDICATIF

PRÉSENT		PASSÉ COMPOSÉ		
j'	apprends	j'	ai	appris
tu	apprends	tu	as	appris
elle	apprend	elle	a	appris
il	apprend	il	a	appris
nous	apprenons	nous	avons	appris
vous	apprenez	vous	avez	appris
elles	apprennent	elles	ont	appris
ils	apprennent	ils	ont	appris

IMPARFAIT		PLUS-QUE-PARFAIT		
j'	apprenais	j'	avais	appris
tu	apprenais	tu	avais	appris
elle	apprenait	elle	avait	appris
il	apprenait	il	avait	appris
nous	apprenions	nous	avions	appris
vous	appreniez	vous	aviez	appris
elles	apprenaient	elles	avaient	appris
ils	apprenaient	ils	avaient	appris

PASSÉ SIMPLE		PASSÉ ANTÉRIEUR		
j'	appris	j'	eus	appris
tu	appris	tu	eus	appris
elle	apprit	elle	eut	appris
il	apprit	il	eut	appris
nous	apprîmes	nous	eûmes	appris
vous	apprîtes	vous	eûtes	appris
elles	apprirent	elles	eurent	appris
ils	apprirent	ils	eurent	appris

FUTUR SIMPLE		FUTUR ANTÉRIEUR		
j'	apprendrai	j'	aurai	appris
tu	apprendras	tu	auras	appris
elle	apprendra	elle	aura	appris
il	apprendra	il	aura	appris
nous	apprendrons	nous	aurons	appris
vous	apprendrez	vous	aurez	appris
elles	apprendront	elles	auront	appris
ils	apprendront	ils	auront	appris

CONDITIONNEL PRÉSENT		CONDITIONNEL PASSÉ		
j'	apprendrais	j'	aurais	appris
tu	apprendrais	tu	aurais	appris
elle	apprendrait	elle	aurait	appris
il	apprendrait	il	aurait	appris
nous	apprendrions	nous	aurions	appris
vous	apprendriez	vous	auriez	appris
elles	apprendraient	elles	auraient	appris
ils	apprendraient	ils	auraient	appris

SUBJONCTIF

PRÉSENT			PASSÉ			
que	j'	apprenne	que	j'	aie	appris
que	tu	apprennes	que	tu	aies	appris
qu'	elle	apprenne	qu'	elle	ait	appris
qu'	il	apprenne	qu'	il	ait	appris
que	nous	apprenions	que	nous	ayons	appris
que	vous	appreniez	que	vous	ayez	appris
qu'	elles	apprennent	qu'	elles	aient	appris
qu'	ils	apprennent	qu'	ils	aient	appris

IMPARFAIT			PLUS-QUE-PARFAIT			
que	j'	apprisse	que	j'	eusse	appris
que	tu	apprisses	que	tu	eusses	appris
qu'	elle	apprît	qu'	elle	eût	appris
qu'	il	apprît	qu'	il	eût	appris
que	nous	apprissions	que	nous	eussions	appris
que	vous	apprissiez	que	vous	eussiez	appris
qu'	elles	apprissent	qu'	elles	eussent	appris
qu'	ils	apprissent	qu'	ils	eussent	appris

IMPÉRATIF

PRÉSENT	PASSÉ
apprends	aie appris
apprenons	ayons appris
apprenez	ayez appris

INFINITIF

PRÉSENT	PASSÉ
apprendre	avoir appris

PARTICIPE

PRÉSENT	PASSÉ
apprenant	appris, se ayant appris

APPROCHABLE adj.
Dont on peut approcher, accessible. *Il n'est pas approchable, ce matin.* SYN. abordable.

APPROCHANT, ANTE adj.
Analogue, qui se rapproche de. SYN. équivalent ; ressemblant.

APPROCHE n. f.
1. Action d'approcher. *L'oiseau s'est enfui à mon approche.*
2. (AU PLUR.) Abords, parages. *Les approches d'une grande ville.*
3. (NÉOL.) Angle sous lequel une question, un problème est abordé. *Il faut adopter une nouvelle approche pour étudier cette question.* SYN. démarche ; optique ; point de vue.
Cette dernière acception empruntée à la langue militaire anglaise est critiquée par certains auteurs, admise par d'autres. Il apparaît difficile de se passer de ce néologisme de plus en plus usité et particulièrement bien adapté à la réalité qu'il traduit.
LOCUTIONS
– ***À l'approche de.*** À l'arrivée de. *Les écureuils cachent des glands à l'approche de l'hiver.*
Le nom s'emploie également au pluriel dans un style plus soutenu. *Aux approches de l'hiver.*
– ***Travaux d'approche.*** Démarches préliminaires.

APPROCHER v. tr., intr., pronom.
VERBE TRANSITIF DIRECT
1. Mettre plus près de quelque chose. *Approcher un fauteuil de la cheminée.* SYN. rapprocher.
2. Avoir accès à (une personne connue difficilement accessible). *Vous avez pu approcher cette vedette !* SYN. côtoyer.
VERBE TRANSITIF INDIRECT
Être sur le point d'atteindre. *Le gros lot approche de six millions. Nous approchons du village.*
En ce sens, le verbe se construit avec la préposition ***de.***
VERBE INTRANSITIF
Devenir proche. *L'heure approche, il criera avec nous : surprise !* SYN. arriver ; venir.
VERBE PRONOMINAL
S'avancer, venir près de quelqu'un, de quelque chose. *Ils se sont approchés de la fenêtre.* SYN. se rapprocher.
À la forme pronominale, le participe passé de ce verbe s'accorde toujours en genre et en nombre avec son sujet. *Les enfants s'étaient approchés silencieusement.*
FORMES FAUTIVES
*approcher. Anglicisme au sens de ***pressentir, sonder.*** *On l'a pressenti* (et non *approché) *pour la présidence.*
*s'approcher près de. Pléonasme pour ***s'approcher de.***
CONJUGAISON : VOIR MODÈLE AIMER.

APPROFONDIR v. tr.
1. Rendre plus profond. *Approfondir une tranchée.* SYN. creuser.
2. (FIG.) Étudier à fond. *Approfondir une question.* SYN. analyser ; creuser ; examiner ; explorer ; scruter.
CONJUGAISON : VOIR MODÈLE FINIR.

APPROFONDISSEMENT n. m.
Action d'approfondir ; résultat de cette action. SYN. analyse ; examen.

APPROPRIATION n. f.
1. Action de rendre propre à un usage, d'adapter à une situation.
2. (DR.) Action de s'attribuer la propriété de quelque chose. *L'appropriation d'un bien.*
3. (FIG.) Action de faire sien quelque chose, de se donner des moyens d'agir. *L'appropriation d'un pouvoir.*

APPROPRIÉ, ÉE adj.
Qui convient, pertinent. *Trouvez des solutions appropriées aux problèmes de sécurité.* SYN. convenable.
approprié.

APPROPRIER v. tr., pronom.
VERBE TRANSITIF
Rendre propre à une destination. *Approprier un traitement à l'âge du malade.* SYN. adapter.
VERBE PRONOMINAL
1. S'emparer de. *Les fillettes se sont approprié le ballon. La balle que les fillettes se sont appropriée.*
2. (FIG.) Faire sien. *S'approprier pleinement sa langue.*
On s'approprie quelque chose (et non *de quelque chose).
À la forme pronominale, le participe passé de ce verbe s'accorde en genre et en nombre avec le complément direct si celui-ci le précède. *Les données que ces experts se sont appropriées.* Le participe passé reste invariable si le complément direct suit le verbe. *Les avocats se sont approprié le dossier.*
CONJUGAISON : VOIR MODÈLE ÉTUDIER.

APPROUVABLE adj.
Qui peut être approuvé.

APPROUVER v. tr.
Juger louable, donner raison à quelqu'un. *J'approuve votre décision.* SYN. être d'accord avec. ANT. désapprouver.
LOCUTION
– ***Lu et approuvé.*** Formule d'approbation inscrite au bas d'un document approuvé.
Dans cette expression, les participes passés sont invariables.
CONJUGAISON : VOIR MODÈLE AIMER.

APPROVISIONNEMENT n. m.
1. Action d'approvisionner. *L'approvisionnement de la ville en eau potable.*
2. Action de mettre à la disposition de l'entreprise toutes les matières premières, les produits semi-finis et les produits nécessaires à son activité.
3. Les provisions, les fournitures.
approvisio**nn**ement.

APPROVISIONNER v. tr., pronom.
VERBE TRANSITIF
1. Fournir ce qui est nécessaire (eau, énergie, provisions, etc.). *Approvisionner le village en légumes et en fruits frais.*
2. Fournir de matières premières, de produits.
VERBE PRONOMINAL
Se procurer des provisions. *On peut s'approvisionner en tout temps dans ce dépanneur.*
À la forme pronominale, le participe passé de ce verbe s'accorde toujours en genre et en nombre avec son sujet. *Ils se sont approvisionnés sans difficulté.*
CONJUGAISON : VOIR MODÈLE AIMER.
approvisionner.

APPROXIMATIF, IVE adj.
Estimatif. *Le coût approximatif des travaux s'élève à 3 000 000 $.*
approximatif.

APPROXIMATION n. f.
Estimation, évaluation par à-peu-près.

APPROXIMATIVEMENT adv.
À peu près.
approximativement.

APPUI n. m.
1. Action d'appuyer. *Une barre d'appui.*
2. Soutien, protection. *Nous avons besoin de votre appui* (et non *support). SYN. aide ; recommandation ; secours.
3. Support. *Un appui pour le bras.*
LOCUTION
– ***À l'appui de,*** loc. prép. Pour appuyer. *À l'appui de ses affirmations, il présenta des preuves.*

APPUIE-
Dans les noms composés avec le verbe ***appuie-***, l'élément verbal est invariable, alors que les noms prennent la marque du pluriel.

APPUIE-BRAS n. m. (pl. *appuie-bras*)
Support pour appuyer le bras, le coude. *Des appuie-bras capitonnés.* SYN. accoudoir.

APPUIE-LIVRE(S) n. m. (pl. *appuie-livres*)
Accessoire qui sert à retenir des livres placés debout les uns contre les autres. *Des appuie-livres originaux.* SYN. serre-livre(s).

APPUIE-MAIN n. m. (pl. *appuie-main* ou *appuie-mains*)
Dispositif destiné à soutenir la main.

APPUIE-NUQUE n. m. (pl. *appuie-nuque* ou *appuie-nuques*)
Support pour appuyer la nuque. *Des appuie-nuques sécuritaires.*

APPUIE-TÊTE n. m. (pl. *appuie-tête* ou *appuie-têtes*)
Dispositif destiné à soutenir la tête. *La voiture dispose d'un arceau de protection et d'appuie-têtes intégrés.*

APPUYER v. tr., intr., pronom.
VERBE TRANSITIF
1. Poser quelque chose contre. *Il appuya son parapluie contre le mur.*
2. (FIG.) Soutenir, encourager (quelqu'un, quelque chose). *La direction appuie* (et non *supporte) *cette initiative. Appuyer la candidature d'une diplômée de l'École des HEC.*
3. Donner son appui à (une proposition, une demande, etc.). *J'appuie* (et non je *seconde, *supporte) *cette demande.*
VERBE INTRANSITIF
Presser (une chose sur, contre une autre). *Appuyez sur ce bouton pour aller au 34e étage.*
VERBE PRONOMINAL
1. Prendre appui sur quelqu'un, quelque chose, au propre et au figuré. *Elle s'est appuyée sur une canne. Ils se sont appuyés sur des études sérieuses.*
En ce sens, le verbe se construit avec la préposition ***sur***.
2. Chercher un appui latéral. *Il s'appuie contre le mur, à la balustrade.*
En ce sens, le verbe se construit avec les prépositions ***contre, à***.
À la forme pronominale, le participe passé de ce verbe s'accorde toujours en genre et en nombre avec son sujet. *Elles se sont appuyées sur cette théorie.*
CONJUGAISON : VOIR MODÈLE EMPLOYER.
INDICATIF PRÉSENT *J'appuie, il appuie, nous appuyons, ils appuient.* IMPARFAIT *J'appuyais, nous appuyions.* FUTUR *J'appuierai.* SUBJONCTIF PRÉSENT *Que j'appuie, que nous appuyions.* PARTICIPE PRÉSENT *Appuyant.* PASSÉ *Appuyé, ée.*
Le ***y*** se change en ***i*** devant un ***e*** muet. *J'appuie, j'appuierai.*

ÂPRE adj.
1. Rude au toucher, au goût. *Une saveur âpre.* SYN. âcre; aigre.
2. Dur, pénible. « *Il arrive que la lutte des hommes/soit trop âpre pour les laisser purs* » (Pierre Nepveu, *Lignes aériennes*). SYN. violent.
LOCUTION
– ***Âpre au gain.*** Avide. *Ces courtiers sont âpres au gain.*

ÂPREMENT adv.
Avec âpreté.

APRÈS adv. et prép.
ADVERBE
Ensuite. *Et puis après ? Elle ne viendra que longtemps après.* ANT. avant.
PRÉPOSITION
1. Ensuite. *Après la pluie, le beau temps.*
2. Rapport de hiérarchie sociale, morale, etc. *Maître après Dieu.*
3. Plus loin. *Après la chambre, il y a le salon.*
L'emploi de la préposition ***après*** au sens de ***à, sur, contre*** est de niveau familier. *Grimper après un arbre.*
LOCUTIONS
– ***Après cela,*** loc. adv. Ensuite. *Après cela, il n'y a plus qu'à accepter.*
– ***Après coup,*** loc. adv. Une fois la chose faite. *Il ne l'a su qu'après coup.*
– ***Après que,*** loc. conj. «*Longtemps, longtemps, longtemps/ Après que les poètes ont disparu* » (Charles Trenet, *L'Âme des poètes*).
Cette locution conjonctive, qui exprime une notion réalisée, est suivie de l'indicatif, alors que la locution ***avant que,*** qui exprime une notion non encore réalisée, exige le subjonctif. *Après que la marchandise aura été livrée,* mais *avant que la marchandise soit livrée.*
– ***Après tout,*** loc. adv. En définitive. *Après tout, on ne pouvait faire autrement.*
– ***Ci-après,*** loc. adv. Plus loin. *On lira ci-après l'explication de l'énoncé.*
– ***D'après,*** loc. prép. De l'avis de. *D'après moi, les jeunes adoreront ce jeu.*
FORMES FAUTIVES
*chercher après quelqu'un. Construction fautive pour ***chercher quelqu'un.***
*être après faire quelque chose. Archaïsme pour ***être en train de faire quelque chose.***
*être en colère après quelqu'un. Construction fautive pour ***être en colère contre quelqu'un.***
*la clé est après la porte. Construction fautive pour ***la clé est sur la porte.***
HOM. ***apprêt,*** traitement des cuirs, des étoffes.

APRÈS-DEMAIN loc. adv.
Dans deux jours. *Après-demain, ils seront en vacances.*
après-demain, avec un trait d'union.

APRÈS-GUERRE n. m. (pl. *après-guerres*)
Période qui suit une guerre.

APRÈS JÉSUS-CHRIST
Abréviation ***apr. J.-C.*** (s'écrit avec des points).

APRÈS-MIDI n. m. ou f. (pl. *après-midi*)
Partie de la journée, de midi au soir. *Des après-midi de congé.*
Le nom composé s'écrit avec un trait d'union. *Je vous verrai demain après-midi* (nom composé), mais *je vous verrai après midi* (préposition et nom).
VOIR – JOUR.
Le nom peut être masculin ou féminin, mais l'usage du masculin est plus répandu.
[Les *Rectifications* (1990) admettent : des après-midis.]

APRÈS-RASAGE adj. et n. m.
Lotion rafraîchissante que l'on applique après le rasage. *Des lotions après-rasage* ou *après-rasages* (et non *after-shave). *Des après-rasages.*

APRÈS-SKI n. m. (pl. *après-ski* ou *après-skis*)
Bottillon que l'on porte à la montagne. *Porter des après-ski, des après-skis.*

APRÈS-VENTE adj. inv.
Service d'une entreprise qui assure l'entretien des biens vendus. *Des services après-vente.*
[Les *Rectifications* (1990) admettent : après-ventes.]

ÂPRETÉ n. f.
Caractère de ce qui est âpre, au propre et au figuré.

A PRIORI n. m. inv.
Préjugé qui n'est pas fondé sur les faits. *Des* a priori *douteux.*
LOCUTION
– ***A priori.*** Locution latine signifiant « en partant de ce qui vient avant ». En ne se fondant pas sur les faits, sur la réalité, au premier abord, avant tout examen. *Des affirmations* a priori. ANT. a posteriori.

T En typographie soignée, les mots étrangers sont composés en italique. Dans des textes déjà en italique, la notation se fait en romain. Pour les textes manuscrits, on utilisera les guillemets.
[Les *Rectifications* (1990) admettent : apriori, des aprioris, à priori.]

APRIORISTE adj.
Qui se fonde sur des ***a priori***. *Un jugement aprioriste.*

apr. J.-C.
Abréviation de ***après Jésus-Christ***.

À-PROPOS n. m. inv.
Pertinence, présence d'esprit. *Elle répondit avec beaucoup d'à-propos.*
Ne pas confondre avec la locution adverbiale ***à propos*** qui s'écrit sans trait d'union et signifie « au bon moment ». *Tu arrives à propos.*
à-propos, avec un trait d'union.

APTE adj.
Qui a les qualités nécessaires (en parlant d'une personne). *Elle est apte à organiser ces activités. Des personnes aptes au travail.*
L'adjectif se construit avec la préposition ***à***.
Ne pas confondre avec les mots suivants :
• ***capable,*** apte à bien faire quelque chose, de façon permanente ;
• ***susceptible,*** qui est en mesure de.

APTITUDE n. f.
Disposition naturelle (d'un être vivant). *Il a beaucoup d'aptitudes pour les langues. Elle a de l'aptitude à diriger. L'aptitude au bonheur.* SYN. disposition ; facilité ; habileté ; prédisposition.
Le nom se construit avec les prépositions ***pour, à***.
Ne pas confondre avec le nom ***attitude,*** manière de se comporter.

APUREMENT n. m.
Action de vérifier un compte.

APURER v. tr.
Vérifier et arrêter un compte.
Ne pas confondre avec le verbe ***épurer,*** rendre pur.
CONJUGAISON : VOIR MODÈLE AIMER.

AQUA- préf.
Le ***u*** se prononce ***ou,*** [akwa].
Élément du latin signifiant « eau ».
Les mots composés du préfixe ***aqua-*** s'écrivent sans trait d'union. *Aquarelle, aquatique.*

AQUACULTURE
VOIR – AQUICULTURE.

AQUAFORME n. f.
Gymnastique pratiquée en milieu aquatique. *Ces retraités pratiquent des activités pour garder la forme, comme la natation et l'aquaforme.* SYN. aquagym.

AQUAFORTISTE n. m. et f.
Graveur à l'eau-forte.

AQUAPLANAGE ou **AQUAPLANING** n. m.
Perte d'adhérence d'une automobile sur une chaussée glissante.
Le terme ***hydroglissage*** a été proposé par le linguiste Joseph Hanse.

AQUAPLANE n. m.
Ski nautique sur une seule planche.
Attention au genre masculin de ce nom : ***un*** aquaplane.

AQUARELLE n. f.
1. Peinture à l'aide de couleurs transparentes délayées dans l'eau. *Aimer faire de l'aquarelle.*
2. Œuvre ainsi obtenue. *Une aquarelle de Degas. « Que l'aquarelle cette claire/Claire tulle ce voile clair sur le papier »* (Hector de Saint-Denys Garneau, *Œuvres*).

AQUARELLISTE n. m. et f.
Peintre à l'aquarelle. *Paul est un aquarelliste de talent.*

AQUARIUM n. m.
Attention à la prononciation, [akwarjɔm] ; le deuxième ***u*** se prononce comme un ***o***.
Réservoir transparent dans lequel on entretient des plantes et des animaux aquatiques. *Des aquariums remplis de poissons tropicaux.*

AQUATIQUE adj.
1. Qui se rapporte à l'eau. *Un centre aquatique.*
2. Qui vit dans l'eau. *La faune aquatique.*
Ne pas confondre avec les mots suivants :
• ***aqueux,*** qui contient de l'eau ;
• ***marin,*** qui se rapporte à la mer ;
• ***maritime,*** relatif à la navigation en mer ;
• ***nautique,*** relatif à la navigation de plaisance.

AQUEDUC n. m.
Canalisation destinée à conduire l'eau d'un lieu à un autre. SYN. canal.
L'ensemble des ouvrages (tuyaux, conduits, réservoirs, pompes, etc.) qui distribuent l'eau dans une agglomération est désigné par le terme ***réseau de distribution d'eau.***
Le ***gazoduc*** est une canalisation destinée à conduire le gaz d'un lieu à un autre ; l'***oléoduc,*** le pétrole.

AQUEUX, EUSE adj.
Qui contient de l'eau. *Un melon aqueux.*
Ne pas confondre avec les mots suivants :
• ***aquatique,*** qui se rapporte à l'eau, qui vit dans l'eau ;
• ***marin,*** qui se rapporte à la mer ;
• ***maritime,*** relatif à la navigation en mer ;
• ***nautique,*** relatif à la navigation de plaisance.

AQUICULTURE ou **AQUACULTURE** n. f.
Le premier ***u*** se prononce ***u,*** [akɥikyltyr].
1. Élevage d'animaux aquatiques.
2. Culture où le sol est remplacé par une solution saline.

À QUI DE DROIT
LOCUTION
Cette locution doit être réservée au domaine juridique. Lorsque l'on ignore le nom du destinataire, on utilisera la formule d'appel ***Mesdames, Messieurs.***

AQUILIN adj. m.
Courbé en bec d'aigle. *Un nez aquilin.*
Cet adjectif ne comporte pas de forme féminine.

AQUILON n. m.
(LITT.) Vent du nord.

ARA n. m.
Grand perroquet au plumage vivement coloré. *Des aras multicolores.*
Ne pas confondre avec le nom ***haras,*** établissement où l'on élève des étalons et des juments.

ARABE adj. et n. m. et f.
ADJECTIF
Se dit du peuple sémite originaire d'Arabie. *Le peuple arabe, la poésie arabe.*
NOM MASCULIN ET FÉMININ
Originaire d'un pays où l'on parle arabe. *Un Arabe, une Arabe. Les Libanais et les Égyptiens sont des Arabes.*
T L'adjectif s'écrit avec une minuscule ; le nom, avec la majuscule.

A

NOM MASCULIN
La langue arabe. *L'arabe littéraire. L'arabe s'écrit de droite à gauche.*
[T] Le nom de la langue s'écrit avec une minuscule.
VOIR TABLEAU – ARABE (EMPRUNTS À L').
LOCUTION
– ***Chiffres arabes.*** Caractères qui représentent les nombres (par opposition aux ***chiffres romains***).
VOIR TABLEAU – CHIFFRES ARABES.
Ne pas confondre avec l'adjectif ***arable,*** qui est cultivable.

ARABESQUE n. f.
Ornement composé de feuillages entrelacés, de lignes courbes. *Des arabesques délicates.*

ARABIQUE adj.
De l'Arabie. *La péninsule arabique.*

ARABISANT, ANTE adj. et n. m. et f.
Spécialiste de la culture arabe.

ARABISATION n. f.
Le fait de donner un caractère social, culturel, linguistique arabe. *L'arabisation du Maroc.*

ARABISER v. tr.
Donner un caractère arabe à.
CONJUGAISON : VOIR MODÈLE AIMER.

ARABLE adj.
Cultivable. *Des terres arables.*
Ne pas confondre avec l'adjectif ***arabe*** qui se dit du peuple sémitique originaire d'Arabie.

ARABOPHONE adj. et n. m. et f.
Qui parle arabe.

ARACHIDE n. f.
1. Plante dont les graines, qui se développent sous terre, sont les cacahuètes.
2. La graine de cette plante. *Beurre d'arachide.* SYN. cacahuète.

ARACHNÉEN, ENNE adj.
Les lettres ***ch*** se prononcent ***k,*** [arakneɛ̃].
(LITT.) Fin comme une toile d'araignée. *Un tissu arachnéen.*

ARAIGNÉE n. f.
Animal articulé qui a huit pattes et des crochets venimeux. *L'araignée tisse une toile pour prendre des insectes.*
Au pluriel, on peut écrire ***des toiles d'araignée*** (si on pense à une araignée) ou ***des toiles d'araignées*** (si on pense à plusieurs araignées).

ARAK ou **ARAC** n. m.
Boisson alcoolique tirée de la distillation de divers produits fermentés (canne à sucre, jus de raisin, de dattes, de figues, etc.), et parfumée à l'anis. *Des araks, aracs savoureux.*

ARAMÉEN, ENNE adj. et n. m. et f.
ADJECTIF ET NOM MASCULIN ET FÉMININ
Qui appartient aux Araméens.
[T] L'adjectif s'écrit avec une minuscule ; le nom, avec une majuscule.
NOM MASCULIN
Langue sémitique ancienne de la Syrie, de la Palestine et de l'Égypte.
[T] Le nom de la langue s'écrit avec une minuscule.

ARATOIRE adj.
Qui sert à labourer. *Des instruments aratoires.*
Ne pas confondre avec ***oratoire,*** qui se rapporte à l'art de la parole en public.

ARBALÈTE n. f.
Arme en forme d'arc comprenant une poulie et une manivelle pour bander la corde.
arbalète.

ARBALÉTRIER n. m.
Soldat armé d'une arbalète.

ARBALÉTRIÈRE n. f.
Meurtrière.

ARBITRAGE n. m.
1. Action d'arbitrer. *Une erreur d'arbitrage.*
2. Jugement rendu par un arbitre auquel les parties ont décidé de s'en remettre.
3. (FIN.) Échange d'une valeur contre une autre à la Bourse ou opération d'achat et de vente d'une même valeur, d'une même marchandise sur plusieurs marchés afin de bénéficier des écarts de cours.

ARBITRAGISTE n. m. et f.
Personne qui fait des opérations d'arbitrage. *Une arbitragiste experte.*

ARBITRAIRE adj. et n. m.
1. Qui dépend de la volonté seule. *Un choix arbitraire.* SYN. gratuit.
2. Qui dépend du bon plaisir. *Un pouvoir arbitraire.* SYN. injustifié.
arbitraire.

ARBITRAIREMENT adv.
De façon arbitraire.

ARBITRAL, ALE, AUX adj.
Qui a été rendu par des arbitres. *Une décision arbitrale.*
LOCUTION
– ***Sentence arbitrale.*** Jugement d'un arbitre.

ARBITRE n. m. et f.
1. (SPORTS) Personne chargée de diriger un jeu et de juger des coups et des fautes. *Les arbitres ont eu fort à faire à cette partie de hockey. Une arbitre impartiale.*
2. Personne désignée par les parties pour trancher un différend. *S'en remettre à un arbitre.* SYN. conciliateur ; médiateur.
LOCUTION
– ***Libre arbitre.*** Volonté non contrainte.

ARBITRER v. tr.
Décider en qualité d'arbitre. *Jules a bien arbitré le match de tennis.* SYN. juger.
CONJUGAISON : VOIR MODÈLE AIMER.

ARBORER v. tr.
1. Dresser (droit comme un arbre). *Arborer un drapeau.*
2. Porter ostensiblement. *Il arbore un titre ronflant.*
CONJUGAISON : VOIR MODÈLE AIMER.

ARBORESCENCE n. f.
Partie ramifiée d'une plante.
arborescence.

ARBORESCENT, ENTE adj.
Qui a la forme ramifiée d'un arbre. *Une généalogie présentée selon une structure arborescente.*
arborescent.

ARBORETUM ou **ARBORÉTUM** n. m. (pl. *arboretums* ou *arborétums*)
La dernière syllabe rime avec ***tomme*** [arbɔretɔm].
Lieu où l'on fait, dans un but scientifique, la culture et l'étude des arbres forestiers groupés suivant un ordre systématique (Recomm. off.). *L'Arboretum du Jardin botanique de Montréal compte environ 7 000 spécimens d'arbres et d'arbustes : on y trouve aussi bien des espèces indigènes du Québec que de nombreux cultivars importés de partout dans le monde.*

ARBORICOLE adj.
Relatif à l'arboriculture.

ARBORICULTEUR n. m.
ARBORICULTRICE n. f.
Agriculteur, agricultrice qui cultive les arbres fruitiers.

A

EMPRUNTS À L'**ARABE**

La langue arabe a donné au français quelques centaines de mots :

- par emprunt direct (*couscous, fakir, haschisch, khôl, sofa*),
- par l'espagnol (*alcôve, guitare, sarabande*),
- par le portugais (*marabout, pastèque*),
- par l'italien (*artichaut, assassin, mosquée, nacre, sorbet*),
- par le provençal (*lime, luth, orange*),
- par le latin (*laque, nuque, raquette*),
- par le grec (*élixir*).

De nombreux emprunts à la langue arabe commencent par les lettres ***al*** (déterminant arabe signifiant « le, la »).

Emprunt	Signification du mot arabe d'origine
alcôve	« la grotte, la petite chambre »
alezan	« le cheval »
algarade	« l'attaque de nuit »
algèbre	« la réduction des calculs »
algorithme	d'après Al-Khawarizmi, grand mathématicien arabe

▸ Orthographe

Les mots empruntés à l'arabe sont généralement francisés ; ils s'écrivent avec des accents, s'il y a lieu, et prennent la marque du pluriel. *Des camaïeux, des émirs, des razzias.*

Voici quelques exemples de mots provenant de l'arabe :

abricot	cafard	girafe	mousson
alambic	caïd	goudron	musulman
alcalin	calife	guitare	nacre
alchimie	camaïeu	harem	nadir
alcool	camphre	hasard	nénuphar
alcôve	câpre	haschisch	nuque
alezan	caroube	henné	orange
algarade	carrousel	jarre	pastèque
algèbre	carvi	jasmin	raquette
algorithme	cheik	jujube	razzia
alkékenge	chiffre	khôl	récif
almanach	chimie	kif-kif	safran
ambre	coran	laque	salamalecs
amiral	coton	lilas	salsepareille
arak	couscous	lime	sarabande
arsenal	djellaba	luth	sirop
artichaut	douane	magasin	sofa
assassin	échec	marabout	sorbet
avanie	élixir	massepain	sucre
avarie	émir	matelas	sultan
azimut	épinard	matraque	taboulé
azur	estragon	méchoui	talisman
babouche	fakir	mesquin	tambour
baobab	fanfaron	minaret	tasse
bédouin	fez	moka	timbale
bled	gandoura	momie	zénith
burnous	gazelle	mosquée	zéro...

ARBORICULTURE n. f.
Culture des arbres fruitiers.
VOIR – AGRICULTURE.

***ARBORIGÈNE**
Impropriété pour ***aborigène.***

ARBORISATION n. f.
Cristallisation reproduisant des ramifications.

***ARBORITE**
Marque déposée pour **stratifié, lamifié.**

ARBRE n. m.
Grand végétal dont la tige, appelée ***tronc,*** ne commence à se séparer en branches qu'à une certaine hauteur. *Les conifères sont des arbres à aiguilles qui restent verts toute l'année, alors que les feuillus perdent leurs feuilles à l'automne.*
La construction ***sur un arbre*** est utilisée pour décrire la position sur une branche, alors que l'expression ***dans un arbre*** insiste sur la possibilité de s'y cacher, de s'y dissimuler; on évitera cependant l'expression *monter après un arbre.
LOCUTIONS
– ***Arbre de Noël.*** Sapin ou pin décoré d'ampoules lumineuses, de boules colorées, de guirlandes à l'occasion des fêtes.
– ***Entre l'arbre et l'écorce, il ne faut pas mettre le doigt.*** Il n'est pas conseillé de se mêler des querelles des autres.

ARBRISSEAU n. m. (pl. *arbrisseaux*)
Petit arbre ramifié (moins de six mètres).
arbriss**eau.**

ARBUSTE n. m.
Petit arbre (moins de trois mètres). *Des arbustes en fleurs.*

ARC n. m.
1. Arme avec laquelle on lance des flèches. *Guillaume Tell excellait au tir à l'arc.*
2. Portion d'une ligne courbe. *Un arc de cercle.*
3. (ARCHIT.) Courbe décrite par une voûte dans un ouvrage d'architecture. *L'arc en plein cintre forme un demi-cercle régulier, alors que l'arc en ogive est un arc brisé.*
Ne pas confondre avec le nom ***arche,*** voûte en arc d'un pont, d'un viaduc.

ARCADE n. f.
Ouverture qui présente un arc à sa partie supérieure.
LOCUTIONS
– ***Arcade sourcilière.*** Partie du visage en forme d'arc, au-dessus de l'œil, sur laquelle poussent les sourcils.
– ***Jeu d'arcade.*** Jeu vidéo payant installé dans un lieu public.

ARCANE n. m.
Choses secrètes, réservées aux initiés. *Les arcanes compliqués du pouvoir.* SYN. mystère.
Le nom s'emploie généralement au pluriel.
Attention au genre masculin de ce nom : ***un*** arcane.

ARCBOUTANT ou **ARC-BOUTANT** n. m. (pl. *arcboutants* ou *arcs-boutants*)
1. Contrefort en forme de demi-arc, servant à soutenir un mur. *Les arcboutants, arcs-boutants d'une église gothique.*
2. Principal soutien.

ARCBOUTER ou **ARC-BOUTER** v. tr., pronom.
VERBE TRANSITIF
Soutenir, étayer au moyen d'un arc-boutant.
VERBE PRONOMINAL
S'appuyer. *Elles se sont arcboutées sur la passerelle. Ils se sont arc-boutés contre le mur.*
À la forme pronominale, le participe passé de ce verbe s'accorde toujours en genre et en nombre avec son sujet. *Ils se sont arc-boutés pour mieux résister à la force du vent.*
CONJUGAISON : VOIR MODÈLE AIMER.

ARCEAU n. m. (pl. *arceaux*)
1. Petite arche. *Les arceaux d'une tonnelle.*
2. Courbure d'une voûte.
LOCUTION
– ***Arceau à vélos.*** Élément du mobilier urbain en métal auquel on peut attacher des vélos au moyen d'un cadenas afin de les garer en toute sécurité. SYN. support à vélos.

ARC-EN-CIEL adj. inv. et n. m. (pl. *arcs-en-ciel*)
NOM MASCULIN
Arc lumineux, offrant les couleurs du prisme (violet, indigo, bleu, vert, jaune, orangé, rouge), qui apparaît parfois à l'opposé du Soleil pendant une averse. *De beaux arcs-en-ciel.*
Attention au genre masculin de ce nom : ***un*** arc-en-ciel.
ADJECTIF DE COULEUR INVARIABLE
Qui présente les couleurs de l'arc-en-ciel. *Des écharpes arc-en-ciel.*
VOIR TABLEAU – COULEUR (ADJECTIFS DE).
arc-en-ciel, avec des traits d'union.

ARCHAÏQUE adj.
Les lettres ***ch*** se prononcent ***k,*** [arkaik].
1. Qui n'est plus en usage, qui remonte à une époque très reculée. *Le terme* closure *est archaïque : il s'employait aux* XII*e et* XIII*e siècles au sens de « clôture », « enceinte ».*
2. (FIG.) Dépassé, démodé. *Une coutume archaïque.*
Ne pas confondre avec les mots suivants :
• ***ancien,*** qui existe depuis longtemps;
• ***antique,*** très ancien.
archaïque.

ARCHAÏSANT, ANTE adj.
Les lettres ***ch*** se prononcent ***k,*** [arkaizɑ̃, ɑ̃t].
Qui fait usage d'archaïsmes. *Un écrivain archaïsant.*

ARCHAÏSME n. m.
Les lettres ***ch*** se prononcent ***k,*** [arkaism].
1. Caractère de ce qui est désuet. *L'archaïsme de certains usages.*
2. Mot, sens, construction qui n'est plus en usage. *Le nom *peignure est un archaïsme pour* coiffure. *Le verbe *écarter est un archaïsme au sens de « perdre, égarer ». La construction *rapport à est un archaïsme pour* à cause de, parce que.
Dans cet ouvrage, les archaïsmes sont répertoriés dans les formes fautives et sont donc précédés d'un astérisque. Ils renvoient aux emplois en usage.

ARCHANGE n. m.
Les lettres ***ch*** se prononcent ***k,*** [arkɑ̃ʒ].
Ange qui se situe tout en haut dans le classement des anges. *L'archange Gabriel. Saint Michel archange.*

ARCHE n. f.
1. (ARCHIT.) Voûte en arc d'un pont, d'un viaduc. *Les arches anciennes du Ponte Vecchio à Florence.*
Ne pas confondre avec le nom ***arc,*** courbe décrite par une voûte.
2. Bateau fermé.
LOCUTION
– ***Arche de Noé.*** Vaisseau qui permit à Noé, à sa famille et aux espèces animales d'échapper au Déluge. *L'arche de Noé s'est-elle arrêtée sur le mont Ararat ?*
T Le nom s'écrit avec une minuscule dans cette expression.
FORME FAUTIVE
*arche du pied. Calque de «*arch of the foot*» pour ***cambrure du pied.***

ARCHÉO- préf.
Les lettres ***ch*** se prononcent ***k,*** [arkeo].
Élément du grec signifiant « ancien ». *Archéologie.*

ARCHÉOLOGIE n. f.
Les lettres *ch* se prononcent *k*, [arkeɔlɔʒi].
Étude des choses anciennes. *Grâce à l'archéologie, on découvre comment nos ancêtres vivaient.*
archéologie.

ARCHÉOLOGIQUE adj.
Les lettres *ch* se prononcent *k*, [arkeɔlɔʒik].
Propre à l'archéologie. *Des recherches archéologiques ont lieu à la place Royale à Québec.*
archéologique.

ARCHÉOLOGUE n. m. et f.
Les lettres *ch* se prononcent *k*, [arkeɔlɔg].
Spécialiste de l'archéologie.
archéologue.

ARCHER n. m.
Celui qui pratique le tir à l'arc.
Ne pas confondre avec le nom ***archet***, baguette servant à jouer d'un instrument à cordes.

ARCHÈRE n. f.
Fente verticale dans une muraille servant au tir à l'arc. SYN. meurtrière.

ARCHET n. m.
Baguette servant à jouer d'un instrument à cordes. *L'archet d'un violon.*
Ne pas confondre avec le nom ***archer***, celui qui pratique le tir à l'arc.

ARCHÉTYPE n. m.
Les lettres *ch* se prononcent *k*, [arketip].
Modèle original ou idéal. *Le* David *de Michel-Ange est l'archétype du citoyen-guerrier.*

ARCHEVÊCHÉ n. m.
Diocèse d'un archevêque.

ARCHEVÊQUE n. m.
Évêque qui dirige plusieurs évêques. *Son Excellence, l'archevêque Paul Grégoire.*
T Comme les titres administratifs, les titres religieux s'écrivent généralement avec une minuscule. *L'abbé, le cardinal, le curé, l'évêque, le pape.* Cependant, ces titres s'écrivent avec une majuscule lorsqu'ils remplacent un nom de personne. *L'Archevêque sera présent à la réunion.*
VOIR TABLEAU – TITRES DE FONCTIONS.

ARCHI- préf.
Élément du grec signifiant « degré extrême ».
Les mots composés avec le préfixe ***archi-*** s'écrivent sans trait d'union à l'exception des mots formés pour la circonstance où ***archi-*** a valeur de superlatif. *C'est archi-ennuyeux, archi-fou.*

ARCHIDUC n. m.
ARCHIDUCHESSE n. f.
Titre des princes, des princesses de la maison d'Autriche. *Les chemises de l'archiduchesse sont-elles sèches, archi-sèches ?*

-ARCHIE suff.
Élément du grec signifiant « commander ». *Monarchie.*

ARCHIMILLIONNAIRE adj. et n. m. et f.
Qui possède un ou plusieurs millions (d'unités monétaires). *Ils ont gagné 6 000 000 $: ils sont archimillionnaires.*

ARCHIPEL n. m.
Groupe d'îles. *L'archipel des Mille-Îles.*
T Dans les dénominations géographiques, le mot ***archipel*** suivi d'un déterminant s'écrit avec une minuscule.

ARCHITECTE n. m. et f.
1. Personne qui conçoit la création d'un édifice et qui peut en diriger la construction. *Paule est une architecte de talent.*
2. (FIG.) Personne qui crée, édifie une œuvre complexe. *Il a été l'architecte d'une banque de terminologie qui compte aujourd'hui plus de trois millions de fiches.*

ARCHITECTONIQUE adj. et n. f.
ADJECTIF
Conforme à l'art de l'architecture.
NOM FÉMININ
1. Ensemble des règles de l'architecture.
2. (FIG.) Structure de quelque chose.

ARCHITECTURAL, ALE, AUX adj.
Qui concerne l'architecture. *Des concours architecturaux, des règles architecturales.*

ARCHITECTURE n. f.
1. Art de construire des édifices selon des proportions et des règles déterminées par leur caractère et leur objet. *L'architecture moderne.*
2. (FIG.) Structure. *L'architecture d'un roman.*

ARCHIVAGE n. m.
Action de classer, de conserver (des documents) dans les archives.

ARCHIVER v. tr.
Classer un document dans les archives. *Ces dossiers ont été archivés.*
CONJUGAISON : VOIR MODÈLE AIMER.

ARCHIVES n. f. pl.
1. Ensemble des documents, quelle que soit leur date ou leur nature, produits ou reçus par une personne ou un organisme pour ses besoins ou l'exercice de ses activités et conservés pour leur valeur d'information générale. *Loi sur les archives.*
2. Ensemble de titres, de documents anciens. *Les archives du ministère de la Culture.*
3. Lieu où on les conserve.
Ce nom s'emploie toujours au pluriel.

ARCHIVISTE n. m. et f.
Spécialiste du classement et de la conservation des archives.

ARÇON n. m.
Pièce de bois cintrée constituant l'armature d'une selle.
LOCUTION
– ***Cheval d'arçons.*** Appareil de gymnastique qui sert à des exercices de saut.
arçon.

ARCTIQUE adj. et n. m.
Le **c** se prononce, [arktik].
ADJECTIF
Relatif au pôle Nord. *Les Inuits habitent les régions arctiques.*
ANT. antarctique.
T Dans les dénominations géographiques où l'adjectif précise le générique, ce mot prend la majuscule. *L'océan Arctique.*
NOM MASCULIN
Ensemble constitué de l'océan Arctique et des régions polaires boréales. *Les glaces de l'Arctique.*
arctique.

-ARD, -ARDE suff.
Suffixe à nuance défavorable. *Soûlard, vantard.*

ARDEMMENT adv.
Le premier ***e*** se prononce ***a***, [ardamɑ̃].
Avec ardeur. *Antoine désire ardemment avoir un vélo de montagne.* SYN. beaucoup ; fortement ; intensément ; vivement.
ardemment.

ARDENT, ENTE adj.
1. Qui est en feu. *Des braises ardentes.* SYN. enflammé.
2. Très chaud. *Un soleil ardent.* SYN. brûlant ; torride.
3. Passionné, enthousiaste. *Une ardente curiosité. « Je sais que vos ardentes prunelles viendront incendier mes ultimes nuits »* (Alain Grandbois, *Les Îles de la nuit*). SYN. bouillant ; fougueux ; vif.

LOCUTION
– ***Être*** ou ***marcher sur des charbons ardents.*** Être inquiet et impatient.

ARDEUR n. f.
1. Grande chaleur. *Se protéger de l'ardeur du soleil.*
2. Enthousiasme, empressement. *Ils se préparent avec ardeur à partir en voyage.* SYN. énergie ; entrain ; fougue.

ARDILLON n. m.
Pointe d'une boucle pour arrêter une courroie, une ceinture.

ARDOISE adj. inv. et n. f.
NOM FÉMININ
Roche bleuâtre et feuilletée. « *En bas, une vieille maison au toit d'ardoises bleutées était blottie presque dans les bras d'arbres géants* » (Gabrielle Roy, *La Détresse et l'Enchantement*).
ADJECTIF DE COULEUR INVARIABLE
De la couleur bleu-gris de l'ardoise. *Des gants ardoise.*
VOIR TABLEAU – COULEUR (ADJECTIFS DE).

ARDOISÉ, ÉE adj.
Qui a la couleur de l'ardoise.

ARDU, UE adj.
Difficile. *Un problème ardu.* SYN. compliqué. ANT. facile.

ARE n. m.
Symbole ***a*** (s'écrit sans point).
Unité de mesure agraire (100 mètres carrés).
HOM.
• ***arrhes,*** somme d'argent donnée au moment de la conclusion d'un contrat ;
• ***art,*** expression d'un idéal artistique.

AREC n. m.
1. Palmier.
2. Noix d'arec dont on tire le cachou.

ARÉNA n. m.
⚜ Centre sportif couvert comprenant une patinoire. *Il y a une partie de hockey ce soir à l'aréna.* SYN. stade d'hiver.

ARÈNE n. f.
1. Partie sablée d'un amphithéâtre destinée aux jeux, aux combats. *Le torero affronte le taureau dans l'arène.*
2. (FIG.) Espace public où s'affrontent les idées. *L'arène politique.*

ARÉOLE n. f.
Cercle coloré autour du mamelon du sein.
⊶ Ne pas confondre avec les noms suivants :
• ***alvéole,*** cavité ;
• ***auréole,*** cercle de lumière autour de la tête des saints.

ARÉOPAGE n. m.
Assemblée de savants, de juges (et non un *aéropage).

***ARÉOPORT**
Impropriété pour ***aéroport.***

ARÊTE n. f.
1. Os long et mince qui forme la charpente des poissons. *Attention, il a une arête dans la gorge !*
2. Ligne de rencontre de deux faces planes. *Cette boîte a six faces et douze arêtes.*
⊶ Attention au genre féminin de ce nom : ***une*** arête.

ARGENT n. m.
1. Métal blanc. Symbole ***Ag*** (s'écrit sans point). *Un bracelet en argent.*
2. Monnaie (billets de banque, pièces, etc.). *L'argent ne fait pas le bonheur* (Proverbe).
LOCUTIONS
– ***Argent comptant.*** En espèces.
⊶ Cette expression est aujourd'hui vieillie ; on emploie plutôt ***au comptant,*** qui se dit d'un paiement en espèces ou par chèque portant la somme totale sans terme ni crédit. La locution ***prendre quelque chose pour argent comptant*** demeure usitée.
– ***Argent de poche.*** Petite somme donnée aux enfants pour leurs dépenses personnelles.
– ***Argent frais.*** Fonds nouveaux. *Ces groupes miniers disposent d'argent frais* (et non *neuf) *du fait de l'envolée du prix des matières premières.* SYN. fonds additionnels ; nouveaux crédits.
– ***Prendre quelque chose pour argent comptant.*** (FIG.) Accorder foi trop facilement à des propos, à une promesse, etc.
FORMES FAUTIVES
*argent neuf. Calque de «*new money*» pour ***argent frais, fonds additionnels, nouveaux crédits.***
*argents. Archaïsme pour ***argent, crédits, fonds, ressources financières, somme.*** *Le comité compte sur ces sommes* (et non *argents) *pour aller de l'avant.*
⊶ Attention au genre masculin de ce nom.

ARGENTÉ, ÉE adj.
1. Recouvert d'argent. *Du métal argenté.*
2. (LITT.) Qui a la couleur de l'argent. *Un renard argenté.*
3. (FAM.) Qui a de l'argent. SYN. fortuné ; riche.

ARGENTER v. tr.
Couvrir d'une couche d'argent. *Argenter une théière, un plateau.*
CONJUGAISON : VOIR MODÈLE AIMER.

ARGENTERIE n. f.
Vaisselle, ustensiles d'argent. *Astiquer l'argenterie.*

ARGENTIER n. m.
(PLAISANT.) Le ministre des Finances. *Le grand argentier déposera son budget bientôt.*

ARGENTIN, INE adj. et n. m. et f.
1. D'Argentine. *Les plaines argentines. Un Argentin, une Argentine.*
🅃 L'adjectif s'écrit avec une minuscule ; le nom, avec une majuscule.
2. Dont le son clair évoque celui de l'argent. *Un tintement argentin.*

ARGENTURE n. f.
Application d'une couche d'argent sur un autre métal. *Il faut refaire l'argenture de cette théière.*

ARGILE n. f.
Glaise. *Une argile grasse. C'est avec de l'argile, appelée « terre glaise », que les potiers façonnent des vases, des objets en céramique.*
⊶ Attention au genre féminin de ce nom : ***une*** argile.

ARGILEUX, EUSE adj.
Qui est formé d'argile. *Un sol argileux.*
⇨ argileux.

ARGOT n. m.
1. Langage très familier de certains milieux. *Ce roman policier est écrit en argot.*
2. Langage propre à une profession, à un groupe. *Dans l'argot des étudiants, un* bolé, *c'est quelqu'un de très intelligent.*
⊶ Le mot ***argot*** a un sens moins défavorable que ***jargon,*** qui désigne la langue compliquée (d'un art, d'une science, d'un groupe), inintelligible aux non-initiés.

ARGOTIQUE adj.
Qui se rapporte à l'argot. *La langue argotique.*

ARGOTISME n. m.
Expression en argot.

ARGÜER ou **ARGUER** v. tr.
Attention à la prononciation de ce verbe, le ***u*** se prononce ; le verbe rime avec ***huer,*** [argɥe].
VERBE TRANSITIF DIRECT
(LITT.) Prétexter. *Émile argüa la maladie pour ne pas se présenter à la cour.*
VERBE TRANSITIF INDIRECT
(LITT.) Tirer argument de, se servir de. *Arguer de sa position pour exiger un traitement de faveur.* SYN. alléguer ; invoquer.
En ce sens, le verbe se construit avec la préposition ***de.***
Le verbe, suivi de la conjonction ***que,*** se construit avec l'indicatif ou le conditionnel. *Ces clients ont argüé qu'on ne les avait pas informés d'une défectuosité du produit.*
CONJUGAISON : VOIR MODÈLE AIMER.

ARGUMENT n. m.
Raisonnement destiné à convaincre, à faire partager son avis par quelqu'un. *Tu as employé de bons arguments, des arguments valables : je suis d'accord avec toi.* SYN. raison.
FORME FAUTIVE
*argument. Anglicisme au sens de ***discussion, dispute.***

ARGUMENTAIRE adj. et n. m.
ADJECTIF
Relatif aux arguments de vente. *Une liste argumentaire.*
NOM MASCULIN
Recueil d'arguments de vente. *Préparer un argumentaire pour les nouveaux produits.*

ARGUMENTATIF, IVE adj.
Qui se rapporte à l'argumentation. *Les élèves doivent rédiger un texte argumentatif de 400 à 500 mots.*

ARGUMENTATION n. f.
1. Art d'argumenter. *Une argumentation efficace.* SYN. démonstration.
2. Ensemble d'arguments.

ARGUMENTER v. tr., intr.
VERBE TRANSITIF
Justifier, appuyer par des arguments. *Une recherche solidement argumentée.*
VERBE INTRANSITIF
Présenter des arguments. *Il ne cesse d'argumenter sur cette question.*
On peut aussi argumenter en faveur de quelqu'un ou de quelque chose, contre quelqu'un ou quelque chose.
CONJUGAISON : VOIR MODÈLE AIMER.

ARGUTIE n. f.
Le ***t*** se prononce ***s,*** [argysi].
Subtilité de langage. *Ce sont des arguties, des cheveux coupés en quatre.*
Ce mot s'emploie généralement au pluriel.

ARIA n. m. et f.
NOM MASCULIN
(FAM.) Ennui, souci. « *Le dimanche matin, bien qu'elle se levât une heure plus tôt, c'était toujours un aria pour Alphonsine, depuis qu'elle était maîtresse de maison, de s'apprêter à partir pour la grand-messe* » (Germaine Guèvremont, *Le Survenant*).
Ce nom de registre familier demeure usuel au Québec et dans la francophonie canadienne, mais il n'appartient plus à l'usage courant de la majorité des locuteurs du français.
NOM FÉMININ
Mélodie. *Elle interpréta une aria de Mozart.*
Ne pas confondre avec le nom ***aléa,*** risque.

ARIANISME n. m.
Doctrine qui niait la divinité de Jésus.

ARIDE adj.
1. Desséché par le soleil. *Il ne pleut jamais dans cette région : elle est aride.* SYN. sec. ANT. humide.
2. Peu attrayant, sans intérêt. *Un sujet aride.* SYN. rébarbatif. ANT. intéressant.

ARIDITÉ n. f.
État de ce qui est aride. *L'aridité des régions où il ne pleut que rarement. L'aridité d'une étude sur un sujet technique.* SYN. sécheresse.

A

ARISTOCRATE adj. et n. m. et f.
ADJECTIF
Qui a le caractère d'un noble. *Il a des allures aristocrates.*
NOM MASCULIN ET FÉMININ
Membre de l'aristocratie. *Le prince Charles est un aristocrate.*

ARISTOCRATIE n. f.
1. Gouvernement qui donne le pouvoir à un petit nombre de personnes, et particulièrement à une classe héréditaire.
2. La classe noble. *Les princes et les princesses de Monaco font partie de l'aristocratie.* SYN. noblesse.
3. (LITT.) Élite.

ARISTOCRATIQUE adj.
1. Qui appartient à la noblesse.
2. Digne d'un noble. *Des manières aristocratiques.* SYN. chic ; distingué ; raffiné.

ARISTOCRATIQUEMENT adv.
De façon aristocratique.

ARITHMÉTIQUE adj. et n. f.
ADJECTIF
Relatif à l'arithmétique. *L'addition et la soustraction sont des opérations arithmétiques.*
NOM FÉMININ
Science des nombres. *Une arithmétique nouvelle.*
arithmétique.

ARLEQUIN, INE n. m. et f.
Bouffon de l'ancienne comédie italienne. *Des arlequins talentueux.*

ARLEQUINADE n. f.
(LITT.) Farce d'arlequin, bouffonnerie.

ARMADA n. f. (pl. *armadas*)
(LITT.) Une grande quantité, un grand nombre. *Une armada de petits voiliers envahit* ou *envahissent la baie. Des armadas.*
Si le sujet du verbe est un collectif précédé du déterminant indéfini ***une*** et suivi d'un complément au pluriel, le verbe se met au singulier lorsque l'auteur veut insister sur le tout, l'ensemble ; au pluriel, s'il veut insister sur la pluralité, la multiplicité. Si le nom est précédé du déterminant défini ***(l'),*** d'un déterminant possessif ***(mon, ton, son),*** d'un déterminant démonstratif ***(cette)*** et s'il est suivi d'un complément au pluriel, le verbe se met généralement au singulier. *L'armada des bateaux de pêcheurs rentra au port à l'aube.*
VOIR TABLEAU – COLLECTIF.

ARMAGNAC n. m.
Eau-de-vie de raisin produite en Armagnac.
T Le nom qui désigne l'eau-de-vie s'écrit avec une minuscule, celui qui désigne la région prend une majuscule.

ARMATEUR n. m.
Personne qui exploite un navire, à titre de propriétaire ou de locataire.

ARMATURE n. f.
1. Charpente de métal ou de bois qui soutient les parties d'une construction.
2. (FIG.) Ce qui soutient, maintient en place.

ARME n. f.
1. Ce qui sert à attaquer, à se défendre. *L'arme du crime n'a pas été retrouvée. Un compagnon d'armes.*
2. (AU PLUR.) Signes héraldiques. *Les armes d'une famille aristocratique.*

LOCUTION
– ***Port d'armes.*** Fait de porter sur soi une ou des armes. *Un permis de port d'armes.*
Dans cette locution, le nom ***arme*** s'écrit au pluriel.

ARMÉ, ÉE adj.
Muni de. *Armé d'une épée.*

A

ARMÉE n. f.
Ensemble des soldats d'un État. *Elle étudie au Collège militaire pour faire partie de l'armée du Canada.*
Attention au genre féminin de ce nom : ***une*** armée.

ARMEMENT n. m.
1. Action d'armer.
2. (AU PLUR.) Ensemble des moyens d'attaque ou de défense dont dispose un État. *La course aux armements.*

ARMÉNIEN, IENNE adj. et n. m. et f.
ADJECTIF ET NOM MASCULIN ET FÉMININ
De l'Arménie. *Le peuple arménien. Un Arménien, une Arménienne.*
T L'adjectif s'écrit avec une minuscule ; le nom, avec une majuscule.
NOM MASCULIN
Langue parlée en Arménie. *Il parle l'arménien.*
T Le nom de la langue s'écrit avec une minuscule.

ARMER v. tr., pronom.
VERBE TRANSITIF
1. Pourvoir d'armes. *Armer un policier d'un revolver.*
2. Équiper un navire. SYN. équiper ; gréer.
3. Tendre le ressort, actionner le mécanisme d'un appareil afin de le mettre en état de fonctionner. *Armer un déclencheur.*
VERBE PRONOMINAL
1. Prendre des armes. *Ils se sont armés de bâtons.*
2. (FIG.) Faire preuve de. *S'armer de patience, de courage.*
À la forme pronominale, le participe passé de ce verbe s'accorde toujours en genre et en nombre avec son sujet. *Ils se sont armés de gourdins.*
CONJUGAISON : VOIR MODÈLE AIMER.

ARMISTICE n. m.
1. Accord conclu entre des armées ennemies afin de mettre fin au combat. *Conclure un armistice.*
2. Fête célébrée annuellement le 11 novembre pour souligner l'anniversaire de l'armistice de la Première Guerre mondiale (1918) et pour honorer la mémoire de tous les anciens combattants. SYN. jour du Souvenir.
T En ce sens, le nom s'écrit avec une majuscule.
Attention au genre masculin de ce nom : ***un*** armistice.
Ne pas confondre avec les noms suivants :
- ***amnésie,*** perte de la mémoire ;
- ***amnistie,*** annulation d'infractions à la loi ainsi que de leurs conséquences pénales.

ARMOIRE n. f.
Grand meuble de rangement plus haut que large. *Une armoire québécoise.*
LOCUTION
– ***Armoire*** (de cuisine). ⚜ Assemblage de menuiserie fermé par une porte et fixé à un mur. *Ranger la vaisselle dans les armoires.*
En ce sens, ce nom demeure usuel au Québec et dans la francophonie canadienne, mais il n'appartient plus à l'usage courant de la majorité des locuteurs du français pour lesquels l'***armoire*** est un meuble de rangement qui par définition est amovible, tandis que le ***placard*** est fixe.

ARMOIRIES n. f. pl.
Ensemble des emblèmes d'une famille, d'une collectivité. *Les armoiries d'Outremont.*

ARMORIAL, IALE, IAUX adj. et n. m.
ADJECTIF
Relatif aux armoiries.
NOM MASCULIN
Recueil d'armoiries.

ARMORIER v. tr.
Orner d'armoiries. *Un bouclier armorié.*
CONJUGAISON : VOIR MODÈLE ÉTUDIER.
Redoublement du ***i*** à la première et à la deuxième personne du pluriel de l'indicatif imparfait et du subjonctif présent. *(Que) nous armoriions, (que) vous armoriiez.*

ARMURE n. f.
Ensemble de plaques métalliques recouvrant entièrement le corps d'un guerrier, au Moyen Âge. *Les chevaliers portaient des armures.*

ARMURERIE n. f.
Lieu où l'on fabrique, conserve, répare ou vend des armes.

ARMURIER n. m.
Fabricant ou marchand d'armes.

ARN
Sigle de ***acide ribonucléique.***
Acide nucléique servant d'intermédiaire dans la synthèse des protéines.

ARNAQUE n. f.
(FAM.) Escroquerie.

ARNAQUER v. tr.
(FAM.) Escroquer.
CONJUGAISON : VOIR MODÈLE AIMER.

ARNAQUEUR, EUSE n. m. et f.
(FIG.) Personne qui arnaque. SYN. escroc ; filou.

AROBAS ou **ARROBAS** n. m.
Le *s* final se prononce ou non, [arɔba, arɔbas].
Symbole @.
(INFORM.) Symbole formé de la lettre ***a*** aux trois quarts encerclée et qui sert de séparateur dans une adresse de courrier électronique entre le nom de l'ordinateur hôte Internet et celui de l'internaute (GDT). SYN. a commercial.

AROMATE n. m.
Substance végétale répandant une odeur forte et agréable. *L'estragon, la marjolaine, le poivre sont des aromates.*
Attention au genre masculin de ce nom : ***un*** aromate.

AROMATIQUE adj.
Qui est de la nature des aromates, qui sent bon. *Les herbes aromatiques donnent un bon goût aux plats.*

AROMATISER v. tr.
Parfumer avec des aromates.
CONJUGAISON : VOIR MODÈLE AIMER.

ARÔME n. m.
Parfum, odeur. *Le bon arôme du pain qui cuit.*
arôme, contrairement aux dérivés, qui n'ont pas d'accent : ***aromate, aromatique, aromatiser.***

ARPÈGE n. m.
Accord dont on fait entendre successivement et rapidement les divers sons. *Un arpège réussi.*
Attention au genre masculin de ce nom : ***un*** arpège.

ARPÉGER v. tr.
Faire des arpèges.
CONJUGAISON : VOIR MODÈLE PROTÉGER.
Le ***é*** se change en ***è*** devant une syllabe contenant un ***e*** muet, sauf à l'indicatif futur et au conditionnel présent. *J'arpège,* mais *j'arpégerai.*
Le ***g*** est suivi d'un ***e*** devant les lettres ***a*** et ***o.*** *Il arpégea, nous arpégeons.*
[Les *Rectifications* (1990) admettent : il arpègera, arpègerait...]

ARPENT n. m.
Ancienne mesure agraire. *Les « quelques arpents de neige » que représentait le Canada pour Voltaire. « sur des arpents sans clôtures hérissés seulement/de buissons fleuris et de vieux pommiers »* (Pierre Nepveu, *Lignes aériennes*).

ARPENTAGE n. m.
Mesure de la superficie des terrains (autrefois en arpents, aujourd'hui en ares).

ARPENTER v. tr.
1. Faire l'arpentage, mesurer la superficie de. *Avant de construire la maison, il faut arpenter le terrain pour en connaître les limites.*
2. (FIG.) Parcourir à grands pas. *Arpenter un corridor.*
CONJUGAISON : VOIR MODÈLE AIMER.

ARPENTEUR n. m.
ARPENTEUSE n. f.
Spécialiste de la mesure des superficies.

-ARQUE suff.
Élément du grec signifiant « commander ». *Monarque.*

ARQUEBUSE n. f.
Ancienne arme à feu.

ARQUER v. tr.
Courber en arc.
CONJUGAISON : VOIR MODÈLE AIMER.

ARRACHÉ n. m.
Exercice d'haltères.
LOCUTION
– ***À l'arraché,*** loc. adv. Par un grand effort. *L'emporter à l'arraché* (et non *à l'arrachée).

ARRACHE-CLOU n. m. (pl. *arrache-clous*)
Outil servant à arracher les clous.

ARRACHEMENT n. m.
Action d'arracher, au propre et au figuré.

ARRACHE-PIED (D') loc. adv.
Sans interruption, avec acharnement. *Étudier d'arrache-pied.* [Les *Rectifications* (1990) admettent : arrachepied (d').]

ARRACHER v. tr., pronom.
VERBE TRANSITIF
Détacher avec effort, enlever de force. *On lui arracha son sac. Arracher des mauvaises herbes. « C'était mon tour de l'arracher à la vie pesante »* (Gabrielle Roy, *La Détresse et l'Enchantement*).
VERBE PRONOMINAL
S'éloigner à regret. *S'arracher de sa maison natale.*
À la forme pronominale, le participe passé de ce verbe s'accorde en genre et en nombre avec le complément direct si celui-ci le précède. *Les ordinateurs que ces informaticiennes se sont arrachés. Les élèves se sont arrachés de leur école sans trop de difficulté.* Le participe passé reste invariable si le complément direct suit le verbe. *Catastrophées, elles se sont arraché les cheveux.*
LOCUTION
– ***S'arracher quelqu'un.*** Se disputer sa présence, son amitié.
CONJUGAISON : VOIR MODÈLE AIMER.

ARRACHE-RACINE(S) n. m. (pl. *arrache-racines*)
Outil servant à arracher les racines.

ARRACHEUR, EUSE n. m. et f.
Personne qui arrache quelque chose.
LOCUTION
– ***Mentir comme un arracheur de dents.*** (FAM.) Mentir effrontément.

ARRAISONNEMENT n. m.
Action d'arraisonner (un navire, un avion). *L'arraisonnement d'un bateau de pêche par les garde-côtes.*

ARRAISONNER v. tr.
Procéder à l'examen d'un navire pour connaître son identité, sa provenance, sa destination, sa cargaison, son état sanitaire, etc. SYN. aborder.
CONJUGAISON : VOIR MODÈLE AIMER.

ARRANGEABLE adj.
Que l'on peut arranger. *Est-ce que la télé est arrangeable ?* SYN. réparable.

ARRANGEANT, ANTE adj.
Accommodant, conciliant.

ARRANGEMENT n. m.
1. Action d'arranger, de disposer. *L'arrangement des tableaux de l'exposition est agréable à regarder.* SYN. agencement ; aménagement.
2. Accord, entente. *Parvenir à un arrangement à l'amiable.*

ARRANGER v. tr., pronom.
VERBE TRANSITIF
1. Disposer selon un plan, un ordre. *Elle arrangeait la table pour le déjeuner.* SYN. agencer ; placer.
Ne pas confondre avec le verbe ***ranger,*** mettre de l'ordre.
2. Organiser. *Arranger une rencontre.* SYN. planifier ; programmer.
VERBE PRONOMINAL
1. S'entendre. *S'arranger facilement avec tout le monde.*
2. Finir bien. *Tout s'est arrangé pour le mieux.*
3. Faire en sorte que, de. *Elle s'est arrangée pour prévenir ses amis.*
À la forme pronominale, le participe passé de ce verbe s'accorde toujours en genre et en nombre avec son sujet. *Elles se sont arrangées pour être présentes.*
CONJUGAISON : VOIR MODÈLE CHANGER.
Le ***g*** est suivi d'un ***e*** devant les lettres ***a*** et ***o***. *Il arrangea, nous arrangeons.*

ARRÉRAGES n. m. pl.
Montant échu (à recevoir) d'une rente, d'une redevance, d'un revenu. *J'attends les arrérages* (et non *arriérages) *de mes dividendes.*
Ne pas confondre avec le nom ***arriéré,*** dette échue et qui reste due.

ARRESTATION n. f.
Action d'arrêter une personne ; état d'une personne arrêtée. *Les policiers ont procédé à une arrestation.* SYN. capture.

ARRÊT n. m.
1. Action d'arrêter, de s'arrêter. *L'arrêt des véhicules au passage pour piétons.*
2. Endroit où doit s'arrêter un véhicule. *Arrêt obligatoire, arrêt facultatif au coin d'une rue.*
3. ⚜ Panneau de signalisation exigeant un arrêt. SYN. stop.
4. Fin du fonctionnement, immobilisation complète. *Attendez l'arrêt complet de l'avion.*
Les termes ***marche, arrêt*** ont fait l'objet d'une recommandation officielle pour traduire les termes anglais « *on, off* ».
5. Jugement émanant d'une juridiction supérieure.
Ne pas confondre avec le nom ***arrêté,*** décision administrative.
LOCUTIONS
– ***Mandat d'arrêt.*** Ordre d'incarcération.
– ***Mettre aux arrêts.*** Punir d'une sanction un militaire.
– ***Sans arrêt.*** Continuellement, sans cesse. *Il pleut sans arrêt depuis trois jours.*
FORME FAUTIVE
*mettre sous arrêt. Calque de « *to put under arrest* » pour ***mettre en état d'arrestation, arrêter.***

ARRÊTÉ n. m.
Décision administrative. *Des arrêtés ministériels.*
Ne pas confondre avec le nom ***arrêt,*** jugement.

A

ARRÊTER v. tr., intr., pronom.
VERBE TRANSITIF
1. Interrompre le déroulement de. *Arrête de courir, je veux me reposer un peu.*
2. Appréhender. *On a arrêté le voleur.*
3. Déterminer, fixer. *La date n'est pas encore arrêtée.*
Ne pas confondre avec les verbes suivants :
• ***décider,*** prendre une décision ;
• ***décréter,*** ordonner par décret ;
• ***ordonner,*** donner un ordre ;
• ***trancher,*** décider sans appel.
VERBE INTRANSITIF
Cesser. *Arrête ! tu vas tomber !*
VERBE PRONOMINAL
1. Cesser d'avancer, de fonctionner. *La voiture s'est arrêtée.*
2. Faire un arrêt. *L'autobus s'arrête en face de l'école.*
3. Se terminer. *La route s'arrête ici.* ANT. continuer.
À la forme pronominale, le participe passé de ce verbe s'accorde toujours en genre et en nombre avec son sujet. *Ces cyclistes ne se sont pas arrêtés au feu rouge.*
CONJUGAISON : VOIR MODÈLE AIMER.

ARRHES n. f. pl.
Somme d'argent donnée au moment de la conclusion d'un contrat.
Ne pas confondre avec le nom ***acompte,*** paiement partiel à valoir sur une somme due.
HOM.
• ***are,*** unité de mesure agraire ;
• ***art,*** expression d'un idéal artistique.

***ARRIÉRAGES**
Impropriété pour ***arrérages.***

ARRIÉRATION n. f.
Faiblesse d'esprit. *Arriération mentale.* SYN. débilité.

ARRIÈRE adj. inv. et n. m.
ADJECTIF INVARIABLE
Du côté opposé, en sens contraire. *Les pneus arrière sont usés.* ANT. avant.
NOM MASCULIN
1. Partie d'une chose qui est derrière. *L'arrière de la maison est à repeindre.* ANT. avant.
2. (SPORTS) Joueur situé près de son but afin d'assurer sa défense. ANT. avant.
Le nom prend la marque du pluriel. *Des arrières.*
LOCUTIONS
– ***À l'arrière,*** loc. adv. Derrière. *Il y a un jardin à l'arrière.*
– ***À l'arrière de,*** loc. prép. Derrière. *À l'arrière de l'autobus, il y a des places libres.*
– ***En arrière,*** loc. adv. Dans une direction opposée. *Regarde en arrière, ton copain s'en vient.*
– ***En arrière de,*** loc. prép. Derrière. *En arrière de l'école, il y a la cour de récréation.*
– ***Faire machine arrière, marche arrière.*** Reculer, au propre et au figuré.

ARRIÈRE-
Élément signifiant « qui est derrière ». *L'accès de l'arrière-boutique est réservé au personnel.*
Les mots composés avec ***arrière*** prennent un trait d'union. Alors que l'adverbe reste invariable, le deuxième (ou troisième) élément prend la marque du pluriel. *Des arrière-goûts. Des arrière-grands-pères.*

ARRIÉRÉ, ÉE adj. et n. m.
ADJECTIF
1. Échu, impayé. *Des intérêts arriérés.*
2. (PÉJ.) Rétrograde. *Il a des idées arriérées.* SYN. ancien. ANT. moderne.
3. Attardé. *Cette personne est un peu arriérée.* SYN. débile.
NOM MASCULIN
Dette échue et qui reste due. *Il faut payer l'arriéré.*
Ne pas confondre avec le nom ***arrérages,*** paiement échu à recevoir d'une rente, d'une redevance, d'un revenu.

ARRIÈRE-BOUCHE n. f. (pl. *arrière-bouches*)
Partie postérieure de la bouche.

ARRIÈRE-BOUTIQUE n. f. (pl. *arrière-boutiques*)
Pièce placée derrière une boutique. *Le traitement des commandes s'effectue dans l'arrière-boutique* (et non dans le *back-office).

ARRIÈRE-COUR n. f. (pl. *arrière-cours*)
Cour située à l'arrière d'un bâtiment.

ARRIÈRE-FOND n. m. (pl. *arrière-fonds*)
Ce qu'on voit à l'arrière. *L'arrière-fond de la photo est un château fort.*

ARRIÈRE-GARDE n. f. (pl. *arrière-gardes*)
1. Partie d'une armée qui reste en arrière pour protéger les troupes.
2. (FIG.) Ce qui est en retard, dépassé. ANT. avant-garde.

ARRIÈRE-GORGE n. f. (pl. *arrière-gorges*)
Fond de la gorge. *Des arrière-gorges saines.*

ARRIÈRE-GOÛT n. m. (pl. *arrière-goûts*)
1. Goût que laisse dans la bouche un aliment, une boisson. *Le lait a un arrière-goût : je crois qu'il n'est pas frais.*
2. (FIG.) Sentiment qui reste après ce qui l'a causé. *Des arrière-goûts de déception.*
[Les *Rectifications* (1990) admettent : arrière-gout.]

ARRIÈRE-GRAND-MÈRE n. f. (pl. *arrière-grands-mères*)
Mère de la grand-mère ou du grand-père. *Nouni est l'arrière-grand-mère de Gabriel, son premier arrière-petit-fils.* SYN. bisaïeule.
Dans ce nom, le mot ***arrière*** est invariable, alors que les mots ***grand*** et ***mère*** prennent un ***s*** au pluriel.
arrière-grand-mère, avec des traits d'union.

ARRIÈRE-GRAND-PÈRE n. m. (pl. *arrière-grands-pères*)
Père de la grand-mère ou du grand-père. *Son arrière-grand-père est encore très alerte et il adore ses arrière-petits-enfants.* SYN. bisaïeul.
arrière-grand-père, avec des traits d'union.

ARRIÈRE-GRANDS-PARENTS n. m. pl.
Parents des grands-parents. *Ses arrière-grands-parents habitent à la campagne.*
arrière-grands-parents, avec des traits d'union.

ARRIÈRE-PAYS n. m. (pl. *arrière-pays*)
Région située en arrière des côtes. *Un village de l'arrière-pays.*

ARRIÈRE-PENSÉE n. f. (pl. *arrière-pensées*)
Intention non manifestée. *Des arrière-pensées de jalousie.*

ARRIÈRE-PETITE-FILLE n. f. (pl. *arrière-petites-filles*)
Fille du petit-fils, de la petite-fille.

ARRIÈRE-PETIT-FILS n. m. (pl. *arrière-petits-fils*)
Fils du petit-fils, de la petite-fille.

ARRIÈRE-PETITS-ENFANTS n. m. pl.
Enfants du petit-fils, de la petite-fille.
Ne s'emploie pas au singulier.

ARRIÈRE-PLAN n. m. (pl. *arrière-plans*)
Le plan le plus éloigné, ce que l'on voit au fond. *À l'arrière-plan de la photo, on distingue les manèges de La Ronde. « J'entendais nos rires fous en arrière-plan à tant de malheurs survenus depuis »* (Gabrielle Roy, *La Détresse et l'Enchantement*). SYN. arrière-fond. ANT. avant-plan ; premier plan.
LOCUTION
– ***À l'arrière-plan,*** loc. adv. (FIG.) Dans une position secondaire. SYN. arrière-fond.
arrière-plan, avec un trait d'union.

ARRIÉRER v. tr.
Retarder. *Arriérer un paiement.* SYN. différer ; reporter.
CONJUGAISON : VOIR MODÈLE POSSÉDER.
Le ***é*** se change en ***è*** devant une syllabe contenant un ***e*** muet, sauf à l'indicatif futur et au conditionnel présent. *J'arrière,* mais *j'arriérerai.*
[Les *Rectifications* (1990) admettent : il arrièrera, arrièrerait...]

ARRIÈRE-SAISON n. f. (pl. *arrière-saisons*)
Fin de l'automne.

ARRIÈRE-SALLE n. f. (pl. *arrière-salles*)
Salle située derrière une autre.

ARRIÈRE-TRAIN n. m. (pl. *arrière-trains*)
Partie postérieure d'un animal. *L'arrière-train du faon est tacheté de blanc.* SYN. derrière.

ARRIMAGE n. m.
1. Action de répartir et de fixer solidement le chargement d'un véhicule, d'un navire, d'un avion. *L'arrimage des colis sur le toit d'un autocar.*
2. Assemblage dans l'espace d'engins spatiaux. *L'arrimage du vaisseau spatial à la station. Un arrimage entre la navette spatiale et Mir doit avoir lieu.* SYN. amarrage.
Le nom se construit avec les prépositions ***à, entre.***
3. ⚜ (NÉOL.) (FIG.) Agencement cohérent d'activités, de processus distincts. *L'arrimage des programmes du primaire et du secondaire.* SYN. articulation ; imbrication.
4. Lien établi entre des activités, des organismes, etc. *Les jeunes sociétés profitent d'un arrimage solide au réel par le biais d'entreprises marraines.*
5. (ÉCON.) (FIG.) Limitation de la fluctuation des taux de change entre des monnaies. *« L'arrimage des monnaies locales au billet vert s'est traduit par un afflux de capitaux »* (*Le Monde*).

ARRIMER v. tr., pronom.
VERBE TRANSITIF
1. Arranger méthodiquement et fixer la charge d'un navire, d'un avion. *Arrimer la cargaison d'un navire.*
2. Fixer avec des cordes, des liens, etc., un chargement. *Ils tentent d'arrimer les marchandises sur le toit de la voiture. « Je réussis à arrimer une valise à côté de moi »* (Gabrielle Roy, *La Détresse et l'Enchantement*). SYN. attacher.
3. Amarrer dans l'espace des engins spatiaux. *Les astronautes ont arrimé la navette spatiale à la station.*
4. ⚜ (NÉOL.) (FIG.) Agencer de façon logique et cohérente des activités, des programmes distincts. *Il importe d'arrimer la formation générale et la formation professionnelle. Les Européens réussiront-ils à arrimer l'aviation de combat à ce nouvel ensemble ?* SYN. articuler ; imbriquer ; lier ; rattacher ; relier.
5. (ÉCON.) (FIG.) Limiter la fluctuation des taux de change entre des monnaies. *Ces pays ont décidé d'arrimer leur devise au dollar ou à l'euro.*
VERBE PRONOMINAL
1. S'assembler, en parlant d'engins spatiaux. *Le vaisseau spatial s'est arrimé à Mir.*
2. (FIG.) Participer à une alliance. *La Grande-Bretagne s'arrimera-t-elle à l'Europe ? Cette entreprise souhaite fortement s'arrimer à un partenaire.* SYN. s'intégrer ; se lier ; se rattacher.
À la forme pronominale, le participe passé de ce verbe s'accorde toujours en genre et en nombre avec son sujet. *La fusée s'est arrimée à la station spatiale.*
Le verbe se construit avec la préposition ***à.***
CONJUGAISON : VOIR MODÈLE AIMER.

ARRIVAGE n. m.
1. Arrivée de marchandises. *Nous avons reçu un arrivage de légumes ce matin.* SYN. approvisionnement ; livraison.
2. Marchandises livrées.
Le nom ***arrivage*** ne s'applique qu'aux marchandises.

ARRIVANT, ANTE n. m. et f.
Personne qui arrive. *Les nouveaux arrivants du quartier ont été très bien accueillis.*

ARRIVÉ, ÉE adj.
1. Qui est parvenu quelque part. *Premier arrivé, premier servi.*
2. Qui a réussi (socialement).

ARRIVÉE n. f.
1. Action d'arriver. *L'arrivée des voyageurs a lieu au quai nº 15. L'arrivée du train.* ANT. départ.
2. Moment de l'arrivée. *L'arrivée du train se fera à 9 h.* ANT. départ.
Ne pas confondre avec le nom ***arrivage,*** arrivée de marchandises.
3. Début. *À l'arrivée de l'hiver, on prépare les skis.* ANT. fin.
4. Canalisation. *Une arrivée d'eau.* ANT. sortie.

ARRIVER v. intr.
1. Parvenir à destination. *Joël est arrivé à la maison.*
2. Approcher, avoir lieu bientôt. *La récréation arrive dans quelques minutes.*
3. Avoir lieu. *Un accident est arrivé. Ce problème n'est jamais arrivé auparavant.* SYN. se produire ; survenir.
4. ***Il arrive que.*** Parfois. *Il arrive qu'il grêle au printemps.*
Le verbe ***arriver*** se conjugue avec l'auxiliaire ***être.*** *Elle est arrivée à temps.* La construction impersonnelle ***il arrive que*** est suivie du mode indicatif si la proposition exprime une action réelle ou du mode subjonctif si cette action est possible. *Il arrive que je le vois. Il arrive que je sois à l'heure.*
5. ***Arriver à*** + infinitif. Parvenir. *Elle arrivera à cacher ses sentiments.* SYN. réussir.
FORME FAUTIVE
*arriver avec quelqu'un. Calque de «*to happen with*» au sens de ***devenir.*** *Qu'est devenu ton copain* (et non *qu'est-ce qui arrive avec ton copain)*?*
CONJUGAISON : VOIR MODÈLE AIMER.

ARRIVISME n. m.
Comportement de l'arriviste.

ARRIVISTE adj. et n. m. et f.
Ambitieux qui use de tous les moyens pour parvenir au premier rang ou à la fortune. SYN. intrigant.

ARROBAS
VOIR – AROBAS.

ARROGANCE n. f.
Manières hautaines et insolentes. SYN. insolence ; mépris ; morgue ; suffisance. ANT. humilité ; respect.

ARROGANT, ANTE adj.
Qui a des manières hautaines et insolentes. *Un ton arrogant.* SYN. blessant ; dédaigneux ; insolent ; méprisant ; suffisant. ANT. humble ; respectueux.

ARROGER (S') v. pronom.
S'attribuer illégitimement. *Les titres qu'il s'est arrogés.*
Le participe passé de ce verbe, qui n'existe qu'à la forme pronominale, s'accorde en genre et en nombre avec le complément direct si celui-ci le précède. *Les droits qu'elle s'est arrogés.* Le participe passé reste invariable si le complément direct suit le verbe. *Elle s'est arrogé le droit de tout décider.*
CONJUGAISON : VOIR MODÈLE CHANGER.
Le ***g*** est suivi d'un ***e*** devant les lettres ***a*** et ***o.*** *Il s'arrogea, nous nous arrogeons.*

ARRONDI, IE adj.
De forme ronde. *Un visage arrondi.* SYN. rebondi ; rond.

ARRONDIR v. tr., pronom.
VERBE TRANSITIF
1. Rendre rond. *Arrondir une lettre.*
2. (FIG.) Augmenter. *Arrondir sa fortune.* SYN. accroître ; agrandir.

VERBE PRONOMINAL
Devenir plus rond. *Ses joues se sont arrondies.*
À la forme pronominale, le participe passé de ce verbe s'accorde toujours en genre et en nombre avec son sujet. *Les planches se sont arrondies.*
LOCUTIONS
– ***Arrondir les angles.*** (FIG.) Aplanir les difficultés, atténuer les divergences.
– ***Arrondir une somme.*** En supprimer les fractions. *Le prix est de 4,95 $, j'arrondis à 5 $. Arrondir à la dizaine inférieure, à la dizaine supérieure.*
CONJUGAISON : VOIR MODÈLE FINIR.

ARRONDISSEMENT n. m.
1. Action d'arrondir une valeur numérique, en supprimant les fractions.
2. Subdivision administrative et territoriale de certaines grandes villes (GDT). *Marie-Ève habite l'arrondissement d'Outremont, Fanny, l'arrondissement du Plateau-Mont-Royal.*

ARROSAGE n. m.
Action d'arroser. *En été, quand il ne pleut pas, on doit faire des arrosages dans le jardin.*
LOCUTION
– ***Tuyau d'arrosage.*** Conduit flexible. *Les enfants se sont aspergés avec le tuyau d'arrosage* (et non le *boyau).

ARROSER v. tr.
1. Répandre un liquide sur quelque chose. *Il est désormais interdit d'arroser la pelouse d'insecticide.*
2. Couler à travers. *L'Outaouais arrose cette région.* SYN. irriguer.
3. Célébrer (un évènement) en invitant à boire. *Il faut arroser ce succès.*
CONJUGAISON : VOIR MODÈLE AIMER.

ARROSEUR, EUSE n. m. et f.
NOM MASCULIN
Appareil automatique pour arroser les pelouses. *Un arroseur à tourniquet.*
NOM FÉMININ
Véhicule destiné à l'arrosage des voies publiques.

ARROSOIR n. m.
Ustensile destiné à arroser les plantes. *Grand-maman a un bel arrosoir de cuivre.*

ARSENAL n. m. (pl. *arsenaux*)
1. Dépôt d'armes et de munitions. *Des arsenaux clandestins.*
2. Ensemble de moyens d'action, de défense. *L'arsenal de la réglementation.*

ARSENIC n. m.
Le ***c*** se prononce, [arsənik].
Symbole ***As*** (s'écrit sans point).
Poison. *Un arsenic mortel.*

ARSENICAL, ALE, AUX adj.
Qui contient de l'arsenic.

ART n. m.
1. Toute œuvre humaine de création où l'on reconnaît un idéal artistique rendu avec grand talent, parfois avec génie. *L'art égyptien.* SYN. chef-d'œuvre.
2. Application des facultés et des sciences de l'homme à la réalisation d'une conception. *L'art architectural.*
3. Aptitude à faire quelque chose. *L'art d'écrire.* SYN. habileté ; savoir-faire.
LOCUTION
– ***Les règles de l'art.*** Ensemble de règles à respecter.
HOM.
• ***are,*** unité de mesure agraire ;
• ***arrhes,*** somme d'argent.

ART.
Abréviation de ***article.***

ARTÉFACT ou **ARTEFACT** n. m.
Objet ayant subi une transformation même minime par l'homme et se distinguant ainsi de tout objet dont la modification serait due à un phénomène naturel (GDT). *Parmi les artéfacts les plus intéressants de cette exposition, on remarque une faucille en bronze vieille de 4000 ans en provenance d'Eurasie et une pointe de lance de 3500 ans des Prairies.*

ARTÈRE n. f.
1. Canal qui part du cœur pour distribuer le sang à tous les organes du corps. *Une artère vitale.*
2. (FIG.) Grande voie de circulation à l'intérieur des villes. *Aux heures de pointe, on circule lentement sur les artères de Montréal et de Québec.*
Attention au genre féminin de ce nom : ***une*** artère.

ARTÉRIEL, IELLE adj.
Qui appartient aux artères. *Le système artériel.*
LOCUTION
– ***Tension artérielle.*** Pression exercée par le sang sur les parois des artères. *Une tension artérielle* (et non *pression sanguine) *normale.* SYN. pression artérielle.

ARTÉRIOSCLÉROSE n. f.
(MÉD.) État pathologique caractérisé par le durcissement, l'épaississement et la perte d'élasticité des artères.
VOIR – ATHÉROSCLÉROSE.

ARTÉSIEN, IENNE adj.
– ***Puits artésien.*** Trou foré jusqu'à une nappe d'eau souterraine jaillissante.
Le mot s'emploie surtout dans cette locution.

ARTHRITE n. f.
(MÉD.) Inflammation d'une articulation. *Il a de l'arthrite à un genou.*
arthrite.

ARTHRITIQUE adj. et n. m. et f.
1. (MÉD.) Qui a rapport à l'arthrite. *Une douleur arthritique.*
2. Malade atteint d'arthrite. *C'est une arthritique.*
arthritique.

ARTHROSE n. f.
(MÉD.) Processus dégénératif des articulations.
arthrose.

ARTICHAUT n. m.
Plante potagère cultivée pour ses capitules. *On mange la base des feuilles de l'artichaut ainsi que le fond, qu'on appelle aussi le cœur. Des cœurs d'artichauts* ou *d'artichaut.*
artichau**t**, un ***t*** final.

ARTICLE n. m.
Abréviation ***art.*** (s'écrit avec un point).
1. Écrit d'un journal, d'une publication. *Cet article sur la pollution est très intéressant.*
2. (GRAMM.) Mot qui détermine un nom de façon définie, indéfinie ou partitive et qui sert à marquer le genre et le nombre du mot auquel il se rapporte. *Les articles définis et indéfinis sont des déterminants.*
VOIR TABLEAU – DÉTERMINANT.
3. Tout objet de commerce destiné à la vente. *Nous avons beaucoup d'articles* (et non d'*items) *soldés.*
4. Partie d'un ordre du jour. *Inscrire un article* (et non un *item) *à l'ordre du jour.*
5. Partie d'un texte de loi, d'un contrat. *L'article premier d'une loi.*

ARTICULAIRE adj.
Qui a rapport aux articulations. *Rhumatisme articulaire.*

ARTICULATION n. f.
1. Union de deux ou plusieurs os. *Sa grand-maman a mal aux articulations quand le temps est humide.*
2. Assemblage de plusieurs pièces mobiles emboîtées les unes dans les autres ou réunies par un axe commun.

3. Lien entre les parties d'un texte, d'un discours. *Les conjonctions* car, mais, en effet *servent d'articulations entre les propositions.* SYN. charnière; transition.
4. Manière d'articuler les sons d'une langue. *Geneviève a une bonne articulation : on la comprend bien quand elle parle.* SYN. prononciation.

ARTICULÉ, ÉE adj.
1. Prononcé distinctement. *Une consonne bien articulée.*
2. Construit avec une ou des articulations, de manière à permettre le mouvement. *Une lampe articulée.*
3. Bien structuré. *Un raisonnement bien articulé.*
FORME FAUTIVE
*articulé. Anglicisme au sens de ***bon communicateur, éloquent, qui sait s'exprimer, qui s'exprime bien.***

ARTICULER v. tr., pronom.
VERBE TRANSITIF
1. Assembler à l'aide de charnières qui permettent le mouvement.
2. Organiser en éléments distincts dans un ensemble. *Articuler un raisonnement.*
3. Prononcer distinctement. *Elle articule bien chaque syllabe.*
VERBE PRONOMINAL
1. Former une articulation. *L'astragale, ce petit os du pied sur lequel s'articulent les os attenants. Une pièce qui s'articule à, avec une autre. Nous avons pris un de ces autobus qui s'articulent en forme de S.*
2. (FIG.) S'organiser en un ensemble cohérent. *Les propositions se sont articulées autour de quatre thèmes.*
À la forme pronominale, le participe passé de ce verbe s'accorde toujours en genre et en nombre avec son sujet. *Ces raisonnements se sont bien articulés.*
CONJUGAISON : VOIR MODÈLE AIMER.

ARTIFICE n. m.
Ruse, procédé pour tromper. *User d'artifice* ou *d'artifices.* SYN. feinte; subterfuge.
LOCUTION
– ***Feu d'artifice.*** Ensemble de petites fusées de formes et de couleurs variées que l'on fait brûler à des occasions diverses. *Le feu d'artifice de la Saint-Jean. En juin, il y a un concours de feux d'artifice à La Ronde. Des feux d'artifice.*
Attention au genre masculin de ce nom : ***un*** artifice.

ARTIFICIEL, IELLE adj.
Non naturel. *Un sapin artificiel à l'épreuve du feu.* SYN. factice. ANT. naturel.
Ne pas confondre avec l'adjectif ***artificieux,*** fourbe.
LOCUTION
– ***Respiration artificielle.*** Ensemble de moyens destinés à rétablir les fonctions respiratoires. *La secouriste a pratiqué la respiration artificielle sur le blessé évanoui.*

ARTIFICIELLEMENT adv.
D'une manière artificielle.

ARTIFICIER n. m.
ARTIFICIÈRE n. f.
Personne qui fabrique des pièces d'artifice, qui produit des feux d'artifice.

ARTIFICIEUSEMENT adv.
(LITT.) D'une manière trompeuse, rusée.

ARTIFICIEUX, IEUSE adj.
(LITT.) Trompeur, rusé.
Ne pas confondre avec l'adjectif ***artificiel,*** qui n'est pas naturel.

ARTILLERIE n. f.
Les deux ***l*** se prononcent comme dans ***famille,*** [artijri].
1. Matériel de guerre. *Un tir d'artillerie.*
2. Corps de l'armée affecté à l'artillerie.

ARTILLEUR n. m.
Militaire.

ARTISAN n. m.
ARTISANE n. f.
Personne qui exerce un art manuel, en travaillant pour son propre compte. *Cette céramiste est une habile artisane; ce serrurier est un bon artisan. Les artisans aiment le travail bien fait.*
LOCUTION
– ***Être l'artisan de.*** (FIG.) Être le responsable de quelque chose. *Remercions Pierre qui a été l'artisan de cette belle fête.*
artisan, artisane.

ARTISANAL, ALE, AUX adj.
1. Relatif à l'artisan. *Des produits artisanaux.*
2. Peu organisé, rudimentaire. *Une construction artisanale.*

ARTISANALEMENT adv.
D'une manière artisanale.

ARTISANAT n. m.
Métier de l'artisan. *Ces poteries et ces tissages sont des produits d'artisanat québécois.*
artisana**t**, un ***t*** final.

ARTISTE adj. et n. m. et f.
ADJECTIF
(LITT.) Qui témoigne d'une sensibilité propre aux émotions esthétiques. *Un tempérament artiste.* SYN. artistique.
NOM MASCULIN ET FÉMININ
1. Créateur d'une œuvre d'art. *Un artiste de génie.*
2. Interprète d'une œuvre musicale, théâtrale. *C'est une excellente artiste.*
LOCUTION
– ***Artiste peintre.*** Peintre de tableaux. *Des artistes peintres.*
Ce nom qui s'écrit sans trait d'union se dit par opposition à ***peintre en bâtiment.***

ARTISTEMENT adv.
(LITT.) Avec art, habileté. SYN. artistiquement.

ARTISTIQUE adj.
1. Relatif à l'art. *Des œuvres artistiques.*
2. Avec art. *Un agencement artistique. Une championne de patinage artistique.*

ARTISTIQUEMENT adv.
D'une manière artistique. *Ce décor a été peint artistiquement.* SYN. artistement.

ARUSPICE
VOIR – HARUSPICE.

ARYEN, ENNE adj. et n. m. et f.
1. Relatif aux Aryens.
2. Relatif à la « race » blanche « pure » dans les doctrines racistes d'inspiration nazie.
HOM. ***arien,*** partisan de l'arianisme.

ARYTHMIE n. f.
Caractère irrégulier du rythme cardiaque.

ARYTHMIQUE adj.
Relatif à l'arythmie.

As
Symbole de ***arsenic.***

AS n. m.
1. Un point seul marqué sur un des côtés d'un dé.
2. Carte à jouer. *L'as de cœur.*
3. (FIG.) Personne qui tient le premier rang dans sa spécialité. *C'est un as du tennis.* SYN. champion.
LOCUTION
– ***Être ficelé comme l'as de pique.*** Être mal habillé.

ASCENDANCE n. f.
Ensemble des parents dont est issue une personne.
Ne pas confondre avec le nom ***descendance,*** ensemble des descendants.
as**c**endance.

A

ASCENDANT, ANTE adj. et n. m.
ADJECTIF
1. Qui va en montant. *Mouvement ascendant.* ANT. descendant.
2. (MATH.) Croissant. *Écrire des nombres dans un ordre ascendant. Une progression ascendante.*
NOM MASCULIN
Influence. *Elle a beaucoup d'ascendant sur lui.* SYN. emprise; pouvoir.
NOM MASCULIN PLURIEL
(DR.) Parents dont on descend. ANT. descendant.
☞ En ce sens, ce nom s'emploie généralement au pluriel.
✎ ascendant.

ASCENSEUR n. m.
Appareil servant à monter et à descendre des personnes, des choses aux différents étages d'un immeuble. *L'ascenseur est en panne* (et non *hors d'ordre).
☞ Ne pas confondre avec le nom ***élévateur,*** appareil de levage pour les marchandises, les fardeaux.
☞ Attention au genre masculin de ce nom : ***un*** ascenseur.
✎ ascenseur.

ASCENSION n. f.
1. Action de monter, d'aller vers le haut. *L'ascension d'un hélicoptère.*
2. Action de gravir une montagne. *L'ascension de l'Everest.* SYN. escalade.
[T] Lorsqu'il désigne l'élévation miraculeuse du Christ, le nom s'écrit avec une majuscule. *La fête de l'Ascension.*
3. (FIG.) Fait de progresser dans son travail, dans la société. *Une ascension fulgurante : simple messager il y a quelques années, il est maintenant président.* SYN. progrès; progression.
✎ ascension.

ASCENSIONNEL, ELLE adj.
Qui tend à faire monter.

ASCÈSE n. f.
Discipline personnelle tendant à la perfection morale.
✎ ascèse.

ASCÈTE n. m.
Personne qui s'astreint aux privations d'une vie austère.
✎ ascète.

ASCÉTIQUE adj.
1. Relatif à l'ascétisme. *Un régime ascétique.*
2. Austère. *Une existence ascétique, solitaire et sans joie.* SYN. rude; sévère; spartiate.
HOM. ***acétique,*** qui se rapporte au vinaigre.
✎ ascétique.

ASCÉTISME n. m.
Méthode morale qui consiste à s'élever, par la volonté, dans l'ordre de l'esprit ou de la religion.
✎ ascétisme.

ASCII
Sigle de ***American Standard Code for Information Interchange.***

a/s de
Abréviation de ***aux (bons) soins de.***

ASEPSIE n. f.
Ensemble des procédés qui préviennent l'infection, en empêchant l'introduction et le développement des microbes.
☞ Ne pas confondre avec le nom ***antisepsie,*** ensemble des procédés employés pour détruire les microbes.
✎ asepsie.

ASEPTIQUE adj.
Exempt de tout microbe.
✎ aseptique.

ASEPTISATION n. f.
Action de rendre aseptique.

ASEPTISÉ, ÉE adj.
(FIG.) Impersonnel, froid. *Un style aseptisé.* SYN. neutre.

ASEPTISER v. tr.
Rendre aseptique, stériliser.
CONJUGAISON : VOIR MODÈLE AIMER.

ASEXUÉ, ÉE adj.
Qui n'a pas de sexe, qui ne semble pas appartenir à un sexe défini.

ASIATIQUE adj. et n. m. et f.
D'Asie. *L'économie asiatique. Un Asiatique, une Asiatique.*
[T] L'adjectif s'écrit avec une minuscule; le nom, avec une majuscule.

ASILE n. m.
1. Refuge. *Les marcheurs épuisés ont cherché asile chez le cultivateur.* SYN. abri.
2. Établissement d'assistance.
LOCUTIONS
– ***Asile d'aliénés.*** (VIEILLI) Hôpital psychiatrique.
– ***Asile de nuit.*** Refuge pour les sans-abri.
– ***Asile politique.*** Droit d'un étranger, qui s'estime persécuté dans son pays d'origine, à être accueilli dans un autre pays.
– ***Droit d'asile.*** Droit qu'un pays reconnaît à un étranger qui s'estime persécuté dans son pays d'origine.
☞ Attention au genre masculin de ce nom : ***un*** asile.
✎ asile.

ASOCIAL, IALE, IAUX adj. et n. m. et f.
Qui s'oppose à la vie sociale. *Un individu asocial qui est agressif à l'égard des autres.*
☞ Ne pas confondre avec l'adjectif ***antisocial,*** contraire à l'ordre social.

ASPARTAME n. m.
(CHIM.) Substance composée de phénylalanine et d'acide aspartique, utilisée comme succédané du sucre. *La plupart des boissons gazeuses sans sucre sont préparées avec de l'aspartame.*

ASPECT n. m.
Les lettres ***ct*** ne se prononcent pas, [aspɛ].
1. Forme sous laquelle une personne, une chose nous apparaît. *Ces ruines ont un aspect terrifiant.* SYN. allure; apparence.
2. Angle, point de vue. *Il faut étudier ce problème sous tous ses aspects.* SYN. jour; perspective; rapport.
✎ aspe**ct**.

ASPERGE n. f.
Plante potagère dont on mange les jeunes pousses. *Préférez-vous les asperges blanches ou vertes? De belles bottes d'asperges bien fraîches.*

ASPERGER v. tr., pronom.
VERBE TRANSITIF
Arroser légèrement. *Nous aspergeons les plantes d'eau fraîche.*
VERBE PRONOMINAL
S'arroser. *Maman s'est aspergée d'eau de toilette au jasmin.*
À la forme pronominale, le participe passé de ce verbe s'accorde toujours en genre et en nombre avec son sujet. *Ils se sont aspergés d'eau fraîche.*
CONJUGAISON : VOIR MODÈLE CHANGER.
Le ***g*** est suivi d'un ***e*** devant les lettres ***a*** et ***o.*** *Il aspergea, nous aspergeons.*

ASPÉRITÉ n. f.
État de ce qui est inégal. *Les aspérités d'une falaise. Un sol d'ardoise lisse, sans aspérités.*

ASPHALTAGE n. m.
Action de couvrir d'asphalte. *L'asphaltage de la route a causé un embouteillage.*
asphaltage.

ASPHALTE n. m.
Le *l* se prononce, [asfalt].
Revêtement des voies de circulation. *De l'asphalte ramolli par la chaleur.*
Attention au genre masculin de ce nom : ***un*** asphalte.
asphalte.

ASPHALTER v. tr.
Couvrir d'asphalte. *On a asphalté l'entrée du garage.*
CONJUGAISON : VOIR MODÈLE AIMER.
asphalter.

ASPHODÈLE n. m.
Plante de la famille des liliacées à fleurs blanches.
Attention au genre masculin de ce nom : ***un*** asphodèle.

ASPHYXIANT, IANTE adj.
1. Qui cause l'asphyxie. *Des vapeurs asphyxiantes.* SYN. suffocant.
2. (FIG.) Qui étouffe, qui empêche de se développer, de s'affirmer. *Un climat asphyxiant.* SYN. paralysant.

ASPHYXIE n. f.
Trouble grave d'un organisme qui manque d'oxygène en raison de l'arrêt de la respiration.
Attention au genre féminin de ce nom : ***une*** asphyxie.
asphyxie.

ASPHYXIER v. tr., pronom.
VERBE TRANSITIF
1. (FIG.) Causer l'asphyxie. *La fumée peut asphyxier.*
2. Empêcher le développement (économique, technique, etc.). *Le contexte politique asphyxie la production industrielle.* SYN. paralyser.
VERBE PRONOMINAL
Mourir par asphyxie. *Elles ont failli s'asphyxier, mais on les a secourues à temps.*
À la forme pronominale, le participe passé de ce verbe s'accorde toujours en genre et en nombre avec son sujet. *Ces pompiers se sont asphyxiés.*
CONJUGAISON : VOIR MODÈLE ÉTUDIER.
Redoublement du ***i*** à la première et à la deuxième personne du pluriel de l'indicatif imparfait et du subjonctif présent. *(Que) nous asphyxiions, (que) vous asphyxiiez.*
asphyxier.

ASPIC n. m.
Le ***c*** se prononce, [aspik].
1. Serpent venimeux.
2. Plat composé de volaille, de poisson, de légumes, etc., et recouvert de gelée. *Des aspics de foie gras.*

ASPIRANT, ANTE adj. et n. m. et f.
ADJECTIF
Qui aspire. *Une pompe aspirante.*
NOM MASCULIN ET FÉMININ
(VIEILLI) Personne qui aspire à obtenir un titre. *Un aspirant champion. Des aspirantes lauréates.* SYN. postulant.
Pour désigner la personne qui aspire à obtenir un poste, un titre, on emploie plus couramment le mot ***candidat***.

ASPIRATEUR n. m.
Appareil destiné à aspirer la poussière, l'air, les liquides. *Un aspirateur* (et non une *balayeuse) *électrique.*

ASPIRATION n. f.
1. Action d'attirer l'air dans ses poumons. SYN. inspiration. ANT. expiration.
2. Prononciation d'une consonne accompagnée d'un souffle d'air. *L'aspiration du h.*
VOIR TABLEAU – H MUET ET H ASPIRÉ.
3. Mouvement de l'âme vers un idéal. *Sa principale aspiration est d'être médecin.* SYN. désir ; rêve.

ASPIRATOIRE adj.
Qui se fait par aspiration.

ASPIRER v. tr.
VERBE TRANSITIF DIRECT
1. Attirer l'air dans ses poumons. *Aspirez profondément.* ANT. expirer.
2. Attirer une substance, un gaz dans le nez, la bouche, etc. *Ne pas aspirer la fumée d'une cigarette. La pompe aspire l'eau de la piscine.*
Ne pas confondre avec le verbe ***inhaler***, respirer une substance médicamenteuse ou chimique.
VERBE TRANSITIF INDIRECT
Désirer vivement. *Il aspire à être médecin. Elle aspire à la médaille d'or.* SYN. ambitionner ; convoiter ; espérer ; rêver de ; souhaiter ; vouloir.
En ce sens, le verbe se construit avec la préposition ***à***.
Ne pas confondre avec le verbe ***envier***, désirer ce qui est à autrui.
CONJUGAISON : VOIR MODÈLE AIMER.

ASPIRINE n. f.
1. Médicament contre la douleur composé d'acide acétylsalicylique. *L'aspirine est un analgésique.*
2. Comprimé de ce médicament. *J'ai mal à la tête : auriez-vous des aspirines ?*

ass.
Abréviation de ***assurance***.

ASSAGIR v. tr., pronom.
VERBE TRANSITIF
Rendre sage. *Est-ce que l'âge pourra l'assagir ?* SYN. calmer.
VERBE PRONOMINAL
Devenir sage. *Ils se sont assagis depuis qu'ils travaillent.* SYN. se ranger.
À la forme pronominale, le participe passé de ce verbe s'accorde toujours en genre et en nombre avec son sujet. *Ces adolescents se sont assagis.*
CONJUGAISON : VOIR MODÈLE FINIR.

ASSAGISSEMENT n. m.
Action d'assagir.

ASSAILLANT, ANTE n. m. et f.
Personne qui attaque. *Des assaillants armés.* SYN. agresseur ; attaquant.
assaillant.

ASSAILLIR v. tr.
1. Attaquer vivement. *Les cambrioleurs ont été assaillis par le gardien.* SYN. agresser.
2. (FIG.) Harceler. *On l'assaillait de questions.*
3. (FIG.) Tourmenter. *Les soupçons, les doutes l'assaillaient.*
CONJUGAISON : VOIR MODÈLE TRESSAILLIR.
INDICATIF PRÉSENT *J'assaille, nous assaillons.* IMPARFAIT *J'assaillais, nous assaillions.* PASSÉ SIMPLE *J'assaillis.* FUTUR *J'assaillirai.* SUBJONCTIF PRÉSENT *Que j'assaille, que nous assaillions.* PARTICIPE PRÉSENT *Assaillant.* PASSÉ *Assailli, ie.*
Les lettres ***ill*** sont suivies d'un ***i*** à la première et à la deuxième personne du pluriel de l'indicatif imparfait et du subjonctif présent. *(Que) nous assaillions, (que) vous assailliez.*
assaillir.

ASSAINIR v. tr.
Rendre sain, pur. *Il faut assainir cette rivière polluée.* SYN. purifier.
CONJUGAISON : VOIR MODÈLE FINIR.
assainir.

A

ASSAINISSEMENT n. m.
1. Action d'assainir. *L'assainissement de l'eau.* SYN. épuration.
2. (FIG.) Action d'équilibrer, de corriger une situation (politique, économique, sociale, etc.). *L'assainissement des finances publiques par la réduction du déficit.*
✏ assa**i**nissement.

ASSAISONNEMENT n. m.
1. Action d'assaisonner. *L'assaisonnement d'une viande.*
2. Ingrédient qui sert à assaisonner. *Le thym, le poivre, le sel sont des assaisonnements.*
✏ assa**i**sonnement.

ASSAISONNER v. tr.
Relever le goût de, par un assaisonnement. *Assaisonner un poulet de thym et de citron. Des homards assaisonnés avec de la vanille.*
CONJUGAISON : VOIR MODÈLE AIMER.
✏ assa**i**sonner.

ASSASSIN, INE adj. et n. m.
ADJECTIF
1. Provocant. *Une œillade assassine.*
2. (LITT.) Meurtrier. *Une main assassine.*
NOM MASCULIN
Personne qui commet un meurtre avec préméditation. *Cette femme est un assassin.* SYN. criminel.
Contrairement à l'adjectif, le nom n'a pas de forme féminine.

ASSASSINAT n. m.
Meurtre préparé à l'avance.
✏ assassina**t**.

ASSASSINER v. tr.
Commettre un homicide prémédité.
CONJUGAISON : VOIR MODÈLE AIMER.

ASSAUT n. m.
Attaque violente, offensive. *« À l'assaut ! » crient les pirates. L'assaut d'une ville fortifiée.*
LOCUTIONS
– ***Char d'assaut.*** Véhicule blindé monté sur chenilles. *Un char d'assaut.*
– ***Faire assaut de.*** Rivaliser. *Les mannequins font assaut d'élégance pendant le défilé.*
– ***Prendre d'assaut.*** Attaquer, envahir par la force. *Au lendemain de Noël, les clients prennent d'assaut leurs magasins préférés afin de profiter des soldes.*
FORME FAUTIVE
*assaut (contre une personne). Impropriété au sens de ***agression***.

-ASSE suff.
Élément à valeur péjorative. *Bonasse, blondasse.*

ASSÈCHEMENT n. m.
Action d'assécher.
✏ ass**è**chement, malgré ass**é**cher.

ASSÉCHER v. tr., pronom.
VERBE TRANSITIF
1. Mettre à sec. *Assécher un marais. Le vent assèche la peau.*
2. Déshydrater.
VERBE PRONOMINAL
Devenir sec. *La rivière s'est asséchée.*
À la forme pronominale, le participe passé de ce verbe s'accorde toujours en genre et en nombre avec son sujet. *Les puits se sont asséchés.*
CONJUGAISON : VOIR MODÈLE POSSÉDER.
Le ***é*** se change en ***è*** devant une syllabe contenant un ***e*** muet, sauf à l'indicatif futur et au conditionnel présent. *J'assèche*, mais *j'assécherai.*
[Les *Rectifications* (1990) admettent : il assèchera, assècherait...]

ASSEMBLAGE n. m.
1. Action de réunir (des éléments) pour composer un tout. *L'assemblage d'un meuble.* SYN. montage.
2. Ensemble d'éléments assemblés. *Un assemblage d'objets anciens.* SYN. assortiment ; collection.

ASSEMBLÉE n. f.
1. Réunion de personnes en un même endroit. *Ce concert a eu lieu devant une assemblée de mélomanes ravis.* SYN. auditoire ; public.
2. Réunion d'un groupe de personnes formant un corps constitué, une société. *L'assemblée annuelle des actionnaires, l'assemblée générale des étudiants.*
LOCUTIONS
– ***Assemblée d'investiture.*** Réunion au cours de laquelle les membres d'un parti désignent un candidat à une élection. *L'assemblée d'investiture* (et non de *mise en nomination) *aura lieu demain.*
– ***Assemblée nationale.*** Assemblée parlementaire composée de l'ensemble des députés élus. *L'Assemblée nationale du Québec.* SYN. Parlement.
Attention au genre féminin de ce nom : ***une*** assemblée.

ASSEMBLER v. tr., pronom.
VERBE TRANSITIF
Mettre ensemble pour former un tout. *Pierre et Léa ont assemblé le meuble.* SYN. monter.
VERBE PRONOMINAL
Se réunir. *Les élèves se sont assemblés dans la cour de l'école.*
À la forme pronominale, le participe passé de ce verbe s'accorde toujours en genre et en nombre avec son sujet. *Ces bibliothèques se sont assemblées facilement.*
CONJUGAISON : VOIR MODÈLE AIMER.

ASSÉNER ou **ASSENER** v. tr.
Le premier ***e*** de l'infinitif se prononce ***é***, quelle que soit son orthographe, [asene].
Donner avec violence. *Asséner un coup de bâton à un cambrioleur.*
CONJUGAISON : VOIR MODÈLE LEVER.
Le ***e*** ou le ***é*** de la deuxième syllabe se change en ***è*** devant une syllabe contenant un ***e*** muet. *Il assène*, mais *il assenait.* Lorsque le verbe s'écrit ***asséner***, il se conjugue comme ***posséder***.
✏ assener ou asséner.

ASSENTIMENT n. m.
Accord, consentement. *Le directeur a donné son assentiment.* SYN. acceptation ; agrément ; approbation. ANT. désaccord.

ASSEOIR v. tr., pronom.
VERBE TRANSITIF
1. Mettre sur un siège. *Elle assoit son bébé sur une chaise haute.*
2. (FIG.) Établir solidement. *Asseoir son autorité, sa réputation.* SYN. affermir ; fonder.
VERBE PRONOMINAL
Se mettre sur un siège. *Assoyez-vous. Je me suis assise devant le feu.*
À la forme pronominale, le participe passé de ce verbe s'accorde toujours en genre et en nombre avec son sujet. *Elles se sont assises à l'arrière de la classe.*
LOCUTION
– ***Être assis entre deux chaises.*** Être dans une situation incertaine.
CONJUGAISON : VOIR MODÈLE ASSEOIR.
INDICATIF PRÉSENT *J'assieds, tu assieds, il assied, nous asseyons, vous asseyez, ils asseyent.* IMPARFAIT *J'asseyais, nous asseyions.* PASSÉ SIMPLE *J'assis, nous assîmes.* PASSÉ COMPOSÉ *J'ai assis, nous avons assis.* FUTUR *J'assiérai, nous assiérons.* CONDITIONNEL PRÉSENT *J'assiérais, nous assiérions.* SUBJONCTIF PRÉSENT *Que j'asseye, que nous asseyions.* PARTICIPE PRÉSENT *Asseyant.* PASSÉ *Assis, ise.*

On emploie généralement la conjugaison courante, mais le verbe possède aussi cette deuxième conjugaison, de niveau littéraire.
[Les *Rectifications* (1990) admettent : assoir.]

ASSERMENTATION n. f.
Action de prêter serment, en justice en particulier. *L'assermentation des ministres nouvellement nommés.* SYN. prestation de serment.
Le terme ***assermentation*** n'est usité qu'au Québec où il figure dans certains textes de loi. L'Office québécois de la langue française estime qu'« en raison du caractère si naturel de la dérivation assermenter-assermentation, il semble difficile de maintenir l'interdit sur ce dernier terme ».

ASSERMENTER v. tr.
Faire prêter serment à une personne. *Assermenter un témoin.*
CONJUGAISON : VOIR MODÈLE AIMER.

ASSERTION n. f.
Affirmation formelle non accompagnée de sa preuve. SYN. allégation ; proposition.

ASSERVIR v. tr.
Réduire à une extrême dépendance. *Ces dirigeants cherchent à asservir des régions entières du monde. Le parasite asservit son hôte à ses desseins.* SYN. assujettir ; soumettre.
CONJUGAISON : VOIR MODÈLE FINIR.
Le verbe se conjugue comme ***finir*** et non comme ***servir*** : *nous asservissons, j'asservissais, asservissant.*

ASSERVISSEMENT n. m.
Action d'asservir. SYN. assujettissement ; soumission.

ASSEZ adv.
1. Suffisamment. *J'ai assez mangé : c'était vraiment délicieux !*
2. Plutôt. *Jules est assez content de ses résultats.* SYN. passablement.
3. Très, énormément. *Julie est assez gentille : elle m'a donné ce disque !*
LOCUTION
– ***En avoir assez.*** Ne plus supporter. *J'en ai assez de tes attitudes.*
assez.

ASSIDU, UE adj.
Qui accomplit fidèlement un travail, qui est présent là où il doit être. *C'est une élève assidue aux cours. Des administrateurs assidus auprès des responsables du budget. Des efforts assidus.* SYN. appliqué.
L'adjectif se construit avec la préposition ***à***, la locution prépositive ***auprès de.***

ASSIDUITÉ n. f.
1. Ponctualité. *L'assiduité de cette élève est remarquable, elle est toujours à l'heure.*
2. Application, présence continuelle. *L'assiduité d'une infirmière auprès de ses malades.*

ASSIDÛMENT adv.
Avec assiduité. *Elle travaille assidûment.* SYN. continuellement ; régulièrement.
[Les *Rectifications* (1990) admettent : assidument.]

ASSIÉGÉ, ÉE adj. et n. m. et f.
Qui subit un siège. *Une forteresse assiégée.*

ASSIÉGEANT, ANTE adj. et n. m. et f.
Qui assiège. *Les assiégeants ont eu raison des soldats qui défendaient la ville.*

ASSIÉGER v. tr.
1. Faire le siège d'une place. *Les Romains ont assiégé cette ville pendant 30 jours.* SYN. encercler.
2. (FIG.) Entourer avec insistance. *Les photographes assiègent les vedettes du film. L'assiégera-t-il de ses assiduités ?* SYN. assaillir ; poursuivre.
CONJUGAISON : VOIR MODÈLE PROTÉGER.
Le ***g*** est suivi d'un ***e*** devant les lettres ***a*** et ***o***. *Il assiégea, nous assiégeons.*
Le ***é*** se change en ***è*** devant une syllabe contenant un ***e*** muet, sauf à l'indicatif futur et au conditionnel présent. *J'assiège*, mais *j'assiégerai.*
[Les *Rectifications* (1990) admettent : il assiègera, assiègerait...]

A

ASSIETTE n. f.
1. Pièce de vaisselle à fond plat. *Une belle assiette de porcelaine.*
2. Contenu d'une assiette. *Mange ton assiette !* SYN. assiettée.
LOCUTIONS
– ***Assiette de l'impôt.*** Matière assujettie à l'impôt.
– ***Ne pas être dans son assiette.*** Ne pas se sentir bien, être mal en point, physiquement ou moralement.
FORME FAUTIVE
*assiette froide. Calque de «*cold plate*» au sens de ***assiette anglaise, viandes froides.***

ASSIETTÉE n. f.
Contenu d'une assiette. *Une assiettée de soupe aux légumes.* SYN. assiette.
assiettée.

ASSIGNATION n. f.
Citation à comparaître en cour. *L'huissier lui a remis une assignation* (et non un *subpœna).

ASSIGNER v. tr.
1. Allouer, affecter des fonds à un paiement.
2. Attribuer quelque chose à quelqu'un. *Le chef d'équipe assigna une tâche à chacun des membres.*
3. Sommer de comparaître en justice.
FORME FAUTIVE
*assigner. Anglicisme au sens de ***affecter quelqu'un à un poste, nommer.***
CONJUGAISON : VOIR MODÈLE AIMER.
Les lettres ***gn*** sont suivies d'un ***i*** à la première et à la deuxième personne du pluriel de l'indicatif imparfait et du subjonctif présent. *(Que) nous assignions, (que) vous assigniez.*

ASSIMILABLE adj.
1. Qui peut être assimilé, au propre et au figuré. *Ces substances ne sont pas assimilables par l'organisme. Des connaissances difficilement assimilables.*
2. Que l'on peut comparer à. *Sa formation est assimilable à celle d'une maîtrise.* SYN. comparable ; semblable.

ASSIMILATION n. f.
1. Action d'assimiler physiquement. *L'assimilation du lait par le nouveau-né.* SYN. digestion.
2. Action d'apprendre. *L'assimilation des principes de la géométrie, d'une langue.* SYN. étude.
3. Intégration à une culture différente. *L'assimilation lente des francophones du Canada à la culture anglaise.* SYN. acculturation.

ASSIMILÉ, ÉE adj.
Considéré comme semblable.

ASSIMILER v. tr., pronom.
VERBE TRANSITIF
1. Transformer, convertir en sa propre substance les matières absorbées. *Notre organisme assimile la vitamine C des fruits.*
2. Comprendre et retenir. *Il n'a pas bien assimilé ces règles.*
3. Rendre semblable à un groupe. *Les Américains tentent d'assimiler tous les nouveaux venus.*
VERBE PRONOMINAL
Se considérer comme semblable (à quelqu'un). *Ces immigrants se sont assimilés progressivement à la population québécoise.*
À la forme pronominale, le participe passé de ce verbe s'accorde toujours en genre et en nombre avec son sujet. *Ces personnes se sont bien assimilées.*
CONJUGAISON : VOIR MODÈLE AIMER.

A

CONJUGAISON DU VERBE **ASSEOIR**

INDICATIF

PRÉSENT

j'	ass**ois**
tu	ass**ois**
elle	ass**oit**
il	ass**oit**
nous	ass**oyons**
vous	ass**oyez**
elles	ass**oient**
ils	ass**oient**

PASSÉ COMPOSÉ

j'	ai	assis
tu	as	assis
elle	a	assis
il	a	assis
nous	avons	assis
vous	avez	assis
elles	ont	assis
ils	ont	assis

IMPARFAIT

j'	ass**oyais**
tu	ass**oyais**
elle	ass**oyait**
il	ass**oyait**
nous	ass**oyions**
vous	ass**oyiez**
elles	ass**oyaient**
ils	ass**oyaient**

PLUS-QUE-PARFAIT

j'	avais	assis
tu	avais	assis
elle	avait	assis
il	avait	assis
nous	avions	assis
vous	aviez	assis
elles	avaient	assis
ils	avaient	assis

PASSÉ SIMPLE

j'	ass**is**
tu	ass**is**
elle	ass**it**
il	ass**it**
nous	ass**îmes**
vous	ass**îtes**
elles	ass**irent**
ils	ass**irent**

PASSÉ ANTÉRIEUR

j'	eus	assis
tu	eus	assis
elle	eut	assis
il	eut	assis
nous	eûmes	assis
vous	eûtes	assis
elles	eurent	assis
ils	eurent	assis

FUTUR SIMPLE

j'	ass**oirai**
tu	ass**oiras**
elle	ass**oira**
il	ass**oira**
nous	ass**oirons**
vous	ass**oirez**
elles	ass**oiront**
ils	ass**oiront**

FUTUR ANTÉRIEUR

j'	aurai	assis
tu	auras	assis
elle	aura	assis
il	aura	assis
nous	aurons	assis
vous	aurez	assis
elles	auront	assis
ils	auront	assis

CONDITIONNEL PRÉSENT

j'	ass**oirais**
tu	ass**oirais**
elle	ass**oirait**
il	ass**oirait**
nous	ass**oirions**
vous	ass**oiriez**
elles	ass**oiraient**
ils	ass**oiraient**

CONDITIONNEL PASSÉ

j'	aurais	assis
tu	aurais	assis
elle	aurait	assis
il	aurait	assis
nous	aurions	assis
vous	auriez	assis
elles	auraient	assis
ils	auraient	assis

SUBJONCTIF

PRÉSENT

que	j'	ass**oie**
que	tu	ass**oies**
qu'	elle	ass**oie**
qu'	il	ass**oie**
que	nous	ass**oyions**
que	vous	ass**oyiez**
qu'	elles	ass**oient**
qu'	ils	ass**oient**

PASSÉ

que	j'	aie	assis
que	tu	aies	assis
qu'	elle	ait	assis
qu'	il	ait	assis
que	nous	ayons	assis
que	vous	ayez	assis
qu'	elles	aient	assis
qu'	ils	aient	assis

IMPARFAIT

que	j'	ass**isse**
que	tu	ass**isses**
qu'	elle	ass**ît**
qu'	il	ass**ît**
que	nous	ass**issions**
que	vous	ass**issiez**
qu'	elles	ass**issent**
qu'	ils	ass**issent**

PLUS-QUE-PARFAIT

que	j'	eusse	assis
que	tu	eusses	assis
qu'	elle	eût	assis
qu'	il	eût	assis
que	nous	eussions	assis
que	vous	eussiez	assis
qu'	elles	eussent	assis
qu'	ils	eussent	assis

IMPÉRATIF

PRÉSENT

ass**ois**
ass**oyons**
ass**oyez**

PASSÉ

aie assis
ayons assis
ayez assis

INFINITIF

PRÉSENT

ass**eoir**

PASSÉ

avoir assis

PARTICIPE

PRÉSENT

ass**oyant**

PASSÉ

assis, se
ayant assis

ASSIS, ISE adj.
Installé sur un siège. *Vous pouvez rester assis.*

ASSISE n. f.
1. Premier rang de pierres dans un mur, une muraille.
2. (FIG.) Fondement. *L'assise d'une recherche scientifique.*
3. (AU PLUR.) Réunion d'un parti, d'un syndicat. *Tenir ses assises en novembre.* SYN. congrès.
En ce sens, le nom ne s'emploie qu'au pluriel.

ASSISTANCE n. f.
1. Aide, secours. *Les blessés ont eu besoin de son assistance.*
2. Auditoire. *Une nombreuse assistance était venue entendre le pianiste.* SYN. assemblée; public.
LOCUTION
– ***Assistance professionnelle.*** Stage pratique. *Recevoir une assistance professionnelle* (et non un *coaching) *dans un bureau d'experts-comptables.*
assistance.

ASSISTANT n. m.
ASSISTANTE n. f.
1. Personne qui assiste quelqu'un. *Une assistante sociale.*
2. (AU PLUR.) Ceux qui assistent à quelque chose.
Quand ce mot désigne une personne présente dans un lieu, il ne peut s'employer qu'au pluriel. *Un des assistants* (et non *un assistant) *se mit à applaudir.*
FORME FAUTIVE
*assistant (suivi d'un nom de métier, de profession). Anglicisme au sens de ***adjoint, aide.*** *Un aide-cuisinier.*

ASSISTÉ, ÉE adj. et n. m. et f.
ADJECTIF
Muni d'un système apte à répartir l'effort de l'utilisation. *Des freins assistés.*
NOM MASCULIN ET FÉMININ
Qui reçoit l'aide sociale.
LOCUTION
– ***Assisté par ordinateur.*** Se dit d'activités dans lesquelles l'ordinateur apporte une aide. *Conception assistée par ordinateur (CAO), fabrication assistée par ordinateur (FAO).*

ASSISTER v. tr.
VERBE TRANSITIF DIRECT
1. (VIEILLI) Aider moralement. *Assister un malade.* SYN. secourir; soigner.
2. Seconder. *L'apprenti assiste le maçon.*
VERBE TRANSITIF INDIRECT
Être présent à quelque chose. *Assister à un spectacle.* SYN. participer.
En ce sens, le verbe se construit avec la préposition ***à.***
CONJUGAISON : VOIR MODÈLE AIMER.

ASSOCIATIF, IVE adj.
Relatif à l'association des idées, des personnes.

ASSOCIATION n. f.
1. Union de personnes en vue d'un but ou dans un intérêt commun. *L'Association internationale du transport aérien a son siège à Montréal.* SYN. groupe; regroupement.
2. Rapprochement. *Association d'idées.* SYN. enchaînement.

ASSOCIATION CANADIENNE DE NORMALISATION
Sigle *ACNOR* (s'écrit avec ou sans points).

ASSOCIATION CANADIENNE-FRANÇAISE POUR L'AVANCEMENT DES SCIENCES
Sigle *ACFAS* (s'écrit avec ou sans points).

ASSOCIATION CANADIENNE POUR LES NATIONS UNIES
Sigle *ACNU* (s'écrit avec ou sans points).

ASSOCIATION FÉMININE D'ÉDUCATION ET D'ACTION SOCIALE
Sigle *AFÉAS* (s'écrit avec ou sans points).

ASSOCIATION FRANÇAISE DE NORMALISATION
Sigle *AFNOR* (s'écrit avec ou sans points).

ASSOCIATION INTERNATIONALE DU TRANSPORT AÉRIEN
Sigle *AITA* (s'écrit avec ou sans points).

ASSOCIATION PHONÉTIQUE INTERNATIONALE
Sigle *API* (s'écrit avec ou sans points).
C'est l'Association phonétique internationale qui a défini l'alphabet servant à la transcription des sons en vue d'indiquer la prononciation d'un mot.

ASSOCIATIONS COOPÉRATIVES D'ÉCONOMIE FAMILIALE
Sigle *ACÉF* (s'écrit avec ou sans points).

ASSOCIÉ, ÉE n. m. et f.
Personne qui met en commun son activité, ses biens dans une entreprise. *Trois associés dirigent cette entreprise.*

ASSOCIER v. tr., pronom.
VERBE TRANSITIF
1. Mettre ensemble, faire participer à. *Ils ont associé tous les amis à l'organisation de la fête.*
2. Réunir. *Associer la beauté avec le goût.* SYN. allier; rapprocher; unir.
VERBE PRONOMINAL
1. Prendre part à quelque chose. *Je m'associe à cette action. Ils se sont associés à notre chagrin.* SYN. adhérer; partager.
2. S'allier à, avec. *Il s'est associé avec ce courtier.*
En ce sens, le verbe pronominal se construit avec les prépositions ***à, avec.***
À la forme pronominale, le participe passé de ce verbe s'accorde toujours en genre et en nombre avec son sujet. *Ils se sont associés avec une comptable agréée.*
CONJUGAISON : VOIR MODÈLE ÉTUDIER.
Redoublement du ***i*** à la première et à la deuxième personne du pluriel de l'indicatif imparfait et du subjonctif présent. *(Que) nous associions, (que) vous associiez.*

ASSOIFFÉ, ÉE adj. et n. m. et f.
Qui a soif. *Après cette course, elle était assoiffée.*
LOCUTION
– ***Être assoiffé de.*** (FIG.) Avide de. *Être assoiffé d'argent.*

ASSOLEMENT n. m.
Rotation des cultures.

ASSOLER v. tr.
Alterner les cultures.
CONJUGAISON : VOIR MODÈLE AIMER.

ASSOMBRIR v. tr., pronom.
VERBE TRANSITIF
1. Rendre sombre. *Ces rideaux assombrissent la pièce.* ANT. éclaircir.
2. Attrister. *Ce triste évènement a assombri ma journée.* SYN. chagriner; peiner.
VERBE PRONOMINAL
Devenir sombre. *Le ciel s'est assombri, nous aurons un orage.*
À la forme pronominale, le participe passé de ce verbe s'accorde toujours en genre et en nombre avec son sujet. *La pièce s'est assombrie.*
CONJUGAISON : VOIR MODÈLE FINIR.

ASSOMBRISSEMENT n. m.
Fait d'assombrir, de s'assombrir.

ASSOMMANT, ANTE adj.
(FAM.) Très ennuyeux. *Ces exercices sont assommants.* SYN. (FAM.) casse-pieds; fatigant.

A

ASSOMMER v. tr.
1. Blesser, tuer avec quelque chose de lourd, par un coup violent sur la tête. *Elle assomma le porc-épic avec une casserole. Alain tenta ensuite de l'assommer d'un coup de poing.*
2. (FAM.) Ennuyer. *Cette conversation interminable m'assomme.* SYN. excéder ; fatiguer.
CONJUGAISON : VOIR MODÈLE AIMER.

ASSONANCE n. f.
Répétition des mêmes voyelles, d'un même son final d'un vers. Exemple d'une assonance : bl**an**che et gr**an**de.
Ne pas confondre avec les noms suivants :
- ***allitération,*** répétition des mêmes consonnes dans des mots voisins ;
- ***rime,*** répétition de la syllabe finale.

assonance.

ASSONANCÉ, ÉE adj.
Qui présente des assonances. *Un poème assonancé.*

ASSORTI, IE adj.
1. Qui est en harmonie avec autre chose. *Des vêtements bien assortis.* SYN. coordonné.
2. Varié. *Des chocolats assortis.*

ASSORTIMENT n. m.
Série de choses formant un ensemble. *Dans ce magasin, il y a un bon assortiment de bicyclettes.* SYN. choix.

ASSORTIR v. tr., pronom.
VERBE TRANSITIF
1. Mettre ensemble des choses qui se conviennent. *Assortir un chemisier à une jupe, avec un pantalon.* SYN. agencer ; harmoniser.
En ce sens, le complément du verbe se construit avec les prépositions ***à, avec.***
2. Compléter. *Le contrat est assorti d'une clause d'indexation.* SYN. accompagner.
En ce sens, le complément du verbe se construit avec la préposition ***de.***
VERBE PRONOMINAL
1. Être en harmonie avec. *Ces deux couleurs s'assortissent bien.* SYN. s'agencer ; s'harmoniser.
2. Être complété par. *La viande s'assortit de légumes.* SYN. accompagner de.
À la forme pronominale, le participe passé de ce verbe s'accorde toujours en genre et en nombre avec son sujet. *Ces imprimés se sont assortis sans difficultés.*
CONJUGAISON : VOIR MODÈLE FINIR.
Le verbe se conjugue comme ***finir*** et non comme ***sortir*** : *nous assortissons, j'assortissais, assortissant.*

ASSOUPIR v. tr., pronom.
VERBE TRANSITIF
Rendre somnolent, endormir. *Le voyage en autobus a assoupi les passagers.*
VERBE PRONOMINAL
S'endormir à moitié. *Ils se sont assoupis quelques minutes.* SYN. somnoler.
À la forme pronominale, le participe passé de ce verbe s'accorde toujours en genre et en nombre avec son sujet. *Elle s'est assoupie au coin du feu.*
CONJUGAISON : VOIR MODÈLE FINIR.

ASSOUPISSEMENT n. m.
Fait de s'assoupir. SYN. somnolence.

ASSOUPLIR v. tr., pronom.
VERBE TRANSITIF
1. Rendre souple. *Ce produit assouplit les cheveux.*
2. Rendre moins sévère. *Assouplir les règlements.*
VERBE PRONOMINAL
Devenir plus souple. *Ces tissus se sont assouplis.*
À la forme pronominale, le participe passé de ce verbe s'accorde en genre et en nombre avec le complément direct si celui-ci le précède. *Les muscles qu'il s'est assouplis. Elles se sont assouplies en faisant des exercices.* Le participe passé reste invariable si le complément direct suit le verbe. *Les athlètes se sont assoupli les articulations.*
CONJUGAISON : VOIR MODÈLE FINIR.

ASSOUPLISSANT n. m.
Produit de rinçage destiné à rendre les tissus lavés plus souples. *Des assouplissants efficaces.*

ASSOUPLISSEMENT n. m.
Action d'assouplir. *Des exercices d'assouplissement.*

ASSOURDIR v. tr.
1. Rendre comme sourd provisoirement. *Cette musique tonitruante les a assourdis.*
2. Rendre moins bruyant. *La neige assourdit les bruits.* SYN. amortir ; étouffer.
CONJUGAISON : VOIR MODÈLE FINIR.

ASSOURDISSANT, ANTE adj.
Qui rend sourd provisoirement. *Cette musique est assourdissante.*

ASSOURDISSEMENT n. m.
Action d'assourdir ; son résultat.

ASSOUVIR v. tr., pronom.
VERBE TRANSITIF
1. Rassasier complètement. *Avec ce bon pain, ils assouvissaient leur faim.*
On assouvit sa faim, mais on étanche sa soif.
2. (FIG.) Satisfaire un sentiment, un besoin, etc. *Assouvir sa curiosité.* SYN. contenter.
VERBE PRONOMINAL
Se rassasier. *Une faim qui s'assouvit difficilement.*
À la forme pronominale, le participe passé de ce verbe s'accorde toujours en genre et en nombre avec son sujet. *Ses besoins se sont assouvis sans peine.*
CONJUGAISON : VOIR MODÈLE FINIR.

ASSOUVISSEMENT n. m.
Action d'assouvir ; fait d'être assouvi.

ASSUJETTI, IE adj. et n. m. et f.
ADJECTIF
1. Soumis. *Des peuplades assujetties à un groupe de guerriers ennemis.*
2. Fixé solidement. *Une fois les bagages bien assujettis sur le toit de l'autocar, nous pourrons partir.*
NOM MASCULIN ET FÉMININ
Personne tenue de verser un impôt, une taxe, ou de s'affilier à un groupement. SYN. contribuable.

assujetti.

ASSUJETTIR v. tr., pronom.
VERBE TRANSITIF
1. Placer sous une domination un peuple, une nation. SYN. soumettre.
2. Soumettre à une obligation. *Assujettir une société à l'impôt.* SYN. astreindre à ; obliger à.
3. Fixer solidement. *Il assujettit un chargement à l'aide d'un câble.* SYN. arrimer ; attacher ; fixer.
VERBE PRONOMINAL
1. (LITT.) Conquérir. *S'assujettir une nation.*
2. Se soumettre à une obligation. *Ils se sont assujettis au règlement rapide de leurs dettes.* SYN. s'astreindre ; se plier.
À la forme pronominale, le participe passé de ce verbe s'accorde toujours en genre et en nombre avec son sujet. *Elles se sont assujetties à ces nouvelles règles.*
En ce sens, le verbe se construit avec la préposition ***à.***
CONJUGAISON : VOIR MODÈLE FINIR.

assujettir.

ASSUJETTISSEMENT n. m.
État d'une personne, d'une nation dominée par une autre.
assujettissement.

ASSUMER v. tr., pronom.
VERBE TRANSITIF
1. Prendre sur soi, se charger de. *Assumer la tâche de coordonner les travaux.* SYN. endosser ; prendre la responsabilité de.
On assume des responsabilités, une fonction, un rôle (mais non un paiement).
2. Accepter consciemment une situation avec ses conséquences. *Il assume sa condition de malade.*
Ne pas confondre avec les verbes suivants :
• ***assurer,*** rendre ferme, certain ;
• ***présumer,*** supposer.
VERBE PRONOMINAL
Se prendre en charge, s'accepter.
À la forme pronominale, le participe passé de ce verbe s'accorde toujours en genre et en nombre avec son sujet. *Ils ne se sont pas assumés complètement.*
FORME FAUTIVE
*assumer. Anglicisme au sens de ***admettre, présumer, supposer, tenir pour acquis.*** *Je tiens pour acquis* (et non *j'assume) *que vous serez des nôtres.*
CONJUGAISON : VOIR MODÈLE AIMER.

ASSURABLE adj.
Qui peut être assuré. *Des biens assurables.*

ASSURANCE n. f.
Abréviation ***ass.*** (s'écrit avec un point).
1. Certitude. *Nous avons l'assurance qu'il nous remettra son travail à temps.* SYN. confiance.
2. Confiance en soi. *Elle répondit avec beaucoup d'assurance : elle connaissait la réponse.* SYN. aplomb.
3. Contrat selon lequel une personne est garantie contre le tort que pourrait lui causer un évènement, moyennant une prime. *Une police d'assurance, une assurance-vie, un agent d'assurances, une compagnie d'assurances.*
Ce nom est au singulier quand il désigne l'action de s'assurer et le contrat qui en résulte ; quand il désigne la profession, le secteur d'activité économique, le nom se met au pluriel.
LOCUTIONS
– ***Assurance-chômage.*** Type d'assurance sociale qui a pour objet d'indemniser le travailleur sans emploi.
Depuis l'adoption de la Loi sur l'assurance-emploi (Canada) en 1996, le terme ***assurance-chômage*** est remplacé par ***assurance-emploi.***
– ***Assurance-emploi.*** Type d'assurance sociale qui a pour objet d'indemniser le travailleur sans emploi, en vertu d'un régime de protection dont le financement provient en grande partie de cotisations à la fois salariales et patronales.
Depuis l'adoption de la Loi sur l'assurance-emploi (Canada) en 1996, le terme ***assurance-emploi*** a remplacé ***assurance-chômage.***
– ***Assurance(-)maladie.*** Assurance personnelle ou collective destinée à payer l'ensemble ou une partie des coûts liés aux soins de santé.
Le GDT privilégie désormais l'orthographe du terme ***assurance maladie*** sans trait d'union, mais il admet la graphie ***assurance-maladie*** avec un trait d'union à titre de variante orthographique.
– ***Assurance multirisque(s).*** Assurance couvrant des risques multiples de nature différente. *Une assurance multirisque, des assurances multirisques.*
Le terme ***multirisque*** peut prendre la marque du pluriel même s'il accompagne un nom singulier parce qu'il marque la pluralité ; cependant, la tendance actuelle est d'écrire les mots composés avec le préfixe ***multi-*** sans ***s*** au singulier.
– ***Assurances IARD.*** Assurances incendie, accidents, risques divers.
– ***Assurance sans égard à la responsabilité.*** Régime d'assurance automobile en vertu duquel l'assureur de la victime d'un accident de la route prend en charge le versement de l'indemnité prévue au contrat relativement aux blessures corporelles ou aux dommages matériels subis par l'assuré, qu'il y ait ou non responsabilité de la part de celui-ci (GDT). *Le régime sans égard à la responsabilité* (et non *no-fault) *a été adopté en 1978 au Québec.*
C'est la Société de l'assurance automobile du Québec qui indemnise les citoyens pour les blessures subies dans un accident de la route en vertu du Régime public d'assurance automobile du Québec, régime d'assurance sans égard à la responsabilité (GDT).
– ***Assurance tous risques.*** Assurance couvrant tous les dommages que peut causer ou subir un automobiliste. *Des assurances tous risques.*
– ***Assurance(-)vie.*** Assurance de personnes qui garantit le versement d'une somme (capital ou rente) au bénéficiaire désigné en cas de décès de la personne assurée.
Le GDT privilégie désormais l'orthographe du terme ***assurance vie*** sans trait d'union, mais il admet la graphie ***assurance-vie*** avec un trait d'union à titre de variante orthographique.
FORME FAUTIVE
*assurance-santé. Calque de «*health insurance*» pour ***assurance(-)maladie.***

ASSURÉ, ÉE adj. et n. m. et f.
ADJECTIF
Dont la réalité est sûre. *Un succès assuré.* SYN. certain ; sûr.
Ne pas confondre avec les mots suivants :
• ***avéré,*** reconnu comme vrai ;
• ***clair,*** compréhensible ;
• ***évident,*** indiscutable ;
• ***indéniable,*** qu'on ne peut nier ;
• ***irréfutable,*** qu'on ne peut réfuter ;
• ***notoire,*** qui est bien connu.
NOM MASCULIN ET FÉMININ
Personne garantie par un contrat d'assurance.

ASSURÉMENT adv.
Certainement. *Serez-vous présente demain ? Assurément* (et non *définitivement).

ASSURER v. tr., intr., pronom.
VERBE TRANSITIF
1. Rendre une chose certaine. *Ce fournisseur assure la livraison du bois.*
2. Affirmer. *Je t'assure que j'étais présent hier soir.* SYN. certifier.
3. Prier quelqu'un de ne pas douter de. *Assurez-la de ma reconnaissance. Je les ai assurés de ma bonne foi.*
En ce sens, le verbe ***assurer*** se construit avec un complément direct de personne.
4. Faire en sorte qu'une chose arrive. *Ces enseignants assurent la formation des élèves en histoire.*
5. Garantir un bien par un contrat d'assurance. *Assurer sa maison.*
VERBE INTRANSITIF
(FAM.) Se montrer à la hauteur. *Lors de l'examen, je devrai assurer.*
VERBE PRONOMINAL
1. Vérifier qu'une chose arrive, en avoir la certitude. *Assurez-vous bien qu'elle sera présente à la réunion. Ils se sont assurés de leur intérêt. Elle s'est assurée de bien verrouiller la porte.*
Suivi de la conjonction ***que,*** le verbe se construit généralement avec l'indicatif ; suivi de la préposition ***de,*** le verbe se construit avec un nom ou un infinitif.
2. Passer un contrat d'assurance. *Il est prudent de s'assurer contre le vol.* SYN. se garantir ; se protéger.

À la forme pronominale, le participe passé de ce verbe s'accorde en genre et en nombre avec le complément direct si celui-ci le précède. *La protection contre le vol qu'ils se sont assurée.* Le participe passé reste invariable si le complément direct suit le verbe. *Elles s'étaient assuré une retraite décente.* S'il n'y a pas de complément direct, le participe passé s'accorde avec le sujet du verbe. *Ils se sont assurés de leur intérêt.*
Ne pas confondre avec le verbe ***assumer,*** prendre sur soi.
CONJUGAISON : VOIR MODÈLE AIMER.

ASSUREUR n. m.
ASSUREUSE n. f.
Personne qui garantit quelque chose par un contrat d'assurance.

ASSYRIEN, IENNE adj. et n. m. et f.
ADJECTIF ET NOM MASCULIN ET FÉMININ
De l'Assyrie. *Les Assyriens, la civilisation assyrienne.*
T L'adjectif s'écrit avec une minuscule ; le nom, avec une majuscule.
NOM MASCULIN
Langue parlée autrefois par les Assyriens.
T Le nom de la langue s'écrit avec une minuscule.

ASTER n. m.
Le *r* est sonore, [astɛr].
Plante cultivée pour ses fleurs en forme d'étoile. *Des asters.*

ASTÉRISQUE n. m.
Les lettres ***que*** se prononcent ***k*** (et non *x), [asterisk].
Petit signe en forme d'étoile, noté seul ou entre parenthèses, qui sert à indiquer un appel de note, un renvoi dans certains ouvrages techniques. Il est recommandé de ne pas effectuer plus de trois appels de notes par page à l'aide de l'astérisque (*), (**), (***).
Attention au genre masculin de ce nom : ***un*** astérisque.
Dans cet ouvrage, l'astérisque qui précède un mot indique qu'il s'agit d'une forme fautive. Exemple : *assurance-santé. Calque de l'anglais «*health insurance*» pour ***assurance-maladie.***
astéri**sque**.

ASTÉROÏDE n. m.
Petit corps céleste. SYN. météorite.
Attention au genre masculin de ce nom : ***un*** astéroïde.
astéroïde.

ASTHMATIQUE adj. et n. m. et f.
Les lettres ***th*** ne se prononcent pas, [asmatik].
Qui souffre d'asthme. *On doit placer un humidificateur dans sa chambre parce qu'elle est asthmatique.*
as**th**matique.

ASTHME n. m.
Les lettres ***th*** ne se prononcent pas, [asm].
Maladie caractérisée par des crises de suffocation spasmodique.
Attention au genre masculin de ce nom : ***un*** asthme.
as**th**me.

ASTICOT n. m.
Ver qui sert d'appât pour la pêche.
astico**t**.

ASTICOTER v. tr.
(FAM.) Taquiner, contrarier (quelqu'un) sur de petites choses. SYN. agacer.
CONJUGAISON : VOIR MODÈLE AIMER.

ASTIGMATE adj. et n. m. et f.
Qui souffre d'astigmatisme.

ASTIGMATISME n. m.
Déformation congénitale de l'image perçue par l'œil.

ASTIQUER v. tr.
Faire briller en frottant. *Ils ont astiqué les parquets.* SYN. frotter ; polir.
CONJUGAISON : VOIR MODÈLE AIMER.

ASTRAGALE n. m.
1. Os du pied.
2. Plante.

ASTRAKAN n. m.
Le ***n*** est muet, [astrakɑ̃].
Peau d'agneau mort-né à laine frisée. *Un bonnet d'astrakan.*

ASTRAL, ALE, AUX adj.
Qui a rapport aux astres. *Une carte astrale.*

ASTRE n. m.
Corps céleste. *Un astre merveilleux. L'astronomie est l'étude des astres. « Astres lents des yeux/Déplaçant les limites et les couleurs du ciel »* (Jean-Guy Pilon, *Comme eau retenue*).
T 1° Les mots ***lune, soleil, terre*** s'écrivent avec une majuscule lorsqu'ils désignent la planète, l'astre, le satellite lui-même, notamment dans la langue de l'astronomie et dans les textes techniques ; ils s'écrivent avec une minuscule dans les autres utilisations. *La Terre tourne autour du Soleil. Un beau coucher de soleil, le clair de lune.*
2° Les noms de planètes, de constellations, d'étoiles s'écrivent avec une majuscule. *La Galaxie, Mercure, Saturne.*
3° Dans les désignations de planètes, de constellations, d'étoiles composées d'un nom et d'un adjectif, le mot spécifique de la désignation prend une majuscule ainsi que l'adjectif qui le précède. *L'étoile Polaire, la Grande Ourse.*
Attention au genre masculin de ce nom : ***un*** astre.

ASTREIGNANT, ANTE adj.
Qui accapare.
Ne pas confondre avec le mot ***astringent,*** qui resserre.

ASTREINDRE v. tr., pronom.
VERBE TRANSITIF
Obliger quelqu'un à quelque chose. *Le moniteur de ski les astreint toujours à des exercices d'échauffement. Les élèves bavardes sont astreintes à quelques minutes de silence.* SYN. forcer.
VERBE PRONOMINAL
S'obliger à faire quelque chose. *Ils se sont astreints à marcher tous les jours.*
À la forme pronominale, le participe passé de ce verbe s'accorde toujours en genre et en nombre avec son sujet. *Ils se sont astreints à courir tous les matins.*
Le verbe se construit avec la préposition ***à.***
Ne pas confondre avec les verbes suivants :
- ***acculer,*** contraindre ;
- ***obliger,*** lier par la nécessité ou le devoir.

CONJUGAISON : VOIR MODÈLE ÉTEINDRE.
INDICATIF PRÉSENT *J'astreins, tu astreins, il astreint, nous astreignons, vous astreignez, ils astreignent.* IMPARFAIT *J'astreignais, tu astreignais, il astreignait, nous astreignions, vous astreigniez, ils astreignaient.* PASSÉ SIMPLE *J'astreignis, tu astreignis, il astreignit, nous astreignîmes, vous astreignîtes, ils astreignirent.* FUTUR *J'astreindrai, tu astreindras.* CONDITIONNEL PRÉSENT *J'astreindrais, tu astreindrais.* IMPÉRATIF PRÉSENT *Astreins, astreignons, astreignez.* SUBJONCTIF PRÉSENT *Que j'astreigne, que tu astreignes, qu'il astreigne, que nous astreignions, que vous astreigniez, qu'ils astreignent.* PARTICIPE PRÉSENT *Astreignant.* PASSÉ *Astreint, einte.*
Les lettres ***gn*** sont suivies d'un ***i*** à la première et à la deuxième personne du pluriel de l'indicatif imparfait et du subjonctif présent. *(Que) nous astreignions, (que) vous astreigniez.*

ASTRINGENT, ENTE adj. et n. m.
ADJECTIF
Qui resserre les tissus. *Une lotion astringente.*

NOM MASCULIN
Substance qui diminue les sécrétions ou resserre les tissus. *Un astringent efficace pour la peau.*
Ne pas confondre avec le mot ***astreignant,*** qui accapare.

ASTROLABE n. m.
Instrument d'astronomie.
Attention au genre masculin de ce nom : ***un*** astrolabe.

ASTROLOGIE n. f.
Les deux ***o*** sont ouverts, [astrɔlɔʒi].
Art qui cherche à prévoir l'avenir par l'examen des astres.
Ne pas confondre avec le nom ***astronomie,*** science des astres.

ASTROLOGIQUE adj.
Les deux ***o*** sont ouverts, [astrɔlɔʒik].
Qui appartient à l'astrologie. *Des prédictions astrologiques.*

ASTROLOGUE n. m. et f.
Les deux ***o*** sont ouverts, [astrɔlɔg].
Personne qui pratique l'astrologie. *L'astrologue propose des horoscopes.*
Ne pas confondre avec le nom ***astronome,*** spécialiste de l'astronomie.

ASTRONAUTE n. m. et f.
La lettre ***o*** et les lettres ***au*** se prononcent comme dans ***faute,*** [astronot].
Voyageur de l'espace. *Roberta Bondar a été la première astronaute canadienne.*
Les ***astronautes*** sont américains, les ***cosmonautes,*** russes.

ASTRONAUTIQUE n. f.
La lettre ***o*** et les lettres ***au*** se prononcent comme dans ***faute,*** [astronotik].
Science qui a pour objet la navigation spatiale.
Ne pas confondre avec le nom ***aéronautique,*** science et technique de la navigation aérienne.

ASTRONEF n. m.
Vaisseau spatial. *Un astronef perdu.*
Attention au genre masculin de ce nom : ***un*** astronef.

ASTRONOME n. m. et f.
Les deux ***o*** sont ouverts, [astrɔnɔm].
Personne qui connaît et pratique l'astronomie. *L'astronome étudie le ciel avec un télescope.*
Ne pas confondre avec le nom ***astrologue,*** spécialiste de l'astrologie.

ASTRONOMIE n. f.
Les deux ***o*** sont ouverts, [astrɔnɔmi].
Science des astres et de l'univers.
Ne pas confondre avec le nom ***astrologie,*** art de prévoir le destin par l'examen des astres.

ASTRONOMIQUE adj.
Qui se rapporte à l'astronomie. *Un observatoire astronomique.*
LOCUTIONS
– ***Chiffres astronomiques.*** (FIG.) Chiffres très grands.
– ***Prix astronomique.*** (FIG.) Prix exagéré.

ASTROPHYSICIEN n. m.
ASTROPHYSICIENNE n. f.
Astronome spécialiste de l'astrophysique. *Hubert Reeves est un astrophysicien.*

ASTROPHYSIQUE n. f.
Étude des astres par la méthode de la physique.

ASTUCE n. f.
1. Moyen ingénieux. *Ce magicien a mis au point plusieurs astuces amusantes.*
2. Qualité d'une personne habile. *Ariane a beaucoup d'astuce : elle arrive toujours à régler tous les problèmes.* SYN finesse ; ingéniosité.
Attention au genre féminin de ce nom : ***une*** astuce.

ASTUCIEUSEMENT adv.
Avec astuce. SYN. ingénieusement.

ASTUCIEUX, IEUSE adj.
Qui a de l'astuce, ingénieux. *Étienne est astucieux : il déjoue tous les pièges et trouve la solution.* SYN. adroit ; malin.
astucieux.

ASYMÉTRIE n. f.
Absence de symétrie.
Ne pas confondre avec le nom ***dissymétrie,*** défaut de symétrie.
asymétrie.

ASYMÉTRIQUE adj.
Sans symétrie. *Une façade asymétrique.*
asymétrique.

ASYMPTOMATIQUE adj.
(MÉD.) Qui ne présente pas de symptômes cliniques. *Il importe de dépister cette maladie asymptomatique, potentiellement mortelle. Des porteurs asymptomatiques.*
asymptomatique, sans accent circonflexe, contrairement à *symptôme.*

ASYNCHRONE adj.
Le ***o*** est ouvert ou fermé, [asɛ̃krɔn, asɛ̃kron].
Qui se produit à des intervalles de temps inégaux. *Transmission asynchrone.* ANT. synchrone.

A. T.
Abréviation de ***Ancien Testament.***

ATACA
VOIR – ATOCA.

ATARAXIE n. f.
Calme absolu de l'âme. *Les stoïciens voulaient parvenir à l'ataraxie.* SYN. détachement ; sérénité.

ATAVIQUE adj.
Qui tient de l'atavisme.

ATAVISME n. m.
1. Réapparition d'un caractère génétique après plusieurs générations.
2. Hérédité de certains traits psychologiques. *Ils sont musiciens par atavisme.*

ATAXIE n. f.
Maladie du système nerveux caractérisée par l'incoordination des mouvements corporels.

ATAXIQUE adj.
Qui souffre d'ataxie.

ATCHOUM interj. et n. m. (pl. *atchoums*)
INTERJECTION
Onomatopée imitant le bruit d'un éternuement. *Atchoum ! je crois que j'ai attrapé un rhume !*
T L'interjection est toujours suivie d'un point d'exclamation qui est souvent repris à la fin de la phrase. Si la phrase exclamative n'est pas complète, le mot qui suit le point d'exclamation s'écrit avec une minuscule initiale.
NOM MASCULIN
(FAM.) Éternuement. *Des atchoums.*

ATELIER n. m.
1. Lieu de travail. *L'atelier du peintre, du menuisier.*
2. Groupe de travail. *Un atelier de micro-informatique.*
LOCUTION
– ***Atelier de réparation.*** Lieu où l'on remet en état, où l'on répare. *Des ateliers de réparation.*
Dans cette expression, le terme ***réparation*** demeure au singulier, car il désigne de façon globale l'action de remettre en bon état.

ATEMPOREL, ELLE adj.
Qui est en dehors du temps.
Ne pas confondre avec l'adjectif ***intemporel,*** qui n'est pas touché par le passage du temps.

ATERMOIEMENT n. m.
Délai, action de remettre à un autre temps. *Des atermoiements constants.*
Ce nom s'emploie généralement au pluriel.
atermoi**e**ment.

ATERMOYER v. intr.
Tergiverser, remettre à plus tard. *On ne peut plus atermoyer, il faut prendre une décision maintenant.* SYN. différer; retarder.
CONJUGAISON : VOIR MODÈLE EMPLOYER.
Le ***y*** se change en ***i*** devant un ***e*** muet. *J'atermoie, tu atermoies, j'atermoierai, j'atermoierais,* mais *nous atermoyons, vous atermoyez, j'atermoyais.*
Le ***y*** est suivi d'un ***i*** à la première et à la deuxième personne du pluriel de l'indicatif imparfait et du subjonctif présent. *(Que) nous atermoyions, (que) vous atermoyiez.*

ATHÉE adj. et n. m. et f.
Qui nie l'existence de Dieu. *Une personne athée, des athées.* ANT. croyant.
ath**é**e, un ***e*** muet au masculin comme au féminin.

ATHÉISME n. m.
Attitude d'une personne qui ne croit pas en Dieu.

ATHÉROSCLÉROSE n. f.
(MÉD.) État pathologique caractérisé par la sclérose de la membrane artérielle avec dépôts de cholestérol.
VOIR – ARTÉRIOSCLÉROSE.

ATHLÈTE n. m. et f.
Personne qui pratique un sport, en particulier l'athlétisme. *Chantal Petitclerc est une remarquable athlète.*
at**hl**è**te.

ATHLÉTIQUE adj.
1. Qui est propre à l'athlète. *Des exercices athlétiques.*
2. Qui est bien musclé. *Un corps athlétique.*
at**hl**é**tique.

ATHLÉTISME n. m.
Ensemble des exercices auxquels se livrent les athlètes : course, gymnastique, lancer du disque, du javelot, du poids. *Des épreuves d'athlétisme.*
at**hl**é**tisme.

ATLANTE n. m.
Colonne sculptée en forme d'homme soutenant un entablement.
Ne pas confondre avec les noms suivants :
• ***caryatide,*** colonne sculptée en forme de femme soutenant une corniche sur sa tête;
• ***colonne,*** pilier circulaire soutenant les parties supérieures d'un édifice;
• ***pilastre,*** pilier carré dans une construction;
• ***pilier,*** massif de maçonnerie rond ou carré soutenant une construction.

ATLANTIQUE adj. et n. m.
Relatif à l'océan Atlantique et aux régions qui le bordent. *Le Pacte atlantique.*
T Le nom et l'adjectif qui constituent l'élément distinctif du nom géographique s'écrivent avec une majuscule lorsqu'ils désignent l'océan. *L'Atlantique. La mer Atlantique.* Par contre, le nom générique ***océan*** s'écrit avec une minuscule. *L'océan Atlantique.*
VOIR TABLEAU – GÉOGRAPHIQUES (NOMS).

ATLAS n. m.
Le ***s*** se prononce, [atlɑs]; le nom rime avec ***hélas.***
Recueil de cartes géographiques. *Un atlas électronique.*
atla**s**.

ATMOSPHÈRE n. f.
1. Couche d'air qui entoure la Terre et d'autres corps célestes.
2. (FIG.) Ambiance. *Une atmosphère chaleureuse.*
Attention au genre féminin de ce nom : ***une*** atmosphère.
LOCUTION
– ***Atmosphère contrôlée.*** Abréviation ***AC*** (s'écrit sans points).
atmos**ph**ère.

ATMOSPHÉRIQUE adj.
Qui a rapport à l'atmosphère. *Les conditions atmosphériques.*
atmos**ph**érique.

ATOCA ou **ATACA** n. m.
1. Variété d'airelle qui croît dans les marais.
2. Airelle qui, en mûrissant, devient rouge. *À Noël, on mange de la dinde avec des atocas* ou *des atacas.* SYN. canneberge.
Ce nom d'origine amérindienne signifie « airelle des marais ».

ATOCATIÈRE n. f.
Marais où l'on cultive les atocas.

ATOLL n. m.
Le ***o*** est ouvert [atɔl].
Îlot corallien des mers tropicales en forme d'anneau, au centre duquel se trouve un lac appelé « lagon ».
at**oll**, deux l.

ATOME n. m.
Le ***o*** est fermé, [atom]; comme dans ***dôme.***
1. Particule d'un élément chimique, la plus petite quantité d'un corps qui peut se combiner.
2. (FIG.) Chose minuscule, très petite quantité. *Il n'a pas un atome de jugement.*
Attention au genre masculin de ce nom : ***un*** atome.
LOCUTION
– ***Atomes crochus.*** Affinités entre des personnes.

ATOMIQUE adj.
Relatif aux atomes. *Masse atomique.*
LOCUTIONS
– ***Bombe atomique.*** Bombe dont la puissance destructrice provient de la désagrégation de l'atome.
– ***Sous-marin atomique.*** Sous-marin dont le moteur est actionné par l'énergie nucléaire.
Pour qualifier l'énergie, l'adjectif ***atomique*** tend à être remplacé par ***nucléaire.***

ATOMISATION n. f.
Action de réduire en particules, en fines gouttelettes.

ATOMISER v. tr.
1. Réduire en fines gouttelettes. *Atomiser une eau de toilette.* SYN. vaporiser.
2. Désagréger.
CONJUGAISON : VOIR MODÈLE AIMER.

ATOMISEUR n. m.
Petit vaporisateur. *Un parfum en atomiseur.*

ATONE adj.
Le ***o*** est ouvert, [atɔn].
Qui manque de tonicité, de dynamisme. SYN. amorphe; mou.

ATONIE n. f.
Manque de force, de vitalité. SYN. inertie; mollesse; torpeur.

ATOURS n. m. pl.
(LITT.) Parure féminine. *Quels beaux atours!* SYN. ornement.

ATOUT n. m.
1. Carte gagnante. *Je déclare : « Trois sans atout ».*
2. (FIG.) Moyen de réussir. *Votre formation est un atout.* SYN. avantage.

***À TOUTES FINS PRATIQUES**
Calque de «*for all practical purposes*» pour ***à peu près, en pratique, en réalité, pour ainsi dire, pratiquement, somme toute.***

À TOUTES FINS UTILES
LOCUTION
Pour servir le cas échéant. *À toutes fins utiles* (et non *à toutes fins pratiques), *je vous enverrai le texte intégral.*
Au sens de ***pratiquement, pour ainsi dire, à peu près,*** pour traduire l'expression «*for all practical purposes*», cette expression est utilisée à tort.

ATRAUMATIQUE adj.
(MÉD.) Se dit d'un acte médical qui ne nécessite pas une pénétration à travers la peau ou une muqueuse. *Un examen atraumatique* (et non *non invasif). SYN. non effractif.

-ÂTRE suff.
Élément signifiant « caractère approchant » (*rougeâtre*) ou ayant une nuance péjorative (*bellâtre*).
Ne pas confondre avec le suffixe ***-iatre*** signifiant « médecin ». *Psychiatre.*

ÂTRE n. m.
Partie de la cheminée où l'on fait le feu. *Le chat aime dormir tout près de l'âtre.* SYN. foyer.
Attention au genre masculin de ce nom : ***un*** âtre.
âtre.

ATRIUM n. m. (pl. *atriums*)
Les lettres ***um*** se prononcent ***omme,*** [atrijɔm].
1. Vestibule des anciennes maisons romaines. *Des atriums.*
2. (ARCHIT.) Grand espace central vitré. *L'atrium de l'École des HEC donne sur un terrain couvert d'érables centenaires.*

ATROCE adj.
1. Cruel, horrible. *Un supplice atroce.* SYN. barbare ; inhumain ; monstrueux.
2. Très douloureux. *Un mal de tête atroce.* SYN. insupportable.
3. (FAM.) Très désagréable. *Il fait un temps atroce : il pleut à boire debout depuis une semaine.* SYN. affreux.
atroce.

ATROCEMENT adv.
De manière atroce. *Il souffrait atrocement.* SYN. affreusement.

ATROCITÉ n. f.
Cruauté horrible. *Ce gouvernement militaire a commis de nombreuses atrocités : plusieurs personnes ont disparu.* SYN. barbarie.

ATROPHIE n. f.
Diminution du volume d'un corps ou d'un organe. ANT. hypertrophie.

ATROPHIER (S') v. pronom.
Diminuer de volume, s'affaiblir. *Ses muscles se sont atrophiés.*
Le participe passé de ce verbe, qui n'existe qu'à la forme pronominale, s'accorde toujours en genre et en nombre avec son sujet. *Ses muscles se sont atrophiés.*
CONJUGAISON : VOIR MODÈLE ÉTUDIER.
Redoublement du ***i*** à la première et à la deuxième personne du pluriel de l'indicatif imparfait et du subjonctif présent. *(Que) nous nous atrophiions, (que) vous vous atrophiiez.*
atrophier.

ATTABLÉ, ÉE adj.
Installé à table. *Ils étaient attablés quand le téléphone a sonné. Attablés un long moment pour savourer un bon repas, les enfants avaient des fourmis dans les jambes.*

ATTABLER (S') v. pronom.
Se mettre à table. *Attablez-vous, les enfants, le dîner est prêt ! Ils se sont attablés avec entrain.*
Le participe passé de ce verbe, qui n'existe qu'à la forme pronominale, s'accorde toujours en genre et en nombre avec son sujet. *Nos invités se sont attablés sans se laisser prier.*
CONJUGAISON : VOIR MODÈLE AIMER.

ATTACHANT, ANTE adj.
Qui intéresse, qui touche. *Nous adorons Laurence : elle est très attachante.*

ATTACHE n. f.
1. Tout ce qui sert à attacher. *Les courroies, cordages, liens sont des attaches.*
2. (AU PLUR.) Liens. *Des attaches familiales.*

ATTACHÉ n. m.
ATTACHÉE n. f.
1. Membre d'une ambassade, d'un cabinet. *Un attaché d'ambassade. Une attachée culturelle.*
2. Personne chargée d'une fonction dans une entreprise publique ou privée. *Une attachée d'administration. Des attachés de presse.*

ATTACHÉ-CASE n. m. (pl. *attachés-cases*)
La lettre ***a*** de ***-case*** se prononce ***è,*** [ataʃekɛz].
Mallette rectangulaire plate et rigide qui sert de porte-documents.

ATTACHEMENT n. m.
Vif sentiment d'affection. *Fanny a beaucoup d'attachement pour ses grands-parents.*

ATTACHER v. tr., intr., pronom.
VERBE TRANSITIF
1. Lier, fixer à quelque chose. *Attacher son vélo à une clôture.*
2. Accorder. *Il n'attache aucune valeur à ces remarques.* SYN. attribuer.
VERBE INTRANSITIF
Coller au fond du plat, à la cuisson. *Le potage a attaché.*
VERBE PRONOMINAL
1. Se fixer. *Attachez-vous, nous allons démarrer.*
2. Se lier à. *Elles se sont attachées à leur nouvelle famille.*
3. S'efforcer, tenter de. *Les nouveaux voisins se sont attachés à apprendre le français.* SYN. s'appliquer.
4. S'intéresser (à quelque chose). *Ils se sont attachés à rechercher l'étymologie de ces mots.* SYN. se concentrer sur.
Ne pas confondre avec le verbe ***s'attarder,*** perdre son temps à faire quelque chose.
À la forme pronominale, le participe passé de ce verbe s'accorde toujours en genre et en nombre avec son sujet. *Elles se sont attachées à cette enfant.*
CONJUGAISON : VOIR MODÈLE AIMER.

ATTAQUABLE adj.
Qui peut être attaqué. *Une thèse attaquable.* SYN. contestable.

ATTAQUANT, ANTE n. m. et f.
Qui attaque. *Les attaquants étaient peu nombreux.* SYN. assaillant.

ATTAQUE n. f.
1. Action de faire un acte de violence contre une ou des personnes. *« À l'attaque ! », criaient les pirates.* SYN. assaut ; offensive.
2. Accès brutal de certaines maladies. *Une attaque d'épilepsie.* SYN. crise.
LOCUTIONS
– ***Attaque à main armée.*** Attaque avec une arme.
Dans cette expression, le nom ***main*** demeure au singulier.
– ***Être d'attaque.*** (FAM.) Être en forme. *« J'étais toute reposée, le visage frais, les yeux clairs, bien d'attaque pour le reste du voyage »* (Gabrielle Roy, *La Détresse et l'Enchantement*).

FORME FAUTIVE
*attaque cardiaque. Calque de «*heart attack*» pour ***crise cardiaque***.

ATTAQUER v. tr., pronom.
VERBE TRANSITIF
1. Faire un acte de violence contre une ou des personnes. *Ces personnes ont été attaquées par un cambrioleur. Le cambrioleur a attaqué les occupants de l'immeuble.* SYN. agresser; assaillir.
2. Entreprendre. *Il attaque la construction de sa cabane dès demain.* SYN. commencer.
VERBE PRONOMINAL
Affronter, s'en prendre à. *Ils se sont attaqués à de dangereux malfaiteurs.*
À la forme pronominale, le participe passé de ce verbe s'accorde toujours en genre et en nombre avec son sujet. *Ils se sont attaqués à cette tâche difficile.*
CONJUGAISON : VOIR MODÈLE AIMER.

ATTARDÉ, ÉE adj. et n. m. et f.
Qui souffre de retard mental. SYN. arriéré.

ATTARDER (S') v. pronom.
1. Rester longtemps quelque part. *Laurence et Julien se sont attardés au parc : leur maman était inquiète.*
2. Perdre son temps à faire quelque chose. *Elle s'est attardée à vérifier et à revérifier les données. Il s'attarde sur cette étude.*
À la forme pronominale, le verbe se construit avec les prépositions ***à, sur.***
Le participe passé de ce verbe, qui n'existe qu'à la forme pronominale, s'accorde toujours en genre et en nombre avec son sujet. *Elles se sont attardées au restaurant.*
Ne pas confondre avec le verbe ***s'attacher,*** s'intéresser à quelque chose.
CONJUGAISON : VOIR MODÈLE AIMER.

ATTEIGNABLE adj.
Qu'on peut atteindre. *Un but atteignable. Un idéal difficilement atteignable.* SYN. accessible. ANT. inatteignable.

ATTEINDRE v. tr.
VERBE TRANSITIF DIRECT
1. Attraper. *Peux-tu atteindre ce verre en haut de l'armoire ?*
2. Arriver (en un lieu). *Nous atteindrons Québec dans deux heures.* SYN. parvenir.
3. Blesser. *Des débris de verre l'ont atteinte.* SYN. frapper; toucher.
4. (FIG.) Bouleverser. *Cette nouvelle l'atteignit profondément.* SYN. blesser; ébranler; émouvoir.
5. Toucher. *Atteindre son but.* SYN. parvenir à.
VERBE TRANSITIF INDIRECT
Parvenir à. *Atteindre à la perfection.*
En ce sens, le verbe se construit avec la préposition ***à.***
CONJUGAISON : VOIR MODÈLE ÉTEINDRE.
INDICATIF PRÉSENT *J'atteins, tu atteins, il atteint, nous atteignons, vous atteignez, ils atteignent.* IMPARFAIT *J'atteignais, tu atteignais, il atteignait, nous atteignions, vous atteigniez, ils atteignaient.* FUTUR *J'atteindrai, tu atteindras.* PASSÉ SIMPLE *J'atteignis, nous atteignîmes.* CONDITIONNEL PRÉSENT *J'atteindrais, tu atteindrais, nous atteindrions.* IMPÉRATIF PRÉSENT *Atteins, atteignons, atteignez.* SUBJONCTIF PRÉSENT *Que j'atteigne, que tu atteignes, qu'il atteigne, que nous atteignions, que vous atteigniez, qu'ils atteignent.* PARTICIPE PRÉSENT *Atteignant.* PASSÉ *Atteint, einte.*
Les lettres ***gn*** sont suivies d'un ***i*** à la première et à la deuxième personne du pluriel de l'indicatif imparfait et du subjonctif présent. *(Que) nous atteignions, (que) vous atteigniez.*
atteindre.

ATTEINT, EINTE adj.
Qui souffre d'une maladie. *Ils sont atteints du diabète.* SYN. malade.

ATTEINTE n. f.
1. Coup dont on est frappé physiquement ou moralement.
2. Préjudice. *Cet accident est une autre atteinte du sort.*
LOCUTIONS
– ***Hors d'atteinte.*** À l'abri du danger. *Ils sont maintenant hors d'atteinte.*
– ***Porter atteinte.*** Causer du tort. *Ces décisions pourraient porter atteinte à l'entreprise.* SYN. nuire.
Dans cette expression, le nom ***atteinte*** est invariable.
atteinte.

ATTELAGE n. m.
1. Action d'attacher des animaux à un véhicule pour le tirer.
2. Bêtes attelées ensemble. *Un attelage de chevaux tire le carrosse royal.*
attelage.

ATTELER v. tr., pronom.
VERBE TRANSITIF
Attacher des animaux à un véhicule pour le tirer. *Les Inuits attellent des chiens à leurs traîneaux.* ANT. dételer.
VERBE PRONOMINAL
(FIG.) Entreprendre un travail long et difficile. SYN. s'attaquer à.
À la forme pronominale, le participe passé de ce verbe s'accorde toujours en genre et en nombre avec son sujet. *Ils se sont attelés à la tâche.*
CONJUGAISON : VOIR MODÈLE APPELER.
Redoublement du ***l*** devant un ***e*** muet. *J'attelle, j'attellerai,* mais *j'attelais.*
atteler.
[Les *Rectifications* (1990) admettent : il attèle, attèlera, attèlerait...]

ATTELLE n. f.
Planchette servant à maintenir immobile un membre fracturé.

ATTENANT, ANTE adj.
Qui touche à. *Des pièces attenantes au salon.* SYN. adjacent; contigu.

ATTENDRE v. tr., pronom.
VERBE TRANSITIF DIRECT
1. Rester en un lieu pour la venue de quelqu'un, de quelque chose. *J'attends un ami. Elle attend l'autobus. Tout vient à point à qui sait attendre* (Proverbe).
2. Compter sur. *Il attend un appel téléphonique.* SYN. désirer; espérer.
3. Remettre à plus tard. *Attends, réfléchis un peu avant de répondre.* SYN. différer; patienter.
VERBE TRANSITIF INDIRECT
1. ***Attendre après quelqu'un.*** Languir d'impatience. *J'attends après vous depuis très longtemps.*
2. ***Attendre après quelque chose.*** En avoir besoin. *Attendais-tu après ce livre ?*
La construction transitive indirecte avec la préposition ***après*** est jugée familière et régionale par certains auteurs; on pourra lui préférer la construction transitive directe (sans préposition). *Je vous attendais depuis longtemps. Attendais-tu ce livre ?*
VERBE PRONOMINAL
Prévoir. *Elle ne s'était pas attendue à cette fête. Ce n'est pas ce à quoi elle* (et non *ce qu'elle) *s'attendait.* SYN. escompter; imaginer.
Le verbe se construit avec la préposition ***à.*** On emploie la construction ***s'attendre à ce que,*** suivie du subjonctif, aussi bien dans la phrase affirmative que négative. *Elle s'attend à ce qu'il vienne demain.*
À la forme pronominale, le participe passé de ce verbe s'accorde toujours en genre et en nombre avec son sujet. *Ils ne s'étaient pas attendus à ce dénouement.*

LOCUTIONS
– ***Attendre quelqu'un avec une brique et un fanal.*** ⚜ (FAM.) Attendre quelqu'un de pied ferme, avec des intentions agressives.
– ***Attendre un enfant.*** Être enceinte.
FORME FAUTIVE
*s'en attendre. Construction fautive pour ***s'y attendre.***
CONJUGAISON : VOIR MODÈLE FENDRE.
INDICATIF PRÉSENT *J'attends, tu attends, il attend, nous attendons, vous attendez, ils attendent.* IMPARFAIT *J'attendais, nous attendions.* FUTUR *J'attendrai, tu attendras.* PASSÉ SIMPLE *J'attendis, nous attendîmes.* CONDITIONNEL PRÉSENT *J'attendrais, tu attendrais.* IMPÉRATIF PRÉSENT *Attends, attendons, attendez.* SUBJONCTIF PRÉSENT *Que j'attende, que nous attendions.* PARTICIPE PRÉSENT *Attendant.* PASSÉ *Attendu, ue.*

ATTENDRIR v. tr., pronom.
VERBE TRANSITIF
1. Rendre plus tendre. *Le boucher a attendri ces tranches de bœuf.*
2. Toucher, émouvoir. *Ce triste spectacle les a attendris.*
VERBE PRONOMINAL
S'émouvoir. *Il s'attendrit sur lui-même.* SYN. s'apitoyer.
À la forme pronominale, le participe passé de ce verbe s'accorde toujours en genre et en nombre avec son sujet. *Elle s'est attendrie sur le triste sort de cet étudiant.*
CONJUGAISON : VOIR MODÈLE FINIR.

ATTENDRISSANT, ANTE adj.
Émouvant. *Cette scène est attendrissante.* SYN. touchant.

ATTENDRISSEMENT n. m.
État d'une personne attendrie, émue.

ATTENDU n. m. et prép.
NOM MASCULIN
(DR.) Alinéa d'une requête, motif d'une décision. *Les attendus d'un jugement.*
PRÉPOSITION
En raison de. *Attendu les bonnes notes obtenues, il sera admis.* SYN. compte tenu de ; vu.
Placé devant le nom, ***attendu*** est considéré comme une préposition et reste invariable.
LOCUTION
– ***Attendu que,*** loc. conj. Puisque, vu que.
Cette locution est généralement suivie de l'indicatif. *Attendu que cette décision n'est pas prise...*

ATTENTAT n. m.
Agression contre une personne. *Le président a été victime d'un attentat. Un attentat contre le pape. Un attentat à la bombe. Des attentats suicides.* SYN. attaque.
LOCUTION
– ***Attentat à la pudeur.*** Attouchements indécents faits volontairement sur une personne sans son consentement.
attenta**t**, un ***t*** final.

ATTENTATOIRE adj.
Qui porte atteinte à quelque chose. *Un projet attentatoire à la protection des données nominatives.* SYN. contraire ; préjudiciable.

ATTENTE n. f.
1. Ce que l'on attend, ce que l'on espère. *Elle a pleinement répondu à notre attente* (et non à *nos attentes) *et dépasse même nos espérances.*
En ce sens, le mot s'emploie au singulier. *Il remplit, satisfait, dépasse, surpasse mon attente,* en revanche *il déçoit, dément, trompe ton attente.*
2. Temps pendant lequel on attend. *Quelques minutes d'attente.*
LOCUTIONS
– ***Contre toute attente.*** Contrairement aux prévisions.
– ***Répondre à l'attente de quelqu'un.*** Faire ce qui était espéré par quelqu'un.
– ***Salle d'attente.*** Pièce où l'on attend. *La salle d'attente d'un médecin.*

ATTENTER v. tr. ind.
Commettre un attentat contre quelqu'un. *Attenter à la vie de quelqu'un.*
Aujourd'hui, ce verbe transitif indirect se construit avec la préposition ***à.*** La construction avec la préposition ***contre*** est vieillie.
Ne pas confondre avec le verbe ***intenter,*** actionner quelqu'un.
CONJUGAISON : VOIR MODÈLE AIMER.

ATTENTIF, IVE adj.
1. Qui prête attention. *Un auditoire attentif.* ANT. distrait ; inattentif.
2. Qui fait attention. *Être attentif à respecter le règlement.* SYN. appliqué ; empressé.

ATTENTION n. f.
1. Application. *Elle écoute avec attention.* SYN. concentration. ANT. distraction ; inattention.
On attire, capte, détourne, réclame, retient l'attention de quelqu'un ; on accorde de l'attention, on prête attention à quelqu'un, à quelque chose, on lui donne toute son attention ; on signale quelque chose à l'attention de quelqu'un.
2. Gentillesse. *Quelle délicate attention !*
Ne pas confondre avec le nom ***intention,*** volonté, désir.
LOCUTIONS
– ***À l'attention de.*** Cette mention précise le nom du destinataire d'un envoi lorsque celui-ci est acheminé à une entreprise, à un organisme. La mention est inscrite à gauche de l'enveloppe, vis-à-vis de l'indication de l'adresse. *À l'attention* (et non *intention) *de* Mme *Gaucher.*
– ***Attirer l'attention.*** Signaler. *J'attire votre attention sur ce point.*
– ***Faire attention.*** Prendre garde. *Tu devrais faire attention à ta bicyclette. Fais attention à* ou *de ne pas trébucher. Fais attention que* ou *à ce que les enfants soient vêtus chaudement.*
Suivie d'un nom, la locution se construit avec la préposition ***à.*** Suivie d'un verbe à l'infinitif, la locution se construit avec les prépositions ***à, de.*** La locution peut aussi se construire avec ***que*** ou ***à ce que*** et un verbe au subjonctif.
– ***Prêter attention.*** Être attentif. *Il faut prêter attention à ces manœuvres.*

ATTENTIONNÉ, ÉE adj.
Prévenant, plein d'attentions. *Un gentil mari bien attentionné pour sa femme et ses enfants.*

ATTENTISME n. m.
Politique de temporisation, d'attente des évènements avant de prendre une décision.

ATTENTISTE n. m.
Adepte de l'attentisme.

ATTENTIVEMENT adv.
De façon attentive. *Les copains écoutent attentivement l'humoriste invité.*

ATTÉNUANT, ANTE adj.
Qui diminue la gravité. *Des circonstances atténuantes.* ANT. aggravant.

ATTÉNUATION n. f.
Action d'atténuer ; fait de s'atténuer.

ATTÉNUER v. tr., pronom.
VERBE TRANSITIF
Diminuer, rendre moins grave. *Les médicaments ont atténué ses souffrances.* SYN. réduire ; soulager.
VERBE PRONOMINAL
Devenir moindre. *La fièvre s'est atténuée.* SYN. se réduire.

À la forme pronominale, le participe passé de ce verbe s'accorde toujours en genre et en nombre avec son sujet. *Leurs désaccords se sont atténués.*
CONJUGAISON : VOIR MODÈLE AIMER.

ATTERRER v. tr.
Semer la consternation chez (quelqu'un).
CONJUGAISON : VOIR MODÈLE AIMER.

ATTERRIR v. intr.
Se poser sur le sol, en parlant d'un avion, d'un engin spatial. *L'avion a atterri avec trois heures de retard.*
CONJUGAISON : VOIR MODÈLE FINIR.
atterrir.

ATTERRISSAGE n. m.
Action d'atterrir ; son résultat. *Un atterrissage forcé.*
atterrissage.

ATTESTATION n. f.
1. Document qui donne la preuve de quelque chose.
2. Déclaration, verbale ou écrite, par laquelle une personne ou un organisme témoigne de l'existence ou de la véracité d'un fait (Recomm. off.).
LOCUTION
– ***Attestation d'études.*** Document certifiant qu'un élève ou un étudiant a fait des études dans un domaine déterminé, et comportant généralement les résultats obtenus (Recomm. off.).
L'attestation d'études revêt un caractère moins officiel que le diplôme.

ATTESTER v. tr.
1. Certifier l'authenticité de. *Elle a attesté l'authenticité de la signature.* SYN. garantir.
2. Confirmer. *Ce fait est attesté par plusieurs témoins.*
3. (VX) (LITT.) Prendre à témoin. *J'en atteste les dieux.*
4. Témoigner de, indiquer. *La variation des cours boursiers atteste les* (et non *des) *incertitudes du marché.* SYN. démontrer ; montrer.
Contrairement au verbe ***témoigner de,*** le verbe ***attester*** se construit avec un complément direct, c'est-à-dire sans la préposition ***de.*** *Sa participation à la rencontre atteste son* (et non *de son) *intérêt.* Suivi de ***que,*** le verbe se construit avec l'indicatif. *J'atteste que cet homme est innocent.*
CONJUGAISON : VOIR MODÈLE AIMER.

ATTIÉDIR v. tr.
(LITT.) Diminuer l'ardeur de. *L'éloignement attiédit la passion.* SYN. affaiblir.
CONJUGAISON : VOIR MODÈLE FINIR.

ATTIFER v. tr., pronom.
VERBE TRANSITIF
(FAM.) (PÉJ.) Accoutrer. *Regarde comment on l'a attifé d'une chemise à jabot !*
VERBE PRONOMINAL
S'habiller avec mauvais goût. *Elles se sont attifées de vêtements trop voyants.*
À la forme pronominale, le participe passé de ce verbe s'accorde toujours en genre et en nombre avec son sujet. *Ils se sont attifés de chapeaux extravagants.*
CONJUGAISON : VOIR MODÈLE AIMER.

ATTIKAMEK adj. et n. m. et f.
Relatif aux Amérindiens abénaquis. *La culture attikamek, des projets attikameks. Un Attikamek, une Attikamek.*
Ce mot est invariable en genre, mais il prend la marque du pluriel.

ATTIRAIL n. m.
(FAM.) Équipement encombrant destiné à un usage spécifique. *Un attirail de pêcheur.*

ATTIRANCE n. f.
Goût. *Avoir de l'attirance pour la musique.* ANT. dégoût.

ATTIRANT, ANTE adj.
Qui exerce un attrait. *Des propositions attirantes.* SYN. attrayant ; séduisant.

ATTIRER v. tr., pronom.
VERBE TRANSITIF
1. Tirer à soi. *Le pollen des fleurs attire les abeilles.*
2. Inciter à venir, éveiller l'intérêt de. *La médecine l'attire beaucoup. Ce quartier ne l'attire pas.* SYN. séduire.
3. Occasionner. *Ses retards lui attireront des ennuis.* SYN. causer ; entraîner.
VERBE PRONOMINAL
1. Être attiré l'un vers l'autre. *Ils se sont tout de suite attirés.*
2. Exercer l'un sur l'autre une action telle que tous deux ont tendance à se rapprocher. *Des aimants qui s'attirent ou se repoussent.*
3. Se mettre dans le cas de subir. *Ils se sont attiré des reproches.*
À la forme pronominale, le participe passé de ce verbe s'accorde en genre et en nombre avec le complément direct si celui-ci le précède. *Les remontrances qu'ils se sont attirées. Ces adolescents se sont attirés tout de suite.* Le participe passé reste invariable si le complément direct suit le verbe. *Elles se sont attiré des remarques.*
CONJUGAISON : VOIR MODÈLE AIMER.

ATTISER v. tr.
1. Activer le feu. *Luc attise le feu avec un soufflet.*
2. (LITT.) Exciter. *Attiser une querelle.* SYN. envenimer.
CONJUGAISON : VOIR MODÈLE AIMER.

ATTITRÉ, ÉE adj.
Chargé en titre d'une fonction, d'une tâche. *Un fournisseur attitré de Sa Majesté.*

ATTITUDE n. f.
1. Manière de tenir le corps. *Une attitude gracieuse.* SYN. allure ; maintien ; posture.
2. Manière de se comporter. *Son attitude envers moi était désagréable.* SYN. comportement.
On peut aussi prendre une attitude ***vis-à-vis de, à l'égard de, en face de.***
Ne pas confondre avec le nom ***aptitude,*** habileté.

ATTO- préf.
Symbole ***a*** (s'écrit sans point).
Préfixe qui multiplie par 0,000 000 000 000 000 001 l'unité qu'il précède. *Des attosecondes.*
Sa notation scientifique est 10^{-18}.
VOIR TABLEAU – MULTIPLES ET SOUS-MULTIPLES DÉCIMAUX.

ATTOSECONDE n. f.
Symbole ***as*** (s'écrit sans point).
Unité de mesure de temps correspondant à un milliardième de milliardième de seconde. *« Si l'on cherche quelques repères chronologiques sur la contraction du temps dans l'histoire, faut-il rappeler qu'on a commencé de parler de dixième de seconde en 1600, de centième de seconde en 1800, de milliseconde en 1850, de microseconde (millionième de seconde) en 1950, de nanoseconde (milliardième de seconde) en 1965, de picoseconde (millième de milliardième de seconde) en 1970, de femtoseconde (millionième de milliardième de seconde) en 1990, et qu'on parlera probablement en 2020 d'attoseconde, c'est-à-dire de milliardième de milliardième de seconde »* (*Le Monde diplomatique*, 2002) !

ATTOUCHEMENT n. m.
1. Action de toucher légèrement avec la main. SYN. toucher.
2. Caresse légère. *Ces frôlements, ces attouchements sont agréables.*

ATTRACTIF, IVE adj.
Qui attire. *La force centripète est attractive.*
Au sens de « attrayant », l'emploi de ce mot est critiqué.

ATTRACTION n. f.
1. Effet produit par ce qui attire. *L'attraction magnétique.*
2. Attirance. *La musique exerce une grande attraction sur lui.* SYN. attrait.
3. Ce qui attire le public. *Le Jardin botanique est une attraction pour les Montréalais.* SYN. centre d'intérêt.
LOCUTION
– ***Parc d'attractions.*** Lieu où des manèges, des jeux sont mis à la disposition du public. *La Ronde est un grand parc d'attractions.*

ATTRAIT n. m.
1. Ce qui attire, séduit. *Les attraits des sports d'hiver.*
2. Penchant, goût. *Elle ressent beaucoup d'attrait pour lui.* SYN. attirance.

ATTRAPE n. f.
Tromperie. *Un magasin de farces et attrapes.*
✏ attrape.

ATTRAPE-MOUCHES n. m. (pl. *attrape-mouches*)
Piège à mouches. *Des attrape-mouches efficaces.*

ATTRAPE-NIGAUD n. m. (pl. *attrape-nigauds*)
Ruse, produit qui ne peut tromper que les nigauds, les gens naïfs. *Ces gadgets sont des attrape-nigauds.*
✏ attrape-nigaud.

ATTRAPER v. tr., pronom.
VERBE TRANSITIF
1. Prendre comme dans un piège, au passage. *Le chat a attrapé la souris.* SYN. s'emparer de; saisir.
Ne pas confondre avec les verbes suivants :
• ***agripper,*** saisir violemment avec les doigts;
• ***gober,*** avaler sans mâcher;
• ***happer,*** attraper avidement avec la gueule, saisir brusquement.
2. Arriver à prendre. *J'ai réussi à attraper le traversier. Les policiers ont attrapé les bandits.*
3. Tromper. *Je l'ai bien attrapé : c'était une blague!* SYN. duper; leurrer.
4. (FAM.) Contracter. *Elle a attrapé la grippe, un coup de soleil.*
VERBE PRONOMINAL
1. Être contagieux, en parlant d'une maladie. *Tenez-vous à l'écart, car votre grippe s'attrape.*
2. Se battre. *Ils se sont attrapés violemment.*
À la forme pronominale, le participe passé de ce verbe s'accorde toujours en genre et en nombre avec son sujet. *Elles s'étaient attrapées et simulaient une bataille.*
CONJUGAISON : VOIR MODÈLE AIMER.
✏ attraper, deux *t*, un *p*.

ATTRAYANT, ANTE adj.
Qui attire par son côté agréable. *Ce spectacle est attrayant. Des sorties attrayantes.* SYN. agréable; attirant; plaisant; séduisant.

ATTRIBUABLE adj.
Qui peut, doit être attribué. *Ces pertes sont attribuables au ralentissement de la consommation.* SYN. dû; imputable.

ATTRIBUER v. tr., pronom.
VERBE TRANSITIF
1. Donner une part. *La direction nous a attribué un budget de 500 $.* SYN. accorder.
2. Donner comme cause, comme auteur. *À qui doit-on attribuer cette erreur?* SYN. imputer.
3. Accorder un avantage. *Cette bourse leur a été attribuée.* SYN. octroyer.
On attribue une bourse, on décerne un prix, on confère un grade, on délivre un diplôme.
VERBE PRONOMINAL
S'approprier. *Ils se sont attribué les postes les plus intéressants. Les responsabilités qu'ils se sont attribuées.* SYN. s'accorder; s'arroger.
À la forme pronominale, le participe passé de ce verbe s'accorde en genre et en nombre avec le complément direct si celui-ci le précède. *Les privilèges qu'elles se sont attribués.* Le participe passé reste invariable si le complément direct suit le verbe. *Ils se sont attribué des avantages.*
CONJUGAISON : VOIR MODÈLE AIMER.

ATTRIBUT n. m.
1. Caractère propre que l'on prête à un être, à une chose. *La faculté de penser est un attribut du genre humain.* SYN. caractéristique; particularité; signe distinctif.
2. Symbole attaché à une fonction. *Le caducée est l'attribut des médecins.*
3. (GRAMM.) Mot ou groupe de mots exprimant une qualité, une manière d'être par l'intermédiaire d'un verbe (le plus souvent, le verbe ***être***, mais aussi : ***devenir, paraître, sembler,*** etc.).
VOIR TABLEAU – ATTRIBUT.
✏ attribut.

ATTRIBUTAIRE n. m.
Personne à qui a été attribué un contrat, un marché.

ATTRIBUTIF, IVE adj.
(GRAMM.) Se dit d'un verbe qui relie l'attribut au sujet. *Les verbes* être, devenir, paraître, rester, sembler *sont des verbes attributifs.*
En ce sens, on emploie aussi le terme ***verbe d'état.***

ATTRIBUTION n. f.
1. Action d'attribuer. *L'attribution d'une bourse.*
2. (AU PLUR.) Pouvoir attribué à quelqu'un. *Cette décision n'est pas dans ses attributions.* SYN. prérogative.

ATTRISTER v. tr., pronom.
VERBE TRANSITIF
Rendre triste. *Le départ d'André attrista ses copains.* SYN. affliger; chagriner; peiner.
VERBE PRONOMINAL
Devenir triste, se désoler. *Les copains se sont attristés du départ d'André.*
À la forme pronominale, le participe passé de ce verbe s'accorde toujours en genre et en nombre avec son sujet. *Elles se sont attristées du départ prochain de leurs amis.*
CONJUGAISON : VOIR MODÈLE AIMER.

ATTRITION n. f.
(ADM.) Réduction progressive de l'effectif d'une entreprise en raison des départs volontaires des employés.

ATTROUPEMENT n. m.
Rassemblement de personnes dans la rue. *Un attroupement s'est formé devant l'école en feu.*
✏ attroupement.

ATTROUPER v. tr., pronom.
VERBE TRANSITIF
Grouper.
VERBE PRONOMINAL
Se réunir en grand nombre. *Les élèves se sont attroupés devant l'école.* SYN. se grouper; se rassembler.
À la forme pronominale, le participe passé de ce verbe s'accorde toujours en genre et en nombre avec son sujet. *Les curieux se sont attroupés autour des orateurs.*
CONJUGAISON : VOIR MODÈLE AIMER.
✏ attrouper.

ATYPIQUE adj.
Sans type déterminé. *Une maladie atypique, sans symptômes.*

Au
Symbole de *or.*

A

ATTRIBUT

L'attribut est un mot ou un groupe de mots exprimant une qualité, une manière d'être attribuée à un être ou à un objet par l'intermédiaire d'un verbe, le plus souvent, le verbe ***être***. *Elle était émue quand on l'a nommée présidente.*

Fonction grammaticale exercée dans la plupart des cas par un adjectif ou un nom, l'attribut fait partie du groupe verbal.

Plusieurs verbes – **essentiellement** ou **occasionnellement attributifs** – peuvent jouer le même rôle :

appeler	demeurer	faire	savoir
choisir	devenir	juger	sembler
connaître	dire	paraître	trouver
croire	élire	proclamer	vivre
déclarer	estimer	rester	vouloir...

- **Attribut du sujet**

*La maison paraît **grande** lorsque les enfants sont **absents**. Étienne est devenu **neurologue** en 2005.*

*Ces chiens semblent **attachés** à Françoise : ce sont **les siens**. Elle restera **présidente**.*

L'attribut du sujet est un receveur d'accord : s'il est de forme variable, il s'accorde en genre et en nombre avec le sujet du verbe.

- **Attribut du complément du verbe**

*Je le crois **fou de toi**. Le directeur la trouve **compétente**. On la nomma **trésorière**.*

L'attribut du complément direct est un receveur d'accord : s'il est de forme variable, il **s'accorde en genre et en nombre avec le complément direct du verbe**.

- **L'attribut peut être**

Un adjectif ou **un groupe adjectival (groupe de l'adjectif)**.
*Cette maison est **accueillante**. Ces mères semblent **bien fières de leur enfant**.*

Un nom ou **un groupe nominal (groupe du nom)**.
*Les membres l'élurent **président**. Les framboises sont **des fruits succulents**.*

Un pronom.
*Cette bicyclette est **la tienne**. **Qui** es-tu ?*

Un adverbe ou **un groupe adverbial (groupe de l'adverbe)**.
*Elle est **chic**. Ce texte est **très bien**.*

Un groupe prépositionnel (groupe de la préposition).
*Mes amis sont **d'accord**. Les lilas sont **en fleurs**.*

Une phrase à verbe conjugué.
*Notre objectif est **que tous les étudiants maîtrisent bien cette matière**.*

Un participe ou **une phrase participiale**.
*Le jardin est **ombragé**. Ces personnes semblent **touchées**. Il est **décidé à partir**.*

Un infinitif ou **une phrase infinitive**.
*Partir, c'est **mourir un peu**.*

- **Place de l'attribut**

L'attribut se place généralement **après** le verbe qui le relie au mot qu'il qualifie. *La fleur est rouge.*

Il est parfois **avant** le verbe, notamment dans les interrogations, dans les phrases où le verbe est sous-entendu, lorsque l'auteur veut mettre l'accent sur l'attribut. *Quel est ton âge ? Heureux les insouciants ! Grande était sa joie.*

AU, AUX art. déf.
1. *Au.* Forme contractée de la préposition ***à*** et de l'article masculin ***le.*** *Les pommiers fleurissent au printemps.*
L'article contracté ***au*** s'emploie devant les noms masculins commençant par une consonne ou un ***h*** aspiré. *Aller au cinéma, revenir au pays, au hameau.* Mais on dira *aller à l'école, à l'hôpital, à la campagne.*
2. *Aux.* Forme contractée de la préposition ***à*** et de l'article masculin et féminin ***les.*** *Étienne a écrit aux copains de l'été.*
L'article pluriel ***aux*** s'emploie devant tous les noms masculins ou féminins. *Une tarte aux framboises, aux bleuets.*
VOIR TABLEAU – DÉTERMINANT.
HOM.
• ***eau,*** substance liquide et transparente, sans couleur, sans odeur, sans goût;
• ***haut,*** sommet;
• ***os,*** partie du squelette de l'homme et des animaux vertébrés.

AUBADE n. f.
Concert donné à l'aube sous les fenêtres de quelqu'un.
La ***sérénade*** est un concert donné le soir.

AUBAINE n. f.
1. Avantage inespéré. *Du soleil pendant la fin de semaine, quelle aubaine!*
2. ⚜ Article à prix réduit. *En janvier, on peut profiter des aubaines, des soldes pour acheter des skis ou des patins.*
LOCUTION
– ***Prix d'aubaine.*** ⚜ Prix réduit.

AUBE n. f.
1. Premières lueurs de l'aurore. *Se lever à l'aube. « Quelle heure sinistre que l'aube, ce moment vague entre le jour et la nuit »* (Anne Hébert, *Kamouraska*).
2. Tunique du prêtre. *Revêtir une aube.*
3. Planchette de bois. *Bateau à aubes, roue à aubes.*
LOCUTION
– ***À l'aube de.*** (LITT.) Au début de. *À l'aube de votre nouvelle vie.*

AUBÉPINE n. f.
Arbrisseau à fleurs blanches ou roses.

AUBERGE n. f.
Petit hôtel de campagne.

AUBERGINE adj. inv. et n. f.
NOM FÉMININ
Plante potagère de couleur violette cultivée pour ses fruits. *Préparer les aubergines à la grecque.*
ADJECTIF DE COULEUR INVARIABLE
De la couleur violette de l'aubergine. *Elle portait des vêtements aubergine.*
VOIR TABLEAU – COULEUR (ADJECTIFS DE).

AUBERGISTE n. m. et f.
Personne qui tient une auberge. *L'aubergiste est particulièrement accueillante.*

AUBURN adj. inv.
Ce mot se prononce à l'anglaise [obœrn].
D'un brun roux, en parlant des cheveux. *Des cheveux auburn.*
VOIR TABLEAU – COULEUR (ADJECTIFS DE).

AUCUN, UNE adj. indéf. et pron. indéf.
ADJECTIF INDÉFINI
1. Pas un seul. *Fanny n'a mangé aucun bonbon.*
1° Compte tenu de la valeur négative de l'adjectif ***aucun***, on ne peut employer les adverbes négatifs ***pas*** ou ***point*** dans la même proposition sous peine d'une double négation. *Je n'ai donné* (et non *je n'ai pas donné) *aucun reçu.*
2° On emploiera cependant ***aucun*** avec ***jamais***, avec ***plus*** ou avec ***ne.*** *Il n'a jamais lu aucun ouvrage de ce type. Après cet incident, elle n'a plus reçu aucune visite.*
3° Le verbe reste au singulier après plusieurs sujets introduits par ***aucun.*** *Aucune excuse, aucun prétexte ne sera admis.*
2. ***Aucun*** + ***ni.***
La conjonction de coordination est ***ni*** et non pas ***et.*** *Aucun gâteau ni* (et non *et) *aucune glace ne sont permis par ce régime.*
3. ***Aucuns, aucunes.***
L'adjectif ***aucun*** ne s'emploie au pluriel que devant un nom qui n'a pas de singulier ou qui a un sens particulier au pluriel. *Aucuns frais. Aucunes funérailles.*
PRONOM INDÉFINI
1. Personne. *Aucun n'est venu. Aucun de vous n'a songé à prévenir ses parents.*
Ce pronom s'emploie avec ***ne*** pour exprimer la négation; le verbe s'accorde avec son sujet singulier même si ***aucun*** est suivi d'un complément au pluriel. *Aucun des invités ne sera en retard.*
2. (LITT.) ***D'aucuns.*** Quelques-uns. *D'aucuns s'imaginent que ce métier est facile.*

AUCUNEMENT adv.
En aucune manière. *Je ne lui en veux aucunement.* SYN. nullement; pas du tout.

AUDACE n. f.
Bravoure. *Quelle audace : ils ont escaladé le mont Blanc!* SYN. courage; (FAM.) culot; hardiesse. ANT. crainte; timidité.
audace.

AUDACIEUSEMENT adv.
Avec audace.
audacieusement.

AUDACIEUX, IEUSE adj. et n. m. et f.
1. Qui a de l'audace. *Jacques Villeneuve est un coureur automobile audacieux.* SYN. brave; courageux; hardi; téméraire.
2. Qui s'écarte des sentiers battus, qui diffère des règles habituelles. *Une conception audacieuse et originale.*
audacieux.

AU-DEDANS adv.
À l'intérieur. *Les enfants jouent au-dedans* ou *au dedans.*
LOCUTION
– ***Au-dedans de,*** loc. prép. À l'intérieur de. *Les élèves sont au-dedans* ou *au dedans de l'école.*
L'adverbe et la locution prépositive s'écrivent avec ou sans trait d'union.

AU-DEHORS adv.
À l'extérieur. *Les enfants jouent au-dehors* ou *au dehors.*
LOCUTION
– ***Au-dehors de,*** loc. prép. À l'extérieur de. *Les élèves sont au-dehors* ou *au dehors de l'école.*
L'adverbe et la locution prépositive s'écrivent avec ou sans trait d'union.

AU-DELÀ n. m. (pl. *au-delàs*)
L'autre monde, après la mort. *Yvan ne croit pas à l'au-delà.*
LOCUTIONS
– ***Au-delà,*** loc. adv. Plus loin (que). *Il marcha jusqu'au village, peut-être au-delà.*
– ***Au-delà de,*** loc. prép. Ce qui est plus loin qu'un point de l'espace. *Au-delà de la rivière.*
1° La locution adverbiale et la locution prépositive s'écrivent avec ou sans trait d'union.
2° La locution prépositive s'emploie surtout avec un complément de lieu.

AU-DESSOUS adv.
Plus bas. *Il habite au-dessous.*
LOCUTION
– ***Au-dessous de,*** loc. prép. Plus bas que. *Il fait 15° au-dessous de zéro* (et non *sous zéro ou *en bas de zéro).
au-dessous, avec un trait d'union.

A

AU-DESSUS adv.
Plus haut. *Elle habite au-dessus.*
LOCUTION
– ***Au-dessus de,*** loc. prép. Plus haut que. *Au-dessus de la maison, il a dessiné un beau ciel.*
au-dessus, avec un trait d'union.

AU-DEVANT adv.
À la rencontre. *Ils marchent au-devant.*
LOCUTION
– ***Au-devant de,*** loc. prép. À la rencontre de. *Ils sont allés au-devant d'eux.*
au-devant, avec un trait d'union.

AUDIBILITÉ n. f.
Qualité de ce qui est audible.

AUDIBLE adj.
Qui peut être perçu par l'oreille.
audible.

AUDIENCE n. f.
1. Séance d'un tribunal. *L'audience est suspendue.*
2. Entretien accordé par un chef d'État, un supérieur, etc. *Une audience papale.*
Ne pas confondre avec le nom ***auditoire,*** ensemble de personnes qui écoutent, qui lisent.
3. (NÉOL.) Nombre de personnes touchées par un média au cours d'une période donnée. *L'audimètre sert à mesurer l'audience des diverses émissions.*
FORME FAUTIVE
*audience. Anglicisme au sens de ***assistance, auditoire, spectateurs.***
Attention au genre féminin de ce nom : ***une*** audience.
audience.

AUDIMÈTRE n. m.
(NÉOL.) Appareil placé sur un téléviseur en vue de mesurer l'audience des diverses émissions.

AUDIO- préf.
Élément du latin signifiant « j'entends ». *Audiovisuel.*

AUDIO adj. inv.
Qui est relatif à l'enregistrement et à la reproduction des sons. *Des bandes audio.*
L'adjectif s'oppose à ***vidéo,*** relatif à l'enregistrement et à la reproduction des images.

AUDIOGRAMME n. m.
Mesure de la perception auditive.

AUDIOGUIDE n. m.
Magnétophone portatif qui fournit des commentaires explicatifs enregistrés permettant une visite guidée et autonome d'une exposition, d'un bâtiment, d'un lieu. *Munis d'un audioguide, les visiteurs sont invités à découvrir 110 ans d'histoire du cinéma. Des audioguides multilingues.*

AUDIOLOGIE n. f.
Étude de l'audition.

AUDIOMÈTRE n. m.
Appareil servant à la mesure de l'acuité auditive, du seuil d'audition.

AUDIONUMÉRIQUE adj.
Dont le son est saisi sous forme de signaux numériques. *Un disque audionumérique* ou *disque compact.*

AUDIOPROTHÉSISTE n. m. et f.
Spécialiste qui ajuste les prothèses auditives en fonction des déficiences de l'ouïe qui ont été diagnostiquées.

AUDIOVISUEL, ELLE adj. et n. m.
ADJECTIF
Qui joint le son à l'image. *Une technique audiovisuelle.*
NOM MASCULIN
Méthode qui intègre l'image et le son. *Le service de l'audiovisuel.*

AUDIT n. m.
Le ***t*** final se prononce, [odit].
Examen des registres et des documents comptables d'une entreprise, d'un organisme. *Des audits annuels.* SYN. vérification.

AUDITEUR n. m.
AUDITRICE n. f.
(COMPT.) Personne chargée de l'examen des registres et des documents comptables d'une entreprise, d'un organisme. SYN. vérificateur, vérificatrice.

AUDITEUR, TRICE n. m. et f.
1. Personne qui écoute. *Les fidèles auditeurs d'une émission.*
2. (LING.) Personne qui écoute l'énoncé d'un locuteur.
Ne pas confondre avec le nom ***locuteur,*** personne qui parle.

AUDITIF, IVE adj.
Relatif à l'oreille et à la perception des sons (l'ouïe). *Des troubles auditifs.*

AUDITION n. f.
1. Faculté d'entendre des sons. *Son audition est déficiente.*
2. Présentation à l'essai d'un artiste. *Une audition devant la directrice de la chorale.*
3. Action d'écouter, d'entendre. *L'audition d'un témoin.*

AUDITIONNER v. tr., intr.
VERBE TRANSITIF
Assister à une audition de. *Le chef d'orchestre auditionne le pianiste.*
VERBE INTRANSITIF
Donner une audition. *Le pianiste auditionne devant le chef d'orchestre.*
CONJUGAISON : VOIR MODÈLE AIMER.

AUDITOIRE n. m.
Ensemble d'auditeurs, de lecteurs. *Le spectacle a plu à l'auditoire* (et non à l'*audience). SYN. public.
Attention au genre masculin de ce nom : ***un*** auditoire.

AUDITORIUM n. m. (pl. *auditoriums*)
Les lettres ***um*** se prononcent ***omme,*** [oditɔrjɔm].
Salle de radiodiffusion.

AU FUR ET À MESURE loc. adv.
À mesure, progressivement. *Je vous apporterai le texte au fur et à mesure qu'il sera imprimé.*

AUGE n. f.
Bassin où mangent et boivent les animaux domestiques.
On pourra également employer le nom ***mangeoire*** pour désigner le contenant où mangent les animaux, et le nom ***abreuvoir*** pour nommer le récipient où ils boivent.

AUGMENTATION n. f.
Accroissement. *L'augmentation du prix des produits* (et non *l'augmentation des produits). *L'augmentation du coût de la vie* (et non *l'augmentation de la vie). SYN. hausse ; montée. ANT. diminution ; réduction.

AUGMENTER v. tr., intr., pronom.
VERBE TRANSITIF
Rendre plus grand. *Augmenter ses connaissances.* SYN. agrandir ; développer ; élargir ; étendre ; multiplier. ANT. diminuer ; réduire.
VERBE INTRANSITIF
Grandir. *Les prix ont augmenté de 20 %, du tiers.* SYN. monter.
VERBE PRONOMINAL
S'accroître. *Le capital s'augmente annuellement des intérêts.*
À la forme pronominale, le participe passé de ce verbe s'accorde toujours en genre et en nombre avec son sujet. *L'inquiétude s'est augmentée de maux de tête lancinants.*
CONJUGAISON : VOIR MODÈLE AIMER.

AUGURE n. m.
1. Personne qui prétend prédire l'avenir. SYN. devin.
2. Présage. *Ces résultats sont de bon augure, de mauvais augure.*
☞ Attention au genre masculin de ce nom : ***un*** augure.

AUGURER v. tr.
Prévoir. *Les premiers résultats laissent augurer un excellent chiffre d'affaires.* SYN. présager.
☞ La construction ***augurer une chose d'une autre*** au sens de ***déduire, présager*** est de niveau littéraire.
CONJUGAISON : VOIR MODÈLE AIMER.

AUGUSTE adj.
(LITT.) Digne de respect. *Cette auguste assemblée.* SYN. noble ; sacré ; vénérable.

AUJOURD'HUI adv.
1. Le jour où l'on est. *Il fait beau aujourd'hui.*
2. À présent. *Aujourd'hui, les enfants utilisent des micro-ordinateurs à l'école.* SYN. actuellement ; maintenant.
LOCUTION
– ***Jusqu'à aujourd'hui*** ou ***jusqu'aujourd'hui,*** loc. adv. Jusqu'à maintenant. *Jusqu'à aujourd'hui* (et non *jusqu'à date), *nos provisions étaient suffisantes.*
✎ aujourd'hui.

AULNAIE ou **AUNAIE** n. f.
👄 Le ***l*** est muet, [onɛ].
Lieu planté d'aulnes.

AULNE ou **AUNE** n. m.
👄 Le ***l*** est muet, [on].
Arbre qui croît dans les lieux humides.

AUMÔNE n. f.
Somme donnée par charité. *Ces sans-abri demandent l'aumône.* SYN. don.
✎ aumône.

AUMÔNERIE n. f.
Charge d'aumônier.

AUMÔNIER n. m.
Ecclésiastique attaché à un établissement. *L'aumônier du collège.*
✎ aumônier.

AUMÔNIÈRE n. f.
Petit sac qui se porte à la ceinture.

AUNAIE
VOIR – AULNAIE.

AUNE
VOIR – AULNE.

AUPARAVANT adv.
D'abord, avant ce moment-là. *Si vous devez vous absenter, prévenez-nous auparavant.* SYN. au préalable. ANT. après.
☞ Cet adverbe indique qu'un évènement a eu lieu avant un autre, au cours d'une période donnée, et se construit sans complément.

AUPRÈS adv.
(LITT.) Près. *L'enfant dormait auprès.* SYN. à proximité.
☞ Cet adverbe marque un rapport de proximité.
LOCUTIONS
– ***Auprès de,*** loc. prép. À côté de. *Reste auprès de moi ce soir.* SYN. près de.
– ***Auprès de,*** loc. prép. Tout près de. *Elle a toujours vécu auprès de nous. « Auprès de ma blonde/Qu'il fait bon dormir »* (*Auprès de ma blonde,* chanson de marche du XVIIe s.).
– ***Auprès de,*** loc. prép. Dans l'opinion de. *Il m'a aidé auprès de mon père.*
– ***Auprès de,*** loc. prép. En comparaison de. *Ma voiture est lente auprès de la sienne.*

AUQUEL
VOIR – LEQUEL.

AURA n. f.
Halo. *Une aura de mystère.* SYN. atmosphère.

AURÉOLE n. f.
1. Cercle de lumière autour de la tête des saints.
2. Éclat, gloire. *L'auréole de la gloire.* SYN. prestige.
☞ Ne pas confondre avec le nom ***aréole,*** cercle coloré autour du mamelon.

AURÉOLER v. tr.
Parer d'une auréole. *Le succès international auréole cette jeune chanteuse.*
CONJUGAISON : VOIR MODÈLE AIMER.

AURICULAIRE adj. et n. m.
ADJECTIF
Qui se rapporte à l'oreille.
☞ Ne pas confondre avec l'adjectif ***oculaire,*** qui se rapporte à l'œil.
NOM MASCULIN
Le cinquième doigt de la main, le ***petit doigt,*** dont l'extrémité peut être introduite dans l'oreille.
☞ Attention au genre masculin de ce nom : ***un*** auriculaire.
LOCUTION
– ***Témoin auriculaire.*** Témoin qui a entendu de ses oreilles.
✎ auriculaire.

AURIFÈRE adj.
Qui contient de l'or. *Une rivière aurifère.*

AUROCHS n. m.
👄 Le premier ***o*** est ouvert ou fermé, les lettres ***ch*** se prononcent ***k*** et le ***s*** est muet, [ɔrɔk, orɔk].
Bœuf sauvage de grande taille d'Europe centrale qui est en voie d'extinction.
[Les *Rectifications* (1990) admettent : un auroch, des aurochs.]

AURORE adj. inv. et n. f.
NOM FÉMININ
Lueur rosée qui vient après l'aube. *Se lever avant l'aurore.*
ADJECTIF DE COULEUR INVARIABLE
D'une couleur rosée. *Des voiles aurore.*
VOIR TABLEAU – COULEUR (ADJECTIFS DE).

AUSCULTATION n. f.
Action d'ausculter, d'écouter les bruits de l'organisme.
✎ auscultation.

AUSCULTER v. tr.
Écouter, généralement au moyen d'un stéthoscope, les bruits normaux ou anormaux provenant de l'intérieur de l'organisme, surtout de la poitrine. *Ausculter le cœur et les poumons d'un malade.*
CONJUGAISON : VOIR MODÈLE AIMER.
✎ ausculter.

AUSPICES n. m. pl.
1. (ANCIENN.) Présage tiré de l'observation des oiseaux. *Sous de bons auspices, sous d'heureux auspices.*
2. (FIG.) Présage, circonstance qui annonce quelque chose de bon ou de mauvais. *Sous de bons, de favorables, d'heureux auspices. Sous de cruels, de funestes, de tristes auspices.*
LOCUTION
– ***Sous les auspices de.*** Avec l'appui de, le soutien de, la protection de. *Un colloque organisé sous les auspices de l'Office franco-québécois de la jeunesse.* SYN. sous l'égide de.
☞ Attention au genre masculin de ce nom.
HOM. ***hospice,*** foyer de personnes âgées, d'orphelins.

AUSSI adv. et conj.
ADVERBE
1. Également. *Pierre vient et Jean aussi.*
☞ Si la phrase est négative, on emploiera ***non plus.*** *Pierre ne vient pas et Jean non plus.*
2. Autant. *Juliette est aussi gentille que Françoise.*
3. De plus. *Je voudrais aussi du gâteau.*

CONJONCTION
C'est pourquoi, pour cette raison. *Ses résultats ne sont pas très bons ; aussi a-t-elle jugé bon de poursuivre son travail.*
L'emploi de cette conjonction qui marque un rapport de conséquence entraîne l'inversion du sujet.
LOCUTION
– ***Aussi bien que,*** loc. conj.
Si deux sujets au singulier sont réunis par la locution conjonctive ***aussi bien que***, le verbe se met au singulier s'il y a une comparaison placée entre virgules. *Pierre, aussi bien que Paul, est gentil.* S'il n'y a pas de virgules, le verbe se met au pluriel pour s'accorder avec les deux sujets. *Pierre aussi bien que Paul sont gentils.*
FORME FAUTIVE
*pour aussi peu que. Calque de «*for as little as*» pour ***pour la modique somme de..., pour seulement...***

AUSSITÔT adv.
Sur l'heure, immédiatement. *Il m'a répondu aussitôt.*
LOCUTION
– ***Aussitôt que,*** loc. conj. Dès que. *Aussitôt que la température tombe sous le point de congélation, l'eau gèle.* SYN. à l'instant où.
Ne pas confondre avec la locution ***aussi tôt*** qui s'oppose à ***aussi tard***, et qui s'écrit en deux mots. *Elle sera là aussi tôt que lui.*

AUSTÈRE adj.
Qui se prive des douceurs de la vie, sévère. *Une vie austère.*

AUSTÉRITÉ n. f.
Sévérité, rigueur. *Une période d'austérité budgétaire.*

AUSTRAL, ALE, ALS ou **AUX** adj.
Qui est au sud du globe terrestre. *Les pays austraux.* ANT. boréal.

AUSTRALIEN, IENNE adj. et n. m. et f.
Relatif à l'Australie. *Le continent australien. Un Australien, une Australienne.*
L'adjectif s'écrit avec une minuscule ; le nom, avec une majuscule.

AUSTRALOPITHÈQUE n. m.
Anthropoïde d'Afrique du Sud.

AUTANT adv.
1. Sert à marquer une quantité égale. *Il y a autant d'hommes que de femmes.*
2. Comme. *J'aime les framboises autant que vous.*
LOCUTIONS
– ***Autant comme autant,*** loc. adv. (FAM.) Tant et plus. *On le lui a dit autant comme autant, il ne nous a pas écoutés.*
– ***D'autant moins que, d'autant plus que,*** loc. conj. Dans la mesure où.
Ces locutions sont suivies de l'indicatif ou du conditionnel. *Elle a d'autant plus de mérite qu'elle a payé ses études elle-même.*
– ***Pour autant,*** loc. adv. Malgré cela. *Je ne l'en aime pas moins pour autant.* SYN. pour cela.
– ***Pour autant que,*** loc. conj. Dans la mesure où. *Pour autant que je sache.*
FORMES FAUTIVES
*en autant que. Calque de «*in as much as*» pour ***dans la mesure où, pour autant que, pourvu que.***
*en autant que je suis concerné. Calque de «*as far as I am concerned*» pour ***en ce qui me concerne.***

AUTARCIE n. f.
État d'un pays qui se suffit à lui-même.

AUTEL n. m.
1. Table pour les sacrifices.
2. Table servant à célébrer la messe.
HOM. ***hôtel,*** immeuble aménagé pour loger les voyageurs.

AUTEUR n. m.
AUTEURE n. f.
1. Créateur, créatrice de quelque chose. *L'auteur d'une découverte.*
2. Personne qui a fait un ouvrage de littérature, de science, d'art, etc. *L'auteur d'un manuel d'histoire.*
3. (ABSOL.) Personne qui a conçu un ouvrage littéraire. *Un bon auteur.*
HOM. ***hauteur,*** dimension verticale, élévation.

AUTHENTICITÉ n. f.
Caractère de ce qui est authentique, vrai. *L'authenticité d'un fait.* SYN. véracité.
⇒ authen**ti**cité.

AUTHENTIFICATION n. f.
Action d'authentifier. *L'authentification d'un tableau.*
⇒ authen**ti**fication.

AUTHENTIFIER v. tr.
Reconnaître comme authentique. *Les experts ont authentifié le tableau de Borduas.*
CONJUGAISON : VOIR MODÈLE ÉTUDIER.
Redoublement du ***i*** à la première et à la deuxième personne du pluriel de l'indicatif imparfait et du subjonctif présent. *(Que) nous authentifiions, (que) vous authentifiiez.*
⇒ authen**ti**fier.

AUTHENTIQUE adj.
Certain, incontestable. *Un fait authentique.* SYN. exact ; indiscutable ; sûr ; véritable ; vrai.
⇒ authen**ti**que.

AUTHENTIQUEMENT adv.
D'une manière authentique. SYN. exactement ; véritablement.
⇒ authen**ti**quement.

AUTISME n. m.
(PSYCH.) Repliement sur soi-même caractérisé par une perte plus ou moins importante des contacts avec l'extérieur.

AUTISTE adj. et n. m. et f.
Atteint d'autisme. *Une enfant autiste, une autiste.*

AUTISTIQUE adj.
Relatif à l'autisme. *Un comportement autistique.*

AUTO- préf.
1. Élément du grec signifiant « de soi-même ». *Autoanalyse, autobiographie, autoélévateur.*
Les mots composés avec le préfixe ***auto-***, signifiant « de soi-même » ou « automobile », s'écrivent sans trait d'union *(autodestruction)*, à l'exception de ceux dont le deuxième élément commence par ***i*** *(auto-immunité)* et des mots ***auto-stop*** et ***auto-stoppeur.***
2. Forme abrégée de ***automobile*** servant à la formation de mots composés. *Auto-école, auto-stop, auto-stoppeur.*
Les mots composés avec la forme abrégée de ***automobile, auto*** s'écrivent avec un trait d'union. On doit les distinguer des mots préfixés avec l'élément ***auto-*** qui signifie « de soi-même ».

AUTO n. f.
Abréviation de ***automobile.*** *Des autos en panne.*
Attention au genre féminin de ce nom : ***une*** auto.

AUTOACCUSATION n. f.
Action de s'accuser soi-même. SYN. aveu.

AUTOADHÉSIF, IVE adj.
Autocollant. *Une vignette autoadhésive.*

AUTOALARME n. m.
Appareil d'alarme automatique.

AUTOALLUMAGE n. m.
Allumage spontané du carburant dans un moteur à explosion.

AUTOAMORÇAGE n. m.
Amorçage spontané d'un processus, d'une machine.
autoamorçage.

AUTOANALYSE n. f.
Analyse du sujet par lui-même.

AUTOBIOGRAPHIE n. f.
Vie d'un personnage écrite par lui-même.

AUTOBIOGRAPHIQUE adj.
Relatif à l'autobiographie. *Un récit autobiographique.*

AUTOBLOQUANT, ANTE adj.
Qui peut se bloquer, conserver la même position. *Des téléphones autobloquants, qui cessent de fonctionner automatiquement lorsqu'ils sont loin de leur propriétaire. Une chaise berçante autobloquante, c'est-à-dire qui bloque lorsque son utilisateur se lève.*

AUTOBUS n. m.
S'abrège familièrement en ***bus.***
Véhicule aménagé pour assurer le transport en commun des voyageurs.
L'***autobus*** sert uniquement au transport urbain ; l'***autocar*** assure le service entre les villes.
Par ellipse, dans la langue orale ou familière, l'autobus est souvent désigné par son numéro. Étant donné le genre masculin, on dira alors ***le*** (et non *la)129 pour désigner familièrement ***l'autobus n° 129.***
LOCUTION
– ***Autobus scolaire.*** Véhicule qui sert au transport des élèves entre leur domicile et un établissement scolaire (Recomm. off.).
En France, on emploie les termes ***autobus d'écoliers, car de ramassage scolaire.***
Attention au genre masculin de ce nom : ***un*** autobus articulé, ***un*** bel autobus.

AUTOCAR n. m.
S'abrège familièrement en *car.*
Véhicule aménagé pour le transport de plusieurs personnes.
L'***autocar*** assure le service entre les villes, l'***autobus*** sert uniquement au transport urbain.

AUTOCARAVANE n. f.
Caravane motorisée qui conserve en permanence le moyen de se déplacer par elle-même (Recomm. off.). *Une autocaravane spacieuse* (et non un *camper).

AUTOCENSURE n. f.
Censure exercée sur soi-même.

AUTOCHENILLE n. f.
Véhicule monté sur chenille.

AUTOCHTONE adj. et n. m. et f.
Les lettres ***ch*** se prononcent ***k,*** [ɔtɔktɔn, otɔktɔn].
ADJECTIF
Qui est originaire du pays où il habite. *Des peuples autochtones.* SYN. aborigène ; indigène.
NOM MASCULIN ET FÉMININ
Personne vivant sur le territoire habité par ses ancêtres depuis un temps immémorial (Recomm. off.). SYN. aborigène ; indigène. ANT. allochtone.
Le terme générique ***autochtone*** convient à toute population indigène et non à une catégorie ethnique particulière.
Au Canada, la Loi constitutionnelle de 1982 distingue les autochtones que sont les Inuits, les Indiens et les Métis des autres habitants qui sont d'origine européenne et autre.
T Le nom et l'adjectif s'écrivent avec une minuscule. Le terme ***autochtone*** peut parfois être considéré comme un nom propre et prendre la majuscule quand il désigne l'entité sociopolitique que forme l'ensemble des autochtones (Recomm. off.).
auto**ch**tone.

AUTOCINÉTIQUE adj.
Qui est capable de se mouvoir par soi-même.

AUTOCLAVE n. m.
Appareil destiné à stériliser, à cuire à la vapeur. *Un autoclave défectueux.*
Attention au genre masculin de ce nom : ***un*** autoclave.

AUTOCOLLANT, ANTE adj. et n. m.
ADJECTIF
Qui adhère à une surface sans être humecté. *Des enveloppes autocollantes.* SYN. autoadhésif.
NOM MASCULIN
Image, vignette qui peut être collée sur une surface, sans être humectée. *Elles collectionnent les autocollants* (et non *stickers).
Le verso de l'autocollant est protégé par un film que l'on retire au moment de l'emploi.

AUTOCONSOMMATION n. f.
Consommation de produits par leur producteur.

AUTOCOUCHETTE adj. inv.
Se dit d'un train utilisé pour le transport des voyageurs et des voitures. *Un train autocouchette.*

AUTOCRATE n. m.
Dictateur. *Un pays qui a été dirigé pendant 30 ans par des autocrates.* SYN. despote.

AUTOCRATIE n. f.
Système politique dirigé par un autocrate.

AUTOCRATIQUE adj.
Qui appartient à l'autocratie.

AUTOCRITIQUE n. f.
Critique de sa propre conduite.

AUTOCUISEUR n. m.
Appareil qui permet la cuisson des aliments sous pression. *Utiliser un autocuiseur* (et non un *presto.) SYN. cocotte-minute.

AUTODAFÉ n. m.
1. Supplice du feu. *Des autodafés.*
2. Action de détruire par le feu. *Un autodafé de livres dits révolutionnaires.*

AUTODÉFENSE n. f.
Action de se défendre par soi-même. *Des techniques d'autodéfense.*

AUTODESTRUCTEUR, TRICE adj.
Qui se détruit soi-même.

AUTODESTRUCTION n. f.
Destruction de soi par soi-même.

AUTODÉTERMINATION n. f.
Détermination du destin d'un pays par ses habitants.

AUTODÉTRUIRE (S') v. pronom.
Se détruire soi-même. *Dans 30 secondes, la cassette s'autodétruira.*
Le participe passé de ce verbe, qui n'existe qu'à la forme pronominale, s'accorde toujours en genre et en nombre avec son sujet. *Ces cassettes se sont autodétruites très rapidement.*
CONJUGAISON : VOIR MODÈLE CONDUIRE.

AUTODIDACTE adj. et n. m. et f.
Personne qui s'instruit seule. *Ces personnes sont autodidactes. Ce sont des autodidactes.*

AUTODIRECTEUR, TRICE adj.
Qui peut se diriger vers un objectif sans intervention extérieure. *Un missile autodirecteur.*

AUTODISCIPLINE n. f.
Discipline que s'impose une personne, un groupe. *Il faut de l'autodiscipline pour faire ces exercices.* SYN. détermination ; volonté.

AUTODROME n. m.
Piste aménagée pour les courses d'automobiles.

AUTO-ÉCOLE n. f. (pl. *auto-écoles*)
Établissement où l'on enseigne la conduite automobile en vue de l'obtention du permis de conduire (Recomm. off.). SYN. école de conduite.
[Les *Rectifications* (1990) admettent : autoécole.]

AUTOÉDITION n. f.
Édition d'un ouvrage à compte d'auteur. *Cette forme d'autoédition n'a rien d'un repli sur soi, mais ouvre une solution de rechange à un travail uniquement commercial.*

AUTOÉLÉVATEUR, TRICE adj.
Se dit d'un dispositif dont une partie est susceptible d'être hissée. *Un engin autoélévateur.*

AUTOFÉCONDATION n. f.
Action, pour une fleur, un animal, de se féconder soi-même.

AUTOFINANCEMENT n. m.
Financement d'une entreprise au moyen de ses bénéfices.

AUTOFINANCER (S') v. pronom.
Pratiquer l'autofinancement. *Ces entreprises se sont toujours autofinancées.*
Le participe passé de ce verbe, qui n'existe qu'à la forme pronominale, s'accorde toujours en genre et en nombre avec son sujet. *Ces recherches se sont autofinancées.*
CONJUGAISON : VOIR MODÈLE AVANCER.

AUTOFLAGELLER (S') v. pronom.
(FIG.) Reconnaître ses erreurs, se critiquer d'une façon exagérée. *« Arrêtons de nous autoflageller; consacrons plutôt notre énergie à forger un avenir prometteur pour nos enfants »* (*L'Express*).
Le participe passé de ce verbe, qui n'existe qu'à la forme pronominale, s'accorde toujours en genre et en nombre avec son sujet. *Elles se sont autoflagellées.*
CONJUGAISON : VOIR MODÈLE AIMER.

AUTOGÉRÉ, ÉE adj.
Se dit d'une entreprise dirigée par ses travailleurs. *Une usine autogérée avec efficacité.*

AUTOGESTION n. f.
Gestion d'une entreprise par ses travailleurs.

AUTOGRAPHE adj. et n. m.
ADJECTIF
Écrit de la propre main de l'auteur. *Un manuscrit autographe.*
NOM MASCULIN
Texte manuscrit, signature. *Un autographe précieux.*
Attention au genre masculin de ce nom : ***un*** autographe.
Ne pas confondre avec le nom ***orthographe,*** manière d'écrire un mot.

AUTOGREFFE n. f.
(MÉD.) Greffe faite à l'aide d'un greffon qui provient du sujet lui-même. SYN. greffe autologue.

AUTOGUIDAGE n. m.
Procédé permettant à un missile, un mobile de se diriger vers un objectif sans intervention extérieure.

AUTOGUIDÉ, ÉE adj.
Dirigé par autoguidage. *Un missile autoguidé.*

AUTO-IMMUN, UNE adj.
(MÉD.) Se dit d'un système immunitaire qui produit des anticorps contre ses propres constituants. *Le lupus est une maladie auto-immune.*

AUTO-IMMUNITAIRE adj.
(MÉD.) Propre à l'auto-immunité.

AUTO-IMMUNITÉ ou **AUTO-IMMUNISATION** n. f.
(MÉD.) Dérèglement du système immunitaire produisant des anticorps contre ses propres constituants.

AUTO-INDUCTION n. f.
Induction produite dans un courant électrique par les variations du courant qui le parcourt.

AUTOMATE n. m.
Appareil imitant les mouvements d'un être vivant.
Attention au genre masculin de ce nom : ***un*** automate.

AUTOMATICITÉ n. f.
Caractère de ce qui est automatique.

AUTOMATIQUE adj. et n. m. et f.
ADJECTIF
1. Qui s'exécute sans la participation de la volonté. *Un mouvement automatique.*
2. Se dit d'appareils qui exécutent d'eux-mêmes certaines opérations. *Une transmission automatique.*
NOM MASCULIN
Pistolet automatique.
NOM FÉMININ
Science de l'automatisation.

AUTOMATIQUEMENT adv.
De façon automatique. *Les portes s'ouvrent automatiquement.*

AUTOMATISATION n. f.
Emploi de moyens automatiques pour accomplir une tâche, pour mener à bien un processus.

AUTOMATISER v. tr.
Rendre automatique. *Elle a automatisé la production des rapports.*
CONJUGAISON : VOIR MODÈLE AIMER.

AUTOMATISME n. m.
1. Activité rendue automatique par la répétition.
2. Fonctionnement automatique.

AUTOMNAL, ALE, AUX adj.
Le ***m*** est généralement muet, comme dans le mot ***automne,*** [ɔtɔnal, otɔnal].
Propre à l'automne. *Les couleurs automnales, les coloris automnaux.*

AUTOMNE n. m.
Saison qui vient après l'été et avant l'hiver. *Un merveilleux automne. En automne, les feuilles rougissent. Nous irons en voyage à l'automne.*
Le complément de temps est introduit par les prépositions ***en, à.***
Tous les noms de saisons sont masculins.

AUTOMOBILE adj. et n. f.
ADJECTIF
Qui se meut de soi-même. *Un canot automobile.*
NOM FÉMININ
S'abrège familièrement en ***auto.***
Véhicule qui se meut à l'aide d'un moteur. *Une automobile très rapide.*
Aujourd'hui on emploie surtout le nom ***voiture.***

AUTOMOBILISTE n. m. et f.
Personne qui conduit une automobile. *Ces automobilistes conduisent prudemment.*

AUTOMUTILER (S') v. pronom.
S'infliger à soi-même des blessures. *Les détenus d'une prison se sont automutilés, pour protester contre la violence des gardiens.*
Le participe passé de ce verbe, qui n'existe qu'à la forme pronominale, s'accorde toujours en genre et en nombre avec son sujet. *Ils se sont automutilés.*
CONJUGAISON : VOIR MODÈLE AIMER.

AUTONETTOYANT, ANTE adj.
Qui assure son nettoyage par lui-même. *Des fours autonettoyants.*

AUTONOME adj.
Qui se gouverne, se dirige par ses propres lois. *Julie a 18 ans et elle est maintenant autonome.* SYN. indépendant; libre.

AUTONOMIE n. f.
1. Droit de se gouverner par ses propres lois. SYN. souveraineté.
2. Liberté, indépendance. *Julie fait preuve d'autonomie : elle se débrouille bien toute seule.*
3. Durée pendant laquelle un appareil peut fonctionner, distance que peut franchir un véhicule sans nouvel approvisionnement d'énergie ou de carburant. *Ces voitures électriques auront une autonomie de quatre heures et de 300 kilomètres.*

AUTONOMISATION n. f.
Processus par lequel des employés d'une organisation acquièrent la maîtrise des moyens qui leur permettent de mieux utiliser leurs ressources professionnelles et de renforcer leur autonomie d'action (Recomm. off.). *L'entreprise encourage l'autonomisation* (et non *empowerment) *de ses employés.*

AUTONOMISTE adj.
Partisan de l'autonomie de son pays.

***AUTO-PATROUILLE**
Calque de «*patrol car*» pour ***voiture de police.***

AUTOPORTRAIT n. m.
Portrait exécuté par le sujet. *Un autoportrait de Van Gogh.*

AUTOPROCLAMER (S') v. pronom.
S'attribuer un statut particulier, un titre de sa propre autorité. *Le Québec s'autoproclamera-t-il État souverain ?*
Le participe passé de ce verbe, qui n'existe qu'à la forme pronominale, s'accorde toujours en genre et en nombre avec son sujet. *Elle s'est autoproclamée notre porte-parole.*
CONJUGAISON : VOIR MODÈLE AIMER.

AUTOPROPULSÉ, ÉE adj.
Qui assure sa propre propulsion. *Un projectile autopropulsé.*

AUTOPSIE n. f.
Ouverture et examen d'un cadavre pour connaître les causes de la mort. *Le médecin légiste pratique une autopsie.*

AUTOPSIER v. tr.
Faire l'autopsie de.
CONJUGAISON : VOIR MODÈLE ÉTUDIER.
Redoublement du ***i*** à la première et à la deuxième personne du pluriel de l'indicatif imparfait et du subjonctif présent. *(Que) nous autopsiions, (que) vous autopsiiez.*

AUTORADIO n. m.
Poste de radio fixé sur le tableau de bord d'une automobile. *Des autoradios volés.*
Attention au genre masculin de ce nom : ***un*** autoradio.

AUTORÉGLAGE n. m.
Propriété d'un appareil de rétablir automatiquement son régime initial après une perturbation.

AUTORÉGULATION n. f.
Régulation d'un appareil par lui-même.

AUTORÉPLIQUER (S') v. pronom.
(BIOL.) Se reproduire à l'identique. *Des essaims de nanorobots capables de s'autorépliquer et menaçant de coloniser la planète.* SYN. s'autoreproduire; se dupliquer.
Le participe passé de ce verbe, qui n'existe qu'à la forme pronominale, s'accorde toujours en genre et en nombre avec son sujet. *Ces virus se sont autorépliqués.*
CONJUGAISON : VOIR MODÈLE AIMER.

AUTORISATION n. f.
Accord donné par une autorité. *Les étudiants ont obtenu l'autorisation d'utiliser les micro-ordinateurs.* SYN. approbation; consentement; permission.

AUTORISÉ, ÉE adj.
1. Admis. *Une activité autorisée.* SYN. approuvé.
2. Qualifié. *Un avis autorisé.* SYN. officiel.

AUTORISER v. tr., pronom.
VERBE TRANSITIF
Accorder le pouvoir, le droit de (faire quelque chose). *Elle les a autorisés à sortir.*
VERBE PRONOMINAL
1. S'accorder. *Elles se sont autorisé quelques instants de repos.* SYN. s'offrir.
2. (LITT.) Prétexter, s'appuyer sur. *Ils se sont autorisés d'un règlement pour prendre cette décision.*
En ce sens, le verbe se construit avec la préposition ***de.***
À la forme pronominale, le participe passé de ce verbe s'accorde en genre et en nombre avec le complément direct si celui-ci le précède. *Les moments de détente qu'elle s'est autorisés furent profitables. Ils se sont autorisés d'un précédent pour modifier les règles.* Le participe passé reste invariable si le complément direct suit le verbe. *Elles se sont autorisé des vacances.*
CONJUGAISON : VOIR MODÈLE AIMER.

AUTORITAIRE adj.
1. Qui veut toujours commander. *Un ton autoritaire.*
2. Qui abuse de l'autorité. SYN. despotique; intransigeant.
autorit**aire.**

AUTORITAIREMENT adv.
De façon autoritaire.

AUTORITARISME n. m.
Caractère autoritaire (d'un gouvernement, d'une personne).

AUTORITÉ n. f.
1. Pouvoir ou droit de commander. *L'autorité du patron.*
2. Administration. *Les autorités ont fermé l'école en raison de la tempête.*
En ce sens, le nom s'emploie généralement au pluriel.
3. Ascendant par lequel une personne se fait obéir. *Avoir de l'autorité.*

AUTOROUTE n. f.
Voie de communication à chaussées séparées, exclusivement réservées à la circulation rapide, ne comportant aucun croisement à niveau et accessible seulement en des points aménagés à cet effet (Recomm. off.). *Une autoroute très bien entretenue.*
Attention au genre féminin de ce nom : ***une*** autoroute.
LOCUTIONS
– ***Autoroute à péage.*** Autoroute dont l'accès est soumis au paiement d'une somme d'argent. *Au Québec, il n'y a plus d'autoroute à péage* (et non *payage).
Le nom ***péage*** vient du latin et signifie « droit de mettre le pied, de passer ».
– ***Autoroute électronique.*** Réseau de télécommunications permettant de transmettre de manière interactive des données informatiques, des images, des sons. SYN. autoroute informatique; inforoute.

AUTOROUTIER, IÈRE adj.
Qui se rapporte aux autoroutes. *Le réseau autoroutier.*

AUTOSATISFACTION n. f.
Contentement de soi.

AUTOSTOP ou **AUTO-STOP** n. m.
S'abrège familièrement en ***stop.***
Procédé consistant, pour le piéton, à arrêter un automobiliste à l'aide d'un signe du pouce pour être transporté gratuitement.
Au Québec, on dit plutôt ***faire du pouce.***

A

AUTOSTOPPEUR, EUSE ou **AUTO-STOPPEUR, EUSE** n. m. et f. (pl. *autostoppeurs* ou *auto-stoppeurs*)
Personne qui pratique l'auto-stop. *Des autostoppeurs, autostoppeuses téméraires.*

AUTOSUFFISANCE n. f.
(ÉCON.) Capacité de subvenir à ses propres besoins.

AUTOSUFFISANT, ANTE adj.
Qui peut subvenir à ses propres besoins. *Ces pays sont autosuffisants.*

AUTOSUGGESTION n. f.
Fait pour une personne de se convaincre elle-même de quelque chose.

AUTOUR adv.
1. Aux environs de. *Les chiens sont autour, probablement dans le jardin.* SYN. à proximité; tout près.
2. Dans l'espace qui fait le tour. *Il a construit une maison et il a planté des arbres autour.*
LOCUTIONS
– ***Autour de,*** loc. prép. Aux environs de. *L'enfant joue autour de la maison.*
– ***Autour de,*** loc. prép. Dans l'espace qui fait le tour de. *Un satellite en orbite autour de la Terre.*
– ***Autour de,*** loc. prép. Approximativement. *Ils sont autour de 20 personnes.* SYN. à peu près; environ.

AUTRE adj. et pron. indéf.
ADJECTIF
1. Qui n'est pas le même. *Cette ville est de l'autre côté du fleuve. Ce n'est pas Julie que j'ai rencontrée, c'est une autre amie.* SYN. différent.
2. Supplémentaire. *En plus de nos travaux habituels, nous devons faire un autre devoir de français.*
PRONOM INDÉFINI
La personne, la chose, le groupe opposé à la personne, à la chose, au groupe dont on parle. *Nous jouons du violon, les autres jouent du piano.*
Le pronom indéfini est toujours précédé de l'article défini (***l', les***), de l'article indéfini (***un, une, des***) ou de l'article contracté (***aux***).
LOCUTIONS
– ***Autre chose.*** Quelque chose d'autre. *Alors là, c'est autre chose !*
– ***D'autre part,*** loc. adv. Par ailleurs.
– ***De temps à autre,*** loc. adv. Quelquefois.
– ***Entre autres.*** En particulier, notamment. *Ils visiteront l'est du Québec, entre autres la Beauce et la Gaspésie. Elles visiteront trois régions, entre autres la Toscane.*
Dans cette locution, l'adjectif indéfini *autre* prend toujours la marque du pluriel.
Cette locution se rapporte généralement à un nom ou à un pronom qui la précède ou la suit immédiatement. Dans un style soigné, en l'absence d'un nom ou d'un pronom auquel se rapporte la locution, on préférera employer l'expression ***entre autres choses,*** qui s'écrit entre virgules.
– ***Et autres choses.*** Et le reste (abrév. ***etc.***).
– ***L'autre jour.*** Un des jours passés.
– ***Les autres.*** Les autres personnes, par rapport à un individu. *Il faut aussi penser aux autres.*
– ***L'un et l'autre.*** Tous les deux. *L'un et l'autre se dit ou se disent.*
Cette locution peut être suivie du singulier ou du pluriel.
– ***L'un... l'autre, les uns... les autres.*** Marque l'opposition entre deux personnes, deux groupes. *L'un dit oui, l'autre dit non.*
– ***Ni l'un ni l'autre.*** Aucun des deux. *Ni l'un ni l'autre n'est venu* ou *ne sont venus.*
Cette locution peut être suivie d'un verbe au singulier ou au pluriel.
– ***Nous autres, vous autres, eux autres.*** (FAM.) De notre côté, de votre côté, de leur côté.
– ***Un autre.*** Une personne différente. *J'attendais Marc, c'est un autre qui est venu.*

AUTREFOIS adv.
Dans un temps passé. *Autrefois, on conservait les aliments dans une glacière refroidie à l'aide de blocs de glace.* SYN. anciennement. ANT. aujourd'hui; maintenant.
Ne pas confondre avec le mot ***naguère,*** il y a peu de temps, ni avec ***jadis,*** il y a très longtemps.

AUTREMENT adv.
1. Sinon, sans quoi. *Buvez un peu d'eau, autrement vous serez assoiffé.*
2. De façon différente. *Les électeurs ont voté autrement que nous (ne) l'avions prévu.* SYN. différemment.
Dans cette construction, la langue soignée emploie un ***ne*** explétif.
3. (Affirmatif) Nettement plus. *Cette voiture est autrement chère.* SYN. beaucoup plus; bien.
4. (Négatif) Tellement. *Nous ne tenions pas autrement à ce choix.* SYN. guère.
LOCUTION
– ***Autrement dit,*** loc. adv. En d'autres termes. *En 1995, les Québécois ont été appelés à se prononcer, par référendum, sur leur souveraineté – autrement dit, sur leur indépendance vis-à-vis du Canada.*
La locution introduit une nouvelle formulation de ce qui vient d'être dit.

AUTRICHIEN, IENNE adj. et n. m. et f.
D'Autriche. *Une valse autrichienne. Un Autrichien, une Autrichienne.*
T L'adjectif s'écrit avec une minuscule; le nom, avec une majuscule.

AUTRUCHE n. f.
Oiseau de grande taille qui court très vite. *En cachant sa tête dans le sable, l'autruche croit qu'elle échappera au danger.*
Attention au genre féminin de ce nom : ***une*** autruche.
LOCUTION
– ***Politique de l'autruche.*** Refus de voir le danger.

AUTRUI pron. indéf.
L'autre, par rapport à soi; les autres. *Il importe de penser à autrui. La propriété d'autrui.*
Le pronom ***autrui,*** qui est toujours au singulier, s'emploie généralement comme complément, rarement comme sujet, et ne se dit que des personnes.

AUVENT n. m.
Petit toit en saillie, au-dessus d'une porte, d'une fenêtre. *Des auvents de toile verte.*

AUVERGNAT, ATE adj. et n. m. et f.
D'Auvergne. *La bourrée auvergnate. Un Auvergnat, une Auvergnate.*
T L'adjectif s'écrit avec une minuscule; le nom, avec une majuscule.

AU VU ET AU SU DE loc. prép.
À la connaissance de. SYN. au grand jour. ANT. à l'insu de.
au vu et au su.

AUXILIAIRE adj. et n. m. et f.
ADJECTIF
1. Qui aide temporairement, qui agit accessoirement. *Du personnel auxiliaire. Le moteur auxiliaire d'une fusée.*
2. (GRAMM.) Se dit d'un verbe qui sert à la formation des temps composés. *Les verbes auxiliaires.*
VOIR TABLEAU – AUXILIAIRE.
NOM MASCULIN ET FÉMININ
Personne qui seconde, qui assiste d'autres personnes dans leur travail, leurs activités. *Des auxiliaires de recherche.*

NOM MASCULIN
(GRAMM.) Verbe qui sert à la formation des temps composés. *Les auxiliaires sont* avoir *et* être.

AUXQUELS
VOIR – LEQUEL.

av.
Abréviation de ***avenue.***

AVACHIR v. tr., pronom.
VERBE TRANSITIF
1. Amollir, rendre mou, flasque. *L'usure a avachi ce canapé.*
2. (FIG.) Priver de son dynamisme. *L'oisiveté avachit.*
VERBE PRONOMINAL
1. S'amollir, perdre sa forme. *Des chaussures qui se sont avachies.* SYN. se déformer.
2. (FIG.) Perdre sa vigueur, se laisser aller. *S'avachir à rester inactif.*
À la forme pronominale, le participe passé de ce verbe s'accorde toujours en genre et en nombre avec son sujet. *Ces canapés se sont avachis : il faudrait les consolider.*
CONJUGAISON : VOIR MODÈLE FINIR.

AVACHISSEMENT n. m.
Action de s'avachir. SYN. déformation ; relâchement.

AVAL n. m. (pl. *avals*)
1. Garantie de paiement.
2. (FIG.) Appui. *Donner son aval à un projet.* SYN. caution ; soutien.
3. Le côté vers lequel descend un cours d'eau. *En marchant vers l'aval de la rivière.* ANT. amont.
Le nom ***aval*** signifie « vers la vallée ».
LOCUTIONS
– ***En aval de,*** loc. prép. En descendant le cours de l'eau, au-delà. *En aval des rapides de la rivière.* ANT. en amont de.
– ***En aval de,*** loc. prép. (FIG.) Qui vient après. *La finition est en aval du montage.* ANT. en amont de.

AVALANCHE n. f.
1. Masse considérable de neige qui se détache des montagnes. *Une terrible avalanche a enseveli le petit village.*
2. (FIG.) Quantité considérable de choses. *Monica a reçu une avalanche de fleurs à son lancement.*

AVALER v. tr.
1. Faire descendre dans l'estomac. *Les enfants avalèrent rapidement leur déjeuner.* SYN. absorber ; ingurgiter ; manger.
2. (FIG.) Croire naïvement quelque chose, se laisser duper. *Vous n'arriverez pas à lui faire avaler cette histoire abracadabrante.* SYN. gober.
CONJUGAISON : VOIR MODÈLE AIMER.

AVALEUR, EUSE n. m. et f.
– ***Avaleur de sabres.*** Saltimbanque qui fait pénétrer un sabre dans son tube digestif.
Le mot s'emploie surtout dans cette locution.

AVALISER v. tr.
1. Donner une garantie de paiement sur. *Avaliser un chèque.*
2. (FIG.) Appuyer. *Avaliser une décision.* SYN. cautionner ; soutenir.
CONJUGAISON : VOIR MODÈLE AIMER.

À-VALOIR n. m. inv. (pl. *à-valoir*)
Paiement partiel. *Verser des à-valoir de 10 % des comptes totaux.*
à-valoir, avec un trait d'union.

AVANCE n. f.
NOM FÉMININ SINGULIER
1. Espace parcouru avant quelqu'un. *Prendre de l'avance.* ANT. retard.
2. Paiement anticipé. *Elle a reçu une avance pour ses frais.*
NOM FÉMININ PLURIEL
Premières démarches auprès d'une personne en vue d'établir une relation (affective, érotique, etc.). *On vous a fait des avances ?*
LOCUTIONS
– ***À l'avance, d'avance, en avance.*** Avant le temps fixé. *Veuillez payer à l'avance, s'il vous plaît. Vous êtes en avance sur l'horaire.*
– ***Prendre de l'avance.*** Aller plus vite.

A

AVANCÉ, ÉE adj.
1. En avance. *L'heure avancée.*
2. D'avant-garde. *Des idées avancées.* SYN. avant-gardiste ; innovateur.

AVANCÉE n. f.
Saillie. *L'avancée d'une terrasse sur la mer.*

AVANCEMENT n. m.
Le premier ***e*** ne se prononce pas, [avɑ̃smɑ̃].
1. Action de progresser. *L'avancement des travaux.* SYN. progrès. ANT. recul.
2. Promotion. *Elle a eu de l'avancement, elle est maintenant chef d'équipe.*

AVANCER v. tr., intr., pronom.
VERBE TRANSITIF
1. Pousser en avant. *Avancer un fauteuil.* ANT. reculer.
2. Effectuer avant le moment prévu. *Avancer le début des travaux.* SYN. anticiper ; hâter. ANT. retarder.
Ne pas confondre avec le verbe ***devancer,*** précéder.
3. Proposer. *Il a avancé une hypothèse.*
VERBE INTRANSITIF
1. Aller. *Ils avancent à grands pas.*
2. Progresser. *Les recherches avancent.*
3. Faire saillie. *Cette terrasse avance sur le mur.* SYN. dépasser ; saillir.
4. Être en avance. *Ma montre avance.* ANT. retarder.
VERBE PRONOMINAL
1. Approcher. *Ils s'avancent vers nous.* SYN. venir.
2. (FIG.) Aller trop loin. *Elle s'est trop avancée en nous promettant cela.* SYN. se risquer.
À la forme pronominale, le participe passé de ce verbe s'accorde toujours en genre et en nombre avec son sujet. *Ils se sont avancés doucement.*
CONJUGAISON : VOIR MODÈLE AVANCER.
Le **c** prend une cédille devant les lettres ***a*** et ***o***. *Il avança, nous avançons.*

AVANIE n. f.
(LITT.) Offense, humiliation.

AVANT adj., adv., n. m. et prép.
PRÉPOSITION
1. Dans un temps qui précède. *Elle a beaucoup étudié avant l'examen.*
2. Dans un ordre qui précède. *Ce mot vient avant celui-ci, dans l'ordre alphabétique.*
ADVERBE
1. Par rapport au temps. *Quelques années avant.* SYN. auparavant.
2. Par rapport au lieu, au rang. *Il est bien avant, dans les rangs, dans le classement.*
L'adverbe ***avant*** qui sert à marquer un progrès est généralement précédé des mots ou expressions ***si, bien, trop, plus, assez, fort.*** *Ils sont arrivés bien avant eux.*
NOM MASCULIN
1. Partie antérieure d'un navire, d'une voiture. *L'avant du bateau.*
2. Joueur d'une ligne d'attaque dans certains sports d'équipe. ANT. arrière.
Le nom prend la marque du pluriel. *Des avants.*
ADJECTIF INVARIABLE
Qui est à l'avant, devant. *Les roues avant.* ANT. arrière.

A

AUXILIAIRE

LES AUXILIAIRES DE CONJUGAISON

Verbes servant à la **formation des temps composés** pour la conjugaison des verbes.

Les auxiliaires de conjugaison sont ***avoir*** et ***être;*** ils n'ont pas de signification propre et marquent la personne, le nombre, le temps et le mode du verbe aux divers temps composés.

Auxiliaire ***avoir***			Auxiliaire ***être***		
j'	***ai***	*aimé*	*je*	***suis***	*venu, ue*
tu	***as***	*aimé*	*tu*	***es***	*venu, ue*
elle	***a***	*aimé*	*elle*	***est***	*venue*
il	***a***	*aimé*	*il*	***est***	*venu*
nous	***avons***	*aimé*	*nous*	***sommes***	*venus, ues*
vous	***avez***	*aimé*	*vous*	***êtes***	*venus, ues*
elles	***ont***	*aimé*	*elles*	***sont***	*venues*
ils	***ont***	*aimé*	*ils*	***sont***	*venus*

Le mot ***auxiliaire*** signifie « aide ».

Les lettres ***au*** se prononcent **o** ouvert ou fermé.

FORMATION DES TEMPS COMPOSÉS AVEC L'AUXILIAIRE *AVOIR* ET LE PARTICIPE PASSÉ

Les verbes ***avoir*** et ***être***. *J'**ai** eu froid, j'**ai** été malade.*

Tous les **verbes transitifs.** *Tu **as** lu des livres.*

Les verbes transitifs directs ont un complément direct du verbe ; les verbes transitifs indirects ont un complément indirect du verbe.

La plupart des **verbes intransitifs**. *Elle **a** voyagé.*

Les verbes intransitifs s'emploient sans complément du verbe.

Les verbes essentiellement **impersonnels non pronominaux.** *Il **a** neigé.*

Les verbes impersonnels ne s'emploient qu'à la troisième personne du singulier avec le sujet impersonnel ***il.***

FORMATION DES TEMPS COMPOSÉS AVEC L'AUXILIAIRE *ÊTRE* ET LE PARTICIPE PASSÉ

Certains verbes **intransitifs** et certains verbes **transitifs indirects.** *Il **est** arrivé depuis hier. Elles **sont** revenues.*

advenir	décéder	intervenir	partir	revenir
aller	devenir	mourir	redevenir	survenir
arriver	échoir	naître	rester	venir...

Les verbes intransitifs sont employés sans complément du verbe.

Tous les verbes à la **forme pronominale.** *Elle s'**est** regardée. Nous nous **sommes** vues.*

Les verbes pronominaux sont accompagnés d'un pronom personnel qui représente le sujet.

Tous les verbes à la **forme passive.** *Tu **seras** apprécié par tes amis.*

La forme passive exprime l'action à partir de l'objet qui la subit *(la pomme est mangée)*, alors que la forme active exprime l'action à partir du sujet qui la fait *(je mange la pomme).*

AUXILIAIRE | ***SUITE*** >**

A

FORMATION DES TEMPS COMPOSÉS AVEC L'AUXILIAIRE *AVOIR* OU *ÊTRE* ET LE PARTICIPE PASSÉ

Certains verbes se conjuguent avec l'auxiliaire ***avoir*** pour exprimer une action et avec l'auxiliaire ***être*** pour exprimer l'état qui résulte de l'action. *Il **a** passé ses vacances ici. L'hiver **est** enfin passé.*

accoucher	crever	diminuer	enlaidir	pourrir
accourir	déborder	disparaître	entrer	rajeunir
apparaître	décamper	divorcer	expirer	rentrer
atterrir	décroître	échapper	grandir	retourner
augmenter	dégeler	échouer	grossir	sonner
baisser	dégénérer	éclater	maigrir	stationner
camper	déménager	éclore	monter	tourner
changer	demeurer	embellir	paraître	trépasser
chavirer	descendre	empirer	passer	vieillir...

LES SEMI-AUXILIAIRES

▸ Les auxiliaires de temps (ou auxiliaires d'aspect)

Les auxiliaires de temps sont des verbes construits avec un infinitif et jouant le rôle d'un auxiliaire pour situer **le moment de l'action** exprimée par le verbe à l'infinitif.

Certains auxiliaires de temps marquent l'étape du déroulement de l'action :

- **avant le déroulement** *(aller, être sur le point de, être en passe de...)*
  Le réveil va sonner. Tu étais sur le point de t'endormir. Elles sont en passe de réussir.
  ☞ La forme verbale traduit un futur proche.
- **au début du déroulement** *(commencer à, se mettre à...)*
  Il commence à pleuvoir. Il s'est mis à neiger.
- **en cours de déroulement** *(être en train de, être à...)*
  Les enfants sont en train de jouer. Ils sont à dessiner.
- **en fin de déroulement** *(achever de, finir de...)*
  Elle achève de manger. Ils finissent de dormir.
- **après le déroulement** *(avoir fini de, venir de...)*
  Les orateurs viennent de terminer leur discours. Vous avez fini de repeindre le salon.
  ☞ La forme verbale traduit un passé proche.

▸ Les auxiliaires de modalité (ou auxiliaires modaux)

Les auxiliaires de modalité sont des verbes construits avec l'infinitif et jouant le rôle d'un auxiliaire pour marquer **la possibilité** ou **l'obligation** (*pouvoir, devoir*).

Ces adolescents peuvent fêter : ils ont réussi leurs examens. Ils doivent rentrer avant minuit.

☞ Ces verbes peuvent aussi exprimer **la probabilité.**

Selon nos calculs, le chiffre d'affaires peut atteindre un million. Il doit neiger ce soir.

▸ Les auxiliaires factitifs

Les auxiliaires factitifs sont des verbes construits avec un infinitif et jouant le rôle d'un auxiliaire pour indiquer **que le sujet fait faire l'action par autrui** (*faire* et *laisser*).

Nos voisins ont fait construire une maison. Ils ont laissé les enfants dormir.

A

CONJUGAISON DU VERBE **AVANCER**

INDICATIF

PRÉSENT		PASSÉ COMPOSÉ		
j'	avance	j'	ai	avancé
tu	avances	tu	as	avancé
elle	avance	elle	a	avancé
il	avance	il	a	avancé
nous	avançons	nous	avons	avancé
vous	avancez	vous	avez	avancé
elles	avancent	elles	ont	avancé
ils	avancent	ils	ont	avancé

IMPARFAIT		PLUS-QUE-PARFAIT		
j'	avançais	j'	avais	avancé
tu	avançais	tu	avais	avancé
elle	avançait	elle	avait	avancé
il	avançait	il	avait	avancé
nous	avancions	nous	avions	avancé
vous	avanciez	vous	aviez	avancé
elles	avançaient	elles	avaient	avancé
ils	avançaient	ils	avaient	avancé

PASSÉ SIMPLE		PASSÉ ANTÉRIEUR		
j'	avançai	j'	eus	avancé
tu	avanças	tu	eus	avancé
elle	avança	elle	eut	avancé
il	avança	il	eut	avancé
nous	avançâmes	nous	eûmes	avancé
vous	avançâtes	vous	eûtes	avancé
elles	avancèrent	elles	eurent	avancé
ils	avancèrent	ils	eurent	avancé

FUTUR SIMPLE		FUTUR ANTÉRIEUR		
j'	avancerai	j'	aurai	avancé
tu	avanceras	tu	auras	avancé
elle	avancera	elle	aura	avancé
il	avancera	il	aura	avancé
nous	avancerons	nous	aurons	avancé
vous	avancerez	vous	aurez	avancé
elles	avanceront	elles	auront	avancé
ils	avanceront	ils	auront	avancé

CONDITIONNEL PRÉSENT		CONDITIONNEL PASSÉ		
j'	avancerais	j'	aurais	avancé
tu	avancerais	tu	aurais	avancé
elle	avancerait	elle	aurait	avancé
il	avancerait	il	aurait	avancé
nous	avancerions	nous	aurions	avancé
vous	avanceriez	vous	auriez	avancé
elles	avanceraient	elles	auraient	avancé
ils	avanceraient	ils	auraient	avancé

SUBJONCTIF

PRÉSENT			PASSÉ			
que	j'	avance	que	j'	aie	avancé
que	tu	avances	que	tu	aies	avancé
qu'	elle	avance	qu'	elle	ait	avancé
qu'	il	avance	qu'	il	ait	avancé
que	nous	avancions	que	nous	ayons	avancé
que	vous	avanciez	que	vous	ayez	avancé
qu'	elles	avancent	qu'	elles	aient	avancé
qu'	ils	avancent	qu'	ils	aient	avancé

IMPARFAIT			PLUS-QUE-PARFAIT			
que	j'	avançasse	que	j'	eusse	avancé
que	tu	avançasses	que	tu	eusses	avancé
qu'	elle	avançât	qu'	elle	eût	avancé
qu'	il	avançât	qu'	il	eût	avancé
que	nous	avançassions	que	nous	eussions	avancé
que	vous	avançassiez	que	vous	eussiez	avancé
qu'	elles	avançassent	qu'	elles	eussent	avancé
qu'	ils	avançassent	qu'	ils	eussent	avancé

IMPÉRATIF

PRÉSENT	PASSÉ
avance	aie avancé
avançons	ayons avancé
avancez	ayez avancé

INFINITIF

PRÉSENT	PASSÉ
avancer	avoir avancé

PARTICIPE

PRÉSENT	PASSÉ
avançant	avancé, ée ayant avancé

LOCUTIONS
– ***Aller de l'avant.*** Continuer à avancer.
– ***Avant de.*** *Avant de partir, prévenez-moi.*
Cette locution se construit avec l'infinitif.
– ***Avant que,*** loc. conj. Dans un temps qui précède. *J'aimerais vous voir avant que vous partiez.*
Cette locution conjonctive est toujours suivie du subjonctif, alors que la locution ***après que*** exige l'indicatif. *Avant que la marchandise soit livrée* ou *ne soit livrée,* mais *après que la marchandise aura été livrée.*
L'emploi du ***ne*** explétif est facultatif ; il est peu courant dans la langue orale ou dans la langue écrite de registre courant ou familier. Il est plus fréquent dans la langue écrite de registre soutenu ou littéraire, notamment, selon Jean Girodet, quand « le verbe de la principale exprime un ordre, une obligation, une nécessité, un souhait, une crainte. *Il faut que nous rentrions avant que l'orage n'éclate.* » Il se justifie particulièrement dans les phrases négatives. *N'abandonnez pas avant que tout ne soit terminé.* Les auteurs s'entendent sur le fait que le ***ne*** explétif n'apporte pas de distinction de sens. Dans son *Dictionnaire de la langue française,* Émile Littré estime que « le ***ne*** est un gallicisme, pour lequel l'oreille seule intervient ». Selon le *Grand Larousse de la langue française,* « le verbe introduit par *avant que* peut être ou non précédé de *ne,* sans qu'il en résulte une nette différence de sens ».
– ***Avant tout,*** loc. adv. En premier lieu. SYN. d'abord ; surtout.
– ***En avant,*** loc. adv. Devant. *Regarder en avant.* ANT. en arrière.
– ***En avant de,*** loc. prép. Devant et à une certaine distance de. *Il y a un jardin en avant de la maison.*
FORME FAUTIVE
*avant son temps. Calque de «*ahead of his time*» au sens de ***avant-gardiste, innovateur.***
HOM. ***avent,*** période de quatre semaines qui précède la fête de Noël.

AVANT-
Les mots composés avec l'élément ***avant-*** s'écrivent avec un trait d'union et seul le deuxième élément prend la marque du pluriel. *Des avant-gardes.*

AVANTAGE n. m.
1. Supériorité en quelque matière, utilité. *Cette équipe a un avantage sur les adversaires.* SYN. atout.
2. Bien, bénéfice. *Il y a beaucoup d'avantages à travailler en équipe.* SYN. intérêt. ANT. désavantage ; inconvénient.
LOCUTIONS
– ***Avantages sociaux.*** Ensemble des éléments qui s'ajoutent au contrat de travail pour constituer le statut social des travailleurs. *Cet emploi offre de nombreux avantages sociaux* (et non des *bénéfices marginaux).
– ***Prendre avantage de.*** Cette construction est vieillie. On emploie plutôt aujourd'hui ***profiter de, tirer avantage de, tirer parti de.***
Ne pas confondre le nom ***avantage*** avec l'adverbe ***davantage*** qui signifie « plus ».

AVANTAGER v. tr.
1. Favoriser. *Nous avantageons les élèves méritoires par rapport aux autres. Il ne faudrait pas avantager les employés expérimentés au détriment des nouvelles recrues.* ANT. désavantager.
2. Mettre en valeur. *Ce costume l'avantage.* SYN. embellir.
CONJUGAISON : VOIR MODÈLE CHANGER.
Le ***g*** est suivi d'un ***e*** devant les lettres ***a*** et ***o***. *Il avantagea, nous avantageons.*

AVANTAGEUSEMENT adv.
De façon avantageuse. *Il se classe avantageusement.* SYN. bien ; favorablement.

AVANTAGEUX, EUSE adj.
Favorable, qui procure un avantage. *Un contrat avantageux pour cette entreprise.* SYN. intéressant ; profitable.

AVANT-BASSIN n. m. (pl. *avant-bassins*)
Partie d'un port en avant d'un bassin.

AVANT-BRAS n. m. (pl. *avant-bras*)
Partie du bras située entre le coude et le poignet. *Antoine s'est blessé à l'avant-bras.*

AVANT-CENTRE n. m. (pl. *avant-centres*)
(SPORTS) Joueur placé au centre de la ligne d'attaque, au football.
[Les *Rectifications* (1990) admettent : des avants-centres.]

AVANT-COUREUR adj. inv. en genre (pl. *avant-coureurs*)
Précurseur. *Les manifestations, les signes avant-coureurs du printemps.* SYN. annonciateur.

AVANT-DERNIER, IÈRE adj. et n. m. et f.
Qui est immédiatement avant le dernier. *Les avant-derniers élèves. Elles se sont classées avant-dernières.*

AVANT-GARDE n. f. (pl. *avant-gardes*)
1. Partie d'une armée qui précède les troupes. *Des avant-gardes en alerte.*
2. Mouvement novateur. *Du théâtre d'avant-garde.*
LOCUTION
– ***D'avant-garde, à l'avant-garde,*** loc. adj. En avance sur son époque, à la pointe de quelque chose. SYN. avant-gardiste. ANT. d'arrière-garde.

AVANT-GARDISTE adj. et n. m. et f.
Qui appartient à l'avant-garde. *Une théorie avant-gardiste. Des avant-gardistes.*

AVANT-GOÛT n. m. (pl. *avant-goûts*)
Première impression, goût qu'on a par avance d'une chose. *Ce beau soleil nous donne un avant-goût de l'été.* ANT. arrière-goût.
[Les *Rectifications* (1990) admettent : avant-gout.]

AVANT-HIER adv.
On fait la liaison, [avɑ̃tjɛr].
Le jour qui a précédé hier. *Ils avaient congé avant-hier.*

AVANT JÉSUS-CHRIST
Abréviation ***av. J.-C.*** (s'écrit avec des points).

AVANT-MIDI n. m. ou f. (pl. *avant-midi*)
Du lever du soleil jusqu'à midi. *Il est 11 heures de l'avant-midi. Cet avant-midi* ou *cette avant-midi.* SYN. matin ; matinée.
Le nom composé s'écrit avec un trait d'union. *Je vous verrai dans l'avant-midi* (nom composé), mais *je vous verrai avant midi* (préposition et nom).
Ce nom est masculin ou féminin.
[Les *Rectifications* (1990) admettent : des avant-midis.]

AVANT-PLAN n. m. (pl. *avant-plans*)
Le plan le plus rapproché, ce que l'on voit à l'avant. *À l'avant-plan du tableau, on distingue un rosier grimpant.* SYN. premier plan. ANT. arrière-plan.
LOCUTION
– ***À l'avant-plan,*** loc. adv. Qui vient en premier lieu. SYN. au premier plan.
avant-plan, avec un trait d'union.

AVANT-PORT n. m. (pl. *avant-ports*)
Entrée d'un port.

AVANT-POSTE n. m. (pl. *avant-postes*)
Poste avancé.

AVANT-PREMIÈRE n. f. (pl. *avant-premières*)
Présentation d'un spectacle, d'un film à des critiques, des invités, avant la première représentation. *Une pièce de théâtre en avant-première.*

AVANT-PROJET n. m. (pl. *avant-projets*)
Projet préliminaire. *Un avant-projet de loi.*

AVANT-PROPOS n. m. (pl. *avant-propos*)
Brève introduction d'un ouvrage, généralement rédigée par son auteur, pour en exposer le contenu et l'objectif poursuivi.
Ne pas confondre avec les noms suivants :
• ***avertissement,*** texte placé entre le grand titre et le début de l'ouvrage, afin d'attirer l'attention du lecteur sur un point particulier ;
• ***introduction,*** court texte explicatif rédigé généralement par un auteur pour mettre son texte en contexte et le présenter ;
• ***note liminaire,*** texte destiné à expliciter les symboles et les abréviations employés dans un ouvrage ;
• ***notice,*** brève étude placée en tête d'un livre pour présenter la vie et l'œuvre de l'auteur ;
• ***préface,*** texte de présentation d'un ouvrage qui n'est généralement pas rédigé par l'auteur ; il est composé en italique.
Ordre des textes : la ***préface*** précède l'***introduction,*** qui est suivie par la ***note liminaire,*** s'il y a lieu.

AVANT-SCÈNE n. f. (pl. *avant-scènes*)
Partie de la scène en avant du rideau.

AVANT-TOIT n. m. (pl. *avant-toits*)
Toit en saillie.

AVANT-TRAIN n. m. (pl. *avant-trains*)
Les roues de devant.

AVANT-VEILLE n. f. (pl. *avant-veilles*)
Le jour qui précède la veille. SYN. avant-hier.

AVARE adj. et n. m. et f.
Qui aime l'argent avec passion et l'accumule sans avoir l'intention d'en faire usage. *Séraphin Poudrier était l'avare des* Belles Histoires des pays d'en haut *de Claude-Henri Grignon. Une personne avare.* SYN. avaricieux ; grippe-sou ; pingre ; radin ; séraphin. ANT. généreux.
LOCUTION
– ***Avare de.*** Parcimonieux. *Il est avare de conseils.*

AVARICE n. f.
Attachement excessif aux richesses. ANT. générosité.

AVARICIEUX, IEUSE adj.
Qui fait preuve d'avarice. *Une personne avaricieuse.* SYN. avare ; grippe-sou ; pingre ; radin.

AVARIE n. f.
1. Dommage survenu à un navire ou à son chargement, et par extension à un avion, un camion, etc. *Subir des avaries.*
2. Détérioration.

AVARIER v. tr.
Endommager. *Ces fruits sont avariés.*
CONJUGAISON : VOIR MODÈLE ÉTUDIER.
Redoublement du ***i*** à la première et à la deuxième personne du pluriel de l'indicatif imparfait et du subjonctif présent. *(Que) nous avariions, (que) vous avariiez.*

AVATAR n. m.
1. Incarnation d'un dieu dans la religion hindoue.
2. Transformation, métamorphose. *Les plans ont subi de multiples avatars.*
Au sens de ***malheur, mésaventure,*** l'emploi de ce mot est abusif.

À VAU-L'EAU
VOIR – VAU-L'EAU.

AVE ou **AVE MARIA** n. m. inv.
Prière à la Vierge. *Réciter des* Ave, *des* Ave Maria.
Le nom s'écrit avec une majuscule et est invariable.
T En typographie soignée, les mots étrangers sont composés en italique. Dans des textes déjà en italique, la notation se fait en romain. Pour les textes manuscrits, on utilisera les guillemets.

AVEC prép.
La préposition marque :
1. Une relation entre des personnes. *Luc parle avec ma sœur.*
2. L'accompagnement. *Elle a voyagé avec son amie.*
3. L'instrument. *Écrire avec un stylo à bille.*
4. Le moyen. *Lina creuse avec une pelle.*
5. La cause. *Avec tout ce travail à faire, je ne pourrai sortir ce soir.*
6. La manière. *Je t'offre ce livre avec plaisir.*
Si le sujet d'une proposition s'accompagne d'un autre nom joint à lui par la préposition ***avec,*** le verbe se met généralement au singulier si le second nom est isolé par des virgules ; sinon, le verbe se met au pluriel. *Paul, avec Pierre, est allé à la campagne. Paul avec Pierre sont allés à la campagne.*
Il faut se garder d'utiliser la préposition ***avec*** sans complément. *Il le connaît depuis longtemps, il est allé à l'école avec lui* (et non *avec).
FORMES FAUTIVES
*dîner avec un sandwich. Construction fautive pour ***dîner d'un sandwich.***
*être satisfait avec quelqu'un, quelque chose. Construction fautive pour ***être satisfait de quelqu'un, de quelque chose.***

AVELINE n. f.
Noisette, fruit de l'avelinier.

AVELINIER n. m.
Noisetier.

AVENANT, ANTE adj. et n. m.
ADJECTIF
Aimable. *Une dame bien avenante.* SYN. accueillant ; courtois ; gentil.
NOM MASCULIN
(DR.) Acte complémentaire d'un contrat. *Il y a plusieurs avenants à étudier. L'avenant d'un contrat d'assurance.*
LOCUTION
– ***À l'avenant,*** loc. adv. En conformité, en harmonie avec ce qui précède. *Elle est très jolie et sa robe est à l'avenant.* SYN. pareillement.

AVÈNEMENT n. m.
1. Arrivée au pouvoir.
2. (FIG.) Arrivée, début. *L'avènement d'une ère nouvelle.*

AVENIR n. m.
Le temps futur. *Des perspectives d'avenir.* ANT. passé.
L'expression *avoir un bel avenir devant soi est un pléonasme (répétition de mots ayant un même sens).
LOCUTIONS
– ***À l'avenir,*** loc. adv. Désormais, dorénavant. *À* (et non *dans) *l'avenir, je prendrai mes précautions.*
– ***D'avenir,*** loc. adv. Qui présente des perspectives intéressantes. *Des postes d'avenir.*

AVENT n. m.
Période de quatre semaines qui précède la fête de Noël, dans l'année liturgique.
HOM.
• ***avant,*** adverbe ;
• ***avant,*** préposition.

AVENTURE n. f.
1. (VX) Ce qui doit arriver à quelqu'un. *Une diseuse de bonne aventure.* SYN. avenir ; destin ; destinée ; sort.
2. Évènement imprévu, extraordinaire. *Une aventure merveilleuse.*
3. (AU PLUR.) Affaires, histoire. *Un film d'aventures.*

LOCUTIONS
– ***À l'aventure.*** Au hasard. *Je marchais à l'aventure, sans destination précise.*
– ***Dire la bonne aventure*** (à quelqu'un). Tenter de prédire son avenir.
– ***Par aventure, d'aventure.*** (LITT.) Par hasard. *Si d'aventure vous le voyez, dites-lui que je l'aime.*
Le nom ***aventure*** s'écrit au singulier dans ces expressions.

AVENTURER (S') v. pronom.
Se risquer. *Ne vous aventurez pas dans ces rues.* SYN. se hasarder.
Le participe passé de ce verbe, qui n'existe qu'à la forme pronominale, s'accorde toujours en genre et en nombre avec son sujet. *Les jeunes se sont aventurés dans la forêt.*
CONJUGAISON : VOIR MODÈLE AIMER.

AVENTUREUSEMENT adv.
De façon aventureuse.

AVENTUREUX, EUSE adj.
1. Qui aime l'aventure. *Une nature aventureuse.* SYN. audacieux ; hardi.
2. Plein de risques, d'aventures. *Un voyage aventureux.* SYN. hasardeux ; périlleux.
Ne pas confondre avec le nom ***aventurier,*** qui vit d'intrigues.
aventureux.

AVENTURIER, IÈRE n. m. et f.
(PÉJ.) Personne qui vit d'intrigues, d'entreprises hasardeuses.
Ne pas confondre avec l'adjectif ***aventureux,*** qui aime l'aventure.

AVENTURINE n. f.
Pierre précieuse jaune semée de points d'or.

AVENUE n. f.
Abréviation ***av.*** (s'écrit avec un point).
1. Voie de communication urbaine plus large que les rues, desservant un quartier ou une partie d'une ville, ou pouvant conduire à un lieu bien identifié (Recomm. off.).
VOIR TABLEAU – ODONYMES.
2. Dans un système de dénomination basé sur l'orientation des voies de circulation (plan en damier), voie urbaine située dans un axe perpendiculaire à celui des voies portant le nom de rue. Dans un tel système, les avenues sont généralement orientées dans la direction nord-sud (Recomm. off.).
T 1° Les mots génériques des noms de voies de circulation ou odonymes (***avenue, boulevard, chemin, côte, place, route, rue,*** etc.) s'écrivent avec une minuscule et sont suivis du nom spécifique, qui s'écrit avec une ou des majuscules. *L'avenue de la Brunante, l'avenue Claude-Champagne.* Suivi d'un odonyme, le verbe ***habiter*** se construit sans préposition. *Marie-Ève habite 7, avenue Antonine-Maillet.*
2° Le complément de lieu composé du mot ***avenue*** est généralement introduit par la préposition ***sur,*** mais l'emploi de la préposition ***dans*** est également possible. *Elles marchent sur l'avenue des Érables, ils roulent dans l'avenue des Marguerites.* Par contre, le nom ***rue*** est toujours introduit par la préposition ***dans.***
3° Les noms génériques de rues caractérisés par un adjectif numéral ordinal s'écrivent généralement avec une majuscule. *La 18e Avenue, le Septième Rang, la 3e Rue.*

AVÉRÉ, ÉE adj.
Reconnu vrai. *Un fait avéré.*
Ne pas confondre avec les mots suivants :
• ***assuré,*** dont la réalité est sûre ;
• ***clair,*** compréhensible ;
• ***évident,*** indiscutable ;
• ***indéniable,*** qu'on ne peut nier ;
• ***irréfutable,*** qu'on ne peut réfuter ;
• ***notoire,*** qui est bien connu.

AVÉRER (S') v. pronom.
Être confirmé, se révéler. *L'hypothèse s'avéra juste. Les prévisions se sont avérées justes.*
Le participe passé de ce verbe, qui n'existe qu'à la forme pronominale, s'accorde toujours en genre et en nombre avec son sujet. *Les sondages se sont avérés exacts.*
1° Ce verbe, formé à partir du mot ***vrai,*** ne peut pas être suivi des adjectifs ***vrai*** ou ***faux,*** sous peine de créer un pléonasme *s'avérer vrai ou une contradiction *s'avérer faux. On dira ***s'avérer exact*** et ***se révéler faux.***
2° Aujourd'hui, le verbe est généralement suivi d'un adjectif. La construction absolue est rare ou de niveau recherché. *Ce fait s'est avéré,* c'est-à-dire il est reconnu comme vrai.
CONJUGAISON : VOIR MODÈLE POSSÉDER.
Le ***é*** se change en ***è*** devant une syllabe contenant un ***e*** muet, sauf à l'indicatif futur et au conditionnel présent. *Il s'avère,* mais *il s'avérerait.*
[Les *Rectifications* (1990) admettent : il s'avèrera, s'avèrerait...]

AVERS n. m.
Le ***s*** est muet, [avɛr].
Face d'une pièce de monnaie, d'une médaille. ANT. revers.

AVERSE n. f.
Pluie subite, violente et de faible durée. *On prévoit des averses et des vents du nord-est de 20 kilomètres à l'heure.*
Ne pas confondre avec la locution ***à verse,*** qui se dit de la pluie qui tombe abondamment. *Il pleut à verse.*
Ne pas confondre avec les noms suivants :
• ***bruine,*** pluie fine et froide ;
• ***giboulée,*** averse soudaine de pluie souvent mêlée de neige, de grêle ;
• ***ondée,*** pluie assez forte, mais de courte durée ;
• ***orage,*** pluie abondante accompagnée d'éclairs et de tonnerre ;
• ***pluie,*** eau qui tombe par gouttes du ciel.
LOCUTION
– ***Averse de neige.*** Précipitation solide, subite et abondante, quelquefois violente, mais de courte durée (Recomm. off.).

AVERSION n. f.
Antipathie profonde. *Avoir de l'aversion contre quelqu'un. Je n'ai pas d'aversion pour le vin.* SYN. haine.
Le complément du nom ***aversion*** est introduit par ***pour, contre*** ou ***à l'égard de.***
Ne pas confondre avec le nom ***inversion,*** action de mettre quelque chose dans un sens opposé.
LOCUTION
– ***Avoir quelqu'un, quelque chose en aversion.*** Haïr.

AVERTI, IE adj.
Informé, expérimenté. *Un homme averti en vaut deux. Une chercheuse avertie des nouveaux procédés.* SYN. avisé.

AVERTIR v. tr.
1. Prévenir de, informer. *Avertissez-moi avant de partir.*
Le verbe se construit avec ***de*** suivi d'un nom ou de l'infinitif. *Je l'avais avertie de mon départ. Le maire les a avertis de payer leurs taxes.*
2. Annoncer. *Elle m'avait averti qu'elle partait bientôt.*
Le verbe se construit avec l'indicatif ou le conditionnel.
CONJUGAISON : VOIR MODÈLE FINIR.

AVERTISSEMENT n. m.
1. Action d'avertir, de faire savoir. *Les écoliers n'ont pas tenu compte des avertissements de la maîtresse : ils ont eu une retenue.* SYN. avis ; conseil ; mise en garde ; recommandation.
2. Texte placé entre le grand titre et le début de l'ouvrage, afin d'attirer l'attention du lecteur sur un point particulier.

Ne pas confondre avec les noms suivants :
• ***avant-propos,*** brève introduction d'un ouvrage, généralement rédigée par son auteur, pour en exposer le contenu et l'objectif poursuivi ;
• ***introduction,*** court texte explicatif rédigé généralement par un auteur pour présenter son texte ;
• ***note liminaire,*** texte destiné à expliciter les symboles et les abréviations employés dans un ouvrage ;
• ***notice,*** brève étude placée en tête d'un livre pour présenter la vie et l'œuvre de l'auteur ;
• ***préface,*** texte de présentation d'un ouvrage qui n'est généralement pas rédigé par l'auteur ; il est composé en italique.

AVERTISSEUR, EUSE adj. et n. m.
Se dit d'un dispositif destiné à avertir. *Un signal avertisseur. Un avertisseur d'automobile, un avertisseur d'incendie.*

AVEU n. m. (pl. *aveux*)
Action d'avouer, de reconnaître quelque chose de difficile à révéler. *L'aveu d'une faute. J'ai des aveux à te faire.*
LOCUTIONS
– ***De l'aveu de,*** loc. prép. Selon le témoignage de.
– ***Faire des aveux*** ou ***passer aux aveux.*** Reconnaître sa culpabilité.

AVEUGLANT, ANTE adj.
Qui aveugle. *Un soleil aveuglant.* SYN. éblouissant.

AVEUGLE adj. et n. m. et f.
Les lettres ***eu*** se prononcent comme dans ***fleuve,*** [avœgl].
1. Privé de l'usage de la vue. *Il est aveugle de naissance. Cet aveugle est accompagné d'un chien-guide. « Et parmi ces aveugles chacun dans sa nuit/creusant son labyrinthe inconnu »* (Alain Grandbois, *Les Îles de la nuit*). SYN. non-voyant.
L'***aveugle*** est privé de l'usage de la vue, au propre et au figuré. L'***aveuglé*** est privé de la vue pour un temps.
2. (FIG.) Qui manque de discernement, qui n'est pas guidé par la raison. *L'amour est aveugle. Une confiance aveugle.*
LOCUTION
– ***Essai en double aveugle.*** Essai clinique au cours duquel le sujet et l'investigateur sont tenus dans l'ignorance du traitement administré (GDT). SYN. essai à double insu.

AVEUGLEMENT n. m.
1. (VX) Cécité.
2. (FIG.) Manque de discernement. *À cause de son aveuglement, il a raté une bonne occasion.*

AVEUGLÉMENT adv.
Sans réflexion. *Ils suivent aveuglément ses conseils.*

AVEUGLER v. tr.
1. Rendre aveugle ou gêner la vue de. *Le soleil l'aveuglait.*
2. (FIG.) Ôter l'usage de la raison à. *Il est aveuglé par l'ambition.* SYN. égarer.
CONJUGAISON : VOIR MODÈLE AIMER.

AVEUGLETTE (À L') loc. adv.
À tâtons, sans y voir. *Étienne cherchait sa lampe de poche à l'aveuglette dans le grenier tout noir.* SYN. aveuglément.

AVIAIRE adj.
Qui concerne les oiseaux.

AVIATEUR n. m.
AVIATRICE n. f.
Personne qui pilote un avion.

AVIATION n. f.
Navigation aérienne. *Une compagnie d'aviation.*

AVICOLE adj.
Relatif à l'aviculture.

AVICULTEUR n. m.
AVICULTRICE n. f.
Personne qui élève des volailles, des oiseaux.

AVICULTURE n. f.
Élevage des volailles.
Ne pas confondre avec le nom ***apiculture,*** élevage des abeilles.
VOIR – AGRICULTURE.

AVIDE adj.
Qui désire ardemment. *Il est avide de gloire.* SYN. assoiffé.
Cet adjectif n'a pas de connotation péjorative. *Une étudiante avide d'apprendre.*

AVIDEMENT adv.
Avec avidité. *Ils sont affamés et mangent avidement.*

AVIDITÉ n. f.
1. Désir très grand de quelque chose.
2. Désir exagéré. *Certaines personnes recherchent le pouvoir avec avidité.*

AVILIR v. tr., pronom.
VERBE TRANSITIF
Dégrader, rendre méprisable.
VERBE PRONOMINAL
Se déshonorer. *Ils se sont avilis à voler un prêtre.*
À la forme pronominale, le participe passé de ce verbe s'accorde toujours en genre et en nombre avec son sujet. *Ils se sont avilis avec le temps.*
CONJUGAISON : VOIR MODÈLE FINIR.

AVILISSANT, ANTE adj.
Qui avilit, dégrade. *Des pratiques avilissantes.* SYN. dégradant ; honteux ; infamant ; méprisable ; vil.

AVILISSEMENT n. m.
(LITT.) Dégradation. SYN. corruption ; flétrissure.

AVION n. m.
Appareil de locomotion aérienne. *Un avion supersonique. Un avion gros-porteur* (et non un *jumbo jet).
Les mots composés avec le nom ***avion*** s'écrivent avec un trait d'union et prennent la marque du pluriel aux deux éléments. *Des avions-suicides.*
T Les noms de bateaux, de trains, d'avions, etc., s'écrivent en italique ; l'article ne sera inscrit en caractères italiques que s'il fait partie du nom.
Attention au genre masculin de ce nom : ***un*** avion.
LOCUTIONS
– ***Avion-cargo.*** Avion destiné au transport du fret. *Des avions-cargos.*
– ***Avion-citerne.*** Avion qui transporte du carburant afin de ravitailler en vol d'autres appareils. *Des avions-citernes.*
– ***Avion-taxi.*** Avion que l'on peut louer pour parcourir de courtes distances. *Des avions-taxis.*

AVIONIQUE n. f.
Électronique appliquée aux avions.

AVIONNERIE n. f.
1. Entreprise, usine de construction aéronautique (Recomm. off.).
2. Industrie de la construction aéronautique (Recomm. off.).

AVIONNEUR n. m.
Constructeur de cellules d'avions.

AVIRON n. m.
1. Rame légère. *« C'est l'aviron qui nous mène, qui nous mène »* (*C'est l'aviron,* chanson paillarde du XVe s.).
2. Sport du canotage. *Les enfants aiment faire de l'aviron sur ce petit lac des Laurentides.*
3. Pagaie.

AVIS n. m.
Le *s* ne se prononce pas, [avi].
1. Opinion, sentiment. *Je suis de votre avis. Donnez-moi votre avis.* SYN. conseil ; point de vue.
2. Conseil, avertissement. *Un avis officiel.*
VOIR TABLEAU – AVIS LINGUISTIQUES ET TERMINOLOGIQUES.

LOCUTIONS
– ***Avis d'imposition.*** Document établissant le montant des impôts fonciers et taxes que le contribuable doit à une Administration (GDT). *La Ville vient de transmettre les avis d'imposition* (et non *comptes de taxes).
– ***Être d'avis de*** + infinitif. Juger bon. *Je suis d'avis de partir à l'aube.*
– ***Être d'avis que*** + indicatif. Croire. *Il est d'avis qu'il pleuvra ce soir.*
– ***Être d'avis que*** + subjonctif. Proposer. *Tu es d'avis que nous partions dès demain.*

AVISÉ, ÉE adj.
Prudent, réfléchi. *Une conseillère avisée.*

AVISER v. tr., intr., pronom.
VERBE TRANSITIF
1. Informer, dans la langue administrative ou littéraire. SYN. avertir ; prévenir.
Suivi de ***que,*** le verbe se construit avec l'indicatif ou le conditionnel. *Il m'avise qu'il sera là demain. J'ai avisé le directeur que je ne pourrais faire ce travail.* Suivi de la préposition ***de,*** le verbe se construit avec un nom. *Il nous a avisés de son retour.*
2. (LITT.) Apercevoir. *Elle avisa un jeune garçon perdu dans la foule.* SYN. distinguer ; voir.
VERBE INTRANSITIF
Réfléchir, juger à propos. *Nous aviserons plus tard.*
VERBE PRONOMINAL
1. Constater, prendre conscience. *Il ne s'est pas avisé de son retard.* SYN. remarquer ; se rendre compte.
À la forme pronominale, le verbe se construit en ce sens avec la préposition ***de*** suivie d'un nom ou d'un infinitif ou avec la conjonction ***que*** suivie de l'indicatif. *Soudain, les garçons s'avisèrent qu'il faisait nuit et qu'ils étaient perdus.*
2. Avoir l'idée de. *Ne t'avise pas de recommencer !*
En ce sens, le verbe se construit avec la préposition ***de*** suivie de l'infinitif.
À la forme pronominale, le participe passé de ce verbe s'accorde toujours en genre et en nombre avec son sujet. *La direction ne s'était pas avisée de mon opposition.*
CONJUGAISON : VOIR MODÈLE AIMER.

***AVISEUR (COMITÉ)**
Calque de «*advisory committee*» pour ***comité consultatif.***

***AVISEUR LÉGAL**
Calque de «*legal adviser*» pour ***conseiller juridique.***

***AVISEUR TECHNIQUE**
Calque de «*technical adviser*» pour ***conseiller technique.***

AVITAILLER v. tr.
Ravitailler (un navire, un avion) en carburant.
CONJUGAISON : VOIR MODÈLE AIMER.
Les lettres ***ill*** sont suivies d'un ***i*** à la première et à la deuxième personne du pluriel de l'indicatif imparfait et du subjonctif présent. *(Que) nous avitaillions, (que) vous avitailliez.*

AVITAILLEUR n. m.
Dispositif servant à avitailler (un navire, un avion).

AVIVER v. tr.
1. Rendre plus vif, plus éclatant. *Aviver le feu, le teint.* SYN. raviver.
2. Augmenter. *Aviver un chagrin.*
CONJUGAISON : VOIR MODÈLE AIMER.

av. J.-C.
Abréviation de ***avant Jésus-Christ.***

***AVOCADO**
Anglicisme pour ***avocat*** (fruit et couleur).

AVOCAILLON n. m.
(FAM.) Mauvais avocat.

AVOCASSERIE n. f.
(PÉJ.) Mauvaise cause.

AVOCASSIER, IÈRE adj.
(VIEILLI) (PÉJ.) Qui concerne les avocats.

AVOCAT adj. inv. et n. m.
Le ***o*** est ouvert, [avɔka].
NOM MASCULIN
Fruit de l'avocatier dont la chair est appréciée. *Une salade d'avocats* (et non d'*avocados).
ADJECTIF INVARIABLE
De la couleur vert-jaune de l'avocat. *Des ceintures avocat* (et non *avocado).
VOIR TABLEAU – COULEUR (ADJECTIFS DE).

AVOCAT n. m.
AVOCATE n. f.
Le ***o*** est ouvert, [avɔka, avɔkat].
Personne qui fait profession d'agir comme conseiller en matière juridique et de défendre des causes en justice. *Une avocate spécialiste du droit de l'environnement.*

AVOCATIER n. m.
Le ***o*** est ouvert [avɔkatje].
Arbre dont le fruit est l'avocat.

AVOINE n. f.
Céréale. *Les chevaux aiment l'avoine.*

AVOIR v. tr.
1. Posséder. *Laurence a une bicyclette. Ils ont une petite maison à la campagne.*
Le verbe marque un rapport entre des personnes sans impliquer l'idée de possession. *Nous avons deux enfants. Ils ont un bon patron. Vous avez un médecin consciencieux.*
2. Acquérir, se procurer. *Nous avons eu ce voilier à bon compte.*
3. Obtenir. *Catherine a le premier prix ! Martin espère avoir une bourse afin de poursuivre ses études.*
4. Éprouver. *Cet enfant avait du chagrin. Tu as une faim de loup. Il a beaucoup d'amitié pour eux.*
5. Être de telle manière, présenter une caractéristique. *Elle a les cheveux roux et une forte tête. Il a de larges épaules et beaucoup de courage.*
6. Comporter. *Cet édifice a une cour intérieure.*
7. Tromper, rouler quelqu'un. *Cet escroc cherche à nous avoir.*
AUXILIAIRE DE CONJUGAISON
Le verbe ***avoir*** suivi du participe passé sert à former les temps composés de la majorité :
– des verbes ***avoir*** et ***être.*** *J'ai eu soif. J'ai été heureuse de faire votre connaissance.*
– des verbes transitifs directs et de la plupart des verbes transitifs indirects. *Tu as vu ce film, ils ont aimé cette exposition. J'aurai parlé à Annie.*
Les verbes transitifs ont un complément direct ou indirect du verbe.
– de la plupart des verbes intransitifs. *Les pommes ont mûri, les haricots ont germé.*
Les verbes intransitifs sont employés sans complément du verbe.
– des verbes impersonnels non pronominaux. *Il a plu. Il a neigé.*
AUXILIAIRE DE MODALITÉ
Avoir à + infinitif ou phrase infinitive. Devoir. *J'ai à te parler. Vous avez à vous lever tôt pour prendre ce train. Nous aurons à mettre les bouchées doubles pour atteindre notre objectif.*
LOCUTIONS
– ***Avoir affaire.*** Être en relation avec quelqu'un. *Nous avons déjà eu affaire à vous.*
Dans cette locution, le nom ***affaire*** est au singulier.
– ***Avoir beau.*** S'efforcer en vain. *Ils avaient beau se creuser la tête, ils ne trouvaient pas la réponse.*

A

AVIS LINGUISTIQUES ET TERMINOLOGIQUES

C'est la Charte de la langue française – sanctionnée le 26 août 1977 – qui a confié à l'Office de la langue française (OLF) la mission de recommander ou de normaliser certains termes par leur publication à la *Gazette officielle.* Le 1er octobre 2002, l'OLF est devenu l'Office québécois de la langue française (OQLF).

Les avis de l'organisme portent principalement sur des terminologies présentant un phénomène massif d'emprunt, sur des terminologies traditionnelles régionales qui entrent en conflit avec des terminologies françaises, sur des terminologies en voie d'élaboration.

En France, le gouvernement a également constitué des commissions de terminologie qui ont pour objet d'étudier le vocabulaire de certains domaines menacés par l'anglicisation et de formuler des recommandations officielles.

VOICI QUELQUES EXEMPLES D'AVIS :

- **Accentuation des majuscules**

  Les majuscules sont notées avec accents, tréma et cédille lorsque les minuscules équivalentes en comportent.

- **Signalisation des issues de secours**
  - ***sortie,*** équivalent français de « *exit* »

- **Signalisation routière**
  - ***halte routière,*** équivalent français de « *rest area* »

- **Commerce**
  - ***dépanneur,*** équivalent français de « *convenience store* »
  - ***centre commercial*** (et non *centre d'achats), équivalent français de « *shopping center* »

- **Règles d'écriture**

  Indication de l'heure selon la période de 24 heures. Ex. : *20 h 30 min* ou *20 h 30*

  Symbole du dollar à la suite de la partie numérique. Ex. : *75 $, 50,25 $*

- **Informatique**
  - ***éditique,*** équivalent français de « *desktop publishing* »
  - ***courriel,*** équivalent français de « *electronic mail* », « *e-mail* »

- **Publicité**
  - ***commanditaire,*** équivalent français de « *sponsor* »
  - ***commandite,*** équivalent français de « *sponsorship* »

- **Espèces marines québécoises**
  - ***saumon de l'Atlantique,*** équivalent français de « *Atlantic salmon* » (appellation non retenue : saumon de Gaspé)
  - ***pétoncle,*** équivalent français de « *scallop* » (appellation non retenue : coquille Saint-Jacques)
  - ***crevette nordique,*** équivalent français de « *pink shrimp* » (appellations non retenues : crevette de Matane, crevette rose, crevette de Sept-Îles)

- **Mentions**
  - ***breveté,*** équivalent français de « *patented* »
  - ***imprimé à, au, en,*** équivalent français de « *printed in* »
  - ***fabriqué à, au, en,*** équivalent français de « *made in* »

- **Éducation**
  - ***sanction des études*** (et non *certification)
  - ***délivrance des diplômes*** (et non *émission des diplômes)
  - ***droits de scolarité*** (et non *frais de scolarité)

Dans cette locution, qui exprime l'inutilité de l'action énoncée par l'infinitif, l'adjectif ***beau*** demeure invariable.
– ***Avoir l'air.*** Dont le visage a l'apparence, l'allure de. *Ces fillettes ont l'air espiègle* (ont une mine espiègle).
L'adjectif qui suit la locution s'accorde avec le nom masculin ***air*** si le sujet désigne une personne. Si le sujet est un nom de chose, l'accord se fait toujours avec le sujet. *Ces pommes ont l'air mûres.*
– ***Avoir l'air.*** Paraître, sembler. *Elle a l'air inquiète* (semble inquiète).
En ce sens, l'adjectif qui suit la locution s'accorde avec le sujet du verbe.
– ***En avoir après, contre quelqu'un, quelque chose.*** En vouloir à. *Ils en ont contre l'administration, qui a réduit les budgets.*
– ***Il n'y a que.*** Il suffit de, il faut seulement. *Il n'y a qu'à nous prévenir de votre venue afin que nous réservions une chambre.*
– ***Il y a.*** Voilà. *Il y a dix ans que nous nous connaissons.*
– ***Il y a.*** Il existe. *Il y a cinq continents : l'Amérique, l'Europe, l'Afrique, l'Asie et l'Océanie.*
De nombreuses locutions figées sont composées avec le verbe ***avoir*** : *avoir besoin de, avoir chaud, avoir envie de, avoir faim, avoir froid, avoir mal, avoir peur, avoir pitié, avoir raison, avoir soif...*
CONJUGAISON : VOIR MODÈLE AVOIR.

AVOIR n. m.
Ensemble des biens qu'on possède. SYN. actif; fortune.

AVOISINER v. tr.
1. Être voisin de. *Sa villa avoisine la mer.*
2. Être proche de. *La haine avoisine l'amour.*
CONJUGAISON : VOIR MODÈLE AIMER.

AVORTEMENT n. m.
Arrêt spontané ou thérapeutique d'une grossesse avant terme.
L'expulsion provoquée du fœtus avant terme est également nommée ***interruption volontaire de grossesse*** dont le sigle est ***IVG.***

AVORTER v. tr., intr.
VERBE TRANSITIF
Provoquer un avortement chez une femme.
VERBE INTRANSITIF
1. Accoucher avant terme. *La voisine a avorté au troisième mois de sa grossesse.*
2. (FIG.) Échouer. *Le complot a avorté.*
CONJUGAISON : VOIR MODÈLE AIMER.

AVORTEUR, EUSE n. m. et f.
(PÉJ.) Personne qui pratique un avortement illégal.

AVORTON n. m.
Être chétif.

AVOUER v. tr., pronom.
VERBE TRANSITIF
1. Faire l'aveu de. *Avouer sa faute.* SYN. confesser.
2. Reconnaître comme réel. *Avouer son indifférence.* SYN. admettre.
VERBE PRONOMINAL
Se reconnaître comme. *Elles se sont avouées coupables.*
À la forme pronominale, le participe passé de ce verbe s'accorde en genre et en nombre avec le complément direct si celui-ci le précède. *L'erreur qu'il s'est finalement avouée.* En l'absence d'un complément direct, le participe passé s'accorde avec le sujet. *Ils se sont avoués vaincus.* Le participe passé reste invariable si le complément direct suit le verbe. *Elles se sont avoué leur péché mignon.*
CONJUGAISON : VOIR MODÈLE AIMER.

AVRIL n. m.
Quatrième mois de l'année. *Le 3 avril.*
T Les noms de mois s'écrivent avec une minuscule.
VOIR TABLEAU – DATE.
LOCUTION
– ***Poisson d'avril.*** Farce faite à quelqu'un le 1er avril.

AWACS n. m.
Sigle de ***air-borne warning and control system.***
(MILIT.) Système aéroporté d'alerte et de surveillance électronique. « *À l'exception des Awacs, qui sont à long rayon d'action, les avions de reconnaissance tactique, qui agissent généralement en solitaire, ont des difficultés à se maintenir en permanence au-dessus du sol afghan* » (*Le Monde*).

A

AXE n. m.
1. Ligne droite qui passe par le centre d'un corps et autour de laquelle celui-ci tourne, ou peut tourner. *Un axe de rotation.*
2. (FIG.) Fondement sur lequel repose une idée. *L'axe d'une politique.* SYN. ligne directrice.
LOCUTION
– ***Axe routier.*** Grande voie de communication.

AXER v. tr.
1. Orienter selon un axe.
2. (FIG.) Centrer, organiser autour d'une thèse. *Son enseignement est axé sur l'écologie, autour de l'économie.*
CONJUGAISON : VOIR MODÈLE AIMER.

AXIAL, IALE, IAUX adj.
Qui est dans l'axe.

AXILLAIRE adj.
Qui a rapport à l'aisselle. *Les ganglions axillaires, l'artère axillaire.*

AXIOMATIQUE adj.
Qui tient de l'axiome. SYN. indémontrable.

AXIOME n. m.
Le **o** est fermé, [aksjom].
Proposition reçue et acceptée comme vraie sans démonstration. SYN. évidence; prémisse.
axiome.

AYANT CAUSE n. m. (pl. *ayants cause*)
(DR.) Personne à qui des droits ont été transmis.
Cette expression prend la marque du pluriel au premier élément seulement.

AYANT DROIT n. m. (pl. *ayants droit*)
(DR.) Personne qui a des droits à quelque chose.
Cette expression prend la marque du pluriel au premier élément seulement.

AYATOLLAH n. m. (pl. *ayatollahs*)
Titre religieux de l'islam. *Des ayatollahs intransigeants.*
ayatollah.

AZALÉE n. f.
Arbuste cultivé pour ses fleurs. *Des azalées blanches.*
Attention au genre féminin de ce nom : ***une*** azalée.

AZIMUT n. m.
Le ***t*** se prononce, [azimyt].
Angle compris entre le méridien d'un lieu et un cercle vertical quelconque.
LOCUTION
– ***Tous azimuts,*** loc. adv. (FAM.) Dans tous les sens, dans toutes les directions.
Cette expression empruntée à la langue militaire s'emploie également avec une valeur d'adjectif. *Une campagne publicitaire tous azimuts.*

AZOTE n. m.
Symbole ***N*** (s'écrit sans point).
Corps gazeux qui entre dans la composition de l'air atmosphérique. *Un azote liquide.*
Attention au genre masculin de ce nom : ***un*** azote.

AZOTÉ, ÉE adj.
Qui contient de l'azote. *Des engrais azotés.*

A

CONJUGAISON DU VERBE **AVOIR**

INDICATIF

PRÉSENT

j'	ai
tu	as
elle	a
il	a
nous	avons
vous	avez
elles	ont
ils	ont

PASSÉ COMPOSÉ

j'	ai	eu
tu	as	eu
elle	a	eu
il	a	eu
nous	avons	eu
vous	avez	eu
elles	ont	eu
ils	ont	eu

IMPARFAIT

j'	avais
tu	avais
elle	avait
il	avait
nous	avions
vous	aviez
elles	avaient
ils	avaient

PLUS-QUE-PARFAIT

j'	avais	eu
tu	avais	eu
elle	avait	eu
il	avait	eu
nous	avions	eu
vous	aviez	eu
elles	avaient	eu
ils	avaient	eu

PASSÉ SIMPLE

j'	eus
tu	eus
elle	eut
il	eut
nous	eûmes
vous	eûtes
elles	eurent
ils	eurent

PASSÉ ANTÉRIEUR

j'	eus	eu
tu	eus	eu
elle	eut	eu
il	eut	eu
nous	eûmes	eu
vous	eûtes	eu
elles	eurent	eu
ils	eurent	eu

FUTUR SIMPLE

j'	aurai
tu	auras
elle	aura
il	aura
nous	aurons
vous	aurez
elles	auront
ils	auront

FUTUR ANTÉRIEUR

j'	aurai	eu
tu	auras	eu
elle	aura	eu
il	aura	eu
nous	aurons	eu
vous	aurez	eu
elles	auront	eu
ils	auront	eu

CONDITIONNEL PRÉSENT

j'	aurais
tu	aurais
elle	aurait
il	aurait
nous	aurions
vous	auriez
elles	auraient
ils	auraient

CONDITIONNEL PASSÉ

j'	aurais	eu
tu	aurais	eu
elle	aurait	eu
il	aurait	eu
nous	aurions	eu
vous	auriez	eu
elles	auraient	eu
ils	auraient	eu

SUBJONCTIF

PRÉSENT

que	j'	aie
que	tu	aies
qu'	elle	ait
qu'	il	ait
que	nous	ayons
que	vous	ayez
qu'	elles	aient
qu'	ils	aient

PASSÉ

que	j'	aie	eu
que	tu	aies	eu
qu'	elle	ait	eu
qu'	il	ait	eu
que	nous	ayons	eu
que	vous	ayez	eu
qu'	elles	aient	eu
qu'	ils	aient	eu

IMPARFAIT

que	j'	eusse
que	tu	eusses
qu'	elle	eût
qu'	il	eût
que	nous	eussions
que	vous	eussiez
qu'	elles	eussent
qu'	ils	eussent

PLUS-QUE-PARFAIT

que	j'	eusse	eu
que	tu	eusses	eu
qu'	elle	eût	eu
qu'	il	eût	eu
que	nous	eussions	eu
que	vous	eussiez	eu
qu'	elles	eussent	eu
qu'	ils	eussent	eu

IMPÉRATIF

PRÉSENT

aie
ayons
ayez

PASSÉ

aie eu
ayons eu
ayez eu

INFINITIF

PRÉSENT

avoir

PASSÉ

avoir eu

PARTICIPE

PRÉSENT

ayant

PASSÉ

eu, eue
ayant eu

AZT n. m.
Abréviation de ***azidothymidine.***
(MÉD.) Médicament antiviral utilisé notamment dans le traitement du sida.

AZTÈQUE adj. et n. m. et f.
Le *z* se prononce *s*, [astɛk].
ADJECTIF ET NOM MASCULIN ET FÉMININ
Qui a rapport aux Aztèques, peuple de l'ancien Mexique. *De l'orfèvrerie aztèque. Les Aztèques dominèrent le Mexique jusqu'au XVIe siècle.*
T L'adjectif s'écrit avec une minuscule ; le nom, avec une majuscule.
NOM MASCULIN
Langue parlée par les Aztèques. *Il étudie l'aztèque.*
T Le nom de la langue s'écrit avec une minuscule.

AZUR n. m.
1. Bleu clair et intense du ciel et de la mer. *Monet a bien rendu les ciels d'azur de l'été.*
2. (FIG.) L'air, le ciel.
LOCUTION
– ***La Côte d'Azur.*** Littoral méditerranéen français entre Cassis et la Riviera italienne.

AZURÉ, ÉE adj.
De couleur d'azur.

AZURER v. tr.
Donner la couleur d'azur à.
CONJUGAISON : VOIR MODÈLE AIMER.

AZYME adj. et n. m.
Sans le vain. *Pain azyme.*
Ne pas confondre avec le nom ***enzyme,*** substance protéique.
azyme.

B

B n. m. inv.
Deuxième lettre de l'alphabet.

B
– *b,* symbole de ***baril.***
– *b,* symbole de ***bit.***
– *b,* ancienne notation musicale qui correspond à la note ***si.***

***B2B**
Abréviation de «*business to business*». Anglicisme pour ***commerce interentreprises.***
Cette expression se rend en français par le terme ***commerce interentreprises*** et désigne un ensemble des transactions commerciales entre entreprises.
On relève également le terme ***commerce électronique interentreprises, cybercommerce interentreprises*** si la vente de produits et services entre les entreprises se fait grâce au réseau Internet, aux extranets ou aux réseaux privés virtuels.

Ba
Symbole de ***baryum.***

B. A. n. f.
Abréviation de ***bonne action,*** chez les scouts. *Il fait sa B. A. tous les jours.*

BABA adj. inv. et n. m.
ADJECTIF INVARIABLE
(FAM.) Surpris. *Elle en est restée baba.* SYN. abasourdi ; ébahi ; étonné ; stupéfait.
NOM MASCULIN
Pâtisserie. *Des babas au rhum.*
Alors que l'adjectif ***baba*** est invariable, le nom prend la marque du pluriel.

B.A.-BA ou **B-A BA** n. m. inv.
Connaissances de base, rudiments. *Apprendre le b.a.-ba* ou *le b-a ba de l'arithmétique.*
La graphie de ce nom est flottante.

BABEURRE n. m.
Liquide blanc, de goût aigre, qui reste du lait dans la fabrication du beurre.

BABICHE n. f.
Lanière de peau (chevreuil, orignal, etc.). *Le siège de cette chaise est tissé en babiche.*
Ce nom est d'origine amérindienne.

BABIL n. m.
Le ***l*** se prononce, [babil].
Bavardage charmant. *Un babil d'enfant.*

BABILLAGE n. m.
Action de parler beaucoup, de bavarder à la manière des enfants. *Le babillage des élèves.* SYN. bavardage.

BABILLARD n. m.
Tableau d'affichage sur lequel on épingle des messages dans les lieux publics. *Son nom est inscrit au babillard.*
LOCUTION
– ***Babillard électronique.*** Service informatisé d'échange d'information géré par un organisme ou une entreprise, auquel on accède par modem, et qui permet aux utilisateurs d'afficher des messages et d'y répondre, d'échanger des fichiers, de communiquer avec des groupes thématiques et parfois de se connecter à Internet (Recomm. off.).
Le terme ***babillard électronique*** a été créé au Québec, par analogie avec le nom ***babillard,*** qui désigne un tableau d'affichage.

BABILLARD, ARDE adj.
(LITT.) Bavard.

BABILLER v. intr.
Les deux dernières syllabes se prononcent comme dans ***habiller,*** [babije].
Parler beaucoup, bavarder d'une manière agréable, enfantine.
CONJUGAISON : VOIR MODÈLE AIMER.
Les lettres ***ill*** sont suivies d'un ***i*** à la première et à la deuxième personne du pluriel de l'indicatif imparfait et du subjonctif présent. *(Que) nous babillions, (que) vous babilliez.*

BABINES n. f. pl.
1. Lèvres pendantes de certains animaux. *Le chat, le chien, le singe, le chameau, entre autres, ont des babines.*
2. (FAM.) Lèvres. *S'essuyer les babines.*
LOCUTION
– ***Se lécher, se pourlécher les babines.*** (FIG.) Déguster par la pensée quelque chose de délicieux. *À l'idée de manger du gâteau au chocolat, Fanny s'en lèche les babines.*

BABIOLE n. f.
1. Petit objet sans valeur. SYN. bricole ; colifichet.
2. (FIG.) Chose sans importance. SYN. bagatelle ; baliverne ; broutille ; niaiserie ; rien.
babiole.

BÂBORD n. m.
Le côté gauche d'un navire quand on regarde vers l'avant. *« Il y a des pirates à bâbord ! » crie la vigie de son poste d'observation sur le mât.*
Pour se rappeler la place de bâbord et de tribord, il suffit de penser au mot ***batterie*** (***ba***, à gauche, ***tri***, à droite).
VOIR – TRIBORD.
bâbord.

BABOUCHE n. f.
Pantoufle orientale sans quartier arrière ni talon.
Ne pas confondre avec le nom ***tarbouche,*** bonnet rouge cylindrique.

BABOUIN n. m.
Singe de grande taille au museau allongé.

BABY-BOOMER ou **BABY-BOUMEUR, EUSE** n. m. et f.
Personne née pendant le baby-boom qui a suivi la Seconde Guerre mondiale dans les pays industrialisés. *Ils atteindront bientôt l'âge de la retraite, les baby-boomers* ou *les baby-boumeurs.*

BABY-BOOM ou **BABY-BOUM** n. m.
Forte augmentation du taux de natalité, spécialement celle qui a suivi la Seconde Guerre mondiale dans les pays industrialisés. *Des baby-booms, des baby-boums.*

BABY-FOOT ou **BABYFOOT** n. m.
Ce mot se prononce à l'anglaise, [bebifut].
Jeu de football miniature que l'on actionne à l'aide de manettes. *Des baby-foot, des babyfoots.*

***BABY-SITTING**
Anglicisme pour ***garde d'enfants.***

BAC n. m.
1. Petit traversier à fond plat, de forme généralement rectangulaire, mis en mouvement par la seule force du courant ou par un moyen propre de propulsion, effectuant la traversée de passagers, de marchandises, de voitures, d'une rive à l'autre d'un cours d'eau, d'un lac (Recomm. off.). *Un bac relie Oka à Hudson.*
2. Récipient. *Des bacs à légumes.*
3. (FAM.) Baccalauréat.

BACANTE
VOIR – BACCHANTE.

BACCALAURÉAT n. m.
S'abrège familièrement en *bac* (s'écrit sans point).
1. Au Québec, le premier des grades universitaires qui confère le titre de bachelier, de bachelière. *Étienne est titulaire d'un baccalauréat en biochimie.*
2. En France, grade qui sanctionne la fin des études secondaires. *Marie-Françoise a étudié au collège Stanislas et elle vient de passer son baccalauréat.*
VOIR TABLEAU – GRADES ET DIPLÔMES UNIVERSITAIRES.

BACCARA n. m.
Jeu de cartes.
HOM. ***baccarat,*** cristal de la manufacture de Baccarat.

BACCARAT n. m.
Cristal de la manufacture de Baccarat.
HOM. ***baccara,*** jeu de cartes.

BACCHANALE n. f.
Les lettres *cch* se prononcent *k,* [bakanal].
1. (LITT.) Danse tumultueuse.
2. (LITT.) Débauche bruyante. SYN. orgie.
bacchanale.

BACCHANTE ou **BACANTE** n. f.
Les lettres *cch* se prononcent *k,* [bakɑ̃t].
1. Prêtresse de Bacchus.
2. (FAM.) Moustache.

BÂCHAGE n. m.
Action de bâcher.
bâchage.

BÂCHE n. f.
Grosse toile imperméable destinée à protéger les marchandises des intempéries. SYN. capote ; couverture.
bâche.

BACHELIER, IÈRE n. m. et f.
Titulaire d'un baccalauréat.

***BACHELOR**
Anglicisme pour ***studio.***

BÂCHER v. tr.
Couvrir d'une bâche.
CONJUGAISON : VOIR MODÈLE AIMER.

BACHI-BOUZOUK ou **BACHIBOUZOUK** n. m. (pl. *bachi-bouzouks* ou *bachibouzouks*)
Soldat de l'ancienne armée turque.

BACHIQUE adj.
Qui est consacré à Bacchus, au vin. *Les amitiés bachiques.*

BACHOTAGE n. m.
(FAM.) Préparation intensive d'un baccalauréat, d'un examen, d'un concours, dans le seul but d'une réussite, sans souci d'une véritable formation.
Ce nom a une connotation légèrement péjorative et ne saurait traduire le mot «*coaching*».

BACHOTER v. intr.
(FAM.) Préparer un examen de façon intensive, en faisant appel surtout à la mémoire, sans rechercher une formation de fond.
Ce verbe a une connotation légèrement péjorative.
CONJUGAISON : VOIR MODÈLE AIMER.

BACILLAIRE adj.
(MÉD.) Relatif aux bacilles.

BACILLE n. m.
Les deux *l* se prononcent comme un seul, [basil].
Microbe en forme de bâtonnet. *Le bacille du charbon* (Bacillus anthracis).
Attention au genre masculin de ce nom : ***un*** bacille.
bacille.

BACKGAMMON n. m.
Jeu de hasard avec des dés et des pions proche du jacquet.

***BACKGROUND**
Anglicisme pour ***arrière-plan, contexte, historique.***
Anglicisme pour ***antécédents, bagage, expérience professionnelle.***

***BACKLASH**
Anglicisme pour ***choc en retour, contrecoup, effet boomerang, réaction.***

***BACK(-)OFFICE**
Anglicisme pour ***arrière-boutique.***

***BACK ORDER**
Anglicisme pour ***article en retard, en rupture de stock, commande en souffrance.***

***BACK-UP**
Anglicisme pour ***sauvegarde (informatique).***

BÂCLAGE n. m.
Action de faire un travail de façon peu soigneuse.
bâclage.

BÂCLER v. tr.
(FAM.) Faire trop vite et de façon peu soigneuse. *Bâcler* (et non *botcher) *son travail.* SYN. expédier.
FORME FAUTIVE
*bâcler une affaire, une transaction. Impropriété pour ***conclure une affaire, une transaction.***
CONJUGAISON : VOIR MODÈLE AIMER.
bâcler.

BACON n. m.
Ce nom se prononce généralement à l'anglaise, [bekœn].
Filet de porc salé et fumé, découpé en tranches minces. *Des œufs et du bacon.*

BACTÉRICIDE adj. et n. m.
Se dit d'un produit qui tue les bactéries. *L'eau de Javel est bactéricide. Les chirurgiens doivent se brosser les mains avec un bactéricide avant d'opérer.*

BACTÉRIE n. f.
Être unicellulaire. *On peut voir les bactéries avec un microscope.*

BACTÉRIEN, IENNE adj.
Relatif aux bactéries. *Une culture bactérienne.*

BACTÉRIOLOGIE n. f.
Science qui étudie les bactéries, leur action sur l'organisme.

BACTÉRIOLOGIQUE adj.
Relatif à la bactériologie. *La guerre bactériologique utilise les bactéries comme armes.*

BACTÉRIOLOGISTE n. m. et f.
Médecin spécialiste de la bactériologie.

BADAUD, AUDE adj. et n. m. et f.
Passant, flâneur. *Quelques badauds regardent les vitrines.* SYN. promeneur.
Ne pas confondre avec le nom ***bedeau,*** employé d'église.
badaud.

BADGE n. m.
1. Insigne des scouts.
L'insigne des scouts était de genre féminin ; aujourd'hui, on emploie le masculin dans tous les sens.
2. Insigne fixé à un vêtement. *Un badge humoristique.*
3. Insigne précisant le nom de la personne qui le porte. *Les personnes qui visitent le Salon des arts de la table portent des badges.* SYN. porte-nom.

BADIGEON n. m.
Couleur en détrempe dont on enduit les murailles.

BADIGEONNAGE n. m.
Action de badigeonner ; son résultat. *Le badigeonnage d'une plaie avec de l'iode.*
badigeonnage.

BADIGEONNER v. tr.
1. Peindre avec un enduit. *Ils ont badigeonné le mur de couleurs vives.* SYN. barbouiller.
2. Enduire d'un médicament. *Badigeonner d'iode une plaie.*
CONJUGAISON : VOIR MODÈLE AIMER.
badigeonner.

BADIGEONNEUR, EUSE n. m. et f.
Celui, celle qui badigeonne.

BADIN, INE adj.
Enjoué, qui aime à plaisanter. *Un ton badin.* SYN. espiègle.

BADINAGE n. m.
Propos badin.

BADINE n. f.
Baguette mince et flexible.

BADINER v. intr.
Plaisanter, prendre à la légère. *N'en croyez rien, je badinais. On ne peut badiner avec la sécurité.* SYN. blaguer.
CONJUGAISON : VOIR MODÈLE AIMER.

BADINERIE n. f.
Plaisanterie.

BADMINTON n. m.
Ce mot se prononce à l'anglaise. Attention, il n'y a pas de ***g***, [badmintɔn].
Jeu de volant pratiqué avec des raquettes. *Thierry et Clara jouent au badminton.*
badminton.

BAFFE n. f.
(FAM.) Gifle.

BAFOUER v. tr.
Outrager en ridiculisant. SYN. railler.
Ne pas confondre avec le verbe ***bafouiller,*** bredouiller.
CONJUGAISON : VOIR MODÈLE AIMER.
bafouer.

BAFOUILLAGE n. m.
Paroles décousues, embrouillées. SYN. balbutiement ; bredouillement.

BAFOUILLER v. tr., intr.
VERBE TRANSITIF
Prononcer maladroitement. *Bafouiller la réponse à une question de géométrie.*
VERBE INTRANSITIF
Bredouiller, parler d'une manière confuse. *Quelle est la solution ? Euh..., bafouille-t-il.*
CONJUGAISON : VOIR MODÈLE AIMER.
Les lettres ***ill*** sont suivies d'un ***i*** à la première et à la deuxième personne du pluriel de l'indicatif imparfait et du subjonctif présent. *(Que) nous bafouillions, (que) vous bafouilliez.*

BAFOUILLEUR, EUSE n. m. et f.
Personne qui bafouille.

BÂFRER v. intr.
(FAM.) Manger avec gloutonnerie. SYN. s'empiffrer ; se goinfrer.
CONJUGAISON : VOIR MODÈLE AIMER.
bâfrer.

BÂFREUR, EUSE n. m. et f.
(FAM.) Glouton. SYN. goinfre.
bâfreur.

BAGAGE n. m.
1. Tout objet emporté avec soi en voyage. *Jules et Bruno n'ont pour bagages que leur sac à dos et leur vélo. Voyager sans bagages.* SYN. valise.
Le nom s'emploie surtout au pluriel au sens d'un ensemble de valises, de sacs, d'articles qu'emportent les voyageurs.
2. (FIG.) Connaissances acquises. *Elle a un bagage impressionnant. Un bagage littéraire, scientifique.*
LOCUTIONS
– ***Avec armes et bagages.*** En emportant tout avec soi.
– ***Plier bagage.*** Partir.
Dans cette expression, le nom s'écrit au singulier.
HOM. ***baguage,*** action de baguer.

BAGAGISTE n. m. et f.
Personne préposée à la manutention des bagages.

BAGARRE n. f.
(FAM.) Violente dispute accompagnée de coups. SYN. altercation ; échauffourée.
Ce nom est de niveau familier. Dans un texte recherché, on emploie plutôt ***bataille.***
bagarre.

BAGARRER v. intr., pronom.
VERBE INTRANSITIF
(FAM.) Lutter. *Charles bagarre fort pour obtenir nos votes.*
Couramment, on utilise plutôt la forme pronominale.
VERBE PRONOMINAL
(FAM.) Se battre. *Ils se sont bagarrés un peu et se sont réconciliés.*
À la forme pronominale, le participe passé de ce verbe s'accorde toujours en genre et en nombre avec son sujet. *Elles ne se sont jamais bagarrées.*
Ce verbe est de niveau familier. Dans un texte recherché, on emploie plutôt ***se battre.***
CONJUGAISON : VOIR MODÈLE AIMER.

BAGARREUR, EUSE adj. et n. m. et f.
(FAM.) Qui aime la bagarre.
Moins familièrement, on emploie les adjectifs ***batailleur, combatif.***

BAGATELLE n. f.
1. Chose frivole sans valeur et sans utilité. SYN. babiole ; bêtise ; bricole.
2. Petite somme d'argent. *Ça coûte une bagatelle.*

B

BAGEL ou **BAGUEL** n. m.
Le *g* se prononce comme dans ***baguette***.
Petit pain en forme d'anneau, dont la pâte est pochée avant d'être cuite au four (Recomm. off.). *Des bagels* ou *baguels garnis de saumon fumé et de fromage à la crème.*

BAGNARD n. m.
Forçat interné dans un bagne.

BAGNE n. m.
Prison où l'on enfermait autrefois les condamnés aux travaux forcés.
Ne pas confondre avec les noms suivants :
• ***pénitencier,*** prison où l'on offre aux détenus la possibilité de s'instruire et de travailler;
• ***prison,*** générique qui désigne tout lieu de détention.

BAGNOLE n. f.
1. (FAM.) Vieille automobile. SYN. tacot.
2. (FAM.) Automobile. *Il vient de s'acheter une superbe bagnole.* SYN. voiture.

BAGOU ou **BAGOUT** n. m.
(FAM.) Grande facilité de parole. *Elle a beaucoup de bagou, un peu trop de bagout.* SYN. éloquence; faconde; volubilité.
bagou, bag**out**, sans accent.

BAGUAGE n. m.
Action de munir d'une bague. *Le baguage des canards à col vert.*
HOM. ***bagage,*** objet emporté avec soi en voyage.
baguage.

BAGUE n. f.
Anneau que l'on porte au doigt. *Une bague en or.*

BAGUEL
VOIR – BAGEL.

BAGUENAUDE n. f.
Le *e* central est muet, [bagnod].
(FAM.) Flânerie. SYN. balade; promenade.

BAGUENAUDER v. intr., pronom.
Le *e* central est muet, [bagnode].
VERBE INTRANSITIF
Flâner. SYN. se balader; se promener.
VERBE PRONOMINAL
Se promener sans but. SYN. musarder.
À la forme pronominale, le participe passé de ce verbe s'accorde toujours en genre et en nombre avec son sujet. *Elles se sont baguenaudées dans les rues.*
CONJUGAISON : VOIR MODÈLE AIMER.

BAGUER v. tr.
Identifier au moyen d'une bague. *Ces biologistes baguent les oiseaux migrateurs.*
CONJUGAISON : VOIR MODÈLE AIMER.
Ce verbe s'écrit toujours avec un ***u,*** même devant les lettres ***a*** et ***o***. *Il bagua, nous baguons.*

BAGUETTE n. f.
1. Bâton mince et flexible. *La baguette du chef d'orchestre.*
2. Ustensile des Orientaux. *Sais-tu manger le riz avec des baguettes ?*
3. Pain long et mince. *Ils ont emporté des baguettes et des fromages pour pique-niquer.*
LOCUTIONS
– ***Baguette magique.*** Baguette des fées qui permet des opérations magiques.
– ***D'un coup de baguette (magique).*** Par enchantement.

BAH ! interj.
Interjection marquant l'étonnement, l'insouciance. *Bah ! j'ai renversé mon verre. Bof ! c'est pas grave.*
T L'interjection est toujours suivie d'un point d'exclamation qui est souvent repris à la fin de la phrase. Si la phrase exclamative n'est pas complète, le mot qui suit le point d'exclamation s'écrit avec une minuscule initiale.
bah !

BAHT n. m.
Unité monétaire de la Thaïlande. *Des bahts.*
VOIR TABLEAU – SYMBOLES DES UNITÉS MONÉTAIRES.

BAHUT n. m.
1. Grand coffre.
2. Buffet rustique. *Elle a mis la vaisselle dans le bahut.*
bahut.

BAI, BAIE adj.
D'un brun roux en parlant de la robe d'un cheval. *Une jument baie, des alezans bais.*
VOIR TABLEAU – COULEUR (ADJECTIFS DE).
HOM.
• ***baie,*** petit golfe, petit fruit charnu;
• ***bée,*** ouverte;
• ***bey,*** gouverneur.

BAIE n. f.
1. Partie de la côte dont l'entrée est étroite; petit golfe. *La baie des Chaleurs.*
2. Ouverture pratiquée pour une fenêtre, une porte. *Une large baie vitrée donnant sur la mer.*
3. Petit fruit charnu à graines ou à pépins. *Les bleuets, les groseilles sont des baies.*
HOM.
• ***bai,*** d'un brun roux;
• ***bée,*** ouverte;
• ***bey,*** gouverneur.
baie.

BAIGNADE n. f.
Action de se baigner. *La mer est agitée; la baignade aura-t-elle lieu ?* SYN. bain.

BAIGNER v. tr., intr., pronom.
VERBE TRANSITIF
Faire prendre un bain à. *Baigner un bébé.* SYN. laver.
VERBE INTRANSITIF
Être plongé dans un liquide. *Des fruits qui baignent dans le sirop.* SYN. tremper.
VERBE PRONOMINAL
Prendre un bain. *Elles se sont baignées dans la mer.*
Dans la baignoire, on emploie plutôt l'expression ***prendre un bain.***
À la forme pronominale, le participe passé de ce verbe s'accorde toujours en genre et en nombre avec son sujet. *Les enfants s'étaient longuement baignés dans la rivière.*
CONJUGAISON : VOIR MODÈLE AIMER.
Les lettres ***gn*** sont suivies d'un ***i*** à la première et à la deuxième personne du pluriel de l'indicatif imparfait et du subjonctif présent. *(Que) nous baignions, (que) vous baigniez.*

BAIGNEUR, EUSE n. m. et f.
Personne qui se baigne. *Par temps frais, il y a peu de baigneurs.*

BAIGNOIRE n. f.
Grande cuve dans laquelle on prend des bains.
On dit aussi ***bain*** en ce sens.
LOCUTION
– ***Baignoire à remous.*** Baignoire munie d'une pompe qui propulse l'eau par jets à travers des orifices pratiqués dans les parois. *Des baignoires à remous* (et non *bains-tourbillon) *très spectaculaires.*

BAIL n. m. (pl. *baux*)
Se prononce comme ***ail,*** [baj].
Contrat de location. *Des baux de cinq ans. Renouveler, résilier un bail.*
HOM. ***(au plur.) beau,*** qui crée un plaisir esthétique.

BÂILLEMENT n. m.
Action de bâiller. *Alexandre s'ennuie : il étouffe un bâillement.*
bâillement.

BAILLER v. tr.
(VX) Donner, faire croire.
LOCUTION
– ***Vous me la baillez belle, vous me la baillez bonne.*** Vous voulez m'en faire accroire.
Le verbe ne s'emploie plus que dans cette locution.
CONJUGAISON : VOIR MODÈLE AIMER.
Les lettres ***ill*** sont suivies d'un ***i*** à la première et à la deuxième personne du pluriel de l'indicatif imparfait et du subjonctif présent. *(Que) nous baillions, (que) vous bailliez.*

BÂILLER v. intr.
Respirer en ouvrant largement et involontairement la bouche. *Ils étaient très fatigués et ne cessaient de bâiller.*
HOM.
• ***bailler,*** donner ;
• ***bayer (aux corneilles),*** perdre son temps.
CONJUGAISON : VOIR MODÈLE AIMER.
Les lettres ***ill*** sont suivies d'un ***i*** à la première et à la deuxième personne du pluriel de l'indicatif imparfait et du subjonctif présent. *(Que) nous bâillions, (que) vous bâilliez.*
bâiller.

BAILLEUR n. m.
BAILLERESSE n. f.
Le premier ***e*** de la forme féminine est muet, [bajrɛs].
(DR.) Personne qui donne à bail. ANT. locataire.
LOCUTION
– ***Bailleur de fonds.*** Personne qui finance une entreprise.

BÂILLEUR, EUSE n. m. et f.
Personne qui bâille. *Réveillez-moi ces bâilleurs !*
bâilleur.

BÂILLON n. m.
Bandeau qu'on met sur ou dans la bouche pour empêcher de crier.
bâillon.

BÂILLONNEMENT n. m.
Action de bâillonner.
bâillonnement.

BÂILLONNER v. tr.
1. Mettre un bâillon à. *L'otage avait été bâillonné.*
2. (FIG.) Supprimer la liberté d'expression à. *Bâillonner la presse.* SYN. museler ; réduire au silence.
CONJUGAISON : VOIR MODÈLE AIMER.
bâillonner.

BAIN n. m.
1. Immersion dans un liquide. *Prendre un bon bain chaud et parfumé, un bain de mer.*
2. Grande cuve où l'on se baigne. *Remplir le bain.* SYN. baignoire.
On peut écrire ***salle de bain*** ou ***salle de bains.*** Dans les autres expressions composées avec le nom ***bain,*** celui-ci est au singulier si c'est l'action de se baigner qui est considérée. *Un maillot de bain, des peignoirs de bain.* S'il s'agit de l'établissement public où l'on prend des bains, le nom est au pluriel. *Des bains publics.*
3. Exposition à l'air. *Un bain de soleil.*

BAIN-MARIE n. m. (pl. *bains-marie*)
Bain d'eau bouillante dans lequel un récipient chauffe des substances qui s'altèrent au contact du feu.

***BAIN-TOURBILLON**
Calque de «*whirlpool bath*» pour ***baignoire à remous.***

BAÏONNETTE n. f.
Arme métallique pointue qui s'adapte au canon d'un fusil.
baïonnette.

BAISE-EN-VILLE n. m. inv. (pl. *baise-en-ville*)
(FAM.) Petit sac de voyage avec un nécessaire de nuit.

BAISEMAIN n. m.
Hommage consistant à baiser la main d'une dame, d'un prélat, d'un dignitaire. *Des baisemains respectueux.*

BAISEMENT n. m.
Rite qui consiste à baiser ce qui est sacré. *Le baisement des mules du pape.*

BAISER v. tr.
1. Embrasser. *Les messieurs baisaient la main des dames.*
Aujourd'hui, on emploie plutôt le verbe ***embrasser*** en ce sens.
2. (FAM.) Avoir des relations sexuelles avec quelqu'un.
3. (FAM.) Duper.
CONJUGAISON : VOIR MODÈLE AIMER.

BAISER n. m.
Action d'embrasser. *Un petit baiser sur la joue.* SYN. (FAM.) bec ; (FAM.) bise ; (FAM.) bisou.

BAISOTER v. tr.
Appliquer de petits baisers. *Elle baisote son nouveau-né.*
CONJUGAISON : VOIR MODÈLE AIMER.

BAISSE n. f.
Action, fait de baisser. *La baisse des prix.* SYN. diminution ; réduction.

BAISSER v. tr., intr., pronom.
VERBE TRANSITIF
Descendre. *Baisser les yeux, le ton, le rideau.*
Alors que le verbe ***abaisser*** signifie surtout « amener à un point plus bas », le verbe ***baisser*** signifie plutôt « amener à son point le plus bas ».
VERBE INTRANSITIF
Aller en diminuant de hauteur, de prix. *La mer baisse.* SYN. descendre ; diminuer. ANT. monter.
VERBE PRONOMINAL
Se pencher. *Attention, il faut se baisser, car le plafond est bas.* SYN. s'incliner.
À la forme pronominale, le participe passé de ce verbe s'accorde toujours en genre et en nombre avec son sujet. *Elles se sont baissées pour passer sous la tonnelle.*
CONJUGAISON : VOIR MODÈLE AIMER.

BAISSIER, IÈRE adj.
(FIN.) Qui est à la baisse, en parlant de la Bourse, du cours des actions. *Un marché baissier.* ANT. haussier.

BAISSIÈRE n. f.
Enfoncement d'une terre, d'un champ, retenant l'eau de pluie.
Ne pas confondre avec les noms suivants :
• ***fondrière,*** terrain bas souvent envahi par l'eau et généralement bourbeux ;
• ***marais,*** nappe d'eau stagnante de faible profondeur, envahie par la végétation aquatique ;
• ***marécage,*** étendue de terrain imprégnée ou recouverte d'eau, occupée par une végétation surtout arbustive ;
• ***tourbière,*** formation végétale en terrain humide, résultant de l'accumulation de matières organiques partiellement décomposées.

BAJOUE n. f.
Joue pendante. *Ce clown est drôle avec ses bajoues.*
Ne pas confondre avec le nom ***abajoue,*** joue de certains animaux servant à mettre des aliments en réserve.

BAKCHICH n. m. (pl. *bakchichs*)
(FAM.) Pot-de-vin, commission secrète. SYN. dessous-de-table.

BAKÉLITE n. f.
Résine synthétique.

B

BAKLAVA n. m.
Pâtisserie orientale très sucrée. *Des baklavas succulents.*
Attention au genre masculin de ce nom : ***un*** baklava.

BAL n. m. (pl. *bals*)
Réunion où l'on danse. *Des bals costumés. Une belle robe de bal.*
LOCUTIONS
– ***Conduire, mener le bal.*** (FIG.) Diriger une action collective.
– ***Ouvrir le bal.*** Être le premier couple à danser. *C'est le prince et sa fiancée qui ont ouvert le bal.*
– ***Ouvrir le bal.*** (FIG.) Entamer quelque chose, être le premier à. *C'est ce spectacle qui ouvrira* (et non *partira) *le bal.* SYN. entreprendre.
FORME FAUTIVE
*partir le bal. Impropriété pour ***ouvrir le bal.***
HOM. ***balle,*** sphère élastique utilisée dans divers jeux.

BALADE n. f.
(FAM.) Promenade. *Partir en balade à la montagne.* SYN. excursion ; randonnée.
HOM. ***ballade,*** poème, chanson.
balade, un seul ***l***.

BALADER v. tr., pronom.
VERBE TRANSITIF
Promener. *Annie balade son chien.*
VERBE PRONOMINAL
Se promener. *Ils sont allés se balader à la campagne.*
À la forme pronominale, le participe passé de ce verbe s'accorde toujours en genre et en nombre avec son sujet. *Elles se sont baladées dans la forêt.*
CONJUGAISON : VOIR MODÈLE AIMER.
balader.

BALADEUR, EUSE adj. et n. m. et f.
ADJECTIF
Qui aime à se balader.
NOM MASCULIN
Appareil portatif muni d'écouteurs, doté d'une radio ou d'un lecteur de cédéroms. *Dans l'autobus, j'écoute mon baladeur* (et non *walkman).
NOM FÉMININ
Lampe électrique munie d'un grillage et d'un long fil. *Le plombier a pris une baladeuse pour examiner les tuyaux de la cave.*
LOCUTION
– ***Baladeur numérique.*** (INFORM.) Baladeur doté d'un disque dur de grande capacité, intégrant parfois un petit écran d'affichage, qui permet de stocker et de lire des fichiers audio ou vidéo. *Mon baladeur numérique* (et non *iPod) *me permet de stocker des centaines d'heures de musique, sans perte de qualité sonore.*
baladeur.

BALADIN n. m.
(VX) Comédien ambulant.
Ne pas confondre avec le nom ***paladin,*** chevalier errant.

BALADODIFFUSION n. f.
(INFORM.) Mode de diffusion qui permet aux internautes d'automatiser le téléchargement de contenus radiophoniques, audio ou vidéo, destinés à être transférés sur un baladeur numérique pour une écoute ou un visionnement ultérieurs (GDT). *On assiste à une multiplication des sources d'information sur de nouvelles plates-formes telles qu'Internet et la baladodiffusion* (et non le *podcasting, l'*iPodcasting).
Le terme *baladodiffusion* a été proposé en 2004 par l'OQLF sur les modèles de *radiodiffusion, télédiffusion.*
baladodiffusion, avec un seul ***l***.

BALAFRE n. f.
Longue entaille au visage ; cicatrice. *Ce pirate a une balafre à la joue.*
balafre.

BALAFRÉ, ÉE adj.
Qui a une ou des balafres. *Un pirate balafré comme il se doit.*

BALAFRER v. tr.
Faire une balafre à.
CONJUGAISON : VOIR MODÈLE AIMER.

BALAI n. m.
Instrument servant au nettoyage des sols. *Le placard à balais.*
LOCUTION
– ***Balai à franges.*** *Passer le balai à franges* (et non la *mop).
1° L'expression ***balai à franges*** désigne l'instrument utilisé à sec pour épousseter les parquets ou celui que l'on mouille pour laver les planchers.
2° Au Québec, on emploie généralement le nom ***vadrouille.***
HOM. ***ballet,*** danse.
balai.

BALAI-BROSSE n. m. (pl. *balais-brosses*)
Brosse montée sur un manche à balai.

BALALAÏKA n. f.
Instrument de musique russe à trois cordes.

BALANCE n. f.
1. Terme générique utilisé surtout pour nommer l'instrument qui pèse des marchandises.
Ne pas confondre avec les noms suivants :
- ***bascule,*** appareil de pesage pour les objets lourds ;
- ***pèse-bébé,*** appareil de pesage pour un nouveau-né ;
- ***pèse-lettre,*** instrument qui détermine le poids d'une lettre ;
- ***pèse-personne,*** appareil de pesage pour une personne.

2. (FIG.) État d'équilibre. *Notre balance commerciale est excédentaire : les exportations dépassent les importations.*
3. Nom d'une constellation, d'un signe du zodiaque. *Elle est (du signe de la) Balance, elle est née entre le 23 septembre et le 22 octobre.*
T Les noms d'astres s'écrivent avec une majuscule.
LOCUTIONS
– ***Balance commerciale.*** (ÉCON.) Compte récapitulant les importations et les exportations d'un pays au cours d'une période donnée pour en déterminer le solde.
– ***Balance des paiements.*** (ÉCON.) Compte récapitulant l'ensemble des opérations intervenues entre un pays et les autres pays (balance commerciale, balance des mouvements de capitaux) au cours d'une période donnée.
– ***Faire pencher la balance en faveur de.*** Favoriser un choix par rapport à un autre. *Par une telle décision, le gouvernement fait pencher la balance en faveur de la libre circulation des marchandises.*
– ***Mettre en balance.*** Opposer le pour et le contre. *Il leur faut mettre en balance la poursuite de leurs études ou l'accès immédiat au marché du travail.* SYN. comparer ; mettre en parallèle ; rapprocher.
FORMES FAUTIVES
*balance. Anglicisme au sens de ***reste.***
*balance d'un compte. Calque de «*balance of account*» pour ***solde d'un compte.***
*balance d'une commande. Calque de «*balance of order*» pour ***complément de commande, reliquat, reste d'une commande.***
balance.

BALANCÉ, ÉE adj.
1. Équilibré. *Une scénographie balancée harmonieusement.*
2. Tiraillé. *Balancés entre les prises de position de l'un et l'autre parti, ils hésitent et tergiversent.* SYN. déchiré.
En ce sens, l'adjectif se construit avec la préposition ***entre.***

LOCUTION
– ***Bien balancé.*** (FAM.) Bien bâti, bien proportionné. *Un bel athlète bien balancé.*

BALANCELLE n. f.
Siège de jardin à plusieurs places sur lequel on se balance. *Nous avons installé une balancelle à l'ombre du saule.*

BALANCEMENT n. m.
1. Action de se balancer.
2. Équilibre. *Le balancement des parties d'un document. « Tout va et vient dans un unique balancement des choses »* (Hélène Dorion, *Sans bord, sans bout du monde*). SYN. harmonie.
3. (FIG.) Flottement, hésitation.
FORME FAUTIVE
*balancement des roues. Calque de «*wheel balancing*» pour ***équilibrage des roues.***

BALANCER v. tr., intr., pronom.
VERBE TRANSITIF
1. Faire osciller d'un mouvement régulier. *Elle balançait les bras.*
2. (COMPT.) Mettre en équilibre. *Balancer un compte.* SYN. équilibrer.
VERBE INTRANSITIF
(FAM.) Hésiter. *Claude balance entre ce cadeau ou ce voyage.*
VERBE PRONOMINAL
Se mouvoir d'un côté et d'un autre. *Au parc, les enfants se sont longtemps balancés.*
À la forme pronominale, le participe passé de ce verbe s'accorde toujours en genre et en nombre avec son sujet. *Les demoiselles s'étaient balancées au jardin.*
CONJUGAISON : VOIR MODÈLE AVANCER.
Le ***c*** prend une cédille devant les lettres ***a*** et ***o***. *Il balança, nous balançons.*
balancer.

BALANCIER n. m.
Tige de bois ou de métal dont les oscillations régularisent le mouvement d'une machine. *Le balancier d'une horloge.*
balancier.

BALANÇOIRE n. f.
Siège suspendu permettant de se balancer. *Ce portique de jeu comprend deux balançoires, une corde à nœuds et une glissoire.*
balançoire.

BALAYAGE n. m.
1. Nettoyage avec un balai. *Le balayage de la cuisine.*
2. (FIG.) Action de parcourir (une surface, un espace). *Le balayage du ciel par laser.*

BALAYER v. tr.
1. Nettoyer avec un balai. *Nous balayons la classe.*
2. (FIG.) Parcourir un espace. *La nuit, un faisceau lumineux balaie Montréal à partir de la Place-Ville-Marie.*
CONJUGAISON : VOIR MODÈLE PAYER.
Le ***y*** peut être changé en ***i*** devant un ***e*** muet. *Il balaye, il balaie.* Cette dernière forme est la plus fréquente.
Le ***y*** est suivi d'un ***i*** à la première et à la deuxième personne du pluriel de l'indicatif imparfait et du subjonctif présent. *(Que) nous balayions, (que) vous balayiez.*

BALAYETTE n. f.
Petit balai, petite brosse.

BALAYEUR n. m.
BALAYEUSE n. f.
Personne qui balaie les rues.

BALAYEUSE n. f.
Machine pour balayer les rues.
FORME FAUTIVE
*balayeuse. Impropriété au sens de ***aspirateur.***

BALBOA n. m.
Unité monétaire du Panama. *Des balboas.*
VOIR TABLEAU – SYMBOLES DES UNITÉS MONÉTAIRES.

BALBUTIEMENT n. m.
La troisième syllabe se prononce ***si,*** [balbysimɑ̃].
1. Mauvaise articulation, paroles confuses. SYN. bafouillage; bredouillement.
2. (FIG.) Commencement. *Cette entreprise en est à ses balbutiements.* SYN. début.
balbutiement.

BALBUTIER v. tr., intr.
VERBE TRANSITIF
Articuler avec difficulté. *Elle balbutia quelques mots.* SYN. bredouiller.
VERBE INTRANSITIF
(FIG.) En être à ses débuts. SYN. débuter.
CONJUGAISON : VOIR MODÈLE ÉTUDIER.
Redoublement du ***i*** à la première et à la deuxième personne du pluriel de l'indicatif imparfait et du subjonctif présent. *(Que) nous balbutiions, (que) vous balbutiiez.*

BALCON n. m.
Plateforme disposée en saillie sur la façade d'un immeuble, entourée d'un garde-fou et communiquant avec l'intérieur. *Les enfants jouent sur le balcon. Le pape est apparu au balcon, à son balcon.*
Ne pas confondre avec les noms suivants :
• ***galerie,*** large passage couvert aménagé à l'intérieur ou à l'extérieur d'un immeuble pour circuler ;
• ***véranda,*** balcon couvert et clôturé par un vitrage.

BALCONNET n. m.
Soutien-gorge découvrant le haut de la poitrine.

BALDAQUIN n. m.
Dais. *Un lit à baldaquin.*

BALEINE n. f.
1. Grand mammifère marin. *La baleine est le plus grand des animaux.*
2. Tige métallique flexible. *Des baleines de parapluie.*
baleine.

BALEINÉ, ÉE adj.
Garni de baleines.

BALEINEAU n. m. (pl. *baleineaux*)
Petit de la baleine.

BALEINIER, IÈRE adj. et n. m. et f.
ADJECTIF
Relatif à la baleine. *L'industrie baleinière.*
NOM MASCULIN
Navire équipé pour la chasse à la baleine.
NOM FÉMININ
Embarcation longue et étroite.

BALISAGE n. m.
Action de jalonner de balises.

BALISE n. f.
1. Repère destiné à indiquer les endroits dangereux, le chemin, pour la navigation maritime, aérienne et terrestre.
2. (FIG.) Ce qui sert à diriger, à situer. SYN. jalon ; repère.

BALISER v. tr.
Munir de balises. *La piste d'atterrissage est balisée de feux de sécurité.*
CONJUGAISON : VOIR MODÈLE AIMER.

BALISEUR n. m.
Bâtiment équipé pour la pose des balises.

BALISTIQUE adj. et n. f.
ADJECTIF
Relatif à la balistique.
NOM FÉMININ
Science des mouvements des projectiles.

BALIVERNE n. f.
1. Propos frivole. *Conter, débiter, dire, raconter des balivernes.* SYN. fadaise ; niaiserie ; sornette ; sottise.

2. Idées, croyances souvent sans fondement ou erronées. « *Il lui enseigna que l'homme a été créé pour travailler et autres balivernes du genre* » (Jacques Ferron, *Contes du pays incertain*).
Ce nom s'emploie généralement au pluriel.

B

BALKANIQUE adj.
Relatif aux Balkans.

BALKANISATION n. f.
Morcellement politique.

BALKANISER v. tr.
Morceler un pays, un empire.
CONJUGAISON : VOIR MODÈLE AIMER.

BALLADE n. f.
Poème, chanson. *Elle composa de jolies ballades.*
HOM. ***balade,*** promenade.
ballade, deux *l.*

BALLANT, ANTE adj. et n. m.
ADJECTIF
Qui se balance. *Les bras ballants.*
NOM MASCULIN
Léger balancement. *Le ballant d'un navire.*

BALLAST n. m.
Les lettres ***st*** se prononcent, [balast].
1. Couche de pierres concassées maintenant les traverses d'une voie ferrée.
2. Lest.

BALLE n. f.
Sphère élastique utilisée dans divers jeux. *Jouer à la balle.*
LOCUTIONS
– ***Balle de neige.*** Boule de neige. *Les enfants se lançaient des balles de neige.*
– ***Balle molle.*** Jeu de balle dérivé du baseball qui se joue avec une balle plus grosse et moins dure.
HOM. ***bal,*** réunion où l'on danse.

BALLERINE n. f.
1. Danseuse de ballet.
2. Chaussure féminine légère et plate.

BALLET n. m.
Danse. *Des corps de ballet. Elle aime le ballet classique, son amie préfère le ballet jazz.*
HOM. ***balai,*** ustensile destiné au nettoyage du sol.

BALLON adj. inv. et n. m.
ADJECTIF INVARIABLE
De forme ronde. *Des manches ballon.*
NOM MASCULIN
1. Aérostat. *Des ballons utilisés à des fins scientifiques.*
2. Grosse balle. *Ils jouent au ballon. Envoyer, intercepter, lancer, passer, recevoir, récupérer, transmettre le ballon.*
3. Sphère plus légère que l'air formée d'une pellicule très mince gonflée de gaz. *Pour l'anniversaire de Romain, nous avons décoré la maison de ballons* (et non *ballounes) *multicolores. Un ballon gonflé à l'hélium. Procéder à un lâcher de ballons.*
LOCUTIONS
– ***Ballon-balai.*** Jeu de hockey sur glace qui se joue avec une balle et des balais.
– ***Ballon d'alcootest.*** Appareil destiné au contrôle du taux d'alcoolémie. *Souffler dans le ballon* (et non la *balloune).
– ***Ballon d'essai.*** (MÉTÉOROL.) Petit ballon lancé pour déterminer la direction du vent.
– ***Ballon d'essai.*** (FIG.) Diffusion d'une nouvelle en vue de mesurer la réceptivité du public, des parties intéressées. « *L'envoi de ce ballon d'essai par la Maison-Blanche (régularisation éventuelle des travailleurs illégaux mexicains) a permis à l'équipe présidentielle de mesurer les résistances au Congrès* » (*Le Monde*). *Lancer des ballons d'essai.* SYN. test.
– ***Ballon dirigeable.*** Aérostat muni de systèmes de propulsion par hélices et de direction. *Des ballons dirigeables survolent en permanence le secteur.*
– ***Ballon ovale.*** Le rugby. *Le ballon ovale est devenu une valeur montante du paysage audiovisuel européen.*
– ***Ballon-panier.*** Synonyme de ***basket-ball.***
– ***Ballon rond.*** Le soccer. *Depuis que les meilleurs clubs d'Europe s'affrontent pour la conquête de la Coupe des champions, le ballon rond est devenu l'affaire d'une communauté d'amateurs qui se jouent des frontières nationales.*
En Amérique du Nord, c'est le terme anglais *soccer* qui s'est imposé pour distinguer le sport anglais et le football américain (ou canadien), appelés également *football,* mais inspirés du rugby anglais (*rugby football*), qui se joue avec un ballon ovale, qui permet également le plaquage et l'usage des mains. En français européen, c'est l'emprunt *football* qui s'est généralisé dans l'usage (GDT).
– ***Ballon-sonde.*** Ballon muni d'appareils servant aux observations météorologiques. *Des ballons-sondes.*

BALLONNÉ, ÉE adj.
Gonflé comme un ballon, distendu.

BALLONNEMENT n. m.
Distension du ventre.

BALLONNER v. tr.
Enfler, gonfler comme un ballon.
CONJUGAISON : VOIR MODÈLE AIMER.

BALLONNET n. m.
Petit ballon.

BALLOT n. m.
Paquet de marchandises.

BALLOTIN n. m.
Petite boîte de carton à quatre rabats destinée aux confiseries. *Un ballotin de truffes.*
ballotin, avec un seul ***t,*** contrairement à ***ballotter.***

BALLOTTAGE n. m.
Second vote. *Scrutin de ballottage.*
[Les *Rectifications* (1990) admettent : ballotage.]

BALLOTTEMENT n. m.
Mouvement de ce qui ballotte. *Le ballottement d'un voilier.*
[Les *Rectifications* (1990) admettent : ballotement.]

BALLOTTER v. tr., intr.
VERBE TRANSITIF
Balancer. *La mer ballotte ce voilier.* SYN. agiter; remuer; secouer.
VERBE INTRANSITIF
1. Être secoué en tous sens. *La barque ballotte contre le quai.*
2. (FIG.) Être déchiré par des sentiments, des situations contradictoires. *Elle est ballottée entre l'excitation et l'inquiétude.*
En ce sens, le verbe s'emploie surtout au passif.
CONJUGAISON : VOIR MODÈLE AIMER.
[Les *Rectifications* (1990) admettent : balloter.]

BALLOTTINE n. f.
Galantine.

***BALLOUNE**
Anglicisme pour ***ballon.*** *Gonfler des ballons* (et non *ballounes).

BALLUCHON ou **BALUCHON** n. m.
(FAM.) Petit paquet. *Il est parti avec son balluchon* ou *baluchon sur l'épaule.*

BALNÉAIRE adj.
Relatif aux bains de mer. *Une station balnéaire.*

BALNÉOTHÉRAPIE n. f.
Traitement médical par les bains.

BALOURD, OURDE adj. et n. m. et f.
ADJECTIF ET NOM MASCULIN ET FÉMININ
Qui est un peu rustre. *Des adolescents balourds.* SYN. gauche ; maladroit.
NOM MASCULIN
Partie d'une pièce non équilibrée.

BALOURDISE n. f.
Sottise. SYN. gaucherie ; maladresse.

BALSA n. m.
Le *s* se prononce *z*, [balza].
Bois très léger. *Étienne a construit un modèle d'avion réduit en balsa. Des balsas en bon état.*

BALSAMIER n. m.
Le *s* se prononce *z*, [balzamje].
Arbre de la famille des conifères dont les bourgeons produisent un baume.

BALSAMINE n. f.
Le *s* se prononce *z*, [balzamin].
Plante communément appelée ***impatiens*** ou ***impatiente*** qui pousse bien à l'ombre.

BALSAMIQUE adj. et n. m.
Le *s* se prononce *z*, [balzamik].
Qui a la propriété des baumes. *Une drogue balsamique. Un balsamique efficace.*
LOCUTION
– ***Vinaigre balsamique.*** Vinaigre vieilli en fût et dont le goût est très parfumé.

BALTE adj. et n. m. et f.
ADJECTIF
Des pays baltes (Estonie, Lettonie, Lituanie). *Une origine balte.*
NOM MASCULIN ET FÉMININ
Un Balte, une Balte.
T L'adjectif s'écrit avec une minuscule ; le nom, avec une majuscule.
NOM MASCULIN
Groupe de langues parlées dans les pays baltes (le letton, le lituanien).
T Le nom de la langue s'écrit avec une minuscule.

BALTHAZAR ou **BALTHASAR** n. m.
Grosse bouteille de champagne d'une contenance de 12 litres (16 bouteilles).
VOIR – BOUTEILLE.
balthazar.

BALUCHON
VOIR – BALLUCHON.

BALUSTRADE n. f.
Rampe composée de balustres surmontés d'une tablette d'appui. *Les enfants sont appuyés à la balustrade pour regarder la chute Montmorency.* SYN. garde-fou ; parapet.
balustrade.

BALUSTRE n. m.
Petite colonne composant une balustrade.
Attention au genre masculin de ce nom : ***un*** balustre.
balustre.

BAMBIN, INE n. m. et f.
(FAM.) Petit enfant. *Ces bambins sont adorables.*
bambin.

BAMBOCHE n. f.
1. Sorte de marionnette de grande taille.
2. (FAM.) Partie de plaisir.

BAMBOCHER v. intr.
(FAM.) Faire bamboche.
CONJUGAISON : VOIR MODÈLE AIMER.

BAMBOCHEUR, EUSE n. m. et f.
(FAM.) Qui aime bambocher.

BAMBOU n. m. (pl. *bambous*)
Grand roseau. *Une chaise en bambou.*

BAMBOULA n. f.
– ***Faire la bamboula.*** (VX) Faire la noce, la fête.
Le mot ne s'emploie que dans cette locution.

BAN n. m.
1. (VX) Condamnation à l'exil.
2. Proclamation solennelle. *Publier les bans.*
3. (FAM.) Applaudissements. *Un ban pour le champion.*
LOCUTION
– ***Être en rupture de ban.*** Vivre en état de rupture avec la société.
HOM. ***banc***, siège.
ban.

BANAL, ALE, ALS et **AUX** adj.
1. (ANCIENN.) Qui appartient au seigneur. *Des fours banaux.*
En ce sens, l'adjectif s'écrit ***banaux*** au masculin pluriel.
2. (FIG.) Ordinaire, commun. *Des commentaires banals.*
En ce sens, l'adjectif s'écrit ***banals*** au masculin pluriel.

BANALEMENT adv.
De façon banale.
banalement.

BANALISATION n. f.
Action de rendre banal.
banalisation.

BANALISER v. tr.
Rendre banal, commun. *Une voiture de police banalisée.*
CONJUGAISON : VOIR MODÈLE AIMER.
banaliser.

BANALITÉ n. f.
1. (ANCIENN.) Usage d'une chose (moulin, four) moyennant redevance au seigneur.
2. Insignifiance. *La banalité d'un commentaire.* SYN. médiocrité.
3. (AU PLUR.) Paroles sans originalité. *Il n'a que des banalités à dire.* SYN. cliché ; lieu commun ; platitude.
banalité.

BANANE n. f.
Fruit comestible à peau jaune du bananier. *Les singes aiment les bananes.*
1° Les bananes sont groupées en grappes, ce sont des ***régimes*** de bananes.
2° On dit une ***pelure*** ou une ***peau*** de banane.

BANANERAIE n. f.
Plantation de bananiers.

BANANIER, IÈRE adj. et n. m.
ADJECTIF
Qui concerne la culture des bananes. *La région bananière du nord-ouest de la Colombie.*
NOM MASCULIN
1. Plante cultivée pour ses fruits, les bananes.
2. Cargo servant au transport des bananes.
LOCUTION
– ***République bananière.*** État d'apparence démocratique, mais où règne la corruption. *« Quand des gens censés faire respecter la loi la bafouent, on n'est plus loin d'une république bananière ! »* (Le Monde).

BANC n. m.
Le **c** ne se prononce pas, [bɑ̃].
1. Long siège. *Des bancs de jardin.*
2. Bâti. *Un banc de menuisier.* SYN. établi.
3. Accumulation de quelque chose. *Un banc de sable.*
LOCUTIONS
– ***Banc de neige.*** Amas de neige entassée par le vent ou par le déneigement. *D'énormes bancs de neige bordaient la route.* SYN. congère.

– ***Banc de poissons.*** Masse importante de poissons qui voyagent ensemble. *Des bancs de morues.*
– ***Banc d'essai.*** Expérimentation d'un moteur, d'un système, d'un nouveau produit. *Faire un banc d'essai des logiciels de correction.*
FORMES FAUTIVES
*banc de scie. Calque de «*bench saw*» pour ***plateau de sciage.***
*sur le banc. Anglicisme au sens de ***sans délibéré, séance tenante, sur le siège*** pour qualifier un jugement.
HOM. ***ban,*** exil, proclamation solennelle, applaudissements.
banc, attention au **c** final.

BANCAIRE adj.
Propre à la banque. *Des opérations bancaires, des frais bancaires.*
bancaire.

BANCAL, ALE, ALS adj.
1. Qui a les jambes tordues.
2. Se dit d'un meuble dont les pieds sont inégaux. *Des meubles bancals.*
3. (FIG.) Qui manque de rigueur, d'équilibre. *Un raisonnement bancal.* SYN. boiteux.

BANCO n. m. (pl. *bancos*)
Fait de tenir seul l'enjeu contre la banque. *Des bancos audacieux.*

BANDAGE n. m.
Action de bander (une partie du corps); la ou les bandes ainsi placées. *Antoine porte un bandage à la cheville qu'il s'est foulée.* SYN. écharpe; pansement.

BANDANA n. m.
Petit foulard, généralement utilisé comme serre-tête. *Des bandanas aux couleurs vives. Le port du voile n'est pas autorisé, alors que le bandana est permis dans les écoles françaises.*

BANDE n. f.
1. Morceau plus long que large. *Une bande de tissu.* SYN. lanière.
2. Partie étroite et allongée. *Une bande de terre. De larges bandes bleues.*
3. Groupe de malfaiteurs. *Une bande armée.* SYN. troupe.
4. Ensemble de personnes. *Une bande de copains a envahi, ont envahi le café.* SYN. groupe.
Si le sujet du verbe est un collectif précédé du déterminant indéfini ***un, une*** et suivi d'un complément au pluriel, le verbe se met au singulier lorsque l'auteur veut insister sur le tout, l'ensemble; au pluriel, s'il veut insister sur la pluralité, la multiplicité. Si le sujet du verbe est un collectif précédé du déterminant défini ***(le, la)***, d'un déterminant possessif ***(mon, ma, ton, ta, son, sa)***, d'un déterminant démonstratif ***(ce, cette)*** et s'il est suivi d'un complément au pluriel, le verbe se met généralement au singulier. *La bande de malfaiteurs a été prise en flagrant délit et capturée.*
VOIR TABLEAU – COLLECTIF.
LOCUTIONS
– ***Bande amérindienne.*** Communauté d'Amérindiens légalement reconnue et généralement établie sur une réserve. (DHFQ) *Le grand chef du conseil de bande de la communauté mohawk de Kanesatake a été évincé.*
Le *Dictionnaire historique du français québécois* cite un emploi du nom ***bande*** en ce sens emprunté à l'anglais «*band*», qui est daté de 1876, dans l'«Acte pour amender et refondre les lois concernant les Sauvages», des *Statuts du Canada,* chap. 18, art. 3.1.
– ***Faire bande à part.*** Se tenir à l'écart. *Ces garçons font bande à part.*
Dans cette expression, le nom ***bande*** reste au singulier.

BANDE-ANNONCE n. f. (pl. *bandes-annonces*)
Extraits d'un film destinés à sa présentation. *Des bandes-annonces* (et non des *previews).

BANDEAU n. m. (pl. *bandeaux*)
Bande longue et étroite qui couvre les yeux, le front, retient les cheveux, etc. *Quand elle joue au volley-ball, Annie porte un bandeau pour retenir ses cheveux.*

BANDE DESSINÉE n. f. (pl. *bandes dessinées*)
Sigle ***BD*** (s'écrit avec ou sans points).
S'abrège familièrement en ***bédé*** (s'écrit sans point).
Histoire racontée par une suite de dessins. *Les jeunes adorent les bandes dessinées* (et non les *comics, les *cartoons).

BANDELETTE n. f.
Petite bande. *Les momies étaient enroulées dans des bandelettes.*
LOCUTION
– ***Bandelette réactive.*** (MÉD.) Bande de papier ou de carton que l'on trempe dans un liquide biologique pour en faire l'analyse (DDFM). *Veuillez utiliser une bandelette réactive* (et non un *bâtonnet, un *dipstick).

BANDE PUBLIQUE n. f.
Abréviation ***BP*** (s'écrit avec ou sans points).
Bande de fréquences affectée aux communications privées par émetteur-récepteur de petite puissance (Recomm. off.). *Une bande publique* (et non un *citizen's band, un *C.B.).

BANDER v. tr., intr.
VERBE TRANSITIF
1. Couvrir d'un bandeau. *Il lui banda les yeux.*
2. Tendre avec effort. *Bander un arc.*
VERBE INTRANSITIF
(FAM.) Avoir une érection.
CONJUGAISON : VOIR MODÈLE AIMER.

BANDERILLE n. f.
Le ***e*** central est muet, [bɑ̃drij].
Dard utilisé dans les courses de taureaux.
banderille.

BANDERILLERO n. m.
Les ***e*** se prononcent ***é***, [bɑ̃derijero].
Poseur de banderilles.
[Les *Rectifications* (1990) admettent : bandérilléro.]

BANDEROLE n. f.
Pièce d'étoffe étroite et longue attachée au bout d'un mât, qui porte souvent des inscriptions.
banderole.

BANDE-SON n. f. (pl. *bandes-son*)
Partie de la pellicule cinématographique où est enregistré le son. SYN. bande magnétoscopique; bande sonore.

BANDE(-)VIDÉO n. f. (pl. *bandes(-)vidéo*)
Bande magnétique pour l'enregistrement des images et des sons.
Dans cette expression, l'adjectif ***vidéo*** reste invariable. *Il a gardé des bandes-vidéo* ou *bandes vidéo* (et non *vidéotapes) *de cet entretien télévisé.*

BANDIT n. m.
Malfaiteur. *Bonnie Parker était un bandit de grand chemin.* SYN. brigand; hors-la-loi.
Ce nom ne comporte pas de forme féminine.

BANDITISME n. m.
1. Mœurs des bandits. *Faire échec au banditisme.*
2. Actions criminelles.

BANDOULIÈRE n. f.
Le ***l*** se prononce ***l*** comme dans ***salière,*** et non ***i,*** [bɑ̃duljɛr].
Bande de cuir ou d'étoffe qui soutient un sac, un parapluie, etc.
LOCUTION
– ***En bandoulière.*** Suspendu au moyen d'une bandoulière. *Elle portait un sac en bandoulière.*
bandoulière.

BANG n. m. et interj.
Le nom se prononce à l'anglaise, [bɑ̃ŋ].
NOM MASCULIN
1. Bruit d'une explosion. *Ils ont entendu un énorme bang : c'était le réservoir d'essence qui venait d'exploser!*
2. Bruit d'un avion franchissant le mur du son. *Les bangs des supersoniques.*
INTERJECTION
Onomatopée exprimant le bruit d'une déflagration. *Bang! Une violente explosion a secoué le quartier.*

BANGLADAIS, AISE adj. et n. m. et f.
Du Bangladesh. *Une ville bangladaise. Un Bangladais, une Bangladaise.*
On relève aussi la forme ***bangladeshi.*** *Une ville bangladeshie. Un Bangladeshi, une Bangladeshie.*
L'adjectif s'écrit avec une minuscule; le nom, avec une majuscule.

BANJO n. m.
Le mot peut se prononcer de deux façons, [bɑ̃ʒo, bɑ̃dʒo].
Sorte de guitare. *Il jouait du banjo agréablement.*

BANLIEUE n. f.
Ensemble des agglomérations qui entourent une grande ville. *Un train de banlieue. Longueuil est une municipalité de la proche banlieue de Montréal, alors que Dorion est une municipalité de la banlieue éloignée. « autour du village travesti en banlieue,/maisons de ville et stations-service »* (Pierre Nepveu, *Lignes aériennes*).
Le mot ***banlieue*** est un collectif qui désigne la totalité des agglomérations d'une grande ville : il est donc utilisé au singulier. *La banlieue* (et non *les banlieues) *de Québec. La grande banlieue de Montréal* (et non le *Montréal métropolitain).
banlieue.

BANLIEUSARD, ARDE n. m. et f.
Personne qui habite la banlieue.

BANNI, IE adj. et n. m. et f.
Qui a été expulsé de sa patrie. SYN. exilé; proscrit.
banni.

BANNIÈRE n. f.
Étendard d'un groupe. *Des bannières distinguaient les scouts de toutes les régions du Canada.*
LOCUTIONS
– ***C'est la croix et la bannière.*** (FIG.) (FAM.) C'est très compliqué.
– ***Sous la bannière de.*** Sous le parrainage de.
bannière.

BANNIR v. tr.
1. Expulser d'un pays. SYN. déporter; exiler; proscrire.
2. (LITT.) Supprimer. *Il doit bannir le sucre.* SYN. écarter; exclure.
CONJUGAISON : VOIR MODÈLE FINIR.
bannir.

BANNISSEMENT n. m.
Exil. SYN. exclusion.
bannissement.

BANQUE n. f.
1. Entreprise spécialisée dans les opérations financières. *Au cours de la dernière année, les banques ont réalisé d'importants profits.*
2. Lieu où il est possible de déposer de l'argent ou d'en emprunter. *Étienne dépose ses économies à cette banque.*
LOCUTIONS
– ***Banque alimentaire.*** (FIG.) Organisme qui recueille des produits alimentaires offerts par des entreprises ou des particuliers pour les redistribuer à des personnes qui en ont besoin.
– ***Banque de données.*** (INFORM.) Ensemble d'informations organisées autour d'un même sujet, directement exploitables et proposées en consultation aux utilisateurs (GDT). *Une banque de données terminologiques.*
– ***Banque de sang.*** (FIG.) Réserve de sang pour les transfusions.
– ***Banque d'organes.*** (FIG.) Organisme qui recueille des organes destinés aux greffes.
FORME FAUTIVE
*banque. Anglicisme au sens de ***tirelire.***

BANQUEROUTE n. f.
1. Faillite accompagnée de fraude. *Ils ont fait banqueroute.*
L'expression *banqueroute frauduleuse est un pléonasme pour ***banqueroute.***
Ne pas confondre avec le terme ***faillite,*** cessation de paiements non entachée de fraude.
2. (LITT.) Échec, ruine. *La banqueroute d'un parti politique.*

BANQUET n. m.
Grand repas d'apparat. *Un banquet de mariage.*

BANQUETER v. intr.
Le ***e*** central est muet, [bɑ̃kte].
Faire bonne chère. SYN. festoyer.
CONJUGAISON : VOIR MODÈLE APPELER.
Redoublement du ***t*** devant un ***e*** muet. *Je banquette, je banquetterai,* mais *je banquetais.*
[Les *Rectifications* (1990) admettent : il banquète, banquètera, banquèterait...]

BANQUETTE n. f.
Banc long et souvent rembourré. *Au restaurant, Catherine préfère s'asseoir sur la banquette.*

BANQUIER n. m.
BANQUIÈRE n. f.
Personne qui dirige une banque.

BANQUISE n. f.
Amas de glaces flottantes dans les mers polaires. SYN. iceberg.

BANTOU, OUE adj. et n. m. et f.
ADJECTIF ET NOM MASCULIN ET FÉMININ
Des Bantous (du Cameroun à l'Afrique du Sud). *Le peuple bantou. Un Bantou, une Bantoue.*
L'adjectif s'écrit avec une minuscule; le nom, avec une majuscule.
NOM MASCULIN
Groupe de langues parlées dans la moitié sud du continent africain.
Le nom de la langue s'écrit avec une minuscule.

BANYULS n. m.
Le ***u*** se prononce ***ou.***
Vin doux naturel des Pyrénées-Orientales. *Nous avons acheté du banyuls à Banyuls-sur-mer.*

BAOBAB n. m.
Le ***b*** final est sonore, [baɔbab].
Arbre des régions tropicales dont le tronc atteint des dimensions énormes. *Des baobabs dont le tronc peut atteindre 20 mètres de circonférence.*

BAPTÊME n. m.
Le ***p*** ne se prononce pas, [batɛm].
1. Sacrement de l'Église qui rend chrétien celui qui le reçoit.
2. (FIG.) Premier contact. *C'est son baptême de l'air.* SYN. initiation.
baptême.

BAPTISER v. tr.
Le ***p*** ne se prononce pas, [batize].
1. Donner le baptême à. *Le bébé a été baptisé à deux mois.*
2. Donner un nom à. *Ce bateau sera baptisé* La Caravelle. SYN. nommer.
CONJUGAISON : VOIR MODÈLE AIMER.
baptiser.

B

BAPTISMAL, ALE, AUX adj.
Le *p* ne se prononce pas, [batismal, o].
Relatif au baptême. *Les fonts baptismaux.*
baptismal.

BAPTISTAIRE n. m.
Le *p* ne se prononce pas, [batistɛr].
Se dit d'un acte qui constate le baptême. *Pour s'inscrire à l'école, il faut présenter un baptistaire ou un passeport.*
HOM. ***baptistère,*** chapelle de baptême.
baptistaire.

BAPTISTÈRE n. m.
Chapelle de baptême.
HOM. ***baptistaire,*** acte qui constate le baptême.

BAQUET n. m.
1. Cuve de bois. *Un baquet d'eau de pluie.*
2. Siège d'une voiture de course.

BAR n. m.
1. Débit de boissons. *Un bar très fréquenté.*
2. Poisson marin apprécié pour sa chair, appelé aussi ***loup.*** *Ils ont mangé un bar succulent.*
3. Unité de mesure de pression des fluides. Le nom ***bar*** ne s'abrège pas, contrairement à la plupart des autres unités de mesure. *Des bars.*
LOCUTIONS
– ***Bar à vins.*** Établissement proposant un grand choix de vins que l'on peut boire au verre.
– ***Bar laitier.*** Établissement où l'on sert principalement des produits laitiers (glace, sorbet, yaourt, lait fouetté, etc.).
FORME FAUTIVE
*bar à salades. Impropriété pour ***buffet de salades, comptoir à salades.***
Le mot ***bar*** ne peut désigner qu'un débit de boissons. *Il y a un bar à deux pas d'ici : on y sert un délicieux beaujolais.*
HOM. ***barre,*** tige d'un matériau quelconque.

BARAGOUIN n. m.
(FAM.) Langage inintelligible. SYN. charabia ; galimatias.

BARAGOUINAGE n. m.
(FAM.) Action de baragouiner.

BARAGOUINER v. tr., intr.
VERBE TRANSITIF
(FAM.) Parler mal une langue. *Elles ont baragouiné quelques remerciements en italien.*
VERBE INTRANSITIF
(FAM.) (PÉJ.) Parler d'une manière incompréhensible. SYN. bafouiller ; bredouiller ; marmonner.
CONJUGAISON : VOIR MODÈLE AIMER.

BARAGOUINEUR, EUSE n. m. et f.
(FAM.) Personne qui baragouine.

BARAKA n. f.
(FAM.) Chance. *Elle a la baraka.*
Ce mot arabe signifie « bénédiction ».

BARAQUE n. f.
Abri rudimentaire. SYN. bicoque ; cabane ; masure.
baraque.

BARAQUÉ, ÉE adj.
(FAM.) Grand et fort. *Cet athlète est bien baraqué.* SYN. bâti.
baraqué.

BARAQUEMENT n. m.
Ensemble de baraques.
baraquement.

BARATIN n. m.
(FAM.) Discours destiné à vendre, à séduire. *Le baratin d'un vendeur.* SYN. boniment.

BARATINER v. tr., intr.
(FAM.) Faire du baratin, raconter des boniments.
CONJUGAISON : VOIR MODÈLE AIMER.

BARATINEUR, EUSE adj. et n. m. et f.
(FAM.) Personne qui recourt au baratin. *Qu'il est baratineur !*

BARATTAGE n. m.
Action de baratter la crème pour obtenir le beurre.

BARATTE n. f.
Baril à battre le beurre.

BARATTER v. tr.
Agiter (de la crème) pour en faire du beurre.
CONJUGAISON : VOIR MODÈLE AIMER.

BARBACANE n. f.
Ouverture dans le mur d'une forteresse pour permettre l'envoi de projectiles. SYN. meurtrière.
Ne pas confondre avec le nom ***sarbacane,*** arme destinée à projeter des flèches.

BARBANT, ANTE adj.
(FAM.) Ennuyeux. *Un discours barbant.* SYN. embêtant.

BARBARE adj. et n. m. et f.
ADJECTIF
1. Qui est cruel. *Des guerriers barbares.* SYN. féroce.
2. Qui est contraire à l'usage. *Des manières barbares.* SYN. primitif ; sauvage.
NOM MASCULIN ET FÉMININ
Personne d'une grande cruauté, inhumaine.
barbare.

BARBARIE n. f.
1. Cruauté. *La barbarie de certaines coutumes.* SYN. férocité.
2. Absence de civilisation.
barbarie.

BARBARISME n. m.
Erreur de langage par altération de mot, par modification de sens. *La prononciation *aréoport au lieu de* aéroport *est un barbarisme. L'expression *enduire en erreur au lieu de* induire en erreur *constitue un barbarisme.*

BARBE n. f.
Poils du menton et des joues. *Il porte la barbe.*
LOCUTIONS
– ***À la barbe de quelqu'un.*** En sa présence et comme pour le défier. *Ces objets lui ont été volés à sa barbe.*
– ***Barbe fleurie.*** Barbe épaisse et blanche.
– ***Rire dans sa barbe.*** Se réjouir sans le montrer. SYN. rire sous cape.

BARBECUE n. m. (pl. *barbecues*)
Ce nom se prononce à l'anglaise, [barbəkju].
1. Appareil mobile de cuisson à l'air libre. *Marie-Ève aime faire griller son steak sur le barbecue.*
2. Repas de grillades. *Nous organiserons un barbecue en juin.*
FORMES FAUTIVES
*barbecue. Impropriété au sens de ***rôtisserie*** (restaurant).
*manger du barbecue. Impropriété pour ***manger des grillades.***
barbecue.

BARBELÉ, ÉE adj. et n. m. pl.
ADJECTIF
Garni de pointes ou de dents.
NOM MASCULIN PLURIEL
Clôture de fil de fer barbelé. *L'usage des barbelés est interdit.*

BARBER v. tr.
1. (FAM.) Ennuyer. *Ce film nous a barbés.*
2. (FAM.) Provoquer. *Ce garçon nous a barbés ; nous l'avons attaqué à coups de balles de neige.*
Ce verbe est d'emploi familier ; dans un style soigné, on écrit plutôt ***ennuyer.***
CONJUGAISON : VOIR MODÈLE AIMER.

BARBET adj. inv. et n. m.
Se dit d'un chien à poil long et frisé. *Un chien barbet. Des barbets enjoués.*

BARBICHE n. f.
Petite barbe. *Le professeur Tournesol porte une barbiche.*

***BARBIER**
Archaïsme au sens de ***coiffeur.***

BARBITURIQUE adj. et n. m.
Sédatif. *Ce sont des barbituriques puissants.*

BARBON n. m.
(PÉJ.) Homme d'un âge avancé.

BARBOTAGE n. m.
Action de barboter dans l'eau.

BARBOTE ou **BARBOTTE** n. f.
Poisson de rivière ou de lac.

BARBOTER v. intr.
Patauger dans l'eau, la boue. *Les enfants barbotent dans la mare.*
CONJUGAISON : VOIR MODÈLE AIMER.
barboter.

BARBOTEUSE n. f.
1. Vêtement d'enfant d'une seule pièce.
2. Piscine peu profonde destinée aux enfants.
barboteuse.

BARBOUILLAGE ou **BARBOUILLIS** n. m.
1. Action de barbouiller.
2. Écriture peu lisible, dessin maladroit. *Ce ne sont que des barbouillages.* SYN. gribouillage ; gribouillis ; griffonnage.
En ce sens, le mot est généralement au pluriel.

BARBOUILLER v. tr., pronom.
VERBE TRANSITIF
Salir. *Laurence a barbouillé sa robe de jus d'orange.* SYN. tacher.
VERBE PRONOMINAL
1. Se tacher. *Les enfants se sont barbouillés de chocolat.*
2. Se gâter, en parlant du temps. *Le ciel s'est barbouillé de nuages sombres.*
À la forme pronominale, le participe passé de ce verbe s'accorde en genre et en nombre avec le complément direct si celui-ci le précède. *La joue qu'il s'est barbouillée. Les élèves se sont barbouillés d'encre.* Le participe passé reste invariable si le complément direct suit le verbe. *Alexa s'est barbouillé les doigts.*
LOCUTION
– ***Avoir l'estomac barbouillé.*** (FIG.) (FAM.) Éprouver des ennuis digestifs. SYN. avoir la nausée ; avoir mal au cœur.
CONJUGAISON : VOIR MODÈLE AIMER.
Les lettres ***ill*** sont suivies d'un ***i*** à la première et à la deuxième personne du pluriel de l'indicatif imparfait et du subjonctif présent. *(Que) nous barbouillions, (que) vous barbouilliez.*

BARBOUILLEUR, EUSE n. m. et f.
Personne qui barbouille.

BARBOUZE n. m.
(FAM.) Agent secret.

BARBU, UE adj. et n. m. et f.
Qui a de la barbe. *Un musicien barbu. Ce barbu est sympathique.* ANT. imberbe.

BARBUE n. f.
Poisson de mer.

BARCAROLLE n. f.
Chanson des gondoliers vénitiens.
[Les *Rectifications* (1990) admettent : barcarole.]

BARDA n. m.
1. Équipement du soldat.
2. Bagage encombrant.
3. (VIEILLI) Ménage, travaux domestiques. *Au printemps, il faudra faire un grand barda. « Dès le lendemain de son arrivée, Marie-Amanda entreprit le grand barda qu'Alphonsine avait toujours retardé »* (Germaine Guèvremont, *Le Survenant*).

BARDE n. f.
Couche de lard.

BARDE n. m.
Poète et chanteur celte. *Un barde gaulois, nommé Assurancetourix.*

BARDEAU n. m. (pl. *bardeaux*)
Planchette employée pour la couverture des maisons. *Un toit en bardeaux.*

BARDER v. tr., impers.
VERBE TRANSITIF
1. Couvrir d'une armure.
2. (FIG.) Couvrir de quelque chose. *Barder un ancien ministre de décorations.*
3. Envelopper de tranches de lard. *Barder un poulet.*
VERBE IMPERSONNEL
(FAM.) Se gâter. *Ça va barder !*
Ne pas confondre avec le verbe ***larder,*** garnir de petits morceaux de lard.
CONJUGAISON : VOIR MODÈLE AIMER.

BARÈME n. m.
Recueil de tableaux numériques comportant des calculs tout faits. *Le barème des versements hypothécaires.*
barème.

BARGE n. f.
Grande péniche plate pour les transports en vrac. *La barge transporte du sable.*

BARGUIGNER v. intr.
1. (FAM.) Marchander. *Cet acheteur avisé a barguigné longtemps pour obtenir une réduction de prix. « Celle des Bertrand lui avait échappé, vendue à un étranger tandis que lui barguignait dans l'espoir de l'obtenir sans avoir à sortir d'argent »* (Ringuet, *Trente Arpents*).
Ce verbe de registre familier demeure usuel au Québec et dans la francophonie canadienne, mais il n'appartient plus à l'usage courant de la majorité des locuteurs du français.
2. (LITT.) Hésiter, avoir du mal à se décider. SYN. tergiverser.
LOCUTION
– ***Sans barguigner.*** Sans hésiter. *Elle accepta la proposition sans barguigner.*
CONJUGAISON : VOIR MODÈLE AIMER.

BARIL n. m.
Le ***l*** se prononce ou non, [baril, bari].
Symbole ***b*** (s'écrit sans point).
1. Petit tonneau.
2. Mesure de capacité utilisée pour les produits pétroliers.

BARILLET n. m.
Les deux ***ll*** se prononcent comme dans ***famille,*** [barijɛ].
1. Petit baril.
2. Pièce tournante du revolver où sont logées les cartouches.

BARIOLAGE n. m.
Assemblage disparate de couleurs.
bariolage.

BARIOLER v. tr.
Peindre de couleurs disparates. *Ces étalages sont trop bariolés.*
CONJUGAISON : VOIR MODÈLE AIMER.
barioler.

BARMAID
VOIR – BARMAN.

B

BARMAN n. m.
BARMAID n. f.
Les lettres finales *n* et *d* se prononcent, [barman, barmɛd].
NOM MASCULIN
Employé qui sert dans un bar. *Des barmans* ou *barmen.*
NOM FÉMININ
Employée qui sert dans un bar. *Des barmaids.*

BARO- préf.
Élément du grec signifiant « pesanteur ». *Baromètre.*

BAROMÈTRE n. m.
Instrument qui mesure la pression atmosphérique et, de ce fait, le temps qui se prépare. *Le baromètre nous annonce du beau temps.*
baromètre.

BAROMÉTRIQUE adj.
Qui se rapporte au baromètre.
barométrique.

BARON n. m.
BARONNE n. f.
Titre de noblesse qui vient après celui de ***vicomte.***

BARONNET n. m.
Titre de noblesse, en Angleterre.

BARONNIE n. f.
Seigneurie d'un baron.

BAROQUE adj. et n. m.
ADJECTIF
1. Bizarre. *Des goûts baroques.* SYN. excentrique ; inattendu.
2. D'un style libre et orné. *Une fresque baroque.*
NOM MASCULIN
Style caractérisé par la liberté d'expression et la profusion des ornements.

BAROUD n. m.
Le *d* se prononce, [barud].
(ARG.) Combat.
LOCUTION
– ***Baroud d'honneur.*** Combat désespéré pour sauver l'honneur.

BAROUDEUR n. m.
(FAM.) Personne qui aime le baroud.

BARQUE n. f.
Petit bateau. *Les enfants ont pris la barque pour aller à la pêche.* SYN. chaloupe.
LOCUTION
– ***Mener, conduire la barque.*** (FIG.) Diriger. *C'est elle qui mène la barque.*

BARQUETTE n. f.
1. Petite barque.
2. Tartelette. *Puis-je vous offrir une barquette aux framboises ?*
3. Contenant jetable servant au conditionnement des denrées alimentaires.

BARRACUDA n. m.
Grand poisson de mer carnassier. *Des barracudas voraces.*

BARRAGE n. m.
1. Action de barrer le passage. *Le barrage d'une rue. Un barrage policier.*
2. Ouvrage qui régularise le niveau d'un cours d'eau. *Le barrage de la Manicouagan.*

BARRE n. f.
1. Pièce rigide, étroite et longue. *Une barre de fer.*
2. Produit alimentaire solide de forme étroite et allongée. *Une barre de chocolat, une barre de céréales.*
3. Levier permettant de diriger un gouvernail. *Le capitaine est à la barre.*
4. Trait. *Des barres sur les* t. SYN. ligne.
LOCUTIONS
– ***Avoir barre(s) sur quelqu'un.*** Le dominer.
– ***Barre de défilement.*** (INFORM.) Rectangle étroit situé sur le côté droit ou sur le bas de l'espace de travail d'une fenêtre et servant à faire dérouler son contenu (Recomm. off.). *La barre de défilement verticale.* SYN. bande de défilement.
– ***Barre de menus.*** (INFORM.) Rectangle étroit apparaissant sous la barre de titre en haut de la fenêtre et contenant des titres de menus déroulants que l'on peut activer à l'aide d'un dispositif de pointage ou d'une combinaison de touches de clavier (Recomm. off.).
– ***Barre des témoins.*** (DR.) Lieu où comparaissent les témoins, où plaident les avocats. *Il s'est présenté à la barre* (et non dans la *boîte) *des témoins.*
– ***Barre d'outils.*** (INFORM.) Rectangle étroit habituellement affiché sous la barre de menus, qui contient les icônes ou les symboles représentant les fonctions les plus courantes d'un logiciel et qui est personnalisable par l'utilisateur.
– ***C'est de l'or en barre.*** (FIG.) C'est un bon investissement.
– ***Code (à) barres.*** Code formé de lignes verticales numérotées qui est apposé sur les produits de consommation afin d'être saisi par un lecteur optique.
– ***Tenir la barre.*** (FIG.) Diriger, gouverner.
FORME FAUTIVE
*barre de savon. Anglicisme pour ***savonnette, pain de savon.***
HOM.
• ***bar,*** poisson ;
• ***bar,*** débit de boissons.

BARRÉ, ÉE adj.
1. Fermé à la circulation. *Rue barrée.*
2. Fermé à l'aide d'une barre.
Une porte fermée à l'aide d'un verrou ou d'une serrure est ***verrouillée*** ou ***fermée à clé*** (et non *barrée).

BARREAU n. m. (pl. *barreaux*)
1. Barre de bois, de métal. *Une ouverture avec des barreaux.*
2. Profession d'avocat, ordre des avocats. *Être inscrit au barreau. Il travaille en collaboration avec l'un des plus grands maîtres du barreau.*
T Les dénominations des ordres professionnels spécifiques s'écrivent avec une majuscule initiale. *Elle est membre du Barreau du Québec.*

BARRE OBLIQUE n. f.
Emplois de la barre oblique ou barre inclinée (/) :
1. Unités de mesure. *Cette voiture roulait à 125 km/h.*
2. Fractions. *2/3.*
3. Pourcentages. *85 %.*
4. Mentions abrégées. *N/Réf. pour* notre référence*; V/Réf. pour* votre référence.
T 1° La préposition ***par*** est remplacée par la barre oblique si les unités de mesure sont en chiffres. *L'unité de mesure* ***kilomètre par heure*** *s'écrit généralement* ***km/h.***
2° Si les unités de mesure sont notées en toutes lettres, on ne peut recourir à la barre oblique. *Cette voiture roulait à 125 kilomètres par heure* ou *à l'heure.*

BARRER v. tr., pronom.
VERBE TRANSITIF
1. Fermer un chemin, un passage au moyen d'un obstacle. *Barrer une voie de circulation.* SYN. obstruer.
On ***ferme*** une porte à clé ou on la ***verrouille.*** L'emploi du verbe ***barrer*** en ce sens est une impropriété.
2. Biffer. *Barrer une phrase.* SYN. raturer ; rayer ; supprimer.
VERBE PRONOMINAL
(FAM.) S'en aller, s'enfuir. *Ils se sont barrés avec nos économies.*
À la forme pronominale, le participe passé de ce verbe s'accorde toujours en genre et en nombre avec son sujet. *Elles se sont barrées sans laisser d'adresse.*

LOCUTION
– ***Barrer la route, le chemin à quelqu'un.*** (FIG.) Lui faire obstacle, l'empêcher d'arriver à ses fins.
CONJUGAISON : VOIR MODÈLE AIMER.

BARRETTE n. f.
1. Ornement pour les cheveux. *Une barrette retient ses cheveux.*
2. Bonnet plat. *La barrette d'un cardinal.*

BARREUR, EUSE n. m. et f.
Personne qui tient la barre du gouvernail.

BARRICADE n. f.
Obstacle constitué de matériaux improvisés. *Les manifestants ont élevé des barricades.*

BARRICADER v. tr., pronom.
VERBE TRANSITIF
Fermer solidement. *Barricader un chalet pour la saison morte. « Passé minuit, c'est barricadé chez elle comme dans leurs châteaux forts du Moyen-Âge »* (Gabrielle Roy, *La Détresse et l'Enchantement*).
VERBE PRONOMINAL
1. S'abriter derrière une barricade. *Les fuyards se sont barricadés derrière la montagne de pneus.*
2. (FIG.) S'enfermer et empêcher quiconque d'entrer. *Elle s'est barricadée chez elle et ne répond pas au téléphone.* SYN. se cloîtrer ; s'isoler ; se retirer ; se retrancher.
À la forme pronominale, le participe passé de ce verbe s'accorde toujours en genre et en nombre avec son sujet. *Ils se sont barricadés en vitesse.*
CONJUGAISON : VOIR MODÈLE AIMER.

BARRIÈRE n. f.
1. Clôture. *Une barrière de bois.*
2. (FIG.) Obstacle. *Les barrières douanières.*

BARRIQUE n. f.
Tonneau d'une capacité de 200 litres ; son contenu.

BARRIR v. intr.
Crier, en parlant de l'éléphant, du rhinocéros.
CONJUGAISON : VOIR MODÈLE FINIR.

BARRISSEMENT n. m.
Cri de l'éléphant ou du rhinocéros.

BARYTÉ, ÉE adj.
Composé de baryum.
baryté.

BARYTON n. m.
Voix masculine entre le ténor et la basse.
baryton.

BARYUM n. m.
Symbole *Ba* (s'écrit sans point).
Métal lourd d'un blanc argenté.
baryum.

BARZOÏ n. m. (pl. *barzoïs*)
Lévrier russe. *De magnifiques barzoïs.*
barzoï.

BAS, BASSE adj., adv. et n. m.
ADJECTIF
1. Qui a peu de hauteur. *Une table basse. La mer est basse à cette heure-ci.*
2. Peu élevé. *Une enfant en bas âge. Ces prix sont très bas.*
3. Qui est grave (sons, musique). *Une belle voix basse.* ANT. aigu.
4. (FIG.) Méprisable. *Un être bas et méchant.* SYN. grossier ; ignoble ; indigne.
ADVERBE
1. À un niveau inférieur. *Cet avion vole bas.* ANT. haut.
2. Doucement. *Parle plus bas : on pourrait nous entendre.*
NOM MASCULIN
1. La partie inférieure. *Un voile lui cachait le bas du visage.* ANT. haut.
2. Vêtement souple qui couvre le pied et la jambe. *Des bas de coton.*
Ne pas confondre avec le nom ***chaussette,*** vêtement qui couvre le pied et le bas de la jambe. *Un homme qui portait des chaussettes à carreaux.*
LOCUTIONS
– ***À bas !,*** loc. interj. S'emploie en signe d'hostilité. *À bas les racistes !* ANT. vive !
– ***Au bas mot,*** loc. adv. Au minimum. *Nous en avons pour trois heures de marche au bas mot.*
– ***À voix basse,*** loc. adv. Sans élever la voix. SYN. doucement.
– ***Bas de gamme,*** loc. adj. De catégorie inférieure. *Des vêtements bas de gamme.* ANT. haut de gamme.
– ***Bas de gamme,*** Produit dont le prix est le moins élevé dans une série. ANT. haut de gamme.
– ***Des hauts et des bas.*** Succession de périodes heureuses et malheureuses. *Les hauts et les bas de son humeur.*
– ***En bas,*** loc. adv. Au-dessous. *Elle habite en bas.*
– ***En bas de, au bas de,*** loc. prép. Dans la partie inférieure de. *La maison est en bas de la côte.*
– ***En contrebas,*** loc. adv. À un niveau inférieur. *La terrasse est en contrebas.*
– ***Faire main basse.*** Prendre, voler. *Ils ont fait main basse sur les recettes de la journée.*
– ***Ici-bas,*** loc. adv. Sur cette terre. *Mourir, c'est le lot de chacun ici-bas.* ANT. là-haut.
– ***Là-bas,*** loc. adv. Désigne un lieu plus ou moins éloigné. *Son amie habite là-bas.*
– ***Mettre bas.*** Mettre au monde des petits, en parlant des femelles des animaux. *La brebis a mis bas ce matin : deux agneaux sont nés.*
HOM. ***bât,*** pièce placée sur le dos des bêtes de somme.

BAS-, BASSE- préf.
Les mots composés avec ***bas-, basse-*** s'écrivent avec un trait d'union et prennent la marque du pluriel aux deux éléments. *Des basses-cours.*

BASAL, ALE, AUX adj.
Qui a rapport à la base de quelque chose. SYN. fondamental.

BASALTE n. m.
Roche volcanique très dure.

BASANÉ, ÉE adj.
Hâlé. *Un teint basané.* SYN. bronzé.
VOIR TABLEAU – COULEUR (ADJECTIFS DE).

BASANER v. tr.
Brunir la peau.
CONJUGAISON : VOIR MODÈLE AIMER.

BAS-BLEU n. m. (pl. *bas-bleus*)
(VIEILLI) Femme pédante.

BAS-CÔTÉ n. m. (pl. *bas-côtés*)
1. Nef secondaire d'une église.
2. Petit bâtiment adossé à un grand. *« C'est là que grand-père […] avait édifié une maison à deux corps de logis, haut et bas-côtés »* (Gabrielle Roy, *La Détresse et l'Enchantement*).

BASCULE n. f.
Balance pour peser les objets lourds.
Ne pas confondre avec les noms suivants :
• ***balance,*** terme générique utilisé surtout pour nommer l'instrument qui pèse des marchandises ;
• ***pèse-bébé,*** appareil de pesage pour un nouveau-né ;
• ***pèse-lettre,*** instrument qui détermine le poids d'une lettre ;
• ***pèse-personne,*** appareil de pesage pour une personne.

B

LOCUTION
– ***Donner la bascule.*** ⚜ Saisir quelqu'un par les bras et les jambes et le soulever autant de fois qu'il compte d'années, plus une, afin de souligner son anniversaire.

BASCULER v. tr., intr.
VERBE TRANSITIF
Renverser. *Les enfants ont basculé leur petite voiture.*
VERBE INTRANSITIF
Perdre l'équilibre, tomber. *Ils escaladaient le rocher et ils ont basculé dans le lac.* SYN. culbuter.
CONJUGAISON : VOIR MODÈLE AIMER.

***BAS-CULOTTE**
Calque de «*panty hose*» pour ***collant.***

BAS-DE-CASSE n. m. inv. (pl. *bas-de-casse*)
Abréviation **bdc** (s'écrit avec ou sans points).
(TYPOGR.) Lettre minuscule.

BASE n. f.
1. Partie inférieure sur laquelle une autre est posée. *La base d'une statue.* ANT. sommet.
2. Principe fondamental. *Les bases d'une science.* SYN. fondement.
3. (CHIM.) Substance qui, combinée avec un acide, produit un sel et de l'eau.
LOCUTIONS
– ***À base de.*** Avec comme principal composant. *Un médicament à base d'insuline.*
– ***Base de données.*** (INFORM.) Ensemble structuré de fichiers interreliés dans lesquels les données sont organisées selon certains critères en vue de permettre leur exploitation (GDT).
– ***Base de plein air.*** Lieu aménagé en pleine nature où des adultes, des familles et des groupes peuvent, en toute saison, séjourner et pratiquer librement des activités de plein air.
– ***De base.*** Fondamental. *Des principes de base. Un cours de base.*
– ***Sur la base de.*** À partir de. *Formuler une hypothèse sur la base des résultats obtenus.*

BASEBALL n. m. (pl. *baseballs*)
Sport mettant aux prises deux équipes de neuf joueurs, qui consiste à frapper une balle très dure puis à parcourir un tracé carré dont trois angles sont occupés par un but et le dernier angle par le marbre, où un point est marqué lorsqu'un joueur le touche (GDT). *Qui n'a pas joué au baseball dans sa jeunesse ?*
⊶ Certains auteurs écrivent ce nom avec un trait d'union. *Une partie de base-ball.*

BASER v. tr., pronom.
VERBE TRANSITIF
1. Fonder. *Des arguments basés sur des faits.* SYN. appuyer ; établir ; étayer.
2. (MILIT.) Avoir pour base. *Ce soldat est basé en Ontario.*
VERBE PRONOMINAL
Se fonder. *Ils se sont basés sur ces données pour définir leur campagne publicitaire.* SYN. s'appuyer ; partir de.
▭ À la forme pronominale, le participe passé de ce verbe s'accorde toujours en genre et en nombre avec son sujet. *Elles s'étaient basées sur les travaux de ces chercheurs.*
CONJUGAISON : VOIR MODÈLE AIMER.

BAS-FOND n. m. (pl. *bas-fonds*)
1. Endroit où l'eau est peu profonde. *Le radar permet de contourner les bas-fonds.*
2. Terrain bas. SYN. marais.
3. (FIG.) (AU PLUR.) Lieux où règne la misère. *Les bas-fonds de New York.*

BASIC
Sigle de ***Beginner's All-purpose Symbolic Instruction Code.***
(INFORM.) Langage de programmation pourvu d'un jeu réduit d'instructions, d'une syntaxe simple et qui est destiné à des utilisateurs non informaticiens.

BASILIC n. m.
Herbe aromatique. *Des tomates avec de l'huile d'olive et du basilic.*
⊶ Attention au genre masculin de ce nom : ***du*** basilic.
HOM. ***basilique,*** église.
⇨ basilic.

BASILIQUE n. f.
Église importante. *La basilique Notre-Dame.*
[T] Dans les désignations d'édifices religieux, le nom générique (***abbaye, cathédrale, chapelle, église, oratoire,*** etc.) s'écrit avec une minuscule.
HOM. ***basilic,*** herbe aromatique.

BASIQUE adj.
(CHIM.) Qui se rapporte à une base.

BASKET n. m.
Chaussure de sport en toile à semelle de caoutchouc.

BASKETBALL ou **BASKET-BALL** n. m. (pl. *basketballs* ou *basket-balls*)
Sport collectif, pratiqué en salle, qui oppose deux équipes de cinq joueurs qui cherchent chacune, dans un temps très court où le joueur a le droit de garder le ballon, de marquer des points en faisant entrer celui-ci dans le panier de l'équipe adverse (GDT). *Un match de basketball.*

BASKETTEUR, EUSE n. m. et f.
Joueur, joueuse de basket-ball.

BASMATI n. m.
Riz à grain long. *Ce basmati* ou *ce riz basmati est délicatement parfumé.*

BASQUE n. f.
Partie découpée et tombante de certains vêtements.
LOCUTION
– ***Être pendu aux basques de quelqu'un.*** Être dans ses jambes constamment.

BASQUE adj. et n. m. et f.
ADJECTIF ET NOM MASCULIN ET FÉMININ
Du Pays basque. *Un béret basque. Un Basque, une Basque.*
[T] L'adjectif s'écrit avec une minuscule ; le nom, avec une majuscule.
NOM MASCULIN
Langue parlée au Pays basque. *Luis parle le basque.*
[T] Le nom de la langue s'écrit avec une minuscule.

BAS-RELIEF n. m. (pl. *bas-reliefs*)
Sculpture en faible saillie. ANT. haut-relief.

BASSE n. f.
1. Partie d'une pièce musicale composée dans le registre le plus grave.
2. Instrument de musique jouant dans ce registre.
⊶ Dans un orchestre symphonique, cet instrument est le ***violoncelle*** ; dans une formation de jazz, de variétés, la ***contrebasse.***
LOCUTION
– ***Voix de basse.*** La plus grave des voix d'homme.

BASSE
VOIR – BAS-.

BASSE-COUR n. f. (pl. *basses-cours*)
1. Ensemble des bâtiments où l'on élève des volailles.
2. Ensemble des animaux de la basse-cour. *Les poules, les canards, les lapins, les oies font partie de la basse-cour.*
[Les *Rectifications* (1990) admettent : une bassecour, des bassecours.]

BASSE-FOSSE n. f. (pl. *basses-fosses*)
Cachot souterrain.
[Les *Rectifications* (1990) admettent : une bassefosse, des bassefosses.]

BASSEMENT adv.
De façon basse, méprisable. SYN. lâchement.

BASSESSE n. f.
1. Action basse. *Cet individu ferait toutes les bassesses pour parvenir à ses fins.* SYN. infamie ; lâcheté.
2. Absence de dignité. *La bassesse d'un geste.* SYN. mesquinerie ; servilité. ANT. fierté.

BASSET n. m.
Chien très bas sur pattes.

BASSIN n. m.
1. Grand récipient de forme circulaire. SYN. bac ; cuvette.
2. Pièce d'eau artificielle. *Le bassin d'une fontaine, le bassin du parc La Fontaine.*
3. Ceinture osseuse à la base du tronc, où s'attachent les os des membres inférieurs.
Ne pas confondre avec les noms suivants :
• ***étang,*** nappe d'eau de faible profondeur, souvent colonisée par la végétation ;
• ***lac,*** nappe d'eau douce entourée de terre, généralement pourvue d'un exutoire, ou élargissement d'un cours d'eau entraînant le dépôt de sédiments ;
• ***nappe,*** vaste étendue d'eau plane, souvent souterraine.

BASSINE n. f.
Grand récipient de forme circulaire à usage domestique.

***BASSINETTE**
Anglicisme pour ***lit de bébé, lit d'enfant.***

BASSINOIRE n. f.
Contenant à long manche dans lequel on mettait de la braise pour réchauffer le lit avant le coucher. *Une bassinoire de cuivre.*

BASSISTE n. m. et f.
Musicien, musicienne qui joue de la basse.

BASSON n. m.
Instrument à vent en bois, à anche double.

BASTIDE n. f.
Maison de campagne provençale. *Une jolie bastide à Eygalières.*

BASTILLE n. f.
Château fort.

BASTINGAGE n. m.
Parapet d'un navire.
bastin**g**age.

BASTION n. m.
1. Ouvrage de fortification.
2. (FIG.) Ce qui défend efficacement. *Cette région ontarienne est un bastion du fait français hors Québec.* SYN. rempart.

BASTONNADE n. f.
Coups de bâton.

BASTRINGUE n. m.
(FAM.) (VX) Bal de guinguette.

BAS-VENTRE n. m. (pl. *bas-ventres*)
Partie inférieure de l'abdomen. *Elle a une douleur au bas-ventre : c'est peut-être une appendicite.*

BÂT n. m.
Pièce placée sur le dos des bêtes de somme pour le transport des fardeaux.
LOCUTION
– ***C'est là que le bât blesse.*** C'est là le point sensible.
HOM. ***bas,*** partie inférieure d'une chose.
b**â**t.

BATACLAN n. m.
(FAM.) Attirail.
LOCUTION
– ***Et tout le bataclan.*** Et tout le reste.

BATAILLE n. f.
1. Combat. *Les Français ont perdu la bataille des Plaines d'Abraham.* SYN. guerre.
2. Lutte. *Les joueurs de hockey se sont engagés dans une bataille générale.* SYN. (FAM.) bagarre ; combat ; mêlée.
3. Jeu de cartes. *Ils adorent jouer à la bataille.*
LOCUTIONS
– ***Champ de bataille.*** Terrain où la bataille a eu lieu.
– ***Cheval de bataille.*** (FIG.) Argument sur lequel on revient sans cesse. SYN. marotte.
– ***En bataille.*** En désordre, de travers. *Les cheveux en bataille.*

BATAILLER v. intr., pronom.
VERBE INTRANSITIF
Se battre. *Ils ont bataillé pour obtenir cette permission.* SYN. (FAM.) se bagarrer ; lutter.
VERBE PRONOMINAL
1. Se livrer à un combat. *Ils se sont bataillés rudement.* SYN. (FAM.) se bagarrer.
2. Se chamailler. *Cessez de vous batailler, les enfants !*
À la forme pronominale, le participe passé de ce verbe s'accorde toujours en genre et en nombre avec son sujet. *Ces écoliers ne s'étaient pas bataillés.*
CONJUGAISON : VOIR MODÈLE AIMER.
Les lettres ***ill*** sont suivies d'un ***i*** à la première et à la deuxième personne du pluriel de l'indicatif imparfait et du subjonctif présent. *(Que) nous bataillions, (que) vous bataillez.*

BATAILLEUR, EUSE adj. et n. m. et f.
Qui aime à se battre. *Ces enfants sont batailleurs.* SYN. belliqueux ; combatif.

BATAILLON n. m.
Unité militaire de plusieurs compagnies. *Des chefs de bataillon.*

BÂTARD, ARDE adj. et n. m. et f.
1. Se dit d'un enfant illégitime. SYN. naturel.
2. Qui n'est pas de race pure (en parlant des végétaux, des animaux). *Un épagneul bâtard.*
3. Qui n'a pas de caractère défini. *Un style bâtard. Une solution bâtarde.*
b**â**tard.

BÂTARDISE n. f.
État de bâtard.
b**â**tardise.

BATEAU n. m. (pl. *bateaux*)
Bâtiment, grand ou petit, qui navigue sur la mer ou sur les rivières. *Un bateau à voiles, à moteur, à rames. Un bateau de pêche.*
Le mot ***bateau*** est un générique qui désigne tout ce qui flotte et navigue. Par contre, le mot ***navire*** désigne des bâtiments de fort tonnage destinés au transport maritime (et non fluvial), tandis que le mot ***embarcation*** désigne de petits bateaux, destinés principalement au tourisme, aux loisirs nautiques (canots, chaloupes, voiliers, etc.).
GENRE DES NOMS DE BATEAUX
Nom propre masculin. Le nom du bateau est précédé d'un article masculin, même si le genre du type de bateau est féminin. *Le Prince-de-Conti* (frégate).
Nom propre féminin. Le nom du bateau est précédé d'un article masculin si le genre du type de bateau est masculin, du féminin si le genre du type de bateau est féminin. *Le France, le Queen Mary* (paquebots). *La Marie-Josèphe* (chaloupe).
Nom de personne, de ville, de province. Le nom du bateau est précédé d'un article masculin. *Le Strasbourg, le Provence.*
T 1° On observe actuellement une tendance à supprimer l'article devant les noms de bateaux.

B

2° Les noms de bateaux, de trains, d'avions, etc., s'écrivent en italique ; l'article ne sera inscrit en caractères italiques que s'il fait partie du nom.
Ne pas confondre avec les noms suivants :
- ***canot***, petite embarcation à rames, à voile ou à moteur ;
- ***cargo***, navire pour le transport des marchandises ;
- ***paquebot***, grand navire pour le transport des passagers ;
- ***pétrolier***, navire-citerne pour le transport du pétrole ;
- ***voilier***, bateau à voiles ;
- ***yacht***, bateau de plaisance.

BATEAU-CITERNE n. m. (pl. *bateaux-citernes*)
Bateau aménagé pour le transport des liquides en vrac.

BATEAU-LAVOIR n. m. (pl. *bateaux-lavoirs*)
Bateau où l'on venait laver le linge.

BATEAU-MOUCHE n. m. (pl. *bateaux-mouches*)
Navire très mobile, par allusion à la finesse de l'insecte.

BATEAU-PHARE n. m. (pl. *bateaux-phares*)
Bateau muni d'un phare.

BATELEUR, EUSE n. m. et f.
(VIEILLI) Acrobate forain. *L'été, des bateleurs animent les rues, les soirs de fête.*

BATELIER, IÈRE n. m. et f.
Passeur.

BAT-FLANC n. m. inv. (pl. *bat-flanc*)
Pièce de bois entre deux stalles d'écurie.
[Les *Rectifications* (1990) admettent : des bat-flancs.]

BATHY- préf.
Élément du grec signifiant « profond ». *Bathyscaphe.*

BATHYSCAPHE n. m.
Appareil destiné à explorer les profondeurs sous-marines.
bathyscaphe.

BÂTI n. m.
Assemblage destiné à supporter une machine.
bâti.

BÂTI, IE adj.
1. Construit. *Cette région est peu bâtie.*
2. Robuste. *Des gaillards bien bâtis.* SYN. (FAM.) baraqué.
bâti.

BATIFOLAGE n. m.
(FAM.) Action de batifoler. SYN. amusement ; badinage.

BATIFOLER v. intr.
(FAM.) S'amuser à des choses futiles. SYN. perdre son temps.
CONJUGAISON : VOIR MODÈLE AIMER.

BATIK n. m. (pl. *batiks*)
Le ***k*** se prononce, [batik].
Tissu peint. *Des batiks très colorés.*

BÂTIMENT n. m.
1. Construction d'une certaine importance. *Un bâtiment ancien.* SYN. édifice ; immeuble.
2. Ensemble des entreprises et métiers qui travaillent à la construction des immeubles. *Quand le bâtiment va, tout va. Un entrepreneur du bâtiment, en bâtiments* (et non *contracteur). SYN. construction.
3. Grand navire. *Des bâtiments de mer, un bâtiment de guerre.* SYN. vaisseau.
LOCUTION
– ***Bâtiment vert.*** Bâtiment construit en vue de réduire ses impacts négatifs sur l'environnement. *Le bâtiment vert se caractérise notamment par ses matériaux écologiques ou recyclés, l'utilisation de capteurs solaires, le recyclage des eaux de pluie.* SYN. bâtiment écologique.
bâtiment.

BÂTIR v. tr.
1. Construire. *Bâtir une maison.* SYN. ériger. ANT. démolir.
2. (FIG.) Établir. *Ce pianiste a bâti sa renommée peu à peu.* SYN. édifier ; élever ; fonder.
LOCUTION
– ***Bâtir des châteaux en Espagne.*** Avoir des projets irréalistes.
CONJUGAISON : VOIR MODÈLE FINIR.
bâtir.

BÂTISSE n. f.
Grand bâtiment.
Ce nom a un sens parfois négatif ; on lui préférera les mots ***immeuble*** ou ***édifice.***
bâtisse.

BÂTISSEUR, EUSE n. m. et f.
1. (LITT.) Personne qui bâtit. *Un bâtisseur de cathédrales.* SYN. architecte ; constructeur.
2. (FIG.) Fondateur. *Le bâtisseur de ce regroupement.*
bâtisseur.

BATISTE n. f.
Toile de lin très fine. *Un joli col de batiste brodée.*

BÂTON n. m.
1. Morceau de bois mince et long qu'on peut tenir à la main. *Des bâtons* (et non des *poles) *de ski.*
2. Objet en forme de bâton. *Un bâton de rouge, de craie.*
LOCUTIONS
– ***Avoir, tenir le gros bout du bâton.*** Avoir l'avantage.
– ***Mettre des bâtons dans les roues.*** Multiplier les obstacles afin qu'un projet ne puisse se réaliser.
– ***Parler à bâtons rompus.*** Parler sans suite.
bâton.

BÂTONNET n. m.
Petit bâton. *Des bâtonnets de fromage cheddar.*
FORME FAUTIVE
*bâtonnet. Impropriété au sens de ***bandelette réactive*** (DDFM).
bâtonnet.

BÂTONNIER n. m.
BÂTONNIÈRE n. f.
Chef de l'Ordre du barreau.
bâtonnier.

BATRACIEN n. m.
Animal de la classe des amphibiens. *La grenouille, le crapaud et le ouaouaron sont des batraciens.*
Le mot ***batracien*** est l'ancien nom de la classe des amphibiens, animaux vertébrés qui vivent sur terre et dans l'eau.

BATTAGE n. m.
1. Action de battre. *Le battage des tapis.*
2. (FAM.) Publicité bruyante. *Un grand battage médiatique.* SYN. matraquage.

BATTANT, ANTE adj. et n. m. et f.
ADJECTIF
Qui bat. *Une porte battante.*
NOM MASCULIN
Vantail d'une porte, d'une fenêtre, marteau d'une cloche.
NOM MASCULIN ET FÉMININ
Personne combative. *Ce PDG est un battant.* SYN. fonceur.
LOCUTIONS
– ***Avoir le cœur battant.*** (FIG.) Être ému.
– ***Pluie battante.*** Pluie abondante, grosse averse.
– ***Tambour battant.*** Rapidement et efficacement.

BATTEMENT n. m.
1. Action de battre. *Des battements de mains.*
2. Pulsation. *Battement de cœur.*
3. Délai. *J'ai une heure de battement.* SYN. jeu ; marge de manœuvre.

BATTERIE n. f.
1. Ensemble de pièces d'artillerie.
2. Ensemble d'ustensiles de cuisine. *Une batterie de casseroles.*
3. Instrument à percussion. *Sacha est un maître de la batterie.*

4. Ensemble d'éléments générateurs d'énergie électrique. *La batterie (d'accumulateurs) de cette voiture est neuve. Recharger* (et non *booster) *la batterie.*
LOCUTION
– ***Batterie de tests.*** Ensemble d'examens (médicaux, d'aptitude, etc.).
FORME FAUTIVE
*batterie. Anglicisme au sens de ***pile*** (utilisée pour les lampes de poche, les postes de radio, les montres, etc.).
Par contre, le nom ***batterie*** désigne bien en français un ensemble d'éléments générateurs d'énergie électrique. *La batterie de cette voiture est à plat.*

BATTEUR n. m.
Appareil électroménager servant à mélanger. *Un batteur à œufs.*

BATTEUR n. m.
BATTEUSE n. f.
Personne qui tient la batterie dans un groupe musical. *Marc est un excellent batteur.*

BATTEUSE n. f.
Machine à battre les grains.

BATTRE v. tr., intr., pronom.
VERBE TRANSITIF
1. Frapper à coups redoublés. *Battre son tapis.* SYN. taper.
2. Triompher de, remporter la victoire sur. *Il a battu son adversaire à plate couture* ou *à plates coutures.* SYN. défaire ; écraser ; vaincre.
VERBE INTRANSITIF
Être agité d'un mouvement régulier. *Est-ce que son cœur bat toujours ? Il bat faiblement, puis plus fort, trop vite et enfin, plus régulièrement.* « *Et soudain mon cœur battait si fort que/Je tremblais de haut en bas* » (Alain Grandbois, *Les Îles de la nuit*).
VERBE PRONOMINAL
1. Échanger des coups, lutter. *Ils se sont battus contre des moulins à vent* ou *avec les voisins.* SYN. (FAM.) se bagarrer ; batailler ; combattre.
En ce sens, le verbe se construit avec les prépositions ***avec, contre.***
Les dérivés de ***battre*** (***combattant, débattre,*** etc.) s'écrivent avec deux ***t***, à l'exception de ***combatif*** et de ***combativité.***
2. (FIG.) Agir énergiquement pour ou contre quelque chose. *Cette association se bat contre les injustices, pour le développement durable, pour obtenir gain de cause.*
En ce sens, le verbe se construit avec les prépositions ***contre, pour.***
À la forme pronominale, le participe passé de ce verbe s'accorde en genre et en nombre avec le complément direct si celui-ci le précède. *Les œufs qu'il s'est battus.* Le participe reste invariable si le complément direct suit le verbe. *Ils s'étaient battu la poitrine.* En l'absence d'un complément direct, le verbe s'accorde en genre et en nombre avec le sujet. *Ils se sont battus contre des moulins à vent.*
LOCUTIONS
– ***Battre des mains.*** Applaudir.
– ***Battre son plein.*** Se disait d'abord d'une cloche sonnant à la volée ou de la mer qui atteint sa plus grande hauteur en battant le rivage. L'expression signifie aujourd'hui « atteindre son point culminant ». *Les réjouissances battaient leur plein.*
– ***Se battre la poitrine.*** (FIG.) Se repentir. SYN. regretter.
– ***Se battre les flancs.*** (FIG.) Faire inutilement beaucoup d'efforts.
CONJUGAISON : VOIR MODÈLE COMBATTRE.
INDICATIF PRÉSENT *Je bats, nous battons.* IMPARFAIT *Je battais.* PASSÉ SIMPLE *Je battis, nous battîmes.* FUTUR *Je battrai.* CONDITIONNEL PRÉSENT *Je battrais.* IMPÉRATIF PRÉSENT *Bats, battons, battez.* SUBJONCTIF PRÉSENT *Que je batte, que nous battions.* PARTICIPE PRÉSENT *Battant.* PASSÉ *Battu, ue.*

BATTU, UE adj.
1. Qui a reçu des coups. *Des animaux battus.*
2. Vaincu. *Un candidat battu.* SYN. perdant.
LOCUTION
– ***Sortir des sentiers battus.*** Explorer de nouvelles avenues, faire preuve d'originalité.

BATTUE n. f.
Action de fouiller un bois, un terrain à la recherche de gibier, d'une personne disparue.

BATTURE n. f.
Partie du rivage que la marée laisse à découvert. « *La batture, longue, était un vaste champ d'éricales sèches et de mousses blanches* » (Félix-Antoine Savard, *Menaud, maître-draveur*).

BAUD n. m.
Le ***d*** ne se prononce pas, [bo].
(INFORM.) Unité de vitesse de transmission de signaux, dite aussi ***rapidité de modulation,*** correspondant à une impulsion par seconde. *Des bauds.*
baud.

BAUDET n. m.
Âne servant à la reproduction.
LOCUTIONS
– ***Crier haro sur le baudet*** (La Fontaine). (LITT.) Dénoncer quelqu'un, quelque chose.
– ***Être chargé comme un baudet.*** Être lourdement chargé.
baudet.

BAUDRIER n. m.
1. Bande de cuir ou d'étoffe qui fait office de bandoulière.
2. (Par ext.) Partie supérieure de la ceinture de sécurité routière qui s'applique sur la poitrine.
baudrier.

BAUDROIE n. f.
Grand poisson comestible à grosse tête.
baudroie.

BAUDRUCHE n. f.
Membrane servant à fabriquer certains objets. *Un ballon en baudruche.*
baudruche.

BAUME n. m.
1. Résine odoriférante utilisée pour la préparation d'onguents, de calmants. *Ce baume calmera ta douleur.*
2. (FIG.) Apaisement. *Son affection, son dévouement sont un baume pour moi.*
HOM. ***bôme,*** pièce de bois utilisée comme mât horizontal d'un voilier, d'une planche à voile.
baume.

BAUXITE n. f.
Minerai d'aluminium.
bauxite.

BAVARD, ARDE adj. et n. m. et f.
1. Qui parle beaucoup. *Ces écoliers sont trop bavards.* SYN. loquace ; volubile.
2. Qui parle trop. *Ne lui confie pas de secrets, elle est trop bavarde.* SYN. indiscret. ANT. discret.

BAVARDAGE n. m.
1. Action de bavarder. *Vos bavardages dérangent vos camarades.*
2. (INFORM.) Activité permettant à un internaute d'avoir une conversation écrite, interactive et en temps réel avec d'autres internautes, par clavier interposé (Recomm. off.). *Des sessions de bavardage* (et non du *chat.) SYN. clavardage.
3. Propos inutiles. *Ces bavardages attristent Julie.*
En ce sens, le nom s'emploie généralement au pluriel.

BAVARDER v. intr.
1. Parler beaucoup. *Pour bien suivre cette explication, il vous faudrait cesser de bavarder.* SYN. babiller; converser.
2. Commettre des indiscrétions. SYN. (FAM.) bavasser; jaser.
CONJUGAISON : VOIR MODÈLE AIMER.

BAVAROIS, OISE adj. et n. m. et f.
De la Bavière. *Une chanson bavaroise. Un Bavarois, une Bavaroise.*
T L'adjectif s'écrit avec une minuscule; le nom, avec une majuscule.

BAVAROISE n. f.
Dessert. *Une délicieuse bavaroise au café.* SYN. bavarois.

BAVASSER v. intr.
1. (FAM.) Bavarder, parler beaucoup.
2. (FAM.) Médire, parler à tort et à travers.
CONJUGAISON : VOIR MODÈLE AIMER.

BAVE n. f.
Salive qui s'écoule de la bouche ou de la gueule d'un animal.

BAVER v. intr.
1. Laisser écouler de la bave.
2. (FIG.) (FAM.) Rester bouche bée (devant quelqu'un, quelque chose). *Les copains bavaient d'envie à la vue des nouveaux patins de Loulou.*
En ce sens, le verbe se construit avec la préposition ***de.***
CONJUGAISON : VOIR MODÈLE AIMER.

BAVETTE n. f.
1. Petite pièce d'étoffe que l'on place sous le menton des jeunes enfants. SYN. bavoir.
2. Morceau de bœuf, près de l'aloyau.
LOCUTION
– ***Tailler une bavette (avec quelqu'un).*** (FAM.) Faire la causette, bavarder. « *On se taille une petite bavette* » (Réjean Ducharme, *Dévadé*). SYN. jaser.

BAVEUX, EUSE adj.
1. Qui bave.
2. (FIG.) Qui fait preuve d'arrogance. SYN. méprisant; suffisant.
LOCUTION
– ***Omelette baveuse.*** Omelette peu cuite.

BAVOIR n. m.
Bavette.

BAVURE n. f.
Imperfection, erreur. *Son cahier est couvert de bavures.* SYN. faute.
LOCUTION
– ***Sans bavure(s).*** (FAM.) Impeccable, sans erreur.

BAYADÈRE n. f.
Danseuse sacrée de l'Inde.
LOCUTION
– ***Tissu bayadère.*** Tissu à rayures multicolores.

BAYER v. intr.
(VX) Bâiller, être grand ouvert.
LOCUTION
– ***Bayer aux corneilles.*** Perdre son temps, être dans les nuages.
Ce verbe n'est plus employé que dans cette expression.
HOM. ***bâiller,*** respirer en ouvrant largement et involontairement la bouche.
CONJUGAISON : VOIR MODÈLE PAYER.
Le ***y*** est suivi d'un ***i*** à la première et à la deuxième personne du pluriel de l'indicatif imparfait et du subjonctif présent. *(Que) nous bayions, (que) vous bayiez.*

BAYOU n. m. (pl. *bayous*)
Eaux peu profondes de la Louisiane.

BAZAR n. m.
1. Marché public.
2. (FAM.) Objets en désordre. *Regarde-moi ce bazar : rangeons un peu.*
bazar, sans ***d,*** malgré ***bazarder.***

BAZARDER v. tr.
(FAM.) Liquider. *Ils bazardèrent leurs meubles et partirent faire le tour du monde en voilier.* SYN. brader; se débarrasser de.
CONJUGAISON : VOIR MODÈLE AIMER.

BAZOOKA n. m.
Les lettres ***oo*** se prononcent ***ou,*** [bazuka].
Lance-roquettes. *Des bazookas.*

BBC
Sigle de ***British Broadcasting Corporation.***

BCBG
Sigle de ***bon chic bon genre.***

BCG
Sigle de ***vaccin billé de Calmette et Guérin.***

bd ou **b**^{d}
Abréviation de ***boulevard.***

BD
Sigle de ***bande dessinée.***

bdc
Abréviation de ***bas-de-casse.***

Be
Symbole chimique de ***béryllium.***

BEAGLE n. m.
Le nom se prononce à l'anglaise. Les lettres ***ea*** se prononcent ***i,*** [bigl].
Basset. *De gentils beagles bien dressés.*

BÉANCE n. f.
État de ce qui est béant.

BÉANT, ANTE adj.
Largement ouvert. *Une gueule béante.*

BÉARNAIS, AISE adj. et n. m. et f.
Du Béarn.
T L'adjectif s'écrit avec une minuscule; le nom, avec une majuscule.

BÉARNAISE n. f.
Sauce au beurre et aux œufs. *Un filet mignon béarnaise.*

BÉAT, ATE adj.
Tranquille, envahi d'une satisfaction naïve. *Un sourire béat.* SYN. bienheureux.

BÉATEMENT adv.
De façon béate.

BÉATIFICATION n. f.
Acte du pape nommant une personne au nombre des bienheureux.

BÉATIFIER v. tr.
Mettre au nombre des bienheureux.
Ne pas confondre avec le verbe ***canoniser,*** mettre au nombre des saints.
CONJUGAISON : VOIR MODÈLE ÉTUDIER.
Redoublement du ***i*** à la première et à la deuxième personne du pluriel de l'indicatif imparfait et du subjonctif présent. *(Que) nous béatifiions, (que) vous béatifiiez.*

BÉATITUDE n. f.
Bonheur parfait. SYN. félicité.

BEATNIK n. m. et f. (pl. *beatniks*)
Les lettres ***ea*** se prononcent ***i,*** [bitnik].
Anticonformiste (vers 1950).

BEAU- adj. (pl. *beaux-*)
Les mots composés avec l'adjectif ***beau***, qui indique un lien de parenté par alliance ou d'un second mariage, s'écrivent avec un trait d'union et prennent la marque du pluriel aux deux éléments. *Un beau-père, des beaux-fils.*
VOIR – BELLE-.

BEAU
VOIR – BEL.

BEAU, BELLE adj. et n. m. (pl. *beaux, belles*)
ADJECTIF
1. Qui crée une impression agréable. *Un beau paysage, une belle aquarelle, de beaux enfants.* SYN. harmonieux.
2. Qui est réussi. *Un beau gâteau, une belle randonnée, une belle situation.*
3. Clair, calme. *Le temps est beau, la mer est belle.*
4. Qui éveille un sentiment d'admiration. *Un beau caractère, une belle action.*
L'ancienne forme masculine ***bel*** s'emploie devant un nom singulier commençant par une voyelle ou un ***h*** muet. *Un bel éléphant, un bel homme.* Cette règle s'applique également aux adjectifs ***fou, mou, nouveau, vieux***.
NOM MASCULIN
Ce qui fait éprouver un sentiment d'admiration et de plaisir. *Avoir le goût du beau.* SYN. beauté.
LOCUTIONS
– ***Avoir beau.*** S'efforcer en vain.
Dans cette locution qui exprime l'inutilité de l'action énoncée par l'infinitif, l'adjectif ***beau*** demeure invariable. *Elle avait beau se lever tôt, elle arrivait toujours en retard.*
Cette locution est suivie de l'infinitif.
– ***Bel et bien.*** Réellement. *Elle a bel et bien vendu la propriété.* SYN. vraiment.
Dans cette locution figée, l'adjectif ***bel*** reste invariable. *Elle est bel et bien venue hier.*
– ***De plus belle.*** De nouveau. *Il recommence de plus belle à chanter très fort.*
– ***Faire le beau, la belle.*** Se tenir debout sur ses pattes arrière, en parlant d'un chien. *Princesse fait la belle à merveille.*
– ***L'échapper belle.*** Éviter de peu ce qui menaçait. *Nous l'avons échappé belle : quelques minutes de plus et le pont s'écroulait.*
Dans cette expression, le participe passé est invariable.
HOM.
• ***baux***, forme plurielle de ***bail***, contrat de location ;
• ***bot***, difforme, en parlant d'un pied.

BEAUCERON, ONNE adj. et n. m. et f.
De la Beauce. *Le dynamisme beauceron. Un Beauceron, une Beauceronne.*
T L'adjectif s'écrit avec une minuscule ; le nom, avec une majuscule.

BEAUCOUP adv.
1. En grande quantité, d'une valeur élevée, d'une certaine intensité. *Elle a planté beaucoup de fleurs. Il a beaucoup de talent. Il y a beaucoup d'appelés, mais peu d'élus.* SYN. nombre de ; plusieurs.
2. Énormément. *Elle a beaucoup aimé ce film. Il mange beaucoup trop.* ANT. peu.
Beaucoup suivi d'un adverbe ne s'emploie que devant ***mieux, plus, trop, moins***. *Pierre dessine beaucoup mieux que moi,* mais on dira *le ruisseau coule très* (et non *beaucoup) *doucement.*
LOCUTION
– ***De beaucoup***, loc. adv. Avec une grande différence. *Elle est de beaucoup la plus avisée. De tout son groupe, il est de beaucoup le plus innovateur.*
Accord du verbe :
– ***Beaucoup*** + nom singulier. Le verbe est au singulier. *Beaucoup de monde a participé à l'exposition.*
– ***Beaucoup*** + nom pluriel. Le verbe est au pluriel. *Beaucoup de personnes sont venues.*
– ***Beaucoup*** + nom féminin. L'attribut ou le participe est au féminin. *Beaucoup de filles ont été admises.*
– ***Beaucoup*** (sans complément). L'accord se fait au masculin pluriel. *Beaucoup sont présents.*
beaucoup.

BEAU DOMMAGE loc. adv.
Certainement, sans doute. *Viendras-tu ce soir ? Beau dommage que j'y serai !*

BEAU-FILS n. m. (pl. *beaux-fils*)
1. Gendre.
2. Fils que le conjoint a eu d'une précédente union.

BEAU-FRÈRE n. m. (pl. *beaux-frères*)
1. Mari de la sœur.
2. Frère du conjoint.

BEAUJOLAIS n. m.
Vin du Beaujolais.
T Ce nom prend une majuscule s'il désigne la région de France, une minuscule s'il désigne le vin originaire de cette région.

BEAU-PÈRE n. m. (pl. *beaux-pères*)
1. Père du conjoint.
2. Second mari de leur mère, par rapport aux enfants issus d'une précédente union.

BEAUTÉ n. f.
Qualité de ce qui est beau, de ce qui remplit d'admiration. *La beauté d'un enfant, d'un paysage, d'une œuvre d'art.* SYN. beau ; harmonie. ANT. laideur.
LOCUTIONS
– ***De toute beauté.*** Remarquablement beau. *En mai, le Jardin botanique de Montréal est de toute beauté.*
– ***Être en beauté.*** Être à son avantage. *La nature est particulièrement en beauté au Québec pendant l'automne.*

BEAUX-ARTS n. m. pl.
La peinture, la sculpture, l'architecture, la musique, la danse, la gravure.

BEAUX-ENFANTS n. m. pl.
Enfants issus d'une précédente union du conjoint.

BEAUX-PARENTS n. m. pl.
Père et mère du conjoint.

BÉBÉ adj. et n. m.
NOM MASCULIN
1. Petit enfant. SYN. nouveau-né ; poupon ; tout-petit.
2. Petit d'un animal. *Ce sont des bébés pingouins.*
ADJECTIF
Qui agit comme un petit enfant. *Elle est très bébé : elle pleurniche toujours.* SYN. puéril.
Attention à ce nom employé comme adjectif : il s'écrit de la même façon au masculin et au féminin.
LOCUTIONS
– ***Bébé-éprouvette.*** Enfant dont la fécondation a été réalisée *in vitro. Des bébés-éprouvette.*
Le nom scientifique est ***FIVETE*** (fécondation *in vitro* et transfert d'embryon).
– ***Faire le bébé.*** Se conduire comme un très jeune enfant. *Ne faites pas les bébés ; soyez sages.*

BEC n. m.
1. Partie cornée qui tient lieu de bouche et de dents aux oiseaux. *Le bec du faucon est recourbé. Le pélican a un bec en forme de poche pour garder les poissons.*
2. (FAM.) Petit baiser. *Un petit bec sur le front.* SYN. bise ; (FAM.) bisou, bizou.

B

Ce nom de registre familier demeure usuel au Québec, dans la francophonie canadienne, en Suisse et dans certaines régions françaises, mais il n'appartient plus à l'usage courant de la majorité des locuteurs du français.

LOCUTIONS

– ***Clore le bec à quelqu'un.*** (FIG.) Le réduire au silence par son argumentation.
– ***Faire le bec fin.*** Faire le difficile. SYN. (FAM.) bécot.
– ***Prise de bec.*** Querelle. SYN. dispute.
– ***Rester le bec à l'eau, dans l'eau.*** (FIG.) Être déçu, ne pas obtenir ce qui était espéré.
– ***Se défendre bec et ongles.*** (FIG.) Se défendre farouchement.

Les noms composés avec le mot ***bec*** s'écrivent avec un trait d'union. Seul le mot ***bec*** prend la marque du pluriel. *Des becs-de-lièvre.*

BÉCANE n. f.
(FAM.) Bicyclette.

BÉCARRE n. m.
Signe musical.

BÉCASSE n. f.
Oiseau de l'ordre des échassiers à bec long.

BÉCASSEAU n. m. (pl. *bécasseaux*)
Petit de la bécasse.

BÉCASSINE n. f.
Oiseau échassier migrateur.

BEC-DE-CANE n. m. (pl. *becs-de-cane*)
Poignée mobile d'une serrure en forme de bec de cane.

BEC-DE-LIÈVRE n. m. (pl. *becs-de-lièvre*)
Difformité de la lèvre supérieure.

BÉCHAMEL n. f.
Sauce blanche. *Une béchamel. Une sauce béchamel.*

BÊCHE n. f.
Outil de jardinage formé d'une lame carrée tranchante et servant à retourner la terre.
bêche.

BÉCHER n. m. (pl. *béchers*)
Le nom rime avec ***enchère***, [beʃɛr].
(CHIR.) Récipient cylindrique à fond plat, généralement en verre et muni d'un bec verseur, utilisé en laboratoire (GDT).

BÊCHER v. tr., intr.
VERBE TRANSITIF
Retourner la terre avec une bêche. *Nous bêcherons le jardin.*
VERBE INTRANSITIF
(FAM.) Avoir une attitude hautaine.
CONJUGAISON : VOIR MODÈLE AIMER.
bêcher.

BÊCHEUR, EUSE n. m. et f.
Personne prétentieuse.

BÉCOT n. m.
(FAM.) Baiser. SYN. (FAM.) bec ; bise ; (FAM.) bisou, bizou.
Ce nom de registre familier s'emploie au Québec, dans la francophonie canadienne, en Suisse et dans certaines régions françaises.

BÉCOTER v. tr., pronom.
VERBE TRANSITIF
(FAM.) Donner de petits baisers. SYN. baisoter.
VERBE PRONOMINAL
S'embrasser. *Les enfants se sont bécotés.* SYN. se faire la bise.
À la forme pronominale, le participe passé de ce verbe s'accorde toujours en genre et en nombre avec son sujet. *Ils se sont bécotés gentiment.*
CONJUGAISON : VOIR MODÈLE AIMER.
bécoter.

BECQUÉE ou **BÉQUÉE** n. f.
Quantité de nourriture qu'un oiseau prend avec son bec pour donner à ses petits.

BECQUETER ou **BÉQUETER** v. tr.
Le ***e*** central est muet, [bɛkte].
Frapper avec le bec, en parlant d'un oiseau.
L'orthographe ***becqueter*** est la plus courante.
CONJUGAISON : VOIR MODÈLE APPELER.
Redoublement du ***t*** devant un ***e*** muet. *Il becquette, il becquettera,* mais *il becquetait.*
[Les *Rectifications* (1990) admettent : il becquète, becquètera, becquèterait... ou il béquète, béquètera, béquèterait]

BEDAINE n. f.
La première syllabe se prononce ***be***, [bədɛn].
(FAM.) Gros ventre.

***BED AND BREAKFAST**
Anglicisme pour ***gîte touristique.***

BÉDÉ n. f.
Abréviation familière de ***bande dessinée.***
S'écrit aussi *BD.*

BEDEAU n. m. (pl. *bedeaux*)
Employé d'église.
Ne pas confondre avec le nom ***badaud***, passant.

BEDONNANT, ANTE adj.
(FAM.) Qui a du ventre. *Des touristes bedonnants.*

BEDONNER v. intr.
(FAM.) Prendre du ventre.
CONJUGAISON : VOIR MODÈLE AIMER.

BÉDOUIN, INE adj. et n. m. et f.
ADJECTIF
Relatif aux Bédouins. *Une caravane bédouine.*
NOM MASCULIN ET FÉMININ
Arabe nomade du désert. *Des Bédouins, des Bédouines.*
T L'adjectif s'écrit avec une minuscule ; le nom, avec une majuscule.

BÉE adj. f.
– ***Bouche bée.*** La bouche ouverte d'étonnement.
Le mot ne s'emploie que dans cette locution.
HOM.
• ***bai***, d'un brun roux ;
• ***baie***, petit golfe, petit fruit charnu ;
• ***bey***, gouverneur.

BÉER v. intr.
Être grand ouvert.
Ce verbe s'emploie surtout au participe passé pour qualifier le nom ***bouche*** dans l'expression ***bouche bée.***
CONJUGAISON : VOIR MODÈLE CRÉER.

BEFFROI n. m.
1. Tour d'une ville.
2. Clocher.

BÉGAIEMENT n. m.
Trouble de la parole caractérisé par la répétition saccadée d'une syllabe.
bégaiement.

BÉGAYER v. tr., intr.
VERBE TRANSITIF
(FIG.) Bredouiller. *Bégayer des remerciements.* SYN. bafouiller ; balbutier.
VERBE INTRANSITIF
Parler avec difficulté en répétant certaines syllabes. *Quand Victor est intimidé, il bégaie.*

CONJUGAISON : VOIR MODÈLE PAYER.
Le *y* peut être changé en *i* devant un *e* muet. *Il bégaye* ou (plus usuel) *il bégaie, il bégayera* ou (plus usuel) *il bégaiera.*
Le *y* est suivi d'un *i* à la première et à la deuxième personne du pluriel de l'indicatif imparfait et du subjonctif présent. *(Que) nous bégayions, (que) vous bégayiez.*

BÉGAYEUR, EUSE adj. et n. m. et f.
Qui bégaie. SYN. bègue.

BÉGONIA n. m.
Le **o** est ouvert, [begɔnja].
Plante ornementale cultivée pour ses fleurs aux couleurs vives. *Des bégonias doubles.*
LOCUTION
– ***Charrier dans les bégonias.*** (FAM.) Exagérer.

BÈGUE adj. et n. m. et f.
Qui bégaie. SYN. bégayeur.

BÉGUEULE adj. et n. m. et f.
(FAM.) Prude, rigoriste.

BÉGUIN n. m.
1. Coiffe des béguines. *« Pendant quelques jours cela fit un peu vide de ne plus voir dans le grand fauteuil son petit corps tassé surmonté du béguin de coton blanc »* (Ringuet, *Trente Arpents*).
2. (FAM.) Passion légère ; personne qui en est l'objet.

BÉGUINAGE n. m.
Maison des béguines.

BÉGUINE n. f.
En Belgique, aux Pays-Bas, religieuse vivant en communauté.

BEIGE adj. et n. m.
NOM MASCULIN
Couleur brun clair. *Des beiges monotones.*
ADJECTIF DE COULEUR VARIABLE
D'un brun clair. *Des imperméables beiges.*
L'adjectif de couleur composé est invariable. *Des chapeaux gris-beige.*
VOIR TABLEAU – COULEUR (ADJECTIFS DE).

BEIGNE n. m.
Pâtisserie composée de pâte frite saupoudrée de sucre. *Des beignes croustillants.*

BEIGNET n. m.
Pâte frite enrobant une substance alimentaire. *Des beignets de pommes, des beignets aux pommes.*

BEL ou **BEAU, BELLE** adj. et n. m. et f.
Devant un nom commençant par une voyelle ou un ***h*** muet, on emploiera ***bel.*** *Un bel oiseau, un bel homme.*
VOIR – BEAU.

BÊLANT, ANTE adj.
Qui bêle. *Des agneaux bêlants nous ont réveillés.*
bêlant.

BEL CANTO n. m. inv.
Attention à la prononciation, [bɛlkɑ̃to].
Style de chant conforme aux règles de l'opéra italien des XVIIe et XVIIIe siècles, caractérisé par la mélodie, la pureté du timbre vocal et la virtuosité.
En typographie soignée, les mots étrangers sont composés en italique. Dans des textes déjà en italique, la notation se fait en romain. Pour les textes manuscrits, on utilisera les guillemets.
[Les *Rectifications* (1990) admettent : un belcanto, des belcantos.]

BÊLEMENT n. m.
Cri des ovins. *Le bêlement des vaches et des chèvres.*
bêlement.

BÊLER v. intr.
Crier, en parlant du mouton, de la chèvre. *Le mouton bêle.*
CONJUGAISON : VOIR MODÈLE AIMER.
bêler.

BEL ET BIEN
VOIR – BEAU.

BELETTE n. f.
Le premier **e** se prononce, [bəlɛt].
Petit mammifère carnivore à la fourrure rousse qui s'attaque aux petits animaux de la basse-cour.

BELGE adj. et n. m. et f.
De Belgique. *Une bière belge. Un Belge, une Belge.*
L'adjectif s'écrit avec une minuscule ; le nom, avec une majuscule.

BELGICISME n. m.
Mot, expression propre au français de Belgique.

BÉLIER n. m.
1. Mâle de la brebis.
2. Nom d'une constellation, d'un signe du zodiaque. *Elle est (du signe du) Bélier, elle est née entre le 21 mars et le 20 avril.*
Les noms d'astres s'écrivent avec une majuscule.

BELLADONE n. f.
Plante vénéneuse employée en médecine.
belladone.

BELLÂTRE n. m.
Homme qui se croit ou se sait beau.
bellâtre.

***BELL BOY**
Marque déposée pour ***téléavertisseur.***
Anglicisme pour ***chasseur.*** *À l'hôtel, le chasseur* (et non le *bell boy) *se chargera de cette course.*

BELLE-
1. Les mots composés avec le nom ***belle-*** s'écrivent avec un trait d'union. ***Belle-*** prend la marque du pluriel. *Des belles-de-jour.*
2. Les mots composés avec l'adjectif ***belle-*** indiquant un lien de parenté par alliance ou d'un second mariage, s'écrivent avec un trait d'union et prennent la marque du pluriel aux deux éléments. *Des belles-mères.*
VOIR – BEAU-.

BELLE-DE-JOUR n. f. (pl. *belles-de-jour*)
Nom populaire du ***liseron.***

BELLE-DE-NUIT n. f. (pl. *belles-de-nuit*)
Le mirabilis, dont les fleurs s'ouvrent la nuit.

BELLE-FILLE n. f. (pl. *belles-filles*)
1. Épouse du fils.
2. Fille que le conjoint a eue d'une précédente union.

BELLEMENT adv.
Doucement, avec modération.

BELLE-MÈRE n. f. (pl. *belles-mères*)
1. Mère du conjoint.
2. Seconde femme du père pour les enfants issus d'une précédente union.

BELLE-SŒUR n. f. (pl. *belles-sœurs*)
1. Sœur du conjoint.
2. Épouse du frère.

BELLICISME n. m.
Amour de la guerre.

BELLICISTE adj. et n. m. et f.
Qui est partisan de la guerre.

BELLIGÉRANCE n. f.
Fait d'un État qui prend part à une guerre.

BELLIGÉRANT, ANTE adj. et n. m. et f.
Qui participe à une guerre. *Des nations belligérantes.* SYN. combattant.

BELLIQUEUX, EUSE adj.
Qui aime la guerre, la violence.
✏ belliqueu**x**.

BELON n. f.
Variété d'huître.

B

BELOTE n. f.
Jeu de cartes.

BÉLUGA ou **BÉLOUGA** n. m.
1. Mammifère marin habitant les mers arctiques, et dont l'espèce est menacée de disparition. *Des bélugas, des bélougas.*
Ce nom vient du mot russe «*bieluga*», qui signifie «blanc».
2. Se dit également ***baleine blanche.***
3. Variété de caviar.

BELVÉDÈRE n. m.
Pavillon, terrasse d'où la vue s'étend au loin. *Du belvédère du mont Royal, on aperçoit le Saint-Laurent.*
✏ belvéd**è**re.

BÉMOL adj. inv. et n. m.
ADJECTIF INVARIABLE
(MUS.) Affecté d'un bémol. *Des mi bémol.*
NOM MASCULIN
(MUS.) Signe musical qui indique que la note qui suit doit être baissée d'un demi-ton. ANT. dièse.
LOCUTION
– ***Mettre un bémol.*** (FIG.) (FAM.) Atténuer la violence de ses affirmations.

***BENCHMARKING**
Anglicisme pour ***étalonnage.***

***BENCH MARKS**
Anglicisme pour ***jalons.***

BÉNÉDICITÉ n. m.
Prière qui se récite avant les repas. *Des bénédicités.*

BÉNÉDICTIN, INE adj. et n. m. et f.
ADJECTIF
De l'ordre de saint Benoît. *L'abbaye bénédictine de Saint-Benoît-du-Lac.*
NOM MASCULIN ET FÉMININ
Religieux, religieuse de l'ordre de saint Benoît.
[T] Le nom s'écrit avec une minuscule lorsqu'il désigne un membre de l'ordre religieux; quand il désigne l'ordre religieux, il s'écrit avec une majuscule. *Les Bénédictins.*
LOCUTION
– ***Travail de bénédictin.*** (FIG.) Travail long et fastidieux.

BÉNÉDICTION n. f.
Action de bénir, de consacrer. ANT. malédiction.

BÉNÉFICE n. m.
Profit. *Les bénéfices de l'association ont augmenté.* SYN. gain. ANT. déficit.
LOCUTIONS
– ***Au bénéfice de.*** Au profit de. *Le concert est donné au bénéfice de cette œuvre.*
– ***Dîner-bénéfice, soirée-bénéfice.*** *Des dîners-bénéfice, des soirées-bénéfice.*
Dans ces locutions, le mot ***bénéfice*** demeure au singulier.
FORMES FAUTIVES
*bénéfices. Impropriété au sens de ***prestations.***
*bénéfices marginaux. Calque de «*fringe benefits*» pour ***avantages sociaux.***
*pour le bénéfice de. Calque de «*for the benefit of*» pour ***à l'intention de, au bénéfice de, au profit de.***

BÉNÉFICIAIRE adj. et n. m. et f.
ADJECTIF
Qui a rapport au bénéfice. *La marge bénéficiaire.* ANT. déficitaire.
NOM MASCULIN ET FÉMININ
1. Personne au profit de laquelle un chèque est établi.
2. Personne qui jouit d'un bénéfice. *Les bénéficiaires d'une succession.*

BÉNÉFICIER v. tr. ind.
Profiter, tirer un profit de (quelque chose d'avantageux). *Les citoyens de ce pays bénéficient de la présomption d'innocence. Des milliers de personnes ont bénéficié d'une greffe d'organe.*
Attention à la construction : le sujet de ce verbe est un être animé ou inanimé qui tire profit de quelque chose. *Ces étudiants bénéficient d'une bourse. Des PME ont bénéficié de subventions importantes.* Contrairement au verbe ***bénéficier,*** le verbe ***profiter*** au sens de ***être utile à*** peut avoir pour sujet la chose qui apporte un profit. *Ces cours profiteront aux élèves,* mais *ces élèves bénéficieront de ces cours.*
CONJUGAISON : VOIR MODÈLE ÉTUDIER.
Redoublement du ***i*** à la première et à la deuxième personne du pluriel de l'indicatif imparfait et du subjonctif présent. *(Que) nous bénéficiions, (que) vous bénéficiiez.*

BÉNÉFIQUE adj.
Qui fait du bien. *Ce repos nous sera bénéfique.* SYN. avantageux; favorable.

BENELUX
Les ***e*** se prononcent ***é,*** [benelyks].
Sigle de ***Belgique, Nederland*** et ***Luxembourg.***
Union économique de la Belgique, des Pays-Bas et du Luxembourg.
✏ Benelux, sans accents.

BENÊT adj. m. et n. m.
ADJECTIF MASCULIN
Qui est niais. SYN. bête; nigaud.
NOM MASCULIN
Niais.
Ce mot n'a pas de forme féminine.
✏ ben**ê**t.

BÉNÉVOLAT n. m.
Activité assurée par une personne bénévole.
✏ bénévola**t**.

BÉNÉVOLE adj. et n. m. et f.
ADJECTIF
À titre gracieux. *Un service bénévole.*
NOM MASCULIN ET FÉMININ
Personne qui fait quelque chose pour autrui sans rémunération. *Ces bénévoles sont très dévouées.*

BÉNÉVOLEMENT adv.
De façon bénévole, gratuitement.

BENGALI adj. et n. m. et f.
Les lettres ***en*** se prononcent ***in,*** [bɛ̃gali].
ADJECTIF ET NOM MASCULIN ET FÉMININ
Du Bengale. *Ces femmes bengalis sont très belles. Un Bengali, une Bengali, des Bengalis.*
Le mot ***bengali*** est invariable en genre.
[T] L'adjectif s'écrit avec une minuscule; le nom, avec une majuscule.
NOM MASCULIN
Langue parlée au Bengale. *Parlez-vous le bengali?*
[T] Le nom de la langue s'écrit avec une minuscule.

BÉNIGNEMENT adv.
De façon bénigne.

BÉNIGNITÉ n. f.
Caractère de ce qui est bénin.

BÉNIN, IGNE adj.
Qui est sans gravité. *Une maladie bénigne.* ANT. grave; malin.

BÉNI-OUI-OUI n. m. inv. (pl. *béni-oui-oui*)
Personne qui se plie à toutes les demandes d'une autorité établie.
Ce mot qui vient de l'arabe «*ben*» signifie «fils de».

BÉNIR v. tr.
1. Consacrer au culte divin. *Bénir une chapelle.*
2. Appeler la bénédiction divine sur. *Bénir ses enfants.*
3. Louer, remercier. *Il bénit le ciel des faveurs obtenues.*
1° Ce verbe a deux participes passés : ***béni, bénie*** dans le sens de «glorifié» (*c'est un jour béni*) et ***bénit, bénite*** dans le sens de «consacré par la bénédiction du prêtre». *L'eau bénite.*
2° Employé aux temps composés de la forme active, le participe passé est toujours ***béni, bénie.*** Cette forme a tendance à l'emporter dans tous les sens. *Le prêtre a béni le nouveau voilier.*
CONJUGAISON : VOIR MODÈLE FINIR.

BÉNITIER n. m.
Vase contenant de l'eau bénite.

BENJAMIN, INE n. m. et f.
Les lettres ***en*** se prononcent ***in,*** [bɛ̃ʒamɛ̃, in].
Le plus jeune des enfants d'une famille. *Claudia est la benjamine de la famille.*

BENJI n. m.
Exercice consistant à sauter dans le vide en étant retenu aux pieds par un élastique. *Les adeptes du benji pourront pratiquer le saut à l'élastique à 65 mètres d'altitude.* SYN. saut à l'élastique.

BENJOIN n. m.
Les lettres ***en*** se prononcent ***in,*** [bɛ̃ʒwɛ̃].
Baume.

BENNE n. f.
Caisse servant au transport. *Un camion à benne basculante. Une benne à ordures* (et non un *camion de vidanges).

BENOÎT, OÎTE adj.
1. (VX) Béni, saint, bienheureux.
2. (LITT.) D'une douceur affectée. SYN. doucereux; mielleux.
[Les *Rectifications* (1990) admettent : benoit, benoite.]

BENOÎTEMENT adv.
(LITT.) De façon benoîte. SYN. doucereusement; mielleusement.
[Les *Rectifications* (1990) admettent : benoitement.]

BENZÈNE n. m.
Les lettres ***en*** se prononcent ***in,*** [bɛ̃zɛn].
Carbure d'hydrogène.

BENZINE n. f.
Les lettres ***en*** se prononcent ***in,*** [bɛ̃zin].
Mélange d'hydrocarbures.

BENZOL n. m.
Les lettres ***en*** se prononcent ***in,*** [bɛ̃zɔl].
Carburant.

BÉOTIEN, IENNE adj. et n. m. et f.
Le ***t*** se prononce ***s,*** [beɔsjɛ̃, jɛn].
Inculte, grossier, ignorant.

BÉQUÉE
VOIR – BECQUÉE.

BÉQUETER
VOIR – BECQUETER.

BÉQUILLE n. f.
1. Bâton sur lequel on s'appuie pour marcher. *Antoine est blessé à la cheville, il doit marcher avec des béquilles.*
2. Pièce destinée à soutenir. *Ève appuie sa bicyclette sur la béquille* (et non le *stand).

BER n. m.
(VX) Berceau.

BERBÈRE adj. et n. m. et f.
ADJECTIF ET NOM MASCULIN ET FÉMININ
Se dit de la race autochtone de l'Afrique du Nord. *Une coutume berbère. Un Berbère, une Berbère.*
L'adjectif s'écrit avec une minuscule; le nom, avec une majuscule.
NOM MASCULIN
Langue berbère.
Le nom de la langue s'écrit avec une minuscule.

BERCAIL n. m. sing.
1. Bergerie.
2. (FIG.) Pays natal. *Rentrer au bercail après avoir fait le tour du monde.*
LOCUTION
– ***Ramener une brebis au bercail.*** Ramener quelqu'un à sa famille, à une conduite honnête.
Ce nom n'a pas de pluriel.
bercail.

BERÇANTE n. f.
Fauteuil ou chaise à bascule. SYN. berceuse.
On dit aussi ***chaise berçante.***

BERCEAU n. m. (pl. *berceaux*)
1. Petit lit pour bercer les nouveau-nés.
2. (FIG.) Lieu d'origine. *Le berceau de la civilisation.*

BERCELONNETTE n. f.
Berceau monté sur deux pieds en forme de croissant.

BERCEMENT n. m.
Action de bercer. *Le bercement a finalement endormi bébé.* SYN. balancement.

BERCER v. tr., pronom.
VERBE TRANSITIF
Balancer un enfant dans son berceau. *Sa maman le berçait souvent.*
VERBE PRONOMINAL
1. Se balancer dans une chaise berçante. *Mes grands-parents se bercent sur le balcon.*
2. (FIG.) S'illusionner. *Ils se sont bercés de rêves.*
À la forme pronominale, le participe passé de ce verbe s'accorde toujours en genre et en nombre avec son sujet. *Nouni s'est bercée toute la soirée. Ils se sont bercés d'illusions.*
CONJUGAISON : VOIR MODÈLE AVANCER.
Le **c** prend une cédille devant les lettres ***a*** et ***o***. *Il berça, nous berçons.*

BERCEUSE n. f.
1. Chanson destinée à endormir les enfants.
2. Siège dans lequel on peut se balancer légèrement.
Au Québec, on dit également ***chaise berceuse, chaise berçante*** ou ***berçante.***

BÉRET n. m.
Coiffure ronde et plate. *Les soldats de l'ONU portent des bérets bleus.*
béret.

BERGAMASQUE n. f.
Danse de Bergame.

BERGAMOTE n. f.
Fruit du bergamotier dont l'écorce fournit une essence utilisée en parfumerie et en confiserie. *La bergamote ressemble à une petite orange.*
bergamote, un seul ***t.***

BERGAMOTIER n. m.
Arbre dont le fruit est la bergamote.

BERGE n. f.
Bord d'un cours d'eau. *De la berge, Antoine lance des cailloux dans l'eau.*

BERGER n. m.
BERGÈRE n. f.
Personne qui garde les moutons.

BERGÈRE n. f.
Fauteuil large et profond garni d'un épais coussin.

BERGERIE n. f.
Enclos où vivent les moutons.

BERLINE n. f.
Voiture à quatre portes.

BERLINGOT n. m.
1. Bonbon.
2. Emballage en carton pour les liquides, surtout le lait. *Du lait en berlingot.*
berlin**got.**

BERLINOIS, OISE adj. et n. m. et f.
De Berlin. *Un cabaret berlinois. Un Berlinois, une Berlinoise.*
T L'adjectif s'écrit avec une minuscule ; le nom, avec une majuscule.

BERLUE n. f.
– ***Avoir la berlue.*** (FIG.) Avoir des visions, se tromper.
Le mot ne s'emploie que dans cette locution.
berl**ue.**

BERMUDA n. m.
Short s'arrêtant au genou. *Des bermudas à fleurs.*

BERNACHE DU CANADA n. f.
Palmipède originaire d'Amérique du Nord dont la tête, le long cou et le bec sont noirs et dont les joues portent une tache blanche distinctive.
Au Québec, on dit aussi ***outarde.***

BERNARD-L'ERMITE ou **BERNARD-L'HERMITE** n. m. inv.
(pl. *bernard-l'ermite* ou *bernard-l'hermite*)
Crustacé empruntant la coquille de petits mollusques.
L'orthographe sans ***h*** est la plus courante.

BERNE n. f.
– ***En berne,*** loc. adv. À mi-mât, en signe de deuil ou de détresse. *Mettre les drapeaux en berne.*
Le mot ne s'emploie que dans cette locution.

BERNER v. tr.
Duper, tromper. *Alain a été berné par ce vendeur : il a payé sa voiture beaucoup trop cher.* SYN. attraper ; faire marcher ; rouler.
CONJUGAISON : VOIR MODÈLE AIMER.

BÉRYLLIUM n. m.
Symbole ***Be*** (s'écrit sans point).

BESACE n. f.
Sac à deux poches avec une ouverture au milieu.

BÉSICLES ou **BESICLES** n. f. pl.
(PLAISANT.) Lunettes.

BESOGNE n. f.
Travail pénible. *Une dure besogne l'attendait : rentrer le bois de chauffage.* SYN. corvée ; ouvrage ; tâche.

BESOGNER v. intr.
(PÉJ.) Effectuer un travail pénible et mal rétribué.
CONJUGAISON : VOIR MODÈLE AIMER.
Les lettres ***gn*** sont suivies d'un ***i*** à la première et à la deuxième personne du pluriel de l'indicatif imparfait et du subjonctif présent. *(Que) nous besognions, (que) vous besogniez.*

BESOGNEUX, EUSE adj. et n. m. et f.
Qui accomplit lentement et avec difficulté un travail.

BESOIN n. m.
1. Manque de ce qui est nécessaire, indispensable. *Le besoin de boire, de manger. Un besoin d'air.*
2. Désir très grand. *Un besoin d'affection.*
LOCUTIONS
– ***Au besoin,*** loc. adv. S'il le faut.
– ***Avoir besoin de, que.*** Ressentir la nécessité de. *Elle a besoin de ses livres. J'ai besoin de le savoir ici. Il a besoin que tu viennes.*
La locution verbale se construit avec la préposition ***de*** suivie d'un nom ou d'un infinitif, ou avec la conjonction ***que*** suivie du subjonctif.
La construction ***en avoir de besoin*** est vieillie ; on lui préférera ***en avoir besoin.***
– ***Être dans le besoin.*** Manquer d'argent. *Ces réfugiés sont dans le besoin.*
– ***Pour les besoins de la cause.*** Pour la démonstration. *Nous avons abrégé l'exposé pour les besoins de la cause.*
– ***Si besoin est.*** S'il le faut, si cela s'avère nécessaire. *Nous consulterons un spécialiste si besoin est.* SYN. au besoin ; le cas échéant.
L'expression ***être besoin de*** est littéraire. *Est-il besoin de vous le rappeler ?*

BESSON, ONNE n. m. et f.
Le ***e*** se prononce ***é,*** [besɔ̃, ɔn].
(VX) Jumeau, jumelle.

BESTIAIRE n. m.
Recueil de fables sur les animaux.

BESTIAL, IALE, IAUX adj.
Qui a la cruauté des bêtes féroces. *Des appétits bestiaux.*
Ne pas confondre avec les mots suivants :
- ***cruel,*** qui se plaît à faire souffrir ;
- ***féroce,*** qui est sauvage et cruel par nature ;
- ***inhumain,*** qui est étranger à tout sentiment de pitié.

BESTIALEMENT adv.
D'une manière bestiale. SYN. brutalement.

BESTIALITÉ n. f.
Caractère d'une personne bestiale.

BESTIAUX n. m. pl.
Gros bétail (bœufs, vaches).
besti**aux.**

BESTIOLE n. f.
Petite bête. *Qu'est-ce que cette bestiole rouge à pois noirs ? C'est une coccinelle.*
besti**o**le.

***BEST PRACTICES**
Anglicisme pour ***pratiques d'excellence, pratiques exemplaires.***

***BEST-SELLER**
Anglicisme pour ***succès de librairie, succès de vente, ouvrage à succès.*** *Ces ouvrages sont des succès de librairie, des succès de vente* (et non *best-sellers, *bons vendeurs).

BÊTA n. m. inv.
Lettre grecque. *Des bêta.*
LOCUTION
– ***Rayons bêta.*** (PHYS.) Flux d'électrons émis par certains éléments radioactifs.
[Les *Rectifications* (1990) admettent : des bêtas.]

BÊTA, ASSE adj. et n. m. et f.
(FAM.) Bête. *Ils sont plutôt bêtas.* SYN. niais ; sot.
bêta.

BÉTAIL n. m. sing.
Ensemble de bêtes d'élevage (cheval, bœuf, vache, chèvre, mouton, porc).
Ce nom n'a pas de pluriel.

BÊTE adj. et n. f.
ADJECTIF
1. Stupide. *Ce qu'elle est bête ; elle n'a pas songé à me prévenir !* SYN. étourdi ; idiot.

2. ⚜ Peu aimable, sec. *Il est bête comme ses pieds.* SYN. désagréable; hautain.
NOM FÉMININ
1. Tout être animé qui se meut, autre que l'homme. *Une bête féroce.*
2. (FIG.) Personne ignorante. *Faire la bête.*
LOCUTION
– ***Bête à bon Dieu.*** Nom familier de la ***coccinelle.***
bête.

BÊTEMENT adv.
De manière bête.
LOCUTION
– ***Tout bêtement.*** Tout simplement.
bêtement.

BÊTIFIER v. intr.
(FAM.) Parler d'une manière puérile.
CONJUGAISON : VOIR MODÈLE ÉTUDIER.
Redoublement du ***i*** à la première et à la deuxième personne du pluriel de l'indicatif imparfait et du subjonctif présent. *(Que) nous bêtifiions, (que) vous bêtifiiez.*
bêtifier.

BÊTISE n. f.
Le ***ê*** se prononce ***é,*** [betiz].
1. Manque d'intelligence, de jugement. *La bêtise de cette personne est décevante.* SYN. stupidité.
2. Acte ou propos bête. *Il dit des bêtises, ne fais pas attention.* SYN. sottise.
3. ⚜ Insulte, injure. *Elle m'a dit des bêtises.*
bêtise.

BÊTISIER n. m.
Recueil de bêtises. SYN. sottisier.

BÉTON n. m.
Matériau de construction composé d'un mortier de sable, de gravier. *Ces fondations sont en béton armé.*
LOCUTION
– ***En béton.*** (FIG.) (FAM.) Très solide. *Des démonstrations béton, en béton.*
Mis en apposition, le nom ***béton*** demeure invariable.
béton.

BÉTONNAGE n. m.
1. Action de bétonner. *Le bétonnage d'une route.*
2. Ouvrage de béton.
bétonnage.

BÉTONNER v. tr.
Construire avec du béton.
CONJUGAISON : VOIR MODÈLE AIMER.
bétonner.

BÉTONNIÈRE n. f.
Machine servant à préparer le béton. *Il conduit une bétonnière.*
On préférera ce terme à celui de ***bétonneuse.***
bétonnière.

BETTE ou **BLETTE** n. f.
Plante de la famille de la betterave dont on mange les feuilles.
On appelle faussement ***bette*** au Québec ce qui est la ***betterave.***

BETTERAVE n. f.
Plante à racine charnue. *Une salade de betteraves,* mais *du sucre de betterave.*

BEUGLEMENT n. m.
Cri des bovins.

BEUGLER v. intr.
Pousser des beuglements. *Le taureau beugle. Les animaux conduits à l'abattoir semblaient beugler d'effroi.*
CONJUGAISON : VOIR MODÈLE AIMER.

BEURRE n. m.
Substance alimentaire extraite du lait. *Du pain et du beurre.*
LOCUTIONS
– ***Mettre du beurre dans les épinards.*** (FIG.) (FAM.) Augmenter ses revenus.
– ***Œil au beurre noir.*** (FAM.) Œil poché.
– ***Passer dans le beurre.*** ⚜ (FIG.) (FAM.) Rater son but, manquer son coup.
– ***Tourner dans le beurre.*** ⚜ (FIG.) (FAM.) Tourner à vide.
FORME FAUTIVE
*beurre de peanuts, de pinottes. Calque de «*peanut butter*» pour ***beurre d'arachide.***

BEURRÉE n. f.
⚜ Tartine de beurre ou d'une autre substance. *Une beurrée de confiture.*

BEURRER v. tr.
1. Enduire de beurre. *Beurrer un moule à gâteau.*
2. ⚜ Recouvrir une tranche de pain de quelque chose.
CONJUGAISON : VOIR MODÈLE AIMER.

BEURRERIE n. f.
Fabrique de beurre.

BEURRIER n. m.
Récipient où l'on dépose le beurre.

BEUVERIE n. f.
(PÉJ.) Rencontre où l'on boit beaucoup. SYN. (FAM.) soûlerie.

BÉVUE n. f.
Erreur commise par manque de réflexion. *Elle a commis une bévue. Une émission présentera des bévues de tournage* (et non *bloopers). SYN. bêtise; (FAM.) boulette; gaffe; sottise.

BEY n. m.
Gouverneur d'une province turque.
HOM.
• ***bai,*** d'un brun roux;
• ***baie,*** petit golfe, petit fruit charnu;
• ***bée,*** ouverte.

Bi
Symbole chimique de ***bismuth.***

BI(S)- préf.
Les mots composés avec le préfixe ***bi-*** qui signifie « deux fois » s'écrivent sans trait d'union. *Une personne bilingue. Un avion bimoteur. Une réunion bihebdomadaire.*
VOIR TABLEAU – PÉRIODICITÉ ET DURÉE.
Devant une voyelle, le préfixe ***bi-*** prend un ***s.*** *Un bisaïeul.* Attention à l'accord de l'adjectif qui reste singulier si le nom qu'il qualifie est singulier. *Un avion biplace.*

BIAFRAIS, AISE adj. et n. m. et f.
Du Biafra. *Le drapeau biafrais. Un Biafrais, une Biafraise.*
T L'adjectif s'écrit avec une minuscule; le nom, avec une majuscule.

BIAIS n. m.
1. Ligne oblique. *Elle a taillé la flèche en biais.* SYN. oblique.
2. Angle. *Ce journaliste traitera la question par un biais différent.* SYN. côté.
3. Moyen détourné. *Antoine a trouvé un biais pour ne pas faire son devoir.* SYN. artifice; (FAM.) truc.
LOCUTIONS
– ***De biais,*** loc. adv. Obliquement. SYN. en diagonale.
– ***Par le biais de,*** loc. prép. Par le moyen détourné de. *Ils ont obtenu cette subvention par le biais de leurs relations haut placées.*
La locution ne devrait pas s'employer au sens neutre de « à l'aide de, au moyen de ».
FORME FAUTIVE
*biais. Anglicisme au sens de ***a priori, idée préconçue, parti pris, préjugé.***

***BIAISÉ**
Anglicisme pour ***partial, qui a un préjugé, subjectif, tendancieux,*** en parlant d'une personne ; ***déformé, faussé,*** en parlant d'une chose (donnée, jugement, rapport, etc.). *Ces personnes ont des préjugés* (et non *sont biaisées) *à l'égard de notre projet. Des données faussées* (et non *biaisées.)

BIAISER v. intr.
1. Obliquer.
2. (FAM.) Tergiverser, user de moyens détournés.
CONJUGAISON : VOIR MODÈLE AIMER.

***BIANNUEL**
Impropriété pour ***bisannuel,*** « tous les deux ans », ou ***semestriel,*** « deux fois par année ».

BIBELOT n. m.
Petit objet décoratif, généralement de peu de valeur. SYN. babiole ; (FAM.) bricole.
bibelot.

BIBERON n. m.
Le ***e*** est muet, [bibrɔ̃].
Petite bouteille munie d'une tétine servant à l'allaitement des nouveau-nés. *Le bébé boit son biberon* (et non sa *bouteille).
biberon.

BIBI n. m.
(FAM.) Petit chapeau.

bibl.
Abréviation de ***bibliothèque.***

BIBLE n. f.
1. Recueil de livres sacrés (Ancien et Nouveau Testament). *Étudier la Bible.*
T Quand il désigne les Saintes Écritures, le nom ***bible*** prend une majuscule.
2. Ouvrage fondamental. *Ce traité est la bible des architectes.*
LOCUTION
– ***Papier bible.*** Papier très fin.

BIBLIO- préf.
Élément du grec signifiant « livre ». *Bibliothèque.*

BIBLIOBUS n. m.
Le ***s*** se prononce ; le nom rime avec ***autobus.***
Véhicule qui tient lieu de bibliothèque.

bibliogr.
Abréviation de ***bibliographie.***

BIBLIOGRAPHE n. m. et f.
Auteur de bibliographies.

BIBLIOGRAPHIE n. f.
Abréviation ***bibliogr.*** (s'écrit avec un point).
1. Liste des ouvrages cités dans un texte.
VOIR TABLEAU – RÉFÉRENCES BIBLIOGRAPHIQUES.
2. Ensemble des écrits relatifs à un sujet donné.
Ne pas confondre avec le nom ***biographie,*** histoire de la vie d'un individu.

BIBLIOGRAPHIQUE adj.
Relatif à la bibliographie. *Une recherche bibliographique.*

BIBLIOMANIE n. f.
Passion des livres.

BIBLIOPHILE n. m. et f.
Personne qui aime les livres rares, les belles éditions.

BIBLIOTHÉCAIRE n. m. et f.
Personne chargée de l'organisation et de la gestion d'une bibliothèque. *La bibliothécaire met à la disposition du public les diverses collections d'ouvrages de la bibliothèque.*
bibliothécaire.

BIBLIOTHÉCONOMIE n. f.
Science de l'organisation et de la gestion des bibliothèques.

BIBLIOTHÈQUE n. f.
Abréviation ***bibl.*** (s'écrit avec un point).
1. Collection de livres classés dans un certain ordre.
2. Édifice où sont conservées des collections de livres offerts à la consultation des abonnés. *La Bibliothèque nationale.*
Ne pas confondre avec le nom ***librairie,*** magasin où l'on vend des livres.
3. Meuble servant au rangement des livres. *Étienne s'est construit une bibliothèque.*

BIBLIQUE adj.
Relatif à la Bible.

BICARBONATE n. m.
Composition de sel de sodium utilisée pour les maux d'estomac. *Du bicarbonate de sodium.*
La forme ***bicarbonate de soude*** est vieillie.

BICENTENAIRE adj. et n. m.
ADJECTIF
Qui a deux cents ans. *Un chêne bicentenaire.*
NOM MASCULIN
Deux centième anniversaire d'un évènement important.
Dans un style soigné, on écrira plutôt ***deuxième centenaire.***
VOIR TABLEAU – PÉRIODICITÉ ET DURÉE.

BICÉPHALE adj.
Qui a deux têtes. *Un monstre bicéphale.*

BICEPS n. m.
Les lettres ***ps*** se prononcent, [bisɛps].
Muscle du bras. *Avoir de beaux biceps.*
biceps.

BICHE n. f.
Femelle du cerf. *Le petit de la biche est le faon.*
VOIR TABLEAU – ANIMAUX.

BICHONNER v. tr., pronom.
VERBE TRANSITIF
(FAM.) Pomponner, entourer de bons soins. *Alain bichonne le chaton.* SYN. dorloter ; soigner.
VERBE PRONOMINAL
(FAM.) Faire sa toilette avec minutie. *Elles se sont bichonnées.* SYN. pomponner.
À la forme pronominale, le participe passé de ce verbe s'accorde toujours en genre et en nombre avec son sujet. *Ils s'étaient bichonnés avant de sortir.*
CONJUGAISON : VOIR MODÈLE AIMER.
bichonner.

BICLÉ n. f.
(INFORM.) Ensemble constitué d'une clé publique et d'une clé privée, mathématiquement liées entre elles, formant une paire unique et indissociable pour le chiffrement et le déchiffrement des données, la signature numérique, et appartenant à une seule personne ou à une seule entité.

BICOLORE adj.
Qui a deux couleurs. *Un drapeau bicolore.*

BICOQUE n. f.
(PÉJ.) (FAM.) Maison sans valeur. SYN. (FAM.) baraque.

BICORNE adj. et n. m.
ADJECTIF
Qui a deux cornes. *Une bête bicorne.*
NOM MASCULIN
Couvre-chef. *Un bicorne d'académicien.*

BICULTURALISME n. m.
Coexistence de deux cultures nationales au sein d'un même pays. *Le biculturalisme canadien.*

BICULTUREL, ELLE adj.
Qui comprend deux cultures.

***BICYCLE**
Impropriété au sens de ***bicyclette***. Le ***bicycle*** était anciennement un véhicule à deux roues inégales.

BICYCLETTE n. f.
Appareil de locomotion composé de deux roues dont l'une est motrice, et qui permet à une personne de se déplacer. *Elle adore aller à bicyclette, faire de la bicyclette.*
bicyclette.

BIDET n. m.
Appareil sanitaire servant aux ablutions intimes.
bidet.

BIDIMENSIONNEL, ELLE adj.
Qui a deux dimensions.

BIDIRECTIONNEL, ELLE adj.
Qui va dans deux directions.

BIDON adj. inv. et n. m.
ADJECTIF INVARIABLE
(FAM.) Faux. *Des manifestations bidon.* SYN. factice.
NOM MASCULIN
Récipient métallique. *Des bidons d'essence.*

BIDONNAGE n. m
(FAM.) Action de falsifier, truquer (un article, une photo, une émission).

BIDONNER v. tr., pronom.
VERBE TRANSITIF
(FAM.) Falsifier, truquer (un article, une photo, une émission). *Ce journaliste encensé a avoué que ses reportages étaient bidonnés.*
VERBE PRONOMINAL
(FAM.) S'amuser, rire à gorge déployée. *Elles se sont bidonnées toute la soirée.* SYN. (FAM.) se marrer ; rigoler.
À la forme pronominale, le participe passé de ce verbe s'accorde toujours en genre et en nombre avec son sujet. *Les spectateurs se sont bien bidonnés.*
CONJUGAISON : VOIR MODÈLE AIMER.

BIDONVILLE n. m.
Baraquement. *Des bidonvilles insalubres.*

BIDULE n. m.
(FAM.) Petit objet. SYN. (FAM.) machin ; truc.

BIELLE n. f.
Pièce qui, dans une machine, sert à transmettre le mouvement d'une pièce à une autre. « *Les bielles du ciel/Roulent doucement* » (Alain Grandbois, *Les Îles de la nuit*).
bielle.

BIEN n. m.
1. Ce qui est louable, juste, conforme à un idéal. *Faire le bien.*
2. Avantage, bénéfice. *Grand bien vous fasse !*
3. (GÉN. AU PLUR.) Ce qu'on possède. *Ils ont des biens.* SYN. propriété ; richesse.
4. (ÉCON.) Chose créée par le travail en vue de satisfaire un besoin de la société. *Les biens et les services.*

BIEN adj. inv. et adv.
ADJECTIF INVARIABLE
1. Satisfaisant. *Vous avez réussi, c'est bien.*
2. Convenable. *Ce sont des filles bien.* SYN. correct.
3. De bonne qualité. *Cette musique est bien.*
ADVERBE DE MANIÈRE
D'une manière satisfaisante, convenable, agréable. *Ses devoirs sont bien faits. Elle conduit bien. Il chante bien.*
ADVERBE DE QUANTITÉ
1. Beaucoup. *Le malade est bien souffrant. Il y a bien des années que je l'ai vu.*
2. Très. *Ils sont bien peu nombreux.*
Devant un adverbe ou un adjectif, l'adverbe ***bien*** peut exprimer une idée de superlatif.
3. Environ. *Il y a bien cinq ans que je ne l'avais vu.*
LOCUTIONS
– ***Bel et bien,*** loc. adv. Réellement. *Elle est bel et bien partie.* SYN. vraiment.
Dans cette locution figée, l'adjectif ***bel*** reste invariable. *Elle est bel et bien venue hier.*
– ***Bien entendu, bien sûr,*** loc. adv. Assurément.
– ***Bien que,*** loc. conj. Quoique. *Bien qu'il y ait une grève des transports en commun, les cours ont lieu.*
Cette locution est suivie du subjonctif.
– ***Bien ! Très bien !*** Cette interjection et cette locution exclamative marquent l'approbation.
– ***Eh bien ?,*** loc. interj. Cette locution exprime l'attente, la surprise.
– ***Tant bien que mal.*** Difficilement, passablement. *Ils sont parvenus à destination tant bien que mal.* SYN. de peine et de misère.
FORME FAUTIVE
*bien à vous. Calque de «*yours truly*» comme formule de salutation.
VOIR TABLEAU – CORRESPONDANCE.

BIEN-
1. Les mots composés avec ***bien*** s'écrivent avec un trait d'union. Si le mot ***bien-*** est employé comme nom, il prend la marque du pluriel. *Des biens-fonds.*
2. Dans les autres cas, seul le deuxième élément prend la marque du pluriel, sauf s'il s'agit des verbes ***dire, être*** qui demeurent invariables. *Des bien-aimés, des bien-portantes,* mais *des bien-être.*

BIEN-AIMÉ, ÉE adj. et n. m. et f. (pl. *bien-aimés*)
ADJECTIF
Tendrement aimé. *Ma mère bien-aimée.*
NOM MASCULIN ET FÉMININ
Personne aimée d'amour. *Ma bien-aimée.*
[Les *Rectifications* (1990) admettent : bienaimé, bienaimée.]

BIEN-DIRE n. m. inv. (pl. *bien-dire*)
(LITT.) Art de l'éloquence.

BIÉNERGIE n. f.
Système de locomotion, système de chauffage alternant l'utilisation de deux sources d'énergie.

BIEN-ÊTRE n. m. inv. (pl. *bien-être*)
1. Sentiment de bonheur et de sérénité. *Quand nous allons dans la forêt, nous ressentons un grand bien-être.* SYN. contentement ; plaisir ; satisfaction.
2. Aisance financière.
FORME FAUTIVE
*bien-être social. Anglicisme pour ***aide sociale.***
[Les *Rectifications* (1990) admettent : bienêtre.]

BIENFAISANCE n. f.
Les lettres ***ai*** se prononcent ***e,*** [bjɛ̃fəzɑ̃s].
Action de venir en aide à ceux qui en ont besoin. SYN. bonté ; charité ; générosité ; secours.
LOCUTION
– ***Œuvres de bienfaisance.*** Œuvres dont l'objet est de faire le bien. SYN. association caritative.

BIENFAISANT, ANTE adj.
Les lettres ***ai*** se prononcent ***e,*** [bjɛ̃fəzɑ̃, ɑ̃t].
1. Qui fait du bien, qui est salutaire. *Une personne bienfaisante.* SYN. bon ; charitable ; généreux.
2. Qui est salutaire. *Une averse bienfaisante.* SYN. bénéfique.

BIENFAIT n. m.
1. Bonne action, acte de générosité.
2. Avantage. *Les bienfaits de l'électricité.*

BIENFAITEUR, TRICE n. m. et f.
Personne qui fait du bien, qui rend des services. *Un généreux bienfaiteur.*

BIEN-FONDÉ n. m. (pl. *bien-fondés*)
Conformité au droit, à la raison. *Le bien-fondé d'une réclamation.* SYN. légitimité; pertinence.
[Les *Rectifications* (1990) admettent : bienfondé.]

BIEN-FONDS n. m. (pl. *biens-fonds*)
(DR.) Biens immobiliers.
Dans ce nom composé, l'élément ***bien-*** prend la marque du pluriel parce qu'il s'agit d'un nom.
[Les *Rectifications* (1990) admettent : bienfonds.]

BIENHEUREUX, EUSE adj. et n. m. et f.
1. (LITT.) Très heureux.
2. Qui a été béatifié.

BIENNAL, ALE, AUX adj.
1. Qui dure deux ans.
2. Qui a lieu tous les deux ans. SYN. bisannuel.
VOIR TABLEAU – PÉRIODICITÉ ET DURÉE.

BIENNALE n. f.
Manifestation qui a lieu tous les deux ans. *La biennale du cinéma à Venise.*

BIEN-PENSANT, ANTE adj. et n. m. et f. (pl. *bien-pensants, bien-pensantes*)
(PÉJ.) Conservateur. *Les bien-pensants seront en désaccord avec cette exposition originale.* SYN. conformiste; traditionnel.
[Les *Rectifications* (1990) admettent : bienpensant, bienpensante.]

BIEN-PORTANT, ANTE adj. et n. m. et f. (pl. *bien-portants, bien-portantes*)
Qui est en bonne santé. *Ils sont bien-portants. Des bien-portantes.*
[Les *Rectifications* (1990) admettent : bienportant, bienportante.]

BIENSÉANCE n. f.
1. Respect des règles de la politesse. SYN. savoir-vivre; usage.
2. (AU PLUR.) Bonnes manières. *Tenir compte des bienséances.* SYN. convenances.

BIENSÉANT, ANTE adj.
(LITT.) Conforme à la bienséance. SYN. convenable; poli.

BIENTÔT adv.
Dans peu de temps. *À bientôt !* SYN. d'ici peu.
Ne pas confondre avec les mots ***bien tôt*** au sens de « très tôt ».

BIENVEILLANCE n. f.
Disposition favorable envers quelqu'un. SYN. bonté; générosité.

BIENVEILLANT, ANTE adj.
Qui montre de la bienveillance, qui se montre attentif au bien et au bonheur des autres. *Des personnes bienveillantes pour, envers les démunis, des élèves qui se montrent bienveillants à l'égard des personnes seules. Elles se sont recommandées à la bienveillante attention de la présidente.* SYN bon; généreux. ANT. malveillant.
L'adjectif se construit avec les prépositions ***envers, pour*** ou avec la locution prépositive ***à l'égard de.***

BIENVENU, UE adj. et n. m. et f.
Que l'on accueille avec plaisir. *Des cadeaux bienvenus. Soyez la bienvenue chez nous.*

BIENVENUE n. f.
Bon accueil. *Je vous souhaite la bienvenue !*
FORME FAUTIVE
*bienvenue. Calque de «*you are welcome*» au sens de ***je vous en prie, il n'y a pas de quoi, de rien.***

BIÈRE n. f.
1. Boisson fermentée préparée avec de l'orge et du houblon. *Des microbrasseries proposent de nouvelles bières savoureuses. Bière à la pression, bière pression. Une bière sans alcool.*
2. Cercueil. *Mise en bière.*
LOCUTION
– ***C'est (ce n'est pas) de la petite bière.*** (FAM.) C'est (ce n'est pas) une chose sans importance.

BIERMER (MALADIE DE) n. f.
Le ***e*** de la première syllabe est muet, les ***r*** se prononcent; le nom rime avec ***mer.***
(MÉD.) Maladie caractérisée par une carence en vitamine B12 entraînant une anémie grave. *Une injection mensuelle de vitamine B12 atténue les effets négatifs de la maladie de Biermer.*
Le nom de la maladie s'écrit avec une majuscule initiale.

BIFFAGE ou **BIFFEMENT** n. m.
Action de biffer. *Le biffement d'un mot.*

BIFFER v. tr.
Rayer (ce qui est écrit). *Biffer un mot.* SYN. barrer; raturer.
CONJUGAISON : VOIR MODÈLE AIMER.

BIFFURE n. f.
Trait par lequel on biffe. SYN. rature.

BIFIDE adj.
Qui est fendu en deux parties.

BIFOCAL, ALE, AUX adj.
Qui a deux foyers. *Des lunettes bifocales.* SYN. à double foyer.

BIFTECK n. m. (pl. *biftecks*)
Attention à la prononciation, [biftɛk].
Tranche de bœuf à griller. *Des biftecks bien tendres.*

BIFURCATION n. f.
Embranchement à deux voies. *Tournez à droite à la bifurcation.* SYN. croisement.
bifurcation.

BIFURQUER v. tr. ind., intr.
VERBE TRANSITIF INDIRECT
(FIG.) Changer de direction. *Puis, la conversation a bifurqué sur un autre sujet, vers un autre thème.*
En ce sens, le verbe se construit avec les prépositions ***sur, vers.***
VERBE INTRANSITIF
1. Se diviser en deux branches à la façon d'une fourche. *Le chemin bifurque à cet endroit.* SYN. se dédoubler.
2. Abandonner une voie pour une autre. *Le cortège bifurqua et prit le petit chemin de campagne.*
CONJUGAISON : VOIR MODÈLE AIMER.
bifurquer.

BIGAME adj. et n. m. et f.
Qui est marié à deux personnes, en même temps.

BIGAMIE n. f.
État d'une personne bigame.

BIGARADE n. f.
Orange amère. *La bigarade sert à la préparation de bonbons et de confitures.*

BIGARADIER n. m.
Arbre dont le fruit est la bigarade.

BIGARRÉ, ÉE adj.
1. De couleurs variées. *Une étoffe bigarrée.* SYN. bariolé; chamarré; multicolore.
2. (LITT.) Disparate. *Une assemblée bigarrée.* SYN. hétérogène.

BIGARREAU n. m. (pl. *bigarreaux*)
1. Cerise rouge et blanche dont la chair ferme est très sucrée.
2. Se dit aussi ***cerise de France.***

BIGARRER v. tr.
Marquer de couleurs contrastantes. SYN. barioler; chamarrer.
CONJUGAISON : VOIR MODÈLE AIMER.

BIGARRURE n. f.
Assemblage de couleurs variées.

BIG BANG ou **BIG-BANG** n. m. inv. (pl. *big bang* ou *big-bang*)
Gigantesque explosion qui serait à l'origine de l'expansion de l'Univers.
[Les *Rectifications* (1990) admettent : un bigbang, des bigbangs.]

BIGORNEAU n. m. (pl. *bigorneaux*)
Petit coquillage de mer comestible. *Pierre-Luc a recueilli dans son filet une multitude de bigorneaux.*

BIGOT, OTE adj. et n. m. et f.
ADJECTIF
D'une dévotion pointilleuse, étroite et ostentatoire. SYN. dévot.
NOM MASCULIN ET FÉMININ
Personne qui pratique la bigoterie.
✏ bigot, bigote.

BIGOTERIE n. f.
Pratique bornée de la dévotion.
✏ bigoterie.

BIGOUDEN n. m. et f.
👄 Les lettres ***en*** se prononcent ***in*** au masculin ; et comme dans ***benne*** au féminin, [bigudɛ̃, bigudɛn].
NOM MASCULIN
Coiffure bretonne.
NOM FÉMININ
Femme portant un bigouden.
☞ Ce mot breton, bien qu'ayant une graphie unique, se prononce différemment au masculin et au féminin.

BIGOUDI n. m.
Petit rouleau flexible qui sert à friser les cheveux. *Des bigoudis chauffants.*

BIGRE ! interj.
Interjection familière marquant l'étonnement. *Bigre ! il y a deux chevreuils dans le jardin !*
T L'interjection est toujours suivie d'un point d'exclamation qui est souvent repris à la fin de la phrase. Si la phrase exclamative n'est pas complète, le mot qui suit le point d'exclamation s'écrit avec une minuscule initiale.

BIGREMENT adv.
(FAM.) Très. *Il est bigrement gentil.*

BIGUINE n. f.
Danse des Antilles.

BIHEBDOMADAIRE adj.
Qui a lieu, qui paraît deux fois par semaine. *Un journal bihebdomadaire.*
VOIR TABLEAU – PÉRIODICITÉ ET DURÉE.

BIJOU n. m. (pl. *bijoux*)
1. Ornement, souvent d'une matière précieuse. *Juliette n'aime pas beaucoup les bijoux : elle ne porte qu'une petite bague ornée d'une pierre violette. Des bijoux de fantaisie.*
2. Œuvre particulièrement accomplie, chose d'une exceptionnelle qualité. *Ce film est un bijou. Un bijou d'aménagement paysager.*
☞ Le nom ***bijou*** s'écrit avec un ***x*** au pluriel.

BIJOUTERIE n. f.
1. Fabrication des bijoux. *Ils sont dans la bijouterie depuis plusieurs générations.*
2. Commerce où l'on vend des bijoux. *Une bijouterie remplie de tentations.*

BIJOUTIER n. m.
BIJOUTIÈRE n. f.
Personne qui vend des bijoux. SYN. joaillier ; orfèvre.

BIKINI n. m.
Maillot de bain en deux pièces réduites à l'extrême. *Des bikinis colorés.*

BILAN n. m.
1. État succinct de la situation financière d'une entreprise, d'une personne, présentant ce qu'elle possède et ce qu'elle doit à une date définie.
2. (FIG.) Somme, résultat. *Le bilan de l'accident s'élève à une vingtaine de blessés. Le bilan de cette expérimentation est positif.*
☞ L'emploi au sens figuré est critiqué par certains auteurs, mais il est très usité.
LOCUTION
– ***Bilan de santé.*** Examen médical comportant une série variable d'examens cliniques ou complémentaires (biologiques, radiologiques, etc.), pratiqué systématiquement, occasionnellement ou à intervalles réguliers, afin d'apprécier l'état des organes et leur fonctionnement (Recomm. off.). *Papa aurait besoin d'un bilan de santé* (et non *check-up).

BILATÉRAL, ALE, AUX adj.
1. Qui a deux côtés, qui concerne deux côtés. *Une ventilation bilatérale.*
2. Qui engage les deux parties contractantes. *Des accords bilatéraux.*

BILATÉRALEMENT adv.
De façon bilatérale. *L'entente doit être signée bilatéralement.*

BILATÉRALITÉ n. f.
Caractère de ce qui est bilatéral.

BILBOQUET n. m.
Jouet composé d'une boule attachée par une cordelette à un bâtonnet pointu. *Il y a toute une collection de bilboquets chez le glacier Bilboquet.*
✏ bilboquet.

BILE n. f.
Liquide amer sécrété par le foie.
✏ bile.

BILIAIRE adj.
Relatif à la bile. *La vésicule biliaire.*
✏ biliaire.

BILIEUX, IEUSE adj.
Sujet à la colère. *Un tempérament bilieux.*
✏ bilieux.

BILINGUE adj. et n. m. et f.
ADJECTIF
1. Qui est en deux langues. *Une affiche bilingue.*
2. Où l'on parle deux langues. *Un pays bilingue.*
ADJECTIF ET NOM MASCULIN ET FÉMININ
Qui parle deux langues. *Un candidat bilingue. Un bilingue.*

BILINGUISME n. m.
👄 Le ***u*** se prononce ***u*** (et non *ou), [bilɛ̃gɥism].
Qualité d'une personne qui parle deux langues.

***BILL**
Anglicisme au sens de ***projet de loi***. *Le projet de loi* (et non le *bill) *a été présenté ce matin aux députés québécois.*
☞ En français, le mot ***bill*** désigne exclusivement un projet de loi présenté en Grande-Bretagne.

BILLARD n. m.
Jeu de billes pratiqué sur une table spéciale.
✏ billard.

BILLE n. f.
1. Petite boule. *Jouer aux billes. Un jeu de billes. Un stylo à bille.*
2. Tronçon de bois destiné à être équarri. *Une bille d'érable.* SYN. ⚜ billot.

BILLET n. m.
1. Papier attestant un paiement, un droit. *Un billet de loterie, un billet d'avion.*
2. Lettre très concise. SYN. mot.

B

Ne pas confondre avec les noms suivants :
- *circulaire,* lettre d'information adressée à plusieurs destinataires ;
- *communiqué,* avis transmis au public ;
- *courrier,* ensemble des lettres, des imprimés, etc., acheminés par la poste ;
- *dépêche,* missive officielle, message transmis par voie rapide ;
- *lettre,* écrit transmis à un destinataire ;
- *note,* brève communication écrite, de nature administrative.

LOCUTION
– ***Billet (de banque).*** Billet émis par une banque d'État payable à vue et au porteur. *Les billets de 1 $ ont maintenant disparu. Attention, ce sont de faux billets !*

FORMES FAUTIVES
*billet. Anglicisme au sens de ***contravention.***
*billet complimentaire. Calque de «*complimentary ticket*» pour ***billet de faveur.***
*billet de saison. Calque de «*season ticket*» pour ***abonnement.***

BILLETTERIE n. f.
1. Ensemble des activités relatives à l'émission de billets (de spectacles, de transport, etc.).
2. Distributeur automatique de billets.
Au Québec, le distributeur de billets de banque se nomme plutôt ***guichet automatique.***

BILLEVESÉE n. f.
(LITT.) (GÉN. AU PLUR.) Parole insensée. SYN. baliverne ; sottise.
billevesé**e**.

BILLION n. m.
Symbole *T* (s'écrit sans point).
Un million de millions ou un millier de milliards (10^{12}). *Trois billions.*
1° Ne pas confondre avec le mot américain «*billion*» employé aux États-Unis et au Canada, dont l'équivalent français est, aujourd'hui, ***milliard*** (10^9).
2° Par contre, le mot anglais (Grande-Bretagne) «*billion*» correspond au mot français ***billion.***

BILLOT n. m.
1. Gros tronçon de bois aplani sur lequel on coupe la viande, le bois, etc.
2. ⚜ Bille de bois. *Les draveurs récupèrent les billots qui s'échappent. « Des montagnes de billots que des hommes arrosaient à la journée avec de longs boyaux, dormaient dans les cours »* (Félix Leclerc, *Pieds nus dans l'aube*).
billo**t**.

BIMBELOTERIE n. f.
Les ***e*** sont muets, [bɛ̃blɔtri].
Industrie du bibelot.

BIMBELOTIER n. m.
BIMBELOTIÈRE n. f.
Le ***e*** de la deuxième syllabe est muet, [bɛ̃blɔtje, bɛ̃blɔtjɛr].
Personne qui fabrique ou vend des bibelots.

BIMENSUEL, ELLE adj.
Qui a lieu, qui paraît deux fois par mois. *Une revue bimensuelle.*
Ne pas confondre avec l'adjectif ***bimestriel,*** qui a lieu tous les deux mois.
VOIR TABLEAU – PÉRIODICITÉ ET DURÉE.

BIMESTRIEL, IELLE adj.
Qui a lieu, qui paraît tous les deux mois. *Une étude bimestrielle.*
Ne pas confondre avec l'adjectif ***bimensuel,*** qui a lieu deux fois par mois.
VOIR TABLEAU – PÉRIODICITÉ ET DURÉE.

BIMÉTALLIQUE adj.
Qui contient deux métaux.

BIMÉTALLISME n. m.
Système monétaire où l'or et l'argent servent d'étalon.

BIMILLÉNAIRE adj. et n. m.
ADJECTIF
Qui a deux mille ans.
NOM MASCULIN
Deux millième anniversaire.

BIMOTEUR adj. et n. m.
Qui a deux moteurs. *Cette société a acheté un avion bimoteur, un bimoteur.*

BINAGE n. m.
Ameublement du sol avec une binette.

BINAIRE adj.
Composé de deux éléments. *Un chiffre binaire, un code binaire.*

BINER v. tr.
Ameublir la surface du sol.
CONJUGAISON : VOIR MODÈLE AIMER.

BINETTE n. f.
1. Outil de jardinage.
2. (FAM.) Visage. *Ces enfants ont des binettes sympathiques.*

BINGO n. m.
Jeu de hasard où des numéros tirés au sort doivent composer une ligne complète sur la carte d'un joueur. *Des bingos populaires.*

BINIOU n. m. (pl. *binious*)
Cornemuse bretonne.

BINOCLE n. m.
(ANCIENN.) Lorgnon. *Porter un binocle* (pour les deux yeux), parfois *des binocles.* SYN. pince-nez.

BINOCULAIRE adj.
1. Relatif aux deux yeux.
2. Qui comporte deux oculaires. *Un microscope binoculaire.*

BINÔME n. m.
Expression algébrique composée de deux termes unis par les signes + ou –.
binôme

BINOMIAL, IALE, IAUX adj.
Relatif au binôme. *Loi binomiale.*
binomial, sans accent.

BIO adj. et adv.
Abréviation familière de ***biologique.***
Cultivé sans pesticides ni engrais de synthèse. *Mangez-vous bio ?*
L'adjectif est variable ou non en nombre. *Des tomates bio* ou *bios.*

BIO- préf.
Élément du grec signifiant « vie ».
Les mots composés avec le préfixe ***bio-*** s'écrivent sans trait d'union, à l'exception de ceux dont le deuxième élément commence par un ***i.*** *Biologie, bio-industrie.*

BIOCARBURANT n. m.
Combustible d'origine végétale. *Le maïs, l'huile de colza, la canne à sucre sont transformés en éthanol et deviennent des biocarburants. La fabrication des biocarburants à partir de produits agricoles favorise la déforestation, consomme de l'énergie et fait concurrence à l'alimentation.* SYN. carburant végétal.

BIOCHIMIE n. f.
Partie de la chimie qui s'intéresse aux constituants de la matière vivante.

BIOCHIMIQUE adj.
Relatif à la biochimie. *Des substances biochimiques peuvent améliorer la fertilité du sol.*

BIOCHIMISTE n. m. et f.
Spécialiste de la biochimie.

BIODÉGRADABLE adj.
Susceptible d'être décomposé par des organismes vivants. *Ces détergents créent de la pollution : ils ne sont pas biodégradables.*

BIODÉGRADATION n. f.
Décomposition de certaines substances par des organismes vivants.

BIODIESEL n. m.
Carburant diesel composé d'un mélange d'huile végétale ou de gras animal avec un alcool, soit le méthanol, soit l'éthanol. *Les huiles de canola, de colza ou de soja comptent parmi les biodiesels les plus couramment utilisés.*
➾ biodiesel.

BIODIVERSITÉ n. f.
Diversité des espèces vivantes d'un milieu. *Il importe de préserver la biodiversité végétale et animale.*

BIOÉNERGÉTIQUE adj.
Relatif à la bioénergie.

BIOÉNERGIE n. f.
Énergie obtenue par transformation chimique de la biomasse.

BIOÉTHIQUE adj. et n. f.
ADJECTIF
Qui concerne l'éthique de la médecine et de la recherche médicale. *Des questions bioéthiques.*
NOM FÉMININ
Discipline qui étudie les problèmes moraux posés par la médecine et la recherche médicale. *Le clonage soulève de graves problèmes de bioéthique.*

***BIOFEEDBACK**
Anglicisme pour ***rétroaction biologique.***

BIOGENÈSE n. f.
Génération des êtres vivants par des parents vivants.
➾ biogenèse.

BIOGÉOGRAPHE n. m. et f.
Spécialiste de la biogéographie.

BIOGÉOGRAPHIE n. f.
Science qui étudie la géographie de la faune et de la flore.

BIOGÉOGRAPHIQUE adj.
Relatif à la biogéographie. *Des études biogéographiques.*

BIOGRAPHE n. m. et f.
Auteur de biographies.

BIOGRAPHIE n. f.
Histoire de la vie d'une personne.
Ne pas confondre avec le nom ***bibliographie,*** liste d'ouvrages.

BIOGRAPHIQUE adj.
Relatif à la biographie. *Un roman biographique de Michel-Ange.*

BIO-INDUSTRIE n. f.
Utilisation industrielle de la biotechnologie.

BIO-INFORMATIQUE adj. et n. f.
ADJECTIF
Qui concerne l'application de l'informatique aux sciences biologiques.
NOM FÉMININ
(INFORM.) Domaine qui traite de l'application de l'informatique aux sciences biologiques. *La bio-informatique* (et non *biologie computationnelle) *a favorisé certaines découvertes.*
Les mots composés avec l'élément ***bio-*** prennent un trait d'union lorsque la rencontre de deux voyelles pourrait entraîner une prononciation différente (ex. : les voyelles ***o*** et ***i*** ou ***o*** et ***u***).

BIOLOGIE n. f.
Science des êtres vivants. *La zoologie (étude des animaux) et la botanique (étude des plantes) font partie de la biologie.*

***BIOLOGIE COMPUTATIONNELLE**
Calque de «*computational biology*» pour ***bio-informatique.***

BIOLOGIQUE adj.
Relatif à la biologie. *Les lois biologiques.*
LOCUTIONS
– ***Arme biologique.*** Arme qui utilise le pouvoir pathogène d'organismes vivants.
– ***Mère biologique.*** Femme dont l'ovule a servi à la fécondation.
– ***Père biologique.*** Homme dont le sperme a servi à la fécondation.
– ***Produit biologique*** (légume, fruit, etc.). Produit cultivé naturellement sans substance artificielle.

BIOLOGISTE n. m. et f.
Spécialiste de la biologie. *Annie voudrait être biologiste plus tard : elle s'intéresse particulièrement aux oiseaux migrateurs.*

BIOMASSE n. f.
Masse de matière vivante, animale ou végétale, présente sur la Terre.

BIOMÉDICAL, ALE, AUX adj.
Qui appartient à la biologie et à la médecine. *Le génie biomédical.*

BIONIQUE n. f.
Science des applications électroniques de la biologie.

BIOPHYSICIEN n. m.
BIOPHYSICIENNE n. f.
Spécialiste de la biophysique.

BIOPHYSIQUE n. f.
Étude de la biologie au moyen de la physique.

BIOPSIE n. f.
Prélèvement d'un tissu en vue de l'étudier au microscope.

BIORYTHME n. m.
Rythme biologique d'une personne.
➾ biorythme.

BIOSÉCURITÉ n. f.
Ensemble des mesures visant à prévenir les dangers qui sont liés à la manipulation et à l'utilisation de produits biologiques, génétiques ou microorganiques, dans les laboratoires de recherche, les hôpitaux et l'industrie civile (GDT).

BIOSPHÈRE n. f.
Espace du globe terrestre habité par des êtres vivants.
À l'île Sainte-Hélène, on peut visiter la Biosphère qui a pour thème le Saint-Laurent.

BIOSYNTHÈSE n. f.
Formation d'une substance organique dans un être vivant.
➾ biosynthèse.

BIOTECHNOLOGIE n. f.
Technique qui se fonde sur l'action des micro-organismes pour produire des réactions chimiques.
➾ biotechnologie.

BIOTERRORISME n. m.
Emploi d'armes biologiques ou chimiques pour créer un climat d'insécurité et atteindre un but politique.

BIOTERRORISTE adj. et n. m. et f.
ADJECTIF
Qui est relatif au bioterrorisme. *Le danger pourrait venir de virus émergents ou d'une attaque bioterroriste.*
NOM MASCULIN ET FÉMININ
Membre d'une organisation qui recourt au bioterrorisme.

BIOTIQUE adj.
Relatif aux êtres vivants. *Les facteurs biotiques.*

BIOVIGILANCE n. f.
Suivi scientifique destiné à étudier la dissémination des organismes génétiquement modifiés (OGM) dans l'environnement. *Le ministère de l'Agriculture devrait créer un comité de biovigilance pour veiller au grain en ce qui a trait aux aliments issus de plantes génétiquement modifiées.*

BIOXYDE n. m.
(CHIM.) Oxyde contenant deux atomes d'oxygène. *Selon l'OCDE, la République populaire de Chine dépassera sous peu les États-Unis comme championne des rejets de bioxyde de carbone (CO_2).*
Le nom ***bioxyde*** est plus fréquemment employé que le nom ***dioxyde*** en français, mais les deux termes sont exacts. ***Di-*** est un préfixe grec signifiant « deux fois » et ***bi-***, un préfixe latin qui a la même signification.

BIP n. m. (pl. *bips*)
Signal sonore très bref. *Veuillez laisser votre message après le bip.*
Le nom s'emploie sans l'adjectif ***sonore,*** le bip étant par définition doté de sonorité.

BIPARTI ou **BIPARTITE** adj.
1. Divisé en deux parties. *Des comités bipartis* ou *bipartites.*
2. Composé de deux partis politiques. *Une convention bipartie* ou *bipartite.*

BIPARTISME n. m.
Forme de gouvernement où s'associent deux partis.

BIPARTITION n. f.
Division en deux parties.

BIPÈDE adj. et n. m.
Qui a deux pieds. *Les humains sont bipèdes ; les chevaux, quadrupèdes.*
bipède.

BIPLACE adj. et n. m.
Qui a deux places. *Un avion biplace. Un biplace.*

BIPOLAIRE adj.
Qui a deux pôles.

BIPOLARISATION n. f.
Situation dans laquelle la vie politique d'une nation s'articule en fonction de deux blocs.

BIPOLARITÉ n. f.
État de ce qui est bipolaire.

BIQUE n. f.
(FAM.) Chèvre.

BIQUET, ETTE n. m. et f.
(FAM.) Petit de la bique ; chevreau.

BIQUOTIDIEN, IENNE adj.
Qui a lieu, qui se fait deux fois par jour.
VOIR TABLEAU – PÉRIODICITÉ ET DURÉE.

BIRD
Sigle de ***Banque internationale pour la reconstruction et le développement.***

BIRÉACTEUR adj. et n. m.
ADJECTIF
Qui a deux réacteurs. *Un avion biréacteur.*
NOM MASCULIN
Avion qui comporte deux réacteurs. *Un biréacteur désuet.*

BIRMAN, ANE adj. et n. m. et f.
De Birmanie. *Le drapeau birman. Un Birman, une Birmane.*
L'adjectif s'écrit avec une minuscule ; le nom, avec une majuscule.

BIRR n. m.
Unité monétaire de l'Éthiopie. *Des birrs.*
VOIR TABLEAU – SYMBOLES DES UNITÉS MONÉTAIRES.

BIS adv. et interj.
Le *s* se prononce, [bis].
ADVERBE
L'adverbe indique la répétition du numéro d'ordre (dans une adresse, un document, etc.). *Mon adresse est le 14 bis, rue des Lilas. Page 30 bis.*
Pour une troisième répétition, on aura recours à l'adverbe ***ter.***
INTERJECTION
L'interjection s'emploie pour demander (à un chanteur, à un musicien, etc.) de recommencer. *Le public applaudit à tout rompre et crie : bis ! bis !*
L'interjection est toujours suivie d'un point d'exclamation qui est souvent repris à la fin de la phrase. Si la phrase exclamative n'est pas complète, le mot qui suit le point d'exclamation s'écrit avec une minuscule initiale.

BIS, BISE adj.
Le *s* de l'adjectif masculin ne se prononce pas, [bi, biz].
Gris-brun. *Une étoffe bise.*
VOIR TABLEAU – COULEUR (ADJECTIFS DE).
LOCUTION
– ***Pain bis.*** Pain qui contient du son. *Un pain bis* (et non *brun).

BISAÏEUL, EULE n. m. et f. (pl. *bisaïeuls, bisaïeules*)
Arrière-grand-père, arrière-grand-mère.
VOIR – AÏEUL.
bisaïeul.

BISANNUEL, ELLE adj.
1. Qui a lieu tous les deux ans. *Une floraison bisannuelle.*
VOIR TABLEAU – PÉRIODICITÉ ET DURÉE.
2. Qui dure deux ans.
Ne pas confondre avec ***semestriel,*** qui a lieu deux fois par année.

BISBILLE n. f.
(FAM.) Petite querelle. SYN. dispute ; mésentente.

BISCORNU, UE adj.
1. Qui est de forme irrégulière. *Une maison biscornue.*
2. (FAM.) Bizarre. *Des propositions biscornues.* SYN. absurde ; farfelu.

BISCOTTE n. f.
Tranche de pain séchée au four. *Des biscottes au fromage.*

BISCUIT n. m.
1. Petit gâteau sec. *Des biscuits au chocolat.*
2. Porcelaine blanche non encore revêtue de sa glaçure. *Une figurine en biscuit.*
FORME FAUTIVE
*biscuit soda. Calque de «*soda biscuit*» pour ***craquelin*** (GDT).

BISCUITERIE n. f.
Fabrique de biscuits.

BISE n. f.
1. Vent du nord.
2. (FAM.) Baiser. *Belles bises de tante Lucille.*

BISEAU n. m. (pl. *biseaux*)
Bord coupé en biais. *Les biseaux d'une glace.*
LOCUTION
– ***En biseau.*** Obliquement. *Une vitre taillée en biseau.* SYN. en diagonale.

BISEAUTAGE n. m.
Action de biseauter.

BISEAUTER v. tr.
Tailler en biseau.
CONJUGAISON : VOIR MODÈLE AIMER.

BISEXUALITÉ n. f.
1. Caractère des plantes, des animaux bisexués.
2. Pratique de la personne à la fois hétérosexuelle et homosexuelle.

BISEXUÉ, ÉE adj.
Qui possède les deux sexes. SYN. hermaphrodite.

BISEXUEL, ELLE adj. et n. m. et f.
1. Qui concerne les deux sexes.
2. Personne à la fois hétérosexuelle et homosexuelle.

BISMUTH n. m.
Symbole *Bi* (s'écrit sans point).
Métal blanc-gris se réduisant facilement en poudre.

BISON n. m.
Bœuf sauvage d'Amérique du Nord et d'Europe.

BISOU ou **BIZOU** n. m. (pl. *bisous* ou *bizous*)
(FAM.) Baiser. *Des bisous affectueux.*

BISQUE n. f.
Potage de coulis d'écrevisse, de homard, etc.

BISSER v. tr.
Répéter ou faire répéter.
CONJUGAISON : VOIR MODÈLE AIMER.

BISSEXTILE adj. f.
Se dit de l'année de 366 jours dont le mois de février compte un jour de plus, soit 29 jours.
Le millésime d'une année bissextile est divisible par 4 (ex. : 2004), alors que celui d'une année centenaire doit pouvoir se diviser par 400 (ex. : 2000 est bissextile, alors que 2100 ne le sera pas).
bissextile.

BISTOURI n. m.
Instrument de chirurgie en forme de couteau. *Des bistouris électriques.*

BISTRE adj. inv. et n. m.
ADJECTIF DE COULEUR INVARIABLE
Brun jaunâtre. *Des paupières bistre.*
VOIR TABLEAU – COULEUR (ADJECTIFS DE).
NOM MASCULIN
Couleur brun jaunâtre. *Des bistres en dégradé.*

BISTRER v. tr.
Donner une teinte bistre à (quelque chose).
CONJUGAISON : VOIR MODÈLE AIMER.

BISTROT ou **BISTRO** n. m.
(FAM.) Café.
L'orthographe ***bistrot*** est la plus fréquente.

BIT n. m.
Le ***t*** se prononce, [bit].
Symbole ***b*** (s'écrit sans point).
(INFORM.) Unité élémentaire d'information pouvant prendre deux valeurs distinctes, généralement 0 et 1.
Le mot ***bit*** est la forme contractée du terme anglais «*binary digit*»; un ensemble de huit bits s'appelle un **octet**, plusieurs bits composent un ***multiplet*** (en anglais «*byte*»).
Attention au genre masculin de ce nom : ***un*** bit.

BITTE n. f.
1. (MAR.) Attache d'amarre.
2. (VULG.) Pénis.
En ce sens, le mot s'orthographie aussi ***bite.***

BITUMAGE n. m.
Action de bitumer. SYN. asphaltage.

BITUME n. m.
Asphalte qui sert de revêtement (chaussée, trottoir, etc.).

BITUMER v. tr.
Recouvrir d'une couche de bitume. SYN. asphalter.
CONJUGAISON : VOIR MODÈLE AIMER.

BITUMINEUX, EUSE adj.
Qui contient du bitume. *Des schistes bitumineux.*

BIVOUAC n. m.
1. Campement en plein air. *Établir, installer son bivouac. Des bivouacs.*
2. Lieu de ce campement. *« Il goûtait de nouveau la saveur d'un poisson frit au feu du bivouac, au bord d'un lac immense, où se jouaient des mouettes »* (Léo-Paul Desrosiers, *Nord-Sud*).
bivoua**c**.

BIVOUAQUER v. intr.
Camper en plein air.
CONJUGAISON : VOIR MODÈLE AIMER.
bivoua**q**uer.

BIZARRE adj.
Étonnant, singulier. *Des goûts bizarres.* SYN. curieux; étrange; inhabituel; insolite. ANT. normal.
Ne pas confondre avec les mots suivants :
- ***extraordinaire,*** exceptionnel;
- ***inconcevable,*** inimaginable;
- ***incroyable,*** difficile à croire;
- ***inusité,*** inhabituel;
- ***invraisemblable,*** qui ne semble pas vrai.

bizarre.

BIZARREMENT adv.
De façon bizarre. *Ils sont habillés bizarrement.* SYN. curieusement; étrangement.
bizarrement.

BIZARRERIE n. f.
1. Caractère de ce qui est bizarre. *La bizarrerie de son déguisement.* SYN. étrangeté; extravagance; originalité.
2. Chose surprenante. *Ce rocher percé est une bizarrerie de la nature.* SYN. curiosité.
bizarrerie.

BIZOU
VOIR – BISOU.

BLA-BLA ou **BLA-BLA-BLA** n. m. inv.
(FAM.) Paroles creuses. *Ce ne sont que des bla-bla.* SYN. bavardage; verbiage.
Ce nom peut également s'écrire en un seul mot sans traits d'union. *Des blablabla, des blabla.*

BLAFARD, ARDE adj.
Livide. *Un visage blafard.* SYN. blême; pâle.

BLAGUE n. f.
1. Plaisanterie. *Les élèves ont fait une bonne blague à la maîtresse.* SYN. canular; farce; rigolade.
2. Petite poche pour le tabac.
LOCUTIONS
– ***Blague à part.*** Sérieusement.
– ***Pas de blague!*** Un peu de sérieux, je vous prie.
– ***Prendre tout à la blague.*** Ne pas s'en faire, être trop insouciant.
– ***Sans blague!*** Vous voulez rire?

BLAGUER v. tr., intr.
VERBE TRANSITIF
Railler gentiment. *Elle l'a blagué sur sa nouvelle voiture.*
VERBE INTRANSITIF
Faire des blagues. *Il ne cesse de blaguer.* SYN. badiner; plaisanter.
CONJUGAISON : VOIR MODÈLE AIMER.
Ce verbe s'écrit toujours avec un ***u,*** même devant les lettres ***a*** et ***o.*** *Il blagua, nous blaguons.*

BLAGUEUR, EUSE adj. et n. m. et f.
Qui aime blaguer. SYN. farceur.

BLAIREAU n. m. (pl. *blaireaux*)
1. Mammifère carnivore. *Le blaireau d'Amérique est plus petit que son cousin de l'Ancien Monde.*
2. Pinceau fait avec les poils de cet animal. *Papa se savonne avec un blaireau avant de se raser.*

B

BLAIRER v. tr.
(FAM.) Apprécier quelqu'un (toujours utilisé négativement). *Elle ne peut pas le blairer.* SYN. sentir; supporter.
CONJUGAISON : VOIR MODÈLE AIMER.

BLÂMABLE adj.
Qui mérite le blâme. *Un comportement blâmable.* SYN. condamnable; critiquable; discutable; répréhensible.
⇨ blâmable.

BLÂME n. m.
1. Jugement défavorable sur quelqu'un ou quelque chose. *Cette attitude pourrait lui valoir des blâmes.* SYN. critique; reproche.
2. Réprimande. *Recevoir un blâme.* SYN. avertissement; remontrance.
⇨ blâme.

BLÂMER v. tr.
Désapprouver quelqu'un. *Il a blâmé les directeurs de l'entreprise pour leur négligence.* SYN. critiquer; désapprouver; réprimander; reprocher.
CONJUGAISON : VOIR MODÈLE AIMER.
⇨ blâmer.

BLANC, BLANCHE adj. et n. m. et f.
ADJECTIF DE COULEUR VARIABLE
Qui est de la couleur de la neige. *Des robes blanches.*
L'adjectif de couleur composé est invariable. *Des manteaux blanc cassé.*
VOIR TABLEAU – COULEUR (ADJECTIFS DE).
NOM MASCULIN
1. La couleur blanche. *Des blancs très purs.*
2. Espace vierge sur une feuille de papier. *L'étudiant a laissé des blancs sur sa copie quand il ignorait la réponse.*
ADJECTIF
Qui est de race blanche. *Une femme blanche.*
NOM MASCULIN ET FÉMININ
Personne de race blanche. *Les Blancs sont en moins grand nombre que les Noirs dans cette assemblée.*
[T] L'adjectif s'écrit avec une minuscule; le nom, avec une majuscule.
NOM FÉMININ
(MUS.) Note qui vaut deux noires.
LOCUTIONS
– ***À blanc.*** Très fort, extrêmement. *Ils ont chauffé le poêle à blanc.*
– ***À blanc.*** Sans projectile. *Les soldats ont tiré à blanc.*
– ***Nuit blanche.*** Nuit sans sommeil.
FORMES FAUTIVES
*blanc comme un drap. Calque de «*white as a sheet*» pour ***blanc comme un cachet d'aspirine, blanc comme un linge.***
*blanc de chèque. Calque de «*blank check*» pour ***(formule de) chèque.***
Ne pas confondre avec l'expression ***chèque en blanc,*** qui désigne un chèque signé dont le montant n'est pas inscrit.
blanc de mémoire. Calque de «(memory) blank*» pour ***trou de mémoire.***

BLANC-BEC n. m. (pl. *blancs-becs*)
(FAM.) Jeune homme inexpérimenté qui se conduit de façon suffisante. *Des blancs-becs arrogants.* SYN. insolent; prétentieux.

BLANCHÂTRE adj.
Teinte qui s'approche du blanc.
VOIR TABLEAU – COULEUR (ADJECTIFS DE).
⇨ blanchâtre.

BLANCHEUR n. f.
Caractère de ce qui est blanc. *La blancheur de sa peau.*

BLANCHIMENT n. m.
1. Action de rendre blanche une chose. *Le blanchiment du papier se fait à l'aide de produits chimiques qui polluent beaucoup.*
2. (FIG.) Action de faire disparaître la preuve d'une origine frauduleuse. *Le blanchiment de l'argent.*
⇨ blanchiment.

BLANCHIR v. tr., intr.
VERBE TRANSITIF
1. Rendre blanc. *Blanchir du papier.*
2. (FIG.) Déclarer non coupable. *On les a blanchis de toute accusation.* SYN. disculper; innocenter.
3. (FIG.) Faire disparaître la preuve d'une origine irrégulière ou frauduleuse. *Les trafiquants ont blanchi des milliers de dollars.*
VERBE INTRANSITIF
Devenir blanc. *Ses cheveux ont blanchi.*
À la forme intransitive, le verbe se conjugue avec l'auxiliaire ***avoir.***
CONJUGAISON : VOIR MODÈLE FINIR.

BLANCHISSAGE n. m.
Lavage du linge. *Le blanchissage des chemises.*

BLANCHISSANT, ANTE adj.
1. Qui rend plus blanc. *Des savons blanchissants.*
2. Qui blanchit progressivement. *Une chevelure blanchissante.*

BLANCHISSEMENT n. m.
Le fait de blanchir. *Le blanchissement de la barbe.*

BLANCHISSERIE n. f.
Lieu où l'on fait le blanchissage du linge.

BLANCHISSEUR n. m.
BLANCHISSEUSE n. f.
Personne qui fait le blanchissage.

BLANCHON n. m.
⚜ Petit du phoque.

BLANC-MANGER n. m. (pl. *blancs-mangers*)
Dessert composé de lait, d'amandes et de sucre.

BLANC-SEING n. m. (pl. *blancs-seings*)
Le ***g*** est muet, [blɑ̃sɛ̃].
Signature apposée sur un papier où il n'y a rien d'écrit. *Le blanc-seing équivaut à un chèque en blanc.*
⇨ blanc-seing.

BLANQUETTE n. f.
Ragoût de viande blanche. *Une blanquette de veau.*

BLASÉ, ÉE adj.
Qui est revenu de tout, ne s'intéresse plus à rien, qui est devenu indifférent à ce qui doit émouvoir. *Il est trop blasé sur tout, en particulier de ces honneurs pour apprécier cette décoration. Des dames blasées par l'habitude.* SYN. désabusé; indifférent; insensible.
Le verbe se construit avec les prépositions ***de, par, sur.***

BLASER v. tr.
Rendre incapable d'émotions, indifférent. *Ces voyages l'ont blasé.* SYN. désabuser.
CONJUGAISON : VOIR MODÈLE AIMER.

BLASON n. m.
1. Ensemble des emblèmes d'une famille, d'un groupe.
2. Héraldique.

BLASPHÉMATEUR, TRICE n. m. et f.
Personne qui blasphème.
⇨ blasphémateur.

BLASPHÉMATOIRE adj.
Qui constitue un blasphème. *Un terme blasphématoire.*
⇨ blasphématoire.

BLASPHÈME n. m.
Parole sacrilège, insulte à la religion. SYN. sacre.
blasphème.

BLASPHÉMER v. intr.
1. Proférer des imprécations contre quelqu'un, quelque chose. *Il blasphème contre le Ciel.*
2. (ABSOL.) Proférer des blasphèmes. *Il blasphème constamment.* SYN. sacrer.
CONJUGAISON : VOIR MODÈLE POSSÉDER.
Le ***é*** se change en ***è*** devant une syllabe contenant un ***e*** muet, sauf à l'indicatif futur et au conditionnel présent. *Je blasphème,* mais *je blasphémerai.*
blasphémer.
[Les *Rectifications* (1990) admettent : il blasphèmera, blasphèmerait...]

BLASTO- préf.
Élément du grec signifiant « germe ». *Blastogenèse.*

BLASTOGENÈSE n. f.
Premier stade de développement de l'embryon.

BLASTOMÈRE n. m.
Nom des premières cellules de l'œuf fécondé.

BLASTULA n. f.
Stade de développement embryonnaire. *Des blastulas.*

BLATÉRER v. intr.
Crier, en parlant du bélier, du chameau.
CONJUGAISON : VOIR MODÈLE POSSÉDER.
Le ***é*** se change en ***è*** devant une syllabe contenant un ***e*** muet, sauf à l'indicatif futur et au conditionnel présent. *Il blatère,* mais *il blatérera.*
[Les *Rectifications* (1990) admettent : il blatèrera, blatèrerait...]

BLATTE n. f.
Insecte appelé aussi ***cafard, cancrelat.***

BLAZER n. m.
Le mot se prononce [blazœr, blazɛr].
Veste en tissu bleu marine ou en flanelle grise. *Des blazers marine.*

BLÉ n. m.
Plante qui produit le grain dont on tire la farine pour faire le pain. *Des champs de blé. Laurence est blonde comme les blés.*

BLED n. m.
Le ***d*** se prononce, [blɛd].
(FAM.) Petit village isolé. *Des bleds perdus dans les bois.*

BLÉ D'INDE n. m.
Céréale dont les fruits sont des grains disposés sur des épis. *Des épis de blé d'Inde frais cueillis.* SYN. maïs.

BLÊME adj.
Très pâle, livide. *Très effrayée, Sophie était blême.* SYN. blafard ; exsangue ; pâle.
blême.

BLÊMIR v. intr.
Le ***ê*** se prononce ***é,*** [blemir], contrairement à ***blême.***
Pâlir, devenir blême. *Elle blêmit en apprenant la mauvaise nouvelle.* SYN. blanchir.
Le verbe se construit avec la préposition ***de.*** *Blêmir d'effroi, de frayeur, de peur, de colère, de rage, de saisissement.*
CONJUGAISON : VOIR MODÈLE FINIR.
blêmir.

BLÊMISSEMENT n. m.
Le ***ê*** se prononce ***é,*** [blemismɑ̃].
(LITT.) Fait de blêmir.
blêmissement.

***BLENDER**
Anglicisme pour ***mélangeur.***

BLENNORRAGIE n. f.
Maladie infectieuse vénérienne.
blennorragie.

BLENNORRAGIQUE adj.
Relatif à la blennorragie.
blennorragique.

BLESSANT, ANTE adj.
Qui offense, injurieux. *Des paroles blessantes.* SYN. insultant ; offensant.

BLESSÉ, ÉE adj. et n. m. et f.
ADJECTIF
1. Qui a reçu une, des blessures. *Soigner un chien blessé.*
2. Vexé, offensé. *Un ambitieux blessé par l'échec.*
NOM MASCULIN ET FÉMININ
Personne blessée. *C'est une grande blessée.*

BLESSER v. tr., pronom.
VERBE TRANSITIF
1. Causer une blessure à. *Ce cycliste a blessé un piéton à l'épaule.*
2. (FIG.) Offenser. *Votre remarque l'a blessé dans sa fierté.* SYN. choquer ; contrarier ; déplaire ; vexer.
VERBE PRONOMINAL
Se faire une blessure. *Elle s'est blessée à la cheville en tombant.*
À la forme pronominale, le participe passé de ce verbe s'accorde toujours en genre et en nombre avec son sujet. *Ils se sont blessés en escaladant la falaise.*
LOCUTION
– ***C'est là que le bât blesse.*** C'est là le point sensible, la cause des désagréments.
CONJUGAISON : VOIR MODÈLE AIMER.

BLESSURE n. f.
1. Lésion provoquée par une cause extérieure (coup, choc, arme, etc.). *Fanny a une petite blessure au genou, c'est une égratignure.*
2. Atteinte morale. SYN. douleur ; offense.

BLET, BLETTE adj.
Au masculin, le ***t*** ne se prononce pas, [blɛ, blɛt].
Se dit d'un fruit trop mûr. *Une banane blette.*

BLETTE
VOIR – BETTE.

BLETTIR v. intr.
Devenir blet. *La banane est en train de blettir.*
CONJUGAISON : VOIR MODÈLE FINIR.

BLEU, BLEUE adj. et n. m.
ADJECTIF DE COULEUR VARIABLE
Qui est de la couleur du ciel par beau temps, en plein jour. *Une robe bleue. Des fauteuils bleus.*
1° L'adjectif de couleur simple ***bleu*** s'accorde en genre et en nombre avec le nom auquel il se rapporte.
2° Les adjectifs composés de deux noms de couleur prennent un trait d'union et sont invariables. *Des tissus bleu-vert.*
3° Les adjectifs composés avec un nom de chose ne prennent pas de trait d'union et sont invariables. *Bleu horizon, bleu marine, bleu nuit, bleu roi, bleu turquoise,* etc. *Des jupes bleu marine* ou, elliptiquement, *des jupes marine.*
VOIR TABLEAU – COULEUR (ADJECTIFS DE).
NOM MASCULIN
1. Couleur bleue. *Des bleus profonds.*
2. (FAM.) Marque sur la peau à la suite d'un coup. *Elle a un bleu au bras.* SYN. ecchymose ; hématome ; meurtrissure.
LOCUTIONS
– ***Être bleu.*** (FIG.) Être en colère. *Ils étaient bleus quand ils ont vu leur voiture démolie.*
– ***Peur bleue.*** Grande frayeur. SYN. (FAM.) peur.

B

FORMES FAUTIVES
*avoir les bleus. Calque de «*to have the blues*» pour ***avoir le cafard, broyer du noir, être déprimé.***
*bleu marin. Impropriété pour ***bleu marine.***

BLEUÂTRE adj.
Qui tire sur le bleu. *Une marque bleuâtre sur la jambe.*
✎ bleuâtre.

BLEUET n. m.
1. Plante annuelle à fleur bleue.
2. ⚜ Petit arbuste ligneux qui pousse en Amérique du Nord dans une grande variété d'habitats secs ou humides et dont les baies bleues ou noires sont appréciées. *Les bleuets poussent en abondance au Lac-Saint-Jean.*
3. ⚜ Baie comestible bleue ou noire de cet arbuste. *Une tarte aux bleuets. « À la Sainte-Anne, les bleuets sont mûrs »* (Félix-Antoine Savard, *Menaud, maître-draveur*).
Il ne faut pas confondre le bleuet et la myrtille. Le bleuet ne pousse qu'en Amérique du Nord, tandis que la myrtille pousse aussi en Europe et en Asie (GDT).

BLEUETIÈRE n. f.
1. ⚜ Terrain où abonde le bleuet (Recomm. off.).
2. ⚜ Plantation de bleuets. *Le long de la rivière Etchemin, cet agriculteur exploite un vignoble, un verger et une bleuetière.*

BLEUIR v. tr., intr.
VERBE TRANSITIF
Rendre bleu. *Bleuir une étoffe.*
VERBE INTRANSITIF
Devenir bleu. *Ses mains bleuissent de froid.*
CONJUGAISON : VOIR MODÈLE FINIR.

BLEUISSEMENT n. m.
Fait de devenir bleu.

BLEUTÉ, ÉE adj.
Qui est légèrement bleu. *Un noir bleuté comme l'aile du corbeau.*

BLINDAGE n. m.
1. Action de blinder. *Le blindage de la voiture du président.*
2. Dispositif de protection.

***BLIND DATE**
Anglicisme pour ***rendez-vous surprise.***

BLINDÉ, ÉE adj. et n. m.
ADJECTIF
Recouvert d'un blindage. *Des camions blindés pour le transport de lingots d'or.*
NOM MASCULIN
Véhicule de combat recouvert d'un blindage.

BLINDER v. tr., pronom.
VERBE TRANSITIF
Entourer de plaques de métal. *Blinder une voiture.*
VERBE PRONOMINAL
(FAM.) (FIG.) S'endurcir. *Il est difficile de se blinder contre l'injustice.* SYN. se cuirasser; s'immuniser.
À la forme pronominale, le participe passé de ce verbe s'accorde toujours en genre et en nombre avec son sujet. *Elle s'était blindée contre les commentaires malveillants.*
CONJUGAISON : VOIR MODÈLE AIMER.

BLINI n. m. (pl. *blinis*)
Petite crêpe de sarrasin.

***BLISTER**
Anglicisme pour ***emballage thermocollé.***

BLITZ n. m. inv.
Le ***t*** se prononce et le ***z*** se prononce ***s***, [blits].
1. Violentes attaques aériennes déclenchées, pendant la guerre de 1939-1945, par les avions de bombardement allemands. *Londres se souvient du Blitz.*
T En ce sens, le nom s'écrit avec une majuscule.
2. (FIG.) Opération intense et de courte durée. *Le gouvernement prépare un blitz publicitaire.*

BLIZZARD n. m.
Vent d'hiver accompagné d'une tempête de neige.
✎ blizzard.

BLOC n. m.
1. Masse compacte. *Un bloc de marbre.*
2. Regroupement politique. *Le Bloc québécois.*
3. Ensemble d'éléments regroupés. *Le bloc opératoire.*
LOCUTIONS
– ***À bloc,*** loc. adv. Le plus possible. *Ces pneus sont gonflés à bloc.*
– ***Bloc(-notes).*** Ensemble de feuillets reliés. *Des blocs-notes colorés, des blocs pour noter les messages.*
– ***Bloc opératoire.*** Dans un hôpital, ensemble des lieux et installations servant aux opérations chirurgicales.
– ***En bloc,*** loc. adv. En gros. *Les syndiqués ont accepté la convention en bloc.*
– ***Faire bloc.*** Opposer un front commun, former un ensemble. *Les journalistes du quotidien* The Gazette *ont fait bloc pour protester contre l'imposition d'un éditorial unique pour l'ensemble du Canada.*
Dans cette locution, le nom ***bloc*** demeure au singulier.
FORMES FAUTIVES
*bloc. Anglicisme aux sens de ***rue,*** de pâté de maisons. *J'habite à deux rues d'ici* (et non *à deux blocs).
*bloc appartements. Calque de «*apartment block*» pour ***immeuble d'habitation, immeuble résidentiel.***
*jeu de blocs. Anglicisme pour ***jeu de cubes, jeu de construction.***

BLOCAGE n. m.
1. Action de bloquer; son résultat. *Le blocage d'une fenêtre.*
2. (FIG.) Incapacité de progresser dans un domaine. SYN. inhibition; (FIG.) paralysie.
✎ blocage.

***BLOCKBUSTER**
Anglicisme pour ***exposition, film à grand succès.***

BLOCKHAUS n. m. inv.
Le ***o*** est ouvert, [blɔkos].
Ouvrage fortifié défensif.
✎ block**haus.**

***BLOCK HEATER**
Anglicisme pour ***chauffe-moteur.***

BLOC-MOTEUR n. m. (pl. *blocs-moteurs*)
Ensemble du moteur, de l'embrayage et de la boîte de vitesses d'une automobile, d'un camion.

BLOCUS n. m.
Le ***s*** se prononce, [blɔkys].
Isolement d'une ville, d'un pays en vue d'empêcher toutes communications avec l'extérieur.

BLOGOSPHÈRE n. f.
(INFORM.) Ensemble des carnets publiés dans Internet. *L'attitude de la journaliste a été sévèrement commentée sur la blogosphère. Cet internaute est devenu un commentateur de référence de la blogosphère.*

BLOGUE n. m.
(INFORM.) Site Internet animé par un ou plusieurs auteurs (blogueurs) qui s'expriment régulièrement sous la forme de billets, d'articles, de chroniques pouvant faire l'objet de commentaires des visiteurs du site. *Le style spontané et rapide du blogue ajoute un degré de complexité supplémentaire aux défis que soulève le journalisme en ligne.* SYN. carnet.
Le terme ***blogue,*** forme francisée de «*blog*», a été proposé en 2000 par l'OQLF, sur le modèle de ***bogue,*** pour remplacer les termes anglais «*weblog*» (de web et log « journal, carnet ») et «*blog*» (GDT).

B

BLOGUER v. intr.
(INFORM.) Publier un carnet sur Internet et le mettre à jour régulièrement. *Plutôt que de recourir à la publicité classique, certaines sociétés californiennes préfèrent maintenant bloguer afin de diffuser leurs messages.*
CONJUGAISON : VOIR MODÈLE AIMER.

BLOGUEUR n. m.
BLOGUEUSE n. f.
(INFORM.) Personne qui anime un carnet dans Internet. *Des blogueurs facétieux ont commenté et pimenté la dernière campagne électorale.* SYN. carnetier ; carnetière.

BLOND, BLONDE adj. et n. m. et f.
ADJECTIF DE COULEUR VARIABLE
Se dit de la teinte la plus claire des cheveux, proche du doré. *Des tresses blondes.*
L'adjectif simple prend la marque du féminin et du pluriel ; l'adjectif composé est invariable.
VOIR TABLEAU – COULEUR (ADJECTIFS DE).
NOM MASCULIN
La couleur blonde. *Des cheveux d'un beau blond doré.*
NOM MASCULIN ET FÉMININ
Qui a les cheveux blonds. *Une jolie blonde.*
NOM FÉMININ
Petite amie, conjointe. *Auprès de ma blonde,* chanson de marche du XVIIe s. « *Tout le rang savait qu'elle était sa blonde et qu'elle serait sa femme* » (Ringuet, *Trente Arpents*). SYN. amoureuse ; copine ; fiancée.
Ce nom de registre familier demeure usuel au Québec et dans la francophonie canadienne, mais il n'appartient plus à l'usage courant de la majorité des locuteurs du français.

BLONDEUR n. f.
Caractère de ce qui est blond. *La blondeur des blés mûrs.* SYN. doré.

BLONDINET, ETTE n. m. et f.
Enfant blond.

BLONDIR v. tr., intr.
VERBE TRANSITIF
Rendre blond. *Elle a blondi ses cheveux.*
VERBE INTRANSITIF
Devenir blond. *Ses cheveux blondissent au soleil.*
CONJUGAISON : VOIR MODÈLE FINIR.

***BLOOPER**
Anglicisme pour ***bévue, gaffe (de tournage).***

BLOQUER v. tr.
1. Immobiliser. *Bloquer une porte.* SYN. coincer ; condamner ; immobiliser.
2. Obstruer. *Des voitures en panne bloquent la rue.* SYN. boucher.
CONJUGAISON : VOIR MODÈLE AIMER.

BLOQUISTE adj. et n. m. et f.
Adepte du Bloc québécois. *Elle est bloquiste. Une bloquiste.*

BLOTTIR (SE) v. pronom.
Se cacher en se repliant sur soi. *La chatte s'est blottie au creux de ses bras.* SYN. s'enfouir ; se pelotonner ; se recroqueviller ; se réfugier.
Le participe passé de ce verbe, qui n'existe qu'à la forme pronominale, s'accorde toujours en genre et en nombre avec son sujet. *Les enfants se sont blottis sous les couvertures.*
CONJUGAISON : VOIR MODÈLE FINIR.

BLOUSANT, ANTE adj.
Se dit d'un vêtement qui a de l'ampleur.

BLOUSE n. f.
1. Vêtement de travail. *Les blouses* (et non les *sarraus) *des médecins, des infirmières et des pharmaciens.*
2. Chemisier de femme qui a de l'ampleur à la taille. *Une blouse de coton.*
LOCUTION
– ***Les blouses blanches.*** (FIG.) Le personnel médical.

BLOUSER v. tr., intr.
VERBE TRANSITIF
(FAM.) Tromper. SYN. duper ; rouler.
VERBE INTRANSITIF
Bouffer à la taille. *Cette robe blouse joliment.*
CONJUGAISON : VOIR MODÈLE AIMER.

BLOUSON n. m.
Veste resserrée aux hanches. *Il lui a offert un beau blouson noir en cuir.*
LOCUTION
– ***Blouson noir.*** (VIEILLI) Voyou. *Des blousons noirs adolescents.*
Ce mot s'écrit parfois avec un trait d'union.

BLUE-JEAN ou **BLUE-JEANS** n. m.
Pantalon de toile bleue très solide. *Des blue-jean(s), un blue-jean.*
Aujourd'hui, l'emploi du mot ***jean(s)*** est plus fréquent. [Les *Rectifications* (1990) admettent : un bluejean, des bluejeans.]

BLUES n. m.
Se prononce comme le mot ***blouse,*** [bluz].
Musique de jazz.

BLUFF n. m.
Attention à la prononciation, [blœf].
(FAM.) Attitude destinée à intimider, à donner le change. SYN. (FAM.) épate ; frime.

BLUFFER v. intr.
Attention à la prononciation, [blœfe].
(FAM.) Donner le change, faire illusion. *Il a tendance à bluffer.* SYN. (FAM.) faire de l'épate ; (FAM.) faire de l'esbroufe.
CONJUGAISON : VOIR MODÈLE AIMER.

BLUFFEUR, EUSE n. m. et f.
Attention à la prononciation, [blœfœr, øz].
(FAM.) Personne qui bluffe. *Ne les crois pas trop : ce sont des baratineurs, d'habiles bluffeurs.*

BLUTAGE n. m.
Tamisage du blé.

BLUTER v. tr.
Séparer la farine du son.
CONJUGAISON : VOIR MODÈLE AIMER.

BLUTOIR n. m.
Tamis.

BNAA
Sigle anglais de ***British North America Act.***

BOA n. m.
1. Gros serpent non venimeux. *Des boas constricteurs.*
2. Parure en plumes. *Elle portait un boa rose qui bougeait gracieusement.*

BOBARD n. m.
(FAM.) Mensonge. *Il raconte des bobards.*

BOBÈCHE n. f.
Partie d'un chandelier destinée à recueillir la cire fondue.

BOBINAGE n. m.
Action de bobiner.

BOBINE n. f.
Cylindre servant à l'enroulement d'un fil, d'un ruban, etc. *Des bobines de film.*

BOBINER v. tr.
Enrouler (du fil, du ruban) sur une bobine.
CONJUGAISON : VOIR MODÈLE AIMER.

BOBINETTE n. f.
(ANCIENN.) Pièce de bois maintenue par une chevillette, qui servait autrefois à fermer les portes.

BOBINEUSE n. f.
Machine à dévider le fil.

BOBO adj. et n. m. et f.
Sigle de ***bourgeois bohemian.***
Se dit d'une personne cultivée, de condition aisée, valorisant la créativité, le développement durable et prônant l'égalité, le refus de la compétition et du règne de l'argent. *Cet établissement attire des hommes d'affaires et de jeunes bobos. Ils sont devenus bobos et ne boivent plus que du jus de carotte.*
L'adjectif et le nom sont invariables en genre, mais prennent la marque du pluriel.

BOBSLEIGH n. m.
Les lettres ***eigh*** se prononcent ***é,*** [bɔbslɛ].
Traîneau articulé avec lequel on glisse sur des pistes de glace aménagées. *Des bobsleighs très rapides.*

BOCAGE n. m.
1. (VX) Petit bois.
2. Région caractérisée par des prés enclos par des levées de terre plantées de haies ou d'arbres.

BOCAGER, ÈRE adj.
Du bocage.

BOCAL n. m. (pl. *bocaux*)
Contenant de verre à large goulot. *Un bocal de confiture.*
Ne pas confondre avec les noms suivants :
• ***jarre,*** grand vase de terre cuite ;
• ***jatte,*** grand bol.

BOCK n. m.
Verre à bière. *Des bocks bien remplis.*

***BODY**
Anglicisme pour ***justaucorps.***

***BODYBUILDNG**
Anglicisme pour ***culturisme.***

BŒUF adj. inv. et n. m. (pl. *bœufs*)
Ce mot se prononce ***beuf*** au singulier et ***beu*** au pluriel, [bœf, bø].
ADJECTIF INVARIABLE
(FAM.) Extraordinaire. *Des effets bœuf.* SYN. surprenant.
NOM MASCULIN
1. Mâle de l'espèce bovine qui a été châtré.
Pour la reproduction, on emploie un taureau qui donnera à la vache des veaux et des génisses.
2. Viande de cet animal. *Elle aime mieux le poulet que le bœuf.*

BOGGIE ou **BOGIE** n. m.
Attention à la prononciation, [bɔʒe].
Chariot sur lequel est articulé le châssis d'un wagon de chemin de fer.

BOGHEI, BOGUET ou **BUGGY** n. m.
(ANCIENN.) Petit cabriolet découvert à deux roues.

BOGUE n. f.
Enveloppe de la châtaigne, garnie de piquants.

BOGUE n. m.
(INFORM.) Défaut du logiciel ou du matériel se manifestant par des anomalies de fonctionnement (Recomm. off.). *Il y a un bogue* (et non *bug) *dans ce programme. Le fameux bogue de l'an 2000 a causé plus de peur que de mal.*
Le terme anglais «*bug*», qui signifie «insecte», est attribué à la pionnière de l'informatique, Grace Hopper, qui, en recherchant la cause d'une panne sur un des premiers ordinateurs, finit par l'attribuer à une mite piégée entre deux contacts de relais.

BOGUÉ, ÉE adj.
(INFORM.) Qui comporte un défaut de conception, en parlant d'un logiciel. *Un programme bogué.*

BOGUET
VOIR – BOGHEI.

BOHÈME adj. et n. m. et f.
Se dit d'une personne qui vit au jour le jour et refuse les normes de la société. *Un garçon bohème. Il mène une vie de bohème.* SYN. artiste ; insouciant ; marginal.
Ne pas confondre avec le mot ***bohémien,*** qui se dit d'un membre d'une ethnie nomade européenne vivant dans des roulottes.
bohème.

BOHÉMIEN, IENNE adj. et n. m. et f.
Se dit d'un membre d'une ethnie nomade européenne vivant dans des roulottes.
Ne pas confondre avec le mot ***bohème*** qui se dit d'une personne qui vit au jour le jour et qui refuse les normes de la société.
bohémien.

BOIRE n. m.
Ce qu'on boit. *Le boire et le manger.*

BOIRE v. tr., intr.
VERBE TRANSITIF
1. Avaler un liquide. *Boire du lait.*
2. (ABSOL.) Boire de l'alcool. *Il ne boit plus.*
VERBE INTRANSITIF
Absorber un liquide. *Ce papier boit beaucoup.*
LOCUTIONS
– ***Boire à la santé de quelqu'un.*** Porter un toast.
– ***Boire les paroles de quelqu'un.*** (FIG.) Écouter très attentivement.
– ***Ce n'est pas la mer à boire.*** Ce n'est pas très difficile.
– ***Chanson à boire.*** Chanson chantée à table.
– ***Pleuvoir à boire debout.*** ⚜ Pleuvoir à torrents.
Ce verbe se conjugue avec l'auxiliaire ***avoir.***
CONJUGAISON : VOIR MODÈLE BOIRE.

BOIS n. m.
1. Lieu où poussent de nombreux arbres. *Les enfants ont fait une excursion dans le bois.* SYN. forêt.
2. Substance ligneuse des arbres. *Le chêne et l'érable sont des bois durs ; le pin est un bois mou. Un poêle à bois.*
3. (AU PLUR.) Types de cornes du cerf, du chevreuil, de l'orignal.
Ne pas confondre avec les noms suivants :
• ***corne,*** proéminence dure de la tête de certains animaux ;
• ***défense,*** longue dent en ivoire de l'éléphant, du morse, etc.
Les bois tombent à certaines époques pour repousser ensuite.
LOCUTIONS
– ***Bois debout.*** ⚜ Bois sur pied. *Une terre en bois debout, c'est-à-dire boisée, non défrichée.*
– ***Bois d'œuvre.*** Bois destiné à être travaillé et apte au sciage, au déroulage ou au tranchage (Recomm. off.). *Le Québec exporte du bois d'œuvre aux États-Unis.*
– ***Bois sur pied.*** Matière ligneuse récoltable dans un peuplement forestier (Recomm. off.). SYN. ⚜ bois debout.
– ***Faire flèche de tout bois.*** Mettre tout en œuvre pour gagner.
– ***On n'est pas sorti du bois.*** ⚜ Ne pas avoir réglé tous ses problèmes. SYN. ne pas être au bout de ses peines ; on n'est pas sorti de l'auberge.
– ***Toucher du bois.*** Faire un geste pour empêcher le mauvais sort.

BOISAGE n. m.
Structure destinée à soutenir les parois d'une mine, d'un chantier.

CONJUGAISON DU VERBE **BOIRE**

INDICATIF

PRÉSENT		PASSÉ COMPOSÉ		
je	**bois**	j'	ai	bu
tu	**bois**	tu	as	bu
elle	**boit**	elle	a	bu
il	**boit**	il	a	bu
nous	**buvons**	nous	avons	bu
vous	**buvez**	vous	avez	bu
elles	**boivent**	elles	ont	bu
ils	**boivent**	ils	ont	bu

IMPARFAIT		PLUS-QUE-PARFAIT		
je	**buvais**	j'	avais	bu
tu	**buvais**	tu	avais	bu
elle	**buvait**	elle	avait	bu
il	**buvait**	il	avait	bu
nous	**buvions**	nous	avions	bu
vous	**buviez**	vous	aviez	bu
elles	**buvaient**	elles	avaient	bu
ils	**buvaient**	ils	avaient	bu

PASSÉ SIMPLE		PASSÉ ANTÉRIEUR		
je	**bus**	j'	eus	bu
tu	**bus**	tu	eus	bu
elle	**but**	elle	eut	bu
il	**but**	il	eut	bu
nous	**bûmes**	nous	eûmes	bu
vous	**bûtes**	vous	eûtes	bu
elles	**burent**	elles	eurent	bu
ils	**burent**	ils	eurent	bu

FUTUR SIMPLE		FUTUR ANTÉRIEUR		
je	**boirai**	j'	aurai	bu
tu	**boiras**	tu	auras	bu
elle	**boira**	elle	aura	bu
il	**boira**	il	aura	bu
nous	**boirons**	nous	aurons	bu
vous	**boirez**	vous	aurez	bu
elles	**boiront**	elles	auront	bu
ils	**boiront**	ils	auront	bu

CONDITIONNEL PRÉSENT		CONDITIONNEL PASSÉ		
je	**boirais**	j'	aurais	bu
tu	**boirais**	tu	aurais	bu
elle	**boirait**	elle	aurait	bu
il	**boirait**	il	aurait	bu
nous	**boirions**	nous	aurions	bu
vous	**boiriez**	vous	auriez	bu
elles	**boiraient**	elles	auraient	bu
ils	**boiraient**	ils	auraient	bu

SUBJONCTIF

PRÉSENT			PASSÉ			
que	je	**boive**	que	j'	aie	bu
que	tu	**boives**	que	tu	aies	bu
qu'	elle	**boive**	qu'	elle	ait	bu
qu'	il	**boive**	qu'	il	ait	bu
que	nous	**buvions**	que	nous	ayons	bu
que	vous	**buviez**	que	vous	ayez	bu
qu'	elles	**boivent**	qu'	elles	aient	bu
qu'	ils	**boivent**	qu'	ils	aient	bu

IMPARFAIT			PLUS-QUE-PARFAIT			
que	je	**busse**	que	j'	eusse	bu
que	tu	**busses**	que	tu	eusses	bu
qu'	elle	**bût**	qu'	elle	eût	bu
qu'	il	**bût**	qu'	il	eût	bu
que	nous	**bussions**	que	nous	eussions	bu
que	vous	**bussiez**	que	vous	eussiez	bu
qu'	elles	**bussent**	qu'	elles	eussent	bu
qu'	ils	**bussent**	qu'	ils	eussent	bu

IMPÉRATIF

PRÉSENT	PASSÉ	
bois	aie	bu
buvons	ayons	bu
buvez	ayez	bu

INFINITIF

PRÉSENT	PASSÉ
boire	avoir bu

PARTICIPE

PRÉSENT	PASSÉ
buvant	bu, ue ayant bu

B

BOISÉ, ÉE adj. et n. m.
ADJECTIF
Garni, couvert d'arbres. *Une région boisée.*
NOM MASCULIN
⚜ Terrain couvert d'arbres. *Le boisé du collège Brébeuf est rempli d'érables centenaires. « À la fin du* XIII*e siècle, la Côte-du-Sud, du moins dans les paroisses du littoral, présente à peu près l'aspect qu'on lui connaît aujourd'hui, avec ses champs étroits bornés souvent en profondeur par un boisé qui constitue le dernier vestige de la forêt qui recouvrait autrefois la plaine »* (Alain Laberge et coll., *Histoire de la Côte-du-Sud*).
SYN. taillis.

BOISEMENT n. m.
Plantation d'arbres forestiers.

BOISER v. tr.
Planter un lieu d'arbres.
CONJUGAISON : VOIR MODÈLE AIMER.

BOISERIE n. f.
Travail de menuiserie. *Les boiseries de cet appartement ont été vernies.*

BOISSEAU n. m. (pl. *boisseaux*)
⚜ Unité de mesure des matières sèches correspondant à huit gallons. *Des boisseaux de blé.*
LOCUTION
– ***Mettre (quelque chose) sous le boisseau.*** Dissimuler, cacher quelque chose qui mériterait d'être dévoilé.

BOISSON n. f.
Tout liquide que l'on peut boire. *Et comme boisson* (et non *breuvage)*? Une boisson gazeuse.*
LOCUTION
– ***Boisson de soja, de soya.*** Boisson alimentaire de couleur blanchâtre, extraite des grains de soja broyés, dont la composition est proche de celle du lait de vache (Recomm. off.). *Une boisson* (et non du *lait) *de soja* ou *soya.*

BOÎTE n. f.
1. Contenant généralement muni d'un couvercle. *Une boîte à bijoux. Des boîtes à outils.*
2. Contenu d'une boîte. *Manger une boîte de biscuits.*
LOCUTIONS
– ***Boîte à chansons.*** ⚜ Établissement où l'on peut entendre des chansonniers tout en consommant des boissons. *La Butte à Mathieu était une boîte à chansons très fréquentée.*
– ***Boîte à gants.*** Compartiment placé à l'avant d'une automobile et destiné à recevoir des cartes, des guides, etc. *La boîte* (et non le *coffre) *à gants se verrouille.*
– ***Boîte à lettres, boîte aux lettres.*** Au bureau de poste, sur la voie publique, etc., boîte destinée à recevoir le courrier acheminé par la poste. *Déposer des cartes postales dans la boîte aux lettres.*
– ***Boîte à lettres, boîte aux lettres.*** À la maison, boîte destinée à recevoir le courrier. *Le facteur a déposé plusieurs enveloppes dans ma boîte à lettres.*
– ***Boîte (de nuit).*** Cabaret. *Fréquenter les boîtes de nuit, sortir en boîte.*
– ***Boîte postale.*** Section d'un casier postal où le facteur dépose le courrier destiné à un particulier, à une entreprise.
La Société des postes du Canada recommande désormais l'emploi du terme ***case postale.***
– ***Boîte vocale.*** Répondeur téléphonique qui enregistre les messages des correspondants lorsque le destinataire n'est pas en mesure de répondre.
– ***Ouvrir la boîte de Pandore.*** (FIG.) S'exposer imprudemment à de graves problèmes, par allusion à la boîte donnée par Jupiter à Pandore, renfermant tous les maux du monde et au fond, l'espérance.
FORMES FAUTIVES
*boîte à fleurs. Calque de «*window-box*» pour ***jardinière.***
*boîte de camion. Calque de «*truck box*» pour ***caisse de camion.*** *La charge doit être uniformément répartie dans la caisse* (et non *boîte) *du camion, sinon le véhicule sera déporté d'un côté ou de l'autre.*
*boîte de scrutin. Calque de «*ballot box*» pour ***urne (électorale).***
*boîte des témoins. Calque de «*witness-box*» pour ***barre des témoins.***
*boîte téléphonique. Calque de «*phone box*» pour ***cabine téléphonique.***
[Les *Rectifications* (1990) admettent : boite.]

BOITEMENT n. m.
Action de boiter. SYN. claudication.
✏ boitement, sans accent.

BOITER v. intr.
1. Marcher en inclinant son corps plus d'un côté que de l'autre. SYN. claudiquer.
2. (FIG.) Être mal équilibré, mal structuré. *Une argumentation qui boite.*
CONJUGAISON : VOIR MODÈLE AIMER.
✏ boiter, sans accent.

BOITERIE n. f.
Claudication.
✏ boiterie, sans accent.

BOITEUX, EUSE adj. et n. m. et f.
1. Qui boite. *Une personne boiteuse.*
2. Qui n'est pas d'aplomb. *Une chaise boiteuse.* SYN. bancal ; branlant.
3. (FIG.) Mal structuré. *Une phrase boiteuse.*
✏ boiteux, sans accent.

BOÎTIER n. m.
Petit coffre à compartiments. *Un boîtier qui ferme à clé.*
[Les *Rectifications* (1990) admettent : boitier.]

BOITILLEMENT n. m.
Boitement léger.
✏ boitillement, sans accent.

BOITILLER v. intr.
Boiter légèrement.
CONJUGAISON : VOIR MODÈLE AIMER.
Les lettres ***ill*** sont suivies d'un ***i*** à la première et à la deuxième personne du pluriel de l'indicatif imparfait et du subjonctif présent. *(Que) nous boitillions, (que) vous boitilliez.*
✏ boitiller, sans accent.

BOL n. m.
1. Tasse sans anse. *Un bol de café.*
2. Contenu d'un bol. *Prendre un bol de soupe.*
LOCUTION
– ***En avoir ras le bol.*** (FAM.) En avoir assez, être excédé.
FORME FAUTIVE
*bol de toilettes. Anglicisme pour ***cuvette.***

BOLCHÉVIQUE ou **BOLCHEVIK** adj. et n. m. et f.
(PÉJ.) Communiste. *Des bolcheviks.*

BOLCHÉVISME n. m.
(VIEILLI) Communisme russe.

BOLÉE n. f.
Contenu d'un bol. *Une bolée de cidre.*

BOLÉRO n. m.
1. Danse espagnole.
2. Corsage. *Des boléros colorés.*

BOLET n. m.
Champignon dont certaines espèces sont comestibles.

BOLIDE n. m.
1. (ASTRON.) Météorite.
2. Véhicule qui va très vite, voiture de course.

LOCUTION

– ***Comme un bolide.*** Très vite. *Je ne lui ai pas parlé : il est passé comme un bolide.*

BOLIVAR n. m.

Unité monétaire du Venezuela. *Des bolivars.*

VOIR TABLEAU – SYMBOLES DES UNITÉS MONÉTAIRES.

BOLIVIANO n. m.

Unité monétaire de la Bolivie. *Des bolivianos.*

VOIR TABLEAU – SYMBOLES DES UNITÉS MONÉTAIRES.

BOLIVIEN, IENNE adj. et n. m. et f.

De Bolivie. *Le drapeau bolivien. Un Bolivien, une Bolivienne.*

T L'adjectif s'écrit avec une minuscule ; le nom, avec une majuscule.

BOLO n. m.

Jouet constitué d'une palette de bois à laquelle est fixée une petite balle de caoutchouc au moyen d'un élastique.

BOMBAGE n. m.

(FAM.) Action d'écrire à la bombe aérosol. *Le bombage d'un graffiti.*

BOMBANCE n. f.

(VIEILLI) Festin, bonne chère.

LOCUTION

– ***Faire bombance.*** Manger beaucoup.

BOMBARDE n. f.

1. Pièce d'artillerie qui lançait des boulets de pierre.
2. Hautbois breton.

BOMBARDEMENT n. m.

Action de bombarder. *Il y a des bombardements terribles sur la ville assiégée.*

BOMBARDER v. tr.

1. Faire tomber des obus, des bombes sur un objectif.
2. (FIG.) Lancer de nombreux projectiles sur quelqu'un, quelque chose. *On les bombarda de tomates.*

CONJUGAISON : VOIR MODÈLE AIMER.

BOMBARDIER n. m.

Avion de bombardement.

BOMBE n. f.

1. Engin explosif. *Une bombe à retardement.*

La bombe atomique s'abrège en ***bombe A,*** la bombe bactériologique, en ***bombe B,*** la bombe à hydrogène, en ***bombe H,*** la bombe à neutrons, en ***bombe N.***

2. Récipient métallique contenant un liquide sous pression. *Des bombes de peinture.*
3. Casquette protectrice des cavaliers. *Pour aller à cheval, Julien met sa bombe.*

BOMBÉ, ÉE adj.

Arrondi. *Un couvercle bombé.*

BOMBEMENT n. m.

Convexité. *Le bombement d'un couvercle.*

BOMBER v. tr., intr.

VERBE TRANSITIF

1. Rendre convexe. *Bomber la poitrine.* SYN. gonfler.
2. Écrire à la bombe aérosol. *Bomber un graffiti.*

VERBE INTRANSITIF

Devenir convexe. *Le mur bombe.*

CONJUGAISON : VOIR MODÈLE AIMER.

BOMBONNE

VOIR – BONBONNE.

BOMBYX n. m.

Le mot rime avec ***rixe,*** [bɔ̃biks].

Papillon du ver à soie.

bombyx.

BÔME n. f.

Mât horizontal auquel est fixée une voile. *La bôme* (et non *le boom) *d'un voilier, la bôme d'une planche à voile*

HOM. ***baume,*** résine odoriférante.

bôme.

BON n. m.

1. Ce qui est bon, valable. *Il y a du bon dans ce qu'il écrit.*
2. Autorisation écrite adressée à quelqu'un de fournir un objet ou de verser des fonds. *Un bon de caisse.*

LOCUTIONS

– ***Bon de commande.*** Formule imprimée que remplit un client pour demander une marchandise ou un service à un fournisseur, dans un délai déterminé et moyennant un certain prix.

– ***Bon de réduction.*** (COMM.) Bon dont la valeur d'échange donne droit à une réduction sur le prix de vente normal d'un produit. *À l'occasion du lancement de ce nouveau savon, des bons de réduction* (et non *coupons-rabais) *ont été envoyés par la poste à tous les consommateurs du secteur.*

– ***Bon de souscription.*** (FIN.) Valeur mobilière attribuée aux souscripteurs d'une émission d'actions ou d'obligations et permettant aux titulaires d'acquérir d'autres actions ou obligations, à un prix déterminé pendant une période donnée. *Les sociétés proposent des bons de souscription* (et non *warrants) *à l'occasion d'une émission afin d'intéresser les investisseurs.*

– ***Bon du Trésor.*** (FIN.) Certificat délivré par l'État en représentation d'une dette à court terme qu'il a contractée. *Les bons du Trésor sont un placement sûr.*

HOM. ***bond,*** saut.

BON, BONNE adj.

Devant une voyelle ou un ***h*** muet, le ***n*** final de ***bon*** se prononce, et le mot rime avec ***donne.***

1. Qui a les qualités nécessaires, qui est satisfaisant, en parlant d'une chose. *Un bon ordinateur, une bonne voiture, de bons livres. Ces exercices sont bons pour le dos.*
2. Qui a les qualités requises, en parlant d'une personne. *Un bon élève, une bonne pianiste.* SYN. doué ; habile.
3. Qui aime à faire le bien, qui est conforme à la raison. *Avoir bon cœur. Une bonne conduite. Une bonne action. Il est bon envers, pour les démunis.* SYN. altruiste ; bienveillant ; généreux ; humain.
4. Agréable. *Être de bonne humeur. Bonnes vacances !* SYN. plaisant.
5. Dont le goût est apprécié. *Du bon pain.* SYN. délicieux ; savoureux ; succulent.
6. Exact. *Une bonne réponse.* SYN. juste. ANT. faux.

Le comparatif est ***meilleur.*** *Cette élève est meilleure* (et non *plus bonne) *que son amie en mathématiques.*

LOCUTIONS

– ***Allons bon !,*** loc. interj. Marque une surprise désagréable. *Allons bon ! tout est à recommencer.*

– ***À quoi bon ?*** À quoi cela sert-il ? *À quoi bon partir à l'aube ?*

– ***Bon !*** Interjection qui exprime la surprise. *Bon ! Ça ne marche pas ?*

– ***Bon premier, bonne première.*** Au premier rang.

Malgré cet emploi adverbial, l'adjectif prend la marque du genre et du nombre. *Elles se sont classées bonnes premières.*

– ***Il est bon de.*** Il est nécessaire de, souhaitable de. *Il est bon d'attacher sa ceinture de sécurité.*

La locution est suivie de l'infinitif.

– ***Il est bon que.*** Il est nécessaire que, souhaitable que. *Il est bon que vous veniez avec un peu d'avance.*

La locution est suivie du subjonctif.

– ***Il fait bon.*** Il est agréable de. *Il fait bon dormir un peu le samedi matin.*

La locution est suivie de l'infinitif.

– ***Pour de bon.*** D'une façon définitive. *Il est parti pour de bon.* SYN. définitivement.

– ***Pour de bon.*** Réellement, sérieusement. *Mettons-nous au travail pour de bon.*

– ***Sentir bon.*** Avoir une bonne odeur. *Ces tartes sentent bon* (et non *bonnes).
– ***Tenir bon.*** Résister, ne pas céder.
Pris adverbialement, ***bon*** est invariable.
– ***Tout de bon.*** (LITT.) Réellement, sérieusement. *Elle est inquiète tout de bon.*

B

BONASSE adj.
(PÉJ.) Mou, trop bon.

BONBON n. m.
Friandise. *Antoine a offert un bonbon à Françoise.*
bonbon.

BONBONNE ou **BOMBONNE** n. f.
Grosse bouteille employée pour le transport d'un liquide. *Une bonbonne d'huile.*
On emploie le nom ***bouteille*** pour désigner le récipient métallique destiné au transport d'un gaz sous pression. *Une bouteille de propane.*
FORME FAUTIVE
*bonbonne d'oxygène. Impropriété pour ***bouteille d'oxygène.*** *Le plongeur descend sous l'eau avec sa bouteille* (et non *bonbonne) *d'oxygène.*

BONBONNIÈRE n. f.
1. Petite boîte à bonbons.
2. (FIG.) Petite maison aménagée avec goût.
bonbonnière.

BON CHIC BON GENRE loc. adj.
Sigle *BCBG* (s'écrit avec ou sans points).
(FAM.) De bon ton. *Des vêtements bon chic bon genre.*

BOND n. m.
Saut. *Un bond très élevé au saut à la perche.*
LOCUTIONS
– ***Faire faux bond.*** (FIG.) Manquer à un engagement.
– ***Faire un bond en avant.*** (FIG.) Progresser. *Le télescope Hubble lancé dans l'espace a permis aux astronomes de faire un bond en avant.*
– ***Ne faire qu'un bond.*** (FIG.) Se précipiter. *Je ne fais qu'un bond et j'arrive tout de suite.* SYN. accourir; courir.
HOM. *bon,* qui aime à faire le bien.
bond.

BONDE n. f.
Ouverture destinée à vider l'eau. *La bonde d'une baignoire.*

BONDÉ, ÉE adj.
Se dit d'un local, d'un véhicule où se presse une foule de personnes. *Un avion bondé.*

BONDIEUSERIE n. f.
Bigoterie.

BONDIR v. intr.
1. Faire des bonds. *Le fauve bondit sur sa proie.* SYN. sauter.
2. (FIG.) S'élancer, se précipiter. *Elle bondit à sa rencontre.* SYN. courir.
CONJUGAISON : VOIR MODÈLE FINIR.

BONHEUR n. m.
1. État moral de la personne heureuse. *« Tous nos vœux de bonheur ! », criait-on aux nouveaux mariés. « C'est un petit bonheur/que j'avais ramassé/il était tout en pleurs/sur le bord d'un fossé »* (Félix Leclerc, *Le Petit Bonheur*). ANT. malheur.
En ce sens, ce nom comporte une idée de durée.
2. Chance. *J'ai eu le bonheur de faire la connaissance de votre ami.* ANT. malchance.
Ne pas confondre avec les noms suivants :
- ***gaieté,*** bonne disposition de l'humeur;
- ***joie,*** émotion profonde et agréable, souvent courte et passagère;
- ***plaisir,*** sensation agréable.

LOCUTIONS
– ***Au petit bonheur.*** Au hasard. *Il a choisi ses cadeaux au petit bonheur.*
– ***Faire le bonheur de quelqu'un.*** Le rendre heureux. *Étienne et Marie-Ève font le bonheur de leurs parents.*
– ***L'argent ne fait pas le bonheur*** (Proverbe). La richesse ne rend pas nécessairement heureux.
– ***Le malheur des uns fait le bonheur des autres*** (Proverbe). Ce qui est mauvais pour certains peut être bon pour d'autres.
– ***Par bonheur.*** Heureusement, par chance.
– ***Porter bonheur.*** Favoriser la chance. *Pour certains, le chiffre sept porte bonheur.*

BONHEUR-DU-JOUR n. m. (pl. *bonheurs-du-jour*)
Petit secrétaire. *Des bonheurs-du-jour finement travaillés.*

BONHOMIE n. f.
Bonté naturelle. *On choisit les pères Noël généralement pour leur bonhomie.* SYN. bonté; gentillesse; simplicité.
[Les *Rectifications* (1990) admettent : bonhommie.]

BONHOMME n. m. (pl. *bonshommes*)
Au pluriel, le *s* de la première syllabe se prononce *z*, [bɔ̃zɔm].
1. (FAM.) Homme. *Ce bonhomme est très sympathique.*
Le féminin est ***bonne femme*** en ce sens.
2. (FAM.) Figure humaine sommaire. *Un bonhomme de neige. Dessiner des bonshommes.*
Attention au pluriel du nom *(bonshommes),* qui diffère de celui de l'adjectif *(bonhommes).*
LOCUTIONS
– ***Aller son petit bonhomme de chemin.*** Aller tranquillement.
– ***Bonhomme Sept Heures.*** Personnage imaginaire redoutable dont on menace les enfants turbulents qui ne veulent pas aller au lit.
bonhomme, (au pluriel) bonshommes.

BONHOMME adj.
Naïf et bon. *Des airs bonhommes.*
Attention au pluriel de l'adjectif (*bonhommes*), qui diffère de celui du nom (*bonshommes*).

BONI n. m. (pl. *bonis*)
Somme d'argent payée à un employé en plus de son salaire normal, à titre d'encouragement, d'aide. *Un boni* (et non un *bonus). SYN. gratification; prime.
Les termes ***gratification*** et ***prime*** sont plus usités.

BONICHE
VOIR – BONNICHE.

BONIFICATION n. f.
Amélioration. *La bonification des offres gouvernementales.*

BONIFIER v. tr., pronom.
VERBE TRANSITIF
(LITT.) Améliorer. *Bonifier des conditions de travail.*
VERBE PRONOMINAL
Devenir meilleur. *Ces vins se sont bonifiés avec le temps.*
À la forme pronominale, le participe passé de ce verbe s'accorde toujours en genre et en nombre avec son sujet. *Nos rendements ne se sont guère bonifiés.*
CONJUGAISON : VOIR MODÈLE ÉTUDIER.
Redoublement du ***i*** à la première et à la deuxième personne du pluriel de l'indicatif imparfait et du subjonctif présent. *(Que) nous bonifiions, (que) vous bonifiiez.*

BONIMENT n. m.
(FAM.) Discours pour vendre, pour séduire. *On a eu droit à son boniment de vendeur.* SYN. baratin.

BONIMENTER v. intr.
Faire des boniments.
CONJUGAISON : VOIR MODÈLE AIMER.

BONIMENTEUR, EUSE n. m. et f.
Personne qui bonimente.

BONJOUR n. m.
Formule de salutation utilisée pendant la journée. *Dire bonjour. Des bonjours polis.*
La formule de salutation la plus courante au moment du départ est ***au revoir!*** Au Québec, on dit souvent **bonjour** quand on rencontre une personne ou quand on la quitte.
LOCUTION
– ***Simple comme bonjour.*** Très facile. *C'est simple comme bonjour, il suffit d'appeler.*
bonjour, en un seul mot.

BONNE
VOIR – BON.

BONNE n. f.
Employée de maison qui se charge des courses, de l'entretien de la maison et parfois de la cuisine.
Le nom **bonne** a une connotation péjorative; c'est le terme ***employée de maison*** qui est aujourd'hui le plus couramment employé en ce sens.

BONNE FEMME adj. inv. et n. f.
ADJECTIF INVARIABLE
Drapé et croisé, en parlant d'un voilage. *Des rideaux bonne femme.*
NOM FÉMININ
(FAM.) Femme. *Des bonnes femmes.*
Ce nom peut avoir une connotation défavorable.

BONNE-MAMAN n. f. (pl. *bonnes-mamans*)
Grand-mère, dans le langage des enfants. SYN. grand-maman.

BONNEMENT adv.
– ***Tout bonnement.*** Tout simplement.
Le mot ne s'emploie que dans cette locution.

BONNET n. m.
Coiffure sans rebord. *Un bonnet de laine.*
LOCUTIONS
– ***C'est bonnet blanc et blanc bonnet.*** C'est du pareil au même.
– ***Opiner du bonnet.*** Montrer son accord en hochant la tête.

BONNETERIE n. f.
Le ***e*** de la deuxième syllabe se prononce ***è*** ou est muet; celui de la troisième syllabe est toujours muet, [bɔnɛtri, bɔntri].
Fabrication, commerce d'articles en tissu à mailles (bas, chaussettes, lingerie).
[Les *Rectifications* (1990) admettent : bonnèterie.]

BONNETIER n. m.
BONNETIÈRE n. f.
Le ***e*** de la deuxième syllabe est muet [bɔntje, jɛr].
Fabricant ou marchand d'articles de bonneterie.

BONNETIÈRE n. f.
Le ***e*** de la deuxième syllabe est muet [bɔntjɛr].
Armoire à linge.

BONNICHE ou **BONICHE** n. f.
(PÉJ.) Jeune bonne.

BON-PAPA n. m. (pl. *bons-papas*)
Grand-père, dans le langage des enfants. SYN. grand-papa.

BONSAÏ n. m.
Le ***n*** se prononce ou non et le ***s*** se prononce ***z,*** [bɔnzaj, bɔ̃zaj].
Arbre nain que l'on cultive en pot. *Au jardin botanique de Montréal, il y a une belle collection de bonsaïs.*
Ce nom d'origine japonaise signifie « arbre en pot ».
bonsaï.

BON SENS n. m.
Le ***s*** final se prononce et rime avec ***danse.***
Faculté naturelle de juger ce qui est raisonnable et d'agir en conséquence. *En agissant ainsi, elle a fait preuve de bon sens.* SYN. jugement; raison; sagesse.

BONSOIR n. m.
Formule de salutation utilisée le soir. *Dire bonsoir. Des bonsoirs polis.*
Au moment du départ, on emploie aussi l'expression ***au revoir!***
bonsoir, en un seul mot.

BONTÉ n. f.
1. Caractère d'une personne bonne. SYN. altruisme; bienveillance; humanité. ANT. méchanceté.
2. (AU PLUR.) Actes de gentillesse, d'amabilité. *Merci de toutes vos bontés.*

BONUS n. m. inv.
Rabais sur une prime d'assurance automobile consenti par l'assureur à un assuré n'ayant enregistré aucun accident.
FORME FAUTIVE
*bonus. Anglicisme au sens de ***boni, gratification, prime.***

BONZE n. m.
Moine bouddhiste.

BONZERIE n. f.
Monastère de bonzes.

BONZESSE n. f.
Religieuse bouddhiste.

BOOGIE-WOOGIE n. m. (pl. *boogie-woogies*)
Les lettres ***oo*** se prononcent ***ou,*** [bugiwugi].
Style de jazz.

BOOLÉEN, ENNE adj.
Les lettres ***oo*** se prononcent ***ou,*** [buleɛ̃, eɛn].
Relatif à l'algèbre de Boole.
On écrit aussi ***boolien, ienne.***

***BOOM**
Anglicisme pour ***bôme.***

BOOMERANG n. m.
Les lettres ***oo*** se prononcent ***ou,*** le ***e*** est muet et le ***g*** se prononce, [bumrɑ̃g].
1. Pièce courbée qui revient à son point de départ. *François sait lancer les boomerangs.*
2. (FIG.) Acte hostile qui cause du tort à son auteur.

***BOOSTER**
Anglicisme pour ***recharger (la batterie).***

***BOOSTING**
Anglicisme pour ***démarrage-secours.***
Le ***démarrage-secours*** est une opération permettant le démarrage d'une voiture au moyen d'une batterie d'appoint et de câbles volants.

BOQUETEAU n. m. (pl. *boqueteaux*)
Petit bois. SYN. bosquet.

BORBORYGME n. m.
Gargouillis. *Les borborygmes de la baignoire qui se vide.* SYN. gargouillement; (FAM.) glouglou.
borborygme.

BORD n. m.
1. Extrémité d'une surface. *Le bord de la table.* SYN. contour; côté; limite; périphérie.
2. Rivage. *Le bord de mer.* SYN. côte; rivage.
3. Chaque côté du navire. *Il est tombé par-dessus bord. Le vent a viré de bord.*
LOCUTIONS
– ***À bord,*** loc. adv. Dans. *Y a-t-il des enfants à bord?*
– ***À bord de*** (en parlant d'un véhicule), loc. prép. *Les jeunes ont fait le voyage à bord d'un autocar.*
– ***Au bord de,*** loc. prép. À proximité de. *Au bord de la route.*
– ***Être au bord de,*** loc. verb. Être tout près de. *Être au bord des larmes.*

– ***Être du bord de.*** (FIG.) Être de l'avis de, du parti de. *Es-tu de mon bord ou du sien ?*
– ***Journal de bord.*** Registre où l'on note les faits importants d'un voyage, d'une activité.
– ***Prendre le bord.*** ⚜ (FAM.) S'enfuir.
– ***Sur les bords,*** loc. adv. (FAM.) Légèrement. *Il est vantard sur les bords.*
– ***Tableau de bord.*** Ensemble des appareils permettant à un conducteur de diriger son véhicule.
– ***Virer son capot de bord.*** ⚜ (FAM.) Changer d'avis, de parti. SYN. tourner casaque.

BORDEAUX adj. et n. m.
NOM MASCULIN
Vin de Bordeaux. *Acheter un bon bordeaux.*
[T] Le nom qui désigne le vin s'écrit avec une minuscule, celui qui désigne la région prend une majuscule.
ADJECTIF DE COULEUR INVARIABLE
De la couleur rouge violacé du vin de Bordeaux. *Un sac bordeaux.* SYN. bourgogne.
VOIR TABLEAU – COULEUR (ADJECTIFS DE).

BORDÉE n. f.
Décharge de l'ensemble des canons d'un navire.
LOCUTION
– ***Bordée de neige.*** ⚜ Chute de neige abondante.

BORDEL n. m.
1. (FAM.) Maison de prostitution.
2. (FAM.) Grand désordre. SYN. pagaille.

BORDELAIS, AISE adj. et n. m. et f.
De Bordeaux.
[T] Contrairement à l'adjectif, le nom prend une majuscule.

BORDER v. tr.
1. Garnir le bord de, occuper le bord de. *Border un col de dentelle. « Je m'engageai dans ce petit chemin creux bordé de buissons »* (Gabrielle Roy, *La Détresse et l'Enchantement*).
2. Replier le bord des draps sous le matelas. *Elle a tendrement bordé sa petite sœur dans son lit.*
CONJUGAISON : VOIR MODÈLE AIMER.

BORDEREAU n. m. (pl. *bordereaux*)
Relevé détaillé énumérant les divers articles ou pièces d'un compte, d'un dossier, d'un inventaire, d'un chargement.

***BORDER LINE**
Anglicisme pour ***limite.*** *Cas limite* (et non *border line), *état limite* (et non *border line), *hypertension limite* (et non *border line) *(DDFM).*

BORDURE n. f.
Ce qui borde, lisière. *La bordure d'une nappe.*
LOCUTION
– ***En bordure de.*** Le long de, sur le bord de. *Un terrain en bordure du lac.*

BORÉAL, ALE, ALS ou **AUX** adj.
Du nord. *Une aurore boréale. « Au-dessus des sommets du nord vertigineux,/Le signe avant-coureur de ton âme loyale :/Un éblouissement d'aurore boréale »* (Alfred DesRochers, *À l'ombre de l'Orford*). ANT. austral.
☞ Cet adjectif s'emploie surtout au singulier.

BORGNE adj. et n. m. et f.
Qui n'a qu'un œil.

BORNAGE n. m.
Action de planter des bornes afin de délimiter une propriété privée.

BORNE n. f.
1. Pierre qui limite deux champs, qui sert à mesurer les distances. *Les bornes kilométriques.*
2. Limite. *Une volonté de dominer sans borne(s).*
LOCUTIONS
– ***Borne (interactive).*** (INFORM.) Poste de consultation public, intégrant écran (parfois tactile) ou clavier et dont le rôle est de renseigner les utilisateurs. *Ce musée a installé plusieurs bornes multimédias pour orienter les visiteurs.*
– ***Dépasser les bornes.*** Aller au-delà de ce qui est convenable, exagérer.
☞ Dans l'expression ***ne pas avoir de bornes,*** le nom **borne** se met au pluriel.

BORNÉ, ÉE adj.
1. Limité. *Un champ borné par une rivière.* SYN. délimité.
2. (FIG.) Qui a l'esprit étroit. *Une personne bornée.* SYN. obtus. ANT. ouvert.

BORNE D'INCENDIE n. f. (pl. *bornes d'incendie*)
Prise d'eau à l'usage des pompiers. SYN. borne-fontaine; bouche d'incendie.

BORNE-FONTAINE n. f. (pl. *bornes-fontaines*)
1. Fontaine en forme de borne.
2. Prise d'eau communautaire pour usage domestique.
3. ⚜ Synonyme de ***borne d'incendie.***

BORNER v. tr., pronom.
VERBE TRANSITIF
Délimiter. *Borner un terrain.* SYN. marquer.
VERBE PRONOMINAL
Se limiter à. *Ils se sont bornés à prendre une journée de congé.*
[règle] À la forme pronominale, le participe passé de ce verbe s'accorde toujours en genre et en nombre avec son sujet. *Elles se sont bornées à boire une tasse de thé.*
CONJUGAISON : VOIR MODÈLE AIMER.

BORNOYER v. tr., intr.
VERBE TRANSITIF
Tracer une ligne droite avec des jalons.
VERBE INTRANSITIF
Regarder d'un seul œil, pour s'assurer qu'une ligne est droite. SYN. viser.
CONJUGAISON : VOIR MODÈLE EMPLOYER.

BOSNIAQUE adj. et n. m. et f.
ADJECTIF
De la Bosnie. *Une ville bosniaque.*
NOM MASCULIN ET FÉMININ
Un, une Bosniaque.
[T] L'adjectif s'écrit avec une minuscule; le nom, avec une majuscule.

BOSQUET n. m.
Petit bois. *Un bosquet de lilas.*

BOSSAGE n. m.
Saillie sculptée à la surface d'un ouvrage.

BOSSA-NOVA n. f. (pl. *bossas-novas*)
Danse brésilienne qui ressemble à la samba.
[Les *Rectifications* (1990) admettent : une bossanova, des bossanovas.]

BOSSE n. f.
1. Proéminence causée par un choc. *Avoir une bosse au front.*
2. Protubérance naturelle de certains animaux. *Les bosses du chameau.*
3. (FAM.) Disposition naturelle. *Elle a la bosse des mathématiques.*

BOSSELAGE n. m.
Travail en relief exécuté sur les pièces d'orfèvrerie.
✎ bosselage.

BOSSELER v. tr.
1. Travailler une pièce de vaisselle, d'orfèvrerie en lui imprimant des bosses. SYN. marteler.
2. Déformer par des bosses. *Sa voiture est bosselée* (et non *bossée). SYN. (FAM.) cabosser.

CONJUGAISON : VOIR MODÈLE APPELER.
Redoublement du ***l*** devant un ***e*** muet. *Je bosselle, je bossellerai,* mais *je bosselais.*
[Les *Rectifications* (1990) admettent : il bossèle, bossèlera, bossèlerait...]

BOSSELLEMENT n. m.
Action de bosseler.
[Les *Rectifications* (1990) admettent : bossèlement.]

BOSSELURE n. f.
Ensemble des bosses d'une surface.
✏ bosselure.

BOSSER v. intr.
(FAM.) Travailler dur. SYN. bûcher.
CONJUGAISON : VOIR MODÈLE AIMER.

***BOSSER**
Anglicisme au sens de ***diriger, commander.***

BOSSEUR, EUSE n. m. et f.
(FAM.) Personne qui travaille fort. SYN. bûcheur.

BOSSU, UE adj. et n. m. et f.
Qui a une bosse au dos.

BOSSUER v. tr.
Rendre une surface inégale par des bosses.
CONJUGAISON : VOIR MODÈLE AIMER.

BOT, BOTE adj.
Le ***t*** ne se prononce pas à la forme masculine, [bo, ɔt].
Déformé par le raccourcissement de certains muscles. *Un pied bot, une hanche bote.*
✏ bot, bote.

BOTANIQUE adj. et n. f.
ADJECTIF
Relatif à la science des plantes. *Jardin botanique.*
NOM FÉMININ
Science des végétaux. *Elle étudie la botanique.*
✏ botanique.

BOTANISTE n. m. et f.
Spécialiste de la botanique. *Le frère Marie-Victorin a été un grand botaniste.*
✏ botaniste.

***BOTCHER**
Anglicisme pour ***bâcler.***

BOTTE n. f.
1. Chaussure qui protège le pied et la jambe. *Des bottes de caoutchouc.*
2. Assemblage. *Une botte de fleurs, de paille.*
3. Coup d'épée. *Une botte difficile à parer.*

BOTTELAGE n. m.
Action de mettre en bottes.

BOTTELER v. tr.
Mettre en bottes.
CONJUGAISON : VOIR MODÈLE APPELER.
Redoublement du ***l*** devant un ***e*** muet. *Je bottelle, je bottellerai,* mais *je bottelais.*
[Les *Rectifications* (1990) admettent : il bottèle, bottèlera, bottèlerait...]

BOTTELEUR, EUSE n. m. et f.
Personne qui fait des bottes de foin.

BOTTELEUSE n. f.
Machine à botteler.

BOTTER v. tr.
1. Mettre des bottes à quelqu'un. SYN. chausser.
2. (FAM.) Donner un coup de pied à.
CONJUGAISON : VOIR MODÈLE AIMER.

BOTTIER n. m.
BOTTIÈRE n. f.
Personne qui fabrique et vend des chaussures sur mesure.

BOTTILLON n. m.
Chaussure fourrée qui couvre le pied et la cheville. *Des bottillons de ski.*
✏ bottillon.

BOTTIN n. m.
1. Annuaire téléphonique.
2. Recueil de noms et de numéros de téléphone d'un quartier, d'un secteur d'activité, etc.

BOTTINE n. f.
Petite botte couvrant le pied et la cheville.
LOCUTION
– ***Avoir les deux pieds dans la même bottine.*** ⚜ (FAM.) Être maladroit, peu débrouillard. SYN. être empoté.
✏ bottine.

BOTULISME n. m.
Empoisonnement alimentaire.

BOUC n. m.
1. Mâle de la chèvre. *Les petits du bouc et de la chèvre sont le chevreau et la chevrette.*
2. Petite barbe qui ressemble à celle du bouc. *Il porte le bouc.* SYN. barbiche.
LOCUTION
– ***Bouc émissaire.*** Personne injustement accusée de fautes commises par d'autres.

BOUCAN n. m.
(FAM.) Tapage. SYN. vacarme.

BOUCANAGE n. m.
Action de faire sécher à la fumée.

BOUCANE n. f.
⚜ (FAM.) Fumée. *Qu'il y a beaucoup de boucane dans cette pièce ! Aérez donc !*

BOUCANER v. tr.
Faire sécher à la fumée de la viande, du poisson. SYN. fumer.
CONJUGAISON : VOIR MODÈLE AIMER.

BOUCANIER n. m.
1. Chasseur de bœuf sauvage aux Antilles.
2. Pirate.

BOUCHAGE n. m.
Action de boucher. *Le bouchage des orifices d'une maison avec de la laine isolante.*

BOUCHE n. f.
1. Orifice du visage par où passent l'air, les aliments, la voix. *Ouvrir la bouche.*
☞ On emploie le nom ***gueule*** pour désigner la bouche des carnassiers, des fauves. *La gueule d'un lion, d'un crocodile, d'un chien, d'un requin.* Pour un cheval, un chameau, un bœuf, un éléphant, un poisson et en général pour les animaux de selle, de trait, on utilise le nom ***bouche.*** Pour désigner la bouche humaine, le nom ***gueule*** est vulgaire ; dans un style soigné, on évitera de l'employer.
2. Ouverture, entrée. *Une bouche de métro. Une bouche d'aération.* SYN. orifice.
3. Embouchure. *Les bouches du Saint-Laurent.*
LOCUTIONS
– ***À bouche(-)que(-)veux-tu.*** À profusion, sans compter. *On y déguste, à bouche que veux-tu, des coquillages et des poissons dorés, tout juste pêchés.*
– ***Avoir l'eau à la bouche.*** (FIG.) Se régaler à l'avance d'un bon plat.
– ***Bouche cousue.*** (FIG.) En promettant de garder le secret.
– ***Bouche d'incendie.*** Prise d'eau à l'usage des pompiers.
– ***De bouche à oreille.*** (FIG.) Par la rumeur, sans publicité.
☞ Ne pas confondre avec le nom ***bouche-à-bouche,*** procédé de réanimation.
– ***Faire la fine bouche.*** Se montrer difficile.

BOUCHÉ, ÉE adj.
1. Bloqué. *Le tuyau est bouché.* SYN. obstrué.
2. (FIG.) Borné. *Un esprit bouché.* SYN. obtus.

BOUCHE-À-BOUCHE n. m. inv. (pl. *bouche-à-bouche*)
Procédé de réanimation par lequel le sauveteur souffle de l'air dans la bouche de la personne asphyxiée, noyée, etc. *Tenter le bouche-à-bouche pour ranimer une personne asphyxiée.*
Ne pas confondre avec le nom ***de bouche à oreille*** qui signifie « par la rumeur ». *Cette nouvelle s'est transmise de bouche à oreille.*

BOUCHE-À-OREILLE n. m. inv. (pl. *bouche-à-oreille*)
Communication orale d'une information, de bouche à oreille. *La nouvelle s'est répandue simplement par le bouche-à-oreille.*

BOUCHÉE n. f.
Quantité d'aliments qu'on met dans la bouche en une seule fois. *Une bouchée de viande.*
LOCUTIONS
– ***Mettre les bouchées doubles.*** (FIG.) Aller plus vite.
– ***Pour une bouchée de pain.*** (FIG.) Pour presque rien.
HOM.
• ***boucher,*** personne qui vend de la viande;
• ***boucher,*** fermer une ouverture.

BOUCHER v. tr., pronom.
VERBE TRANSITIF
Fermer une ouverture. *Papa a bouché la fissure du mur.* SYN. obstruer; obturer.
VERBE PRONOMINAL
Se bloquer. *Les conduits se sont bouchés.* SYN. s'obstruer.
À la forme pronominale, le participe passé de ce verbe s'accorde en genre et en nombre avec le complément direct si celui-ci le précède. *L'oreille qu'il s'était bouchée. Les tuyaux s'étaient bouchés.* Le participe passé reste invariable si le complément direct suit le verbe. *Ils se sont bouché les yeux.*
HOM.
• ***bouchée,*** quantité d'aliments qu'on met dans la bouche en une seule fois;
• ***boucher,*** personne qui vend de la viande.
CONJUGAISON : VOIR MODÈLE AIMER.

BOUCHER n. m.
BOUCHÈRE n. f.
Personne qui vend de la viande. *Quelle aimable bouchère !*
HOM.
• ***bouchée,*** quantité d'aliments qu'on met dans la bouche en une seule fois;
• ***boucher,*** fermer une ouverture.

BOUCHERIE n. f.
1. Commerce de la viande. *Le secteur de la boucherie est actif.*
2. Boutique du boucher. *Papa est allé à la boucherie pour acheter du foie de veau.*
3. (FIG.) Massacre, tuerie. *Cette guerre est une vraie boucherie.* SYN. carnage.

BOUCHE-TROU n. m. (pl. *bouche-trous*)
Personne qui comble une place vide. *Annie n'aime pas être un bouche-trou.*

BOUCHON n. m.
1. Pièce servant à boucher l'orifice d'une bouteille, d'un bocal. *Un bouchon de liège.*
Ne pas confondre avec le nom ***capsule,*** couvercle de métal qui sert à fermer une bouteille.
2. Poignée de foin, de paille. *Julien frotte son cheval avec un bouchon.*
3. (FIG.) Ce qui bloque. *Bouchon de circulation.*

BOUCHONNÉ, ÉE adj.
Qui a un goût de bouchon, en parlant du vin. *Un verre de vin servi très bouchonné. N'utilisez surtout pas le vin bouchonné pour la cuisine.*

BOUCHONNEMENT n. m.
Action de bouchonner un animal.

BOUCHONNER v. tr.
Frotter un cheval avec un bouchon de paille.
CONJUGAISON : VOIR MODÈLE AIMER.

BOUCLAGE n. m.
Opération militaire par laquelle on boucle une région, une ville.

BOUCLE n. f.
1. Anneau servant à tendre une courroie, une ceinture. *Une boucle de ceinture.*
2. Bijou en forme d'anneau. *Des boucles d'oreilles.*
3. Ce qui est en forme d'anneau. *Une boucle de cheveux. Elle a fait une belle boucle avec un ruban vert.*
4. (INFORM.) Tour complet. *Une boucle, en programmation.*
FORME FAUTIVE
*boucle. Anglicisme au sens de ***nœud papillon.***

BOUCLER v. tr., intr.
VERBE TRANSITIF
1. Attacher avec une boucle. *Il faut boucler sa ceinture de sécurité.*
2. Équilibrer. *Boucler le budget.*
3. Entourer militairement. *Boucler une région.*
VERBE INTRANSITIF
Prendre la forme d'une boucle. *Ses cheveux bouclent naturellement.*
CONJUGAISON : VOIR MODÈLE AIMER.

BOUCLETTE n. f.
Petite boucle. *Fanny a des bouclettes brunes.*

BOUCLIER n. m.
Arme pour parer les coups. *Les policiers se protègent des pierres avec leur bouclier.*

BOUDDHA n. m.
1. Titre donné dans le bouddhisme à celui qui parvient à la connaissance parfaite.
2. Représentation d'un bouddha. *Des bouddhas en or.*
bou**dd**ha.

BOUDDHISME n. m.
Doctrine religieuse fondée par le Bouddha.
T Les noms de religions s'écrivent avec une minuscule.
bou**ddh**isme.

BOUDDHISTE adj. et n. m. et f.
ADJECTIF
Qui appartient au bouddhisme. *La philosophie bouddhiste.*
NOM MASCULIN ET FÉMININ
Adepte du bouddhisme.
T L'adjectif ainsi que le nom s'écrivent avec une minuscule.
bou**ddh**iste.

BOUDER v. tr., intr.
VERBE TRANSITIF
Se détourner de quelqu'un, de quelque chose. *Bouder le sport.*
VERBE INTRANSITIF
Témoigner de la mauvaise humeur. *L'enfant boude dans sa chambre. Elle boude constamment contre son frère.* SYN. être maussade; faire la tête.
CONJUGAISON : VOIR MODÈLE AIMER.

BOUDERIE n. f.
Action de bouder. *Cesse tes bouderies ! Viens jouer avec nous.* SYN. caprice; fâcherie; mauvaise humeur.

BOUDEUR, EUSE adj. et n. m. et f.
Qui a le défaut de bouder. SYN. grognon; maussade.

BOUDEUSE n. f.
Siège double en forme de S où deux personnes se tournent le dos.

BOUDIN n. m.
Charcuterie à base de sang et de gras de porc que l'on met dans un boyau.

BOUDINAGE n. m.
Action de boudiner.

BOUDINÉ, ÉE adj.
À l'étroit dans un vêtement trop petit. SYN. ficelé ; (FAM.) saucissonné.

BOUDINER v. tr.
1. Tordre en spirale.
2. Comprimer les formes, en parlant d'un vêtement. *Cette veste vous boudine un peu.* SYN. (FAM.) saucissonner.
CONJUGAISON : VOIR MODÈLE AIMER.

BOUDOIR n. m.
1. Petit salon élégant.
À l'origine, le boudoir était une petite pièce où l'on pouvait se retirer pour bouder.
2. Biscuit sec recouvert de sucre.

BOUE n. f.
Mélange d'eau et de terre.
Au Québec, on dit aussi familièrement ***bouette.***
Ne pas confondre avec le nom ***vase,*** ce qui stagne au fond de l'eau.
HOM. ***bout,*** extrémité.

BOUÉE n. f.
1. Corps flottant destiné à prévenir la noyade. *Une bouée de sauvetage.*
2. Corps flottant servant à signaler un danger, un chenal, etc. *Une bouée lumineuse.*

BOUEUR
VOIR – ÉBOUEUR.

BOUEUX
VOIR – ÉBOUEUR.

BOUEUX, BOUEUSE adj.
Plein de boue. *Enlève tes bottes boueuses en entrant dans la maison.*

BOUFFANT, ANTE adj.
Qui paraît gonflé. *Une jupe bouffante.* SYN. gonflant.
bouffant.

BOUFFE adj.
Qui appartient au genre comique. *De l'opéra bouffe.*

BOUFFE n. f.
(FAM.) Aliments, repas.
Ce nom est familier ; dans un style soigné, on écrira plutôt ***nourriture, repas.***
bouffe.

BOUFFÉE n. f.
1. Souffle qui arrive brusquement. *Une bouffée de froid, une bouffée d'air.*
2. Accès passager. *Une bouffée de colère.* SYN. mouvement.
LOCUTION
– ***Bouffée de chaleur.*** (MÉD.) Sensations subites de chaleur ressenties à la ménopause. *Des bouffées de chaleur incommodantes.*
bouffée.

BOUFFER v. tr., intr.
VERBE TRANSITIF
(FAM.) Manger.
Ce verbe est très familier ; dans un style soigné, on écrira plutôt ***manger, se nourrir, consommer.***
VERBE INTRANSITIF
Se gonfler. *Faire bouffer ses cheveux.*
CONJUGAISON : VOIR MODÈLE AIMER.
bouffer.

BOUFFI, IE adj.
1. Enflé. *Ses yeux sont bouffis de sommeil.* SYN. boursouflé.
2. (FIG.) Qui fait preuve d'une satisfaction de soi excessive. *Ils sont bouffis de suffisance.*
L'adjectif se construit avec la préposition ***de.***
bouffi.

BOUFFIR v. tr.
Rendre enflé. SYN. gonfler.
CONJUGAISON : VOIR MODÈLE FINIR.
bouffir.

BOUFFISSURE n. f.
Enflure. SYN. boursouflure ; gonflement.
bouffissure.

BOUFFON, ONNE adj. et n. m.
ADJECTIF
Amusant, grotesque. *Une pièce de théâtre bouffonne.* SYN. cocasse ; comique ; drôle.
NOM MASCULIN
Acteur comique, personnage de farce. *Le bouffon a bien fait rire les spectateurs.* SYN. amuseur ; clown.
bouffon.

BOUFFONNER v. intr.
(LITT.) Faire le bouffon. SYN. plaisanter.
CONJUGAISON : VOIR MODÈLE AIMER.
bouffonner.

BOUFFONNERIE n. f.
Plaisanterie assez grosse. SYN. farce.
bouffonnerie.

BOUGAINVILLÉE n. f.
Plante grimpante à fleurs violettes ou roses.
Ce nom s'orthographie parfois ***bougainvillier*** et est alors du genre masculin.

BOUGE n. m.
Logement malpropre, obscur ; établissement mal fréquenté. SYN. taudis.

BOUGEOIR n. m.
Chandelier sans pied, généralement muni d'un anneau.
bougeoir.

BOUGEOTTE n. f.
(FAM.) Manie de bouger sans cesse, de voyager souvent. *Ils ont la bougeotte : ils ne restent pas en place deux minutes.*
bougeotte.

BOUGER v. tr., intr.
VERBE TRANSITIF
Changer de place. *Tous les jeudis, elle bougeait les meubles pour nettoyer.* SYN. déplacer ; remuer.
VERBE INTRANSITIF
Se mouvoir, remuer. *Ne bougez plus, le petit oiseau va sortir !*
CONJUGAISON : VOIR MODÈLE CHANGER.
Le ***g*** est suivi d'un ***e*** devant les lettres ***a*** et ***o***. *Il bougea, nous bougeons.*

BOUGIE n. f.
1. Cylindre de cire muni d'une mèche pour donner de l'éclairage. *Souffler les bougies d'un gâteau d'anniversaire.*
Le mot ***bougie*** tend à remplacer ***chandelle*** qui est vieilli en ce sens.
2. Pièce d'un moteur à explosion qui sert à l'allumage.

BOUGON, ONNE adj. et n. m. et f.
(FAM.) Grognon. *Quelle humeur bougonne !* SYN. ⚜ (FAM.) bougonneux ; grincheux.

BOUGONNEMENT n. m.
Attitude du bougon.

BOUGONNER v. intr.
(FAM.) Murmurer entre ses dents. SYN. grogner; maugréer; ronchonner.
CONJUGAISON : VOIR MODÈLE AIMER.

BOUGONNEUX, EUSE adj.
⚜ (FAM.) Qui a l'habitude de bougonner. *Cesse d'être bougonneux : c'est très désagréable !* SYN. grincheux; grognon.

BOUGRE, ESSE n. m. et f.
(FAM.) Individu. *Un bon bougre.* SYN. type.

BOUGREMENT adv.
(FAM.) Extrêmement.

BOUI-BOUI n. m. (pl. *bouis-bouis*)
Café de dernier ordre. *Un infect boui-boui.*
[Les *Rectifications* (1990) admettent : un bouiboui, des bouibouis.]

BOUILLABAISSE n. f.
Mets provençal composé de poissons cuits dans du vin blanc et fortement épicés.
✏ bouillabaisse.

BOUILLANT, ANTE adj.
1. En ébullition. *De l'eau bouillante.*
2. Très chaud. *La soupe est bouillante; laisse-la refroidir un peu.* SYN. brûlant.

BOUILLE n. f.
(FAM.) Tête, visage. *Avoir une bonne bouille.*

BOUILLI, IE adj. et n. m.
ADJECTIF
Qu'on a fait bouillir. *Des pommes de terre bouillies.*
NOM MASCULIN
Plat composé de viande et de légumes bouillis. *Viens goûter mon bon bouilli de bœuf.* SYN. pot-au-feu.
✏ bouilli.

BOUILLIE n. f.
Purée de lait et de farine. *Le bébé ne veut plus manger sa bouillie.*
LOCUTIONS
– ***C'est de la bouillie pour les chats.*** Cela n'a aucun sens, c'est absurde.
– ***En bouillie.*** (FAM.) Complètement détruit. *Ma bicyclette est en bouillie.* SYN. démoli; écrabouillé; écrasé.
✏ bouillie.

BOUILLIR v. tr., intr.
VERBE TRANSITIF
Amener un liquide à ébullition. *Il faut bouillir l'eau 20 minutes avant de la boire.*
VERBE INTRANSITIF
1. Être en ébullition. *Le lait bout* (et non *bouillit, *bouille).
2. (FIG.) S'impatienter, s'emporter. *Après deux heures d'attente, Alain bouillait d'impatience.*
CONJUGAISON : VOIR MODÈLE BOUILLIR.
✏ bouillir.

BOUILLOIRE n. f.
Récipient destiné à faire bouillir de l'eau. *Une bouilloire électrique.*
✏ bouilloire.

BOUILLON n. m.
1. Bulles d'un liquide en ébullition. *Cuire à gros bouillons.*
2. Jus de viande, de légumes. *Ils ont pris un bon bouillon de poulet bien chaud.*
✏ bouillon.

BOUILLONNANT, ANTE adj.
Qui bouillonne. *Des flots bouillonnants.*
✏ bouillonnant.

BOUILLONNEMENT n. m.
Mouvement d'un liquide qui bout.
✏ bouillonnement.

BOUILLONNER v. intr.
1. Produire des bouillons. *L'eau bouillonnait.*
2. (FIG.) S'agiter violemment. *Ses parents bouillonnaient de colère, car Alain avait fait une grosse bêtise.* SYN. s'emporter.
CONJUGAISON : VOIR MODÈLE AIMER.
✏ bouillonner.

BOUILLOTTE n. f.
1. Récipient destiné à faire bouillir de l'eau.
2. Récipient que l'on remplit d'eau bouillante pour réchauffer un lit.
✏ bouillotte.

boul.
Abréviation de ***boulevard.***

BOULANGE n. f.
Action de pétrir et de cuire le pain.

BOULANGER n. m.
BOULANGÈRE n. f.
Personne qui fait et vend le pain.

BOULANGER v. tr.
Faire du pain.
CONJUGAISON : VOIR MODÈLE CHANGER.

BOULANGERIE n. f.
Boutique où l'on cuit et vend le pain. *La bonne odeur du pain chaud parfume la boulangerie.*

BOULE n. f.
Corps rond. *Une boule de neige. Un cornet à trois boules.* SYN. sphère.
LOCUTIONS
– ***Avoir les nerfs en boule.*** Être très énervé.
– ***Avoir une boule dans la gorge.*** Avoir la gorge serrée par l'émotion.
– ***Boule de neige.*** Balle formée avec de la neige. *Lancer des boules de neige.* SYN. ⚜ balle de neige.
– ***Faire boule de neige.*** (FIG.) Prendre de l'ampleur rapidement. SYN. faire tache d'huile.
– ***Perdre la boule.*** Perdre la tête, devenir fou.
FORME FAUTIVE
*boule(s) à mites. Calque de «*mothballs*» pour ***naphtaline.***

BOULEAU n. m. (pl. *bouleaux*)
Arbre à écorce blanche argentée. *Des bouleaux cernaient la propriété.*
HOM. ***boulot***, travail.

BOULEDOGUE n. m.
Variété de chien de petite taille à museau aplati.
☞ Ce nom est la forme francisée de l'anglais «*bulldog*».

BOULER v. intr.
Rouler comme une boule.
CONJUGAISON : VOIR MODÈLE AIMER.

BOULET n. m.
1. Projectile dont on chargeait les canons.
2. Boule de métal qu'on attachait aux pieds de certains condamnés.
3. (FIG.) Obligation pénible. *Ces travaux sont un boulet pour lui.* SYN. pensum.
LOCUTIONS
– ***Comme un boulet de canon.*** Subitement, très rapidement. SYN. en trombe.
– ***Tirer à boulets rouges sur quelqu'un.*** (FIG.) L'attaquer violemment.

BOULETTE n. f.
1. Petite boule. *Les enfants ont mangé des boulettes de steak haché.*
2. (FAM.) Bêtise. *Faire une boulette.* SYN. bévue; bourde; erreur.

CONJUGAISON DU VERBE **BOUILLIR**

INDICATIF

PRÉSENT		PASSÉ COMPOSÉ		
je	bous	j'	ai	bouilli
tu	bous	tu	as	bouilli
elle	bout	elle	a	bouilli
il	bout	il	a	bouilli
nous	bouillons	nous	avons	bouilli
vous	bouillez	vous	avez	bouilli
elles	bouillent	elles	ont	bouilli
ils	bouillent	ils	ont	bouilli

IMPARFAIT		PLUS-QUE-PARFAIT		
je	bouillais	j'	avais	bouilli
tu	bouillais	tu	avais	bouilli
elle	bouillait	elle	avait	bouilli
il	bouillait	il	avait	bouilli
nous	bouillions	nous	avions	bouilli
vous	bouilliez	vous	aviez	bouilli
elles	bouillaient	elles	avaient	bouilli
ils	bouillaient	ils	avaient	bouilli

PASSÉ SIMPLE		PASSÉ ANTÉRIEUR		
je	bouillis	j'	eus	bouilli
tu	bouillis	tu	eus	bouilli
elle	bouillit	elle	eut	bouilli
il	bouillit	il	eut	bouilli
nous	bouillîmes	nous	eûmes	bouilli
vous	bouillîtes	vous	eûtes	bouilli
elles	bouillirent	elles	eurent	bouilli
ils	bouillirent	ils	eurent	bouilli

FUTUR SIMPLE		FUTUR ANTÉRIEUR		
je	bouillirai	j'	aurai	bouilli
tu	bouilliras	tu	auras	bouilli
elle	bouillira	elle	aura	bouilli
il	bouillira	il	aura	bouilli
nous	bouillirons	nous	aurons	bouilli
vous	bouillirez	vous	aurez	bouilli
elles	bouilliront	elles	auront	bouilli
ils	bouilliront	ils	auront	bouilli

CONDITIONNEL PRÉSENT		CONDITIONNEL PASSÉ		
je	bouillirais	j'	aurais	bouilli
tu	bouillirais	tu	aurais	bouilli
elle	bouillirait	elle	aurait	bouilli
il	bouillirait	il	aurait	bouilli
nous	bouillirions	nous	aurions	bouilli
vous	bouilliriez	vous	auriez	bouilli
elles	bouilliraient	elles	auraient	bouilli
ils	bouilliraient	ils	auraient	bouilli

SUBJONCTIF

PRÉSENT			PASSÉ			
que	je	bouille	que	j'	aie	bouilli
que	tu	bouilles	que	tu	aies	bouilli
qu'	elle	bouille	qu'	elle	ait	bouilli
qu'	il	bouille	qu'	il	ait	bouilli
que	nous	bouillions	que	nous	ayons	bouilli
que	vous	bouilliez	que	vous	ayez	bouilli
qu'	elles	bouillent	qu'	elles	aient	bouilli
qu'	ils	bouillent	qu'	ils	aient	bouilli

IMPARFAIT			PLUS-QUE-PARFAIT			
que	je	bouillisse	que	j'	eusse	bouilli
que	tu	bouillisses	que	tu	eusses	bouilli
qu'	elle	bouillît	qu'	elle	eût	bouilli
qu'	il	bouillît	qu'	il	eût	bouilli
que	nous	bouillissions	que	nous	eussions	bouilli
que	vous	bouillissiez	que	vous	eussiez	bouilli
qu'	elles	bouillissent	qu'	elles	eussent	bouilli
qu'	ils	bouillissent	qu'	ils	eussent	bouilli

IMPÉRATIF

PRÉSENT	PASSÉ	
bous	aie	bouilli
bouillons	ayons	bouilli
bouillez	ayez	bouilli

INFINITIF

PRÉSENT	PASSÉ
bouillir	avoir bouilli

PARTICIPE

PRÉSENT	PASSÉ
bouillant	bouilli, ie ayant bouilli

BOULEVARD n. m.
Abréviations ***bd***, ***b^d*** ou ***boul.*** (seule la dernière forme s'écrit avec un point).
Artère à grand débit de circulation reliant diverses parties d'un ensemble urbain et comportant habituellement au moins quatre voies, souvent séparées par un terre-plein (Recomm. off.). *Nous habitons boulevard des Laurentides, alors que nos amis louent un appartement sur le boulevard Saint-Laurent.*
Le complément composé du mot ***boulevard*** se construit avec la préposition ***sur***; le complément composé du nom ***avenue*** est généralement introduit par la préposition ***sur,*** mais l'emploi de la préposition ***dans*** est également possible. *Elles marchent sur l'avenue des Érables, ils roulent dans l'avenue des Marguerites.* Par contre, le nom ***rue*** est toujours introduit par la préposition ***dans.***
[T] Les mots génériques des noms de voies de circulation ou odonymes (***avenue, boulevard, chemin, côte, place, route, rue,*** etc.) s'écrivent avec une minuscule et sont suivis du nom spécifique, qui s'écrit avec une ou des majuscules. *Le boulevard René-Lévesque, le boulevard Martin.* Suivi d'un odonyme, le verbe ***habiter*** se construit sans préposition. *Marie-Ève habite 7, avenue Antonine-Maillet.*
VOIR TABLEAU – ODONYMES.
LOCUTION
– ***Théâtre de boulevard.*** Théâtre de caractère léger où dominent le vaudeville et la comédie.

BOULEVARDIER, IÈRE adj.
Relatif au théâtre de boulevard. *Une comédie boulevardière.*

BOULEVERSANT, ANTE adj.
Émouvant. *Ces récits sont bouleversants.* SYN. attendrissant; poignant; touchant.

BOULEVERSEMENT n. m.
Action de bouleverser; état qui en résulte. *L'économie du XXIe impose d'énormes bouleversements.* SYN. changement; mutation.

BOULEVERSER v. tr.
1. Modifier complètement de façon brutale. *L'horaire a été bouleversé par cet incident.* SYN. (FAM.) chambarder; déranger; perturber.
2. Émouvoir violemment et péniblement. *Elle a été bouleversée par la nouvelle. «Ô cœurs bouleversés de cris/Depuis si longtemps arrachés»* (Alain Grandbois, *Les Îles de la nuit*). SYN. consterner; ébranler; retourner; secouer; troubler.
CONJUGAISON : VOIR MODÈLE AIMER.

BOULIER n. m.
Appareil comportant des boules glissant sur des tiges et dont on se sert pour compter ou pour apprendre à compter.

BOULIMIE n. f.
Besoin pathologique d'absorber de grandes quantités de nourriture.
boulimie.

BOULIMIQUE adj. et n. m. et f.
ADJECTIF
Relatif à la boulimie.
NOM MASCULIN ET FÉMININ
Personne atteinte de boulimie.

BOULINGRIN n. m.
Parterre de gazon pour jouer aux boules.
Ce nom est la forme francisée de l'expression anglaise «*bowling-green*».

BOULOCHER v. intr.
En parlant d'un tricot, d'un tissu, former de petites boules de fibres à l'usure. *Ce tricot ne boulochera pas.*
CONJUGAISON : VOIR MODÈLE AIMER.

BOULODROME n. m.
Parterre réservé au jeu de boules.

BOULON n. m.
Tige fixée par un écrou. *Le ministère des Transports a révélé que le train d'atterrissage ne s'était pas déployé en raison d'un boulon manquant* (et non d'une *bolt manquante).
Ne pas confondre avec le nom ***vis,*** tige filetée qui se fixe sans écrou.

BOULONNAGE n. m.
Action de boulonner; son résultat.

BOULONNER v. tr., intr.
VERBE TRANSITIF
Fixer avec des boulons.
VERBE INTRANSITIF
(FAM.) Travailler durement. SYN. (FAM.) bosser; bûcher.
CONJUGAISON : VOIR MODÈLE AIMER.

BOULONNERIE n. f.
Industrie et commerce des boulons et accessoires.

BOULOT, OTTE adj. et n. m.
ADJECTIF
(FAM.) Se dit d'une personne petite et rondelette. *Elle est un peu boulotte.* SYN. grassouillet; rond.
NOM MASCULIN
(FAM.) Travail. *Au boulot! Nous sommes déjà en retard.*
HOM. ***bouleau,*** arbre.

BOUM interj. et n. m. et f.
INTERJECTION
Onomatopée pour exprimer ce qui tombe, explose. *Boum! le feu d'artifice vient de commencer : la première fusée a explosé!*
[T] L'interjection est toujours suivie d'un point d'exclamation qui est souvent repris à la fin de la phrase. Si la phrase exclamative n'est pas complète, le mot qui suit le point d'exclamation s'écrit avec une minuscule initiale.
NOM MASCULIN
1. Bruit. *On a entendu des boums gigantesques.*
2. Développement considérable. *Le boum immobilier.*
NOM FÉMININ
(FAM.) Surprise-partie. *Elle a organisé une boum extraordinaire.*

***BOUNCER**
Anglicisme pour ***videur.***

BOUQUET n. m.
1. Assemblage de fleurs, d'herbes aromatiques. *Un bouquet de lilas.*
2. Parfum du vin. *Hume le bouquet de ce vin vieux de vingt ans.*
LOCUTIONS
– ***Bouquet garni.*** Ensemble de plantes aromatiques (thym, laurier, persil, etc.) que l'on fait cuire avec certains aliments.
– ***C'est le bouquet!*** (FAM.) C'est le comble.

BOUQUETIÈRE n. f.
Personne qui vend des bouquets de fleurs.

BOUQUIN n. m.
1. Vieux bouc.
2. (FAM.) Livre. *La bibliothécaire est toujours plongée dans ses bouquins.*
Ce nom est familier; dans un style soigné, on écrira plutôt ***livre.***

BOUQUINER v. intr.
1. Consulter, rechercher de vieux livres.
2. (FAM.) Lire. *Elle adore bouquiner.*
3. S'accoupler, en parlant du lapin.
CONJUGAISON : VOIR MODÈLE AIMER.

BOUQUINERIE n. f.
Commerce de vieux livres.

BOUQUINEUR, EUSE n. m. et f.
Personne qui aime lire.

BOUQUINISTE n. m. et f.
Marchand de vieux livres.

BOURBE n. f.
Vase, boue.

BOURBEUX, EUSE adj.
Plein de bourbe. SYN. boueux.

BOURBIER n. m.
1. (FIG.) Endroit creux rempli de bourbe.
2. (FIG.) Situation inextricable. SYN. (FIG.) cul-de-sac; impasse.

BOURBON n. m.
Whisky américain.

BOURDE n. f.
(FAM.) Bêtise, grosse erreur. SYN. bévue; gaffe.

BOURDON n. m.
1. Insecte qui ressemble à l'abeille.
Le mâle de l'abeille est le ***faux bourdon.***
2. Grosse cloche d'une cathédrale, d'une basilique.
Ne pas confondre avec les noms suivants :
• ***carillon,*** groupe de petites cloches;
• ***clochette,*** petite cloche;
• ***sonnette,*** timbre, sonnerie électrique.

BOURDONNANT, ANTE adj.
Qui bourdonne. *L'école est bourdonnante d'activités.*

BOURDONNEMENT n. m.
Murmure sourd. *Le bourdonnement des abeilles, le bourdonnement d'un moteur.*

BOURDONNER v. intr.
Bruire sourdement. *L'abeille bourdonne. « Les insectes bourdonnaient gaiement en voletant de massif en massif»* (Gabrielle Roy, *La Détresse et l'Enchantement*).
CONJUGAISON : VOIR MODÈLE AIMER.

BOURG n. m.
Gros village où se tiennent ordinairement des marchés.
HOM. ***bourre,*** matière servant à bourrer.
bour**g**.

BOURGADE n. f.
Village assez étendu, mais dont les maisons sont espacées.

BOURGEOIS, OISE adj. et n. m. et f.
ADJECTIF
1. Qui appartient à la bourgeoisie.
2. Qui a des valeurs conservatrices. *Une mentalité bourgeoise.*
3. Simple et bon. *Cuisine bourgeoise.*
NOM MASCULIN ET FÉMININ
Personne dont les revenus sont assez élevés et qui a une mentalité assez traditionnelle.
bourgeois.

BOURGEOISEMENT adv.
De façon bourgeoise.
bourgeoisement.

BOURGEOISIE n. f.
1. Classe des bourgeois.
2. Classe dominante.
bourgeoisie.

BOURGEON n. m.
Bouton d'où sortent les feuilles, les fleurs. *Au printemps, les bourgeons sont bienvenus : ils annoncent la venue des feuilles.*
bourgeon.

BOURGEONNEMENT n. m.
Formation de bourgeons.
bourgeonnement.

BOURGEONNER v. intr.
Produire des bourgeons, en parlant d'une plante. *L'hiver achève, les arbres commencent à bourgeonner.*
CONJUGAISON : VOIR MODÈLE AIMER.
bourgeonner.

BOURGMESTRE n. m.
Le ***g*** se prononce, [burgmɛstr].
Maire, en Belgique et en Suisse.

BOURGOGNE adj. inv. et n. m.
NOM MASCULIN
Vin de Bourgogne. *Acheter un bon bourgogne.*
T Le nom qui désigne le vin s'écrit avec une minuscule, celui qui désigne la région prend une majuscule.
ADJECTIF DE COULEUR INVARIABLE
De la couleur du vin de Bourgogne. *Des gants bourgogne.* SYN. bordeaux.
VOIR TABLEAU – COULEUR (ADJECTIFS DE).

BOURGUIGNON, ONNE adj.
De la Bourgogne.
T L'adjectif s'écrit avec une minuscule; le nom, avec une majuscule.
LOCUTION
– ***Bœuf bourguignon.*** Bœuf cuit au vin rouge.

BOURLINGUER v. intr.
1. Avancer péniblement en luttant contre une grosse mer (en parlant d'un navire).
2. Naviguer beaucoup (en parlant d'un marin). *Il a bourlingué longtemps.*
3. (FIG.) (FAM.) Voyager beaucoup, mener une vie aventureuse.
CONJUGAISON : VOIR MODÈLE AIMER.
Ce verbe s'écrit toujours avec un ***u,*** même devant les lettres ***a*** et ***o.*** *Il bourlingua, nous bourlinguons.*

BOURLINGUEUR, EUSE n. m. et f.
(FAM.) Personne qui bourlingue.

BOURRACHE n. f.
Plante à grandes fleurs bleues dont on fait des tisanes.

BOURRADE n. f.
Coup brusque. *Une bourrade amicale.* SYN. poussée.

BOURRAGE n. m.
1. Action de bourrer. *Le bourrage d'un coussin.*
2. Matière qui bourre. SYN. bourre.
LOCUTIONS
– ***Bourrage de crâne.*** (FIG.) Étude intensive axée uniquement sur la réussite aux examens. SYN. bachotage.
– ***Bourrage de crâne.*** (FIG.) Répétition insistante d'un message. SYN. matraquage.

BOURRASQUE n. f.
(MÉTÉOROL.) Coup de vent violent et de courte durée. *Ces bourrasques soulèvent la neige, et la visibilité est réduite.*
Ne pas confondre avec les noms suivants :
• ***cyclone,*** tempête caractérisée par un puissant tourbillon destructeur et des pluies abondantes; en ce sens, c'est le nom ***ouragan*** qui est employé au Québec et dans la francophonie canadienne;
• ***tornade,*** dépression atmosphérique tourbillonnaire très intense, mais de petite dimension et de courte durée;
• ***trombe,*** colonne tourbillonnante qui soulève les eaux et déverse des torrents de pluie.
FORME FAUTIVE
*bourrasque de vent. Pléonasme pour ***bourrasque, coup de vent.***

BOURRATIF, IVE adj.
(FAM.) Se dit d'un aliment qui alourdit l'estomac.

BOURRE n. f.
Matière servant à bourrer (les coussins, les matelas, etc.).
HOM. ***bourg,*** gros village.

BOURREAU n. m. (pl. *bourreaux*)
Personne chargée d'exécuter la peine de mort. *Des bourreaux impassibles.*

B

LOCUTION
– ***Bourreau de travail.*** (FIG.) (FAM.) Travailleur acharné. *Des bourreaux de travail exigeants.*

BOURRÉE n. f.
Danse du folklore auvergnat.

BOURRÈLEMENT n. m.
(LITT.) Douleur morale. *Le bourrèlement du remords.* SYN. tourment.

BOURRELER v. tr.
Torturer moralement.
Ce verbe ne s'emploie plus que dans l'expression ***bourrelé*** (et non *bourré) ***de remords.***
CONJUGAISON : VOIR MODÈLE APPELER.
Redoublement du ***l*** devant un ***e*** muet. *Je bourrelle, je bourrellerai,* mais *je bourrelais.*

BOURRELET n. m.
1. Coussin rempli de bourre.
2. Pli arrondi de certaines parties du corps. *Un bourrelet à la taille.*

BOURRELIER, IÈRE n. m. et f.
Artisan qui fabrique et vend des harnais, des sacs, des courroies, etc.

BOURRELLERIE n. f.
Commerce des harnais, des sacs, des courroies.

BOURRER v. tr., pronom.
VERBE TRANSITIF
Remplir complètement en tassant. *Grand-papa bourre sa pipe de tabac.* SYN. tasser.
VERBE PRONOMINAL
(FAM.) Manger avec excès. *Les enfants se sont bourrés de chocolat.* SYN. s'empiffrer.
À la forme pronominale, le participe passé de ce verbe s'accorde en genre et en nombre avec le complément direct si celui-ci le précède. *Elles se sont bourrées de coups.* Le participe passé reste invariable si le complément direct suit le verbe. *Ils se sont bourré le crâne.*
FORME FAUTIVE
*être bourré de remords. Impropriété pour ***être bourrelé de remords.***
CONJUGAISON : VOIR MODÈLE AIMER.

BOURRICHE n. f.
Panier à gibier.

BOURRICOT ou **BOURRIQUOT** n. m.
Petit âne.

BOURRIN n. m.
(FAM.) Cheval.

BOURRIQUE n. f.
1. Mauvais âne.
2. (FAM.) Personne bête et têtue.

BOURRIQUET n. m.
Ânon.

BOURRU, UE adj.
D'un abord rude et renfrogné. *« Merci », répondit-il d'un ton bourru.* SYN. désagréable ; grognon. ANT. aimable ; gentil.
bourru.

BOURSE n. f.
1. Petit sac destiné à contenir de l'argent. *Une bourse remplie de pièces d'or.*
2. Marché où se concluent des opérations sur des valeurs mobilières. *Jouer à la Bourse, action cotée en Bourse, à la Bourse de New York.*
T Dans ce deuxième sens, le nom ***bourse*** prend une majuscule.
LOCUTIONS
– ***À la portée de toutes les bourses.*** D'un prix raisonnable.
– ***Bourse d'études.*** Somme accordée à un étudiant. *Grâce à une scolarité brillante, il obtint une prestigieuse bourse d'études. Elle a bénéficié d'une généreuse bourse d'études. Accorder, attribuer, offrir, proposer, renouveler des bourses d'études importantes, modestes.*
– ***Sans bourse délier.*** Gratuitement. *Ils assisteront au spectacle sans bourse délier.*
– ***Tenir les cordons de la bourse.*** Gérer les finances.
FORME FAUTIVE
*bourse. Impropriété au sens de ***sac à main.***

BOURSICOTAGE n. m.
Action, fait de boursicoter.

BOURSICOTER v. intr.
Se livrer à de petites opérations à la Bourse.
CONJUGAISON : VOIR MODÈLE AIMER.

BOURSICOTEUR, EUSE n. m. et f.
Personne qui boursicote. SYN. boursicotier.

BOURSIER, IÈRE adj. et n. m. et f.
ADJECTIF
Relatif à la Bourse. *Des opérations boursières.*
NOM MASCULIN ET FÉMININ
Personne qui jouit d'une bourse d'études.

BOURSOUFLÉ, ÉE ou **BOURSOUFFLÉ, ÉE** adj.
Enflé. *À cause des médicaments qu'elle doit prendre, son visage est boursouflé* ou *boursoufflé.* SYN. bouffi ; gonflé.

BOURSOUFLEMENT ou **BOURSOUFFLEMENT** ou **BOURSOUFLAGE** ou **BOURSOUFFLAGE** n. m.
Fait de boursoufler.

BOURSOUFLER ou **BOURSOUFFLER** v. tr.
Rendre enflé. *La maladie a boursouflé* ou *boursoufflé ses traits.*
CONJUGAISON : VOIR MODÈLE AIMER.

BOURSOUFLURE ou **BOURSOUFFLURE** n. f.
Gonflement. *Ce revêtement mural présente des boursouflures* ou *boursoufflures.*

BOUSCULADE n. f.
Remous désordonnés d'une foule. *Il y a eu des bousculades quand les manifestants ont été dispersés.* SYN. cohue.

BOUSCULER v. tr., pronom.
VERBE TRANSITIF
1. Heurter violemment (des personnes) par inadvertance. SYN. accrocher ; frapper ; pousser.
2. Presser, brusquer. *Ne me bousculez pas, je ne peux travailler comme ça.*
3. (FIG.) Renverser. *Cette découverte a bousculé toutes les théories.* SYN. bouleverser ; modifier ; transformer.
VERBE PRONOMINAL
Se pousser, se heurter de façon désordonnée. *Ne vous bousculez pas pour monter dans l'autobus !*
À la forme pronominale, le participe passé de ce verbe s'accorde toujours en genre et en nombre avec son sujet. *Les élèves se sont bousculés pendant tout le trajet.*
CONJUGAISON : VOIR MODÈLE AIMER.

BOUSILLAGE n. m.
Action de bousiller.

BOUSILLER v. tr.
1. (FAM.) Faire précipitamment et sans soin.
2. (FAM.) Démolir. *Julien a bousillé sa voiture téléguidée.* SYN. abîmer.
CONJUGAISON : VOIR MODÈLE AIMER.
Les lettres ***ill*** sont suivies d'un ***i*** à la première et à la deuxième personne du pluriel de l'indicatif imparfait et du subjonctif présent. *(Que) nous bousillions, (que) vous bousilliez.*

BOUSILLEUR, EUSE n. m. et f.
Personne qui bousille (quelque chose).

BOUSSOLE n. f.
Cadran muni d'une aiguille aimantée et dont une des pointes indique le nord magnétique, en vue de permettre au marin, au voyageur de s'orienter.
boussole, deux *s*, un *l*.

BOUSTIFAILLE n. f.
(FAM.) Nourriture.
Ce terme est très familier; dans un style plus recherché, on préférera les mots ***nourriture, repas.***

BOUT n. m.
1. Extrémité. *Le bout du bâton est peint en rouge. Le bout du tunnel.* SYN. fin.
2. Petit morceau. *Un bout de papier, des bouts de bois.* SYN. pièce.
LOCUTIONS
– ***À tout bout de champ.*** Constamment.
– ***Au bout du compte.*** Après tout.
– ***Avoir un mot sur le bout de la langue.*** (FIG.) Avoir un trou de mémoire à propos d'un mot tout en le connaissant.
– ***Avoir, tenir le gros bout du bâton.*** (FIG.) Être dans une position de force.
– ***Bout de chou.*** Petit enfant. *La garderie est remplie de bouts de chou en pleine forme.*
– ***Brûler la chandelle par les deux bouts.*** (FIG.) Gaspiller sa santé, faire des dépenses excessives.
– ***Être à bout.*** Être épuisé.
– ***Joindre les deux bouts.*** (FIG.) Équilibrer son budget.
– ***Pousser à bout.*** Impatienter, provoquer la colère de quelqu'un. *Ne poussez pas à bout le professeur.*
– ***Tenir le bon bout.*** (FIG.) Être gagnant.
– ***Venir à bout de.*** Triompher, l'emporter.
FORME FAUTIVE
*en bout de ligne, en bout de piste. Impropriété pour ***au bout du compte, en définitive, en fin de compte, finalement, somme toute, tout compte fait.***
HOM. ***boue,*** mélange d'eau et de terre.
bout.

BOUTADE n. f.
Paroles dites pour s'amuser. *Rassure-toi, ce n'est qu'une boutade !* SYN. plaisanterie.

BOUTE-EN-TRAIN n. m. inv. (pl. *boute-en-train*)
Personne enjouée qui anime une soirée, un groupe. *Elle est un vrai boute-en-train.* SYN. blagueur; farceur.
Ce nom est toujours masculin.
[Les *Rectifications* (1990) admettent : un boutentrain, des boutentrains.]

BOUTEILLE n. f.
1. Récipient, généralement en verre, destiné à contenir un liquide, un gaz sous pression. *Une bouteille de boisson gazeuse. Le plongeur descend sous l'eau avec sa bouteille* (et non *bonbonne) *d'oxygène.*
2. Contenu d'une bouteille. *Boire une bouteille de champagne.*
Certains formats de bouteilles ont reçu des appellations particulières, originellement pour le champagne :
– la ***bouteille de vin*** contient de 70 à 75 décilitres;
– le ***magnum*** comprend 2 bouteilles de champagne, d'eau minérale, etc. (1,5 à 1,6 litre);
– le ***jéroboam*** représente 4 bouteilles (3 litres);
– le ***mathusalem*** contient 8 bouteilles (6 litres);
– le ***balthazar*** ou ***balthasar*** équivaut à 16 bouteilles (12 litres);
– le ***nabuchodonosor*** correspond à plus de 20 bouteilles (16 litres).
LOCUTIONS
– ***Avec des si, on mettrait Paris en bouteille.*** On peut supposer n'importe quoi, mais ce n'est pas nécessairement la réalité.
– ***Bouteille non consignée.***
VOIR – JETABLE.

BOUTEILLER ou **BOUTILLIER** n. m.
(ANCIENN.) Maître échanson.

BOUTER v. tr.
(VX) Chasser (d'un lieu).
CONJUGAISON : VOIR MODÈLE AIMER.

BOUTEUR n. m.
Engin de terrassement constitué par un tracteur à chenilles équipé à l'avant d'une lame, servant à pousser des terres ou d'autres matériaux. *Pour niveler le sol, il faudra un bouteur.*
Le nom ***bulldozer*** est couramment utilisé en ce sens.

BOUT-FILTRE n. m. (pl. *bouts-filtres*)
Filtre destiné à absorber la nicotine d'une cigarette.

BOUTIQUE n. f.
1. Lieu où un commerçant expose et vend sa marchandise. *Ce centre commercial regroupe 50 boutiques.*
2. Magasin de prêt-à-porter. *Une boutique élégante.*
LOCUTION
– ***Boutique franche.*** Boutique située dans une zone où les marchandises sont exemptes de droits de douane. *Acheter des cigarettes dans une boutique franche* (et non dans une *duty free shop).

BOUTIQUIER, IÈRE adj. et n. m. et f.
ADJECTIF
(PÉJ.) De boutique.
NOM MASCULIN ET FÉMININ
Personne qui tient une boutique.

BOUTON n. m.
1. Bourgeon. *Des boutons de rose.*
2. Petite pièce généralement ronde, qui sert à fixer un vêtement. *Des boutons de nacre.*
3. Petite lésion de la peau. *L'herbe à puce donne des boutons.*
4. Commande d'un appareil. *Il suffit de tourner le bouton, et tout démarre. Les boutons « marche, arrêt »* (et non *on, *off). SYN. commutateur.
5. Partie saillante mobile d'un objet, généralement circulaire, servant à actionner un mécanisme, à ouvrir, à fermer quelque chose. *Des boutons de tiroir, un bouton de porte.*
6. (INFORM.) Élément d'une interface utilisateur graphique qui peut être activé grâce à un dispositif de pointage tel que la souris ou grâce à une combinaison de touches de clavier, afin d'envoyer une commande, lancer une action ou, en général, dialoguer avec le système ou le logiciel d'application (GDT). *Les boutons sont très utilisés dans les boîtes de dialogue et dans les barres d'outils.* SYN. bouton de commande.

BOUTON-D'OR n. m. (pl. *boutons-d'or*)
Renoncule des prés à fleurs jaunes.

BOUTONNAGE n. m.
Action de boutonner. *Une veste à double boutonnage.*

BOUTONNER v. tr., intr. ou pronom.
VERBE TRANSITIF
Attacher au moyen de boutons. *Boutonne ton manteau, il fait froid !*
VERBE INTRANSITIF OU PRONOMINAL
Se fermer avec des boutons. *Cette robe boutonne* ou *se boutonne par-derrière.*
Ce verbe s'emploie à la forme intransitive ou, plus fréquemment, à la forme pronominale.
À la forme pronominale, le participe passé de ce verbe s'accorde toujours en genre et en nombre avec son sujet. *Pour l'entrevue, elle s'était boutonnée jusqu'au cou.*
CONJUGAISON : VOIR MODÈLE AIMER.

BOUTONNEUX, EUSE adj.
Qui a des boutons. *Un garçon boutonneux.*

BOUTONNIÈRE n. f.
Fente faite à un vêtement pour y passer un bouton.

BOUTON-PRESSION n. m. (pl. *boutons-pression*)
Système de fermeture composé d'un petit bouton qui entre par pression dans un œillet métallique. *Un bouton-pression* (et non une *snap).

BOUTURAGE n. m.
Action de multiplier des végétaux par boutures.

BOUTURE n. f.
Partie d'un végétal coupée et plantée pour donner une nouvelle plante.

BOUTURER v. tr.
Reproduire par boutures.
CONJUGAISON : VOIR MODÈLE AIMER.

BOUVETER v. tr.
Le ***e*** central est muet, [buvte].
Faire des rainures dans le bois. *Des planches bouvetées.*
CONJUGAISON : VOIR MODÈLE APPELER.
Redoublement du ***t*** devant un ***e*** muet. *Je bouvette, je bouvetterai*, mais *je bouvetais.*
[Les *Rectifications* (1990) admettent : il bouvète, bouvètera, bouvèterait...]

BOUVETEUSE n. f.
Le ***e*** central est muet, [buvtøz].
Machine à bouveter le bois.

BOUVIER, IÈRE n. m. et f.
NOM MASCULIN ET FÉMININ
Personne qui soigne les bœufs.
NOM MASCULIN
Chien de berger.

BOUVILLON n. m.
Jeune bœuf castré.

BOUVREUIL n. m.
Oiseau à gorge rose et à tête noire.

BOUZOUKI n. m. (pl. *bouzoukis*)
Instrument de musique de la famille du luth, à long manche et à caisse bombée, utilisé en Grèce. *Le bouzouki (un luth composé de huit cordes métalliques) diffuse sa musique d'un coin de rue à l'autre d'Athènes, sur les terrasses soudain bondées, car le soleil s'est couché.*

BOVIDÉS n. m. pl.
Le ***o*** est ouvert, [bɔvide].
Famille de mammifères ruminants. *Le bœuf appartient à la famille des bovidés.*

BOVIN, INE adj. et n. m.
Le ***o*** est ouvert, [bɔvɛ̃, in].
Qui se rapporte au bœuf. *Les espèces bovines. Les bovins (bœufs, vaches, veaux).*

***BOWLING**
Anglicisme pour ***jeu de quilles.***

BOW-WINDOW n. m. (pl. *bow-windows*)
Ce mot se prononce à l'anglaise, [bowindo].
Fenêtre en saillie. *De grands bow-windows.*
En remplacement de ce mot, le nom suisse ***oriel*** a été proposé.

BOX n. m. (pl. *box* ou *boxes*)
Compartiment d'écurie. *Des boxes* ou *des box spacieux.*
Au pluriel, le nom s'orthographie ***box*** ou ***boxes.***

BOXE n. f.
Lutte sportive à coups de poing. *C'est un champion de boxe.*

BOXER v. tr., intr.
VERBE TRANSITIF
(FAM.) Frapper. *Il a boxé l'agresseur.*
VERBE INTRANSITIF
Pratiquer la boxe. *Il boxe depuis dix ans.*
CONJUGAISON : VOIR MODÈLE AIMER.

BOXER n. m.
Le ***r*** se prononce, [bɔksɛr].
Chien de garde. *Des boxers bien dressés.*

BOXEUR n. m.
BOXEUSE n. f.
Personne qui pratique la boxe à titre d'amateur ou de professionnel.

***BOXING DAY**
Anglicisme pour ***soldes d'après Noël.***

BOYAU n. m. (pl. *boyaux*)
Intestin d'un animal. *Des boyaux de mouton.*
LOCUTION
– ***Boyau (d'arrosage).*** Tuyau (d'arrosage). *« Des montagnes de billots que des hommes arrosaient à la journée avec de longs boyaux, dormaient dans les cours »* (Félix Leclerc, *Pieds nus dans l'aube*).

BOYCOTTAGE ou **BOYCOTT** n. m.
La première syllabe se prononce à l'anglaise, [bɔjkɔtaʒ, bɔjkɔt].
Refus systématique d'entretenir des relations économiques, politiques, etc., avec une personne, un groupe de personnes, une entreprise, un État dans le but d'exercer des pressions ou des représailles.
Le nom ***boycottage*** est la forme francisée de ***boycott.***

BOYCOTTER v. tr.
La première syllabe se prononce à l'anglaise, [bɔjkɔte].
Pratiquer le boycottage de. *Certains pays boycottaient l'Afrique du Sud en raison de ses pratiques racistes.*
CONJUGAISON : VOIR MODÈLE AIMER.
boycotter.

BOYCOTTEUR, EUSE n. m. et f.
La première syllabe se prononce à l'anglaise, [bɔjkɔtœr, øz].
Qui boycotte.

BOY-SCOUT n. m. (pl. *boy-scouts*)
La première syllabe se prononce à l'anglaise, [bɔjskut].
(VIEILLI) Scout.
On emploie généralement le nom ***scout.***
[Les *Rectifications* (1990) admettent : boyscout.]

BP
Sigle de ***bande publique.***

B. P.
Abréviation de ***boîte postale.***

BPC
Sigle de ***biphényles polychlorés.***

Br
Symbole chimique de ***brome.***

BRACELET n. m.
Anneau qui se porte au bras, au poignet. *Un bracelet en argent. Le bracelet de sa montre est en cuir.*

BRACELET-MONTRE n. m. (pl. *bracelets-montres*)
Montre fixée à un bracelet.
On note aussi l'emploi du nom ***montre-bracelet.*** *Des montres-bracelets.*

BRACONNAGE n. m.
Action de braconner.
braconnage.

BRACONNER v. intr.
Chasser sans permis en temps ou en lieux interdits. *Les chasseurs qui braconnent sont passibles de lourdes amendes.*
CONJUGAISON : VOIR MODÈLE AIMER.
braconner.

BRACONNIER, IÈRE n. m. et f.
Personne qui braconne.
⇨ braconnier.

BRADER v. tr.
1. Vendre à n'importe quel prix. *Après Noël, les marchands bradent leurs décorations de Noël.*
2. Liquider.
CONJUGAISON : VOIR MODÈLE AIMER.

BRADERIE n. f.
Vente publique de soldes, de marchandises d'occasion.

BRADYCARDIE n. f.
Ralentissement du rythme du cœur.
⇨ bradycardie.

BRAGUETTE n. f.
Ouverture verticale du pantalon, du short, sur l'avant du vêtement.

BRAHMANE n. m.
Membre de la caste sacerdotale de l'Inde.
[T] Le nom s'écrit avec une minuscule.
⇨ brahmane.

BRAHMANIQUE adj.
Relatif au brahmanisme.
⇨ brahmanique.

BRAHMANISME n. m.
Religion de l'Inde.
[T] Les noms de religions s'écrivent avec une minuscule.
⇨ brahmanisme.

BRAIES n. f. pl.
(ANCIENN.) Pantalon ample des Gaulois, des Germains, etc.

BRAILLARD, ARDE adj. et n. m. et f.
Qui ne cesse de pleurer, de se plaindre. *Ce bébé est braillard.* SYN. criard ; pleurnichard.
⇨ braillard.

BRAILLE adj. inv. et n. m.
NOM MASCULIN
Système d'écriture, par points en relief, dont se servent les aveugles. *Il connaît le braille.*
[T] Le nom de cette écriture, qui provient de son inventeur, Louis Braille, s'écrit avec une minuscule initiale.
ADJECTIF INVARIABLE
Qui est en relief, à l'usage des aveugles. *L'écriture braille.*
⇨ braille.

BRAILLEMENT n. m.
Action de brailler. SYN. pleur.
⇨ braillement.

BRAILLER v. intr.
1. (FAM.) Pleurer, crier bruyamment.
En ce sens, ce verbe demeure usuel au Québec, dans la francophonie canadienne et dans certaines régions de France, mais il n'appartient plus à l'usage courant de la majorité des locuteurs du français.
2. Crier, en parlant du paon.
CONJUGAISON : VOIR MODÈLE AIMER.
Les lettres ***ill*** sont suivies d'un ***i*** à la première et à la deuxième personne du pluriel de l'indicatif imparfait et du subjonctif présent. *(Que) nous braillions, (que) vous brailliez.*
⇨ brailler.

BRAIMENT n. m.
Cri de l'âne.

***BRAINSTORMING**
Anglicisme pour ***remue-méninges.***

***BRAIN-TRUST**
Anglicisme pour ***état-major.***

***BRAINWASHING**
Anglicisme pour ***lavage de cerveau.***

BRAIRE v. intr.
Crier, en parlant de l'âne.
CONJUGAISON : VOIR MODÈLE SOUSTRAIRE.
INDICATIF PRÉSENT *Il brait, ils braient.* IMPARFAIT *Il brayait, ils brayaient.* FUTUR *Il braira, ils brairont.* CONDITIONNEL PRÉSENT *Il brairait, ils brairaient.* PARTICIPE PASSÉ *Il a brait, ils ont brait.* PRÉSENT *Brayant.*
Ce verbe ne se conjugue qu'aux troisièmes personnes du singulier et du pluriel et il n'est pas usité à tous les temps.

B

BRAISE n. f.
Charbons ardents. *Catherine raffole des guimauves qu'elle fait griller sur la braise* ou *les braises du feu de camp.* SYN. tison.
LOCUTION
– ***Des yeux de braise.*** Des yeux noirs et brillants.

BRAISER v. tr.
Faire cuire à feu doux. *Des endives braisées.*
CONJUGAISON : VOIR MODÈLE AIMER.

BRAME ou **BRAMEMENT** n. m.
Cri du cerf ou du daim.

BRAMER v. intr.
Crier, pour un cerf, un daim.
CONJUGAISON : VOIR MODÈLE AIMER.

BRAN n. m.
La prononciation *brin est fautive. Le nom rime avec ***cran***, [krɑ̃].
1. Partie la plus grossière du son.
2. Sciure.
LOCUTION
– ***Bran de scie.*** Sciure de bois. *L'odeur du bran* (et non *brin) *de scie est agréable.*

BRANCARD n. m.
Civière à bras. *Les secouristes ont ramené le blessé sur un brancard.*

BRANCARDIER n. m.
BRANCARDIÈRE n. f.
Personne qui transporte les blessés sur des brancards.

BRANCHAGES n. m. pl.
Amas de branches. *Rapporte des branchages pour décorer la crèche de Noël.*

BRANCHE n. f.
1. Ramification de l'arbre. *L'oiseau est sur la branche.*
2. Division. *Les branches d'une science.*
LOCUTION
– ***À travers les branches.*** Par des rumeurs, par ouï-dire. *Nous avons appris à travers les branches que Mme Julien reviendrait enseigner en septembre.*
FORME FAUTIVE
*branche. Anglicisme au sens de ***succursale.***

BRANCHÉ, ÉE adj.
(FAM.) À la mode. *Êtes-vous branché ?*

BRANCHEMENT n. m.
Action de brancher, de raccorder à un réseau. *Le branchement du téléphone.* SYN. raccordement.

BRANCHER v. tr., pronom.
VERBE TRANSITIF
Raccorder, mettre en communication. *Brancher* (et non *connecter) *l'appareil d'éclairage.*
VERBE PRONOMINAL
1. Capter une émission d'un poste. *Ils se sont branchés sur Radio-Canada.*
2. (INFORM.) Pour un internaute, établir un lien de télécommunication entre son ordinateur et le réseau Internet grâce à un modem et en faisant appel à un fournisseur d'accès afin d'accéder aux ressources du réseau. *Les adolescents peuvent se brancher sur Internet pendant des heures.*

En ce sens, on privilégiera le verbe ***se brancher.*** Le verbe ***se connecter*** a un sens plus technique et fait référence davantage à la connexion physique au réseau, selon le GDT.
Aux sens 1 et 2 de la forme pronominale, le verbe se construit avec la préposition ***sur.***
3. (FAM.) Se décider. *Branchez-vous, les amis, nous sommes déjà en retard !*
À la forme pronominale, le participe passé de ce verbe s'accorde toujours en genre et en nombre avec son sujet. *Nous nous sommes branchés en un instant.*
CONJUGAISON : VOIR MODÈLE AIMER.

BRANCHETTE n. f.
Petite branche.

BRANCHIES n. f. pl.
Organes de la respiration chez les poissons. *Les branchies d'un poisson.*

BRANCHU, UE adj.
Qui a beaucoup de branches. *Un sapin branchu.*

BRANDADE n. f.
Morue pilée au mortier avec de l'huile et de l'ail.

BRANDEBOURG n. m.
Broderie sur un vêtement.

BRANDIR v. tr.
Élever avant de lancer ou de frapper. *Brandir une arme.* SYN. montrer.
CONJUGAISON : VOIR MODÈLE FINIR.

BRANDY n. m. (pl. *brandys*)
Ce mot se prononce à la française, [brɑ̃di].
Eau-de-vie.

BRANLANT, ANTE adj.
Qui manque de stabilité. *Un parapet branlant.* SYN. instable.

BRANLE n. m.
1. Mouvement d'un corps qui oscille.
2. Ancienne danse.
LOCUTION
– ***Mettre en branle.*** Mettre en mouvement.

BRANLE-BAS n. m. inv. (pl. *branle-bas*)
1. Préparatifs pour un combat naval. *Branle-bas de combat !*
2. Agitation générale. *Des branle-bas amusants.* SYN. bouleversement ; remue-ménage.
[Les *Rectifications* (1990) admettent : branlebas.]

BRANLEMENT n. m.
Mouvement de ce qui branle.

BRANLER v. tr., intr.
VERBE TRANSITIF
Agiter. *Il branlait la tête.* SYN. balancer ; secouer.
VERBE INTRANSITIF
1. Commencer à osciller. *Sa dent branle, elle va tomber.*
2. Être instable. *Cette chaise branle : il faudrait la réparer.* SYN. vaciller.
LOCUTION
– ***Branler dans le manche.*** (FAM.) (FIG.) N'être pas solide, hésiter.
CONJUGAISON : VOIR MODÈLE AIMER.

BRANLEUR ou **BRANLEUX, EUSE** n. m. et f.
Personne lente à se décider, à agir.
Au Québec, la forme masculine la plus usitée est ***branleux*** dans la langue familière.

BRAQUAGE n. m.
1. Action de tourner les roues d'une voiture, d'un véhicule.
2. (FAM.) Attaque à main armée. *Le braquage d'une banque.*

BRAQUE adj. et n. m.
ADJECTIF
(FAM.) Étourdi, un peu fou, bizarre.
NOM MASCULIN
Chien de chasse.

BRAQUER v. tr., intr., pronom.
VERBE TRANSITIF
1. Diriger vers un point. *Braquer les yeux sur quelqu'un, braquer un revolver.* SYN. pointer.
2. (FIG.) Faire adopter une attitude d'opposition. *Le parti pris des administrateurs braqua les employés contre eux.*
Le verbe se construit avec les prépositions ***contre, sur.***
VERBE INTRANSITIF
Tourner, en parlant d'un véhicule. *Cette petite voiture braque bien.*
VERBE PRONOMINAL
(FAM.) Se dresser, se cabrer. *Il s'est braqué contre la direction et personne n'a pu lui faire entendre raison.*
À la forme pronominale, le participe passé de ce verbe s'accorde toujours en genre et en nombre avec son sujet. *À l'annonce du remaniement, les ministres se sont braqués.*
CONJUGAISON : VOIR MODÈLE AIMER.

BRAS n. m.
Membre supérieur de l'être humain, qui est rattaché à l'épaule. *Ses bras sont musclés.*
LOCUTIONS
– ***À bout de bras,*** loc. adv. (FIG.) Par son seul concours, par ses seuls moyens. SYN. à la force des poignets.
– ***À bras.*** En n'employant que la force musculaire.
– ***À bras-le-corps, à bras le corps,*** loc. adv. En passant les deux bras autour du corps.
– ***À bras-le-corps, à bras le corps,*** loc. adv. (FIG.) Résolument. *Il faut prendre ce problème à bras le corps.*
– ***À bras ouverts.*** (FIG.) Avec cordialité.
– ***À tour de bras, à bras raccourcis.*** De toute sa force.
– ***Baisser les bras.*** (FIG.) Renoncer à agir. SYN. abandonner.
L'expression a une nuance péjorative.
– ***Bras de fer.*** Jeu opposant deux adversaires assis face à face, tentant chacun de rabattre le poignet de l'autre sur la table.
– ***Bras de fer.*** (FIG.) Épreuve de force. *Cette négociation entre les fonctionnaires et l'État prend l'allure d'un bras de fer.*
– ***Bras dessus, bras dessous.*** En se donnant le bras.
– ***Être le bras droit de quelqu'un.*** (FIG.) Être son principal collaborateur, sa principale collaboratrice.
– ***Les bras m'en tombent.*** (FIG.) Je suis très étonné, j'éprouve une immense surprise. SYN. tomber des nues.
– ***Rester les bras croisés.*** (FIG.) Ne pas agir.

BRASERO n. m.
Les lettres ***se*** se prononcent ***zé,*** [brazero].
Récipient métallique rempli de charbons ardents et destiné au chauffage en plein air. *Des braseros.*
[Les *Rectifications* (1990) admettent : braséro.]

BRASIER n. m.
Foyer d'incendie. *Les arbres en feu forment un énorme brasier.*

BRASSAGE n. m.
Action de brasser ; fait de brasser. *Le brassage de la bière.*

BRASSARD n. m.
Bande d'étoffe portée au bras.

BRASSE n. f.
Nage sur le ventre où l'on étend les deux bras en avant pour les écarter ensuite simultanément.

BRASSÉE n. f.
Ce qu'on peut tenir dans les deux bras. *Une brassée de bois.*

Si le sujet du verbe est un collectif précédé du déterminant indéfini ***un, une*** et suivi d'un complément au pluriel, le verbe se met au singulier lorsque l'auteur veut insister sur le tout, l'ensemble ; au pluriel, s'il veut insister sur la pluralité, la multiplicité. *Une brassée de fleurs a été cueillie, ont été cueillies.* Si le sujet du verbe est un collectif précédé du déterminant défini ***(le, la)***, d'un déterminant possessif ***(mon, ma, ton, ta, son, sa)***, d'un déterminant démonstratif ***(ce, cette)*** et s'il est suivi d'un complément au pluriel, le verbe se met généralement au singulier. *Cette brassée de chaussettes a été reprisée.*
VOIR TABLEAU – COLLECTIF.

BRASSER v. tr.
Remuer. *Elle n'a pas brassé les cartes suffisamment.* SYN. mêler.
LOCUTION
– ***Brasser des affaires.*** S'occuper de nombreuses affaires, traiter plusieurs dossiers.
FORME FAUTIVE
*syndrome du bébé brassé. Impropriété pour ***syndrome du bébé secoué.***
CONJUGAISON : VOIR MODÈLE AIMER.

BRASSERIE n. f.
1. Industrie de la fabrication de la bière.
2. Restaurant où l'on sert surtout de la bière.

BRASSEUR n. m.
BRASSEUSE n. f.
Personne qui fabrique et vend de la bière.

BRASSIÈRE n. f.
Vêtement de bébé fermé dans le dos.
FORME FAUTIVE
*brassière. Anglicisme au sens de ***soutien-gorge.***

BRAVACHE adj. et n. m. et f.
Fanfaron.

BRAVADE n. f.
Défi insolent. *Elle fit ce choix par bravade.*

BRAVE adj. et n. m. et f.
1. Courageux. *Un chevalier très brave.* SYN. hardi ; vaillant.
2. Bon, honnête. *Un brave gardien.*
Selon la place que l'adjectif occupe, son sens varie : après le mot, il signifie « courageux », avant, il a le sens de « bon ».

BRAVEMENT adv.
Avec bravoure. SYN. hardiment.

BRAVER v. tr.
Affronter sans crainte. *Ils ont bravé le danger.*
CONJUGAISON : VOIR MODÈLE AIMER.

BRAVISSIMO ! interj.
Interjection marquant une admiration enthousiaste. *Bravissimo ! c'est une réussite extraordinaire !*
L'interjection est toujours suivie d'un point d'exclamation qui est souvent repris à la fin de la phrase. Si la phrase exclamative n'est pas complète, le mot qui suit le point d'exclamation s'écrit avec une minuscule initiale.

BRAVO interj. et n. m.
INTERJECTION
Interjection marquant l'approbation, l'admiration. *Bravo ! ton texte est excellent.*
L'interjection est toujours suivie d'un point d'exclamation qui est souvent repris à la fin de la phrase. Si la phrase exclamative n'est pas complète, le mot qui suit le point d'exclamation s'écrit avec une minuscule initiale.
NOM MASCULIN
Applaudissement. *Des bravos retentissants.*
Le nom s'emploie généralement au pluriel.

BRAVOURE n. f.
Courage. SYN. audace ; intrépidité ; vaillance.

***BREAK**
Anglicisme au sens de ***pause, récréation, temps d'arrêt, vacances.***

BREAK n. m.
Le mot se prononce à l'anglaise, [brɛk].
Voiture en forme de fourgonnette.

***BREAKER**
Anglicisme pour ***disjoncteur.***

BREBIS n. f.
Le ***s*** ne se prononce pas, [brəbi].
Femelle du bélier.
VOIR TABLEAU – ANIMAUX.

BRÈCHE n. f.
Ouverture pratiquée dans un mur, une clôture.
LOCUTIONS
– ***Battre en brèche.*** (FIG.) Attaquer violemment comme pour pratiquer une brèche dans un rempart.
– ***Être toujours sur la brèche.*** (FIG.) Se battre constamment.

BRÉCHET n. m.
Sternum de l'oiseau ayant la forme d'un Y.

BREDOUILLAGE n. m.
Murmure. SYN. balbutiement ; marmonnement.

BREDOUILLE adj.
Se dit d'une personne qui a échoué dans ses recherches (de gibier, à l'origine). *Elles sont revenues bredouilles.*

BREDOUILLEMENT n. m.
Fait de bredouiller.

BREDOUILLER v. tr., intr.
VERBE TRANSITIF
Dire en bégayant. *Anne a bredouillé la réponse.*
VERBE INTRANSITIF
Parler rapidement en prononçant mal. *Sa timidité le fait bredouiller.* SYN. balbutier ; murmurer.
CONJUGAISON : VOIR MODÈLE AIMER.
Les lettres ***ill*** sont suivies d'un ***i*** à la première et à la deuxième personne du pluriel de l'indicatif imparfait et du subjonctif présent. *(Que) nous bredouillions, (que) vous bredouilliez.*

BREF, BRÈVE adj. et adv.
ADJECTIF
Court, concis. *Un texte bref.*
ADVERBE
En définitive. *Bref, passons.*

BRELAN n. m.
Réunion dans la main d'un joueur de trois cartes semblables. *Un brelan d'as, de dames.*

BRELOQUE n. f.
Petit bijou qu'on fixe à une chaîne, à un bracelet.

BRENT n. m.
Le ***t*** se prononce ; le mot rime avec ***cent*** (unité monétaire) [brɛnt].
Gisements d'hydrocarbures, en mer du Nord. *Le cours du brent correspond au prix du baril de pétrole extrait de ces gisements.*

BRÉSILIEN, IENNE adj. et n. m. et f.
ADJECTIF ET NOM MASCULIN ET FÉMININ
Du Brésil. *La lambada est une danse brésilienne. Un Brésilien, une Brésilienne.*
L'adjectif s'écrit avec une minuscule ; le nom, avec une majuscule.
NOM MASCULIN
Forme du portugais parlé au Brésil. *Jorge parle le brésilien.*
Le nom de la langue s'écrit avec une minuscule.

BRETELLE n. f.
1. (AU PLUR.) Double bande élastique qui sert à soutenir un vêtement. *Les bretelles d'un soutien-gorge, d'un pantalon.*
2. Voie qui relie une autoroute avec le réseau routier ou avec une autre autoroute (Recomm. off.). *La voiture est tombée en panne à la sortie de la bretelle* (et non *rampe).

BRETON, ONNE adj. et n. m. et f.
ADJECTIF ET NOM MASCULIN ET FÉMININ
De Bretagne. *Une crêpe bretonne. Un Breton, une Bretonne.*
T L'adjectif s'écrit avec une minuscule; le nom, avec une majuscule.
NOM MASCULIN
Langue celtique. *Loïc parle le breton.*
T Le nom de la langue s'écrit avec une minuscule.

BRETONNANT, ANTE adj.
Qui conserve les traditions bretonnes. *La Bretagne bretonnante.*

BRETZEL n. m. (pl. *bretzels*)
Biscuit en forme de huit, salé et saupoudré de graines de cumin. *Quelques bretzels* (et non *pretzels) *avec votre apéritif ?*

BREUVAGE n. m.
Médicament, philtre. *La princesse but un breuvage magique et se transforma en libellule.*
FORME FAUTIVE
*breuvage. Anglicisme au sens de ***boisson***. *Que prendrez-vous comme boisson ? — Un peu d'eau, s'il vous plaît.*

BREVET n. m.
Titre, certificat, diplôme.
LOCUTION
– ***Brevet d'invention.*** Document qui définit la propriété intellectuelle de l'inventeur et lui donne un droit exclusif d'exploitation d'une durée déterminée. *Un brevet en instance* (et non un *patent pending).

BREVETABLE adj.
Le deuxième ***e*** est muet, [brəvtabl].
Qui peut être breveté. *Une invention brevetable.*

BREVETÉ, ÉE adj.
Le deuxième ***e*** est muet, [brəvte].
Qui a obtenu un brevet, protégé par un brevet. *Un produit breveté.*

BREVETER v. tr.
Le deuxième ***e*** est muet, [brəvte].
Protéger par un brevet. *Breveter une invention.*
CONJUGAISON : VOIR MODÈLE APPELER.
Redoublement du ***t*** devant un ***e*** muet. *Je brevette, je brevetterai,* mais *je brevetais.*
[Les *Rectifications* (1990) admettent : il brevète, brevètera, brevèterait...]

BRÉVIAIRE n. m.
Livre de prières des prêtres.

BRÉVILIGNE adj.
Se dit d'une personne de petite taille aux membres courts. ANT. longiligne.

BRIBE n. f.
Petite quantité. *Ils ont appris l'histoire par bribes.*

BRIC-À-BRAC n. m. inv. (pl. *bric-à-brac*)
Rassemblement de vieux objets.
Ce nom remplace avantageusement le calque *vente de garage.

BRIC ET DE BROC (DE) loc. adv.
Avec des morceaux disparates. *Il s'est meublé de bric et de broc.*

BRICK n. m.
Voilier à voiles carrées.
brick.

BRICOLAGE n. m.
1. Passe-temps constitué par de petits travaux de réparation, de construction à la maison. *Le bricolage lui procure une grande détente.*
2. Travail peu soigné, qui manque de professionnalisme.

BRICOLE n. f.
(FAM.) Objet sans valeur. SYN. babiole; machin; truc.

BRICOLER v. tr., intr.
VERBE TRANSITIF
Réparer sommairement. *Bricoler une serrure.*
VERBE INTRANSITIF
Exécuter des travaux manuels (aménagement, réparations). *Il adore bricoler : il a construit une belle terrasse dans son jardin.*
CONJUGAISON : VOIR MODÈLE AIMER.

BRICOLEUR, EUSE n. m. et f.
Personne qui aime exécuter de petits travaux manuels.

BRIDE n. f.
Partie du harnais d'un cheval qui permet de le conduire.
LOCUTIONS
– ***À bride abattue,*** loc. adv. (FIG.) À toute vitesse.
– ***À toute bride,*** loc. adv. (FIG.) À toute vitesse.
– ***Tenir la bride.*** (FIG.) Ne pas tout permettre.

BRIDÉ, ÉE adj.
– ***Yeux bridés.*** Yeux dont les paupières sont étirées latéralement.
Le mot s'emploie surtout dans cette locution.

BRIDER v. tr.
1. Mettre la bride à un cheval. ANT. débrider.
2. Contenir, freiner. *Une imagination trop bridée.*
LOCUTION
– ***Brider une volaille.*** Ficeler une volaille pour la cuisson.
CONJUGAISON : VOIR MODÈLE AIMER.

BRIDGE n. m.
Jeu de cartes qui réunit quatre joueurs.

BRIDGER v. intr.
Jouer au bridge.
CONJUGAISON : VOIR MODÈLE CHANGER.

BRIDGEUR, EUSE n. m. et f.
Personne qui joue au bridge.

BRIE n. m.
Fromage à pâte molle de Brie. *Une tartine de brie.*
T Le nom qui désigne le fromage s'écrit avec une minuscule, tandis que le nom de la région de France s'écrit avec une majuscule.

***BRIEFING**
Anglicisme pour ***instructions, exposé, synthèse, réunion préparatoire.***

BRIÈVEMENT adv.
Rapidement. *Veuillez nous exposer la situation le plus brièvement possible.* SYN. succinctement.

BRIÈVETÉ n. f.
1. Courte durée. *La brièveté de l'été.*
2. Concision. *La brièveté d'un texte.*

BRIGADE n. f.
1. Corps de police spécialisé dans un domaine particulier.
2. Petit détachement. *Une brigade de nettoyage.*

BRIGADIER n. m.
BRIGADIÈRE n. f.
Officier, officière de rang supérieur.
LOCUTION
– ***Brigadier, brigadière scolaire.*** Personne qui aide les enfants à traverser la rue aux intersections importantes.

BRIGAND n. m.
Bandit. *Les brigands ont rançonné les voyageurs.*
Ce nom n'a pas de forme féminine.

BRIGANDAGE n. m.
Pillage, vol à main armée.

BRIGUER v. tr.
1. Solliciter avec ardeur. *Il briguera les suffrages dans notre région.*
2. Être candidat à quelque chose. *Briguer un poste.* SYN. convoiter.
CONJUGAISON : VOIR MODÈLE AIMER.
Ce verbe s'écrit toujours avec un ***u***, même devant les lettres ***a*** et ***o***. *Il brigua, nous briguons.*

BRILLAMMENT adv.
D'une manière brillante, éclatante.

BRILLANCE n. f.
Qualité de ce qui est brillant. *Le degré de brillance.*

BRILLANT, ANTE adj. et n. m.
ADJECTIF
1. Qui répand une lumière vive, intense. *Un soleil brillant.* SYN. éclatant; étincelant; luisant.
2. Qui a de l'éclat. *Des yeux brillants de joie, de fièvre, de surprise.*
3. Qui fait une vive impression sur l'esprit, l'imagination. *Un esprit brillant, une stratégie brillante.* SYN. remarquable.
NOM MASCULIN
1. Éclat. *Le brillant de ses cheveux dorés.*
2. Diamant taillé, à facettes.

BRILLANTER v. tr.
1. Tailler une pierre en brillants.
2. (LITT.) Rendre brillant.
CONJUGAISON : VOIR MODÈLE AIMER.

BRILLANTINE n. f.
Produit pour lustrer les cheveux.

BRILLANTINER v. tr.
Enduire de brillantine.
CONJUGAISON : VOIR MODÈLE AIMER.

BRILLER v. intr.
1. Projeter une lumière vive. *Des milliers d'étoiles brillaient dans le ciel. Le soleil brille.* SYN. étinceler.
2. Se distinguer. *Une entreprise brillant par son sens de l'innovation. Il brillait par son absence.*
3. (FIG.) Montrer un sentiment, une émotion. *Des yeux qui brillent de vivacité, d'intelligence, de satisfaction, de compassion, de malice.*
CONJUGAISON : VOIR MODÈLE AIMER.
Les lettres ***ill*** sont suivies d'un ***i*** à la première et à la deuxième personne du pluriel de l'indicatif imparfait et du subjonctif présent. *(Que) nous brillions, (que) vous brilliez.*

BRIMADE n. f.
Épreuve imposée par les anciens aux nouveaux (élèves, soldats).

BRIMBALEMENT n. m.
(FAM.) Agitation, balancement.

BRIMBALER v. tr.
(VIEILLI) Agiter, osciller.
Le verbe ***brimbaler*** est remplacé aujourd'hui par ***bringuebaler.***
CONJUGAISON : VOIR MODÈLE AIMER.

BRIMBORION n. m.
Petit objet. SYN. babiole; (FAM.) bricole.

BRIMER v. tr.
Faire subir des brimades à.
CONJUGAISON : VOIR MODÈLE AIMER.

BRIN n. m.
1. Tige menue. *Un brin d'herbe.*
2. (FIG.) Petite quantité. *Un brin de sel, s'il vous plaît.*
FORME FAUTIVE
*brin de scie. Impropriété pour ***bran de scie, sciure.***

BRINDILLE n. f.
Petite branche. *Un feu de brindilles.*

BRINGUE n. f.
1. (FAM.) Grande fille dégingandée.
2. (FAM.) Fête où l'on boit. *Faire la bringue.*

BRINGUEBALER ou **BRINQUEBALER** v. tr., intr.
VERBE TRANSITIF
(FAM.) Agiter, secouer.
VERBE INTRANSITIF
(FAM.) Se balancer.
CONJUGAISON : VOIR MODÈLE AIMER.

BRIO n. m.
Talent, adresse. *Ils ont réussi avec brio.* SYN. virtuosité.

BRIOCHE n. f.
Pâtisserie. *Une brioche aux raisins.*

BRIOCHÉ, ÉE adj.
Qui se rapproche de la brioche. *Du pain brioché.*

BRIQUE adj. inv. et n. f.
NOM FÉMININ
Pierre rectangulaire d'argile cuite destinée à la construction.
Le nom ***brique*** est au pluriel si l'on considère les pierres cuites. *Un mur de briques rouges.* Il est au singulier s'il s'agit de la matière. *Un immeuble en brique.*
ADJECTIF DE COULEUR INVARIABLE
D'un rouge foncé. *Des gants brique.*
VOIR TABLEAU – COULEUR (ADJECTIFS DE).
LOCUTION
– ***Attendre quelqu'un avec une brique et un fanal.*** (FAM.) Être en colère contre quelqu'un, l'attendre de pied ferme.

***BRIQUELEUR**
Impropriété pour ***briqueteur.***

BRIQUER v. tr.
(FAM.) Astiquer, nettoyer à fond. SYN. frotter.
CONJUGAISON : VOIR MODÈLE AIMER.

BRIQUETAGE n. m.
Le ***e*** central se prononce ou non, [brikətaʒ, briktaʒ].
Maçonnerie en brique(s).

BRIQUETER v. tr.
Le ***e*** central se prononce ou non, [brikəte, brikte].
Garnir avec des briques.
CONJUGAISON : VOIR MODÈLE APPELER.
Redoublement du ***t*** devant un ***e*** muet. *Je briquette, je briquetterai,* mais *nous briquetons.*
briqueter.
[Les *Rectifications* (1990) admettent : il briquète, briquètera, briquèterait...]

BRIQUETERIE n. f.
Le ***e*** de la deuxième syllabe se prononce ou non, ou se prononce ***è*** [brikətri, briktri, brikɛtri].
Fabrique de briques.
[Les *Rectifications* (1990) admettent : briquèterie.]

BRIQUETEUR n. m.
BRIQUETEUSE n. f.
Le ***e*** central se prononce ou non, [brikətœr, briktœr].
Personne qui pose des briques pour la construction de murs et d'autres ouvrages ainsi que des revêtements de briques ou de terre cuite sur des ouvrages de maçonnerie. *Une pénurie de briqueteurs* (et non *briqueleurs).
Ne pas confondre avec les noms ***briquetier, briquetière,*** personne qui produit des briques.

BRIQUETIER n. m.
BRIQUETIÈRE n. f.
Le ***e*** central se prononce ou non, [brikətje, briktje].
Personne qui produit des briques.
Ne pas confondre avec les noms ***briqueteur, briqueteuse,*** personne qui pose des briques.
briquetier.

BRIQUETTE n. f.
Petite brique composée de poussières de charbon et utilisée comme combustible. *Allume les briquettes du barbecue.*
briquette.

BRIS n. m.
1. Action de briser ou de se briser ; résultat de cette action. *La direction du musée déplore le bris accidentel de deux œuvres. Le navigateur a dû abandonner la course en raison du bris de sa quille.*
2. (DR.) Destruction avec violence. *Des bris de scellés.* SYN. rupture.
FORMES FAUTIVES
*bris de conditions. Calque de « *breach of conditions* » pour ***non-respect des conditions.***
*bris de confidentialité. Calque de «*breach of professional secrecy*» pour ***violation de la confidentialité, violation du secret professionnel.***
*bris de contrat. Calque de «*breach of contract*» pour ***rupture de contrat.***
*bris d'égalité. Calque de «*tie break*» pour ***jeu décisif*** (au tennis).
*bris de probation. Calque de «*breach of probation*» pour ***non-respect des conditions de liberté surveillée.***
*bris d'inventaire. Impropriété pour ***rupture de stock.***
*bris du lien de confiance. Calque de «*breach of faith*» pour ***déloyauté, abus de confiance.***
HOM. ***brie,*** fromage à pâte molle.
bris, avec un *s* final.

BRISANT n. m.
Écueil à fleur d'eau qui produit de l'écume.

BRISE n. f.
Vent léger. *La brise d'été fait des vaguelettes à la surface du lac.*

BRISE-
Les mots composés avec ***brise-*** s'écrivent avec un trait d'union. Au pluriel, ***brise-***, qui est un verbe, demeure invariable.

BRISÉ, ÉE adj.
1. Mis en pièces. *Un jouet brisé.* SYN. défectueux.
2. (FIG.) Accablé. *Après cette journée, elle est brisée.* SYN. rompu.
LOCUTION
– ***Ligne brisée.*** Suite de droites formant des angles.

BRISE-BÉTON n. m. (pl. *brise-béton* ou *brise-bétons*)
Appareil servant à détruire le béton par percussion.

BRISE-BISE n. m. (pl. *brise-bise* ou *brise-bises*)
Petit rideau couvrant le bas d'une fenêtre.

BRISÉES n. f. pl.
Branches rompues pour reconnaître l'endroit où est le gibier.
LOCUTION
– ***Marcher sur les brisées de quelqu'un.*** (FIG.) Marcher sur les platebandes d'une personne.

BRISE-FER adj. inv. et n. m. et f.
ADJECTIF INVARIABLE
Se dit d'une personne qui casse tout ce qu'elle touche. *Ces enfants sont brise-fer.*
NOM MASCULIN ET FÉMININ
Personne maladroite qui endommage tout. *Des brise-fer* ou *brise-fers insupportables. Une brise-fer incorrigible.* SYN. brise-tout.

BRISE-GLACE(S) n. m. (pl. *brise-glace* ou *brise-glaces*)
Navire conçu pour la navigation dans les glaces.

BRISE-JET n. m. (pl. *brise-jet* ou *brise-jets*)
Anneau fixé à un robinet pour réduire les éclaboussures.

BRISE-LAME(S) n. m. (pl. *brise-lames*)
Digue qui amortit le choc des vagues.

BRISE-MOTTE(S) n. m. (pl. *brise-mottes*)
Appareil qui écrase les mottes de terre.

BRISER v. tr., pronom.
VERBE TRANSITIF DIRECT
1. (LITT.) Casser en plusieurs morceaux par un choc. *Briser de la vaisselle.* SYN. endommager.
Ce verbe demeure usuel au Québec et dans la francophonie canadienne, mais il est « réservé à un style écrit ou soutenu, en dehors des locutions ou des emplois techniques » en français général, selon *Le Grand Robert de la langue française.*
2. (FIG.) Détruire, anéantir. *Briser l'avenir, la carrière de quelqu'un.*
3. Mettre fin à. *Briser le silence. Le retour des enfants brisa la monotonie de cet après-midi pluvieux.*
VERBE TRANSITIF INDIRECT
(LITT.) Briser avec quelqu'un. Rompre, cesser ses relations avec lui.
Ils brisèrent avec ces voisins désagréables.
En ce sens, le verbe se construit avec la préposition ***avec.***
VERBE PRONOMINAL
Se casser. *L'ampoule s'est brisée en mille morceaux. Le voilier se brisa sur la côte, contre les rochers.*
En ce sens, le verbe se construit avec les prépositions ***contre, sur.***
À la forme pronominale, le participe passé de ce verbe s'accorde en genre et en nombre avec le complément direct si celui-ci le précède. *Les os qu'elle s'est brisés. En tombant, la lampe s'est brisée.* Le participe passé reste invariable si le complément direct suit le verbe. *Elle s'est brisé la jambe.*
FORME FAUTIVE
*briser un record. Calque de «*to break a record*» pour ***battre, pulvériser un record.***
CONJUGAISON : VOIR MODÈLE AIMER.

BRISE-TOUT n. m. et f. inv. (pl. *brise-tout*)
Personne maladroite. *Des brise-tout désagréables.* SYN. brise-fer.
[Les *Rectifications* (1990) admettent : un, une brisetout, des brisetouts.]

BRISEUR, EUSE n. m. et f.
Personne qui brise quelque chose.
LOCUTION
– ***Briseur de grève.*** Personne engagée pour remplacer un gréviste dans une entreprise en grève. *Les grévistes ont empêché les briseurs de grève* (et non les *scabs) *de franchir les piquets de grève.*

BRISE-VENT n. m. (pl. *brise-vent* ou *brise-vents*)
Plantation d'arbres pour préserver du vent les cultures, les fleurs.

BRISTOL n. m.
Carton blanc utilisé pour les cartes de visite, pour le dessin.

BRISURE n. f.
Partie cassée, fêlure.

BRITANNIQUE adj. et n. m. et f.
De Grande-Bretagne. *Le drapeau britannique. Un Britannique, une Britannique.*
L'adjectif s'écrit avec une minuscule ; le nom, avec une majuscule.

BRITISH BROADCASTING CORPORATION
Sigle *BBC* (s'écrit avec ou sans points).

BRITISH NORTH AMERICA ACT
Sigle *BNAA* (s'écrit avec ou sans points).
VOIR – ACTE DE L'AMÉRIQUE DU NORD BRITANNIQUE.

BROC n. m.
Le *c* ne se prononce pas, [bro].
Récipient à anse. *Des brocs de faïence.*

BROCANTE n. f.
Commerce de vieux objets hétéroclites.

BROCANTER v. intr.
Faire le commerce des vieux objets.
CONJUGAISON : VOIR MODÈLE AIMER.

BROCANTEUR n. m.
BROCANTEUSE n. f.
Personne qui fait le commerce des vieux objets et des curiosités. *Ils se disent antiquaires ; ce sont en fait des brocanteurs.*

BROCART n. m.
Étoffe brochée d'or, d'argent.
brocart.

BROCHAGE n. m.
Reliure. *Le brochage d'un livre.*

BROCHE n. f.
1. Longue tige pointue. *Cuire un poulet à la broche.*
2. Bijou muni d'une épingle. *Une jolie broche avec des brillants.*
FORME FAUTIVE
*broche. Impropriété au sens de ***agrafe.***

BROCHER v. tr.
1. Relier un livre.
2. Tisser avec des fils d'or, d'argent.
FORME FAUTIVE
*brocher. Impropriété au sens de ***agrafer.***
CONJUGAISON : VOIR MODÈLE AIMER.

BROCHET n. m.
Poisson carnivore d'eau douce. *Ils ont pêché un gros brochet dans le lac des Deux-Montagnes.*
brochet.

BROCHETTE n. f.
1. Petite broche. *Une brochette d'agneau grillé.*
2. Chaînette portant plusieurs décorations. *Vous avez une belle brochette.*

BROCHEUSE n. f.
Machine qui sert au brochage des livres.
FORME FAUTIVE
*brocheuse. Impropriété au sens de ***agrafeuse.***

BROCHURE n. f.
Court texte destiné à expliquer, à vendre. *Une brochure publicitaire* (et non un *pamphlet).

BROCOLI n. m.
Variété de chou-fleur. *Aimes-tu le brocoli gratiné au cheddar ?*

BRODEQUIN n. m.
Chaussure à tige montante et lacée. *Des brodequins de marche.*

BRODER v. tr., intr.
VERBE TRANSITIF
Exécuter, avec l'aiguille, un dessin en relief sur une étoffe. *On a brodé des fleurs sur une nappe. Une taie d'oreiller brodée de marguerites.*
VERBE INTRANSITIF
(FIG.) Exagérer. *Ce récit est bien embelli : son auteur brode allègrement.*
CONJUGAISON : VOIR MODÈLE AIMER.

BRODERIE n. f.
Décoration d'un tissu à l'aide de dessins tracés avec du fil. *Il y a de jolies broderies sur son col.*

BRODEUR n. m.
BRODEUSE n. f.
Personne qui exécute des travaux de broderie.

BRODEUSE n. f.
Machine à broder.

***BROKER**
Anglicisme pour ***courtier.***

BROME n. m.
Symbole *Br* (s'écrit sans point).
Corps simple, voisin du chlore.

BROMÉ, ÉE adj.
Qui contient du brome.

BROMURE n. m.
Combinaison de brome et d'un autre corps.

BRONCHE n. f.
Nom de chacun des conduits qui acheminent l'air aux poumons. *Quand on a une bronchite, ce sont nos bronches qui sont malades.*

BRONCHER v. intr.
Manifester son désaccord, réagir.
Le participe passé de ce verbe est invariable.
LOCUTION
– ***Sans broncher.*** Sans hésitation, sans manifester d'émotion.
CONJUGAISON : VOIR MODÈLE AIMER.

BRONCHIOLE n. f.
Ramification des bronches.

BRONCHIQUE adj.
Des bronches.

BRONCHITE n. f.
Inflammation des bronches. *Cette toux persistante est un des symptômes de la bronchite.*

BRONCHITIQUE adj. et n. m. et f.
Atteint de bronchite.

BRONCHO- préf.
Les lettres ***ch*** se prononcent ***k,*** [brɔ̃ko].
Élément du grec signifiant « bronches ».

BRONCHODILATATEUR n. m. (pl. *bronchodilatateurs*)
Les lettres ***ch*** se prononcent ***k,*** [brɔ̃kodilatatœr].
(MÉD.) Médicament utilisé pour dilater les bronches.

BRONCHOPNEUMONIE n. f. (pl. *bronchopneumonies*)
Les lettres ***ch*** se prononcent ***k,*** [brɔ̃kopnømɔni].
(MÉD.) Inflammation des poumons et des bronches.

BRONCHOSCOPIE n. f.
Les lettres ***ch*** se prononcent ***k,*** [brɔ̃kɔskɔpi].
Exploration visuelle de la cavité des bronches.

BRONTOSAURE n. m.
Reptile fossile de taille gigantesque, du groupe des dinosauriens.
brontosaure.

BRONZAGE n. m.
1. Action de bronzer, de brunir. *Des séances de bronzage.*
2. Couleur dorée de la peau bronzée. *Alexandra a un beau bronzage.*

BRONZANT, ANTE adj.
Qui facilite le bronzage de la peau. *Des lotions bronzantes et hydratantes.*

BRONZE n. m.
1. Alliage de cuivre et d'étain. *Une statue en bronze.*
2. Œuvre d'art en bronze. *Un bronze magnifique de Rodin.*

BRONZÉ, ÉE adj.
Dont le teint est cuivré par le soleil. *Ces nageurs sont très bronzés.* SYN. basané ; hâlé.

BRONZER v. tr., intr.
VERBE TRANSITIF
1. Hâler la peau. *Le soleil a bronzé son visage.* SYN. brunir.
2. Revêtir d'une couche de bronze.

VERBE INTRANSITIF
Se dit de la peau qui prend une teinte foncée. *En quelques jours, sa peau a beaucoup bronzé.*
CONJUGAISON : VOIR MODÈLE AIMER.

BROSSAGE n. m.
Action de brosser. *Après un repas, un bon brossage des dents s'impose.*

BROSSE n. f.
Ustensile garni de poils durs qui sert au nettoyage.
LOCUTIONS
– ***Brosse à cheveux.*** Brosse servant à la coiffure.
Si le contexte est suffisamment explicite, on emploie le nom sans le complément. *Se donner quelques coups de brosse.*
– ***Brosse à dents.*** Brosse pour nettoyer les dents.
Dans cette locution, le nom ***dent*** s'écrit au pluriel.
– ***Cheveux en brosse.*** Coupés ras, à la manière d'une brosse.

BROSSER v. tr., pronom.
VERBE TRANSITIF
1. Nettoyer avec une brosse. *Brosser ses souliers.* SYN. polir.
2. Démêler à l'aide d'une brosse. *Brosser ses cheveux.*
3. Peindre à grands traits. *Brosser un portrait.*
4. (FIG.) Décrire d'une façon vive. *Il a brossé le tableau de son époque dans son œuvre.* SYN. dépeindre.
VERBE PRONOMINAL
Se frotter avec une brosse. *Les enfants ont oublié de se brosser les dents.*
À la forme pronominale, le participe passé de ce verbe s'accorde en genre et en nombre avec le complément direct si celui-ci le précède. *Les cheveux qu'elle s'est brossés. Ils se sont brossés avec soin.* Le participe passé reste invariable si le complément direct suit le verbe. *Elle s'est brossé les mains longuement.*
CONJUGAISON : VOIR MODÈLE AIMER.

BROU n. m. (pl. *brous*)
Enveloppe verte de la noix.

***BROUE**
Archaïsme pour ***mousse, écume.***

BROUET n. m.
(VX) Bouillon peu appétissant.

BROUETTE n. f.
Petite voiture à une seule roue et à deux brancards destinée au transport. *La brouette du jardinier. « je lui faisais subir en brouette la tournée d'inspection des haies et des gazons »* (Réjean Ducharme, *Dévadé*).

BROUETTÉE n. f.
Charge d'une brouette. *Une brouettée de terre pour le jardin.*

BROUETTER v. tr.
Transporter dans une brouette.
CONJUGAISON : VOIR MODÈLE AIMER.

BROUHAHA n. m. (pl. *brouhahas*)
Bruit confus produit par un groupe de personnes. *Des brouhahas assourdissants.* SYN. rumeur ; tapage.

BROUILLAGE n. m.
Action d'empêcher la réception d'un signal sonore, visuel. *Le brouillage d'une émission, d'un radar.*

BROUILLAMINI n. m.
(FAM.) Confusion, désordre général. SYN. (FAM.) pagaille.

BROUILLARD n. m.
Amas de vapeurs d'eau qui flotte à proximité du sol (visibilité inférieure à 1 km). *Lorsqu'il y a du brouillard, la visibilité est réduite. « le monstrueux brouillard arrêtait complètement la vue »* (Gabrielle Roy, *La Détresse et l'Enchantement*). *« Déjà la silhouette des hommes/Avec aux épaules les péchés de la nuit/ Glace le brouillard »* (Alain Grandbois, *Les Îles de la nuit*).
Ne pas confondre avec les noms suivants :
• ***brume,*** brouillard léger (visibilité supérieure à 1 km) ; brouillard de mer ;
• ***buée,*** vapeur d'eau qui se condense sur une surface froide ;
• ***frimas,*** brouillard qui se congèle en tombant ;
• ***nuage,*** masse vaporeuse de particules d'eau très fines qui flotte dans l'atmosphère.

BROUILLE n. f.
Querelle. *Il y a une brouille entre eux.* SYN. mésentente.

BROUILLER v. tr., pronom.
VERBE TRANSITIF
1. Mettre pêle-mêle, mélanger. *Brouiller les pistes.* SYN. embrouiller.
2. Rendre imprécis. *La pluie brouille sa vue. Vos digressions constantes m'ont brouillé les idées.*
3. Désunir. *Brouiller des voisins.*
VERBE PRONOMINAL
1. Devenir peu clair, confus. *La piste se brouille. Sa vue s'est brouillée.*
2. Cesser d'être amis, en bons termes. *Elles se sont brouillées avec leur amie d'enfance.* SYN. se fâcher ; se quereller.
À la forme pronominale, le participe passé de ce verbe s'accorde toujours en genre et en nombre avec son sujet. *Ils étaient les meilleurs amis du monde, mais ils se sont brouillés pour une peccadille.*
CONJUGAISON : VOIR MODÈLE AIMER.
Les lettres ***ill*** sont suivies d'un ***i*** à la première et à la deuxième personne du pluriel de l'indicatif imparfait et du subjonctif présent. *(Que) nous brouillions, (que) vous brouilliez.*

BROUILLEUR n. m.
Appareil qui produit du brouillage.

BROUILLON, ONNE adj. et n. m. et f.
ADJECTIF ET NOM MASCULIN ET FÉMININ
Qui est peu soigneux. *Un esprit brouillon. Quelle brouillonne !* SYN. confus ; désordonné.
NOM MASCULIN
Premier jet d'un texte destiné à être mis au propre. *Voici le brouillon de ma rédaction.* SYN. ébauche.

BROUSSAILLE n. f.
Touffe de ronces, de branches. *Un feu de broussailles.*
Le nom s'emploie généralement au pluriel.
LOCUTION
– ***En broussaille.*** En désordre. *Il a la barbe en broussaille.*

BROUSSAILLEUX, EUSE adj.
Encombré de broussailles. *Des bois broussailleux.*

BROUSSE n. f.
Savane africaine couverte de hautes herbes et de broussailles.

BROUTEMENT n. m.
Action de brouter.

BROUTER v. tr.
Paître l'herbe, les feuilles. *La chèvre broute l'herbe tendre au printemps.*
CONJUGAISON : VOIR MODÈLE AIMER.

BROUTILLE n. f.
Fait peu important. *Ne vous querellez pas pour si peu : ce ne sont que des broutilles !* SYN. babiole ; (FAM.) bricole ; détail ; rien.
Ce nom s'emploie surtout au pluriel.

***BROWNIE**
Anglicisme pour ***carré au chocolat.***

BROYAGE n. m.
Action de broyer ; son résultat. *Le broyage du minerai.*

BROYER v. tr.
1. Piler, réduire en miettes. *Broyer du poivre.*
2. Écraser sous une masse très lourde. *La voiture a été broyée par ce gros camion.*
LOCUTION
– ***Broyer du noir.*** (FIG.) Être déprimé.
CONJUGAISON : VOIR MODÈLE EMPLOYER.
Le ***y*** se change en ***i*** devant un ***e*** muet. *Il broie, il broyait.*
Le ***y*** est suivi d'un ***i*** à la première et à la deuxième personne du pluriel de l'indicatif imparfait et du subjonctif présent. *(Que) nous broyions, (que) vous broyiez.*

BROYEUR n. m.
Instrument servant à broyer. *Un broyeur de rebuts.*

BRRR ! interj.
Interjection exprimant le froid, la peur. *Brrr ! on gèle ici !*
T L'interjection est toujours suivie d'un point d'exclamation qui est souvent repris à la fin de la phrase. Si la phrase exclamative n'est pas complète, le mot qui suit le point d'exclamation s'écrit avec une minuscule initiale.

BRU n. f.
(VX) Belle-fille, épouse du fils.

BRUGNON n. m.
Variété de pêche à peau lisse dont le noyau est adhérent.
Dans le cas de la ***nectarine,*** le noyau n'adhère pas.

BRUGNONIER n. m.
Arbre dont le fruit est le brugnon.

BRUINE n. f.
Pluie fine et froide.
Ne pas confondre avec les noms suivants :
• ***averse,*** pluie subite, violente et de faible durée ;
• ***giboulée,*** averse soudaine de pluie souvent mêlée de neige, de grêle ;
• ***ondée,*** pluie assez forte, mais de courte durée ;
• ***orage,*** pluie abondante accompagnée d'éclairs et de tonnerre ;
• ***pluie,*** eau qui tombe par gouttes du ciel.

BRUINER v. impers.
Tomber de la bruine. *En novembre, il bruine souvent dans cette région.*
Ce verbe ne s'emploie qu'à la tournure impersonnelle.
CONJUGAISON : VOIR MODÈLE AIMER.

BRUIRE v. intr.
Produire un bruit confus. *Les grands arbres bruissent sous le vent léger. « Le rêve, dans sa tête, bruissait toujours malgré tout »* (Gabrielle Roy, *La Détresse et l'Enchantement*).
CONJUGAISON
INDICATIF PRÉSENT *Il bruit, ils bruissent.* IMPARFAIT *Il bruissait, ils bruissaient.* SUBJONCTIF PRÉSENT *Qu'il bruisse, qu'ils bruissent.* PARTICIPE PRÉSENT *Bruissant.*
Ce verbe ne se conjugue qu'aux troisièmes personnes du singulier et du pluriel et il n'est pas usité à tous les temps.

BRUISSEMENT n. m.
Frémissement. *Le bruissement des feuilles sous le vent d'été.*

BRUIT n. m.
1. Son. *Le bruit du tonnerre, du tambour.*
2. Tumulte, agitation. *Loin du bruit de la ville.* SYN. brouhaha ; rumeur ; tintamarre ; vacarme. ANT. silence.
3. Rumeur. *Le bruit court.* SYN. nouvelle.
LOCUTION
– ***Faire du bruit.*** (FIG.) Se dit de choses dont on parle beaucoup. *Le film a fait beaucoup de bruit.*

BRUITAGE n. m.
Action de créer des bruits (au cinéma, au théâtre, etc.).

BRUITEUR n. m.
BRUITEUSE n. f.
Personne chargée du bruitage.

BRÛLAGE n. m.
Destruction par le feu.
[Les *Rectifications* (1990) admettent : brulage.]

BRÛLANT, ANTE adj.
1. Qui brûle. *Attention, l'assiette est brûlante !* SYN. chaud.
2. (FIG.) Ardent. *Un regard brûlant de passion.* SYN. enflammé ; passionné.
3. Actuel, qui excite les passions. *La question est brûlante d'actualité. Un problème brûlant.* SYN. sensible.
[Les *Rectifications* (1990) admettent : brulant, brulante.]

BRÛLE- préf.
Les mots composés avec ***brûle-*** s'écrivent avec un trait d'union et sont invariables.

BRÛLÉ, ÉE adj. et n. m. et f.
ADJECTIF
Qui a flambé, trop cuit.. *Un gigot brûlé.* SYN. incendié.
NOM MASCULIN
Odeur d'une chose brûlée. *La cuisine sent le brûlé.*
NOM MASCULIN ET FÉMININ
Personne qui souffre de brûlures. *Un grand brûlé.*
[Les *Rectifications* (1990) admettent : brulé, brulée.]

BRÛLE-GUEULE n. m. (pl. *brûle-gueule* ou *brûle-gueules*)
(FAM.) Pipe à tuyau très court.
[Les *Rectifications* (1990) admettent : brule-gueule.]

BRÛLEMENT n. m.
(VIEILLI) Sensation de brûlure. *Des brûlements d'estomac.*
Ce nom tend à sortir de l'usage, tout en restant compris.

BRÛLE-PARFUM(S) n. m. (pl. *brûle-parfum* ou *brûle-parfums*)
Vase où l'on brûle des substances aromatiques.
brûle-parfum(s).

BRÛLE-POURPOINT (À) loc. adv.
Brusquement. SYN. abruptement ; tout à coup.
[Les *Rectifications* (1990) admettent : à brule-pourpoint.]

BRÛLER v. tr., intr., pronom.
VERBE TRANSITIF
1. Détruire par le feu. *Brûler du petit bois dans la cheminée.* SYN. incendier.
2. Endommager par la chaleur, le feu, les produits chimiques. *Il a brûlé sa chemise en la repassant.*
VERBE INTRANSITIF
1. Être consumé par le feu. *Le bateau brûle. Le gâteau a brûlé.*
2. Causer une sensation de brûlure, piquer. *Félix a du shampoing dans les yeux : ça brûle ! hurle-t-il.*
3. (FIG.) Avoir un grand désir. *Je brûle d'être en vacances.*
VERBE PRONOMINAL
Être brûlé, toucher à un objet très chaud. *Elle s'est brûlée en préparant le thé.*
À la forme pronominale, le participe passé de ce verbe s'accorde en genre et en nombre avec le complément direct si celui-ci le précède. *La main qu'elle s'est brûlée. Ils se sont brûlés gravement.* Le participe passé reste invariable si le complément direct suit le verbe. *Elle s'est brûlé la main.*
LOCUTIONS
– ***Brûler la chandelle par les deux bouts.*** (FIG.) Gaspiller sa santé, faire des dépenses excessives.
– ***Brûler les étapes.*** Aller trop vite. *Procédons calmement : ne brûlons pas les étapes.*
CONJUGAISON : VOIR MODÈLE AIMER.
[Les *Rectifications* (1990) admettent : bruler.]

BRÛLERIE n. f.
Magasin où l'on torréfie le café. *Les habitués de la brûlerie de la Côte-des-Neiges.*
[Les *Rectifications* (1990) admettent : brulerie.]

B

B

BRÛLEUR n. m.
Appareil assurant le mélange d'un combustible. *Le brûleur du chauffe-eau est défectueux.*
[Les *Rectifications* (1990) admettent : bruleur.]

BRÛLIS n. m.
Le *s* ne se prononce pas, [bryli].
Champ incendié pour l'amélioration du sol.
[Les *Rectifications* (1990) admettent : brulis.]

BRÛLOT n. m.
1. (ANCIENN.) Navire chargé de matières inflammables afin d'incendier les vaisseaux ennemis.
2. Texte critique. SYN. pamphlet.
3. Petit insecte dont la piqûre provoque une sensation de brûlure suivie de démangeaisons.
[Les *Rectifications* (1990) admettent : brulot.]

BRÛLURE n. f.
1. Lésion causée par l'action du feu, d'une chaleur excessive, d'une substance corrosive. *L'explosion a provoqué des brûlures graves à plusieurs spectateurs.*
2. Douleur semblable à celle qui est causée par une brûlure. *Avoir des brûlures d'estomac* (et non des *brûlements d'estomac).
[Les *Rectifications* (1990) admettent : brulure.]

BRUME n. f.
1. Brouillard léger (visibilité supérieure à 1 km).
2. Brouillard de mer.
Ne pas confondre avec les noms suivants :
• ***brouillard,*** amas de vapeurs d'eau qui flotte à proximité du sol (visibilité inférieure à 1 km);
• ***buée,*** vapeur d'eau qui se condense sur une surface froide;
• ***frimas,*** brouillard qui se congèle en tombant;
• ***nuage,*** masse vaporeuse de particules d'eau très fines qui flotte dans l'atmosphère.

BRUMER v. impers.
Faire de la brume. *Il brumait ce jour-là.*
CONJUGAISON : VOIR MODÈLE AIMER.

BRUMEUX, EUSE adj.
1. Couvert de brume. *Un temps brumeux.*
2. (FIG.) Peu clair. *Une thèse brumeuse.* SYN. embrouillé.
brumeux.

BRUN, BRUNE adj. et n. m. et f.
ADJECTIF DE COULEUR VARIABLE
D'une couleur sombre qui s'obtient par un mélange de jaune, de rouge et d'un peu de bleu.
1° L'adjectif simple s'accorde en genre et en nombre avec le nom auquel il se rapporte. *Des cheveux bruns.*
2° L'adjectif composé est invariable. *Des chevelures brun-roux.*
VOIR TABLEAU – COULEUR (ADJECTIFS DE).
NOM MASCULIN
La couleur brune.
NOM MASCULIN ET FÉMININ
Personne qui a les cheveux bruns. *C'est un grand brun.*

BRUNANTE n. f.
Tombée du jour. *C'était à la brunante, à l'heure entre chien et loup. « Les hommes soupèrent en silence; et, dès la brunante, chacun, tombant de sommeil, avait regagné sa litière de sapin »* (Félix-Antoine Savard, *Menaud, maître-draveur*). *« mais voici que s'ouvre à la brunante/un lit de fougères assombries »* (Pierre Nepveu, *Lignes aériennes*). SYN. crépuscule.

BRUNÂTRE adj.
Tirant sur le brun.

BRUNCH n. m. (pl. *brunches* ou *brunchs*)
Le nom se prononce à l'anglaise, [brœnʃ].
Repas combinant le petit déjeuner et le repas du midi, et habituellement constitué d'un buffet.
Ce nom provient de la contraction des mots anglais «*breakfast*» et «*lunch*».

BRUNET, ETTE n. m. et f.
Personne dont les cheveux sont bruns. *Une jolie brunette.*

BRUNIR v. tr., intr.
VERBE TRANSITIF
Rendre brun. *Cet acide a bruni les ustensiles.*
VERBE INTRANSITIF
Devenir brun, bronzer. *Comme elle a bruni au cours de l'été !*
CONJUGAISON : VOIR MODÈLE FINIR.

BRUNISSAGE n. m.
Action de brunir quelque chose.

BRUNISSEMENT n. m.
Action de brunir la peau.

BRUSQUE adj.
1. Précipité et imprévu. *Un changement brusque.* SYN. inattendu; soudain.
2. Rude et violent. *Des manières brusques.* SYN. abrupt.

BRUSQUEMENT adv.
De façon brusque, soudaine. SYN. soudainement; subitement.

BRUSQUER v. tr.
1. Heurter par des manières brusques, sans délicatesse. SYN. secouer.
2. Hâter une décision, terminer rapidement. *Ne brusquez pas les choses.* SYN. bousculer; presser.
CONJUGAISON : VOIR MODÈLE AIMER.

BRUSQUERIE n. f.
Rudesse.

BRUT, BRUTE adj., adv. et n. m.
Le *t* final se prononce, [bryt].
ADJECTIF
1. Grossier, non raffiné. *Du sucre brut, de la laine brute.*
2. Avant déduction des frais, des taxes. *Le bénéfice brut.* ANT. net.
3. Brutal, sauvage. *Des gestes bruts.*
ADVERBE
Avant déduction de frais ou de poids. *Une boîte qui pèse brut 100 kilos.*
NOM MASCULIN
État de ce qui est naturel. *Le brut.*

BRUTAL, ALE adj. et n. m. et f. (pl. *brutaux*)
ADJECTIF
1. Dénué de délicatesse. *Une question brutale. Des gestes brutaux.* SYN. direct.
2. Rude, brusque. *Ne soyez pas brutal, vous n'en tirerez rien.* SYN. abrupt.
3. Soudain et violent. *Un orage brutal.*
NOM MASCULIN ET FÉMININ
Personne rude.

BRUTALEMENT adv.
De façon brutale. SYN. brusquement; durement; rudement.

BRUTALISER v. tr.
Traiter rudement. SYN. malmener; maltraiter; rudoyer.
CONJUGAISON : VOIR MODÈLE AIMER.

BRUTALITÉ n. f.
1. Caractère de ce qui est brusque, soudain. *La brutalité d'une attaque.* SYN. violence.
2. Parole, action brutale.

BRUTE n. f.
Homme violent, brutal. *Attention, cet homme est une vraie brute.*
Ce nom est toujours féminin.

BRUXELLOIS, OISE adj. et n. m. et f.
Le *x* se prononce *s*, [brysɛlwa].
De Bruxelles. *L'accent bruxellois. Un Bruxellois, une Bruxelloise.*
T L'adjectif s'écrit avec une minuscule ; le nom, avec une majuscule.

BRUXISME n. m.
(MÉD.) Mouvements répétés et inconscients de friction des dents qui peuvent entraîner une usure importante des dents, une sensibilité aux changements de température et aux aliments acides. *Certains sujets serrent bien trop les mâchoires, notamment sous l'effet du stress : on parle alors de bruxisme.*
Le bruxisme peut être provoqué par des facteurs psychiques ou musculaires.

BRUYAMMENT adv.
Avec bruit. *Les enfants marchaient bruyamment.*

BRUYANT, ANTE adj.
1. Qui fait du bruit. *Des élèves bruyants.*
2. Où il y a beaucoup de bruit. *Une rue bruyante.*

BRUYÈRE n. f.
1. Plante à fleurs roses ou violettes.
2. Lieu où pousse la bruyère.

***BS**
Abréviation de l'anglicisme *bien-être social pour ***aide sociale***. *Ils vivent de l'aide sociale* (et non *sur le BS). *Elles reçoivent de l'aide sociale* (et non du *BS).

BTU
Sigle de ***british thermal unit***.

BUANDERIE n. f.
Dans une maison, local aménagé pour faire la lessive.
Pour désigner l'établissement commercial qui se charge de blanchir le linge, on emploiera le nom ***blanchisserie***.

BUANDIER n. m.
BUANDIÈRE n. f.
(VIEILLI) Personne chargée de faire la lessive.

BUCCAL, ALE, AUX adj.
Qui appartient à la bouche. *Des sons buccaux.*
buccal.

BÛCHE n. f.
Morceau de bois de chauffage. *Mets des bûches dans la cheminée : nous nous réchaufferons au coin du feu.*
LOCUTION
– ***Bûche de Noël.*** Gâteau en forme de bûche que l'on mange au temps des fêtes. *Une bûche à l'érable.*
[Les *Rectifications* (1990) admettent : buche.]

BÛCHER v. tr., intr.
VERBE TRANSITIF
(FAM.) Étudier avec ardeur. *Marie-Ève bûche ses mathématiques.*
VERBE INTRANSITIF
1. (FAM.) Travailler fort. *Cette étudiante bûche beaucoup pour réussir.*
2. Couper du bois.
CONJUGAISON : VOIR MODÈLE AIMER.
[Les *Rectifications* (1990) admettent : bucher.]

BÛCHER n. m.
Amas de bois sur lequel on brûlait les morts, les personnes condamnées au feu. *Jeanne d'Arc a été condamnée au bûcher.*
[Les *Rectifications* (1990) admettent : bucher.]

BÛCHERON n. m.
BÛCHERONNE n. f.
Personne qui abat du bois dans la forêt.
[Les *Rectifications* (1990) admettent : bucheron, bucheronne.]

BÛCHETTE n. f.
Petit morceau de bois.
[Les *Rectifications* (1990) admettent : buchette.]

BÛCHEUR, EUSE adj. et n. m. et f.
(FAM.) Personne qui travaille fort, qui étudie avec acharnement.
[Les *Rectifications* (1990) admettent : bucheur, bucheuse.]

BUCOLIQUE adj.
Relatif à la vie des bergers. *Un paysage bucolique.*

BUDGET n. m.
Ensemble des prévisions annuelles relatives aux dépenses et aux recettes de l'État, d'une collectivité, d'un service public, d'une entreprise, d'un particulier.

BUDGÉTAIRE adj.
Relatif au budget. *Des prévisions budgétaires, l'année budgétaire.*
budgét**aire**.

BUDGÉTISATION n. f.
Inscription au budget.

BUDGÉTISER v. tr.
Inscrire des sommes à un budget. *Avez-vous budgétisé les frais de reprographie ?*
CONJUGAISON : VOIR MODÈLE AIMER.

BUÉE n. f.
Vapeur d'eau qui se condense sur une surface froide.
Ne pas confondre avec les noms suivants :
• ***brouillard,*** amas de vapeurs d'eau qui flotte à proximité du sol (visibilité inférieure à 1 km) ;
• ***brume,*** brouillard léger (visibilité supérieure à 1 km) ; brouillard de mer ;
• ***frimas,*** brouillard qui se congèle en tombant ;
• ***nuage,*** masse vaporeuse de particules d'eau très fines qui flotte dans l'atmosphère.

BUFFET n. m.
1. Meuble où l'on range la vaisselle, l'argenterie, etc.
2. Table où l'on dispose des mets en abondance afin que les invités, les clients puissent se servir à leur guise. *Un buffet froid. Un buffet de salades* (et non un *bar à salades).

BUFFLE n. m.
1. Bœuf sauvage.
2. Mâle de la bufflonne.
VOIR TABLEAU – ANIMAUX.

BUFFLETIN n. m.
Petit de la bufflonne ou bufflesse.
VOIR TABLEAU – ANIMAUX.

BUFFLONNE ou **BUFFLESSE** n. f.
Femelle du buffle. *Le petit de la bufflonne est le buffletin ou la bufflette.*
VOIR TABLEAU – ANIMAUX.

***BUG**
Anglicisme pour ***erreur informatique, bogue.***

BUGGY
VOIR – BOGHEI.

***BUILDING**
Anglicisme pour ***gratte-ciel, édifice, tour.***

BUIS n. m.
Le *s* ne se prononce pas, [bɥi].
Arbrisseau toujours vert dont le bois est très dense et dur.

BUISSON n. m.
Bouquet d'arbustes sauvages. *L'arme était dissimulée dans un buisson. « Je m'engageai dans ce petit chemin creux bordé de buissons »* (Gabrielle Roy, *La Détresse et l'Enchantement*).

BUISSONNEUX, EUSE adj.
Couvert de buissons.

B

B

BUISSONNIÈRE (FAIRE L'ÉCOLE)
LOCUTION
Aller se promener au lieu de se rendre à l'école.

BULBE n. m.
1. Renflement de la tige de certaines plantes. *Un bulbe de tulipe.*
2. Partie en forme de globe. *Le bulbe d'un cheveu.*
Attention au genre masculin de ce nom : ***un*** bulbe.

BULBEUX, EUSE adj.
1. Formé d'un bulbe.
2. En forme de bulbe.

BULGARE adj. et n. m. et f.
ADJECTIF ET NOM MASCULIN ET FÉMININ
De Bulgarie. *Le drapeau bulgare. Un Bulgare, une Bulgare.*
[T] L'adjectif s'écrit avec une minuscule ; le nom, avec une majuscule.
NOM MASCULIN
Langue parlée en Bulgarie. *Notre voisin parle le bulgare.*
[T] Le nom de la langue s'écrit avec une minuscule.

BULLDOZER n. m. (pl. *bulldozers*)
Attention à la prononciation, [buldozœr, byldɔzœr].
Engin de terrassement constitué par un tracteur à chenilles équipé à l'avant d'une lame, servant à pousser des terres ou d'autres matériaux. *Des bulldozers géants.*
Le mot ***bouteur*** a été proposé en remplacement de ***bulldozer,*** mais il n'est pas passé dans l'usage.
[Les *Rectifications* (1990) admettent : bouledozeur.]

BULLE n. m. et f.
NOM MASCULIN
Papier de qualité ordinaire. *Du bulle bon marché.*
NOM FÉMININ
1. Acte émanant du pape.
2. Sphère de gaz remontant ou se formant à la surface d'un liquide qui bout ou fermente. *Des bulles d'air.*
3. Vésicule cutanée.
4. Phylactère des bandes dessinées. *On peut lire dans la bulle : BOUM !*
LOCUTIONS
– ***Bulle spéculative.*** (FIN.) Augmentation importante des cours boursiers en raison d'une forte spéculation. *La bulle spéculative des titres technologiques s'est brusquement dégonflée.*
– ***Papier bulle.*** Papier jaunâtre, de qualité ordinaire. *Des papier bulle.*

BULLETIN n. m.
1. Communiqué. *Un bulletin de santé, un bulletin météorologique.*
2. Renseignements périodiques sur les notes scolaires. *Il a eu un très bon bulletin.*
En ce sens, le terme ***relevé de notes*** a fait l'objet d'une recommandation officielle (GDT).
3. Billet délivré à un usager. *Bulletin de bagages.*
4. Petit papier où l'on inscrit son vote. *Bulletin de vote. Des bulletins nuls, blancs. Nous avons dépouillé et compté les bulletins. As-tu mis ton bulletin dans l'urne ?*
LOCUTION
– ***Bulletin d'informations.*** Actualités radiodiffusées ou télévisées. SYN. bulletin de nouvelles.

***BUMPER (QUELQU'UN)**
Anglicisme pour ***supplanter*** (quelqu'un).

***BUMPING**
Anglicisme pour ***supplantation.***

***BUNGALOW**
Anglicisme pour ***maison individuelle.***

BURE n. f.
1. Grosse étoffe de laine brune.
2. Vêtement fait de cette étoffe.

BUREAU n. m. (pl. *bureaux*)
1. Meuble muni d'un plateau horizontal et souvent de tiroirs, conçu pour écrire, travailler. *Des bureaux à tiroirs.*
Ne pas confondre avec le nom ***pupitre,*** petit meuble présentant une surface inclinée.
2. Pièce aménagée pour travailler. *Un bureau spacieux et ensoleillé.*
3. Lieu de travail des employés d'une entreprise, d'une administration. *Le lundi matin, il est difficile de retourner au bureau.*
4. Établissement ouvert au public. *Le bureau de poste.*
5. Conseil de direction d'un parti politique, d'un syndicat, etc. *Le bureau tiendra une réunion le 15 janvier.*
LOCUTION
– ***Bureau de scrutin.*** Bureau de vote. *Les bureaux de scrutin* (et non *votation) *seront ouverts jusqu'à 18 heures.*
FORMES FAUTIVES
*bureau des directeurs. Calque de «*board of directors*» pour ***conseil d'administration.***
*bureau des gouverneurs. Calque de «*board of governors*» pour ***conseil d'administration.***
*bureau de votation. Impropriété pour ***bureau de scrutin, de vote.***

***BUREAU-CHEF**
Calque de «*head office*» pour ***siège social.***

BUREAUCRATE n. m. et f.
1. Personne qui accorde une importance excessive aux formalités, à la hiérarchie, à la routine.
2. (PÉJ.) Employé de bureau.

BUREAUCRATIE n. f.
1. Excès de formalités, de paperasses.
2. (PÉJ.) Ensemble des fonctionnaires, de bureaucrates routiniers.

BUREAUCRATIQUE adj.
Atteint de bureaucratie. *Une gestion bureaucratique.*

BUREAUCRATISER v. tr.
Transformer en bureaucratie.
CONJUGAISON : VOIR MODÈLE AIMER.

BUREAUTIQUE n. f.
Ensemble intégré de moyens et de procédures qui sont appliqués aux activités de bureau, notamment au traitement et à la communication de la parole, de l'écrit ou de l'image, et qui font appel aux techniques de l'électronique, de l'informatique, des télécommunications et de l'organisation administrative (Recomm. off.).

BURETTE n. f.
1. (LITURG.) Flacon destiné à contenir l'eau et le vin à la messe.
2. Petit vase destiné à contenir de l'huile et du vinaigre.
3. Tube gradué.

BURIN n. m.
Instrument qui sert à graver sur les métaux, le bois.

BURINAGE n. m.
Action de buriner.

BURINER v. tr.
1. Graver au burin. *As-tu fait buriner ton vélo ?*
2. (FIG.) Marquer. *Les traits burinés.*
Dans son emploi figuré, ce verbe ne s'utilise qu'au participe passé.
CONJUGAISON : VOIR MODÈLE AIMER.

BURLESQUE adj. et n. m.
ADJECTIF
Bouffon, grotesque.
NOM MASCULIN
Le genre burlesque.

BURLESQUEMENT adv.
Ridiculement.

BURNOUS n. m.
La prononciation du *s* est facultative.
Manteau à capuchon.

***BURNOUT**
Anglicisme pour ***surmenage professionnel, épuisement professionnel.***

BURQA ou **BURKA** n. f. (pl. *burqas* ou *burkas*)
Le *u* se prononce *ou,* [burka].
Ample vêtement des femmes musulmanes, qui couvre complètement leur corps de la tête aux pieds, exception faite des yeux. *À Islamabad, les femmes sont menacées de mort si elles ne portent pas la burqa, qui les couvre totalement.*

BUS n. m.
Le *s* final se prononce, comme dans le mot ***autobus.***
1. Abréviation familière de ***autobus.***
2. (INFORM.) Ensemble de plusieurs fils conducteurs ou de circuits électriques, disposés en lignes parallèles, reliant différents blocs fonctionnels et composants d'un ordinateur, et permettant principalement l'échange des données sous forme de signaux électriques (GDT).

BUSARD n. m.
Oiseau de proie diurne.

BUSE n. f.
1. Rapace diurne.
2. (FAM.) Personne sotte.
3. Tuyau assurant l'écoulement d'un fluide.
4. Conduit d'aération.

BUSQUÉ, ÉE adj.
Qui a une courbure convexe. *Un nez busqué.*

BUSTE n. m.
1. La tête et la partie supérieure du corps humain jusqu'à la ceinture. *Veuillez tourner le buste, s'il vous plaît.*
2. Représentation de la tête et de la partie supérieure du corps humain, en peinture et en sculpture. *Un buste en plâtre de Victor Hugo.*
3. Poitrine de la femme. *Elle a un joli buste.*

BUSTIER n. m.
Corsage avec ou sans bretelles.

BUT n. m.
Le *t* se prononce ou non, [byt, by].
1. Fin, objectif. *Atteindre son but. Le but de la randonnée est le belvédère.*
L'expression *but final est un pléonasme.
2. (SPORTS) Espace que doit franchir une rondelle, un ballon pour qu'un point soit accordé. *C'est le but gagnant ! Un bon gardien de but.*
LOCUTIONS
– ***Aller droit au but.*** Aller directement au principal, sans détour.
– ***Dans le but de.*** Cette locution, longtemps condamnée, est maintenant admise au sens de « en vue de, dans l'intention de ».
– ***De but en blanc.*** Brusquement, soudainement.
– ***Toucher au but.*** Parvenir au succès.

BUTANE n. m.
Hydrocarbure saturé employé comme combustible. *Un réservoir de butane.* (En appos.) *Du gaz butane.*

BUTÉ, ÉE adj.
Entêté. *Il n'en fait qu'à sa tête : il est plutôt buté.* SYN. obstiné ; têtu.
Les synonymes ***buté, entêté, têtu*** ont un sens défavorable, tandis que les adjectifs ***décidé, persévérant, tenace, volontaire*** ont un sens favorable. Selon le contexte, l'adjectif ***obstiné*** peut avoir une connotation favorable ou défavorable.
HOM. ***buter,*** heurter quelque chose.

BUTÉE n. f.
Pièce destinée à arrêter un mouvement.

BUTER v. tr., intr., pronom.
VERBE TRANSITIF
Étayer par un contrefort. *Buter un mur.*
VERBE INTRANSITIF
1. Heurter quelque chose. *Elle a buté du pied contre une racine. Buter sur un meuble, une marche. Elle a violemment buté du nez contre une vitrine à Madrid.* SYN. trébucher.
2. (FIG.) Se trouver arrêté par une difficulté. *Plusieurs élèves ont buté sur cette difficulté.*
En ces sens, le verbe se construit avec les prépositions ***contre, sur.***
VERBE PRONOMINAL
1. S'entêter. *Ils se sont butés et refusent de collaborer.* SYN. se braquer.
2. Se heurter à une difficulté. *Elle se bute à des tracasseries administratives.*
En ce sens, le verbe se construit avec la préposition ***à.***
À la forme pronominale, le participe passé de ce verbe s'accorde toujours en genre et en nombre avec son sujet. *Elles se sont butées à une porte close.*
HOM.
- ***buté,*** entêté ;
- ***butée,*** pièce destinée à arrêter un mouvement ;
- ***butter,*** garnir de terre le pied d'une plante.

CONJUGAISON : VOIR MODÈLE AIMER.
buter.

BUTIN n. m.
1. Armes, vivres, objets confisqués à l'ennemi.
2. Produit d'un pillage.
3. (FAM.) (PLAISANT.) Objets personnels, vêtements. *Va chercher ton butin et viens nous rejoindre !*

BUTINER v. tr., intr.
VERBE TRANSITIF
(FIG.) Récolter. *Butiner des données.*
VERBE INTRANSITIF
Recueillir le suc des fleurs, en parlant des abeilles. *L'abeille butine de fleur en fleur.*
CONJUGAISON : VOIR MODÈLE AIMER.

BUTINEUR, EUSE adj. et n. f.
Qui butine. *Une abeille butineuse.*

BUTOIR n. m.
Pièce contre laquelle vient s'arrêter un wagon, une pièce de machine, une fenêtre, une porte.
LOCUTION
– ***Date butoir.*** (FIG.) Date ultime, échéance. *La date butoir des négociations est le 14 mars. Des dates butoirs.* SYN. date limite.

BUTOR n. m.
1. Oiseau ressemblant au héron et dont le cri ressemble au beuglement du bœuf.
2. (FIG.) Homme brutal, grossier.

BUTTAGE n. m.
(HORT.) Action de butter.

BUTTE n. f.
Petite colline (Recomm. off.).
Ne pas confondre avec les noms suivants :
- ***colline,*** relief d'élévation modérée aux versants généralement en pente douce ;

B

B

• ***massif,*** ensemble montagneux non orienté qui se dégage du relief environnant;
• ***mont,*** importante élévation se détachant du relief environnant;
• ***montagne,*** relief élevé aux versants raides, occupant une grande superficie et appartenant à un système;
• ***monticule,*** petite élévation du sol;
• ***pic,*** sommet rocheux aux flancs escarpés.

LOCUTION
– ***Être en butte à.*** Être exposé à. *Être en butte à des difficultés.*

BUTTER v. tr.
(HORT.) Garnir de terre le pied d'une plante.
HOM.
• ***buté,*** entêté;
• ***butée,*** pièce destinée à arrêter un mouvement;
• ***buter,*** heurter quelque chose.
CONJUGAISON : VOIR MODÈLE AIMER.
butter.

BUVABLE adj.
1. Qui peut se boire. *Une ampoule de vitamines buvable.*
2. Dont le goût n'est pas désagréable. *Ce jus est tout à fait buvable.*
Ne pas confondre avec l'adjectif ***potable,*** qui qualifie une eau qui peut être bue sans danger.

BUVARD n. m.
Papier qui boit l'encre. *Un buvard* (on disait anciennement du « papier brouillard »).

BUVETTE n. f.
Endroit modeste où l'on sert à boire.

BUVEUR, EUSE n. m. et f.
Personne qui a l'habitude de boire.

BYE-BYE ! ou **BYE !** interj. et n. m. inv.
Attention à la prononciation, [baj baj, baj].
(FAM.) Formule de salutation servant à prendre congé. *Bye-bye ! à bientôt ! « Quand il a fini, en guise de bye-bye, il lance sa craie vers l'objectif de la caméra »* (Réjean Ducharme, *L'Hiver de force*). SYN. au revoir ; (FAM.) ciao ; (FAM.) salut.
Ce mot est une abréviation de l'anglais «*good bye*».
T L'interjection est toujours suivie d'un point d'exclamation qui est souvent repris à la fin de la phrase. Si la phrase exclamative n'est pas complète, le mot qui suit le point d'exclamation s'écrit avec une minuscule initiale.

***BYPASS**
Anglicisme pour ***pontage.***

***BYTE**
Anglicisme pour ***octet, multiplet.***

BYZANTIN, INE adj.
1. De Byzance. *L'histoire byzantine.*
2. Subtil à l'excès, oiseux. *Des querelles byzantines sur le sexe des anges.*

C

C n. m. inv.
Troisième lettre de l'alphabet.

c
– *c,* symbole de ***centime*** et de ***centi-***.
– *c,* ancienne notation musicale qui correspond à la note ***do.***
– *c.,* abréviation de ***contre.***
☞ Dans la langue juridique, la préposition ***contre*** est employée sous la forme abrégée **c.** pour nommer les actions en justice. *Dupont c.* (et non *vs ou *versus) *Laframboise.*
– *C,* symbole de ***carbone.***
– *C,* symbole de ***coulomb.***
– *°C,* symbole de ***degré Celsius.*** *Le thermomètre indique 25,5 °C à l'ombre.*
[T] Le symbole se place après le nombre entier ou décimal et il en est séparé par un espacement simple.
– ***C (langage).*** (INFORM.) Langage de programmation alliant la structure d'un langage évolué à la précision du langage machine.
– *C,* chiffre romain dont la valeur est de 100.
VOIR TABLEAU – CHIFFRES ROMAINS.
– *C',* forme élidée de ***ce.***

©
Symbole de ***copyright.***

¢
Symbole de ***cent*** (monnaie).

ca
Symbole de ***centiare.***

c. a.
1. Abréviation de ***courant alternatif.***
2. Abréviation de ***comptable agréé, comptable agréée.***
☞ On emploie aussi *CA.*
3. Abréviation de ***conseil d'administration.***
☞ On emploie aussi *C. A.*

Ca
Symbole de ***calcium.***

ÇA n. m. inv. et pron.
PRONOM DÉMONSTRATIF
(FAM.) Cela. *Aimez-vous ça ? Comment ça va ?*
☞ Devant une voyelle, le pronom démonstratif ne s'élide pas. *Ça ira.*
NOM MASCULIN INVARIABLE
(PSYCHAN.) L'un des trois éléments de la structure psychique avec le ***moi*** et le ***surmoi,*** qui constitue l'ensemble des pulsions instinctives et inconscientes.
HOM. ***çà,*** adverbe.
✏ ça, sans accent, contrairement à l'adverbe de lieu ***çà.***

ÇÀ adv.
– ***Çà et là.*** Ici et là. *Les branches tombaient çà et là.*
HOM. ***ça,*** de ***cela,*** pronom, emploi familier.
✏ **çà.**

CABALE n. f.
Complot, menées secrètes contre quelqu'un. *Monter une cabale contre un politicien.* SYN. intrigue.
HOM. ***kabbale,*** tradition juive de l'interprétation des Écritures.
✏ cabale.

CABALISTIQUE adj.
1. Relatif à la kabbale juive (qui s'écrivait anciennement ***cabale***).
2. Ésotérique. *Des signes cabalistiques.*
✏ cabalistique.

CABAN n. m.
Veste épaisse à capuchon des marins.
✏ caban.

CABANE n. f.
Maisonnette construite très simplement. *Josiane et Loïc ont construit une cabane dans l'arbre.* SYN. bicoque.
LOCUTION
– ***Cabane à sucre.*** ⚜ Petit bâtiment construit dans une érablière où l'on traite la sève de l'érable.

CABANON n. m.
Remise pour ranger des objets, souvent au fond du jardin. *Range ta bicyclette dans le cabanon, Christian.*

CABARET n. m.
Boîte de nuit où l'on présente des spectacles. *Les enfants ne sont pas admis dans les cabarets.*
FORME FAUTIVE
*cabaret. Impropriété au sens de ***plateau*** (à servir).

CABAS n. m.
Le **s** ne se prononce pas, [kabɑ].
Grand sac pour faire les courses.
✏ cabas.

CABERNET n. m.
Cépage rouge.
✏ cabernet.

CABESTAN n. m.
Treuil.
✏ cabestan.

CABILLAUD n. m.
Églefin, morue fraîche. *Des cabillauds.*
✏ cabillaud.

CABINE n. f.
1. Chambre à bord d'un navire.
2. Petit local. *Une cabine d'essayage, une cabine de pilotage.*
LOCUTIONS
– ***Cabine spatiale.*** Habitacle d'une fusée.
– ***Cabine téléphonique.*** Abri servant aux communications téléphoniques. *Appelle-moi d'une cabine* (et non d'une *boîte) *téléphonique.*

CABINET n. m.
1. Petite pièce destinée à un usage particulier. *Un cabinet de lecture.*
2. Dans certaines professions libérales, bureau et clientèle. *Un cabinet d'avocat, de médecin.*
3. Ensemble des ministres d'un État. *Le Cabinet se réunit demain.*
T En ce sens, le nom s'écrit avec une majuscule initiale.
4. Personnel d'un ministre. *Un chef de cabinet.*
5. Meuble à tiroirs.
LOCUTION
– ***Cabinet (d'aisances).*** (VIEILLI) Toilettes.

CÂBLAGE n. m.
1. Ensemble des connexions d'un dispositif électrique. *Refaire le câblage électrique* (et non le *filage).
2. Action de câbler (une dépêche).
câblage.

CÂBLE n. m.
1. Gros cordage de fibres textiles ou d'acier. *Le pont est retenu par des câbles d'acier.*
Ne pas confondre avec les noms suivants :
• ***amarre,*** ce qui sert à retenir un navire, un ballon ;
• ***cordage,*** câble d'un navire, d'une machine, etc. ;
• ***corde,*** lien fait de brins tordus ensemble ;
• ***ficelle,*** petite corde pour attacher des paquets.
2. Ensemble de fils conducteurs. *Câble électrique, câble téléphonique, câble d'un ordinateur.*
3. Abréviation du mot ***câblodistribution.*** *Avec le câble, nous regardons des émissions qui proviennent du Québec, mais aussi de France, d'Italie ou des États-Unis. Ce reportage sera diffusé sur le câble ce soir. Êtes-vous abonné au câble ?*
câble.

CÂBLÉ adj.
Relié par câbles. *Un réseau câblé de télédistribution.*
câblé.

CÂBLER v. tr.
1. Tordre plusieurs fils pour former un câble.
2. Doter d'un réseau de télévision par câbles.
CONJUGAISON : VOIR MODÈLE AIMER.
câbler.

CÂBLEUR n. m.
CÂBLEUSE n. f.
Personne qui fait la pose et le montage des câbles électriques.
câbleur.

CÂBLISTE n. m. et f.
Personne chargée de manipuler les câbles d'une caméra, à la télévision.
câbliste.

CÂBLODISTRIBUTEUR n. m.
Entreprise spécialisée dans la distribution de signaux télévisuels par câbles coaxiaux ou à fibres optiques. SYN. entreprise de câblodistribution.
En France, ce sont les termes ***câblo-opérateur*** et ***opérateur de réseau câblé*** qui sont surtout utilisés.

CÂBLODISTRIBUTION n. f.
Système de télécommunication dans lequel les signaux émis, télévisuels ou autres, sont reçus, puis amplifiés et retransmis, par câble coaxial ou à fibres optiques, à un groupe d'abonnés répartis dans une zone (Recomm. off.).
Le terme ***télédistribution*** a un sens plus général. Il englobe à la fois la notion de « distribution par câble » et celle de « distribution par faisceaux hertziens ».
On emploie surtout le nom ***câble,*** qui est l'abréviation de ***câblodistribution.*** Ce terme, qui a été créé au Québec, s'emploie maintenant dans toute la francophonie.
câblodistribution.

CABOCHARD, ARDE adj. et n. m. et f.
(FAM.) Entêté. *Il a la tête dure : c'est un vieux cabochard.* SYN. opiniâtre ; têtu.

CABOCHE n. f.
(FAM.) Tête.

CABOCHON n. m.
1. Pierre précieuse polie sans être taillée.
2. (FAM.) Tête. *Se mettre quelque chose dans le cabochon.*
3. (FAM.) Niais. *Une espèce de cabochon.* SYN. idiot.

CABOSSE n. f.
Fruit du cacaoyer.

CABOSSER v. tr.
Faire des bosses à quelque chose. *Il a cabossé sa voiture.* SYN. bosseler.
CONJUGAISON : VOIR MODÈLE AIMER.

CABOT adj. m. et n. m.
Le ***t*** ne se prononce pas, [kabo].
ADJECTIF MASCULIN
(FAM.) Forme abrégée de ***cabotin.***
NOM MASCULIN
(FAM.) Chien.
cabot.

CABOTAGE n. m.
Navigation marchande à peu de distance des côtes.

CABOTEUR n. m.
Navire qui fait le cabotage.

CABOTIN, INE adj. et n. m. et f.
Qui est prétentieux et affecté. *Ce comédien est un peu cabotin.*
S'abrège familièrement en ***cabot*** (s'écrit sans point).

CABOTINAGE n. m.
Attitude du cabotin.

CABOTINER v. intr.
Agir en cabotin.
CONJUGAISON : VOIR MODÈLE AIMER.

CABRER v. tr., pronom.
VERBE TRANSITIF
Inciter une personne à se rebeller. *Ils ont cabré le personnel contre la direction.* SYN. braquer ; monter ; révolter.
VERBE PRONOMINAL
1. Se dit d'un cheval qui se dresse sur les pieds de derrière, comme une chèvre.
2. (FIG.) Se dresser, se rebeller contre quelque chose. *Ils se sont cabrés et ont rejeté notre offre.* SYN. réagir contre ; se rebiffer ; résister ; se révolter ; ruer dans les brancards ; tenir tête.
À la forme pronominale, le participe passé de ce verbe s'accorde toujours en genre et en nombre avec son sujet. *Les chevaux se sont cabrés subitement.*
CONJUGAISON : VOIR MODÈLE AIMER.

CABRI n. m.
Petit de la chèvre. *Des cabris.* SYN. chevreau.
cabri.

CABRIOLE n. f.
Saut léger, comme celui de la chèvre. *Le chien savant exécutait d'amusantes cabrioles.* SYN. bond ; culbute ; pirouette.
➭ cabriole.

CABRIOLER v. intr.
Faire des cabrioles.
CONJUGAISON : VOIR MODÈLE AIMER.
➭ cabrioler.

CABRIOLET n. m.
Voiture décapotable. *Un joli cabriolet rouge.*
➭ cabriolet.

CAC
Sigle de ***Conseil des Arts du Canada.***

CACA n. m.
(FAM.) Excrément. SYN. (FAM.) merde ; selles.
LOCUTION
– ***Caca d'oie.*** D'un jaune brunâtre. *Des robes caca d'oie.*
VOIR TABLEAU – COULEUR (ADJECTIFS DE).

CACABER v. intr.
Crier, en parlant de la perdrix.
CONJUGAISON : VOIR MODÈLE AIMER.

CACAHUÈTE ou **CACAHOUÈTE** n. f.
La finale se prononce toujours ***ouète,*** [kakawɛt].
Fruit de l'arachide.

CACAO n. m.
Graine du cacaoyer, qui sert à fabriquer le chocolat. *Une tasse de cacao* (et non de *cocoa).

CACAOYER ou **CACAOTIER** n. m.
Arbre qui produit le cacao.

CACAOYÈRE ou **CACAOTIÈRE** n. f.
Plantation de cacaoyers.

CACATOÈS ou **KAKATOÈS** n. m.
Oiseau au plumage coloré de la famille des perroquets.
Ne pas confondre avec le nom ***cacatois,*** voile carrée.

CACATOIS n. m.
Voile carrée.
Ne pas confondre avec le nom ***cacatoès,*** oiseau.

CACHALOT n. m.
Le ***t*** ne se prononce pas, [kaʃalo].
Grand mammifère marin de la taille de la baleine.
➭ cachalot.

CACHE n. m. et f.
NOM MASCULIN
Papier cachant une partie d'une surface. *Disposer un cache sur le titre d'un document.*
NOM FÉMININ
Cachette. *Les brigands étaient tapis dans une cache au sous-sol du château.*

CACHE-
Les mots composés avec l'élément **cache-** s'écrivent avec un trait d'union. Au pluriel, ***cache-***, qui est un verbe, demeure invariable, tandis que le second élément est parfois variable, parfois invariable. *Des cache-col.*

CACHÉ, ÉE adj.
1. Dissimulé, à l'abri des regards. *Une cabane cachée dans la forêt.*
2. Secret, non connu. *Des talents cachés.*

CACHE-CACHE n. m. inv. (pl. *cache-cache*)
Jeu d'enfants, dans lequel un des joueurs doit chercher à découvrir les autres qui sont cachés. *Jouer à cache-cache. Des parties de cache-cache.*
Au Québec, on dit surtout ***jouer à la cachette.***
[Les *Rectifications* (1990) admettent : cachecache.]

CACHE-CŒUR n. m. (pl. *cache-cœur* ou *cache-cœurs*)
Corsage à deux pans qui se croisent sur la poitrine. *Des cache-cœur de laine angora.*

CACHE-COL n. m. (pl. *cache-col* ou *cache-cols*)
Écharpe. *Des cache-col colorés.*

CACHECTIQUE adj. et n. m. et f.
ADJECTIF
1. (MÉD.) Relatif à la cachexie. *Un état cachectique.*
2. (MÉD.) Qui souffre de cachexie. *Cachectique* (et non *cachexique)*, autrement dit d'une maigreur extrême, il est trop faible pour se tenir debout. Un cachectique.*
NOM MASCULIN ET FÉMININ
Personne atteinte de cachexie. *Ce cachectique est très faible.*

CACHE-ENTRÉE n. m. (pl. *cache-entrée* ou *cache-entrées*)
Pièce qui recouvre l'entrée d'une serrure.

CACHE-FLAMME n. m. (pl. *cache-flamme* ou *cache-flammes*)
Appareil fixé au bout d'une arme à feu pour masquer la flamme au départ du coup.

CACHEMIRE n. m.
1. Tricot fin en poil de chèvre du Cachemire. *Un foulard de cachemire.*
2. Dessin. *Un motif cachemire* (et non *paisley).

CACHE-MISÈRE n. m. (pl. *cache-misère* ou *cache-misères*)
(FAM.) Vêtement qui dissimule une tenue négligée.

CACHE-NEZ n. m. inv. (pl. *cache-nez*)
Écharpe de laine. *Des cache-nez tricotés à la main.*

CACHE-POT n. m. (pl. *cache-pot* ou *cache-pots*)
Vase recouvrant un pot de fleurs. *Des cache-pot ou cache-pots en porcelaine.*

CACHE-PRISE n. m. (pl. *cache-prise* ou *cache-prises*)
Dispositif de sécurité qui s'adapte à une prise. *Des cache-prise pratiques.*

CACHER v. tr., pronom.
VERBE TRANSITIF
Dissimuler. *L'écureuil a caché des glands.*
VERBE PRONOMINAL
Se dérober aux regards. *Les petites se sont cachées sous le lit.*
À la forme pronominale, le participe passé de ce verbe s'accorde en genre et en nombre avec le complément direct si celui-ci le précède. *Les cheveux qu'elle s'est cachés sont-ils blonds ou roux ? Les perdrix se sont cachées dans les buissons.* Le participe passé reste invariable si le complément direct suit le verbe. *Elles se sont caché les cheveux sous un foulard.*
Ne pas confondre avec les verbes suivants :
• ***celer,*** tenir quelque chose secret ;
• ***déguiser,*** dissimuler sous une apparence trompeuse ;
• ***taire,*** ne pas révéler ce que l'on n'est pas obligé de faire connaître ;
• ***voiler,*** cacher sous des apparences.
CONJUGAISON : VOIR MODÈLE AIMER.

CACHER, ÈRE adj.
Le ***r*** se prononce au masculin et au féminin, [kaʃɛr].
Se dit d'un aliment préparé conformément à la religion juive. *Une viande cachère, des gâteaux cachers.*
Cet adjectif s'orthographie également ***kasher, casher, kascher, cascher.***

CACHE-RADIATEUR n. m. (pl. *cache-radiateurs*)
Revêtement servant à dissimuler un radiateur. *Des cache-radiateurs à repeindre.*

CACHE-SEXE n. m. (pl. *cache-sexe* ou *cache-sexes*)
Culotte très étroite.

CACHET n. m.
1. Sceau. *Cette lettre est marquée d'un cachet.*
2. Médicament en poudre contenu dans une capsule assimilable par l'organisme. *Un cachet d'analgésique.*
À l'origine, la poudre était placée dans une enveloppe de pain azyme. On confond fréquemment le ***cachet*** et le ***comprimé,*** médicament sous forme de pastille. *Prendre un cachet.*
3. Rémunération que reçoit l'artiste.
Ne pas confondre avec les noms suivants :
• ***honoraires,*** rétribution variable de la personne qui exerce une profession libérale;
• ***paie*** ou ***paye,*** rémunération d'un employé;
• ***salaire,*** générique de toute rémunération convenue d'avance et donnée par n'importe quel employeur;
• ***traitement,*** rémunération liée à un emploi d'une certaine importance sociale.
LOCUTION
– ***Cachet de la poste.*** Inscription apposée par le bureau de poste pour indiquer le jour et le lieu de l'expédition. *Les formulaires doivent être expédiés avant le 1er mai, le cachet de la poste faisant foi.*

CACHETAGE n. m.
Action de cacheter.

CACHETER v. tr.
1. Fermer (une enveloppe). *Cette lettre n'était pas cachetée.*
2. Sceller avec un cachet.
CONJUGAISON : VOIR MODÈLE APPELER.
Redoublement du ***t*** devant un ***e*** muet. *Je cachette, je cachetterai,* mais *je cachetais.*
[Les *Rectifications* (1990) admettent : il cachète, cachètera, cachèterait...]

CACHETTE n. f.
Lieu propice à cacher quelqu'un, quelque chose. *Une bonne cachette.*
LOCUTIONS
– ***En cachette,*** loc. adv. À la dérobée, secrètement.
– ***Jouer à la cachette.*** Jouer à cache-cache.

CACHEXIE n. f.
(MÉD.) État pathologique caractérisé par une maigreur extrême provoquée par une longue maladie ou la sous-alimentation. *En fin de vie, le patient cancéreux souffre très souvent de cachexie, car il n'a plus la moindre envie d'alimentation.*

***CACHEXIQUE**
Impropriété pour ***cachectique.***

CACHOT n. m.
Cellule de prison étroite et sombre. *Le prisonnier a été mis au cachot.*
cachot.

CACHOTTERIE n. f.
(FAM.) Dissimulation de choses sans importance. *Cessez vos cachotteries.* SYN. mystère; secret.
Ce nom s'emploie généralement au pluriel.
[Les *Rectifications* (1990) admettent : cachoterie.]

CACHOTTIER, IÈRE adj. et n. m. et f.
(FAM.) Qui aime à faire des cachotteries. *Petit cachottier, va !* SYN. secret.
[Les *Rectifications* (1990) admettent : cachotier, cachotière.]

CACHOU adj. inv. et n. m.
NOM MASCULIN
Extrait de la noix d'arec. *Ces pastilles sont parfumées au cachou. Des cachous.*
Ne pas confondre avec le nom ***cajou,*** fruit de l'acajou.
ADJECTIF DE COULEUR INVARIABLE
De la couleur rouge brique du cachou. *Des turbans cachou.*
VOIR TABLEAU – COULEUR (ADJECTIFS DE).
FORME FAUTIVE
*cachou. Anglicisme au sens de ***cajou.***

CACOPHONIE n. f.
Sons discordants. *Une véritable cacophonie.* SYN. tintamarre.

CACOPHONIQUE adj.
Qui tient de la cacophonie.

CACTACÉES ou **CACTÉES** n. f. pl.
Plantes grasses. *Les cactus sont des cactées.*

CACTUS n. m.
Le *s* se prononce, [kaktys].
Plante de la famille des cactacées. « *Le monde entier est un cactus* » (Jacques Dutronc, *Les Cactus*).

c.-à-d.
Abréviation de ***c'est-à-dire.***

CADASTRAL, ALE, AUX adj.
Du cadastre. *Des plans cadastraux.*

CADASTRE n. m.
Registre public définissant la surface et la valeur des biens immobiliers en vue d'établir l'impôt foncier. « *sans même les lignes imaginaires/qui sur les cartes et les cadastres/ tranchent au couteau les territoires* » (Pierre Nepveu, *Lignes aériennes*).

CADASTRER v. tr.
Inscrire au cadastre.
CONJUGAISON : VOIR MODÈLE AIMER.

CADAVÉREUX, EUSE adj.
Qui ressemble à un cadavre. *Un teint cadavéreux.*
Ne pas confondre avec l'adjectif ***cadavérique,*** qui se rapporte à un cadavre.

CADAVÉRIQUE adj.
Qui se rapporte à un cadavre. *La rigidité cadavérique.*
Ne pas confondre avec l'adjectif ***cadavéreux,*** qui ressemble à un cadavre.

CADAVRE n. m.
Corps d'une personne morte, d'un animal mort.

CADDIE ou **CADDY** n. m. et f. (pl. *caddies* ou *caddys*)
Personne employée pour transporter les clubs des joueurs de golf.

CADEAU n. m. (pl. *cadeaux*)
Présent destiné à faire plaisir à quelqu'un. *Des cadeaux joliment emballés. Un cadeau d'anniversaire.*
Le nom ***cadeau*** s'emploie en apposition pour former des mots composés qui s'écrivent avec un trait d'union. *Des paquets-cadeaux, des emballages-cadeaux, des chèques-cadeaux, des cadeaux-surprises.*
Ne pas confondre avec les noms suivants :
• ***don,*** libéralité à titre gracieux;
• ***gratification,*** somme d'argent donnée en surcroît de ce qui est dû;
• ***legs,*** don fait par testament.
LOCUTIONS
– ***C'est pas un cadeau !*** (FAM.) C'est une situation désagréable.
– ***Chèque(-)cadeau.*** Bon d'échange d'une certaine valeur offert en cadeau pour l'achat d'un bien ou d'un service dans le magasin ou l'entreprise désignée (GDT). *Voici deux chèques-cadeaux* (et non *certificats-cadeaux) *de 25 $ du magasin Zone.* SYN. bon(-)cadeau.
FORME FAUTIVE
*certificat-cadeau. Calque de «*gift certificate*» pour ***chèque(-)cadeau, bon(-)cadeau.***

CADENAS n. m.
Le *s* ne se prononce pas, [kadna].
Serrure portative. *Ne laisse pas ton vélo sans cadenas, sinon on te le volera.*
cadenas.

CADENASSER v. tr.
Fermer avec un cadenas. *J'ai cadenassé la porte du jardin.*
CONJUGAISON : VOIR MODÈLE AIMER.

CADENCE n. f.
1. Répétition de sons, de mouvements réglés selon un rythme.
2. Rythme du travail, de la production. *Une cadence trop rapide.*
✏ cadence.

CADENCER v. tr.
Donner un rythme régulier à quelque chose. SYN. rythmer.
CONJUGAISON : VOIR MODÈLE AVANCER.
Le *c* prend une cédille devant les lettres ***a*** et ***o***. *Il cadença, nous cadençons.*

CADET, ETTE adj. et n. m. et f.
1. Se dit de l'enfant qui vient après l'aîné. *Sa sœur cadette. Il est le cadet de cette famille.*
Le premier enfant est l'***aîné,*** tandis que le plus jeune est le ***benjamin.***
2. (SPORTS) Joueur, joueuse de 15 à 17 ans, dans certains sports d'équipe.

CADMIUM n. m.
Symbole ***Cd*** (s'écrit sans point).
(PEINT.) Jaune de cadmium.

CADOGAN
VOIR – CATOGAN.

CADRAGE n. m.
Choix de l'image, en photographie, au cinéma, etc.

CADRAN n. m.
Surface divisée et graduée de certains appareils. *Le cadran d'une pendule, d'une boussole.*
LOCUTION
– ***Faire le tour du cadran.*** (FAM.) Dormir pendant douze heures.
FORME FAUTIVE
*cadran. Impropriété au sens de ***réveille-matin.***
HOM. ***quadrant,*** quart de circonférence.

CADRATURE n. f.
Ensemble de pièces d'horlogerie.
HOM. ***quadrature,*** construction d'un carré.

CADRE n. m. et f.
NOM MASCULIN
1. Bordure dans laquelle on place un tableau, une glace, une photographie, etc. *Un cadre ovale.*
Ce nom ne désigne pas un tableau, mais ce qui l'encadre. *Antoine a mis une photo de son amie dans un cadre doré.*
2. Décor, milieu, contexte. *Un cadre champêtre.*
NOM MASCULIN ET FÉMININ
1. (AU PLUR.) Ensemble des personnes qui dirigent dans une entreprise, un organisme, une armée.
2. Personne responsable dans une entreprise, un organisme. *Elle est maintenant une cadre supérieure.*
LOCUTIONS
– ***Cadre de marche.*** Aide à la marche constituée de quatre montants tubulaires de métal léger reliés entre eux sur trois côtés par des barres horizontales, parfois munie de roulettes ou de patins sous les montants de devant, sur laquelle une personne prend appui durant la marche en la glissant, en la soulevant ou en la faisant rouler à chaque pas (GDT). SYN. déambulateur ; ⚜ marchette.
– ***Dans le cadre de.*** Dans les limites de, dans le contexte de. *Dans le cadre de ses fonctions, dans le cadre d'un programme de lutte contre l'illettrisme, dans le cadre d'une enquête.*
Au sens de « à l'occasion de », l'emploi de la locution est critiqué par certains auteurs, mais il est maintenant passé dans l'usage. *« Dans le cadre du Festival Mozart-Plus » (L'actualité). « Dans le cadre du festival Passages, spectacle de théâtre, danse et musique » (Le Monde).*
– ***Loi-cadre, programme-cadre.*** Texte définissant des principes généraux. *Des lois-cadres.*
En apposition, le nom s'écrit avec un trait d'union et les deux mots prennent la marque du pluriel.

CADRER v. tr., intr.
VERBE TRANSITIF
Mettre en place. *L'image est bien cadrée.*
VERBE INTRANSITIF
Convenir. *Sa conception de l'administration ne cadre pas avec la mienne.* SYN. coïncider.
CONJUGAISON : VOIR MODÈLE AIMER.

CADREUR n. m.
CADREUSE n. f.
Opérateur, opératrice de prises de vues (de cinéma, de télévision). *« Les cinéastes en herbe expérimenteront les métiers de cadreur, réalisateur, directeur artistique, monteur ou comédien » (Le Devoir).*
Le nom ***cadreur*** a fait l'objet d'une recommandation officielle pour remplacer l'emprunt à l'anglais *cameraman.

CADUC, UQUE adj.
1. Qui n'a plus cours. *Une loi caduque.*
2. (BOT.) Qui tombe tous les ans. *Des feuilles caduques.* ANT. persistant.
Attention au féminin en ***que*** ainsi que pour les adjectifs ***public, turc, ammoniac.***

CADUCÉE n. m.
Baguette entrelacée de deux serpents surmontés de deux ailes, qui constitue l'attribut de Mercure et le symbole du corps médical et pharmaceutique.
✏ caducée.

CADUCITÉ n. f.
Désuétude. *La caducité d'un règlement.*

CÆCUM n. m.
Les lettres ***cæ*** se prononcent ***sé,*** [sekɔm] ; le nom rime avec ***comme.***
Partie de l'intestin.
L'***appendicite*** est l'inflammation de l'appendice du cæcum.

CAFARD, ARDE adj. et n. m. et f.
ADJECTIF ET NOM MASCULIN ET FÉMININ
(FAM.) (VX) Dénonciateur.
NOM MASCULIN
1. Blatte. SYN. cancrelat.
Au Québec, on dit aussi ***coquerelle.***
2. Tristesse, idées noires. *Avoir le cafard.*

CAFARDER v. tr., intr.
VERBE TRANSITIF
(FAM.) Dénoncer, rapporter.
VERBE INTRANSITIF
Avoir le cafard.
CONJUGAISON : VOIR MODÈLE AIMER.

CAFARDEUX, EUSE adj.
Qui a le cafard, mélancolique. SYN. déprimé ; triste.

CAFÉ adj. et n. m.
NOM MASCULIN
1. Graine du caféier. *Des grains de café. Du café moulu.*
2. Boisson fabriquée avec des graines de café torréfiées. *Un café noir, un café décaféiné. Prendrais-tu une tasse de café ?*
3. Établissement où l'on consomme des boissons. *Se donner rendez-vous au café.*
ADJECTIF DE COULEUR INVARIABLE
D'un brun presque noir. *Des tricots café.*
VOIR TABLEAU – COULEUR (ADJECTIFS DE).
LOCUTIONS
– ***Café crème.*** Café auquel on a ajouté de la crème. *Des cafés crème délicieux.*
Ce mot s'abrège familièrement en ***crème.*** *Des crèmes savoureux.*
– ***C'est (un peu) fort de café.*** (FAM.) C'est exagéré.

CAFÉ AU LAIT adj. et n. m.
NOM MASCULIN
Des cafés au lait.
ADJECTIF DE COULEUR INVARIABLE
De la couleur du café au lait. *Des gants café au lait.*
VOIR TABLEAU – COULEUR (ADJECTIFS DE).

CAFÉIER n. m.
Arbuste dont le fruit contient des grains de café.

CAFÉIÈRE n. f.
Plantation de caféiers.
☞ Ne pas confondre avec le nom ***cafetière,*** appareil servant à la préparation du café.

CAFÉINE n. f.
Produit contenu dans le café, le thé, les colas, qui est un tonique et un stimulant du cœur.
✎ caféine.

CAFETAN ou **CAFTAN** n. m.
Vêtement oriental très ample. *Des cafetans* ou *caftans richement ornés.*

CAFÉTÉRIA n. f.
Dans certains établissements, lieu où l'on peut consommer des boissons, se restaurer, souvent en libre-service.
☞ Ne pas confondre avec les noms suivants :
• ***cantine,*** endroit où l'on sert des repas pour une collectivité (entreprise, école);
• ***réfectoire,*** salle où les membres d'une communauté, d'une collectivité prennent leurs repas en commun.
☞ Le nom ***cafétéria,*** qui vient de l'espagnol, s'est intégré au français : il s'écrit avec des accents et prend la marque du pluriel. *Des cafétérias bien aménagées.*

CAFÉ-THÉÂTRE n. m. (pl. *cafés-théâtres*)
Petite salle où se donnent des pièces de théâtre, des spectacles souvent non conformistes.

CAFETIÈRE n. f.
◇ Le ***e*** central est muet, [kaftjɛr].
Appareil servant à la préparation du café. *Une cafetière électrique.*
☞ Ne pas confondre avec le nom ***caféière,*** plantation de caféiers.

CAFOUILLAGE n. m.
(FAM.) Mauvais fonctionnement. SYN. cafouillis; confusion.

CAFOUILLER v. intr.
1. (FAM.) Mal fonctionner. *Leur plan a cafouillé.*
2. (FAM.) Agir d'une manière confuse, embrouillée. *Je n'ai pas su répondre à cette question : j'ai cafouillé.*
CONJUGAISON : VOIR MODÈLE AIMER.
Les lettres ***ill*** sont suivies d'un ***i*** à la première et à la deuxième personne du pluriel de l'indicatif imparfait et du subjonctif présent. *(Que) nous cafouillions, (que) vous cafouilliez.*

CAFOUILLIS n. m.
◇ Le ***s*** est muet, [kafuji].
(FAM.) Désordre, grande confusion. *Dans le cafouillis du déménagement, on a perdu quelques dossiers.* SYN. cafouillage.
✎ cafouillis.

CAFTAN
VOIR – CAFETAN.

CAGE n. f.
1. Espace clos garni de barreaux, d'un grillage, où l'on enferme des animaux. *La cage des lions. La cage du serin a été renversée par le chat.*
2. Paroi entourant un escalier, un ascenseur. *La cage d'un escalier.*
LOCUTION
– ***Cage thoracique.*** Partie du squelette entourant le cœur et les poumons.
FORME FAUTIVE
*cage à homards. Impropriété pour ***casier à homards.***

CAGEOT n. m.
Emballage léger, généralement sans couvercle et servant au transport des denrées alimentaires périssables. *J'ai acheté deux cageots* (et non deux *crates) *de laitues.*
☞ Ne pas confondre avec le nom ***casseau*** ou ***cassot*** : au Québec, emballage de faible volume servant au transport des petits fruits (fraises, framboises, bleuets...).
✎ cageot.

CAGIBI n. m.
(FAM.) Petit local servant au rangement. *Ranger les valises dans le cagibi.* SYN. débarras; réduit.
✎ cagibi.

CAGNEUX, EUSE adj.
Qui a les genoux, les jambes, les pieds tournés en dedans.

CAGNOTTE n. f.
1. Gains de jeu mis en réserve par tous les joueurs.
2. Caisse d'un groupe où l'on dépose des sommes destinées aux activités communes des membres.

CAGOULE n. f.
1. Capuchon percé à l'endroit des yeux. *Les malfaiteurs portaient des cagoules.*
2. Passe-montagne. *Une cagoule chaude pour skier par – 40 °C.*

CAHIER n. m.
Assemblage de feuilles de papier liées ensemble. *Des cahiers à feuilles quadrillées. Des cahiers brouillons* ou *de brouillon. Des cahiers à spirale.*
LOCUTIONS
– ***Cahier publicitaire.*** Ensemble des pages à forte densité publicitaire insérées dans un journal. *Plusieurs cahiers publicitaires* (et non *circulaires) *figurent dans l'édition du samedi de ce quotidien. La direction du journal admet que le cahier publicitaire publié dimanche dernier aurait dû porter la mention « reportage publicitaire ».*
– ***Cahier des charges.*** Documents contractuels de l'Administration comportant l'énumération des clauses et conditions d'un marché. *Des cahiers des* (et non *de) *charges bien précis.*

CAHIN-CAHA adv.
(FAM.) Tant bien que mal. *Ils avançaient cahin-caha en raison de la tempête.* SYN. difficilement; péniblement.
[Les *Rectifications* (1990) admettent : cahincaha.]

CAHOT n. m.
Secousse imprimée à un véhicule qui roule sur une chaussée inégale. *Antoine ne peut lire dans la voiture, car il y a trop de cahots.* SYN. heurt; saut.
HOM. ***chaos,*** bouleversement, désordre important.
✎ cahot.

CAHOTANT, ANTE adj.
Qui cahote. *Un autobus cahotant.*
☞ Ne pas confondre avec l'adjectif ***cahoteux,*** qui cause des cahots.
✎ cahotant.

CAHOTEMENT n. m.
Fait de cahoter.
✎ cahotement.

CAHOTER v. tr., intr.
VERBE TRANSITIF
1. Causer des cahots à, secouer un véhicule. *Cette route en mauvais état nous a bien cahotés.*
2. (FIG.) Éprouver. *Le destin cruel les a cahotés : la vie les a malmenés.* SYN. tourmenter.
VERBE INTRANSITIF
Être secoué par des cahots. *Un vieil autobus qui cahote.*
CONJUGAISON : VOIR MODÈLE AIMER.
✎ cahoter.

CAHOTEUX, EUSE adj.
Qui cause des cahots. *Un chemin cahoteux.*
Ne pas confondre avec l'adjectif ***cahotant,*** qui cahote.
cahoteux.

CAHUTE ou **CAHUTTE** n. f.
Cabane, petite hutte.

CAÏD n. m. (pl. *caïds*)
Le ***d*** se prononce, [kaid].
(FAM.) Chef de bande. *On a arrêté des caïds de la contrebande de cigarettes.*
Ce nom vient d'un mot arabe qui signifie « celui qui conduit ».
caïd.

CAILLE n. f.
Oiseau de la famille de la perdrix. *Des cailles sur canapés.*

CAILLEBOTIS n. m.
Le ***s*** ne se prononce pas, [kajbɔti].
Plancher à claire-voie employé dans les endroits humides.
caillebotis.

CAILLER v. tr., intr. ou pronom.
VERBE TRANSITIF
Faire prendre en caillots. *Le ferment caille le lait pour donner du yaourt.*
VERBE INTRANSITIF OU PRONOMINAL
Se prendre en caillots. *Du lait qui a caillé, s'est caillé. La culture bactérienne fera cailler le lait.*
À la forme pronominale, le participe passé de ce verbe s'accorde toujours en genre et en nombre avec son sujet. *Ces préparations culinaires se sont caillées.*
CONJUGAISON : VOIR MODÈLE AIMER.
Les lettres ***ill*** sont suivies d'un ***i*** à la première et à la deuxième personne du pluriel de l'indicatif imparfait et du subjonctif présent. *(Que) nous caillions, (que) vous cailliez.*

CAILLOT n. m.
Attention à la prononciation de la première syllabe, [kajo].
Masse formée par un liquide qui se coagule. *Des caillots de sang.*
caillot.

CAILLOU n. m. (pl. *cailloux*)
Fragment de pierre. *Alain lance des cailloux dans l'eau.*
Le nom ***roche*** est un générique qui désigne la masse de substances minérales, tandis que la ***pierre*** est le matériau tiré de la roche dont on se sert dans la construction. Le ***caillou*** est un fragment de pierre de petite dimension.

CAILLOUTAGE n. m.
Pavage de cailloux.

CAÏMAN n. m.
Le ***n*** ne se prononce pas, [kaimɑ̃].
Grand crocodile à museau court et large. *Des caïmans redoutables.*
caïman.

CAIROTE adj. et n. m. et f.
Du Caire. *Le métro cairote. Un Cairote, une Cairote.*
T L'adjectif s'écrit avec une minuscule ; le nom, avec une majuscule.
cairote.

CAISSE n. f.
1. Contenant. *Ces fruits se vendent à la caisse.*
2. Coffre où l'on dépose de l'argent, principalement dans un commerce. *Le voleur a réclamé l'argent de la caisse. Conservez votre ticket de caisse pour tout remboursement.*
3. Guichet où s'effectuent les paiements. *Veuillez payer à la caisse.*
4. Établissement où l'on dépose des fonds. *Une caisse populaire, une caisse d'épargne.*
LOCUTION
– ***Caisse de retraite.*** Fonds alimenté par des cotisations et dont l'objet est de servir aux participants les prestations prévues par un régime de retraite (Recomm. off.). SYN. fonds de pension ; fonds de retraite.

CAISSIER n. m.
CAISSIÈRE n. f.
Personne préposée à une caisse dans un établissement.

CAISSON n. m.
1. Compartiment étanche rempli d'air et servant aux travaux sous-marins.
2. (ARCHIT.) Section creuse ornée de moulures qui fait partie d'un plafond.

CAJOLER v. tr.
Témoigner sa tendresse à quelqu'un. *Annie cajole sa petite sœur.* SYN. câliner ; caresser ; dorloter.
CONJUGAISON : VOIR MODÈLE AIMER.
cajoler.

CAJOLERIE n. f.
Paroles, gestes tendres. SYN. câlinerie ; caresse.
cajolerie.

CAJOLEUR, EUSE adj. et n. m. et f.
Qui cajole. *Des gestes cajoleurs.*
cajoleur.

CAJOU n. m.
Fruit de l'acajou. *Une boîte de cajous salés* (et non de *cachous).
Ne pas confondre avec le nom ***cachou,*** extrait d'acacia.

CAJUN adj. et n. m. et f. inv. en genre
ADJECTIF INVARIABLE EN GENRE
Relatif à la culture des Cajuns. *Des chansons cajuns.*
NOM MASCULIN ET FÉMININ INVARIABLE EN GENRE
Habitant de la Louisiane qui parle le français. *Ces deux chanteuses sont des Cajuns.*
T L'adjectif s'écrit avec une minuscule ; le nom, avec une majuscule.
Ce mot est une déformation de ***acadien.***

cal
Symbole de ***calorie.***

CAL n. m. (pl. *cals*)
Épaississement de la peau. *Des cals aux pieds.* SYN. callosité ; cor ; durillon.
HOM. ***cale,*** fond d'un navire, pièce de bois.

CALABRAIS, AISE adj. et n. m. et f.
ADJECTIF ET NOM MASCULIN ET FÉMININ
De Calabre. *Un plat calabrais. Un Calabrais, une Calabraise.*
T L'adjectif s'écrit avec une minuscule ; le nom, avec une majuscule.
NOM MASCULIN
Dialecte calabrais. *Maria parle le calabrais.*
T Le nom du dialecte s'écrit avec une minuscule.

CALAGE n. m.
Action de fixer avec une cale. *Le calage d'un véhicule.*

CALAMAR
VOIR – CALMAR.

CALAMITÉ n. f.
1. Catastrophe. *Ces inondations sont une véritable calamité.* SYN. cataclysme ; désastre.
2. (FAM.) Chose qui dérange, ennuie. *Cet orchestre tapageur, c'est une vraie calamité !*

CALAMITEUX, EUSE adj.
(LITT.) Catastrophique. *Des tremblements de terre calamiteux.* SYN. désastreux ; funeste.

CALANDRE n. f.
1. Machine destinée à lustrer les étoffes, les papiers.
2. Garniture métallique disposée à l'avant du capot de certaines voitures.
Ne pas confondre avec le mot ***calendes*** qui ne s'utilise plus que dans l'expression ***renvoyer aux calendes grecques.***

CALANQUE n. f.
Petite crique aux parois rocheuses escarpées, en Méditerranée. *Les belles calanques de Cassis.*
calanque.

CALC(I)- ou **CALC(O)-** préf.
Élément tiré du mot ***calcium.*** *Calcaire.*

CALCAIRE adj. et n. m.
Qui contient du carbonate de calcium. *Une pierre calcaire. La craie est un calcaire.*
calcaire.

CALCIFICATION n. f.
Dépôt de sels calcaires dans les tissus organiques. *La calcification valvulaire.*

CALCINATION n. f.
Action de calciner.

CALCINER v. tr.
Brûler. *J'ai oublié la dinde au four : elle est complètement calcinée.* SYN. carboniser.
CONJUGAISON : VOIR MODÈLE AIMER.

CALCIUM n. m.
Les lettres ***um*** se prononcent ***om***; le mot rime avec ***gomme.***
Symbole ***Ca*** (s'écrit sans point).
Métal blanc mou. *Grand-papa doit prendre du calcium, car ses os sont fragiles.*

CALCUL n. m.
1. Recherche du résultat d'opérations numériques. *Une erreur de calcul. Elle excelle en calcul.*
2. Évaluation. *D'après mes calculs, les coureurs arriveront dans 20 minutes.* SYN. estimation; prévision.
3. (FIG.) Ensemble de mesures visant un objectif. *Un habile calcul. Ces personnes généreuses n'ont pas agi par calcul.* SYN. arrière-pensée; préméditation.
4. (MÉD.) Concrétion de sels minéraux, de matières organiques qui obstrue un conduit du corps humain. *Des calculs rénaux* (et non *pierres au rein). *Un calcul biliaire* (et non une *pierre au foie).

CALCULABLE adj.
Qui peut être calculé. *Un écart calculable.*

CALCULATEUR, TRICE adj. et n. m. et f.
ADJECTIF ET NOM MASCULIN ET FÉMININ
Qui agit par calcul, par intérêt. *Un politicien calculateur.* SYN. intéressé.
NOM FÉMININ
Machine qui calcule de façon automatique. *Les calculatrices actuelles sont de merveilleux petits ordinateurs.* SYN. machine à calculer; calculette.

CALCULER v. tr.
1. Déterminer une quantité, une valeur en effectuant un calcul ou une suite de calculs. *Calculer le nombre d'oranges dans une caisse.* SYN. chiffrer; compter.
2. Évaluer la probabilité d'un évènement. *Nous avons calculé nos chances de succès.* SYN. estimer; peser; prévoir.
3. (PÉJ.) Préméditer. *Une gentillesse toute calculée.*
LOCUTION
– ***Machine à calculer.*** Appareil qui calcule de façon automatique. SYN. calculatrice.
Ne pas confondre avec le verbe ***mesurer,*** évaluer d'après un étalon, à l'aide d'un instrument.
CONJUGAISON : VOIR MODÈLE AIMER.

CALCULETTE n. f.
Calculatrice de poche. SYN. calculatrice.

CALE n. f.
1. Fond d'un navire. *Les machines sont dans la cale.*
2. Pièce destinée à stabiliser un objet. *Mettre une cale devant la roue d'une voiture.*
HOM. ***cal,*** épaississement de la peau.
cale.

CALÉ, ÉE adj.
(FAM.) Fort. *Elle est calée en informatique.* SYN. ferré.

CALEBASSE n. f.
Fruit du calebassier dont l'écorce séchée peut servir de récipient.

CALEBASSIER n. m.
Arbre d'Amérique tropicale dont le fruit est la calebasse.

CALÈCHE n. f.
Voiture découverte à quatre roues tirée par un cheval. *Une promenade en calèche dans les rues de Québec.*

CALEÇON n. m.
1. Sous-vêtement masculin à jambes généralement courtes.
Ce mot est généralement employé au singulier comme ***pantalon.*** *Se mettre en caleçon.*
2. Pantalon féminin très moulant qui s'arrête à la cheville.
Ne pas confondre avec le nom ***slip,*** culotte très échancrée.
caleçon.

CALEMBOUR n. m.
Jeu de mots fondé sur une similitude de sons avec une différence de sens. *Faire des calembours. « C'était vraiment la francacophonie ! »* (Marc Favreau, alias Sol).
calembour.

CALEMBREDAINE n. f.
Plaisanterie, propos insensés. *Dire des calembredaines.* SYN. baliverne; sornette; sottise.
calembredaine.

CALENDES n. f. pl.
Premier jour du mois, chez les Romains.
LOCUTION
– ***Renvoyer aux calendes grecques.*** Renvoyer à une date qui n'arrivera jamais (les calendes étaient le premier jour du mois chez les Romains; les Grecs ne connaissaient pas les calendes).
Ce mot ne s'emploie plus que dans l'expression citée.
Ne pas confondre avec le mot ***calandre,*** machine à lustrer les étoffes, garniture métallique d'une voiture.
calendes.

CALENDRIER n. m.
1. Tableau des divisions de l'année en mois et en jours. *Les scouts vendent de jolis calendriers.*
2. Programme. *Le calendrier* (et non la *cédule) *des activités est établi.* SYN. horaire.
FORMES FAUTIVES
*année de calendrier. Calque de «*calendar year*» pour ***année civile.***
*jour de calendrier. Calque de «*calendar day*» pour ***jour civil.***
calendrier.

CALE-PIED n. m. (pl. *cale-pieds*)
Appareil adapté à la pédale du vélo et destiné à retenir le pied du cycliste.

CALEPIN n. m.
Petit cahier. *Elle avait noté tous les renseignements dans son calepin.* SYN. carnet.

CALER v. tr., intr.
VERBE TRANSITIF
Fixer avec une ou des cales. *Il faut caler la roue de la voiture avec cette pierre.* SYN. stabiliser.

VERBE INTRANSITIF
1. Enfoncer dans l'eau. *La barque a calé soudainement.*
2. S'arrêter brusquement. *Le moteur a calé.* SYN. s'immobiliser.
CONJUGAISON : VOIR MODÈLE AIMER.

CALFATAGE n. m.
Action de calfater.

CALFATER v. tr.
Rendre étanche la coque d'un navire.
Ne pas confondre avec le verbe ***calfeutrer,*** boucher les fentes pour empêcher le froid de pénétrer.
CONJUGAISON : VOIR MODÈLE AIMER.

CALFEUTRAGE n. m.
Action de calfeutrer.

CALFEUTRER v. tr., pronom.
VERBE TRANSITIF
Boucher avec du feutre, de la laine, etc., les fentes d'une porte, d'une fenêtre pour empêcher le froid de pénétrer.
VERBE PRONOMINAL
S'enfermer bien au chaud à la maison. *Ils se sont calfeutrés chez eux, car il fait un froid sibérien.*
À la forme pronominale, le participe passé de ce verbe s'accorde toujours en genre et en nombre avec son sujet. *Elles se sont calfeutrées à l'abri de la tempête.*
Ne pas confondre avec le verbe ***calfater,*** rendre étanche la coque d'un navire.
CONJUGAISON : VOIR MODÈLE AIMER.

CALIBRE n. m.
1. Diamètre intérieur d'un cylindre creux. *Le calibre d'une arme.*
2. (FIG.) Importance, envergure. *Ces techniciens ne sont pas du même calibre.*

CALIBRER v. tr.
1. Mesurer le diamètre intérieur d'un cylindre.
2. Classer selon la taille. *Calibrer des œufs.*
Ne pas confondre avec les verbes suivants :
- ***étalonner,*** mesurer par comparaison avec un étalon ;
- ***jauger,*** mesurer la capacité d'un récipient, d'un navire.

CONJUGAISON : VOIR MODÈLE AIMER.

CALICE n. m.
1. Vase sacré en forme de coupe destiné à recevoir le vin qui sera consacré lors de la messe.
2. Enveloppe extérieure de la fleur.
3. (BOT.) Enveloppe extérieure de la fleur constituée par les sépales, généralement de couleur verte, qui recouvre la partie inférieure de la corolle d'une fleur. *Le peintre imagina des coiffures qui ressemblaient à des nids, à des grottes ou à des calices de fleurs.*
calice.

CALICOT n. m.
Le *t* ne se prononce pas, [kaliko].
Toile de coton.
calicot.

CALIFAT ou **KHALIFAT** n. m.
Le *t* ne se prononce pas, [kalifa].
1. Dignité de calife.
2. Règne d'un calife.

CALIFE ou **KHALIFE** n. m.
Souverain musulman d'autrefois.

CALIFORNIEN, IENNE adj. et n. m. et f.
De la Californie. *Le vin californien. Un Californien, une Californienne.*
T L'adjectif s'écrit avec une minuscule ; le nom, avec une majuscule.

CALIFOURCHON (À) loc. adv.
À cheval. *Ils descendent l'escalier à califourchon sur la rampe.*

CÂLIN, INE adj. et n. m.
ADJECTIF
Tendre. *Un air câlin.* SYN. affectueux ; caressant.
NOM MASCULIN
Caresse, baiser. *Il a fait un câlin à sa sœur.*
câlin.

CÂLINER v. tr.
Cajoler, faire des caresses à. SYN. caresser ; dorloter.
CONJUGAISON : VOIR MODÈLE AIMER.
câliner.

CÂLINERIE n. f.
Caresse, cajolerie. *Ses câlineries finiront par la faire craquer.*
câlinerie.

CALISSON n. m.
Confiserie en forme de losange, principalement composée de pâte d'amandes. *On trouve des calissons d'Aix-en-Provence dans cette pâtisserie.*

CALLEUX, EUSE adj.
Qui a des cals. *Des pieds calleux.*
calleux.

CALLI- préf.
Élément du grec signifiant « beauté ». *Calligraphie.*

CALLIGRAMME n. m.
Poème où les vers sont disposés de manière à former un dessin. *Les calligrammes d'Apollinaire.*
calligramme.

CALLIGRAPHE n. m. et f.
Personne spécialisée dans le tracé des écritures.
calligraphe.

CALLIGRAPHIE n. f.
1. Belle écriture. *L'art de la calligraphie.*
2. Écriture. *La calligraphie arabe.*
calligraphie.

CALLIGRAPHIER v. tr.
Écrire d'une écriture très soignée. *Calligraphier une lettre d'amour.*
CONJUGAISON : VOIR MODÈLE ÉTUDIER.
Redoublement du ***i*** à la première et à la deuxième personne du pluriel de l'indicatif imparfait et du subjonctif présent. *(Que) nous calligraphiions, (que) vous calligraphiiez.*
calligraphier.

CALLIGRAPHIQUE adj.
Qui se rapporte à la calligraphie.
calligraphique.

CALLIPYGE adj.
1. Se dit d'une statue célèbre de Vénus.
2. Qui a des fesses proéminentes.
callipyge.

CALLOSITÉ n. f.
Épaississement de l'épiderme. SYN. cal ; cor ; durillon.
callosité.

CALMANT, ANTE adj. et n. m.
ADJECTIF
Apaisant. *Cette musique est calmante.*
NOM MASCULIN
Remède qui calme. *Elle a pris des calmants pour dormir.* SYN. tranquillisant.

CALMAR ou **CALAMAR** n. m.
Mollusque marin comestible. *Des calmars frits.*

CALME adj. et n. m.
ADJECTIF
1. Tranquille. *La mer est calme.*
2. Paisible. *C'est une personne toujours calme.* SYN. décontracté ; détendu ; réfléchi ; serein ; tranquille.

C

NOM MASCULIN
1. Immobilité et silence. *Le calme de la forêt.* SYN. paix ; tranquillité.
2. Sérénité. *Il a troublé son calme. Garde ton calme !*

CALMEMENT adv.
Avec calme, de façon tranquille. *Il a répondu calmement, sans s'énerver.*

C

CALMER v. tr., pronom.
VERBE TRANSITIF
1. Apaiser. *Elle calme son enfant effrayé par l'orage.* SYN. détendre ; rassurer.
2. Diminuer la douleur, le désagrément de. *Ce médicament calme les démangeaisons.* SYN. soulager.
VERBE PRONOMINAL
Retrouver son calme, son sang-froid. *Ils se sont enfin calmés.* SYN. se contenir ; se maîtriser.
À la forme pronominale, le participe passé de ce verbe s'accorde toujours en genre et en nombre avec son sujet. *Les vents s'étaient calmés.*
LOCUTION
– ***Calmer le jeu.*** (FIG.) Apaiser les tensions, dénouer une situation trop tendue.
CONJUGAISON : VOIR MODÈLE AIMER.

CALOMNIATEUR, TRICE adj. et n. m. et f.
Qui accuse injustement. SYN. détracteur ; diffamateur.

CALOMNIE n. f.
Propos mensongers qui attaquent la réputation de quelqu'un. SYN. diffamation.
Ne pas confondre avec le nom ***médisance,*** propos vrais qui peuvent nuire à quelqu'un.

CALOMNIER v. tr.
Porter des accusations fausses contre quelqu'un. SYN. diffamer.
CONJUGAISON : VOIR MODÈLE ÉTUDIER.
Redoublement du ***i*** à la première et à la deuxième personne du pluriel de l'indicatif imparfait et du subjonctif présent. *(Que) nous calomniions, (que) vous calomniiez.*

CALOMNIEUSEMENT adv.
De façon calomnieuse.

CALOMNIEUX, IEUSE adj.
Qui contient des calomnies. *Des accusations calomnieuses.* SYN. diffamatoire ; faux ; mensonger.

CALOR- préf.
Élément du latin signifiant « chaleur ». *Calorifère.*

CALORIE n. f.
Symbole ***cal*** (s'écrit sans point).
Unité de mesure de la valeur énergétique des aliments. *Cette confiture ne contient que sept calories par cuillère à café.*

CALORIFÈRE adj. et n. m.
ADJECTIF
Qui transmet la chaleur.
NOM MASCULIN
Système de chauffage distribuant la chaleur d'une chaudière par air chaud.
Ne pas confondre avec le nom ***radiateur,*** appareil servant à la diffusion de la chaleur d'un système de chauffage.
calorifère.

CALORIFIQUE adj.
Qui produit des calories, de la chaleur.

CALORIFUGE adj. et n. m.
Se dit des matières peu conductrices de la chaleur qui empêchent sa perte. *L'amiante est un calorifuge.*

CALORIFUGER v. tr.
Couvrir d'un calorifuge. *Calorifuger un solarium.* SYN. isoler.
CONJUGAISON : VOIR MODÈLE CHANGER.
Le ***g*** est suivi d'un ***e*** devant les lettres ***a*** et ***o***. *Il calorifugea, nous calorifugeons.*

CALOT n. m.
Le ***t*** ne se prononce pas, [kalo].
Coiffure à deux pointes.
calot.

CALOTTE n. f.
1. Petit bonnet couvrant le sommet de la tête. *La calotte rouge des cardinaux, la calotte blanche du pape.*
Ne pas confondre avec le nom ***casquette,*** coiffure munie d'une visière.
2. Voûte sphérique. *La calotte des cieux, du crâne.*
3. (FAM.) Gifle.
LOCUTION
– ***Calotte glaciaire.*** Masse de glace recouvrant certaines régions polaires.
calotte.

CALOTTER v. tr., pronom.
VERBE TRANSITIF
1. (FAM.) Gifler. *Ce boxeur ne se laissera pas calotter ainsi.*
2. Coiffer d'une calotte. *« Calotté de noir velours, tout de flanelle blanche habillé, [...] il* [Sainte-Beuve] *avait l'air d'un pape hétéroclite »* (Paul Verlaine, *Confessions*).
VERBE PRONOMINAL
1. (FAM.) Échanger des gifles.
2. ⚜ (FIG.) Se couvrir (en parlant du temps). *Le temps se calotte.*
À la forme pronominale, le participe passé de ce verbe s'accorde toujours en genre et en nombre avec son sujet. *Ces voyous se sont calottés.*
CONJUGAISON : VOIR MODÈLE AIMER.
calotter.

CALQUAGE n. m.
Action de calquer.

CALQUE n. m.
1. Copie à l'aide d'un papier transparent. *Le calque d'une caricature.*
2. (LING.) Traduction littérale. *L'expression *sanctuaire d'oiseaux est un calque des mots anglais* « bird sanctuary ». *En français, on dit plutôt* réserve ornithologique.
VOIR TABLEAU – ANGLICISMES.
LOCUTION
– ***Papier-calque.*** Papier transparent utilisé pour la reproduction d'un dessin. *Des papiers-calques.*

CALQUER v. tr.
1. Reproduire les traits d'un dessin au moyen d'un papier transparent.
Ne pas confondre avec le verbe ***décalquer,*** reporter sur un autre papier le calque d'un dessin.
2. (FIG.) Imiter. *Il calque les gestes du moniteur.*
3. Copier d'une autre langue. *Une expression calquée sur l'anglais.*
CONJUGAISON : VOIR MODÈLE AIMER.

CALUMET n. m.
Longue pipe des Amérindiens, qui symbolise la paix.

CALVADOS n. m.
Le ***s*** se prononce, [kalvados] ; le mot rime avec ***fosse.***
Eau-de-vie de cidre. *Du poulet au calvados.*
T Le nom de l'alcool s'écrit avec une minuscule ; le nom de la région, avec une majuscule.
calvados.

CALVAIRE n. m.
1. Croix en plein air destinée à rappeler la passion du Christ.
2. (FIG.) Épreuve prolongée. *Sa vie a été un véritable calvaire.*
calvaire.

CALVITIE n. f.
Le ***t*** se prononce ***s,*** [kalvisi] ; le nom rime avec ***si.***
Absence de cheveux. *Les personnes chauves souffrent de calvitie.*
calvitie.

CALYPSO n. m.
1. Musique antillaise.
2. Danse originaire de la Jamaïque.
calypso.

CAMAÏEU n. m. (pl. *camaïeux*)
Peinture d'une seule couleur, en différents tons. *Une aquarelle en camaïeu. Des camaïeux très doux.*
Au pluriel, le nom peut également s'orthographier ***camaïeus.***
camaïeu.

CAMARADE n. m. et f.
Ami, surtout chez les enfants, les adolescents. *Une camarade de classe.*
Ne pas confondre avec les noms suivants :
• ***collègue,*** personne avec qui l'on travaille ou qui exerce la même fonction ;
• ***compagnon,*** personne avec qui l'on fait un travail manuel, un voyage ;
• ***condisciple,*** personne avec qui l'on étudie ;
• ***confrère,*** personne qui appartient à une même profession, à une même société ;
• ***copain,*** camarade intime.

CAMARADERIE n. f.
Entente entre camarades. *Une franche camaraderie.* SYN. amitié.

CAMARD, ARDE adj. et n. m. et f.
(LITT.) Qui a un nez écrasé.

CAMARGUAIS, AISE adj. et n. m. et f.
De la Camargue. *La flore camarguaise. Un Camarguais, une Camarguaise.*
T L'adjectif s'écrit avec une minuscule ; le nom, avec une majuscule.

CAMBISTE n. m. et f.
Spécialiste du secteur financier qui effectue des opérations de change.
VOIR – AGENT.

CAMBODGIEN, IENNE adj. et n. m. et f.
Du Cambodge. *Un chant cambodgien. Un Cambodgien, une Cambodgienne.*
T L'adjectif s'écrit avec une minuscule ; le nom, avec une majuscule.

CAMBOUIS n. m.
Graisse noircie. *Des vêtements tachés de cambouis.*
cambouis.

CAMBRAGE ou **CAMBREMENT** n. m.
Action de cambrer.

CAMBRÉ, ÉE adj.
Creusé, en forme d'arc. *Un pied cambré.*

CAMBRER v. tr., pronom.
VERBE TRANSITIF
Creuser. *Cambrer les reins.*
VERBE PRONOMINAL
Bomber le torse. *Les danseuses se sont cambrées et sautillaient élégamment.*
À la forme pronominale, le participe passé de ce verbe s'accorde toujours en genre et en nombre avec son sujet. *La danseuse s'était cambrée gracieusement.*
CONJUGAISON : VOIR MODÈLE AIMER.

CAMBRIEN, IENNE adj. et n. m.
Première période de l'ère primaire. *Le cambrien. L'ère cambrienne.*

CAMBRIOLAGE n. m.
Action de cambrioler, résultat de cette action. *Il y a eu un cambriolage chez nos voisins qui étaient en voyage.*

CAMBRIOLER v. tr.
Voler, après avoir pénétré par effraction. *Des voyous ont cambriolé nos voisins.*
CONJUGAISON : VOIR MODÈLE AIMER.

CAMBRIOLEUR, EUSE n. m. et f.
Personne qui cambriole. *Les cambrioleurs sont entrés par la fenêtre du sous-sol.* SYN. voleur.

CAMBROUSSE n. f.
(FAM.) Campagne.

CAMBRURE n. f.
État de ce qui est cambré. *La cambrure du pied.*

CAMBUSE n. f.
(PÉJ.) Vieille maison. SYN. bicoque ; cabane.

CAME n. f.
1. Pièce mécanique. *Arbre à cames.*
2. (FAM.) Drogue.

CAMÉ, ÉE adj. et n. m. et f.
(FAM.) Drogué.

CAMÉE n. m.
Pierre sculptée en relief. *De jolis camées très délicats.*
Attention au genre masculin de ce mot : ***un*** camée.
camée.

CAMÉLÉON n. m.
Reptile qui a la faculté de changer de couleur pour se camoufler.

CAMÉLIA n. m.
Arbrisseau cultivé pour ses fleurs qui rappellent la rose. *Des camélias.*
Attention au genre masculin de ce nom : ***un*** camélia.

CAMELOT n. m. et f.
Le ***e*** et le ***t*** ne se prononcent pas, [kamlo].
Personne qui livre les journaux à domicile. *Pour se faire un peu d'argent de poche, Catherine est camelot pendant l'été.*
Ce nom n'a pas de forme féminine. L'Office québécois de la langue française propose d'employer l'article féminin : ***une*** camelot.
camelot.

CAMELOTE n. f.
(FAM.) Article de mauvaise qualité. SYN. pacotille.
camelote.

CAMEMBERT n. m.
Le ***t*** ne se prononce pas, [kamɑ̃bɛr].
Fromage à pâte molle fabriqué principalement en Normandie. *Des camemberts bien crémeux.*
camembert.

CAMÉRA n. f.
Appareil de prises de vues cinématographiques. *Des caméras de télévision.*
Ne pas confondre avec ***appareil photographique*** ou ***appareil photo,*** instrument destiné à prendre des images photographiques.

***CAMERAMAN**
Anglicisme pour ***cadreur.***
Le terme ***cadreur*** a fait l'objet d'une recommandation officielle pour remplacer *cameraman.

CAMEROUNAIS, AISE adj. et n. m. et f.
Du Cameroun. *Le drapeau camerounais. Un Camerounais, une Camerounaise.*
T L'adjectif s'écrit avec une minuscule, le nom avec une majuscule.

CAMÉSCOPE n. m.
Caméra vidéo portative avec magnétoscope.

CAMION n. m.
Gros véhicule automobile servant au transport des marchandises. *Un camion de déménagement.*

LOCUTION
– ***Camion-citerne.*** Camion servant au transport des liquides en vrac. *On transporte le lait dans des camions-citernes.*
FORMES FAUTIVES
*camion de vidanges. Impropriété pour ***camion à ordures, benne à ordures.***
*camion-remorque. Impropriété pour ***tracteur semi-remorque.***

CAMIONNAGE n. m.
Transport par camion. *Il fait du camionnage.*

CAMIONNETTE n. f.
Véhicule utilitaire léger servant au transport de marchandises. *Il a loué une camionnette pour déménager.*

CAMIONNEUR n. m.
CAMIONNEUSE n. f.
1. Personne qui conduit un camion automobile.
2. Personne qui a une entreprise de transport par camion. SYN. transporteur routier.

CAMISOLE n. f.
⚜ Maillot court à manches. *« Il se contenta pour toute provision d'un morceau de pain, et de cinq ou six pruneaux, et pour tous habits d'une simple camisole sous une simple sotane dans la rigueur d'un froid extrême sur un fleuve glacé »* (Marie Guyart, dite de l'Incarnation, *Correspondance*, cité dans le fichier lexical du TLFQ). *« Assis à table en camisole, son chapeau derrière la tête, la ceinture détachée et ses souliers jetés sous une chaise, il alignait des colonnes de chiffres dans un cahier »* (Yves Beauchemin, *Juliette Pomerleau*).
☞ Ce nom demeure usuel au Québec et dans la francophonie canadienne, mais il n'appartient plus à l'usage courant de la majorité des locuteurs du français.
LOCUTIONS
– ***Camisole chimique.*** (FIG.) Médicaments calmants utilisés en psychiatrie.
– ***Camisole de force.*** Camisole destinée à immobiliser les bras.
⇨ camisole.

CAMOMILLE n. f.
1. Plante médicinale très odorante.
2. Infusion composée des fleurs de cette plante. *Marie-Ève préfère la verveine à la camomille.*
⇨ camomille.

CAMOUFLAGE n. m.
1. Dissimulation en vue de rendre méconnaissable. *Le camouflage des véhicules militaires.*
2. (FIG.) Dissimulation. *Le camouflage de conflits d'intérêts.*
⇨ camouflage, un seul *f.*

CAMOUFLER v. tr., pronom.
VERBE TRANSITIF
1. Modifier les apparences d'une personne, d'une chose afin de la rendre méconnaissable. SYN. cacher; déguiser; dissimuler.
2. (FIG.) Cacher. *Camoufler des détournements de fonds.* SYN. maquiller.
VERBE PRONOMINAL
Se cacher. *Les soldats se sont camouflés.* SYN. se dissimuler.
▭ À la forme pronominale, le participe passé de ce verbe s'accorde toujours en genre et en nombre avec son sujet. *Les malfaiteurs se sont camouflés pour ne pas éveiller les soupçons.*
CONJUGAISON : VOIR MODÈLE AIMER.
⇨ camoufler, un seul *f.*

CAMP n. m.
1. Espace de terrain réservé à l'armée pour des manœuvres, des exercices.
2. Lieu où l'on campe. *Les scouts ont fait un feu de camp.* SYN. campement.
3. Groupe opposé à un autre. *La classe est divisée en deux camps. Changer de camp.* SYN. clan; équipe; parti.
LOCUTIONS
– ***Camp de vacances.*** Lieu aménagé pour recevoir des enfants qui y passeront une partie de leurs vacances sous la conduite de moniteurs. SYN. centre de vacances; colonie de vacances.
– ***Camp forestier.*** Lieu où sont regroupées les habitations et les installations servant aux travailleurs en forêt (Recomm. off.).
– ***Camp militaire.*** Lieu où l'armée installe de façon plus ou moins permanente des tentes, baraquements ou autres abris (Recomm. off.).
– ***Camp saisonnier.*** Lieu où les Amérindiens et les Inuits installent leurs tentes pour un séjour provisoire, selon l'époque de l'année (Recomm. off.).
– ***Lever le camp.*** Partir, se sauver. SYN. (FAM.) ficher le camp.
FORME FAUTIVE
*camp. Anglicisme au sens de ***chalet, maison de campagne.***
⇨ camp.

CAMPAGNARD, ARDE adj. et n. m. et f.
Qui est de la campagne. *Une maison campagnarde. Ce sont des campagnards très hospitaliers.* ANT. citadin.

CAMPAGNE n. f.
1. Grande étendue de pays plat, peu habitée, par opposition à la ville. *Une maison de campagne. Mes grands-parents habitent à la campagne.* ANT. ville.
2. Opérations militaires. *Les troupes de l'ONU sont en campagne.* SYN. combat; guerre.
3. (FIG.) Entreprise ayant un but de propagande. *Une campagne publicitaire, une campagne électorale.*
LOCUTIONS
– ***Campagne de financement.*** Collecte systématique de fonds d'un organisme, d'une société à but non lucratif, en vue de financer leur fonctionnement.
– ***Campagne de souscription.*** Collecte de fonds pour une œuvre de bienfaisance.
– ***Faire campagne pour, contre.*** Tenter de gagner l'opinion publique à une cause. *Ils font campagne contre la chasse aux bisons.*
☞ Dans cette locution, le nom ***campagne*** est toujours au singulier.

CAMPANILE n. m.
Petite tour faisant office de clocher à proximité d'une église.

CAMPANULE n. f.
Plante dont la fleur est en forme de clochette.
⇨ campanule.

CAMPEMENT n. m.
1. Action de camper.
2. Lieu où l'on campe. *Ils ont établi leur campement au bord de la rivière.* SYN. camp.
3. Installation rudimentaire. *Quel désordre dans cette maison : c'est un vrai campement !*

CAMPER v. tr., intr., pronom.
VERBE TRANSITIF
Écrire un récit très vivant. *Il a bien campé son sujet.* SYN. brosser; décrire; présenter.
VERBE INTRANSITIF
Coucher sous la tente. *Ils ont campé à la belle étoile.* SYN. faire du camping.
VERBE PRONOMINAL
Se dresser. *Il se campa devant elle et lui dit sa façon de penser.* SYN. se planter.
▭ À la forme pronominale, le participe passé de ce verbe s'accorde toujours en genre et en nombre avec son sujet. *Elle s'est campée fermement sur ses jambes.*
CONJUGAISON : VOIR MODÈLE AIMER.

***CAMPER**
Anglicisme pour ***autocaravane.***

CAMPEUR, EUSE n. m. et f.
Personne qui campe. *Ce sont des campeurs chevronnés qui font du camping en plein hiver.*

CAMPHRE n. m.
Substance aromatique.
camphre.

CAMPING n. m.
Le nom se prononce [kɑ̃piŋ].
1. Action de dormir en plein air sous la tente, souvent dans un lieu aménagé à cet effet. *Ils pratiquent le camping même l'hiver.*
2. Terrain aménagé pour coucher sous la tente. *Des campings au bord de la mer.*
LOCUTION
– ***Camping sauvage.*** Camping en pleine nature.

CAMPUS n. m.
Le *s* final se prononce, [kɑ̃pys] ; le mot rime avec ***puce.***
Complexe universitaire. *Le campus de l'Université Laval est très vaste.*
L'expression *campus universitaire est un pléonasme.

CANADIANISME n. m.
Mot ou expression propre au français en usage au Canada. *L'expression* fin de semaine *au sens de « week-end », le nom* motoneige *sont des canadianismes.*
VOIR – QUÉBÉCISME.

CANADIEN, IENNE adj. et n. m. et f.
Du Canada. *Elle est d'origine canadienne-française. Le Bouclier canadien. Un Canadien, une Canadienne. « Par bonheur, c'était aussi une Canadienne parlant français »* (Gabrielle Roy, *De quoi t'ennuies-tu, Éveline?*).
T 1° L'adjectif s'écrit avec une minuscule ; le nom, avec une majuscule.
2° L'adjectif composé s'écrit avec un trait d'union, alors que le nom composé s'écrit sans trait d'union. *La littérature canadienne-anglaise. Les Canadiens anglais.*
3° Au sens de ***Québécois, québécois,*** les expressions ***Canadien français, canadien-français*** sont vieillies.

CANADIENNE n. f.
Manteau court. *Elle portait une canadienne bien chaude.*

CANAILLE adj. et n. f.
ADJECTIF
Coquin. *Un petit air canaille.*
Employé comme adjectif, le mot ***canaille*** s'accorde généralement. *Des airs canailles* ou *canaille.*
NOM FÉMININ
Personne malhonnête. *Cet individu est une canaille.* SYN. crapule ; vaurien.
Le nom s'emploie toujours au féminin.

CANAILLERIE n. f.
Caractère canaille de quelque chose.

CANAL n. m. (pl. *canaux*)
1. Voie d'eau artificielle. *Le canal Lachine, le canal de Panama.*
2. Conduit. *Des canaux dentaires. Un traitement de canal.*
LOCUTIONS
– ***Canal carpien.*** (ANAT.) Canal dans lequel passent les tendons fléchisseurs des doigts et le nerf médian.
Le terme ***tunnel carpien*** est admis en ce sens, mais il est beaucoup moins usité.
– ***Canal de bavardage.*** (INFORM.) Communauté électronique constituée d'internautes qui échangent des idées de façon interactive et en temps réel sur un sujet donné, à travers le Service de bavardage Internet (GDT). *Un canal de bavardage* (et non *canal chat). SYN. forum de bavardage.
– ***Par le canal de,*** loc. prép. Par l'intermédiaire de. *Cette information nous est parvenue par le canal de nos informaticiens.*
– ***Syndrome du canal carpien (SCC).*** Syndrome résultant de la compression du nerf médian dans le canal carpien caractérisé principalement par des fourmillements dans les doigts, une perte de sensibilité et une diminution de la force musculaire rendant difficile l'exécution de certains mouvements (GDT). *À pianoter régulièrement sur un clavier alphanumérique et à jouer de la souris, on risque de souffrir du syndrome du canal carpien si le poste de travail n'est pas ergonomique.*
FORMES FAUTIVES
*canal. Anglicisme au sens de ***chaîne (de télévision).***
*canal chat. Anglicisme pour ***canal, forum de bavardage.***

CANALISATION n. f.
1. Action de rendre navigable. *La canalisation du Saint-Laurent.*
2. Réseau de conduites pour le transport des fluides, de l'énergie. *Une canalisation de gaz.*

CANALISER v. tr.
1. Rendre navigable. *Cette rivière a été canalisée.*
2. Empêcher la dispersion de. *Canaliser son énergie.* SYN. centraliser ; concentrer ; regrouper.
CONJUGAISON : VOIR MODÈLE AIMER.

CANAPÉ n. m.
1. Long siège à dossier et à accoudoirs où peuvent s'asseoir plusieurs personnes, où peut s'étendre une personne. *Chez les Dubois, il y a un beau canapé de cuir vert.*
Ne pas confondre avec les noms suivants :
• ***causeuse,*** petit canapé à deux places ;
• ***divan,*** large sofa sans dossier qui peut servir de siège ou de lit ;
• ***sofa,*** lit de repos à trois dossiers dont on se sert aussi comme siège.
2. Petites bouchées. *Préparer des canapés au saumon fumé, au fromage et au concombre.*
LOCUTIONS
– ***Canapé-lit.*** Long siège à dossier et à accoudoirs qui peut servir de lit. *Les enfants ont dormi sur le canapé-lit du sous-sol. Des canapés-lits pratiques.*
– ***Sur canapés.*** Sur une tranche de pain. *Des cailles sur canapés.*
Le mot ***canapé*** est toujours au pluriel dans cette locution. *Des cailles sur canapés.*

CANARD n. m.
1. Oiseau aquatique domestique ou sauvage. *Le canard est le mâle de la cane. Le colvert est un canard sauvage très répandu.*
VOIR TABLEAU – ANIMAUX.
2. (FIG.) Morceau de sucre trempé dans l'alcool, le café.
3. (FAM.) Journal.
4. (FAM.) Fausse nouvelle. *Lancer des canards.*

CANARDEAU n. m. (pl. *canardeaux*)
Caneton.

CANARDER v. tr.
Tirer, en restant à l'abri. *Les chasseurs canardaient les pauvres colverts affolés.*
CONJUGAISON : VOIR MODÈLE AIMER.

CANARDIÈRE n. f.
Lieu aménagé pour la chasse aux canards.

CANARI adj. inv. et n. m.
NOM MASCULIN
Serin de couleur jaune verdâtre, originaire des îles Canaries. *Ce canari chante très bien.*
ADJECTIF DE COULEUR INVARIABLE
De la couleur jaune du canari. *Des chapeaux canari.*
VOIR TABLEAU – COULEUR (ADJECTIFS DE).

C

CANASTA n. f.
Jeu de cartes. *Jouer à la canasta.*
Attention au genre féminin de ce nom : ***la*** canasta.

CANCALE n. f.
Huître de la région de Cancale.

CANCAN n. m.
Paroles malveillantes. *Faire des cancans.* SYN. commérage ; potin ; racontar ; ragot.
Ce nom s'emploie surtout au pluriel.

CANCANER v. intr.
(FAM.) Rapporter des potins. SYN. médire ; potiner.
CONJUGAISON : VOIR MODÈLE AIMER.

CANCANIER, IÈRE adj. et n. m. et f.
Qui raffole des cancans. SYN. commère.

***CANCELLER**
*canceller. Anglicisme pour ***annuler, décommander, rayer.***
*canceller un chèque. Anglicisme pour ***annuler, faire opposition à.***
*canceller un contrat. Anglicisme pour ***résilier un contrat.***
*canceller un engagement, une invitation. Anglicisme pour ***annuler, décommander.***
*canceller une réservation, des billets d'avion, etc. Anglicisme pour ***annuler.***

CANCER n. m.
1. Tumeur grave formée par la multiplication anormale de cellules. *Un cancer de la peau.*
2. Maladie qui en résulte. *Le cancer des poumons.*
3. Nom d'une constellation, d'un signe du zodiaque. *Elle est (du signe du) Cancer, elle est née entre le 22 juin et le 22 juillet.*
T Les noms d'astres s'écrivent avec une majuscule.

CANCÉREUX, EUSE adj. et n. m. et f.
ADJECTIF
Du cancer. *Une tumeur cancéreuse.*
ADJECTIF ET NOM MASCULIN ET FÉMININ
Qui est atteint d'un cancer. *Ces malades sont des cancéreux qui seront guéris.*
cancéreu**x.**

CANCÉRIGÈNE ou **CANCÉROGÈNE** adj.
Qui peut causer un cancer. *La cigarette est cancérigène* ou *cancérogène.* SYN. carcinogène.
La forme ***cancérigène*** est la plus usitée.

CANCÉROLOGIE n. f.
Partie de la médecine qui étudie et traite le cancer.

CANCÉROLOGUE n. m. et f.
Spécialiste du cancer.

CANCRE n. m.
(FAM.) Écolier paresseux et peu doué.

CANCRELAT n. m.
Blatte. SYN. cafard.

CANDELA n. f.
Le ***e*** se prononce ***é,*** [kɑ̃dela].
Symbole ***cd*** (s'écrit sans point).
Unité de mesure de l'intensité lumineuse.
[Les *Rectifications* (1990) admettent : candéla.]

CANDÉLABRE n. m.
Chandelier à plusieurs branches. *Un beau candélabre en argent.*

CANDEUR n. f.
Naïveté, confiance excessive, absence de méfiance. *Dans sa candeur, elle croyait à ses belles paroles.* SYN. ingénuité ; innocence. ANT. méfiance ; ruse.

CANDI adj. inv. en genre
Sucre purifié, cristallisé. *Des sucres candis.*
La forme féminine ***candie*** a été relevée, mais la plupart des auteurs indiquent que le mot est invariable en genre.
candi.

CANDIDAT, ATE n. m. et f.
Personne qui fait une demande d'emploi, qui se présente à un examen, à une élection, etc. *Les candidats à l'élection partielle sont des inconnus.*

CANDIDATURE n. f.
État de candidat. *La Grèce a toujours soutenu la candidature de la Turquie à l'Union européenne, à condition qu'elle respecte les valeurs européennes. Annoncer, maintenir, présenter sa candidature à une élection.*
LOCUTIONS
– ***Appel de candidatures.*** Procédure par laquelle une administration publique demande à des fournisseurs potentiels de présenter un dossier de candidature afin d'arrêter une liste de candidats admis à présenter une offre de service ou une soumission. SYN. appel à candidatures.
– ***Candidature admissible.*** Dossier d'un candidat qui répond aux critères minimaux définis pour une fonction donnée. *Son dossier se classe dans les candidatures admissibles* (et non *éligibles).
– ***Candidature spontanée.*** Candidature d'une personne qui fournit son curriculum vitæ à une organisation sans répondre à une offre d'emploi.
– ***Mise en candidature.*** Motion proposant le choix d'une personne pour remplir une charge élective dans une assemblée délibérante (GDT). *Une mise en candidature* (et non *en nomination).
– ***Poser sa candidature.*** Se porter candidat. *Poser sa candidature à* (et non *appliquer pour) *un poste.*

CANDIDE adj.
Naïf et confiant. *Un regard candide.* SYN. ingénu ; innocent. ANT. méfiant ; rusé.

CANDIDEMENT adv.
D'une manière candide, sans méfiance.

CANE n. f.
Femelle du canard. *La cane et ses canetons.*
VOIR TABLEAU – ANIMAUX.
HOM. ***canne,*** jonc, bambou, baguette.
cane, un seul ***n.***

CANETON n. m.
Petit de la cane. *Les canetons suivaient docilement la cane.*
VOIR TABLEAU – ANIMAUX.
caneton, un seul ***n.***

CANETTE ou **CANNETTE** n. f.
Petite boîte métallique contenant une boisson. *Des canettes de jus de fruits, de boissons gazeuses.*

CANEVAS n. m.
Le ***e*** et le ***s*** sont muets, [kanva].
1. Grosse toile sur laquelle on brode, on fait une tapisserie.
2. Plan, schéma d'un texte.
Dans ce dernier sens, ne pas confondre avec les noms suivants :
– ***croquis,*** dessin à main levée, plan sommaire ;
– ***ébauche,*** première forme donnée à une œuvre ;
– ***esquisse,*** représentation simplifiée d'une œuvre destinée à servir d'essai ;
– ***maquette,*** représentation schématique d'une mise en pages ;
– ***projet,*** plan d'une œuvre (d'architecture, de cinéma).
canevas.

CANICHE n. m.
Chien à poils frisés. *Les caniches sont dociles et fidèles.*

CANICULAIRE adj.
Relatif à la canicule. *Une chaleur caniculaire.* SYN. torride.

CANICULE n. f.
Période de grande chaleur. *En juillet, la canicule a fait plusieurs victimes en Grèce.*
canicule.

C

CANIF n. m.
Petit couteau de poche à une ou plusieurs lames repliables.

CANIN, INE adj.
Propre au chien. *La race canine. Un concours canin.*

CANINE n. f.
Dent placée entre les incisives et les prémolaires.

CANIVEAU n. m. (pl. *caniveaux*)
Rigole pour l'écoulement des eaux, le long d'un trottoir.
⇨ caniveau.

CANNABIS n. m.
Le *s* se prononce, [kanabis].
Chanvre indien (drogue hallucinogène).
⇨ cannabis.

CANNAGE n. m.
1. Tressage de cannes.
2. Fond canné d'une chaise.
FORMES FAUTIVES
*cannage. Anglicisme au sens de ***mise en conserve.***
*cannages. Anglicisme au sens de ***boîtes de conserve.***
⇨ cannage.

CANNE n. f.
1. Jonc, bambou.
2. Bâton sur lequel on s'appuie pour marcher. *Les aveugles ont des cannes blanches.*
LOCUTIONS
– ***Canne (à pêche).*** Bâton, souvent télescopique, utilisé pour la pêche à la ligne.
– ***Canne à sucre.*** Plante tropicale cultivée en vue d'en extraire le sucre.
FORME FAUTIVE
*canne. Anglicisme au sens de ***boîte de conserve, canette.***
HOM. ***cane,*** femelle du canard.
⇨ canne.

CANNÉ, ÉE adj.
Se dit d'un siège garni d'un cannage. *Un fauteuil canné.*
Ne pas confondre avec l'adjectif ***cannelé,*** orné de cannelures, de sillons.
⇨ canné.

CANNEBERGE n. f.
Airelle de saveur acidulée qui en mûrissant devient rouge. *Ils raffolent de la dinde servie avec des canneberges.* SYN. ⚜ ataca, atoca.
⇨ canneberge.

CANNELÉ, ÉE adj.
Orné de cannelures. *Une colonne cannelée.*
Ne pas confondre avec l'adjectif ***canné,*** se dit d'un siège garni d'un cannage.
⇨ cannelé.

CANNELER v. tr.
Garnir de cannelures. *L'élégant minaret cannelé d'Antalya.*
CONJUGAISON : VOIR MODÈLE APPELER.
Redoublement du ***l*** devant un ***e*** muet. *Je cannelle, je cannellerai,* mais *je cannelais.*
⇨ canneler.
[Les *Rectifications* (1990) admettent : il cannèle, cannèlera, cannèlerait...]

CANNELLE adj. inv. et n. f.
NOM FÉMININ
Substance aromatique extraite de l'écorce du cannelier. *Des brioches à la cannelle.*
ADJECTIF DE COULEUR INVARIABLE
De la couleur brun clair de la cannelle. *Des robes cannelle.*
VOIR TABLEAU – COULEUR (ADJECTIFS DE).
⇨ cannelle.

CANNELLONI n. m. (pl. *cannellonis*)
Pâtes alimentaires cylindriques farcies. *Des cannellonis succulents.*
Certains auteurs conservent le pluriel italien du mot en ***i*** ; il paraît plus logique d'intégrer le mot au français et de mettre un ***s*** au pluriel.
⇨ cannelloni.

CANNELURE n. f.
Sillon creusé le long d'une colonne. SYN. rainure ; strie.

CANNER v. tr.
Garnir un siège, un dossier d'un tressage de canne. *Canner une chaise.*
CONJUGAISON : VOIR MODÈLE AIMER.

CANNETTE
VOIR – CANETTE.

CANNEUR, EUSE n. m. et f.
Personne qui fait le cannage des sièges.
⇨ canneur.

CANNIBALE adj. et n. m. et f.
Qui se nourrit de chair humaine. *Une tribu cannibale. Des cannibales redoutables.* SYN. anthropophage.
Se dit également d'un animal qui se nourrit d'un animal de son espèce.
⇨ cannibale.

CANNIBALISATION n. f.
(COMM.) Action de cannibaliser, de s'autoconcurrencer ; résultat de cette action.

CANNIBALISER v. tr.
(COMM.) Faire une concurrence non souhaitée à un autre produit de la même société.
CONJUGAISON : VOIR MODÈLE AIMER.

CANNIBALISME n. m.
Fait pour une personne, un animal de manger ses semblables. SYN. anthropophagie.
⇨ cannibalisme.

CANOÉISTE n. m. et f.
Personne qui utilise un canoé.
⇨ canoéiste.

CANOÉ ou **CANOË** n. m.
Le ***o*** est ouvert, [kanɔe].
Embarcation légère, de forme étroite et rectiligne, effilée aux deux extrémités et propulsée à la pagaie simple, en position agenouillée (Recomm. off.). SYN. ⚜ canot.
Le terme ***canot*** est couramment utilisé en ce sens au Québec et dans la francophonie canadienne.
Pour la majorité des locuteurs du français, ce nom s'orthographie ***canoë.***
VOIR – BATEAU.
⇨ canoé, canoë.

CANON n. m.
1. Arme offensive. *Des coups de canon.*
Les dérivés du mot ***canon*** en ce sens s'écrivent avec deux ***n.*** *Canonner.*
2. Tube d'une arme à feu. *Le canon d'un fusil.*
LOCUTION
– ***Canon à neige.*** Appareil servant à lancer de la neige artificielle sur les pistes de ski.

CANON adj. m. et n. m.
ADJECTIF MASCULIN
Qui se rapporte à la loi ecclésiastique. *Le droit canon.*
Les dérivés du mot ***canon*** en ce sens s'écrivent avec un seul ***n.*** *Canonique.*
NOM MASCULIN
1. Loi ecclésiastique.
2. (LITT.) Modèle, type idéal. *Les canons de la beauté.*

CANONIQUE adj.
Conforme aux canons. *Droit canonique.*
LOCUTION
– ***Âge canonique.*** Âge de quarante ans, âge respectable.
Pour être servante auprès d'un ecclésiastique, l'âge minimal était de 40 ans (âge auquel on ne pouvait plus, disait-on, inspirer de sentiments amoureux).
canonique.

CANONISABLE adj.
Susceptible d'être canonisé.
canonisable.

CANONISATION n. f.
Action de canoniser, de mettre au nombre des saints. *La canonisation de Marguerite Bourgeoys.*
canonisation.

CANONISER v. tr.
Mettre au nombre des saints. *Le pape a canonisé Marguerite d'Youville.*
Ne pas confondre avec le verbe ***béatifier,*** mettre au nombre des bienheureux.
CONJUGAISON : VOIR MODÈLE AIMER.
canoniser.

CANONNER v. tr.
Tirer à coups de canon sur un objectif. *Canonner un immeuble.*
CONJUGAISON : VOIR MODÈLE AIMER.
canonner.

CANOT n. m.
1. Embarcation non pontée, à la poupe carrée, propulsée à la rame, à la voile ou au moteur (Recomm. off.). *Un canot automobile et un canot pneumatique.*
2. Embarcation légère, de forme étroite et rectiligne, effilée aux deux extrémités et propulsée à la pagaie simple. « *Je peux vous bâtir un canot de neuf pieds, en pin, pas trop versant, avec une pince de dix-huit pouces et le derrière en sifflet* » (Germaine Guèvremont, *Le Survenant*). SYN. canoé ; canoë.
En ce sens, c'est le nom ***canoë*** qui est employé par la majorité des locuteurs du français.
Ne pas confondre avec les noms suivants :
- ***bateau,*** bâtiment, grand ou petit, qui navigue sur la mer ou sur les rivières ;
- ***cargo,*** navire pour le transport des marchandises ;
- ***paquebot,*** grand navire pour le transport des passagers ;
- ***pétrolier,*** navire-citerne pour le transport du pétrole ;
- ***voilier,*** bateau à voiles ;
- ***yacht,*** bateau de plaisance.

canot.

CANOTABLE adj.
Se dit d'un cours d'eau où l'on peut pratiquer le canotage. *Une rivière canotable.*
canotable.

CANOTAGE n. m.
Sport du canot. *Jean et Pierre adorent le canotage.*
canotage.

CANOTER v. intr.
Pratiquer le canotage. *Et si nous allions canoter sur le lac au soleil couchant ?*
CONJUGAISON : VOIR MODÈLE AIMER.
canoter.

CANOTEUR, EUSE n. m. et f.
Personne qui pratique le canotage.
canoteur.

CANOTIER n. m.
Chapeau de paille à bords plats.
canotier.

CANTABILE n. m. inv.
Le ***e*** se prononce ***é,*** [kɑ̃tabile].
Mélodie d'un mouvement modéré. *Des* cantabile.
[T] En typographie soignée, les mots étrangers sont composés en italique. Dans des textes déjà en italique, la notation se fait en romain. Pour les textes manuscrits, on utilisera les guillemets.

CANTAL n. m.
Fromage à pâte ferme. *Des cantals.*
[T] Le nom du fromage s'écrit avec une minuscule ; celui du département, avec une majuscule.

CANTALOUP n. m.
Le ***p*** ne se prononce pas, [kɑ̃talu] ; le mot rime avec ***loup.***
Melon à chair orange foncé. *Des cantaloups juteux.*
Attention au genre masculin de ce nom : ***un*** cantaloup.
cantaloup.

CANTATE n. f.
Poème mis en musique.

CANTATRICE n. f.
Chanteuse d'opéra. *Cette femme est une merveilleuse cantatrice* (et non une *cantatrice d'opéra).
Ce nom n'a pas de forme masculine, on dira ***un chanteur d'opéra.***

CANTILÈNE n. f.
1. Poème épique de forme brève.
2. Mélodie langoureuse.

CANTILEVER adj. inv. et n. m.
Les deux dernières syllabes se prononcent ***levèr*** ou ***léveur,*** [kɑ̃tiləvɛr, kɑ̃tilevœr].
Se dit de certains éléments situés en porte-à-faux. *Des ponts* cantilever *ou des cantilevers.*

CANTINE n. f.
1. Endroit où l'on sert des repas pour une collectivité (entreprise, école).
Ne pas confondre avec les noms suivants :
- ***cafétéria,*** dans certains établissements, lieu où l'on peut consommer des boissons, se restaurer ;
- ***réfectoire,*** salle où les membres d'une communauté, d'une collectivité prennent leurs repas en commun.

2. Malle à l'usage des militaires.

CANTIQUE n. m.
Chant religieux. *Des cantiques de Noël.*

CANTON n. m.
Division territoriale qui a approximativement cent milles carrés. *Les Cantons-de-l'Est.*

CANTONADE n. f.
Coin de la scène.
LOCUTION
– ***Parler à la cantonade.*** Parler à un interlocuteur indéfini.
cantonade.

CANTONAL, ALE, AUX adj.
Relatif à un canton.
cantonal.

CANTONNEMENT n. m.
Installation provisoire de troupes dans un lieu donné.

CANTONNER v. tr., pronom.
VERBE TRANSITIF
1. Établir dans un lieu des troupes de passage.
2. Limiter. *On l'a cantonné dans des rôles comiques.* SYN. reléguer.
VERBE PRONOMINAL
S'isoler, se restreindre. *Ils se sont cantonnés dans les études et les théories.* SYN. se confiner.
À la forme pronominale, le participe passé de ce verbe s'accorde toujours en genre et en nombre avec son sujet. *Elles se sont cantonnées dans les biographies.*
CONJUGAISON : VOIR MODÈLE AIMER.

CANTONNIÈRE n. f.
Bande d'étoffe encadrant une porte, une fenêtre. *Elle a installé une cantonnière* (et non une *valance).

CANULAR n. m.
(FAM.) Blague, nouvelle fantaisiste. *André ne peut s'empêcher de faire des canulars : il nous ferait croire n'importe quoi.* SYN. farce.
canular.

CANULE n. f.
Petit tuyau adapté à une seringue pour introduire un liquide, un gaz dans un orifice (naturel ou non) de l'organisme.
canule.

CANYON n. m.
Les lettres ***on*** se prononcent ***onne*** ou ***on,*** [kaɲɔn, kaɲɔ̃].
Gorge creusée par un cours d'eau dans une chaîne de montagnes. *Des canyons imposants aux parois abruptes.*
Ce mot peut aussi garder sa graphie espagnole : ***cañon.***
canyon.

CANYONING n. m.
Sport combinant la descente d'un cours d'eau au fond d'une gorge profonde et l'escalade des parois abruptes qui l'enserrent. *Étienne a fait du canyoning dans les gorges du Verdon.*

CAO
Sigle de ***conception assistée par ordinateur.***

CAOUTCHOUC n. m.
1. Substance élastique et imperméable. *Des pneus en caoutchouc.*
2. (AU PLUR.) Couvre-chaussures de caoutchouc. *N'oublie pas tes caoutchoucs, car il va pleuvoir.* SYN. (FAM.) claques.
LOCUTION
– ***Caoutchouc mousse.*** Matériau polymérisé fait d'alvéoles produites au moyen de procédés physiques ou chimiques. *Un rembourrage en caoutchouc mousse* (et non en *airfoam, en *foam).
caoutchouc.

CAOUTCHOUTER v. tr.
Enduire de caoutchouc.
CONJUGAISON : VOIR MODÈLE AIMER.

CAOUTCHOUTEUX, EUSE adj.
Qui a la consistance du caoutchouc. *Ce gâteau est un peu caoutchouteux.*
caoutchouteux.

CAP n. m.
1. (VX) Tête.
2. Promontoire. *Le cap Diamant.*
3. Direction d'un navire, d'un avion. *Ils ont changé de cap. Mettre le cap sur l'Europe.*
LOCUTIONS
– ***De pied en cap.*** Des pieds à la tête. *Il s'était habillé de pied en cap* (et non en *cape).
– ***Doubler, passer le cap.*** Franchir une étape dans l'atteinte d'un objectif défini. *Les dons de charité destinés à Centraide ont doublé le cap des 50 000 $ dans notre établissement.*
FORME FAUTIVE
*cap (de roue). Anglicisme au sens de ***enjoliveur.***
HOM. ***cape,*** manteau d'une seule pièce.
cap.

CAPABLE adj.
1. Compétent. *C'est un menuisier très capable.* SYN. adroit ; expert.
2. Apte à bien faire quelque chose. *Cet avocat est capable de vous aider.*
Ne pas confondre avec les mots suivants :
• ***apte,*** qui a les qualités nécessaires (en parlant d'une personne) ;
• ***susceptible,*** qui est en mesure de.
Cet adjectif se construit avec la préposition ***de.***

CAPACITÉ n. f.
1. Contenance d'un récipient. *Cette cafetière a une capacité de 12 tasses.* SYN. volume.
2. Habileté, aptitude d'une personne à faire quelque chose. *Une grande capacité à apprendre. La capacité de comprendre.* SYN. compétence ; faculté.
Devant l'infinitif, ce nom se construit avec la préposition ***à*** ou ***de*** ; devant un nom, il se construit avec la préposition ***de.*** *Capacité de synthèse, capacité de production.*
FORMES FAUTIVES
*à pleine capacité. Calque de « *at full capacity* » pour ***à plein rendement.***
*capacité. Impropriété au sens de ***charge utile.***
*rempli à capacité. Calque de « *filled to capacity* » pour ***bondé, bourré, comble, plein.*** *Les voitures du métro sont bondées* (et non *remplies à capacité).

CAPARAÇON n. m.
Armure d'une monture, dans une cérémonie.
caparaçon.

CAPARAÇONNÉ, ÉE adj.
Protégé par un caparaçon. *Un ogre abominablement laid, horrible géant caparaçonné de métal et de cuir, lui apparut en rêve.*
L'adjectif se construit avec la préposition ***de.***

CAPARAÇONNER v. tr.
1. Couvrir d'un caparaçon. *Les chevaliers ont caparaçonné* (et non *carapaçonné) *leur monture.*
2. Protéger une partie du corps par un rembourrage, un vêtement matelassé. *Les policiers étaient caparaçonnés de gilets pare-balles.*
Le verbe se construit avec la préposition ***de.***
CONJUGAISON : VOIR MODÈLE AIMER.
caparaçonner.

CAPE n. f.
Manteau d'une seule pièce, sans manches, généralement avec un capuchon. *Il portait toujours une grande cape noire.*
LOCUTIONS
– ***Film de cape et d'épée.*** Film mettant en vedette des mousquetaires, des chevaliers.
– ***Rire sous cape.*** Rire discrètement, sans le montrer. SYN. rire dans sa barbe.
HOM. ***cap,*** promontoire, direction d'un navire, d'un avion.
cape.

CAPELINE n. f.
Grand chapeau féminin à bords souples.

CAPÉTIEN, IENNE adj. et n. m. et f.
Relatif à la dynastie des rois de France, fondée par Hugues Capet.

CAPHARNAÜM n. m.
Les lettres ***aüm*** se prononcent ***a-om,*** [kafarnaɔm].
Bric-à-brac. *Le grenier est un véritable capharnaüm.* SYN. bazar.
capharnaüm.

CAPILLAIRE adj.
Relatif aux cheveux. *Une lotion capillaire.*
LOCUTION
– ***Vaisseaux capillaires.*** Vaisseaux extrêmes des veines ou des bronches, fins comme des cheveux.
capillaire.

CAPILLARITÉ n. f.
Force qui fait monter le niveau des liquides dans un tube étroit.
capillarité.

CAPITAINE n. m. et f.
1. Chef d'armée.
2. Commandant, commandante d'un bateau. *Nous sommes invités à la table du capitaine.*
3. (SPORTS) Chef d'une équipe de joueurs, de joueuses. *Pierre-Luc est capitaine de l'équipe de hockey.*

CAPITAL n. m. (pl. *capitaux*)
1. Somme qui produit des intérêts ou des dividendes. *Intérêt et capital.*
2. Investissement. *Des capitaux étrangers.*
3. Richesse d'une personne, d'une nation, d'un pays. SYN. bien.
4. (FIG.) Patrimoine (intellectuel, politique, culturel, etc.) d'une personne, d'un groupe. *Ces personnes jouissent d'un capital politique considérable, d'un grand capital de sympathie qu'elles ne doivent pas dilapider.*

CAPITAL, ALE, AUX adj.
Essentiel. *La question est capitale. Des enjeux capitaux.* SYN. fondamental ; primordial ; principal.
LOCUTIONS
– ***Lettre capitale.*** Lettre majuscule.
– ***Peine capitale.*** Peine de mort.

CAPITALE n. f.
1. Ville où siège le gouvernement d'un État. *Rome est la capitale de l'Italie.*
Ne pas confondre avec le nom ***métropole,*** ville principale.
2. (TYPOGR.) Lettre majuscule. *Écris ton nom en capitales ou en petites capitales.*
VOIR TABLEAU – MAJUSCULES ET MINUSCULES.

CAPITALISABLE adj.
Qui peut être capitalisé. *Des intérêts capitalisables.*

CAPITALISATION n. f.
Action de capitaliser.

CAPITALISER v. tr., intr.
VERBE TRANSITIF
Ajouter le revenu au capital. *Capitaliser des intérêts.*
VERBE INTRANSITIF
Amasser de l'argent. *Il préfère capitaliser plutôt que dépenser.* SYN. thésauriser.
FORME FAUTIVE
*capitaliser. Anglicisme au sens de ***tirer profit de, tirer parti de.***
CONJUGAISON : VOIR MODÈLE AIMER.

CAPITALISME n. m.
Régime économique selon lequel des personnes possèdent des capitaux, des moyens de production.

CAPITALISTE adj. et n. m. et f.
ADJECTIF
Qui se rapporte au capitalisme. *Un système capitaliste.*
NOM MASCULIN ET FÉMININ
1. Partisan du capitalisme.
2. Personne qui investit des capitaux dans une entreprise, dans le but d'en tirer un revenu.

CAPITEUX, EUSE adj.
Qui monte à la tête. *Un parfum capiteux.* SYN. entêtant ; grisant ; troublant.
capiteux.

CAPITON n. m.
1. Rembourrage. *Le capiton moelleux d'un siège.*
2. Accumulation de graisse dans les tissus sous-cutanés et épaississement de la peau. *La chasse aux capitons.*

CAPITONNAGE n. m.
Action de capitonner. *Le capitonnage d'une bergère.*
capitonnage.

CAPITONNER v. tr.
Rembourrer. *Capitonner des sièges.*
CONJUGAISON : VOIR MODÈLE AIMER.
capitonner.

CAPITULAIRE adj.
Relatif aux assemblées de religieux.
LOCUTION
– ***Lettre capitulaire.*** Lettre ornée au début d'un chapitre. SYN. lettrine.

CAPITULATION n. f.
Action de capituler. *Signer la capitulation de l'armée vaincue.* SYN. reddition.

CAPITULE n. m.
Groupement de fleurs sur l'extrémité élargie du pédoncule. *Les têtes d'artichaut sont des capitules.*

CAPITULER v. intr.
1. Se rendre. *Après trois heures de combat, ils ont capitulé.*
2. (FIG.) Céder, reconnaître qu'on a perdu. *Nous capitulons, vous gagnez.* SYN. renoncer.
CONJUGAISON : VOIR MODÈLE AIMER.

CAPORAL n. m.
CAPORALE n. f.
Militaire qui a le grade le moins élevé. *Des caporaux.*

CAPOT n. m.
Le ***t*** ne se prononce pas, [kapo].
1. Bâche.
2. Pièce de métal couvrant le moteur d'une automobile. *Ouvrir le capot.*
capot.

CAPOTAGE n. m.
Action de se retourner, de se retrouver sur le toit. *Le capotage d'une voiture.*

CAPOTE n. f.
1. Manteau à capuchon.
2. Toit pliant d'une voiture décapotable.
LOCUTION
– ***Capote anglaise.*** (FAM.) Préservatif, condom.

CAPOTER v. intr.
1. Culbuter, se retrouver sur le toit, en parlant d'un véhicule. *La voiture a capoté.* SYN. se retourner.
2. (FAM.) (FIG.) Échouer. *Son plan a capoté.*
3. ⚜ (FAM.) Paniquer, perdre l'esprit. *Ne capote pas ! Nous y arriverons.*
CONJUGAISON : VOIR MODÈLE AIMER.

CAPPELLA (A)
VOIR – A CAPPELLA.

CAPPUCCINO n. m. (pl. *cappuccinos*)
Café au lait mousseux. *Deux cappuccinos et un espresso, svp.*
cappuccino.

CÂPRE n. f.
Fleur du câprier utilisée à titre de condiment. *Une salade aux câpres.*
câpre.

CAPRICE n. m.
1. Désir subit et passager. *Faire des caprices.* SYN. coup de tête ; lubie ; saute d'humeur ; toquade.
2. Cours changeant des choses. *Les caprices de la mode.*

CAPRICIEUSEMENT adv.
Par caprice.

CAPRICIEUX, IEUSE adj. et n. m. et f.
1. Qui a des caprices. *Des enfants capricieux.*
2. Sujet à des changements imprévus. *Un vent capricieux.*

C

CAPRICORNE n. m.
Nom d'une constellation, d'un signe du zodiaque. *Il est (du signe du) Capricorne, il est né entre le 21 décembre et le 20 janvier.*
[T] Les noms d'astres s'écrivent avec une majuscule.

CÂPRIER n. m.
Arbre produisant des câpres.
⇨ câprier.

CAPSULAGE n. m.
Action de fixer une capsule sur une bouteille.

CAPSULE n. f.
1. Couvercle de métal qui sert à fermer une bouteille. *Une capsule de bouteille d'eau gazeuse.*
Ne pas confondre avec le mot ***bouchon,*** pièce servant à boucher l'orifice d'une bouteille.
2. (PHARM.) Enveloppe soluble, le plus souvent de forme cylindrique, de certains médicaments (DDFM).
LOCUTION
– ***Capsule spatiale.*** Habitacle d'une fusée.

CAPSULER v. tr.
Garnir d'une capsule. ANT. décapsuler.
CONJUGAISON : VOIR MODÈLE AIMER.

CAPTAGE n. m.
Action de capter; son résultat.

CAPTER v. tr.
1. Intercepter, recevoir (une émission). *À la maison, nous ne captons pas bien cette chaîne de télévision.*
2. Recueillir (un fluide, une énergie). *Capter les rayons du soleil.* SYN. intercepter.
3. Chercher à obtenir. *Il captait si bien notre attention.*
CONJUGAISON : VOIR MODÈLE AIMER.

CAPTEUR n. m.
Dispositif destiné à détecter un phénomène physique afin de le représenter sous la forme d'un signal.
LOCUTION
– ***Capteur solaire.*** Dispositif emmagasinant l'énergie solaire pour la transformer en énergie thermique ou électrique.

CAPTIF, IVE adj. et n. m. et f.
Qui est privé de sa liberté. *Un animal captif.* SYN. emprisonné; prisonnier.

CAPTIVANT, ANTE adj.
Qui retient l'attention, qui charme. *Des films captivants.* SYN. envoûtant; fascinant; passionnant; prenant.
Ne pas confondre avec le participe présent invariable ***captivant.*** *Il raconte des histoires captivant les enfants.*

CAPTIVER v. tr.
Passionner, séduire. *Cette conférence a captivé les élèves.* SYN. enchanter; envoûter; fasciner; intéresser.
CONJUGAISON : VOIR MODÈLE AIMER.

CAPTIVITÉ n. f.
1. État de prisonnier.
Le nom s'emploie dans un contexte historique ou pour désigner l'état de celui qui est prisonnier de guerre. Aujourd'hui, on emploie plutôt le nom ***emprisonnement.***
2. Privation de liberté. *Des animaux élevés en captivité.*

CAPTURE n. f.
1. Arrestation. *Les policiers annoncent la capture d'un dangereux bandit.*
2. Prise. *La capture d'un ours polaire.*

CAPTURER v. tr.
S'emparer d'un être vivant. *Il a capturé un tigre. Le malfaiteur a été capturé.*
Lorsque le complément du verbe désigne une chose, on emploie plutôt ***s'emparer de, prendre.***
FORME FAUTIVE
*capturer. Anglicisme au sens de ***saisir*** (le sens de quelque chose).
CONJUGAISON : VOIR MODÈLE AIMER.

CAPUCHE n. f.
Capuchon. *Un manteau d'hiver à capuche.*

CAPUCHON n. m.
1. Prolongement d'un vêtement que l'on peut rabattre sur la tête. *Un imperméable à capuchon.*
2. Bouchon. *Le capuchon d'un stylo.*

CAPUCIN, INE n. m. et f.
Religieux, religieuse appartenant à l'ordre de saint François.
[T] Le nom s'écrit avec une minuscule lorsqu'il désigne un membre de l'ordre religieux; quand il désigne l'ordre religieux, il s'écrit avec une majuscule. *Les Capucins.*

CAPUCINE n. f.
Plante ornementale.

CAQUELON n. m.
Sorte de poêlon assez profond. *Préparer la fondue dans un caquelon.*

CAQUET n. m.
1. Cri de la poule qui pond.
2. (FIG.) Bavardage désagréable.
LOCUTION
– ***Rabattre le caquet de quelqu'un, à quelqu'un.*** Le faire taire.
⇨ caquet.

CAQUETAGE n. m.
Action de caqueter.
⇨ caquetage.

CAQUETER v. intr.
1. Crier, en parlant de la poule qui pond.
2. (FIG.) Bavarder, souvent de façon importune. SYN. jacasser.
CONJUGAISON : VOIR MODÈLE APPELER.
Redoublement du ***t*** devant un ***e*** muet. *Je caquette, je caquetterai,* mais *je caquetais.*
[Les *Rectifications* (1990) admettent : il caquète, caquètera, caquèterait...]

CAR n. m.
Abréviation familière de ***autocar.*** *Un car de touristes américains.*

CAR conj.
Conjonction servant à présenter la raison, l'explication de ce qui vient d'être formulé. *L'enfant n'ira pas à l'école demain, car il a la rougeole.* SYN. parce que.
Généralement précédée d'une virgule, la conjonction ***car*** est placée après la proposition principale qui énonce le fait expliqué.
La juxtaposition des conjonctions ***car*** et ***en effet*** est un pléonasme à éviter.

CARABINE n. f.
Fusil court et léger dont l'intérieur du canon est strié.

CARABINÉ, ÉE adj.
(FAM.) Violent. *J'ai eu une grippe carabinée.* SYN. fort; grave.

CARACO n. m.
Corsage. *Des caracos en dentelle.*

CARACOLE n. f.
Mouvement en rond que l'on fait faire à un cheval.

CARACOLER v. intr.
Faire des sauts, des caracoles, en parlant d'un cheval.
CONJUGAISON : VOIR MODÈLE AIMER.
⇨ caracoler.

CARACTÈRE n. m.
1. Personnalité, manière d'être. *Il a un bon caractère. Marie-Ève a un caractère passionné.* SYN. tempérament.
2. Trait essentiel, élément propre. *Les caractères d'un film, d'une culture.* SYN. attribut; caractéristique; particularité; qualité.
3. Signe tracé sur une surface. *Des caractères illisibles, des caractères arabes.* SYN. lettre; signe; symbole.
LOCUTIONS
– ***Caractère alphabétique.*** Caractère appartenant à un jeu comprenant les lettres de l'alphabet et certains caractères spéciaux, à l'exclusion de tout chiffre.
– ***Caractère alphanumérique.*** Caractère appartenant à un jeu comprenant les lettres de l'alphabet, les chiffres, le caractère d'espacement et d'autres signes conventionnels. *Notre code postal est en caractères alphanumériques.*
– ***Caractère d'imprimerie.*** (IMPRIM.) Lettre ou signe servant à l'impression des textes. *Veuillez remplir ce formulaire en caractères d'imprimerie.*
– ***Caractère par seconde.*** (INFORM.) Sigle ***CPS*** (s'écrit avec ou sans points). Unité mesurant le nombre de caractères transmis ou imprimés pendant une seconde.
– ***Caractères typographiques.*** • **Fontes.** Les caractères typographiques se classent en plusieurs familles, ou ***fontes,*** selon la forme des lettres (Garamond, Lubalin, Helvetica, Futura, etc.). Ils se regroupent généralement en deux grands types : les caractères avec empattements; les caractères sans empattements.
• **Formes.** Les caractères de chaque fonte peuvent avoir plusieurs formes : ***romains*** (droits); ***italiques*** (inclinés vers la droite); ***maigres; gras.***
• **Taille.** La hauteur ou l'épaisseur du caractère est le ***corps*** qui s'exprime en points. *Des caractères de 9 points.* La largeur s'appelle la ***chasse.*** *Un* l *a une chasse inférieure à celle d'un* m.

CARACTÉRIEL, IELLE adj. et n. m. et f.
ADJECTIF
Relatif au caractère.
NOM MASCULIN ET FÉMININ
Qui a des troubles du caractère.

CARACTÉRISATION n. f.
Manière dont une chose est caractérisée.

CARACTÉRISÉ, ÉE adj.
Typique, bien marqué. *Un hyperactif caractérisé.*

CARACTÉRISER v. tr., pronom.
VERBE TRANSITIF
1. Déterminer avec précision les caractères distinctifs de. SYN. distinguer; marquer.
2. Constituer le caractère essentiel de. *L'intelligence et la vivacité qui le caractérisent.* SYN. définir.
VERBE PRONOMINAL
Être défini par un ou des caractères. *Cette maladie se caractérise par des accès de fièvre.*
À la forme pronominale, le participe passé de ce verbe s'accorde toujours en genre et en nombre avec son sujet. *Nos échanges se sont caractérisés par la convivialité.*
CONJUGAISON : VOIR MODÈLE AIMER.

CARACTÉRISTIQUE adj. et n. f.
ADJECTIF
Spécifique, qui caractérise. *Des symptômes caractéristiques d'une maladie.* SYN. particulier; propre; typique.
NOM FÉMININ
Caractère distinctif, élément essentiel. *La caractéristique de ce logiciel est d'être très facile à utiliser.* SYN. particularité; qualité.
Attention au genre féminin de ce nom : ***une*** caractéristique.

CARACTÉROLOGIE n. f.
Étude des types de caractères.

CARAFE n. f.
Bouteille en verre ou en cristal à base élargie et à col étroit.
carafe.

CARAFON n. m.
Petite carafe. *Des carafons de vin rouge.*
carafon.

CARAMBOLAGE n. m.
1. Coup de billard où plusieurs billes sont touchées d'un seul coup.
2. (FIG.) Série d'accidents. *Un gigantesque carambolage causé par la chaussée glacée.*
carambolage.

CARAMBOLE n. f.
Fruit jaune du carambolier.

CARAMBOLER v. tr., intr., pronom.
VERBE TRANSITIF
(FAM.) Heurter, bousculer. *La voiture a carambolé plusieurs véhicules.*
VERBE INTRANSITIF
Au billard, toucher d'un seul coup plusieurs billes.
VERBE PRONOMINAL
Se frapper en série. *Plusieurs voitures se sont carambolées sur le pont.* SYN. se heurter; se tamponner.
À la forme pronominale, le participe passé de ce verbe s'accorde toujours en genre et en nombre avec son sujet. *Des camions s'étaient carambolés.*
CONJUGAISON : VOIR MODÈLE AIMER.
caramboler.

CARAMBOLIER n. m.
Petit arbre originaire de l'Inde cultivé pour son fruit, la carambole.

CARAMEL adj. inv. et n. m.
NOM MASCULIN
Sucre fondu et roussi par l'action de la chaleur. *Éliane a mangé des caramels.*
ADJECTIF DE COULEUR INVARIABLE
D'une couleur entre le beige et le roux. *Des sacs caramel.*
VOIR TABLEAU – COULEUR (ADJECTIFS DE).

CARAMÉLÉ, ÉE adj.
Qui a le goût, l'apparence du caramel. *Une glace caramélée.*

CARAMÉLISATION n. f.
Action de caraméliser.

CARAMÉLISER v. tr.
Réduire à l'état de caramel, enduire de caramel. *Du sucre caramélisé.*
CONJUGAISON : VOIR MODÈLE AIMER.

CARAPACE n. f.
1. Enveloppe dure et solide qui protège le corps de certains animaux (tortues, crustacés, etc.). *La carapace du homard.*
2. (FIG.) Ce qui protège des agressions de toutes sortes. *Tu es trop sensible; tu dois te faire une carapace.* SYN. cuirasse.
carapace.

***CARAPAÇONNER**
Impropriété pour ***caparaçonner.***

CARAPATER (SE) v. pronom.
(FAM.) S'enfuir. SYN. (FAM.) décamper.
Le participe passé de ce verbe, qui n'existe qu'à la forme pronominale, s'accorde toujours en genre et en nombre avec son sujet. *Ils se sont carapatés avec les tableaux volés.*
CONJUGAISON : VOIR MODÈLE AIMER.

CARAT n. m.
Le ***t*** ne se prononce pas, [kara].
1. Unité de masse qui sert d'étalon aux joailliers pour peser les diamants, les pierres précieuses et les perles. *Un diamant de trois carats.*

2. Proportion de la masse totale d'un alliage d'or (1/24). *Un bracelet en or 14 carats.*
✏ carat.

CARAVANAGE n. m.
Voyage et camping en caravane.
☞ Ce nom a fait l'objet d'une recommandation officielle en vue de remplacer l'anglicisme «*caravaning*».

CARAVANE n. f.
1. Groupe de personnes qui traversent ensemble un désert, une région peu sûre.
2. Véhicule motorisé ou tractable, aménagé en habitation (Recomm. off.).
☞ Le terme ***roulotte,*** communément utilisé au Québec pour désigner à la fois la caravane comme terme générique et la caravane du type le plus courant, tend à être remplacé dans l'usage officiel par ***caravane.***
☞ L'autocaravane se déplace seule.
LOCUTION
– ***Les chiens aboient, la caravane passe*** (Proverbe). Malgré les critiques, il faut poursuivre son chemin et atteindre son but.

***CARAVANING**
Anglicisme pour ***caravanage.***

CARAVELLE n. f.
1. (ANCIENN.) Petit navire portugais.
2. Nom d'un avion à réaction moyen courrier.
[T] En ce sens, le mot s'écrit avec une majuscule.

CARBONATE n. m.
Sel de l'acide carbonique.

CARBONE n. m.
Symbole **C** (s'écrit sans point).
Corps simple non métallique. *Le diamant est du carbone à l'état pur.*
LOCUTION
– ***Papier carbone.*** Papier permettant d'obtenir des doubles. *Des papiers carbone, des carbones.*
✏ carbone, un seul ***n*** comme dans tous les dérivés.

CARBONIQUE adj.
– ***Gaz carbonique*** (CO_2). Gaz résultant de la combinaison du carbone et de l'oxygène.

CARBONISER v. tr.
1. Brûler, réduire en charbon. *Des meubles carbonisés.*
2. (FIG.) Cuire trop. *Le poulet est carbonisé : encore une étourderie de Momo!*
CONJUGAISON : VOIR MODÈLE AIMER.

CARBONNADE ou **CARBONADE** n. f.
Viande grillée sur des charbons.
LOCUTION
– ***Carbonnade flamande.*** Ragoût de bœuf mouillé à la bière et cuit à l'étouffée.

CARBURANT adj. m. et n. m.
ADJECTIF MASCULIN
Qui contient une matière combustible. *Des mélanges carburants.*
NOM MASCULIN
Produit utilisé pour alimenter un moteur. *Mettre du carburant à haut indice d'octane.*

CARBURATEUR n. m.
Appareil où s'effectue le mélange combustible d'un moteur à explosion.

CARBURATION n. f.
Mélange de l'air et d'un carburant.

CARBURER v. intr.
1. Faire la carburation. *Cette voiture carbure mal.*
2. (FAM.) Fonctionner. *Ça ne carbure pas très bien ce matin.* SYN. marcher.
CONJUGAISON : VOIR MODÈLE AIMER.

CARCAJOU n. m. (pl. *carcajous*)
Mammifère carnivore de la toundra polaire qui a la taille d'un ourson. *On attribue au carcajou une force prodigieuse et une intelligence quasi humaine.*
☞ 1° Le carcajou se nomme aussi ***glouton.***
2° Le mot ***carcajou*** est un amérindianisme.

CARCAN n. m.
1. (ANCIENN.) Collier de fer servant à retenir un criminel au poteau d'exposition.
2. (FIG.) Contrainte. *Le carcan des règlements et de la discipline.*
✏ carcan.

CARCASSE n. f.
Charpente osseuse d'un animal. SYN. ossature; squelette.

CARCÉRAL, ALE, AUX adj.
Relatif à la prison. *Les problèmes carcéraux.*

CARCINOGÈNE adj.
Qui peut causer un cancer. SYN. cancérigène; cancérogène.

CARCINOME n. m.
(MÉD.) Tumeur cancéreuse développée à partir d'un tissu épithélial.

CARDAGE n. m.
Action de carder.

CARDAMOME n. f.
Plante dont les graines aromatiques à la saveur poivrée sont employées pour parfumer le café.

CARDAN n. m.
(AUTO.) Dispositif transmettant aux roues motrices leur mouvement.

CARDER v. tr.
Démêler des fibres textiles. *Carder de la laine.*
CONJUGAISON : VOIR MODÈLE AIMER.

CARDEUR n. m.
CARDEUSE n. f.
Personne préposée au cardage.

CARDEUSE n. f.
Machine destinée à carder les textiles.

CARDI(O)- préf.
Élément du grec signifiant « cœur ». *Cardiologie.*

CARDIAQUE adj. et n. m. et f.
ADJECTIF
1. Relatif au cœur. *Une crise cardiaque. Une chirurgie cardiaque.*
2. Atteint d'une maladie du cœur. *Une personne cardiaque.*
NOM MASCULIN ET FÉMININ
Personne atteinte d'une maladie du cœur. *Cardiaques, veuillez vous abstenir de fumer.*
LOCUTION
– ***Stimulateur cardiaque.*** Prothèse qui provoque la contraction du cœur. *Le stimulateur cardiaque* (et non *pacemaker) *répond aux besoins des personnes sujettes à des syncopes dues à des pauses cardiaques.* SYN. cardiostimulateur.

-CARDIE suff.
Élément du grec signifiant « cœur ». *Tachycardie.*

CARDIGAN n. m.
Veste de laine à manches longues et boutonnée. *Des cardigans bleu marine.*
✏ cardigan.

CARDINAL n. m. (pl. *cardinaux*)
1. Prélat de l'Église catholique, membre du Sacré Collège et électeur du pape. *Le cardinal Léger.*

C

T Comme les titres administratifs, les titres religieux s'écrivent généralement avec une minuscule. *L'abbé, l'archevêque, le curé, l'évêque, le pape.* Cependant, ces titres s'écrivent avec une majuscule lorsqu'ils remplacent un nom de personne. *Le Cardinal sera présent à la réunion.*
VOIR TABLEAU – TITRES DE FONCTIONS.
2. Oiseau de petite taille de l'ordre des passereaux dont le mâle porte un plumage écarlate de la couleur de la robe des cardinaux. *Un cardinal rouge (*Cardinalis cardinalis*) fréquente notre jardin et l'égaie de son chant puissant.*

CARDINAL, ALE, AUX adj.
1. **Déterminant numéral cardinal** ou **nombre cardinal.** Déterminant qui indique le NOMBRE précis des êtres ou des choses dont on parle. *Une énumération de six articles* : le mot *six* est un déterminant numéral cardinal ou un nombre cardinal.
Les déterminants numéraux cardinaux sont invariables, à l'exception de ***un,*** qui peut se mettre au féminin, de ***vingt*** et de ***cent,*** qui prennent la marque du pluriel s'ils sont multipliés par un nombre et s'ils ne sont pas suivis d'un autre déterminant de nombre. *Vingt et une chemises. Six cents stylos, quatre-vingts feuilles, trois cent dix fiches.*
T Dans les déterminants numéraux composés, selon la règle typographique classique, le trait d'union s'emploie seulement entre les éléments qui sont l'un et l'autre inférieurs à ***cent,*** sauf si les éléments sont joints par la conjonction ***et.*** *Trente-sept, cent dix, vingt et un.* Il est à remarquer cependant que les *Rectifications de l'orthographe* (1990) modifient cette règle en proposant l'emploi de traits d'union dans « les numéraux formant un nombre complexe, inférieur ou supérieur à cent », et ce, même si les éléments sont joints par la conjonction ***et.*** *Elle a vingt-quatre ans, elle a cent-deux ans. Cette maison a deux-cents ans. Il possède sept-cent-mille-trois-cent-vingt-et-un euros.*
VOIR TABLEAU – NUMÉRAL ET ADJECTIF ORDINAL (DÉTERMINANT).
2. **Point cardinal.** Les noms des points cardinaux (nord, sud, est, ouest) et leurs synonymes (midi, centre, orient, occident, levant) s'écrivent avec une majuscule lorsqu'ils désignent une entité géographique, une région, une étendue de territoire ou lorsqu'ils déterminent l'élément spécifique d'un nom de voie de communication. *Le pôle Nord. Le bureau est situé rue Saint-Paul Ouest. Pour les vacances, nous irons dans le Midi.*
T Les noms des points cardinaux s'écrivent avec une minuscule lorsqu'ils sont utilisés au sens de l'orientation, comme une position du compas. *Une terrasse exposée au sud.*
On appelle ***rose des vents*** la position et la subdivision des points cardinaux sur le cadran d'une boussole ou sur une carte géographique.
VOIR TABLEAU – POINTS CARDINAUX.

CARDINALAT n. m.
Dignité de cardinal.
cardinalat.

CARDINALICE adj.
Propre aux cardinaux. *La pourpre cardinalice.*
cardinalice.

CARDIOGRAMME n. m.
Tracé des mouvements du cœur. SYN. électrocardiogramme.

CARDIOGRAPHIE n. f.
Enregistrement des mouvements du cœur.

CARDIOLOGIE n. f.
Spécialité médicale qui traite le cœur.

CARDIOLOGUE n. m. et f.
Médecin spécialiste du cœur.

CARDIOPATHIE n. f.
(MÉD.) Maladie du cœur.

CARDIORESPIRATOIRE adj.
(MÉD.) Relatif au cœur et aux poumons. *Des affections cardiorespiratoires.*

CARDIOSTIMULATEUR n. m.
(MÉD.) Stimulateur électrique implanté dans l'organisme dans le but de déclencher des contractions cardiaques lorsque celles-ci ne s'effectuent plus normalement. *On a dû lui implanter un cardiostimulateur* (et non *pacemaker.) SYN. stimulateur cardiaque.

CARDIOVASCULAIRE ou **CARDIO-VASCULAIRE** adj.
(MÉD.) Relatif au cœur et aux vaisseaux. *Des problèmes cardiovasculaires.*

CARÊME n. m.
Période de 40 jours qui précède la fête de Pâques chez les catholiques. *Faire carême.*
carême.

CARENCE n. f.
Lacune. *Une carence en fer.* SYN. insuffisance ; manque.
LOCUTION
– ***Délai de carence.*** Période pendant laquelle une personne assurée n'est pas indemnisée.

CARÈNE n. f.
Partie immergée de la coque d'un navire (la quille et les flancs).
carène.

CARÉNER v. tr.
1. Réparer la carène d'un navire.
2. Donner une forme aérodynamique à (une carrosserie). *Caréner une voiture.*
CONJUGAISON : VOIR MODÈLE POSSÉDER.
Le ***é*** se change en ***è*** devant une syllabe contenant un ***e*** muet, sauf à l'indicatif futur et au conditionnel présent. *Je carène,* mais *je carénerai.*
[Les *Rectifications* (1990) admettent : il carènera, carènerait...]

CARESSANT, ANTE adj.
Qui caresse, doux et tendre. *Des gestes caressants.* SYN. affectueux ; aimant ; câlin ; tendre.
Ne pas confondre avec le participe présent invariable ***caressant.*** *Ses mains caressant le petit chien.*
caressant.

CARESSE n. f.
1. Attouchement tendre, affectueux ou sensuel.
2. (FIG.) Effleurement. *Les caresses du vent doux de l'été.*
caresse.

CARESSER v. tr.
1. Faire des caresses à. *Elle caressait son chien Rouki.* SYN. cajoler ; câliner ; flatter.
2. (FIG.) Espérer, se complaire dans une perspective agréable. *Caresser un projet.* SYN. souhaiter.
CONJUGAISON : VOIR MODÈLE AIMER.
caresser.

***CAR-FERRY**
Anglicisme pour ***transbordeur.***

CARGAISON n. f.
Marchandises constituant la charge d'un navire, d'un avion. SYN. chargement.

CARGO n. m.
Navire spécialement aménagé pour le transport des marchandises.
Ne pas confondre avec les noms suivants :
• ***bateau,*** bâtiment, grand ou petit, qui navigue sur la mer ou sur les rivières ;
• ***canot,*** petite embarcation à rames, à voile ou à moteur ;
• ***paquebot,*** grand navire pour le transport des passagers ;
• ***pétrolier,*** navire-citerne pour le transport du pétrole ;

• *voilier,* bateau à voiles ;
• *yacht,* bateau de plaisance.
LOCUTION
– ***Avion-cargo.*** Avion destiné exclusivement au transport de marchandises. *Des avions-cargos.*
FORME FAUTIVE
*cargo. Anglicisme au sens de ***fret, marchandises.***

CARGUE n. f.
Cordage destiné à serrer les voiles.

CARGUER v. tr.
Serrer les voiles.
CONJUGAISON : VOIR MODÈLE AIMER.

CARI, CARRY ou **CURRY** n. m.
Épice indienne dont on parfume notamment le riz. *Un plat au cari.*

CARIATIDE
VOIR – CARYATIDE.

CARIBOU n. m. (pl. *caribous*)
⚜ Cervidé de taille moyenne, de forme massive vivant en Amérique du Nord. « *Parfois une chasse plus heureuse, où l'on aura abattu un ours, un caribou, un porc-épic, permettra de varier davantage le menu ordinaire* » (Victor-Alphonse Huard, *Labrador et Anticosti*). « *Le caribou était trapu, gras, large, un mâle de magnifique venue, aux bois intacts, fortement recourbés vers l'avant* » (Yves Thériault, *Agaguk*). SYN. renne.
Ce nom est un emprunt ancien à la langue micmaque signifiant « qui creuse la neige pour se nourrir ».

CARICATURAL, ALE, AUX adj.
1. Qui a le caractère de la caricature. *Des dessins caricaturaux.* SYN. grotesque.
2. Exagéré. *Une charge caricaturale.*

CARICATURE n. f.
1. Dessin qui souligne certains traits ridicules par l'exagération. *Les étudiants ont fait des caricatures des professeurs.*
2. Description qui met en valeur certains aspects ridicules de quelque chose. *Cette pièce est une caricature de la société.* SYN. parodie.

CARICATURER v. tr.
Faire une caricature de. SYN. contrefaire ; parodier ; railler ; ridiculiser.
CONJUGAISON : VOIR MODÈLE AIMER.

CARICATURISTE n. m. et f.
Personne dont le métier est de dessiner des caricatures.

CARIE n. f.
Lésion d'une dent. *Il faudra soigner cette carie.*

CARIER v. tr., pronom.
VERBE TRANSITIF
Détruire par la carie. *Ce sont les bonbons qui ont carié tes dents.* SYN. gâter.
VERBE PRONOMINAL
Être attaqué par la carie. *Ses dents se sont cariées.* SYN. se gâter.
À la forme pronominale, le participe passé de ce verbe s'accorde toujours en genre et en nombre avec son sujet. *Ses molaires s'étaient cariées.*
CONJUGAISON : VOIR MODÈLE ÉTUDIER.

CARILLON n. m.
Groupe de petites cloches.
Ne pas confondre avec les noms suivants :
• ***bourdon,*** grosse cloche d'une cathédrale, d'une basilique ;
• ***cloche,*** appareil sonore vibrant sous les coups d'un battant ;
• ***clochette,*** petite cloche ;
• ***sonnette,*** timbre, sonnerie électrique.
carillon.

CARILLONNER v. tr., intr.
VERBE TRANSITIF
1. Annoncer quelque chose par un carillon. SYN. sonner.
2. (FIG.) Diffuser. *Carillonner une rumeur.* SYN. claironner.
VERBE INTRANSITIF
Sonner en carillon.
CONJUGAISON : VOIR MODÈLE AIMER.
carillonner.

CARILLONNEUR, EUSE n. m. et f.
Personne qui carillonne.
carillonneur.

CARIOGÈNE adj.
Qui provoque la carie dentaire.

CARISTE n. m. et f.
Personne qui conduit un chariot automoteur.

CARITATIF, IVE adj.
1. Relatif à la charité.
2. Se dit d'une action, d'une œuvre inspirée par la charité. *Une association caritative.*

CARLIN n. m.
Petit chien à poil ras, au museau écrasé.
carlin.

CARLINGUE n. f.
Habitacle d'un avion où se trouvent le poste de pilotage et les passagers. « *en haute altitude, des voyageurs sans doute/sirotent l'apéro dans une carlingue/ qui les protège du froid absolu* » (Pierre Nepveu, *Lignes aériennes*).

CARMÉLITE n. f.
Religieuse de l'ordre du Carmel.
T Le nom s'écrit avec une minuscule lorsqu'il désigne un membre de l'ordre religieux ; quand il désigne l'ordre religieux, il s'écrit avec une majuscule. *Les Carmélites.*

CARMIN adj. inv. et n. m.
NOM MASCULIN
1. Colorant rouge vif. *Des carmins éclatants.*
2. Couleur rouge vif.
ADJECTIF DE COULEUR INVARIABLE
De la couleur rouge vif du carmin. *Des lèvres carmin.*
VOIR TABLEAU – COULEUR (ADJECTIFS DE).

CARMINÉ, ÉE adj.
D'un rouge vif.

CARNAGE n. m.
Massacre d'hommes ou d'animaux. SYN. boucherie.
Ne pas confondre avec les noms suivants :
• ***hécatombe,*** grande masse de personnes tuées, surtout au figuré ;
• ***massacre,*** meurtre d'un grand nombre d'êtres vivants ;
• ***tuerie,*** action de tuer sauvagement.

CARNASSIER, IÈRE adj. et n. m. et f.
Se dit des animaux qui se nourrissent de chair crue, de proies vivantes. *Le tigre est carnivore et carnassier, l'homme est carnivore.*
Ne pas confondre avec les mots suivants :
• ***carnivore,*** qui se nourrit de chair ;
• ***frugivore,*** qui se nourrit de fruits ;
• ***granivore,*** qui se nourrit de graines ;
• ***herbivore,*** qui se nourrit d'herbe ;
• ***insectivore,*** qui se nourrit d'insectes ;
• ***omnivore,*** qui se nourrit de végétaux et d'animaux.

CARNASSIÈRE n. f.
Gibecière.

CARNATION n. f.
Teint. *Elle a la carnation claire d'une Irlandaise.*

CARNAVAL n. m. (pl. *carnavals*)
Période de divertissements qui précède le carême. *Le carnaval de Québec.*

C

CARNAVALESQUE adj.
Qui tient du carnaval. *Des déguisements carnavalesques.*

CARNÉ, ÉE adj.
Composé de viande. *Un menu carné.*

CARNET n. m.
1. Petit livre que l'on porte sur soi. *Un carnet d'adresses, un carnet de chèques.* SYN. calepin.
2. (INFORM.) Site Internet animé par un ou plusieurs auteurs, sous la forme de billets, de chroniques pouvant faire l'objet de commentaires des visiteurs du site. SYN. blogue.
⇨ carnet.

CARNETIER n. m.
CARNETIÈRE n. f.
(INFORM.) Personne qui anime un carnet dans Internet. SYN. blogueur; blogueuse.

CARNIVORE adj. et n. m. et f.
Se dit des êtres vivants qui se nourrissent de chair. *L'homme est carnivore. Certaines plantes sont carnivores. Le chien, le loup et le renard sont des carnivores.*
☞ Ne pas confondre avec les mots suivants :
- ***carnassier,*** qui se nourrit de proies vivantes;
- ***frugivore,*** qui se nourrit de fruits;
- ***granivore,*** qui se nourrit de graines;
- ***herbivore,*** qui se nourrit d'herbe;
- ***insectivore,*** qui se nourrit d'insectes;
- ***omnivore,*** qui se nourrit de végétaux et d'animaux.

CAROTÈNE n. m.
Matière colorante contenue dans certains végétaux, en particulier dans la carotte.
☞ Attention au genre masculin de ce nom : ***le*** carotène.
⇨ carotène.

CAROTIDE n. f.
Chacune des deux artères qui conduisent le sang du cœur à la tête.

CAROTTAGE n. m.
Escroquerie. SYN. tromperie.
⇨ carottage.

CAROTTE adj. inv. et n. f.
NOM FÉMININ
Racine comestible d'une plante potagère. *Des carottes crues.*
ADJECTIF DE COULEUR INVARIABLE
De la couleur orange de la carotte. *Des cheveux carotte.*
VOIR TABLEAU – COULEUR (ADJECTIFS DE).

CAROTTER v. tr.
(FAM.) Extorquer. *Cet escroc nous a carotté beaucoup d'argent.* SYN. voler.
CONJUGAISON : VOIR MODÈLE AIMER.
⇨ carotter.

CAROUBE ou **CAROUGE** n. f.
Fruit du caroubier.

CAROUBIER n. m.
Arbre à bois très dur qui produit la caroube.

CARPACCIO n. m. (pl. *carpaccios*)
Plat composé de fines tranches de viande crue ou de poisson cru arrosées d'huile d'olive et de citron. *Des carpaccios de saumon.*

CARPE n. m.
Ensemble des os du poignet.

CARPE n. f.
Poisson d'eau douce. *As-tu déjà mangé de la carpe?*
VOIR TABLEAU – ANIMAUX.
LOCUTION
– ***Être, rester muet comme une carpe.*** Demeurer silencieux.

CARPEAU n. m. (pl. *carpeaux*)
Petit de la carpe.
VOIR TABLEAU – ANIMAUX.

CARPETTE n. f.
1. Petit tapis.
2. (FIG.) (FAM.) Personne, groupe dont la soumission est excessive, trop servile. *Ce béni-oui-oui est une vraie carpette.* SYN. (FAM.) paillasson.

CARPIEN, IENNE adj.
(ANAT.) Du carpe.
LOCUTIONS
– ***Canal carpien.*** (ANAT.) Canal dans lequel passent les tendons fléchisseurs des doigts et le nerf médian.
☞ Le terme ***tunnel carpien*** est admis en ce sens, mais il est beaucoup moins usité.
– ***Syndrome du canal carpien (SCC).*** Syndrome résultant de la compression du nerf médian dans le canal carpien caractérisé principalement par des fourmillements dans les doigts, une perte de sensibilité et une diminution de la force musculaire rendant difficile l'exécution de certains mouvements (GDT). *À pianoter régulièrement sur un clavier alphanumérique et à jouer de la souris, on risque de souffrir du syndrome du canal carpien si le poste de travail n'est pas ergonomique.*

CARQUOIS n. m.
Étui à flèches.
⇨ carquois.

CARRARE n. m.
Marbre de la région de Carrare. *Un mur en carrare.*
[T] Le nom s'écrit avec une minuscule lorsqu'il désigne un marbre, avec une majuscule lorsqu'il nomme la région. *Du marbre de Carrare.*
⇨ carrare.

CARRE n. f.
1. Coin, angle saillant.
2. Lisière d'acier qui borde la semelle d'un ski. *Aiguiser les carres.*
3. Tranchant de la lame d'un patin à glace.

CARRÉ, ÉE adj. et n. m.
ADJECTIF
Se dit d'une surface plane qui a quatre côtés égaux et quatre angles droits. *Un jardin carré. Une nappe carrée.*
NOM MASCULIN
1. Surface plane qui a quatre côtés égaux et quatre angles droits. *Un grand carré.*
2. Espace en forme de quadrilatère. *Planter un carré d'asperges.*
3. Pièce de tissu carrée qui, pliée en deux suivant une diagonale, se porte généralement autour du cou ou sur la tête. *Un carré de soie cuisse-de-nymphe.*
4. (JEUX) Ensemble de quatre cartes semblables. *Un carré de valets, au poker.*
5. (INFORM.) Touche de clavier d'un appareil téléphonique, sur laquelle apparaît un symbole en forme de carré dont les lignes s'entrecroisent (#), qui est généralement utilisée pour avoir accès à différentes fonctions reliées à des services complémentaires (GDT). *Si vous n'arrivez pas à joindre votre correspondant, il suffit d'appuyer sur le carré ou la touche marquée d'un carré pour laisser un message dans sa boîte vocale.* SYN. dièse; touche dièse.
LOCUTIONS
– ***Au carré.*** À angles droits. *Une coupe de cheveux au carré.*
– ***Au carré.*** (MATH.) Se dit d'un nombre multiplié par lui-même. *Trois au carré donne neuf.*
– ***Carré au chocolat.*** Gâteau au chocolat.
☞ Ce nom a été proposé comme équivalent du mot anglais «*brownie*» (Recomm. off.).
FORME FAUTIVE
*carré. Anglicisme au sens de ***place, square.***

CARREAU n. m. (pl. *carreaux*)
1. Plaque de terre cuite, de pierre, etc., servant à revêtir le sol. *Des carreaux de céramique.*

Ne pas confondre avec le nom ***tuile,*** plaque de terre cuite servant à couvrir un immeuble.
2. Une des couleurs du jeu de cartes. *Un as de carreau.*
3. Plaque de vitre posée aux fenêtres, aux portes. *Faire les carreaux.*
LOCUTION
– ***À carreaux.*** Imprimé à quadrillage. *Une jupe à carreaux* (et non *carreautée).

***CARREAUTÉ**
Impropriété pour ***à carreaux.***

CARREFOUR n. m.
Lieu relativement large, par opposition au simple croisement, où se rencontrent plusieurs voies de communication. SYN. intersection.
Ne pas confondre avec le nom ***croisement,*** intersection de deux voies de circulation.
LOCUTION
– ***Carrefour giratoire.*** Carrefour dans lequel certains courants empruntent une chaussée annulaire continue, à sens unique, disposée autour d'un îlot central (Recomm. off.). SYN. rond-point.
Le terme ***carrefour giratoire*** appartient à la langue technique ; celui de ***rond-point,*** à la langue générale.
carrefour.

CARRELAGE n. m.
1. Action de carreler.
2. Revêtement de carreaux. *Un carrelage noir et blanc.*
carrelage.

CARRELER v. tr.
1. Revêtir de carreaux. *Carreler le sol de la cuisine.*
2. Quadriller une surface.
CONJUGAISON : VOIR MODÈLE APPELER.
Redoublement du ***l*** devant un ***e*** muet. *Je carrelle, je carrellerai,* mais *je carrelais.*
[Les *Rectifications* (1990) admettent : il carrèle, carrèlera, carrèlerait...]

CARRÉMENT adv.
Sans détour. *Il a répondu carrément que ça ne l'intéressait pas.* SYN. fermement ; franchement ; nettement.
carrément.

CARRER v. tr., pronom.
VERBE TRANSITIF
Donner une forme carrée à quelque chose.
VERBE PRONOMINAL
S'installer confortablement. *Elle se carra dans sa causeuse.* SYN. se caler.
À la forme pronominale, le participe passé de ce verbe s'accorde toujours en genre et en nombre avec son sujet. *Elles se sont carrées dans leur détermination.*
CONJUGAISON : VOIR MODÈLE AIMER.
carrer.

CARRIÈRE n. f.
1. Profession. *Le choix d'une carrière. Avoir un plan de carrière.*
2. (ABSOL.) La diplomatie. *La Carrière.*
T En ce sens, le nom s'écrit avec une majuscule.
3. Excavation d'où l'on tire de la pierre, du marbre, etc., généralement à ciel ouvert. *Une carrière d'ardoise à ciel ouvert.*
LOCUTION
– ***Faire carrière.*** Gravir les échelons hiérarchiques d'une profession.
carrière.

CARRIÉRISTE n. m. et f.
Personne ambitieuse qui cherche à faire carrière, parfois à tout prix.

CARRIOLE n. f.
Voiture d'hiver sur patins tirée par des chevaux. *« La nuit, il se couvrait par-dessus la tête de hardes, de vieux manteaux et de peaux à carrioles »* (Claude-Henri Grignon, *Un homme et son péché*). *« Décembre vint, amenant les fêtes : la messe de minuit avec les carrioles dont les patins crissent sur la neige dure »* (Ringuet, *Trente Arpents*).
carriole.

CARROSSABLE adj.
Praticable (pour les voitures). *Un chemin carrossable.* SYN. praticable.
carrossable.

CARROSSE n. m.
Voiture de luxe à quatre roues tirée par des chevaux. *La reine est arrivée dans son beau carrosse.*
LOCUTIONS
– ***La cinquième roue du carrosse.*** (FIG.) Se dit d'une personne en surnombre dans un groupe et dont la présence est jugée inutile.
– ***Rouler carrosse.*** (FIG.) Vivre dans l'opulence.
FORME FAUTIVE
*carrosse. Impropriété au sens de ***landau.*** *Elle promenait tous les jours son dernier-né dans son landau.*
carrosse.

CARROSSER v. tr.
Munir d'une carrosserie.
CONJUGAISON : VOIR MODÈLE AIMER.
carrosser.

CARROSSERIE n. f.
Caisse d'une automobile, d'un appareil électroménager.
carrosserie.

CARROSSIER n. m.
CARROSSIÈRE n. f.
1. Concepteur de carrosseries automobiles.
2. Spécialiste de la construction et de la réparation des carrosseries.
carrossier.

CARROUSEL n. m.
Le ***s*** se prononce ***z*** ou ***s,*** [karuzɛl, karusɛl].
1. Parade au cours de laquelle des cavaliers exécutent des courses de tous genres.
2. Manège de chevaux de bois. *Les enfants se sont amusés dans les carrousels de La Ronde.*
En France, le nom est vieilli en ce sens, mais il est encore en usage en Belgique et en Suisse.
carrousel.

CARRURE n. f.
1. Largeur du dos à la hauteur des épaules. *Une personne de forte carrure.*
2. (FIG.) Valeur d'une personne. *Il n'a pas votre carrure.* SYN. envergure ; stature.
carrure.

CARRY
VOIR – CARI.

***CART**
Anglicisme pour ***voiturette.***

CARTABLE n. m.
Sac d'écolier à plusieurs compartiments. *Les enfants préfèrent les cartables à bretelles aux cartables à poignée.*
Ne pas confondre avec les noms suivants :
• ***mallette,*** petite valise rigide pour le travail, le voyage ;
• ***porte-documents,*** serviette plate ne comportant qu'une seule poche ;
• ***serviette,*** sac à compartiments qui sert à porter des livres, des documents.

FORME FAUTIVE
*cartable. Impropriété au sens de ***reliure, cahier.*** *Une reliure à trois anneaux remplie de feuilles mobiles.*

CARTE n. f.
1. Petit rectangle cartonné destiné à plusieurs usages. *Des cartes d'identité, des cartes de visite, des cartes postales, des cartes de crédit.*
2. Petit carton marqué d'une figure ou d'une couleur (cœur, carreau, pique, trèfle) et servant à divers jeux. *Des jeux de cartes.*
3. Représentation à échelle réduite d'une partie de la surface de la Terre. *La carte* (et non *map) *du Québec.*
Le ***plan*** est une carte à grande échelle d'une ville, d'un réseau de communications. *Le plan de Montréal, le plan du métro.*
LOCUTIONS
– ***À la carte.*** Au choix et, au figuré, personnalisé. *Des plats à la carte,* par opposition à *au menu. Des aménagements intérieurs à la carte,* par opposition à *standards.*
– ***Brouiller les cartes.*** Embrouiller volontairement.
– ***Carte à puce (électronique).*** Carte dotée d'un dispositif de mémorisation. *La Régie de l'assurance-maladie songe à adopter la carte à puce, qui comporterait des éléments du dossier médical de chaque patient.* SYN. carte à mémoire.
– ***Carte de crédit.*** Carte que certains établissements financiers mettent à la disposition de particuliers pour leur permettre de conclure, sans versement immédiat, des achats auprès des entreprises associées avec ces établissements.
– ***Carte de débit.*** Carte de banque qui permet à son titulaire d'accéder électroniquement aux fonds qu'il a en dépôt, d'utiliser le crédit qui lui a été préalablement accordé, d'effectuer des paiements électroniques par l'intermédiaire d'un terminal point de vente et d'exécuter des opérations bancaires au guichet automatique. SYN. carte bancaire.
– ***Carte de fidélité.*** Carte proposée par un établissement commercial à ses clients et qui leur permet de bénéficier de certains avantages (réductions de prix, primes, etc.) selon les achats effectués.
– ***Carte de qualification.*** Carte délivrée par un organisme autorisé au titulaire d'un certificat de qualification. *Cet électricien vient de recevoir sa carte de qualification* (et non *de compétence).
– ***Carte de visite.*** Petit carton comportant le nom d'une personne ainsi que certains renseignements utiles sur celle-ci. *Des cartes de visite en bristol.*
Dans les locutions précédentes, le complément du nom demeure au singulier.
– ***Carte génétique.*** (GÉNÉT.) Représentation graphique de l'arrangement des gènes sur les chromosomes d'une espèce.
– ***Carte graphique.*** (INFORM.) Carte d'extension servant à stocker et à interpréter les images reçues par l'ordinateur et à mettre à jour continuellement l'écran du moniteur (GDT). SYN. carte vidéo.
– ***Carte mère.*** (INFORM.) Carte principale sur laquelle on retrouve tous les composants nécessaires au fonctionnement d'un ordinateur, dont le microprocesseur, la mémoire centrale, les bus et les connecteurs d'extension destinés à recevoir des cartes d'extension (GDT).
– ***Carte professionnelle.*** Petit carton comportant le nom d'une personne, son titre, la raison sociale de l'entreprise ou la désignation de l'organisme qu'elle représente, ainsi que son adresse et ses numéros de téléphone et de télécopieur.
VOIR TABLEAU – ADRESSE.
– ***Château de cartes.*** Chose incertaine, précaire.
– ***Donner, avoir carte blanche.*** Donner, avoir plein pouvoir, toute liberté pour entreprendre quelque chose.
– ***Jouer, mettre cartes sur table.*** Jouer franc jeu.
– ***Jouer sa dernière carte.*** Effectuer une ultime tentative.

FORMES FAUTIVES
*carte de compétence. Calque de «*competency card*» pour ***carte de qualification.***
*carte d'affaires. Calque de «*business card*» pour ***carte professionnelle.***
*carte d'identification. Calque de «*identification card*» pour ***carte d'identité.***
*mettre sur la carte. Calque de «*to put on the map*» pour ***faire connaître, mettre en vedette.***

CARTEL n. m.
(ÉCON.) Entente entre des entreprises en vue d'une action commune visant à limiter ou à supprimer la concurrence.
Ne pas confondre avec les noms suivants :
• ***monopole,*** situation économique où il n'y a qu'un seul vendeur ;
• ***oligopole,*** situation économique où quelques vendeurs se partagent la production pour l'offrir à une multitude d'acheteurs.

CARTE-LETTRE n. f. (pl. *cartes-lettres*)
Carte de correspondance se fermant au moyen de bords gommés.

CARTELLISATION n. f.
(ÉCON.) Groupement d'entreprises en vue de former un cartel.

CARTELLISER v. tr.
(ÉCON.) Former un cartel.
CONJUGAISON : VOIR MODÈLE AIMER.

CARTER n. m.
Les ***r*** se prononcent, [kartɛr] ; le mot rime avec ***terre.***
Gaine de métal servant à protéger un mécanisme. *Le carter du différentiel, d'une chaîne de vélo.*
carter.

CARTÉSIEN, IENNE adj. et n. m. et f.
Rationnel. *Un esprit cartésien.* SYN. logique.

CARTIER n. m.
Fabricant de cartes à jouer.
HOM. ***quartier,*** partie d'une ville.

CARTILAGE n. m.
Tissu conjonctif aux extrémités des os, du pavillon de l'oreille et des ailes du nez.
cartilage.

CARTILAGINEUX, EUSE adj.
Qui tient du cartilage. *Des tissus cartilagineux.*
cartilagineux.

CARTOGRAPHE n. m. et f.
Personne qui établit des cartes de géographie.

CARTOGRAPHIE n. f.
Ensemble des techniques d'élaboration, de dessin et d'édition de cartes géographiques, de plans.

CARTOGRAPHIER v. tr.
Établir la carte d'une ville, d'une région, d'un pays.
CONJUGAISON : VOIR MODÈLE ÉTUDIER.
Redoublement du ***i*** à la première et à la deuxième personne du pluriel de l'indicatif imparfait et du subjonctif présent. *(Que) nous cartographiions, (que) vous cartographiiez.*

CARTOGRAPHIQUE adj.
Relatif à la cartographie. *De nouvelles techniques cartographiques.*

CARTOMANCIE n. f.
Art prétendu de prédire l'avenir par les cartes (cartes à jouer, tarot, etc.).

CARTOMANCIEN n. m.
CARTOMANCIENNE n. f.
Personne qui lit, ou prétend lire, l'avenir dans les cartes. SYN. diseur de bonne aventure ; tireur (de cartes) ; voyant.

CARTON n. m.
1. Carte forte faite de pâte de papier. *Un carton ondulé.*
2. Boîte de carton. *Des photos dans un carton.*
LOCUTION
– ***Dans les cartons.*** (FIG.) En cours d'élaboration, de production. SYN. en projet.
FORMES FAUTIVES
*carton (d'allumettes). Anglicisme pour ***pochette (d'allumettes).***
*carton (de cigarettes). Anglicisme pour ***cartouche (de cigarettes).***

CARTONNAGE n. m.
1. Fabrication, commerce des objets en carton.
2. Reliure, ouvrage, emballage en carton.
➯ cartonnage.

CARTONNER v. tr.
Couvrir de carton. *Cartonner un livre, lui donner une reliure cartonnée.*
CONJUGAISON : VOIR MODÈLE AIMER.
➯ cartonner.

CARTONNERIE n. f.
Industrie du carton.
➯ cartonnerie.

CARTONNEUX, EUSE adj.
Qui a l'apparence du carton.
➯ cartonneux.

CARTON-PÂTE n. m. (pl. *cartons-pâtes*)
Carton composé de vieux papiers. *Des décors de carton-pâte.*
LOCUTION
– ***En carton-pâte.*** Simulé, factice.

***CARTOON**
Anglicisme pour ***bande dessinée.***

CARTOUCHE n. m. et f.
NOM MASCULIN
Encadrement elliptique destiné à recevoir une inscription. *Un cartouche en forme de parchemin à demi déroulé.*
NOM FÉMININ
1. Étui en métal ou en carton renfermant la charge d'une arme à feu. *Une cartouche de pistolet automatique.*
2. Emballage groupant des paquets de cigarettes. *Acheter une cartouche* (et non un *carton) *de cigarettes.*
3. Recharge d'encre d'un stylo, d'une imprimante, de gaz d'un briquet, etc. *Des cartouches d'encre longue durée.*
4. Boîtier scellé comportant un programme informatique en mémoire morte. *Une cartouche de jeu.*
☞ À la différence de la ***cassette***, qui peut servir à l'enregistrement et à la lecture de données, la ***cartouche*** est exclusivement réservée à la lecture des données.

CARTOUCHIÈRE n. f.
Sac à cartouches.

CARVI n. m.
Plante aromatique. *Des graines de carvi.*

***CAR WASH**
Anglicisme pour ***lave-auto.*** *Des lave-autos.*

CARYATIDE ou **CARIATIDE** n. f.
Figure de femme soutenant une corniche sur sa tête. *Les caryatides d'un temple grec.*
☞ Ne pas confondre avec les noms suivants :
• ***atlante,*** colonne sculptée en forme d'homme soutenant un entablement ;
• ***colonne,*** pilier circulaire soutenant les parties supérieures d'un édifice ;
• ***pilastre,*** pilier carré dans une construction ;
• ***pilier,*** massif de maçonnerie rond ou carré soutenant une construction.

CARYOTYPE n. m.
(GÉNÉT.) Ensemble caractéristique des chromosomes d'une personne, d'une espèce. *L'enfant atteint de la trisomie 21 a un caryotype spécifique.*
➯ caryotype.

CAS n. m.
1. Circonstance, évènement. *Un cas étrange.*
2. Situation particulière de quelqu'un, de quelque chose. *C'est un cas grave.*
LOCUTIONS
– ***Au cas où, dans le cas où, pour le cas où,*** loc. conj. À supposer que, s'il arrivait que. *Au cas où il y aurait une tempête de neige, l'excursion serait annulée.*
☞ Ces locutions conjonctives sont généralement suivies du conditionnel, parfois de l'indicatif.
– ***Auquel cas.*** Dans ce contexte, dans ces circonstances.
– ***Cas de conscience.*** Choix difficile au point de vue moral.
– ***Cas de figure.*** Situation hypothétique. *Tous les cas de figure doivent être envisagés.*
– ***Cas de force majeure.*** Évènement inévitable. *C'est un cas de force majeure* (et non un *act of God).
– ***C'est le cas de le dire.*** Expression qui souligne l'exactitude de ce qui vient d'être dit.
– ***Dans tous les cas où,*** loc. conj. Toutes les fois que.
– ***En cas de,*** loc. prép. S'il y a, dans l'hypothèse de. *En cas de pluie, l'exposition sera reportée.*
– ***En cas de besoin,*** loc. adv. S'il est nécessaire.
– ***En ce cas,*** loc. adv. Dans ces conditions.
– ***En tout cas,*** loc. adv. Quoi qu'il arrive.
– ***Faire cas de,*** loc. verb. Tenir compte de quelque chose.
– ***Faire grand cas de,*** loc. verb. Accorder beaucoup d'importance à.
– ***Le cas échéant,*** loc. adv. Si l'occasion se présente.

CASANIER, IÈRE adj. et n. m. et f.
Qui préfère rester à la maison. *Des habitudes casanières. C'est un casanier.* SYN. pantouflard.

CASAQUE n. f.
Veste de jockey. *Notre jockey porte une casaque jaune.*
LOCUTION
– ***Tourner casaque.*** Changer de parti, d'opinion. SYN. ⚜ virer son capot de bord.

CASBAH n. f. (pl. *casbahs*)
Quartier arabe de certaines villes d'Afrique du Nord.
➯ casbah.

CASCADE n. f.
1. Chute d'eau de faible débit, comportant ordinairement plusieurs paliers (Recomm. off.).
T Les noms génériques de géographie s'écrivent avec une minuscule. *La chute Montmorency est située près de Québec.*
☞ Ne pas confondre avec les noms suivants :
• ***cataracte,*** chute d'un grand cours d'eau, dont la dénivelée est importante ;
• ***chute,*** masse d'eau tombant brusquement à l'emplacement d'une rupture de pente ;
• ***rapide,*** partie d'un cours d'eau, souvent hérissée de roches, où le courant devient rapide et agité par suite d'un resserrement du lit ou d'une faible augmentation de la pente.
2. Scène risquée d'un film tournée par une doublure.
LOCUTION
– ***En cascade.*** En série. *Des accidents en cascade.*

CASCADER v. intr.
Tomber en cascade. *La rivière cascade sur les rochers.*
CONJUGAISON : VOIR MODÈLE AIMER.

CASCADEUR n. m.
CASCADEUSE n. f.
Personne qui tourne les scènes risquées d'un film, à titre de doublure.

CASE n. f.
1. (FAM.) Maison, en Afrique. *Une case en terre séchée.* SYN. hutte.
2. Carré de l'échiquier, du damier, etc. *La case départ. Remplir les cases d'un formulaire, d'une grille de mots croisés.*
3. Compartiment d'un meuble, d'une boîte. *Ce secrétaire comporte plusieurs cases.*
4. ⚜ Armoire métallique où l'on peut laisser des vêtements, des objets. *J'ai oublié mes gants dans ma case.*
LOCUTION
– ***Case postale.*** Compartiment où le courrier est déposé. *Le facteur distribue les lettres dans les cases postales* (et non les *casiers postaux).
La Société canadienne des postes recommande l'emploi du terme ***case postale*** de préférence à celui de ***boîte postale*** pour des raisons d'uniformité.

CASÉINE n. f.
Substance du lait, élément principal du fromage.

CASEMATE n. f.
Abri contre les bombes.

CASER v. tr., pronom.
VERBE TRANSITIF
Arriver à placer (souvent dans un espace restreint). *Pourras-tu caser mes valises dans le coffre de ta voiture ?*
VERBE PRONOMINAL
1. (FAM.) Se trouver un poste. *Il n'a pas encore réussi à se caser dans son domaine.* SYN. se placer.
2. (FAM.) Se marier. *Elle refuse de se caser.*
À la forme pronominale, le participe passé de ce verbe s'accorde toujours en genre et en nombre avec son sujet. *Les diplômés se sont casés très rapidement dans les meilleures entreprises.*
CONJUGAISON : VOIR MODÈLE AIMER.

CASERNE n. f.
Bâtiment militaire. *Casqués, brandissant des fusils d'assaut, les soldats s'entraîneront alors au tir sur le champ de manœuvre de la caserne.*
LOCUTION
– ***Caserne de pompiers.*** Bâtiment qui abrite le personnel, les véhicules et le matériel de lutte contre les incendies (GDT). SYN. poste de pompiers.

***CASH**
*cash. Anglicisme pour **caisse.** *Il a pris l'argent de la caisse* (et non du *cash).
*cash. Anglicisme pour ***comptant, en espèces, en (argent) liquide, au porteur*** (en parlant d'un chèque). *Payer comptant* (et non payer *cash). *Faire un chèque au porteur* (et non un chèque *cash).

***CASH-FLOW**
Anglicisme pour ***marge brute d'autofinancement.***

CASIER n. m.
1. Ensemble de cases. *Un casier à disques.*
2. Nasse employée pour la pêche de gros crustacés. *Un casier* (et non une *cage) *à homards.*
LOCUTION
– ***Casier (judiciaire).*** Antécédents judiciaires d'une personne. *Un casier* (et non *dossier) *judiciaire chargé, un casier vierge.*
FORME FAUTIVE
*casier postal. Impropriété au sens de ***case postale.***
Le terme ***boîte postale*** s'emploie également, mais on doit lui préférer le terme ***case postale*** pour des raisons d'uniformité.

CASINO n. m.
Établissement où les jeux d'argent sont autorisés. *Julien aimerait bien aller jouer un jour dans un casino.*

CASQUE n. m.
Coiffure rigide destinée à protéger la tête. *Un casque de hockey. À vélo sans casque... tu es tombé sur la tête ?*
LOCUTION
– ***Casque bleu.*** Soldat appartenant aux troupes internationales de l'ONU. *Ces populations ont été placées par l'ONU sous la protection des Casques bleus.*
FORME FAUTIVE
*casque de bain. Impropriété pour ***bonnet de bain.***

CASQUÉ, ÉE adj.
Coiffé d'un casque. *Des militaires casqués.*

CASQUER v. intr.
(FAM.) Payer. *C'est encore lui qui casquera.*
CONJUGAISON : VOIR MODÈLE AIMER.

CASQUETTE n. f.
Coiffure munie d'une visière. *Martin porte la casquette de l'Impact de Montréal.*
Ne pas confondre avec le nom ***calotte,*** petit bonnet couvrant le sommet de la tête.

CASSANDRE n. f.
Personne qui fait de sombres prophéties comme Cassandre, prophétesse de la mythologie grecque. *Jouer les cassandres* ou *les Cassandre. Les cassandres de la conjoncture économique.* SYN. prophète de malheur.
T Le nom peut s'écrire avec une minuscule ou avec une majuscule initiale.
Écrit avec une minuscule, le mot ***cassandre*** devient un nom commun qui prend la marque du pluriel ; écrit avec une majuscule, il reste invariable.

CASSANT, ANTE adj.
1. Qui se casse facilement. *Des assiettes cassantes.* SYN. fragile.
2. Tranchant, autoritaire. *Un ton cassant.*

CASSE-
Les mots composés avec l'élément ***casse-*** s'écrivent avec un trait d'union. Au pluriel, ***casse-***, qui est un verbe, demeure invariable, tandis que le second élément est parfois variable, parfois invariable. *Des casse-cou.*

CASSE n. f.
1. Action de casser, objets cassés. *Cette voiture est bonne à mettre à la casse* (et non à la *scrap). *Attention, il va y avoir de la casse !*
2. (TYPOGR.) Boîte à compartiments pour les caractères d'imprimerie. *Un texte en bas-de-casse, en minuscules.*

CASSÉ, ÉE adj.
Brisé. *Ce jouet est cassé : il faut le réparer. Une jambe cassée.* SYN. endommagé.
LOCUTIONS
– ***Blanc cassé.*** Adjectif de couleur invariable. D'un blanc légèrement teinté. *Des robes blanc cassé.*
VOIR TABLEAU – COULEUR (ADJECTIFS DE).
– ***Voix cassée.*** Enrouée.
FORME FAUTIVE
*cassé. Anglicisme au sens de ***sans argent, sans le sou.*** SYN. (FAM.) fauché.

CASSEAU ou **CASSOT** n. m. (pl. *casseaux* ou *cassots*)
⚜ Emballage de faible volume servant au transport des petits fruits (fraises, framboises, bleuets...). *Un casseau* ou *un cassot de framboises.*
Ne pas confondre avec le nom ***cageot,*** emballage servant au transport des denrées alimentaires périssables.

CASSE-COU adj. et n. m. et f. (pl. *casse-cou* ou *casse-cous*)
ADJECTIF
Se dit d'une personne téméraire. *Des jeunes filles casse-cou* ou *casse-cous.* SYN. audacieux ; imprudent.
NOM MASCULIN ET FÉMININ
Personne téméraire. *Des casse-cou* ou *casse-cous audacieux.*

CASSE-CROÛTE n. m. (pl. *casse-croûte* ou *casse-croûtes*)
1. Repas léger. *Des casse-croûte appétissants.*
2. Petit restaurant où l'on prend des repas rapides. *Il lit son journal au casse-croûte* (et non *snack-bar).

CASSE-GUEULE adj. inv. et n. m. (pl. *casse-gueule* ou *casse-gueules*)
ADJECTIF INVARIABLE
(FAM.) Qui est dangereux, qui comporte des risques. *Le métier de cascadeur est casse-gueule.*
NOM MASCULIN
Ce qui est dangereux, ce qui comporte des risques. *Des casse-gueule* ou *casse-gueules.*

CASSE-NOISETTE(S) n. m. (pl. *casse-noisettes*)
Instrument servant à casser les noisettes. *Un casse-noisettes* ou *casse-noisette efficace.*

CASSE-NOIX n. m. inv. (pl. *casse-noix*)
Instrument servant à casser les noix.

CASSE-PIED(S) adj. et n. m. et f. (pl. *casse-pieds*)
ADJECTIF
(FAM.) Importun, désagréable. *De détestables casse-pieds. Une réunion casse-pieds* ou *casse-pied.* SYN. ennuyeux; (FAM.) rasant.
NOM MASCULIN ET FÉMININ
Personne importune, désagréable.

CASSER v. tr., intr., pronom.
VERBE TRANSITIF
Briser, rompre. *L'enfant a cassé le verre. Cette chute lui a cassé la jambe.* SYN. endommager; fracturer.
VERBE INTRANSITIF
Se briser. *La tablette a cassé.*
VERBE PRONOMINAL
Se fracturer. *Elle s'est cassé le bras.*
À la forme pronominale, le participe passé de ce verbe s'accorde en genre et en nombre avec le complément direct si celui-ci le précède. *La jambe qu'elle s'est cassée. Les verres se sont cassés lors du déménagement.* Il reste invariable si le complément direct suit le verbe. *Elle s'est cassé le fémur.*
LOCUTIONS
– ***À tout casser.*** Extraordinaire. *C'est un spectacle à tout casser.* SYN. remarquable.
– ***Casser du sucre sur le dos de quelqu'un.*** (FAM.) Dire du mal de quelqu'un.
– ***Casser la croûte.*** Manger. *Si on cassait la croûte au bord de cette rivière limpide?*
– ***Casser les pieds à quelqu'un.*** (FAM.) L'importuner. *Il nous casse les pieds avec ses questions.*
– ***Casser les prix.*** Afficher des prix très bas, parfois inférieurs au seuil de rentabilité.
– ***Ne rien casser.*** (FAM.) Être quelconque, ne pas se démarquer. *Ce film ne casse rien.*
– ***On ne fait pas d'omelettes sans casser des œufs*** (Proverbe). Toute entreprise comporte des risques.
– ***Se casser la tête.*** Se faire du souci, chercher une solution à un problème. SYN. se mettre martel en tête.
FORMES FAUTIVES
*casser avec (un ami, un fiancé, etc.). Anglicisme pour ***rompre avec (un ami, un fiancé).***
*casser une langue (le français, l'anglais, etc.). Anglicisme pour ***parler difficilement le français, l'anglais; parler le français, l'anglais avec un accent étranger.***
*casser une promesse, un engagement. Anglicisme pour ***violer une promesse, un engagement, manquer de parole à quelqu'un.***
CONJUGAISON : VOIR MODÈLE AIMER.

CASSEROLE n. f.
Récipient muni d'un manche et parfois d'un couvercle, réservé à la cuisson des aliments.
Ne pas confondre avec les noms suivants :
• ***chaudron,*** récipient assez profond à anse mobile;
• ***poêle,*** récipient plat à longue queue.
casserole.

CASSE-TÊTE n. m. (pl. *casse-tête* ou *casse-têtes*)
1. Sorte de massue.
2. (FIG.) Problème difficile à résoudre. *L'établissement de cet horaire est un véritable casse-tête.*
3. Jeu de patience. *Ces casse-tête* ou *casse-têtes contiennent mille pièces.*
En France, on dit plutôt ***puzzle.***

CASSETTE n. f.
1. (VX) Petit coffre.
2. Boîtier amovible contenant une bande magnétique destinée à l'enregistrement et à la lecture de données. *Des cassettes vidéo amusantes.*
Ne pas confondre avec le nom ***cartouche,*** boîtier comportant une bande magnétique exclusivement réservée à la lecture des données.

CASSIS n. m.
Au sens de « liqueur de cassis », le ***s*** final se prononce; au sens de « dépression du sol », le ***s*** final ne se prononce pas, [kasis, kasi].
1. Groseillier noir. *De la liqueur de cassis.*
2. Dépression brusque du sol, sur une route, qui imprime une secousse aux véhicules.
Ne pas confondre avec ***dos-d'âne,*** gonflement transversal de la chaussée.
cassis.

CASSOLETTE n. f.
1. Petit récipient où l'on fait brûler des parfums.
2. Petite casserole.
cassolette.

CASSONADE n. f.
Sucre roux qui n'a été raffiné qu'une fois. *Elle met un peu de cassonade* (et non de *sucre brun) *sur sa crêpe.*
cassonade.

CASSOT
VOIR – CASSEAU.

CASSOULET n. m.
Mets du sud de la France composé de haricots blancs et de morceaux d'oie, de porc ou de mouton.

CASTAGNETTES n. f. pl.
Instrument de percussion d'origine espagnole. *Jouer des castagnettes.*

CASTEL n. m.
(LITT.) Petit château.
Ne pas confondre avec les noms suivants :
• ***château,*** habitation royale ou seigneuriale généralement située à la campagne;
• ***gentilhommière,*** petit château à la campagne;
• ***manoir,*** habitation seigneuriale entourée de terres;
• ***palais,*** résidence d'un chef d'État ou d'un souverain.

CASTILLAN, ANE adj. et n. m. et f.
ADJECTIF ET NOM MASCULIN ET FÉMININ
De Castille. *Un chant castillan. Un Castillan, une Castillane.*
L'adjectif s'écrit avec une minuscule; le nom, avec une majuscule.
NOM MASCULIN
Langue officielle de l'Espagne. *Juanita parle le castillan.*
Le nom de la langue s'écrit avec une minuscule.

***CASTING**
Anglicisme pour ***distribution (des rôles).***

CASTOR n. m.
Rongeur à large queue plate. *Les castors construisent des digues.*

CASTRAT n. m.
Individu mâle ayant subi la castration.
castrat.

CASTRATION n. f.
Suppression d'un organe nécessaire à la reproduction.
Le nom s'emploie plus couramment pour les individus mâles.

CASTRER v. tr.
Pratiquer la castration sur.
CONJUGAISON : VOIR MODÈLE AIMER.

CASUISTIQUE n. f.
Théologie morale qui s'occupe des cas de conscience.

CASUS BELLI n. m. inv.
Le premier *s* se prononce *z*, [kazysbɛli].
Locution latine signifiant « cas de guerre ».
Tout motif qui met un État dans la nécessité de recourir aux armes.
En typographie soignée, les mots étrangers sont composés en italique. Dans des textes déjà en italique, la notation se fait en romain. Pour les textes manuscrits, on utilisera les guillemets.

CATA- préf.
Élément du grec signifiant « en dessous, en arrière ». *Catacombe.*

CATABOLISME n. m.
Ensemble des réactions de dégradation des composés organiques de la matière vivante, produisant de l'énergie thermique ou de liaison (respiration, fermentation) et des déchets éliminés par l'organisme (GDT). ANT. anabolisme.

CATACHRÈSE n. f.
Les lettres ***ch*** se prononcent ***k***, [katakrɛz].
Métaphore où l'on emploie un mot au-delà de son sens propre. *Exemples : les bras d'un fauteuil, la tête d'un lit.*
catachrèse.

CATACLYSME n. m.
1. Désastre naturel d'une grande ampleur. *Ce raz-de-marée a été un cataclysme.*
2. (FIG.) Bouleversement majeur.
Ne pas confondre avec le nom ***catastrophe***, accident causant la mort de plusieurs personnes.
cataclysme.

CATACOMBE n. f.
Vaste cavité souterraine ayant servi de cimetière. *Les catacombes romaines.*
Ce mot s'utilise surtout au pluriel.

CATADIOPTRE n. m.
Petit disque destiné à réfléchir la lumière, la nuit, afin de signaler un objet, un véhicule. *Il est prudent de placer des catadioptres sur une bicyclette.*

CATAFALQUE n. m.
Décoration funèbre élevée pour recevoir un cercueil.
Ne pas confondre avec le nom ***cénotaphe***, tombeau vide élevé à la mémoire d'un mort.

CATALAN, ANE adj. et n. m. et f.
ADJECTIF ET NOM MASCULIN ET FÉMININ
De la Catalogne. *Le design catalan. Un Catalan, une Catalane.*
L'adjectif s'écrit avec une minuscule ; le nom, avec une majuscule.
NOM MASCULIN
Langue parlée en Catalogne. *Jordi parle le catalan.*
Le nom de la langue s'écrit avec une minuscule.

CATALEPSIE n. f.
(MÉD.) Interruption apparente des mouvements des muscles et perte momentanée de sensibilité. *Sous l'influence d'un hypnotiseur, cette personne est tombée en catalepsie.*

CATALEPTIQUE adj. et n. m. et f.
ADJECTIF
1. (MÉD.) Relatif à la catalepsie. *Un état cataleptique.*
2. (MÉD.) Atteint de catalepsie.
NOM MASCULIN ET FÉMININ
Personne atteinte de catalepsie. *Une cataleptique.*

CATALOGAGE n. m.
1. Action de classer selon un certain ordre.
2. Élaboration d'un catalogue.
catalogage.

CATALOGNE n. f.
Étoffe faite au métier avec des retailles de tissus.

CATALOGUE n. m.
1. Liste d'objets classés. *Le musée vend le catalogue de cette exposition.* SYN. relevé ; répertoire.
2. Cahier comportant la liste des produits d'une entreprise, leurs prix, leurs caractéristiques et les renseignements utiles à la vente de ces produits. *Voici le catalogue de nos articles.*
3. Répertoire de données informatiques.

CATALOGUER v. tr.
1. Classer par ordre dans un catalogue. *Cataloguer des disques, des livres.* SYN. inventorier ; répertorier.
2. (FIG.) Classer (quelqu'un, quelque chose) dans une catégorie, surtout défavorable. *Elle a été cataloguée tout de suite : c'est une fausse timide.*
CONJUGAISON : VOIR MODÈLE AIMER.

CATALYSE n. f.
(CHIM.) Action d'un corps dont la présence provoque ou accélère une réaction chimique.
catalyse.

CATALYSER v. tr.
1. (CHIM.) Agir comme catalyseur.
2. (FIG.) Provoquer une réaction. *Sa présence a catalysé l'opposition entre les deux clans.*
CONJUGAISON : VOIR MODÈLE AIMER.
catalyser.

CATALYSEUR n. m.
1. (CHIM.) Substance qui provoque la catalyse.
2. (FIG.) Élément qui déclenche une réaction.
catalyseur.

CATAMARAN n. m.
Voilier à deux coques. *Des catamarans très rapides.*
catamaran.

CATAPLASME n. m.
Pansement de pâte molle appliquée sur la peau pour soulager un malade. *Un cataplasme à la moutarde.*
LOCUTION
– ***Un cataplasme sur une jambe de bois.*** (FIG.) Effort inutile, remède inefficace. SYN. un cautère sur une jambe de bois ; un coup d'épée dans l'eau.

CATAPULTE n. f.
(ANCIENN.) Machine de guerre servant à lancer des pierres, des traits.
Attention au genre féminin de ce nom : ***une*** catapulte.

CATAPULTER v. tr.
1. Lancer avec une catapulte. *Des avions catapultés.*
2. (FIG.) (FAM.) Parachuter quelqu'un à un poste plus important que précédemment. SYN. (FAM.) bombarder ; élever ; porter.
CONJUGAISON : VOIR MODÈLE AIMER.

CATARACTE n. f.
1. Chute d'un grand cours d'eau, où il y a une importante différence de niveau entre deux points (Recomm. off.).
Les noms génériques de géographie s'écrivent avec une minuscule.

Ne pas confondre avec les noms suivants :
• ***cascade***, chute d'eau de faible débit, comportant ordinairement plusieurs paliers ;
• ***chute***, masse d'eau tombant brusquement à l'emplacement d'une rupture de pente ;
• ***rapide***, partie d'un cours d'eau, souvent hérissée de roches, où le courant devient rapide et agité par suite d'un resserrement du lit ou d'une faible augmentation de la pente.

2. (MÉD.) Affection de l'œil rendant partiellement ou totalement aveugle.
Ne pas confondre avec le nom vieilli ***catarrhe***, rhume.

CATARRHE n. m.
(VX) Rhume.
Ne pas confondre avec le nom ***cataracte***, affection de l'œil.
HOM. ***cathare***, hérétique médiéval.
catarrhe.

CATASTROPHE n. f.
1. Malheur brusque très grave. *Cette explosion est une catastrophe.* SYN. désastre.
2. Accident causant la mort de plusieurs personnes. *Une catastrophe aérienne.* SYN. drame.
Ne pas confondre avec le nom ***cataclysme***, désastre naturel d'une grande ampleur.
LOCUTION
– ***En catastrophe***, loc. adv. En toute hâte. *Ils sont arrivés en catastrophe et nous ont dit qu'ils étaient très en retard.*
catastrophe.

CATASTROPHER v. tr.
(FAM.) Bouleverser, consterner. *Leur départ l'a catastrophé.* SYN. atterrer.
CONJUGAISON : VOIR MODÈLE AIMER.
catastropher.

CATASTROPHIQUE adj.
1. Désastreux. *Une sécheresse catastrophique.* SYN. effroyable ; horrible.
2. Qui provoque une catastrophe. *Un raz-de-marée catastrophique.*
3. (FAM.) Ennuyeux. *Son absence est catastrophique.* SYN. fâcheux.
catastrophique.

CATÉCHÈSE n. f.
Enseignement chrétien.

CATÉCHISME n. m.
1. Enseignement chrétien.
2. Livre contenant la doctrine chrétienne.

CATÉCHUMÈNE n. m.
Les lettres ***ch*** se prononcent ***k***, [katekymɛn].
Personne qu'on instruit pour la préparer au baptême.

CATÉGORIE n. f.
Classe dans laquelle on répartit des objets, des êtres de même nature. *Ces œufs sont de catégorie A.* SYN. famille ; genre ; groupe ; type.

CATÉGORIQUE adj.
Indiscutable. *Un refus catégorique.* SYN. absolu ; net.

CATÉGORIQUEMENT adv.
De façon catégorique. *Il a nié catégoriquement.*

CATÉGORISATION n. f.
(DIDACT.) Action de classer par catégories, résultat de cette action. *Le génie de Barack Obama est qu'il échappe à toute catégorisation ethnique, culturelle ou religieuse.*

CATÉGORISER v. tr.
(DIDACT.) Classer par catégories. *Dès 14 mois, l'enfant catégorise les objets pour mieux les retenir.*
CONJUGAISON : VOIR MODÈLE AIMER.

CATHARE adj. et n. m. et f.
Membre d'une secte hérétique du Moyen Âge.
Ne pas confondre avec le nom ***catarrhe***, rhume.
cathare.

CATHARSIS n. f.
Le ***s*** final se prononce, [katarsis].
Du mot grec signifiant « purification ».
1. Purification éprouvée par les spectateurs d'une représentation dramatique, selon Aristote.
2. Méthode de la psychanalyse fondée sur le défoulement.
catharsis.

CATHÉDRALE n. f.
Église principale d'un territoire placé sous la direction d'un évêque. *Une cathédrale gothique. La cathédrale Notre-Dame.*
T Dans les désignations d'édifices religieux, le nom générique (***abbaye, basilique, chapelle, église, oratoire***, etc.) s'écrit avec une minuscule.
cathédrale.

CATHÉTER n. m.
Le ***r*** se prononce, [katetɛr] ; le mot rime avec ***terre***.
(MÉD.) Tige creuse servant à explorer un canal, un orifice.
cathéter.

CATHÉTÉRISME n. m.
(MÉD.) Introduction d'une sonde dans un conduit naturel.
cathétérisme.

CATHODE n. f.
Électrode de sortie du courant. ANT. anode.
cathode.

CATHODIQUE adj.
De la cathode. *Un tube, un écran cathodique.*
cathodique.

CATHOLICISME n. m.
Doctrine de l'Église catholique romaine.
T Les noms de religions s'écrivent avec une minuscule.
catholicisme.

CATHOLICITÉ n. f.
Ensemble des personnes de religion catholique.

CATHOLIQUE adj. et n. m. et f.
ADJECTIF
Propre au catholicisme. *La religion catholique.*
NOM MASCULIN ET FÉMININ
Personne de religion catholique. *Les catholiques sont nombreux en Amérique du Sud.*
T L'adjectif ainsi que le nom s'écrivent avec une minuscule.
LOCUTION
– ***Ne pas être (très) catholique.*** (FAM.) Douteux, sujet à caution. SYN. louche ; ne pas être très orthodoxe.
catholique.

CATIMINI (EN) loc. adv.
En cachette, discrètement. *Ils se sont retirés en catimini.* SYN. en secret.

CATIN n. f.
(LITT.) Prostituée.
FORME FAUTIVE
*catin. Archaïsme au sens de ***poupée***.

CATOGAN ou **CADOGAN** n. m.
Coiffure où les cheveux sont noués sur la nuque.

CAUCASIEN, IENNE adj. et n. m. et f.
ADJECTIF
Du Caucase. *Les langues caucasiennes.*
NOM MASCULIN ET FÉMININ
Un Caucasien, une Caucasienne.
T L'adjectif s'écrit avec une minuscule ; le nom, avec une majuscule.

CAUCHEMAR n. m.
1. Rêve pénible. *Julien a fait un cauchemar : des cambrioleurs lui volaient son vélo.*

Ne pas confondre avec les noms suivants :
- ***rêve,*** images qui viennent à l'esprit pendant le sommeil ;
- ***rêverie,*** images, associations qui viennent à l'esprit lorsqu'on est éveillé ;
- ***songe,*** rêve dont on tire des présages.

2. (FIG.) Idée, personne ou chose obsédante, insupportable. *Ces problèmes de chimie, c'est un vrai cauchemar.* SYN. hantise.
cauchemar, sans ***d*** final.

CAUCHEMARDESQUE adj.
Qui s'apparente aux images d'un cauchemar. *Une vision cauchemardesque.* SYN. effrayant ; horrible.

CAUCHEMARDEUX, EUSE adj.
Rempli de cauchemars. *Un sommeil cauchemardeux.*

CAUCUS n. m.
Le ***s*** se prononce, [kɔkys] ; le mot rime avec ***autobus.***
Réunion à huis clos des membres élus d'un même parti politique, convoqués en vue de discuter des problèmes du parti et d'élaborer une ligne de conduite commune.

CAUDAL, ALE, AUX adj.
Relatif à la queue. *Des plumes caudales, des appendices caudaux.*

CAUSAL, ALE, ALS ou **AUX** adj. et n. f.
Qui se rapporte à une cause. *Une proposition de cause* ou *causale.*

CAUSALITÉ n. f.
Rapport de la cause à l'effet. *Un lien de causalité.*

CAUSANT, ANTE adj.
(FAM.) Bavard, communicatif. *Il n'est pas très causant.* SYN. loquace.
Cet adjectif s'emploie surtout dans une tournure négative.

CAUSE n. f.
1. Ce qui fait qu'une chose est ou se fait. *La cause d'un accident.* SYN. motif ; origine ; raison.
2. Procès. *Une cause perdue. Cet avocat a gagné sa cause.*
3. Ensemble d'intérêts que l'on veut défendre. *La cause des enfants malades me tient à cœur. Une bonne cause.* SYN. parti.

LOCUTIONS
– ***À cause de,*** loc. prép. En considération de. *À cause de son état de santé, je lui ai permis de partir.*
– ***Avoir, obtenir gain de cause.*** L'emporter sur la partie adverse. *Nous avons eu gain de cause.*
– ***Avoir pour cause.*** Résulter de. *L'augmentation des prix a pour causes la baisse du dollar canadien et la hausse des coûts de transport.*
Employé comme attribut, ce nom est invariable. *Tous les deux, vous serez cause de mon plaisir.* Dans l'expression ***avoir pour cause,*** le mot ***cause*** se met au pluriel s'il y a plusieurs causes qui sont énoncées. *L'augmentation de la productivité a pour causes la motivation du personnel et l'amélioration des moyens de production.*
– ***En connaissance de cause.*** En connaissant bien les faits.
– ***En tout état de cause.*** Quoi qu'il en soit. SYN. de toute manière.
– ***Et pour cause.*** Pour des motifs évidents que l'on tait. *Le ministre a donné sa démission, et pour cause.*
– ***Être en cause,*** loc. verb. Être concerné. *Ils ne sont pas en cause.*
– ***Faire cause commune avec quelqu'un.*** Unir ses efforts.
– ***Mettre en cause,*** loc. verb. Incriminer, suspecter. *Ces financiers ont été mis en cause.*
– ***Pour cause de,*** loc. prép. En raison de. *Fermé pour cause d'incendie.*
– ***Prendre fait et cause pour quelqu'un.*** Prendre son parti, le soutenir.
Dans ces locutions, le nom ***cause*** est invariable, à l'exception de la locution ***avoir pour cause.***

FORME FAUTIVE
*à cause que. Locution ancienne pour ***parce que.*** *Elle n'a pu venir à l'école parce qu'elle* (et non *à cause qu'elle) *était malade.*

CAUSER v. tr., intr.
VERBE TRANSITIF DIRECT
Être cause de. *La tempête a causé une panne de courant.* SYN. entraîner ; occasionner ; produire ; provoquer.
VERBE TRANSITIF INDIRECT
Parler, bavarder. *Causer d'affaires avec un ami.*
Familièrement, le verbe se construit également sans préposition. *Causer théâtre et cinéma.*
VERBE INTRANSITIF
1. Parler. *Ils causent depuis un bon moment.*
2. Parler avec malveillance, jaser. *Ces agissements sont louches : on commence à causer dans le village.*
CONJUGAISON : VOIR MODÈLE AIMER.

CAUSERIE n. f.
Conférence sans prétention. *Une causerie littéraire.*

CAUSETTE n. f.
Conversation familière. *Fais-moi la causette quelques minutes.*
Ne pas confondre avec les noms suivants :
- ***conciliabule,*** réunion secrète ;
- ***conversation,*** entretien familier ;
- ***dialogue,*** conversation entre deux personnes ;
- ***entretien,*** conversation suivie avec quelqu'un ;
- ***palabre,*** conversation longue et inutile.

CAUSEUR, EUSE n. m. et f.
Personne qui aime à causer. *C'est un brillant causeur.*

CAUSEUSE n. f.
Petit canapé à deux places.
Ne pas confondre avec les noms suivants :
- ***canapé,*** long siège à dossier et à accoudoirs où peuvent s'asseoir plusieurs personnes, où peut s'étendre une personne ;
- ***divan,*** large sofa sans dossier qui peut servir de siège ou de lit ;
- ***sofa,*** lit de repos à trois dossiers dont on se sert aussi comme siège.

CAUSTICITÉ n. f.
1. Caractère d'une substance caustique.
2. (FIG.) Caractère acerbe, incisif d'un écrit, d'une parole. *La causticité de ce critique musical est lassante.*

CAUSTIQUE adj. et n. m.
1. Qui est corrosif. *Soude caustique. La soude est un caustique.*
2. Satirique et mordant. *Un esprit caustique.*

CAUTELEUX, EUSE adj.
(LITT.) Sournois et méfiant. *Des manières cauteleuses.* SYN. hypocrite.

CAUTÈRE n. m.
(MÉD.) Instrument servant à brûler les tissus.
LOCUTION
– ***Un cautère sur une jambe de bois.*** (FIG.) Effort inutile, remède inefficace. SYN. un cataplasme sur une jambe de bois ; un coup d'épée dans l'eau.
cautère.

CAUTÉRISATION n. f.
Action de cautériser. *La cautérisation d'une excroissance.*
cautérisation.

CAUTÉRISER v. tr.
Brûler les tissus avec un cautère. *Le chirurgien cautérise un vaisseau sanguin.*
CONJUGAISON : VOIR MODÈLE AIMER.
cautériser.

CAUTION n. f.
1. Dépôt garantissant un engagement. *Mise en liberté sous caution.* SYN. dépôt de garantie ; sûreté.
2. Engagement pris pour autrui. SYN. contestable ; discutable.
3. (DR.) Personne qui prend un engagement pour autrui. SYN. garant.
LOCUTIONS
– ***Se porter caution.*** (DR.) S'engager envers un créancier à remplir l'obligation du débiteur principal, dans le cas où le débiteur n'y aurait pas lui-même satisfait. *Les parents de Luc se sont portés caution de son loyer pour la durée du bail.*
☞ Dans cette locution, le nom reste généralement au singulier.
– ***Sujet à caution.*** Douteux. *Ces affirmations sont sujettes à caution.*

CAUTIONNEMENT n. m.
1. Contrat par lequel la caution s'engage.
2. Dépôt de fonds exigé par la loi à titre de garantie. *Le cautionnement pour sa mise en liberté s'élève à 5 000 $.* SYN. garantie.

CAUTIONNER v. tr.
1. Se rendre caution pour, se porter garant de.
2. Approuver, appuyer (des idées, des personnes).
CONJUGAISON : VOIR MODÈLE AIMER.

CAVALCADE n. f.
1. Troupe de cavaliers qui défilent.
2. Défilé bruyant de cavaliers, de chars allégoriques dans une fête publique.

CAVALE n. f.
1. (LITT.) Jument.
2. (FAM.) Fuite, évasion. *Des prisonniers en cavale.*
✎ cavale.

CAVALER v. intr.
1. (FAM.) Détaler en courant, fuir. *À la vue du jardinier, les voleurs de pommes ont cavalé.* SYN. filer ; prendre ses jambes à son cou.
2. Chercher les aventures amoureuses.
CONJUGAISON : VOIR MODÈLE AIMER.
✎ cavaler.

CAVALERIE n. f.
Ensemble de troupes à cheval. *La cavalerie de la gendarmerie royale.*
✎ cavalerie.

CAVALEUR, EUSE adj. et n. m. et f.
(FAM.) Qui recherche les aventures amoureuses.

CAVALIER, IÈRE n. m. et f.
1. Personne qui monte à cheval. *Julien est un bon cavalier.*
☞ Le nom ***amazone,*** qui désignait une femme qui monte à cheval, est vieilli et n'est plus usité que pour nommer la façon de monter à cheval avec les deux jambes du même côté de la selle.
2. Partenaire. *Son cavalier est un bon danseur de tango.*
LOCUTION
– ***Faire cavalier seul.*** Agir isolément.
☞ Ne pas confondre avec le nom ***chevalier,*** noble admis dans un ordre de chevalerie.
✎ cavalier.

CAVALIER, IÈRE adj.
Désinvolte, impoli. *Une réponse cavalière.* SYN. brusque ; impertinent ; insolent. ANT. respectueux.

CAVALIÈREMENT adv.
De façon cavalière. *Il a refusé cavalièrement.* SYN. impoliment ; insolemment.
✎ cavalièrement.

CAVE adj. et n. m. et f.
NOM FÉMININ
1. Lieu souterrain (où l'on met notamment du vin, des provisions, etc.). *La cave d'un immeuble.*
2. Par extension, les vins qui sont dans une cave. *Ce restaurant a une excellente cave.*
ADJECTIF
(VIEILLI) Creux. *Joues caves, œil cave.*
ADJECTIF ET NOM MASCULIN ET FÉMININ
(FAM.) Se dit d'une personne qui se laisse berner. *C'est un cave, il a payé. Elle est trop cave pour comprendre son petit manège.* SYN. crédule ; naïf ; niais.
LOCUTION
– ***Veines caves.*** (ANAT.) Les deux veines qui rapportent au cœur le sang veineux.

CAVEAU n. m. (pl. *caveaux*)
Construction souterraine destinée à servir de sépulture. *Des caveaux secrets.*

CAVERNE n. f.
Cavité souterraine, grotte. *Dans cette caverne, on a découvert des peintures qui datent de plus de 15 000 ans. Les hommes des cavernes ne regardaient pas la télévision.*
LOCUTION
– ***Âge des cavernes.*** La préhistoire. *À l'âge des cavernes, on habitait dans des cavités creusées dans la pierre.*

CAVERNEUX, EUSE adj.
– ***Voix caverneuse.*** Voix sourde et profonde.
☞ Le mot s'emploie surtout dans cette locution.

CAVIAR n. m.
Œufs d'esturgeon. *On nous a reçus royalement au champagne et au caviar.*

CAVITÉ n. f.
Espace vide. *L'eau s'infiltre dans le mur par cette cavité.* SYN. creux ; trou ; vide.

***C.B.**
Anglicisme au sens de ***bande publique.*** *S'acheter un poste de bande publique* (et non un *citizen's band, un *C.B.).

C.-B.
Abréviation de ***Colombie-Britannique.***

c. c.
1. Abréviation de ***copie conforme.***
2. Abréviation de ***courant continu.***

C/C
Abréviation de ***compte courant.***

CCCI
Sigle de ***Conseil canadien de la coopération internationale.***

CCDP
Sigle de ***Commission canadienne des droits de la personne.***

cd
Symbole de ***candela.***

Cd
Symbole de ***cadmium.***

CD-ROM n. m. inv.
Abréviation de ***Compact Disc, Read Only Memory.***
☞ L'Académie française a entériné le néologisme ***cédérom.***

Ce
Symbole de ***cérium.***

CE pron. dém. neutre
Ce pronom démonstratif invariable représente un nom, un infinitif, une proposition. Il désigne la personne ou la chose dont on parle. *Faites ce que je vous dis et non ce que je fais. Aujourd'hui, c'est le premier jour du printemps.*
SUJET IMPERSONNEL
Ce + consonne. *Ce sera une belle journée.*
C' + voyelle. *C'était hier. Ç'aurait pu être très agréable.*

Devant une voyelle, le pronom s'élide en ***c'*** (***ç'*** devant ***a*** ou ***o***).
– *C'EST*
C'est + nom au singulier. *C'est une jolie maison.*
C'est + pronom. Les pronoms singuliers, ***moi, toi, lui, elle,*** et les pronoms pluriels, ***nous, vous.*** *C'est nous qui viendrons.*
C'est + que. *C'est à compter de demain que les prix augmentent.*
C'est + quantité. *C'est 5 $ le kilo.*
– *CE SONT*
Ce sont + nom au pluriel. *Ce sont des tulipes.*
Ce sont + ***eux, elles.*** *Ce sont elles qui ont le mieux répondu.*
Ce ne sont pas + ***eux, elles.*** *Ce ne sont pas eux qui ont payé.*
Lorsque la phrase est négative, l'emploi de ***c'est*** ou de ***ce sont*** est flottant. *Ce ne sont pas eux* ou *ce n'est pas eux.*
COMPLÉMENT DIRECT
Cela. *Le gouvernement veut accroître la présence du français dans Internet : pour ce faire, il subventionnera la production d'outils informatiques en français.*
LOCUTIONS
– ***Ce disant.*** En disant cela.
– ***Ce faisant.*** En faisant cela.
– ***Ce me semble, à ce qu'il me semble.*** À mon avis. *À ce qu'il me semble, la direction est d'accord.*
– ***Ce n'est pas que,*** loc. conj. La locution sert généralement à écarter une cause. *Je n'ai pu retenir sa candidature ; ce n'est pas qu'il soit incompétent, mais il est trop inexpérimenté.*
La locution conjonctive est toujours suivie du subjonctif.
– ***Et ce.*** Et cela. *Nous avons dormi dans la forêt, et ce, malgré le mauvais temps.*
La locution ***et ce*** s'écrit entre deux virgules.
– ***Si ce n'est.*** Sauf. *Il ne rêve à rien, si ce n'est de réussir.*
– ***Sur ce,*** loc. adv. Alors, à ce moment-là. SYN. là-dessus ; sur ces entrefaites.

CE
Sigle de ***Communauté européenne.***

CE, CET, CETTE, CES adj. dém.
Le déterminant démonstratif détermine le nom en montrant l'être ou l'objet désigné par ce nom. Il s'accorde en genre et en nombre avec le nom déterminé. *Ce livre, cet ouvrage, cet homme, cette fleur, ces garçons et ces filles. Ce samedi 7 juillet avait lieu l'inauguration du jardin.*
VOIR TABLEAU – DÉTERMINANT.
Devant une voyelle ou un ***h*** muet, le déterminant démonstratif masculin singulier s'écrit avec un ***t***, cet. *Cet enfant, cet hôpital.*
Le déterminant démonstratif est parfois renforcé par ***ci*** ou ***là*** joint au nom par un trait d'union. Alors que ***ci*** indique la proximité, ***là*** suggère l'éloignement. *Cette maison-ci, cette rivière-là.*

CÉANS adv.
(VX) Ici.
LOCUTION
– ***Le maître de céans.*** Le maître des lieux.
L'adverbe ne s'emploie plus que dans cette locution figée.

CÉC
Sigle de ***Conseil économique du Canada.***

CECI pron. dém. inv.
Ce qui est proche dans l'espace, ce qui va suivre. *Dites-lui ceci : nous serons là demain.*
Le pronom ***cela*** désigne plutôt un objet éloigné, ou ce qui précède. *Ceci est à moi, cela est à toi.*
LOCUTION
– ***Ceci dit.*** Quoi qu'il en soit, malgré tout. *Ceci dit, la solution proposée comporte de nombreux avantages.* SYN. cela dit.
Les locutions ***cela dit*** et ***ceci dit*** peuvent s'employer et sont synonymes, la locution ***cela dit*** gagne du terrain et elle est aujourd'hui la plus fréquemment employée.

CÉCITÉ n. f.
État d'une personne aveugle.

CÉDANT, ANTE adj. et n. m. et f.
(DR.) Se dit d'une personne qui fait une cession.
La personne à qui une cession est faite est le ***cessionnaire.***

CÉDER v. tr., intr.
VERBE TRANSITIF DIRECT
1. Laisser, abandonner (une chose) à quelqu'un. *Céder sa place. Je te cède la parole : c'est à ton tour de parler.* SYN. donner.
2. (DR.) Faire la cession de. *Céder une propriété.*
VERBE TRANSITIF INDIRECT
Ne plus résister à (quelqu'un, quelque chose). *Ils ont cédé à la gourmandise et ont dévoré toute la tarte.* SYN. succomber.
En ce sens, le verbe se construit avec la préposition ***à.***
VERBE INTRANSITIF
Plier, se rompre. *Le sol céda sous le poids. Le barrage a cédé.* SYN. s'affaisser ; s'écrouler ; tomber.
CONJUGAISON : VOIR MODÈLE POSSÉDER.
Le ***é*** se change en ***è*** devant une syllabe contenant un ***e*** muet, sauf à l'indicatif futur et au conditionnel présent. *Je cède,* mais *je céderai.*
[Les *Rectifications* (1990) admettent : il cèdera, cèderait...]

CÉDÉROM n. m. (pl. *cédéroms*)
Abréviation ***CD-ROM*** (s'écrit sans points).
Disque optique compact dont la capacité de mémoire étendue permet le stockage de textes, d'images fixes ou animées, de sons. *Le cédérom multimédia du* Visuel *de Québec Amérique. Des cédéroms mis à jour annuellement.*
Ce néologisme proposé en 1996 par l'Académie française est la forme francisée de l'abréviation de ***Compact Disc, Read Only Memory, CD-ROM.***

CEDEX
Le premier ***e*** se prononce ***é***, [sedɛks].
Sigle utilisé en France pour ***courrier d'entreprise à distribution exceptionnelle.***

CEDI n. m.
Unité monétaire du Ghana. *Des cedis.*
VOIR TABLEAU – SYMBOLES DES UNITÉS MONÉTAIRES.

CÉDILLE n. f.
Signe orthographique qui se place sous le **c** devant les voyelles ***a, o, u*** pour indiquer que ce **c** se prononce **s** et non ***k.*** *Les mots* français, glaçon, aperçu *s'écrivent avec une cédille.*

CÈDRE n. m.
1. Grand conifère. *Un cèdre du Liban. Il y a un cèdre sur le drapeau du Liban.*
2. Espèce de thuya. *Une haie de cèdres.*

***CÉDULE**
Anglicisme au sens de ***horaire, programme, calendrier.***

***CÉDULER**
Anglicisme pour ***inscrire à l'horaire, programmer, fixer.*** *La réunion est fixée* (et non *cédulée) *au 15 avril.*

CÉGEP n. m.
Établissement public d'enseignement collégial général ou professionnel (Recomm. off.). Le mot ***cégep*** est un acronyme formé des initiales de ***Collège d'enseignement général et professionnel.*** *Des cégeps.*

Généralement, les sigles et acronymes ne prennent pas la marque du pluriel ; cependant, le terme ***cégep***, qui a produit un dérivé (***cégépien***), est maintenant considéré comme un nom et s'accorde au pluriel. L'accent aigu sur le premier ***e*** n'a d'autre justification que celle de faciliter la prononciation du mot.

T Dans les désignations d'établissements d'enseignement, le nom générique ***cégep*** qui est suivi d'un nom commun ou d'un adjectif s'écrit avec une majuscule ; lorsque le nom ***cégep*** est suivi d'un nom propre, il s'écrit avec une minuscule. *Le cégep Édouard-Montpetit.* Cependant, on veillera à respecter la graphie du nom officiel de l'établissement.

CÉGÉPIEN, IENNE adj. et n. m. et f.
NOM MASCULIN ET FÉMININ
Jeune ou adulte qui poursuit des études, à temps plein ou partiel, dans un cégep (Recomm. off.).
ADJECTIF
Qui est propre au cégep et aux élèves qui le fréquentent (Recomm. off.).
Ce terme est dérivé de l'acronyme ***cégep***.

CÉI
Sigle de ***Communauté d'États indépendants.***

CEINDRE v. tr.
(LITT.) Entourer. *La taille ceinte d'une étoffe drapée.* SYN. ceinturer ; sangler.
CONJUGAISON : VOIR MODÈLE ÉTEINDRE.
INDICATIF PRÉSENT *Je ceins, tu ceins, il ceint, nous ceignons, vous ceignez, ils ceignent.* IMPARFAIT *Je ceignais, tu ceignais, il ceignait, nous ceignions, vous ceigniez, ils ceignaient.* PASSÉ SIMPLE *Je ceignis, tu ceignis, il ceignit, nous ceignîmes, vous ceignîtes, ils ceignirent.* FUTUR *Je ceindrai.* CONDITIONNEL PRÉSENT *Je ceindrais.* IMPÉRATIF PRÉSENT *Ceins, ceignons, ceignez.* SUBJONCTIF PRÉSENT *Que je ceigne, que tu ceignes, qu'il ceigne, que nous ceignions, que vous ceigniez, qu'ils ceignent.* PARTICIPE PRÉSENT *Ceignant.* PASSÉ *Ceint, ceinte.*
Les lettres ***gn*** sont suivies d'un ***i*** à la première et à la deuxième personne du pluriel de l'indicatif imparfait et du subjonctif présent.

CEINTURE n. f.
1. Bande dont on s'entoure la taille. *Une ceinture de cuir.*
2. Taille. *Dans cette piscine, nous avons de l'eau jusqu'à la ceinture. Les coups au-dessous de la ceinture sont interdits.*
3. (FIG.) Zone qui entoure un lieu. *Ceinture verte d'une ville.*
LOCUTIONS
– ***Ceinture (blanche, orange, noire...).*** Ceinture dont la couleur détermine le classement des personnes qui pratiquent le judo.
– ***Ceinture de sauvetage.*** Veste qui permet de se maintenir à la surface de l'eau. *Pour faire du ski nautique, il est prudent de porter une ceinture de sauvetage.*
– ***Ceinture (de sécurité).*** Dispositif qui retient le passager d'une voiture, d'un avion, etc., en cas d'accident. *Boucler sa ceinture.*
– ***Ceinture fléchée.*** Ceinture tissée de laine à motifs en forme de flèche.
– ***Se serrer la ceinture.*** (FIG.) Se priver, se passer de quelque chose par mesure d'économie.

CEINTURER v. tr.
1. Entourer d'une ceinture. *Ceinturer une robe.* SYN. ceindre.
2. Entourer d'une enceinte, encercler. *Les voleurs ont été ceinturés par les policiers.*
CONJUGAISON : VOIR MODÈLE AIMER.

CEINTURON n. m.
Ceinture de cuir très solide.

CELA pron. dém. inv.
Abréviation familière ***ça.***
1. Ce qui est éloigné dans l'espace, ce qui précède. *Cela est à toi, ceci est à moi.*
Le pronom ***ceci*** désigne plutôt ce qui est proche, ce qui va suivre.
2. Cette chose-là. *Antoine lui a donné cela.*
Sans opposition à ***ceci***, le pronom ***cela*** indique un fait actuel, une chose dont on parle.
LOCUTION
– ***Cela dit.*** Quoi qu'il en soit, malgré tout. *Cela dit, tous nos problèmes ne sont pas réglés.* SYN. ceci dit.
Les locutions ***cela dit*** et ***ceci dit*** peuvent s'employer et sont synonymes, la locution ***cela dit*** gagne du terrain et elle est aujourd'hui la plus fréquemment employée.
cela, sans accent sur le ***a***.

CÉLADON adj. inv.
Vert tendre. *Des yeux céladon.*
VOIR TABLEAU – COULEUR (ADJECTIFS DE).

CÉLÉBRANT, ANTE n. m. et f.
Personne qui célèbre un office religieux, une cérémonie sacrée.

CÉLÉBRATION n. f.
1. Action de fêter un évènement heureux, de célébrer une cérémonie. *La célébration d'un anniversaire, de la victoire d'une équipe.*
2. Action de souligner un évènement, une date par une cérémonie. SYN. commémoration.

CÉLÈBRE adj.
Illustre, très connu. *Une actrice célèbre.* SYN. fameux.

CÉLÉBRER v. tr.
1. Marquer avec éclat un évènement heureux. *Célébrer l'anniversaire d'un ami, la victoire d'une équipe.* SYN. fêter.
2. Marquer une date par une cérémonie. *Célébrer l'anniversaire de la mort d'un parent.* SYN. commémorer ; souligner.
3. (LITT.) Faire l'éloge de. *Il célébra les mérites de son associé.* SYN. glorifier ; louer ; rendre hommage à ; vanter.
CONJUGAISON : VOIR MODÈLE POSSÉDER.
Le deuxième ***é*** se change en ***è*** devant une syllabe contenant un ***e*** muet, sauf à l'indicatif futur et au conditionnel présent. *Je célèbre*, mais *je célébrerai.*
[Les *Rectifications* (1990) admettent : il célèbrera, célèbrerait...]

CÉLÉBRITÉ n. f.
1. Renommée. *La célébrité de cette cathédrale, d'un poète.* SYN. popularité ; renom.
2. Personne célèbre. *Des célébrités de la télévision étaient présentes.* SYN. personnalité ; sommité ; vedette.

CELER v. tr.
(LITT.) Tenir quelque chose secret.
Ne pas confondre avec les verbes suivants :
- ***cacher,*** dissimuler ;
- ***déguiser,*** dissimuler sous une apparence trompeuse ;
- ***masquer,*** dissimuler derrière un masque ;
- ***taire,*** ne pas révéler ce que l'on n'est pas obligé de faire connaître ;
- ***voiler,*** cacher sous des apparences.

CONJUGAISON : VOIR MODÈLE CONGELER.
Le ***e*** se change en ***è*** devant une syllabe contenant un ***e*** muet. *Il cèle, il celait.*

CÉLERI ou **CÈLERI** n. m.
Le ***é*** se prononce ***è***, parfois ***é***, [sɛlri, selri].
Plante potagère dont les feuilles et les racines sont comestibles. *Des cœurs de céleri. Des céleris-raves.*

CÉLÉRITÉ n. f.
(LITT.) Rapidité, promptitude dans l'exécution. *Vous avez agi avec célérité.* SYN. empressement.

CÉLESTE adj.
1. Relatif au ciel. *La voûte céleste.*
2. Divin. *Une musique céleste.*

C

CÉLIBAT n. m.
État d'une personne non mariée.
✏ célibat.

CÉLIBATAIRE adj. et n. m. et f.
Non marié.

CELLE pron. dém. f. (pl. *celles*)
Le pronom démonstratif féminin ***celle*** désigne une personne féminine, une chose féminine nommée précédemment et à laquelle on donne une nouvelle détermination. *C'est celle que je préfère.*
VOIR TABLEAU – PRONOM.
LOCUTIONS
– ***Celle-ci.*** Pronom démonstratif désignant une personne, une chose rapprochée ou dont on vient de parler. *J'avais une cousine, mais celle-ci ne voulait pas jouer avec moi.*
Ce pronom démonstratif s'oppose souvent à ***celle-là.***
– ***Celle-là.*** Pronom démonstratif désignant généralement une personne, une chose éloignée. *J'ai fait la connaissance de cette personne, mais je ne connais pas celle-là.*
Ce pronom démonstratif s'oppose souvent à ***celle-ci.***
HOM.
• ***sel,*** substance blanche employée comme assaisonnement ;
• ***selle,*** siège du cavalier ;
• ***selles,*** excréments.

CELLIER n. m.
Lieu pour conserver le vin, les provisions.

CELLOPHANE n. m. ou f.
La première syllabe se prononce ***cé,*** [selɔfan].
Pellicule transparente. *Des produits alimentaires vendus sous cellophane.*
Au Québec et dans la francophonie canadienne, le nom s'emploie généralement au masculin, alors qu'il est de genre féminin pour la majorité des locuteurs du français.

CELLULAIRE adj.
1. Relatif à une cellule. *Un tissu cellulaire.*
2. Relatif à la cellule du prisonnier. *Un fourgon cellulaire.*
LOCUTION
– ***Téléphone cellulaire.*** Système mobile de radiotéléphonie permettant l'accès à l'ensemble du réseau téléphonique.
✏ cellulaire.

CELLULE n. f.
1. Élément constitutif fondamental de tout être vivant. *Une cellule sanguine.*
2. Petit local. *Une cellule de prisonnier.*
LOCUTIONS
– ***Cellule d'information.*** (INFORM.) Zone contenant des informations destinées à être triées, calculées, fusionnées, traitées par un logiciel d'application.
– ***Cellule souche adulte.*** Cellule nichée dans les organes adultes. « *Les cellules souches adultes peuvent évoluer vers d'autres fonctions, par ex. : une cellule sanguine transformée en cellule du muscle cardiaque* » (*L'Express*).
– ***Cellule souche embryonnaire.*** Cellule de la masse interne d'un embryon. « *Les cellules souches embryonnaires peuvent se différencier pour former progressivement les 200 types de cellules spécialisées (muscle, neurone, os...) qui constituent le corps humain* » (*L'Express*).
✏ cellule.

CELLULITE n. f.
1. (MÉD.) Affection inflammatoire du tissu sous-cutané (DDFM).
2. Développement excessif du tissu graisseux donnant à la peau un aspect capitonné, non lisse. *Un prof de gymnastique qui combat la cellulite avec la délicatesse d'un mercenaire d'une unité spéciale.*
✏ cellulite.

CELSIUS (DEGRÉ) n. m.
Symbole °**C** (s'écrit sans point).
Unité de mesure de température de l'échelle thermométrique à cent degrés conçue par le physicien suédois Celsius. *Des degrés Celsius.*
[T] Le symbole **C** suit le symbole de degré ° sans espace et s'écrit sans point abréviatif. Les deux symboles sont séparés du nombre par un espace, aussi bien pour le nombre entier que pour le nombre décimal. *25 °C, 23,4 °C.* Le mot ***Celsius*** est un nom propre qui s'écrit avec une majuscule.
VOIR – CENTIGRADE.

CELTIQUE ou **CELTE** adj. et n. m. et f.
ADJECTIF
Relatif aux Celtes. *Les langues celtiques.*
NOM MASCULIN ET FÉMININ
Un Celte, une Celte.
[T] L'adjectif s'écrit avec une minuscule ; le nom, avec une majuscule.

CELUI pron. dém. m. (pl. *ceux*)
Le pronom démonstratif masculin ***celui*** désigne une personne masculine, une chose masculine nommée précédemment, et à laquelle on donne une nouvelle détermination. *Quant aux livres, j'ai acheté celui qui m'intéresse le plus.*
VOIR TABLEAU – PRONOM.
LOCUTIONS
– ***Celui-ci.*** Pronom démonstratif désignant une personne, une chose rapprochée ou dont on vient de parler.
1° Au féminin singulier, ***celle-ci*** ; au féminin pluriel, ***celles-ci***; au masculin pluriel, ***ceux-ci.***
2° Le pronom démonstratif s'oppose souvent à ***celui-là.***
– ***Celui-là.*** Pronom démonstratif désignant une personne, une chose éloignée.
1° Au féminin singulier, ***celle-là***; au féminin pluriel, ***celles-là***; au masculin pluriel, ***ceux-là.***
2° Le pronom démonstratif s'oppose souvent à ***celui-ci.***
Au féminin singulier, ***celle*** ; au féminin pluriel, ***celles.***

CÉNACLE n. m.
(LITT.) Réunion formée d'adeptes des arts, des lettres, de la philosophie, etc.

CENDRE n. f.
1. Résidu des matières brûlées. *Le feu couve sous la cendre. La maison incendiée est en cendres.*
2. (AU PLUR.) Restes d'un mort. *Une urne pour recueillir ses cendres.*
LOCUTIONS
– ***Couver sous la cendre.*** Être à l'état latent, prêt à s'embraser.
– ***Mettre, réduire en cendres.*** Détruire entièrement.
– ***Renaître de ses cendres.*** Survivre à sa destruction, comme le phénix.

CENDRÉ, ÉE adj.
De la couleur grise de la cendre. *Des cheveux cendrés.*
L'adjectif de couleur composé est invariable. *Des chevelures blond cendré.*

CENDRIER n. m.
Récipient servant à recueillir la cendre des cigares, des cigarettes.

CÈNE n. f.
Dernier repas pris par Jésus-Christ avec ses apôtres la veille de la Passion.
✏ cène.

CENELLE n. f.
⚜ Fruit de l'aubépine.

CENELLIER n. m.
⚜ Aubépine.

***CENNE**
Impropriété pour ***cent*** (monnaie).

CÉNOTAPHE n. m.
Tombeau vide élevé à la mémoire d'un mort.
Ne pas confondre avec le nom ***catafalque***, décoration funèbre au-dessus d'un cercueil.

CENSÉ, ÉE adj.
1. Réputé, présumé. *Nul n'est censé ignorer la loi.*
2. ***Censé*** + infinitif. Qui doit faire quelque chose, en principe. *Ils sont censés venir demain.*
HOM. ***sensé***, plein de sens, raisonnable.

CENSÉMENT adv.
En apparence.
HOM. ***sensément***, de façon sensée.

CENSEUR n. m.
Personne qui exerce une censure, qui veille au respect de règles déterminées.

CENSURE n. f.
Contrôle exercé par une autorité sur des écrits, des spectacles avant d'en autoriser la diffusion, la représentation. *Faut-il abolir la censure ?*

CENSURER v. tr., pronom.
VERBE TRANSITIF
Interdire tout ou partie d'un texte, d'un spectacle, d'un film, etc. *Un article censuré, une scène censurée.*
VERBE PRONOMINAL
S'empêcher d'exprimer librement le fond de sa pensée. *Les journalistes ont été sommés de se censurer afin d'éviter les poursuites.*
À la forme pronominale, le participe passé de ce verbe s'accorde toujours en genre et en nombre avec son sujet. *Elles se sont censurées légèrement.*
CONJUGAISON : VOIR MODÈLE AIMER.

CENT adj. et n. m.
ADJECTIF NUMÉRAL CARDINAL
Dix fois dix.
1° L'adjectif déterminant ***cent*** prend un ***s*** quand il est multiplié par un autre nombre et qu'il termine le déterminant numéral. *J'ai lu sept cents pages.*
2° Il est invariable quand il n'est pas multiplié par un autre nombre ou qu'il est suivi d'un autre déterminant numéral. *Il a lu cent pages. Elle a écrit trois cent vingt-sept pages.*
3° Placé immédiatement devant ***millier, million, milliard***, qui sont des noms et non des déterminants numéraux, le déterminant ***cent*** prend la marque du pluriel s'il est multiplié par un autre nombre. *Quatre cents millions de dollars*, mais *quatre cent mille personnes.*
ADJECTIF NUMÉRAL ORDINAL INVARIABLE
Centième. *Page trois cent.*
Dans les déterminants numéraux composés, selon la règle classique, le trait d'union s'emploie seulement entre les éléments qui sont l'un et l'autre inférieurs à ***cent***, et quand les éléments ne sont pas joints par la conjonction ***et***. *Cent dix, trente-huit, cent vingt et un, deux cent trente-deux.* Les *Rectifications orthographiques* (1990) préconisent de lier par un trait d'union les numéraux formant un nombre complexe, inférieur ou supérieur à ***cent***.
NOM MASCULIN INVARIABLE
Le nombre cent. *Dix fois cent. Il a tracé des cent dans le sable.*
NOM MASCULIN
Centaine. *Plusieurs cents de poulets.*
LOCUTION
– ***Pour cent.*** Abréviations **%, *p. c., p. cent.***
Pour une quantité de cent unités. *Ils ont réussi dans une proportion de soixante-dix-huit pour cent. Le taux d'intérêt est de dix pour cent ou de 10 %.*
1° ***Pour cent*** + nom au singulier. Le verbe se met au singulier et l'adjectif ou le participe se met au singulier et s'accorde en genre avec le nom. *Vingt pour cent de la classe est d'accord et se montre enchantée de la décision.*
2° ***Pour cent*** + nom au pluriel. Le verbe se met au pluriel et l'adjectif ou le participe s'accorde en genre et en nombre avec le nom. *Soixante-cinq pour cent des personnes interrogées ont été retenues.*
3° Nom précédé d'un déterminant pluriel + ***pour cent.*** Le verbe se met obligatoirement au pluriel et l'adjectif ou le participe se met au masculin pluriel. *Les vingt-deux pour cent des enfants qui se sont inscrits au cours de natation sont déjà de bons nageurs.*
VOIR TABLEAU – NOMBRES.
VOIR TABLEAU – NUMÉRAL ET ADJECTIF ORDINAL (DÉTERMINANT).

CENT (monnaie) n. m.
Symbole **¢** (s'écrit sans point).
1. Centième partie du dollar (Canada, États-Unis, etc.).
2. Pièce de monnaie valant un centième de dollar. *Insérer vingt-cinq cents* (et non *cennes) ou *25 ¢.*
[T] En français, le symbole de l'unité monétaire est placé à la suite de l'expression numérale, après un espace.
3. Centième partie de l'euro (Union européenne).
4. Pièce de monnaie valant un centième d'euro. *Voici une pièce de dix cents (d'euro)* ou *dix centimes (d'euro).*
Ne pas confondre ¢ et $ ou € : une petite somme de monnaie (inférieure à 1 $ ou 1 €) peut être inscrite à l'aide du symbole du cent ou du nombre décimal suivi du symbole du dollar ou de l'euro. La somme de 50 ¢, par exemple, peut être notée également 0,50 $ ou 0,50 €. Si la somme est inférieure à l'unité, la virgule décimale doit être précédée d'un zéro.
Attention au genre masculin de ce mot : ***un*** cent.

CENTAINE n. f.
1. Ensemble de cent unités. *Le prix de cet article est de 10 $ la centaine.*
2. Environ cent. *Une centaine de dignitaires avaient été invités.*
Si le nom ***centaine*** est précédé du déterminant indéfini ***une*** et suivi d'un complément au pluriel, l'accord du verbe ou de l'adjectif se fait généralement avec le complément au pluriel. *Une centaine de personnes étaient présentes.* Si le nom ***centaine*** est précédé du déterminant défini ***la***, d'un déterminant possessif *(ma, ta, sa)* ou d'un déterminant démonstratif *(cette)* et s'il est suivi d'un complément au pluriel, le verbe et l'adjectif peuvent s'accorder avec le sujet si l'auteur veut insister sur l'ensemble plutôt que sur la pluralité. *La centaine de personnes qui assistait au concert.*
VOIR TABLEAU – COLLECTIF.

CENTAURE n. m.
Être fabuleux, moitié homme et moitié cheval, dans la mythologie grecque.

CENTENAIRE adj. et n. m. et f.
ADJECTIF ET NOM MASCULIN ET FÉMININ
Qui a 100 ans ou plus.
NOM MASCULIN
Centième anniversaire. *On célébrera le centenaire des HEC en 2007.*
Le deuxième centenaire est un ***bicentenaire***, le troisième, un ***tricentenaire***. Pour 150 ans, on dira le ***cent cinquantenaire***.

CENTENNAL, ALE, AUX adj.
Qui a lieu tous les cent ans.

CENTÉSIMAL, ALE, AUX adj.
1. Qui contient cent parties (centièmes).
2. Centième. *Degré centésimal.*

C

CENTI- préf.
Symbole ***c*** (s'écrit sans point).
Préfixe qui multiplie par 0,01 l'unité qu'il précède. *Centimètre.*
Sa notation scientifique est ***10⁻²***.
VOIR TABLEAU – MULTIPLES ET SOUS-MULTIPLES DÉCIMAUX.

CENTIARE n. m.
Symbole ***ca*** (s'écrit sans point).
Mesure de superficie qui équivaut à la centième partie de l'are ou 1 m^2.

CENTIÈME adj. et n. m. et f.
ABRÉVIATIONS
100ᵉ (centième), ***100ᵉˢ*** (centièmes).
ADJECTIF NUMÉRAL ORDINAL
Nombre ordinal de cent. *La centième page.*
VOIR TABLEAU – NOMBRES.
VOIR TABLEAU – NUMÉRAL ET ADJECTIF ORDINAL (DÉTERMINANT).
NOM MASCULIN
La centième partie d'un tout. *Les dix centièmes d'une quantité.*
NOM MASCULIN ET FÉMININ
Personne, chose qui occupe le centième rang. *Ils sont les centièmes.*

CENTIGRADE adj.
(VIEILLI) Divisé en cent degrés.
Ce mot a été remplacé par ***Celsius.*** *Des degrés Celsius* (et non des degrés *centigrades).

CENTIGRAMME n. m.
Symbole ***cg*** (s'écrit sans point).
Centième partie du gramme.

CENTILE n. m.
(STAT.) Centième partie d'un ensemble de données classées dans un ordre déterminé.

CENTILITRE n. m.
Symbole ***cl*** (s'écrit sans point).
Centième partie du litre.

CENTIME n. m.
Symbole ***c*** (s'écrit sans point).
1. La centième partie du franc. *Il a laissé quelques centimes de pourboire.*
2. La centième partie de l'euro, dans les pays où l'euro a remplacé le franc. *Une pièce de dix centimes (d'euro).*

CENTIMÈTRE n. m.
Symbole ***cm*** (s'écrit sans point).
Les symboles ***cm²*** et ***cm³*** correspondent à ***centimètre carré*** et ***centimètre cube.***
Centième partie du mètre. *Ève mesure 165 centimètres.*

CENTRAGE n. m.
Action de déterminer le centre, de disposer au centre. *Ce logiciel de traitement de texte effectue le centrage d'un titre, d'un texte, au centre défini par les marges d'un document.*

CENTRAL, ALE, AUX adj. et n. m.
ADJECTIF
Qui est au centre. *Des marchés centraux.*
NOM MASCULIN
Lieu où aboutissent les fils d'un réseau. *Un central téléphonique.*
Ne pas confondre avec le nom ***centrale,*** usine qui produit du courant électrique, groupement.

CENTRALE n. f.
1. Usine qui produit de l'énergie électrique à partir d'une autre source d'énergie. *Une centrale nucléaire.*
2. Groupement de syndicats. *Une centrale syndicale.*
LOCUTION
– ***Centrale hydroélectrique.*** Usine dans laquelle l'énergie mécanique de l'eau est transformée en énergie électrique (Recomm. off.). *La centrale hydroélectrique de la Manicouagan.*
Ne pas confondre avec le nom ***central,*** lieu où aboutissent les fils d'un réseau.

CENTRAL INTELLIGENCE AGENCY
Sigle *CIA* (s'écrit sans points).

CENTRALISATEUR, TRICE adj.
Qui centralise. *Un gouvernement centralisateur.*

CENTRALISATION n. f.
Action de centraliser ; son résultat. ANT. décentralisation.

CENTRALISER v. tr.
Rassembler en un centre unique. *Centraliser des activités.*
ANT. décentraliser.
CONJUGAISON : VOIR MODÈLE AIMER.

CENTRE n. m.
1. Point géométrique situé à égale distance de tous les points d'une circonférence. *Le centre d'un cercle.*
2. Milieu d'un espace. *Le centre de la ville.*
3. Point de rencontre. *Centre d'attraction. Des centres d'intérêt. Un centre culturel.*
LOCUTIONS
– ***Centre commercial.*** Groupe de magasins de détail, qui peut comprendre généralement un ou plusieurs magasins à grande surface et divers services (notamment poste, banques), occupant un ensemble de bâtiments donnant sur un parc de stationnement dans une zone urbaine ou à proximité (Recomm. off.). *Des centres commerciaux* (et non *d'achats).
– ***Centre d'accueil.*** Établissement destiné à recevoir des personnes qui, en raison de leur âge, de leur état physique ou psychosocial, ont besoin d'être traitées ou gardées en résidence protégée (Recomm. off.). *Des centres d'accueil.*
– ***Centre d'appels.*** Entreprise à laquelle une organisation sous-traite la réception et le suivi des appels qui lui sont destinés. *Certains centres d'appels ne traitent pas seulement les appels téléphoniques, mais gèrent également, à l'aide de moyens informatiques et de télécommunication, des communications acheminées par photocopie, par courriel, etc.*
– ***Centre de loisirs.*** Lieu où sont organisées diverses activités récréatives.
– ***Centre d'hébergement.*** Centre d'accueil où l'on reçoit et loge des adultes qui, en raison d'une diminution de leur autonomie physique ou psychique, doivent séjourner en résidence protégée (Recomm. off.).
FORME FAUTIVE
*centre d'achats. Calque de «*shopping centre*» pour ***centre commercial.***
Le nom ***centre*** entre dans la composition de plusieurs dénominations. Son emploi doit être limité aux entreprises, aux organismes qui font véritablement un regroupement, une centralisation de services, d'activités. *Centre national de la recherche scientifique. Centre culturel.*

CENTRE DE RECHERCHES SUR L'OPINION PUBLIQUE
Sigle *CROP* (s'écrit avec ou sans points).

CENTRE HOSPITALIER UNIVERSITAIRE
Sigle *CHU* (s'écrit avec ou sans points).

CENTRE LOCAL DE SERVICES COMMUNAUTAIRES
Sigle *CLSC* (s'écrit avec ou sans points).

CENTRE NATIONAL DES ARTS
Sigle *CNA* (s'écrit avec ou sans points).

CENTRER v. tr.
1. Placer au milieu. *Centrer un titre sur une page.*
2. Orienter. *La discussion a été centrée sur la souveraineté du Québec.* SYN. axer.
Le verbe se construit avec la préposition ***sur.***
CONJUGAISON : VOIR MODÈLE AIMER.

CENTRE-VILLE n. m. (pl. *centres-villes*)
Quartier central d'une ville. *Il est difficile de stationner dans le centre-ville.*

CENTRIFUGATION n. f.
Séparation des substances d'un mélange au moyen de la force centrifuge.

CENTRIFUGE adj.
Qui tend à éloigner du centre. *La force centrifuge.* ANT. centripète.

CENTRIFUGER v. tr.
Soumettre à l'action de la force centrifuge. *Nous centrifugeons des solutions chimiques.*
CONJUGAISON : VOIR MODÈLE CHANGER.
Le ***g*** est suivi d'un ***e*** devant les lettres ***a*** et ***o***. *Il centrifugea, nous centrifugeons.*

CENTRIFUGEUSE n. f.
1. Appareil qui sert à séparer des éléments de densité différente par la force centrifuge.
2. Appareil ménager destiné à la préparation des jus. *Préparer un jus de carotte à l'aide d'une centrifugeuse.*

CENTRIPÈTE adj.
Qui tend à rapprocher du centre. *La force centripète.* ANT. centrifuge.

CENTUPLE adj. et n. m.
ADJECTIF
Qui vaut cent fois autant. *Un montant centuple.*
NOM MASCULIN
Quantité cent fois plus grande. *Mille est le centuple de dix.*
LOCUTIONS
– ***Au centuple.*** Cent fois plus.
– ***Au centuple.*** (FIG.) Beaucoup plus. *Je vous le rendrai au centuple.*

CENTUPLER v. tr., intr.
VERBE TRANSITIF
Multiplier par cent. *Centupler ses revenus.*
VERBE INTRANSITIF
Être multiplié par cent. *Son investissement a centuplé.*
CONJUGAISON : VOIR MODÈLE AIMER.

CEP n. m.
Le ***p*** se prononce, [sɛp] ; le nom rime avec ***cèpe***.
Pied de vigne.
L'expression *cep de vigne est un pléonasme à éviter.
HOM. ***cèpe,*** champignon du genre bolet.

CÉPAGE n. m.
Variété de vignes. *L'aligoté est un cépage blanc de Bourgogne.*

CÈPE n. m.
Champignon du genre bolet.
HOM. ***cep,*** pied de vigne.

CEPENDANT adv. et conj.
ADVERBE DE TEMPS
(VIEILLI) (LITT.) Pendant ce temps-là.
CONJONCTION
Toutefois, néanmoins. *Les élèves ont fini leurs devoirs, ont-ils cependant étudié leurs leçons ?*
LOCUTION
– ***Cependant que,*** loc. conj. (LITT.) Tandis que. *Cependant qu'il neigeait à plein ciel, il eut un accident.*

-CÉPHALE, -CÉPHALIE suff.
Élément du grec signifiant « tête ». *Hydrocéphale.*

CÉPHALÉE n. f.
Mal de tête.

CÉPHALORACHIDIEN, IENNE adj.
Qui concerne l'encéphale et la moelle épinière. *Le liquide céphalorachidien.*

CÉRAMIQUE adj. et n. f.
ADJECTIF
Relatif à l'art du façonnage et de la cuisson des poteries. *Les arts céramiques.*
NOM FÉMININ
1. Art du façonnage et de la cuisson des poteries. *La céramique est très populaire aujourd'hui.*
2. Matière. *Des carreaux de céramique.*

CÉRAMISTE n. m. et f.
Personne qui crée des objets en céramique.

CERBÈRE n. m.
(LITT.) Gardien sévère. SYN. geôlier.

CERCEAU n. m. (pl. *cerceaux*)
Cercle en bois, en métal. *Des enfants qui jouent aux cerceaux.*

CERCLE n. m.
1. Surface plane limitée par la circonférence, dont tous les points sont à égale distance du centre. SYN. rond.
2. Ligne circulaire. *Disposer les arbustes en cercle.*
3. Regroupement de personnes. *Un cercle littéraire.* SYN. association ; groupe ; société.
LOCUTIONS
– ***Cercle de famille.*** La famille immédiate.
– ***Cercle de qualité.*** Groupe de travailleurs volontaires qui se réunit périodiquement pour résoudre des problèmes relatifs à la qualité des produits, des services.
– ***Cercle vicieux.*** Raisonnement faux où l'on donne pour preuve, en le supposant vrai, ce qu'il faut prouver.
– ***Quadrature du cercle.*** (FIG.) Problème insoluble.

CERCLER v. tr.
Munir de cercles. *Cercler des tonneaux.*
CONJUGAISON : VOIR MODÈLE AIMER.

CERCUEIL n. m.
Caisse où l'on dépose le corps d'un mort pour le mettre en terre.
Ne pas confondre avec le nom ***tombe,*** lieu où un mort est enseveli.
cerc**ueil**.

CÉRÉALE n. f.
1. Plante dont les grains servent à l'alimentation. *Le blé, le riz, le maïs sont des céréales.*
2. (AU PLUR.) Grains. *Manger des céréales au petit-déjeuner.*

CÉRÉALICULTURE n. f.
Culture des céréales.
VOIR – AGRICULTURE.

CÉRÉALIER, IÈRE adj.
Propre aux céréales. *Des cultures céréalières.*

CÉRÉBRAL, ALE, AUX adj. et n. m. et f.
ADJECTIF
1. Qui se rapporte au cerveau. *Une hémorragie cérébrale. Nerfs cérébraux.*
Ne pas confondre avec l'adjectif ***cervical,*** relatif au cou, à la nuque.
2. Relatif à l'esprit, à la pensée. *Un travail cérébral.* SYN. intellectuel.
NOM MASCULIN ET FÉMININ
Personne qui vit surtout par l'esprit. *Des cérébraux.*
LOCUTION
– ***Accident vasculaire cérébral (AVC).*** (MÉD.) Hémorragie ou infarctus d'une région du cerveau.
Le GDT et le DDFM admettent le québécisme correctement formé ***accident cérébrovasculaire (ACV).***

CÉRÉBROSPINAL, ALE, AUX adj.
Relatif au cerveau et à la moelle épinière.

CÉRÉMONIAL n. m. (pl. *cérémonials*)
1. Protocole.
En ce sens, le mot ne s'emploie qu'au singulier.
2. Recueil de règles liturgiques. *Des cérémonials complexes.*

CÉRÉMONIE n. f.
1. Fête solennelle. *La cérémonie de la collation des grades.*
2. Formalités. *En voilà des cérémonies !*

En ce sens, ce nom a une valeur défavorable ; il s'écrit au singulier ou au pluriel.
LOCUTION
– ***Sans cérémonie*** ou ***sans cérémonies,*** loc. adv. Simplement. *Venez, ce sera sans cérémonie* ou *cérémonies.*

C

CÉRÉMONIEL, IELLE adj.
Qui se rapporte aux cérémonies. *Des rites cérémoniels.*

CÉRÉMONIEUSEMENT adv.
De manière cérémonieuse.

CÉRÉMONIEUX, IEUSE adj.
Poli à l'extrême, très protocolaire. *Un accueil cérémonieux.*

CERF n. m.
Le *f* ne se prononce pas, [sɛr] ; le mot rime avec ***corsaire.***
Mammifère sauvage vivant dans les forêts et dont les mâles portent des bois sur le crâne. *Le cerf est le mâle de la biche.*
VOIR TABLEAU – ANIMAUX.
LOCUTION
– ***Cerf de Virginie.*** Se dit ***chevreuil.***

CERFEUIL n. m.
Plante aromatique.
cerf**euil**.

CERF-VOLANT n. m. (pl. *cerfs-volants*)
Le *f* ne se prononce pas, [sɛrvɔlɑ̃].
Jouet composé d'un cadre tendu d'une étoffe, d'un papier et qui peut être soulevé par le vent. *Des cerfs-volants multicolores.*

CERF-VOLISTE ou **CERVOLISTE** adj. et n. m. et f. (pl. *cerfs-volistes* ou *cervolistes*)
ADJECTIF
Relatif aux cerfs-volants. *Le Festival international du cerf-volant, un festival cervoliste réputé.*
NOM MASCULIN ET FÉMININ
Amateur de cerfs-volants. *Plus de deux cents cervolistes venus de 14 pays déploieront leur art, aux commandes de cerfs-volants traditionnels ou futuristes.*

CERISAIE n. f.
Plantation de cerisiers.

CERISE adj. inv. et n. f.
NOM FÉMININ
Fruit du cerisier. *Une tarte aux cerises, des confitures de cerises.*
ADJECTIF DE COULEUR INVARIABLE
De la couleur rouge franc de la cerise. *Des rubans cerise.*
VOIR TABLEAU – COULEUR (ADJECTIFS DE).
LOCUTIONS
– ***La cerise sur le gâteau.*** (FIG.) (FAM.) Ce qui couronne un ensemble d'éléments positifs. SYN. la cerise sur le sundae.
– ***Le temps des cerises.*** Le printemps.

CERISIER n. m.
Arbre fruitier qui produit les cerises. *Des cerisiers en fleurs.*

CÉRIUM n. m.
Symbole ***Ce*** (s'écrit sans point).

CERNE n. m.
1. Trace circulaire. *L'eau sale a laissé un cerne dans la baignoire.*
2. Trace autour des yeux fatigués.

CERNEAU n. m. (pl. *cerneaux*)
Chair de la noix dont on a retiré la coque. *Éplucher des noix pour recueillir des cerneaux.*

CERNER v. tr.
1. Entourer. *Cerner un repaire de malfaiteurs.* SYN. investir.
2. (FIG.) Circonscrire. *Cerner une question.* SYN. définir ; faire le tour de.
CONJUGAISON : VOIR MODÈLE AIMER.

CERTAIN, AINE adj. et pron.
ADJECTIF QUALIFICATIF
1. Sûr. *Julie et Marie-Ève sont des amies, j'en suis certaine.* SYN. assuré ; indiscutable.
2. Défini, qui arrivera à coup sûr. *Une victoire certaine.* SYN. évident ; indiscutable.
En ce sens, l'adjectif se place après le nom ; il exprime une évidence.
ADJECTIF INDÉFINI
1. Indéterminé. *Un certain temps.* SYN. imprécis.
2. Difficile à définir. *Un certain charme, un certain sourire.* SYN. indéfinissable.
En ce sens, l'adjectif se place avant le nom et exprime une indétermination.
3. (AU PLUR.) Quelques-uns parmi d'autres. *Dans certaines régions, il a neigé hier.* SYN. quelques.
PRONOM
Certaines personnes (qu'on ne peut ou ne veut pas nommer). *Certains prétendent qu'il a beaucoup de talent.* SYN. quelques-uns.
Le verbe s'accorde avec le pronom à la troisième personne du pluriel même si celui-ci est suivi d'un complément d'une autre personne. *Certains d'entre vous seront* (et non *serez) *présents. Certaines d'entre nous seront* (et non *serons) *absentes.*
LOCUTION
– ***Il est certain que.*** C'est une chose assurée que.
Dans une phrase affirmative, la locution verbale est suivie de l'indicatif ou du conditionnel. *Il est certain qu'elle acceptera.* Dans une phrase négative ou interrogative, la locution est suivie de l'indicatif, du conditionnel ou du subjonctif. *Il n'est pas certain qu'elle viendra, qu'elle viendrait* ou *qu'elle vienne.*

CERTAINEMENT adv.
Assurément. *Serez-vous présente demain ? Certainement* (et non *définitivement).

CERTES adv.
1. (LITT.) Certainement, bien sûr. *Vous serez des nôtres ? Certes !* SYN. assurément ; sûrement.
2. L'adverbe introduit une concession. *Il a bien répondu certes, mais il a omis certains points.*
certe**s**.

CERTIFICAT n. m.
1. Écrit prouvant un fait, un droit. *Un certificat médical. Le certificat d'immatriculation* (et non *les enregistrements) *d'une voiture.*
2. Diplôme. *Un certificat d'informatique.*
FORMES FAUTIVES
*certificat-cadeau. Calque de « *gift certificate* » pour ***chèque(-) cadeau, bon(-)cadeau.***
*certificat de naissance. Calque de « *birth certificate* » pour ***acte de naissance, extrait de naissance.***
certific**at**.

CERTIFICATION n. f.
1. Action de certifier. *La certification d'un chèque, d'une signature.*
2. Attestation de conformité d'un produit à une norme établie.
FORME FAUTIVE
*certification. Impropriété au sens de ***sanction des études.***

CERTIFIÉ, ÉE adj.
Authentifié, confirmé. *Un chèque certifié.* SYN. garanti.
LOCUTION
– ***Copie certifiée conforme.*** Copie dont l'authenticité a été attestée par une autorité.

CERTIFIER v. tr.
Attester qu'une chose est certaine. *Une copie certifiée conforme.* SYN. affirmer ; authentifier ; garantir.

CONJUGAISON : VOIR MODÈLE ÉTUDIER.
Redoublement du ***i*** à la première et à la deuxième personne du pluriel de l'indicatif imparfait et du subjonctif présent. *(Que) nous certifiions, (que) vous certifiiez.*

CERTITUDE n. f.
1. Caractère de ce qui est certain, clair. *La certitude d'un fait.* SYN. évidence ; vérité. ANT. incertitude.
2. État d'esprit selon lequel on est certain de quelque chose. *J'ai la certitude qu'il acceptera.* SYN. assurance ; conviction.

CÉRUMEN n. m.
Le ***n*** se prononce, [serymɛn] ; le nom rime avec ***amène***.
Matière qui se forme dans l'oreille externe. *Un cérumen jaunâtre.*
cérumen.

CÉRUMINEUX, EUSE adj.
Propre au cérumen.

CÉRUSE n. f.
Matière blanche (carbonate basique de plomb) employée en peinture autrefois.

CÉRUSÉ, ÉE adj.
En parlant du bois, fini à l'aide d'une substance blanche (anciennement blanc de céruse) destinée à mettre en valeur le dessin de la matière. *Une table de bois cérusé.*

CERVEAU n. m. (pl. *cerveaux*)
1. Masse de substance nerveuse renfermée dans le crâne.
2. Siège de la pensée. *Un cerveau qui fonctionne bien. Il faut faire travailler son cerveau.* SYN. esprit ; tête.
3. (FIG.) Centre de direction. *C'est le cerveau de l'opération.*
Au figuré, le mot ***cerveau*** est souvent mélioratif, par rapport au mot ***cervelle*** qui est souvent péjoratif.
LOCUTION
– ***Se creuser le cerveau.*** (FIG.) Chercher dans sa mémoire.

CERVELAS n. m.
Le ***s*** ne se prononce pas, [sɛrvəla].
Saucisse grosse et courte.
Ne pas confondre avec le nom ***cervelet,*** partie postérieure de l'encéphale.
cervelas.

CERVELET n. m.
Partie postérieure de l'encéphale.
Ne pas confondre avec le nom ***cervelas,*** saucisse grosse et courte.
cervelet.

CERVELLE n. f.
1. Substance du cerveau.
2. (FIG.) Bon sens, jugement. *Il n'a pas de cervelle. Elle a une cervelle d'oiseau.*
Au sens de ***jugement,*** le mot ***cervelle*** est toujours employé dans un sens défavorable.
3. Cerveau de certains animaux, destiné à l'alimentation.

CERVICAL, ALE, AUX adj.
Qui se rapporte au cou, à la nuque. *Une vertèbre cervicale. Les nerfs cervicaux.*
Ne pas confondre avec l'adjectif ***cérébral,*** relatif au cerveau.

CERVIDÉ n. m.
Mammifère ruminant qui porte des cornes, tel le cerf.

CERVOISE n. f.
Bière, chez les Gaulois.

CES
VOIR – CE.

CÉSARIENNE n. f.
Incision dans la paroi abdominale de la mère pour retirer l'enfant de l'utérus quand l'accouchement par les voies normales est impossible. *Naître par césarienne.*

CESSANT, ANTE adj.
Qui cesse.
LOCUTION
– ***Toute(s) affaire(s) cessante(s).*** En suspendant tout le reste. *Il est venu toutes affaires cessantes.*
L'expression s'écrit au singulier ou au pluriel.

CESSATION n. f.
Fin, arrêt. *Cessation d'emploi. Une indemnité de cessation d'emploi.*
Ne pas confondre avec le nom ***cession,*** action de céder à une personne un bien, un droit, à titre gratuit ou onéreux.

CESSE n. f.
(VX) Fin, répit.
LOCUTIONS
– ***N'avoir (pas) de cesse que.*** Ne pas s'arrêter avant que. *Elle n'aura (pas) de cesse qu'elle n'atteigne son but.*
Cette locution verbale se construit avec le subjonctif.
– ***Sans cesse,*** loc. adv. Sans arrêt. *Il se plaint sans cesse.* SYN. constamment ; continuellement.

CESSER v. tr., intr.
VERBE TRANSITIF DIRECT
Mettre fin à. *Cesser ses activités.* SYN. arrêter ; interrompre ; suspendre ; terminer.
VERBE TRANSITIF INDIRECT
Arrêter. *Cesse de faire du bruit, tu effraies les oiseaux !*
Dans une phrase négative, le verbe a le sens de ***continuer***. *Il n'a jamais cessé de rêver à elle.*
En ce sens, le verbe se construit avec la préposition ***de*** suivie de l'infinitif.
VERBE INTRANSITIF
Prendre fin, arrêter. *Le vent a cessé.* SYN. finir ; s'interrompre.
Dans une phrase négative, le verbe ***cesser*** suivi d'un infinitif se construit avec la seule particule de négation ***ne.*** *Tu ne cesses de manger.*
CONJUGAISON : VOIR MODÈLE AIMER.

CESSEZ-LE-FEU n. m. inv. (pl. *cessez-le-feu*)
Arrêt temporaire des combats. *Les soldats ont respecté les cessez-le-feu.* SYN. trêve.
cessez-le-feu, le verbe est à l'impératif, donc il s'écrit avec ***z***; le verbe, l'article et le nom sont liés par des traits d'union.

CESSIBILITÉ n. f.
(DR.) Possibilité de faire l'objet d'une cession.

CESSIBLE adj.
(DR.) Qui peut être cédé. *Ce titre de propriété est cessible.*

CESSION n. f.
(DR.) Action de céder à une personne un bien, un droit à titre gratuit ou onéreux. *La cession d'une propriété, d'un bail.*
Ne pas confondre avec le nom ***cessation,*** fin, arrêt.
HOM. ***session,*** période d'activité d'un tribunal, d'un juge, etc.

CESSIONNAIRE n. m. et f.
(DR.) Personne à qui une cession a été faite.
La personne qui fait la cession est le ***cédant*** ou la ***cédante.***

C'EST-À-DIRE loc. adv.
Abréviation ***c.-à-d.*** (s'écrit avec des points).
Locution qui introduit une explication. *Un cerf de Virginie, c'est-à-dire un chevreuil.*
T Cette locution est toujours précédée d'une virgule.
LOCUTION
– ***C'est-à-dire que,*** loc. conj. Cela a le sens de. *Notre séjour se termine le 6 juillet, c'est-à-dire que nous rentrons demain.*
La locution conjonctive introduit une proposition explicative.
T Cette locution est toujours précédée d'une virgule.

CET
VOIR – CE.

CÉTACÉ n. m.
Grand mammifère aquatique. *La baleine, le dauphin sont des cétacés.*

CETTE
VOIR – CE.

CEUX
VOIR – CELUI.

cf.
Abréviation du latin «*confer*» signifiant « se reporter à ».

CFA (FRANC) n. m.
Sigle de l'unité monétaire de la ***Communauté financière africaine.***
Unité monétaire de nombreux pays d'Afrique.

CFC
Sigle de ***chlorofluorocarbone.***

cg
Symbole de ***centigramme.***

ch
Symbole de ***cheval-vapeur.***

CHABICHOU n. m. (pl. *chabichous*)
Petit fromage de chèvre.

CHABLIS n. m.
Le *s* ne se prononce pas, [ʃabli].
Vin blanc de Chablis. *Boire un bon chablis bien sec.*
T Le nom qui désigne le vin s'écrit avec une minuscule; celui qui désigne la ville prend une majuscule.
chablis.

CHACAL n. m. (pl. *chacals*)
Mammifère carnivore ressemblant au renard.

CHA-CHA-CHA n. m. inv.
Les lettres ***ch*** se prononcent ***tch,*** [tʃatʃatʃa].
Danse mexicaine. *Danses-tu le cha-cha-cha ?*

CHACONE ou **CHACONNE** n. f.
Ancienne danse espagnole.

CHACUN, UNE pron. indéf. sing.
1. Toute personne, qui que ce soit. *Comme chacun le sait, nous avons congé demain.*
En ce sens, le pronom ***chacun*** s'emploie absolument, et toujours au masculin singulier.
2. Toute personne prise individuellement dans un tout. *Chacune des jeunes filles avait un passe-temps différent.*
En ce sens, le pronom ***chacun*** s'accorde en genre avec le nom; cependant, il peut être suivi du déterminant possessif au singulier ou au pluriel. *Paul et Pierre, chacun dans leur spécialité* ou *dans sa spécialité...* Par contre, le pronom ***chacun*** est suivi d'un déterminant ou d'un pronom possessif singulier lorsqu'il est construit avec un participe présent ou lorsqu'il est suivi d'un nom ou d'un pronom. *Chacun est venu accompagnant une amie de son choix* (et non de *leur choix). *Chacune d'elles avait acheté un tableau selon son budget* (et non *leur budget).
3. À l'unité. *Les cahiers coûtent 1 $ chacun* (et non *1 $ chaque). *Les robes coûtent 100 $ chacune.*
LOCUTION
– ***Tout un chacun,*** loc. pron. Chaque personne.
Attention, le verbe est au singulier avec cette locution pour sujet. *Tout un chacun* (et non *tous et chacun) *aspire au bonheur.*
FORME FAUTIVE
*tous et chacun. Impropriété pour ***tout un chacun.***

CHAFOUIN, INE adj.
De mine sournoise. *Un visage antipathique et chafouin. « Le petit homme se retourna, laissant voir une paire d'yeux chafouins entre des favoris grisonnants et hirsutes »* (Ringuet, *Trente Arpents*). SYN. hypocrite; rusé.

CHAGRIN, INE adj. et n. m.
ADJECTIF
(LITT.) Triste. *Une humeur chagrine.* SYN. attristé; mélancolique; sombre.
NOM MASCULIN
1. Tristesse. *Marie-Ève a beaucoup de chagrin parce qu'elle a perdu son chat nommé Chougris. Un chagrin d'amour. « Je pense [...] que ce doit être le pire chagrin au monde que de savoir ses enfants malheureux »* (Gabrielle Roy, *La Détresse et l'Enchantement*).
2. Cuir grenu. *Une belle reliure en chagrin.*
LOCUTION
– ***C'est une peau de chagrin.*** (FIG.) Cela ne cesse de devenir plus petit, de diminuer, par allusion au roman de Balzac, *La Peau de chagrin.*
Ne pas confondre avec les noms suivants :
- ***affliction,*** peine profonde;
- ***consternation,*** grande douleur morale;
- ***douleur,*** souffrance physique ou morale;
- ***peine,*** douleur morale;
- ***prostration,*** abattement causé par la douleur.

CHAGRINER v. tr., pronom.
VERBE TRANSITIF
Causer du chagrin à. *Ton départ me chagrine.* SYN. affliger; attrister; désoler; peiner.
VERBE PRONOMINAL
(FIG.) Se couvrir, en parlant du ciel. *Il va pleuvoir, le temps se chagrine.*
À la forme pronominale, le participe passé de ce verbe s'accorde toujours en genre et en nombre avec son sujet. *Ses amis se sont chagrinés sans raison.*
CONJUGAISON : VOIR MODÈLE AIMER.

CHAH ou **SCHAH** ou **SHAH** n. m.
Titre porté par des souverains du Moyen-Orient (Iran), de l'Asie centrale et de l'Inde.
Ce titre est un mot persan qui signifie « roi ».

CHAHUT n. m.
Désordre, agitation. *Quel chahut ! On se fera gronder, c'est sûr.* SYN. tapage; tumulte; vacarme.
chahut.

CHAHUTER v. tr., intr.
Faire du chahut. *Les élèves ont copieusement chahuté l'enseignant. Sébastien et Clara chahutaient.*
CONJUGAISON : VOIR MODÈLE AIMER.

CHAHUTEUR, EUSE adj. et n. m. et f.
Qui chahute. *Les chahuteurs auront une retenue.*

CHAI n. m. (pl. *chais*)
Magasin situé au rez-de-chaussée et tenant lieu d'entrepôt pour les vins.

CHAÎNE n. f.
1. Lien fait d'anneaux engagés les uns dans les autres. *Une chaîne d'argent. Une chaîne de bicyclette.*
2. Ensemble d'éléments liés entre eux. *Une chaîne de montagnes, une chaîne stéréo(phonique)* (et non un *système de son). *Une mini-chaîne.*
3. Ensemble d'émetteurs. *Capter une chaîne* (et non un *canal) *de télévision.*
4. Ensemble d'établissements commerciaux. *Une chaîne de magasins.*

LOCUTIONS
– ***À la chaîne.*** En grande quantité. *Le 14 juillet 1939, le curé de la paroisse Saint-Germain a béni des mariages à la chaîne.* SYN. en série.
– ***Chaîne alimentaire.*** Processus dans lequel un organisme sert de nourriture à un autre, lequel est dévoré par un troisième et ainsi de suite, p. ex. végétaux-herbivores-carnivores-grands carnivores (GDT).
– ***Chaîne de montage.*** Ensemble de machines, d'équipements, de moyens de manutention directement reliés les uns aux autres, et permettant de réaliser des séquences de production.
– ***Chaîne du froid.*** Ensemble des moyens utilisés successivement en vue de la conservation frigorifique des denrées périssables de la production à la consommation. *Il importe de ne pas rompre la chaîne du froid pour conserver la fraîcheur des aliments.* SYN. chaîne frigorifique.
– ***Faire la chaîne.*** (FIG.) Se passer quelque chose de main en main. *Les soldats ont fait la chaîne pour décharger les camions des vivres destinés aux réfugiés.*
– ***Réaction en chaîne.*** (FIG.) Suite d'évènements occasionnés les uns par les autres.
HOM. ***chêne,*** grand arbre à bois dur.
[Les *Rectifications* (1990) admettent : chaine.]

CHAÎNETTE n. f.
Petite chaîne. *Son bracelet a une chaînette de sécurité.*
[Les *Rectifications* (1990) admettent : chainette.]

CHAÎNON n. m.
Anneau d'une chaîne. SYN. maillon.
[Les *Rectifications* (1990) admettent : chainon.]

***CHAIN SAW**
Anglicisme pour ***scie à chaîne.***

CHAIR n. f.
1. Matière du corps humain et animal qui est recouverte par la peau.
2. Le corps. *Les plaisirs de la chair.*
3. Partie comestible des animaux. *La chair de cet agneau est tendre et celle de ce poisson, savoureuse.*
4. Pulpe des fruits. *La chair d'un pamplemousse, d'une noix.*
LOCUTIONS
– ***Avoir la chair de poule.*** Avoir la peau hérissée par le froid, la peur. SYN. frisson.
– ***Couleur chair.*** D'un rose très délicat. *Des collants couleur chair.*
– ***En chair et en os.*** En personne. *J'ai vu mon chanteur préféré en chair et en os.*
Dans cette expression, on prononce le ***s*** final du mot ***os.***
– ***Ni chair ni poisson.*** Sans caractère, imprécis. *Ce texte est ni chair ni poisson* (et non *mi-chair mi-poisson).
HOM.
• ***chaire,*** tribune ;
• ***cher,*** chéri ou coûteux ;
• ***chère,*** mets, nourriture.

CHAIRE n. f.
1. Tribune. *Elle parlait du haut d'une chaire.*
2. Charge dont est titulaire un professeur dans une école, une faculté, pour l'enseignement d'une discipline et la recherche dans ce domaine. *Ce professeur est titulaire d'une chaire de* (et non *en) *leadership.*
HOM.
• ***chair,*** soit le corps, soit de la viande ;
• ***cher,*** chéri ou coûteux ;
• ***chère,*** mets, nourriture.

CHAISE n. f.
Siège à dossier, sans bras. *Une chaise pliante.*
1° Ne pas confondre avec le nom ***fauteuil,*** siège à dossier et à bras.
2° On s'assoit ***sur*** une chaise, un tabouret ; par contre, on s'assoit ***dans*** un fauteuil.
LOCUTIONS
– ***Chaise berçante.*** ⚜ Berceuse.
– ***Chaise longue.*** Chaise de repos, permettant de s'allonger les jambes.
– ***Être assis entre deux chaises.*** (FIG.) Hésiter entre deux possibilités, deux solutions.
– ***Mener une vie de bâton de chaise.*** (FIG.) Mener une vie agitée (comme les bâtons de la chaise à porteurs, qui n'étaient pas fixés).
FORME FAUTIVE
*chaise roulante. Calque de «*wheel chair*» pour ***fauteuil roulant.***

CHALAND, ANDE n. m. et f.
NOM MASCULIN ET FÉMININ
(VX) Client, acheteur. *« Or l'une après l'autre, les ménagères étaient devenues ses chalandes »* (Ringuet, *Trente Arpents*).
NOM MASCULIN
Bateau à fond plat.

CHALAZION n. m.
Tumeur au bord de la paupière.

CHALDÉEN, ENNE adj. et n. m. et f.
Les lettres ***ch*** se prononcent ***k,*** [kaldeɛ̃, ɛn].
ADJECTIF ET NOM MASCULIN ET FÉMININ
(ANCIENN.) De Chaldée.
T L'adjectif s'écrit avec une minuscule ; le nom, avec une majuscule.
NOM MASCULIN
Langue parlée par les Chaldéens. *Étudier le chaldéen.*
T Le nom de la langue s'écrit avec une minuscule.

CHÂLE n. m.
Grande pièce d'étoffe que l'on porte sur les épaules. *Des châles de laine.*
LOCUTION
– ***Col châle.*** *Des cols châle.*
Mis en apposition, le mot ***châle*** est invariable.
châle.

CHALET n. m.
1. Maison de bois, conçue à l'origine pour la montagne. *Des chalets suisses.*
2. ⚜ Maison de campagne. *Nous avons un chalet au bord de l'eau.*
chale**t**.

CHALEUR n. f.
1. Qualité de ce qui est chaud. *La chaleur d'un plat qui sort du four.* ANT. froid.
2. Température élevée. *Quelle chaleur aujourd'hui ! Il fait 33 °C. « puis juillet avec sa chaleur pénétrante qui décolore les blés verts et menace de faire éclater les épis »* (Ringuet, *Trente Arpents*).
3. Ardeur, enthousiasme. *Les enfants ont applaudi les acteurs avec chaleur.* SYN. cordialité ; ferveur.
4. Manifestations visibles de la réceptivité sexuelle des mammifères femelles. *Une chatte en chaleur.*

CHALEUREUSEMENT adv.
De façon chaleureuse. *Ils ont été accueillis chaleureusement.* SYN. chaudement ; cordialement.

CHALEUREUX, EUSE adj.
Sympathique, avec chaleur. *Quel accueil chaleureux ! « Quelque chose de chaleureux, de doucement humain se terminait »* (Gabrielle Roy, *De quoi t'ennuies-tu, Éveline?*). SYN. cordial ; enthousiaste.

CHALLENGE n. m.
Ce mot se prononce à la française, [ʃalɑ̃ʒ].
Compétition sportive.

C

CHALLENGER n. m.
Ce nom se prononce à la française, [ʃalɑ̃ʒɛr].
Sportif qui tente d'arracher un titre au champion actuel.
Ce nom a été adopté par l'Académie française sous la forme anglaise.
[Les *Rectifications* (1990) admettent : challengeur, challengeuse.]

CHALOIR v. intr.
(VX) (LITT.) Importer.
Ce verbe ne s'emploie plus que dans l'expression ***peu me chaut,*** peu m'importe.

CHALOUPE n. f.
1. Grand canot à rames ou à moteur.
2. ⚜ Petite barque. *Nous avons traversé la rivière en chaloupe.*
LOCUTION
– ***Chaloupe de sauvetage.*** Petit bâtiment embarqué sur les navires pour servir en cas de naufrage.
VOIR – BATEAU.

CHALOUPÉ, ÉE adj.
Qui imite le mouvement balancé de la chaloupe. *Une démarche chaloupée.*

CHALUMEAU n. m. (pl. *chalumeaux*)
1. Appareil produisant un jet de gaz enflammé qu'on utilise pour découper et souder les métaux.
2. ⚜ Tuyau court fixé à l'érable et permettant à la sève de couler dans un récipient. *L'acéricultrice a installé ses chalumeaux.*

CHALUT n. m.
Filet de pêche formant poche et qui traîne sur les fonds sableux.
chalut.

CHALUTAGE n. m.
Pêche au chalut.

CHALUTIER n. m.
Bateau de pêche qui utilise un chalut.

CHAMADE n. f.
(VX) Batterie de tambour.
LOCUTION
– ***Battre la chamade.*** Être affolé (en parlant du cœur).

CHAMAILLER (SE) v. pronom.
(FAM.) Se disputer légèrement. *Elles se sont chamaillées toute la soirée.* SYN. se quereller.
Le participe passé de ce verbe, qui n'existe qu'à la forme pronominale, s'accorde toujours avec le sujet du verbe. *Les enfants se sont chamaillés pendant la récréation.*
CONJUGAISON : VOIR MODÈLE AIMER.
Les lettres ***ill*** sont suivies d'un ***i*** à la première et à la deuxième personne du pluriel de l'indicatif imparfait et du subjonctif présent. *(Que) nous nous chamaillions, (que) vous vous chamailliez.*
chamailler.

CHAMAILLERIE n. f.
(FAM.) Petite querelle. SYN. chicane ; dispute.
chamaillerie.

CHAMAILLEUR, EUSE adj. et n. m. et f.
(FAM.) Qui aime à se chamailler. SYN. querelleur.
chamailleur.

CHAMARRER v. tr.
1. Garnir de passementeries, de décorations. *Un costume chamarré de médailles.*
2. Charger d'ornements de mauvais goût. *Sa tenue voyante est trop chamarrée.* SYN. barioler.
Ce verbe s'emploie surtout au participe passé.
CONJUGAISON : VOIR MODÈLE AIMER.
chamarrer.

CHAMARRURE n. f.
Ensemble d'ornements de mauvais goût.
chamarrure.

CHAMBARDEMENT n. m.
(FAM.) Remue-ménage, bouleversement. SYN. désordre.

CHAMBARDER v. tr.
(FAM.) Bouleverser, mettre en désordre. *On a chambardé tous mes livres : qui a fouillé dans mes affaires ?*
CONJUGAISON : VOIR MODÈLE AIMER.

CHAMBELLAN n. m.
Officier chargé du service de la chambre d'un souverain.

CHAMBOULER v. tr.
(FAM.) Bouleverser, chambarder.
CONJUGAISON : VOIR MODÈLE AIMER.

CHAMBRANLANT, ANTE adj.
⚜ (FAM.) Qui n'est pas d'aplomb. *Cette table est chambranlante.* SYN. branlant ; instable.
Cet adjectif de registre familier demeure usuel au Québec et dans la francophonie canadienne, mais il n'appartient plus à l'usage courant de la majorité des locuteurs du français.

CHAMBRANLE n. m.
Encadrement d'une porte, d'une fenêtre, d'une cheminée. *Un chambranle en chêne.*
Attention au genre masculin de ce nom : ***un*** chambranle.

CHAMBRANLER v. intr.
⚜ (FAM.) Ne pas être en équilibre, vaciller.
Ce verbe de registre familier demeure usuel au Québec et dans la francophonie canadienne, mais il n'appartient plus à l'usage courant de la majorité des locuteurs du français.
CONJUGAISON : VOIR MODÈLE AIMER.

CHAMBRE n. f.
1. Pièce où l'on dort. *Ma chambre donne sur le jardin.*
2. Pièce servant à un usage particulier. *Une chambre d'amis.*
3. Assemblée parlementaire. *La Chambre des communes du Canada, l'Assemblée nationale du Québec.*
T En ce sens, le nom s'écrit avec une majuscule.
LOCUTIONS
– ***Chambre à air.*** Tube de caoutchouc placé à l'intérieur d'un pneu et que l'on gonfle d'air.
– ***Chambre forte.*** Pièce blindée munie de divers mécanismes de sécurité où l'on conserve des espèces, des titres, des objets précieux. *La chambre forte* (et non *voûte) *du bijoutier.*
– ***Chambre froide.*** Pièce maintenue à basse température pour conserver des aliments périssables. *La chambre froide du boucher.*
FORMES FAUTIVES
*chambre. Archaïsme au sens de ***bureau, salle.***
*chambre de bain(s). Calque de «*bathroom*» pour ***salle de bain(s).***
*chambre des joueurs. Calque de «*players' room*» pour ***vestiaire (des joueurs).***
*chambre privée (dans un établissement de santé). Calque de «*private room*» pour ***chambre individuelle, chambre particulière, chambre à un lit*** (Recomm. off.).
*chambre semi-privée (dans un établissement de santé). Calque de «*semi-private room*» pour ***chambre à deux lits*** (Recomm. off.).

CHAMBRÉE n. f.
Ensemble de personnes qui partagent la même chambre.

CHAMBRER v. tr.
Porter un vin à la température ambiante, le rendre tiède. *Un vin bien chambré.*
CONJUGAISON : VOIR MODÈLE AIMER.

CHAMBRETTE n. f.
Petite chambre.

CHAMEAU n. m. (pl. *chameaux*)
1. Mammifère ruminant qui a deux bosses sur le dos.
2. Mâle de la chamelle. *Une caravane de chameaux.*
☞ Ne pas confondre avec le nom ***dromadaire,*** mammifère proche du chameau, à une seule bosse.
VOIR TABLEAU – ANIMAUX.

CHAMELIER n. m.
Personne qui conduit les chameaux.

CHAMELLE n. f.
Femelle du chameau. *Le petit de la chamelle est le chamelon.*
VOIR TABLEAU – ANIMAUX.

CHAMELON n. m.
Petit de la chamelle.
VOIR TABLEAU – ANIMAUX.

CHAMOIS adj. inv. et n. m.
NOM MASCULIN
1. Ruminant à cornes recourbées vivant dans les montagnes.
2. Peau de chamois. *Des gants de chamois.*
ADJECTIF DE COULEUR INVARIABLE
Jaune clair. *Des écharpes chamois.*
VOIR TABLEAU – COULEUR (ADJECTIFS DE).

CHAMP n. m.
1. Étendue de terre. *Un champ de maïs. Elle a couru à travers champs.*
2. Domaine, secteur d'activité. *Un champ d'activité. Le champ des connaissances.*
3. (INFORM.) Espace d'un support d'information destiné à contenir une catégorie spécifique. *Un champ numérique, un champ alphabétique ou alphanumérique.*
LOCUTIONS
– ***À tout bout de champ,*** loc. adv. Constamment.
– ***Avoir le champ libre.*** (FIG.) Avoir toute liberté d'action. SYN. avoir carte blanche.
– ***Champ opératoire.*** (MÉD.) Zone du corps qui fait l'objet d'une intervention chirurgicale et, par extension, compresses stériles bordant cette zone.
– ***Sur-le-champ,*** loc. adv. Aussitôt, immédiatement.
FORMES FAUTIVES
*champ de pratique. Calque de «*driving range*» pour ***terrain d'exercice.***
*être dans le champ. Impropriété pour ***commettre une erreur, être dans l'erreur, faire erreur, se fourvoyer, se méprendre, se tromper.***
HOM. ***chant,*** suite de sons musicaux produits par la voix.
✎ champ.

CHAMPAGNE n. m.
Vin de Champagne. *Des flûtes à champagne. Des champagnes bruts.*
[T] Le nom du vin s'écrit avec une minuscule, celui qui désigne la région, avec une majuscule.
LOCUTION
– ***Sabler le champagne.*** Boire du champagne en abondance.
☞ L'expression ***sabrer le champagne*** signifie «ouvrir la bouteille d'un coup de sabre».
VOIR – BOUTEILLE.

CHAMPENOIS, OISE adj. et n. m. et f.
De Champagne. *Un vignoble champenois. Un Champenois, une Champenoise.*
[T] L'adjectif s'écrit avec une minuscule; le nom, avec une majuscule.

CHAMPÊTRE adj.
(LITT.) Qui se rapporte aux champs. *Elle aime la vie champêtre.* SYN. rural; rustique. ANT. citadin; urbain.

CHAMPIGNON n. m.
Végétal formé d'un pied et surmonté d'un chapeau qui pousse dans les lieux humides. *Des champignons comestibles délicieux. Attention aux champignons vénéneux!*

CHAMPIGNONNIÈRE n. f.
Endroit où l'on cultive les champignons.

CHAMPION, IONNE n. m. et f.
1. Défenseur d'une cause, d'une idée. *C'est un champion de la protection des animaux.*
2. Sportif qui a accompli les meilleures performances. *C'est une championne de ski.*

CHAMPIONNAT n. m.
Compétition. *Véronique et Jean-François participeront au championnat mondial d'escrime. Gagner ou remporter un championnat.*
✎ championnat.

CHANCE n. f.
1. Éventualité heureuse ou malheureuse. *Bonne chance! La mauvaise chance me poursuit.* SYN. hasard.
2. (ABSOL.) Bonne fortune. *Elle a de la chance. Un coup de chance.* ANT. malchance.
3. Probabilité. *Les chances de réussir sont assez grandes.* SYN. possibilité.
☞ En ce sens, ce nom s'emploie surtout au pluriel.
4. Occasion. *Je n'ai pas eu la chance de venir.*
LOCUTIONS
– ***C'est une chance que.*** Nous sommes favorisés par le hasard. *C'est une chance qu'elle puisse venir avec nous.*
∽ L'expression se construit avec le mode subjonctif.
– ***Coup de chance.*** Hasard heureux. *Quel coup de chance que vous soyez ici!*
– ***Courir la chance de.*** Tenter de gagner, de réussir. *Courez la chance de gagner un voyage à Paris! Courir la chance* (et non le *risque) *de gagner le gros lot.*
☞ Ne pas confondre avec le mot ***risque,*** danger éventuel, inconvénient prévisible. Attention, le terme ne s'emploie que dans le cas d'évènements malheureux ou désagréables envisagés.
– ***Donner sa chance à quelqu'un.*** Lui permettre de faire ses preuves, lui faire confiance.
– ***Mettre la chance de son côté.*** Prendre les moyens nécessaires pour réussir. SYN. (FIG.) mettre les atouts dans son jeu.
– ***Tenter sa chance.*** Entreprendre quelque chose en vue d'atteindre un objectif.
FORME FAUTIVE
*prendre une chance. Calque de «*to take a chance*» pour ***courir la chance, prendre*** ou ***courir le risque.***

CHANCELANT, ANTE adj.
1. Qui vacille, qui va perdre l'équilibre. *Une démarche chancelante.* SYN. vacillant.
2. (FIG.) Fragile, faible. *Une santé chancelante.*
✎ chancelant.

CHANCELER v. intr.
1. Perdre l'équilibre. *Sur son fil, le funambule chancela, mais il retrouva son équilibre.* SYN. vaciller.
2. (FIG.) Faiblir. *Sa détermination chancelle.*
CONJUGAISON : VOIR MODÈLE APPELER.
Redoublement du ***l*** devant un ***e*** muet. *Je chancelle, je chancellerai,* mais *je chancelais.*
✎ chanceler.
[Les *Rectifications* (1990) admettent : il chancèle, chancèlera, chancèlerait...]

CHANCELIER n. m.
CHANCELIÈRE n. f.
1. Dignitaire qui a la garde des sceaux.
2. Chef du gouvernement en Allemagne, en Autriche.

C

3. Dans les universités anglaises, poste correspondant à celui de recteur.
✏ chancelier.

CHANCELLERIE n. f.
1. Services administratifs.
2. Ambassade.
✏ chancellerie.

CHANCEUX, EUSE adj.
Qui est favorisé par la chance. *Le sept est son numéro chanceux.*

CHANDAIL n. m. (pl. *chandails*)
Tricot de laine ou d'autres fibres textiles se passant par la tête. *Des chandails tricotés à la main.*
☞ Ne pas confondre avec les noms suivants :
• ***débardeur,*** tricot sans manches et à large encolure ;
• ***gilet,*** vêtement masculin sans manches porté sous le veston ;
• ***veste,*** vêtement comportant des manches, ouvert à l'avant.

CHANDELIER n. m.
Support destiné à recevoir les chandelles, les cierges, les bougies. *Des chandeliers à cinq branches.*
☞ Le petit chandelier bas, généralement muni d'un anneau, se nomme un ***bougeoir.***

CHANDELLE n. f.
(VIEILLI) Bougie. *« Ma chandelle est morte,/Je n'ai plus de feu »* (*Au clair de la lune,* chanson enfantine du XVIIe s.).
☞ Ce nom demeure usuel au Québec et dans la francophonie canadienne, mais il n'appartient plus à l'usage courant de la majorité des locuteurs du français, exception faite de quelques expressions.
LOCUTIONS
– ***Brûler la chandelle par les deux bouts.*** (FIG.) Gaspiller sa santé, faire des dépenses excessives.
– ***Devoir une fière chandelle à quelqu'un.*** (FIG.) Être redevable à quelqu'un de son aide.
– ***Économies de bouts de chandelle(s).*** (FIG.) Économies ridicules.
– ***Le jeu n'en vaut pas la chandelle.*** (FIG.) Chose qui n'en vaut pas la peine.

CHANFREIN n. m.
Surface obtenue en abattant l'arête d'une pierre, d'une pièce de bois ou de métal.
✏ chanfrein.

CHANFREINER v. tr.
Tailler en chanfrein.
CONJUGAISON : VOIR MODÈLE AIMER.
✏ chanfreiner.

CHANGE n. m.
1. Échange de monnaies de pays différents. *À quel taux est le change ?*
2. Comptoir où s'effectue le change. *Un bureau de change.*
☞ L'expression *change étranger est un pléonasme.
LOCUTIONS
– ***Donner le change.*** Ne pas laisser voir ses intentions, induire en erreur.
– ***Gagner, perdre au change.*** (FIG.) Être favorisé, défavorisé dans un échange, un changement.
– ***Marché des changes.*** (ÉCON.) Marché, au comptant ou à terme, de devises étrangères.
FORME FAUTIVE
*change. Anglicisme au sens de ***monnaie.***

CHANGEABLE adj.
Modifiable.
✏ changeable.

CHANGEANT, ANTE adj.
Instable, qui se modifie. *Il est d'humeur changeante. Ses yeux sont de couleur changeante.* SYN. incertain ; variable.
✏ changeant.

CHANGEMENT n. m.
Modification. *Apporter un changement à un texte. Un changement de direction. Faire un changement d'adresse.*
FORMES FAUTIVES
*changement d'huile. Calque de «*oil change*» pour ***vidange d'huile.***
*changement pour le mieux. Calque de «*a change for the better*» pour ***amélioration, changement en mieux.***

CHANGER v. tr., intr., pronom.
VERBE TRANSITIF DIRECT
1. Modifier. *Il a changé les appareils d'éclairage.* SYN. remplacer.
2. Convertir une monnaie en une autre monnaie. *Changer des dollars en euros.*
☞ Ne pas confondre avec le verbe ***échanger,*** qui implique toujours une action réciproque et volontaire.
3. Transformer en. *L'alchimiste a changé le fer en or.*
4. Céder une chose pour une autre. *Il a changé son automobile contre une bicyclette.*
↪ En ce sens, le verbe se construit avec la préposition ***contre.***
VERBE TRANSITIF INDIRECT
1. Choisir une autre personne, une autre chose. *Ils ont décidé de changer de pays.*
2. Varier. *Elle a changé d'avis.*
↪ En ces sens, le verbe se construit avec la préposition ***de.***
VERBE INTRANSITIF
Passer d'un état à un autre. *Depuis quelques années, il a beaucoup changé.* SYN. évoluer ; se transformer.
▭ Le verbe ***changer*** se conjugue généralement avec l'auxiliaire ***avoir,*** à l'exception de l'expression ***être changé*** au sens de ***devenir différent.*** *Depuis sa maladie, il est bien changé.*
VERBE PRONOMINAL
1. Faire place à. *À minuit, votre voiture pourrait se changer en crapaud.* SYN. se métamorphoser ; se transformer.
2. (FAM.) Changer de vêtements. *Elle s'est changée avant de sortir.*
▭ À la forme pronominale, le participe passé de ce verbe s'accorde toujours en genre et en nombre avec son sujet. *Les chenilles se sont changées en papillons.*
FORMES FAUTIVES
*changer pour le mieux. Calque de «*to change for the better*» pour ***s'améliorer, changer en mieux.***
*changer un chèque. Anglicisme pour ***encaisser un chèque.***
CONJUGAISON : VOIR MODÈLE CHANGER.
Le ***g*** est suivi d'un ***e*** devant les lettres ***a*** et ***o.*** *Il changea, nous changeons.*

CHANGEUR, EUSE n. m. et f.
NOM MASCULIN ET FÉMININ
Cambiste.
NOM MASCULIN
Appareil qui fait la monnaie.

CHANOINE n. m.
Dignitaire ecclésiastique.
T Comme les titres administratifs, les titres religieux s'écrivent généralement avec une minuscule. *L'abbé, l'archevêque, le cardinal, le chanoine, le curé, le pape, etc.* Cependant, ces titres s'écrivent avec une majuscule lorsqu'ils remplacent un nom de personne. *Le Chanoine sera présent à la réunion.*

CHANSON n. f.
Pièce de vers qui se chante. *Une belle chanson de Félix Leclerc. Des chansons de Noël.*
FORMES FAUTIVES
*chanson thème (d'un film, etc.). Anglicisme pour ***indicatif musical.***
*pour une chanson. Calque de «*for a song*» pour ***à bon compte, pour une bouchée de pain, pour un prix dérisoire.***

CONJUGAISON DU VERBE **CHANGER**

INDICATIF

PRÉSENT		PASSÉ COMPOSÉ		
je	chang**e**	j'	ai	changé
tu	chang**es**	tu	as	changé
elle	chang**e**	elle	a	changé
il	chang**e**	il	a	changé
nous	chang**eons**	nous	avons	changé
vous	chang**ez**	vous	avez	changé
elles	chang**ent**	elles	ont	changé
ils	chang**ent**	ils	ont	changé

IMPARFAIT		PLUS-QUE-PARFAIT		
je	chang**eais**	j'	avais	changé
tu	chang**eais**	tu	avais	changé
elle	chang**eait**	elle	avait	changé
il	chang**eait**	il	avait	changé
nous	chang**ions**	nous	avions	changé
vous	chang**iez**	vous	aviez	changé
elles	chang**eaient**	elles	avaient	changé
ils	chang**eaient**	ils	avaient	changé

PASSÉ SIMPLE		PASSÉ ANTÉRIEUR		
je	chang**eai**	j'	eus	changé
tu	chang**eas**	tu	eus	changé
elle	chang**ea**	elle	eut	changé
il	chang**ea**	il	eut	changé
nous	chang**eâmes**	nous	eûmes	changé
vous	chang**eâtes**	vous	eûtes	changé
elles	chang**èrent**	elles	eurent	changé
ils	chang**èrent**	ils	eurent	changé

FUTUR SIMPLE		FUTUR ANTÉRIEUR		
je	chang**erai**	j'	aurai	changé
tu	chang**eras**	tu	auras	changé
elle	chang**era**	elle	aura	changé
il	chang**era**	il	aura	changé
nous	chang**erons**	nous	aurons	changé
vous	chang**erez**	vous	aurez	changé
elles	chang**eront**	elles	auront	changé
ils	chang**eront**	ils	auront	changé

CONDITIONNEL PRÉSENT		CONDITIONNEL PASSÉ		
je	chang**erais**	j'	aurais	changé
tu	chang**erais**	tu	aurais	changé
elle	chang**erait**	elle	aurait	changé
il	chang**erait**	il	aurait	changé
nous	chang**erions**	nous	aurions	changé
vous	chang**eriez**	vous	auriez	changé
elles	chang**eraient**	elles	auraient	changé
ils	chang**eraient**	ils	auraient	changé

SUBJONCTIF

PRÉSENT			PASSÉ			
que	je	chang**e**	que	j'	aie	changé
que	tu	chang**es**	que	tu	aies	changé
qu'	elle	chang**e**	qu'	elle	ait	changé
qu'	il	chang**e**	qu'	il	ait	changé
que	nous	chang**ions**	que	nous	ayons	changé
que	vous	chang**iez**	que	vous	ayez	changé
qu'	elles	chang**ent**	qu'	elles	aient	changé
qu'	ils	chang**ent**	qu'	ils	aient	changé

IMPARFAIT			PLUS-QUE-PARFAIT			
que	je	chang**easse**	que	j'	eusse	changé
que	tu	chang**easses**	que	tu	eusses	changé
qu'	elle	chang**eât**	qu'	elle	eût	changé
qu'	il	chang**eât**	qu'	il	eût	changé
que	nous	chang**eassions**	que	nous	eussions	changé
que	vous	chang**eassiez**	que	vous	eussiez	changé
qu'	elles	chang**eassent**	qu'	elles	eussent	changé
qu'	ils	chang**eassent**	qu'	ils	eussent	changé

IMPÉRATIF

PRÉSENT	PASSÉ	
chang**e**	aie	changé
chang**eons**	ayons	changé
chang**ez**	ayez	changé

INFINITIF

PRÉSENT	PASSÉ
chang**er**	avoir changé

PARTICIPE

PRÉSENT	PASSÉ
chang**eant**	changé, ée
	ayant changé

C

CHANSONNIER n. m.
1. Personne qui écrit des textes satiriques et qui les présente à la scène.
2. ⚜ Personne qui interprète ses propres chansons. *Félix Leclerc était un merveilleux chansonnier.*

CHANT n. m.
1. Suite de sons musicaux produits par la voix, par certains oiseaux. *Un chant mélodieux. Le chant du cardinal égaie les jardiniers.*
2. Face étroite d'une pierre, d'une brique, etc., par opposition à la partie plate et large.
HOM. ***champ***, étendue de terre.

CHANTAGE n. m.
1. Action d'exiger des fonds, des avantages sous la menace de révélations non désirées.
2. (FIG.) Demande pressante faite sous une menace quelconque. *Nous ne devons pas céder à ce chantage psychologique odieux.*

CHANTANT, ANTE adj.
Qui chante. *Un accent chantant.*

CHANTEPLEURE n. f.
Entonnoir, à long tuyau, percé de plusieurs trous.
Ce nom qui décrit joliment le murmure de l'eau qui s'écoule est vieilli au sens de ***robinet*** : c'est un archaïsme.

CHANTER v. tr., intr.
VERBE TRANSITIF
(FAM.) Raconter. *Que me chantez-vous là ?*
VERBE INTRANSITIF
Former une suite de sons musicaux avec la voix. *Elle chante faux. Il chante à pleins poumons.*
LOCUTION
– ***Faire chanter quelqu'un.*** Exercer un chantage sur quelqu'un.
CONJUGAISON : VOIR MODÈLE AIMER.

CHANTERELLE n. f.
Champignon comestible appelé aussi ***girolle.***

CHANTEUR n. m.
CHANTEUSE n. f.
Personne dont la profession est de chanter. *C'est une chanteuse de talent. Un chanteur rock.*
LOCUTION
– ***Maître chanteur.*** Personne qui exerce un chantage. *Des maîtres chanteurs dangereux.*

CHANTIER n. m.
1. Travaux de construction. *On ne peut pénétrer sur le chantier sans le casque et les bottes de sécurité.*
2. ⚜ Exploitation forestière. *Les bûcherons travaillent au chantier.*
LOCUTION
– ***Mettre un ouvrage en chantier, sur le chantier.*** Commencer un ouvrage.

CHANTILLY n. f.
Crème fouettée additionnée de sucre et de vanille. *Des framboises avec de la crème Chantilly* ou *chantilly.*
[T] Le nom qui désigne la crème s'écrit avec une minuscule ou une majuscule ; le nom de la ville, avec une majuscule.

CHANTONNEMENT n. m.
Action de chantonner.

CHANTONNER v. tr.
Chanter à demi-voix. *Par ce matin de printemps, elle chantonnait gaiement.*
CONJUGAISON : VOIR MODÈLE AIMER.

CHANTOUNG
VOIR – SHANTUNG.

CHANTOURNER v. tr.
Évider une pièce de bois, de métal en suivant un profil tracé.
CONJUGAISON : VOIR MODÈLE AIMER.

CHANTRE n. m.
1. Personne qui chante dans un service religieux.
2. (FIG.) Poète, défenseur d'une cause.
Ce nom ne s'emploie qu'au masculin.

CHANVRE n. m.
Plante textile.
LOCUTION
– ***Chanvre indien.*** Variété de chanvre servant à la préparation de certaines drogues (haschisch, marijuana, etc.).

CHAOS n. m.
Les lettres ***ch*** se prononcent ***k*** et le ***s*** est muet, [kao].
Bouleversement, désordre important. *Après le tremblement de terre, c'est le chaos qui régnait.*
HOM. ***cahot,*** secousse imprimée à un véhicule qui roule sur une chaussée inégale.
chaos.

CHAOTIQUE adj.
Qui tient du chaos.

CHAOURCE n. m.
Fromage de vache à pâte molle du sud de la Champagne.

chap.
Abréviation de ***chapitre.***

CHAPARDAGE n. m.
(FAM.) Vol, pillage.

CHAPARDER v. tr.
(FAM.) Voler des choses de peu de valeur. SYN. (FAM.) piquer.
CONJUGAISON : VOIR MODÈLE AIMER.

CHAPARDEUR, EUSE adj. et n. m. et f.
(FAM.) Voleur.

CHAPE n. f.
1. Revêtement. *Une chape de béton.*
2. Manteau d'église des ecclésiastiques en forme de cape.
LOCUTION
– ***Chape de plomb.*** (FIG.) Situation pénible qui pèse. SYN. fardeau.

CHAPEAU interj. et n. m. (pl. *chapeaux*)
NOM MASCULIN
Coiffure. *Des chapeaux melon. Un chapeau à plumes.*
INTERJECTION
Interjection marquant l'admiration. *Chapeau ! c'est un succès sans précédent !* SYN. bravo !
[T] L'interjection est toujours suivie d'un point d'exclamation qui est souvent repris à la fin de la phrase. Si la phrase exclamative n'est pas complète, le mot qui suit le point d'exclamation s'écrit avec une minuscule initiale.
LOCUTIONS
– ***Coup de chapeau.*** (FIG.) Témoignage d'admiration. *Cette distinction reçue constitue un beau coup de chapeau.*
– ***Tirer son chapeau.*** (FIG.) Marquer son respect, son admiration. *Pour avoir accompli cela contre vents et marées, je lui tire mon chapeau.*
FORME FAUTIVE
*parler à travers son chapeau. Calque de «*to talk through one's hat*» pour ***parler à tort et à travers.***

CHAPEAUTER v. tr.
1. Coiffer d'un chapeau. *Un monsieur chapeauté d'un tricorne.*
2. (FIG.) Diriger, coordonner. *Le groupe est chapeauté par un comité.*
CONJUGAISON : VOIR MODÈLE AIMER.

CHAPELAIN n. m.
Prêtre qui dessert une chapelle.
chapelain.

CHAPELET n. m.
1. Objet de dévotion constitué de grains enfilés. *« Florence [...]/s'étiolait/en comptant les jours de sa survivance/sur un chapelet de grains noirs »* (Pierre Nepveu, *Lignes aériennes*).
2. (FIG.) Suite. *Un chapelet d'îles.*
✏ chapelet.

CHAPELIER n. m.
CHAPELIÈRE n. f.
Personne qui fabrique ou vend des chapeaux d'hommes.
☞ La personne qui fabrique ou vend des chapeaux de femmes est un, une ***modiste.***
✏ chapelier.

CHAPELLE n. f.
1. Petite église. *La chapelle du Sacré-Cœur.*
2. (FIG.) Clan. *Un esprit de chapelle.*
[T] Dans les désignations d'édifices religieux, le nom générique (***abbaye, basilique, cathédrale, église, oratoire,*** etc.) s'écrit avec une minuscule.

CHAPELLERIE n. f.
Fabrication et commerce de chapeaux.
✏ chapellerie, malgré chapelier.

CHAPELURE n. f.
Pain émietté dont on garnit certains mets. SYN. panure.

CHAPERON n. m.
1. (ANCIENN.) Capuchon. Le Petit Chaperon rouge *est un conte de Perrault, qui met en scène une jeune fille portant une cape rouge à capuchon.*
2. Personne chargée d'accompagner une jeune fille.

CHAPERONNER v. tr.
Accompagner une jeune fille, à titre de chaperon.
CONJUGAISON : VOIR MODÈLE AIMER.

CHAPITEAU n. m. (pl. *chapiteaux*)
1. Partie supérieure d'une colonne. *Des chapiteaux corinthiens.*
2. Tente d'un cirque. *Dresser le chapiteau.*

CHAPITRE n. m.
Abréviation ***chap.*** (s'écrit avec un point).
1. Assemblée de religieux.
2. Division d'un livre, d'une loi, d'un registre. *Ce roman comprend quinze chapitres.*
[T] Les numéros des chapitres sont écrits en chiffres romains, sauf pour ce qui est du premier chapitre qui est noté au long. *Ce passage est extrait du chapitre II. Le chapitre premier est particulièrement intéressant.*
LOCUTIONS
– ***Au chapitre de,*** loc. prép. Relativement à. SYN. à propos de ; en ce qui concerne.
– ***Avoir voix au chapitre.*** Avoir autorité pour donner un avis, pour décider.
FORME FAUTIVE
*chapitre (d'une association). Anglicisme au sens de ***section.***
✏ chapitre, sans accent circonflexe.

CHAPITRER v. tr.
Réprimander. *La directrice a chapitré les élèves retardataires.* SYN. faire la leçon à ; sermonner.
CONJUGAISON : VOIR MODÈLE AIMER.

CHAPKA n. f. (pl. *chapkas*)
Bonnet de fourrure d'origine russe, à calotte ronde, comportant une visière relevée et un rabat couvrant la nuque et les oreilles. *Des chapkas de castor.*

CHAPON n. m.
Coq châtré. *Grand-maman fait cuire un beau chapon bien dodu.*

CHAQUE adj. indéf. inv.
Se dit de tout élément particulier d'un ensemble. *Chaque matin, il part vers 7 heures.*
☙ L'adjectif ou déterminant ***chaque*** ne s'emploie que devant un nom singulier. Devant un nom pluriel, on emploiera plutôt ***tous les.*** *Elle vient tous les* (et non *chaque) *deux jours.*
📏 L'accord du verbe ou du participe avec plusieurs sujets accompagnés de ***chaque,*** qu'ils soient juxtaposés ou coordonnés, se fait généralement au singulier, mais le pluriel est également possible. *Chaque époque, chaque saison a ses plaisirs.*
LOCUTION
– ***Chaque fois.*** Toutes les fois. *Chaque fois qu'elle a congé, il pleut.*
☙ La construction avec la préposition ***à*** tend à sortir de l'usage.
FORME FAUTIVE
*chaque. Impropriété au sens de ***chacun, chacune.*** *Ces cahiers coûtent un dollar chacun* (et non *chaque).

CHAR n. m.
1. (ANCIENN.) Voiture à deux roues tirée par un ou plusieurs chevaux. *Un char romain.*
2. Voiture décorée pour les fêtes publiques. *Char allégorique.*
LOCUTION
– ***Char d'assaut.*** Véhicule blindé monté sur chenilles. *Des chars d'assaut, des chars de combat.*
FORME FAUTIVE
*char. Impropriété au sens de ***voiture.***

CHARABIA n. m.
(FAM.) Langage inintelligible. *Des charabias curieux.* SYN. jargon.

CHARADE n. f.
Énigme qui consiste à découvrir un mot à partir de la définition de ses syllabes. *Voici une charade : Mon premier est un métal précieux, mon second est un habitant des cieux et mon tout est un fruit délicieux. Qui suis-je ? Orange (or-ange).*

CHARBON n. m.
1. Substance combustible composée de carbone. *Au début du siècle, on se chauffait au charbon.*
2. Maladie infectieuse de l'homme et de certains animaux domestiques (bovins, chevaux, ovins, porcins) causée par le bacille du charbon. *En octobre 2001, la maladie du charbon a fait plusieurs victimes aux États-Unis.*
☞ Dans ses « Questions de français », le journal *Le Monde* précise : « on appelle *charbon,* ou *maladie du charbon,* la maladie provoquée par le bacille de l'anthrax (*Bacillus anthracis*) ou bacille charbonneux ».
LOCUTIONS
– ***Charbon de bois.*** Combustible résultant de bois partiellement brûlé à l'abri de l'air. *Des pizzas cuites sur des charbons de bois.*
– ***Être sur des charbons ardents.*** (FIG.) Être fou d'inquiétude.

CHARBONNAGE n. m.
Exploitation d'une mine de charbon.

CHARBONNER v. tr., intr.
VERBE TRANSITIF
Noircir avec du charbon. *Ce feu charbonnera les murs de la maison.*
VERBE INTRANSITIF
Produire une suie épaisse. *Cette lampe à huile charbonne.*
CONJUGAISON : VOIR MODÈLE AIMER.

CHARBONNEUX, EUSE adj.
1. Qui a l'aspect, la couleur du charbon. *Des yeux cernés, charbonneux.*
2. Qui a trait à la maladie du charbon. *La fièvre charbonneuse.*

C

CHARBONNIER, IÈRE adj. et n. m. et f.
ADJECTIF
Qui se rapporte au charbon.
NOM MASCULIN
Cargo destiné au transport du charbon.
NOM MASCULIN ET FÉMININ
Personne qui vend du charbon.

CHARCUTER v. tr.
(FAM.) Opérer quelqu'un maladroitement.
CONJUGAISON : VOIR MODÈLE AIMER.

CHARCUTERIE n. f.
1. Viande de porc apprêtée. *Une collation de fromages et de charcuterie.*
2. Boutique où l'on vend de la charcuterie.

CHARCUTIER n. m.
CHARCUTIÈRE n. f.
Personne qui prépare ou vend des charcuteries.

CHARDON n. m.
Mauvaise herbe à feuilles épineuses.

CHARDONNERET n. m.
Oiseau passereau au chant agréable. *Les chardonnerets sont friands de graines de chardon.*

CHARGE n. f.
1. Fardeau. *Une charge de bois.*
2. Poids. *La charge maximale de cet ascenseur est de 500 kilos.*
3. Fonction, travail à accomplir. *C'est Geneviève qui a la charge d'organiser la fête.* SYN. responsabilité.
4. Dépenses. *Mes parents ont de lourdes charges.*
5. Attaque. *Une charge de cavalerie.* SYN. assaut.
LOCUTIONS
– ***À charge de revanche.*** En contrepartie.
– ***Charge utile.*** Poids maximal qu'un véhicule, un ascenseur peut transporter. *La charge utile* (et non *capacité) *de cet ascenseur est de 500 kilogrammes.*
– ***Être à la charge de.*** Dépendre financièrement de.
– ***Prendre en charge quelqu'un, quelque chose.*** S'occuper matériellement, moralement, financièrement de quelqu'un, de quelque chose.
– ***Revenir à la charge.*** Se reprendre, recommencer.
– ***Témoin à charge.*** (DR.) Personne qui témoigne en justice contre un suspect. *La déposition d'un témoin à charge.* SYN. témoin de la poursuite. ANT. témoin à décharge.
FORMES FAUTIVES
*appel à charges renversées. Calque de «*reverse-charge call*» pour ***appel à frais virés, P.C.V.*** (à percevoir) (France).
*charge. Anglicisme au sens de ***prix, frais.***
*charge additionnelle. Calque de «*additional charge*» pour ***supplément (à payer).***
*en charge de. Calque de «*in charge of*» pour ***responsable, chargé de.*** *Elle est chargée* (et non *en charge) *de l'organisation du colloque* ou *on lui a confié la charge* ou *la responsabilité d'organiser le colloque.*
*prendre charge de. Calque de «*to take charge of*» pour ***assurer la direction de, se charger de.*** *Elle s'est chargée de* (et non *a pris en charge) *la conception de cette exposition.*

CHARGÉ, ÉE adj.
1. Qui transporte une lourde charge. *Elle est chargée comme un mulet.*
2. Rempli de. *Un costume chargé de médailles militaires.* SYN. bardé de ; plein de ; surchargé.
En ce sens, l'adjectif se construit avec la préposition ***de.***
LOCUTION
– ***Temps, ciel chargé.*** Couvert de nuages.

CHARGÉ (DE PROJET, DE COURS) n. m.
CHARGÉE (DE PROJET, DE COURS) n. f.
Personne qui a la responsabilité d'un projet, d'une mission, d'une recherche, d'un cours. *Une chargée de mission, les chargés de cours.*

CHARGEMENT n. m.
1. Action de charger. *Le chargement de l'avion s'est fait rapidement.*
2. Ce que transporte un véhicule, un animal. *Le chargement de la camionnette ne doit pas être trop lourd.* SYN. cargaison.

CHARGER v. tr., pronom.
VERBE TRANSITIF
1. Mettre une charge sur. *Charger un chameau.*
2. Donner une responsabilité à quelqu'un. *On l'a chargé d'une enquête.* SYN. confier à. ANT. décharger.
3. Mettre dans un appareil ce qui est nécessaire à son fonctionnement. *Charger un appareil photo d'un film.*
4. Couvrir de façon exagérée. *On l'avait chargée de bijoux.* SYN. surcharger.
VERBE PRONOMINAL
Prendre la responsabilité de. *Il se chargera de diriger les travaux.* SYN. assumer ; s'occuper de.
À la forme pronominale, le participe passé de ce verbe s'accorde toujours en genre et en nombre avec son sujet. *Elle s'est chargée de tout.*
FORME FAUTIVE
*charger. Anglicisme au sens de ***demander un prix, exiger (une somme), facturer, porter à un compte.***
CONJUGAISON : VOIR MODÈLE CHANGER.
Le ***g*** est suivi d'un ***e*** devant les lettres ***a*** et ***o.*** *Il chargea, nous chargeons.*

CHARGEUR n. m.
1. Dispositif approvisionnant en cartouches le magasin d'une arme à répétition.
2. Boîte étanche destinée à recevoir la pellicule d'un appareil de photo, d'une caméra.

CHARGEUSE n. f.
Engin automoteur constitué d'un tracteur équipé à l'avant de deux bras articulés portant un godet relevable, et servant à la reprise, au transport et au déchargement des matériaux. *L'entreprise a fait l'acquisition d'une chargeuse* (et non d'un *loader).

CHARGEUSE-PELLETEUSE n. f.
Engin de terrassement comportant à l'avant un équipement de chargeuse et, à l'arrière, un équipement de pelle rétrocaveuse (Recomm. off.).
L'appellation « pépine » relève du parler populaire québécois et ne peut remplacer convenablement en contexte spécialisé le terme technique établi (GDT).
Ne pas confondre avec la ***rétrochargeuse,*** chargeuse dont le godet peut être rempli à l'avant et déchargé à l'arrière en passant par-dessus l'engin.

CHARIOT n. m.
Voiture à quatre roues servant à la manutention ou au transport de produits. *Des chariots de supermarché. Des chariots de bagages. « Des trains presque sans fin de chariots vides de tout bagage »* (Pierre Nepveu, *Lignes aériennes*).
LOCUTION
– ***Chariot élévateur.*** Chariot motorisé à conducteur porté, qui permet de manutentionner, de lever ou d'abaisser une charge (GDT). *Un chariot élévateur* (et non *lift truck).
[Les *Rectifications* (1990) admettent : charriot.]

CHARISMATIQUE adj.
Les lettres ***ch*** se prononcent ***k,*** [karismatik].
1. Qui se rapporte au charisme.
2. Se dit d'une personnalité qui jouit d'un grand prestige, d'un charme irrésistible.

CHARISME n. m.
Les lettres ***ch*** se prononcent ***k***, [karism].
1. Don particulier octroyé par Dieu.
2. Ascendant naturel. *René Lévesque avait beaucoup de charisme.*

CHARITABLE adj.
Qui a de la charité pour les autres, qui est généreux. *Ces jeunes portent des repas chauds à des personnes âgées : ils sont très charitables.* ANT. égoïste.

CHARITABLEMENT adv.
Avec charité. SYN. généreusement.

CHARITÉ n. f.
Amour des autres. *Faire la charité.* SYN. générosité.

CHARIVARI n. m.
Bruit discordant. SYN. chahut ; tapage.

CHARLATAN n. m.
Escroc qui exploite la crédulité publique. *Cette cartomancienne est un charlatan.*
Ce nom n'a pas de forme féminine.

CHARLATANISME n. m.
Procédé du charlatan. *Ces prétendus guérisseurs ont été accusés de charlatanisme.*

CHARLESTON n. m.
Les lettres ***ch*** se prononcent ***ch*** (et non *tch) et le ***n*** se prononce, [ʃarlɛstɔn] ; le nom rime avec ***tonne***.
Danse à la mode vers 1920.

CHARLOTTE n. f.
Entremets à base de fruits, de crème qu'on entoure avec du pain grillé ou des biscuits. *Une charlotte aux amandes.*

CHARMANT, ANTE adj.
1. Qui a beaucoup de charme, qui séduit. *« Un jeune Écossais, charmant de traits et de caractère, tout humour et toute drôlerie, avait fini par m'approcher »* (Gabrielle Roy, *La Détresse et l'Enchantement*). SYN. séduisant.
2. Qui fait preuve de délicatesse. *Une attention charmante.* SYN. aimable ; gentil.
3. Qui est très agréable. *Une auberge charmante. Des illustrations charmantes.*
4. (IRON.) Très ennuyeux. *Nous avons raté le dernier métro, c'est charmant !*
LOCUTIONS
– ***Prince charmant.*** Personnage merveilleux de noble ascendance, jeune et beau qui délivre la princesse et l'épouse.
– ***Prince charmant.*** (FIG.) Fiancé idéal. *Ces jeunes filles sont à la recherche du prince charmant.*

CHARME n. m.
1. Enchantement. *Le charme est rompu.* SYN. ensorcellement.
2. Séduction exercée par une personne, une chose. *Le charme d'une ancienne maison de campagne. Elles ont beaucoup de charme.* SYN. agrément ; attrait.
LOCUTIONS
– ***Faire du charme.*** Tenter de plaire, de séduire. SYN. charmer.
– ***Rompre le charme.*** Faire cesser l'enchantement, détruire l'illusion.
– ***Se porter comme un charme.*** Se sentir très bien, en bonne forme. *Elles se portent comme un charme malgré leur âge avancé.*

CHARMER v. tr.
1. Ensorceler. *Ulysse disait que le chant des sirènes charmait les marins.*
2. Attirer, séduire. *Votre visite nous a charmés. Les musiciens ont charmé l'auditoire.* SYN. faire plaisir à ; plaire à.
CONJUGAISON : VOIR MODÈLE AIMER.

CHARMEUR, EUSE adj. et n. m. et f.
ADJECTIF
Qui exerce un pouvoir de séduction. *Un sourire charmeur.*
NOM MASCULIN ET FÉMININ
Personne qui charme, qui ensorcelle. *Ce jeune homme est un charmeur. Au Maroc, un charmeur de serpents a enroulé un serpent autour de mon cou : j'avais très peur.*

CHARMILLE n. f.
Allée d'arbres taillés. *Elle marchait sous la charmille de lilas parfumés.*

CHARNEL, ELLE adj.
Qui appartient à la chair, au corps.

CHARNELLEMENT adv.
D'une façon charnelle.

CHARNIER n. m.
Fosse où sont entassés des cadavres.

CHARNIÈRE n. f.
1. Assemblage qui articule deux surfaces. *Les charnières d'une porte.*
2. (FIG.) Point de jonction, transition. *Dans cette histoire, les charnières sont importantes.*
LOCUTION
– ***Date charnière.*** Date qui sert de jalon. *Des dates charnières.*

CHARNU, UE adj.
Formé de chair. *Les parties charnues de son anatomie. « Majorique [...], sa fine petite moustache noire au-dessus d'une lèvre très rouge et charnue comme un fruit prêt à éclater »* (Gabrielle Roy, *De quoi t'ennuies-tu, Éveline?*).
LOCUTION
– ***Fruit charnu.*** De consistance ferme et juteuse.

CHAROGNARD n. m.
1. Animal qui se nourrit d'animaux morts. *Les vautours et les chacals sont des charognards.*
2. (FIG.) Exploiteur répugnant du malheur des autres.
charog**nard.**

CHAROGNE n. f.
Corps de bête morte.
charogne.

CHAROLAIS, AISE adj. et n. m. et f.
ADJECTIF
1. Qui est du Charolais. *Une coutume charolaise.*
2. Qui est de la race des charolais. *Des bœufs charolais.*
T L'adjectif s'écrit avec une minuscule.
NOM MASCULIN ET FÉMININ
1. Du Charolais. *Un Charolais, une Charolaise.*
2. Bovin de la race des charolais. *Des charolais* ou *Charolais bien vigoureux.*
T Le nom qui désigne une personne s'écrit avec une majuscule ; celui qui désigne une race de bovins s'écrit avec une minuscule ou une majuscule.
charo**lais.**

CHARPENTE n. f.
Assemblage de pièces de bois ou de fer soutenant une construction. *Ériger la charpente d'une maison.*

CHARPENTÉ, ÉE adj.
1. Bâti. *Des bûcherons bien charpentés.*
2. (FIG.) Structuré. *Un texte bien charpenté.* SYN. construit.

CHARPENTIER n. m.
CHARPENTIÈRE n. f.
Personne qui fait des travaux de charpente.

CHARPIE n. f.
Amas de fils tirés d'une étoffe usée servant anciennement à panser les blessures.
LOCUTION
– ***Mettre en charpie.*** (FIG.) Réduire en miettes, déchirer.

CHARRETIER n. m.
CHARRETIÈRE n. f.
Personne qui conduit une charrette.
LOCUTION
– ***Jurer comme un charretier.*** Blasphémer grossièrement.

CHARRETTE n. f.
1. Voiture à deux roues servant au transport des fardeaux.
2. Travail intensif en vue de terminer à temps un projet, un ouvrage, un texte. *Je dois faire une charrette ce soir.*
Ce mot s'emploie principalement dans le domaine de l'architecture et de la communication.
charrette.

CHARRIAGE n. m.
Action de charrier. *Le charriage des glaces par la rivière.*
charriage.

CHARRIER v. tr., intr.
VERBE TRANSITIF
1. Transporter dans une charrette. *Charrier du foin.*
2. Entraîner, en parlant d'un cours d'eau. *Le fleuve a charrié des amas de glace.*
VERBE INTRANSITIF
(FAM.) Exagérer. *Tu charries !*
LOCUTION
– ***Charrier dans les bégonias.*** (FAM.) Exagérer.
CONJUGAISON : VOIR MODÈLE ÉTUDIER.
Redoublement du ***i*** à la première et à la deuxième personne du pluriel de l'indicatif imparfait et du subjonctif présent. *(Que) nous charriions, (que) vous charriiez.*
charrier.

CHARROI n. m.
Transport par chariot.
charroi.

CHARRON n. m.
Personne qui fabrique et répare des charrettes.

CHARROYER v. tr.
Charrier. *Le cultivateur charroyait du bois.* SYN. transporter.
CONJUGAISON : VOIR MODÈLE EMPLOYER.
Le ***y*** se change en ***i*** devant un ***e*** muet. *Je charroie, je charroierai.* Le ***y*** est suivi d'un ***i*** à la première et à la deuxième personne du pluriel de l'indicatif imparfait et du subjonctif présent. *(Que) nous charroyions, (que) vous charroyiez.*

CHARRUE n. f.
Instrument aratoire composé d'un ou de plusieurs socs tranchants et servant au labour.
LOCUTION
– ***Mettre la charrue devant, avant les bœufs.*** (FIG.) Commencer par la fin.
FORME FAUTIVE
*charrue. Impropriété au sens de ***chasse-neige.***
charrue.

CHARTE n. f.
Loi fondamentale. *La Charte de la langue française a été adoptée le 26 août 1977.*
T Dans un titre de loi, le nom ***charte*** s'écrit avec une majuscule.
Ne pas confondre avec le mot vieilli ***chartre*** qui désignait une prison ni avec le nom propre ***Chartres*** qui désigne la ville.

***CHARTER**
Anglicisme pour ***avion nolisé, vol nolisé.***

CHARTRE n. f.
(ANCIENN.) Prison.
Ne pas confondre avec le nom ***charte,*** loi fondamentale.

CHARTREUSE n. f.
Liqueur aux herbes. *De la chartreuse verte ou jaune.*

CHARTREUX, EUSE n. m. et f.
1. Religieux, religieuse de l'ordre de Saint-Bruno.
T Le nom s'écrit avec une minuscule lorsqu'il désigne un membre de l'ordre religieux ; quand il désigne l'ordre religieux, il s'écrit avec une majuscule. *Les Chartreux.*
2. Race de chats.

CHAS n. m.
Trou d'une aiguille où passe le fil.
HOM.
• ***chat,*** animal ;
• ***shah,*** titre porté par des souverains du Moyen-Orient.
chas.

CHASSE n. f.
1. Action de poursuivre le gibier pour le tuer. *Faire bonne chasse. La chasse au lion, aux canards.*
2. Poursuite. *Les policiers doivent faire la chasse aux contrebandiers.*
LOCUTIONS
– ***Chasse d'eau.*** Masse d'eau qui s'écoule tout d'un coup pour nettoyer un conduit. *Actionner la chasse* (et non *tirer la chasse, *tirer la chaîne).
– ***Chasse gardée.*** (FIG.) Domaine exclusif.
– ***Donner la chasse.*** Chasser, poursuivre. *Donner la chasse aux malfaiteurs.*
– ***Prendre en chasse.*** Poursuivre. *Les fuyards ont été pris en chasse par les policiers.*
HOM. ***châsse,*** coffret.

CHASSE-
Les mots composés avec l'élément ***chasse-*** s'écrivent avec un trait d'union. Au pluriel, ***chasse-,*** qui est un verbe, demeure invariable, tandis que le second élément est parfois variable, parfois invariable. *Des chasse-neige.*

CHÂSSE n. f.
Coffret contenant les reliques d'un saint. *Une châsse richement ornée qui renferme un fragment d'os de saint François d'Assise. « Debout dans ma châsse d'os »* (Pierre Nepveu, *Lignes aériennes*).
HOM. ***chasse,*** action de poursuivre le gibier.
châsse.

CHASSE-CLOU n. m. (pl. *chasse-clous*)
Poinçon servant à enfoncer les clous.

CHASSÉ-CROISÉ n. m. (pl. *chassés-croisés*)
Échange réciproque de fonctions, de situations.

CHASSE-MARÉE n. m. (pl. *chasse-marée* ou *chasse-marées*)
Bateau de pêche à trois mâts.

CHASSE-MOUCHE(S) n. m. (pl. *chasse-mouches*)
Petit balai avec lequel on écarte les mouches. *Un chasse-mouches* ou *chasse-mouche bien conçu.*

CHASSE-NEIGE n. m. (pl. *chasse-neige* ou *chasse-neiges*)
1. Véhicule servant au déblayage des voies de circulation obstruées par la neige. *Un chasse-neige* (et non une *gratte, une *charrue), *des chasse-neige* ou *chasse-neiges.*
2. Façon de freiner, en ski. *Fanny commence à faire du chasse-neige.*

CHASSE-PIERRE(S) n. m. (pl. *chasse-pierres*)
Appareil placé à l'avant d'une locomotive pour écarter les obstacles.

CHASSER v. tr., intr.
VERBE TRANSITIF
1. Poursuivre des animaux pour les tuer. *Chasser le chevreuil.*
2. Déloger, congédier. *Nous avons dû le chasser : il nous volait.* SYN. écarter ; exclure.
3. Faire partir. *La pluie a chassé les touristes.*
VERBE INTRANSITIF
Déraper. *Les roues ont chassé sur la chaussée glissante.*
CONJUGAISON : VOIR MODÈLE AIMER.

CHASSERESSE adj. f.
(LITT.) Chasseuse. *Diane chasseresse.*

CHASSEUR n. m.
CHASSEUSE n. f.
1. Personne qui chasse. *Un chasseur d'orignaux.*
2. Employé d'un hôtel, d'un restaurant qui se charge de faire les courses. *Faites appel au chasseur* (et non au *bell boy).
LOCUTION
– ***Chasseur de têtes.*** (FIG.) Personne qui fait le recrutement de cadres. *Jean-Pierre est un chasseur de têtes réputé.*

CHÂSSIS n. m.
Armature. *Le châssis de la fenêtre est en bois.* SYN. bâti ; cadrage.
Ne pas confondre avec le nom ***fenêtre,*** ouverture dans un mur.
châssis.

CHASTE adj.
Pur, qui s'abstient des plaisirs de la chair. SYN. sage ; vertueux.

CHASTEMENT adv.
D'une manière chaste. SYN. vertueusement.

CHASTETÉ n. f.
Abstinence des plaisirs de la chair. SYN. continence ; pureté ; vertu.

CHASUBLE n. f.
Vêtement liturgique. *Le curé a revêtu sa chasuble dorée à l'occasion de Noël.*

CHAT n. m.
1. Animal domestique carnivore appartenant à la famille des félidés. *Un chat de gouttière, des chats angoras.*
2. Mâle de la chatte.
VOIR TABLEAU – ANIMAUX.
LOCUTIONS
– ***Appeler un chat un chat.*** Appeler les choses par leur nom.
– ***Avoir un chat dans la gorge.*** (FIG.) Être enroué.
– ***C'est de la bouillie pour les chats.*** Propos insensés, sans fondement. *« L'almanach qui prédit le temps pour une année, c'est de la bouillie pour les chats », avait coutume de dire M. Ouellet, le météorologue.*
– ***Chat échaudé craint l'eau froide.*** Après une mauvaise expérience, on devient plus prudent.
– ***Chat sauvage.*** ⚜ Mammifère carnivore d'Amérique dont la fourrure est recherchée. *« Un homme vêtu d'un manteau de chat sauvage vient à sa rencontre sur la route, dans le grand froid de l'hiver »* (Anne Hébert, *Kamouraska*).
– ***Donner sa langue au chat.*** (FIG.) Abandonner, capituler.
– ***Il n'y a pas de quoi fouetter un chat.*** (FIG.) C'est une faute insignifiante.
– ***Il n'y a pas un chat.*** Il n'y a personne (et non *pas personne).
– ***S'entendre comme chien(s) et chat(s).*** (FIG.) Être en mauvais termes.
FORME FAUTIVE
*le chat est sorti du sac. Calque de «*the cat's out of the bag*» pour ***on a découvert le pot aux roses.***
HOM. ***chas,*** trou d'une aiguille où passe le fil.

***CHAT**
Anglicisme pour ***clavardage.***

CHÂTAIGNE n. f.
Fruit du châtaignier.
Dans la langue de la cuisine, on utilise plutôt le nom ***marron.***
châtaigne.

CHÂTAIGNERAIE n. f.
Lieu planté de châtaigniers.
châtaigner**aie.**

CHÂTAIGNIER n. m.
Arbre de grande taille dont le fruit est la châtaigne.
châtaignier.

CHÂTAIN, AINE adj. et n. m. et f.
ADJECTIF DE COULEUR VARIABLE
De la couleur brun clair de la châtaigne. *Des cheveux châtains.*
Attention, si l'adjectif de couleur est composé, il est invariable. *Des chevelures châtain clair.*
VOIR TABLEAU – COULEUR (ADJECTIFS DE).
NOM MASCULIN ET FÉMININ
Qui a des cheveux de la couleur de la châtaigne. *Une belle châtaine* (et non *châtaigne).
châtain.

CHÂTEAU n. m. (pl. *châteaux*)
Habitation royale ou seigneuriale généralement située à la campagne. *Les châteaux de la Loire.*
T Les noms génériques de monuments, d'édifices s'écrivent avec une minuscule. *Le château d'Azay-le-Rideau.*
LOCUTION
– ***Château fort.*** Demeure fortifiée. *Des châteaux forts bien conservés.*
Ne pas confondre avec les noms suivants :
- ***castel,*** petit château ;
- ***gentilhommière,*** petit château à la campagne ;
- ***manoir,*** habitation seigneuriale entourée de terres ;
- ***palais,*** résidence d'un chef d'État ou d'un souverain.

CHATEAUBRIAND ou **CHÂTEAUBRIANT** n. m.
S'abrège familièrement en ***château.*** *Je prendrai un château avec des frites.*
Tranche de bœuf grillée (selon la recette qui serait due au cuisinier de l'écrivain).

CHÂTELAIN, AINE n. m. et f.
Seigneur ou dame d'un château. *C'est une châtelaine qui a dirigé la construction d'Azay-le-Rideau.*
châtelain.

CHÂTELAINE n. f.
Chaîne attachée à la ceinture ou au cou et destinée à suspendre des clés, des ciseaux, des bijoux.
châtelaine.

CHÂTELET n. m.
(ANCIENN.) Petit château fort.
châtelet.

CHAT-HUANT n. m. (pl. *chats-huants*)
Oiseau rapace nocturne. *Les chats-huants se nourrissent de mulots.*

CHÂTIER v. tr.
(LITT.) Punir, faire expier une faute à. *Qui aime bien châtie bien* (Proverbe). SYN. corriger.
LOCUTION
– ***Style châtié.*** Style littéraire, recherché.
Attention à l'erreur fréquente : quand on parle d'un ***français châtié,*** il s'agit d'un bon français et non d'une langue relâchée.
CONJUGAISON : VOIR MODÈLE ÉTUDIER.
Redoublement du ***i*** à la première et à la deuxième personne du pluriel de l'indicatif imparfait et du subjonctif présent. *(Que) nous châtiions, (que) vous châtiiez.*

CHATIÈRE n. f.
Ouverture pratiquée au bas d'une porte pour permettre le passage du chat.
chatière.

C

CHÂTIMENT n. m.
Action de châtier, de donner une peine sévère. SYN. punition.
⇒ châtiment.

CHATOIEMENT n. m.
Reflet brillant et changeant d'une pierre, d'une étoffe. *Le chatoiement du satin.*

CHATON n. m.
1. Petit de la chatte.
2. Épi de petites fleurs de certains arbres. *Les chatons du saule.*
3. Saillie enchâssant une pierre précieuse, dans une bague.

CHATOUILLEMENT n. m.
1. Action de chatouiller.
On dit aussi familièrement ***chatouille.*** *Vincent fait des chatouilles à sa sœur.*
2. Sensation qui en résulte. *Elle éprouva un petit chatouillement.*

CHATOUILLER v. tr.
Causer, par des attouchements légers et répétés, un tressaillement ou un rire nerveux. *Tu me chatouilles, petit coquin.*
CONJUGAISON : VOIR MODÈLE AIMER.
Les lettres ***ill*** sont suivies d'un ***i*** à la première et à la deuxième personne du pluriel de l'indicatif imparfait et du subjonctif présent. *(Que) nous chatouillions, (que) vous chatouilliez.*

CHATOUILLEUX, EUSE adj.
1. Sensible au chatouillement. *Sophie est très chatouilleuse.*
2. (FIG.) Susceptible, qui se vexe facilement. *Il est chatouilleux sur cette question.*
En ce sens, l'adjectif se construit avec la préposition ***sur.***
⇒ chatouilleux.

CHATOYANT, ANTE adj.
Qui chatoie. *Une étoffe chatoyante.*

CHATOYER v. intr.
Avoir des reflets changeants. *Cette étoffe brodée d'or chatoie.*
CONJUGAISON : VOIR MODÈLE EMPLOYER.
Le ***y*** se change en ***i*** devant un ***e*** muet. *Il chatoie, il chatoyait.*
Le ***y*** est suivi d'un ***i*** à la première et à la deuxième personne du pluriel de l'indicatif imparfait et du subjonctif présent. *(Que) nous chatoyions, (que) vous chatoyiez.*

CHÂTRER v. tr.
1. Pratiquer la castration sur un animal mâle ou femelle. SYN. castrer.
2. (PÉJ.) Castrer une personne.
Ne pas confondre avec le verbe ***émasculer,*** castrer un animal mâle, sans connotation péjorative.
CONJUGAISON : VOIR MODÈLE AIMER.
⇒ châtrer.

CHATTE n. f.
Femelle du chat. *Viens, ma petite chatte grise. Une chatte angora.*
VOIR TABLEAU – ANIMAUX.

***CHATTER**
Anglicisme pour ***clavarder.***

CHATTERIE n. f.
Caresse câline, parfois hypocrite. *Faire des chatteries.* SYN. cajolerie.

***CHATTEUR**
Anglicisme pour ***clavardeur.***

CHAUD, CHAUDE adj., adv. et n. m.
ADJECTIF
1. Qui possède, donne ou conserve de la chaleur. *Un manteau chaud. Manger une soupe bien chaude.* ANT. froid ; glacé.
2. Ardent. *Un chaud défenseur de cette théorie.* SYN. enthousiaste ; passionné.
ADVERBE
Il fait chaud, servir chaud, manger chaud, tenir chaud.
Pris adverbialement, le mot est invariable. *Elles ont chaud.*
NOM MASCULIN
Chaleur. *Le chaud et le froid.*
LOCUTIONS
– ***Cela ne me fait ni chaud ni froid.*** (FIG.) Cela m'est égal.
– ***Chaud et froid.*** Refroidissement brusque alors qu'on est en sueur. *Des chauds et froids dangereux.*
Ne pas confondre avec le nom ***chaud-froid,*** plat de volaille.
– ***J'ai, nous avons eu chaud.*** (FIG.) J'ai, nous avons eu peur.
FORME FAUTIVE
*patate chaude. Calque de «*hot potato*» au sens de ***problème épineux, affaire embarrassante, question délicate.*** *Plutôt que de refiler ce problème épineux* (et non cette *patate chaude) *à un collègue, il vaudrait mieux le régler.*

CHAUDEMENT adv.
1. De manière à conserver la chaleur. *Habille-toi chaudement.*
2. Avec ardeur. *Elle a été chaudement félicitée.* SYN. ardemment ; vivement.

CHAUD-FROID n. m. (pl. *chauds-froids*)
Plat de volaille.
Ne pas confondre avec la locution ***chaud et froid,*** refroidissement brusque.

CHAUDIÈRE n. f.
1. Appareil destiné à fournir de l'énergie thermique. *Une chaudière de chauffage central.*
2. ⚜ Seau. *Puiser de l'eau au moyen d'une chaudière.*
En ce sens, le nom demeure usuel au Québec et dans la francophonie canadienne, mais il n'appartient plus à l'usage courant de la majorité des locuteurs du français.

CHAUDRÉE DE PALOURDES n. f.
Soupe aux coquillages et pommes de terre d'Acadie et de Nouvelle-Angleterre. *On rêve d'une chaudrée de palourdes* (et non d'un *clam chowder) *et de crustacés à peine saisis.*
En France, le mot ***chaudrée*** désigne la soupe de poisson charentaise (GDT).

CHAUDRON n. m.
Récipient métallique à anse mobile réservé à la cuisson des aliments. *Un gros chaudron de ragoût.*
Ne pas confondre avec les noms suivants :
• ***casserole,*** récipient métallique muni d'un manche et parfois d'un couvercle ;
• ***poêle,*** récipient plat à longue queue.

CHAUDRONNÉE n. f.
Contenu d'un chaudron. *Une chaudronnée de potage aux légumes.*

CHAUDRONNERIE n. f.
Industrie des récipients métalliques, notamment des chaudières (appareil de chauffage).

CHAUDRONNIER n. m.
CHAUDRONNIÈRE n. f.
Personne qui fabrique ou vend des chaudrons, des chaudières (appareil de chauffage).

CHAUFFAGE n. m.
1. Action de chauffer. *Le chauffage de la maison prend quelques heures. Du bois de chauffage.*
2. Installation pour chauffer. *Installer le chauffage central.*

CHAUFFANT, ANTE adj.
Qui produit de la chaleur. *Une plaque chauffante. Des bigoudis chauffants.*

CHAUFFARD n. m.
Mauvais conducteur. *Alain a été heurté par un chauffard.*
Ce nom ne comporte pas de forme féminine.

CHAUFFE-
Les mots composés avec l'élément ***chauffe-*** s'écrivent avec un trait d'union. Au pluriel, ***chauffe-,*** qui est un verbe, demeure invariable, tandis que le second élément est parfois variable, parfois invariable. *Des chauffe-eau.*

CHAUFFE-ASSIETTE(S) n. m. (pl. *chauffe-assiettes*)
Appareil servant à chauffer les assiettes.

CHAUFFE-EAU n. m. inv. (pl. *chauffe-eau*)
Appareil producteur d'eau chaude.
[Les *Rectifications* (1990) admettent : un chauffe-eau, des chauffe-eaux.]

CHAUFFE-MOTEUR n. m. (pl. *chauffe-moteurs*)
(AUTO.) Appareil qui assure le préchauffage du liquide de refroidissement des cylindres (GDT). *Par grand froid, le chauffe-moteur* (et non *block heater) *prévient les pannes de démarrage.*

CHAUFFE-PIED(S) n. m. (pl. *chauffe-pieds*)
Petit réchaud pour les pieds. *Un chauffe-pieds* ou *chauffe-pied électrique.*

CHAUFFE-PLAT n. m. (pl. *chauffe-plats*)
Appareil servant à garder les mets chauds. *Des chauffe-plats électriques.*

CHAUFFER v. tr., intr., pronom.
VERBE TRANSITIF
Rendre plus chaud. *Chauffer une maison.* SYN. réchauffer.
VERBE INTRANSITIF
1. Devenir chaud. *Le moteur semble chauffer.*
2. Produire de la chaleur. *Ce radiateur ne chauffe pas bien.*
VERBE PRONOMINAL
Se réchauffer, se procurer de la chaleur. *Viens, on va se chauffer un peu près de la cheminée !*
À la forme pronominale, le participe passé de ce verbe s'accorde toujours en genre et en nombre avec son sujet. *Elles se sont chauffées au soleil.*
LOCUTION
– ***Montrer de quel bois on se chauffe.*** (FIG.) Montrer comment on peut réagir avec fermeté.
FORME FAUTIVE
*chauffer. Au sens de ***conduire*** (une voiture), ce verbe est un archaïsme.
CONJUGAISON : VOIR MODÈLE AIMER.

CHAUFFERETTE n. f.
1. Petit réchaud. *Une chaufferette ancienne.*
2. ⚜ Dispositif de chauffage d'une voiture.
3. ⚜ Radiateur électrique portatif.

CHAUFFERIE n. f.
Local où sont installées les chaudières d'un navire, d'une usine, d'un bâtiment.

CHAUFFEUR n. m.
CHAUFFEUSE n. f.
Personne dont le métier est de conduire un taxi, un autobus, un camion. *Un chauffeur de camion, une chauffeuse de taxi.*
Au sens de ***conducteur d'automobile***, ce nom est vieilli.

CHAUFFEUSE n. f.
Chaise basse.

CHAULER v. tr.
Traiter, blanchir à la chaux.
CONJUGAISON : VOIR MODÈLE AIMER.

CHAUMAGE n. m.
Action d'enlever le chaume après la récolte.
HOM. ***chômage,*** manque de travail.

CHAUME n. m.
Paille. *Des toits de chaume. « Et rien ne restait d'autre que le tapis ras et doré du chaume »* (Ringuet, *Trente Arpents*).

CHAUMER v. tr.
Enlever le chaume, après la récolte.
HOM. ***chômer,*** ne pas travailler ou manquer de travail.
CONJUGAISON : VOIR MODÈLE AIMER.

CHAUMIÈRE n. f.
Petite maison couverte de chaume.

CHAUMINE n. f.
(VIEILLI) Petite chaumière.

CHAUSSÉE n. f.
Partie de la route utilisée pour la circulation des véhicules. *L'accident a eu lieu alors que la chaussée était mouillée.*

CHAUSSE-PIED n. m. (pl. *chausse-pieds*)
Lame incurvée dont on se sert pour se chausser.
[Les *Rectifications* (1990) admettent : chaussepied.]

CHAUSSER v. tr., intr., pronom.
VERBE TRANSITIF
Mettre des chaussures. *Chausser des bottes.*
VERBE INTRANSITIF
Avoir telle pointure. *Je chausse du 7.*
VERBE PRONOMINAL
Mettre ses chaussures. *Ils se sont chaussés rapidement.*
À la forme pronominale, le participe passé s'accorde toujours en genre et en nombre avec le sujet.
CONJUGAISON : VOIR MODÈLE AIMER.

CHAUSSE-TRAPE ou **CHAUSSE-TRAPPE** n. f. (pl. *chausse-trapes* ou *chausse-trappes*)
1. Piège dissimulé.
2. (FIG.) Ruse. SYN. embûche ; traquenard.
[Les *Rectifications* (1990) admettent : chaussetrappe.]

CHAUSSETTE n. f.
Vêtement en tricot qui couvre le pied et la cheville. *Des chaussettes de laine.*
Ne pas confondre avec le mot ***bas,*** vêtement qui couvre la jambe.

CHAUSSEUR n. m.
Fabricant, vendeur de chaussures, parfois faites sur mesure.

CHAUSSON n. m.
1. Pantoufle. *Des chaussons de laine. « On ne l'entend jamais venir, sur ses chaussons de feutre »* (Anne Hébert, *Kamouraska*).
2. Pâtisserie composée de pâte feuilletée fourrée de compote de pommes, de fraises, etc. *Un petit chausson avec ça ? Un chausson aux bleuets.*

CHAUSSURE n. f.
Partie du vêtement qui protège le pied. *Des chaussures de cuir, des chaussures de marche.*
LOCUTION
– ***Trouver chaussure à son pied.*** (FIG.) (FAM.) Trouver ce qui correspond exactement à ce qui était recherché.

CHAUVE adj. et n. m. et f.
Qui n'a plus ou presque plus de cheveux.

CHAUVE-SOURIS n. f. (pl. *chauves-souris*)
Mammifère ailé insectivore. *Des chauves-souris les ont effrayés.*
[Les *Rectifications* (1990) admettent : chauvesouris.]

CHAUVIN, INE adj. et n. m. et f.
ADJECTIF
Qui a un patriotisme exclusif, fanatique.
NOM MASCULIN ET FÉMININ
Patriote fanatique.

CHAUVINISME n. m.
Patriotisme exagéré.

CHAUX n. f.
Oxyde de calcium. *Une maison blanchie à la chaux.*
chaux.

C

CHAVIRER v. tr., intr.
VERBE TRANSITIF
1. Faire renverser. *Chavirer un canot pour le réparer.*
2. (FIG.) Émouvoir, bouleverser. *Ce film l'a chaviré.* SYN. retourner.
VERBE INTRANSITIF
Se renverser. *Il y avait beaucoup de vent et la barque a chaviré.*
CONJUGAISON : VOIR MODÈLE AIMER.

ch. de f.
Abréviation de ***chemin de fer.***

***CHEAP**
Anglicisme pour ***bon marché, commun, mesquin.***

***CHECKER**
Anglicisme pour ***contrôler, observer, regarder, vérifier.***

***CHECK-LIST**
Anglicisme pour ***liste de pointage, liste de vérification.***

***CHECK-UP**
Anglicisme pour ***examen général, bilan de santé*** (pour une personne) et ***inspection, vérification*** (pour un appareil, une voiture).

CHEDDAR n. m.
Fromage à pâte dure. *Des cheddars délicieux.*
T Le nom du fromage s'écrit avec une minuscule ; le nom de la ville, avec une majuscule.

CHEF n. m. et f.
NOM MASCULIN ET FÉMININ
Personne qui dirige une unité administrative, un groupe, etc. *Une chef de service, un chef d'entreprise, un chef d'État, un chef d'orchestre.*
Nom de métier + ***chef.*** Le mot ***chef*** est joint à ce nom par un trait d'union et prend la marque du pluriel. *Une infirmière-chef, des infirmières-chefs.*
Chef + nom de métier, d'unité administrative. Le mot ***chef*** s'écrit sans trait d'union et prend la marque du pluriel. *Un chef cuisinier. Des chefs de division, d'équipe.*
NOM MASCULIN
(DR.) Élément distinct d'une demande en justice, d'un acte d'accusation, d'un jugement. *Des chefs d'accusation.*
On parle ainsi d'un *chef d'accusation,* d'un *chef de demande* et, en particulier, d'un *chef de préjudice,* d'un *chef de jugement* ou *d'arrêt* (Recomm. off.).
LOCUTIONS
– ***Au premier chef,*** loc. adv. Au plus haut point. *Il importe au premier chef que vous acceptiez.*
– ***De son chef.*** (LITT.) De sa propre initiative.
– ***En chef,*** loc. adv. En qualité de chef. *Ingénieur en chef.*
FORME FAUTIVE
*chef de pupitre. Calque de «*deskman*» pour ***secrétaire de rédaction.***

CHEF-D'ŒUVRE n. m. (pl. *chefs-d'œuvre*)
La lettre ***f*** est muette, [ʃɛdœvr].
Œuvre capitale, d'une grande beauté. *Ces sculptures de Michel-Ange et de Rodin sont des chefs-d'œuvre.*

CHEFFERIE n. f.
1. Territoire sous l'autorité d'un chef de tribu.
2. (POLIT.) Fonction de chef de parti politique. *Une course à la chefferie du Parti libéral du Canada. Pauline Marois a été nommée à la chefferie du Parti québécois en 2007.* SYN. direction.
Le terme ***chefferie*** fait partie du vocabulaire politique du Canada français depuis plus d'un siècle (GDT).

CHEFTAINE n. f.
Jeune fille dirigeant un groupe de guides ou de louveteaux.
VOIR – SCOUT.

CHEIKH, CHEIK ou **SCHEIK** n. m.
Les lettres ***ei*** se prononcent ***è,*** [ʃɛk].
Chef de tribu chez les Arabes.

CHELEM ou **SCHELEM** n. m.
Le premier ***e*** ne se prononce pas, [ʃlɛm].
Réunion dans la main de deux partenaires de toutes les levées, au bridge. *Réussir des chelems.*
En ce sens, on emploie aussi ***grand chelem,*** par opposition à ***petit chelem*** (toutes les levées moins une).

CHEMIN n. m.
1. Voie de communication d'intérêt local, en milieu rural et d'importance secondaire par rapport à la route (Recomm. off.).
T Les mots génériques des noms de voies de circulation ou odonymes (***avenue, boulevard, chemin, côte, place, route, rue,*** etc.) s'écrivent avec une minuscule et sont suivis du nom spécifique qui s'écrit avec une ou des majuscules. *L'avenue du Docteur-Penfield.* Suivi d'un odonyme, le verbe ***habiter*** se construit sans préposition. *Marie-Ève habite 7, avenue Antonine-Maillet.*
VOIR TABLEAU – ODONYMES.
2. Parcours, direction. *J'ai fait le chemin en voiture. Demander son chemin.*
LOCUTIONS
– ***Faire son chemin.*** (FIG.) Réussir. *Elle fera son chemin dans la vie.*
– ***Ne pas y aller par quatre chemins.*** Aller droit au but.
– ***Passer son chemin.*** Ne pas s'arrêter. *Allez, passez votre chemin.*
– ***Rebrousser chemin.*** Revenir. *Il nous a fallu rebrousser chemin parce que la route était inondée.*

CHEMIN DE FER n. m.
Abréviation ***ch. de f.*** (s'écrit avec des points).
Moyen de transport utilisant la voie ferrée.
On disait ***voyager par chemin de fer*** (et non *en chemin de fer). Mais on emploie plus couramment ***en train*** ou ***par le train.***

CHEMINÉE n. f.
1. Construction se composant d'un âtre et d'un conduit communiquant avec l'extérieur pour laisser s'échapper la fumée. *La cheminée tire bien. « Fais du feu dans la cheminée, je reviens chez nous »* (Jean-Pierre Ferland, *Je reviens chez nous*).
2. Partie inférieure de la cheminée qui forme l'encadrement de l'âtre. *Une cheminée de pierres sculptées.*
3. Partie supérieure de la cheminée composée d'un conduit qui sert à l'évacuation de la fumée sur le toit. *Une belle fumée blanche sort de la cheminée.*
Ne pas confondre avec le nom ***foyer,*** partie de l'âtre où se fait le feu.

CHEMINEMENT n. m.
1. Action de cheminer. *Le cheminement lent de l'escargot.*
2. (FIG.) Progression lente. *Le cheminement d'un concept.*

CHEMINER v. intr.
1. Marcher tranquillement vers un lieu. SYN. aller ; avancer.
2. (FIG.) Progresser lentement. *Ce projet cheminait dans son esprit.*
CONJUGAISON : VOIR MODÈLE AIMER.

CHEMINOT n. m.
CHEMINOTE n. f.
Employé, employée des chemins de fer.
cheminot.

CHEMISE n. f.
1. Vêtement (surtout masculin) qui couvre le torse. *Une chemise de coton.*
Pour le vêtement féminin, le nom ***chemisier*** est plus courant.
2. Couverture d'un dossier. *Maman a mis ses factures dans une chemise.*
LOCUTION
– ***Chemise de nuit.*** Vêtement porté à même la peau pour dormir.

CHEMISERIE n. f.
Industrie de la chemise.

CHEMISETTE n. f.
Chemise légère à manches courtes.

CHEMISIER n. m.
Corsage de femme. *Un chemisier de soie.*
Ne pas confondre avec le nom ***chemise,*** vêtement surtout masculin.
LOCUTION
– ***Robe chemisier.*** Robe qui se ferme par l'avant et qui a un col s'apparentant à celui du chemisier. *Des robes chemisiers bleues.*

CHÊNAIE n. f.
Plantation de chênes. *La maison est entourée d'une magnifique chênaie.*
chênaie.

CHENAL n. m. (pl. *chenaux*)
Voie navigable, naturelle ou artificielle, entre des terres ou des hauts-fonds (Recomm. off.).
LOCUTION
– ***Poisson des chenaux.*** Petit poisson de la famille des morues que l'on pêche même l'hiver à travers la glace. SYN. poulamon.

CHENAPAN n. m.
Le ***e*** se prononce ou non, [ʃ[ə]napɑ̃].
Enfant turbulent. *Petit chenapan, tu iras en pénitence!* SYN. coquin; gamin.

CHÊNE n. m.
Grand arbre à bois dur qui produit le gland.
HOM. ***chaîne,*** lien fait d'anneaux.

CHÊNE-LIÈGE n. m. (pl. *chênes-lièges*)
Variété de chêne à feuillage persistant et dont l'écorce fournit le liège.

CHENET n. m.
Chacune des deux pièces de métal où repose le bois dans l'âtre.
chenet.

CHENIL n. m.
Le ***e*** et le ***l*** se prononcent ou non, [ʃənil, ʃnil, ʃəni, ʃni].
1. Abri pour les chiens.
2. Établissement où l'on élève des chiens.

CHENILLE n. f.
1. Larve de papillon se nourrissant de végétaux.
2. Courroie articulée qui permet le déplacement de certains véhicules. *Des blindés équipés de chenilles.*

CHENU, UE adj.
(LITT.) Blanchi par l'âge. *Une barbe chenue.*

CHEPTEL n. m. sing.
Ensemble du bétail d'une exploitation agricole, d'une région.

CHÈQUE n. m.
Document par lequel une personne (le tireur) titulaire d'un compte bancaire donne l'ordre à sa banque (le tiré) de payer une somme déterminée à un bénéficiaire. *Encaisser, toucher* (et non *changer) *un chèque.*
Le complément secondaire ne peut être introduit par la simple préposition ***à.*** Voici quelques constructions possibles : *Elle a libellé un chèque* ***à l'ordre de son université.*** *Il a fait un chèque* ***payable à*** *son propriétaire. Ils ont établi un chèque* ***au profit d'****une fondation.*
LOCUTIONS
– ***Carnet de chèques.*** Ensemble de chèques détachables. *J'ai oublié mon carnet de chèques.* SYN. chéquier.
– ***Chèque antidaté.*** Chèque portant une date antérieure à la date réelle. ANT. chèque postdaté.
– ***Chèque au porteur.*** Chèque ne précisant pas le nom du bénéficiaire et que quiconque peut encaisser. *Un chèque au porteur* (et non un chèque *caisse, un chèque *cash).
– ***Chèque barré.*** Chèque rayé en diagonale par un double trait afin de n'être touché que par l'intermédiaire d'un établissement de crédit.
– ***Chèque(-)cadeau.*** Bon d'échange d'une certaine valeur offert en cadeau pour l'achat d'un bien ou d'un service dans le magasin ou l'entreprise désignée (GDT). *Voici deux chèques(-)cadeaux* (et non *certificats-cadeaux) *de 25 $ du magasin ZED.*
– ***Chèque certifié.*** Chèque pour lequel la banque bloque la provision inscrite.
– ***Chèque de voyage.*** Chèque à l'usage des touristes. *Des chèques de voyage* (et non *traveller's cheques, traveller's checks).
– ***Chèque en blanc.*** Chèque dûment signé par le signataire, mais sur lequel le nom du bénéficiaire et la somme à payer ne sont pas inscrits. *Il est plutôt risqué d'émettre des chèques en blanc.*
– ***Chèque postdaté.*** Chèque portant une date postérieure à la date réelle. ANT. chèque antidaté.
– ***Chèque sans provision.*** Chèque émis par un signataire dont le compte bancaire ne contient pas les fonds suffisants pour en assurer le paiement par la banque. *Un chèque sans provision* (et non *fonds).
– ***Donner un chèque en blanc.*** (FIG.) Donner plein pouvoir à quelqu'un, accorder toute latitude pour entreprendre quelque chose. SYN. donner carte blanche.
– ***Endosser un chèque.*** Pour le bénéficiaire, transmettre la propriété d'un chèque à un tiers en apposant sa signature au dos (et non à l'*endos) du chèque.
– ***Faire opposition, s'opposer à un chèque.*** Pour le signataire d'un chèque, s'opposer au paiement de celui-ci par la banque. *Ils ont fait opposition, ils se sont opposés à* (et non *ont arrêté) *ce chèque.*
– ***(Formule de) chèque.*** Papier sur lequel est établi un chèque. *Le chèque* (et non *blanc de chèque) *comprend notamment le nom et l'adresse de la banque, le nom et le numéro de compte du signataire.*
FORMES FAUTIVES
*arrêter un chèque. Calque de «*to stop payment*» pour ***faire opposition, s'opposer à un chèque.***
*blanc de chèque. Calque de «*blank check*» pour ***(formule de) chèque.***
*chèque caisse, chèque cash. Anglicismes pour ***chèque au porteur.***
*chèque sans fonds. Calque de «*no sufficient funds (NSF)*» pour ***chèque sans provision.***

CHÉQUIER n. m.
Carnet de chèques. *Un chéquier* (et non des *blancs de chèques).

CHER, CHÈRE adj. et adv.
ADJECTIF
1. Aimé. *Ma chère maman. Un être cher.* SYN. chéri.
2. Qui coûte beaucoup d'argent. *La vie est très chère à Londres.*
Ne pas confondre avec l'adjectif ***dispendieux,*** qui occasionne de grandes dépenses.
ADVERBE
À haut prix. *Ces sacs coûtent cher, valent cher. Je les ai payés cher.*
Pris adverbialement, le mot ***cher*** est invariable.
HOM.
- ***chair,*** soit le corps, soit de la viande;
- ***chaire,*** tribune;
- ***chère,*** mets, nourriture.

C

CHERCHER v. tr., pronom.
VERBE TRANSITIF
1. S'efforcer de trouver, de découvrir ce qu'on a perdu, ce qu'on ne voit pas. *Ils cherchent la solution de l'énigme. Elle cherche son amie dans la foule.* SYN. rechercher.
2. Tâcher, tenter de. *Il cherche à tromper son ennui.* SYN. s'efforcer de.
En ce sens, le verbe se construit avec la préposition ***à*** suivie de l'infinitif.
3. Susciter, provoquer. *Cherche-t-il des ennuis ?*
VERBE PRONOMINAL
Essayer de se trouver l'un l'autre. *Ils se sont cherchés pendant une heure.*
À la forme pronominale, le participe passé de ce verbe s'accorde en genre et en nombre avec le complément direct si celui-ci le précède. *La menuisière qu'elles se sont longtemps cherchée. Ces amis se sont cherchés et se sont finalement retrouvés.* Il reste invariable si le complément direct suit le verbe. *Elle s'est cherché un appartement.*
LOCUTIONS
– ***Chercher la petite bête.*** Créer des difficultés en cherchant avec une minutie exagérée la moindre erreur.
– ***Chercher midi à quatorze heures.*** Se compliquer la vie inutilement. *Il ne faut pas chercher midi* (et non *de midi) *à quatorze heures.*
– ***Chercher querelle.*** Provoquer intentionnellement une querelle. *Pourquoi cherchez-vous querelle à ce collègue ?* SYN. chercher noise.
– ***Chercher une aiguille dans une botte de foin.*** Chercher quelque chose qu'on ne pourra trouver.
– ***Qui cherche trouve*** (Proverbe). Les efforts soutenus sont récompensés par le succès.
FORME FAUTIVE
*chercher après. Construction fautive. *Chercher* (et non *chercher après) *quelqu'un, quelque chose.*
CONJUGAISON : VOIR MODÈLE AIMER.

CHERCHEUR, EUSE adj.
Curieux. *Un esprit chercheur.*
LOCUTION
– ***Tête chercheuse.*** Tête d'un engin cherchant automatiquement son objectif.

CHERCHEUR n. m.
CHERCHEUSE n. f.
Personne qui effectue des recherches scientifiques.

CHÈRE n. f.
(LITT.) Nourriture. *Faire bonne chère, maigre chère, aimer la bonne chère.*
HOM.
• *chair,* soit le corps, soit de la viande ;
• *chaire,* tribune ;
• *cher,* chéri ou coûteux.
chère.

CHÈREMENT adv.
1. D'un prix élevé. *Il devra payer chèrement sa liberté retrouvée.*
2. Avec tendresse. *Aimer chèrement ses enfants.* SYN. affectueusement ; tendrement.

CHÉRI, IE adj. et n. m. et f.
Qui est tendrement aimé. *Amuse-toi bien, ma petite chérie !*

CHÉRIR v. tr.
Aimer tendrement. *Elle chérit ses enfants.* SYN. affectionner.
CONJUGAISON : VOIR MODÈLE FINIR.

CHERTÉ n. f.
Prix élevé. *La cherté de la vie.*

CHÉRUBIN n. m.
1. Ange.
2. Tête d'enfant avec des ailes.

CHÉTIF, IVE adj.
Maladif. *Une enfant chétive.* SYN. maigrichon ; malingre.

CHÉTIVEMENT adv.
(LITT.) D'une manière chétive.

CHEVAL n. m. (pl. *chevaux*)
1. Animal domestique de grande taille, mammifère qui appartient à l'ordre des équidés. *Le cheval est un bon coureur qui peut nous servir de monture. Les chevaux hennissent. Des chevaux de course.*
2. Mâle de la jument. *Le petit du cheval est le poulain.*
VOIR TABLEAU – ANIMAUX.
LOCUTIONS
– ***Être à cheval sur.*** Être à califourchon. *Les enfants sont à cheval sur le muret.*
– ***Être à cheval sur.*** (FIG.) Être très strict, très exigeant. *Il est à cheval sur les principes.*
– ***Cheval de bataille.*** Thème de prédilection, marotte. *Son cheval de bataille, c'est la préservation du patrimoine.*
– ***Faire du cheval.*** Faire de l'équitation. *Elle adore faire du cheval.*
– ***Monter sur ses grands chevaux.*** (FIG.) Se mettre en colère. *Calme-toi, voyons, ne monte pas sur tes grands chevaux.*
– ***Queue de cheval.*** Coiffure dans laquelle les cheveux sont attachés au sommet de la tête d'où ils retombent librement. *Des queues de cheval blondes.*

CHEVAL D'ARÇONS n. m. (pl. *chevaux d'arçons*)
Appareil de gymnastique qui sert à des exercices de saut, de voltige.

CHEVALERESQUE adj.
Digne d'un chevalier. *Un geste chevaleresque.*

CHEVALERIE n. f.
Institution du Moyen Âge où le chevalier est le défenseur de la foi et de la justice et a pour idéal le courage et la loyauté à son seigneur.

CHEVALET n. m.
Support d'un tableau, d'un objet sur lequel on travaille. *Le peintre a placé son chevalet au bord de la falaise : de là, il a une très belle vue sur la mer.*
chevalet.

CHEVALIER n. m.
CHEVALIÈRE n. f.
1. (ANCIENN.) Noble admis dans un ordre de chevalerie.
Ne pas confondre avec le nom ***cavalier,*** personne qui monte à cheval.
2. Titulaire d'une décoration. *Elle est chevalière de l'Ordre national du Québec.*

CHEVALIÈRE n. f.
Bague portant des armoiries, des initiales.

CHEVALIN, INE adj.
Qui se rapporte au cheval. *Une boucherie chevaline.*

CHEVAL-VAPEUR n. m. (pl. *chevaux-vapeur*)
Symbole ***ch*** (s'écrit sans point).
(ANCIENN.) Unité de puissance.

CHEVAUCHÉE n. f.
1. Course à cheval. SYN. cavalcade.
2. (LITT.) Incursion.

CHEVAUCHEMENT n. m.
Entrecroisement, fait de se chevaucher.

CHEVAUCHER v. tr., intr., pronom.
VERBE TRANSITIF
Être à califourchon sur quelque chose. *Chevaucher un cheval de bois.*
VERBE INTRANSITIF
(LITT.) Aller à cheval. *Il est agréable de chevaucher dans la campagne.* SYN. monter à cheval.

VERBE PRONOMINAL
Se superposer. *Les tâches de ces employés se chevauchaient.* SYN. empiéter; se recouper.
À la forme pronominale, le participe passé de ce verbe s'accorde toujours en genre et en nombre avec son sujet. *Les mélodies se sont chevauchées harmonieusement.*
CONJUGAISON : VOIR MODÈLE AIMER.

CHEVELU, UE adj.
Qui porte des cheveux. *Le cuir chevelu.*

CHEVELURE n. f.
Ensemble des cheveux d'une personne. *Des chevelures blondes.*

CHEVET n. m.
1. Tête du lit.
2. Partie du chœur d'une église.
LOCUTIONS
– ***Être au chevet d'un malade.*** Le veiller.
– ***Livre de chevet.*** Livre préféré.
chevet.

CHEVEU n. m. (pl. *cheveux*)
Poil de la tête. *Des cheveux bouclés. Des cheveux en brosse.*
1° Les adjectifs simples qui expriment la couleur des cheveux s'accordent en genre et en nombre. *Des cheveux blonds, bruns, une chevelure châtaine, noire.*
2° Les adjectifs de couleur suivis par un autre adjectif qui les modifie sont invariables. *Des cheveux blond cendré, châtain clair.*
LOCUTIONS
– ***À un cheveu près.*** (FIG.) Il s'en est fallu de peu.
– ***Couper les cheveux en quatre.*** (FIG.) Être trop subtil.
– ***Se prendre aux cheveux.*** (FIG.) Se quereller, se disputer.
– ***Tiré par les cheveux.*** (FIG.) (FAM.) Subtil à l'excès, exagéré. *Une explication tirée par les cheveux.*

CHEVILLE n. f.
1. Saillie des os de l'articulation du pied. *Se fouler la cheville.*
2. Morceau de bois destiné à boucher un trou, à tenir un assemblage.
LOCUTION
– ***Ne pas aller, arriver, venir à la cheville de quelqu'un.*** (FIG.) (FAM.) Lui être fort inférieur. *Ces professeurs n'arrivent pas à la cheville de leur collègue en ce qui a trait au nombre des articles scientifiques publiés.*

CHEVILLER v. tr.
Fixer un assemblage avec une cheville.
CONJUGAISON : VOIR MODÈLE AIMER.
Les lettres ***ill*** sont suivies d'un ***i*** à la première et à la deuxième personne du pluriel de l'indicatif imparfait et du subjonctif présent. *(Que) nous chevillions, (que) vous chevilliez.*

CHEVILLETTE n. f.
Petite cheville. *« Tire la chevillette, la bobinette cherra »* (Paroles de la grand-mère dans Charles Perrault, *Le Petit Chaperon rouge*).

CHÈVRE n. f.
1. Mammifère ruminant de l'ordre des ongulés. *Le petit de la chèvre est le chevreau. On fait un bon fromage avec le lait de chèvre.*
2. Femelle du bouc.
VOIR TABLEAU – ANIMAUX.
LOCUTION
– ***Ménager la chèvre et le chou.*** (FIG.) Tenter de ne pas déplaire à deux groupes opposés en ne se rangeant ni d'un côté ni de l'autre.

CHEVREAU n. m. (pl. *chevreaux*)
1. Petit de la chèvre. *Des chevreaux couraient dans la prairie.*
2. Peau de chevreau travaillée. *Des gants de chevreau.*

CHÈVREFEUILLE n. m.
Arbuste à fleurs parfumées. *Un chèvrefeuille bien vigoureux.*
Attention au genre masculin de ce nom : ***un*** chèvrefeuille.

CHEVRETTE n. f.
1. Petite chèvre.
2. Femelle du chevreuil.
VOIR TABLEAU – ANIMAUX.

CHEVREUIL n. m.
Cerf de Virginie. *La chasse aux chevreuils a lieu à l'automne. « Plusieurs citoyens de chez nous gardaient des visons dans leur cour, et même des chevreuils qu'ils apprivoisaient »* (Félix Leclerc, *Pieds nus dans l'aube*).
VOIR TABLEAU – ANIMAUX.

C

CHEVRON n. m.
1. Pièce de bois dans la charpente d'un immeuble.
2. Galon en forme de A porté sur les manches des militaires.
3. Motif en zigzag. *Un imprimé à chevrons.*

CHEVRONNÉ, ÉE adj.
Qui a beaucoup d'expérience. *Un enseignant chevronné.* SYN. expérimenté.

CHEVROTER v. intr.
1. Parler d'une voix tremblotante.
2. Mettre bas, en parlant de la chèvre.
En ce sens, on emploie aussi le verbe ***chevreter*** ou ***chevretter.*** Quand le verbe s'orthographie ***chevreter,*** il y a redoublement du ***t*** devant un ***e*** muet. *Elle chevrette, elle chevrettera,* mais *elle chevretait.*
VOIR TABLEAU – ANIMAUX.
CONJUGAISON : VOIR MODÈLE AIMER.
chevroter.

CHEVROTIN n. m.
1. Petit de la chevrette.
2. Fromage de chèvre.

CHEVROTINE n. f.
Gros plomb dont on compose les cartouches qui servent à la chasse au gros gibier.

***CHEWING-GUM**
Anglicisme pour ***gomme à mâcher.***

CHEZ prép.
1. Dans la demeure de. *Viens donc chez moi.*
2. Dans la personne de. *C'est une manie chez lui.*
3. ***Chez*** + nom propre. Cette construction s'emploie comme enseigne d'un établissement, comme raison sociale. *Chez Julien.*
On emploie normalement ***chez*** devant un nom de profession, un patronyme et ***à*** devant un nom de lieu, de chose. *Allons manger chez Gauthier! Il faudrait acheter du lait à l'épicerie.*
chez.

CHEZ-MOI, CHEZ-TOI, CHEZ-SOI n. m. inv.
(FAM.) Domicile personnel, intérieur. *Je vous invite : vous verrez mon nouveau chez-moi. Ton chez-toi est bien décoré. C'est un petit chez-soi accueillant.* SYN. maison.
Il faut distinguer le nom, qui s'écrit avec un trait d'union, du complément du lieu composé de la préposition et du pronom, qui s'écrit sans trait d'union, ***chez moi.*** *Restons chez moi bien au chaud.*

CHIALER v. intr.
1. (FAM.) Pleurer. *Cette petite chiale pour des riens.* SYN. pleurnicher.
2. (FAM.) (FIG.) Se plaindre, maugréer. *Cesse de chialer.* SYN. (FAM.) râler.
CONJUGAISON : VOIR MODÈLE AIMER.

CHIANT, CHIANTE adj.
(FAM.) Très ennuyeux. SYN. (FAM.) emmerdant; énervant.

CHIANTI n. m. (pl. *chiantis*)
Les lettres ***ch*** se prononcent ***k,*** [kjɑ̃ti].
Vin rouge italien. *Des chiantis délicieux.*

C

CHIC adj., adv., interj. et n. m.
ADJECTIF INVARIABLE EN GENRE
1. Élégant, distingué. *Des voitures très chics.*
2. Gentil, sympathique. *C'est une chic fille.* SYN. bon ; brave.
Les lexicographes s'entendent sur l'invariabilité en genre de l'adjectif, mais non sur l'invariabilité en nombre. Les auteurs de chez Robert n'accordent pas l'adjectif en nombre, alors que ceux de chez Larousse l'accordent. Grevisse ne tranche pas et cite des écrivains qui font l'accord et d'autres qui ne le font pas.
ADVERBE
Avec élégance et distinction. *Elles s'habillent chic.*
Pris adverbialement, ***chic*** demeure invariable.
INTERJECTION
Interjection marquant le contentement. *Chic alors ! on est en vacances !* SYN. chouette.
T L'interjection est toujours suivie d'un point d'exclamation qui est souvent repris à la fin de la phrase. Si la phrase exclamative n'est pas complète, le mot qui suit le point d'exclamation s'écrit avec une minuscule initiale.
NOM MASCULIN
Élégance, allure. *Elle a beaucoup de chic.*
LOCUTIONS
– ***Avoir le chic pour.*** Réussir à. SYN. habileté ; savoir-faire.
– ***Bon chic bon genre (BCBG).*** De bon ton.

CHICANE n. f.
1. Querelle de mauvaise foi. SYN. (FAM.) bisbille ; discorde ; discussion ; dispute.
2. Passage en zigzag dans une forme quelconque de barrage. *Le skieur a raté cette chicane.*

CHICANER v. tr., intr., pronom.
VERBE TRANSITIF
1. Réprimander quelqu'un pour des choses peu importantes, gronder un enfant. *Sa tante l'a chicané parce qu'il a taché la nappe.* SYN. disputer.
2. Chercher querelle à quelqu'un, souvent avec mauvaise foi. *Vous avez tort de me chicaner à propos de cet oubli bien involontaire.*
VERBE INTRANSITIF
Critiquer. *Il chicane toujours sur tout.* SYN. discuter.
En ce sens, le verbe se construit avec la préposition ***sur*** ou avec la locution prépositive ***à propos de.***
VERBE PRONOMINAL
Se quereller. *Elles se sont chicanées pour des vétilles.* SYN. se chamailler ; chercher querelle ; se disputer.
À la forme pronominale, le participe passé de ce verbe s'accorde toujours en genre et en nombre avec son sujet. *Ces amies se sont chicanées et se sont réconciliées.*
CONJUGAISON : VOIR MODÈLE AIMER.

CHICHE adj. et interj.
ADJECTIF
Avare. *Elles sont très chiches.* SYN. mesquin. ANT. généreux.
INTERJECTION
(FAM.) Exclamation exprimant le défi. *Chiche ! je relève le défi.*
T L'interjection est toujours suivie d'un point d'exclamation qui est souvent repris à la fin de la phrase. Si la phrase exclamative n'est pas complète, le mot qui suit le point d'exclamation s'écrit avec une minuscule initiale.
LOCUTION
– ***Pois chiche.*** Légumineuse cultivée pour ses graines ; graine jaune de cette plante. *Une purée de pois chiches.*

CHICHE-KEBAB n. m. (pl. *chiches-kebabs*)
Brochette d'agneau grillé. *De délicieux chiches-kebabs.*
[Les *Rectifications* (1990) admettent : un chichekébab, des chichekébabs.]

CHICHEMENT adv.
D'une manière chiche. SYN. mesquinement.

CHICHI n. m.
(FAM.) Manières, cérémonies à l'excès. *Il fait toujours des chichis.*

CHICHITEUX, EUSE adj.
(FAM.) Qui fait des chichis, des manières.

CHICORÉE n. f.
Plante dont les feuilles sont mangées en salade.

CHICOTER v. tr.
Intriguer, tracasser. *Son absence me chicote.* SYN. inquiéter.
CONJUGAISON : VOIR MODÈLE AIMER.
chicoter.

CHICOUTÉ ou **CHICOUTAI** n. f.
Petit fruit acidulé de couleur orangée, ressemblant à une framboise, qui pousse dans les tourbières des régions subarctiques (GDT). *Le cidre de glace de l'Estrie, le beurre de chicoutai de la Côte-Nord, la crème de cassis de l'île d'Orléans font partie du patrimoine culinaire québécois.*
On trouve notamment la chicouté au Québec, dans la région de la Côte-Nord, et dans les pays scandinaves.

CHIEN n. m.
1. Mammifère domestique appartenant à la famille des canidés. *L'épagneul n'est pas un chien de garde. Le chien de Fanny se nomme Filou, celui de Laurence, Rouki.*
2. Mâle de la chienne.
VOIR TABLEAU – ANIMAUX.
LOCUTIONS
– ***Arriver comme un chien dans un jeu de quilles.*** (FIG.) Se présenter au mauvais moment.
– ***Entre chien et loup.*** (FIG.) Au crépuscule.
– ***Être malade comme un chien.*** Être très malade.
– ***S'entendre comme chien(s) et chat(s).*** (FIG.) Être en mauvais termes.
– ***Un temps de chien.*** (FIG.) Mauvais temps.

CHIENDENT n. m.
Plante nuisible aux cultures.
chien**dent**.

CHIEN-LOUP n. m. (pl. *chiens-loups*)
Berger allemand. *Des chiens-loups bien dressés.*

CHIENNE n. f.
Femelle du chien. *Le petit de la chienne est le chiot.*

CHIFFE n. f.
(VX) Chiffon.
LOCUTION
– ***Chiffe molle.*** Personne amorphe.

CHIFFON n. m.
1. Vieille étoffe.
2. Vêtements froissés.
LOCUTIONS
– ***Papier chiffon.*** Papier de luxe fait avec du chiffon.
– ***Parler chiffons.*** Parler de la mode.

CHIFFONNEMENT n. m.
Action de chiffonner.

CHIFFONNER v. tr., pronom.
VERBE TRANSITIF
1. Froisser. *Elle a chiffonné sa jupe.* SYN. friper.
2. (FIG.) Préoccuper. *Cette histoire me chiffonne. « Quand Éveline aperçut son visage, chiffonné, tout défait, elle eut un petit cri de surprise »* (Gabrielle Roy, *De quoi t'ennuies-tu, Éveline?*) SYN. chicoter ; ennuyer ; inquiéter ; intriguer.
VERBE PRONOMINAL
Se froisser, se plisser. *Cette étoffe se chiffonne facilement. Sous l'effet de la fatigue, ses traits s'étaient chiffonnés.*

À la forme pronominale, le participe passé de ce verbe s'accorde toujours en genre et en nombre avec son sujet. *Dans l'avion, sa robe de lin s'est complètement chiffonnée.*
CONJUGAISON : VOIR MODÈLE AIMER.

CHIFFONNIER, IÈRE n. m. et f.
NOM MASCULIN ET FÉMININ
Personne qui ramasse les vieux objets.
NOM MASCULIN
Petit meuble à tiroirs.

CHIFFRABLE adj.
Qui peut être chiffré. *La hausse des profits est chiffrable.*

CHIFFRAGE n. m.
Action de chiffrer. *Le chiffrage des profits.*

CHIFFRE n. m.
Signe qui permet de noter les nombres. *Des chiffres arabes, des chiffres romains.*
VOIR TABLEAU – CHIFFRES ARABES.
VOIR TABLEAU – CHIFFRES ROMAINS.
LOCUTIONS
– ***Chiffre d'affaires.*** Total des ventes réalisées au cours d'un exercice. *Des chiffres d'affaires.*
– ***En chiffre(s) rond(s).*** En arrondissant le total, la somme, en supprimant les fractions.
L'expression ***en chiffre(s) rond(s)*** s'écrivait généralement au singulier, mais le pluriel est de plus en plus employé aujourd'hui.
FORMES FAUTIVES
*chiffre. Anglicisme au sens de ***équipe, poste, quart.*** *Le poste* (et non le *chiffre) *de nuit.*
*chiffre des ventes. Anglicisme pour ***chiffre d'affaires.***
*être sur le chiffre (de jour, de nuit). Calque de «*to be on day, night shift*» pour ***travailler de jour, de nuit, être affecté au poste de jour, de nuit.***
Ne pas confondre avec les mots suivants :
• ***nombre,*** quantité d'unités ;
• ***numéro,*** chiffre, nombre qui marque le rang, l'ordre.

CHIFFREMENT n. m.
(INFORM.) Opération par laquelle est substitué, à un texte en clair, un texte inintelligible, inexploitable pour quiconque ne possède pas la clé permettant de le ramener à sa forme initiale. SYN. cryptage.

CHIFFRER v. tr., pronom.
VERBE TRANSITIF
1. Évaluer en chiffres. *Chiffrer le coût des travaux.* SYN. estimer.
2. Transcrire en langage chiffré. *Chiffrer un message.* SYN. coder.
VERBE PRONOMINAL
Atteindre le nombre de. *Les dégâts se chiffrent en millions, à trois millions de dollars. Les victimes se chiffrent par centaines.*
À la forme pronominale, le participe passé de ce verbe s'accorde toujours en genre et en nombre avec son sujet. *Les investissements se sont chiffrés à 500 000 $.*
CONJUGAISON : VOIR MODÈLE AIMER.

CHIFFRIER n. m.
Document de travail comptable qui sert à l'établissement des états financiers.
FORME FAUTIVE
*chiffrier. Impropriété au sens de ***tableur.***

CHIGNOLE n. f.
Perceuse.

CHIGNON n. m.
Coiffure où les cheveux sont torsadés sur le sommet de la tête ou sur la nuque.

CHIHUAHUA n. m. et f.
Les lettres ***ch*** se prononcent ***ch*** (et non *tch), [ʃiwawa].
Petit chien. *Une (chienne) chihuahua. Des chihuahuas.*

CHILIEN, IENNE adj. et n. m. et f.
Du Chili. *Le drapeau chilien. Un Chilien, une Chilienne. Christian est d'origine chilienne.*
T L'adjectif s'écrit avec une minuscule ; le nom, avec une majuscule.

CHIMÈRE n. f.
Illusion, rêve irréalisable. *Ce ne sont que des chimères.* SYN. fantaisie.

CHIMÉRIQUE adj.
Irréalisable. *Des espoirs chimériques.* SYN. irréaliste.

CHIMIE n. f.
Science qui étudie les propriétés des corps, leurs transformations et combinaisons. *Étienne aime bien le laboratoire de chimie où il peut faire des expériences intéressantes.*

CHIMIOTHÉRAPIE n. f.
Les lettres ***ch*** se prononcent ***ch,*** [ʃimjoterapi].
Traitement de certaines maladies par des substances chimiques.

CHIMIQUE adj.
1. Qui se rapporte à la chimie. *Une réaction chimique.*
2. Qui provient de la chimie.
LOCUTIONS
– ***Formules chimiques.*** Les formules chimiques sont composées avec les symboles chimiques qui conservent leur majuscule initiale et s'écrivent sans point abréviatif. Les chiffres qui font partie des formules sont placés en indice. H_2O, SO_4H_2.
– ***Symboles chimiques.*** Les symboles chimiques s'écrivent avec une capitale initiale et ne sont pas suivis d'un point abréviatif. *Ag (argent), Cu (cuivre).*
VOIR TABLEAU – SYMBOLE.

CHIMIQUEMENT adv.
D'après les lois de la chimie.

CHIMIQUIER n. m.
Navire servant au transport de produits chimiques. *Un chimiquier, navire appartenant à une compagnie grecque, a déchargé 581 tonnes de déchets toxiques dans le port d'Abidjan.*

CHIMISTE n. m. et f.
Spécialiste de la chimie. *Ces chercheurs sont des chimistes.*

CHIMPANZÉ n. m.
Grand singe d'Afrique.
chimpanzé.

CHINCHILLA n. m.
1. Rongeur élevé pour sa fourrure gris perle. *Les chinchillas vivent au Pérou et au Chili.*
2. La fourrure du chinchilla. *Le chinchilla est inabordable.*

CHINÉ, ÉE adj.
Dont le fil est de couleurs distinctes. *Un tissu chiné.*

CHINER v. tr., intr.
VERBE TRANSITIF
(VIEILLI) Critiquer. *Il a la fâcheuse habitude de chiner les clients.* SYN. railler.
VERBE INTRANSITIF
Être à la recherche d'occasions, d'objets, de meubles anciens. *Elle adore fureter et chiner.*
CONJUGAISON : VOIR MODÈLE AIMER.

CHINEUR, EUSE n. m. et f.
1. Personne qui chine.
2. Brocanteur.

CHIFFRES ARABES

Les chiffres sont des caractères servant à écrire les nombres. *Nous employons généralement les* ***chiffres arabes****, mais nous recourons parfois aux* ***chiffres romains****.*

C

La numération arabe est composée de dix chiffres : **0, 1, 2, 3, 4, 5, 6, 7, 8, 9.**

[T] Les nombres s'écrivent par **tranches de trois chiffres** séparées entre elles par un espace (de droite à gauche pour les entiers, de gauche à droite pour les décimales). *1 865 234,626 125*
Si le nombre ne comprend que quatre chiffres, il peut s'écrire avec ou sans espace. *1 865* ou *1865*
Le **signe décimal** du système métrique est la **virgule**. *45,14* (et non plus *45.14)

On recourt généralement aux chiffres arabes pour noter les nombres dans la langue courante ainsi que dans les textes techniques, scientifiques, financiers ou administratifs.

[T] Cependant, tout nombre qui commence une phrase doit être noté en toutes lettres. *Trente élèves ont réussi.* En fin de ligne, on veillera à ne pas séparer un nombre en chiffres du nom qu'il accompagne.

PRINCIPAUX EMPLOIS DES CHIFFRES ARABES

1. Quantité complexe.
Il y a 12 000 étudiants qui fréquentent l'École des HEC cette année, dont 3 608 étudiants étrangers.

[T] Dans un texte de style soutenu, on écrit généralement en toutes lettres les nombres de **0** à **9**.

2. Date, heure et **âge.**
Le 31 juillet 1996 à 11 h 30, Marie-Ève a eu 20 ans.

3. Numéros d'ordre.

Adresse. *Ils habitent 35, rue des Bouleaux.*
Numéro de loi, d'article, de règlement. *Projet de loi 40, article 2.*
Numéro de page, de paragraphe. *Voir p. 354, paragr. 4.*

4. Pourcentage et taux (%).
La note de passage est de 60 %. Un taux d'intérêt de 8,5 %.

[T] Le symbole % est séparé par un espace du nombre qu'il suit.

5. Nombre suivi d'un **symbole d'unité de mesure.**
Un poids de 15 kg, une longueur de 35 cm, une température de 25 °C.

[T] Le symbole de l'unité de mesure est séparé par un espace du nombre qu'il suit et il s'écrit sans point abréviatif.

6. Nombre suivi d'un **symbole d'unité monétaire.**
Le prix est de 100 $, 500 €, 250 £.

7. Fraction, échelle de carte.
Les 2/3 des élèves ou 66,66 % ont réussi. Une carte à l'échelle de 1/50 000.

[T] Les fractions décimales sont toujours composées en chiffres. Les unités ne se séparent pas des dixièmes. *Une distance de 15,5 km* (et non *15 km 5). Si le nombre est inférieur à **1**, la fraction décimale est précédée d'un **0** ; on ne laisse pas d'espace avant ni après la virgule décimale.
Un écart de 0,38 cm a été constaté.

VOIR TABLEAUX ► **CHIFFRES ROMAINS.** ► **NOMBRES.** ► **SYMBOLE.**

CHIFFRES ROMAINS

Les chiffres romains sont notés à l'aide de sept lettres majuscules auxquelles correspondent des valeurs numériques.

I	V	X	L	C	D	M
1	5	10	50	100	500	1 000

Comme les chiffres arabes, les chiffres romains s'écrivent de gauche à droite en commençant par les milliers, puis les centaines, les dizaines et les unités.

Les nombres sont constitués :

- **par addition** : en inscrivant les chiffres plus petits ou égaux à droite des chiffres plus grands.

  XIII — 10 + 3 = 13   CXX — 100 + 10 + 10 = 120   MCL — 1 000 + 100 + 50 = 1 150

- **par soustraction** : en inscrivant les chiffres plus petits à gauche des chiffres plus grands.

  IV — -1 + 5 = 4   XL — - 10 + 50 = 40   CMXCIX — (-100 + 1000) + (-10 + 100) + (-1 + 10) = 999

- **par multiplication** : un trait horizontal au-dessus d'un chiffre romain le multiplie par 1 000.

  $\overline{V}$ = 5 000 $\overline{X}$ = 10 000 $\overline{M}$ = 1 000 000

Le chiffre **I** ne peut être soustrait que de **V** ou de **X** ;
le chiffre **X** ne peut être soustrait que de **L** ou de **C** ;
le chiffre **C** ne peut être soustrait que de **D** ou de **M**.

On ne peut additionner plus de trois unités du même nombre, on recourt ensuite à la soustraction.

III, IV   XXX, XL
3, 4   30, 40

PRINCIPAUX EMPLOIS DES CHIFFRES ROMAINS

1. Noms de **siècles** et de **millénaires**. *Le XVIe siècle, le IIe millénaire.*
2. Noms de **souverains** et ordre des **dynasties**. *Louis XIV, IIIe dynastie.*
3. Noms d'**olympiades**, de **manifestations**. *Les XXIIes Jeux olympiques.*
4. **Divisions d'un texte**. *Tome IV, volume III, fascicule IX, avant-propos p. IV.*
5. Inscription de la **date sur un monument**, au **générique d'un film**. *MCMLXXXIX.*

Contrairement aux chiffres arabes, les chiffres romains d'une colonne s'alignent verticalement à gauche.

VOIR TABLEAU ▸ **CHIFFRES ARABES.**

CHIFFRES ARABES	CHIFFRES ROMAINS	CHIFFRES ARABES	CHIFFRES ROMAINS	CHIFFRES ARABES	CHIFFRES ROMAINS
1	I	40	XL	700	DCC
2	II	50	L	800	DCCC
3	III	60	LX	900	CM
4	IV	70	LXX	1000	M
5	V	80	LXXX	1534	MDXXXIV
6	VI	90	XC	1642	MDCXLII
7	VII	100	C	1965	MCMLXV
8	VIII	200	CC	1987	MCMLXXXVII
9	IX	300	CCC	1990	MCMXC
10	X	400	CD	1998	MCMXCVIII
20	XX	500	D	1999	MCMXCIX
30	XXX	600	DC	2000	MM

CHINOIS, OISE adj. et n. m. et f.
ADJECTIF ET NOM MASCULIN ET FÉMININ
De Chine. *Le drapeau chinois. Un Chinois, une Chinoise.*
T L'adjectif s'écrit avec une minuscule ; le nom, avec une majuscule.
NOM MASCULIN
1. Langue parlée en Chine. *Lou parle le chinois.*
T Le nom de la langue s'écrit avec une minuscule.
2. Petite passoire conique (comme un chapeau chinois). *Il faut passer le potage au chinois.*

CHINOISERIES n. f. pl.
Tracasseries, complications inutiles. *Les chinoiseries administratives* (et non le *red tape).

CHINOOK n. m.
Vent des Rocheuses.

CHINTZ n. m.
Le *z* se prononce *s*, [ʃints].
Tissu d'ameublement. *De délicieux chintz avec une profusion de roses.*
chintz.

CHIOT n. m.
Petit de la chienne. Jeune chien.
VOIR TABLEAU – ANIMAUX.
chiot.

CHIPER v. tr.
(FAM.) Voler. SYN. dérober ; (FAM.) piquer.
CONJUGAISON : VOIR MODÈLE AIMER.

CHIPIE n. f.
(FAM.) Femme au caractère désagréable.

CHIPOLATA n. f.
Saucisse. *Des chipolatas épicées.*

CHIPOTER v. tr., intr.
VERBE TRANSITIF
(FAM.) Tracasser, intriguer. *Cette insinuation me chipote.* SYN. (FAM.) chicoter.
VERBE INTRANSITIF
1. Manger du bout des dents, sans plaisir.
2. Être tâtillon.
CONJUGAISON : VOIR MODÈLE AIMER.
chipoter.

CHIPS n. f. inv.
Pommes de terre rôties coupées en fines rondelles. *Un sachet de chips délicieuses.*
L'OQLF a recommandé le nom ***croustille*** pour remplacer le mot anglais «*chips*».

CHIQUE n. f.
Tabac que l'on mâche.

CHIQUÉ n. m.
(FAM.) Ce qui n'est pas naturel, vrai. *Ce n'est pas du chiqué, c'est authentique.*

CHIQUENAUDE n. f.
Petit coup porté par une détente brusque du doigt. *Recevoir une chiquenaude.* SYN. pichenette ; ⚜ pichenotte.

CHIQUER v. tr.
Mâcher du tabac. *Autrefois, les vieux chiquaient du tabac.*
CONJUGAISON : VOIR MODÈLE AIMER.

CHIQUEUR, EUSE n. m. et f.
Personne qui chique.

CHIR(O)- préf.
Les lettres *ch* se prononcent *k*.
Élément signifiant « main ». *Chiromancie.*

CHIRO n. m. et f.
Les lettres *ch* se prononcent *k*.
Abréviation familière de ***chiropraticien, chiropraticienne.***

CHIROGRAPHAIRE adj.
Les lettres *ch* se prononcent *k*.
(DR.) Se dit d'une créance constatée par un acte non enregistré devant notaire (sous seing privé).

CHIROMANCIE n. f.
Les lettres *ch* se prononcent *k*.
Interprétation des lignes de la main.

CHIROMANCIEN n. m.
CHIROMANCIENNE n. f.
Les lettres *ch* se prononcent *k*.
Personne qui pratique la chiromancie.

CHIROPRACTIE ou **CHIROPRAXIE** n. f.
Les lettres *ch* se prononcent *k*.
Traitement par manipulations (surtout de la colonne vertébrale).

CHIROPRATICIEN n. m.
CHIROPRATICIENNE n. f.
Les lettres *ch* se prononcent *k*.
⚜ Praticien, praticienne de la chiropratique.
Le nom s'abrège familièrement en ***chiro.***

CHIROPRATIQUE n. f.
Les lettres *ch* se prononcent *k*.
⚜ Traitement par manipulations (surtout de la colonne vertébrale) (Recomm. off.).

CHIRURGICAL, ALE, AUX adj.
Qui appartient à la chirurgie. *Des gants chirurgicaux.*

CHIRURGIE n. f.
Spécialité de la médecine qui comporte des opérations pratiquées sur le corps pour guérir des blessures et certaines maladies. *La chirurgie gynécologique, la chirurgie digestive, la chirurgie orthopédique. Un opéré en chirurgie cardiaque. On a pratiqué dans cet hôpital 45 opérations* (et non *chirurgies) *cardiaques, 8 interventions chirurgicales sur la* (et non *chirurgies de la) *thyroïde, 25 interventions de chirurgie du genou* ou *25 opérations du genou* (et non de *chirurgies du genou).
Le terme ***chirurgie*** désigne la spécialité médicale qui traite les patients au moyen d'interventions sur l'organisme. Pour nommer les actes pratiqués dans les différentes disciplines chirurgicales, on emploie les termes ***intervention chirurgicale, intervention de chirurgie, opération chirurgicale, opération (du genou, de la cataracte, du cœur),*** selon le cas.
FORME FAUTIVE
*chirurgie majeure. Calque de «*major surgery*» pour ***chirurgie lourde.***

CHIRURGIEN n. m.
CHIRURGIENNE n. f.
Médecin qui exerce la chirurgie.

CHIURE n. f.
Excrément de l'insecte.

CHLAMYDIA n. f. (pl. *chlamydiæ* ou *chlamydias*)
Les lettres *ch* se prononcent *k*.
(MÉD.) Bactérie responsable d'infections variées.
chlamydia.

CHLORATE n. m.
Les lettres *ch* se prononcent *k*.
Sel de l'acide chlorique. *Du chlorate de potassium.*

CHLORATION n. f.
Les lettres *ch* se prononcent *k*.
Épuration de l'eau à l'aide de chlore. *La chloration d'une piscine.*

CHLORE n. m.
Les lettres *ch* se prononcent *k*.
Symbole *Cl* (s'écrit sans point).
Corps simple, gazeux, jaune verdâtre, d'une odeur âcre et irritante. *On met du chlore dans la piscine pour purifier l'eau.*

CHLORHYDRIQUE adj.
Les lettres ***ch*** se prononcent ***k***.
– ***Acide chlorhydrique*** ou ***muriatique***. Liquide corrosif.
Le mot ne s'emploie que dans cette locution.

CHLOROFLUOROCARBONE n. m.
Sigle *CFC* (s'écrit avec ou sans points).

CHLOROFORME n. m.
Les lettres ***ch*** se prononcent ***k***.
Anesthésique. *Les voleurs ont endormi le chien avec du chloroforme.*

CHLOROFORMER v. tr.
Les lettres ***ch*** se prononcent ***k***.
Anesthésier au moyen de chloroforme. *Ils ont chloroformé les chiens pour commettre leur méfait.*
CONJUGAISON : VOIR MODÈLE AIMER.

CHLOROPHYLLE n. f.
Les lettres ***ch*** se prononcent ***k***.
Pigment vert naturel contenu dans les cellules des tissus végétaux.
chloro**phylle**.

CHLORURE n. m.
Les lettres ***ch*** se prononcent ***k***.
Nom générique des sels de l'acide chlorhydrique.

CHLORURE DE POLYVINYLE n. m.
Les lettres ***ch*** se prononcent ***k***.
Sigle ***CPV*** (s'écrit avec ou sans points).
Équivalent du sigle anglais ***PVC*** couramment utilisé.

CHOC n. m.
1. Heurt d'un corps contre un autre. *Le choc d'une voiture contre un lampadaire.* SYN. coup.
2. Conflit. *Le choc des opinions.*
3. Forte émotion. *Léa est en état de choc. Julie a eu un choc quand elle a appris que Léa avait eu un accident.*
Le mot ***choc*** est parfois mis en apposition à un autre nom pour signifier « qui provoque un choc psychologique » ou « qui suscite un vif intérêt » ; les deux éléments prennent la marque du pluriel et s'écrivent avec ou sans trait d'union. *Une mesure-choc, des décisions-chocs.*
LOCUTION
– ***Choc en retour.*** Contrecoup d'un évènement, d'une décision, parfois d'un acte d'hostilité qui se retourne sur son auteur. *L'intégration scolaire peut aussi occasionner un dangereux choc en retour* (et non *backlash) *si elle est insuffisamment soutenue.* SYN. contrechoc ; effet boomerang ; réaction ; retour de flamme ; retour du bâton ; revirement.
FORME FAUTIVE
*choc électrique. Calque de «*electric shock*» pour ***décharge électrique***.

CHOCOLAT adj. inv. et n. m.
NOM MASCULIN
1. Substance alimentaire à base de cacao additionné de sucre. *Du chocolat suisse. Une tablette de chocolat au lait. Des barres de chocolat noir. Une crème glacée au chocolat. Des éclairs au chocolat.*
2. Friandise au chocolat. *Offrir une boîte de chocolats. La vie est comme une boîte de chocolats, on ne sait jamais ce qui va en sortir.*
3. Boisson au chocolat. *Bois un bon chocolat chaud pour te réconforter.*
ADJECTIF DE COULEUR INVARIABLE
De la couleur brun foncé du chocolat. *Des turbans chocolat.*
VOIR TABLEAU – COULEUR (ADJECTIFS DE).

CHOCOLATÉ, ÉE adj.
Parfumé au chocolat. *Du lait chocolaté.*

CHOCOLATERIE n. f.
Fabrique de chocolat ou magasin du chocolatier, de la chocolatière. *Friandises délicates, marrons glacés, chocolats artisanaux attirent la clientèle de cette chocolaterie-confiserie.*

CHOCOLATIER n. m.
CHOCOLATIÈRE n. f.
Personne qui fabrique et vend du chocolat.

CHŒUR n. m.
Les lettres ***ch*** se prononcent ***k***.
1. Groupe de chanteurs. *Chanter dans un chœur. Le chœur des Petits Chanteurs à la croix de bois.* SYN. chorale.
2. Partie de la nef d'une église où se trouve le maître-autel. *Le chœur* (et non le *cœur) *de la cathédrale.*
LOCUTIONS
– ***En chœur.*** Ensemble. *Chantons en chœur.*
– ***Enfant de chœur.*** Enfant qui assiste le prêtre pendant la messe. *Des enfants de chœur* (et non de *cœur).

CHOIR v. intr.
Être entraîné vers le bas par son propre poids, selon la loi d'attraction. *La légende veut que la théorie de l'attraction universelle ait été inspirée par une pomme que Newton avait vue choir. « Tire la chevillette, la bobinette cherra »* (Charles Perrault, *Le Petit Chaperon rouge*). SYN. tomber.
Le verbe n'est usité aujourd'hui qu'à l'infinitif et au participe passé. Au XIXe siècle, Littré signale qu'il se conjugue avec l'auxiliaire ***être***, mais c'est l'auxiliaire ***avoir*** qui s'est imposé depuis. *Tu as chu.*
LOCUTIONS
– ***Laisser choir (quelqu'un, quelque chose).*** Ne plus s'y intéresser ; laisser tomber. *Malgré votre promesse, vous nous avez laissés choir. Elles ont laissé choir leurs voiles.*
– ***Se laisser choir.*** Se laisser tomber. *Avec un soupir de soulagement, elle s'est laissée choir sur le divan.*
CONJUGAISON
INDICATIF PRÉSENT *Je chois, tu chois, il choit, ils choient.* PASSÉ SIMPLE *Je chus, tu chus, il chut, nous chûmes, vous chûtes, ils churent.* FUTUR *Je choirai* ou *cherrai, tu choiras* ou *cherras, il choira* ou *cherra, nous choirons* ou *cherrons, vous choirez* ou *cherrez, ils choiront* ou *cherront.* CONDITIONNEL PRÉSENT *Je choirais ou cherrais, tu choirais* ou *cherrais, il choirait* ou *cherrait, nous choirions* ou *cherrions, vous choiriez* ou *cherriez, ils choiraient* ou *cherraient.* SUBJONCTIF IMPARFAIT *Qu'il chût.* PARTICIPE PASSÉ *Chu, e.*

CHOISI, IE adj.
1. Qui a fait l'objet d'un choix. *Poèmes choisis.*
2. Excellent. *Parler en termes choisis.* SYN. de choix.

CHOISIR v. tr., pronom.
VERBE TRANSITIF
1. Faire choix de, préférer quelqu'un, quelque chose à une autre personne, à une autre chose. *Elle a choisi ce livre. Les étudiants ont choisi entre trois sujets. On le choisira pour président.* SYN. sélectionner.
2. ***Choisir de*** + infinitif. Décider de. *Il a choisi de partir.* SYN. opter pour.
En ce sens, le verbe se construit avec la préposition ***de*** suivie de l'infinitif.
VERBE PRONOMINAL
1. Faire le choix l'un de l'autre. *En s'apercevant, ils se sont aussitôt choisis.*
2. Choisir pour soi. *Les employés se sont choisi un délégué.*
À la forme pronominale, le participe passé de ce verbe s'accorde en genre et en nombre avec le complément direct si celui-ci le précède. *Le représentant qu'ils se sont choisi. Ces tourtereaux s'étaient choisis sans réfléchir.* Le participe passé reste invariable si le complément direct suit le verbe. *Elle s'est choisi un cavalier.*
CONJUGAISON : VOIR MODÈLE FINIR.

CHOIX n. m.
1. Action de choisir. *Faire son choix.* SYN. décision ; sélection.
2. Possibilité de choisir. *Je n'ai pas le choix* (et non *d'alternative). SYN. liberté.
3. Ensemble présenté. *Il y a un excellent choix de livres.* SYN. assortiment ; gamme.
LOCUTIONS
– ***Au choix de.*** Selon la volonté de. *La tenue est au choix des participants.*
– ***Avoir l'embarras du choix.*** Disposer de plusieurs possibilités intéressantes.
– ***De choix.*** De qualité supérieure. *Des produits de choix.*

***CHOKER**
Anglicisme pour ***abandonner, céder, crouler sous la pression, flancher, plier, reculer.***

CHOLÉCYSTECTOMIE n. f.
Les lettres *ch* se prononcent ***k***, [kɔlesistɛktɔmi].
(MÉD.) Ablation de la vésicule biliaire. *Le chirurgien a procédé à une cholécystectomie par voie laparoscopique.*

CHOLÉRA n. m.
Les lettres *ch* se prononcent ***k***.
Grave maladie épidémique.

CHOLESTÉROL n. m.
Les lettres *ch* se prononcent ***k***.
Substance grasse provenant des aliments. *Avoir un taux élevé de cholestérol* (et non *avoir du cholestérol).

CHÔMAGE n. m.
Manque de travail. *Chômage saisonnier.*
HOM. ***chaumage,*** action d'enlever le chaume après la récolte.

CHÔMER v. intr.
1. Être sans travail. *Ces ouvriers n'aiment pas chômer.*
2. Suspendre son travail pendant les jours fériés. *Une fête chômée.*
HOM. ***chaumer,*** enlever le chaume après la récolte.
CONJUGAISON : VOIR MODÈLE AIMER.

CHÔMEUR, EUSE n. m. et f.
Personne sans travail. *Le nombre des chômeurs a diminué au cours du dernier trimestre.* SYN. demandeur d'emploi.

CHOP(-)SUEY n. m. (pl. *chop(-)sueys*)
Plat inspiré de la cuisine chinoise composé de légumes variés, émincés et sautés auxquels sont ajoutées des lamelles de poulet ou de porc.

CHOPE n. f.
Grand verre de bière ; son contenu.

CHOPINE n. f.
1. Unité de mesure de capacité pour les liquides correspondant à 0,568 litre ou à une demi-pinte. *Une chopine de crème.*
2. (FAM.) Bouteille.

CHOQUANT, ANTE adj.
1. Blessant, désagréable. *Des paroles choquantes.* SYN. offensant.
2. Irritant, de nature à contrarier. *Sa paresse est choquante.*

CHOQUER v. tr., pronom.
VERBE TRANSITIF
1. (LITT.) Heurter, donner un choc à. *Choquer les verres et boire à la bonne santé de tous.*
2. Fâcher. *Son refus a choqué Julien. Elle est choquée de ne pas l'avoir vu. Elle est choquée qu'il n'ait pu se libérer pour venir l'aider. Elle a été choquée par ces paroles blessantes, à cause de ces mots peu aimables.* SYN. contrarier ; offenser.
3. Bouleverser, faire subir un choc à. *Cette nouvelle l'a choquée : elle est très émue.*
VERBE PRONOMINAL
Se fâcher, se mettre en colère. *Attention à vos commentaires, Gustave pourrait se choquer !*
À la forme pronominale, le participe passé de ce verbe s'accorde toujours en genre et en nombre avec son sujet. *Les dames se sont offusquées, voire se sont choquées.*
À la forme passive, le verbe se construit avec la préposition ***de*** suivie de l'infinitif, de la conjonction ***que*** suivie du subjonctif, de la préposition ***par*** suivie d'un nom ou de la locution prépositive ***à cause de*** suivie d'un nom.
CONJUGAISON : VOIR MODÈLE AIMER.

CHORAL, ALE, ALS ou **AUX** adj. et n. m.
Les lettres *ch* se prononcent ***k***.
ADJECTIF
Relatif au chœur. *Des chants chorals* ou *choraux, des mélodies chorales.*
Au pluriel, l'adjectif masculin s'écrit ***choraux*** ou ***chorals.*** L'adjectif féminin pluriel est ***chorales.***
NOM MASCULIN
1. Chant religieux. *Des chorals de Bach.*
2. Composition musicale à partir de la mélodie d'un choral.
Au pluriel, le nom s'écrit ***chorals.***

CHORALE n. f.
Les lettres *ch* se prononcent ***k***.
Groupe de chanteurs qui chantent en chœur. *Une chorale réputée.* SYN. chœur.

CHORÉGRAPHE n. m. et f.
Les lettres *ch* se prononcent ***k***.
Personne qui compose des danses, des ballets.

CHORÉGRAPHIE n. f.
Les lettres *ch* se prononcent ***k***.
Art de composer les danses, les ballets, d'en noter les mouvements.

CHORÉGRAPHIER v. tr.
Concevoir la chorégraphie d'une œuvre. *Chorégraphier une comédie musicale.*
CONJUGAISON : VOIR MODÈLE ÉTUDIER.
Redoublement du ***i*** à la première et à la deuxième personne du pluriel de l'indicatif imparfait et du subjonctif présent. *(Que) nous chorégraphiions, (que) vous chorégraphiiez.*

CHORÉGRAPHIQUE adj.
Relatif à la chorégraphie.

CHORISTE n. m. et f.
Les lettres *ch* se prononcent ***k***.
Personne qui chante dans un chœur.

CHORIZO n. m.
Les lettres *ch* se prononcent ***tch*** et le ***z*** se prononce ***s***, [tʃoriso].
Saucisson espagnol. *Des chorizos épicés.*
chorizo.

CHORUS n. m.
Les lettres *ch* se prononcent ***k*** et le ***s*** est sonore, [kɔrys].
Solo de jazz. *Des chorus très réussis.*
LOCUTION
– ***Faire chorus.*** (FIG.) Être à l'unisson.

CHOSE adj. inv. et n. f.
ADJECTIF INVARIABLE
(FAM.) Bizarre. *Elle se sent toute chose.*
NOM FÉMININ
1. Objet inanimé. *Son bureau est encombré de mille choses.*
2. Toute réalité concrète ou abstraite. *C'est toujours la même chose.*
LOCUTIONS
– ***À peu de chose(s) près,*** loc. adv. Presque. *L'économie des douze pays de la zone euro est à peu de chose près équivalente à celle des États-Unis. Quant aux Verts, ils totalisent à peu de choses près le même nombre de voix que l'an dernier.*

Dans cette locution, le nom *chose* s'écrit au singulier ou au pluriel.
– ***Avant toute chose.*** En premier lieu.
– ***C'est chose faite.*** C'est réglé.
– ***C'est peu de chose.*** C'est une bagatelle.
– ***État de choses.*** Situation, conjoncture.
– ***Faire bien les choses.*** Traiter ses invités avec largesse.
– ***Quelque chose,*** loc. pron. Abréviation ***qqch.*** (s'écrit avec un point). Une chose quelconque.
Malgré le genre féminin du nom ***chose,*** l'accord de l'adjectif ou du participe passé avec ***quelque chose*** se fait au masculin singulier. *J'ai mangé quelque chose de bon.*
– ***Regarder les choses en face.*** Être réaliste.
– ***Toutes choses égales d'ailleurs.*** Les autres éléments demeurant inchangés.

CHOU adj. inv. et n. m. (pl. *choux*)
NOM MASCULIN
Plante potagère. *De la perdrix aux choux. De la soupe au chou.*
ADJECTIF INVARIABLE
(FAM.) Gentil. *Elles sont vraiment chou !*
LOCUTIONS
– ***Bout de chou.*** Petit enfant.
– ***Chou à la crème.*** Petit gâteau en forme de chou. *Des choux à la crème succulents.*
– ***Salade de chou.*** Salade composée de chou cru émincé, de mayonnaise et de ciboulette. *Un bol de salade de chou* (et non *cole slaw).

CHOU, CHOUTE adj. et n. m. et f.
(FAM.) Terme d'affection. *Voici un cadeau pour toi, mon chou. Ce qu'elle est choute !*

CHOUCAS n. m.
Le ***s*** ne se prononce pas, [ʃuka].
Oiseau noir voisin de la corneille.
choucas.

CHOUCHOU, OUTE n. m. et f.
1. (FAM.) Préféré. *Des chouchous, des chouchoutes.*
2. Élastique recouvert de tissu servant à retenir les cheveux. *Des chouchous de velours.*

CHOUCHOUTER v. tr.
(FAM.) Cajoler. *Elle aime bien chouchouter sa petite sœur.* SYN. dorloter.
CONJUGAISON : VOIR MODÈLE AIMER.

CHOUCROUTE n. f.
1. Conserve de choux fermentés dans une saumure aromatisée de baies de genièvre.
2. Plat alsacien composé de cette conserve de choux accompagnée de charcuterie et de pommes de terre. *Une choucroute garnie.*
choucroute.

CHOUETTE adj., interj. et n. f.
NOM FÉMININ
Rapace nocturne. *Une chouette blanche.*
VOIR TABLEAU – ANIMAUX.
ADJECTIF
(FAM.) Agréable. *Elles sont chouettes. Un chouette garçon. C'est chouette, ce jeu.*
INTERJECTION
Interjection marquant l'enthousiasme, la satisfaction. *Chouette ! on part demain.*
T L'interjection est toujours suivie d'un point d'exclamation qui est souvent repris à la fin de la phrase. Si la phrase exclamative n'est pas complète, le mot qui suit le point d'exclamation s'écrit avec une minuscule initiale.

CHOU-FLEUR n. m. (pl. *choux-fleurs*)
Variété de chou dont on mange la pomme.

CHOU-NAVET n. m. (pl. *choux-navets*)
Rutabaga.

CHOU-RAVE n. m. (pl. *choux-raves*)
Variété de chou dont on mange la tige.

CHOW-CHOW n. m. (pl. *chows-chows*)
Les lettres ***ow*** se prononcent ***o***, [ʃoʃo].
Chien de taille moyenne à poils soyeux.
[Les *Rectifications* (1990) admettent : un chowchow, des chowchows.]

CHOYER v. tr.
Soigner avec tendresse. *Choyer ses enfants.* SYN. dorloter.
CONJUGAISON : VOIR MODÈLE EMPLOYER.
Le ***y*** se change en ***i*** devant un ***e*** muet. *Je choie, tu choies, il choie, je choierai, je choierais,* mais *nous choyons, vous choyez, je choyais, je choyai.*
Le ***y*** est suivi d'un ***i*** à la première personne et à la deuxième personne du pluriel de l'indicatif imparfait et du subjonctif présent. *(Que) nous choyions, (que) vous choyiez.*

CHRÉTIEN, IENNE adj. et n. m. et f.
Qui appartient au christianisme. *La doctrine chrétienne. Un chrétien.*
T L'adjectif ainsi que le nom s'écrivent avec une minuscule.

CHRÉTIENTÉ n. f.
Ensemble des chrétiens.

CHRIST n. m.
1. Nom donné à Jésus. *Le Christ, Jésus-Christ.*
2. Représentation du Christ. *De beaux christs en bois.*
T Le nom du Messie s'écrit avec une majuscule, le nom désignant une représentation du Christ s'écrit avec une minuscule et prend la marque du pluriel.

CHRISTIANISER v. tr.
Rendre chrétien.
CONJUGAISON : VOIR MODÈLE AIMER.

CHRISTIANISME n. m.
Religion fondée sur la doctrine du Christ.
T Les noms de religions s'écrivent avec une minuscule.

CHROMA- préf.
Élément du grec signifiant « couleur ». *Chromatographie.*

CHROMAGE n. m.
Action de chromer, son résultat.

CHROMATIQUE adj.
Qui se rapporte aux couleurs.

CHROMATOGRAPHIE n. f.
Méthode d'analyse à l'aide de la couleur.

-CHROME suff.
Élément du grec signifiant « couleur ». *Polychrome, monochrome.*

CHROME n. m.
Symbole ***Cr*** (s'écrit sans point).
Métal blanc argenté très dur. *Les chromes de sa moto brillent au soleil.*

CHROMER v. tr.
Recouvrir de chrome. *De l'acier chromé.*
CONJUGAISON : VOIR MODÈLE AIMER.

CHROMO n. m. et f.
NOM MASCULIN
Image en couleurs de mauvais goût.
NOM FÉMININ
Abréviation de ***chromolithographie.***

CHROMOLITHOGRAPHIE n. f.
Abréviation ***chromo*** (s'écrit sans point).
Gravure en couleurs obtenue par la lithographie.

CHROMOSOME n. m.
Élément du noyau cellulaire dont le nombre varie selon les espèces (46 chez l'être humain).
Les gènes situés sur les chromosomes sont porteurs des caractères héréditaires.

CHROMOSOMIQUE adj.
Relatif au chromosome. *Une maladie chromosomique.*

CHRON(O)- préf.
Élément du grec signifiant « temps ». *Chronomètre.*

-CHRONE suff.
Élément du grec signifiant « temps ». *Synchrone.*

CHRONIQUE adj. et n. f.
ADJECTIF
Se dit d'une maladie qui dure longtemps. *Bronchite chronique.* ANT. aigu.
NOM FÉMININ
1. Recueil historique.
2. Article périodique de journal, de revue sur un sujet particulier. *La chronique de cinéma.*

CHRONIQUEMENT adv.
De façon chronique.

CHRONIQUEUR n. m.
CHRONIQUEUSE n. f.
1. Auteur, auteure de chronique dans un journal, une revue ou un magazine. *Une chroniqueuse* (et non *columnist) *politique. Un chroniqueur sportif, une chroniqueuse littéraire.*
Souvent, le chroniqueur est un journaliste ayant acquis une certaine notoriété dans sa spécialité (GDT).
2. Personne responsable d'une chronique diffusée à la radio ou à la télévision. *Un chroniqueur de cinéma à l'émission du matin.*

CHRONO n. m.
Abréviation familière de ***chronomètre.***

CHRONOLOGIE n. f.
1. Science des évènements historiques et des dates.
2. Succession des évènements dans le temps.

CHRONOLOGIQUE adj.
Qui est selon l'ordre du temps. *Classer des documents par ordre chronologique.*

CHRONOLOGIQUEMENT adv.
D'après la chronologie.

CHRONOMÉTRAGE n. m.
Relevé précis du temps pendant lequel une action s'accomplit. *Les arbitres ont fait un chronométrage des parcours.*

CHRONOMÈTRE n. m.
S'abrège familièrement en ***chrono*** (s'écrit sans point).
Instrument précis servant à mesurer le temps.

CHRONOMÉTRER v. tr.
Relever exactement le temps pendant lequel une action s'accomplit à l'aide d'un chronomètre. *Les skieurs ont été chronométrés.*
CONJUGAISON : VOIR MODÈLE POSSÉDER.
Le ***é*** se change en ***è*** devant une syllabe contenant un ***e*** muet, sauf à l'indicatif futur et au conditionnel présent. *Je chronomètre,* mais *je chronométrerai.*
[Les *Rectifications* (1990) admettent : il chronomètrera, chronomètrerait...]

CHRONOMÉTREUR n. m.
CHRONOMÉTREUSE n. f.
Personne chargée de chronométrer une activité, un évènement.

CHRYSALIDE n. f.
État de la chenille avant qu'elle devienne papillon.
chrysalide.

CHRYSANTHÈME n. m.
Plante ornementale. *De grands chrysanthèmes blancs.*
Attention au genre masculin de ce nom : ***un*** chrysanthème.
chrysanthème.

CHU
Sigle de ***centre hospitalier universitaire.***

CHUCHOTEMENT n. m.
Action de chuchoter. *On entendait des chuchotements dans la chambre.* SYN. chuchotis ; murmure.

CHUCHOTER v. tr., intr.
Dire à voix basse à l'oreille de quelqu'un. *Elle lui a chuchoté son nom.*
Ne pas confondre avec les verbes suivants :
• ***marmonner,*** prononcer à mi-voix des paroles confuses, souvent avec colère ;
• ***murmurer,*** prononcer à mi-voix des paroles confuses, surtout pour se plaindre ou protester.
CONJUGAISON : VOIR MODÈLE AIMER.
chuchoter.

CHUCHOTERIE n. f.
(PÉJ.) Propos médisants.

CHUCHOTIS n. m.
Le *s* ne se prononce pas, [ʃyʃɔti].
Léger chuchotement. *À peine a-t-on entendu quelques chuchotis étouffés.* SYN. murmure.
chuchotis.

CHUINTANT, ANTE adj. et n. f.
(LING.) Se dit de consonnes qui se prononcent avec un sifflement particulier, par exemple : ***ch, j.*** *Des consonnes chuintantes, une chuintante.*

CHUINTEMENT n. m.
Vice de prononciation.

CHUINTER v. intr.
1. Prononcer les consonnes sifflantes (***s, z***) comme des consonnes chuintantes (***ch, j***). *Chuinter, c'est prononcer Chimon au lieu de Simon.*
2. Siffler de façon sourde.
CONJUGAISON : VOIR MODÈLE AIMER.

***CHUM**
Anglicisme pour ***copain, ami, conjoint.***

CHUT interj. et n. m.
INTERJECTION
Interjection destinée à imposer le silence. *Chut ! Taisez-vous !*
T L'interjection est toujours suivie d'un point d'exclamation qui est souvent repris à la fin de la phrase. Si la phrase exclamative n'est pas complète, le mot qui suit le point d'exclamation s'écrit avec une minuscule initiale.
NOM MASCULIN
Mot qui demande le silence. *Des chuts rageurs.*

CHUTE n. f.
1. Mouvement d'une chose qui tombe. *La chute d'un arbre. Il a fait une mauvaise chute.*
2. Diminution brusque de valeur. *La chute du dollar. Une chute de température.* SYN. baisse ; dépréciation.
3. Masse d'eau tombant brusquement à l'emplacement d'une rupture de pente (Recomm. off.). *Les chutes du Niagara sont hautes d'environ 50 m. La chute Montmorency.*
Le nom ***chute*** utilisé comme générique ne devrait pas prendre la marque du pluriel, sauf s'il est évident qu'il y a plusieurs chutes.
En ce dernier sens, ne pas confondre avec les noms suivants :
– ***cascade,*** chute d'eau de faible débit, comportant ordinairement plusieurs paliers ;
– ***cataracte,*** chute d'un grand cours d'eau, où il y a une importante différence de niveau entre deux points ;
– ***rapide,*** partie d'un cours d'eau, souvent hérissée de roches, où le courant devient rapide et agité par suite d'un resserrement du lit ou d'une faible augmentation de la pente.

T Les noms génériques de géographie s'écrivent avec une minuscule.
LOCUTION
– ***Point de chute.*** Lieu où l'on s'arrête. *Notre point de chute sera à Collioure.*
FORMES FAUTIVES
*chute à déchets. Calque de «*garbage chute*» pour ***vide-ordures.***
*chute à linge. Calque de «*clothes chute*» pour ***vide-linge.***

CHUTER v. intr.
1. (FAM.) Tomber, échouer. *Les candidats qui ont chuté à l'épreuve peuvent se reprendre.*
2. (FIG.) Perdre de la valeur. *Le dollar a chuté considérablement.* SYN. baisser; se dévaluer.
CONJUGAISON : VOIR MODÈLE AIMER.

CHYPRIOTE
VOIR – CYPRIOTE.

CI adv. et pron. dém.
ADVERBE
1. Forme abrégée de ***ici.***
2. Joint à un nom précédé de ***ce, cet, ces*** (*cette rue-ci, ces boulevards-ci*), ou à un pronom démonstratif ***celui, celle, ceux*** (*celle-ci, ceux-ci*), l'adverbe marque la proximité dans l'espace ou dans le temps. ANT. là.
3. Placé devant un adjectif ou un participe auquel il est joint par un trait d'union, il s'emploie dans la langue administrative et juridique. *Le document ci-joint.*
PRONOM DÉMONSTRATIF
Employé familièrement par opposition à ***ça.*** *Comme ci comme ça.*

CIA
Sigle de ***Central Intelligence Agency.***

CI-ANNEXÉ, ÉE adj. et adv.
Compris dans cet envoi. *Vous lirez la lettre ci-annexée.*
L'adjectif est variable quand il suit le nom auquel il se rapporte. Quand il est placé devant un nom précédé lui-même d'un article, d'un adjectif possessif ou numéral, ***ci-annexé*** est au choix variable ou invariable. *Vous trouverez ci-annexé* ou *ci-annexée la photocopie...*
Placé en tête de phrase, ***ci-annexé*** est adverbe et donc invariable. *Ci-annexé des formulaires à remplir.* Quand il précède immédiatement un nom, ***ci-annexé*** est adverbe et donc invariable. *Vous trouverez ci-annexé copies des actes notariés.* Les termes ***ci-inclus*** et ***ci-joint*** suivent les mêmes règles.

CIAO ! interj.
Le ***c*** se prononce comme ***tch,*** [tʃao].
(FAM.) Formule de salutation servant à prendre congé. *Ciao ! à bientôt.* SYN. au revoir; (FAM.) bye; (FAM.) salut.
T L'interjection est toujours suivie d'un point d'exclamation qui est souvent repris à la fin de la phrase. Si la phrase exclamative n'est pas complète, le mot qui suit le point d'exclamation s'écrit avec une minuscule initiale.
[Les *Rectifications* (1990) admettent : tchao !]

CI-APRÈS loc. adv.
Un peu plus loin, dans le texte.

***CI-ATTACHÉ**
Anglicisme pour ***ci-joint.***

***CI-BAS**
Impropriété pour ***ci-dessous.***

CIBLE n. f.
1. But pour le tir. *Il a atteint la cible avec ses flèches. « Vois l'aube, réconciliée avec le jour comme la flèche, avec sa cible »* (Hélène Dorion, *D'argile et de souffle*).
2. (FIG.) Objectif visé. *Je ne voudrais pas être la cible de ses attaques.*
3. (FIG.) Groupe visé, dans la langue de la publicité. *Ce message publicitaire a pour cible les jeunes.*
Apposé à un nom et sans trait d'union, le mot ***cible*** a une fonction adjectivale et s'accorde en nombre. *Des clientèles cibles, des groupes cibles, des publics cibles.*

CIBLER v. tr.
Définir précisément la cible, la clientèle de. *Nous devons cibler correctement notre campagne publicitaire.* SYN. axer; orienter.
CONJUGAISON : VOIR MODÈLE AIMER.

CIBOIRE n. m.
Vase liturgique.

CIBOULETTE n. f.
Plante potagère employée comme condiment. *Une omelette avec un peu de ciboulette, c'est délicieux.*

CICATRICE n. f.
Trace d'une plaie après la guérison. *Luc a une cicatrice au genou.*

CICATRICIEL, IELLE adj.
Relatif à une cicatrice. *Du tissu cicatriciel.*

CICATRISANT, ANTE adj. et n. m.
Qui favorise la cicatrisation.

CICATRISATION n. f.
Formation d'une cicatrice. *La cicatrisation s'est faite rapidement.*

CICATRISER v. tr., pronom.
VERBE TRANSITIF
Guérir. *Cicatriser une plaie.*
VERBE PRONOMINAL
1. Se fermer, en parlant d'une plaie. *Sa coupure ne se cicatrise pas bien.* SYN. guérir.
2. (FIG.) S'apaiser. *Sa douleur finira par se cicatriser.*
À la forme pronominale, le participe passé de ce verbe s'accorde toujours en genre et en nombre avec son sujet. *Les blessures se sont cicatrisées lentement.*
LOCUTION
– ***Cicatriser une blessure morale.*** (FIG.) En adoucir la douleur. SYN. apaiser; consoler.
CONJUGAISON : VOIR MODÈLE AIMER.

CICÉRONE n. m.
(PLAISANT.) Guide. *Des cicérones sympathiques.*
Ce mot italien est aujourd'hui francisé : il s'écrit avec un accent aigu et prend la marque du pluriel.

CI-CONTRE loc. adv.
Vis-à-vis, en regard. *On consultera le tableau ci-contre.*

CI-DESSOUS loc. adv.
Plus bas. *Voir l'illustration ci-dessous* (et non *ci-bas).

CI-DESSUS loc. adv.
Plus haut. *Voir l'illustration ci-dessus* (et non *ci-haut).

CIDRE n. m.
Boisson alcoolique faite du jus fermenté des pommes. *Une bolée de cidre.*

CIDRERIE n. f.
Lieu où l'on fabrique le cidre.

Cie ou **Cie**
Abréviation de ***compagnie*** (dans une raison sociale).

CIEL n. m. (pl. *ciels* ou *cieux*)
1. Espace indéfini dans lequel se meuvent tous les astres. *Le ciel est bleu.*
2. Aspect du ciel dans un lieu donné. *Les ciels de Provence.*
3. Représentation du ciel en peinture. *Les ciels de Renoir.*
4. Paradis. *Notre Père qui êtes aux cieux.* ANT. enfer.
Au sens religieux, le pluriel de ***ciel*** est ***cieux.***
LOCUTIONS
– ***À ciel ouvert.*** En plein air.
– ***Ciel de lit.*** Dais placé au-dessus d'un lit. *Des ciels de lit.*

Dans la langue de la météorologie, de la peinture, on emploie le pluriel ***ciels***. *Des ciels orageux.*
– ***Remuer ciel et terre.*** (FIG.) Mettre tout en œuvre pour atteindre un objectif.
– ***Tomber du ciel.*** (FIG.) Être très surpris. SYN. tomber des nues.

CIERGE n. m.
Longue chandelle de cire en usage dans le culte religieux.

CIGALE n. f.
Insecte qui produit un bruit strident. « *La cigale ayant chanté tout l'été* » (Jean de La Fontaine, *La Cigale et la Fourmi*).
VOIR TABLEAU – ANIMAUX.

CIGARE n. m.
Rouleau de feuilles de tabac à fumer. *Il est interdit de fumer le cigare ici.*

CIGARETTE n. f.
Petit rouleau de tabac roulé dans du papier que l'on fume. *Une cartouche* (et non un *carton) *de cigarettes.*

CIGARETTIER n. m.
Fabricant de cigarettes. *Pour les cigarettiers, les alliances sont le seul moyen de maintenir leurs marges sur les marchés en déclin des pays occidentaux.*

CIGARILLO n. m.
Petit cigare. *Des cigarillos cubains.*

CI-GÎT adv.
Ici repose. « *Ci-gît un fameux cardinal/Qui fit plus de mal que de bien./Le bien qu'il fit, il le fit mal/Le mal qu'il fit, il le fit bien* » (Épitaphe proposée pour Richelieu).
Cette inscription sur les pierres tombales est suivie du nom de la personne défunte.
[Les *Rectifications* (1990) admettent : ci-git.]

CIGOGNE n. f.
Oiseau échassier migrateur.
Ne pas confondre avec l'adjectif ***gigogne***, qui se dit d'objets ou de meubles s'emboîtant les uns dans les autres.

CIGOGNEAU n. m. (pl. *cigogneaux*)
Petit de la cigogne.

CIGÜE ou **CIGUË** n. f.
La dernière syllabe se prononce ***gu***, [sigy].
1. Plante qui produit un poison violent.
2. Poison extrait de la ciguë. *Socrate but la cigüe* ou *ciguë.*

***CI-HAUT**
Impropriété pour ***ci-dessus***.

CI-INCLUS, USE adj. et adv.
Compris dans cet envoi. *Vous lirez la lettre ci-incluse.*
L'adjectif est variable quand il suit le nom auquel il se rapporte. Quand il est placé devant un nom précédé lui-même d'un article, d'un adjectif possessif ou numéral, ***ci-inclus*** est au choix variable ou invariable. *Vous trouverez ci-inclus* ou *ci-incluse la photocopie...*
Placé en tête de phrase, ***ci-inclus*** est adverbe et donc invariable. *Ci-inclus des formulaires à remplir.* Quand il précède immédiatement un nom, ***ci-inclus*** est adverbe et donc invariable. *Vous trouverez ci-inclus copies des actes notariés.* Les termes ***ci-joint*** et ***ci-annexé*** suivent les mêmes règles.

CI-JOINT, JOINTE adj. et adv.
Compris dans cet envoi. *Vous lirez la lettre ci-jointe.*
L'adjectif est variable quand il suit le nom auquel il se rapporte. Quand il est placé devant un nom précédé lui-même d'un article, d'un adjectif possessif ou numéral, ***ci-joint*** est au choix variable ou invariable. *Vous trouverez ci-joint* ou *ci-jointe la photocopie...*
Placé en tête de phrase, ***ci-joint*** est adverbe et donc invariable. *Ci-joint des formulaires à remplir.* Quand il précède immédiatement un nom, ***ci-joint*** est adverbe et donc invariable. *Vous trouverez ci-joint copies des actes notariés.* Les termes ***ci-inclus*** et ***ci-annexé*** suivent les mêmes règles.

CIL n. m.
Le ***l*** se prononce, [sil], contrairement à ***sourcil***.
Poil qui borde les paupières.
Ne pas confondre avec le nom ***sourcil***, poils qui suivent l'arcade sourcilière, au-dessus de l'orbite.

CILICE n. m.
(ANCIENN.) Vêtement de crin porté sur la peau par pénitence.
Ne pas confondre avec le nom féminin ***silice***, minerai.

CILLEMENT n. m.
Le nom rime avec ***vacillement***, [sijmɑ̃].
Action de ciller. *Des cillements d'yeux.* SYN. clignotement.
cillement.

CILLER v. intr.
Le mot rime avec ***vaciller***, [sije].
Fermer et ouvrir brusquement les paupières. *Le soleil le fit ciller des yeux. La lumière intense la fit ciller.*
LOCUTION
– ***Ne pas ciller.*** (FIG.) Ne pas réagir, cacher toute réaction. SYN. marquer le coup. ANT. broncher ; s'émouvoir.
Au sens figuré, le verbe ne s'emploie que dans une tournure négative.
CONJUGAISON : VOIR MODÈLE AIMER.
Les lettres ***ill*** sont suivies d'un ***i*** à la première et à la deuxième personne du pluriel de l'indicatif imparfait et du subjonctif présent. *(Que) nous cillions, (que) vous cilliez.*
ciller.

CIMAISE ou **CYMAISE** n. f.
Moulure sur les murs d'une pièce, et sur laquelle on peut exposer des tableaux.

CIME n. f.
Sommet, extrémité supérieure. *La cime d'un arbre, d'une montagne.*
cime.

CIMENT n. m.
1. Matière propre à lier des pierres, des briques, etc. *Des sacs de ciment.*
2. (FIG.) Ce qui sert de lien. *Leur passion commune de la musique est le ciment de leur amitié.*

CIMENTER v. tr.
1. Lier avec du ciment. *Il faut cimenter ces fondations.*
2. (FIG.) Solidifier. *Cimenter une amitié.* SYN. consolider.
CONJUGAISON : VOIR MODÈLE AIMER.

CIMENTERIE n. f.
Usine où se fabrique le ciment.

CIMETERRE n. m.
Le ***e*** de la deuxième syllabe est muet, [simtɛr].
Sabre recourbé. *Le pacha portait un cimeterre.*
Ne pas confondre avec le nom ***cimetière***, lieu où l'on enterre les morts.

CIMETIÈRE n. m.
Le ***e*** de la deuxième syllabe est muet, [simtjɛr].
Lieu où l'on enterre les morts.
Ne pas confondre avec le nom ***cimeterre***, sabre.

CINÉ n. m.
Forme abrégée familière de ***cinéma***. *Des cinés. Viens-tu avec moi au ciné ?*

CINÉASTE n. m. et f.
Auteur, réalisateur de films.

CINÉ-CLUB ou **CINÉCLUB** n. m. (pl. *ciné-clubs* ou *cinéclubs*)
Club d'amateurs de cinéma. *L'intéressant ciné-club* ou *cinéclub du Théâtre Outremont.*

CINÉMA n. m.
S'abrège familièrement en ***ciné*** (s'écrit sans point).
1. Art de créer des films. *Annie aime beaucoup le cinéma. Plus tard, elle aimerait être actrice de cinéma.*
2. Lieu où l'on projette des films. *Ce soir, les amis se retrouveront au cinéma du quartier.*
LOCUTION
– ***Cinéma maison.*** Ensemble audiovisuel qui permet de reproduire chez soi les conditions visuelles et sonores d'une projection dans une salle de cinéma. *Des cinémas maison* (et non *home cinéma).

CINÉMATHÈQUE n. f.
Lieu où l'on conserve et projette des films.

CINÉMATIQUE n. f.
Partie de la mécanique qui s'occupe de l'étude du mouvement.

CINÉ-PARC ou **CINÉPARC** n. m. (pl. *ciné-parcs* ou *cinéparcs*)
⚜ Cinéma de plein air où l'on regarde le film de sa voiture.

CINÉPHILE n. m. et f.
Amateur de cinéma.

CINÉRAIRE adj. et n. f.
ADJECTIF
Qui renferme les cendres d'un mort. *Un vase cinéraire.*
NOM FÉMININ
Plante ornementale dont l'envers des feuilles est d'un vert cendré.

CINÉROMAN n. m.
Roman-photo tiré d'un film. *Des cinéromans.*

CINÉTIQUE adj. et n. f.
Qui a le mouvement pour principe. *Énergie cinétique.*

CINGHALAIS ou **CINGALAIS** n. m.
Langue parlée au Sri Lanka.
[T] Le nom de la langue s'écrit avec une minuscule.

CINGLANT, ANTE adj.
Rude, mordant. *Un ton cinglant.* SYN. blessant; désagréable.

CINGLÉ, ÉE adj. et n. m. et f.
(FAM.) Fou. *Il faut être cinglé pour conduire à cette vitesse. Ce sont des cinglés.* SYN. (FAM.) dingue; (FAM.) timbré.

CINGLER v. tr., intr.
VERBE TRANSITIF
1. Frapper avec un objet flexible. *Cingler un cheval avec une cravache.* SYN. cravacher; fouetter.
2. Fouetter, en parlant de la pluie, de la neige. *La neige et la bourrasque lui cinglaient le visage.*
VERBE INTRANSITIF
Naviguer à toute allure dans une direction. *Le voilier cinglait vers les îles.* SYN. voguer.
CONJUGAISON : VOIR MODÈLE AIMER.

CINQ adj. num. inv. et n. m. inv.
1° Le ***q*** se prononce lorsque le déterminant est suivi d'un mot commençant par une voyelle ou un ***h*** muet. 2° Le ***q*** ne se prononce pas si le déterminant est suivi d'un mot commençant par une consonne ou un ***h*** aspiré. 3° Le ***q*** se prononce toujours dans le nom ***cinq***.
ADJECTIF NUMÉRAL CARDINAL INVARIABLE
Quatre plus un. *Une pièce en cinq actes. Cinq dollars.*
ADJECTIF NUMÉRAL ORDINAL INVARIABLE
Cinquième. *Le cinq mai.*
NOM MASCULIN INVARIABLE
Nombre cinq. *Un cinq de cœur. Des cinq de trèfle.*
VOIR TABLEAU – NOMBRES.
VOIR TABLEAU – NUMÉRAL ET ADJECTIF ORDINAL (DÉTERMINANT).

CINQUANTAINE n. f.
1. Environ cinquante. *Elle a acheté une cinquantaine de cerises.*
Si le nom ***cinquantaine*** est précédé du déterminant indéfini ***une*** et suivi d'un complément au pluriel, l'accord du verbe ou de l'adjectif se fait généralement avec le complément au pluriel. *Une cinquantaine de personnes étaient présentes.* Si le nom ***cinquantaine*** est précédé du déterminant défini ***la***, d'un déterminant possessif *(ma, ta, sa)* ou d'un déterminant démonstratif *(cette)* et s'il est suivi d'un complément au pluriel, le verbe et l'adjectif peuvent s'accorder avec le sujet si l'auteur veut insister sur l'ensemble plutôt que sur la pluralité. *La cinquantaine de personnes qui assistait au concert.*
2. Âge approximatif de cinquante ans. *Il est dans la cinquantaine.*

CINQUANTE adj. num. inv. et n. m. inv.
ADJECTIF NUMÉRAL CARDINAL INVARIABLE
Cinq fois dix. *Les cinquante personnes.*
ADJECTIF NUMÉRAL ORDINAL INVARIABLE
Cinquantième. *Page cinquante.*
NOM MASCULIN INVARIABLE
Nombre cinquante. *Des cinquante illuminés.*
VOIR TABLEAU – NOMBRES.
VOIR TABLEAU – NUMÉRAL ET ADJECTIF ORDINAL (DÉTERMINANT).

CINQUANTENAIRE adj. et n. m.
NOM MASCULIN
Cinquantième anniversaire.
ADJECTIF
Qui a cinquante ans. *Une maison cinquantenaire.*
VOIR – QUINQUAGÉNAIRE.

CINQUANTIÈME adj. num. et n. m. et f.
ABRÉVIATIONS
50e (cinquantième), ***50es*** (cinquantièmes).
ADJECTIF NUMÉRAL ORDINAL
Nombre ordinal de cinquante. *La cinquantième élève.*
NOM MASCULIN
La cinquantième partie d'un tout.
NOM MASCULIN ET FÉMININ
Personne, chose qui occupe le cinquantième rang. *Ils sont les cinquantièmes.*
VOIR TABLEAU – NUMÉRAL ET ADJECTIF ORDINAL (DÉTERMINANT).

CINQUIÈME adj. num. et n. m. et f.
ABRÉVIATIONS
5e (cinquième), ***5es*** (cinquièmes).
ADJECTIF NUMÉRAL ORDINAL
Nombre ordinal de cinq. *La cinquième enfant.*
NOM MASCULIN ET FÉMININ
Personne, chose qui occupe le cinquième rang. *Elles sont les cinquièmes.*
NOM MASCULIN
La cinquième partie d'un tout. *Les trois cinquièmes.*
VOIR TABLEAU – NUMÉRAL ET ADJECTIF ORDINAL (DÉTERMINANT).

CINQUIÈMEMENT adv.
En cinquième lieu.

CINTRAGE n. m.
Action de cintrer. *Le cintrage d'une pièce de bois.*

CINTRE n. m.
1. Courbure d'une voûte.
2. Article rappelant la forme des épaules, muni d'un crochet pour suspendre les vêtements. *Mettre son manteau sur un cintre* (et non sur un *support).

CINTRER v. tr.
1. Courber. *Cintrer des pièces de métal.*
2. Ajuster un vêtement à la taille. *Cette robe est joliment cintrée.*
CONJUGAISON : VOIR MODÈLE AIMER.

C

CIRAGE n. m.
1. Action de cirer. *Le cirage des chaussures, ce n'est pas très agréable à faire.*
2. Produit dont on se sert pour cirer les chaussures. *Achète-moi du cirage noir, s'il te plaît.*
FORME FAUTIVE
*cirage des skis. Anglicisme pour ***fartage des skis.***

***CIRCA**
Anglicisme pour ***environ*** qui s'abrège en ***env.***

CIRCASSIEN, IENNE adj. et n. m. et f.
ADJECTIF
1. De Circassie. *La langue circassienne. La communauté circassienne.*
2. (NÉOL.) Qui appartient aux arts du cirque. *Le milieu circassien. La tradition circassienne. Les créations circassiennes.*
NOM MASCULIN ET FÉMININ
1. Personne originaire de Circassie. *Un, une Circassienne.*
En ce sens, le nom s'écrit avec une majuscule.
2. (NÉOL.) Concepteur, interprète des arts du cirque. *Le savoir-faire des circassiens du Cirque du Soleil.*

CIRCOM-, CIRCON- préf.
Éléments latins signifiant « autour ». *Circonférence.*

CIRCONCIRE v. tr.
Pratiquer la circoncision sur. *Il a été circoncis à sa naissance.*
Ne pas confondre avec le verbe ***circonscrire,*** donner des limites.
CONJUGAISON : VOIR MODÈLE SUFFIRE.
À la différence du modèle ***suffire,*** le participe passé du verbe ***circoncire*** est ***circoncis, ise.***
circoncire.

CIRCONCIS, ISE adj. et n. m.
ADJECTIF
Qui a subi la circoncision.
NOM MASCULIN
Garçon, homme qui a subi la circoncision.

CIRCONCISION n. f.
Excision du prépuce. *Les juifs et les musulmans subissent la circoncision.*
circoncision.

CIRCONFÉRENCE n. f.
Limite extérieure d'un cercle. *Nous devons calculer la circonférence de ce ballon.* SYN. périmètre.

CIRCONFLEXE adj.
– ***Accent circonflexe.*** Se dit d'un signe en forme de chevron qu'on met sur certaines voyelles. *Les noms* château, forêt, abîme, rôti, flûte *ont un accent circonflexe.*
VOIR TABLEAU – ACCENTS.
VOIR TABLEAU – ACCENTS PIÈGES.

CIRCONLOCUTION n. f.
Périphrase. *Laissons tomber les circonlocutions, venons-en au fait.* SYN. détour.
Ne pas confondre avec le nom ***circonvolution,*** suite de cercles autour d'un centre commun.

CIRCONSCRIPTION n. f.
Division administrative d'un territoire. *Une circonscription électorale* (et non un *comté).

CIRCONSCRIRE v. tr., pronom.
VERBE TRANSITIF
1. Donner des limites à. *Circonscrire un terrain.*
2. Limiter. *L'incendie a été circonscrit, puis maîtrisé.*
3. Cerner. *Il importe de bien circonscrire le sujet de l'étude.* SYN. délimiter.
VERBE PRONOMINAL
Se délimiter. *Les discussions se sont circonscrites autour des aspects financiers.*
À la forme pronominale, le participe passé de ce verbe s'accorde toujours en genre et en nombre avec son sujet. *Les incendies se sont circonscrits à la côte.*
Ne pas confondre avec le verbe ***circoncire,*** pratiquer la circoncision.
CONJUGAISON : VOIR MODÈLE ÉCRIRE.

CIRCONSPECT, ECTE adj.
Les lettres ***ct*** se prononcent ou non au masculin, [sirkɔ̃spɛkt, sirkɔ̃spɛ].
Prudent, qui prend garde à ce qu'il fait. SYN. réfléchi ; réservé.

CIRCONSPECTION n. f.
Prudence, réflexion.

CIRCONSTANCE n. f.
1. Occasion favorable ou défavorable. *Je profite de la circonstance pour vous saluer.* SYN. situation.
2. (AU PLUR.) L'environnement actuel, la situation globale. *En raison des circonstances, il vaut mieux s'abstenir d'être là.* SYN. conjoncture ; contexte.

CIRCONSTANCIÉ, ÉE adj.
Détaillé. *Un rapport circonstancié.*

CIRCONSTANCIEL, IELLE adj.
Se dit d'un complément qui précise la circonstance de l'action indiquée par le verbe : son lieu, son temps, sa cause, son but, etc. *Dans la phrase « Demain, Loïc ira à La Ronde », le mot « demain » est un complément circonstanciel de temps et les mots « à La Ronde » sont un complément circonstanciel de lieu.*
Dans la nouvelle grammaire, le terme ***complément circonstanciel*** est remplacé par ***complément de phrase*** ou ***complément de verbe,*** selon le cas.
Cinq catégories grammaticales peuvent assurer la fonction de complément de phrase :
– groupe de la préposition. *Il recevra son nouvel ordinateur dans quelques jours.*
– groupe de l'adverbe. *Une nouvelle élève est arrivée hier.*
– groupe du nom. *Elle travaille toute la journée.*
– phrase à verbe conjugué. *Vous viendrez quand vous en aurez envie.*
– phrase participiale. *La neige ne cessant de tomber, la visibilité est très réduite sur les routes.*
VOIR TABLEAU – COMPLÉMENT.

CIRCONVENIR v. tr.
(PÉJ.) Atteindre un objectif par des manœuvres déterminées. *Ils ont circonvenu la direction et ont obtenu le renvoi de cet employé.* SYN. convaincre ; persuader.
Contrairement au verbe ***venir, circonvenir*** se conjugue avec l'auxiliaire ***avoir.***
CONJUGAISON : VOIR MODÈLE VENIR.

CIRCONVOLUTION n. f.
Suite de cercles autour d'un centre commun. *Les circonvolutions gracieuses des patineurs.*
Ne pas confondre avec le nom ***circonlocution,*** périphrase.

CIRCUIT n. m.
1. Itinéraire ramenant au point de départ. *Cet été, nous ferons un circuit au Saguenay. Un circuit automobile.* SYN. randonnée ; tour.
2. Suite de conducteurs électriques. *Le circuit a été coupé. Des circuits imprimés.*

CIRCULAIRE adj. et n. f.
ADJECTIF
1. En forme de cercle. *Une sculpture circulaire.*
2. Qui, à la manière d'un cercle, renvoie au point de départ. *Un raisonnement circulaire.* Exemple de définition circulaire : *l'école est un établissement fréquenté par des écoliers ; l'écolier est celui qui fréquente l'école.*

NOM FÉMININ
Lettre d'information adressée à plusieurs destinataires. *Une circulaire administrative, commerciale.*
Ne pas confondre avec les noms suivants :
- ***billet,*** lettre très concise ;
- ***communiqué,*** avis transmis au public ;
- ***courrier,*** ensemble des lettres, des imprimés, etc., acheminés par la poste ;
- ***dépêche,*** missive officielle, message transmis par voie rapide ;
- ***lettre,*** écrit transmis à un destinataire ;
- ***note,*** brève communication écrite, de nature administrative.

FORME FAUTIVE
*circulaire. Impropriété au sens de ***cahier publicitaire, dépliant, prospectus.***

CIRCULAIREMENT adv.
En rond, d'une façon circulaire.

CIRCULARITÉ n. f.
Caractère de ce qui est circulaire. *La circularité d'une définition.*

CIRCULATION n. f.
1. Mouvement de ce qui circule. *La circulation du sang. La libre circulation des travailleurs au Canada.*
2. Le fait ou la possibilité pour les véhicules et les piétons d'aller et venir, de se déplacer en utilisant les voies de communication (Recomm. off.). *Ce soir, la circulation* (et non le *trafic) *est très dense.*
FORME FAUTIVE
*circulation. Anglicisme au sens de ***tirage, diffusion*** (d'un journal, d'une revue). *J'achète un journal à gros tirage* (et non *grosse circulation).

CIRCULATOIRE adj.
Propre à la circulation du sang. *Des troubles circulatoires.*

CIRCULER v. intr.
1. Se mouvoir circulairement ou de façon à revenir au point de départ. *Le sang circule dans les veines et les artères.*
2. Se déplacer en utilisant les voies de communication. *Il est plus facile de circuler dans le centre-ville les jours de congé.*
3. Passer de main en main. *Ce livre a circulé auprès de tous les amis.*
4. Se propager. *Les nouvelles circulent vite.* SYN. courir ; se diffuser.
CONJUGAISON : VOIR MODÈLE AIMER.

CIRE n. f.
1. Matière jaunâtre produite par les abeilles.
2. Substance animale ou végétale. *Une statuette en cire.*

CIRÉ, ÉE adj. et n. m.
ADJECTIF
Enduit de cire. *Des parquets cirés.*
NOM MASCULIN
Imperméable. *Antoine a mis son ciré rouge.*

CIRER v. tr.
Enduire de cire, de cirage. *Il faudrait que je cire mes chaussures.* SYN. astiquer ; faire briller.
FORME FAUTIVE
*cirer des skis. Anglicisme pour ***farter des skis.***
CONJUGAISON : VOIR MODÈLE AIMER.

CIREUR, EUSE n. m. et f.
Personne qui cire les chaussures, les bottes.

CIRQUE n. m.
1. Enceinte circulaire où se donne le spectacle d'exercices d'acrobatie, de domptage, d'équilibre. *Les enfants adorent aller au cirque.*
2. Entreprise qui organise ce spectacle. *Le Cirque du Soleil.*

CIRRHOSE n. f.
Affection du foie, généralement d'origine alcoolique.
L'expression *cirrhose du foie est un pléonasme.
cirrhose.

CIRROCUMULUS n. m.
Le *s* se prononce, [sirokymylys] ; le nom rime avec ***puce.***
Nuage qui présente une forme moutonnée.

CIRROSTRATUS n. m.
Le *s* final se prononce, [sirostratys] ; le nom rime avec ***puce.***
Nuage qui présente l'aspect d'un voile très léger.

CIRRUS n. m.
Le *s* se prononce, [sirys] ; le nom rime avec ***puce.***
Nuage élevé qui a la forme de filaments massés.
cirrus.

CISAILLE n. f.
Gros ciseaux pour couper une feuille de métal, une haie. *Une cisaille* ou *des cisailles de jardinier.* SYN. sécateur.
Ce mot s'utilise souvent au pluriel.
cisaille.

CISAILLEMENT n. m.
Action de cisailler ; son résultat.
cisaillement.

CISAILLER v. tr.
Couper avec des cisailles. *Le jardinier a cisaillé les branches du pommier.* SYN. tailler.
CONJUGAISON : VOIR MODÈLE AIMER.
Les lettres ***ill*** sont suivies d'un ***i*** à la première et à la deuxième personne du pluriel de l'indicatif imparfait et du subjonctif présent. *(Que) nous cisaillions, (que) vous cisailliez.*
cisailler.

CISEAU n. m. (pl. *ciseaux*)
1. (AU PLUR.) Instrument composé de deux branches tranchantes. *Des ciseaux à papier, à ongles, des ciseaux de jardinier. Une paire de ciseaux.*
2. Outil de métal destiné à travailler le bois, le métal, etc. *Un ciseau à bois.*
LOCUTION
– ***En criant ciseau.*** Très rapidement.

CISELER v. tr.
Le ***e*** central est muet, [sizle].
1. Sculpter des ornements sur le métal. *L'artisan cisèle des arabesques.*
2. (FIG.) Travailler avec minutie, parfaire. *Ciseler un texte.* SYN. fignoler ; parachever ; peaufiner ; polir.
CONJUGAISON : VOIR MODÈLE CONGELER.
Le ***e*** se change en ***è*** devant une syllabe contenant un ***e*** muet. *Il cisèle,* mais *il ciselait.*

CISELURE n. f.
Le ***e*** central est muet, [sizlyr].
Gravure. *De gracieuses ciselures ornent les lambris.*

CISTERCIEN, IENNE adj. et n. m. et f.
ADJECTIF
Qui appartient à l'ordre religieux de Cîteaux. *L'abbaye cistercienne de Fontfroide.*
NOM MASCULIN ET FÉMININ
Des cisterciens, des cisterciennes.
T Le nom s'écrit avec une minuscule lorsqu'il désigne un membre de l'ordre religieux ; quand il désigne l'ordre religieux, il s'écrit avec une majuscule. *Les Cisterciens.*

CITADELLE n. f.
Forteresse qui servait autrefois à protéger une ville. *La citadelle de Québec.* SYN. château fort.

CITADIN, INE adj. et n. m. et f.
ADJECTIF
Qui se rapporte à la ville. *Des habitudes citadines.*
NOM MASCULIN ET FÉMININ
Personne qui habite la ville. *André est un citadin, alors que Julie est une campagnarde.* ANT. rural.

CITATION n. f.
Passage d'un auteur, d'un texte rapporté exactement.
• PRÉSENTATION
Afin de mettre en évidence les citations d'un texte, on peut les présenter ainsi :
– **Emploi de guillemets.**
La devise du Québec est : « Je me souviens. »
– **Disposition en retrait.**
La dédicace du livre de René Lévesque se lit ainsi :
À la mémoire du gars de Kamouraska, Dominique Lévesque, qui fut mon père et l'homme le plus important de ma vie.
• PONCTUATION
– Il importe de respecter la ponctuation finale du passage cité et de l'inclure avant de fermer les guillemets, s'il y a lieu.
– Ainsi, le premier mot de la citation prend une capitale initiale si celle-ci débute par une phrase complète. *« Les haies d'églantines n'ont plus de parfum »* (Anne Hébert, *Les Fous de Bassan*).
– Si l'extrait cité comporte des incises telles que ***dit-il, demanda-t-il, s'écria-t-elle, répondit-elle,*** il n'est pas nécessaire d'employer des guillemets pour ce type d'incises. *« Je viendrai certainement demain, répondit-il, si la fête a lieu. »*
• CITATIONS ABRÉGÉES
Pour abréger une citation, on dispose des possibilités suivantes :
– emploi de l'abréviation ***etc.*** après le guillemet fermant. *« Voici des fruits, des fleurs, des feuilles et des branches », etc.* (Paul Verlaine) ;
– emploi des points de suspension avant le guillemet fermant. *« Vous connaissez la suite. Veuillez agréer, chère Madame, ... » ;*
– emploi des points de suspension encadrés par des crochets [...] pour supprimer un passage dans une citation.
• RÉFÉRENCES DES CITATIONS
Si l'auteur de la citation veut en mentionner la référence, celle-ci sera placée entre parenthèses après le guillemet fermant. *« Un tiens vaut mieux que deux tu l'auras »* (Jean de La Fontaine).
VOIR TABLEAU – DISCOURS RAPPORTÉ.
T L'adverbe ***sic*** est composé en italique et se place entre parenthèses après un mot cité textuellement, si incorrect qu'il soit.
T S'il n'existe pas de règles précises quant à la disposition des citations dans un texte, ou si le choix des mises en valeur est conditionné par la nature de l'ouvrage et la disponibilité des caractères typographiques, il importe toujours de présenter de façon uniforme et cohérente l'ensemble des citations d'un même texte.
LOCUTION
– ***Citation (à comparaître).*** (DR.) Citation à comparaître en justice. *L'huissier lui a remis une citation à comparaître* (et non un *subpœna). SYN. assignation.

CITÉ n. f.
1. Partie la plus ancienne de certaines villes. *La Cité de Londres. L'île de la Cité.*
T En ce sens, le nom s'écrit avec une majuscule.
2. Ensemble d'immeubles ayant une même vocation. *La cité universitaire de Paris.*
T En ce sens, le nom s'écrit avec une minuscule.
LOCUTIONS
– ***Avoir droit de cité.*** (FIG.) Être admis dans un groupe.
– ***Les cités.*** Les banlieues difficiles. *La langue des cités est peu compréhensible.*
FORME FAUTIVE
*cité. Impropriété au sens de ***ville, agglomération urbaine.***

CITER v. tr., pronom.
VERBE TRANSITIF
1. (DR.) Appeler à comparaître. *Citer un expert.*
2. Rapporter. *Citer un passage d'un texte. Elle a cité ses sources.*
3. Signaler, attirer l'attention sur quelqu'un, quelque chose. *Son dévouement a été cité en exemple.* SYN. donner en exemple ; évoquer.
VERBE PRONOMINAL
Rapporter ses propres paroles ou écrits. *Un auteur qui n'hésite pas à se citer.*
À la forme pronominale, le participe passé de ce verbe s'accorde toujours en genre et en nombre avec son sujet. *Ces chercheurs se sont cités eux-mêmes.*
CONJUGAISON : VOIR MODÈLE AIMER.

CITERNE n. f.
Réservoir d'eau de pluie, d'un liquide. *La citerne est à sec : il n'a pas plu depuis 40 jours.*
Le mot ***citerne*** s'appose parfois à un nom. Les deux éléments prennent la marque du pluriel et s'écrivent avec un trait d'union. *Des avions-citernes. Des camions-citernes.*

CITHARE n. f.
Instrument de musique à cordes de la Grèce antique.
HOM. ***sitar,*** instrument de musique à cordes de l'Inde.

***CITIZEN'S BAND**
Anglicisme pour ***bande publique.***

CITOYEN, ENNE adj. et n. m. et f.
NOM MASCULIN ET FÉMININ
Sujet d'un pays qui, à ce titre, jouit de droits politiques. *François et Delphine sont des citoyens canadiens.*
ADJECTIF
1. Relatif à la citoyenneté. *Le droit d'initiative citoyenne, qui permettra à un million de citoyens d'inviter la Commission à soumettre une proposition. La mobilisation citoyenne.*
2. Qui fait preuve d'esprit civique. *Nous tentons de faire de cette société la meilleure entreprise citoyenne* (et non *le meilleur citoyen corporatif), *avec les meilleurs produits et les services les plus adaptés. La logique citoyenne consiste à s'abstraire de ses soucis personnels pour considérer l'intérêt général.*
FORME FAUTIVE
*citoyen corporatif. Calque de «*corporate citizen*» pour ***entreprise citoyenne.***

CITOYENNETÉ n. f.
Qualité de citoyen. *Ses grands-parents originaires du Liban recevront bientôt leur citoyenneté canadienne.*

CITRIN, INE adj.
(LITT.) Qui a la couleur du citron.

CITRIQUE adj.
Acide extrait du jus de citron. *Acide citrique.*

CITRON adj. inv. et n. m.
NOM MASCULIN
Fruit du citronnier. *Un citron pressé.*
ADJECTIF DE COULEUR INVARIABLE
De la couleur jaune des citrons. *Des rubans citron, jaune citron.*
VOIR TABLEAU – COULEUR (ADJECTIFS DE).

CITRONNADE n. f.
Boisson préparée avec du jus de citron. SYN. citron pressé.
Au Québec et dans la francophonie canadienne, on emploie surtout le nom ***limonade*** en ce sens. Pour la majorité des locuteurs du français, la limonade est une boisson gazeuse au goût de citron.
citronnade.

CITRONNÉ, ÉE adj.
Qui contient du jus de citron. *Un parfum citronné.*
citronné.

CITRONNELLE n. f.
Nom de diverses plantes dont l'odeur ressemble à celle du citron. *La citronnelle éloigne les moustiques.*
citronnelle.

CITRONNIER n. m.
Arbre des régions méridionales qui produit le citron.
✏ citronnier.

CITROUILLE n. f.
Plante potagère dont le fruit orange est volumineux; ce fruit. *À l'Halloween, les enfants ont placé une citrouille devant la maison.*

CIVET n. m.
Ragoût de lapin, de lièvre.

CIVIÈRE n. f.
Brancard destiné à transporter des malades, des blessés.

CIVIL, ILE adj. et n. m. et f.
ADJECTIF
1. Relatif à l'ensemble des citoyens d'un État. *Les droits civils. Le Code civil.*
Le recueil des lois relatives au droit civil s'écrit avec une majuscule initiale, l'adjectif s'écrit avec une minuscule.
2. (LITT.) Affable.
3. Qui n'est pas religieux. *Un mariage civil.*
NOM MASCULIN ET FÉMININ
Personne qui n'est pas militaire.
LOCUTIONS
– ***Année civile.*** Période de douze mois comprise entre le 1er janvier et le 31 décembre.
– ***État civil.*** Ensemble des qualités propres à une personne physique, telles que le nom, la date et le lieu de naissance, le sexe, la nationalité et l'état matrimonial (GDT). *Au Québec, le système des registres d'état civil et le système religieux des paroisses se sont croisés pour donner une double tenue de registres.* SYN. situation de famille.
Ne pas confondre avec la locution ***état matrimonial,*** situation légale d'une personne au regard du mariage.
FORME FAUTIVE
*statut civil. Calque de «*civil status*» pour ***état civil.***

CIVILEMENT adv.
1. (DR.) Selon le droit civil. *Se marier civilement.*
2. (LITT.) Avec politesse. *Ils nous ont remerciés bien civilement.*

CIVILISATEUR, TRICE adj. et n. m. et f.
Qui aide au progrès de la civilisation.

CIVILISATION n. f.
Développement des caractères propres à la vie intellectuelle, morale, artistique et matérielle d'une société. *La civilisation grecque.*

CIVILISÉ, ÉE adj. et n. m. et f.
Qui jouit de la civilisation. *Un peuple civilisé.* SYN. raffiné.

CIVILISER v. tr., pronom.
VERBE TRANSITIF
Contribuer à la civilisation d'un groupe, d'un pays.
VERBE PRONOMINAL
S'apprivoiser, acquérir une culture considérée comme plus évoluée.
À la forme pronominale, le participe passé de ce verbe s'accorde toujours en genre et en nombre avec son sujet. *Ces adolescents se sont civilisés progressivement.*
CONJUGAISON : VOIR MODÈLE AIMER.

CIVILISTE n. m. et f.
Spécialiste du droit civil.

CIVILITÉ n. f.
(VIEILLI) Politesse. *Ces personnes manquent de civilité.* SYN. courtoisie.
LOCUTION
– ***Titre de civilité.*** Les titres de civilité les plus courants sont ***Monsieur, Madame*** dont les abréviations sont ***M., Mme.***
VOIR TABLEAU – CORRESPONDANCE.
Le titre de ***Mademoiselle*** tend à être remplacé par celui de ***Madame,*** sans égard à la situation de famille de la personne.

CIVIQUE adj.
1. Qui concerne le citoyen. *Les droits civiques.*
2. Qui caractérise un bon citoyen.
LOCUTION
– ***Sens civique.*** Sens de ses responsabilités et de ses devoirs de citoyen. *Manquer de sens civique.* SYN. civisme.
FORMES FAUTIVES
*civique. Anglicisme au sens de ***municipal.*** *Un hôpital municipal* (et non *civique).
*numéro civique. Impropriété pour ***numéro*** (dans une adresse).

CIVISME n. m.
Sens civique. *Faire preuve de civisme en donnant la priorité aux piétons.*

cl
Symbole de ***centilitre.***

Cl
Symbole de ***chlore.***

CLAC ! interj.
Onomatopée indiquant un claquement. *Clac! la porte s'est refermée!*
T L'interjection est toujours suivie d'un point d'exclamation qui est souvent repris à la fin de la phrase. Si la phrase exclamative n'est pas complète, le mot qui suit le point d'exclamation s'écrit avec une minuscule initiale.

CLAFOUTIS n. m.
Le *s* ne se prononce pas, [klafuti].
Pâtisserie. *Un clafoutis aux cerises.*
✏ clafoutis.

CLAIE n. f.
Treillis servant de clôture.

CLAIR, CLAIRE adj. et adv.
ADJECTIF
1. Qui répand ou reçoit la lumière. *Une pièce très claire.* SYN. éclairé; lumineux. ANT. noir; sombre.
2. Pâle, en parlant d'une couleur. *Bleu clair.* ANT. foncé.
Adjectif de couleur + ***clair.*** Lorsqu'un adjectif de couleur est composé de plusieurs mots, il est invariable. *Des chemises bleu clair.*
VOIR TABLEAU – COULEUR (ADJECTIFS DE).
3. Pur. *Une eau claire.* SYN. cristallin; limpide; transparent. ANT. brouillé.
4. Cristallin, en parlant d'un son. *Une voix très claire.* SYN. aigu. ANT. grave.
5. Facile à comprendre. *La consigne est claire : il faut tout reprendre.* SYN. compréhensible. ANT. confus; embrouillé.
Ne pas confondre avec les mots suivants :
- ***assuré,*** dont la réalité est sûre;
- ***avéré,*** reconnu comme vrai;
- ***évident,*** indiscutable;
- ***indéniable,*** qu'on ne peut nier;
- ***irréfutable,*** qu'on ne peut réfuter;
- ***notoire,*** qui est bien connu.

ADVERBE
Clairement. *Ils parlent haut et clair.*
Pris adverbialement, le mot ***clair*** est invariable.
LOCUTIONS
– ***Clair de lune.*** La clarté de la lune. *Le clair de lune est magnifique ce soir.*
– ***En clair,*** loc. adv. Non chiffré ou non codé.
– ***Le plus clair de.*** La partie la plus importante. *Il passe le plus clair de son temps à écrire.*
– ***Tirer une affaire au clair.*** L'éclaircir. *Il faut tirer cette affaire au clair.*
FORME FAUTIVE
*revenu clair. Anglicisme au sens de ***revenu net.*** *Le revenu net* (et non *clair) *de Claire est égal au revenu brut de Georges.*

CLAIREMENT adv.
Distinctement. *Nous avons clairement entendu ces mots.* SYN. nettement.

***CLAIRER**
*clairer une, des dettes. Anglicisme pour ***acquitter, liquider, régler, rembourser une, des dettes, se libérer de ses dettes.***
*clairer une personne. Anglicisme pour ***congédier, licencier, remercier.***

CLAIRET, ETTE adj. et n. m.
ADJECTIF
Peu épais. *Une soupe clairette.*
NOM MASCULIN
Vin rouge léger.

CLAIRE-VOIE n. f. (pl. *claires-voies*)
Treillis. *Les framboises sont transportées dans des emballages à claire-voie.*
[Les *Rectifications* (1990) admettent : une clairevoie, des clairevoies.]

CLAIRIÈRE n. f.
Endroit d'une forêt, d'un bois dégarni d'arbres.

CLAIR-OBSCUR n. m. (pl. *clairs-obscurs*)
Effet de lumière contrastant avec l'ombre.

CLAIRON n. m.
1. Instrument à vent.
2. Personne qui joue de cet instrument.

CLAIRONNANT, ANTE adj.
Qui a le timbre du clairon. *Une voix claironnante.* SYN. tonitruant.

CLAIRONNER v. tr., intr.
VERBE TRANSITIF
(FAM.) Annoncer avec éclat. *Il nous claironna son salaire sans retenue.* SYN. afficher ; carillonner ; proclamer.
VERBE INTRANSITIF
Sonner du clairon.
CONJUGAISON : VOIR MODÈLE AIMER.

CLAIRSEMÉ, ÉE adj.
Peu dense, peu nombreux. *Des arbres clairsemés.* SYN. rare.
⚠ Cet adjectif s'écrit en un seul mot.

CLAIRVOYANCE n. f.
1. Discernement, lucidité. *Sa mère a eu la clairvoyance de prévenir le médecin.* SYN. intelligence ; perspicacité ; sagesse.
2. Perception extrasensorielle.
✏ clairvoyance.

CLAIRVOYANT, ANTE adj. et n. m. et f.
ADJECTIF
Qui a un bon jugement, qui fait preuve de bon sens. SYN. fin ; intelligent ; lucide ; perspicace ; sage.
NOM MASCULIN ET FÉMININ
Personne qui pratique la clairvoyance. *Ma voisine croit lire l'avenir dans une boule de cristal : est-elle une clairvoyante ?*

***CLAM CHOWDER**
Anglicisme pour ***chaudrée de palourdes.***

CLAMER v. tr.
(LITT.) Proclamer. *Il continue à clamer son innocence.* SYN. crier.
CONJUGAISON : VOIR MODÈLE AIMER.

CLAMEUR n. f.
Ensemble de cris tumultueux. *La clameur montait de la foule indignée.* SYN. rumeur ; tumulte ; vacarme.

CLAN n. m.
Groupe, société fermée. *Le clan des motards.* SYN. caste.

CLANDESTIN, INE adj. et n. m. et f.
Qui agit en marge des lois et de façon secrète. *Un marché clandestin. Une passagère clandestine. Les clandestins étaient cachés dans des conteneurs.* SYN. caché ; secret.

CLANDESTINITÉ n. f.
Caractère de ce qui est clandestin.

CLAPET n. m.
Petite soupape.
✏ clapet.

CLAPIER n. m.
Cabane pour les lapins.

CLAPOTEMENT n. m.
Bruit léger d'un liquide qui clapote. *Le clapotement des vagues sur la coque.* SYN. clapotis.
✏ clapotement.

CLAPOTER v. intr.
Se dit de vagues légères qui s'entrechoquent.
CONJUGAISON : VOIR MODÈLE AIMER.
✏ clapoter.

CLAPOTIS n. m.
👄 Le *s* ne se prononce pas, [klapɔti].
Agitation des vagues qui se croisent. SYN. clapotement.
✏ clapotis.

CLAPPEMENT n. m.
Bruit sec fait avec la langue. *Quelques clappements et le cheval part au galop.*
✏ clappement.

CLAQUAGE n. m.
Étirement d'un ligament.
⚠ Ne pas confondre avec le nom ***claquement,*** bruit.

CLAQUE n. f.
1. (FAM.) Gifle. SYN. coup ; tape.
2. ⚜ (FAM.) Couvre-chaussure en caoutchouc.

CLAQUEMENT n. m.
Bruit qui résulte d'un choc. *Un claquement sec.* SYN. coup.
⚠ Ne pas confondre avec le nom ***claquage,*** étirement d'un ligament.

CLAQUEMURER v. tr., pronom.
VERBE TRANSITIF
Séquestrer. SYN. coffrer ; enfermer.
VERBE PRONOMINAL
S'enfermer chez soi, s'isoler. *Ils se sont claquemurés dans le grenier.* SYN. se barricader ; se cloîtrer ; se murer.
📏 À la forme pronominale, le participe passé de ce verbe s'accorde toujours en genre et en nombre avec son sujet. *Elles s'étaient claquemurées dans leur chambre.*
CONJUGAISON : VOIR MODÈLE AIMER.

CLAQUER v. tr., intr.
VERBE TRANSITIF
1. Fermer avec un bruit sec. *Claquer la porte. « la lumière elle-même étirée à faire claquer la corde des nerfs »* (Pierre Nepveu, *Lignes aériennes*).
2. (FAM.) Épuiser. *Il est claqué, il doit se reposer.* SYN. éreinter ; exténuer ; fatiguer ; surmener.
VERBE INTRANSITIF
Faire un bruit sec et clair. *Claquer des dents.*
CONJUGAISON : VOIR MODÈLE AIMER.

CLAQUETTE n. f.
1. Instrument composé de deux planchettes que l'on fait claquer pour donner un signal.
2. Danse rythmée par un bruit sec des pieds. *Danser la claquette.*

CLARIFICATION n. f.
1. Action de clarifier. *La clarification d'une boisson à l'aide d'un filtre.*
2. (FIG.) Éclaircissement. *La clarification d'une question.*

CLARIFIER v. tr.
1. Purifier. *Clarifier une eau.* SYN. filtrer.
2. (FIG.) Rendre clair. *Il faudrait clarifier cette question.* SYN. éclaircir.

CONJUGAISON : VOIR MODÈLE ÉTUDIER.
Redoublement du ***i*** à la première et à la deuxième personne de l'indicatif imparfait et du subjonctif présent. *(Que) nous clarifiions, (que) vous clarifiiez.*

CLARINETTE n. f.
1. Instrument de musique à vent.
2. Personne qui joue de cet instrument. *C'est une excellente clarinette.* SYN. clarinettiste.
Ce nom féminin désigne un homme ou une femme.

CLARINETTISTE n. m. et f.
Personne qui joue de la clarinette. SYN. clarinette.

CLARTÉ n. f.
1. Lumière. *La clarté du jour.*
2. Caractère de ce qui est nettement intelligible. *La clarté d'un exposé.* SYN. limpidité ; netteté ; précision.

CLASSE n. f.
1. Ensemble de personnes qui ont des intérêts communs. *Une classe sociale.* SYN. catégorie ; famille ; ordre.
2. Ensemble d'êtres ou d'objets qui ont des caractéristiques semblables. *Une classe d'élèves jouait, jouaient dans la cour.* SYN. groupe.
Si le sujet du verbe est un collectif précédé du déterminant indéfini ***un, une*** et suivi d'un complément au pluriel, le verbe se met au singulier lorsque l'auteur veut insister sur le tout, l'ensemble ; au pluriel, s'il veut insister sur la pluralité, la multiplicité. Si le sujet du verbe est un collectif précédé du déterminant défini ***(le, la)***, d'un déterminant possessif ***(mon, ma, ton, ta, son, sa)***, d'un déterminant démonstratif ***(ce, cette)*** et s'il est suivi d'un complément au pluriel, le verbe se met généralement au singulier. *La classe des mammifères sera étudiée au prochain cours.*
VOIR TABLEAU – COLLECTIF.
3. Distinction. *Elle a de la classe.* SYN. allure ; chic ; élégance.
4. Division d'un établissement scolaire. *La classe de sixième.*
5. Enseignement. *Faire la classe de français.*
LOCUTIONS
– ***Classe de neige.*** Enseignement donné à la montagne au cours de l'hiver où sont combinés leçons et exercices physiques. *Des classes de neige.*
– ***Classe d'immersion.*** Classe dans laquelle les élèves suivent une partie ou la totalité de leurs cours dans la langue seconde (Recomm. off.). *Ces élèves anglophones sont dans une classe d'immersion française.*
L'enseignement donné dans les classes d'immersion est dit ***enseignement par immersion.***
– ***Classe politique.*** Ensemble des politiciens d'un pays qui constituent une entité politique particulière.
– ***Classe verte.*** Enseignement donné à la campagne où l'accent est mis sur l'écologie et les exercices au grand air. *Des classes vertes.*

CLASSEMENT n. m.
1. Action de classer, de ranger par classes, par catégories. *Un classement alphabétique.* SYN. classification ; rangement ; tri.
2. Résultat de cette action. *Le classement final.* SYN. ordre.

CLASSER v. tr., pronom.
VERBE TRANSITIF
Répartir en classes, en catégories ; ranger. *Il faudrait classer nos papiers.* SYN. ordonner ; trier.
Ne pas confondre avec le verbe ***classifier,*** déterminer des classes, surtout en botanique ou en zoologie.
VERBE PRONOMINAL
Obtenir un certain rang. *Ils se sont classés parmi les premiers.*
À la forme pronominale, le participe passé de ce verbe s'accorde toujours en genre et en nombre avec son sujet. *Les élèves québécois se sont bien classés.*
CONJUGAISON : VOIR MODÈLE AIMER.

CLASSEUR n. m.
1. Meuble où l'on classe des dossiers. *Ce dossier est au classeur* (et non *en filière).
2. Chemise servant à ranger des papiers.

CLASSICISME n. m.
Doctrine esthétique fondée sur de strictes exigences de raison et d'harmonie propres aux œuvres de l'Antiquité et du XVIIe siècle, en France.

CLASSIFIANT, IANTE adj.
(GRAMM.) Qui distribue par classes, par catégories.
LOCUTION
– ***Adjectif classifiant.*** (GRAMM.) Adjectif qui attribue une catégorie à l'être ou à l'objet désigné par le nom qu'il accompagne et avec lequel il s'accorde. *Exemples d'adjectifs classifiants : un dictionnaire* encyclopédique, *un animal* herbivore.
VOIR TABLEAU – ADJECTIF.

CLASSIFICATION n. f.
1. Distribution logique selon un certain ordre. SYN. classement.
2. État de ce qui est classé. *La classification périodique des éléments chimiques de Mendeleïev.*

CLASSIFIER v. tr.
Déterminer des classes, surtout en botanique ou en zoologie. *Classifier des insectes.*
Ne pas confondre avec le verbe ***classer,*** répartir en classes.
CONJUGAISON : VOIR MODÈLE ÉTUDIER.
Redoublement du ***i*** à la première et à la deuxième personne du pluriel de l'indicatif imparfait et du subjonctif présent. *(Que) nous classifiions, (que) vous classifiiez.*

CLASSIQUE adj. et n. m.
ADJECTIF
1. Qui appartient aux grands auteurs, aux grands compositeurs. *De la musique classique.*
2. Conforme à l'usage, aux habitudes. *Un style trop classique.*
NOM MASCULIN
Ouvrage littéraire, musical, artistique qui fait autorité. *Ce livre est devenu un classique.*
LOCUTION
– ***Études classiques.*** Études comportant du grec et du latin.

CLASSIQUEMENT adv.
D'une manière classique. *Il s'habille bien classiquement.*

CLAUDICANT, ANTE adj.
(LITT.) Qui boite. *Une démarche claudicante.*
Ne pas confondre avec le participe présent invariable ***claudiquant.*** *Les blessés claudiquant pour se rendre à leur chambre.*

CLAUDICATION n. f.
Action de boiter.

CLAUDIQUER v. intr.
(LITT.) Boiter. *Angélina claudiquait dans* Le Survenant.
CONJUGAISON : VOIR MODÈLE AIMER.

CLAUSE n. f.
(DR.) Disposition particulière d'un traité, d'un contrat. *Il faut lire toutes les clauses d'un contrat.*
LOCUTIONS
– ***Clause d'échelle mobile.*** Clause d'un contrat en vertu de laquelle la valeur nominale d'une prestation (salaire, loyer, etc.) est actualisée en fonction d'un indice de référence, par exemple l'indice des prix à la consommation.
– ***Clause de disparité (de traitement).*** Clause d'une convention collective prévoyant une différence de traitement, généralement en fonction de la date d'embauche et souvent sous forme de double échelle salariale, entre salariés dont l'emploi, la formation et l'expérience sont équivalents (Recomm. off.). *Cette convention collective comporte une clause de disparité* (et non *clause orphelin).

– ***Clause de droits acquis.*** ⚜ Disposition permettant à une catégorie donnée de personnes de ne pas être assujetties à une nouvelle loi ou à un nouveau règlement en raison des droits dont jouissaient ces personnes avant que cette loi ou ce règlement n'entre en vigueur.
– ***Clause de temporisation.*** ⚜ Disposition législative prévoyant soit de rendre temporaire une loi, une disposition législative, etc., si un réexamen fait ultérieurement montre qu'elle a perdu son utilité, soit de la reconduire, si le réexamen montre qu'elle a conservé son utilité. *Une clause de temporisation* (et non *crépusculaire).
FORMES FAUTIVES
*clause crépusculaire. Calque de «*sunset clause*» pour ***clause de temporisation.***
*clause grand-père. Calque de «*grandfather clause*» pour ***clause de droits acquis.***
*clauses monétaires. Impropriété pour ***clauses salariales.***
*clause nonobstant. Impropriété pour ***disposition de dérogation.***
*clause orphelin. Calque de «*orphan clause*» pour ***clause de disparité (de traitement).***
clause.

CLAUSTRAL, ALE, AUX adj.
Les lettres ***au*** se prononcent comme un **o** fermé, [klostral].
Relatif au cloître.

CLAUSTRATION n. f.
Les lettres ***au*** se prononcent comme un **o** fermé, [klostrasjɔ̃].
(LITT.) Isolement. *La tristesse de sa claustration.*

CLAUSTRER v. tr., pronom.
Les lettres ***au*** se prononcent comme un **o** fermé, [klostre].
VERBE TRANSITIF
Enfermer dans un cloître, dans un endroit isolé.
VERBE PRONOMINAL
S'enfermer chez soi, s'isoler. *Pour étudier, ils se sont claustrés chez eux.* SYN. se barricader ; se cloîtrer ; se murer.
À la forme pronominale, le participe passé de ce verbe s'accorde toujours en genre et en nombre avec son sujet. *Ses parents, grippés, se sont claustrés chez eux.*
CONJUGAISON : VOIR MODÈLE AIMER.

CLAUSTROPHOBE adj. et n. m. et f.
Les lettres ***au*** se prononcent comme un **o** fermé et les deux autres **o** sont ouverts, [klostrɔfɔb].
Qui a peur d'être enfermé. *Il ne peut prendre l'ascenseur : il est claustrophobe. Une claustrophobe.*
claustro**ph**obe.

CLAUSTROPHOBIE n. f.
Les lettres ***au*** se prononcent comme un **o** fermé et les deux autres **o** sont ouverts [klostrɔfɔbi].
Crainte exagérée des lieux clos.
claustro**ph**obie.

CLAVARDAGE n. m.
(INFORM.) Activité permettant à un internaute d'avoir une conversation écrite, interactive et en temps réel avec d'autres internautes, par clavier interposé (GDT). *Le clavardage* (et non *chat) *peut réunir des internautes provenant du monde entier, qui voient leurs commentaires affichés simultanément sur l'écran d'ordinateur de tous les participants.* SYN. bavardage.
Le nom ***clavardage*** a été proposé par l'OQLF, en octobre 1997.

CLAVARDER v. intr.
(INFORM.) Converser en mode texte, de façon interactive et en temps réel avec d'autres internautes du monde entier, par clavier interposé. *Les jeunes se servent de leur cellulaire pour envoyer des minimessages (SMS), clavarder* (et non *chatter) *avec leurs amis.*
Le verbe ***clavarder*** a été proposé par l'OQLF, en octobre 1997.
CONJUGAISON : VOIR MODÈLE AIMER.

CLAVARDEUR, EUSE n. m. et f.
Internaute conversant en mode texte, de façon interactive et en temps réel avec d'autres internautes du monde entier, par clavier interposé (GDT).
Le nom ***clavardeur*** a été proposé par l'OQLF, en octobre 1997.

CLAVECIN n. m.
Instrument de musique à clavier et à cordes pincées.

CLAVECINISTE n. m. et f.
Personne qui joue du clavecin.

CLAVETTE n. f.
Tige qui bloque une cheville en la traversant à son extrémité.

CLAVICULE n. f.
Os joignant l'omoplate au sternum. *Une fracture de la clavicule.*
Ce nom provient d'un mot latin qui signifiait « petite clé ».

CLAVIER n. m.
Ensemble de touches d'un instrument de musique, d'un ordinateur, etc. *Le clavier d'un piano.*

CLÉ ou **CLEF** n. f.
1. Instrument métallique qui sert à ouvrir ou à fermer une serrure. *La porte est fermée à clé* (et non *barrée). *Des trousseaux de clés* ou *de clefs.*
2. (EN APPOS.) Qui est essentiel. *Des éléments(-)clés.*
En apposition, le nom s'écrit avec ou sans trait d'union et les deux mots prennent la marque du pluriel. *Un poste(-)clé, des mots(-)clés, des industries(-)clés.*
LOCUTIONS
– ***Clef de voûte.*** Pierre centrale qui maintient toutes les autres.
– ***Clef de voûte.*** (FIG.) Élément central d'une argumentation, d'une thèse, d'un système.
Dans cette expression, le nom s'orthographie ***clef***, alors que dans les autres emplois, les graphies ***clé*** et ***clef*** sont en concurrence, ***clé*** étant la plus courante.
– ***Clés en main.*** (FIG.) Prêt à l'usage. *Construire et livrer une usine clés en main.*
– ***Clé privée.*** (INFORM.) Clé cryptographique, composante de la biclé, qui est connue de son unique propriétaire et utilisée par lui seul pour déchiffrer un message dont il est le destinataire, ou pour signer un message dont il est l'expéditeur (GDT).
– ***Clé publique.*** (INFORM.) Clé cryptographique, composante de la biclé, qui est stockée dans un annuaire accessible à tous les membres d'un réseau ou d'une organisation, et qui permet de transmettre en toute confidentialité des messages à son unique propriétaire, ou d'authentifier à l'arrivée des messages émis par ce dernier (GDT).
– ***Clé USB.*** (INFORM.) Petit support amovible de la taille d'une clé, qui permet de stocker des données, dans le but de les sauvegarder ou de les transférer d'un ordinateur à un autre, en s'insérant dans les ports USB. *Dans l'Airbus A350, il sera possible de connecter un baladeur multimédia ou une clé USB à l'écran individuel.* SYN. clé de stockage ; clé mémoire.
– ***La clé du mystère.*** L'explication.
– ***Mettre sous clé.*** Enfermer. *Le dossier a été mis sous clé.*
– ***Prendre la clé des champs.*** (FIG.) S'évader, s'enfuir.

FORME FAUTIVE

*clé. Anglicisme au sens de ***touche*** (d'un clavier). *Appuyer sur la quatrième touche* (et non *clé).

***CLEARANCE**

Anglicisme pour ***dimension, gabarit.***

***CLEARING**

Anglicisme pour ***compensation.***

CLÉMATITE n. f.

Plante grimpante à fleurs en bouquet.

CLÉMENCE n. f.

Vertu qui consiste à pardonner. *Le juge a fait preuve de clémence et n'a imposé qu'une amende à l'accusé.* SYN. indulgence. ANT. sévérité.

CLÉMENT, ENTE adj.

1. Qui pardonne facilement. *Il a été clément et lui a confié une nouvelle mission malgré l'échec essuyé.* SYN. compréhensif; généreux; indulgent; tolérant.
2. Doux, favorable. *Un climat très clément.* SYN. agréable; tempéré. ANT. rigoureux; sévère.

CLÉMENTINE n. f.

Fruit qui provient du croisement de la mandarine et de l'orange amère (bigarade). *Cultivée au Maroc et en Espagne, la clémentine a un goût très doux, très peu ou pas de pépins, une écorce orange rougeâtre très adhérente et plus mince que celle de la tangerine.*

☞ C'est le père Clément Dozier, missionnaire français, qui au début du XXe siècle a contribué à la production de ce fruit, d'où l'origine de son appellation (GDT).

CLENCHE n. f.

Pièce mobile du loquet qui vient se bloquer dans une pièce fixée au chambranle de la porte.

CLEPSYDRE n. f.

Horloge à eau.

☞ Ne pas confondre avec le nom ***sablier,*** appareil qui détermine le temps par l'écoulement du sable.

✎ clepsydre.

CLEPTOMANE

VOIR – KLEPTOMANE.

CLEPTOMANIE

VOIR – KLEPTOMANIE.

CLERC n. m.

👄 Le **c** final ne se prononce pas, [klɛr].

Employé d'une étude de notaire, d'avocat, d'huissier.

✎ cler**c**.

CLERGÉ n. m.

Ensemble des ecclésiastiques d'une Église, d'un diocèse, d'un pays.

CLÉRICAL, ALE, AUX adj.

Qui se rapporte au clergé. *Il a des tendances plus cléricales qu'anticléricales.*

FORME FAUTIVE

*clérical. Anglicisme au sens de ***de bureau, d'écriture.*** *Tout employé de bureau* (et non *clérical) *est appelé à faire un jour une erreur d'écriture* (et non *cléricale).

CLÉRICATURE n. f.

1. État, condition des clercs (notaires, huissiers, etc.), des ecclésiastiques.
2. Corps des ecclésiastiques.

CLF

Sigle de ***Conseil de la langue française.***

☞ Le 1er octobre 2002, le Conseil supérieur de la langue française (CSLF) a remplacé le Conseil de la langue française (CLF).

CLIC interj. et n. m.

INTERJECTION

Onomatopée indiquant le claquement sec d'un déclic. *Clic! le classeur est verrouillé!*

[T] L'interjection est toujours suivie d'un point d'exclamation qui est souvent repris à la fin de la phrase. Si la phrase exclamative n'est pas complète, le mot qui suit le point d'exclamation s'écrit avec une minuscule initiale.

NOM MASCULIN

(INFORM.) Pression exercée avec le doigt sur la souris d'un ordinateur en vue de sélectionner une fonction, un élément.

LOCUTION

– ***Clic droit.*** (INFORM.) Pression exercée brièvement une fois sur la partie droite de la souris. *Dans certains logiciels, le clic droit permet d'ouvrir un menu contextuel.*

CLICHÉ n. m.

1. Plaque d'une page, en typographie.
2. Négatif d'une photographie.
3. (PÉJ.) Expression, phrase toute faite qui est répétée. SYN. banalité.

CLIENT, CLIENTE n. m. et f.

Personne qui achète un bien, un service. *Les clients d'un magasin, d'un avocat.*

CLIENTÈLE n. f.

Ensemble des clients d'une personne, d'une entreprise.

FORMES FAUTIVES

*clientèle étudiante. Impropriété pour ***effectif étudiant, population étudiante.***

*clientèle régulière (d'un établissement d'enseignement). Impropriété pour ***effectif (scolaire, étudiant).***

*clientèle scolaire. Impropriété pour ***effectif scolaire, population scolaire.***

CLIGNEMENT n. m.

Action de cligner. *Des clignements d'yeux.* SYN. cillement; clignotement.

CLIGNER v. tr., intr.

Fermer les yeux à demi. *Elle cligne les yeux* ou *des yeux à cause du soleil.* SYN. ciller.

CONJUGAISON : VOIR MODÈLE AIMER.

CLIGNOTANT, ANTE adj. et n. m.

ADJECTIF

Qui clignote. *Une lumière clignotante.*

NOM MASCULIN

Lumière intermittente, en signalisation routière. *Mettre son clignotant* (et non *flasher) *pour tourner.*

✎ clignotant.

CLIGNOTEMENT n. m.

Action de clignoter. *Le clignotement des lumières.* SYN. scintillement.

✎ clignotement.

CLIGNOTER v. intr.

1. Ouvrir et fermer les paupières rapidement sous l'effet d'un éclairage violent, d'une émotion, etc.
2. S'allumer et s'éteindre à de brefs intervalles. *Ces ampoules électriques clignotent.*

CONJUGAISON : VOIR MODÈLE AIMER.

✎ clignoter.

CLIMAT n. m.

1. Ensemble des conditions météorologiques d'un lieu donné. *Un climat tempéré, tropical.*
2. Ambiance. *Le climat de cette classe est agréable.* SYN. atmosphère.

CLIMATIQUE adj.

Qui se rapporte au climat. *Les conditions climatiques.*

☞ Ne pas confondre avec le nom ***climatologique,*** qui se rapporte à la science qui étudie les climats.

C

LOCUTIONS
– ***Changement climatique.*** Modification importante et indésirable du climat résultant des activités humaines (GDT). *Ces nouvelles contaminations virales ont pour origine des oiseaux sauvages infectés sous l'effet de brusques changements climatiques modifiant les circuits de migrations.*
– ***Réchauffement climatique.*** Augmentation de la température moyenne à la surface de la Terre due à l'accroissement des gaz à effet de serre dans l'atmosphère (GDT). *Des voix s'élèvent pour souligner les inconvénients des biocarburants, souvent présentés comme la panacée pour lutter contre le réchauffement climatique* (et non *global).

CLIMATISATION n. f.
Ensemble des moyens utilisés pour obtenir un degré de température et d'humidité défini dans un lieu.

CLIMATISÉ, ÉE adj.
Dont l'air est conditionné. *Une salle où les immenses tentes climatisées se parent de tapis d'Iran.*
LOCUTION
– ***Air climatisé.*** Atmosphère d'un lieu à laquelle on a donné une certaine température à l'aide d'un climatiseur ou d'un conditionneur d'air. *« Colorations, décolorations, pollution, eau calcaire, air climatisé constituent autant de facteurs qui mettent le cheveu à sec »* (*Le Figaro*). *« Des pièces bénéficiant du même confort (ordinateur connecté à Internet, air climatisé...) »* (*Le Monde*). SYN. air conditionné.

CLIMATISER v. tr.
Donner à un lieu une certaine température, un certain degré d'humidité, à l'aide d'un climatiseur ou d'un conditionneur d'air. *Climatiser une maison.*
CONJUGAISON : VOIR MODÈLE AIMER.

CLIMATISEUR n. m.
Appareil de climatisation. *Le propriétaire du magasin a installé un climatiseur, un conditionneur d'air* (et non un *air conditionné).

CLIMATOLOGIE n. f.
Science qui étudie les climats.

CLIMATOLOGIQUE adj.
Relatif à l'étude des climats. *Des cartes climatologiques.*
Ne pas confondre avec l'adjectif ***climatique,*** qui se rapporte au climat.

CLIN n. m.
Planche, panneau à recouvrement partiel dans un revêtement extérieur. *Un mur en clins d'aluminium* (et non en *clapboard).
LOCUTION
– ***À clin.*** Type de revêtement de panneaux extérieurs de maison en bois ou en aluminium tel que les panneaux se recouvrent partiellement afin de les rendre étanches.

CLIN D'ŒIL n. m. (pl. *clins d'œil* ou *clins d'yeux*)
Clignement. *Alain a fait un clin d'œil à son amie.*
LOCUTION
– ***En un clin d'œil,*** loc. adv. Très vite, rapidement. *Je m'habille en un clin d'œil et j'arrive!*

CLINICIEN n. m.
CLINICIENNE n. f.
Médecin qui établit un diagnostic par l'observation directe des malades.

CLINIQUE adj. et n. f.
ADJECTIF
Qui se fait au chevet du malade. *Des diagnostics cliniques.*
NOM FÉMININ
Établissement où l'on peut recevoir des soins de santé. *Une clinique pédiatrique.*
FORMES FAUTIVES
*clinique (de comptabilité, de jardinage, etc.). Anglicisme pour ***atelier, cours pratique.***
*clinique de donneurs de sang. Calque de «*blood donor clinic*» pour ***collecte de sang.***
*clinique externe. Calque de «*outpatient clinic*» pour ***consultations externes.***

CLINIQUEMENT adv.
D'après les signes cliniques. *Cet accident est cliniquement mort.*

CLINQUANT, ANTE adj. et n. m.
ADJECTIF
Voyant et sans valeur. *Des bijoux clinquants.*
NOM MASCULIN
Éclat trompeur. *Du clinquant très vulgaire.* SYN. faux.

CLIP n. m.
1. Boucle d'oreille, broche qui se fixe par une pince. *Des clips en argent.*
2. Court film vidéo destiné à présenter une chanson. *Les enfants raffolent de ces clips.* SYN. vidéoclip.

***CLIPPER**
Anglicisme pour ***tondeuse.***

CLIQUABLE adj.
(INFORM.) Se dit de divers éléments affichés à l'écran (images, mots, icônes, boutons, etc.) sur lesquels on peut cliquer afin d'activer un hyperlien. *Des icônes et des mots cliquables.*

CLIQUE n. f.
Bande. *Une clique de voyous.*
Ce nom a un sens défavorable.

CLIQUER v. intr.
(INFORM.) Actionner la souris d'un ordinateur pour sélectionner une fonction, un élément. *Vous devez cliquer sur le nom du fichier.*
CONJUGAISON : VOIR MODÈLE AIMER.

CLIQUES n. f. pl.
LOCUTION
– ***Prendre ses cliques et ses claques.*** (FAM.) Rassembler ses affaires et partir. SYN. déguerpir.

CLIQUETER v. intr.
Le ***e*** central est muet, [klikte].
Faire un bruit sec et répété.
CONJUGAISON : VOIR MODÈLE APPELER.
Redoublement du ***t*** devant un ***e*** muet. *Il cliquette, il cliquettera,* mais *il cliquetait.*
[Les *Rectifications* (1990) admettent : il cliquète, cliquètera, cliquèterait...]

CLIQUETIS n. m.
Le ***e*** central est muet, ainsi que le ***s,*** [klikti].
Bruit d'objets qui s'entrechoquent. *Le cliquetis des clés.*
cliquetis.

CLITORIDECTOMIE n. f.
Ablation du clitoris.

CLITORIDIEN, IENNE adj.
Qui se rapporte au clitoris.

CLITORIS n. m.
Le ***s*** se prononce, [klitɔris].
Petit organe érectile de la vulve.

CLIVAGE n. m.
1. Séparation d'une roche, d'un cristal en feuilles dans le sens de ses couches.
2. (FIG.) Séparation des idées, des opinions, etc., par groupes, par niveaux.

CLIVER v. tr., pronom.
VERBE TRANSITIF
Séparer un minerai suivant ses couches.
VERBE PRONOMINAL
Se séparer, se scinder.

À la forme pronominale, le participe passé de ce verbe s'accorde toujours en genre et en nombre avec son sujet. *Les schistes s'étaient clivés en lamelles.*
CONJUGAISON : VOIR MODÈLE AIMER.

CLOAQUE n. m.
Le **o** est ouvert, [klɔak].
1. Orifice des cavités intestinale, urinaire et génitale des oiseaux, des reptiles, des batraciens, etc.
2. (FIG.) Endroit malpropre et malsain.

CLOCHARD, ARDE n. m. et f.
Personne privée de travail et de logement. SYN. sans domicile fixe ; sans-abri ; vagabond.

CLOCHARDISATION n. f.
Fait de se clochardiser.

CLOCHARDISER v. tr., pronom.
VERBE TRANSITIF
Réduire une personne, un groupe à un état d'indigence.
VERBE PRONOMINAL
Se trouver réduit à un état d'indigence par le chômage, la perte du domicile, etc. *Bon nombre de malades mentaux expulsés des hôpitaux psychiatriques se sont clochardisés.*
À la forme pronominale, le participe passé de ce verbe s'accorde toujours en genre et en nombre avec son sujet. *Ils se sont clochardisés.*
CONJUGAISON : VOIR MODÈLE AIMER.

CLOCHE n. f.
Appareil sonore vibrant sous les coups d'un battant. *La cloche sonne la fin de la récréation.*
LOCUTION
– ***Un autre son de cloche.*** Une autre version d'un évènement.
Ne pas confondre avec les noms suivants :
• ***bourdon,*** grosse cloche d'une cathédrale, d'une basilique ;
• ***carillon,*** groupe de petites cloches ;
• ***clochette,*** petite cloche ;
• ***sonnette,*** timbre, sonnerie électrique.

CLOCHE-PIED (À) loc. adv.
Sur un pied. *Les enfants sautaient à cloche-pied.*
[Les *Rectifications* (1990) admettent : à clochepied.]

CLOCHER n. m.
Tour abritant les cloches d'une église.
LOCUTIONS
– ***Esprit de clocher.*** Mentalité d'une personne bornée qui ne jure que par son environnement immédiat.
– ***Querelle de clocher.*** Rivalités locales, insignifiantes.

CLOCHER v. intr.
Aller de travers. *Il y a quelque chose qui cloche dans ce dessin.*
CONJUGAISON : VOIR MODÈLE AIMER.

CLOCHETON n. m.
Petit clocher.

CLOCHETTE n. f.
Petite cloche. *On dansait au son des tambourins et des clochettes.*
Ne pas confondre avec les noms suivants :
• ***bourdon,*** grosse cloche d'une cathédrale, d'une basilique ;
• ***carillon,*** groupe de petites cloches ;
• ***cloche,*** appareil sonore vibrant sous les coups d'un battant ;
• ***sonnette,*** timbre, sonnerie électrique.

CLOISON n. f.
1. Paroi formant séparation. *La cloison nasale.* SYN. membrane.
2. Mur peu épais séparant deux pièces. *Ce grand bureau sera divisé par des cloisons* (et non *écrans ou *partitions).
3. (FIG.) Ce qui divise ou sépare. *« La nuit m'a enseigné la cloison de ton visage »* (Alain Grandbois, *Les Îles de la nuit*).

CLOISONNÉ, ÉE adj.
Divisé en compartiments.
LOCUTION
– ***Émail cloisonné.*** *De beaux émaux cloisonnés.*

CLOISONNEMENT n. m.
Action de cloisonner ; ensemble de cloisons. *Le cloisonnement des spécialités médicales.*

CLOISONNER v. tr.
1. Séparer par des cloisons. *Cloisonner une pièce.*
2. (FIG.) Compartimenter, spécialiser. *Des études trop cloisonnées.*
CONJUGAISON : VOIR MODÈLE AIMER.

CLOÎTRE n. m.
1. Monastère d'où les religieux ne sortent pas. *Entrer au cloître.* SYN. abbaye ; couvent.
2. Galerie intérieure couverte, disposée en carré autour d'un jardin, dans les anciens couvents.
[Les *Rectifications* (1990) admettent : cloitre.]

CLOÎTRÉ, ÉE adj.
1. Retiré dans un couvent. *Une religieuse cloîtrée.*
2. (FIG.) Isolé. *Elle n'avait envie de voir personne et elle resta cloîtrée chez elle.*
cloîtré.

CLOÎTRER v. tr., pronom.
VERBE TRANSITIF
1. Faire entrer dans un cloître.
2. (FIG.) Enfermer dans un lieu isolé.
VERBE PRONOMINAL
1. Vivre en solitaire, à l'écart du monde. SYN. s'isoler.
2. (FIG.) S'isoler. *Ils se sont cloîtrés quelques jours pour étudier.* SYN. se retirer.
À la forme pronominale, le participe passé de ce verbe s'accorde toujours en genre et en nombre avec son sujet. *Elles s'étaient cloîtrées à la campagne.*
CONJUGAISON : VOIR MODÈLE AIMER.
[Les *Rectifications* (1990) admettent : cloitrer.]

CLONAGE n. m.
Le **o** est ouvert ou fermé, [klɔnaʒ, klonaʒ].
Moyen naturel ou artificiel de reproduction cellulaire asexuée à partir d'un individu d'origine unique, aboutissant à la formation de clones (GDT). *Clonage de l'ADN, clonage moléculaire.*
LOCUTIONS
– ***Clonage reproductif.*** Constitution d'un embryon qui reproduit de façon identique un être vivant.
– ***Clonage thérapeutique.*** Constitution d'un embryon par transfert nucléaire en vue d'un traitement médical. *Le clonage thérapeutique se fait à partir du noyau d'une cellule appartenant au malade traité.*

CLONE n. m.
Attention à la prononciation : ce mot rime avec ***jaune,*** [klon].
1. Ensemble des descendants génétiquement semblables issus d'un être unique par reproduction asexuée. *Les progrès de la technique permettraient la création de clones qui seraient des copies conformes d'un même individu.*
2. (INFORM.) Reproduction exacte d'un système micro-informatique.

CLONER v. tr.
Le **o** est ouvert ou fermé, [klɔne, klone].
Effectuer le clonage d'une cellule, d'une personne.
CONJUGAISON : VOIR MODÈLE AIMER.

CLOPIN-CLOPANT loc. adv.
En boitant. *Elles allaient clopin-clopant.*
La locution adverbiale est toujours invariable.
[Les *Rectifications* (1990) admettent : clopinclopant.]

CLOPORTE n. m.
Petit crustacé terrestre.

CLOQUE n. f.
Ampoule de la peau. *Elle est couverte de cloques* (et non de *cloches) *: le soleil l'a brûlée.*

CLOQUÉ, ÉE adj.
Gaufré. *Du tissu cloqué.*

CLOQUER v. intr.
Se boursoufler. *La peinture a cloqué.*
CONJUGAISON : VOIR MODÈLE AIMER.

CLORE v. tr.
1. (LITT.) Fermer. *Clore des volets.*
2. (FIG.) Mettre fin à. *Clore une discussion.* SYN. achever ; interrompre ; terminer.
LOCUTION
– ***Clore le bec à quelqu'un.*** (FIG.) Le faire taire.
CONJUGAISON : VOIR MODÈLE CLORE.

CLOS n. m.
1. Terrain cultivé entouré de murs, de haies. *Conduis les chevaux dans le clos.*
2. Vignoble. *Le clos Vougeot.*
✎ clos.

CLOS, CLOSE adj.
1. Fermé. *Une porte close. Des volets clos.*
2. Terminé. *L'incident est clos.* SYN. achevé.
LOCUTIONS
– ***À huis clos,*** loc. adv. Hors de la présence du public.
– ***En vase clos,*** loc. adv. En secret.
– ***Maison close.*** Maison de prostitution. SYN. (FAM.) bordel.

CLOSERIE n. f.
Petit clos.

CLÔTURE n. f.
1. Barrière qui délimite un espace. *Une clôture en bois. « le long du bois/en face duquel une clôture électrifiée/trace la limite des terres arables »* (Pierre Nepveu, *Lignes aériennes*).
2. Action de mettre fin à quelque chose. *La clôture d'un compte, d'un inventaire.*
3. Conclusion (d'une séance). *La clôture d'une réunion.* SYN. fin.
✎ clôture.

CLÔTURER v. tr., intr.
VERBE TRANSITIF
1. Entourer d'une clôture. *Le voisin a clôturé son jardin.*
2. Terminer (une session, une assemblée, etc.). *Un beau feu d'artifice a clôturé la fête.* SYN. conclure.
VERBE INTRANSITIF
S'achever sur un cours, un niveau, en parlant d'une séance de la Bourse. *La Bourse a clôturé à la hausse.* SYN. finir.
CONJUGAISON : VOIR MODÈLE AIMER.
✎ clôturer.

CLOU n. m.
1. Petite tige de métal qui sert à fixer, à assembler. *Des clous de tapissier.*
2. (AU PLUR.) Passage clouté. *Traverser dans les clous.*
3. (FIG.) Furoncle. *Ce clou me fait souffrir.*

CLOUAGE n. m.
Action de clouer.

CLOUER v. tr.
1. Fixer avec des clous. *La planche est clouée au sol.*
☞ Ne pas confondre avec le verbe ***clouter,*** garnir de clous.
2. (FIG.) Immobiliser. *Il est cloué au lit depuis une semaine, il est trop faible pour se lever.* SYN. retenir.
CONJUGAISON : VOIR MODÈLE AIMER.

CLOUTAGE n. m.
Action de clouter.

CLOUTÉ, ÉE adj.
Orné de clous. *Un ensemble blouson et pantalon de cuir noir clouté et chaîné d'or. « une rue où résonnent les bottes cloutées du destin »* (Pierre Nepveu, *Lignes aériennes*).
LOCUTION
– ***Passage clouté.*** Passage pour piétons. *« On ne traverse les rues à Paris qu'aux passages cloutés »* (Gabrielle Roy, *La Détresse et l'Enchantement*).

CLOUTER v. tr.
Garnir de clous. *Des bottes cloutées.*
☞ Ne pas confondre avec le verbe ***clouer,*** fixer avec des clous. *Clouer un crochet.*
CONJUGAISON : VOIR MODÈLE AIMER.

CLOWN n. m.
👄 Les lettres ***own*** se prononcent ***oune,*** [klun].
1. Comique de cirque.
2. (FIG.) Farceur. *Il fait toujours le clown.*

CLOWNERIE n. f.
👄 Les lettres ***ow*** se prononcent ***ou,*** [klunri].
Tour de clown. SYN. blague ; facétie ; pitrerie.

CLOWNESQUE adj.
👄 Les lettres ***ow*** se prononcent ***ou,*** [klunɛsk].
Digne d'un clown. *Des contorsions clownesques.*

CLSC
Sigle de ***centre local de services communautaires.***

CLUB n. m.
1. Association sportive, culturelle, politique. *Un club sportif.*
2. Canne de golf.
FORME FAUTIVE
*club. Anglicisme au sens de ***boîte de nuit.***

***CLUTCH**
Anglicisme pour ***pédale d'embrayage.***

cm
Symbole de ***centimètre.***

CNA
Sigle de ***Centre national des arts.***

CNUCED
Sigle de ***Conférence des Nations Unies sur le commerce et le développement.***

Co
Symbole de ***cobalt.***

CO- préf.
Élément du latin signifiant « avec ».
☞ 1° Les mots composés avec le préfixe ***co-*** s'écrivent sans trait d'union. *Copropriété, coauteur, coédition.*
2° Le tréma s'impose quand le radical commence par un ***i.*** *Coïncidence. Coïnculpé.* Devant un ***u,*** la lettre ***n*** sera intercalée. *Conurbation.*

COACCUSÉ, ÉE adj. et n. m. et f.
Qui est accusé en même temps qu'une ou plusieurs autres personnes.

***COACH**
Anglicisme pour ***accompagnateur, entraîneur.***

***COACHING**
Anglicisme pour ***accompagnement, entraînement.***

COAGULABLE adj.
Qui peut se coaguler.

COAGULATION n. f.
Action de devenir moins liquide. *La coagulation du sang.*

CONJUGAISON DU VERBE **CLORE**

INDICATIF

PRÉSENT

je	clos
tu	clos
elle	clô**t**
il	clô**t**
elles	clo**sent**
ils	clo**sent**

PASSÉ COMPOSÉ

j'	ai	clos
tu	as	clos
elle	a	clos
il	a	clos
nous	avons	clos
vous	avez	clos
elles	ont	clos
ils	ont	clos

IMPARFAIT

(*n'existe pas*)

PLUS-QUE-PARFAIT

j'	avais	clos
tu	avais	clos
elle	avait	clos
il	avait	clos
nous	avions	clos
vous	aviez	clos
elles	avaient	clos
ils	avaient	clos

PASSÉ SIMPLE

(*n'existe pas*)

PASSÉ ANTÉRIEUR

j'	eus	clos
tu	eus	clos
elle	eut	clos
il	eut	clos
nous	eûmes	clos
vous	eûtes	clos
elles	eurent	clos
ils	eurent	clos

FUTUR SIMPLE

je	clo**rai**
tu	clo**ras**
elle	clo**ra**
il	clo**ra**
nous	clo**rons**
vous	clo**rez**
elles	clo**ront**
ils	clo**ront**

FUTUR ANTÉRIEUR

j'	aurai	clos
tu	auras	clos
elle	aura	clos
il	aura	clos
nous	aurons	clos
vous	aurez	clos
elles	auront	clos
ils	auront	clos

CONDITIONNEL PRÉSENT

je	clo**rais**
tu	clo**rais**
elle	clo**rait**
il	clo**rait**
nous	clo**rions**
vous	clo**riez**
elles	clo**raient**
ils	clo**raient**

CONDITIONNEL PASSÉ

j'	aurais	clos
tu	aurais	clos
elle	aurait	clos
il	aurait	clos
nous	aurions	clos
vous	auriez	clos
elles	auraient	clos
ils	auraient	clos

SUBJONCTIF

PRÉSENT

que	je	clo**se**
que	tu	clo**ses**
qu'	elle	clo**se**
qu'	il	clo**se**
que	nous	clo**sions**
que	vous	clo**siez**
qu'	elles	clo**sent**
qu'	ils	clo**sent**

PASSÉ

que	j'	aie	clos
que	tu	aies	clos
qu'	elle	ait	clos
qu'	il	ait	clos
que	nous	ayons	clos
que	vous	ayez	clos
qu'	elles	aient	clos
qu'	ils	aient	clos

IMPARFAIT

(*n'existe pas*)

PLUS-QUE-PARFAIT

que	j'	eusse	clos
que	tu	eusses	clos
qu'	elle	eût	clos
qu'	il	eût	clos
que	nous	eussions	clos
que	vous	eussiez	clos
qu'	elles	eussent	clos
qu'	ils	eussent	clos

IMPÉRATIF

PRÉSENT

clos

PASSÉ

aie clos
ayons clos
ayez clos

INFINITIF

PRÉSENT

clo**re**

PASSÉ

avoir clos

PARTICIPE

PRÉSENT

clo**sant**

PASSÉ

clos, ose
ayant clos

C

COAGULER v. tr., intr., pronom.
VERBE TRANSITIF
Faire passer un liquide organique à un état plus consistant. *Coaguler du sang.*
VERBE INTRANSITIF
Former une masse solide. SYN. prendre.
VERBE PRONOMINAL
Se figer, former un caillot. *Le sang s'est coagulé.* ANT. se liquéfier.
À la forme pronominale, le participe passé de ce verbe s'accorde toujours en genre et en nombre avec son sujet. *Les sucs se sont coagulés.*
CONJUGAISON : VOIR MODÈLE AIMER.

COALISÉ, ÉE adj. et n. m. et f.
Qui forme une coalition. *Les pays coalisés. Les coalisés ont lancé un ultimatum.*

COALISER v. tr., pronom.
VERBE TRANSITIF
Former une coalition. *Cette situation a coalisé tous les étudiants.* SYN. grouper; réunir; unir.
VERBE PRONOMINAL
S'unir pour défendre des intérêts communs. *Ils se sont coalisés contre cette réglementation, pour faire adopter cette loi.* SYN. s'allier.
À la forme pronominale, le participe passé de ce verbe s'accorde toujours en genre et en nombre avec son sujet. *Elles se sont coalisées.*
CONJUGAISON : VOIR MODÈLE AIMER.

COALITION n. f.
Union de personnes, d'entreprises, de pays en vue d'un objectif commun. SYN. alliance; front.

COASSEMENT n. m.
Cri de la grenouille.

COASSER v. intr.
Crier, en parlant de la grenouille.
Ne pas confondre avec le verbe ***croasser,*** crier, en parlant du corbeau.
CONJUGAISON : VOIR MODÈLE AIMER.

COASSOCIÉ, ÉE n. m. et f.
Personne associée avec d'autres.

COASSURANCE n. f.
Système d'assurance où un même risque est réparti entre plusieurs assureurs.

COAUTEUR n. m.
COAUTEURE n. f.
Personne qui a écrit un livre, qui travaille à une œuvre en collaboration avec une autre personne.

COAXIAL, IALE, IAUX adj.
Qui a le même axe. *Des câbles coaxiaux.*

COBALT n. m.
Symbole ***Co*** (s'écrit sans point).
Métal dur, blanc, brillant.

COBAYE n. m.
Attention à la prononciation, [kɔbaj]; ce nom rime avec ***bail.***
1. Petit rongeur qui sert souvent de sujet d'expérience dans les laboratoires. SYN. cochon d'Inde.
2. (FIG.) Personne qui sert de sujet d'expérience.

COBOL n. m.
(INFORM.) Langage de programmation utilisé pour les applications de gestion.
Le nom ***cobol*** est un acronyme de l'expression anglaise ***Common Business Oriented Language.***

COBRA n. m.
Serpent venimeux. *Les cobras peuvent mesurer jusqu'à quatre mètres de long.*
Ce serpent est également appelé ***naja*** ou ***serpent à lunettes.***

COCA n. m. et f.
NOM MASCULIN
Arbrisseau d'Amérique du Sud dont la feuille contient la cocaïne.
NOM FÉMININ
Stimulant extrait de la feuille du coca.

COCAGNE n. f.
(VX) Fête où l'on distribue mets et vins.
LOCUTIONS
– ***Mât de cocagne.*** Mât au sommet duquel on doit grimper pour gagner des prix.
– ***Pays de cocagne.*** Pays imaginaire où tout abonde.
Le nom ***cocagne*** s'écrit avec une minuscule.

COCAÏNE n. f.
Substance extraite de la feuille du coca, utilisée comme analgésique et anesthésique. *La cocaïne est une drogue dangereuse.*
cocaïne.

COCAÏNOMANE n. m. et f.
Toxicomane qui prend de la cocaïne.
cocaïnomane.

COCAÏNOMANIE n. f.
Usage abusif de la cocaïne.
cocaïnomanie.

COCARDE n. f.
Insigne aux couleurs d'une nation, d'un groupe. *La cocarde tricolore.*

COCASSE adj.
(FAM.) Amusant. *Cet incident cocasse a fait rire toute la classe.* SYN. comique; drôle; risible.

COCASSERIE n. f.
Caractère cocasse. *La cocasserie d'un malentendu.* SYN. drôlerie.

COCCINELLE n. f.
Insecte de forme ronde, dont le corps est rouge à pois noirs. *La coccinelle est l'amie des jardiniers parce qu'elle se nourrit de pucerons.* SYN. bête à bon Dieu.

COCCYX n. m.
Le deuxième ***c*** se prononce ***k,*** les lettres ***cyx*** se prononcent ***sis,*** [kɔksis]; le nom rime avec ***six.***
Petit os situé à l'extrémité inférieure de la colonne vertébrale. *Tomber sur le coccyx, c'est douloureux.*
coccyx.

COCHE n. m.
(ANCIENN.) Grande voiture qui servait au transport. *C'est le cocher qui conduisait le coche.*
LOCUTION
– ***Manquer, rater le coche.*** (FIG.) Laisser échapper une occasion favorable. SYN. manquer son coup.

COCHE n. f.
(FAM.) Entaille. *Faire une coche dans un morceau de bois.* SYN. encoche; marque.
Ce nom de registre familier demeure usuel au Québec et dans la francophonie canadienne, mais il n'appartient plus à l'usage courant de la majorité des locuteurs du français.

COCHER n. m.
COCHÈRE n. f.
Personne qui conduit une voiture à cheval.

COCHER v. tr.
Marquer d'un trait. *Cocher des mots dans un texte.*
CONJUGAISON : VOIR MODÈLE AIMER.

CÔCHER v. tr.
S'accoupler, en parlant des oiseaux.
CONJUGAISON : VOIR MODÈLE AIMER.
côcher.

COCHÈRE adj. f.
– ***Porte cochère.*** Se dit d'une porte par laquelle une voiture peut passer. *Un immeuble du Vieux-Montréal avec une belle porte cochère.*
☞ Le mot ne s'emploie que dans cette locution.

COCHON, ONNE adj. et n. m. et f.
NOM MASCULIN
Mammifère domestique qu'on engraisse pour l'alimentation. *Le cochon grogne. L'histoire des trois petits cochons.*
☞ Lorsqu'il est question du cochon comme animal comestible, on emploie le nom ***porc.*** La femelle du cochon est la truie.
VOIR TABLEAU – ANIMAUX.
ADJECTIF
1. (FAM.) Malpropre. SYN. dégoûtant.
2. Grivois. *Une histoire cochonne.* SYN. pornographique.
3. ⚜ (FAM.) Gourmand, appétissant, très riche en calories. *Un dessert cochon.*
NOM MASCULIN ET FÉMININ
Personne malpropre et gloutonne. *Ils mangent comme des cochons.*
LOCUTIONS
– ***Cochon d'Inde.*** Cobaye.
– ***Tour de cochon.*** Méchanceté commise à l'égard de quelqu'un. SYN. vilain tour ; (FAM.) vacherie.
– ***Une tête de cochon.*** Personne qui a mauvais caractère.
– ***Un temps de cochon.*** Mauvais temps. SYN. (FAM.) un temps de chien.

COCHONNAILLE n. f.
(FAM.) Charcuterie. *Un pique-nique avec fromage et cochonnailles variées.*
☞ Le nom s'emploie surtout au pluriel.

COCHONNER v. tr., intr.
VERBE TRANSITIF
(FAM.) Faire malproprement. *Cochonner son travail.*
VERBE INTRANSITIF
Mettre bas, en parlant de la truie.
CONJUGAISON : VOIR MODÈLE AIMER.

COCHONNERIE n. f.
1. (FAM.) Malpropreté. *Les enfants ont laissé des cochonneries dans la salle de jeu.* SYN. saleté.
2. Chose sans valeur. *Ces articles ne valent rien : c'est de la cochonnerie.* SYN. pacotille.

COCHONNET n. m.
1. Petit cochon. *La viande du cochonnet est très tendre.* SYN. porcelet.
2. Petite boule servant de but, utilisée à la pétanque.

COCKER n. m.
👄 Le ***r*** se prononce, [kɔkɛr].
Petit chien de chasse.

***COCKPIT**
Anglicisme pour ***poste, cabine de pilotage.***

COCKTAIL n. m. (pl. *cocktails*)
👄 Les lettres ***ai*** se prononcent ***è***, [kɔktɛl].
1. Boisson faite d'un mélange d'alcool et de jus de fruits.
2. Réunion mondaine où l'on boit des cocktails. *Nous sommes invités à un cocktail.* SYN. ⚜ coquetel.
☞ En ce sens, l'Office de la langue française a recommandé la graphie ***coquetel.***

COCO n. m.
1. Fruit du cocotier. *La noix de coco, le lait de coco.*
2. Œuf, dans le langage des enfants. *Félix, veux-tu un coco à la coque ?*

***COCOA**
Impropriété pour ***cacao.***

COCON n. m.
1. Enveloppe soyeuse du ver qui se transforme en chrysalide. *Le ver à soie file son cocon.*
2. (FIG.) Lieu douillet où l'on se sent en sécurité. *Elle préfère se réfugier dans son cocon, bien au chaud chez elle, en compagnie d'un bon livre.*

COCONNAGE n. m.
Comportement d'une personne qui se caractérise par une tendance au repli dans le cocon douillet et protecteur du domicile. *Par son côté très chaleureux, cette demeure invite au coconnage.*
☞ Le terme ***coconnage*** est proposé par le GDT en remplacement de l'emprunt à l'anglais *« cocooning ».*

***COCOONING**
Anglicisme pour ***coconnage.***

COCORICO n. m. (pl. *cocoricos*)
Cri du coq. *À la campagne, dès 5 h, des cocoricos bien sonores se font entendre.*

COCOTIER n. m.
Arbre de la famille des palmiers qui produit la noix de coco.
☞ Ne pas confondre avec le nom ***coquetier,*** petite coupe dans laquelle on mange l'œuf à la coque.

COCOTTE n. f.
1. Marmite en fonte. *Papa prépare une soupe aux légumes dans sa cocotte.*
2. (FAM.) Terme d'affection. *Viens, ma cocotte !*
3. ⚜ (FAM.) Pomme de pin. *Des cocottes décorées pour Noël.*
4. (FIG.) (FAM.) Femme de mœurs légères. *Une tenue de cocotte.*
LOCUTION
– ***Cocotte-minute.*** Appareil qui permet la cuisson des aliments sous pression. *Des cocottes-minute efficaces.*

COCU, UE adj. et n. m. et f.
(FAM.) Qui est trompé par son conjoint.

COCUAGE n. m.
(FAM.) État d'une personne cocue.

COCUFIER v. tr.
(FAM.) Tromper.
CONJUGAISON : VOIR MODÈLE ÉTUDIER.

***COD**
Abréviation de «*Cash on Delivery*». Anglicisme pour ***contre remboursement (C. R.).***

CODAGE n. m.
Écriture d'un texte en code. *Le codage d'un message secret.* SYN. chiffrage.

CODE n. m.
1. Recueil de textes juridiques. *Le Code de la route. Le Code civil.*
[T] Dans la désignation des recueils de textes juridiques, le nom s'écrit avec une majuscule. Les titres de lois s'écrivent généralement en romain plutôt qu'en italique.
2. Ensemble de règles. *Un code de déontologie* (et non *code d'éthique), *un code typographique, le code du savoir-vivre.*
3. Système de symboles destiné à enregistrer et à transmettre une information. *Un code secret. Le code linguistique.*
LOCUTIONS
– ***Code (à) barres.*** Code formé de lignes verticales numérotées qui est apposé sur les produits de consommation afin d'être saisi par un lecteur optique. *Lire le code barres avec un appareil.* SYN. code universel des produits.
– ***Code de conduite.*** (FIG.) Ensemble de règles écrites qu'une entreprise ou un organisme s'engage à observer et qui régissent la conduite du personnel et de ses dirigeants (GDT).

– ***Code de déontologie.*** Texte réglementaire énonçant les règles de conduite professionnelle qui régissent l'exercice d'une profession ou d'une fonction et faisant état des devoirs, des obligations et des responsabilités auxquels sont soumis ceux qui l'exercent (GDT). *Le code de déontologie des médecins, des avocats, des policiers, des juges.* SYN. code déontologique.
– ***Code d'éthique.*** Texte énonçant les valeurs et les principes à connotation morale ou civique auxquels adhère une organisation et qui servent de guide à un individu ou à un groupe afin de l'aider à juger de la justesse de ses comportements (GDT). *« Ces animaux devront être chassés selon un code d'éthique strict, qui interdira désormais toutes les pratiques indignes de véritables chasseurs »* (*Le Devoir*).
☞ En anglais, le terme «*code of ethics*» désigne aussi bien le concept de « code d'éthique » que celui de « code de déontologie ».
☞ Dans les titres de presse français, la locution la plus usitée est ***code éthique.*** *« La politique doit assumer sa responsabilité : elle devrait se doter de règles d'autorégulation, d'un code éthique »* (*Le Monde*).
– ***Code génétique.*** Système de correspondance entre les 64 codons de l'ARN messager et les acides aminés des protéines traduites (GDT). *Le code génétique permet la transmission de l'information génétique.*
– ***Code postal.*** Code facilitant le tri du courrier. *Des codes postaux obligatoires.*
☞ La mention du code postal dans l'adresse est obligatoire ; elle doit figurer après l'indication de la ville.
VOIR TABLEAU – ADRESSE.
FORME FAUTIVE
*code régional. Calque de «*area code*» pour ***indicatif régional.***

CODÉ, ÉE adj.
Écrit en code. *Un message codé.* SYN. chiffré.

CODÉINE n. f.
Substance extraite de l'opium utilisée en médecine pour son action sédative.

CODER v. tr.
Mettre en code. *Coder des informations.*
☞ Ne pas confondre avec le verbe ***codifier,*** réunir des dispositions légales dans un code.
CONJUGAISON : VOIR MODÈLE AIMER.

CODÉTENTEUR, TRICE n. m. et f.
(DR.) Personne qui détient un bien conjointement avec une ou plusieurs autres personnes.

CODÉTENU, UE n. m. et f.
Personne détenue avec une ou plusieurs autres. *Il partage sa cellule avec un codétenu.*

CODE UNIVERSEL DES PRODUITS
Sigle *CUP* (s'écrit sans points).
Code formé de lignes parallèles numérotées qui est apposé sur les produits de consommation afin d'être saisi par un lecteur optique. SYN. code (à) barres.

CODEX n. m.
(VIEILLI) (PHARM.) Recueil officiel des médicaments.
FORME FAUTIVE
*codex. Impropriété au sens de ***recueil de notes, de textes.***

CODICILLE n. m.
Les deux *l* se prononcent comme un seul, [kɔdisil] ; le nom rime avec ***cil.***
(DR.) Clause ajoutée à un testament.
☞ Attention au genre masculin de ce nom : ***un*** codicille.

CODIFICATION n. f.
Action de codifier ; son résultat.

CODIFIER v. tr.
1. Normaliser, structurer en un système organisé.
2. Réunir des dispositions légales dans un code.
☞ Ne pas confondre avec le verbe ***coder,*** mettre en code.
CONJUGAISON : VOIR MODÈLE ÉTUDIER.

CODIRECTEUR n. m.
CODIRECTRICE n. f.
Personne qui dirige en même temps qu'une ou plusieurs autres.

CODIRECTION n. f.
Direction exercée en commun par deux ou plusieurs personnes.

CODON n. m.
(GÉNÉT.) Unité du code génétique.

COÉDITER v. tr.
Éditer un ouvrage de façon conjointe avec un ou plusieurs éditeurs.
CONJUGAISON : VOIR MODÈLE AIMER.

COÉDITION n. f.
Édition conjointe. *Une coédition franco-québécoise.*

COEFFICIENT n. m.
1. (MATH.) Toute quantité numérique placée devant une autre pour la multiplier.
2. Facteur appliqué à une grandeur, un pourcentage. *Un coefficient d'erreur.*
3. Nombre marquant l'importance relative de chaque matière, dans un relevé de notes.

COENTREPRISE n. f.
Groupement d'entreprises, d'organismes en vue d'atteindre un objectif particulier, tout en prévoyant un partage des bénéfices et des frais engagés. *Constituer une coentreprise* (et non un *joint venture). SYN. société en participation.

COÉQUIPIER, IÈRE n. m. et f.
Personne qui fait partie d'une équipe avec d'autres. *Nos coéquipières sont très habiles.* SYN. compagnon.

COERCITIF, IVE adj.
Qui exerce une contrainte. *Ce règlement comporte des mesures coercitives.*

COERCITION n. f.
Fait de contraindre. *Ce régime ne se maintiendrait pas sans la coercition qui est exercée.* SYN. loi ; obligation ; règle ; règlement.

CŒUR n. m.
1. Muscle qui règle la circulation du sang. *Une opération à cœur ouvert. Une greffe du cœur. « Mon cœur/La source du sang/Avec la vie dedans »* (Hector de Saint-Denys Garneau, *Œuvres*).
2. Poitrine. *Elle serrait son enfant sur son cœur.*
3. Centre des émotions. *Avoir le cœur en fête.*
4. Centre. *Le cœur de la ville. Le cœur du sujet, de la question. Une salade avec des cœurs d'artichaut* ou *des cœurs d'artichauts.*
5. Une des couleurs du jeu de cartes. *Je déclare « trois cœurs ».*
LOCUTIONS
– ***À cœur de*** + durée. Sans relâche, à longueur de. *Elle travaille à cœur de journée.* SYN. continuellement.
☞ Cette expression demeure usuelle au Québec et dans la francophonie canadienne, mais elle n'appartient plus à l'usage courant de la majorité des locuteurs du français.
– ***À cœur ouvert.*** (FIG.) Franchement.
– ***Avoir bon cœur.*** Être généreux.
– ***Avoir du cœur à l'ouvrage.*** Travailler avec ardeur.
– ***Avoir du cœur au ventre.*** Avoir du courage.
– ***Avoir le cœur gros.*** (FIG.) Être triste et malheureux.
– ***Avoir mal au cœur.*** Avoir envie de vomir. SYN. avoir la nausée.
– ***Avoir quelque chose sur le cœur.*** En vouloir à quelqu'un, avoir du ressentiment.

– ***Coup de cœur.*** Coup de foudre, engouement pour quelque chose. *J'ai eu un coup de cœur pour cette petite maison dans la campagne.* SYN. emballement; enthousiasme.
– ***De bon cœur.*** Volontiers.
– ***De gaieté de cœur.*** Avec joie. *Ce n'est pas de gaieté de cœur que j'ai pris cette décision.* SYN. volontiers.
– ***De tout cœur.*** Bien sincèrement. *Je vous remercie de tout cœur.*
– ***De tout son cœur.*** De toutes ses forces.
– ***En avoir le cœur net.*** Être fixé, savoir à quoi s'en tenir.
– ***Par cœur.*** De mémoire. *Il a joué ce concerto par cœur.*
– ***Prendre à cœur.*** S'intéresser vivement à quelque chose.
– ***S'en donner à cœur joie.*** Profiter pleinement de quelque chose. *Les enfants s'en donnent à cœur joie sur la plage.*
– ***Si le cœur vous en dit.*** Si cela vous convient.
– ***Tenir à cœur.*** Accorder la plus haute importance à quelque chose. *Ce projet me tient à cœur.*
– ***Un cœur d'or.*** (FIG.) Personne sensible et généreuse.

COEXISTENCE n. f.
Existence simultanée. *La coexistence pacifique entre plusieurs États.*

COEXISTER v. intr.
Exister ensemble. *Ces multiples possibilités coexistent.*
CONJUGAISON : VOIR MODÈLE AIMER.

COFFRAGE n. m.
Charpente destinée à maintenir la terre d'une tranchée, d'une galerie.

COFFRE n. m.
1. Meuble où l'on range des objets, de l'argent. *Un coffre de bois. Un coffre à bijoux.* SYN. boîte; coffret.
2. Espace aménagé à l'arrière ou à l'avant d'une voiture pour le rangement des bagages. *Ranger ses bagages dans le coffre* (et non dans la *valise) *de la voiture.*
LOCUTION
– ***Coffre bancaire.*** Petit coffre de métal placé dans la chambre forte d'une banque et qui est mis à la disposition des clients de cet établissement pour conserver de l'argent, des objets précieux, des documents, etc. *Les voleurs ont mis la main sur plusieurs coffres bancaires* (et non des *coffrets de sûreté).

COFFRE-FORT n. m. (pl. *coffres-forts*)
Armoire métallique destinée à recevoir de l'argent, des valeurs. *Les cambrioleurs n'ont pas réussi à ouvrir le coffre-fort.*
✏ **coffre**-fort, avec un trait d'union.

COFFRER v. tr.
1. Munir d'un coffrage.
2. (FAM.) Emprisonner. *Les malfaiteurs ont été coffrés.*
CONJUGAISON : VOIR MODÈLE AIMER.

COFFRET n. m.
Petit coffre. *Un coffret à bijoux.*
FORME FAUTIVE
*coffret de sûreté. Calque de «*safety box*» pour ***coffre bancaire.***

COFINANCEMENT n. m.
Action de réunir des capitaux de plusieurs sources en vue de financer (un projet, une entreprise). *Le promoteur du projet recherche un cofinancement.*

COFINANCER v. tr.
Se mettre à plusieurs pour réunir des capitaux en vue de financer (un projet, une entreprise). *La construction du centre hospitalier serait cofinancée par plusieurs sociétés.*
CONJUGAISON : VOIR MODÈLE AVANCER.
Le **c** prend une cédille devant les lettres ***a*** et ***o.*** *Il cofinança, nous cofinançons.*

COGESTION n. f.
Gestion assurée conjointement par un chef d'entreprise et ses employés.

COGITATION n. f.
(IRON.) Réflexion. *Qu'est-ce que tes cogitations ont donné?* SYN. pensée.

COGITER v. intr.
(IRON.) Réfléchir. *Laisse-moi cogiter!* SYN. se concentrer; penser.
CONJUGAISON : VOIR MODÈLE AIMER.

COGNAC adj. inv. et n. m.
NOM MASCULIN
Alcool. *Un cognac très ancien.*
ADJECTIF DE COULEUR INVARIABLE
De la couleur orangée du cognac. *Des sacs cognac.*
VOIR TABLEAU – COULEUR (ADJECTIFS DE).

COGNASSIER n. m.
Arbre fruitier qui produit les coings.

COGNÉE n. f.
Grosse hache de bûcheron.

COGNEMENT n. m.
1. Fait de cogner. *Le cognement d'un moteur mal ajusté.*
2. Bruit régulier. *As-tu entendu ces cognements?* SYN. coup.

COGNER v. tr., intr., pronom.
VERBE TRANSITIF
Frapper quelqu'un, heurter quelque chose. *Les déménageurs ont cogné le piano.* SYN. taper.
VERBE INTRANSITIF
1. Frapper à coups répétés. *On cogne. Va répondre, s'il te plaît.*
Ce verbe se construit sans préposition ou avec les prépositions ***à, contre, sur.*** *Il cogna à la porte. Cogner sur un clou. Des volets qui cognent contre le mur.*
2. Taper, en parlant du soleil. *Le soleil cogne ce matin.*
VERBE PRONOMINAL
Se heurter. *Ils se sont cognés à, contre l'armoire. Elle s'est cogné la tête contre la poutre.* SYN. se frapper.
À la forme pronominale, le participe passé de ce verbe s'accorde en genre et en nombre avec le complément direct si celui-ci le précède. *La jambe qu'il s'est cognée. Élise s'est cognée au coin de la table.* Il reste invariable si le complément direct suit le verbe. *Elle s'était cogné la tête.*
LOCUTIONS
– ***Cogner des clous.*** ⚜ (FAM.) (FIG.) Somnoler.
– ***Se cogner la tête contre les murs.*** (FAM.) Être dans une situation difficile.
CONJUGAISON : VOIR MODÈLE AIMER.
Les lettres ***gn*** sont suivies d'un ***i*** à la première et à la deuxième personne du pluriel de l'indicatif imparfait et du subjonctif présent. *(Que) nous cognions, (que) vous cogniez.*

COGNITIF, IVE adj.
Les lettres ***gn*** se prononcent distinctement, [kɔgnitif].
Qui concerne la connaissance. *La psychologie cognitive.*

COGNITION n. f.
Les lettres ***gn*** se prononcent distinctement, [kɔgnisjɔ̃].
Connaissance.

COHABITATION n. f.
Fait de cohabiter. *Une cohabitation pacifique.*

COHABITER v. intr.
Habiter ensemble. *Ces étudiants cohabitent depuis le début de l'année.*
CONJUGAISON : VOIR MODÈLE AIMER.

COHÉRENCE n. f.
Convenance logique des idées entre elles, des faits entre eux. *Cette intrigue est de la plus grande cohérence. Ce rapport manque de cohérence. Il y a une parfaite cohérence entre ces divers documents.* ANT. contradiction; incohérence.
✏ cohér**e**nce.

C

COHÉRENT, ENTE adj.
Logique, sans contradiction. *Ce texte est très cohérent.* ANT. incohérent.
cohérent.

COHÉRITIER, IÈRE n. m. et f.
Se dit d'une personne qui hérite en même temps que d'autres, d'une même succession.

COHÉSIF, IVE adj.
Qui unit, qui joint. *Un désir cohésif.*

COHÉSION n. f.
Union intime des parties d'un corps, d'un ensemble. *Il y a beaucoup de cohésion dans la classe.* SYN. solidarité.

COHORTE n. f.
1. (FAM.) Groupe. *Des cohortes de touristes ont envahi les rues.*
2. (DÉMOGR.) Ensemble d'individus considérés collectivement.
3. Ensemble des élèves fréquentant ou ayant fréquenté la même classe (échelon du programme d'études) au cours du même intervalle de temps (Recomm. off.). *La cohorte de la 1re année du B.A.A. compte près de 1000 étudiants.*
Ne pas confondre avec les noms suivants :
• ***génération,*** ensemble des personnes ayant à peu près le même âge à la même époque;
• ***promotion,*** ensemble des diplômés d'un établissement d'enseignement, ayant terminé, la même année, un programme d'études sanctionné par un même diplôme.

COHUE n. f.
1. Foule désordonnée. *Attention à la cohue : ne vous bousculez pas en traversant la rue.*
2. Désordre, confusion résultant d'une foule nombreuse. *« Je mis pied dans la terrifiante cohue de l'arrivée d'un train maritime en gare Saint-Lazare »* (Gabrielle Roy, *La Détresse et l'Enchantement*). SYN. bousculade.
cohue.

COI, COITE adj.
Attention à la prononciation, [kwa, kwat].
Qui reste silencieux et immobile. *Ils en sont restés cois. Elle demeura coite.* SYN. ébahi; interdit; pantois; stupéfait.
Cet adjectif ne s'emploie plus que dans les expressions figées ***se tenir coi, rester coi, demeurer coi.***

COIFFE n. f.
Coiffure féminine. *Les infirmières portaient une coiffe.*

COIFFER v. tr., pronom.
VERBE TRANSITIF
1. Arranger les cheveux de quelqu'un. *Ce coiffeur coiffe les dames.* SYN. peigner.
2. Mettre un chapeau. *Coiffer un chapeau melon.*
3. Être à la tête de. *Cette direction coiffe plusieurs unités administratives.* SYN. chapeauter; diriger.
VERBE PRONOMINAL
Se peigner. *Va te coiffer avant de partir à l'école.*
À la forme pronominale, le participe passé de ce verbe s'accorde toujours en genre et en nombre avec son sujet. *Elles se sont coiffées soigneusement pour le bal.*
CONJUGAISON : VOIR MODÈLE AIMER.

COIFFEUR n. m.
COIFFEUSE n. f.
Personne dont la profession est de coiffer les cheveux. *Il va chez le coiffeur* (et non chez le *barbier).

COIFFEUSE n. f.
Petite table de toilette surmontée d'une glace.

COIFFURE n. f.
1. Ce qui sert à couvrir la tête. *Ces chapeaux de fourrure sont des coiffures bien chaudes.*
2. Arrangement des cheveux. *Une coiffure punk. Un salon de coiffure.*

COIN n. m.
1. Angle où se rencontrent deux surfaces. *Le coin d'une rue. Un meuble de coin.*
2. Petite partie d'une chose. *Un coin de terre. Se cacher dans un coin.*
3. Lieu retiré. *Un coin tranquille à la campagne. Voyager aux quatre coins du monde.*
4. (FAM.) Quartier où l'on habite. *L'épicerie du coin.* SYN. secteur.
LOCUTIONS
– ***Au coin du feu.*** Bien au chaud, à proximité de la cheminée.
– ***Dans tous les coins, aux quatre coins.*** Partout.
– ***Du coin.*** Du quartier. *Le magasin du coin.*
– ***En boucher un coin à quelqu'un.*** (FAM.) L'étonner grandement.
– ***Le petit coin.*** (FAM.) Les toilettes.

COINCÉ, ÉE adj.
(FAM.) Timide et embarrassé. SYN. crispé; inhibé.

COINCER v. tr., pronom.
VERBE TRANSITIF
1. Serrer. *Les passagers de l'autobus me coinçaient.*
2. (FIG.) Empêcher d'agir. *Coincer un adversaire.*
VERBE PRONOMINAL
Se bloquer. *La fermeture éclair de sa veste s'est coincée.*
À la forme pronominale, le participe passé de ce verbe s'accorde en genre et en nombre avec le complément direct si celui-ci le précède. *Les doigts qu'elle s'est coincés. Les fils se sont coincés dans le mécanisme.* Le participe passé reste invariable si le complément direct suit le verbe. *Elle s'est coincé l'orteil.*
CONJUGAISON : VOIR MODÈLE AVANCER.
Le ***c*** prend une cédille devant les lettres ***a*** et ***o.*** *Il coinça, nous coinçons.*

COÏNCIDENCE n. f.
Se dit d'évènements qui arrivent en même temps. *« Quelle étrange et bizarre coïncidence ! »* (Ionesco, *La Cantatrice chauve*). SYN. concours de circonstances; hasard.
coïncidence.

COÏNCIDENT, ENTE adj.
Qui coïncide. *Des faits coïncidents.*
Ne pas confondre avec le participe présent invariable ***coïncidant.*** *Ce rendez-vous coïncidant avec une réunion prévue devra être remis.*
coïncident.

COÏNCIDER v. intr.
1. Se produire en même temps. *Les deux fêtes ont coïncidé.*
2. Se superposer exactement. *Ces diagrammes coïncident parfaitement.* SYN. correspondre.
3. Concorder. *Les témoignages coïncident.* SYN. se recouper.
CONJUGAISON : VOIR MODÈLE AIMER.
coïncider.

COÏNCULPÉ, ÉE adj. et n. m. et f.
Personne inculpée avec d'autres.
coïnculpé.

COING n. m.
Le ***g*** ne se prononce pas, [kwɛ̃]; le mot rime avec ***coin.***
Fruit du cognassier. *De la confiture de coings.*
coing.

COÏT n. m.
Le ***o*** et le ***ï*** se prononcent comme deux voyelles distinctes, en raison du tréma, et le ***t*** s'entend, [kɔit]; le mot rime avec ***mite.***
Accouplement du mâle et de la femelle.

COL n. m.
1. (VX) Cou.
2. Partie d'un vêtement qui entoure le cou. *Un col de dentelle.*
3. Passage plus ou moins élevé entre deux montagnes.

Dans ce dernier sens, ne pas confondre avec les noms suivants :
– ***défilé,*** passage étroit entre deux montagnes ;
– ***détroit,*** espace étroit entre deux côtes ;
– ***gorge,*** passage creusé dans une montagne.
LOCUTIONS
– ***Col blanc.*** Personne qui travaille dans un bureau. *Des cols blancs syndiqués.*
– ***Col bleu.*** Travailleur manuel. *Des cols bleus compétents.*

COL
Sigle de ***Comité d'officialisation linguistique de l'Office québécois de la langue française.***

COL-, COM-, CON-, COR- préf.
Éléments du latin signifiant « avec ».

COLA
VOIR – KOLA.

COLATIER
VOIR – KOLATIER.

COLCHIQUE n. m.
Fleur violette.
Attention au genre masculin de ce nom : ***un*** colchique.

COL-DE-CYGNE n. m. (pl. *cols-de-cygne*)
Conduit à double coude.

-COLE suff.
Élément du latin signifiant « cultiver ». *Agricole, viticole.*

COLÈRE n. f.
Violente irritation. *Quand il a vu que son vélo était cassé, il a fait une colère terrible.* SYN. emportement ; fureur ; rage.
LOCUTIONS
– ***En colère.*** Furieux. *Être en colère contre* (et non *après) *quelqu'un.*
– ***Se mettre en colère.*** Se fâcher. *Elle s'est mise en colère, puis s'est calmée quand elle a retrouvé son chat.*

COLÉREUX, EUSE adj. et n. m. et f.
(FAM.) Personne qui se met en colère rapidement. *Un caractère coléreux.* SYN. colérique ; emporté ; rageur.
coléreux.

COLÉRIQUE adj.
Qui a un tempérament porté à la colère. *Cet enseignant n'est pas colérique.* SYN. coléreux.

***COLE SLAW**
Anglicisme pour ***salade de chou.***

COLIBACILLE n. m.
Les deux *l* se prononcent comme un seul, [kɔlibasil] ; le nom rime avec ***cil.***
Bactérie pouvant contaminer l'environnement.
Le nom scientifique du colibacille est *Escherichia coli.*

COLIBRI n. m.
Oiseau de petite taille dont le plumage est très coloré. *Les colibris sont aussi appelés* oiseaux-mouches.

COLIFICHET n. m.
Babiole. *Les jeunes filles raffoleront de ces colifichets.*

COLIMAÇON n. m.
Escargot. *Les enfants observent les colimaçons.*
Ce nom demeure usuel au Québec et dans la francophonie canadienne, mais il n'appartient plus à l'usage courant de la majorité des locuteurs du français.
LOCUTION
– ***Escalier en colimaçon.*** Escalier en spirale.
colimaçon.

COLIN n. m.
Poisson marin dont la chair est excellente.

COLIN-MAILLARD n. m. (pl. *colin-maillards*)
Jeu où l'un des joueurs, qui a les yeux bandés, doit reconnaître un autre joueur. *Jouer à colin-maillard.*

COLIQUE n. f.
Violente douleur abdominale.

COLIS n. m.
Le *s* ne se prononce pas, [kɔli].
Objet remis à une entreprise de transport pour être expédié. *Des colis postaux. La livraison rapide d'un colis.* SYN. paquet.
colis.

COLISTIER, IÈRE n. m. et f.
Candidat inscrit sur la même liste qu'un autre.

COLITE n. f.
Inflammation du côlon.

COLLABORATEUR, TRICE n. m. et f.
Personne qui travaille en collaboration avec une ou plusieurs personnes. *Cette équipe compte plusieurs collaboratrices.*

COLLABORATION n. f.
Action de collaborer (avec quelqu'un, à quelque chose). *Votre collaboration me sera précieuse.* SYN. aide ; appui ; concours ; coopération ; participation.

COLLABORER v. tr. ind.
Travailler en commun à une entreprise, à une œuvre. *Les élèves ont collaboré à la revue de l'école.* SYN. aider ; participer.
Le verbe se construit avec les prépositions ***à, avec.***
L'expression *collaborer ensemble est un pléonasme.
CONJUGAISON : VOIR MODÈLE AIMER.

COLLAGE n. m.
1. Action de coller. *Le collage des plantes dans un herbier.*
2. Composition d'éléments collés. *Cette affiche est un magnifique collage.*

COLLAGÈNE n. m.
Substance protéique, fabriquée par les cellules du derme, qui contribue à l'hydratation et à la régénération de la peau (GDT). *Le collagène donne à la peau son élasticité.*

COLLANT, ANTE adj.
1. Adhésif. *Du papier collant* ou *du ruban adhésif* (et non du *scotch tape).
2. Ajusté. *Un maillot collant.* SYN. moulant.

COLLANT n. m.
Sous-vêtement d'une seule pièce constitué d'une culotte et de bas. *Les élèves portent un collant vert ou marine.*

COLLAPSUS n. m.
1. (MÉD.) Diminution rapide de la pression artérielle.
2. (MÉD.) Affaissement d'un organe.

COLLATÉRAL, ALE, AUX adj. et n. m. pl.
ADJECTIF
Qui est latéral par rapport à quelque chose. *Une artère collatérale.*
NOM MASCULIN PLURIEL
Membres d'une même famille hors de la ligne directe (oncles, tantes, cousins, etc.).
FORME FAUTIVE
*collatéral. Anglicisme au sens de ***garant*** (pour un emprunt, etc.).

COLLATION n. f.
Repas léger. *Maman nous a préparé une collation.* SYN. casse-croûte ; goûter.

COLLATION DES GRADES n. f.
Action de conférer des grades universitaires (Recomm. off.). *Ses parents ont assisté à la collation des grades* (et non *graduation).

☞ Dans l'enseignement secondaire et l'enseignement collégial, on dit ***cérémonie de remise des diplômes, cérémonie de fin d'études*** ou même, selon le cas, ***bal*** ou ***fête de fin d'études.***

COLLE n. f.
1. Produit qui permet de fixer une chose à une autre. *Un tube de colle.* SYN. adhésif.
2. (FAM.) Question difficile. *Il m'a posé une colle.* SYN. problème.

COLLECTE n. f.
Action de recueillir des fonds, des données, des objets au profit d'une œuvre, d'une paroisse, de personnes, etc. *Une collecte pour les enfants malades.* SYN. quête.
☞ Ne pas confondre avec le nom ***cueillette,*** ramassage des végétaux.
VOIR TABLEAU – DOUBLETS.
LOCUTIONS
– ***Collecte d'aliments.*** Action de recueillir de la nourriture pour venir en aide aux personnes et aux familles défavorisées. SYN. collecte de denrées; collecte de vivres.
– ***Collecte de données.*** Rassemblement d'informations en vue d'effectuer une recherche, une enquête, etc. *Faire la collecte des données* (et non la *cueillette).
☞ Le terme ***collecte*** s'est imposé dans le domaine de l'informatique et de la recherche pour désigner l'action de rassembler des données variables destinées à un traitement.
– ***Collecte de fonds.*** Ensemble des activités ayant pour objet de solliciter des dons qui contribueront à financer certaines activités d'un organisme à but non lucratif. *Parrainer une collecte* (et non une *levée) *de fonds.* SYN. campagne de financement; campagne de souscription.
– ***Collecte de sang.*** Action de recueillir le sang de donneurs en vue d'éventuelles transfusions sanguines à des fins thérapeutiques. *Organiser une collecte de sang* (et non une *clinique de donneurs de sang).
– ***Collecte des ordures.*** Ramassage des ordures. *Dans cet arrondissement, la collecte* (et non la *cueillette) *des ordures a lieu les lundis et jeudis.* SYN. enlèvement des ordures.
– ***Collecte sélective des déchets.*** Ramassage distinct des déchets (ordures ménagères et déchets industriels banals) selon leur matière constitutive.

COLLECTER v. tr.
Réunir des fonds, des dons, etc. *Les pompiers ont réussi à collecter 100 000 $ pour l'œuvre des grands brûlés.* SYN. recueillir.
FORME FAUTIVE
*collecter. Anglicisme au sens de ***percevoir, recouvrer.*** *Le propriétaire perçoit* (et non *collecte) *l'argent que lui rapportent ses loyers.*
CONJUGAISON : VOIR MODÈLE AIMER.

COLLECTEUR, TRICE adj. et n. m. et f.
ADJECTIF
Qui collecte. *Un égout collecteur.*
NOM MASCULIN
Dispositif qui réunit ce qui est dispersé. *Un collecteur d'échappement.*
NOM MASCULIN ET FÉMININ
Personne qui fait une collecte.

COLLECTIF, IVE adj. et n. m.
ADJECTIF
Qui se rapporte à un ensemble de personnes. *Un travail collectif. La mémoire collective.* SYN. commun; de groupe.
NOM MASCULIN
1. (GRAMM.) Mot singulier désignant une réunion d'éléments (êtres ou choses). *Les mots* bande, foule, groupe, lot *sont des collectifs.*
VOIR TABLEAU – COLLECTIF.
2. Groupe, équipe. *Ce recueil est l'œuvre d'un collectif.*

COLLECTION n. f.
1. Série d'ouvrages. *La collection des dictionnaires. Elle est directrice de collection.*
2. Réunion d'objets de même nature. *Une collection de papillons, de tableaux.*
FORME FAUTIVE
*collection. Anglicisme au sens de ***recouvrement, perception*** (des comptes).

COLLECTIONNER v. tr.
Constituer une collection. *Ève collectionne les timbres.* SYN. regrouper; réunir.
CONJUGAISON : VOIR MODÈLE AIMER.

COLLECTIONNEUR, EUSE n. m. et f.
Amateur de collections. *Les collectionneurs de timbres sont des philatélistes.*

COLLECTIVEMENT adv.
De façon collective. *Ils ont acheté cette ferme collectivement.* SYN. ensemble.

COLLECTIVITÉ n. f.
Groupe d'individus résidant au même endroit ou ayant des intérêts communs.
LOCUTION
– ***Collectivité locale.*** Personne morale de droit public, constituée des habitants d'un territoire organisé en circonscription administrative, et qui gère les intérêts de ceux-ci par le moyen d'autorités élues (Recomm. off.). *La ville de Québec, la municipalité régionale de Matane sont des collectivités locales municipales.*
☞ Les collectivités locales ou territoriales font partie de la grande catégorie des collectivités ou collectivités publiques, institutions administratives à base territoriale qui, par opposition aux simples circonscriptions, sont dotées de la personnalité juridique.

COLLÈGE n. m.
Établissement d'enseignement. *Des collèges privés. Le collège Jean-de-Brébeuf.*
[T] 1° ***Collège*** + adjectif ou nom commun. Le nom ***collège*** s'écrit avec une majuscule. *Le Collège français.*
2° ***Collège*** + nom propre. Le nom ***collège*** s'écrit avec une minuscule. *Le collège Stanislas.*
3° On veillera cependant à respecter la graphie du nom officiel de l'établissement.

COLLÈGE D'ENSEIGNEMENT GÉNÉRAL ET PROFESSIONNEL
Sigle ***cégep*** (s'écrit sans points).
Établissement public d'enseignement collégial (entre le secondaire et l'université).

COLLÉGIAL, ALE, AUX adj.
1. Relatif à un collège. *L'enseignement collégial.*
2. Qui est exercé par un groupe, collectivement. *Des décisions collégiales. Des privilèges collégiaux.*
LOCUTION
– ***Enseignement collégial.*** ⚜ *L'enseignement* (et non le *cours, le *niveau) *collégial.*
FORMES FAUTIVES
*cours collégial. Impropriété pour ***enseignement collégial.***
*niveau collégial. Impropriété pour ***enseignement collégial.***

COLLÉGIALEMENT adv.
De façon collégiale. *Cette décision doit être prise collégialement.*

COLLÉGIALITÉ n. f.
Caractère de ce qui est collégial. *La collégialité des décisions.*

COLLÉGIEN, IENNE n. m. et f.
Élève d'un collège. *Des collégiens talentueux.*

COLLECTIF

Nom singulier ou locution désignant une réunion d'êtres ou de choses.

COLLECTIFS COURANTS

amas	classe	équipe	minorité	tas
armée	comité	foule	multitude	totalité
assemblée	cortège	groupe	nuée	tribu
bande	dizaine	lot	poignée	troupe
brassée	douzaine	majorité	quantité	troupeau...
centaine	ensemble	masse	série	

▸ **1.** Nom collectif **employé seul**

Si le sujet est un collectif employé sans complément, le verbe se met **au singulier.**

L'équipe gagna la partie.

▸ **2.** Nom collectif **suivi d'un complément au singulier**

Si le sujet est un collectif suivi d'un complément au singulier, le verbe se met **au singulier.**

La plupart du temps se passe à jouer dehors.

▸ **3.** Nom collectif **précédé d'un déterminant indéfini suivi d'un complément au pluriel**

Si le sujet est un collectif précédé d'un déterminant indéfini (*un, une*) et suivi d'un complément au pluriel, le verbe se met **au singulier** lorsque l'auteur veut insister sur l'ensemble, **au pluriel,** s'il veut insister sur le complément au pluriel (la pluralité).

Une majorité d'élèves a réussi ou *ont réussi l'examen.*

▸ **4.** Nom collectif **précédé d'un déterminant qui sert à la reprise de l'information, c'est-à-dire un déterminant défini, un déterminant possessif ou un déterminant démonstratif et suivi d'un complément au pluriel**

Si le sujet est un collectif précédé d'un déterminant défini *(le, la),* d'un déterminant possessif *(mon, ma)* ou d'un déterminant démonstratif *(ce, cette)* et suivi d'un complément au pluriel, le verbe se met généralement **au singulier.**

La bande de copains est en excursion. Mon groupe d'amis raffole de cette musique.

▸ **5.** Locutions ***un des, une moitié des, un grand nombre de, un certain nombre de, un petit nombre de... suivies dun complément au pluriel***

Si le sujet est l'une de ces expressions, le verbe se met **au singulier** lorsque l'auteur veut insister sur l'ensemble, **au pluriel,** lorsqu'il veut insister sur le complément au pluriel (la pluralité).

Une moitié des pommes est tombée ou *sont tombées.*

▸ **6.** Locutions ***assez (de), beaucoup (de), bien des, combien (de), la plupart (des), la totalité des, nombre (de), peu (de), quantité (de), tant (de), trop (de), infinité de... suivies d'un complément au pluriel***

Si le sujet est une expression qui exprime la quantité, l'accord du verbe se fait avec le complément **au pluriel** du nom ou du pronom.

La plupart des amis étaient là. Une infinité de roses sont cultivées dans ce jardin.

Malgré la logique,
- le verbe s'accorde **au singulier** après ***plus d'un*** *(plus d'un élève était absent);*
- le verbe s'accorde **au pluriel** après ***moins de deux*** *(moins de deux heures se sont écoulées avant son arrivée).*

▸ **7.** Termes ***espèce, sorte, type***

Si le sujet est l'un de ces termes désignant l'espèce et qu'il est précédé de *un, une* et suivi d'un complément au pluriel, c'est avec celui-ci que se fait généralement l'accord. *Un nouveau type d'enquêtes ont été effectuées.* Si l'un de ces termes est précédé d'un déterminant défini (*le, la*), d'un déterminant possessif (*mon, ma*) ou d'un déterminant démonstratif (*ce, cette*) et suivi d'un complément au pluriel, le verbe se met généralement au singulier. *Ce type de recherches est peu commun.*

COLLÈGUE n. m. et f.
Personne avec qui l'on travaille ou qui exerce la même fonction. *Ses collègues ont tous une spécialité différente : l'équipe est polyvalente.*
Ne pas confondre avec les noms suivants :
- ***camarade,*** ami, surtout chez les enfants, les adolescents ;
- ***compagnon,*** personne avec qui l'on fait un travail manuel, un voyage ;
- ***condisciple,*** personne avec qui l'on étudie ;
- ***confrère,*** personne qui appartient à une même profession, à une même société ;
- ***copain,*** camarade intime.

COLLER v. tr., intr., pronom.
VERBE TRANSITIF
1. Fixer à l'aide d'une colle. *Coller du papier peint.*
2. Approcher. *Collez votre oreille à cette porte.* SYN. appuyer.
VERBE INTRANSITIF
1. Se fixer à quelque chose. *Ce revêtement ne colle pas.* SYN. adhérer.
2. Être ajusté, moulant. *Cette jupe colle trop.*
3. (FAM.) (FIG.) Être vraisemblable, convenable. *Cette explication ne colle pas.*
VERBE PRONOMINAL
1. S'appuyer tout contre. *Le petit Gabriel s'était collé contre sa maman.*
2. S'appliquer à soi-même. *Julie s'est collé un timbre transdermique* (et non *patch).
À la forme pronominale, le participe passé de ce verbe s'accorde en genre et en nombre avec le complément direct si celui-ci le précède. *Le simili-tatouage qu'elle s'est collé. Ils se sont collés contre la porte.* Le participe passé reste invariable si le complément direct suit le verbe. *Elle s'est collé des brillants sur les joues.*
À la forme pronominale, le verbe se construit avec les prépositions ***à, contre***. *Ils se sont collés au mur pour éviter d'être vus. Elle s'est collée tendrement contre son amoureux.*
CONJUGAISON : VOIR MODÈLE AIMER.

COLLERETTE n. f.
Petit col. *Une collerette de dentelle.*

COLLET n. m.
1. Partie du vêtement qui entoure le cou. *Un collet de fourrure.*
Le nom ***collet*** tend à disparaître au profit de ***col.***
VOIR – COL.
2. Nœud coulant servant à capturer des animaux sauvages. *Le trappeur pose des collets pour attraper des renards.*
LOCUTIONS
– ***Être collet monté.*** (FIG.) Être exagérément austère, rigide.
– ***Prendre quelqu'un au collet.*** (FIG.) Arrêter quelqu'un. SYN. appréhender.

COLLETER v. tr., pronom.
VERBE TRANSITIF
1. (VIEILLI) Entourer le cou, le col. *Colleter un brigand sans ménagement.*
2. Tendre des collets pour attraper du gibier.
VERBE PRONOMINAL
1. (FIG.) Être aux prises avec des difficultés. *Ils se sont colletés avec l'indigence.*
2. Se battre. *Ils se sont colletés avec des voleurs.* SYN. lutter.
Le verbe se construit avec la préposition ***avec.***
À la forme pronominale, le participe passé de ce verbe s'accorde toujours en genre et en nombre avec son sujet. *Elles s'étaient colletées avec le désespoir.*
CONJUGAISON : VOIR MODÈLE APPELER.
Redoublement du ***t*** devant un ***e*** muet. *Je me collette, je me colletterai,* mais *je me colletais.*
[Les *Rectifications* (1990) admettent : il se collète, collètera, collèterait...]

COLLEUR n. m.
COLLEUSE n. f.
Personne qui a pour fonction de coller (des affiches, du papier, etc.). *Des colleurs d'affiches.*

COLLEY n. m. (pl. *colleys*)
Les lettres ***ey*** se prononcent ***è***, [kɔlɛ] ; le nom rime avec ***collet.***
Chien de berger écossais. *Des colleys majestueux.*
colley.

COLLIER n. m.
1. Bijou qui entoure le cou. *Des colliers de perles.*
2. Bande qui entoure le cou. *Ce chien n'a pas de collier.*
LOCUTIONS
– ***Donner un coup de collier.*** (FIG.) Faire un gros effort. *Allons ! Donnons un coup de collier pour terminer le travail.*
– ***Reprendre le collier.*** (FIG.) Se remettre au travail après un arrêt.

COLLIGER v. tr.
Recueillir des extraits de livres, des idées. *Elle colligeait des exemples de cet usage.* SYN. réunir.
CONJUGAISON : VOIR MODÈLE CHANGER.
Le ***g*** est suivi d'un ***e*** devant les lettres ***a*** et ***o***. *Il colligea, nous colligeons.*

COLLIMAGE n. m.
(NÉOL.) Activité de loisir qui consiste à agencer des images, textes, dessins, photos, etc., pour en effectuer le montage dans un album. *Isabelle aime bien le collimage* (et non *scrapbooking) *: elle a conçu de magnifiques albums-souvenirs.*
Ce néologisme destiné à remplacer l'emprunt *scrapbooking* a reçu le plus de votes lors d'un concours linguistique organisé par l'OQLF en 2007.

COLLIMATEUR n. m.
1. Instrument d'optique envoyant des rayons lumineux dans une direction donnée.
2. Dispositif de visée pour le tir.
LOCUTION
– ***Avoir, garder, prendre quelqu'un dans le collimateur.*** (FIG.) Mettre quelqu'un sous surveillance, se préparer à diriger son tir vers lui, à l'attaquer.

COLLINE n. f.
Relief d'élévation modérée aux versants généralement en pente douce (Recomm. off.).
Ne pas confondre avec les noms suivants :
- ***butte,*** petite colline ;
- ***massif,*** ensemble montagneux non orienté qui se dégage du relief environnant ;
- ***mont,*** importante élévation se détachant du relief environnant ;
- ***pic,*** sommet rocheux aux flancs escarpés.

COLLISION n. f.
Choc de deux corps. *Une collision de voitures.* SYN. heurt.
Ne pas confondre avec le nom ***collusion,*** entente secrète.

COLLOCATION n. f.
(LING.) Proximité fréquente de deux mots dans un énoncé. *Le terme* eau *est fréquemment en collocation avec les adjectifs* douce, salée. SYN. cooccurrence.
Ne pas confondre avec ***colocation,*** location d'un immeuble, d'un appartement avec d'autres personnes.

COLLOQUE n. m.
Réunion de spécialistes invités, en nombre généralement limité, pour exposer, discuter et confronter leurs idées et leurs opinions sur un thème donné.

[T] Les noms d'activités scientifiques, culturelles ou commerciales (colloque, congrès, journée, foire, forum, séminaire, symposium, etc.) s'écrivent avec une majuscule initiale lorsqu'ils désignent des événements particuliers. *Le Congrès mondial de neurologie. Le Symposium international de l'Association des obstétriciens et gynécologues du Québec. Le Salon du meuble de Paris. Le 25e Colloque des écrivains de l'Académie des lettres du Québec. La IIIe Journée québécoise des dictionnaires a eu lieu à Québec en avril 2008.*
☞ Ne pas confondre avec les noms suivants :
• ***congrès,*** assemblée regroupant un nombre important de personnes réunies pour délibérer sur un ou des sujets donnés;
• ***forum,*** réunion où sont débattues des questions d'une vaste portée, généralement dans le but d'établir une concertation entre les divers participants;
• ***séminaire,*** réunion à caractère scientifique constituée d'un groupe restreint de personnes et généralement animée par un professeur, un chercheur ou un spécialiste;
• ***symposium,*** congrès scientifique.

COLLUSION n. f.
Entente secrète. *Il y a eu collusion entre ces entreprises pour hausser le prix de ces produits : c'est illégal.* SYN. complicité.
☞ Ne pas confondre avec le nom ***collision,*** choc de deux corps.

COLLYRE n. m.
Médicament pour les yeux.
✏ collyre.

COLMATAGE n. m.
Action de colmater. *Le colmatage d'une fissure dans un barrage.*

COLMATER v. tr.
Rendre étanche. *Il faut colmater ces brèches absolument.*
CONJUGAISON : VOIR MODÈLE AIMER.

COLOC n. m. et f.
⚜ Forme abrégée familière de ***colocataire.***

COLOCATAIRE n. m. et f.
S'abrège familièrement en **coloc.** *Ma coloc est très sympathique. Mes colocs sont gentils.*
Locataire d'un immeuble, d'un appartement avec d'autres personnes.

COLOCATION n. f.
Location d'un immeuble, d'un appartement avec d'autres personnes.
☞ Ne pas confondre avec ***collocation,*** proximité fréquente de deux mots dans un énoncé.

COLOGNE
VOIR – EAU.

COLOMBAGE n. m.
Système de charpente en pan de mur.

COLOMBE n. f.
1. (LITT.) Pigeon blanc. *La colombe est un symbole de paix.*
2. (FIG.) Partisan politique des solutions en douceur dont l'opposant, l'***épervier,*** est un partisan des solutions de force.

COLOMBIE-BRITANNIQUE n. f.
Abréviation ***C.-B.*** (s'écrit avec des points).
☞ Les habitants de la Colombie-Britannique sont des Britanno-Colombiens, des Britanno-Colombiennes. *Une tradition britanno-colombienne..*

COLOMBIEN, IENNE adj. et n. m. et f.
De Colombie. *Le drapeau colombien. Un Colombien, une Colombienne.*
[T] L'adjectif s'écrit avec une minuscule; le nom, avec une majuscule.

COLOMBIER n. m.
(LITT.) Pigeonnier.

COLON n. m.
Attention à la prononciation, [kɔlɔn].
Unité monétaire du Costa Rica et du Salvador. *Des colones* (pluriel espagnol).
☞ Le mot peut aussi garder sa graphie d'origine : ***colón.***
VOIR TABLEAU – SYMBOLES DES UNITÉS MONÉTAIRES.

COLON n. m.
1. (VIEILLI) Fermier, cultivateur.
2. Personne établie dans une colonie. *Les colons juifs en Israël.*
3. ⚜ (FAM.) Personne peu raffinée. SYN. habitant; paysan.
☞ Ce mot a un sens défavorable.
HOM. ***côlon,*** partie du gros intestin.

CÔLON n. m.
Partie du gros intestin, du cæcum au rectum.
HOM. ***colon,*** personne établie dans une colonie.
✏ côlon.

COLONEL n. m.
COLONELLE n. f.
Officier, officière de rang supérieur. *Le colonel Gaucher, la colonelle Dubois.*
[T] Le titre s'écrit avec une minuscule.

COLONIAL, IALE, IAUX adj. et n. m. et f.
ADJECTIF
Relatif à une colonie. *Des empires coloniaux.*
NOM MASCULIN ET FÉMININ
Personne qui a vécu aux colonies. *Un colonial, des coloniaux.*

COLONIALISME n. m.
Système politique qui vise l'exploitation économique d'un territoire par un État étranger.

COLONIALISTE adj. et n. m. et f.
ADJECTIF
Relatif au colonialisme. *Une politique colonialiste.*
NOM MASCULIN ET FÉMININ
Partisan du colonialisme.

COLONIE n. f.
1. Possession d'un pays en dehors de son territoire propre. *La Nouvelle-France était une colonie de la France.*
2. Ensemble des résidents d'une nation étrangère dans un lieu donné. *La colonie québécoise de Paris.*
LOCUTION
– ***Colonie de vacances.*** Groupe d'enfants passant leurs vacances sous la conduite de moniteurs; endroit où se trouve ce groupe. *Un séjour en colonie de vacances.* SYN. ⚜ camp de vacances; centre de vacances.

COLONISATEUR, TRICE adj. et n. m. et f.
ADJECTIF
Qui colonise. *Un pays colonisateur.* ANT. colonisé.
NOM MASCULIN ET FÉMININ
Pays, groupe qui exploite une colonie. *Le Portugal a été un colonisateur.*

COLONISATION n. f.
Action de coloniser.

COLONISÉ, ÉE adj. et n. m. et f.
ADJECTIF
Qui subit la colonisation. *Une région colonisée.*
NOM MASCULIN ET FÉMININ
1. Pays, État qui subit la colonisation.
2. (FIG.) Personne, groupe qui a une attitude de dépendance propre aux colonies exploitées par un État, un groupe étranger.

COLONISER v. tr.
1. Organiser en colonie. *Les Portugais ont colonisé le Brésil.*
2. Exploiter une colonie.
CONJUGAISON : VOIR MODÈLE AIMER.

C

COLONNADE n. f.
Ensemble de colonnes. *Une colonnade grecque.*

COLONNE n. f.
1. Pilier circulaire soutenant les parties supérieures d'un édifice. *Une colonne de béton.*
Dans ce sens, ne pas confondre avec les noms suivants :
– ***atlante,*** colonne sculptée en forme d'homme soutenant un entablement ;
– ***caryatide*** ou ***cariatide,*** colonne sculptée en forme de femme soutenant une corniche sur sa tête ;
– ***pilastre,*** pilier carré dans une construction ;
– ***pilier,*** massif de maçonnerie rond ou carré soutenant une construction.
2. Suite de mots, de chiffres placés les uns en dessous des autres. *Un texte en deux colonnes. Une colonne de chiffres.*
LOCUTION
– ***Colonne vertébrale.*** Tige osseuse constituée par l'ensemble des vertèbres.

COLONNETTE n. f.
Petite colonne. *Des colonnettes sculptées.*

COLOPHON n. m.
Texte de l'achevé d'imprimer figurant à la fin d'un ouvrage. SYN. achevé d'imprimer.

COLORANT, ANTE adj. et n. m.
ADJECTIF
Qui colore. *Des shampooings colorants.*
NOM MASCULIN
Substance colorée destinée à teindre (des aliments, des textiles, etc.). *Des colorants végétaux, artificiels.*

COLORATION n. f.
1. Action de colorer. *La coiffeuse fait des colorations de cheveux.* SYN. teinture.
2. Couleur. *La coloration de sa peau est jolie.*

COLORÉ, ÉE adj.
1. Qui a de belles couleurs. *Une étoffe très colorée.*
2. (FIG.) Qui a de l'éclat, de l'expression. *Un style coloré.* SYN. expressif ; pittoresque.

COLORECTAL, ALE, AUX adj.
(MÉD.) Qui est relatif au colon et au rectum. *Le dépistage des cancers colorectaux.*

COLORER v. tr., pronom.
VERBE TRANSITIF
1. Donner de la couleur à. *Elle a coloré ses joues.* SYN. peindre ; teinter.
Ne pas confondre avec le verbe ***colorier,*** appliquer des couleurs sur une surface.
2. (FIG.) Donner un aspect particulier à quelque chose. *La perspective des vacances prochaines colore la vie en rose.*
VERBE PRONOMINAL
Prendre une teinte particulière. *Au coucher du soleil, le ciel s'est coloré de toute la gamme des rouges.*
À la forme pronominale, le participe passé de ce verbe s'accorde toujours en genre et en nombre avec son sujet. *Sous l'effet du froid, ses joues s'étaient colorées d'un rose tendre.*
CONJUGAISON : VOIR MODÈLE AIMER.

COLORIAGE n. m.
1. Action de colorier. *Fanny aime faire du coloriage.*
2. Dessin à colorier. *Un album de coloriages.*

COLORIER v. tr.
Appliquer des couleurs sur une surface, sur un dessin. *Colorier une illustration. Des albums à colorier.*
Ne pas confondre avec le verbe ***colorer,*** donner de la couleur à quelque chose.
CONJUGAISON : VOIR MODÈLE ÉTUDIER.
Redoublement du ***i*** à la première et à la deuxième personne du pluriel de l'indicatif imparfait et du subjonctif présent. *(Que) nous coloriions, (que) vous coloriiez.*

COLORIS n. m.
Le *s* ne se prononce pas, [kɔlɔri].
Couleur, teinte. *Ce coloris bleu-violet est magnifique.*
coloris.

COLORISATION n. f.
(INFORM.) Technique informatique de mise en couleurs (d'une photo, d'un dessin, d'un film) en noir et blanc. *Les prodiges d'une colorisation délicieusement kitsch sur des photos anciennes. L'auteur a mis un soin particulier à la colorisation de certaines images en noir et blanc.*

COLORISER v. tr.
(INFORM.) Se servir de l'informatique pour mettre en couleurs (une photo, un dessin, un film) en noir et blanc. *Ce créateur filme tout en noir et blanc, et colorise les quelques personnes ou objets qui lui mettent encore un peu de baume au cœur. Ce sont des documents d'époque, des films en noir et blanc colorisés.*
CONJUGAISON : VOIR MODÈLE AIMER.

COLORISTE n. m. et f.
1. Spécialiste de la couleur (en peinture, en esthétique industrielle).
2. Spécialiste de la coloration des cheveux.

COLOSCOPIE n. f.
(MÉD.) Examen visuel de l'intérieur du côlon. *Il est scientifiquement établi que le dépistage du cancer du côlon par coloscopie permet de réduire la mortalité due à cette affection.*
L'auteur du DDFM, Serge Quérin, estime que l'emploi du terme ***colonoscopie*** en ce sens n'est aucunement justifié.

COLOSSAL, ALE, AUX adj.
Très grand, gigantesque. *À New York, il y a des immeubles colossaux.* SYN. énorme ; géant ; immense.

COLOSSE n. m.
1. (FIG.) Géant. *Ce déménageur est un colosse.*
2. Personne, groupe, pays très puissant.

COLPORTAGE n. m.
Action de colporter.

COLPORTER v. tr.
1. Transporter des objets pour les vendre.
2. (FIG.) Répandre une information partout où l'on va. SYN. diffuser ; rapporter.
CONJUGAISON : VOIR MODÈLE AIMER.

COLPORTEUR n. m.
COLPORTEUSE n. f.
Marchand ambulant de petites marchandises.

COLPOSCOPE n. m.
(MÉD.) Appareil optique doté d'une source lumineuse qui permet l'examen de la vulve, du vagin et du col de l'utérus.

COLPOSCOPIE n. f.
(MÉD.) Examen de la vulve, du vagin et du col de l'utérus au moyen d'un colposcope.

COLTINER v. tr., pronom.
VERBE TRANSITIF
Porter sur le cou. *Il coltine les fardeaux jusque dans le coffre de la voiture.*
VERBE PRONOMINAL
(FAM.) Se charger d'un travail, d'une tâche.
À la forme pronominale, le participe passé de ce verbe s'accorde en genre et en nombre avec le complément direct si celui-ci le précède. *La besogne qu'il s'est coltinée.* Le participe passé reste invariable si le complément direct suit le verbe. *Ils se sont coltiné la restructuration des activités de l'entreprise.*
CONJUGAISON : VOIR MODÈLE AIMER.

COLUMBARIUM n. m. (pl. *columbariums*)
La deuxième syllabe se prononce ***lon***, et le mot rime avec ***Rome***.
Édifice destiné à recevoir des urnes funéraires.

***COLUMNIST**
Anglicisme pour ***chroniqueur, chroniqueuse***.

COLVERT n. m.
Canard sauvage. *Des colverts effarouchés.*
colvert.

COLZA n. m.
Plante à fleurs jaunes. *Des champs de colza.*

COM-
VOIR – COL-.

COMA n. m.
Le **o** est ouvert, [kɔma].
État grave caractérisé par une perte de conscience. *Des comas prolongés. Depuis son accident, il est dans le coma.* SYN. inconscience.

COMATEUX, EUSE adj. et n. m. et f.
Le **o** est ouvert, [kɔmatø, øz].
ADJECTIF
Relatif au coma. *Un état comateux.*
NOM MASCULIN ET FÉMININ
Qui est dans le coma. *Des comateux dans un état critique.*
coma**t**eux.

COMBAT n. m.
1. Engagement militaire. *Engager un combat. Des combats aériens.* SYN. affrontement; bataille.
2. Le fait de se battre. *Des combats de ruelle.* SYN. bagarre; bataille; rixe.
LOCUTIONS
– ***Branle-bas de combat.*** Préparatifs sur un navire de guerre pour un combat et, par extension, agitation désordonnée précédant une activité.
– ***De combat.*** De guerre. *Des tenues de combat.*
– ***Être hors de combat.*** N'être plus en état de se battre. *Ces soldats ont été mis hors de combat.*
FORME FAUTIVE
*combat à finir. Calque de «*fight to finish*» pour ***lutte sans merci***.
combat.

COMBATIF ou **COMBATTIF, IVE** adj.
1. Porté à la lutte. SYN. (FAM.) bagarreur.
2. Dynamique, énergique. *Des entrepreneurs combatifs* ou *combattifs.*

COMBATIVITÉ ou **COMBATTIVITÉ** n. f.
Penchant pour le combat, dynamisme. *La combativité* ou *combattivité d'une équipe de vendeurs.*

COMBATTANT, ANTE adj. et n. m. et f.
Personne qui prend part à un combat, à une guerre. *Les anciens combattants. Une unité combattante.* SYN. soldat.
Ne pas confondre avec le participe présent invariable ***combattant***. *Tous les pompiers combattant depuis l'aube seront bientôt relevés.*
comba**tt**ant, avec deux ***t***.

COMBATTRE v. tr., intr.
VERBE TRANSITIF
Se battre contre. *Combattre des ennemis, combattre un incendie.* SYN. lutter contre.
VERBE INTRANSITIF
Livrer un combat, défendre une cause. *Combattre pour ses idées, pour une société juste.* SYN. lutter pour.
CONJUGAISON : VOIR MODÈLE COMBATTRE.
comba**tt**re.

COMBIEN adv. et n. m. inv.
ADVERBE
1. Quelle quantité de ? *Combien de pommes veux-tu ?*
2. Quel prix ? *Combien pour ces framboises ?*
3. À quel point. *Si tu savais combien il me manque !*
4. ***Combien de*** + sujet pluriel. Le verbe, l'attribut, le participe s'accordent avec le nom au pluriel. *Combien d'enfants sont absents aujourd'hui ? Combien de copains as-tu réunis ? Combien sont restés ?*
5. ***Combien*** + ***en.*** L'accord du participe passé se fait si l'adverbe ***combien*** précède le pronom ***en***. *Combien en ai-je mangées de ces pâtisseries succulentes !*
6. ***En*** + ***combien.*** Le participe passé est invariable si le pronom ***en*** précède l'adverbe ***combien***. *De ces prix, il en a gagné combien ?*
NOM MASCULIN INVARIABLE
Quelle date ? *Le combien sommes-nous aujourd'hui ?* SYN. quantième.

COMBINABLE adj.
Qui peut être combiné.

COMBINAISON n. f.
1. Assemblage selon un arrangement déterminé. *Une combinaison de chiffres gagnante. Des combinaisons chimiques.*
2. Vêtement d'une seule pièce. *Une combinaison de plongée.*

COMBINE n. f.
(FAM.) Manœuvre douteuse, plan plus ou moins honnête pour atteindre un objectif. SYN. (FAM.) magouille.
Ce nom a un sens défavorable.

COMBINÉ, ÉE adj. et n. m.
ADJECTIF
Assemblé dans des proportions définies. *Des produits combinés.*
NOM MASCULIN
Partie d'un appareil téléphonique réunissant le microphone et l'écouteur. *Elle reposa le combiné avec douceur.*

COMBINER v. tr., pronom.
VERBE TRANSITIF
1. Assembler. *Combiner de la laine avec du coton.* SYN. associer; unir.
2. Organiser. *Ils ont combiné un plan ambitieux.* SYN. agencer; élaborer; manigancer; préparer.
VERBE PRONOMINAL
S'harmoniser. *Ces couleurs se combinent bien.* SYN. s'agencer; se coordonner.
À la forme pronominale, le participe passé de ce verbe s'accorde toujours en genre et en nombre avec son sujet. *Nos stratégies se sont bien combinées.*
Le verbe ***combiner*** se construit avec la préposition ***avec***.
CONJUGAISON : VOIR MODÈLE AIMER.

COMBLE adj. et n. m.
ADJECTIF
Rempli complètement. *La salle est comble.* SYN. complet; plein. ANT. vide.
NOM MASCULIN
1. Espace qui se trouve dans le faîte d'un bâtiment, sous les versants du toit, et séparé des parties inférieures par un plancher ou une voûte (GDT). *Nous devons mieux isoler les combles* (et non *l'entretoit). *Habiter les combles d'une maison.* SYN. grenier.
Ce nom s'emploie surtout au pluriel en ce sens.
2. (FIG.) Degré extrême. *Elle est au comble du bonheur quand son copain lui écrit.*
LOCUTIONS
– ***C'est un comble !*** Il ne manquait plus que cela.
– ***De fond en comble.*** (FIG.) Entièrement.
– ***La mesure est comble.*** (FIG.) En voilà assez.

CONJUGAISON DU VERBE **COMBATTRE**

INDICATIF

PRÉSENT		PASSÉ COMPOSÉ		
je	combat**s**	j'	ai	combattu
tu	combat**s**	tu	as	combattu
elle	combat	elle	a	combattu
il	combat	il	a	combattu
nous	combat**tons**	nous	avons	combattu
vous	combat**tez**	vous	avez	combattu
elles	combat**tent**	elles	ont	combattu
ils	combat**tent**	ils	ont	combattu

IMPARFAIT		PLUS-QUE-PARFAIT		
je	combat**tais**	j'	avais	combattu
tu	combat**tais**	tu	avais	combattu
elle	combat**tait**	elle	avait	combattu
il	combat**tait**	il	avait	combattu
nous	combat**tions**	nous	avions	combattu
vous	combat**tiez**	vous	aviez	combattu
elles	combat**taient**	elles	avaient	combattu
ils	combat**taient**	ils	avaient	combattu

PASSÉ SIMPLE		PASSÉ ANTÉRIEUR		
je	combat**tis**	j'	eus	combattu
tu	combat**tis**	tu	eus	combattu
elle	combat**tit**	elle	eut	combattu
il	combat**tit**	il	eut	combattu
nous	combat**tîmes**	nous	eûmes	combattu
vous	combat**tîtes**	vous	eûtes	combattu
elles	combat**tirent**	elles	eurent	combattu
ils	combat**tirent**	ils	eurent	combattu

FUTUR SIMPLE		FUTUR ANTÉRIEUR		
je	combat**trai**	j'	aurai	combattu
tu	combat**tras**	tu	auras	combattu
elle	combat**tra**	elle	aura	combattu
il	combat**tra**	il	aura	combattu
nous	combat**trons**	nous	aurons	combattu
vous	combat**trez**	vous	aurez	combattu
elles	combat**tront**	elles	auront	combattu
ils	combat**tront**	ils	auront	combattu

CONDITIONNEL PRÉSENT		CONDITIONNEL PASSÉ		
je	combat**trais**	j'	aurais	combattu
tu	combat**trais**	tu	aurais	combattu
elle	combat**trait**	elle	aurait	combattu
il	combat**trait**	il	aurait	combattu
nous	combat**trions**	nous	aurions	combattu
vous	combat**triez**	vous	auriez	combattu
elles	combat**traient**	elles	auraient	combattu
ils	combat**traient**	ils	auraient	combattu

SUBJONCTIF

PRÉSENT			PASSÉ			
que	je	combat**te**	que	j'	aie	combattu
que	tu	combat**tes**	que	tu	aies	combattu
qu'	elle	combat**te**	qu'	elle	ait	combattu
qu'	il	combat**te**	qu'	il	ait	combattu
que	nous	combat**tions**	que	nous	ayons	combattu
que	vous	combat**tiez**	que	vous	ayez	combattu
qu'	elles	combat**tent**	qu'	elles	aient	combattu
qu'	ils	combat**tent**	qu'	ils	aient	combattu

IMPARFAIT			PLUS-QUE-PARFAIT			
que	je	combat**tisse**	que	j'	eusse	combattu
que	tu	combat**tisses**	que	tu	eusses	combattu
qu'	elle	combat**tît**	qu'	elle	eût	combattu
qu'	il	combat**tît**	qu'	il	eût	combattu
que	nous	combat**tissions**	que	nous	eussions	combattu
que	vous	combat**tissiez**	que	vous	eussiez	combattu
qu'	elles	combat**tissent**	qu'	elles	eussent	combattu
qu'	ils	combat**tissent**	qu'	ils	eussent	combattu

IMPÉRATIF

PRÉSENT	PASSÉ	
combat**s**	aie	combattu
combat**tons**	ayons	combattu
combat**tez**	ayez	combattu

INFINITIF

PRÉSENT	PASSÉ
combat**tre**	avoir combattu

PARTICIPE

PRÉSENT	PASSÉ
combat**tant**	combattu, ue ayant combattu

COMBLER v. tr.
1. Remplir un vide, au propre et au figuré. *Combler un fossé, une lacune.*
2. Satisfaire complètement. *Ses désirs sont comblés.*
FORME FAUTIVE
*combler un poste. Impropriété pour ***pourvoir un poste, pourvoir à un poste.***
CONJUGAISON : VOIR MODÈLE AIMER.

COMBURANT, ANTE adj. et n. m.
Se dit d'un corps qui, en se combinant avec un autre corps, provoque la combustion.

COMBUSTIBLE adj. et n. m.
Qui peut brûler et produire de l'énergie. *Des substances combustibles.*
Matière capable de brûler au contact de l'oxygène en produisant une quantité de chaleur utilisable (GDT). *Les combustibles usuels sont des produits carbonés fossiles (charbon, pétrole, gaz naturel) ou renouvelables (bois).*

COMBUSTION n. f.
Fait pour un corps de brûler. *Un poêle à combustion lente.*

COMÉDIE n. f.
Pièce destinée à faire rire. *Une comédie hilarante.*

COMÉDIEN n. m.
COMÉDIENNE n. f.
Acteur, actrice (au cinéma, au théâtre, à la radio et à la télévision). *Elle a gagné le trophée de la meilleure comédienne.*
☞ L'opposition entre ***comédien,*** « qui joue la comédie », et ***tragédien,*** « qui joue la tragédie », ne se fait plus, et le mot désigne aujourd'hui un acteur, une actrice, sans distinction de style.

COMÉDON n. m.
Petit amas de matière sébacée qui cause l'obstruction d'un pore de la peau, familièrement appelé ***point noir.***

COMESTIBILITÉ n. f.
Qualité de ce qui est comestible.

COMESTIBLE adj. et n. m. pl.
ADJECTIF
Qui peut être mangé par les humains. *Un champignon comestible.*
NOM MASCULIN PLURIEL
Denrées alimentaires. *Une marchande de comestibles.*

COMÈTE n. f.
Astre errant que suit une traînée lumineuse. *La comète de Halley.*
VOIR – ASTRE.

COMICE n. m.
(ANCIENN.) Foire agricole.
☞ Ce nom est le plus souvent utilisé au pluriel.

***COMICS**
Anglicisme pour ***bandes dessinées.***

***COMING OUT**
Anglicisme pour ***affirmation de son identité (sexuelle), révélation de son allégeance, sortie du placard.***

COMIQUE adj. et n. m. et f.
ADJECTIF
Drôle, qui fait rire. *Un film comique.*
NOM MASCULIN ET FÉMININ
Auteur ou acteur comique. *Ce clown est un excellent comique.*
NOM MASCULIN
Caractère de ce qui est comique.

COMIQUEMENT adv.
De façon comique.

COMITÉ n. m.
Réunion de personnes qui ont pour rôle de discuter et de régler certaines questions. *Des comités d'école.*
Si le sujet du verbe est un collectif précédé du déterminant indéfini ***un, une*** et suivi d'un complément au pluriel, le verbe se met au singulier lorsque l'auteur veut insister sur le tout, l'ensemble ; au pluriel, s'il veut insister sur la pluralité, la multiplicité. *Un comité d'actionnaires s'est réuni, se sont réunis aujourd'hui.* Si le sujet du verbe est un collectif précédé du déterminant défini ***(le, la),*** d'un déterminant possessif ***(mon, ma, ton, ta, son, sa),*** d'un déterminant démonstratif ***(ce, cette)*** et s'il est suivi d'un complément au pluriel, le verbe se met généralement au singulier. *Le comité des cadres a donné son appui.*
VOIR TABLEAU – COLLECTIF.
FORMES FAUTIVES
*comité ad hoc. Calque de «*ad hoc committee*» pour ***comité d'étude, comité spécial.***
*comité aviseur. Calque de «*advisory committee*» pour ***comité consultatif.***
*comité conjoint. Calque de «*joint committee*» pour ***comité paritaire*** ou ***comité mixte,*** selon le cas.
*être, siéger sur un comité. Calque de «*to sit on a committee*» pour ***être membre d'un comité, siéger à un comité.***

COMITÉ D'OFFICIALISATION LINGUISTIQUE DE L'OQLF
Sigle ***COL*** (s'écrit avec ou sans points).
☞ Le COL a pris la relève de la Commission de terminologie de l'Office de la langue française (CTOLF) en 2002.

COMMANDANT n. m.
COMMANDANTE n. f.
Personne qui a un commandement militaire.
LOCUTION
– ***Commandant de bord.*** Pilote. *Elle est commandante de bord de cet avion.*

COMMANDE n. f.
1. Demande de marchandises adressée à un fabricant, à un marchand. *Recevoir, livrer une commande de livres.*
2. Organe de transmission. *La commande d'une machine. Les leviers de commande.*
LOCUTIONS
– ***Bon de commande.*** Document servant à transmettre le nombre et la nature des produits que l'on veut acheter. *Des bons de commande.*
– ***Prendre les commandes.*** (FIG.) Prendre la direction de quelque chose.
– ***Sur commande.*** Selon les désirs et à la demande d'un client. *Un canapé fait sur commande.* SYN. sur mesure.
– ***Sur commande.*** (FIG.) Qui n'est pas vrai, sincère. *Une joie sur commande.* SYN. de commande.
– ***Tenir les commandes.*** (FIG.) Diriger.
FORMES FAUTIVES
*placer une commande. Calque de «*to place an order*» pour ***passer une commande.***
*remplir une commande. Calque de «*to fill an order*» pour ***exécuter une commande.***

COMMANDEMENT n. m.
1. Ordre. *À mon commandement, plongez !*
☞ Ne pas confondre avec les noms suivants :
• ***instruction,*** indication précise pour l'exécution d'un ordre ;
• ***précepte,*** règle de conduite ;
• ***prescription,*** ordre détaillé.
2. Règles du christianisme. *Les dix commandements.*

COMMANDER v. tr., intr., pronom.
VERBE TRANSITIF
1. Diriger. *Commander une attaque.* SYN. conduire ; mener.
2. Ordonner. *Il lui a commandé de sauter en parachute.*
3. Demander un produit, un service. *La marchande a commandé 100 paires de gants.*

VERBE INTRANSITIF
Avoir autorité. *C'est la directrice qui commande.* SYN. diriger ; mener.
VERBE PRONOMINAL
1. Se maîtriser. *Il ne se commandait plus.*
2. Dépendre de la volonté. *L'amour ne se commande pas.*
3. Passer une commande pour soi.
À la forme pronominale, le participe passé de ce verbe s'accorde en genre et en nombre avec le complément direct si celui-ci le précède. *La pizza que tu t'es commandée.* Le participe passé reste invariable si le complément direct suit le verbe. *Ils se sont commandé du poulet rôti.* S'il n'y a pas de complément direct, le participe passé s'accorde avec le sujet du verbe. *Ces meubles se sont commandés facilement par Internet.*
CONJUGAISON : VOIR MODÈLE AIMER.

COMMANDEUR n. m.
Grade élevé dans un ordre de chevalerie.

COMMANDITAIRE n. m. et f.
Personne physique ou morale qui apporte un soutien matériel à une manifestation, à une personne, à un produit (par exemple, une émission de radiotélévision) ou à une organisation en vue d'en retirer des avantages publicitaires directs (Recomm. off.). SYN. parrain.
En France, on utilise ***sponsor*** en ce sens.

COMMANDITE n. f.
Soutien matériel apporté à une manifestation, à une personne, à un produit ou à une organisation en vue d'en retirer des avantages publicitaires directs (Recomm. off.). SYN. parrainage.
En France, on utilise ***sponsorship*** en ce sens.

COMMANDITER v. tr.
Apporter un soutien matériel à une manifestation, à une personne, à un produit ou à une organisation en vue d'en retirer des avantages publicitaires directs (Recomm. off.). *Le marathon est commandité par plusieurs sociétés.* SYN. parrainer.
En France, on utilise ***sponsoriser*** en ce sens.
CONJUGAISON : VOIR MODÈLE AIMER.

COMMANDO n. m.
Groupe de combat spécialement entraîné. *Des actions de commandos.*

COMME adv. et conj.
ADVERBE
Combien, à quel point. *Comme il est gentil !*
CONJONCTION
Ainsi que, de la même manière que. *Lent comme une tortue. « Nos sourires dans nos gorges comme des anneaux de fiançailles »* (Alain Grandbois, *Les Îles de la nuit*). SYN. tel.
Lorsque la conjonction ***comme*** introduit une comparaison, qui est généralement placée entre virgules, le verbe et l'attribut sont au singulier. *Paul, comme Pierre, est gentil.*
CONJONCTION DE SUBORDINATION
La conjonction ***comme*** introduit une proposition circonstancielle :
1. De manière. De la façon dont. *J'ai planté ces fleurs comme vous le désiriez.*
2. De cause. Puisque. *Comme il pleuvait, la promenade a été remise.* SYN. parce que.
3. De temps. Tandis que. *Comme nous arrivions, le soleil se montra.*
Après le verbe ***considérer,*** l'attribut est introduit par ***comme.*** *Le directeur la considère comme compétente* (et non *la considère compétente).
LOCUTIONS
– ***C'est tout comme.*** C'est tout à fait la même chose. *Il ne l'a pas frappé, mais c'est tout comme.*
– ***Comme cela.*** Ainsi. *Elle a glissé comme cela, en escaladant la paroi.*
– ***Comme ci comme ça.*** Tant bien que mal. *Il a peint le mur comme ci comme ça.*
– ***Comme convenu, comme prévu.*** Comme il a été convenu, comme il a été prévu.
– ***Comme il faut.*** Comme il convient. *Fais tes devoirs comme il faut.* SYN. bien.
– ***Comme tout.*** Au plus haut point. *Il est gentil comme tout.* SYN. extrêmement.
– ***Tout comme.*** Exactement comme. *Il est tout comme son père et adore la pêche.*
FORME FAUTIVE
*comme par exemple. Pléonasme pour ***comme*** ou ***par exemple.***

COMMEDIA DELL'ARTE n. f.
Le premier et le dernier ***e*** se prononcent ***é,*** [kɔmedja dɛlarte].
Comédie italienne improvisée sur canevas. *Pantaleone et Pedrolino sont des personnages de la* commedia dell'arte.
En typographie soignée, les mots étrangers sont composés en italique. Dans des textes déjà en italique, la notation se fait en romain. Pour les textes manuscrits, on utilisera les guillemets.

COMMÉMORATIF, IVE adj.
Qui commémore. *Un monument commémoratif. Une fête commémorative.*
commémoratif.

COMMÉMORATION n. f.
Cérémonie célébrant le souvenir d'un évènement.
commémoration.

COMMÉMORER v. tr.
Rappeler par une cérémonie le souvenir d'une personne ou d'un évènement. *Le maire voudrait commémorer la fondation de la ville.*
L'expression *commémorer un anniversaire est un pléonasme. On commémore une naissance, une victoire, mais on célèbre un anniversaire.
CONJUGAISON : VOIR MODÈLE AIMER.
commémorer.

COMMENCEMENT n. m.
1. Début, premier moment. *Le commencement du monde. Ce jour marque le commencement de notre amitié.* SYN. création ; origine. ANT. fin.
Ne pas confondre avec les noms suivants :
- ***origine,*** ce qui sert de point de départ ;
- ***prélude,*** ce qui précède quelque chose ;
- ***principe,*** ce qui désigne la cause première.

2. Première partie. *Le commencement du livre n'est pas très intéressant.*

COMMENCER v. tr., intr.
VERBE TRANSITIF DIRECT
1. Entreprendre. *Il commence ses devoirs à 16 heures.* SYN. aborder ; démarrer. ANT. finir ; terminer.
2. Être au commencement de. *Le paragraphe qui commence le chapitre.*
VERBE TRANSITIF INDIRECT
Commencer + à. Se mettre à. *L'arbre commence à pousser.*
En ce sens, le verbe donne l'idée de progrès futurs.
VERBE INTRANSITIF
1. Débuter. *L'année commence aujourd'hui. Mesdames et Messieurs, le spectacle va commencer !*
Le verbe ***commencer*** se conjugue avec l'auxiliaire ***avoir*** quand on veut insister sur l'action et avec l'auxiliaire ***être*** quand on veut exprimer l'état. *L'été a commencé le 21 juin. L'été est commencé depuis quelques jours.*

2. ***Commencer* + *par*.** Ce tour insiste sur l'ordre d'une suite d'actions ou d'états. *Il commence par* (et non *avec) *la consultation des ouvrages et rédige ensuite.*
CONJUGAISON : VOIR MODÈLE AVANCER.
Le ***c*** prend une cédille devant les lettres ***a*** et ***o***. *Il commença, nous commençons.*

COMMENSAL, ALE, AUX n. m. et f.
(LITT.) Personne qui mange habituellement à la même table qu'une autre. *Des commensaux agréables.*

COMMENT adv. et n. m. inv.
ADVERBE INTERROGATIF
De quelle façon, pourquoi ? *Comment allez-vous ? Comment l'aurais-je su ?*
ADVERBE EXCLAMATIF
1. Pour marquer la surprise. *Comment, vous êtes venu !* SYN. quoi.
2. Pour souligner un résultat. *L'objectif est atteint, et comment !*
NOM MASCULIN INVARIABLE
Manière. *Nous aimerions connaître les pourquoi et les comment de cette décision.*
LOCUTION
– ***N'importe comment***, loc. adv. De façon négligente. *Il a fait son lit n'importe comment.*

COMMENTAIRE n. m.
Remarque, observation. *Ces commentaires nous seront utiles.*
LOCUTION
– ***Sans commentaire.*** Dans cette expression, qui indique qu'un fait est évident, qu'il se passe d'explications ou que la personne préfère ne pas se prononcer, le nom ***commentaire*** s'écrit au singulier. Le nom s'écrit au pluriel ou non dans l'expression ***cela se passe de commentaire(s).***

COMMENTATEUR n. m.
COMMENTATRICE n. f.
Personne dont la fonction est de formuler des commentaires. *Un commentateur sportif.*

COMMENTER v. tr.
Faire des observations sur un évènement, une situation, un document, etc. *Ces spécialistes doivent commenter les exploits des athlètes.*
Le verbe se construit avec un complément. *Le maire a refusé de commenter la situation, de faire des commentaires sur les résultats d'une enquête* (et non *a refusé de commenter).
CONJUGAISON : VOIR MODÈLE AIMER.

COMMÉRAGE n. m.
(FAM.) Potin. SYN. bavardage ; cancan ; racontar ; ragot.
Le nom s'emploie surtout au pluriel. *N'écoutez pas ces commérages.*
commérage.

COMMERÇANT n. m.
COMMERÇANTE n. f.
Personne qui fait du commerce. *L'épicier et le pâtissier sont des commerçants.* SYN. marchand.

COMMERCE n. m.
1. Fonction qui a pour objet de vendre aux consommateurs les divers produits dont ils ont besoin. *Le commerce de détail, le commerce de gros.* SYN. point de vente.
2. Magasin. *Il y a de petits commerces dans ce quartier.*
3. (LITT.) Relation (avec quelqu'un). *Ils sont d'un commerce agréable.*
LOCUTIONS
– ***Commerce électronique.*** Ensemble des activités commerciales effectuées par l'entremise des réseaux informatiques, tel le réseau Internet, incluant la promotion et la vente en ligne de produits et services, la vente d'information, ainsi que l'échange de correspondance électronique (GDT). *La croissance du commerce électronique* (et non *e-commerce).
– ***Commerce électronique interentreprises.*** Type de commerce électronique favorisant, grâce au réseau Internet, aux extranets ou aux réseaux privés virtuels, la vente de produits et services entre les entreprises (GDT).
– ***Commerce équitable.*** Commerce visant à assurer un revenu décent aux petits producteurs des pays émergents pour qu'ils puissent développer leur activité à long terme, assurer des conditions de travail décentes et utiliser des techniques agricoles, manufacturières, etc., respectueuses de l'environnement.
– ***Commerce interentreprises.*** Ensemble des transactions commerciales entre entreprises. *Le commerce interentreprises* (et non *B2B) *prend de l'expansion.*

COMMERCER v. intr.
Faire du commerce avec (un pays, une entreprise). *Cette entreprise commerce avec les États-Unis.*
CONJUGAISON : VOIR MODÈLE AVANCER.
Le ***c*** prend une cédille devant les lettres ***a*** et ***o***. *Il commerça, nous commerçons.*

COMMERCIAL, IALE, IAUX adj. et n. m. et f.
ADJECTIF
1. Qui est relatif au commerce. *Une entreprise commerciale. Des échanges commerciaux.*
2. (PÉJ.) Conçu à des fins essentiellement lucratives. *Un film commercial.*
NOM MASCULIN ET FÉMININ
Personne chargée des relations commerciales dans une entreprise.
FORME FAUTIVE
*commercial. Anglicisme au sens de ***message publicitaire, publicité.***

COMMERCIALEMENT adv.
Du point de vue commercial. *Commercialement, ce produit n'est pas attrayant.*
commercialement.

COMMERCIALISATION n. f.
Ensemble des activités commerciales d'une entreprise (études, recherches commerciales, communication, administration, logistique, service après-vente).
Ne pas confondre avec le nom ***marketing,*** stratégie de l'entreprise axée sur la satisfaction des besoins du consommateur.
commercialisation.

COMMERCIALISER v. tr.
Mettre en marché un produit. *Ce produit est commercialisé au Canada.* SYN. distribuer ; vendre.
CONJUGAISON : VOIR MODÈLE AIMER.
commercialiser.

COMMÈRE n. f.
Personne curieuse et bavarde. *Imagine les racontars des commères du quartier. Michel est une vraie commère : avec lui, on est certain de connaître tous les potins.*
Ce nom ne comporte pas de forme masculine, mais il s'emploie pour désigner une femme ou un homme très bavard.

COMMÉRER v. intr.
(VIEILLI) Faire des commérages. SYN. cancaner ; médire.
CONJUGAISON : VOIR MODÈLE POSSÉDER.
Le ***é*** se change en ***è*** devant une syllabe contenant un ***e*** muet, sauf à l'indicatif futur et au conditionnel présent. *Je commère,* mais *je commérerai.*
[Les *Rectifications* (1990) admettent : il commèrera, commèrerait...]

COMME TEL loc. adj.
Dans les expressions ***comme tel, en tant que tel, tenir pour tel, considérer comme tel,*** etc., l'adjectif ***tel*** s'accorde avec le nom auquel il se rapporte. *Je la considère comme telle.*
VOIR TABLEAU – TEL.

COMMETTRE v. tr., pronom.
VERBE TRANSITIF
Accomplir un acte répréhensible. *Commettre une infraction.*
Le verbe ***commettre*** ne s'emploie que pour un acte blâmable. *Commettre une faute,* mais *accomplir un exploit.*
VERBE PRONOMINAL
Se compromettre. *Il vaut mieux ne pas se commettre avec ces personnes.*
À la forme pronominale, le participe passé de ce verbe s'accorde toujours en genre et en nombre avec son sujet. *Elles s'étaient commises avec des personnes mal intentionnées.*
FORME FAUTIVE
*se commettre. Impropriété au sens de ***se prononcer, prendre position.***
CONJUGAISON : VOIR MODÈLE REMETTRE.
INDICATIF PRÉSENT *Je commets, tu commets, il commet, nous commettons, vous commettez, ils commettent.* IMPARFAIT *Je commettais.* FUTUR *Je commettrai.* PASSÉ SIMPLE *Je commis, nous commîmes.* CONDITIONNEL PRÉSENT *Je commettrais.* IMPÉRATIF PRÉSENT *Commets, commettons, commettez.* SUBJONCTIF PRÉSENT *Que je commette.* PARTICIPE PRÉSENT *Commettant.* PASSÉ *Commis, ise.*

COMMIS n. m. et f.
Personne affectée à des tâches diverses dans un bureau, une entreprise. *Une commis dévouée.*
commis.

COMMISÉRATION n. f.
(LITT.) Pitié. *Nous avons beaucoup de commisération pour ces malades qui sont condamnés.* SYN. compassion.

COMMISSAIRE n. m. et f.
1. Officier de police.
2. Membre d'une commission. *Les commissaires ont déposé leur rapport.*

COMMISSAIRE-PRISEUR n. m.
COMMISSAIRE-PRISEUSE n. f.
Personne chargée de diriger les ventes aux enchères.

COMMISSARIAT n. m.
Bureau d'un commissaire de police. *Un commissariat de police.*
commissariat.

COMMISSION n. f.
1. Ensemble de personnes désignées par une autorité pour prendre des décisions, pour étudier une question. *Une commission parlementaire. Une commission d'enquête.* SYN. comité.
2. Message. *Il l'a chargé d'une commission.*
3. Pourcentage touché par un intermédiaire. *Le vendeur reçoit une commission de 10 %.* SYN. prime ; ristourne.
4. (AU PLUR.) Achats, courses pour usage courant. *Elle est allée faire des commissions.* SYN. emplettes.
LOCUTION
– ***Commission scolaire.*** Personne morale de droit public chargée de l'administration des écoles élémentaires et secondaires d'un quartier, d'une région. *La Commission scolaire des Rives-du-Saguenay.*
Le terme ***conseil scolaire*** conviendrait mieux selon le GDT.

COMMISSION CANADIENNE DES DROITS DE LA PERSONNE
Sigle *CCDP* (s'écrit avec ou sans points).

COMMISSION DE LA SANTÉ ET DE LA SÉCURITÉ DU TRAVAIL
Sigle *CSST* (s'écrit avec ou sans points).

COMMISSION DE TERMINOLOGIE DE L'OFFICE DE LA LANGUE FRANÇAISE
Sigle *CTOLF* (s'écrit avec ou sans points).
La CTOLF a pris le nom de ***Comité d'officialisation linguistique de l'Office québécois de la langue française*** en 2002.

COMMISSION DE TERMINOLOGIE FRANÇAISE
Sigle *CTF* (s'écrit avec ou sans points).

COMMISSIONNAIRE n. m. et f.
Intermédiaire. *Un commissionnaire de transport.*

COMMISSION SCOLAIRE DE MONTRÉAL
Sigle *CSDM* (s'écrit avec ou sans points).

COMMISSURE n. f.
Point de jonction. *Les commissures des lèvres.*

COMMIS VOYAGEUR n. m. (pl. *commis voyageurs*)
(VIEILLI) Représentant.
Ce nom s'écrit sans trait d'union. Aujourd'hui, on emploie plutôt le nom ***représentant, représentante.***

COMMODE adj. et n. f.
ADJECTIF
1. Pratique, aisé. *Un trajet commode.* ANT. malcommode.
2. ***N'être pas commode.*** Avoir mauvais caractère, ne pas être conciliant. *Mon supérieur hiérarchique n'est pas commode.*
En ce sens, l'adjectif s'emploie dans une tournure négative.
NOM FÉMININ
Meuble de rangement avec des tiroirs. *Mes chaussettes sont dans le premier tiroir de ma commode.*

COMMODÉMENT adv.
1. Sans difficulté, facilement. *La banquette arrière se replie commodément pour le transport des vélos, des skis, etc.*
2. D'une manière agréable, confortable. *Les invités sont commodément logés dans un pavillon du jardin.*

COMMOTION n. f.
Choc grave. *Une commotion cérébrale.* SYN. traumatisme.

COMMOTIONNER v. tr.
Frapper d'une commotion. *Cet incident tragique les a commotionnés.* SYN. traumatiser.
CONJUGAISON : VOIR MODÈLE AIMER.

COMMUABLE ou **COMMUTABLE** adj.
Qui peut être commué. *Une peine commuable.*

COMMUER v. tr.
(DR.) Transformer une peine sévère en peine moindre.
CONJUGAISON : VOIR MODÈLE AIMER.

COMMUN, UNE adj. et n. m.
ADJECTIF
1. Qui a peu de valeur. *Un papier commun* (et non *cheap). SYN. bon marché.
2. Qui appartient à plusieurs. *Des intérêts communs, des traits communs.* SYN. collectif ; identique ; semblable. ANT. individuel.
3. Ordinaire. *Ils sont d'une gentillesse peu commune.* SYN. courant ; habituel. ANT. extraordinaire.
NOM MASCULIN
La majorité, le plus grand nombre.
LOCUTIONS
– ***Dénominateur commun.*** (FIG.) Trait partagé par plusieurs personnes, élément commun à des choses, à des situations, etc.
– ***En commun.*** En collaboration. *Nous devons établir ce plan en commun.* SYN. ensemble.
– ***Fonds commun de placement.*** (FIN.) Fonds constitué de sommes mises en commun par des investisseurs en vue d'un placement collectif selon des critères et des objectifs définis.
– ***Le commun des mortels.*** Le plus grand nombre. *Cette chose n'est pas sue du commun des mortels.*
– ***Lieu commun.*** Banalité, propos éculés. SYN. cliché ; poncif ; truisme.
– ***Nom commun.*** Nom qui désigne une personne, un animal, une chose qui appartient à une espèce. *Le nom* arbre *est un nom commun, tandis que* Julie *est un nom propre.*
VOIR TABLEAU – NOM.

– ***Sans commune mesure.*** Sans comparaison possible.
– ***Sens commun.*** Bon sens, jugement.
– ***Transports en commun.*** Transports publics.

COMMUNAL, ALE, AUX adj.
Qui appartient à une commune. *Des chemins communaux. Une forêt communale.*

COMMUNAUTAIRE adj.
Qui est relatif à une communauté, à un groupe de personnes. *La vie communautaire. Un organisme communautaire.*

COMMUNAUTARISME n. m.
(POLIT.) Système qui développe la formation de communautés (ethniques, religieuses...) et nuit à l'intégration en divisant la nation. *Pour garantir l'unité et la cohésion nationales, il importe de s'élever avec force contre toutes les formes de communautarisme, c'est-à-dire contre la volonté de soumettre à des régimes particuliers certaines catégories de citoyens, en raison de leur origine ou de leur religion.*

COMMUNAUTARISTE adj.
(POLIT.) Relatif au communautarisme. *Sur la scène internationale, l'État français vole au secours de la lutte contre l'homogénéisation culturelle dont serait porteuse la mondialisation, alors qu'au niveau interne l'homogénéisation se mue en vertu au nom de la lutte contre les dérives communautaristes.*

COMMUNAUTÉ n. f.
Groupe de personnes qui vivent ensemble ou qui partagent les mêmes idées et poursuivent un même objectif. *Une communauté religieuse. Des communautés culturelles.* SYN. collectivité.

COMMUNAUTÉ D'ÉTATS INDÉPENDANTS
Sigle *CÉI* (s'écrit avec ou sans points).

COMMUNAUTÉ EUROPÉENNE
Sigle *CE* (s'écrit avec ou sans points).

COMMUNE n. f.
1. En France, subdivision administrative d'une municipalité.
2. ⚜ Terrain utilisé en commun pour le pâturage, la culture ou d'autres usages (GDT).
⊶ Selon le GDT, la commune a été instituée sous le régime seigneurial et il en subsiste encore quelques-unes au Québec.
LOCUTION
– ***Chambre des communes.*** Assemblée nationale, dans un régime parlementaire britannique.
FORME FAUTIVE
*commune. Anglicisme au sens de ***communauté.***

COMMUNÉMENT adv.
Habituellement. *Cet outil, communément nommé* marteau. SYN. couramment ; généralement.

COMMUNIANT, IANTE n. m. et f.
Personne qui communie. *Des premières communiantes.*

COMMUNICABILITÉ n. f.
1. Qualité de ce qui est communicable. *Cet expert examine la communicabilité de certaines pièces administratives à d'anciens employés.*
2. Aptitude à communiquer facilement avec autrui. *Le « pape allemand » n'a ni la chaleur ni la communicabilité de son prédécesseur. On voit que, de la plus petite langue amérindienne ou africaine à l'anglais, il existe de multiples chaînes de locuteurs bilingues ou multilingues qui garantissent la communicabilité de la périphérie au centre.*

COMMUNICABLE adj.
Qui peut être communiqué, transmis. *Les archives ne sont communicables qu'après un délai de 30 à 60 ans, selon la nature des documents.*

COMMUNICANT, ANTE adj.
Qui communique. *Des vases communicants.*
⊶ Ne pas confondre avec le participe présent invariable ***communiquant***. *Des pièces communiquant entre elles.*

COMMUNICATEUR, TRICE n. m. et f.
Personne douée pour la communication. *C'est une excellente communicatrice. Des communicateurs efficaces.*

COMMUNICATION n. f.
1. Action de communiquer à l'aide de paroles, de gestes ou de signes. *Une communication téléphonique. La qualité de la communication.*
2. Information, message. *J'ai une communication à vous transmettre.*
3. Conférence. *Ce scientifique fera une communication sur un nouveau traitement.* SYN. exposé.
4. Passage d'un lieu à un autre. *Une porte, un couloir de communication.*
LOCUTION
– ***Moyen de communication.*** Ce qui permet de communiquer, d'aller d'un lieu à un autre. *Les routes, les fleuves sont des moyens de communication.* SYN. route ; voie.

COMMUNIER v. intr.
Recevoir le sacrement de l'eucharistie, la communion. *Il communie tous les dimanches.*
CONJUGAISON : VOIR MODÈLE ÉTUDIER.
Redoublement du ***i*** à la première et à la deuxième personne du pluriel de l'indicatif imparfait et du subjonctif présent. *(Que) nous communiions, (que) vous communiiez.*

COMMUNION n. f.
1. Action de communier. *La communion du dimanche.*
2. Union profonde. *Une parfaite communion.* SYN. accord ; harmonie.

COMMUNIQUÉ n. m.
Avis transmis au public. *Un communiqué a été envoyé aux journalistes.*
⊶ Ne pas confondre avec les noms suivants :
• ***billet,*** lettre très concise ;
• ***circulaire,*** lettre d'information adressée à plusieurs destinataires ;
• ***courrier,*** ensemble des lettres, des imprimés, etc., acheminés par la poste ;
• ***dépêche,*** missive officielle, message transmis par voie rapide ;
• ***lettre,*** écrit transmis à un destinataire ;
• ***note,*** brève communication écrite, de nature administrative.

COMMUNIQUER v. tr., intr., pronom.
VERBE TRANSITIF
Transmettre un message. *Il m'a communiqué la nouvelle.* SYN. informer ; parler de.
VERBE INTRANSITIF
1. Être en rapport avec. *Elle communique bien avec sa fille.*
2. Être reliés ensemble. *Ces magasins communiquent par un passage vitré.*
VERBE PRONOMINAL
Se transmettre. *Le renseignement qu'ils se sont communiqué. Cette maladie se communique facilement : elle est très contagieuse.*
📏 À la forme pronominale, le participe passé de ce verbe s'accorde en genre et en nombre avec le complément direct si celui-ci le précède. *Les chiffres qu'ils se sont communiqués.* Le participe passé reste invariable si le complément direct suit le verbe. *Elles se sont communiqué des données.* S'il n'y a pas de complément direct, le participe passé s'accorde avec le sujet du verbe. *Ces consignes se sont communiquées en un rien de temps.*
CONJUGAISON : VOIR MODÈLE AIMER.

COMMUNISME n. m.
Doctrine qui prône la mise en commun des moyens de production, la suppression des classes sociales. ANT. capitalisme.
[T] Les noms de doctrines s'écrivent avec une minuscule.

COMMUNISTE adj. et n. m. et f.
ADJECTIF
Relatif au communisme. *Le parti communiste.*
NOM MASCULIN ET FÉMININ
Partisan du communisme. *Un, une communiste.* ANT. capitaliste.
[T] Les noms d'adeptes de doctrine s'écrivent avec une minuscule.

COMMUTABLE
VOIR – COMMUABLE.

COMMUTATEUR n. m.
Interrupteur. *On appuie sur le commutateur, et la chambre s'éclaire.*

COMMUTATION n. f.
Substitution.

COMMUTER v. tr.
Modifier par une substitution.
CONJUGAISON : VOIR MODÈLE AIMER.

COMPACT, E adj.
Les lettres ***ct*** se prononcent, [kɔ̃pakt].
1. De format réduit. *Une voiture compacte.*
2. Serré. *Une foule compacte, un brouillard compact.*
LOCUTIONS
– ***Disque compact.*** Disque audionumérique. *Ève vient de s'acheter le disque compact Alegria du Cirque du Soleil.*
– ***Disque optique compact (DOC).*** Disque laser à grande capacité de mémoire et qui peut stocker des images fixes ou animées, des sons, des textes. SYN. cédérom.
☞ C'est l'Académie française qui a proposé le néologisme ***cédérom.***

COMPACTAGE n. m.
1. Action de compacter.
2. (INFORM.) Opération qui consiste à réduire la taille des informations en supprimant les blancs, redondances et autres données inutiles, de manière à diminuer l'espace mémoire qu'elles occupent une fois stockées ou la durée de leur transmission (GDT). *Le compactage des données.* ANT. décompactage.

COMPACTER v. tr.
Réduire de volume en compressant.
CONJUGAISON : VOIR MODÈLE AIMER.

COMPAGNE n. f.
1. Personne avec qui l'on fait une activité. *Des compagnes de classe.*
☞ Ne pas confondre avec les noms suivants :
• ***camarade,*** amie, surtout chez les enfants, les adolescentes ;
• ***consœur,*** personne qui appartient à une même profession, à une même société ;
• ***copine,*** camarade intime.
2. Femme avec qui une personne vit.
☞ La forme masculine de ce nom est ***compagnon.***

COMPAGNIE n. f.
Abréviation ***Cie*** ou ***Cie*** (s'écrit sans point, avec une majuscule initiale dans une raison sociale). *Lefranc, Dupuy & Cie.*
1. Société. *Une compagnie aérienne. Une compagnie d'assurances.*
2. Présence auprès de quelqu'un. *Tiens-moi compagnie un peu, reste un moment. Cette dame voyage en compagnie d'une amie.*
LOCUTIONS
– ***Animal de compagnie.*** Animal domestique. *Les lapins sont-ils des animaux de compagnie ?*
– ***Fausser compagnie à quelqu'un.*** Quitter quelqu'un à la dérobée.
FORME FAUTIVE
*compagnie de finance. Calque de «*finance company*» pour ***société de crédit, société de financement.***

COMPAGNON n. m.
1. Personne avec qui l'on fait une activité. *Des compagnons de travail.*
☞ Ne pas confondre avec les noms suivants :
• ***camarade,*** ami, surtout chez les enfants, les adolescents ;
• ***collègue,*** personne avec qui l'on travaille ou qui exerce la même fonction ;
• ***condisciple,*** personne avec qui l'on étudie ;
• ***confrère,*** personne qui appartient à une même profession, à une même société ;
• ***copain,*** camarade intime.
2. Homme avec qui une personne vit.
☞ La forme féminine de ce nom est ***compagne.***

COMPARABLE adj.
1. Que l'on peut comparer. *Des bateaux comparables entre eux.*
2. ***Comparable à.*** *Ce bolide de course est comparable à un avion.*
On emploie la préposition ***à*** lorsqu'il est question de choses semblables.
3. ***Comparable avec.*** *Les végétaux ne sont pas comparables avec les minéraux.* ANT. différent ; incomparable.
Dans une phrase négative, on emploie la préposition ***avec*** pour des choses différentes, la préposition ***à*** lorsqu'il est question de choses semblables. *Ces résultats ne sont pas comparables à ceux de l'an dernier.*
4. Peu différent. *Ces tissus sont comparables ; ils coûtent le même prix.* SYN. semblable.

COMPARAISON n. f.
1. Action de comparer deux ou plusieurs personnes ou choses. *Une comparaison entre un livre et un autre.* SYN. parallèle ; rapprochement.
2. Fait de rapprocher des personnes, des choses qui se ressemblent. *Les expressions* rapide comme l'éclair *et* frisé comme un mouton *sont des comparaisons.*
La comparaison est introduite par la conjonction ***comme*** alors que la métaphore ne contient pas de conjonction.
LOCUTIONS
– ***En comparaison de,*** loc. prép. Par rapport à. *Les affaires sont tranquilles en comparaison de l'an dernier.*
– ***Par comparaison avec,*** loc. prép. Par rapport à. *Par comparaison avec son cousin, il est très gentil.* SYN. comparativement à.
– ***Sans comparaison,*** loc. adj. Sans égal, incomparable. *La rapidité de ce skieur est sans comparaison.*

COMPARAÎTRE v. intr.
(DR.) Se présenter de façon obligatoire. *Comparaître devant un juge.*
LOCUTION
– ***Citation à comparaître.*** Avis de comparaître en justice transmis généralement par huissier. *Recevoir une citation à comparaître* (et non un *subpœna).
CONJUGAISON : VOIR MODÈLE PARAÎTRE.
[Les *Rectifications* (1990) admettent : il comparait, comparaitra, comparaitrait...]

COMPARATIF, IVE adj. et n. m.
ADJECTIF
Qui contient une comparaison. *Des études comparatives.*
NOM MASCULIN
Degré de signification d'un adjectif, d'un adverbe qui exprime la supériorité (plus), l'égalité (aussi) ou l'infériorité (moins). *Elle est plus intelligente, il est aussi gentil, ils sont moins bronzés.*

Les comparatifs ne doivent pas être utilisés avec des adjectifs qui sont déjà des comparatifs : ***supérieur, inférieur, meilleur, pire, moindre,*** etc.
VOIR TABLEAU – ADJECTIF.

COMPARATIVEMENT adv.
Par comparaison. *Comparativement à lui, elle est plus petite.*

COMPARER v. tr., pronom.
VERBE TRANSITIF
1. Examiner les ressemblances et les différences entre deux personnes, deux choses. *La maîtresse a comparé les résultats des deux classes.* SYN. mettre en parallèle.
2. Rapprocher des objets semblables. *Comparer le printemps à la jeunesse.*
En ce sens, le verbe se construit avec la préposition ***à.***
3. Confronter, rechercher les différences et les ressemblances. *Comparer la signature d'un chèque avec la signature consignée au dossier.*
En ce sens, le verbe se construit avec la préposition ***avec.***
VERBE PRONOMINAL
Qui peut être mis en parallèle. *Les pommes et les oranges ne se comparent pas.*
À la forme pronominale, le participe passé de ce verbe s'accorde toujours en genre et en nombre avec son sujet. *Ils se sont comparés aux champions.*
CONJUGAISON : VOIR MODÈLE AIMER.

COMPARSE n. m.
(PÉJ.) Personne qui joue un rôle secondaire dans une affaire illicite.

COMPARTIMENT n. m.
Division, section. *Ce meuble comporte peut-être un compartiment secret.*

COMPARTIMENTER v. tr.
1. Doter de compartiments.
2. (FIG.) Cloisonner, spécialiser. *Compartimenter des disciplines universitaires.*
CONJUGAISON : VOIR MODÈLE AIMER.

COMPARUTION n. f.
Action de comparaître.

COMPAS n. m.
Le *s* ne se prononce pas, [kɔ̃pa].
Instrument qui sert à tracer des cercles.
LOCUTION
– ***Avoir le compas dans l'œil.*** (FIG.) Être habile à mesurer exactement à simple vue.
compas.

COMPASSÉ, ÉE adj.
Guindé. *Une personne compassée et hypocrite.* SYN. empesé ; pincé.

COMPASSION n. f.
(LITT.) Pitié. *Inspirer de la compassion.* SYN. commisération.

COMPATIBILITÉ n. f.
Qualité de ce qui est compatible. *La compatibilité d'un ordinateur et d'un logiciel. La compatibilité d'un groupe sanguin.*

COMPATIBLE adj.
1. Qui peut s'accorder avec autre chose. *Le travail à temps partiel est peu compatible avec les études. Son sang n'est pas compatible avec celui de son père.*
2. Qui peut fonctionner avec un autre appareil. *Ces ordinateurs sont compatibles entre eux.* ANT. incompatible.

COMPATIR v. tr. ind.
Avoir de la compassion pour, partager. *Compatir à la souffrance d'un ami.* SYN. plaindre.
Contrairement au verbe ***pâtir,*** le verbe s'écrit sans accent circonflexe.
CONJUGAISON : VOIR MODÈLE FINIR.

COMPATISSANT, ANTE adj.
Charitable. *Des amis compatissants l'ont aidé. « Geoffrey aux yeux compatissants me regarda avec une peine si évidente pour moi que je me sentis humiliée »* (Gabrielle Roy, *La Détresse et l'Enchantement*).

COMPATRIOTE n. m. et f.
Personne originaire du même pays que quelqu'un d'autre.

COMPENDIUM n. m.
Attention à la prononciation, [kɔ̃pɛ̃djɔm].
(DIDACT.) Abrégé. *Des compendiums médicaux.*

COMPENSATION n. f.
1. Dédommagement. *Une compensation financière.*
2. Système de virements bancaires. *La compensation* (et non le *clearing).
LOCUTION
– ***En compensation,*** loc. adv. En contrepartie. *Il a travaillé pendant la fin de semaine ; en compensation, il a eu congé lundi.*
Suivie d'un complément, la locution se construit avec la préposition ***de.***
FORME FAUTIVE
*compensation. Anglicisme au sens de ***indemnisation, réparation.***

COMPENSER v. tr.
Équilibrer, contrebalancer. *Ces jours de congé compenseront les* (et non *pour les) *longues heures de travail.*
Le verbe se construit sans préposition ; c'est un verbe transitif direct.
CONJUGAISON : VOIR MODÈLE AIMER.

COMPÈRE n. m.
Complice de certaines supercheries.
Ce mot s'emploie uniquement en parlant d'un homme.

COMPÉTENCE n. f.
1. Connaissance approfondie reconnue. *Ils ont la compétence pour régler ce problème.*
2. Aptitude reconnue d'une autorité à traiter d'une question, à accomplir un acte, selon des modalités déterminées. *Les questions éducatives sont de compétence* (et non de *juridiction) *provinciale.*
Le nom ***juridiction*** appartient exclusivement au vocabulaire de la justice.

COMPÉTENT, ENTE adj.
Qui connaît son métier, qualifié. *Ce plombier est très compétent.*

COMPÉTITEUR, TRICE n. m. et f.
1. Personne qui est en compétition avec d'autres (pour un poste, dans une épreuve sportive, etc.). SYN. adversaire ; concurrent ; rival.
2. Entreprise qui fait concurrence à d'autres entreprises. SYN. concurrent.

COMPÉTITIF, IVE adj.
Apte à supporter la concurrence, qui permet la compétition. *Des prix compétitifs, un marché compétitif.* SYN. concurrentiel.

COMPÉTITION n. f.
1. Recherche simultanée d'un même objet. *Ils sont en compétition pour ce poste.* SYN. concurrence.
2. Épreuve sportive. *Une compétition internationale.*

COMPÉTITIONNER v. intr.
(NÉOL.) (SPORTS) Participer à une épreuve sportive. *Ce soir, les Castors de Rigaud compétitionneront avec les Renards de Vaudreuil.* SYN. concurrencer ; être en concurrence avec ; prendre part à ; se faire concurrence.
CONJUGAISON : VOIR MODÈLE AIMER.

COMPÉTITIVITÉ n. f.
Caractère de ce qui est compétitif. *La compétitivité d'une entreprise.*

COMPILATION n. f.
1. Action de compiler. *La compilation des votes.*
2. Disque ou cassette réunissant les grands succès d'un compositeur, d'un interprète. *Une compilation de Félix Leclerc.*

COMPILER v. tr.
Rassembler des extraits de documents de diverses sources en vue de faire un recueil, une recherche spécifique. *Les élèves ont compilé des informations sur les araignées pour leur travail de recherche.*
Ne pas confondre avec le verbe ***compulser,*** consulter, feuilleter.
CONJUGAISON : VOIR MODÈLE AIMER.

COMPLAINTE n. f.
Chanson populaire. La Complainte du phoque en Alaska *est une très jolie chanson de Michel Rivard.*

COMPLAIRE v. tr. ind., pronom.
VERBE TRANSITIF INDIRECT
(LITT.) Se rendre favorable aux désirs de quelqu'un. *Ils cherchaient avant tout à complaire à leur supérieur.*
En ce sens, le verbe se construit avec la préposition ***à.***
VERBE PRONOMINAL
(PÉJ.) Trouver sa satisfaction en la compagnie d'une personne, dans la pratique d'une chose. *Ils se sont complu à critiquer sans cesse.*
En ce sens, le verbe se construit avec les prépositions ***à, dans.***
Le participe passé de ce verbe est toujours invariable.
CONJUGAISON : VOIR MODÈLE PLAIRE.
INDICATIF PRÉSENT *Je me complais, tu te complais, il se complaît, nous nous complaisons, vous vous complaisez, ils se complaisent.* IMPARFAIT *Je me complaisais.* PASSÉ SIMPLE *Je me complus.* FUTUR *Je me complairai.* CONDITIONNEL PRÉSENT *Je me complairais.* IMPÉRATIF PRÉSENT *Complais-toi, complaisons-nous, complaisez-vous.* SUBJONCTIF PRÉSENT *Que je me complaise.* IMPARFAIT *Que je me complusse.* PARTICIPE PRÉSENT *Complaisant.* PASSÉ *Complu.*
[Les *Rectifications* (1990) admettent : il complait.]

COMPLAISAMMENT adv.
Avec complaisance.

COMPLAISANCE n. f.
1. Obligeance, amabilité. SYN. empressement.
2. Satisfaction de soi. *Se vanter avec complaisance.* SYN. orgueil ; vanité.
3. Indulgence excessive.

COMPLAISANT, ANTE adj.
1. Qui cherche à plaire à autrui. *Il a un caractère complaisant.* SYN. aimable ; serviable.
2. Indulgent à l'excès.

COMPLÉMENT n. m.
1. Ce qui s'ajoute à une chose pour qu'elle soit complète. *Le complément d'une somme. Un complément d'information.*
Ne pas confondre avec le nom ***supplément,*** ce qui est ajouté à une chose déjà complète.
2. (GRAMM.) Mot qui complète le sens d'un autre. *Un complément direct (CD), un complément indirect (CI), un complément de phrase (CP).*
LOCUTION
– ***Complément du nom.*** Qui détermine le sens d'un mot en le précisant.
Le complément du nom est introduit par la préposition ***de*** et sert à préciser la possession, le lieu, la matière, l'origine, la qualité, l'espèce, l'instrument, le contenu... Ainsi, dans l'expression « la maison de campagne », le nom « campagne » est complément du nom « maison ».
VOIR TABLEAU – COMPLÉMENT.

COMPLÉMENTAIRE adj.
Qui constitue un complément. *Des renseignements complémentaires.*
Ne pas confondre avec les mots suivants :
• ***additionnel,*** qui s'ajoute ;
• ***supplémentaire,*** ajouté à une chose déjà complète.
complément**aire.**

COMPLET n. m.
Vêtement masculin composé d'un pantalon, d'une veste et parfois d'un gilet. *Un complet* (et non *habit) *bleu marine.*
SYN. costume.

COMPLET, ÈTE adj.
1. Entier, dont il ne manque aucun élément. *Une collection complète. Un groupe complet de 30 élèves.*
2. Rempli. *C'est complet : il n'y a plus de billets, de chambres.* SYN. bondé ; plein.
3. Dans le domaine de l'industrie hôtelière, on recourt au terme ***complet*** pour signaler qu'il n'y a pas de chambres libres (Recomm. off.). On ne doit rien indiquer lorsqu'il y a des chambres libres.
LOCUTION
– ***Au (grand) complet,*** loc. adv. En totalité. *L'équipe est au grand complet.*

COMPLÈTEMENT adv.
1. Entièrement. *Son travail est complètement terminé.* SYN. absolument ; intégralement.
2. Tout à fait. *Ils sont complètement d'accord avec toi.* SYN. parfaitement ; totalement.

COMPLÉTER v. tr., pronom.
VERBE TRANSITIF
1. Rendre complet. *Ce dixième album complète la collection. Il faut que je complète mon travail : il ne me reste que la conclusion à faire.*
2. Achever, terminer. *Compléter un rapport.* SYN. finir.
VERBE PRONOMINAL
Former un tout, un ensemble harmonieux. *Leurs aptitudes se complètent bien.*
À la forme pronominale, le participe passé de ce verbe s'accorde toujours en genre et en nombre avec son sujet. *Ces deux formations se sont complétées remarquablement.*
FORMES FAUTIVES
*compléter une commande. Anglicisme au sens de ***exécuter.*** *Votre commande sera exécutée* (et non *complétée) *promptement.*
*compléter un formulaire. Anglicisme au sens de ***remplir.*** *Il a refusé de remplir* (et non *compléter) *un questionnaire.*
*compléter un mandat, une mission. Anglicisme au sens de ***accomplir.*** *Ces militaires ont accompli* (et non *complété) *leur mission avec un grand courage.*
*compléter un projet. Anglicisme au sens de ***réaliser.*** *Cet architecte de talent pourra-t-il réaliser* (et non *compléter) *ce projet ambitieux ?*
CONJUGAISON : VOIR MODÈLE POSSÉDER.
Le ***é*** se change en ***è*** devant une syllabe contenant un ***e*** muet, sauf à l'indicatif futur et au conditionnel présent. *Je complète,* mais *je compléterai.*
[Les *Rectifications* (1990) admettent : il complètera, complèterait...]

COMPLÉTION n. f.
(LITT.) Action de compléter. *La complétion de son œuvre.*
FORME FAUTIVE
*complétion des travaux. Impropriété pour ***achèvement des travaux.***

COMPLEXE adj. et n. m.
ADJECTIF
Qui contient plusieurs éléments, plusieurs idées, qui n'est pas facile à comprendre. *Un problème complexe.* SYN. compliqué.
NOM MASCULIN
1. Ce qui est difficile à comprendre, ce qui n'est pas simple.
2. Ensemble d'immeubles, d'installations qui concourent à un même but. *Le complexe Desjardins, un complexe industriel, universitaire.*
3. Sentiment d'infériorité ou de supériorité, manque de confiance en soi. *Il a des complexes. Elle n'a pas de complexes.*
En ce sens, le nom s'emploie généralement au pluriel.

COMPLEXÉ, ÉE adj. et n. m. et f.
Qui a des complexes. *Sa grandeur excessive l'a rendu complexé.* SYN. (FAM.) coincé.

COMPLEXER v. tr., pronom.
VERBE TRANSITIF
(FAM.) Donner des complexes à (quelqu'un). *Son accent la complexe.*
VERBE PRONOMINAL
Se donner des complexes. *Elle se complexe à tort.*
À la forme pronominale, le participe passé de ce verbe s'accorde toujours en genre et en nombre avec son sujet. *Ils se sont complexés sans raison.*
CONJUGAISON : VOIR MODÈLE AIMER.

COMPLEXIFICATION n. f.
Fait de devenir plus compliqué.

COMPLEXIFIER v. tr., pronom.
VERBE TRANSITIF
Rendre plus compliqué. *Les* Rectifications orthographiques *simplifient-elles ou complexifient-elles l'écriture du français ?*
VERBE PRONOMINAL
Devenir plus complexe. *L'affaire s'est complexifiée.*
À la forme pronominale, le participe passé de ce verbe s'accorde toujours en genre et en nombre avec son sujet. *Les négociations se sont complexifiées.*
CONJUGAISON : VOIR MODÈLE ÉTUDIER.
Redoublement du ***i*** à la première et à la deuxième personne du pluriel de l'indicatif imparfait et du subjonctif présent. *(Que) nous complexifiions, (que) vous complexifiiez.*

COMPLEXITÉ n. f.
Caractère de ce qui est complexe. *La complexité de la situation.*

COMPLICATION n. f.
1. Concours de faits, de circonstances de nature à compliquer quelque chose. *Des complications sont à craindre.* SYN. difficulté ; embarras ; ennui ; problème.
2. Aggravation d'une maladie, d'une blessure. *Loïc a été opéré pour une appendicite et il y a eu des complications parce qu'il est allergique à certains médicaments.*
En ce sens, le nom s'emploie généralement au pluriel.

COMPLICE adj. et n. m. et f.
ADJECTIF
Qui aide, favorise. *Un sourire complice.*
NOM MASCULIN ET FÉMININ
Personne qui participe à un crime. *Les complices d'un contrebandier.*

COMPLICITÉ n. f.
1. Participation à un délit, à un crime commis par un autre.
2. (FIG.) Connivence. *Cette complicité entre frères et sœurs est touchante.* SYN. accord ; entente.
En ce sens, le nom n'a pas de connotation défavorable.

COMPLIMENT n. m.
Louanges adressées à une personne pour la féliciter. SYN. éloge.
FORME FAUTIVE
*compliments de la saison. Calque de « *compliments of the season* » pour ***meilleurs vœux, joyeuses fêtes,*** selon le cas.

COMPLIMENTER v. tr.
Adresser des éloges à quelqu'un. *On l'a complimentée pour sa bonne mine.* SYN. féliciter ; louer.
CONJUGAISON : VOIR MODÈLE AIMER.

COMPLIQUÉ, ÉE adj.
Difficile à faire, à comprendre. *Ce problème est trop compliqué, je n'arrive pas à trouver la solution.* SYN. complexe.

COMPLIQUER v. tr., pronom.
VERBE TRANSITIF
Rendre une chose moins simple qu'elle n'était. *La grêle a compliqué le voyage.*
VERBE PRONOMINAL
Devenir plus difficile, plus grave. *La situation se complique, sa pneumonie s'est compliquée.* SYN. s'aggraver.
À la forme pronominale, le participe passé de ce verbe s'accorde toujours en genre et en nombre avec son sujet. *L'affaire s'est compliquée singulièrement.*
CONJUGAISON : VOIR MODÈLE AIMER.

COMPLOT n. m.
Projet préparé secrètement contre quelqu'un, quelque chose. *Les policiers ont démasqué les auteurs du complot contre le premier ministre.* SYN. conspiration ; machination.
complot.

COMPLOTER v. tr., intr.
VERBE TRANSITIF
Préparer secrètement. *Ils complotent une nouvelle agression.* SYN. manigancer ; ourdir ; tramer.
VERBE INTRANSITIF
Former un complot. *Ce groupe complote contre notre formation politique.* SYN. conspirer.
CONJUGAISON : VOIR MODÈLE AIMER.
comploter.

COMPORTEMENT n. m.
1. Manière d'agir, de vivre. *Son comportement est égoïste.* SYN. conduite.
2. (FIG.) Évolution d'une valeur. *Le comportement du dollar canadien, des cours boursiers.*

COMPORTEMENTAL, ALE, AUX adj.
Relatif au comportement. *Des problèmes comportementaux.*

COMPORTER v. tr., pronom.
VERBE TRANSITIF
1. Comprendre. *Ce choix comporte une difficulté majeure.* SYN. impliquer.
2. Contenir, être constitué de. *Cet immeuble comporte douze logements.*
VERBE PRONOMINAL
1. Se conduire de telle ou telle manière. *Ils se sont bien comportés en refusant cette offre malhonnête.* SYN. agir.
2. Fonctionner, en parlant de choses. *Ce voilier s'est bien comporté en mer malgré la tempête.*
À la forme pronominale, le participe passé de ce verbe s'accorde toujours en genre et en nombre avec son sujet. *Les enfants se sont comportés comme des grands.*
CONJUGAISON : VOIR MODÈLE AIMER.

COMPOSANT n. m.
Se dit des parties qui servent à composer un tout. *Des composants chimiques, des composants électroniques.* SYN. élément.

COMPOSANTE n. f.
Chacun des éléments d'un ensemble complexe. *Les composantes d'une œuvre.* SYN. partie.

C

COMPLÉMENT[1]

Le **complément** est un groupe de mots ou une phrase qui complète le sens d'un mot ou d'une phrase, en le précisant ou en ajoutant de l'information à son sujet.

COMPLÉMENT DE LA PHRASE

La **phrase** de base est constituée de son sujet et de son prédicat (ce qui est dit à propos du sujet), ces deux constituants étant obligatoires et fixes, et de son **complément de phrase**, ce constituant étant facultatif et mobile.

Cinq catégories grammaticales peuvent occuper la fonction de complément de phrase :

- **groupe de la préposition**
  Je vais te le dire ***à ce moment-là****. Il aime Julie* ***depuis ce jour****.*
- **groupe de l'adverbe**
  Un accident est arrivé ***hier****. Elle mangeait de la viande* ***autrefois****.*
- **groupe du nom**
  Cet enfant rit ***toute la journée****. Il a perdu son emploi* ***le mois dernier****.*
- **phrase à verbe conjugué**
  Vous commencerez ***quand vous serez prêt****.* (SUBORDONNÉE CIRCONSTANCIELLE)
- **phrase participiale**
  Le temps s'étant refroidi*, il apporte ses gants.* (SUBORDONNÉE CIRCONSTANCIELLE)

COMPLÉMENT DU VERBE

Un **groupe du verbe** est formé d'un verbe et, selon ce que commande l'emploi de ce verbe, d'aucun, d'un ou de plusieurs **compléments du verbe**.

Six catégories grammaticales peuvent faire partie du complément du verbe :

- **groupe du nom**
  Il plantait ***des arbres****.* (COMPLÉMENT DIRECT DU VERBE)
  Le chat est ***un mammifère****.* (ATTRIBUT DU SUJET)
- **groupe de la préposition**
  Elle parle ***à son père****.* (COMPLÉMENT INDIRECT DU VERBE)
  Il semble ***de la bonne sorte****.* (ATTRIBUT DU SUJET)
- **groupe de l'adverbe**
  Elles iront ***ailleurs****.* (COMPLÉMENT INDIRECT DU VERBE)
  Ils paraissent ***très bien****.* (ATTRIBUT DU SUJET)
- **groupe de l'adjectif**
  Elle est ***heureuse****.* (ATTRIBUT DU SUJET)
  Il rend ses parents ***heureux****.* (ATTRIBUT DU COMPLÉMENT DIRECT DU VERBE)
- **phrase infinitive**
  Ils aiment ***raconter des histoires drôles****.* (SUBORDONNÉE COMPLÉTIVE, COMPLÉMENT DIRECT DU VERBE)
- **phrase à verbe conjugué**
  Il pense ***que l'été est fini****.* (SUBORDONNÉE COMPLÉTIVE, COMPLÉMENT DIRECT DU VERBE)
  Elle sait ***quel est ton tarif pour les corrections****.* (SUBORDONNÉE COMPLÉTIVE, COMPLÉMENT DIRECT DU VERBE)

COMPLÉMENT | ***SUITE*** >

1. Conception du tableau : Annie Desnoyers.

La différence entre un **complément de phrase** et un **complément de verbe** est que le premier est facultatif et mobile, alors que le second est obligatoire selon le verbe utilisé et se place normalement après ce verbe.

Sujet de la phrase	Prédicat de la phrase	Complément de la phrase (facultatif et mobile)
Le verglas	*a endommagé l'érablière*	*en 1998.*
Des agents secrets	*ont attenté à la vie du roi*	*dans ce pays.*

*Le verglas a endommagé l'érablière. / En 1998, le verglas a endommagé l'érablière. / *Le verglas a endommagé en 1998. / *L'érablière, le verglas a endommagé en 1998.*

*Des agents secrets ont attenté à la vie du roi. / Dans ce pays, des agents secrets ont attenté à la vie du roi. / *Des agents secrets ont attenté dans ce pays. / *À la vie du roi, des agents secrets ont attenté dans ce pays.*

☞ Les phrases précédées d'un astérisque sont agrammaticales.

COMPLÉMENT DU NOM (ET DU PRONOM)

Un **groupe du nom** est formé d'un nom commun et son déterminant ou d'un nom propre, puis facultativement, d'un ou de plusieurs **compléments du nom**. Les compléments du nom peuvent prendre deux sens : ils peuvent servir à déterminer de quelle réalité il est question (ils sont alors nécessaires à la phrase et ne sont pas encadrés par des virgules) ou ils peuvent servir seulement à donner une explication de plus sur la réalité dont on parle (ils sont alors facultatifs dans la phrase et sont encadrés par des virgules).

Cinq catégories grammaticales peuvent jouer le rôle de complément du nom :

- **groupe de l'adjectif**
  ma grand-mère ***paternelle*** *ma mère,* ***toujours généreuse,***
- **groupe de la préposition**
  les promenades ***à vélo*** *ces promenades,* ***au clair de lune,***
- **groupe du nom**
  des tables ***style bistro*** *la table,* ***un meuble indispensable,***
- **phrase participiale**
  la dame ***portant un chapeau*** (SUBORDONNÉE RELATIVE)
  une dame, ***portant un chapeau,*** (SUBORDONNÉE RELATIVE)
- **phrase à verbe conjugué**
  la dame ***qui porte un chapeau*** (SUBORDONNÉE RELATIVE)
  cette dame, ***qui porte un chapeau,*** (SUBORDONNÉE RELATIVE)
  le désir ***qu'elle revienne vite*** (SUBORDONNÉE COMPLÉTIVE)

C

Dans le groupe du nom, un **pronom** peut aussi remplacer le nom puis, facultativement, être suivi d'un **complément du pronom**.

Deux catégories grammaticales peuvent jouer le rôle de complément du pronom :

- **groupe de la préposition**

  celle ***de ma sœur*** *aucun* ***des deux*** *ceux* ***de jadis***
- **phrase à verbe conjugué**

  celle ***qui porte un grand chapeau blanc*** (SUBORDONNÉE RELATIVE)

COMPLÉMENT DE L'ADJECTIF

Un **groupe de l'adjectif** contient un adjectif et, facultativement, un **complément de l'adjectif.**

Deux catégories grammaticales peuvent remplir la fonction de complément de l'adjectif :

- **groupe de la préposition**

  bonne ***en physique***
- **phrase à verbe conjugué**

  certains ***qu'elle réussira l'examen final*** (SUBORDONNÉE COMPLÉTIVE)

COMPLÉMENT DE LA PRÉPOSITION

Un **groupe de la préposition** est composé d'une préposition et, obligatoirement, d'un **complément de la préposition**.

Cinq catégories grammaticales peuvent jouer le rôle de complément de la préposition :

- **groupe du nom** .... *dans* ***sa chambre***
- **groupe de la préposition** ..... *de* ***derrière la maison***
- **groupe de l'adverbe** .... *d'****hier***
- **phrase infinitive** .... *pour* ***te voir arriver le matin***
- **phrase participiale** .... *en* ***te regardant le matin***

COMPLÉMENT DE L'ADVERBE

Un **groupe de l'adverbe** contient un adverbe et, facultativement, un **complément de l'adverbe**.
Seul le groupe de la préposition peut jouer le rôle de complément de l'adverbe.
conformément ***à vos dispositions***

VOIR TABLEAUX ► ADJECTIF. ► ADVERBE. ► GROUPE. ► NOM. ► PHRASE (ANALYSE GRAMMATICALE DE LA). ► PHRASE (FONCTIONS DE LA). ► PRÉPOSITION. ► PRONOM. ► VERBE.

COMPOSÉ, ÉE adj. et n. m.
ADJECTIF
Fait de divers éléments. *Une assiette composée qui comprend des carottes crues, du céleri, etc.* ANT. simple.
NOM MASCULIN
Corps résultant de la combinaison de plusieurs éléments. *Des composés chimiques.*
LOCUTIONS
– ***Mot composé.*** (GRAMM.) Mot formé de plusieurs éléments, souvent liés par un trait d'union, et qui a un sens différent de ceux des éléments qui le composent. *Le mot* pomme de terre *est un nom composé dont la signification est différente de celles de* pomme *et de* terre.
– ***Temps composé.*** (GRAMM.) Forme du verbe accompagnée de l'auxiliaire ***avoir*** ou ***être.*** *Le passé composé ainsi que le plus-que-parfait sont des temps composés.*

COMPOSER v. tr., intr., pronom.
VERBE TRANSITIF
1. Former un tout de l'assemblage de diverses parties. *Composer un menu.* SYN. agencer; organiser; préparer.
2. Élaborer, créer. *Composer une chanson.* SYN. écrire; produire.
3. Former une suite d'éléments déterminés. *Composer un numéro de téléphone, un code d'accès, un numéro d'identification personnel (NIP).*
VERBE INTRANSITIF
S'accorder avec quelqu'un, s'accommoder de quelque chose. *Il est facile de composer avec ce collègue.*
VERBE PRONOMINAL
Comprendre. *L'étude se compose de quatre parties.* SYN. comporter; être composé de.
À la forme pronominale, le participe passé de ce verbe s'accorde toujours en genre et en nombre avec son sujet. *Les équipes se sont composées en un rien de temps.*
CONJUGAISON : VOIR MODÈLE AIMER.

COMPOSEUSE n. f.
Machine à composer, en typographie.

COMPOSITE adj.
Formé d'éléments très différents. *Un style composite.* SYN. hétéroclite.
compo**si**te.

COMPOSITEUR n. m.
COMPOSITRICE n. f.
Personne qui compose de la musique. *Mozart est un compositeur autrichien du XVIIIe siècle.*

COMPOSITION n. f.
1. Agencement. *La composition d'un bouquet.* SYN. arrangement; combinaison.
2. Élaboration d'une œuvre. *La composition d'un opéra.* SYN. conception.
3. Rédaction. *Une composition française.*
4. Assemblage des caractères pour former une page d'impression, en typographie. *La composition des textes est maintenant informatisée.*

COMPOST n. m.
Les lettres ***st*** se prononcent, [kɔ̃pɔst]; le nom rime avec ***poste.***
Engrais composé de terre et de déchets organiques. *Pour la protection de l'environnement, les feuilles sont conservées pour fabriquer du compost, les eaux de ruissellement rejetées dans les zones plantées, les végétaux choisis afin d'encourager la biodiversité.*

COMPOSTABLE adj.
Qui peut être composté et se décomposer rapidement. *« Cette entreprise fabrique des ustensiles de plastique compostables qui se transforment en terre arable, sans la moindre molécule toxique, en moins de huit semaines »* (Le Devoir). *« Dans cette cantine, les assiettes en papier recyclé et les bols en résidu de canne à sucre sont compostables »* (Le Figaro).

COMPOSTAGE n. m.
1. Préparation de compost.
2. Perforation au composteur.

COMPOSTER v. tr.
1. Perforer au composteur. *Il est nécessaire de composter son billet avant de monter à bord du train.*
2. Transformer des déchets organiques en matière humique par compostage. *« Au Québec, les déchets domestiques qu'on pourrait composter au lieu de les enfouir représentent 40 % du sac vert »* (Le Devoir).
CONJUGAISON : VOIR MODÈLE AIMER.

COMPOSTEUR n. m.
1. Appareil servant à perforer et à dater des documents, des billets (de métro, de train, etc.). *Les voyageurs doivent insérer leur billet dans la fente du composteur.*
2. Contenant utilisé pour la fermentation et la décomposition de déchets végétaux afin de les transformer en engrais (GDT). *Pourquoi ne pas installer un composteur pour récupérer les déchets d'entretien du jardin collectif et les déchets organiques des familles comme les épluchures de fruits et de légumes, le marc de café ?*

COMPOTE n. f.
Fruits cuits avec du sucre. *De la compote de pommes.*
Le complément de ce nom est généralement au pluriel.
LOCUTION
– ***En compote.*** (FAM.) (FIG.) Meurtri. *J'ai les pieds en compote.* SYN. en bouillie.
compo**te**.

COMPOTÉE n. f.
Préparation de produits cuits très lentement jusqu'à ce qu'ils aient la consistance d'une compote. *Une compotée de tomates, de marjolaine et de citron confit.*

COMPOTIER n. m.
Plat creux à pied. *Dans le compotier, il y a des cerises, des raisins et des abricots.*

COMPRÉHENSIBLE adj.
1. Facile à comprendre. *Ce livre n'est pas compréhensible; les explications sont très compliquées.* SYN. accessible; clair; intelligible; simple. ANT. incompréhensible.
2. Qui peut se comprendre. *Il est compréhensible que Sophie soit distraite : elle part en voyage ce soir.* SYN. excusable. ANT. incompréhensible.
Ne pas confondre avec l'adjectif ***compréhensif,*** apte à comprendre.
compré**hen**sible.

COMPRÉHENSIF, IVE adj.
Qui est apte à comprendre les autres, qui a une grande largeur d'esprit. *Elle sera compréhensive et vous permettra de partir plus tôt.* SYN. indulgent; magnanime; tolérant.
Ne pas confondre avec l'adjectif ***compréhensible,*** qui peut se comprendre.
FORMES FAUTIVES
*assurance compréhensive. Anglicisme au sens de ***assurance tous risques, multirisque.***
*compréhensif. Anglicisme au sens de ***global, complet.*** *Une étude complète* (et non *compréhensive) *de la situation.*
compré**hen**sif.

COMPRÉHENSION n. f.
1. Faculté de comprendre. *La compréhension d'un problème.* SYN. intelligence; perception.

2. Possibilité d'être compris. *Un roman de compréhension ardue.*
3. Indulgence. *Elle a fait preuve de beaucoup de compréhension.* SYN. largeur d'esprit; magnanimité; tolérance.

COMPRENDRE v. tr., pronom.
VERBE TRANSITIF
1. Saisir le sens de quelque chose. *Il comprend bien la question du professeur.* SYN. déchiffrer; décoder; (FAM.) piger.
2. Prendre conscience. *Je dois donc comprendre que vous ne reviendrez plus.* SYN. s'apercevoir; se rendre compte de.
En ce sens, le verbe se construit avec l'indicatif ou le conditionnel.
3. Trouver naturel. *Je comprends que vous soyez inquiète.*
En ce sens, le verbe se construit avec le subjonctif.
4. Comporter, être composé de. *Cette étude comprend plusieurs chapitres. L'année comprend 12 mois.* SYN. compter; contenir; englober; inclure.
VERBE PRONOMINAL
S'accorder, être sur la même longueur d'onde. *Ils se comprennent sans même avoir à se parler.* SYN. s'entendre; sympathiser.
À la forme pronominale, le participe passé de ce verbe s'accorde toujours en genre et en nombre avec son sujet. *Elles se sont comprises à demi-mot.*
CONJUGAISON : VOIR MODÈLE APPRENDRE.
INDICATIF PRÉSENT *Je comprends, tu comprends, il comprend, nous comprenons, vous comprenez, ils comprennent.* IMPARFAIT *Je comprenais.* PASSÉ SIMPLE *Je compris, nous comprîmes.* FUTUR *Je comprendrai.* CONDITIONNEL PRÉSENT *Je comprendrais.* IMPÉRATIF PRÉSENT *Comprends, comprenons, comprenez.* SUBJONCTIF PRÉSENT *Que je comprenne.* IMPARFAIT *Que je comprisse.* PARTICIPE PRÉSENT *Comprenant.* PARTICIPE PASSÉ *Compris, ise.*

COMPRESSE n. f.
Pansement. *Appliquez une compresse humide sur son genou.*

COMPRESSER v. tr.
Serrer. *Compresser des vêtements dans une valise.* SYN. comprimer.
CONJUGAISON : VOIR MODÈLE AIMER.

COMPRESSEUR adj. m. et n. m.
ADJECTIF MASCULIN
Qui sert à aplanir. *Des rouleaux compresseurs.*
NOM MASCULIN
Appareil qui comprime un fluide à une pression donnée. *Des compresseurs à pistons.*

COMPRESSIBILITÉ n. f.
1. Propriété d'un corps à diminuer de volume sous l'action d'une pression.
2. Caractère de ce qui peut être réduit. *La compressibilité des coûts de production.*

COMPRESSION n. f.
1. Action de comprimer. *La compression d'un gaz.*
2. Réduction des dépenses (d'une entreprise, d'un organisme, etc.). *Les compressions budgétaires, des compressions de personnel* (et non des *coupures). SYN. coupe; diminution; restriction.

COMPRIMÉ, ÉE adj. et n. m.
ADJECTIF
Réduit par la pression. *Air comprimé.*
NOM MASCULIN
Médicament sous forme de pastille. *Alain a pris un comprimé d'aspirine.*
Ne pas confondre avec le nom ***cachet***, médicament en poudre contenu dans une capsule assimilable par l'organisme.

COMPRIMER v. tr.
1. Diminuer le volume d'un corps. *Ces chaussures me compriment trop les orteils.* SYN. presser; serrer.
2. (FIG.) Réduire, diminuer. *Il faut comprimer les dépenses. Nous devons comprimer ces données informatiques.*
3. Réprimer (une émotion, un sentiment). *Elle avait du mal à comprimer son indignation.* SYN. retenir.
CONJUGAISON : VOIR MODÈLE AIMER.

COMPRIS, ISE adj.
1. Inclus. *Une addition de 50 $, service compris.*
2. Dont le sens a bien été saisi. *Un problème bien compris.*
LOCUTIONS
– ***Non compris.*** En excluant. *Le prix est de 15 $, taxes non comprises. Piles non comprises.*
– ***Y compris.*** En comprenant. *Toute la famille était là, y compris les petits-enfants.*
Devant un nom, un adjectif ou un pronom, et employées sans auxiliaire, les expressions ***y compris*** ou ***non compris*** sont considérées comme des locutions prépositives et demeurent invariables. *Le total s'élève à 500 $, y compris les taxes.*

COMPROMETTANT, ANTE adj.
Qui peut compromettre la réputation de quelqu'un. *Une amitié compromettante.*

COMPROMETTRE v. tr., pronom.
VERBE TRANSITIF
1. Nuire à la réputation de quelqu'un. *Cette histoire de drogue pourrait le compromettre.*
2. Exposer à un danger. *Trop manger peut compromettre la santé.* SYN. nuire à.
VERBE PRONOMINAL
Risquer sa réputation. *Ces financiers se sont compromis dans une affaire louche.*
À la forme pronominale, le participe passé de ce verbe s'accorde toujours en genre et en nombre avec son sujet. *Elle ne s'est pas compromise.*
CONJUGAISON : VOIR MODÈLE REMETTRE.

COMPROMIS n. m.
1. Concession. *Je ne ferai pas de compromis sur cette question.*
2. Entente, accord au moyen de concessions mutuelles. *Ils sont parvenus à un compromis afin d'éviter la grève.* SYN. arrangement.
compromis.

COMPTABILISATION n. f.
Action de comptabiliser.

COMPTABILISER v. tr.
Inscrire dans un registre comptable. *Comptabiliser une dépense.*
CONJUGAISON : VOIR MODÈLE AIMER.

COMPTABILITÉ n. f.
Tenue des comptes d'une entreprise, d'un organisme. *Elle s'occupe de la comptabilité de l'association.*

COMPTABLE adj. et n. m. et f.
ADJECTIF
1. Relatif à la comptabilité. *Des systèmes comptables.*
2. (FIG.) Qui a des comptes à rendre, qui doit répondre de. *Être comptable* (et non *imputable) *de ses décisions devant le conseil d'administration.* SYN. responsable.
NOM MASCULIN ET FÉMININ
Personne spécialisée dans la comptabilité. *Vincent et Andrée sont des comptables agréés.*

COMPTAGE n. m.
Action de compter. *Le comptage des personnes présentes.* SYN. dénombrement; inventaire; recensement.

COMPTANT adj. m., adv. et n. m.
ADJECTIF MASCULIN
En espèces. *Argent comptant.* ANT. crédit.
Dans cet emploi, l'adjectif est considéré comme adverbe et reste invariable.

ADVERBE
En espèces ou par chèque et de façon immédiate. *Ils paient comptant. Une addition qu'elle réglera comptant* (et non *cash.) ANT. à crédit ; à terme.
Pris adverbialement, le mot est invariable. Après l'indication d'une somme, le mot est invariable. *Le prix est de 15 000 $ comptant.*
NOM MASCULIN
L'argent comptant, le paiement fait au moment de l'achat. *Ils ont donné 10 % de comptant.*
LOCUTIONS
– ***Au comptant.*** Se dit d'un paiement en espèces ou par chèque portant la somme totale sans terme ni crédit. *Vendre au comptant, un achat au comptant.*
– ***Prendre quelque chose pour (de l') argent comptant.*** Ajouter foi trop facilement à ce qui est dit. *Ne prends pas ces promesses pour argent comptant.* SYN. croire ; tenir pour certain.
HOM. ***content,*** satisfait, heureux.
comptant.

COMPTE n. m.
1. Évaluation d'une quantité. *Le compte n'y est pas.* SYN. calcul ; dénombrement.
2. État de ce que l'on a et de ce que l'on doit dans une banque, une caisse populaire. *Jules a demandé le solde* (et non la *balance) *de son compte d'épargne.*
3. Tableau où figurent, en débits ou en crédits, les variations de l'actif ou du passif et les résultats. *Un compte bancaire.* SYN. comptabilité.
LOCUTIONS
– ***À bon compte,*** loc. adv. À bon prix, d'une façon économique. *Les jeunes devront voyager à bon compte.*
– ***Au bout du compte,*** loc. adv. Finalement, tout bien considéré.
– ***Comptes clients.*** (COMPT.) Poste du bilan où figurent les sommes à recouvrer et résultant le plus souvent de la vente de biens ou de la prestation de services. SYN. créances ; débiteurs.
– ***Comptes fournisseurs.*** (COMPT.) Poste du bilan où figurent les dettes sur achats de marchandises, matières ou fournitures, sur prestations de services et autres opérations. SYN. créditeurs.
– ***Compte tenu.*** Si l'on tient compte. *Compte tenu de sa compétence et de sa formation, nous l'engageons.*
La locution se construit avec la préposition ***de,*** non avec la conjonction ***que.***
Cette locution est invariable.
– ***En fin de compte,*** loc. adv. Finalement.
– ***Entrer en ligne de compte.*** Compter. *L'expérience entre en ligne de compte pour l'attribution de ce poste.* SYN. être pris en considération.
– ***Faire son compte.*** S'y prendre. *Comment a-t-il fait son compte pour s'enliser ainsi ?*
– ***Prendre en compte.*** Considérer. *Nous devrons prendre en compte ces nouvelles données.* SYN. tenir compte de.
– ***Règlement de comptes.*** (FIG.) Vengeance.
Le complément s'écrit généralement au pluriel.
– ***Rendre compte de quelque chose.*** Rapporter quelque chose, faire un compte rendu de quelque chose.
– ***Se rendre compte de.*** S'apercevoir de, comprendre. *Ils se sont rendu compte de l'erreur trop tard.* SYN. prendre conscience de ; réaliser.
Attention au participe passé de cette locution, qui est invariable.
– ***Tenir compte de.*** Ne pas négliger. *Elle a tenu compte de ce fait.* SYN. considérer ; prendre en compte.
– ***Tout compte fait,*** loc. adv. Finalement.
FORMES FAUTIVES
*compte de taxes. Impropriété pour ***avis d'imposition.***
*compte passé dû. Anglicisme pour ***compte échu, compte en souffrance.***
*comptes à payer. Calque de «*accounts payable*» pour ***comptes fournisseurs, créditeurs.***
*comptes à recevoir. Calque de «*accounts receivable*» pour ***comptes clients, créances, débiteurs.***
*comptes payables. Calque de «*accounts payable*» pour ***comptes fournisseurs, créditeurs.***
*comptes recevables. Calque de «*accounts receivable*» pour ***comptes clients, créances, débiteurs.***
HOM.
• ***comte,*** titre de noblesse ;
• ***conte,*** court récit.

COMPTE-
Les noms composés avec l'élément ***compte-*** sont variables lorsque ***compte-*** est un nom ; ils sont invariables lorsque ***compte-*** est un verbe. *Des comptes-chèques. Des compte-gouttes.*

COMPTE(-)CHÈQUES n. m. (pl. *comptes(-)chèques*)
Compte bancaire sur lequel le titulaire peut tirer des chèques. *Des comptes chèques bien provisionnés.*
Dans ce nom composé, l'élément ***compte-*** est un nom et prend la marque du pluriel.

COMPTE-FIL(S) n. m. (pl. *compte-fils*)
Petite loupe puissante. *Un compte-fils* ou *un compte-fil.*

COMPTE-GOUTTE(S) n. m. (pl. *compte-gouttes*)
Tube servant à compter les gouttes d'un liquide. *Verse trois gouttes de vitamines à l'aide de ce compte-gouttes* ou *compte-goutte.*
LOCUTION
– ***Au compte-gouttes,*** loc. adv. (FIG.) Très peu à la fois. *Les provisions nous sont livrées au compte-gouttes.*

COMPTER v. tr., intr., pronom.
VERBE TRANSITIF DIRECT
1. Calculer, déterminer le nombre de. *Compter les participants.* SYN. chiffrer ; dénombrer ; inventorier ; recenser.
2. Comporter. *Cette école compte 25 salles de cours.* SYN. se composer de ; comprendre.
3. Avoir l'intention de. *Elle compte partir en vacances. Que comptez-vous faire ?* SYN. espérer ; penser ; projeter ; se proposer de.
En ce sens, le verbe se construit avec l'infinitif.
VERBE TRANSITIF INDIRECT
Se fier à. *Je compte sur vous.* SYN. s'appuyer ; tabler.
En ce sens, le verbe se construit avec la préposition ***sur.***
VERBE INTRANSITIF
1. Entrer dans un calcul. *Les erreurs comptent pour un point.*
2. Calculer. *Elle compte mentalement.*
3. Avoir de l'importance. *Peu importe le retard, ce sont les résultats qui comptent. « Cela ne donnait rien d'affirmer, ce qui comptait c'était de faire voir, de faire aimer »* (Gabrielle Roy, *De quoi t'ennuies-tu, Éveline?*). SYN. importer.
VERBE PRONOMINAL
1. Se dénombrer. *Les grippés se comptent par centaines.*
2. Se mettre au nombre de. *Ces experts se comptent parmi les plus innovateurs.*
À la forme pronominale, le participe passé de ce verbe s'accorde toujours en genre et en nombre avec son sujet. *Les victimes du séisme s'étaient comptées par milliers.*
LOCUTION
– ***À compter de.*** À partir de. *À compter du 2 mai, nous serons en vacances.*
HOM. ***conter,*** faire un récit de façon agréable.
CONJUGAISON : VOIR MODÈLE AIMER.

COMPTE RENDU n. m. (pl. *comptes rendus*)
Le ***e*** de la deuxième syllabe ne se prononce pas, [kɔ̃trɑ̃dy].
Rapport oral ou écrit. *J'aimerais avoir des comptes rendus de ces accidents.* SYN. récit.
Ce nom s'écrit parfois avec un trait d'union.

COMPTE-TOUR(S) n. m. (pl. *compte-tours*)
Appareil servant à compter le nombre de tours faits par l'arbre d'un moteur, d'une machine, d'une pompe, etc. *Un compte-tours* ou *compte-tour électronique.*

COMPTEUR n. m.
Appareil servant à compter. *Le compteur* (et non le *meter) *du taxi marque dix dollars.*
HOM. ***conteur,*** personne qui raconte bien.

COMPTINE n. f.
Chanson enfantine. *« Un, deux, trois, quatre, ma petite vache a mal aux pattes. »* (Comptine)
comptine.

COMPTOIR n. m.
Table longue, étroite sur laquelle les marchands étalent leurs marchandises.
LOCUTION
– ***Comptoir (de cuisine).*** ⚜ Dans une cuisine, surface horizontale servant à diverses opérations. SYN. plan de travail.

COMPULSER v. tr.
Consulter, feuilleter. *Compulser des écrits.*
Ne pas confondre avec le verbe ***compiler,*** rassembler des extraits de documents en vue de faire une recherche précise.
CONJUGAISON : VOIR MODÈLE AIMER.

COMPULSIF, IVE adj.
1. (PSYCHO.) Qui est relatif à la compulsion. *Une vérification compulsive.*
2. Qui a tendance à agir de manière répétitive, obsessive. *Une personne compulsive.*
LOCUTIONS
– ***Personnalité obsessionnelle-compulsive.*** Trouble de la personnalité caractérisé principalement par une préoccupation démesurée de l'ordre, le perfectionnisme, le contrôle mental et interpersonnel, aux dépens de la souplesse, de l'ouverture et de l'efficacité (GDT).
– ***Trouble obsessionnel-compulsif (TOC).*** Trouble anxieux caractérisé par des pensées, impulsions ou représentations récurrentes (obsessions) et des actes mentaux ou des actions répétitives (compulsions) que le sujet se sent poussé à accomplir afin de neutraliser son sentiment de détresse ou d'empêcher un évènement redouté (GDT).

COMPULSION n. f.
Nécessité d'accomplir certains actes (ordre, répétition, etc.) sous peine d'angoisse, de culpabilité.

COMTAL, ALE, AUX adj.
De comte. *Des emblèmes comtaux.*

COMTE n. m.
Titre de noblesse. *Monsieur le comte de Paris.*
HOM.
• ***compte,*** tableau où figurent, en débits ou en crédits, les variations de l'actif ou du passif et les résultats ;
• ***conte,*** court récit.
comte.

COMTÉ n. m.
Abréviation $c^{té}$ (s'écrit sans point).
1. ⚜ Subdivision du territoire à des fins administratives.
2. Fromage qui s'apparente au gruyère.
FORME FAUTIVE
*comté. Anglicisme au sens de ***circonscription électorale.***

COMTESSE n. f.
Titre de noblesse. *Madame la comtesse.*
T Les titres de noblesse s'écrivent avec une minuscule.

CON, CONNE adj. et n. m. et f.
ADJECTIF ET NOM MASCULIN ET FÉMININ
(FAM.) Idiot. SYN. bête ; imbécile ; niais ; ⚜ niaiseux ; stupide.
NOM MASCULIN
(VULG.) Sexe de la femme.

CON-
VOIR – COL-.

CONCASSAGE n. m.
Action de concasser.

CONCASSER v. tr.
Briser en petits fragments une matière dure. *Concasser de la pierre.* SYN. broyer ; casser ; écraser.
CONJUGAISON : VOIR MODÈLE AIMER.

CONCAVE adj.
Creux. *Un plat concave.* ANT. convexe.
Ne pas confondre avec le nom ***conclave,*** réunion de cardinaux.

CONCAVITÉ n. f.
État de ce qui est concave.

CONCÉDER v. tr.
Accorder comme une faveur. *Ce privilège lui a été concédé par la direction.* SYN. octroyer.
LOCUTION
– ***Concéder quelque chose à quelqu'un.*** Donner raison à quelqu'un. *Je vous concède que cette décision était une erreur.* SYN. admettre ; convenir.
CONJUGAISON : VOIR MODÈLE POSSÉDER.
Le ***é*** se change en ***è*** devant une syllabe contenant un ***e*** muet, sauf à l'indicatif futur et au conditionnel présent. *Je concède,* mais *je concéderai.*
[Les *Rectifications* (1990) admettent : il concèdera, concèderait...]

CONCENTRATION n. f.
1. Action de concentrer ; son résultat. *La concentration d'un liquide.*
2. Regroupement. *Une concentration urbaine.*
3. Réflexion, attention. *Cette réflexion demande beaucoup de concentration.* SYN. application.

CONCENTRÉ, ÉE adj. et n. m.
ADJECTIF
Dont on a enlevé du liquide par évaporation. *Du lait concentré.* SYN. condensé.
NOM MASCULIN
Produit obtenu par élimination de l'eau. *Un concentré de légumes.*

CONCENTRER v. tr., pronom.
VERBE TRANSITIF
1. Réunir des éléments jusqu'alors dispersés. *Concentrer des soldats en un lieu.* SYN. grouper ; rassembler ; regrouper.
2. Empêcher l'éparpillement de quelque chose, diriger vers un seul objet. *Il faut concentrer notre énergie pour terminer à temps.* SYN. canaliser ; focaliser.
VERBE PRONOMINAL
Se recueillir, réfléchir. *Elles se sont bien concentrées sur les aspects économiques. Il y a trop de bruit, je ne peux me concentrer.*
À la forme pronominale, le participe passé de ce verbe s'accorde toujours en genre et en nombre avec son sujet. *Les sauces se sont concentrées.*
CONJUGAISON : VOIR MODÈLE AIMER.

CONCENTRIQUE adj.
Se dit de courbes ayant un centre commun. *Les galets lancés dans l'eau forment des cercles concentriques.*

CONCEPT n. m.
Les lettres ***p*** et ***t*** se prononcent, [kɔ̃sɛpt].
Idée. *Un concept innovateur.* SYN. notion.

CONCEPTEUR n. m.
CONCEPTRICE n. f.
Personne chargée de créer de nouveaux concepts (publicitaires, graphiques, etc.).

CONCEPTION n. f.
1. Fait pour un être vivant d'être conçu ; fécondation.
2. Création de l'esprit. *Ce procédé est une conception originale.* SYN. idée.
3. Philosophie, opinion. *Une conception différente du travail.*
LOCUTION
– ***Conception assistée par ordinateur (CAO).*** (INFORM.) Ensemble de techniques qui utilisent un ordinateur en mode conversationnel pour assister un processus de création humain.

CONCEPTUALISATION n. f.
Action de conceptualiser.

CONCEPTUALISER v. tr.
Former des concepts à partir de (quelque chose).
CONJUGAISON : VOIR MODÈLE AIMER.

CONCEPTUEL, ELLE adj.
Du concept. *Une synthèse conceptuelle.*

CONCERNANT prép.
Au sujet de, en ce qui concerne. *Cette initiative résulte des nouvelles connaissances, acquises ces dix dernières années, concernant la physiopathologie de la maladie d'Alzheimer.* SYN. à propos de ; relativement à.

CONCERNER v. tr.
Se rapporter à. *Cette question ne vous concerne pas.* SYN. intéresser ; regarder.
LOCUTION
– ***En ce qui concerne.*** En ce qui a trait à. *En ce qui me concerne* (et non *en autant que je suis concerné), *je suis d'accord.* SYN. pour ce qui est de ; quant à.
CONJUGAISON : VOIR MODÈLE AIMER.

CONCERT n. m.
Séance musicale. *L'orchestre donnera un concert ce soir. Le concert de rock a eu un succès monstre.*
LOCUTION
– ***De concert,*** loc. adv. Avec entente, après s'être concerté. *Nous travaillons de concert avec ce groupe.* SYN. en accord ; ensemble.
⇨ concert.

CONCERTATION n. f.
Fait de se concerter. *La concertation de toutes les parties est essentielle.*

CONCERTER v. tr., pronom.
VERBE TRANSITIF
Organiser, projeter quelque chose de concert avec une ou plusieurs personnes. *Une action concertée.*
VERBE PRONOMINAL
Se mettre d'accord pour agir de concert. *Ils se sont concertés pour organiser une grande fête à l'école.* SYN. s'entendre.
À la forme pronominale, le participe passé de ce verbe s'accorde toujours en genre et en nombre avec son sujet. *Les collègues se sont concertés pour prendre cette décision.*
FORME FAUTIVE
*se concerter ensemble. Pléonasme pour ***se concerter.***
CONJUGAISON : VOIR MODÈLE AIMER.

CONCERTISTE n. m. et f.
Personne qui donne des concerts.

CONCERTO n. m.
Composition musicale. *Des concertos de Vivaldi.*

CONCESSION n. f.
1. Action d'accorder un droit, un privilège. *Faire la concession d'une propriété.*
2. Droit concédé. *Les syndiqués ont obtenu des concessions importantes.*
3. Compromis. *Il ne fera pas de concession sur ce point.*

CONCESSIONNAIRE n. m. et f.
Intermédiaire qui exerce un droit de vente exclusif des produits d'un constructeur dans une région déterminée. *Des concessionnaires d'automobiles.*
Ne pas confondre avec le nom ***dépositaire,*** commerçant qui vend des marchandises pour le compte de leur propriétaire.

CONCEVABLE adj.
Qui peut se concevoir, compréhensible. *Une entente concevable.* SYN. envisageable. ANT. inconcevable.

CONCEVOIR v. tr.
1. Créer, imaginer. *Il a conçu une histoire abracadabrante.* SYN. écrire ; inventer.
2. Comprendre. *« Ce que l'on conçoit bien s'énonce clairement »* (Boileau). *Je conçois que vous soyez inquiet.* SYN. saisir.
En ce sens, le verbe se construit avec le subjonctif.
3. Devenir enceinte, en parlant d'une femme, d'une femelle. *Concevoir un enfant.*
CONJUGAISON : VOIR MODÈLE APERCEVOIR.

CONCIERGE n. m. et f.
Personne chargée de la garde, de l'entretien d'un immeuble.

CONCIERGERIE n. f.
Logement de concierge, dans un château, un bâtiment administratif.
FORME FAUTIVE
*conciergerie. Impropriété au sens de ***immeuble d'habitation.***

CONCILE n. m.
Assemblée des évêques réunis pour statuer sur des questions d'ordre religieux.

CONCILIABLE adj.
Qui peut se concilier avec autre chose. *Des positions conciliables.* SYN. compatible. ANT. incompatible ; inconciliable.

CONCILIABULE n. m.
Réunion secrète. *Les complices ont tenu un conciliabule et se sont dispersés.*
Ne pas confondre avec les noms suivants :
- ***causette,*** conversation familière ;
- ***conversation,*** entretien familier ;
- ***dialogue,*** conversation entre deux personnes ;
- ***entretien,*** conversation suivie avec quelqu'un ;
- ***palabre,*** conversation longue et inutile.

CONCILIANT, IANTE adj.
Accommodant. *La directrice est bien conciliante : elle accepte nos excuses.* SYN. compréhensif ; indulgent ; souple.
Ne pas confondre avec le participe présent invariable ***conciliant.*** *Les membres ont bien accueilli cette mesure conciliant les intérêts de chacun.*

CONCILIATEUR, TRICE adj. et n. m. et f.
Qui cherche à concilier.

CONCILIATION n. f.
1. Rapprochement de personnes qui étaient en désaccord.
2. (DR.) Procédure de règlement amiable de litiges. SYN. arbitrage ; médiation.

CONCILIER v. tr., pronom.
VERBE TRANSITIF
1. Mettre d'accord des personnes qui étaient en désaccord. *Concilier les deux parties.* SYN. accorder ; réconcilier.
2. Allier. *Concilier la jeunesse et la sagesse* ou *la jeunesse avec la sagesse.* SYN. réunir.
3. Rapprocher des choses opposées, contraires pour les faire coexister harmonieusement, les rendre compatibles. *Elle s'efforce de, tente de concilier, cherche à concilier et trouve le moyen de tout concilier. « Conciliant mes désirs impossibles de la solitude et de l'ardente solidarité »* (Gabrielle Roy, *La Détresse et l'Enchantement*).

Le verbe peut se construire avec les conjonctions ***et, avec.*** *Concilier l'utile et l'agréable* ou *l'utile avec l'agréable.*
VERBE PRONOMINAL
1. Attirer à soi, gagner. *Il importerait de se concilier l'appui des partisans.* SYN. s'attirer.
2. Être compatible. *Vie de famille et carrière politique se concilient difficilement.* SYN. s'accorder.
À la forme pronominale, le participe passé de ce verbe s'accorde toujours en genre et en nombre avec son sujet. *Ces intérêts divers se sont bien conciliés.*
CONJUGAISON : VOIR MODÈLE ÉTUDIER.
Redoublement du ***i*** à la première et à la deuxième personne du pluriel de l'indicatif imparfait et du subjonctif présent. *(Que) nous conciliions, (que) vous conciliiez.*

CONCIS, ISE adj.
Qui exprime tout en peu de mots. *Un style concis.* SYN. bref ; court ; succinct.

CONCISION n. f.
Qualité de ce qui est concis. SYN. brièveté.

CONCITOYEN, ENNE n. m. et f.
Citoyen du même État, de la même ville (qu'un autre).

CONCLAVE n. m.
Réunion de cardinaux pour l'élection d'un pape.
Ne pas confondre avec l'adjectif ***concave,*** creux.

CONCLUANT, ANTE adj.
Qui prouve clairement. *Les résultats sont concluants.* SYN. probant.

CONCLURE v. tr., pronom.
VERBE TRANSITIF DIRECT
1. Terminer, régler une affaire, en arriver à un accord. *Conclure une entente.* SYN. signer.
2. Donner une fin, une conclusion à. *Tu dois maintenant conclure ton récit.* SYN. achever ; finir.
VERBE TRANSITIF INDIRECT
Juger après réflexion. *Après enquête, ils ont conclu à un cas de légitime défense.* SYN. déduire.
En ce sens, le verbe se construit avec la préposition ***à.***
À noter que le participe passé ***conclu, conclue*** (et non *concluse) fait au pluriel ***conclus, conclues*** (et non *concluses). Attention également à la forme infinitive fautive *concluer. *Faut-il en conclure* (et non *concluer) *que vous serez absent ?*
VERBE PRONOMINAL
S'achever, se régler. *Les échanges se sont conclus en fin de soirée.*
À la forme pronominale, le verbe se construit avec les prépositions ***sur, par.*** *Les pourparlers se sont conclus sur un accord, par un échec.*
À la forme pronominale, le participe passé de ce verbe s'accorde toujours en genre et en nombre avec son sujet. *Les délibérations du jury s'étaient conclues rapidement.*
CONJUGAISON : VOIR MODÈLE INCLURE.
INDICATIF PRÉSENT *Je conclus, tu conclus, il conclut, nous concluons, vous concluez, ils concluent.* IMPARFAIT *Je concluais, tu concluais, il concluait, nous concluions, vous concluiez, ils concluaient.* PASSÉ SIMPLE *Je conclus, tu conclus, il conclut, nous conclûmes, vous conclûtes, ils conclurent.* FUTUR *Je conclurai, tu concluras, il conclura, nous conclurons, vous conclurez, ils concluront.* CONDITIONNEL PRÉSENT *Je conclurais, tu conclurais, il conclurait, nous conclurions, vous concluriez, ils concluraient.* IMPÉRATIF PRÉSENT *Conclus, concluons, concluez.* SUBJONCTIF PRÉSENT *Que je conclue, que tu conclues, qu'il conclue, que nous concluions, que vous concluiez, qu'ils concluent.* IMPARFAIT *Que je conclusse, que tu conclusses, qu'il conclût, que nous conclussions, que vous conclussiez, qu'ils conclussent.* PARTICIPE PRÉSENT *Concluant.* PARTICIPE PASSÉ *Conclu, ue.*

CONCLUSION n. f.
1. Action de conclure, partie qui termine un écrit. *La conclusion de ce rapport est mal rédigée.* SYN. fin.
2. Conséquence que l'on tire d'un raisonnement. *Quelles sont les conclusions de l'enquête ?*

CONCOCTER v. tr.
(FAM.) Élaborer avec soin. *Concocter de petits plats. Ils ont concocté un plan diabolique.* SYN. préparer.
CONJUGAISON : VOIR MODÈLE AIMER.

CONCOMBRE n. m.
Plante potagère cultivée pour ses fruits. *Une salade de concombres.*
concombre.

CONCOMITANCE n. f.
Existence simultanée de deux phénomènes, de deux faits.
concomitance.

CONCOMITANT, ANTE adj.
Qui se produit en même temps qu'une autre chose jugée plus importante. *Des clauses concomitantes de l'accord général.*
L'adjectif ***concomitant*** se construit avec la préposition ***de*** et non avec la préposition ***à.***
concomitant.

CONCORDANCE n. f.
Le fait d'être semblable. *La concordance des témoignages est frappante.* SYN. conformité ; similitude.
LOCUTION
– ***Concordance des temps.*** (GRAMMAIRE) Ensemble de règles définissant le mode et le temps du verbe subordonné selon que l'action de celui-ci a eu lieu avant (antériorité), a lieu pendant (simultanéité) ou aura lieu après (postériorité) celle du verbe principal ou verbe de la phrase matrice. *La concordance des temps d'une phrase.*
VOIR TABLEAU – CONCORDANCE DES TEMPS DANS LA PHRASE.
VOIR TABLEAU – CONCORDANCE DES TEMPS DANS LE TEXTE.

CONCORDANT, ANTE adj.
Qui s'accorde. *Des témoignages concordants.* SYN. conforme.
Ne pas confondre avec le participe présent invariable ***concordant.*** *L'avocat a fait entendre des témoignages concordant avec ceux des témoins précédents.*

CONCORDE n. f.
Entente, bon accord entre les personnes. *Souhaitons que la concorde règne désormais dans notre école.* SYN. harmonie ; paix. ANT. discorde.

CONCORDER v. intr.
Correspondre, être en accord. *Les faits concordent parfaitement. Ces affirmations concordent avec les propos des témoins.* SYN. coïncider.
CONJUGAISON : VOIR MODÈLE AIMER.

CONCOURIR v. tr. ind., intr.
VERBE TRANSITIF INDIRECT
Contribuer ensemble à un même résultat. *Toute l'équipe a concouru à la réussite de l'entreprise.* SYN. collaborer ; participer.
Le verbe se construit avec la préposition ***à.***
VERBE INTRANSITIF
Prendre part à un concours. *Ils ont tenu à concourir et ils ont gagné.* SYN. participer.
CONJUGAISON : VOIR MODÈLE COURIR.
concourir, comme le verbe ***courir.***

CONCOURS n. m.
1. Action de participer à quelque chose. *Votre concours a été précieux pour nous.* SYN. appui ; collaboration.
2. Épreuve ou ensemble d'épreuves auxquelles participent des personnes en compétition. *Un concours d'orthographe.* « *J'cours les concours* » (Mouffe et Robert Charlebois, *Miss Pepsi*). SYN. championnat.
LOCUTION
– ***Concours de circonstances.*** Ensemble de coïncidences.

CONCRET, ÈTE adj. et n. m.
ADJECTIF
1. Qui exprime quelque chose de réel. *Des conséquences concrètes.* ANT. théorique.
2. Qui désigne un objet déterminé, tangible. *Livre est un mot concret;* espoir, *un mot abstrait.* ANT. abstrait.
3. Réaliste. *Des stratégies concrètes.* SYN. pragmatique; pratique. ANT. utopique.
NOM MASCULIN
Le réel. *Le concret et l'abstrait.*

CONCRÈTEMENT adv.
De façon concrète, en pratique. SYN. en fait; pratiquement.

CONCRÉTION n. f.
1. Corps solide provenant de la réunion de plusieurs substances.
2. (MÉD.) Calcul qui se forme dans les tissus, les articulations.

CONCRÉTISATION n. f.
Action de concrétiser; fait de concrétiser. *La concrétisation de tous ses espoirs.*

CONCRÉTISER v. tr., pronom.
VERBE TRANSITIF
Rendre concret, facile à comprendre. *Cet enseignant arrive à concrétiser les explications les plus difficiles.* SYN. vulgariser.
VERBE PRONOMINAL
Devenir réel. *Les prévisions se sont concrétisées.* SYN. se réaliser.
À la forme pronominale, le participe passé de ce verbe s'accorde toujours en genre et en nombre avec son sujet. *Tes projets ambitieux ne se sont pas concrétisés.*
CONJUGAISON : VOIR MODÈLE AIMER.

CONCUBIN, INE n. m. et f.
Personne qui vit en état de concubinage.
On emploie plus couramment aujourd'hui le mot ***conjoint.***

CONCUBINAGE n. m.
État de personnes qui vivent ensemble comme mari et femme, sans être mariées.
Le nom ***concubinage*** est péjoratif et relève surtout de la langue juridique. On emploie plus couramment l'expression ***union libre.***

CONCUPISCENCE n. f.
(LITT.) (PLAISANT.) Vive inclination aux plaisirs sensuels.

CONCUPISCENT, ENTE adj.
(LITT.) (PLAISANT.) Qui éprouve de la concupiscence.

CONCURREMMENT adv.
Conjointement, en même temps. *Elle emploie concurremment ces deux ouvrages. Employer un dictionnaire concurremment avec un autre.* SYN. simultanément.
Cet adverbe se construit avec les prépositions ***à, avec.***
concurremment.

CONCURRENCE n. f.
1. Compétition. *Les deux équipes sont en concurrence.* SYN. rivalité.
2. Rapport entre les entreprises qui recherchent la même clientèle. *La libre concurrence.*
LOCUTION
– ***Jusqu'à concurrence de*** + nombre. Jusqu'à ce que ce nombre soit atteint. *Nous acceptons les paquets jusqu'à concurrence de dix.*
concurrence.

CONCURRENCER v. tr., pronom.
VERBE TRANSITIF
Faire concurrence à. *Ce nouveau magasin concurrencera les commerces de la rue.*
VERBE PRONOMINAL
Se faire concurrence. *Les universités se concurrencent aujourd'hui à l'échelle mondiale.*
À la forme pronominale, le participe passé de ce verbe s'accorde toujours en genre et en nombre avec son sujet. *Ces constructeurs automobiles se sont concurrencés âprement.*
CONJUGAISON : VOIR MODÈLE AVANCER.
concurrencer.

CONCURRENT, ENTE adj. et n. m. et f.
1. Qui participe à une compétition, à un concours, à une épreuve sportive. *C'est ma concurrente qui a obtenu le poste.* SYN. adversaire; participant; rival.
2. Société qui fait concurrence à d'autres entreprises pour accroître sa clientèle. *Notre chiffre d'affaires dépasse celui de notre concurrent. Des entreprises concurrentes.*

CONCURRENTIEL, IELLE adj.
1. Où la concurrence existe. *Un marché concurrentiel.*
2. Apte à supporter la concurrence. *Des prix concurrentiels.* SYN. compétitif.
concurrentiel.

CONDAMNABLE adj.
Répréhensible. *Une pratique condamnable.* SYN. critiquable.

CONDAMNATION n. f.
1. Jugement par lequel une personne est condamnée. *La condamnation à mort n'existe plus au Canada.* ANT. acquittement.
2. Blâme. *La condamnation d'un acte.*

CONDAMNÉ, ÉE adj. et n. m. et f.
1. Personne contre qui une peine a été prononcée.
2. Se dit d'un malade qu'on n'espère plus sauver. SYN. incurable.

CONDAMNER v. tr., pronom.
Les lettres ***mn*** se prononcent ***n,*** [kɔ̃dane]; de même que dans tous les dérivés du verbe.
VERBE TRANSITIF
1. Prononcer un jugement contre quelqu'un, donner tort à quelqu'un. *Il a été condamné à dix ans de prison.*
2. Désapprouver. *Le directeur a condamné ces excès.* SYN. blâmer; critiquer.
VERBE PRONOMINAL
S'obliger à. *Ces réfugiés politiques se sont condamnés à l'exil.*
À la forme pronominale, le participe passé de ce verbe s'accorde toujours en genre et en nombre avec son sujet. *Ces trappistes se sont condamnés au silence.*
CONJUGAISON : VOIR MODÈLE AIMER.

CONDENSABLE adj.
Qui peut être condensé.

CONDENSATEUR n. m.
Appareil servant à emmagasiner l'énergie électrique.

CONDENSATION n. f.
Passage de l'état de vapeur à l'état de solide ou de liquide. *Il y a de la condensation sur le pare-brise.* SYN. buée.

CONDENSÉ, ÉE adj. et n. m.
ADJECTIF
Traité par concentration sous vide. *Du lait condensé.* SYN. concentré.
NOM MASCULIN
Résumé. *Un condensé de géométrie.* SYN. abrégé.

CONDENSER v. tr., pronom.
VERBE TRANSITIF
1. Rendre plus dense. *Condenser une soupe, condenser une histoire.*
2. Liquéfier ou solidifier (un gaz).
VERBE PRONOMINAL
Passer de l'état de vapeur à l'état de solide ou de liquide. *Le brouillard s'est condensé et il y a de la buée sur le pare-brise.*
À la forme pronominale, le participe passé de ce verbe s'accorde toujours en genre et en nombre avec son sujet. *La brume s'était condensée en gouttes d'eau.*
CONJUGAISON : VOIR MODÈLE AIMER.

CONCORDANCE DES TEMPS DANS LA PHRASE

Le temps du verbe principal ou verbe de la phrase autonome définit le mode et le temps du verbe subordonné selon que l'action de celui-ci a eu lieu AVANT (antériorité), a lieu PENDANT (simultanéité) ou aura lieu APRÈS (postériorité) celle du verbe principal.

Temps du verbe principal (phrase autonome)	Moment de l'action du verbe subordonné	Mode et temps du verbe subordonné (phrase subordonnée)	
▸ **PRÉSENT**		**Indicatif**	
Il pense	Avant	*qu'il était là*	(imparfait)
		qu'il a été là	(passé composé)
		qu'il fut malade	(passé simple)
		qu'il avait été malade	(plus-que-parfait)
	Pendant	*qu'il est là*	(présent)
	Après	*qu'il sera là*	(futur)
		Subjonctif	
Elle redoute	Avant	*qu'elle ait été malade*	(passé)
	Pendant	*qu'elle soit malade maintenant*	(présent)
	Après	*qu'elle vienne en retard*	(présent)
▸ **PASSÉ**		**Indicatif**	
Elle pensait *Elle a pensé* *Elle pensa* *Elle avait pensé*	Avant	*qu'il avait été là*	(plus-que-parfait)
	Pendant	*qu'il était là*	(imparfait)
	Après	*qu'il serait là*	(conditionnel présent)
		Subjonctif	
Elle redoutait	Avant	*qu'elle eût été malade*	(plus-que-parfait)
	Pendant	*qu'elle fût malade*	(imparfait)
	Après	*qu'elle fût malade désormais*	(imparfait)
▸ **FUTUR**		**Indicatif**	
Ils diront *Elles auront dit*	Avant	*qu'il a été là*	(passé composé)
		qu'il était là	(imparfait)
		qu'il fut là	(passé simple)
	Pendant	*qu'il est là*	(présent)
	Après	*qu'il viendra*	(futur)
		Subjonctif	
Il doutera	Avant	*qu'il ait été là*	(passé)
	Pendant	*qu'elle vienne*	(présent)
	Après	*qu'elle soit là à temps*	(présent)

CONCORDANCE DES TEMPS DANS LA PHRASE | **SUITE >**

> *CONCORDANCE DES TEMPS DANS LA PHRASE* | ***SUITE***

TEMPS DU VERBE PRINCIPAL (PHRASE AUTONOME)	MOMENT DE L'ACTION DU VERBE SUBORDONNÉ	MODE ET TEMPS DU VERBE SUBORDONNÉ (PHRASE SUBORDONNÉE)	
▸ CONDITIONNEL PRÉSENT		SUBJONCTIF	
	AVANT	*qu'il eût été là*	(plus-que-parfait)
Elle douterait	PENDANT	*qu'il soit là*	(présent)
	APRÈS	*qu'il soit malade*	(présent)
▸ CONDITIONNEL PASSÉ		SUBJONCTIF	
	AVANT	*qu'elle eût été malade*	(plus-que-parfait)
Il aurait douté	PENDANT	*qu'elle fût là*	(imparfait)
	APRÈS	*qu'elle fût présente désormais*	(imparfait)

L'emploi du subjonctif imparfait ou plus-que-parfait relève aujourd'hui de la langue écrite ou littéraire. Dans la langue orale, le subjonctif imparfait est généralement remplacé par le présent du subjonctif (*elle douterait que tu sois malade*) ; le subjonctif plus-que-parfait, par le subjonctif passé (*elle douterait que tu sois parti).*

VOIR TABLEAUX ▸ **FUTUR.** ▸ **INDICATIF.** ▸ **PASSÉ (TEMPS DU).** ▸ **PRÉSENT.** ▸ **SUBJONCTIF.**

CONDESCENDANCE n. f.
Complaisance mêlée de mépris. *Répondre avec condescendance.* SYN. dédain ; supériorité.
condes**c**endance.

CONDESCENDANT, ANTE adj.
Qui marque de la condescendance. *Des airs condescendants.* SYN. dédaigneux ; méprisant ; supérieur.
condes**c**endant.

CONDESCENDRE v. tr. ind.
(PÉJ.) Daigner. *Condescendra-t-il à accepter notre invitation ?*
CONJUGAISON : VOIR MODÈLE FENDRE.
condes**c**endre.

CONDIMENT n. m.
Substance ajoutée aux aliments pour en relever le goût. *Le poivre est un condiment.* SYN. assaisonnement ; épice.

CONDISCIPLE n. m. et f.
Personne avec qui l'on étudie. *Une condisciple sympathique.*
Ne pas confondre avec les noms suivants :
- ***camarade,*** ami surtout chez les enfants, les adolescents ;
- ***collègue,*** personne avec qui l'on travaille ou qui exerce la même fonction ;
- ***compagnon,*** personne avec qui l'on fait un travail manuel, un voyage ;
- ***confrère,*** personne qui appartient à une même profession, à une même société ;
- ***copain,*** camarade intime.

CONDITION n. f.
1. Situation. *Il est de condition modeste.*
2. État du corps, de l'esprit. *Ils sont en bonne condition physique grâce à leur entraînement quotidien.*
3. Exigence, circonstance dont dépend l'accomplissement d'une action. *Une condition essentielle au succès de la fête, c'est de garder le secret. Poser des conditions.*
LOCUTIONS
– ***À condition de,*** loc. prép. Sous réserve de. *À condition d'avoir congé ce jour-là, je serai présente.*
La locution est suivie de l'infinitif.
– ***À condition que,*** loc. conj. Pourvu que. *J'irai à la fête à condition que tu viennes aussi.*
Cette locution est généralement suivie du subjonctif.
– ***À la condition, sous la condition que,*** loc. conj. Pourvu que. *Tu peux venir, à la condition d'être gentil, que tu sois gentil* ou *que tu seras gentil.*
Cette locution est suivie de l'infinitif, du subjonctif ou de l'indicatif futur.
– ***Condition sine qua non.*** Condition indispensable.
– ***Dans ces conditions.*** Puisqu'il en est ainsi, dans ce contexte.
FORME FAUTIVE
*condition. Anglicisme au sens de ***maladie, état de santé.*** *Il souffre d'une maladie* (et non *condition) *cardiaque. Son état de santé* (et non *sa condition) *est précaire.*

CONDITIONNÉ, ÉE adj.
1. Soumis à certaines conditions.
2. Qui a subi un conditionnement. *Des produits conditionnés de façon attrayante.*
LOCUTION
– ***Air conditionné.*** Atmosphère d'un lieu à laquelle on a donné une certaine température à l'aide d'un climatiseur ou d'un conditionneur d'air. *En l'absence d'air conditionné, il fera très chaud dans cet appartement au cours de l'été. Un cinéma à air conditionné.* SYN. air climatisé.

CONDITIONNEL, ELLE adj. et n. m.
ADJECTIF
Qui dépend de certaines conditions. *Ce contrat est conditionnel à la vente de la propriété.*
NOM MASCULIN
(GRAMM.) Temps du verbe exprimant un vœu, un désir, un regret ou un fait soumis à une condition, un futur hypothétique en quelque sorte.
VOIR TABLEAU – INDICATIF.

CONCORDANCE DES TEMPS DANS LE TEXTE[1]

La **concordance des temps** des verbes entre plusieurs phrases autonomes relève de la grammaire du texte : elle concerne la cohérence textuelle.

La concordance des temps et des modes des verbes à l'intérieur d'une phrase autonome contenant au moins une phrase subordonnée relève de la grammaire de la phrase.

VOIR TABLEAU ▸ CONCORDANCE DES TEMPS DANS LA PHRASE.

La **concordance des temps dans le texte** est l'emploi des temps verbaux pour marquer :

- le temps principal du texte ;
- les situations qui ont lieu AVANT (antériorité), PENDANT (simultanéité) et APRÈS (postériorité) ce temps principal.

TEXTE AU PRÉSENT (temps principal)

Les situations antérieures au temps principal du texte sont exprimées par un verbe conjugué à un temps du passé, les situations simultanées, par un verbe au présent, et les situations postérieures, par un verbe au futur.

Ce soir, le ciel brille d'étoiles. Les enfants sont assis sur la galerie du chalet, blottis contre mamie Arlette, emmitouflés dans une couverture. Sur le quai, grand-papa Gilles prépare quelque chose de mystérieux. Le matin, il ***a dit*** *aux enfants de s'attendre à une surprise le soir venu.*

Soudain, un grand bruit éclate ! Une fusée lumineuse grimpe vers le ciel, puis se change en une merveilleuse explosion de couleurs.

— « Bleu, vert, jaune, rose ! », crient Amélie, Antoine, Catherine et mamie, ravis du feu d'artifice. Cette soirée ***restera*** *gravée dans leur mémoire pour toujours.*

TEXTE AU PASSÉ (temps principal)

Les situations qui ont lieu avant ce temps principal sont exprimées par un verbe conjugué au plus-que-parfait. Les situations qui se déroulent en même temps que le temps principal sont exprimées par un verbe soit à l'imparfait dans le cas d'une description, soit au passé composé (ou au passé simple) s'il s'agit de relater un évènement. Les situations qui ont lieu après le temps principal du texte sont exprimées par un verbe au conditionnel présent.

Ce soir-là, le ciel brillait d'étoiles. Les enfants étaient assis sur la galerie du chalet, blottis contre mamie Arlette, emmitouflés dans une couverture. Sur le quai, grand-papa Gilles préparait quelque chose de mystérieux. Le matin, il ***avait dit*** *aux enfants de s'attendre à une surprise le soir venu.*

Soudain, un grand bruit a éclaté (ou éclata) ! Une fusée lumineuse a grimpé (ou grimpa) vers le ciel, puis s'est changée (ou se changea) en une merveilleuse explosion de couleurs.

— « Bleu, vert, jaune, rose ! », ont crié (ou crièrent) Amélie, Antoine, Catherine et mamie, ravis du feu d'artifice. Cette soirée ***resterait*** *gravée dans leur mémoire pour toujours.*

*CONCORDANCE DES TEMPS DANS LE TEXTE | **SUITE >***

1. Conception du tableau : Annie Desnoyers.

> *CONCORDANCE DES TEMPS DANS LE TEXTE* | ***SUITE***

TEXTE AU FUTUR (temps principal)

Les situations qui ont lieu avant ce temps principal sont exprimées par un verbe conjugué à un temps du passé ou au futur antérieur, les situations qui se déroulent en même temps sont exprimées par un verbe au présent ou au futur. Les situations qui ont lieu après le temps principal du texte sont exprimées par un verbe au futur.

*Ce soir, le ciel brillera d'étoiles. Les enfants seront assis sur la galerie du chalet, blottis contre mamie Arlette, emmitouflés dans une couverture. Sur le quai, grand-papa Gilles préparera quelque chose de mystérieux. L'après-midi, il **aura dit** aux enfants de s'attendre à une surprise le soir venu.*

Soudain, un grand bruit éclatera ! Une fusée lumineuse grimpera vers le ciel, puis se changera en une merveilleuse explosion de couleurs.

*— « Bleu, vert, jaune, rose ! », crieront Amélie, Antoine, Catherine et mamie, ravis du feu d'artifice. Cette soirée **restera** gravée dans leur mémoire pour toujours.*

VOIR TABLEAUX ► **PRÉSENT.** ► **PASSÉ (TEMPS DU).** ► **FUTUR.**

Afin de choisir le bon temps pour chaque verbe d'un texte, il faut accorder une attention particulière au temps principal de ce texte. Par exemple, si une narration est au passé et qu'un des évènements du récit est rapporté soudainement au présent, il y a alors une erreur de cohérence textuelle.

1. Conception du tableau : Annie Desnoyers.

CONDITIONNELLEMENT adv.
De façon conditionnelle.

CONDITIONNEMENT n. m.
1. Préparation. *Le conditionnement des viandes. Le conditionnement de l'air.* SYN. traitement.
2. Présentation de certains produits destinés à la vente. *Un conditionnement très élégant.*
Ce nom a fait l'objet d'une recommandation pour remplacer l'anglicisme *packaging.
LOCUTION
– ***Conditionnement physique.*** Mise en forme par des exercices.

CONDITIONNER v. tr., pronom.
VERBE TRANSITIF
1. Traiter. *Conditionner des marchandises.*
2. Emballer. *Conditionner des produits de beauté.* SYN. présenter.
3. Constituer la condition de. *Le choix des articles conditionnera le succès de l'entreprise.*
VERBE PRONOMINAL
(PSYCHO.) Se mettre en condition de, se préparer mentalement. *Elles se sont conditionnées à relever ce défi.*
À la forme pronominale, le participe passé de ce verbe s'accorde toujours en genre et en nombre avec son sujet. *Les concepteurs de ce bâtiment se sont conditionnés à protéger l'environnement le plus possible.*
CONJUGAISON : VOIR MODÈLE AIMER.

CONDITIONNEUR n. m.
Appareil qui conditionne. *Un conditionneur d'air.*

***CONDO**
Anglicisme pour ***copropriété.***

CONDOLÉANCES n. f. pl.
Témoignage de sympathie. *Transmettre ses condoléances* (et non ses *sympathies) *à l'occasion d'un décès.*

CONDOM n. m.
Le ***m*** est muet, [kɔ̃dɔ̃] ; le mot rime avec ***cordon.***
Préservatif masculin.

***CONDOMINIUM**
Anglicisme pour ***copropriété.***

CONDOR n. m.
Grand vautour au plumage noir.

CONDUCTEUR n. m.
CONDUCTRICE n. f.
Personne qui conduit un véhicule. *Un conducteur d'autobus. Une conductrice de camion.*

CONDUCTEUR, TRICE adj. et n. m.
Se dit d'un corps plus ou moins apte à transmettre la chaleur ou l'électricité. *Le cuivre est un bon conducteur de l'électricité.*

CONDUCTIBILITÉ n. f.
Qualité des corps conducteurs.

CONDUCTIBLE adj.
Qui est doué de conductibilité. *Le cuivre est une matière conductible.*

CONDUCTION n. f.
Action de conduire l'électricité ou la chaleur.

CONDUIRE v. tr., pronom.
VERBE TRANSITIF
1. Amener. *Josette a conduit Zoé chez le dentiste.* SYN. accompagner.
2. Diriger (un véhicule). *Alain a hâte de conduire la voiture.* SYN. faire fonctionner.

C

3. Avoir la direction de. *Conduire une entreprise, conduire des travaux.* SYN. commander; diriger; gérer; gouverner.
4. Guider (un groupe). *Le berger conduit le troupeau dans les champs.*
5. Mener. *Ce chemin nous conduira jusqu'au village.*
VERBE PRONOMINAL
Se comporter de telle ou telle manière. *Ils se sont bien conduits envers leurs amis.* SYN. agir.
À la forme pronominale, le participe passé de ce verbe s'accorde toujours en genre et en nombre avec son sujet. *Ils se sont conduits bien cavalièrement à notre égard.*
CONJUGAISON : VOIR MODÈLE CONDUIRE.

CONDUIT n. m.
Tuyau. *Des conduits d'aération. Le conduit auditif externe.*
conduit.

CONDUITE n. f.
1. Action de conduire, de mener, de guider. *La conduite d'une équipe.* SYN. direction; gestion.
2. Manière de se comporter. *Une bonne conduite.* SYN. attitude; comportement; manière; tenue.
3. Canalisation. *Une conduite d'eau, une conduite de gaz.*
LOCUTION
– ***Code de conduite.*** Ensemble de règles écrites qu'une entreprise ou un organisme s'engage à observer et qui régissent la conduite du personnel et de ses dirigeants.
Ne pas confondre avec les locutions suivantes :
• ***Code de déontologie,*** texte réglementaire énonçant les règles de conduite professionnelle qui régissent l'exercice d'une profession ou d'une fonction et faisant état des devoirs, des obligations et des responsabilités auxquels sont soumis ceux qui l'exercent (GDT);
• ***Code d'éthique,*** texte énonçant les valeurs et les principes à connotation morale ou civique auxquels adhère une organisation et qui servent de guide à un individu ou à un groupe afin de l'aider à juger de la justesse de ses comportements.

CONDYLOME n. m.
(MÉD.) Excroissance bénigne de la peau, d'origine virale, qui est sexuellement transmissible. SYN. crête-de-coq.

CÔNE n. m.
Surface dont la base est circulaire et qui se termine en pointe. *On a placé des cônes orange sur la route en raison des travaux.*
cône.

CONFECTION n. f.
1. Fabrication. *La confection d'un gâteau.* SYN. préparation.
2. Industrie du vêtement. *Ils travaillent dans la confection.*

CONFECTIONNER v. tr.
Fabriquer, préparer. *Confectionner un manteau.*
CONJUGAISON : VOIR MODÈLE AIMER.

CONFÉDÉRAL, ALE, AUX adj.
Relatif à une confédération.

CONFÉDÉRATION n. f.
Association d'États, de fédérations (professionnelles, syndicales, etc.) soumis à un pouvoir central tout en conservant une certaine autonomie. *Le Canada est une confédération.*
VOIR – PAYS.

CONFÉDÉRER v. tr., pronom.
VERBE TRANSITIF
Réunir en confédération. *Confédérer des États.*
VERBE PRONOMINAL
Se réunir autour d'un projet commun dans le but d'une plus grande efficacité. *Ces syndicats se sont confédérés pour faire front commun contre ce projet de loi.*
À la forme pronominale, le participe passé de ce verbe s'accorde toujours en genre et en nombre avec son sujet. *Ces organisations se sont confédérées.*
CONJUGAISON : VOIR MODÈLE POSSÉDER.
Le ***é*** se change en ***è*** devant une syllabe contenant un ***e*** muet, sauf à l'indicatif futur et au conditionnel présent. *Je confédère,* mais *je confédérerai.*
[Les *Rectifications* (1990) admettent : il confédèrera, confédèrerait...]

CONFER
Abréviation ***cf., conf.*** (s'écrit avec un point).
Mot latin signifiant « se reporter à ». SYN. v., V.; voir.

CONFÉRENCE n. f.
1. Réunion de personnes qui discutent d'un sujet. *Une salle de conférences. Elle ne peut vous répondre : elle est en conférence jusqu'à 10 h.* SYN. colloque; congrès.
2. Exposé. *Faire* ou *donner une conférence sur le stress.*
LOCUTIONS
– ***Conférence de presse.*** Exposé destiné à la presse.
– ***Conférence téléphonique.*** Échange de vues entre plusieurs personnes qui discutent d'un sujet à distance au moyen du téléphone. *La conférence téléphonique* (et non l'*appel conférence) *commencera à 10 h.*

CONFÉRENCE DES NATIONS UNIES SUR LE COMMERCE ET LE DÉVELOPPEMENT
Sigle ***CNUCED*** (s'écrit avec ou sans points).

CONFÉRENCIER n. m.
CONFÉRENCIÈRE n. f.
Personne qui donne une conférence (scientifique, littéraire, économique, etc.).

CONFÉRER v. tr., intr.
VERBE TRANSITIF
(LITT.) Attribuer. *Ce prix lui confère beaucoup de prestige.*
VERBE INTRANSITIF
Discuter, traiter ensemble d'une affaire. *Ils confèrent avec des investisseurs étrangers.*
À la forme intransitive, le verbe se construit avec la préposition ***avec.***
CONJUGAISON : VOIR MODÈLE POSSÉDER.
Le ***é*** se change en ***è*** devant une syllabe contenant un ***e*** muet, sauf à l'indicatif futur et au conditionnel présent. *Il confère,* mais *il conférera.*
[Les *Rectifications* (1990) admettent : il confèrera, confèrerait...]

CONFESSE n. f.
Le nom rime avec ***fesse,*** [kɔ̃fɛs].
Confession.
LOCUTION
– ***Aller à confesse.*** Aller recevoir le sacrement de la pénitence.
Ce nom s'emploie sans article après les prépositions ***à, de.***

CONFESSER v. tr., pronom.
VERBE TRANSITIF
Avouer, reconnaître. *Confesser ses torts.*
VERBE PRONOMINAL
Avouer ses fautes. *Ils se sont confessés.*
À la forme pronominale, le participe passé de ce verbe s'accorde toujours en genre et en nombre avec son sujet. *Elles s'étaient confessées avant de communier.*
CONJUGAISON : VOIR MODÈLE AIMER.

CONFESSEUR n. m.
Prêtre qui entend les confessions.

CONFESSION n. f.
1. Acte de se confesser.
2. Aveu d'une faute. *La confession d'une erreur de jugement.*
3. Religion à laquelle une personne appartient. *Martin est de confession catholique.*

CONFESSIONNAL n. m. (pl. *confessionnaux*)
Isoloir où le prêtre entend les confessions.

CONJUGAISON DU VERBE **CONDUIRE**

INDICATIF

PRÉSENT		PASSÉ COMPOSÉ		
je	conduis	j'	ai	conduit
tu	conduis	tu	as	conduit
elle	conduit	elle	a	conduit
il	conduit	il	a	conduit
nous	conduisons	nous	avons	conduit
vous	conduisez	vous	avez	conduit
elles	conduisent	elles	ont	conduit
ils	conduisent	ils	ont	conduit

IMPARFAIT		PLUS-QUE-PARFAIT		
je	conduisais	j'	avais	conduit
tu	conduisais	tu	avais	conduit
elle	conduisait	elle	avait	conduit
il	conduisait	il	avait	conduit
nous	conduisions	nous	avions	conduit
vous	conduisiez	vous	aviez	conduit
elles	conduisaient	elles	avaient	conduit
ils	conduisaient	ils	avaient	conduit

PASSÉ SIMPLE		PASSÉ ANTÉRIEUR		
je	conduisis	j'	eus	conduit
tu	conduisis	tu	eus	conduit
elle	conduisit	elle	eut	conduit
il	conduisit	il	eut	conduit
nous	conduisîmes	nous	eûmes	conduit
vous	conduisîtes	vous	eûtes	conduit
elles	conduisirent	elles	eurent	conduit
ils	conduisirent	ils	eurent	conduit

FUTUR SIMPLE		FUTUR ANTÉRIEUR		
je	conduirai	j'	aurai	conduit
tu	conduiras	tu	auras	conduit
elle	conduira	elle	aura	conduit
il	conduira	il	aura	conduit
nous	conduirons	nous	aurons	conduit
vous	conduirez	vous	aurez	conduit
elles	conduiront	elles	auront	conduit
ils	conduiront	ils	auront	conduit

CONDITIONNEL PRÉSENT		CONDITIONNEL PASSÉ		
je	conduirais	j'	aurais	conduit
tu	conduirais	tu	aurais	conduit
elle	conduirait	elle	aurait	conduit
il	conduirait	il	aurait	conduit
nous	conduirions	nous	aurions	conduit
vous	conduiriez	vous	auriez	conduit
elles	conduiraient	elles	auraient	conduit
ils	conduiraient	ils	auraient	conduit

SUBJONCTIF

PRÉSENT			PASSÉ			
que	je	conduise	que	j'	aie	conduit
que	tu	conduises	que	tu	aies	conduit
qu'	elle	conduise	qu'	elle	ait	conduit
qu'	il	conduise	qu'	il	ait	conduit
que	nous	conduisions	que	nous	ayons	conduit
que	vous	conduisiez	que	vous	ayez	conduit
qu'	elles	conduisent	qu'	elles	aient	conduit
qu'	ils	conduisent	qu'	ils	aient	conduit

IMPARFAIT			PLUS-QUE-PARFAIT			
que	je	conduisisse	que	j'	eusse	conduit
que	tu	conduisisses	que	tu	eusses	conduit
qu'	elle	conduisît	qu'	elle	eût	conduit
qu'	il	conduisît	qu'	il	eût	conduit
que	nous	conduisissions	que	nous	eussions	conduit
que	vous	conduisissiez	que	vous	eussiez	conduit
qu'	elles	conduisissent	qu'	elles	eussent	conduit
qu'	ils	conduisissent	qu'	ils	eussent	conduit

IMPÉRATIF

PRÉSENT	PASSÉ	
conduis	aie	conduit
conduisons	ayons	conduit
conduisez	ayez	conduit

INFINITIF

PRÉSENT	PASSÉ
conduire	avoir conduit

PARTICIPE

PRÉSENT	PASSÉ
conduisant	conduit, uite ayant conduit

C

CONFESSIONNALISME n. m.
Caractère de ce qui est confessionnel. *Au Liban, les divisions et le confessionnalisme sont profondément ancrés depuis plus de trois cents ans.* ANT. laïcité.

***CONFESSIONNALITÉ**
Impropriété pour ***caractère confessionnel***. *Le caractère confessionnel* (et non la *confessionnalité) *d'une école.*

CONFESSIONNEL, ELLE adj.
Relatif à une religion. *Une école confessionnelle.* SYN. religieux. ANT. laïque.

CONFESSIONNELLEMENT
Relativement à la confession, à la religion. *Comment respecter le droit à l'expression des minorités religieuses dans un État laïque, confessionnellement neutre ?*

CONFETTI n. m. (pl. *confettis*)
Rondelle de papier qu'on lance dans les fêtes. *Les enfants lançaient des confettis.*

CONFIANCE n. f.
1. Sentiment de pouvoir se fier à quelqu'un, à quelque chose en toute sécurité. *Une confiance totale envers une personne, dans une entreprise.* SYN. foi. ANT. défiance ; méfiance.
2. Assurance. *Ils manquent de confiance en eux.*
LOCUTIONS
– ***Avoir confiance en quelqu'un, en quelque chose, faire confiance à quelqu'un.*** Pouvoir compter sur quelqu'un, se fier à quelqu'un. *Elle a confiance en l'avenir.*
– ***Avoir confiance en soi.*** Être sûr de soi. *Mylène a confiance en elle, elle sait qu'elle réussira.*
– ***De confiance.*** À qui l'on peut se fier pleinement. *Une personne de confiance.*
– ***En toute confiance.*** Sans crainte. *Partez en toute confiance.*
– ***Faire confiance à.*** Se fier à.
– ***Ne pas inspirer confiance.*** Ne pas donner une bonne impression.

CONFIANT, ANTE adj.
Qui a confiance en quelqu'un ou quelque chose. *Elle est confiante en l'avenir.* SYN. sûr.
FORME FAUTIVE
*être confiant que. Calque de « *to be confident that* » pour ***avoir bon espoir que, croire que, estimer que, être persuadé que, ne pas douter que***.

CONFIDENCE n. f.
Communication d'un secret que l'on confie ou que l'on reçoit. *Delphine a fait une confidence à Catherine.*
LOCUTIONS
– ***Dans la confidence.*** Au courant, informé. *Mettez-moi dans la confidence.*
– ***En confidence.*** Secrètement.

CONFIDENT, ENTE n. m. et f.
Personne à qui l'on se confie. *Catherine est la confidente de Delphine.*

CONFIDENTIALITÉ n. f.
Caractère confidentiel de quelque chose. *La confidentialité d'un rapport.*

CONFIDENTIEL, IELLE adj.
Secret. *Un dossier confidentiel.*

CONFIDENTIELLEMENT adv.
Sous le sceau du secret, en secret.

CONFIER v. tr., pronom.
VERBE TRANSITIF
1. Dire en confidence. *Confier un secret.*
2. Charger quelqu'un de quelque chose. *En mon absence, je vous confie ma maison.* SYN. laisser.
VERBE PRONOMINAL
1. S'en remettre à. *Ils se sont confiés au destin.* SYN. se fier.
2. Se faire des confidences. *Elles se sont confié tous leurs secrets. Tous les secrets qu'elles se sont confiés.*
À la forme pronominale, le participe passé de ce verbe s'accorde en genre et en nombre avec le complément direct si celui-ci le précède. *Les angoisses qu'ils se sont confiées. Les jeunes se sont confiés à leur enseignant.* Le participe passé reste invariable si le complément direct suit le verbe. *Ils se sont confié leurs inquiétudes.*
CONJUGAISON : VOIR MODÈLE ÉTUDIER.
Redoublement du ***i*** à la première et à la deuxième personne du pluriel de l'indicatif imparfait et du subjonctif présent. *(Que) nous confiions, (que) vous confiiez.*

CONFIGURATION n. f.
1. Forme extérieure d'un corps, d'une surface. *La configuration des lieux.*
2. (INFORM.) Composition d'un système informatique précisée par la nature, le nombre et les caractéristiques essentielles de ses principaux éléments constitutifs.

CONFIGURER v. tr.
(INFORM.) Donner une structure, une organisation aux éléments d'un système informatique, en préciser les paramètres. *Configurer un ordinateur.*
CONJUGAISON : VOIR MODÈLE AIMER.

CONFINÉ, ÉE adj.
– ***Air confiné.*** Air non renouvelé.
Le mot s'emploie surtout dans cette locution.

CONFINEMENT n. m.
Isolement.

CONFINER v. tr., pronom.
VERBE TRANSITIF
Reléguer. *Confiner un malade dans sa chambre.*
VERBE PRONOMINAL
1. Se cloîtrer en un lieu. *Elle se confine dans sa maison.* SYN. s'enfermer ; s'isoler.
2. Se limiter à. *Il s'est confiné à une seule stratégie.*
À la forme pronominale, le participe passé de ce verbe s'accorde toujours en genre et en nombre avec son sujet. *Ils se sont confinés dans cette chambre.*
CONJUGAISON : VOIR MODÈLE AIMER.

CONFINS n. m. pl.
Limites. *Une forêt aux confins du pays.*
Ce mot ne s'utilise qu'au pluriel.

CONFIRE v. tr.
Mettre des fruits dans un liquide propre à les conserver. *Confire des poires.*
CONJUGAISON : VOIR MODÈLE SUFFIRE.
INDICATIF PRÉSENT *Je confis, tu confis, il confit, nous confisons, vous confisez, ils confisent.* IMPARFAIT *Je confisais.* PASSÉ SIMPLE *Je confis, nous confîmes.* FUTUR *Je confirai.* CONDITIONNEL PRÉSENT *Je confirais.* IMPÉRATIF PRÉSENT *Confis, confisons, confisez.* SUBJONCTIF PRÉSENT *Que je confise.* PASSÉ *Que je confisse, qu'il confît.* PARTICIPE PRÉSENT *Confisant.* PASSÉ *Confit, ite.*
À la différence du modèle ***suffire***, le participe passé du verbe ***confire*** est ***confit, ite***.

CONFIRMATION n. f.
1. Action de confirmer ; son résultat. *La confirmation de l'arrivée de Léa.*
2. Sacrement de l'Église catholique donné par l'évêque.

CONFIRMER v. tr., pronom.
VERBE TRANSITIF
1. Rendre sûr ce qu'on a déjà annoncé. *L'heure d'arrivée de l'avion n'est pas encore confirmée.* SYN. attester ; certifier ; garantir.
2. Rendre certain. *La directrice a confirmé la bonne nouvelle : nous aurons congé lundi prochain.* SYN. assurer. ANT. infirmer.
VERBE PRONOMINAL
Devenir certain. *Nos soupçons se confirment.* SYN. se vérifier.

À la forme pronominale, le participe passé de ce verbe s'accorde toujours en genre et en nombre avec son sujet. *Les dysfonctionnements se sont confirmés progressivement.*
CONJUGAISON : VOIR MODÈLE AIMER.

CONFISCABLE adj.
Qui peut être confisqué. *Des marchandises confiscables.*

CONFISCATION n. f.
Action de confisquer; son résultat.

CONFISERIE n. f.
1. Magasin où l'on vend des bonbons.
2. Sucrerie. *Elle raffole des confiseries.* SYN. bonbon; friandise.

CONFISEUR n. m.
CONFISEUSE n. f.
Fabricant ou vendeur de sucreries, de fruits confits, etc.

CONFISQUER v. tr.
Enlever en vertu d'un droit, d'un règlement. *Le douanier a confisqué les cigarettes de ces voyageurs.* SYN. saisir.
CONJUGAISON : VOIR MODÈLE AIMER.

CONFIT, ITE adj. et n. m.
ADJECTIF
Conservé dans du sucre, dans un liquide, etc. *Des fruits confits. Une poire confite.*
NOM MASCULIN
Volaille cuite et conservée dans sa graisse. *Il adore le confit de canard.*
confit.

CONFITURE n. f.
Fruits cuits dans le sucre pour en assurer la conservation. *Des confitures de framboises.*
Le nom ***confiture*** s'emploie au singulier ou au pluriel, mais son complément est généralement au pluriel. *De la confiture de groseilles, des confitures de fraises.*

CONFLAGRATION n. f.
Conflit international, bouleversement important.

CONFLICTUEL, ELLE adj.
Relatif à un conflit. *Des relations conflictuelles.*

CONFLIT n. m.
1. Lutte, opposition entre des personnes, des groupes. *Le conflit des générations.*
2. Guerre entre deux ou plusieurs pays. *Un conflit a éclaté entre ces deux pays.* SYN. combat.
LOCUTION
– ***Conflit d'intérêts.*** Intérêts contradictoires.
conflit.

CONFONDANT, ANTE adj.
Qui déconcerte. *Des faits confondants.* SYN. déconcertant.

CONFONDRE v. tr., pronom.
VERBE TRANSITIF
1. Prendre une personne, une chose pour une autre. *Il ne faut pas confondre le mot* concave *avec le mot* convexe. *Antoine a confondu le sel et le sucre.*
2. Démasquer. *Confondre un accusé.*
VERBE PRONOMINAL
Se mêler, se ressembler. *Les deux parfums se confondent.*
À la forme pronominale, le participe passé de ce verbe s'accorde toujours en genre et en nombre avec son sujet. *Les saveurs de ce plat se sont confondues agréablement.*
LOCUTION
– ***Se confondre en excuses, en remerciements.*** Multiplier les excuses, les remerciements. *Les retardataires se sont confondus en excuses.*
CONJUGAISON : VOIR MODÈLE FENDRE.

CONFORMATION n. f.
Disposition des parties d'un corps organisé.

CONFORME adj.
1. Identique. *Une copie conforme.* SYN. pareil; semblable.
2. Qui convient. *C'est conforme au règlement* (et non *avec le règlement). SYN. approprié; convenable.

CONFORMÉMENT adv.
D'une manière conforme. *Conformément à notre entente.*

CONFORMER v. tr., pronom.
VERBE TRANSITIF
Rendre conforme. *Conformer les documents aux normes.*
VERBE PRONOMINAL
Agir conformément à, respecter. *Conformez-vous aux directives.* SYN. se plier; suivre.
À la forme pronominale, le participe passé de ce verbe s'accorde toujours en genre et en nombre avec son sujet. *Nous nous sommes conformés aux ordres.*
CONJUGAISON : VOIR MODÈLE AIMER.

CONFORMISME n. m.
Respect aveugle des règles, de la tradition.

CONFORMISTE adj. et n. m. et f.
Personne qui se conforme systématiquement à une règle, à un usage.

CONFORMITÉ n. f.
État de choses semblables. *La conformité de la copie avec l'original. La conformité entre deux tableaux.* SYN. similitude.
Ne pas confondre avec les noms suivants :
• ***identité***, conformité totale;
• ***ressemblance***, conformité partielle;
• ***uniformité***, nature de ce qui ne change pas de caractère, d'apparence.
LOCUTION
– ***En conformité avec.*** D'une manière qui convient. *Il a agi en conformité avec la loi.* SYN. conformément à.

CONFORT n. m.
1. Bien-être matériel. *Une jolie maison à la campagne avec tout le confort.*
2. Agrément. *La lisibilité des caractères assure un bon confort de lecture.*
En apposition, au sens de « de nature à contribuer au confort », le nom est invariable. *Des chaussures confort.*
confort.

CONFORTABLE adj.
1. Qui procure le bien-être, en parlant d'une chose. *Une voiture confortable.*
L'adjectif ***confortable*** se dit seulement en parlant d'une chose, non d'une personne. *Le fauteuil est-il confortable* (et non *êtes-vous confortable dans ce fauteuil)*?*
2. Qui assure le bien-être, l'aisance. *Un salaire confortable.*
FORMES FAUTIVES
*confortable. Anglicisme au sens de **courtepointe, édredon.**
*être confortable avec, au sujet de. Calque de «*to be comfortable about*» pour ***être à l'aise au sujet de, n'éprouver aucun embarras à l'égard de, être d'accord au sujet de, ne pas voir de problème, d'inconvénient, ne pas s'inquiéter au sujet de.***

CONFORTABLEMENT adv.
De façon confortable. *Nous sommes logés confortablement.*

CONFORTER v. tr., pronom.
VERBE TRANSITIF
1. (VX) Réconforter, encourager.
2. Confirmer, rendre plus solide. *Être conforté dans sa conviction.* SYN. raffermir.
VERBE PRONOMINAL
Se redonner du courage, de l'énergie. *Après cette journée difficile, il a ressenti le besoin de se conforter auprès de ses fidèles collaborateurs.*
À la forme pronominale, le participe passé de ce verbe s'accorde toujours en genre et en nombre avec son sujet. *Elle s'était confortée dans l'idée qu'il était nécessaire de poursuivre l'action entreprise.*
CONJUGAISON : VOIR MODÈLE AIMER.

CONFRÈRE n. m.
Personne qui appartient à une même profession, à une même société, considérée par rapport aux autres membres.
La forme féminine de ce nom est ***consœur.***
Ne pas confondre avec les noms suivants :
- ***camarade,*** ami, surtout chez les enfants, les adolescents ;
- ***collègue,*** personne avec qui l'on travaille ou qui exerce la même fonction ;
- ***compagnon,*** personne avec qui l'on fait un travail manuel, un voyage ;
- ***condisciple,*** personne avec qui l'on étudie ;
- ***copain,*** camarade intime.

CONFRÉRIE n. f.
Communauté de laïcs.

CONFRONTATION n. f.
Action de mettre en présence des personnes pour comparer leurs témoignages.
Ne pas confondre avec le nom ***affrontement,*** opposition violente de deux ou plusieurs adversaires.

CONFRONTER v. tr., pronom.
VERBE TRANSITIF
Comparer. *Confronter une écriture à une autre, avec une autre. Confronter deux témoins.*
VERBE PRONOMINAL
Faire face, se comparer à quelqu'un, à quelque chose. *Ils se sont confrontés aux contestataires.*
À la forme pronominale, le verbe se construit avec les prépositions à, avec. *Nous nous sommes confrontés à la direction, avec le conseil d'administration.*
À la forme pronominale, le participe passé de ce verbe s'accorde toujours en genre et en nombre avec son sujet. *Elles s'étaient confrontées à la puissante hiérarchie du parti.*
FORMES FAUTIVES
*confronter (quelqu'un, quelque chose). Construction fautive au sens de ***se poser, se présenter.*** *Les problèmes qui se posent pour nous* (et non qui *nous confrontent).
*confronter (une difficulté, un problème). Impropriété pour ***affronter une difficulté, éprouver un problème, faire face à une difficulté, buter sur une difficulté, être arrêté par une difficulté, se heurter à une difficulté.*** *Nous affrontons une difficulté, nous éprouvons un problème* (et non *la difficulté, le problème qui nous confronte).
*être confronté à (un danger, une difficulté). Construction critiquée par certains auteurs au sens de ***devoir affronter, devoir faire face à, être aux prises avec, se heurter à.***
Cette construction, admise dans de nombreux ouvrages, est couramment utilisée ; cependant, il est préférable d'éviter son emploi dans un texte de style soutenu.
*se confronter à (une difficulté, un problème). Construction fautive pour ***devoir affronter, devoir faire face à (une difficulté, un problème).***
CONJUGAISON : VOIR MODÈLE AIMER.

CONFUS, USE adj.
1. Désolé. *Je suis confuse, je ne voulais pas vous déranger.* SYN. navré.
2. Indistinct. *Un bruit confus.*
3. Embrouillé, obscur. *Un exposé confus.* ANT. clair ; limpide.
confus.

CONFUSÉMENT adv.
De façon confuse. *Le suspect répondit confusément aux questions des enquêteurs.*

CONFUSION n. f.
Désordre, manque d'ordre. *Après l'explosion, la confusion la plus totale régnait.*

CONGÉ n. m.
Permission de s'absenter, de se retirer. *Demander, obtenir, accorder un congé. Un congé de maternité, de paternité. Des congés de maladie. Demain, c'est congé ! Elles seront en congé pour une semaine.*
LOCUTIONS
– ***Congé de l'hôpital.*** Autorisation de sortir de l'hôpital. *Une autre victime de la fusillade a obtenu son congé de l'hôpital.*
En France, on emploie la locution ***autorisation de sortie*** en ce sens et l'on qualifie le malade de ***sortant*** (DDFM).
– ***Congé parental.*** Congé auquel ont droit la mère et le père d'un nouveau-né et la personne qui adopte un enfant (GDT). *Des congés parentaux.*
– ***Congés payés.*** Période annuelle de congé avec salaire.
– ***Donner son congé à un employé.*** Le congédier. SYN. licencier ; renvoyer.
FORMES FAUTIVES
*congé à traitement différé. Impropriété pour ***congé autofinancé.***
*congé avec solde. Impropriété pour ***congé payé, congé avec traitement.***
*congé férié. Impropriété pour ***jour férié.***
*congé sans solde. Impropriété pour ***congé non payé, congé sans traitement.***

CONGÉDIEMENT n. m.
Action de congédier. *Un avis de congédiement.* SYN. renvoi.
congédiement.

CONGÉDIER v. tr.
Mettre fin de façon définitive au travail d'un employé. *Le patron a congédié deux employés.* SYN. renvoyer.
CONJUGAISON : VOIR MODÈLE ÉTUDIER.
Redoublement du ***i*** à la première et à la deuxième personne du pluriel de l'indicatif imparfait et du subjonctif présent. *(Que) nous congédiions, (que) vous congédiiez.*

CONGELABLE adj.
Qui peut être congelé.

CONGÉLATEUR n. m.
Appareil de réfrigération où la température est maintenue au-dessous du point de congélation (approximativement à –15 °C) afin de conserver les aliments. *Un grand congélateur* (et non un *freezer).

CONGÉLATION n. f.
Conservation des aliments par le froid (au-dessous du point de congélation).
Ne pas confondre avec les noms suivants :
- ***réfrigération,*** conservation par le froid (au-dessus du point de congélation) ;
- ***surgélation,*** congélation à l'aide d'un procédé industriel.

CONGELER v. tr., pronom.
VERBE TRANSITIF
Soumettre au froid pour conserver (au-dessous du point de congélation). *Congeler des framboises pour l'hiver.*
VERBE PRONOMINAL
Devenir solide sous l'action du froid, en parlant d'un liquide. *L'eau se congèle à 0°.*
À la forme pronominale, le participe passé de ce verbe s'accorde toujours en genre et en nombre avec son sujet. *L'eau s'est congelée en quelques heures.*
CONJUGAISON : VOIR MODÈLE CONGELER.
Le ***e*** se change en ***è*** devant une syllabe contenant un ***e*** muet. *Il congèle,* mais *il congelait.*

CONGÉNÈRE n. m. et f.
Personne du même genre, semblable.

CONGÉNITAL, ALE, AUX adj.
1. Qui existe au moment de la naissance. *Une maladie congénitale.* ANT. acquis.
2. (FIG.) Inné. *Un don congénital pour la musique.*

C

CONJUGAISON DU VERBE **CONGELER**

INDICATIF

PRÉSENT		PASSÉ COMPOSÉ		
je	cong**èle**	j'	ai	congelé
tu	cong**èles**	tu	as	congelé
elle	cong**èle**	elle	a	congelé
il	cong**èle**	il	a	congelé
nous	cong**elons**	nous	avons	congelé
vous	cong**elez**	vous	avez	congelé
elles	cong**èlent**	elles	ont	congelé
ils	cong**èlent**	ils	ont	congelé

IMPARFAIT		PLUS-QUE-PARFAIT		
je	cong**elais**	j'	avais	congelé
tu	cong**elais**	tu	avais	congelé
elle	cong**elait**	elle	avait	congelé
il	cong**elait**	il	avait	congelé
nous	cong**elions**	nous	avions	congelé
vous	cong**eliez**	vous	aviez	congelé
elles	cong**elaient**	elles	avaient	congelé
ils	cong**elaient**	ils	avaient	congelé

PASSÉ SIMPLE		PASSÉ ANTÉRIEUR		
je	cong**elai**	j'	eus	congelé
tu	cong**elas**	tu	eus	congelé
elle	cong**ela**	elle	eut	congelé
il	cong**ela**	il	eut	congelé
nous	cong**elâmes**	nous	eûmes	congelé
vous	cong**elâtes**	vous	eûtes	congelé
elles	cong**elèrent**	elles	eurent	congelé
ils	cong**elèrent**	ils	eurent	congelé

FUTUR SIMPLE		FUTUR ANTÉRIEUR		
je	cong**èlerai**	j'	aurai	congelé
tu	cong**èleras**	tu	auras	congelé
elle	cong**èlera**	elle	aura	congelé
il	cong**èlera**	il	aura	congelé
nous	cong**èlerons**	nous	aurons	congelé
vous	cong**èlerez**	vous	aurez	congelé
elles	cong**èleront**	elles	auront	congelé
ils	cong**èleront**	ils	auront	congelé

CONDITIONNEL PRÉSENT		CONDITIONNEL PASSÉ		
je	cong**èlerais**	j'	aurais	congelé
tu	cong**èlerais**	tu	aurais	congelé
elle	cong**èlerait**	elle	aurait	congelé
il	cong**èlerait**	il	aurait	congelé
nous	cong**èlerions**	nous	aurions	congelé
vous	cong**èleriez**	vous	auriez	congelé
elles	cong**èleraient**	elles	auraient	congelé
ils	cong**èleraient**	ils	auraient	congelé

SUBJONCTIF

PRÉSENT			PASSÉ			
que	je	cong**èle**	que	j'	aie	congelé
que	tu	cong**èles**	que	tu	aies	congelé
qu'	elle	cong**èle**	qu'	elle	ait	congelé
qu'	il	cong**èle**	qu'	il	ait	congelé
que	nous	cong**elions**	que	nous	ayons	congelé
que	vous	cong**eliez**	que	vous	ayez	congelé
qu'	elles	cong**èlent**	qu'	elles	aient	congelé
qu'	ils	cong**èlent**	qu'	ils	aient	congelé

IMPARFAIT			PLUS-QUE-PARFAIT			
que	je	cong**elasse**	que	j'	eusse	congelé
que	tu	cong**elasses**	que	tu	eusses	congelé
qu'	elle	cong**elât**	qu'	elle	eût	congelé
qu'	il	cong**elât**	qu'	il	eût	congelé
que	nous	cong**elassions**	que	nous	eussions	congelé
que	vous	cong**elassiez**	que	vous	eussiez	congelé
qu'	elles	cong**elassent**	qu'	elles	eussent	congelé
qu'	ils	cong**elassent**	qu'	ils	eussent	congelé

IMPÉRATIF

PRÉSENT	PASSÉ	
cong**èle**	aie	congelé
cong**elons**	ayons	congelé
cong**elez**	ayez	congelé

INFINITIF

PRÉSENT	PASSÉ
cong**eler**	avoir congelé

PARTICIPE

PRÉSENT	PASSÉ
cong**elant**	congelé, ée ayant congelé

C

CONGÉNITALEMENT adv.
D'une manière congénitale.

CONGÈRE n. f.
Amas de neige entassée par le vent. SYN. ⚜ banc de neige.
Attention au genre féminin de ce nom : ***une*** congère.

CONGESTION n. f.
Afflux de sang anormal dans une partie du corps. *Une congestion cérébrale.*

CONGESTIONNER v. tr.
1. Encombrer par l'accumulation de personnes, de voitures, etc. *Une rue congestionnée par les voitures des touristes.* SYN. embouteiller.
2. Provoquer une congestion dans une partie du corps. *Antoine avait le visage congestionné parce qu'il avait trop couru.*
CONJUGAISON : VOIR MODÈLE AIMER.

CONGLOMÉRAT n. m.
(ÉCON.) Concentration d'entreprises en vue d'une diversification des activités.

CONGOLAIS, AISE adj. et n. m. et f.
Du Congo. *Le folklore congolais. Un Congolais, une Congolaise.*
T L'adjectif s'écrit avec une minuscule; le nom, avec une majuscule.

CONGRATULER v. tr., pronom.
VERBE TRANSITIF
(VIEILLI) (LITT.) Féliciter. *Parents et amis ont congratulé les nouveaux mariés.*
VERBE PRONOMINAL
Échanger des compliments. *Les candidats se sont congratulés longuement.*
À la forme pronominale, le participe passé de ce verbe s'accorde toujours en genre et en nombre avec son sujet. *Les vainqueurs se sont congratulés.*
CONJUGAISON : VOIR MODÈLE AIMER.

CONGRÉGATION n. f.
Communauté religieuse. *Marguerite d'Youville, fondatrice de la congrégation des Sœurs de la Charité, dites Sœurs grises.*

CONGRÈS n. m.
Assemblée regroupant un nombre important de personnes réunies pour délibérer sur un ou des sujets donnés. *Le congrès d'un parti politique. Des congrès médicaux.*
T Les noms d'activités scientifiques, culturelles ou commerciales (colloque, congrès, journée, foire, forum, séminaire, symposium, etc.) s'écrivent avec une majuscule initiale lorsqu'ils désignent des événements particuliers. *Le Congrès mondial de neurologie. Le Symposium international de l'Association des obstétriciens et gynécologues du Québec. Le Salon du meuble de Paris. Le 25e Colloque des écrivains de l'Académie des lettres du Québec. La IIIe Journée québécoise des dictionnaires a eu lieu à Québec en avril 2008.*
Ne pas confondre avec les noms suivants :
• ***colloque,*** réunion de spécialistes invités, en nombre généralement limité, pour exposer, discuter et confronter leurs idées et leurs opinions sur un thème donné;
• ***forum,*** réunion où sont débattues des questions d'une vaste portée, généralement dans le but d'établir une concertation entre les divers participants;
• ***séminaire,*** réunion à caractère scientifique constituée d'un groupe restreint de personnes et généralement animée par un professeur, un chercheur ou un spécialiste;
• ***symposium,*** congrès scientifique.

CONGRESSISTE n. m. et f.
Personne qui participe à un congrès. *Les congressistes viennent de tous les continents.*

CONGRU, UE adj.
(VX) Qui convient, qui est adapté à la circonstance. SYN. adéquat.
LOCUTIONS
– ***Nombres congrus.*** (MATH.) Se dit de deux nombres entiers, par rapport à un troisième, quand leur différence est divisible par ce troisième.
– ***Portion congrue.*** Ressources très limitées, réduites à l'extrême.

CONGRUENCE n. f.
(MATH.) Égalité, coïncidence de figures géométriques. *La congruence de deux losanges.*

CONGRUENT, ENTE adj.
1. (LITT.) Adéquat, en rapport avec. *Une proposition congruente au contexte.*
L'adjectif se construit avec la préposition ***à.***
2. (MATH.) Égal. *Des triangles congruents.*

CONIFÈRE n. m.
Arbre dont les fruits sont des cônes et dont les feuilles (aiguilles) sont en général persistantes. *Le sapin et le pin sont des conifères.*

CONIQUE adj.
Qui a la forme d'un cône. *Ce cornet de crème glacée est conique.*
conique.

CONJECTURAL, ALE, AUX adj.
Fondé sur des conjectures. *Des éléments conjecturaux.* SYN. hypothétique.

CONJECTURE n. f.
Hypothèse, opinion fondée sur des probabilités. *On se perd en conjectures sur les motifs de son acte.*
Ne pas confondre avec le nom ***conjoncture,*** situation d'ensemble (économique, politique, etc.).

CONJECTURER v. tr.
Supposer. *Il ne faut pas conjecturer le résultat de ces rencontres.* SYN. présumer.
CONJUGAISON : VOIR MODÈLE AIMER.

CONJOINT, OINTE adj. et n. m. et f.
ADJECTIF
Lié, uni. *Des problèmes conjoints.*
NOM MASCULIN ET FÉMININ
Personne qui vit maritalement avec une autre. *Mon conjoint m'accompagnera.*
FORMES FAUTIVES
*comité conjoint. Calque de «*joint committee*» pour ***comité paritaire, comité mixte, comité intergouvernemental,*** selon le cas.
*communiqué conjoint. Calque de «*joint communiqué*» pour ***communiqué commun.***
*efforts conjoints. Calque de «*joint effort(s)*» pour ***efforts conjugués.***

CONJOINTEMENT adv.
Ensemble. *Nous sommes responsables conjointement.*

CONJONCTIF, IVE adj.
Qui unit des organes, des tissus. *Du tissu conjonctif.*

CONJONCTION n. f.
(GRAMM.) Mot invariable qui unit deux mots, deux groupes ou deux phrases.
VOIR TABLEAU – CONJONCTION DE COORDINATION.
VOIR TABLEAU – CONJONCTION DE SUBORDINATION.

CONJONCTIVE n. f.
Membrane qui unit le globe de l'œil aux paupières.

CONJONCTIVITE n. f.
Inflammation de la conjonctive.

CONJONCTURE n. f.
Situation d'ensemble (économique, politique, etc.). *La conjoncture économique du pays est favorable.*
Ne pas confondre avec le nom ***conjecture,*** hypothèse, opinion fondée sur des probabilités.

CONJONCTUREL, ELLE adj.
Qui dépend de la conjoncture (économique, politique, etc.). *En raison de la récession, le gouvernement a proposé un plan conjoncturel de dix milliards.* ANT. structurel.

CONJUGABLE adj.
Qui peut être conjugué.

CONJUGAISON n. f.
1. (GRAMM.) Action de conjuguer un verbe. *La conjugaison du verbe* faire.
2. (GRAMM.) Tableau des formes verbales suivant les voix, les modes, les temps, les personnes, le nombre. *Un recueil de conjugaisons.*

CONJUGAL, ALE, AUX adj.
Relatif à l'union entre le mari et la femme. *La vie conjugale.*

CONJUGALEMENT adv.
D'une manière conjugale. *Vivre conjugalement.* SYN. maritalement.

CONJUGUÉ, ÉE adj.
Lié ensemble. *Des efforts conjugués.*

CONJUGUER v. tr., pronom.
VERBE TRANSITIF
1. (GRAMM.) Énoncer les différentes formes d'un verbe suivant la voix, le mode et le temps. *Peux-tu conjuguer le verbe* aimer *au futur?*
2. Joindre. *Conjuguons nos efforts.* SYN. unir.
VERBE PRONOMINAL
Être conjugué. *Le verbe* écrire *se conjugue avec les auxiliaires* avoir *et* être.
À la forme pronominale, le participe passé de ce verbe s'accorde toujours en genre et en nombre avec son sujet. *Ces verbes se sont conjugués avec l'auxiliaire être.*
CONJUGAISON : VOIR MODÈLE AIMER.
Ce verbe s'écrit toujours avec un ***u,*** même devant les lettres ***a*** et ***o***. *Il conjugua, nous conjuguons.*

CONJURATION n. f.
1. Conspiration contre le pouvoir. SYN. complot.
2. Action de conjurer, d'éloigner quelque chose de dangereux. *La conjuration du mauvais sort.*

CONJURÉ, ÉE n. m. et f.
Personne qui participe à une conjuration.

CONJURER v. tr., pronom.
VERBE TRANSITIF
1. Supplier. *Je vous en conjure, épargnez-nous vos commentaires.* SYN. implorer.
2. Éloigner, éviter. *Conjurer la révolte.*
3. Exorciser. *Conjurer les démons.*
VERBE PRONOMINAL
S'unir. *Leurs ennemis se sont conjurés pour les vaincre.* SYN. s'allier.
À la forme pronominale, le participe passé de ce verbe s'accorde toujours en genre et en nombre avec son sujet. *Les insurgés s'étaient conjurés pour atteindre leur but.*
CONJUGAISON : VOIR MODÈLE AIMER.

CONNAISSANCE n. f.
1. Faculté de connaître, manière de comprendre. *Étienne a une bonne connaissance de l'histoire.* SYN. culture ; instruction.
2. (AU PLUR.) Ensemble des choses connues, du savoir. *Il voudrait enrichir ses connaissances en informatique.* SYN. science.
3. Personne que l'on connaît. *Le maire est une de ses connaissances.* SYN. relation.
LOCUTIONS
– ***En (toute) connaissance de cause.*** En étant informé. *Afin que vous puissiez décider en toute connaissance de cause, voici quels sont les faits...*
– ***En pays de connaissance.*** En terrain connu.
– ***Lier connaissance.*** Faire la connaissance de quelqu'un ou faire connaissance avec quelqu'un. *Les nouveaux élèves ont lié connaissance à la rentrée.*
– ***Perdre connaissance.*** S'évanouir, perdre conscience.
– ***Prendre connaissance de.*** Apprendre, examiner.
– ***Sans connaissance.*** Évanoui. *Venez vite, Angèle est sans connaissance!*

CONNAISSEMENT n. m.
Contrat de transport maritime.

CONNAISSEUR, EUSE adj. et n. m. et f.
Expert, amateur. *C'est un fin connaisseur.*

CONNAÎTRE v. tr., pronom.
VERBE TRANSITIF
1. Être informé de quelque chose, savoir. *Il connaît la région comme le fond de sa poche.*
2. Avoir des relations avec (une personne). *Tu connais ce champion de tennis?*
VERBE PRONOMINAL
1. Avoir une bonne connaissance de soi, de ses aptitudes, de ses limites. *« Connais-toi toi-même », prêchait Socrate.*
2. ***S'y connaître.*** Être compétent en quelque chose. *Elle s'y connaît en bricolage.*
Cette construction suivie d'un complément n'est pas un pléonasme.
À la forme pronominale, le participe passé de ce verbe s'accorde toujours en genre et en nombre avec son sujet. *Elles se sont connues l'an dernier.*
CONJUGAISON : VOIR MODÈLE PARAÎTRE.
INDICATIF PRÉSENT *Je connais, tu connais, il connaît, nous connaissons, vous connaissez, ils connaissent.* IMPARFAIT *Je connaissais.* PASSÉ SIMPLE *Je connus, tu connus, il connut, nous connûmes, vous connûtes, ils connurent.* FUTUR *Je connaîtrai, tu connaîtras, il connaîtra, nous connaîtrons, vous connaîtrez, ils connaîtront.* CONDITIONNEL PRÉSENT *Je connaîtrais, tu connaîtrais, il connaîtrait, nous connaîtrions, vous connaîtriez, ils connaîtraient.* IMPÉRATIF PRÉSENT *Connais, connaissons, connaissez.* SUBJONCTIF PRÉSENT *Que je connaisse.* PARTICIPE PRÉSENT *Connaissant.* PASSÉ *Connu, ue.*
[Les *Rectifications* (1990) admettent : il connait, connaitra, connaitrait...]

CONNECTABLE adj.
Qui peut être connecté (à un autre appareil). *Un appareil photographique connectable à un téléviseur ou à un ordinateur.*

CONNECTER v. tr., pronom.
VERBE TRANSITIF
1. Unir par une connexion (deux ou plusieurs appareils électriques). *Une prise USB permet de connecter un baladeur numérique à l'autoradio.*
2. (FIG.) Relier. *Il est question de connecter les terminus de ces lignes à un métro contournant la capitale.*
VERBE PRONOMINAL
1. Se mettre en liaison, s'unir par une connexion. *Ces villages se sont connectés à un réseau électrique alimenté par des éoliennes.*
2. (INFORM.) Accéder à un réseau ou à un système informatique en inscrivant son nom d'utilisateur et son mot de passe. *Nous n'avons pas réussi à nous connecter au réseau de l'entreprise.*

À la forme pronominale, le participe passé de ce verbe s'accorde toujours en genre et en nombre avec son sujet. *Ils se sont connectés sans difficulté.*

Quand il s'agit d'établir un lien de télécommunication entre un ordinateur et le réseau Internet, on privilégiera le verbe ***se brancher.*** Le verbe ***se connecter*** a un sens plus technique et fait référence davantage à la connexion physique au réseau, selon le GDT.

FORME FAUTIVE

*connecter. Anglicisme au sens de ***brancher.*** *As-tu branché* (et non *connecté) *cet appareil d'éclairage ?*

CONJUGAISON : VOIR MODÈLE AIMER.

CONNECTEUR n. m.

1. Appareil de connexion, notamment entre deux lignes ou deux postes téléphoniques.

2. (GRAMM.) Mot ou groupe de mots qui établit la liaison entre des phrases, qui assure l'organisation générale d'un texte en marquant son articulation logique, une succession dans le temps ou une situation dans l'espace. SYN. organisateur textuel.

Les organisateurs peuvent être de forme simple (*car, donc, mais, or,* etc.) ou de forme composée (*c'est pourquoi, à l'opposé, en conséquence,* etc.).

VOIR TABLEAU – CONNECTEUR.

CONNECTIVITÉ n. f.

(INFORM.) Aptitude à établir des liaisons fonctionnelles entre des composants, des réseaux. « *Les Baltes souhaitent parfaire leur connectivité européenne avec un câble sous-marin vers la côte suédoise* » (*Le Monde*). *Le défi réside moins dans la performance des appareils photo numériques que dans leur ergonomie, leur facilité d'usage et de connectivité : il faut pouvoir stocker, archiver, imprimer les photos, les envoyer par courriel.* « *La connectivité avec Internet est un atout de ce nouveau cellulaire qui se branche à Internet sans fil* » (*Le Devoir*).

CONNERIE n. f.

(FAM.) Bêtise. SYN. idiotie ; sottise.

CONNEXE adj.

Qui a des rapports avec autre chose. *Des questions connexes.*

CONNEXION n. f.

Branchement d'un appareil à un circuit.

FORME FAUTIVE

*connexions. Anglicisme au sens de ***relations.***

connexion.

CONNIVENCE n. f.

Complicité. *Les deux cambrioleurs étaient de connivence, ils avaient préparé le vol en secret.*

connivence.

CONJONCTION DE COORDINATION[1]

La **conjonction de coordination** ou **coordonnant** unit deux mots, deux groupes ou deux phrases subordonnées de même fonction.

Nous avons acheté des fruits ***et*** *des légumes.*
Comme dessert, les élèves pourront choisir ***soit*** *un fruit,* ***soit*** *un gâteau.*
Qu'il parte en voyage ***ou*** *qu'il s'achète une auto m'importe peu.*

La conjonction de coordination est un type de connecteur. Les coordonnants peuvent être de forme simple ou composée (locution conjonctive de coordination). *Je m'achèterai des pommes* ***ou*** *des oranges. Ses études,* ***mais aussi*** *ses recherches, lui demandent beaucoup de temps.*

PRINCIPAUX COORDONNANTS SIMPLES OU COMPOSÉS

Les coordonnants n'imposent pas de mode particulier pour le verbe s'ils unissent deux phrases subordonnées.

ALTERNATIVE	CONSÉQUENCE	LIAISON	RESTRICTION
ou	donc	comme	mais
ou au contraire	**EXPLICATION**	et	**SUITE**
ou bien	à savoir	mais aussi	puis
soit… soit	c'est-à-dire	même	**TRANSITION**
tantôt… tantôt	par exemple	ni	peut-être
	soit	puis	

CONNECTEURS TEXTUELS

Le nom ***coordonnant*** est parfois donné aussi à un autre type de connecteur, celui qui unit deux phrases autonomes. Il s'agit alors du connecteur textuel ou ***organisateur textuel,*** le connecteur qui exprime les liens logiques ou séquentiels entre les phrases ou les parties de texte.

À cette fin, cependant, par conséquent, d'abord, ensuite, etc.

VOIR TABLEAUX ▸ **CONJONCTION DE SUBORDINATION.** ▸ **CONNECTEUR.**

1. En collaboration avec Annie Desnoyers.

CONJONCTION DE SUBORDINATION[1]

La **conjonction de subordination** unit une phrase subordonnée à une phrase autonome (ou matrice). *Nous ferons cette excursion **si** le temps le permet.*

Les conjonctions de subordination peuvent être de forme simple ou composée (locution conjonctive de subordination). *Les enfants jouaient dehors **quand** la pluie a commencé. **À supposer qu'**elle vienne, nous serons cinq. Il restera **jusqu'à ce que** le travail soit terminé.*

La **conjonction de subordination** et le pronom relatif jouent dans la phrase le rôle de **subordonnant**, c'est-à-dire de connecteur qui marque l'enchâssement d'une phrase dans une autre pour y remplir une fonction syntaxique.

Les mets que vous aimez tant sont là, tout chauds !
***que vous aimez tant**:* phrase subordonnée complément du nom ***mets**;*
***que**:* subordonnant (pronom relatif)

La possibilité que tu sois présent me sourit.
***que tu sois présent**:* phrase subordonnée complément du nom ***possibilité**;*
***que**:* subordonnant (conjonction de subordination)

Je voudrais que vous reveniez.
***que vous reveniez**:* phrase subordonnée complément du verbe ***voudrais**;*
***que**:* subordonnant (conjonction de subordination)

VOIR TABLEAUX ▸ **QUE, CONJONCTION DE SUBORDINATION.** ▸ **QUE, PRONOM.** ▸ **PRONOM.**

PRINCIPALES CONJONCTIONS DE SUBORDINATION SIMPLES OU COMPOSÉES

La conjonction de subordination définit le mode de la phrase subordonnée. Ainsi, la plupart de celles qui expriment la cause, la conséquence, la comparaison se construisent avec un verbe à un temps de l'indicatif (**i**), dont certains plus précisément au conditionnel (**c**); certaines conjonctions de subordination de concession, de but, de condition et de temps expriment une incertitude et imposent le mode subjonctif (**s**).

BUT
- afin que .... (s)
- de crainte que .... (s)
- de façon que .... (s)
- de manière que .... (s)
- de peur que .... (s)
- de sorte que .... (s)
- de telle sorte que .... (s)
- pour que .... (s)
- que .... (s)

CAUSE
- attendu que .... (ic)
- comme .... (ic)
- du fait que .... (ic)
- étant donné que .... (ic)
- parce que .... (ic)
- puisque .... (ic)
- sous prétexte que .... (ic)
- vu que .... (ic)

COMPARAISON
- autant que .... (ic)
- ainsi que .... (ic)
- comme .... (ic)
- de même que .... (ic)
- moins que .... (ic)
- plus que .... (ic)

CONCESSION
- alors que .... (ic)
- bien que .... (s)
- en admettant que .... (s)
- encore que .... (s)
- en dépit du fait que .... (s)
- malgré que .... (s)
- même si .... (i)
- quand bien même .... (ic)
- pendant que .... (ic)
- quoique .... (s)
- tandis que .... (ic)

CONDITION
- à condition que .... (s)
- à moins que .... (s)
- à supposer que .... (s)
- au cas où .... (c)
- dans la mesure où .... (ic)
- en admettant que .... (s)
- même si .... (i)
- pourvu que .... (s)
- si .... (i)
- si ce n'est .... (i)
- si tant est que .... (s)

CONSÉQUENCE
- à tel point que .... (ic)
- au point que .... (ic)
- de façon que .... (ic)
- de manière que .... (ic)
- de sorte que .... (ic)
- de telle façon que .... (ic)
- de telle sorte que .... (ic)
- si bien que .... (ic)
- tellement que .... (ic)

TEMPS
- alors que .... (ic)
- à mesure que .... (ic)
- après que .... (ic)
- au moment où .... (ic)
- aussitôt que .... (ic)
- avant que .... (s)
- depuis que .... (ic)
- dès que .... (ic)
- d'ici à ce que .... (s)
- en attendant que .... (s)
- en même temps que .... (ic)
- jusqu'à ce que .... (s)
- lorsque .... (ic)
- pendant que .... (ic)
- quand .... (ic)
- sitôt que .... (ic)
- tandis que .... (ic)
- toutes les fois que .... (ic)
- une fois que .... (ic)

VOIR TABLEAUX ▸ **CONJONCTION DE COORDINATION.** ▸ **CONNECTEUR.**

1. En collaboration avec Annie Desnoyers.

C

CONNECTEUR[1]

Le **connecteur** sert à agencer les idées exprimées dans les différentes parties d'un texte.

La notion de **connecteur** relève de la grammaire du texte ou cohérence textuelle. Le terme *connecteur* ne sert pas à nommer une catégorie ou classe grammaticale comme le font les mots *nom, adjectif, adverbe*, etc., mais plutôt à désigner une fonction.

Le connecteur unit des parties d'une même phrase

Si le connecteur unit deux mots, groupes ou phrases subordonnées de même fonction, il est alors un **coordonnant** ou **conjonction de coordination**.

VOIR TABLEAU ▸ **CONJONCTION DE COORDINATION.**

Le connecteur unit deux phrases, dont l'une est subordonnée à l'autre

Si le connecteur unit deux phrases, dont l'une est subordonnée à l'autre, il est alors un **subordonnant**. La fonction de subordonnant peut être remplie par des **pronoms relatifs** et des **conjonctions de subordination**.

VOIR TABLEAUX ▸ **CONJONCTION DE SUBORDINATION.** ▸ **QUE, CONJONCTION DE SUBORDINATION.** ▸ **QUE, PRONOM.** ▸ **PRONOM.**

Le connecteur unit des phrases autonomes

Si le connecteur unit deux phrases autonomes, il s'agit alors du **connecteur textuel** ou **organisateur textuel**. On peut distinguer :

- **le connecteur argumentatif** (ou **marqueur de relation**), qui sert à mettre en évidence un raisonnement. Il indique les relations logiques entre des phrases, plus précisément ce que la deuxième phrase exprime par rapport à la première (ex. : *à cette fin, cependant, car, malgré tout, par conséquent*) ;
- **le connecteur dans l'espace** (ou **connecteur spatial**). Le connecteur spatial indique le lieu, au sens propre (ex. : *en haut, à droite, devant*) ou figuré (ex. : *d'une part, d'autre part*), de ce qui est exprimé dans la phrase qui suit ;
- **le connecteur dans le temps** (ou **connecteur temporel**). Le connecteur temporel indique le temps, la séquence ou l'ordre de ce qui est exprimé dans la phrase qui suit (ex. : *après, avant, en premier lieu, en dernier lieu*).

FORME SIMPLE OU COMPOSÉE

Les connecteurs peuvent être de **forme simple** (ex. : *car, donc, mais, or*) ou de **forme composée** (ex. : *c'est pourquoi, à l'opposé, en conséquence*).

CONNECTEURS ARGUMENTATIFS (OU MARQUEURS DE RELATION)

ADDITION	ALTERNATIVE	CAUSE
de plus	ou	car
en outre	ou au contraire	comme
et	ou bien	en effet…
par ailleurs	soit … soit	
puis…	tantôt … tantôt…	

CONNECTEUR | **SUITE >**

1. En collaboration avec Annie Desnoyers.

C

CONNECTEURS ARGUMENTATIFS (OU MARQUEURS DE RELATION) *SUITE*

CONCESSION
bien entendu
bien sûr
cependant
certes
du moins
du reste
en tous les cas
en tout état de cause
évidemment
incontestablement
mais
néanmoins
or
pourtant
sans doute
toutefois…

CONSÉQUENCE
à cet effet
à cette fin
ainsi
ainsi donc
alors
c'est pourquoi
de ce fait
dans ce but
donc
en conséquence
et
par conséquent
par voie de conséquence
pour cette raison
voilà pourquoi…

EXPLICATION
autrement dit
c'est pourquoi
d'ailleurs
de fait
de même
en effet
effectivement…

ILLUSTRATION
en particulier
entre autres
notamment
par exemple…

OPPOSITION
à l'inverse
à l'opposé
au contraire
cependant
d'autre part
d'un autre côté
en réalité
en revanche
mais
malgré tout
néanmoins
par contre
pourtant
toutefois…

Pour choisir le bon connecteur textuel ou marqueur de relation, il faut d'abord déterminer la relation logique entre deux phrases.

Elle a très mal dormi la nuit dernière. Elle est fatiguée aujourd'hui.

La deuxième phrase exprime une **conséquence** de la première. Le bon marqueur de relation peut être, par exemple, *ainsi*, *donc* ou *pour cette raison*.

Elle a très mal dormi la nuit dernière. ***Ainsi/Donc/Pour cette raison****, elle est fatiguée aujourd'hui.*

CONNECTEURS SPATIAUX

à droite	au nord	d'un côté	en dehors
à gauche	au sud	de l'autre côté	en dessous
au-dedans	au loin	d'une part	en dessus
au-dehors	dedans	d'autre part	ici
au-delà	dehors	en avant	là
au-dessous	devant	en arrière	partout…
au-dessus	derrière	en bas	
à l'est	dessous	en haut	
à l'ouest	dessus	en dedans	

Regardez sur mon bureau : ***à gauche****, il y a une pile de dossiers,* ***en dessous****, vous trouverez votre enveloppe.*

CONNECTEURS TEMPORELS

alors	en premier lieu	et	secundo
après	en deuxième lieu	premièrement	tertio…
avant	en troisième lieu…	deuxièmement	puis
d'abord	en dernier lieu	troisièmement…	enfin
tout d'abord	ensuite	primo	finalement…

Ce fut une très mauvaise matinée : ***d'abord****, le réveil n'a pas sonné ;* ***ensuite****, la pluie a trempé son habit neuf ;* ***finalement****, son patron lui a fait des reproches.*

VOIR TABLEAU ▸ **CONCORDANCE DES TEMPS DANS LE TEXTE.**

C

CONNOTATION n. f.
Valeur particulière d'un mot, outre sa signification propre. *Une connotation péjorative.*

CONNU, UE adj.
1. Dont on a connaissance. *Les propriétés de ce gaz sont connues.*
2. Illustre, célèbre. *Cet acteur est bien connu.* ANT. inconnu.

CONQUÉRANT, ANTE adj. et n. m. et f.
Qui fait, qui a fait des conquêtes en combattant. *Hannibal était un conquérant habile.* SYN. vainqueur.

CONQUÉRIR v. tr.
1. Acquérir par les armes, par l'effort. *Conquérir le pouvoir. Les Anglais ont conquis la Nouvelle-France.* SYN. vaincre.
2. Gagner, séduire. *Il a conquis son auditoire.* SYN. captiver; charmer.
CONJUGAISON : VOIR MODÈLE ACQUÉRIR.
INDICATIF PRÉSENT *Je conquiers, tu conquiers, il conquiert, nous conquérons, vous conquérez, ils conquièrent.* IMPARFAIT *Je conquérais.* PASSÉ SIMPLE *Je conquis, nous conquîmes.* FUTUR *Je conquerrai, tu conquerras, il conquerra, nous conquerrons, vous conquerrez, ils conquerront.* CONDITIONNEL PRÉSENT *Je conquerrais, tu conquerrais, il conquerrait, nous conquerrions, vous conquerriez, ils conquerraient.* IMPÉRATIF PRÉSENT *Conquiers, conquérons, conquérez.* SUBJONCTIF PRÉSENT *Que je conquière, que tu conquières, qu'il conquière, que nous conquérions, que vous conquériez, qu'ils conquièrent.* IMPARFAIT *Que je conquisse.* PARTICIPE PRÉSENT *Conquérant.* PASSÉ *Conquis, ise.*
À noter qu'il n'y a pas de **c** devant ***qu,*** contrairement au verbe ***acquérir.***

CONQUÊTE n. f.
La personne, la chose, le pays conquis. *En 1760, la Nouvelle-France devint une conquête anglaise.*

CONQUIS, ISE adj.
Dont on a fait la conquête. *Des pays conquis. Une personne conquise.*

CONSACRÉ, ÉE adj.
1. Qui a reçu une consécration religieuse. SYN. béni.
2. Sanctionné par l'usage. *Une expression consacrée.*
3. Réservé. *Du temps consacré à la musique.*

CONSACRER v. tr., pronom.
1. Dédier à Dieu, à un saint. *Cette chapelle est consacrée à la Vierge.*
2. Sanctionner. *Ce terme est consacré par l'usage.*
3. (FIG.) Vouer quelque chose à. *Il consacre son temps à étudier.* SYN. réserver.
À la forme pronominale, le participe passé de ce verbe s'accorde toujours en genre et en nombre avec son sujet. *Notre association s'est consacrée à l'amélioration de la langue française.*
CONJUGAISON : VOIR MODÈLE AIMER.

CONSANGUIN, INE adj.
Parent du côté paternel. *Les mariages consanguins sont interdits.* ANT. utérin.

CONSANGUINITÉ n. f.
Parenté du côté paternel.

CONSCIEMMENT adv.
En sachant bien ce que l'on fait. *C'est consciemment, en toute connaissance de cause, qu'ils ont pris cette décision.*
consciemment.

CONSCIENCE n. f.
Sentiment de son existence, connaissance intuitive.
LOCUTIONS
– ***Avoir bonne conscience.*** Avoir le sentiment qu'on a bien agi.
– ***Avoir conscience de.*** Savoir. *Martin a conscience du dévouement de ce professeur.* SYN. se rendre compte.
– ***Avoir conscience que.*** Savoir, sentir. *Il a conscience que la décision est difficile à prendre.*
Dans une phrase affirmative, la locution est suivie du mode indicatif. Dans une phrase négative, la locution peut être suivie du subjonctif ou de l'indicatif. *Je n'avais pas conscience qu'il fût si tard, qu'il était si tard.*
– ***Avoir la conscience large.*** Ne pas être scrupuleux.
– ***Avoir quelque chose sur la conscience.*** Se reprocher quelque chose.
– ***En conscience,*** loc. adv. En toute sincérité.
– ***Par acquit de conscience.*** Pour n'avoir rien à se reprocher.
Dans cette expression, le mot ***acquit*** vient du verbe ***acquitter*** et s'écrit avec un ***t.***
– ***Perdre conscience.*** S'évanouir.
FORME FAUTIVE
*conscience. Anglicisme au sens de ***connaissance.*** *Elle est restée sans connaissance* (et non sans *conscience) *pendant dix minutes à son arrivée à l'hôpital.*
conscience.

CONSCIENCIEUSEMENT adv.
De façon consciencieuse, avec application. *Delphine étudie consciencieusement.*
consciencieusement.

CONSCIENCIEUX, IEUSE adj.
1. Attentif. *Elle est très consciencieuse.* SYN. sérieux.
2. Qui est fait avec exactitude, avec application. *Une étude consciencieuse.* SYN. appliqué; minutieux.
consciencieux.

CONSCIENT, IENTE adj. et n. m.
ADJECTIF
1. Qui a conscience de soi-même, d'un fait. *Il est conscient de la difficulté de ce problème.* SYN. lucide.
2. Qui n'est pas évanoui. *Le blessé est toujours conscient.*
NOM MASCULIN
Ensemble des faits psychiques dont on a conscience. *Le conscient et l'inconscient.*
ANT. inconscient.
conscient.

CONSCIENTISER v. tr.
Sensibiliser à la réalité (sociale, politique, écologique, etc.). *Les enseignants tentent de conscientiser les élèves.*
CONJUGAISON : VOIR MODÈLE AIMER.

CONSÉCRATION n. f.
1. Action de consacrer. *La consécration d'une chapelle.*
2. Confirmation. *La consécration d'un talent.*

CONSÉCUTIF, IVE adj.
1. Qui se suit sans interruption. *Il a travaillé pendant dix semaines consécutives.* SYN. successif.
2. Qui est la suite de. *Un épuisement consécutif à un travail ininterrompu.*

CONSÉCUTIVEMENT adv.
Immédiatement après.
LOCUTION
– ***Consécutivement à,*** loc. prép. À la suite de.

CONSEIL n. m.
1. Avis. *Un bon conseil.* SYN. opinion; suggestion.
2. Assemblée ayant pour mission de donner son avis. *Le conseil scientifique étudiera les divers projets de recherche.*
3. Conseiller. *Un conseil juridique.*
4. Organisme exerçant une fonction consultative. *Le Conseil des Arts du Canada.*
T Le nom ***conseil*** ainsi que l'adjectif qui le précède s'écrivent avec une majuscule initiale lorsque la dénomination désigne un organisme qui a un caractère unique. *Le Conseil supérieur de la langue française. Le Haut Conseil de la francophonie.*
5. Expert d'une profession dont on prend avis. *Une avocate-conseil, un médecin-conseil.*

Ce nom apposé et joint par un trait d'union à un nom de profession prend la marque du pluriel. *Des ingénieurs-conseils.*

LOCUTIONS

– ***Conseil d'administration.*** Groupe de personnes chargées par les actionnaires d'une entreprise d'en orienter la gestion. *Des conseils d'administration. Elle siège au* (et non *sur le) *conseil d'administration* (et non *bureau des directeurs).

T Cette locution est fréquemment abrégée ***c. a., C. A.***

– ***Conseil juridique.*** SYN. conseiller juridique.

– ***Conseil municipal.*** Conseil composé de membres élus et chargés de régler les affaires de la municipalité. *La prochaine réunion du conseil municipal aura lieu mercredi.*

La locution ***conseil de ville,*** emploi ancien et populaire, est à éviter au sens de « conseil municipal » (GDT).

CONSEIL CANADIEN DE LA COOPÉRATION INTERNATIONALE

Sigle ***CCCI*** (s'écrit avec ou sans points).

CONSEIL DE LA LANGUE FRANÇAISE

Sigle ***CLF*** (s'écrit avec ou sans points).

Le 1er octobre 2002, le Conseil supérieur de la langue française (CSLF) a remplacé le Conseil de la langue française (CLF).

CONSEIL DE LA RADIODIFFUSION ET DES TÉLÉCOMMUNICATIONS CANADIENNES

Sigle ***CRTC*** (s'écrit avec ou sans points).

CONSEIL DES ARTS DU CANADA

Sigle ***CAC*** (s'écrit avec ou sans points).

CONSEIL ÉCONOMIQUE DU CANADA

Sigle ***CÉC*** (s'écrit avec ou sans points).

CONSEILLER n. m.
CONSEILLÈRE n. f.

1. Membre de certains conseils. *Un conseiller municipal.*
2. Personne dont la fonction est de donner des conseils dans un domaine spécifique. *Une conseillère pédagogique, un conseiller technique* (et non un *aviseur technique).

LOCUTION

– ***Conseiller, conseillère juridique.*** Avocat. *Vous devriez consulter votre conseiller juridique* (et non votre *aviseur légal). SYN. conseil juridique.

CONSEILLER v. tr.

VERBE TRANSITIF DIRECT

1. ***Conseiller quelque chose à quelqu'un.*** Lui recommander quelque chose. *Paul a conseillé ces cours d'anglais à Françoise. Les cours que Paul lui a conseillés.* SYN. inciter à; préconiser; proposer; suggérer.

Attention à l'accord du participe passé. Le participe passé s'accorde avec le complément direct qui précède le verbe; cependant, si le verbe est suivi d'un infinitif, le participe passé est invariable parce que le verbe est alors transitif indirect. *Les ateliers qu'il lui a conseillé de suivre.*

2. ***Conseiller quelqu'un.*** Lui donner des conseils, des avis, le guider. *Paul l'a bien conseillée. Il a aussi conseillé ses collègues.*

Le participe passé s'accorde avec le complément direct qui précède le verbe.

VERBE TRANSITIF INDIRECT

Conseiller à quelqu'un de + infinitif. *Les cours d'espagnol qu'on lui a conseillé de suivre.* SYN. pousser à; presser.

Dans cette construction où le participe passé est suivi de l'infinitif, le participe passé est invariable.

CONJUGAISON : VOIR MODÈLE AIMER.

Les lettres ***ill*** sont suivies d'un ***i*** à la première et à la deuxième personne du pluriel de l'indicatif imparfait et du subjonctif présent. *(Que) nous conseillions, (que) vous conseilliez.*

CONSEIL RÉGIONAL DES SERVICES SOCIAUX ET DE LA SANTÉ

Sigle ***CRSSS*** (s'écrit avec ou sans points).

CONSEIL SUPÉRIEUR DE LA LANGUE FRANÇAISE

Sigle ***CSLF*** (s'écrit avec ou sans points).

Le 1er octobre 2002, le Conseil supérieur de la langue française (CSLF) a remplacé le Conseil de la langue française (CLF).

C

CONSENSUEL, ELLE adj.

La deuxième syllabe se prononce comme la préposition ***sans,*** [kɔ̃sɑ̃sɥɛl].

Qui découle d'un consensus, d'un accord entre les parties. *Une décision consensuelle.*

CONSENSUS n. m.

Les lettres ***en*** se prononcent ***in*** ou ***en,*** [kɔ̃sɛ̃sys, kɔ̃sɑ̃sys].

Accord, harmonie. *Il faut en venir à un consensus.* SYN. entente.

consensus.

CONSENTANT, ANTE adj.

Qui accepte. *Est-elle consentante ?*

Ne pas confondre avec le participe présent invariable ***consentant.*** *Les parents ne consentant pas au mariage de leur fille avant sa majorité, celle-ci s'est enfuie.*

CONSENTEMENT n. m.

Accord. *Avez-vous son consentement, est-il d'accord ?* SYN. acceptation; approbation.

consentement.

CONSENTIR v. tr.

VERBE TRANSITIF DIRECT

Accepter. *Il ne consentira aucun délai. La banque lui a consenti un prêt.*

VERBE TRANSITIF INDIRECT

Autoriser. *Il consent à le laisser partir. La direction consent à ce que nous prenions congé.* SYN. approuver; permettre.

En ce sens, le verbe se construit avec la préposition ***à.***

LOCUTION

– ***Qui ne dit mot consent*** (Proverbe). Ne pas formuler d'objection, c'est approuver.

CONJUGAISON : VOIR MODÈLE SORTIR.

consentir.

CONSÉQUEMMENT adv.

La troisième syllabe se prononce ***ka,*** [kɔ̃sekamɑ̃].

D'une manière logique, en conséquence.

CONSÉQUENCE n. f.

Résultat, suite de quelque chose. *Il faut essayer de prévoir les conséquences de ce choix.*

LOCUTIONS

– ***Avoir pour conséquence.*** Résulter. *L'inflation aura pour conséquences de hausser les prix et de déprécier la monnaie.*

Le nom ***conséquence*** est au pluriel si l'on veut insister sur le fait qu'il y a plusieurs conséquences.

– ***En conséquence,*** loc. adv. Comme suite logique. *Ces employés ont accompli leur travail à la perfection; en conséquence, ils ont droit à une prime.* SYN. donc.

– ***Ne pas porter, tirer à conséquence.*** Être sans inconvénient, sans suite fâcheuse.

– ***Par voie de conséquence.*** Par suite. « *Il fallait réduire au maximum le rôle de l'État et faire confiance aux marchés pour assurer la prospérité économique — et, par voie de conséquence, selon eux, sociale — du plus grand nombre de citoyens* » (*Le Monde*). SYN. par conséquent.

– ***Sans conséquence.*** Sans inconvénient. *Cette situation est sans conséquence.* SYN. sans importance.

Le nom ***conséquence*** s'écrit au singulier dans ces locutions.

CONSÉQUENT, ENTE adj.
Qui agit d'une manière logique. *Un comportement conséquent.* SYN. cohérent.
LOCUTION
– ***Par conséquent,*** loc. conj. Donc. *André et Juliette ont gagné; par conséquent, ils se partageront les prix.* SYN. en conséquence.
FORME FAUTIVE
*conséquent. Anglicisme au sens de ***appréciable, considérable, important.***

CONSERVATEUR n. m.
CONSERVATRICE n. f.
Personne chargée de l'administration d'une bibliothèque, d'un musée. *Nous consulterons le conservateur.*

CONSERVATEUR, TRICE adj. et n. m. et f.
ADJECTIF
Qui est attaché aux valeurs du passé, aux traditions, aux institutions établies, opposé à une évolution. *Ma grand-mère n'est pas trop conservatrice.* ANT. avant-gardiste; innovateur.
NOM MASCULIN ET FÉMININ
Adepte du Parti conservateur. *Des conservateurs.*
FORMES FAUTIVES
*conservateur. Anglicisme pour ***mesuré, modéré, modeste, pondéré, prudent.*** *Une évaluation prudente* (et non *conservatrice).
*estimé conservateur. Calque de «*conservative estimate*» pour ***évaluation modérée*** ou ***modeste.***

CONSERVATION n. f.
Action de maintenir intact. *La conservation des aliments par le froid.* SYN. préservation.
LOCUTION
– ***Instinct de conservation.*** Instinct qui incite un être à protéger sa vie.

CONSERVATISME n. m.
État d'esprit des conservateurs. *Le conservatisme de ces dinosaures est déprimant.* SYN. immobilisme. ANT. avant-gardisme.

CONSERVATOIRE n. m.
Établissement qui forme des comédiens, des musiciens.

CONSERVE n. f.
1. Substance alimentaire conditionnée dans des boîtes métalliques ou des bocaux. *Des boîtes de conserve* (et non des *cannes). *Mettre en conserve des haricots.*
2. La boîte, le bocal. *Ouvrir une conserve.*
On écrit ***conserves de saumon, de poulet, de bœuf,*** mais ***conserves de légumes, de fruits, de pêches.***
LOCUTIONS
– ***Agir de conserve.*** En accord avec quelqu'un.
– ***Aller de conserve.*** Suivre le même chemin.
– ***De conserve.*** (FIG.) Ensemble.
Ne pas confondre avec ***de concert,*** avec entente, après s'être concerté.
– ***Naviguer de conserve.*** (MAR.) Suivre la même route.

CONSERVÉ, ÉE adj.
– ***Bien conservé.*** Épargné par le temps, qui semble encore jeune. *Il est bien conservé pour ses 80 ans.*
Le mot ne s'emploie que dans cette locution.

CONSERVER v. tr., pronom.
VERBE TRANSITIF
1. Maintenir en bon état. *Le réfrigérateur nous permet de conserver le lait quelques jours.*
2. Ne pas perdre (quelque chose d'abstrait). *Conserve ton calme.*
3. Garder, ne pas se défaire de. *As-tu conservé tes livres de latin? Marianne a conservé des photos de jeunesse.*
VERBE PRONOMINAL
Rester en bon état, se garder frais. *Ces roses se sont conservées longtemps : elles sont encore magnifiques.*
À la forme pronominale, le participe passé de ce verbe s'accorde toujours en genre et en nombre avec son sujet. *Ces petits fruits se sont bien conservés.*
CONJUGAISON : VOIR MODÈLE AIMER.

CONSIDÉRABLE adj.
Important par le nombre, le prix, la force. *Des progrès considérables.* SYN. énorme; grand; immense.

CONSIDÉRABLEMENT adv.
Beaucoup. *L'entreprise s'est développée considérablement.* SYN. énormément.

CONSIDÉRATION n. f.
1. Examen attentif. *Une offre digne de considération.* SYN. réflexion.
2. Raison qui motive une décision, un choix. *Des considérations pratiques.*
3. Estime. *Nous avons beaucoup de considération pour lui.* SYN. égard; respect.
LOCUTIONS
– ***En considération de,*** loc. prép. À cause de, eu égard à, par égard pour. *En considération de son âge, il sera exempté.*
– ***Prendre en considération.*** Tenir compte de. *L'enseignant a pris en considération la mauvaise santé d'Éric.*
FORMES FAUTIVES
*considération. Anglicisme au sens de ***contrepartie financière, rémunération, rétribution, somme d'argent.***
*considérations futures. Anglicisme pour ***contrepartie financière ultérieure.***
*pour, sous aucune considération. Calque de «*on no consideration*» pour ***à aucun prix, en aucun cas, sous aucun prétexte.***

CONSIDÉRER v. tr., pronom.
VERBE TRANSITIF
1. Examiner attentivement. *Considérer un problème sous tous ses aspects.* SYN. étudier.
2. Estimer, juger. *Le directeur la considère comme* (et non la *considère) *compétente.* SYN. tenir pour.
Ce verbe doit être suivi de la conjonction ***comme*** pour introduire l'attribut du complément direct.
3. Apprécier. *La fondatrice de ce musée est bien considérée.*
VERBE PRONOMINAL
1. Se juger soi-même. *Il se considère comme un piètre orateur.*
2. S'examiner l'un l'autre. *Les adversaires se sont considérés un bref instant, puis ont entamé le combat.*
À la forme pronominale, le participe passé de ce verbe s'accorde toujours en genre et en nombre avec son sujet. *Elles se sont toujours considérées comme des privilégiées.*
LOCUTIONS
– ***Considérer le pour et le contre.*** Étudier les avantages et les inconvénients. *Avant de prendre cette décision, nous devons considérer le pour et le contre.*
– ***Tout bien considéré.*** Réflexion faite. *Tout bien considéré, nous acceptons.*
CONJUGAISON : VOIR MODÈLE POSSÉDER.
Le ***é*** se change en ***è*** devant une syllabe contenant un ***e*** muet, sauf à l'indicatif futur et au conditionnel présent. *Je considère,* mais *je considérerai.*
[Les *Rectifications* (1990) admettent : il considèrera, considèrerait...]

CONSIGNATION n. f.
1. Action de mettre quelque chose en dépôt, à titre de garantie.
2. Action de consigner un emballage.

CONSIGNE n. f.
1. Instructions. *Voici la consigne : départ à 15 heures.*
2. Somme remboursable destinée à la récupération des emballages. *Rapporte ces bouteilles à la maison, on te remettra un dollar de consigne* (et non *dépôt).
3. Service chargé de conserver les bagages. *Mettre ses valises à la consigne.*

CONSIGNER v. tr.
1. Déposer une somme en garantie.
2. Rapporter dans un document. *Consigner un fait dans un rapport.*
LOCUTIONS
– ***Emballage consigné.*** Emballage dont on rembourse une partie du prix au consommateur. *Des bouteilles consignées.*
– ***Emballage non consigné*** ou ***emballage perdu.*** Emballage jetable.
CONJUGAISON : VOIR MODÈLE AIMER.
Les lettres ***gn*** sont suivies d'un ***i*** à la première et à la deuxième personne du pluriel de l'indicatif imparfait et du subjonctif présent. *(Que) nous consignions, (que) vous consigniez.*

CONSISTANCE n. f.
1. État d'un corps plus ou moins ferme. *La consistance molle de la gélatine.*
2. Fermeté, force. *Un raisonnement sans consistance.* SYN. solidité.

CONSISTANT, ANTE adj.
1. Qui a de la cohésion, de la solidité. *Une démonstration consistante.* SYN. cohérent ; logique ; structuré.
2. Copieux. *Un plat consistant.*
FORME FAUTIVE
*être consistant avec. Calque de «*to be consistent with*» pour ***être compatible avec, être conforme à, être en accord avec.***

CONSISTER v. tr. ind.
1. Être composé de. *Ce dessert savoureux consiste en un mélange de chocolat et de noisettes.* SYN. se composer.
En ce sens, le verbe se construit avec la préposition ***en.***
2. Avoir comme caractère essentiel. *Son projet consiste à agrandir l'école.*
En ce sens, le verbe se construit avec la préposition ***à.***
CONJUGAISON : VOIR MODÈLE AIMER.

CONSŒUR n. f.
Femme qui appartient à une même profession, à une même société, considérée par rapport aux autres membres.
Ne pas confondre avec les noms suivants :
• ***camarade,*** amie, surtout chez les enfants, les adolescentes ;
• ***collègue,*** personne avec qui l'on travaille ;
• ***compagne,*** personne avec qui l'on fait un travail manuel, un voyage ;
• ***copine,*** camarade intime.
La forme masculine de ce nom est ***confrère.***

CONSOLABLE adj.
Qui peut être consolé.

CONSOLANT, ANTE adj.
Qui apporte du réconfort, qui soulage le chagrin de quelqu'un. *Des paroles consolantes. « Elle m'apaisa avec de bonnes paroles consolantes »* (Gabrielle Roy, *La Détresse et l'Enchantement*). ANT. affligeant ; attristant ; désolant.

CONSOLATEUR, TRICE adj.
Qui cherche à consoler, à réconforter.

CONSOLATION n. f.
Réconfort apporté à la peine de quelqu'un. SYN. apaisement ; soulagement. ANT. affliction ; désolation.
LOCUTION
– ***Prix de consolation.*** Prime accordée à un candidat qui n'a pas reçu le premier prix, le gros lot, etc.

CONSOLE n. f.
1. Table de salon à deux pieds courbes, scellée dans le mur.
2. (INFORM.) Périphérique d'un ordinateur.
console

CONSOLER v. tr., pronom.
VERBE TRANSITIF
Réconforter, tenter de soulager le chagrin de quelqu'un. *Madeleine a consolé Fanny, qui s'était blessée au genou.* SYN. apaiser ; (FAM.) remonter.
VERBE PRONOMINAL
Oublier son chagrin. *Fanny s'est consolée dans les bras de sa maman.*
À la forme pronominale, le participe passé de ce verbe s'accorde toujours en genre et en nombre avec son sujet. *Les enfants ne se sont pas consolés de la disparition de leur chien Filou.*
CONJUGAISON : VOIR MODÈLE AIMER.

CONSOLIDATION n. f.
1. Action de consolider. *La consolidation d'un mur qui s'effritait.* SYN. renforcement ; réparation.
2. (COMPT.) Dans un groupe d'entreprises, mise en commun des comptes.

CONSOLIDER v. tr.
1. Rendre plus solide. *Consolider un mur, une construction. Ses succès ont consolidé son pouvoir.* SYN. fortifier ; renforcer.
2. (COMPT.) Mettre en commun des comptes. *Consolider des bilans.*
CONJUGAISON : VOIR MODÈLE AIMER.

CONSOMMATEUR, TRICE n. m. et f.
Utilisateur d'un bien. *La protection des consommateurs.*
Pour désigner la personne qui utilise un service, on emploiera les mots ***usager, utilisateur.*** *Les usagers du transport en commun, les utilisateurs de la bureautique.*

CONSOMMATION n. f.
1. Utilisation d'un produit. *La consommation d'essence de cette voiture est trop élevée.*
2. Ce qu'on boit dans un établissement. *Le tarif des consommations.*

CONSOMMÉ, ÉE adj. et n. m.
ADJECTIF
Accompli. *Un art consommé.* SYN. achevé ; parfait.
NOM MASCULIN
Bouillon. *Un consommé de bœuf.*

CONSOMMER v. tr., intr., pronom.
VERBE TRANSITIF
1. (LITT.) Accomplir, achever. *Consommer un crime.*
2. Absorber quelque chose pour se nourrir. *Il a consommé un verre de lait.*
3. Utiliser une source d'énergie. *Consommer de l'essence.*
Ne pas confondre avec le verbe ***consumer,*** détruire par le feu.
VERBE INTRANSITIF
Prendre une consommation.
VERBE PRONOMINAL
Se manger. *Ce potage se consomme froid ou chaud, selon la saison.*
À la forme pronominale, le participe passé de ce verbe s'accorde toujours en genre et en nombre avec son sujet. *Ces plats se sont consommés avec délectation.*
CONJUGAISON : VOIR MODÈLE AIMER.

CONSONANCE n. f.
Accord harmonieux de sons. ANT. dissonance.
consonance.

CONSONNE n. f.
1. Phonème, son du langage. *Les consonnes et les voyelles.*
2. Lettre représentant ce son. L, m, n *sont des consonnes, alors que* a, e, i, o, u *sont des voyelles.*
Si les consonnes étaient féminines autrefois, elles sont aujourd'hui du genre masculin. *Un* s (et non plus **une* s).

CONSORT adj. m.
Époux d'une reine, sans être roi. *Philippe d'Édimbourg, le prince consort.*

CONSORTIUM n. m.
La dernière syllabe se prononce ***siomme***, [kɔ̃sɔrsjɔm].
Regroupement d'entreprises. *Des consortiums géants.*

CONSPIRATEUR, TRICE adj. et n. m. et f.
Personne qui participe à une conspiration.

CONSPIRATION n. f.
Complot.

CONSPIRER v. tr., intr.
VERBE TRANSITIF
(LITT.) Préparer. *Conspirer la faillite d'une entreprise.*
VERBE INTRANSITIF
Organiser une conspiration. *Conspirer contre la monarchie.*
CONJUGAISON : VOIR MODÈLE AIMER.

CONSPUER v. tr.
Huer. *Conspuer un conférencier.*
CONJUGAISON : VOIR MODÈLE AIMER.

CONSTAMMENT adv.
Toujours. *Éric est constamment en retard.* SYN. sans cesse ; tout le temps.

CONSTANCE n. f.
1. Qualité de la personne qui ne change pas de sentiment, d'avis.
2. Permanence, qualité de ce qui se maintient. *La constance d'une amitié.* SYN. stabilité.

CONSTANT, ANTE adj.
1. Qui ne change pas. *Une température constante.* SYN. invariable.
2. Qui dure. *Elle a fait preuve d'une patience constante.* SYN. continu ; durable ; permanent.

CONSTAT n. m.
1. Acte officiel de constatation. *Établir, dresser un constat.*
2. (FIG.) Bilan. *Un constat d'échec.*
LOCUTION
– ***Constat amiable.*** Formulaire utilisé en cas de collision entre véhicules terrestres à moteur ayant entraîné des dommages matériels, destiné à recueillir certains renseignements indispensables aux entreprises d'assurance, à relever objectivement et contradictoirement certains faits (Recomm. off.).
constat.

CONSTATABLE adj.
Que l'on peut noter, constater. *Des progrès constatables.* SYN. notable.

CONSTATATION n. f.
1. Action de constater. *La constatation d'une anomalie.* SYN. observation.
2. Chose constatée. *Elle a fait une constatation inquiétante : il y a de l'eau dans la cave.*

CONSTATER v. tr.
Établir la vérité d'un fait, la réalité de quelque chose. SYN. noter ; observer ; remarquer.
CONJUGAISON : VOIR MODÈLE AIMER.

CONSTELLATION n. f.
Groupe d'étoiles formant une figure. *Les constellations de la Vierge, de la Grande Ourse.*
T Les noms des planètes, des constellations, des étoiles et des signes du zodiaque s'écrivent avec une majuscule.
Le nom ***constellation*** a été formé à partir du mot latin «*stella*» qui signifie « étoile ».
VOIR – ASTRE.

CONSTELLER v. tr.
1. Parsemer d'astres. *Les étoiles qui constellent le ciel.*
2. Couvrir de. *Un costume constellé de pierreries.*
CONJUGAISON : VOIR MODÈLE AIMER.

CONSTERNATION n. f.
Grande douleur morale, accablement. *Nous avons appris avec consternation la nouvelle de cet accident grave.* SYN. désolation.
Ne pas confondre avec les noms suivants :
- ***affliction***, peine profonde ;
- ***chagrin***, tristesse ;
- ***douleur***, souffrance physique ou morale ;
- ***peine***, douleur morale ;
- ***prostration***, abattement causé par la douleur.

CONSTERNER v. tr.
Affliger, désoler grandement. *La nouvelle de cet accident nous a consternés.* SYN. accabler ; atterrer ; navrer.
CONJUGAISON : VOIR MODÈLE AIMER.

CONSTIPANT, ANTE adj.
Qui constipe. *Des plats constipants.*

CONSTIPATION n. f.
Difficulté à évacuer les selles. *Certains aliments causent de la constipation.* ANT. diarrhée.

CONSTIPÉ, ÉE adj. et n. m. et f.
1. Qui souffre de constipation.
2. (FIG.) Guindé.

CONSTIPER v. tr.
Rendre l'évacuation des selles difficile.
CONJUGAISON : VOIR MODÈLE AIMER.

CONSTITUANT, ANTE adj.
Qui entre dans la constitution, la composition de quelque chose.

CONSTITUÉ, ÉE adj.
1. D'une constitution bonne ou mauvaise.
2. Établi par la Constitution, la loi.

CONSTITUER v. tr., pronom.
VERBE TRANSITIF
1. Regrouper des éléments pour composer un tout. *Un abri constitué de planches* ou *par des planches.* SYN. composer ; former.
2. Organiser, établir. *Constituer une société.* SYN. créer ; fonder.
3. Représenter. *Ce dangereux individu, qui est en liberté, constitue une menace pour la société.*
VERBE PRONOMINAL
Se livrer aux autorités, se rendre. *Se constituer prisonnier.*
À la forme pronominale, le participe passé de ce verbe s'accorde toujours en genre et en nombre avec son sujet. *Elle s'est constituée prisonnière.*
CONJUGAISON : VOIR MODÈLE AIMER.

CONSTITUTIF, IVE adj.
Qui établit juridiquement quelque chose. *Les statuts constitutifs.*

CONSTITUTION n. f.
1. Composition. *La constitution d'un dossier de candidature.*
2. Organisation politique d'un État. *Le rapatriement de la Constitution.*
T En ce sens, le nom s'écrit avec une majuscule initiale.

CONSTITUTIONNEL, ELLE adj.
Conforme à la Constitution d'un État. *Une réforme constitutionnelle.*

CONSTITUTIONNELLEMENT adv.
De façon conforme à la Constitution.

CONSTRICTEUR adj. m.
Se dit d'un boa de grande taille.

CONSTRUCTEUR n. m.
CONSTRUCTRICE n. f.
ADJECTIF
Qui construit (en parlant des personnes).

NOM MASCULIN ET FÉMININ
Personne, entreprise qui réalise des constructions ou qui construit pour le compte d'autrui. *Un constructeur immobilier. Un constructeur d'avions, de voitures.* SYN. fabricant.
Dans le domaine aéronautique ou automobile, on emploie plutôt la désignation ***constructeur.*** Les noms ***fabricant*** ou ***industriel*** sont à préférer au nom ***manufacturier,*** qui est vieilli.

CONSTRUCTIBLE adj.
Où l'on a le droit de construire, en parlant d'un terrain. *Dans l'arrondissement d'Outremont, il y a peu de terrains constructibles.*

CONSTRUCTIF, IVE adj.
Qui est positif, qui est propre à construire en proposant des améliorations. *Un avis constructif. Des critiques constructives.* ANT. destructif; négatif.

CONSTRUCTION n. f.
1. Ensemble des techniques qui permettent de bâtir des immeubles, des routes, des ponts, etc. *Son papa travaille dans* (et non *sur) *la construction.*
2. Action de construire. *La construction d'une maison.*
3. Ce qui est construit. *Des constructions modernes.* SYN. bâtiment; immeuble; maison.
4. (GRAMM.) Façon d'agencer les mots d'une phrase. *La construction d'un verbe et d'un complément.* SYN. syntaxe.

CONSTRUIRE v. tr., pronom.
VERBE TRANSITIF
Bâtir. *Julien aime construire des châteaux de sable.*
VERBE PRONOMINAL
Recevoir une construction grammaticale. *Ce verbe se construit avec l'auxiliaire* avoir.
À la forme pronominale, le participe passé de ce verbe s'accorde toujours en genre et en nombre avec son sujet. *Ces maisons se sont construites en peu de temps.*
CONJUGAISON : VOIR MODÈLE CONDUIRE.

CONSUL n. m.
CONSULE n. f.
Agent diplomatique chargé de défendre les intérêts des ressortissants de son pays, dans un pays étranger.

CONSULAIRE adj.
Relatif à un consulat. *Le corps consulaire.*

CONSULAT n. m.
1. Charge de consul.
2. Bureaux du consul. *Le consulat du Liban.*
consulat.

CONSULTANT n. m.
CONSULTANTE n. f.
Personne qui agit à titre de conseiller. *Une consultante en informatique.*
Le nom ***consultant*** peut également désigner la personne qui demande un avis.

CONSULTATIF, IVE adj.
Qui est constitué pour donner des avis. *Un comité consultatif.*

CONSULTATION n. f.
Action de donner un avis (médical, juridique, linguistique, etc.). *Cet omnipraticien a demandé* (et non *fait) *une consultation médicale à un spécialiste. Un service de consultations terminologiques.* SYN. conseil.
LOCUTIONS
– ***Consultation psychologique.*** Forme d'intervention psychologique et sociale qui a pour but d'aider quelqu'un à surmonter les difficultés d'adaptation ou d'ordre psychologique qui l'empêchent de fonctionner adéquatement dans une situation donnée (GDT). SYN. counseling; counselling.
– ***Consultations externes.*** (MÉD.) Examen médical de malades externes à l'hôpital. *Vous avez rendez-vous jeudi pour Martin aux consultations externes* (et non à la *clinique externe) *de pédiatrie.*

CONSULTER v. tr., pronom.
VERBE TRANSITIF
1. S'adresser à quelqu'un pour prendre son avis. *Il doit consulter un avocat.* SYN. demander conseil à.
2. Utiliser une source de renseignements. *Consulter un dictionnaire, sa montre.* SYN. examiner.
VERBE PRONOMINAL
Échanger des avis, des conseils, en parlant de deux ou plusieurs personnes. *Elles s'étaient consultées avant de prendre cette décision.*
À la forme pronominale, le participe passé de ce verbe s'accorde toujours en genre et en nombre avec son sujet. *Ces collègues se sont consultés pour choisir les candidats les plus valables.*
CONJUGAISON : VOIR MODÈLE AIMER.

CONSUMER v. tr., pronom.
VERBE TRANSITIF
Détruire par le feu. *La ville est à demi consumée.*
Ne pas confondre avec le verbe ***consommer,*** détruire par l'usage.
VERBE PRONOMINAL
1. Être détruit par le feu. *La forêt s'est consumée pendant plusieurs jours malgré la lutte farouche des pompiers du ciel.*
2. Dépenser toute énergie, ses forces. *Les sauveteurs se sont vainement consumés en efforts.*
À la forme pronominale, le participe passé de ce verbe s'accorde toujours en genre et en nombre avec son sujet. *Ces personnes endeuillées se sont consumées de chagrin.*
CONJUGAISON : VOIR MODÈLE AIMER.

***CONSUMÉRISME**
Anglicisme pour ***protection du consommateur.***

CONTACT n. m.
1. État de deux corps, de deux substances qui se touchent. *Le contact de la laine irrite sa peau.*
2. Liaison. *Jean n'est plus en contact avec son ami d'enfance.* SYN. rapport; relation.
LOCUTIONS
– ***Au contact de,*** loc. prép. Sous l'influence de. *Au contact de ses amis, elle a beaucoup changé.*
– ***Verre de contact, lentille de contact.*** Verre correcteur que l'on applique directement sur la cornée. *Des verres de contact jetables.*

CONTACTER v. tr., pronom.
VERBE TRANSITIF
Prendre contact avec. *Il faudrait contacter des clients éventuels.*
VERBE PRONOMINAL
Se mettre en contact avec quelqu'un. *C'est entendu, nous nous contacterons au début du mois prochain.*
À la forme pronominale, le participe passé de ce verbe s'accorde toujours en genre et en nombre avec son sujet. *Ils se sont contactés dès leur arrivée à Montréal.*
Ce verbe, emprunté à l'anglais au XIXe siècle, est critiqué par certains auteurs, mais il est passé dans l'usage. On pourra lui préférer les expressions ***entrer en rapport avec, entrer en relation avec, joindre, prendre contact avec, toucher quelqu'un.***
CONJUGAISON : VOIR MODÈLE AIMER.

CONTAGIEUX, IEUSE adj.
1. Qui se transmet par contagion. *La varicelle est une maladie très contagieuse.* SYN. transmissible.
2. (FIG.) Qui se communique facilement. *Une ferveur contagieuse.* SYN. communicatif.
contagieux.

C

CONTAGION n. f.
Transmission d'une maladie à une autre personne. *On peut attraper la grippe par contagion.*

***CONTAINER**
Anglicisme pour ***conteneur.***

CONTAMINATION n. f.
Action de contaminer. *La contamination de l'eau par des produits chimiques.*

CONTAMINER v. tr.
1. Transmettre une maladie contagieuse, un défaut à. *Cet écolier avait la varicelle et il a contaminé quelques camarades.* SYN. infecter.
2. Souiller. *L'eau est contaminée par des produits chimiques.*
CONJUGAISON : VOIR MODÈLE AIMER.

CONTE n. m.
Court récit de fiction destiné à distraire. *Un conte de fées.* Le Petit Chaperon rouge *est un conte de Perrault.*
HOM.
• ***compte,*** tableau où figurent, en débits ou en crédits, les variations de l'actif ou du passif et les résultats ;
• ***comte,*** titre de noblesse.

CONTEMPLATEUR, TRICE n. m. et f.
Personne qui contemple.

CONTEMPLATIF, IVE adj. et n. m. et f.
ADJECTIF
Qui se plaît dans la méditation, dans un état mystique où l'âme se détache de tout pour se concentrer sur Dieu. *Une religieuse contemplative. Un ordre contemplatif.*
NOM MASCULIN ET FÉMININ
Une contemplative.

CONTEMPLATION n. f.
1. État mystique, méditation où l'âme se concentre sur Dieu.
2. Action de regarder attentivement et d'admirer. *La contemplation d'un beau paysage.* SYN. observation.

CONTEMPLER v. tr., pronom.
VERBE TRANSITIF
1. Considérer attentivement et admirer. *Les enfants contemplent la mer.* SYN. observer.
2. (LITT.) Être absorbé par la méditation.
VERBE PRONOMINAL
1. Se regarder avec attention. *Ils se sont contemplés d'un air ahuri.*
2. S'admirer. *Ces jeunes filles se contemplent dans la glace.*
À la forme pronominale, le participe passé de ce verbe s'accorde en genre et en nombre avec le complément direct si celui-ci le précède. *Elle s'est contemplée dans le miroir avec étonnement.* Le participe passé reste invariable si le complément direct suit le verbe. *Les jumelles se sont contemplé le visage.*
CONJUGAISON : VOIR MODÈLE AIMER.

CONTEMPORAIN, AINE adj. et n. m. et f.
1. Qui est de la même époque que. *Jean Lesage et René Lévesque étaient contemporains.*
L'adjectif se construit avec la préposition ***de.*** *René Lévesque était contemporain de Jean Lesage.*
2. Qui appartient au temps présent. *Maman préfère la musique classique à la musique contemporaine.* SYN. actuel ; d'aujourd'hui. ANT. ancien ; futur.

CONTEMPORANÉITÉ n. f.
Caractère de ce qui est contemporain. SYN. actualité ; modernité.

CONTENANCE n. f.
Capacité. *La contenance d'une bouteille.*
LOCUTIONS
– ***Faire bonne contenance.*** Conserver la maîtrise de soi. *Annie a fait bonne contenance devant ses camarades.*
– ***Perdre contenance.*** Perdre son calme, son assurance.

CONTENANT n. m.
Ce qui contient. *Le contenant et le contenu. Un contenant de deux litres.* SYN. récipient.

CONTENEUR n. m.
Caisse métallique destinée au transport des marchandises. *Il a loué un conteneur* (et non un *container).

CONTENIR v. tr., pronom.
VERBE TRANSITIF
1. Avoir la capacité de. *Cette bouteille contient trois litres.*
2. Comprendre. *Ce dictionnaire contient 1800 pages.* SYN. comporter ; inclure.
3. Être composé de. *Ce sol contient de l'argile.*
VERBE PRONOMINAL
Se maîtriser. *Il n'a pas réussi à se contenir et l'a insulté.* SYN. se calmer.
À la forme pronominale, le participe passé de ce verbe s'accorde toujours en genre et en nombre avec son sujet. *Elle s'est contenue avec facilité.*
CONJUGAISON : VOIR MODÈLE VENIR.

CONTENT, ENTE adj.
Satisfait de son sort. *Ève est contente, car elle s'en va faire du ski demain.* SYN. heureux ; ravi.
LOCUTION
– ***Avoir son content.*** Être comblé, satisfait.
HOM. ***comptant,*** en espèces.

CONTENTEMENT n. m.
État d'une personne contente. *Son contentement faisait plaisir à voir.* SYN. satisfaction.

CONTENTER v. tr., pronom.
VERBE TRANSITIF
Satisfaire. *Ces résultats les ont contentés.* SYN. combler ; ravir.
VERBE PRONOMINAL
Se borner à. *Je me contenterai d'une glace.* SYN. s'accommoder ; se satisfaire.
À la forme pronominale, le verbe se construit avec la préposition ***de.***
À la forme pronominale, le participe passé de ce verbe s'accorde toujours en genre et en nombre avec son sujet. *Ils se sont contentés de les saluer.*
CONJUGAISON : VOIR MODÈLE AIMER.

CONTENTIEUX, IEUSE adj. et n. m.
ADJECTIF
Litigieux. *Des affaires contentieuses.*
NOM MASCULIN
Service d'une entreprise, d'un organisme qui s'occupe des affaires litigieuses.
Le (service du) contentieux ne s'occupe que des affaires litigieuses, alors que le service juridique se charge de toutes les questions relatives au droit.

CONTENU, UE adj. et n. m.
ADJECTIF
Qui se maîtrise. *Une rage contenue.*
NOM MASCULIN
1. Ce qui est dans un contenant. *Le contenu d'une tasse.*
2. Substance. *Quel est le contenu du message ?*

CONTER v. tr.
1. Faire un récit d'une façon agréable. *On a conté à Fanny l'histoire de la Belle au bois dormant.*
Ne pas confondre avec les verbes suivants :
• ***narrer,*** faire un récit relativement long ;
• ***rapporter,*** faire un récit authentique ;
• ***relater,*** rapporter un fait historique.
2. Raconter pour tromper. *Conter des mensonges.*
LOCUTIONS
– ***Conter des peurs.*** (FAM.) Raconter des histoires invraisemblables.
– ***Conter fleurette.*** Faire la cour.

HOM. ***compter,*** dénombrer.
CONJUGAISON : VOIR MODÈLE AIMER.

CONTESTABLE adj.
Qui peut être contesté, remis en question. *Des propos contestables.*

CONTESTATAIRE n. m. et f.
Personne qui remet en cause l'ordre social. *Ces contestataires manifestent leur opposition.*

CONTESTATION n. f.
1. Refus systématique de l'ordre social.
2. Débat, controverse.
☞ L'expression ***sans contestation*** s'écrit au singulier.

CONTESTE (SANS) loc. adv.
Incontestablement. *Il sera lauréat sans conteste.*

CONTESTER v. tr., intr.
VERBE TRANSITIF
Refuser de reconnaître un fait, un droit, une opinion. *Cette décision est très contestée. Nous avons contesté ce choix.* SYN. critiquer ; discuter.
VERBE INTRANSITIF
Faire de la contestation. *Ces étudiants sont toujours prêts à contester.*
1° À la forme affirmative, le verbe se construit avec le mode subjonctif. *Ils contestent que l'entreprise ait pris les mesures nécessaires.*

2° À la forme négative ou interrogative, le verbe peut se construire avec le subjonctif, l'indicatif ou le conditionnel. *Je ne conteste pas que le directeur soit équitable.*

3° L'emploi du mode indicatif est fréquent lorsqu'on veut exprimer un fait certain, tandis que le conditionnel sert à exprimer une possibilité. *Elle ne conteste pas que ce serait la solution la plus facile.*
CONJUGAISON : VOIR MODÈLE AIMER.

CONTEUR, EUSE n. m. et f.
Personne qui raconte bien. *Grand-papa est un bon conteur.*
HOM. ***compteur,*** appareil de mesure.

CONTEXTE n. m.
Situation globale. *Le contexte économique. Il importe de replacer ce commentaire dans son contexte. Une citation hors contexte.* SYN. environnement.

CONTEXTUALISATION n. f.
Action de situer dans son contexte. SYN. mise en contexte.

CONTEXTUALISER v. tr.
Situer un fait donné dans son contexte, c'est-à-dire en précisant les circonstances dans lesquelles il s'insère. *Il importe de contextualiser cette citation pour mieux en comprendre la portée.* SYN. mettre en contexte.
CONJUGAISON : VOIR MODÈLE AIMER.

CONTEXTUEL, ELLE adj.
Relatif au contexte. *Des données contextuelles.*

CONTIGU, ÜE ou **UË** adj.
Attenant. *Deux maisons contigües* ou *contiguës.*
☞ Ne pas confondre avec l'adjectif ***proche,*** qui n'est pas éloigné.

CONTIGÜITÉ ou **CONTIGUÏTÉ** n. f.
État de deux ou plusieurs choses contiguës. *La contigüité* ou *contiguïté de ces jardins.*

CONTINENCE n. f.
Abstinence des plaisirs sexuels.

CONTINENT, ENTE adj. et n. m.
ADJECTIF
Qui vit dans la continence.
NOM MASCULIN
1. Grande étendue émergée de la surface terrestre. *L'Amérique est un grand continent.*
2. La terre ferme, par opposition aux îles voisines.

CONTINENTAL, ALE, AUX adj.
Relatif à un continent. *Le climat continental. Les hivers continentaux.*

CONTINGENCE n. f.
Évènement sans importance.

CONTINGENT n. m.
Quantité déterminée.

CONTINGENT, ENTE adj.
Qui peut avoir lieu ou non. *Des évènements contingents.* SYN. aléatoire. ANT. nécessaire.
FORME FAUTIVE
*être contingent à. Calque de «*to be contingent to*» pour ***dépendre de, être relatif à, être subordonné à.***

CONTINGENTEMENT n. m.
Limitation des importations ou des exportations au cours d'une période donnée. *Le contingentement des importations.*

CONTINGENTER v. tr.
Limiter les importations de. *L'importation des chaussures est contingentée.*
CONJUGAISON : VOIR MODÈLE AIMER.

CONTINU, UE adj.
1. Qui n'est pas interrompu dans le temps. *Des bruits continus l'empêchent de se concentrer. Un travail continu depuis 20 heures.* SYN. constant ; permanent.
2. Qui n'est pas interrompu dans l'espace. *Un trait continu.* ANT. discontinu.

CONTINUATION n. f.
Action de poursuivre ce qui est commencé. *Bonne continuation !* SYN. prolongement ; suite.

CONTINUEL, ELLE adj.
Qui ne s'arrête jamais. *Une pluie continuelle. La rotation continuelle de la Terre autour du Soleil.* SYN. constant ; continu ; perpétuel.

CONTINUELLEMENT adv.
1. Sans interruption. *Le bébé est souffrant, il pleure continuellement.* SYN. constamment ; sans cesse.
2. Souvent. *On sonne continuellement à la porte pour nous proposer des articles.*

CONTINUER v. tr., intr., pronom.
VERBE TRANSITIF
Poursuivre ce qui est commencé. *Continuer ses études. Il continue à chanter.*
Le verbe se construit avec les prépositions ***à, de,*** mais plus fréquemment avec ***à.*** La préposition ***de*** sera surtout employée pour éviter un hiatus. *Elle continue d'aimer la musique* (plutôt que « à aimer »).
VERBE INTRANSITIF
Se poursuivre. *La fête continue.* SYN. durer.
VERBE PRONOMINAL
Ne pas être interrompu. *La fête s'est continuée toute la nuit.*
À la forme pronominale, le participe passé de ce verbe s'accorde toujours en genre et en nombre avec son sujet. *La grève s'est continuée plusieurs jours.*
CONJUGAISON : VOIR MODÈLE AIMER.

CONTINUITÉ n. f.
Durée ininterrompue. *Assurer la continuité de l'action entreprise, c'est-à-dire continuer dans le même sens.* SYN. permanence.
LOCUTION
– ***Solution de continuité.*** Interruption brusque à l'intérieur d'une suite.
☞ Cette expression est souvent perçue comme une continuité, alors qu'elle désigne une rupture.
FORME FAUTIVE
*continuité. Anglicisme au sens de ***feuilleton.*** *Les feuilletons* (et non les *continuités) *pullulent à la télévision.*

CONTINÛMENT adv.
D'une manière soutenue. *Ils travaillent continûment, vite et bien.*
[Les *Rectifications* (1990) admettent : continument.]

CONTINUUM n. m.
Les lettres finales ***um*** se prononcent ***om***, le mot rime avec ***homme***, [kɔ̃tinɥɔm].
Suite d'éléments que l'on peut envisager de façon continue, sans rupture.

CONTONDANT, ANTE adj.
Qui meurtrit et blesse sans couper. *Un objet contondant.*

CONTORSION n. f.
Mouvement acrobatique caractérisé par des torsions. *Cette athlète fait des contorsions très difficiles.*

CONTORSIONNER (SE) v. pronom.
Faire des contorsions. *Le clown se contorsionne admirablement.*
Le participe passé de ce verbe, qui n'existe qu'à la forme pronominale, s'accorde toujours en genre et en nombre avec son sujet. *Ils se sont contorsionnés de façon étonnante.*
CONJUGAISON : VOIR MODÈLE AIMER.

CONTORSIONNISTE n. m. et f.
Acrobate qui peut se tordre dans tous les sens. *Au Cirque du Soleil, nous avons vu une contorsionniste remarquable qui semblait faite en caoutchouc.*

CONTOUR n. m.
Bord, limite extérieure. *Le contour de la patinoire est éclairé.* SYN. périphérie.

CONTOURNER v. tr.
1. Faire le tour de. *Contourner une ville.*
2. Se soustraire adroitement à une difficulté. *Elles ont contourné le problème en proposant un nouveau type de financement.* SYN. éluder ; escamoter ; éviter.
CONJUGAISON : VOIR MODÈLE AIMER.

CONTRA- préf.
Élément du latin signifiant « contre ». *Contraception.*

CONTRACEPTIF, IVE adj. et n. m.
ADJECTIF
Relatif à la contraception.
NOM MASCULIN
Moyen propre à empêcher la conception. *Un contraceptif oral.*

CONTRACEPTION n. f.
Ensemble des méthodes visant à éviter la fécondation. *Le condom est un moyen de contraception.*

CONTRACTANT, ANTE adj. et n. m. et f.
ADJECTIF
(DR.) Qui passe un contrat. *Les parties contractantes.*
NOM MASCULIN ET FÉMININ
Les contractants devront signer devant notaire.

CONTRACTER v. tr., pronom.
VERBE TRANSITIF
1. Diminuer de volume. *Le froid contracte les métaux.*
2. Raidir, rendre plus ferme. *Contracte tes muscles !*
3. S'engager par contrat. *Il a contracté une assurance, des dettes.*
4. Acquérir (une mauvaise habitude), attraper (une maladie). *Elle a contracté* (et non *développé) *une grippe.*
VERBE PRONOMINAL
1. Se resserrer. *Le muscle se contracte.*
2. Se crisper. *Ne te contracte pas ainsi : le dentiste ne te fera pas mal.* ANT. se détendre.
À la forme pronominale, le participe passé de ce verbe s'accorde toujours en genre et en nombre avec son sujet. *Ses muscles se sont contractés.*
CONJUGAISON : VOIR MODÈLE AIMER.

***CONTRACTEUR**
Anglicisme pour ***entrepreneur.***

CONTRACTILE adj.
Qui est susceptible de contraction.

CONTRACTILITÉ n. f.
Possibilité que possèdent certains corps de se contracter, de se détendre alternativement.

CONTRACTION n. f.
Resserrement. *La contraction d'un muscle.*

CONTRACTUEL, ELLE adj. et n. m. et f.
ADJECTIF
Qui est stipulé par contrat. *Une clause contractuelle.*
NOM MASCULIN ET FÉMININ
Agent non fonctionnaire. *Engager des contractuels. Une contractuelle expérimentée.*

CONTRACTUELLEMENT adv.
Par contrat. *Fixer des droits d'auteur contractuellement.*

CONTRADICTION n. f.
1. Action de dire le contraire de ce qui a été dit. *Il y a des contradictions dans son discours.*
2. Incompatibilité de deux notions, de deux affirmations.

CONTRADICTOIRE adj.
Contraire à ce qui a déjà été dit. *Cette affirmation est contradictoire.*

CONTRAGESTIF, IVE adj. et n. m.
Qui neutralise la progestérone, hormone indispensable à l'implantation de l'embryon et au maintien de la grossesse. *La pilule contragestive. Ce médicament est un contragestif.* SYN. abortif.

CONTRAIGNANT, ANTE adj.
Qui contraint. *Des conditions trop contraignantes.* SYN. pénible.

CONTRAINDRE v. tr., pronom.
VERBE TRANSITIF
Forcer quelqu'un à agir contre son gré. *Je suis contrainte par les circonstances à agir. Elle s'est vue contrainte de donner son accord.* SYN. obliger.
VERBE PRONOMINAL
Se forcer, s'obliger à faire quelque chose de pénible. *Ces personnes hautement contagieuses se sont contraintes à l'isolement, à rester à l'écart.*
À la forme pronominale, le participe passé de ce verbe s'accorde toujours en genre et en nombre avec son sujet. *Ils se sont contraints à repeindre la maison eux-mêmes.*
Lorsqu'il est suivi d'un infinitif, le verbe se construit avec la préposition ***à*** et parfois avec la préposition ***de***. *Contraindre à partir.* Pris adjectivement, il est suivi de ***de***. *Elle fut contrainte de prendre congé.*
CONJUGAISON : VOIR MODÈLE CRAINDRE.
INDICATIF PRÉSENT *Je contrains. tu contrains, il contraint, nous contraignons, vous contraignez, ils contraignent.* IMPARFAIT *Je contraignais.* PASSÉ SIMPLE *Je contraignis, nous contraignîmes.* FUTUR *Je contraindrai.* CONDITIONNEL PRÉSENT *Je contraindrais.* IMPÉRATIF PRÉSENT *Contrains, contraignons, contraignez.* SUBJONCTIF PRÉSENT *Que je contraigne.* IMPARFAIT *Que je contraignisse.* PARTICIPE PRÉSENT *Contraignant.* PASSÉ *Contraint, ainte.*
Les lettres ***gn*** sont suivies d'un ***i*** à la première et à la deuxième personne du pluriel de l'indicatif imparfait et du subjonctif présent. *(Que) nous contraignions, (que) vous contraigniez.*

CONTRAINT, AINTE adj.
Mal à l'aise, gêné. *Un sourire contraint.* SYN. de commande ; gauche.

CONTRAINTE n. f.
1. Pression morale ou physique exercée sur quelqu'un pour l'obliger à faire ou à ne pas faire quelque chose. *Ils ont signé ces aveux sous la contrainte. Agir sous la contrainte.* SYN. coercition ; menace ; violence.
2. Obligation à respecter. *Les contraintes du protocole.* SYN. exigence ; règle.
3. Retenue que l'on s'impose. *S'exprimer sans contrainte.* SYN. gêne.

CONTRAIRE adj. et n. m.
ADJECTIF
Opposé. *Des attitudes contraires au bon sens.*
NOM MASCULIN
Chose opposée à une autre. *Le contraire de* grand *est* petit.
VOIR TABLEAU – ANTONYMES.
LOCUTIONS
– ***Au contraire,*** loc. adv. À l'inverse, par contre. *Il paraît arrogant ; au contraire, il est adorable.*
– ***Au contraire de,*** loc. prép. Contrairement à. *Au contraire de son prédécesseur, il est compétent.* SYN. à l'inverse de.

CONTRAIREMENT adv.
En opposition à. *Contrairement à l'an dernier, il a très peu neigé en décembre.*

CONTRALTO n. m.
1. Voix de femme, la plus grave de toutes. *Des contraltos.*
2. Chanteuse qui possède une telle voix.
Ce nom est masculin, même s'il désigne une femme.

CONTRARIANT, IANTE adj.
Qui contrarie, fâche. *Cette pluie est contrariante.* SYN. embêtant ; ennuyeux.

CONTRARIER v. tr.
1. S'opposer à. *Contrarier un projet.* SYN. combattre ; nuire à.
2. Ennuyer. *Ce mauvais temps l'a contrarié. Elle est contrariée que la rencontre ait été annulée.* SYN. embêter.
3. Fâcher. *Cesse de me contrarier : tu n'es jamais d'accord avec moi.* SYN. vexer.
CONJUGAISON : VOIR MODÈLE ÉTUDIER.
Redoublement du ***i*** à la première et à la deuxième personne du pluriel de l'indicatif imparfait et du subjonctif présent. *(Que) nous contrariions, (que) vous contrariiez.*

CONTRARIÉTÉ n. f.
Déception, mécontentement. *Quelle contrariété, j'ai organisé un pique-nique et il pleut.*

CONTRASTANT, ANTE adj.
Qui contraste. *Des couleurs contrastantes.*

CONTRASTE n. m.
Opposition entre deux ou plusieurs choses. *Entre le blanc et le noir, le contraste est total. Le contraste du silence avec le bruit.*

CONTRASTER v. tr. dir., tr. ind. ou intr.
VERBE TRANSITIF DIRECT
Mettre en contraste.
VERBE TRANSITIF INDIRECT OU INTRANSITIF
Être en contraste. *Ces couleurs contrastent violemment. Ce grand parc au milieu de la ville contraste avec les gratte-ciel qui le bordent.* SYN. s'opposer ; trancher.
Le verbe se construit avec la préposition ***avec.***
CONJUGAISON : VOIR MODÈLE AIMER.

CONTRAT n. m.
Convention entre deux ou plusieurs parties s'obligeant à donner, à faire ou à ne pas faire quelque chose. *Ces chefs d'entreprise ont signé un gros contrat.*
FORMES FAUTIVES
*bris de contrat. Calque de «*breach of contract*» pour ***rupture de contrat.***
*travail à contrat. Calque de «*contract work*» pour ***travail à forfait.***

CONTRAVENTION n. f.
1. Infraction aux lois, règlements, etc. *Vous êtes en contravention.*
2. Document officiel qui fait état de cette infraction. *Donner une contravention* (et non un *ticket).
FORME FAUTIVE
*être en contravention avec (une loi, un règlement, des règles). Calque de «*to be in contravention of the rules*» pour ***être en violation de la loi, d'un règlement, des règles, en dérogation à la loi, au règlement, aux règles, en infraction.***

CONTRAVIS n. m.
Avis contraire à un avis précédent.

CONTRE adv., n. m. et prép.
PRÉPOSITION
La préposition ***contre*** sert à exprimer :
1. La résistance, le choc. *Se cogner contre un mur.*
2. L'incompatibilité, le désaccord. *Il est contre cette proposition.*
3. La proximité. *Elle était appuyée contre un arbre. Il est bien tout contre elle.*
4. L'échange. *Contre 20 $, j'ai pu emporter deux beaux livres.*
5. La défense. *Du sirop contre la toux.*
ADVERBE
L'adverbe ***contre*** employé absolument marque l'opposition. *Elle a voté contre.*
NOM MASCULIN
Ce qui s'oppose à quelque chose, ce qui constitue le point de vue contraire, le mauvais côté. ANT. pour.
LOCUTIONS
– ***Le pour et le contre.*** Les avantages et les inconvénients. *Peser le pour et le contre.*
Dans cette locution, les noms ***pour*** et ***contre*** s'emploient au singulier même s'ils regroupent plusieurs éléments favorables et défavorables.
– ***Ci-contre,*** loc. adv. En regard, à côté. *Voir l'illustration ci-contre.*
– ***Contre remboursement.*** Sigle ***C. R.*** (s'écrit avec des points). Opération commerciale qui consiste à expédier un objet que le destinataire doit payer à la livraison. *Un envoi contre remboursement* (et non *COD).
– ***Par contre,*** loc. adv. En revanche. *Il pleut aujourd'hui, par contre il fera beau demain.*

CONTRE-
Les noms composés avec l'élément ***contre-*** s'écrivent pour la plupart avec un trait d'union et seul le deuxième élément prend la marque du pluriel.

CONTRE-ALIZÉ n. m. (pl. *contre-alizés*)
Vent qui souffle dans la direction opposée à l'alizé.
[Les *Rectifications* (1990) admettent : contralizé.]

CONTRE-ALLÉE n. f. (pl. *contre-allées*)
Allée latérale. *Les jardiniers ont nettoyé les contre-allées.*
[Les *Rectifications* (1990) admettent : contrallée.]

CONTRE-AMIRAL n. m.
CONTRE-AMIRALE n. f.
Officier de marine. *Des contre-amirales, des contre-amiraux.*
[Les *Rectifications* (1990) admettent : contramiral, contramirale.]

CONTRE-APPEL n. m. (pl. *contre-appels*)
Second appel pour vérifier le premier.
[Les *Rectifications* (1990) admettent : contrappel.]

CONTRE-ASSURANCE n. f. (pl. *contre-assurances*)
Assurance accessoire.
[Les *Rectifications* (1990) admettent : contrassurance.]

CONTRE-ATTAQUE n. f. (pl. *contre-attaques*)
Attaque lancée pour neutraliser une attaque de l'adversaire. [Les *Rectifications* (1990) admettent : contrattaque.]

CONTRE-ATTAQUER v. intr.
Passer à son tour à l'offensive après avoir été attaqué. *L'ennemi a contre-attaqué.*
CONJUGAISON : VOIR MODÈLE AIMER.
[Les *Rectifications* (1990) admettent : contrattaquer.]

CONTREBALANCER v. tr.
Faire équilibre à, compenser. *Notre ardeur contrebalançait notre manque d'expérience.* SYN. équilibrer.
CONJUGAISON : VOIR MODÈLE AVANCER.
Le ***c*** prend une cédille devant les lettres ***a*** et ***o***. *Il contrebalança, nous contrebalançons.*

CONTREBANDE n. f.
Importation clandestine de marchandises. *La contrebande des cigarettes.*

CONTREBANDIER, IÈRE adj. et n. m. et f.
Personne qui se livre à la contrebande. *Ces contrebandiers subiront leur procès sous peu.*

CONTREBAS (EN) loc. adv.
À un niveau inférieur. *En contrebas, dans la montagne.*
contrebas.

CONTREBASSE n. f.
Le plus grand et le plus grave des instruments à archet.

CONTREBASSE ou **CONTREBASSISTE** n. m. et f.
Musicien qui joue de la contrebasse.

CONTRECARRER v. tr.
S'opposer à, faire obstacle à. *Cette opposition contrecarre nos projets.* SYN. contrer.
CONJUGAISON : VOIR MODÈLE AIMER.

CONTRECHAMP n. m.
(CIN.) Prise de vues en sens opposé à une autre prise de vues.

CONTRE-CHANT n. m. (pl. *contre-chants*)
Phrase mélodique accessoire.
[Les *Rectifications* (1990) admettent : contrechant.]

CONTRECŒUR (À) loc. adv.
Malgré soi. *Son amie a accepté de rester, mais à contrecœur, car elle n'en avait pas envie.*

CONTRECOUP n. m.
Évènement qui arrive par suite d'un autre. SYN. conséquence ; effet ; suite.

CONTRE-COURANT n. m. (pl. *contre-courants*)
Courant secondaire qui se produit en sens inverse d'un autre. *Des contre-courants puissants.*
LOCUTIONS
– ***À contre-courant.*** Dans le sens contraire du courant. *Nager à contre-courant.*
– ***À contre-courant.*** Contrairement à la tendance générale. *Ce mouvement est à contre-courant des tendances actuelles.*
[Les *Rectifications* (1990) admettent : contrecourant.]

CONTRE-CULTURE n. f. (pl. *contre-cultures*)
Courant culturel qui conteste la culture dominante.
[Les *Rectifications* (1990) admettent : contreculture.]

CONTREDANSE n. f.
(FAM.) Contravention.

CONTREDIRE v. tr., pronom.
VERBE TRANSITIF
Réfuter, dire le contraire de. *Ne me contredisez pas, je sais que j'ai raison.*
VERBE PRONOMINAL
Être en contradiction avec les autres ou avec soi-même. *Les témoignages se contredisent.*
À la forme pronominale, le participe passé de ce verbe s'accorde toujours en genre et en nombre avec son sujet. *Elle s'est contredite à maintes reprises.*
CONJUGAISON : VOIR MODÈLE DIRE.
Contrairement à ***dire,*** la deuxième personne du pluriel du présent de l'indicatif et de l'impératif est ***contredisez.*** *Vous contredisez* (et non vous *contredites).

CONTREDIT (SANS) loc. adv.
Certainement. *Il est sans contredit l'un des concepteurs de cette méthodologie.* SYN. indiscutablement ; sans conteste.

CONTRÉE n. f.
(VIEILLI) Région. *Des contrées lointaines.*
contrée.

CONTRE-ÉCROU n. m. (pl. *contre-écrous*)
Écrou bloqué derrière un autre.
[Les *Rectifications* (1990) admettent : contrécrou.]

CONTRE-EMPLOI n. m. (pl. *contre-emplois*)
Rôle ne correspondant pas à la personnalité d'un comédien.
[Les *Rectifications* (1990) admettent : contremploi.]

CONTRE-ENQUÊTE n. f. (pl. *contre-enquêtes*)
Enquête destinée à vérifier les résultats d'une première enquête.
[Les *Rectifications* (1990) admettent : contrenquête.]

CONTRE-ÉPREUVE n. f. (pl. *contre-épreuves*)
Vérification d'une première épreuve.
[Les *Rectifications* (1990) admettent : contrépreuve.]

CONTRE-ESPIONNAGE n. m. (pl. *contre-espionnages*)
Dépistage et surveillance des espions.
[Les *Rectifications* (1990) admettent : contrespionnage.]

CONTRE-EXEMPLE n. m. (pl. *contre-exemples*)
Exemple qui contredit une démonstration, une affirmation.
[Les *Rectifications* (1990) admettent : contrexemple.]

CONTRE-EXPERTISE n. f. (pl. *contre-expertises*)
Expertise destinée à en vérifier une autre.
[Les *Rectifications* (1990) admettent : contrexpertise.]

CONTREFAÇON n. f.
Copie. *Ces faux billets sont une mauvaise contrefaçon.*

CONTREFAIRE v. tr.
1. Reproduire par imitation. *Contrefaire la démarche de quelqu'un.* SYN. caricaturer ; imiter.
2. Reproduire frauduleusement. *Contrefaire une signature, des billets de banque.*
CONJUGAISON : VOIR MODÈLE FAIRE.
Attention à la conjugaison de la deuxième personne du pluriel. *Vous contrefaites* (et non *contrefaisez).

CONTREFAIT, AITE adj.
Difforme. *Un bossu contrefait.*

CONTRE-FENÊTRE n. f. (pl. *contre-fenêtres*)
Partie intérieure d'une double-fenêtre.
[Les *Rectifications* (1990) admettent : contrefenêtre.]

CONTRE-FER n. m. (pl. *contre-fers*)
Pièce d'un outil qui double le fer.
[Les *Rectifications* (1990) admettent : contrefer.]

CONTRE-FEU n. m. (pl. *contre-feux*)
Feu allumé pour arrêter la propagation d'un incendie par la création d'un vide.
[Les *Rectifications* (1990) admettent : contrefeu.]

CONTREFICHE n. f.
Étai qui soutient un mur.

CONTREFICHER (SE) v. pronom.
(FAM.) Se moquer éperdument de. *Elle se contrefiche des commentaires et n'en fait qu'à sa tête.*

Le participe passé de ce verbe, qui n'existe qu'à la forme pronominale, s'accorde toujours en genre et en nombre avec son sujet. *Les élèves ne se sont pas contrefichés des conseils de leur enseignante.*
CONJUGAISON : VOIR MODÈLE AIMER.

CONTRE-FIL ou **CONTREFIL** n. m. (pl. *contre-fils* ou *contrefils*)
Sens contraire à la normale.

CONTRE-FILET n. m. (pl. *contre-filets*)
Morceau de bœuf. *Des contre-filets grillés.*
[Les *Rectifications* (1990) admettent : contrefilet.]

CONTREFORT n. m.
Pilier massif élevé contre un mur pour servir d'appui.

CONTREFOUTRE (SE) v. pronom.
(FAM.) Se contreficher, se moquer totalement de.
Le participe passé de ce verbe, qui n'existe qu'à la forme pronominale, s'accorde toujours en genre et en nombre avec son sujet. *Ils s'étaient contrefoutus de nos mises en garde.*
CONJUGAISON : VOIR MODÈLE FENDRE.
INDICATIF PRÉSENT *Je me contrefous, nous nous contrefoutons.* IMPARFAIT *Je me contrefoutais.* FUTUR *Je me contrefoutrai.* CONDITIONNEL PRÉSENT *Je me contrefoutrais.* SUBJONCTIF PRÉSENT *Que je me contrefoute, que nous nous contrefoutions.* PARTICIPE PRÉSENT *Se contrefoutant.* PASSÉ *S'étant contrefoutu, ue.*

CONTRE-FUGUE n. f. (pl. *contre-fugues*)
(MUS.) Fugue inversée.
[Les *Rectifications* (1990) admettent : contrefugue.]

CONTRE-HAUT (EN) loc. adv.
À un niveau supérieur.
[Les *Rectifications* (1990) admettent : contrehaut (en).]

CONTRE-INDICATION n. f. (pl. *contre-indications*)
(MÉD.) Circonstance qui empêche l'emploi d'un moyen médical. *Il importe de vérifier l'absence de contre-indications avant de prescrire un traitement.*
[Les *Rectifications* (1990) admettent : contrindication.]

CONTRE-INDIQUÉ adj.
Qui ne doit pas être employé. *Ce médicament est contre-indiqué pour lui.*
[Les *Rectifications* (1990) admettent : contrindiqué, contrindiquée.]

CONTRE-INDIQUER v. tr.
1. Constituer une contre-indication à.
2. Déconseiller.
CONJUGAISON : VOIR MODÈLE AIMER.
[Les *Rectifications* (1990) admettent : contrindiquer.]

CONTRE-INTERROGATOIRE n. m. (pl. *contre-interrogatoires*)
Interrogatoire mené par la partie adverse.
[Les *Rectifications* (1990) admettent : contrinterrogatoire.]

CONTRE-JOUR n. m. (pl. *contre-jours*)
Endroit opposé au grand jour. *« Sur le noir de l'épinette ombrée à contre-jour »* (Hector de Saint-Denys Garneau, *Œuvres*).
LOCUTION
– ***À contre-jour.*** Dans le sens opposé à celui d'où vient la lumière. *Un tableau peint à contre-jour.*
[Les *Rectifications* (1990) admettent : contrejour.]

CONTRE-LA-MONTRE n. m. inv. (pl. *contre-la-montre*)
1. Épreuve cycliste dans laquelle les concurrents sont chronométrés de façon individuelle.
2. (FIG.) Succession rapide de tâches à accomplir. *La préparation d'une grande réception est un véritable contre-la-montre.*

CONTRE-LETTRE n. f. (pl. *contre-lettres*)
(DR.) Document secret modifiant les clauses d'un document public.
[Les *Rectifications* (1990) admettent : contrelettre.]

CONTREMAÎTRE n. m.
CONTREMAÎTRESSE n. f.
Personne qui supervise des ouvriers, des ouvrières dans un atelier. *Il faudra en aviser le contremaître* (et non *foreman).

CONTREMANDER v. tr.
Annuler un ordre, une commande. *Il a contremandé* (et non *cancellé) *son taxi. «[Je vais] contremander aussi notre voiture prête»* (Molière, *L'Étourdi*, cité dans *Le Grand Robert*).
SYN. décommander.
Ce verbe demeure usuel au Québec et dans la francophonie canadienne, mais il n'appartient plus à l'usage courant de la majorité des locuteurs du français.
CONJUGAISON : VOIR MODÈLE AIMER.

CONTRE-MANIFESTANT, ANTE n. m. et f. (pl. *contre-manifestants*)
Personne qui participe à une contre-manifestation.
[Les *Rectifications* (1990) admettent : contremanifestant, contremanifestante.]

CONTRE-MANIFESTATION n. f. (pl. *contre-manifestations*)
Manifestation qui s'oppose à une autre.
[Les *Rectifications* (1990) admettent : contremanifestation.]

CONTREMARCHE n. f.
Marche militaire faite en sens contraire à la direction précédemment suivie.

CONTREMARQUE n. f.
Billet, jeton, carte, etc., permettant aux spectateurs de rentrer après être sortis au cours d'un spectacle.

CONTRE-MESURE n. f. (pl. *contre-mesures*)
Mesure qui s'oppose à une autre.
LOCUTION
– ***À contre-mesure.*** À contre-temps.
[Les *Rectifications* (1990) admettent : contremesure.]

CONTRE-OFFENSIVE n. f. (pl. *contre-offensives*)
Offensive répondant à une offensive de l'adversaire.
[Les *Rectifications* (1990) admettent : controffensive.]

CONTRE-OFFRE n. f. (pl. *contre-offres*)
Nouvelle proposition en réponse à une offre.
[Les *Rectifications* (1990) admettent : controffre.]

CONTREPARTIE n. f.
Compensation. *Ces excellents résultats sont la contrepartie de son travail acharné.*
LOCUTION
– ***En contrepartie.*** En échange, en revanche.

CONTRE-PENTE n. f. (pl. *contre-pentes*)
Pente opposée à une autre pente.
[Les *Rectifications* (1990) admettent : contrepente.]

CONTRE-PERFORMANCE n. f. (pl. *contre-performances*)
Piètre performance, notamment d'un sportif dont on attendait le succès.
[Les *Rectifications* (1990) admettent : contreperformance.]

CONTREPÈTERIE n. f.
Interversion de lettres ou de syllabes dans un ou plusieurs mots de façon à provoquer le rire.

CONTRE-PIED ou **CONTREPIED** n. m. (pl. *contre-pieds* ou *contrepieds*)
Ce qui est opposé à quelque chose ; le contraire. *Prendre le contrepied d'une affirmation, c'est-à-dire tenter de soutenir le contraire.*

CONTREPLACAGE n. m.
Mince feuille de bois collée contre un panneau.

CONTREPLAQUÉ n. m.
Panneau composé de couches minces de bois collées sous pression. *Vincent et Irina ont construit le coffret en contreplaqué.*

CONTRE-PLONGÉE n. f. (pl. *contre-plongées*)
(CIN.) Prise de vues faite de bas en haut.
[Les *Rectifications* (1990) admettent : contreplongée.]

CONTREPOIDS n. m.
Poids servant à contrebalancer un autre poids.
contrepoi**ds**.

CONTRE-POIL (À) loc. adv.
À rebrousse-poil. *Elle a eu le tort de prendre son frère à contre-poil et l'a mis en colère.* SYN. à rebours.
[Les *Rectifications* (1990) admettent : à contrepoil.]

CONTREPOINT n. m.
Art de composer de la musique en superposant plusieurs lignes mélodiques.
contrepo**int**.

CONTREPOISON n. m.
Antidote.

CONTRE-PORTE n. f. (pl. *contre-portes*)
Double porte.
[Les *Rectifications* (1990) admettent : contreporte.]

CONTRE-PRODUCTIF, IVE adj.
Qui produit des résultats contraires à ce que l'on attendait. *Des messages publicitaires contre-productifs.*
[Les *Rectifications* (1990) admettent : contreproductif, contreproductive.]

CONTRE-PROJET n. m. (pl. *contre-projets*)
Projet opposé à un autre.
[Les *Rectifications* (1990) admettent : contreprojet.]

CONTRE-PROPOSITION n. f. (pl. *contre-propositions*)
Proposition opposée à une autre.
[Les *Rectifications* (1990) admettent : contreproposition.]

CONTRE-PUBLICITÉ n. f. (pl. *contre-publicités*)
Publicité conçue pour décourager la demande ou pour contrer une autre publicité.
[Les *Rectifications* (1990) admettent : contrepublicité.]

CONTRER v. tr.
Empêcher la réalisation d'un projet, d'une entreprise, faire échec à. *Ils ont réussi à contrer la fermeture de l'école.*
CONJUGAISON : VOIR MODÈLE AIMER.

CONTRE-RÉVOLUTION n. f. (pl. *contre-révolutions*)
Mouvement politique visant à combattre une révolution.
[Les *Rectifications* (1990) admettent : contrerévolution.]

CONTRE-RÉVOLUTIONNAIRE adj. et n. m. et f. (pl. *contre-révolutionnaires*)
Partisan d'une contre-révolution.
[Les *Rectifications* (1990) admettent : contrerévolutionnaire.]

CONTRESEING n. m.
Le ***g*** ne se prononce pas, [kɔ̃trəsɛ̃]; le mot rime avec ***sein***.
Signature de la personne qui contresigne.
contrese**ing**.

CONTRESENS n. m.
Le *s* final se prononce, [kɔ̃trəsɑ̃s].
1. Interprétation à l'inverse du sens réel. *Faire un contresens en traduction.*
2. Sens contraire au sens normal, au bon sens. *Le contresens d'une étoffe.*

CONTRESIGNATAIRE adj. et n. m. et f.
Personne qui contresigne un acte.

CONTRESIGNER v. tr.
Apposer une deuxième signature sur un document.
CONJUGAISON : VOIR MODÈLE AIMER.

CONTRETEMPS n. m.
Empêchement, incident qui dérange ce qui avait été projeté. *Un contretemps regrettable.* SYN. ennui.
LOCUTION
– *À contretemps,* loc. adv. Au mauvais moment.

CONTRE-TORPILLEUR n. m. (pl. *contre-torpilleurs*)
Navire de guerre.
[Les *Rectifications* (1990) admettent : contretorpilleur.]

CONTRE-TRANSFERT n. m. (pl. *contre-transferts*)
(PSYCHAN.) Ensemble des réactions inconscientes de l'analyste à l'égard du patient.
[Les *Rectifications* (1990) admettent : contretransfert.]

CONTREVENANT, ANTE n. m. et f.
Personne qui contrevient à un règlement. *Les contrevenants paieront l'amende.*
Ne pas confondre avec le participe présent invariable ***contrevenant.*** *Les citoyens contrevenant à ce règlement seront punis.*

CONTREVENIR v. tr. ind.
Déroger à une prescription, enfreindre un règlement. *Ils ont contrevenu aux règlements de la circulation.*
Le verbe se construit avec la préposition ***à***.
Le verbe se conjugue comme ***venir,*** mais avec l'auxiliaire ***avoir.***
CONJUGAISON : VOIR MODÈLE VENIR.

CONTREVENT n. m.
Volet extérieur. *Avant de rentrer à la ville, ils ont soigneusement fermé les contrevents de bois.* SYN. volet.

CONTREVÉRITÉ n. f.
1. Antiphrase.
2. Affirmation visiblement fausse. *Des contrevérités évidentes.*

CONTRE-VOIE (À) loc. adv.
Du mauvais côté de la voie, à l'opposé du quai. *Descendre à contre-voie est bien trop dangereux.*
[Les *Rectifications* (1990) admettent : à contrevoie.]

CONTRIBUABLE n. m. et f.
Personne qui paie des impôts. *Ce sont les contribuables* (et non les *payeurs de taxes) *qui décideront.*

CONTRIBUER v. tr. ind.
Participer à quelque chose. *Ce nouveau produit a contribué à la hausse du chiffre d'affaires. Ces donateurs contribueront à l'enrichissement des collections de la bibliothèque par un don* (et non *contribueront un don pour...).
Attention à la construction de ce verbe, qui est transitif indirect et dont le complément est toujours introduit par la préposition ***à***.
CONJUGAISON : VOIR MODÈLE AIMER.

CONTRIBUTEUR, TRICE n. m. et f.
Personne qui concourt à la réalisation de quelque chose, qui contribue à une œuvre.

CONTRIBUTION n. f.
1. Cotisation. *Payer sa contribution.* SYN. don; part.
2. Participation. *Sa contribution à cette œuvre est fondamentale.*

CONTRIT, ITE adj.
Qui éprouve du remords. *Des coupables contrites.* SYN. chagrin; penaud; repentant.

CONTRITION n. f.
(LITT.) Remords. *Réciter un acte de contrition.*

CONTRÔLABLE adj.
Qui peut être contrôlé. *Ces renseignements ne sont pas contrôlables.* SYN. vérifiable.

CONTRÔLE n. m.
1. Vérification, examen attentif. *Le contrôle des absences, le contrôle de la qualité.* SYN. inspection.

2. Fait de diriger, de dominer. *Cette région est sous le contrôle de l'armée. Ces actionnaires ont maintenant le contrôle de l'entreprise : ils détiennent la majorité des actions. La chaussée était glacée et le conducteur a perdu le contrôle de sa voiture.* SYN. maîtrise.
Ce sens est inspiré de l'anglais, mais il est maintenant passé dans l'usage.
FORMES FAUTIVES
*circonstances hors de notre contrôle. Calque de «*circumstances beyond our control*» pour ***circonstances indépendantes de notre volonté.***
*contrôle des naissances. Anglicisme au sens de ***limitation, régulation des naissances.***
*contrôles (d'une machine). Anglicisme au sens de ***manettes de commande,*** de ***commandes.***
*être sous contrôle. Calque de «*to be under control*» pour ***être maîtrisé, être réglé, être rentré dans l'ordre.*** *L'incendie n'est pas encore maîtrisé* (et non *sous contrôle).

CONTRÔLER v. tr., pronom.
VERBE TRANSITIF
1. Vérifier. *Contrôler la présence des élèves.* SYN. examiner; inspecter.
2. Avoir en son pouvoir, dominer. *Les rebelles contrôlent ce port. Par le nombre des actions qu'ils possèdent, ils contrôlent cette société.* SYN. diriger; maîtriser.
Ce sens est inspiré de l'anglais, mais il est maintenant passé dans l'usage.
VERBE PRONOMINAL
Se maîtriser. *Contrôle-toi, voyons! Arrête de crier, calme-toi!* SYN. se contenir.
À la forme pronominale, le participe passé de ce verbe s'accorde toujours en genre et en nombre avec son sujet. *Ils se sont parfaitement contrôlés.*
FORMES FAUTIVES
*contrôler la circulation. Calque de «*to control traffic*» pour ***régler la circulation.***
*contrôler la douleur. Anglicisme pour ***enrayer, faire céder, soulager la douleur*** (DDFM).
*contrôler la maladie. Anglicisme pour ***lutter contre la maladie*** (DDFM).
*contrôler la pression artérielle. Anglicisme pour ***abaisser, maîtriser, normaliser la pression artérielle*** (DDFM).
*contrôler la situation. Anglicisme pour ***avoir, tenir la situation en main, dominer, maîtriser.***
*contrôler l'infection. Anglicisme pour ***traiter l'infection*** (DDFM).
CONJUGAISON : VOIR MODÈLE AIMER.

CONTRÔLEUR n. m.
CONTRÔLEUSE n. f.
Personne chargée d'effectuer un contrôle, une vérification. *Une contrôleuse de la qualité des pièces. Les contrôleurs de la navigation aérienne.*
LOCUTION
– ***Contrôleur de gestion.*** (COMPT.) Cadre chargé de vérifier les méthodes administratives d'une organisation et d'en assurer le contrôle interne, le contrôle budgétaire et le contrôle de gestion.

CONTRORDRE n. m.
Modification d'un ordre donné précédemment. *À moins d'un contrordre, nous nous retrouverons à 9 heures.*

CONTROVERSE n. f.
Discussion, désaccord. *Il y a beaucoup de controverse à ce sujet.* SYN. polémique.

CONTROVERSÉ, ÉE adj.
Contesté. *Une loi controversée.* SYN. critiqué; discuté.

CONTUMACE n. f.
(DR.) Refus pour une personne de comparaître pour une affaire criminelle. *Il a été condamné par contumace.*

CONTUSION n. f.
Meurtrissure de la peau. *Il n'a pas de coupure, mais une contusion.* SYN. ecchymose.

CONURBATION n. f.
Agglomération formée de plusieurs villes voisines et de leur banlieue.

C

CONVAINCANT, ANTE adj.
Propre à convaincre, concluant. *Des arguments convaincants.* SYN. persuasif.
Ne pas confondre avec le participe présent invariable ***convainquant.*** *Des plaidoyers convainquant le mieux les jurés.*

CONVAINCRE v. tr., pronom.
VERBE TRANSITIF
1. Persuader. *Maxime a convaincu Amélie de l'accompagner au cinéma. Son copain l'a convaincu de l'intérêt de cette recherche.* ANT. dissuader.
2. (DR.) Prouver qu'une personne est coupable. *Convaincre quelqu'un de négligence criminelle.*
VERBE PRONOMINAL
Se persuader, être amené à reconnaître comme vrai. *Ils se sont convaincus de la puissance de leurs arguments.*
À la forme pronominale, le participe passé de ce verbe s'accorde toujours en genre et en nombre avec son sujet. *Ils s'étaient convaincus qu'ils avaient raison de persévérer.*
CONJUGAISON : VOIR MODÈLE VAINCRE.
INDICATIF PRÉSENT *Je convaincs, tu convaincs, il convainc, nous convainquons, vous convainquez, ils convainquent.* IMPARFAIT *Je convainquais.* PASSÉ SIMPLE *Je convainquis, nous convainquîmes.* FUTUR *Je convaincrai.* CONDITIONNEL PRÉSENT *Je convaincrais.* IMPÉRATIF PRÉSENT *Convaincs, convainquons, convainquez.* SUBJONCTIF PRÉSENT *Que je convainque.* IMPARFAIT *Que je convainquisse.* PARTICIPE PRÉSENT *Convainquant.* PASSÉ *Convaincu, ue.*

CONVAINCU, UE adj.
1. Rempli de certitude. *Convaincu d'avoir raison, Jules a bien défendu son point de vue. C'est une végétarienne convaincue.* SYN. certain; sûr.
2. Reconnu coupable de. *Il a été convaincu d'homicide involontaire.*

CONVALESCENCE n. f.
Retour progressif à la santé. *Alain a été opéré; il est encore en convalescence, mais il va beaucoup mieux.* SYN. rétablissement.
convalescence.

CONVALESCENT, ENTE adj. et n. m. et f.
Qui relève de maladie. *Alain est convalescent. Des convalescents qui guériront bientôt.*
convalescent.

CONVECTION ou **CONVEXION** n. f.
Transport de chaleur par les corps en mouvement.

CONVENABLE adj.
1. Qui respecte la politesse, qui convient. *Des manières convenables.* SYN. correct. ANT. impoli.
2. Suffisant, passable. *Des résultats convenables.* SYN. acceptable; correct.

CONVENABLEMENT adv.
Correctement, d'une manière appropriée.

CONVENANCE n. f.
NOM FÉMININ SINGULIER
Goût. *Choisissez la date à votre convenance.*
NOM FÉMININ PLURIEL
Règles, usages. *Respecter les convenances.* SYN. bienséance.

***CONVÉNIENT**
Anglicisme pour ***commode, pratique.***

CONVENIR v. tr. ind., impers., pronom.
VERBE TRANSITIF INDIRECT
1. Se mettre d'accord. *Ils ont convenu de se réunir au parc, du prochain rendez-vous.* SYN. s'accorder ; s'entendre.
En ce sens, le verbe se construit avec la préposition ***de.***
En ce sens, on emploie couramment l'auxiliaire ***avoir.*** Dans la langue recherchée, on pourra recourir à l'auxiliaire ***être.*** *Nous sommes convenus d'une rencontre en juin prochain.*
2. Reconnaître comme vrai. *Tu as convenu de ton erreur.* SYN. admettre ; avouer.
En ce sens, le verbe se construit avec la préposition ***de*** suivie d'un nom ou avec la conjonction ***que*** suivie de l'indicatif ou du conditionnel. *Ils conviennent de l'exactitude des conclusions, que cette décision était la bonne, qu'elle ferait l'unanimité.*
3. Être approprié. *Ce choix de cours convient à Luc* ou *lui convient parfaitement et lui a toujours convenu.* SYN. plaire.
En ce sens, le verbe se conjugue avec l'auxiliaire ***avoir.***
En ce sens, le verbe se construit avec la préposition ***à.***
VERBE IMPERSONNEL
1. Il est souhaitable, il faudrait. *Il convient que tu sois présent pour la remise des prix.*
À la forme impersonnelle, en ce sens, le verbe se construit avec le subjonctif.
2. Il a été décidé d'un commun accord que. *Il est convenu que nous recruterons de nouveaux collaborateurs. Il fut convenu de procéder le plus rapidement possible.*
En ce sens, le verbe se conjugue avec l'auxiliaire ***être.***
En ce sens, le verbe se construit avec la préposition ***de*** suivie de l'infinitif ou avec la conjonction ***que*** suivie de l'indicatif ou du conditionnel.
VERBE PRONOMINAL
Être bien assorties, en parlant de deux ou plusieurs personnes. « *Le hasard aidant la finesse maternelle, les jeunes gens s'étaient convenu* » (Alphonse Daudet, *Œuvres complètes*, cité dans le *Grand Larousse de la langue française*).
À la forme pronominale, le participe passé de ce verbe est toujours invariable. *Elles se sont convenu tout à fait.*
CONJUGAISON : VOIR MODÈLE VENIR.
INDICATIF PRÉSENT *Je conviens, tu conviens, il convient, nous convenons, vous convenez, ils conviennent.* IMPARFAIT *Je convenais.* PASSÉ SIMPLE *Je convins.* FUTUR *Je conviendrai.* CONDITIONNEL *Je conviendrais.* IMPÉRATIF PRÉSENT *Conviens, convenons, convenez.* SUBJONCTIF PRÉSENT *Que je convienne.* IMPARFAIT *Que je convinsse.* PARTICIPE PRÉSENT *Convenant.* PASSÉ *Convenu, ue.*

CONVENTION n. f.
1. Accord officiel. *Les deux pays ont signé une convention de libre-échange.* SYN. entente ; traité.
2. (AU PLUR.) Règles du bon usage.
LOCUTION
– ***Convention collective.*** Accord conclu entre salariés et employeurs pour définir les conditions de travail.
FORME FAUTIVE
*convention. Anglicisme au sens de ***congrès.***

CONVENTIONNÉ, ÉE adj.
Lié par une convention. *Un médecin conventionné.*

CONVENTIONNEL, ELLE adj.
1. Qui a trait à une convention. *Une clause conventionnelle.*
2. Conforme aux convenances. *Une tenue conventionnelle.*
FORME FAUTIVE
*conventionnel. Anglicisme au sens de ***traditionnel, classique, sans originalité, conformiste.*** *Un discours sans originalité* (et non *conventionnel). SYN. banal ; ordinaire.

CONVENTUEL, ELLE adj.
Propre au couvent. *Des règles conventuelles.*

CONVENU, UE adj.
1. Décidé. *Un prix convenu. Nous nous retrouverons à la date convenue.*
2. (PÉJ.) Qui manque d'originalité ; de sincérité. *Un style convenu.* SYN. factice.

CONVERGENCE n. f.
Fait de converger, de tendre vers un même but. *La convergence des recherches sur le cancer.*

CONVERGENT, ENTE adj.
Qui converge. *Des traits convergents.*
Ne pas confondre avec le participe présent invariable ***convergeant.*** *Tous les regards convergeant vers lui, il baissa les yeux.*

CONVERGER v. intr.
1. Tendre vers un seul et même point. *Ces routes convergent vers la mer.*
2. Avoir un même but. *Tous nos efforts doivent converger vers cet objectif.* SYN. se concentrer sur. ANT. diverger.
CONJUGAISON : VOIR MODÈLE CHANGER.
Le ***g*** est suivi d'un ***e*** devant les lettres ***a*** et ***o.*** *Il convergea, nous convergeons.*

CONVERSATION n. f.
1. Entretien familier. *Delphine et Étienne ont eu une longue conversation. Des conversations téléphoniques.*
2. La manière dont on converse. *Elle a une conversation intéressante.*
LOCUTION
– ***Nouer (une) conversation.*** Engager la conversation.
Ne pas confondre avec les noms suivants :
- ***causette,*** conversation familière ;
- ***conciliabule,*** réunion secrète ;
- ***dialogue,*** conversation entre deux personnes ;
- ***entretien,*** conversation suivie avec quelqu'un ;
- ***palabre,*** conversation longue et inutile.

CONVERSATIONNEL, ELLE adj.
– ***Mode conversationnel.*** (INFORM.) Se dit d'un mode de traitement de données qui permet une conversation entre un système informatique et un utilisateur, avec échange de questions et réponses. SYN. interactif.
Le mot s'emploie surtout dans cette locution.

CONVERSER v. intr.
Parler familièrement avec quelqu'un. *Étienne converse avec Fanny.* SYN. bavarder ; causer.
CONJUGAISON : VOIR MODÈLE AIMER.

CONVERSION n. f.
1. Passage à une nouvelle conduite, à une religion différente. *Une conversion au catholicisme.*
2. Changement. *La conversion de dollars canadiens en dollars américains, en euros.*

CONVERTIBILITÉ n. f.
Caractère de ce qui est convertible. *La convertibilité d'une monnaie.*

CONVERTIBLE adj. et n. m.
Qui peut être transformé en une autre chose ou changé pour une autre. *Des monnaies convertibles.*
FORME FAUTIVE
*convertible. Anglicisme au sens de ***décapotable.*** *Je l'ai vu filer à toute allure au volant de sa décapotable* (et non de sa *convertible).

CONVERTIR v. tr., pronom.
VERBE TRANSITIF
1. Faire changer quelqu'un de conduite, de foi, etc. *Les missionnaires ont tenté de convertir les Iroquois à la religion catholique.* SYN. amener ; convaincre ; gagner.
2. Transformer une chose en une autre. *Il faudrait convertir ces pieds en mètres.* SYN. changer.
VERBE PRONOMINAL
Adopter une religion, une idée. *Ils se sont convertis au catholicisme, à l'écologisme.*

À la forme pronominale, le participe passé de ce verbe s'accorde toujours en genre et en nombre avec son sujet. *Elles se sont converties au bouddhisme.*
CONJUGAISON : VOIR MODÈLE FINIR.

CONVERTISSEUR n. m.
Machine qui modifie un courant électrique.

CONVEXE adj.
Bombé, arrondi vers l'extérieur. *Ce globe est convexe.* ANT. concave.

CONVEXION
VOIR – CONVECTION.

CONVICTION n. f.
Le *t* se prononce *s* comme dans ***direction***.
1. Certitude. *Martin a la conviction qu'il gagnera le concours.* SYN. confiance.
2. Assurance. *Il parle avec une telle conviction qu'il arrive à persuader tout le monde.* SYN. enthousiasme ; ferveur ; persuasion.
3. (AU PLUR.) Opinions personnelles. *Des convictions religieuses.* SYN. avis ; croyance.
LOCUTION
– ***Pièce à conviction.*** (DR.) Objet qui peut servir de preuve dans un procès.

CONVIER v. tr.
Inciter quelqu'un à faire quelque chose. *Le soleil convie au farniente.* SYN. inviter.
CONJUGAISON : VOIR MODÈLE ÉTUDIER.
Redoublement du *i* à la première et à la deuxième personne du pluriel de l'indicatif imparfait et du subjonctif présent. *(Que) nous conviions, (que) vous conviiez.*

CONVIVE n. m. et f.
Personne qui prend part à un repas. *Ce dîner d'anniversaire réunit plusieurs convives.* SYN. invité.

CONVIVIAL, IALE, IAUX adj.
1. Qui fait preuve de cordialité et d'ouverture d'esprit. *Un accueil convivial.*
2. (INFORM.) Accessible, facile d'utilisation. *Un logiciel très convivial.*

CONVIVIALISER v. tr.
Rendre convivial (un lieu, un logiciel, un appareil, etc.). *Ces concepteurs de voitures de chemin de fer visent à convivialiser un espace de solitude. Une politique de civilisation qui se résume en quatre verbes : solidariser, ressourcer, convivialiser, moraliser.*
CONJUGAISON : VOIR MODÈLE AIMER.

CONVIVIALITÉ n. f.
1. Cordialité empreinte de tolérance et d'ouverture d'esprit.
2. (INFORM.) Caractère d'un matériel convivial, facile à utiliser.

CONVOCATION n. f.
1. Action de convoquer. *La convocation des étudiants à un examen.*
2. Écrit par lequel on convoque. *Le voisin a reçu une convocation : il doit se présenter à l'école demain.*

CONVOI n. m.
Regroupement de personnes, de choses allant vers une destination identique. *Un convoi de véhicules militaires. Des convois de chemin de fer.*

CONVOITER v. tr.
Vouloir avec ardeur. *Étienne convoite un poste de chercheur.* SYN. tenir à ; viser.
CONJUGAISON : VOIR MODÈLE AIMER.

CONVOITISE n. f.
Désir très fort. *Ces enfants regardent les gâteaux de la pâtisserie avec convoitise, ils les dévorent des yeux.*

CONVOLER v. intr.
(VX) (PLAISANT.) Se marier. *Convoler en justes noces.*
CONJUGAISON : VOIR MODÈLE AIMER.

CONVOQUER v. tr.
Inviter à se réunir. *Nous avons convoqué les conseillers à la réunion de jeudi soir.*
CONJUGAISON : VOIR MODÈLE AIMER.

CONVOYER v. tr.
Escorter pour protéger des personnes, des biens.
CONJUGAISON : VOIR MODÈLE EMPLOYER.
Le ***y*** se change en ***i*** devant un ***e*** muet. *Je convoie, je convoierai.* Le ***y*** est suivi d'un ***i*** à la première et à la deuxième personne du pluriel de l'indicatif imparfait et du subjonctif présent. *(Que) nous convoyions, (que) vous convoyiez.*

CONVOYEUR n. m.
1. Navire de guerre.
2. Agent chargé d'accompagner des marchandises transportées. *Un convoyeur de fonds.*
3. Transporteur automatique.

CONVULSER v. tr., pronom.
VERBE TRANSITIF
Contracter, tordre par des convulsions. *La terreur convulsa ses traits.*
VERBE PRONOMINAL
Être agité ou contracté par des convulsions. *Ses traits se sont convulsés. Elles se sont convulsées de rire.*
À la forme pronominale, le participe passé de ce verbe s'accorde toujours en genre et en nombre avec son sujet. *Ses muscles se sont convulsés.*
CONJUGAISON : VOIR MODÈLE AIMER.

CONVULSIF, IVE adj.
Spasmodique. *Des frissons convulsifs.*

CONVULSION n. f.
Contraction violente et involontaire des muscles. *Cet épileptique a des convulsions.* SYN. spasme.

CONVULSIVEMENT adv.
D'une manière convulsive.

COOCCURRENCE n. f.
(LING.) Présence simultanée de deux ou plusieurs unités linguistiques dans le même énoncé. *Un dictionnaire de cooccurrences fréquentes.* SYN. collocation.

***COOKIE**
Anglicisme pour ***témoin (informatique).***

***COOL**
Anglicisme pour ***décontracté, sympathique.***

COOPÉRATEUR, TRICE n. m. et f.
Les deux ***o*** sont ouverts, [kɔɔperatœr].
Membre d'une coopérative.

COOPÉRATIF, IVE adj.
Les deux ***o*** sont ouverts, [kɔɔperatif, iv].
1. Fondé sur la coopération. *Un mouvement coopératif de caisses populaires.*
2. Qui est prêt à participer à une action en groupe. *Elle s'est montrée très coopérative.*

COOPÉRATION n. f.
Les deux ***o*** sont ouverts, [kɔɔperasjɔ̃].
1. Collaboration. *Grâce à sa coopération, nous avons réussi.* SYN. aide ; appui.
2. Principe d'association par lequel producteurs ou consommateurs se regroupent pour assurer eux-mêmes les activités qui les intéressent.

COOPÉRATIVE n. f.
Les deux ***o*** sont ouverts, [kɔɔperativ].
Société fondée sur le principe de la coopération, selon lequel les coopérateurs participent à l'organisation et se partagent les profits. *Une coopérative d'habitation.*

COOPÉRER v. tr. ind.
Les deux *o* sont ouverts, [kɔɔpere].
Travailler conjointement avec quelqu'un. *Elles ont coopéré à cette entreprise.* SYN. collaborer; participer.
CONJUGAISON : VOIR MODÈLE POSSÉDER.
Le *é* se change en *è* devant une syllabe contenant un *e* muet, sauf à l'indicatif futur et au conditionnel présent. *Je coopère,* mais *je coopérerai.*
[Les *Rectifications* (1990) admettent : il coopèrera, coopèrerait...]

COORDINATION n. f.
Les deux *o* sont ouverts, [kɔɔrdinasjɔ̃].
Action d'agencer divers éléments en vue d'un résultat. SYN. organisation.
LOCUTION
– ***Conjonction de coordination*** ou ***coordonnant.*** (GRAMM.) Conjonction qui unit des mots ou des propositions de même nature. *Je mangerai une pomme et une orange.*
Dans cette phrase, les noms ***pomme*** et ***orange*** sont unis par la conjonction de coordination ***et.***

COORDONNANT n. m.
(LING.) Mot ou locution qui établit un rapport de coordination entre des mots, des phrases de même nature. *Dans la phrase : « Il vente et il pleut », la conjonction* et *est un coordonnant qui unit les phrases « il vente » et « il pleut ».*

COORDONNATEUR ou **COORDINATEUR** n. m.
COORDONNATRICE ou **COORDINATRICE** n. f.
Les *o* sont ouverts, [kɔɔrdɔnatœr, kɔɔrdinatœr].
Personne qui fait de la coordination.
À l'origine, seule la graphie ***coordonnateur, coordonnatrice*** était utilisée pour nommer la personne qui coordonne. La désignation de l'action a influencé l'usage et la graphie ***coordinateur, coordinatrice*** est également usitée.

COORDONNÉ, ÉE adj. et n. f. pl.
Les *o* sont ouverts, [kɔɔrdɔne].
ADJECTIF
1. Organisé en fonction d'un résultat défini. *Des activités bien coordonnées.* SYN. agencé.
2. Assorti. *Un chemisier et une jupe parfaitement coordonnés. Des rideaux coordonnés aux fauteuils.* SYN. harmonieux.
NOM FÉMININ PLURIEL
1. Nombres servant à définir un point sur une surface. *Des coordonnées géographiques.*
2. (FAM.) Renseignements qui situent une personne (adresse, n° de téléphone, adresse électronique, etc.). *Quelles sont vos coordonnées ?*

COORDONNER v. tr., pronom.
Les *o* sont ouverts, [kɔɔrdɔne].
VERBE TRANSITIF
Assurer la coordination de divers éléments en vue d'obtenir un ensemble cohérent, un résultat. SYN. agencer; organiser.
VERBE PRONOMINAL
1. Se combiner harmonieusement. *Ces couleurs se coordonnent bien.*
2. Assurer la coordination de façon conjointe avec quelqu'un. *Ne pourrions-nous pas nous coordonner ?*
Le verbe se construit avec les prépositions ***à, avec*** et avec la conjonction ***et.*** *On coordonne une chose à une autre, avec une autre, une chose et une autre.*
À la forme pronominale, le participe passé de ce verbe s'accorde toujours en genre et en nombre avec son sujet. *Ils se sont coordonnés pour assurer le succès de l'entreprise.*
CONJUGAISON : VOIR MODÈLE AIMER.

COPAIN n. m.
(FAM.) Camarade intime. *J'ai rendez-vous avec mes copains.*
La forme féminine de ce nom est ***copine.***
Ne pas confondre avec les noms suivants :
- ***camarade,*** ami, surtout chez les enfants, les adolescents;
- ***collègue,*** personne avec qui l'on travaille ou qui exerce la même fonction;
- ***compagnon,*** personne avec qui l'on fait un travail manuel, un voyage;
- ***condisciple,*** personne avec qui l'on étudie;
- ***confrère,*** personne qui appartient à une même profession, à une même société.

COPARENT n. m.
Personne exerçant avec une autre l'autorité parentale. *La notion de coparent peut s'appliquer au compagnon ou à la compagne du père ou de la mère.*

COPARENTAL, ALE, AUX adj.
Relatif à la coparentalité. Des accords coparentaux. *Des accords coparentaux.*

COPARENTALITÉ n. f.
Exercice conjoint des droits et des responsabilités du père et de la mère ou des coparents à l'égard de l'enfant. *Une proposition de loi vise à conforter la coparentalité, exercice conjoint de l'autorité parentale.*

COPEAU n. m. (pl. *copeaux*)
Éclat enlevé d'une pièce par un instrument tranchant. *Des copeaux de bois.*

COPIAGE n. m.
Le fait de copier. *Le copiage aux examens est interdit.*

COPIE n. f.
1. Reproduction d'après un original. *Julie a gardé une copie de son travail.*
Ne pas confondre avec les noms suivants :
- ***duplicata,*** double d'un acte, d'un document déjà fourni;
- ***fac-similé,*** reproduction très fidèle d'un écrit, d'un dessin.

2. Devoir, travail scolaire, examen. *Elle a 15 copies à corriger.*
LOCUTION
– ***Copie conforme.*** Abréviation **c. c.** (s'écrit avec des points). Mention attestant que la reproduction est fidèle à l'original.
FORME FAUTIVE
*copie (d'un périodique, d'un livre). Anglicisme au sens de ***exemplaire.*** *Tu veux bien me prêter ton exemplaire* (et non ta *copie) *du dernier best-seller ?*

COPIER v. tr.
VERBE TRANSITIF DIRECT
1. Reproduire. *Marthe a copié ce dessin et la ressemblance est frappante.*
2. Imiter. *Cesse de me copier : tu manques d'originalité.*
VERBE TRANSITIF INDIRECT
Tricher lors d'un examen en écrivant la même chose que quelqu'un d'autre. *Vous avez copié sur votre voisine, vous aurez un beau zéro.*
En ce sens, le verbe se construit avec la préposition ***sur.***
CONJUGAISON : VOIR MODÈLE ÉTUDIER.
Redoublement du ***i*** à la première et à la deuxième personne du pluriel de l'indicatif imparfait et du subjonctif présent. *(Que) nous copiions, (que) vous copiiez.*

COPIER-COLLER n. m. inv.
1. (INFORM.) Opération consistant à copier (un texte, une image) dans le presse-papiers afin de l'insérer ailleurs dans le même document ou dans un document différent. *« Dans les vernissages des galeries où il faut être vu, nos snobs contemporains reproduisent leurs avis avec la dextérité d'un expert informatique du copier-coller »* (*Le Figaro*).
2. (FIG.) Reprendre de façon identique (un texte, une stratégie, etc.). *Pour lutter contre le copier-coller, certaines universités se dotent des logiciels antiplagiat. Évitez les copier-coller des argumentaires, essayez de les reformuler et de les adapter avec vos mots.*

COPIEUR, IEUSE n. m. et f.
NOM MASCULIN ET FÉMININ
Personne qui copie.

Ce mot a un sens défavorable.
Ne pas confondre avec le nom ***copiste,*** personne qui copie des manuscrits, des textes, etc.
NOM MASCULIN
Abréviation familière de ***photocopieur.***

COPIEUSEMENT adv.
De façon copieuse, en abondance. *Les adolescents étaient affamés, ils ont mangé copieusement.* SYN. abondamment ; beaucoup ; considérablement.

COPIEUX, IEUSE adj.
Abondant. *Un repas copieux.* SYN. plantureux.
copieux.

COPILOTE n. m. et f.
Pilote auxiliaire.

COPILOTER v. tr.
1. Piloter à plusieurs. *En dépit de sa cécité, il était capable de copiloter un avion, mais aussi de conduire une moto ou une voiture.*
2. (FIG.) Partager la responsabilité d'un projet, la direction d'une entreprise. *Depuis vingt ans, ils copilotent le Festival de jazz de Montréal. Les deux agences copilotent la phase de développement et de test du satellite.*
CONJUGAISON : VOIR MODÈLE AIMER.

COPINE n. f.
Camarade intime. *Ce soir, je retrouve mes copines.*
Ne pas confondre avec les noms suivants :
• ***camarade,*** amie, surtout chez les enfants, les adolescentes ;
• ***compagne,*** personne avec qui l'on fait un travail manuel, un voyage ;
• ***consœur,*** personne qui appartient à une même profession, à une même société.
La forme masculine de ce mot est ***copain.***

COPISTE n. m. et f.
Personne qui copie des manuscrits, des textes, etc.
Ne pas confondre avec le nom ***copieur,*** personne qui copie.

COPRÉSIDENCE n. f.
Présidence exercée par deux ou plusieurs personnes.

COPRÉSIDENT, ENTE n. m. et f.
Personne qui partage la présidence avec une autre.

COPRODUIRE v. tr.
Produire en collaboration avec une ou plusieurs personnes.
CONJUGAISON : VOIR MODÈLE CONDUIRE.

COPROPRIÉTAIRE n. m. et f.
Propriétaire d'une copropriété. *Les copropriétaires d'un immeuble.*

COPROPRIÉTÉ n. f.
1. Modalité de propriété en vertu de laquelle la propriété d'un bien immeuble est répartie par lots entre les copropriétaires (Recomm. off.). *Acheter un immeuble d'habitation en copropriété. Un règlement de copropriété.*
On distingue :
– la ***copropriété divise,*** en vertu de laquelle chaque copropriétaire ne possède que sa partie, outre les parties communes en indivision ;
– l'***indivision en propriété,*** en vertu de laquelle plusieurs personnes sont propriétaires d'un même bien ou d'un même ensemble de biens sans division matérielle de ceux-ci, dans une proportion réglée par contrat.
2. Immeuble ou partie d'immeuble acquis selon le mode de copropriété. *Acheter une copropriété* (et non un *condo, un *condominium). *Des charges de copropriété* (et non *frais de condo.)
«*Condominium*» et «*condo*» sont des emprunts intégraux à l'anglais qui ne viennent combler aucune lacune en français (GDT). Ces termes peuvent désigner le droit de propriété, un immeuble ou une partie d'immeuble. Dans ce dernier cas, il convient de nommer celle-ci par un terme spécifique. *Faire l'acquisition d'un appartement, d'un bureau, d'un local, d'un studio en copropriété.*

COPULATION n. f.
Accouplement du mâle avec la femelle.

COPULE n. f.
(LING.) Verbe qui relie le sujet à l'attribut. *Dans la phrase « L'arbre est vert », c'est le verbe* être *qui est la copule.*
Attention au genre féminin de ce nom : ***une*** copule.

COPULER v. intr.
1. S'accoupler en parlant d'animaux.
2. (FAM.) (PLAISANT.) Avoir des relations sexuelles.
CONJUGAISON : VOIR MODÈLE AIMER.

COPYRIGHT n. m.
Symbole ©.
Mention « tous droits réservés » destinée à protéger une œuvre contre toute reproduction ou exploitation illégale. *Des copyrights.*
L'indication de la propriété littéraire apparaît sous la forme de cette mention précédée du signe © figurant au verso du titre général de l'ouvrage, en bas de page ; elle est suivie du nom du titulaire du droit d'auteur et de l'indication de l'année de publication.

COQ n. m.
Oiseau de basse-cour, mâle de la poule.
VOIR TABLEAU – ANIMAUX.
LOCUTION
– ***Être comme un coq en pâte.*** Être bien soigné, dorloté.

COQ-À-L'ÂNE n. m. inv. (pl. *coq-à-l'âne*)
Propos sans suite. *Des coq-à-l'âne amusants.*
LOCUTION
– ***Passer, sauter du coq à l'âne.*** (FIG.) Passer d'un sujet à un autre.
La locution s'écrit sans traits d'union, alors que le nom s'écrit avec des traits d'union.

COQUE n. f.
1. (VX) Enveloppe rigide. *La coque d'un œuf.*
On dit aujourd'hui la ***coquille*** d'un œuf.
2. Corps d'un navire, d'un avion. *L'accident a fait une brèche dans la coque du bateau.*
LOCUTION
– ***Œuf coque, à la coque.*** Œuf cuit légèrement dans l'eau bouillante.

COQUELET n. m.
Jeune coq. *Des coquelets rôtis.*
coquelet.

COQUELICOT n. m.
Plante à fleurs rouges qui pousse dans les champs.
coquelicot.

COQUELUCHE n. f.
Maladie contagieuse des enfants.

COQUERELLE n. f.
Insecte nuisible que l'on trouve surtout dans les cuisines. SYN. blatte ; cafard.
Ce nom a été calqué sur l'anglais «*cockroach*».

COQUERET
VOIR – ALKÉKENGE.

COQUET, ETTE adj.
1. Bien mis, élégant. *Delphine est très coquette avec cette jolie robe.*
2. Joli, confortable. *Une coquette petite maison.*

C

COQUETEL n. m.
⚜ Réunion mondaine. *Nous sommes invités à un coquetel.* SYN. cocktail.
☞ Cette nouvelle graphie de «*cocktail*» a fait l'objet d'une recommandation officielle de l'Office de la langue française.

COQUETIER n. m.
Petite coupe dans laquelle on mange l'œuf à la coque.
☞ Ne pas confondre avec le nom ***cocotier,*** arbre produisant la noix de coco.

COQUETTEMENT adv.
De façon coquette. *Ces jeunes filles sont coquettement vêtues.*

COQUETTERIE n. f.
1. Désir de plaire, d'être élégant. *Ses vêtements sont choisis avec coquetterie.*
2. Élégance.

COQUILLAGE n. m.
1. Mollusque qui vit dans une coquille. *L'huître est un coquillage apprécié par les gourmets.*
2. Coquille de mollusque. *Au bord de la mer, les enfants aiment ramasser des coquillages.*

COQUILLE n. f.
1. Enveloppe calcaire servant de squelette externe au mollusque. *Une coquille d'huître.*
2. Enveloppe rigide de l'œuf, de la noix.
3. Erreur typographique par laquelle des lettres sont substituées à d'autres. *Faire la chasse aux coquilles.*
LOCUTIONS
– ***Coquille d'œuf.*** D'un blanc cassé. *Des soies coquille d'œuf.*
– ***Coquille Saint-Jacques.*** Mollusque comestible. *Ces coquilles Saint-Jacques ont un goût très délicat.*
– ***Rentrer dans sa coquille.*** (FIG.) Se retirer, se renfermer.

COQUILLETTE n. f.
Pâte alimentaire en forme de petite coquille.

COQUIN, INE adj. et n. m. et f.
Espiègle, malicieux. *Laurence est une coquine : elle a joué un tour à Julien. C'est une fillette coquine.*

COQUINERIE n. f.
(LITT.) Action coquine.

COR n. m.
1. Instrument de musique à vent. *Un cor de chasse.*
2. Petite tumeur sur un orteil. *Un cor au pied.* SYN. callosité ; durillon.
LOCUTION
– ***À cor et à cri,*** loc. adv. Avec insistance.
▭ Dans cette locution, les noms ***cor*** et ***cri*** s'écrivent au singulier.
HOM. ***corps,*** partie matérielle d'un être animé.
✏ cor.

COR-
VOIR – COL-.

CORAIL adj. inv. et n. m. (pl. *coraux*)
NOM MASCULIN
Matière calcaire utilisée en bijouterie. *Un collier en corail. Des coraux magnifiques.*
ADJECTIF DE COULEUR INVARIABLE
D'un rouge éclatant. *Des lunettes corail.*
VOIR TABLEAU – COULEUR (ADJECTIFS DE).

CORAN n. m.
1. Livre sacré des musulmans. *Il lit le Coran quotidiennement.*
☞ Quand il désigne le livre contenant la doctrine islamique, le nom s'écrit avec une majuscule.
2. (FIG.) Ouvrage fondamental. *Ces normes sont le coran des concepteurs.* SYN. bible.

CORANIQUE adj.
Qui se rapporte au Coran. *Une école coranique.*

CORBEAU n. m. (pl. *corbeaux*)
Oiseau carnassier à plumage noir. *Les corbeaux peuvent être agressifs.*
VOIR TABLEAU – ANIMAUX.

CORBEILLE n. f.
1. Panier sans anses. *Une corbeille d'osier pour le pain.*
2. Contenu d'une corbeille. *Offrir une corbeille de fruits.*
LOCUTION
– ***Corbeille (à papier).*** Récipient destiné à recueillir les papiers dans un bureau.

CORBILLARD n. m.
Voiture dans laquelle on transporte les morts.
✏ corbillard.

CORDAGE n. m.
Câble servant à assurer le fonctionnement et la direction d'un voilier, d'une machine, etc. *Les cordages du voilier sont en bon état.*
☞ Ce nom s'emploie surtout au pluriel.
☞ Ne pas confondre avec les noms suivants :
- ***amarre,*** ce qui sert à retenir un navire, un ballon ;
- ***câble,*** gros cordage de fibres textiles ou d'acier ;
- ***corde,*** lien fait de brins tordus ensemble ;
- ***ficelle,*** petite corde pour attacher des paquets.

CORDE n. f.
1. Lien fait de brins tordus ensemble. *Attacher un chien avec une corde.*
☞ Ne pas confondre avec les noms suivants :
- ***amarre,*** ce qui sert à retenir un navire, un ballon ;
- ***câble,*** gros cordage de fibres textiles ou d'acier ;
- ***cordage,*** câble d'un navire, d'une machine, etc. ;
- ***ficelle,*** petite corde pour attacher des paquets.

2. ⚜ Unité de mesure pour le bois de chauffage. *Nous avons commandé deux cordes de bois.*
LOCUTIONS
– ***Avoir plus d'une corde à son arc.*** (FIG.) Avoir plusieurs atouts pour réussir.
– ***Corde à danser.*** ⚜ Corde munie de poignées et servant à faire des sauts. SYN. corde à sauter.
– ***Cordes vocales.*** Organe servant à la parole.
– ***Être sur la corde raide.*** (FIG.) Être dans une situation périlleuse.
– ***Mériter la corde.*** (FIG.) Mériter la pendaison.
– ***Toucher la corde sensible.*** (FIG.) Parler de ce qui intéresse particulièrement une personne.

CORDEAU n. m. (pl. *cordeaux*)
Petite corde utilisée pour aligner.
LOCUTION
– ***Au cordeau,*** loc. adv. De façon impeccable.

CORDÉE n. f.
Groupe d'alpinistes réunis par une corde.

CORDELETTE n. f.
Petite corde. *Elle porte un bracelet de cordelettes.*

CORDELIÈRE n. f.
Gros cordon de soie servant de ceinture, d'ornement.

CORDER v. tr., pronom.
VERBE TRANSITIF
1. Tordre en forme de corde. *Corder du chanvre.*
2. (LITT.) Lier avec une corde.
3. ⚜ Empiler du bois de chauffage. *Ovila a passé la journée à corder des bûches.*
VERBE PRONOMINAL
Devenir filandreux. *Ces pêches commencent à se corder.*
▭ À la forme pronominale, le participe passé de ce verbe s'accorde toujours en genre et en nombre avec son sujet. *Ces fruits se sont cordés.*
CONJUGAISON : VOIR MODÈLE AIMER.

CORDIAL, IALE, IAUX adj. et n. m.
ADJECTIF
1. Qui stimule. *Une boisson cordiale.*
2. Sympathique, chaleureux. *Un accueil cordial. Salutations cordiales.* SYN. bienveillant; sincère.
NOM MASCULIN
Stimulant. *Je prendrais bien un petit cordial.*

CORDIALEMENT adv.
De façon cordiale. *Ils nous ont accueillis cordialement.* SYN. chaleureusement.
cordialement.

CORDIALITÉ n. f.
Sympathie, chaleur. *Nous avons été accueillis avec la plus grande cordialité.*
cordialité.

CORDILLÈRE n. f.
Les deux *l* se prononcent comme dans ***famille;*** [kɔrdijɛr].
Chaîne de montagnes. *La cordillère des Andes.*
cordillère.

CORDOBA n. m.
Unité monétaire du Nicaragua. *Des cordobas.*
VOIR TABLEAU – SYMBOLES DES UNITÉS MONÉTAIRES.

CORDON n. m.
Petite corde. *Les cordons d'un chapeau.*
LOCUTIONS
– ***Cordon d'alimentation.*** Fil servant à brancher un appareil électrique.
– ***Tenir les cordons de la bourse.*** (FIG.) Décider des dépenses.

CORDON-BLEU n. m. (pl. *cordons-bleus*)
Personne habile à cuisiner. *Nouni est un remarquable cordon-bleu.*
cordon-bleu, avec un trait d'union.

CORDONNERIE n. f.
1. Métier du cordonnier. *Il travaille dans la cordonnerie.*
2. Boutique de cordonnier. *La cordonnerie est à deux pas d'ici.*

CORDONNET n. m.
Petit cordon. *Le col s'attache avec des cordonnets de soie.*
cordonnet.

CORDONNIER n. m.
CORDONNIÈRE n. f.
Personne qui répare des articles de cuir (surtout des chaussures).

***CORDUROY**
Anglicisme pour ***velours côtelé.***

CORÉEN, ENNE adj. et n. m. et f.
ADJECTIF ET NOM MASCULIN ET FÉMININ
De Corée. *Le drapeau coréen. Un Coréen, une Coréenne.*
T L'adjectif s'écrit avec une minuscule; le nom, avec une majuscule.
NOM MASCULIN
Langue parlée en Corée. *Elle parle le coréen.*
T Le nom de la langue s'écrit avec une minuscule.
On préférera les expressions ***Coréens du Nord, Coréens du Sud*** à la formulation *Nord-Coréens et *Sud-Coréens.

CORESPONSABLE n. m. et f.
Personne qui partage la responsabilité de quelque chose avec d'autres.

CORIACE adj.
1. Dur comme du cuir. *Une viande coriace.*
2. Qui n'est pas facile à convaincre, récalcitrant. *Un bandit coriace.* SYN. dur.

CORIANDRE n. f.
Herbe aromatique.
Attention au genre féminin de ce nom : ***la*** coriandre.

CORMIER n. m.
Sorbier domestique. *Le feuillage du cormier est joliment découpé.*

CORMORAN n. m.
Oiseau marin au plumage sombre. *Les cormorans sont d'excellents plongeurs.*
cormoran.

CORNAC n. m.
Conducteur d'éléphant.

CORNALINE n. f.
Pierre translucide de couleur rouge ou jaune.

CORNE n. f.
Proéminence dure de la tête de certains animaux. *La corne du rhinocéros.*
Ne pas confondre avec les noms suivants :
- ***bois*** (au plur.), appendice ramifié du cerf, du chevreuil, etc.;
- ***défense,*** longue dent en ivoire de l'éléphant, du morse, etc.

LOCUTION
– ***Prendre le taureau par les cornes.*** (FIG.) Attaquer un problème résolument. SYN. à bras-le-corps.

CORNÉE n. f.
Membrane transparente de l'œil. *Une greffe de la cornée.*

CORNÉEN, ENNE adj.
Relatif à la cornée. *Des lentilles cornéennes.*

CORNEILLE n. f.
Oiseau noir du genre du corbeau. *La corneille mange des insectes, de petits rongeurs : elle est omnivore.*
LOCUTION
– ***Bayer aux corneilles.*** Regarder en l'air, la bouche ouverte.
Le verbe ***bayer*** n'est plus usité que dans cette expression.

CORNÉLIEN, IENNE adj.
Relatif à l'œuvre de Corneille. *Un dilemme cornélien.*

CORNEMUSE n. f.
Instrument de musique à vent. *Des cornemuses écossaises.*

CORNER v. tr., intr.
VERBE TRANSITIF
Plier le coin de. *Corner une page.*
VERBE INTRANSITIF
Faire entendre un son avec une corne.
CONJUGAISON : VOIR MODÈLE AIMER.

CORNET n. m.
1. Petit cône servant à contenir une glace, des bonbons. *Un cornet de crème glacée aux fraises.*
2. Godet pour jouer aux dés. SYN. gobelet.
cornet.

CORNETTE n. f.
Coiffure de certaines religieuses.

CORNICHE n. f.
1. Moulure en saillie. *Une corniche sculptée surmonte cette belle armoire.*
2. Route qui domine la mer. *La route de la corniche est sinueuse : attention de ne pas tomber dans un précipice !*

CORNICHON n. m.
1. Petit concombre conservé dans du vinaigre.
2. (FAM.) Nigaud. *Tu as encore fait une bêtise, espèce de cornichon.* SYN. niais; niaiseux.

CORNOUILLER n. m.
Petit arbre dont le bois est très dur.

CORNU, UE adj.
Qui a des cornes. *Des bêtes cornues.*

CORNUE n. f.
Vase de verre utilisé dans un laboratoire pour la distillation.

C

COROLLAIRE n. m.
Conséquence logique de ce qui vient d'être démontré.
Attention au genre masculin de ce nom : ***un*** corollaire.
[Les *Rectifications* (1990) admettent : corolaire.]

COROLLE n. f.
Partie de la fleur composée de l'ensemble de ses pétales, par opposition au calice. *Des lotus aux superbes corolles rouges. « Les corolles que ferma la fraîcheur du soir »* (Hector de Saint-Denys Garneau, *Œuvres*).
[Les *Rectifications* (1990) admettent : corole.]

CORONAIRE adj.
Se dit de chacun des vaisseaux en forme de couronne qui irriguent le cœur. *Les artères coronaires.*
HOM. ***coroner,*** police judiciaire.
coron**aire.**

CORONARIEN, IENNE adj.
Relatif aux artères coronaires. *Des pontages coronariens.*

CORONER n. m. et f.
Les deux ***r*** se prononcent, [kɔrɔnɛr].
Officier public chargé de faire enquête et rapport dans les cas de mort violente, suspecte ou dont la cause est inconnue. *L'enquête sur l'incident qui a coûté la vie à ce piéton a été confiée au coroner.*
HOM. ***coronaire,*** se dit de chacun des vaisseaux en forme de couronne qui irriguent le cœur.

CORPORATIF, IVE adj.
Relatif à une corporation, à une association de personnes exerçant la même profession. *Un regroupement corporatif.*
FORMES FAUTIVES
*affaires corporatives. Calque de «*corporate affairs*» pour ***affaires de la société, de l'entreprise.***
*bon citoyen corporatif. Calque de «*corporate citizen*» pour ***entreprise citoyenne.***
*client corporatif. Calque de «*corporate customer*» pour ***client commercial, société cliente.***
*corporatif. Anglicisme au sens de ***général, de l'entreprise, de la société.***
*culture corporative. Calque de «*corporate culture*» pour ***culture organisationnelle, culture d'entreprise.***
*droit corporatif. Calque de «*corporate law*» pour ***droit commercial.***
*image corporative. Calque de «*corporate image*» pour ***image, image de marque, image de la société, de l'entreprise, réputation de la société.***
*nom corporatif. Calque de «*corporate name*» pour ***raison sociale, dénomination sociale, nom de société.***

CORPORATION n. f.
1. Ensemble des personnes qui exercent une même profession, un même métier. *Une corporation d'électriciens.* SYN. ordre professionnel.
2. Au Canada, désigne une forme de société.
En ce sens, le mot est un anglicisme perpétué par les textes législatifs.
FORMES FAUTIVES
*corporation. Anglicisme au sens de ***société, entreprise.***
*corporation professionnelle. Calque de «*professional corporation*» pour ***ordre professionnel.***

CORPORATISME n. m.
Défense exclusive des intérêts des membres d'une corporation au détriment de ceux de la population.

CORPORATISTE adj. et n. m. et f.
ADJECTIF
Relatif au corporatisme. *Une attitude corporatiste.*
NOM MASCULIN ET FÉMININ
Personne qui fait preuve de corporatisme.

CORPOREL, ELLE adj.
Relatif au corps humain. *L'hygiène corporelle.*

CORPS n. m.
1. Partie matérielle d'un être animé. *Le corps humain.*
2. Objet matériel. *Un corps plongé dans un liquide.*
3. Groupe de personnes. *Le corps diplomatique.*
4. (TYPOGR.) Dimension d'une lettre. Le corps s'exprime en points. *Le corps de cette note est de 8 points.*
LOCUTIONS
– ***À bras-le-corps,*** loc. adv. En passant les deux bras autour du corps.
– ***À corps perdu,*** loc. adv. Sans ménager sa personne.
– ***À son corps défendant,*** loc. adv. Malgré soi.
– ***Perdu corps et biens.*** Se dit d'un bateau qui a sombré avec son équipage.
– ***Un corps à corps*** ou ***corps-à-corps.*** Combat. *Des corps à corps* ou *corps-à-corps.*
HOM.
• ***cor,*** durillon ;
• ***cor,*** instrument de musique à vent.
corp**s.**

CORPULENCE n. f.
Ampleur, volume du corps. SYN. embonpoint ; obésité.
corpul**ence.**

CORPULENT, ENTE adj.
Qui a une forte corpulence. *Il est un peu trop corpulent.* SYN. gras ; obèse.
corpul**ent.**

CORPUS n. m.
Le ***s*** se prononce, [kɔrpys].
(LING.) Ensemble des éléments sur lesquels porte une recherche linguistique.

CORPUSCULE n. m.
Très petit corps.
Ne pas confondre avec les noms suivants :
• ***atome,*** la plus petite quantité de matière susceptible de se combiner ;
• ***molécule,*** la plus petite partie d'un corps qui puisse exister à l'état libre ;
• ***particule,*** corps d'une extrême petitesse.

CORRAL n. m.
Enclos pour le bétail, en Amérique du Sud.
Ne pas confondre avec le nom ***corail,*** matière calcaire utilisée en bijouterie.
corral.

CORRECT, E adj.
1. Exact. *Une phrase correcte. La réponse n'est pas correcte, elle est fausse.* ANT. incorrect ; inexact.
2. Conforme aux règles, aux usages. *Il a été très correct et très aimable.* SYN. convenable ; poli.
LOCUTIONS
– ***C'est correct.*** (FAM.) C'est d'accord.
– ***Politiquement correct.*** Se dit d'une façon de s'exprimer qui est conforme aux usages admis par la société et qui vise à abolir toute discrimination notamment à propos des groupes minoritaires. *Selon le vocabulaire politiquement correct, le mot* sourd *doit être remplacé par celui de* malentendant. *Cet auteur est parti en guerre contre le politiquement correct. Les ravages du politiquement correct.*
Cette expression calquée sur l'anglais «*politically correct*» est passée dans l'usage à titre d'adjectif composé ou de nom composé.

CORRECTEMENT adv.
De façon exacte, convenable. *Ils se sont conduits correctement. Ce mot est écrit correctement.*

CORRECTEUR n. m.
CORRECTRICE n. f.
Personne qui corrige des examens, des travaux, des épreuves typographiques, etc.

LOCUTION
– ***Correcteur-réviseur.*** Personne chargée de réviser et de corriger des traductions, des textes, des épreuves typographiques. *Une correctrice-réviseure* ou *réviseuse.*

CORRECTEUR, TRICE adj. et n. m.
ADJECTIF
Qui corrige. *Des lentilles correctrices.*
NOM MASCULIN
Correcteur orthographique. *Outre les fautes d'orthographe usuelles, ce correcteur corrige les erreurs syntaxiques.*

CORRECTIF, IVE adj. et n. m.
ADJECTIF
Qui corrige. *Des exercices correctifs.*
NOM MASCULIN
Ce qui adoucit, tempère, améliore. *Apporter un correctif à la loi.*

CORRECTION n. f.
1. Action de corriger. *La correction des examens.*
2. Modification, suppression des erreurs. *La correction d'une épreuve, d'un manuscrit.*
3. Qualité de ce qui est correct. *La correction de son langage.* SYN. exactitude.
4. Châtiment corporel. *Recevoir une correction.* SYN. punition.

CORRECTIONNEL, ELLE adj.
Qui a trait aux délits.

CORRÉLATIF, IVE adj. et n. m.
Qui marque une relation réciproque entre deux choses.

CORRÉLATION n. f.
Rapport réciproque entre deux choses qui varient en fonction l'une de l'autre.

CORRESPONDANCE n. f.
1. Conformité, rapport entre des choses, des êtres. *Une grande correspondance d'idées entre la mère et la fille.*
2. Courrier. *Je dois lire ma correspondance.*
3. Titre de transport qui permet d'utiliser métro et autobus au cours d'un même trajet, sans payer plusieurs fois. *Voilà ma correspondance* (et non mon *transfert).
VOIR TABLEAU – CORRESPONDANCE.

CORRESPONDANCIER n. m.
CORRESPONDANCIÈRE n. f.
Personne chargée de faire la correspondance dans une entreprise, dans un organisme.

CORRESPONDANT, ANTE adj. et n. m. et f.
ADJECTIF
Se dit de choses qui correspondent entre elles. *Vous ferez les exercices en vérifiant les solutions correspondantes.*
NOM MASCULIN ET FÉMININ
Personne à qui l'on écrit régulièrement. *Léa a plusieurs correspondants dans trois pays différents.*

CORRESPONDRE v. tr. ind., intr., pronom.
VERBE TRANSITIF INDIRECT
Être en conformité. *Cela ne correspond pas à la somme demandée.*
En ce sens, le verbe se construit avec la préposition ***à.***
VERBE INTRANSITIF
Communiquer par lettres de façon régulière. *Correspondre avec un ami.* SYN. écrire.
VERBE PRONOMINAL
Être en correspondance, en parlant de plusieurs éléments. *Des termes spécialisés français et anglais qui se correspondent.*
À la forme pronominale, le participe passé de ce verbe s'accorde toujours en genre et en nombre avec son sujet. *Leurs prises de position se sont toujours correspondues étroitement.*
CONJUGAISON : VOIR MODÈLE FENDRE.
INDICATIF PRÉSENT *Je corresponds, tu corresponds, il correspond, nous correspondons, vous correspondez, ils correspondent.* IMPARFAIT *Je correspondais.* PASSÉ SIMPLE *Je correspondis.* FUTUR *Je correspondrai.* CONDITIONNEL PRÉSENT *Je correspondrais.* IMPÉRATIF PRÉSENT *Corresponds, correspondons, correspondez.* SUBJONCTIF PRÉSENT *Que je corresponde.* IMPARFAIT *Que je correspondisse.* PARTICIPE PRÉSENT *Correspondant.* PASSÉ *Correspondu.*

CORRIDA n. f.
Course de taureaux. *Ève a vu des corridas en Espagne.*
corrida.

CORRIDOR n. m.
Passage reliant plusieurs pièces. *Yseut est en pénitence dans le corridor.* SYN. couloir.
corridor.

CORRIGÉ n. m.
Ensemble de solutions. *Avez-vous le corrigé de ce devoir ?*

CORRIGER v. tr., pronom.
VERBE TRANSITIF
1. Rectifier (un texte, un discours); supprimer les fautes. *Antoine doit corriger ses fautes d'orthographe.* SYN. réviser.
2. Frapper par punition. SYN. reprendre.
Ne pas confondre avec les verbes suivants :
• ***réprimer,*** châtier par des mesures sévères ;
• ***sévir,*** traiter rigoureusement.
3. Rendre normal, correct. *Ces lunettes corrigent la vue.*
VERBE PRONOMINAL
Se défaire. *Se corriger d'un défaut. Il s'est corrigé de la mauvaise habitude de se ronger les ongles.*
À la forme pronominale, le participe passé de ce verbe s'accorde toujours en genre et en nombre avec son sujet. *Elle s'est corrigée de son insouciance.*
CONJUGAISON : VOIR MODÈLE CHANGER.
Le ***g*** est suivi d'un ***e*** devant les lettres ***a*** et ***o.*** *Il corrigea, nous corrigeons.*

CORROBORATION n. f.
Action, état de corroborer. *La corroboration d'une déclaration.* SYN. confirmation.
corroboration.

CORROBORER v. tr.
Confirmer, appuyer. *Elle a corroboré ton témoignage.*
CONJUGAISON : VOIR MODÈLE AIMER.
corroborer.

CORRODER v. tr.
(LITT.) Détruire lentement par une action chimique.
CONJUGAISON : VOIR MODÈLE AIMER.

CORROMPRE v. tr., pronom.
VERBE TRANSITIF
1. Rendre mauvais. *Ces lectures peuvent corrompre le jugement. Cette bactérie corrompt l'eau.*
2. Soudoyer, procurer des avantages à quelqu'un en échange d'une faveur, d'un service. *Corrompre un politicien.*
VERBE PRONOMINAL
1. S'altérer. *Cette eau stagnante s'est corrompue.*
2. (FIG.) Être incité à agir contre sa conscience, son devoir (par des dons, des avantages, etc.), se laisser acheter.
À la forme pronominale, le participe passé de ce verbe s'accorde toujours en genre et en nombre avec son sujet. *Par goût du pouvoir, ces dirigeants se sont corrompus.*
CONJUGAISON : VOIR MODÈLE FENDRE.
INDICATIF PRÉSENT *Je corromps, tu corromps, il corrompt, nous corrompons, vous corrompez, ils corrompent.* IMPARFAIT *Je corrompais.* PASSÉ SIMPLE *Je corrompis.* FUTUR *Je corromprai.* CONDITIONNEL PRÉSENT *Je corromprais.* IMPÉRATIF PRÉSENT *Corromps, corrompons, corrompez.* SUBJONCTIF PRÉSENT *Que je corrompe.* IMPARFAIT *Que je corrompisse.* PARTICIPE PRÉSENT *Corrompant.* PASSÉ *Corrompu, ue.*
À la différence du verbe ***fendre,*** le verbe ***corrompre*** prend un ***t*** à la suite du ***p*** à la troisième personne du singulier de l'indicatif présent.

C

CORRESPONDANCE

DATE

Dans la correspondance, l'**indication de la date** est généralement **alphanumérique** : elle est composée de lettres et de chiffres. S'il y a lieu, on écrit le **nom du lieu** suivi d'une virgule, et la **date** qui s'écrit toujours sans ponctuation finale.

Le 14 décembre 2009
Outremont, le 14 décembre 2009

T On limite à certains emplois techniques (graphiques, tableaux, horaires, etc.) une notation strictement numérique telle que *2009-12-14.*

Il n'y a pas lieu d'écrire **le nom du jour de la semaine** de façon générale. Si ce renseignement est nécessaire, il n'est pas séparé de la date par une virgule.

Lundi 14 décembre 2009

T Dans le corps d'une lettre, d'un texte, on écrira : *le lundi 14 décembre 2009.*

NATURE DE L'ENVOI ET MODE D'ACHEMINEMENT

Les indications relatives à la nature de l'envoi et au mode d'acheminement (PAR MESSAGERIE, URGENT, PAR EXPRÈS, etc.) s'écrivent en majuscules et sont notées à gauche au début de la lettre.

S'il y a lieu, la mention ***PERSONNEL*** précise que la lettre est de nature personnelle et qu'elle doit être remise au destinataire sans que l'enveloppe ait été décachetée.

La mention ***CONFIDENTIEL*** signifie que l'écrit doit rester secret.

T Ces mentions, qui sont toujours au masculin singulier, s'écrivent en majuscules soulignées.

PERSONNEL   CONFIDENTIEL   PAR TÉLÉCOPIE   RECOMMANDÉ

VEDETTE

La vedette comprend :
- le **titre de civilité,** le plus souvent **Monsieur** ou **Madame,**
- le **prénom** (abrégé ou non) et le **nom du destinataire,**
- le **titre de fonction** et **la désignation de l'unité administrative,**
- le **nom de l'entreprise** ou de **l'organisme,** s'il y a lieu,
- l'**adresse** au long.

Madame Laurence Dubois
Directrice des communications
Dubuffet et Lavigne
630, boul. René-Lévesque O.
Montréal (Québec) H3B 1S6

Monsieur Philippe Larue
Chef de produit
Groupe Gamma
329, rue de la Commune Ouest, bureau 300
Montréal (Québec) H2Y 2E1

VOIR TABLEAU ► **ADRESSE.**

T 1° La vedette s'écrit sans ponctuation en fin de ligne.

2° En français, le titre de ***docteur*** est réservé aux médecins, aux dentistes et aux vétérinaires ; celui de ***maître***, aux avocats ou aux notaires.

3° Les titres honorifiques et les grades universitaires ne doivent pas figurer immédiatement à la suite du nom dans la vedette. *Madame Hélène Fougère* (et non *Madame Hélène Fougère, architecte).

4° Il n'est pas dans l'usage d'indiquer le titre professionnel des ministres et des députés ni de faire précéder leur nom de l'adjectif ****Honorable;*** on écrit ***Madame*** ou ***Monsieur***, tout simplement.

CORRESPONDANCE | ***SUITE*** >

C

OBJET

L'objet exprime de façon concise (une ligne) le contenu de la lettre.

Cette mention est facultative, mais elle est recommandée. On la note en caractères gras ou on la souligne.

> **Objet** (et non *sujet) **: Lancement d'un nouveau produit**

APPEL

L'appel est la formule de salutation qui précède le corps de la lettre. Les formules d'appel les plus courantes sont les titres de civilité ***Madame*** ou ***Monsieur***. L'appel s'écrit au long avec une majuscule initiale et il est suivi d'une virgule.

Le titre de ***Mademoiselle*** est de moins en moins utilisé, sauf si la lettre est destinée à une très jeune fille ou à une personne qui préfère ce titre.

> Madame,
> Monsieur,

Le ***titre professionnel*** du destinataire peut éventuellement remplacer le titre de civilité ou s'y joindre ; il s'écrit avec une majuscule initiale.

> Docteur,
> Maître,
> Madame la Présidente,
> Monsieur le Directeur,

T Contrairement à l'usage anglais, l'adjectif ***cher*** doit être réservé aux correspondants que l'on connaît bien. Le patronyme ne fait pas partie de l'appel.

> Monsieur,
> (et non *Cher Monsieur Laforêt)

T Lorsqu'on ne connaît pas le nom du destinataire, on utilise la formule d'appel ***Mesdames, Messieurs,*** sur deux lignes.

> Mesdames,
> Messieurs,
> (et non *À qui de droit)

Dans le tableau qui suit, **x** est mis pour le nom et **z**, pour les autres mentions.

TITRE	VEDETTE	APPEL
abbé	Monsieur l'Abbé x	Monsieur l'Abbé, ou Mon Père,
ambassadeur ambassadrice	Son Excellence Monsieur x Ambassadeur de z Son Excellence Madame x Ambassadrice de z	Monsieur l'Ambassadeur, ou (Votre) Excellence, Madame l'Ambassadrice, ou (Votre) Excellence,
avocat avocate	Maître x Maître x	Maître, Maître,
bâtonnier bâtonnière	Monsieur le Bâtonnier x Madame la Bâtonnière x	Monsieur le Bâtonnier, Madame la Bâtonnière,
cardinal	Son Éminence le Cardinal x ou Monsieur le Cardinal x	Monsieur le Cardinal, ou (Votre) Éminence,
consul consule	Monsieur x Consul de z Madame x Consule de z	Monsieur le Consul, Madame la Consule,

C

TITRE	VEDETTE	APPEL
curé	Monsieur le Curé x ou Monsieur le Curé de z	Monsieur le Curé, ou Mon Père,
député députée	Monsieur x Député de z Madame x Députée de z	Monsieur le Député, Madame la Députée,
évêque	Son Excellence Monseigneur x Évêque ou Archevêque de z	Monseigneur, ou Excellence, ou Mon Père,
juge	Madame la Juge x Monsieur le Juge x	Madame la Juge, Monsieur le Juge,
madame	Madame x	Madame,
maire (mairesse) maire	Madame la Maire (Mairesse) x Monsieur le Maire x	Madame la Maire (Mairesse), Monsieur le Maire,
médecin	Docteur x Docteure x	Docteur, Docteure,
ministre	Madame x Ministre de z Monsieur x Ministre de z	Madame la Ministre, Monsieur le Ministre,
monsieur	Monsieur x	Monsieur,
notaire	Maître x	Maître,
pasteur	Monsieur le Pasteur x	Monsieur le Pasteur,
père	Révérend Père x	Révérend Père,
premier ministre première ministre	Monsieur x Premier Ministre de z Madame x Première Ministre de z	Monsieur le Premier Ministre, Madame la Première Ministre,
professeure professeur	Madame x Professeure Monsieur x Professeur	Madame, Monsieur,
rabbin	Monsieur le Rabbin x	Monsieur le Rabbin,
religieuse	Révérende Mère x ou Révérende Sœur x	Révérende Mère, ou Ma Mère, ou Ma Sœur,
sénateur sénatrice	Monsieur x Sénateur Madame x Sénatrice	Monsieur le Sénateur, Madame la Sénatrice,
vicaire	Monsieur le Vicaire x	Monsieur le Vicaire,

Si l'on s'adresse à un couple ou à plusieurs personnes, on peut s'inspirer des exemples suivants :

mesdames	Mesdames x et x	Mesdames,
messieurs	Messieurs x et x	Messieurs,
madame et monsieur	Madame et Monsieur x ou Madame x et Monsieur x (si les noms diffèrent)	Madame et Monsieur,
monsieur et madame	Monsieur et Madame x ou Monsieur x et Madame x (si les noms diffèrent)	Monsieur et Madame,
la ministre et monsieur	Madame la Ministre et Monsieur x	Madame la Ministre et Monsieur,
le député et madame	Monsieur le Député et Madame x	Monsieur le Député et Madame,

T La mention de l'appel est reprise de façon identique dans la salutation.

EXEMPLES DE FORMULES USUELLES :

INTRODUCTION[1]

- **Accusés de réception**
  - *J'ai pris connaissance de…*
  - *Nous avons pris bonne note de…*
  - *Nous accusons réception de…*
    - *… votre lettre et…*
    - *… votre demande et…*
    - *… votre offre et…*
    - *… votre commande et…*
  - *J'ai bien reçu votre...*
    - *… documentation…*
    - *... aimable invitation…*
    - *… lettre…*
      - *… et je vous en remercie.*
  - *À votre demande,...*
    - *… je vous transmets…*

- **Communications diverses**
  - *J'ai le plaisir de* (et non *il me fait plaisir de)
    - *… l'honneur de vous informer…*
      - *… vous aviser…*
      - *… vous faire part de…*
      - *… vous faire connaître…*
  - *Permettez-moi*
    - *… de vous féliciter de…*
    - *… de vous exprimer notre reconnaissance*
      - *… notre chagrin…*
      - *… nos regrets…*

- **Regrets**
  - *Nous regrettons de…*
  - *Je suis au regret de…*
  - *Nous avons le regret de…*
  - *C'est avec regret que nous devons…*
    - *… vous informer que…*
    - *… vous faire part…*
  - *Il m'est malheureusement impossible…*
  - *Il nous est malheureusement impossible…*
    - *… de retenir votre offre, votre candidature…*
    - *… de donner suite à votre demande…*
    - *… d'accepter votre proposition…*

- **Réponses**
  - *À la suite de* (et non *suite à)…
    - *… notre conversation téléphonique,*
    - *… notre rencontre de…,*
    - *… notre entretien,*
      - *… je vous confirme…*
      - *… je vous transmets…*
  - *En réponse à*
    - *… votre lettre du…,*
    - *… votre demande,*
    - *… votre offre du…,*
      - *… je désire vous informer…*
      - *… je vous confirme…*

CONCLUSION

- **Confirmations, réponses demandées**
  - *Veuillez nous confirmer…*
  - *Nous souhaiterions que vous confirmiez*
    - *… votre accord…*
    - *… votre acceptation…*
  - *Nous vous saurions gré de confirmer*
    - *… votre présence…*
  - *Nous vous serions reconnaissants*
    - *… de nous transmettre…*

- **Décisions favorables souhaitées**
  - *Nous espérons que notre proposition vous…*
    - *… conviendra.*
    - *… agréera.*
  - *Dans l'attente d'une réponse favorable, …*
  - *Dans l'espoir que vous recevrez favorablement…*
    - *… notre offre…*
    - *… notre demande…*
  - *En espérant que vous retiendrez...*
    - *… ma candidature…*

1. On consultera le *Guide de la communication écrite* de Marie Malo, publié en 1996 par Québec Amérique, p. 137-142, pour ses nombreux exemples de formules usuelles d'introduction, de conclusion et de salutation.

C

▸ **Excuses**

- *Il y a eu erreur de notre part et nous regrettons vivement les inconvénients que cela a pu vous causer.*
- *Nous comptons sur votre compréhension et vous assurons que cette erreur ne se reproduira plus.*
- *Soyez assuré…*
  - *… que nous corrigerons ce problème dès que possible.*
  - *… que nous apporterons un correctif dans les plus brefs délais.*
- *Nous vous transmettons nos excuses pour...*

▸ **Invitations à communiquer**

- *Je demeure…*
- *Nous demeurons…*
- *Je me tiens…*
- *Nous nous tenons…*
  - *… à votre* (entière) *disposition*
    - *… pour tout renseignement complémentaire…*
- *N'hésitez pas à communiquer avec nous en composant le…*
- *Pour de plus amples renseignements, vous pouvez vous adresser à…*

▸ **Regrets**

- *Je regrette de…*
- *Nous regrettons de…*
  - *… ne pas être en mesure de…*
  - *… ne pouvoir…*
    - *… donner suite à…*
    - *… accéder à…*
    - *… accepter…*
      - *… votre demande…*
      - *… votre proposition…*
      - *… votre offre…*
- *Il nous est malheureusement impossible d'accepter votre invitation...*

▸ **Remerciements**

- *Je tiens à…*
- *Nous tenons à…*
  - *… vous remercier de…*
  - *… vous remercier pour…*
  - *… vous exprimer…*
  - *… vous témoigner…*
    - *… ma gratitude…*
    - *… toute notre gratitude…*
    - *… notre vive reconnaissance…*
- *Nous vous remercions du chaleureux accueil que vous nous avez réservé…*

SALUTATION

La formule de salutation est composée de trois éléments :

▸ **1. Une forme verbale**

Agréez…
Recevez…
Veuillez agréer…
Veuillez recevoir…
Je vous prie d'agréer…
… de recevoir…

▸ **2. La répétition de l'appel**

…, Madame, Monsieur, …
…, cher collègue, …
…, Madame la Présidente, …

▸ **3. Une formule de courtoisie**

(formules officielles et protocolaires)
… l'expression de mes sentiments respectueux.
… l'expression de mes sentiments les plus respectueux.
… l'assurance de ma considération distinguée.
… l'assurance de mes sentiments les plus distingués.
… l'assurance de ma haute considération.
… l'assurance de ma très haute considération.

(formules courantes)
… mes salutations distinguées.
… mes salutations cordiales.
… mes meilleures salutations.
… l'expression de mes meilleurs sentiments.
… l'expression de mes sentiments les meilleurs.
… l'expression de mes sentiments distingués.

Le nom *salutations* s'emploie directement après la formule verbale et l'appel *(Veuillez agréer, Monsieur, mes salutations distinguées)*, alors que les noms *sentiment* ou *considération* s'emploient avec les termes *l'expression de* ou *l'assurance de (Je vous prie d'agréer, Madame, l'expression de mes sentiments respectueux)*.

FORME VERBALE	APPEL	FORMULE DE COURTOISIE
Je vous prie d'agréer,	*Monsieur,*	*mes salutations les meilleures.*
Veuillez recevoir,	*cher collègue,*	*mes salutations distinguées.*
Nous vous prions d'agréer,	*Madame la Présidente,*	*l'assurance de notre haute considération.*

Dans la correspondance personnelle, on peut recourir à une salutation plus simple :

Recevez,	*cher ami,*	*l'expression de mes sentiments les meilleurs.*
Je vous prie d'agréer,	*chère collègue,*	*l'expression de mes sentiments très cordiaux.*
Reçois,	*chère Florence,*	*mes salutations les plus amicales.*

Plus familièrement, on emploiera les formules suivantes :

Amitiés,	*Bien cordialement,*	*Meilleurs souvenirs,*
Toutes mes amitiés,	*Salutations cordiales,*	*Affectueux souvenirs,*

Les formules « *Sincèrement vôtre », « *Bien vôtre », « *Bien à vous » sont à éviter.

Pour une construction juste de la salutation, il importe de ne faire intervenir qu'un seul sujet. Si la formule commence par un membre de phrase qui concerne l'auteur ou les auteurs de la lettre, le verbe principal de la salutation doit être à la première personne du singulier ou du pluriel, selon le cas. *Espérant que ce projet vous conviendra,* ***je vous prie*** *de recevoir, Madame, mes salutations distinguées. Nous souhaitons que ces renseignements vous soient utiles et* ***vous prions*** *d'agréer, Monsieur, l'assurance de nos sentiments respectueux.*

SIGNATURE

La signature s'inscrit à gauche ou à droite, selon la disposition, à quelques interlignes sous la formule de salutation.

1. Si le ou la signataire est **titulaire d'un poste de direction**, l'indication du titre précède généralement la signature.

   La directrice de l'administration,

   Lorraine Dubois

2. Si le ou la signataire **partage sa fonction** avec d'autres personnes, l'indication du titre s'écrit au-dessous de la signature, à la suite du nom dont il est séparé par une virgule. Dans les autres cas, la fonction ou la profession vient après la signature.

   Pierre Giroux, ingénieur

   Colette Tremblay,
   adjointe administrative

T La signature manuscrite s'inscrit au-dessus du nom dactylographié.

VOIR TABLEAUX ► **ADRESSE.** ► **ENVELOPPE.** ► **LETTRE TYPE.**

C

CORROMPU, UE adj.
1. Gâté, mauvais. *Une eau corrompue.* SYN. altéré.
2. À qui on a procuré des avantages en échange d'une faveur. *Un inspecteur corrompu.*

CORROSIF, IVE adj.
1. Qui ronge. *Un acide corrosif.*
2. (FIG.) Qui attaque de façon mordante, satirique. *Des propos corrosifs.*

CORROSION n. f.
Action de corroder. *Ces acides produisent la corrosion des métaux.*

CORRUPTEUR, TRICE n. m. et f.
Personne qui soudoie, qui corrompt quelqu'un.

CORRUPTIBLE adj.
Qui peut être corrompu. *Un témoin corruptible.*

CORRUPTION n. f.
1. Décomposition. *La corruption d'une matière.*
2. Action de corrompre, de soudoyer quelqu'un. *Tentative de corruption.*

CORSAGE n. m.
Vêtement féminin qui couvre le buste. *Elle porte un corsage rouge et un pantalon blanc.* SYN. blouse.

CORSAIRE n. m.
1. Capitaine autorisé à capturer les bateaux ennemis en temps de guerre.
Ne pas confondre avec le nom ***pirate,*** bandit des mers.
2. Pantalon s'arrêtant au-dessous du genou. *Elle s'est acheté un pantalon corsaire rouge, un corsaire rouge.*

CORSE adj. et n. m. et f.
ADJECTIF ET NOM MASCULIN ET FÉMININ
De la Corse. *Le drapeau corse. Un Corse, une Corse.*
[T] L'adjectif s'écrit avec une minuscule; le nom, avec une majuscule.
NOM MASCULIN
Langue parlée en Corse. *Il parle le corse.*
[T] Le nom de la langue s'écrit avec une minuscule.

CORSÉ, ÉE adj.
1. Qui a un goût relevé. *Un café bien corsé le réveillera.* SYN. fort.
2. Difficile, ardu. *Un examen corsé.*
3. Scabreux. *Une histoire corsée.*

CORSER v. tr., pronom.
VERBE TRANSITIF
Donner un goût relevé à. *Corser un potage en ajoutant des épices.*
VERBE PRONOMINAL
Devenir compliqué. *La situation se corse.*
À la forme pronominale, le participe passé de ce verbe s'accorde toujours en genre et en nombre avec son sujet. *L'affaire s'est corsée.*
CONJUGAISON : VOIR MODÈLE AIMER.

CORSET n. m.
Sous-vêtement à baleines destiné à soutenir la taille et les hanches.
corset.

CORSETER v. tr.
Revêtir d'un corset. *Des dames corsetées déambulaient.*
CONJUGAISON : VOIR MODÈLE CONGELER.
Le ***e*** se change en ***è*** devant une syllabe contenant un ***e*** muet. *Il corsète,* mais *il corsetait.*

CORTÈGE n. m.
Suite de personnes qui défilent lors d'une cérémonie. *Le cortège des athlètes à l'ouverture des Jeux olympiques.* SYN. défilé.
Si le sujet du verbe est un collectif précédé du déterminant indéfini ***un, une*** et suivi d'un complément au pluriel, le verbe se met au singulier lorsque l'auteur veut insister sur le tout, l'ensemble; au pluriel, s'il veut insister sur la pluralité, la multiplicité. *Un cortège de dignitaires défila, défilèrent devant les invités présidentiels.* Si le sujet du verbe est un collectif précédé du déterminant défini ***(le, la)***, d'un déterminant possessif ***(mon, ma, ton, ta, son, sa)***, d'un déterminant démonstratif ***(ce, cette)*** et s'il est suivi d'un complément au pluriel, le verbe se met généralement au singulier. *Ce cortège de vedettes a été ovationné.*
VOIR TABLEAU – COLLECTIF.

CORTEX n. m.
1. Enveloppe extérieure d'un organe animal ou végétal.
2. Écorce cérébrale.

CORTISONE n. f.
Hormone du cortex surrénal qui sert de médicament.

CORVÉABLE adj.
Soumis à la corvée.

CORVÉE n. f.
1. ⚜ Travail en commun. *Les voisins ont participé à la corvée pour rebâtir la grange incendiée.*
2. Travail pénible. *Quelle corvée!*

CORVETTE n. f.
1. Ancien bâtiment de guerre.
2. Petit bâtiment d'escorte.

CORYZA n. m.
Rhume de cerveau.
coryza.

cos
Symbole de ***cosinus.***

COSAQUE n. m.
Cavalier d'un corps de cavalerie légère de l'armée russe.

COSIGNATAIRE n. m. et f.
Personne qui signe un document avec une ou plusieurs autres.

COSIGNER v. tr.
Signer un document avec une ou plusieurs autres personnes. *Les présidents de ces pays ont cosigné une entente de réciprocité.*
CONJUGAISON : VOIR MODÈLE AIMER.

COSINUS n. m.
Symbole ***cos*** (s'écrit sans point).
(MATH.) Le cosinus d'un angle est égal au sinus de l'angle complémentaire de cet angle.

-COSME suff.
Élément du grec signifiant « monde ». *Microcosme.*

COSMÉTIQUE adj. et n. m.
ADJECTIF
1. Qui est propre aux soins de beauté. *Des produits cosmétiques.*
2. (FIG.) Qui ne va pas à l'essentiel et ne modifie que les apparences. *« L'Amérique semble s'orienter vers de belles paroles et des changements cosmétiques »* (Le Monde). SYN. mineur; superficiel.
L'emploi de l'adjectif au sens figuré est critiqué par certains auteurs. On pourra lui préférer les adjectifs ***symbolique, superficiel, mineur*** ou les expressions ***pour la forme, de pure forme, de façade*** (d'après le GDT).
NOM MASCULIN
Produit destiné à embellir la peau, les cheveux. SYN. produit de beauté.

COSMÉTOLOGIE n. f.
Étude des produits cosmétiques.

COSMIQUE adj.
Du monde extraterrestre. *Un vaisseau cosmique.*

COSMO- préf.
Élément du grec signifiant « monde ». *Cosmopolite.*

COSMOLOGIE n. f.
Science des lois qui régissent l'univers.

COSMONAUTE n. m. et f.
Les deux **o** sont ouverts et les lettres ***au*** se prononcent comme un **o** fermé, [kɔsmɔnot].
Voyageur de l'espace. *Les cosmonautes ont accueilli les astronautes de la mission Atlantis qui ont réussi à s'arrimer à la station orbitale Mir.*
Les ***cosmonautes*** sont russes, les ***astronautes,*** américains.

COSMOPOLITE adj.
Qui comprend des personnes de plusieurs pays. *Montréal est une ville cosmopolite.*

COSMOS n. m.
Le *s* final est sonore, [kɔsmɔs] ; le mot rime avec ***fosse.***
Espace extraterrestre. *Les astronautes voyagent dans le cosmos, hors de l'atmosphère terrestre, à la recherche de la Lune ou des planètes.*
Le mot ***espace*** en ce sens est plus courant.

COSSE n. f.
Gousse. *Des cosses de pois.*

COSSIN n. m.
(FAM.) Objet sans valeur, petit accessoire, chose sans importance. *« Un cossin et robe de peau de bœuf illinois »* (Augustin Dionne, notaire, Actes notariés, 22 juin 1798, Sainte-Anne-de-la-Pocatière, cité dans le fichier lexical du TLFQ). *Étienne a laissé des cossins sur son établi. « Bernadette grappille çà et là des objets de la modernité déjà anciens : machines à écrire, horloges et autres cossins d'un quotidien qui s'annonce déjà lointain »* (*Le Devoir*). SYN. (FAM.) babiole ; (FAM.) bricole ; (FAM.) truc.
On relève ce nom dans *Le Glossaire du parler français au Canada* (1930) et dans *Le Dictionnaire de la langue française* d'Émile Littré (1863-1873) au sens de « coussin » dans le vocabulaire des relieurs.

COSSU, UE adj.
Riche. *Une propriété cossue.* SYN. opulent.

COSTAUD, AUDE adj. et n. m. et f.
Qui est fort, trapu. *Ce déménageur est bien costaud.* SYN. robuste.
cost**aud**.

COSTUME n. m.
1. Manière de se vêtir. *Fanny a revêtu un costume médiéval.* SYN. habillement ; tenue.
2. Vêtement typique (d'une région, d'une époque). *Le costume national grec.*
3. Vêtement masculin. *Un costume* (et non un *habit) *bleu marine.* SYN. complet.

COSTUMÉ, ÉE adj.
Vêtu d'un déguisement. *Des élèves costumés pour l'Halloween.*
LOCUTION
– ***Bal costumé.*** Bal où les invités sont déguisés.

COSTUMER v. tr.. pronom.
VERBE TRANSITIF
Revêtir d'un déguisement. *Elle a costumé ses enfants en pirates.* SYN. déguiser ; habiller.
VERBE PRONOMINAL
Se déguiser. *À l'Halloween, les enfants se sont costumés.*
À la forme pronominale, le participe passé de ce verbe s'accorde toujours en genre et en nombre avec son sujet. *Elle s'était costumée en fée.*
CONJUGAISON : VOIR MODÈLE AIMER.

COSTUMIER n. m.
COSTUMIÈRE n. f.
Personne qui fait, loue des costumes.

COTATION n. f.
Action de coter. *La cotation d'une action à la Bourse.* SYN. cours.
FORME FAUTIVE
*cotation. Anglicisme au sens de ***prix, devis, soumission.***

COTE n. f.
Cours officiel. *La cote de l'or est à la hausse.*
LOCUTIONS
– ***Avoir la cote d'amour.*** Bénéficier de l'appréciation, de l'affection.
– ***Avoir une cote d'enfer.*** (FAM.) Avoir beaucoup de succès, être apprécié.
HOM. ***cotte,*** (vx) tunique.
cote.

COTÉ, ÉE adj.
1. Qui est estimé, dont la cote est bonne. *Un architecte très coté.* SYN. renommé ; réputé.
2. Inscrit à la cote officielle d'une bourse de valeurs. *Des titres cotés en Bourse. Une société cotée à la Bourse de Toronto.* SYN. décoté.

CÔTE n. f.
1. Os formant la cage thoracique. *Marc s'est fracturé une côte.*
2. Pente d'une montagne, d'une route. *Cette côte est à pic.* SYN. montée.
3. Voie de communication ou partie d'une voie de communication qui suit une pente (Recomm. off.). *Elle a arpenté le chemin de la Côte-Sainte-Catherine.*
Les mots génériques des noms de voies de circulation ou odonymes (***avenue, boulevard, chemin, côte, place, route, rue,*** etc.) s'écrivent avec une minuscule et sont suivis du nom spécifique qui s'écrit avec une ou des majuscules. *L'avenue du Docteur-Penfield.* Suivi d'un odonyme, le verbe ***habiter*** se construit sans préposition. *Marie-Ève habite 7, avenue Antonine-Maillet.*
4. Rivage de la mer. *La côte d'Azur.* SYN. littoral.
LOCUTION
– ***Côte à côte,*** loc. adv. L'un à côté de l'autre. *Ils marchent côte à côte.*
côte.

CÔTÉ n. m.
1. Partie droite ou gauche. *Il y a des arbres de chaque côté de la rue.*
2. Face d'un objet. *Un dé à six côtés.*
3. Aspect sous lequel une situation se présente. *Il faut voir le bon côté des choses.*
LOCUTIONS
– ***À côté de,*** loc. prép. À proximité de. *Il habite à côté de chez elle.*
– ***À côté de,*** loc. prép. En comparaison de. *À côté de cette petite rivière, le Saint-Laurent est immense.*
– ***Au côté de, aux côtés de,*** loc. prép. À proximité de (quelqu'un). *Elle reste aux côtés de ses parents malades.* SYN. auprès de.
Au sens propre, on emploie davantage le singulier ; au sens figuré, l'emploi du pluriel est plus courant.
– ***De côté,*** loc. adv. Latéralement. *On l'a frappé de côté.*
– ***De mon côté.*** Quant à moi, pour ma part.
– ***De tout côté, de tous côtés, de tous les côtés,*** loc. adv. De toutes parts, partout.
L'expression au singulier est de niveau plus soigné, mais les trois orthographes sont correctes.
– ***Du côté de,*** loc. prép. Dans la direction de.

COTEAU n. m. (pl. *coteaux*)
Colline peu élevée. *Les vaches aiment brouter sur le coteau où l'herbe est tendre.*
coteau.

CÔTELÉ, ÉE adj.
Se dit d'un tissu à côtes. *Du velours côtelé* (et non du *corduroy).
côtelé.

CÔTELETTE n. f.
Côte de veau, de bœuf, etc., avec la chair qui y est attachée. *Des côtelettes d'agneau grillées.*
côtelette.

COTER v. tr., intr.
VERBE TRANSITIF
Donner la cote à. *Coter une action à la Bourse.*
VERBE INTRANSITIF
(FIN.) Avoir tel cours en parlant d'un titre, d'une monnaie, d'une marchandise. *Ces actions ont coté* (et non *se sont transigées) *à la hausse.*
CONJUGAISON : VOIR MODÈLE AIMER.

COTERIE n. f.
(PÉJ.) Groupe fermé de personnes.

COTHURNE n. m.
(ANTIQ.) Chaussure montante à semelle épaisse.
cothurne.

CÔTIER, IÈRE adj.
Propre à la côte. *La garde côtière.*
côtier.

COTILLON n. m.
Farandole terminant un bal.

COTISANT, ANTE adj. et n. m. et f.
ADJECTIF
Qui verse une cotisation. *Des employés cotisants.*
NOM MASCULIN ET FÉMININ
Des cotisants sur le point de prendre leur retraite.

COTISATION n. f.
1. Action de cotiser.
2. Quote-part. *Chaque élève a donné sa cotisation pour l'achat du cadeau de Ludovic qui rentre dans son pays.*

COTISER v. intr., pronom.
VERBE INTRANSITIF
Payer sa part d'une dépense commune. *As-tu cotisé pour la fête ?*
Ce verbe est intransitif : il ne peut se construire avec un complément direct. *Il a donné* (et non *cotisé) *15 $.*
VERBE PRONOMINAL
Fournir sa part pour réunir une somme. *Ils se sont cotisés pour acheter ce cadeau à Ludovic.*
À la forme pronominale, le participe passé de ce verbe s'accorde toujours en genre et en nombre avec son sujet. *Elles se sont cotisées.*
CONJUGAISON : VOIR MODÈLE AIMER.

COTON n. m.
1. Produit du cotonnier. *La cueillette du coton.*
2. Étoffe faite de coton. *Une chemise de coton.*
LOCUTIONS
– ***Coton hydrophile.*** (PHARM.) Coton blanchi dont on se sert pour les pansements. *Recouvrir la plaie avec un coton hydrophile* (et non *absorbant).
– ***Être au coton.*** (FAM.) (FIG.) Être épuisé, à bout de forces.
– ***Filer un mauvais coton.*** (FAM.) Être en mauvais état, se sentir malade, faible, déprimé.
FORMES FAUTIVES
*coton absorbant. Calque de «*absorbent cotton*» pour ***coton hydrophile.***
*coton à fromage. Calque de «*cheesecloth*» pour ***étamine.***

COTONNADE n. f.
Étoffe de coton. *Une cotonnade fleurie.*

COTONNER (SE) v. pronom.
Se couvrir d'un duvet, de peluche, en parlant d'une étoffe. *Un lainage qui se cotonne.* SYN. boulocher.
Le participe passé de ce verbe, qui n'existe qu'à la forme pronominale, s'accorde toujours en genre et en nombre avec son sujet. *Ces lainages se sont cotonnés.*
CONJUGAISON : VOIR MODÈLE AIMER.

COTONNEUX, EUSE adj.
1. Couvert d'un duvet qui ressemble au coton.
2. Qui a l'apparence du coton. *Des nuages cotonneux.*

COTONNIER n. m.
Arbrisseau qui produit le coton.

COTON-TIGE n. m. (pl. *cotons-tiges*)
Bâtonnet dont les bouts sont munis de coton servant à nettoyer les oreilles, le nez, etc.

CÔTOYER v. tr., pronom.
VERBE TRANSITIF
Aller côte à côte avec quelqu'un, le fréquenter. *Il a côtoyé ce grand musicien.*
VERBE PRONOMINAL
Se fréquenter. *Ils se côtoient depuis 20 ans.*
À la forme pronominale, le participe passé de ce verbe s'accorde toujours en genre et en nombre avec son sujet. *Elles se sont côtoyées il y a quelques années.*
CONJUGAISON : VOIR MODÈLE EMPLOYER.
Le ***y*** se change en ***i*** devant un ***e*** muet. *Je côtoie, je côtoierai.*
Le ***y*** est suivi d'un ***i*** à la première et à la deuxième personne du pluriel de l'indicatif imparfait et du subjonctif présent. *(Que) nous côtoyions, (que) vous côtoyiez.*
côtoyer.

COTTAGE n. m.
Ce mot se prononce généralement à l'anglaise, [kɔtɛdʒ, kɔtaʒ].
1. Petite maison de style rustique située à la campagne.
2. Maison située généralement à la ville et entourée d'un jardin.

COTTE n. f.
(ANCIENN.) Tunique.
LOCUTION
– ***Cotte de mailles.*** Armure souple constituée de petits anneaux de fer entrelacés.
HOM. ***cote,*** cours officiel.

COTYLÉDON n. m.
Réserve nutritive des plantes à graines.
cotylédon.

COU n. m.
Partie du corps qui joint la tête aux épaules. *Un long cou gracieux.*
LOCUTIONS
– ***Couper le cou.*** Trancher la tête.
– ***Jusqu'au cou.*** Entièrement.
– ***Prendre ses jambes à son cou.*** (FIG.) Se sauver en courant.
– ***Sauter au cou de quelqu'un.*** L'embrasser.
HOM.
• ***coud,*** du verbe ***coudre*** ;
• ***coup,*** choc brutal ;
• ***coût,*** somme que coûte un bien, un service.

COUAC n. m. (pl. *couacs*)
1. Fausse note produite par la voix humaine ou par un instrument de musique.
2. (FIG.) Bévue, geste discordant.

COUARD, COUARDE adj. et n. m. et f.
(LITT.) Peureux, lâche.

COUARDISE n. f.
(LITT.) Lâcheté.

COUCHAGE n. m.
1. Ce qui compose la literie.
2. Action de coucher, lieu où l'on couche. *Des sacs de couchage.*

COUCHANT n. m.
L'endroit de l'horizon où le soleil se couche ; l'ouest.

COUCHANT, ANTE adj.
Qui se couche. *Le soleil couchant.*
Ne pas confondre avec le participe présent invariable ***couchant***. *Le bruit n'avait pas troublé le sommeil des enfants, ceux-ci couchant à l'étage.*

COUCHE n. f.
1. Substance étalée sur une surface. *Une couche de peinture.*
2. Linge absorbant. *Changer la couche de bébé.*
3. (LITT.) Lit.
LOCUTIONS
– ***Fausse couche.*** Avortement spontané (par opposition à ***avortement thérapeutique***). *Des fausses couches.*
– ***Une femme en couches, qui relève de couches.*** Accouchée.
Dans ces expressions, le nom est toujours au pluriel.

COUCHE-CULOTTE n. f. (pl. *couches-culottes*)
Culotte de bébé en tissu imperméable et munie d'une couche.

COUCHER v. tr., intr., pronom.
VERBE TRANSITIF
1. Étendre de son long. *Martine a couché sa petite sœur.* SYN. mettre au lit.
2. Courber. *Le vent a couché les branches.* SYN. incliner ; pencher.
VERBE INTRANSITIF
S'étendre pour prendre du repos. *Pierre a décidé de coucher dans le solarium pour avoir un peu de fraîcheur.*
VERBE PRONOMINAL
Se mettre au lit. *Elles se sont couchées tôt.*
À la forme pronominale, le participe passé de ce verbe s'accorde toujours en genre et en nombre avec son sujet. *Ils se sont couchés à l'aube.*
LOCUTION
– ***Coucher à la belle étoile.*** (FIG.) Passer la nuit au grand air.
CONJUGAISON : VOIR MODÈLE AIMER.

COUCHER n. m.
1. Action de se coucher, de mettre au lit. *Le coucher des enfants.*
2. Action de disparaître, en parlant du soleil, de la lune. *Un magnifique coucher de soleil.*

COUCHE-TARD adj. et n. m. et f. (pl. *couche-tard*)
Qui se couche à une heure tardive. ANT. couche-tôt.

COUCHE-TÔT adj. et n. m. et f. (pl. *couche-tôt*)
Qui se couche de bonne heure. ANT. couche-tard.

COUCHETTE n. f.
Lit escamotable (dans un train, un bateau).

COUCHEUR, EUSE n. m. et f.
– ***Mauvais coucheur.*** Personne au caractère difficile.

COUCI-COUÇA loc. adv.
(FAM.) Comme ci comme ça, plus ou moins bien. *Je vais couci-couça.*
[Les *Rectifications* (1990) admettent : coucicouça.]

COUCOU interj. et n. m.
NOM MASCULIN
1. Oiseau gris et noir insectivore qui ressemble à un pigeon. *Des coucous nombreux.*
2. Appareil qui indique l'heure et dont la sonnerie imite le chant du coucou. *Des coucous suisses amusants.*
Ne pas confondre avec les noms suivants :
• ***horloge,*** appareil de grande dimension servant à mesurer le temps et à indiquer l'heure ;
• ***pendule,*** appareil de petite dimension qui indique l'heure ;
• ***réveille-matin*** ou ***réveil,*** appareil qui indique l'heure et qui peut sonner à une heure déterminée à l'avance.
INTERJECTION
L'interjection sert à manifester sa présence. *Coucou, nous voilà !*
T L'interjection est toujours suivie d'un point d'exclamation qui est souvent repris à la fin de la phrase. Si la phrase exclamative n'est pas complète, le mot qui suit le point d'exclamation s'écrit avec une minuscule initiale.

COUDE n. m.
Partie du corps située en arrière de l'articulation du bras et de l'avant-bras. *Elle s'est appuyée sur son coude.*
LOCUTIONS
– ***Coude à coude.*** Côte à côte. *Étudier coude à coude.*
– ***Coude à coude.*** À égalité. *Les candidats sont coude à coude selon les sondages.*
– ***Jouer des coudes.*** (FIG.) Manœuvrer avec vigueur pour atteindre un objectif.
– ***Lever le coude.*** (FAM.) Boire beaucoup.
– ***Se serrer les coudes.*** (FIG.) S'entraider. *Elles se sont serré les coudes pour traverser cette épreuve.*

COUDÉE n. f.
Ancienne mesure de longueur.
LOCUTION
– ***Avoir les coudées franches.*** Avoir toute la latitude voulue.

COU-DE-PIED n. m. (pl. *cous-de-pied*)
Partie supérieure du pied.
HOM. ***coup de pied,*** action de heurter quelqu'un, quelque chose avec le pied.

COUDER v. tr.
Courber en forme de coude. *Un tuyau coudé.*
CONJUGAISON : VOIR MODÈLE AIMER.

COUDOYER v. tr., pronom.
VERBE TRANSITIF
Côtoyer, être souvent en contact avec.
VERBE PRONOMINAL
Être coude à coude. *Tassés comme des sardines, les voyageurs du métro ne peuvent éviter de se coudoyer.*
À la forme pronominale, le participe passé de ce verbe s'accorde toujours en genre et en nombre avec son sujet. *Ils se sont coudoyés.*
CONJUGAISON : VOIR MODÈLE EMPLOYER.
Le ***y*** se change en ***i*** devant un ***e*** muet. *Je coudoie, je coudoierai.* Le ***y*** est suivi d'un ***i*** à la première et à la deuxième personne du pluriel de l'indicatif imparfait et du subjonctif présent. *(Que) nous coudoyions, (que) vous coudoyiez.*

COUDRE v. tr.
Joindre ensemble avec du fil au moyen d'une aiguille. *Des machines à coudre. Des robes cousues main.*
HOM.
• ***cou,*** partie du corps ;
• ***coup,*** choc brutal ;
• ***coût,*** somme que coûte un bien, un service.
CONJUGAISON : VOIR MODÈLE COUDRE.

COUDRIER n. m.
Noisetier. *La baguette de coudrier du sourcier.*

COUENNE n. f.
Les lettres ***enne*** se prononcent ***anne,*** [kwan].
Peau de porc grillée.

COUETTE n. f.
1. Édredon recouvert d'une housse amovible.
2. (FAM.) Touffe de cheveux. *Elle porte deux couettes.*

COUFFIN n. m.
Grand cabas souple à anses.

CONJUGAISON DU VERBE **COUDRE**

INDICATIF

PRÉSENT

je	cou**ds**
tu	cou**ds**
elle	cou**d**
il	cou**d**
nous	cou**sons**
vous	cou**sez**
elles	cou**sent**
ils	cou**sent**

PASSÉ COMPOSÉ

j'	ai	cousu
tu	as	cousu
elle	a	cousu
il	a	cousu
nous	avons	cousu
vous	avez	cousu
elles	ont	cousu
ils	ont	cousu

IMPARFAIT

je	cou**sais**
tu	cou**sais**
elle	cou**sait**
il	cou**sait**
nous	cou**sions**
vous	cou**siez**
elles	cou**saient**
ils	cou**saient**

PLUS-QUE-PARFAIT

j'	avais	cousu
tu	avais	cousu
elle	avait	cousu
il	avait	cousu
nous	avions	cousu
vous	aviez	cousu
elles	avaient	cousu
ils	avaient	cousu

PASSÉ SIMPLE

je	cou**sis**
tu	cou**sis**
elle	cou**sit**
il	cou**sit**
nous	cou**sîmes**
vous	cou**sîtes**
elles	cou**sirent**
ils	cou**sirent**

PASSÉ ANTÉRIEUR

j'	eus	cousu
tu	eus	cousu
elle	eut	cousu
il	eut	cousu
nous	eûmes	cousu
vous	eûtes	cousu
elles	eurent	cousu
ils	eurent	cousu

FUTUR SIMPLE

je	cou**drai**
tu	cou**dras**
elle	cou**dra**
il	cou**dra**
nous	cou**drons**
vous	cou**drez**
elles	cou**dront**
ils	cou**dront**

FUTUR ANTÉRIEUR

j'	aurai	cousu
tu	auras	cousu
elle	aura	cousu
il	aura	cousu
nous	aurons	cousu
vous	aurez	cousu
elles	auront	cousu
ils	auront	cousu

CONDITIONNEL PRÉSENT

je	cou**drais**
tu	cou**drais**
elle	cou**drait**
il	cou**drait**
nous	cou**drions**
vous	cou**driez**
elles	cou**draient**
ils	cou**draient**

CONDITIONNEL PASSÉ

j'	aurais	cousu
tu	aurais	cousu
elle	aurait	cousu
il	aurait	cousu
nous	aurions	cousu
vous	auriez	cousu
elles	auraient	cousu
ils	auraient	cousu

SUBJONCTIF

PRÉSENT

que	je	cou**se**
que	tu	cou**ses**
qu'	elle	cou**se**
qu'	il	cou**se**
que	nous	cou**sions**
que	vous	cou**siez**
qu'	elles	cou**sent**
qu'	ils	cou**sent**

PASSÉ

que	j'	aie	cousu
que	tu	aies	cousu
qu'	elle	ait	cousu
qu'	il	ait	cousu
que	nous	ayons	cousu
que	vous	ayez	cousu
qu'	elles	aient	cousu
qu'	ils	aient	cousu

IMPARFAIT

que	je	cou**sisse**
que	tu	cou**sisses**
qu'	elle	cou**sît**
qu'	il	cou**sît**
que	nous	cou**sissions**
que	vous	cou**sissiez**
qu'	elles	cou**sissent**
qu'	ils	cou**sissent**

PLUS-QUE-PARFAIT

que	j'	eusse	cousu
que	tu	eusses	cousu
qu'	elle	eût	cousu
qu'	il	eût	cousu
que	nous	eussions	cousu
que	vous	eussiez	cousu
qu'	elles	eussent	cousu
qu'	ils	eussent	cousu

IMPÉRATIF

PRÉSENT

cou**ds**
cou**sons**
cou**sez**

PASSÉ

aie cousu
ayons cousu
ayez cousu

INFINITIF

PRÉSENT

cou**dre**

PASSÉ

avoir cousu

PARTICIPE

PRÉSENT

cou**sant**

PASSÉ

cousu, ue
ayant cousu

COUGUAR ou **COUGOUAR** n. m.
La deuxième syllabe se prononce ***gare*** ou ***gou-are***.
Mammifère carnassier d'Amérique du groupe des félins, à pelage fauve et sans crinière. SYN. puma.
couguar, cougouar, sans ***d*** final.

COUILLE n. f.
(VULG.) Testicule.

COUILLON, ONNE adj. et n. m.
(FAM.) Imbécile.

COUINEMENT n. m.
Cri aigu du rat, de certains mammifères.

COUINER v. intr.
Crier, en parlant du rat, de certains mammifères.
CONJUGAISON : VOIR MODÈLE AIMER.

COULAGE n. m.
1. Action de couler. *Le coulage d'une sculpture de bronze.*
2. Action de gaspiller, de voler. *Il y a trop de coulage dans les matériaux.*
FORME FAUTIVE
*coulage. Anglicisme au sens de ***fuite, communication d'informations confidentielles, divulgation d'informations.***

COULANT, ANTE adj.
1. Qui coule. *Un fromage coulant.*
2. Harmonieux, facile. *Un style coulant.*
3. (FAM.) Indulgent. *Un chef de service coulant.*
LOCUTION
– ***Nœud coulant.*** Qui se serre de lui-même quand on tire la corde.

COULÉE n. f.
Action de s'écouler, son résultat. *Une coulée de lave.*

COULER v. tr., intr., pronom.
VERBE TRANSITIF
1. Submerger. *Couler un bateau.*
2. Verser une matière en fusion dans un moule. *Couler du bronze.*
VERBE INTRANSITIF
1. Aller d'un lieu à l'autre, en parlant d'un liquide. *Les fleuves coulent vers la mer.*
2. Laisser échapper un liquide. *Son nez coule, il est enrhumé.*
VERBE PRONOMINAL
Se glisser adroitement. *Le petit se coula tout doucement dans la cachette.*
À la forme pronominale, le participe passé de ce verbe s'accorde toujours en genre et en nombre avec son sujet. *Elle s'est coulée dans un bain chaud et parfumé.*
LOCUTIONS
– ***Couler des jours heureux.*** Connaître un bonheur tranquille.
– ***Couler de source.*** (FIG.) Découler en toute logique de ce qui précède, être évident.
– ***Faire couler beaucoup d'encre.*** Faire jaser, écrire à son sujet. *Cette déclaration a fait couler beaucoup d'encre.*
– ***Se la couler douce.*** Vivre agréablement sans effort.
FORME FAUTIVE
*laisser couler de l'information. Calque de «*to leak information*» pour ***dévoiler, divulguer de l'information, communiquer des renseignements confidentiels, favoriser des fuites, ébruiter une nouvelle.***
CONJUGAISON : VOIR MODÈLE AIMER.

COULEUR n. f.
Impression que produisent sur l'œil les différentes radiations lumineuses. *Les couleurs de l'arc-en-ciel.* SYN. teinte.
Le nom ***couleur*** est au singulier lorsqu'il est précédé de la préposition ***de*** et lorsqu'il est en apposition. Exemples : *Des vêtements de couleur, des crayons de couleur, du papier à lettres de couleur, des étoffes de couleur, des toitures couleur de cuivre, des imprimantes couleur, un téléviseur couleur.*
Le nom ***couleur*** est au pluriel lorsqu'il est précédé de la préposition ***en,*** sauf dans la locution ***haut en couleur.*** Exemples : *Un journal en couleurs, une photo en couleurs, un film en couleurs, la télévision en couleurs.*
LOCUTIONS
– ***Adjectif de couleur.*** Les adjectifs de couleur peuvent être simples (*beige, blanc, rouge,* etc.) ou composés (*bleu marine, gris acier, vert olive,* etc.).
VOIR TABLEAU – COULEUR (ADJECTIFS DE).
– ***Annoncer la couleur.*** Aux cartes, indiquer la couleur qui sera l'atout.
– ***Annoncer la couleur.*** (FIG.) Préciser ses intentions.
– ***Couleur (de).*** Qui est de la couleur de. *Des tricots couleur moutarde* ou *couleur de moutarde.*
Dans cette locution, le nom ***couleur*** est invariable.
– ***Des goûts et des couleurs on ne saurait discuter.*** Les affinités, les préférences ne se discutent pas.
– ***En voir de toutes les couleurs.*** Subir de multiples épreuves.
– ***Haut en couleur.*** Coloré, pittoresque. *Des personnages hauts en couleur.*
Dans cette expression, le nom ***couleur*** est toujours au singulier.
– ***Ne pas voir la couleur de quelque chose.*** (FIG.) Ne pas recevoir ce qui était promis. *Je n'ai pas vu la couleur de ce chèque.*
– ***Sous couleur de,*** loc. prép. Sous prétexte de.

COULEUVRE n. f.
Serpent non venimeux. *Les couleuvres ne sont pas dangereuses.*

COULIS n. m.
Le ***s*** ne se prononce pas, [kuli].
Jus concentré. *Un coulis de framboises.*
coulis.

COULISSANT, ANTE adj.
Qui glisse sur des coulisses. *Un panneau coulissant.*

COULISSE n. f.
1. Glissière. *Une porte à coulisse.*
2. (AU PLUR.) Partie du théâtre située à l'arrière de la scène. *Martin est allé dans les coulisses pour avoir les autographes des comédiens.*

COULISSER v. tr., intr.
VERBE TRANSITIF
Munir d'une coulisse.
VERBE INTRANSITIF
Glisser sur des coulisses. *La porte coulisse sur un rail.*
CONJUGAISON : VOIR MODÈLE AIMER.

COULOIR n. m.
Passage étroit qui conduit d'une pièce à une autre. SYN. corridor.

COULOMB n. m.
Symbole ***C*** (s'écrit sans point).
Unité de mesure en électricité qui correspond à la quantité d'électricité transportée en une seconde par un courant de un ampère.

COULOMMIERS n. m.
Fromage. *Un morceau de coulommiers.*
T Le nom du fromage s'écrit avec une minuscule ; celui de la ville, avec une majuscule.
coulommier**s.**

COULPE n. f.
Confession publique.
LOCUTION
– ***Battre sa coulpe.*** (LITT.) Se frapper la poitrine en exprimant son repentir.

ADJECTIFS DE **COULEUR**

▸ **1. Les adjectifs de couleur simples** s'accordent en genre et en nombre :

alezan	brun	glauque	noir	roux
beige	châtain	gris	pers	vermeil
blanc	cramoisi	incarnat	pourpre	vert
bleu	écarlate	jaune	rose	violet…
blond	fauve	mauve	rouge	

Ex. : *des robes mauves, des jupes violettes, des foulards bleus.*

▸ **2. Les adjectifs dérivant d'adjectifs ou de noms de couleur** s'accordent en genre et en nombre :

basané	mordoré	rosé	verdoyant
blanchâtre	noiraud	rougeaud	violacé...
cuivré	olivâtre	rouquin	
doré	orangé	rubicond	

Ex. : *des ciels orangés, des teints olivâtres, des fillettes rouquines.*

▸ **3. Les adjectifs composés** (avec un autre adjectif ou un nom) sont invariables :

blanc cassé	bleu turquoise	gorge-de-pigeon	terre de Sienne
bleu foncé	bleu-vert	gris acier	vert amande
bleu horizon	caca d'oie	gris perle	vert-de-gris
bleu marine	café au lait	jaune maïs	vert olive…
bleu nuit	cuisse-de-nymphe	noir de jais	
bleu roi	feuille-morte	rouge tomate	

Ex. : *des écharpes gris perle, une nappe bleu nuit.*

On emploie le trait d'union lorsque deux adjectifs de couleur simples sont juxtaposés. *Des yeux bleu-vert.* Les adjectifs de couleur juxtaposés ou coordonnés pour qualifier un seul nom sont également invariables. *Des gants bleu et vert.*

▸ **4. Les noms simples ou composés employés comme adjectifs** pour désigner une couleur sont invariables :

abricot	bruyère	cuivre	marine	réséda
absinthe	cachou	cyclamen	marron	rouille
acajou	café	ébène	mastic	rubis
acier	canari	émeraude	moutarde	safran
agate	cannelle	épinard	nacre	saphir
amadou	caramel	fraise	noisette	saumon
amarante	carmin	framboise	ocre	sépia
ambre	carotte	fuchsia	olive	serin
améthyste	cassis	garance	or	soufre
anthracite	céladon	grenat	orange	souris
ardoise	cerise	groseille	paille	tabac
argent	chamois	havane	pastel	tango
aubergine	champagne	indigo	pastèque	thé
auburn	chocolat	ivoire	pêche	tilleul
aurore	citron	jade	perle	tomate
avocat	clémentine	jonquille	pervenche	topaze
azur	cognac	kaki	pétrole	turquoise
bistre	coquelicot	lavande	pie	vermillon…
bordeaux	corail	lilas	pistache	
brique	crème	magenta	platine	
bronze	crevette	marengo	prune	

Ex. : *des tapis ardoise, une ombrelle kaki.*

COUNSELLING ou **COUNSELING** n. m.
Forme d'intervention psychologique et sociale qui a pour but d'aider quelqu'un à surmonter les difficultés d'adaptation ou d'ordre psychologique qui l'empêchent de fonctionner adéquatement dans une situation donnée (GDT). SYN. consultation psychologique.

COUP n. m.
1. Effet brusque produit par le choc de deux corps. *Des coups de poing, des coups de pied. Recevoir un coup sur la tête.* SYN. heurt.
2. Action brusque et soudaine des éléments. *Des coups de tonnerre.*
3. Mouvement d'un organe. *Des coups d'œil, des coups d'aile.*
4. Acte marquant, en bien ou en mal. *Un bon coup, un coup d'État.*
LOCUTIONS
– ***À coup sûr,*** loc. adv. Certainement.
– ***Après coup,*** loc. adv. Quand il n'est plus temps. *Il n'a compris qu'après coup le sens de la question.*
– ***À tous coups, à tout coup,*** loc. adv. Chaque fois.
☞ Les deux orthographes sont possibles.
– ***Coup de cœur.*** Goût vif pour quelque chose. *Les coups de cœur d'un libraire. Les livres coups de cœur.*
– ***Coup de foudre.*** Amour passionné subit. *Des coups de foudre.*
– ***Coup de fouet cervical.*** (MÉD.) Lésion traumatique de la colonne cervicale à la suite d'un choc brutal subi par la nuque. SYN. coup du lapin.
– ***Coup de main.*** Aide momentanée. *Jacques nous a donné de bons coups de main.*
– ***Coup de pied.*** Action de heurter quelqu'un, quelque chose avec le pied. *Gabriel a donné des coups de pied à son cousin.*
☞ Ne pas confondre avec le nom ***cou-de-pied,*** partie supérieure du pied.
– ***Coup de poing.*** Coup donné avec le poing. *Des coups de poing brutaux.*
– ***Coup-de-poing.*** Arme. *Des coups-de-poing.*
– ***Coup de pouce.*** (FIG.) Aide. *Donne-moi un coup de pouce pour déménager. Des coups de pouce appréciés.*
– ***Coup de téléphone.*** Appel téléphonique.
– ***Coup de tête.*** Décision inconsidérée. *Des coups de tête regrettables.*
– ***Coup d'œil.*** Regard furtif. *Elle jeta un coup d'œil sur la maison, des coups d'œil sur les invités.*
– ***Coup dur.*** Épreuve. *Cette famille a connu bien des coups durs.*
– ***Coup sur coup,*** loc. adv. Immédiatement, l'un après l'autre.
– ***Faire les quatre cents coups.*** Ne pas respecter les interdits, mener une vie désordonnée.
– ***Sous le coup de,*** loc. adv. Sous l'influence de. *Ne prends pas de décision sous le coup de la colère.*
– ***Sur le coup,*** loc. adv. À l'instant même.
– ***Tout à coup,*** loc. adv. Soudainement.
– ***Tout d'un coup,*** loc. adv. En une seule fois.
HOM.
• ***cou,*** partie du corps;
• ***coud,*** du verbe ***coudre***;
• ***coût,*** somme que coûte un bien, un service.

COUPABLE adj. et n. m. et f.
Qui a commis une faute ou un crime. *Cette personne n'a pas commis ce crime : elle n'est pas coupable.* SYN. fautif.
FORME FAUTIVE
*trouvé coupable. Calque de «*found guilty*» pour ***déclaré, reconnu coupable.***

COUPAGE n. m.
Action de couper. *Le coupage du vin.*

COUPANT, ANTE adj.
Tranchant. *Un ton coupant.*
☞ Ne pas confondre avec le participe présent invariable ***coupant.*** *Les jardiniers taillaient la haie, coupant avec adresse les branches superflues.*

COUPE n. f.
1. Action, manière de couper quelque chose. *Delphine doit se faire faire une coupe de cheveux.*
2. (FIG.) Compression budgétaire. *Il y a eu d'importantes coupes* (et non *coupures) *dans le domaine de la santé.*
3. Verre à boire de forme arrondie ou évasée, muni d'un pied; contenu de ce verre. *Une coupe de cristal. Boire une coupe de champagne.*
4. Récipient peu profond, sans pied ou muni d'un pied très court, à usages divers; contenu de ce récipient. *Une coupe de porcelaine fine. Je vous propose une coupe de crème glacée couronnée de framboises.*
5. Prix décerné au vainqueur ou à l'équipe victorieuse d'une compétition sportive, d'un championnat; la compétition elle-même. *La Coupe du monde de football. Quand le Canadien ramènera-t-il la coupe Stanley à Montréal?*
T Le nom ***coupe*** s'écrit avec une majuscule quand il désigne une compétition, avec une minuscule quand il désigne un trophée.
LOCUTIONS
– ***Coupe claire.*** Coupe importante d'arbres destinée à donner de la lumière aux jeunes arbres de la forêt.
☞ La coupe plus limitée est une ***coupe sombre.***
– ***Coupe sombre.*** Coupe partielle d'arbres dans une forêt.
☞ La coupe importante est une ***coupe claire.***
– ***Coupe sombre.*** (FIG.) Réduction considérable. *Il y a une coupe sombre dans l'effectif, dans le budget.*
– ***Être sous la coupe de quelqu'un.*** (FIG.) Être sous sa dépendance, subir son influence à l'excès. *Les agriculteurs qui ont tout perdu sont sous la coupe des grands propriétaires.*
– ***Il y a loin de la coupe aux lèvres.*** (FIG.) Il y a loin entre un idéal et sa réalisation, entre le rêve et la réalité.
– ***La coupe est pleine.*** (FIG.) L'indignation est à son comble. *N'en jetez plus, la coupe est pleine! Et quand le pasteur décide d'hiberner avec son ourson dans sa tanière, aux côtés d'une sémillante scientifique venue étudier la vie des ours, la coupe est pleine.*

COUPE-
Les mots composés avec l'élément ***coupe-*** s'écrivent avec un trait d'union. Au pluriel, ***coupe-,*** qui est un verbe, demeure invariable, tandis que le second élément est parfois variable, parfois invariable.

COUPÉ n. m.
Voiture à deux portes, d'allure sportive, sans montant latéral.

COUPE-CIGARE n. m. (pl. *coupe-cigares*)
Instrument servant à couper le bout des cigares.

COUPE-CIRCUIT n. m. (pl. *coupe-circuits*)
(ÉLECTR.) Dispositif de sécurité destiné à couper le circuit électrique quand l'intensité est trop élevée.
☞ Ne pas confondre avec le nom ***court-circuit,*** contact accidentel de deux fils électriques.

COUPE-COUPE n. m. inv. (pl. *coupe-coupe*)
Machette. *« L'un des agresseurs brandit le tranchant de son coupe-coupe »* (*Le Figaro*).
[Les *Rectifications* (1990) admettent : un coupecoupe, des coupecoupes.]

COUPÉE n. f.
Ouverture d'un navire qui permet l'entrée et la sortie. *Une échelle de coupée.*

COUPE-FAIM n. m. (pl. *coupe-faim* ou *coupe-faims*)
Petite quantité d'aliments prise pour calmer momentanément la faim. *Des coupe-faim dangereux.*

COUPE-FEU n. m. (pl. *coupe-feu* ou *coupe-feux*)
1. Dispositif destiné à empêcher la propagation des incendies (bâtiments, forêts, etc.).
Mis en apposition, le nom ***coupe-feu*** est invariable.
En matière d'incendie, les éléments coupe-feu sont ceux qui répondent à la fois aux critères suivants : résistance mécanique, étanchéité aux flammes, absence d'émission de gaz inflammables, et isolation thermique telle que l'élévation de la température de la face non exposée ne dépasse pas en moyenne 140 °C et localement 180 °C (GDT).
2. (INFORM.) Dispositif informatique qui permet le passage sélectif des flux d'information entre un réseau interne et un réseau public, ainsi que la neutralisation des tentatives de pénétration en provenance du réseau public (Recomm. off.).

COUPE-FILE n. m. (pl. *coupe-files*)
Carte officielle de priorité.

COUPE-GORGE n. m. (pl. *coupe-gorge* ou *coupe-gorges*)
Lieu mal fréquenté où l'on risque d'être volé, attaqué.

COUPE-JARRET n. m. (pl. *coupe-jarrets*)
(LITT.) Brigand.

COUPELLE n. f.
Petite coupe. *Une coupelle de beurre.*

COUPE-ONGLE(S) n. m. inv. (pl. *coupe-ongles*)
Petite pince servant à couper les ongles. *Un coupe-ongles* ou *coupe-ongle.*

COUPE-PAPIER n. m. (pl. *coupe-papier* ou *coupe-papiers*)
Lame mince servant à ouvrir les enveloppes en coupant le papier plié.

COUPER v. tr., intr., pronom.
VERBE TRANSITIF
1. Diviser un corps avec un instrument tranchant. *Il a coupé le gigot en tranches, elle coupera le pain.* SYN. découper.
2. Interrompre, faire cesser. *Les crudités ne coupent pas la faim. Ne coupez pas la communication !* SYN. mettre fin à.
3. Rendre plus court. *Le coiffeur doit lui couper les cheveux.*
VERBE INTRANSITIF
1. Être tranchant. *Ces ciseaux ne coupent pas.*
2. Prendre un chemin plus court. *Les enfants ont coupé à travers le boisé pour aller au village.*
VERBE PRONOMINAL
1. Se blesser avec un instrument tranchant. *En cuisinant, elle s'est coupée.* SYN. s'entailler.
2. S'entrecroiser. *Ces chemins se coupent.*
3. S'isoler. *Ils se sont coupés du monde.*
À la forme pronominale, le participe passé de ce verbe s'accorde en genre et en nombre avec le complément direct si celui-ci le précède. *Les portions de tarte qu'il s'est coupées sont raisonnables. Ils se sont coupés gravement.* Il reste invariable si le complément direct suit le verbe. *Elle s'est coupé la main.*
LOCUTIONS
– ***Couper la parole.*** Interrompre. *Elle m'a coupé la parole de façon arrogante.*
– ***Couper le mal à la racine.*** (FIG.) Extirper le mal.
– ***Couper les vivres à quelqu'un.*** Retrancher les moyens de subsistance à quelqu'un.
– ***Couper l'herbe sous le pied de quelqu'un.*** (FIG.) Supplanter quelqu'un.
FORMES FAUTIVES
*couper les coins. Calque de « *to cut corners* » pour ***prendre des raccourcis.***
*couper les dépenses. Calque de « *to cut expenses* » pour ***comprimer, réduire les dépenses.***
*couper les prix. Calque de « *to cut prices* » pour ***réduire les prix, vendre à prix réduit, vendre au rabais.***
*couper un poste. Impropriété pour ***abolir, supprimer un poste.***
*pour couper court. Calque de « *to cut short* » pour ***pour résumer.***
En français, l'expression ***couper court*** s'utilise, mais elle est suivie de la préposition ***à*** et signifie « interrompre ». *Il coupa court à cette démonstration et passa à la question suivante.*
CONJUGAISON : VOIR MODÈLE AIMER.

COUPERET n. m.
Couteau de la guillotine.
couperet.

COUPEROSE n. f.
Coloration rouge de la peau du visage causée par une dilatation des vaisseaux capillaires.

COUPEROSÉ, ÉE adj.
Atteint de couperose. *Un nez couperosé.*

COUPE-VENT n. m. (pl. *coupe-vent* ou *coupe-vents*)
Veste courte dont le tissu protège du vent. *Martin, mets ton coupe-vent, car il fait frais aujourd'hui.*

COUPLAGE n. m.
1. Assemblage, interaction entre des systèmes. *Un couplage électrique.*
2. (FIG.) Liaison. *Le couplage des chercheurs et des entreprises.* SYN. maillage.

COUPLE n. m. et f.
NOM MASCULIN
Réunion de deux personnes unies par l'amour, l'amitié. *Un couple bien assorti, un couple de skieurs.*
NOM FÉMININ
1. Réunion accidentelle de deux choses, deux êtres de même espèce. *Une couple de serviettes.*
2. À peu près deux. *Je serai là dans une couple de jours.*
En ce sens, le mot est vieilli ou littéraire.

COUPLÉ, ÉE adj.
Lié deux à deux. *Des chevaux couplés.*

COUPLER v. tr.
Attacher deux à deux.
CONJUGAISON : VOIR MODÈLE AIMER.

COUPLET n. m.
Strophe d'une chanson, suivie généralement d'un refrain.
couplet.

COUPOLE n. f.
Voûte d'un dôme.
La ***coupole*** est surtout vue de l'intérieur, alors que le ***dôme*** est vu de l'extérieur.
coupole.

COUPON n. m.
1. Morceau d'étoffe. *Solde de coupons.*
2. Partie détachable d'un titre, d'un billet. *Laurent a des coupons pour aller au cinéma.*
FORME FAUTIVE
*coupon-rabais. Anglicisme pour ***bon de réduction.***

COUPON-RÉPONSE n. m. (pl. *coupons-réponse* ou *coupons-réponses*)
Partie détachable d'une annonce.

COUPURE n. f.
1. Blessure causée par un instrument tranchant. *Elle a une coupure à la main.* SYN. entaille ; incision.
2. (FIG.) Séparation nette. *Une coupure entre son ancien travail et son travail actuel.* SYN. cassure ; rupture.
3. Suppression, censure. *La direction a fait quelques coupures dans le texte.*

4. Article découpé. *Une coupure de journal* (et non une *découpure).
5. Billet de banque. *Une coupure de 100 $.*
LOCUTION
– ***Coupure des mots.*** Division d'un mot selon les syllabes en fin de ligne.
VOIR TABLEAU – DIVISION DES MOTS.
FORMES FAUTIVES
*coupure de poste. Impropriété pour ***abolition de poste, suppression de poste.***
*coupures budgétaires. Anglicisme pour ***compressions, coupes, réductions, restrictions budgétaires.***

COUR n. f.
1. Espace découvert, généralement clos, attenant à un bâtiment. *La cour d'une école, une cour de récréation. La cour intérieure d'un immeuble. La cour d'honneur du château de Versailles.*
2. Lieu de résidence d'un souverain et de son entourage. *Les belles dames allaient à la cour en robe longue.*
3. Tribunal supérieur. *La Cour des petites créances, la Cour du Québec, la Cour supérieure, la Cour d'appel, la Cour suprême,* mais *les cours municipales.*
T Les noms de cours qui désignent des organismes uniques s'écrivent avec une majuscule initiale ; par contre, le nom ***cour*** s'écrit avec une minuscule quand il fait partie des désignations des cours municipales. *La cour municipale d'Outremont.*
LOCUTIONS
– ***Côté cour.*** Au théâtre, côté droit de la scène (vu de la salle). ANT. côté jardin.
– ***Faire la cour à quelqu'un.*** Exprimer de l'amour, de l'admiration à quelqu'un.
FORMES FAUTIVES
*cour. Anglicisme au sens de ***jardin.*** *Nous avons planté un olivier dans le jardin* (et non *la cour).
*cour de triage. Calque de «*switch yard*» pour ***gare de triage.***
*hors cour. Calque de «*out-of-court*» pour ***amiable.*** *Un règlement amiable, à l'amiable* (et non *hors cour).

COURAGE n. m.
1. Bravoure et force de caractère pour vaincre des difficultés. *Ces sauveteurs ont fait preuve d'un grand courage.* SYN. ardeur ; audace ; fermeté ; vaillance.
2. Énergie consacrée à une activité. *Je n'ai pas de courage ce matin pour me lever ; je resterais bien au lit. Bon courage !*
LOCUTIONS
– ***Avoir le courage de ses opinions.*** Manifester ouvertement ses convictions.
– ***Prendre son courage à deux mains.*** (FAM.) Rassembler son énergie, sa détermination pour faire quelque chose de difficile.

COURAGEUSEMENT adv.
Avec courage. *Ils ont affronté le danger courageusement.*

COURAGEUX, EUSE adj.
Qui dénote du courage. *Ces pompiers sont bien courageux pour combattre les incendies.* SYN. audacieux ; brave ; énergique ; vaillant ; valeureux.

COURAILLER v. intr.
(FAM.) Avoir de nombreuses aventures.
Ce verbe de registre familier demeure usuel au Québec et dans la francophonie canadienne, mais il n'appartient plus à l'usage courant de la majorité des locuteurs du français.
CONJUGAISON : VOIR MODÈLE AIMER.

COURAMMENT adv.
1. Facilement. *Elle parle anglais couramment.* SYN. aisément.
2. De façon courante. *Le terme* courriel *s'emploie couramment au Québec au sens de « courrier électronique ».* SYN. habituellement ; ordinairement.

COURANT, ANTE adj. et n. m.
ADJECTIF
1. Qui est en cours. *Les 20 et 21 (du mois) courant.*
2. Habituel. *Prix courant* (et non *régulier).
NOM MASCULIN
Mouvement des liquides qui suivent leur pente. *Le courant de la rivière est assez fort. Les courants marins.*
LOCUTIONS
– ***Courant alternatif.*** Abréviation ***c. a.*** (s'écrit avec des points).
– ***Courant continu.*** Abréviation ***c. c.*** (s'écrit avec des points).
– ***Courant d'air.*** Mouvement de l'air qui traverse un lieu. *Ferme la fenêtre, il y a un courant d'air.*
– ***Courant électrique.*** Déplacement d'électricité. *Une panne de courant.*
– ***Être au courant.*** Être informé.
– ***Mettre, tenir au courant.*** Renseigner. *Tenez-moi au courant de ses progrès.*

COURBATU, UE adj.
(LITT.) Qui souffre de courbatures. *Après ce marathon, je suis courbatue.* SYN. courbaturé ; moulu.
courbatu, un seul ***t.***

COURBATURE n. f.
Lassitude, douleur des membres. *Après sa première journée de randonnée, Nouni avait des courbatures.*

COURBATURÉ, ÉE adj.
Qui souffre de courbatures. *Ils sont revenus un peu courbaturés de cette ascension du mont Washington.* SYN. courbatu.

COURBATURER v. tr.
Causer une courbature à. *La randonnée pédestre a courbaturé mes parents.*
CONJUGAISON : VOIR MODÈLE AIMER.

COURBE adj. et n. f.
ADJECTIF
En forme d'arc. *Un tracé courbe.*
NOM FÉMININ
1. Ligne courbe. *Tracer, dessiner une courbe. La courbe du rivage. Le graphique montre la courbe des profits.*
2. Ligne déterminée par une abscisse et une ordonnée, et représentant la loi, l'évolution d'un phénomène. *Le graphique montre la courbe des profits.*
FORME FAUTIVE
*courbe. Anglicisme au sens de ***virage.*** *Négocier un virage* (et non *une courbe).

COURBER v. tr., intr., pronom.
VERBE TRANSITIF
1. Rendre courbe. *Courber une branche.* SYN. arrondir.
2. Fléchir. *Courber la tête.* SYN. pencher.
VERBE INTRANSITIF
Devenir courbe, plier. *Ce plancher a un peu courbé.*
VERBE PRONOMINAL
S'incliner. *Elle s'est courbée pour entrer dans la pyramide.*
À la forme pronominale, le participe passé de ce verbe s'accorde en genre et en nombre avec le complément direct si celui-ci le précède. *Ils se sont courbés en signe de respect.* Le participe passé reste invariable si le complément direct suit le verbe. *Elles se sont courbé le front.*
CONJUGAISON : VOIR MODÈLE AIMER.

COURBETTE n. f.
Politesse exagérée et intéressée. *Faire des courbettes à, devant la ministre.*
Le nom est suivi des prépositions ***à, devant.***

COURBURE n. f.
Cambrure. *La courbure d'un arc.*

COURETTE n. f.
Petite cour. *Une courette fleurie égaie l'immeuble.*

COUREUR, EUSE n. m. et f.
1. Personne qui participe à une course. *Un coureur automobile, un coureur cycliste.*
2. Personne volage. *Un coureur de jupons.*
LOCUTION
– ***Coureur des bois.*** ⚜ (ANCIENN.) Trappeur.

COURGE n. f.
Plante potagère de la famille des cucurbitacées ; fruit de cette plante.

COURGETTE n. f.
Plante potagère ; fruit allongé de cette plante. *Des courgettes farcies.*

COURIR v. tr., intr.
VERBE TRANSITIF
1. Participer à une course. *Elle a couru le marathon.*
2. Parcourir. *Ils ont couru le monde.*
3. (FIG.) Être exposé à. *Courir un risque. Courez votre chance !*
4. Rechercher. *Courir les soldes.*
VERBE INTRANSITIF
1. Se déplacer rapidement, dans n'importe quelle direction, sans but précis. *Les enfants ont couru pendant 30 minutes.*
☞ Ne pas confondre avec ***accourir,*** venir très rapidement à un lieu donné.
2. S'écouler. *Le temps qui court.*
LOCUTIONS
– ***Courir après.*** Rechercher avec ardeur. *Un policier qui court après un voleur. Elle court après ce gentil garçon.*
– ***Courir à toutes jambes.*** Courir le plus rapidement possible.
– ***Courir le monde.*** Voyager beaucoup, faire le tour du monde.
– ***Courir les rues.*** Manquer d'originalité, être très banal.
– ***Laisser courir.*** Laisser faire, ne pas se soucier de.
– ***Par les temps qui courent.*** En ce moment, dans les circonstances actuelles.
CONJUGAISON : VOIR MODÈLE COURIR.

COURONNE n. f.
1. Ornement destiné à encercler la tête. *Une couronne en or et en diamants. Une couronne de fleurs.*
2. Royauté. *La couronne d'Angleterre.*
3. Unité monétaire de plusieurs pays (Danemark, Norvège, Suède, etc.). *La couronne suédoise, la couronne danoise.*

COURONNÉ, ÉE adj.
1. Qui porte une couronne. *Une tête couronnée.*
2. Récompensé par un prix. *Un roman couronné.*

COURONNEMENT n. m.
1. Action de couronner. *Le couronnement d'un roi.*
2. (FIG.) Achèvement. *C'est le couronnement de sa carrière.* SYN. accomplissement.

COURONNER v. tr.
1. Mettre une couronne. *Le prince sera couronné dans trois ans.*
2. (FIG.) Terminer quelque chose par une réussite. *Ce beau succès couronne de longs efforts.*
3. (FIG.) Récompenser. *Ce roman a été couronné par un prix.* SYN. souligner.
CONJUGAISON : VOIR MODÈLE AIMER.

COURRE v. tr.
(VX) Chasser, poursuivre.
LOCUTION
– ***Chasse à courre.*** Chasse à cheval avec des chiens courants.
☞ Le verbe ne s'emploie plus que dans cette expression.
⇨ courre.

COURRIEL n. m.
1. (INFORM.) Courrier dont l'acheminement se fait exclusivement par l'utilisation de systèmes électroniques reliés entre eux (Recomm. off.). *Un message envoyé par courriel* (et non *e-mail). SYN. courrier électronique.
2. (INFORM.) Message transmis par courrier électronique (Recomm. off.). *Alain a reçu un courriel* (et non *e-mail) *de félicitations de son amie.*
VOIR TABLEAU – COURRIEL.

COURRIELLER v. tr., pronom.
VERBE TRANSITIF
⚜ (INFORM.) Expédier un courriel à un ou à plusieurs destinataires (GDT). *Veuillez nous courrieller vos coordonnées. C'est entendu, je vous courriellerai les renseignements dès mon retour. Nous avons convenu de nous courrieller toutes les semaines.*
☞ Le verbe ***courrieller*** se conjugue de façon régulière, comme les verbes du premier groupe (en ***-er***).
VERBE PRONOMINAL
⚜ (INFORM.) Correspondre avec quelqu'un par courrier électronique. *Elles se sont courriellé les photos du voyage. « Aujourd'hui, on peut se téléphoner, se télécopier, se courrieller, on est accessible d'une manière incroyable, mais au bout de tout ça, on est encore tout seul »* (*Voir*).
À la forme pronominale, le participe passé de ce verbe s'accorde en genre et en nombre avec le complément direct si celui-ci le précède. *Les fichiers qu'Annie et Tanya se sont courriellés.* En l'absence d'un complément direct qui précède le verbe, le participe passé reste invariable. *Elles se sont constamment courriellé. Elles se sont courriellé de longs messages.*
CONJUGAISON : VOIR MODÈLE AIMER.

COURRIER n. m.
Ensemble des lettres, des imprimés, etc., acheminés par la poste. *Maman a reçu beaucoup de courrier ce matin. La levée du courrier.*
☞ Ne pas confondre avec les noms suivants :
• ***billet,*** lettre très concise ;
• ***circulaire,*** lettre d'information adressée à plusieurs destinataires ;
• ***communiqué,*** avis transmis au public ;
• ***dépêche,*** missive officielle, message transmis par voie rapide ;
• ***lettre,*** écrit transmis à un destinataire ;
• ***note,*** brève communication écrite, de nature administrative.
LOCUTION
– ***Courrier électronique.*** (INFORM.) Courrier dont l'acheminement se fait exclusivement par l'utilisation de systèmes électroniques reliés entre eux (Recomm. off.). *Un message transmis par courrier électronique* (et non *e-mail). SYN. courriel.
VOIR TABLEAU – COURRIEL.

COURRIÉRISTE n. m. et f.
Journaliste qui écrit des chroniques. *Un courriériste parlementaire.* SYN. chroniqueur.
⇨ courriériste.

COURROIE n. f.
Bande (de cuir, de tissu, etc.) pour attacher ou pour transmettre un mouvement circulaire. *Attache la courroie de ton sac.* SYN. attache ; lanière.
LOCUTIONS
– ***Courroie de transmission.*** Courroie circulaire servant à transmettre le mouvement d'une poulie à une autre. SYN. courroie sans fin.
– ***Courroie de transmission.*** (FIG.) Personne, organisme mettant en relation des personnes, des choses.

COURROUCER v. tr.
(LITT.) Mettre en colère. SYN. indigner ; irriter.
CONJUGAISON : VOIR MODÈLE AVANCER.
⇨ courroucer.

COURROUX n. m.
(LITT.) Colère. SYN. emportement ; fureur ; ire ; rage.
⇨ courroux.

C

CONJUGAISON DU VERBE **COURIR**

INDICATIF

PRÉSENT

je	cours
tu	cours
elle	court
il	court
nous	courons
vous	courez
elles	courent
ils	courent

PASSÉ COMPOSÉ

j'	ai	couru
tu	as	couru
elle	a	couru
il	a	couru
nous	avons	couru
vous	avez	couru
elles	ont	couru
ils	ont	couru

IMPARFAIT

je	courais
tu	courais
elle	courait
il	courait
nous	courions
vous	couriez
elles	couraient
ils	couraient

PLUS-QUE-PARFAIT

j'	avais	couru
tu	avais	couru
elle	avait	couru
il	avait	couru
nous	avions	couru
vous	aviez	couru
elles	avaient	couru
ils	avaient	couru

PASSÉ SIMPLE

je	courus
tu	courus
elle	courut
il	courut
nous	courûmes
vous	courûtes
elles	coururent
ils	coururent

PASSÉ ANTÉRIEUR

j'	eus	couru
tu	eus	couru
elle	eut	couru
il	eut	couru
nous	eûmes	couru
vous	eûtes	couru
elles	eurent	couru
ils	eurent	couru

FUTUR SIMPLE

je	courrai
tu	courras
elle	courra
il	courra
nous	courrons
vous	courrez
elles	courront
ils	courront

FUTUR ANTÉRIEUR

j'	aurai	couru
tu	auras	couru
elle	aura	couru
il	aura	couru
nous	aurons	couru
vous	aurez	couru
elles	auront	couru
ils	auront	couru

CONDITIONNEL PRÉSENT

je	courrais
tu	courrais
elle	courrait
il	courrait
nous	courrions
vous	courriez
elles	courraient
ils	courraient

CONDITIONNEL PASSÉ

j'	aurais	couru
tu	aurais	couru
elle	aurait	couru
il	aurait	couru
nous	aurions	couru
vous	auriez	couru
elles	auraient	couru
ils	auraient	couru

SUBJONCTIF

PRÉSENT

que	je	coure
que	tu	coures
qu'	elle	coure
qu'	il	coure
que	nous	courions
que	vous	couriez
qu'	elles	courent
qu'	ils	courent

PASSÉ

que	j'	aie	couru
que	tu	aies	couru
qu'	elle	ait	couru
qu'	il	ait	couru
que	nous	ayons	couru
que	vous	ayez	couru
qu'	elles	aient	couru
qu'	ils	aient	couru

IMPARFAIT

que	je	courusse
que	tu	courusses
qu'	elle	courût
qu'	il	courût
que	nous	courussions
que	vous	courussiez
qu'	elles	courussent
qu'	ils	courussent

PLUS-QUE-PARFAIT

que	j'	eusse	couru
que	tu	eusses	couru
qu'	elle	eût	couru
qu'	il	eût	couru
que	nous	eussions	couru
que	vous	eussiez	couru
qu'	elles	eussent	couru
qu'	ils	eussent	couru

IMPÉRATIF

PRÉSENT

cours
courons
courez

PASSÉ

aie couru
ayons couru
ayez couru

INFINITIF

PRÉSENT

courir

PASSÉ

avoir couru

PARTICIPE

PRÉSENT

courant

PASSÉ

couru, ue
ayant couru

COURRIEL[1]

C

Le nom ***courriel*** – contraction du terme ***courrier électronique*** – désigne aussi bien le mode de transmission d'un message par l'intermédiaire d'un réseau informatique que le message ainsi transmis.

D'origine québécoise, le néologisme *courriel* a fait l'objet d'un avis de recommandation de l'Office québécois de la langue française en 1997.

Instantanée, économique et efficace, cette forme de correspondance sans frontières est devenue essentielle, notamment au travail. Si le style familier de la conversation peut être adopté dans les courriels échangés entre amis et parents, il n'est pas de mise dans un contexte professionnel. Étant donné que le courriel constitue un écrit, souvent archivé, on veillera à y respecter l'orthographe comme la syntaxe, ainsi que le protocole épistolaire et les règles d'étiquette relatives à Internet.

Le courriel se construit comme une lettre ; il comprend :

- une **formule d'appel** (ex. : *Madame, Monsieur, Bonjour, Cher collègue…*) ;
- le **corps du message** ;
- une **salutation simplifiée** (ex. : *Cordialement, Meilleures salutations, Salutations cordiales, Salutations distinguées…*).

COURRIELS TYPES

Exp. :	mcouston@commissionscolaire.qc.ca
Dest. :	tous@commissionscolaire.qc.ca
Objet :	**Écriture de l'indicatif régional**

Madame,
Monsieur,

Vous savez déjà que nous devons maintenant obligatoirement composer l'indicatif régional pour faire un appel, et ce, aussi bien à l'intérieur d'une même ville qu'entre régions plus éloignées. Par conséquent, les parenthèses qui encadraient l'indicatif régional n'ont plus leur raison d'être, étant donné que la composition à dix chiffres n'est plus facultative.

Voici donc la façon dont nous notons désormais les numéros de téléphone :
• 450 278-8000 pour un appel local ;
• 1 888 278-8000 pour un interurbain.

Pour de plus amples renseignements, je vous invite à consulter la *Banque de dépannage linguistique* de l'Office québécois de la langue française au www.oqlf.gouv.qc.ca.

Salutations cordiales,
Michèle Couston

Direction administrative
Tél. : 450 278-8000, poste 3838
mcouston@commissionscolaire.qc.ca

COURRIEL | SUITE >

1. Conception du tableau : Karine Pouliot.

Exp. :	diego.rodriguez@hotmail.com
Dest. :	estelle.fournier@cegep.ca
Cc :	meg;zhe;christopher;jezabel
Objet :	**Remise du travail**
Pièce jointe :	Documentaire.doc

Bonjour,

Comme vous nous l'avez demandé en classe la semaine dernière, je vous transmets par courriel le travail de notre équipe. Dans le fichier joint, vous trouverez donc le projet de documentaire élaboré et rédigé par Mégane M., Zhe Z., Christopher T., Jezabel S. et moi-même.

Je profite de l'occasion pour vous demander si l'on aura le droit de consulter le recueil de notes du cours lors de l'examen final. Une réponse avant la fin de la semaine me serait bien utile.

Bonne lecture!

Diego Rodriguez
Étudiant au programme Cinéma et communication
Cours : Écriture pour les médias

PETIT VOCABULAIRE DU COURRIER ÉLECTRONIQUE

Copie conforme
Abréviation : Cc
Champ à remplir pour transmettre, à titre d'information seulement, une copie du courriel à un autre destinataire que le destinataire principal.

Copie conforme invisible
Abréviation : Cci
Champ à remplir pour transmettre de façon confidentielle une copie du courriel à un autre destinataire que le destinataire principal.

Courriel
Mode de transmission d'un message par l'intermédiaire d'un réseau informatique; par extension, le message ainsi transmis. *Envoyer un courriel* (et non *e-mail ou *mail).

Fichier joint
Fichier comportant du texte, une ou des images ou du son et qui est transmis en même temps qu'un message. *Ce courriel comprend un rapport en fichier joint* (et non *fichier attaché ou *attachement). SYN. pièce jointe.

Objet
Résumé du contenu du message
☞ L'objet est souvent constitué d'un nom suivi d'un complément. Il commence par une majuscule et ne se termine pas par un point.

FORMES FAUTIVES
*attachement. Anglicisme pour ***fichier joint, pièce jointe***.
*e-mail. Anglicisme pour ***courriel, courrier électronique***.
*fichier attaché. Anglicisme pour ***fichier joint, pièce jointe***.
*mail. Anglicisme pour ***courriel, courrier électronique***.
* sujet. Anglicisme pour ***objet***.

C

COURS n. m.
1. Mouvement d'un cours d'eau. *Détourner le cours d'une rivière.* SYN. courant.
2. Suite d'exposés sur une matière. *Donner* (et non *dispenser) *un cours d'écologie. Suivre* (et non *prendre) *des cours de rattrapage. Elles assistent à un cours de chinois des affaires. Les étudiants n'ont pas cours* ou *n'ont pas de cours aujourd'hui.* SYN. leçon.
3. Prix des marchandises, des titres. *Le cours de l'or, le cours d'une action.*
4. Avenue plantée d'arbres. *Le cours Mirabeau, à Aix-en-Provence.*
LOCUTIONS
– ***Au cours de,*** loc. prép. Durant, pendant.
– ***Avoir cours.*** Être reconnu, utilisé. *Cette monnaie n'a plus cours.*
– ***Cours d'eau.*** Fleuve, ruisseau, rivière.
– ***Donner (libre) cours à.*** Laisser se manifester, ne pas contenir ses sentiments. *À l'annonce de la victoire, ils donnèrent libre cours à leur joie.*
– ***En cours de.*** Pendant. *Les réformes en cours d'élaboration.*
– ***(Être) en cours.*** Qui est en train de se faire, qui a lieu maintenant. *L'enquête en cours. Des travaux de restauration sont en cours.*
FORMES FAUTIVES
*cours primaire, secondaire. Impropriété au sens de ***études primaires, secondaires, (enseignement) primaire, secondaire.***
*cours privé. Anglicisme pour ***cours particulier.***
*dispenser un cours. Impropriété pour ***donner un cours.***
*prendre un cours. Calque de «*to take a course*» pour ***suivre un cours, s'inscrire à un cours.***
HOM.
• ***court,*** qui a peu de longueur;
• ***court,*** terrain de tennis.
cours, un *s* final même au singulier.

COURSE n. f.
1. Action de courir. *Cheval de course. Champ de courses.*
2. Épreuve de vitesse. *Les garçons et les filles ont participé à la course.*
3. (AU PLUR.) Achat. *Faire des courses.* SYN. emplette ; magasinage.
4. (FIG.) Mouvement. *La course des nuages.*

COURSIER, IÈRE n. m. et f.
NOM MASCULIN
(LITT.) Cheval de selle.
NOM MASCULIN ET FÉMININ
Personne chargée de faire les courses.

COURSIVE n. f.
Passage étroit qui va d'une extrémité à l'autre d'un navire.

COURT, COURTE adj., adv. et n. m.
Le ***t*** ne se prononce pas, [kur].
ADJECTIF
1. Qui a peu de longueur. *Une robe courte. Des cheveux courts.*
2. Qui a peu de durée. *L'été est trop court.* SYN. bref. ANT. long.
ADVERBE
Peu long. *Des cheveux coupés court.*
Employé adverbialement, ***court*** est invariable.
NOM MASCULIN
Terrain de tennis. *Nous avons réservé le court pour 15 h. Un court en terre battue.*
Attention à la prononciation du nom masculin qui est identique à celle de l'adjectif masculin : le ***t*** est muet.
LOCUTIONS
– ***À courte vue.*** Qui manque de vision, de clairvoyance.
– ***À court terme.*** Dans un horizon temporel généralement inférieur à un an. *Ce système sera fonctionnel à court terme.*
Dans les expressions ***à court terme, à moyen terme, à long terme,*** le nom ***terme*** s'écrit au singulier ; il en est ainsi pour l'expression ***à court ou à moyen terme*** qui signifie « soit à court terme, soit à moyen terme » où le nom ***terme*** est sous-entendu. Par contre, si l'expression désigne plusieurs termes, le nom peut s'écrire au singulier ou au pluriel : *à court et à moyen terme* ou *à court et à moyen termes.*
– ***Aller au plus court.*** Faire quelque chose le plus rapidement et le plus simplement possible, aller droit au but.
– ***Avoir la mémoire courte.*** Oublier trop vite.
– ***Couper court à*** (un entretien, une conversation). Interrompre brusquement. *Elles ont coupé court à la discussion.*
– ***Être à court*** (d'arguments, d'idées, d'argent). Manquer de. *Je suis à court de sucre pour faire un gâteau.*
– ***Prendre de court.*** Prendre au dépourvu. *Ils ont été pris de court par son arrivée.*
– ***Tourner court.*** S'arrêter brusquement. *La fête a tourné court à cause de l'orage.*
– ***Tout court.*** Sans rien ajouter.
HOM. ***cours,*** mouvement d'un cours d'eau.

COURTAGE n. m.
1. Profession de courtier. *Il est dans le courtage immobilier.*
2. Rémunération du courtier. *Des frais de courtage.*

COURT-BOUILLON n. m. (pl. *courts-bouillons*)
Bouillon aromatisé dans lequel on fait cuire le poisson ou la viande.

COURT-CIRCUIT n. m. (pl. *courts-circuits*)
Mise en contact accidentelle de deux fils électriques du même circuit.
Ne pas confondre avec le nom ***coupe-circuit,*** dispositif de sécurité électrique.

COURT-CIRCUITER v. tr.
1. Mettre en court-circuit.
2. (FIG.) Ne pas respecter la voie hiérarchique.
CONJUGAISON : VOIR MODÈLE AIMER.

COURTEPOINTE n. f.
Couverture piquée. *De jolies courtepointes faites à la main. « On a tendu avec soin la courtepointe »* (Réjean Ducharme, *L'Hiver de force*).

COURTIER n. m.
COURTIÈRE n. f.
Intermédiaire qui se charge, moyennant une prime, de certaines opérations financières ou commerciales. *Un courtier en immeubles, une courtière en valeurs mobilières.*

COURTISAN, ANE n. m. et f.
NOM MASCULIN
1. (ANCIENN.) Personne attachée à la cour d'un roi, d'un prince.
2. (LITT.) Flatteur.
NOM FÉMININ
(LITT.) Prostituée.

COURTISER v. tr.
Faire la cour à quelqu'un, chercher à lui plaire.
CONJUGAISON : VOIR MODÈLE AIMER.

COURT(-)MÉTRAGE n. m. (pl. *courts(-)métrages*)
Film dont la durée excède rarement 20 minutes. ANT. long(-)métrage.

COURTOIS, OISE adj.
Poli et aimable. *Ce monsieur est toujours très courtois.* SYN. affable.
LOCUTION
– ***Amour courtois.*** Amour chevaleresque exalté par les troubadours. *Le roman* Azalaïs *raconte une histoire d'amour courtois.*

COURTOISEMENT adv.
Avec courtoisie.

COURTOISIE n. f.
Politesse et amabilité. *Traite les visiteurs avec courtoisie.* SYN. affabilité.
FORMES FAUTIVES
*courtoisie de. Calque de «*a courtesy of*» pour ***hommage de.***
*voiture de courtoisie. Calque de «*courtesy car*» pour ***voiture de service, voiture de prêt.***

COURT-VÊTU, UE adj.
Dont le vêtement est court. *Des demoiselles court-vêtues.*
Dans ce nom composé, le mot ***court*** est pris adverbialement et reste invariable.

COURU, UE adj.
Recherché. *Un film très couru.* SYN. populaire.

COUSCOUS n. m.
Les deux *s* se prononcent, [kuskus] ; le nom rime avec ***gousse.***
Mets arabe composé de semoule de blé accompagnée de viande de mouton, de poulet, etc.

COUSIN, INE n. m. et f.
NOM MASCULIN ET FÉMININ
Se dit d'enfants qui sont nés ou descendent de frères ou de sœurs. *Fanny aime jouer avec sa cousine Laurence.*
NOM MASCULIN
Moustique.

COUSINAGE n. m.
Parenté entre cousins.

COUSINER v. intr.
Vivre en intimité avec des membres de sa famille.
CONJUGAISON : VOIR MODÈLE AIMER.

COUSSIN n. m.
Pièce d'étoffe, de cuir rembourrée, servant d'appui ou d'ornement. *Un coussin de velours.*
LOCUTION
– ***Coussin gonflable.*** Dispositif de sécurité d'un véhicule destiné à réduire les blessures en cas d'accident. *Les coussins gonflables* (et non *airbags) *ont réduit le nombre des morts accidentelles.*

COUSSINET n. m.
1. Petit coussin.
2. Pièce dans laquelle peut tourner un axe.
coussin**et**.

COUSU, UE adj.
Assemblé par une couture. *Un vêtement cousu à la main.*
LOCUTIONS
– ***Bouche cousue.*** (FIG.) En promettant de garder le secret.
– ***Cousu de fil blanc.*** (FIG.) Qui ne trompe personne. *Son histoire est invraisemblable, elle est cousue de fil blanc.*
– ***Cousu d'or.*** (FIG.) Très riche. *Nos voisins sont cousus d'or.*
– ***Cousu main,*** loc. adj. (FAM.) Fait avec soin, à la main. *Des chemisiers cousus main.*

COÛT n. m.
Ce que coûte une chose. *Le coût d'une paire de patins. Un coût d'acquisition, des coûts de production.* SYN. prix.
LOCUTION
– ***Coût de la vie.*** Indice économique traduisant la valeur des biens et services pendant une période donnée. *Le coût de la vie a peu augmenté au cours des derniers mois.*
FORME FAUTIVE
*coût d'opération. Calque de «*operating cost*» pour ***frais d'exploitation.***
HOM.
• ***cou,*** partie du corps ;
• ***coud,*** du verbe ***coudre;***
• ***coup,*** choc brutal.
[Les *Rectifications* (1990) admettent : cout.]

COÛTANT n. m.
Coût d'acquisition. *Le coûtant de cet article est élevé.*
LOCUTION
– ***Prix coûtant.*** Le prix exact qu'une chose a coûté, sans marge bénéficiaire. *Payer le prix coûtant.*
[Les *Rectifications* (1990) admettent : coutant, coutante.]

COUTEAU n. m. (pl. *couteaux*)
Instrument tranchant. *Des couteaux à pain. Un couteau de poche. Un couteau à scie.*
LOCUTIONS
– ***Être à couteaux tirés.*** (FIG.) Être en mauvais termes avec quelqu'un.
– ***Mettre le couteau sous, sur la gorge.*** (FIG.) Menacer quelqu'un.

COUTEAU-SCIE n. m. (pl. *couteaux-scies*)
Couteau à lame dentée servant à couper le pain, les aliments.

COUTELAS n. m.
Le *s* ne se prononce pas, [kutlɑ].
Grand couteau de boucherie.
coutelas.

COUTELLERIE n. f.
1. Industrie des couteaux. *Il travaille dans la coutellerie.*
2. Ensemble de couteaux. *Nous avons acheté une bonne coutellerie.*
FORME FAUTIVE
*coutellerie. Anglicisme au sens de ***service de couverts*** ou de ***ménagère,*** qui comprend un service de couverts disposé dans un coffret.

COÛTER v. tr., intr.
VERBE TRANSITIF
Causer, occasionner. *Les efforts que cette recherche m'a coûtés.*
À la forme transitive, le participe passé s'accorde avec le complément direct qui précède le verbe.
VERBE INTRANSITIF
1. Exiger une dépense. *Ce voyage coûte cher.* SYN. revenir ; valoir.
2. Être pénible, désagréable. *Cela me coûte beaucoup.* SYN. peser.
Quand il est construit avec un complément de prix (combien ?), le participe passé ***coûté*** est invariable. *Les 80 $ que cette montre m'a coûté.*
LOCUTIONS
– ***Coûte que coûte.*** Quel que soit le prix. *Elle réussira, coûte que coûte.* SYN. absolument.
– ***Coûter les yeux de la tête.*** Être hors de prix. *Ces diamants coûtent les yeux de la tête.*
CONJUGAISON : VOIR MODÈLE AIMER.
[Les *Rectifications* (1990) admettent : couter.]

COÛTEUSEMENT adv.
D'une manière coûteuse.
[Les *Rectifications* (1990) admettent : couteusement.]

COÛTEUX, EUSE adj.
Qui nécessite une forte dépense. *Le ski alpin est coûteux.* SYN. cher.
[Les *Rectifications* (1990) admettent : couteux, couteuse.]

COUTIL n. m.
Le *l* ne se prononce pas, [kuti] ; le nom rime avec ***parti.***
Toile serrée. *Un pantalon de coutil.*
coutil.

COUTUME n. f.
1. Habitude passée dans les mœurs. *À Pâques, la coutume est de cacher des œufs en chocolat un peu partout dans le jardin.* SYN. mode ; tradition ; usage.
2. Droit établi par l'usage. *Les us et coutumes d'un pays.*

LOCUTIONS
– ***Avoir coutume de.*** Avoir l'habitude de. *Il a coutume de me saluer.*
– ***Comme de coutume.*** Comme d'habitude. *Elle est en retard comme de coutume.*

COUTUMIER, IÈRE adj.
(LITT.) Ordinaire, habituel. *Le droit coutumier* ANT. inaccoutumé.

COUTURE n. f.
1. Action, manière de coudre. *Bénédicte aime bien faire de la couture ; elle travaillera peut-être dans la haute couture.*
2. Assemblage de deux choses cousues. *Les coutures de son anorak sont solides.*
LOCUTIONS
– ***Battre à plate(s) couture(s).*** (FIG.) Infliger une défaite complète.
– ***Examiner quelqu'un, quelque chose sous*** ou ***sur toutes les coutures.*** (FIG.) Étudier de façon minutieuse et complète.
– ***La haute couture.*** Ensemble des grands couturiers.

COUTURIER n. m.
COUTURIÈRE n. f.
Personne qui coud des vêtements.
LOCUTION
– ***Grand couturier.*** Personne qui dirige une maison de couture. *Coco Chanel était un grand couturier.*
⊶ Cette expression ne s'emploie qu'au masculin, en ce sens.

COUVÉE n. f.
1. Œufs que couve en même temps un oiseau.
2. Les petits, éclos de l'œuf. *La poule est suivie de sa couvée, de ses poussins.*

COUVENT n. m.
1. Maison religieuse. *La chapelle du couvent.*
2. Ensemble des religieux ou des religieuses d'une communauté.
3. Pensionnat tenu par des religieuses. *Nouni a étudié au couvent d'Outremont.*
⊶ Ce nom est vieilli en ce sens.

COUVENTINE n. f.
Jeune fille qui étudiait au couvent. *Elle portait une jupe écossaise de couventine.*

COUVER v. tr., intr.
VERBE TRANSITIF
1. Couvrir les œufs jusqu'à leur éclosion. *L'oiseau couve ses œufs dans le nid.*
2. (FIG.) Entourer de soins à l'excès. *Ce jeune papa couve un peu trop ses enfants.* SYN. surprotéger.
3. Regarder avec un intérêt intense ou avec convoitise. *Cette grand-maman couve d'un regard attendri son nouveau petit-fils.*
4. Nourrir, entretenir. *« Je couvai pourtant plusieurs jours encore mon ennui, mon dépaysement, ma peur de la grande ville »* (Gabrielle Roy, *La Détresse et l'Enchantement*).
5. Avoir un mal (une maladie) sans encore le (la) manifester. *Toi, tu sembles couver une grippe.*
VERBE INTRANSITIF
Se préparer, sans être visible. *Un feu qui couve sous la cendre.*
LOCUTION
– ***Couver des yeux.*** Regarder avec affection. *Il la couvait des yeux amoureusement.*
CONJUGAISON : VOIR MODÈLE AIMER.

COUVERCLE n. m.
Ce qui couvre un pot, une boîte. *Ferme le couvercle* (et non le *couvert).

COUVERT, ERTE adj. et n. m.
ADJECTIF
1. Qu'on a couvert. *Un abri couvert. La tête couverte.*
2. Caché. *Elle avait le visage couvert.* SYN. dissimulé.
3. Rempli. *Un pommier couvert de pommes.* SYN. plein.
4. Protégé. *Le voleur était couvert par son complice.*
NOM MASCULIN
Ustensiles. *Chaque couvert comprend fourchettes, couteaux et cuillères. Un service de couverts* (et non une *coutellerie).
LOCUTIONS
– ***Le vivre et le couvert.*** La nourriture et le logement.
– ***Mettre, dresser le couvert.*** Mettre la table.
– ***Parler à mots couverts.*** Ne pas s'exprimer clairement, mais par des allusions, en termes voilés.
– ***Sous le couvert de.*** (FIG.) Sous le prétexte de. *Sous le couvert d'une visite de courtoisie, il est venu aux renseignements.*
FORMES FAUTIVES
*couvert. Impropriété au sens de ***couvercle*** (d'un pot, d'une boîte, etc.).
*couvert. Impropriété au sens de ***couverture*** (d'un livre).
*d'un couvert à l'autre. Calque de « *from cover to cover* » au sens de ***de A à Z, de la première à la dernière page, en entier.***

***COUVERTE**
Archaïsme au sens de ***couverture.***

COUVERTURE n. f.
1. Toit d'un bâtiment. *Une belle couverture d'ardoise.* SYN. toiture.
2. Ce qui couvre un livre, une revue. *La* couverture *d'un livre,* mais *le* couvercle *d'un chaudron.*
3. Pièce de lainage destinée à garder au chaud. *Une couverture* (et non *couverte) *écossaise.*
4. Fait d'assurer l'information relativement à un fait d'actualité, à un événement, à une question déterminée, pour un journaliste, pour la presse écrite et électronique. *Notre président a bénéficié d'une excellente couverture médiatique. Ce quotidien a choisi de renforcer sa couverture de l'information générale, de l'économie et des sports. Jusqu'à l'émergence de concurrents, ce journal a joui d'un monopole sur la couverture de l'information nationale et internationale.*
⊶ Cet emploi inspiré de l'anglais s'est imposé en français.
LOCUTION
– ***Tirer la couverture à soi.*** (FIG.) Chercher à avoir la plus grosse, la meilleure part de quelque chose.

COUVEUSE n. f.
1. Appareil facilitant l'éclosion des œufs.
2. (FAM.) Incubateur pour les nouveau-nés.

COUVRE-
Les noms composés avec l'élément ***couvre-*** s'écrivent avec un trait d'union ; ***couvre-*** demeure invariable puisqu'il s'agit du verbe, tandis que le second élément prend la marque du pluriel. *Des couvre-lits.*

COUVRE-CHAUSSURE n. m. (pl. *couvre-chaussures*)
⚜ Enveloppe imperméable servant à protéger les chaussures de la pluie.

COUVRE-CHEF n. m. (pl. *couvre-chefs*)
(FAM.) Coiffure. *Il enleva son couvre-chef et nous salua.*

COUVRE-FEU n. m. (pl. *couvre-feux*)
1. Signal qui marque l'heure de se retirer et d'éteindre les lumières. *Le couvre-feu est fixé à 21 heures pendant la semaine.*
2. Interdiction de sortir de chez soi à certaines heures. *Pendant la guerre, on a imposé un couvre-feu.*

COUVRE-LIT n. m. (pl. *couvre-lits*)
Couverture servant de dessus-de-lit. *Fanny a un couvre-lit multicolore.* SYN. couette ; couvre-pied ; édredon.

COUVRE-LIVRE n. m. (pl. *couvre-livres*)
Étui (de cuir, de velours, etc.) dans lequel on insère un livre pour en protéger la couverture. Couverture de protection pour un livre. *Des couvre-livres pratiques.* SYN. liseuse.

COUVRE-NUQUE n. m. (pl. *couvre-nuques*)
Pièce adaptée à la coiffure servant à protéger la nuque.

COUVRE-OBJET n. m. (pl. *couvre-objets*)
Lamelle de verre dont on recouvre les objets examinés au microscope.

COUVRE-PIED(S) n. m. (pl. *couvre-pieds*)
Couverture de lit. *Martin aime les couvre-pieds bien chauds.*
SYN. couette ; couvre-lit ; édredon.
[Les *Rectifications* (1990) admettent : un couvrepied, des couvrepieds.]

COUVRE-PLAT n. m. (pl. *couvre-plats*)
Couvercle dont on recouvre un plat pour le maintenir chaud.

COUVRE-SOL n. m. (pl. *couvre-sols*)
Revêtement de sol. *Des couvre-sols faciles d'entretien.*

COUVREUR n. m.
COUVREUSE n. f.
Personne qui répare les toitures. *La toiture coule, il faut appeler un couvreur.*

COUVRIR v. tr., pronom.
VERBE TRANSITIF
1. Revêtir d'une chose pour cacher, protéger, orner, etc. *Couvrir un livre. « La nuit et la pluie me couvraient comme de tendres vêtements »* (Alain Grandbois, *Les Îles de la nuit*). SYN. protéger ; recouvrir.
2. Mettre un couvercle à. *Couvre ce plat afin que les légumes restent bien chauds.* SYN. recouvrir.
3. Donner en grande quantité à. *Couvrir d'honneurs une athlète.* SYN. combler.
VERBE PRONOMINAL
1. Se remplir. *Le ciel se couvre de nuages.*
2. Se vêtir. *Il s'est couvert d'un imperméable. Couvre-toi bien, il fait froid aujourd'hui.* SYN. s'habiller.
3. Se protéger. *La société se couvre de ces risques par une assurance.* SYN. garantir.
À la forme pronominale, le participe passé de ce verbe s'accorde toujours en genre et en nombre avec son sujet. *Ils se sont couverts d'une peau d'ours.*
LOCUTIONS
– ***Couvrir ses arrières.*** Prendre ses précautions.
SYN. ménager ; protéger.
– ***Couvrir une distance.*** La parcourir. *Il ne faudra plus que 2 h 40 min pour couvrir la distance entre Montréal et Québec en train.*
– ***Couvrir un évènement.*** Assurer l'information relativement à un fait d'actualité, un évènement. *C'est l'hypothèse du reporter que le journal a envoyé couvrir l'évènement.*
Cet emploi inspiré de l'anglais s'est imposé en français.
CONJUGAISON : VOIR MODÈLE OUVRIR.
INDICATIF PRÉSENT *Je couvre, tu couvres, il couvre, nous couvrons, vous couvrez, ils couvrent.* IMPARFAIT *Je couvrais.* PASSÉ SIMPLE *Je couvris.* FUTUR *Je couvrirai.* CONDITIONNEL PRÉSENT *Je couvrirais.* IMPÉRATIF PRÉSENT *Couvre, couvrons, couvrez.* SUBJONCTIF PRÉSENT *Que je couvre.* IMPARFAIT *Que je couvrisse.* PARTICIPE PRÉSENT *Couvrant.* PASSÉ *Couvert, erte.*

***COVER CHARGE**
Anglicisme au sens de ***prix d'entrée, droit d'entrée.***
L'expression anglaise «*no cover charge*» se rend par ***entrée libre.***

COVOITURAGE n. m.
Transport par voiture particulière de plusieurs personnes qui se cotisent pour partager les frais d'utilisation du véhicule.

COW-BOY ou **COWBOY** n. m. (pl. *cow-boys* ou *cowboys*)
Les lettres ***ow*** se prononcent ***aou,*** [kawbɔj].
Gardien d'un troupeau de bovins dans l'ouest de l'Amérique du Nord. *Un chapeau de cow-boy* ou *cowboy.*

COYOTE n. m.
Animal sauvage, mammifère carnivore à la fourrure fauve, voisin du loup et du chacal.
coyote.

C. P.
Abréviation de ***case postale.***

CPS
Sigle de ***caractère par seconde.***

CPV
Sigle de ***chlorure de polyvinyle.***
Équivalent français de ***PVC.***

CQFD
Abréviation de ***ce qu'il fallait démontrer.***

Cr
Symbole de ***chrome.***

C. R.
Abréviation de ***contre remboursement.***

CRABE n. m.
Crustacé qui possède huit pattes et deux pinces. *Les amis sont allés à la pêche au crabe.*

CRAC ! interj.
Onomatopée exprimant un bruit de rupture. *Crac ! la voile s'est déchirée !*
T L'interjection est toujours suivie d'un point d'exclamation qui est souvent repris à la fin de la phrase. Si la phrase exclamative n'est pas complète, le mot qui suit le point d'exclamation s'écrit avec une minuscule initiale.
HOM.
• ***crack,*** as ;
• ***craque,*** mensonge ;
• ***krach,*** effondrement de la Bourse.

CRACHAT n. m.
Salive, mucosités rejetées par la bouche.
crachat, un ***t*** final.

CRACHÉ, ÉE adj.
– ***Tout craché.*** (FAM.) Qui ressemble beaucoup à quelqu'un d'autre. *C'est son oncle tout craché.*

CRACHEMENT n. m.
Action de cracher.

CRACHER v. tr., intr.
1. Rejeter de la bouche la salive, les mucosités qui s'y trouvent. *Cracher du sang.*
2. (FIG.) Rejeter au dehors. *Un volcan qui crache de la lave.*
CONJUGAISON : VOIR MODÈLE AIMER.

CRACHIN n. m.
Pluie fine et persistante.

CRACHOIR n. m.
Petit vase dans lequel on crache.
LOCUTION
– ***Tenir le crachoir.*** (FAM.) Parler sans arrêt.

CRACHOTER v. intr.
1. Cracher un peu à la fois et fréquemment.
2. Émettre un crépitement. *Une radio crachotait de la musique.*
CONJUGAISON : VOIR MODÈLE AIMER.
crachoter.

CRACK n. m.
1. Cheval préféré dans une écurie de course.
2. (FAM.) As. *Ce garçon est un crack en informatique.*
HOM.
• ***crac !,*** interjection ;
• ***craque,*** mensonge ;
• ***krach,*** effondrement de la Bourse.

***CRACKER**
Anglicisme pour ***craquelin.***

C

CRAIE n. f.
1. Roche blanche calcaire. *Une falaise de craie.*
2. Bâtonnet de cette substance servant à écrire (sur une ardoise, un tableau). *Elle a dessiné un beau soleil au tableau avec une craie jaune.*

CRAINDRE v. tr., pronom.
VERBE TRANSITIF
1. S'inquiéter de. *Ne crains rien, je n'en parlerai à personne.* SYN. s'en faire.
En ce sens, le verbe s'emploie dans une phrase négative.
2. Avoir peur de quelqu'un, de quelque chose. *Marie-Ève et Étienne ne craignent pas l'eau, ils adorent nager. Amélie craint les chiens et les araignées.* SYN. redouter.
Ce verbe ainsi que tous ceux qui expriment une notion de crainte (***avoir peur, redouter, trembler,*** etc.) se construisent avec le subjonctif ou avec la préposition ***de*** suivie de l'infinitif. *Je crains qu'il ne puisse venir. Il craint de lui faire de la peine.*
3. Être sensible à quelque chose, ne pas supporter. *Ces produits craignent l'humidité. Cette vigne craint le froid.*
VERBE PRONOMINAL
Éprouver une crainte mutuelle. *Ces adversaires se sont longtemps craints.*
À la forme pronominale, le participe passé de ce verbe s'accorde toujours en genre et en nombre avec son sujet. *Elles s'étaient d'abord craintes, puis sont devenues des alliées.*
CONJUGAISON : VOIR MODÈLE CRAINDRE.
Les lettres ***gn*** sont suivies d'un ***i*** à la première et à la deuxième personne du pluriel de l'indicatif imparfait et du subjonctif présent. *(Que) nous craignions, (que) vous craigniez.*

CRAINTE n. f.
Peur. *La crainte de l'avion. La crainte de tomber.* SYN. angoisse; effroi; frayeur; (FAM.) frousse.
Le nom se construit avec un complément du nom ou un infinitif.
LOCUTIONS
– ***De crainte de.*** De peur de. *Il n'ose partir de crainte de ne pas la voir.*
– ***De crainte que*** + subjonctif. De peur que. *Il n'ose partir de crainte qu'elle ne vienne pendant ce temps.*
Cette locution se construit avec le subjonctif et le ***ne*** explétif.

CRAINTIF, IVE adj.
Peureux. SYN. angoissé; anxieux. ANT. audacieux.

CRAINTIVEMENT adv.
Avec crainte. *Elle répondait craintivement.*

CRAMOISI, IE adj.
D'une teinte rouge foncé. *Des écharpes cramoisies.*
Cet adjectif de couleur est variable.
VOIR TABLEAU – COULEUR (ADJECTIFS DE).

CRAMPE n. f.
Contraction douloureuse des muscles. *Elle a une crampe à la jambe.*

CRAMPON n. m.
Pièce de fer recourbée, servant à attacher fortement, à retenir. *Des souliers à crampons.*

CRAMPONNER (SE) v. pronom.
1. S'accrocher. *Ils se cramponnaient aux branches pour ne pas tomber.* SYN. s'agripper; se retenir.
2. (FIG.) Tenir fermement à quelque chose, malgré les obstacles. *Elle se cramponne à la vie, malgré sa terrible maladie.*
Le participe passé de ce verbe, qui n'existe qu'à la forme pronominale, s'accorde toujours en genre et en nombre avec son sujet. *Les enfants se sont cramponnés au garde-fou.*
CONJUGAISON : VOIR MODÈLE AIMER.

CRAN n. m.
1. Trou, entaille servant d'arrêt. *Serrer d'un cran sa ceinture.* SYN. coche.
2. (FIG.) Rang, degré. *Monter d'un cran dans le classement.*
3. (FAM.) Sang-froid. *Elle a du cran.* SYN. audace; courage; (FAM.) culot.
LOCUTION
– ***À cran.*** (FAM.) À bout de nerfs. *Il est à cran ce matin, il a mal dormi.* SYN. exaspéré; nerveux.
cran.

CRÂNE adj. et n. m.
NOM MASCULIN
Boîte osseuse qui contient le cerveau. *Une fracture du crâne.*
ADJECTIF
(VIEILLI) Audacieux.
crâne.

CRÂNEMENT adv.
(VIEILLI) De façon crâne.
crânement.

CRÂNER v. intr.
Affecter le courage. *Il crânait, mais il était très inquiet.* SYN. faire semblant.
CONJUGAISON : VOIR MODÈLE AIMER.
crâner.

CRÂNEUR, EUSE adj. et n. m. et f.
Qui affecte la bravoure. *Un garçon crâneur. Des crâneurs agaçants.* SYN. fanfaron.
crâneur.

CRÂNIEN, IENNE adj.
Qui se rapporte au crâne. *Les nerfs crâniens.*
crânien.

CRAPAUD n. m.
Batracien au corps trapu recouvert d'une peau rugueuse. *Le crapaud appartient à la même famille que la grenouille.*
crapaud.

CRAPAUDINE n. f.
Petite grille qui protège l'entrée d'un tuyau, d'un conduit.

CRAPULE n. f.
Bandit. *Cet homme est une crapule.* SYN. escroc; voleur.
Ce nom est toujours féminin.

CRAPULEUSEMENT adv.
De façon crapuleuse.

CRAPULEUX, EUSE adj.
Malhonnête. *Des marchands crapuleux.*

CRAQUAGE n. m.
Procédé de raffinage du pétrole.

CRAQUANT, ANTE adj.
(FAM.) Qui est irrésistible. *Des jeunes hommes craquants.*

CRAQUE n. f.
(FAM.) Mensonge.
FORMES FAUTIVES
*craque. Anglicisme au sens de ***fissure, fente, crevasse.***
*craque. Anglicisme au sens de ***pique, pointe.***
HOM.
• ***crac !,*** interjection;
• ***crack,*** as;
• ***krach,*** effondrement de la Bourse.

CRAQUELAGE n. m.
Fendillement de certaines peintures, de certains vernis.

CONJUGAISON DU VERBE **CRAINDRE**

INDICATIF

PRÉSENT		PASSÉ COMPOSÉ		
je	crains	j'	ai	craint
tu	crains	tu	as	craint
elle	craint	elle	a	craint
il	craint	il	a	craint
nous	craignons	nous	avons	craint
vous	craignez	vous	avez	craint
elles	craignent	elles	ont	craint
ils	craignent	ils	ont	craint

IMPARFAIT		PLUS-QUE-PARFAIT		
je	craignais	j'	avais	craint
tu	craignais	tu	avais	craint
elle	craignait	elle	avait	craint
il	craignait	il	avait	craint
nous	craignions	nous	avions	craint
vous	craigniez	vous	aviez	craint
elles	craignaient	elles	avaient	craint
ils	craignaient	ils	avaient	craint

PASSÉ SIMPLE		PASSÉ ANTÉRIEUR		
je	craignis	j'	eus	craint
tu	craignis	tu	eus	craint
elle	craignit	elle	eut	craint
il	craignit	il	eut	craint
nous	craignîmes	nous	eûmes	craint
vous	craignîtes	vous	eûtes	craint
elles	craignirent	elles	eurent	craint
ils	craignirent	ils	eurent	craint

FUTUR SIMPLE		FUTUR ANTÉRIEUR		
je	craindrai	j'	aurai	craint
tu	craindras	tu	auras	craint
elle	craindra	elle	aura	craint
il	craindra	il	aura	craint
nous	craindrons	nous	aurons	craint
vous	craindrez	vous	aurez	craint
elles	craindront	elles	auront	craint
ils	craindront	ils	auront	craint

CONDITIONNEL PRÉSENT		CONDITIONNEL PASSÉ		
je	craindrais	j'	aurais	craint
tu	craindrais	tu	aurais	craint
elle	craindrait	elle	aurait	craint
il	craindrait	il	aurait	craint
nous	craindrions	nous	aurions	craint
vous	craindriez	vous	auriez	craint
elles	craindraient	elles	auraient	craint
ils	craindraient	ils	auraient	craint

SUBJONCTIF

PRÉSENT			PASSÉ			
que	je	craigne	que	j'	aie	craint
que	tu	craignes	que	tu	aies	craint
qu'	elle	craigne	qu'	elle	ait	craint
qu'	il	craigne	qu'	il	ait	craint
que	nous	craignions	que	nous	ayons	craint
que	vous	craigniez	que	vous	ayez	craint
qu'	elles	craignent	qu'	elles	aient	craint
qu'	ils	craignent	qu'	ils	aient	craint

IMPARFAIT			PLUS-QUE-PARFAIT			
que	je	craignisse	que	j'	eusse	craint
que	tu	craignisses	que	tu	eusses	craint
qu'	elle	craignît	qu'	elle	eût	craint
qu'	il	craignît	qu'	il	eût	craint
que	nous	craignissions	que	nous	eussions	craint
que	vous	craignissiez	que	vous	eussiez	craint
qu'	elles	craignissent	qu'	elles	eussent	craint
qu'	ils	craignissent	qu'	ils	eussent	craint

IMPÉRATIF

PRÉSENT	PASSÉ	
crains	aie	craint
craignons	ayons	craint
craignez	ayez	craint

INFINITIF

PRÉSENT	PASSÉ
craindre	avoir craint

PARTICIPE

PRÉSENT	PASSÉ
craignant	craint, ainte
	ayant craint

CRAQUELÉ, ÉE adj.
Fissuré, qui présente des craquelures.

CRAQUÈLEMENT ou **CRAQUELLEMENT** n. m.
État de ce qui est craquelé.

CRAQUELER v. tr., pronom.
VERBE TRANSITIF
Fendiller une glaçure, un émail, etc., en tous sens.
VERBE PRONOMINAL
Se fendiller. *La glace se craquelle.*
À la forme pronominale, le participe passé de ce verbe s'accorde toujours en genre et en nombre avec son sujet. *La surface de ce tableau s'est craquelée.*
CONJUGAISON : VOIR MODÈLE APPELER.
Redoublement du ***l*** devant un ***e*** muet. *Je craquelle, je craquellerai,* mais *je craquelais.*
[Les *Rectifications* (1990) admettent : il craquèle, craquèlera, craquèlerait...]

CRAQUELIN n. m.
Biscuit salé qui craque sous la dent (GDT). *Une soupe et des craquelins* (et non *biscuits soda).

CRAQUELURE n. f.
Fendillement accidentel ou volontaire.

CRAQUEMENT n. m.
Bruit sec que font certains corps en craquant ou en se brisant. *On a entendu un craquement sec et la glace du lac a cédé.* SYN. crépitement.

CRAQUER v. tr., intr.
VERBE TRANSITIF
Déchirer. *Craquer une couture, un bas.*
VERBE INTRANSITIF
1. Faire un bruit sec en se cassant, en tombant, en supportant un effort, etc. *Ce céleri craque sous la dent. Ce vieux plancher craque sous nos pas.*
2. Échouer. *L'entreprise va craquer.*
3. (FAM.) Perdre la maîtrise de soi-même. *À cette nouvelle, il a craqué.* SYN. se décourager ; s'effondrer.
4. (FAM.) Céder à une envie, succomber à une tentation. *Les enfants ont craqué : ils ont mangé tous les gâteaux.* SYN. se laisser aller.
LOCUTION
– ***Craquer une allumette.*** Allumer une allumette.
FORME FAUTIVE
*craquer. Anglicisme au sens de ***crevasser, fendre, se craqueler, se fendiller.*** *La tasse s'est craquelée* (et non *s'est craquée), *la planche se fendillera* (et non *craquera).
CONJUGAISON : VOIR MODÈLE AIMER.

CRAQUÈTEMENT ou **CRAQUETTEMENT** n. m.
1. Cri de la cigogne.
2. Action de craqueter.

CRAQUETER v. intr.
1. Craquer de façon répétée.
2. Crier en parlant de la cigogne, de la cigale.
CONJUGAISON : VOIR MODÈLE APPELER.
Redoublement du ***t*** devant un ***e*** muet. *Je craquette, je craquetterai,* mais *je craquetais.*
[Les *Rectifications* (1990) admettent : il craquète, craquètera, craquèterait...]

***CRASH**
Anglicisme pour ***écrasement (d'un avion), atterrissage brutal.***

CRASSE adj. f. et n. f.
NOM FÉMININ
1. Saleté. *Tu es couvert de crasse, tu ferais bien de te laver.*
2. (FAM.) Mauvaise plaisanterie.
ADJECTIF FÉMININ
Cet adjectif ne s'emploie que dans les expressions ***ignorance crasse, paresse crasse, avarice crasse,*** au sens de « grossière ».

CRASSEUX, EUSE adj.
Couvert de crasse. *Tes mains sont crasseuses.* SYN. malpropre ; sale. ANT. impeccable ; propre.

***CRATE**
Anglicisme pour ***cageot.***

CRATÈRE n. m.
1. Orifice d'un volcan. *Nous avons escaladé l'Etna jusqu'à son cratère.*
2. Dépression causée par l'impact d'un météorite. *Avec un télescope, on peut apercevoir les cratères de la Lune.*

CRAVACHE n. f.
Badine de cavalier. *Julien n'aime pas donner des coups de cravache à son cheval.*

CRAVACHER v. tr.
Frapper avec la cravache.
CONJUGAISON : VOIR MODÈLE AIMER.

CRAVATE n. f.
Pièce d'étoffe qui se noue autour du col de la chemise. *Son père porte des cravates très colorées.*

CRAVATER v. tr., pronom.
VERBE TRANSITIF
Mettre une cravate à quelqu'un. *Des messieurs cravatés.*
VERBE PRONOMINAL
Se mettre une cravate. *Pour leur entrevue, les étudiants avaient pris la peine de se cravater.*
À la forme pronominale, le participe passé de ce verbe s'accorde toujours en genre et en nombre avec son sujet. *Les messieurs s'étaient cravatés pour la réception.*
CONJUGAISON : VOIR MODÈLE AIMER.

CRAWL n. m. (pl. *crawls*)
Les lettres ***aw*** se prononcent ***o,*** [krol].
Type de nage sur le ventre. *Elle nage bien le crawl.*
crawl.

CRAYEUX, EUSE adj.
De la nature, de la couleur de la craie. *Un teint crayeux.*

CRAYON n. m.
Baguette comprenant une mine noire ou de couleur et servant à écrire, à dessiner. *Des crayons de couleur.*
LOCUTIONS
– ***Crayon à bille.*** Crayon comprenant une boule métallique imbibée d'encre. *Des crayons à bille noirs.* SYN. stylo-bille.
– ***Crayon à mine.*** Crayon composé d'une gaine de bois entourant une mine de graphite. *Des crayons à mine dure, d'autres à mine tendre.* SYN. crayon à mine de plomb ; crayon noir.
– ***Crayon-feutre.*** Crayon à pointe de feutre utilisant une encre grasse. *Des crayons-feutres.* SYN. feutre ; stylo-feutre.
FORME FAUTIVE
*crayon de plomb. Calque de « *lead pencil* » pour ***crayon à mine.***

CRAYONNAGE n. m.
Action de crayonner.

CRAYONNER v. tr.
Écrire ou dessiner au crayon, de façon simple. SYN. gribouiller.
CONJUGAISON : VOIR MODÈLE AIMER.

CRÉANCE n. f.
1. (VX) Le fait de croire en la vérité de quelque chose. *Donner créance à une chose.*
2. Droit du créancier d'exiger le paiement d'une somme d'argent.

CRÉANCIER, IÈRE n. m. et f.
Personne à qui une somme d'argent est due. ANT. débiteur.

CRÉATEUR, TRICE adj. et n. m. et f.
ADJECTIF
Qui crée, inventif. *Une imagination créatrice.* SYN. créatif.
NOM MASCULIN ET FÉMININ
Concepteur. *La créatrice de ce procédé est une jeune chimiste.* SYN. auteur; inventeur.
[T] Lorsqu'il désigne Dieu, ce nom s'écrit avec une majuscule.
LOCUTION
– ***Créateur, créatrice d'entreprise.*** Personne qui, à ses risques, crée, développe et implante des entreprises. SYN. entrepreneur.

CRÉATIF, IVE adj.
Qui fait preuve de créativité. *Un esprit créatif.* SYN. créateur; inventif.

CRÉATION n. f.
1. Action de faire quelque chose de rien. *La création du monde.*
2. Action d'imaginer, de concevoir. *Ce musicien est en pleine création.* SYN. conception; invention.
3. Œuvre créée. *Les créations de la haute couture.*
LOCUTION
– ***Création d'entreprise.*** Conception et implantation d'une nouvelle entreprise. SYN. entrepreneuriat; ⚜ entrepreneurship.

CRÉATIVITÉ n. f.
Faculté d'invention, capacité d'imagination. *Ces jeunes ont fait preuve de beaucoup de créativité.* SYN. inventivité.

CRÉATURE n. f.
Tout être créé. *Qu'est-ce que cette étrange créature? Un extraterrestre?*

CRÉCELLE n. f.
Moulinet de bois qui tourne avec un son crépitant.

CRÈCHE n. f.
1. Établissement où l'on garde les enfants pendant la journée ou en dehors des heures de classe. SYN. ⚜ garderie.
2. Décor figuré de l'étable de Bethléem et statuettes représentant la Nativité. *Une jolie crèche de Noël.*

CRÉDENCE n. f.
Meuble de salle à manger où l'on range la vaisselle.

CRÉDIBILITÉ n. f.
Caractère d'une personne, d'une chose digne de confiance.

CRÉDIBLE adj.
Qui est digne d'être cru. *Un témoignage crédible.*

CRÉDIT n. m.
1. (COMPT.) Partie d'un compte qui mentionne les sommes remises à celui qui tient le compte. ANT. débit.
2. Délai de paiement. *Un crédit de 30 jours. Des cartes de crédit.*
3. (AU PLUR.) Somme prévue au budget d'un organisme public. *Les crédits ont été réduits.*
4. Influence. *Il jouit de beaucoup de crédit auprès de la communauté des affaires.*
5. ⚜ Étalon exprimant la valeur des composantes d'un programme d'études universitaire. *Le baccalauréat en administration des affaires de HEC Montréal est un programme universitaire de premier cycle de 90 crédits.*
☞ C'est le terme ***unité*** qui est employé en ce sens dans l'enseignement secondaire et collégial au Québec.
LOCUTIONS
– ***À crédit,*** loc. adv. À payer plus tard. *Acheter des meubles à crédit.* ANT. au comptant; comptant.
– ***Faire crédit à une personne, à une entreprise.*** Lui permettre de payer ultérieurement.
FORME FAUTIVE
*prendre le crédit de quelque chose. Calque de «*to take credit for something*» pour ***s'attribuer le mérite de quelque chose.***

CRÉDIT-BAIL n. m. (pl. *crédits-bails*)
Forme de crédit comportant un contrat de location d'équipements mobiliers et immobiliers assorti d'une promesse de vente au profit du bailleur. *Signer un contrat de crédit-bail* (et non de *leasing).

CRÉDITER v. tr.
1. Porter une somme au crédit de. *Christian a crédité son compte de 200 dollars; il a déposé cette somme dans son compte.* ANT. débiter.
2. (FIG.) Attribuer à quelqu'un le mérite de quelque chose. *L'instigateur du regroupement des agriculteurs a été crédité du succès de l'opération. Le gardien de but sera crédité de la victoire de son équipe.*
☞ On crédite quelqu'un de quelque chose.
CONJUGAISON : VOIR MODÈLE AIMER.

CRÉDITEUR, TRICE adj. et n. m. et f.
ADJECTIF
Inscrit au crédit. *Un solde créditeur.*
NOM MASCULIN ET FÉMININ
Personne qui a des sommes portées à son crédit.

CREDO n. m. inv.
1. Acte de foi de la religion catholique. *Dire des* Credo.
[T] Au sens propre, le nom s'écrit avec une majuscule.
2. (FIG.) Règle de vie, principes. *Un* credo *écologique.*
[T] En ce sens, le nom s'écrit avec une minuscule. En typographie soignée, les mots étrangers sont composés en italique. Dans des textes déjà en italique, la notation se fait en romain. Pour les textes manuscrits, on utilisera les guillemets. [Les *Rectifications* (1990) admettent : un crédo, des crédos.]

CRÉDULE adj.
À qui on peut faire croire n'importe quoi. *Cette personne est trop crédule, on peut la rouler facilement.* SYN. naïf. ANT. méfiant; soupçonneux.

CRÉDULEMENT adv.
Avec crédulité.

CRÉDULITÉ n. f.
Naïveté, facilité excessive à croire les choses.

CRÉER v. tr.
1. Faire quelque chose de rien. *Créer un nouveau produit, une nouvelle mode.* SYN. concevoir; imaginer; inventer; produire.
2. Mettre sur pied. *Madeleine a créé une entreprise.* SYN. constituer; former.
3. Produire, susciter. *Ces incertitudes ont créé un malaise.* SYN. causer; engendrer; occasionner; provoquer.
CONJUGAISON : VOIR MODÈLE CRÉER.

***CRÉMAGE**
Impropriété pour ***glaçage, glace.***

CRÉMAILLÈRE n. f.
Pièce de fer munie de crans, destinée à suspendre la marmite dans une cheminée.
LOCUTION
– ***Pendre la crémaillère.*** Célébrer par un repas une nouvelle installation.

CRÉMATION n. f.
Action de brûler les corps des morts. SYN. incinération.

CRÉMATOIRE adj. et n. m.
ADJECTIF
Relatif à la crémation.
NOM MASCULIN
Où l'on incinère les morts.
☞ Ce nom est peu usité en raison de ses connotations historiques; on lui préférera le nom ***crématorium.***

CONJUGAISON DU VERBE **CRÉER**

INDICATIF

PRÉSENT / PASSÉ COMPOSÉ

je	cré**e**	j'	ai	créé
tu	cré**es**	tu	as	créé
elle	cré**e**	elle	a	créé
il	cré**e**	il	a	créé
nous	cré**ons**	nous	avons	créé
vous	cré**ez**	vous	avez	créé
elles	cré**ent**	elles	ont	créé
ils	cré**ent**	ils	ont	créé

IMPARFAIT / PLUS-QUE-PARFAIT

je	cré**ais**	j'	avais	créé
tu	cré**ais**	tu	avais	créé
elle	cré**ait**	elle	avait	créé
il	cré**ait**	il	avait	créé
nous	cré**ions**	nous	avions	créé
vous	cré**iez**	vous	aviez	créé
elles	cré**aient**	elles	avaient	créé
ils	cré**aient**	ils	avaient	créé

PASSÉ SIMPLE / PASSÉ ANTÉRIEUR

je	cré**ai**	j'	eus	créé
tu	cré**as**	tu	eus	créé
elle	cré**a**	elle	eut	créé
il	cré**a**	il	eut	créé
nous	cré**âmes**	nous	eûmes	créé
vous	cré**âtes**	vous	eûtes	créé
elles	cré**èrent**	elles	eurent	créé
ils	cré**èrent**	ils	eurent	créé

FUTUR SIMPLE / FUTUR ANTÉRIEUR

je	cré**erai**	j'	aurai	créé
tu	cré**eras**	tu	auras	créé
elle	cré**era**	elle	aura	créé
il	cré**era**	il	aura	créé
nous	cré**erons**	nous	aurons	créé
vous	cré**erez**	vous	aurez	créé
elles	cré**eront**	elles	auront	créé
ils	cré**eront**	ils	auront	créé

CONDITIONNEL PRÉSENT / CONDITIONNEL PASSÉ

je	cré**erais**	j'	aurais	créé
tu	cré**erais**	tu	aurais	créé
elle	cré**erait**	elle	aurait	créé
il	cré**erait**	il	aurait	créé
nous	cré**erions**	nous	aurions	créé
vous	cré**eriez**	vous	auriez	créé
elles	cré**eraient**	elles	auraient	créé
ils	cré**eraient**	ils	auraient	créé

SUBJONCTIF

PRÉSENT / PASSÉ

que	je	cré**e**	que	j'	aie	créé
que	tu	cré**es**	que	tu	aies	créé
qu'	elle	cré**e**	qu'	elle	ait	créé
qu'	il	cré**e**	qu'	il	ait	créé
que	nous	cré**ions**	que	nous	ayons	créé
que	vous	cré**iez**	que	vous	ayez	créé
qu'	elles	cré**ent**	qu'	elles	aient	créé
qu'	ils	cré**ent**	qu'	ils	aient	créé

IMPARFAIT / PLUS-QUE-PARFAIT

que	je	cré**asse**	que	j'	eusse	créé
que	tu	cré**asses**	que	tu	eusses	créé
qu'	elle	cré**ât**	qu'	elle	eût	créé
qu'	il	cré**ât**	qu'	il	eût	créé
que	nous	cré**assions**	que	nous	eussions	créé
que	vous	cré**assiez**	que	vous	eussiez	créé
qu'	elles	cré**assent**	qu'	elles	eussent	créé
qu'	ils	cré**assent**	qu'	ils	eussent	créé

IMPÉRATIF

PRÉSENT	PASSÉ
cré**e**	aie créé
cré**ons**	ayons créé
cré**ez**	ayez créé

INFINITIF

PRÉSENT	PASSÉ
cré**er**	avoir créé

PARTICIPE

PRÉSENT	PASSÉ
cré**ant**	créé, ée
	ayant créé

CRÉMATORIUM n. m.
Bâtiment où l'on incinère les morts.

CRÈME adj. inv. et n. m. et f.
NOM FÉMININ
1. Matière grasse du lait dont on fait le beurre. *De la crème fouettée avec des framboises : quel délice !*
2. Préparation de consistance crémeuse. *Une crème hydratante, une crème solaire.*
NOM MASCULIN
Café avec de la crème. *Je prendrai un crème, svp. Des cafés crème.*
ADJECTIF DE COULEUR INVARIABLE
D'un blanc légèrement teinté de jaune. *Des tricots crème.*
VOIR TABLEAU – COULEUR (ADJECTIFS DE).
LOCUTIONS
– ***Crème caramel.*** Dessert à base de crème. *Cette crème caramel est succulente. Des crèmes caramel.*
– ***Crème Chantilly*** ou ***chantilly.*** Crème fouettée à laquelle on ajoute du sucre et de la vanille. *Des fraises recouvertes de (crème) Chantilly.*
– ***Crème glacée.*** ⚜ Glace. *Les crèmes glacées* (et non *crèmes à glace) *du Bilboquet sont fabuleuses.*
– ***La crème.*** (FIG.) Ce qu'il y a de meilleur. SYN. élite ; gratin ; le dessus du panier.
FORME FAUTIVE
*crème à glace. Impropriété au sens de ***crème glacée, glace.***

CRÉMERIE ou **CRÈMERIE** n. f.
La première syllabe se prononce ***crè***, [krɛmri].
Établissement où l'on vend des produits laitiers. *Youpi ! On va manger de la crème glacée à la crémerie !*

CRÉMEUX, EUSE adj.
Qui a la consistance de la crème. *Un glaçage bien crémeux.*
crémeux.

CRÉMIER n. m.
CRÉMIÈRE n. f.
Personne qui tient une crémerie.

CRÉMONE n. f.
1. Espagnolette pour fermer la fenêtre.
2. ⚜ (VIEILLI) Longue écharpe de laine tricotée qui protège du froid le cou et le bas du visage. *« Elles n'en finissaient plus de se débarrasser de leurs grands bas, de leurs nuages de laine, de leurs crémones, de leurs chapes »* (Germaine Guèvremont, *Le Survenant*). SYN. nuage.

CRÉNEAU n. m. (pl. *créneaux*)
1. Ouverture pratiquée au sommet d'une tour, d'où l'on tire sur l'assaillant. *Une forteresse à créneaux.*
2. Intervalle entre deux espaces occupés. *Garer sa voiture dans un créneau.*
3. Période de temps dans un horaire, un emploi du temps. *Nous avons un créneau de libre dans l'après-midi : seriez-vous libre à 15 h ?*
4. (ÉCON.) Segment de marché disponible. *Ils ont opté pour le créneau* (et non la *niche) *des hauts de gamme.*

CRÉNELÉ, ÉE adj.
Pourvu de créneaux, de crénelures. *Un mur crénelé.*

CRÉNELER v. tr.
Munir de créneaux, entailler de découpures.
CONJUGAISON : VOIR MODÈLE APPELER.
Redoublement du ***l*** devant un ***e*** muet. *Je crénelle, je crénellerai,* mais *je crénelais.*

CRÉNELURE n. f.
Découpure en forme de créneaux.

CRÉOLE adj. et n. m. et f.
NOM MASCULIN ET FÉMININ
Personne de race blanche, née dans les Antilles ou à la Réunion. *Évelyne est une Créole* ou *créole d'Haïti, Éric, un Créole de la Martinique.*
T Les dictionnaires écrivent les noms ***créole, métis*** et ***mulâtre*** avec une minuscule ; il apparaît plus logique de les écrire avec une majuscule initiale.
ADJECTIF
Propre aux créoles. *De la cuisine créole.*
T L'adjectif s'écrit avec une minuscule.
NOM MASCULIN
(LING.) Langue mixte issue du contact d'une langue européenne (français, anglais, espagnol, portugais) et de langues indigènes, africaines en particulier, devenue langue maternelle d'une communauté linguistique. *Elle parle le créole.*
T Le nom de la langue s'écrit avec une minuscule.
Ne pas confondre avec les noms suivants :
• ***pidgin,*** langue mixte issue du contact de l'anglais et de langues autochtones d'Extrême-Orient, qui sert de langue d'appoint sans être langue maternelle d'une communauté ;
• ***sabir,*** langue mixte élémentaire résultant des contacts de langues très différentes les unes des autres, utilisable pour des communications très limitées dans des secteurs déterminés, notamment le commerce.

CRÉOSOTE n. f.
Liquide huileux provenant de la distillation du goudron de bois ou de charbon (GDT). *La créosote est employée pour la préservation du bois dans des endroits humides ou mouillés.*
Attention au genre féminin de ce nom.

CRÊPAGE n. m.
Action de crêper les cheveux.
crêpage.

CRÊPE n. m. et f.
NOM MASCULIN
1. Étoffe. *Du crêpe noir.*
2. Caoutchouc. *Des chaussures de marche à semelles de crêpe.*
3. Voile noir. *Un crêpe de deuil.*
NOM FÉMININ
Galette molle et plate cuite dans la poêle. *Une crêpe avec du sirop d'érable.*
crêpe.

CRÊPELÉ, ÉE adj.
Se dit de cheveux finement frisés. *Une belle chevelure crêpelée.* SYN. crépu.
crêpelé.

CRÊPER v. tr., pronom.
VERBE TRANSITIF
Faire gonfler (les cheveux). *Des cheveux crêpés.*
VERBE PRONOMINAL
Se friser, en parlant des cheveux. *Ses boucles se sont crêpées.*
À la forme pronominale, le participe passé de ce verbe s'accorde toujours en genre et en nombre avec son sujet. *Sa chevelure s'était crêpée en raison de l'humidité.*
CONJUGAISON : VOIR MODÈLE AIMER.
crêper.

CRÊPERIE n. f.
Établissement où l'on sert des crêpes. *Une crêperie bretonne.*
crêperie.

CRÉPI n. m.
Revêtement de plâtre ou de mortier.

CRÊPIER n. m.
CRÊPIÈRE n. f.
NOM MASCULIN ET FÉMININ
Personne qui fait et sert des crêpes.
NOM FÉMININ
Appareil, poêle pour faire des crêpes. *Une crêpière électrique.*
crêpier.

CRÉPINE n. f.
Petite grille servant à retenir ce qui pourrait obstruer un conduit, un tuyau.

CRÉPINETTE n. f.
Saucisse plate.

CRÉPIR v. tr.
Enduire de crépi. *Nous devons crépir les murs du nouveau bâtiment. Des façades crépies.* ANT. décrépi.
CONJUGAISON : VOIR MODÈLE FINIR.

CRÉPITATION n. f.
Bruit produit par un corps qui flambe, une fusillade, etc. *Laurence écoute les crépitations du bois qui brûle dans la cheminée.* SYN. crépitement.

CRÉPITEMENT n. m.
Bruit du bois qui flambe en pétillant, succession de petits bruits secs.

CRÉPITER v. intr.
Produire une succession de petits bruits secs. *Le feu de joie crépite intensément.* SYN. craquer; pétiller.
CONJUGAISON : VOIR MODÈLE AIMER.

CRÉPON n. m.
Étoffe semblable au crêpe présentant des ondulations irrégulières.
LOCUTION
– ***Papier crépon.*** Papier gaufré qui a la texture du crêpe. *Des papiers crépons.*

CRÉPU, UE adj.
Se dit de cheveux naturellement frisés. *Rosa a les cheveux crépus.* SYN. crêpelé.

CRÉPUSCULAIRE adj.
Du crépuscule. *Les lueurs crépusculaires.*
FORME FAUTIVE
*clause crépusculaire. Calque de «*sunset clause*» pour ***clause de temporisation.***

CRÉPUSCULE n. m.
1. Lumière diffuse qui suit le coucher du soleil. *C'est le crépuscule, il fera bientôt nuit.* SYN. ⚜ brunante; tombée du jour.
2. (FIG.) (LITT.) Déclin. *Le crépuscule d'un parti politique.*

CRESCENDO adv. et n. m. inv.
Les lettres ***sc*** se prononcent ***ch***, [kreʃendo].
ADVERBE
En augmentant. *Les dettes allaient* crescendo.
NOM MASCULIN INVARIABLE
1. Mouvement musical. *Des* crescendo *bien exécutés.*
2. Augmentation. *Des* crescendo *étonnants.*
[T] En typographie soignée, les mots étrangers sont composés en italique. Dans des textes déjà en italique, la notation se fait en romain. Pour les textes manuscrits, on utilisera les guillemets.
[Les *Rectifications* (1990) admettent : un crescendo, des crescendos.]

CRESSON n. m.
Plante herbacée qui croît dans l'eau, cultivée pour ses feuilles. *Un potage au cresson.*

CRESSONNIÈRE n. f.
Bassin où l'on cultive le cresson.

CRÉSUS n. m.
(LITT.) Personne très riche.
[T] Dans l'expression ***riche comme Crésus,*** le nom prend la majuscule puisqu'il s'agit du nom propre d'un roi lydien de l'Antiquité.

CRÊTE n. f.
1. Excroissance rouge sur la tête de certains animaux, tel le coq.
2. Sommet. *La crête d'une montagne, la crête d'une vague.*
crête.

CRÊTE-DE-COQ n. f. (pl. *crêtes-de-coq*)
1. Plante ornementale. *Planteras-tu des crêtes-de-coq ?*
2. (MÉD.) Condylome.

CRÉTIN, INE adj. et n. m. et f.
1. Personne atteinte de déficience intellectuelle. SYN. débile; idiot.
2. (FAM.) Personne stupide. *Espèce de crétin! Tu aurais dû nous prévenir.* SYN. abruti; idiot; imbécile; niais; ⚜ niaiseux.

CRÉTINISER v. tr., pronom.
VERBE TRANSITIF
Rendre crétin, abrutir. SYN. abêtir.
VERBE PRONOMINAL
Devenir crétin. *De par les influences subies, ils se sont crétinisés.*
À la forme pronominale, le participe passé de ce verbe s'accorde toujours en genre et en nombre avec son sujet. *Retombées en enfance, ces personnes s'étaient crétinisées.*
CONJUGAISON : VOIR MODÈLE AIMER.

CRÉTINISME n. m.
1. Déficience intellectuelle.
2. (FAM.) Stupidité.

CRÉTOIS, OISE adj. et n. m. et f.
ADJECTIF ET NOM MASCULIN ET FÉMININ
De l'île de Crète. *Un bas-relief crétois. Un Crétois, une Crétoise.*
[T] L'adjectif s'écrit avec une minuscule; le nom, avec une majuscule.
NOM MASCULIN
Dialecte de l'île de Crète.
[T] Le nom du dialecte s'écrit avec une minuscule.

CRETONNE n. f.
Toile de coton. *Des rideaux de cretonne fleurie.*

CRETONS n. m. pl.
⚜ Variété de rillettes.

CREUSAGE ou **CREUSEMENT** n. m.
Action de creuser. *Le creusage* ou *le creusement d'un tunnel.*

CREUSER v. tr., intr., pronom.
VERBE TRANSITIF
1. Faire un trou dans. *Creuser le sable, creuser un puits.*
2. (FIG.) Approfondir. *Creuser un sujet, une question.*
VERBE INTRANSITIF
Faire un trou. *Les Français et les Britanniques ont creusé pendant plusieurs années pour créer le tunnel sous la Manche, qui relie la Grande-Bretagne à la France.*
VERBE PRONOMINAL
Devenir creux. *Elle a maigri, et ses joues se sont creusées.*
À la forme pronominale, le participe passé de ce verbe s'accorde en genre et en nombre avec le complément direct si celui-ci le précède. *Les fjords se sont creusés graduellement.* Le participe passé reste invariable si le complément direct suit le verbe. *Elles se sont creusé la tête.*
LOCUTIONS
– ***Creuser l'appétit.*** Donner faim. *Cette randonnée m'a creusé l'appétit.*
– ***Se creuser la tête.*** (FIG.) Chercher intensément.
CONJUGAISON : VOIR MODÈLE AIMER.

CREUSET n. m.
1. Récipient servant à fondre des métaux.
2. (FIG.) Lieu où se fondent divers éléments. *New York est un creuset de tous les groupes ethniques américains.*
creuset.

CREUTZFELDT-JAKOB (MALADIE DE) n. f.
Grave maladie du cerveau qui peut toucher les animaux (bovins, ovins, etc.) et les humains. SYN. maladie de la vache folle; tremblante du mouton.

CREUX, CREUSE adj., adv. et n. m.
ADJECTIF
1. Dont l'intérieur est vide. *Ce tronc d'arbre est creux.* SYN. vide.
2. Vide de sens. *Des mots creux. Des paroles creuses.*

3. ⚜ Profond. *Ce lac est très creux. « Tous deux entraient dans l'eau, qui n'était point creuse en cet endroit »* (George Sand, *Maîtres sonneurs,* cité dans le TLF).
En ce sens, l'adjectif demeure usuel au Québec et dans la francophonie canadienne, mais il n'appartient plus à l'usage courant de la majorité des locuteurs du français.
ADVERBE
Profondément. *« Je placerai mon affût assez creux dans les joncs, que tu passeras à côté, sans même t'en douter »* (Germaine Guèvremont, *Marie-Didace*).
NOM MASCULIN
1. Cavité. *Il y a un creux dans le rocher.* SYN. trou ; vide.
2. ⚜ Profondeur. *À cet endroit, le fleuve a cinq mètres de creux.*
En ce sens, le nom demeure usuel au Québec et dans la francophonie canadienne, mais il n'appartient plus à l'usage courant de la majorité des locuteurs du français.
LOCUTIONS
– ***Au creux de,*** loc. prép. Dans la partie la plus profonde de. *« Pris et protégé et condamné par la mer/Je flotte au creux des houles »* (Alain Grandbois, *Les Îles de la nuit*).
– ***Avoir un (petit) creux.*** Avoir faim.
– ***Dans le creux de l'oreille.*** En secret.
– ***(Être dans le) creux de la vague.*** (FIG.) (Être dans) la plus profonde incertitude, (avoir des) difficultés. *« Nous sommes tous nés dans un creux de vague : qui sait l'horizon vrai ? qui sait la terre ? »* (Sainte-Beuve, *Volupté,* cité dans le TLF).
– ***Heures creuses.*** Heures pendant lesquelles l'activité est au ralenti. ANT. heures de pointe.
– ***Sonner creux.*** Faire entendre un son qui indique que l'intérieur est vide. *Ce tronc d'arbre sonne creux.*
– ***Sonner creux.*** (FAM.) Être vide de sens. *Ces discours électoraux sonnent creux.*

CREVAISON n. f.
Action de crever, son résultat. *La crevaison d'un pneu* (et non un *flat).

CREVANT, ANTE adj.
1. ⚜ Hilarant, très drôle. *Des monologues crevants.*
2. (FAM.) Éreintant, qui fatigue beaucoup. *Une tâche crevante.* SYN. épuisant ; exténuant.

CREVASSE n. f.
1. Fente profonde. *Les crevasses des glaciers.* SYN. faille ; fissure.
2. Gerçure. *Cette lotion prévient les crevasses.*

CREVASSER v. tr., pronom.
VERBE TRANSITIF
Faire des crevasses à, sur. *La sécheresse crevasse le sol.* SYN. fendiller ; fissurer.
VERBE PRONOMINAL
Être crevassé. *Sa peau s'est crevassée.* SYN. se gercer.
À la forme pronominale, le participe passé de ce verbe s'accorde toujours en genre et en nombre avec son sujet. *La patinoire s'est crevassée.*
CONJUGAISON : VOIR MODÈLE AIMER.

CREVÉ, ÉE adj.
1. Qui a crevé, est déchiré. *Un pneu crevé.*
2. (FAM.) Épuisé. *Il a travaillé très fort, il est crevé.* SYN. exténué.

CRÈVE-CŒUR n. m. (pl. *crève-cœur* ou *crève-cœurs*)
Peine profonde. *C'est un crève-cœur de te voir partir.*

CRÈVE-LA-FAIM n. m. inv. (pl. *crève-la-faim*)
(FAM.) Miséreux. *Des crève-la-faim qui inspirent la pitié.*

CREVER v. tr., intr., pronom.
VERBE TRANSITIF
Percer, perforer. *Crever un pneu. Ne crève pas le ballon !* SYN. déchirer.
VERBE INTRANSITIF
1. Se déchirer, éclater. *Le ballon a crevé. L'abcès a crevé.*
2. Mourir, en parlant d'un animal. *Le pauvre cheval a crevé.*
VERBE PRONOMINAL
(FAM.) S'épuiser. *Elles se sont crevées à faire ces préparatifs.* SYN. s'exténuer.
À la forme pronominale, le participe passé de ce verbe s'accorde en genre et en nombre avec le complément direct si celui-ci le précède. *Les ampoules qu'il s'est crevées.* Le participe passé reste invariable si le complément direct suit le verbe. *En renonçant à son rêve, elle s'est crevé le cœur.* S'il n'y a pas de complément direct, le participe passé s'accorde avec le sujet du verbe. *Ces ballons se sont crevés.*
LOCUTION
– ***Crever de (froid, faim, inquiétude, peur,*** etc.***).*** Éprouver une sensation, un sentiment à un degré extrême.
CONJUGAISON : VOIR MODÈLE LEVER.
Le ***e*** se change en ***è*** devant une syllabe contenant un ***e*** muet. *Il crève,* mais *il crevait.*

CREVETTE n. f.
Crustacé apprécié pour sa chair. *Des crevettes nordiques, communément nommées* crevettes de Matane.

CREVETTIER n. m.
1. Filet à crevettes.
2. Bateau qui fait la pêche à la crevette.

CRI n. m.
1. Son intense causé par la douleur, l'émotion, destiné à appeler. *Des cris de joie saluèrent l'arrivée du clown. L'enfant appelait à grands cris.* SYN. hurlement.
2. Parole prononcée avec force. *On entendait des cris de détresse : au secours ! à l'aide !*
3. Bruit d'un animal. *Le cri du cheval est le hennissement.*
LOCUTIONS
– ***À cor et à cri.*** Avec grande insistance.
– ***À grands cris.*** Bruyamment. *C'est à grands cris que les enfants accueillirent leurs amis.*
– ***À grands cris.*** (FIG.) Avec une grande insistance. *Ils protestèrent à grands cris.*
– ***Cri du cœur.*** Mouvement spontané qui traduit un sentiment.
– ***Dernier cri.*** Dernière mode. *Des couleurs du dernier cri.*
– ***Pousser les hauts cris.*** Se plaindre bruyamment.

CRI, CRIE adj. et n. m. et f.
Relatif aux Amérindiens d'une nation autochtone du Québec. *La culture crie, des projets cris. Un Cri, une Crie.*
L'Office de la langue française a recommandé que le pluriel des noms de peuples amérindiens se forme suivant les règles du français, c'est-à-dire par l'adjonction d'un ***s*** lorsque la dernière lettre du mot le permet. On aura donc : *un Cri, des Cris.* Par ailleurs, le féminin se forme de la façon suivante : *un Cri, une Crie.*
T L'adjectif s'écrit avec une minuscule ; le nom, avec une majuscule.

CRIAILLEMENT n. m.
Cri désagréable. *Les criaillements de la basse-cour.*

CRIAILLER v. intr.
1. Crier souvent et sans motif. SYN. pleurnicher.
2. Pousser son cri, en parlant de l'oie, du faisan, de la pintade. *Le jars criaille.*
CONJUGAISON : VOIR MODÈLE AIMER.
Les lettres ***ill*** sont suivies d'un ***i*** à la première et à la deuxième personne du pluriel de l'indicatif imparfait et du subjonctif présent. *(Que) nous criaillions, (que) vous criailliez.*

CRIAILLERIE n. f.
Reproche. *Des criailleries exaspérantes.* SYN. récrimination.

CRIANT, CRIANTE adj.
1. Qui fait crier d'indignation, révoltant. *Une injustice criante.*
2. Évident. *Cette faute dans le titre est une erreur criante.*
Ne pas confondre avec le participe présent invariable ***criant.*** *Le vacarme était infernal, les enfants criant à qui mieux mieux.*

CRIARD, ARDE adj.
1. Qui crie et pleure sans raison. *Des enfants criards.* SYN. (FAM.) braillard.
2. Désagréablement aigu. *Une voix criarde.* SYN. aigu; perçant.
3. Trop voyant. *Des couleurs criardes.*

CRIBLAGE n. m.
Action de passer au crible.

CRIBLE n. m.
Instrument percé de plusieurs petits trous, servant à séparer ce qui est plus fin de ce qui est plus gros. *Les cribles des chercheurs d'or.* SYN. passoire; tamis.
LOCUTIONS
– ***Passer au crible.*** Trier des solides de différentes grosseurs au moyen d'un crible. *Passer au crible du sable afin de supprimer les petits cailloux.*
– ***Passer au crible.*** (FIG.) Examiner minutieusement. *Nos erreurs ont été passées au crible.* SYN. analyser; scruter.

CRIBLER v. tr.
1. Trier à l'aide d'un crible. *Cribler de la terre.* SYN. sasser; tamiser.
2. (FIG.) Percer de trous nombreux. *Le chef de la mafia a été criblé de balles.* SYN. transpercer.
LOCUTION
– ***Être criblé de dettes.*** (FIG.) Être couvert de dettes, extrêmement endetté.
CONJUGAISON : VOIR MODÈLE AIMER.

CRIC n. m.
Le *c* final se prononce, [krik]; le nom rime avec ***crique.***
Appareil servant à soulever un objet très lourd. *Nous avons une crevaison, il faudrait un cric* (et non un *jack).
HOM. ***crique,*** petite baie.

CRICKET n. m.
Le *t* se prononce, [krikɛt]; le nom rime avec ***coquette.***
Sport anglais. *Sais-tu jouer au cricket ?*
Ne pas confondre avec le nom ***criquet,*** insecte.

CRIÉE n. f.
Vente publique aux enchères. *Vente de poisson à la criée.*

CRIER v. tr., intr.
VERBE TRANSITIF DIRECT
Dire à voix haute. *Crier son innocence, son mécontentement.* SYN. affirmer; clamer.
VERBE TRANSITIF INDIRECT
Réprimander. *Crier contre quelqu'un.* SYN. gronder; tempêter.
En ce sens, le verbe se construit avec la préposition ***contre.***
L'expression ***crier après quelqu'un*** est correcte mais familière.
VERBE INTRANSITIF
1. Pousser un cri. *Les enfants crient à tue-tête, ils sont en vacances.* SYN. hurler.
2. Élever la voix. *Cesse de crier, essaie de discuter calmement.*
LOCUTIONS
– ***Crier famine.*** Avoir faim. « *Elle alla crier famine chez la fourmi sa voisine* » (Jean de La Fontaine, *La Cigale et la Fourmi*).
– ***Crier vengeance.*** Exiger réparation. *Les personnes lésées crieront vengeance.*
– ***Crier victoire.*** Triompher.
CONJUGAISON : VOIR MODÈLE ÉTUDIER.
Redoublement du ***i*** à la première et à la deuxième personne du pluriel de l'indicatif imparfait et du subjonctif présent. *(Que) nous criions, (que) vous criiez.*

CRIEUR, EUSE n. m. et f.
Personne qui vend des journaux, des marchandises en criant.

CRIME n. m.
Infraction grave à la loi morale ou civile. *Être coupable d'un crime. Les motards ont commis un crime contre* (et non *sur) *cet aubergiste. Des crimes de guerre. Ce génocide est un crime contre l'humanité.*

CRIMINALISER v. tr.
(DR.) Faire relever de la juridiction criminelle.
FORME FAUTIVE
*motards criminalisés. Impropriété pour ***gang de motards, motards malfaiteurs.***
CONJUGAISON : VOIR MODÈLE AIMER.

CRIMINALISTE n. m. et f.
Avocat spécialisé en droit criminel. *Une criminaliste réputée.*

CRIMINALITÉ n. f.
1. Caractère de ce qui est criminel.
2. Ensemble des faits criminels commis par un groupe à une époque donnée.

CRIMINEL, ELLE adj. et n. m. et f.
ADJECTIF
1. Qui a commis un crime. *C'est un fou criminel.*
2. Qui a trait à la répression des crimes. *Le droit criminel.*
NOM MASCULIN ET FÉMININ
Personne coupable de crime. *Ces criminels se sont évadés.*
NOM MASCULIN
La matière criminelle. *Poursuivre au criminel.*

CRIMINELLEMENT adv.
De façon criminelle. *Il est criminellement responsable de cet accident.*

CRIMINOLOGIE n. f.
Science de la criminalité.

CRIMINOLOGISTE ou **CRIMINOLOGUE** n. m. et f.
Spécialiste de la criminologie.

CRIN n. m.
Poil long et rude de certains animaux (cheval, lion, etc.).
LOCUTION
– ***À tout crin, à tous crins.*** Ardent, passionné. *Un nationaliste à tout crin* ou *à tous crins.*

CRINIÈRE n. f.
1. Crins de certains animaux (cheval, lion, etc.). *Le cheval a une belle crinière.*
2. (FAM.) (FIG.) Chevelure abondante. *Julie a une belle crinière rousse.*

CRINOLINE n. f.
Jupon très ample servant à faire gonfler les robes.

CRIQUE n. f.
1. Petite baie dans une côte rocheuse.
2. (FAM.) Dent d'enfant. *La petite a perdu une crique hier.*
HOM. ***cric,*** appareil servant à soulever un objet très lourd.

CRIQUET n. m.
Insecte qu'on entend l'été.
Ne pas confondre avec le nom ***cricket,*** sport anglais.

CRISE n. f.
1. Phase grave d'une maladie. *Une crise cardiaque* et non *attaque), *une crise d'appendicite.*
2. Période pénible, difficile. *La crise de l'adolescence, une crise politique.*

CRISPANT, ANTE adj.
Agaçant. *Une diction crispante et un comportement exaspérant.*
Ne pas confondre avec le participe présent invariable ***crispant***. *Il haletait, la peur crispant tous les muscles de son visage.*

CRISPATION n. f.
1. Contraction. *La crispation d'un muscle.*
2. Mouvement d'irritation. *Des crispations irrépressibles.*

CRISPER v. tr., pronom.
VERBE TRANSITIF
1. Contracter les muscles de. *La fatigue lui crispait le visage.* SYN. tendre.
2. (FIG.) Impatienter, agacer. *Ces commentaires me crispent.* SYN. hérisser.
VERBE PRONOMINAL
1. Se contracter vivement. *Le dentiste lui a dit : « Ne vous crispez pas, calmez-vous ! »* SYN. se tendre. ANT. se détendre.
2. S'irriter. *En l'apercevant, il se crispa.* SYN. s'impatienter.
À la forme pronominale, le participe passé de ce verbe s'accorde toujours en genre et en nombre avec son sujet. *Elle s'est crispée dès qu'elle l'a aperçu.*
CONJUGAISON : VOIR MODÈLE AIMER.

CRISPIN n. m.
Gant à haute manchette de cuir.

CRISSEMENT n. m.
Action de crisser. *Le crissement de la neige sous les skis.*

CRISSER v. intr.
Émettre un bruit grinçant, aigu et continu, souvent désagréable. *Les pas du cheval crissent sur la neige. Faire crisser les pneus. « Les arbres secs crissent dans le vent »* (Anne Hébert, *Kamouraska*). SYN. grincer ; siffler.
CONJUGAISON : VOIR MODÈLE AIMER.

CRISTAL n. m. (pl. *cristaux*)
1. Minéral transparent et dur. *Un cristal de roche de teinte violette.* SYN. quartz.
2. Variété de verre transparent de grande qualité. *Un vase en cristal.*
LOCUTION
– ***Cristaux de neige.*** Corps géométriques résultant de la cristallisation de l'eau.

CRISTALLERIE n. f.
1. Fabrique d'objets en cristal. *Le secteur de la cristallerie.*
2. Objets en cristal. *Un vase de la cristallerie de Bohême.*

CRISTALLIN, INE adj. et n. m.
ADJECTIF
Clair et transparent comme du cristal. *Une voix cristalline, une eau cristalline.*
Ne pas confondre avec les mots suivants :
- ***diaphane***, translucide ;
- ***opalescent***, qui a les nuances vives de l'opale ;
- ***transparent***, qui laisse voir nettement les objets.

NOM MASCULIN
Partie transparente de l'œil en forme de lentille.

CRISTALLISATION n. f.
1. Phénomène par lequel un corps passe à l'état de cristaux. *La cristallisation de l'eau, du sucre.*
2. (FIG.) Fait de prendre corps. *La cristallisation d'une inquiétude.*

CRISTALLISER v. tr., intr. ou pronom.
VERBE TRANSITIF
1. Transformer en cristaux. *Cristalliser du sucre.*
2. (FIG.) Donner de la force à, en parlant des sentiments, des idées. *Cristalliser l'enthousiasme des participants.*
VERBE INTRANSITIF OU PRONOMINAL
Se former en cristaux. *L'eau s'est cristallisée.*
À la forme pronominale, le participe passé de ce verbe s'accorde toujours en genre et en nombre avec son sujet. *L'eau d'érable s'est cristallisée.*
CONJUGAISON : VOIR MODÈLE AIMER.

CRITÈRE n. m.
Élément utilisé pour porter un jugement, prendre une décision, effectuer un choix. *Les critères ont été définis : points obtenus, style, vitesse.*

CRITIQUABLE adj.
Discutable. *Des énoncés critiquables.*
critiquable.

CRITIQUE adj. et n. m. et f.
ADJECTIF
1. Difficile, dangereux. *Une phase critique de la maladie. Il est dans un état critique. Une situation critique.*
2. Décisif. *C'est le moment critique.* SYN. crucial.
3. Qui a pour objet l'examen détaillé d'une œuvre. *Une étude critique.*
NOM MASCULIN ET FÉMININ
Personne qui juge des œuvres d'art (musicales, littéraires, etc.). *C'est une critique de cinéma. Un critique musical.*
NOM FÉMININ
1. Art de juger les œuvres. *Josée aimerait faire la critique des nouveaux films.* SYN. analyse ; étude ; examen.
2. Jugement porté sur une œuvre. *Ce film a eu de très bonnes critiques.*
3. Reproche. *Ne pas admettre la critique. Des critiques constructives.* SYN. blâme.

CRITIQUER v. tr., pronom.
VERBE TRANSITIF
1. Examiner de façon critique. *Comme travail, vous critiquerez la pièce que nous verrons ce soir au théâtre.* SYN. analyser.
2. Désapprouver, blâmer. *Fanny aimerait que Maxime cesse de la critiquer.* SYN. reprocher.
VERBE PRONOMINAL
1. Faire sa propre critique. *Il a reconnu ses torts et s'est critiqué avec sincérité.*
2. Échanger des critiques. *Les participants de la table ronde se sont critiqués copieusement.*
À la forme pronominale, le participe passé de ce verbe s'accorde toujours en genre et en nombre avec son sujet. *Elles s'étaient critiquées de façon constructive.*
CONJUGAISON : VOIR MODÈLE AIMER.

CROASSEMENT n. m.
Cri du corbeau et de la corneille.

CROASSER v. intr.
Crier, en parlant du corbeau et de la corneille.
Ne pas confondre avec le verbe ***coasser***, crier, en parlant de la grenouille.
CONJUGAISON : VOIR MODÈLE AIMER.

CROC n. m.
Le **c** final ne se prononce pas, [kro].
1. Crochet.
2. Dent pointue des carnivores. *Le chien de garde a planté ses crocs dans le mollet des voleurs.*
croc.

CROC-EN-JAMBE n. m. (pl. *crocs-en-jambe*)
Les **c** de **croc-** se prononcent, même au pluriel, [krɔkɑ̃ʒɑ̃b].
Action de passer les pieds dans les jambes de quelqu'un pour le faire trébucher. SYN. croche-pied ; jambette.

CROCHE adj., adv. et n. f.
ADJECTIF
1. ⚜ (FAM.) Crochu, recourbé. *Le bec croche du balbuzard.* *« Avec sa pipe croche, papa pointait une petite cabane là-bas, debout à découvert sur une butte noire »* (Félix Leclerc, *Pieds nus dans l'aube*). SYN. courbe.
2. ⚜ (FAM.) Qui n'est pas droit. *Des dents croches. Cette ligne est croche.*
3. ⚜ (FIG.) (FAM.) Qui n'est pas honnête, tordu. *« Un exilé qui nous est revenu de Montréal avec des idées croches. Le mouton noir de la famille ! »* (Jacques Ferron, *Les Grands Soleils*). SYN. escroc ; malhonnête.
Cet adjectif de registre familier demeure usuel au Québec et dans la francophonie canadienne, mais il n'appartient plus à l'usage courant de la majorité des locuteurs du français.
ADVERBE
⚜ (FIG.) (FAM.) De travers, n'importe comment. *Des chiffres cités tout croche. Tout marchait un peu croche.*
Pris adverbialement, le mot est invariable.
NOM FÉMININ
(MUS.) Note qui vaut la moitié d'une noire.
NOM MASCULIN
⚜ (FAM.) Détour, méandre (d'une route, d'un cours d'eau, etc.). *La rivière fait un croche avant d'atteindre le village.* *« Pas de croche dans la ligne ! Le sillon avait été tracé comme cela, droit, d'un trécarré à l'autre de l'immense pays »* (Félix-Antoine Savard, *Menaud, maître-draveur*).
Selon le *Glossaire du parler français au Canada* (1930), le nom ***trécarré*** désigne la « ligne qui marque les extrémités d'une terre ».

CROCHE-PIED n. m. (pl. *croche-pieds*)
Croc-en-jambe. *Elle est tombée parce qu'il lui a fait un croche-pied.* SYN. croc-en-jambe ; ⚜ jambette.
[Les *Rectifications* (1990) admettent : crochepied.]

CROCHET n. m.
1. Pièce de métal recourbée servant à suspendre quelque chose. *La marmite est suspendue à un crochet.*
2. Signe de ponctuation de même nature que les parenthèses, qui sert à intercaler des indications dans une phrase :
– Pour insérer une indication à l'intérieur d'une phrase déjà entre parenthèses. *Mettre un mot entre crochets (exemple tiré du* Nouveau Petit Robert [1993]).
– Pour ajouter des mots rétablis en fonction du contexte. *Elle* [la présidente] *sera nommée demain.*
VOIR TABLEAU – ESPACEMENTS.
VOIR TABLEAU – PONCTUATION.
3. Détour. *En rentrant, nous ferons un crochet par Métis pour voir les beaux jardins.*
LOCUTION
– ***Vivre aux crochets de quelqu'un.*** Vivre à la charge d'une personne, dépendre d'elle pour ses besoins matériels.

CROCHETABLE adj.
Qui peut être crocheté. *Cette serrure n'est pas crochetable.*

CROCHETER v. tr.
1. Ouvrir (une serrure) avec un crochet. *Le cambrioleur a crocheté la serrure.*
2. Faire du travail au crochet. *Elle crochète un napperon.*
CONJUGAISON : VOIR MODÈLE CONGELER.
Le ***e*** se change en ***è*** devant une syllabe contenant un ***e*** muet. *Je crochète,* mais *je crochetais.*

CROCHETEUR n. m.
Cambrioleur qui crochète les serrures.

CROCHU, UE adj.
Recourbé en croc. *Un bec crochu.* SYN. courbé.
LOCUTION
– ***Avoir des atomes crochus avec quelqu'un.*** (FIG.) Avoir des affinités avec une personne, éprouver de la sympathie pour elle.

CROCODILE n. m.
Les **o** sont ouverts, [krɔkɔdil].
Grand reptile amphibie à fortes mâchoires. *Quand il ouvre la gueule, le crocodile montre ses dents redoutables.*
VOIR TABLEAU – ANIMAUX.
LOCUTION
– ***Larmes de crocodile.*** (FIG.) Chagrin simulé.

CROCUS n. m.
Le ***s*** final se prononce, [krɔkys] ; le nom rime avec ***puce***.
Plante à bulbe qui fleurit au printemps. *Des crocus blancs.*

CROIRE v. tr., intr., pronom.
VERBE TRANSITIF DIRECT
1. Considérer comme vrai, comme fiable. *Je crois ces paroles. Tu ne crois pas cette histoire. Croyez-moi !* SYN. se fier à.
2. Tenir pour. *Je la crois compétente et remplie d'initiative.* SYN. estimer ; juger ; penser ; présumer.
Au mode affirmatif, le verbe se construit avec la conjonction ***que*** suivie de l'indicatif ; au mode négatif, il peut être suivi du subjonctif ou de l'indicatif. *Je crois qu'elle viendra. Je ne crois pas qu'elle vienne, qu'elle viendra.*
VERBE TRANSITIF INDIRECT
1. Avoir confiance en quelqu'un, quelque chose, s'y fier. *Croire à la promesse d'un ami.*
En ce sens, le verbe se construit avec la préposition ***à***.
2. Tenir pour certaine l'existence de quelqu'un, avec une nuance de foi et d'amour. *Croire en Dieu, croire en quelqu'un.*
L'emploi de la préposition ***en*** exprime la confiance et la foi.
3. Penser que quelque chose est vraisemblable, sans en être sûr. *Croyez-vous aux fantômes ? « Parmi mon désespoir je croyais encore à l'espérance »* (Alain Grandbois, *Les Îles de la nuit*).
VERBE INTRANSITIF
(ABSOL.) Avoir la foi. *Elle croit.*
1° Le verbe ***croire*** sert de semi-auxiliaire pour atténuer une affirmation trop catégorique. *Je crois devoir vous préciser que la date finale est le 25, c'est-à-dire aujourd'hui.*
2° L'emploi du verbe à la deuxième personne et à la forme interrogative traduit le doute à l'égard d'une information, un scepticisme exprimé poliment. *Nous aurons terminé demain et nous pourrons poursuivre nos travaux. Vous croyez ?*
VERBE PRONOMINAL
S'imaginer être. *Il se croit le plus astucieux. Plusieurs imitateurs se sont crus autorisés à copier ce concepteur de talent.*
À la forme pronominale, le participe passé de ce verbe s'accorde toujours en genre et en nombre avec son sujet. *Elle s'est crue courageuse.*
LOCUTIONS
– ***En croire.*** Se référer à. *Si l'on en croit les journaux.*
– ***Faire croire*** (quelque chose de faux). Persuader, faire accroire.
– ***Ne pas en croire ses oreilles, ses yeux.*** Être extrêmement étonné de ce que l'on entend, de ce que l'on voit.
CONJUGAISON : VOIR MODÈLE CROIRE.
Contrairement au verbe ***croître***, le verbe ***croire*** n'a jamais d'accent circonflexe sur le ***i***.

CROISADE n. f.
1. (ANCIENN.) Expédition de l'Europe chrétienne contre l'Orient musulman. *Ce chevalier est parti en croisade sur son grand cheval.*
2. (FIG.) Campagne menée pour lutter contre quelque chose. *Une croisade contre la pollution, contre le tabagisme.*

CONJUGAISON DU VERBE **CROIRE**

INDICATIF

PRÉSENT

je	cr**ois**
tu	cr**ois**
elle / il	cr**oit**
nous	cr**oyons**
vous	cr**oyez**
elles / ils	cr**oient**

PASSÉ COMPOSÉ

j'	ai	cru
tu	as	cru
elle / il	a	cru
nous	avons	cru
vous	avez	cru
elles / ils	ont	cru

IMPARFAIT

je	cr**oyais**
tu	cr**oyais**
elle / il	cr**oyait**
nous	cr**oyions**
vous	cr**oyiez**
elles / ils	cr**oyaient**

PLUS-QUE-PARFAIT

j'	avais	cru
tu	avais	cru
elle / il	avait	cru
nous	avions	cru
vous	aviez	cru
elles / ils	avaient	cru

PASSÉ SIMPLE

je	cr**us**
tu	cr**us**
elle / il	cr**ut**
nous	cr**ûmes**
vous	cr**ûtes**
elles / ils	cr**urent**

PASSÉ ANTÉRIEUR

j'	eus	cru
tu	eus	cru
elle / il	eut	cru
nous	eûmes	cru
vous	eûtes	cru
elles / ils	eurent	cru

FUTUR SIMPLE

je	cr**oirai**
tu	cr**oiras**
elle / il	cr**oira**
nous	cr**oirons**
vous	cr**oirez**
elles / ils	cr**oiront**

FUTUR ANTÉRIEUR

j'	aurai	cru
tu	auras	cru
elle / il	aura	cru
nous	aurons	cru
vous	aurez	cru
elles / ils	auront	cru

CONDITIONNEL PRÉSENT

je	cr**oirais**
tu	cr**oirais**
elle / il	cr**oirait**
nous	cr**oirions**
vous	cr**oiriez**
elles / ils	cr**oiraient**

CONDITIONNEL PASSÉ

j'	aurais	cru
tu	aurais	cru
elle / il	aurait	cru
nous	aurions	cru
vous	auriez	cru
elles / ils	auraient	cru

SUBJONCTIF

PRÉSENT

que	je	cr**oie**
que	tu	cr**oies**
qu'	elle / il	cr**oie**
que	nous	cr**oyions**
que	vous	cr**oyiez**
qu'	elles / ils	cr**oient**

PASSÉ

que	j'	aie	cru
que	tu	aies	cru
qu'	elle / il	ait	cru
que	nous	ayons	cru
que	vous	ayez	cru
qu'	elles / ils	aient	cru

IMPARFAIT

que	je	cr**usse**
que	tu	cr**usses**
qu'	elle / il	cr**ût**
que	nous	cr**ussions**
que	vous	cr**ussiez**
qu'	elles / ils	cr**ussent**

PLUS-QUE-PARFAIT

que	j'	eusse	cru
que	tu	eusses	cru
qu'	elle / il	eût	cru
que	nous	eussions	cru
que	vous	eussiez	cru
qu'	elles / ils	eussent	cru

IMPÉRATIF

PRÉSENT

cr**ois**
cr**oyons**
cr**oyez**

PASSÉ

aie cru
ayons cru
ayez cru

INFINITIF

PRÉSENT

cr**oire**

PASSÉ

avoir cru

PARTICIPE

PRÉSENT

cr**oyant**

PASSÉ

cru, ue
ayant cru

C

CROISÉ, ÉE adj. et n. m. et f.
ADJECTIF
1. En forme de croix. *Les bras croisés, les jambes croisées.*
2. Qui se croisent, qui alternent. *Des rimes croisées.*
NOM MASCULIN
(ANCIENN.) Celui qui partait en croisade.
NOM FÉMININ
1. Endroit où deux choses se croisent. *La croisée des routes.*
2. Fenêtre. *Ouvrir la croisée.*
LOCUTION
– ***Mots croisés.*** Jeu où l'on inscrit dans une grille, horizontalement et verticalement, des mots correspondant à des définitions.
L'amateur de mots croisés est un ***cruciverbiste.***

CROISEMENT n. m.
1. Accouplement de deux individus animaux ou végétaux de races différentes. *Mon grand-père a fait un croisement entre deux variétés de rosiers.*
2. Fait de se rencontrer, de se trouver à proximité, en parlant de personnes, de véhicules qui vont dans une direction opposée. *Le croisement de deux camions.*
3. Intersection de deux voies de circulation. *Tournez à droite au prochain croisement.*
Dans ce dernier sens, ne pas confondre avec le nom ***carrefour,*** intersection de plusieurs voies de communication.

CROISER v. tr., intr., pronom.
VERBE TRANSITIF
1. Disposer un élément sur un autre ou en croix. *Croiser les jambes.*
2. Couper, traverser. *La voie ferrée croise la route.*
3. Passer à côté de. *Je l'ai croisée tout à l'heure.* SYN. rencontrer.
4. Faire le croisement de. *Croiser des arbres fruitiers.*
VERBE INTRANSITIF
Aller et venir, en parlant d'un navire. *Ces voiliers croisent dans la Méditerranée.*
VERBE PRONOMINAL
1. Passer en travers. *Des routes qui se croisent.*
2. Se rencontrer brièvement. *Ils se sont croisés il y a quelque temps.*
À la forme pronominale, le participe passé de ce verbe s'accorde en genre et en nombre avec le complément direct si celui-ci le précède. *Les doigts qu'il s'est croisés sont ceux de la main gauche. Ces amis se sont croisés au théâtre.* Le participe passé reste invariable si le complément direct suit le verbe. *Elles se sont croisé les bras.*
LOCUTIONS
– ***Croiser les doigts.*** Geste pour favoriser la chance.
– ***Se croiser les bras.*** (FIG.) Rester inactif. *Ce n'est pas le temps de se croiser les bras, il y a beaucoup de travail à faire.*
CONJUGAISON : VOIR MODÈLE AIMER.

CROISEUR n. m.
Navire de guerre rapide, armé de canons, destiné à protéger les convois et à surveiller les routes maritimes.

CROISIÈRE n. f.
Voyage de tourisme par mer. *Partir en croisière dans les Antilles.*
LOCUTIONS
– ***Vitesse de croisière.*** Allure moyenne maximale d'un véhicule sur une longue distance.
– ***Vitesse, allure, rythme de croisière.*** (FIG.) Le meilleur rythme après la période d'adaptation et de mise au point.

CROISIÉRISTE n. m. et f.
Personne qui effectue une croisière touristique. *Les croisiéristes déferlent sur l'île de Santorini à heures fixes.*

CROISILLON n. m.
1. Traverse d'une croix.
2. Pièces de bois, de métal qui se croisent et maintiennent les carreaux d'une fenêtre. *Les croisillons d'une fenêtre.*

CROISSANCE n. f.
Développement progressif. *Ces adolescents sont en pleine croissance : il est important qu'ils se nourrissent bien. La croissance d'une ville.*

CROISSANT n. m.
1. Forme de la Lune à son premier ou à son dernier quartier.
2. Qui a la forme d'un croissant de lune. *Un écu avec un croissant rouge.*
3. Sorte de petit pain en forme de croissant. *De bons croissants chauds et du café.*

CROISSANT, ANTE adj.
Qui grandit, augmente. *Une habileté croissante.*
Ne pas confondre avec le participe présent invariable ***croissant.*** *Ils abandonnèrent, les difficultés croissant chaque jour davantage.*

CROÎTRE v. intr.
1. Se développer. *En 10 ans, ces arbres ont beaucoup crû.* SYN. grandir ; pousser.
2. Augmenter de volume, d'intensité, de durée, etc. *Au cours des dernières années, les prix n'ont cessé de croître.*
Le verbe se conjugue généralement avec l'auxiliaire ***avoir.***
CONJUGAISON : VOIR MODÈLE ACCROÎTRE.
INDICATIF PRÉSENT *Je croîs, tu croîs, il croît, nous croissons, vous croissez, ils croissent.* IMPARFAIT *Je croissais, tu croissais.* PASSÉ SIMPLE *Je crûs, tu crûs, il crût, nous crûmes, vous crûtes, ils crûrent.* FUTUR *Je croîtrai, tu croîtras, il croîtra, nous croîtrons, vous croîtrez, ils croîtront.* CONDITIONNEL PRÉSENT *Je croîtrais, tu croîtrais, il croîtrait, nous croîtrions, vous croîtriez, ils croîtraient.* IMPÉRATIF PRÉSENT *Croîs, croissons, croissez.* SUBJONCTIF PRÉSENT *Que je croisse, que tu croisses.* IMPARFAIT *Que je crûsse, que tu crûsses, qu'il crût, que nous crûssions, que vous crûssiez, qu'ils crûssent.* PARTICIPE PRÉSENT *Croissant.* PASSÉ *Crû.*
À noter que l'Académie française écrit l'imparfait du subjonctif sans accent circonflexe, sauf à la troisième personne du singulier.

CROIX n. f.
1. Pièce de bois à deux branches transversales sur laquelle on attachait les condamnés. *Le supplice de la croix.*
2. Objet en forme de croix. *Une petite croix en or.*
3. (TYPOGR.) Signe en forme de croix () qui accompagne un nom de personne pour indiquer que cette personne est décédée. *Jean Dupont. Oscar Bloch .*
4. (TYPOGR.) Symbole de l'addition. *3 + 3 = 6.*
LOCUTIONS
– ***Chemin de croix.*** Suite de 14 tableaux représentant la Passion du Christ.
– ***Faire, mettre une croix sur quelque chose.*** (FIG.) (FAM.) Renoncer à.
– ***La croix et la bannière.*** (FIG.) Difficultés considérables. *C'est la croix et la bannière pour faire admettre ce principe.*
– ***Porter sa croix.*** (FIG.) Supporter une épreuve, des souffrances.
croix.

CROP
Sigle de ***Centre de recherches sur l'opinion publique.***

CROQUANT, ANTE adj.
Croustillant, qui croque sous la dent. *Des céleris croquants.*
Ne pas confondre avec le participe présent invariable ***croquant.*** *Quel régal, ces noix croquant sous la dent !*

CROQUE-
Les mots composés avec l'élément ***croque-*** s'écrivent avec un trait d'union. Au pluriel, ***croque-,*** qui est un verbe, demeure invariable, tandis que le second élément est parfois variable, parfois invariable.

CROQUE AU SEL (À LA) loc. adv.
Cru, avec du sel. *Des crudités à la croque au sel.*
✏ **croque au sel,** sans traits d'union.

CROQUE-MADAME n. m. (pl. *croque-madame* ou *croque-madames*)
Sandwich chaud composé de pain, de fromage et de jambon couvert d'un œuf au plat. *Des croque-madame* ou *croque-madames délicieux.*
[Les *Rectifications* (1990) admettent : un croquemadame, des croquemadames.]

CROQUEMBOUCHE n. m.
Pâtisserie composée de petits choux à la crème.

CROQUE-MITAINE n. m. (pl. *croque-mitaines*)
Personnage imaginaire dont on menace les enfants.
☞ Au Québec, le ***croque-mitaine*** est souvent le ***Bonhomme Sept Heures.***
[Les *Rectifications* (1990) admettent : croquemitaine.]

CROQUE-MONSIEUR n. m. (pl. *croque-monsieur* ou *croque-monsieurs*)
Sandwich chaud composé de pain, de fromage et de jambon. *Voici de bons croque-monsieur* ou *croque-monsieurs.*
☞ Familièrement, on abrège ce nom en supprimant son dernier élément. *Veux-tu un croque ou deux croques ?*
[Les *Rectifications* (1990) admettent : un croquemonsieur, des croquemonsieurs.]

CROQUE-MORT n. m. (pl. *croque-morts*)
(FAM.) Employé des pompes funèbres.
[Les *Rectifications* (1990) admettent : croquemort.]

CROQUER v. tr., intr.
VERBE TRANSITIF
1. Manger des choses qui font du bruit sous les dents. *Croquer des noisettes, des bonbons.*
2. Mordre. *Croquer une pomme.* SYN. dévorer ; manger.
3. Dessiner, décrire rapidement. *Croquer une scène sur le vif.* SYN. brosser ; crayonner ; esquisser.
VERBE INTRANSITIF
Faire un bruit sec sous la dent. *Une branche de céleri qui croque.* SYN. craquer.
LOCUTION
– ***À croquer.*** (FAM.) Gentil, joli à peindre. *Elle est à croquer.*
CONJUGAISON : VOIR MODÈLE AIMER.

CROQUET n. m.
Jeu consistant à lancer des boules à l'aide d'un maillet en vue de leur faire suivre un itinéraire déterminé sous des arceaux. *Un terrain de croquet. Aimez-vous jouer au croquet ?*

CROQUETTE n. f.
Boulette à frire. *Une croquette au jambon et au gruyère.*

CROQUIGNOLE n. f.
Petit biscuit croquant.

CROQUIGNOLET, ETTE adj.
Charmant. *Des dessins croquignolets.* SYN. amusant ; mignon.

CROQUIS n. m.
Dessin à main levée, plan sommaire. *Un carnet de croquis.*
☞ Ne pas confondre avec les noms suivants :
- ***canevas,*** plan, schéma d'un texte ;
- ***ébauche,*** première forme donnée à une œuvre ;
- ***esquisse,*** représentation simplifiée d'une œuvre destinée à servir d'essai ;
- ***maquette,*** représentation schématique d'une mise en pages ;
- ***projet,*** plan d'une œuvre d'architecture.

✏ croquis, un *s* final.

CROSS ou **CROSS-COUNTRY** n. m. (pl. *cross-countries* ou *cross-countrys*)
👄 Attention à la prononciation, [krɔskuntri].
Course à pied en terrain varié avec obstacles.
[Les *Rectifications* (1990) admettent : un crosscountry, des crosscountrys.]

CROSSE n. f.
1. Bâton d'évêque, recourbé à sa partie supérieure.
2. Bâton courbé qui sert à certains jeux. *Jouer à la crosse.*
☞ Ce jeu a été emprunté aux Amérindiens de l'Ouest.
3. Bout recourbé. *La crosse d'un violon.*
4. Partie d'une arme à feu. *La crosse d'un fusil.*
LOCUTION
– ***Crosse de fougère.*** Forme de la fougère au tout début de sa croissance. *Manger des crosses de fougère* (et non des *têtes de violon) *en salade.*

***CROSS-MATCH**
Anglicisme pour ***épreuve (de compatibilité) croisée*** (DDFM).

CROTALE n. m.
Serpent très venimeux qui fait un bruit de crécelle en se déplaçant. SYN. serpent à sonnette.
☞ Ne pas confondre avec le ***serpent à lunettes*** qui est un ***naja.***

CROTTE interj. et n. f.
NOM FÉMININ
Excréments de certains animaux. *Des crottes de lièvre.*
INTERJECTION
(FAM.) Interjection marquant l'impatience, le dépit. *Crotte ! il est encore en retard !* SYN. (VULG.) merde.
🅃 L'interjection est toujours suivie d'un point d'exclamation qui est souvent repris à la fin de la phrase. Si la phrase exclamative n'est pas complète, le mot qui suit le point d'exclamation s'écrit avec une minuscule initiale.

CROTTÉ, ÉE adj.
Sali (de crotte, de boue). *Ces bottes sont toutes crottées.* SYN. sale.

CROTTIN n. m.
1. Excréments des chevaux, des moutons.
2. Petit fromage de chèvre. *Du crottin chaud avec de la salade.*

CROULANT, ANTE adj. et n. m. et f.
ADJECTIF
Qui croule. *Des ruines croulantes.*
☞ Ne pas confondre avec le participe présent invariable ***croulant.*** *Juste devant nous, on voyait les maisons croulant sous les bombes.*
NOM MASCULIN ET FÉMININ
(VIEILLI) (FAM.) Personne âgée. *« Mes parents sont des croulants », confie Antoine à ses amis.*

CROULER v. intr.
S'effondrer. *Le toit de la vieille grange a croulé sous la neige.* SYN. s'affaisser ; s'écrouler.
CONJUGAISON : VOIR MODÈLE AIMER.

CROUP n. m.
👄 Le ***p*** se prononce, [krup] ; le nom rime avec ***croupe.***
Laryngite diphtérique.
HOM. ***croupe,*** partie postérieure du corps de certains animaux.

CROUPE n. f.
Partie postérieure du corps de certains animaux. *La croupe d'un cheval.*
HOM. ***croup,*** laryngite diphtérique.

CROUPETONS (À) loc. adv.
Dans une position accroupie. *À croupetons, les coureurs attendent le signal du départ.*
✏ à croupetons.

CROUPI, IE adj.
Qui stagne. *De l'eau croupie.*

C

CROUPIER n. m.
CROUPIÈRE n. f.
Personne employée dans une maison de jeux.

CROUPION n. m.
Extrémité postérieure du corps de l'oiseau.

CROUPIR v. intr.
1. Stagner, pourrir. *L'eau de cette baie croupit.* SYN. se corrompre ; moisir.
2. (FIG.) Moisir dans un lieu. *Ce meurtrier croupit en prison depuis 20 ans.*
CONJUGAISON : VOIR MODÈLE FINIR.

CROUPISSEMENT n. m.
Fait de croupir.

CROUSTADE n. f.
Pâté chaud à croûte frite et croustillante. *Une croustade de homard.*

CROUSTILLANT, ANTE adj.
1. Craquant. *Du pain croustillant.*
2. Grivois. *Une histoire croustillante.* SYN. piquant ; salé.
Ne pas confondre avec le participe présent invariable ***croustillant***. *On y vendait des gâteaux croustillant sous la dent.*

CROUSTILLE n. f.
Tranche de pomme de terre rôtie (Recomm. off.). SYN. chips.

CROUSTILLER v. intr.
Croquer sous la dent. *Ces biscuits croustillent.*
CONJUGAISON : VOIR MODÈLE AIMER.
Les lettres ***ill*** sont suivies d'un ***i*** à la première et à la deuxième personne du pluriel de l'indicatif imparfait et du subjonctif présent. *(Que) nous croustillions, (que) vous croustilliez.*

CROÛTE n. f.
1. Partie extérieure du pain durcie par la cuisson. *Mange tes croûtes, Nicolas !*
2. Ce qui se forme et durcit à la surface de quelque chose. *Il y a une croûte sur la crème caramel.*
3. (FIG.) Tableau sans valeur.
LOCUTIONS
– ***Casser la croûte.*** Manger frugalement.
– ***Croûte terrestre.*** Couche solide qui entoure la terre. SYN. écorce terrestre.
[Les *Rectifications* (1990) admettent : croute.]

CROÛTON n. m.
1. Croûte grillée garnissant certains mets.
2. Petit morceau de pain frit. *Des croûtons à l'ail.*
[Les *Rectifications* (1990) admettent : crouton.]

***CROWBAR**
Anglicisme pour ***pied-de-biche, levier.***

CROYABLE adj.
Que l'on peut croire. *C'est à peine croyable !*

CROYANCE n. f.
1. Foi religieuse. *La croyance en Dieu.*
2. Ce que l'on croit. *La croyance dans un avenir meilleur.* SYN. confiance.

CROYANT, ANTE adj. et n. m. et f.
ADJECTIF
Se dit d'une personne qui a une foi religieuse. *Elles sont très croyantes.*
Ne pas confondre avec le participe présent invariable ***croyant***. *Croyant qu'il s'agissait d'un voleur, ces personnes arrêtèrent M. Blanc.*
NOM MASCULIN ET FÉMININ
Personne qui a une foi religieuse. *Les croyants et les incroyants.*

CRSSS
Sigle de ***Conseil régional des services sociaux et de la santé.***

CRTC
Sigle de ***Conseil de la radiodiffusion et des télécommunications canadiennes.***

CRU n. m.
Vignoble. *Un vin de grand cru.*
LOCUTIONS
– ***De son cru.*** De son invention.
– ***Du cru.*** (FAM.) Du terroir.
HOM.
• ***cru,*** qui n'est pas cuit ;
• ***crue,*** élévation du niveau d'un cours d'eau.
cru, sans accent circonflexe.

CRU, CRUE adj.
1. Qui n'est pas cuit. *Des carottes crues.*
2. (FAM.) Froid et humide, en parlant du temps. *« Un air cru l'accueillit au seuil de la cuisine. Le poêle était mort »* (Germaine Guèvremont, *Le Survenant*).
Cet adjectif de registre familier demeure usuel au Québec et dans la francophonie canadienne, mais il n'appartient plus à l'usage courant de la majorité des locuteurs du français.
3. Brutal, direct. *Une réponse crue.*
HOM.
• ***cru,*** participe passé de ***croire***;
• ***crue,*** élévation du niveau d'un cours d'eau.

CRU, CRUE (du verbe ***croire***) p. passé
Le participe passé de ***croire*** s'accorde, selon l'usage général des verbes conjugués avec ***avoir,*** si le complément direct précède le verbe. Il est invariable si le complément direct suit le verbe ou s'il est accompagné des participes ***autorisé, fondé, forcé, obligé, tenu,*** etc., qui s'accordent avec le sujet. *Ces histoires que j'ai crues vraies. Ils se sont cru obligés de rester avec elle.*
Certains auteurs accordent les deux participes passés avec le sujet. *Elles se sont crues obligées de venir.*
HOM.
• ***cru,*** qui n'est pas cuit ;
• ***crue,*** élévation du niveau d'un cours d'eau.

CRÛ
VOIR – CROÎTRE.

CRUAUTÉ n. f.
1. Dureté, rigueur. *La cruauté d'un pirate.* SYN. férocité ; méchanceté ; sauvagerie.
2. Action cruelle. *Les réfugiés ont subi un grand nombre de cruautés.* SYN. atrocité.

CRUCHE n. f.
1. Vase muni d'une anse. *Une cruche en céramique.* SYN. pichet.
2. Son contenu. *Une cruche de lait.*
3. (FAM.) (FIG.) Personne stupide.
Ce nom ne s'emploie qu'au féminin, mais il peut désigner une personne de sexe masculin. *Quelle cruche, ce garçon !*

CRUCHON n. m.
Petite cruche. *Un cruchon de sirop d'érable.*

CRUCIAL, IALE, IAUX adj.
Très important. *Une décision cruciale. Des choix cruciaux.* SYN. capital ; critique ; décisif ; stratégique.

CRUCIFIÉ, ÉE adj. et n. m. et f.
ADJECTIF
1. Mis en croix. *Un homme crucifié.*
2. (FIG.) Torturé.
NOM MASCULIN ET FÉMININ
Personne mise en croix.

CRUCIFIEMENT n. m.
Action de crucifier. *Le crucifiement du Christ.* SYN. crucifixion.
crucifiement.

CRUCIFIER v. tr.
1. Infliger le supplice de la croix à. *Le Christ a été crucifié.*
2. (FIG.) Mortifier, faire souffrir.
CONJUGAISON : VOIR MODÈLE ÉTUDIER.
Redoublement du ***i*** à la première et à la deuxième personne du pluriel de l'indicatif imparfait et du subjonctif présent. *(Que) nous crucifiions, (que) vous crucifiiez.*

CRUCIFIX n. m.
Le ***x*** ne se prononce pas, [krysifi] ; le nom rime avec ***fi***.
Objet de piété en forme de croix.
crucifix.

CRUCIFIXION n. f.
Représentation du crucifiement du Christ.

CRUCIFORME adj.
Qui est en forme de croix. *Une vis à tête cruciforme.*

CRUCIVERBISTE n. m. et f.
Amateur de mots croisés. *Des cruciverbistes chevronnés.*

CRUDITÉ n. f.
1. Qualité de ce qui est cru.
2. (FIG.) Liberté de langage. *La crudité de ses propos a étonné.*
3. (AU PLUR.) Légumes crus. *Un plat de crudités avec du céleri, des carottes et des champignons.*

CRUDIVORE adj. et n. m. et f.
Dont l'alimentation n'est composée que d'aliments crus. *Le régime crudivore inclut la fève brute de cacao parmi les aliments essentiels, au même titre que le ginseng asiatique.*

CRUE n. f.
Élévation du niveau d'un cours d'eau. *La crue des eaux de la rivière a inondé notre terrain. Une rivière en crue.*
HOM.
- ***cru,*** participe passé de ***croire***;
- ***cru,*** qui n'est pas cuit.

crue.

CRUEL, ELLE adj.
1. Qui se plaît à faire souffrir. *Cet enfant est cruel, il martyrise les insectes.* SYN. féroce ; méchant.
2. Douloureux. *Une épreuve cruelle.* SYN. dur ; pénible ; terrible.
Ne pas confondre avec les mots suivants :
- ***bestial,*** qui a la cruauté des bêtes féroces ;
- ***féroce,*** qui est sauvage et cruel par nature ;
- ***inhumain,*** qui est étranger à tout sentiment de pitié.

CRUELLEMENT adv.
De façon cruelle. *Cette fracture la faisait cruellement souffrir.* SYN. affreusement ; atrocement.

CRÛMENT adv.
De façon crue. *Il lui dit crûment que tout était terminé.* SYN. brutalement ; directement.
[Les *Rectifications* (1990) admettent : crument.]

CRUMPET n. m. (pl. *crumpets*)
Petite crêpe épaisse servie chaude et beurrée à l'heure du thé dans les pays anglo-saxons. *« Ils se gavaient de crumpets saturés de beurre, de tartelettes recouvertes de crème du Devon, de petits fours au fromage »* (Gabrielle Roy, *La Détresse et l'Enchantement*).

CRUSTACÉ, ÉE adj. et n. m.
ADJECTIF
(VX) Revêtu d'un tissu calcaire formant une enveloppe dure.
NOM MASCULIN
Animal aquatique à carapace, comme le crabe, le homard, la crevette, etc. *Plusieurs crustacés sont délicieux à manger.*

CRY(O)- préf.
Élément du grec signifiant « froid ». *Cryologie.*

CRYOGÉNISATION n. f.
1. (PHYS.) Technique de préservation par congélation à très basse température (-196 °C) et par immersion dans l'azote liquide. *Sans la rumeur selon laquelle Walt Disney a été mis en hibernation, la cryogénisation ne serait peut-être pas devenue cette industrie florissante. Depuis l'apparition de la crise, le centre a accéléré l'autre méthode de préservation, la cryogénisation du sperme des coqs.*
2. (FIG.) Ajournement d'une décision, d'une action. *L'Organisation mondiale du commerce a officialisé la cryogénisation des négociations libre-échangistes.* SYN. atermoiement.

CRYOGÉNISER v. tr.
1. (PHYS.) Soumettre à la cryogénisation. *Bientôt, vous pourrez vous faire cryogéniser et quand tout sera au point, on vous décongèlera.*
2. (FIG.) Remettre à plus tard (une décision, une action). *L'admission de ce pays au sein de la Communauté européenne semble avoir été cryogénisée.*
3. Figer, paralyser. *Le 11 septembre 1973, le Chili a été chloroformé, cryogénisé dans une dictature construite autour de l'obscurantisme et la terreur.* SYN. immobiliser.
CONJUGAISON : VOIR MODÈLE AIMER.

CRYOLOGIE n. f.
Physique du froid.
cryologie.

CRYOTHÉRAPIE n. f.
Traitement par le froid. *L'ablation d'une tumeur par cryothérapie.*
cryothérapie.

CRYPTAGE n. m.
(INFORM.) Opération par laquelle est substitué, à un texte en clair, un texte inintelligible, inexploitable pour quiconque ne possède pas la clé permettant de le ramener à sa forme initiale (GDT). *Le cryptage* (et non l'*encryption) *permet d'assurer la confidentialité des données. Des outils de cryptage destinés aux logiciels de courrier électronique.*

CRYPTE n. f.
Caveau souterrain servant de sépulture dans certaines églises.
crypte.

CRYPTER v. tr.
Transformer une information en un cryptogramme, de manière à la rendre inintelligible à toute personne non autorisée et à en assurer ainsi la confidentialité (GDT). *Crypter un message permet d'empêcher le piratage des informations qui transitent sur les réseaux (codes d'accès, numéros de cartes de crédit, etc.). Une protection plus efficace serait de crypter les documents que vous voulez vraiment garder confidentiels et personnels.*
CONJUGAISON : VOIR MODÈLE AIMER.

CRYPTO- préf.
Élément du grec signifiant « caché ».

CSDM
Sigle de ***Commission scolaire de Montréal.***

CSLF
Sigle de ***Conseil supérieur de la langue française.***
Le 1er octobre 2002, le Conseil supérieur de la langue française (CSLF) a remplacé le Conseil de la langue française (CLF).

CSST
Sigle de ***Commission de la santé et de la sécurité du travail.***

cté ou cté
Abréviation de ***comté.***

CTF
Sigle de ***Commission de terminologie française.***

C

CTOLF
Sigle de ***Commission de terminologie de l'Office de la langue française.***
La CTOLF a pris le nom de ***Comité d'officialisation linguistique de l'Office québécois de la langue française*** en 2002.

Cu
Symbole de ***cuivre.***

CUBAGE n. m.
1. Évaluation d'un volume.
2. Volume d'un espace. *Le cubage est insuffisant pour entreposer tout le matériel.*

CUBAIN, AINE adj. et n. m. et f.
De Cuba. *Le drapeau cubain. Un Cubain, une Cubaine.*
T L'adjectif s'écrit avec une minuscule ; le nom, avec une majuscule.

CUBE adj. et n. m.
NOM MASCULIN
1. (GÉOM.) Solide à six faces carrées égales.
2. Objet ayant la forme d'un cube. *Le dé est un cube.*
ADJECTIF
– ***Mètre cube, décimètre cube,*** etc. Se dit de la mesure des volumes. *Des mètres cubes (m^3).*
LOCUTION
– ***Jeu de cubes.*** Jeu composé de pièces de bois cubiques. *Leur monde se construit ainsi, au gré de leur imagination prolifique, comme un jeu de cubes, qu'ils peuvent à tout moment détruire. Un jeu de cubes* (et non des *blocs).

CUBIQUE adj.
Qui a la forme d'un cube. *Une maison cubique.*

CUBISME n. m.
Mouvement pictural qui recherche une interprétation géométrique de l'espace et du volume.
T Les noms de mouvements littéraires, artistiques, etc., s'écrivent avec une minuscule.

CUBISTE adj. et n. m. et f.
ADJECTIF
Relatif au cubisme. *Un peintre cubiste.*
NOM MASCULIN ET FÉMININ
Adepte du cubisme. *Les cubistes Picasso et Braque.*
T Les noms d'adeptes de mouvements littéraires, artistiques, etc., s'écrivent avec une minuscule.

CUBITAL, ALE, AUX adj.
Du coude.

CUBITUS n. m.
Le *s* se prononce, [kybitys] ; le nom rime avec ***cactus.***
Os de l'avant-bras.

CUCUL ou **CUCU** adj.
Le *l* ne se prononce pas, [kyky] ; l'adjectif rime avec ***cocu.***
(FAM.) Ridicule, démodé. *Une histoire cucul. Cucul la praline.*

CUCURBITACÉE n. f.
Famille de plantes à tige couchée ou rampante, à larges feuilles palmées. *Le concombre, la courge, le melon, la citrouille appartiennent à la famille des cucurbitacées.*

CUEILLETTE n. f.
1. Action de cueillir des végétaux. *La cueillette des pommes, des champignons, du coton.*
2. Produits ainsi récoltés. SYN. récolte.
FORMES FAUTIVES
*cueillette des données. Impropriété pour ***collecte de données.***
*cueillette des ordures. Impropriété pour ***collecte, enlèvement, ramassage des ordures.***
⇨ cueillette.

CUEILLEUR n. m.
CUEILLEUSE n. f.
Personne qui cueille des végétaux. *Elle a travaillé comme cueilleuse de framboises au cours de l'été.*

CUEILLIR v. tr.
1. Détacher des fruits, des légumes, des fleurs, des feuilles de la tige ou de la branche. *Nous cueillons des fraises et des framboises.* SYN. récolter.
2. (FIG.) Accueillir quelqu'un. *Je dois aller cueillir notre ami à l'aéroport.*
3. (LITT.) Prendre avec délicatesse. *Cueillir un baiser.*
CONJUGAISON : VOIR MODÈLE CUEILLIR.
⇨ cueillir.

CUILLÈRE ou **CUILLER** n. f.
Ustensile de table comprenant une partie creuse. *Cuillère à soupe, cuiller à café.*
Les deux orthographes sont admises.
LOCUTIONS
– ***Être à ramasser à la petite cuillère.*** (FIG.) Être épuisé, en mauvaise forme.
– ***Ne pas y aller avec le dos de la cuillère.*** (FIG.) Exagérer, parler ou agir sans modération.

CUILLERÉE n. f.
Contenu d'une cuillère. *Une cuillerée de sirop d'érable.*
[Les *Rectifications* (1990) admettent : cuillérée.]

CUIR n. m.
Peau des animaux tannée et travaillée. *Une valise de cuir.*
HOM. ***cuire,*** soumettre des aliments au feu.

CUIRASSE n. f.
1. Armure métallique qui recouvre la poitrine, le ventre et le dos. *Les chevaliers du Moyen Âge portaient une cuirasse.*
2. (FIG.) Défense, protection. *La cuirasse de l'intransigeance.* SYN. carapace.
LOCUTION
– ***Le défaut de la cuirasse.*** (FIG.) Le point faible de quelqu'un, de quelque chose.
⇨ cuirasse.

CUIRASSÉ, ÉE adj. et n. m.
ADJECTIF
1. Protégé par une cuirasse. *Des chevaliers cuirassés.*
2. (FIG.) Endurci. *Être cuirassé contre les critiques.* SYN. blindé.
NOM MASCULIN
Navire de guerre. Le Cuirassé Potemkine *(film d'Eisenstein).*
⇨ cuirassé.

CUIRASSER v. tr., pronom.
VERBE TRANSITIF
Revêtir d'une cuirasse.
VERBE PRONOMINAL
1. Porter une cuirasse.
2. (FIG.) Se blinder, s'endurcir. *Pour tenir bon, il faut se cuirasser contre les trahisons et les commentaires désagréables.* SYN. s'aguerrir.
À la forme pronominale, le participe passé de ce verbe s'accorde toujours en genre et en nombre avec son sujet. *Elles se sont cuirassées contre les attaques mesquines.*
CONJUGAISON : VOIR MODÈLE AIMER.

CUIRE v. tr., intr.
VERBE TRANSITIF
Soumettre des aliments à la chaleur. *Cuire un poulet au four.* SYN. griller ; rôtir.
VERBE INTRANSITIF
Être soumis à l'action de la chaleur. *Les pois cuisent vite.*
LOCUTION
– ***Dur à cuire.*** (FIG.) Personne résistante, ferme. *Des durs à cuire terrifiants.*
HOM. ***cuir,*** peau des animaux tannée.

CONJUGAISON DU VERBE **CUEILLIR**

INDICATIF

PRÉSENT		PASSÉ COMPOSÉ		
je	cueill**e**	j’	ai	cueilli
tu	cueill**es**	tu	as	cueilli
elle	cueill**e**	elle	a	cueilli
il	cueill**e**	il	a	cueilli
nous	cueill**ons**	nous	avons	cueilli
vous	cueill**ez**	vous	avez	cueilli
elles	cueill**ent**	elles	ont	cueilli
ils	cueill**ent**	ils	ont	cueilli

IMPARFAIT		PLUS-QUE-PARFAIT		
je	cueill**ais**	j’	avais	cueilli
tu	cueill**ais**	tu	avais	cueilli
elle	cueill**ait**	elle	avait	cueilli
il	cueill**ait**	il	avait	cueilli
nous	cueill**ions**	nous	avions	cueilli
vous	cueill**iez**	vous	aviez	cueilli
elles	cueill**aient**	elles	avaient	cueilli
ils	cueill**aient**	ils	avaient	cueilli

PASSÉ SIMPLE		PASSÉ ANTÉRIEUR		
je	cueill**is**	j’	eus	cueilli
tu	cueill**is**	tu	eus	cueilli
elle	cueill**it**	elle	eut	cueilli
il	cueill**it**	il	eut	cueilli
nous	cueill**îmes**	nous	eûmes	cueilli
vous	cueill**îtes**	vous	eûtes	cueilli
elles	cueill**irent**	elles	eurent	cueilli
ils	cueill**irent**	ils	eurent	cueilli

FUTUR SIMPLE		FUTUR ANTÉRIEUR		
je	cueill**erai**	j’	aurai	cueilli
tu	cueill**eras**	tu	auras	cueilli
elle	cueill**era**	elle	aura	cueilli
il	cueill**era**	il	aura	cueilli
nous	cueill**erons**	nous	aurons	cueilli
vous	cueill**erez**	vous	aurez	cueilli
elles	cueill**eront**	elles	auront	cueilli
ils	cueill**eront**	ils	auront	cueilli

CONDITIONNEL PRÉSENT		CONDITIONNEL PASSÉ		
je	cueill**erais**	j’	aurais	cueilli
tu	cueill**erais**	tu	aurais	cueilli
elle	cueill**erait**	elle	aurait	cueilli
il	cueill**erait**	il	aurait	cueilli
nous	cueill**erions**	nous	aurions	cueilli
vous	cueill**eriez**	vous	auriez	cueilli
elles	cueill**eraient**	elles	auraient	cueilli
ils	cueill**eraient**	ils	auraient	cueilli

SUBJONCTIF

PRÉSENT			PASSÉ			
que	je	cueill**e**	que	j’	aie	cueilli
que	tu	cueill**es**	que	tu	aies	cueilli
qu’	elle	cueill**e**	qu’	elle	ait	cueilli
qu’	il	cueill**e**	qu’	il	ait	cueilli
que	nous	cueill**ions**	que	nous	ayons	cueilli
que	vous	cueill**iez**	que	vous	ayez	cueilli
qu’	elles	cueill**ent**	qu’	elles	aient	cueilli
qu’	ils	cueill**ent**	qu’	ils	aient	cueilli

IMPARFAIT			PLUS-QUE-PARFAIT			
que	je	cueill**isse**	que	j’	eusse	cueilli
que	tu	cueill**isses**	que	tu	eusses	cueilli
qu’	elle	cueill**ît**	qu’	elle	eût	cueilli
qu’	il	cueill**ît**	qu’	il	eût	cueilli
que	nous	cueill**issions**	que	nous	eussions	cueilli
que	vous	cueill**issiez**	que	vous	eussiez	cueilli
qu’	elles	cueill**issent**	qu’	elles	eussent	cueilli
qu’	ils	cueill**issent**	qu’	ils	eussent	cueilli

IMPÉRATIF

PRÉSENT	PASSÉ	
cueill**e**	aie	cueilli
cueill**ons**	ayons	cueilli
cueill**ez**	ayez	cueilli

INFINITIF

PRÉSENT	PASSÉ
cueill**ir**	avoir cueilli

PARTICIPE

PRÉSENT	PASSÉ
cueill**ant**	cueilli, ie ayant cueilli

CONJUGAISON : VOIR MODÈLE CONDUIRE.
INDICATIF PRÉSENT *Je cuis, tu cuis, il cuit, nous cuisons, vous cuisez, ils cuisent.* IMPARFAIT *Je cuisais.* PASSÉ SIMPLE *Je cuisis.* FUTUR *Je cuirai.* CONDITIONNEL PRÉSENT *Je cuirais.* IMPÉRATIF PRÉSENT *Cuis, cuisons, cuisez.* SUBJONCTIF PRÉSENT *Que je cuise.* IMPARFAIT *Que je cuisisse.* PARTICIPE PRÉSENT *Cuisant.* PASSÉ *Cuit, cuite.*

C

CUISANT, ANTE adj.
1. Qui cause une douleur brûlante. *Une coupure cuisante, des coups de soleil cuisants.* SYN. vif.
2. (FIG.) Douloureux, blessant. *Une perte cuisante, un échec cuisant.* SYN. décevant; pénible.

CUISINE n. f.
1. Endroit où l'on prépare les repas. *Une cuisine moderne bien éclairée. Les cuisines d'un transatlantique.*
2. Art d'apprêter les mets. *Marie-Ève préfère la cuisine française et Catherine, la cuisine italienne.* SYN. gastronomie.

CUISINER v. tr., intr., pronom.
VERBE TRANSITIF
1. Préparer pour la table. *Cuisiner un bon plat.* SYN. apprêter.
2. (FAM.) (FIG.) Interroger quelqu'un avec insistance. *Le détective a cuisiné les voisins.*
VERBE INTRANSITIF
Faire la cuisine. *Il cuisine à la perfection.*
VERBE PRONOMINAL
1. Se préparer des aliments. *Monica adore se cuisiner des pâtes.*
2. S'interroger mutuellement avec insistance.
À la forme pronominale, le participe passé de ce verbe s'accorde en genre et en nombre avec le complément direct si celui-ci le précède. *Les bons petits plats qu'elle s'est cuisinés. Les policiers se sont cuisinés pour connaître le salaire de chacun.* Le participe passé reste invariable si le complément direct suit le verbe. *Martine s'est cuisiné un délicieux minestrone.*
LOCUTION
– ***Plat cuisiné.*** Plat préparé qu'il suffit de réchauffer. *Les plats cuisinés de ce traiteur sont délicieux.*
CONJUGAISON : VOIR MODÈLE AIMER.

CUISINETTE n. f.
Petite cuisine aménagée dans une pièce.
Ce nom a fait l'objet d'une recommandation officielle pour remplacer l'anglicisme ***kitchenette.***

CUISINIER n. m.
CUISINIÈRE n. f.
Personne dont la fonction est de faire la cuisine.

CUISINIÈRE n. f.
Appareil servant à cuire les aliments. *Une cuisinière électrique* (et non un *poêle).
Le ***poêle*** se dit des appareils qui servaient principalement au chauffage des maisons, accessoirement à cuire les aliments; l'appareil qui sert aujourd'hui à cuire les aliments est une ***cuisinière.***

CUISINISTE n. m. et f.
Spécialiste de l'aménagement des cuisines.

CUISSARD n. m.
Culotte d'un coureur cycliste. *Étienne porte un cuissard noir pour faire du vélo.*

CUISSARDE n. f.
Botte qui monte jusqu'à la cuisse. *Des cuissardes de cuir rouge.*

CUISSE n. f.
Haut de la jambe de l'homme et des animaux, de la hanche jusqu'au genou.

CUISSEAU n. m. (pl. *cuisseaux*)
Partie du veau dépecé, du dessous de la queue au rognon. *Des cuisseaux bien tendres.*
HOM. ***cuissot,*** cuisse du gros gibier.

CUISSE-DE-NYMPHE adj. inv. et n. f.
NOM FÉMININ
Variété de rose blanche très légèrement colorée de rose. *Des cuisses-de-nymphe en fleurs.*
ADJECTIF DE COULEUR INVARIABLE
Rose très pâle. *Des chapeaux cuisse-de-nymphe.*
VOIR TABLEAU – COULEUR (ADJECTIFS DE).

CUISSE-MADAME n. f. (pl. *cuisses-madame*)
Variété de poire. *Des cuisses-madame juteuses.*

CUISSON n. f.
Action de cuire. *La cuisson de ce gigot durera deux heures.*

CUISSOT n. m.
Cuisse du gros gibier. *Un cuissot de chevreuil.*
HOM. ***cuisseau,*** partie du veau dépecé, du dessous de la queue au rognon.
[Les *Rectifications* (1990) admettent : cuisseau.]

CUISTRE adj. et n. m.
(LITT.) Pédant ridicule. *Molière a dépeint des cuistres de son époque dans* Les Précieuses ridicules.
Ne pas confondre avec le mot ***rustre,*** personnage grossier.

CUIT, CUITE adj.
Que l'on a fait cuire. *Des carottes cuites.* ANT. cru.

CUIVRAGE n. m.
Action de cuivrer.

CUIVRE n. m.
Symbole ***Cu*** (s'écrit sans point).
Métal de couleur rouge-brun qui conduit bien l'électricité. *Les fils électriques sont en cuivre.*

CUIVRÉ, ÉE adj.
De la couleur du cuivre. *Un teint joliment cuivré par le soleil.*

CUIVRER v. tr., pronom.
VERBE TRANSITIF
1. Revêtir d'une couche de cuivre. *Cuivrer un métal.*
2. Donner la couleur du cuivre à. *Elle a cuivré la couleur de ses cheveux.*
VERBE PRONOMINAL
Se teinter de la couleur du cuivre. *Sous l'effet du soleil, son teint s'est cuivré.*
À la forme pronominale, le participe passé de ce verbe s'accorde toujours en genre et en nombre avec son sujet. *Ces vinaigriers se sont cuivrés en fin de saison.*
CONJUGAISON : VOIR MODÈLE AIMER.

CUL n. m.
Le ***l*** ne se prononce pas, [ky]; le nom rime avec ***cossu.***
1. (TRÈS FAM.) Derrière.
2. Fond. *Un cul de bouteille.*
Dans les emplois techniques et les mots composés, le mot ***cul*** n'est ni familier ni vulgaire.
LOCUTION
– ***Bouche en cul-de-poule.*** (FIG.) Dont le sourire est pincé.

CUL-
Les noms composés avec l'élément ***cul-*** s'écrivent avec un trait d'union et seul le premier élément prend la marque du pluriel. *Des culs-de-sac.*

CULASSE n. f.
1. Partie du canon.
2. Partie du cylindre d'un moteur à explosion.

CULBUTAGE n. m.
Action de culbuter.

CULBUTE n. f.
1. Saut fait par soi-même. *Fanny fait des culbutes.* SYN. roulade.
2. Chute violente. *Faire une culbute sur la glace.* SYN. dégringolade.
culbute.

CULBUTER v. tr., intr.
VERBE TRANSITIF
Renverser. *Il a culbuté la table.*
VERBE INTRANSITIF
Faire une culbute. *Elle a glissé et culbuté.* SYN. basculer; dégringoler; tomber.
CONJUGAISON : VOIR MODÈLE AIMER.
culbuter.

CULBUTEUR n. m.
Pièce d'un moteur à explosion.

CUL-DE-BASSE-FOSSE n. m. (pl. *culs-de-basse-fosse*)
Cachot souterrain en forme de puits.

CUL-DE-JATTE n. m. (pl. *culs-de-jatte*)
Personne privée de ses jambes.

CUL-DE-LAMPE n. m. (pl. *culs-de-lampe*)
Vignette placée à la fin d'un chapitre et dont la forme rappelle le dessous d'une lampe d'église.

CUL-DE-SAC n. m. (pl. *culs-de-sac*)
Rue sans issue. *Cette rue est un cul-de-sac.* SYN. impasse.

CULINAIRE adj.
Relatif à la cuisine. *L'art culinaire.* SYN. gastronomique.
culinaire.

CULMINANT, ANTE adj.
Qui domine, qui est au sommet. *Le point culminant de la Terre est à 8848 mètres : c'est le sommet de l'Everest.*
LOCUTION
– ***Point culminant.*** Cime et, au figuré, apogée. SYN. sommet.

CULMINER v. intr.
1. Atteindre une hauteur plus grande. *L'Everest culmine à 8848 mètres.*
2. (FIG.) Atteindre son point le plus élevé. *Le cours de cette action a culminé à 6 $.*
CONJUGAISON : VOIR MODÈLE AIMER.

CULOT n. m.
1. Fond de certains objets. *Le culot d'une ampoule électrique.*
2. (FAM.) Toupet, effronterie. *Ce petit effronté a beaucoup de culot.*

CULOTTE n. f.
1. Vêtement masculin de dessus qui couvre le corps de la taille aux genoux. *On met souvent des culottes courtes aux petits garçons.*
Ce nom s'écrit généralement au pluriel pour désigner un vêtement porté par les jeunes garçons et les sportifs.
2. Sous-vêtement féminin de dessous. *Une culotte de dentelle. Des gaines-culottes.*
En ce sens, ce nom s'emploie généralement au singulier.
LOCUTION
– ***Porter la culotte.*** (FIG.) (FAM.) Diriger, commander. *Dans ce couple, qui porte la culotte ?*

CULOTTÉ, ÉE adj.
Qui a du culot. *Antoine est trop culotté, il exagère.* SYN. effronté.

CULPABILISANT, ANTE adj.
Qui culpabilise.

CULPABILISATION n. f.
Action de donner un sentiment de culpabilité.

CULPABILISER v. tr., intr., pronom.
VERBE TRANSITIF
Donner un sentiment de culpabilité à. *Ne tentez pas de la culpabiliser : elle n'y est pour rien.*
VERBE INTRANSITIF
Éprouver un sentiment de culpabilité. *Il culpabilise au souvenir de son ingratitude.*
VERBE PRONOMINAL
Éprouver un sentiment de culpabilité. *Ne vous culpabilisez pas pour cette petite erreur.*
À la forme pronominale, le participe passé de ce verbe s'accorde toujours en genre et en nombre avec son sujet. *Elles se sont longtemps culpabilisées en raison de cet échec.*
CONJUGAISON : VOIR MODÈLE AIMER.

CULPABILITÉ n. f.
État de celui qui est reconnu coupable. *La culpabilité du malfaiteur a été prouvée et il a été condamné.*
LOCUTIONS
– ***Dénégation de culpabilité.*** (DR.) Réponse de l'accusé à un chef d'accusation, consistant à nier sa culpabilité à l'infraction qui lui est imputée (Recomm. off.). SYN. contestation de l'accusation.
– ***Reconnaissance de culpabilité.*** (DR.) Réponse de l'accusé à un chef d'accusation, consistant à admettre sa culpabilité à l'infraction qui lui est imputée (Recomm. off.). *Il a payé une amende de 500 000 dollars et signé une reconnaissance de culpabilité* (et non *un plaidoyer de culpabilité). SYN. non-contestation de l'accusation.
FORMES FAUTIVES
*enregistrer un plaidoyer de culpabilité, de non-culpabilité. Impropriété pour ***plaider coupable, plaider non coupable.***
*plaidoyer de culpabilité. Calque de «*plea of guilty*» pour ***reconnaissance de culpabilité.***
*plaidoyer de non-culpabilité. Calque de «*plea of not guilty*» pour ***dénégation de culpabilité.***

CULTE n. m.
1. Hommage religieux rendu à une divinité, à un saint. *Le culte de la Vierge Marie.*
2. Religion. *Le culte catholique. L'église est un lieu de culte.*
3. (FIG.) Attachement porté à quelqu'un, à quelque chose. *Avoir le culte de la beauté.* SYN. admiration.
4. (EN APPOS.) Qui fait l'objet d'une admiration fervente. *Des films cultes, des poèmes cultes* ou *films-cultes, poèmes-cultes.*
En apposition, le nom s'écrit avec ou sans trait d'union et les deux mots prennent la marque du pluriel.

-CULTEUR suff.
Élément du latin signifiant « qui cultive ». *Agriculteur.*

CULTIVABLE adj.
Arable. *Cette terre est cultivable.*

CULTIVAR n. m.
Variété de végétaux issue d'une hybridation, d'une sélection. *Des cultivars de rosiers grimpants rustiques.*

CULTIVATEUR n. m.
CULTIVATRICE n. f.
Personne qui exploite une terre, qui dirige une exploitation agricole.
Le ***cultivateur*** exploite sa propre terre, alors que l'***agriculteur*** désigne celui qui dirige des travaux agricoles à une échelle relativement importante. L'***agronome*** est celui qui enseigne l'art de l'agriculture.

CULTIVÉ, ÉE adj.
1. Mis en culture. *Des terres cultivées.*
2. Qui a de la culture, instruit. *Elle est très cultivée.* SYN. éduqué; raffiné.

CULTIVER v. tr., pronom.
VERBE TRANSITIF
1. Travailler la terre pour la faire produire. *Cette agricultrice cultive plusieurs champs.*
2. Faire pousser. *Cet été, je vais cultiver des tomates, des haricots, des carottes et des radis.*
3. (FIG.) Développer, perfectionner. *Cultiver son intelligence.* SYN. éduquer.
VERBE PRONOMINAL
Accroître ses connaissances, parfaire sa culture. SYN. apprendre; s'instruire.

À la forme pronominale, le participe passé de ce verbe s'accorde toujours en genre et en nombre avec son sujet. *Elles se sont cultivées grâce à de nombreuses lectures.*
CONJUGAISON : VOIR MODÈLE AIMER.

CULTURE n. f.
1. Action de cultiver la terre. *La culture des légumes.* SYN. agriculture.
2. Terres cultivées. *De vastes cultures.*
3. Ensemble des connaissances acquises. *Il a une grande culture. Une culture scientifique, littéraire.* SYN. éducation; instruction; savoir.
4. Modes d'action, de pensée, patrimoine d'un groupe social. *La culture française.*
5. Mentalité, philosophie des membres d'une organisation. *La culture d'une entreprise.*

-CULTURE suff.
Élément du latin servant à nommer les spécialités de l'agriculture. *Horticulture, viticulture.*
VOIR – AGRICULTURE.

CULTUREL, ELLE adj.
Relatif à la culture intellectuelle. *La Ville a ouvert un centre culturel comprenant une bibliothèque, une salle d'exposition et un petit théâtre.*

CULTURELLEMENT adv.
Relativement à la culture. *Un groupe culturellement ouvert.*

CULTURISME n. m.
Gymnastique destinée à développer certains muscles et à remodeler le corps. *Faire du culturisme* (et non *bodybuilding).

CULTURISTE n. m. et f.
Personne qui s'adonne au culturisme.

CUMIN n. m.
Plante à graines aromatiques.
cumin.

CUMUL n. m.
Action de cumuler. *Ce cumul des fonctions est temporaire.*

CUMULABLE adj.
Que l'on peut cumuler.

CUMULATIF, IVE adj.
Qui s'ajoute. *Le montant cumulatif des frais s'élève à 125 $.*

CUMULATIVEMENT adv.
De façon cumulative. *Si l'on calcule les intérêts cumulativement, on obtient cette somme.*

CUMULER v. tr., pronom.
VERBE TRANSITIF
Jouir de plusieurs droits, fonctions, simultanément. *Papa cumule deux fonctions à son bureau de façon temporaire.*
VERBE PRONOMINAL
S'additionner, s'augmenter. *Les intérêts des comptes impayés se cumulent de mois en mois.*
À la forme pronominale, le participe passé de ce verbe s'accorde toujours en genre et en nombre avec son sujet. *Les sommes d'argent qui se sont cumulées au fil des années atteignent aujourd'hui un million de dollars.*
CONJUGAISON : VOIR MODÈLE AIMER.

CUMULONIMBUS n. m.
Le *s* se prononce, [kymylonɛ̃bys]; le nom rime avec ***puce***.
(MÉTÉOROL.) Grand nuage sombre. *Ces cumulonimbus menaçants annoncent l'orage.*

CUMULOSTRATUS n. m.
Le *s* final se prononce, [kymylostratys]; le nom rime avec *puce*.
(MÉTÉOROL.) Bancs nuageux minces. *Nous n'avons rien à craindre de ces cumulostratus.*

CUMULUS n. m.
Le *s* se prononce, [kymylys]; le nom rime avec ***puce***.
(MÉTÉOROL.) Gros nuage arrondi et blanc comme neige. *Les cumulus sont des nuages de beau temps.*

CUNÉIFORME adj.
Qui a la forme d'un coin. *Une écriture cunéiforme.*

CUP
Sigle de ***code universel des produits.***

CUPIDE adj.
Avare. *Ce vieux grincheux est cupide : il ne pense qu'à l'argent.* SYN. avaricieux; (FAM.) grippe-sou; pingre; rapace.

CUPIDEMENT adv.
D'une manière cupide.

CUPIDITÉ n. f.
Avidité, amour immodéré des richesses. SYN. avarice.

CURABLE adj.
Guérissable. *Une maladie curable.* ANT. incurable.

CURAÇAO n. m.
Le ***a*** de la dernière syllabe ne se prononce pas, [kyraso]; le nom rime avec ***lasso***.
Liqueur faite avec des écorces d'oranges amères et de l'eau-de-vie sucrée.
curaçao.

CURARE n. m.
Poison violent. *Le curare est employé en anesthésie.*

CURATELLE n. f.
(DR.) Personne ou organisme chargé d'assister des personnes majeures souffrant d'incapacité et d'administrer leurs biens.

CURATEUR n. m.
CURATRICE n. f.
(DR.) Personne qui a la charge d'assister un mineur, un aliéné, d'administrer ses biens.
FORME FAUTIVE
*curateur. Anglicisme au sens de ***conservateur*** (d'un musée, d'une bibliothèque).

CURATIF, IVE adj.
Propre à la guérison. *Des soins curatifs.* SYN. thérapeutique.

CURE n. f.
Traitement médical. *Il était épuisé et il a fait une cure de sommeil.*
LOCUTION
– ***N'avoir cure de.*** Ne pas se soucier de. *Il n'avait cure de tondre sa pelouse.*

CURE-
Les mots composés avec l'élément ***cure-*** s'écrivent avec un trait d'union. Au pluriel, ***cure-***, qui est un verbe, demeure invariable, tandis que le second élément est au pluriel. *Des cure-oreilles.*

CURÉ n. m.
Prêtre à la tête d'une paroisse.
T Comme les titres administratifs, les titres religieux s'écrivent généralement avec une minuscule. *L'abbé, l'archevêque, le cardinal, l'évêque, le pape.* Cependant, ces titres s'écrivent avec une majuscule lorsqu'ils remplacent un nom de personne. *Le Curé sera présent à la réunion.*
VOIR TABLEAU – TITRES DE FONCTIONS.
HOM.
• ***curée,*** partie de la bête donnée aux chiens après la chasse;
• ***curer,*** nettoyer.

CURE-DENTS ou **CURE-DENT** n. m. (pl. *cure-dents*)
Petit instrument servant à nettoyer les dents. *Un cure-dents de bois.*

CURÉE n. f.
1. Partie de la bête donnée aux chiens après la chasse.
2. Partage éhonté de profits, d'avantages, etc., que l'on se dispute.
HOM.
• *curé*, prêtre à la tête d'une paroisse;
• *curer*, nettoyer.

CURE-ONGLES ou **CURE-ONGLE** n. m. (pl. *cure-ongles*)
Instrument pointu servant à nettoyer les ongles.

CURE-OREILLE n. m. (pl. *cure-oreilles*)
Instrument servant à nettoyer l'intérieur de l'oreille.

CURE-PIPES ou **CURE-PIPE** n. m. (pl. *cure-pipes*)
Instrument pour nettoyer les pipes.

CURER v. tr., pronom.
VERBE TRANSITIF
Nettoyer. *Curer un fossé.*
VERBE PRONOMINAL
Nettoyer une partie du corps. *Se curer les ongles.*
À la forme pronominale, le participe passé de ce verbe s'accorde en genre et en nombre avec le complément direct si celui-ci le précède. *Les ongles qu'elle s'est curés.* Le participe passé reste invariable si le complément direct suit le verbe. *Ils s'étaient curé les oreilles.* S'il n'y a pas de complément direct, le participe passé s'accorde avec le sujet du verbe. *Ces puits se sont curés avec difficulté.*
HOM.
• *curé*, prêtre à la tête d'une paroisse;
• *curée*, partie de la bête donnée aux chiens après la chasse.
CONJUGAISON : VOIR MODÈLE AIMER.

CURETAGE ou **CURETTAGE** n. m.
(MÉD.) Opération qui consiste à nettoyer une cavité naturelle avec une curette.

CURETER v. tr.
(MÉD.) Pratiquer un curetage.
CONJUGAISON : VOIR MODÈLE APPELER.
Redoublement du ***t*** devant un ***e*** muet. *Je curette, je curetterai,* mais *je curetais.*
[Les *Rectifications* (1990) admettent : il curète, curètera, curèterait...]

CURETTE n. f.
Instrument chirurgical en forme de cuillère.

CURIE n. m. et f.
NOM MASCULIN
Ancienne unité de mesure d'activité radioactive.
NOM FÉMININ
Division de la tribu chez les Romains.

CURIEUSEMENT adv.
De façon étonnante. *Elle était curieusement vêtue d'un pyjama.* SYN. bizarrement; étonnamment; étrangement.

CURIEUX, IEUSE adj. et n. m. et f.
ADJECTIF
1. Désireux d'apprendre, de savoir. *Étienne est curieux de tout ce qui est scientifique.* SYN. avide; intéressé.
2. Indiscret. *Ce petit coquin est trop curieux.*
3. Bizarre, singulier. *Quelle curieuse réponse!* SYN. étonnant; étrange; surprenant.
NOM MASCULIN ET FÉMININ
Passant, badaud. *Les curieux nuisaient au travail des pompiers.*

CURIOSITÉ n. f.
1. Soif de connaître. *Curiosité scientifique, intellectuelle.* SYN. intérêt.
2. Indiscrétion. *La curiosité est un vilain défaut, dit-on.*
3. Chose curieuse. *Cette grotte est une curiosité qu'il faut voir.* SYN. bizarrerie; rareté.

CURISTE n. m. et f.
Personne qui suit une cure thermale.

CURLING n. m.
Ce mot se prononce à l'anglaise, [kœrliŋ].
Sport anglais qui consiste à faire glisser un palet sur la glace.

***CURRICULUM (D'UN DIPLÔME)**
Impropriété pour ***cursus, programme (des études), programme scolaire.***

CURRICULUM (VITÆ) n. m. (pl. *curriculum vitæ* ou *curriculums vitæ*)
Les lettres ***um*** se prononcent ***omme*** et les lettres ***æ*** se prononcent ***é***, [kyrikylɔmvite].
Abréviation ***CV*** (s'écrit avec ou sans points).
Document dans lequel une personne donne des renseignements sur sa formation et son expérience. *Adresser votre CV à notre Service des ressources humaines. Transmettre des curriculum vitæ* ou *curriculums vitæ* ou *curriculums.*
Ce nom est une expression latine qui signifie « course de la vie ».
VOIR TABLEAU – CURRICULUM VITÆ.

CURRY
VOIR – CARI.

CURSEUR n. m.
(INFORM.) Repère lumineux affiché à l'écran qui indique la position du prochain caractère.

CURSIF, IVE adj. et n. f.
Se dit d'une écriture tracée au courant de la plume. *Une écriture cursive.*

CURSUS n. m.
Le ***s*** final se prononce, [kyrsys]; le nom rime avec ***puce***.
1. Cycle universitaire sanctionné par un diplôme. *Le cursus* (et non le *curriculum) *du baccalauréat en administration des affaires est de trois ans. Le cursus médical.*
2. Ensemble des études dans une matière, une discipline, un programme scolaire collégial ou universitaire. *Le cursus* (et non le *curriculum) *comprend des cours de français, de mathématiques, d'anglais, d'histoire et de géographie.* SYN. programme (des études); programme scolaire.

CURV(I)- préf.
Élément du latin signifiant « courbe ». *Curviligne.*

CURVILIGNE adj.
En forme de courbe. *Une figure curviligne.* SYN. arrondi; incurvé.

CUTANÉ, ÉE adj.
Relatif à la peau. *Une maladie cutanée. Les tissus cutanés.*

CUTICULE n. f.
Petite peau très mince. *Un émollient à cuticules.*

CUTIRÉACTION ou **CUTI-RÉACTION** ou **CUTI** n. f. (pl. *cutiréactions* ou *cuti-réactions* ou *cutis*)
Test cutané servant à déceler certaines maladies. *Des cutiréactions positives, des cutis.*

CUVE n. f.
Grand récipient ménager ou industriel. *Une cuve de lavage.*

CUVÉE n. f.
1. Quantité de vin qui se fait dans une cuve.
2. Production d'une vigne. *Une excellente cuvée.*

CUVER v. tr., intr.
VERBE TRANSITIF
Faire séjourner le raisin dans une cuve.
VERBE INTRANSITIF
Fermenter dans une cuve, en parlant du raisin.
LOCUTION
– ***Cuver (son vin).*** (FAM.) Dormir après avoir trop bu.
CONJUGAISON : VOIR MODÈLE AIMER.

CUVETTE n. f.
1. Récipient à bords évasés, servant à divers usages domestiques. *Une cuvette en porcelaine.*
2. (ABSOL.) Partie profonde des toilettes. *La cuvette* (et non le *bol de toilettes).

C

CURRICULUM VITÆ

Document qui résume la formation, les aptitudes, l'expérience professionnelle et les principales réalisations d'un candidat ou d'une candidate à un poste, à une bourse, à une subvention, etc.

☞ Cette locution empruntée au latin depuis un siècle est une métaphore employée par Cicéron signifiant « course de la vie » ; elle est construite à partir du nom latin *curriculum,* qui désigne un champ où se tiennent des courses de chars romains.

OBJECTIF DU CURRICULUM VITÆ

Démonstration de la compétence d'un candidat ou d'une candidate et de son aptitude à occuper le poste proposé, à recevoir la bourse, la subvention offerte.

MOT D'ORDRE : NE DITES QUE L'ESSENTIEL, DITES-LE BIEN ET DITES-LE BRIÈVEMENT

QUALITÉS RECHERCHÉES

- **Esprit de synthèse**
  Choix des éléments de la formation, de l'expérience les plus importants et les plus pertinents.
- **Structure logique**
  Organisation claire et hiérarchisée des renseignements utiles.
- **Mise en valeur**
  Présentation avantageuse, mais exacte, des réalisations pertinentes.
- **Rigueur et concision**
  Exactitude des renseignements, précision et sobriété (trois pages au maximum).
- **Clarté et lisibilité**
  Regroupement par thèmes, disposition aérée et équilibrée.
- **Expression juste et efficace**
  Orthographe, grammaire et vocabulaire irréprochables, style de niveau correct ou recherché.
- **Présentation soignée et classique**
  Disposition aérée sur une seule colonne, au recto seulement des feuilles.
- **Description des responsabilités**[1]
  Il est recommandé d'employer des verbes d'action pour décrire et expliciter les responsabilités d'une fonction.

Exemples :			
	Mettre à jour...	Organiser...	– Analyser les demandes de financement.
	Superviser...	Transmettre...	– Assurer le suivi des décisions du conseil.
	Conseiller...	Assurer le suivi...	– Gérer le service après-vente.
	Promouvoir...	Commander...	– Coordonner le travail des représentants.
	Corriger...	Livrer...	– Veiller au respect de l'échéancier.
	Analyser...	Gérer...	– Vérifier les comptes clients.

- **Description des réalisations**[1]
  Il est recommandé d'employer des noms abstraits pour faire état des réalisations liées à une fonction.

Exemples :

Création de...	Développement de...	– Augmentation de 10 % du chiffre d'affaires.
Mise à jour de...	Mention d'honneur pour...	– Hausse du nombre des clients de 8 %.
Implantation de...	Coordination de...	– Réduction marquée des coûts d'entreposage.
Publication de...	Réduction de...	– Réorganisation du service de la comptabilité.
Gestion de...	Représentation de...	– Conception d'un système informatisé.
Augmentation de...	Amélioration de...	– Élaboration d'un manuel de procédés administratifs.
Accroissement de...	Perfectionnement de...	– Respect des budgets et des échéanciers prévus.

☞ Dans une énumération, il faut s'en tenir à des mots de même catégorie grammaticale : des verbes ou des noms, mais non des verbes et des noms dans la même liste.

1. D'après Marie Malo, *Guide de la communication écrite,* Montréal, Québec Amérique, 1996, p. 70.

[EXEMPLE DE CURRICULUM VITÆ CHRONOLOGIQUE[1]]

Jessica Laforêt
123, rue du Boisé
Trois-Rivières (Québec) G9A 2A2
Téléphone : 819 377-0777
laforetj@riv.ca

Biologiste cumulant plusieurs années d'expérience en milieux naturels et en laboratoire, souhaitant mettre ses compétences à profit dans une entreprise internationale active dans le domaine de la protection de l'environnement.

Expérience professionnelle

Janvier 2005 à mai 2009 **Université du Québec à Trois-Rivières**
Assistante en laboratoire
Préparation et analyse d'échantillons de sols contaminés ; compilation et traitement de données ; rédaction de rapports techniques.

Juillet 2002 à août 2004 **Réserves fauniques du Québec**
Technicienne du milieu naturel
Identification et classement des espèces fauniques ; évaluation de l'abondance des espèces ; mise en place de solutions d'aménagement en milieux naturels ; rédaction de rapports techniques.

Juin à août 1999, 2000 et 2001 **Service des loisirs, Ville de Terrebonne**
Animatrice
Élaboration et planification d'activités en sciences de la nature ; animation d'ateliers pour les enfants de 9 à 12 ans.

Compétences techniques et linguistiques

Connaissance des logiciels Microsoft Office, Adobe, Autocad et Mapinfo.

Excellente maîtrise du français et de l'anglais oral et écrit ; bonne compréhension de l'espagnol écrit et oral et maîtrise fonctionnelle de l'espagnol parlé.

Formation

2004 à 2007 **Baccalauréat en sciences biologiques et écologiques**
Université du Québec à Trois-Rivières
Participation à un programme d'échanges avec l'Institut des technologies et des études supérieures de Monterrey, au Mexique (septembre à décembre 2006).

1999 à 2002 **Techniques de bioécologie**
Cégep Saint-Laurent
Stage d'inventaire de la faune en milieu naturel en Abitibi-Témiscamingue (mai 2001).

CURRICULUM VITÆ | SUITE >

1. Conception des curriculums vitæ : Karine Pouliot.

C

[EXEMPLE DE CURRICULUM VITÆ PAR COMPÉTENCES]

ALAIN COURBON
Concepteur et gestionnaire de sites Web
4567, rue Jean-Paul-Perrault
Sherbrooke (Québec) G9A 2A2
Téléphone : 819 564-4444 (bureau)
819 566-6216 (cellulaire)
acourbon@webinfo.ca

Champs de compétence

Conception et gestion de sites Web
- Design de sites Internet (ergonomie, aspect visuel, convivialité) ;
- Conception de sites Internet statiques et dynamiques (ex. : www.collegedescantons.qc.ca) ;
- Développement et gestion d'une base de données MySQL et d'une interface Web, le tout en PHP ;
- Création d'interfaces graphiques avec Flash CS3.

Administration, gestion et programmation
- Recensement de différents systèmes informatiques en vue d'inventaire ;
- Conception et programmation d'un système de gestion des produits renouvelables pour une meilleure gestion des stocks.

Animation d'ateliers (auprès d'élèves du primaire et du secondaire)
- Formation à la connexion/déconnexion sur un réseau protégé ainsi qu'aux notions de sécurité informatique ;
- Formation en initiation informatique (Word et Excel).

Principales réalisations

- Conception et gestion du site Web du Collège des Cantons, à Sherbrooke ;
- Conception et programmation d'un logiciel de gestion informatique des stocks ;
- Conception et animation d'ateliers en informatique.

Expérience professionnelle

2005 à aujourd'hui	**Collège des Cantons, Sherbrooke** *Spécialiste des technologies éducatives*
2003 à 2005	**Collège des Cantons, Sherbrooke** *Concepteur et gestionnaire du site Web*
2003 à 2004	**Projeux, Magog** *Programmeur et concepteur du site Web*

Formation

2005	**Formation professionnelle en Flash CS3, en PHP et MySQL** Institut Grafficanet, Sherbrooke
2003	**Techniques de l'informatique (informatique de gestion)** Cégep de Sherbrooke

[EXEMPLE DE CURRICULUM VITÆ MIXTE]

Vincente Sarracosa
200, rue Dante
Montréal (Québec) H2S 1K1

Téléphone : 514 271-2177 (cellulaire)
Courriel : vincente.sarracosa@cma.ca
Langues : français, anglais, italien

C

Objectif de carrière

Poste de vérificateur qui me permettrait de mettre à profit mes compétences dans l'élaboration de procédures de vérification conformes aux meilleures pratiques et dans la gestion d'équipes de comptables.

Résumé de carrière

Comptable membre de l'Ordre des CA depuis 2006, j'ai acquis de solides compétences dans la vérification d'états financiers et la gestion de risques. Au fil de mes expériences, j'ai également développé des aptitudes à évaluer les occasions de réduire les coûts et à recommander les mesures les plus appropriées. Par ailleurs, je suis doté d'habiletés dans la gestion d'équipe et dans les communications en français, comme en anglais et en italien. Il va sans dire que je suis apte à travailler efficacement sous pression et que je possède un bon sens des priorités.

Sommaire des réalisations

- Planification et supervision de la vérification annuelle des états financiers d'une entreprise ;
- Contribution à une croissance des revenus de 60 % sur une période de 12 mois grâce à une meilleure gestion des coûts ;
- Établissement, maintien et amélioration des relations avec les clients, investisseurs, vérificateurs, avocats et courtiers ;
- Participation à l'implantation de systèmes informatiques.

Expérience professionnelle

Vérificateur adjoint *Lucie Gonthier et fils, cabinet d'experts comptables, Laval*
2005 à aujourd'hui
- Produire et interpréter les états financiers mensuels et annuels, les rapports trimestriels, les dossiers de vérification et les déclarations fiscales ;
- Assurer le suivi du rendement selon les prévisions et interpréter les écarts ;
- Analyser mensuellement les écarts budgétaires et en assurer le suivi ;
- Assurer le respect des procédures en matière de gestion de risques et de pratiques comptables ;
- Rédiger et maintenir à jour les dossiers et rapports financiers.

Analyste comptable *Pharmacosciences, Montréal*
2004 à 2005
- Veiller au maintien des systèmes de contrôles internes en matière de revenus et de dépenses ;
- Analyser et rédiger différents rapports : réduction des coûts, coûts des produits fabriqués en sous-traitance et en usine, coûts des inventaires et écarts budgétaires ;
- Saisir les occasions de réduire les coûts et recommander les mesures appropriées ;
- Participer à la préparation des états financiers ;
- Participer à l'implantation d'un système informatique.

Coordonnateur en comptabilité *BLOC, entrepreneur en construction industrielle, Montréal*
2002-2004
- Analyser et présenter différents rapports : inventaire des matières premières, variances budgétaires, réduction de coûts, réduction d'énergie, etc. ;
- Participer au processus budgétaire ;
- Participer à l'implantation d'un système informatique.

Formation

2006	D.E.S.S. en comptabilité publique	**HEC Montréal**
2005	B.A.A. (cheminement CA)	**HEC Montréal**

[EXEMPLE DE CURRICULUM VITÆ DE STYLE CLASSIQUE]

ARNAUD LEFORESTIER
453, avenue de la Brunante
Outremont (Québec) H3T 1T3

Téléphone : 514 788-0987
Courriel : leforesa@ere.umont.ca
Langues : français, anglais

FORMATION

2000-2005	Résidence en neurologie – Université McGill, Montréal
1996-2000	Doctorat en médecine – Université McGill, Montréal
1993-1996	Baccalauréat spécialisé en biochimie – Université de Montréal
1991-1993	Diplôme d'études collégiales – Collège Jean-de-Brébeuf
1986-1991	Diplôme d'études secondaires – Collège Jean-de-Brébeuf

---

ORDRES PROFESSIONNELS

Fellow du Collège royal des médecins et chirurgiens du Canada (FRCPC), Neurologie, 2005
Membre du Collège des médecins du Québec, 2005

BOURSES, PRIX ET SUBVENTIONS

Subventions de recherche à titre de clinicien-chercheur des IRSC (2008-2011)
Subventions du Fonds de la recherche en santé du Québec (2005-2008)
Prix de recherche du Collège royal des médecins et chirurgiens du Canada (2005)
Bourse d'excellence de la Fondation Birks (1995)
Bourse d'excellence du Canada (1993-1994-1995)
Bourse d'excellence de la fondation Rose-Daoust-Duquette (1994)

EXPÉRIENCE PROFESSIONNELLE ET RECHERCHE

2005 -	Postdoctorat en neuroscience à la University of California (San Francisco)
2003	Postdoctorat en neuroscience à l'Institut neurologique de Montréal
1995	Stage d'été au laboratoire de recherche sur les lipides et l'athérosclérose de l'IRCM
1994	Stage d'été au laboratoire de neuroendocrinologie de l'hôpital Notre-Dame
1993	Stage d'été à temps plein au laboratoire de génie biomédical de l'IRCM

RÉALISATIONS

1991-1996	Promotion des sciences au collège Jean-de-Brébeuf Juge au concours scientifique annuel du collège Jean-de-Brébeuf Membre fondateur d'un club scientifique au collégial
1992	Médaille d'or, catégorie « sciences de la vie », Expo-Sciences pancanadienne Projet d'innovation scientifique « Cholestérol en excès : une solution ? »
1990	1er prix de l'Expo-Sciences de Montréal Projet d'expérimentation scientifique : « Déplacement linéaire par magnétisme » Médaille de l'ACFAS

LOISIRS

Sports : cyclisme, badminton, plongée sous-marine, ski de fond.
Voyages, lecture, cinéma, musique, photographie.

RÉFÉRENCES SUR DEMANDE

CV
Abréviation de ***curriculum vitæ.***

CYAN n. m.
(IMPRIM.) Couleur bleu-vert dans l'impression en couleurs. *La quadrichromie est une impression en quatre couleurs (jaune, magenta, cyan et noir).*

CYANOSE n. f.
Coloration bleuâtre de la peau produite par certaines affections, par certains troubles circulatoires.
⇨ cyanose.

CYANOSÉ, ÉE adj.
Se dit d'une peau dont la coloration est bleutée en raison notamment de troubles circulatoires.

CYBER-
Élément du grec tiré du nom *cybernétique* et servant à désigner des personnes, des choses se rapportant au réseau de communication Internet. *Des cybernautes, le cyberespace.*

CYBERATTAQUE n. f.
(INFORM.) Attaque informatique qui vise à endommager ou à détruire des réseaux ou des systèmes informatiques (GDT). *Les sites gouvernementaux, les banques et les médias d'Estonie ont subi des cyberattaques massives lancées par la Russie.*

CYBERCAFÉ n. m.
Café où des ordinateurs branchés sur Internet sont mis à la disposition des clients.

CYBERCRIMINALITÉ n. f.
Ensemble des délits commis au moyen du réseau Internet.

CYBERCULTURE n. f.
Ensemble des manifestations intellectuelles, artistiques, informatives, etc., auxquelles peuvent participer les utilisateurs du réseau Internet.

CYBERDÉLINQUANT, ANTE n. m. et f.
1. Personne qui commet un délit au moyen du réseau Internet.
2. Pirate du réseau Internet. *Un cyberdélinquant* (et non un *hacker).

CYBERESPACE n. m.
Espace virtuel rassemblant les internautes de la planète et l'ensemble des données accessibles auxquelles ils peuvent accéder grâce au réseau Internet. SYN. cybermonde.

CYBERGUERRE n. f.
(INFORM.) Attaque électronique orchestrée visant le contrôle des systèmes d'information d'un pays afin d'en paralyser les activités vitales. *Le gouvernement estonien accuse son voisin russe d'avoir déclenché une cyberguerre en lançant des attaques informatiques massives contre ses principaux sites Internet, y compris ceux de plusieurs institutions gouvernementales et financières.*

CYBERMONDE n. m.
(INFORM.) Monde virtuel. *Le moteur de recherche le plus en vue du cybermonde commence à susciter l'inquiétude.* SYN. cyberespace.

CYBERNAUTE n. m. et f.
Utilisateur du réseau Internet. SYN. internaute.

CYBERNÉTICIEN n. m.
CYBERNÉTICIENNE n. f.
Spécialiste de la cybernétique.
⇨ cybernéticien.

CYBERNÉTIQUE adj. et n. f.
ADJECTIF
Relatif à la cybernétique. *La théorie cybernétique.*
NOM FÉMININ
Étude des processus de commande et de communication en vue d'une action, notamment dans les systèmes automatisés.
⇨ cybernétique

CYBERTERRORISME n. m.
(INFORM.) Ensemble d'attaques informatiques commises en vue de renverser le pouvoir établi, de créer un climat d'insécurité, de déstabiliser une organisation. *Le cyberterrorisme est le fait de pirates informatiques qui s'en prennent aux sites Internet d'un État ou d'une organisation en les défigurant, en les saturant, en disséminant des virus, etc.*

CYCLABLE adj.
Réservé aux bicyclettes. *Une piste cyclable.*
⇨ cyclable.

CYCLAMEN adj. inv. et n. m.
Le ***n*** se prononce, [siklamɛn]; le nom rime avec ***domaine.***
NOM MASCULIN
Plante à fleurs roses ou blanches. *Le cyclamen a fleuri de novembre à juin.*
ADJECTIF DE COULEUR INVARIABLE
De la couleur mauve du cyclamen. *Des écharpes cyclamen.*
VOIR TABLEAU – COULEUR (ADJECTIFS DE).
Attention au genre masculin de ce nom : ***un*** cyclamen.
⇨ cyclamen.

CYCLE n. m.
1. Durée d'un phénomène qui se répète sans cesse dans un ordre donné. *Le cycle solaire, un cycle lunaire.*
2. Suite de phénomènes renouvelables. *Le cycle des saisons, le cycle de l'eau.*
3. Division de l'enseignement. *Des études de 2e cycle (maîtrise).*
LOCUTION
– ***Cycles supérieurs.*** Cycles d'études et de recherche de l'enseignement universitaire postérieurs au baccalauréat (Recomm. off.). *Les cycles supérieurs* (et non *études graduées) *comprennent les 2e et 3e cycles de l'enseignement universitaire.*
Les études universitaires, quel que soit le cycle, sont des études supérieures. L'expression ***études supérieures*** ne peut donc pas désigner seulement les 2e et 3e cycles de l'enseignement universitaire. Le terme ***cycle***, quant à lui, permet de marquer les étapes d'une progression des études universitaires, et l'adjectif ***supérieur***, un rang dans la hiérarchie des cycles.
⇨ cycle.

CYCLIQUE adj.
Qui se reproduit selon un cycle, périodiquement. *La chute des feuilles est cyclique. Un phénomène cyclique.* SYN. périodique.
⇨ cyclique.

CYCLIQUEMENT adv.
De façon cyclique. *Les ouragans reviennent cycliquement.*

CYCLISME n. m.
Pratique sportive de la bicyclette.
⇨ cyclisme.

CYCLISTE adj. et n. m. et f.
ADJECTIF
Relatif à la bicyclette. *Des coureurs cyclistes.*
NOM MASCULIN ET FÉMININ
Personne qui utilise une bicyclette. *Ces pistes sont réservées aux cyclistes.*
⇨ cycliste.

CYCLO- préf.
Élément du grec signifiant « cercle ».

CYCLOMOTEUR n. m.
Vélomoteur.

CYCLONE n. m.
(MÉTÉOROL.) Dépression atmosphérique de grande ampleur caractérisée par un puissant tourbillon de vents très destructeurs accompagnés de précipitations abondantes.

Le terme *cyclone* est usité en Europe ; au Québec et dans la francophonie canadienne, on emploie le nom ***ouragan*** en ce sens.
LOCUTIONS
– ***Être dans l'œil du cyclone.*** Être au cœur de la tempête, dans la tourmente, au centre de difficultés.
– ***L'œil du cyclone.*** Zone de vents faibles au centre du tourbillon.
Ne pas confondre avec les noms suivants :
• ***bourrasque,*** coup de vent violent et de courte durée ;
• ***tornade,*** dépression atmosphérique tourbillonnaire très intense, mais de petite dimension et de courte durée ;
• ***trombe,*** colonne tourbillonnante qui soulève les eaux et déverse des torrents de pluie.
cyclone.

CYCLONIQUE adj.
(MÉTÉOROL.) Relatif aux cyclones. *Des vents cycloniques.*

CYCLOPE n. m.
Géant mythique qui n'avait qu'un œil.
cyclope.

CYCLOTOURISME n. m.
Tourisme à bicyclette. *Le cyclotourisme renforce la fonction cardio-vasculaire et respiratoire, favorise le bon maintien de la structure osseuse et musculaire, permet de déstresser et de perdre du poids.*

CYGNE n. m.
Oiseau aquatique à long cou souple et à plumage blanc ou noir.
LOCUTIONS
– ***Col de cygne.*** Tuyau recourbé.
– ***Le chant du cygne.*** (FIG.) Dernier chef-d'œuvre d'un créateur.
HOM. ***signe,*** indice, geste.
cygne, avec un *y.*

CYLINDRE n. m.
1. Corps allongé dont les deux bases sont des cercles égaux.
2. Enveloppe cylindrique de chaque piston d'un moteur à explosion. *Cette voiture a six cylindres.*
cylindre.

CYLINDRÉE n. f.
Capacité de l'ensemble des cylindres d'un moteur à explosion.
cylindrée.

CYLINDRIQUE adj.
Qui a la forme d'un cylindre. *Un tube cylindrique.*
cylindrique.

CYMAISE
VOIR – CIMAISE.

CYMBALE n. f.
Instrument de musique à percussion.
Ne pas confondre avec le nom ***timbale,*** petit tambour.
cymbale.

CYMBALUM ou **CZIMBALUM** n. m.
Attention à la prononciation de la première syllabe, [sɛ̃balɔm].
Instrument à cordes d'acier de la musique populaire hongroise.

CYNÉGÉTIQUE adj. et n. f.
ADJECTIF
Qui se rapporte à la chasse.
NOM FÉMININ
Art de la chasse.
cynégétique.

CYNIQUE adj. et n. m. et f.
Se dit de la personne qui se moque des conventions, des principes moraux.
cynique.

CYNIQUEMENT adv.
D'une manière cynique.
cyniquement.

CYNISME n. m.
Attitude cynique, effronterie de la personne qui se moque des conventions, des principes moraux.
cynisme.

CYPRÈS n. m.
Le *s* ne se prononce pas, [siprɛ] ; le nom rime avec ***près.***
Conifère à feuillage d'un vert foncé et dont la forme est élancée. *Les haies de cyprès de la Toscane.*
cyprès.

CYPRIOTE ou **CHYPRIOTE** adj. et n. m. et f.
ADJECTIF ET NOM MASCULIN ET FÉMININ
De Chypre. *Un Cypriote, un Chypriote, une Cypriote, une Chypriote.*
T L'adjectif s'écrit avec une minuscule ; le nom, avec une majuscule.
NOM MASCULIN
Langue parlée à Chypre.
T Le nom de la langue s'écrit avec une minuscule.
En ce sens, seule la forme ***cypriote*** est usitée.

CYRILLIQUE adj.
Se dit de l'alphabet slave. *Le russe, le bulgare, l'ukrainien, le serbe utilisent les caractères cyrilliques.*

CYTO- préf.
Élément du grec signifiant « cellule ». *Cytologie.*

CYTOLOGIE n. f.
Étude biologique de la cellule vivante.
cytologie.

CYTOLOGIQUE adj.
De la cytologie. *Un examen cytologique.*
cytologique.

CYTOLOGISTE n. m. et f.
Spécialiste de la cytologie.
cytologiste.

CZAR
VOIR – TSAR.

CZIMBALUM
VOIR – CYMBALUM.

D

D n. m. inv.
Quatrième lettre de l'alphabet.

D
– *d,* symbole de ***déci-.***
– *d,* ancienne notation musicale qui correspond à la note ***ré.***
– *D,* chiffre romain dont la valeur est de 500.
VOIR TABLEAU – CHIFFRES ROMAINS.

da
Symbole de ***déca-.***

D'ABORD loc. adv.
En premier lieu. *Viens d'abord faire tes devoirs, tu joueras ensuite.*

DACTYLO n. m. et f.
Forme abrégée de ***dactylographe.***
Personne préposée à la saisie des données à l'aide d'une machine à écrire, d'un ordinateur. *Ce sont d'excellentes dactylos. Il est dactylo.*
Ne pas confondre le ou la ***dactylo,*** qui désigne une personne, avec l'appareil dont on se sert pour transcrire un texte et qui est une ***machine à écrire.***

DACTYLOGRAPHE n. m. et f.
Personne dont le métier consiste à transcrire des textes à l'aide d'une machine à écrire, d'un ordinateur.
Ce nom est peu usité; c'est sa forme abrégée ***dactylo*** qui est couramment utilisée.

DACTYLOGRAPHIE n. f.
Procédé de transcription de textes à la machine, à l'ordinateur.

DACTYLOGRAPHIER v. tr.
Écrire, taper à la machine. *Les travaux doivent être dactylographiés.*
Avec l'ordinateur, on emploie plutôt le verbe ***saisir*** en ce sens.
CONJUGAISON : VOIR MODÈLE ÉTUDIER.
Redoublement du ***i*** à la première et à la deuxième personne du pluriel de l'indicatif imparfait et du subjonctif présent. *(Que) nous dactylographiions, (que) vous dactylographiiez.*

DACTYLOGRAPHIQUE adj.
Qui concerne la dactylographie.

DADA adj. et n. m.
ADJECTIF INVARIABLE
Se dit d'un mouvement artistique et littéraire révolutionnaire. *L'école dada.*
NOM MASCULIN
(FAM.) Occupation favorite. *Son dada, c'est de collectionner les timbres.* SYN. marotte; passe-temps.

DADAIS n. m.
Niais et maladroit. *Un grand dadais.* SYN. bêta; nigaud.
Ce nom n'a pas de forme féminine.

DADAÏSME n. m.
Le mouvement dada.
T Les noms de mouvements littéraires, artistiques, etc., s'écrivent avec une minuscule.
dadaïsme.

DADAÏSTE adj. et n. m. et f.
Adepte du dadaïsme.
T Les noms d'adeptes de mouvements littéraires, artistiques, etc., s'écrivent avec une minuscule.
dadaïste.

dag
Symbole de ***décagramme.***

DAGUE n. f.
Poignard à lame courte et large. *Un coup de dague blessa le chevalier.*

DAGUERRÉOTYPE n. m.
Procédé ancien de photographie.

DAHLIA n. m.
Plante ornementale. *Planter des dahlias.*
Attention au genre masculin de ce nom : ***un*** dahlia.
dahlia.

DAIGNER v. tr.
Avoir la bonté de, accepter avec une complaisance mêlée de mépris. *Elle n'a pas daigné répondre à sa lettre; elle est rancunière. Daignera-t-il venir à la fête?* SYN. condescendre.
Le verbe ***daigner*** se construit sans préposition et il est toujours suivi d'un infinitif. Le participe passé de ce verbe est invariable.
CONJUGAISON : VOIR MODÈLE AIMER.
Les lettres ***gn*** sont suivies d'un ***i*** à la première et à la deuxième personne du pluriel de l'indicatif imparfait et du subjonctif présent. *(Que) nous daignions, (que) vous daigniez.*

D'AILLEURS loc. adv.
1. D'un autre lieu. *Ce garçon vient d'ailleurs, il est né en Afrique.*
VOIR – AILLEURS.
2. De toute façon, du reste. *Le temps est à l'orage, rentrons; d'ailleurs, nous avons du travail.* SYN. d'autre part; de plus.
En ce sens, la locution introduit un autre aspect des choses.

DAIM n. m.
1. Mammifère ruminant qui ressemble au cerf. *Le daim porte des bois larges et aplatis. La femelle du daim est une daine ; le petit, un faon.*
VOIR TABLEAU – ANIMAUX.
2. Peau de daim ou cuir imitant la peau du daim. *Une veste de cow-boy en daim.*
daim.

DAINE n. f.
Femelle du daim. *Le petit de la daine est le faon.*
VOIR TABLEAU – ANIMAUX.

DAIS n. m.
Baldaquin au-dessus d'un autel, d'un trône. *Le dais abrite le saint sacrement dans les processions.*
HOM.
- ***des***, article ;
- ***dès***, préposition.

dal
Symbole de ***décalitre.***

DALAÏ-LAMA n. m. (pl. *dalaï-lamas*)
Chef du bouddhisme tibétain.
dalaï-lama.

DALLAGE n. m.
1. Action de recouvrir de dalles. *Le dallage des sols.*
2. Revêtement de dalles. *Un beau dallage noir et blanc.*
dallage.

DALLE n. f.
Plaque servant au revêtement du sol. *Des dalles de marbre.*
dalle.

DALLER v. tr.
Revêtir de dalles. *Le sol du hall est dallé de granit.*
CONJUGAISON : VOIR MODÈLE AIMER.
daller.

DALMATIEN n. m.
Le ***t*** se prononce comme un ***s***, [dalmasjɛ̃].
Chien dont le poil blanc est tacheté de noir ou de brun.

DALOT ou **DALEAU** n. m.
Petit canal dallé.

DALTONIEN, IENNE adj. et n. m. et f.
Qui est atteint de daltonisme. *Maxime est daltonien, il confond le rouge et le vert.*
daltonien.

DALTONISME n. m.
Anomalie de la vue relative à la perception des couleurs.
daltonisme.

dam
Symbole de ***décamètre.***

DAM n. m.
Le ***m*** se prononce ou non, [dɑ̃, dam] ; le mot rime avec ***dans*** ou ***dame.***
(VX) Dommage, préjudice.
LOCUTION
– ***Au dam, au grand dam de,*** loc. prép. Au détriment de, au regret de. *À son grand dam, il échoua.*
Ce nom n'est plus usité que dans ces locutions.

DAMAS n. m.
Le ***s*** se prononce ou non, [damas, dama].
Étoffe à dessins satinés sur fond mat. *Un beau damas.*
T Contrairement au nom ***Damas,*** qui désigne la ville, ce nom s'écrit avec une minuscule.

DAMASQUINAGE n. m.
Action de damasquiner.

DAMASQUINER v. tr.
Orner de dessins à l'aide de filets métalliques.
CONJUGAISON : VOIR MODÈLE AIMER.

DAMASSER v. tr.
Tisser de façon à former des dessins imitant le damas.
CONJUGAISON : VOIR MODÈLE AIMER.

DAME n. f.
Personne adulte de sexe féminin. *Cette dame est venue.*
1° L'emploi du mot ***dame*** est plus littéraire, plus poli que celui de ***femme.*** *C'est une dame très honnête, c'est un monsieur très gentil.*
2° Attention à l'erreur courante qui consiste à employer ***madame*** au lieu de ***dame*** pour désigner une personne de sexe féminin que l'on ne nomme pas. *C'est une dame* (et non une *madame) *très gentille.*
3° Si l'on parle de la conjointe d'une personne, on emploie alors le nom ***femme.*** *Elle est la femme* (et non la *dame) *de M. Untel.*
LOCUTION
– ***Jeu de dames*** ou ***dames.*** Jeu pratiqué sur un damier avec des pions noirs et des pions blancs. *Jouer une partie de dames, jouer aux dames avec un copain.*

DAME-D'ONZE-HEURES n. f. (pl. *dames-d'onze-heures*)
Liliacée dont les fleurs s'ouvrent vers 11 heures.
La préposition ***de*** ne s'élide pas devant l'adjectif numéral ***onze***; cependant, dans ce nom composé, l'élision se fait.

DAME-JEANNE n. f. (pl. *dames-jeannes*)
Grosse bouteille de terre ou de verre destinée au transport du vin.

DAMER v. tr.
1. Doubler un pion, au jeu de dames.
2. Tasser uniformément. *Damer la neige sur la piste de ski.*
LOCUTION
– ***Damer le pion à quelqu'un.*** (FIG.) L'emporter sur quelqu'un. *Elle lui a damé le pion et a gagné l'élection.*
CONJUGAISON : VOIR MODÈLE AIMER.

DAMIER n. m.
Surface composée de carrés alternativement noirs et blancs, ou de couleurs contrastées. *On joue aux dames et aux échecs sur un damier.*

DAMNATION n. f.
Les lettres ***mn*** se prononcent ***n,*** [danasjɔ̃].
Punition éternelle des damnés.
damnation.

DAMNÉ, ÉE adj. et n. m. et f.
La lettre ***m*** ne se prononce pas, [dɑne].
1. Condamné à l'enfer après la mort.
2. (FAM.) Qui cause des problèmes. *Cette damnée tondeuse est encore en panne !* SYN. détestable ; maudit.
LOCUTION
– ***Âme damnée.*** Personne dévouée aveuglément à une autre, qui irait en enfer pour elle.
damné.

DAMNER v. tr., pronom.
La lettre ***m*** ne se prononce pas, [dɑne].
VERBE TRANSITIF
Condamner à l'enfer après la mort. *Vous feriez damner un saint.*
VERBE PRONOMINAL
S'exposer aux peines éternelles de l'enfer.
À la forme pronominale, le participe passé de ce verbe s'accorde toujours en genre et en nombre avec son sujet. *Elle s'est damnée pour son copain.*
LOCUTIONS
– ***Faire damner quelqu'un.*** (FAM.) L'exaspérer. *Ces petits espiègles feront damner la gardienne.* SYN. impatienter.
– ***Se damner pour quelqu'un, quelque chose.*** (FIG.) S'exposer à tout pour atteindre son objectif. SYN. vendre son âme au diable.
CONJUGAISON : VOIR MODÈLE AIMER.
damner.

DAMOISEAU n. m. (pl. *damoiseaux*)
(ANCIENN.) Jeune homme noble.

DAMOISELLE n. f.
(ANCIENN.) Jeune fille noble.

DAN n. m.
Le ***n*** se prononce, [dan] ; le mot rime avec ***manne***.
Grade des ceintures noires du judo, du karaté. *Elle est troisième dan de judo. Des dans de karaté.*

DANAÏDE n. f.
Papillon diurne d'Afrique. *Les danaïdes sont des papillons très colorés.*
[T] Contrairement au nom propre mythologique (*le tonneau des Danaïdes*), le nom qui désigne un papillon s'écrit avec une minuscule.
danaïde.

DANDINEMENT n. m.
Action de se dandiner.

DANDINER (SE) v. pronom.
Se balancer gauchement. *Elles se sont dandinées comme des oies tandis qu'ils se dandinaient comme des canards.*
Le participe passé de ce verbe, qui n'existe qu'à la forme pronominale, s'accorde toujours en genre et en nombre avec son sujet. *Les comédiens se sont dandinés facétieusement.*
CONJUGAISON : VOIR MODÈLE AIMER.

DANDY n. m. (pl. *dandys*)
Le mot se prononce [dɑ̃di].
Homme à l'élégance trop recherchée.
dandy.

DANGER n. m.
Ce qui représente une menace, ce qui expose à un accident. *Il y a un danger d'explosion. Elle est en danger de mort.* SYN. péril ; risque.
LOCUTIONS
– ***Courir un danger.*** S'exposer à un danger. SYN. s'exposer ; risquer.
– ***Être un danger public.*** (FAM.) Constituer une menace pour les autres. *Il conduit très, très lentement : c'est un danger public !*
– ***Hors de danger.*** Dont la vie n'est plus menacée. *Le blessé a été opéré ; il est maintenant hors de danger.* SYN. sain et sauf ; sauvé.

DANGEREUSEMENT adv.
De façon dangereuse. *Ce garçon conduit dangereusement.*

DANGEREUX, EUSE adj.
Qui présente du danger. *Il est dangereux d'escalader ces rochers.* SYN. périlleux ; risqué.
dangereux.

DANGEROSITÉ n. f.
(DIDACT.) Fait d'être dangereux. *La dangerosité de ces produits toxiques.*

DANOIS, OISE adj. et n. m. et f.
ADJECTIF ET NOM MASCULIN ET FÉMININ
Relatif au Danemark. *Le drapeau danois. Un Danois, une Danoise.*
[T] L'adjectif s'écrit avec une minuscule ; le nom, avec une majuscule.
NOM MASCULIN
1. Langue parlée au Danemark. *Ingrid parle le danois.*
[T] Le nom de la langue s'écrit avec une minuscule.
2. Chien à poil ras de très grande taille.

DANS prép.
Cette préposition marque :
1. Un lieu. *Mettre ses clés dans sa poche. Habiter dans un quartier agréable.*
2. Le temps. *Nous comptons terminer dans un an. Dans quelques minutes, je serai prête.*
3. Une situation. *Dans le doute, il vaut mieux s'abstenir.*
4. Une tendance, une intention. *Dans l'intérêt de notre groupe. Dans l'espoir de réussir.*
La préposition ***dans*** s'emploie généralement pour désigner un endroit situé à l'intérieur d'un lieu, alors que la préposition ***sur*** désigne un lieu situé en surface. *Une maison dans la vallée, dans les bois, un terrain sur une montagne, sur le bord de l'eau.* Cependant, le choix de la préposition est souvent lié à l'usage et ne tient pas toujours compte de la distinction de sens entre ***dans*** et ***sur.*** C'est ainsi qu'on dira : *dans la rue, dans la côte,* mais *sur le boulevard, sur l'avenue, sur la place. Lire un article dans un journal, trouver un renseignement dans un annuaire.*
LOCUTION
– ***Dans les.*** (FAM.) Environ, à peu près. *Cette bicyclette coûte dans les 100 dollars.* SYN. approximativement.

DANSANT, ANTE adj.
Où l'on danse. *Des thés dansants.*

DANSE n. f.
Action de danser. *Une piste de danse. De la danse classique.*
FORME FAUTIVE
*danse carrée. Calque de «*square dance*» au sens de ***quadrille.***
HOM. ***dense,*** épais, compact.

DANSER v. tr., intr.
VERBE TRANSITIF
Exécuter une danse. *Ils adorent danser le tango.*
VERBE INTRANSITIF
Mouvoir son corps en cadence. *Elles dansent divinement. Viens-tu danser ?*
LOCUTIONS
– ***Ne pas savoir sur quel pied danser.*** Hésiter sur le choix à faire. SYN. tergiverser.
– ***Quand le chat n'est pas là, les souris dansent.*** En l'absence de la personne qu'on craint, on ne se gêne pas.
CONJUGAISON : VOIR MODÈLE AIMER.

DANSEUR n. m.
DANSEUSE n. f.
1. Personne dont la profession est la danse. *Des danseurs de ballet.*
2. Personne qui danse. *Ces danseurs sont très élégants.*

DAPHNÉ n. m.
Arbuste à fleurs rouges ou blanches odorantes.
daphné.

D'APRÈS loc. prép.
Selon. *D'après mon ami, il devrait neiger ce soir.*

DARCE
VOIR – DARSE.

DARD n. m.
1. Aiguillon de certains insectes. *Le dard de l'abeille.*
2. Arme comprenant une pointe de fer.
Ne pas confondre avec les noms suivants :
• ***flèche,*** baguette munie d'un fer pointu ;
• ***javelot,*** longue tige à pointe de fer.
dard.

DARDER v. tr.
1. Piquer avec un dard.
2. (LITT.) Lancer (tel un dard, une flèche). *Il darda sur elle un regard de braise.*
CONJUGAISON : VOIR MODÈLE AIMER.

DARE-DARE loc. adv.
(FAM.) Très rapidement. *Ils se sont enfuis dare-dare.*
[Les *Rectifications* (1990) admettent : daredare.]

DARNE n. f.
Tranche de poisson. *Une darne* (et non un *steak) *de saumon.*

D

D

DARSE ou **DARCE** n. f.
Bassin d'un port.

DARTRE n. f.
(MÉD.) Desquamation de l'épiderme.
Attention au genre féminin de ce nom : ***une*** dartre.
dartre.

DARWINIEN, IENNE adj.
Relatif à la doctrine de Darwin.

DATATION n. f.
Action de dater. *La datation d'un tableau.*

DATCHA n. f.
Maison de campagne, en Russie. *De jolies datchas.*

DATE n. f.
1. Indication du jour, du mois et de l'année où un évènement s'est produit ou se produira. *La date de notre rencontre a été fixée au 15 septembre 2009. Quelle est ta date de naissance? La date de parution d'un recueil de poèmes.*
VOIR TABLEAU – DATE.
2. Mention écrite (jour, mois, année) du moment où un document a été rédigé. *Ce contrat porte la date du 25 janvier 1986.*
LOCUTIONS
– ***À date fixe.*** Régulièrement. *Cette exposition a lieu tous les ans à date fixe.*
– ***Date de péremption.*** Date jusqu'à laquelle une denrée, un produit conserve toutes ses qualités spécifiques, dans des conditions de conservation appropriées. *La date de péremption* (et non *d'expiration) *d'un médicament.*
Le terme générique ***date de péremption*** s'applique autant aux divers types de denrées qu'à d'autres produits.
– ***Date limite de consommation (DLC).*** Date jusqu'à laquelle une denrée très périssable conserve toutes ses propriétés spécifiques, dans des conditions de conservation appropriées (GDT). *La date limite de consommation de ces fromages est le 15.10.08.*
En Europe, en vertu d'une directive du Parlement européen, la date limite de consommation des produits alimentaires est annoncée par la mention ***à consommer jusqu'au*** (en anglais *use by*).
– ***De fraîche date, de nouvelle date.*** Récent, connu depuis peu. *Ce directeur est un converti de fraîche date à la gestion participative.*
– ***De longue date, de vieille date.*** Ancien, connu depuis longtemps. *Je les fréquente de longue date.*
– ***Être le premier, le dernier en date.*** Être le plus ancien, le plus récent. *Le dictionnaire anglais-français d'Abel Boyer est-il le premier en date?*
– ***Faire date.*** Marquer un évènement important. *L'Exposition universelle de Montréal a fait date dans l'histoire de la métropole du Québec.* SYN. dater; faire époque.
– ***Prendre date.*** Déterminer la date d'un évènement, d'une rencontre, d'un rendez-vous. *Le groupe de chercheurs a voulu prendre date et faire preuve d'antériorité sur le sujet par rapport à d'autres équipes.*
– ***Sans date.*** Sans âge, très ancien. *Vous avez vu ces cèdres du Liban sans date?*
FORMES FAUTIVES
*à date. Calque de «*to date*» au sens de ***à ce jour.***
*à date, jusqu'à date. Calques de «*up to date*» pour ***à ce jour, jusqu'à ce jour, jusqu'à maintenant, jusqu'à présent.***
*date d'expiration. Calque de «*expiration date*» pour ***date de péremption, date limite de consommation.***
*date due. Calque de «*due date*» pour ***échéance.***
*mettre à date. Calque de «*to bring up to date*» pour ***mettre à jour.***
*passé date. Calque de «*out-of-date*» pour ***périmé.*** *Un passeport périmé* (et non *passé date), *des fromages périmés* (et non *passés date).
HOM. ***datte,*** fruit du dattier.

DATER v. tr., intr.
VERBE TRANSITIF
1. Mettre la date sur. *Dater une lettre. Un chèque daté du 15 mai.*
2. Attribuer une date à quelque chose. *Ils ont réussi à dater ce tableau qui remonte au XVe siècle.*
VERBE INTRANSITIF
1. Exister depuis. *Cette église date du Moyen Âge.* SYN. remonter.
En ce sens, le verbe se construit avec la préposition ***de.***
2. Être démodé. *Cette robe commence à dater.*
CONJUGAISON : VOIR MODÈLE AIMER.

DATEUR, EUSE adj. et n. m.
ADJECTIF
Qui sert à dater. *Un timbre dateur.*
NOM MASCULIN
Dispositif permettant d'imprimer une date.

DATIF n. m.
Cas de la déclinaison latine qui marque l'attribution.

DATIF, IVE adj.
Établi par testament.

DATION n. f.
(DR.) Action de donner une chose en paiement d'une autre. *La dation Picasso.*

DATTE n. f.
Fruit du dattier. *Un gâteau aux dattes.*
HOM. ***date,*** indication du jour, du mois et de l'année.
datte.

DATTIER n. m.
Palmier dont le fruit est la datte.

DAUBE n. f.
Mode de cuisson à l'étouffée. *Du poulet en daube.*

DAUBER v. tr., intr.
(LITT.) Dénigrer. *Dauber un camarade, dauber sur un camarade.*
CONJUGAISON : VOIR MODÈLE AIMER.

DAUPHIN, INE n. m. et f.
NOM MASCULIN
1. Héritier de la couronne de France.
T En ce sens, le nom s'écrit avec une majuscule.
2. Successeur désigné. *Il est le dauphin du président.*
3. Mammifère marin carnivore qui peut atteindre cinq mètres de long. *Les dauphins communiquent entre eux et ont un cerveau très développé.*
NOM FÉMININ
Femme du Dauphin.
LOCUTION
– ***Pommes dauphine.*** En croquettes.
En ce sens, le nom apposé est invariable.
dauphin.

DAUPHINOIS, OISE adj. et n. m. et f.
Du Dauphiné. *Un Dauphinois, une Dauphinoise.*
T L'adjectif s'écrit avec une minuscule; le nom, avec une majuscule.
LOCUTION
– ***Gratin dauphinois.*** Préparation de pommes de terre gratinées.

DAURADE ou **DORADE** n. f.
Poisson dont la chair est très appréciée.

DAVANTAGE adv.
Plus, encore plus. *Je prendrai davantage de framboises.*
L'adverbe ***davantage*** s'emploie avec un verbe. Pour un adjectif ou un adverbe, on emploiera ***plus.*** *Il l'apprécie davantage. Ils sont plus grands. Elle dessine plus facilement* (et non *davantage facilement).
La construction ***davantage*** + ***que*** est critiquée et peut être remplacée par ***plus que.*** *Cet architecte a plus de talent que celui-ci.*

Ne pas écrire l'adverbe ***davantage***, qui s'écrit en un seul mot, comme s'il s'agissait de la préposition élidée et du nom ***d'avantage***. *Cet emploi me plaît davantage. Il n'y a pas d'avantage à procéder ainsi.*

DAZIBAO n. m.

Attention à la prononciation : les lettres ***zi*** se prononcent ***zi*** ou ***dzi*** [dazibao, dadzibao].

Affiche manuscrite en chinois. *Des dazibaos.*

dB

Symbole de ***décibel.***

DCA

Sigle de ***défense contre avions.***

DDT

Sigle de ***dichloro-diphényl-trichloréthane.***

DE prép.

• La préposition introduit un **complément du nom** en marquant :

1. La possession. *La fille de* (et non *à) *mon amie.*
2. L'origine. *Du sirop d'érable, du fromage de chèvre.*
3. Le temps. *Le train de nuit. Une personne de 25 ans.*
4. La cause. *Un vent d'orage, des frissons d'inquiétude.*
5. Le moyen. *Un air de piano, un coup de baguette magique.*
6. La matière. *Une colonne de bois, un toit de chaume.*

La construction avec la préposition ***de*** est de style plus recherché que celle avec la préposition ***en.***

7. Le genre. *Un roman d'aventures, un film de science-fiction.*

D

DATE

▸ Des chiffres et des lettres

On indique généralement la date à l'aide de lettres et de chiffres; on peut écrire la date avec ou sans l'article défini ***le***.

Le 27 janvier 2009 ou *27 janvier 2009*

[T] La date n'est jamais suivie d'un point final; les noms de jours, de mois s'écrivent avec une minuscule initiale.

▸ Indication du jour de la semaine

De façon générale, il n'y a pas lieu d'écrire le nom du jour de la semaine. Si ce renseignement est nécessaire, il n'y a pas de virgule entre le jour de la semaine et le jour du mois exprimé en chiffres (le quantième).

Lundi 14 décembre 2009

[T] Dans le corps d'un texte, d'une lettre, on écrira *le lundi 14 décembre 2009*. L'année est notée au long à l'aide de quatre chiffres. *2009* (et non *09)

▸ Indication du lieu

Dans certains documents juridiques, officiels, etc., on doit indiquer le lieu avec la date; la mention du lieu est alors suivie d'une virgule.

Montréal, le 27 janvier 2009

▸ Des lettres seulement

Dans certains documents de registre soutenu, la date est composée en toutes lettres.

Le vingt-sept janvier deux mille neuf

▸ Des chiffres seulement

L'usage de l'indication uniquement en chiffres de la date doit être limité aux usages techniques et à la présentation en tableau. Cette notation procède par ordre décroissant: (année, mois, jour) 2009 01 27 ou 2009-01-27 ou 20090127.

VOIR TABLEAUX ▸ **CORRESPONDANCE.** ▸ **LETTRE TYPE.**

VOIR ▸ **JOUR.**

• La préposition introduit un **complément du verbe** en marquant :
1. Le lieu. *Venir de Trois-Rivières. Ils sortent de l'école.*
2. Le temps. *Ils vont à l'école de 8 h 30 à 15 h 30.*
3. La cause. *Les enfants sautent de joie : c'est la récréation !*
4. Le moyen, l'instrument. *Se servir d'un pinceau, d'une règle.*

1° La préposition ***de*** se répète généralement devant chaque terme d'une énumération. *Nos voisins arrivent de Vaudreuil et de Rigaud. Elles parlent de tout et de rien.*

2° On ne répète pas la préposition ***de*** quand les termes coordonnés font partie de certaines locutions figées (*de fond en comble, de mal en pis*) ; quand ces termes désignent le même être ou objet (*un appel de ma sœur et complice de tous les instants*) ; quand ces termes désignent une unité, un groupe unique (*un message de Jeanne et François*) ; quand ces termes sont joints par la conjonction ***ou*** (*une période de trois ou quatre mois*).

Élision de la préposition

– La préposition s'élide (elle perd le ***e*** final) généralement devant une voyelle ou un ***h*** muet. *Jus* d'*orange*, d'*habitude*, mais *salade* de *haricots*, *jus* de *tomate*.

– La préposition ne s'élide pas devant les déterminants numéraux ***huit***, ***onze*** et ***un***, ***une***. *Un prix* de *huit dollars. Un rabais* de *onze dollars.*

De + adjectif

– Les auteurs ne s'entendent pas sur l'emploi de la préposition ***de*** suivie d'un adjectif ou d'un participe passé, qui était autrefois d'utilisation familière. Tout en étant usité, l'emploi de la préposition apparaît peu utile et n'apporte rien au sens. *Il y a un arbre (de) tombé. Il y a trois salles (de) libres.*

– Cependant, la préposition ***de*** est jugée obligatoire avec ***en***. *Sur 56 élèves, il y en a 25 de nouveaux.*

De + ***de*** (déterminant partitif)

Par euphonie, la préposition et le déterminant partitif se confondent. *La présence d'autres* (et non *de d'autres) *personnes.*

La particule nobiliaire

La particule nobiliaire ***de*** ou ***d'*** s'écrit avec une minuscule. *François René de Chateaubriand. Pierre d'Argencourt.*

T Quand il y a rencontre de deux ***de***, soit la préposition ***de*** suivie de la particule, la règle typographique suggère d'écrire la particule avec une majuscule. *Une lettre de De Gaulle.* Cet usage n'est pas obligatoire, mais il est courant dans la presse et dans l'édition, selon les réviseurs de *L'Express*. Le nom monosyllabique conserve sa particule s'il n'est pas précédé de son prénom (Charles) ou de son titre (le général). *Il s'est entretenu avec de Gaulle.* En revanche, le nom qui comprend plus d'une syllabe (non muette) ne conserve pas sa particule s'il n'est précédé ni d'un prénom ni d'un titre. *Il s'est entretenu avec Villepin* (et non *de Villepin), mais *il s'est entretenu avec Dominique de Villepin.*

DE art. partitif

L'article ***de*** s'emploie devant des noms de choses qui ne peuvent se compter, devant un nom abstrait. *Il est tombé de la neige. Éprouver de la fierté.*

Devant une voyelle ou un ***h*** muet, l'article s'élide. *Il n'y a plus d'eau.*

DE-, DÉ-, DES-, DÉS- préf.

Éléments du latin signifiant « absence, privation ».

DÉ n. m.

1. Petit cube aux faces marquées de points. *Jouer aux dés.*
2. Petit morceau coupé en cube. *Couper les pêches en dés.*

LOCUTIONS

– ***Coup de dés, de dé.*** Résultat lié au hasard. *On ne peut prévoir le résultat : ce sera un coup de dés ou un coup de dé.*

– ***Les dés sont jetés.*** (FIG.) La décision est prise.

***DEADLINE**

Anglicisme pour ***heure de tombée, heure limite, dernier délai.***

***DEAL**

Anglicisme pour ***accord, entente, marché.***

***DEALER**

Anglicisme pour ***composer avec, faire face à, réagir devant.***

DÉAMBULATEUR n. m.

(MÉD.) Dispositif de soutien composé d'un cadre monté sur roulettes ou non et destiné aux personnes éprouvant des difficultés à marcher. *Elle recourt à un déambulateur pour se déplacer.* SYN. cadre de marche ; ⚜ marchette.

DÉAMBULATION n. f.

Marche à l'aventure, sans but précis.

DÉAMBULER v. intr.

Se promener lentement çà et là.

CONJUGAISON : VOIR MODÈLE AIMER.

DÉBÂCLE n. f.

1. Rupture des glaces d'un cours d'eau au printemps.
2. Fuite, ruine. *C'est la faillite, la débâcle pour cette entreprise.* SYN. déroute.

Ne pas confondre avec le nom masculin ***embâcle***, amoncellement de glaces sur un cours d'eau.

débâcle.

***DÉBALANCÉ**

Forme inexistante pour ***déséquilibré***. *Un régime déséquilibré* (et non *débalancé).

DÉBALLAGE n. m.

Action de déballer. *Le déballage des cadeaux.*

DÉBALLER v. tr.

Sortir une marchandise de son emballage. *As-tu déballé tes cadeaux ?*

CONJUGAISON : VOIR MODÈLE AIMER.

DÉBANDADE n. f.

Dispersement désordonné d'une armée.

Ne pas confondre avec les noms suivants :
• ***défaite***, perte d'une bataille ;
• ***revers***, insuccès, échec.

DÉBANDER v. tr., pronom.

VERBE TRANSITIF

1. Détendre ce qui est bandé. *Débander un ressort.*
2. Retirer le bandeau de. *C'est elle qui lui débandera les yeux.*

VERBE PRONOMINAL

1. Se détendre. *Les cordes de la raquette se sont débandées.*
2. (LITT.) Se disperser en désordre.

À la forme pronominale, le participe passé de ce verbe s'accorde en genre et en nombre avec le complément direct (nom ou pronom) si celui-ci le précède. *L'œil qu'elle s'est débandé. Les fantassins se sont débandés dans les bois.* Le participe passé reste invariable si le complément direct suit le verbe. *Elles se sont débandé les yeux.*

CONJUGAISON : VOIR MODÈLE AIMER.

DÉBARBOUILLAGE n. m.

Action de débarbouiller, de nettoyer sommairement.

DÉBARBOUILLER v. tr., pronom.

VERBE TRANSITIF

Laver sommairement. *Elle a débarbouillé le visage de son enfant.* SYN. nettoyer.

VERBE PRONOMINAL

Se laver de façon rapide. *Débarbouillez-vous un peu avant de venir à table !*

À la forme pronominale, le participe passé de ce verbe s'accorde en genre et en nombre avec le complément direct si celui-ci le précède. *La joue qu'elle s'est débarbouillée. Ils se sont débarbouillés au saut du lit.* Le participe passé reste invariable si le complément direct suit le verbe. *Elle s'est débarbouillé le visage.*

CONJUGAISON : VOIR MODÈLE AIMER.
Les lettres ***ill*** sont suivies d'un ***i*** à la première et à la deuxième personne du pluriel de l'indicatif imparfait et du subjonctif présent. *(Que) nous débarbouillions, (que) vous débarbouilliez.*

DÉBARBOUILLETTE n. f.
⚜ Petite serviette de forme carrée servant à se laver.

DÉBARCADÈRE n. m.
Lieu aménagé pour l'embarquement et le débarquement des passagers d'un navire, d'un véhicule ou pour le chargement et le déchargement de marchandises. *Il est interdit de stationner ici plus de cinq minutes : c'est le débarcadère de l'hôtel.* SYN. embarcadère.

DÉBARDEUR n. m.
Tricot sans manches et à large encolure.
Ce vêtement était à l'origine celui des débardeurs.
Ne pas confondre avec les noms suivants :
• ***chandail***, tricot de laine se passant par la tête;
• ***gilet***, vêtement masculin sans manches porté sous le veston;
• ***veste***, vêtement comportant des manches, ouvert à l'avant.

DÉBARDEUR n. m.
DÉBARDEUSE n. f.
Personne qui charge ou décharge des navires, des camions.

DÉBARQUEMENT n. m.
Action de débarquer des passagers, des marchandises.

DÉBARQUER v. tr., intr.
VERBE TRANSITIF
Décharger. *Ils ont débarqué toutes les marchandises du bateau.* ANT. embarquer.
VERBE INTRANSITIF
Quitter un navire, un avion, un train. *Les voyageurs n'ont pas encore débarqué de l'hélicoptère.* ANT. embarquer.
Ce verbe ne peut désigner l'action de quitter un véhicule routier. *Sortir* (et non *débarquer) *d'une voiture, descendre* (et non *débarquer) *d'un autobus.*
CONJUGAISON : VOIR MODÈLE AIMER.

DÉBARRAS n. m.
1. Lieu d'entreposage. *La cave sert de débarras.*
2. (FAM.) Délivrance. *Bon débarras, il est parti! Quel débarras!*
débarras.

DÉBARRASSER v. tr., pronom.
VERBE TRANSITIF
1. Délivrer d'un embarras. *Ce médicament te débarrassera de cette vilaine toux.* SYN. soulager.
2. Enlever ce qui encombre. *Débarrasse ton bureau de tous ces documents.* SYN. dégager.
3. Enlever les couverts, les plats (de la table). *Je vais débarrasser la table pendant que tu ranges la cuisine.* SYN. desservir.
VERBE PRONOMINAL
Se défaire de. *Ils se sont débarrassés de ces vieux journaux, qui encombraient le salon.* SYN. éliminer; jeter.
À la forme pronominale, le participe passé de ce verbe s'accorde toujours en genre et en nombre avec son sujet. *Elles se sont débarrassées de ces visiteurs désagréables.*
CONJUGAISON : VOIR MODÈLE AIMER.
débarrasser.

DÉBARRER v. tr.
Enlever la barre de (une porte, une fenêtre). *Débarrer la porte du jardin.*
Lorsqu'on tire le verrou ou lorsqu'on tourne la clé dans la serrure, on ***déverrouille*** la porte. L'emploi du verbe ***débarrer*** en ce sens est une impropriété.
CONJUGAISON : VOIR MODÈLE AIMER.
débarrer.

DÉBAT n. m.
Discussion animée. *Participer à un débat télévisé. Un débat oratoire sur la peine de mort.*
débat.

DÉBATTRE v. tr., pronom.
VERBE TRANSITIF
Discuter, négocier. *Ils débattent la question, le prix.*
En ce sens, le verbe peut également se construire avec la préposition ***de***. *Ils ont longuement débattu du prix avant de se mettre d'accord.*
VERBE PRONOMINAL
Lutter pour sortir d'une situation difficile. *Le saumon se débat beaucoup.* SYN. s'agiter; se battre; se démener.
À la forme pronominale, le participe passé de ce verbe s'accorde toujours en genre et en nombre avec son sujet. *Ils se sont débattus contre la malchance.*
FORME FAUTIVE
*débattre (en parlant du cœur). Impropriété pour ***battre***. *Mon cœur battait* (et non *débattait) *à tout rompre.*
CONJUGAISON : VOIR MODÈLE COMBATTRE.
INDICATIF PRÉSENT *Je débats, tu débats, il débat, nous débattons, vous débattez, ils débattent.* IMPARFAIT *Je débattais.* PASSÉ SIMPLE *Je débattis.* FUTUR *Je débattrai.* CONDITIONNEL PRÉSENT *Je débattrais.* IMPÉRATIF PRÉSENT *Débats, débattons, débattez.* SUBJONCTIF PRÉSENT *Que je débatte.* IMPARFAIT *Que je débattisse.* PARTICIPE PRÉSENT *Débattant.* PASSÉ *Débattu, ue.*

DÉBAUCHAGE n. m.
Congédiement d'ouvriers.

DÉBAUCHE n. f.
Inconduite, abus des plaisirs.

DÉBAUCHÉ, ÉE adj. et n. m. et f.
Qui se livre à la débauche.

DÉBAUCHER v. tr.
1. Congédier des ouvriers en raison d'un manque de travail.
2. (VIEILLI) Inciter à la débauche.
CONJUGAISON : VOIR MODÈLE AIMER.

DÉBENTURE n. f.
⚜ Obligation non garantie.

DÉBILE adj. et n. m. et f.
ADJECTIF
1. De constitution faible, sans force physique. *Un vieillard débile.*
2. (FAM.) (FIG.) Idiot. *Tu es débile, mon pauvre ami!* SYN. imbécile.
NOM MASCULIN ET FÉMININ
Personne dont le développement intellectuel est insuffisant. *Un débile mental. Des débiles mentaux.* SYN. déficient; retardé.

DÉBILEMENT adv.
D'une manière débile.

DÉBILITANT, ANTE adj.
Propre à débiliter, à déprimer. *Cette maladie est débilitante.*

DÉBILITÉ n. f.
1. Faiblesse extrême.
2. Insuffisance du développement intellectuel.

DÉBILITER v. tr.
Affaiblir physiquement ou moralement.
CONJUGAISON : VOIR MODÈLE AIMER.

DÉBIT n. m.
1. Élocution. *Son débit est trop rapide.* SYN. diction.
2. Somme due. *À votre débit figure une somme de 150 dollars.* ANT. crédit.
3. Écoulement de marchandises. *Des vêtements d'un bon débit, d'un faible débit.*
4. Quantité de liquide écoulé en un temps donné. *Le débit de cette rivière est faible.*

D

LOCUTION
– ***Un débit de boissons, de tabac.*** Endroit où l'on vend des boissons, du tabac.
débit.

DÉBITER v. tr.
1. Inscrire au débit. *Débiter un compte.* ANT. créditer.
2. Couper du bois.
3. Vendre au détail.
4. Prononcer vite et sans y mettre l'intonation nécessaire. *Débiter un discours.*
Ne pas confondre avec le verbe ***déclamer,*** prononcer un texte sur un ton emphatique.
CONJUGAISON : VOIR MODÈLE AIMER.

DÉBITEUR, TRICE adj. et n. m. et f.
Personne qui doit quelque chose à quelqu'un. ANT. créancier.

DÉBLAIEMENT n. m.
Action de déblayer. *Le déblaiement d'une route enneigée.*
déblaiement.

DÉBLAIS n. m. pl.
Débris que l'on enlève quand on déblaie.
déblais.

DÉBLATÉRER v. intr.
Critiquer, dénigrer. *Ses voisins déblatèrent sans arrêt.*
Ce verbe se construit sans complément ou avec la préposition ***contre.*** *Il ne cesse de déblatérer contre ses collègues.*
CONJUGAISON : VOIR MODÈLE POSSÉDER.
Le ***é*** se change en ***è*** devant une syllabe contenant un ***e*** muet, sauf à l'indicatif futur et au conditionnel présent. *Je déblatère,* mais *je déblatérerai.*
[Les *Rectifications* (1990) admettent : il déblatèrera, déblatèrerait...]

DÉBLAYAGE n. m.
Action de déblayer. *Le déblayage des routes enneigées.*

DÉBLAYER v. tr.
1. Dégager un lieu des choses qui l'encombrent. *Le chasse-neige déblaie la route enneigée.*
2. (FIG.) Défricher, en réglant les difficultés qui se présentent, en supprimant les premiers obstacles. *Commençons par déblayer le courrier.* SYN. débroussailler ; défricher.
CONJUGAISON : VOIR MODÈLE PAYER.
Le ***y*** est suivi d'un ***i*** à la première et à la deuxième personne du pluriel de l'indicatif imparfait et du subjonctif présent. *(Que) nous déblayions, (que) vous déblayiez.*

DÉBLOCAGE n. m.
Action de débloquer quelque chose. *Le déblocage d'un tiroir.*
déblocage.

DÉBLOQUER v. tr.
Remettre en marche, en circulation ce qui était bloqué. *Débloquer un verrou.* SYN. décoincer. ANT. bloquer ; coincer.
CONJUGAISON : VOIR MODÈLE AIMER.

DÉBOGAGE n. m.
(INFORM.) Recherche et élimination des erreurs d'un logiciel ou d'un matériel. *Le débogage d'un nouveau progiciel de gestion de la production.*

DÉBOGUER v. tr.
(INFORM.) Rechercher et éliminer les bogues d'un logiciel ou d'un matériel (Recomm. off.). *Les informaticiens déboguent un programme de gestion des stocks qui n'est pas tout à fait au point.*
CONJUGAISON : VOIR MODÈLE AIMER.

DÉBOGUEUR n. m.
(INFORM.) Programme qui permet la détection et la localisation des bogues d'un logiciel ou d'un matériel (Recomm. off.).

DÉBOIRES n. m. pl.
Ennuis, épreuves. *Malgré tous ses déboires, il garde un bon moral.*

DÉBOISEMENT n. m.
Action de déboiser ; résultat de cette action. *Il faut arrêter le déboisement de nos forêts et planter des arbres.*

DÉBOISER v. tr., pronom.
VERBE TRANSITIF
Couper les arbres d'un terrain, d'une montagne. *Il importe de ne pas déboiser les berges.*
VERBE PRONOMINAL
Perdre ses arbres, en parlant d'une région. *Ces terrains se sont déboisés.* ANT. se reboiser.
À la forme pronominale, le participe passé de ce verbe s'accorde toujours en genre et en nombre avec son sujet. *De belles étendues se sont déboisées.*
CONJUGAISON : VOIR MODÈLE AIMER.

DÉBOÎTEMENT n. m.
Action de déboîter ; son résultat.
[Les *Rectifications* (1990) admettent : déboitement.]

DÉBOÎTER v. tr., intr., pronom.
VERBE TRANSITIF
1. Faire sortir de ce qui emboîte. ANT. emboîter.
2. (MÉD.) Faire sortir un os de son articulation. *Le choc lui a déboîté l'épaule.* SYN. démettre ; luxer.
VERBE INTRANSITIF
Sortir d'une file de voitures. *Il déboîta sans mettre son feu clignotant.*
VERBE PRONOMINAL
1. (MÉD.) Se déplacer un os. SYN. se démettre ; se luxer.
2. Sortir de ses gonds.
À la forme pronominale, le participe passé de ce verbe s'accorde en genre et en nombre avec le complément direct si celui-ci le précède. *La jambe qu'il s'est déboîtée va mieux. La porte s'est déboîtée.* Le participe passé reste invariable si le complément direct suit le verbe. *Elle s'est déboîté l'épaule en tombant.*
CONJUGAISON : VOIR MODÈLE AIMER.
déboîter.
[Les *Rectifications* (1990) admettent : déboiter.]

DÉBONNAIRE adj.
Trop bon. *Un prince indulgent et débonnaire.* SYN. clément.
débonnaire.

DÉBORDANT, ANTE adj.
1. Qui ne peut se contenir. *Une joie débordante.* SYN. exubérant.
2. Qui a en abondance. *Il est débordant d'énergie.*

DÉBORDEMENT n. m.
1. Action de déborder. *Le débordement du fleuve.*
2. (AU PLUR.) Excès. *Avec tous ces débordements, ils n'ont pas beaucoup le temps d'étudier.*

DÉBORDER v. tr., intr.
VERBE TRANSITIF DIRECT
Dépasser le bord de, aller au-delà de. *Ils ont débordé le sujet.*
VERBE TRANSITIF INDIRECT
Avoir en quantité. *Elle déborde d'énergie.* SYN. être rempli de.
VERBE INTRANSITIF
1. Se répandre par-dessus bord. *La rivière a débordé. Le lait déborde de la casserole.*
En ce sens, le verbe se conjugue avec l'auxiliaire ***avoir.***
2. Se manifester avec exubérance. *Son enthousiasme déborde.*
LOCUTIONS
– ***C'est la goutte d'eau qui fait déborder le vase.*** (FIG.) Ennui qui vient s'ajouter aux autres, qui les couronne. SYN. c'est le bouquet !
– ***Être débordé.*** Avoir trop de travail.
En ce sens, le verbe se conjugue avec l'auxiliaire ***être.***
CONJUGAISON : VOIR MODÈLE AIMER.

DÉBOSSELER v. tr.
Supprimer les bosses de. *Il faut débosseler* (et non *débosser) *la carrosserie à la tôlerie.*
CONJUGAISON : VOIR MODÈLE APPELER.
Redoublement du ***l*** devant un ***e*** muet. *Je débosselle, je débossellerai,* mais *je débosselais.*
[Les *Rectifications* (1990) admettent : il débossèle, débossèlera, débossèlerait...]

***DÉBOSSER**
Impropriété pour ***débosseler.***

DÉBOTTÉ ou **DÉBOTTER** n. m.
– ***Au débotté*** ou ***au débotter.*** Sans préparation, à l'improviste, sans préambule.
⊶ Le mot ne s'emploie que dans cette locution.
⊶ Le nom vieilli ***débotté*** désigne l'instant où l'on ôte ses bottes.

DÉBOTTER v. tr., pronom.
VERBE TRANSITIF
Retirer les bottes de. *Il la débotta galamment.*
VERBE PRONOMINAL
Retirer ses bottes. *Elles se sont débottées.*
▭ À la forme pronominale, le participe passé de ce verbe s'accorde toujours en genre et en nombre avec son sujet. *Les cavaliers s'étaient débottés.*
CONJUGAISON : VOIR MODÈLE AIMER.
✎ débotter.

DÉBOUCHÉ n. m.
1. Marché. *Il y a beaucoup de débouchés pour ce produit.*
2. Carrière accessible en fonction d'un programme d'études donné. *Cette profession offre peu de débouchés.*

DÉBOUCHER v. tr., intr.
VERBE TRANSITIF
1. Retirer le bouchon de. *Déboucher une bouteille d'eau.* SYN. ouvrir.
2. Débarrasser de ce qui bouche. *Le plombier a débouché le tuyau.* SYN. dégager.
VERBE INTRANSITIF
1. Passer d'un lieu dans un autre, plus large. *La rue débouche sur une belle avenue. Les enfants débouchèrent du sentier dans la vallée.* SYN. aboutir à; conduire à.
2. (FIG.) Aboutir à. *Vous ne pouvez déboucher que sur ces conclusions.*
CONJUGAISON : VOIR MODÈLE AIMER.

DÉBOUCLER v. tr.
Défaire la boucle de. *Il a débouclé sa ceinture de sécurité.* ANT. boucler.
CONJUGAISON : VOIR MODÈLE AIMER.

DÉBOULER v. tr., intr.
VERBE TRANSITIF
Descendre à toute vitesse, dégringoler. *Le chiot a déboulé l'escalier.*
VERBE INTRANSITIF
Rouler comme une boule. *Il a déboulé jusqu'en bas de la côte.* SYN. dégringoler.
CONJUGAISON : VOIR MODÈLE AIMER.

DÉBOULONNAGE ou **DÉBOULONNEMENT** n. m.
Action de déboulonner.
✎ déboulonnage, déboulonnement.

DÉBOULONNER v. tr.
1. Démonter en enlevant les boulons.
2. (FIG.) Renverser. *Déboulonner un dictateur.*
CONJUGAISON : VOIR MODÈLE AIMER.
✎ déboulonner.

DÉBOURS n. m.
Sortie de fonds. *Nous avons eu beaucoup de débours* (et non de *déboursés) *au cours de l'exercice.* SYN. décaissement.
⊶ Ce nom s'emploie généralement au pluriel.
✎ débours.

***DÉBOURSÉ**
Archaïsme au sens de ***débours, décaissement, sortie de fonds.***

DÉBOURSER v. tr.
Verser de l'argent, dépenser. *Ses parents ont déboursé 10 000 $ pour acheter cette voiture. Il n'a rien déboursé pour ces fleurs.* SYN. payer.
CONJUGAISON : VOIR MODÈLE AIMER.

D

DÉBOUSSOLER v. tr.
(FAM.) Désorienter. *Ce voyage au long cours les a un peu déboussolés.* SYN. déphaser; désemparer.
CONJUGAISON : VOIR MODÈLE AIMER.

DEBOUT adv.
1. Sur ses pieds. *Elle se mit debout.* ANT. assis.
2. Levé. *Elles sont toujours debout très tôt le matin.*
3. Verticalement. *Il vaut mieux ranger ces livres debout.* ANT. à plat; horizontalement.
▭ Le mot ***debout*** est toujours invariable.
LOCUTION
– ***Tenir debout.*** (FIG.) Être vraisemblable, logique. *Tes histoires ne tiennent pas debout.* SYN. se tenir.

DÉBOUTER v. tr.
(DR.) Refuser, par jugement ou par arrêt, de satisfaire à la demande de. *Ils ont été déboutés.*
CONJUGAISON : VOIR MODÈLE AIMER.

DÉBOUTONNER v. tr., pronom.
VERBE TRANSITIF
Dégager un bouton de sa boutonnière. *Déboutonne ton manteau, il fait chaud.* SYN. détacher.
VERBE PRONOMINAL
1. Défaire ses boutons. *Ils se sont déboutonnés avec difficulté.*
2. (FAM.) (FIG.) Dire franchement ce que l'on pense. *Après la discussion, elles se sont finalement déboutonnées et ont avoué leur étourderie.* SYN. s'abandonner; se confier; s'ouvrir.
▭ À la forme pronominale, le participe passé de ce verbe s'accorde toujours en genre et en nombre avec son sujet. *Ils se sont déboutonnés.*
CONJUGAISON : VOIR MODÈLE AIMER.

DÉBRAILLÉ, ÉE adj. et n. m.
ADJECTIF
Désordonné, négligé. *Une tenue débraillée.*
NOM MASCULIN
Tenue négligée. *Ce débraillé est inacceptable dans un tel lieu.*

DÉBRAILLER (SE) v. pronom.
Se découvrir de façon peu convenable. *Ils se sont débraillés.*
▭ Le participe passé de ce verbe, qui n'existe qu'à la forme pronominale, s'accorde toujours en genre et en nombre avec son sujet. *Les jeunes se sont débraillés.*
CONJUGAISON : VOIR MODÈLE AIMER.
Les lettres ***ill*** sont suivies d'un ***i*** à la première et à la deuxième personne du pluriel de l'indicatif imparfait et du subjonctif présent. *(Que) nous nous débraillions, (que) vous vous débrailliez.*

DÉBRANCHEMENT n. m.
Action de débrancher. *Le débranchement d'un électroménager.*

DÉBRANCHER v. tr., pronom.
VERBE TRANSITIF
Arrêter un appareil électrique en retirant la fiche de la prise de courant. *Débrancher* (et non *disconnecter) *le téléviseur.*
⊶ Ne pas confondre avec le verbe ***déconnecter,*** supprimer une connexion électrique.
VERBE PRONOMINAL
Mettre fin à son branchement électrique. *Au cours d'une panne, il vaut mieux se débrancher.*

À la forme pronominale, le participe passé de ce verbe s'accorde toujours en genre et en nombre avec son sujet. *Ils se sont débranchés.*
CONJUGAISON : VOIR MODÈLE AIMER.

DÉBRAYAGE n. m.
1. Action de débrayer.
2. Grève. *Il y a eu un débrayage d'une heure.*

DÉBRAYER v. tr., intr.
VERBE TRANSITIF
(ABSOL.) Supprimer la liaison entre le moteur et les roues. *Il faut débrayer avant de passer une vitesse.*
VERBE INTRANSITIF
Cesser le travail. *Les ouvriers ont débrayé une heure.*
CONJUGAISON : VOIR MODÈLE PAYER.
Le ***y*** est suivi d'un ***i*** à la première et à la deuxième personne du pluriel de l'indicatif imparfait et du subjonctif présent. *(Que) nous débrayions, (que) vous débrayiez.*

DÉBRIDÉ, ÉE adj.
Sans retenue, très libre. *Une imagination débridée.*

DÉBRIDEMENT n. m.
(LITT.) Absence de retenue.

DÉBRIDER v. tr., pronom.
VERBE TRANSITIF
Ôter la bride à (un animal). *Le cultivateur débride ses percherons.*
VERBE PRONOMINAL
Se laisser aller. *Sa créativité s'est débridée.*
À la forme pronominale, le participe passé de ce verbe s'accorde toujours en genre et en nombre avec son sujet. *Ils se sont débridés et se sont exprimés librement.*
CONJUGAISON : VOIR MODÈLE AIMER.

***DEBRIEFING**
Anglicisme pour ***réunion-bilan.***

DÉBRIS n. m.
Morceau, fragment d'une chose détruite. *À la suite de l'explosion, il y avait des débris d'avion partout.*
Ce nom s'emploie généralement au pluriel.
débris, attention au *s* final même au singulier.

DÉBROUILLARD, ARDE adj. et n. m. et f.
(FAM.) Qui sait se tirer d'embarras. *Elle est très débrouillarde et trouve des solutions à tous les problèmes. C'est une débrouillarde.* SYN. astucieux ; habile.

DÉBROUILLARDISE n. f.
(FAM.) Habileté à se tirer d'affaire, à s'arranger tout seul.

DÉBROUILLER v. tr., pronom.
VERBE TRANSITIF
Remettre en ordre, rendre clair. *Ils ont débrouillé la question.* SYN. clarifier ; débroussailler ; démêler ; éclaircir.
VERBE PRONOMINAL
(FAM.) Se tirer d'affaire par son habileté. *Elles se sont débrouillées et ont trouvé une solution.* SYN. s'arranger.
À la forme pronominale, le participe passé de ce verbe s'accorde toujours en genre et en nombre avec son sujet. *Les scouts se sont bien débrouillés en forêt.*
CONJUGAISON : VOIR MODÈLE AIMER.
Les lettres ***ill*** sont suivies d'un ***i*** à la première et à la deuxième personne du pluriel de l'indicatif imparfait et du subjonctif présent. *(Que) nous débrouillions, (que) vous débrouilliez.*

DÉBROUSSAILLEMENT n. m.
Action de débroussailler ; son résultat. SYN. débroussaillage.

DÉBROUSSAILLER v. tr.
1. Défricher, débarrasser de ses broussailles. SYN. déblayer ; dégager.
2. (FIG.) Mettre de l'ordre dans. *Avant tout, il faut débroussailler cette question.* SYN. clarifier ; débrouiller ; éclaircir.
CONJUGAISON : VOIR MODÈLE AIMER.
Les lettres ***ill*** sont suivies d'un ***i*** à la première et à la deuxième personne du pluriel de l'indicatif imparfait et du subjonctif présent. *(Que) nous débroussaillions, (que) vous débroussailliez.*

DÉBUSQUER v. tr.
1. Faire sortir le gibier du bois.
2. (FIG.) Chasser d'une position à l'écart, d'un lieu protégé.
CONJUGAISON : VOIR MODÈLE AIMER.

DÉBUT n. m.
1. Commencement. *Le début de l'hiver.* ANT. fin.
Si le complément est employé sans article, il se construit avec la préposition ***en***. Avec un article, on emploie l'article contracté ***au***. *En début de journée, au début de la journée.*
La tournure sans la préposition ***de, début mars,*** est familière.
2. (AU PLUR.) Période pendant laquelle on commence une carrière, une activité. *Elle a fait ses débuts à la télévision.*
FORMES FAUTIVES
*au tout début. Construction fautive pour ***au début, dès le début, tout au début, initialement.***
Cette construction est admise par certains auteurs, mais elle demeure critiquée par la plupart des spécialistes.
*les tout débuts. Construction fautive pour ***les débuts, les tout premiers débuts.***
début.

DÉBUTANT, ANTE adj. et n. m. et f.
ADJECTIF
Qui débute. *Des chercheurs débutants.* SYN. novice.
Ne pas confondre avec le participe présent invariable ***débutant***. *Les cours débutant la semaine prochaine, nous n'acceptons plus d'inscriptions.*
NOM MASCULIN ET FÉMININ
Personne qui débute, qui manque d'expérience. *Ce sont des débutants qui promettent.* SYN. apprenti ; novice.

DÉBUTER v. intr.
1. Faire ses débuts dans une profession. *Elle a débuté comme architecte dans un petit bureau.*
2. Commencer. *Le film débute par une scène très amusante. Les cours débutent à 13 h.*
Le verbe ***débuter*** est intransitif (il n'a pas de complément). *Les élèves commenceront* (et non *débuteront) *leur nouvelle année scolaire le 3 septembre.* Dans une phrase comportant un complément direct, on pourra employer les verbes ***amorcer, commencer, ébaucher, engager, entamer, entreprendre, lancer, mettre en marche...***
CONJUGAISON : VOIR MODÈLE AIMER.

DEÇÀ adv.
(VX) De ce côté-ci (par opposition à ***delà***). *La route était coupée ; ils durent s'arrêter en deçà.*
LOCUTIONS
– ***Deçà, delà.*** Çà et là, au hasard.
– ***En deçà de,*** loc. prép. De ce côté-ci. *Il pêche en deçà de la rivière.*
– ***En deçà de,*** loc. prép. (FIG.) Au-dessous de. *La population de la ville est en deçà de sept millions.*
– ***Rester en deçà de la vérité.*** (FIG.) Dire moins que la vérité.
La locution prépositive s'écrit sans trait d'union.
deçà.

DÉCA n. m.
Abréviation familière de ***café décaféiné.*** *Des décas.*

DÉCA- préf.
Symbole ***da*** (s'écrit sans point).
Préfixe qui multiplie par 10 l'unité qu'il précède. *Des décasecondes.*
Sa notation scientifique est 10^1.
VOIR TABLEAU – MULTIPLES ET SOUS-MULTIPLES DÉCIMAUX.

DÉCACHETAGE n. m.
Action de décacheter. *Le décachetage d'une lettre.*

DÉCACHETER v. tr.
Ouvrir (ce qui est cacheté). *Elle décachette l'enveloppe.*
CONJUGAISON : VOIR MODÈLE APPELER.
Redoublement du ***t*** devant un ***e*** muet. *Je décachette, je décachetterai,* mais *je décachetais.*
[Les *Rectifications* (1990) admettent : il décachète, décachètera, décachèterait...]

DÉCADE n. f.
Période de dix jours.
Ne pas confondre avec le nom ***décennie,*** période de dix ans.

DÉCADENCE n. f.
Déclin, commencement de la ruine. *La décadence des Romains.*

DÉCADENT, ENTE adj. et n. m. et f.
Qui est en décadence. *Une fin de siècle décadente.*

DÉCAFÉINÉ, ÉE adj. et n. m.
ADJECTIF
Dont on a enlevé la caféine. *Un café décaféiné.*
NOM MASCULIN
Café décaféiné. *Ce décaféiné ne m'empêchera pas de dormir.*
Cette expression est familièrement abrégée en ***déca.***

DÉCAFÉINER v. tr.
Enlever la caféine.
CONJUGAISON : VOIR MODÈLE AIMER.

DÉCAGONE n. m.
Polygone qui a dix angles et dix côtés.

DÉCAGRAMME n. m.
Symbole ***dag*** (s'écrit sans point).

DÉCAISSEMENT n. m.
Sortie de fonds. *Des décaissements importants.* SYN. débours.

DÉCAISSER v. tr.
Sortir des fonds d'une caisse. *Décaisser une petite somme d'argent.* ANT. encaisser.
CONJUGAISON : VOIR MODÈLE AIMER.

DÉCALAGE n. m.
1. Écart dans le temps ou dans l'espace. *Un décalage de six heures entre Montréal et Paris. Il y a un léger décalage entre le cadre et l'illustration.*
2. (FIG.) Défaut de correspondance entre des éléments. *Il y a un décalage important entre les thèses de ces historiens.* SYN. écart.

DÉCALCIFICATION n. f.
Diminution du calcium. *La décalcification des os.*

DÉCALCIFIER v. tr., pronom.
VERBE TRANSITIF
Priver un organisme d'une partie de son calcium.
VERBE PRONOMINAL
Être atteint de décalcification. *Ses os se décalcifient.*
À la forme pronominale, le participe passé de ce verbe s'accorde toujours en genre et en nombre avec son sujet. *Ses dents se sont décalcifiées.*
CONJUGAISON : VOIR MODÈLE ÉTUDIER.
Redoublement du ***i*** à la première et à la deuxième personne du pluriel de l'indicatif imparfait et du subjonctif présent. *(Que) nous décalcifiions, (que) vous décalcifiiez.*

DÉCALCOMANIE n. f.
1. Procédé grâce auquel un dessin est transposé d'une feuille à un objet.
2. La feuille comportant un tel dessin. *Poser des décalcomanies sur un cartable.*
Ne pas confondre avec le nom ***décalque,*** dessin copié à l'aide d'un transparent.

DÉCALÉ, ÉE adj.
Qui n'est pas en harmonie avec la réalité présente. SYN. déphasé.

DÉCALER v. tr.
Déplacer dans le temps ou dans l'espace. *On a décalé les travaux d'une semaine. Le jardinier décale les rosiers de façon irrégulière.*
CONJUGAISON : VOIR MODÈLE AIMER.

DÉCALITRE n. m.
Symbole ***dal*** (s'écrit sans point).
Mesure de capacité valant dix litres.

DÉCALQUAGE n. m.
Action de décalquer. *Le décalquage d'un plan.*
décal**qua**ge.

DÉCALQUE n. m.
Dessin copié à l'aide d'un transparent.
Ne pas confondre avec le nom ***décalcomanie,*** procédé grâce auquel un dessin est transposé d'une feuille à un objet, ou la feuille comportant un tel dessin.

DÉCALQUER v. tr.
Reporter le calque d'un dessin sur un papier transparent. *Décalquer le croquis d'un paysage.*
Ne pas confondre avec le verbe ***calquer,*** reproduire au moyen d'un papier transparent.
CONJUGAISON : VOIR MODÈLE AIMER.

DÉCAMÈTRE n. m.
Symbole ***dam*** (s'écrit sans point).
Mesure de longueur valant dix mètres.

DÉCAMPER v. intr.
(FAM.) S'enfuir précipitamment. *Le cambrioleur a décampé.* SYN. déguerpir; fuir; se sauver.
Ce verbe se conjugue généralement avec l'auxiliaire ***avoir.***
CONJUGAISON : VOIR MODÈLE AIMER.

DÉCAN n. m.
Subdivision du signe du zodiaque.
dé**can**.

DÉCANTATION n. f.
Action de décanter; fait de se décanter. *La décantation du vin.*

DÉCANTER v. tr., pronom.
VERBE TRANSITIF
1. Débarrasser un liquide de ses impuretés. *Cet ouvrage explique comment décanter le vin. Une carafe à décanter.*
2. (FIG.) Épurer, éclaircir. *Décanter ses idées.*
VERBE PRONOMINAL
S'épurer. *Ces vins se sont décantés peu à peu.* SYN. s'éclaircir.
À la forme pronominale, le participe passé de ce verbe s'accorde toujours en genre et en nombre avec son sujet. *Ces jus s'étaient décantés tout à fait.*
CONJUGAISON : VOIR MODÈLE AIMER.

DÉCAPAGE n. m.
Action de décaper; son résultat. *Le décapage d'un meuble.*

DÉCAPANT, ANTE adj. et n. m.
ADJECTIF
1. Qui décape. *Des produits décapants.*
2. (FIG.) Caustique, stimulant. *Un humour décapant.*
NOM MASCULIN
Produit servant au décapage. *Des décapants efficaces.*
Ne pas confondre avec le participe présent invariable ***décapant.*** *Nous aurons besoin de produits décapant le vernis et la peinture.*

DÉCAPER v. tr.
Nettoyer la surface d'une matière en grattant la peinture, le vernis, etc. *Décaper des boiseries.*
CONJUGAISON : VOIR MODÈLE AIMER.
dé**ca**per.

D

DÉCAPEUSE n. f.
Engin de terrassement qui fait de l'excavation, du transport de matériaux.
Ce nom a fait l'objet d'une recommandation officielle pour remplacer l'anglicisme ***scraper.***

DÉCAPITATION n. f.
Action de décapiter. *La décapitation de Louis XVI.*

DÉCAPITER v. tr.
1. Couper la tête de quelqu'un. *On décapita la reine Marie-Antoinette en 1793.*
2. (FIG.) Priver une entreprise, un organisme, un groupe de sa direction.
CONJUGAISON : VOIR MODÈLE AIMER.

DÉCAPOTABLE adj. et n. f.
ADJECTIF
Dont on peut retirer la capote. *Une voiture décapotable.*
NOM FÉMININ
Automobile décapotable. *Martine rêve d'une décapotable.*

DÉCAPOTER v. tr.
Enlever la capote de. *Ne décapote pas ton cabriolet : il va pleuvoir !*
CONJUGAISON : VOIR MODÈLE AIMER.

DÉCAPSULAGE n. m.
Action de décapsuler.

DÉCAPSULER v. tr.
Enlever la capsule d'une bouteille. *Étienne décapsule une bouteille d'eau minérale.*
Ne pas confondre avec le verbe ***déboucher,*** enlever le bouchon.
CONJUGAISON : VOIR MODÈLE AIMER.

DÉCAPSULEUR n. m.
Instrument servant à enlever les capsules de bouteilles. SYN. ouvre-bouteille.

DÉCAPUCHONNER v. tr., pronom.
VERBE TRANSITIF
Retirer le capuchon de quelqu'un, de quelque chose. *Elle décapuchonne son enfant, qui vient de rentrer. Décapuchonner un stylo.*
VERBE PRONOMINAL
Retirer son capuchon.
À la forme pronominale, le participe passé de ce verbe s'accorde toujours en genre et en nombre avec son sujet. *Elles se sont décapuchonnées.*
CONJUGAISON : VOIR MODÈLE AIMER.

DÉCARCASSER (SE) v. pronom.
(FAM.) Se donner du mal pour parvenir à un résultat. *Elle s'est décarcassée pour arriver à ses fins.* SYN. se démener.
Le participe passé de ce verbe, qui n'existe qu'à la forme pronominale, s'accorde toujours en genre et en nombre avec son sujet. *Ils se sont vraiment décarcassés pour nous.*
CONJUGAISON : VOIR MODÈLE AIMER.

DÉCATHLON n. m.
Compétition sportive comportant dix épreuves (saut en longueur, saut en hauteur, saut à la perche, 100 mètres, 400 mètres, 1500 mètres, 100 mètres haies, lancement du disque, du javelot, du poids).
Ce mot est formé avec le préfixe ***déca-*** du grec «*deka*», signifiant « dix », d'après le nom ***pentathlon*** du grec «*penta*» et «*athlos*», signifiant « cinq » et « combat ».
VOIR – PENTATHLON.
décathlon.

DÉCATHLONIEN, IENNE n. m. et f.
Athlète qui participe à un décathlon.

DÉCATI, IE adj.
Qui a perdu son apprêt, son lustre (pour une étoffe) et par extension, sa fraîcheur. *Une poupée décatie.*

DÉCATIR v. tr., pronom.
VERBE TRANSITIF
Enlever le lustre d'une étoffe.
VERBE PRONOMINAL
Perdre son lustre, sa fraîcheur ; vieillir.
À la forme pronominale, le participe passé de ce verbe s'accorde toujours en genre et en nombre avec son sujet. *Cette étoffe s'est décatie.*
CONJUGAISON : VOIR MODÈLE FINIR.

DÉCÉDER v. intr.
Mourir, dans la langue administrative. *Il est décédé* (et non *a décédé).
Ce verbe n'est généralement pas employé lorsqu'il s'agit d'une mort accidentelle ou violente. Il désigne l'action de mourir pour une personne, non pour des animaux, et ne se conjugue qu'avec l'auxiliaire ***être.***
CONJUGAISON : VOIR MODÈLE POSSÉDER.
Le deuxième ***é*** se change en ***è*** devant une syllabe contenant un ***e*** muet, sauf à l'indicatif futur et au conditionnel présent. *Il décède,* mais *il décédera.*
[Les *Rectifications* (1990) admettent : il décèdera, décèderait...]

DÉCELABLE adj.
Le ***e*** central ne se prononce pas, [deslabl].
Qui peut être decelé. *Une réparation à peine decelable.*

DÉCELER v. tr.
Le ***e*** de la deuxième syllabe ne se prononce pas, [desle].
Découvrir ce qui était caché. *Le médecin a decelé l'origine de ses malaises.* SYN. trouver.
HOM.
• ***desceller,*** ouvrir ce qui était scellé ;
• ***desseller,*** retirer la selle d'un cheval.
CONJUGAISON : VOIR MODÈLE CONGELER.
Le deuxième ***e*** se change en ***è*** devant une syllabe contenant un ***e*** muet. *Il décèle,* mais *il decelait.*

DÉCÉLÉRATION n. f.
1. Réduction de la vitesse d'un mobile. *La décélération d'une voiture.*
2. (FIG.) Réduction de la croissance. *Une décélération des taux d'intérêt.*

DÉCÉLÉRER v. intr.
Réduire la vitesse de son véhicule. *Il doit décélérer avant le virage.*
CONJUGAISON : VOIR MODÈLE POSSÉDER.
Le troisième ***é*** se change en ***è*** devant une syllabe contenant un ***e*** muet, sauf à l'indicatif futur et au conditionnel présent. *Il décélère,* mais *il décélérera.*
[Les *Rectifications* (1990) admettent : il décélèrera, décélèrerait...]

DÉCEMBRE n. m.
Douzième et dernier mois de l'année. *Les enfants attendent le 25 décembre avec impatience.*
T Les noms de mois s'écrivent avec une minuscule.
L'année romaine commençant en mars, décembre était donc le dixième mois chez les Romains.
VOIR TABLEAU – DATE.

DÉCEMMENT adv.
Le ***e*** de la deuxième syllabe se prononce ***a,*** [desamɑ̃].
1. Raisonnablement, sans risquer de décevoir. *Elle ne pouvait décemment refuser cette invitation.*
2. Convenablement. *Habille-toi décemment.* SYN. correctement.
décemment.

DÉCENCE n. f.
1. Bienséance, pudeur. *Les religieuses s'habillent avec décence.*
2. Tact, discrétion. *Ils ont eu la décence de se retirer en voyant notre chagrin.* SYN. politesse.
décence.

DÉCENNAL, ALE, AUX adj.
Qui a lieu tous les dix ans, qui dure dix ans.
VOIR TABLEAU – PÉRIODICITÉ ET DURÉE.

DÉCENNIE n. f.
Période de dix ans.
Ne pas confondre avec le nom ***décade,*** période de dix jours.
décennie.

DÉCENT, ENTE adj.
1. Convenable. *Pour entrer à l'église, il faut porter une tenue décente.* SYN. correct. ANT. indécent.
2. Acceptable, passable. *Des notes décentes.*
HOM. ***descend,*** du verbe ***descendre.***
décent.

DÉCENTRAGE n. m.
Action de décentrer; son résultat.

DÉCENTRALISATEUR, TRICE adj.
Relatif à la décentralisation. *Un gouvernement décentralisateur.*

DÉCENTRALISATION n. f.
Action de décentraliser. *Une décentralisation administrative.*

DÉCENTRALISER v. tr.
Éloigner du centre certains éléments d'un ensemble et accorder des pouvoirs de décision à des unités régionales ou locales. *Décentraliser une administration.*
CONJUGAISON : VOIR MODÈLE AIMER.

DÉCENTRER v. tr.
Déplacer le centre de.
CONJUGAISON : VOIR MODÈLE AIMER.

DÉCEPTION n. f.
Espoir non réalisé, insatisfaction. *Le refus de son amie lui a causé une grande déception.* SYN. désappointement; désillusion; frustration.

DÉCÉRÉBRER v. tr.
Enlever l'encéphale de (un animal), à titre expérimental.
CONJUGAISON : VOIR MODÈLE POSSÉDER.
Le ***é*** se change en ***è*** devant une syllabe contenant un ***e*** muet, sauf à l'indicatif futur et au conditionnel présent. *Je décérèbre,* mais *je décérébrerai.*
[Les *Rectifications* (1990) admettent : il décérèbrera, décérèbrerait...]

DÉCERNER v. tr.
Accorder (des honneurs, une récompense). *On lui a décerné le premier prix.* SYN. attribuer; donner; remettre.
CONJUGAISON : VOIR MODÈLE AIMER.

DÉCERVELER v. tr.
1. Faire sauter la cervelle de.
2. (FAM.) (FIG.) Rendre stupide. SYN. abrutir.
CONJUGAISON : VOIR MODÈLE APPELER.
Redoublement du ***l*** devant un ***e*** muet. *Je décervelle, je décervellerai,* mais *je décervelais.*
[Les *Rectifications* (1990) admettent : il décervèle, décervèlera, décervèlerait....]

DÉCÈS n. m.
Mort, dans la langue administrative. *Un acte de décès.*
Ce nom n'est généralement pas utilisé en cas de mort accidentelle ou violente et ne s'emploie que pour désigner la mort d'une personne, non d'un animal.
décès, un ***s*** final, même au singulier.

DÉCEVANT, ANTE adj.
Qui déçoit, qui ne répond pas aux espoirs, à une attente. *Ces résultats sont décevants.* SYN. insatisfaisant.

DÉCEVOIR v. tr.
Ne pas répondre aux espoirs de. *En refusant cette invitation, il a déçu son ami.* SYN. désappointer; frustrer.
CONJUGAISON : VOIR MODÈLE APERCEVOIR.
INDICATIF PRÉSENT *Je déçois, tu déçois, il déçoit, nous décevons, vous décevez, ils déçoivent.* IMPARFAIT *Je décevais.* PASSÉ SIMPLE *Je déçus.* FUTUR *Je décevrai.* CONDITIONNEL PRÉSENT *Je décevrais.* IMPÉRATIF PRÉSENT *Déçois, décevons, décevez.* SUBJONCTIF PRÉSENT *Que je déçoive.* IMPARFAIT *Que je déçusse.* PARTICIPE PRÉSENT *Décevant.* PASSÉ *Déçu, ue.*

DÉCHAÎNÉ, ÉE adj.
1. Qu'on ne peut calmer, excité. *Des élèves déchaînés.*
2. Violent. *Les flots déchaînés.* ANT. calme.
[Les *Rectifications* (1990) admettent : déchainé, déchainée.]

DÉCHAÎNEMENT n. m.
Le ***e*** de la troisième syllabe ne se prononce pas, [deʃɛnmɑ̃].
Fait de se déchaîner. *Le déchaînement d'un orage.*
[Les *Rectifications* (1990) admettent : déchainement.]

DÉCHAÎNER v. tr., pronom.
VERBE TRANSITIF
Provoquer. *Déchaîner les rires, l'enthousiasme.* SYN. exciter; soulever.
VERBE PRONOMINAL
1. S'emporter violemment. *En apprenant l'augmentation des impôts fonciers, il s'est déchaîné contre la Ville.* SYN. se mettre en colère.
2. Faire rage. *Les vents se sont déchaînés pendant des heures.*
À la forme pronominale, le participe passé de ce verbe s'accorde toujours en genre et en nombre avec son sujet. *La mer s'était déchaînée.*
CONJUGAISON : VOIR MODÈLE AIMER.
déchaîner.
[Les *Rectifications* (1990) admettent : déchainer.]

DÉCHANTER v. intr.
Être déçu. *En apprenant cet échec, ils ont déchanté.*
CONJUGAISON : VOIR MODÈLE AIMER.

DÉCHARGE n. f.
1. Tir d'arme à feu. *La décharge d'une carabine.*
2. Terrain où l'on jette les ordures. SYN. dépotoir.
3. ⚜ Déversoir d'un étang.
LOCUTIONS
– ***À sa décharge.*** À titre de justification, d'excuse.
– ***Décharge électrique.*** Secousse causée par le passage du courant électrique. *Une forte décharge* (et non *choc) *électrique.*
– ***Témoin à décharge.*** (DR.) Personne qui témoigne en justice en faveur d'un suspect. *La déposition des témoins à décharge.* SYN. témoin de la défense. ANT. témoin à charge; témoin de la poursuite.

DÉCHARGEMENT n. m.
Action de décharger (un véhicule); son résultat. *Le déchargement d'un camion.* ANT. chargement.

DÉCHARGER v. tr., pronom.
VERBE TRANSITIF
1. Débarrasser d'un poids, d'une charge, déposer quelque part (des choses transportées). *Les débardeurs déchargent le navire. Décharger des marchandises.* ANT. charger.
2. Débarrasser quelqu'un de quelque chose. *Étienne décharge son père des travaux de bricolage.* SYN. libérer.
VERBE PRONOMINAL
1. Se vider de son chargement. *Les camions se sont déchargés de leur sable.* ANT. se charger.

2. Se libérer de quelque chose. *Il se déchargea de cette responsabilité sur ses collègues.* ANT. se charger.
À la forme pronominale, le participe passé de ce verbe s'accorde toujours en genre et en nombre avec son sujet. *Elles se sont déchargées de leurs multiples tâches.*
CONJUGAISON : VOIR MODÈLE CHANGER.
Le ***g*** est suivi d'un ***e*** devant les lettres ***a*** et ***o***. *Il déchargea, nous déchargeons.*

DÉCHARNÉ, ÉE adj.
Extrêmement maigre. SYN. amaigri ; squelettique.

DÉCHARNER v. tr.
Rendre décharné. SYN. amaigrir.
CONJUGAISON : VOIR MODÈLE AIMER.

DÉCHAUSSEMENT n. m.
Le fait de se déchausser.

DÉCHAUSSER v. tr., pronom.
VERBE TRANSITIF
1. Ôter les chaussures de quelqu'un. *Déchausser un enfant.*
2. Mettre à nu le pied, la base de. *Déchausser un arbre.*
VERBE PRONOMINAL
1. Ôter ses chaussures. *Elles se sont déchaussées en entrant.*
2. Se dénuder jusqu'à la racine, en parlant des dents. *Ses dents se sont déchaussées.*
À la forme pronominale, le participe passé de ce verbe s'accorde toujours en genre et en nombre avec son sujet. *À Bagdad, les journalistes ne s'étaient pas déchaussés pour la conférence de presse du président Bush.*
CONJUGAISON : VOIR MODÈLE AIMER.

DÈCHE n. f.
(FAM.) Misère. *Être dans la dèche.* SYN. pauvreté.

DÉCHÉANCE n. f.
1. Chute, décadence. *Le jeu a causé cette déchéance.*
2. (DR.) Perte d'un droit, d'une fonction.

DÉCHET n. m.
Débris, résidu. *Des déchets biodégradables.* SYN. ordure.
Pour la maison, on procède à l'***enlèvement*** des ordures ménagères (et non à leur *cueillette) et, pour les entreprises, à la ***récupération*** ou à l'***enlèvement*** des déchets industriels.
Le nom s'emploie généralement au pluriel.

DÉCHIFFRABLE adj.
Qui peut être déchiffré. *Cette écriture est déchiffrable.* SYN. lisible. ANT. illisible ; indéchiffrable.

DÉCHIFFRAGE n. m.
Lecture de la musique.

DÉCHIFFREMENT n. m.
Lecture d'un message codé, d'une écriture difficile à comprendre. SYN. décodage.

DÉCHIFFRER v. tr.
Décoder, lire difficilement. *Je n'arrive pas à déchiffrer ton écriture.* SYN. comprendre ; décrypter.
CONJUGAISON : VOIR MODÈLE AIMER.

DÉCHIQUETAGE n. m.
Le ***e*** central ne se prononce pas, [deʃiktaʒ].
Action de déchiqueter ; son résultat. *Le déchiquetage de dossiers.*

DÉCHIQUETER v. tr.
Le ***e*** central ne se prononce pas, [deʃikte].
Découper en menus morceaux, en pièces, par arrachement. *Déchiqueter des dossiers secrets.* SYN. déchirer.
CONJUGAISON : VOIR MODÈLE APPELER.
Redoublement du ***t*** devant un ***e*** muet. *Je déchiquette, je déchiquetterai*, mais *je déchiquetais.*
[Les *Rectifications* (1990) admettent : il déchiquète, déchiquètera, déchiquèterait...]

DÉCHIQUETEUR n. m.
Le ***e*** central ne se prononce pas, [deʃiktœr].
Machine servant à découper en pièces.

DÉCHIRANT, ANTE adj.
Qui déchire le cœur. *Des adieux déchirants.* SYN. bouleversant ; douloureux ; poignant.

DÉCHIREMENT n. m.
Le ***e*** central ne se prononce pas, [deʃirmɑ̃].
1. Lacération. *Le déchirement d'un tendon.*
2. (FIG.) Grand chagrin. *Le déchirement de perdre un être cher.*

DÉCHIRER v. tr., pronom.
VERBE TRANSITIF
1. Mettre en pièces, sans l'aide d'un instrument tranchant. *Déchirer une lettre.* SYN. déchiqueter.
2. (FIG.) Causer une vive douleur à. *Leurs adieux m'ont déchiré.* SYN. affliger ; attrister ; bouleverser ; peiner.
VERBE PRONOMINAL
Se faire souffrir mutuellement. *Ils ne cessent de se déchirer.*
À la forme pronominale, le participe passé de ce verbe s'accorde en genre et en nombre avec le complément direct si celui-ci le précède. *Le tendon qu'elle s'est déchiré. Ces adversaires politiques se sont déchirés.* Le participe passé reste invariable si le complément direct suit le verbe. *Elle s'est déchiré un ligament.*
CONJUGAISON : VOIR MODÈLE AIMER.

DÉCHIRURE n. f.
Rupture faite en déchirant. *Il a fait une déchirure à son pantalon.* SYN. accroc.

DÉCHOIR v. intr.
Tomber dans un état inférieur à celui où l'on était. *Elle est déchue de ses prérogatives. Il a déchu de son rang.*
Le verbe ***déchoir*** se conjugue avec les auxiliaires ***être*** ou ***avoir*** pour exprimer soit un état, soit une action.
CONJUGAISON
INDICATIF PRÉSENT *Je déchois, tu déchois, il déchoit, ils déchoient.* PASSÉ SIMPLE *Je déchus, tu déchus.* FUTUR *Je déchoirai, tu déchoiras.* CONDITIONNEL PRÉSENT *Je déchoirais, tu déchoirais.* SUBJONCTIF PRÉSENT *Que je déchoie, que tu déchoies, qu'il déchoie, que nous déchoyions, que vous déchoyiez, qu'ils déchoient.* IMPARFAIT *Que je déchusse, que tu déchusses.* PARTICIPE PASSÉ *Déchu, ue.*

DÉCHU, UE adj.
1. Tombé dans un état inférieur. *Un empereur déchu.*
2. Privé de ses droits. *Une personne déchue de sa citoyenneté.*

DÉCI- préf.
Symbole ***d*** (s'écrit sans point).
Préfixe qui multiplie par 0,1 l'unité qu'il précède. *Des décisecondes.*
Sa notation scientifique est 10^{-1}.
VOIR TABLEAU – MULTIPLES ET SOUS-MULTIPLES DÉCIMAUX.

DÉCIBEL n. m.
Symbole ***dB*** (s'écrit sans point).
Unité d'intensité du son. *Quinze décibels.*
Attention au genre masculin de ce nom : ***un*** décibel.

DÉCIDÉ, ÉE adj.
Ferme, résolu. *Il marche d'un pas décidé.* SYN. déterminé ; volontaire.
Les synonymes ***décidé, persévérant, tenace, volontaire*** ont un sens favorable, tandis que les adjectifs ***buté, entêté, têtu*** ont un sens défavorable. Selon le contexte, l'adjectif ***obstiné*** peut avoir une connotation favorable ou défavorable.

DÉCIDÉMENT adv.
À coup sûr, en définitive. *Décidément, il gaffe toujours, cet idiot.*

DÉCIDER v. tr., pronom.
VERBE TRANSITIF DIRECT
1. Prendre une décision. *Que décidez-vous ?*
Le verbe se construit avec l'indicatif ou le conditionnel. *Elle a décidé qu'elle sera* ou *serait présente.*
2. Persuader quelqu'un de faire quelque chose. *Elle les a décidés à tenter le tout pour le tout.* SYN. convaincre.
VERBE TRANSITIF INDIRECT
Opter pour, choisir. *Nous avons décidé de poursuivre le travail. Nous avons décidé de la date des vacances.*
Le verbe se construit avec la préposition ***de*** suivie d'un infinitif ou d'un nom.
VERBE PRONOMINAL
Faire un choix. *Elles se sont décidées à venir. Ils se décideront peut-être pour le Mexique.* SYN. choisir.
À la forme pronominale, le verbe se construit avec la préposition ***à*** suivie de l'infinitif ou avec la préposition ***pour*** suivie d'un nom.
À la forme pronominale, le participe passé de ce verbe s'accorde toujours en genre et en nombre avec son sujet. *Ils se sont enfin décidés.*
Ne pas confondre avec les verbes suivants :
• ***arrêter,*** décider quelque chose dans son esprit ;
• ***décréter,*** ordonner par décret ;
• ***ordonner,*** donner un ordre ;
• ***trancher,*** décider sans appel.
CONJUGAISON : VOIR MODÈLE AIMER.

DÉCIDEUR, EUSE n. m. et f.
Personne physique ou morale ayant le pouvoir de prendre des décisions importantes. *Les décideurs d'une entreprise.*

DÉCIGRAMME n. m.
Symbole ***dg*** (s'écrit sans point).
Dixième partie du gramme.

DÉCILE n. m.
Dixième partie d'un ensemble de données statistiques. *Le 8e décile.*

DÉCILITRE n. m.
Symbole ***dl*** (s'écrit sans point).
Dixième partie du litre.

DÉCIMAL, ALE, AUX adj.
Qui a pour base le nombre dix. *Système décimal, des nombres décimaux. Une numérotation décimale.*

DÉCIMALE n. f.
Chacun des chiffres inscrits après le signe décimal d'un nombre. *Le nombre 40,751 comporte trois décimales.*
T 1° Dans le système métrique, le signe décimal est la virgule, alors que, selon l'usage américain, ce signe est le point.
2° Le nombre décimal s'écrit sans espace et les unités ne se séparent pas des dixièmes. *40,25 kg* (et non *40 kg,25).
3° Lorsque le nombre est inférieur à l'unité, la virgule décimale est précédée d'un zéro. *0,25.*

DÉCIMER v. tr.
Tuer en grand nombre. *La famine a décimé ces populations.*
Autrefois, ***décimer*** signifiait « tuer une personne sur dix ».
CONJUGAISON : VOIR MODÈLE AIMER.

DÉCIMÈTRE n. m.
Symbole ***dm*** (s'écrit sans point).
Dixième partie du mètre.

DÉCINTRAGE n. m.
Action de décintrer ; son résultat.

DÉCINTRER v. tr.
Rendre un vêtement moins ajusté.
CONJUGAISON : VOIR MODÈLE AIMER.

DÉCISIF, IVE adj.
Déterminant. *Un moment décisif, un but décisif, une influence décisive.* SYN. capital ; prépondérant.

DÉCISION n. f.
1. Fait de prendre une résolution, de décider. *La décision me revient : il faut trancher.*
2. Résultat de ce choix. *J'ai pris ma décision* ou *ma décision est prise : je vais au cinéma.* SYN. choix ; résolution.
FORME FAUTIVE
*faire une décision. Anglicisme pour ***prendre une décision.***

DÉCISIONNEL, ELLE adj.
Relatif à une décision, à la prise de décisions. *Un rôle décisionnel.*

DÉCLAMATION n. f.
1. Art de déclamer. *La déclamation d'une pièce de théâtre.*
2. (PÉJ.) Phrase pompeuse, emphase.

DÉCLAMATOIRE adj.
1. Relatif à une déclamation.
2. Pompeux, emphatique. *Un style déclamatoire.*

DÉCLAMER v. tr.
Prononcer sur un ton emphatique. *Déclamer des vers.*
Ne pas confondre avec le verbe ***débiter,*** prononcer vite et sans y mettre l'intonation nécessaire.
CONJUGAISON : VOIR MODÈLE AIMER.

DÉCLARATION n. f.
1. Annonce officielle orale ou écrite. *Une déclaration surprenante.* SYN. discours.
2. Action de déclarer un fait, une situation. *Une déclaration de douane.*
LOCUTION
– ***Déclaration des revenus, déclaration d'impôts.*** Déclaration fiscale. *Il faut terminer la déclaration des revenus* ou *la déclaration d'impôts* (et non le *rapport d'impôt) *pour le 30 avril.*

DÉCLARER v. tr., pronom.
VERBE TRANSITIF
1. Annoncer de façon officielle. *Déclarer la guerre à la famine.* SYN. proclamer.
2. Faire connaître. *Déclarer ses sentiments.* SYN. avouer.
Le verbe ***déclarer*** + ***que*** se construit avec l'indicatif ou le conditionnel. *Elle déclare que nous devons* ou *devrions faire partie du groupe.*
VERBE PRONOMINAL
1. Faire connaître quelque chose. *Nos concurrents se sont déclarés en désaccord avec nous.* SYN. se prononcer.
2. Se manifester. *Une épidémie s'est déclarée.* SYN. apparaître.
À la forme pronominale, le participe passé de ce verbe s'accorde toujours en genre et en nombre avec son sujet. *Elles se sont déclarées satisfaites.*
CONJUGAISON : VOIR MODÈLE AIMER.

DÉCLASSÉ, ÉE adj. et n. m. et f.
Qui est hors de sa classe. *Des produits déclassés.*

DÉCLASSEMENT n. m.
Action de déclasser quelqu'un, quelque chose ; son résultat.

DÉCLASSER v. tr., pronom.
VERBE TRANSITIF
Faire passer dans une catégorie inférieure. *Déclasser des œufs.*
VERBE PRONOMINAL
Tomber à un rang inférieur. *Cette athlète s'est déclassée.*
À la forme pronominale, le participe passé de ce verbe s'accorde toujours en genre et en nombre avec son sujet. *Cette équipe s'est déclassée.*
CONJUGAISON : VOIR MODÈLE AIMER.

D

DÉCLENCHANT, ANTE adj.
Qui déclenche, qui provoque. *La survenue d'une migraine est liée à un ou à plusieurs facteurs déclenchants tels que les stimulations sensorielles (bruit, chaleur, lumière), les facteurs psychologiques (contrariété, émotion, stress). « J'ai toujours essayé de trouver des images contradictoires, des éléments déclenchants pour stimuler l'imagination »* (Pierre Lapointe, cité dans *L'Humanité*).

DÉCLENCHEMENT n. m.
Action de déclencher; son résultat. *Le déclenchement des hostilités.*

DÉCLENCHER v. tr., pronom.
VERBE TRANSITIF
1. Mettre en marche (un mécanisme, un dispositif). *La fumée a déclenché une sonnerie.*
2. (FIG.) Lancer. *Déclencher une attaque.*
3. (FIG.) Provoquer. *Ces injustices ont déclenché une grève.*
VERBE PRONOMINAL
1. Se mettre en mouvement. *L'alarme s'est déclenchée quand on a ouvert la fenêtre du sous-sol.*
2. Se produire brusquement. *Une crise s'est déclenchée.*
À la forme pronominale, le participe passé de ce verbe s'accorde toujours en genre et en nombre avec son sujet. *Une sonnette d'alarme s'est déclenchée.*
CONJUGAISON : VOIR MODÈLE AIMER.

DÉCLIC n. m.
1. Mécanisme de déclenchement. SYN. déclencheur.
2. Bruit sec de ce qui se déclenche. *Un déclic se fit entendre et la porte s'ouvrit.*
3. (FIG.) Intuition soudaine. *Le déclic s'est fait : il a compris.*
déclic.

DÉCLIN n. m.
1. État d'une chose qui penche vers sa fin. *Le soleil était à son déclin* ou *sur son déclin.* SYN. décroissance.
2. (FIG.) Diminution de vigueur, de grandeur, de pouvoir. *Le déclin d'une entreprise.*
déclin.

DÉCLINABLE adj.
Qui se décline.

DÉCLINAISON n. f.
1. Ensemble des terminaisons d'un mot variable qui marquent le genre, le nombre et le cas. *Apprendre les déclinaisons latines.*
2. (COMM.) Présentation d'un produit, d'une gamme sous plusieurs formes.

DÉCLINANT, ANTE adj.
Qui va vers son déclin. *Une santé déclinante.*

DÉCLINER v. tr., intr., pronom.
VERBE TRANSITIF
1. Faire varier la désinence d'un mot selon sa fonction.
2. Énumérer. *Décliner son âge, sa profession.*
3. Refuser courtoisement. *Elle a décliné mon invitation.* ANT. accepter.
4. Rejeter. *Nous déclinons toute responsabilité.* SYN. refuser.
5. (COMM.) Présenter un produit, une gamme sous plusieurs formes ou en exploiter les différents sous-produits.
VERBE INTRANSITIF
Décroître. *Le soleil décline. Ses forces déclinent.* SYN. baisser; diminuer.
VERBE PRONOMINAL
Adopter les différentes formes d'une déclinaison. *Le nom latin «rosa» se décline «rosa, rosa, rosam»…*
À la forme pronominale, le participe passé de ce verbe s'accorde toujours en genre et en nombre avec son sujet. *Ces noms se sont déclinés ainsi.*
CONJUGAISON : VOIR MODÈLE AIMER.

DÉCLIQUETER v. tr.
Le ***e*** central ne se prononce pas, [deklikte].
Dégager le cliquet de.
CONJUGAISON : VOIR MODÈLE APPELER.
Redoublement du ***t*** devant un ***e*** muet. *Je décliquette, je décliquetterai,* mais *je décliquetais.*
[Les *Rectifications* (1990) admettent : il décliquète, décliquètera, décliquèterait…]

DÉCLIVITÉ n. f.
État de ce qui va en pente. *La déclivité d'un terrain.*

DÉCLOISONNEMENT n. m.
Action de décloisonner; son résultat. *Le décloisonnement des études.*

DÉCLOISONNER v. tr.
Réduire les champs de spécialisation, les structures qui entravent la libre circulation des idées. *Décloisonner une unité administrative.*
CONJUGAISON : VOIR MODÈLE AIMER.

DÉCLOUER v. tr.
Défaire ce qui est cloué. *Déclouer une tablette.*
CONJUGAISON : VOIR MODÈLE AIMER.

DÉCO adj. inv.
Abréviation de ***décoratif.*** *Le style Art déco a été à la mode vers 1925.*

DÉCOCHER v. tr.
1. Lancer (un projectile) avec un arc. *Décocher une flèche.*
2. (FIG.) Lancer avec malice. *Décocher une réplique.*
CONJUGAISON : VOIR MODÈLE AIMER.

DÉCOCTION n. f.
1. Action de faire bouillir des substances.
2. Le liquide obtenu. *Il buvait une décoction d'herbes.*

DÉCODAGE n. m.
Action de décoder; son résultat. *Le décodage d'un message secret.* SYN. déchiffrage; transcription.

DÉCODER v. tr.
Traduire en clair un texte écrit en code. *Arrives-tu à décoder ce message secret ?* SYN. déchiffrer; décrypter; transcrire.
CONJUGAISON : VOIR MODÈLE AIMER.

DÉCODEUR n. m.
Appareil destiné à décoder des signaux, à accéder à une chaîne de télévision.

DÉCOIFFER v. tr., pronom.
VERBE TRANSITIF
1. Dépeigner. *Le vent l'a décoiffée.*
2. (FIG.) (FAM.) Surprendre, déranger. *Un message publicitaire qui décoiffe.* SYN. déconcerter; décontenancer; désarçonner.
VERBE PRONOMINAL
1. Défaire l'ordre de sa coiffure. *Je ne voudrais pas me décoiffer.* SYN. se dépeigner.
2. Retirer son chapeau. *Au musée, elle ne s'est pas décoiffée : elle a gardé son béret.*
À la forme pronominale, le participe passé de ce verbe s'accorde toujours en genre et en nombre avec son sujet. *Elles se sont décoiffées.*
CONJUGAISON : VOIR MODÈLE AIMER.

DÉCOINÇAGE ou **DÉCOINCEMENT** n. m.
Action de décoincer; son résultat.
décoinçage.

DÉCOINCER v. tr., pronom.
VERBE TRANSITIF
Dégager ce qui était coincé. *Elle décoinça sa fermeture éclair.*
VERBE PRONOMINAL
1. Se dégager, se déprendre. *Les mécanismes se sont décoincés.*
2. (FIG.) (FAM.) Être moins guindé, perdre sa réserve, sa timidité. *Au bout d'un moment, les invités se sont décoincés.*

À la forme pronominale, le participe passé de ce verbe s'accorde toujours en genre et en nombre avec son sujet. *Les fermetures éclair se sont décoincées.*
CONJUGAISON : VOIR MODÈLE AVANCER.
Le **c** prend une cédille devant les lettres **a** et **o**. *Il décoinça, nous décoinçons.*

DÉCOLÉRER v. intr.
Cesser d'être en colère. *Insulté, il n'a pas décoléré de la soirée.*
Ce verbe est surtout utilisé à la forme négative.
CONJUGAISON : VOIR MODÈLE POSSÉDER.
Le deuxième **é** se change en **è** devant une syllabe contenant un **e** muet, sauf à l'indicatif futur et au conditionnel présent. *Je ne décolère pas,* mais *je ne décolérerai pas.*
[Les *Rectifications* (1990) admettent : il décolèrera, décolèrerait...]

DÉCOLLAGE n. m.
Action de quitter le sol, en parlant d'un avion. *Le décollage d'un avion. Il faut garder sa ceinture bouclée tout au long du décollage.*
Ne pas confondre avec le nom ***décollement***, action accidentelle de se décoller.

DÉCOLLEMENT n. m.
Action accidentelle de se décoller. *Le décollement de la rétine.*
Ne pas confondre avec le nom ***décollage***, action de décoller.

DÉCOLLER v. tr., intr., pronom.
VERBE TRANSITIF DIRECT
Détacher ce qui est collé. *Décolle ce papier peint, nous allons le remplacer.*
VERBE TRANSITIF INDIRECT
(FAM.) S'en aller, partir. *Quand ces visiteurs désagréables vont-ils décoller d'ici ?*
En ce sens, le verbe se construit avec la préposition ***de***.
VERBE INTRANSITIF
Quitter le sol, en parlant d'un avion. *L'avion a décollé à 20 heures hier.* SYN. s'envoler.
VERBE PRONOMINAL
Cesser d'adhérer, se détacher. *Le papier peint se décolle en raison de l'humidité.*
À la forme pronominale, le participe passé de ce verbe s'accorde en genre et en nombre avec le complément direct si celui-ci le précède. *La rétine qu'il s'est décollée. Les autocollants se sont décollés.* Le participe passé reste invariable si le complément direct suit le verbe. *Elle s'est décollé la rétine gauche.*
CONJUGAISON : VOIR MODÈLE AIMER.
décoller.

DÉCOLLETÉ, ÉE adj. et n. m.
ADJECTIF
Qui laisse apparaître le cou, la gorge. *Une robe très décolletée.* SYN. échancré.
NOM MASCULIN
1. La partie décolletée d'une robe, d'un corsage. *Un décolleté en pointe.*
2. La partie de la gorge ainsi découverte. *Un beau décolleté.*

DÉCOLLETER v. tr., pronom.
VERBE TRANSITIF
Découvrir le cou, la gorge de.
VERBE PRONOMINAL
Porter une toilette qui laisse à découvert le cou, les épaules, en parlant d'une femme. *Elle s'était décolletée pour le bal.*
À la forme pronominale, le participe passé de ce verbe s'accorde toujours en genre et en nombre avec son sujet. *Elles se sont décolletées audacieusement.*
CONJUGAISON : VOIR MODÈLE APPELER.
Redoublement du **t** devant un **e** muet. *Je décollette, je décolletterai,* mais *je décolletais.*
[Les *Rectifications* (1990) admettent : il décollète, décollètera, décollèterait...]

DÉCOLONISATION n. f.
Action de décoloniser.

DÉCOLONISER v. tr.
Accorder l'indépendance à une colonie.
CONJUGAISON : VOIR MODÈLE AIMER.

DÉCOLORANT, ANTE adj. et n. m.
Se dit d'une substance qui décolore. *Des produits décolorants. Ce décolorant est trop faible.*

DÉCOLORATION n. f.
Altération de la couleur naturelle.

DÉCOLORER v. tr., pronom.
VERBE TRANSITIF
Altérer, éclaircir la couleur de. *Le soleil décolore les imprimés. As-tu décoloré tes cheveux ?*
VERBE PRONOMINAL
Perdre sa couleur. *Exposés au soleil, ces tissus finissent par se décolorer.*
À la forme pronominale, le participe passé de ce verbe s'accorde en genre et en nombre avec le complément direct si celui-ci le précède. *Les favoris qu'il s'est décolorés.* Le participe passé reste invariable si le complément direct suit le verbe. *Elles se sont décoloré les cheveux.* S'il n'y a pas de complément direct, le participe passé s'accorde avec le sujet. *Ces imprimés se sont décolorés.*
CONJUGAISON : VOIR MODÈLE AIMER.

DÉCOMBRES n. m. pl.
Débris d'un édifice détruit par un incendie, une démolition, un séisme, etc. *On l'a retrouvée vivante sous les décombres 11 jours après le tremblement de terre.*
Ce nom ne s'emploie qu'au pluriel.

DÉCOMMANDER v. tr., pronom.
VERBE TRANSITIF
Annuler une commande, une invitation. *Décommander* (et non *canceller) *un taxi.*
VERBE PRONOMINAL
Annuler un engagement, un rendez-vous. *Je dois me décommander : je ne pourrai être des vôtres ce soir.*
À la forme pronominale, le participe passé de ce verbe s'accorde toujours en genre et en nombre avec son sujet. *Ses collègues se sont décommandés en raison d'un travail à terminer.*
CONJUGAISON : VOIR MODÈLE AIMER.

DÉCOMPACTAGE n. m.
(INFORM.) Action de ramener des données compactées à leur état initial. ANT. compactage.

DÉCOMPACTER v. tr.
(INFORM.) Ramener des données compactées à leur état initial. SYN. compresser. ANT. compacter.
CONJUGAISON : VOIR MODÈLE AIMER.

DÉCOMPOSABLE adj.
Que l'on peut décomposer. *Une équation décomposable.*

DÉCOMPOSER v. tr., pronom.
VERBE TRANSITIF
1. Ramener aux éléments premiers. *Décomposer une phrase. Le chimiste a décomposé ce produit.* SYN. analyser.
2. Pourrir. *Le soleil décompose les viandes.* SYN. gâter.
3. (FIG.) Modifier par l'émotion, la peur, etc. *La terreur décomposait son visage.* SYN. défigurer.
VERBE PRONOMINAL
S'altérer, se pourrir. *Avec la chaleur, la viande se décompose rapidement.* SYN. s'avarier.

D

À la forme pronominale, le participe passé de ce verbe s'accorde toujours en genre et en nombre avec son sujet. *Ces produits se sont décomposés.*
CONJUGAISON : VOIR MODÈLE AIMER.

DÉCOMPOSITION n. f.
1. Action de décomposer en ses éléments de base. *La décomposition d'un problème.* SYN. analyse.
2. Pourriture d'une substance organique. *Un produit en décomposition.*

DÉCOMPRESSER v. tr., intr.
VERBE TRANSITIF
Réduire la compression de. SYN. décomprimer.
VERBE INTRANSITIF
(FIG.) (FAM.) Se décontracter. *Tu es trop tendue, décompresse un peu.* SYN. se détendre.
CONJUGAISON : VOIR MODÈLE AIMER.

DÉCOMPRESSION n. f.
Suppression ou diminution de la pression.

DÉCOMPRIMER v. tr.
Réduire la compression de. SYN. décompresser.
CONJUGAISON : VOIR MODÈLE AIMER.

DÉCOMPTE n. m.
1. Réduction d'un compte.
2. Décomposition d'un tout en ses éléments. *Le décompte détaillé des matériaux.*
décompte.

DÉCONCENTRATION n. f.
Action de déconcentrer; son résultat.

DÉCONCENTRER v. tr., pronom.
VERBE TRANSITIF
1. Diminuer la concentration de. *Déconcentrer un bouillon.*
2. Réduire l'attention de. *Le bruit les déconcentre.* SYN. distraire.
VERBE PRONOMINAL
Perdre sa concentration. *Avec tout ce bruit, elle s'est déconcentrée.*
À la forme pronominale, le participe passé de ce verbe s'accorde toujours en genre et en nombre avec son sujet. *Elles s'étaient déconcentrées.*
CONJUGAISON : VOIR MODÈLE AIMER.

DÉCONCERTANT, ANTE adj.
Surprenant. *Une réponse inattendue et très déconcertante.* SYN. déroutant; étonnant; inattendu.

DÉCONCERTER v. tr.
Surprendre, dérouter. *Ces résultats surprenants ont déconcerté l'enseignant.* SYN. étonner.
CONJUGAISON : VOIR MODÈLE AIMER.

DÉCONFIT, ITE adj.
Décontenancé, à la suite d'un échec.
déconfit.

DÉCONFITURE n. f.
(FIG.) Échec complet. *Ils ont encore perdu : c'est la déconfiture totale.* SYN. faillite.

DÉCONGÉLATION n. f.
Action de décongeler. *Le four à micro-ondes permet une décongélation rapide.*

DÉCONGELER v. tr.
Ramener un corps congelé à la température ordinaire. *Décongeler un poulet dans un four à micro-ondes.*
CONJUGAISON : VOIR MODÈLE CONGELER.
Le ***e*** se change en ***è*** devant une syllabe contenant un ***e*** muet. *Il décongèle*, mais *il décongelait.*

DÉCONGESTION n. f.
Suppression de la congestion. *Des gouttes pour la décongestion des sinus.*

DÉCONGESTIONNEMENT n. m.
Disparition de la congestion.

DÉCONGESTIONNER v. tr.
1. Faire disparaître la congestion de. *Ce médicament décongestionne les conduits respiratoires.*
2. (FIG.) Réduire l'encombrement de. *Décongestionner les artères commerciales.* SYN. dégager; libérer.
CONJUGAISON : VOIR MODÈLE AIMER.

DÉCONNECTER v. tr., pronom.
VERBE TRANSITIF
1. Supprimer une connexion électrique. ANT. connecter.
2. (FIG.) Couper de la réalité. *Des recherches déconnectées des besoins actuels.* SYN. (FAM.) débrancher.
VERBE PRONOMINAL
Interrompre la connexion physique entre un ordinateur et un réseau informatique.
À la forme pronominale, le participe passé de ce verbe s'accorde toujours en genre et en nombre avec son sujet. *Ils se sont déconnectés afin d'éviter le piratage de leurs données.*
LOCUTION
– ***Être déconnecté.*** (FIG.) Être coupé de la réalité; y perdre intérêt, ne plus se sentir concerné par quelque chose.
Ne pas confondre avec le verbe ***débrancher,*** arrêter un appareil électrique en défaisant son branchement.
CONJUGAISON : VOIR MODÈLE AIMER.

DÉCONNER v. intr.
1. (FAM.) Dire, faire des bêtises.
2. (FAM.) Blaguer. *Cesse de déconner, tu n'es pas drôle !* SYN. plaisanter.
CONJUGAISON : VOIR MODÈLE AIMER.

DÉCONNEXION n. f.
Action de déconnecter; son résultat.
déconnexion

DÉCONSEILLER v. tr.
Conseiller de ne pas faire une chose. *Déconseiller un exercice qui peut causer des blessures au dos. Il lui a déconseillé de venir.* SYN. dissuader.
CONJUGAISON : VOIR MODÈLE AIMER.
Les lettres ***ill*** sont suivies d'un ***i*** à la première et à la deuxième personne du pluriel de l'indicatif imparfait et du subjonctif présent. *(Que) nous déconseillions, (que) vous déconseilliez.*

DÉCONSIDÉRER v. tr., pronom.
VERBE TRANSITIF
Faire perdre l'estime et la considération à. SYN. dénigrer; discréditer.
VERBE PRONOMINAL
Agir de façon à perdre l'estime. *Ils se sont déconsidérés en répandant ces faussetés.*
À la forme pronominale, le participe passé de ce verbe s'accorde toujours en genre et en nombre avec son sujet. *Ces menteurs se sont déconsidérés.*
CONJUGAISON : VOIR MODÈLE POSSÉDER.
Le ***é*** se change en ***è*** devant une syllabe contenant un ***e*** muet, sauf à l'indicatif futur et au conditionnel présent. *Je déconsidère*, mais *je déconsidérerai.*
[Les *Rectifications* (1990) admettent : il déconsidèrera, déconsidèrerait...]

DÉCONSIGNER v. tr.
Enlever la consigne, rembourser le prix de la consigne de.
CONJUGAISON : VOIR MODÈLE AIMER.

DÉCONTAMINATION n. f.
Réduction, élimination des effets d'une contamination.

DÉCONTAMINER v. tr.
Effectuer la décontamination de. *La rivière est polluée : on doit la décontaminer.* SYN. dépolluer.
CONJUGAISON : VOIR MODÈLE AIMER.

DÉCONTENANCER v. tr., pronom.
Le *e* central ne se prononce pas, [dekɔ̃tnɑ̃se].
VERBE TRANSITIF
Déconcerter. *Il nous décontenança avec sa réponse.* SYN. (FAM.) décoiffer ; désarçonner.
VERBE PRONOMINAL
Se troubler. *Elle se décontenança en nous apercevant.* SYN. se démonter.
À la forme pronominale, le participe passé de ce verbe s'accorde toujours en genre et en nombre avec son sujet. *Ils se sont décontenancés en voyant leur directeur.*
CONJUGAISON : VOIR MODÈLE AVANCER.
Le *c* prend une cédille devant les lettres *a* et *o*. *Il décontenança, nous décontenançons.*

DÉCONTRACTÉ, ÉE adj.
(FAM.) Détendu. *Une rencontre décontractée.*
Dans un style soigné, on préférera les adjectifs ***détendu, calme, désinvolte, relâché,*** selon le cas.

DÉCONTRACTER v. tr., pronom.
VERBE TRANSITIF
Détendre. *Décontracter ses muscles.* SYN. relâcher.
VERBE PRONOMINAL
Diminuer sa tension psychique. *Après un moment, ils se sont décontractés.* SYN. se calmer ; (FAM.) se décoincer ; se relaxer.
À la forme pronominale, le participe passé de ce verbe s'accorde toujours en genre et en nombre avec son sujet. *Elles se sont décontractées.*
CONJUGAISON : VOIR MODÈLE AIMER.

DÉCONTRACTION n. f.
1. Détente, relâchement. *La décontraction des muscles.*
2. Aisance, naturel. *S'expliquer avec décontraction.*

DÉCONVENUE n. f.
Le *e* central ne se prononce pas, [dekɔ̃vny].
Vive déception. *Sa mine déconfite trahissait sa déconvenue.* SYN. dépit.

DÉCOR n. m.
Ensemble de ce qui sert à décorer un lieu. *Choisir un décor moderne pour le salon. Ce jardin est un décor de rêve qui change tous les jours.*

DÉCORATEUR n. m.
DÉCORATRICE n. f.
Personne dont la profession est d'aménager des intérieurs, de créer des décors pour le théâtre, le cinéma, la télévision.

DÉCORATIF, IVE adj.
Destiné à décorer. *Un vase décoratif.*
LOCUTION
– ***Arts décoratifs.*** Arts qui ont pour but la décoration des objets utilitaires.
T Cette expression qui est abrégée familièrement en ***Art déco*** s'écrit avec une majuscule initiale. *Le style Art déco.*

DÉCORATION n. f.
1. Ornement. *Des décorations de Noël.*
2. Art d'aménager un intérieur. *La décoration d'un appartement.* SYN. aménagement.
3. Signe porté par le titulaire d'un ordre, d'une distinction honorifique. *Il a reçu plusieurs décorations.*

DÉCORER v. tr.
1. Aménager de façon agréable, embellir un lieu. *Décorer une chambre, une maison.*
2. Enjoliver, orner. *Une crèche de Noël décorée de lumières multicolores.*
3. Conférer une décoration à quelqu'un. *Elle a été décorée de l'Ordre national du Québec.*
CONJUGAISON : VOIR MODÈLE AIMER.

DÉCORNER v. tr.
Arracher, accidentellement ou non, les cornes d'un animal.
LOCUTION
– ***Il vente à décorner les bœufs.*** Il vente énormément. SYN. il vente à écorner les bœufs.
Le verbe n'est usité que dans la locution citée.
CONJUGAISON : VOIR MODÈLE AIMER.

D

DÉCORTICAGE n. m.
Action de décortiquer. *Le décorticage d'une noix.*
décorti**c**age.

DÉCORTIQUER v. tr.
1. Dépouiller le bois de son écorce, la graine de son enveloppe, la chair de sa coquille, de sa carapace. *Il n'est pas facile de décortiquer les pinces du homard.*
2. (FIG.) (FAM.) Analyser minutieusement quelque chose. *L'inspecteur a décortiqué les circonstances du drame.* SYN. (FIG.) éplucher ; examiner.
CONJUGAISON : VOIR MODÈLE AIMER.

DÉCORUM n. m.
Le *u* se prononce comme un *o* ouvert, [dekɔrɔm] ; le nom rime avec ***Rome***.
Protocole, cérémonial. *Recevoir un visiteur avec tout le décorum qui lui est dû.*

DÉCOTE n. f.
Déduction, baisse de la valeur d'un titre, d'une monnaie. *Le pays risque la décote s'il ne réduit pas son déficit.*
dé**c**ote.

DÉCOTER v. tr.
1. (FIN.) Abaisser la cote d'une société, d'un organisme, d'un titre. *Le groupe est contraint de décoter légèrement son titre pour le rendre attrayant.*
2. Retirer de la bourse des valeurs. *Une société qui planifie son entrée en Bourse devrait aussi envisager la possibilité de pouvoir se faire décoter au cas où son actionnariat deviendrait moins diversifié ou si le volume des négociations ne le justifiait plus.* ANT. coter.
CONJUGAISON : VOIR MODÈLE AIMER.

DÉCOUCHER v. intr.
Ne pas rentrer coucher chez soi.
CONJUGAISON : VOIR MODÈLE AIMER.

DÉCOUDRE v. tr.
Défaire ce qui est cousu. *Lucie a décousu son ourlet.*
LOCUTION
– ***En découdre.*** Se battre, contester.
CONJUGAISON : VOIR MODÈLE COUDRE.

DÉCOULER v. intr.
Être la suite nécessaire de. *Les résultats qui découlent de ces efforts.* SYN. résulter ; venir de.
Ne pas confondre avec les verbes suivants :
• ***dériver,*** tirer son origine de ;
• ***émaner,*** sortir de ;
• ***procéder,*** avoir sa source dans ;
• ***provenir,*** venir de ;
• ***ressortir,*** s'imposer comme condition logique.
CONJUGAISON : VOIR MODÈLE AIMER.

DÉCOUPAGE n. m.
1. Action, manière de découper. *Le découpage d'un poulet.*
2. Image découpée. *Léa aime faire des découpages et les coller dans son album.*

DÉCOUPE n. f.
Ouverture pratiquée dans un vêtement. *Des découpes audacieuses.*

D

DÉCOUPER v. tr., pronom.
VERBE TRANSITIF
Couper en morceaux. *Elle a découpé sa viande.*
VERBE PRONOMINAL
Se détacher. *Le bouquet se découpe sur un fond sombre.* SYN. trancher.
À la forme pronominale, le participe passé de ce verbe s'accorde toujours en genre et en nombre avec son sujet. *Ces colonnes corinthiennes se sont bien découpées sur le coucher du soleil.*
CONJUGAISON : VOIR MODÈLE AIMER.

DÉCOUPLÉ, ÉE adj.
Bien bâti, harmonieusement proportionné.

DÉCOUPURE n. f.
1. Action de découper.
2. Contour découpé. *La découpure des rivages dans la mer bleue.*
FORME FAUTIVE
*découpure (de journal). Impropriété pour ***coupure (de journal).***

DÉCOURAGEANT, ANTE adj.
Qui provoque le découragement. *Une attitude décourageante.* SYN. démoralisant ; démotivant ; déprimant.
Ne pas confondre avec le participe présent invariable ***décourageant.*** *Elle a adopté une attitude décourageant tous les efforts.*

DÉCOURAGEMENT n. m.
Perte de courage. *Vincent ne se laisse pas aller au découragement, il réagit.* SYN. démoralisation ; démotivation ; dépression.

DÉCOURAGER v. tr., pronom.
VERBE TRANSITIF
1. Faire perdre le courage. *Ces problèmes l'ont découragé.* SYN. démoraliser ; déprimer. ANT. encourager.
2. Empêcher d'agir, de poursuivre ; démotiver. *Pierre nous a découragés d'aller visiter cette exposition.* SYN. dissuader. ANT. encourager ; persuader.
VERBE PRONOMINAL
Perdre courage. *Ils se sont découragés et n'ont pas poursuivi leurs efforts.* SYN. renoncer.
À la forme pronominale, le participe passé de ce verbe s'accorde toujours en genre et en nombre avec son sujet. *Elles ne se sont pas découragées.*
CONJUGAISON : VOIR MODÈLE CHANGER.
Le ***g*** est suivi d'un ***e*** devant les lettres ***a*** et ***o.*** *Il découragea, nous décourageons.*

DÉCOUSU, UE adj. et n. m.
ADJECTIF
Dont la couture est défaite. *Mon pantalon est décousu.*
NOM MASCULIN
(FIG.) Manque de liaison. *Le décousu d'un texte.* SYN. incohérence.

DÉCOUVERT, ERTE adj. et n. m.
ADJECTIF
Qui n'est pas couvert. *Un terrain découvert, une piscine découverte.*
NOM MASCULIN
Solde débiteur d'un compte en banque. *L'entreprise a un découvert important.*
LOCUTIONS
– ***À découvert,*** loc. adv. Sans protection. *Nous sommes à découvert, et il pleut à boire debout.*
– ***À découvert,*** loc. adv. (FIG.) Ouvertement. *Il préfère agir à découvert. « J'étais fascinée par ce visage à découvert, me laissant entendre pour la première fois de ma vie le long cri silencieux de l'âme »* (Gabrielle Roy, *La Détresse et l'Enchantement*). SYN. franchement.

DÉCOUVERTE n. f.
1. Action de découvrir ce qui était inconnu ou caché. *La découverte d'un squelette de dinosaure, d'un vaccin.*
La découverte est l'action de trouver ce qui existe, mais qui n'était pas connu alors que l'invention est l'action de produire quelque chose qui n'existait pas.
2. La chose découverte. *Cette découverte limitera les épidémies.*

DÉCOUVREUR n. m.
DÉCOUVREUSE n. f.
Personne qui fait des découvertes. *Un découvreur de jeunes talents.*

DÉCOUVRIR v. tr., pronom.
VERBE TRANSITIF
1. Ôter ce qui couvre. *Découvrir une marmite.* SYN. ouvrir.
2. Trouver ce qui était encore inconnu. *Jacques Cartier a découvert le Canada en 1534. Découvrir un nouveau procédé.*
Ne pas confondre avec le verbe ***inventer,*** créer, trouver par des recherches, par l'imagination ce qui n'existait pas.
3. Comprendre. *J'espère découvrir la solution de ce problème.* SYN. trouver.
4. Apercevoir. *D'ici on découvre la montagne au loin.*
VERBE PRONOMINAL
1. Ôter sa coiffure. *Les messieurs se découvrent en entrant dans une église : ils ôtent leur chapeau, leur casquette.* SYN. se décoiffer.
2. S'exposer à la vue, aux intempéries. *En avril, ne te découvre pas d'un fil, dit l'adage.* SYN. se déshabiller.
3. S'éclaircir, en parlant du temps. *Le ciel se découvre et le soleil apparaît.* SYN. se dégager.
À la forme pronominale, le participe passé de ce verbe s'accorde en genre et en nombre avec le complément direct si celui-ci le précède. *Les penchants pour les arts qu'elles se sont découverts. Ils se sont découverts galamment devant ces dames.* Le participe passé reste invariable si le complément direct suit le verbe. *Elles se sont découvert un goût pour la musique.*
CONJUGAISON : VOIR MODÈLE OUVRIR.

DÉCRASSAGE n. m.
Action de décrasser. *Le décrassage de vêtements de travail.*

DÉCRASSER v. tr.
1. Laver, ôter la crasse de. *Décrasser des vêtements boueux.*
2. (FAM.) (FIG.) Débarrasser de son ignorance, de sa grossièreté. SYN. dégrossir.
CONJUGAISON : VOIR MODÈLE AIMER.

DÉCRÊPER v. tr.
Rendre lisses des cheveux frisés.
CONJUGAISON : VOIR MODÈLE AIMER.

DÉCRÉPI, IE adj.
Qui n'a plus son crépi. *Une façade décrépie.*
Ne pas confondre avec le mot ***décrépit,*** qui qualifie une personne vieille, affaiblie par l'âge, un bâtiment dégradé par le temps. *Une femme décrépite.*

DÉCRÉPIR v. tr., pronom.
VERBE TRANSITIF
Ôter le crépi de. *Décrépir un bâtiment.* ANT. crépir.
VERBE PRONOMINAL
Perdre son crépi. *La façade s'est décrépie. Ces maisons se sont décrépies.*
À la forme pronominale, le participe passé s'accorde toujours en genre et en nombre avec le sujet.
CONJUGAISON : VOIR MODÈLE FINIR.

DÉCRÉPIT, ITE adj.
1. Vieux, affaibli par l'âge, en parlant d'une personne. *Une mégère décrépite.*
2. Dégradé par le temps. *Des immeubles décrépits, des maisons décrépites.*
Ne pas confondre avec le mot ***décrépi,*** qui se dit de ce qui n'a plus de crépi. *Une maison décrépie.*

DÉCRÉPITUDE n. f.
1. (VIEILLI) Vieillesse extrême.
2. Décadence, dégénérescence.

DECRESCENDO adv. et n. m. inv.
Les deux premiers ***e*** se prononcent ***é*** et les lettres ***sc*** se prononcent ***ch,*** [dekreʃɛndo].
ADVERBE
En diminuant. *Les profits vont* decrescendo.
NOM MASCULIN INVARIABLE
1. Mouvement musical. *Des* decrescendo *bien exécutés.*
2. Diminution progressive. *Le* decrescendo *d'une crise financière.*
[T] En typographie soignée, les mots étrangers sont composés en italique. Dans des textes déjà en italique, la notation se fait en romain. Pour les textes manuscrits, on utilisera les guillemets.
[Les *Rectifications* (1990) admettent : un décrescendo, des décrescendos.]

DÉCRET n. m.
Décision officielle. *Un décret mettra fin à cette grève.*
décret.

DÉCRÉTER v. tr., pronom.
VERBE TRANSITIF
1. Ordonner par décret. *Le conseil a décrété sa nomination.* SYN. décider; ordonner.
2. Déclarer de façon autoritaire. *Marc a décrété qu'il avait raison et que les autres avaient tort.*
Le verbe ***décréter*** suivi de ***que*** se construit avec le mode indicatif ou le mode conditionnel. *Ils ont décrété que l'âge de la majorité serait de 18 ans.*
VERBE PRONOMINAL
Être ordonné par décret. *L'amitié ne se décrète pas : elle naît spontanément.*
À la forme pronominale, le participe passé de ce verbe s'accorde toujours en genre et en nombre avec son sujet. *La collaboration ne s'était pas décrétée; elle s'était établie tout naturellement.*
Ne pas confondre avec les verbes suivants :
- ***arrêter,*** décider quelque chose dans son esprit;
- ***décider,*** prendre une décision;
- ***ordonner,*** donner un ordre;
- ***trancher,*** décider sans appel.

CONJUGAISON : VOIR MODÈLE POSSÉDER.
Le deuxième ***é*** se change en ***è*** devant une syllabe contenant un ***e*** muet, sauf à l'indicatif futur et au conditionnel présent. *Je décrète,* mais *je décréterai.*
[Les *Rectifications* (1990) admettent : il décrètera, décrèterait...]

DÉCRIER v. tr.
(LITT.) Déprécier avec force, faire perdre la réputation, l'autorité. *Des politiciens décriés.*
Ne pas confondre avec les verbes suivants :
- ***dénigrer,*** déprécier;
- ***diffamer,*** porter atteinte à la réputation;
- ***discréditer,*** souiller la réputation en dépréciant ou en diffamant;
- ***vilipender,*** traiter avec mépris.

CONJUGAISON : VOIR MODÈLE ÉTUDIER.
Redoublement du ***i*** à la première et à la deuxième personne du pluriel de l'indicatif imparfait et du subjonctif présent. *(Que) nous décriions, (que) vous décriiez.*

DÉCRIRE v. tr., pronom.
VERBE TRANSITIF
Représenter. *Elle nous a décrit la situation très précisément.* SYN. dépeindre; exposer.
VERBE PRONOMINAL
Faire l'objet d'une description. *Le chaos qui a suivi les attentats ne se décrit pas.*
À la forme pronominale, le participe passé de ce verbe s'accorde en genre et en nombre avec le complément direct si celui-ci le précède. *Les scènes qu'ils se sont décrites étaient étonnantes.* Le participe passé reste invariable si le complément direct suit le verbe. *Elles se sont décrit les appartements qu'elles ont achetés.* S'il n'y a pas de complément direct, le participe passé s'accorde avec le sujet. *Les passagers se sont décrits avec exactitude.*
CONJUGAISON : VOIR MODÈLE ÉCRIRE.
INDICATIF PRÉSENT *Je décris, tu décris, il décrit, nous décrivons, vous décrivez, ils décrivent.* IMPARFAIT *Je décrivais.* PASSÉ SIMPLE *Je décrivis.* FUTUR *Je décrirai.* CONDITIONNEL PRÉSENT *Je décrirais.* IMPÉRATIF PRÉSENT *Décris, décrivons, décrivez.* SUBJONCTIF PRÉSENT *Que je décrive.* IMPARFAIT *Que je décrivisse.* PARTICIPE PRÉSENT *Décrivant.* PASSÉ *Décrit, ite.*

DÉCROCHAGE n. m.
1. Action de décrocher; son résultat. *Le décrochage d'un tableau.*
2. Interruption de la fréquentation de l'école. *Il faut réduire le décrochage scolaire.* SYN. abandon des études.

DÉCROCHER v. tr., intr., pronom.
VERBE TRANSITIF
1. Détacher. *Ils ont décroché le wagon de la locomotive.* ANT. accrocher.
2. (FIG.) (FAM.) Obtenir. *L'équipe des HEC a décroché le premier prix.* SYN. gagner.
VERBE INTRANSITIF
1. (FAM.) (FIG.) Se décourager, se lasser. SYN. abandonner.
2. Quitter l'école avant la fin de l'obligation scolaire.
VERBE PRONOMINAL
Se détacher. *Ce miroir risque de se décrocher.*
À la forme pronominale, le participe passé de ce verbe s'accorde toujours en genre et en nombre avec son sujet. *Ces tableaux se sont décrochés lors du séisme.*
CONJUGAISON : VOIR MODÈLE AIMER.

DÉCROCHEUR, EUSE n. m. et f.
Élève qui quitte l'école avant la fin de la période de l'obligation scolaire (Recomm. off.). *C'est un décrocheur* (et non *dropout).

DÉCROISER v. tr.
Faire cesser d'être croisé. *Décroiser les jambes.*
CONJUGAISON : VOIR MODÈLE AIMER.

DÉCROISSANCE n. f.
Diminution. *La décroissance du nombre des enfants.*

DÉCROISSANT, ANTE adj.
Qui décroît. *Des valeurs décroissantes.*
Ne pas confondre avec le participe présent invariable ***décroissant.*** *Les valeurs décroissant graduellement, nous nous retirons du marché.*

DÉCROÎTRE v. intr.
Diminuer peu à peu. *La tempête décroît, les prix décroissent.* SYN. baisser. ANT. augmenter; croître.
Le verbe se conjugue généralement avec l'auxiliaire ***avoir.***
CONJUGAISON : VOIR MODÈLE ACCROÎTRE.
INDICATIF PRÉSENT *Je décrois, tu décrois, il décroît, nous décroissons, vous décroissez, ils décroissent.* IMPARFAIT *Je décroissais.* PASSÉ SIMPLE *Je décrus, tu décrus, il décrut, nous décrûmes, vous décrûtes, ils décrurent.* FUTUR *Je décroîtrai, tu décroîtras, il décroîtra, nous décroîtrons, vous décroîtrez, ils décroîtront.* CONDITIONNEL PRÉSENT *Je décroîtrais, tu décroîtrais, il décroîtrait, nous décroîtrions, vous décroîtriez, ils décroîtraient.* IMPÉRATIF PRÉSENT *Décrois, décroissons, décroissez.* SUBJONCTIF PRÉSENT *Que je décroisse, que tu décroisses.* IMPARFAIT *Que je décrusse, que tu décrusses, qu'il décrût, que nous décrussions, que vous décrussiez, qu'ils décrussent.* PARTICIPE PRÉSENT *Décroissant.* PASSÉ *Décru, ue.*

Contrairement au verbe ***croître,*** ce verbe ne prend un accent circonflexe qu'à la troisième personne du singulier de l'indicatif présent ainsi qu'à toutes les personnes du futur de l'indicatif et du conditionnel présent.
[Les *Rectifications* (1990) admettent : il décroit, décroitra, décroitrait...]

DÉCROTTAGE n. m.
Action de décrotter.

DÉCROTTER v. tr.
1. Ôter la boue. *Décrotter ses bottes.*
2. (FAM.) (FIG.) Former (quelqu'un) aux bonnes manières. SYN. décrasser; dégrossir.
CONJUGAISON : VOIR MODÈLE AIMER.
décrotter.

DÉCROTTOIR n. m.
Lame de fer sur laquelle on décrotte ses chaussures.

DÉCRUE n. f.
1. Baisse du niveau des eaux après une crue. *Certaines localités ont été inondées en Beauce, mais une légère décrue de certains cours d'eau s'est amorcée aujourd'hui.* ANT. crue.
2. (FIG.) Décroissance. *La décrue des taux d'intérêt.* SYN. baisse; diminution.
décrue.

DÉCRYPTAGE n. m.
Action de décrypter; son résultat. SYN. décodage.
décryptage.

DÉCRYPTER v. tr.
Déchiffrer un message secret sans en avoir la clé.
CONJUGAISON : VOIR MODÈLE AIMER.
décrypter.

DÉÇU, UE adj.
Qui a subi une déception, dont on n'a pas répondu aux attentes. *Elle est déçue parce que la fête est annulée.* SYN. désappointé.
déçu.

DÉCULOTTÉE n. f.
(FAM.) Défaite humiliante.

DÉCULOTTER v. tr., pronom.
VERBE TRANSITIF
Enlever la culotte, le pantalon de quelqu'un.
VERBE PRONOMINAL
Ôter sa culotte. *Les coquins se sont déculottés.*
À la forme pronominale, le participe passé de ce verbe s'accorde toujours en genre et en nombre avec son sujet. *Oh ! ils se sont déculottés !*
CONJUGAISON : VOIR MODÈLE AIMER.
déculotter.

DÉCULPABILISATION n. f.
Action de déculpabiliser.

DÉCULPABILISER v. tr.
Libérer d'un sentiment de culpabilité.
CONJUGAISON : VOIR MODÈLE AIMER.

DÉCUPLEMENT n. m.
Action de décupler; son résultat.

DÉCUPLER v. tr., intr.
VERBE TRANSITIF
1. Multiplier par dix. *Décupler un placement.*
2. (FIG.) Augmenter considérablement. *Ces exercices ont décuplé ses muscles.*
VERBE INTRANSITIF
Devenir dix fois plus grand. *Le prix de cette maison a décuplé en vingt ans : il est passé de 20 000 $ à 200 000 $.*
CONJUGAISON : VOIR MODÈLE AIMER.

DÉDAIGNABLE adj.
Méprisable, négligeable. *Cette récompense n'est pas dédaignable; elle n'est pas à dédaigner.*
Cet adjectif s'emploie surtout dans une phrase négative.

DÉDAIGNER v. tr.
Mépriser, rejeter. *Elle dédaigne les honneurs. Un jour de congé, ce n'est pas à dédaigner.* SYN. refuser; repousser. ANT. apprécier.
CONJUGAISON : VOIR MODÈLE AIMER.
Les lettres ***gn*** sont suivies d'un ***i*** à la première et à la deuxième personne du pluriel de l'indicatif imparfait et du subjonctif présent. *(Que) nous dédaignions, (que) vous dédaigniez.*

DÉDAIGNEUSEMENT adv.
Avec dédain. *Ils refusèrent dédaigneusement cette offre.*

DÉDAIGNEUX, EUSE adj. et n. m. et f.
Qui a du dédain. *Une moue dédaigneuse.* SYN. arrogant; hautain; méprisant.

DÉDAIN n. m.
Mépris, arrogance. *Elle ne regarde pas le clochard avec dédain, mais avec beaucoup de pitié.* ANT. estime.
dédain.

DÉDALE n. m.
1. Labyrinthe, lieu où l'on s'égare à cause de la complication des détours. *Ces rues sont un véritable dédale.*
2. (FIG.) Ensemble complexe. *Le dédale des règlements.*
dédale.

DEDANS adv. et n. m.
ADVERBE
À l'intérieur. *Elle est dedans, alors qu'on la croyait dehors.*
L'adverbe ***dedans*** n'introduit pas de complément de lieu, contrairement à la préposition ***dans,*** à moins qu'il ne soit précédé d'une préposition. Ainsi, on peut écrire : *en dedans de la maison, dans la maison* (et non *dedans la maison).
NOM MASCULIN
La partie intérieure. *Le dedans et le dehors d'un édifice.* SYN. intérieur.
LOCUTIONS
– ***Au-dedans,*** loc. adv. À l'intérieur. *Il fait aussi froid au-dedans qu'au-dehors.*
– ***De dedans,*** loc. adv. De l'intérieur. *On voit le fleuve de dedans.*
– ***En dedans,*** loc. adv. À l'intérieur. *Il fait humide en dedans.*
– ***En dedans de, au-dedans de,*** loc. prép. À l'intérieur de. *Le cadeau est en dedans de la boîte.*
– ***Là-dedans,*** loc. adv. À l'intérieur. *La souris est là-dedans ?*
– ***Par-dedans,*** loc. adv. Par l'intérieur. *Il faut coudre par-dedans.*
À l'exception de ***en dedans, en dedans de, de dedans,*** ces locutions s'écrivent avec un trait d'union.
FORME FAUTIVE
*en dedans de. Impropriété au sens de ***en moins de, d'ici, dans un délai de.*** *L'intervention chirurgicale doit être faite en moins de deux heures, d'ici quelques minutes, dans un délai de trois semaines.*
La locution prépositive s'emploie pour marquer une relation dans l'espace, mais non dans le temps.

DÉDICACE n. f.
Inscription en tête d'un ouvrage, par laquelle l'auteur en fait hommage à quelqu'un. *Des dédicaces originales.*
dédicace.

DÉDICACER v. tr.
Inscrire une dédicace sur un livre, un disque, une œuvre. *L'auteur dédicaça gentiment l'ouvrage à Sébastien.*
Ne pas confondre avec le verbe ***dédier,*** faire hommage d'un livre, d'une œuvre à quelqu'un.

CONJUGAISON : VOIR MODÈLE AVANCER.
Le **c** prend une cédille devant les lettres ***a*** et ***o***. *Il dédicaça, nous dédicaçons.*
⇨ dédicacer.

DÉDIER v. tr.
1. Consacrer. *Une petite chapelle dédiée à la Vierge.*
2. Faire hommage d'un livre, d'une œuvre à quelqu'un. *Il a dédié son roman à ses enfants.*
Ne pas confondre avec le verbe ***dédicacer,*** inscrire une dédicace.
CONJUGAISON : VOIR MODÈLE ÉTUDIER.

DÉDIRE (SE) v. pronom.
1. Se contredire. *Elle s'est dédite ; son témoignage ne correspond pas à sa première déclaration.* SYN. se rétracter.
2. Ne pas tenir parole. *Ils se sont dédits et ne se sont pas présentés au rendez-vous fixé.* SYN. se décommander.
Le participe passé de ce verbe, qui n'existe qu'à la forme pronominale, s'accorde toujours en genre et en nombre avec son sujet. *Ils ne se sont pas dédits.*
CONJUGAISON : VOIR MODÈLE DIRE.
INDICATIF PRÉSENT *Je me dédis, tu te dédis, il se dédit, nous nous dédisons, vous vous dédisez, ils se dédisent.* IMPARFAIT *Je me dédisais.* PASSÉ SIMPLE *Je me dédis, tu te dédis, il se dédit, nous nous dédîmes, vous vous dédîtes, ils se dédirent.* FUTUR *Je me dédirai.* CONDITIONNEL PRÉSENT *Je me dédirais.* IMPÉRATIF PRÉSENT *Dédis-toi, dédisons-nous, dédisez-vous.* SUBJONCTIF PRÉSENT *Que je me dédise.* IMPARFAIT *Que je me dédisse, que tu te dédisses, qu'il se dédît, que nous nous dédissions, que vous vous dédissiez, qu'ils se dédissent.* PARTICIPE PRÉSENT *Se dédisant.* PASSÉ *Dédit, dédite.*
Contrairement à ***dire***, la deuxième personne du pluriel du présent de l'indicatif et de l'impératif est ***dédisez*** (et non *dédites).

DÉDIT n. m.
1. Rétractation, désistement.
2. Indemnité prévue en cas de désistement, dans un contrat.
⇨ dédit.

DÉDOMMAGEMENT n. m.
Compensation, remboursement. *Pour l'aile abîmée de la voiture, M. Dubois a reçu un dédommagement.* SYN. indemnisation.

DÉDOMMAGER v. tr., pronom.
VERBE TRANSITIF
Indemniser quelqu'un de quelque chose, lui donner à titre de compensation l'équivalent d'une somme dépensée, d'un travail effectué, d'un dommage subi. *L'assureur a dédommagé Sébastien du vol de son vélo.* SYN. payer.
Le verbe se construit avec un complément direct qui désigne la personne dédommagée, alors que la dépense engagée, le préjudice subi est introduit par la préposition ***de.***
VERBE PRONOMINAL
Réparer soi-même un dommage subi, compenser un effort fourni. *Ils se sont dédommagés de la corvée imposée par un succulent repas. Elles se dédommageront de ces longues heures de travail avec un bon film.*
À la forme pronominale, le verbe se construit avec la préposition ***de*** pour introduire l'effort accompli, le dommage subi et avec les prépositions ***avec, par*** pour préciser la compensation.
À la forme pronominale, le participe passé de ce verbe s'accorde toujours en genre et en nombre avec son sujet. *Elles se sont largement dédommagées.*
CONJUGAISON : VOIR MODÈLE CHANGER.
Le ***g*** est suivi d'un ***e*** devant les lettres ***a*** et ***o***. *Il dédommagea, nous dédommageons.*

DÉDOUANAGE ou **DÉDOUANEMENT** n. m.
Action de dédouaner ; son résultat.

DÉDOUANER v. tr., pronom.
VERBE TRANSITIF
Libérer une marchandise retenue par la douane en payant les droits exigés.
VERBE PRONOMINAL
(FAM.) (FIG.) Dégager sa responsabilité. *Ce n'est pas par de belles paroles que vous vous dédouanerez.* SYN. se racheter ; se réhabiliter.
À la forme pronominale, le participe passé s'accorde toujours en genre et en nombre avec son sujet. *Ils se sont dédouanés complètement.*
CONJUGAISON : VOIR MODÈLE AIMER.

DÉDOUBLEMENT n. m.
Action de dédoubler, de se dédoubler. *Un dédoublement de la personnalité.*

DÉDOUBLER v. tr., pronom.
VERBE TRANSITIF
Diviser en deux. *Dédoubler un fil.* SYN. séparer.
VERBE PRONOMINAL
1. Se séparer en deux. *Ce mica se dédouble aisément.*
2. Être à deux endroits en même temps. *Je n'ai pas le don d'ubiquité : je ne peux pas me dédoubler et être partout à la fois.*
À la forme pronominale, le participe passé s'accorde toujours en genre et en nombre avec son sujet. *Ses ongles se sont dédoublés.*
Ne pas confondre avec le verbe ***doubler,*** multiplier par deux.
CONJUGAISON : VOIR MODÈLE AIMER.

DÉDRAMATISER v. tr.
Réduire le caractère dramatique de. *Tenter de dédramatiser la maladie. Elle a réussi à dédramatiser la situation.*
CONJUGAISON : VOIR MODÈLE AIMER.

DÉDUCTIBILITÉ n. f.
Caractère de ce qui est déductible. *La déductibilité des dons de charité.*

DÉDUCTIBLE adj.
Que l'on peut déduire. *Les dons de charité sont déductibles des impôts.*
FORME FAUTIVE
*déductible. Anglicisme au sens de ***franchise.*** *Cette assurance comporte une franchise* (et non un *déductible) *de 50 $.*

DÉDUCTIF, IVE adj.
Qui procède par déduction. *Une progression déductive.*

DÉDUCTION n. f.
1. Conséquence d'un raisonnement. *Le détective trouva le coupable par déduction.*
2. Action de soustraire une somme d'une autre. *A-t-on droit à une déduction d'impôt pour les dons de charité ?*
FORMES FAUTIVES
*déduction à la source. Calque de «*deduction (at source)*» pour ***retenue à la source, prélèvement.***
*déduction sur le salaire. Calque de «*payroll deduction*» pour ***retenue sur (le) salaire, retenue (à la source), prélèvement.***

DÉDUIRE v. tr.
1. Retrancher d'une somme. *Déduire des frais de déplacement.* SYN. défalquer ; soustraire.
2. Tirer une conséquence d'un raisonnement. *Elle en a déduit qu'il était coupable.* SYN. conclure.
CONJUGAISON : VOIR MODÈLE CONDUIRE.
INDICATIF PRÉSENT *Je déduis, tu déduis, il déduit, nous déduisons, vous déduisez, ils déduisent.* IMPARFAIT *Je déduisais.* PASSÉ SIMPLE *Je déduisis.* FUTUR *Je déduirai.* CONDITIONNEL PRÉSENT

Je déduirais. IMPÉRATIF PRÉSENT *Déduis, déduisons, déduisez.* SUBJONCTIF PRÉSENT *Que je déduise.* IMPARFAIT *Que je déduisisse.* PARTICIPE PRÉSENT *Déduisant.* PASSÉ *Déduit, ite.*

DÉESSE n. f.
Divinité féminine. *Diane était la déesse romaine de la chasse.*

D

DE FACTO loc. adv.
La lettre ***e*** se prononce ***é***, [defakto].
Locution latine signifiant « de fait ».
(DR.) De fait. *Une situation* de facto. ANT. de jure.
T En typographie soignée, les mots étrangers sont composés en italique. Dans des textes déjà en italique, la notation se fait en romain. Pour les textes manuscrits, on utilisera les guillemets.

DÉFAILLANCE n. f.
1. Faiblesse, évanouissement. *Avoir une défaillance cardiaque.* SYN. malaise.
2. Défaut de fonctionnement. *Une défaillance du système de freinage.* SYN. problème.

DÉFAILLANT, ANTE adj.
Qui est vacillant, faible. *Une mémoire défaillante.*

DÉFAILLIR v. intr.
1. Se trouver mal, commencer à s'évanouir. *Secourez-le, il défaille.*
2. Faire défaut. *Sa mémoire défaille.* SYN. s'affaiblir ; (FAM.) flancher.
CONJUGAISON : VOIR MODÈLE TRESSAILLIR.
INDICATIF PRÉSENT *Je défaille, tu défailles, il défaille, nous défaillons, vous défaillez, ils défaillent.* IMPARFAIT *Je défaillais, tu défaillais, il défaillait, nous défaillions, vous défailliez, ils défaillaient.* PASSÉ SIMPLE *Je défaillis, tu défaillis.* FUTUR *Je défaillirai, tu défailliras.* CONDITIONNEL PRÉSENT *Je défaillirais, tu défaillirais.* IMPÉRATIF PRÉSENT *Défaille, défaillons, défaillez.* SUBJONCTIF PRÉSENT *Que je défaille, que tu défailles, qu'il défaille, que nous défaillions, que vous défailliez, qu'ils défaillent.* IMPARFAIT *Que je défaillisse, que tu défaillisses.* PARTICIPE PRÉSENT *Défaillant.* PASSÉ *Défailli.*

DÉFAIRE v. tr., pronom.
VERBE TRANSITIF
1. Supprimer ce qui avait été fait. *Défaire un nœud. Julie défaisait sa valise.*
2. Mettre en désordre. *Le vent a défait son échafaudage.* SYN. déranger.
3. (LITT.) Battre. *Le Canadien a défait ses adversaires.* SYN. vaincre.
VERBE PRONOMINAL
1. Cesser d'être assemblé. *L'emballage s'est défait.*
2. Se débarrasser de (quelqu'un, quelque chose). *Elle a réussi à se défaire de cette grippe.* SYN. se délivrer ; se libérer.
En ce sens, le verbe se construit avec la préposition ***de***.
3. Céder, vendre. *Elle a dû se défaire de la maison familiale.*
En ce sens, le verbe se construit avec la préposition ***de***.
À la forme pronominale, le participe passé de ce verbe s'accorde toujours en genre et en nombre avec son sujet. *Elle s'est défaite de sa vieille robe.*
Attention à la confusion possible entre les verbes ***défaire*** (passé simple ***défis***) et ***défier*** (indicatif présent ***défie***).
CONJUGAISON : VOIR MODÈLE FAIRE.
INDICATIF PRÉSENT *Je défais, tu défais, il défait, nous défaisons, vous défaites, ils défont.* IMPARFAIT *Je défaisais.* PASSÉ SIMPLE *Je défis.* FUTUR *Je déferai.* CONDITIONNEL PRÉSENT *Je déferais.* IMPÉRATIF PRÉSENT *Défais, défaisons, défaites.* SUBJONCTIF PRÉSENT *Que je défasse.* IMPARFAIT *Que je défisse.* PARTICIPE PRÉSENT *Défaisant.* PASSÉ *Défait, aite.*

DÉFAIT, AITE adj.
1. Pâle, amaigri. *Le visage défait.* SYN. abattu ; exténué.
2. Qui n'est pas fait. *Maman n'aime pas que je laisse mon lit défait.* SYN. en désordre.
3. (LITT.) Battu. *Un candidat défait.* SYN. vaincu.

DÉFAITE n. f.
1. Perte d'une bataille. *La défaite des plaines d'Abraham.* ANT. victoire.
2. Échec. *Une nouvelle défaite des Expos, une victoire pour le Canadien.* ANT. succès.
Ne pas confondre avec les noms suivants :
- ***débandade***, dispersement désordonné d'une armée ;
- ***revers***, insuccès, échec.

DÉFAITISME n. m.
1. Manque de confiance dans la réussite.
2. (FIG.) Manque de détermination et de confiance en soi.

DÉFAITISTE adj. et n. m. et f.
Qui manque de confiance dans la réussite et veut cesser ses efforts. *Ne sois pas défaitiste, tiens bon : tu réussiras.*

DÉFALCATION n. f.
Déduction. *La défalcation d'une somme.* SYN. soustraction.
défalcation.

DÉFALQUER v. tr.
Retrancher d'une somme, d'une quantité. SYN. déduire ; soustraire.
CONJUGAISON : VOIR MODÈLE AIMER.

DÉFAUSSER v. tr., pronom.
VERBE TRANSITIF
Rectifier ce qui a été faussé, déformé. *Défausser une clef.*
VERBE PRONOMINAL
1. (JEUX) Se dessaisir d'une ou de plusieurs cartes jugées sans intérêt pour son propre jeu ou trop dangereuses pour être conservées. *Elle a réussi à se défausser de* (et non à *discarter) *la dame de pique.*
2. Se soustraire à une responsabilité en s'en déchargeant sur quelqu'un. *Ce gouvernement aux abois tente de se défausser de ses difficultés sur la presse.*
Le verbe se construit avec les prépositions ***de*** et ***sur***. *Shanghai cherche à se défausser de la corruption en dénonçant l'influence étrangère. L'enjeu de la décentralisation de l'État n'est pas de se défausser financièrement sur les régions.*
À la forme pronominale, le participe passé de ce verbe s'accorde toujours en genre et en nombre avec son sujet. *La classe politique s'est trop souvent défaussée de ses responsabilités.*
CONJUGAISON : VOIR MODÈLE AIMER.

DÉFAUT n. m.
1. Imperfection. *Il a certains défauts : il est impatient et curieux.* ANT. qualité.
2. Partie imparfaite. *Ce disque a un défaut : on entend trop la batterie. C'est un défaut de fabrication.* SYN. défectuosité.
3. Absence de. *Le défaut de preuves a permis son acquittement.* SYN. manque.
LOCUTIONS
– ***À défaut de***, loc. prép. Au lieu de. *À défaut de groseilles, on prendra des framboises.* SYN. faute de.
– ***Faire défaut.*** Manquer. *Certaines pièces font défaut : il faudra les réclamer.*
Dans cette expression, le nom ***défaut*** demeure invariable.
– ***Le défaut de la cuirasse.*** (FIG.) Le point faible.
– ***Prendre en défaut.*** Prendre en faute. *Les tricheurs ont été pris en défaut : ils avaient écrit des dates sur leurs poignets.*

DÉFAVEUR n. f.
Cessation de faveur, perte de l'estime (du public, d'une personne).

DÉFAVORABLE adj.
Qui n'est pas favorable. *Ces prévisions nous sont défavorables, elles ne sont pas bonnes.* SYN. mauvais ; négatif.

DÉFAVORABLEMENT adv.
De façon défavorable.

DÉFAVORISÉ, ÉE adj.
Pauvre. *Ils vivent dans un quartier défavorisé.*

DÉFAVORISER v. tr.
Donner moins qu'aux autres dans un partage. *Ces règlements défavorisent certains candidats.* SYN. désavantager ; pénaliser.
CONJUGAISON : VOIR MODÈLE AIMER.

DÉFÉCATION n. f.
Action de déféquer.

DÉFECTIF, IVE adj.
(GRAMM.) Se dit d'un verbe qui n'a pas toute la série des formes de la conjugaison à laquelle il appartient. *Le verbe* seoir *est défectif.*

DÉFECTION n. f.
Abandon d'une cause, d'un parti. *En 1980, ces athlètes soviétiques ont fait défection et ont demandé de rester au Canada.*

DÉFECTUEUSEMENT adv.
De façon défectueuse.

DÉFECTUEUX, EUSE adj.
Qui manque des qualités, des conditions nécessaires, qui présente des défauts. *Le grille-pain est défectueux ; il ne fonctionne plus.* SYN. déréglé ; détraqué.
Ne pas confondre avec l'adjectif ***déficient***, insuffisant.
défectueu**x**.

DÉFECTUOSITÉ n. f.
Malfaçon, défaut. *Il y a une défectuosité dans le câblage du grille-pain.*

DÉFENDABLE adj.
Qui peut être défendu. *Un argument défendable.*

DÉFENDEUR, DERESSE n. m. et f.
(DR.) Personne qui se défend en justice.
La personne qui engage une action en justice est le ***demandeur***, la ***demanderesse***.

DÉFENDRE v. tr., pronom.
VERBE TRANSITIF
1. Interdire. *Il est défendu de fumer à l'école.* SYN. prohiber.
1° Le verbe ***défendre*** n'est généralement pas suivi d'une proposition négative. Plutôt que *Je vous défends de ne pas parler, on écrira : *Je vous défends de vous taire.*
2° Avec ***défendre que*** suivi du subjonctif, la phrase se construit sans négation. *Il défend que Jules vienne avant 9 h le matin.*
3° Avec ***défendre de*** suivi de l'infinitif, la phrase se construit sans négation. *Elle lui défend de jouer dans la rue.*
2. Protéger contre une attaque. *Les soldats défendirent vaillamment le château.*
3. Protéger quelqu'un. *Julien défend sa petite sœur contre les gamins qui lui lancent des balles de neige.*
VERBE PRONOMINAL
1. Résister à une attaque. *Ils se sont vaillamment défendus contre les Iroquois.* SYN. se battre ; lutter.
2. S'empêcher de. *Elles ne peuvent se défendre de sourire.*
3. S'expliquer, se justifier. *Les élèves se sont défendus contre l'accusation d'avoir triché.*
À la forme pronominale, le participe passé de ce verbe s'accorde toujours en genre et en nombre avec son sujet. *Elles se sont bien défendues lors du débat oratoire.*
LOCUTION
– ***À son corps défendant.*** En n'étant pas d'accord. *Elle a signé, à son corps défendant.*
CONJUGAISON : VOIR MODÈLE FENDRE.
INDICATIF PRÉSENT *Je défends, tu défends, il défend, nous défendons, vous défendez, ils défendent.* IMPARFAIT *Je défendais.* PASSÉ SIMPLE *Je défendis.* FUTUR *Je défendrai.* CONDITIONNEL PRÉSENT *Je défendrais.* IMPÉRATIF PRÉSENT *Défends, défendons, défendez.* SUBJONCTIF PRÉSENT *Que je défende.* IMPARFAIT *Que je défendisse.* PARTICIPE PRÉSENT *Défendant.* PASSÉ *Défendu, ue.*

DÉFENESTRATION n. f.
Action de jeter une personne par une fenêtre.

DÉFENESTRER v. tr.
Jeter quelqu'un par la fenêtre.
CONJUGAISON : VOIR MODÈLE AIMER.

D

DÉFENSE n. f.
1. Interdiction. *Défense de manger dans la bibliothèque.*
2. Action de repousser une attaque. *La défense du territoire.*
3. Action de défendre une cause. Défense et illustration de la langue française, *de J. du Bellay.*
4. Action de protéger quelqu'un du danger, de l'aider. *Prendre la défense d'un enfant.*
5. (DR.) Fait de défendre un accusé. *L'avocat de la défense.*
6. Longue dent en ivoire de l'éléphant, du morse, etc. *Le commerce des défenses d'éléphant est interdit.*
Ne pas confondre avec le nom ***corne***, proéminence dure de la tête de certains animaux.
LOCUTION
– ***Être sans défense.*** Ne pas pouvoir repousser une attaque physique ou morale. *Ces petits sont sans défense ; il faut être bien lâche pour s'en prendre à eux.* SYN. faible ; impuissant.

DÉFENSEUR n. m.
1. Protecteur. *Ce prêtre est le défenseur des pauvres.*
2. Partisan. *Elle était le défenseur farouche des bélugas du Saint-Laurent.* SYN. champion ; soutien.
3. (SPORTS) Joueur chargé de la défense. *C'est un défenseur habile du Canadien.*

DÉFENSIF, IVE adj.
Qui sert pour se défendre. *Une arme défensive.* ANT. offensif.

DÉFENSIVE n. f.
État de défense.
LOCUTION
– ***Être, rester, se tenir sur la défensive.*** Être sur ses gardes.

DÉFÉQUER v. intr.
Expulser les matières fécales. SYN. aller à la selle ; (FAM.) faire caca.
CONJUGAISON : VOIR MODÈLE POSSÉDER.
[Les *Rectifications* (1990) admettent : il défèquera, défèquerait...]

DÉFÉRENCE n. f.
Considération respectueuse à l'égard d'une personne. *Antoine salua le savant avec déférence. Des marques de déférence.* SYN. respect.
Le nom se construit avec les prépositions ***à, envers, pour*** et la locution prépositive ***à l'égard de.*** *Montrer de la déférence pour, à l'égard de, envers ses parents.*
déférence.

DÉFÉRENT, ENTE adj.
1. (ANAT.) Qui achemine vers l'extérieur. *Le canal déférent.*
2. Qui est respectueux. *Une attitude déférente.*
L'adjectif se construit avec la préposition ***envers*** ou avec la locution prépositive ***à l'égard de.*** *Ils sont déférents envers leurs professeurs, à l'égard de leurs parents.*

DÉFÉRER v. tr.
(DR.) Citer en justice. SYN. traduire.
HOM. ***déferrer,*** ôter un fer.
CONJUGAISON : VOIR MODÈLE POSSÉDER.
Le deuxième ***é*** se change en ***è*** devant une syllabe contenant un ***e*** muet, sauf à l'indicatif futur et au conditionnel présent. *Je défère,* mais *je déférerai.*
[Les *Rectifications* (1990) admettent : il défèrera, défèrerait...]

DÉFERLANT, ANTE adj. et n. f.
ADJECTIF
Qui se brise en écumant, en parlant des vagues.
NOM FÉMININ
(FIG.) Phénomène qui s'amplifie, qui survient avec force et se propage. *La déferlante de l'accès au réseau Internet.* SYN. vague.

DÉFERLEMENT n. m.
Fait de déferler. *Le déferlement des eaux.*

DÉFERLER v. intr.
1. Se briser en écumant, en parlant des vagues. *La mer agitée déferlait sur les rochers de Percé.*
2. (FIG.) Se déployer avec force. *Les touristes déferlaient sur la plage à l'arrivée des beaux jours.*
CONJUGAISON : VOIR MODÈLE AIMER.

DÉFERRER v. tr.
Ôter un fer de. *Déferrer un cheval.*
HOM. ***déférer,*** citer en justice.
CONJUGAISON : VOIR MODÈLE AIMER.

DÉFI n. m.
1. Provocation, bravade. *Il a lancé un défi à son collègue. Celui-ci a relevé le défi.*
2. Difficulté que l'on doit surmonter. *La conception de ce disque optique constitue un défi de taille.*
LOCUTION
– ***Mettre au défi.*** SYN. défier ; provoquer.

DÉFIANCE n. f.
Méfiance, soupçon. *Marthe regarda le marchand avec défiance.* SYN. scepticisme ; suspicion. ANT. confiance.
➪ défiance.

DÉFIBRILLATEUR n. m.
(MÉD.) Appareil électrique servant à réaliser une défibrillation.

DÉFIBRILLATION n. f.
(MÉD.) Méthode qui consiste à redonner au cœur un rythme normal à l'aide d'une forte mais brève décharge électrique asynchrone. SYN. défibrillation cardiaque.

DÉFICELER v. tr.
Le ***e*** central est muet, [defisle].
Détacher les ficelles d'un colis, d'un objet.
CONJUGAISON : VOIR MODÈLE APPELER.
[Les *Rectifications* (1990) admettent : il déficèle, déficèlera, déficèlerait...]

DÉFICIENCE n. f.
Insuffisance physique ou mentale. *Une déficience pulmonaire, une déficience intellectuelle.* SYN. faiblesse.
➪ déficience.

DÉFICIENT, IENTE adj.
1. Qui présente une déficience. *Une intelligence déficiente.*
Ne pas confondre avec l'adjectif ***défectueux,*** qui manque des qualités, des conditions nécessaires.
2. Faible. *Un raisonnement déficient.*
➪ déficient.

DÉFICIT n. m.
Le ***t*** se prononce, [defisit] ; le nom rime avec ***site.***
1. Situation financière où les dépenses excèdent les gains. *L'État est en déficit, c'est pourquoi on doit fermer des hôpitaux, des écoles.* ANT. bénéfice ; profit.
2. Manque, insuffisance. *Un déficit de postes.*

DÉFICITAIRE adj.
Qui présente un déficit. *Les comptes de l'État sont déficitaires.* ANT. bénéficiaire.
➪ déficitaire.

DÉFIER v. tr., pronom.
VERBE TRANSITIF
1. Provoquer. *Défier une amie à la course, au tennis et aux échecs.*
Le verbe se construit avec un complément direct désignant la personne défiée, suivi de la préposition ***à*** et d'un nom. Si ce nom est masculin, ce sera ***au*** (à le). S'il est pluriel, ***aux*** (à les).
2. Mettre quelqu'un au défi en le croyant incapable de quelque chose. *Il défie Antoine d'aller plus vite.*
Le verbe se construit avec la préposition ***de*** suivie d'un infinitif.
3. Braver. *Défier l'autorité.* SYN. narguer.
4. Être incomparable. *La qualité de nos produits défie toute concurrence.*
Attention à la confusion possible entre les verbes ***défier*** (indicatif présent ***défie***) et ***défaire*** (passé simple ***défis***).
VERBE PRONOMINAL
(LITT.) Se méfier de. *Elle se défie de lui et de ses belles promesses.* SYN. douter de.
À la forme pronominale, le verbe se construit avec la préposition ***de.***
À la forme pronominale, le participe passé de ce verbe s'accorde toujours en genre et en nombre avec son sujet. *Elle s'est défiée de son copain.*
CONJUGAISON : VOIR MODÈLE ÉTUDIER.
Redoublement du ***i*** à la première et à la deuxième personne du pluriel de l'indicatif imparfait et du subjonctif présent. *(Que) nous défiions, (que) vous défiiez.*

DÉFIGURER v. tr.
1. Abîmer le visage de. *Cet accident l'a défiguré.* SYN. enlaidir.
2. (FIG.) Altérer l'aspect, la forme de. *La maison est défigurée par des échafaudages.*
3. (FIG.) Dénaturer. *Défigurer la vérité.* SYN. déformer ; travestir.
CONJUGAISON : VOIR MODÈLE AIMER.

DÉFILÉ n. m.
1. Passage étroit entre deux montagnes où l'on doit passer à la file. *Le défilé est éloigné du sommet alors que le col en est près.*
Ne pas confondre avec les noms suivants :
- ***col,*** passage plus ou moins élevé entre deux montagnes ;
- ***détroit,*** espace étroit entre deux côtes ;
- ***gorge,*** passage creusé dans une montagne.

2. Groupe de personnes qui vont à la file. *Un défilé aux flambeaux.* SYN. cortège.
LOCUTION
– ***Défilé de mode.*** Ensemble de mannequins qui défilent pour exposer des vêtements. *Les élèves ont organisé un défilé* (et non *une parade) *de mode.*

DÉFILEMENT n. m.
1. Succession, déroulement continu. *Un défilement de voitures.*
2. (INFORM.) Déplacement latéral ou vertical de l'image affichée à l'écran d'un ordinateur. *On peut faire défiler le contenu d'une fenêtre en utilisant les flèches de défilement.* SYN. déroulement.

DÉFILER v. tr., intr., pronom.
VERBE TRANSITIF
Ôter le fil de. *Défiler un collier de coquillages.*
VERBE INTRANSITIF
1. Aller à la file. *Ils défilaient en grand nombre devant la statue. Les soldats ont défilé en bon ordre.*
2. Passer de façon continue. *Les voitures défilaient sur l'autoroute.*
L'expression *défiler successivement est un pléonasme.

VERBE PRONOMINAL
(FAM.) Ne pas tenir une promesse, ne pas assumer une responsabilité. *Ils avaient promis de venir nous aider, mais ils se sont défilés.* SYN. se dérober ; s'esquiver.
À la forme pronominale, le participe passé de ce verbe s'accorde toujours en genre et en nombre avec son sujet. *Elle ne s'est pas défilée.*
CONJUGAISON : VOIR MODÈLE AIMER.

DÉFINI, IE adj.
1. Déterminé, précis. *Un poids défini, une somme définie.* ANT. indéfini.
2. Qui a reçu une définition. *Des termes définis.*
LOCUTION
– ***Déterminant défini.*** (GRAMM.) Déterminant qui se place devant le nom d'un être, d'un objet connu, dont on a déjà parlé. Le, la, les *sont des déterminants définis.*
VOIR TABLEAU – DÉTERMINANT.

DÉFINIR v. tr., pronom.
VERBE TRANSITIF
1. Donner la définition, le sens d'un mot, d'un concept, etc. *Définir une expression. Une atmosphère difficile à définir.* SYN. caractériser ; déterminer.
2. Déterminer. *Définir la date de la rentrée.* SYN. établir ; fixer.
VERBE PRONOMINAL
Faire l'objet d'une définition. *L'expression* exploitation de données *se définit difficilement.*
À la forme pronominale, le participe passé de ce verbe s'accorde toujours en genre et en nombre avec son sujet. *Ces termes se sont parfois définis de façon erronée.*
CONJUGAISON : VOIR MODÈLE FINIR.

DÉFINISSABLE adj.
Qui peut être défini. *Un terme définissable.* ANT. indéfinissable.

DÉFINITIF, IVE adj.
Fixe, déterminé. *Ma réponse est définitive, je ne changerai pas d'avis.* SYN. irrémédiable ; irrévocable.
LOCUTION
– ***En définitive,*** loc. adv. En fin de compte, finalement. *En définitive, viens-tu, oui ou non ?* SYN. après tout ; tout compte fait.

DÉFINITION n. f.
Détermination exacte de ce qu'est une chose, une idée par l'énumération de ses caractères. *La définition d'un mot, d'un concept.* SYN. caractérisation ; détermination.
LOCUTION
– ***Par définition,*** loc. adv. En vertu des caractéristiques propres de ce dont on parle. *Par définition, l'eau est liquide.*

DÉFINITIVEMENT adv.
Pour toujours, une fois pour toutes. *Ils sont partis définitivement : on ne les reverra plus.*
FORME FAUTIVE
*définitivement. Anglicisme au sens de ***absolument, à coup sûr, assurément, bien entendu, bien sûr, certainement, certes, indéniablement, sans aucun doute, sûrement,*** selon le cas.

DÉFLAGRATION n. f.
Combustion vive accompagnée d'une explosion.

DÉFLATION n. f.
(ÉCON.) Baisse généralisée et soutenue du niveau des prix. ANT. inflation.

DÉFLATIONNISTE adj.
(ÉCON.) Relatif à la déflation. *Des mesures déflationnistes.*

DÉFLECTEUR n. m.
Petit volet orientable. *Un déflecteur d'air.*

DÉFLORAISON n. f.
(LITT.) Chute des fleurs.
Ne pas confondre avec le nom ***défloration,*** perte de la virginité.

DÉFLORATION n. f.
Perte de la virginité.
Ne pas confondre avec le nom ***défloraison,*** chute des fleurs.

DÉFLORER v. tr.
1. (VX) Faire perdre sa fleur à.
2. (LITT.) Faire perdre sa virginité à.
3. (FIG.) Enlever à un sujet sa nouveauté.
CONJUGAISON : VOIR MODÈLE AIMER.

DÉFOLIANT, IANTE adj. et n. m.
ADJECTIF
Qui provoque la défoliation. *Ils ont éliminé les mauvaises herbes avec un produit chimique défoliant.*
NOM MASCULIN
Produit destiné à provoquer prématurément la chute des feuilles et la destruction de la végétation. *Des défoliants ont ravagé la végétation du pays.*
défoliant.

DÉFOLIATION n. f.
Destruction artificielle des feuilles des arbres, de la végétation.
défoliation.

DÉFOLIER v. tr.
Détruire le feuillage, la végétation de.
CONJUGAISON : VOIR MODÈLE ÉTUDIER.
défolier.

DÉFONCEMENT n. m.
Action de défoncer.

DÉFONCER v. tr., pronom.
VERBE TRANSITIF
1. Retirer ou percer le fond de. *Défoncer un fauteuil.*
2. Briser en enfonçant. *Il défonça la porte.*
VERBE PRONOMINAL
1. Perdre son fond. *La boîte s'est défoncée.* SYN. s'abîmer ; se briser.
2. (FAM.) Se droguer.
3. (FAM.) Ne pas ménager ses efforts.
À la forme pronominale, le participe passé de ce verbe s'accorde toujours en genre et en nombre avec son sujet. *Elles se sont défoncées pour réussir cet exploit.*
FORME FAUTIVE
*défoncer un budget. Impropriété pour ***dépasser, excéder un budget.***
CONJUGAISON : VOIR MODÈLE AVANCER.
Le **c** prend une cédille devant les lettres ***a*** et ***o***. *Il défonça, nous défonçons.*

DÉFORESTATION n. f.
Action de détruire une forêt ; résultat de cette action. SYN. déboisement.

DÉFORMABLE adj.
Qui peut être déformé. *Un fauteuil déformable.*

DÉFORMANT, ANTE adj.
Qui déforme. *Des miroirs déformants.*

DÉFORMATION n. f.
1. Action de déformer ; son résultat. *Elle avait une déformation de la colonne vertébrale.*
2. (FIG.) Altération de la réalité ou de la nature de quelque chose. *Un reportage tendancieux constituant une déformation des faits.*
LOCUTION
– ***Déformation professionnelle.*** Manière de penser résultant de l'exercice d'une profession.

DÉFORMER v. tr., pronom.
VERBE TRANSITIF
1. Modifier la forme de. *La pluie a déformé son chapeau.*
2. (FIG.) Reproduire inexactement. *Déformer les faits.*

VERBE PRONOMINAL
Perdre sa forme. *Ce pantalon ne s'est pas déformé.*
À la forme pronominale, le participe passé de ce verbe s'accorde toujours en genre et en nombre avec son sujet. *Ces chapeaux de feutre se sont déformés.*
Ce verbe a un sens défavorable, alors que le verbe ***transformer*** se dit en bien ou en mal.
CONJUGAISON : VOIR MODÈLE AIMER.

DÉFOULEMENT n. m.
Fait de se défouler. *Cette fête a été un défoulement collectif.*

DÉFOULER (SE) v. pronom.
Se libérer des tensions. *Elles se sont bien défoulées et ont ri à gorge déployée.* SYN. se détendre ; se relaxer.
Le participe passé de ce verbe, qui n'existe qu'à la forme pronominale, s'accorde toujours en genre et en nombre avec son sujet. *Nos amis se sont bien défoulés en ski.*
CONJUGAISON : VOIR MODÈLE AIMER.

DÉFRAGMENTATION n. f.
(INFORM.) Opération consistant à regrouper sur une zone continue du disque dur des fragments de fichiers dispersés, afin de récupérer de l'espace disque et d'optimiser le fonctionnement de l'ordinateur (GDT). *La défragmentation permet de libérer de l'espace vierge sur le disque dur.*

DÉFRAGMENTER v. tr.
(INFORM.) Rassembler les fragments de fichiers dispersés sur un support d'enregistrement pour en faciliter et en accélérer l'exploitation. *Il est recommandé de défragmenter le disque dur une fois par mois.*
CONJUGAISON : VOIR MODÈLE AIMER.

DÉFRAÎCHI, IE adj.
Qui a perdu sa fraîcheur. *Une salade défraîchie.*
[Les *Rectifications* (1990) admettent : défraichi, défraichie.]

DÉFRAÎCHIR v. tr., pronom.
VERBE TRANSITIF
Enlever la fraîcheur de, ternir. *Le soleil a défraîchi ces couleurs.*
VERBE PRONOMINAL
Perdre de sa fraîcheur. *Avec cette sécheresse, les fleurs se sont défraîchies.* SYN. se faner.
À la forme pronominale, le participe passé de ce verbe s'accorde toujours en genre et en nombre avec son sujet. *Ces vêtements se sont défraîchis.*
CONJUGAISON : VOIR MODÈLE FINIR.
[Les *Rectifications* (1990) admettent : défraichir.]

DÉFRAYER v. tr.
Payer les dépenses de quelqu'un. *J'ai été défrayée de toutes mes dépenses.*
LOCUTION
– ***Défrayer la conversation, la chronique.*** Être le sujet de conversation de tous.
FORME FAUTIVE
*défrayer (le coût). *On défraie quelqu'un de ses dépenses* (et non *les dépenses de quelqu'un). On peut aussi écrire *couvrir, rembourser les dépenses.*
CONJUGAISON : VOIR MODÈLE PAYER.
Le ***y*** est suivi d'un ***i*** à la première et à la deuxième personne du pluriel de l'indicatif imparfait et du subjonctif présent. *(Que) nous défrayions, (que) vous défrayiez.*

DÉFRICHAGE ou **DÉFRICHEMENT** n. m.
Action de défricher ; son résultat.

DÉFRICHER v. tr.
1. Rendre un terrain propre à la culture. *Défricher le jardin potager.*
2. (FIG.) Démêler, éclaircir. *Défricher un problème.* SYN. déblayer ; débroussailler.
CONJUGAISON : VOIR MODÈLE AIMER.

DÉFRICHEUR n. m.
DÉFRICHEUSE n. f.
Personne qui défriche.

DÉFRIPER v. tr.
Défroisser. *Je dois défriper ma jupe.*
CONJUGAISON : VOIR MODÈLE AIMER.

DÉFRISER v. tr.
Défaire la frisure de. *La pluie a défrisé ses cheveux.*
CONJUGAISON : VOIR MODÈLE AIMER.

DÉFROISSER v. tr., pronom.
VERBE TRANSITIF
Supprimer les plis d'une étoffe froissée.
VERBE PRONOMINAL
Perdre ses plis. *Cette nappe de lin ne se défroisse pas aisément.*
À la forme pronominale, le participe passé de ce verbe s'accorde toujours en genre et en nombre avec son sujet. *Elle s'est défroissée difficilement.*
CONJUGAISON : VOIR MODÈLE AIMER.

DÉFRONCER v. tr.
Défaire les plis, les fronces de. *Elle défronçait une jupe.*
CONJUGAISON : VOIR MODÈLE AVANCER.
Le ***c*** prend une cédille devant les lettres ***a*** et ***o***. *Il défronça, nous défronçons.*

DÉFROQUÉ, ÉE adj. et n. m. et f.
Qui a quitté l'état religieux.

DÉFROQUER v. intr., pronom.
VERBE INTRANSITIF
Quitter l'état ecclésiastique ou religieux. *Cet homme a défroqué.*
VERBE PRONOMINAL
Cesser d'être moine ou prêtre. *Après quelques années de vie monastique, il s'est défroqué.*
À la forme pronominale, le participe passé de ce verbe s'accorde toujours en genre et en nombre avec son sujet. *Ils se sont défroqués.*
CONJUGAISON : VOIR MODÈLE AIMER.

DÉFUNT, UNTE adj. et n. m. et f.
(LITT.) Qui est décédé, mort. *La messe des défunts. Mon défunt grand-père* (et non *défunt mon grand-père).
défunt.

DÉGAGÉ, ÉE adj.
1. Libre, aisé. *Une démarche dégagée.* SYN. naturel.
2. Qui n'est pas couvert. *Le ciel est dégagé, le vent a chassé les nuages.*

DÉGAGEMENT n. m.
1. Action de dégager (ce qui est bloqué). *Le dégagement des victimes de l'accident d'avion.*
2. Action de sortir, émanation. *Un dégagement de vapeurs toxiques.*

DÉGAGER v. tr., pronom.
VERBE TRANSITIF
1. Retirer. *Il dégagea sa responsabilité.*
2. Libérer. *On a dégagé la rue des voitures accidentées.*
3. Répandre. *Ces produits dégageaient une odeur désagréable.* SYN. émettre ; produire.
VERBE PRONOMINAL
1. Se libérer. *Se dégager d'une promesse.* SYN. se délivrer.
2. Sortir de. *Un fumet agréable se dégage du four.* SYN. émaner ; s'exhaler ; se répandre ; sortir.
À la forme pronominale, le participe passé de ce verbe s'accorde toujours en genre et en nombre avec son sujet. *Elle s'est dégagée de son emprise.*
CONJUGAISON : VOIR MODÈLE CHANGER.
Le ***g*** est suivi d'un ***e*** devant les lettres ***a*** et ***o***. *Il dégagea, nous dégageons.*

DÉGAINE n. f.
(FAM.) (PÉJ.) Tournure, allure ridicule.

DÉGAINER v. tr.
Tirer une arme de son étui. *Ce cow-boy dégaine son revolver très rapidement.*
CONJUGAISON : VOIR MODÈLE AIMER.

DÉGANTER (SE) v. pronom.
Enlever ses gants. *Elles se sont dégantées. Il est d'usage de se déganter pour serrer la main de quelqu'un.*
Le participe passé de ce verbe, qui n'existe qu'à la forme pronominale, s'accorde toujours en genre et en nombre avec son sujet. *Les demoiselles se sont dégantées.*
CONJUGAISON : VOIR MODÈLE AIMER.

DÉGARNIR v. tr., pronom.
VERBE TRANSITIF
Dépouiller de ce qui garnit. *Dégarnir le sapin de Noël.*
VERBE PRONOMINAL
Cesser d'être garni, touffu. *À l'automne, les arbres se dégarnissent.*
À la forme pronominale, le participe passé de ce verbe s'accorde toujours en genre et en nombre avec son sujet. *Nos réserves se sont dégarnies peu à peu.*
CONJUGAISON : VOIR MODÈLE FINIR.

DÉGÂT n. m.
Dommage causé par un accident, une cause violente. *Les vents violents ont causé beaucoup de dégâts.* SYN. ravage.
LOCUTION
– ***Limiter les dégâts.*** (FIG.) Tenter de restreindre les dommages, d'éviter le pire.
Le mot s'emploie généralement au pluriel.
dégât.

DÉGAUCHISSEUSE n. f.
Outil servant à aplanir une surface.

DÉGEL n. m.
1. Fonte de la glace, de la neige. *Le dégel du lac se produira bientôt.*
2. (FIG.) Reprise des relations (politiques, économiques, etc.) après une rupture, une période d'interruption. *Le dégel des relations diplomatiques entre l'Afghanistan et les États-Unis.*

DÉGELÉE n. f.
(FAM.) Volée de coups. SYN. correction.

DÉGELER v. tr., intr., pronom.
VERBE TRANSITIF
1. Faire fondre, réchauffer. *Dégeler un poulet.* SYN. décongeler.
2. (ÉCON.) (FIG.) Libérer. *Dégeler des crédits.*
VERBE INTRANSITIF
Cesser d'être gelé. *Le lac a dégelé. Le lac est maintenant dégelé.*
Le verbe se conjugue avec les auxiliaires ***être*** ou ***avoir*** selon que l'on exprime un état ou une action.
VERBE PRONOMINAL
1. Se réchauffer. *Nous nous dégelons au coin du feu.*
2. (FAM.) Perdre sa timidité, sa réserve. *Au bout d'un moment, elle s'est dégelée et nous a adressé la parole.*
À la forme pronominale, le participe passé de ce verbe s'accorde toujours en genre et en nombre avec son sujet. *La patinoire s'est dégelée.*
CONJUGAISON : VOIR MODÈLE CONGELER.
Le ***e*** se change en ***è*** devant une syllabe contenant un ***e*** muet. *Il dégèle*, mais *il dégelait.*

DÉGÉNÉRATIF, IVE adj.
(MÉD.) Se dit d'une maladie entraînant une dégénérescence. *La maladie d'Alzheimer est une affection dégénérative.*

DÉGÉNÉRER v. intr.
1. Perdre de ses qualités naturelles. *Le pommier a dégénéré. Il est dégénéré.*
2. (FIG.) Perdre sa valeur, se transformer en quelque chose de moins bien. *L'entente initiale a dégénéré et les querelles se succèdent. Sa grippe a dégénéré en pneumonie.*
Le verbe se conjugue avec les auxiliaires ***être*** ou ***avoir,*** selon que l'on exprime un état ou une action.
CONJUGAISON : VOIR MODÈLE POSSÉDER.
Le troisième ***é*** se change en ***è*** devant une syllabe contenant un ***e*** muet, sauf à l'indicatif futur et au conditionnel présent. *Il dégénère*, mais *il dégénérera.*
[Les *Rectifications* (1990) admettent : il dégénèrera, dégénèrerait...]

DÉGÉNÉRESCENCE n. f.
1. Fait de dégénérer. *Une population isolée en complète dégénérescence.* SYN. dégradation.
2. (MÉD.) Altération d'un organe, d'un tissu par la disparition progressive ou la désorganisation de ses structures normales. *Les examens montrent une dégénérescence du foie.*
dégénére**sc**ence.

DÉGINGANDÉ, ÉE adj.
Le premier ***g*** se prononce ***j***, [deʒɛ̃gɑ̃de].
(FAM.) Dont la démarche est disloquée.

DÉGIVRAGE n. m.
Action de dégivrer. *Un réfrigérateur à dégivrage automatique.*

DÉGIVRER v. tr.
Faire fondre le givre de. *Il dégivra son pare-brise glacé.*
CONJUGAISON : VOIR MODÈLE AIMER.

DÉGLAÇAGE n. m.
Action d'enlever la glace. *Le déglaçage des avions avant le départ.*

DÉGLACER v. tr.
Faire fondre la glace de. *Elle déglaçait sa voiture.*
CONJUGAISON : VOIR MODÈLE AIMER.
Le ***c*** prend une cédille devant les lettres ***a*** et ***o***. *Il déglaça, nous déglaçons.*

DÉGLUTIR v. tr.
Ingurgiter, avaler.
CONJUGAISON : VOIR MODÈLE FINIR.

DÉGLUTITION n. f.
Action de déglutir.

DÉGOMMER v. tr.
(FAM.) Congédier, mettre à pied. *Ces escrocs ont été dégommés.*
CONJUGAISON : VOIR MODÈLE AIMER.

DÉGONFLAGE n. m.
Action de dégonfler ; son résultat. *Le dégonflage des pneus.*

DÉGONFLÉ, ÉE adj. et n. m. et f.
ADJECTIF
Vidé de son air. *Mon pneu est dégonflé : il est à plat.*
ADJECTIF ET NOM MASCULIN ET FÉMININ
(FAM.) Peureux. SYN. lâche. ANT. courageux ; hardi.

DÉGONFLEMENT n. m.
Action de dégonfler ; son résultat. *Le dégonflement d'un ballon.*

DÉGONFLER v. tr., pronom.
VERBE TRANSITIF
Faire cesser le gonflement de, vider de son air. *Dégonfler un matelas pneumatique.*
VERBE PRONOMINAL
1. Cesser d'être gonflé. *La montgolfière s'est dégonflée.*
2. (FAM.) Perdre son assurance, son courage. *Ils se sont dégonflés et ont abandonné.*
À la forme pronominale, le participe passé de ce verbe s'accorde toujours en genre et en nombre avec son sujet. *Les matelas pneumatiques se sont dégonflés.*
CONJUGAISON : VOIR MODÈLE AIMER.

DÉGORGEMENT n. m.
Action de dégorger ; son résultat.

DÉGORGER v. tr., intr., pronom.
VERBE TRANSITIF
1. Déverser. *Les égouts dégorgeaient leur trop-plein.*
2. Débarrasser une chose des impuretés qu'elle contient.
VERBE INTRANSITIF
Faire dégorger des légumes. Les passer au sel pour en éliminer l'eau. *Faire dégorger des concombres, une aubergine.*
VERBE PRONOMINAL
1. Se vider. *À l'arrêt de l'école, l'autobus se dégorgea de ses jeunes passagers.*
2. (FIG.) S'épancher. *Les pleureuses se dégorgèrent en larmes.*
À la forme pronominale, le participe passé de ce verbe s'accorde toujours en genre et en nombre avec son sujet. *Elles se sont dégorgées.*
CONJUGAISON : VOIR MODÈLE CHANGER.
Le ***g*** est suivi d'un ***e*** devant les lettres ***a*** et ***o***. *Il dégorgea, nous dégorgeons.*

DÉGOTER ou **DÉGOTTER** v. tr.
(FAM.) Dénicher, trouver. *Où as-tu dégoté ce fauteuil ?*
CONJUGAISON : VOIR MODÈLE AIMER.

DÉGOULINER v. intr.
(FAM.) Tomber en coulant goutte à goutte. *La pluie dégoulinait sur elle.*
CONJUGAISON : VOIR MODÈLE AIMER.

DÉGOURDI, IE adj. et n. m. et f.
Qui est débrouillard, habile. *Martine et Olivier sont bien dégourdis, ils retrouveront leur chemin.* SYN. futé ; malin.

DÉGOURDIR v. tr., pronom.
VERBE TRANSITIF
1. Tirer de l'engourdissement. *Cette petite promenade vous dégourdira un peu.*
2. (FIG.) Rendre moins timide. *J'espère que ces cours le dégourdiront un peu.* SYN. déniaiser.
VERBE PRONOMINAL
1. Faire de l'exercice pour réduire l'engourdissement. *Je dois me dégourdir, car il y a trop longtemps que je travaille à l'ordinateur.*
2. (FIG.) Se défaire de ses maladresses. *Il a réussi à se dégourdir totalement.*
À la forme pronominale, le participe passé de ce verbe s'accorde en genre et en nombre avec le complément direct si celui-ci le précède. *La jambe qu'il s'est dégourdie. Les enfants se sont dégourdis au parc.* Le participe passé reste invariable si le complément direct suit le verbe. *Elles se sont dégourdi les jambes.*
LOCUTION
– ***Se dégourdir (les jambes).*** Marcher, courir, faire un peu d'exercice après des instants d'immobilité.
CONJUGAISON : VOIR MODÈLE FINIR.

DÉGOÛT n. m.
1. Écœurement. *Ils sont végétariens et ont un dégoût pour la viande.* ANT. appétit ; envie ; goût.
2. Répugnance provoquée par quelqu'un, quelque chose. *Ce monstre inspire le dégoût.* SYN. aversion ; haine ; horreur.
[Les *Rectifications* (1990) admettent : dégout.]

DÉGOÛTANT, ANTE adj.
Qui inspire de la répugnance. *Sa gloutonnerie est dégoûtante.*
Ne pas confondre avec le participe présent invariable ***dégoûtant.*** *Il ne reçut aucun appui, ses agissements dégoûtant tous ses collaborateurs.*
HOM. ***dégouttant,*** qui coule goutte à goutte.
[Les *Rectifications* (1990) admettent : dégoutant, dégoutante.]

DÉGOÛTÉ, ÉE adj. et n. m. et f.
Qui est difficile, délicat. *Ne fais pas la dégoûtée.*
[Les *Rectifications* (1990) admettent : dégouté, dégoutée.]

DÉGOÛTER v. tr.
Inspirer du dégoût, de l'écœurement, de la répugnance. *Ces plats huileux la dégoûtent. Cette ingratitude les a dégoûtés.*
HOM. ***dégoutter,*** couler goutte à goutte.
CONJUGAISON : VOIR MODÈLE AIMER.
dégoûter, un seul ***t***.
[Les *Rectifications* (1990) admettent : dégouter.]

DÉGOUTTER v. intr.
Couler goutte à goutte. *Mon manteau dégoutte de pluie.*
HOM. ***dégoûter,*** inspirer de la répugnance, du dégoût.
CONJUGAISON : VOIR MODÈLE AIMER.
dégoutter, deux ***t***.

DÉGRADANT, ANTE adj.
Humiliant. *Ces gestes sont dégradants.* SYN. avilissant.

DÉGRADATION n. f.
1. Détérioration. *La dégradation d'une maison abandonnée.* SYN. délabrement.
2. Passage progressif à un état plus mauvais. *La dégradation de la situation politique.*

DÉGRADÉ n. m.
Atténuation progressive d'une couleur. *Un dégradé de verts.*

DÉGRADER v. tr., pronom.
VERBE TRANSITIF
1. Détériorer. *Les intempéries ont dégradé cet immeuble.* SYN. abîmer ; endommager.
2. Faire perdre son grade à. *On a dégradé les soldats coupables d'espionnage.*
3. (FIG.) Avilir, faire perdre sa dignité à. *La drogue les a dégradés irrémédiablement.*
VERBE PRONOMINAL
1. Subir une détérioration. *Ce mur s'est dégradé au fil des ans. Sa santé se dégrade de jour en jour.* SYN. s'abîmer ; se détériorer.
2. Se fondre. *Cette couleur orange se dégrade pour passer à l'abricot.*
À la forme pronominale, le participe passé de ce verbe s'accorde toujours en genre et en nombre avec son sujet. *Sa santé s'est dégradée à vue d'œil.*
CONJUGAISON : VOIR MODÈLE AIMER.

DÉGRAFER v. tr.
Détacher ce qui était agrafé. *Elle dégrafa sa robe.*
CONJUGAISON : VOIR MODÈLE AIMER.
dégrafer.

DÉGRAFEUSE n. f.
Petite pince servant à retirer les agrafes. *Je voudrais dégrafer les feuilles de ce rapport à l'aide du dégrafeur ou de la dégrafeuse.* SYN. dégrafeur.

DÉGRAFFITAGE n. m.
Action de nettoyer les surfaces couvertes de graffitis. *En 2006, la Ville de Liège a consacré 300 000 euros à l'effacement des graffitis par son équipe de dégraffitage.*

DÉGRAISSAGE n. m.
Action de dégraisser ; son résultat. SYN. détachage.

DÉGRAISSER v. tr., intr.
VERBE TRANSITIF
1. Retirer la graisse de. *Dégraisser un bouillon.*
2. (FAM.) (FIG.) Réduire le budget de. *Dégraisser les immobilisations.*
VERBE INTRANSITIF
(FAM.) Faire des économies. *Pour survivre, l'entreprise doit dégraisser.*
CONJUGAISON : VOIR MODÈLE AIMER.

DEGRÉ n. m.
1. (LITT.) Marche d'un escalier. *« On monte les degrés du perron »* (Ringuet, *Trente Arpents*).
2. Grade, échelon. *Il a franchi tous les degrés.*
3. Proportion. *Cette boisson atteint un degré élevé d'alcool.*
4. Division d'une échelle de mesure. *Il a fait 40 degrés à l'ombre.*
Le mot ***degré*** s'abrège à l'aide d'un petit zéro placé en exposant immédiatement après le nombre. *36°.* Toutefois, si l'échelle de mesure est précisée (C pour Celsius, F pour Fahrenheit, par exemple), les abréviations de ***degré*** et du nom de l'échelle sont séparées du nombre par un espacement. *Une température de 40 °C, de 42,5 °F.*
5. Division de l'arc et du cercle. *Un angle de 180 degrés.*
Il n'y a pas d'espace entre le nombre et l'abréviation du mot ***degré***. *Un virage à 90°.* Lorsqu'il s'agit d'un adjectif numéral ordinal, le mot ***degré*** ne s'abrège pas. *Le 45e degré.*
LOCUTIONS
– ***Degré de comparaison.*** *Le comparatif et le superlatif sont des degrés de comparaison.*
– ***Degré de latitude.*** Espace compris entre deux parallèles.
– ***Degré de longitude.*** Espace compris entre deux méridiens.
– ***Degré de malignité.*** (MÉD.) Division d'un système de classification des tumeurs basé sur les différences histologiques que présentent leurs cellules par rapport à des cellules normales du tissu d'origine de la tumeur (GDT). *Une tumeur cancéreuse de faible degré* (et non *grade), *de degré intermédiaire, de degré élevé de malignité (DDFM).* SYN. degré de différenciation.
– ***Degré de parenté.*** Niveau d'éloignement ou de proximité d'un parent.
– ***Degré zéro.*** Absence totale. *Ce comportement puéril témoigne d'un degré zéro de réflexion.*
– ***Par degrés.*** Graduellement. *La marée monte par degrés.*
FORME FAUTIVE
*degré d'instruction. Calque pour ***niveau de scolarité, scolarité.***

DÉGRESSIF, IVE adj.
Qui diminue par degrés. *Un impôt dégressif.* ANT. progressif.

DÉGRÈVEMENT n. m.
Réduction fiscale. *Un dégrèvement d'impôt.*
dégrèvement.

DÉGREVER v. tr.
Supprimer ou réduire un impôt. *Le gouvernement devrait dégrever ce secteur d'activité, qui crée des emplois de qualité.*
CONJUGAISON : VOIR MODÈLE LEVER.
Le ***e*** se change en ***è*** devant une syllabe contenant un ***e*** muet. *Je dégrève, je dégrèverai,* mais *je dégrevais.*

DÉGRIFFÉ, ÉE adj. et n. m.
Se dit d'un vêtement dont on a enlevé la griffe d'origine. *Des vêtements dégriffés.*

DÉGRINGOLADE n. f.
(FAM.) Action de dégringoler ; son résultat. SYN. chute.

DÉGRINGOLER v. tr., intr.
VERBE TRANSITIF
(FAM.) Descendre très rapidement. *Dégringoler un escalier.* SYN. culbuter ; débouler ; dévaler.
VERBE INTRANSITIF
1. Tomber. *Le chat a dégringolé du toit.*
2. (FIG.) Diminuer de valeur de façon brusque. *Le cours des actions dégringole.* SYN. chuter.
CONJUGAISON : VOIR MODÈLE AIMER.

DÉGRISEMENT n. m.
Action de dégriser.

DÉGRISER v. tr., pronom.
VERBE TRANSITIF
1. Faire passer l'ivresse de. *Ce café le dégrisera un peu.* ANT. enivrer.
2. (FIG.) Détruire les illusions de. *Ces résultats désastreux les dégrisèrent.* SYN. désillusionner.
VERBE PRONOMINAL
Sortir de l'ivresse. *Il est nécessaire de se dégriser avant de prendre le volant.*
À la forme pronominale, le participe passé de ce verbe s'accorde toujours en genre et en nombre avec son sujet. *Elles s'étaient dégrisées.*
CONJUGAISON : VOIR MODÈLE AIMER.

DÉGROSSIR v. tr.
1. Donner un premier façonnage à, ébaucher.
2. Débrouiller, éclaircir une affaire.
3. (FIG.) Rendre moins grossier, inculte. SYN. décrasser.
CONJUGAISON : VOIR MODÈLE FINIR.

DÉGROSSISSAGE n. m.
Action de dégrossir ; son résultat.

DÉGUENILLÉ, ÉE adj.
Couvert de guenilles.

DÉGUERPIR v. intr.
S'enfuir. *À la vue du policier, ils ont déguerpi.* SYN. (FAM.) décamper ; fuir ; se sauver.
CONJUGAISON : VOIR MODÈLE FINIR.

DÉGUEULASSE adj. et n. m. et f.
Abréviation familière ***dégueu.***
(FAM.) Qui est dégoûtant, sale, au physique ou au moral.

DÉGUISÉ, ÉE adj.
Revêtu d'un déguisement. *Un garçon déguisé en pirate.*

DÉGUISEMENT n. m.
Ce qui sert à déguiser. *Un déguisement de père Noël.* SYN. costume.

DÉGUISER v. tr., pronom.
VERBE TRANSITIF
Dissimuler sous une apparence trompeuse. *Déguiser la vérité.* SYN. déformer ; travestir.
Ne pas confondre avec les verbes suivants :
• ***cacher,*** dissimuler ;
• ***celer,*** tenir quelque chose secret ;
• ***masquer,*** dissimuler derrière un masque ;
• ***taire,*** ne pas révéler ce que l'on n'est pas obligé de faire connaître ;
• ***voiler,*** cacher sous des apparences.
VERBE PRONOMINAL
Se rendre méconnaissable, revêtir un déguisement. *Ils se sont déguisés en pirates.*
À la forme pronominale, le participe passé de ce verbe s'accorde toujours en genre et en nombre avec son sujet. *Les convives s'étaient déguisés en pingouins.*
CONJUGAISON : VOIR MODÈLE AIMER.

DÉGUSTATEUR n. m.
DÉGUSTATRICE n. f.
Personne dont le métier est de déguster les vins, les liqueurs, etc.

DÉGUSTATION n. f.
Action de déguster. *Une dégustation de fromages.*

DÉGUSTER v. tr.
Goûter avec plaisir un aliment pour en apprécier les caractéristiques. *Les enfants dégustent la bonne cuisine de Nouni.*
Ce verbe a un sens favorable : on déguste des aliments, des boissons qui ont bon goût.
CONJUGAISON : VOIR MODÈLE AIMER.

DÉHANCHEMENT n. m.
Manière de marcher avec mollesse. *Un déhanchement provocant.*

DÉHANCHER (SE) v. pronom.
Marcher en balançant les hanches. *Elles se sont déhanchées nonchalamment.*
Le participe passé de ce verbe, qui n'existe qu'à la forme pronominale, s'accorde toujours en genre et en nombre avec le sujet. *Elles s'étaient déhanchées.*
CONJUGAISON : VOIR MODÈLE AIMER.

DEHORS adv. et n. m.
Attention à la prononciation : le ***e*** se prononce ***e*** (et non *é), [dəɔr] ; la première syllabe rime avec ***de***.
ADVERBE
Hors du lieu, à l'extérieur. *Les enfants jouent dehors.*
L'adverbe ***dehors*** ne peut introduire un complément de lieu, à moins qu'il ne soit précédé d'une préposition (***en dehors de***). *Ils sont en dehors de la maison* (et non *dehors la maison).
NOM MASCULIN
1. La partie extérieure. *Le dehors d'une boîte. Le feu était visible du dehors.* SYN. extérieur.
2. (AU PLUR.) Apparences. *Sous des dehors fragiles, elle est très déterminée.* SYN. air ; aspect.
LOCUTIONS
– ***De dehors,*** loc. adv. De l'extérieur. *La porte doit s'ouvrir de dehors.*
– ***En dehors, au(-)dehors,*** loc. adv. Extérieurement. *Au-dehors, rien n'y paraît. En dehors, on gèle !*
La plupart des auteurs préconisent l'orthographe ***au-dehors,*** mais l'usage admet également ***au dehors.***
– ***En dehors de,*** loc. prép. À l'exclusion de. *En dehors de quelques amis, Nicolas ne voit personne.* SYN. à l'exception de ; sauf.
– ***En dehors de,*** loc. prép. À l'extérieur de. *Les enfants jouent en dehors de la maison.*
– ***Par(-)dehors,*** loc. adv. Par l'extérieur. *Il vaut mieux venir par-dehors.*

DÉHOUSSABLE adj.
Dont on peut enlever la housse. *Un fauteuil déhoussable.*

DÉICIDE adj. et n. m. et f.
Qui a tué un dieu.

DÉIFIER v. tr.
1. Placer au nombre des dieux. SYN. diviniser.
2. (FIG.) Vouer un culte à quelqu'un, à quelque chose. *Ce peintre déifie sa muse.* SYN. adorer ; idolâtrer.
CONJUGAISON : VOIR MODÈLE ÉTUDIER.
Redoublement du ***i*** à la première et à la deuxième personne du pluriel de l'indicatif imparfait et du subjonctif présent. *(Que) nous déifiions, (que) vous déifiiez.*

DÉJÀ adv.
1. Dès maintenant. *Vous avez déjà fini ?*
2. Avant. *Je l'ai déjà lu.* SYN. auparavant.
LOCUTION
– ***D'ores et déjà,*** loc. adv. (LITT.) Dès maintenant. *Cet auteur est d'ores et déjà très connu et apprécié.*
déjà.

DÉJÀ-VU n. m. inv.
Ce qui manque d'originalité. *Cet éditorial n'apporte rien de neuf, c'est du déjà-vu.* SYN. banal.

DÉJECTION n. f.
1. Évacuation des excréments.
2. Excréments. *Des déjections de chiens et de chats.*

DÉJEUNER n. m.
1. Repas du matin. *Marie-Ève prend des céréales pour son déjeuner.* SYN. petit-déjeuner.
En ce sens, le nom s'emploie aussi dans certaines régions de la France, de la Belgique, de la Suisse et dans la francophonie canadienne.
2. Repas du midi. *Un déjeuner d'affaires.*
LOCUTION
– ***Déjeuner-causerie.*** Conférence donnée au cours d'un déjeuner. *Des déjeuners-causeries.*
déjeuner, sans accent circonflexe, contrairement à ***jeûne.***

DÉJEUNER v. intr.
1. Prendre le repas du matin. *Il vaut mieux déjeuner avant de partir à l'école.* SYN. (FAM.) petit-déjeuner.
En ce sens, le verbe s'emploie aussi dans certaines régions de la France, de la Belgique, de la Suisse et dans la francophonie canadienne.
2. Prendre le repas du midi.
CONJUGAISON : VOIR MODÈLE AIMER.
déjeuner, sans accent circonflexe, contrairement à ***jeûner.***

DÉJOUER v. tr.
Faire échouer. *J'ai déjoué ses plans.* SYN. faire échec à.
CONJUGAISON : VOIR MODÈLE AIMER.

DÉJUDICIARISATION n. f.
(DR.) Fait de régler les litiges, les polémiques par d'autres voies que le recours aux tribunaux. ANT. judiciarisation.

DÉJUDICIARISER v. tr., pronom.
VERBE TRANSITIF
(DR.) Régler les litiges, des polémiques par d'autres voies que le recours à la justice (médiation, accord amiable, etc.). ANT. judiciariser.
VERBE PRONOMINAL
(DR.) Se régler sans l'intervention de la justice, en parlant d'un litige.
À la forme pronominale, le participe passé de ce verbe s'accorde toujours en genre et en nombre avec son sujet. *Ces causes se sont déjudiciarisées.*
CONJUGAISON : VOIR MODÈLE AIMER.

DÉJUGER (SE) v. pronom.
Revenir sur ce qu'on avait décidé, changer d'avis. *Ils n'ont pas craint de se déjuger.*
Le participe passé de ce verbe, qui n'existe qu'à la forme pronominale, s'accorde toujours en genre et en nombre avec son sujet. *Ils ne se sont pas déjugés.*
CONJUGAISON : VOIR MODÈLE CHANGER.

DE JURE loc. adv.
Les deux ***e*** se prononcent ***é,*** [deʒyre].
Locution latine signifiant « de droit ». ANT. de facto.
T En typographie soignée, les mots étrangers sont composés en italique. Dans des textes déjà en italique, la notation se fait en romain. Pour les textes manuscrits, on utilisera les guillemets.

DELÀ
LOCUTIONS
– ***Au(-)delà,*** loc. adv. Plus loin, davantage. *Elle a reçu ce qu'elle souhaitait et même au delà.*
Ne pas confondre avec le nom ***au-delà,*** l'univers des morts.
– ***Au(-)delà de,*** loc. prép. Plus loin que. *Au-delà des mers, il y a un autre continent.*
La locution s'emploie surtout avec un complément de lieu.
– ***Deçà, delà,*** loc. adv. Çà et là, au hasard.
– ***Par(-)delà,*** loc. prép. De l'autre côté de. *Par-delà la montagne.*
delà.

DÉLABRÉ, ÉE adj.
En mauvais état. *Un jardin délabré.* SYN. à l'abandon.

DÉLABREMENT n. m.
Ruine, état négligé. *Le délabrement d'un immeuble inhabité.*

DÉLABRER v. tr., pronom.
VERBE TRANSITIF
Endommager. *Le temps a délabré ces bâtiments. Ces excès délabreront sa santé.* SYN. dégrader; ruiner.
VERBE PRONOMINAL
Devenir en mauvais état. *Le jardin se délabre peu à peu.* SYN. se dégrader.
À la forme pronominale, le participe passé de ce verbe s'accorde toujours en genre et en nombre avec son sujet. *La maison s'est délabrée à la suite du départ de la famille.*
CONJUGAISON : VOIR MODÈLE AIMER.

DÉLACER v. tr.
Dénouer les lacets de. *Je délaçais mes chaussures.* SYN. détacher.
HOM. ***délasser,*** détendre.
CONJUGAISON : VOIR MODÈLE AVANCER.
Le ***c*** prend une cédille devant les lettres ***a*** et ***o***. *Il délaça, nous délaçons.*

DE LADITE
VOIR – DUDIT.

DÉLAI n. m.
1. Période de temps prévue pour l'exécution d'une chose, d'une obligation. *Vous avez un délai de 15 jours pour remettre le dossier. Je vous enverrai le manuscrit dans les meilleurs délais.*
2. Temps supplémentaire accordé pour l'exécution de quelque chose. *Donnez-moi un délai de quelques jours pour finir ce travail.* SYN. répit.
LOCUTIONS
– ***À bref délai,*** loc. adv. Très bientôt.
– ***Délai de grâce.*** Délai accordé à un débiteur par son créancier.
– ***Dernier délai,*** loc. adv. Au plus tard. *Ce texte est à remettre le 1er avril, dernier délai.*
– ***Sans délai.*** Aussitôt, immédiatement. *Je vous réponds par écrit sans délai.*
FORME FAUTIVE
*délai. Anglicisme au sens de ***retard.*** *L'avion a un retard* (et non un *délai) *de deux heures.*
délai.

DÉLAISSÉ, ÉE adj.
Abandonné. *Un chien délaissé.*

DÉLAISSEMENT n. m.
Isolement. *Un sentiment de délaissement.*

DÉLAISSER v. tr.
1. Abandonner une personne, un animal. *Un chien délaissé.* SYN. laisser; quitter.
2. Cesser de s'intéresser à (quelque chose). *Elle a délaissé le ballet.* SYN. se désintéresser de; renoncer à.
CONJUGAISON : VOIR MODÈLE AIMER.

DE LAQUELLE
VOIR – LEQUEL.

DÉLASSANT, ANTE adj.
Qui détend, qui distrait. *Une promenade délassante.* SYN. distrayant; reposant.

DÉLASSEMENT n. m.
Repos, distraction. *Un peu de délassement nous fera du bien.* SYN. détente.

DÉLASSER v. tr., pronom.
VERBE TRANSITIF
Reposer, distraire. *Le sport délasse l'esprit.* SYN. détendre.
VERBE PRONOMINAL
Se détendre. *Ils se sont bien délassés à la campagne.* SYN. se reposer.
À la forme pronominale, le participe passé de ce verbe s'accorde toujours en genre et en nombre avec son sujet. *Elle s'était délassée en lisant.*
HOM. ***délacer,*** dénouer.
CONJUGAISON : VOIR MODÈLE AIMER.

DÉLATEUR, TRICE n. m. et f.
Personne qui dénonce, par intérêt ou par haine.

DÉLATION n. f.
Dénonciation. *Ces policiers encouragent la délation.*

DÉLAVÉ, ÉE adj.
Qui a perdu sa couleur originale. *Des jeans délavés. Des teintes délavées.* SYN. décoloré; déteint; fade.

DÉLAVER v. tr.
1. Éclaircir une couleur avec de l'eau. *Délaver un bleu pour représenter un ciel printanier à l'aquarelle.*
2. Détremper. *L'eau de Javel délave les tissus colorés.*
CONJUGAISON : VOIR MODÈLE AIMER.

DÉLAYER v. tr.
Diluer. *Délayer du cacao dans l'eau bouillante.*
CONJUGAISON : VOIR MODÈLE PAYER.
Le ***y*** est suivi d'un ***i*** à la première et à la deuxième personne du pluriel de l'indicatif imparfait et du subjonctif présent. *(Que) nous délayions, (que) vous délayiez.*

DELEATUR n. m. inv.
Les deux ***e*** se prononcent ***é*** et le ***u*** se prononce ***u,*** [deleatyr]; le nom rime avec ***dur.***
Mot latin signifiant « que ce soit effacé ».
Signe sur une épreuve d'imprimerie indiquant une suppression à faire.
T En typographie soignée, les mots étrangers sont composés en italique. Dans des textes déjà en italique, la notation se fait en romain. Pour les textes manuscrits, on utilisera les guillemets.
[Les *Rectifications* (1990) admettent : un déléatur, des déléaturs.]

DÉLÉBILE adj.
Qui peut s'effacer. *Une encre délébile.* ANT. indélébile.

DÉLECTABLE adj.
(LITT.) Exquis. *Des plats délectables d'un raffinement merveilleux.*

DÉLECTATION n. f.
Le fait de savourer pleinement. *Goûter un grand vin avec délectation.*

DÉLECTER (SE) v. pronom.
Se régaler, trouver un grand plaisir. *Ils se sont délectés de ce bon vin. Elle se délecte à la lecture de ce roman, à lire ce récit.* SYN. savourer.
Le verbe se construit avec la préposition ***de*** suivie d'un nom ou avec la préposition ***à*** suivie d'un nom ou d'un infinitif.
Le participe passé de ce verbe, qui n'existe qu'à la forme pronominale, s'accorde toujours en genre et en nombre avec son sujet. *Ils se sont délectés de ce magnifique concert.*
CONJUGAISON : VOIR MODÈLE AIMER.

DÉLÉGATAIRE n. m. et f.
(DR.) Personne qui profite d'une délégation.

DÉLÉGATION n. f.
1. Action de confier une tâche à quelqu'un. *La délégation d'une tâche.* SYN. attribution; mandat.
2. Ensemble de personnes déléguées au nom d'une collectivité. *Nous recevrons une délégation du Japon.*

DÉLÉGITIMATION n. f.
Action de rendre illégitime. *Un procès en délégitimation de la construction européenne, considéré par les dirigeants français comme une bureaucratie spoliatrice et irresponsable.*

D

DÉLÉGITIMER v. tr.
Rendre illégitime. *C'est à croire que porter un tailleur (blanc !) suffit à délégitimer l'accession des femmes au pouvoir ou du moins à remettre en question leur capacité à gouverner.*
CONJUGAISON : VOIR MODÈLE AIMER.

D

DÉLÉGUÉ n. m.
DÉLÉGUÉE n. f.
Personne à qui une société, un gouvernement, etc., a confié un mandat. *La déléguée générale. Un délégué syndical.*

DÉLÉGUER v. tr.
1. Charger quelqu'un d'agir en son nom. *Déléguer un avocat.* SYN. mandater.
2. Confier (une part de ses fonctions) à quelqu'un. *Le maire a délégué une partie de ses pouvoirs à son adjointe.*
CONJUGAISON : VOIR MODÈLE POSSÉDER.
Le deuxième ***é*** se change en ***è*** devant une syllabe contenant un ***e*** muet, sauf à l'indicatif futur et au conditionnel. *Je délègue*, mais *je déléguerai.*
[Les *Rectifications* (1990) admettent : il délèguera, délèguerait...]

DÉLESTAGE n. m.
Action de délester.

DÉLESTER v. tr., pronom.
VERBE TRANSITIF
1. Débarrasser de son lest (un navire, un ballon).
2. Libérer d'une charge.
VERBE PRONOMINAL
Se débarrasser d'un poids. *Elles se sont enfin délestées de leur sac à dos.*
À la forme pronominale, le participe passé de ce verbe s'accorde toujours en genre et en nombre avec son sujet. *Ils se sont délestés de leurs lourdes responsabilités.*
CONJUGAISON : VOIR MODÈLE AIMER.

DÉLÉTÈRE adj.
Nocif. *Un gaz délétère.*

DÉLIBÉRATION n. f.
Action d'examiner une question avec d'autres personnes avant de prendre une décision. *Les délibérations pour le choix du vainqueur.* SYN. débat; discussion.

DÉLIBÉRÉ, ÉE adj. et n. m.
ADJECTIF
Libre, résolu. *Un ton délibéré.* SYN. décidé; ferme.
NOM MASCULIN
Délibération entre juges. *Une affaire en délibéré.*
LOCUTIONS
– ***De propos délibéré,*** loc. adv. À dessein, volontairement.
– ***Sans délibéré,*** loc. adj. Jugement prononcé séance tenante. *Un jugement rendu sans délibéré* (et non *sur le banc). SYN. sur le siège.

DÉLIBÉRÉMENT adv.
Résolument, intentionnellement. *Refuser délibérément une offre.*

DÉLIBÉRER v. intr.
Examiner soigneusement une question avec d'autres personnes avant de prendre une décision. *Ils ont longuement délibéré avant de déclarer Jean vainqueur. Délibérer sur le choix d'un candidat, de la décision à prendre.* SYN. débattre; discuter.
Le verbe se construit absolument ou avec les prépositions ***sur, de.***
CONJUGAISON : VOIR MODÈLE POSSÉDER.
Le deuxième ***é*** se change en ***è*** devant une syllabe contenant un ***e*** muet, sauf à l'indicatif futur et au conditionnel présent. *Je délibère*, mais *je délibérerai.*
[Les *Rectifications* (1990) admettent : il délibèrera, délibèrerait...]

DÉLICAT, ATE adj.
1. Fin, subtil. *Des nuances délicates, un parfum délicat.*
2. Fragile. *Une santé délicate, une peau délicate.*
3. Difficile. *Une question délicate à traiter.* SYN. complexe; compliqué; embarrassant; épineux; subtil.

DÉLICATEMENT adv.
1. De façon délicate. *Elle a refusé délicatement.*
2. Finement. *Un col délicatement brodé.*

DÉLICATESSE n. f.
1. Finesse, raffinement. *La délicatesse des traits d'un visage.*
2. Tact, discrétion. *Par délicatesse, il refusa notre invitation.* SYN. politesse.

DÉLICE n. m. sing. et n. f. pl.
NOM MASCULIN SINGULIER
1. Plaisir qui ravit. *Quel délice de lire un bon livre au coin du feu !* SYN. joie.
2. Régal. *Ce gâteau est un pur délice.*
NOM FÉMININ PLURIEL
Charmes, plaisirs. *Les merveilleuses délices des vacances.*
Attention au genre de ce nom qui est masculin au singulier et féminin au pluriel.

DÉLICIEUSEMENT adv.
De façon délicieuse, très agréablement. *Nous avons délicieusement mangé.*

DÉLICIEUX, IEUSE adj.
1. Très agréable. *Cette personne est délicieuse : comme elle est sympathique !* SYN. charmant; exquis.
2. Qui goûte très bon. *Ces framboises sont délicieuses.* SYN. exquis; savoureux; succulent.

DÉLICTUEUX, EUSE adj.
Qui comporte un délit. *Un comportement délictueux.*
Ne pas confondre avec l'adjectif ***délicieux,*** rempli de délices.

DÉLIÉ, ÉE adj.
(LITT.) Fin, souple. *Une taille déliée.*

DÉLIER v. tr., pronom.
VERBE TRANSITIF
1. Défaire ce qui est lié. *Elle a délié ses cheveux.* SYN. dénouer.
2. Dégager d'une obligation. *On l'a délié de son serment.*
VERBE PRONOMINAL
Se libérer d'une obligation. *Se délier d'un engagement.*
À la forme pronominale, le participe passé de ce verbe s'accorde toujours en genre et en nombre avec son sujet. *Elle s'est déliée de sa promesse.*
CONJUGAISON : VOIR MODÈLE ÉTUDIER.
Redoublement du ***i*** à la première et à la deuxième personne du pluriel de l'imparfait de l'indicatif et du présent du subjonctif. *(Que) nous déliions, (que) vous déliiez.*

DÉLIMITATION n. f.
Action de délimiter. *La délimitation d'un terrain.*

DÉLIMITER v. tr.
Fixer des limites à, circonscrire. *Délimiter un terrain à l'aide d'une clôture.*
CONJUGAISON : VOIR MODÈLE AIMER.

DÉLINQUANCE n. f.
Ensemble des infractions commises. *Il y a beaucoup de délinquance dans ce quartier.*
délinquance.

DÉLINQUANT, ANTE adj. et n. m. et f.
ADJECTIF
Qui a commis plusieurs délits. *Des adolescents délinquants.*
NOM MASCULIN ET FÉMININ
Personne qui a commis plusieurs délits. *Une délinquante mineure.*
délinquant.

DÉLIQUESCENCE n. f.
1. Propriété qu'ont certains corps d'absorber l'humidité de l'air et de se dissoudre.
2. (FIG.) État de dégénérescence complète.

DÉLIQUESCENT, ENTE adj.
Qui dégénère. SYN. décadent.

DÉLIRANT, ANTE adj.
1. Qui délire. *Un fiévreux délirant.*
2. (FIG.) Extravagant, complètement fou. *Des paroles délirantes.* SYN. bizarre ; excentrique ; insensé.

DÉLIRE n. m.
Égarement qui porte à déraisonner, au propre et au figuré. *On nage en plein délire : c'est à n'y rien comprendre !*

DÉLIRER v. intr.
Divaguer, dire des choses déraisonnables. *Avec cette fièvre, il délirait. Ces affirmations sont complètement fausses : tu délires !* SYN. déraisonner.
CONJUGAISON : VOIR MODÈLE AIMER.

DELIRIUM TREMENS n. m. inv.
Attention à la prononciation de la dernière syllabe, qui rime avec ***mince***, [delirjɔmtremɛ̃s].
Locution latine signifiant « délire tremblant ».
Complication de l'alcoolisme.
T En typographie soignée, les mots étrangers sont composés en italique. Dans des textes déjà en italique, la notation se fait en romain. Pour les textes manuscrits, on utilisera les guillemets.
[Les *Rectifications* (1990) admettent : un délirium trémens, des déliriums trémens.]

DÉLIT n. m.
Acte défendu par la loi. *Ce délit est puni par une amende.* SYN. infraction.
LOCUTIONS
– ***Délit de fuite.*** (DR.) Délit dont se rend coupable le responsable d'un accident de la route, qui fuit les lieux et tente ainsi d'échapper à la responsabilité pénale ou civile qu'il peut avoir encourue (GDT). *Un automobiliste coupable de plusieurs délits de fuite. Un délit de fuite* (et non *hit-and-run).
– ***En flagrant délit.*** Sur le fait. *Le cambrioleur a été pris en flagrant délit, c'est-à-dire pendant qu'il volait.*
– ***Le corps du délit.*** L'élément matériel de l'infraction.
délit.

DÉLITER v. tr., pronom.
VERBE TRANSITIF
Fendre une pierre dans le sens de son lit de carrière.
VERBE PRONOMINAL
1. Se désagréger dans le sens de ses couches.
2. (FIG.) Se décomposer, se désagréger. *Une ancienne amitié qui se délite.*
À la forme pronominale, le participe passé de ce verbe s'accorde toujours en genre et en nombre avec son sujet. *Plusieurs roches se sont délitées.*
CONJUGAISON : VOIR MODÈLE AIMER.

DÉLIVRANCE n. f.
1. Libération. *La délivrance d'un prisonnier.*
2. Soulagement. *Quelle délivrance : les examens sont terminés !*
3. Dernier stade de l'accouchement.
4. Action de remettre une chose à quelqu'un. *La délivrance* (et non l'*émission) *d'un passeport.*
LOCUTION
– ***Délivrance des diplômes.*** Acte administratif par lequel les diplômes sont remis (Recomm. off.). *L'École des HEC procédera à la délivrance* (et non *l'émission, *l'octroi) *des diplômes.*

DÉLIVRER v. tr.
1. Mettre en liberté. *Délivrer un otage.* SYN. libérer.
2. Remettre, dans la langue administrative. *Délivrer* (et non *émettre) *un permis de conduire, un passeport, un diplôme.* SYN. remettre.
FORME FAUTIVE
*délivrer. Anglicisme au sens de ***livrer.***
CONJUGAISON : VOIR MODÈLE AIMER.

DÉLOCALISATION n. f.
(NÉOL.) Action de déplacer une unité de production à l'étranger en vue d'une réduction des coûts d'exploitation. *La délocalisation de nombreuses entreprises québécoises du textile a entraîné une hausse du chômage.*

DÉLOCALISER v. tr.
(NÉOL.) Implanter une unité de production à l'étranger en vue de réduire les coûts d'exploitation. *Les entreprises songent à délocaliser leurs activités de production au Mexique afin de réduire leurs coûts de main-d'œuvre.*
CONJUGAISON : VOIR MODÈLE AIMER.

DÉLOGER v. tr.
Chasser d'un endroit, de son logement. *Le chat délogea les souris et les mangea.*
CONJUGAISON : VOIR MODÈLE CHANGER.
Le ***g*** est suivi d'un ***e*** devant les lettres ***a*** et ***o***. *Il délogea, nous délogeons.*

DÉLOYAL, ALE, AUX adj.
À qui on ne peut se fier, sans loyauté. *Des candidats déloyaux.* SYN. traître. ANT. loyal.

DÉLOYAUTÉ n. f.
Fausseté, traîtrise. *Sa déloyauté est inacceptable.*

DELPHINIUM n. m.
La dernière syllabe se prononce ***niomme***, [dɛlfinjɔm].
Plante herbacée ornementale. *De beaux delphiniums très bleus.* SYN. pied-d'alouette.

DELTA adj. inv. et n. m.
ADJECTIF INVARIABLE
De forme triangulaire. *Des ailes delta.*
NOM MASCULIN
Terrain d'alluvions à l'embouchure d'un fleuve. *Le delta du Nil, des deltas.*
NOM MASCULIN INVARIABLE
Lettre grecque. *Des delta bien tracés.*
[Les *Rectifications* (1990) admettent : des deltas.]

DELTAPLANE n. m.
Engin constitué d'une aile de toile triangulaire, tendue sur un cadre métallique, permettant de faire du vol libre. *Ceux qui préfèrent les plaisirs aériens grimperont jusqu'aux sites de vol libre, qui sont particulièrement réputés pour la pratique du deltaplane grâce à leurs conditions exceptionnelles et à leurs panoramas uniques.*

DELTISTE n. m. et f.
Adepte du vol libre en deltaplane. *Deux pas d'élan, et le deltiste disparaît en contrebas, avant de réapparaître : rapide, l'engin file conquérir l'air des cimes, pour quelques minutes de plaisir, de solitude et de liberté totale.*

DÉLUGE n. m.
1. Pluie torrentielle qui, d'après la Bible, recouvrit la Terre et noya ses habitants. *Noé et les passagers de l'arche échappèrent au Déluge.*
T L'inondation décrite par la Bible s'écrit généralement avec une majuscule initiale.
2. Pluie torrentielle, grande inondation. *Le déluge du 14 juillet 1987 à Montréal, celui de l'été 1996 au Saguenay.*
3. (FIG.) Très grande quantité. *Un déluge de cadeaux.*
LOCUTIONS
– ***Après moi le déluge !*** Peu m'importe.
– ***Remonter au déluge.*** (FIG.) Remonter très loin.

DÉLURÉ, ÉE adj.
1. D'un esprit vif, dégourdi. SYN. débrouillard ; éveillé ; malin.
2. Effronté. *Une adolescente un peu trop délurée.* SYN. hardi.

DÉMAGNÉTISER v. tr., pronom.
VERBE TRANSITIF
Faire cesser l'état magnétique d'un objet. *Ma carte bancaire est démagnétisée.*
VERBE PRONOMINAL
Perdre son caractère magnétique.
À la forme pronominale, le participe passé de ce verbe s'accorde toujours en genre et en nombre avec son sujet. *Mes cartes de crédit se sont démagnétisées.*
CONJUGAISON : VOIR MODÈLE AIMER.

DÉMAGOGIE n. f.
Action de flatter et d'exciter les passions populaires pour accroître sa popularité, son pouvoir.

DÉMAGOGIQUE adj.
Qui flatte les intérêts et les passions populaires. *Les propos de ce politicien sont démagogiques.*

DÉMAGOGUE adj. et n. m. et f.
Qui fait preuve de démagogie. *Des politiciens démagogues. Ce démagogue est insupportable.*

DÉMAILLOTER v. tr.
Défaire le maillot de. *Démailloter un bébé.*
CONJUGAISON : VOIR MODÈLE AIMER.
démailloter.

DEMAIN adv. et n. m.
ADVERBE
Le jour qui suit celui où l'on est. *Je viendrai demain matin. Il le rencontrera demain à midi* (et non *demain midi). *« À demain, Pierre ! » crièrent les élèves.*
Cet adverbe ne peut désigner que le jour qui suit le jour présent ; si l'on se situe dans le passé ou l'avenir, on utilisera plutôt ***le lendemain, le jour suivant.***
NOM MASCULIN
(LITT.) Avenir. *Des demains prometteurs.*

DÉMANCHER v. tr., pronom.
VERBE TRANSITIF
1. Retirer le manche. *Démancher un marteau.*
2. (FAM.) Désassembler. *Démancher une table. Cette chaise est toute démanchée.* SYN. démonter ; désunir ; disloquer.
VERBE PRONOMINAL
1. (FAM.) Se défaire en parties. *Cette grande armoire se démanche.* SYN. se démonter.
2. (FAM.) Se désarticuler un membre. *Se démancher le pouce.* SYN. se démettre.
À la forme pronominale, le participe passé de ce verbe s'accorde en genre et en nombre avec le complément direct si celui-ci le précède. *La main qu'il s'est démanchée.* Le participe passé reste invariable si le complément direct suit le verbe. *Elle s'est démanché un poignet.* S'il n'y a pas de complément direct, il s'accorde avec le sujet. *Leur table s'était démanchée.*
CONJUGAISON : VOIR MODÈLE AIMER.

DEMANDE n. f.
1. Action de demander quelque chose. *Une demande de* (et non *pour un) *congé.*
2. Écrit formulant une requête. *Présenter une demande d'emploi* (et non *application). *Remplir une demande d'achat* (et non *réquisition), *une demande de consultation* (et non *requête).
3. (ÉCON.) Ensemble des produits et des services que les acheteurs désirent acquérir à un jour déterminé. *L'offre et la demande.*
FORME FAUTIVE
*en demande. Calque de «*in demand*» pour ***demandé, recherché.*** *Cet ouvrage est très demandé* (et non *en demande).

DEMANDER v. tr., pronom.
VERBE TRANSITIF
1. Exprimer le désir que l'on a de quelque chose. *Demander une faveur, un conseil.* SYN. réclamer ; solliciter ; souhaiter.
2. Fixer un prix. *Combien demandez-vous* (et non *chargez-vous) ?
3. Interroger. *« Quand la fête a-t-elle lieu ? » demanda Antoine.* SYN. s'informer ; se renseigner.
4. Nécessiter. *Cette recherche demande beaucoup de temps et d'argent.* SYN. exiger ; réclamer ; requérir.
5. Exiger. *Le chef d'équipe demanda les registres comptables.* SYN. réclamer.
Lorsqu'il est suivi d'un verbe à l'infinitif, le verbe ***demander*** se construit avec la préposition ***à*** si le sujet des deux verbes est le même. *Je demande à partir.* Si le sujet des deux verbes n'est pas le même, le verbe ***demander*** se construit avec la préposition ***de.*** *Je vous demande de partir.* Il peut aussi se construire avec ***que*** et le subjonctif. *Je demande que vous partiez.*
VERBE PRONOMINAL
S'interroger. *Je me demande s'il ira.* SYN. ordonner ; se questionner.
À la forme pronominale, le participe passé de ce verbe s'accorde en genre et en nombre avec le complément direct si celui-ci le précède. *L'aide qu'ils se sont demandée.* Le participe passé reste invariable si le complément direct suit le verbe. *Ils se sont demandé s'ils avaient raison.*
FORMES FAUTIVES
*demander pour quelque chose. Calque de «*to ask for something*» pour ***demander quelque chose.***
*demander pour quelqu'un. Calque de «*to ask for someone*» pour ***demander à voir quelqu'un, à parler à quelqu'un.***
*demander une question. Calque de «*to ask a question*» pour ***poser une question.***
CONJUGAISON : VOIR MODÈLE AIMER.

DEMANDEUR, DERESSE n. m. et f.
(DR.) Personne qui forme une action en justice.
La personne qui se défend en justice est le ***défendeur,*** la ***défenderesse.***

DÉMANGEAISON n. f.
Picotement, irritation. *L'herbe à puce cause des démangeaisons.*
démangeaison.

DÉMANGER v. tr.
1. Causer une démangeaison, en parlant d'une partie du corps. *Sa main le démangea, lui démangea.*
2. (FIG.) (FAM.) Causer une grande envie (d'écrire, de parler, etc.) à. *L'idée de partir le démangeait.*
Le verbe ne s'emploie qu'à la troisième personne du singulier et du pluriel ainsi qu'à l'infinitif et au participe présent.
CONJUGAISON : VOIR MODÈLE CHANGER.
Le ***g*** est suivi d'un ***e*** devant la lettre ***a.*** *Il démangea.*

DÉMANTÈLEMENT n. m.
Action de démanteler ; son résultat. *Le démantèlement d'un réseau de faussaires.*
démantèlement.

DÉMANTELER v. tr.
Détruire, réduire à néant. *Le réseau de trafiquants a été démantelé.*
CONJUGAISON : VOIR MODÈLE CONGELER.
Le ***e*** se change en ***è*** devant une syllabe contenant un ***e*** muet. *Je démantèle,* mais *je démantelais.*

DÉMANTIBULER v. tr.
1. Rompre la mâchoire.
2. (FIG.) (FAM.) Démolir. *Ma bicyclette est toute démantibulée, elle tombe en ruine.* SYN. casser ; disloquer.
CONJUGAISON : VOIR MODÈLE AIMER.

DÉMAQUILLANT, ANTE adj. et n. m.
Se dit d'un produit qui nettoie la peau. *Une lotion démaquillante. Employer un démaquillant.*

DÉMAQUILLER v. tr., pronom.
VERBE TRANSITIF
Enlever le maquillage de. *Ce produit démaquille bien la peau.*
VERBE PRONOMINAL
Retirer son maquillage. *N'oublie pas de te démaquiller avant de te coucher.*
À la forme pronominale, le participe passé de ce verbe s'accorde en genre et en nombre avec le complément direct si celui-ci le précède. *Les cils qu'elle s'est démaquillés. Elles se sont démaquillées.* Le participe passé reste invariable si le complément direct suit le verbe. *Elles se sont démaquillé les yeux.*
CONJUGAISON : VOIR MODÈLE AIMER.
Les lettres ***ill*** sont suivies d'un ***i*** à la première et à la deuxième personne du pluriel de l'indicatif imparfait et du subjonctif présent. *(Que) nous démaquillions, (que) vous démaquilliez.*

DÉMARCAGE ou **DÉMARQUAGE** n. m.
Action de démarquer ; son résultat.

DÉMARCATION n. f.
1. Action de délimiter des territoires, des régions.
2. (FIG.) Séparation entre deux choses.
LOCUTION
– ***Ligne de démarcation.*** Ligne qui sépare deux territoires.

DÉMARCHAGE n. m.
Recherche de clients. *Le démarchage de ce vendeur est efficace.* SYN. prospection.

DÉMARCHE n. f.
1. Façon de marcher. *Une démarche souple.* SYN. allure ; pas.
2. Manière de penser, de progresser. *Démarche intellectuelle.* SYN. attitude ; cheminement ; comportement ; conduite.
3. Action entreprise en vue de la réussite d'un projet. *Faire des démarches auprès des autorités.* SYN. demande ; requête.

DÉMARCHEUR n. m.
DÉMARCHEUSE n. f.
Représentant qui fait du démarchage.

DÉMARQUAGE
VOIR – DÉMARCAGE.

DÉMARQUER v. tr., pronom.
VERBE TRANSITIF
Supprimer la marque de. *Démarquer des vêtements pour les solder.*
VERBE PRONOMINAL
Se distinguer. *Pour réussir, il faut se démarquer des concurrents.*
À la forme pronominale, le participe passé de ce verbe s'accorde toujours en genre et en nombre avec son sujet. *Elle s'est démarquée de ses collègues.*
CONJUGAISON : VOIR MODÈLE AIMER.

DÉMARRAGE n. m.
1. Action, fait de démarrer. *Un démarrage rapide.*
2. (FIG.) Début, départ. *Le démarrage d'une entreprise.*
démarrage.

DÉMARRAGE-SECOURS n. m.
Opération permettant le démarrage d'une voiture au moyen d'une batterie d'appoint et de câbles volants. *Votre voiture aura sans doute besoin d'un démarrage-secours* (et non d'un *boosting).
démarrage-secours.

DÉMARRER v. tr., intr.
VERBE TRANSITIF
1. Faire fonctionner. *Démarrer un moteur.* ANT. arrêter.
2. (FAM.) Entreprendre. *Démarrer une recherche.*
VERBE INTRANSITIF
1. Partir. *La voiture démarra tout de suite.* ANT. arrêter.
2. Commencer. *La construction démarrera sous peu.* SYN. débuter. ANT. arrêter.
3. (FAM.) Se mettre à marcher. *Son commerce démarre très bien.*
CONJUGAISON : VOIR MODÈLE AIMER.
démarrer.

DÉMARREUR n. m.
Dispositif servant à mettre un moteur en marche.
démarreur.

DÉMASQUER v. tr., pronom.
VERBE TRANSITIF
1. Retirer le masque de quelqu'un.
2. (FIG.) Dévoiler la véritable nature de quelqu'un. *Démasquer un espion.*
VERBE PRONOMINAL
Se montrer sous son vrai jour. SYN. se trahir.
À la forme pronominale, le participe passé de ce verbe s'accorde toujours en genre et en nombre avec son sujet. *Ils se sont démasqués eux-mêmes.*
CONJUGAISON : VOIR MODÈLE AIMER.

D'EMBLÉE loc. adv.
Du premier coup, aussitôt. *Il accepta la proposition d'emblée.* SYN. volontiers.
d'emblée.

DÉMÊLAGE n. m.
Action de démêler. *Le démêlage des cheveux.*

DÉMÊLÉ n. m.
Problème, difficulté. *Il a eu des démêlés avec la justice.*
Ce nom s'emploie généralement au pluriel.

DÉMÊLER v. tr., pronom.
VERBE TRANSITIF
1. Séparer ce qui était emmêlé. *Sophie n'arrive pas à démêler ses cheveux.* ANT. emmêler ; mêler.
2. (FIG.) Distinguer une chose d'une autre. *Démêler le vrai du faux, le réel d'avec l'imaginaire.*
3. Clarifier un problème. *Arrivez-vous à démêler les motifs du vol, inspecteur ?* SYN. débrouiller ; élucider.
VERBE PRONOMINAL
1. Cesser d'être emmêlé. *Ses cheveux se sont démêlés sans peine.*
2. Se débrouiller, se tirer d'embarras.
À la forme pronominale, le participe passé de ce verbe s'accorde toujours en genre et en nombre avec son sujet. *Elles se sont démêlées rapidement.*
Le verbe ***démêler*** se construit avec la locution prépositive ***d'avec*** lorsqu'on insiste sur la difficulté d'une distinction à faire.
CONJUGAISON : VOIR MODÈLE AIMER.
L'accent circonflexe du deuxième ***e*** est conservé à toutes les formes de la conjugaison.

DÉMEMBREMENT n. m.
Action de démembrer, de morceler. *Le démembrement d'un réseau.*

DÉMEMBRER v. tr., pronom.
VERBE TRANSITIF
1. Séparer les membres d'un corps.
2. Séparer les parties d'un tout. *Démembrer une organisation.*
VERBE PRONOMINAL
Être divisé, découpé, en parlant d'un tout. *Cet empire financier va-t-il se démembrer ?*

À la forme pronominale, le participe passé de ce verbe s'accorde toujours en genre et en nombre avec son sujet. *Ses propriétés se sont démembrées.*
CONJUGAISON : VOIR MODÈLE AIMER.

D

DÉMÉNAGEMENT n. m.
Transport d'objets d'un lieu vers un autre. *Le déménagement d'un piano n'est pas chose facile.*

DÉMÉNAGER v. tr., intr.
VERBE TRANSITIF
Transporter des objets d'un lieu vers un autre. *Elle déménagera ses meubles jeudi.*
VERBE INTRANSITIF
Changer de logement. *Ils ont déménagé plusieurs fois au cours des dernières années. Ils sont déménagés depuis peu.*
Le verbe se conjugue généralement avec l'auxiliaire ***avoir,*** mais il peut se conjuguer aussi avec l'auxiliaire ***être*** pour marquer l'état.
Ne pas confondre avec le verbe ***emménager,*** s'installer dans un nouveau logement.
CONJUGAISON : VOIR MODÈLE CHANGER.
Le ***g*** est suivi d'un ***e*** devant les lettres ***a*** et ***o***. *Nous déménageons, il déménagea.*

DÉMENCE n. f.
1. Perte de la raison. *Il souffre de démence.* SYN. aliénation.
2. (FIG.) Conduite insensée, déraisonnable. *Ce projet, c'est de la démence !* SYN. aberration ; folie ; inconscience.
démence.

DÉMENER (SE) v. pronom.
1. S'agiter beaucoup. *Le saumon se démenait furieusement.* SYN. se débattre.
2. (FIG.) Se donner du mal, de la peine pour parvenir à un résultat. *Elle s'est bien démenée pour atteindre son objectif.* SYN. se dépenser ; se remuer.
Le participe passé de ce verbe, qui n'existe qu'à la forme pronominale, s'accorde toujours en genre et en nombre avec son sujet. *Les poissons se sont bien démenés.*
CONJUGAISON : VOIR MODÈLE LEVER.
Le ***e*** se change en ***è*** devant une syllabe contenant un ***e*** muet. *Il se démène,* mais *il se démenait.*

DÉMENT, ENTE adj. et n. m. et f.
1. Qui est atteint de folie. SYN. aliéné.
2. (FIG.) Qui est insensé, déraisonnable. *Ce projet est dément, c'est de la folie.* SYN. délirant ; extravagant ; fou.

DÉMENTI n. m.
Déclaration faite pour informer qu'une nouvelle est inexacte. *Le ministre a opposé un démenti catégorique à cette nouvelle.*

DÉMENTIEL, IELLE adj.
Le *t* se prononce *s*, [demɑ̃sjɛl].
Démesuré, excessif. *Une entreprise démentielle.* SYN. fou.
démentiel.

DÉMENTIR v. tr., pronom.
VERBE TRANSITIF
1. Déclarer faux. *Il dément que cette personne soit à l'origine de l'incident.*
Le verbe se construit généralement avec le mode subjonctif, mais le mode indicatif est également usité si l'on désire insister sur l'aspect réel de l'énoncé. *Elle ne dément pas que l'opération ait été coûteuse. Il dément que l'entreprise a pollué la rivière.*
2. Infirmer. *Les faits ont démenti les hypothèses.* SYN. contredire.
VERBE PRONOMINAL
Manquer à sa parole, cesser de se manifester. *Sa détermination ne s'est jamais démentie.*
À la forme pronominale, le participe passé de ce verbe s'accorde toujours en genre et en nombre avec son sujet. *Leur opposition au projet ne s'est pas démentie.*
CONJUGAISON : VOIR MODÈLE SORTIR.
INDICATIF PRÉSENT *Je démens, tu démens, il dément, nous démentons, vous démentez, ils démentent.* IMPARFAIT *Je démentais.* PASSÉ SIMPLE *Je démentis.* FUTUR *Je démentirai.* CONDITIONNEL PRÉSENT *Je démentirais.* IMPÉRATIF PRÉSENT *Démens, démentons, démentez.* SUBJONCTIF PRÉSENT *Que je démente.* IMPARFAIT *Que je démentisse.* PARTICIPE PRÉSENT *Démentant.* PASSÉ *Démenti, ie.*

DÉMERDER (SE) v. pronom.
(TRÈS FAM.) Se débrouiller, trouver une solution.
Le participe passé de ce verbe, qui n'existe qu'à la forme pronominale, s'accorde toujours en genre et en nombre avec son sujet. *Elle s'est bien démerdée pour arriver à ses fins.*
CONJUGAISON : VOIR MODÈLE AIMER.

DÉMÉRITE n. m.
(LITT.) Faute, tort.

DÉMÉRITER v. intr.
Perdre l'estime d'autrui. *Il a démérité auprès de ses collègues.*
CONJUGAISON : VOIR MODÈLE AIMER.

DÉMESURE n. f.
Excès, outrance. *La démesure d'une entreprise.*

DÉMESURÉ, ÉE adj.
1. Qui dépasse la mesure. *La construction du stade olympique a entraîné des coûts démesurés.* SYN. énorme ; gigantesque ; immense.
Ne pas confondre avec les mots suivants :
- ***excessif,*** qui sort des limites permises ;
- ***exorbitant,*** qui sort des bornes, qui est inabordable ;
- ***forcené,*** qui dépasse toute mesure dans ses attitudes.

2. Exagéré. *Un appétit démesuré.* SYN. excessif.

DÉMESURÉMENT adv.
De façon démesurée. *Jonathan est démesurément grand : sa taille dépasse 2 m !* SYN. énormément ; immensément.

DÉMETTRE v. tr., pronom.
VERBE TRANSITIF
1. Déplacer, luxer un os, une articulation. *Démettre une épaule.*
2. Destituer d'un emploi. *Il a été démis de ses fonctions.*
Ne pas confondre avec le verbe ***démissionner,*** donner sa démission.
VERBE PRONOMINAL
Se déplacer, se luxer un os, une articulation. *Elle s'est démis l'épaule.*
À la forme pronominale, le participe passé de ce verbe s'accorde en genre et en nombre avec le complément direct si celui-ci le précède. *L'épaule qu'il s'est démise était douloureuse.* Le participe passé reste invariable si le complément direct suit le verbe. *Elle s'est démis la hanche.* S'il n'y a pas de complément direct, il s'accorde avec le sujet. *Il a tellement bâillé que sa mâchoire s'est démise.*
CONJUGAISON : VOIR MODÈLE REMETTRE.

DEMEURANT (AU) loc. adv.
(LITT.) Tout bien considéré. *Un projet grandiose mais au demeurant réalisable.* SYN. au fond ; en somme ; par ailleurs.

DEMEURE n. f.
1. (LITT.) Lieu où l'on habite.
La ***résidence*** est la demeure habituelle, tandis que le ***domicile*** est la demeure légale.
2. Belle et grande maison. *Une riche demeure.*
3. (VX) Le fait de demeurer, de tarder.
LOCUTIONS
– ***À demeure,*** loc. adv. D'une manière fixe. *Ils sont installés à demeure ici.*
– ***Il y a péril en la demeure.*** Le moindre retard serait nuisible.

– ***Mettre quelqu'un en demeure.*** Sommer. *Elles ont été mises en demeure de payer.* SYN. enjoindre ; ordonner ; signifier.
– ***Mise en demeure.*** Sommation. *Il a reçu une mise en demeure.*

DEMEURÉ, ÉE adj. et n. m. et f.
Qui est inintelligent, débile. *Une personne demeurée. Un demeuré.*

DEMEURER v. intr.
1. Rester, continuer à être. *Il est demeuré marqué par l'évènement. Depuis leur départ, la maison est demeurée vide.*
En ce sens, le verbe se conjugue avec l'auxiliaire ***être.***
2. Habiter. *Le poète a demeuré ici.* SYN. loger ; résider ; vivre.
En ce sens, le verbe se conjugue avec l'auxiliaire ***avoir.***
Le verbe se construit généralement sans préposition. *Elle demeure rue Lajoie.* Par contre, lorsque l'adresse comporte un numéro, on peut écrire aussi **demeurer + au.** *Elle demeure au 14 de l'avenue de la Brunante* ou *elle demeure 14, avenue de la Brunante.*
CONJUGAISON : VOIR MODÈLE AIMER.

DEMI, IE adj., adv., n. m. et f.
ADJECTIF
Qui est la moitié d'un tout. *Une demi-journée.*
Demi + nom. L'adjectif ***demi*** est invariable et se joint au nom par un trait d'union. Seul le deuxième élément se met au pluriel. *Des demi-heures. Des demi-mesures.*
Nom + ***et demi, et demie,*** invariable en nombre. L'adjectif ***demi*** s'accorde uniquement en genre avec le nom auquel il se rapporte. *Trois kilomètres et demi. Deux heures et demie. Midi* ou *minuit et demi.*
ADVERBE
À moitié. *Une bouteille demi-vide.*
Demi + adjectif. L'adverbe ***demi*** est invariable et se joint par un trait d'union à l'adjectif qui s'accorde en genre et en nombre avec le nom auquel il se rapporte. *Des corps demi-nus.*
1° La locution adverbiale ***à demi,*** qui est invariable, ne prend pas de trait d'union devant un adjectif. *Une bouteille à demi vide.*
2° Devant un nom, le trait d'union est de rigueur. *La marchandise est à demi-prix.*
NOM MASCULIN
1. Moitié d'une unité. *Un demi et un demi font un.*
2. Verre de bière. *Nous prendrons un demi, svp.*
NOM FÉMININ
1. Demi-heure. *L'horloge sonne aux heures et aux demies.*
2. Demi-bouteille. *Auriez-vous une demie d'un petit vin blanc bien frais ?*

DEMI-
Les mots composés avec l'élément ***demi-*** s'écrivent avec un trait d'union et seul le deuxième élément prend la marque du pluriel. *Des demi-cercles.*

DEMI-BOUTEILLE n. f. (pl. *demi-bouteilles*)
Bouteille contenant la moitié d'une bouteille ordinaire. *Des demi-bouteilles de champagne.*

DEMI-BRIGADE n. f. (pl. *demi-brigades*)
Réunion de deux ou trois bataillons sous les ordres d'un colonel.

DEMI-CERCLE n. m. (pl. *demi-cercles*)
Moitié d'un cercle.

DEMI-CIRCULAIRE adj.
Qui a la forme d'un demi-cercle.

DEMI-COLONNE n. f. (pl. *demi-colonnes*)
Colonne engagée de la moitié de son diamètre dans un mur.

DEMI-DEUIL n. m. (pl. *demi-deuils*)
Vêtement porté à la fin d'un deuil.

DEMI-DIEU n. m. (pl. *demi-dieux*)
1. Divinité secondaire.
2. (FIG.) Personne mythique par son génie, son talent, son œuvre, ses réalisations. SYN. surhomme.

DEMI-DOUZAINE n. f. (pl. *demi-douzaines*)
Moitié d'une douzaine. *Une demi-douzaine d'œufs.*

DEMI-FINALE n. f. (pl. *demi-finales*)
Avant-dernière épreuve d'une compétition sportive.

DEMI-FRÈRE n. m. (pl. *demi-frères*)
Frère par le père ou la mère seulement.

DEMI-GROS n. m. (pl. *demi-gros*)
Intermédiaire entre le commerce en gros et la vente au détail.

DEMI-HEURE n. f. (pl. *demi-heures*)
Moitié d'une heure ou trente minutes. *J'y serai dans une demi-heure.*

DEMI-JOUR n. m. (pl. *demi-jour* ou *demi-jours*)
Crépuscule.

DEMI-JOURNÉE n. f. (pl. *demi-journées*)
Moitié d'une journée. *J'ai encore une demi-journée de cours.*

DÉMILITARISATION n. f.
Action de démilitariser ; son résultat.

DÉMILITARISER v. tr.
Supprimer le caractère militaire de.
CONJUGAISON : VOIR MODÈLE AIMER.

DEMI-LITRE n. m. (pl. *demi-litres*)
Moitié d'un litre.

DEMI-LONGUEUR n. f. (pl. *demi-longueurs*)
Moitié de la longueur.

DEMI-LUNE n. f. (pl. *demi-lunes*)
Demi-cercle.

DEMI-MAL n. m. (pl. *demi-maux*)
Inconvénient mineur.

DEMI-MESURE n. f. (pl. *demi-mesures*)
Mesure insuffisante.

DEMI-MORT, MORTE adj.
(LITT.) À moitié mort. *Elles sont demi-mortes.*

DEMI-MOT (À) loc. adv.
Sans avoir besoin de tout dire. *Ils se sont parlé à demi-mot.*
demi-mot, avec un trait d'union.

DÉMINAGE n. m.
Action de déminer. *Le déminage du désert où des combats ont eu lieu.*

DÉMINER v. tr.
Retirer les mines explosives d'un endroit.
CONJUGAISON : VOIR MODÈLE AIMER.

DÉMINÉRALISATION n. f.
Action de déminéraliser.

DÉMINÉRALISER v. tr., pronom.
VERBE TRANSITIF
Supprimer les sels minéraux.
VERBE PRONOMINAL
Perdre ses sels minéraux. *Cette eau se déminéralise difficilement.*
À la forme pronominale, le participe passé de ce verbe s'accorde toujours en genre et en nombre avec son sujet. *Ces organismes se sont déminéralisés.*
CONJUGAISON : VOIR MODÈLE AIMER.

DEMI-PAUSE n. f. (pl. *demi-pauses*)
(MUS.) Silence qui équivaut à la moitié d'une pause.

DEMI-PENSION n. f. (pl. *demi-pensions*)
Tarif hôtelier comprenant le petit déjeuner et un seul repas.

DEMI-PENSIONNAIRE n. m. et f. (pl. *demi-pensionnaires*)
Élève qui prend le repas du midi dans un établissement d'enseignement.

DEMI-PLACE n. f. (pl. *demi-places*)
Place à moitié prix.

DEMI-PORTION n. f. (pl. *demi-portions*)
(FAM.) Personne chétive.

DEMI-QUEUE adj. et n. m. (pl. *demi-queue* ou *demi-queues*)
Se dit d'un piano de grandeur intermédiaire. *Des pianos demi-queue* ou *demi-queues.*

DEMI-RELIURE n. f. (pl. *demi-reliures*)
Reliure où seul le dos est en peau.

DÉMIS, ISE adj.
Déplacé, sorti de son articulation. *Un os démis.* SYN. luxé.

DEMI-SAISON n. f. (pl. *demi-saisons*)
Saison de transition (printemps, automne). *Un manteau de demi-saison.*

DEMI-SANG n. m. (pl. *demi-sang* ou *demi-sangs*)
Cheval provenant d'un croisement où un seul reproducteur est un pur-sang.

DEMI-SEL n. m. (pl. *demi-sel* ou *demi-sels*)
Fromage légèrement salé.

DEMI-SŒUR n. f. (pl. *demi-sœurs*)
Sœur par le père ou la mère seulement.

DEMI-SOLDE n. f. (pl. *demi-soldes*)
Solde réduite de moitié.

DEMI-SOMMEIL n. m. (pl. *demi-sommeils*)
État intermédiaire entre la veille et le sommeil.

DÉMISSION n. f.
Acte par lequel on renonce à un poste, à une fonction. *Le président a remis sa démission.*

DÉMISSIONNAIRE adj. et n. m. et f.
Qui donne sa démission.

DÉMISSIONNER v. intr.
1. Donner sa démission. *Il vient de démissionner* (et non *on l'a démissionné).
Ne pas confondre avec le verbe ***démettre***, chasser d'un poste, d'un emploi.
2. (FIG.) Abandonner ce qui était entrepris. *Devant la difficulté, ils ont démissionné.* SYN. abdiquer; capituler; (FAM.) laisser tomber; renoncer.
CONJUGAISON : VOIR MODÈLE AIMER.

DEMI-TARIF adj. inv. et n. m. (pl. *demi-tarifs*)
Tarif réduit de moitié. *Des demi-tarifs. Des billets demi-tarif.*
L'adjectif est invariable.

DEMI-TEINTE n. f. (pl. *demi-teintes*)
Teinte intermédiaire entre le clair et le foncé.

DEMI-TON n. m. (pl. *demi-tons*)
(MUS.) Intervalle équivalant à la moitié d'un ton.

DEMI-TOUR n. m. (pl. *demi-tours*)
Moitié d'un tour, volte-face. *Faire un demi-tour* (et non un *U-turn, un *virage en U) *pour revenir au point de départ.*

DÉMIURGE n. m.
(LITT.) Créateur, animateur.
Ce nom ne s'emploie qu'au masculin.

DÉMOBILISATEUR, TRICE adj.
Qui démobilise. *Un effet démobilisateur.*

DÉMOBILISATION n. f.
1. Action de rendre les soldats à la vie civile.
2. Réduction de la motivation.

DÉMOBILISER v. tr., pronom.
VERBE TRANSITIF
1. Rendre les soldats à la vie civile. *Ces militaires ont été démobilisés.*
2. Réduire la motivation d'une personne, d'un groupe. *Cette grève a démobilisé les employés.* SYN. démotiver.
VERBE PRONOMINAL
Perdre son moral, sa mobilisation.
À la forme pronominale, le participe passé de ce verbe s'accorde toujours en genre et en nombre avec son sujet. *Elles ne s'étaient pas démobilisées.*
CONJUGAISON : VOIR MODÈLE AIMER.

DÉMOCRATE adj. et n. m. et f.
Partisan de la démocratie.

DÉMOCRATIE n. f.
Le ***t*** se prononce ***s***, [demɔkrasi].
État où l'ensemble des citoyens élisent des représentants qui exercent le pouvoir.

DÉMOCRATIQUE adj.
1. Qui appartient à la démocratie. *Nous avons un régime démocratique.*
2. Conforme à la démocratie, aux intérêts de tous. *Des élections démocratiques.*

DÉMOCRATIQUEMENT adv.
D'une façon démocratique. *Cette nouvelle présidente a été élue démocratiquement.*

DÉMOCRATISATION n. f.
Action de démocratiser; son résultat. *La démocratisation des études universitaires.* SYN. accessibilité.

DÉMOCRATISER v. tr., pronom.
VERBE TRANSITIF
1. Organiser d'après les principes de la démocratie.
2. Rendre accessible à tous. *On a démocratisé la formation collégiale.*
VERBE PRONOMINAL
1. Acquérir un régime démocratique. *Ce pays s'est démocratisé.*
2. Devenir accessible à tous, démocratique. *La formation universitaire s'est démocratisée.*
À la forme pronominale, le participe passé de ce verbe s'accorde toujours en genre et en nombre avec son sujet. *Ces sports, jadis réservés à l'élite, se sont démocratisés.*
CONJUGAISON : VOIR MODÈLE AIMER.

DÉMODÉ, ÉE adj.
Qui n'est plus à la mode. *Un style démodé.* SYN. désuet; vieillot.

DÉMODER (SE) v. pronom.
Être hors de mode. *Par définition, la mode se démode. Ces vêtements se démoderont vite. Ils se sont démodés.*
Le participe passé de ce verbe, qui n'existe qu'à la forme pronominale, s'accorde toujours en genre et en nombre avec son sujet. *Ces jupes se sont démodées.*
CONJUGAISON : VOIR MODÈLE AIMER.

DÉMOGRAPHE n. m. et f.
Spécialiste de la démographie.

DÉMOGRAPHIE n. f.
Science statistique des populations humaines, de leur évolution, de leurs mouvements.

DÉMOGRAPHIQUE adj.
De la démographie. *Des données démographiques.*

DEMOISELLE n. f.
1. Jeune fille.
2. Personne non mariée.

DÉMOLIR v. tr.
1. Mettre en pièces, détruire. *La vieille maison a été démolie par le tremblement de terre.*
2. (FIG.) Ruiner. *Démolir la réputation d'une personne.* SYN. anéantir. ANT. établir.
CONJUGAISON : VOIR MODÈLE FINIR.

DÉMOLISSAGE n. m.
Action de démolir, de ruiner quelqu'un, quelque chose.

DÉMOLISSEUR n. m.
DÉMOLISSEUSE n. f.
Personne qui démolit une construction. *Les démolisseurs sont à l'œuvre et un premier mur s'est écroulé.*

DÉMOLITION n. f.
1. Destruction d'une construction. *La démolition d'un édifice.*
2. (FIG.) Action de ruiner. *La démolition d'un projet.*

DÉMON n. m.
1. Le diable, selon la religion catholique, Satan.
2. Esprit infernal.
Le nom féminin ***démone*** est rare.
3. Personnification d'une passion, d'un vice. *Le démon de l'ambition.*
4. (FIG.) Personne malicieuse et espiègle. *C'est un vrai démon que cet enfant : il ferait damner un saint !*

DÉMONIAQUE adj.
Diabolique. *Un projet démoniaque.* SYN. satanique.

DÉMONSTRATEUR n. m.
DÉMONSTRATRICE n. f.
Personne qui fait une démonstration publicitaire.
FORME FAUTIVE
*démonstrateur. Anglicisme au sens de ***voiture d'essai***, d'***article en montre***, d'***appareil en démonstration.***

DÉMONSTRATIF, IVE adj.
1. Qui sert à démontrer. *Une argumentation démonstrative.*
2. Qui manifeste ses sentiments. *On ne peut savoir ce qu'il pense : il n'est pas démonstratif.* SYN. communicatif.
3. (GRAMM.) Se dit d'un pronom ou d'un déterminant qui sert à désigner des personnes ou des choses. Ce *est un pronom démonstratif.* Ce, cet, cette, ces *sont des déterminants démonstratifs.*
VOIR TABLEAU – DÉTERMINANT.
VOIR TABLEAU – PRONOM.

DÉMONSTRATION n. f.
1. Action de prouver par l'expérience la vérité d'une proposition, d'un fait. *Une démonstration mathématique.* SYN. justification ; preuve.
2. Action de montrer, d'expliquer quelque chose. *On lui a fait une démonstration du nouvel ordinateur. Un appareil en démonstration* (et non un *démonstrateur).
3. Témoignage. *Des démonstrations de joie.* SYN. manifestation.

DÉMONTABLE adj.
Qui peut être démonté. *Un mécanisme démontable.*

DÉMONTAGE n. m.
Action de démonter. *Le démontage d'un moteur.*

DÉMONTÉ, ÉE adj.
1. Déconcerté. *Il était tout démonté.* SYN. décontenancé.
2. Très agitée, en parlant de la mer.

DÉMONTE-PNEU n. m. (pl. *démonte-pneus*)
Outil utilisé pour retirer un pneu de la jante.

DÉMONTER v. tr., pronom.
VERBE TRANSITIF
1. Désassembler. *Démonter un moteur.*
2. (FIG.) Déconcerter. *Cette nouvelle les a démontés, les a bien surpris.* SYN. décevoir ; décontenancer.
VERBE PRONOMINAL
Se troubler, perdre contenance. *Elles se sont démontées en apprenant son départ.*
À la forme pronominale, le participe passé de ce verbe s'accorde toujours en genre et en nombre avec son sujet. *Cette pendule s'est complètement démontée.*
CONJUGAISON : VOIR MODÈLE AIMER.

DÉMONTRABLE adj.
Qui peut être démontré.

DÉMONTRER v. tr.
1. Établir par un raisonnement rigoureux la vérité de quelque chose. *Démontrer l'exactitude d'un calcul à des élèves.* SYN. justifier ; prouver.
2. Témoigner par des signes extérieurs. *Il lui a démontré beaucoup de gratitude.* SYN. montrer.
3. Prouver. *Ces faits démontrent qu'il avait raison.* SYN. établir ; indiquer ; montrer ; révéler.
CONJUGAISON : VOIR MODÈLE AIMER.

DÉMORALISANT, ANTE adj.
Démotivant. *Ces difficultés sont démoralisantes.* SYN. décourageant ; déprimant.

DÉMORALISATEUR, TRICE adj. et n. m. et f.
Qui démoralise. *Une collègue démoralisatrice.*

DÉMORALISER v. tr., pronom.
VERBE TRANSITIF
Décourager. *Ce nouvel échec pourrait les démoraliser.* SYN. démotiver ; déprimer.
VERBE PRONOMINAL
Perdre son courage. *À la suite de cette catastrophe, ils se sont démoralisés.*
À la forme pronominale, le participe passé de ce verbe s'accorde toujours en genre et en nombre avec son sujet. *Malgré les échecs, cette chercheuse ne s'est pas démoralisée.*
CONJUGAISON : VOIR MODÈLE AIMER.

DÉMORDRE v. tr. ind.
Ne pas vouloir démordre de. S'entêter. *Elle dit qu'elle a raison et ne veut pas en démordre.*
CONJUGAISON : VOIR MODÈLE FENDRE.

***DÉMOTION**
Anglicisme pour ***rétrogradation.***

DÉMOTIVANT, ANTE adj.
Propre à ôter toute motivation. *Des recherches démotivantes.* SYN. décourageant ; démoralisant.

DÉMOTIVER v. tr., pronom.
VERBE TRANSITIF
Ôter toute raison d'agir, décourager. *Ces échecs répétés n'ont pas démotivé les élèves.* SYN. démoraliser.
VERBE PRONOMINAL
Perdre sa motivation, son moral.
À la forme pronominale, le participe passé de ce verbe s'accorde toujours en genre et en nombre avec son sujet. *Les élèves ne se sont pas démotivés.*
CONJUGAISON : VOIR MODÈLE AIMER.

DÉMOULAGE n. m.
Action de démouler. *Le démoulage d'un plâtre.*

DÉMOULER v. tr.
Retirer d'un moule. *Démouler un gâteau.*
CONJUGAISON : VOIR MODÈLE AIMER.

DÉMULTIPLICATION n. f.
Action de démultiplier quelque chose.

DÉMULTIPLIER v. tr.
1. (MÉCAN.) Réduire la vitesse et augmenter la force dans la transmission d'un mouvement.
2. (FIG.) Multiplier les effets d'une action.
CONJUGAISON : VOIR MODÈLE ÉTUDIER.
Redoublement du ***i*** à la première et à la deuxième personne du pluriel de l'indicatif imparfait et du subjonctif présent. *(Que) nous démultipliions, (que) vous démultipliiez.*

DÉMUNI, IE adj. et n. m. et f.
ADJECTIF
Qui est sans ressources, qui manque du nécessaire. *Les personnes démunies.* SYN. nécessiteux.

D

NOM MASCULIN ET FÉMININ
Personne sans ressources. *Ce foyer accueille les démunis.* SYN. indigent.

DÉMUNIR v. tr., pronom.
VERBE TRANSITIF
Dépouiller, priver de choses essentielles. *Démunir un village de sa bibliothèque.*
Le verbe se construit avec la préposition ***de***. *On démunit quelqu'un* ou *quelque chose de quelque chose.*
VERBE PRONOMINAL
Se priver de ce qu'on aurait dû conserver pour soi. *Ils se sont démunis de leur réserve d'eau potable.*
À la forme pronominale, le participe passé de ce verbe s'accorde toujours en genre et en nombre avec son sujet. *Elles se sont démunies de leurs provisions.*
CONJUGAISON : VOIR MODÈLE FINIR.

DÉMYSTIFICATION n. f.
Action de démystifier ; son résultat. *La démystification des victimes d'une fraude.*
démystification.

DÉMYSTIFIER v. tr., pronom.
VERBE TRANSITIF
Dissiper l'erreur, détromper les victimes d'un mensonge.
VERBE PRONOMINAL
Devenir clair, facile à comprendre. *L'astronomie se démystifiera-t-elle ?*
À la forme pronominale, le participe passé de ce verbe s'accorde toujours en genre et en nombre avec son sujet. *Ces procédés, jadis très complexes, se sont démystifiés.*
Ne pas confondre avec le verbe ***démythifier***, supprimer un mythe.
CONJUGAISON : VOIR MODÈLE ÉTUDIER.
Redoublement du ***i*** à la première et à la deuxième personne du pluriel de l'indicatif imparfait et du subjonctif présent. *(Que) nous démystifiions, (que) vous démystifiiez.*
démystifier.

DÉMYTHIFICATION n. f.
Action de démythifier ; son résultat. *La démythification de l'informatique.*
démythification.

DÉMYTHIFIER v. tr.
Dépouiller une chose de son aspect mystérieux. *Démythifier l'informatique.*
Ne pas confondre avec le verbe ***démystifier***, dissiper l'erreur, le mensonge.
CONJUGAISON : VOIR MODÈLE ÉTUDIER.
Redoublement du ***i*** à la première et à la deuxième personne du pluriel de l'indicatif imparfait et du subjonctif présent. *(Que) nous démythifiions, (que) vous démythifiiez.*
démythifier.

DÉNATALITÉ n. f.
Décroissance du nombre des naissances dans un pays.

DÉNATIONALISATION n. f.
Action de dénationaliser. *La dénationalisation d'une sidérurgie.* SYN. privatisation.

DÉNATIONALISER v. tr.
Vendre au secteur privé (une entreprise nationalisée).
CONJUGAISON : VOIR MODÈLE AIMER.

DÉNATURALISATION n. f.
Fait de dénaturaliser.

DÉNATURALISER v. tr.
Priver des droits acquis par l'acquisition de la nationalité.
CONJUGAISON : VOIR MODÈLE AIMER.

DÉNATURÉ, ÉE adj.
1. Dont la nature a été modifiée. *Alcool dénaturé.*
2. Contraire à ce qui est naturel. *Un père dénaturé.*

DÉNATURER v. tr., pronom.
VERBE TRANSITIF
1. Changer la nature de, altérer.
2. Déformer. *Dénaturer des faits.* SYN. contrefaire ; travestir.
VERBE PRONOMINAL
Perdre sa qualité intrinsèque, sa nature. *Ces mercenaires se sont dénaturés.*
À la forme pronominale, le participe passé de ce verbe s'accorde toujours en genre et en nombre avec son sujet. *Elles se sont dénaturées.*
CONJUGAISON : VOIR MODÈLE AIMER.

DÉNÉGATION n. f.
Action de nier vivement un fait. SYN. démenti ; négation.
LOCUTION
– ***Dénégation de culpabilité.*** (DR.) Réponse de l'accusé à un chef d'accusation, consistant à nier sa culpabilité à l'infraction qui lui est imputée (Recomm. off.). *Il a signé une dénégation de culpabilité* (et non *un plaidoyer de non-culpabilité). SYN. contestation de l'accusation.

DÉNEIGEMENT n. m.
Action d'enlever la neige. *Le déneigement des rues.*

DÉNEIGER v. tr.
Débarrasser (une voie, un lieu, etc.) de la neige. *Nous déneigeons le sentier.*
CONJUGAISON : VOIR MODÈLE CHANGER.
Le ***g*** est suivi d'un ***e*** devant les lettres ***a*** et ***o***. *Il déneigea, nous déneigeons.*

DÉNI n. m.
1. Refus d'accorder ce qui est dû.
2. (PSYCHO.) Refus de reconnaître des faits traumatisants, tentative de nier la réalité parce qu'elle est difficile à accepter.
LOCUTION
– ***Déni de justice.*** Refus de rendre justice. *Des dénis de justice.*

DÉNIAISER v. tr.
(FAM.) Rendre moins ignorant, faire perdre sa naïveté. *Ces stages en entreprise les ont déniaisés un peu.* SYN. dégourdir ; dégrossir.
Ce verbe de registre familier demeure usuel au Québec et dans la francophonie canadienne, mais il n'appartient plus à l'usage courant de la majorité des locuteurs du français.
CONJUGAISON : VOIR MODÈLE AIMER.

DÉNICHER v. tr.
1. Ôter du nid. *Il ne faut pas dénicher ces tourterelles.*
2. (FIG.) Découvrir après de longues recherches. *Elle a déniché un bel appartement.* SYN. trouver.
CONJUGAISON : VOIR MODÈLE AIMER.

DENIER n. m.
1. (ANCIENN.) Monnaie.
2. (AU PLUR.) (LITT.) Ressources personnelles. *Il a payé de ses deniers.*
LOCUTION
– ***Les deniers publics.*** Les revenus de l'État.

DÉNIER v. tr.
Refuser de reconnaître quelque chose.
CONJUGAISON : VOIR MODÈLE ÉTUDIER.
Redoublement du ***i*** à la première et à la deuxième personne du pluriel de l'indicatif imparfait et du subjonctif présent. *(Que) nous déniions, (que) vous déniiez.*

DÉNIGREMENT n. m.
Action de dénigrer. *Une entreprise de dénigrement.*

DÉNIGRER v. tr.
Chercher à diminuer la valeur d'une personne, d'une chose. *Cette chipie ne cesse de dénigrer ses collègues.* SYN. critiquer ; déprécier ; rabaisser.
Ne pas confondre avec les verbes suivants :

• ***décrier,*** déprécier avec force, faire perdre la réputation, l'autorité ;
• ***diffamer,*** porter atteinte à la réputation ;
• ***discréditer,*** souiller la réputation en dépréciant ou en diffamant ;
• ***vilipender,*** traiter avec mépris.
CONJUGAISON : VOIR MODÈLE AIMER.

DENIM n. m. (pl. *denims*)
Le ***m*** se prononce, le nom rime avec ***mime,*** [dənim].
Tissu épais servant à la fabrication des jeans.

DÉNIVELÉ n. m.
Différence d'altitude entre deux points. *Du sommet au bas de la montagne, il y a 1000 m de dénivelé.* SYN. dénivellation.
On note aussi la forme ***une dénivelée.***

DÉNIVELER v. tr.
Rendre accidenté ce qui était uni.
CONJUGAISON : VOIR MODÈLE APPELER.
Redoublement du ***l*** devant un ***e*** muet. *Je dénivelle, je dénivellerai,* mais *je dénivelais.*
[Les *Rectifications* (1990) admettent : il dénivèle, dénivèlera, dénivèlerait...]

DÉNIVELLATION n. f.
Différence de niveau. *Il y a une forte dénivellation de la route à cet endroit, ralentissez !*
On dit aussi : un ***dénivellement.***

DÉNOMBREMENT n. m.
Action de compter. *Le dénombrement des élèves présents.* SYN. comptage ; énumération ; inventaire ; recensement.

DÉNOMBRER v. tr.
Compter. *Dénombrer les outils défectueux.* SYN. énumérer ; inventorier ; recenser.
CONJUGAISON : VOIR MODÈLE AIMER.

DÉNOMINATEUR n. m.
Terme d'une fraction placé au-dessous de la barre horizontale et qui marque en combien de parties égales l'unité a été divisée. ANT. numérateur.
VOIR TABLEAU – NOMBRES.
LOCUTION
– ***Dénominateur commun.*** (FIG.) Point commun à des personnes, à des choses.

DÉNOMINATION n. f.
Attribution d'un nom à une personne, à une chose. SYN. appellation ; désignation.
FORME FAUTIVE
*dénomination. Anglicisme au sens de **coupure.** *J'aimerais avoir cette somme en coupures* (et non en *dénominations) *de 20 $.*

DÉNOMMÉ, ÉE adj. et n. m. et f.
(FAM.) Qui a pour nom. *Un dénommé Dubois.*

DÉNOMMER v. tr., pronom.
VERBE TRANSITIF
Donner un nom à, appeler. *On dénomme les habitants de Trois-Rivières les Trifluviens.* SYN. désigner ; nommer.
VERBE PRONOMINAL
Avoir pour nom. *Il se dénomme Gabriel.*
À la forme pronominale, le participe passé s'accorde toujours en genre et en nombre avec son sujet. *Ils se sont dénommés Jules et Jim.*
CONJUGAISON : VOIR MODÈLE AIMER.

DÉNONCER v. tr., pronom.
VERBE TRANSITIF
1. Signaler à l'opinion une chose mauvaise. *Il a dénoncé certaines injustices.*
2. Faire savoir qu'une personne est coupable de quelque chose. *Des informateurs ont dénoncé les trafiquants.* SYN. accuser ; livrer ; trahir ; vendre.
3. Mettre fin à un contrat, à un engagement. *Il dénonça cette entente.* SYN. annuler ; rompre.
VERBE PRONOMINAL
Se reconnaître fautif, coupable. *L'auteur de l'accident s'est dénoncé.*
À la forme pronominale, le participe passé de ce verbe s'accorde toujours en genre et en nombre avec son sujet. *Les tricheurs se sont dénoncés.*
CONJUGAISON : VOIR MODÈLE AVANCER.
Le **c** prend une cédille devant les lettres ***a*** et ***o***. *Il dénonça, nous dénonçons.*

DÉNONCIATEUR, TRICE adj. et n. m. et f.
Qui dénonce quelque chose. SYN. délateur.

DÉNONCIATION n. f.
1. Action de dénoncer quelqu'un, quelque chose. SYN. accusation.
2. Rupture d'un engagement. *La dénonciation d'un contrat.*
dénonciation.

DÉNOTER v. tr.
Indiquer. *Des aquarelles qui dénotent un grand talent.* SYN. montrer ; révéler.
CONJUGAISON : VOIR MODÈLE AIMER.
dénoter.

DÉNOUEMENT n. m.
1. Fin d'une intrigue dramatique. *Le film a un dénouement inattendu.*
2. Conclusion. *Tous ont été très inquiets jusqu'au dénouement heureux de cet enlèvement.* SYN. issue.
dénouement.

DÉNOUER v. tr., pronom.
VERBE TRANSITIF
1. Défaire un nœud, une chose nouée. *Elle a dénoué le ruban qui retenait ses cheveux.* SYN. détacher.
2. Résoudre, éclaircir une difficulté, une intrigue. SYN. démêler.
VERBE PRONOMINAL
Se démêler. *La situation difficile s'est dénouée.* SYN. se régler.
À la forme pronominale, le participe passé de ce verbe s'accorde toujours en genre et en nombre avec son sujet. *L'intrigue s'est dénouée de façon surprenante.*
CONJUGAISON : VOIR MODÈLE AIMER.

DÉNOYAUTAGE n. m.
Action de dénoyauter.

DÉNOYAUTER v. tr.
Enlever le noyau de. *Dénoyauter des cerises.*
CONJUGAISON : VOIR MODÈLE AIMER.

DENRÉE n. f.
Tout produit vendu pour nourrir les hommes, les animaux. *Des denrées périssables.* SYN. aliment ; nourriture.
LOCUTION
– ***Une denrée rare.*** (FIG.) Chose précieuse qui se rencontre rarement.
denrée.

DENSE adj.
Épais, compact. *Une foule très dense. Une forêt dense.*
HOM. ***danse,*** action de danser.
dense.

DENSÉMENT adv.
De façon dense. *Un territoire densément peuplé.*

DENSITÉ n. f.
Caractère de ce qui est dense. *La densité de la forêt.*
densité.

DENSITOMÉTRIE n. f.
(MÉD.) Mesure de la densité optique d'un milieu (GDT). *Un diagnostic précis peut être posé après une densitométrie, qui vous dit tout sur l'état réel du squelette. À 50 ans, 5 % des femmes souffrent déjà d'une ostéoporose mesurée par une densitométrie, et ce taux monte à 25 % à 65 ans.*

DENT n. f.
Petit organe dur et blanchâtre implanté dans l'os maxillaire, qui sert à la mastication. *Elle s'est lavé les dents.*
Le nom ***dent*** s'écrit au pluriel dans les expressions ***brosse à dents, grincement de dents, mal de dents, rage de dents.*** Il s'écrit au singulier dans l'expression ***coup de dent.***
LOCUTIONS
– ***Avoir une dent contre quelqu'un, quelque chose.*** En vouloir à quelqu'un, être hostile à quelque chose.
– ***Grincer des dents.*** (FIG.) Frotter les dents les unes contre les autres par rage, peur, douleur.
– ***Mordre à belles dents.*** Manger avidement.
– ***Prendre le mors aux dents.*** S'emballer, pour un cheval.
– ***Prendre le mors aux dents.*** (FIG.) Se mettre en colère, pour une personne. SYN. se fâcher.
FORMES FAUTIVES
*avoir des dents (en parlant d'une loi, d'un règlement). Calque de «*to have teeth*» pour ***avoir du pouvoir.*** *Il faut renforcer le pouvoir de cette loi* (et non lui *donner des dents) *en imposant des amendes. Ce règlement est inefficace* (et non *n'a pas de dents).
*par la peau des dents. Calque de «*by the skin of one's teeth*» pour ***de justesse.***

DENTAIRE adj.
Relatif aux dents. *La chirurgie dentaire.*

DENTAL, ALE, AUX adj. et n. f.
Se dit d'une consonne qui se prononce à l'aide des dents (par exemple, ***t*** et ***d***). *Une consonne dentale. Les dentales.*

DENT-DE-LION n. f. (pl. *dents-de-lion*)
Pissenlit.

DENTÉ, ÉE adj.
Garni de dents. *Une roue dentée.*

DENTE (AL)
VOIR – AL DENTE.

DENTELÉ, ÉE adj.
Qui est découpé en forme de dents. *Un col dentelé.*
dentelé, contrairement à ***dentelle.***

DENTELER v. tr.
Faire des entailles en forme de dents à.
CONJUGAISON : VOIR MODÈLE APPELER.
Redoublement du ***l*** devant un ***e*** muet. *Je dentelle, je dentellerai,* mais *je dentelais.*
denteler.
[Les *Rectifications* (1990) admettent : il dentèle, dentèlera, dentèlerait...]

DENTELLE n. f.
Tissu ajouré de manière à former des dessins exécutés à l'aide d'aiguilles et de fils divers. *Une dentelle faite à la main.*
LOCUTIONS
– ***De dentelle, en dentelle.*** *Un col de dentelle, une nappe en dentelle.*
Ces expressions s'écrivent au singulier.
– ***Ne pas faire dans la dentelle.*** (FIG.) (FAM.) Manquer de délicatesse, de finesse.
dentelle.

DENTELLIÈRE ou **DENTELIÈRE** n. f.
Personne qui fait de la dentelle. *Une dentellière* ou *dentelière coiffée d'une bigouden.*

DENTELLIER, IÈRE ou **DENTELIER, IÈRE** adj.
Qui se rapporte à la dentelle. *L'industrie dentellière* ou *dentelière.*

DENTELURE n. f.
Le ***e*** central ne se prononce pas, [dɑ̃tlyr].
Motif dentelé. *Les gracieuses dentelures des fougères.*

DENTIER n. m.
Prothèse dentaire amovible.

DENTIFRICE adj. et n. m.
Se dit d'un produit propre à nettoyer les dents. *Une pâte dentifrice* (et non *pâte à dents), *un dentifrice. Un tube de dentifrice.*

DENTISTE n. m. et f.
Spécialiste des soins dentaires. *C'est un bon dentiste, pas un arracheur de dents. Une excellente dentiste.*

DENTISTERIE n. f.
Étude et pratique des soins dentaires.

DENTITION n. f.
1. Formation et sortie des dents. *La dentition de lait des petits.*
2. Ensemble des dents. *Philippe a une excellente dentition.* SYN. denture.

DENTURE n. f.
Ensemble des dents d'une personne, d'un animal. *Ce cheval a une bonne denture.* SYN. dentition.

DENTUROLOGISTE n. m. et f.
Personne qui fabrique et ajuste des prothèses dentaires. SYN. prothésiste dentaire.

DÉNUCLÉARISATION n. f.
Action de diminuer le nombre d'armes nucléaires.

DÉNUCLÉARISER v. tr.
Diminuer, supprimer le nombre d'armes nucléaires.
CONJUGAISON : VOIR MODÈLE AIMER.

DÉNUDÉ, ÉE adj.
Mis à nu. *Un terrain dénudé. Des racines dénudées.*
Ne pas confondre avec l'adjectif ***dénué,*** privé de.

DÉNUDER v. tr., pronom.
VERBE TRANSITIF
Mettre à nu. *Les défricheurs ont dénudé la terre.*
VERBE PRONOMINAL
Se mettre nu. *Le scénario exige que les acteurs se dénudent.* SYN. se déshabiller.
À la forme pronominale, le participe passé de ce verbe s'accorde toujours en genre et en nombre avec son sujet. *Ils se sont dénudés pour se laver.*
CONJUGAISON : VOIR MODÈLE AIMER.

DÉNUÉ, ÉE adj.
Privé de. *Il est dénué de bienveillance.* SYN. dépourvu.
Ne pas confondre avec l'adjectif ***dénudé,*** mis à nu.

DÉNUEMENT n. m.
Privation du nécessaire, misère. *Ces personnes sont dans le dénuement le plus complet après l'incendie qui a détruit leur logement.* SYN. pauvreté.
dénuement.

DÉODORANT, ANTE adj. et n. m.
Se dit d'un produit qui diminue ou supprime les odeurs corporelles.
Ne pas confondre avec le mot ***désodorisant,*** qui se dit d'un produit qui enlève ou masque les mauvaises odeurs dans un local.

DÉONTOLOGIE n. f.
Ensemble de règles et de devoirs professionnels. *La déontologie médicale.*
Ce nom désignait à l'origine les devoirs du médecin ; il s'entend aujourd'hui de toutes les professions.

LOCUTION

– ***Code de déontologie.*** Texte réglementaire énonçant les règles de conduite professionnelle qui régissent l'exercice d'une profession ou d'une fonction et faisant état des devoirs, des obligations et des responsabilités auxquels sont soumis ceux qui l'exercent (GDT). *Le code de déontologie des médecins, des avocats, des policiers ou des juges.* SYN. code déontologique.

En anglais, le terme «*code of ethics*» désigne aussi bien le concept de « code d'éthique » que celui de « code de déontologie ».

Ne pas confondre avec les locutions suivantes :

- ***code de conduite,*** ensemble de règles écrites qu'une entreprise ou un organisme s'engage à observer et qui régissent la conduite du personnel et de ses dirigeants;
- ***code d'éthique,*** texte énonçant les valeurs et les principes à connotation morale ou civique auxquels adhère une organisation et qui servent de guide à un individu ou à un groupe afin de l'aider à juger de la justesse de ses comportements.

DÉONTOLOGIQUE adj.

De la déontologie. *Un code déontologique* (et non *d'éthique).

DÉPAILLER v. tr.

Dégarnir de sa paille.

CONJUGAISON : VOIR MODÈLE AIMER.

Les lettres ***ill*** sont suivies d'un ***i*** à la première et à la deuxième personne du pluriel de l'indicatif imparfait et du subjonctif présent. *(Que) nous dépaillions, (que) vous dépailliez.*

DÉPANNAGE n. m.

1. Remise en marche de ce qui est en panne. *Le dépannage d'une voiture.*

2. (FAM.) Aide momentanée apportée à une personne, à un groupe en difficulté.

DÉPANNER v. tr.

1. Remettre en marche quelque chose qui est en panne. *Dépanner une motocyclette.*

2. (FAM.) Aider quelqu'un en difficulté. *Cette famille nous a bien dépannés lorsque notre maison a brûlé.*

CONJUGAISON : VOIR MODÈLE AIMER.

DÉPANNEUR n. m.

DÉPANNEUSE n. f.

Technicien, technicienne qui se charge de la réparation de véhicules, d'appareils électriques, etc. *Le dépanneur a réparé le réfrigérateur.*

Au Québec, on emploie aussi les termes ***réparateur, réparatrice*** en ce sens.

DÉPANNEUR n. m.

Établissement où l'on vend des aliments et une gamme restreinte d'articles de consommation courante, et dont les heures d'ouverture s'étendent au-delà de l'horaire habituel des autres magasins (Recomm. off.).

DÉPANNEUSE n. f.

Voiture de dépannage. *La dépanneuse remorque la voiture accidentée.*

DÉPAQUETAGE n. m.

Action de dépaqueter.

DÉPAQUETER v. tr.

Défaire un paquet. *Laurence dépaquette son cadeau.*

CONJUGAISON : VOIR MODÈLE APPELER.

Redoublement du ***t*** devant un ***e*** muet. *Je dépaquette, je dépaquetterai,* mais *je dépaquetais.*

[Les *Rectifications* (1990) admettent : il dépaquète, dépaquètera, dépaquèterait...]

DÉPAREILLÉ, ÉE adj.

1. Qui forme une série disparate. *Un service de table dépareillé.* SYN. désassorti.

2. Exceptionnel. *Une cuisinière dépareillée. « Si un oiseau un peu dépareillé vient à passer, vous restez en extase devant, des années de temps »* (Germaine Guèvremont, *Le Survenant*). SYN. hors pair; sans égal.

3. Qui est séparé d'un ensemble avec lequel il constituait une paire, une série. *Des chaussettes dépareillées.*

D

DÉPAREILLER v. tr.

Rompre l'unité d'un ensemble.

CONJUGAISON : VOIR MODÈLE AIMER.

Les lettres ***ill*** sont suivies d'un ***i*** à la première et à la deuxième personne du pluriel de l'indicatif imparfait et du subjonctif présent. *(Que) nous dépareillions, (que) vous dépareilliez.*

DÉPARER v. tr.

Rendre moins beau. *Cet édifice dépare le bel ensemble de bâtiments.* SYN. enlaidir.

CONJUGAISON : VOIR MODÈLE AIMER.

DÉPARIER v. tr.

Séparer deux choses qui forment la paire.

CONJUGAISON : VOIR MODÈLE ÉTUDIER.

Redoublement du ***i*** à la première et à la deuxième personne du pluriel de l'indicatif imparfait et du subjonctif présent. *(Que) nous dépariions, (que) vous dépariiez.*

DÉPARLER v. intr.

(FAM.) Divaguer. *Il est très fiévreux et il déparle.*

CONJUGAISON : VOIR MODÈLE AIMER.

DÉPART n. m.

(LITT.) Action de séparer une chose d'une autre. *Faire le départ des œuvres retenues et des œuvres exclues, entre les recherches qui seront subventionnées et celles qui ne le seront pas.*

Le nom se construit avec les prépositions ***de, entre.***

DÉPART n. m.

Action de partir, moment où l'on part. *C'est déjà l'heure du départ.* ANT. arrivée.

LOCUTIONS

– ***Point de départ.*** Lieu d'où l'on part.

– ***Point de départ.*** (FIG.) Commencement. *Le point de départ d'un film.* SYN. début.

DÉPARTAGER v. tr.

1. Arbitrer; désigner le vainqueur. *Cette question difficile départagera les meilleurs élèves.*

2. Faire cesser l'égalité des voix en ajoutant un nouveau suffrage.

CONJUGAISON : VOIR MODÈLE CHANGER.

Le ***g*** est suivi d'un ***e*** devant les lettres ***a*** et ***o.*** *Il départagea, nous départageons.*

DÉPARTEMENT n. m.

1. Division, branche spécialisée. *Un département d'État.*

2. Division administrative du territoire français. *Le département de la Loire.*

3. Regroupement, au sein d'un établissement d'enseignement, d'enseignants et d'enseignantes d'une même discipline, ou de disciplines ou de programmes apparentés, à des fins pédagogiques et administratives (Recomm. off.). *Le Département de linguistique et de traduction de l'Université de Montréal.*

FORMES FAUTIVES

*département. Anglicisme au sens de ***rayon.*** *Adressez-vous au rayon* (et non *département) *des articles ménagers.*

*département. Anglicisme au sens de ***service.*** *Le Service* (et non *département) *des ressources humaines.*

DÉPARTEMENTAL, ALE, AUX adj. et n. f.

Relatif à un département. *Une route départementale, une départementale.*

DÉPARTEMENT DE SANTÉ COMMUNAUTAIRE
Sigle *DSC* (s'écrit avec ou sans points).

DÉPARTIR v. tr., pronom.
VERBE TRANSITIF
(LITT.) Distribuer, impartir à. *Les responsabilités qui lui ont été départies.*
VERBE PRONOMINAL
Renoncer, se séparer. *Sans se départir de son amabilité, elle lui répondit fermement.*
À la forme pronominale, le participe passé de ce verbe s'accorde toujours en genre et en nombre avec son sujet. *Elle ne s'est jamais départie de sa gentillesse.*
CONJUGAISON : VOIR MODÈLE SORTIR.
INDICATIF PRÉSENT *Je me départs, tu te départs, il se départ, nous nous départons, vous vous départez, ils se départent.* IMPARFAIT *Je me départais.* PASSÉ SIMPLE *Je me départis.* FUTUR *Je me départirai.* CONDITIONNEL PRÉSENT *Je me départirais.* IMPÉRATIF PRÉSENT *Départs-toi, départons-nous, départez-vous.* SUBJONCTIF PRÉSENT *Que je me départe, que nous nous départions.* IMPARFAIT *Que je me départisse, que nous nous départissions.* PARTICIPE PRÉSENT *Se départant.* PASSÉ *Départi, ie.*
Le verbe *départir* se conjugue comme *partir*, contrairement aux verbes *impartir* et *répartir*, qui se conjuguent comme *finir*.

DÉPASSEMENT n. m.
Action de dépasser, de se dépasser. *Un dépassement de dépense.*

DÉPASSER v. tr., intr., pronom.
VERBE TRANSITIF
1. Aller plus loin, au-delà de. *Dépasse cette maison et tourne à droite.*
2. Doubler. *La voiture a dépassé le camion.* SYN. devancer.
3. Étonner. *Cette histoire me dépasse.* SYN. déconcerter; dérouter.
VERBE INTRANSITIF
Être plus long qu'autre chose. *Son jupon dépasse.* SYN. excéder.
VERBE PRONOMINAL
Se surpasser. *Ils se sont dépassés pour nous offrir ce beau spectacle.*
À la forme pronominale, le participe passé de ce verbe s'accorde toujours en genre et en nombre avec son sujet. *Lors de ce concert, la pianiste s'est vraiment dépassée.*
CONJUGAISON : VOIR MODÈLE AIMER.

DÉPAYSANT, ANTE adj.
Qui dépayse par un environnement différent. *Des excursions dépaysantes.*

DÉPAYSEMENT n. m.
Fait d'être dépaysé. *Le dépaysement de François est total, il visite la Chine.* « *Cette sensation de dépaysement, de pénétrer, à deux pas seulement de chez nous, dans le lointain, m'était plutôt agréable, quand j'étais enfant* » (Gabrielle Roy, *La Détresse et l'Enchantement*).

DÉPAYSER v. tr.
Désorienter par un environnement différent. *Ce voyage au Liban te dépaysera certainement.* SYN. désorienter.
CONJUGAISON : VOIR MODÈLE AIMER.

DÉPEÇAGE ou **DÉPÈCEMENT** n. m.
Action de dépecer. *Le dépeçage d'un gigot.*
dépeçage.

DÉPECER v. tr.
Mettre en pièces, en morceaux. *Il dépeçait un poulet.*
CONJUGAISON : VOIR MODÈLE AVANCER OU LEVER.
Le ***e*** se change en ***è*** devant une syllabe contenant un ***e*** muet. *Je dépèce*, mais *je dépeçais.*
Le ***c*** prend une cédille devant les lettres ***a*** et ***o***. *Il dépeça, nous dépeçons.*

DÉPÊCHE n. f.
1. Missive officielle. *Une dépêche diplomatique.*
2. Message transmis par voie rapide. *Une dépêche d'agence.*
Ne pas confondre avec les noms suivants :
- ***billet***, lettre très concise;
- ***circulaire***, lettre d'information adressée à plusieurs destinataires;
- ***communiqué***, avis transmis au public;
- ***courrier***, ensemble des lettres, des imprimés, etc., acheminés par la poste;
- ***lettre***, écrit transmis à un destinataire;
- ***note***, brève communication écrite, de nature administrative.

DÉPÊCHER v. tr., pronom.
VERBE TRANSITIF
(LITT.) Envoyer en toute diligence. *On m'a dépêché un adjoint pour prendre la relève.* SYN. expédier.
VERBE PRONOMINAL
Se hâter, faire vite. *Dépêchez-vous, nous allons rater notre avion!* SYN. (FAM.) se grouiller; se presser.
À la forme pronominale, le participe passé de ce verbe s'accorde toujours en genre et en nombre avec son sujet. *Ils se sont dépêchés, car ils étaient en retard.*
CONJUGAISON : VOIR MODÈLE AIMER.
On conserve l'accent circonflexe de la deuxième syllabe à toutes les formes de la conjugaison.

DÉPEIGNER v. tr., pronom.
VERBE TRANSITIF
Décoiffer. *Le vent te dépeigne complètement.*
VERBE PRONOMINAL
Déranger sa coiffure. *Comment ne pas se dépeigner lorsqu'on roule en décapotable?*
À la forme pronominale, le participe passé de ce verbe s'accorde toujours en genre et en nombre avec son sujet. *Elles se sont dépeignées.*
CONJUGAISON : VOIR MODÈLE AIMER.
Les lettres ***gn*** sont suivies d'un ***i*** à la première et à la deuxième personne du pluriel de l'indicatif imparfait et du subjonctif présent. *(Que) nous dépeignions, (que) vous dépeigniez.*

DÉPEINDRE v. tr.
Représenter par la parole, l'écrit. *Dépeindre une scène avec réalisme.* SYN. brosser; décrire; peindre; raconter.
CONJUGAISON : VOIR MODÈLE ÉTEINDRE.

DÉPENAILLÉ, ÉE adj.
Déguenillé. *Des voyous dépenaillés.* SYN. débraillé.

DÉPENDAMMENT DE loc. prép.
(FAM.) Selon, suivant, en fonction de.
Cette locution prépositive demeure usuelle au Québec et dans la francophonie canadienne, mais elle n'appartient plus à l'usage courant de la majorité des locuteurs du français. Son antonyme ***indépendamment*** est cependant toujours utilisé dans l'ensemble de la francophonie.

DÉPENDANCE n. f.
1. Le fait de dépendre de quelqu'un, de quelque chose. *La dépendance financière d'un enfant à l'égard de ses parents.*
2. Accoutumance. *Attention à la dépendance que pourrait créer ce médicament.*
3. (AU PLUR.) Ensemble de bâtiments qui appartiennent à un domaine. *Une ferme et ses dépendances.*
dépendance.

DÉPENDANT, ANTE adj.
Qui est sous la dépendance de. *Il n'est plus dépendant de la cigarette.*
FORMES FAUTIVES
*dépendant. Impropriété au sens de ***personne à charge***.
*dépendant de. Impropriété au sens de ***selon, suivant, en fonction de, d'après***.

DÉPENDRE v. tr. ind., impers.
VERBE TRANSITIF INDIRECT
1. Être sous la dépendance de. *Il dépend toujours de ses parents.*
2. Être lié à, résulter de. *Son succès dépend de ses efforts.*
Le verbe se construit avec la préposition ***de.***
VERBE IMPERSONNEL
Reposer sur. *Cela ne dépend pas de moi : je ne peux pas vous aider.*
Le verbe se construit avec la préposition ***de.***
CONJUGAISON : VOIR MODÈLE FENDRE.

DÉPENS n. m. pl.
Frais, dans la langue juridique. *Il a été condamné aux dépens.*
Ce nom ne s'emploie qu'au pluriel.
LOCUTIONS
– ***Aux dépens de,*** loc. prép. Aux frais de. *Vivre aux dépens de ses parents.* SYN. à la charge de.
– ***Aux dépens de,*** loc. prép. Au détriment de quelque chose. *Ce choix a été fait aux dépens de sa tranquillité. Elle l'a appris à ses dépens.* SYN. au prix de.
dépens.

DÉPENSE n. f.
1. Emploi de quelque chose. *Une dépense d'énergie.*
2. Somme d'argent servant à acheter quelque chose. *Antoine a des dépenses : il doit payer ses disques et ses billets d'autobus.*
3. (FAM.) (VIEILLI) Garde-manger. *Range les conserves dans la dépense.*
FORME FAUTIVE
*dépenses de voyage. Calque de « *travel expenses* » pour ***frais de déplacement.***

DÉPENSER v. tr., pronom.
VERBE TRANSITIF
1. Employer de l'argent. *Nous avons dépensé toutes nos économies. Les dollars qu'elle a dépensés.*
2. Consommer. *Cette voiture dépense trop d'essence.*
VERBE PRONOMINAL
Se donner du mal. *Ils se sont beaucoup dépensés pour organiser ce concert.* SYN. se démener.
À la forme pronominale, le participe passé de ce verbe s'accorde toujours en genre et en nombre avec son sujet. *Monique s'est dépensée énormément pour le succès de ce colloque.*
CONJUGAISON : VOIR MODÈLE AIMER.

DÉPENSIER, IÈRE adj. et n. m. et f.
Qui dépense trop. *Économise un peu, tu es trop dépensière.* ANT. économe.

DÉPERDITION n. f.
Diminution graduelle. *Une déperdition de chaleur.*

DÉPÉRIR v. intr.
Se détériorer, perdre de sa vigueur. *Cette plante dépérit, il faudrait l'arroser. Notre équipe de hockey semble dépérir.*
CONJUGAISON : VOIR MODÈLE FINIR.

DÉPÉRISSEMENT n. m.
Affaiblissement.

DÉPERSONNALISATION n. f.
Action de dépersonnaliser. *La dépersonnalisation des hôpitaux.*

DÉPERSONNALISER v. tr., pronom.
VERBE TRANSITIF
Rendre impersonnel. *Le gigantisme dépersonnalise les écoles.*
VERBE PRONOMINAL
Perdre sa personnalité. *Ce village, naguère si typique, s'est dépersonnalisé.*
À la forme pronominale, le participe passé de ce verbe s'accorde toujours en genre et en nombre avec son sujet. *Les mets de ce restaurant se sont dépersonnalisés.*
CONJUGAISON : VOIR MODÈLE AIMER.

DÉPÊTRER (SE) v. pronom.
Se libérer de. *Elle s'est dépêtrée de cet imbroglio.* SYN. se délivrer; se sortir; se tirer d'embarras; se tirer d'affaire. ANT. s'empêtrer.
Le participe passé de ce verbe, qui n'existe qu'à la forme pronominale, s'accorde toujours en genre et en nombre avec son sujet. *Ils se sont dépêtrés avec brio de cette situation difficile.*
CONJUGAISON : VOIR MODÈLE AIMER.
Le deuxième ***e*** conserve l'accent circonflexe à toutes les formes de la conjugaison.

DÉPEUPLEMENT n. m.
1. Action de dégarnir d'habitants, d'occupants. *Le dépeuplement des régions rurales.*
2. État d'un endroit dépeuplé.

DÉPEUPLER v. tr., pronom.
VERBE TRANSITIF
Priver de ses habitants, de ses occupants.
VERBE PRONOMINAL
Se vider de ses habitants, de ses occupants.
À la forme pronominale, le participe passé de ce verbe s'accorde toujours en genre et en nombre avec son sujet. *Cette région s'est dépeuplée.*
CONJUGAISON : VOIR MODÈLE AIMER.

DÉPHASAGE n. m.
Différence de phase, décalage.
dé**ph**asage.

DÉPHASÉ, ÉE adj.
1. Qui présente une différence de phase avec quelque chose.
2. (FAM.) Qui présente un écart par rapport à la réalité présente.
dé**ph**asé.

DÉPHASER v. tr.
Provoquer un décalage. *Sa longue maladie l'a déphasé.* SYN. décaler.
CONJUGAISON : VOIR MODÈLE AIMER.

DÉPILATION n. f.
Élimination des poils. SYN. épilation.
dépilation.

DÉPILATOIRE adj. et n. m.
Se dit d'un produit qui élimine les poils. *Des crèmes dépilatoires.* SYN. épilatoire.

DÉPISTAGE n. m.
1. Action de dépister quelqu'un, quelque chose. *Le dépistage d'une bande de malfaiteurs.*
2. (MÉD.) Action de chercher à découvrir, grâce à des examens systématiques, certaines maladies dès leur début. *Le dépistage du cancer. Le dépistage* (et non *screening) *des patients diabétiques.*

DÉPISTER v. tr.
1. Découvrir au terme d'une enquête, d'un examen. *Dépister une maladie.*
2. Détourner de la piste. *Dépister les recherches de la police.*
Ce verbe comporte deux sens à l'opposé l'un de l'autre : « découvrir la piste » ou « détourner de la piste ».
CONJUGAISON : VOIR MODÈLE AIMER.

DÉPIT n. m.
Déception et jalousie. *Elle n'éprouva pas de dépit en apprenant le succès de sa camarade; au contraire, elle était contente pour elle.* SYN. désappointement.

LOCUTIONS
– ***En dépit de,*** loc. prép. Malgré. *En dépit de nos conseils, elle a refusé cette offre.*
– ***En dépit du bon sens.*** De façon illogique. *En dépit du bon sens, il est sorti sans manteau par 40 °C au-dessous de zéro !*
dépit.

DÉPITER v. tr., pronom.
VERBE TRANSITIF
Contrarier. *Cet échec le dépita.* SYN. décevoir ; désappointer ; vexer.
VERBE PRONOMINAL
Se froisser, éprouver du dépit. *Elle s'est dépitée du désaccord de son amie.*
À la forme pronominale, le verbe se construit avec la préposition ***de*** ou ***contre.*** *Se dépiter des compressions budgétaires* ou *contre une nouvelle politique.*
À la forme pronominale, le participe passé de ce verbe s'accorde toujours en genre et en nombre avec son sujet. *Ils se sont dépités sans raison.*
CONJUGAISON : VOIR MODÈLE AIMER.

DÉPLACÉ, ÉE adj.
Qui ne convient pas aux circonstances. *Une remarque déplacée.* SYN. inopportun. ANT. convenable.

DÉPLACEMENT n. m.
Action de déplacer, de se déplacer. *Des frais de déplacement.*

DÉPLACER v. tr., pronom.
VERBE TRANSITIF
Changer une chose de place. *Il déplaça le fauteuil.* SYN. bouger ; déménager.
VERBE PRONOMINAL
Changer de lieu. *Se déplacer de ville en ville.*
À la forme pronominale, le participe passé de ce verbe s'accorde toujours en genre et en nombre avec son sujet. *Elles se sont déplacées pour leur travail.*
CONJUGAISON : VOIR MODÈLE AVANCER.
Le **c** prend une cédille devant les lettres ***a*** et ***o.*** *Nous déplaçons, tu déplaças.*

DÉPLAFONNEMENT n. m.
Action de déplafonner ; son résultat. *Le déplafonnement des honoraires médicaux.*

DÉPLAFONNER v. tr.
Supprimer le plafond (la limite supérieure) d'une rémunération, d'une dépense, etc. *Les médecins demandent qu'on déplafonne leur rémunération.*
CONJUGAISON : VOIR MODÈLE AIMER.

DÉPLAIRE v. tr. ind., pronom.
VERBE TRANSITIF INDIRECT
1. Rebuter, ennuyer. *Ce film a déplu à mes amis.*
2. Vexer, irriter. *Ce choix déplaît à ses parents.* SYN. choquer ; contrarier ; fâcher.
Le verbe se construit avec la préposition ***à.***
À la forme transitive, le verbe se conjugue avec l'auxiliaire ***avoir.***
VERBE PRONOMINAL
1. Ne pas se plaire. *Elles se sont déplu immédiatement.*
2. S'ennuyer (dans un lieu). *Elle s'est déplu à la campagne.*
À la forme pronominale, le participe passé de ce verbe est toujours invariable. *Ils ne se sont pas déplu du tout.*
LOCUTION
– ***Ne vous en déplaise.*** Que cela vous plaise ou non.
CONJUGAISON : VOIR MODÈLE PLAIRE.
[Les *Rectifications* (1990) admettent : il déplait.]

DÉPLAISANT, ANTE adj.
Qui déplaît, désagréable. *Des allusions déplaisantes.* SYN. agaçant ; pénible. ANT. agréable ; plaisant.
Ne pas confondre avec le participe présent invariable ***déplaisant.*** *Ces remarques déplaisant à nos invités, nous nous tairons dorénavant.*

DÉPLAISIR n. m.
Contrariété. *Ils apprirent la nouvelle avec déplaisir.* SYN. mécontentement.

DÉPLIAGE n. m.
Action de déplier ; son résultat.

DÉPLIANT, ANTE adj. et n. m.
ADJECTIF
Qui se déplie. *Une couchette dépliante.*
Ne pas confondre avec le participe présent invariable ***dépliant.*** *Les voyageurs dépliant leur journal incommodent leurs voisins.*
NOM MASCULIN
Brochure publicitaire. *J'ai reçu un dépliant* (et non un *pamphlet, de la *littérature) *de ce magasin.*

DÉPLIER v. tr., pronom.
VERBE TRANSITIF
Étaler ce qui était plié. *Déplier un journal.*
VERBE PRONOMINAL
Cesser d'être plié, s'ouvrir. *L'escabeau s'est déplié facilement.*
À la forme pronominale, le participe passé de ce verbe s'accorde toujours en genre et en nombre avec son sujet. *Les longues jambes de Carla se sont dépliées avec grâce.*
Ne pas confondre avec les verbes suivants :
• ***déplisser,*** défaire les plis de ;
• ***déployer,*** ouvrir très largement.
CONJUGAISON : VOIR MODÈLE ÉTUDIER.

DÉPLISSER v. tr.
Défaire les plis de. *Déplisser un pantalon.* SYN. défroisser.
Ne pas confondre avec le verbe ***déplier,*** étaler ce qui était plié.
CONJUGAISON : VOIR MODÈLE AIMER.

DÉPLOIEMENT n. m.
1. Action de déployer ; fait d'être déployé. *Le déploiement des voiles de ce bateau, des ailes d'un albatros.*
2. Mise en scène d'importance. *Un film à large déploiement.*
déploiement.

DÉPLORABLE adj.
1. Fâcheux, regrettable. *Ce déplorable incident a refroidi l'atmosphère.* SYN. pénible ; triste.
2. (FAM.) Mauvais. *Des résultats déplorables.* SYN. désastreux ; lamentable.

DÉPLORABLEMENT adv.
De façon déplorable. *Cette mission a déplorablement échoué.* SYN. lamentablement.

DÉPLORER v. tr.
Regretter vivement quelque chose. *Nous avons déploré votre absence.*
CONJUGAISON : VOIR MODÈLE AIMER.

DÉPLOYER v. tr., pronom.
VERBE TRANSITIF
1. Ouvrir très largement ce qui était plié. *L'aigle déploie ses ailes.* SYN. étendre.
2. (FIG.) Étaler. *Déployer ses talents.*
VERBE PRONOMINAL
S'étendre. *Les secouristes se sont déployés dans la forêt.*
À la forme pronominale, le participe passé de ce verbe s'accorde toujours en genre et en nombre avec son sujet. *Les secouristes se sont déployés dans la forêt.*
LOCUTION
– ***Rire à gorge déployée.*** Rire très fort, aux éclats. *Les spectateurs riaient à gorge déployée.*
Ne pas confondre avec le verbe ***déplier,*** étaler ce qui était plié.

CONJUGAISON : VOIR MODÈLE EMPLOYER.
Le *y* se change en *i* devant un *e* muet. *Je déploie, je déploierai.*
Le *y* est suivi d'un *i* à la première et à la deuxième personne du pluriel de l'indicatif imparfait et du subjonctif présent. *(Que) nous déployions, (que) vous déployiez.*

DÉPLUMER v. tr., pronom.
VERBE TRANSITIF
Dépouiller de ses plumes. *Déplumer une poule.*
VERBE PRONOMINAL
Perdre ses plumes naturellement. *Les volatiles s'étaient complètement déplumés.*
À la forme pronominale, le participe passé de ce verbe s'accorde toujours en genre et en nombre avec son sujet. *Les hirondelles se sont déplumées.*
CONJUGAISON : VOIR MODÈLE AIMER.

DÉPOLI, IE adj.
– ***Verre dépoli.*** Verre translucide. *Des tasses en verre dépoli.*
Le mot s'emploie surtout dans cette locution.

DÉPOLIR v. tr.
Faire perdre le poli, l'éclat de. *Dépolir un métal.*
CONJUGAISON : VOIR MODÈLE FINIR.
dépolir.

DÉPOLISSAGE n. m.
Action de dépolir.

DÉPOLITISATION n. f.
Action de dépolitiser.

DÉPOLITISER v. tr., pronom.
VERBE TRANSITIF
Retirer tout caractère politique à. *Dépolitiser un dossier.*
VERBE PRONOMINAL
1. Perdre son caractère politique. *Leurs revendications se sont dépolitisées.*
2. Perdre son intérêt pour la politique. *Convoqués aux urnes trop fréquemment, les citoyens ont fini par se dépolitiser.*
À la forme pronominale, le participe passé de ce verbe s'accorde toujours en genre et en nombre avec son sujet. *Ils se sont dépolitisés.*
CONJUGAISON : VOIR MODÈLE AIMER.

DÉPOLLUANT, ANTE adj. et n. m.
Se dit d'un produit qui diminue ou supprime la pollution. *Des murs végétaux dépolluants. Ce procédé transforme le béton en agent dépolluant, capable de purifier l'air environnant de ses gaz toxiques.*

DÉPOLLUER v. tr.
Diminuer ou supprimer la pollution de. *Dépolluer un lac.*
CONJUGAISON : VOIR MODÈLE AIMER.
dépolluer.

DÉPOLLUTION n. f.
Action de dépolluer; son résultat. *La dépollution des cours d'eau s'impose de façon urgente.*
dépollution.

DÉPORTATION n. f.
Fait d'envoyer une personne hors du pays. *On a exigé la déportation de ces trafiquants.*
FORME FAUTIVE
*déportation. Impropriété au sens de ***expulsion.*** *La déportation des Acadiens,* mais *ces trafiquants feront l'objet d'une expulsion.*
Ne pas confondre avec le nom ***déportement,*** fait de dévier de sa trajectoire (en parlant d'un véhicule).

DÉPORTEMENT n. m.
1. Fait d'être déporté (en parlant d'un véhicule).
2. (AU PLUR.) Écart de conduite.
Ne pas confondre avec le nom ***déportation,*** fait d'envoyer une personne hors du pays.

DÉPORTER v. tr.
1. Exiler. *Des malfaiteurs déportés.*
2. Faire dévier de sa trajectoire. *Le vent a déporté la voiture.*
CONJUGAISON : VOIR MODÈLE AIMER.

DÉPOSANT, ANTE n. m. et f.
1. (DR.) Personne qui fait une déposition.
2. Personne qui fait un dépôt dans un établissement financier.

DÉPOSE n. f.
Action d'enlever ce qui était fixé. *Faire la dépose d'un carburateur.*
Ne pas confondre avec le nom ***déposition,*** déclaration d'un témoin, destitution.

DÉPOSER v. tr., intr., pronom.
VERBE TRANSITIF
1. Poser une chose qu'on portait. *Déposer sa valise.*
2. Placer quelque chose en un lieu. *Déposer une somme à la banque.*
3. Adresser. *Ils ont déposé* (et non *logé) *une plainte.*
4. Destituer, priver d'une dignité. *Déposer un roi.*
VERBE INTRANSITIF
Témoigner en justice. *Elle a déposé contre eux.*
VERBE PRONOMINAL
Former un dépôt. *Les sédiments se sont déposés peu à peu.*
À la forme pronominale, le participe passé de ce verbe s'accorde toujours en genre et en nombre avec son sujet. *De la poussière s'est déposée sur le piano.*
LOCUTIONS
– ***Déposer la couronne.*** (FIG.) Abdiquer.
– ***Déposer les armes.*** Cesser le combat.
– ***Déposer son bilan.*** Faire faillite. *L'entreprise a été contrainte de déposer son bilan.*
– ***Marque déposée.*** Marque ayant fait l'objet d'un dépôt légal.
CONJUGAISON : VOIR MODÈLE AIMER.

DÉPOSITAIRE n. m. et f.
1. Personne à qui a été remis un dépôt.
2. (COMM.) Commerçant qui vend des marchandises pour le compte de leur propriétaire. *Un dépositaire de voitures importées.*
Ne pas confondre avec le nom ***concessionnaire,*** Intermédiaire qui exerce un droit de vente exclusif des produits d'un constructeur dans une région déterminée.

DÉPOSITION n. f.
1. (DR.) Déclaration d'un témoin, témoignage dans une enquête. *Recueillir une déposition. Le témoin a signé sa déposition.*
2. Destitution. *La déposition d'un despote.*
Ne pas confondre avec le nom ***dépose,*** action d'enlever ce qui était fixé.

DÉPOSSÉDER v. tr.
Priver de la possession de quelque chose. *On a dépossédé ces cultivateurs de leurs terres.* SYN. dépouiller.
CONJUGAISON : VOIR MODÈLE POSSÉDER.
Le ***é*** se change en ***è*** devant une syllabe contenant un ***e*** muet, sauf à l'indicatif futur et au conditionnel présent. *Je dépossède,* mais *je déposséderai.*
[Les *Rectifications* (1990) admettent : il dépossèdera, dépossèderait...]

DÉPOSSESSION n. f.
Action de déposséder; son résultat.

DÉPÔT n. m.
1. Action de déposer quelque chose en un lieu, de confier quelque chose à quelqu'un. *Le dépôt d'une somme d'argent.*
2. La chose ainsi confiée. *Un dépôt bancaire.*
3. Endroit où l'on dépose certaines choses. *Un dépôt de marchandises.*

4. Matières qui se déposent dans un liquide au repos. *Il y a un dépôt au fond de cette bouteille de vin.*
LOCUTION
– ***Dépôt légal.*** Dépôt obligatoire à l'Administration d'exemplaires d'une publication.
FORMES FAUTIVES
*dépôt. Anglicisme au sens de ***acompte, versement.*** *Je n'ai pas toute la somme sur moi, puis-je vous verser un acompte* (et non *dépôt)?
*dépôt. Anglicisme au sens de ***consigne.*** *Pour cette bouteille, la consigne* (et non le *dépôt) *est de 5 cents.*
*dépôt direct. Calque de «*direct deposit*» pour ***virement automatique.***
✏ dépôt.

DÉPOTAGE ou **DÉPOTEMENT** n. m.
Action de dépoter; son résultat. *Le dépotage d'une plante.*

DÉPOTER v. tr.
Ôter une plante d'un pot. *Dépoter des violettes africaines.* ANT. empoter.
CONJUGAISON : VOIR MODÈLE AIMER.
✏ dépoter

DÉPOTOIR n. m.
Dépôt d'ordures. *Ces ferrailles seront jetées au dépotoir.* SYN. décharge.

DÉPOUILLE n. f.
Peau enlevée à un animal.
LOCUTION
– ***Dépouille mortelle.*** (LITT.) Corps humain après la mort.

DÉPOUILLEMENT n. m.
1. Action de dépouiller quelqu'un de son bien.
2. Simplicité. *Le dépouillement d'un décor.* SYN. sobriété.
3. Examen minutieux. *Le dépouillement d'un texte.*
LOCUTIONS
– ***Dépouillement du scrutin.*** Dénombrement des votes d'une élection.
– ***Dépouillement judiciaire.*** (POLIT.) Nouveau dépouillement du scrutin fait par un juge, pour cause de contestation ou de partage des voix. *Au terme du dépouillement* (et non *recomptage) *judiciaire effectué au palais de justice de Longueuil, la victoire du candidat péquiste a été confirmée.*
– ***Second dépouillement.*** (POLIT.) Deuxième compte des suffrages exprimés. *On a dû procéder à un second dépouillement* (et non *recomptage), *les deux candidats étant à égalité de voix. Plusieurs milliers de manifestants exigent un second dépouillement des bulletins de l'élection présidentielle, affirmant qu'elle avait été faussée par des irrégularités.*

DÉPOUILLER v. tr., pronom.
VERBE TRANSITIF
1. Voler, déposséder. *Ces voleurs les ont dépouillés complètement.*
2. Examiner attentivement. *Dépouiller son courrier.*
VERBE PRONOMINAL
Se priver de ses biens. *Il s'est complètement dépouillé pour venir en aide aux sans-abri.*
📏 À la forme pronominale, le participe passé de ce verbe s'accorde toujours en genre et en nombre avec son sujet. *Elles se sont dépouillées de leurs biens.*
CONJUGAISON : VOIR MODÈLE AIMER.
Les lettres ***ill*** sont suivies d'un ***i*** à la première et à la deuxième personne du pluriel de l'indicatif imparfait et du subjonctif présent. *(Que) nous dépouillions, (que) vous dépouilliez.*

DÉPOURVU, UE adj.
Dénué de. *Elle est dépourvue de biens.* SYN. sans.
LOCUTION
– ***Au dépourvu,*** loc. adv. À l'improviste. *Elle a été prise au dépourvu par cette demande.*

DÉPOUSSIÉRAGE n. m.
Action de dépoussiérer. *Le dépoussiérage des meubles.*

DÉPOUSSIÉRER v. tr.
1. Épousseter. *Dépoussiérer un appartement inoccupé.*
2. (FIG.) Rafraîchir. *Dépoussiérer un texte, une loi.* SYN. actualiser.
CONJUGAISON : VOIR MODÈLE POSSÉDER.
[Les *Rectifications* (1990) admettent : il dépoussièrera, dépoussièrerait...]

DÉPRAVATION n. f.
Goût dépravé, avilissement.

DÉPRAVÉ, ÉE adj. et n. m. et f.
ADJECTIF
Anormal, non conforme à la nature.
NOM MASCULIN ET FÉMININ
Personne immorale.

DÉPRAVER v. tr.
Corrompre, pervertir.
CONJUGAISON : VOIR MODÈLE AIMER.

DÉPRÉCATION n. f.
(LITT.) Prière implorant le pardon.
☞ Ne pas confondre avec le nom ***imprécation,*** malédiction.

DÉPRÉCIATIF, IVE adj.
Péjoratif. *Une connotation dépréciative.* SYN. péjoratif. ANT. mélioratif.

DÉPRÉCIATION n. f.
Diminution de valeur, de prix. *Ces immeubles ont subi une dépréciation.*
☞ Ne pas confondre avec le nom ***déprédation,*** vol avec pillage.

DÉPRÉCIER v. tr., pronom.
VERBE TRANSITIF
1. Diminuer la valeur de. *La proximité de cette usine déprécie cet immeuble.*
2. Dénigrer quelqu'un. *Il ne cesse de déprécier, de critiquer son collègue.* SYN. critiquer; rabaisser.
VERBE PRONOMINAL
Perdre de sa valeur. *Ces propriétés se sont dépréciées.*
📏 À la forme pronominale, le participe passé de ce verbe s'accorde toujours en genre et en nombre avec son sujet. *Cette monnaie s'est dépréciée.*
CONJUGAISON : VOIR MODÈLE ÉTUDIER.
Redoublement du ***i*** à la première et à la deuxième personne du pluriel de l'indicatif imparfait et du subjonctif présent. *(Que) nous dépréciions, (que) vous dépréciiez.*

DÉPRÉDATION n. f.
Vol avec pillage. *Des déprédations commises par des manifestants.*
☞ Ne pas confondre avec le nom ***dépréciation,*** diminution de valeur, de prix.
☞ Ce nom s'emploie souvent au pluriel.

DÉPRENDRE (SE) v. pronom.
(LITT.) Se dégager de. *Ils se sont dépris de cet imbroglio.*
📏 Le participe passé de ce verbe, qui n'existe qu'à la forme pronominale, s'accorde toujours en genre et en nombre avec son sujet. *Elle s'est déprise des liens qui l'attachaient à ce groupe.*
CONJUGAISON : VOIR MODÈLE APPRENDRE.

DÉPRESSIF, IVE adj. et n. m. et f.
ADJECTIF
Relatif à la dépression. *Des tendances dépressives.*
NOM MASCULIN ET FÉMININ
Personne qui a tendance à la dépression nerveuse. SYN. déprimé.

DÉPRESSION n. f.
1. Enfoncement. *Le sol présente une dépression.*
2. (ÉCON.) Période de ralentissement économique. *La dépression est pire que la récession.* SYN. crise.
LOCUTIONS
– ***Dépression (atmosphérique).*** Baisse de la pression atmosphérique. ANT. anticyclone.
– ***Dépression (nerveuse).*** État pathologique caractérisé par une grande lassitude, de la mélancolie, du découragement.

DÉPRESSIONNAIRE adj.
Qui est le siège d'une dépression atmosphérique. *Une zone météorologique dépressionnaire.*

DÉPRESSURISATION n. f.
Perte de la pressurisation.

DÉPRESSURISER v. tr.
Faire cesser la pressurisation de (un avion, un engin spatial, etc.).
CONJUGAISON : VOIR MODÈLE AIMER.

DÉPRIMANT, ANTE adj.
1. Qui affaiblit. *Un climat déprimant.* SYN. affaiblissant; débilitant.
2. Qui démoralise, qui attriste. *Des nouvelles déprimantes.* SYN. décourageant.

DÉPRIME n. f.
(FAM.) État passager de lassitude, de découragement et de tristesse. *J'ai une petite déprime : il faut que je me secoue et que je réagisse.*

DÉPRIMÉ, ÉE adj. et n. m. et f.
ADJECTIF
Qui souffre de dépression. *Des patients déprimés.* SYN. abattu; découragé.
NOM MASCULIN ET FÉMININ
Personne atteinte de dépression. *C'est un grand déprimé.*

DÉPRIMER v. tr., intr.
VERBE TRANSITIF
1. Produire un enfoncement.
2. Démoraliser, attrister. *Ces images d'enfants affamés nous ont déprimés.* SYN. abattre.
VERBE INTRANSITIF
(FAM.) Être démoralisé. *Ils dépriment devant les innombrables travaux à remettre.*
CONJUGAISON : VOIR MODÈLE AIMER.

DE PROFUNDIS n. m. inv.
Le ***e*** se prononce ***é*** et le ***s*** est sonore, [deprɔfɔ̃dis].
Psaume que l'on récite dans les prières pour les morts. *Des* De profundis.
[T] Ce nom s'écrit avec une majuscule.
[T] En typographie soignée, les mots étrangers sont composés en italique. Dans des textes déjà en italique, la notation se fait en romain. Pour les textes manuscrits, on utilisera les guillemets.

DÉPROGRAMMER v. tr.
Supprimer d'un programme ce qui était prévu.
CONJUGAISON : VOIR MODÈLE AIMER.

DÉPUCELER v. tr.
(FAM.) Faire perdre sa virginité à.
CONJUGAISON : VOIR MODÈLE APPELER.
Redoublement du ***l*** devant un ***e*** muet. *Je dépucelle, je dépucellerai,* mais *je dépucelais.*
[Les *Rectifications* (1990) admettent : il dépucèle, dépucèlera, dépucèlerait...]

DEPUIS adv. et prép.
PRÉPOSITION
La préposition peut marquer :
1. Un rapport de temps. À partir de tel moment. *Je ne l'ai pas aperçue depuis ce matin.*
La préposition peut également se construire avec un adverbe de temps : ***depuis lors, depuis longtemps, depuis toujours...***
2. Une durée déterminée. *Elle le regarde depuis cinq minutes.*
La préposition indique un état, une action qui dure encore.
3. Un rapport de lieu. À partir d'un endroit jusqu'à un autre. *Les terres qui s'étendent depuis la montagne jusqu'au fleuve sont très fertiles.*
ADVERBE
À partir d'un moment précis. *Je n'ai pas entendu parler de lui depuis.*
LOCUTIONS
– ***Depuis peu,*** loc. adv. Dernièrement. *Depuis peu, il a repris ses études.* SYN. récemment.
– ***Depuis que,*** loc. conj. Depuis le temps que. *Depuis que ce nouveau produit est en vente, les commandes n'ont cessé d'affluer.*
Cette locution se construit avec le mode indicatif.

DÉPUTATION n. f.
Délégation, ensemble des députés. *La députation libérale est divisée.*

DÉPUTÉ n. m.
DÉPUTÉE n. f.
Personne élue pour représenter une circonscription électorale à l'Assemblée nationale.

DÉQUALIFICATION n. f.
1. Action de déqualifier.
2. Baisse ou perte de la qualification professionnelle.

DÉQUALIFIER v. tr.
Réduire la qualification professionnelle d'un salarié.
CONJUGAISON : VOIR MODÈLE ÉTUDIER.
Redoublement du ***i*** à la première et à la deuxième personne du pluriel de l'indicatif imparfait et du subjonctif présent. *(Que) nous déqualifiions, (que) vous déqualifiiez.*

DÉRACINEMENT n. m.
Action de déraciner; son résultat. *Le déracinement de ce chêne a été difficile.*

DÉRACINER v. tr.
1. Arracher avec ses racines. *Le vent a déraciné ces arbres.*
2. (FIG.) Extirper. *Déraciner un préjugé.*
3. (FIG.) Arracher quelqu'un de son pays d'origine. *Les Acadiens ont été déracinés et envoyés en Louisiane.* SYN. déporter; exiler.
CONJUGAISON : VOIR MODÈLE AIMER.

DÉRAILLEMENT n. m.
Fait de dérailler, de sortir des rails. *Il y a eu un déraillement : trois wagons ont été détruits.*

DÉRAILLER v. intr.
1. Sortir des rails. *Trois wagons ont déraillé.*
2. (FAM.) (FIG.) Ne pas faire preuve de bon sens. *Tu dis des bêtises, tu dérailles.* SYN. déraisonner; divaguer.
CONJUGAISON : VOIR MODÈLE AIMER.
Les lettres ***ill*** sont suivies d'un ***i*** à la première et à la deuxième personne du pluriel de l'indicatif imparfait et du subjonctif présent. *(Que) nous déraillions, (que) vous dérailliez.*

DÉRAILLEUR n. m.
Mécanisme qui permet de changer de vitesse sur une bicyclette.

DÉRAISON n. f.
(LITT.) Manque de raison. SYN. démence; folie.

DÉRAISONNABLE adj.
Irrationnel. *Un projet déraisonnable.* SYN. fou; illogique; insensé. ANT. raisonnable; sensé.

DÉRAISONNABLEMENT adv.
De façon déraisonnable.

DÉRAISONNER v. intr.
Divaguer. *Cette idée est insensée : vous déraisonnez.* SYN. délirer ; (FAM.) dérailler.
CONJUGAISON : VOIR MODÈLE AIMER.

DÉRANGEANT, ANTE adj.
Qui dérange, qui provoque une remise en question. *Des questions dérangeantes.*

DÉRANGEMENT n. m.
Dérèglement. *Mon téléphone est en dérangement.*

DÉRANGER v. tr., pronom.
VERBE TRANSITIF
1. Mettre en désordre. *Les jeunes ont dérangé tous les cédéroms.* SYN. (FAM.) chambarder.
2. Importuner. *J'espère que je ne vous dérange pas.* SYN. distraire.
VERBE PRONOMINAL
Se déplacer, interrompre ses activités. *Ne vous dérangez pas, je connais le chemin.*
À la forme pronominale, le participe passé de ce verbe s'accorde toujours en genre et en nombre avec son sujet. *Ils se sont dérangés pour rien.*
CONJUGAISON : VOIR MODÈLE CHANGER.
Le ***g*** est suivi d'un ***e*** devant les lettres ***a*** et ***o***. *Il dérangea, nous dérangeons.*

DÉRAPAGE n. m.
Fait de déraper ; son résultat. *La chaussée glissante a causé des dérapages.*

DÉRAPER v. intr.
Glisser par perte d'adhérence, en parlant d'un véhicule. *La voiture a dérapé sur une plaque de glace.* SYN. patiner.
CONJUGAISON : VOIR MODÈLE AIMER.

DÉRATISATION n. f.
Action de dératiser.

DÉRATISER v. tr.
Débarrasser des rats.
CONJUGAISON : VOIR MODÈLE AIMER.

DERBY n. m. (pl. *derbys* ou *derbies*)
Course de chevaux. *Des derbys* ou *derbies excitants.*

DERECHEF adv.
(LITT.) De nouveau. *Derechef, il partit chasser sur ses terres.*
derechef, en un seul mot.

DÉRÉGLAGE n. m.
État d'un appareil déréglé.

DÉRÈGLEMENT n. m.
1. État de ce qui est déréglé. *Le dérèglement d'un appareil.*
2. (VIEILLI) Fait de ne pas respecter les règles de la morale. SYN. inconduite.
dérèglement.

DÉRÉGLEMENTATION n. f.
Réduction ou suppression de la réglementation de nature économique, dans un secteur donné, dans le but de privilégier les forces du marché (Recomm. off.).
[Les *Rectifications* (1990) admettent : dèrèglementation.]

DÉRÉGLEMENTER v. tr.
Réduire ou supprimer la réglementation de. *Déréglementer un secteur d'activité.*
CONJUGAISON : VOIR MODÈLE AIMER.
déréglementer.
[Les *Rectifications* (1990) admettent : dèrèglementer.]

DÉRÉGLER v. tr., pronom.
VERBE TRANSITIF
1. Détraquer, troubler le fonctionnement de. *L'orage a déréglé le téléviseur.*
2. Troubler l'ordre moral de.
VERBE PRONOMINAL
Cesser de fonctionner normalement, de suivre un cours normal. *Cette montre s'est déréglée.*
À la forme pronominale, le participe passé de ce verbe s'accorde toujours en genre et en nombre avec son sujet. *Ces mécanismes se sont déréglés.*
CONJUGAISON : VOIR MODÈLE POSSÉDER.
Le deuxième ***é*** se change en ***è*** devant une syllabe contenant un ***e*** muet, sauf à l'indicatif futur et au conditionnel présent. *Je dérègle*, mais *je déréglerai.*
dérégler.
[Les *Rectifications* (1990) admettent : il dérèglera, dèreglerait...]

DÉRIDAGE n. f.
(NÉOL.) (CHIR.) Opération de chirurgie plastique destinée à réduire les rides, à remodeler le visage. *Se faire faire un déridage* (et non un *lifting).

DÉRIDER v. tr., pronom.
VERBE TRANSITIF
1. Supprimer les rides de. *Cette lotion ne peut dérider la peau.*
2. Rendre moins triste, moins sérieux. *Ces blagues nous ont déridés.* SYN. égayer ; réjouir.
VERBE PRONOMINAL
S'épanouir, sourire. *Au bout d'un moment, elle s'est déridée.*
À la forme pronominale, le participe passé de ce verbe s'accorde toujours en genre et en nombre avec son sujet. *Une fois la glace brisée, ils se sont déridés.*
CONJUGAISON : VOIR MODÈLE AIMER.

DÉRISION n. f.
Mépris, raillerie. *Des paroles de dérision.* SYN. moquerie.
LOCUTION
– ***Tourner en dérision.*** Railler.

DÉRISOIRE adj.
1. Très insuffisant. *Un salaire dérisoire.* SYN. bas ; faible ; médiocre ; minable.
2. Insignifiant. *Pour un prix dérisoire, vous aurez droit à un joli spectacle.* SYN. minime ; modeste.

DÉRISOIREMENT adv.
De façon dérisoire.

DÉRIVATIF, IVE adj. et n. m.
ADJECTIF
(GRAMM.) Qui sert à la formation de dérivés. *Un préfixe dérivatif.*
NOM MASCULIN
Distraction. *Le sport est un bon dérivatif au travail intellectuel.*

DÉRIVATION n. f.
1. Action de détourner un cours d'eau, des fluides, etc. *La dérivation de cette rivière où viennent les saumons inquiète les Amérindiens.*
Ne pas confondre avec le nom ***déviation,*** route qui contourne un obstacle temporaire.
2. (LING.) Procédé de formation de mots nouveaux par l'ajout d'un préfixe ou d'un suffixe à un radical. *Le nom* déroulement *a été formé par dérivation du verbe* dérouler.
VOIR TABLEAU – NÉOLOGISME.

DÉRIVE n. f.
1. Fait de s'écarter de sa direction. *Dérive sur tribord.*
2. (FIG.) Fait de s'éloigner de ce qui est normal. *La dérive du prix des médicaments.*
LOCUTIONS
– ***À la dérive.*** (FIG.) Sans direction efficace, en perdition. *Une économie à la dérive.*
– ***Aller, être à la dérive.*** Être emporté hors de sa route, pour un navire, un avion. *Un voilier appelle à l'aide : il est à la dérive.*

– ***Aller, être à la dérive.*** (FIG.) Se laisser aller sans réagir, à la merci des événements. *Notre système de santé va à la dérive : le gouvernement doit agir.*

DÉRIVÉ, ÉE n. m.
1. Mot qui dérive d'un autre. *Le nom* dérivation *est un dérivé du verbe* dériver.
2. Corps chimique qui provient d'un autre. *Les dérivés du pétrole.* SYN. sous-produit.
LOCUTION
– ***Dérivée d'une fonction.*** (MATH.) Limite vers laquelle tend cette fonction dans certaines conditions.

DÉRIVER v. tr., intr.
VERBE TRANSITIF DIRECT
1. Détourner un cours d'eau. *Ils veulent dériver la rivière à saumons.*
2. Former un mot par dérivation. *Le nom* déroulement *est dérivé du verbe* dérouler.
VERBE TRANSITIF INDIRECT
Tirer son origine de. *La proposition dérive d'une hypothèse peu sûre.* SYN. provenir ; venir.
Ne pas confondre avec les verbes suivants :
• ***découler,*** être la suite nécessaire de ;
• ***émaner,*** sortir de ;
• ***procéder,*** avoir sa source dans ;
• ***provenir,*** venir de ;
• ***ressortir,*** s'imposer comme condition logique.
En ce sens, le verbe se construit avec la préposition ***de.***
VERBE INTRANSITIF
S'écarter de sa direction. *Le bateau dérive.*
CONJUGAISON : VOIR MODÈLE AIMER.

DÉRIVEUR n. m.
Voilier muni d'une dérive.

DERM- préf.
Élément du grec signifiant « peau ».

DERMATOLOGIE n. f.
Spécialité de la médecine qui étudie et soigne les maladies de la peau.

DERMATOLOGIQUE adj.
Relatif à la dermatologie. *Un examen dermatologique.*

DERMATOLOGISTE ou **DERMATOLOGUE** n. m. et f.
Spécialiste de la dermatologie.

DERME n. m.
(ANAT.) Partie la plus profonde de la peau recouverte par l'épiderme.

DERNIER, IÈRE adj. et n. m. et f.
ADJECTIF
1. Qui vient après tous les autres dans l'espace, dans le temps. *La dernière maison au bout de la rue. Le dernier métro.* ANT. premier.
2. Qui vient après tous les autres selon le rang, la qualité. *Un produit de dernière qualité. Il s'est classé dernier.* ANT. premier.
3. Qui précède immédiatement, qui est le plus récent. *La semaine dernière. L'évènement a eu lieu les 15 et 16 février derniers. Les cinq dernières semaines ont été riches en péripéties.* SYN. passé. ANT. prochain.
S'il s'agit du mois courant, l'accord de l'adjectif se fait selon le nombre de jours (on sous-entend : *ces deux derniers jours*). Sinon, l'accord se fera avec le nom *mois* sous-entendu. *Nous avons pris congé les 3 et 4 mai dernier (on sous-entend : du dernier mois).*
Attention à la place de l'adjectif quand il est accompagné d'un adjectif numéral. *Les cinq dernières* (et non *dernières cinq) *heures.* L'adjectif se place après le nombre, sauf lorsque celui-ci constitue un tout. *Les dernières 24 heures furent dramatiques.*
NOM MASCULIN ET FÉMININ
1. Personne, chose, qui vient après toutes les autres. *La dernière de la famille. Les derniers du classement.*
2. ***Ce dernier, cette dernière.*** Personne dont on vient de parler. *Nous avons eu des nouvelles de François ; ce dernier reviendra bientôt.*
LOCUTIONS
– ***À la dernière minute.*** Sans planification, au tout dernier moment. *Elle s'est décidée à la dernière minute.*
– ***Avoir le dernier mot.*** Avoir raison.
– ***En dernier,*** loc. adv. À la fin. *C'est lui qui m'a appelé en dernier.* SYN. en dernier lieu ; finalement.
– ***La dernière ligne droite.*** La fin rectiligne du parcours. *Les cyclistes se positionnent en vue de la dernière ligne droite.*
– ***La dernière ligne droite.*** (FIG.) Les derniers moments avant le but. *Le projet est aujourd'hui dans sa dernière ligne droite* (et non *son dernier droit) *: les études d'ingénierie juridique et financière sont en passe d'être bouclées.*
– ***Ne pas avoir dit son dernier mot.*** Ne pas avoir abandonné la partie. *Vous aurez de mes nouvelles : je n'ai pas dit mon dernier mot !*
– ***Tout dernier.*** *Les tout derniers fruits. Les toutes dernières fleurs.*
Alors que l'adjectif ***dernier*** s'accorde en genre et en nombre, le mot ***tout*** est invariable au masculin, mais variable au féminin.
FORME FAUTIVE
*le dernier droit. Impropriété pour ***la dernière ligne droite.***

DERNIÈREMENT adv.
Récemment, depuis peu. *Je l'ai vu dernièrement.*

DERNIER-NÉ, DERNIÈRE-NÉE n. m. et f. (pl. *derniers-nés, dernières-nées*)
1. Le dernier enfant dans une famille.
2. (FIG.) Modèle le plus récent. *C'est le dernier-né des ordinateurs.*
Dans ce nom composé, les deux éléments prennent la marque du pluriel, contrairement à ***nouveau-né*** et à ***mort-né*** dont le premier élément reste toujours invariable. *Des nouveau-nés, des mort-nés.*

DÉROBADE n. f.
Action de se soustraire à une obligation.

DÉROBÉ, ÉE adj.
1. Volé. *Des téléviseurs dérobés.*
2. Caché, dissimulé. *Un escalier dérobé.*

DÉROBÉE (À LA) loc. adv.
En secret et rapidement. *On lui glissa un billet à la dérobée.* SYN. en cachette.

DÉROBER v. tr., pronom.
VERBE TRANSITIF
(LITT.) Voler. *On lui a dérobé son sac.* SYN. prendre.
VERBE PRONOMINAL
1. Se soustraire à. *Elle se dérobait à ses questions. Ne tentez pas de vous dérober encore une fois.* SYN. se défiler ; échapper ; éluder ; esquiver ; éviter.
2. S'effondrer. *Il lui semblait que le plancher se dérobait sous lui.*
À la forme pronominale, le participe passé de ce verbe s'accorde toujours en genre et en nombre avec son sujet. *Elles se sont dérobées aux questions des journalistes.*
CONJUGAISON : VOIR MODÈLE AIMER.

DÉROGATION n. f.
1. Manquement à une règle, à une loi.
2. (DR.) Modification aux dispositions d'une loi. *Demander une dérogation.* SYN. dispense ; exception.

DÉROGATOIRE adj.
(DR.) Qui contient une dérogation. *Une clause dérogatoire.*

DÉROGER v. tr. ind.
Enfreindre une loi, un usage. *Ils dérogeaient à la loi.* SYN. enfreindre; transgresser.
Le verbe se construit avec la préposition ***à***.
CONJUGAISON : VOIR MODÈLE CHANGER.
Le ***g*** est suivi d'un ***e*** devant les lettres ***a*** et ***o***. *Il dérogea, nous dérogeons.*

DÉROUGIR v. intr.
1. Perdre sa rougeur. *Grâce à cette lotion, sa peau a dérougi.*
2. (FAM.) Devenir plus calme. *Depuis le matin, nous avons été très occupés : ça n'a pas dérougi.* SYN. diminuer.
CONJUGAISON : VOIR MODÈLE FINIR.

DÉROUILLER v. tr.
1. Enlever la rouille de. *Le peintre a dérouillé la clôture et l'a repeinte.*
2. (FAM.) Dégourdir. *Dérouiller ses jambes.*
CONJUGAISON : VOIR MODÈLE AIMER.
Les lettres ***ill*** sont suivies d'un ***i*** à la première et à la deuxième personne du pluriel de l'indicatif imparfait et du subjonctif présent. *(Que) nous dérouillions, (que) vous dérouilliez.*

DÉROULANT, ANTE adj.
Qui se déroule, qui défile.
LOCUTION
– ***Menu déroulant.*** (INFORM.) Menu que l'on peut développer à partir de la barre de menus en utilisant un dispositif de pointage ou une combinaison de touches de clavier (GDT). *Cette nouvelle fonction est accessible dans un menu déroulant qui s'affiche sur le côté droit de l'écran. Il vous suffit de désigner une société aérienne dans un menu déroulant afin de savoir ce que les passagers pensent d'elle.*

DÉROULEMENT n. m.
1. Action de dérouler, de se dérouler. *Le déroulement d'un fil électrique.* SYN. défilement.
2. (FIG.) Le fait de se développer progressivement dans le temps. *Le déroulement de l'action dans un roman.* SYN. enchaînement.
3. (INFORM.) Défilement latéral ou vertical de l'image affichée à l'écran d'un ordinateur.

DÉROULER v. tr., pronom.
VERBE TRANSITIF
Étendre ce qui était roulé. *Il déroule un fil électrique.* ANT. enrouler.
VERBE PRONOMINAL
Se produire selon une succession donnée. *Un récit qui se déroule très vite.* SYN. se passer.
À la forme pronominale, le participe passé de ce verbe s'accorde en genre et en nombre avec le complément direct si celui-ci le précède. *Les tresses qu'elle s'est déroulées.* Le participe passé reste invariable si le complément direct suit le verbe. *Elle s'est déroulé les nattes.* S'il n'y a pas de complément direct, le participe passé s'accorde avec le sujet du verbe. *L'attaque s'est déroulée en quelques minutes.*
CONJUGAISON : VOIR MODÈLE AIMER.

DÉROUTANT, ANTE adj.
Déconcertant. *La question d'examen était déroutante : on ne s'y attendait pas.* SYN. étonnant; surprenant.

DÉROUTE n. f.
1. Fuite désordonnée d'une troupe vaincue. *Ils ont été mis en déroute par les assaillants.*
2. (FIG.) Confusion générale, crise. SYN. débandade.

DÉROUTER v. tr.
1. Faire changer de destination. *Dérouter un navire en raison d'une tempête.*
2. (FIG.) Déconcerter. *Ces affirmations l'ont dérouté.* SYN. étonner; surprendre.
CONJUGAISON : VOIR MODÈLE AIMER.

DERRICK n. m. (pl. *derricks*)
Tour de forage d'un puits de pétrole.
L'expression ***tour de forage*** a fait l'objet d'une recommandation officielle pour remplacer cet anglicisme.

DERRIÈRE adv., n. m. et prép.
PRÉPOSITION
1. Du côté opposé au devant. *Il est caché derrière l'arbre.*
2. À la suite de. *Il marchait derrière elle.* SYN. après; au dos de.
ADVERBE
En arrière, après. *Ils sont assis derrière.* ANT. devant.
Pris adverbialement, le mot est invariable.
NOM MASCULIN
1. La partie postérieure d'une chose, par opposition au ***devant***. *Le derrière d'une maison.*
Ce mot désigne surtout la partie cachée d'une chose, par exemple la partie opposée à la façade d'un immeuble.
2. Fesses. *Elle est tombée sur le derrière.* SYN. (FAM.) cul.
LOCUTIONS
– ***Avoir le feu au derrière.*** (FAM.) (FIG.) Être en colère.
– ***Par-derrière,*** loc. adv. *Il a attaqué par-derrière.*
– ***Une idée de derrière la tête.*** Une idée secrète. SYN. arrière-pensée.

DES art. déf. et indéf.
1. Déterminant défini contracté pluriel (***de les***). *Le chant des oiseaux.*
2. Déterminant indéfini pluriel de ***un, une.*** *Des pommes.*
3. Déterminant partitif pluriel exprimant une partie d'une chose au pluriel. *Manger des marinades.*
VOIR TABLEAU – DÉTERMINANT.
HOM.
• ***dais,*** baldaquin;
• ***dès,*** préposition.

DÉS
VOIR – DE-.

DÈS prép.
1. À partir de. *Il se lève dès l'aube. Ce sera prêt dès demain.*
2. Depuis. *Dès sa parution, ce livre s'est très bien vendu.*
LOCUTION
– ***Dès que,*** loc. conj. Dès l'instant que. *Dès qu'elle sera arrivée, nous pourrons commencer.*
La locution conjonctive est suivie de l'indicatif.
HOM.
• ***dais,*** baldaquin;
• ***des,*** article.

DÉSABONNEMENT n. m.
1. Cessation d'une entente pour la fourniture régulière d'un produit, l'usage habituel d'un service.
2. (INFORM.) Action de retirer son nom de la liste des abonnés (à une liste de diffusion, à un forum de discussion, etc.).
En ce sens, l'emploi de ce nom est à préférer à celui de ***désinscription.***

DÉSABONNER v. tr., pronom.
VERBE TRANSITIF
1. Mettre fin à un abonnement (à un journal, à une série de concerts, à un service téléphonique, etc.). *Désabonner les clients qui n'acquittent pas leur abonnement.*
2. (INFORM.) Annuler une inscription (à un forum, à une lettre d'information, etc.).
En ces sens, l'emploi de ce verbe est à préférer à celui de ***désinscrire.***
VERBE PRONOMINAL
1. (INFORM.) Retirer son nom, plus précisément son adresse de courrier électronique, de la liste des abonnés à un forum ou à une liste de diffusion (GDT). *Il faudra également songer à vous désabonner provisoirement, le temps des vacances, des listes de diffusion.*

2. Mettre fin à une entente pour la fourniture régulière d'un produit, l'usage habituel d'un service. *À la suite de cette prise de position, quelques milliers de lecteurs de la revue se sont désabonnés. Très peu de clients seraient prêts à se désabonner d'Hydro-Québec.*
À la forme pronominale, le participe passé de ce verbe s'accorde toujours en genre et en nombre avec son sujet. *Ces internautes se sont désabonnés par courriel ou à l'aide d'un formulaire en ligne.*
CONJUGAISON : VOIR MODÈLE AIMER.

DÉSABUSÉ, ÉE adj.
Déçu, qui ne croit plus à rien, qui n'a plus d'illusions. *Des investisseurs désabusés qui ont perdu à la Bourse.* SYN. désenchanté.

DÉSABUSEMENT n. m.
(LITT.) Action de désabuser, de se désabuser.

DÉSABUSER v. tr.
(LITT.) Détromper, désillusionner.
CONJUGAISON : VOIR MODÈLE AIMER.

DÉSACCORD n. m.
Mésentente. *Un désaccord entre deux collègues. Ils sont en désaccord avec le chef sur cette question.*
Ne pas confondre avec les noms suivants :
- ***discorde,*** désunion grave ;
- ***dissidence,*** division profonde qui conduit un groupe ou une personne à se désolidariser ;
- ***incompatibilité,*** impossibilité de s'entendre avec une autre personne.

DÉSACCORDÉ, ÉE adj.
Qui n'est plus accordé, en parlant d'un instrument de musique. *Le piano est désaccordé.* ANT. accordé ; en harmonie.

DÉSACCORDER v. tr., pronom.
VERBE TRANSITIF
Détruire l'accord d'un instrument de musique, l'harmonie d'un ensemble.
VERBE PRONOMINAL
Perdre son accord, en parlant d'un instrument de musique. *Ce piano s'est désaccordé.*
À la forme pronominale, le participe passé de ce verbe s'accorde toujours en genre et en nombre avec son sujet. *Ces instruments s'étaient désaccordés.*
CONJUGAISON : VOIR MODÈLE AIMER.

DÉSACCOUTUMANCE n. f.
Fait de se désaccoutumer ; son résultat.

DÉSACCOUTUMER v. tr., pronom.
VERBE TRANSITIF
(LITT.) Faire perdre une habitude à quelqu'un.
VERBE PRONOMINAL
Se défaire d'une habitude. *Ils ont réussi à se désaccoutumer de la cigarette.* SYN. se déshabituer.
À la forme pronominale, le participe passé de ce verbe s'accorde toujours en genre et en nombre avec son sujet. *Ils se sont désaccoutumés de manger de la viande rouge.*
CONJUGAISON : VOIR MODÈLE AIMER.

DÉSACRALISATION n. f.
Action de désacraliser ; son résultat.

DÉSACRALISER v. tr.
1. Dépouiller de son caractère sacré.
2. (FIG.) Retirer à quelqu'un, à quelque chose son caractère quasi sacré, sa supériorité.
CONJUGAISON : VOIR MODÈLE AIMER.

DÉSACTIVATION n. f.
Action de désactiver.

DÉSACTIVER v. tr.
Arrêter l'activité, le fonctionnement de.
CONJUGAISON : VOIR MODÈLE AIMER.

DÉSADAPTATION n. f.
Perte de l'adaptation.

DÉSADAPTÉ, ÉE adj. et n. m. et f.
Qui n'est plus adapté à son milieu en raison de son évolution.
Ne pas confondre avec le nom ***inadapté,*** incapable de s'adapter à un milieu en raison de difficultés de comportement.

DÉSAFFECTATION n. f.
Changement de destination d'un immeuble.
Ne pas confondre avec le nom ***désaffection,*** perte de l'affection, de l'estime.

DÉSAFFECTER v. tr.
Changer d'affectation (un immeuble), mettre fin à son utilisation. *Une gare désaffectée.*
CONJUGAISON : VOIR MODÈLE AIMER.

DÉSAFFECTION n. f.
Perte de l'affection, de l'estime, de l'intérêt.
Ne pas confondre avec le nom ***désaffectation,*** changement de destination d'un immeuble.

DÉSAFFILIATION n. f.
Action de se désaffilier ; son résultat. *La désaffiliation d'un syndicat.*
désaffiliation.

DÉSAFFILIER v. tr., pronom.
VERBE TRANSITIF
Mettre fin à l'affiliation de.
VERBE PRONOMINAL
Se retirer d'une affiliation.
À la forme pronominale, le participe passé de ce verbe s'accorde toujours en genre et en nombre avec son sujet. *Les enseignants se sont désaffiliés de ce syndicat.*
CONJUGAISON : VOIR MODÈLE ÉTUDIER.
Redoublement du ***i*** à la première et à la deuxième personne du pluriel de l'imparfait de l'indicatif et du présent du subjonctif. *(Que) nous désaffiliions, (que) vous désaffiliiez.*

DÉSAGRÉABLE adj.
1. (Personnes) Déplaisant. *Ce monsieur a été très désagréable avec, envers nous.* SYN. antipathique ; détestable.
2. (Choses) Mauvais, pénible. *Une odeur désagréable.* SYN. ennuyeux.

DÉSAGRÉABLEMENT adv.
De façon désagréable. *Nous avons été désagréablement surpris par des retards multiples.*

DÉSAGRÉGATION n. f.
1. Séparation de ce qui est agrégé. SYN. décomposition ; morcellement.
Ne pas confondre avec le nom ***désintégration,*** destruction de l'intégrité d'un tout.
2. (FIG.) Destruction de ce qui constituait un ensemble. *La désagrégation d'un parti politique.*

DÉSAGRÉGER v. tr., pronom.
VERBE TRANSITIF
Produire la désagrégation de. *L'eau et le gel désagrégeront ce mur.*
VERBE PRONOMINAL
Se décomposer. *Ces rochers se désagrègent lentement.*
À la forme pronominale, le participe passé de ce verbe s'accorde toujours en genre et en nombre avec son sujet. *Ces matériaux se sont désagrégés.*

CONJUGAISON : VOIR MODÈLE PROTÉGER.
Le ***é*** se change en ***è*** devant une syllabe contenant un ***e*** muet, sauf à l'indicatif futur et au conditionnel présent. *Il se désagrège,* mais *il se désagrégera.*
[Les *Rectifications* (1990) admettent : il désagrègera, désagrègerait...]

DÉSAGRÉMENT n. m.
Chose désagréable, sujet de contrariété. SYN. (FAM.) embêtement ; ennui ; souci ; tracas.

DÉSAISONNALISER v. tr.
Corriger les statistiques relatives à une période donnée en y appliquant un coefficient qui permet de supprimer l'incidence des phénomènes saisonniers (Recomm. off.).
CONJUGAISON : VOIR MODÈLE AIMER.

DÉSALTÉRANT, ANTE adj.
Qui apaise la soif. *Cette limonade est bien désaltérante.* SYN. rafraîchissant.

DÉSALTÉRER v. tr., pronom.
VERBE TRANSITIF
Apaiser la soif de. *Ce jus vous désaltérera.*
VERBE PRONOMINAL
Apaiser sa soif. *Ils se sont désaltérés à la fontaine.* SYN. boire.
À la forme pronominale, le participe passé de ce verbe s'accorde toujours en genre et en nombre avec son sujet. *Elles se sont bien désaltérées.*
CONJUGAISON : VOIR MODÈLE POSSÉDER.
Le ***é*** se change en ***è*** devant une syllabe contenant un ***e*** muet, sauf à l'indicatif futur et au conditionnel présent. *Je me désaltère,* mais *nous nous désaltérons.*
[Les *Rectifications* (1990) admettent : il désaltèrera, désaltèrerait...]

DÉSAMBIGÜISER ou **DÉSAMBIGUÏSER** v. tr.
Supprimer l'ambigüité d'un énoncé, d'une situation. *Cette clarification permet de désambigüiser* ou *désambiguïser le message.* SYN. clarifier.
CONJUGAISON : VOIR MODÈLE AIMER.

DÉSAMIANTAGE n. m.
Action de retirer l'amiante (d'un bâtiment, d'une structure, etc.). *Des travaux de désamiantage coûteux. Un important chantier de désamiantage.*

DÉSAMIANTER v. tr., pronom.
VERBE TRANSITIF
1. Débarrasser (un bâtiment, une structure, etc.) de l'amiante qu'il contient. *La Marine nationale, faute de pouvoir désamianter d'un coup l'ensemble des bateaux concernés a mis en place un laboratoire de mesure des poussières toxiques qui vise à protéger les militaires exposés.*
2. (FIG.) Dépoussiérer, rénover. *Les travaux ont démontré que la France pouvait désamianter ses œuvres d'art, à défaut de ses porte-avions.*
VERBE PRONOMINAL
(FIG.) Restaurer sa réputation. *Comme pour se désamianter médiatiquement, la ministre est venue elle aussi recevoir l'onction de ce Chili, qui semble devenu l'endroit branché du moment quand on est une femme et qu'on a des ambitions politiques.* SYN. purifier.
À la forme pronominale, le participe passé de ce verbe s'accorde toujours en genre et en nombre avec son sujet. *Cette maison s'est désamiantée difficilement.*
CONJUGAISON : VOIR MODÈLE AIMER.

DÉSAMORÇAGE n. m.
Action de désamorcer. *Le désamorçage d'une grenade.*

DÉSAMORCER v. tr.
1. Ôter l'amorce de. *Désamorcer une bombe.*
2. (FIG.) Neutraliser, arrêter. *Désamorcer une querelle.*
CONJUGAISON : VOIR MODÈLE AVANCER.
Le **c** prend une cédille devant les lettres ***a*** et ***o***. *Nous désamorçons, tu désamorças.*

DÉSAPPOINTEMENT n. m.
Grande déception. *C'est avec beaucoup de désappointement que j'ai appris ton départ pour un autre pays.* SYN. dépit ; désenchantement.

DÉSAPPOINTER v. tr.
Décevoir et mécontenter. *Votre refus m'a désappointé.*
CONJUGAISON : VOIR MODÈLE AIMER.

DÉSAPPRENDRE v. tr.
Oublier ce qu'on a appris. *Elle a désappris l'espagnol. Il a désappris à conduire* ou *de conduire.*
CONJUGAISON : VOIR MODÈLE APPRENDRE.

DÉSAPPROBATEUR, TRICE adj.
Qui désapprouve. *Un ton désapprobateur.* SYN. réprobateur.

DÉSAPPROBATION n. f.
Blâme. *Des paroles de désapprobation.* SYN. reproche.

DÉSAPPROUVER v. tr.
Ne pas approuver, blâmer. *La directrice a désapprouvé cette décision.* SYN. critiquer.
CONJUGAISON : VOIR MODÈLE AIMER.

DÉSARÇONNER v. tr.
1. Renverser de cheval.
2. (FIG.) Déconcerter. *Cette colère subite l'a désarçonnée.* SYN. déconcerter ; dérouter ; surprendre.
CONJUGAISON : VOIR MODÈLE AIMER.
désarçonner.

DÉSARGENTÉ, ÉE adj.
1. Qui a perdu son revêtement d'argent.
2. (FAM.) Qui manque d'argent, en parlant d'une personne.

DÉSARGENTER v. tr.
1. Enlever la couche d'argent d'un objet.
2. (FAM.) Priver de son argent.
CONJUGAISON : VOIR MODÈLE AIMER.

DÉSARMANT, ANTE adj.
Qui pousse à l'indulgence par sa gentillesse, sa naïveté, etc. *Une simplicité désarmante.* SYN. attendrissant ; touchant.

DÉSARMEMENT n. m.
Suppression des armements. *Le désarmement nucléaire.*

DÉSARMER v. tr., intr.
VERBE TRANSITIF
1. Enlever ses armes à quelqu'un. *Les policiers ont désarmé le cambrioleur.*
2. (FIG.) Toucher. *Cette inconscience le désarmait complètement.* SYN. décontenancer ; fléchir.
VERBE INTRANSITIF
1. Réduire, supprimer ses armements. *Ils ont promis de se désarmer.*
2. Cesser, en parlant d'un sentiment violent. *Sa colère ne désarme pas.* SYN. céder ; diminuer.
CONJUGAISON : VOIR MODÈLE AIMER.

DÉSARROI n. m.
Trouble, angoisse. *Cette bombe a semé le désarroi chez les passants.*
LOCUTION
– ***En désarroi.*** En détresse. *Il était en grand désarroi lorsqu'elle est arrivée.*

DÉSARTICULATION n. f.
Action de désarticuler ; son résultat.

DÉSARTICULER v. tr., pronom.
VERBE TRANSITIF
Faire sortir un os de son articulation.
VERBE PRONOMINAL
Se déboîter. *Les os se sont désarticulés.*

À la forme pronominale, le participe passé de ce verbe s'accorde en genre et en nombre avec le complément direct si celui-ci le précède. *Les os qu'elle s'est désarticulés. Ces os se sont désarticulés.* Le participe passé reste invariable si le complément direct suit le verbe. *Elle s'est désarticulé le poignet.*
CONJUGAISON : VOIR MODÈLE AIMER.

DÉSASSORTI, IE adj.
1. Qui n'est pas assorti à un ensemble. *Des verres désassortis.* SYN. dépareillé.
2. Qui n'est pas en harmonie avec d'autres éléments. *Des associés désassortis.*

DÉSASSORTIR v. tr.
Séparer des choses assorties. *Des gants désassortis.* SYN. dépareiller.
CONJUGAISON : VOIR MODÈLE FINIR.

DÉSASTRE n. m.
1. Catastrophe, grand malheur. *Cette marée de pétrole est un désastre écologique.* SYN. cataclysme ; malheur.
2. (FIG.) Ennui, incident fâcheux. *Mon gâteau est calciné : c'est un désastre !*

DÉSASTREUX, EUSE adj.
1. Catastrophique. *Ces tornades sont désastreuses.* SYN. tragique.
2. Fâcheux, malheureux. *Des résultats désastreux.* SYN. désolant ; mauvais.

DÉSAVANTAGE n. m.
Inconvénient. *Cette profession a le désavantage d'exiger des voyages nombreux.* SYN. désagrément. ANT. avantage.

DÉSAVANTAGER v. tr.
Mettre en état de désavantage, causer un inconvénient à. *Cette situation à l'extérieur de la ville désavantageait ce commerce.* SYN. pénaliser.
CONJUGAISON : VOIR MODÈLE CHANGER.
Le ***g*** est suivi d'un ***e*** devant les lettres ***a*** et ***o***. *Il désavantagea, nous désavantageons.*

DÉSAVANTAGEUSEMENT adv.
De façon désavantageuse. *Un réseau désavantageusement connu.*

DÉSAVANTAGEUX, EUSE adj.
Défavorable. *Ces conditions sont désavantageuses, je ne peux les accepter.* ANT. avantageux.
désavantageu**x**.

DÉSAVEU n. m. (pl. *désaveux*)
1. Acte par lequel on désavoue quelqu'un, quelque chose. *Des désaveux publics d'une politique de discrimination.*
2. (LITT.) Condamnation, désapprobation.

DÉSAVOUER v. tr., pronom.
VERBE TRANSITIF
1. Ne pas vouloir reconnaître comme sien. *Désavouer une promesse.* SYN. revenir sur.
2. Désapprouver. *La directrice a désavoué toute discrimination entre les élèves.* SYN. blâmer ; condamner.
VERBE PRONOMINAL
Se renier. *Ces apôtres de l'écologie se sont désavoués en choisissant des véhicules très énergivores.*
À la forme pronominale, le participe passé de ce verbe s'accorde toujours en genre et en nombre avec son sujet. *Elles se sont désavouées.*
CONJUGAISON : VOIR MODÈLE AIMER.

DÉSAXÉ, ÉE adj. et n. m. et f.
ADJECTIF
Sorti de son axe.
NOM MASCULIN ET FÉMININ
Personne déséquilibrée.

DÉSAXER v. tr.
1. Mettre hors de son axe.
2. (FIG.) Déséquilibrer. *La guerre les a désaxés.*
CONJUGAISON : VOIR MODÈLE AIMER.

DESCELLEMENT n. m.
Action de desceller. *Le descellement d'une pierre.*
descellement.

DESCELLER v. tr.
Les trois ***e*** se prononcent ***é***, [desele].
Ouvrir ce qui est scellé. *Il a réussi à desceller le cadrage.*
Ne pas confondre avec les verbes suivants :
• ***déceler***, découvrir ce qui est caché ;
• ***desseller***, retirer la selle d'un cheval.
CONJUGAISON : VOIR MODÈLE AIMER.
desceller.

DESCENDANCE n. f.
Ensemble des descendants. *Les premiers colons de la Nouvelle-France ont eu une nombreuse descendance.* SYN. lignée.
Ne pas confondre avec le nom ***ascendance***, ensemble des parents dont est issue une personne.
descendance.

DESCENDANT, ANTE adj. et n. m. et f.
ADJECTIF
Qui descend. *La marée descendante.*
NOM MASCULIN ET FÉMININ
Personne issue d'un ancêtre. *Ce sont des descendants du premier colon, Louis Hébert.* ANT. ascendant.
descendant.

DESCENDRE v. tr., intr.
VERBE TRANSITIF
1. Parcourir de haut en bas. *Martin descend l'escalier trop vite.* ANT. monter.
2. Déplacer vers le bas. *Il a descendu un livre de sa bibliothèque.*
3. (FAM.) Abattre. *Les rebelles ont descendu un avion.*
À la forme transitive, le verbe se conjugue avec l'auxiliaire ***avoir*** ; à la forme intransitive, il se conjugue avec l'auxiliaire ***être***.
VERBE INTRANSITIF
1. Aller de haut en bas. *Elle descendra par l'escalier.* ANT. monter.
2. Baisser de niveau. *La mer commence à descendre, c'est la marée basse. Les prix ont descendu.* ANT. monter.
3. Tirer son origine de, être issu de. *Ils descendent d'une grande famille italienne.* SYN. venir de.
4. Séjourner. *Il descend toujours dans ce petit hôtel.*
FORME FAUTIVE
*descendre en bas. Pléonasme pour ***descendre***.
CONJUGAISON : VOIR MODÈLE FENDRE.
INDICATIF PRÉSENT *Je descends, tu descends, il descend, nous descendons, vous descendez, ils descendent.* IMPARFAIT *Je descendais.* PASSÉ SIMPLE *Je descendis.* FUTUR *Je descendrai.* CONDITIONNEL PRÉSENT *Je descendrais.* IMPÉRATIF PRÉSENT *Descends, descendons, descendez.* SUBJONCTIF PRÉSENT *Que je descende.* IMPARFAIT *Que je descendisse.* PARTICIPE PRÉSENT *Descendant.* PASSÉ *Descendu, ue.*
descendre.

DESCENTE n. f.
1. Action de descendre. *Une descente en skis, à ski.*
2. Chemin par lequel on descend. *Une descente abrupte.*
3. Perquisition. *Des descentes de police.* SYN. irruption.
descente.

DESCRIPTEUR n. m.
(INFORM.) Signe servant à caractériser l'information contenue dans un document, un fichier, à en faciliter la recherche.

DESCRIPTIF, IVE adj. et n. m.
ADJECTIF
Qui décrit. *La linguistique descriptive. Un devis descriptif.*
NOM MASCULIN
Document qui décrit à l'aide de plans, de schémas, etc.

DESCRIPTION n. f.
Action de décrire. *Une description détaillée d'un accident.* SYN. exposé ; narration ; récit.
LOCUTION
– ***Description d'emploi, de fonction, de poste, de tâche.*** État des fonctions et tâches, des responsabilités et des relations d'autorité propres à un emploi ainsi que des qualités exigées pour le remplir. *Des descriptions d'emploi(s), de fonction(s), de poste(s), de tâche(s).*

DÉSEMPARÉ, ÉE adj.
Déconcerté, qui ne sait quoi faire. *La famille était complètement désemparée après l'incendie de la maison.*
désemparé.

DÉSEMPARER v. intr.
– ***Sans désemparer.*** Sans arrêt. *Ils ont étudié toute la semaine sans désemparer.* SYN. sans interruption.
Le verbe ne s'emploie que dans cette expression.

DÉSEMPLIR v. intr., pronom.
VERBE INTRANSITIF
Être sans cesse plein. *La boutique ne désemplit pas.*
VERBE PRONOMINAL
Se vider incomplètement. *La baignoire se désemplit progressivement.*
À la forme pronominale, le participe passé de ce verbe s'accorde toujours en genre et en nombre avec son sujet. *À l'appel de la récréation, la classe s'est désemplie rapidement.*
CONJUGAISON : VOIR MODÈLE FINIR.
désemplir.

DÉSENCADRER v. tr.
1. Retirer le cadre de. *Désencadrer un tableau.*
2. (FIG.) Soustraire au cadre réglementaire. *Désencadrer la fourniture de l'énergie électrique.*
CONJUGAISON : VOIR MODÈLE AIMER.

DÉSENCHANTÉ, ÉE adj. et n. m. et f.
Qui a perdu ses illusions, sa ferveur, son enthousiasme. *Ils sont désenchantés de la vie, ils ont eu trop d'épreuves.* SYN. déçu ; désappointé ; désillusionné.

DÉSENCHANTEMENT n. m.
Désillusion. SYN. déception ; désappointement.

DÉSENCHANTER v. tr.
Désillusionner. SYN. décevoir. ANT. (FAM.) emballer ; enchanter ; enthousiasmer.
CONJUGAISON : VOIR MODÈLE AIMER.

DÉSENCOMBRER v. tr.
Débarrasser de ce qui encombre. *Il désencombre son bureau.*
CONJUGAISON : VOIR MODÈLE AIMER.

DÉSENDETTEMENT n. m.
(ÉCON.) Le fait de réduire sa dette ; son résultat. *Ce financement permettra à l'entreprise d'améliorer ses liquidités et de faciliter un désendettement en douceur sur le marché.*

DÉSENDETTER (SE) v. pronom.
Payer, réduire ses dettes. *Le pays doit se désendetter.*
Le participe passé de ce verbe, qui n'existe qu'à la forme pronominale, s'accorde toujours en genre et en nombre avec son sujet. *Ces entreprises se sont désendettées rapidement.*
CONJUGAISON : VOIR MODÈLE AIMER.

DÉSENFLER v. tr., intr.
VERBE TRANSITIF
Faire diminuer l'enflure de. *Cette compresse désenflera ta cheville.*
VERBE INTRANSITIF
Cesser d'être enflé. *Sa cheville blessée a désenflé.*
CONJUGAISON : VOIR MODÈLE AIMER.

DÉSENGAGER v. tr., pronom.
VERBE TRANSITIF
Retirer d'un engagement. *Désengager une entreprise d'une entente.*
VERBE PRONOMINAL
Se libérer d'un engagement. *Elles se sont désengagées de cette obligation.*
À la forme pronominale, le participe passé de ce verbe s'accorde toujours en genre et en nombre avec son sujet. *Ils s'étaient désengagés.*
On préférera le verbe ***dégager.***
CONJUGAISON : VOIR MODÈLE CHANGER.
Le ***g*** est suivi d'un ***e*** devant les lettres ***a*** et ***o***. *Il désengagea, nous désengageons.*

DÉSENGORGER v. tr., pronom.
VERBE TRANSITIF
Faire cesser d'être engorgé, obstrué. *Désengorger un conduit. Désengorger les urgences des hôpitaux.*
VERBE PRONOMINAL
Perdre son engorgement, son encombrement.
À la forme pronominale, le participe passé de ce verbe s'accorde toujours en genre et en nombre avec son sujet. *Les rues se sont désengorgées.*
CONJUGAISON : VOIR MODÈLE CHANGER.
Le ***g*** est suivi d'un ***e*** devant les lettres ***a*** et ***o***. *Nous désengorgeons, tu désengorgeas.*

DÉSENNUYER v. tr., pronom.
VERBE TRANSITIF
Distraire. *Cette émission l'a désennuyé, il a beaucoup ri.* SYN. amuser ; délasser ; divertir.
VERBE PRONOMINAL
Se divertir. *Pour se désennuyer, rien de tel qu'un bon livre.*
À la forme pronominale, le participe passé de ce verbe s'accorde toujours en genre et en nombre avec son sujet. *Ils se sont désennuyés en allant au cinéma.*
CONJUGAISON : VOIR MODÈLE EMPLOYER.
désennuyer.

DÉSENSIBILISATION n. f.
Action de désensibiliser.

DÉSENSIBILISER v. tr., pronom.
VERBE TRANSITIF
1. (MÉD.) Pratiquer une désensibilisation. *Désensibiliser une dent.*
2. (FIG.) Rendre moins sensible. *Désensibiliser la communauté universitaire relativement à la hausse des droits de scolarité.*
VERBE PRONOMINAL
Perdre de sa sensibilité, devenir insensible, au propre et au figuré.
À la forme pronominale, le participe passé de ce verbe s'accorde toujours en genre et en nombre avec son sujet. *Elle s'est désensibilisée à cette plante.*
CONJUGAISON : VOIR MODÈLE AIMER.

DÉSÉQUILIBRE n. m.
1. Absence d'équilibre. *L'alpiniste ne peut risquer le moindre déséquilibre : sa vie en dépend.*
2. Manque d'équilibre mental.
déséquilibre.

DÉSÉQUILIBRÉ, ÉE adj. et n. m. et f.
Qui n'a pas son équilibre mental. *Ce meurtrier est un déséquilibré.* SYN. détraqué.
déséquilibré.

DÉSÉQUILIBRER v. tr.
1. Faire perdre son équilibre à. *Cette racine dans la piste de ski a déséquilibré Antoine.*

2. Troubler, perturber. *Cet accident risque de le déséquilibrer.*
CONJUGAISON : VOIR MODÈLE AIMER.
déséquilibrer.

DÉSERT, ERTE adj. et n. m.
ADJECTIF
1. Inhabité. *Une île déserte.*
2. Dépeuplé provisoirement. *La place était déserte.*
NOM MASCULIN
Région très aride ayant très peu d'habitants. *Le désert du Sahara.*

DÉSERTER v. tr., intr.
VERBE TRANSITIF
1. Quitter un lieu où l'on devrait être. *Déserter son travail.*
2. (FIG.) Abandonner. *Déserter une cause.* SYN. délaisser.
VERBE INTRANSITIF
Abandonner l'armée sans autorisation. *Ces soldats ont déserté.*
CONJUGAISON : VOIR MODÈLE AIMER.

DÉSERTEUR n. m.
Personne qui abandonne son poste.
Ne pas confondre avec le nom ***transfuge***, personne qui passe à l'ennemi.

DÉSERTIFICATION ou **DÉSERTISATION** n. f.
Transformation d'une région en désert.

DÉSERTIFIER (SE) v. pronom.
1. Se transformer en région désertique. *La région s'est désertifiée.*
2. (FIG.) Devenir désert. *Les campagnes se désertifient.* SYN. se vider.
Le participe passé de ce verbe, qui n'existe qu'à la forme pronominale, s'accorde toujours en genre et en nombre avec son sujet. *Ces régions se sont désertifiées.*
CONJUGAISON : VOIR MODÈLE ÉTUDIER.

DÉSERTION n. f.
Le ***t*** se prononce ***s***, [dezɛrsjɔ̃].
1. Action de déserter, de quitter l'armée sans autorisation. *La désertion peut entraîner une condamnation.* SYN. défection.
2. (FIG.) Abandon (d'une cause, d'un parti, etc.). *« Tout départ, étant donné notre petit nombre, était ressenti comme une désertion, un abandon de la cause »* (Gabrielle Roy, *La Détresse et l'Enchantement*). SYN. reniement.
désertion.

DÉSERTIQUE adj.
Qui se rapporte au désert. *Des étendues désertiques.*

DÉSESCALADE n. f.
Diminution progressive de l'accélération d'un phénomène. *La désescalade des prix.*

DÉSESPÉRANCE n. f.
(LITT.) Désespoir.

DÉSESPÉRANT, ANTE adj.
1. (LITT.) Qui fait perdre espoir. *Des cas désespérants.* SYN. accablant; navrant.
2. Décourageant. *Une attitude négative désespérante.* SYN. lassant.
Ne pas confondre avec le participe présent invariable ***désespérant***. *Les skieurs, désespérant d'arriver à l'abri, commencèrent à s'affoler.*

DÉSESPÉRÉ, ÉE adj. et n. m. et f.
ADJECTIF
1. Qui n'a plus aucun espoir. *Élise est désespérée, elle a perdu son emploi.*
2. Qui ne permet aucun espoir. *L'état de ce blessé est désespéré, on ne peut le sauver.*
NOM MASCULIN ET FÉMININ
Personne qui n'espère plus. *Le désespéré s'est suicidé.*

DÉSESPÉRÉMENT adv.
De façon désespérée, avec acharnement. *Ils ont essayé désespérément de s'en sortir.*

DÉSESPÉRER v. tr., intr., pronom.
VERBE TRANSITIF DIRECT
Décourager, faire perdre espoir à. *Ces refus me désespèrent.* SYN. désoler.
VERBE TRANSITIF INDIRECT
Perdre l'espoir en. *Ils désespèrent de la situation politique de ce pays. Elle désespère de pouvoir regagner son pays. Il désespère qu'elle soit d'accord.*
Le verbe se construit avec la préposition ***de*** suivie d'un nom ou d'un infinitif. Il peut également se construire avec ***que*** et le subjonctif.
VERBE INTRANSITIF
Cesser d'espérer. *Après tous ces échecs, il commence à désespérer. Ne désespérons pas.*
VERBE PRONOMINAL
S'abandonner au désespoir. *Elle se désespère de cette décision, de devoir partir.*
À la forme pronominale, le verbe se construit avec la préposition ***de*** suivie d'un nom ou d'un infinitif. Il peut également se construire avec ***que*** et le subjonctif. *Il se désespère qu'elle soit en désaccord.*
À la forme pronominale, le participe passé de ce verbe s'accorde toujours en genre et en nombre avec son sujet. *Ils se sont désespérés de la disparition de leurs amis.*
CONJUGAISON : VOIR MODÈLE POSSÉDER.
[Les *Rectifications* (1990) admettent : il désespèrera, désespèrerait...]

DÉSESPOIR n. m.
Chagrin profond causé par la perte de l'espoir. SYN. (LITT.) désespérance.
LOCUTIONS
– ***En désespoir de cause.*** À titre d'ultime tentative et sans grande confiance.
– ***Être au désespoir.*** Être désespéré, éprouver un très vif regret.
– ***L'énergie du désespoir.*** Sursaut de vigueur lorsque tout semble perdu. *Les naufragés ont nagé avec l'énergie du désespoir.*

DÉSHABILLAGE n. m.
Action de déshabiller; son résultat. *Le déshabillage estival.*
déshabillage.

DÉSHABILLÉ n. m.
Vêtement d'intérieur léger. *Des déshabillés brodés.*
déshabillé.

DÉSHABILLER v. tr., pronom.
VERBE TRANSITIF
Enlever son vêtement à. *Sophie a déshabillé sa poupée.* SYN. dévêtir.
VERBE PRONOMINAL
Retirer ses vêtements. *Ils se sont déshabillés pour enfiler leur maillot de bain.* SYN. se dévêtir.
À la forme pronominale, le participe passé de ce verbe s'accorde toujours en genre et en nombre avec son sujet. *Elles se sont déshabillées et se sont couchées.*
CONJUGAISON : VOIR MODÈLE AIMER.
Les lettres ***ill*** sont suivies d'un ***i*** à la première et à la deuxième personne du pluriel de l'indicatif imparfait et du subjonctif présent. *(Que) nous déshabillions, (que) vous déshabilliez.*
déshabiller.

DÉSHABITUER v. tr., pronom.
VERBE TRANSITIF
Faire perdre une habitude à. *Déshabituer son chien de japper.*
Si le verbe ***habituer*** se construit avec la préposition ***à***, le verbe ***déshabituer*** se construit avec la préposition ***de***.

D

VERBE PRONOMINAL
Perdre l'habitude de. *Papa voudrait se déshabituer de fumer.*
À la forme pronominale, le participe passé de ce verbe s'accorde toujours en genre et en nombre avec son sujet. *Ils se sont déshabitués de manger très copieusement.*
CONJUGAISON : VOIR MODÈLE AIMER.
déshabituer.

DÉSHERBAGE n. m.
Action de désherber, d'enlever les mauvaises herbes. *Le désherbage du jardin.*
désherbage.

DÉSHERBANT n. m.
Herbicide. *Des désherbants utiles.*
désherbant.

DÉSHERBER v. tr.
Sarcler, détruire les mauvaises herbes.
CONJUGAISON : VOIR MODÈLE AIMER.
désherber.

DÉSHÉRENCE n. f.
(DR.) État d'une succession vacante, faute d'héritiers. *Une propriété en déshérence.*
LOCUTION
– ***En déshérence.*** (FIG.) À l'abandon. *Un village en déshérence.*
déshérence.

DÉSHÉRITÉ, ÉE adj. et n. m. et f.
1. Privé d'héritage.
2. Qui n'a pas ou qui a peu de ressources. SYN. défavorisé ; démuni ; pauvre.
déshérité.

DÉSHÉRITER v. tr.
Priver d'héritage. *Leur père les a déshérités en raison de leur inconduite.*
CONJUGAISON : VOIR MODÈLE AIMER.
déshériter.

DÉSHONNÊTE adj.
(LITT.) Contraire à la décence, à la morale.
Ne pas confondre avec le mot ***malhonnête,*** qui n'est pas honnête.
déshonnête.

DÉSHONNEUR n. m.
Honte, indignité. *Cette défaite est un déshonneur pour l'école.*
déshonneur.

DÉSHONORANT, ANTE adj.
Honteux. *Ces pratiques sont déshonorantes.* SYN. avilissant.
déshonorant.

DÉSHONORER v. tr., pronom.
VERBE TRANSITIF
Déprécier, ternir l'honneur de quelqu'un. *Ces paroles le déshonorent.* SYN. discréditer.
VERBE PRONOMINAL
Perdre son honneur. *Ils se sont déshonorés en acceptant cette entente illégale.*
À la forme pronominale, le participe passé de ce verbe s'accorde toujours en genre et en nombre avec son sujet. *Ces courtiers se sont déshonorés.*
CONJUGAISON : VOIR MODÈLE AIMER.
déshonorer.

DÉSHUMANISANT, ANTE adj.
Qui déshumanise, qui fait perdre le caractère humain. *Des conditions d'emprisonnement déshumanisantes.*

DÉSHUMANISATION n. f.
Action de déshumaniser.

DÉSHUMANISER v. tr.
Faire perdre tout caractère humain à. ANT. humaniser.
CONJUGAISON : VOIR MODÈLE AIMER.
déshumaniser.

DÉSHUMIDIFICATEUR n. m.
Appareil servant à réduire l'humidité d'un lieu.

DÉSHUMIDIFICATION n. f.
Action de déshumidifier.

DÉSHUMIDIFIER v. tr.
Rendre moins humide. *Il importerait de déshumidifier ce sous-sol.*
CONJUGAISON : VOIR MODÈLE ÉTUDIER.
Redoublement du ***i*** à la première et à la deuxième personne du pluriel de l'indicatif imparfait et du subjonctif présent. *(Que) nous déshumidifiions, (que) vous déshumidifiiez.*

DÉSHYDRATATION n. f.
Action de déshydrater ; son résultat. *La déshydratation, la sécheresse de la peau.* SYN. dessèchement.
déshydratation.

DÉSHYDRATER v. tr., pronom.
VERBE TRANSITIF
Supprimer l'eau de, dessécher. *Déshydrater du lait.*
VERBE PRONOMINAL
Perdre son eau, en parlant d'un organisme, de la peau. *Avec tout ce soleil, ta peau s'est déshydratée.* SYN. se dessécher.
À la forme pronominale, le participe passé de ce verbe s'accorde toujours en genre et en nombre avec son sujet. *Ces personnes âgées se sont déshydratées.*
CONJUGAISON : VOIR MODÈLE AIMER.
déshydrater.

DESIDERATA n. m. pl.
Les deux ***e*** se prononcent ***é,*** [deziderata].
Mot latin signifiant « choses dont on déplore l'absence ». Revendications, souhaits. *Veuillez nous indiquer vos* desiderata.
T En typographie soignée, les mots étrangers sont composés en italique. Dans des textes déjà en italique, la notation se fait en romain. Pour les textes manuscrits, on utilisera les guillemets.
[Les *Rectifications* (1990) admettent : un désidérata, des désidératas.]

DESIGN adj. inv. et n. m. inv.
Ce mot se prononce à l'anglaise, [dizajn].
ADJECTIF INVARIABLE
Conçu en fonction des critères du design. *Des aménagements très design.*
NOM MASCULIN INVARIABLE
Conception d'un objet qui allie l'esthétique aux critères utilitaires. *Des design innovateurs.*
Ce mot emprunté à l'anglais n'a pas d'équivalent en français.

DÉSIGNATION n. f.
1. Action de désigner. *La désignation d'un produit par un nom italien.*
2. Nom. *Une désignation technique.* SYN. appellation ; dénomination.
3. Action de choisir une personne. *La désignation du chef d'équipe.* SYN. choix ; nomination.

DESIGNER n. m. et f. (pl. *designers*)
Ce mot se prononce à l'anglaise, [dizajnœr].
Spécialiste du design. *C'est une designer québécoise qui a conçu cet appareil d'éclairage.* SYN. concepteur ; créateur.
Ce mot emprunté à l'anglais n'a pas d'équivalent en français.

DÉSIGNER v. tr.
1. Montrer, signaler. *Désignez-moi votre ami que je le salue.*
2. Signifier, représenter. *Le nom* descente *désigne l'action d'aller de haut en bas.* SYN. appeler ; dénommer.
3. Choisir (quelqu'un) pour un travail. *La direction a désigné un nouveau moniteur.* SYN. nommer.

CONJUGAISON : VOIR MODÈLE AIMER.
Les lettres ***gn*** sont suivies d'un ***i*** à la première et à la deuxième personne du pluriel de l'indicatif imparfait et du subjonctif présent. *(Que) nous désignions, (que) vous désigniez.*

DÉSILLUSION n. f.
Perte d'une illusion. *Cet échec est une amère désillusion.* SYN. déception ; désappointement ; désenchantement.

DÉSILLUSIONNER v. tr.
Faire perdre ses illusions à (quelqu'un). *Ces refus répétés l'ont désillusionnée.* SYN. décevoir ; désappointer ; désenchanter.
CONJUGAISON : VOIR MODÈLE AIMER.

DÉSINCARNÉ, ÉE adj.
Détaché de la réalité. *Ces bonzes paraissent désincarnés.*

DÉSINCRUSTER v. tr.
Nettoyer en débarrassant des incrustations, des impuretés.
CONJUGAISON : VOIR MODÈLE AIMER.

DÉSINDEXATION n. f.
(ÉCON.) Action de désindexer.

DÉSINDEXER v. tr.
(ÉCON.) Supprimer l'indexation, ne plus lier la valeur d'un titre, d'un prix, d'un salaire, etc., à l'évolution d'un indice (par exemple, l'indice du coût de la vie).
CONJUGAISON : VOIR MODÈLE AIMER.

DÉSINENCE n. f.
(LING.) Terminaison servant à marquer le cas, le nombre, le genre, la personne, etc. *Des désinences grammaticales.*

DÉSINFECTANT, ANTE adj. et n. m.
Se dit de substances propres à désinfecter. *Des produits désinfectants sont utilisés dans les hôpitaux.*
Ne pas confondre avec le participe présent invariable ***désinfectant***. *Les produits désinfectant le mieux une blessure sont les antibiotiques.*

DÉSINFECTER v. tr.
Détruire les germes pathogènes de, ou empêcher leur multiplication. *Désinfecter une plaie, une chambre.*
CONJUGAISON : VOIR MODÈLE AIMER.

DÉSINFECTION n. f.
Stérilisation. *La désinfection des instruments chirurgicaux.*

DÉSINFORMATION n. f.
Action de fausser l'information en donnant une image déformée de la réalité.

DÉSINSCRIPTION n. f.
(INFORM.) Action de désabonner, de se désabonner (d'une liste de diffusion, d'un forum de discussion...). *Veuillez prendre note de ma désinscription à votre lettre économique hebdomadaire.* SYN. désabonnement.
En ce sens, le nom ***désabonnement*** est à privilégier.

DÉSINSCRIRE v. tr., pronom.
1. Résilier un abonnement, une inscription.
2. (INFORM.) Mettre fin à un abonnement, à une inscription (à une liste de diffusion, à un forum de discussion...).
En ce sens, le verbe ***se désabonner*** est à privilégier.
À la forme pronominale, le participe passé de ce verbe s'accorde toujours en genre et en nombre avec son sujet. *Ils se sont désinscrits de cette liste de diffusion.*
CONJUGAISON : VOIR MODÈLE ÉCRIRE.

DÉSINSTALLATION n. f.
(INFORM.) Action de supprimer un logiciel du disque dur où il était installé. ANT. installation.

DÉSINSTALLER v. tr.
(INFORM.) Supprimer un logiciel du disque dur où il était installé. ANT. installer.
CONJUGAISON : VOIR MODÈLE AIMER.

DÉSINTÉGRATION n. f.
Destruction de l'intégrité d'un tout. *La désintégration d'un composé chimique.*
Ne pas confondre avec le nom ***désagrégation***, séparation de ce qui est agrégé.

DÉSINTÉGRER v. tr., pronom.
VERBE TRANSITIF
1. Détruire l'intégrité d'un tout. *Désintégrer de l'uranium pour le transformer en énergie.* SYN. décomposer ; désagréger.
2. (FIG.) Détruire complètement quelque chose. *L'explosion a désintégré la voiture.*
VERBE PRONOMINAL
Perdre son intégrité. *L'engin spatial s'est désintégré.* SYN. exploser.
À la forme pronominale, le participe passé de ce verbe s'accorde toujours en genre et en nombre avec son sujet. *Notre association s'est désintégrée.*
CONJUGAISON : VOIR MODÈLE POSSÉDER.
Le ***é*** se change en ***è*** devant une syllabe contenant un ***e*** muet, sauf à l'indicatif futur et au conditionnel présent. *Je désintègre,* mais *je désintégrerai.*
[Les *Rectifications* (1990) admettent : il désintègrera, désintègrerait...]

DÉSINTÉRESSÉ, ÉE adj.
Qui n'obéit pas à un intérêt personnel. *Ces bénévoles sont désintéressés, ils ne veulent que soulager les malades.* SYN. altruiste ; généreux. ANT. intéressé.

DÉSINTÉRESSEMENT n. m.
Générosité, oubli de son intérêt personnel. *Elle travaille comme bénévole avec un grand désintéressement.* SYN. altruisme.
Ce nom a une valeur favorable et ne peut signifier un manque d'intérêt.
Ne pas confondre avec le nom ***désintérêt***, manque d'intérêt.

DÉSINTÉRESSER v. tr., pronom.
VERBE TRANSITIF
Faire perdre à quelqu'un tout intérêt pour quelque chose. *Les difficultés ont fini par le désintéresser.*
VERBE PRONOMINAL
Se détacher de quelqu'un, de quelque chose, perdre son intérêt. *Ils se sont désintéressés de cette entreprise.* SYN. négliger. ANT. se soucier de.
À la forme pronominale, le verbe se construit avec la préposition ***de***.
À la forme pronominale, le participe passé de ce verbe s'accorde toujours en genre et en nombre avec son sujet. *Elle s'est désintéressée de cette question.*
CONJUGAISON : VOIR MODÈLE AIMER.

DÉSINTÉRÊT n. m.
Manque d'intérêt. SYN. indifférence.
Ne pas confondre avec le nom ***désintéressement***, oubli de son intérêt personnel.
désintér**ê**t.

DÉSINTOXICATION n. f.
Action de désintoxiquer, de se désintoxiquer ; son résultat. *Des cures de désintoxication.*
désintoxi**c**ation.

DÉSINTOXIQUER v. tr., pronom.
VERBE TRANSITIF
1. Guérir quelqu'un d'une intoxication ou de ses effets.
2. Débarrasser de ses toxines. *La mer te désintoxiquera.* SYN. purifier.

VERBE PRONOMINAL
1. Cesser d'être intoxiqué. *Ils se sont désintoxiqués du tabac au prix de grands efforts.*
2. Suivre une cure de désintoxication. *Acceptera-t-il de se désintoxiquer ?*
À la forme pronominale, le participe passé de ce verbe s'accorde toujours en genre et en nombre avec son sujet. *Elles s'étaient désintoxiquées complètement.*
CONJUGAISON : VOIR MODÈLE AIMER.

DÉSINVESTIR v. tr.
(ÉCON.) Réduire ou supprimer les investissements dans une entreprise, un projet, etc.
CONJUGAISON : VOIR MODÈLE FINIR.

DÉSINVESTISSEMENT n. m.
Réduction des investissements.

DÉSINVOLTE adj.
1. Qui a l'allure dégagée. *Des démarches désinvoltes.*
2. Effronté. *Un ton désinvolte.* SYN. impertinent ; insolent.
En ce sens, cet adjectif a une valeur défavorable.

DÉSINVOLTURE n. f.
Sans-gêne, effronterie. *Ils ont répondu avec désinvolture.* SYN. impertinence ; insolence.

DÉSIR n. m.
1. Aspiration à posséder quelque chose. *Formuler un désir.* SYN. aspiration ; besoin ; envie ; souhait.
2. Objet désiré. *Les vacances représentent son seul désir.*
3. Appétit sexuel. *Une tenue qui excite le désir.*

DÉSIRABLE adj.
1. Que l'on peut désirer. *Une évolution désirable.* SYN. souhaitable ; tentant.
2. Qui excite le désir. *Une personne très désirable.* SYN. attrayant ; excitant ; séduisant.

DÉSIRER v. tr.
Espérer, souhaiter. *Elle désire atteindre son but.* SYN. aspirer ; rechercher.
1° Suivi de l'infinitif, le verbe se construit sans préposition.
2° ***Désirer + que*** se construit avec le subjonctif. *Nous désirons que vous soyez ponctuel.*
LOCUTIONS
– ***Laisser à désirer.*** Être imparfait, médiocre. *Son rendement laissait à désirer.*
– ***Se faire désirer.*** Se faire attendre.
CONJUGAISON : VOIR MODÈLE AIMER.

DÉSIREUX, EUSE adj.
Qui aspire à quelque chose. *Il est désireux de* (et non *intéressé à) *s'instruire.*
Cet adjectif se construit avec la préposition ***de*** suivie de l'infinitif.
désireux.

DÉSISTEMENT n. m.
Action de se désister. *Le désistement d'un candidat à une élection.*

DÉSISTER (SE) v. pronom.
1. (DR.) Renoncer à un droit. SYN. abandonner.
2. Retirer sa candidature en faveur d'un autre candidat. *Ils se sont désistés en faveur de la candidate.* SYN. se retirer.
Le participe passé de ce verbe, qui n'existe qu'à la forme pronominale, s'accorde toujours en genre et en nombre avec son sujet. *Elles ne se sont pas désistées.*
CONJUGAISON : VOIR MODÈLE AIMER.

DÉSOBÉIR v. tr. ind.
Le **o** est ouvert, [dezɔbeir].
1. Ne pas obéir à quelqu'un. *Ils ont désobéi à leurs parents qui leur avaient interdit d'aller à la piscine.* ANT. obéir.
2. Contrevenir à une loi, un règlement.
Le verbe se construit avec la préposition ***à.***
CONJUGAISON : VOIR MODÈLE FINIR.

DÉSOBÉISSANCE n. f.
Le **o** est ouvert, [dezɔbeisɑ̃s].
1. Action de désobéir. *Cette désobéissance mérite une punition.*
2. Habitude de désobéir. SYN. insubordination.

DÉSOBÉISSANT, ANTE adj.
Le **o** est ouvert, [dezɔbeisɑ̃, ɑ̃t].
Qui désobéit. *Des fillettes désobéissantes.* SYN. indiscipliné.

DÉSOBLIGEANT, ANTE adj.
Désagréable. *Des paroles désobligeantes.* SYN. déplaisant.

DÉSOBLIGER v. tr.
Froisser, ennuyer. *Je ne voudrais pas vous désobliger.* SYN. déplaire à ; indisposer.
CONJUGAISON : VOIR MODÈLE CHANGER.
Le ***g*** est suivi d'un ***e*** devant les lettres ***a*** et ***o***. *Il désobligea, nous désobligeons.*

DÉSODORISANT, ANTE adj. et n. m.
Se dit d'un produit qui enlève ou masque les mauvaises odeurs dans un local.
Ne pas confondre avec le mot ***déodorant,*** qui se dit d'un produit qui diminue ou supprime les odeurs corporelles.

DÉSODORISER v. tr.
Supprimer les mauvaises odeurs d'un lieu. *Désodoriser une cuisine.*
CONJUGAISON : VOIR MODÈLE AIMER.

DÉSŒUVRÉ, ÉE adj. et n. m. et f.
Inactif. *Frédérique n'aime pas être désœuvré, il a mille projets.* SYN. inoccupé ; oisif.

DÉSŒUVREMENT n. m.
Inaction, oisiveté. *Un désœuvrement déprimant.*

DÉSOLATION n. f.
1. Peine profonde. *C'est avec désolation que j'ai appris cette triste nouvelle.* SYN. chagrin ; tristesse.
2. (FIG.) Destruction, dévastation. *À la suite des bombardements, le pays n'offre plus qu'un spectacle effrayant de désolation.*

DÉSOLÉ, ÉE adj.
1. (LITT.) Fort peiné, attristé.
2. Par extension, ennuyé, contrarié. *Désolée, je ne pourrai être des vôtres.*
Le participe passé employé seul s'accorde en genre et en nombre avec le nom ou le pronom auquel il se rapporte. *Désolé pour ce retard.*
3. Ravagé, ruiné, désertique. *Une région désolée.*

DÉSOLER v. tr., pronom.
VERBE TRANSITIF
Peiner. *Ces difficultés les désolent.* SYN. attrister ; navrer.
VERBE PRONOMINAL
Être peiné. *Elle se désole de le savoir malade.*
À la forme pronominale, le participe passé de ce verbe s'accorde toujours en genre et en nombre avec son sujet. *Elle s'est désolée d'apprendre qu'il avait échoué à l'examen.*
CONJUGAISON : VOIR MODÈLE AIMER.

DÉSOLIDARISER v. tr., pronom.
VERBE TRANSITIF
Rompre la solidarité entre des personnes.
VERBE PRONOMINAL
Cesser d'être lié par une responsabilité et des intérêts identiques. *Ces employés se sont désolidarisés d'avec leurs collègues. Des cadres se sont désolidarisés de la ligne de conduite adoptée.*
Ce verbe se construit avec la locution prépositive ***d'avec*** ou avec la préposition ***de.***
À la forme pronominale, le participe passé de ce verbe s'accorde toujours en genre et en nombre avec son sujet. *Des ministres s'étaient désolidarisés du parti.*
CONJUGAISON : VOIR MODÈLE AIMER.

DÉSOPILANT, ANTE adj.
Hilarant. *Une anecdote désopilante. Des films désopilants.* SYN. drôle.

DÉSORDONNÉ, ÉE adj.
Qui manque d'ordre. *Les bibliothécaires ne peuvent s'offrir le luxe d'être désordonnés : on ne retrouverait pas les livres !*

DÉSORDRE n. m.
1. Manque d'ordre. *Ta chambre est en désordre, viens la ranger !* SYN. (FIG.) bordel ; fouillis ; (FAM.) pagaille.
2. Perturbation. *À une heure de la fin de l'année, la classe était dans un désordre total.* SYN. anarchie.
3. Agitation politique ou sociale.

DÉSORGANISATION n. f.
Action de désorganiser ; son résultat.

DÉSORGANISER v. tr., pronom.
VERBE TRANSITIF
Détruire l'organisation de. *Le tremblement de terre a désorganisé la ville.*
VERBE PRONOMINAL
Cesser de fonctionner, se déstructurer. *Une bureaucratie qui se désorganise.*
À la forme pronominale, le participe passé de ce verbe s'accorde toujours en genre et en nombre avec son sujet. *Ces associations se sont désorganisées.*
CONJUGAISON : VOIR MODÈLE AIMER.

DÉSORIENTATION n. f.
Action de désorienter ; fait d'être désorienté.

DÉSORIENTER v. tr.
1. Détruire l'orientation de. *Le brouillard les a désorientés, ils ne retrouvaient plus leur chemin.* SYN. égarer.
2. (FIG.) Dépayser, déconcerter. *Ces propos désorientent leurs amis qui ne les comprennent plus.* SYN. dérouter.
CONJUGAISON : VOIR MODÈLE AIMER.

DÉSORMAIS adv.
Dorénavant, à l'avenir. *Désormais, cette épicerie sera ouverte le dimanche.*

DÉSOSSEMENT n. m.
Le **o** est ouvert, [dezɔsmɑ̃].
Action de désosser.

DÉSOSSER v. tr.
Le **o** est ouvert, [dezɔse].
Retirer les os de. *Désosser un poulet est une tâche délicate.*
CONJUGAISON : VOIR MODÈLE AIMER.

DESPERADO n. m.
Le deuxième ***e*** se prononce ***é***, [dɛsperado].
Personne prête à s'engager dans une entreprise désespérée. *Des desperados chiliens.*
[Les *Rectifications* (1990) admettent : despérado.]

DESPOTE n. m.
1. Tyran, chef d'État qui s'arroge un pouvoir absolu. SYN. dictateur.
2. (FIG.) Personne qui exerce une autorité tyrannique.
Ce nom n'a pas de forme féminine.

DESPOTIQUE adj.
Tyrannique. *Une attitude despotique.*

DESPOTIQUEMENT adv.
D'une manière despotique. *Ils dirigent le pays despotiquement.*

DESPOTISME n. m.
Autorité tyrannique. *Un despotisme éclairé.* SYN. dictature.

DESQUAMATION n. f.
Le ***u*** se prononce ***ou***, [dɛskwamasjɔ̃].
Élimination de petites lamelles de l'épiderme (squames).

DESQUAMER v. tr., intr., pronom.
Le ***u*** se prononce ***ou***, [dɛskwame].
VERBE TRANSITIF
Nettoyer (l'épiderme) en supprimant les cellules mortes.
VERBE INTRANSITIF
1. Perdre ses écailles, en parlant d'un animal.
2. Se détacher, en parlant de la peau. *Sa peau brûlée commence à desquamer.*
VERBE PRONOMINAL
Se détacher par squames. *Sa peau s'est desquamée.*
À la forme pronominale, le participe passé de ce verbe s'accorde toujours en genre et en nombre avec son sujet. *Sa peau brûlée s'est desquamée.*
CONJUGAISON : VOIR MODÈLE AIMER.

DÈS QUE loc. conj.
Aussitôt que. *Dès qu'elle sera arrivée, nous pourrons commencer. Dès qu'ils arriveraient, l'orchestre se mettrait à jouer.*
Cette locution peut être suivie de l'indicatif ou du conditionnel.

DESQUELS
VOIR – LEQUEL.

DESSAISIR v. tr., pronom.
VERBE TRANSITIF
Retirer à quelqu'un ce dont il était chargé, ce qu'il possède. *On a dessaisi cet incompétent de ce dossier.*
VERBE PRONOMINAL
Renoncer à ce qu'on possède, à ses responsabilités. *Ils se sont dessaisis de leurs propriétés.* SYN. céder ; se défaire de ; se déposséder de ; donner.
À la forme pronominale, le participe passé de ce verbe s'accorde toujours en genre et en nombre avec son sujet. *Elles se sont dessaisies de leurs beaux livres.*
CONJUGAISON : VOIR MODÈLE FINIR.

DESSAOULER
VOIR – DESSOÛLER.

DESSÈCHEMENT n. m.
Déshydratation. *Cette lotion hydratante prévient le dessèchement de la peau.*
dessèchement, contrairement au verbe ***dessécher.***

DESSÉCHER v. tr., pronom.
VERBE TRANSITIF
1. Rendre sec (ce qui est humide). *Les vents ont desséché le sol.* SYN. déshydrater ; sécher.
2. (FIG.) Rendre insensible. *L'absence de tendresse a desséché cette personne.* SYN. endurcir.
VERBE PRONOMINAL
Devenir sec. *La terre s'est desséchée.*
À la forme pronominale, le participe passé de ce verbe s'accorde toujours en genre et en nombre avec son sujet. *Ces plantes se sont desséchées.*
CONJUGAISON : VOIR MODÈLE POSSÉDER.
Le ***é*** se change en ***è*** devant une syllabe contenant un ***e*** muet, sauf au futur et au conditionnel. *Il dessèche,* mais *nous dessécherons.*
[Les *Rectifications* (1990) admettent : il dessèchera, dessècherait...]

DESSEIN n. m.
(LITT.) Visée, projet. *Nourrir des desseins ambitieux. Il a le dessein de faire le tour du monde.* SYN. but.
LOCUTIONS
– ***À dessein,*** loc. adv. Exprès. *J'ai choisi cette bicyclette à dessein parce qu'elle est plus robuste.* SYN. délibérément.
– ***À dessein de,*** loc. prép. Avec l'intention de. *Elle était là très tôt à dessein de s'entretenir avec lui.* SYN. afin de ; en vue de.
HOM. ***dessin,*** représentation graphique.
dessein.

D

DESSELLER v. tr.
Les trois ***e*** se prononcent ***é***, [desele].
Retirer la selle à (un animal). *Julien a dessellé sa jument.*
HOM.
• ***déceler***, découvrir ce qui est caché ;
• ***desceller***, ouvrir ce qui est scellé.
CONJUGAISON : VOIR MODÈLE AIMER.

DESSERREMENT n. m.
Action de desserrer. *Le desserrement d'un lien.*

DESSERRER v. tr.
Relâcher ce qui était serré. *Desserrer un lacet.*
LOCUTION
– ***Ne pas desserrer les dents.*** Ne rien dire. *Les garçons n'ont pas desserré les dents, ils n'ont pas ouvert la bouche lorsqu'on les a interrogés.*
CONJUGAISON : VOIR MODÈLE AIMER.

DESSERT n. m.
1. Ce qui est servi à la fin du repas (fruits, pâtisseries, etc.). *Monica raffole des desserts.*
2. Moment du repas où l'on mange le dessert. *Nous en sommes au dessert.*

DESSERTE n. f.
1. Action de desservir un lieu en établissant une voie de communication, en assurant un moyen de transport vers ce lieu. *Ce transporteur routier doit assurer la desserte des villages de la rive nord du Saint-Laurent.*
2. Voie de communication qui dessert une localité. *Des voies de desserte.*
3. Meuble destiné au service de la table.

DESSERTIR v. tr.
Enlever de sa monture. *Dessertir une pierre.*
CONJUGAISON : VOIR MODÈLE FINIR.

DESSERTISSAGE n. m.
Action de dessertir.

DESSERVIR v. tr.
1. Assurer un moyen de transport pour (un lieu). *Cette autoroute dessert plusieurs localités.* SYN. relier.
2. Donner accès à. *Deux portes desservent la salle à manger.*
3. (ABSOL.) Débarrasser une table après un repas.
4. Nuire à. *Ces commentaires l'ont desservi auprès de ses professeurs.*
CONJUGAISON : VOIR MODÈLE SERVIR.

DESSILLER v. tr., pronom.
VERBE TRANSITIF
(LITT.) Séparer les paupières de quelqu'un.
VERBE PRONOMINAL
(FIG.) S'ouvrir, en parlant des yeux, découvrir la vérité. *Ses yeux pourront-ils se dessiller ?*
À la forme pronominale, le participe passé de ce verbe s'accorde toujours en genre et en nombre avec son sujet. *Ils se sont dessillés.*
LOCUTION
– ***Dessiller les yeux de quelqu'un.*** (FIG.) Amener quelqu'un à voir ce qu'il voulait ignorer.
CONJUGAISON : VOIR MODÈLE AIMER.
Les lettres ***ill*** sont suivies d'un ***i*** à la première et à la deuxième personne du pluriel de l'indicatif imparfait et du subjonctif présent. *(Que) nous dessillions, (que) vous dessilliez.*
[Les *Rectifications* (1990) admettent : déciller.]

DESSIN n. m.
1. Art de représenter quelqu'un, quelque chose à l'aide de traits. *Il aime le dessin et l'aquarelle.*
2. Représentation graphique. *Quel magnifique dessin : ce portrait est très ressemblant.* SYN. croquis.
LOCUTION
– ***Dessin animé.*** Film d'animation. *De bons dessins animés* (et non des *cartoons).
HOM. ***dessein***, projet.

DESSINATEUR n. m.
DESSINATRICE n. f.
Personne qui pratique l'art du dessin, à titre professionnel. *Des dessinatrices industrielles, des dessinateurs-cartographes.*

DESSINER v. tr., intr., pronom.
VERBE TRANSITIF
Représenter par le dessin. *Dessiner un paysage.* SYN. reproduire ; tracer.
VERBE INTRANSITIF
Pratiquer le dessin. *Il dessine bien.*
VERBE PRONOMINAL
Apparaître, se préciser. *La nouvelle structure se dessine peu à peu.* SYN. se profiler.
À la forme pronominale, le participe passé de ce verbe s'accorde en genre et en nombre avec le complément direct si celui-ci le précède. *La sirène qu'il s'est dessinée sur le bras.* Le participe passé reste invariable si le complément direct suit le verbe. *Elle s'est dessiné une fleur sur la joue.* S'il n'y a pas de complément direct, il s'accorde avec le sujet. *De grands projets se sont dessinés.*
CONJUGAISON : VOIR MODÈLE AIMER.

DESSOUDER v. tr., pronom.
VERBE TRANSITIF
Ôter la soudure de. *Dessouder une pièce défectueuse.*
VERBE PRONOMINAL
Perdre sa soudure. *Le parapet s'est dessoudé.*
À la forme pronominale, le participe passé de ce verbe s'accorde toujours en genre et en nombre avec son sujet. *Les tuyaux s'étaient dessoudés.*
CONJUGAISON : VOIR MODÈLE AIMER.

DESSOÛLER ou **DESSAOULER** v. tr., intr., pronom.
VERBE TRANSITIF
(FAM.) Désenivrer. *Ce café le dessoûlera un peu.*
VERBE INTRANSITIF
Cesser d'être ivre. *Il n'a pas dessoûlé de la soirée.*
VERBE PRONOMINAL
Cesser d'être ivre. *Ces ivrognes finiront-ils par se dessoûler ?*
À la forme pronominale, le participe passé de ce verbe s'accorde toujours en genre et en nombre avec son sujet. *Ils se sont dessaoulés.*
CONJUGAISON : VOIR MODÈLE AIMER.
[Les *Rectifications* (1990) admettent : dessouler.]

DESSOUS adv. et n. m.
Le ***e*** se prononce ou non, [dəsu, dsu].
ADVERBE
À un niveau inférieur. *Où le tableau est-il signé ? Regardez dessous. Le prix est inscrit dessous.*
NOM MASCULIN
1. L'envers, le côté inférieur. *Le dessous d'un tissu. Les dessous de l'histoire.* ANT. dessus.
2. (AU PLUR.) Sous-vêtements. *Elle a toujours de jolis dessous.*
LOCUTIONS
– ***Au-dessous***, loc. adv. Plus bas. *Ils habitent au-dessous.*
– ***Au-dessous de***, loc. prép. Plus bas que. *Elle habite au-dessous de ses parents. Il fait 10° au-dessous de zéro.*
– ***Ci-dessous***, loc. adv. Plus loin, ci-après. *Se reporter à l'illustration ci-dessous.*
– ***En dessous***, loc. adv. Sous une autre chose. *Elle porte une chemise en dessous.*
Cette locution adverbiale s'écrit sans trait d'union.
– ***Là-dessous***, loc. adv. Sous. *Placez la boîte là-dessous.*
– ***Par-dessous***, loc. prép. Sous. *Il porte un tricot par-dessous son anorak.*

– ***Sens dessus dessous,*** loc. adv. À l'envers. *Il a tout mis sens dessus dessous* (et non *sans dessus dessous).

DESSOUS-DE-BRAS n. m. inv. (pl. *dessous-de-bras*)
Pièce de tissu destinée à protéger un vêtement de la transpiration aux aisselles.

DESSOUS-DE-PLAT n. m. inv. (pl. *dessous-de-plat*)
Plateau sur lequel on pose les plats.

DESSOUS-DE-TABLE n. m. inv. (pl. *dessous-de-table*)
Pot-de-vin, commission secrète.

DESSUS adv. et n. m.
Le ***e*** se prononce ou non, [dəsy, dsy].
ADVERBE
À un niveau supérieur. *Les documents de dessus.*
NOM MASCULIN
L'endroit, le côté supérieur. *Le dessus de la commode est en marbre.* ANT. dessous.
LOCUTIONS
– ***Au-dessus,*** loc. adv. Plus haut. *Prends la cassette qui est au-dessus.*
– ***Au-dessus de,*** loc. prép. Plus haut que. *Le tableau est au-dessus du secrétaire. Il fait 15° au-dessus de zéro.*
– ***Bras dessus, bras dessous,*** loc. adv. En se donnant le bras. *Marcher bras dessus, bras dessous.*
– ***Ci-dessus,*** loc. adv. Plus haut. *Le texte ci-dessus est illustré.*
– ***En dessus,*** loc. adv. Du côté supérieur. *Il y a un drap et une couverture en dessus.*
Cette locution adverbiale s'écrit sans trait d'union.
– ***Là-dessus,*** loc. adv. Sur cela. *Mettez du sucre là-dessus.*
– ***Par-dessus,*** loc. prép. Au-delà, sur. *Le cheval a sauté par-dessus l'obstacle.*
– ***Sens dessus dessous,*** loc. prép. À l'envers. *Il a tout mis sens dessus dessous* (et non *sans dessus dessous).

DESSUS-DE-LIT n. m. inv. (pl. *dessus-de-lit*)
Couvre-lit. *Des dessus-de-lit douillets.*

DESSUS-DE-PORTE n. m. inv. (pl. *dessus-de-porte*)
Décoration peinte ou sculptée au-dessus d'une porte.

DÉSTABILISATION n. f.
Action de déstabiliser. *La déstabilisation des taux d'intérêt.*

DÉSTABILISER v. tr.
Faire perdre sa stabilité à. *Ces scandales ont déstabilisé le parti au pouvoir.* SYN. ébranler.
CONJUGAISON : VOIR MODÈLE AIMER.

DESTIN n. m.
1. Ensemble des hasards, des fatalités qui déterminent le cours des évènements. *Le destin est-il déjà tout écrit ?*
2. L'avenir, le sort. *Que nous réserve notre destin ?*

DESTINATAIRE n. m. et f.
1. Personne à qui s'adresse un envoi. *La destinataire de la lettre est Mme Martine Dubois.* ANT. expéditeur.
2. (LING.) Personne à laquelle est destiné un message linguistique. ANT. destinateur.

DESTINATEUR n. m.
(LING.) Émetteur d'un message linguistique adressé à un destinataire. ANT. destinataire.

DESTINATION n. f.
1. Usage, fin. *Quelle est la destination de cet appareil, à quoi sert-il ?* SYN. raison d'être.
2. Lieu où l'on doit se rendre. *Sa destination était Québec. Il est arrivé à destination à l'heure prévue.* SYN. but.
LOCUTION
– ***À destination de,*** loc. prép. Pour. *Un avion à destination de Paris.* SYN. vers.

DESTINÉE n. f.
Destin. *Suivre sa destinée.* SYN. fatalité.

DESTINER v. tr., pronom.
VERBE TRANSITIF
Attribuer à l'avance. *Il destine ces propriétés à ses enfants.*
VERBE PRONOMINAL
Choisir d'avance une profession. *Étienne se destine à la médecine.*
À la forme pronominale, le participe passé de ce verbe s'accorde toujours en genre et en nombre avec son sujet. *Elle s'est destinée au droit.*
CONJUGAISON : VOIR MODÈLE AIMER.

DESTITUER v. tr.
Démettre quelqu'un de sa charge, de sa fonction.
CONJUGAISON : VOIR MODÈLE AIMER.

DESTITUTION n. f.
Action de destituer ; son résultat.

DÉSTOCKAGE n. m.
Action de réduire les stocks.

DÉSTOCKER v. tr.
Puiser dans les stocks pour la production et les ventes.
CONJUGAISON : VOIR MODÈLE AIMER.

DÉSTRESSER v. tr., intr., pronom.
VERBE TRANSITIF
Réduire le stress de (quelqu'un). *Un bon bain chaud vous déstressera. Les haut-parleurs diffusent du Vivaldi pour déstresser les moutons.*
VERBE INTRANSITIF
Perdre son stress, se calmer. *Le cyclotourisme renforce la fonction cardiovasculaire et respiratoire, favorise le bon maintien de la structure osseuse et musculaire, permet de déstresser et de perdre du poids. « Cette brasserie toute neuve accueille les clients venus pour déstresser autour d'une jolie sélection des vins de Bourgogne »* (*L'Express*).
VERBE PRONOMINAL
Se détendre, réduire son stress. *Pour permettre à leurs salariés de se déstresser, quelques entreprises conçoivent désormais des espaces détente autour de la machine à café.*
À la forme pronominale, le participe passé de ce verbe s'accorde toujours en genre et en nombre avec son sujet. *Ils se sont déstressés en nageant.*
CONJUGAISON : VOIR MODÈLE AIMER.

DESTRIER n. m.
(ANCIENN.) Cheval de bataille des chevaliers. ANT. palefroi.

DESTROYER n. m.
Contre-torpilleur.

DESTRUCTEUR, TRICE adj. et n. m. et f.
Qui détruit. *Un ouragan destructeur.*

DESTRUCTIF, IVE adj.
Qui peut causer la destruction. *Ces critiques sont destructives.* ANT. constructif.

DESTRUCTION n. f.
Action de détruire, de faire disparaître ; son résultat. *La destruction d'un vieil immeuble.* ANT. construction ; création.

DÉSTRUCTURATION n. f.
Action de déstructurer.

DÉSTRUCTURER v. tr., pronom.
VERBE TRANSITIF
Désorganiser un ensemble structuré. *Déstructurer un manteau.*
VERBE PRONOMINAL
Perdre sa structure. *Cette organisation a fini par se déstructurer.*
À la forme pronominale, le participe passé de ce verbe s'accorde toujours en genre et en nombre avec son sujet. *Ces partis se sont déstructurés.*
CONJUGAISON : VOIR MODÈLE AIMER.

DÉSUET, ÈTE adj.
Le *s* se prononce *z* ou *s*, [dezɥɛ, desɥɛ].
Qui n'est plus en usage, dépassé. *Le baisemain est un geste de respect plutôt désuet.* SYN. démodé ; suranné.

DÉSUÉTUDE n. f.
Le *s* se prononce *z* ou *s*, [dezɥetyd, desɥetyd].
Caractère d'une chose désuète. *Un mot tombé en désuétude. Les entreprises informatiques pratiquent la désuétude planifiée.*

DÉSUNI, IE adj.
1. Séparé. *« Et la mer efface sur le sable les pas des amants désunis »* (Jacques Prévert, *Les Feuilles mortes*).
2. En désaccord. *Une famille désunie.*

DÉSUNION n. f.
Désaccord, mésentente. *La désunion est inévitable.*

DÉSUNIR v. tr., pronom.
VERBE TRANSITIF
1. Séparer (ce qui était uni).
2. (FIG.) Brouiller, faire cesser l'accord entre des personnes. *Cette question d'intérêts les a désunis.* SYN. séparer.
Aujourd'hui, le verbe s'emploie surtout au sens figuré.
VERBE PRONOMINAL
Cesser d'être uni. *Ces amis se sont désunis à la longue.*
À la forme pronominale, le participe passé de ce verbe s'accorde toujours en genre et en nombre avec son sujet. *Ils se sont désunis.*
CONJUGAISON : VOIR MODÈLE FINIR.

DÉSYNCHRONISATION n. f.
Le premier *s* se prononce *s* et le deuxième, *z*, [desɛ̃kʀɔnizasjɔ̃].
Perte de synchronisme. *La désynchronisation du son de ce film est désagréable.*
désynchronisation.

DÉSYNCHRONISER v. tr.
Le premier *s* se prononce *s* et le deuxième, *z*, [desɛ̃kʀɔnize].
Faire perdre son synchronisme à. *Désynchroniser des expériences.*
CONJUGAISON : VOIR MODÈLE AIMER.
désynchroniser.

DÉTACHABLE adj.
Qui peut se détacher. *Ce col est détachable.* SYN. amovible.

DÉTACHAGE n. m.
Action de supprimer les taches. *Le détachage d'un vêtement.* SYN. nettoyage.

DÉTACHANT, ANTE adj. et n. m.
Produit qui supprime les taches. *Des détachants efficaces.*
Ne pas confondre avec le participe présent invariable ***détachant***. *Ces produits détachant bien se vendent bien.*

DÉTACHÉ, ÉE adj.
1. Indifférent, insensible. *Un air détaché.* SYN. désintéressé.
2. Séparé d'un tout. *Des pièces détachées.*

DÉTACHEMENT n. m.
Indifférence, insensibilité. *Il raconte cet évènement avec un complet détachement, cela ne l'intéresse pas.* SYN. désinvolture ; insouciance.

DÉTACHER v. tr., pronom.
VERBE TRANSITIF
1. Défaire ce qui était attaché. *Détacher son chien. Elle détacha ses cheveux.* ANT. attacher.
2. Supprimer les taches. *Ce produit détache très bien les tissus.* SYN. nettoyer.
VERBE PRONOMINAL
1. Se séparer. *Les deux amis se sont détachés progressivement et ne se voient plus.*
2. Apparaître clairement. *Le château se détache sur un ciel limpide.* SYN. se découper ; ressortir.
À la forme pronominale, le participe passé de ce verbe s'accorde en genre et en nombre avec le complément direct (nom ou pronom) si celui-ci le précède. *Le bouton qu'elle s'est détaché. Elles se sont détachées de ces biens matériels.* Le participe passé reste invariable si le complément direct suit le verbe. *Elles se sont détaché les cheveux.*
CONJUGAISON : VOIR MODÈLE AIMER.

DÉTAIL n. m.
1. Petit élément d'un ensemble. *Ce sont des détails sans intérêt. Des détails amusants.* SYN. (FAM.) bricole ; broutille ; vétille.
2. Action de vendre des marchandises par petites quantités. *Le prix de détail.*
LOCUTIONS
– ***Au détail***, loc. adv. Au prix de détail. ANT. en gros.
– ***En détail***, loc. adv. En précisant toutes les particularités. *Décrire une maison en détail.*

DÉTAILLANT, ANTE n. m. et f.
Commerçant qui vend au détail. *Ce détaillant fait de bons prix.* ANT. grossiste.

DÉTAILLER v. tr.
1. Énumérer les détails de. *Elle détailla sa description.*
2. Vendre au détail. *Détailler des marchandises.*
CONJUGAISON : VOIR MODÈLE AIMER.
Les lettres ***ill*** sont suivies d'un ***i*** à la première et à la deuxième personne du pluriel de l'indicatif imparfait et du subjonctif présent. *(Que) nous détaillions, (que) vous détailliez.*

DÉTALER v. intr.
(FAM.) S'enfuir. *Le lièvre a détalé en nous entendant.* SYN. (FAM.) décamper ; déguerpir.
CONJUGAISON : VOIR MODÈLE AIMER.

DÉTARTRAGE n. m.
Action de détartrer. *Le détartrage d'un fer à repasser.*

DÉTARTRANT, ANTE adj. et n. m.
Se dit d'un produit qui dissout le tartre. *Des dentifrices détartrants.*

DÉTARTRER v. tr.
Supprimer le tartre, c'est-à-dire les dépôts calcaires de. *Le dentiste doit me détartrer les dents.*
CONJUGAISON : VOIR MODÈLE AIMER.

DÉTAXE n. f.
Suppression d'une taxe. *Une détaxe de 17 %.*

DÉTAXER v. tr.
Supprimer une taxe sur (un produit). *Des produits détaxés.*
CONJUGAISON : VOIR MODÈLE AIMER.

DÉTECTER v. tr.
Découvrir (ce qui était caché). *L'enquêteur a détecté un réseau de cambrioleurs.* SYN. déceler ; trouver.
CONJUGAISON : VOIR MODÈLE AIMER.

DÉTECTEUR n. m.
Appareil qui permet de détecter la présence de quelque chose. *Des détecteurs de fumée. Un détecteur de mensonge.*

DÉTECTION n. f.
Action de détecter ; son résultat. *La détection des nappes de pétrole.*
détection.

DÉTECTIVE n. m. et f.
Personne chargée d'enquêtes. *Cette détective est très astucieuse.*

DÉTEINDRE v. tr., intr.
VERBE TRANSITIF
Décolorer. *Déteindre une étoffe.*
VERBE INTRANSITIF
1. Se décolorer. *Ce tissu déteint au soleil. Les serviettes ont déteint au lavage.*

2. (FIG.) Exercer une influence sur quelqu'un. *Son enthousiasme déteint sur ses collègues.* SYN. être contagieux.
En ce sens, le verbe se construit avec la préposition ***sur.***
CONJUGAISON : VOIR MODÈLE ÉTEINDRE.

DÉTELAGE n. m.
Action de dételer (un animal attelé).
dételage.

DÉTELER v. tr., intr.
VERBE TRANSITIF
Détacher (un animal attelé). *Dételle le cheval !*
VERBE INTRANSITIF
(FIG.) (FAM.) S'arrêter de travailler. *De 8 h à 21 h sans dételer.*
CONJUGAISON : VOIR MODÈLE APPELER.
Redoublement du ***l*** devant un ***e*** muet. *Je dételle, je dételerai,* mais *je dételais.*
[Les *Rectifications* (1990) admettent : il dételè, dételèra, dételèrait...]

DÉTENDRE v. tr., pronom.
VERBE TRANSITIF
1. Relâcher ce qui est tendu. *Il a détendu le câble qui était trop serré.* SYN. desserrer.
2. Diminuer la tension psychologique à. *Ses remarques amusantes détendent l'atmosphère.* SYN. décontracter.
VERBE PRONOMINAL
1. Cesser d'être tendu, se laisser aller. *Après une semaine de travail, il fait bon se détendre un peu.* SYN. décontracter ; se relaxer ; se reposer.
2. S'apaiser, devenir plus calme, plus serein. *Les rapports entre la Russie et les États-Unis se sont détendus.*
À la forme pronominale, le participe passé de ce verbe s'accorde en genre et en nombre avec le complément direct si celui-ci le précède. *Le muscle qu'elle s'est détendu. Ils se sont bien détendus au cours de cette excursion en forêt.* Le participe passé reste invariable si le complément direct suit le verbe. *Elle s'est détendu la nuque.*
Ne pas confondre avec le verbe ***distendre,*** causer une augmentation de volume.
CONJUGAISON : VOIR MODÈLE FENDRE.

DÉTENDU, UE adj.
Calme. *Elles sont très détendues après cette semaine de repos.* SYN. décontracté.

DÉTENIR v. tr.
1. Conserver, retenir par-devers soi, de façon légitime ou non. *Ce chercheur détient le secret d'un nouveau procédé. Cet usurpateur a détenu le pouvoir pendant un an.* SYN. garder.
2. Garder emprisonné. *Les rebelles détiennent encore deux otages.* SYN. séquestrer.
CONJUGAISON : VOIR MODÈLE VENIR.

DÉTENTE n. f.
1. Fait de se relâcher, de se détendre. *La détente d'un ressort.*
2. Le fait de prendre du repos, de s'accorder des instants de répit. *Un moment de détente.*

DÉTENTEUR, TRICE n. m. et f.
Personne qui conserve quelque chose, souvent à titre provisoire. *Le détenteur d'un record.*
Pour désigner la personne qui occupe une fonction, un poste, qui a un titre, un diplôme, on emploie le mot ***titulaire.***
Ne pas confondre avec les noms suivants :
• ***porteur,*** personne qui détient un titre dont le titulaire n'est pas indiqué ;
• ***titulaire,*** personne qui possède juridiquement un droit, un titre de façon permanente.

DÉTENTION n. f.
État d'une personne privée de sa liberté. *Il a été condamné à la détention perpétuelle.* SYN. emprisonnement.

DÉTENU, UE n. m. et f.
Personne en prison. *Des détenus dangereux.* SYN. prisonnier.

DÉTERGENT, ENTE adj. et n. m.
Se dit d'un produit nettoyant qui dissout les impuretés. *De nouveaux détergents pour laver la vaisselle.* SYN. détersif ; nettoyant.
déter**gent.**

DÉTÉRIORATION n. f.
Action de détériorer ; son résultat. *La détérioration d'un mur.* SYN. dégradation.

DÉTÉRIORER v. tr., pronom.
VERBE TRANSITIF
Endommager, mettre en mauvais état. *L'orage a détérioré le toit.* SYN. abîmer ; dégrader.
VERBE PRONOMINAL
1. S'abîmer, devenir en mauvais état. *Ces meubles se sont détériorés.*
2. (FIG.) Se dégrader. *Sa santé se détériore. La situation économique s'est détériorée.* SYN. empirer.
À la forme pronominale, le participe passé de ce verbe s'accorde toujours en genre et en nombre avec son sujet. *La situation s'est détériorée grandement.*
CONJUGAISON : VOIR MODÈLE AIMER.

DÉTERMINANT, ANTE adj. et n. m.
ADJECTIF
Fondamental. *Une raison déterminante.* SYN. essentiel.
Ne pas confondre avec le participe présent invariable ***déterminant.*** *Les motifs déterminant notre décision seront rendus publics.*
NOM MASCULIN
(GRAMM.) Mot placé devant un nom commun pour déterminer d'une façon précise ou imprécise l'être ou l'objet dont on parle.
VOIR TABLEAU – DÉTERMINANT.

DÉTERMINATIF, IVE adj.
Qui détermine le sens d'un mot en le précisant.

DÉTERMINATION n. f.
1. Action de déterminer, de préciser quelque chose. *La détermination d'un prix.* SYN. caractérisation ; définition ; évaluation.
2. Fermeté dans ses décisions, ses résolutions. *Papa a fait preuve de beaucoup de détermination pour atteindre ses objectifs.* SYN. opiniâtreté ; résolution ; volonté.

DÉTERMINÉ, ÉE adj.
1. Caractérisé, évalué. *Un prix déterminé.* SYN. établi ; fixé.
2. Qui fait preuve de fermeté dans ses décisions, ses résolutions. SYN. ferme ; opiniâtre ; résolu ; volontaire.

DÉTERMINER v. tr., pronom.
VERBE TRANSITIF
1. Établir, définir. *L'expert a déterminé la valeur de ce tableau.* SYN. fixer ; préciser.
2. Découvrir. *Le plombier n'arrive pas à déterminer l'origine de la fuite d'eau.* SYN. déceler ; détecter.
3. Persuader. *C'est cette raison qui l'a déterminé à venir.* SYN. décider ; entraîner ; inciter ; pousser.
VERBE PRONOMINAL
Se décider à. *Elles se sont déterminées à agir.* SYN. se résoudre ; vouloir.
Le verbe se construit avec la préposition ***à.***
À la forme pronominale, le participe passé de ce verbe s'accorde toujours en genre et en nombre avec son sujet. *Ils s'étaient déterminés à partir.*
CONJUGAISON : VOIR MODÈLE AIMER.

DÉTERREMENT n. m.
Exhumation.

D

DÉTERMINANT

Le déterminant est un mot qui est placé devant un nom commun pour déterminer d'une façon précise ou imprécise l'être ou l'objet dont on parle.

Le déterminant est un receveur d'accord : il s'accorde en genre et en nombre avec le nom qu'il détermine.
Le déterminant précède nécessairement le nom pour former un groupe nominal.

On distingue généralement deux types de déterminants.

- Les **DÉTERMINANTS RÉFÉRENTS,** qui renvoient à une information connue, ou présumée connue, et qui servent à la reprise de l'information. Les déterminants référents comprennent les déterminants définis, démonstratifs, possessifs, interrogatifs, exclamatifs et relatifs.
  - **Le déterminant défini** (de forme simple ou contractée)
    La** maison de François, **le** plateau de fromages. **Au** coin de la rue, la lecture **du Devoir.
  - **Le déterminant démonstratif**
    ***Cette** chanson, **ce** courriel, **ces** adolescents.*
  - **Le déterminant possessif**
    ***Sa** bicyclette, **ton** ordinateur, **mes** jouets.*
  - **Le déterminant interrogatif**
    ***Quelle** matière préférez-vous ?*
  - **Le déterminant exclamatif**
    ***Quelle** affaire ! **Quels** joyeux lurons !*
  - **Le déterminant relatif**
    *Une somme de 10 $, **laquelle** somme vous sera remboursée.*

- Les **DÉTERMINANTS NON RÉFÉRENTS** ou **QUANTIFIANTS,** qui renvoient à une information non connue ou qui donnent une information sur la quantité. Les déterminants non référents ou quantifiants sont les déterminants indéfinis, partitifs, numéraux et négatifs.
  - **Le déterminant indéfini**
    ***Un** petit chien, **des** framboises succulentes. **Chaque** élève dispose d'un ordinateur. **Plusieurs** tableaux. **Quelques** sports. **Certains** oiseaux.*
  - **Le déterminant partitif**
    ***Du** jus de pomme, **de la** farine.*
  - **Le déterminant numéral**
    ***Dix** grenouilles, **cinq** merles.*
  - **Le déterminant négatif**
    ***Nulle** infraction n'a été commise.*

- **Le déterminant défini**

Le déterminant défini se place devant le nom d'**un être** ou d'**un objet connu, dont on a déjà parlé.**
Le déterminant défini individualise le nom qu'il accompagne.

FORME SIMPLE

Le (devant un nom masculin singulier). ***Le** chat de sa fille, **le** homard de la Gaspésie.*
La (devant un nom féminin singulier). ***La** tortue de Julien, **la** halte routière.*
L' (devant une voyelle ou un ***h*** muet). ***L'**avion, **l'**école, **l'**habit, **l'**heure, **l'**habile chirurgien.*
On dit alors qu'il s'agit d'un déterminant élidé.
Les (devant un nom masculin ou féminin pluriel). ***Les** livres de la bibliothèque, **les** oranges sont vertes.*

FORME CONTRACTÉE ou DÉTERMINANT PRÉPOSITIONNEL

Au (combinaison de *à* et de *le* devant un nom masculin singulier). ***Au** printemps, **au** début de la journée.*
Du (combinaison de *de* et de *le* devant un nom masculin singulier). *Je parle **du** soleil.*
Aux (combinaison de *à* et de *les* devant un nom masculin ou féminin pluriel). *J'explique **aux** garçons et **aux** filles…*
Des (combinaison de *de* et de *les* devant un nom masculin ou féminin pluriel). *Les adresses **des** cousines.*
Le déterminant prépositionnel introduit un groupe de la préposition.

DÉTERMINANT | ***SUITE*** >

D

▸ Le déterminant démonstratif

Le déterminant démonstratif détermine le nom en montrant l'être ou l'objet désigné par ce nom.
Il s'accorde en genre et en nombre avec le nom déterminé :

- au masculin singulier **ce, cet** *Ce livre, cet ouvrage, cet homme.*

On emploie ***ce*** devant un mot commençant par une consonne ou un ***h*** aspiré, **cet** devant un mot commençant par une voyelle ou un ***h*** muet.

- au féminin singulier ***cette*** *Cette fleur.*
- au pluriel ***ces*** *Ces garçons et ces filles.*

Le déterminant démonstratif est parfois renforcé par **ci** ou **là** joint au nom par un trait d'union.
Alors que **ci** indique la proximité, **là** suggère l'éloignement. *Cette étude-ci* (démonstratif prochain), *cette maison-là* (démonstratif lointain).

Certains déterminants démonstratifs sont vieillis et ne se trouvent plus que dans la langue juridique : **ledit, ladite, lesdits, lesdites, audit, à ladite, auxdits, auxdites, dudit, de ladite, desdits, desdites, susdit, susdite, susdits, susdites.**

▸ Le déterminant possessif

Le déterminant possessif détermine le nom en indiquant le « possesseur » de l'être, de l'objet désigné.

On observe que le déterminant possessif est loin de toujours exprimer la possession réelle. En effet, il n'établit souvent qu'une simple relation de chose à personne, qu'un rapport de dépendance, de familiarité, d'affinité, de proximité, etc. ***Mon** avion, **ton** hôtel, **sa** ville, **nos** invités, **vos** étudiants, **leurs** amis.*

– Il s'accorde en genre et en nombre avec le nom déterminé. ***Ta** voiture, **son** ordinateur, **nos** livres.*

– Il s'accorde en personne avec le nom désignant le possesseur :

un seul possesseur : ***mon, ton, son** fils,*
***ma, ta, sa** fille*
***mes, tes, ses** fils ou filles*

plusieurs possesseurs : ***notre, votre, leur** fils ou fille*
***nos, vos, leurs** fils ou filles*

FORMES DU DÉTERMINANT POSSESSIF

UN SEUL POSSESSEUR	SINGULIER MASCULIN	SINGULIER FÉMININ	PLURIEL
Première personne	***mon***	***ma***	***mes***
Deuxième personne	***ton***	***ta***	***tes***
Troisième personne	***son***	***sa***	***ses***
PLUSIEURS POSSESSEURS	**SINGULIER**		**PLURIEL**
Première personne	***notre***		***nos***
Deuxième personne	***votre***		***vos***
Troisième personne	***leur***		***leurs***

Devant un nom féminin commençant par une voyelle ou un ***h*** muet, c'est la forme masculine du déterminant qui est employée pour des raisons d'euphonie. ***Mon** amie, **ton** échelle, **son** histoire.*

D

▸ Le déterminant interrogatif

Le déterminant interrogatif indique que l'on s'interroge sur l'identité de l'être ou de l'objet déterminé. Le déterminant interrogatif s'accorde en genre et en nombre avec le nom déterminé.

	GENRE	NOMBRE	DÉTERMINANT INTERROGATIF
Quel	masculin	singulier	*Quel livre ?*
Quelle	féminin	singulier	*Quelle personne ?*
Quels	masculin	pluriel	*Quels ballons ?*
Quelles	féminin	pluriel	*Quelles bicyclettes ?*

▸ Le déterminant exclamatif

Le déterminant exclamatif sert à traduire l'étonnement, l'admiration que l'on éprouve devant l'être ou l'objet déterminé. Le déterminant exclamatif s'accorde en genre et en nombre avec le nom déterminé.

	GENRE	NOMBRE	DÉTERMINANT EXCLAMATIF
Quel	masculin	singulier	*Quel succès !*
Quelle	féminin	singulier	*Quelle maison !*
Quels	masculin	pluriel	*Quels amis !*
Quelles	féminin	pluriel	*Quelles vacances !*

▸ Le déterminant relatif

Le déterminant relatif se place devant un nom pour indiquer que l'on rattache à un antécédent la phrase subordonnée qu'il introduit.

SINGULIER		PLURIEL	
MASCULIN	FÉMININ	MASCULIN	FÉMININ
lequel	laquelle	lesquels	lesquelles
duquel	de laquelle	desquels	desquelles
auquel	à laquelle	auxquels	auxquelles

*Il a reconnu vous devoir la somme de 300 $, **laquelle** somme vous sera remboursée sous peu.*

Les déterminants relatifs sont d'emploi peu courant en dehors de la langue juridique ou administrative.

▸ Le déterminant indéfini

Le déterminant indéfini se place devant le nom désignant **un être** ou **un objet indéterminé** ou encore **inconnu dans le texte.**

Le déterminant indéfini ne nous renseigne pas sur l'identité de la personne ou de la chose désignée par le nom qu'il précède. Il exprime une idée de quantité, une qualité indéterminée, une idée de ressemblance ou de différence.

Un (devant un nom masculin singulier). ***Un** garçon, **un** hanneton.*
Une (devant un nom féminin singulier). ***Une** fille, **une** hallebarde.*
Des (devant un nom masculin ou féminin pluriel). ***Des** enfants.*

De remplace ***des*** quand le nom pluriel est précédé d'un adjectif commençant par une consonne. ***De** belles vallées, **de** grands arbres.*

D' remplace ***des*** quand le nom pluriel est précédé d'un adjectif commençant par une voyelle ou un ***h*** muet. ***D'**éclatantes victoires, **d'**horribles complots.*

On classe également dans les déterminants indéfinis les mots suivants : *autre, certains, certaines, chaque, différents, différentes, divers, diverses, force* (+ nom au pluriel), *maint(s), mainte(s), même, plusieurs, quelconque, quelque, tel, telle, tout, toute, tous, toutes…*

D

▸ Le déterminant partitif

Le déterminant partitif ou déterminant non comptable se place devant le nom **de choses** qui **ne peuvent se compter** quand ces dernières sont **indéterminées** ou encore **inconnues dans le texte.**

Le déterminant partitif indique une quantité indéterminée de ce qui est désigné par le nom.

Le déterminant partitif ne s'accorde qu'en genre avec le nom qu'il détermine.

Du (devant un nom masculin singulier). *Je bois* ***du*** *lait, elle coupe* ***du*** *houx.*

De la (devant un nom féminin singulier). *Je mange* ***de la*** *confiture,* ***de la*** *haine se lisait dans son regard.*

De l' (devant un nom masculin ou féminin singulier commençant par une voyelle ou un **h** muet). *Je mange* ***de l'****agneau, j'avale* ***de l'****eau, elle verse* ***de l'****huile.*

Des (devant un nom masculin ou féminin pluriel). ***Des*** *épinards,* ***des*** *fiançailles.*

▸ Le déterminant numéral

Le déterminant indique le nombre précis des êtres ou des objets dont on parle ou précise l'ordre de ces êtres, de ces objets.

Certains déterminants numéraux sont **simples.**
Sept pommes, douze oranges, mille raisins.

Certains déterminants numéraux sont **composés.**
Trente-deux (30 + 2). *Trente-deux élèves.*
Quatre-vingts (4 x 20). *Quatre-vingts arbres.*
Trois cents (3 x 100). *Trois cents oiseaux.*

Selon la règle traditionnelle, dans les déterminants numéraux composés, le trait d'union s'emploie seulement entre les éléments qui sont l'un et l'autre inférieurs à ***cent*** et quand ces éléments ne sont pas joints par la conjonction ***et.*** *Trente-huit, quatre-vingt-quatre, vingt et un, cent dix, deux cent trente-deux.* Toutefois, *Les Rectifications de l'orthographe* (1990) admettent l'emploi du trait d'union dans les déterminants numéraux formant un nombre complexe, qu'il soit inférieur ou supérieur à ***cent***, qu'ils soient joints par la conjonction ***et*** ou non. *Cent-trente-deux, deux-cent-soixante-et-onze.*

ACCORD

Les déterminants numéraux sont invariables, à l'exception de :

– **Un,** qui peut se mettre au féminin.
Vingt et une écolières.

VOIR TABLEAU ▸ **UN.**

– **Vingt** et **cent,** qui prennent la marque du pluriel s'ils sont multipliés par un nombre et s'ils ne sont pas suivis d'un autre déterminant numéral.
Six cents crayons, trois cent vingt règles, quatre-vingts feuilles, quatre-vingt-huit stylos.

▸ Le déterminant négatif

Le déterminant négatif indique une quantité nulle, c'est-à-dire que le nombre d'êtres ou d'objets désignés par le nom égale zéro.
Nous n'avons recueilli aucun don. Nulle trace de ce produit n'a été décelée. Pas une élève ne manquait à l'appel.

Les déterminants négatifs doivent toujours être accompagnés de *ne, ne … jamais* ou *ne … plus.* Cependant, on ne peut employer les adverbes *pas* ou *point* avec *aucun, aucune* et *nul, nulle.*

SINGULIER	PLURIEL
aucun, aucune	*aucuns, aucunes*
nul, nulle	*nuls, nulles*
pas un, pas une	

D

DÉTERRER v. tr.
1. Sortir de terre, exhumer. *L'écureuil a déterré les glands qu'il avait cachés dans le sol.*
2. (FIG.) Tirer de l'oubli.
CONJUGAISON : VOIR MODÈLE AIMER.

DÉTERSIF, IVE adj. et n. m.
ADJECTIF
Qui nettoie. *Des poudres détersives.*
NOM MASCULIN
Produit nettoyant qui dissout les saletés. *Des détersifs puissants.* SYN. détergent.

DÉTESTABLE adj.
1. Que l'on déteste. *Une injustice détestable.* SYN. exécrable; haïssable; odieux.
2. Très désagréable, très mauvais. *Une habitude détestable, un climat détestable.* SYN. affreux; vilain.
Ne pas confondre avec les mots suivants :
• ***abominable,*** qui inspire de l'horreur;
• ***effroyable,*** qui cause une grande frayeur.

DÉTESTABLEMENT adv.
De façon détestable.

DÉTESTATION n. f.
(LITT.) Aversion. *Avoir l'hypocrisie en détestation.* SYN. horreur.

DÉTESTER v. tr., pronom.
VERBE TRANSITIF
Haïr, avoir en horreur. *Elle déteste entendre cette musique, il déteste cette voix.*
VERBE PRONOMINAL
Éprouver de la haine l'un pour l'autre. *Ces adversaires se détestent.*
À la forme pronominale, le participe passé de ce verbe s'accorde toujours en genre et en nombre avec son sujet. *Ils se sont tout de suite détestés.*
CONJUGAISON : VOIR MODÈLE AIMER.

DÉTONANT, ANTE adj.
Qui est susceptible de détoner. *Un mélange détonant.*
détonant, malgré ***tonnerre.***

DÉTONATEUR n. m.
Amorce destinée à faire exploser une substance. *L'explosion de la dynamite est provoquée par un détonateur.*

DÉTONATION n. f.
Bruit de ce qui explose. *Ils ont entendu des détonations : encore une explosion au laboratoire du professeur Tournesol !* SYN. explosion.

DÉTONER v. intr.
Faire entendre un bruit violent, faire explosion.
HOM. ***détonner,*** chanter faux.
CONJUGAISON : VOIR MODÈLE AIMER.

DÉTONNER v. intr.
1. Ne pas avoir le ton juste, chanter faux. *Il détonne affreusement.*
2. Trancher. *Ce fauteuil détonne dans ce boudoir.* SYN. jurer.
Ce verbe a un sens défavorable.
HOM. ***détoner,*** faire entendre un bruit violent.
CONJUGAISON : VOIR MODÈLE AIMER.

DÉTORDRE v. tr.
Remettre en état ce qui était tordu. *Détordre un câble.*
Ne pas confondre avec le verbe ***distordre,*** faire subir une torsion à.
CONJUGAISON : VOIR MODÈLE FENDRE.

DÉTORTILLER v. tr.
Remettre en état ce qui était tortillé. *Détortiller des cordages.*
CONJUGAISON : VOIR MODÈLE AIMER.
Les lettres ***ill*** sont suivies d'un ***i*** à la première et à la deuxième personne du pluriel de l'indicatif imparfait et du subjonctif présent. *(Que) nous détortillions, (que) vous détortilliez.*

DÉTOUR n. m.
1. Parcours qui s'écarte de la voie directe. *Nous avons fait un petit détour pour venir manger ici. Cette table vaut le détour.* SYN. crochet. ANT. raccourci.
2. Moyen détourné. *N'usez pas de détours, expliquez-vous directement.*
LOCUTIONS
– ***Au détour de,*** loc. prép. Au changement de direction de. *Au détour de la rivière, il y a quelques bouleaux.*
– ***Sans détour,*** loc. adv. Clairement, directement. *Parlez-moi sans détour, allez droit au but.* SYN. franchement; tout net.
FORME FAUTIVE
*détour. Anglicisme au sens de ***déviation*** (dans la signalisation routière). *La déviation signalée* (et non le *détour) *nous a fait faire un détour de 10 kilomètres.*

DÉTOURNÉ, ÉE adj.
Indirect. *Un chemin détourné. Des moyens détournés.*

DÉTOURNEMENT n. m.
Action de détourner de son usage, de sa route. *Des détournements de fonds. Le détournement d'un avion.*

DÉTOURNER v. tr., pronom.
VERBE TRANSITIF
1. Changer l'itinéraire de. *Les rebelles ont détourné un avion vers le pays de leur choix.* SYN. dévier; écarter; éloigner.
2. Voler. *Détourner des fonds.* SYN. soustraire.
3. Déranger. *Cette voiture accidentée a détourné son attention.* SYN. distraire.
VERBE PRONOMINAL
Tourner d'un autre côté. *Elle se détourna pour ne pas être reconnue par ces intrus.*
À la forme pronominale, le participe passé de ce verbe s'accorde en genre et en nombre avec le complément direct si celui-ci le précède. *Ils se sont détournés pudiquement.* Le participe passé reste invariable si le complément direct suit le verbe. *Elle s'est détourné la tête.*
Ne pas confondre le verbe ***se détourner*** avec le verbe ***se retourner,*** qui signifie « regarder en arrière ».
CONJUGAISON : VOIR MODÈLE AIMER.

DÉTRACTEUR, TRICE n. m. et f.
Critique. *Les détracteurs sont toujours prêts à critiquer.*

DÉTRAQUÉ, ÉE adj. et n. m. et f.
ADJECTIF
Déréglé. *Ma radio est détraquée.* SYN. défectueux.
NOM MASCULIN ET FÉMININ
Déséquilibré. *Cette voleuse est une détraquée.* SYN. dérangé; fou.

DÉTRAQUER v. tr., pronom.
VERBE TRANSITIF
Déranger le fonctionnement d'un mécanisme, abîmer. *En tentant de le régler, j'ai détraqué mon réveil.* SYN. dérégler.
VERBE PRONOMINAL
Ne plus fonctionner, fonctionner mal. *Le téléviseur s'est détraqué.*
À la forme pronominale, le participe passé de ce verbe s'accorde toujours en genre et en nombre avec son sujet. *Ma bicyclette s'est détraquée : je dois la faire réparer.*
CONJUGAISON : VOIR MODÈLE AIMER.

DÉTREMPE n. f.
Couleur délayée avec de l'eau et un agglutinant; tableau exécuté avec cette couleur.

DÉTREMPER v. tr.
Délayer dans un liquide, mouiller abondamment. *Le jardin est détrempé; il a plu à torrents.*
CONJUGAISON : VOIR MODÈLE AIMER.

DÉTRESSE n. f.
1. Angoisse causée par une situation très pénible. *La détresse des réfugiés.* SYN. désarroi.
2. Situation dangereuse. *Des appels de détresse. Un navire en détresse.* SYN. danger; perdition.

DÉTRIMENT n. m.
(VX) Dommage, préjudice.
LOCUTION
– ***Au détriment de,*** loc. prép. Au désavantage de. *Ce choix a été fait au détriment des adultes, mais à l'avantage des enfants.* ANT. à l'avantage de.

DÉTRITUS n. m.
Le *s* se prononce ou non, [detritys, detrity].
Ordures. *Ces détritus sont nauséabonds.* SYN. déchet; rebut.
Ce nom s'emploie généralement au pluriel.

DÉTROIT n. m.
Espace étroit entre deux côtes. *Le détroit de Gibraltar.*
Ne pas confondre avec les noms suivants :
- ***col,*** passage plus ou moins élevé entre deux montagnes;
- ***défilé,*** passage étroit entre deux montagnes;
- ***gorge,*** passage creusé dans une montagne.

[T] Les noms génériques de géographie s'écrivent avec une minuscule.

DÉTROMPER v. tr., pronom.
VERBE TRANSITIF
Tirer d'erreur, montrer la vérité à. *Le technicien a détrompé son collègue : « Tous les branchements sont bien faits, contrairement à ce que tu croyais », lui a-t-il dit.*
VERBE PRONOMINAL
Corriger une erreur. *Détrompez-vous, la fête a lieu demain et non après-demain.*
À la forme pronominale, le participe passé de ce verbe s'accorde toujours en genre et en nombre avec son sujet. *Ils se sont détrompés.*
CONJUGAISON : VOIR MODÈLE AIMER.

DÉTRÔNER v. tr.
1. Chasser un souverain de son trône. *La foule en colère a détrôné le roi.* SYN. renverser.
2. (FIG.) Supplanter, remplacer. *Le micro-ordinateur a détrôné la machine à écrire.* SYN. supplanter.
CONJUGAISON : VOIR MODÈLE AIMER.
détrôner.

DÉTROUSSER v. tr.
(LITT.) Voler. *Un voleur infâme qui détrousse les personnes âgées.* SYN. dévaliser.
CONJUGAISON : VOIR MODÈLE AIMER.

DÉTROUSSEUR n. m.
(LITT.) Voleur.

DÉTRUIRE v. tr., pronom.
VERBE TRANSITIF
1. Anéantir, démolir. *L'éruption volcanique a détruit le village.* SYN. renverser; ruiner.
2. Supprimer. *Cet insecticide détruit les parasites.* SYN. éliminer; enlever.
VERBE PRONOMINAL
1. Être détruit. *En raison des coupes à blanc, cette forêt se détruit.*
2. Se nuire réciproquement. *Ces collègues ne cessent de se détruire.*
À la forme pronominale, le participe passé de ce verbe s'accorde toujours en genre et en nombre avec son sujet. *Ils se sont détruits.*
CONJUGAISON : VOIR MODÈLE CONDUIRE.

DETTE n. f.
Ce que l'on doit à quelqu'un, à un créancier. *Rembourser ses dettes.* ANT. créance.

DEUIL n. m.
Tristesse, douleur éprouvée à la mort de quelqu'un. *Un jour de deuil. Être en deuil d'un ami.*
LOCUTION
– ***Faire son deuil de quelque chose.*** (FAM.) Y renoncer, ne plus y rêver. *Les enfants ont fait leur deuil de l'excursion : le temps est trop mauvais aujourd'hui.*

DEUS EX MACHINA n. m. inv.
Le premier mot se prononce en deux syllabes ***dé-us*** et les lettres ***ch*** se prononcent ***k,*** [deysɛksmakina].
Expression latine signifiant « dieu providentiel », de façon ironique. Personne, évènement venant dénouer providentiellement une situation sans issue. *Les films de James Bond sont remplis de* deus ex machina.
[T] En typographie soignée, les mots étrangers sont composés en italique. Dans des textes déjà en italique, la notation se fait en romain. Pour les textes manuscrits, on utilisera les guillemets.

DEUTSCHE MARK n. m.
Attention à la prononciation, [dɔjtʃmark].
Ancienne unité monétaire de l'Allemagne. *C'est l'euro qui a remplacé le deutsche mark.*
VOIR TABLEAU – SYMBOLES DES UNITÉS MONÉTAIRES.

DEUX adj. num. inv. et n. m. inv.
ADJECTIF NUMÉRAL CARDINAL INVARIABLE
Un plus un. *Deux heures.*
ADJECTIF NUMÉRAL ORDINAL INVARIABLE
Deuxième. *Le deux décembre.*
NOM MASCULIN INVARIABLE
Nombre deux. *Des deux de trèfle et de cœur.*
VOIR TABLEAU – NOMBRES.
VOIR TABLEAU – NUMÉRAL ET ADJECTIF ORDINAL (DÉTERMINANT).
deux.

DEUXIÈME adj. num. et n. m. et f.
ABRÉVIATIONS
2e (deuxième), ***2es*** (deuxièmes).
ADJECTIF NUMÉRAL ORDINAL
Nombre ordinal de deux. *La deuxième heure, la deuxième année.*
Quand le déterminant qui précède des adjectifs ordinaux coordonnés est au pluriel, le nom qui est en relation avec ces ordinaux prend la marque du pluriel. *Les étudiants des premier, deuxième et troisième cycles.* Par contre, lorsqu'il y a répétition d'un déterminant au singulier devant des adjectifs ordinaux coordonnés, le nom qui est en relation avec ces ordinaux s'écrit généralement au singulier. *Les étudiants du premier et du deuxième cycle.*
NOM MASCULIN ET FÉMININ
Personne, chose qui occupe le deuxième rang. *Elles sont les deuxièmes.*
Quoique la distinction tende à se perdre, les bons auteurs recommandent d'utiliser ***deuxième*** lorsque l'énumération peut aller au-delà de deux et ***second*** lorsque l'énumération s'arrête à deux.
VOIR TABLEAU – NOMBRES.
VOIR TABLEAU – NUMÉRAL ET ADJECTIF ORDINAL (DÉTERMINANT).

DEUXIÈMEMENT adv.
En deuxième lieu.

DEUX-MÂTS n. m. inv. (pl. *deux-mâts*)
Voilier à deux mâts.

DEUX-PIÈCES n. m. inv. (pl. *deux-pièces*)
1. Vêtement composé de deux morceaux. *Des deux-pièces bien coupés.*
2. Appartement comportant deux pièces. *Des deux-pièces très ensoleillés.*

DEUX-POINTS n. m. inv.
Signe de ponctuation composé de deux points superposés qui annonce :
1. Une citation, un discours, une énumération. *Vous trouverez trois documents : un résumé, un questionnaire et une illustration.*

2. Une analyse, une explication, une synthèse. *Elle ne viendra pas demain : son travail la retient à l'étranger.*

T 1° Typographiquement, le deux-points doit être précédé et suivi d'un blanc et d'une lettre minuscule. Par contre, la citation commence par une majuscule.

2° Il est préférable d'employer une seule fois le deux-points dans la même phrase.

VOIR TABLEAU – PONCTUATION.

DEUX-ROUES n. m. inv. (pl. *deux-roues*)
Véhicule à deux roues.

DEUX-TEMPS n. m. inv. (pl. *deux-temps*)
Moteur à deux temps.

DÉVALER v. tr., intr.
VERBE TRANSITIF
Descendre rapidement. *Il a dévalé l'escalier.* SYN. débouler ; (FAM.) dégringoler.
VERBE INTRANSITIF
Aller d'un lieu haut à un lieu bas, généralement très vite. *Des torrents qui dévalent du sommet.* SYN. descendre.
CONJUGAISON : VOIR MODÈLE AIMER.
dévaler.

DÉVALISER v. tr.
Voler, cambrioler. *Les cambrioleurs ont dévalisé la bijouterie.* SYN. piller.
CONJUGAISON : VOIR MODÈLE AIMER.

DÉVALORISANT, ANTE adj.
Qui dévalorise, déprécie. *Des emplois dévalorisants.*

DÉVALORISATION n. f.
Action de dévaloriser. *La dévalorisation d'une monnaie.*

DÉVALORISER v. tr., pronom.
VERBE TRANSITIF
Diminuer la valeur de, déprécier. *Dévaloriser une politique.*
VERBE PRONOMINAL
1. Perdre de sa valeur. *La livre sterling s'est dévalorisée.*
2. Se déprécier soi-même. *Vous devriez cesser de vous dévaloriser ainsi.*
À la forme pronominale, le participe passé de ce verbe s'accorde toujours en genre et en nombre avec son sujet. *Ces monnaies se sont dévalorisées.*
CONJUGAISON : VOIR MODÈLE AIMER.

DÉVALUATION n. f.
Perte de valeur. *Le dollar subira-t-il une dévaluation, sa valeur sera-t-elle réduite ?*

DÉVALUER v. tr., pronom.
VERBE TRANSITIF
Diminuer la valeur de, dévaloriser. *Le dollar pourrait être dévalué.* SYN. déprécier.
VERBE PRONOMINAL
Perdre de sa valeur. *Les monnaies se sont dévaluées.*
À la forme pronominale, le participe passé de ce verbe s'accorde toujours en genre et en nombre avec son sujet. *Ces propriétés ne se sont pas dévaluées.*
CONJUGAISON : VOIR MODÈLE AIMER.

DEVANCER v. tr.
1. Précéder. *Nous devançons nos amis de quelques jours.*
Ne pas confondre avec le verbe ***avancer,*** effectuer avant le moment prévu. *Nous avons avancé* (et non *devancé) *la date des vacances.*
2. Dépasser. *Il devança les autres participants au marathon.*
CONJUGAISON : VOIR MODÈLE AVANCER.
Le **c** prend une cédille devant les lettres ***a*** et ***o***. *Il devança, nous devançons.*

DEVANCIER, IÈRE n. m. et f.
Prédécesseur, précurseur.

DEVANT adv., n. m. et prép.
PRÉPOSITION
1. Priorité dans l'ordre, le rang. *Vous vous êtes classés devant eux.*
2. En face de, vis-à-vis de. *Il y a un gros arbre devant la maison.*
3. En présence de. *Le contrat a été signé devant témoins.*
ADVERBE
En avant. *Ils sont assis devant.* ANT. derrière.
NOM MASCULIN
La partie antérieure, l'avant. *Le devant de l'immeuble.*
LOCUTIONS
– ***Au-devant de,*** loc. prép. À la rencontre de. *Ils sont allés au-devant des nouveaux arrivants.*
– ***Au-devant de,*** loc. prép. En prévenant. *Vous allez au-devant de mes désirs.*
– ***Par-devant,*** loc. adv. Par l'avant. *Elles ont été frappées par-devant.*
– ***Prendre les devants.*** Prendre l'initiative.
– ***Sens devant derrière,*** loc. adv. À l'envers.
Attention, ne pas écrire *sans devant derrière.

DEVANTURE n. f.
Façade d'une boutique. *La devanture tentante d'une pâtisserie.*
devan**t**ure.

DÉVASTATEUR, TRICE adj. et n. m. et f.
Destructeur. *Cet ouragan a été très dévastateur.*

DÉVASTATION n. f.
Destruction, ruine. *La dévastation d'un village côtier.*

DÉVASTER v. tr.
Détruire de façon importante, ravager. *La grêle a dévasté les récoltes.* SYN. ruiner.
CONJUGAISON : VOIR MODÈLE AIMER.

DÉVEINE n. f.
(FAM.) Malchance. *Quelle déveine : une crevaison à la pluie battante !*

DÉVELOPPEMENT n. m.
1. Action de développer. *Des pays en voie de développement.* SYN. progrès.
2. Croissance, épanouissement. *La ville est en plein développement.* SYN. expansion.
3. Exposé détaillé. *De longs développements dans un article.*
4. Opération qui consiste à développer une pellicule photographique. *Il faut compter deux jours pour le développement de vos photos.*
5. (AU PLUR.) Conséquences. *Des développements inattendus.* SYN. prolongement ; rebondissement ; suite.
LOCUTIONS
– ***Développement durable.*** Approche globale de gestion rationnelle et modérée des ressources naturelles, humaines et économiques, qui assure le maintien indéfini de la productivité biologique dans l'intérêt des générations actuelles et futures (GDT). *« Pour parvenir à un développement durable, la protection de l'environnement doit faire partie intégrante du processus de développement et ne peut être considérée isolément »* (Déclaration de Rio sur l'environnement et le développement).
– ***En voie de développement,*** loc. adj. Dont le développement est inférieur à celui de l'Europe de l'Ouest et de l'Amérique du Nord. *Les pays en voie de développement.*
Cette locution a été adoptée par l'ONU pour remplacer le terme ***sous-développé,*** jugé péjoratif.
FORMES FAUTIVES
*développement. Anglicisme au sens de ***lotissement.***
*développement. Impropriété au sens de ***changement, (fait) nouveau, rebondissement.*** *Il n'y a pas de changement, pas de fait nouveau* (et non *développement).

*développement résidentiel. Calque de «*residential development*» pour ***ensemble résidentiel.***
⇨ développement.

DÉVELOPPER v. tr., pronom.
VERBE TRANSITIF
1. Déployer, ôter de son enveloppe. *Delphine a hâte de développer son cadeau.*
2. Assurer la croissance de quelqu'un, de quelque chose. *Développer une entreprise, ses muscles.*
3. Exposer de manière détaillée. *Il développa son idée, qui était excellente.* SYN. expliquer.
4. Traiter une pellicule photographique pour en faire apparaître les images. *Développer un film en noir et blanc.*
VERBE PRONOMINAL
1. S'étendre. *La ville s'est développée considérablement.* SYN. s'agrandir; augmenter; croître.
2. S'épanouir, s'accroître. *L'arbre s'est bien développé.* SYN. grandir; prospérer.
À la forme pronominale, le participe passé de ce verbe s'accorde en genre et en nombre avec le complément direct si celui-ci le précède. *Les pectoraux qu'il s'est développés. Grâce à des exercices, sa mémoire s'est bien développée.* Le participe passé reste invariable si le complément direct suit le verbe. *Ils se sont développé les biceps.*
FORMES FAUTIVES
*développer. Anglicisme au sens de ***créer, concevoir, inventer, trouver.*** *Ce service a conçu* (et non *développé) *de nouveaux procédés.*
*développer. Anglicisme au sens de ***établir, appliquer, mettre en œuvre.*** *Il faut établir* (et non *développer) *d'excellentes relations avec nos partenaires.*
*développer des problèmes. Anglicisme au sens de ***éprouver des problèmes.***
*développer une immunité. Anglicisme au sens de ***acquérir une immunité*** (DDFM). *La majorité des individus a acquis* (et non *développé) *une immunité contre la méningite.*
*développer une maladie, une infection. Anglicisme au sens de ***contracter une maladie, une infection*** (DDFM). *Ces patients ont contracté* (et non *développé) *une maladie nosocomiale.*
*développer une tendance à. Calque de «*to develop a tendency to*» pour ***manifester une tendance à.***
*développer un goût pour. Calque de «*to develop a taste for*» pour ***acquérir le goût de.***
CONJUGAISON : VOIR MODÈLE AIMER.
⇨ développer.

DEVENIR n. m.
Évolution, avenir. *Quel sera le devenir de la planète ?*

DEVENIR v. intr.
Passer d'un état à un autre. *Ils sont devenus des adultes maintenant.* SYN. se transformer.
Ce verbe se conjugue toujours avec l'auxiliaire ***être.***
CONJUGAISON : VOIR MODÈLE VENIR.

DÉVERBAL n. m. (pl. *déverbaux*)
(LING.) Nom formé du radical d'un verbe.

DÉVERGONDAGE n. m.
Inconduite sexuelle, débauche.

DÉVERGONDÉ, ÉE adj. et n. m. et f.
Se dit d'une personne dont la vie est contraire à la morale (surtout sexuelle). SYN. débauché.
L'adjectif se dit de personnes ou de choses.

DÉVERGONDER (SE) v. pronom.
Se débaucher. *Ils se sont un peu dévergondés.*
Le participe passé de ce verbe, qui n'existe qu'à la forme pronominale, s'accorde toujours en genre et en nombre avec son sujet. *il est peu vraisemblable que ces demoiselles se soient dévergondées, comme on le raconte.*
CONJUGAISON : VOIR MODÈLE AIMER.

D

DÉVERROUILLAGE n. m.
Action de déverrouiller. *Le déverrouillage d'une porte-fenêtre.*

DÉVERROUILLER v. tr.
Ouvrir en tirant le verrou, en tournant la clé. *Déverrouiller* (et non *débarrer) *une porte.*
En ce sens, le verbe ***débarrer*** est une impropriété.
CONJUGAISON : VOIR MODÈLE AIMER.
Les lettres ***ill*** sont suivies d'un ***i*** à la première et à la deuxième personne du pluriel de l'indicatif imparfait et du subjonctif présent. *(Que) nous déverrouillions, (que) vous déverrouilliez.*

DEVERS prép.
(VX) Du côté de. SYN. vers.
LOCUTION
– ***Par-devers,*** loc. prép. En la possession de. *Il avait le dossier par-devers lui.*

DÉVERSEMENT n. m.
Action de déverser un liquide; fait de se déverser. *Le déversement du Saint-Laurent dans l'Atlantique.*

DÉVERSER v. tr., pronom.
VERBE TRANSITIF
Faire couler un liquide d'un lieu dans un autre. *Le cargo a déversé du mazout dans la mer de façon accidentelle.* SYN. répandre; verser.
VERBE PRONOMINAL
Se jeter. *Le fleuve se déverse dans la mer.* SYN. s'écouler.
À la forme pronominale, le participe passé de ce verbe s'accorde toujours en genre et en nombre avec son sujet. *L'essence s'est déversée dans la rivière.*
CONJUGAISON : VOIR MODÈLE AIMER.

DÉVÊTIR v. tr., pronom.
VERBE TRANSITIF
Déshabiller. *L'infirmière a dévêtu le malade.*
VERBE PRONOMINAL
Enlever ses vêtements. *Ils se sont dévêtus et sont allés dormir.* SYN. se déshabiller.
À la forme pronominale, le participe passé de ce verbe s'accorde toujours en genre et en nombre avec son sujet. *Elles ne se sont pas dévêtues en tournant ce film.*
CONJUGAISON : VOIR MODÈLE VÊTIR.

DÉVIANCE n. f.
Caractère de ce qui s'écarte d'une norme.

DÉVIANT, IANTE adj.
Qui s'écarte de la norme. *Des attitudes déviantes.*

DÉVIATION n. f.
1. Fait de s'écarter de la direction normale. *La déviation d'un satellite.* SYN. écart.
2. Route ou section de route qui contourne une agglomération ou un obstacle temporaire et qui se rattache par ses extrémités à la voie directe ou à la voie habituelle. *La déviation signalée nous a fait faire un détour de dix kilomètres.*
FORME FAUTIVE
*déviation standard. Calque de «*standard deviation*» pour ***écart(-)type.***
Ne pas confondre avec le nom ***dérivation,*** action de détourner un cours d'eau.

DÉVIDOIR n. m.
Instrument où s'enroulent des fils, des tuyaux, etc.

D

DÉVIER v. tr., intr.
VERBE TRANSITIF
Modifier la direction de. *Les ingénieurs ont dévié la route pour élargir le pont.* SYN. détourner.
VERBE INTRANSITIF
S'écarter de sa direction. *Le bateau a dévié de sa route en raison de la tempête.*
CONJUGAISON : VOIR MODÈLE ÉTUDIER.
Redoublement du ***i*** à la première et à la deuxième personne du pluriel de l'indicatif imparfait et du subjonctif présent. *(Que) nous déviions, (que) vous déviiez.*

DEVIN, DEVINERESSE n. m. et f.
Personne qui prétend prédire l'avenir. *Jules n'est pas devin, il ne pouvait pas prévoir cela.* SYN. diseur de bonne aventure ; voyant.

DEVINER v. tr.
Découvrir par intuition, déduction. *Devine qui vient nous voir.* SYN. soupçonner.
CONJUGAISON : VOIR MODÈLE AIMER.

DEVINETTE n. f.
Question amusante. *Je vais te poser une devinette : Qui fait le tour du bois sans y entrer jamais ? C'est l'écorce.* SYN. énigme.

DEVIS n. m.
État détaillé des travaux à exécuter avec l'estimation des prix. *J'ai demandé un devis* (et non une *cotation, un *estimé) *pour ces travaux.*
devis.

DÉVISAGER v. tr., pronom.
VERBE TRANSITIF
Regarder quelqu'un avec insistance. *Il est impoli de dévisager quelqu'un.* SYN. fixer.
VERBE PRONOMINAL
Se regarder l'un l'autre avec insistance. *Les adversaires se sont dévisagés un bref instant.*
À la forme pronominale, le participe passé de ce verbe s'accorde toujours en genre et en nombre avec son sujet. *Elles se sont dévisagées.*
CONJUGAISON : VOIR MODÈLE CHANGER.
Le ***g*** est suivi d'un ***e*** devant les lettres ***a*** et ***o***. *Il dévisagea, nous dévisageons.*

DEVISE n. f.
1. Phrase concise exprimant une pensée. *La devise du Québec est* Je me souviens.
T Au point de vue typographique, les ***devises, maximes, dictons, proverbes*** sont composés en italique dans un texte en romain et en romain dans un texte en italique. *Je me souviens. Fluctuat nec mergitur* (devise de la Ville de Paris). Lorsque la devise constitue une phrase complète, le premier mot s'écrit avec une majuscule.
2. Monnaie étrangère. *La livre sterling et l'euro sont des devises.*
VOIR TABLEAU – SYMBOLES DES UNITÉS MONÉTAIRES.

DEVISER v. intr.
(LITT.) Converser. *Mes parents devisent agréablement avec leurs amis.* SYN. s'entretenir ; parler.
CONJUGAISON : VOIR MODÈLE AIMER.

DÉVISSAGE n. m.
Action de dévisser. *Le dévissage d'un couvercle.*

DÉVISSER v. tr., intr.
VERBE TRANSITIF
1. Desserrer ce qui était fixé. *Dévisser un couvercle.*
2. Ôter une vis, un écrou de.
VERBE INTRANSITIF
(ALPIN.) Lâcher prise et tomber. *Les alpinistes ont dévissé et sont tombés dans le ravin.*
CONJUGAISON : VOIR MODÈLE AIMER.

DE VISU loc. adv.
Le ***e*** se prononce ***é***, [devizy].
Locution latine signifiant « après l'avoir vu ». *Je voulais constater les dommages* de visu. SYN. en personne.
T En typographie soignée, les mots étrangers sont composés en italique. Dans des textes déjà en italique, la notation se fait en romain. Pour les textes manuscrits, on utilisera les guillemets.

DÉVOILEMENT n. m.
Action de dévoiler, de se dévoiler. *Le dévoilement d'une plaque commémorative.*

DÉVOILER v. tr., pronom.
VERBE TRANSITIF
1. Retirer ce qui cache quelqu'un, quelque chose. *Le maire a dévoilé une plaque qui rappelle le souvenir de la fondatrice de cet hôpital.*
2. (FIG.) Découvrir, révéler ce qui était secret. *Il nous a fait des confidences et nous a dévoilé son projet.*
VERBE PRONOMINAL
Enlever son voile. *Elles se sont dévoilées.*
À la forme pronominale, le participe passé de ce verbe s'accorde toujours en genre et en nombre avec son sujet. *Les étudiantes turques s'étaient dévoilées.*
CONJUGAISON : VOIR MODÈLE AIMER.

DEVOIR n. m.
1. Obligation, responsabilité. *Le devoir de bien se nourrir et de limiter la pollution.*
2. Exercice scolaire. *Faire ses devoirs.*
3. (AU PLUR.) Hommages. *Présenter ses devoirs, les derniers devoirs.*
FORME FAUTIVE
*en devoir. Anglicisme au sens de ***en service, de service, de garde.*** *Le policier sera de service* (et non *en devoir) *toute la nuit.*

DEVOIR v. tr., pronom., impers.
VERBE TRANSITIF
1. Avoir à payer (une somme d'argent). *Julie doit 5 $ à Luc.*
2. Avoir une obligation de reconnaissance à l'égard de quelqu'un, de quelque chose. *Il lui doit sa situation. Elle lui doit d'être encore en vie.* SYN. être redevable de.
3. Être obligé à (quelque chose), avoir des devoirs envers (quelqu'un). *Je dois étudier pour réussir. Ils doivent la vérité à leurs parents.* SYN. avoir à.
Prendre garde à l'accord du participe passé : si un verbe à l'infinitif est sous-entendu, le participe est invariable. *Elle lui a fait toutes les promesses qu'elle a dû* (lui faire). Par contre, le participe passé s'accorde lorsqu'il n'y a pas d'infinitif sous-entendu. *Il a toujours remboursé les sommes qu'il a dues.*
Suivi d'un infinitif, ***devoir*** est un **auxiliaire de modalité** (semi-auxiliaire) qui marque :
– Le futur. *Il doit partir en voyage sous peu.*
– La probabilité. *À cette heure, elle doit être arrivée.*
– L'obligation. *Elle doit être à l'école dès 8 h 15.*
VERBE PRONOMINAL
Être moralement obligé de. *Tu te dois d'accueillir ses amis avec cordialité.* SYN. avoir le devoir de.
À la forme pronominale, le participe passé de ce verbe s'accorde toujours en genre et en nombre avec son sujet. *Elles se sont dues à leurs enfants.*
VERBE IMPERSONNEL
Comme il convient. *Bien mise comme il se doit.*
LOCUTION
– ***Ce doit être, ce doivent être*** (et non *ça doit être).
CONJUGAISON : VOIR MODÈLE DEVOIR.
Attention à l'accent circonflexe sur le participe passé, au masculin singulier seulement.

CONJUGAISON DU VERBE **DEVOIR**

INDICATIF

PRÉSENT		PASSÉ COMPOSÉ		
je	**dois**	j'	ai	dû
tu	**dois**	tu	as	dû
elle	**doit**	elle	a	dû
il	**doit**	il	a	dû
nous	**devons**	nous	avons	dû
vous	**devez**	vous	avez	dû
elles	**doivent**	elles	ont	dû
ils	**doivent**	ils	ont	dû

IMPARFAIT		PLUS-QUE-PARFAIT		
je	**devais**	j'	avais	dû
tu	**devais**	tu	avais	dû
elle	**devait**	elle	avait	dû
il	**devait**	il	avait	dû
nous	**devions**	nous	avions	dû
vous	**deviez**	vous	aviez	dû
elles	**devaient**	elles	avaient	dû
ils	**devaient**	ils	avaient	dû

PASSÉ SIMPLE		PASSÉ ANTÉRIEUR		
je	**dus**	j'	eus	dû
tu	**dus**	tu	eus	dû
elle	**dut**	elle	eut	dû
il	**dut**	il	eut	dû
nous	**dûmes**	nous	eûmes	dû
vous	**dûtes**	vous	eûtes	dû
elles	**durent**	elles	eurent	dû
ils	**durent**	ils	eurent	dû

FUTUR SIMPLE		FUTUR ANTÉRIEUR		
je	**devrai**	j'	aurai	dû
tu	**devras**	tu	auras	dû
elle	**devra**	elle	aura	dû
il	**devra**	il	aura	dû
nous	**devrons**	nous	aurons	dû
vous	**devrez**	vous	aurez	dû
elles	**devront**	elles	auront	dû
ils	**devront**	ils	auront	dû

CONDITIONNEL PRÉSENT		CONDITIONNEL PASSÉ		
je	**devrais**	j'	aurais	dû
tu	**devrais**	tu	aurais	dû
elle	**devrait**	elle	aurait	dû
il	**devrait**	il	aurait	dû
nous	**devrions**	nous	aurions	dû
vous	**devriez**	vous	auriez	dû
elles	**devraient**	elles	auraient	dû
ils	**devraient**	ils	auraient	dû

SUBJONCTIF

PRÉSENT			PASSÉ			
que	je	**doive**	que	j'	aie	dû
que	tu	**doives**	que	tu	aies	dû
qu'	elle	**doive**	qu'	elle	ait	dû
qu'	il	**doive**	qu'	il	ait	dû
que	nous	**devions**	que	nous	ayons	dû
que	vous	**deviez**	que	vous	ayez	dû
qu'	elles	**doivent**	qu'	elles	aient	dû
qu'	ils	**doivent**	qu'	ils	aient	dû

IMPARFAIT			PLUS-QUE-PARFAIT			
que	je	**dusse**	que	j'	eusse	dû
que	tu	**dusses**	que	tu	eusses	dû
qu'	elle	**dût**	qu'	elle	eût	dû
qu'	il	**dût**	qu'	il	eût	dû
que	nous	**dussions**	que	nous	eussions	dû
que	vous	**dussiez**	que	vous	eussiez	dû
qu'	elles	**dussent**	qu'	elles	eussent	dû
qu'	ils	**dussent**	qu'	ils	eussent	dû

IMPÉRATIF

PRÉSENT	PASSÉ	
dois	aie	dû
devons	ayons	dû
devez	ayez	dû

INFINITIF

PRÉSENT	PASSÉ
devoir	avoir dû

PARTICIPE

PRÉSENT	PASSÉ
devant	dû, ue
	ayant dû

D

DÉVOLU, UE adj.
1. (DR.) Échu par droit.
2. Destiné, réservé. *Les avantages dévolus à chaque participant.* SYN. attribué.
LOCUTION
– ***Jeter son dévolu sur quelqu'un, sur quelque chose.*** Fixer son choix sur, tenter d'obtenir.

DÉVORANT, ANTE adj.
Avide, insatiable. *Une soif dévorante.*

DÉVORER v. tr.
1. Manger avidement. *Obélix a dévoré trois sangliers.* SYN. avaler; engloutir.
2. (FIG.) Tourmenter. *Le remords le dévore.* SYN. ronger.
LOCUTION
– ***Dévorer des yeux.*** (FIG.) Regarder avec insistance. SYN. dévisager.
CONJUGAISON : VOIR MODÈLE AIMER.

DÉVOT, OTE adj. et n. m. et f.
1. Pieux, religieux. *Des personnes dévotes.*
2. Bigot, pieux à l'excès et de façon ostentatoire.

DÉVOTION n. f.
Le **o** central est fermé, [devosjɔ̃].
1. Ferveur, piété. *Elle prie la Vierge avec dévotion.*
2. Culte. *Une dévotion à saint François d'Assise.*
dévotion.

DÉVOUÉ, ÉE adj.
Qui fait preuve de dévouement. *Ces enseignants sont très dévoués.* SYN. empressé.
L'adjectif ***dévoué*** ne s'emploie qu'en parlant d'une personne; pour une chose, on emploiera plutôt ***voué*** ou ***consacré.*** *Une existence vouée au soin des malades, des heures consacrées au travail.*

DÉVOUEMENT n. m.
Disposition à servir une personne, une cause. *Il fait preuve de beaucoup de dévouement à l'égard de ses vieux parents.* SYN. bienveillance; bonté; générosité.
dévouement.

DÉVOUER (SE) v. pronom.
1. Se consacrer entièrement à quelqu'un, à quelque chose. *Elles se sont dévouées corps et âme à cette œuvre. Il se dévoue à la musique.*
En ce sens, le verbe se construit avec la préposition ***à.***
2. Accepter de faire quelque chose de pénible. *Elle se dévoue et viendra samedi faire ta déclaration d'impôts.* SYN. se sacrifier.
Le participe passé de ce verbe, qui n'existe qu'à la forme pronominale, s'accorde toujours en genre et en nombre avec son sujet. *Les bénévoles se sont dévoués remarquablement.*
CONJUGAISON : VOIR MODÈLE AIMER.

DÉVOYER v. tr., pronom.
VERBE TRANSITIF
(LITT.) Pervertir, détourner de la morale.
VERBE PRONOMINAL
S'écarter de la voie à suivre. *Ils se sont dévoyés en faisant ce choix douteux.*
À la forme pronominale, le participe passé de ce verbe s'accorde toujours en genre et en nombre avec son sujet. *Elles se sont dévoyées.*
CONJUGAISON : VOIR MODÈLE EMPLOYER.
Le ***y*** se change en ***i*** devant un ***e*** muet. *Je dévoie, je dévoierai.*
Le ***y*** est suivi d'un ***i*** à la première et à la deuxième personne du pluriel de l'indicatif imparfait et du subjonctif présent. *(Que) nous dévoyions, (que) vous dévoyiez.*

DEXTÉRITÉ n. f.
Adresse, habileté. *Il manie le crayon avec dextérité, il dessine très bien.*

dg
Symbole de ***décigramme.***

DIA- préf.
Élément du grec signifiant « à travers ». *Diagonal, diachronie.*

DIABÈTE n. m.
Maladie liée à une insuffisance de la sécrétion d'insuline par le pancréas.
diabète.

DIABÉTIQUE adj. et n. m. et f.
ADJECTIF
Relatif au diabète. *Un coma diabétique.*
NOM MASCULIN ET FÉMININ
Personne atteinte de diabète. *De récentes découvertes permettent aux diabétiques de vivre normalement.*
diabétique.

DIABLE n. m.
1. Démon, mauvais ange. *Satan est le prince des diables.*
T Lorsque le nom désigne Satan, il s'écrit avec une majuscule.
2. Enfant espiègle. *C'est un vrai petit diable.*
3. Appareil à deux roues servant au transport des colis, des marchandises. *Les déménageurs utilisent des diables pour transporter les appareils électroménagers.*
LOCUTIONS
– ***À la diable.*** De façon négligente. *Un travail fait à la diable.* SYN. à la hâte; négligemment; sans soin.
– ***Au diable*** (quelqu'un, quelque chose)***!*** La locution exprime la délivrance, le rejet. *Au diable les pénitences!*
– ***Au diable, au diable vauvert*** (allusion au château de Vauvert). Très loin. *Elle habite au diable, au diable vauvert.*
– ***Avoir le diable au corps.*** Être agité, turbulent. *Ces enfants ont le diable au corps.*
– ***Ce n'est pas le diable.*** (FAM.) Ce n'est pas extraordinaire. *Ce restaurant, ce n'est pas le diable.*
– ***En diable.*** Extrêmement. *Il est fort en diable.*
– ***Envoyer quelqu'un à tous les diables.*** Le maudire.
– ***Être en diable.*** (FAM.) Être en colère.
– ***La beauté du diable.*** Celle qui n'est liée qu'à la jeunesse, d'après la légende de Faust.
– ***Ne craindre ni Dieu ni diable.*** N'avoir peur de rien.
– ***Ne croire ni à Dieu ni à diable.*** N'avoir aucune religion.
– ***Que diable!*** La locution marque l'exaspération. *Dépêchez-vous, que diable!*
La locution s'emploie aussi pour insister sur une interrogation. *Que diable fais-tu dans cette galère?*
– ***Se faire l'avocat du diable.*** Opposer des arguments contraires à une thèse pour vérifier si le point de vue défendu résiste à l'analyse.
– ***Tirer le diable par la queue.*** Avoir peu de ressources.
– ***Un bon diable.*** Personne honnête, de commerce agréable.
– ***Un pauvre diable.*** Personne qui inspire la pitié, qui est dans la misère. SYN. malheureux; misérable.

DIABLE! interj.
Interjection qui exprime la surprise, l'admiration. *Diable! elles ont réussi à les convaincre!*
T L'interjection est toujours suivie d'un point d'exclamation qui est souvent repris à la fin de la phrase. Si la phrase exclamative n'est pas complète, le mot qui suit le point d'exclamation s'écrit avec une minuscule initiale.

DIABLEMENT adv.
(FAM.) Très. *Elle est diablement gentille.* SYN. drôlement; extrêmement; rudement; terriblement.

DIABLERIE n. f.
Espièglerie. *Ces petits coquins imaginent sans cesse de nouvelles diableries.* SYN. tour.

DIABLESSE n. f.
1. Forme féminine de ***diable.***
2. Personne turbulente et rusée. *C'est une vraie diablesse!*

DIABLOTIN n. m.
1. Petit diable.
2. (FIG.) Enfant espiègle.

DIABOLIQUE adj.
Méchant, pervers. *Ces ruses sont diaboliques.* SYN. infernal.

DIABOLIQUEMENT adv.
De façon diabolique.

DIABOLO n. m.
1. Jouet qu'on lance et rattrape sur une ficelle tendue entre deux baguettes.
2. Boisson faite de limonade et d'un sirop. *Des diabolos menthe (à la menthe).*

DIACHRONIE n. f.
(LING.) Évolution chronologique des phénomènes linguistiques. ANT. synchronie.

DIACHRONIQUE adj.
Relatif à la diachronie. *Un examen diachronique.*

DIACHYLON n. m.
Les lettres *ch* se prononcent *k*, [djakilɔ̃].
(VIEILLI) (PHARM.) Pansement destiné à couvrir une plaie et dont certaines parties sont enduites de substance adhésive. SYN. pansement adhésif; sparadrap.
Au Québec, le terme ***sparadrap*** n'est pas usité, le nom ***diachylon*** est vieilli et le mot ***plaster*** est un emprunt à l'anglais; on privilégiera le terme ***pansement (adhésif).***

DIACRE n. m.
Ecclésiastique.

DIACRITIQUE adj.
Distinctif.
LOCUTION
– ***Signe diacritique.*** Signe graphique (accent, cédille, etc.) dont le rôle est de modifier la prononciation d'une lettre. *Les accents sont des signes diacritiques.*

DIADÈME n. m.
1. Riche bandeau, insigne de la monarchie. *La reine porte un diadème de diamants.*
2. Bijou féminin en forme de couronne.
diadème.

DIAGNOSTIC n. m.
Identification d'une maladie à l'aide de ses symptômes. *Un diagnostic sûr.*
Ne pas confondre avec le nom ***pronostic,*** prévision de l'évolution d'une maladie.
diagnostic.

DIAGNOSTIQUE adj.
Qui sert à déterminer une maladie. *Un examen diagnostique, des signes diagnostiques.*
Attention à la finale en ***que,*** au masculin comme au féminin.
diagnostique.

DIAGNOSTIQUER v. tr.
1. Établir le diagnostic d'une maladie. *Elle a diagnostiqué une grippe.*
2. (FIG.) Déterminer la cause d'un problème. *Il diagnostiquera un problème informatique.*
CONJUGAISON : VOIR MODÈLE AIMER.

DIAGONAL, ALE, AUX adj. et n. f.
ADJECTIF
Qui a le caractère d'une diagonale. *Des traits diagonaux.*
NOM FÉMININ
Droite qui va d'un angle d'une figure à un angle opposé. *Tracer la diagonale d'un carré.*
LOCUTIONS
– ***En diagonale.*** Obliquement. *Un motif placé en diagonale.* SYN. en biais.
– ***Lire en diagonale.*** (FIG.) Effectuer une lecture rapide, superficielle. SYN. parcourir; survoler.

DIAGONALEMENT adv.
En diagonale.

DIAGRAMME n. m.
Représentation graphique. *Un diagramme circulaire, un diagramme en bâtons.*

DIALECTAL, ALE, AUX adj.
Relatif à un dialecte. *Une forme dialectale.*

DIALECTE n. m.
Variété régionale d'une langue.
En dehors de son usage technique, ce nom tend à être péjoratif; on emploiera plutôt ***parler.***

DIALECTIQUE n. f.
Art du raisonnement.
Ne pas confondre avec le nom ***dialectologie,*** science des dialectes.

DIALECTIQUEMENT adv.
D'une manière dialectique.

DIALECTOLOGIE n. f.
Science des dialectes.
Ne pas confondre avec le nom ***dialectique,*** art du raisonnement.

DIALECTOLOGUE n. m. et f.
Spécialiste de la dialectologie.

DIALOGUE n. m.
1. Échange de paroles entre deux ou plusieurs personnes. *Un dialogue du renard et du corbeau, entre* (et non *avec) *le renard et le corbeau.* SYN. conversation.
2. Manière dont un auteur fait parler ses personnages. *« Je crois qu'il faut planter la tente ici, dit-elle. – Je suis d'accord, répondit-il. »*
T Le début et la fin d'un dialogue sont indiqués par des guillemets, le changement d'interlocuteur, par un tiret.
VOIR TABLEAU – GUILLEMETS.
LOCUTION
– ***Dialogue de sourds.*** Conversation où les personnes ne se comprennent pas.
Ne pas confondre avec les noms suivants :
- ***causette,*** conversation familière;
- ***conciliabule,*** réunion secrète;
- ***conversation,*** entretien familier;
- ***entretien,*** conversation suivie avec quelqu'un;
- ***palabre,*** conversation longue et inutile.

DIALOGUER v. intr.
Avoir des échanges avec quelqu'un. *Les élèves dialoguent beaucoup ensemble.* SYN. converser; échanger; parler.
CONJUGAISON : VOIR MODÈLE AIMER.

DIALOGUISTE n. m. et f.
Personne qui écrit des dialogues.

DIALYSE n. f.
1. Séparation de substances mélangées.
2. (MÉD.) Épuration du sang à l'aide d'un rein artificiel.
dialyse.

DIALYSER v. tr.
Pratiquer une dialyse sur.
CONJUGAISON : VOIR MODÈLE AIMER.
dialyser.

DIALYSEUR n. m.
Dispositif pour effectuer la dialyse.
dialyseur.

DIAMANT n. m.
Pierre précieuse la plus brillante, la plus limpide et la plus dure de toutes. *Une bague à diamants.*
T Il est d'usage de mettre une majuscule aux noms des diamants célèbres. *L'Étoile du Sud, le Cullinam, le Koh-i-noor.*

DIAMANTAIRE n. m. et f.
Personne qui taille ou vend des diamants.
diamant**aire.**

DIAMANTIN, INE adj.
Qui a l'éclat du diamant. SYN. adamantin.

DIAMÉTRALEMENT adv.
Absolument. *Son avis est diamétralement opposé au mien.* SYN. complètement ; entièrement ; radicalement.

DIAMÈTRE n. m.
Segment de droite qui passe par le centre d'une sphère. *Le diamètre de cette roue est de 30 cm au moins.*

DIANTRE ! interj.
(VIEILLI) Interjection marquant la surprise, l'admiration. *Diantre ! quel coup de maître !*
Cette interjection, qui est une altération du nom ***diable,*** s'est employée pour éviter l'évocation de Satan.
T L'interjection est toujours suivie d'un point d'exclamation qui est souvent repris à la fin de la phrase. Si la phrase exclamative n'est pas complète, le mot qui suit le point d'exclamation s'écrit avec une minuscule initiale.

DIAPASON n. m.
1. Étendue des sons que peut parcourir une voix, un instrument. SYN. registre.
2. Instrument servant à donner le ton.
LOCUTION
– ***Se mettre au diapason de.*** (FIG.) Prendre le même ton, les mêmes allures que. *Les nouvelles élèves se sont mises au diapason de la classe.*

DIAPHANE adj.
Translucide. *Une peau très blanche, diaphane.*
Ne pas confondre avec les mots suivants :
• ***cristallin,*** qui est transparent comme le cristal ;
• ***opalescent,*** qui a les nuances vives de l'opale ;
• ***transparent,*** qui laisse voir nettement les objets.

DIAPHRAGME n. m.
1. Muscle large et mince qui sépare la poitrine du ventre.
2. Contraceptif féminin.
3. Ouverture réglable, qui laisse passer la lumière dans un appareil optique, photographique.
dia**ph**ragme.

DIAPO n. f.
Abréviation familière de ***diapositive.*** *Des diapos.*

DIAPORAMA n. m.
Montage ou projection, sonorisé ou non, de diapositives. *Des diaporamas intéressants.*

DIAPOSITIVE n. f.
S'abrège familièrement en ***diapo.***
Image photographique que l'on projette sur un écran. *Elle nous a montré les diapositives de son voyage.*

DIARRHÉE n. f.
Émission fréquente de selles liquides. *Le malade a une diarrhée* (et non *des diarrhées) ou *des épisodes de diarrhée* (DDFM). ANT. constipation.
dia**rrh**ée.

DIASPORA n. f.
Ensemble des membres dispersés d'un groupe ethnique. *La diaspora arménienne.*

DIATRIBE n. f.
Attaque, critique violente. *Ces diatribes sont lassantes.*

DICHOTOMIE n. f.
Les lettres ***ch*** se prononcent ***k,*** [dikɔtɔmi].
Opposition entre deux éléments.

DICO n. m. (pl. *dicos*)
Abréviation familière de ***dictionnaire.*** *As-tu consulté ton dico ?*

DICTATEUR, TRICE n. m. et f.
Personne qui gouverne un pays sans contrôle démocratique. SYN. despote.

DICTATORIAL, IALE, IAUX adj.
Relatif à une dictature. *Des procédés dictatoriaux.*

DICTATURE n. f.
1. Régime politique où tous les pouvoirs sont concentrés entre les mains d'une personne, d'un parti. *La dictature financière.* SYN. tyrannie.
2. (FIG.) Pouvoir absolu.

DICTÉE n. f.
1. Action de dicter. *Écrire sous la dictée de quelqu'un.*
2. Exercice où l'on s'efforce d'écrire correctement un texte lu. *La dictée du championnat d'orthographe est difficile.*

DICTER v. tr.
1. Dire un texte à haute voix à quelqu'un qui le transcrit. *Dicter le courrier.*
2. Inspirer, imposer. *C'est le devoir qui lui a dicté cette décision.* SYN. commander ; suggérer.
CONJUGAISON : VOIR MODÈLE AIMER.

DICTION n. f.
Manière de parler, élocution. *Sa diction est excellente.*
di**c**tion.

DICTIONNAIRE n. m.
S'abrège familièrement en ***dico*** (s'écrit sans point).
Recueil des mots d'une ou de plusieurs langues et des informations s'y rapportant, présentés selon un certain ordre (alphabétique, thématique, systématique, etc.). *Un dictionnaire de langue, encyclopédique, bilingue.*
Ne pas confondre avec les noms suivants :
• ***glossaire,*** petit répertoire érudit d'un auteur, d'un domaine ;
• ***lexique,*** ouvrage qui ne comporte pas de définitions et qui donne souvent l'équivalent dans une autre langue ;
• ***vocabulaire,*** ouvrage qui comprend les mots d'une spécialité avec leurs définitions.

DICTIONNAIRIQUE adj.
(DIDACT.) Relatif au dictionnaire.

DICTON n. m.
Petite phrase connue de tous et qui exprime la sagesse populaire. Le trois fait le mois, *dit le dicton.* La nuit, tous les chats sont gris, *dit le dicton.*
Le dicton est souvent régional, alors que le proverbe connaît une diffusion plus étendue.
T Au point de vue typographique, il est d'usage de composer les dictons, les devises, les maximes comme des citations, c'est-à-dire en italique dans un texte en romain et en romain dans un texte en italique.

DIDACTICIEL n. m.
(INFORM.) Logiciel spécialisé dans l'enseignement d'une discipline, d'une méthode ou de certaines connaissances (Recomm. off.).
L'expression *didacticiel pédagogique est redondante.

DIDACTIQUE adj. et n. f.
ADJECTIF
1. Relatif à l'enseignement. *Un logiciel didactique.*
2. Qui appartient à la langue technique et scientifique. *Un terme didactique.*
NOM FÉMININ
Pédagogie, méthode de l'enseignement. *La didactique du français.*

DIÈSE adj. inv. et n. m.
ADJECTIF INVARIABLE
(MUS.) Affecté d'un dièse. *Des mi dièse.*
NOM MASCULIN
1. (MUS.) Signe musical qui indique que la note qui suit doit être élevée d'un demi-ton. *Des doubles dièses.* ANT. bémol.

2. (INFORM.) Touche de clavier d'un appareil téléphonique, sur laquelle apparaît un symbole en forme de carré dont les lignes s'entrecroisent (#), qui est généralement utilisée pour avoir accès à différentes fonctions reliées à des services complémentaires (GDT). *Si vous n'arrivez pas à joindre votre correspondant, il suffit d'appuyer sur le dièse* ou *la touche dièse pour laisser un message dans sa boîte vocale.* SYN. (touche marquée d'un) carré ; touche dièse.
Attention au genre masculin de ce nom : ***un*** dièse.

DIESEL ou **DIÉSEL** n. m.
Le premier ***e*** se prononce ***é***, [djezɛl].
Moteur à combustion interne. *Des diesels* ou *diésels économiques.*

DIÈTE n. f.
Régime alimentaire prescrit par un médecin. *Une diète liquide. Une diète pauvre en sel, riche en fer.*
Ne pas confondre avec ***régime amaigrissant.***

DIÉTÉTICIEN n. m.
DIÉTÉTICIENNE n. f.
Spécialiste de la diététique.
VOIR – DIÉTÉTISTE.

DIÉTÉTIQUE adj. et n. f.
ADJECTIF
Relatif à un régime alimentaire. *Une alimentation diététique.*
NOM FÉMININ
Science ayant pour objet l'étude des régimes alimentaires, fondée sur l'étude de la valeur nutritive des aliments.

DIÉTÉTISTE n. m. et f.
Personne qui, par l'obtention d'un diplôme universitaire en sciences de la santé, s'est spécialisée dans les domaines de la nutrition, de l'alimentation et de la diététique (Recomm. off.).
Dans le reste de la francophonie, on emploie plutôt les noms ***diététicien, diététicienne.***

DIEU n. m. (pl. *dieux*)
1. Être suprême. *Le bon Dieu. Croire en Dieu, à Dieu.*
L'emploi de la préposition ***en*** exprime la confiance et la foi.
T Quand il est employé dans son sens absolu, le nom s'écrit avec une majuscule.
2. Puissance surnaturelle. *Les dieux de l'Olympe.*
T Lorsqu'il désigne des divinités, des êtres mythiques ou mythologiques, le nom s'écrit avec une minuscule et sa forme féminine est ***déesse.***
LOCUTIONS
– ***À la grâce de Dieu !,*** loc. interj. Comme il plaira à Dieu !
– ***(Bon) Dieu ! Dieu du ciel ! Grand Dieu ! Grands dieux ! Mon Dieu !*** Ces locutions expriment l'étonnement, l'admiration, l'inquiétude, la douleur.
– ***Dieu merci !,*** loc. interj. Cette locution exprime le soulagement, la reconnaissance. SYN. Dieu soit loué ; grâce à Dieu.
– ***Dieu vous entende !,*** loc. interj. Cette locution marque un souhait, un espoir.
– ***Il vaut mieux s'adresser à Dieu qu'à ses saints.*** Il est plus efficace de parler à la personne qui a le pouvoir de décider, d'agir.
– ***L'homme propose et Dieu dispose.*** La réalisation de nos souhaits nous échappe parfois.
– ***Ne croire ni à Dieu ni à diable.*** N'avoir aucune religion.
– ***On lui donnerait le bon Dieu sans confession.*** Se dit ironiquement d'une personne qui donne l'apparence d'être honnête, qui inspire confiance à tort.
– ***Pour l'amour de Dieu !,*** loc. interj. La locution marque la supplication, l'insistance.

DIFFAMANT, ANTE adj.
Qui porte atteinte à la réputation de quelqu'un par des paroles, des écrits dénués de fondement. *Ce quotidien a publié des articles diffamants.* SYN. calomnieux ; diffamatoire ; faux ; mensonger.

DIFFAMATEUR, TRICE adj. et n. m. et f.
Calomniateur, qui répand des faussetés sur quelqu'un, quelque chose.

DIFFAMATION n. f.
1. Écrit ou parole diffamatoire.
2. (DR.) Allégation d'un fait qui est de nature à porter atteinte à la réputation de quelqu'un.

DIFFAMATOIRE adj.
Qui a pour but de diffamer. *Un texte diffamatoire.* SYN. calomnieux ; diffamant ; faux ; mensonger.

DIFFAMER v. tr.
Porter atteinte à la réputation de quelqu'un par des paroles, des écrits non fondés.
Ne pas confondre avec les verbes suivants :
• ***décrier,*** déprécier avec force, faire perdre la réputation, l'autorité ;
• ***dénigrer,*** chercher à diminuer la valeur d'une personne, d'une chose ;
• ***discréditer,*** souiller la réputation en dépréciant ou en diffamant ;
• ***vilipender,*** traiter avec mépris.
CONJUGAISON : VOIR MODÈLE AIMER.

DIFFÉRÉ, ÉE adj.
Remis à plus tard. *Une réunion différée.* SYN. reporté.
LOCUTION
– ***En différé.*** Se dit d'une émission enregistrée avant sa diffusion (par opposition à ***en direct***). *Une émission transmise en différé.*

DIFFÉREMMENT adv.
Les lettres ***em*** se prononcent ***a***, [diferamɑ̃].
De façon différente. *Je pense différemment de mes parents.* SYN. autrement.
différemment.

DIFFÉRENCE n. f.
1. Ce qui distingue une chose d'une autre. *Ces vrais jumeaux ne semblent avoir aucune différence.* SYN. distinction ; particularité.
2. Écart. *Il y a deux ans de différence entre Étienne et Marie-Ève.*
3. Résultat de la soustraction de deux nombres. *La différence entre 10 et 6 est 4.*
LOCUTIONS
– ***À cette différence près que,*** loc. conj. Avec cette différence que.
– ***À la différence de,*** loc. prép. Par opposition à. *À la différence d'Antoine, François est très sérieux.*

DIFFÉRENCIATION n. f.
1. (BIOL.) Spécialisation, diversification des organismes vivants. *La différenciation cellulaire.*
2. (PAR EXT.) Action de différencier ou fait de se différencier en faisant ressortir les caractères distinctifs. *La différenciation nécessaire de notre économie.*
3. Mise en valeur d'un produit, d'un service pour créer un écart avec les concurrents et mieux assurer sa vente.
Ne pas confondre avec le nom ***différentiation,*** opération mathématique destinée à obtenir la différentielle d'une fonction.
différenciation, comme dans ***différence.***

DIFFÉRENCIER v. tr., pronom.
VERBE TRANSITIF
1. Distinguer par une différence. *Il tente de différencier des champignons.*

D

2. Faire la distinction entre. *Il n'est pas facile de différencier le vrai du* (et non *d'avec le) *faux.*
À la forme transitive, le verbe se construit avec un complément direct suivi de la préposition ***de.***
VERBE PRONOMINAL
1. Se distinguer par une différence. *Les deux jumeaux se différencient par une coupe de cheveux distincte.* SYN. se singulariser.
2. Acquérir des caractères distinctifs. *Ces nouveaux produits doivent se différencier pour connaître une large diffusion.*
À la forme pronominale, le verbe se construit avec la préposition ***par.***
À la forme pronominale, le participe passé de ce verbe s'accorde toujours en genre et en nombre avec son sujet. *Ils se sont différenciés de façon originale.*
HOM. ***différentier,*** calculer la différentielle de.
CONJUGAISON : VOIR MODÈLE ÉTUDIER.
Redoublement du ***i*** à la première et à la deuxième personne du pluriel de l'indicatif imparfait et du subjonctif présent. *(Que) nous différenciions, (que) vous différenciiez.*

DIFFÉREND n. m.
Désaccord. *Il a un grave différend avec eux à ce sujet. Régler un différend.* SYN. dispute ; querelle.
HOM. ***différent,*** distinct.
différen**d**, un ***d*** final.

DIFFÉRENT, ENTE adj.
ADJECTIF QUALIFICATIF
Distinct. *Ils sont très différents les uns des autres.* SYN. autre.
ADJECTIF INDÉFINI PLURIEL
Certains. *Différentes personnes ont écrit.* SYN. divers ; plusieurs.
Ne pas confondre avec le participe présent invariable ***différant.*** *Des couleurs différant d'autres couleurs par leur intensité.*
HOM. ***différend,*** désaccord.

DIFFÉRENTIATION n. f.
(MATH.) Opération destinée à obtenir la différentielle d'une fonction.
Ne pas confondre avec le nom ***différenciation,*** action de différencier ; son résultat.

DIFFÉRENTIEL n. m.
Combinaison d'engrenages. *Le différentiel de la voiture est endommagé.*

DIFFÉRENTIEL, IELLE adj.
Relatif à une ou à des différences. *Un tarif différentiel. Calcul différentiel.*

DIFFÉRENTIELLE n. f.
(MATH.) Fonction linéaire.

DIFFÉRENTIER v. tr.
(MATH.) Calculer la différentielle de.
HOM. ***différencier,*** distinguer par une différence.
CONJUGAISON : VOIR MODÈLE ÉTUDIER.
Redoublement du ***i*** à la première et à la deuxième personne du pluriel de l'indicatif imparfait et du subjonctif présent. *(Que) nous différentiions, (que) vous différentiiez.*

DIFFÉRER v. tr., intr.
VERBE TRANSITIF
Remettre à plus tard. *Nos collègues ont différé la réunion à la semaine prochaine.* SYN. reporter ; retarder.
VERBE INTRANSITIF
1. Être différent. *Mes prévisions diffèrent des vôtres.* SYN. varier.
En ce sens, le verbe se construit avec la préposition ***de.***
2. (ABSOL.) Avoir un avis différent. *Nous différons à propos de ce parti, sur ce point, à l'égard de ce choix, en cela.*
CONJUGAISON : VOIR MODÈLE POSSÉDER.
Le ***é*** se change en ***è*** devant une syllabe contenant un ***e*** muet, sauf à l'indicatif futur et au conditionnel présent. *Je diffère,* mais *je différerai.*
[Les *Rectifications* (1990) admettent : il diffèrera, diffèrerait...]

DIFFICILE adj.
1. Ardu, compliqué. *Ce problème est trop difficile, je ne trouve pas la solution.* SYN. complexe ; malaisé. ANT. facile.
2. Pénible. *Des heures difficiles.*
3. Embarrassant, délicat. *Une question difficile.*

DIFFICILEMENT adv.
Avec difficulté. *Mon grand-père marche difficilement, car il a mal au dos.*

DIFFICULTÉ n. f.
1. Caractère d'une chose difficile, complexe. *Ce dossier présente un problème ; pourrez-vous éluder cette difficulté ? Les difficultés de la langue française. La solution d'une difficulté.* SYN. complexité. ANT. facilité ; simplicité.
2. Obstacle, empêchement. *Éprouver des difficultés à joindre les deux bouts. Vous arriverez à surmonter cette difficulté, à la vaincre, à lever cette difficulté, à en venir à bout, à triompher de cette difficulté.* SYN. ennui ; problème.
LOCUTIONS
– ***Avec difficulté,*** loc. adv. Difficilement. *C'est avec difficulté que nous avons réussi à le convaincre.*
– ***Avoir des difficultés avec une personne.*** Ne pas être d'accord avec elle.
– ***En cas de difficulté.*** En cas de problème. *En cas de difficulté, n'hésitez pas à communiquer avec nous.*
– ***En difficulté.*** Dont la situation est problématique. *Des embarcations en difficulté.*
– ***Faire des difficultés.*** Créer des obstacles, faire objection à quelque chose, invoquer des problèmes pour ne pas accepter. *Ne fais pas de difficultés, viens fêter avec nous !*
– ***Mettre en difficulté.*** Compromettre, rendre vulnérable. *Des entreprises mises en difficulté par la récession.*
– ***Sans difficulté,*** loc. adv. Sans problème, facilement. *Nous pourrons nous retrouver sans difficulté.* SYN. sans peine.
Le nom ***difficulté*** demeure généralement au singulier dans les expressions ***en cas de difficulté, en difficulté, sans difficulté, avec difficulté.***

DIFFORME adj.
Qui n'a pas une forme normale. *Une grenouille difforme.*

DIFFORMITÉ n. f.
Malformation. SYN. déformation.

DIFFUS, USE adj.
Répandu dans différentes directions. *Un son diffus, une lumière diffuse.*
diffu**s**.

DIFFUSÉMENT adv.
De façon diffuse.

DIFFUSER v. tr.
1. Répandre. *Ce radiateur diffuse de la chaleur.* SYN. propager.
2. Émettre par les médias. *Diffuser une nouvelle dans les journaux.*
3. Assurer la distribution commerciale d'une publication, d'un produit culturel. *Diffuser un roman, une revue scientifique.* SYN. distribuer ; publier.
CONJUGAISON : VOIR MODÈLE AIMER.

DIFFUSION n. f.
1. Action de diffuser une onde, une substance. *La diffusion d'un éclairage.*
2. Action de transmettre par la radio, la télévision. *La diffusion d'un bulletin de nouvelles.* SYN. transmission.

3. Action de distribuer commercialement un ouvrage, un produit culturel. *La diffusion d'un manuel, d'une revue littéraire.*

DIGÉRER v. tr., pronom.

VERBE TRANSITIF

1. Transformer un aliment comestible en un produit absorbé ou rejeté par le tube digestif. *J'ai très bien digéré ma tourtière, même si parfois cet aliment est indigeste.*
2. (FIG.) Assimiler. *Les élèves ont du mal à digérer cet enseignement trop théorique.*
3. (FIG.) Encaisser, supporter. *Il ne parvient pas à digérer cet échec.* SYN. avaler.

VERBE PRONOMINAL

1. Être assimilé par le tube digestif, en parlant d'un aliment. *Ces plats épicés ne se sont pas digérés sans peine.*
2. (FIG.) Être compris par l'esprit. *Ce texte ésotérique ne se laisse digérer qu'au prix de beaucoup d'efforts.*

À la forme pronominale, le participe passé de ce verbe s'accorde toujours en genre et en nombre avec son sujet. *Ces aliments se sont digérés facilement.*

CONJUGAISON : VOIR MODÈLE POSSÉDER.

Le ***é*** se change en ***è*** devant une syllabe contenant un ***e*** muet, sauf à l'indicatif futur et au conditionnel présent. *Je digère*, mais *je digérerai.*

[Les *Rectifications* (1990) admettent : il digèrera, digèrerait...]

***DIGEST**

Anglicisme pour ***résumé, condensé.***

DIGESTE adj.

Facile à digérer, léger. *Des salades digestes.* ANT. indigeste ; lourd.

DIGESTIBLE adj.

Qui peut être digéré facilement. SYN. léger.

DIGESTIF n. m.

Alcool que l'on prend à la fin du repas. *Prendrez-vous un digestif ? Un calvados, un cognac ?*

DIGESTIF, IVE adj.

Qui se rapporte à la digestion. *Le tube digestif.*

DIGESTION n. f.

Transformation des aliments dans l'appareil digestif.

DIGITAL, ALE, AUX adj.

Qui se rapporte aux doigts. *Des empreintes digitales.*

FORME FAUTIVE

*digital. Anglicisme au sens de (affichage) ***numérique.***

***DIGITALISATION**

Anglicisme pour ***numérisation.***

***DIGITALISER**

Anglicisme pour ***numériser.***

DIGNE adj.

1. Qui mérite quelque chose. *Cette personne est digne de foi, on peut la croire.*
2. Qui mérite de l'estime. *Le digne fils de son père.* SYN. respectable.
3. Qui convient. *Ce texte n'est pas digne de cette collection, de cet auteur.* SYN. à la hauteur.

Cet adjectif se dit en bonne ou en mauvaise part. *Il est digne d'admiration, il est digne de la plus sévère peine de prison.* Cependant, dans la tournure négative, il est suivi d'un terme favorable. *Il n'est pas digne de votre estime.*

DIGNEMENT adv.

Noblement, de façon digne. *Il faut accueillir dignement ces visiteurs.*

DIGNITAIRE n. m. et f.

Personne qui occupe un haut rang. *Le maire donne une réception pour les dignitaires.* SYN. autorité.

dignitaire.

DIGNITÉ n. f.

1. Noblesse, respect de soi-même. *Les juges doivent se comporter avec dignité. Manquer de dignité.*
2. Haute fonction. *Cette personne pourrait être élevée à la dignité de gouverneur général.*

DIGRESSION n. f.

Développement qui s'écarte du sujet traité.

On entend souvent à tort la prononciation *disgression.

DIGUE n. f.

Construction servant à retenir les eaux. *Les castors construisent des digues dans les cours d'eau.*

DIKTAT n. m.

Le ***t*** final se prononce, [diktat] ; le nom rime avec ***cantate.***

Exigence. *Des diktats du parti.*

[Les *Rectifications* (1990) admettent : dictat.]

DILAPIDATION n. f.

Action de dilapider. *La dilapidation d'un petit capital.*

DILAPIDER v. tr.

Gaspiller, dépenser à l'excès. *Il dilapide les fonds publics.*

CONJUGAISON : VOIR MODÈLE AIMER.

DILATABLE adj.

Qui peut se dilater. *Une matière dilatable.* SYN. expansible. ANT. contractile.

DILATATION n. f.

Action de se dilater. *La dilatation d'un ballon, des pupilles.*

DILATER v. tr., pronom.

VERBE TRANSITIF

Élargir, étendre. *On dit que le rire dilate la rate.*

VERBE PRONOMINAL

Augmenter de volume. *Ses pupilles se sont dilatées sous l'effet d'un médicament.*

À la forme pronominale, le participe passé de ce verbe s'accorde toujours en genre et en nombre avec son sujet. *Les rails se sont dilatés sous l'action de la chaleur.*

CONJUGAISON : VOIR MODÈLE AIMER.

DILATOIRE adj.

(LITT.) Qui tend à procurer un délai. *Une manœuvre dilatoire.*

DILEMME n. m.

Ce nom rime avec ***problème,*** [dilɛm].

Situation difficile dans laquelle on doit choisir entre deux possibilités différentes, mais conduisant à un même résultat toujours regrettable. *Comment sortir de cette impasse, de ce dilemme ? Un terrible dilemme.*

Ne pas confondre avec le nom ***alternative,*** situation où il n'y a que deux possibilités opposées, deux éventualités entre lesquelles il faut choisir et dont le résultat peut être heureux ou malheureux.

Attention au genre de ce nom : ***un*** dilemme.

dilemme.

DILETTANTE n. m. et f.

Personne qui s'occupe d'une chose en amateur.

LOCUTION

– ***En dilettante.*** En amateur, en guise de distraction.

dilettante.

DILETTANTISME n. m.

(PÉJ.) Caractère du dilettante. SYN. amateurisme.

DILIGENCE n. f.

1. (LITT.) Empressement. *Agissez avec diligence, il faut arriver avant 18 heures.* SYN. célérité.
2. Voiture à chevaux. *Les cowboys ont attaqué la diligence.*

LOCUTION

– ***Faire diligence.*** Se hâter, faire vite. SYN. se dépêcher.

diligence.

DILIGENT, ENTE adj.

(LITT.) Prompt. *Une action diligente.*

D

DILIGENTER v. tr.
(LITT.) Hâter, presser. *Il importe de diligenter cette enquête.*
CONJUGAISON : VOIR MODÈLE AIMER.

DILUANT n. m.
Produit ajouté à un vernis, à une peinture pour en réduire la viscosité. *Des diluants efficaces.*

DILUER v. tr., pronom.
VERBE TRANSITIF
1. Délayer une substance dans un liquide pour en réduire la concentration. *Diluer un potage trop épais avec du lait.*
2. (FIG.) Atténuer. *Ses précautions oratoires ont dilué le message qu'il voulait transmettre.* SYN. affaiblir.
VERBE PRONOMINAL
Se mélanger à un liquide. *Ce produit se dilue dans l'eau.*
À la forme pronominale, le participe passé de ce verbe s'accorde toujours en genre et en nombre avec son sujet. *Les couleurs se sont diluées peu à peu.*
CONJUGAISON : VOIR MODÈLE AIMER.

DILUTION n. f.
1. Action de diluer, de se diluer; son résultat. *La dilution du sucre dans une tasse de café.*
2. (FIN.) Pour les actionnaires d'une société cotée en Bourse, réduction du pourcentage de participation au total des actions lors de l'émission de nouvelles actions.

DILUVIEN, IENNE adj.
1. Qui se rapporte au déluge.
2. Torrentiel. *Des pluies diluviennes.*

DIMANCHE n. m.
Septième jour de la semaine, consacré au repos. *Les dimanches d'avril.*
T Les noms de jours s'écrivent avec une minuscule et prennent la marque du pluriel. *Je viendrai tous les dimanches,* mais *je viendrai tous les lundi et dimanche de chaque semaine.* Attention à la construction de la dernière phrase où les noms de jours restent au singulier parce qu'il n'y a qu'un seul lundi et qu'un seul dimanche par semaine.
L'Organisation internationale de standardisation (ISO) recommande de considérer le lundi comme le premier jour de la semaine.
VOIR – JOUR.

DÎME n. f.
Impôt prélevé par l'Église. *Les paroissiens paient leur dîme annuellement.*
[Les *Rectifications* (1990) admettent : dime.]

DIMENSION n. f.
1. Grandeur mesurable. *C'est un colis de grande dimension.*
Pour la dimension :
– d'un vêtement, on emploie le mot ***taille***;
– d'un gant, d'une coiffure ou d'une chaussure, le mot ***pointure***;
– d'un livre, d'un objet, le mot ***format***;
– d'une surface, le mot ***superficie***.
2. (FIG.) Mesure. *Quelles sont les dimensions de cette table ?*
3. (FIG.) Aspect significatif de quelque chose. *Les dimensions d'un problème.*

DIMINUÉ, ÉE adj.
Affaibli, amoindri physiquement ou intellectuellement. *Une personne diminuée à la suite d'une hémorragie cérébrale.*

DIMINUER v. tr., intr.
VERBE TRANSITIF
Réduire. *Elle a diminué ses dépenses.* SYN. baisser; comprimer.
VERBE INTRANSITIF
Devenir moins grand, moins coûteux. *Les prix ont diminué. Les prix sont diminués. Ses forces ont diminué.* SYN. baisser; décroître; tomber.
Le verbe se conjugue avec l'auxiliaire ***être*** ou l'auxiliaire ***avoir***, selon que l'on insiste sur l'état ou l'action.
CONJUGAISON : VOIR MODÈLE AIMER.

DIMINUTIF, IVE adj. et n. m.
ADJECTIF
Qui diminue le sens d'un mot. *L'élément* -ette *est un suffixe diminutif.*
Outre les idées de petitesse ou d'atténuation, les suffixes diminutifs introduisent souvent une nuance familière ou affectueuse. À titre d'exemple, le suffixe diminutif ***net, nette*** joint à l'adjectif ***mignon*** pour former ***mignonnet*** et ***mignonnette*** au sens de « petit » et « mignon ».
NOM MASCULIN
Mot formé d'un radical et d'un suffixe diminutif. Pommette *est le diminutif de* pomme.

DIMINUTION n. f.
Réduction. SYN. baisse; décroissance; fléchissement.
En parlant du prix, on dira : *La diminution du prix du lait* (et non la *diminution du lait).

***DIMMER**
Anglicisme pour ***gradateur (de lumière), variateur.***

DINAR n. m.
Unité monétaire de l'Algérie, de l'Irak, de la Jordanie, du Koweït, de la Libye, de la République populaire et démocratique du Yémen, de la Tunisie, de la Yougoslavie. *Des dinars.*
VOIR TABLEAU – SYMBOLES DES UNITÉS MONÉTAIRES.

DÎNATOIRE adj.
Qui sert de dîner. *Un goûter dînatoire.*
[Les *Rectifications* (1990) admettent : dinatoire.]

DINDE n. f.
Grand oiseau de basse-cour, qui est la femelle du dindon. *Au Nouvel An, on sert généralement de la dinde au réveillon.*
VOIR TABLEAU – ANIMAUX.

DINDON n. m.
Grand oiseau de basse-cour, qui est le mâle de la dinde.
VOIR TABLEAU – ANIMAUX.
LOCUTION
– ***Être le dindon de la farce.*** Être la personne dont on se moque.

DINDONNEAU n. m. (pl. *dindonneaux*)
Petit de la dinde. *Ces dindonneaux sont rigolos.*
VOIR TABLEAU – ANIMAUX.

DÎNER v. intr.
1. ⚜ Prendre le repas du midi. *Viens dîner avec tes camarades, si tu veux.* SYN. déjeuner.
En ce sens, le mot s'emploie aussi dans certaines régions de la France, de la Belgique, de la Suisse et dans la francophonie canadienne.
2. Prendre le repas du soir.
CONJUGAISON : VOIR MODÈLE AIMER.
[Les *Rectifications* (1990) admettent : diner.]

DÎNER n. m.
1. ⚜ Repas du midi. *Un dîner de fête.* SYN. déjeuner.
En ce sens, le mot s'emploie aussi dans certaines régions de la France, de la Belgique, de la Suisse et dans la francophonie canadienne.
2. Repas du soir.
LOCUTIONS
– ***Dîner-bénéfice.*** Dîner organisé en vue de recueillir des fonds pour une œuvre caritative, pour un parti politique, etc. *Des dîners-bénéfice.*
– ***Dîner-causerie.*** Dîner accompagné d'une conférence. *Des dîners-causeries intéressants.*
– ***Dîner-spectacle.*** Dîner accompagné d'un spectacle de variétés. *Des dîners-spectacles.*
Le nom ***dîner*** est souvent apposé et joint par un trait d'union à un mot désignant une activité. *Un dîner-débat.*
[Les *Rectifications* (1990) admettent : diner.]

DÎNETTE n. f.
Petit repas que les enfants font ensemble.
FORME FAUTIVE
*dînette. Anglicisme pour ***petite cuisine.***
[Les *Rectifications* (1990) admettent : dinette.]

DINGUE adj. et n. m. et f.
(FAM.) Bizarre, fou. *Pour prendre un tel risque, il faut être dingue.* SYN. dément.

DINOSAURE n. m.
1. Reptile fossile préhistorique de très grande taille.
2. (FIG.) Personne aux idées dépassées, organisation jugée archaïque, mais exerçant encore une certaine influence. *L'Académie française est-elle un dinosaure en matière linguistique ?*

DIOCÈSE n. m.
Région où s'exerce la juridiction d'un évêque.
✏ dio**cè**se.

DIODE n. f.
Composant électronique.

DIONYSIAQUE adj.
Relatif à Dionysos (Bacchus).
✏ diony**s**iaque.

DIOXINE n. f.
Produit très toxique. *Des émanations de dioxine.*

DIOXYDE n. m.
(CHIM.) Oxyde contenant deux atomes d'oxygène. *Le secrétaire général de l'ONU a estimé que la Chine était désormais le principal émetteur mondial de dioxyde de carbone (CO_2).*
☞ Le nom ***bioxyde*** est plus fréquemment employé que celui de ***dioxyde***, mais les deux mots sont exacts. ***Di-*** est un préfixe grec signifiant « deux fois » et ***bi-***, un préfixe latin qui a la même signification.

***DIP**
Anglicisme pour ***trempette.***

DIPHTÉRIE n. f.
Maladie contagieuse.
✏ di**ph**térie.

DIPHTONGAISON n. f.
(PHONÉT.) Fusion en un seul élément vocalique de deux voyelles.
✏ di**ph**tongaison.

DIPHTONGUE n. f.
(PHONÉT.) Voyelle qui change de timbre en cours de prononciation. *Le mot* père *prononcé* pa-ère.
✏ di**ph**tongue.

DIPHTONGUER v. tr.
(PHONÉT.) Convertir une voyelle en diphtongue.
CONJUGAISON : VOIR MODÈLE AIMER.
✏ di**ph**tonguer.

DIPLÔMANT, ANTE adj.
Qui conduit à l'obtention d'un diplôme. *Les grands groupes qui puisent dans leurs effectifs pour pourvoir une large partie de leur encadrement ont globalement mis en place des parcours structurés, avec formation diplômante ou non.*

DIPLOMATE adj. et n. m. et f.
ADJECTIF
Qui est habile dans ses relations avec autrui. *Elle est très diplomate et sait convaincre tout un chacun.* SYN. adroit.
NOM MASCULIN ET FÉMININ
Personne chargée par un gouvernement de le représenter à l'étranger. *Cette ambassadrice est une fine diplomate.*
✏ dipl**o**mate.

DIPLOMATIE n. f.
Le ***t*** se prononce comme ***s***, [diplɔmasi].
1. Représentation d'un pays à l'étranger. *Elle est déléguée du Québec au Mexique, elle est dans la diplomatie.*
2. Habileté, tact. *On lui a répondu avec diplomatie qu'il avait peut-être raison.* SYN. adresse ; doigté.
✏ dipl**o**matie.

DIPLOMATION n. f.
(DIDACT.) Pourcentage exprimant le nombre relatif d'élèves ou d'étudiants qui obtiennent un diplôme (GDT).
☞ Attention à l'orthographe de ce mot, dérivé du nom ***diplôme,*** qui s'écrit néanmoins sans accent circonflexe.

DIPLOMATIQUE adj.
1. Relatif à la diplomatie. *Le courrier diplomatique.*
2. Habile, plein de tact. *Une réponse diplomatique.* SYN. adroit.
✏ dipl**o**matique.

DIPLOMATIQUEMENT adv.
De façon diplomatique.

DIPLÔME n. m.
Document qui confère un titre, un grade. *Julie recevra bientôt son diplôme d'études collégiales, son D.E.C.*
VOIR TABLEAU – GRADES ET DIPLÔMES UNIVERSITAIRES.
LOCUTION
– ***Délivrance des diplômes.*** Acte administratif par lequel les diplômes sont remis (Recomm. off.). *L'université lui a délivré* (et non *émis) *un diplôme.*
✏ dipl**ô**me.

DIPLÔMÉ, ÉE adj. et n. m. et f.
Qui a obtenu un diplôme. *Elle est diplômée* (et non *graduée) *depuis peu.*
✏ dipl**ô**mé.

DIPLÔMER v. tr.
Décerner un diplôme à. *L'école a diplômé 20 nouveaux ingénieurs.*
CONJUGAISON : VOIR MODÈLE AIMER.
✏ dipl**ô**mer.

***DIPSTICK**
Anglicisme pour ***bandelette réactive.***

DIPTYQUE n. m.
Œuvre en deux parties. *Ce diptyque ancien est remarquable.*
☞ Ne pas confondre avec le nom ***distique***, ensemble de deux vers.
☞ L'œuvre en trois parties est un ***triptyque.***

DIRE n. m.
Ce qu'une personne avance, déclare, rapporte. *Les dires des experts sont parfois contradictoires.* SYN. affirmation ; allégation ; avis ; déclaration ; parole.
LOCUTIONS
– ***Au dire de,*** loc. prép. D'après, selon l'avis de. *Au dire des spécialistes, il est hors de danger.*
– ***Selon le(s) dire(s) de.*** D'après, selon. *Selon le dire du témoin, les dires de l'accusé.*
– ***Selon les dires.*** D'après ce qu'on dit. *« Cet homme qui, selon les dires, n'avait jamais réussi à faire vivre convenablement sa famille »* (Gabrielle Roy, *Bonheur d'occasion*).

DIRE v. tr., pronom.
VERBE TRANSITIF
1. Exprimer par la parole. *Je vous dis merci. Vous me dites* (et non *disez) *bonjour.* SYN. prononcer.
2. Inviter à, demander. *Elle me dit de venir.* SYN. conseiller.
VERBE PRONOMINAL
1. Penser. *Léa se dit qu'elle ferait bien de prendre son parapluie.*
2. Prétendre. *Il se dit notre allié, mais je ne le crois pas.*
3. Se déclarer. *Ils se sont dits heureux de ce dénouement.*
Le participe passé d'un verbe pronominal suivi d'un attribut du pronom réfléchi s'accorde en genre et en nombre avec le sujet. *Elles se sont dites satisfaites.*
4. Être employé, en parlant d'un mot, d'une expression. *Le mot* aborigène *se dit de la personne dont les ancêtres ont toujours habité le pays où elle vit.*

D

À la forme pronominale, le participe passé de ce verbe s'accorde en genre et en nombre avec le complément direct si celui-ci le précède. *Les bêtises que nous nous sommes dites.* Le participe passé reste invariable si le complément direct suit le verbe. *Ils se sont dit des sottises.*

LOCUTIONS
- ***À dire vrai, à vrai dire.*** En fait.
- ***Autrement dit.*** En d'autres mots.
- ***Avoir beau dire.*** Malgré tout ce que l'on peut dire.
- ***Avoir son mot à dire.*** Vouloir donner son avis.
- ***Bien faire et laisser dire.*** Ne pas se soucier des commentaires.
- ***Ceci dit*** ou ***cela dit.*** Malgré tout.

Ces deux locutions s'emploient et sont synonymes.
- ***Cela ne me dit rien.*** Cela ne me tente pas, cela ne me rappelle rien.
- ***Cela va sans dire.*** C'est incontestable, évident.
- ***C'est tout dire.*** On ne peut rien dire de plus.
- ***Le qu'en-dira-t-on.*** Les ragots.
- ***Ne pas se le faire dire deux fois.*** Ne pas hésiter.
- ***Pour ainsi dire.*** À peu près.
- ***Pour tout dire.*** En résumé.
- ***Quoi qu'on dise.*** Malgré ce qu'on dira.
- ***Sans dire mot*** ou ***sans mot dire.*** Sans répondre. *Il s'exécuta sans dire mot.*
- ***Si le cœur vous en dit.*** Si vous en avez envie.
- ***Soit dit entre nous.*** Confidentiellement.
- ***Vouloir dire.*** Signifier. *Le mot anglais* boat *veut dire* « bateau » *en français.*

CONJUGAISON : VOIR MODÈLE DIRE.

DIRECT, E adj.
1. Qui est droit, sans détour. *Une route directe. Un vol direct pour Rome, sans escale à Londres ou à Paris.* ANT. indirect.
2. Franc, sans détour. *Des commentaires directs.* SYN. clair. ANT. tortueux.

LOCUTIONS
- ***Complément direct.*** (GRAMM.) Complément relié directement au verbe, sans préposition. *Dans la phrase « Il peint le mur », « mur » est le complément direct du verbe « peint ».*

VOIR TABLEAU – COMPLÉMENT.
- ***En direct.*** Se dit d'une émission diffusée en direct. ANT. en différé.

DIRECTEMENT adv.
1. Sans détour. *Julien est rentré directement de l'école, sans s'arrêter au magasin.* SYN. tout droit.
2. Franchement. *Elle lui a parlé directement.* SYN. clairement.
3. Sans intermédiaire. *À la ferme de Mme Goyette, on peut cueillir directement ses framboises.*

DIRECTEUR n. m.
DIRECTRICE n. f.
Personne qui est à la tête d'une direction. *La directrice de la comptabilité. Un directeur adjoint.*

LOCUTION
- ***Directeur, directrice d'école.*** Personne responsable de l'administration et de la gestion d'un établissement d'enseignement. *Les élèves ont fait appel au directeur* (et non au *principal).

FORME FAUTIVE
*directeur. Anglicisme au sens de ***membre d'un conseil d'administration, administrateur, administratrice.***

DIRECTEUR, TRICE adj.
Qui dirige. *Des lignes directrices, des plans directeurs.*

DIRECTIF, IVE adj.
Qui impose une direction, des contraintes. *Un ton directif.* SYN. autoritaire.

DIRECTION n. f.
1. Conduite, administration. *Une direction dynamique.* SYN. gestion ; organisation.
2. Ensemble de ceux qui dirigent une entreprise, un organisme. *La direction de l'école s'est réunie ce matin.* SYN. autorité ; dirigeants.
3. Unité administrative. *La Direction de la comptabilité.*

T En ce sens, le nom ***direction*** s'écrit généralement avec une majuscule initiale ; le nom spécifique ou l'adjectif désignant l'unité administrative s'écrit avec une minuscule.

4. Lieu vers lequel quelqu'un, quelque chose se dirige. *Ils vont en direction du sud. Elles ont changé de direction.* SYN. orientation ; sens.

FORME FAUTIVE
*direction. Anglicisme au sens de ***mode d'emploi.*** *Lisez bien le mode d'emploi* (et non la ou les *directions) *avant d'utiliser ce médicament.*

DIRECTIVE n. f.
Instructions générales. *Quelles sont vos directives ?* SYN. consigne ; ordre.

Ce nom s'emploie généralement au pluriel.

DIRECTOIRE n. m.
- ***Style directoire.*** Style caractéristique de l'époque du Directoire.

Le mot ne s'emploie que dans cette locution.

T Ce nom s'écrit avec une majuscule lorsqu'il désigne le régime politique du XVIIIe siècle.

DIRECTORIAL, IALE, IAUX adj.
Propre à une direction. *Un fauteuil directorial.*

DIRHAM n. m.
Unité monétaire des Émirats arabes unis, du Maroc. *Des dirhams.*

VOIR TABLEAU – SYMBOLES DES UNITÉS MONÉTAIRES.

DIRIGÉ, ÉE adj.
Conduit. *Une économie dirigée.*

DIRIGEABLE adj. et n. m.

ADJECTIF
Qui peut être dirigé. *Des ballons dirigeables.*

NOM MASCULIN
Aérostat qu'on peut diriger. *Des dirigeables en bon état.*

DIRIGEANT, ANTE adj. et n. m. et f.

ADJECTIF
Qui dirige. *La classe dirigeante.*

NOM MASCULIN ET FÉMININ
Personne qui dirige. *Les dirigeants et les dirigeantes de l'entreprise.* SYN. chef ; décideur ; directeur.

Le nom ***dirigeant*** désigne une personne qui se situe au sommet de la hiérarchie. Contrairement au terme ***cadre,*** qui peut être qualifié de ***supérieur,*** d'***intermédiaire*** ou d'***inférieur,*** le nom ***dirigeant*** s'emploie absolument. *Les dirigeants* (et non les *hauts-dirigeants).

dirigeant.

DIRIGER v. tr., pronom.

VERBE TRANSITIF
1. Conduire, commander. *Elle sait diriger ses employés.* SYN. administrer ; gérer.
2. Guider vers un endroit. *Dirigez-moi vers mon hôtel, s'il vous plaît.* SYN. conduire.

VERBE PRONOMINAL
1. Se rendre à, aller. *Mme Plantier s'est dirigée vers la banque.*
2. (FIG.) Se destiner à. *Étienne se dirige vers la recherche médicale et l'enseignement.* SYN. s'orienter.

À la forme pronominale, le participe passé de ce verbe s'accorde toujours en genre et en nombre avec son sujet. *Les alpinistes se sont dirigés vers le sommet de la montagne.*

CONJUGAISON : VOIR MODÈLE CHANGER.
Le ***g*** est suivi d'un ***e*** devant les lettres ***a*** et ***o.*** *Il dirigea, nous dirigeons.*

D

CONJUGAISON DU VERBE **DIRE**

INDICATIF

PRÉSENT		PASSÉ COMPOSÉ		
je	**dis**	j'	ai	dit
tu	**dis**	tu	as	dit
elle	**dit**	elle	a	dit
il	**dit**	il	a	dit
nous	**disons**	nous	avons	dit
vous	**dites**	vous	avez	dit
elles	**disent**	elles	ont	dit
ils	**disent**	ils	ont	dit

IMPARFAIT		PLUS-QUE-PARFAIT		
je	**disais**	j'	avais	dit
tu	**disais**	tu	avais	dit
elle	**disait**	elle	avait	dit
il	**disait**	il	avait	dit
nous	**disions**	nous	avions	dit
vous	**disiez**	vous	aviez	dit
elles	**disaient**	elles	avaient	dit
ils	**disaient**	ils	avaient	dit

PASSÉ SIMPLE		PASSÉ ANTÉRIEUR		
je	**dis**	j'	eus	dit
tu	**dis**	tu	eus	dit
elle	**dit**	elle	eut	dit
il	**dit**	il	eut	dit
nous	**dîmes**	nous	eûmes	dit
vous	**dîtes**	vous	eûtes	dit
elles	**dirent**	elles	eurent	dit
ils	**dirent**	ils	eurent	dit

FUTUR SIMPLE		FUTUR ANTÉRIEUR		
je	**dirai**	j'	aurai	dit
tu	**diras**	tu	auras	dit
elle	**dira**	elle	aura	dit
il	**dira**	il	aura	dit
nous	**dirons**	nous	aurons	dit
vous	**direz**	vous	aurez	dit
elles	**diront**	elles	auront	dit
ils	**diront**	ils	auront	dit

CONDITIONNEL PRÉSENT		CONDITIONNEL PASSÉ		
je	**dirais**	j'	aurais	dit
tu	**dirais**	tu	aurais	dit
elle	**dirait**	elle	aurait	dit
il	**dirait**	il	aurait	dit
nous	**dirions**	nous	aurions	dit
vous	**diriez**	vous	auriez	dit
elles	**diraient**	elles	auraient	dit
ils	**diraient**	ils	auraient	dit

SUBJONCTIF

PRÉSENT			PASSÉ			
que	je	**dise**	que	j'	aie	dit
que	tu	**dises**	que	tu	aies	dit
qu'	elle	**dise**	qu'	elle	ait	dit
qu'	il	**dise**	qu'	il	ait	dit
que	nous	**disions**	que	nous	ayons	dit
que	vous	**disiez**	que	vous	ayez	dit
qu'	elles	**disent**	qu'	elles	aient	dit
qu'	ils	**disent**	qu'	ils	aient	dit

IMPARFAIT			PLUS-QUE-PARFAIT			
que	je	**disse**	que	j'	eusse	dit
que	tu	**disses**	que	tu	eusses	dit
qu'	elle	**dît**	qu'	elle	eût	dit
qu'	il	**dît**	qu'	il	eût	dit
que	nous	**dissions**	que	nous	eussions	dit
que	vous	**dissiez**	que	vous	eussiez	dit
qu'	elles	**dissent**	qu'	elles	eussent	dit
qu'	ils	**dissent**	qu'	ils	eussent	dit

IMPÉRATIF

PRÉSENT	PASSÉ	
dis	aie	dit
disons	ayons	dit
dites	ayez	dit

INFINITIF

PRÉSENT	PASSÉ
dire	avoir dit

PARTICIPE

PRÉSENT	PASSÉ
disant	dit, ite ayant dit

D

DIRIGISME n. m.
Système économique dans lequel l'État assure la direction des mécanismes économiques.

DIRIGISTE adj. et n. m. et f.
Se dit d'un partisan du dirigisme.

DIS- préf.
Élément du latin signifiant « au travers de » qui sert à marquer la séparation, la négation. *Disparaître, dissuader.*
Devant les mots commençant par un *f*, le préfixe devient ***dif-***. *Diffusion.*

DISCAL, ALE, AUX adj.
Relatif à un disque. *Une hernie discale.*

***DISCARTER**
Anglicisme pour ***se défausser.***

DISCERNABLE adj.
Qui peut être discerné. *Leur voilier est-il encore trop loin ou est-il discernable ?*

DISCERNEMENT n. m.
Bon sens, jugement. *Étienne fait preuve de discernement en faisant ce choix.* SYN. circonspection ; réflexion.
discernement.

DISCERNER v. tr.
1. Distinguer. *Il fait noir et elle n'arrive pas à discerner l'adresse.* SYN. percevoir ; voir.
2. Différencier. *Discerner le bien d'avec le mal, le bien du mal.* SYN. démêler ; distinguer.
3. Découvrir. *Elle discerne ses motifs sans peine.* SYN. deviner ; reconnaître ; saisir ; sentir.
CONJUGAISON : VOIR MODÈLE AIMER.
discerner.

DISCIPLE n. m. et f.
Personne qui suit la doctrine d'un maître.
Ne pas confondre avec le nom ***adepte*** qui est souvent suivi d'un nom de doctrine, alors que le nom ***disciple*** peut être suivi d'un nom de personne. *Un adepte du socialisme. Elle est une disciple du frère Marie-Victorin.*
disciple.

DISCIPLINAIRE adj.
Qui se rapporte à la discipline. *Mesure disciplinaire.*
Ne pas confondre avec l'adjectif ***pluridisciplinaire,*** qui concerne plusieurs disciplines, plusieurs domaines.
discipli**naire.**

DISCIPLINE n. f.
1. Matière d'enseignement. *Quelles disciplines avez-vous choisies ? La physique et la chimie.*
2. Règle de conduite adoptée en vue de faire régner le bon ordre dans un groupe, une collectivité. *Cette personne est chargée de la discipline au collège.* SYN. règle ; règlement.
3. Volonté, détermination dans la poursuite d'un objectif. *Elle travaille avec discipline tous les jours.*
discipline.

DISCIPLINÉ, ÉE adj.
1. Qui obéit à la discipline d'un groupe. *Ces élèves sont turbulentes, elles ne sont pas disciplinées.* SYN. obéissant.
2. Qui se force à atteindre un objectif fixé. *Il lui faudra être très discipliné pour terminer le travail à temps.* SYN. déterminé ; obstiné ; volontaire.
discipliné.

DISCIPLINER v. tr., pronom.
VERBE TRANSITIF
Soumettre quelqu'un à un ensemble de règles.
VERBE PRONOMINAL
Suivre la discipline. *Il faut se discipliner pour se lever si tôt.*
À la forme pronominale, le participe passé de ce verbe s'accorde toujours en genre et en nombre avec son sujet. *Ils se sont disciplinés.*
CONJUGAISON : VOIR MODÈLE AIMER.
discipliner.

***DISC-JOCKEY**
Anglicisme pour ***animateur, présentateur.***

DISCO adj. inv. et n. m. inv.
Se dit d'un style de musique populaire. *Des musiques disco. Ce poste diffuse du disco.*

DISCOGRAPHIE n. f.
Répertoire de disques.

***DISCONNECTER**
Anglicisme pour ***débrancher.***

DISCONTINU, UE adj.
Qui n'est pas continu. *Une ligne discontinue sépare la route : il est alors permis de doubler une voiture.*

DISCONTINUATION n. f.
Interruption. *La discontinuation des hostilités.*

***DISCONTINUÉ (ARTICLE, PRODUIT)**
Impropriété au sens de ***sans suite, qui n'est plus vendu.***

DISCONTINUER v. intr.
Cesser.
LOCUTION
– ***Sans discontinuer.*** Sans cesser un moment. *Il neige sans discontinuer depuis hier.* SYN. sans arrêt ; sans cesse.
Ce verbe ne s'emploie couramment que dans la locution citée.

DISCONTINUITÉ n. f.
Cessation, interruption. ANT. continuité.

DISCONVENANCE n. f.
(LITT.) Défaut de convenance.

DISCONVENIR v. tr. ind.
(LITT.) Ne pas admettre, ne pas reconnaître. SYN. nier.
Le verbe se construit avec l'auxiliaire ***être.*** *Il n'en est pas disconvenu.*
Ce verbe est généralement employé à la forme négative. *Je ne disconviens pas qu'il (ne) soit très compétent.* Le verbe se construit généralement avec le mode subjonctif, accompagné ou non du ***ne*** explétif ; il peut également se construire avec le mode indicatif si l'on veut mettre l'accent sur la réalité d'un fait. *Je ne disconviens pas qu'il est très habile.*
LOCUTION
– ***Ne pas disconvenir de quelque chose.*** En convenir. SYN. concéder.
Cette expression s'emploie dans un style soutenu.
CONJUGAISON : VOIR MODÈLE VENIR.

DISCORDANCE n. f.
Caractère de ce qui est discordant. *Les discordances de ces sons.*
discordance.

DISCORDANT, ANTE adj.
1. Se dit de choses qui ne s'accordent pas bien ensemble, sans harmonie. *Des instruments discordants.*
2. (FIG.) Divergent. *Des opinions discordantes.*
discord**ant.**

DISCORDE n. f.
Désunion grave. *Un sujet de discorde.* ANT. concorde.
Ne pas confondre avec les noms suivants :
• ***désaccord,*** différend ;
• ***dissidence,*** division profonde qui conduit un groupe ou une personne à se désolidariser ;
• ***incompatibilité,*** impossibilité de s'entendre avec une autre personne.

DISCOTHÈQUE n. f.
S'abrège familièrement en ***disco.***
1. Établissement où l'on peut danser. SYN. boîte.
2. Collection de disques privée ou publique.

***DISCOUNT**
Anglicisme pour ***rabais, remise.***

DISCOURIR v. intr.
1. Parler sans approfondir la matière. *Discourir d'une affaire.*
2. Parler longuement de quelque chose. *Discourir pendant des heures du sexe des anges, sur le sexe des anges.* SYN. disserter.
CONJUGAISON : VOIR MODÈLE COURIR.
INDICATIF PRÉSENT *Je discours, tu discours, il discourt, nous discourons, vous discourez, ils discourent.* IMPARFAIT *Je discourais.* PASSÉ SIMPLE *Je discourus.* FUTUR *Je discourrai.* CONDITIONNEL PRÉSENT *Je discourrais.* IMPÉRATIF PRÉSENT *Discours, discourons, discourez.* SUBJONCTIF PRÉSENT *Que je discoure.* IMPARFAIT *Que je discourusse.* PARTICIPE PRÉSENT *Discourant.* PASSÉ *Discouru.*

DISCOURS n. m.
Exposé d'idées d'une certaine longueur. *Le président a fait un beau discours pour nous exposer son programme.*
Ne pas confondre avec les noms suivants :
• ***allocution,*** petit discours familier;
• ***plaidoyer,*** discours d'un avocat;
• ***sermon, prêche,*** discours d'un prédicateur.
VOIR TABLEAU – DISCOURS RAPPORTÉ.

DISCOURTOIS, OISE adj.
Qui manque de courtoisie. *Des invités discourtois.* SYN. grossier; impoli.

DISCRÉDIT n. m.
Perte du crédit, de l'influence, du succès. *Ce scandale a jeté le discrédit sur cette entreprise.* SYN. disgrâce.
discrédit.

DISCRÉDITER v. tr., pronom.
VERBE TRANSITIF
Faire perdre l'influence, l'autorité, la popularité de quelqu'un ou de quelque chose. *Ces déversements de produits chimiques dans la rivière ont discrédité cette entreprise.* SYN. déprécier.
VERBE PRONOMINAL
Perdre de sa valeur, de son crédit. *Ils se discréditent en augmentant les prix ainsi.*
À la forme pronominale, le participe passé de ce verbe s'accorde toujours en genre et en nombre avec son sujet. *En agissant ainsi, la présidente s'est discréditée auprès des membres.*
Ne pas confondre avec les verbes suivants :
• ***décrier,*** déprécier avec force, faire perdre la réputation, l'autorité;
• ***dénigrer,*** chercher à diminuer la valeur d'une personne, d'une chose;
• ***diffamer,*** porter atteinte à la réputation;
• ***vilipender,*** traiter avec mépris.
CONJUGAISON : VOIR MODÈLE AIMER.

DISCRET, ÈTE adj.
1. Réservé dans ses paroles, ses actions. *Il est trop discret, on ne le remarque pas.*
2. À qui on peut faire des confidences. *Ne vous inquiétez pas, je serai très discrète : je ne dirai rien.*

DISCRÈTEMENT adv.
Avec discrétion. *Elle a été prévenue discrètement.*

DISCRÉTION n. f.
1. Tact, réserve. *Il n'a pas dérangé son ami, par discrétion.* SYN. retenue.
2. Aptitude à garder un secret. *On peut compter sur sa discrétion.*
LOCUTION
– ***À discrétion.*** À volonté. *On peut se servir à discrétion.*
discrétion.

DISCRÉTIONNAIRE adj.
Arbitraire. *Un pouvoir discrétionnaire.*

D

DISCRIMINATION n. f.
1. Action de traiter différemment certaines personnes par rapport à d'autres. *Il ne faut pratiquer aucune discrimination.* SYN. ségrégation.
2. (LITT.) Distinction.

DISCRIMINATOIRE adj.
Qui distingue un groupe humain d'un autre, à son désavantage. *Ce classement a été jugé discriminatoire.*

DISCRIMINER v. tr.
Distinguer entre des personnes, des choses.
CONJUGAISON : VOIR MODÈLE AIMER.

DISCULPATION n. f.
Action de disculper.

DISCULPER v. tr., pronom.
VERBE TRANSITIF
Prouver l'innocence de quelqu'un. *Ces témoignages l'ont disculpé, il a été libéré.* SYN. blanchir; innocenter.
VERBE PRONOMINAL
Se justifier, prouver son innocence. *Il a réussi à se disculper totalement.*
À la forme pronominale, le participe passé de ce verbe s'accorde toujours en genre et en nombre avec son sujet. *Elle s'est disculpée.*
CONJUGAISON : VOIR MODÈLE AIMER.

DISCURSIF, IVE adj.
Qui concerne le discours. *Un style discursif.*

DISCUSSION n. f.
1. Débat, examen. *Une période de discussion suivra l'exposé.* SYN. échange.
2. Querelle. *Il y a rarement des discussions entre eux.* SYN. controverse; différend; dispute.

DISCUTABLE adj.
Que l'on peut discuter, douteux. *Ce choix est très discutable.* SYN. critiquable; mauvais.

DISCUTÉ, ÉE adj.
Contesté, mis en cause. *Une affirmation discutée.* SYN. controversé; critiqué.

DISCUTER v. tr., intr.
VERBE TRANSITIF DIRECT
Examiner avec soin une question. *Les membres du conseil ont longuement discuté le projet d'agrandissement.* SYN. débattre.
VERBE TRANSITIF INDIRECT
Échanger des idées sur un sujet. *Ils discutent de la pluie et du beau temps.* SYN. (FAM.) causer.
En ce sens, le verbe se construit avec la préposition ***de.***
VERBE INTRANSITIF
Contester, mettre en question. *Ne discutez pas, les enfants, il est temps de rentrer.* SYN. critiquer.
CONJUGAISON : VOIR MODÈLE AIMER.

DISERT, ERTE adj.
(LITT.) Éloquent. *Des convives diserts.*

DISETTE n. f.
1. Pénurie de vivres. *Des années d'abondance suivies d'une année de disette.*
2. (FIG.) Rareté, manque de quelque chose de nécessaire. *Une disette de personnel infirmier, d'idées nouvelles.*

DISEUR, EUSE n. m. et f.
– ***Diseur, diseuse de bonne aventure.*** Personne qui prétend connaître l'avenir. SYN. devin; voyant.
Le mot ne s'emploie que dans cette locution.

DISCOURS RAPPORTÉ[1]

Le **discours rapporté** est l'insertion dans un texte des propos tenus par une autre personne que celle qui a écrit ce texte.

D

DISCOURS RAPPORTÉ DIRECT

Le discours rapporté direct relève de la grammaire du texte: les propos sont rapportés textuellement à titre de citation et s'insèrent entre les phrases du texte. Dans le discours rapporté direct, les mots qui servent à faire des références au monde extérieur (*je, tu, ici, là-bas, hier, demain*, etc.) sont en relation avec une situation de communication différente de celle du texte. Ils font référence à la réalité dans laquelle les propos ont été tenus.

La semaine dernière, Hugo m'a annoncé: « ***J'ai*** *décidé* ***hier soir*** *de* ***retourner*** *vivre auprès de* ***vous, ma*** *vie* ***ici*** *ne* ***me*** *satis****fait*** *plus.»*

À TITRE D'EXEMPLES

On peut utiliser une citation dans une argumentation pour donner de la crédibilité à ce qui est avancé.

Les adultes québécois de moins de 50 ans sont plus sereins que les autres quant à la langue d'ici. La linguiste Chantal Bouchard (2002, page 9) ***explique:*** *«Ceux qui étaient adultes ou adolescents dans les années 1950 ou 1960 restent profondément marqués par la crise identitaire et la forte insécurité linguistique de cette époque.»*

On peut recourir à une citation dans un reportage pour rendre une description plus vivante.

Marie-Claude est une rêveuse pragmatique. «Je voulais lancer mon atelier de robes de soirée, ***dit-elle,*** *mais je ne voulais pas participer à la surproduction mondiale. J'ai donc décidé de créer de véritables robes de rêve à partir de tissus recyclés seulement.»*

Principales caractéristiques du discours rapporté direct

- **verbe introducteur de discours suivi du deux-points**

  a annoncé: *explique:*

- **phrase incise** à l'intérieur ou à la suite du discours rapporté (inversion verbe et sujet, virgules pour encadrer ou isoler l'incise)

  , dit-elle, *, a déclaré la députée.*

- **guillemets** pour encadrer le discours rapporté

  a annoncé: «…» *explique: «…»* *«…, dit-elle, …»* *«…», a déclaré la députée.*

- **ponctuation à la fin du discours rapporté** selon le type de la phrase citée

  demande: «Pourquoi y allez-vous?» *veut savoir: «Y allez-vous?»*

- **indices de temps et de lieu différents** de la réalité du texte

  hier soir, auprès de vous, ici

⊶ Dans toute citation, les points de suspension entre crochets indiquent qu'un extrait du discours n'a pas été rapporté.

Marie-Claude est une rêveuse. «Je voulais lancer mon atelier de robes de soirée, dit-elle, […] créer de véritables robes de rêve.»

VOIR TABLEAUX ▸ **GUILLEMETS.** ▸ **MAJUSCULES ET MINUSCULES.** ▸ **PONCTUATION.**

DISCOURS RAPPORTÉ | ***SUITE*** >>

1. Conception du tableau: Annie Desnoyers.

DISCOURS RAPPORTÉ INDIRECT

Le discours rapporté indirect relève de la grammaire de la phrase : les propos rapportés sont intégrés syntaxiquement dans les phrases du texte. Dans le discours rapporté indirect, les mots qui servent à faire des références au monde extérieur (*je, tu, ici, là-bas, hier, demain*, etc.) sont adaptés à la situation de communication du texte.

*La semaine dernière, Hugo m'a annoncé qu'**il avait** décidé **la veille** de **revenir** vivre auprès de **nous**, que **sa** vie **là-bas** ne **le** satis**faisait** plus.*

Dans une argumentation, pour donner de la crédibilité à ce qui est avancé, les paroles d'un autre auteur ou chercheur peuvent être rapportées indirectement, c'est-à-dire dans ses propres mots plutôt que textuellement.

*Les adultes québécois de moins de 50 ans sont plus sereins que les autres quant à la langue d'ici. La linguiste Chantal Bouchard (2002, page 9) **explique que** ceux qui ont vécu leur jeunesse durant les années 1950 ou 1960 sont encore marqués par l'insécurité linguistique de ce temps.*

Principales caractéristiques du discours rapporté indirect

- **verbe introducteur de discours suivi de la phrase subordonnée**

  Hugo a annoncé [*que…*], [*que…*].   *La linguiste explique* [*que…*].

- **temps de verbe du discours rapporté** (verbe subordonné) **selon le temps du verbe introducteur** (verbe principal)

  Hugo a annoncé [qu'il avait décidé la veille de revenir vivre auprès de nous].

  ☞ Le verbe principal est au passé, l'action du verbe subordonné se déroule AVANT celle du verbe principal : le verbe se conjugue au plus-que-parfait.

  Hugo a annoncé [que sa vie là-bas ne le satisfait plus].

  ☞ Le verbe principal est au passé, l'action du verbe subordonné se déroule PENDANT celle du verbe principal : le verbe se conjugue à l'imparfait.

  La linguiste explique [que ceux qui ont vécu leur jeunesse en 1950 sont encore marqués par l'insécurité linguistique].

  ☞ Le verbe principal est au présent, l'action du verbe subordonné se déroule PENDANT celle du verbe principal : le verbe se conjugue au présent.

- **indices de temps et de lieu adaptés à la situation de communication du texte**

  la veille, auprès de nous, là-bas

- **ponctuation à la fin du discours rapporté selon le type de la phrase autonome** ou matrice dans laquelle la subordonnée est intégrée (ponctuation de la phrase déclarative si interrogation indirecte)

  demande pourquoi vous y allez.   *veut savoir si vous y allez.*

VOIR TABLEAUX ▸ CONCORDANCE DES TEMPS DANS LA PHRASE. ▸ PHRASE (TYPES ET FORMES DE LA).

D

DISGRÂCE n. f.
Perte de l'estime dont quelqu'un jouissait. *Ce chanteur est tombé en disgrâce.* SYN. discrédit.
FORME FAUTIVE
*disgrâce. Anglicisme au sens de ***déshonneur, honte.*** *Ils sont la honte* (et non la *disgrâce) *de leur école.*
✏ disgrâce.

DISGRACIER v. tr.
(LITT.) Retirer à quelqu'un la faveur dont il jouissait.
CONJUGAISON : VOIR MODÈLE ÉTUDIER.
✏ disgracier, contrairement à ***grâce, disgrâce.***

DISGRACIEUX, IEUSE adj.
1. Déplaisant, laid. *Ces gestes sont disgracieux.*
2. Discourtois.

***DISGRESSION**
Impropriété pour ***digression.***

DISJOINDRE v. tr., pronom.
VERBE TRANSITIF
Désunir. *Ils devront disjoindre les dalles de ce sol.* SYN. désassembler.
VERBE PRONOMINAL
Se séparer. *Les planches se sont disjointes.*
📏 À la forme pronominale, le participe passé de ce verbe s'accorde toujours en genre et en nombre avec son sujet. *Les lattes du parquet se sont disjointes.*
CONJUGAISON : VOIR MODÈLE JOINDRE.

DISJONCTER v. intr.
1. Interrompre le courant électrique, en parlant d'un disjoncteur.
2. (FIG.) (FAM.) Perdre l'esprit, le contact avec la réalité. *Ces émotions l'ont secoué durement : il a disjoncté.* SYN. (FAM.) péter les boulons ; (FAM.) péter les plombs.
CONJUGAISON : VOIR MODÈLE AIMER.

DISJONCTEUR n. m.
(ÉLECTR.) Interrupteur dont l'ouverture se produit automatiquement dans des conditions anormales, par exemple lorsque l'intensité du courant qui le traverse dépasse une certaine valeur (GDT). *Le disjoncteur* (et non *breaker) *est un dispositif de protection des appareils ou du réseau électrique contre les effets des surcharges de courant.*

DISJONCTION n. f.
1. Action de séparer ce qui était joint. SYN. désunion. ANT. conjonction ; jonction.
2. Résultat de cette action, séparation.

DISLOCATION n. f.
1. État de ce qui est disloqué. *La dislocation d'une articulation.*
2. (FIG.) Séparation des parties d'un ensemble, démembrement. *La dislocation d'une nation.*
✏ dislocation.

DISLOQUER v. tr., pronom.
VERBE TRANSITIF
1. Séparer ce qui était uni. *La tornade a disloqué ces habitations.*
2. (MÉD.) Démettre, en parlant des os. *Le choc lui a disloqué une épaule.* SYN. déboîter ; luxer.
3. Désunir, démanteler. *Disloquer une formation politique.* SYN. démembrer.
VERBE PRONOMINAL
Se démanteler. *Sa mâchoire s'est disloquée.*
📏 À la forme pronominale, le participe passé de ce verbe s'accorde toujours en genre et en nombre avec son sujet. *Cette armoire s'est disloquée lors d'un déménagement.*
CONJUGAISON : VOIR MODÈLE AIMER.

DISPARAÎTRE v. intr.
1. Cesser d'être visible. *Le soleil a disparu ; il est caché par de gros nuages noirs.* SYN. se cacher.
2. Mourir, cesser d'exister. *Les dinosaures ont disparu depuis longtemps* ou *sont disparus depuis longtemps.* SYN. s'éteindre.
3. Se retirer d'un lieu. *Nos voisins ont disparu : on ne les a pas aperçus depuis un mois.* SYN. s'esquiver ; partir.
📏 Le verbe se conjugue avec l'auxiliaire ***avoir*** lorsqu'il exprime une action. *Il a disparu subitement.* Il se conjugue avec l'auxiliaire ***être*** pour exprimer l'état qui résulte de l'action. *Il est disparu depuis plusieurs jours.* Cependant, l'emploi de l'auxiliaire ***avoir*** tend aujourd'hui à remplacer celui de l'auxiliaire ***être*** dans tous les cas.
CONJUGAISON : VOIR MODÈLE PARAÎTRE.
[Les *Rectifications* (1990) admettent : il disparait, disparaitra, disparaitrait...]

DISPARATE adj.
Hétéroclite. *Des objets disparates.* SYN. hétérogène.
✏ disparate.

DISPARITÉ n. f.
1. Différence entre des choses, des personnes. SYN. contraste ; dissemblance.
2. Diversité donnant lieu à des déséquilibres. *Les disparités régionales.*
LOCUTION
– ***Clause de disparité (de traitement).*** Clause d'une convention collective prévoyant une différence de traitement, généralement en fonction de la date d'embauche et souvent sous forme de double échelle salariale, entre salariés dont l'emploi, la formation et l'expérience sont équivalents (Recomm. off.). *Cette convention collective comporte une clause de disparité* (et non *clause orphelin).

DISPARITION n. f.
1. Action de disparaître ; son résultat. *Sa disparition remonte à un mois.*
2. Mort. *La disparition de cet ami nous a beaucoup attristés.*
LOCUTION
– ***En voie de disparition.*** Sur le point de cesser d'exister. *Des espèces animales en voie de disparition.* SYN. en voie d'extinction.

DISPARU, UE adj. et n. m. et f.
Mort ou considéré comme mort. *Un parent disparu. Ces familles comptent de nombreux disparus : ces personnes ont été enlevées et n'ont plus été revues.*

***DISPATCHER**
Anglicisme pour ***répartiteur.***

***DISPATCHING**
Anglicisme pour ***répartition.***

DISPENDIEUSEMENT adv.
De façon dispendieuse.

DISPENDIEUX, IEUSE adj.
⚜ Qui entraîne beaucoup de dépenses. *Des goûts dispendieux. Une maison dispendieuse. « C'est un souper peu dispendieux, dit le bon gentilhomme ; j'ai pris les truites moi-même, devant ma porte, il y a une heure environ »* (Philippe Aubert de Gaspé, *Les Anciens Canadiens*). SYN. coûteux ; onéreux.
🔑 Cet adjectif demeure usuel au Québec et dans la francophonie canadienne, mais il n'appartient plus à l'usage courant de la majorité des locuteurs du français.
🔑 Ne pas confondre avec l'adjectif ***cher,*** d'un prix élevé.

DISPENSAIRE n. m.
Établissement de soins médicaux courants.

DISPENSE n. f.
Exemption. *J'ai une dispense de devoirs parce que j'ai participé au spectacle.* SYN. dérogation.

DISPENSER v. tr., pronom.
VERBE TRANSITIF
1. (LITT.) Donner (en parlant de puissances supérieures). *« Dieu a dispensé l'esprit aux hommes d'une maniere si admirable, que chacun est content du sien »* (Furetière). *Ce souverain dispense des bienfaits, des largesses sans compter.* SYN. accorder ; prodiguer.
2. (LITT.) Distribuer (avec une idée de largesse, de générosité). *Ce chêne centenaire dispense une ombre diffuse. Cet établissement dispense un enseignement de qualité.*
En ce sens, le verbe appartient au registre littéraire et tend à disparaître de l'usage moderne. Dans l'usage courant, on emploie le verbe ***donner.*** *Donner un enseignement spécialisé.*
3. Exempter d'une obligation. *Les élèves ont été dispensés de faire leurs devoirs.* SYN. dégager. ANT. astreindre ; exiger ; obliger.
En ce sens, le verbe se construit avec la préposition ***de.***
VERBE PRONOMINAL
S'exempter de. *Te dispenseras-tu d'assister au cours ce soir ? Elle ne s'est pas dispensée de ses obligations.*
À la forme pronominale, le participe passé de ce verbe s'accorde toujours en genre et en nombre avec son sujet. *Elles se sont dispensées de formuler des commentaires.*
CONJUGAISON : VOIR MODÈLE AIMER.

DISPERSEMENT n. m.
Action de disperser. *Le dispersement des anciens copains.*

DISPERSER v. tr., pronom.
VERBE TRANSITIF
1. Répandre, éparpiller. *Le vent disperse les feuilles mortes.* SYN. disséminer.
2. Séparer les éléments d'un groupe, d'un ensemble. *La police a dispersé les manifestants.*
VERBE PRONOMINAL
1. S'en aller de tous les côtés. *La foule s'est dispersée dans les petites rues de la ville.* SYN. s'éparpiller.
2. (FIG.) Se partager entre des activités trop nombreuses. *Ne vous dispersez pas trop : concentrez vos efforts.* SYN. s'éparpiller ; ⚜ (FAM.) s'épivarder.
À la forme pronominale, le participe passé de ce verbe s'accorde toujours en genre et en nombre avec son sujet. *Les corbeaux se sont dispersés.*
CONJUGAISON : VOIR MODÈLE AIMER.

DISPERSION n. f.
Action de disperser ; fait d'être dispersé. *La dispersion des manifestants.*

DISPONIBILITÉ n. f.
1. État de ce qui est disponible. *La disponibilité de certaines ressources.*
2. (AU PLUR.) Sommes dont on peut disposer. *Les disponibilités de cette entreprise sont insuffisantes.*

DISPONIBLE adj.
1. Dont on peut disposer. *Il y a des billets disponibles pour* Le Bourgeois gentilhomme.
2. Prêt, libre. *Marie-Ève est toujours disponible pour aider ses copains.*
FORME FAUTIVE
*disponible. Anglicisme au sens de ***en vente, offert.*** *Le livre sera en vente* (et non *disponible) *dans les librairies.*

DISPOS, OSE adj.
Qui est en bonne forme physique et morale. *Elle est fraîche et dispose.*

***DISPOSABLE**
Anglicisme au sens de ***jetable, à usage unique.***

DISPOSÉ, ÉE adj.
Agencé. *Des meubles bien disposés.* SYN. arrangé ; ordonné ; placé.
LOCUTIONS
– ***Être bien, mal disposé envers quelqu'un.*** Être dans de bonnes, de mauvaises dispositions envers une personne. *Il est bien disposé à son égard ; il s'entend bien avec lui.*
– ***Être disposé à.*** Être prêt à. *Je suis disposée à vous servir de guide.* SYN. être d'accord pour.

DISPOSER v. tr., pronom.
VERBE TRANSITIF DIRECT
Arranger. *Disposer des meubles dans une pièce.* SYN. agencer ; mettre ; placer.
VERBE TRANSITIF INDIRECT
Avoir l'usage de. *Il dispose d'une bonne voiture. Nous disposons de quelques minutes avant notre départ.* SYN. avoir ; utiliser.
En ce sens, le verbe se construit avec la préposition ***de.***
VERBE PRONOMINAL
Être sur le point de. *Elle se dispose à changer d'emploi.* SYN. se préparer à.
À la forme pronominale, le verbe se construit avec la préposition *à.*
À la forme pronominale, le participe passé de ce verbe s'accorde toujours en genre et en nombre avec son sujet. *Ils se sont disposés à rencontrer la présidente.*
FORMES FAUTIVES
*disposer de quelque chose. Anglicisme au sens de ***jeter, se défaire de, se débarrasser de, détruire.***
*disposer d'un adversaire. Anglicisme pour ***battre, vaincre, l'emporter sur.***
*disposer d'un cas. Calque de «*to dispose of a case*» pour ***trancher une affaire, statuer.***
*disposer d'une question, d'un problème. Calque de «*to dispose of a question, of a problem*» pour ***régler, résoudre une question, un problème.***
CONJUGAISON : VOIR MODÈLE AIMER.

DISPOSITIF n. m.
1. Mécanisme. *Un dispositif d'alimentation de pièces.*
2. Ensemble de moyens pris conformément à un plan. *Un dispositif de défense.*

DISPOSITION n. f.
1. Arrangement. *La disposition des pièces.* SYN. agencement ; répartition.
2. Aptitude. *Ils ont des dispositions pour les affaires.*
3. Article d'une loi, clause d'un contrat.
LOCUTIONS
– ***Être dans de bonnes dispositions, de mauvaises dispositions à l'égard de quelqu'un.*** Être bien, mal disposé envers quelqu'un.
– ***Prendre des dispositions.*** Faire ce qui doit être fait. *Mes parents ont pris des dispositions pour acheter une maison de campagne.* SYN. s'arranger.

DISPROPORTION n. f.
Manque de proportion. *Une disproportion entre les résultats des deux groupes : 55 % et 75 %.* SYN. déséquilibre.

DISPROPORTIONNÉ, ÉE adj.
1. Qui manque de proportion, d'harmonie. *Cette maison est disproportionnée : elle est beaucoup plus grosse que les maisons voisines.* SYN. déséquilibré.
2. Démesuré. *Des prix disproportionnés.*

DISPUTE n. f.
Débat, querelle. *Allons bon ! Encore une dispute entre les enfants.* SYN. ⚜ chicane ; démêlé.

DISPUTER v. tr., pronom.
VERBE TRANSITIF
1. Lutter avec quelqu'un pour conserver ou obtenir quelque chose. *Disputer un titre à quelqu'un.* SYN. rivaliser.
2. ⚜ (FAM.) Gronder. *Maman m'a disputé parce que ma chambre était en désordre.* SYN. réprimander.

En ce sens de registre familier, le verbe demeure usuel au Québec et dans la francophonie canadienne, mais il n'appartient plus à l'usage courant de la majorité des locuteurs du français.

VERBE PRONOMINAL

Se quereller. *Ils se sont disputés avec eux.* SYN. se chicaner.

À la forme pronominale, le participe passé de ce verbe s'accorde en genre et en nombre avec le complément direct (nom ou pronom) si celui-ci le précède. *La coupe qu'ils se sont disputée. Ces adolescentes s'étaient disputées.* Le participe passé reste invariable si le complément direct suit le verbe. *Elles s'étaient disputé le premier prix.*

CONJUGAISON : VOIR MODÈLE AIMER.

DISQUAIRE n. m. et f.

Personne qui vend des disques.

DISQUALIFICATION n. f.

Action de disqualifier; son résultat. *La disqualification d'un champion olympique.*

DISQUALIFIER v. tr., pronom.

VERBE TRANSITIF

Interdire une épreuve sportive à un concurrent qui ne respecte pas toutes les clauses du règlement. *On a disqualifié le coureur parce qu'il a pris des stéroïdes anabolisants.*

VERBE PRONOMINAL

Se discréditer. *Elles se sont disqualifiées en agissant ainsi.*

À la forme pronominale, le participe passé de ce verbe s'accorde toujours en genre et en nombre avec son sujet. *Par leur comportement, ils s'étaient disqualifiés.*

CONJUGAISON : VOIR MODÈLE ÉTUDIER.

Redoublement du ***i*** à la première et à la deuxième personne du pluriel de l'indicatif imparfait et du subjonctif présent. *(Que) nous disqualifiions, (que) vous disqualifiiez.*

DISQUE n. m.

1. Objet de forme ronde et plate. *Un disque de bois.*
2. Lourd palet lancé au loin par les athlètes. *Le lancer du disque.*
3. Plaque circulaire sur laquelle sont enregistrés des sons. *Le chanteur vient de lancer un disque.*
4. (INFORM.) Support d'information. *Les disques durs ou rigides peuvent emmagasiner des millions d'octets.*

LOCUTIONS

– ***Disque compact.*** Disque audionumérique destiné à être lu par un système optique par laser.

– ***(Disque) DVD.*** Terme générique désignant un disque optique numérique aux formats multiples dont la capacité de stockage est supérieure à celle d'un cédérom. SYN. disque numérique universel.

Le sigle ***DVD*** est l'abréviation de ***Digital Versatile Disc.***

– ***Disque vidéo.*** Disque vidéographique. *Des disques vidéo.* SYN. vidéodisque.

DISQUETTE n. f.

(INFORM.) Disque magnétique souple servant de support d'information. *Enregistrer un texte, une image sur une disquette.*

La graphie *diskette est erronée en français.

DISSECTION n. f.

Ouverture et analyse des parties d'un corps organisé. *La dissection d'une grenouille.*

dissection.

DISSEMBLABLE adj.

Qui n'est pas semblable. *Il est dissemblable de celui-ci.* SYN. différent; disparate.

L'adjectif se construit avec la préposition ***de.***

DISSEMBLANCE n. f.

Différence, absence de ressemblance. *Dissemblance entre deux théories.*

DISSÉMINATION n. f.

1. Dispersion. *La dissémination des bactéries.* SYN. diffusion; propagation.
2. (FIG.) Diffusion. *La dissémination de ces concepts.*

DISSÉMINER v. tr., pronom.

VERBE TRANSITIF

Répandre, éparpiller. *Les oiseaux se chargent de disséminer les graines de certains végétaux.*

VERBE PRONOMINAL

Se disperser. *Sous l'action du vent, les samares de l'érable se sont disséminées dans tout le jardin.*

À la forme pronominale, le participe passé de ce verbe s'accorde toujours en genre et en nombre avec son sujet. *Ces graines se sont disséminées.*

CONJUGAISON : VOIR MODÈLE AIMER.

DISSENSION n. f.

Désaccord. *Il y a de la dissension entre les membres du groupe.*

DISSENTIMENT n. m.

(LITT.) Animosité, désaccord.

DISSÉQUER v. tr.

1. Couper, ouvrir les parties d'une plante, d'un corps organisé en vue d'en étudier la structure. *Disséquer un champignon.*
2. (FIG.) Examiner minutieusement. *Ils ont disséqué le problème.* SYN. analyser; décortiquer; étudier.

CONJUGAISON : VOIR MODÈLE POSSÉDER.

Le ***é*** se change en ***è*** devant une syllabe contenant un ***e*** muet, sauf à l'indicatif futur et au conditionnel présent. *Je dissèque,* mais *je disséquerai.*

[Les *Rectifications* (1990) admettent : il dissèquera, dissèquerait...]

DISSERTATION n. f.

Exercice écrit sur un sujet. *Les nouveaux étudiants doivent se soumettre à une épreuve d'évaluation du français écrit, une dissertation de 200 à 300 mots.* SYN. composition.

DISSERTER v. intr.

Exposer avec abondance ses idées sur un point. *Elle a disserté de Rimbaud, sur Rimbaud.*

CONJUGAISON : VOIR MODÈLE AIMER.

DISSIDENCE n. f.

Division profonde qui conduit un groupe ou une personne à se désolidariser.

Ne pas confondre avec les noms suivants :

- ***désaccord,*** différend;
- ***discorde,*** désunion grave;
- ***incompatibilité,*** impossibilité de s'entendre avec une autre personne.

DISSIDENT, ENTE adj. et n. m. et f.

Dont les opinions diffèrent de celles du plus grand nombre. *Les groupes dissidents. Le groupe des dissidentes.*

DISSIMULATION n. f.

Action de cacher. *La dissimulation d'un crime.*

DISSIMULÉ, ÉE adj.

Caché, hypocrite. SYN. cachottier; secret.

DISSIMULER v. tr., pronom.

VERBE TRANSITIF

1. Masquer, ne pas laisser paraître. *Dissimuler ses angoisses derrière la bonne humeur.* SYN. déguiser.
2. Ne pas mettre à la vue de tous. *Le magicien dissimulait un lapin dans sa manche.* SYN. cacher.

VERBE PRONOMINAL

Se cacher. *Les enfants se sont dissimulés derrière les buissons.*

À la forme pronominale, le participe passé de ce verbe s'accorde en genre et en nombre avec le complément direct si celui-ci le précède. *Les cicatrices qu'il s'était dissimulées sous une écharpe. Les voleurs s'étaient dissimulés derrière les arbres.* Le participe passé reste invariable si le complément direct suit le verbe. *Elle s'était dissimulé les yeux derrière des lunettes noires.*
CONJUGAISON : VOIR MODÈLE AIMER.

DISSIPATION n. f.
1. Fait de disparaître progressivement. *La dissipation du brouillard.*
2. Dilapidation. *La dissipation d'un héritage.*
3. Distraction, indiscipline.

DISSIPÉ, ÉE adj.
Espiègle. *Une écolière dissipée.* SYN. turbulent.

DISSIPER v. tr., pronom.
VERBE TRANSITIF
1. Chasser. *Dissiper des craintes.* SYN. supprimer.
2. (LITT.) Dilapider. *Dissiper des capitaux.*
VERBE PRONOMINAL
1. Disparaître, s'éparpiller. *La brume s'est dissipée.*
2. Être indiscipliné, inattentif. *Les garçons se sont dissipés.*
À la forme pronominale, le participe passé de ce verbe s'accorde toujours en genre et en nombre avec son sujet. *Les brumes matinales se sont dissipées.*
CONJUGAISON : VOIR MODÈLE AIMER.

DISSOCIABLE adj.
Qui peut être dissocié. *Des éléments dissociables.*

DISSOCIATION n. f.
Séparation d'éléments intimement liés.

DISSOCIER v. tr., pronom.
VERBE TRANSITIF
Séparer (des éléments associés). *Dissocier des problèmes.* SYN. décomposer; décortiquer.
VERBE PRONOMINAL
Cesser d'être associés, en parlant de personnes, d'éléments. *Ces formations politiques se sont dissociées.*
À la forme pronominale, le participe passé de ce verbe s'accorde toujours en genre et en nombre avec son sujet. *Ils se sont dissociés de cette déclaration malheureuse.*
CONJUGAISON : VOIR MODÈLE ÉTUDIER.
Redoublement du ***i*** à la première et à la deuxième personne du pluriel de l'indicatif imparfait et du subjonctif présent. *(Que) nous dissociions, (que) vous dissociiez.*

DISSOLU, UE adj.
(LITT.) Corrompu, déréglé. *Des mœurs dissolues.*
Ne pas confondre avec le mot ***dissous***, participe passé du verbe ***dissoudre***.

DISSOLUTION n. f.
1. Action de dissoudre ou de se dissoudre. SYN. destruction.
2. (DR.) Cessation légale. *La dissolution d'un contrat.* SYN. rupture.

DISSOLVANT, ANTE adj. et n. m.
Qui a la propriété de dissoudre. *Une substance dissolvante. Un puissant dissolvant.*

DISSONANCE n. f.
Assemblage de sons qui blessent l'oreille, manque d'harmonie.
dissonance.

DISSONANT, ANTE adj.
Peu harmonieux. *Des sons dissonants.* SYN. discordant.
dissonant.

DISSOUDRE v. tr., pronom.
VERBE TRANSITIF
1. Mélanger à un liquide. *Dissoudre le contenu du sachet dans un peu d'eau chaude.*
2. (DR.) Mettre légalement fin à une association. *Dissoudre une société, un mariage.* SYN. annuler; rompre.
VERBE PRONOMINAL
Se désagréger. *Le sucre s'est dissous dans l'eau.*
À la forme pronominale, le participe passé de ce verbe s'accorde toujours en genre et en nombre avec son sujet. *La poudre s'est dissoute rapidement.*
Ne pas confondre le participe passé ***dissous*** avec l'adjectif ***dissolu***, qui qualifie ce qui est déréglé. *Une vie dissolue.*
CONJUGAISON : VOIR MODÈLE RÉSOUDRE.
INDICATIF PRÉSENT *Je dissous, tu dissous, il dissout, nous dissolvons, vous dissolvez, ils dissolvent.* IMPARFAIT *Je dissolvais.* FUTUR *Je dissoudrai.* CONDITIONNEL PRÉSENT *Je dissoudrais.* IMPÉRATIF PRÉSENT *Dissous, dissolvons, dissolvez.* SUBJONCTIF PRÉSENT *Que je dissolve.* PARTICIPE PRÉSENT *Dissolvant.* PASSÉ *Dissous, dissoute.*
Ce verbe n'a ni passé simple ni imparfait du subjonctif.
[Les *Rectifications* (1990) admettent : dissout (participe passé masculin).]

DISSUADER v. tr.
Convaincre quelqu'un de renoncer à un projet. *J'ai dissuadé Claire de faire cette folie.* SYN. décourager; détourner. ANT. persuader.
Le verbe se construit avec un complément direct qui désigne une personne et la préposition ***de*** suivie d'un infinitif.
CONJUGAISON : VOIR MODÈLE AIMER.

DISSUASIF, IVE adj.
Propre à toute forme de dissuasion. *Un ton dissuasif.* ANT. persuasif.

DISSUASION n. f.
Action de dissuader; son résultat. *La force de dissuasion.* ANT. persuasion.

DISSYMÉTRIE n. f.
Défaut de symétrie. *La dissymétrie d'une façade.*
Ne pas confondre avec le nom ***asymétrie***, absence de symétrie.
dissymétrie.

DISSYMÉTRIQUE adj.
Qui présente une dissymétrie. *Une construction dissymétrique.*

DISTANCE n. f.
Espace entre deux lieux, deux objets. *La distance entre Montréal et Vaudreuil est de 30 kilomètres.*
LOCUTIONS
– ***À distance***, loc. adv. Avec un certain recul, de loin. *Nous avons contemplé l'éruption volcanique à distance.*
– ***Conserver, prendre ses distances.*** Éviter toute familiarité avec quelqu'un.
– ***Tenir à distance.*** Empêcher d'approcher, éviter les relations avec quelqu'un.

DISTANCER v. tr.
Devancer. *Le champion distança les concurrents au dernier moment.*
Ne pas confondre avec ***distancier***, établir un recul.
CONJUGAISON : VOIR MODÈLE AVANCER.
Le ***c*** prend une cédille devant les lettres ***a*** et ***o***. *Il distança, nous distançons.*

DISTANCIATION n. f.
Recul pris par rapport à un évènement.
distanciation.

DISTANCIER v. tr., pronom.
VERBE TRANSITIF
(LITT.) Établir un recul par rapport à quelque chose.
VERBE PRONOMINAL
(LITT.) Prendre du recul, s'éloigner dans l'espace, dans le temps pour juger objectivement d'une question, d'un évènement. *Il importe de se distancier des idées reçues.*

Ne pas confondre avec ***distancer,*** devancer.
À la forme pronominale, le participe passé de ce verbe s'accorde toujours en genre et en nombre avec son sujet. *Ils ne se sont jamais distanciés de leurs amis d'enfance.*
CONJUGAISON : VOIR MODÈLE ÉTUDIER.
Redoublement du ***i*** à la première et à la deuxième personne du pluriel de l'indicatif imparfait et du subjonctif présent. *(Que) nous distanciions, (que) vous distanciiez.*

DISTANT, ANTE adj.
1. Éloigné. *La ville est distante de 15 kilomètres.* SYN. loin.
2. Réservé. *Un ton distant.* SYN. froid.

DISTENDRE v. tr., pronom.
VERBE TRANSITIF
Causer une augmentation du volume de quelque chose, en l'étirant.
VERBE PRONOMINAL
1. Se relâcher, être moins tendu. *Les muscles se sont distendus.*
2. (FIG.) Être moins serrés, en parlant de liens. *Malgré le passage des années, les liens familiaux qui unissent ces personnes ne se sont pas distendus, bien au contraire, ils se sont resserrés.*
À la forme pronominale, le participe passé de ce verbe s'accorde toujours en genre et en nombre avec son sujet. *Leur amitié ne s'est jamais distendue.*
Ne pas confondre avec le verbe ***détendre,*** relâcher ce qui est tendu.
CONJUGAISON : VOIR MODÈLE FENDRE.
INDICATIF PRÉSENT *Je distends, tu distends, il distend, nous distendons, vous distendez, ils distendent.* IMPARFAIT *Je distendais.* PASSÉ SIMPLE *Je distendis.* FUTUR *Je distendrai.* CONDITIONNEL PRÉSENT *Je distendrais.* IMPÉRATIF PRÉSENT *Distends, distendons, distendez.* SUBJONCTIF PRÉSENT *Que je distende.* IMPARFAIT *Que je distendisse.* PARTICIPE PRÉSENT *Distendant.* PASSÉ *Distendu, ue.*

DISTENSION n. f.
Gonflement. *La distension de l'estomac sous l'effet des liquides ingérés.*
distension.

DISTILLATION n. f.
Attention à la prononciation : les deux ***l*** se prononcent comme un seul, [distilasjɔ̃].
Opération consistant à vaporiser un liquide puis à condenser les vapeurs formées pour les séparer.

DISTILLER v. tr.
Attention à la prononciation : les deux ***l*** se prononcent comme un seul, [distile].
1. Opérer la distillation de. *Distiller de l'eau.*
2. (LITT.) (FIG.) Répandre. *Cette petite ville distille l'ennui.*
CONJUGAISON : VOIR MODÈLE AIMER.
Les lettres ***ill*** sont suivies d'un ***i*** à la première et à la deuxième personne du pluriel de l'indicatif imparfait et du subjonctif présent. *(Que) nous distillions, (que) vous distilliez.*

DISTILLERIE n. f.
Attention à la prononciation : les deux ***l*** se prononcent comme un seul, [distilri].
1. Industrie et commerce des produits de la distillation, spécialement de la fabrication des eaux-de-vie.
2. Lieu où se fait la distillation.

DISTINCT, INCTE adj.
Les lettres ***ct*** se prononcent ou non au masculin, [distɛ̃kt, distɛ̃].
1. Qui se perçoit clairement. *Ces chiffres ne sont pas très distincts.* SYN. clair; évident; visible.
2. Qu'on ne peut confondre avec autre chose. *Des problèmes distincts les uns des autres.* SYN. différent.

DISTINCTEMENT adv.
De façon distincte. *Parle distinctement pour qu'on te comprenne bien.* SYN. clairement; nettement.

DISTINCTIF, IVE adj.
Caractéristique. *Des caractères distinctifs.* SYN. particulier; spécifique.

DISTINCTION n. f.
1. Action de distinguer, de faire la différence entre plusieurs éléments. *Il est essentiel de faire une distinction entre les produits.*
2. Marque d'estime. *Ce chercheur a obtenu une distinction honorifique.* SYN. décoration.
3. Raffinement, délicatesse. *Elle s'exprime avec distinction.* SYN. classe; élégance.

DISTINGUÉ, ÉE adj.
1. (LITT.) Éminent. *Un musicien distingué.* SYN. réputé.
2. Qui a de la distinction, du raffinement. *Une jeune fille distinguée.* SYN. chic.

DISTINGUER v. tr., pronom.
VERBE TRANSITIF
1. Reconnaître. *Distinguer la bonté de la justice, le vrai d'avec le faux.* SYN. différencier.
Le verbe se construit avec la préposition ***de,*** pour des choses analogues, ou avec la préposition ***avec,*** pour des éléments différents.
2. Percevoir. *Distinguez-vous ce voilier au loin ?* SYN. apercevoir; reconnaître; voir.
VERBE PRONOMINAL
Se signaler. *Ils se sont distingués par leur habileté.* SYN. s'illustrer.
À la forme pronominale, le participe passé de ce verbe s'accorde toujours en genre et en nombre avec son sujet. *Elles s'étaient brillamment distinguées au concours national.*
CONJUGAISON : VOIR MODÈLE AIMER.
Attention au ***u*** qui subsiste, même devant les lettres ***a*** et ***o.*** *Il distingua, nous distinguons.*

DISTINGUO n. m.
Le ***u*** ne se prononce pas; le nom rime avec ***gogo.***
Distinction subtile. *Des distinguos.*

DISTIQUE n. m.
Ensemble de deux vers.
Ne pas confondre avec le nom ***diptyque,*** œuvre en deux parties.

DISTORDRE v. tr.
Faire subir une torsion à. SYN. tordre.
Ne pas confondre avec le verbe ***détordre,*** remettre en état ce qui est tordu.
CONJUGAISON : VOIR MODÈLE FENDRE.

DISTORSION n. f.
Déformation. *Une distorsion de la bouche.*
distorsion.

DISTRACTION n. f.
1. (LITT.) Détournement.
2. Manque d'attention. *Être sujet à des distractions.* SYN. étourderie; inattention; oubli.
3. Divertissement. *Vous avez besoin de distractions.* SYN. détente.

DISTRAIRE v. tr., pronom.
VERBE TRANSITIF
1. (LITT.) Détourner quelque chose à son profit. *Distraire une somme de la caisse.* SYN. soustraire.
2. Déranger, détourner l'attention de. *Ce bruit m'a distraite.* SYN. déconcentrer.
3. Amuser, divertir. *Ce spectacle nous a bien distraits.* SYN. égayer; récréer.
VERBE PRONOMINAL
Se divertir. *Elles se sont bien distraites au cours de cette soirée.* SYN. s'amuser; se désennuyer; se détendre.

À la forme pronominale, le participe passé de ce verbe s'accorde toujours en genre et en nombre avec son sujet. *Ils se sont distraits agréablement.*
CONJUGAISON : VOIR MODÈLE SOUSTRAIRE.
INDICATIF PRÉSENT *Je distrais, tu distrais, il distrait, nous distrayons, vous distrayez, ils distraient.* IMPARFAIT *Je distrayais, tu distrayais, il distrayait, nous distrayions, vous distrayiez, ils distrayaient.* FUTUR *Je distrairai.* CONDITIONNEL PRÉSENT *Je distrairais.* SUBJONCTIF PRÉSENT *Que je distraie, que tu distraies, qu'il distraie, que nous distrayions, que vous distrayiez, qu'ils distraient.* PARTICIPE PRÉSENT *Distrayant.* PASSÉ *Distrait, aite.*
Ce verbe n'a ni passé simple ni imparfait du subjonctif.
Le ***y*** est suivi d'un ***i*** à la première et à la deuxième personne du pluriel de l'indicatif imparfait et du subjonctif présent. *(Que) nous distrayions, (que) vous distrayiez.*

DISTRAIT, AITE adj. et n. m. et f.
Étourdi, peu attentif. *Le professeur Tournesol est bien distrait.*

DISTRAITEMENT adv.
De façon distraite.

DISTRAYANT, ANTE adj.
Propre à distraire. *Des films distrayants.* SYN. amusant ; divertissant.

DISTRIBUER v. tr.
Répartir entre plusieurs personnes, choses ; agencer. *Le facteur distribue le courrier. Distribuer des prix aux élèves qui ont réussi. Les bourses qu'il a distribuées.*
CONJUGAISON : VOIR MODÈLE AIMER.

DISTRIBUTEUR, TRICE n. m. et f.
NOM MASCULIN ET FÉMININ
Personne qui distribue. *Une distributrice de livres.*
NOM MASCULIN
Appareil de distribution automatique. *Un distributeur de jus, de billets.*
LOCUTION
– ***Distributeur d'essence.*** ⚜ Appareil qui, dans une station-service, permet d'amener l'essence aux véhicules sous l'action d'une pompe commandée automatiquement (Recomm. off.). *Il a arrêté la voiture près du distributeur d'essence* (et non de la *pompe à gaz). SYN. pompe à essence.

DISTRIBUTION n. f.
1. Répartition, diffusion. *La distribution du courrier. Il y aura une distribution de cadeaux pour tous les invités.*
2. Ensemble des acteurs d'une pièce, d'un film. *Ce film est bien joué : il a une excellente distribution* (et non un *casting).
3. (COMM.) Ensemble des activités commerciales destinées à assurer le lien entre les producteurs de biens et les détaillants, les consommateurs. *Marie-Ève a étudié la gestion de la distribution à l'École des HEC de Montréal. Des canaux de distribution.*

DISTRICT n. m.
Les lettres ***ct*** se prononcent, [distrikt] ; le nom rime avec ***strict.***
Division territoriale, administrative. *Des districts judiciaires.*

DIT, DITE adj.
Appelé, surnommé. *Jean-Baptiste Poquelin, dit Molière.*
LOCUTIONS
– ***À l'heure dite, au jour dit.*** Fixé.
– ***Cela dit*** ou ***ceci dit.*** Quoi qu'il en soit.
Les deux locutions peuvent s'employer.
– ***Proprement dit.*** Au sens propre. *Le temple proprement dit. Les aspects forestiers proprement dits.*
Joint à ***au, aux, la, le, les, du, sus,*** l'adjectif ***dit*** prend la marque du pluriel et du féminin. On limitera à la langue juridique les adjectifs suivants :
- dudit, de ladite, desdits, desdites ;
- ledit, ladite, lesdits, lesdites ;
- susdit, susdite, susdits, susdites.

DITHYRAMBIQUE adj.
Très élogieux, parfois à l'excès. *Des commentaires dithyrambiques.*
dithyrambique.

DIURÉTIQUE adj. et n. m.
Se dit d'une substance qui stimule la sécrétion de l'urine. *Un médicament diurétique.*

DIURNE adj.
1. Qui s'accomplit en un jour.
2. Qui a lieu le jour. *Activité diurne.* ANT. nocturne.

DIVA n. f. (pl. *divas*)
1. Cantatrice célèbre. *La Callas était une diva.*
2. (FIG.) Vedette capricieuse. *Ce comédien est une impossible diva.*

DIVAGATION n. f.
Propos incohérent. *Les divagations d'un illuminé.* SYN. élucubration.
divagation.

DIVAGUER v. intr.
Délirer, déraisonner. *Après ce choc, il divaguait.*
CONJUGAISON : VOIR MODÈLE AIMER.
Ce verbe s'écrit toujours avec un ***u,*** même devant les lettres ***a*** et ***o.*** *Il divagua, nous divaguons.*

DIVAN n. m.
Large sofa sans dossier qui peut servir de siège ou de lit.
Ne pas confondre avec les noms suivants :
- ***canapé,*** long siège à dossier et à accoudoirs où peuvent s'asseoir plusieurs personnes, où peut s'étendre une personne ;
- ***causeuse,*** petit canapé à deux places ;
- ***sofa,*** lit de repos à trois dossiers dont on se sert aussi comme siège.

LOCUTION
– ***Divan-lit.*** Divan qui peut se transformer en lit. *Des divans-lits.*

DIVERGENCE n. f.
Opposition de sentiments, d'opinions. *Une divergence d'opinions.* SYN. désaccord.
divergence.

DIVERGENT, ENTE adj.
Qui diverge, différent. *Des opinions divergentes.* ANT. convergent.
Ne pas confondre avec le participe présent invariable ***divergeant.*** *Les opinions divergeant de celles que nous avons émises seront étudiées.*

DIVERGER v. intr.
1. Aller en s'écartant de plus en plus, en parlant de rayons, de lignes.
2. (FIG.) Être en désaccord, avoir un avis différent. *Nous divergeons d'avis sur cette question.* SYN. s'opposer.
CONJUGAISON : VOIR MODÈLE CHANGER.
Le ***g*** est suivi d'un ***e*** devant les lettres ***a*** et ***o.*** *Il divergea, nous divergeons.*

DIVERS, ERSE adj.
ADJECTIF
Varié, différent. *Les diverses parties d'un immeuble.* SYN. multiple.
ADJECTIF INDÉFINI PLURIEL
Quelques, plusieurs. *Divers témoins l'ont aperçu.*

DIVERSEMENT adv.
Différemment. *Les marchandises sont diversement présentées.*

DIVERSIFICATION n. f.
Action de diversifier ; son résultat. *La diversification des profits.*

D

DIVERSIFIER v. tr., pronom.
VERBE TRANSITIF
Varier. *Il importe de diversifier nos sources d'approvisionnement.*
VERBE PRONOMINAL
Devenir divers. *Les cultures de cette région se sont diversifiées.*
À la forme pronominale, le participe passé de ce verbe s'accorde toujours en genre et en nombre avec son sujet. *Les styles musicaux se sont diversifiés.*
CONJUGAISON : VOIR MODÈLE ÉTUDIER.
Redoublement du ***i*** à la première et à la deuxième personne du pluriel de l'indicatif imparfait et du subjonctif présent. *(Que) nous diversifiions, (que) vous diversifiiez.*

DIVERSION n. f.
(LITT.) Dérivatif. *Une diversion à son chagrin.*
LOCUTION
– ***Faire diversion.*** Détourner l'attention.
Ne pas confondre avec le nom ***divertissement,*** passe-temps, amusement.

DIVERSITÉ n. f.
Variété. *La diversité des groupes ethniques de Montréal.* SYN. multiplicité.

DIVERTICULE n. m.
(MÉD.) Cavité anatomique ou pathologique, en forme de sac, de taille variable, communiquant avec un conduit naturel, vessie, œsophage ou gros intestin par exemple (GDT). *Une hémorragie due à un diverticule du côlon, une maladie bénigne qui nécessite une intervention chirurgicale.*

DIVERTICULOSE n. f.
(MÉD.) Affection caractérisée par la présence de diverticules en un point quelconque du tube digestif (œsophage, duodénum, intestin grêle, ou côlon) (GDT). *Ils sont atteints de diverticulose.*

DIVERTIR v. tr., pronom.
VERBE TRANSITIF
1. (DR.) Détourner. *Ce notaire n'a jamais diverti le moindre cent.*
2. Distraire, amuser. *Ce film les divertira.* SYN. égayer; récréer.
VERBE PRONOMINAL
S'amuser. *Elles se sont bien diverties à ce spectacle.* SYN. se distraire.
À la forme pronominale, le participe passé de ce verbe s'accorde toujours en genre et en nombre avec son sujet. *Les enfants se sont bien divertis.*
CONJUGAISON : VOIR MODÈLE FINIR.

DIVERTISSANT, ANTE adj.
Amusant. *Ces films sont divertissants.* SYN. distrayant; plaisant.

DIVERTISSEMENT n. m.
Passe-temps, amusement. *La lecture est son divertissement préféré.*
Ne pas confondre avec le nom ***diversion,*** dérivatif.

DIVIDENDE n. m.
(FIN.) Part de bénéfice attribuée à chaque action d'une société. *Une augmentation des dividendes.*

DIVIN, INE adj.
Devant un mot commençant par une voyelle, l'adjectif masculin se prononce comme l'adjectif féminin. *Le divin Enfant.*
1. Relatif à Dieu. *La grâce divine.*
2. Merveilleux. *Une musique divine.* SYN. exquis; sublime.

DIVINATION n. f.
Prédiction. *La divination par le tarot est peu fiable.*

DIVINEMENT adv.
D'une manière divine. *Il chante divinement bien.*

DIVINISER v. tr.
1. Doter d'un caractère sacré.
2. (LITT.) Vénérer.
CONJUGAISON : VOIR MODÈLE AIMER.

DIVINITÉ n. f.
Être divin. *Des divinités païennes.* SYN. dieu.
VOIR – DIEU.

DIVIS, ISE adj.
Où chaque copropriétaire ne possède que sa partie. *Une copropriété divise.* ANT. indivis.

DIVISER v. tr., pronom.
VERBE TRANSITIF
1. Séparer un tout en parties. *Diviser une tarte en cinq parts.* SYN. partager.
En mathématiques, on emploie la préposition ***par.*** *Diviser une quantité, un nombre par cinq.*
2. Désunir. *Cette loi divise la population.* SYN. brouiller.
VERBE PRONOMINAL
Se séparer en plusieurs parties. *Le nombre 20 se divise par 2, 4, 5 et 10.*
À la forme pronominale, le participe passé de ce verbe s'accorde toujours en genre et en nombre avec son sujet. *Ces domaines se sont divisés au fil des années.*
CONJUGAISON : VOIR MODÈLE AIMER.

DIVISIBILITÉ n. f.
Propriété de ce qui est divisible.

DIVISIBLE adj.
Qui peut être divisé. *Le nombre 12 est divisible.*

DIVISION n. f.
1. Action de diviser; état d'une chose divisée. *La division d'un groupe en équipes.*
2. Chacune des parties d'un tout divisé. *Les divisions de l'heure, d'un livre.*
3. Désaccord. *Il y a de la division dans la classe.* SYN. mésentente.
4. (MATH.) Opération qui consiste à calculer combien de fois un nombre est contenu dans un autre. *Le quotient est le résultat de la division.*
5. Coupure d'un mot en fin de ligne que l'on marque par un trait d'union.
VOIR TABLEAU – DIVISION DES MOTS.

DIVORCE n. m.
1. Fin légale du mariage. *Le nombre des divorces a encore augmenté.*
2. (FIG.) Divergence de vues. *Un divorce entre les idées des jeunes et celles des personnes âgées.* SYN. écart; fossé.

DIVORCÉ, ÉE adj. et n. m. et f.
Personne qui a mis fin à son mariage légalement. *Une personne divorcée.*

DIVORCER v. intr.
Mettre fin à un mariage par divorce. *Il a divorcé d'avec* ou *avec* ou *de sa femme en 1990.*
Le verbe se construit avec les prépositions ***de, avec, d'avec.***
L'ancienne forme pronominale ***se divorcer*** n'est plus usitée.
Le verbe se conjugue avec l'auxiliaire ***avoir*** si l'on exprime l'action et avec l'auxiliaire ***être*** si l'on exprime l'état qui résulte de l'action. *Ils ont divorcé. Elle est divorcée depuis trois ans.*
CONJUGAISON : VOIR MODÈLE AVANCER.
Le **c** prend une cédille devant les lettres ***a*** et **o.** *Il divorça, nous divorçons.*

DIVORTIALITÉ n. f.
(DÉMOGR.) Rapport annuel du nombre de divorces à l'effectif moyen de la population.
divortialité.

DIVULGATION n. f.
Révélation. *La divulgation de secrets militaires.* SYN. publication.

DIVULGUER v. tr.
Rendre public ce qui n'était pas su. *Divulguer des secrets militaires.* SYN. publier; révéler. ANT. cacher; taire.
CONJUGAISON : VOIR MODÈLE AIMER.
Ce verbe s'écrit toujours avec un ***u***, même devant les lettres ***a*** et ***o***. *Il divulgua, nous divulguons.*

DIX adj. num. inv. et n. m. inv.
Le ***x*** se prononce ***z*** devant une voyelle ou un ***h*** muet. *Dix (z) oranges, dix (z) hommes.* Devant une consonne ou un ***h*** aspiré, le ***x*** ne se prononce pas. *Di ballons. Di homards.* Dans les dates, le ***x*** de ***dix*** se prononce ***s***.
ADJECTIF NUMÉRAL CARDINAL INVARIABLE
Neuf plus un. *Dix heures.*
ADJECTIF NUMÉRAL ORDINAL INVARIABLE
Dixième. *Le dix décembre.*
Les adjectifs numéraux composés de ***dix*** s'écrivent avec un trait d'union (*dix-huit, soixante-dix-sept*), à l'exception de ceux qui comprennent les adjectifs ***cent*** ou ***mille*** (*cent dix*).
NOM MASCULIN INVARIABLE
Nombre dix. *Des dix de trèfle et de cœur.*
VOIR TABLEAU – NOMBRES.
VOIR TABLEAU – NUMÉRAL ET ADJECTIF ORDINAL (DÉTERMINANT).

DIX-HUIT adj. num. inv. et n. m. inv.
Le ***t*** ne se prononce pas devant une consonne, il se prononce dans les dates.
ADJECTIF NUMÉRAL CARDINAL INVARIABLE
Dix-sept plus un. *Dix-huit enfants.*
ADJECTIF NUMÉRAL ORDINAL INVARIABLE
Dix-huitième. *Le dix-huit décembre.*
NOM MASCULIN INVARIABLE
Nombre dix-huit.
VOIR TABLEAU – NOMBRES.
VOIR TABLEAU – NUMÉRAL ET ADJECTIF ORDINAL (DÉTERMINANT).

DIX-HUITIÈME adj. num. et n. m. et f.
ABRÉVIATIONS
18e (dix-huitième), ***18es*** (dix-huitièmes).
ADJECTIF NUMÉRAL ORDINAL
Nombre ordinal de dix-huit. *La dix-huitième heure.*
NOM MASCULIN
La dix-huitième partie d'un tout. *Les trois dix-huitièmes d'une quantité.*
NOM MASCULIN ET FÉMININ
Personne, chose qui occupe le dix-huitième rang. *Elles sont les dix-huitièmes.*
VOIR TABLEAU – NOMBRES.
VOIR TABLEAU – NUMÉRAL ET ADJECTIF ORDINAL (DÉTERMINANT).

DIX-HUITIÈMEMENT adv.
En dix-huitième lieu.

DIXIÈME adj. num. et n. m. et f.
ABRÉVIATIONS
10e (dixième), ***10es*** (dixièmes).
ADJECTIF NUMÉRAL ORDINAL
Nombre ordinal de dix. *La dixième heure.*
NOM MASCULIN
La dixième partie d'un tout. *Les trois dixièmes d'une quantité.*
NOM MASCULIN ET FÉMININ
Personne, chose qui occupe le dixième rang. *Elles sont les dixièmes.*
VOIR TABLEAU – NOMBRES.
VOIR TABLEAU – NUMÉRAL ET ADJECTIF ORDINAL (DÉTERMINANT).

DIXIÈMEMENT adv.
En dixième lieu.

DIXIT prép.
Le ***t*** se prononce; le nom rime avec ***site***.
Mot latin signifiant « il, elle a dit ».
Cet emploi est parfois ironique. *Un saumon fumé selon une recette tenue secrète (« telle qu'elle était pratiquée à la cour des tsars », dixit la carte).*
(DIDACT.) Mot employé pour souligner que l'auteur des propos cités fait autorité. *Le modèle* Chérie *fait « une gorge de nymphe, une taille de sylphide... », dixit le maître lui-même, Christian Dior. « L'héritage de Mai 1968 a introduit le cynisme dans la société et dans la politique », dixit le nouveau président.*

DIX-NEUF adj. num. inv. et n. m. inv.
ADJECTIF NUMÉRAL CARDINAL INVARIABLE
Dix-huit plus un. *Dix-neuf enfants.*
ADJECTIF NUMÉRAL ORDINAL INVARIABLE
Dix-neuvième. *Le dix-neuf décembre.*
NOM MASCULIN INVARIABLE
Nombre dix-neuf. *Des dix-neuf géants.*
VOIR TABLEAU – NOMBRES.
VOIR TABLEAU – NUMÉRAL ET ADJECTIF ORDINAL (DÉTERMINANT).

DIX-NEUVIÈME adj. num. et n. m. et f.
ABRÉVIATIONS
19e (dix-neuvième), ***19es*** (dix-neuvièmes).
ADJECTIF NUMÉRAL ORDINAL
Nombre ordinal de dix-neuf. *La dix-neuvième heure.*
NOM MASCULIN
La dix-neuvième partie d'un tout. *Les trois dix-neuvièmes d'une quantité.*
NOM MASCULIN ET FÉMININ
Personne, chose qui occupe le dix-neuvième rang. *Ils* ou *elles sont les dix-neuvièmes.*
VOIR TABLEAU – NOMBRES.
VOIR TABLEAU – NUMÉRAL ET ADJECTIF ORDINAL (DÉTERMINANT).

DIX-NEUVIÈMEMENT adv.
En dix-neuvième lieu.

DIX-SEPT adj. num. inv. et n. m. inv.
ADJECTIF NUMÉRAL CARDINAL INVARIABLE
Seize plus un. *Dix-sept enfants.*
ADJECTIF NUMÉRAL ORDINAL INVARIABLE
Dix-septième. *Le dix-sept décembre.*
NOM MASCULIN INVARIABLE
Nombre dix-sept. *Des dix-sept tracés dans le sable.*
VOIR TABLEAU – NOMBRES.
VOIR TABLEAU – NUMÉRAL ET ADJECTIF ORDINAL (DÉTERMINANT).

DIX-SEPTIÈME adj. num. et n. m. et f.
ABRÉVIATIONS
17e (dix-septième), ***17es*** (dix-septièmes).
ADJECTIF NUMÉRAL ORDINAL
Nombre ordinal de dix-sept. *La dix-septième heure.*
NOM MASCULIN
La dix-septième partie d'un tout. *Les trois dix-septièmes d'une quantité.*
NOM MASCULIN ET FÉMININ
Personne, chose qui occupe le dix-septième rang. *Ils* ou *elles sont les dix-septièmes.*
VOIR TABLEAU – NOMBRES.
VOIR TABLEAU – NUMÉRAL ET ADJECTIF ORDINAL (DÉTERMINANT).

DIX-SEPTIÈMEMENT adv.
En dix-septième lieu.

D

DIVISION DES MOTS

La division des mots en fin de ligne doit être évitée autant que possible. Si elle est nécessaire, la coupure des mots se marque par un court tiret, appelé trait d'union, et respecte des règles définies.

1. LA DIVISION DES SYLLABES

On coupe un mot entre les syllabes qui le composent.

- **Une consonne entre deux voyelles**

  On coupe après la première voyelle. — oui *Cho / colat* ou *choco / lat.*

- **Deux voyelles**

  On coupe après la deuxième voyelle. — oui *Initia / lement, abrévia / tion.*

  T 1° On coupe après la dernière voyelle lorsque le groupe de voyelles se réduit à un seul son (ai, au, eau, æ, eu, œu, ou, etc.). *Nécessai / rement, heureu / sement.*

  2° Le mot se divise entre les voyelles seulement lorsque la première voyelle fait partie d'un élément qui a servi à la formation d'un mot (rétro / actif, extra / ordinaire). Dans le doute, on évitera de diviser des voyelles.

- **Deux consonnes**

  On coupe entre les consonnes. — oui *Éper / dument, fendil / lement.*

  T Les groupes ch, ph, gn, th sont inséparables. *Ache / miner, ryth / mer.* En début de syllabe, certains groupes de consonnes (bl, cl, fl, gl, pl, br, cr, dr, fr, gr, pr, tr, vr) sont inséparables. *Dé / plorer, in / croyable.*

- **Trois ou quatre consonnes**

  On coupe après la première consonne. — oui *Désassem / bler, illus / tration.*

2. LA DIVISION DES MOTS COMPOSÉS

- **Mots composés sans trait d'union**

  On peut diviser entre deux mots non reliés par un trait d'union. — oui *Château / fort.*

  T On ne met pas de trait d'union dans ce cas.

- **Mots composés comportant un trait d'union**

  On peut diviser à ce trait d'union. — oui *Demi- / heure.*

  T Il est parfois difficile de distinguer entre les traits d'union du mot composé et ceux de la division des mots en fin de ligne.

3. LES DIVISIONS INTERDITES

- **Abréviations et sigles**

  Ne jamais diviser une abréviation ou un sigle. — non **O / NU.*

- **Apostrophes**

  On ne coupe jamais à l'apostrophe. — non **L' / école.*

- **Initiales et patronymes**

  Ne pas séparer du nom le prénom abrégé. — non **J. / Picard.*

DIVISION DES MOTS | **SUITE >**

- **Titres de civilité, titres honorifiques et patronymes**
  Ne pas séparer le titre du nom auquel il s'applique. — non **Dr / Laroche.*

- **Nombres en chiffres arabes ou romains**
  Ne pas diviser les nombres écrits en chiffres (par contre, les nombres écrits en toutes lettres sont divisibles). — non **153 / 537, *XX / IV.*

- **Nom déterminé par un nombre**
  Ne pas séparer un nombre du nom qui le suit ou le précède. — non **Art. / 2, *Louis / XIV.*

- **Pourcentage**
  Ne pas séparer un nombre du symbole du pourcentage. — non **75 / %.*

- **Points cardinaux**
  Ne pas séparer l'abréviation du point cardinal du groupe qu'il détermine. — non **Par 52° de latitude / N.*

- **Date**
  Ne pas séparer le quantième et le mois ou le mois et l'année. — non **7 / mai 1998* ou ** 7 mai / 1998.*

- **Symboles des unités de mesure**
  Ne pas séparer le symbole du nombre qui le précède. — non **12 / h, *14 / F, *25 / kg.*

- **Symboles chimiques, mathématiques, etc.**
  Ces symboles sont indivisibles. — non **3 / + 2 = 5*

- **Lettres *x* et *y***
  Ne pas diviser avant ni après les lettres ***x*** ou ***y*** placées entre deux voyelles. — non **Ve / xation, *apitoy / er.*

  [T] 1° Si ces lettres sont suivies d'une consonne, la division est permise après le ***x*** ou le ***y***. *Ex / ténuant, bicy / clette.*

  2° Si la lettre ***x*** correspond au son «z», la coupure est tolérée. *Deu / xième.*

- **Etc.**
  Ne pas séparer l'abréviation ***etc.*** du mot qui la précède. — non **Vert, jaune, / etc.*

- **Syllabe finale muette**
  On ne reporte pas à la ligne suivante une syllabe finale comprenant une voyelle muette. — non **Cou / dre, *définiti / ve.*

- **Mots d'une seule syllabe**
  Ces mots sont indivisibles. — non **Pi / ed.*

- **Mots en fin de page**
  On ne peut couper un mot lors d'un changement de page.

  [T] Dans la mesure du possible, on prendra soin de ne pas renvoyer en début de ligne des syllabes muettes ou de moins de trois lettres. **Directri / ce, *validi / té.*

  [T] Dans certains ouvrages, notamment dans le cas où le texte est composé sur deux colonnes ou plus, il n'est pas toujours possible de respecter cette règle.

DIZAINE n. f.
1. Ensemble de dix unités. *Achète-moi une dizaine de pamplemousses.*
Si le nom ***dizaine*** est précédé du déterminant indéfini ***une*** et suivi d'un complément au pluriel, l'accord du verbe ou de l'adjectif se fait généralement avec le complément au pluriel. *Une dizaine de personnes étaient présentes.* Si le nom ***dizaine*** est précédé du déterminant défini ***la,*** d'un déterminant possessif ***(ma, ta, sa)*** ou d'un déterminant démonstratif ***(cette)*** et s'il est suivi d'un complément au pluriel, le verbe et l'adjectif peuvent s'accorder avec le sujet si l'auteur veut insister sur l'ensemble plutôt que sur la pluralité. *La dizaine de personnes qui assistait au concert.*
VOIR TABLEAU – COLLECTIF.
2. Quantité approximative de dix. *Une dizaine d'élèves ont quitté la classe.*

DIZYGOTE adj.
(MÉD.) Se dit de jumeaux issus de deux ovules distincts, fécondés simultanément par deux spermatozoïdes différents. SYN. faux jumeaux.

DJELLABA n. f.
Longue robe portée en Afrique du Nord. *Des djellabas colorées.*

DJINN n. m.
Génie de l'air. *Des djinns.*

dl
Symbole de ***décilitre.***

dm
Symbole de ***décimètre.***

DM
Symbole de ***deutsche mark.***

DO n. m. inv.
Première note de la gamme de ***do.*** *Des* do. *Des accords en* do.
En typographie soignée, les notes de musique (***do*** ou ***ut, ré, mi, fa, sol, la, si***) se composent en italique ou en romain dans un texte en italique, mais jamais entre guillemets si l'on ne dispose pas d'italique. Les indications qui les accompagnent s'écrivent en romain (ou en italique, comme dans l'exemple qui suit, si la phrase est composée en italique). *Une étude en* sol *mineur, en* fa *dièse.* Lorsqu'il s'agit d'un titre d'œuvre (qui est donc déjà en italique), la note reste en italique. *Toccata et fugue en ré mineur de Bach.*

DOBERMAN n. m.
Le ***r*** et le ***n*** se prononcent, [dɔbɛrman].
Chien de garde. *Des dobermans bien dressés.*

DOC n. f.
(FAM.) Forme abrégée de ***documentation.*** *As-tu réuni ta doc ?*

DOCILE adj.
Discipliné, qui obéit facilement. *Ces animaux sont bien dociles.* SYN. obéissant.

DOCILEMENT adv.
Avec docilité. *Ces enfants obéissent docilement.*

DOCILITÉ n. f.
Soumission, obéissance. *Ce chiot est d'une grande docilité.*

DOCIMOLOGIE n. f.
Science de la vérification des connaissances par tests, examens, etc.

DOCK n. m. (pl. *docks*)
Bassin entouré de quais pour le chargement et le déchargement des navires.

DOCKER n. m. (pl. *dockers*)
Le ***r*** se prononce, [dɔkɛr].
Ouvrier employé au chargement et au déchargement des navires.
VOIR – DÉBARDEUR.

DOCTE adj.
Savant, érudit. *De doctes professeurs.*

DOCTEUR n. m.
DOCTEURE n. f.
1. Titulaire d'un diplôme de 3e cycle. *Elle est docteure en linguistique.*
2. Employé absolument, le titre est réservé aux médecins, aux dentistes et aux vétérinaires, et ne s'abrège ***(D^{r}, Dr, D^{re}, Dre, D^{rs}, Drs, D^{res}, Dres)*** que devant le patronyme. *D^{re} Claire Lavallée. Le docteur est venu hier.*
Si l'on ne s'adresse pas à la personne, le titre est précédé du déterminant défini et s'abrège généralement lorsqu'il est suivi du patronyme. *Vous avez rendez-vous avec le Dr de Villers-Sidani.* Si le titre n'est pas abrégé, il s'écrit avec une minuscule. *La docteure Millette est passée.* Si l'on s'adresse à la personne, le titre s'écrit au long avec une majuscule initiale. *Je vous en prie, Docteur Daoud, dites-moi la vérité.*
Pour préciser la discipline du doctorat, on recourra aux prépositions ***en, ès,*** selon le cas (***ès*** précède une discipline au pluriel). *Paul Fougère, docteur ès lettres.*

DOCTORAL, ALE, AUX adj.
1. Relatif au doctorat. *Des études doctorales.*
2. (PÉJ.) Pédant, exagérément sérieux. *Un ton doctoral, des exposés fastidieux et doctoraux.*

DOCTORANT, ANTE n. m. et f.
Étudiant qui prépare un doctorat. *Une doctorante en linguistique.*

DOCTORAT n. m.
Le diplôme universitaire le plus haut. *Un doctorat en droit. Un doctorat ès lettres.*
VOIR TABLEAU – GRADES ET DIPLÔMES UNIVERSITAIRES.
doctorat.

DOCTORESSE n. f.
(FAM.) (VX) Femme médecin.
Aujourd'hui, on recourt plutôt au nom ***docteur, docteure*** pour désigner une femme qui pratique la médecine.

DOCTRINAIRE adj. et n. m. et f.
ADJECTIF
1. Qui a rapport au dogme. *Une école doctrinaire.*
2. Qui exprime son avis de manière autoritaire. *Un ton doctrinaire.*
3. Qui est étroitement lié à un dogme, à une doctrine. *Une intransigeance doctrinaire.* SYN. dogmatique.
NOM MASCULIN ET FÉMININ
Personne étroitement attachée à un dogme, à une doctrine. *Il faut se méfier des doctrinaires et des fanatiques.* SYN. dogmatique.

DOCTRINAL, ALE, AUX adj.
Qui se rapporte à une doctrine. *Des règles doctrinales.*

DOCTRINE n. f.
Ensemble des opinions qu'a une personne sur quelque matière. *Une doctrine politique.*

DOCUFICTION n. m.
Documentaire basé sur des faits irréels ayant pour but de produire, par l'étonnement, des effets divertissants (GDT). *Le téléfilm frôle parfois le docufiction, s'offrant des incursions dans le réel.*

DOCUMENT n. m.
1. Écrit qui sert à nous renseigner. *Le passeport est un document important.*
2. Tout ce qui sert de preuve, de témoignage. *Un document photographique.*

LOCUTION
– ***Document source.*** Ensemble composé du fichier ASCII accompagné des commandes HTML qui ont été utilisées pour créer un document HTML, que l'on peut visualiser à partir d'un article de menu dans un navigateur Web (GDT). *Des documents sources.*

DOCUMENTAIRE adj. et n. m.
ADJECTIF
Qui a le caractère d'un document. *Une preuve documentaire.*
NOM MASCULIN
Film instructif. *Un documentaire sur les canards sauvages.*

DOCUMENTALISTE n. m. et f.
Spécialiste de la documentation.
Ne pas confondre avec le nom ***documentariste,*** spécialiste des films documentaires.

DOCUMENTARISTE n. m. et f.
Spécialiste des films documentaires.
Ne pas confondre avec le nom ***documentaliste,*** spécialiste de la documentation.

DOCUMENTATION n. f.
S'abrège familièrement en *doc* (s'écrit sans point).
Ensemble de documents. *Un centre de documentation. Je vous envoie sous pli la documentation* (et non la *littérature) *nécessaire à votre projet.*

DOCUMENTER v. tr., pronom.
VERBE TRANSITIF
Appuyer sur des documents. *Documenter une recherche.*
VERBE PRONOMINAL
Se renseigner, rechercher des documents. *Ils se sont bien documentés avant de commencer leur travail.*
À la forme pronominale, le participe passé de ce verbe s'accorde toujours en genre et en nombre avec son sujet. *Les chercheurs se sont bien documentés.*
CONJUGAISON : VOIR MODÈLE AIMER.

DODÉCA- préf.
Élément du grec signifiant « douze ».

DODÉCAGONAL, ALE, AUX adj.
Qui a douze angles.

DODÉCAGONE n. m.
Polygone à douze côtés.

DODELINEMENT n. m.
Oscillation légère de la tête ou du corps.

DODELINER v. intr.
Bercer, balancer doucement. *Dodeliner de la tête.*
CONJUGAISON : VOIR MODÈLE AIMER.

DODU, UE adj.
1. Gras. *Un dindon dodu.*
2. (FAM.) Potelé. *Des cuisses dodues.* SYN. grassouillet.

DOGE n. m.
Chef élu des anciennes républiques de Venise, de Gênes.

***DOGGY-BAG**
Anglicisme pour ***emporte-restes*** (terme proposé par le GDT et le Comité de linguistique de Radio-Canada).

DOGMATIQUE adj. et n. m. et f.
ADJECTIF
1. Qui se rapporte au dogme. *Philosophie dogmatique.*
2. Péremptoire, catégorique. *Un ton dogmatique.* SYN. décisif ; tranchant.
NOM MASCULIN ET FÉMININ
Qui fait preuve de dogmatisme. *Ils n'admettent pas la contradiction : ce sont des dogmatiques.*

DOGMATIQUEMENT adv.
De façon dogmatique et catégorique.

DOGMATISME n. m.
1. Doctrine qui s'appuie sur des dogmes, des certitudes.
2. Penchant à croire, à affirmer quelque chose de façon catégorique, sans admettre la critique.

DOGME n. m.
1. Point fondamental d'une doctrine (religieuse, philosophique) tenu pour indiscutable.
2. Principe imposé comme une certitude. *Un dogme politique que l'on ne peut remettre en question.*

DOGUE n. m.
Chien de garde.

DOIGT n. m.
1. Chacune des cinq parties qui terminent la main, le pied de l'homme. *La main compte cinq doigts : le pouce, l'index, le majeur, l'annulaire et l'auriculaire.*
2. Petite mesure. *Un doigt de crème.*
LOCUTIONS
– ***Avoir des doigts de fée.*** Être très adroit, très habile.
– ***Croiser les doigts.*** Pour conjurer le mauvais sort, mettre le majeur sur l'index en émettant un vœu.
– ***Être à deux doigts de.*** Être près de. *Ils sont à deux doigts de trouver la solution.*
– ***Être comme les deux doigts de la main.*** Être inséparablement uni avec quelqu'un.
– ***Mettre le doigt dans l'engrenage.*** Être irréversiblement engagé dans quelque chose.
– ***Mettre le doigt sur.*** Deviner juste. *Elle a mis le doigt sur la bonne réponse.*
– ***Montrer du doigt.*** (FIG.) Attirer l'attention sur un travers, ridiculiser. *On a montré* (et non *pointé) *du doigt ce ministre des Transports qui roulait trop vite.*
– ***Ne pas remuer le petit doigt pour quelqu'un.*** Ne pas s'en occuper, ne rien faire pour cette personne.
– ***Obéir au doigt et à l'œil.*** Obéir au premier signe.
– ***Savoir quelque chose sur le bout du doigt, des doigts.*** Parfaitement.
– ***Se faire taper sur les doigts.*** Recevoir un blâme, une réprimande.
– ***Se mettre le doigt dans l'œil.*** (FAM.) (FIG.) Faire erreur.
– ***Se mordre les doigts.*** Regretter. *Elle s'est mordu les doigts d'avoir accepté un tel travail.*
– ***Toucher du doigt.*** Voir clairement, être près de la solution.
FORME FAUTIVE
*pointer du doigt. Calque de «*to point at somebody*» pour ***montrer du doigt, indiquer du doigt.***
doigt.

DOIGTÉ n. m.
1. Tact. *Elle a beaucoup de doigté.* SYN. adresse ; délicatesse ; diplomatie.
2. Habileté. *Ce musicien a un doigté remarquable.* SYN. dextérité.
Ne pas confondre avec le nom ***doigtier,*** petit fourreau.

DOIGTIER n. m.
Petit fourreau destiné à protéger un doigt.
Ne pas confondre avec le mot ***doigté,*** tact, dextérité.

DOL n. m. (pl. *dols*)
(DR.) Manœuvre frauduleuse, tromperie. *Ce motard a commis nombre de dols.*

DOLÉANCE n. f.
Réclamation. *Présenter ses doléances.* SYN. grief.
Ce nom s'emploie généralement au pluriel.

DOLENT, ENTE adj.
Triste, plaintif. *Un ton dolent.*

DOLLAR n. m.
Symbole **$** (s'écrit sans point).
Unité monétaire de nombreux pays. *Ce cahier coûte 2 dollars et l'autre, 1,50 dollar.*

Le nom ne prend la marque du pluriel qu'à compter de deux unités.

Notation

L'unité monétaire peut s'écrire en toutes lettres. Par contre, si le nombre est écrit en lettres, l'unité monétaire se note au long. *Cent dollars* (et non *cent $). Il est d'usage cependant de noter l'unité à l'aide de son symbole, qui est un *S* barré. *100 $.*

Place du symbole

– Le symbole de l'unité monétaire se place après la partie numérique, sur la même ligne, et en est séparé par un espacement simple (Recomm. off.). *75 $ – 75,25 $ – 0,75 $.*

– Pour certains tableaux et états financiers, il est possible d'intervertir l'ordre et de faire précéder du symbole l'expression numérale.

Le kilodollar (k$) représente mille dollars, le mégadollar (M$), un million de dollars, et le gigadollar (G$), un milliard de dollars.

T La somme de 3 500 000 $ peut aussi être notée 3,5 millions de dollars, la somme de 45 000 000 000 $, 45 milliards de dollars, parce que les mots ***million*** et ***milliard*** ne sont pas des adjectifs numéraux, mais des noms. Si la somme représente un nombre décimal, les mots ***million*** ou ***milliard*** s'écrivent après la fraction. *15,5 millions* (et non *15 millions 5) *de dollars. Le coût est de 1,5 million de dollars.*

LOCUTIONS

– ***Dollar américain,*** symbole ***$ US***. Unité monétaire des États-Unis.

T Le symbole du dollar est suivi d'un espacement et du symbole *US* en majuscules, sans point.

– ***Dollar australien,*** symbole ***$ A***. Unité monétaire de l'Australie.

T Le symbole du dollar est suivi d'un espacement et du symbole *A* en majuscule, sans point.

– ***Dollar canadien,*** symbole ***$ CAN*** ou ***$ CA***. Unité monétaire du Canada.

T Le symbole du dollar est suivi d'un espacement et du symbole *CA* ou *CAN* en majuscules, sans point.

Le code alphabétique en usage pour les échanges internationaux et les transferts électroniques de fonds pour le dollar canadien est ***CAD***.

VOIR TABLEAU – SYMBOLES DES UNITÉS MONÉTAIRES.

DOLLARISATION n. f.

1. (ÉCON.) Processus de substitution du dollar américain à une monnaie nationale, comme moyen de paiement et réserve de valeurs (GDT). *En 2002, avec un dollar canadien à son nadir, certains industriels québécois plaidaient en faveur de la dollarisation (américaine) de l'économie canadienne.*

2. (FIG.) Américanisation. *Le Parlement russe entend lutter contre la dollarisation des mentalités : il sera désormais interdit de fixer les prix en dollars ou en euros, comme certains commerçants et restaurateurs le font de plus en plus souvent.* ANT. dédollarisation.

DOLMAN n. m.

La dernière syllabe rime avec ***cancan,*** [dɔlmɑ̃].

(ANCIENN.) Veste à brandebourgs. *Des dolmans.*

Ne pas confondre avec le nom ***dolmen,*** monument de pierre composé d'une pierre plate posée à l'horizontale sur des pierres verticales.

DOLMEN n. m.

Le ***n*** se prononce, [dɔlmɛn] ; le nom rime avec ***domaine***.

Monument de pierre composé d'une pierre plate posée à l'horizontale sur des pierres verticales. *Les dolmens de Bretagne.*

Ne pas confondre avec les noms suivants :

- ***dolman,*** veste à brandebourgs ;
- ***menhir,*** pierre verticale.

DOM n. m.

Le ***m*** ne se prononce pas, [dɔ̃] ; le nom rime avec ***don***.

Titre de certains religieux. *Le moine dom Pérignon.*

DOMAINE n. m.

1. Ensemble de terres, de bois, de bâtiments qui composent une propriété à la campagne. *Un magnifique domaine dans les montagnes.*

2. Champ d'activité d'une personne. *Il est dans le domaine scientifique.* SYN. secteur ; spécialité ; sphère.

DOMANIAL, IALE, IAUX adj.

Qui appartient à un domaine. *La forêt domaniale de Chambord.*

DÔME n. m.

Construction de forme arrondie surmontant certains monuments. *Le dôme du marché Bonsecours.*

Le ***dôme*** est vu de l'extérieur, alors que la ***coupole*** est surtout vue de l'intérieur.

dôme.

DOMESTICABLE adj.

Qui peut être domestiqué, en parlant d'un animal. *Le boa est-il domesticable ?*

DOMESTICATION n. f.

Action de domestiquer ; son résultat. *La domestication des autruches.*

DOMESTICITÉ n. f.

Ensemble des domestiques.

DOMESTIQUE adj. et n. m. et f.

ADJECTIF

1. Qui concerne la maison. *Des aides domestiques.*

2. Qui vit dans l'entourage des humains (par opposition à ***sauvage***). *Les animaux domestiques.*

NOM MASCULIN ET FÉMININ

Employé de maison. *Un domestique bien honnête. Une domestique âgée.*

1° Ce nom a remplacé les mots ***servante, serviteur.***
2° Aujourd'hui, on dit plutôt ***employé de maison.***

FORME FAUTIVE

*domestique. Anglicisme au sens de ***intérieur, du pays.*** *Le marché intérieur* (et non *domestique) *est saturé. Les vols intérieurs* (et non *domestiques) *et les vols internationaux.*

DOMESTIQUER v. tr.

1. Apprivoiser (un animal sauvage). *Domestiquer une mouffette.*

2. Rendre utilisable par l'homme une force naturelle. *Domestiquer* (et non *harnacher) *un cours d'eau.*

CONJUGAISON : VOIR MODÈLE AIMER.

DOMICILE n. m.

Lieu où l'on réside habituellement. SYN. chez-soi ; demeure ; maison.

LOCUTIONS

– ***À domicile.*** *Ce médecin fait des visites à domicile : il soigne les malades chez eux.*

– ***Élire domicile*** (en un lieu). S'installer. *Ils ont élu domicile au 1 de l'avenue des Érables, à Vaudreuil-sur-le-Lac.*

– ***Sans domicile fixe (SDF).*** Sans lieu d'habitation. *Une personne sans domicile fixe, des sans domicile fixe.*

– ***Violation de domicile avec agression.*** Intrusion violente dans un domicile habité afin d'y commettre des crimes en recourant à l'intimidation et à la séquestration de ses occupants (GDT). *Ces personnes ont été victimes d'une violation de domicile avec agression* (et non *invasion de domicile). SYN. agression au domicile.

Le ***domicile*** est la demeure légale, tandis que la ***résidence*** est un lieu d'habitation. Une personne peut avoir plusieurs résidences, mais elle n'a qu'un domicile.

domicile.

DOMICILIAIRE adj.
(DR.) Qui se rapporte au domicile. *Visite domiciliaire.*
FORME FAUTIVE
*domiciliaire. Impropriété au sens de ***résidentiel.***
Cet adjectif ne s'emploie que dans certaines expressions juridiques pour qualifier une perquisition.

DOMICILIÉ, ÉE adj.
(DR.) Qui a son domicile légal dans un lieu. *Madame Fougère, domiciliée à Neuville.*

DOMICILIER v. tr.
Donner un domicile à. *Pendant l'été, les stagiaires sont domiciliés dans les résidences étudiantes.*
CONJUGAISON : VOIR MODÈLE ÉTUDIER.
Redoublement du ***i*** à la première et à la deuxième personne de l'indicatif imparfait et du subjonctif présent. *(Que) nous domiciliions, (que) vous domiciliiez.*

DOMINANCE n. f.
1. Le fait d'avoir la suprématie, de dominer. SYN. prépondérance.
2. (BIOL.) État présenté par un caractère ou un gène dominant (par opposition à ***récessif***).

DOMINANT, ANTE adj.
Qui domine. *Des couleurs dominantes, des gènes dominants, des traits de caractère dominants.*

DOMINANTE n. f.
Caractère essentiel, élément caractéristique parmi plusieurs choses. *La dominante de cette toile est son extraordinaire luminosité.*

DOMINATEUR, TRICE adj. et n. m. et f.
ADJECTIF
Qui aime à dominer. *Cette personne est trop dominatrice. Un ton dominateur.* SYN. autoritaire ; impérieux.
NOM MASCULIN ET FÉMININ
(LITT.) Conquérant. SYN. maître ; vainqueur.

DOMINATION n. f.
1. Puissance souveraine. *Nous avons vécu sous la domination française, puis anglaise.* SYN. autorité ; gouvernement.
2. Influence très grande. *Une domination intellectuelle.* SYN. emprise.

DOMINER v. tr., intr., pronom.
VERBE TRANSITIF
1. Exercer sa suprématie sur (un pays, une population, etc.). SYN. diriger ; gouverner.
2. Surpasser. *Il a largement dominé son adversaire au golf.* SYN. battre ; l'emporter sur.
3. S'élever au-dessus de. *Le clocher domine le village.* SYN. culminer ; surmonter.
4. Maîtriser. *Dominer ses impulsions.* SYN. contenir ; dompter.
VERBE INTRANSITIF
L'emporter, triompher. *Cette équipe a largement dominé.* SYN. prédominer.
VERBE PRONOMINAL
Se rendre maître de soi. *Ils se sont dominés et sont restés calmes.* SYN. se contenir ; se maîtriser.
À la forme pronominale, le participe passé de ce verbe s'accorde toujours en genre et en nombre avec son sujet. *Elle s'était dominée et n'avait pas répliqué.*
CONJUGAISON : VOIR MODÈLE AIMER.

DOMINICAIN, AINE n. m. et f.
Religieux, religieuse appartenant à l'ordre de saint Dominique.
T Le nom s'écrit avec une minuscule lorsqu'il désigne un membre de l'ordre religieux ; quand il désigne l'ordre religieux, il s'écrit avec une majuscule. *Les Dominicains.*

DOMINICAL, ALE, AUX adj.
Relatif au dimanche. *Les pique-niques dominicaux.*
LOCUTION
– ***Repos dominical.*** Repos du dimanche.

DOMINO n. m.
1. Costume de bal masqué.
2. (AU PLUR.) Jeu. *Jouer aux dominos.*

DOMMAGE n. m.
1. Tort subi par quelqu'un. *Ces mensonges lui ont causé un dommage irréparable.* SYN. atteinte ; préjudice.
2. Dégât matériel. *La pluie a causé des dommages aux fraises.* SYN. détérioration ; ravage.
LOCUTIONS
– ***Beau dommage !,*** loc. interj. ⚜ Évidemment ! *Seras-tu de la fête ? Beau dommage !*
– ***Dommage que, il est dommage que.*** Il est regrettable que. *Il est dommage que vous n'ayez pas pu venir.*
Ces locutions se construisent avec le subjonctif.
– ***Dommages et intérêts.*** Indemnité en réparation d'un préjudice.
FORME FAUTIVE
*dommages au cerveau. Impropriété au sens de ***atteinte, lésion au cerveau*** (DDFM).

DOMMAGEABLE adj.
Qui cause du dommage. *Ces retards nous seront dommageables.* SYN. préjudiciable. ANT. profitable.

DOMOTIQUE n. f.
Ensemble des techniques visant à l'automatisation de certains aspects de l'habitat (éclairage automatique, gestion de l'énergie, etc.). *« Appliquée à la vie du foyer et au bien-être de ses occupants, l'informatique a pris le nom de domotique et, après des années de balbutiements, trouve aujourd'hui des applications utiles et astucieuses »* (*Le Monde*).

DOMPTABLE adj.
Le ***p*** ne se prononce généralement pas, [dɔ̃tabl].
Qui peut être dompté. *Des éléphants domptables.*

DOMPTAGE n. m.
Le ***p*** ne se prononce généralement pas, [dɔ̃taʒ].
Action de dompter.

DOMPTER v. tr.
Le ***p*** ne se prononce généralement pas, [dɔ̃te], de même que dans les dérivés.
1. Dresser (un animal sauvage). *Dompter un ours.* SYN. apprivoiser.
2. (FIG.) Maîtriser. *Dompter sa colère.* SYN. contenir.
CONJUGAISON : VOIR MODÈLE AIMER.

DOMPTEUR n. m.
DOMPTEUSE n. f.
Le ***p*** ne se prononce généralement pas.
Personne qui dompte des animaux. *Un dompteur de tigres.*

DON n. m.
1. Présent, somme donnée gratuitement. *Ils ont fait un don à l'UNICEF.*
2. Talent. *Elle a un don pour les mathématiques.* SYN. aptitude ; disposition ; habileté.
Ne pas confondre avec les noms suivants :
• ***cadeau,*** présent destiné à faire plaisir à quelqu'un ;
• ***gratification,*** somme d'argent donnée en surcroît de ce qui est dû ;
• ***legs,*** don fait par testament.

DONATAIRE n. m. et f.
Personne qui reçoit une donation. ANT. donateur.

DONATEUR, TRICE n. m. et f.
Personne qui fait une donation. ANT. donataire.

DONATION n. f.
Don fait à quelqu'un par un acte public.

DONC conj.
En tête de proposition, le ***c*** se prononce, ainsi que devant une voyelle ou un ***h*** muet. Dans les autres cas, le ***c*** est muet.

Cette conjonction de coordination marque :
1. La conclusion d'un raisonnement, la conséquence. *« Je pense, donc je suis »* (René Descartes, *Discours de la méthode*). SYN. en conséquence ; par conséquent.
2. La suite d'un discours, d'un développement interrompu. *Nous disions donc...*
3. L'étonnement, la surprise. *Qu'avez-vous donc ? Allons donc !*
1° Placée en début de phrase, la conjonction est généralement suivie d'une virgule. *Donc, la proposition est acceptée.*
2° À l'intérieur d'une phrase, la conjonction s'écrit sans virgule ou est précédée d'une virgule, selon le sens. *Qu'elle était donc gentille ! Il rit, donc il va bien.*

DÔNG n. m.
Unité monétaire du Vietnam. *Des dôngs.*
VOIR TABLEAU – SYMBOLES DES UNITÉS MONÉTAIRES.

DONJON n. m.
Haute tour dominant un château fort. *Des donjons imprenables.*

DON JUAN n. m.
Séducteur. *Des dons Juans très libertins.*
Dans le corps d'une phrase, le titre ***don*** s'écrit sans majuscule.
[Les *Rectifications* (1990) admettent : un donjuan, des donjuans.]

DONNE n. f.
1. Action de distribuer des cartes.
2. Cartes distribuées à des joueurs. *Quelle belle donne !*
LOCUTION
– ***Nouvelle donne.*** (FIG.) Situation modifiée, nouveau contexte. *La nouvelle donne budgétaire impose une réorganisation de nos activités.*

DONNÉ, ÉE adj.
1. Accordé gratuitement.
2. Peu cher. *À ce prix, c'est donné.* SYN. bon marché.
3. Déterminé. *Un nombre donné. À un moment donné.* SYN. connu.
LOCUTIONS
– ***Étant donné,*** loc. prép. Compte tenu de. *Étant donné ses bonnes notes, il sera admis très facilement.*
Ne pas confondre cette locution invariable avec le participe passé ***étant donné*** placé après le nom et qui s'accorde normalement. *Ces renseignements étant donnés.*
– ***Étant donné que,*** loc. conj. Puisque. *Étant donné qu'il n'a pas plu depuis longtemps, les risques d'incendie de forêt augmentent.*
Cette locution est suivie de l'indicatif.
Ces locutions sont invariables.

DONNÉE n. f.
Élément d'information. *Des banques de données. La collecte* (et non *cueillette) *des données.*
LOCUTIONS
– ***Banque de données.*** (INFORM.) Ensemble d'informations organisées autour d'un même sujet, directement exploitables et proposées en consultation aux utilisateurs (GDT). Le Grand Dictionnaire terminologique *est une banque de données terminologiques regroupant trois millions de termes français et anglais.*
– ***Base de données.*** (INFORM.) Ensemble structuré de fichiers interreliés dans lesquels les données sont organisées selon certains critères en vue de permettre leur exploitation (GDT).

DONNER v. tr., intr., pronom.
VERBE TRANSITIF
1. Mettre en la possession de (quelqu'un). *Donne-moi ce dossier ; donne-le-moi* (et non *donne-moi-le).
2. Faire don de, accorder. *Ils ont donné de la monnaie aux sans-abri.* SYN. distribuer ; offrir.
3. Procurer, fournir. *Donner un conseil. Donne-lui un peu de répit.*
4. Communiquer. *Donnez-moi votre nom et vos coordonnées. Donner une conférence.* SYN. dire ; exposer ; exprimer.
5. Produire. *Les analyses n'ont rien donné. Le citronnier a donné plusieurs citrons.*
6. Causer, susciter. *Vous m'avez donné bien du plaisir.*
7. Attribuer. *Elle donne beaucoup de prix à cette amitié.* SYN. attacher ; conférer.
VERBE INTRANSITIF
1. Heurter. *Elle donna de la tête contre un mur.* SYN. se cogner ; frapper.
2. Être orienté vers, situé sur. *La chambre donne sur la mer.*
En ce sens, le verbe se construit avec la préposition ***sur.***
VERBE PRONOMINAL
1. Faire le don de soi. *Elle s'est entièrement donnée à cette tâche.* SYN. se consacrer ; se dévouer ; se sacrifier.
2. S'attribuer faussement. *Il se donne tout le mérite.*
3. Se faire à soi-même. *Elle s'est donné du mal, du bon temps.*
4. Être bon marché. *Ces produits se donnent.*
À la forme pronominale, le participe passé de ce verbe s'accorde en genre et en nombre avec le complément direct (nom ou pronom) si celui-ci le précède. *Le but qu'elle s'était donné. Elle s'est donnée complètement à cette œuvre.* Le participe passé reste invariable si le complément direct suit le verbe. *Ils se sont donné du bon temps. Elles se sont donné la main pour sceller leur accord.*
LOCUTIONS
– ***Donnant, donnant.*** Donner, à la condition de recevoir ce qui est équivalent. SYN. rien sans rien.
– ***Donner à entendre.*** Sous-entendre, laisser soupçonner.
– ***Donner du fil à retordre.*** Causer des difficultés.
– ***Donner le jour à un enfant.*** Le mettre au monde.
– ***Je vous le donne en mille.*** (FAM.) Vous ne pourrez jamais le deviner.
– ***Ne pas donner signe de vie.*** Ne pas donner de ses nouvelles.
– ***Ne pas savoir où donner de la tête.*** Être très occupé.
– ***Se donner le mot.*** Se mettre d'accord. SYN. se concerter.
– ***S'en donner à cœur joie.*** Se divertir, s'amuser. *Ils s'en sont donné à cœur joie.*
Le participe passé est invariable dans cette locution.
CONJUGAISON : VOIR MODÈLE AIMER.

DONNEUR, EUSE n. m. et f.
Celui, celle qui donne. *Des donneurs de sang, un donneur universel.*

DON QUICHOTTE n. m. (pl. *dons Quichottes*)
Personnage idéaliste qui se pose en défenseur des opprimés.
Dans le corps d'une phrase, le titre ***don*** s'écrit sans majuscule.
[Les *Rectifications* (1990) admettent : un donquichotte, des donquichottes.]

DONT pron. rel.
Pronom relatif des deux genres et des deux nombres.
1. De qui, de quoi. *L'ami dont je me souviens. Le mal dont il souffre.*
2. D'où. *La ville dont elle vient.*

Le pronom relatif ***dont*** s'emploie avec un antécédent complément indirect du verbe, complément du nom ou de l'adjectif introduit par ***de, du, des.*** *La personne dont nous parlions* (nous parlions de qui ? de la personne). *Le projet dont elle est la conceptrice* (elle est la conceptrice de quoi ? du projet). *La musique dont il est fou* (il est fou de quoi ? de la musique).

Attention, si l'antécédent est précédé de la préposition ***de,*** on emploie le pronom relatif ***que*** dans la proposition relative et non pas ***dont.*** *C'est de vous qu'il est question* (et non *dont il est question). Deux constructions sont possibles en fonction de la présence ou de l'absence de la préposition ***de*** : *c'est de cela que je parlais* ou *c'est cela dont je parlais.*

La subordonnée relative introduite par ***dont*** ne peut comporter d'adjectif possessif qui se rapporte à l'antécédent. *La maison dont la* (et non *sa) *cheminée est rouge.*

LOCUTIONS

– ***Ce dont.*** La locution résume ce qui vient d'être dit. *La proposition n'a pas été retenue, ce dont il a été fort déçu.*
– ***Dont acte.*** (DR.) Dont on accorde la constatation par écrit.
– ***Dont on dit, on sait.*** Au sujet de qui, de quoi. *Ce tableau dont on sait qu'il a été peint par Cézanne...*

DONZELLE n. f.
(FAM.) Se dit d'une jeune femme prétentieuse.

DOPAGE n. m.
Le ***o*** est ouvert, [dɔpaʒ].
Action de doper, son résultat. *Le dopage* (et non le *doping) *des athlètes est interdit.*
Recommandation officielle pour remplacer le mot ***doping.***

DOPANT, ANTE adj. et n. m.
ADJECTIF
Se dit d'une substance qui stimule, qui augmente les performances physiques. *Des produits dopants.*
NOM MASCULIN
Produit chimique qui excite, augmente la puissance et améliore les performances physiques. *L'usage des dopants est rigoureusement interdit lors des Jeux olympiques.*

***DOPE**
Anglicisme au sens de ***drogue.***

DOPER v. tr.
Le ***o*** est ouvert, [dɔpe].
Administrer un stimulant avant une épreuve sportive, un examen.
CONJUGAISON : VOIR MODÈLE AIMER.

DORADE
VOIR – DAURADE.

DORÉ, ÉE adj. et n. m.
ADJECTIF
1. Qui est recouvert d'or. *Une chaîne dorée.*
2. Qui a la couleur de l'or. *Des cheveux dorés.*
NOM MASCULIN
1. Couleur dorée. *Des cheveux d'un beau doré.*
2. Poisson d'eau douce dont la chair est appréciée. *Étienne a pêché un beau doré.*

DORÉNAVANT adv.
Désormais, à partir du moment présent.

DORER v. tr., pronom.
VERBE TRANSITIF
1. Recouvrir d'une mince couche d'or. *Dorer un métal.*
2. Donner la couleur dorée à. *Le four a doré le pain qui cuisait.*
VERBE PRONOMINAL
Se dorer au soleil. Devenir d'une couleur dorée. *Elles se sont dorées au soleil du Mexique.*
À la forme pronominale, le participe passé de ce verbe s'accorde toujours en genre et en nombre avec son sujet. *Sous les tropiques, leur peau s'est dorée rapidement.*
CONJUGAISON : VOIR MODÈLE AIMER.

D'ORES ET DÉJÀ loc. adv.
Dès maintenant. *Il connaît la réponse d'ores et déjà.*

DORIQUE adj. et n. m.
(ARCHIT.) Se dit d'un ordre d'architecture de la Grèce antique. *L'ordre dorique.*

DORLOTEMENT n. m.
Action de dorloter.

DORLOTER v. tr., pronom.
VERBE TRANSITIF
Cajoler, entourer de soins attentifs. *Elle dorlote ses enfants.* SYN. (FAM.) chouchouter ; choyer.
VERBE PRONOMINAL
Se choyer. *Elles ont l'habitude de se dorloter.*
À la forme pronominale, le participe passé de ce verbe s'accorde toujours en genre et en nombre avec son sujet. *Elles se sont dorlotées.*
CONJUGAISON : VOIR MODÈLE AIMER.
dorloter, un seul ***t.***

DORMANCE n. f.
État d'un végétal dont le développement s'arrête provisoirement, notamment en raison de la saison froide. *Au cours de l'hiver, les arbres sont en dormance.*

DORMANT, ANTE adj.
Stagnant. *De l'eau dormante.*

***DORMANT**
Anglicisme pour ***traverse (de chemin de fer).***

DORMEUR, EUSE n. m. et f.
Qui dort, qui aime dormir. *C'est une bonne dormeuse.*

DORMIR v. intr.
1. Se reposer, être dans le sommeil. *Ils dorment depuis deux heures. Combien d'heures avez-vous dormi ?*
Attention au participe, qui ne s'accorde pas, le nom ***heures*** étant un complément répondant à la question « combien d'heures ? » et non à la question « quoi ? ».
2. (FIG.) Demeurer inactif, non productif. *Des capitaux qui dorment dans un bas de laine.*
LOCUTIONS
– ***Dormir debout.*** Être très fatigué. SYN. avoir sommeil.
– ***Dormir sur ses deux oreilles.*** Être tranquille.
– ***Histoire à dormir debout.*** Histoire invraisemblable.
– ***Qui dort dîne*** (Proverbe). Le sommeil empêche de penser à la faim.
CONJUGAISON : VOIR MODÈLE DORMIR.

DORSAL, ALE, AUX adj.
Du dos. *Les muscles dorsaux. L'épine dorsale.*

DORTOIR n. m.
Salle commune où dorment les membres d'une communauté. *Les pensionnaires dorment dans le dortoir.*
LOCUTION
– ***Ville(-)dortoir, cité(-)dortoir.*** (EN APPOS.) Lieu d'habitation de personnes travaillant ailleurs. *Des villes-dortoirs* ou *des villes dortoirs, des cités-dortoirs* ou *des cités dortoirs.*
En apposition, le nom s'écrit avec ou sans trait d'union et les deux mots prennent la marque du pluriel.

DORURE n. f.
Revêtement d'or. *Une dorure à la feuille. La dorure d'un encadrement.*

CONJUGAISON DU VERBE **DORMIR**

INDICATIF

PRÉSENT

je	dors
tu	dors
elle	dort
il	dort
nous	dor**mons**
vous	dor**mez**
elles	dor**ment**
ils	dor**ment**

PASSÉ COMPOSÉ

j'	ai	dormi
tu	as	dormi
elle	a	dormi
il	a	dormi
nous	avons	dormi
vous	avez	dormi
elles	ont	dormi
ils	ont	dormi

IMPARFAIT

je	dor**mais**
tu	dor**mais**
elle	dor**mait**
il	dor**mait**
nous	dor**mions**
vous	dor**miez**
elles	dor**maient**
ils	dor**maient**

PLUS-QUE-PARFAIT

j'	avais	dormi
tu	avais	dormi
elle	avait	dormi
il	avait	dormi
nous	avions	dormi
vous	aviez	dormi
elles	avaient	dormi
ils	avaient	dormi

PASSÉ SIMPLE

je	dor**mis**
tu	dor**mis**
elle	dor**mit**
il	dor**mit**
nous	dor**mîmes**
vous	dor**mîtes**
elles	dor**mirent**
ils	dor**mirent**

PASSÉ ANTÉRIEUR

j'	eus	dormi
tu	eus	dormi
elle	eut	dormi
il	eut	dormi
nous	eûmes	dormi
vous	eûtes	dormi
elles	eurent	dormi
ils	eurent	dormi

FUTUR SIMPLE

je	dor**mirai**
tu	dor**miras**
elle	dor**mira**
il	dor**mira**
nous	dor**mirons**
vous	dor**mirez**
elles	dor**miront**
ils	dor**miront**

FUTUR ANTÉRIEUR

j'	aurai	dormi
tu	auras	dormi
elle	aura	dormi
il	aura	dormi
nous	aurons	dormi
vous	aurez	dormi
elles	auront	dormi
ils	auront	dormi

CONDITIONNEL PRÉSENT

je	dor**mirais**
tu	dor**mirais**
elle	dor**mirait**
il	dor**mirait**
nous	dor**mirions**
vous	dor**miriez**
elles	dor**miraient**
ils	dor**miraient**

CONDITIONNEL PASSÉ

j'	aurais	dormi
tu	aurais	dormi
elle	aurait	dormi
il	aurait	dormi
nous	aurions	dormi
vous	auriez	dormi
elles	auraient	dormi
ils	auraient	dormi

SUBJONCTIF

PRÉSENT

que	je	dor**me**
que	tu	dor**mes**
qu'	elle	dor**me**
qu'	il	dor**me**
que	nous	dor**mions**
que	vous	dor**miez**
qu'	elles	dor**ment**
qu'	ils	dor**ment**

PASSÉ

que	j'	aie	dormi
que	tu	aies	dormi
qu'	elle	ait	dormi
qu'	il	ait	dormi
que	nous	ayons	dormi
que	vous	ayez	dormi
qu'	elles	aient	dormi
qu'	ils	aient	dormi

IMPARFAIT

que	je	dor**misse**
que	tu	dor**misses**
qu'	elle	dor**mît**
qu'	il	dor**mît**
que	nous	dor**missions**
que	vous	dor**missiez**
qu'	elles	dor**missent**
qu'	ils	dor**missent**

PLUS-QUE-PARFAIT

que	j'	eusse	dormi
que	tu	eusses	dormi
qu'	elle	eût	dormi
qu'	il	eût	dormi
que	nous	eussions	dormi
que	vous	eussiez	dormi
qu'	elles	eussent	dormi
qu'	ils	eussent	dormi

IMPÉRATIF

PRÉSENT

dors
dor**mons**
dor**mez**

PASSÉ

aie dormi
ayons dormi
ayez dormi

INFINITIF

PRÉSENT

dor**mir**

PASSÉ

avoir dormi

PARTICIPE

PRÉSENT

dor**mant**

PASSÉ

dormi
ayant dormi

DOS n. m.
1. Face postérieure du corps de l'homme. *Grand-papa a mal au dos.*
2. Dossier. *Le dos d'un fauteuil.*
3. Revers. *Le dos d'une enveloppe.* SYN. verso. ANT. recto.
LOCUTIONS
– ***Avoir bon dos.*** Servir indûment de prétexte, d'excuse.
– ***Avoir le dos large.*** Pouvoir encaisser la critique.
– ***En avoir plein le dos.*** (FAM.) Être exaspéré, excédé.
– ***Être le dos au mur.*** Être dans l'impossibilité de se soustraire à une situation fâcheuse.
– ***N'avoir rien à se mettre sur le dos.*** Ne pas avoir de vêtements convenables.
– ***Se laisser manger la laine sur le dos.*** (FAM.) Se laisser dépouiller.
– ***Se mettre quelqu'un à dos.*** L'indisposer, s'en faire un ennemi.

DOS(-)D'ÂNE n. m. inv.
Gonflement transversal de la chaussée. *Des dos-d'âne* ou *dos d'âne trop nombreux.*
Ne pas confondre avec ***cassis,*** dépression brusque du sol, sur une route.

DOSABLE adj.
Que l'on peut doser.

DOSAGE n. m.
1. Détermination d'une dose. *Le dosage d'un médicament.*
2. (FIG.) Combinaison. *Le dosage des ingrédients.*

DOSE n. f.
1. Quantité de médicament à prendre en une fois. *Une dose de sirop contre la toux.*
2. Quantité de ce qui entre dans un mélange. SYN. mesure; proportion.

DOSER v. tr.
Mesurer. *Doser des ingrédients.*
CONJUGAISON : VOIR MODÈLE AIMER.

DOSETTE n. f.
Conditionnement destiné à recevoir la quantité de produit nécessaire à une seule utilisation. *Dosettes de sel et de poivre.* SYN. minisachet; sachet-dose.
La mode de la dosette vient du Japon où elle est utilisée depuis une trentaine d'années pour le conditionnement de produits les plus divers : aliments, produits de soins, de nettoyage, etc. (GDT).
LOCUTION
– ***Dosette expresso.*** Monodose de café torréfié, moulu, pressé, enveloppé hermétiquement entre deux feuilles de papier-filtre ou scellé dans un contenant de plastique, utilisable dans une machine à café expresso conçue pour la recevoir.
FORME FAUTIVE
*dosette. Impropriété au sens de ***pilulier.***

DOSEUR n. m.
Instrument servant au dosage. *Un bouchon doseur.*

DOSSARD n. m.
Le *o* est fermé, [dosar].
Carré d'étoffe porté sur le dos à des fins d'identification. *Les coureurs portent des dossards numérotés.*
dossard.

DOSSIER n. m.
Le *o* est fermé, [dosje].
1. Partie d'un siège sur lequel on appuie le dos. *Le dossier d'un fauteuil.*
2. Ensemble de documents relatifs à un sujet. *Un volumineux dossier.*
FORME FAUTIVE
*dossier judiciaire. Impropriété au sens de ***casier judiciaire.***

DOT n. f.
Le *t* se prononce, [dɔt]; le nom rime avec ***botte.***
Biens donnés à une femme par ses parents à l'occasion de son mariage.
dot.

DOTATION n. f.
Ensemble des crédits consacrés à un poste budgétaire.
LOCUTION
– ***Dotation en personnel.*** Ensemble des actes administratifs relevant de la gestion du personnel et visant à fournir à une organisation le personnel dont elle a besoin à court et à long terme (Recomm. off.).

DOTER v. tr.
1. Pourvoir d'une dot. *Il a bien doté sa fille.*
2. Gratifier. *Les talents dont il était doté.* SYN. avantager; combler.
3. Équiper. *Doter un bureau de micro-ordinateurs.* SYN. munir.
CONJUGAISON : VOIR MODÈLE AIMER.
doter.

DOUAIRIÈRE n. f.
(PÉJ.) Femme aux allures solennelles.

DOUANCE n. f.
Qualité d'une personne douée, c'est-à-dire qui possède des aptitudes supérieures à la moyenne (Recomm. off.).
La douance n'est pas nécessairement une qualité englobant tous les domaines de la connaissance ou tous les champs d'activité. Elle peut se limiter à un seul domaine.

DOUANE n. f.
1. Administration chargée de percevoir les droits sur les marchandises qui entrent dans un pays. *Les fonctionnaires de la douane canadienne.*
2. Taxe indirecte perçue sur les marchandises importées et exportées. *Des droits de douane élevés. Payer la douane.*
3. Lieu, édifice où se trouve l'administration des douanes sur les limites du territoire d'un État. *On n'a mis que cinq minutes pour passer la douane* (et non *les douanes). *À destination de San Francisco, c'est à l'aéroport de Montréal que l'on franchit la douane américaine. Votre voiture a-t-elle été fouillée à la douane* (et non *aux douanes)?

DOUANIER n. m.
DOUANIÈRE n. f.
Fonctionnaire de la douane.

DOUANIER, IÈRE adj.
De la douane. *Le tarif douanier.*

DOUBLAGE n. m.
1. Action de doubler. *Le doublage d'un manteau.*
2. Multiplication par deux. *Le doublage d'une somme.*
3. Enregistrement des dialogues d'un film dans une langue différente de celle de l'original. *Le doublage est mal fait.*

DOUBLE adj., adv. et n. m.
ADJECTIF
Qui est multiplié par deux, qui est formé de deux choses identiques. *En double exemplaire* (et non *exemplaires).
Attention à l'orthographe : même si cet adjectif comporte la notion de deux éléments, il n'entraîne pas de pluriel. *Une double fenêtre, des doubles fenêtres. Faire double emploi, fermer à double tour.*
ADVERBE
1. En quantité double. *Ces cartes comptent double.*
2. De façon double. *Ils voient double.*
Pris adverbialement, le mot est invariable.
NOM MASCULIN
1. Quantité multipliée par deux. *Quatre est le double de deux. Du simple au double.*
2. Copie exacte. *Le double d'un contrat, d'une clé.*

D

LOCUTIONS
– ***Essai en double aveugle.*** Essai clinique au cours duquel le sujet et l'investigateur sont tenus dans l'ignorance du traitement administré (GDT). *Un essai thérapeutique à double insu, en double aveugle.* SYN. essai à double insu.
– ***Faire double emploi.*** Faire inutilement répétition. *Ces données font double emploi.*
– ***Voir double.*** Voir deux choses là où il n'y en a qu'une. *Ils ont trop bu et voient double.*

DOUBLÉ, ÉE adj.
1. Porté au double. *Une quantité doublée.*
2. Garni d'une doublure. *Un pantalon doublé.*
3. Postsynchronisé. *Un film doublé en français.*

DOUBLE-CLIC n. m. (pl. *doubles-clics*)
(INFORM.) Action d'appuyer rapidement deux fois de suite sur un bouton de la souris puis de le relâcher (GDT).

DOUBLE-CLIQUER v. intr.
Appuyer rapidement deux fois de suite sur un bouton de la souris puis le relâcher (GDT).
CONJUGAISON : VOIR MODÈLE AIMER.

DOUBLEMENT adv.
1. De deux manières.
2. Pour une double raison.

DOUBLER v. tr., intr., pronom.
VERBE TRANSITIF
1. Multiplier par deux. *Il faudra doubler les quantités.*
Ne pas confondre avec le verbe ***dédoubler***, partager en deux.
2. Garnir d'une doublure. *Doubler une jupe.*
3. Dépasser. *La voiture a doublé le camion.*
4. Effectuer le doublage d'un film. *Ce film italien est doublé en français.* SYN. postsynchroniser.
5. (VIEILLI) Recommencer une classe.
Aujourd'hui, on emploie plutôt le verbe ***redoubler***. L'élève qui redouble une classe est un ***redoublant***, une ***redoublante***.
VERBE INTRANSITIF
Devenir double. *La production a doublé au cours du dernier mois.*
VERBE PRONOMINAL
S'accompagner de. *Une intelligence qui se double d'une imagination créatrice.*
À la forme pronominale, le participe passé de ce verbe s'accorde toujours en genre et en nombre avec son sujet. *Leurs gains se sont doublés.*
CONJUGAISON : VOIR MODÈLE AIMER.

DOUBLET n. m.
Se dit de mots qui ont une origine commune, mais un sens différent. *Les adjectifs* fragile *et* frêle *sont des doublets.*
VOIR TABLEAU – DOUBLETS.

DOUBLEUR n. m.
DOUBLEUSE n. f.
1. Spécialiste du doublage de films, d'émissions de télévision. *Ces comédiens sont d'habiles doubleurs.*
2. Élève qui double (ou redouble) sa classe.

DOUBLURE n. f.
1. Étoffe destinée à en doubler une autre. *La doublure d'un manteau.*
2. Acteur qui en remplace un autre.

DOUCEÂTRE adj.
D'une douceur fade. *Ce lait a un goût douceâtre.*
[Les *Rectifications* (1990) admettent : douçâtre.]

DOUCEMENT adv.
1. D'une manière douce. *Il caressa doucement son chaton.* SYN. délicatement.
2. Lentement. *Roulez doucement, il y a beaucoup d'enfants qui jouent dans la rue.*

DOUCEREUSEMENT adv.
(PÉJ.) De façon doucereuse. *Il lui demanda pardon doucereusement.* SYN. mielleusement.

DOUCEREUX, EUSE adj.
(PÉJ.) Qui a une douceur fade, désagréable. *Un ton doucereux.* SYN. mielleux.

DOUCEUR n. f.
1. Qualité de ce qui est doux, agréable. *La douceur de sa peau.* SYN. velouté.
2. Comportement affectueux. *La douceur d'une caresse.*
3. (AU PLUR.) Friandises. *Tu prendras bien de petites douceurs ?* SYN. sucreries.
LOCUTION
– ***En douceur,*** loc. adv. Doucement, sans heurt.

DOUCHE n. f.
1. Projection d'eau en jet qui arrose le corps comme moyen hygiénique ou curatif. *Une douche bien fraîche me réveillera.*
2. Appareil qui permet de prendre des douches. *Je voudrais une chambre avec douche ou baignoire, s.v.p.*
LOCUTIONS
– ***Douche écossaise.*** Douche chaude suivie d'une douche froide.
– ***Douche écossaise.*** (FIG.) Alternance de bonnes et de mauvaises nouvelles.

DOUCHER v. tr., pronom.
VERBE TRANSITIF
1. Donner une douche à. *La préposée douche les curistes.*
2. (FIG.) (FAM.) Causer une déception soudaine à. SYN. décevoir.
VERBE PRONOMINAL
Prendre une douche. *Il se douche longuement tous les matins.*
À la forme pronominale, le participe passé de ce verbe s'accorde toujours en genre et en nombre avec son sujet. *Elles se sont douchées.*
CONJUGAISON : VOIR MODÈLE AIMER.

DOUCHETTE n. f.
1. Petite pomme de douche, souvent mobile. *Le robinet de la cuisine comprend une douchette.*
2. (INFORM.) Lecteur optique mobile utilisé dans le commerce en vue de saisir les informations codées figurant sur les articles vendus lors du passage à la caisse.

DOUDOU n. m. (pl. *doudous*)
(FAM.) Objet adopté par un jeune enfant et qui ne le quitte pas. *C'est un coussin de dentelle qui était le doudou de Marie-Ève.*

DOUDOUNE n. f.
(FAM.) Veste en duvet. *La météorologue exposée aux grands vents porte une doudoune.*

DOUÉ, ÉE adj.
Qui a des aptitudes pour quelque chose. *Un enfant très doué.* SYN. talentueux.

DOUER v. tr.
Avantager, doter. *La nature l'a doué d'une vigueur exceptionnelle.* SYN. gratifier.
CONJUGAISON : VOIR MODÈLE AIMER.
Ce verbe n'est utilisé qu'à l'infinitif et aux temps composés.

DOUILLE n. f.
Pièce métallique destinée à recevoir le culot d'une ampoule. *Visser une ampoule dans la douille* (et non dans le *socket) *d'une lampe.*

DOUILLET, ETTE adj.
1. Doux, très rembourré. *Un fauteuil douillet.* SYN. confortable.
2. Trop délicat. *Un enfant douillet.* SYN. délicat ; sensible.

DOUILLETTE n. f.
Édredon, couvre-pieds matelassé de duvet qui recouvre le lit. SYN. couette.

DOUILLETTEMENT adv.
De façon douillette. *Ils sont douillettement couchés.*

DOUBLETS

Le français, comme plusieurs autres langues, provient du latin. Il est intéressant d'observer qu'un même mot latin a donné parfois deux mots français, différents par la forme et le sens : on appelle ces mots des ***doublets.***

Ainsi, les noms ***parole*** et ***parabole*** viennent du mot latin « *parabola* ». Le premier a subi l'évolution phonétique normale (formation populaire), tandis que le second a été emprunté directement au latin plus tard par l'Église (formation savante) pour nommer la parole du Christ.

Il est intéressant de constater que le mot ***design,*** que nous avons emprunté à l'anglais (qui l'avait lui-même emprunté au français plus tôt), est un doublet du mot ***dessin*** et que ces deux mots proviennent du verbe latin « *designare* ».

Voici quelques exemples de doublets :

MOT FRANÇAIS (FORME POPULAIRE)	MOT LATIN	MOT FRANÇAIS (FORME SAVANTE)
aigre	*acer*	âcre
évier	*aquarium*	aquarium
écouter	*auscultare*	ausculter
chaîne	*catena*	cadenas
chaire	*cathedra*	cathédrale
chose	*causa*	cause
cheville	*clavicula*	clavicule
cailler	*coagulare*	coaguler
cueillette	*collecta*	collecte
combler	*cumulare*	cumuler
dessiner	*designare*	désigner
frêle	*fragilis*	fragile
hôtel	*hospitalis*	hôpital
entier	*integer*	intègre
livrer	*liberare*	libérer
mâcher	*masticare*	mastiquer
métier	*ministerium*	ministère
nager	*navigare*	naviguer
œuvrer	*operare*	opérer
œuf	*ovum*	ovule
parole	*parabola*	parabole
poison	*potio*	potion
porche	*porticus*	portique
recouvrer	*recuperare*	récupérer
raide	*rigidus*	rigide
serment	*sacramentum*	sacrement
sûreté	*securitas*	sécurité
sevrer	*separare*	séparer
sembler	*simulare*	simuler
étroit	*strictus*	strict
soupçon	*suspicio*	suspicion
vœu	*votum*	vote

DOULEUR n. f.
1. Souffrance physique. *Une douleur au dos. Une douleur atroce, intense, violente* (et non *sévère).
Le DDFM propose des qualificatifs propres à décrire une douleur : ***erratique*** (douleur intermittente), ***exquise*** (douleur vive localisée en un point très limité), ***fulgurante*** (douleur vive et brève), ***persistante*** (douleur opiniâtre).
2. Souffrance morale. *Elle a eu la douleur de perdre sa marraine.* SYN. chagrin ; peine.
Ne pas confondre avec les noms suivants :
- ***affliction,*** peine profonde ;
- ***chagrin,*** tristesse ;
- ***consternation,*** grande douleur morale ;
- ***peine,*** douleur morale ;
- ***prostration,*** abattement causé par la douleur.

DOULOUREUSEMENT adv.
De façon douloureuse.

DOULOUREUX, EUSE adj.
Qui cause une peine physique ou morale. *Un traitement douloureux. Un départ douloureux.*

DOUTE n. m.
1. Incertitude. *Avoir un doute sur l'orthographe d'un mot.* SYN. hésitation ; interrogation.
2. Soupçon, méfiance. *Ils ont des doutes sur son honnêteté.*
LOCUTIONS
– ***Hors de doute.*** Assuré, certain. *Il est hors de doute qu'ils réussiront.*
– ***Il n'y a pas l'ombre d'un doute, cela ne fait pas l'ombre d'un doute.*** Il est absolument sûr.
– ***Mettre en doute.*** Contester, mettre en cause. *Nous mettons en doute ces chiffres.*
– ***Nul doute que, aucun doute que, il ne fait pas de doute que.*** Il est certain que.
Ces expressions peuvent se construire avec :
– Le **mode subjonctif** et le ***ne*** explétif (non obligatoire). *Nul doute qu'il ne soit le plus rapide.*
– Le **mode indicatif,** pour insister sur la certitude. *Aucun doute qu'elle est la plus forte.*
– Le **mode conditionnel,** pour traduire une éventualité, un fait hypothétique. *Nul doute qu'ils seraient présents si leur travail le leur permettait.*
– ***Sans aucun doute,*** loc. adv. Assurément.
– ***Sans doute.*** Vraisemblablement. *Sans doute acceptera-t-elle de parrainer la recommandation.* SYN. assurément.
Placée en tête de phrase, cette locution entraîne généralement l'inversion du sujet.
– ***Sans doute que.*** Il est vraisemblable que. *Sans doute qu'il participera à nos travaux.*
Cette locution conjonctive est suivie du mode indicatif ou du mode conditionnel.
Dans les expressions ***nul doute, sans nul doute, sans aucun doute, sans doute,*** le nom ***doute*** s'écrit toujours au singulier.

DOUTER v. tr. ind., pronom.
VERBE TRANSITIF INDIRECT
1. N'être pas sûr de (telle chose, telle personne). *Tu doutes de son succès ?* SYN. mettre en doute.
En ce sens, le verbe se construit avec la préposition ***de.***
2. Ne pas avoir confiance en (telle chose, telle personne). *Elle doute de lui.* SYN. se défier de ; se méfier de.
3. ***Douter*** + ***que*** se construit avec le subjonctif. ***Ne pas douter*** + ***que*** peut être suivi de l'indicatif ou du conditionnel.
VERBE PRONOMINAL
1. Soupçonner. *Elle ne se doutait de rien.*
2. S'attendre à. *Il ne se doutait pas que tout avait été planifié.* SYN. croire ; deviner ; penser ; supposer.
Suivi de ***que,*** le verbe se construit avec l'indicatif ou le conditionnel.
À la forme pronominale, le participe passé s'accorde toujours en genre et en nombre avec son sujet. *Mes parents se sont doutés qu'une fête avait été organisée.*
CONJUGAISON : VOIR MODÈLE AIMER.

DOUTEUX, EUSE adj.
1. Incertain, peu probable. *Arrivera-t-elle à temps ? C'est douteux.* SYN. improbable.
2. Dont la qualité laisse à désirer. *Des produits douteux.*
3. Contestable. *Des arguments douteux.*
LOCUTION
– ***D'un goût douteux.*** De mauvais goût.

DOUVE n. f.
Fossé rempli d'eau à proximité des murailles d'un château. *Les douves d'un château fort.*

DOUX, DOUCE adj.
1. Agréable à toucher. *Sa peau est douce.* SYN. soyeux ; velouté.
2. Faible, par opposition à ***fort, piquant.*** *Des piments doux.*
3. Sucré, par opposition à ***acide, amer.*** *Des oranges douces.*
4. Gentil, bienveillant, en parlant d'une personne. *Il est doux comme un agneau.* SYN. humain.
5. Affectueux, tendre. *Le doux sourire de l'être cher.*
6. Se dit de conditions atmosphériques modérées. *Un hiver doux, un temps doux.* SYN. modéré ; tempéré. ANT. rude.
LOCUTIONS
– ***Billet doux.*** Lettre d'amour.
– ***Eau douce.*** Eau des lacs, des rivières, par opposition à l'eau salée de la mer.
– ***En douce,*** loc. adv. (FAM.) Avec discrétion.
– ***Énergies douces.*** Énergies peu polluantes et faibles consommatrices de ressources naturelles. *L'énergie solaire, l'énergie éolienne sont des énergies douces.*
– ***Faire les yeux doux.*** Regarder avec amour.
– ***Filer doux,*** loc. adv. Obéir sans résistance.
Pris adverbialement, le mot ***doux*** est invariable.
– ***Médecine douce.*** Médecine qui s'efforce d'utiliser des moyens naturels.

DOUX-AMER, DOUCE-AMÈRE adj.
Qui mêle la douceur à l'amertume. *Des fruits doux-amers.*

DOUZAINE n. f.
1. Ensemble de douze unités de même nature. *Une douzaine d'œufs entrent dans la composition de ce gâteau.*
L'accord du verbe ou de l'adjectif se fait avec le complément au pluriel. Si le nom ***douzaine*** est précédé d'un déterminant défini (***la***), possessif (***ma, ta, sa***), démonstratif (***cette***) et s'il est suivi d'un complément au pluriel, le verbe et l'adjectif peuvent s'accorder avec le sujet si l'auteur veut insister sur l'ensemble plutôt que sur la pluralité. *La douzaine de personnes qui assistait au concert.*
VOIR TABLEAU – COLLECTIF.
2. Quantité approximative de douze. *Une douzaine d'amis lui ont donné signe de vie.*
LOCUTION
– ***À la douzaine.*** En quantité importante. *Des coquillages comme ceux-là ? On en trouve à la douzaine.*

DOUZE adj. num. inv. et n. m. inv.
ADJECTIF NUMÉRAL CARDINAL INVARIABLE
Onze plus un. *Douze heures.*
ADJECTIF NUMÉRAL ORDINAL INVARIABLE
Douzième. *Le douze décembre.*
NOM MASCULIN INVARIABLE
Nombre douze. *Elle a tracé des douze dans la neige.*
VOIR TABLEAU – NUMÉRAL ET ADJECTIF ORDINAL (DÉTERMINANT).

DOUZIÈME adj. num. et n. m. et f.
ABRÉVIATIONS
12e (douzième), *12*^{es} (douzièmes).
ADJECTIF NUMÉRAL ORDINAL
Nombre ordinal de douze. *La douzième heure.*

NOM MASCULIN
La douzième partie d'un tout. *Les trois douzièmes d'une quantité.*
NOM MASCULIN ET FÉMININ
Personne, chose qui occupe le douzième rang. *Elles sont les douzièmes.*
VOIR TABLEAU – NOMBRES.
VOIR TABLEAU – NUMÉRAL ET ADJECTIF ORDINAL (DÉTERMINANT).

DOUZIÈMEMENT adv.
En douzième lieu.

***DOWNLOADER**
Anglicisme pour ***télécharger.*** *Il est facile de télécharger* (et non *downloader) *ce logiciel.*

***DOWNSIZING**
Anglicisme pour ***réduction de l'effectif, rationalisation.***

DOYEN n. m.
DOYENNE n. f.
1. Personne qui administre une faculté universitaire.
2. (FIG.) Personne la plus ancienne, la plus âgée dans un groupe. *La doyenne des Québécois a plus de 100 ans.*

D^{r} ou **Dr, D^{re}** ou **Dre**
Abréviations de ***docteur, docteure,*** devant le nom de la personne.
VOIR – DOCTEUR.

***DRABE**
Anglicisme pour ***beige.***

DRACHME n. f.
Ancienne unité monétaire de la Grèce. *C'est l'euro qui a remplacé la drachme.*

DRACONIEN, IENNE adj.
Énergique. *Des mesures draconiennes* (et non *drastiques).

DRAGAGE n. m.
Action de nettoyer le fond d'un cours d'eau. *Le dragage du fleuve.*
✏ dra**g**age.

DRAGÉE n. f.
Amande recouverte d'une pâte sucrée.

DRAGEON n. m.
Jeune pousse qui naît de la racine d'un arbre. *Il est préférable de couper les drageons pour conserver à l'arbre toute sa vitalité.*

DRAGEONNEMENT n. m.
Action de drageonner.

DRAGEONNER v. intr.
Produire des drageons. *Le pommier a drageonné.*
CONJUGAISON : VOIR MODÈLE AIMER.

DRAGON n. m.
1. Animal fabuleux ayant des ailes d'aigle, des griffes de lion et une queue de serpent. *Le chevalier doit vaincre le dragon pour l'amour de sa dame.*
2. (FIG.) (FAM.) Femme acariâtre.

DRAGONNE n. f.
Cordon formant poignée (pour appareil photographique, valise, canne, parapluie).

DRAGUE n. f.
1. Instrument servant à draguer.
2. (FAM.) Recherche d'une aventure amoureuse.

DRAGUER v. tr., intr.
1. Nettoyer le fond d'une étendue d'eau.
2. (FAM.) Être à la recherche d'une aventure amoureuse.
CONJUGAISON : VOIR MODÈLE AIMER.
Ce verbe s'écrit toujours avec un ***u,*** même devant les lettres ***a*** et ***o.*** *Il dragua, nous draguons.*

DRAGUEUR, EUSE n. m. et f.
NOM MASCULIN
Bateau spécialisé dans la recherche des mines. *Des dragueurs de mines.*
NOM MASCULIN ET FÉMININ
(FAM.) Personne qui aime draguer. *Les dragueurs du samedi soir.*

DRAIN n. m.
Conduit servant à l'évacuation d'un liquide.

DRAINAGE n. m.
Action de drainer; assèchement. *Le drainage d'un marécage.*

DRAINER v. tr.
1. Pratiquer le drainage en vue d'assécher un terrain.
2. (MÉD.) Mettre un drain dans une plaie.
3. (FIG.) Attirer à soi. *Drainer toutes les énergies.*
4. Pour un cours d'eau, rassembler les eaux d'une région.
CONJUGAISON : VOIR MODÈLE AIMER.

DRAKKAR n. m.
Navire viking à rames et à voile carrée.
✏ dra**kk**ar.

DRAMATIQUE adj.
1. De théâtre. *Un auteur dramatique.*
2. Pénible, grave. *Un accident dramatique.* SYN. émouvant; terrible; tragique.
LOCUTION
– ***Art dramatique.*** Art de jouer sur scène (théâtre, cinéma, télévision). *Delphine veut aller à une école d'art dramatique, car elle veut devenir comédienne.*
FORME FAUTIVE
*dramatique. Anglicisme au sens de ***frappant, spectaculaire.***

DRAMATIQUEMENT adv.
De façon dramatique. *Déclamer un texte trop dramatiquement.*
FORME FAUTIVE
*dramatiquement. Anglicisme au sens de ***de façon frappante, spectaculairement.***

DRAMATISATION n. f.
Action de dramatiser. *La dramatisation d'une querelle insignifiante.*

DRAMATISER v. tr.
Présenter de manière dramatique, excessive. *Ne dramatisons pas ce petit incident.* SYN. exagérer.
CONJUGAISON : VOIR MODÈLE AIMER.

DRAMATURGE n. m. et f.
Auteur de pièces de théâtre.

DRAMATURGIE n. f.
Art de la composition théâtrale.

DRAME n. m.
1. Pièce de théâtre qui décrit une tragédie. ANT. comédie.
2. Évènement tragique. *L'écrasement de cet avion est un drame.* SYN. catastrophe; tragédie.

DRAP n. m.
1. Pièce de tissu léger dont on garnit un lit. *Des draps fleuris.*
2. Tissu de laine. *Du beau drap pour faire un manteau.*
LOCUTIONS
– ***Drap de bain.*** Grande serviette en tissu-éponge. *Des draps de bain bleus.*
– ***Drap-housse.*** Drap de dessous dont les bords et les coins sont coupés et cousus de manière à emboîter le matelas. *Des draps-housses* (et non *draps contour) *imprimés.*
– ***Être, se mettre dans de beaux draps.*** (FIG.) Être, se mettre dans une situation difficile.
FORME FAUTIVE
*drap contour. Calque de «*contour sheet*» pour ***drap-housse.***
✏ dra**p**, attention au ***p*** final.

DRAPÉ n. m.
Agencement de plis. *Le drapé d'une robe.*

DRAPEAU n. m. (pl. *drapeaux*)
Pièce d'étoffe qui porte les couleurs d'un pays et qui le représente. *Des drapeaux fleurdelisés.*

DRAPER v. tr., pronom.
VERBE TRANSITIF
Disposer les plis d'une étoffe, d'un vêtement. *Draper une pièce de velours sur un mannequin.*
VERBE PRONOMINAL
1. S'envelopper dans un vêtement, une pièce d'étoffe. *Elle s'était drapée dans une grande serviette.*
2. (FIG.) Faire parade de. *Se draper dans sa dignité.*
À la forme pronominale, le participe passé de ce verbe s'accorde toujours en genre et en nombre avec son sujet. *Ils se sont drapés dans le drapeau du Québec.*
CONJUGAISON : VOIR MODÈLE AIMER.

DRAPERIE n. f.
Tissu drapé. *La draperie d'une fenêtre.*
Ne pas confondre avec les noms suivants :
• ***rideau,*** pièce d'étoffe souvent plissée destinée à tamiser la lumière, à masquer quelque chose ;
• ***store,*** rideau disposé devant une ouverture, qui s'enroule ou se replie ;
• ***tenture,*** étoffe qui orne une fenêtre, un mur.

DRAP-HOUSSE n. m. (pl. *draps-housses*)
Drap dont les bords garnis d'un élastique s'adaptent au matelas. *Acheter un drap-housse* (et non un *drap contour).

DRASTIQUE adj. et n. m.
ADJECTIF
(VIEILLI) (MÉD.) Se dit d'un purgatif qui exerce une action très énergique.
NOM MASCULIN
(VIEILLI) (MÉD.) Purgatif puissant. *Un drastique dangereux.*
FORME FAUTIVE
*drastique. Anglicisme au sens de ***draconien, énergique.***

DRAVE n. f.
⚜ Flottage du bois.

DRAVER v. tr.
⚜ Transporter le bois par flottage. *Du bois dravé.*
CONJUGAISON : VOIR MODÈLE AIMER.

DRAVEUR n. m.
DRAVEUSE n. f.
⚜ Personne préposée au flottage du bois.

DRELIN interj. et n. m.
(VIEILLI) Onomatopée évoquant le tintement d'une clochette, d'une sonnette. *« C'est là que j'ai entendu, venu du seuil de l'hôtel voisin de la gare, le drelin d'une cloche à main agitée pour signaler qu'allait être servi le repas de midi »* (Gabrielle Roy, *La Détresse et l'Enchantement*).

DRESSAGE n. m.
1. Action de dresser un animal. *Le dressage d'un chien à titre de gardien.* SYN. domptage ; élevage.
2. Action d'installer verticalement quelque chose. *Le dressage d'un chapiteau.* SYN. érection.

DRESSER v. tr., pronom.
VERBE TRANSITIF
1. Mettre verticalement. *Dresser le bras.* SYN. redresser.
2. Élever. *Dresser une tente, un échafaudage.* SYN. ériger.
3. Établir. *Il faut dresser la liste des invités.*
4. Dompter un animal. *Dresser un chien.* SYN. élever.
VERBE PRONOMINAL
1. S'élever tout droit, se mettre debout. *La montagne se dresse dans le ciel. Léon se dressa d'un bond.*
2. (FIG.) S'opposer. *Elles se sont dressées contre lui.* SYN. s'élever ; s'insurger ; résister.
À la forme pronominale, le participe passé de ce verbe s'accorde toujours en genre et en nombre avec son sujet. *Les éléphants se sont dressés sur leurs pattes de derrière.*
LOCUTION
– ***Dresser l'oreille.*** Écouter attentivement, tendre l'oreille.
CONJUGAISON : VOIR MODÈLE AIMER.

DRESSEUR n. m.
DRESSEUSE n. f.
Personne qui dresse des animaux.

DRESSOIR n. m.
Meuble servant à exposer de la vaisselle. SYN. vaisselier.

***DRILL**
Anglicisme pour ***foreuse.***

DRILLE n. m.
– ***Un joyeux drille.*** (FAM.) Personne joviale.
Le mot ne s'emploie que dans cette locution.

DRISSE n. f.
(MAR.) Cordage employé pour hisser une voile.

***DRIVE-IN**
Anglicisme pour ***ciné-parc.***

DROGUE n. f.
Substance qui agit sur le cerveau et qui peut provoquer une accoutumance. *L'opium, la cocaïne sont des drogues très dangereuses pour la santé.*

DROGUÉ, ÉE n. m. et f.
Personne qui prend souvent de la drogue. SYN. toxicomane.

DROGUER v. tr., pronom.
VERBE TRANSITIF
Faire prendre des drogues à une personne. *On l'a drogué pour le voler.*
VERBE PRONOMINAL
Faire usage de stupéfiants. *Ils se sont drogués.*
À la forme pronominale, le participe passé de ce verbe s'accorde toujours en genre et en nombre avec son sujet. *Elle ne s'était pas droguée.*
CONJUGAISON : VOIR MODÈLE AIMER.
Ce verbe s'écrit toujours avec un ***u,*** même devant les lettres ***a*** et ***o.*** *Il drogua, nous droguons.*

DROIT n. m.
1. Possibilité de faire quelque chose. *Les droits et libertés.* SYN. prérogative ; privilège.
2. Ensemble des principes qui règlent les rapports des hommes entre eux et qui servent à définir les lois. *Olivier étudie le droit : il veut devenir avocat.*
3. Autorisation. *Catherine a le droit d'aller au cinéma avec une amie.* SYN. permission.
4. Somme d'argent à payer. *Un droit d'entrée à un film, des droits d'auteur. Des droits de scolarité.*
LOCUTIONS
– ***À bon droit.*** Avec raison. SYN. à juste titre.
– ***Avoir droit à.*** Faculté de prétendre à quelque chose, de l'exiger.
– ***Droits de la personne.*** ⚜ Ensemble des droits fondamentaux que possèdent les citoyens d'un pays. *Un défenseur des droits de la personne.* SYN. droits de l'homme (France).
– ***Droits de scolarité.*** Somme exigée d'un élève par l'établissement d'enseignement dans lequel il poursuit ses études (Recomm. off.). *Les droits* (et non *frais) *de scolarité sont proportionnels au nombre de cours suivis.*
– ***Droits d'inscription.*** Somme qu'exige un établissement d'enseignement pour inscrire sur son registre le nom et le choix de cours d'une personne (Recomm. off.). *Les droits* (et non *frais) *d'inscription s'élèvent à 50 $.*

FORMES FAUTIVES
*à qui de droit. Calque de «*to whom it may concern*» pour ***Madame, Monsieur.***
*droits humains. Calque de «*human rights*» pour ***droits de la personne.***

DROIT, DROITE adj., adv. et n. f.
ADJECTIF
1. Rectiligne. *Une ligne droite.* SYN. direct.
2. Qui se tient verticalement. *Un mur droit.* SYN. debout; vertical.
3. Honnête. *Une personne droite et courageuse.* SYN. juste; probe.
4. Qui est du côté opposé à celui du cœur (par opposition à ***gauche***). *La main droite.*
ADVERBE
Directement. *Aller droit au but. Ils frappèrent droit devant eux.*
Pris adverbialement, le mot est invariable.
NOM FÉMININ
Le côté droit. *Rouler à droite.*
LOCUTIONS
– ***En droite ligne.*** Directement, sans détour.
– ***La dernière ligne droite.*** La fin rectiligne du parcours. *Les cyclistes se positionnent en vue de la dernière ligne droite.*
– ***La dernière ligne droite.*** (FIG.) Les derniers moments avant le but. *Le projet est aujourd'hui dans sa dernière ligne droite* (et non *son dernier droit) *: les études d'ingénierie juridique et financière sont en passe d'être bouclées.*
– ***Le bras droit de quelqu'un.*** (FIG.) Personne qui en seconde une autre.
FORME FAUTIVE
*le dernier droit. Impropriété pour ***la dernière ligne droite.***

DROITEMENT adv.
D'une manière droite, directe.

DROIT FIL ou **DROIT-FIL** n. m. (pl. *(droits(-)fils)*
Sens des fils d'une étoffe, soit de la trame, soit de la chaîne. *Couper un lainage de droit-fil* ou *de droit fil.* ANT. biais.
LOCUTION
– ***Dans le droit(-)fil de.*** (FIG.) Dans la continuité, dans la suite logique de. *Les successeurs du fondateur ont agi dans le droit fil* ou *droit-fil de la philosophie de l'entreprise.*

DROITIER, IÈRE adj. et n. m. et f.
Qui se sert de sa main droite. *Luc est droitier.* ANT. gaucher.

DROITISATION n. f.
(POLIT.) Virage à droite des idéologies, des partis, des citoyens. *La thèse de la droitisation de la société française n'est pas démontrée, car tous les sondages qualitatifs montrent, à l'inverse, qu'il existe une forte attente sociale.*

DROITISER v. tr., pronom.
VERBE TRANSITIF
(POLIT.) Détourner des valeurs de la gauche, des idées progressistes et favoriser l'émergence d'une idéologie néolibérale conservatrice.
VERBE PRONOMINAL
Adopter les idées, les valeurs de la droite. *Au Salon de l'agriculture, ce candidat cherche à s'allier les faveurs du monde agricole enclin à se droitiser.*
À la forme pronominale, le participe passé de ce verbe s'accorde toujours en genre et en nombre avec son sujet. *Ces retraités se sont droitisés.*
CONJUGAISON : VOIR MODÈLE AIMER.

DROITURE n. f.
Qualité d'un esprit droit. SYN. honnêteté; loyauté; probité.

DROLATIQUE adj.
(LITT.) Cocasse. *Un personnage drolatique.* SYN. bouffon; burlesque; drôle.
drolatique, malgré ***drôle.***

DRÔLE adj.
1. Amusant, comique. *Ce comédien est très drôle.* SYN. cocasse; désopilant; (FAM.) marrant; rigolo; tordant.
2. Bizarre. *C'est drôle, on n'a pas entendu parler de lui depuis longtemps.* SYN. curieux; étonnant; surprenant.
drôle.

DRÔLEMENT adv.
1. De façon drôle. *Cette personne marche drôlement.* SYN. comiquement.
2. Bizarrement. *Il se conduit drôlement : sa conduite est suspecte.*
3. (FAM.) Très. *Il fait drôlement froid ce matin.* SYN. bien; énormément; extrêmement; joliment.
drôlement.

DRÔLERIE n. f.
Caractère de ce qui est drôle. SYN. cocasserie.
drôlerie.

DROMADAIRE n. m.
Mammifère à une seule bosse, voisin du chameau.
Ne pas confondre avec le nom ***chameau,*** animal qui a deux bosses.

-DROME, -DROMIE suff.
Éléments du grec signifiant « course ». *Hippodrome, vélodrome.*

***DROPER**
Anglicisme pour ***abandonner, déposer, laisser tomber, larguer.***

***DROPOUT**
Anglicisme pour ***décrocheur, décrocheuse.***

DROSOPHILE n. f.
Petite mouche dont le corps est généralement rouge. *Les drosophiles sont fréquemment utilisées dans les expériences de génétique sur les chromosomes.*

DRU, UE adj. et adv.
ADJECTIF
Qui pousse épais et serré. *Des poils très drus.* SYN. touffu.
ADVERBE
De manière serrée, en grande quantité. *Ses cheveux poussent dru.*
Employé adverbialement, ***dru*** est invariable.

DRUIDE, ESSE n. m. et f.
(ANCIENN.) Prêtre gaulois. *Dans* Astérix, *le druide se nomme Panoramix.*

DRUIDIQUE adj.
Relatif aux druides.

DRUSE ou **DRUZE** adj. et n. m. et f.
Relatif aux Druzes. *Un soldat druze. Une Druze.*
L'adjectif s'écrit avec une minuscule; le nom, avec une majuscule.

DSC
Sigle de ***département de santé communautaire.***

DU art. déf. contracté
Déterminant formé par la contraction de la préposition ***de*** et du déterminant défini ***le.***
VOIR TABLEAU – DÉTERMINANT.

DÛ, DUE adj. et n. m.
ADJECTIF
1. Que l'on doit. *Ce montant est dû pour le 15 avril : il est à payer avant le 15 avril ou il est payable le 15 avril. Les sommes dues.*
2. Causé par. *Cette inondation est due aux fortes pluies de juillet. Ce succès est dû à votre travail.*
NOM MASCULIN
Dette. *Payer son dû.*
LOCUTIONS
– ***Chose promise, chose due.*** (Proverbe) Engagement moral.
– ***En bonne et due forme.*** (DR.) Selon les formes prescrites par la loi.
– ***En bonne et due forme.*** (FIG.) Selon les règles définies. *Sophie a posé sa candidature en bonne et due forme.*
FORMES FAUTIVES
*date due. Calque de «*due date*» pour ***échéance.***

*dû à. Calque de «*due to*» au sens de ***à cause de, attribuable à, compte tenu de, en raison de, grâce à, par suite de, vu.*** *En raison du* (et non *dû au) *mauvais temps, la course est annulée.*
*être dû pour. Calque de «*to be due for*» pour ***avoir droit à, avoir besoin de, être mûr pour.*** *J'ai besoin de* (et non je suis *dû pour des) *vacances. Elle a droit à* (et non elle est *due pour) *une promotion.*
un montant **dû, une** somme **due, des** droits **dus.**

DUAL, ALE, AUX adj.
(DIDACT.) Qui comprend deux éléments. *Une médecine duale, c'est-à-dire à deux vitesses.*

DUALITÉ n. f.
Fait d'être double.
Contrairement au nom ***duplicité,*** qui a une connotation péjorative, ***dualité*** est un terme neutre.

DUBITATIF, IVE adj.
Qui exprime le doute. *Une moue dubitative.*

DUBITATIVEMENT adv.
De façon dubitative.

DUC n. m.
1. Titre nobiliaire le plus élevé après celui de ***prince.***
2. Variété de hibou. *Un grand duc peut atteindre 70 cm de longueur.*

DUCAL, ALE, AUX adj.
Relatif à un duc, à une duchesse. *Une couronne ducale.*

DUCHÉ n. m.
Territoire gouverné autrefois par un duc.

DUCHESSE n. f.
1. Titre nobiliaire le plus élevé après celui de ***princesse.***
2. Poire à chair fondante.

DUDIT, DE LADITE adj. (pl. *desdits, desdites*)
De la personne, de la chose dont il vient d'être question. *Le moulin dudit meunier, de ladite meunière.*
On limitera à la langue juridique l'emploi de cet adjectif.

DUÈGNE n. f.
(ANCIENN.) Chaperon.

DUEL n. m.
1. Combat singulier entre deux personnes dont l'une a provoqué l'autre. *De nos jours, les duels sont rares.*
2. (FIG.) Compétition. *Ce sera un vrai duel entre les deux groupes.* SYN. combat; joute.

DULCINÉE n. f.
(PLAISANT.) Bien-aimée.

DUM-DUM adj. inv.
Les ***u*** se prononcent ***ou*** et les ***m*** sont sonores, [dumdum].
Se dit d'une balle de fusil dont l'ogive est cisaillée en croix. *Des balles dum-dum.*
[Les *Rectifications* (1990) admettent : dumdums.]

DÛMENT adv.
En bonne et due forme. *Un chèque dûment libellé.*
[Les *Rectifications* (1990) admettent : dument.]

DUMPING n. m.
(ÉCON.) Pratique commerciale consistant à vendre un produit à un prix inférieur à celui de son coût de revient.

DUNE n. f.
Butte de sable formée par le vent. *Les dunes de Cape Cod, les dunes du désert.*

DUO n. m.
Composition musicale à deux voix. *Des duos harmonieux. Chanter en duo.*

DUODÉNAL, ALE, AUX adj.
Du duodénum. *Des ulcères duodénaux.*

DUODÉNUM n. m. (pl. *duodénums*)
Le ***u*** de la dernière syllabe se prononce ***o,*** [dyɔdenɔm]; le nom rime avec ***homme.***
Partie de l'intestin grêle qui succède à l'estomac.
Le mot d'origine latine s'est intégré au français : il s'écrit avec un accent aigu et prend la marque du pluriel.

DUPE adj. et n. f.
ADJECTIF
Qui se laisse berner. *Ne soyez pas dupes de ce stratagème.*
NOM FÉMININ
Personne trompée. *Il a été la dupe de belles paroles.*
Le nom reste féminin même lorsqu'il désigne un être masculin. Cependant, il s'emploie généralement comme adjectif plutôt que comme nom.

DUPER v. tr.
Tromper. *Il nous a dupés avec ses tours de magie.* SYN. attraper; berner; faire marcher; illusionner; rouler.
CONJUGAISON : VOIR MODÈLE AIMER.

DUPERIE n. f.
(LITT.) Tromperie. *Ces doléances sont des duperies.* SYN. supercherie.

DUPLEX n. m.
1. Immeuble comportant deux appartements sur deux étages. *Des duplex bien construits.*
2. Appartement à deux niveaux.

DUPLICATA n. m. (pl. *duplicatas* ou *duplicata*)
Double d'un acte, d'un document, d'un écrit. *Des duplicatas* ou *des duplicata d'un certificat.*
Ne pas confondre avec les noms suivants :
• ***copie,*** reproduction d'après un original;
• ***fac-similé,*** reproduction très fidèle d'un écrit, d'un dessin.

DUPLICATION n. f.
Action de dupliquer; son résultat. *Effectuer la duplication d'un document.*
FORME FAUTIVE
*duplication (du travail). Anglicisme pour ***double emploi, chevauchement des tâches.*** *Une mauvaise planification entraîne parfois le double emploi* (et non la *duplication du travail).

DUPLICITÉ n. f.
Mauvaise foi, hypocrisie. *Cette duplicité est inadmissible.* SYN. double jeu.
Ne pas confondre avec le nom ***dualité,*** fait d'être double.

DUPLIQUER v. tr.
Faire la copie d'un document. *Dupliquer des plans.*
CONJUGAISON : VOIR MODÈLE AIMER.

DUQUEL
VOIR – LEQUEL.

DUR, DURE adj., adv. et n. m.
ADJECTIF
1. Rigide, résistant. *Du bois dur.* SYN. solide.
2. Difficile. *Un dur labeur.* SYN. ardu.
3. Rigoureux. *Un hiver dur.* SYN. rude.
4. Violent, intransigeant. *Il est trop dur avec eux.* SYN. brutal; inhumain; méchant; sévère.
ADVERBE
Avec énergie. *Ils travaillent dur pour lancer leur entreprise.*
Pris adverbialement, le mot est invariable.
NOM MASCULIN
Ce qui est dur, résistant. *Le* dur, *par opposition au* mou.
NOM FÉMININ
La terre nue. *Dormir sur la dure.*
NOM MASCULIN ET FÉMININ
(FAM.) Personne qui n'a peur de rien, qui ne se laisse pas émouvoir. *Ces motards sont des durs.*
LOCUTIONS
– ***Avoir la tête dure.*** Être têtu, ne rien vouloir entendre.
– ***Avoir la vie dure.*** Ne pas avoir une vie facile.
– ***Dur à cuire.*** Personne insensible et peu influençable. *Des durs à cuire.*

DURABILITÉ n. f.
1. Qualité de ce qui est durable. *La durabilité d'un caoutchouc.*
2. Période d'utilisation d'un bien. *La durabilité de ce réfrigérateur est de vingt ans.*

DURABLE adj.
Qui doit durer longtemps, stable. *Ces biens sont durables.*

DURABLEMENT adv.
De façon durable. *Ils se sont installés durablement.*

DURANT prép.
Pendant la durée de. *Il a creusé durant trois heures.* SYN. pendant.
durant.

DURCIR v. tr., intr., pronom.
VERBE TRANSITIF
1. Rendre dur. *Le froid a durci la neige.*
2. Rendre plus fort, moins délicat. *Ce séjour chez les scouts l'a durci.* SYN. endurcir.
VERBE INTRANSITIF ET PRONOMINAL
Devenir dur. *Le pain a durci, s'est durci.*
À la forme pronominale, le participe passé de ce verbe s'accorde toujours en genre et en nombre avec son sujet. *La glace s'est durcie.*
CONJUGAISON : VOIR MODÈLE FINIR.

DURCISSEMENT n. m.
Action de durcir, de se durcir. *Le durcissement de la glace, des règlements de l'école.*

DURCISSEUR n. m.
Produit qui provoque le durcissement.

DURÉE n. f.
Espace de temps que dure une chose. *La durée du film est de deux heures.* SYN. période; temps.

DUREMENT adv.
D'une façon dure. SYN. brutalement.

DURE-MÈRE n. f. (pl. *dures-mères*)
(ANAT.) La plus dure et la plus superficielle des membranes qui recouvrent l'encéphale.

DURER v. intr.
1. Avoir une durée de. *Ce film dure trois heures.*
2. Se prolonger. *L'hiver dure trop longtemps.* SYN. s'éterniser; s'étirer.
3. Être d'un long usage. *Ce manteau durera longtemps.*
CONJUGAISON : VOIR MODÈLE AIMER.

DURETÉ n. f.
1. Rigidité. *La dureté de la pierre.* SYN. solidité.
2. Sévérité, absence de sensibilité. SYN. méchanceté; rudesse.

DURILLON n. m.
Callosité.

***DUTY FREE SHOP**
Anglicisme pour ***boutique franche.***

DUVET n. m.
Plume très légère. *Un oreiller de duvet.*
duvet.

DUVETEUX, EUSE adj.
Le ***e*** central ne se prononce pas, [dyvtø, øz].
Qui a du duvet. *Une fourrure duveteuse.*
duveteux.

DVD n. m. inv.
Sigle de ***Digital Versatile Disc.***
Disque optique numérique aux formats multiples dont la capacité de stockage est supérieure à celle d'un cédérom. SYN. disque DVD.

DVD-ROM n. m. inv.
(INFORM.) Vidéodisque numérique dont la capacité de stockage est très supérieure à celle d'un cédérom. Un lecteur de DVD-ROM. *Les étudiants de première année de médecine de la faculté de Grenoble vont suivre la majorité de leurs cours sur DVD-ROM : c'est devant leur ordinateur que les étudiants grenoblois vont travailler.*

DYNAMIQUE adj. et n. f.
ADJECTIF
1. Qui se rapporte à la force, au mouvement.
2. Énergique, actif. *Un éditeur dynamique* (et non *agressif). SYN. entreprenant.
NOM FÉMININ
Partie de la mécanique qui étudie les relations entre les forces et les mouvements qu'elles déterminent.
dynamique.

DYNAMIQUEMENT adv.
Avec dynamisme. *Ils travaillent dynamiquement.*

DYNAMISANT, ANTE adj.
Qui donne du dynamisme. *Ces vitamines sont dynamisantes.* SYN. stimulant.

DYNAMISATION n. f.
Action de dynamiser.

DYNAMISER v. tr.
Donner du dynamisme, de l'énergie à. *Ces exercices vous dynamiseront.* SYN. stimuler.
CONJUGAISON : VOIR MODÈLE AIMER.

DYNAMISME n. m.
Puissance d'action, efficacité. *Le dynamisme d'une équipe.* SYN. énergie; vitalité.
dynamisme.

DYNAMITAGE n. m.
Action de dynamiter. *Le dynamitage d'un embâcle.*
dynamitage.

DYNAMITE n. f.
Explosif. *Ils ont fait sauter ce rocher à la dynamite.*
dynamite.

DYNAMITER v. tr.
Faire sauter au moyen de la dynamite. *Cette voiture a été dynamitée, elle a explosé.*
CONJUGAISON : VOIR MODÈLE AIMER.
dynamiter.

DYNAMO n. f.
Abréviation de ***machine dynamoélectrique.*** *Des dynamos.*

DYNASTIE n. f.
Succession de souverains de la même famille. *La dynastie capétienne.*
T L'ordre des dynasties est indiqué à l'aide des chiffres romains. *La Xe dynastie.*
dynastie.

DYNASTIQUE adj.
Qui concerne une dynastie.

DYSENTERIE n. f.
Le *s* se prononce *s* (et non *z), [disɑ̃tri].
Maladie infectieuse ou parasitaire se manifestant par des coliques et des diarrhées.
dysenterie.

DYSFONCTIONNEMENT n. m.
Mauvais fonctionnement. *Un dysfonctionnement cardiaque.*

DYSLEXIE n. f.
Difficulté d'apprentissage de la lecture.

DYSLEXIQUE adj. et n. m. et f.
ADJECTIF
Relatif à la dyslexie. *Une élève dyslexique.*
NOM MASCULIN ET FÉMININ
Personne atteinte de dyslexie. *Elle enseigne à des dyslexiques.*

DYSTROPHIE n. f.
Anomalie de développement d'un organe. *Dystrophie musculaire.*
dystrophie.

DZÊTA
VOIR – ZÊTA.

E

E n. m. inv.
Le ***e*** des mots commençant par les lettres ***eff-*** se prononce ***é*** (et non *è).Le ***e*** des mots commençant par les lettres ***ess-*** se prononce ***é*** (et non *è).
Cinquième lettre de l'alphabet.

E
– ^{e} ***(pluriel*** ^{es}***)***, abréviation du suffixe ordinal. *Elles habitent au* 16e (et non au *16ième, au *16ème) *étage. Ils sont les* 16es *candidats.*
T Dans la mesure du possible, l'abréviation s'écrit en exposant.
– ***e***, symbole de ***électron.***
– ***E***, symbole de ***exa.***
– ***E***, ancienne notation musicale de la note ***mi.***
– ***E.***, abréviation de ***Excellence***, lorsqu'il s'agit du titre honorifique.
– ***E.***, abréviation du point cardinal ***est.***

É-, EF-, ES- ou **EX-** préf.
Éléments du latin signifiant l'éloignement, la privation. *Édenter, effeuiller, essoucher, expatrier.*

&
Caractère d'imprimerie qui a le sens de ***et*** dans les raisons sociales. *Lessard & Bertrand, grossistes.*
T La perluète (ou esperluette) s'emploie exclusivement dans les raisons sociales pour unir des noms propres ou dans des expressions comme ***& Fils, & Fille(s), & Associés, & Cie.*** *Mes fournisseurs sont Lessard & Bertrand, grossistes.*
VOIR – ESPERLUETTE.

EAO
Sigle de ***enseignement assisté par ordinateur.***

EAU n. f. (pl. *eaux*)
1. Substance liquide et transparente, sans couleur, sans odeur, sans goût. *Des eaux de source très pures. Une goutte d'eau. L'eau gèle à 0 °C.*
2. Étendue de ce liquide. *Il pêche au bord de l'eau. Françoise nage sous l'eau.*
3. Préparation liquide. *Eau de toilette, eau de Javel, eau de Cologne, eau de rose, eau de lavande.*
Au pluriel, le second élément de ces expressions est invariable.
LOCUTIONS
– ***Apporter de l'eau au moulin.*** (FIG.) Favoriser un point de vue, volontairement ou non. *Tes commentaires apportent de l'eau au moulin de la position que nous défendons.*
– ***C'est l'eau et le feu.*** (FIG.) Mésentente totale.
– ***Coup d'épée dans l'eau.*** (FIG.) Tentative inutile.
– ***Eau de Cologne.*** Préparation composée d'essences diverses servant à la toilette. *Des eaux de Cologne.*
T Dans cette expression, le nom de la ville conserve la majuscule.
– ***Eau de Javel.*** Solution détersive et désinfectante. *Des eaux de Javel.*
T Le mot ***Javel***, qui désignait un lieu, est un nom propre ; il s'écrit avec une majuscule et ne prend pas la marque du pluriel.
– ***Eau de mer.*** Eau salée des océans.
– ***Eau d'érable.*** Sève sucrée de l'érable servant à faire du sirop. *L'acériculteur ramasse l'eau d'érable.*
– ***Eau douce.*** Eau non salée des lacs, des rivières, etc.
– ***Être comme un poisson dans l'eau.*** Être très à l'aise.
– ***Jeter le bébé avec l'eau du bain.*** (FIG.) Aller trop loin en tentant de se débarrasser d'un problème et des difficultés qui lui sont liées.
– ***Mettre l'eau à la bouche.*** Donner faim.
– ***Se ressembler comme deux gouttes d'eau.*** Être tout à fait semblables.
– ***Tomber à l'eau.*** (FIG.) Échouer.
– ***Une tempête dans un verre d'eau.*** (FIG.) Agitation pour une insignifiance.
FORME FAUTIVE
*être dans l'eau bouillante, dans l'eau chaude. Calque de «*to be in hot water*» pour ***être dans le pétrin, avoir des ennuis, être dans de beaux draps, être, se trouver en fâcheuse posture.***
HOM.
• ***au, aux***, articles contractés ;
• ***aulx***, pluriel de ***ail***;
• ***haut***, sommet ;
• ***os***, parties du squelette de l'homme et des animaux vertébrés.

EAU-DE-VIE n. f. (pl. *eaux-de-vie*)
Boisson alcoolique. *Le calvados est une eau-de-vie de cidre.*

EAU-FORTE n. f. (pl. *eaux-fortes*)
1. Acide nitrique utilisé pour graver une plaque de cuivre.
2. Gravure à l'eau-forte. *Cette galerie expose des eaux-fortes.*

ÉBAHI, IE adj.
Étonné, stupéfait. *Les spectateurs ébahis étaient silencieux.*
SYN. ahuri ; éberlué ; estomaqué ; interdit ; sidéré ; stupéfié.
ébahi.

ÉBAHIR v. tr., pronom.
VERBE TRANSITIF
Abasourdir, stupéfier. *Cette information nous a ébahis.*
SYN. ahurir ; éberluer ; estomaquer.
VERBE PRONOMINAL
S'étonner au plus haut point. *Ils se sont ébahis d'être si critiqués.*

À la forme pronominale, le participe passé de ce verbe s'accorde toujours en genre et en nombre avec son sujet. *Elles se sont ébahies d'entendre de tels propos.*
À la forme pronominale, le verbe se construit avec les prépositions ***de, devant.***
CONJUGAISON : VOIR MODÈLE FINIR.
ébahir.

ÉBAHISSEMENT n. m.
Stupéfaction, grand étonnement.
ébahissement.

ÉBATS n. m. pl.
(LITT.) Mouvements vifs assurant la détente. *Le chien prend ses ébats dans le jardin.*
Le nom ne s'emploie plus au singulier.

ÉBATTRE (S') v. pronom.
Se divertir en s'agitant, prendre ses ébats. *Les enfants s'ébattent dans la piscine.* SYN. jouer.
Le participe passé de ce verbe, qui n'existe qu'à la forme pronominale, s'accorde toujours en genre et en nombre avec son sujet. *Les élèves se sont ébattus dans la cour.*
CONJUGAISON : VOIR MODÈLE COMBATTRE.

ÉBAUCHE n. f.
1. Première forme donnée à une œuvre. SYN. amorce.
2. (FIG.) Début. *L'ébauche d'un geste.* SYN. commencement.
Ne pas confondre avec les noms suivants :
- ***canevas,*** plan, schéma d'un texte ;
- ***croquis,*** dessin à main levée, plan sommaire ;
- ***esquisse,*** représentation simplifiée d'une œuvre destinée à servir d'essai ;
- ***maquette,*** représentation schématique d'une mise en pages ;
- ***projet,*** plan d'une œuvre d'architecture.

ÉBAUCHER v. tr., pronom.
VERBE TRANSITIF
1. Donner la première forme à une œuvre, à un travail. *Ébaucher un roman, une sculpture.* ANT. achever ; parachever.
2. Esquisser. *Ébaucher un sourire.* SYN. amorcer ; commencer.
VERBE PRONOMINAL
(FIG.) Commencer. *Le projet qui s'ébauche mérite d'être retenu.* SYN. s'amorcer ; s'esquisser.
À la forme pronominale, le participe passé de ce verbe s'accorde toujours en genre et en nombre avec son sujet. *Des projets audacieux se sont ébauchés dans leur imagination.*
CONJUGAISON : VOIR MODÈLE AIMER.

ÉBÈNE adj. inv. et n. f.
NOM FÉMININ
Bois de l'ébénier. *L'ébène est très dure et noire.*
Attention au genre féminin de ce nom : ***une*** ébène.
ADJECTIF DE COULEUR INVARIABLE
De la couleur noire de l'ébène. *Des cheveux ébène.* SYN. noir.
VOIR TABLEAU – COULEUR (ADJECTIFS DE).

ÉBÉNISTE n. m. et f.
Personne spécialisée dans la fabrication de meubles en bois de grande qualité.
Ne pas confondre avec le nom ***menuisier, menuisière,*** personne dont le métier est de travailler le bois.

ÉBÉNISTERIE n. f.
Art, commerce de l'ébéniste.

ÉBERLUÉ, ÉE adj.
(FAM.) Stupéfait, très étonné. *Des passants éberlués par la vision d'un ours errant dans le village.* SYN. ahuri ; ébahi ; estomaqué ; interdit ; sidéré ; stupéfié.

ÉBERLUER v. tr.
Stupéfier, étonner vivement. *Ces caricatures ont éberlué les professeurs.* SYN. ahurir ; ébahir ; estomaquer ; sidérer.
CONJUGAISON : VOIR MODÈLE AIMER.

ÉBLOUIR v. tr.
1. Aveugler. *Le soleil a ébloui le conducteur de la voiture, mais l'accident a été évité de justesse.*
2. (FIG.) Émerveiller. *Ce beau château nous a éblouis.* SYN. fasciner ; impressionner.
CONJUGAISON : VOIR MODÈLE FINIR.

ÉBLOUISSANT, ANTE adj.
1. Aveuglant. *Des phares éblouissants.*
2. (FIG.) Merveilleux. *Le jeu éblouissant d'un comédien. Une grâce éblouissante.* SYN. brillant ; fascinant.
Ne pas confondre avec le participe présent invariable ***éblouissant.*** *Le soleil éblouissant les conducteurs, on releva plusieurs accrochages.*

ÉBLOUISSEMENT n. m.
1. Aveuglement momentané causé par une lumière très vive.
2. (FIG.) Émerveillement. *Ce ballet était un éblouissement.*
LOCUTION
– ***Avoir un éblouissement.*** Ressentir un vertige, un malaise.

ÉBONITE n. f.
Matière plastique durcie utilisée pour ses qualités isolantes.
Attention au genre féminin de ce nom : ***une*** ébonite.

ÉBORGNER v. tr.
Rendre borgne.
CONJUGAISON : VOIR MODÈLE AIMER.
Les lettres ***gn*** sont suivies d'un ***i*** à la première et à la deuxième personne du pluriel de l'indicatif imparfait et du subjonctif présent. *(Que) nous éborgnions, (que) vous éborgniez.*

ÉBOUEUR n. m.
ÉBOUEUSE n. f.
Personne chargée d'enlever les ordures ménagères. *Les éboueurs* (et non les *vidangeurs) *passent le lundi.*

ÉBOUILLANTER v. tr., pronom.
VERBE TRANSITIF
Passer à l'eau bouillante. *Ébouillanter des pâtes.*
VERBE PRONOMINAL
Se brûler avec un liquide bouillant. *Elle s'est ébouillantée en préparant la soupe.*
À la forme pronominale, le participe passé de ce verbe s'accorde toujours en genre et en nombre avec son sujet. *Ils se sont ébouillantés gravement.*
CONJUGAISON : VOIR MODÈLE AIMER.

ÉBOULEMENT n. m.
1. Chute de pierres, de terre. *Il y a eu un petit éboulement.* SYN. effondrement.
2. Matières éboulées. *Un éboulement de cailloux bloque le sentier.* SYN. éboulis.
éboulement.

ÉBOULER v. tr., pronom.
VERBE TRANSITIF
Faire écrouler.
VERBE PRONOMINAL
S'affaisser progressivement, tomber par morceaux, en parlant surtout de terre, de pierres, de choses entassées. *Le bord de la rivière s'est éboulé.* SYN. s'écrouler ; s'effondrer.
À la forme pronominale, le participe passé de ce verbe s'accorde toujours en genre et en nombre avec son sujet. *Des parois rocheuses se sont éboulées.*
Ne pas confondre avec le verbe ***s'écrouler,*** qui se dit surtout d'une construction ou de ce qui croule soudainement de toute sa masse.
CONJUGAISON : VOIR MODÈLE AIMER.
ébouler.

ÉBOULIS n. m.
Le ***s*** ne se prononce pas, [ebuli].
1. Matières éboulées, surtout des pierres.
2. Éboulement.
éboulis.

ÉBOURIFFANT, ANTE adj.
(FAM.) Incroyable. *Une réussite ébouriffante.* SYN. renversant.
ébouriffant.

ÉBOURIFFÉ, ÉE adj.
Échevelé. *Une tête ébouriffée.* SYN. décoiffé.
ébouriffé.

ÉBOURIFFER v. tr.
1. Écheveler. *Le vent a ébouriffé ses cheveux.* SYN. décoiffer.
2. (FAM.) Stupéfier, surprendre au plus haut point.
CONJUGAISON : VOIR MODÈLE AIMER.
ébouriffer.

ÉBRANLEMENT n. m.
Action d'ébranler; son résultat. *L'ébranlement de la stabilité du gouvernement par des manifestations violentes.*

ÉBRANLER v. tr., pronom.
VERBE TRANSITIF
1. Secouer. *Le tremblement de terre a ébranlé l'immeuble.* SYN. faire trembler; faire vibrer.
2. (FIG.) Rendre moins ferme, moins solide. *Vos arguments l'ont ébranlé. La crise budgétaire a ébranlé le gouvernement.*
VERBE PRONOMINAL
Se mettre en mouvement. *Le défilé commencera à s'ébranler à 21 h.* SYN. démarrer; se mettre en branle; se mettre en marche; partir.
À la forme pronominale, le participe passé de ce verbe s'accorde toujours en genre et en nombre avec son sujet. *Les étudiants se sont ébranlés pour participer à la manifestation.*
CONJUGAISON : VOIR MODÈLE AIMER.

ÉBRÈCHEMENT n. m.
Action d'ébrécher.

ÉBRÉCHER v. tr., pronom.
VERBE TRANSITIF
1. Faire une brèche à. *Il ébrécha cette assiette.*
2. (FIG.) Entamer. *Ébrécher son patrimoine.* SYN. diminuer.
VERBE PRONOMINAL
Être ébréché. *Ces tasses se sont ébréchées.*
À la forme pronominale, le participe passé de ce verbe s'accorde toujours en genre et en nombre avec son sujet. *Ces verres se sont ébréchés dans le lave-vaisselle.*
CONJUGAISON : VOIR MODÈLE POSSÉDER.
Le deuxième ***é*** se change en ***è*** devant une syllabe contenant un ***e*** muet, sauf au futur et au conditionnel présent. *J'ébrèche,* mais *j'ébrécherai.*
[Les *Rectifications* (1990) admettent : il ébrèchera, ébrècherait...]

ÉBRIÉTÉ n. f.
(ADM.) État d'une personne ivre. *En état d'ébriété.*
Ce mot de style administratif qui ne s'emploie que dans l'expression citée est le doublet savant de ***ivresse.***
VOIR TABLEAU – DOUBLETS.

ÉBROUER (S') v. pronom.
S'agiter, secouer son corps. *Les chiens se sont ébroués avec entrain en sortant de l'eau.* SYN. s'ébattre.
Le participe passé de ce verbe, qui n'existe qu'à la forme pronominale, s'accorde toujours en genre et en nombre avec son sujet. *Ils se sont ébroués avec vigueur.*
CONJUGAISON : VOIR MODÈLE AIMER.

ÉBRUITER v. tr., pronom.
VERBE TRANSITIF
Rendre public sous forme de rumeur. *Il faut éviter d'ébruiter la nouvelle.* SYN. diffuser; divulguer.
VERBE PRONOMINAL
Se répandre. *L'affaire s'est ébruitée.* SYN. se diffuser; se propager.
À la forme pronominale, le participe passé de ce verbe s'accorde toujours en genre et en nombre avec son sujet. *Les délibérations se sont ébruitées.*
CONJUGAISON : VOIR MODÈLE AIMER.

ÉBULLITION n. f.
État d'un corps qui se transforme en vapeur. *L'eau entre en ébullition à 100 °C. Amenez l'eau à ébullition et jetez-y le sachet.*
LOCUTION
– ***En ébullition.*** (FIG.) Dans un état de surexcitation. *La troupe de théâtre est en ébullition : le spectacle va commencer.* SYN. en effervescence.
Ne pas confondre avec le nom ***évaporation,*** transformation d'un liquide en gaz par la chaleur.
ébullition.

***E-BUSINESS**
Anglicisme pour ***commerce électronique, commerce en ligne.***

ÉCAILLAGE n. m.
1. Le fait d'enlever les écailles, d'ouvrir les huîtres. *L'écaillage d'un poisson.*
2. État d'une peinture, d'un vernis qui se détache par plaques. *L'écaillage de multiples couches de peinture superposées.*

ÉCAILLE n. f.
1. Chacune des plaques superposées qui recouvrent le corps des poissons, des reptiles. *Des écailles de poisson.*
2. Coquille d'un mollusque. *Écailles d'huîtres, de moules.*
3. Matière cornée de la carapace de la tortue. *Des lunettes à monture d'écaille.*
Ne pas confondre avec le nom ***écale,*** enveloppe des noix.

ÉCAILLER v. tr., pronom.
VERBE TRANSITIF
Enlever les écailles de. *Écailler un poisson, des huîtres.*
VERBE PRONOMINAL
Tomber par écailles. *Ces vernis se sont écaillés.*
À la forme pronominale, le participe passé de ce verbe s'accorde toujours en genre et en nombre avec son sujet. *La peinture s'est écaillée.*
Ne pas confondre avec le verbe ***écaler,*** enlever l'enveloppe des noix, des œufs.
CONJUGAISON : VOIR MODÈLE AIMER.
Les lettres ***ill*** sont suivies d'un ***i*** à la première et à la deuxième personne du pluriel de l'indicatif imparfait et du subjonctif présent. *(Que) nous écaillions, (que) vous écailliez.*

ÉCALE n. f.
Enveloppe des noix. *L'écale d'une amande.*
Ne pas confondre avec le nom ***écaille,*** qui se dit pour les poissons, les tortues, certains mollusques.
FORME FAUTIVE
*écale (d'un œuf). Impropriété au sens de ***coquille.***
Il est cependant exact d'employer le verbe ***écaler,*** enlever la coquille de l'œuf.

ÉCALER v. tr.
Enlever l'enveloppe des noix, des œufs. *Écaler un œuf dur et des noisettes.*
Ne pas confondre avec le verbe ***écailler,*** enlever les écailles de, tomber par écailles.
FORME FAUTIVE
*écaler. Au sens de ***écosser,*** ce verbe est un archaïsme. *On écosse* (et non *écale) *des haricots, des petits pois.*
CONJUGAISON : VOIR MODÈLE AIMER.

ÉCARLATE adj. et n. m.
ADJECTIF DE COULEUR VARIABLE
D'un rouge vif. *Des bannières écarlates. Elles ont un énorme coup de soleil, elles sont rouges comme des écrevisses : elles sont écarlates !*

Cet adjectif de couleur prend la marque du pluriel lorsqu'il est simple ; composé, il est invariable.
VOIR TABLEAU – COULEUR (ADJECTIFS DE).
NOM MASCULIN
Couleur rouge très vive. *Des écarlates brillants.*

E

ÉCARQUILLER v. tr., pronom.
VERBE TRANSITIF
Ouvrir exagérément les yeux. *Elle écarquilla les yeux de stupeur.*
VERBE PRONOMINAL
S'ouvrir démesurément. *S'écarquiller les yeux sous l'effet de la surprise.*
À la forme pronominale, le participe passé de ce verbe s'accorde toujours en genre et en nombre avec son sujet. *Ses yeux se sont écarquillés.*
CONJUGAISON : VOIR MODÈLE AIMER.
Les lettres ***ill*** sont suivies d'un ***i*** à la première et à la deuxième personne du pluriel de l'indicatif imparfait et du subjonctif présent. *(Que) nous écarquillions, (que) vous écarquilliez.*

ÉCART n. m.
1. Intervalle, distance entre des personnes, des choses. *Un écart de cinq mètres sépare les nageurs.*
2. Différence entre des grandeurs, des valeurs. *Un écart de dix points, des écarts de température.* SYN. variation.
3. (STAT.) Valeur absolue de la différence entre deux valeurs.
4. (FIG.) Action de s'écarter de sa direction, de sa ligne de conduite. *Des écarts de conduite, de langage, de régime,* mais *un écart à une ligne de conduite.*
LOCUTIONS
– ***À l'écart,*** loc. adv. En un lieu éloigné, en dehors. *Cette famille vit à l'écart dans les bois.*
– ***À l'écart de,*** loc. prép. Loin de. *Une ferme à l'écart du village.*
– ***Écart(-)type.*** (STAT.) Racine carrée de la variance. *Des écarts(-)types* (et non *déviations standard).
– ***Grand écart.*** Écartement des jambes de telle sorte qu'elles touchent le sol sur toute leur longueur.
écart.

ÉCARTÉ, ÉE adj.
Isolé, retiré, à l'écart. *Un chalet écarté.*
FORME FAUTIVE
*écarté. Archaïsme au sens de ***perdu, égaré.*** *Je suis perdue, égarée* (et non *écartée).

ÉCARTÈLEMENT n. m.
1. (ANCIENN.) Déchirement des membres.
2. (FIG.) Tiraillement entre plusieurs possibilités.
Ne pas confondre avec le nom ***écartement,*** espacement.

ÉCARTELER v. tr.
1. (ANCIENN.) Déchirer les membres de.
2. (FIG.) Tirailler quelqu'un entre plusieurs possibilités qui imposent un choix. *Elle est écartelée entre le cinéma et la piscine.*
CONJUGAISON : VOIR MODÈLE CONGELER.
Le ***e*** se change en ***è*** devant une syllabe contenant un ***e*** muet. *Il écartèle,* mais *il écartelait.*

ÉCARTEMENT n. m.
1. Action d'écarter ou de s'écarter. *L'écartement des doigts.*
2. Espacement. *L'écartement des dents.*
Ne pas confondre avec le nom ***écartèlement,*** déchirement.

ÉCARTER v. tr., pronom.
VERBE TRANSITIF
1. Éloigner. *Écarter un meuble du mur.*
2. Séparer. *Écarter les doigts, les rideaux.* SYN. ouvrir.
3. Tenir à distance. *Les policiers tentaient d'écarter la foule.*
4. Exclure. *Il ne faut pas écarter cette solution.* SYN. éliminer.
VERBE PRONOMINAL
S'éloigner de. *Il vaut mieux ne pas s'écarter du sentier.*
À la forme pronominale, le participe passé de ce verbe s'accorde toujours en genre et en nombre avec son sujet. *Elle s'est écartée de la rectitude politique.*
FORME FAUTIVE
*écarter. Au sens de ***perdre, égarer,*** ce verbe est un archaïsme. *J'ai perdu* ou *égaré* (et non *écarté) *ma montre. Je me suis perdu* ou *égaré* (et non *écarté).
CONJUGAISON : VOIR MODÈLE AIMER.

ECCHYMOSE n. f.
Les lettres ***cch*** se prononcent ***k,*** [ekimoz], comme dans ***kiwi.***
Épanchement de sang dans le tissu sous-cutané à la suite d'un choc, tache bleuâtre qui en résulte. SYN. (FAM.) bleu ; contusion ; hématome.
e**cch**ymose.

ECCLÉSIASTIQUE adj. et n. m.
ADJECTIF
Qui appartient à l'Église, au clergé. *Des habits ecclésiastiques.*
NOM MASCULIN
Membre du clergé, religieux.

ÉCERVELÉ, ÉE adj. et n. m. et f.
Étourdi. *Ils ont oublié leur clé, ces petits écervelés.* SYN. irréfléchi.

ECG
Sigle de ***électrocardiogramme.***

ÉCHAFAUD n. m.
1. Plateforme pour l'exécution des condamnés à mort par décapitation, par pendaison.
Ne pas confondre avec le nom ***échafaudage,*** plateforme destinée à faciliter certains travaux.
2. (FIG.) Peine de mort. *Il a été condamné à l'échafaud.*
échafau**d.**

ÉCHAFAUDAGE n. m.
1. Plateforme destinée à faciliter certains travaux. *Le peintre travaille sur un échafaudage.*
Ne pas confondre avec le nom ***échafaud,*** plateforme pour l'exécution des condamnés à mort.
2. Assemblage peu stable. *Un échafaudage de boîtes.*
3. (FIG.) Élaboration rapide d'un projet.

ÉCHAFAUDER v. tr., intr.
VERBE TRANSITIF
(FIG.) Élaborer un projet, une théorie de façon rapide. SYN. ébaucher ; esquisser.
VERBE INTRANSITIF
Dresser un échafaudage.
CONJUGAISON : VOIR MODÈLE AIMER.

***ÉCHAFFOURÉE**
Impropriété pour ***échauffourée.***

ÉCHALAS n. m.
Le ***s*** ne se prononce pas, [eʃalɑ].
Pieu servant de tuteur à un arbuste, à un cep.
LOCUTION
– ***Être grand, maigre comme un échalas.*** (FAM.) (FIG.) Personne grande et maigre. SYN. être grand, maigre comme une échalote.
échala**s.**

ÉCHALOTE n. f.
Variété d'ail, voisine de l'oignon, dont le bulbe divisé en deux ou trois gousses sert de condiment. *L'échalote rose est de forme oblongue. Servir un filet mignon à l'échalote.* SYN. échalote française.

Le GDT de l'Office québécois de la langue française établit la distinction suivante : « Le produit que les consommateurs québécois désignent communément, mais de façon erronée, sous le nom d'"échalote" ressemble plutôt à un poireau blanc miniature doté de longues feuilles cylindriques et vertes; ce produit est un oignon vert. » Par contre, *Le Petit Larousse 2008* nomme ce bulbe ***échalote nouvelle.***

Ne pas confondre avec le terme ***oignon vert,*** poireau blanc miniature doté de longues feuilles cylindriques et vertes.

LOCUTION

échalote, un seul ***t.***

ÉCHANCRÉ, ÉE adj.

Qui a des échancrures. *Un corsage échancré.* SYN. décolleté; découpé.

échancré.

ÉCHANCRER v. tr.

Entailler le bord de. *Échancrer une robe en V.*

CONJUGAISON : VOIR MODÈLE AIMER.

ÉCHANCRURE n. f.

Découpure. *L'échancrure de son chandail.* SYN. ouverture.

échancrure.

ÉCHANGE n. m.

1. Action d'échanger. *Un échange de lettres, de poignées de main.*
2. Commerce. *Des échanges internationaux.*
3. Relations entre des personnes, des groupes. *Des échanges culturels.*

En ce sens, le nom s'emploie généralement au pluriel.

LOCUTIONS

– ***Échange de données informatisées (ÉDI).*** Échange entre différentes organisations de données structurées, directement émises et traitées par des ordinateurs, et dont l'efficacité repose sur l'utilisation de messages préétablis et de procédures normalisées (GDT). *L'échange de données informatisées réduit l'utilisation du papier et en accélère le traitement par la suppression des délais postaux.*

– ***En échange,*** loc. adv. En contrepartie, en compensation. *Vous m'avez confié vos secrets; je vous ai livré les miens en échange.* SYN. en retour.

– ***En échange de,*** loc. prép. Pour prix de; à la place de. *En échange de* (et non *pour) *ce livre, je te propose un cédérom.*

La locution se construit avec la préposition ***de.***

– ***Libre-échange.*** Régime économique dans lequel les échanges commerciaux entre les pays sont exempts d'obstacles tarifaires.

FORMES FAUTIVES

*bureau d'échange. Anglicisme pour ***bureau de change.***

*échange. Anglicisme au sens de ***taux de change.***

ÉCHANGER v. tr., pronom.

VERBE TRANSITIF

Donner une chose pour en obtenir une autre à la place. *Échanger des cadeaux, un chandail contre une veste. Les enfants ont échangé des billes.*

Ce verbe implique une action réciproque et volontaire, souvent marquée par un sujet pluriel. *Ils ont échangé quelques propos anodins.*

Ne pas confondre avec le verbe ***changer,*** modifier, donner une chose pour une autre, sans idée de réciprocité ou de consentement.

VERBE PRONOMINAL

Être échangé. *Ces actions se sont échangées* (et non *transigées) *à 20 $.*

À la forme pronominale, le participe passé de ce verbe s'accorde en genre et en nombre avec le complément direct si celui-ci le précède. *Les coups d'œil qu'elles se sont échangés.* Le participe passé reste invariable si le complément direct suit le verbe. *Ils se sont échangé des adresses.* En l'absence d'un complément direct, le verbe s'accorde en genre et en nombre avec le sujet. *De nombreux renseignements se sont échangés.*

FORME FAUTIVE

*échanger (un chèque). Anglicisme au sens de ***encaisser.***

CONJUGAISON : VOIR MODÈLE CHANGER.

Le ***g*** est suivi d'un ***e*** devant les lettres ***a*** et ***o.*** *Il échangea, nous échangeons.*

ÉCHANGEUR n. m.

Dispositif de raccordement de plusieurs voies routières (routes et autoroutes) ne comportant aucun croisement à niveau (Recomm. off.).

ÉCHANGISME n. m.

Pratique de l'échange de partenaires sexuels entre des couples.

ÉCHANGISTE n. m. et f.

Personne qui est adepte de l'échangisme.

ÉCHANSON n. m.

(ANCIENN.) Sommelier des rois, des divinités, des grands personnages.

ÉCHANTILLON n. m.

1. Petite quantité d'un ensemble servant à en faire apprécier la qualité. *Des échantillons de tissu.*
2. (STAT.) Groupe représentatif d'une population choisie.

ÉCHANTILLONNAGE n. m.

Action d'échantillonner; série d'échantillons.

échantillonnage.

ÉCHANTILLONNER v. tr.

1. Prélever des échantillons sur une marchandise.
2. (STAT.) Définir un échantillon dans une population de référence.

CONJUGAISON : VOIR MODÈLE AIMER.

ÉCHAPPATOIRE n. f.

Moyen subtil de se tirer d'embarras. *Une astucieuse échappatoire.* SYN. excuse; faux-fuyant; prétexte; subterfuge.

Attention au genre féminin de ce nom : ***une*** échappatoire.

ÉCHAPPÉE n. f.

1. Espace resserré ouvert à la vue, au passage. *Des échappées sur le ciel entre les murs des immeubles.*
2. (LITT.) Bref instant. *Une échappée de soleil, de bonheur.*

ÉCHAPPEMENT n. m.

Expulsion des gaz de combustion d'un moteur. *Des tuyaux d'échappement.*

ÉCHAPPER v. tr., intr., pronom.

VERBE TRANSITIF DIRECT

Laisser tomber par mégarde, lâcher. *Fanette a échappé son verre de lait, qui s'est renversé.*

En ce sens, le verbe demeure usuel au Québec, dans la francophonie canadienne et dans certaines régions de France, mais il n'appartient plus à l'usage courant de la majorité des locuteurs du français.

VERBE TRANSITIF INDIRECT OU INTRANSITIF

1. Éviter, se soustraire à. *Il a échappé à ses adversaires.* SYN. se sauver.

En ce sens, le verbe se construit avec la préposition ***à.***

2. Être dit par mégarde. *Un commentaire désobligeant lui a échappé* ou *lui est échappé.*

Le verbe se conjugue avec l'auxiliaire ***avoir*** pour exprimer l'action, avec l'auxiliaire ***être*** pour marquer l'état.

E

3. Sortir de la mémoire, ne pas être perçu. *Son nom m'échappe. Le sens de ce verbe lui avait échappé. Rien ne lui échappe.*
En ce sens, c'est toujours l'auxiliaire ***avoir*** qui est employé.
4. Cesser d'être retenu. *Le verre lui a échappé* ou *lui est échappé des mains.*
Le verbe se conjugue avec l'auxiliaire ***avoir*** pour exprimer l'action, avec l'auxiliaire ***être*** pour marquer l'état.
VERBE PRONOMINAL
1. Se répandre. *Un gaz toxique s'échappe des voitures en mouvement.* SYN. sortir.
2. S'enfuir. *Ils se sont échappés de la prison.* SYN. se sauver de.
À la forme pronominale, le participe passé de ce verbe s'accorde toujours en genre et en nombre avec son sujet. *Les lapins se sont échappés du clapier.*
LOCUTIONS
– ***Laisser échapper une occasion.*** Rater une occasion.
– ***L'échapper belle.*** Éviter de peu ce qui menaçait. *Nous l'avons échappé belle.*
Dans cette expression, le participe passé est toujours invariable.
CONJUGAISON : VOIR MODÈLE AIMER.

ÉCHARDE n. f.
Épine, petit morceau pointu (de verre, de bois, etc.) introduit accidentellement sous la peau. *Avoir une écharde dans le pied.*
Ne pas confondre avec le nom ***écharpe,*** bande de tissu portée autour du cou.

ÉCHARPE n. f.
Bande de tricot, de tissu portée autour du cou. *Des écharpes colorées.* SYN. foulard.
LOCUTION
– ***En écharpe,*** loc. adv. Obliquement, d'une épaule à la hanche opposée. *Il s'est fracturé le bras : il doit le porter en écharpe pendant vingt jours encore.*
Ne pas confondre avec le nom ***écharde,*** épine, petit morceau pointu (de verre, de bois, etc.) introduit accidentellement sous la peau.

ÉCHARPER v. tr.
1. Mettre en pièces. SYN. entailler ; mettre en charpie ; mutiler.
2. Tailler maladroitement.
LOCUTIONS
– ***Se faire écharper.*** Se faire massacrer. *L'assassin a failli se faire écharper par la foule en colère.*
– ***Se faire écharper.*** (FIG.) Recevoir des critiques virulentes, en parlant d'une œuvre, d'un projet, etc.
CONJUGAISON : VOIR MODÈLE AIMER.

ÉCHASSE n. f.
Long bâton muni d'un étrier permettant de marcher à une certaine hauteur du sol. *Grimper sur des échasses.*

ÉCHASSIER n. m.
Oiseau carnivore à longues jambes effilées, vivant au bord de l'eau, dans des marécages. *La grue, la bécasse sont des échassiers.*

ÉCHAUDER v. tr.
1. Tremper dans l'eau bouillante. SYN. ébouillanter.
2. (FIG.) ***Être échaudé.*** Être déçu à la suite d'une mésaventure.
LOCUTION
– ***Chat échaudé craint l'eau froide.*** On redoute jusqu'à l'apparence de ce qui a causé un problème.
CONJUGAISON : VOIR MODÈLE AIMER.

ÉCHAUFFEMENT n. m.
1. Augmentation anormale de la température. *Échauffement d'un moteur.*
2. Fait de s'échauffer. *Des exercices d'échauffement.*

ÉCHAUFFER v. tr., pronom.
VERBE TRANSITIF
1. Donner de la chaleur à.
2. (FIG.) Exciter. *Échauffer les esprits.* SYN. enflammer.
VERBE PRONOMINAL
1. S'entraîner avant un effort physique. *Il est préférable de s'échauffer un peu avant de se lancer sur les pistes de ski.*
2. S'animer, se passionner. *Les joueurs se sont échauffés et ont marqué plusieurs buts.*
À la forme pronominale, le participe passé de ce verbe s'accorde toujours en genre et en nombre avec son sujet. *Les lutteurs se sont échauffés.*
CONJUGAISON : VOIR MODÈLE AIMER.
échauffer.

ÉCHAUFFOURÉE n. f.
Bagarre, combat bref. *La discussion dégénéra en échauffourée* (et non *échaffourée).
échauffourée.

ÉCHAUGUETTE n. f.
Guérite d'observation placée en surplomb aux angles des châteaux forts, sur des fortifications pour en surveiller les abords.

ÉCHÉANCE n. f.
1. Date à laquelle on doit remettre un texte, on doit avoir terminé un travail. *L'échéance* (et non la *date due, le *deadline) *est fixée au 15 avril. La date d'échéance est reportée à l'année prochaine. Devancer, rapprocher une échéance ou, au contraire, différer, reculer une échéance.*
2. Date à laquelle est exigible une dette. *L'échéance d'un emprunt. Un remboursement à échéance déterminée, à échéance convenue.* SYN. terme.
3. Fin d'une période. *Les échéances universitaires. L'échéance électorale approche.*
LOCUTIONS
– ***À courte échéance, à brève échéance.*** À court terme, dans un avenir immédiat.
– ***À échéance de.*** Dans un délai de. *À échéance de trois mois.*
– ***À longue échéance.*** À long terme, dans un avenir éloigné.
– ***Arriver, venir à échéance.*** Devenir exigible. *Ce paiement est arrivé à échéance* (et non *passé dû). SYN. être échu.
– ***Faire face à une échéance.*** Rembourser une dette, effectuer un paiement.

ÉCHÉANCIER n. m.
Tableau des échéances à respecter, des activités prévues, des paiements à faire. *Établir l'échéancier de travaux de construction.* SYN. calendrier.

ÉCHÉANT, ANTE adj.
(DR.) Qui arrive à échéance. *Des traites échéantes.*
LOCUTION
– ***Le cas échéant.*** Si l'occasion se présente. SYN. éventuellement.
Ne pas confondre avec le participe présent invariable ***échéant.*** *Les paiements échéant le 1er du mois seront retardés.*

ÉCHEC n. m.
1. Insuccès. *Ces élèves ont eu un échec en physique ; ils devront étudier davantage.*
2. (AU PLUR.) Jeu qui réunit deux adversaires et qui se joue sur un échiquier de 64 cases alternativement blanches et noires. *Un tournoi d'échecs, une partie d'échecs.*
LOCUTIONS
– ***Faire échec à.*** Empêcher de réussir.
– ***Mettre, tenir en échec.*** Empêcher d'agir.
– ***Subir un échec.*** Échouer.

ÉCHELLE n. f.
1. Dispositif formé de deux montants parallèles réunis par des barreaux transversaux servant de marches. *Une échelle de corde, une échelle coulissante.*

2. (FIG.) Série ascendante ou descendante. *Échelle des salaires.* SYN. hiérarchie ; ordre.
3. Rapport entre la longueur d'un trait sur une carte et la distance réelle. *Sur une échelle de 1/1 000 000, 1 cm vaut 10 km.* SYN. ordre de grandeur.
LOCUTIONS
– ***À l'échelle de,*** loc. prép. À la grandeur de. *Une diffusion à l'échelle de la planète.*
– ***Clause d'échelle mobile.*** Clause d'un contrat en vertu de laquelle la valeur nominale d'une prestation (salaire, loyer, etc.) est actualisée en fonction d'un indice de référence, par exemple l'indice des prix à la consommation.
– ***Échelle de Richter.*** Échelle numérotée de 1 à 9 déterminant la magnitude d'un séisme.
– ***Échelle sociale.*** Hiérarchie des conditions, des situations, dans une société, ensemble des diverses conditions sociales. *Est-il plus facile de descendre l'échelle sociale que de la remonter ? « On va rester assis tranquilles au pied de l'échelle sociale »* (Réjean Ducharme, *L'Hiver de force*).
– ***Économies d'échelle.*** Réduction des coûts liée à la production de biens, à la prestation de services sur une grande échelle. *Le regroupement de nos deux usines produira des économies d'échelle.*
Dans cette locution, le nom ***économie*** est toujours au pluriel.
– ***Faire la courte échelle.*** Offrir ses mains comme point d'appui.
– ***Sur une vaste échelle.*** En grand, sur un vaste plan.

ÉCHELON n. m.
1. Barreau d'une échelle. *Il a gravi plusieurs échelons pour arriver au toit.*
2. (FIG.) Chacun des degrés d'une série. *Avancer d'un échelon dans la hiérarchie.* SYN. palier.
3. Niveau. *À l'échelon national, les sondages sont favorables.*
échelon.

ÉCHELONNER v. tr., pronom.
VERBE TRANSITIF
1. Répartir par échelons, de distance en distance. *Échelonner des arbustes dans le jardin.*
2. Étaler dans le temps. *Échelonner des paiements sur trois ans.*
VERBE PRONOMINAL
Être étalé dans l'espace, dans le temps. *Cette hypothèque s'échelonne sur cinq ans.*
À la forme pronominale, le participe passé de ce verbe s'accorde toujours en genre et en nombre avec son sujet. *Nos versements hypothécaires se sont échelonnés sur plusieurs années.*
CONJUGAISON : VOIR MODÈLE AIMER.
échelonner.

ÉCHEVEAU n. m. (pl. *écheveaux*)
1. Assemblage de fils textiles. *Des écheveaux de laine.*
2. (FIG.) Ensemble compliqué. *Ces règlements sont un véritable écheveau : impossible de s'y retrouver.* SYN. dédale ; labyrinthe.

ÉCHEVELÉ, ÉE adj.
1. Décoiffé, ébouriffé. *Une grande fille échevelée chevauchait une moto.* SYN. hirsute.
2. (FIG.) Effréné. *Une danse échevelée.*

ÉCHEVELER v. tr.
Décoiffer, ébouriffer. *Le vent les a échevelés.*
CONJUGAISON : VOIR MODÈLE APPELER.
Redoublement du ***l*** devant un ***e*** muet. *Il échevelle, il échevellera,* mais *il échevelait.*
[Les *Rectifications* (1990) admettent : il échevèle, échevèlera, échevèlerait...]

ÉCHEVIN n. m.
1. (VIEILLI) Conseiller municipal, conseillère municipale.
2. En Belgique, adjoint au bourgmestre.

ÉCHINE n. f.
Colonne vertébrale de l'homme et de certains animaux.
LOCUTION
– ***Plier l'échine, courber l'échine.*** (FIG.) Se soumettre.
Ce nom ne s'emploie plus en dehors de ces expressions.

ÉCHINER (S') v. pronom.
S'épuiser, se donner de la peine. *Elles s'échinent à cette corvée depuis plusieurs heures.* SYN. s'éreinter.
Le verbe se construit avec la préposition ***à.***
Le participe passé de ce verbe, qui n'existe qu'à la forme pronominale, s'accorde toujours en genre et en nombre avec son sujet. *Ils se sont échinés à faire ce travail.*
CONJUGAISON : VOIR MODÈLE AIMER.

ÉCHIQUIER n. m.
1. Tableau du jeu d'échecs.
2. (FIG.) Domaine où s'affrontent des forces, des intérêts contradictoires. *L'échiquier mondial.*

ÉCHO n. m.
Les lettres ***ch*** se prononcent ***k,*** [eko] ; le nom rime avec ***coco.***
1. Répétition d'un son réfléchi par un obstacle. *Dans cette grotte, il y a de l'écho.*
2. Nouvelle, rumeur. *Aurez-vous des échos de la rencontre ?*
LOCUTIONS
– ***À tous les échos.*** De tous côtés.
– ***Sans écho.*** Sans résultat, sans réponse. *Sa demande est restée sans écho.*
Le nom ***écho*** s'écrit au singulier dans cette expression.
– ***Se faire l'écho de.*** Propager. *Elles se sont fait l'écho de ces critiques.*
Dans cette expression, le participe passé ***fait*** est invariable.
HOM. ***écot,*** cotisation.
écho.

ÉCHOGRAPHIE n. f.
Les lettres ***ch*** se prononcent ***k,*** [ekografi].
Examen médical au moyen d'ultrasons.

ÉCHOGRAPHIER v. tr.
(MÉD.) Examiner un patient au moyen d'une échographie.
CONJUGAISON : VOIR MODÈLE ÉTUDIER.
Redoublement du ***i*** à la première et à la deuxième personne du pluriel de l'indicatif imparfait et du subjonctif présent. *(Que) nous échographiions, (que) vous échographiiez.*

ÉCHOIR v. intr.
1. (LITT.) Revenir. *Il échoit au président de décider.*
2. Venir à échéance. *Le paiement échoit la semaine prochaine.*
Le verbe se conjugue généralement avec l'auxiliaire ***être.*** *Le délai est échu. Ce compte est échu* (et non *passé dû). Il peut se conjuguer avec l'auxiliaire ***avoir*** si l'on désire insister sur l'action. *Par quel hasard cette attribution lui a-t-elle échu ?*
CONJUGAISON
INDICATIF PRÉSENT *Il échoit, ils échoient.* PASSÉ SIMPLE *Il échut, ils échurent.* FUTUR *Il échoira, ils échoiront.* CONDITIONNEL PRÉSENT *Il échoirait, ils échoiraient.* SUBJONCTIF PRÉSENT *Qu'il échoie.* IMPARFAIT *Qu'il échût.* PARTICIPE PRÉSENT *Échéant.* PASSÉ *Échu, e.*
Le verbe s'emploie à la troisième personne du singulier et du pluriel.

ÉCHOPPE n. f.
Petite boutique. *Une échoppe de cordonnier-serrurier.*
échoppe.

E

ÉCHOUER v. tr., intr., pronom.
VERBE TRANSITIF
Pousser un bateau sur un haut-fond. *Les enfants ont échoué la barque sur la plage.*
VERBE INTRANSITIF
1. Toucher accidentellement le fond, en parlant d'un bateau, d'un mammifère marin, d'un poisson. *Le voilier a échoué sur des battures.*
2. Être poussé sur le rivage, en parlant d'un mammifère marin, d'un poisson. *Une baleine échouée sur la plage.*
Le verbe se conjugue avec l'auxiliaire ***avoir*** pour exprimer l'action, avec l'auxiliaire ***être*** pour marquer l'état qui résulte de l'action accomplie, en parlant d'une embarcation, d'un être animé non humain.
3. Ne pas réussir. *Il a échoué à un examen.* SYN. rater.
Attention à la construction du verbe qui exige l'emploi de la préposition ***à***. *Il a échoué à l'examen* (et non il a *échoué l'examen).
4. Ne pas aboutir. *Les tentatives ont échoué.* SYN. avorter ; faire fiasco.
VERBE PRONOMINAL
Toucher le fond et être immobilisé. *Ces voiliers se sont échoués près de la côte.*
À la forme pronominale, le participe passé de ce verbe s'accorde toujours en genre et en nombre avec son sujet. *Ces pétroliers se sont échoués sur ces rochers.*
CONJUGAISON : VOIR MODÈLE AIMER.

ÉCHU, UE adj.
Arrivé à échéance. *Le délai est échu* (et non *passé dû).
Le mot ***échu*** est le participe passé du verbe ***échoir*** qui, à l'exception de ce temps ou du participe présent (***échéant***), ne s'emploie que très rarement.

ÉCLABOUSSER v. tr., pronom.
VERBE TRANSITIF
1. Faire rejaillir un liquide sur. *« En plongeant, tu m'as éclaboussé », dit Julien à Laurence.* SYN. arroser ; asperger.
2. (FIG.) Compromettre. *Ce scandale les a éclaboussés.*
VERBE PRONOMINAL
S'asperger, s'arroser. *Elle a pris soin de ne pas s'éclabousser en transvidant de la peinture.*
À la forme pronominale, le participe passé de ce verbe s'accorde toujours en genre et en nombre avec son sujet. *Les enfants se sont éclaboussés en jouant avec l'arrosoir.*
CONJUGAISON : VOIR MODÈLE AIMER.

ÉCLABOUSSURE n. f.
1. Liquide dont on est éclaboussé. *Des éclaboussures de jus.* SYN. tache.
2. (FIG.) Contrecoup d'un évènement fâcheux.

ÉCLAIR n. m.
1. Éclat de lumière vive traduisant une décharge électrique. *Un éclair traversa le ciel et on entendit un coup de tonnerre.*
2. Lueur vive et brève. *L'éclair d'une explosion.*
3. Petit gâteau. *Des éclairs au chocolat.*
Placé en apposition, le mot ***éclair*** est invariable et a le sens de « très rapide, très bref ». *Des visites éclair.*
LOCUTIONS
– ***Comme un éclair, à la vitesse de l'éclair.*** Très rapidement. *Il est passé comme un éclair.* SYN. comme une flèche.
– ***Éclair de génie.*** Idée lumineuse.
– ***Fermeture éclair.*** Marque déposée passée dans l'usage au sens de ***fermeture à glissière.*** *Des fermetures éclair.*
Attention au genre masculin de ce nom : ***un*** éclair.

ÉCLAIRAGE n. m.
1. Action, moyen d'éclairer. *Cet éclairage est suffisant.*
2. (FIG.) Angle particulier sous lequel on examine une question, des faits. *Votre version de la situation nous procure un nouvel éclairage.*
LOCUTION
– ***Appareil d'éclairage.*** Luminaire. *Un magasin d'appareils d'éclairage.*

ÉCLAIRAGISTE n. m. et f.
Spécialiste des techniques d'éclairage.

ÉCLAIRANT, ANTE adj.
Qui éclaire. *Une démonstration éclairante.*

ÉCLAIRCIE n. f.
1. Période ensoleillée après un ciel nuageux. *Le ciel est gris, mais on nous annonce des éclaircies pour cet après-midi.* SYN. embellie.
2. (FIG.) Amélioration momentanée, dans une situation difficile.

ÉCLAIRCIR v. tr., pronom.
VERBE TRANSITIF
1. Rendre plus clair, moins dense. *Les bûcherons ont éclairci la forêt.*
2. (FIG.) Clarifier. *Les détectives doivent éclaircir cette affaire.* SYN. débrouiller ; démêler ; élucider.
VERBE PRONOMINAL
1. Devenir moins épais. *Ses cheveux se sont éclaircis.*
2. Se dégager. *Le ciel s'est éclairci.*
3. (FIG.) Devenir plus clair. *Une énigme qui s'est éclaircie.*
À la forme pronominale, le participe passé de ce verbe s'accorde toujours en genre et en nombre avec son sujet. *Les mystères se sont finalement éclaircis.*
CONJUGAISON : VOIR MODÈLE FINIR.

ÉCLAIRCISSEMENT n. m.
1. Action de rendre plus clair.
2. (AU PLUR.) Clarification, explication. *Vous me devez quelques éclaircissements : que s'est-il passé ?* SYN. justification.

ÉCLAIRÉ, ÉE adj.
Averti. *Un spectacle difficile destiné à un public éclairé.*

ÉCLAIRER v. tr., intr., pronom.
VERBE TRANSITIF
1. Répandre de la lumière sur. *Éclairer un tableau.* SYN. illuminer.
2. (FIG.) Rendre compréhensible, clarifier une question. *Éclairer un problème.* SYN. éclaircir ; expliquer.
VERBE INTRANSITIF
Répandre de la lumière. *Cette lampe n'éclaire pas suffisamment.*
VERBE PRONOMINAL
1. Devenir clair. *La maison s'éclaire au lever du jour.*
2. (FIG.) Devenir compréhensible. *L'énigme est résolue : tout s'éclaire.* SYN. se clarifier ; s'expliquer.
À la forme pronominale, le participe passé de ce verbe s'accorde toujours en genre et en nombre avec son sujet. *La pièce s'est éclairée quand elle a ouvert les volets.*
CONJUGAISON : VOIR MODÈLE AIMER.

ÉCLAT n. m.
1. Morceau d'une chose brisée. *Un éclat de verre.* SYN. fragment.
Ne pas confondre avec les noms suivants :
- ***fraction,*** part séparée d'un tout ;
- ***fragment,*** partie ;
- ***lambeau,*** partie déchirée d'un vêtement, d'un corps ;
- ***miette,*** petite parcelle.

2. Bruit soudain. *Des éclats de voix, des éclats de rire. Rire aux éclats.*
3. Scintillement. *L'éclat du diamant.* SYN. brillant.
4. Magnificence. *L'éclat d'une cérémonie de couronnement.* SYN. faste ; grandeur.
LOCUTION
– ***Coup d'éclat.*** Action remarquable.
éclat.

ÉCLATANT, ANTE adj.
1. Qui a de l'éclat. *Un soleil éclatant.* SYN. brillant; éblouissant.
2. Remarquable. *Une réussite éclatante.* SYN. spectaculaire.

ÉCLATÉ, ÉE adj. et n. m.
ADJECTIF
Qui représente des éléments internes. *Vue éclatée.*
NOM MASCULIN
Représentation graphique des éléments internes d'un objet.

ÉCLATEMENT n. m.
Fait d'éclater. *L'éclatement d'un pneu, d'un matelas pneumatique.* SYN. explosion.

ÉCLATER v. intr., pronom.
VERBE INTRANSITIF
1. Faire explosion. *Le ballon a éclaté.* SYN. exploser; sauter.
2. Produire un bruit sec, violent. *Des coups de feu éclatèrent.* SYN. retentir.
3. Se produire brusquement. *Le conflit éclata. L'orage va éclater d'une minute à l'autre.* SYN. se déclarer.
4. Se diviser en plusieurs éléments. *Les responsabilités sont éclatées entre plusieurs services, sans réelle coordination.*
Le verbe se conjugue avec l'auxiliaire ***avoir*** pour exprimer l'action, avec l'auxiliaire ***être*** pour marquer l'état.
VERBE PRONOMINAL
(FAM.) Se défouler, se donner intensément à une activité en s'amusant beaucoup. *Pour fêter les vacances, ils se sont éclatés un peu.*
À la forme pronominale, le participe passé de ce verbe s'accorde toujours en genre et en nombre avec son sujet. *Les spectateurs se sont éclatés et ont bien ri.*
LOCUTIONS
– ***Éclater de rire.*** Se mettre à rire bruyamment.
– ***Éclater en sanglots.*** Se mettre à pleurer abondamment.
CONJUGAISON : VOIR MODÈLE AIMER.

ÉCLECTIQUE adj. et n. m. et f.
Qui choisit différents genres, qui ne se limite pas à un seul objet. *Des goûts éclectiques.*
éclectique.

ÉCLECTISME n. m.
Disposition d'esprit de la personne qui choisit différents genres, qui ne se limite pas à une seule école de pensée, à un seul objet.

ÉCLIPSE n. f.
Disparition apparente d'un astre. *Des éclipses de Soleil, une éclipse de Lune.*
T Les noms des astres s'écrivent avec des majuscules dans ces expressions.
Ne pas confondre avec les noms suivants :
• ***éclisse,*** éclat de bois;
• ***ellipse,*** suppression d'un ou de plusieurs mots, figure géométrique.

ÉCLIPSER v. tr., pronom.
VERBE TRANSITIF
1. Provoquer l'éclipse d'un astre. *Le Soleil a éclipsé la Lune.* SYN. voiler.
2. (FIG.) Faire de l'ombre en brillant, éblouir par sa supériorité. *Sa performance a éclipsé celles des autres athlètes.* SYN. surpasser.
VERBE PRONOMINAL
S'esquiver, partir discrètement. *Elles se sont éclipsées avant la fin de l'exposé.*
À la forme pronominale, le participe passé de ce verbe s'accorde toujours en genre et en nombre avec son sujet. *Nos invitées se sont éclipsées.*
CONJUGAISON : VOIR MODÈLE AIMER.

ÉCLISSE n. f.
Éclat de bois.
Attention au genre féminin de ce nom : ***une*** éclisse.
Ne pas confondre avec les noms suivants :
• ***éclipse,*** disparition apparente d'un astre;
• ***ellipse,*** suppression d'un ou de plusieurs mots, figure géométrique.

ÉCLOPÉ, ÉE adj. et n. m. et f.
Qui est estropié, légèrement blessé. *Le moniteur de ski ramena deux éclopés qui s'étaient fait une entorse.*

ÉCLORE v. intr.
1. S'ouvrir, en parlant de l'œuf. *Les œufs écloront bientôt et les poussins sortiront.*
2. S'ouvrir, en parlant des fleurs. *Ces roses viennent d'éclore, elles sont à peine écloses.* SYN. s'épanouir; fleurir.
Le verbe se conjugue avec l'auxiliaire ***avoir*** ou avec l'auxiliaire ***être,*** selon que l'on insiste sur l'action ou l'état. *La fleur a éclos ce matin. Les œufs sont éclos depuis quelques jours.*
3. (LITT.) (FIG.) Naître, paraître. *La paix venait d'éclore.*
CONJUGAISON : VOIR MODÈLE CLORE.
Se conjugue comme le verbe **clore**, sauf à la troisième personne du singulier du présent de l'indicatif où l'accent circonflexe est facultatif. *Il éclot* ou *il éclôt.* Ce verbe est d'un emploi rare, sauf au présent de l'indicatif, à l'infinitif et au participe passé, *éclos, éclose.*

ÉCLOSION n. f.
1. Fait d'éclore. *L'éclosion des fleurs, des œufs.* SYN. épanouissement.
2. (FIG.) Naissance, apparition. *L'éclosion du printemps.*

ÉCLUSE n. f.
Ouvrage hydraulique permettant aux embarcations de passer d'un plan d'eau à un autre de niveau différent. *La Voie maritime du Saint-Laurent comprend plusieurs écluses.*

ÉCO- préf.
Élément du grec signifiant « maison, habitat ».
Les mots composés du préfixe ***éco-*** s'écrivent en un seul mot, à l'exception de ceux dont le second élément commence par les voyelles ***i*** et ***u.*** *Écocitoyenneté, écologie. Éco-industrie.*

ÉCOBILAN n. m.
Évaluation de l'impact écologique de la fabrication, de l'utilisation et de l'élimination d'un produit. *Établir l'écobilan d'une voiture hybride.*

ÉCOCITOYEN, ENNE adj. et n. m. et f.
ADJECTIF
Qui relève de l'écocitoyenneté. *Un état d'esprit écocitoyen qui amènera l'enfant d'aujourd'hui à acquérir des réflexes de vie d'adulte allant dans le sens d'un plus grand respect de son environnement.*
NOM MASCULIN ET FÉMININ
Personne soucieuse de mettre en œuvre les principes de l'écocitoyenneté. *Des écocitoyens respectueux de l'environnement.*

ÉCOCITOYENNETÉ n. f.
Comportement individuel ou collectif responsable à l'égard de l'environnement. *Des écologistes assurent un enseignement ludique centré sur la nature afin de semer dans les jeunes têtes les germes de l'écocitoyenneté de demain.*

ÉCOEMBALLAGE n. m.
Conditionnement peu polluant d'un produit.

ÉCOÉNERGÉTIQUE adj.
Qui économise de l'énergie. *Le programme écoénergétique du gouvernement aidera les familles à rénover leur maison pour la rendre moins énergivore. Les ménages ont davantage fait des choix écologiques en optant, par exemple, pour les ampoules écoénergétiques.*

ÉCŒURANT, ANTE adj.
1. Dégoûtant, infect. *Une odeur écœurante de pourriture.* SYN. (FAM.) dégueulasse ; répugnant.
2. (FIG.) Révoltant. *Des vols écœurants.* SYN. dégoûtant.

ÉCŒUREMENT n. m.
1. Nausée. *Un excès de friandises peut provoquer de l'écœurement.* SYN. haut-le-cœur ; mal de cœur.
2. Dégoût. *Devant ces injustices répétées, il a ressenti de l'écœurement.* SYN. découragement ; lassitude ; répugnance.

ÉCŒURER v. tr., pronom.
VERBE TRANSITIF
1. Causer du dégoût à, soulever le cœur à. *Cette viande faisandée t'a écœuré et t'a fait vomir.*
2. (FIG.) Inspirer de la répugnance à, du mépris à. *Ce comportement dégradant nous a écœurés.* SYN. dégoûter.
3. ⚜ (FAM.) Taquiner, se montrer arrogant. *Avec sa motocyclette, ce garçon essaie de nous écœurer.*
VERBE PRONOMINAL
⚜ (FAM.) Se décourager, se fatiguer. *Ils se sont écœurés et ont abandonné l'escalade.* SYN. se lasser.
À la forme pronominale, le participe passé de ce verbe s'accorde toujours en genre et en nombre avec son sujet. *Elles se sont écœurées de ces tergiversations.*
☞ Au sens de ***taquiner*** et de ***se décourager***, ce verbe est d'un emploi très familier. Dans un style soigné, on emploiera plutôt ***taquiner***, ***railler*** et ***se décourager***.
CONJUGAISON : VOIR MODÈLE AIMER.

ÉCO-INDUSTRIE n. f.
Industrie de la protection de l'environnement, de la dépollution. *L'éco-industrie est en forte expansion.*
☞ Ce nom s'écrit avec un trait d'union afin d'éviter la rencontre des voyelles **o** et ***i***.

ÉCOLABEL n. m.
Marque apposée sur un produit attestant de sa conformité aux normes de protection de l'environnement (GDT).
SYN. label écologique ; label vert.
☞ Le mot **label** sert souvent à attester les propriétés authentifiées d'un produit et il se prononce à la française (GDT).

ÉCOLE n. f.
1. Établissement d'enseignement. *Une école primaire.*
Les mots composés avec le nom ***école*** s'écrivent avec un trait d'union et prennent la marque du pluriel aux deux éléments. *Des autos-écoles.*
[T] Les désignations d'établissements d'enseignement où le nom ***école*** est suivi d'un nom commun ou d'un adjectif s'écrivent avec une majuscule initiale. *École nationale d'administration publique.* Lorsque le nom ***école*** est suivi d'un nom propre, il s'écrit avec une minuscule. *L'école Saint-Germain.*
2. Ensemble des adeptes d'une doctrine. *Une école de pensée. L'école symboliste.*
LOCUTIONS
– ***Être à bonne école.*** Être entouré de personnes très compétentes.
– ***Être allé à rude école.*** Avoir appris à partir d'expériences pénibles.
– ***Faire école.*** Avoir des adeptes. *Ils ont fait école.*
☞ Dans cette locution, le nom demeure au singulier.
– ***Faire l'école buissonnière.*** Flâner au lieu d'aller en classe.

ÉCOLE DES HAUTES ÉTUDES COMMERCIALES
Sigle ***HEC*** (s'écrit sans points ni accent).
[T] Selon les règles de la typographie, seul le mot ***école*** s'écrit avec une majuscule initiale. *L'École des hautes études commerciales.*

ÉCOLE NATIONALE D'ADMINISTRATION
Sigle ***ÉNA*** (s'écrit avec ou sans points).

ÉCOLE NATIONALE D'ADMINISTRATION PUBLIQUE
Sigle ***ÉNAP*** (s'écrit avec ou sans points).

ÉCOLIER, IÈRE n. m. et f.
Jeune élève qui fait des études primaires. *Fanny et Laurence sont de petites écolières de quatrième année.*
☞ 1° Ne pas confondre avec les noms suivants :
– ***élève***, jeune ou adulte qui poursuit des études, à temps plein ou à temps partiel ;
– ***étudiant, étudiante***, élève d'un établissement universitaire.
2° Le nom ***élève*** est le mot générique qui désigne toute personne qui fréquente un établissement d'enseignement.
3° Traditionnellement, on réserve le terme ***étudiant*** à la personne qui fréquente une université.
LOCUTION
– ***Le chemin des écoliers.*** Le trajet le plus long, où l'on peut s'amuser et flâner.

ÉCOLO adj. et n. m. et f.
Abréviation familière de ***écologiste***. *Des écolos convaincus.*

ÉCOLOGIE n. f.
1. Étude des êtres vivants et de leurs relations avec le milieu où ils vivent.
2. Mouvement favorisant la sauvegarde de l'environnement naturel.

ÉCOLOGIQUE adj.
1. Relatif à l'écologie. *Des principes écologiques.*
2. Qui sauvegarde l'environnement. *Le recyclage est écologique, car il limite la pollution.*
LOCUTIONS
– ***Bâtiment écologique.*** Bâtiment construit en vue de réduire ses impacts négatifs sur l'environnement. *Le bâtiment écologique se caractérise notamment par ses matériaux écologiques ou recyclés, l'utilisation de capteurs solaires, le recyclage des eaux de pluie.* SYN. bâtiment vert.
– ***Empreinte écologique.*** Estimation de la superficie terrestre ou marine nécessaire pour répondre aux besoins liés à la consommation humaine (GDT). *On peut mesurer l'empreinte écologique d'une personne, d'une entreprise, d'une ville, d'un pays selon divers critères tels que la consommation d'énergie, la pollution, l'utilisation des ressources naturelles.* SYN. empreinte environnementale.
☞ L'unité de mesure utilisée est l'hectare global.

ÉCOLOGISME n. m.
Mouvement prônant la protection de la nature, un mode de vie qui respecte l'environnement.

ÉCOLOGISTE adj. et n. m. et f.
S'abrège familièrement en ***écolo***.
1. Spécialiste de l'écologie.
2. Partisan de l'écologisme. *Les écologistes ont à cœur la protection de l'environnement. Un mouvement écologiste.*

ÉCOMUSÉE n. m.
Musée ethnographique qui présente et met en valeur le patrimoine naturel et culturel d'une région. *« La petite fabrique est en fait un écomusée où les enfants apprivoisent plusieurs parfums naturels »* (*La Presse*).

ÉCONDUIRE v. tr.
1. (LITT.) Refuser une demande, des avances de. *Éconduire un amoureux.*
2. Mettre une personne à la porte plus ou moins poliment. *Elle a éconduit ces démarcheurs insistants.* SYN. chasser ; congédier ; renvoyer.
CONJUGAISON : VOIR MODÈLE CONDUIRE.

ÉCONOME adj.
Qui sait épargner, qui évite les dépenses inutiles.

ÉCONOMIE n. f.
1. Ensemble des faits relatifs à la production, à la consommation et à la répartition des richesses. *Notre économie montre des signes de faiblesse et le taux de chômage est à la hausse.*
2. Science économique. *Elle étudie l'économie à l'École des HEC.*
3. (AU PLUR.) Sommes d'argent mises de côté, épargne. *Étienne fait des économies pour son voyage de l'été prochain.*
4. (LITT.) Organisation des éléments d'un ensemble. *L'économie de son récit.* SYN. agencement; structure.
LOCUTIONS
– ***Économie d'énergie.*** Réduction de la consommation énergétique.
– ***Économies d'échelle.*** Réduction des coûts liée à la production sur une grande échelle.
Dans cette locution, le nom ***économie*** est toujours au pluriel.
– ***Faire l'économie de*** (quelque chose). S'en passer.

ÉCONOMIQUE adj. et n. m.
ADJECTIF
1. Relatif à l'économie. *Des études économiques.*
2. Peu coûteux. *Ce grand format est plus économique.* SYN. bon marché.
NOM MASCULIN
Ensemble de phénomènes économiques; le domaine économique. *L'économique et le politique vont de pair.*

ÉCONOMIQUEMENT adv.
De façon économique. *Rouler économiquement, sans dépenser beaucoup d'énergie.*

ÉCONOMISER v. tr.
1. Épargner; réduire ses dépenses. *Économiser* (et non *sauver) *de l'argent pour boucler son budget.*
2. (ABSOL.) Faire des économies, mettre de l'argent de côté. *Ils économisent pour s'acheter une petite maison à la campagne.* SYN. ménager; se serrer la ceinture.
3. Réduire sa consommation de (eau, énergie, etc.). *Économiser l'électricité.*
CONJUGAISON : VOIR MODÈLE AIMER.

ÉCONOMISEUR n. m.
Appareil permettant une économie de carburant. *Un économiseur d'énergie.*
LOCUTION
– ***Économiseur d'écran.*** (INFORM.) Utilitaire qui, après un certain délai d'inactivité, noircit l'écran et affiche des images animées (GDT). SYN. écran de veille.

ÉCONOMISTE n. m. et f.
Spécialiste de l'économie. *Les économistes tentent de prévoir l'évolution des taux d'intérêt, du chômage, de la production; ils se trompent parfois.*

ÉCOPE n. f.
(MAR.) Sorte de pelle étroite, creuse, et munie d'un manche, qui sert à vider l'eau entrée dans une embarcation.

ÉCOPEAU, EAUX n. m.
(VX) Copeau. « *une poignée d'écopeaux* » (GPFC). « *Le feu reprend/Mais où passer/Dans les débris/Tout fracassé/Dans les écopeaux/Bien tassés* » (Hector de Saint-Denys Garneau, *Œuvres*).

ÉCOPER v. tr.
VERBE TRANSITIF
Vider l'eau entrée dans un bateau.
VERBE TRANSITIF DIRECT OU INDIRECT
(FAM.) Recevoir. *Écoper une amende, d'une amende.*
Ce verbe se construit sans préposition ou avec la préposition ***de.***
CONJUGAISON : VOIR MODÈLE AIMER.

ÉCOPRODUIT n. m.
Produit conçu et fabriqué de manière à minimiser les nuisances à l'environnement durant son cycle de vie (production, consommation et élimination).

ÉCORCE n. f.
1. Enveloppe de l'arbre. *Des écorces de bouleau.*
2. Peau épaisse de certains fruits. *Des écorces d'orange et de citron.*
LOCUTION
– ***Entre l'arbre et l'écorce, il ne faut pas mettre le doigt.*** Il n'est pas conseillé de se mêler des querelles des autres.

ÉCORCER v. tr.
Dépouiller un arbre de son écorce.
Ne pas confondre avec le verbe ***écorcher,*** dépouiller de sa peau (un animal), égratigner.
CONJUGAISON : VOIR MODÈLE AVANCER.
Le **c** prend une cédille devant les lettres ***a*** et ***o.*** *Il écorça, nous écorçons.*

ÉCORCHER v. tr., pronom.
VERBE TRANSITIF
1. Dépouiller de sa peau (un animal).
2. Déchirer superficiellement la peau de. *Les pierres les ont écorchés.* SYN. égratigner; érafler.
VERBE PRONOMINAL
S'érafler. *Elles se sont écorchées en escaladant ce mur.* SYN. s'égratigner.
À la forme pronominale, le participe passé de ce verbe s'accorde en genre et en nombre avec le complément direct si celui-ci le précède. *Le genou qu'elle s'est écorché. La fillette s'est écorchée sur les rochers.* Le participe passé reste invariable si le complément direct suit le verbe. *Elle s'est écorché le mollet.*
LOCUTION
– ***Écorcher les oreilles.*** (FIG.) Être désagréable à entendre. *Cette musique* heavy metal *nous écorche les oreilles. Un langage vulgaire qui écorche les oreilles.*
CONJUGAISON : VOIR MODÈLE AIMER.

ÉCORCHURE n. f.
Égratignure. SYN. éraflure.

ÉCORECHARGE n. f.
Conditionnement peu polluant d'un produit destiné à être transvasé dans un contenant plus durable. *L'eau de cuisine est conditionnée dans des écorecharges de deux litres en plastique qui sont glissées dans des boîtes d'acier hermétiques. Les consommateurs interrogés préconisent la généralisation des écorecharges pour les produits ménagers.*

ÉCORNER v. tr.
1. Couper, casser une ou les cornes d'un animal.
2. Détériorer un objet en abîmant une partie saillante.
3. (FIG.) Entamer un bien. *Il a dû se résoudre à écorner son patrimoine.* SYN. réduire.
LOCUTION
– ***Il vente à écorner les bœufs.*** Il vente énormément. SYN. il vente à décorner les bœufs.
Au Québec et dans la francophonie canadienne, c'est la locution comportant le verbe ***écorner*** qui est la plus usuelle; pour la majorité des locuteurs du français, c'est l'expression avec le verbe ***décorner*** qui est aujourd'hui la plus courante.
CONJUGAISON : VOIR MODÈLE AIMER.

ÉCORNIFLER v. tr.
(FAM.) Regarder avec curiosité, chercher à entendre ce qui ne nous concerne pas. *Ils écornifient les voisins. Ils ne cessent d'écornifler.* « *Tu écornifiais toi ?* » (Félix Leclerc, *Le Fou de l'île*). SYN. épier; lorgner; (FAM.) reluquer.
En ce sens, le verbe s'emploie au Québec, dans la francophonie canadienne et dans certaines régions françaises (Anjou, Normandie).
CONJUGAISON : VOIR MODÈLE AIMER.

ÉCORNIFLEUR, EUSE n. m. et f.
⚜ (FAM.) Personne indiscrète, curieuse.

ÉCOSSAIS, AISE adj. et n. m. et f.
ADJECTIF ET NOM MASCULIN ET FÉMININ
De l'Écosse. *Une danse écossaise. Un Écossais, une Écossaise.*
[T] L'adjectif s'écrit avec une minuscule ; le nom, avec une majuscule.
NOM MASCULIN
1. Langue parlée en Écosse. *Elle apprend l'écossais.*
[T] Le nom de la langue s'écrit avec une minuscule.
2. Tissu à carreaux de diverses couleurs. *Elle porte une jupe en tissu écossais* ou *en écossais.*

ÉCOSSER v. tr.
Ôter la cosse des pois, des haricots, etc.
☞ Au sens de ***écosser,*** le verbe ***écaler*** est un archaïsme. *Elle écosse* (et non *écale) *des petits pois.*
CONJUGAISON : VOIR MODÈLE AIMER.

ÉCOSYSTÈME n. m.
(ÉCOL.) Ensemble organisé des êtres vivants (animaux, végétaux, bactéries) et des éléments inanimés d'un milieu naturel. *L'écosystème du lac Saint-Louis est menacé par la pollution.*

ÉCOT n. m.
Cotisation. *Payer son écot.*
HOM. ***écho,*** réflexion du son.
✎ écot.

ÉCOTAXE n. f.
Impôt à payer sur les sources de pollution et sur l'exploitation des ressources naturelles non renouvelables. *Les autorités brésiliennes ont institué une écotaxe, une sorte de péage écologique d'environ 12 euros par jour, pour chaque visiteur.*

ÉCOTOURISME n. m.
Ensemble des activités touristiques pratiquées en milieu naturel dans le respect de l'environnement. *Ce voyagiste propose un écotourisme à taille humaine en sensibilisant à la protection de la nature lors de séjours découverte : phoques en baie de Somme, loups au Canada...*

ÉCOTOXICITÉ n. f.
Caractère de ce qui est toxique pour l'environnement.

ÉCOTOXIQUE adj.
Qui est toxique pour l'environnement. *Lessives écotoxiques.*

ÉCOULEMENT n. m.
1. Fait de couler, de se répandre, en parlant d'un liquide. *L'écoulement de l'eau de pluie par les gouttières.* SYN. déversement.
2. Vente de marchandises jusqu'à l'épuisement des stocks. *L'écoulement des produits de la ferme se fait bien.*
FORME FAUTIVE
*écoulement. Impropriété au sens de ***solde, liquidation*** (d'une marchandise).

ÉCOULER v. tr., pronom.
VERBE TRANSITIF
1. Vendre des marchandises jusqu'à l'épuisement des stocks. *Écouler des produits à bon marché.* SYN. débiter.
2. Mettre en circulation. *Écouler de faux billets.*
VERBE PRONOMINAL
1. Couler hors de quelque endroit. *L'eau s'écoule dans la rigole.* SYN. se déverser ; se répandre.
2. Se vendre. *Ces dictionnaires s'écoulent bien.*
3. Passer, disparaître, en parlant du temps. *Les heures s'écoulent. Dix ans se sont écoulés depuis son départ.* SYN. fuir.
📏 À la forme pronominale, le participe passé de ce verbe s'accorde toujours en genre et en nombre avec son sujet. *Ces nouveaux produits se sont bien écoulés au Québec.*
CONJUGAISON : VOIR MODÈLE AIMER.

ÉCOURTER v. tr.
1. Réduire la durée de. *Écourter un voyage.* SYN. abréger ; raccourcir.
2. Résumer. *Ce chapitre doit être écourté.* SYN. condenser ; synthétiser.
CONJUGAISON : VOIR MODÈLE AIMER.

ÉCOUTANT, ANTE n. m. et f.
Bénévole qui est à l'écoute (au téléphone, sur Internet, etc.) de personnes en détresse et qui prodigue conseils et encouragements. *Les écoutants de cet organisme reçoivent des dizaines d'appels par jour.*

ÉCOUTE n. f.
Action d'écouter une émission radiophonique, une communication téléphonique, etc.
LOCUTIONS
– ***Être à l'écoute de.*** Être attentif à ce qui se dit, se passe, être près de. *Cet enseignant est à l'écoute de ses élèves.*
– ***Heure de grande écoute.*** Moment de la journée où les auditeurs et les téléspectateurs sont en grand nombre. *Cette émission est diffusée à une heure de grande écoute* (et non en *prime time).
– ***Table d'écoute*** ou ***d'écoutes.*** Appareil destiné à intercepter les communications.

ÉCOUTER v. tr., pronom.
VERBE TRANSITIF
1. Prêter l'oreille avec attention à. *Clara écoute la maîtresse, qui explique une règle de grammaire.*
2. Obéir à quelqu'un, suivre ses conseils. *Elle écoute son frère, qui lui dit de ne pas laisser son vélo non cadenassé.*
☞ Ne pas confondre avec le verbe ***entendre,*** percevoir par l'appareil auditif.
VERBE PRONOMINAL
Prendre un soin exagéré de soi-même. *Il ne faut pas trop s'écouter.*
📏 À la forme pronominale, le participe passé de ce verbe s'accorde toujours en genre et en nombre avec son sujet. *Ils se sont écoutés et ont manqué de courage.*
CONJUGAISON : VOIR MODÈLE AIMER.

ÉCOUTEUR n. m.
Récepteur que l'on place à proximité des oreilles pour écouter la radio, un enregistrement sonore. *Les écouteurs d'un lecteur de disques compacts.*

ÉCOUTILLE n. f.
Ouverture pratiquée dans le pont d'un navire.

ÉCRABOUILLAGE n. m.
(FAM.) Action d'écrabouiller ; son résultat. *L'écrabouillage d'un moustique.*

ÉCRABOUILLER v. tr.
(FAM.) Écraser, réduire en bouillie. *Tu as trop secoué les bleuets, ils sont tous écrabouillés.*
CONJUGAISON : VOIR MODÈLE AIMER.
Les lettres ***ill*** sont suivies d'un ***i*** à la première et à la deuxième personne du pluriel de l'indicatif imparfait et du subjonctif présent. *(Que) nous écrabouillions, (que) vous écrabouilliez.*

ÉCRAN n. m.
1. Objet qui empêche de voir, d'entendre, qui protège. *On a érigé des écrans antibruit le long de l'autoroute.*
2. Surface blanche sur laquelle on projette des images. *Un écran de cinéma.*
LOCUTIONS
– ***Écran (de visualisation).*** Dispositif d'affichage électronique de données et d'images. *L'écran pleine page d'un ordinateur. « L'écran des arrivées et des départs défile à folle allure »* (Pierre Nepveu, *Lignes aériennes*).
– ***Écran solaire.*** Crème qui protège la peau contre les rayons du soleil.

– ***Faire écran.*** Empêcher de voir, d'entendre, de comprendre. *Les grands arbres devant la maison font écran à la rumeur de la rue et à la curiosité des passants.* SYN. dissimuler.
– ***L'écran, le grand écran.*** Le cinéma. *Une vedette de l'écran.*
– ***Le petit écran.*** La télévision. *Ce sont des amateurs du petit écran.*
⇨ **écran.**

ÉCRASANT, ANTE adj.
1. Qui écrase physiquement ou moralement. *Une chaleur écrasante. Un travail écrasant.* SYN. lourd; pénible.
2. Qui défait totalement le ou les adversaires, qui entraîne leur écrasement. *Une victoire écrasante, une majorité écrasante.* SYN. total.

ÉCRASEMENT n. m.
1. Action d'écraser, de s'écraser. *L'écrasement* (et non le *crash) *d'un avion.*
2. (FIG.) Destruction, anéantissement. *L'écrasement d'une mutinerie.*

ÉCRASER v. tr., intr., pronom.
VERBE TRANSITIF
1. Broyer, briser par une compression. *Regarde où tu marches, tu écrases mes fleurs!* SYN. aplatir; (FAM.) écrabouiller.
2. Blesser gravement ou tuer une personne, un animal par un choc violent, sous le poids d'un véhicule, de quelque chose de très lourd. *Pour ne pas te faire écraser, attends le feu vert avant de traverser.*
3. (FIG.) Vaincre complètement, battre à plate couture. *L'équipe des Castors a écrasé celle des Ratons laveurs 9 à 2.* SYN. anéantir; défaire.
4. (INFORM.) (FIG.) Détruire un fichier de données en y superposant un autre fichier. *Ah non! tu as écrasé mon texte!*
VERBE INTRANSITIF
(FAM.) Ne pas insister. *Écrase!* SYN. se taire.
VERBE PRONOMINAL
1. Être aplati par une pression, un choc. *Le toit de l'immeuble s'est écrasé sous le poids de la neige. Elle s'est écrasé le doigt.*
2. Tomber, s'affaisser. *L'avion s'est écrasé dans un champ.* SYN. s'abattre.
3. (FAM.) Laisser tomber. *Ils ne sont pas assez déterminés : un refus, un échec et ils s'écrasent.* SYN. capituler; renoncer.
📏 À la forme pronominale, le participe passé de ce verbe s'accorde en genre et en nombre avec le complément direct si celui-ci le précède. *La main qu'il s'est écrasée lui faisait mal.* Le participe passé reste invariable si le complément direct suit le verbe. *Elle s'est écrasé le gros orteil.* En l'absence d'un complément direct, le verbe s'accorde en genre et en nombre avec le sujet. *La voiture s'est écrasée sur le mur.*
CONJUGAISON : VOIR MODÈLE AIMER.

ÉCRÉMAGE n. m.
Action d'écrémer.

ÉCRÉMER v. tr.
1. Retirer la crème du lait. *Tous les matins, elle mange des céréales avec du lait écrémé.*
📌 Contrairement au mot ***crème***, le verbe et ses dérivés s'écrivent avec un accent aigu.
2. (FIG.) Retirer les meilleurs éléments d'un ensemble. *Les écoles internationales écrèment les élèves : elles n'admettent que les plus forts.*
CONJUGAISON : VOIR MODÈLE POSSÉDER.
Le deuxième ***é*** se change en ***è*** devant une syllabe contenant un ***e*** muet, sauf à l'indicatif futur et au conditionnel présent. *J'écrème,* mais *j'écrémerai.*
[Les *Rectifications* (1990) admettent : il écrèmera, écrèmerait...]

ÉCREVISSE n. f.
Crustacé d'eau douce muni de pinces et comestible. *Aïe, mes orteils craignent les écrevisses du bord de l'eau!*
LOCUTION
– ***Rouge comme une écrevisse.*** De teinte écarlate en raison d'un coup de soleil, de la chaleur.
📌 Comme le homard, l'écrevisse devient rouge après la cuisson.

ÉCRIER (S') v. pronom.
Dire en criant. *« Nous avons gagné! » se sont-ils écriés.*
📏 Le participe passé de ce verbe, qui n'existe qu'à la forme pronominale, s'accorde toujours en genre et en nombre avec son sujet. *Dieu merci, s'est-elle écriée, en voyant son amie venir à sa rencontre.*
CONJUGAISON : VOIR MODÈLE ÉTUDIER.
Redoublement du ***i*** à la première et à la deuxième personne du pluriel de l'indicatif imparfait et du subjonctif présent. *(Que) nous nous écriions, (que) vous vous écriiez.*

ÉCRIN n. m.
Coffret à bijoux. *Un écrin de velours.* SYN. boîtier.

ÉCRIRE v. tr., intr., pronom.
VERBE TRANSITIF
1. Tracer les caractères d'un système d'écriture. *Écrire un message sur un bout de papier. Une signature écrite au crayon, à l'encre. Un texte écrit en majuscules.*
2. Orthographier. *Comment écris-tu ce nom? Son nom s'écrit avec deux* l.
3. Composer. *Écrire un poème, un article sur un sujet politique.* SYN. rédiger.
4. Communiquer par écrit avec quelqu'un. *Il m'a écrit qu'il viendrait. Elles se sont écrit des lettres, des courriels.* SYN. correspondre.
VERBE INTRANSITIF
Exprimer sa pensée à l'aide de l'écriture. *Cet auteur écrit remarquablement; il sait écrire.*
VERBE PRONOMINAL
1. S'orthographier. *Le verbe* être *s'écrit avec un accent circonflexe.*
📏 À la forme pronominale, en ce sens, le participe passé de ce verbe s'accorde toujours en genre et en nombre avec son sujet. *Les verbes* rêver, rêvasser *se sont déjà écrits* resver, resvasser.
2. Correspondre avec quelqu'un, s'envoyer des lettres, des courriels. *Ces amis prennent plaisir à s'écrire.*
📏 À la forme pronominale, le participe passé de ce verbe s'accorde en genre et en nombre avec le complément direct si celui-ci le précède. *Les lettres que ces amis se sont écrites.* En l'absence d'un complément direct qui précède le verbe, le participe passé reste invariable. *Ils se sont constamment écrit. Elles se sont écrit de longues lettres.*
FORME FAUTIVE
*écrire un examen. Calque de «*to write an exam*» pour ***passer, subir un examen.***
CONJUGAISON : VOIR MODÈLE ÉCRIRE.

ÉCRIT, ITE adj. et n. m.
ADJECTIF
Exprimé par l'écriture. *Un texte bien écrit.* SYN. oral.
NOM MASCULIN
1. Document écrit. *Les paroles s'envolent, les écrits restent.* (Proverbe)
2. Production écrite. *Les écrits d'Anne Hébert sont intéressants.*
LOCUTION
– ***Par écrit,*** loc. adv. Par un document écrit. *Une promesse par écrit.* ANT. oralement.

ÉCRITEAU n. m. (pl. *écriteaux*)
Panneau portant une inscription destinée au public. *Des écriteaux indiquent que la maison est à louer.* SYN. pancarte.

ÉCRITOIRE n. f.
Nécessaire pour l'écriture. *Une jolie écritoire ancienne.*
📌 Attention au genre féminin de ce nom : ***une*** écritoire.

CONJUGAISON DU VERBE **ÉCRIRE**

INDICATIF

PRÉSENT		PASSÉ COMPOSÉ		
j'	écris	j'	ai	écrit
tu	écris	tu	as	écrit
elle	écrit	elle	a	écrit
il	écrit	il	a	écrit
nous	écrivons	nous	avons	écrit
vous	écrivez	vous	avez	écrit
elles	écrivent	elles	ont	écrit
ils	écrivent	ils	ont	écrit

IMPARFAIT		PLUS-QUE-PARFAIT		
j'	écrivais	j'	avais	écrit
tu	écrivais	tu	avais	écrit
elle	écrivait	elle	avait	écrit
il	écrivait	il	avait	écrit
nous	écrivions	nous	avions	écrit
vous	écriviez	vous	aviez	écrit
elles	écrivaient	elles	avaient	écrit
ils	écrivaient	ils	avaient	écrit

PASSÉ SIMPLE		PASSÉ ANTÉRIEUR		
j'	écrivis	j'	eus	écrit
tu	écrivis	tu	eus	écrit
elle	écrivit	elle	eut	écrit
il	écrivit	il	eut	écrit
nous	écrivîmes	nous	eûmes	écrit
vous	écrivîtes	vous	eûtes	écrit
elles	écrivirent	elles	eurent	écrit
ils	écrivirent	ils	eurent	écrit

FUTUR SIMPLE		FUTUR ANTÉRIEUR		
j'	écrirai	j'	aurai	écrit
tu	écriras	tu	auras	écrit
elle	écrira	elle	aura	écrit
il	écrira	il	aura	écrit
nous	écrirons	nous	aurons	écrit
vous	écrirez	vous	aurez	écrit
elles	écriront	elles	auront	écrit
ils	écriront	ils	auront	écrit

CONDITIONNEL PRÉSENT		CONDITIONNEL PASSÉ		
j'	écrirais	j'	aurais	écrit
tu	écrirais	tu	aurais	écrit
elle	écrirait	elle	aurait	écrit
il	écrirait	il	aurait	écrit
nous	écririons	nous	aurions	écrit
vous	écririez	vous	auriez	écrit
elles	écriraient	elles	auraient	écrit
ils	écriraient	ils	auraient	écrit

SUBJONCTIF

PRÉSENT			PASSÉ			
que	j'	écrive	que	j'	aie	écrit
que	tu	écrives	que	tu	aies	écrit
qu'	elle	écrive	qu'	elle	ait	écrit
qu'	il	écrive	qu'	il	ait	écrit
que	nous	écrivions	que	nous	ayons	écrit
que	vous	écriviez	que	vous	ayez	écrit
qu'	elles	écrivent	qu'	elles	aient	écrit
qu'	ils	écrivent	qu'	ils	aient	écrit

IMPARFAIT			PLUS-QUE-PARFAIT			
que	j'	écrivisse	que	j'	eusse	écrit
que	tu	écrivisses	que	tu	eusses	écrit
qu'	elle	écrivît	qu'	elle	eût	écrit
qu'	il	écrivît	qu'	il	eût	écrit
que	nous	écrivissions	que	nous	eussions	écrit
que	vous	écrivissiez	que	vous	eussiez	écrit
qu'	elles	écrivissent	qu'	elles	eussent	écrit
qu'	ils	écrivissent	qu'	ils	eussent	écrit

IMPÉRATIF

PRÉSENT	PASSÉ	
écris	aie	écrit
écrivons	ayons	écrit
écrivez	ayez	écrit

INFINITIF

PRÉSENT	PASSÉ
écrire	avoir écrit

PARTICIPE

PRÉSENT	PASSÉ
écrivant	écrit, ite ayant écrit

ÉCRITURE n. f.
1. Représentation de la parole et de la pensée au moyen de signes graphiques. *L'écriture du chinois se fait avec des idéogrammes. Notre écriture est alphabétique.*
2. Manière d'écrire. *Elle a une écriture illisible.* SYN. calligraphie.
3. Style, art de s'exprimer. *Une écriture poétique.*
4. Acte d'écrire des textes, des œuvres. *Il aimerait bien se consacrer à l'écriture. « Et alors j'ose m'élancer dans ce travail sans fin, sans rivage, sans véritable but, au fond, qu'est l'écriture »* (Gabrielle Roy, *La Détresse et l'Enchantement*).
T Le nom s'écrit avec une majuscule lorsqu'il désigne les livres saints. *L'Écriture sainte, les Saintes Écritures.*

ÉCRIVAIN n. m.
ÉCRIVAINE n. f.
Personne qui écrit des ouvrages littéraires.

ÉCROU n. m. (pl. *écrous*)
Pièce filetée qui complète un boulon. *Des écrous bien fixés.*
Ne pas confondre avec les noms suivants :
• ***boulon***, dispositif de fixation composé d'une tige et d'un écrou ;
• ***vis***, tige filetée qui se fixe sans écrou.

ÉCROUER v. tr.
Emprisonner, mettre sous écrou. *Les malfaiteurs ont été écroués.*
CONJUGAISON : VOIR MODÈLE AIMER.

ÉCROULEMENT n. m.
1. Effondrement. *L'écroulement d'un mur.* SYN. affaissement.
2. (FIG.) Destruction totale. *L'écroulement d'un espoir longtemps caressé.* SYN. anéantissement ; ruine.

ÉCROULER (S') v. pronom.
1. S'effondrer, en parlant surtout d'une construction ou de ce qui croule soudainement de toute sa masse. *L'immeuble s'est écroulé.* SYN. s'affaisser ; s'écraser.
2. (FIG.) Être anéanti. *Ses chances de succès se sont écroulées.*
Le participe passé de ce verbe, qui n'existe qu'à la forme pronominale, s'accorde toujours en genre et en nombre avec son sujet. *La passerelle s'est écroulée.*
Ne pas confondre avec le verbe ***ébouler***, s'affaisser progressivement, tomber par morceaux, en parlant surtout d'un terrain.
CONJUGAISON : VOIR MODÈLE AIMER.

ÉCU n. m.
1. Bouclier des chevaliers du Moyen Âge.
2. Partie d'un blason en forme de bouclier.
3. (ANCIENN.) Monnaie d'or ou d'argent.

ÉCUEIL n. m.
1. Rocher, banc de sable présentant un danger pour la navigation.
Ne pas confondre avec le nom ***récif***, suite de rochers.
2. (FIG.) Obstacle dangereux. *Attention aux nombreux écueils de cet examen !* SYN. difficulté ; piège.
écueil.

ÉCUELLE n. f.
Assiette creuse, sans rebord.

ÉCULÉ, ÉE adj.
1. Usé, en parlant du talon d'une chaussure. *Des pantoufles éculées.*
2. (FIG.) Qui a perdu son intérêt pour avoir trop servi. *Une blague éculée.* SYN. défraîchi ; usé.

ÉCUMANT, ANTE adj.
(LITT.) Couvert d'écume, de bave. *Des naseaux écumants.*

ÉCUME n. f.
Mousse blanchâtre à la surface d'un liquide agité. *L'écume des vagues.*

ÉCUMER v. tr., intr.
VERBE TRANSITIF
1. Retirer l'écume de. *Elle écume les confitures.*
2. (FIG.) Piller. *Les pirates écumaient les mers.*
VERBE INTRANSITIF
Produire de l'écume. *La mer écume.*
LOCUTION
– ***Écumer de colère, de rage.*** (FIG.) Être furieux.
CONJUGAISON : VOIR MODÈLE AIMER.

ÉCUMOIRE n. f.
Grande cuillère percée de trous. *Cette écumoire te permettra de retirer les légumes du bouillon.*
Attention au genre féminin de ce nom : ***une*** écumoire.

ÉCUREUIL n. m.
Petit mammifère rongeur à la queue en panache.

ÉCURIE n. f.
1. Bâtiment destiné à loger des chevaux. *À l'approche de l'écurie, les chevaux se mirent à galoper.*
Ne pas confondre avec le nom ***étable***, bâtiment destiné à loger du bétail.
2. Ensemble des chevaux de course d'un même propriétaire.
3. (FIG.) Ensemble des coureurs automobiles courant pour une même marque. *Jacques Villeneuve a fait partie de l'écurie Williams-Renault.*

ÉCUSSON n. m.
Insigne portant un emblème. *L'écusson d'un collège.*
Attention au genre masculin de ce nom : ***un*** écusson.

ÉCUYER, ÈRE n. m. et f.
Personne qui monte à cheval. *Gilou est un bon écuyer.* SYN. cavalier.

ECZÉMA n. m.
Le ***c*** se prononce ***g***, [ɛgzema].
Maladie de la peau. *Cet adolescent souffre d'eczéma.*
[Les *Rectifications* (1990) admettent : exéma.]

ECZÉMATEUX, EUSE adj. et n. m. et f.
Le ***c*** se prononce ***g***, [ɛgzematø, øz].
Qui souffre d'eczéma. *Sébastien est eczémateux.*
[Les *Rectifications* (1990) admettent : exémateux, exémateuse.]

éd.
Abréviation de ***édition***.

EDELWEISS n. m.
Le ***e*** initial se prononce ***é*** et le ***w***, ***v***, [edɛlvajs].
Plante qui croît sur les hautes montagnes.
Attention au genre masculin de ce nom : ***un*** edelweiss.
[Les *Rectifications* (1990) admettent : édelweiss.]

ÉDEN n. m.
Le ***n*** se prononce, [edɛn] ; le nom rime avec ***fredaine***.
1. Paradis terrestre. *Adam et Ève ont été chassés de l'Éden.*
T En ce sens, le nom s'écrit avec une majuscule.
2. (FIG.) Endroit très agréable. *Ce jardin est un véritable éden.*
T En ce sens, le nom s'écrit avec une minuscule.

ÉDENTÉ, ÉE adj. et n. m. et f.
Qui a perdu ses dents. *Cette vieille personne est édentée : elle porte une prothèse dentaire.*

ÉDENTER v. tr.
Briser les dents de quelque chose. *Édenter un peigne.*
CONJUGAISON : VOIR MODÈLE AIMER.

ÉDI
Sigle de ***échange de données informatisées***.

ÉDICTER v. tr.
Prescrire par une loi, d'une manière absolue. SYN. promulguer.
Ne pas confondre avec les verbes suivants :
• ***enjoindre***, recommander avec insistance ;
• ***intimer***, signifier, déclarer avec autorité ;

E

• *notifier,* faire savoir dans les formes légales, de façon officielle.
CONJUGAISON : VOIR MODÈLE AIMER.

ÉDIFIANT, IANTE adj.
Qui porte à la vertu, qui édifie. *Des textes édifiants, une conduite édifiante.*

ÉDIFICATION n. f.
1. Action de bâtir, d'élaborer. *L'édification d'une cathédrale peut s'étendre sur plusieurs siècles. L'édification d'un empire financier.* SYN. construction.
2. Action d'inspirer des sentiments de pitié, de vertu par l'exemple. *Pour votre édification, sachez que...*

ÉDIFICE n. m.
Grand bâtiment ayant une valeur architecturale. *L'hôtel de ville de Montréal est un bel édifice.*
[T] Les noms d'édifices s'écrivent avec une majuscule lorsque le générique est suivi d'un adjectif ou lorsqu'ils comportent un trait d'union. *La Bibliothèque nationale. Le Palais-Royal.* Ils s'écrivent avec une minuscule lorsque le générique est suivi d'un nom propre ou d'un complément du nom. *La tour de la Bourse, le musée McCord.*
On préférera le mot ***édifice*** ou ***immeuble,*** selon le cas, au mot ***bâtisse,*** qui a parfois un sens défavorable.
FORME FAUTIVE
*édifice à bureaux. Impropriété pour ***immeuble de bureaux.***

ÉDIFIER v. tr., pronom.
VERBE TRANSITIF
1. Bâtir. *Cette église a été édifiée en 1712.* SYN. construire.
2. Constituer progressivement un ensemble. *Édifier un empire industriel.* SYN. établir.
3. Porter à la piété, à la vertu par l'exemple.
VERBE PRONOMINAL
Être édifié. *Cette cathédrale a mis plusieurs siècles à s'édifier.*
À la forme pronominale, le participe passé de ce verbe s'accorde toujours en genre et en nombre avec son sujet. *Ces théories scientifiques se sont édifiées progressivement.*
CONJUGAISON : VOIR MODÈLE ÉTUDIER.
Redoublement du ***i*** à la première et à la deuxième personne du pluriel de l'indicatif imparfait et du subjonctif présent. *(Que) nous édifiions, (que) vous édifiiez.*

ÉDILE n. m. et f.
NOM MASCULIN
(HIST.) Magistrat romain responsable des édifices, des jeux, de l'approvisionnement de la ville.
NOM MASCULIN ET FÉMININ
(ADM.) Conseiller municipal. *Plus de 10 000 citoyens fréquentent quotidiennement la Grande Bibliothèque et empruntent 20 000 documents chaque jour, un succès qui fait rêver les bibliothécaires et les édiles de partout. Une édile consciencieuse. Les édiles de la capitale.*

ÉDIMESTRE n. m. et f.
(INFORM.) Personne responsable de la gestion, de l'ajout et de la mise à jour de l'information contenue dans un site Web (GDT). SYN. infomestre.
VOIR – WEBMESTRE.

ÉDIT n. m.
(ANCIENN.) Acte législatif. *C'est en 1539, par l'édit de Villers-Cotterêts, que François Ier imposa le français au lieu du latin dans les actes officiels et les jugements des tribunaux.*
édit.

édit.
Abréviation de ***éditeur.***

ÉDITER v. tr.
Publier et mettre en vente un texte, une œuvre d'art. *Éditer des romans, des dictionnaires, un journal.*
FORME FAUTIVE
*éditer. Anglicisme au sens de ***réviser, préparer un texte pour l'impression.***
CONJUGAISON : VOIR MODÈLE AIMER.

ÉDITEUR n. m.
ÉDITRICE n. f.
Abréviation ***édit.*** (s'écrit avec un point).
Personne ou société qui assure la publication et la diffusion d'ouvrages, d'œuvres d'art, de journaux, de revues.
LOCUTION
– ***Société éditrice.*** Maison d'édition.

ÉDITION n. f.
Abréviation ***éd.*** (s'écrit avec un point).
1. Action de publier et de mettre en vente un texte, une œuvre d'art. *Faire l'édition du* Dictionnaire visuel. SYN. publication.
2. Œuvre éditée. *Une édition illustrée.* SYN. publication.
3. Ensemble des exemplaires d'un ouvrage publiés en une fois. *Troisième édition revue et corrigée. Dernière édition.*
4. Industrie et commerce du livre. *Ces personnes travaillent dans l'édition.*
LOCUTION
– ***Maison d'édition.*** Éditeur. *Une maison d'édition dynamique.*

ÉDITIQUE n. f.
(INFORM.) Méthode d'édition permettant de créer et de publier au moyen d'un micro-ordinateur, de progiciels, de logiciels spécialisés et d'une imprimante de qualité des documents comparables à ceux qui sont obtenus par photocomposition (Recomm. off.).

ÉDITORIAL, IALE, IAUX adj. et n. m.
ADJECTIF
De l'éditeur, de la maison d'édition. *La politique éditoriale de Québec Amérique. Des projets éditoriaux.*
NOM MASCULIN
Article de fond qui émane de la direction d'un journal. *Des éditoriaux intéressants.*

ÉDITORIALISTE n. m. et f.
Personne qui écrit l'éditorial d'un journal, d'une revue.

ÉDREDON n. m.
Couvre-pied de duvet. *L'enfant se cache sous l'édredon.* SYN. douillette.
Une ***couette*** est un édredon muni d'une housse amovible.

ÉDUCATEUR n. m.
ÉDUCATRICE n. f.
Pédagogue qui se charge de l'éducation des jeunes, des adultes. SYN. enseignant, enseignante.

ÉDUCATIF, IVE adj.
Qui a pour but de former, d'éduquer. *Des logiciels éducatifs.* SYN. pédagogique.

ÉDUCATION n. f.
1. Formation, développement des facultés morales, intellectuelles et physiques. *Le ministère de l'Éducation.* SYN. enseignement; pédagogie.
2. Politesse, savoir-vivre. *Il n'a pas d'éducation.*
LOCUTION
– ***Éducation permanente.*** Projet d'éducation qui a pour objet d'assurer, à toutes les époques de la vie, la formation et le développement de la personne, en lui permettant d'acquérir les connaissances, les habiletés ou les comportements et de développer l'ensemble des aptitudes intellectuelles, manuelles, etc., qui répondront à ses aspirations d'ordre éducatif, social et culturel (Recomm. off.).

ÉDULCORANT, ANTE adj. et n. m.
Se dit d'une substance qui édulcore. *Une substance édulcorante. Des édulcorants artificiels.*

ÉDULCORER v. tr.
1. Adoucir avec du sucre. *Édulcorer un sirop contre la toux.*
2. (FIG.) Affaiblir, adoucir. *Des éditoriaux édulcorés.*
CONJUGAISON : VOIR MODÈLE AIMER.

ÉDUQUER v. tr.
1. Développer les facultés morales, intellectuelles et physiques de quelqu'un. SYN. former.
2. Enseigner les bonnes manières à. SYN. élever.
CONJUGAISON : VOIR MODÈLE AIMER.

ÉEG
Sigle de ***électroencéphalogramme.***

EF-
VOIR – É-.

***EFFACE**
Impropriété pour ***gomme*** (à effacer).

EFFACÉ, ÉE adj.
Le ***e*** initial se prononce ***é*** (et non *è).
Modeste, discret. *C'est une personne très effacée, on ne l'entend jamais.* SYN. humble ; réservé.

EFFACEMENT n. m.
Le ***e*** initial se prononce ***é*** (et non *è).
Action d'effacer. *L'effacement d'inscriptions, de graffitis sur un monument.*

EFFACER v. tr., pronom.
Le ***e*** initial se prononce ***é*** (et non *è).
VERBE TRANSITIF
1. Faire disparaître ce qui était marqué ; gommer. *Cette erreur doit être effacée. Elle effaça un fichier de ma clé USB.* SYN. enlever ; supprimer.
2. Faire disparaître de la mémoire. *Le temps effacera ce souvenir douloureux.* SYN. abolir.
VERBE PRONOMINAL
1. S'estomper, disparaître. *Les caractères se sont effacés.*
2. Se mettre de côté, céder le pas. *Il s'effaça devant elle.*
À la forme pronominale, le participe passé de ce verbe s'accorde toujours en genre et en nombre avec son sujet. *Les mots tracés dans le sable se sont effacés.*
CONJUGAISON : VOIR MODÈLE AVANCER.
Le **c** prend une cédille devant les lettres ***a*** et **o**. *Il effaça, nous effaçons.*

EFFARANT, ANTE adj.
Le ***e*** initial se prononce ***é*** (et non *è).
Incroyable. *Des statistiques effarantes.* SYN. effrayant ; inouï ; stupéfiant.
effarant.

EFFARER v. tr.
Le ***e*** initial se prononce ***é*** (et non *è).
Troubler, effrayer. *L'armée défilait devant les passants effarés.* SYN. affoler ; épouvanter ; stupéfier.
CONJUGAISON : VOIR MODÈLE AIMER.
effarer.

EFFAROUCHEMENT n. m.
Action d'effaroucher ; son résultat.

EFFAROUCHER v. tr., pronom.
Le ***e*** initial se prononce ***é*** (et non *è).
VERBE TRANSITIF
Faire fuir en effrayant. *Le bruit a effarouché le faon.*
VERBE PRONOMINAL
1. Devenir effarouché. *Ce chiot s'effarouche au moindre bruit.*
2. Devenir inquiet, troublé. *Ces personnes timorées s'effarouchent facilement.*
À la forme pronominale, le participe passé de ce verbe s'accorde toujours en genre et en nombre avec son sujet. *Elles se sont effarouchées.*
CONJUGAISON : VOIR MODÈLE AIMER.
effaroucher.

EFFECTIF n. m.
Le ***e*** initial se prononce ***é*** (et non *è).
Nombre de personnes. *Notre effectif atteint 45 employés. La réduction des effectifs.*
Ce collectif devrait s'employer surtout au singulier ; cependant, son emploi au pluriel est de plus en plus courant.
LOCUTIONS
– ***Effectif enseignant.*** Nombre réel d'enseignants d'un établissement ou d'un organisme d'enseignement (Recomm. off.). SYN. personnel enseignant.
– ***Effectif étudiant.*** Nombre réel d'étudiants d'un établissement universitaire à une date donnée (Recomm. off.). *L'effectif étudiant* (et non la *clientèle étudiante) *des HEC.*
Selon le contexte, on dira ***effectif d'un programme*** ou ***effectif d'une faculté.***
– ***Effectif scolaire.*** Nombre réel d'élèves d'un établissement d'enseignement ou d'une classe, à une date donnée (Recomm. off.). *L'effectif scolaire* (et non la *clientèle scolaire) *de cette école est de 500 élèves.*

EFFECTIF, IVE adj.
Le ***e*** initial se prononce ***é*** (et non *è).
Qui existe réellement. *Un nombre effectif de 25 blessés.* SYN. réel ; véritable.
FORMES FAUTIVES
*date effective. Calque de «*effective date*» pour ***date d'entrée en vigueur.***
*effectif. Anglicisme au sens de ***à partir de, en vigueur.***

EFFECTIVEMENT adv.
Le ***e*** initial se prononce ***é*** (et non *è).
1. Réellement. *Cette missionnaire a effectivement aidé les plus démunis.* SYN. véritablement ; vraiment.
2. En effet. *On annonçait de la grêle et, effectivement, il a grêlé.* SYN. de fait.

EFFECTUER v. tr., pronom.
Le ***e*** initial se prononce ***é*** (et non *è).
VERBE TRANSITIF
1. Faire (une opération technique, complexe). *Effectuer l'installation d'un système de radio.* SYN. réaliser.
S'il s'agit d'une action simple, on préférera le verbe ***faire.***
2. Accomplir, exécuter. *Effectuer une démarche.*
VERBE PRONOMINAL
Être mis à exécution, être accompli. *L'inscription s'est effectuée en deux temps.*
À la forme pronominale, le participe passé de ce verbe s'accorde toujours en genre et en nombre avec son sujet. *Les travaux se sont effectués selon le budget défini.*
CONJUGAISON : VOIR MODÈLE AIMER.

EFFÉMINÉ, ÉE adj.
(PÉJ.) Qui manque de virilité.

EFFERVESCENCE n. f.
Le ***e*** initial se prononce ***é*** (et non *è).
1. Bouillonnement d'un liquide produit par un dégagement de bulles gazeuses.
2. (FIG.) Agitation passagère. *La maison est en effervescence, la fête va commencer.* SYN. émoi ; fièvre.
effervescence.

EFFERVESCENT, ENTE adj.
Le ***e*** initial se prononce ***é*** (et non *è).
Qui est en effervescence. *Des comprimés effervescents. Une classe effervescente.*
effervescent.

EFFET n. m.
Le ***e*** initial se prononce ***é*** (et non *è).
1. Conséquence, résultat d'une action. *Cette tempête a eu des effets désastreux.* SYN. répercussion ; suite.

E

2. Impression. *Alexandre m'a fait un effet extraordinaire : il est merveilleux !*
LOCUTIONS
– ***À cet effet,*** loc. adv. Dans cette intention, en vue de cela. *Elle se désaltéra à la fontaine placée dans le parc à cet effet.*
– ***À l'effet de,*** loc. prép. (DR.) Afin de, dans le but de. *À l'effet de faire cession d'un bien.*
On réservera cette locution à la langue juridique.
– ***Effet de serre.*** Processus naturel de réchauffement du climat causé par les gaz à effet de serre contenus dans l'atmosphère, principalement la vapeur d'eau, le dioxyde de carbone (CO_2) et le méthane (CH_4). *Des effets de serre. Une étude réalisée par des climatologues montre que le changement climatique (provoqué par les gaz à effet de serre des activités humaines) entraîne une hausse des précipitations – pluie et neige – entre 40 et 70° de latitude nord, soit en Russie, au Canada et en Europe.*
– ***En effet,*** loc. adv. Effectivement. SYN. de fait.
L'expression *car en effet est un pléonasme.
– ***Prendre effet.*** (DR.) Entrer en vigueur. *Cette loi prendra effet le 1er janvier 1993.*
– ***Sous l'effet de.*** Sous l'influence de. *Il était sous l'effet de l'alcool.*
FORMES FAUTIVES
*à l'effet que. Calque de «*to the effect that*» pour ***selon lequel, selon laquelle*** ou ***en vue de, afin de.*** *Un avis selon lequel* (et non *à l'effet que) *cette activité est admissible.*
*effets scolaires. Impropriété pour ***fournitures scolaires.***

EFFEUILLAGE n. m.
Le ***e*** initial se prononce ***é*** (et non *è).
1. Action d'effeuiller les plantes, les arbres.
2. (FIG.) Équivalent proposé en remplacement du mot anglais «*strip-tease*».

EFFEUILLER v. tr., pronom.
Le ***e*** initial se prononce ***é*** (et non *è).
VERBE TRANSITIF
1. Ôter les feuilles de. *Le vent a effeuillé les arbres du jardin. Effeuiller un artichaut.*
2. Dépouiller de ses pétales. *Effeuiller la marguerite.*
VERBE PRONOMINAL
Perdre ses feuilles, ses pétales. *À l'automne, les arbres s'effeuillent. « Il arrive, l'automne,/que la lumière s'effeuillant/de partout à la fois »* (Pierre Nepveu, *Lignes aériennes*).
À la forme pronominale, le participe passé de ce verbe s'accorde toujours en genre et en nombre avec son sujet. *Les érables flamboyants se sont effeuillés.*
CONJUGAISON : VOIR MODÈLE AIMER.
Les lettres ***ill*** sont suivies d'un ***i*** à la première et à la deuxième personne du pluriel de l'indicatif imparfait et du subjonctif présent. *(Que) nous effeuillions, (que) vous effeuilliez.*

EFFICACE adj.
Le ***e*** initial se prononce ***é*** (et non *è).
1. Qui produit l'effet attendu. *Ce médicament est efficace, il vous soulagera rapidement.* SYN. actif.
2. Se dit d'une personne qui agit vite et bien. *Un personnel efficace et courtois.*

EFFICACEMENT adv.
Le ***e*** initial se prononce ***é*** (et non *è).
De façon efficace. *Les jeunes ont travaillé efficacement : le petit bois a été nettoyé de façon remarquable.*

EFFICACITÉ n. f.
Le ***e*** initial se prononce ***é*** (et non *è).
1. Qualité d'une personne, d'une chose efficace. *L'efficacité de ce produit est remarquable.* SYN. action.
Ne pas confondre avec le nom ***efficience,*** rapport entre ce qui est réalisé et les moyens mis en œuvre.
2. Degré de réalisation des objectifs d'un programme.

EFFICIENCE n. f.
Le ***e*** initial se prononce ***é*** (et non *è).
Rapport entre ce qui est réalisé et les moyens mis en œuvre. SYN. rendement.
Ne pas confondre avec le nom ***efficacité,*** degré de réalisation des objectifs d'un programme.

EFFICIENT, IENTE adj.
Le ***e*** initial se prononce ***é*** (et non *è).
Qui donne un bon rendement, qui donne de bons résultats. *Des procédés efficients.*

EFFIGIE n. f.
Le ***e*** initial se prononce ***é*** (et non *è).
Représentation d'une personne. *Une pièce d'or à l'effigie d'un roi.*
effigie.

EFFILÉ, ÉE adj.
Long et mince. *Une taille effilée.*

EFFILER v. tr., pronom.
Le ***e*** initial se prononce ***é*** (et non *è).
VERBE TRANSITIF
1. Défaire fil à fil. *Effiler une étoffe de laine.*
2. Rendre effilé.
VERBE PRONOMINAL
S'en aller fil à fil à l'usure. *Une étoffe qui s'effile.*
À la forme pronominale, le participe passé de ce verbe s'accorde toujours en genre et en nombre avec son sujet. *Ces lainages usés se sont effilés.*
Ne pas confondre avec le verbe ***affiler,*** aiguiser en parlant d'un instrument tranchant.
CONJUGAISON : VOIR MODÈLE AIMER.

EFFILOCHAGE n. m.
Action d'effilocher.

EFFILOCHER v. tr., pronom.
Le ***e*** initial se prononce ***é*** (et non *è).
VERBE TRANSITIF
Défaire fil à fil une étoffe. *Elle effiloche ce châle.*
VERBE PRONOMINAL
Se défaire fil à fil par suite de l'usure. *Les poignets de ce chandail se sont effilochés.*
À la forme pronominale, le participe passé de ce verbe s'accorde toujours en genre et en nombre avec son sujet. *Cette étoffe s'est effilochée.*
CONJUGAISON : VOIR MODÈLE AIMER.

EFFLANQUÉ, ÉE adj.
Le ***e*** initial se prononce ***é*** (et non *è).
Extrêmement maigre, dont les flancs sont creux. *Un cheval efflanqué.*

EFFLEURAGE n. m.
Le ***e*** initial se prononce ***é*** (et non *è).
Action d'enlever une couche très mince de l'épiderme, de la peau.

EFFLEUREMENT n. m.
Le ***e*** initial se prononce ***é*** (et non *è).
Frôlement, toucher très léger. *Un massage par effleurement.*

EFFLEURER v. tr.
Le ***e*** initial se prononce ***é*** (et non *è).
1. Toucher à peine. *Son baiser a effleuré ses lèvres.* SYN. frôler.
2. (FIG.) Aborder superficiellement une question. *Vous n'avez qu'effleuré le problème.*
Ne pas confondre avec le verbe ***affleurer,*** être au niveau de la surface.
CONJUGAISON : VOIR MODÈLE AIMER.

EFFLUVE n. m.
Le ***e*** initial se prononce ***é*** (et non *è).
Parfum. *Des effluves enivrants.*
Attention au genre masculin de ce nom : ***un*** effluve.

EFFONDREMENT n. m.
Le *e* initial se prononce *é* (et non *è).
1. Écroulement. *L'effondrement d'un pont.* SYN. affaissement.
2. (FIG.) Destruction totale. *L'effondrement du communisme.*

EFFONDRER (S') v. pronom.
Le *e* initial se prononce *é* (et non *è).
1. S'écrouler. *L'immeuble s'est effondré lors du tremblement de terre.* SYN. s'affaisser.
2. (FIG.) Défaillir sous le coup d'une émotion. *En apprenant la nouvelle, il s'est effondré.* SYN. s'évanouir.
3. (FIG.) Subir une baisse brutale. *Les prix se sont effondrés : ils sont très bas.* SYN. chuter.
Le participe passé de ce verbe, qui n'existe qu'à la forme pronominale, s'accorde toujours en genre et en nombre avec son sujet. *Les cours boursiers se sont effondrés.*
CONJUGAISON : VOIR MODÈLE AIMER.

EFFORCER (S') v. pronom.
Le *e* initial se prononce *é* (et non *è).
S'appliquer à, tenter de. *Ils s'efforcent d'atteindre l'objectif.* SYN. essayer; tâcher.
Le verbe se construit généralement avec la préposition ***de*** suivie d'un infinitif. Il peut aussi se construire avec la préposition ***à*** suivie d'un nom dans un registre recherché. *Elles s'efforcent à la politesse.*
Le participe passé de ce verbe, qui n'existe qu'à la forme pronominale, s'accorde toujours en genre et en nombre avec son sujet. *Elles se sont efforcées de venir.*
CONJUGAISON : VOIR MODÈLE AVANCER.

EFFORT n. m.
Le *e* initial se prononce *é* (et non *è).
Concentration des forces physiques, intellectuelles, en vue d'atteindre un but. *Cet athlète a fourni un effort remarquable. Fais un petit effort, tu y arriveras.*
LOCUTION
– ***Sans effort,*** loc. adv. Facilement. *Ils ont réussi sans effort.*
effort.

EFFRACTIF, IVE adj.
(MÉD.) Se dit d'un acte médical qui comporte un passage à travers le revêtement cutané ou muqueux. *Un examen non effractif* (et non *non invasif). SYN. atraumatique.

EFFRACTION n. f.
Le *e* initial se prononce *é* (et non *è).
Bris d'une serrure, d'une fenêtre, etc. *Un vol avec effraction.*
Ne pas confondre avec ***infraction,*** violation d'une loi, d'un règlement.
LOCUTION
– ***Effraction minimale.*** (MÉD.) Incision réduite au minimum d'un tissu cutané ou muqueux qui permet le passage d'instruments chirurgicaux ou l'administration de médicaments. *Ce colloque vise à promouvoir la cryothérapie à effraction minimale pour le traitement des maladies urologiques.*

EFFRAIE n. f.
Le *e* initial se prononce *é* (et non *è).
Rapace nocturne.
Ne pas confondre avec le nom ***orfraie,*** rapace diurne.
effraie.

EFFRANGER v. tr., pronom.
Le *e* initial se prononce *é* (et non *è).
VERBE TRANSITIF
Effiler une étoffe en produisant des franges.
VERBE PRONOMINAL
S'effilocher. *Ce châle s'est effrangé.*
À la forme pronominale, le participe passé de ce verbe s'accorde toujours en genre et en nombre avec son sujet. *Ces lainages se sont effrangés.*
CONJUGAISON : VOIR MODÈLE CHANGER.
Le ***g*** est suivi d'un ***e*** devant les lettres ***a*** ou ***o***. *Il effrangea, nous effrangeons.*

EFFRAYANT, ANTE adj.
Le *e* initial se prononce *é* (et non *è).
1. Terrifiant. *Des histoires effrayantes.* SYN. affreux; angoissant; effroyable.
2. (FAM.) Excessif, extrême. *Un froid effrayant.* SYN. épouvantable.

E

EFFRAYER v. tr., pronom.
Le *e* initial se prononce *é* (et non *è).
VERBE TRANSITIF
1. Causer de la frayeur. *Cette histoire les a effrayés à un point tel qu'ils n'ont pu dormir.* SYN. angoisser; apeurer; épouvanter; terrifier; terroriser.
2. (FIG.) Décourager. *L'ampleur de la tâche les effraie.*
VERBE PRONOMINAL
Éprouver de la frayeur. *Ils se sont effrayés de ces bruits.* SYN. avoir peur; s'inquiéter.
À la forme pronominale, le participe passé de ce verbe s'accorde toujours en genre et en nombre avec son sujet. *Elle s'est effrayée de voir ces intrus dans son jardin.*
CONJUGAISON : VOIR MODÈLE PAYER.
Le ***y*** peut être changé en ***i*** devant un ***e*** muet. *J'effraye* ou *j'effraie, j'effrayerai* ou *j'effraierai.* Les formes en ***i*** sont les plus utilisées.
Le ***y*** est suivi d'un ***i*** à la première et à la deuxième personne du pluriel de l'indicatif imparfait et du subjonctif présent. *(Que) nous effrayions, (que) vous effrayiez.*

EFFRÉNÉ, ÉE adj.
Le *e* initial se prononce *é* (et non *è).
Déchaîné, démesuré. *Une course effrénée.*

EFFRITEMENT n. m.
Le *e* initial se prononce *é* (et non *è).
1. Action d'effriter; fait de s'effriter. *L'effritement d'une paroi rocheuse.*
2. (FIG.) Affaiblissement. *L'effritement progressif d'une majorité.*

EFFRITER v. tr., pronom.
Le *e* initial se prononce *é* (et non *è).
VERBE TRANSITIF
Réduire peu à peu en fragments, en poussière. *La mer effrite le quai.*
VERBE PRONOMINAL
1. Se désagréger, perdre peu à peu ses éléments. *Les vieux murs se sont effrités dangereusement.*
2. (FIG.) Se réduire progressivement. *Les profits de l'entreprise commencent à s'effriter.*
À la forme pronominale, le participe passé de ce verbe s'accorde toujours en genre et en nombre avec son sujet. *La paroi s'est effritée.*
CONJUGAISON : VOIR MODÈLE AIMER.

EFFROI n. m.
Le *e* initial se prononce *é* (et non *è).
(LITT.) Terreur, grande peur. *Les campeurs ont aperçu avec effroi un ours à quelques pas de leur tente.* SYN. angoisse; horreur.

EFFRONTÉ, ÉE adj. et n. m. et f.
Le *e* initial se prononce *é* (et non *è).
Insolent, qui n'a honte de rien. *Quel ton effronté! Sois un peu plus poli, je te prie! Tu as du front tout le tour de la tête, espèce d'effronté!* ANT. poli; respectueux.

EFFRONTÉMENT adv.
Le *e* initial se prononce *é* (et non *è).
D'une manière effrontée. *Répondre effrontément.* SYN. impoliment; insolemment.

EFFRONTERIE n. f.
Le *e* initial se prononce *é* (et non *è).
Insolence, impolitesse. *Il lui répondit avec effronterie.* SYN. sans-gêne.

E

EFFROYABLE adj.
Le *e* initial se prononce *é* (et non *è).
1. Qui cause une grande frayeur, une grande angoisse. *Un drame effroyable.*
2. (FAM.) Effrayant. *Un vacarme effroyable.* SYN. affreux ; énorme.
Ne pas confondre avec les mots suivants :
• ***abominable,*** qui inspire de l'horreur ;
• ***détestable,*** exécrable, très mauvais ;
• ***horrible,*** qui soulève un dégoût physique et moral.

EFFROYABLEMENT adv.
1. De façon effroyable. *Les loups hurlaient effroyablement.*
2. (FAM.) Incroyablement, excessivement. *Ces maisons coûtent effroyablement cher.* SYN. terriblement.

EFFUSION n. f.
Le *e* initial se prononce *é* (et non *è).
(LITT.) Démonstration enthousiaste. *Les enfants ont acclamé le cirque avec des effusions de joie.* SYN. ferveur.
LOCUTION
– ***Effusion de sang.*** Épanchement de sang. *Les pirates de l'air ont été capturés sans effusion de sang.*
Ne pas confondre avec le nom ***infusion,*** action d'infuser.

e. g.
Abréviation de l'expression latine ***exempli gratia.***
VOIR – PAR EXEMPLE.

ÉGAILLER (S') v. pronom.
Se disperser. *Les passants finirent par s'égailler.*
Le participe passé de ce verbe, qui n'existe qu'à la forme pronominale, s'accorde toujours en genre et en nombre avec son sujet. *Les oiseaux se sont égaillés dans la forêt.*
Ne pas confondre avec le verbe ***s'égayer,*** se réjouir.
CONJUGAISON : VOIR MODÈLE AIMER.
Les lettres ***ill*** sont suivies d'un ***i*** à la première et à la deuxième personne du pluriel de l'indicatif imparfait et du subjonctif présent. *(Que) nous nous égaillions, (que) vous vous égailliez.*

ÉGAL, ALE, AUX adj. et n. m. et f.
Pareil, identique. *Des droits égaux, des parts égales.* SYN. équivalent ; même.
LOCUTIONS
– ***À l'égal de,*** loc. prép. Au même degré que, comme. *Elle est à l'égal de son frère.*
– ***Ça, cela m'est égal.*** (FAM.) Cela m'est indifférent.
– ***D'égal à égal.*** Au même rang qu'une autre personne. *Ils se parlèrent d'égal à égal.*
Dans cette expression, l'adjectif ***égal*** est invariable.
– ***N'avoir d'égal que.*** Exceller. *Son arrogance n'a d'égale que son chauvinisme. Ses gaffes n'ont d'égale que son ignorance. Elles n'ont d'égal que leurs compatriotes.*
Dans cette expression, le nom ***égal*** peut être invariable, peut s'accorder avec le sujet du verbe ***avoir*** ou avec le second terme du rapport.
– ***Sans égal.*** L'adjectif prend la marque du féminin ou du féminin pluriel, mais non du masculin pluriel, selon la plupart des auteurs. *Une intelligence sans égale. Des réussites sans égales,* mais *des résultats sans égal.* Joseph Hanse (*Nouveau Dictionnaire des difficultés du français moderne*) juge cette absence d'accord non justifiée. *Des succès sans égaux.*
– ***Toutes choses égales d'ailleurs.*** Les autres éléments demeurant inchangés.

ÉGALEMENT adv.
1. Pareillement. *Distribuer des portions également entre les invités.* SYN. équitablement.
2. Aussi. *Elle les invita et leur offrit également quelques cadeaux.*

ÉGALER v. tr.
1. Être égal à (en valeur). *Il a égalé le record précédent. Rien n'égale sa générosité.*
Ne pas confondre avec le verbe ***égaliser,*** rendre égal.
2. Être égal à (en quantité). *Deux et trois égale* ou *égalent cinq.*
Dans une opération mathématique, le verbe ***égaler*** au sens de « cela égale » demeure au singulier ou se met au pluriel, contrairement à ***faire*** qui est toujours au pluriel. *Deux et deux font quatre.*
CONJUGAISON : VOIR MODÈLE AIMER.

ÉGALISER v. tr.
Rendre égal. *Les jardiniers ont égalisé la terre.* SYN. aplanir ; niveler.
Ne pas confondre avec le verbe ***égaler,*** être égal.
CONJUGAISON : VOIR MODÈLE AIMER.

ÉGALITAIRE adj. et n. m. et f.
ADJECTIF
Relatif à l'égalité, qui a pour but l'égalité. *Des politiques égalitaires.*
NOM MASCULIN ET FÉMININ
Partisan de l'égalité.

ÉGALITARISME n. m.
Propension à rechercher l'établissement de l'égalité sociale, économique, politique, etc.

ÉGALITÉ n. f.
Qualité de ce qui est égal, équivalent. *L'égalité des points entre deux équipes.* SYN. équivalence.

ÉGARD n. m.
1. (VIEILLI) Considération.
2. (AU PLUR.) Marque d'estime. *Il lui a témoigné beaucoup d'égards. Un manque d'égards.*
En ce sens, le nom s'emploie au pluriel.
LOCUTIONS
– ***À cet égard,*** loc. adv. À ce sujet, de ce point de vue.
– ***À l'égard de,*** loc. prép. Relativement à, à l'endroit de.
– ***À tous égards, à tous les égards,*** loc. adv. Sous tous les rapports.
– ***Eu égard à,*** loc. prép. En considération de. *Eu égard à l'importance de la somme.* SYN. compte tenu de.
– ***Manque d'égards.*** Faute contre les règles du savoir-vivre. SYN. impolitesse.
Dans cette locution, le nom est toujours au pluriel.
– ***Sans égard à, sans égard pour,*** loc. prép. Sans considérer, sans tenir compte de. *Sans égard à son ancienneté.*
égard.

ÉGAREMENT n. m.
Le ***e*** central est muet, [egarmɑ̃].
(LITT.) Folie passagère. *Alexis a eu un moment d'égarement et a oublié son porte-monnaie.*

ÉGARER v. tr., pronom.
VERBE TRANSITIF
Perdre momentanément. *Il a égaré ses lunettes.*
Ne pas confondre avec le verbe ***perdre,*** cesser d'avoir quelque chose de façon définitive.
VERBE PRONOMINAL
1. Ne plus retrouver son chemin. *Les jeunes se sont égarés* (et non *écartés) *dans la forêt.* SYN. se perdre.
2. (FIG.) Perdre le fil de ses idées, se fourvoyer. *Revenons à nos moutons, ne nous égarons pas.*
À la forme pronominale, le participe passé de ce verbe s'accorde toujours en genre et en nombre avec son sujet. *Les voyageurs s'étaient égarés.*
CONJUGAISON : VOIR MODÈLE AIMER.

ÉGAYER v. tr., pronom.
VERBE TRANSITIF
Rendre gai, amuser. *Les rires et les jeux de Fanny et de Laurence égaient tout le monde.* SYN. distraire; divertir.
Ne pas confondre avec le verbe ***égailler,*** disperser.
VERBE PRONOMINAL
Se réjouir, rire, s'amuser. *Les petites se sont égayées à qui mieux mieux.*
À la forme pronominale, le participe passé de ce verbe s'accorde toujours en genre et en nombre avec son sujet. *Les invités se sont égayés pendant le spectacle.*
CONJUGAISON : VOIR MODÈLE PAYER.
Le ***y*** peut être changé en ***i*** devant un ***e*** muet. *J'égaye* ou *j'égaie, j'égayerai* ou *j'égaierai.* Les formes en ***i*** sont les plus utilisées.
Le ***y*** est suivi d'un ***i*** à la première et à la deuxième personne du pluriel de l'indicatif imparfait et du subjonctif présent. *(Que) nous égayions, (que) vous égayiez.*

ÉGÉRIE n. f.
(LITT.) Conseillère, inspiratrice d'un homme en vue.
égérie.

***EGGNOG**
Anglicisme pour ***lait de poule.***

ÉGIDE n. f.
Bouclier de Zeus.
LOCUTION
– ***Sous l'égide de,*** loc. prép. (LITT.) (FIG.) Sous la protection de. *Se placer sous l'égide de l'immunité parlementaire.*
Ce nom ne s'emploie plus que dans l'expression citée, qui est souvent utilisée abusivement au sens de ***sous le patronage de.***

ÉGLANTIER n. m.
Rosier sauvage. *Une branche d'églantier en fleurs.*

ÉGLANTINE n. f.
Fleur de l'églantier.

ÉGLEFIN ou **AIGLEFIN** n. m.
Poisson de mer. *Un filet d'églefin* (et non de *haddock).

ÉGLISE n. f.
1. Communauté chrétienne. *L'Église catholique. Le pape est le chef de l'Église.*
T Le nom s'écrit avec une majuscule lorsqu'il désigne une confession chrétienne. *La sainte Église, l'Église catholique.*
2. Lieu de culte. *L'église Saint-Germain a été construite en 1931.*
T Dans les désignations d'édifices religieux, le nom générique (***basilique, cathédrale, chapelle, oratoire,*** etc.) s'écrit avec une minuscule.

EGO n. m. inv.
Le ***e*** se prononce ***é,*** [ego].
(PSYCHAN.) Le moi. *Ces commentaires élogieux sont très agréables pour l'*ego.
T En typographie soignée, les mots étrangers sont composés en italique. Dans des textes déjà en italique, la notation se fait en romain. Pour les textes manuscrits, on utilisera les guillemets.
[Les *Rectifications* (1990) admettent : un égo, des égos.]

ÉGOCENTRIQUE adj. et n. m. et f.
Se dit d'une personne centrée sur elle-même. *Des adolescents égocentriques. Des égocentriques peu sympathiques.* SYN. égoïste; individualiste.

ÉGOCENTRISME n. m.
Tendance à être centré sur soi-même.

ÉGOÏNE n. f.
Petite scie à main. *Couper une planche à l'égoïne.*
égoïne.

ÉGOÏSME n. m.
Amour excessif de soi, recherche de son seul plaisir et de son seul intérêt. ANT. générosité.
égoïsme.

ÉGOÏSTE adj. et n. m. et f.
Qui fait preuve d'égoïsme. *Martin n'est pas égoïste : il essaie toujours d'aider les autres.* SYN. égocentrique. ANT. généreux.
égoïste.

ÉGOÏSTEMENT adv.
D'une manière égoïste. *Ces jeunes ont agi égoïstement sans penser à leurs grands-parents inquiets.*

ÉGORGEMENT n. m.
Action d'égorger.

ÉGORGER v. tr., pronom.
VERBE TRANSITIF
Couper la gorge de. *Autrefois, on égorgeait des agneaux pour les offrir en sacrifice aux divinités.*
VERBE PRONOMINAL
S'entretuer. *Les motards de deux bandes rivales se sont égorgés.*
À la forme pronominale, le participe passé de ce verbe s'accorde toujours en genre et en nombre avec son sujet. *Ils se sont égorgés.*
CONJUGAISON : VOIR MODÈLE CHANGER.
Le ***g*** est suivi d'un ***e*** devant les lettres ***a*** et ***o.*** *Il égorgea, nous égorgeons.*

ÉGORGEUR, EUSE n. m. et f.
Qui tue en égorgeant.

ÉGOSILLER (S') v. pronom.
S'irriter la gorge à force de crier, de chanter très fort. *Elles se sont égosillées à qui mieux mieux devant le chanteur.*
Le participe passé de ce verbe, qui n'existe qu'à la forme pronominale, s'accorde toujours en genre et en nombre avec son sujet. *Les malheureux se sont égosillés à appeler au secours.*
CONJUGAISON : VOIR MODÈLE AIMER.
Les lettres ***ill*** sont suivies d'un ***i*** à la première et à la deuxième personne du pluriel de l'indicatif imparfait et du subjonctif présent. *(Que) nous nous égosillions, (que) vous vous égosilliez.*

ÉGOUT n. m.
Canalisation souterraine qui recueille les eaux usées. *Des bouches d'égout.*
ég**ou**t, sans accent circonflexe sur le ***u,*** contrairement au mot ***goût.***

ÉGOUTTER v. tr., pronom.
VERBE TRANSITIF
Faire écouler l'eau goutte à goutte de quelque chose. *Égoutter des verres avant de les essuyer.*
VERBE PRONOMINAL
Perdre son eau goutte à goutte. *Les maillots de bain mouillés se sont égouttés sur le tapis.* SYN. dégoutter.
À la forme pronominale, le participe passé de ce verbe s'accorde toujours en genre et en nombre avec son sujet. *Les serviettes se sont égouttées.*
CONJUGAISON : VOIR MODÈLE AIMER.
égoutter.

ÉGOUTTOIR n. m.
Ustensile sur lequel on fait égoutter la vaisselle.
égouttoir.

ÉGRAINER
VOIR – ÉGRÉNER.

ÉGRATIGNER v. tr., pronom.
VERBE TRANSITIF
Écorcher superficiellement la peau de. *Les framboisiers lui ont égratigné les mains.* SYN. érafler.

E

VERBE PRONOMINAL
S'érafler. *« Je m'égratigne les joues contre les branches basses »* (Pierre Nepveu, *Lignes aériennes*).
À la forme pronominale, le participe passé de ce verbe s'accorde en genre et en nombre avec le complément direct si celui-ci le précède. *Le mollet qu'elle s'est égratigné. Elle s'est égratignée en cueillant des framboises.* Le participe passé reste invariable si le complément direct suit le verbe. *Elle s'est égratigné la jambe.*
CONJUGAISON : VOIR MODÈLE AIMER.

ÉGRATIGNURE n. f.
Éraflure. *Françoise a une petite égratignure au genou.*

ÉGRENER ou **ÉGRAINER** v. tr., pronom.
VERBE TRANSITIF
1. Détacher les grains d'un épi, d'une grappe. *Égrener du maïs, une grappe de raisin.*
2. Faire passer les grains (un à un) entre ses doigts pour compter chaque prière, en parlant d'un chapelet. *« Et j'égrenais ma solitude comme la dévote son rosaire »* (Alain Grandbois, *Les Îles de la nuit*).
VERBE PRONOMINAL
Se succéder. *Les heures s'égrènent lentement.*
À la forme pronominale, le participe passé de ce verbe s'accorde toujours en genre et en nombre avec son sujet. *Les éclats de rire se sont égrenés dans la classe.*
CONJUGAISON : VOIR MODÈLE LEVER.
Le ***e*** se change en ***è*** devant une syllabe contenant un ***e*** muet. *Il égrène,* mais *il égrenait.*

ÉGRILLARD, ARDE adj. et n. m. et f.
Qui est grivois. *Des plaisanteries égrillardes.* SYN. osé.

ÉGYPTIEN, IENNE adj. et n. m. et f.
D'Égypte. *Le drapeau égyptien. Un Égyptien, une Égyptienne.*
T L'adjectif s'écrit avec une minuscule ; le nom, avec une majuscule.

EH ! interj.
Interjection qui marque l'admiration, la surprise et qui peut servir à attirer l'attention. *Eh ! vous, venez donc ici !*
T L'interjection est toujours suivie d'un point d'exclamation qui est souvent repris à la fin de la phrase. Si la phrase exclamative n'est pas complète, le mot qui suit le point d'exclamation s'écrit avec une minuscule initiale.
LOCUTION
– ***Eh bien !,*** loc. interj. Locution qui marque l'étonnement. *Eh bien* (et non *et bien), *c'est à cette heure-ci que vous arrivez ?*
T La locution est suivie d'une virgule ou d'un point d'exclamation ou d'interrogation.
HOM.
• ***et,*** conjonction ;
• ***hé !,*** interjection.

ÉHONTÉ, ÉE adj.
Qui est sans honte, effronté. *C'est un vantard éhonté.*
Ne pas confondre avec le mot ***honteux,*** qui éprouve de la honte.
éhonté.

EIDER n. m.
Les lettres ***ei*** se prononcent ***é*** et le ***r*** est sonore, [edɛr].
Oiseau dont le duvet est apprécié. *Des édredons d'eider.*
eider.

ÉJACULATION n. f.
Action d'éjaculer.

ÉJACULER v. tr.
Projeter avec force un liquide hors de soi, particulièrement le sperme.
CONJUGAISON : VOIR MODÈLE AIMER.

ÉJECTABLE adj.
Qui peut être éjecté à l'extérieur d'un véhicule, d'un avion. *Un siège éjectable.*
Ne pas confondre avec le mot ***injectable,*** qui peut être administré par injection.

ÉJECTER v. tr., pronom.
VERBE TRANSITIF
Projeter au dehors. *Les policiers ont éjecté de la salle du conseil des contestataires qui perturbaient l'assemblée.*
VERBE PRONOMINAL
Se projeter au dehors. *Le pilote d'essai a réussi à s'éjecter de son avion.*
À la forme pronominale, le participe passé de ce verbe s'accorde toujours en genre et en nombre avec son sujet. *Ils se sont éjectés à temps.*
Ne pas confondre avec le verbe ***injecter,*** introduire par pression un liquide dans un organisme.
CONJUGAISON : VOIR MODÈLE AIMER.

ÉJECTION n. f.
Action d'éjecter. *L'éjection d'importuns.*

ÉLABORATION n. f.
1. Formation d'une substance dans un organisme vivant. *L'élaboration du sang, de la sève.*
2. (FIG.) Action de créer par un long travail intellectuel. *L'élaboration d'un ouvrage.* SYN. conception ; création.
élaboration.

ÉLABORÉ, ÉE adj.
Qui résulte d'un long travail. *Après des mets fins, élaborés et peu copieux, la domestique apporta des rince-doigts où flottaient des pétales.* (Druon, cité dans *Le Trésor de la langue française informatisé)* SYN. perfectionné ; raffiné.

ÉLABORER v. tr.
Créer, préparer par un long travail. *Élaborer une banque de données.* SYN. concevoir ; créer.
FORME FAUTIVE
*élaborer. Anglicisme au sens de ***développer une idée, exposer quelque chose de façon détaillée.***
CONJUGAISON : VOIR MODÈLE AIMER.

ÉLAGAGE n. m.
Action d'élaguer. *L'élagage des arbres à proximité des fils électriques doit être fait prudemment.*
élagage.

ÉLAGUER v. tr.
Supprimer les branches superflues d'un arbre. *Il élaguait son cerisier.*
CONJUGAISON : VOIR MODÈLE AIMER.
Ce verbe s'écrit toujours avec un ***u,*** même devant les lettres ***a*** et ***o.*** *Il élagua, nous élaguons.*

ÉLAN n. m.
1. Mouvement vif par lequel on se lance en avant. *Prendre son élan pour plonger.*
2. Mouvement intérieur puissant. *Les élans du cœur.* SYN. impulsion.
3. Grand cerf des régions du Nord (Canada, Scandinavie, Russie, etc.).
Au Québec, on dit plutôt ***orignal.***
élan.

ÉLANCÉ, ÉE adj.
Long et mince. *Cette ballerine est très gracieuse et élancée.* SYN. svelte.
élancé.

ÉLANCEMENT n. m.
Douleur subite et aiguë. *Des élancements au dos comme des coups de poignard.*

ÉLANCER v. tr., intr., pronom.
VERBE TRANSITIF ET INTRANSITIF
Causer une douleur vive et brusque. *Cette blessure l'élançait* ou *lui élançait.*
VERBE PRONOMINAL
Se lancer en avant avec force. *Ils se sont élancés vers la sortie en criant : vive les vacances !* SYN. foncer ; se précipiter ; se ruer.
À la forme pronominale, le participe passé de ce verbe s'accorde toujours en genre et en nombre avec son sujet. *Elles se sont élancées à sa rencontre.*
CONJUGAISON : VOIR MODÈLE AVANCER.
Le **c** prend une cédille devant les lettres ***a*** et ***o***. *Il s'élança, nous nous élançons.*

ÉLARGIR v. tr., pronom.
VERBE TRANSITIF
Rendre plus large. *La couturière élargit un pantalon.* SYN. agrandir. ANT. amincir ; rétrécir.
VERBE PRONOMINAL
Devenir plus large. *La route s'élargit.* ANT. rétrécir.
À la forme pronominale, le participe passé de ce verbe s'accorde toujours en genre et en nombre avec son sujet. *La rivière s'est soudainement élargie.*
CONJUGAISON : VOIR MODÈLE FINIR.

ÉLARGISSEMENT n. m.
1. Action d'élargir. *L'élargissement d'un sentier.*
2. (DR.) Libération d'un détenu.

ÉLASTHANNE n. m.
Fibre synthétique à haute élasticité. *Un pantalon qui contient de l'élasthanne* (et non du *lycra).
élasthanne.

ÉLASTICITÉ n. f.
1. Qualité de ce qui est élastique. *L'élasticité d'un tissu.*
2. (FIG.) Souplesse, possibilité de varier. *L'élasticité des prix.*

ÉLASTIQUE adj. et n. m.
ADJECTIF
1. Extensible. *Un maillot élastique.*
2. Flexible, qui peut varier. *Des horaires élastiques.* SYN. variable.
NOM MASCULIN
Lien de caoutchouc. *Il y a un élastique à la taille.*
élastique.

ELDORADO n. m. (pl. *eldorados*)
Pays légendaire d'abondance et de délices.

ÉLECTEUR, TRICE n. m. et f.
Personne qui peut participer à une élection. *Au Québec, on peut être électeur ou électrice à partir de 18 ans.*

ÉLECTIF, IVE adj.
Qui est nommé par élection. *Le député est électif.*
LOCUTION
– ***Affinités électives.*** Attirance immédiate entre deux êtres.
FORME FAUTIVE
*électif. Anglicisme au sens de ***non urgent, qui peut être différé*** (DDFM). *Une intervention chirurgicale, une hospitalisation non urgente* (et non *élective).

ÉLECTION n. f.
1. Choix conforme aux résultats d'un vote. *Une journée d'élections. Déclencher des élections* (et non *aller en élections).
2. Choix particulier. *Une terre d'élection.*

ÉLECTORAL, ALE, AUX adj.
Qui se rapporte à une élection. *La loi électorale. Des résultats électoraux.*

ÉLECTORALISME n. m.
(POLIT.) Tendance d'un gouvernement à diriger, à adopter des politiques en ayant comme principal objectif de gagner des élections.

ÉLECTORALISTE adj.
Qui fait preuve d'électoralisme.

ÉLECTORAT n. m.
Ensemble des électeurs d'une ville, d'un pays. *Un électorat indécis.*

ÉLECTRICIEN n. m.
ÉLECTRICIENNE n. f.
Personne spécialisée dans les installations et les réparations électriques.

ÉLECTRICITÉ n. f.
1. Forme d'énergie. *Le Québec produit de l'électricité à l'aide d'immenses barrages.*
2. (FAM.) Appareil d'éclairage électrique. *Allumer l'électricité.*
Dans cette expression familière, l'usage l'a emporté sur la logique.
LOCUTION
– ***Panne d'électricité.*** Panne de courant.

ÉLECTRIFICATION n. f.
Action d'électrifier. *L'électrification de certaines régions éloignées du Québec est relativement récente.*

ÉLECTRIFIER v. tr.
Doter d'un réseau de distribution d'énergie électrique.
CONJUGAISON : VOIR MODÈLE ÉTUDIER.
Redoublement du ***i*** à la première et à la deuxième personne du pluriel de l'indicatif imparfait et du subjonctif présent. *(Que) nous électrifiions, (que) vous électrifiiez.*

ÉLECTRIQUE adj.
1. Relatif à l'électricité. *L'énergie électrique.*
2. Qui fonctionne à l'électricité. *Un appareil électrique.*

ÉLECTRISANT, ANTE adj.
Qui électrise. *Une musique électrisante.* SYN. excitant.

ÉLECTRISER v. tr.
1. Soumettre à l'électricité.
2. (FIG.) Provoquer une grande excitation, un grand enthousiasme chez quelqu'un. *Cet orateur électrise les foules.* SYN. enflammer ; exalter ; exciter.
CONJUGAISON : VOIR MODÈLE AIMER.

ÉLECTRO- préf.
Élément signifiant « électrique ».
Les mots composés avec le préfixe ***électro-*** s'écrivent en un seul mot.

ÉLECTROAIMANT n. m.
Aimant artificiel. *Des électroaimants.*

ÉLECTROCARDIOGRAMME n. m.
Sigle ***ÉCG*** (s'écrit avec ou sans points).
(MÉD.) Graphique des ondes électriques émises par les mouvements du cœur. *Un électrocardiogramme à l'effort, au repos.* SYN. cardiogramme.

ÉLECTROCARDIOGRAPHIE n. f.
Examen du cœur au moyen d'un électrocardiogramme.

ÉLECTROCHOC n. m.
1. Méthode de traitement de certaines maladies mentales par stimulation électrique. *Des électrochocs.*
2. (FIG.) Évènement qui produit une grande émotion, un bouleversement, un choc psychologique.

ÉLECTROCUTER v. tr., pronom.
VERBE TRANSITIF
Tuer par décharge électrique. *Le chat a été électrocuté par l'éclair.*
VERBE PRONOMINAL
Recevoir une décharge électrique mortelle. *Prenez garde de ne pas vous électrocuter.*
À la forme pronominale, le participe passé de ce verbe s'accorde toujours en genre et en nombre avec son sujet. *Ces ouvriers se sont électrocutés.*
CONJUGAISON : VOIR MODÈLE AIMER.

ÉLECTROCUTION n. f.
Fait d'électrocuter, d'être électrocuté. *Dans quelques États américains, certains accusés sont condamnés à l'électrocution, c'est-à-dire à mourir sur une chaise électrique.*

ÉLECTRODE n. f.
Pièce conductrice d'électricité.

ÉLECTROENCÉPHALOGRAMME n. m.
Sigle ***ÉEG*** (s'écrit avec ou sans points).
(MÉD.) Graphique de l'activité bioélectrique du cerveau.
Certains auteurs écrivent ***électro-encéphalogramme.***

ÉLECTROGÈNE adj.
Qui produit de l'électricité.
LOCUTION
– ***Groupe électrogène.*** Génératrice. *En cas de panne d'électricité, l'hôpital dispose d'un groupe électrogène.*

ÉLECTROLYSE n. f.
Décomposition chimique obtenue par le passage de l'électricité. *C'est par l'électrolyse de l'alumine que l'aluminium est produit.*
électrolyse.

ÉLECTROMÉNAGER, ÈRE adj. et n. m.
ADJECTIF
Se dit d'un appareil ménager qui fonctionne à l'électricité. *Le lave-vaisselle est un appareil électroménager très pratique.*
NOM MASCULIN
Ensemble des appareils électroménagers.

ÉLECTRON n. m.
Particule fondamentale de l'atome portant une charge électrique négative.
LOCUTION
– ***Électron libre.*** (FIG.) Personne qui se caractérise par son indépendance d'esprit, ses opinions originales et qui refuse de se conformer aux idées arrêtées par un parti, un mouvement, etc.

ÉLECTRONICIEN n. m.
ÉLECTRONICIENNE n. f.
Spécialiste de l'électronique.

ÉLECTRONIQUE adj. et n. f.
ADJECTIF
1. Qui se rapporte à l'électron.
2. Qui utilise des dispositifs électroniques. *Des jeux électroniques.*
NOM FÉMININ
Science de l'électron et de tous les phénomènes qui s'y rattachent.
LOCUTION
– ***Courrier électronique.*** Courrier dont l'acheminement se fait exclusivement par l'utilisation de systèmes électroniques reliés entre eux (Recomm. off.). *Un message transmis par courrier électronique* (et non par *e-mail). SYN. courriel.

ÉLECTRONIQUEMENT adv.
Par un moyen électronique. *Un système d'éclairage programmé électroniquement.*

ÉLÉGAMMENT adv.
On ne prononce qu'un seul ***m***, comme dans le mot ***ligament.***
Avec élégance. *Anne est vêtue élégamment. Il a élégamment concédé la victoire à son adversaire.*
élégam**ment**.

ÉLÉGANCE n. f.
1. Grâce, distinction. *Quelle élégance, quel chic, ma chère!* SYN. classe.
2. Délicatesse morale. *Un geste élégant et généreux.*
élég**an**ce.

ÉLÉGANT, ANTE adj. et n. m. et f.
Qui a de l'élégance. *Une robe élégante. Des manières peu élégantes.* SYN. chic; distingué; gracieux.
élég**ant**.

ÉLÉGIE n. f.
Court poème mélancolique.
élé**gie**.

ÉLÉMENT n. m.
1. Composant, partie élémentaire. *Des éléments chimiques. Les éléments d'un casse-tête. Un élément d'information.*
2. (AU PLUR.) Principes, notions fondamentales d'une science. *Des éléments de géométrie.*
3. Milieu dans lequel vit un être animé. *L'élément des poissons, c'est l'eau.*
LOCUTION
– ***Être dans son élément.*** Être dans son domaine propre, être à l'aise comme un poisson dans l'eau.

ÉLÉMENTAIRE adj.
1. Fondamental, qui sert de base. *Des principes élémentaires.*
2. Réduit à l'essentiel. *Ce guide contient des renseignements élémentaires.* SYN. facile; rudimentaire.
3. Très simple, connu de tous. *« Élémentaire, mon cher Watson ! », répondit Sherlock Holmes.*
4. Qui appartient aux premières années de l'enseignement. *L'enseignement élémentaire.*
VOIR – PRIMAIRE.
Au Québec, l'enseignement qui précède l'enseignement secondaire se nomme ***enseignement primaire.***

ÉLÉPHANT n. m.
Mammifère herbivore, le plus gros animal terrestre actuel caractérisé par sa peau épaisse, ses défenses et sa trompe.
VOIR TABLEAU – ANIMAUX.
LOCUTIONS
– ***Éléphant blanc.*** (FIG.) Propriété, objet coûteux, mais peu utile. *Le Stade olympique de Montréal est un véritable éléphant blanc pour les Montréalais.*
D'après *Le Petit Larousse* (2003), cette expression s'emploie aussi en Belgique et en Afrique.
– ***Un éléphant dans un magasin de porcelaine.*** (FIG.) (FAM.) Personne qui n'est pas à sa place.
– ***Une mémoire d'éléphant.*** Une mémoire exceptionnelle.

ÉLÉPHANTE n. f.
Femelle de l'éléphant.
VOIR TABLEAU – ANIMAUX.

ÉLÉPHANTEAU n. m. (pl. *éléphanteaux*)
Petit de l'éléphant.
VOIR TABLEAU – ANIMAUX.

ÉLEVAGE n. m.
Le ***é*** se prononce ***è*** ou ***é*** et le ***e*** central est muet, [ɛlvaʒ, elvaʒ].
Action d'élever des animaux. *Ces cultivateurs font aussi l'élevage des abeilles : ils sont également apiculteurs.*
VOIR – AGRICULTURE.

ÉLÉVATEUR n. m.
Appareil de levage pour les marchandises, les fardeaux. *Un élévateur de paille, de grains.*
Ne pas confondre avec le nom ***ascenseur,*** appareil servant à monter et à descendre des personnes, des choses aux différents étages d'un immeuble.

ÉLÉVATION n. f.
1. Action d'élever, de porter à un niveau supérieur. *L'élévation d'un dirigeable dans les airs.* SYN. montée.
2. Terrain élevé. *Il y a une chapelle construite sur une petite élévation.*
3. Grandeur d'âme. *L'élévation de ses sentiments.* SYN. noblesse.

ÉLÈVE n. m. et f.
Jeune ou adulte qui poursuit des études, à temps plein ou à temps partiel. *Étienne a été un élève du collège Jean-de-Brébeuf ; Marie-Ève, une élève de l'école Saint-Germain.*
1° Ne pas confondre avec les noms suivants :
– ***écolier, écolière,*** jeune élève qui fait des études primaires ;
– ***étudiant, étudiante,*** élève d'un établissement universitaire.
2° Traditionnellement, on réserve le terme ***étudiant*** à la personne qui fréquente une université.
3° Le nom ***élève*** est le mot générique qui désigne toute personne qui fréquente un établissement d'enseignement.

ÉLEVER v. tr., pronom.
VERBE TRANSITIF
1. Placer à un niveau supérieur. *Elles élèvent les bras pour le saluer. Il élève la voix pour leur crier : bonjour !*
Ne pas confondre avec les verbes suivants :
- ***lever,*** porter de bas en haut ;
- ***soulever,*** lever lentement à faible hauteur ;
- ***surélever,*** accroître la hauteur de quelque chose.

2. Former, éduquer. *Élever ses enfants avec dévouement et amour.*
3. Faire l'élevage d'animaux. *Ils élèvent des chevaux.*
VERBE PRONOMINAL
1. Atteindre une certaine hauteur, un degré supérieur. *La marée s'élève lentement.* SYN. augmenter ; se hausser ; monter.
2. Se faire entendre. *Des protestations s'élevèrent aussitôt.*
3. Monter. *Quel magnifique feu d'artifice : les fusées multicolores s'élèvent très haut dans le ciel !*
4. Se chiffrer. *Le nombre d'étudiants de cet établissement s'élève à 10 000.*
À la forme pronominale, le participe passé de ce verbe s'accorde toujours en genre et en nombre avec son sujet. *Des feux d'artifice se sont élevés dans le ciel de Montréal.*
CONJUGAISON : VOIR MODÈLE LEVER.
Le ***e*** se change en ***è*** devant une syllabe contenant un ***e*** muet. *J'élève,* mais *j'élevais.*

ÉLEVEUR n. m.
ÉLEVEUSE n. f.
Personne qui élève des animaux. *Des éleveurs de chevaux.*

ELFE n. m.
Génie de l'air dans la mythologie scandinave.
Attention au genre masculin de ce nom : ***un*** elfe.

ÉLIDER v. tr., pronom.
VERBE TRANSITIF
Supprimer une voyelle finale devant une autre voyelle ou un ***h*** muet. *On élide la voyelle finale* a *de l'article* la *devant le nom* école *parce qu'il commence par la voyelle* é *:* l'école.
VOIR TABLEAU – ÉLISION.
VERBE PRONOMINAL
Perdre sa voyelle finale devant une autre voyelle ou un ***h*** muet. *L'adverbe* presque *ne s'élide pas devant une voyelle, sauf dans le nom* presqu'île.
À la forme pronominale, le participe passé de ce verbe s'accorde toujours en genre et en nombre avec son sujet. *Ces mots se sont élidés.*
CONJUGAISON : VOIR MODÈLE AIMER.

ÉLIGIBILITÉ n. f.
Aptitude légale à être élu.
FORME FAUTIVE
*éligibilité. Anglicisme au sens de ***admissibilité.***

ÉLIGIBLE adj.
Qui peut être élu. *Ce candidat à la mairie est éligible.*
FORME FAUTIVE
*être éligible. Anglicisme au sens de ***être admissible à, avoir droit à.*** *Elle est admissible* (et non *éligible) *à ce concours, à cette bourse.*

ÉLIMÉ, ÉE adj.
Usé, en parlant d'un vêtement. *Un col de chemise élimé.*

ÉLIMINATION n. f.
1. Action d'éliminer. *L'élimination de l'équipe adverse.*
2. Action de rejeter hors de l'organisme. *L'élimination des liquides.*
LOCUTION
– ***Procéder par élimination.*** Examiner tour à tour chacune des hypothèses, des possibilités pour choisir la plus intéressante.

ÉLIMINATOIRE adj. et n. f.
ADJECTIF
Qui élimine. *Épreuves éliminatoires. Une note éliminatoire.*
NOM FÉMININ
Épreuve sportive. *Les éliminatoires auront lieu dans quelques jours.*
Ce nom s'emploie généralement au pluriel.

ÉLIMINER v. tr.
1. Faire disparaître. *Ce produit élimine les taches.* SYN. supprimer.
2. Exclure d'un ensemble. *Cet examen éliminera les plus faibles.* SYN. écarter.
CONJUGAISON : VOIR MODÈLE AIMER.

ÉLIRE v. tr.
Procéder à l'élection de. *Ils ont élu un nouveau président.*
LOCUTION
– ***Élire domicile.*** Établir sa demeure habituelle. *Cette famille a élu domicile à la campagne.*
CONJUGAISON : VOIR MODÈLE LIRE.
INDICATIF PRÉSENT *J'élis, tu élis, il élit, nous élisons, vous élisez, ils élisent.* IMPARFAIT *J'élisais.* PASSÉ SIMPLE *J'élus, tu élus, il élut, nous élûmes, vous élûtes, ils élurent.* FUTUR *J'élirai.* CONDITIONNEL PRÉSENT *J'élirais.* IMPÉRATIF PRÉSENT *Élis, élisons, élisez.* SUBJONCTIF PRÉSENT *Que j'élise.* IMPARFAIT *Que j'élusse, que tu élusses, qu'il élût, que nous élussions, que vous élussiez, qu'ils élussent.* PARTICIPE PRÉSENT *Élisant.* PASSÉ *Élu, ue.*

ÉLISION n. f.
Remplacement d'une voyelle finale (***a, e, i***) par une apostrophe devant un mot commençant par une voyelle ou un ***h*** muet.
VOIR TABLEAU – ÉLISION.

ÉLITE n. f.
Ensemble de personnes considérées comme les plus remarquables, les plus dignes d'être choisies.
Attention au genre féminin de ce nom : ***une*** élite.
LOCUTION
– ***D'élite.*** Qui appartient à l'élite, éminent, supérieur. *Des athlètes d'élite.*

ÉLITISME n. m.
Le fait de ne considérer que l'élite, que les personnes qui excellent et se distinguent de la masse.

ÉLITISTE adj. et n. m.
ADJECTIF
Qui est caractérisé par l'élitisme. *Une formation élitiste par son coût prohibitif.*
NOM MASCULIN
Partisan de l'élitisme. *D'incurables élitistes.*

ÉLIXIR n. m.
Préparation composée de substances dissoutes dans l'alcool. *Un élixir contre la toux. Un élixir de jeunesse pour nous garder éternellement jeunes.*
Attention au genre masculin de ce nom : ***un*** élixir.

E

ÉLISION

L'élision est le remplacement d'une voyelle finale ***(a, e, i)*** par une apostrophe devant un mot commençant par une voyelle ou un ***h*** muet. Devant un ***h*** aspiré cependant, il n'y a pas d'élision.

*L'arbre, **l'**hôpital,* mais ***le** homard.*

▸ **Les mots qui peuvent s'élider sont :**

le	**se**	— devant une voyelle ou un ***h*** muet	***L'**école, **l'**araignée, **l'**habitation, **l'**honneur.*
la	**ne**		*Il **s'**est endormi. Elle **s'**habille. Je **n'**irai pas.*
je	**de**		***J'**aurai ce qui convient. **J'**habite ici. **M'**aimes-tu ?*
me	**que**		***Qu'**arrive-t-il ? J'essaie **d'**y aller.*
te	**ce**		***C'**était hier. Je **t'**invite. Tu **t'**habitues.*

jusque — devant une voyelle. ***Jusqu'**au matin.*

lorsque
puisque
quoique
— devant ***il, ils, elle, elles, en, on, un, une, ainsi*** seulement.
***Lorsqu'**elle est contente,* mais *lorsque Étienne est là.*
***Puisqu'**il est arrivé,* mais *puisque Ariane est partie.*
***Quoiqu'**on ait prétendu certaines choses…,* mais *quoique André soit d'accord.*

presque — devant ***île*** seulement. *Une **presqu'**île,* mais *un bâtiment **presque** achevé.*

quelque — devant ***un, une*** seulement. ***Quelqu'**un, **quelqu'**une.*

si — devant ***il*** seulement. ***S'**il fait beau.*

▸ **Élisions interdites**

- Devant les déterminants numéraux ***huit, onze, un.***

  *Une quantité **de** huit grammes. Des colis **de** onze kilos, **de** un kilo.*

  On ne fait pas l'élision devant :

  – le nom masculin ***un***. *La famille habitait le **un** de la rue des Érables. Il n'y a pas de **un** dans le nombre 679.*

  – le nom féminin ***une***. *Publier une nouvelle à la **une**.*

  – le déterminant numéral ***un, une***, quand on veut insister sur la mesure ou la quantité. *Un poids de **un** gramme, de **une** tonne. « Des enfants de **un** à douze ans »* (LITTRÉ).

  Cependant, l'élision se fait devant :

  – le déterminant indéfini **un, une.** ***D'**un océan à l'autre.*

  – le pronom indéfini **un, une.** ***L'**une et l'autre seront des nôtres. Plus **d'**un voyageur est passé ici.*

- Devant ***oui.***

  *Les millions **de** oui.*

- Devant les mots d'origine étrangère commençant par un ***y.***

  ***Le** yogourt, **le** yacht.*

  L'élision doit se faire avec les noms propres selon les mêmes règles qu'avec les noms communs. *Le film **d'**Étienne,* mais *la ville **de** Halifax.*

VOIR TABLEAU ▸ **APOSTROPHE.**

ELLE pron. pers. f. (pl. *elles*)
Pronom personnel féminin de la troisième personne qui est toujours sujet du verbe. *Elle aime. Elles adorent. Seront-elles là ?*
Au masculin ***il***, pluriel ***ils***.
VOIR TABLEAU – PRONOM.
HOM. ***aile***, partie du corps de certains animaux.

ELLÉBORE ou **HELLÉBORE** n. m.
Plante vivace qui passait autrefois pour guérir de la folie.

ELLIPSE n. f.
Le premier ***e*** se prononce ***é***, [elips].
1. Suppression d'un ou de plusieurs mots. *Le mot* amitiés *à la fin d'une lettre est une ellipse de la phrase « Je vous fais mes amitiés ».*
2. Figure géométrique en forme de cercle aplati. *L'ellipse de la Terre autour du Soleil.*
Ne pas confondre avec le nom ***éclipse***, disparition apparente d'un astre.
ellipse.

ELLIPTIQUE adj.
Le premier ***e*** se prononce ***é***, [eliptik].
Qui comporte une ellipse. *Une tournure elliptique.*
elliptique.

ELLIPTIQUEMENT adv.
D'une façon elliptique, par ellipse. *S'exprimer elliptiquement, peu clairement.*

ÉLOCUTION n. f.
Manière d'exprimer sa pensée oralement, façon d'articuler. *Des défauts d'élocution. Une élocution claire.* SYN. articulation.
élocution.

ÉLOGE n. m.
Louange. *Des éloges bien mérités. On a fait son éloge avec raison.* SYN. compliment ; louange.
Attention au genre masculin de ce nom : ***un*** éloge.

ÉLOGIEUSEMENT adv.
De façon élogieuse. *Son exposé a été commenté élogieusement.*

ÉLOGIEUX, IEUSE adj.
Flatteur, rempli d'éloges. *Des commentaires élogieux.* SYN. louangeur.
élogieu**x**.

ÉLOIGNÉ, ÉE adj.
1. Qui n'est pas proche. *Un village éloigné.* SYN. isolé ; loin ; perdu.
2. Qui est loin dans le temps (passé ou futur). *Ces traditions avaient cours à une époque éloignée, c'est-à-dire il y a longtemps.* SYN. lointain ; reculé.
3. Qui n'est pas proche parent. *Des cousins éloignés.* SYN. lointain.

ÉLOIGNEMENT n. m.
Distance de temps ou de lieu. *L'éloignement de son pays rend Anna triste parfois.*

ÉLOIGNER v. tr., pronom.
VERBE TRANSITIF
Envoyer plus loin, reporter. *Les chasseurs ont éloigné leurs chiens, mais ils n'ont pas réussi à éloigner les moustiques.* SYN. chasser ; écarter.
VERBE PRONOMINAL
1. Aller plus loin, s'écarter de. *Les marcheurs se sont éloignés du sentier.* ANT. se rapprocher.
2. Partir. *Les nuages s'éloignent et le soleil revient.* ANT. revenir.
À la forme pronominale, le participe passé de ce verbe s'accorde toujours en genre et en nombre avec son sujet. *Elles se sont éloignées des flammes.*
CONJUGAISON : VOIR MODÈLE AIMER.

ÉLONGATION n. f.
Allongement accidentel d'un muscle, d'une articulation. *Une élongation musculaire.*

ÉLOQUEMMENT adv.
Les lettres ***que*** se prononcent ***qua***, [elɔkamɑ̃].
Avec éloquence. *La conférencière parle éloquemment, elle a le don de la parole.*
éloque**mm**ent.

ÉLOQUENCE n. f.
Art de parler, d'émouvoir, de persuader. *Avec son éloquence, Marie-Ève arrivera à les convaincre de participer.* SYN. verve.
éloque**n**ce.

ÉLOQUENT, ENTE adj.
1. Convaincant, persuasif. *Une démonstration éloquente.*
2. Significatif. *Des données éloquentes.* SYN. révélateur.
éloque**nt**.

ÉLU, UE n. m. et f.
1. Personne choisie par élection. *Les élus municipaux.*
2. Personne aimée. *L'élue de son cœur.*

ÉLUCIDER v. tr.
Rendre clair, compréhensible. *Le mystère a été élucidé.* SYN. clarifier ; éclaircir ; expliquer.
CONJUGAISON : VOIR MODÈLE AIMER.

ÉLUCUBRATION n. f.
(PÉJ.) Théorie extravagante. *Je ne crois pas à tes élucubrations.* SYN. divagation.
Ce nom s'emploie généralement au pluriel.

ÉLUDER v. tr.
Éviter en passant à côté. *Éluder une question.* SYN. escamoter.
Ne pas confondre avec les verbes suivants :
- ***évader (s')***, s'enfuir d'un lieu où l'on était retenu ;
- ***fuir***, s'éloigner rapidement pour échapper à un danger ;
- ***partir***, quitter un lieu.

CONJUGAISON : VOIR MODÈLE AIMER.

ÉMACIÉ, ÉE adj.
Très amaigri. *Des malades émaciés.*

ÉMACIER v. tr., pronom.
VERBE TRANSITIF
(LITT.) Amaigrir. *La famine les a émaciés.*
VERBE PRONOMINAL
Devenir très maigre. *Ils se sont gravement émaciés.*
À la forme pronominale, le participe passé de ce verbe s'accorde toujours en genre et en nombre avec son sujet. *Elles se sont émaciées.*
CONJUGAISON : VOIR MODÈLE ÉTUDIER.
Redoublement du ***i*** à la première et à la deuxième personne du pluriel de l'indicatif imparfait et du subjonctif présent. *(Que) nous émaciions, (que) vous émaciiez.*

***E-MAIL**
Anglicisme pour ***courriel, courrier électronique***.

ÉMAIL n. m. (pl. *émaux* ou *émails*)
1. Enduit vitreux souvent coloré qu'on applique sur des métaux, des céramiques. *Des émaux sur cuivre.*
En ce sens, le pluriel est ***émaux***.
2. Substance dure qui recouvre l'ivoire de la couronne des dents. *Des émails très blancs.*
En ce sens, le pluriel est ***émails***.

ÉMAILLER v. tr.
1. Orner d'émail. *Émailler une plaque de cuivre.*
2. (LITT.) Parsemer d'ornements divers. *Un pré émaillé de fleurs sauvages.*
En ce sens, le verbe se construit avec la préposition ***de***.

CONJUGAISON : VOIR MODÈLE AIMER.
Les lettres ***ill*** sont suivies d'un ***i*** à la première et à la deuxième personne du pluriel de l'indicatif imparfait et du subjonctif présent. *(Que) nous émaillions, (que) vous émailliez.*

ÉMANATION n. f.
1. Particules qui se dégagent de certains corps. *Des émanations d'un gaz toxique.*
2. (FIG.) Expression, manifestation. *Émanation du pouvoir.*

ÉMANCIPATION n. f.
Action d'émanciper, de s'émanciper; son résultat. SYN. libération.

ÉMANCIPER v. tr., pronom.
VERBE TRANSITIF
Rendre libre, affranchir d'une domination. SYN. libérer.
VERBE PRONOMINAL
Se libérer des contraintes morales ou sociales. SYN. s'affranchir.
À la forme pronominale, le participe passé de ce verbe s'accorde toujours en genre et en nombre avec son sujet. *Elle s'est émancipée à la suite de son déménagement.*
CONJUGAISON : VOIR MODÈLE AIMER.

ÉMANER v. intr.
1. Sortir de. *La chaleur émane du radiateur.* SYN. se dégager.
Ne pas confondre avec les verbes suivants :
- ***découler,*** être la suite nécessaire de;
- ***dériver,*** être issu de;
- ***procéder,*** avoir sa source dans;
- ***provenir,*** venir de;
- ***ressortir,*** s'imposer comme condition logique.

2. Tirer son origine de. *Cette décision émane de la haute direction.*
Ce verbe est toujours intransitif et se construit avec la préposition ***de.***
CONJUGAISON : VOIR MODÈLE AIMER.

ÉMARGER v. tr.
VERBE TRANSITIF DIRECT
1. (ADM.) Signer en marge d'un document. *Émarger un état de compte.*
2. Diminuer, supprimer la marge. *Émarger une lithographie.*
VERBE TRANSITIF INDIRECT
(ADM.) Toucher le traitement affecté à un emploi. *Ils émargent au budget du ministère.*
En ce sens, le verbe se construit avec la préposition ***à.***
CONJUGAISON : VOIR MODÈLE CHANGER.
Le ***g*** est suivi d'un ***e*** devant les lettres ***a*** et ***o.*** *Il émargea, nous émargeons.*

ÉMASCULER v. tr.
Castrer un animal mâle (sans connotation péjorative).
Ne pas confondre avec le verbe ***châtrer,*** pratiquer la castration sur un animal mâle ou femelle.
CONJUGAISON : VOIR MODÈLE AIMER.

EMBÂCLE n. m.
Amoncellement de glaces dans un cours d'eau. *Cet embâcle de la rivière pourrait provoquer une inondation.*
Ne pas confondre avec le nom féminin ***débâcle,*** rupture des glaces d'un cours d'eau.
Ce nom est masculin, mais il s'emploie parfois au féminin.

EMBALLAGE n. m.
1. Action d'emballer. *L'emballage de ces cadeaux sera long.* SYN. empaquetage. ANT. déballage.
2. Matériel servant à emballer. *Des papiers d'emballage.*
LOCUTION
– ***Emballage-cadeau.*** Type de paquet destiné aux présents. *Désirez-vous des emballages-cadeaux ?*
emballage.

EMBALLEMENT n. m.
Mouvement d'enthousiasme irréfléchi. SYN. engouement.
emballement.

EMBALLER v. tr., pronom.
VERBE TRANSITIF
1. Empaqueter. *Nous avons des cadeaux à emballer.* SYN. envelopper.
2. (FAM.) Ravir. *Le spectacle nous a emballés.* SYN. enchanter; enthousiasmer; plaire.
VERBE PRONOMINAL
1. Prendre le mors aux dents, s'emporter, en parlant d'un cheval. *Avec tout ce bruit, le cheval s'est emballé et s'est mis à galoper.*
2. (FIG.) Se laisser emporter par l'enthousiasme, par la joie, la colère. *Elles se sont emballées et ont éclaté en bravos. Ne nous emballons pas ! Restons calmes.* SYN. s'exciter.
À la forme pronominale, le participe passé de ce verbe s'accorde toujours en genre et en nombre avec son sujet. *Les chevaux s'étaient emballés.*
CONJUGAISON : VOIR MODÈLE AIMER.
emballer.

EMBARCADÈRE n. m.
Lieu où l'on monte à bord, où l'on sort d'un navire, d'un véhicule. *À Venise, les voyageurs peuvent monter à bord des vaporettos à partir des divers embarcadères de la ville.* SYN. débarcadère.
Attention au genre masculin de ce nom : ***un*** embarcadère.
embarcadère.

EMBARCATION n. f.
Bateau de petite taille. *Des barques, des canots, des chaloupes : toutes sortes d'embarcations sont décorées pour la fête de la Vierge.*
Le mot ***bateau*** est un terme général qui désigne toute embarcation qui flotte et navigue. Par contre, le mot ***navire*** convient pour les grands bateaux servant au transport sur la mer, tandis que le mot ***embarcation*** désigne de petits bateaux destinés principalement au tourisme, aux loisirs nautiques (canots, chaloupes, voiliers, etc.).

EMBARDÉE n. f.
Écart brusque d'un véhicule. *La voiture a fait une embardée pour éviter un chien.*

EMBARGO n. m.
Mesure de contrainte visant à empêcher un navire étranger de quitter un port, à supprimer la libre circulation d'un objet. *Des embargos.*

EMBARQUEMENT n. m.
Action d'embarquer, de s'embarquer. *L'embarquement des passagers se fera dans quelques minutes.*

EMBARQUER v. tr., intr., pronom.
VERBE TRANSITIF
Charger à bord d'un navire. *Les matelots ont embarqué des vivres et des marchandises sur le cargo.*
VERBE INTRANSITIF ET PRONOMINAL
1. Monter à bord d'un navire et, par extension, d'un train, d'un avion. *Ils ont embarqué hier soir. Elles se sont embarquées avant-hier.*
Pour une voiture, un véhicule routier, on préférera le verbe ***monter.***
2. (FIG.) Se lancer dans une affaire compliquée. *Pourquoi t'es-tu embarqué dans ces travaux de rénovation ?*
À la forme pronominale, le participe passé de ce verbe s'accorde toujours en genre et en nombre avec son sujet. *Ils s'étaient embarqués sur un cargo.*
FORME FAUTIVE
*embarquer (dans un véhicule routier). Impropriété pour ***monter*** (dans un véhicule routier).
CONJUGAISON : VOIR MODÈLE AIMER.

EMBARRAS n. m.
Ennui, gêne. *Cette révélation les a mis dans l'embarras ; ils sont très ennuyés.* SYN. difficulté ; embêtement ; inconvénient.
LOCUTIONS
– ***Avoir l'embarras du choix.*** Avoir du mal à choisir entre plusieurs possibilités intéressantes.
– ***Être dans l'embarras.*** Être dans une situation difficile.
embarras, deux *r* et un *s* final même au singulier.

EMBARRASSANT, ANTE adj.
1. Qui met dans une situation gênante. *Une question embarrassante.* SYN. délicat ; gênant.
2. Encombrant. *Ces valises sont embarrassantes quand on voyage en train : il vaut mieux utiliser un sac à dos.*
embarrassant.

EMBARRASSER v. tr., pronom.
VERBE TRANSITIF
1. Mettre dans l'incertitude, dans l'embarras. *Cette demande m'embarrasse beaucoup, je ne sais quelle décision prendre. Cette question embarrasse plusieurs élèves qui ne connaissent pas la réponse.*
2. Gêner. *Je ne voudrais pas vous embarrasser, mais quel âge avez-vous ?*
3. Encombrer. *Est-ce que cette valise vous embarrasse ?*
VERBE PRONOMINAL
1. S'encombrer. *Je m'étais embarrassé de lourds colis.*
2. Tenir compte. *Ne vous embarrassez pas de ces détails.*
À la forme pronominale, le participe passé de ce verbe s'accorde toujours en genre et en nombre avec son sujet. *Ils se sont embarrassés de bagages encombrants.*
CONJUGAISON : VOIR MODÈLE AIMER.
embarrasser.

***EMBARRER**
Archaïsme pour ***enfermer (une personne, un animal) volontairement ou non.***

EMBAUCHAGE n. m.
Action d'engager une personne pour un travail.
Le nom ***embauchage*** s'applique surtout aux travailleurs manuels, aux ouvriers ; les noms ***recrutement, engagement*** sont plus généraux et conviennent pour tous les types de salariés.

EMBAUCHE n. f.
Fait d'engager un salarié. *Cette entreprise est en période d'embauche.*

EMBAUCHER v. tr.
Engager un salarié. *L'usine a embauché plusieurs électriciens.*
CONJUGAISON : VOIR MODÈLE AIMER.

EMBAUCHOIR n. m.
Forme destinée à conserver une chaussure en bon état.

EMBAUMEMENT n. m.
Action d'embaumer un cadavre ; son résultat.

EMBAUMER v. tr., intr.
VERBE TRANSITIF
1. Remplir un cadavre de substances destinées à le préserver de la corruption. *Les momies retrouvées en Égypte par les archéologues avaient été embaumées.*
2. Parfumer. *Ces fleurs embaument le salon.*
3. Répandre la bonne odeur de. *« au fond du petit jardin qui embaumait très fort le thym et le romarin »* (Gabrielle Roy, *La Détresse et l'Enchantement*).
VERBE INTRANSITIF
Répandre une odeur agréable. *Le bon pain embaume : j'ai faim !*
CONJUGAISON : VOIR MODÈLE AIMER.

EMBAUMEUR n. m.
EMBAUMEUSE n. f.
Personne qui fait des embaumements.

EMBELLIE n. f.
Éclaircie. *Enfin, voilà l'embellie que nous attendions pour partir en mer.*

EMBELLIR v. tr., intr., pronom.
VERBE TRANSITIF
1. Rendre beau, plus beau (quelqu'un). *Cette coupe de cheveux l'embellit.* ANT. enlaidir.
2. Rendre plus attrayant (quelque chose). *Embellir son jardin par la plantation de vivaces.* SYN. décorer ; orner.
3. Rendre plus intéressant en ajoutant des détails plus ou moins exacts. *Embellir quelque peu un récit.* SYN. idéaliser.
VERBE INTRANSITIF
Devenir beau, plus beau. *Elle a beaucoup embelli depuis cinq ans. « Comme cette femme est embellie ! »* (Littré).
Le verbe se conjugue avec l'auxiliaire ***avoir*** pour exprimer l'action, avec l'auxiliaire ***être*** pour marquer l'état.
VERBE PRONOMINAL
Devenir belle. *Comme cette jeune fille s'est embellie en quelques mois !*
À la forme pronominale, le participe passé de ce verbe s'accorde toujours en genre et en nombre avec son sujet. *Elles se sont embellies grandement.*
CONJUGAISON : VOIR MODÈLE FINIR.

EMBELLISSEMENT n. m.
Action d'embellir. *L'embellissement des jardins.*

EMBERLIFICOTER v. tr.
(FAM.) Embarrasser, tendre un piège à. SYN. (FIG.) (FAM.) embobiner.
CONJUGAISON : VOIR MODÈLE AIMER.
emberlificoter.

EMBESOGNÉ, ÉE adj.
(VX) Très occupé. *Chère Monique, je ne puis accepter votre aimable invitation, car je suis trop embesognée.*

EMBÊTANT, ANTE adj.
(FAM.) Ennuyeux. *Des questions embêtantes, une histoire embêtante.* SYN. contrariant ; embarrassant ; (FAM.) emmerdant.

EMBÊTEMENT n. m.
(FAM.) Ennui. *Nous avons un embêtement : la voiture est en panne.* SYN. problème ; tracas.

EMBÊTER v. tr., pronom.
VERBE TRANSITIF
1. (FAM.) Ennuyer. *Ce concert a embêté les enfants, qui avaient plutôt envie de jouer dehors.*
2. Agacer, taquiner. *Cesse de faire du bruit, tu m'embêtes !* SYN. importuner.
3. Embarrasser. *Votre question m'embête, je ne connais pas la réponse.*
VERBE PRONOMINAL
Éprouver beaucoup d'ennui. *Ces étudiants ne s'embêtent pas et profitent de toutes les occasions qui s'offrent à eux.*
À la forme pronominale, le participe passé de ce verbe s'accorde toujours en genre et en nombre avec son sujet. *Ils se sont embêtés toute la soirée.*
CONJUGAISON : VOIR MODÈLE AIMER.

EMBLÉE (D') loc. adv.
Sans difficulté, du premier coup. *Elle fut admise d'emblée.* SYN. aussitôt ; tout de suite.

EMBLÈME n. m.
1. Figure qui représente un pays, un groupe, une idée. *Le castor est l'emblème du Canada.*
2. Symbole. *L'emblème des Éditions Québec Amérique est un sextant ; celui des ordinateurs Macintosh, une pomme multicolore.*
Attention au genre masculin de ce nom : ***un*** emblème.

EMBOBINER v. tr.
1. Enrouler autour d'une bobine.
2. (FIG.) (FAM.) Séduire par de beaux discours, rouler. *Ils ont été embobinés par ce beau parleur.* SYN. duper.
CONJUGAISON : VOIR MODÈLE AIMER.

E

EMBOÎTABLE adj.
Qui peut s'emboîter, entrer l'un dans l'autre. *Ces chaises sont emboîtables.*
[Les *Rectifications* (1990) admettent : emboitable.]

EMBOÎTER v. tr., pronom.
VERBE TRANSITIF
Assembler, ajuster. *Emboîter des conduits.* SYN. encastrer.
VERBE PRONOMINAL
Entrer l'un dans l'autre. *Ces pièces s'emboîtent parfaitement.* SYN. s'assembler.
À la forme pronominale, le participe passé de ce verbe s'accorde toujours en genre et en nombre avec son sujet. *Ces sections se sont emboîtées très facilement.*
LOCUTION
– ***Emboîter le pas.*** Suivre docilement.
CONJUGAISON : VOIR MODÈLE AIMER.
[Les *Rectifications* (1990) admettent : emboiter.]

EMBOLIE n. f.
Obstruction brusque d'un vaisseau. *Une embolie pulmonaire.*
embolie.

EMBONPOINT n. m.
État d'une personne un peu grasse. *Il a de l'embonpoint : il lui faudra maigrir un peu.*
LOCUTION
– ***Prendre de l'embonpoint.*** Engraisser.
embonpoint.

EMBOUCHURE n. f.
Arrivée d'un cours d'eau, d'une rivière dans la mer. *L'embouchure du Saint-Laurent.*

EMBOURBER v. tr., pronom.
VERBE TRANSITIF
Engager dans un bourbier.
VERBE PRONOMINAL
1. S'enliser dans la boue.
2. (FIG.) S'embrouiller dans une affaire difficile.
À la forme pronominale, le participe passé de ce verbe s'accorde toujours en genre et en nombre avec son sujet. *Sa bicyclette s'était embourbée dans un chemin forestier.*
CONJUGAISON : VOIR MODÈLE AIMER.

EMBOURGEOISEMENT n. m.
1. Action d'embourgeoiser.
2. Transformation socio-économique d'un quartier urbain ancien engendrée par l'arrivée progressive d'habitants aisés qui en restaurent le milieu physique et en rehaussent le niveau de vie. *L'embourgeoisement* (et non la *gentrification) *des quartiers centraux de la ville.*

EMBOURGEOISER v. tr., pronom.
VERBE TRANSITIF
Donner à quelqu'un les caractères propres à la bourgeoisie.
VERBE PRONOMINAL
1. (PÉJ.) Prendre les habitudes, les manières de la bourgeoisie. *Avec l'âge, ils se sont embourgeoisés.*
2. En parlant d'un lieu, se doter progressivement d'habitations plus cossues, d'habitants plus nantis. *Ce quartier s'embourgeoise* (et non se *gentrifie) *progressivement.*
À la forme pronominale, le participe passé de ce verbe s'accorde toujours en genre et en nombre avec son sujet. *Elles ne se sont pas embourgeoisées.*
CONJUGAISON : VOIR MODÈLE AIMER.

EMBOUT n. m.
1. Pièce métallique fixée à l'extrémité d'un objet. *Un parapluie muni d'un embout.*
2. Élément disposé à l'extrémité de quelque chose et permettant l'assemblage avec un autre élément. *L'embout d'une seringue.*
embout.

EMBOUTEILLAGE n. m.
1. Mise en bouteilles. *L'embouteillage d'une boisson gazeuse.*
2. Encombrement de la circulation. *Il y a des embouteillages à cause des travaux de construction.* SYN. bouchon.

EMBOUTEILLER v. tr.
1. Mettre en bouteilles. *Embouteiller de l'eau gazeuse.*
2. (FIG.) Encombrer une voie de communication par un trop grand nombre de véhicules. *Ces camions embouteillent les rues.*
CONJUGAISON : VOIR MODÈLE AIMER.
Les lettres ***ill*** sont suivies d'un ***i*** à la première et à la deuxième personne du pluriel de l'indicatif imparfait et du subjonctif présent. *(Que) nous embouteillions, (que) vous embouteilliez.*

EMBOUTIR v. tr.
1. Travailler une plaque de métal pour y faire apparaître des formes en relief.
2. (FIG.) Heurter violemment et défoncer. *Un camion a embouti cette petite voiture.* SYN. démolir.
CONJUGAISON : VOIR MODÈLE FINIR.

EMBRANCHEMENT n. m.
1. Point de rencontre de deux ou plusieurs chemins. *Il y a un feu de circulation au prochain embranchement.* SYN. carrefour; croisement; intersection.
2. Division du règne animal ou du règne végétal. *Les vertébrés constituent un embranchement du règne animal.*

EMBRASEMENT n. m.
(LITT.) Illumination générale. *Le bel embrasement du Mont-Saint-Michel.*
Ne pas confondre avec le nom ***embrassement,*** action d'embrasser.

EMBRASER v. tr., pronom.
VERBE TRANSITIF
Mettre en feu. *En juin, les feux d'artifice ont embrasé le ciel de Montréal.*
VERBE PRONOMINAL
Prendre feu. *En raison de la sécheresse, la forêt s'est embrasée et des milliers d'arbres ont brûlé.*
À la forme pronominale, le participe passé de ce verbe s'accorde toujours en genre et en nombre avec son sujet. *Les bûches se sont embrasées.*
CONJUGAISON : VOIR MODÈLE AIMER.

EMBRASSADE n. f.
Accolade. *Les embrassades et les poignées de main ont duré un bon moment : il y avait si longtemps qu'ils s'étaient vus.*

EMBRASSEMENT n. m.
(LITT.) Action d'embrasser.
Ne pas confondre avec le nom ***embrasement,*** grande illumination.

EMBRASSER v. tr., pronom.
VERBE TRANSITIF
1. Donner un baiser à quelqu'un. *Grand-maman embrasse sa petite Fanny.* SYN. (FAM.) donner un bec.
2. (FIG.) Choisir un secteur d'activité. *Embrasser la carrière diplomatique.*
3. Contenir, comprendre. *Un cours de littérature qui embrasse le roman, le théâtre et la poésie.*
VERBE PRONOMINAL
Se donner des baisers. *Ils se sont embrassés un long moment.*
À la forme pronominale, le participe passé de ce verbe s'accorde toujours en genre et en nombre avec son sujet. *Les amoureux se sont embrassés.*

LOCUTION
– ***Qui trop embrasse mal étreint*** (Proverbe). Si on entreprend trop de choses à la fois, on ne les réussira qu'à moitié.
CONJUGAISON : VOIR MODÈLE AIMER.

EMBRASURE n. f.
Ouverture d'une porte, d'une fenêtre. « *L'embrasure découpait dans du sombre un bout de rue tranquille, presque agreste* » (Gabrielle Roy, *La Détresse et l'Enchantement*).

EMBRAYAGE n. m.
1. Action d'embrayer.
2. Mécanisme permettant d'embrayer. *Appuie sur la pédale d'embrayage* (et non sur la *clutch).

EMBRAYER v. tr.
(MÉCAN.) Mettre en communication un mécanisme, une pièce mobile avec l'arbre moteur.
CONJUGAISON : VOIR MODÈLE PAYER.
Dans ce verbe, le ***y*** n'est pas remplacé par ***i*** devant un ***e*** muet. *J'embraye, j'embrayerai.*

EMBRIGADER v. tr.
Recruter. *Ces manifestants tentent de nous embrigader.*
CONJUGAISON : VOIR MODÈLE AIMER.

EMBROCHER v. tr.
Mettre en broche. *Embrocher des coquelets pour les faire griller.*
CONJUGAISON : VOIR MODÈLE AIMER.

EMBROUILLAMINI n. m.
(FAM.) Confusion. *Des embrouillaminis regrettables.* SYN. imbroglio.

EMBROUILLER v. tr., pronom.
VERBE TRANSITIF
Semer la confusion. *Vous avez tout embrouillé avec vos remarques.* SYN. compliquer.
VERBE PRONOMINAL
Perdre le fil de ses idées. *Elle s'est embrouillée dans son explication.* SYN. s'empêtrer; se tromper.
À la forme pronominale, le participe passé de ce verbe s'accorde toujours en genre et en nombre avec son sujet. *Ils se sont embrouillés dans leurs mensonges.*
CONJUGAISON : VOIR MODÈLE AIMER.
Les lettres ***ill*** sont suivies d'un ***i*** à la première et à la deuxième personne du pluriel de l'indicatif imparfait et du subjonctif présent. *(Que) nous embrouillions, (que) vous embrouilliez.*

EMBROUSSAILLÉ, ÉE adj.
Couvert de broussailles.

EMBRUN n. m.
Pluie fine causée par les vagues qui se brisent. *Les embruns nous ont mouillés.*
Ce nom s'emploie généralement au pluriel.

EMBRYOLOGIE n. f.
Science de l'embryon.
embryologie.

EMBRYON n. m.
1. Germe d'un être organisé. *Un embryon de grenouille.*
Pour l'espèce humaine, le nom ***embryon*** s'emploie de la conception jusqu'au deuxième mois; du troisième mois à la naissance, on emploie le nom ***fœtus.***
2. (FIG.) Commencement. *Un embryon d'association.* SYN. début.
embryon.

EMBRYONNAIRE adj.
1. De l'embryon.
2. (FIG.) Qui est en germe. *Un regroupement embryonnaire.*
embryonnaire.

EMBÛCHE n. f.
Piège. *La traversée était pleine d'embûches.* SYN. difficulté.
Le nom s'emploie généralement au pluriel.
[Les *Rectifications* (1990) admettent : embuche.]

EMBUER v. tr., pronom.
VERBE TRANSITIF
Couvrir d'une buée. *Le pare-brise est embué, il est impossible de rouler ainsi.*
VERBE PRONOMINAL
Se couvrir de buée. *En raison de l'humidité, le miroir s'était embué.*
À la forme pronominale, le participe passé de ce verbe s'accorde toujours en genre et en nombre avec son sujet. *Les glaces de la voiture se sont embuées.*
CONJUGAISON : VOIR MODÈLE AIMER.

EMBUSCADE n. f.
Manœuvre qui consiste à se cacher pour attaquer par surprise. *Tomber dans une embuscade.* SYN. piège; traquenard.

EMBUSQUER v. tr., pronom.
Mettre en embuscade pour attaquer par surprise. *Le voleur était embusqué dans un petit bois, mais les policiers s'étaient également embusqués au même endroit !*
À la forme pronominale, le participe passé de ce verbe s'accorde toujours en genre et en nombre avec son sujet. *Elles se sont embusquées derrière un paravent.*
CONJUGAISON : VOIR MODÈLE AIMER.

ÉMÉCHÉ, ÉE adj.
(FAM.) Légèrement ivre. SYN. (FAM.) pompette.

ÉMERAUDE adj. inv. et n. m. et. f.
NOM FÉMININ
Pierre précieuse d'un beau vert. *Des émeraudes très belles.*
ADJECTIF DE COULEUR INVARIABLE
De la teinte verte de l'émeraude. *Des velours vert émeraude. Des jupes émeraude.*
VOIR TABLEAU – COULEUR (ADJECTIFS DE).
NOM MASCULIN
Couleur qui rappelle la pierre précieuse. *Une teinture d'un bel émeraude.*

ÉMERGENCE n. f.
(FIG.) Apparition soudaine. *L'émergence d'un nouveau nationalisme.*
émergence.

ÉMERGENT, ENTE adj.
1. Qui se trouve à découvert à marée basse. *Des rochers émergents.*
2. (FIG.) Qui est en croissance, qui se développe. *Les professions émergentes du secteur quaternaire.* « *Déboulonner les préjugés à propos de la musique marginale et émergente, c'est ce à quoi s'emploie le Festival depuis cinq ans* » (*Le Devoir*).
LOCUTIONS
– ***An émergent.*** Année à partir de laquelle on compte les années d'une période, d'une ère. « *Chez les chrétiens, l'année de la naissance de Jésus-Christ est l'an émergent, parce qu'ils commencent à compter depuis cette année* » (TLF).
– ***Pays émergent.*** Pays en développement caractérisé par une économie en forte expansion et ouverte aux échanges internationaux. *Des pays émergents qui entendent s'imposer à l'heure de la mondialisation. L'extraordinaire croissance des pays émergents, au premier rang desquels la Chine, et leur intégration rapide dans les flux mondiaux changent la donne.*
Ne pas confondre avec le participe présent invariable émergeant. *Émergeant d'un palais kitsch, le vilain mari tue le prince charmant et le roman naturaliste piétine le roman de gare.*

ÉMERGER v. intr.
1. Surgir d'un milieu liquide. *Un requin émergea de la mer.*
2. (FIG.) Apparaître plus clairement. *La solution à tous nos problèmes émergera.* SYN. se distinguer.

Ne pas confondre avec les verbes suivants :
- ***immerger,*** plonger dans un liquide ;
- ***submerger,*** recouvrir complètement d'un liquide.

CONJUGAISON : VOIR MODÈLE CHANGER.
Le ***g*** est suivi d'un ***e*** devant les lettres ***a*** et ***o***. *Il émergea, nous émergeons.*

E

ÉMERI n. m.
Papier abrasif. *Des papiers d'émeri, des papiers(-)émeri très fins.*
émeri.

ÉMÉRITE adj.
1. Remarquable. *Un conférencier émérite.*
2. (FIG.) Professeur à la retraite éminent. *Un professeur émérite.*

ÉMERVEILLEMENT n. m.
Fait de s'émerveiller, d'être émerveillé. *Le délicieux émerveillement des enfants.* SYN. enchantement ; ravissement.

ÉMERVEILLER v. tr., pronom.
VERBE TRANSITIF
Éblouir, frapper d'admiration. *La jeune pianiste a émerveillé son auditoire.* SYN. fasciner ; ravir.
VERBE PRONOMINAL
Éprouver de l'admiration pour quelqu'un, pour quelque chose de merveilleux. *Ils s'émerveillent de la beauté du paysage. Elle s'émerveille de voir les baleines de si près.*
Le verbe se construit avec la préposition ***de*** suivie d'un nom ou d'un infinitif. Il peut également se construire avec la conjonction ***que*** suivie du subjonctif. *Je m'émerveille que tant d'amis soient présents aujourd'hui.*
À la forme pronominale, le participe passé de ce verbe s'accorde toujours en genre et en nombre avec son sujet. *Ils se sont émerveillés des prouesses de ces athlètes.*
CONJUGAISON : VOIR MODÈLE AIMER.
Les lettres ***ill*** sont suivies d'un ***i*** à la première et à la deuxième personne du pluriel de l'indicatif imparfait et du subjonctif présent. *(Que) nous émerveillions, (que) vous émerveilliez.*

ÉMÉTIQUE adj. et n. m.
ADJECTIF
Qui est destiné à faire vomir. *Une substance émétique.*
NOM MASCULIN
Produit qui provoque le vomissement. *Prendre un émétique.* SYN. vomitif.

ÉMETTEUR, TRICE adj. et n. m.
ADJECTIF
Qui émet. *Un poste émetteur.*
NOM MASCULIN
1. Poste d'émission de signaux électromagnétiques porteurs de sons, d'images. *Un émetteur de télévision.*
2. (LING.) Personne qui émet un message. SYN. destinateur. ANT. récepteur.

ÉMETTRE v. tr., intr.
VERBE TRANSITIF
1. Produire. *Émettre un son, des signaux lumineux.*
2. Exprimer. *Elle a émis l'opinion que l'offre devait être acceptée. Ils émettront une hypothèse.* SYN. avancer ; formuler.
3. Mettre en circulation. *Émettre des billets de banque, des actions. Elle a émis un chèque à l'ordre de l'Université de Montréal.*
Attention à la construction du verbe avec un complément secondaire ; celui-ci ne peut être introduit par la simple préposition ***à.*** On écrira plutôt : ***ils ont émis un chèque à l'ordre de..., au profit de...*** (et non émettre un chèque *à quelqu'un).
VERBE INTRANSITIF
Diffuser des sons, des images. *Cette chaîne de télévision émet à partir de 8 heures tous les jours.*
FORMES FAUTIVES
*émettre un communiqué, un document. Anglicisme pour ***publier, diffuser un communiqué, publier un document.***
*émettre une décision. (JUR.) Anglicisme pour ***rendre une décision.***
*émettre un mandat. (JUR.) Anglicisme pour ***lancer un mandat.***
*émettre un ordre. Anglicisme pour ***donner un ordre.***
*émettre un passeport, un permis. Anglicisme pour ***délivrer un passeport, un permis.***
*émettre un rapport. Anglicisme pour ***produire un rapport.***
*émettre un reçu. Anglicisme pour ***remettre, donner*** ou ***délivrer un reçu.***
*émettre un verdict. Anglicisme pour ***prononcer, rendre un verdict.***
CONJUGAISON : VOIR MODÈLE REMETTRE.
INDICATIF PRÉSENT *J'émets, tu émets, il émet, nous émettons, vous émettez, ils émettent.* IMPARFAIT *J'émettais.* PASSÉ SIMPLE *J'émis.* FUTUR *J'émettrai.* CONDITIONNEL PRÉSENT *J'émettrais.* IMPÉRATIF PRÉSENT *Émets, émettons, émettez.* SUBJONCTIF PRÉSENT *Que j'émette.* IMPARFAIT *Que j'émisse.* PARTICIPE PRÉSENT *Émettant.* PASSÉ *Émis, ise.*

ÉMEUTE n. f.
Agitation d'un groupe de personnes. *Le défilé des contestataires a tourné à l'émeute. Il y a eu une émeute rue Sainte-Catherine lorsque le Canadien a remporté la coupe Stanley.* SYN. révolte ; soulèvement.

ÉMEUTIER, IÈRE n. m. et f.
Personne qui participe à une émeute.

ÉMIETTEMENT n. m.
Action d'émietter ; son résultat.

ÉMIETTER v. tr., pronom.
VERBE TRANSITIF
1. Réduire en miettes. *Le vieillard émiette du pain pour les oiseaux.*
2. (FIG.) Disperser, éparpiller. *Il a dû se résoudre à émietter sa collection de tableaux.*
VERBE PRONOMINAL
1. Se morceler en miettes. *Ces biscuits risquent de s'émietter.*
2. (FIG.) Se démanteler. *Cet empire s'est émietté progressivement.*
À la forme pronominale, le participe passé de ce verbe s'accorde toujours en genre et en nombre avec son sujet. *Ces galettes d'avoine s'étaient émiettées.*
CONJUGAISON : VOIR MODÈLE AIMER.

ÉMIGRANT, ANTE n. m. et f.
Personne qui quitte son pays pour aller vivre à l'étranger. *Ces émigrants attendent un visa du nouveau pays où ils désirent habiter.*
1° Ne pas confondre avec le nom ***immigrant,*** personne entrant dans un pays étranger pour s'y établir.
2° Par rapport au nom ***émigré*** qui met l'accent sur le fait de vivre dans un nouveau pays, le nom ***émigrant*** insiste sur la notion de départ de son pays.

ÉMIGRATION n. f.
Action de quitter son pays pour aller s'établir dans un autre pays.
Ne pas confondre avec le nom ***immigration,*** action de venir dans un pays pour s'y établir.

ÉMIGRÉ, ÉE adj. et n. m. et f.
ADJECTIF
Qui a émigré. *Des travailleurs émigrés.*
NOM MASCULIN ET FÉMININ
Personne qui a quitté son pays pour s'installer dans un nouveau pays. *Ces émigrés s'adaptent bien à leur nouvelle patrie.*
1° Par rapport au nom ***émigrant,*** qui insiste sur la notion de départ de son pays, le nom ***émigré*** met l'accent sur le fait de vivre dans un nouveau pays.

2° Ne pas confondre avec le nom ***immigré,*** personne venant habiter un nouveau pays après avoir quitté le sien.

ÉMIGRER v. intr.
Quitter son pays pour aller s'établir à l'étranger. *En raison de la guerre, de nombreux Libanais ont émigré au Québec.* SYN. s'expatrier.
Ne pas confondre avec le verbe ***immigrer,*** venir habiter un nouveau pays après avoir quitté le sien.
CONJUGAISON : VOIR MODÈLE AIMER.

ÉMINCÉ n. m.
Fine tranche de viande. *Des émincés de veau.*

ÉMINCER v. tr.
Couper en tranches très fines.
CONJUGAISON : VOIR MODÈLE AVANCER.
Le **c** prend une cédille devant les lettres ***a*** et **o.** *Il éminça, nous éminçons.*

ÉMINEMMENT adv.
La troisième syllabe se prononce ***na,*** [eminamɑ̃].
Extrêmement, au plus haut degré. *Il est éminemment compétent.*
émin**emm**ent.

ÉMINENCE n. f.
1. Élévation de terrain. *Le manoir a été construit sur une éminence au bord du fleuve.* SYN. butte ; colline ; monticule.
2. Titre réservé aux cardinaux. *Son Éminence le cardinal Léger.*
Les adjectifs, les pronoms ou les participes s'accordent au féminin en l'absence d'un nom masculin qui suivrait le titre honorifique. *Son Éminence est décidée à le rencontrer.* Si le titre est suivi d'un nom masculin, les adjectifs, les pronoms ou les participes s'accordent avec ce nom. *Son Éminence le cardinal est décidé à le rencontrer.*
Le titre ***Son Éminence*** s'abrège en ***S. Ém.*** au singulier et en ***LL. ÉÉ.*** au pluriel.
LOCUTION
– ***Éminence grise.*** Conseiller secret.
Ne pas confondre avec le nom ***imminence,*** proximité.

ÉMINENT, ENTE adj.
Remarquable, très important. *Un personnage éminent nous rendra visite : le ministre de l'Éducation.*
Ne pas confondre avec l'adjectif ***imminent,*** qui est tout près d'arriver.

ÉMIR n. m.
Titre de divers chefs musulmans. *Des émirs très puissants.*

ÉMIRAT n. m.
1. Dignité d'émir.
2. Territoire gouverné par un émir. *Les Émirats arabes unis.*
émira**t.**

ÉMISSAIRE n. m. et f.
Personne chargée d'une mission secrète. *Un émissaire de la paix.* SYN. délégué ; envoyé.
LOCUTION
– ***Bouc émissaire.*** Personne injustement accusée de fautes commises par d'autres.
L'adjectif n'est usité que dans cette expression.
émiss**aire.**

ÉMISSION n. f.
1. Projection de particules, de rayons. *Une émission de gaz toxiques.*
2. Transmission de signaux, de sons et d'images. *Une émission sur ondes courtes.* SYN. diffusion.
3. Programme transmis par la radio, la télévision. *Une émission télévisée très populaire.*
4. (FIN.) Mise en circulation de monnaies, de titres, etc. *Des émissions de timbres-poste, de billets de banque.*
FORME FAUTIVE
*émission d'un diplôme. Impropriété pour ***délivrance d'un diplôme.***

EMMAGASINAGE n. m.
Action d'emmagasiner. *L'emmagasinage de produits périssables.*

EMMAGASINER v. tr.
Entreposer. *Emmagasiner des marchandises.* SYN. accumuler ; amasser ; stocker.
CONJUGAISON : VOIR MODÈLE AIMER.

EMMAILLOTER v. tr., pronom.
Les lettres ***em*** se prononcent ***an.***
VERBE TRANSITIF
Envelopper étroitement. *Delphine et Étienne emmaillotent le petit Gabriel dans une douce couverture de coton.* SYN. langer.
VERBE PRONOMINAL
S'envelopper dans des lainages, des vêtements. *Ils grelottaient et s'étaient emmaillotés dans un édredon.*
À la forme pronominale, le participe passé de ce verbe s'accorde toujours en genre et en nombre avec son sujet. *Elles se sont emmaillotées dans leurs fourrures.*
CONJUGAISON : VOIR MODÈLE AIMER.
emmaill**o**ter.

EMMANCHURE n. f.
Les lettres ***em*** se prononcent ***an.***
Ouverture d'un vêtement pour y coudre une manche.

EMMÊLEMENT n. m.
Action d'emmêler ; fait d'être emmêlé.

EMMÊLER v. tr., pronom.
Les lettres ***em*** se prononcent ***an.***
VERBE TRANSITIF
1. Mêler des fils qui se prennent les uns dans les autres. *Emmêler ses cheveux.* SYN. enchevêtrer. ANT. démêler.
Ne pas confondre avec le verbe ***entremêler,*** insérer certaines choses dans d'autres.
2. (FIG.) Embrouiller. *Emmêler une situation.* SYN. brouiller. ANT. démêler.
VERBE PRONOMINAL
1. Se mêler. *Dans cette décapotable, sa chevelure s'est emmêlée complètement.*
2. (FIG.) S'embrouiller. *Ils se sont emmêlés dans leurs mensonges.*
À la forme pronominale, le participe passé de ce verbe s'accorde toujours en genre et en nombre avec son sujet. *Ses cheveux s'étaient emmêlés.*
CONJUGAISON : VOIR MODÈLE AIMER.

EMMÉNAGEMENT n. m.
Installation dans un nouveau logement.
Ne pas confondre avec le nom ***aménagement,*** organisation en vue d'un usage déterminé.

EMMÉNAGER v. tr., intr.
VERBE TRANSITIF
Transporter dans un nouveau logement. *Emménager un piano.*
L'emploi de ce verbe à la forme transitive est peu fréquent.
VERBE INTRANSITIF
S'installer dans un nouveau logement. *Ils viennent d'emménager dans cette maison.*
Ne pas confondre avec le verbe ***aménager,*** organiser en vue d'un usage déterminé.
CONJUGAISON : VOIR MODÈLE CHANGER.
Le ***g*** est suivi d'un ***e*** devant les lettres ***a*** et **o.** *Il emménagea, nous emménageons.*

EMMENER v. tr.
Les lettres ***em*** se prononcent ***an.***
Mener avec soi du lieu où l'on est vers un autre lieu. *Il emmène ses enfants en voyage.*
1° On ***emmène*** une personne du lieu où l'on est dans un autre, mais on ***amène*** une personne vers un lieu donné.

2° On ***emmène*** une personne, un animal, mais on ***emporte*** une chose.
CONJUGAISON : VOIR MODÈLE LEVER.
Le deuxième ***e*** se change en ***è*** devant une syllabe contenant un ***e*** muet. *J'emmène,* mais *j'emmenais.*

EMMENTHAL ou **EMMENTAL** n. m.
Le premier ***e*** se prononce ***é*** et la deuxième syllabe se prononce ***min,*** [emɛ̃tal].
Fromage de gruyère originairement de Suisse. *Des emmenthals, des emmentals.*

EMMERDANT, ANTE adj.
Les lettres ***em*** se prononcent ***an.***
1. (FAM.) Ennuyeux. *Ce travail est emmerdant.* SYN. assommant.
2. (FAM.) Embêtant. *Un retard emmerdant.* SYN. contrariant ; fâcheux.
Cet adjectif est très familier. Dans un style soigné, on l'évitera.

EMMERDEMENT n. m.
Les lettres ***em*** se prononcent ***an.***
(FAM.) Ennui. SYN. embêtement.
L'emploi de ce nom est à éviter dans un style soigné.

EMMERDER v. tr., pronom.
Les lettres ***em*** se prononcent ***an.***
VERBE TRANSITIF
1. (FAM.) Importuner. *Ce devoir les emmerde.* SYN. agacer ; embêter.
2. (FAM.) Ennuyer. *Cette conférence les a emmerdés.* SYN. assommer ; embêter.
VERBE PRONOMINAL
(FAM.) S'ennuyer. *Ils se sont emmerdés à ce concert.*
À la forme pronominale, le participe passé de ce verbe s'accorde toujours en genre et en nombre avec son sujet. *Elles se sont emmerdées pendant la cérémonie officielle.*
L'emploi de ce verbe est à éviter dans un style soigné.
CONJUGAISON : VOIR MODÈLE AIMER.

EMMERDEUR, EUSE n. m. et f.
Les lettres ***em*** se prononcent ***an.***
(FAM.) Personne qui dérange, qui agace. SYN. casse-pieds.

EMMITOUFLER v. tr., pronom.
Les lettres ***em*** se prononcent ***an.***
VERBE TRANSITIF
Envelopper dans des vêtements bien chauds. *Elle emmitoufle les enfants, car il fait très froid.*
VERBE PRONOMINAL
Se couvrir chaudement. *Elle s'était emmitouflée, elle avait trop chaud.*
À la forme pronominale, le participe passé de ce verbe s'accorde toujours en genre et en nombre avec son sujet. *Les enfants s'étaient bien emmitouflés pour affronter le froid.*
CONJUGAISON : VOIR MODÈLE AIMER.
emmitoufler, un seul ***f.***

EMMURER v. tr., pronom.
Les lettres ***em*** se prononcent ***an.***
VERBE TRANSITIF
Enfermer en murant. *Les habitants ont été emmurés lors du séisme.*
VERBE PRONOMINAL
S'enfermer, au propre ou au figuré. *Elle s'est emmurée dans sa colère.*
À la forme pronominale, le participe passé de ce verbe s'accorde toujours en genre et en nombre avec son sujet. *Ils se sont emmurés dans leur silence.*
CONJUGAISON : VOIR MODÈLE AIMER.
emmurer.

ÉMOI n. m.
1. Agitation. *Il y eut tout un émoi quand le chanteur arriva sur la scène.* SYN. excitation.
2. (LITT.) Émotion. *Des émois charmants.*
LOCUTION
– ***En émoi.*** Ému, dans un état d'excitation. *Il y a eu un début d'incendie à l'école qui a été vite éteint ; la classe était en émoi.*

ÉMOLLIENT, IENTE adj. et n. m.
(MÉD.) Se dit d'un médicament qui amollit les tissus enflammés.

ÉMOLUMENT n. m.
1. (DR.) Actif, ou fraction d'actif, attribué à un héritier, à un légataire ou à un époux commun en biens (GDT). SYN. salaire.
2. (AU PLUR.) Rétribution représentant un traitement fixe ou variable (GDT). *Le président a touché des émoluments totaux de deux millions en 2007.*

ÉMONDAGE ou **ÉMONDEMENT** n. m.
Élagage. *Faire l'émondage d'un arbre.*

ÉMONDER v. tr.
1. Élaguer, couper les branches inutiles d'un arbre. *Ils ont émondé cet arbre en raison de la proximité des fils électriques.* SYN. ébrancher.
2. (FIG.) Retrancher les parties superflues de quelque chose. *Émonder un texte de ses données chiffrées.*
CONJUGAISON : VOIR MODÈLE AIMER.

ÉMOTIF, IVE adj. et n. m. et f.
ADJECTIF
Trop sensible, impressionnable. *Cette enfant est très émotive.* ANT. calme.
NOM MASCULIN ET FÉMININ
Qui est très sensible, qui se trouble facilement. *C'est un émotif.*

ÉMOTION n. f.
Le ***o*** de la deuxième syllabe est fermé, [emosjɔ̃].
Réaction affective intense causée par la surprise, la joie, la peur, etc. *Leur arrivée causa une vive émotion.*
LOCUTION
– ***Émotions fortes.*** Peur, grande inquiétude. SYN. trouble.

ÉMOTIONNEL, ELLE adj.
Le ***o*** de la deuxième syllabe est fermé, [emosjɔnɛl].
Propre à l'émotion. *Un choc émotionnel.*

ÉMOTIONNER v. tr.
Le ***o*** de la deuxième syllabe est fermé, [emosjɔne].
(FAM.) Émouvoir. SYN. toucher.
Ce verbe est un doublet de ***émouvoir.***
VOIR TABLEAU – DOUBLETS.
CONJUGAISON : VOIR MODÈLE AIMER.

ÉMOTIVITÉ n. f.
Le ***o*** est ouvert, [emɔtivite].
1. Caractère d'une personne émotive.
2. Capacité à ressentir des émotions.

ÉMOULU, UE adj.
Sorti depuis peu d'une école. *Des collégiennes fraîches émoulues.*
L'adjectif ***émoulu*** ne s'emploie plus que dans cette expression.

ÉMOUSSER v. tr.
1. Rendre moins tranchant. *L'usure a émoussé la lame de ce couteau.*
2. (FIG.) Affaiblir, rendre moins vif (un sentiment, une sensation, etc.). *Les années qui ont passé ont émoussé le souvenir de la maison de son enfance.* SYN. atténuer.
CONJUGAISON : VOIR MODÈLE AIMER.

ÉMOUSTILLANT, ANTE adj.
Excitant. *Des projets émoustillants.*

ÉMOUSTILLER v. tr.
Exciter, rendre gai. *La perspective du voyage les émoustille.*
CONJUGAISON : VOIR MODÈLE AIMER.
Les lettres ***ill*** sont suivies d'un ***i*** à la première et à la deuxième personne du pluriel de l'indicatif imparfait et du subjonctif présent. *(Que) nous émoustillions, (que) vous émoustilliez.*

ÉMOUVANT, ANTE adj.
Touchant. *Cette scène d'adieux était émouvante.* SYN. bouleversant; poignant.

ÉMOUVOIR v. tr., pronom.
VERBE TRANSITIF
Toucher, bouleverser. *Ces paroles les ont émus.* SYN. remuer; troubler.
VERBE PRONOMINAL
1. Se troubler. *Ils se sont émus au souvenir de ces jours heureux.*
2. S'inquiéter. *Il ne faut pas s'émouvoir de ce changement d'attitude.*
À la forme pronominale, le participe passé de ce verbe s'accorde toujours en genre et en nombre avec son sujet. *Elle s'était émue de tant de générosité à son endroit.*
CONJUGAISON : VOIR MODÈLE ÉMOUVOIR.

EMPAILLAGE n. m.
Action d'empailler.

EMPAILLER v. tr.
Traiter un animal mort de façon à ce qu'on puisse conserver son apparence intacte. *Un hibou empaillé.* SYN. naturaliser.
CONJUGAISON : VOIR MODÈLE AIMER.
Les lettres ***ill*** sont suivies d'un ***i*** à la première et à la deuxième personne du pluriel de l'indicatif imparfait et du subjonctif présent. *(Que) nous empaillions, (que) vous empailliez.*

EMPAILLEUR n. m.
EMPAILLEUSE n. f.
Personne qui empaille des animaux. SYN. taxidermiste.

EMPALEMENT n. m.
1. Action d'empaler.
2. Fait d'être empalé.

EMPALER v. tr., pronom.
VERBE TRANSITIF
Transpercer d'un pal, d'un pieu.
VERBE PRONOMINAL
Se blesser en tombant sur un objet pointu.
À la forme pronominale, le participe passé de ce verbe s'accorde toujours en genre et en nombre avec son sujet. *Les cambrioleurs se sont empalés sur les pointes de la grille.*
CONJUGAISON : VOIR MODÈLE AIMER.

EMPANACHER v. tr.
Garnir d'un panache.
CONJUGAISON : VOIR MODÈLE AIMER.

EMPAQUETAGE n. m.
Action d'empaqueter. SYN. emballage.

EMPAQUETER v. tr.
Mettre en paquet. *Elle empaquette des livres.* SYN. emballer.
CONJUGAISON : VOIR MODÈLE APPELER.
Redoublement du ***t*** devant un ***e*** muet. *J'empaquette, j'empaquetterai,* mais *j'empaquetais.*
[Les *Rectifications* (1990) admettent : il empaquète, empaquètera, empaquèterait...]

EMPARER (S') v. pronom.
Prendre possession de quelque chose par la force. *Les rebelles se sont emparés de la station de radio.* SYN. se saisir de.
Le participe passé de ce verbe, qui n'existe qu'à la forme pronominale, s'accorde toujours en genre et en nombre avec son sujet. *Elles se sont emparées des meilleurs billets.*
CONJUGAISON : VOIR MODÈLE AIMER.

EMPÂTEMENT n. m.
État de ce qui est épais et lourd, épaississement des traits.
Ne pas confondre avec le nom ***empattement,*** distance entre les essieux d'un véhicule, épaississement des caractères d'imprimerie.
empâtement.

EMPÂTER (S') v. pronom.
Prendre du poids, épaissir. *Ses traits se sont empâtés.* SYN. engraisser; grossir.
Le participe passé de ce verbe, qui n'existe qu'à la forme pronominale, s'accorde toujours en genre et en nombre avec son sujet. *Sa taille s'était empâtée.*
CONJUGAISON : VOIR MODÈLE AIMER.
empâter.

EMPATHIE n. f.
Faculté de se mettre à la place d'autrui, de percevoir ce qu'il ressent.
empathie.

EMPATTEMENT n. m.
1. Distance entre les essieux d'un véhicule. *L'empattement d'une voiture.*
2. (TYPOGR.) Épaississement des caractères d'imprimerie en haut et en bas des jambages. *Les caractères du* Multidictionnaire *sont sans empattements.*
Ne pas confondre avec le nom ***empâtement,*** état de ce qui est épais et lourd.
empattement.

EMPÊCHEMENT n. m.
Contretemps de dernière minute. *Ils ont eu un empêchement et n'ont pu venir.* SYN. difficulté; obstacle.
empêchement.

EMPÊCHER v. tr., pronom.
VERBE TRANSITIF
Mettre dans l'impossibilité de, faire obstacle à. *Le parapet empêche les chutes.*
VERBE PRONOMINAL
Se retenir de. *Ils n'ont pu s'empêcher d'éclater de rire.* SYN. se défendre.
Le verbe se construit avec la préposition ***de*** suivie de l'infinitif.
À la forme pronominale, le participe passé de ce verbe s'accorde toujours en genre et en nombre avec son sujet. *Ils se sont empêchés de penser à cette perte financière.*
LOCUTION
– ***(Il) n'empêche que,*** loc. conj. Cependant, malgré tout. *On prévoit une tempête de neige ce soir : il n'empêche que je serai au rendez-vous demain.*
Le verbe se construit avec l'indicatif.
CONJUGAISON : VOIR MODÈLE AIMER.

EMPÊCHEUR, EUSE n. m. et f.
(FAM.) Trouble-fête.
LOCUTION
– ***Empêcheur de tourner en rond.*** Personne ennuyeuse, rabat-joie.

EMPEIGNE n. f.
Pièce de cuir formant le dessus d'une chaussure.
Attention au genre féminin de ce nom : ***une*** empeigne.

EMPENNAGE n. m.
La deuxième syllabe se prononce ***pé,*** [ɑ̃penaʒ].
1. Ensemble de plumes qui garnissent une flèche afin de régulariser sa direction.
2. (AVIAT.) Surfaces placées à l'arrière des ailes d'un avion afin d'en accroître la stabilité.
3. Ailettes équipant certains projectiles.

E

CONJUGAISON DU VERBE **ÉMOUVOIR**

INDICATIF

PRÉSENT

j'	ém**eus**
tu	ém**eus**
elle	ém**eut**
il	ém**eut**
nous	ém**ouvons**
vous	ém**ouvez**
elles	ém**euvent**
ils	ém**euvent**

PASSÉ COMPOSÉ

j'	ai	ému
tu	as	ému
elle	a	ému
il	a	ému
nous	avons	ému
vous	avez	ému
elles	ont	ému
ils	ont	ému

IMPARFAIT

j'	ém**ouvais**
tu	ém**ouvais**
elle	ém**ouvait**
il	ém**ouvait**
nous	ém**ouvions**
vous	ém**ouviez**
elles	ém**ouvaient**
ils	ém**ouvaient**

PLUS-QUE-PARFAIT

j'	avais	ému
tu	avais	ému
elle	avait	ému
il	avait	ému
nous	avions	ému
vous	aviez	ému
elles	avaient	ému
ils	avaient	ému

PASSÉ SIMPLE

j'	ém**us**
tu	ém**us**
elle	ém**ut**
il	ém**ut**
nous	ém**ûmes**
vous	ém**ûtes**
elles	ém**urent**
ils	ém**urent**

PASSÉ ANTÉRIEUR

j'	eus	ému
tu	eus	ému
elle	eut	ému
il	eut	ému
nous	eûmes	ému
vous	eûtes	ému
elles	eurent	ému
ils	eurent	ému

FUTUR SIMPLE

j'	ém**ouvrai**
tu	ém**ouvras**
elle	ém**ouvra**
il	ém**ouvra**
nous	ém**ouvrons**
vous	ém**ouvrez**
elles	ém**ouvront**
ils	ém**ouvront**

FUTUR ANTÉRIEUR

j'	aurai	ému
tu	auras	ému
elle	aura	ému
il	aura	ému
nous	aurons	ému
vous	aurez	ému
elles	auront	ému
ils	auront	ému

CONDITIONNEL PRÉSENT

j'	ém**ouvrais**
tu	ém**ouvrais**
elle	ém**ouvrait**
il	ém**ouvrait**
nous	ém**ouvrions**
vous	ém**ouvriez**
elles	ém**ouvraient**
ils	ém**ouvraient**

CONDITIONNEL PASSÉ

j'	aurais	ému
tu	aurais	ému
elle	aurait	ému
il	aurait	ému
nous	aurions	ému
vous	auriez	ému
elles	auraient	ému
ils	auraient	ému

SUBJONCTIF

PRÉSENT

que	j'	ém**euve**
que	tu	ém**euves**
qu'	elle	ém**euve**
qu'	il	ém**euve**
que	nous	ém**ouvions**
que	vous	ém**ouviez**
qu'	elles	ém**euvent**
qu'	ils	ém**euvent**

PASSÉ

que	j'	aie	ému
que	tu	aies	ému
qu'	elle	ait	ému
qu'	il	ait	ému
que	nous	ayons	ému
que	vous	ayez	ému
qu'	elles	aient	ému
qu'	ils	aient	ému

IMPARFAIT

que	j'	ém**usse**
que	tu	ém**usses**
qu'	elle	ém**ût**
qu'	il	ém**ût**
que	nous	ém**ussions**
que	vous	ém**ussiez**
qu'	elles	ém**ussent**
qu'	ils	ém**ussent**

PLUS-QUE-PARFAIT

que	j'	eusse	ému
que	tu	eusses	ému
qu'	elle	eût	ému
qu'	il	eût	ému
que	nous	eussions	ému
que	vous	eussiez	ému
qu'	elles	eussent	ému
qu'	ils	eussent	ému

IMPÉRATIF

PRÉSENT

ém**eus**
ém**ouvons**
ém**ouvez**

PASSÉ

aie ému
ayons ému
ayez ému

INFINITIF

PRÉSENT

ém**ouvoir**

PASSÉ

avoir ému

PARTICIPE

PRÉSENT

ém**ouvant**

PASSÉ

ému, ue
ayant ému

EMPEREUR n. m.
IMPÉRATRICE n. f.
Chef d'un empire. *L'empereur Napoléon Ier, l'Empereur.*
Suivis d'un nom propre, les mots ***empereur, impératrice*** s'écrivent avec une minuscule. Employés sans nom propre, ils s'écrivent avec une majuscule.

EMPESÉ, ÉE adj.
1. Qu'on a rendu plus raide, en parlant d'un vêtement, d'une étoffe. *Un chemisier empesé.*
2. (FIG.) Raide, dépourvu de naturel. *Un accueil empesé.* SYN. guindé.

EMPESER v. tr.
Enduire d'amidon une étoffe pour lui donner de la raideur. *Empeser des chemises.* SYN. amidonner.
CONJUGAISON : VOIR MODÈLE LEVER.
Le ***e*** se change en ***è*** devant une syllabe contenant un ***e*** muet. *J'empèse,* mais *j'empesais.*

EMPESTER v. tr., intr.
VERBE TRANSITIF
1. Infester d'une odeur désagréable. *Ces fromages forts empestent la cuisine.* SYN. empuantir.
2. Dégager une mauvaise odeur. *Cette pièce empeste la fumée et la sueur.*
VERBE INTRANSITIF
Sentir mauvais. *Ces produits chimiques empestent.* SYN. puer.
CONJUGAISON : VOIR MODÈLE AIMER.

EMPÊTRER v. tr., pronom.
VERBE TRANSITIF
Embarrasser. *Sa jupe trop longue l'empêtre un peu et l'empêche de courir.* SYN. entraver.
VERBE PRONOMINAL
S'embrouiller. *Elle s'est empêtrée dans ses explications.* SYN. s'embarrasser.
À la forme pronominale, le participe passé de ce verbe s'accorde toujours en genre et en nombre avec son sujet. *Ils se sont empêtrés dans leurs mensonges.*
CONJUGAISON : VOIR MODÈLE AIMER.

EMPHASE n. f.
(PÉJ.) Exagération prétentieuse.
FORME FAUTIVE
*mettre l'emphase sur. Calque de «*to put emphasis on*» pour ***mettre l'accent sur, mettre l'insistance sur, insister sur, faire ressortir.*** *Il faut mettre l'accent* (et non *emphase) *sur l'originalité de ce programme.*

EMPHATIQUE adj.
Rempli d'emphase, pompeux. *Une allocution trop emphatique.* ANT. naturel; simple.

EMPHATIQUEMENT adv.
D'une manière emphatique.

EMPHYSÈME n. m.
(MÉD.) Infiltration gazeuse d'un tissu. *Un emphysème pulmonaire.*
emphysème.

EMPHYTÉOTIQUE adj.
Bail de très longue durée. *Un bail emphytéotique de 100 ans.*
emphytéotique.

EMPIÈCEMENT n. m.
Pièce rapportée d'un vêtement. *Des empiècements de velours.*
empiècement.

EMPIÉTEMENT ou **EMPIÈTEMENT** n. m.
1. Action de déborder sur quelque chose, d'usurper la propriété d'autrui.
2. (FIG.) Usurpation. *Les empiétements du fédéral dans les domaines de compétence provinciale.* SYN. chevauchement.
empiétement, empiètement.

EMPIÉTER v. intr.
1. Déborder sur quelque chose qui appartient à quelqu'un d'autre. *Votre clôture empiète de quelques centimètres sur mon terrain.* SYN. dépasser.
2. Chevaucher. *Des tuiles qui empiètent les unes sur les autres.*
CONJUGAISON : VOIR MODÈLE POSSÉDER.
Le ***é*** se change en ***è*** devant une syllabe contenant un ***e*** muet, sauf à l'indicatif futur et au conditionnel présent. *J'empiète,* mais *j'empiéterai.*
[Les *Rectifications* (1990) admettent : il empiètera, empièterait...]

EMPIFFRER (S') v. pronom.
(FAM.) Se remplir le ventre de façon gloutonne. *En rentrant de l'école, les enfants se sont empiffrés de bons gâteaux.* SYN. se gaver.
Le participe passé de ce verbe, qui n'existe qu'à la forme pronominale, s'accorde toujours en genre et en nombre avec son sujet. *Ils s'étaient empiffrés royalement.*
CONJUGAISON : VOIR MODÈLE AIMER.
s'empiffrer.

EMPILAGE n. m.
Empilement. *Un empilage de briques.*
empilage.

EMPILEMENT n. m.
Ensemble de choses empilées. *Un empilement de livres.* SYN. entassement.
empilement.

EMPILER v. tr., pronom.
VERBE TRANSITIF
Entasser, mettre en pile. *Empiler des briques.*
VERBE PRONOMINAL
1. S'entasser, s'amonceler. *Les dossiers s'empilaient sur son bureau.*
2. S'emboîter. *Ces tables peuvent s'empiler les unes sur les autres.*
À la forme pronominale, le participe passé de ce verbe s'accorde toujours en genre et en nombre avec son sujet. *Les factures se sont empilées pendant des semaines.*
CONJUGAISON : VOIR MODÈLE AIMER.

EMPIRE n. m.
1. État dirigé par un empereur ou par une impératrice.
2. Ensemble d'États soumis à une autorité. *L'Empire britannique, l'empire du Japon.*
Ce nom s'écrit avec une majuscule s'il est suivi d'un adjectif de nationalité; il s'écrit avec une minuscule s'il est suivi d'un nom propre.
3. (FIG.) Domination morale, autorité. *L'empire de l'ambition.* SYN. pouvoir.
4. Groupe puissant. *Un empire financier.*
LOCUTIONS
– ***Sous l'empire de,*** loc. prép. Sous l'influence de. *Il a agi sous l'empire de la colère.*
– ***Style Empire.*** Se dit du style décoratif du temps de Napoléon Ier. *Un secrétaire de style Empire, une commode Empire.*
En ce sens, le nom s'écrit avec une majuscule.

EMPIRER v. intr.
S'aggraver. *Son état de santé a empiré.* SYN. se détériorer.
Autrefois, le verbe pouvait se conjuguer avec l'auxiliaire ***être*** pour marquer l'état, mais il se conjugue aujourd'hui avec l'auxiliaire ***avoir.***
CONJUGAISON : VOIR MODÈLE AIMER.

EMPIRIQUE adj.
Qui ne s'appuie que sur l'expérience, qui n'a pas de fondement scientifique. *Des données strictement empiriques.*
empirique.

EMPIRIQUEMENT adv.
De façon empirique.

EMPLACEMENT n. m.
1. Lieu choisi pour situer un établissement, pour exercer une activité. *L'emplacement d'un futur centre commercial.* SYN. localisation.
2. Lieu jadis occupé par quelque chose. *Ces bornes marquent l'emplacement d'un temple romain dédié à Esculape, dieu de la médecine.*

EMPLÂTRE n. m.
Préparation qui s'applique sur la peau.
Attention au genre masculin de ce nom : ***un*** emplâtre.

EMPLETTE n. f.
Achat. *Faire des emplettes.* SYN. course.

EMPLIR v. tr., pronom.
VERBE TRANSITIF
1. Envahir. *Les touristes emplissent les rues pendant l'été.*
2. (LITT.) Remplir. *Emplis mes poches de provisions.*
VERBE PRONOMINAL
Devenir plein. *La cave s'est emplie d'eau.*
À la forme pronominale, le participe passé de ce verbe s'accorde toujours en genre et en nombre avec son sujet. *Ses yeux se sont emplis de larmes.*
CONJUGAISON : VOIR MODÈLE FINIR.

EMPLOI n. m.
1. Action, manière de se servir d'une chose. *L'emploi d'un produit chimique. L'emploi du mot *canceller pour* annuler *est fautif.* SYN. usage ; utilisation.
2. Travail, fonction. *Des offres d'emploi, des demandes d'emploi, la création d'emplois, des suppressions d'emplois.*
3. (ÉCON.) Situation globale de l'activité professionnelle rémunérée dans un ensemble économique. *Le plein emploi est-il une utopie ?*
LOCUTIONS
– ***Assurance-emploi.*** Type d'assurance sociale qui a pour objet d'indemniser le travailleur sans emploi, en vertu d'un régime de protection dont le financement provient en grande partie de cotisations à la fois salariales et patronales.
Depuis l'adoption de la Loi sur l'assurance-emploi (Canada) en 1996, le terme ***assurance-emploi*** a remplacé ***assurance-chômage.***
– ***Demandeur d'emploi.*** Personne au chômage à la recherche d'un travail. *Des demandeurs d'emploi.* SYN. chômeur.
– ***Double emploi.*** Répétition inutile, emploi superflu. *Avec cette ceinture, les bretelles feraient double emploi.*
– ***Emploi du temps.*** Horaire, détermination des activités. *Ton emploi du temps n'est pas trop chargé heureusement.*
– ***Être sans emploi.*** Se trouver sans travail, être au chômage.
– ***Mode d'emploi.*** Explications sur la manière d'utiliser un appareil, un produit. *Des modes d'emploi bien faits.*
– ***Offre d'emploi.*** Appel de candidatures pour un poste. *Des offres d'emploi intéressantes.*
Dans l'expression ***offre d'emploi,*** le nom ***emploi*** est toujours au singulier. *Malheureusement, les offres d'emploi sont rares en ce moment.*
FORME FAUTIVE
*être à l'emploi de. Calque de «*to be in the employ of*» pour ***travailler chez, être au service de.***

EMPLOYABILITÉ n. f.
Capacité d'une personne à acquérir et à maintenir les compétences nécessaires pour trouver ou conserver un emploi.
Ne pas confondre avec le nom ***aptitude au travail,*** disposition d'une personne à accomplir une tâche et à exercer une fonction.

EMPLOYÉ, ÉE n. m. et f.
Personne salariée dans une entreprise, un organisme de l'Administration. *Le personnel de cette entreprise compte près de 300 employés.*

EMPLOYER v. tr., pronom.
VERBE TRANSITIF
1. Faire usage de. *Elle emploie des produits frais pour cuisiner.* SYN. se servir de ; utiliser.
2. Donner du travail à quelqu'un. *Notre entreprise emploie 20 personnes.*
VERBE PRONOMINAL
1. S'utiliser. *L'expression* éclater de rire *s'emploie couramment.*
2. S'appliquer. *Elle s'est employée à aider les autres.* SYN. se consacrer ; se dépenser ; veiller.
En ce sens, le verbe se construit avec la préposition *à.*
À la forme pronominale, le participe passé de ce verbe s'accorde toujours en genre et en nombre avec son sujet. *Ses collègues se sont employés à le soutenir.*
CONJUGAISON : VOIR MODÈLE EMPLOYER.
Le ***y*** se change en ***i*** devant un ***e*** muet. *J'emploie, j'emploierai.* Le ***y*** est suivi d'un ***i*** à la première et à la deuxième personne du pluriel de l'indicatif imparfait et du subjonctif présent. *(Que) nous employions, (que) vous employiez.*

EMPLOYEUR, EUSE n. m. et f.
Personne, société qui emploie des salariés.

EMPOCHER v. tr.
Toucher une somme d'argent. *Ils viennent d'empocher le gros lot : 2 millions !* SYN. encaisser ; recevoir.
CONJUGAISON : VOIR MODÈLE AIMER.

EMPOIGNADE n. f.
La deuxième syllabe se prononce ***pwa,*** [ɑ̃pwaɲad].
1. Altercation, bataille.
2. (FIG.) Querelle violente. *Une empoignade regrettable entre des députés.*

EMPOIGNE n. f.
La deuxième syllabe se prononce ***pwa,*** [ɑ̃pwaɲ].
– ***Foire d'empoigne.*** (FAM.) Mêlée (au sens propre ou figuré).
Le mot ne s'emploie que dans cette locution.

EMPOIGNER v. tr., pronom.
La deuxième syllabe se prononce ***pwa,*** [ɑ̃pwaɲe].
VERBE TRANSITIF
1. Saisir avec la ou les mains. *Les gardiens ont empoigné les assaillants. Il a immédiatement empoigné son cellulaire pour nous prévenir.* SYN. attraper.
2. (FIG.) Émouvoir profondément. *Ce film les a empoignés.* SYN. passionner ; toucher.
VERBE PRONOMINAL
Se quereller, se battre. *Ils se sont empoignés brutalement.*
À la forme pronominale, le participe passé de ce verbe s'accorde toujours en genre et en nombre avec son sujet. *Elles se sont empoignées vigoureusement.*
Ce verbe, qui date du XIIe siècle, est composé du préfixe ***en-*** et du nom ***poing.*** Le verbe ***empoigner*** a remplacé le verbe ***poigner*** au sens de « saisir avec les mains ».
CONJUGAISON : VOIR MODÈLE AIMER.
Les lettres ***gn*** sont suivies d'un ***i*** à la première et à la deuxième personne du pluriel de l'indicatif imparfait et du subjonctif présent. *(Que) nous empoignions, (que) vous empoigniez.*

EMPOIS n. m.
Produit qui sert à l'empesage.
empois, un ***s*** final même au singulier.

EMPOISONNEMENT n. m.
1. Action d'empoisonner. *L'empoisonnement d'une personne est un crime.*
2. Intoxication. *Un empoisonnement alimentaire.*

CONJUGAISON DU VERBE **EMPLOYER**

INDICATIF

PRÉSENT		PASSÉ COMPOSÉ		
j'	emplo**ie**	j'	ai	employé
tu	emplo**ies**	tu	as	employé
elle	emplo**ie**	elle	a	employé
il	emplo**ie**	il	a	employé
nous	emplo**yons**	nous	avons	employé
vous	emplo**yez**	vous	avez	employé
elles	emplo**ient**	elles	ont	employé
ils	emplo**ient**	ils	ont	employé

IMPARFAIT		PLUS-QUE-PARFAIT		
j'	emplo**yais**	j'	avais	employé
tu	emplo**yais**	tu	avais	employé
elle	emplo**yait**	elle	avait	employé
il	emplo**yait**	il	avait	employé
nous	emplo**yions**	nous	avions	employé
vous	emplo**yiez**	vous	aviez	employé
elles	emplo**yaient**	elles	avaient	employé
ils	emplo**yaient**	ils	avaient	employé

PASSÉ SIMPLE		PASSÉ ANTÉRIEUR		
j'	emplo**yai**	j'	eus	employé
tu	emplo**yas**	tu	eus	employé
elle	emplo**ya**	elle	eut	employé
il	emplo**ya**	il	eut	employé
nous	emplo**yâmes**	nous	eûmes	employé
vous	emplo**yâtes**	vous	eûtes	employé
elles	emplo**yèrent**	elles	eurent	employé
ils	emplo**yèrent**	ils	eurent	employé

FUTUR SIMPLE		FUTUR ANTÉRIEUR		
j'	emplo**ierai**	j'	aurai	employé
tu	emplo**ieras**	tu	auras	employé
elle	emplo**iera**	elle	aura	employé
il	emplo**iera**	il	aura	employé
nous	emplo**ierons**	nous	aurons	employé
vous	emplo**ierez**	vous	aurez	employé
elles	emplo**ieront**	elles	auront	employé
ils	emplo**ieront**	ils	auront	employé

CONDITIONNEL PRÉSENT		CONDITIONNEL PASSÉ		
j'	emplo**ierais**	j'	aurais	employé
tu	emplo**ierais**	tu	aurais	employé
elle	emplo**ierait**	elle	aurait	employé
il	emplo**ierait**	il	aurait	employé
nous	emplo**ierions**	nous	aurions	employé
vous	emplo**ieriez**	vous	auriez	employé
elles	emplo**ieraient**	elles	auraient	employé
ils	emplo**ieraient**	ils	auraient	employé

SUBJONCTIF

PRÉSENT			PASSÉ			
que	j'	emplo**ie**	que	j'	aie	employé
que	tu	emplo**ies**	que	tu	aies	employé
qu'	elle	emplo**ie**	qu'	elle	ait	employé
qu'	il	emplo**ie**	qu'	il	ait	employé
que	nous	emplo**yions**	que	nous	ayons	employé
que	vous	emplo**yiez**	que	vous	ayez	employé
qu'	elles	emplo**ient**	qu'	elles	aient	employé
qu'	ils	emplo**ient**	qu'	ils	aient	employé

IMPARFAIT			PLUS-QUE-PARFAIT			
que	j'	emplo**yasse**	que	j'	eusse	employé
que	tu	emplo**yasses**	que	tu	eusses	employé
qu'	elle	emplo**yât**	qu'	elle	eût	employé
qu'	il	emplo**yât**	qu'	il	eût	employé
que	nous	emplo**yassions**	que	nous	eussions	employé
que	vous	emplo**yassiez**	que	vous	eussiez	employé
qu'	elles	emplo**yassent**	qu'	elles	eussent	employé
qu'	ils	emplo**yassent**	qu'	ils	eussent	employé

IMPÉRATIF

PRÉSENT	PASSÉ	
emplo**ie**	aie	employé
emplo**yons**	ayons	employé
emplo**yez**	ayez	employé

INFINITIF

PRÉSENT	PASSÉ
emplo**yer**	avoir employé

PARTICIPE

PRÉSENT	PASSÉ
emplo**yant**	employé, ée ayant employé

E

EMPOISONNER v. tr., pronom.
VERBE TRANSITIF
1. Faire mourir par l'absorption de poison, intoxiquer par une nourriture, une boisson impropres.
2. (FIG.) (FAM.) Contrarier, ennuyer gravement. *Ces directives nous empoisonnent l'existence.*
VERBE PRONOMINAL
Absorber du poison. *Ils se sont empoisonnés avec des champignons.*
À la forme pronominale, le participe passé de ce verbe s'accorde toujours en genre et en nombre avec son sujet. *Ils se sont empoisonnés avec ces produits avariés.*
CONJUGAISON : VOIR MODÈLE AIMER.
empoisonner.

EMPOISONNEUR, EUSE n. m. et f.
Criminel qui utilise du poison.

EMPORTÉ, ÉE adj.
Qui se met en colère facilement. SYN. colérique; irascible; irritable.

EMPORTEMENT n. m.
Accès violent de colère. SYN. fureur; rage.

EMPORTE-PIÈCE (À L') loc. adj.
D'une franchise un peu brutale. *Une réponse à l'emporte-pièce.*

EMPORTER v. tr., pronom.
VERBE TRANSITIF
1. Prendre avec soi et porter ailleurs. *N'oublie pas d'emporter ton parapluie : on prévoit de la pluie.* SYN. prendre.
1° Ne pas confondre le verbe ***emporter,*** qui comprend l'idée de point de départ, avec le verbe ***apporter,*** qui comporte l'idée de point d'arrivée, d'aboutissement.
2° On ***emporte*** une chose, on ***emmène*** une personne ou un animal.
2. Enlever brutalement. *Le raz-de-marée a emporté les embarcations.* SYN. balayer; détruire.
3. (FIG.) Entraîner dans la mort. *C'est une crise cardiaque qui l'a emporté.* SYN. tuer.
VERBE PRONOMINAL
Se mettre en colère. *Il faut lui pardonner : il s'est emporté et ses paroles ont dépassé sa pensée.* SYN. se fâcher.
À la forme pronominale, le participe passé de ce verbe s'accorde toujours en genre et en nombre avec son sujet. *Elles ne se sont pas emportées.*
LOCUTION
– ***L'emporter.*** Gagner. *C'est le Canadien qui l'a emporté sur ses adversaires.* SYN. triompher; vaincre.
CONJUGAISON : VOIR MODÈLE AIMER.

EMPOTÉ, ÉE adj. et n. m. et f.
(FAM.) Peu dégourdi. SYN. gauche; maladroit.

EMPOTER v. tr.
Mettre en pot (une plante, un arbuste). *Empoter un rosier.* ANT. dépoter.
CONJUGAISON : VOIR MODÈLE AIMER.
empoter.

***EMPOWERMENT**
Anglicisme pour ***autonomisation.***

EMPREINDRE v. tr., pronom.
VERBE TRANSITIF
(LITT.) Marquer. *Le visage empreint d'inquiétude.*
VERBE PRONOMINAL
(FIG.) Porter l'empreinte de. *Son regard s'est empreint de joie.*
À la forme pronominale, le participe passé de ce verbe s'accorde toujours en genre et en nombre avec son sujet. *Ses traits s'étaient empreints de tristesse.*
CONJUGAISON : VOIR MODÈLE ÉTEINDRE.
INDICATIF PRÉSENT *J'empreins, tu empreins, il empreint, nous empreignons, vous empreignez, ils empreignent.* IMPARFAIT *J'empreignais, tu empreignais, il empreignait, nous empreignions, vous empreigniez, ils empreignaient.* PASSÉ SIMPLE *J'empreignis.* FUTUR *J'empreindrai.* CONDITIONNEL PRÉSENT *J'empreindrais.* IMPÉRATIF PRÉSENT *Empreins, empreignons, empreignez.* SUBJONCTIF PRÉSENT *Que j'empreigne, que tu empreignes, qu'il empreigne, que nous empreignions, que vous empreigniez, qu'ils empreignent.* IMPARFAIT *Que j'empreignisse.* PARTICIPE PRÉSENT *Empreignant.* PASSÉ *Empreint, einte.*

EMPREINTE n. f.
Marque, trace obtenue par pression. *Des empreintes de pas dans la neige.*
LOCUTIONS
– ***Empreintes digitales.*** Sillons de la peau des doigts; marques laissées par ces sillons.
– ***Empreinte écologique.*** Estimation de la superficie terrestre ou marine nécessaire pour répondre aux besoins liés à la consommation humaine (GDT). *« Nous n'avons pas d'autre choix que celui de la décroissance rapide de l'empreinte écologique des sociétés industrielles, en particulier la décroissance de notre consommation d'énergies fossiles »* (*Le Monde*). SYN. empreinte environnementale.
– ***Empreinte génétique.*** Patrimoine génétique inscrit dans l'ADN des cellules, spécifique de chaque individu, et qui permet son identification. *« Les enquêteurs ont réussi à identifier le suspect grâce à une empreinte génétique qu'il avait laissée lors d'une tentative de cambriolage »* (*Le Figaro*).

EMPRESSÉ, ÉE adj.
Prévenant, attentif. *La bibliothécaire est très empressée auprès des habitués de la bibliothèque.* SYN. attentionné; dévoué.

EMPRESSEMENT n. m.
Action de s'empresser, ardeur. *Nos amis ont accepté notre invitation avec empressement.*

EMPRESSER (S') v. pronom.
1. Se hâter de. *Ils se sont empressés de partir.* SYN. se dépêcher.
En ce sens, le verbe se construit avec la préposition ***de.***
2. Montrer de l'intérêt à l'égard de quelqu'un. *La foule s'empressait autour des champions olympiques.* SYN. se presser.
Le participe passé de ce verbe, qui n'existe qu'à la forme pronominale, s'accorde toujours en genre et en nombre avec son sujet. *Elles se sont empressées de venir aider les sinistrés.*
CONJUGAISON : VOIR MODÈLE AIMER.

EMPRISE n. f.
Influence, ascendant. *Se libérer d'une emprise. L'emprise d'un chef sur son équipe.* SYN. autorité.

EMPRISONNEMENT n. m.
1. Action de mettre en prison. *Le voleur a été condamné à l'emprisonnement.* SYN. détention; incarcération.
2. État de la personne qui est emprisonnée.
emprisonnement.

EMPRISONNER v. tr.
Mettre en prison. *On emprisonnera ce malfaiteur pendant deux ans.* SYN. incarcérer.
CONJUGAISON : VOIR MODÈLE AIMER.
emprisonner.

EMPRUNT n. m.
1. Action d'emprunter. *Je vais faire l'emprunt d'un livre.* ANT. prêt.
2. Chose, somme empruntée. *J'ai fait un emprunt à la banque, que je rembourserai l'automne prochain grâce à mon travail d'été.* SYN. dette.
Ne pas confondre avec le nom ***prêt,*** somme prêtée.
3. Mot, expression empruntés à une autre langue. *Le mot* bifteck *est un emprunt à l'anglais;* spaghetti, *un emprunt à l'italien.*

S'il n'existe pas de mot dans une langue pour désigner une réalité, l'emprunt se justifie; il est inutile s'il vient concurrencer un mot existant.
VOIR TABLEAU – ANGLAIS (EMPRUNTS À L').
VOIR TABLEAU – ANGLICISMES.
VOIR TABLEAU – ARABE (EMPRUNTS À L').
VOIR TABLEAU – GREC (EMPRUNTS AU).
VOIR TABLEAU – ITALIEN (EMPRUNTS À L').
VOIR TABLEAU – LATIN (EMPRUNTS AU).

EMPRUNTER v. tr.
1. Obtenir en prêt. *Il a emprunté cette somme à la banque. Ariane emprunte souvent des livres à la bibliothèque.* ANT. prêter.
2. Se servir de quelque chose en le faisant sien. *L'anglais a emprunté des mots à la langue française, par exemple dans le domaine de la bonne cuisine.* SYN. s'approprier; prendre; puiser dans.
3. Prendre (une voie). *Ce chemin est privé; on ne peut l'emprunter.*
CONJUGAISON : VOIR MODÈLE AIMER.

EMPRUNTEUR, EUSE n. m. et f.
Personne qui emprunte. *« Que faisiez-vous au temps chaud? dit-elle à cette emprunteuse »* (Jean de La Fontaine, *La Cigale et la Fourmi*). ANT. prêteur.

ÉMU, UE adj.
Qui éprouve de l'émotion. *Elle était très émue quand elle a revu son amie après toutes ces années.* SYN. remué; touché.

ÉMULATION n. f.
Désir de surpasser quelqu'un par quelque chose de bien. *Le travail en groupe favorise une saine émulation.* SYN. compétition; concurrence.

ÉMULE n. m. et f.
Concurrent par le mérite.
Ce nom s'emploie au masculin ou au féminin.

EN prép. et pron.
PRÉPOSITION
Préposition qui marque un rapport de lieu, de temps, une notion de forme, de matière, de manière. *Il fait très froid en hiver dans cette région nordique. Une table en chêne.*
La préposition ***en*** se répète généralement devant plusieurs noms coordonnés par ***et*** ou juxtaposés. *C'est en septembre et en octobre qu'il est le plus agréable de visiter la Croatie. Suis-je en avance ou en retard?* La préposition peut aussi être suivie d'un participe présent qui exprime la simultanéité (gérondif) ou la manière. *Elles défilaient en dansant. Veuillez présenter votre carte en entrant et en sortant.*
On ne répète pas la préposition ***en*** quand les noms coordonnés font partie de certaines locutions figées (*en allées et venues*); quand ces noms désignent le même être ou objet (*en mon âme et conscience*); quand ces noms désignent une unité, un groupe unique (*un imprimé en noir et blanc*); quand ces noms sont joints par la conjonction ***ou*** (*il y parviendra en trois ou quatre mois*).
VOIR TABLEAU – EN, PRÉPOSITION.
PRONOM
Pronom qui peut remplacer **de** suivi d'un groupe nominal, d'un complément de verbe ou d'un complément de nom. *Ce grand voyage autour du monde, ils en rêvent.*
VOIR TABLEAU – EN, PRONOM.

ÉNA
Sigle de ***École nationale d'administration.***

***EN AUTANT QUE JE PEUX**
Calque de «*as far as I can*» pour ***dans la mesure du possible.***

***EN AUTANT QUE JE SUIS CONCERNÉ**
Calque de «*as far as I am concerned*» pour ***en ce qui me concerne, quant à moi, pour ma part.***

ENCADRÉ n. m.
(TYPOGR.) Mise en valeur d'une partie d'un texte à l'aide d'un trait.

ENCADREMENT n. m.
1. Action d'encadrer. *L'encadrement d'une aquarelle.*
2. Cadre. *Un bel encadrement ancien.*
3. Direction. *Du personnel d'encadrement.*

ENCADRER v. tr.
1. Entourer d'un cadre. *Encadrer une gravure.*
2. Diriger. *Encadrer une équipe.* SYN. gérer.
CONJUGAISON : VOIR MODÈLE AIMER.

ENCAGOULÉ, ÉE adj.
Masqué par une cagoule. *Des motards encagoulés.*

ENCAISSABLE adj.
Qui peut être encaissé. *Ce chèque est encaissable à partir du 15 septembre.*

ENCAISSE n. f.
Somme disponible en caisse. *L'encaisse s'élève à 1 500 $.*

ENCAISSEMENT n. m.
Action d'encaisser de l'argent.

ENCAISSER v. tr.
1. Toucher une somme d'argent. *Encaisser* (et non *changer, échanger) *un chèque.*
2. (FAM.) Supporter, recevoir. *Encaisser des coups.*
CONJUGAISON : VOIR MODÈLE AIMER.

ENCAN n. m.
Vente à la personne qui offre le meilleur prix. *As-tu déjà assisté à un encan de vaches laitières? C'est très amusant.*
LOCUTION
– ***Vente à l'encan.*** Vente publique aux enchères.
encan.

ENCANAILLER (S') v. pronom.
Fréquenter des personnes malhonnêtes, des canailles.
Le participe passé de ce verbe, qui n'existe qu'à la forme pronominale, s'accorde toujours en genre et en nombre avec son sujet. *Elles se sont encanaillées.*
CONJUGAISON : VOIR MODÈLE AIMER.
Les lettres ***ill*** sont suivies d'un ***i*** à la première et à la deuxième personne du pluriel de l'indicatif imparfait et du subjonctif présent. *(Que) nous nous encanaillions, (que) vous vous encanailliez.*

ENCANTEUR n. m.
ENCANTEUSE n. f.
Personne qui se charge d'effectuer des ventes aux enchères. SYN. commissaire-priseur.

ENCAPUCHONNER v. tr., pronom.
VERBE TRANSITIF
Couvrir d'un capuchon. *Elle a encapuchonné sa petite pour la préserver de la pluie.*
VERBE PRONOMINAL
Se couvrir d'un capuchon. *Encapuchonnez-vous avant de sortir dans la poudrerie.*
À la forme pronominale, le participe passé de ce verbe s'accorde toujours en genre et en nombre avec son sujet. *Par ce froid polaire, elle s'est encapuchonnée.*
CONJUGAISON : VOIR MODÈLE AIMER.
encapuchonner.

ENCART n. m.
Feuillet inséré dans une brochure, un livre, un journal. *Un encart publicitaire.*
encart.

EN-CAS ou **ENCAS** n. m. inv.
Repas léger, prêt à être servi. *Prévoyez des en-cas pour la soirée.*

ENCASTRABLE adj.
Qui peut être encastré. *Un four encastrable.*

E

EN, PRÉPOSITION

La préposition ***en*** marque un rapport de **lieu,** de **temps,** une notion de **forme,** de **matière,** de **manière.** Elle s'emploie devant un nom, un groupe nominal qui n'est pas accompagné d'un déterminant ou devant un pronom. Elle peut aussi être suivie d'un participe présent qui exprime la simultanéité ou la manière (gérondif).

*Ils voyagent **en** avion. Les enfants sont **en** retard. Un décolleté **en** pointe, un manteau **en** laine. L'avion a atterri **en** douceur. Elles sont entrées **en** chantant.*

Devant un nom précédé d'un déterminant, on emploiera plutôt la préposition ***dans.*** *Ils sont allés **dans** la ville d'Oka. Mettre les mains **dans** ses poches. Dépose le livre **dans** cette boîte.*

EN + GROUPE DU NOM

▸ **Rapport de lieu**

La préposition indique le **lieu où l'on est,** le **lieu où l'on va.**

*Les étudiants sont **en** classe. Ils iront **en** ville.*

EN + NOM GÉOGRAPHIQUE

– **Nom féminin de pays,** de région. ***En*** *France,* ***en*** *Gaspésie.*

– **Nom masculin de pays** commençant par une **voyelle.** ***En*** *Équateur.*

Devant un **nom masculin de pays,** d'État commençant par une **consonne,** on emploiera plutôt l'article contracté ***au.*** *Au Québec.*

– **Nom féminin de grande île.** ***En*** *Martinique.*

Devant un **nom féminin de petite île** ou devant un **nom masculin d'île,** on emploiera plutôt ***à.*** *À Cuba.*

Devant un **nom de ville,** on emploiera la préposition ***à.*** *À Trois-Rivières.*

▸ **Rapport de temps**

La préposition marque un **intervalle de temps,** une **date.** Elle a le sens de ***durant, pendant.***

En *été, il fait bon vivre à la campagne. Ils ont construit la maison* ***en*** *quelques mois.* ***En*** *1996, on a célébré son vingtième anniversaire.*

▸ **Notion de forme, de matière, de manière**

La préposition sert à marquer l'**état,** la **forme,** la **matière,** la **manière.**

*Il est **en** attente. Des cheveux **en** brosse. Pedro parle **en** espagnol. Des gants **en** laine.*

EN + MATIÈRE

*Une colonne **en** marbre, de marbre, une sculpture **en** bois, de bois.*

Il est possible d'utiliser les prépositions ***en*** ou ***de*** pour introduire le complément de **matière.** Toutefois, au sens figuré, on emploiera surtout la préposition ***de.*** *Une volonté de fer.*

EN + SINGULIER OU PLURIEL

*Un lilas **en** fleur ou **en** fleurs, un texte **en** anglais, une maison **en** flammes.*

Il n'y a pas de règle particulière pour le nombre du nom précédé de ***en.*** C'est le sens qui le dictera.

EN, PRÉPOSITION | ***SUITE*** >

> EN, PRÉPOSITION | SUITE

EN + PHRASE PARTICIPIALE

Gérondif

La préposition suivie du participe présent constitue le gérondif qui exprime la simultanéité, une circonstance de cause, de temps, de manière.

***En** skiant, elle s'est fracturé la jambe. Il écrit **en** lisant ses phrases à voix haute.*

La préposition sert à former des locutions prépositives, conjonctives ou adverbiales.

Locutions prépositives ou prépositions composées	Locutions conjonctives de subordination ou subordonnants composés	Locutions adverbiales ou adverbes composés
en cas de	en admettant que	en bas
en comparaison de	en attendant que	en dedans
en deçà de	en même temps que	en définitive

Les locutions formées avec ***en*** s'écrivent sans trait d'union.

VOIR TABLEAU ▸ **EN,** PRONOM.

ENCASTREMENT n. m.
Action d'encastrer. *L'encastrement d'un four dans un mur.*

ENCASTRER v. tr., pronom.
VERBE TRANSITIF
Insérer dans un espace. *Encastrer un réfrigérateur dans un mur.* SYN. emboîter.
VERBE PRONOMINAL
S'emboîter. *Ce meuble s'encastre dans la bibliothèque.*
À la forme pronominale, le participe passé de ce verbe s'accorde toujours en genre et en nombre avec son sujet. *Les électroménagers se sont bien encastrés dans les murs de la cuisine.*
CONJUGAISON : VOIR MODÈLE AIMER.

ENCAUSTIQUE n. f.
Cire pour faire briller le bois. *Appliquer de l'encaustique sur une armoire et frotter pour faire reluire.*
Attention au genre féminin de ce nom : ***une*** encaustique.

ENCEINTE n. f.
1. Ce qui clôture, rempart. SYN. fortification.
2. Espace clôturé. *Les animaux demeurent dans l'enceinte du zoo.*
LOCUTION
– ***Enceinte (acoustique).*** Ensemble de plusieurs haut-parleurs.
enceinte.

ENCEINTE adj. f.
En état de grossesse. *Elles sont enceintes de six mois.* « *leurs femmes enceintes qui sentaient/le lait chaud et le foin frais coupé* » (Pierre Nepveu, *Lignes aériennes*).
enceinte.

ENCENS n. m.
Le *s* ne se prononce pas, [ɑ̃sɑ̃] ; le nom rime avec ***sans***.
Résine odorante. *Ils faisaient brûler de l'encens pour supprimer les odeurs de cuisine.*
encens.

ENCENSEMENT n. m.
Action d'encenser.

ENCENSER v. tr.
1. Agiter l'encensoir. *Le prêtre encensa en direction des fidèles.*
2. (FIG.) Flatter. *Ces courtisans obséquieux excellent à encenser les dignitaires.* SYN. louanger ; louer.
CONJUGAISON : VOIR MODÈLE AIMER.

ENCENSOIR n. m.
Petit récipient suspendu à des chaînettes dans lequel on brûle de l'encens au cours de cérémonies religieuses.

ENCÉPHALE n. m.
Ensemble des centres nerveux (cerveau, cervelet, tronc cérébral) situés dans le crâne des vertébrés.
Attention au genre masculin de ce nom : ***un*** encéphale.
encéphale.

ENCÉPHALOPATHIE n. f.
(MÉD.) Affection du cerveau, de nature non inflammatoire. *L'encéphalopathie spongiforme peut atteindre le système nerveux central de l'homme et des animaux.*

EN CE QUI CONCERNE loc. adv.
Relativement à. *En ce qui concerne telle question* (et non *en autant que cette question est concernée). SYN. en ce qui a trait à ; quant à.

ENCERCLEMENT n. m.
Action d'encercler ; fait d'être encerclé.

ENCERCLER v. tr.
1. Entourer d'un cercle. *Encercler les noms qui sont au pluriel.*
2. (FIG.) Cerner. *Les policiers ont encerclé le bâtiment.* SYN. boucler ; investir.
3. Former un cercle autour de. *Un boisé encercle la propriété.*
CONJUGAISON : VOIR MODÈLE AIMER.

ENCHAÎNEMENT n. m.
1. Succession. *Un enchaînement de faits.* SYN. suite.
2. Liaison. *Un enchaînement logique.* SYN. charnière.
[Les *Rectifications* (1990) admettent : enchainement.]

E

ENCHAÎNER v. tr., intr., pronom.
VERBE TRANSITIF
1. Lier par une chaîne. *Enchaîner des prisonniers.*
2. Coordonner, lier. *Enchaîner des propositions.*
VERBE INTRANSITIF
Reprendre le fil de la conversation. *Elle enchaîna adroitement en faisant valoir ce fait.*
VERBE PRONOMINAL
Avoir un rapport logique. *Les évènements s'enchaînent et lui donnent raison.*
À la forme pronominale, le participe passé de ce verbe s'accorde toujours en genre et en nombre avec son sujet. *Ses paragraphes se sont enchaînés d'une façon logique.*
CONJUGAISON : VOIR MODÈLE AIMER.
[Les *Rectifications* (1990) admettent : enchainer.]

ENCHANTÉ, ÉE adj.
1. Soumis à un enchantement. *Une forêt enchantée.* SYN. magique.
2. Ravi, très heureux. *Nous sommes enchantés de vous retrouver.*

ENCHANTEMENT n. m.
1. Action d'enchanter, de soumettre à un pouvoir magique. *Le magicien fait surgir par enchantement un lapin de son chapeau.*
2. (FIG.) Ravissement. *Ce jardin est un véritable enchantement.* SYN. délice ; émerveillement ; merveille.
LOCUTION
– ***Comme par enchantement.*** Comme par magie.

EN, PRONOM

PRONOM PERSONNEL DE LA TROISIÈME PERSONNE

Le pronom ***en*** peut remplacer ***de*** + groupe nominal, complément du verbe ou complément du nom.

- Le pronom ***en*** représente une chose, une idée, parfois un animal et signifie ***de cela, de lui, d'elle, d'elles, d'eux.***
  Cette escapade, nous ***en*** *parlerons longtemps. Ce projet est emballant, ils* ***en*** *parlent constamment.*
- Le pronom ***en*** représente des noms de choses, d'idées et remplace le possessif.
  Les touristes aiment les forêts et les lacs ; ils ***en*** *apprécient le calme et la beauté.*
- Le pronom ***en*** représente des noms d'animaux.
  *Ton cheval est magnifique ; j'****en*** *admire la couleur,* ou encore *j'admire sa couleur.*
  L'emploi du pronom ***en*** est recommandé, mais on observe également l'emploi du possessif.
- Le pronom ***en*** représente parfois des personnes lorsqu'il est complément d'un pronom numéral ou d'un pronom indéfini et dans la langue littéraire.
  A-t-il des collègues compétents ? Il ***en*** *a plusieurs.*
  Dans la langue courante, on emploie alors les adjectifs possessifs ***son, sa, ses.*** *Il admire cette amie et apprécie son courage.*

▸ Impératif + *en*

Le pronom ***en*** employé avec un pronom personnel se place après ce pronom.
*Des livres, écris-nous-****en*** *plusieurs. Souvenez-vous-****en****.*
Le pronom ***en*** est joint au pronom personnel par un trait d'union, sauf lorsque le pronom est élidé. *Souviens-t'****en****.* Si le pronom ***en*** suit un verbe à la deuxième personne du singulier de l'impératif qui se termine par un ***e***, ce verbe prend un ***s*** euphonique. *Respectes-****en*** *les conditions.*

▸ Accord du participe passé avec *en*

La plupart des auteurs recommandent l'invariabilité du participe passé employé avec l'auxiliaire ***avoir*** précédé du pronom ***en.***
*Il a dessiné plus d'immeubles qu'il n'****en*** *a construit. Ce sont des fleurs carnivores,* ***en*** *aviez-vous déjà vu ?*
On remarque cependant un usage très indécis où l'on accorde parfois le participe passé avec le nom représenté par ***en.*** « Mais les fleurs, il n'en avait jamais vues. » (Marcel Proust, cité par Grevisse.) Pour simplifier la question, il semble préférable d'omettre le pronom si celui-ci n'est pas indispensable au sens de la phrase ou de choisir l'invariabilité du participe passé.

VOIR TABLEAU ▸ **EN,** PRÉPOSITION.

ENCHANTER v. tr.
1. Ensorceler, soumettre à un pouvoir magique. SYN. charmer ; envoûter.
2. (FIG.) Ravir, émerveiller. *Cette visite nous a enchantés.* SYN. charmer ; séduire.
CONJUGAISON : VOIR MODÈLE AIMER.

ENCHANTEUR, TERESSE adj. et n. m. et f.
ADJECTIF
Séduisant, ravissant. *Une musique enchanteresse.* SYN. charmant ; ensorcelant.
NOM MASCULIN ET FÉMININ
Magicien. *L'enchanteur Merlin.* SYN. sorcier.
Attention à la forme féminine de ce mot : ***enchanteresse.***

ENCHÂSSEMENT n. m.
Insertion dans un ensemble. *L'enchâssement d'une perle dans les griffes d'une bague.*
enchâssement.

ENCHÂSSER v. tr., pronom.
VERBE TRANSITIF
1. Fixer dans une monture. *Enchâsser une pierre précieuse.*
2. (LITT.) Intercaler, insérer dans un ensemble. *Enchâsser une clause dans la Constitution.*
VERBE PRONOMINAL
S'insérer, s'encastrer dans un ensemble. *Ces pierres se sont enchâssées difficilement.*
À la forme pronominale, le participe passé de ce verbe s'accorde toujours en genre et en nombre avec son sujet. *Ces planches de chêne se sont enchâssées pour former un parquet.*
CONJUGAISON : VOIR MODÈLE AIMER.
enchâsser.

ENCHÈRE n. f.
Dans une vente publique, offre supérieure à l'offre précédente. *Les enchères ne cessent de monter.*
LOCUTIONS
– ***Faire monter, faire grimper les enchères.*** (FIG.) Obliger la partie adverse à faire des offres plus généreuses pour obtenir ce qu'elle convoite.
– ***Vente aux enchères.*** Vente au plus offrant. SYN. ⚜ encan.
enchère.

ENCHEVÊTREMENT n. m.
État de ce qui est entremêlé. *Un enchevêtrement de fils, de responsabilités.*
enchevêtrement.

ENCHEVÊTRER v. tr., pronom.
VERBE TRANSITIF
1. Emmêler des fils qui se prennent les uns dans les autres. *Les écolières ont enchevêtré leurs cordes à danser.*
2. (FIG.) Mêler des choses, les rendre difficiles à débrouiller.
VERBE PRONOMINAL
S'embrouiller, s'emmêler. *Ses cheveux se sont enchevêtrés.*
À la forme pronominale, le participe passé de ce verbe s'accorde toujours en genre et en nombre avec son sujet. *Les fils se sont enchevêtrés.*
CONJUGAISON : VOIR MODÈLE AIMER.

ENCHIFRENÉ, ÉE adj.
(VIEILLI) Qui a le nez embarrassé par un rhume.

ENCLAVE n. f.
Territoire inclus dans un autre. *L'enclave de Gaza en Israël.*
Attention au genre féminin de ce nom : ***une*** enclave.

ENCLAVER v. tr.
Inclure un territoire, un terrain dans un autre.
CONJUGAISON : VOIR MODÈLE AIMER.

ENCLENCHEMENT n. m.
Action d'enclencher.

ENCLENCHER v. tr., pronom.
VERBE TRANSITIF
Faire démarrer un mécanisme. *Enclencher le démarrage de la fusée.* SYN. lancer.
VERBE PRONOMINAL
(FIG.) Se mettre en marche. *L'affaire s'enclenche bien.* SYN. démarrer.
À la forme pronominale, le participe passé de ce verbe s'accorde toujours en genre et en nombre avec son sujet. *Les mécanismes se sont bien enclenchés.*
CONJUGAISON : VOIR MODÈLE AIMER.
enclencher.

ENCLIN, INE adj.
Porté. *Elle est encline à la paresse. Dans cette entreprise, on est enclin à travailler.*
Cet adjectif ne peut qualifier qu'une personne. Pour une chose, on utilisera plutôt ***avoir tendance.*** *Cette table a tendance à basculer.*

ENCLORE v. tr.
Entourer d'une enceinte, d'une clôture. *Enclore un domaine.*
CONJUGAISON : VOIR MODÈLE CLORE.
Se conjugue comme le verbe ***clore,*** sauf à la troisième personne du singulier du présent de l'indicatif où l'accent circonflexe sur le **o** est facultatif. *Il enclot* ou *il enclôt.*

ENCLOS n. m.
Terrain clos. *Les poulains courent dans l'enclos.*
enclo**s.**

ENCLUME n. f.
1. Masse métallique sur laquelle on forge les métaux. *Le forgeron frappe sur l'enclume.*
2. Osselet de l'oreille.
LOCUTION
– ***Se trouver entre l'enclume et le marteau.*** (FIG.) Subir le choc de deux intérêts en lutte, entre lesquels on se trouve pris.

ENCOCHE n. f.
Petite entaille. *Ses parents ont fait tous les ans une petite encoche sur le mur pour marquer sa taille.* SYN. ⚜ coche.

ENCODAGE n. m.
Écriture d'un texte en code.

ENCODER v. tr.
(INFORM.) Coder une information.
CONJUGAISON : VOIR MODÈLE AIMER.

ENCOIGNURE n. f.
Les lettres ***coi*** se prononcent ***co*** ou ***coi,*** [ɑ̃kɔɲyr, ɑ̃kwaɲyr].
1. Angle intérieur, coin.
2. Meuble triangulaire qui se place en coin.

ENCOLLER v. tr.
Enduire de colle. *Encoller du papier peint.*
CONJUGAISON : VOIR MODÈLE AIMER.

ENCOLURE n. f.
1. Partie du corps du cheval qui s'étend de la tête au poitrail.
2. Ouverture d'un vêtement par où passe la tête. *L'encolure de ce tricot est un peu étroite.*
encolure, avec un seul ***l.***

ENCOMBRANT, ANTE adj.
Qui prend beaucoup de place. *Une valise encombrante.* SYN. embarrassant ; volumineux.

ENCOMBRE (SANS) loc. adv.
Sans ennui, sans difficulté. *Ils sont rentrés sans encombre.* SYN. sans incident ; sans peine.
Le nom ***encombre*** s'écrit au singulier.

ENCOMBREMENT n. m.
1. Action d'encombrer.
2. Embouteillage. *Il y a des encombrements à l'heure de pointe.* SYN. bouchon.
3. Dimensions. *L'encombrement d'un piano.*

ENCOMBRER v. tr., pronom.
VERBE TRANSITIF
1. Gêner par accumulation. *Ces boîtes encombrent le couloir.* SYN. embarrasser; obstruer.
2. Surcharger. *Il ne faudrait pas encombrer le marché de ces produits.*
En ce sens, le verbe se construit avec les prépositions ***de, avec.***
VERBE PRONOMINAL
S'embarrasser de. *Ils se sont encombrés de trop de bagages.*
À la forme pronominale, le participe passé de ce verbe s'accorde toujours en genre et en nombre avec son sujet. *Elles se sont encombrées de boîtes à chapeaux.*
CONJUGAISON : VOIR MODÈLE AIMER.

ENCONTRE DE (À L') loc. prép.
À l'opposé de. *Cela va à l'encontre de mes idées.* SYN. contre.
La locution prépositive s'emploie principalement avec le verbe ***aller.***

ENCORDER (S') v. pronom.
Se lier par une même corde pour constituer une cordée.
Le participe passé de ce verbe, qui n'existe qu'à la forme pronominale, s'accorde toujours en genre et en nombre avec son sujet. *Les alpinistes se sont encordés soigneusement.*
CONJUGAISON : VOIR MODÈLE AIMER.

ENCORE adv.
1. L'adverbe marque la **continuité** d'une action ou d'un état jusqu'à une époque déterminée. *Il est 20 h et il fait encore clair. À 70 ans, Monica travaillait encore.* SYN. toujours.
2. L'adverbe marque la **répétition.** *Je prendrais encore de la glace aux pistaches.* SYN. de nouveau.
3. L'adverbe est une **amplification** des comparatifs ***plus, davantage, moins...*** *Elle est encore plus rapide que lui.*
4. L'adverbe introduit une restriction. *Il est agréable de voyager; encore faut-il disposer d'assez de temps.*
Employé en ce sens restrictif en début de proposition, l'adverbe entraîne l'inversion du sujet.
LOCUTIONS
– ***Encore que,*** loc. conj. (LITT.) Quoique, bien que. *Encore qu'il faille tenir compte des contraintes.*
Après cette locution conjonctive, le verbe se met au subjonctif.
– ***Et encore!*** Tout au plus. *Elle a dix jours de congé, et encore!*
Cette locution marque le **doute,** la **restriction.**
– ***Mais encore,*** loc. adv. Cette locution indique que l'on aimerait être renseigné davantage. *Il est en voyage avec une amie, mais encore?*
– ***Pas encore,*** loc. adv. La locution indique qu'une chose qui doit avoir lieu n'existe toujours pas. *Il n'est pas encore venu.*
– ***Si encore.*** Si au moins, si seulement. *Si encore elle pouvait nous écrire.*
Cette locution qui marque le **regret** se construit avec l'imparfait de l'indicatif.
La graphie ***encor*** est archaïque.

ENCORNER v. tr.
Blesser avec des cornes. *Le taureau gratte du pied, regarde les gradins et cherche qui il va encorner en premier.*
CONJUGAISON : VOIR MODÈLE AIMER.

ENCOURAGEANT, ANTE adj.
Qui donne du courage, de l'espoir. *Ces progrès sont encourageants.* SYN. prometteur; stimulant. ANT. décevant; décourageant.

ENCOURAGEMENT n. m.
Appui; acte, parole qui encourage. *Ces paroles d'encouragement* (et non de *support) *ont réconforté Maxime.* SYN. aide; soutien.

ENCOURAGER v. tr.
1. Donner du courage à. *Encourager* (et non *supporter) *un ami qui a un échec.* SYN. réconforter; soutenir.
2. Favoriser la réalisation de. *Les chercheurs ont encouragé la restructuration.* SYN. approuver.
3. Inciter à, pousser à agir. *Ses parents l'encouragent à poursuivre ses études.*
En ce sens, le verbe se construit avec la préposition ***à*** suivie de l'infinitif.
CONJUGAISON : VOIR MODÈLE CHANGER.
Le ***g*** est suivi d'un ***e*** devant les lettres ***a*** et ***o.*** *Il encouragea, nous encourageons.*

ENCOURIR v. tr.
(LITT.) S'exposer à (quelque chose de fâcheux). *Encourir une amende, un châtiment.*
FORMES FAUTIVES
*encourir. Anglicisme au sens de ***engager*** (une dépense).
*encourir. Anglicisme au sens de ***contracter*** (une dette).
*encourir. Anglicisme au sens de ***subir*** (une perte).
CONJUGAISON : VOIR MODÈLE COURIR.

ENCRAGE n. m.
Action d'enduire d'encre. *L'encrage du papier.*
HOM. ***ancrage,*** action de fixer à l'aide d'une ancre.

ENCRASSER v. tr., pronom.
VERBE TRANSITIF
1. Couvrir de saleté. *Des mains encrassées.*
2. Obstruer par un dépôt. *Un moteur encrassé.*
VERBE PRONOMINAL
Se couvrir de saleté. *En jouant dans la terre, ils se sont encrassés.*
À la forme pronominale, le participe passé de ce verbe s'accorde toujours en genre et en nombre avec son sujet. *Les pistons se sont encrassés.*
CONJUGAISON : VOIR MODÈLE AIMER.

ENCRE n. f.
Liquide utilisé pour écrire, imprimer, etc. *De l'encre violette.*
LOCUTION
– ***Faire couler beaucoup d'encre.*** (FIG.) Provoquer de nombreux commentaires, être le sujet de plusieurs écrits. *Le succès des athlètes québécois aux Jeux olympiques a fait couler beaucoup d'encre.*
HOM. ***ancre,*** pièce servant à retenir un navire.

ENCRER v. tr.
Enduire d'encre. *Encrer un tampon pour imprimer un motif.*
CONJUGAISON : VOIR MODÈLE AIMER.

ENCREUR adj. m.
Qui sert à encrer. *Des tampons encreurs.*

ENCRIER n. m.
Petit réservoir d'encre.

ENCROÛTEMENT n. m.
Action d'encroûter; fait de s'encroûter.
[Les *Rectifications* (1990) admettent : encroutement.]

ENCROÛTER v. tr., pronom.
VERBE TRANSITIF
Couvrir d'une croûte.
VERBE PRONOMINAL
1. Se couvrir d'une croûte. *L'humidificateur s'encroûte progressivement.*
2. (FIG.) Refuser d'évoluer. *Ils se sont encroûtés et se réfugient dans leurs souvenirs.* SYN. stagner.

À la forme pronominale, le participe passé de ce verbe s'accorde toujours en genre et en nombre avec son sujet. *Elles ne se sont pas encroûtées.*
CONJUGAISON : VOIR MODÈLE AIMER.
[Les *Rectifications* (1990) admettent : encrouter.]

***ENCRYPTION**
Anglicisme pour ***cryptage.***

ENCYCLIQUE n. f.
Lettre du pape aux évêques.
Attention au genre féminin de ce nom : ***une*** encyclique.
encyclique.

ENCYCLOPÉDIE n. f.
Le **o** est ouvert, [ɑ̃siklɔpedi].
Ouvrage où l'on expose méthodiquement les connaissances d'un domaine particulier ou de plusieurs domaines à la fois. *Une encyclopédie en 12 volumes.*
Le classement d'une encyclopédie est généralement alphabétique, parfois thématique ou systématique.
encyclopédie.

ENCYCLOPÉDIQUE adj.
1. Qui concerne l'ensemble des sciences. *Une culture encyclopédique.*
2. Universel, très vaste. *Cette personne a un savoir encyclopédique.*
LOCUTION
– ***Dictionnaire encyclopédique.*** Dictionnaire qui expose des renseignements sur les choses, les concepts que désignent les mots. *Le* Grand Dictionnaire encyclopédique Larousse *en 15 volumes.*
Le dictionnaire de langue donne des informations sur les mots et leurs emplois.

EN DEÇÀ DE prép.
De ce côté-ci. *En deçà des montagnes.*

ENDÉMIE n. f.
Présence quasi constante d'une maladie à un endroit déterminé.
Ne pas confondre avec le nom ***épidémie,*** maladie soudaine d'un grand nombre de personnes.

ENDÉMIQUE adj.
1. Qui présente les caractères de l'endémie. *Cette maladie est maintenant jugée endémique.*
2. Chronique. *Un malaise endémique.*

ENDETTEMENT n. m.
Fait de s'endetter. *Il faut limiter l'endettement du pays.* SYN. dette.

ENDETTER v. tr., pronom.
VERBE TRANSITIF
Couvrir de dettes. *Ces achats endetteront cette famille.*
VERBE PRONOMINAL
Contracter des dettes. *Ils se sont lourdement endettés pour acheter cette maison.* SYN. emprunter.
À la forme pronominale, le participe passé de ce verbe s'accorde toujours en genre et en nombre avec son sujet. *Ils se sont endettés pour terminer leurs études.*
CONJUGAISON : VOIR MODÈLE AIMER.
endetter.

ENDEUILLER v. tr.
Attrister par un deuil, par quelque chose de pénible.
CONJUGAISON : VOIR MODÈLE AIMER.
Les lettres ***ill*** sont suivies d'un ***i*** à la première et à la deuxième personne du pluriel de l'indicatif imparfait et du subjonctif présent. *(Que) nous nous endeuillions, (que) vous vous endeuilliez.*

ENDIABLÉ, ÉE adj.
1. Insupportable. *Des écoliers endiablés.* SYN. turbulent.
2. Plein de fougue, vif. *Un rythme endiablé.* SYN. entraînant.

ENDIGUEMENT n. m.
Action d'endiguer.

ENDIGUER v. tr.
1. Retenir au moyen d'une digue. *Endiguer un cours d'eau.*
2. (FIG.) Contenir. *Endiguer son émotion.* SYN. réprimer.
CONJUGAISON : VOIR MODÈLE AIMER.
Ce verbe s'écrit toujours avec un ***u,*** même devant les lettres ***a*** et ***o.*** *Il endigua, nous endiguons.*

E

ENDIMANCHER (S') v. pronom.
Mettre ses plus beaux vêtements du dimanche. *Elles se sont endimanchées pour rendre visite à la famille.*
Le participe passé de ce verbe, qui n'existe qu'à la forme pronominale, s'accorde toujours en genre et en nombre avec son sujet. *Les voisins se sont endimanchés.*
CONJUGAISON : VOIR MODÈLE AIMER.

***ENDISQUER**
Impropriété pour ***enregistrer un disque.***

ENDIVE n. f.
Variété de chicorée dont on mange la pousse blanche. *Une salade d'endives.*

ENDOCRINE adj.
– ***Glandes endocrines.*** (MÉD.) Glandes qui déversent des hormones dans le sang. *L'hypophyse, la thyroïde sont des glandes endocrines.*
Le mot ne s'emploie que dans cette locution.

ENDOCRINOLOGIE n. f.
Partie de la médecine qui étudie et traite les glandes endocrines.

ENDOCRINOLOGUE ou **ENDOCRINOLOGISTE** n. m. et f.
Spécialiste de l'endocrinologie.

ENDOCTRINEMENT n. m.
Action d'endoctriner. *L'endoctrinement d'adolescents par une secte.*

ENDOCTRINER v. tr.
Tenter de gagner quelqu'un à une cause, de convaincre quelqu'un d'adopter une doctrine. *Ne vous laissez pas endoctriner par ces beaux parleurs.*
CONJUGAISON : VOIR MODÈLE AIMER.

ENDOGÈNE adj.
(DIDACT.) Qui prend naissance à l'intérieur d'un corps, d'un organisme, d'un groupe, sous l'impulsion de causes internes. *Il faut arrêter de culpabiliser les enfants déprimés et leurs familles, en niant le caractère biologique endogène de leur trouble.* ANT. exogène.

ENDOLORIR v. tr.
Rendre douloureux. *Cette chute a endolori mon genou, j'ai du mal à marcher.* SYN. meurtrir.
CONJUGAISON : VOIR MODÈLE FINIR.

ENDOMÈTRE n. m.
(MÉD.) Muqueuse qui tapisse la cavité utérine.
Attention au genre masculin de ce nom : ***un*** endomètre.

ENDOMMAGEMENT n. m.
Action d'endommager ; son résultat. *L'endommagement de la voiture est très léger.*

ENDOMMAGER v. tr.
Causer du dommage à. *L'orage endommagea les récoltes. Sa bicyclette a été endommagée lors d'un accrochage.* SYN. abîmer ; détériorer.
CONJUGAISON : VOIR MODÈLE CHANGER.
Le ***g*** est suivi d'un ***e*** devant les lettres ***a*** et ***o.*** *Il endommagea, nous endommageons.*

ENDOPROTHÈSE n. f.
(MÉD.) Dispositif servant à maintenir ouvert un vaisseau en cas de sténose. *Cette endoprothèse placée à l'intérieur de l'artère coronaire devrait améliorer les résultats de l'angioplastie.*

Le nom ***endoprothèse*** tend de plus en plus à remplacer le nom ***stent***, du nom de Charles Stent, chirurgien-dentiste anglais du XIXe siècle, qui inventa un composé favorisant le maintien des greffes cutanées (DDFM).

ENDORMANT, ANTE adj.
Ennuyeux à dormir. *Un cours endormant.* SYN. soporifique. ANT. excitant; stimulant.

ENDORMIR v. tr., pronom.
VERBE TRANSITIF
1. Faire dormir, provoquer le sommeil de. *Pour endormir le bébé, Marie-Ève lui chante une berceuse.* ANT. réveiller.
2. Faire dormir par anesthésie. *Sandrine a été endormie pendant une heure lorsqu'on l'a opérée de l'appendicite.* SYN. anesthésier.
3. (FIG.) Ennuyer. *Ce cours nous endort.* SYN. assommer. ANT. exciter; stimuler.
VERBE PRONOMINAL
Commencer à dormir. *Ils se sont endormis au petit matin.* ANT. éveiller; réveiller.
À la forme pronominale, le participe passé s'accorde toujours en genre et en nombre avec son sujet. *Les enfants se sont endormis tôt.*
FORME FAUTIVE
*s'endormir. Impropriété pour ***avoir sommeil, tomber de fatigue, de sommeil.***
CONJUGAISON : VOIR MODÈLE DORMIR.

ENDOS n. m.
Mention portée au dos d'un effet de commerce, d'un chèque et permettant sa transmission par le signataire à un tiers, au profit duquel le titre est endossé.
FORME FAUTIVE
*à l'endos. Impropriété au sens de ***au dos, au verso.***
endos.

ENDOSCOPE n. m.
(MÉD.) Instrument optique muni d'un éclairage et qui est destiné à l'examen des cavités internes du corps ou d'un conduit du corps à des fins diagnostiques ou thérapeutiques.

ENDOSCOPIE n. f.
(MÉD.) Examen à des fins diagnostiques ou thérapeutiques des cavités internes du corps ou d'un conduit du corps à l'aide d'un tube optique muni d'un éclairage. *Le chirurgien a procédé à l'ablation d'un kyste par endoscopie.*

ENDOSCOPIQUE adj.
(MÉD.) Relatif à l'endoscopie, par endoscopie. *Un examen endoscopique.*

ENDOSSEMENT n. m.
Signature au dos d'un effet de commerce, d'un chèque. *L'endossement d'un chèque.*

ENDOSSER v. tr.
1. Revêtir un vêtement. *Endosser une veste.* SYN. mettre.
2. Accepter la responsabilité de. *Nous ne pouvons endosser cette grève.* SYN. assumer.
3. (DR.) Apposer sa signature au dos d'un chèque, d'un effet de commerce. *Il a endossé le chèque et l'a encaissé.*
FORMES FAUTIVES
*endosser. Anglicisme au sens de ***se porter garant de.***
*endosser une action, une décision. Calque de «*to endorse an action, a decision*» pour ***approuver, sanctionner une action, une décision.***
*endosser une candidature. Calque de «*to endorse a candidature*» pour ***appuyer une candidature.***
*endosser une opinion. Calque de «*to endorse an opinion*» pour ***souscrire, adhérer à une opinion.***
CONJUGAISON : VOIR MODÈLE AIMER.

ENDOSSEUR n. m.
(DR.) Personne qui endosse un effet de commerce.

ENDROIT n. m.
1. Lieu déterminé. *Un bel endroit. À quel endroit doit-on signer?* SYN. place.
2. Le côté sous lequel se présente habituellement une chose. *L'endroit d'un tissu.* ANT. envers.
LOCUTIONS
– ***À l'endroit***, loc. adv. Du bon côté. *Je n'ai pas mis mon collant à l'endroit, il est à l'envers.* ANT. à l'envers.
– ***À l'endroit de.*** (LITT.) Relativement à, à l'égard de. *Il n'est pas indulgent à l'endroit des paresseux.*
– ***Par endroits***, loc. adv. Çà et là.
Dans cette expression, le nom se met au pluriel.

ENDUIRE v. tr., pronom.
VERBE TRANSITIF
Recouvrir une surface d'un enduit, d'une préparation relativement liquide. *Enduire de gel ses cheveux.*
VERBE PRONOMINAL
Se couvrir de. *Elle s'est enduit les mains d'un écran solaire. Elles se sont enduites d'huile solaire.*
À la forme pronominale, le participe passé de ce verbe s'accorde en genre et en nombre avec le complément direct si celui-ci le précède. *La main qu'il s'est enduite d'insectifuge. Elles se sont enduites d'un écran solaire.* Le participe passé reste invariable si le complément direct suit le verbe. *Elle s'est enduit le visage de lotion hydratante.*
CONJUGAISON : VOIR MODÈLE CONDUIRE.
INDICATIF PRÉSENT *J'enduis, tu enduis, il enduit, nous enduisons, vous enduisez, ils enduisent.* IMPARFAIT *J'enduisais.* PASSÉ SIMPLE *J'enduisis.* FUTUR *J'enduirai.* CONDITIONNEL PRÉSENT *J'enduirais.* IMPÉRATIF PRÉSENT *Enduis, enduisons, enduisez.* SUBJONCTIF PRÉSENT *Que j'enduise.* IMPARFAIT *Que j'enduisisse.* PARTICIPE PRÉSENT *Enduisant.* PASSÉ *Enduit, ite.*

ENDUIT n. m.
Revêtement, vernis, préparation dont on recouvre la surface de certaines choses. *Un enduit protecteur* (et non un *scellant).
enduit.

ENDURABLE adj.
Supportable. *Ces enfants ne sont pas endurables.*

ENDURANCE n. f.
Résistance. *Ces athlètes ont une incroyable endurance.*

ENDURCI, IE adj.
Devenu résistant. *Un célibataire endurci.*

ENDURCIR v. tr., pronom.
VERBE TRANSITIF
Rendre résistant, moins sensible. *Cette expérience les endurcira.* SYN. fortifier.
VERBE PRONOMINAL
S'aguerrir. *En vieillissant, ils se sont endurcis.*
À la forme pronominale, le participe passé de ce verbe s'accorde toujours en genre et en nombre avec son sujet. *Avec le temps, elles se sont endurcies.*
CONJUGAISON : VOIR MODÈLE FINIR.

ENDURCISSEMENT n. m.
Fait de s'endurcir, endurance.

ENDURER v. tr.
Supporter (ce qui est dur, pénible). *Elle doit endurer des maux de tête terribles. Ces commentaires désagréables sont difficiles à endurer.* SYN. subir.
CONJUGAISON : VOIR MODÈLE AIMER.

ÉNERGÉTIQUE adj. et n. f.
ADJECTIF
Relatif à l'énergie. *Les ressources énergétiques du Québec sont immenses.*
NOM FÉMININ
Science qui étudie les diverses manifestations de l'énergie et technique de sa production.
Ne pas confondre avec l'adjectif ***énergique***, vigoureux.

ÉNERGIE n. f.
1. Force, puissance. *Ces adolescents ont une énergie extraordinaire.* SYN. dynamisme ; vigueur ; vitalité.
2. Toute source de force motrice, aptitude à fournir du travail. *Énergie électrique, nucléaire, solaire.*
LOCUTIONS
– ***Énergie fossile.*** Énergie produite à partir de ressources épuisables telles que le pétrole brut, le gaz naturel, le charbon, etc. *La culture à très grande échelle du maïs, de la canne à sucre, du colza, de la betterave ou du soja induit nombre d'effets pervers, dont la consommation de beaucoup d'énergie fossile, d'eau ou d'engrais.*
– ***Énergie renouvelable.*** Énergie tirée de sources inépuisables telles que l'énergie éolienne, l'énergie hydraulique, l'énergie solaire, par opposition aux énergies fossiles produites à partir de ressources épuisables comme le pétrole.

ÉNERGIQUE adj.
Vigoureux. *Une action énergique.* SYN. actif ; dynamique ; efficace ; puissant.
Ne pas confondre avec l'adjectif ***énergétique,*** relatif à l'énergie.

ÉNERGIQUEMENT adv.
De façon énergique. *Ils ont protesté énergiquement.*

ÉNERGISANT, ANTE adj.
Qui stimule, donne de l'énergie. *Des vitamines énergisantes.*

ÉNERGIVORE adj.
Qui consomme beaucoup d'énergie. *Ces fourgonnettes sont énergivores.*

ÉNERGUMÈNE n. m. et f.
Personne agitée qui crie et se démène. SYN. agité ; exalté.

ÉNERVANT, ANTE adj.
Agaçant, exaspérant. *Ces critiques sont énervantes.* SYN. irritant.

ÉNERVÉ, ÉE adj.
Extrêmement nerveux, fébrile. *Ces jeunes gens sont bien énervés : ils ne tiennent pas en place.* SYN. agité ; excité ; nerveux. ANT. calme ; pondéré.

ÉNERVEMENT n. m.
État de celui qui est énervé, irrité. *Dans son énervement, il a oublié ses clefs.* SYN. agitation ; nervosité. ANT. calme ; sang-froid.

ÉNERVER v. tr., pronom.
Agacer, surexciter. *Ces préparatifs énervent les enfants. Ne vous énervez pas, nous partons dans quelques minutes.* SYN. exaspérer ; impatienter.
À la forme pronominale, le participe passé de ce verbe s'accorde toujours en genre et en nombre avec son sujet. *Les enfants se sont énervés tout l'avant-midi.*
CONJUGAISON : VOIR MODÈLE AIMER.

ENFANCE n. f.
Première période de la vie humaine, de la naissance à l'adolescence. *Ces petits ont une enfance heureuse.*
LOCUTION
– ***L'enfance de l'art.*** Chose très facile.

ENFANT n. m. et f.
1. Être humain dans l'âge de l'enfance. *Une jolie enfant. Il n'y a plus d'enfants.*
2. Fils ou fille. *Elle a deux enfants.*
LOCUTIONS
– ***Beaux-enfants.*** Enfants issus d'une union précédente d'un conjoint, d'une conjointe. *Les conjoints vivant avec deux enfants issus chacun de leurs précédents mariages pourront tous les deux mettre leurs enfants et beaux-enfants à égalité dans le cadre d'un partage des biens.*
– ***Bon enfant,*** loc. adj. D'une gentillesse simple. *Des paroles bon enfant.*
Cette locution adjective est invariable.
– ***C'est un jeu d'enfant.*** C'est très simple.
– ***Enfant de chœur.*** Enfant qui sert la messe. *Les enfants de chœur* (et non *cœur) *suivaient le prêtre.*
– ***Petits-enfants.*** Enfants d'un fils ou d'une fille, par rapport aux grands-parents. *Margot a cinq petits-enfants : quatre petites-filles et un petit-fils.*
Ce nom ne s'emploie qu'au pluriel.

ENFANTEMENT n. m.
1. (LITT.) Accouchement.
2. (FIG.) Production d'un ouvrage de l'esprit. SYN. création.

ENFANTER v. tr.
(LITT.) Accoucher, mettre un enfant au monde, en parlant de la femme.
Ne pas confondre avec le verbe ***engendrer,*** donner la vie à, en parlant de l'espèce humaine, dans un style soutenu.
CONJUGAISON : VOIR MODÈLE AIMER.

ENFANTILLAGE n. m.
Manière de se conduire qui convient mieux à un enfant qu'à un adulte. *Cessez vos enfantillages, soyez sages.* SYN. gaminerie.

ENFANTIN, INE adj.
1. Qui appartient à l'enfance. *Les joies enfantines. La simplicité enfantine.*
Ne pas confondre avec l'adjectif ***infantile,*** relatif à la première enfance.
2. Qui manque de sérieux. *Des réactions enfantines.* SYN. puéril.
3. Facile. *Cet examen était enfantin.* SYN. aisé ; élémentaire ; simple.

ENFARGER v. tr., pronom.
VERBE TRANSITIF
⚜ (FAM.) Faire tomber en donnant un croc-en-jambe. *Ne l'enfargeons pas, il pourrait se blesser.*
VERBE PRONOMINAL
⚜ (FAM.) S'accrocher, s'embarrasser dans quelque chose. *Julie s'est enfargée dans une racine et elle est tombée. « En m'apercevant, la corneille s'est enfargé une aile dans l'autre et a trébuché »* (Félix Leclerc, *Le Nouveau Calepin du même flâneur,* cité dans le fichier lexical du TLFQ).
À la forme pronominale, le participe passé de ce verbe s'accorde toujours en genre et en nombre avec son sujet. *Ils se sont enfargés dans les fleurs du tapis.*
Ce verbe de registre familier demeure usuel au Québec et dans la francophonie canadienne, mais il n'appartient plus à l'usage courant de la majorité des locuteurs du français.
CONJUGAISON : VOIR MODÈLE CHANGER.

ENFARINÉ, ÉE adj.
Couvert de farine. *Des visages enfarinés.*

ENFARINER v. tr.
Saupoudrer de farine. *Enfariner des escalopes avant de les faire revenir dans la poêle.* SYN. fariner.
CONJUGAISON : VOIR MODÈLE AIMER.

ENFER n. m.
Lieu destiné au supplice des damnés, dans la religion chrétienne. *Aller en enfer.*
LOCUTIONS
– ***C'est l'enfer !*** (FAM.) C'est formidable !
– ***D'enfer.*** Excessif. *Ils font un bruit d'enfer.*
– ***D'enfer.*** Horrible, affreux. *Les images d'enfer de ceux qui ont connu la guerre.*

ENFERMEMENT n. m.
Action d'enfermer. *L'enfermement d'un malade dangereux.*

ENFERMER v. tr., pronom.
VERBE TRANSITIF
Emprisonner. *Enfermer un lapin dans un clapier.*

VERBE PRONOMINAL
Se tenir dans un endroit fermé. *Ils se sont enfermés dans une cabane.*
À la forme pronominale, le participe passé de ce verbe s'accorde toujours en genre et en nombre avec son sujet. *Elles se sont enfermées dans leur chambre.*
CONJUGAISON : VOIR MODÈLE AIMER.

ENFERRER (S') v. pronom.
1. Se prendre à l'hameçon, en parlant d'un poisson.
2. (FIG.) Poursuivre maladroitement dans une voie d'où l'on ne peut plus se dégager. *Ils se sont enferrés dans leurs mensonges.*
Le participe passé de ce verbe, qui n'existe qu'à la forme pronominale, s'accorde toujours en genre et en nombre avec son sujet. *Ces menteurs se sont enferrés de plus en plus.*
CONJUGAISON : VOIR MODÈLE AIMER.

ENFIÉVRER v. tr.
(LITT.) Surexciter, exalter. *Les préparatifs de la fête enfièvrent les enfants.*
CONJUGAISON : VOIR MODÈLE POSSÉDER.
Le ***é*** se change en ***è*** devant une syllabe contenant un ***e*** muet, sauf à l'indicatif futur et au conditionnel présent. *Il enfièvre,* mais *il enfiévrera.*
[Les *Rectifications* (1990) admettent : il enfièvrera, enfièvrerait...]

ENFILADE n. f.
Suite. *Des pièces en enfilade.*

ENFILER v. tr.
1. Passer un fil dans (le chas d'une aiguille; le trou d'une perle, etc.). *Enfiler une aiguille.*
2. Passer un vêtement à la hâte. *Elle enfila une robe de chambre pour aller répondre à la porte.*
CONJUGAISON : VOIR MODÈLE AIMER.

ENFIN adv.
1. L'adverbe marque la **fin** d'une attente, le soulagement. *Enfin, les vacances approchent! Te voilà enfin : ce n'est pas trop tôt.*
2. L'adverbe marque la **conclusion** d'une énumération. *Nous avons pris un potage, un plat et enfin un dessert.*
3. L'adverbe apporte une **précision**. *Elle est trop directe, enfin plutôt franche et simple.*
T En tête de phrase, l'adverbe est généralement suivi de la virgule. *Enfin, ils décidèrent de venir.* Dans la phrase, l'adverbe n'est ni suivi ni précédé de la virgule. *Le moment est enfin arrivé.* L'adverbe est suivi d'une virgule lorsqu'il introduit la conclusion d'une énumération sans la conjonction ***et***. *Les femmes, les enfants, enfin, les hommes.*

ENFLAMMER v. tr., pronom.
VERBE TRANSITIF
1. Allumer, embraser. *Attention, la bougie a enflammé le sapin!*
2. Illuminer. *Le soleil couchant enflamme le ciel.* SYN. colorer.
3. (FIG.) Exciter. *Ces beaux projets les enflamment.* SYN. exalter; stimuler.
VERBE PRONOMINAL
Prendre feu. *La forêt s'est enflammée à cause de la négligence des campeurs.*
À la forme pronominale, le participe passé de ce verbe s'accorde toujours en genre et en nombre avec son sujet. *Ces vieux journaux se sont enflammés rapidement.*
CONJUGAISON : VOIR MODÈLE AIMER.
enflammer.

ENFLÉ, ÉE adj.
Qui a une augmentation anormale de volume. *Sa cheville enflée le fait souffrir.*

ENFLER v. tr., intr., pronom.
VERBE TRANSITIF
1. Grossir. *Enfler sa voix. La fonte des neiges a enflé le niveau des cours d'eau.*
2. Gonfler. *Le vent enfle la voile de sa planche.*
VERBE INTRANSITIF
Augmenter de volume de façon anormale. *Sa cheville luxée se mit à enfler.*
VERBE PRONOMINAL
Augmenter, devenir plus fort. *La rumeur s'est enflée.*
À la forme pronominale, le participe passé de ce verbe s'accorde toujours en genre et en nombre avec son sujet. *Depuis quelques heures, les vents se sont enflés.*
CONJUGAISON : VOIR MODÈLE AIMER.

ENFLURE n. f.
Gonflement. *Une enflure de la cheville.*

ENFONCEMENT n. m.
1. Action d'enfoncer; fait de s'enfoncer.
2. Partie en retrait.

ENFONCER v. tr., intr., pronom.
VERBE TRANSITIF
1. Faire pénétrer profondément dans quelque chose. *Enfoncer un clou.*
2. Mettre profondément. *Yves enfonça bien sa tuque, car le vent était glacial.*
3. Défoncer. *Un camion a enfoncé l'avant de la voiture.* SYN. briser; écraser.
VERBE INTRANSITIF
Aller au fond. *La glace fond et nous enfonçons dans l'eau.*
VERBE PRONOMINAL
1. Aller vers le fond. *Les épaves se sont enfoncées dans les profondeurs de la mer.* SYN. couler.
2. Aller vers le bas. *Le plancher s'enfonce.* SYN. s'affaisser; s'écrouler.
3. Entrer profondément. *Les chasseurs se sont enfoncés dans la forêt.*
À la forme pronominale, le participe passé de ce verbe s'accorde toujours en genre et en nombre avec son sujet. *Les pilotis se sont enfoncés dans le sol.*
CONJUGAISON : VOIR MODÈLE AVANCER.
Le **c** prend une cédille devant les lettres ***a*** et ***o***. *Il enfonça, nous enfonçons.*

ENFOUIR v. tr., pronom.
VERBE TRANSITIF
Enterrer, dissimuler. *L'écureuil enfouit des glands dans la terre.*
VERBE PRONOMINAL
Se blottir. *Il s'enfouit dans les bras de sa maman.* SYN. se cacher.
À la forme pronominale, le participe passé de ce verbe s'accorde toujours en genre et en nombre avec son sujet. *Les chatons se sont enfouis sous l'édredon.*
CONJUGAISON : VOIR MODÈLE FINIR.

ENFOUISSEMENT n. m.
Action d'enfouir. *L'enfouissement des déchets industriels.*

ENFOURCHER v. tr.
Monter à califourchon sur un animal, une chose. *Christian enfourcha son cheval et partit à son secours. « Le soir, j'enfourchais ma bicyclette et parcourais des pistes indiennes »* (Gabrielle Roy, *La Détresse et l'Enchantement*).
CONJUGAISON : VOIR MODÈLE AIMER.

ENFOURNER v. tr.
Mettre dans un four. *Elle enfourne ses tartes et ses gâteaux dans le four bien chaud.*
CONJUGAISON : VOIR MODÈLE AIMER.

ENFREINDRE v. tr.
Ne pas respecter (un règlement, une loi). *Enfreindre une directive, un ordre.* SYN. désobéir à ; transgresser. ANT. obéir à ; observer ; respecter.
CONJUGAISON : VOIR MODÈLE ÉTEINDRE.
INDICATIF PRÉSENT *J'enfreins, tu enfreins, il enfreint, nous enfreignons, vous enfreignez, ils enfreignent.* IMPARFAIT *J'enfreignais, tu enfreignais, il enfreignait, nous enfreignions, vous enfreigniez, ils enfreignaient.* PASSÉ SIMPLE *J'enfreignis, tu enfreignis, il enfreignit, nous enfreignîmes, vous enfreignîtes, ils enfreignirent.* FUTUR *J'enfreindrai.* CONDITIONNEL PRÉSENT *J'enfreindrais.* IMPÉRATIF PRÉSENT *Enfreins, enfreignons, enfreignez.* SUBJONCTIF PRÉSENT *Que j'enfreigne, que tu enfreignes, qu'il enfreigne, que nous enfreignions, que vous enfreigniez, qu'ils enfreignent.* IMPARFAIT *Que j'enfreignisse, que tu enfreignisses, qu'il enfreignît, que nous enfreignissions, que vous enfreignissiez, qu'ils enfreignissent.* PARTICIPE PRÉSENT *Enfreignant.* PASSÉ *Enfreint, einte.*
Les lettres ***gn*** sont suivies d'un ***i*** à la première et à la deuxième personne du pluriel de l'indicatif imparfait et du subjonctif présent.

ENFUIR (S') v. pronom.
S'échapper. *Elles se sont enfuies par la porte arrière.* SYN. fuir ; se sauver.
Le participe passé de ce verbe, qui n'existe qu'à la forme pronominale, s'accorde toujours en genre et en nombre avec son sujet. *Les fraudeurs se sont enfuis à l'extérieur du pays.*
CONJUGAISON : VOIR MODÈLE FUIR.

ENFUMER v. tr., pronom.
VERBE TRANSITIF
Envelopper de fumée. *Va fumer dehors, tu nous enfumes !*
VERBE PRONOMINAL
Se remplir de fumée. *La pièce s'est enfumée.*
À la forme pronominale, le participe passé de ce verbe s'accorde toujours en genre et en nombre avec son sujet. *Les locaux se sont enfumés.*
CONJUGAISON : VOIR MODÈLE AIMER.

ENGAGEANT, ANTE adj.
Aimable. *Des paroles engageantes.* SYN. chaleureux ; encourageant.
Ne pas confondre avec le participe présent invariable ***engageant.*** *Ses paroles n'engageant que lui, nous n'entendons pas être tenus responsables de ses promesses.*
enga**geant.**

ENGAGEMENT n. m.
1. Promesse. *Je vous promets que je ferai mon possible : c'est un engagement et je respecte mes engagements.* SYN. pacte ; parole ; serment.
2. Fait de prendre position, de travailler au service d'une cause.
3. Recrutement d'un salarié, d'un cadre. *L'entreprise a procédé à l'engagement de 15 personnes.*
FORME FAUTIVE
*engagement. Anglicisme au sens de ***rendez-vous.*** *J'ai un rendez-vous* (et non un *engagement) *avec le directeur à 13 heures.*

ENGAGER v. tr., pronom.
VERBE TRANSITIF
1. Introduire. *Lulu engagea sa clé dans la serrure.* SYN. enfoncer ; mettre.
2. Recruter. *Nous avons engagé deux étudiants comme stagiaires.* SYN. embaucher.
3. (FIN.) Dans une entreprise, un organisme, utiliser de l'argent à une fin particulière. *Engager une dépense. Des dépenses engagées* (et non *encourues).
VERBE PRONOMINAL
1. Se lier par une promesse, contracter un engagement. *Nous nous sommes engagés à nettoyer la classe, mais cela ne vous engage pas à nous récompenser.* SYN. promettre.
En ce sens, le verbe se construit avec la préposition ***à*** suivie de l'infinitif.
2. Commencer. *Le dialogue s'engage. S'engager dans une nouvelle aventure. Les négociations s'engagent bien.*
3. Pénétrer. *La voiture s'engagea dans une ruelle.* SYN. entrer ; s'introduire.
À la forme pronominale, le participe passé de ce verbe s'accorde toujours en genre et en nombre avec son sujet. *Les pourparlers se sont bien engagés.*
FORME FAUTIVE
*ligne engagée. Anglicisme pour ***ligne occupée.***
CONJUGAISON : VOIR MODÈLE CHANGER.
Le ***g*** est suivi d'un ***e*** devant les lettres ***a*** et ***o***. *Il engagea, nous engageons.*

ENGEANCE n. f.
(PÉJ.) Catégorie de personnes méprisables. *Quelle engeance de voleurs !*
eng**eance.**

ENGELURE n. f.
Enflure douloureuse des mains, des pieds, du nez, des oreilles qui est causée par le froid. *Attention aux engelures : il fait 40 degrés au-dessous de zéro !*
engelure.

ENGENDRER v. tr.
1. (LITT.) Donner la vie à. *Le poète engendra deux filles.*
Ne pas confondre avec le verbe ***enfanter,*** accoucher, mettre un enfant au monde, en parlant de la femme, dans un style soutenu.
En ce sens, le verbe s'emploie dans un style soutenu et ne s'applique qu'à l'espèce humaine.
2. Causer, avoir pour effet. *Des aménagements qui engendrent des coûts.* SYN. créer ; produire ; provoquer.
CONJUGAISON : VOIR MODÈLE AIMER.

ENGIN n. m.
Instrument, machine. *Des engins de guerre, des engins spatiaux.*
FORMES FAUTIVES
*engin. Impropriété au sens de ***locomotive.***
*engin de recherche. Calque de «*search engine*» pour ***moteur de recherche.***

***ENGINEERING**
Anglicisme pour ***ingénierie.***

ENGLOBER v. tr.
Comprendre dans un ensemble. *Le tout englobe les parties.*
CONJUGAISON : VOIR MODÈLE AIMER.

ENGLOUTIR v. tr.
1. Dévorer de façon gloutonne. *Alexandre engloutit son repas en quelques minutes.*
2. (FIG.) Faire disparaître comme dans un gouffre. *La mer déchaînée a englouti le navire. Il a englouti toutes ses économies dans l'aventure.*
CONJUGAISON : VOIR MODÈLE FINIR.

ENGLOUTISSEMENT n. m.
Action d'engloutir ; résultat de cette action.

ENGLUER v. tr., pronom.
VERBE TRANSITIF
Enduire de matière gluante. *Engluer des décors pour y coller des fleurs.*
VERBE PRONOMINAL
(FIG.) Être pris au piège. *« comme en rêve on s'englue/dans des souliers de plomb »* (Pierre Nepveu, *Lignes aériennes*). SYN. s'enliser.

À la forme pronominale, le participe passé de ce verbe s'accorde toujours en genre et en nombre avec son sujet. *Ils se sont englués dans de fausses déclarations.*
CONJUGAISON : VOIR MODÈLE AIMER.

E

ENGONCER v. tr.
En parlant d'un vêtement, faire paraître le cou enfoncé dans les épaules. *Ce col de fourrure l'engonçait un peu.*
CONJUGAISON : VOIR MODÈLE AVANCER.
Le ***c*** prend une cédille devant les lettres ***a*** et ***o***. *Il engonça, nous engonçons.*

ENGORGEMENT n. m.
1. Obstruction formée par un conduit.
2. Encombrement (d'une voie de circulation, d'un secteur, etc.). *L'engorgement des artères commerciales aux heures de pointe.* SYN. bouchon.

ENGORGER v. tr., pronom.
VERBE TRANSITIF
1. Boucher. *Ces résidus engorgeaient les tuyaux.* SYN. obstruer.
2. Encombrer (une voie de circulation, un secteur, etc.). *De nombreux camions engorgent le centre-ville.*
VERBE PRONOMINAL
Devenir obstrué, se boucher. *Les canalisations se sont engorgées.*
À la forme pronominale, le participe passé de ce verbe s'accorde toujours en genre et en nombre avec son sujet. *Les principales artères de la ville se sont engorgées.*
CONJUGAISON : VOIR MODÈLE CHANGER.
Le ***g*** est suivi d'un ***e*** devant les lettres ***a*** et ***o***. *Il engorgea, nous engorgeons.*

ENGOUEMENT n. m.
Enthousiasme soudain et passager pour quelqu'un, quelque chose. *Un engouement pour les romans historiques, pour un chanteur.* SYN. emballement ; tocade.
Le nom se construit avec la préposition ***pour.***
Ne pas confondre avec le nom ***enjouement,*** entrain.
engouement.

ENGOUER (S') v. pronom.
S'enthousiasmer soudainement pour quelqu'un, quelque chose. *Elles se sont engouées de ce chanteur.* SYN. s'emballer ; s'enticher.
Le verbe se construit surtout avec la préposition ***de,*** mais le nom ***engouement*** se construit avec la préposition ***pour.***
Le participe passé de ce verbe, qui n'existe qu'à la forme pronominale, s'accorde toujours en genre et en nombre avec son sujet. *Elles se sont engouées de cette nouvelle recette.*
CONJUGAISON : VOIR MODÈLE AIMER.

ENGOUFFRER v. tr., pronom.
VERBE TRANSITIF
1. (LITT.) Jeter dans un gouffre.
2. (FIG.) Engloutir. *Il a engouffré toute sa fortune dans cette aventure.*
VERBE PRONOMINAL
Pénétrer rapidement dans un lieu. *Le torrent dévale la pente et s'engouffre dans le ravin.*
À la forme pronominale, le participe passé de ce verbe s'accorde toujours en genre et en nombre avec son sujet. *Les spectateurs se sont engouffrés dans la salle.*
CONJUGAISON : VOIR MODÈLE AIMER.
engouffrer.

ENGOULEVENT n. m.
Passereau au plumage brun-roux. *Le cri des engoulevents.*
Ce mot signifiait à l'origine « qui avale goulûment le vent ».

ENGOURDIR v. tr., pronom.
VERBE TRANSITIF
1. Paralyser momentanément. *Le froid a engourdi mes orteils.*
2. (FIG.) Ralentir l'activité de. *Le sommeil nous engourdit tout doucement.*
VERBE PRONOMINAL
Devenir engourdi. *Par grand froid, les doigts s'engourdissent et peuvent geler.*
À la forme pronominale, le participe passé de ce verbe s'accorde toujours en genre et en nombre avec son sujet. *Ses doigts se sont engourdis dangereusement.*
CONJUGAISON : VOIR MODÈLE FINIR.

ENGOURDISSEMENT n. m.
Action d'engourdir ; fait d'être engourdi.

ENGRAIS n. m.
Produit destiné à accroître la fertilité du sol. *Un engrais riche en potassium.*
engrais, un ***s*** final même au singulier.

ENGRAISSEMENT ou **ENGRAISSAGE** n. m.
Action d'engraisser ; son résultat.

ENGRAISSER v. tr., intr.
VERBE TRANSITIF
1. Rendre gras (un animal). *Le cultivateur engraisse ses veaux.* SYN. faire grossir. ANT. amaigrir.
2. Améliorer (une terre) par des engrais. *Une terre bien engraissée.* SYN. fertiliser. ANT. appauvrir.
VERBE INTRANSITIF
Prendre du poids. *Pendant les vacances, j'engraisse toujours un peu.* SYN. grossir. ANT. maigrir.
CONJUGAISON : VOIR MODÈLE AIMER.

ENGRANGEMENT n. m.
Action d'engranger. *L'engrangement du blé.*

ENGRANGER v. tr.
1. Mettre dans une grange. *Engranger le foin.*
2. (FIG.) Emmagasiner. *Il engrangea des données pendant plusieurs mois.*
CONJUGAISON : VOIR MODÈLE CHANGER.
Le ***g*** est suivi d'un ***e*** devant les lettres ***a*** et ***o***. *Il engrangea, nous engrangeons.*

ENGRENAGE n. m.
1. Ensemble de roues dentées qui s'entraînent réciproquement. *Les engrenages complexes de Léonard de Vinci.*
2. (FIG.) Enchaînement dont il est difficile de se dégager. *Les élèves ont été pris dans l'engrenage et n'ont pu se soustraire aux corvées.*
LOCUTION
– ***Mettre le doigt dans l'engrenage.*** (FIG.) Être entraîné dans une situation dont on ne peut se dégager.

ENGUEULADE n. f.
(FAM.) Discussion, reproche. *Après cette gaffe, Denis s'attend à une terrible engueulade de son père.* SYN. dispute.
Ce nom est très familier ; dans un style soigné, il est préférable d'employer ***discussion, réprimande.***

ENGUEULER v. tr., pronom.
VERBE TRANSITIF
(FAM.) Faire des reproches violents à quelqu'un. *Ne m'engueule pas, ce n'est pas ma faute !* SYN. disputer ; gronder ; réprimander.
VERBE PRONOMINAL
(FAM.) Se quereller violemment. *Ils se sont engueulés toute la soirée.* SYN. se disputer.
À la forme pronominale, le participe passé de ce verbe s'accorde toujours en genre et en nombre avec son sujet. *Elles ne se sont pas engueulées.*
Ce verbe est très familier ; dans un style soigné, on l'évitera.
CONJUGAISON : VOIR MODÈLE AIMER.

ENGUIRLANDER v. tr.
1. (LITT.) Orner de guirlandes.
2. (FAM.) Faire des reproches à quelqu'un. SYN. ⚜ disputer ; gronder ; réprimander.
CONJUGAISON : VOIR MODÈLE AIMER.

ENHARDIR v. tr., pronom.
VERBE TRANSITIF
Encourager. *Ces paroles d'appui l'ont enhardi.* SYN. stimuler.
VERBE PRONOMINAL
Devenir hardi, prendre de l'assurance. *Ils s'enhardirent jusqu'à demander à être exemptés de devoirs.*
À la forme pronominale, le participe passé de ce verbe s'accorde toujours en genre et en nombre avec son sujet. *Elle s'est enhardie jusqu'à contredire le président.*
CONJUGAISON : VOIR MODÈLE FINIR.
enhardir.

ÉNIÈME adj.
(PÉJ.) D'ordre indéterminé et élevé. *Je vous le répète pour la énième fois.* SYN. ixième ; nième.
Cette expression marque l'exaspération causée par une multitude de répétitions.

ÉNIGMATIQUE adj.
Mystérieux, difficile à comprendre. *Un air énigmatique.* SYN. obscur.

ÉNIGMATIQUEMENT adv.
De manière énigmatique.

ÉNIGME n. f.
Mystère, chose difficile à comprendre. *Une énigme indéchiffrable.*

ENIVRANT, ANTE adj.
Les deux premières lettres se prononcent ensemble pour faire le son ***en***, [ɑ̃nivʀɑ̃, ɑ̃t].
1. (VIEILLI) Qui rend ivre. *Des boissons enivrantes.*
2. (FIG.) Grisant, excitant. *Des succès enivrants.*

ENIVREMENT n. m.
Les deux premières lettres se prononcent ensemble pour faire le son ***en***, [ɑ̃nivʀəmɑ̃].
1. Fait de s'enivrer. *Il a bu du cognac jusqu'à l'enivrement.* SYN. ivresse.
2. (FIG.) Exaltation, excitation. *L'enivrement de la victoire. « Pour l'instant, nos doigts entrelacés, nous n'étions qu'à l'enivrement d'être l'un à côté de l'autre »* (Gabrielle Roy, *La Détresse et l'Enchantement*). SYN. griserie.

ENIVRER v. tr., pronom.
Les deux premières lettres se prononcent ensemble pour faire le son ***en***, [ɑ̃nivʀe].
VERBE TRANSITIF
1. Rendre ivre. *Quelques verres de vin suffisent à enivrer.* SYN. soûler. ANT. dégriser.
2. (FIG.) Griser. *Ces paroles l'ont enivré.* SYN. exalter ; exciter ; troubler.
VERBE PRONOMINAL
Devenir ivre. *Ce chauffard s'est enivré de nouveau.*
À la forme pronominale, le participe passé de ce verbe s'accorde toujours en genre et en nombre avec son sujet. *Ils ne se sont pas enivrés.*
CONJUGAISON : VOIR MODÈLE AIMER.

ENJAMBÉE n. f.
1. Grand pas. *Marcher à grandes enjambées.*
2. Action d'enjamber.
enjambée.

ENJAMBER v. tr.
Franchir en étendant la jambe. *Il a enjambé le muret.*
CONJUGAISON : VOIR MODÈLE AIMER.

ENJEU n. m. (pl. *enjeux*)
1. Somme d'argent risquée au jeu. *Perdre son enjeu.* SYN. mise.
2. (FIG.) Ce qui peut être gagné ou perdu dans une entreprise, une action. *Des enjeux importants.*

ENJOINDRE v. tr.
(LITT.) Recommander avec insistance. *On enjoint à quelqu'un de faire quelque chose. « Le secrétaire général de l'OTAN enjoint aux alliés européens d'augmenter leurs budgets consacrés à la défense et à la sécurité »* (*Le Monde*). SYN. ordonner ; prescrire.
Dans la langue soutenue, le verbe se construit avec la préposition ***à***. Cette construction est recommandée par les auteurs de dictionnaires de difficultés Hanse, Péchoin et Colin. *La Cour a enjoint à l'armée de ne pas déplacer les corps.* On note cependant que la construction transitive directe (sans la préposition ***à***) concurrence de plus en plus la construction indirecte. *« Les perspectives d'avenir enjoignent les constructeurs à miser sur la diversité. Avec pour solde de tout compte, l'opprobre, bien que sa défense eût enjoint les juges à ne pas s'ériger en tribunal de la morale »* (*Le Monde*).
Ne pas confondre avec les verbes suivants :
- ***édicter,*** prescrire par une loi ;
- ***intimer,*** signifier, déclarer avec autorité ;
- ***notifier,*** faire savoir dans les formes légales.

CONJUGAISON : VOIR MODÈLE JOINDRE.

ENJÔLER v. tr.
Abuser par des paroles flatteuses. *Ne vous laissez pas enjôler par ces vendeurs.* SYN. duper ; entortiller ; séduire.
CONJUGAISON : VOIR MODÈLE AIMER.
enjôler.

ENJÔLEUR, EUSE adj. et n. m. et f.
Personne qui enjôle. *Ce garçon est enjôleur. Une enjôleuse très habile.*
enjôleur.

ENJOLIVER v. tr.
Orner, décorer. *Des broderies enjolivent la nappe.*
CONJUGAISON : VOIR MODÈLE AIMER.

ENJOLIVEUR n. m.
Pièce circulaire servant à cacher les moyeux des roues d'une automobile. *Une vieille voiture avec des enjoliveurs* (et non des *caps de roues) *tout cabossés.*

ENJOUÉ, ÉE adj.
Gai. *Un ton enjoué.* SYN. jovial.

ENJOUEMENT n. m.
Entrain, bonne humeur. SYN. gaieté.
Ne pas confondre avec le nom ***engouement,*** enthousiasme.
enjouement.

ENLACEMENT n. m.
1. Entrecroisement, action d'enlacer.
2. Étreinte. SYN. embrassement.

ENLACER v. tr., pronom.
VERBE TRANSITIF
1. Entourer en serrant. *La vigne enlace le treillis.*
2. Étreindre. *Le patineur enlaçait une jolie patineuse.*
3. Entrecroiser. *Des initiales enlacées.*
VERBE PRONOMINAL
S'étreindre. *Les amoureux s'étaient enlacés tendrement.*
À la forme pronominale, le participe passé de ce verbe s'accorde toujours en genre et en nombre avec son sujet. *Ils se sont enlacés.*
CONJUGAISON : VOIR MODÈLE AVANCER.
Le ***c*** prend une cédille devant les lettres ***a*** et ***o***. *Il enlaça, nous enlaçons.*

ENLAIDIR v. tr., intr., pronom.
VERBE TRANSITIF
Rendre laid. *Cette tenue austère l'enlaidit.*
VERBE INTRANSITIF
Devenir laid. *Avec ces nouvelles constructions, le quartier a enlaidi. Le quartier est maintenant enlaidi.*

Le verbe se conjugue avec l'auxiliaire ***avoir*** pour exprimer l'action, avec l'auxiliaire ***être*** pour marquer l'état.
VERBE PRONOMINAL
Devenir laid. *Par cette vilaine coupe de cheveux, elle s'est enlaidie.*
À la forme pronominale, le participe passé de ce verbe s'accorde toujours en genre et en nombre avec son sujet. *Ils se sont enlaidis.*
CONJUGAISON : VOIR MODÈLE FINIR.

E

ENLÈVEMENT n. m.
1. Action d'emmener et de retenir par la force une personne. *Il y a eu de nombreux enlèvements dans la région.* SYN. kidnapping ; rapt.
2. Action d'emporter. *L'enlèvement des ordures ménagères.*

ENLEVER v. tr.
1. Faire disparaître. *Il enlève un tableau du mur. Julie doit se faire enlever les dents de sagesse.* SYN. ôter.
2. Retirer. *Enlevez votre manteau.*
3. Emporter. *Ils sont chargés d'enlever ces marchandises.*
4. Emmener de force une personne et la retenir. *L'enfant a été enlevé par un groupe armé.* SYN. kidnapper.
CONJUGAISON : VOIR MODÈLE LEVER.
Le ***e*** se change en ***è*** devant une syllabe contenant un ***e*** muet. *J'enlève,* mais *j'enlevais.*

***ENLIGNER**
Impropriété pour ***aligner.***

ENLISEMENT n. m.
Fait de s'enliser.

ENLISER v. tr., pronom.
VERBE TRANSITIF
Être engagé dans un sol impraticable. *Luc enlisa sa bicyclette dans le sable.*
VERBE PRONOMINAL
1. S'enfoncer. *La voiture s'est enlisée dans la neige.*
2. (FIG.) Piétiner. *Les travaux se sont enlisés depuis la grève de la construction.*
À la forme pronominale, le participe passé de ce verbe s'accorde toujours en genre et en nombre avec son sujet. *Les réformes se sont enlisées.*
CONJUGAISON : VOIR MODÈLE AIMER.

ENLUMINER v. tr.
Orner d'enluminures. *Un manuscrit richement enluminé.*
CONJUGAISON : VOIR MODÈLE AIMER.

ENLUMINEUR n. m.
ENLUMINEUSE n. f.
Artiste qui enlumine.

ENLUMINURE n. f.
Miniature en couleurs. *L'édition des* Très Riches Heures du duc de Berry, *qui vient de paraître, comprend de belles enluminures.*

ENNEIGÉ, ÉE adj.
Les deux premières lettres se prononcent ensemble pour faire le son ***en,*** [ɑ̃neʒe].
Recouvert de neige. *Des toits enneigés.*
enneigé.

ENNEIGEMENT n. m.
Les deux premières lettres se prononcent ensemble pour faire le son ***en,*** [ɑ̃neʒmɑ̃].
État d'un endroit enneigé. *L'enneigement atteint un mètre.*
enneigement.

ENNEIGER v. tr.
Les deux premières lettres se prononcent ensemble pour faire le son ***en,*** [ɑ̃neʒe].
Recouvrir de neige. *Cette tempête enneigea la région.*
CONJUGAISON : VOIR MODÈLE CHANGER.
enneiger.

ENNEMI, IE adj. et n. m. et f.
Les lettres ***en*** se prononcent ***è,*** [ɛnmi].
ADJECTIF
Qui cherche à nuire, adversaire. *Des bandes ennemies.* SYN. rival.
NOM MASCULIN ET FÉMININ
Personne opposée à, qui a de l'aversion pour. *C'est un ennemi du progrès. Une ennemie de la tradition.* ANT. ami.
NOM MASCULIN
Groupe, nation, etc., à qui l'on s'oppose en temps de guerre (par opposition à ***allié***). *Passer à l'ennemi.* ANT. les alliés.

ENNOBLIR v. tr.
Les deux premières lettres se prononcent ensemble pour faire le son ***en,*** [ɑ̃nɔblir].
(FIG.) Conférer de la noblesse, de la dignité à.
Ne pas confondre avec le verbe ***anoblir,*** conférer un titre de noblesse à.
CONJUGAISON : VOIR MODÈLE FINIR.

ENNOBLISSEMENT n. m.
Les deux premières lettres se prononcent ensemble pour faire le son ***en,*** [ɑ̃nɔblismɑ̃].
Action d'ennoblir. *L'ennoblissement d'un ancien des Beatles.*

ENNUAGER (S') v. pronom.
Se couvrir de nuages. *Le ciel s'ennuagera ce soir, selon ce que prévoit la météo.*
Le participe passé de ce verbe, qui n'existe qu'à la forme pronominale, s'accorde toujours en genre et en nombre avec son sujet. *La région s'est ennuagée.*
CONJUGAISON : VOIR MODÈLE CHANGER.
Le ***g*** est suivi d'un ***e*** devant les lettres ***a*** et ***o.*** *Il ennuagea, nous ennuageons.*

ENNUI n. m.
1. Absence d'intérêt. *Les élèves écoutent avec ennui cet exposé monotone.*
2. Lassitude, abattement. *Travailler pour échapper à l'ennui.* SYN. mélancolie.
3. Souci, désagrément. *J'ai des ennuis.* SYN. contrariété ; problème.

ENNUYANT, ANTE adj.
Qui provoque de l'ennui. *« L'homme ennuyant est celui qui ennuie par occasion ; cela est accidentel ; l'homme ennuyeux est celui qui ennuie toujours ; cela est inhérent »* (Littré). SYN. ennuyeux ; monotone.
Cet adjectif demeure usuel au Québec, dans la francophonie canadienne et en Belgique, mais il n'appartient plus à l'usage courant de la majorité des locuteurs du français.

ENNUYER v. tr., pronom.
VERBE TRANSITIF
1. Causer de la contrariété à. *Si cela ne vous ennuie pas, je voudrais téléphoner.* SYN. agacer ; contrarier ; déranger ; importuner.
2. Lasser. *Cette musique l'ennuie terriblement.* SYN. (FAM.) barber ; endormir ; raser.
VERBE PRONOMINAL
1. Éprouver de l'ennui, s'embêter. *Il n'y a rien à faire, je m'ennuie.*
2. Souffrir de l'absence d'une personne, de l'éloignement. *Au cours de mon voyage, je me suis ennuyée de toi et du pays. « Si tu savais comme on s'ennuie/à la Manic/tu m'écrirais bien plus souvent/à la Manicouagan »* (Georges Dor, *La Manic*).
Ce verbe demeure usuel au Québec et dans la francophonie canadienne, mais il n'appartient plus à l'usage courant de la majorité des locuteurs du français.
À la forme pronominale, le participe passé de ce verbe s'accorde toujours en genre et en nombre avec son sujet. *Elle s'est ennuyée de lui, de sa longue absence.*
CONJUGAISON : VOIR MODÈLE EMPLOYER.
Le ***y*** se change en ***i*** devant un ***e*** muet. *J'ennuie, j'ennuierai.*

ENNUYEUX, EUSE adj.
1. Qui cause de l'ennui, monotone. *Ce film était ennuyeux, je me suis endormi.* SYN. assommant; embêtant; endormant.
En ce sens, au Québec et dans la francophonie canadienne, on emploie également l'adjectif ***ennuyant***, qui n'appartient plus à l'usage courant de la majorité des locuteurs du français.
2. Propre à contrarier, fâcheux, regrettable. *Ce contretemps est très ennuyeux.* SYN. agaçant; contrariant; embêtant.

ÉNONCÉ n. m.
Exposé, texte formulé. *L'énoncé d'un problème.*

ÉNONCER v. tr., pronom.
VERBE TRANSITIF
Dire en termes clairs. *Énoncer des lieux communs.*
VERBE PRONOMINAL
Se dire. « *Ce que l'on conçoit bien s'énonce clairement, et les mots pour le dire arrivent aisément* » (Nicolas Boileau, *L'Art poétique*).
À la forme pronominale, le participe passé de ce verbe s'accorde toujours en genre et en nombre avec son sujet. *Ces vérités se sont énoncées distinctement.*
CONJUGAISON : VOIR MODÈLE AVANCER.
Le **c** prend une cédille devant les lettres ***a*** et **o.** *Il énonça, nous énonçons.*

ÉNONCIATION n. f.
Action, manière d'énoncer.

ENORGUEILLIR v. tr., pronom.
Les deux premières lettres se prononcent ensemble pour faire le son ***en***, [ɑ̃nɔrgœjir].
VERBE TRANSITIF
Rendre orgueilleux.
VERBE PRONOMINAL
Avoir de la fierté de. *Elle s'enorgueillit de sa roseraie. Elles se sont enorgueillies de cette victoire.*
À la forme pronominale, le participe passé de ce verbe s'accorde toujours en genre et en nombre avec son sujet. *L'entreprise s'est enorgueillie de ses progrès sur le plan écologique.*
CONJUGAISON : VOIR MODÈLE FINIR.
enorg**ueil**lir.

ÉNORME adj.
Gigantesque, démesuré. *Une énorme fête avec des centaines d'invités.* SYN. immense; monstre.

ÉNORMÉMENT adv.
Extraordinairement. *Cet ogre mange énormément.*

ÉNORMITÉ n. f.
1. Caractère de ce qui est énorme.
2. (FAM.) Parole extravagante. *Dire des énormités.*

ENQUÉRIR (S') v. pronom.
S'informer. *Elles se sont enquises de la date de ton arrivée. Il s'est enquis si elle accepterait de voter pour lui.* SYN. se renseigner.
Le verbe se construit avec la préposition ***de*** suivie d'un nom de chose, ou avec ***si*** suivi de l'indicatif ou du conditionnel.
Le participe passé de ce verbe, qui n'existe qu'à la forme pronominale, s'accorde toujours en genre et en nombre avec son sujet. *Les candidates se sont enquises des modalités du concours.*
CONJUGAISON : VOIR MODÈLE ACQUÉRIR.
INDICATIF PRÉSENT *Je m'enquiers, tu t'enquiers, il s'enquiert, nous nous enquérons, vous vous enquérez, ils s'enquièrent.* IMPARFAIT *Je m'enquérais.* PASSÉ SIMPLE *Je m'enquis.* FUTUR *Je m'enquerrai.* CONDITIONNEL PRÉSENT *Je m'enquerrais.* IMPÉRATIF PRÉSENT *Enquiers-toi, enquérons-nous, enquérez-vous.* SUBJONCTIF PRÉSENT *Que je m'enquière, que tu t'enquières, qu'il s'enquière, que nous nous enquérions, que vous vous enquériez, qu'ils s'enquièrent.* IMPARFAIT *Que je m'enquisse.* PARTICIPE PRÉSENT *Enquérant.* PASSÉ *Enquis, ise.*

ENQUÊTE n. f.
1. Procédure administrative ou judiciaire ordonnée pour éclaircir des faits. *Ouvrir une enquête policière, procéder à des enquêtes.*
2. Recherche de renseignements. *Mener, conduire une enquête sur la démographie.* SYN. étude.

ENQUÊTER v. intr.
Conduire une enquête. *Ils enquêtent sur les habitudes des consommateurs.*
CONJUGAISON : VOIR MODÈLE AIMER.

ENQUÊTEUR n. m.
ENQUÊTEUSE ou **ENQUÊTRICE** n. f.
Personne qui fait une enquête (policière, statistique, etc.).

ENQUIQUINANT, ANTE adj.
(FAM.) Qui ennuie, importune. *Des questions enquiquinantes.* SYN. agaçant; exaspérant.

ENQUIQUINER v. tr.
(FAM.) Importuner, agacer. *Cesse d'enquiquiner ta petite sœur.* SYN. ennuyer; exaspérer.
CONJUGAISON : VOIR MODÈLE AIMER.

ENQUIQUINEUR, EUSE n. m. et f.
(FAM.) Personne qui importune. SYN. importun.

ENRACINEMENT n. m.
Action d'enraciner; son résultat. *Cet engrais favorise l'enracinement des plantes.*

ENRACINER v. tr., pronom.
VERBE TRANSITIF
1. Faire prendre racine à. *Enraciner un pommier.*
2. (FIG.) Fixer profondément. *Enraciner une idée.* SYN. ancrer.
VERBE PRONOMINAL
1. Prendre racine. *Cet arbre s'est enraciné profondément.*
2. (FIG.) Se fixer solidement dans l'esprit. *Des préjugés sexistes enracinés dans les habitudes.*
À la forme pronominale, le participe passé de ce verbe s'accorde toujours en genre et en nombre avec son sujet. *Ces lavandes s'étaient bien enracinées dans le jardin.*
CONJUGAISON : VOIR MODÈLE AIMER.

ENRAGÉ, ÉE adj. et n. m. et f.
1. Atteint de la rage. *Une bête enragée.*
2. Furieux. *Un ton enragé.* SYN. en colère.
LOCUTION
– ***Manger de la vache enragée.*** (FIG.) (FAM.) Avoir peu de ressources, manquer du nécessaire.

ENRAGEANT, ANTE adj.
Qui enrage, fâche. *Des décisions arbitraires enrageantes.* SYN. irritant.

ENRAGER v. intr.
Être pris de rage. *Elle enrage de ne pouvoir progresser.* SYN. rager.
LOCUTION
– ***Faire enrager.*** Rendre furieux, irrité. *Ne fais pas enrager ta petite sœur, sois gentil avec elle !* SYN. taquiner; tourmenter; vexer.
CONJUGAISON : VOIR MODÈLE CHANGER.
Le ***g*** est suivi d'un ***e*** devant les lettres ***a*** et **o.** *Il enragea, nous enrageons.*

ENRAIEMENT ou **ENRAYEMENT** n. m.
Lorsqu'il est orthographié ***enraiement***, le mot se prononce ***en-rê-ment***, [ɑ̃rɛmɑ̃].
Action d'enrayer; son résultat. *L'enraiement d'une grippe.*

E

ENRAYER v. tr., pronom.
VERBE TRANSITIF
1. Entraver le fonctionnement de. *Une carabine enrayée.*
2. Arrêter la marche de. *Enrayer une épidémie.*
VERBE PRONOMINAL
Se bloquer accidentellement. *Son arme s'est enrayée.*
À la forme pronominale, le participe passé de ce verbe s'accorde toujours en genre et en nombre avec son sujet. *Les mécanismes se sont enrayés.*
CONJUGAISON : VOIR MODÈLE PAYER.
Le ***y*** peut être changé en ***i*** devant un ***e*** muet. *J'enraie* ou *j'enraye, j'enraierai* ou *j'enrayerai.* Les formes en ***i*** sont les plus utilisées. Le ***y*** est suivi d'un ***i*** à la première et à la deuxième personne du pluriel de l'indicatif imparfait et du subjonctif présent. *(Que) nous enrayions, (que) vous enrayiez.*

EN REGARD loc. adv.
Ci-contre. *Voir l'illustration en regard.*
La locution prépositive ***en regard de*** a le sens de ***en face de*** ou de ***en comparaison avec*** (et non pas de *concernant).

ENRÉGIMENTER v. tr.
(PÉJ.) Faire entrer quelqu'un dans un groupe, un parti, etc., à discipline militaire.
CONJUGAISON : VOIR MODÈLE AIMER.

ENREGISTRÉ, ÉE adj.
1. Qui a fait l'objet d'un enregistrement.
2. (DR.) Indication du statut juridique d'une entreprise.
La mention ***enr.,*** abréviation de ***enregistrée,*** suit la dénomination de l'entreprise dans une raison sociale.
VOIR TABLEAU – RAISON SOCIALE.
FORME FAUTIVE
*courrier enregistré. Anglicisme pour ***courrier recommandé.***

ENREGISTREMENT n. m.
1. Action de noter dans un registre. *L'enregistrement d'un testament par le notaire.*
2. Action d'enregistrer sur un support des images, des sons, etc. *Un enregistrement magnétique.*
FORME FAUTIVE
*enregistrement (d'un véhicule). Anglicisme au sens de ***certificat d'immatriculation.***

ENREGISTRER v. tr.
1. Inscrire dans un registre. *Le notaire a enregistré le testament de mes grands-parents.*
2. Fixer sur un support (disque, film, bande magnétique, etc.) des sons, des images, des signaux pour les conserver et les reproduire. *Avec son magnétophone, elle a enregistré le concert.*
FORMES FAUTIVES
*enregistrer. Impropriété au sens de ***breveter.***
*enregistrer (une lettre). Anglicisme au sens de ***recommander (une lettre).***
*enregistrer un plaidoyer de culpabilité, de non-culpabilité. Impropriété pour ***plaider coupable, plaider non coupable.***
*s'enregistrer (à l'hôtel). Anglicisme au sens de ***s'inscrire (à l'hôtel).***
CONJUGAISON : VOIR MODÈLE AIMER.

ENREGISTREUR, EUSE adj.
Se dit d'un appareil qui enregistre (une donnée, une somme, etc.). *Une caisse enregistreuse.*

ENRHUMER v. tr., pronom.
VERBE TRANSITIF
Causer un rhume à quelqu'un. *Ce froid l'aura enrhumé.*
VERBE PRONOMINAL
Attraper un rhume. *Elle s'est enrhumée et ne cesse d'éternuer.*
À la forme pronominale, le participe passé de ce verbe s'accorde toujours en genre et en nombre avec son sujet. *Les enfants se sont enrhumés.*
CONJUGAISON : VOIR MODÈLE AIMER.
enrhumer.

ENRICHI, IE adj.
1. Qui a fait fortune. *Un oncle enrichi par la vente d'une terre.*
2. Augmenté d'éléments nouveaux. *Une quatrième édition enrichie. Du lait enrichi de vitamines.*

ENRICHIR v. tr., pronom.
VERBE TRANSITIF
1. Rendre riche ou plus riche. *La hausse du prix des actions l'a enrichi.*
2. (FIG.) Augmenter la valeur, l'importance de. *Enrichir une collection par de nouvelles acquisitions. Enrichir un dictionnaire de tableaux.*
3. Améliorer un sol par l'apport d'engrais. *On peut enrichir la terre en azote par des plantations de légumineuses. On en profitera pour enrichir la terre dans laquelle azalées, rhododendrons et camélias poussent avec un engrais, de préférence organique.*
VERBE PRONOMINAL
1. Devenir plus riche. *Elles se sont enrichies par le travail.* SYN. faire fortune.
2. (FIG.) S'étoffer, prendre de l'importance. *Au fil du temps, ces mots se sont enrichis de significations nouvelles.*
À la forme pronominale, le participe passé de ce verbe s'accorde toujours en genre et en nombre avec son sujet. *Nos voisins s'étaient enrichis dans le commerce.*
LOCUTION
– ***Qui paie ses dettes s'enrichit*** (Proverbe). Il faut commencer par payer ses dettes avant de faire fortune.
CONJUGAISON : VOIR MODÈLE FINIR.

ENRICHISSANT, ANTE adj.
Qui enrichit l'esprit. *Une émission enrichissante.*

ENRICHISSEMENT n. m.
Action d'enrichir, fait de devenir riche.

ENROBAGE n. m.
1. Action d'enrober ; son résultat. *L'enrobage d'une amande avec du chocolat.*
2. Couche qui enrobe. *Un enrobage de sucre.*

ENROBER v. tr.
Recouvrir d'une couche protectrice. *Enrober un fruit de sucre.*
CONJUGAISON : VOIR MODÈLE AIMER.

ENRÔLEMENT n. m.
Action d'enrôler, de s'enrôler. *L'enrôlement de soldats.*
enrôlement

ENRÔLER v. tr., pronom.
VERBE TRANSITIF
1. Inscrire sur un rôle, surtout de l'armée.
2. Par extension, recruter dans un parti, un groupe. *Nous avons enrôlé de nouveaux membres.*
VERBE PRONOMINAL
S'engager dans l'armée. *À 18 ans, ils se sont enrôlés pour être aviateurs.*
À la forme pronominale, le participe passé de ce verbe s'accorde toujours en genre et en nombre avec son sujet. *Des Amérindiens se sont enrôlés dans l'armée canadienne.*
CONJUGAISON : VOIR MODÈLE AIMER.
enrôler.

ENROUÉ, ÉE adj.
Rauque. *Une voix enrouée.* SYN. éraillé.

ENROUER v. tr.
Altérer la voix.
CONJUGAISON : VOIR MODÈLE AIMER.

ENROULEMENT n. m.
Action d'enrouler, de s'enrouler. *L'enroulement d'un cordage.*

ENROULER v. tr., pronom.
VERBE TRANSITIF
Rouler une chose sur elle-même, autour d'une autre. *Catherine a enroulé un ruban autour du cou de son chat Chanel.* ANT. dérouler.

VERBE PRONOMINAL
1. Se rouler sur soi-même. *Le rosier grimpant s'est enroulé sur le treillis.*
2. S'envelopper dans quelque chose. *S'enrouler douillettement dans sa couverture.*
À la forme pronominale, le participe passé de ce verbe s'accorde toujours en genre et en nombre avec son sujet. *Ils se sont enroulés dans leur sac de couchage.*
CONJUGAISON : VOIR MODÈLE AIMER.

ENRUBANNER v. tr.
Orner de rubans. *Des cadeaux enrubannés.*
CONJUGAISON : VOIR MODÈLE AIMER.
enrubanner.

enr.
Abréviation de ***enregistrée*** dans les raisons sociales.
T Cette mention abrégée s'écrit avec une minuscule initiale.
VOIR TABLEAU – RAISON SOCIALE.

ENSABLER v. tr., pronom.
VERBE TRANSITIF
Remplir de sable.
VERBE PRONOMINAL
Se remplir de sable. *La baie du Mont-Saint-Michel s'est ensablée.*
À la forme pronominale, le participe passé de ce verbe s'accorde toujours en genre et en nombre avec son sujet. *Ces ports se sont ensablés.*
CONJUGAISON : VOIR MODÈLE AIMER.

ENSACHAGE n. m.
Action d'ensacher. *L'ensachage des herbes aromatiques.*

ENSACHER v. tr.
Mettre dans des sacs, des sachets.
CONJUGAISON : VOIR MODÈLE AIMER.

ENSANGLANTER v. tr.
1. Couvrir de sang.
2. (LITT.) Faire couler le sang. *Ces guerres ont ensanglanté le pays.*
CONJUGAISON : VOIR MODÈLE AIMER.

ENSEIGNANT n. m.
ENSEIGNANTE n. f.
Personne dont la profession est d'enseigner. *De jeunes enseignants. Les instituteurs et les professeurs sont des enseignants.*

ENSEIGNANT, ANTE adj.
Qui enseigne.
LOCUTION
– ***Le corps enseignant.*** L'ensemble des instituteurs et des professeurs.

ENSEIGNE n. m. et f.
NOM MASCULIN
Militaire (dans la marine). *Un enseigne de vaisseau.*
NOM FÉMININ
Tableau, affiche. *Une jolie enseigne de bois.*
LOCUTIONS
– ***À bonne enseigne.*** À juste titre.
– ***À telle enseigne que.*** À preuve que.
– ***Être logé à la même enseigne que quelqu'un.*** (FIG.) Être dans la même situation plus ou moins fâcheuse que quelqu'un d'autre.

T **ENSEIGNES COMMERCIALES**

La dénomination inscrite sur une enseigne est souvent une dénomination de fantaisie qui comporte généralement une majuscule au mot initial ainsi qu'aux noms et aux adjectifs importants.
– *La Colombe d'Or.*
– *Champs Fleuris.*
– *La Vieille Tour.*
– *L'Orée du Bois.*

On évitera d'écrire les articles et les prépositions avec une majuscule. Il est également possible d'écrire la dénomination avec une seule majuscule initiale. L'enseigne commerciale ne doit pas être confondue avec la raison sociale; en effet, les deux dénominations ne sont pas forcément identiques.

Citation

Lorsqu'on cite textuellement un nom d'enseigne, il est préférable de l'écrire en italique. Sinon, on mettra la dénomination entre guillemets. *Nous sommes allés manger « Chez la Mère Poulard ».*

ENSEIGNEMENT n. m.
1. Précepte, leçon tirée. *Les enseignements de l'expérience.*
2. Action, manière de transmettre des connaissances. *L'enseignement du français, des mathématiques.*
3. Profession des enseignants. *Elle est dans l'enseignement.*
LOCUTIONS
– ***Enseignement assisté par ordinateur (EAO).*** Méthode d'enseignement utilisant l'informatique.
– ***Enseignement par immersion.*** Enseignement donné dans les classes d'immersion (Recomm. off.).
– ***Ordre d'enseignement.*** Chacune des grandes divisions de l'enseignement. *Au Québec, les ordres d'enseignement sont : l'enseignement primaire, secondaire, collégial, universitaire* (Recomm. off.).

ENSEIGNER v. tr., pronom.
VERBE TRANSITIF
1. Transmettre les éléments d'une science, d'un art. *Enseigner l'histoire à des élèves attentifs.*
2. Apprendre, montrer. *L'expérience nous enseigne que la colère est mauvaise conseillère.*
VERBE PRONOMINAL
Être enseigné. *Le grec classique ne s'enseigne plus guère dans les collèges.*
À la forme pronominale, le participe passé de ce verbe s'accorde toujours en genre et en nombre avec son sujet. *Cette langue s'est enseignée jadis.*
CONJUGAISON : VOIR MODÈLE AIMER.
Les lettres ***gn*** sont suivies d'un ***i*** à la première et à la deuxième personne du pluriel de l'indicatif imparfait et du subjonctif présent. *(Que) nous enseignions, (que) vous enseigniez.*

ENSEMBLE adv. et n. m.
ADVERBE
1. Les uns avec les autres. *Ils mangent ensemble.*
2. En même temps. *Partir ensemble.* SYN. simultanément.
NOM MASCULIN
1. Totalité. *L'ensemble des étudiants de l'École des HEC.*
Si le sujet du verbe est un collectif précédé du déterminant indéfini ***un, une*** et suivi d'un complément au pluriel, le verbe se met au singulier lorsque l'auteur veut insister sur le tout, l'ensemble; au pluriel, s'il veut insister sur la pluralité, la multiplicité. *Un ensemble de données qui n'a pas été étudié, n'ont pas été étudiées.* Si le sujet du verbe est un collectif précédé du déterminant défini ***(le, la)***, d'un déterminant possessif ***(mon, ma, ton, ta, son, sa)***, d'un déterminant démonstratif ***(ce, cette)*** et s'il est suivi d'un complément au pluriel, le verbe se met généralement au singulier. *L'ensemble des musiciens a été ovationné.*
VOIR TABLEAU – COLLECTIF.
2. Groupe de personnes, de choses formant un tout. *Des ensembles musicaux. Un ensemble de salle à manger.*
3. Unité harmonieuse. *Ces bâtiments forment un bel ensemble.*
LOCUTIONS
– ***Dans l'ensemble.*** En général. *Dans l'ensemble, ils sont d'accord.*
– ***Dans son ensemble.*** Dans les grandes lignes. SYN. en gros; globalement.

– ***D'ensemble.*** Général. *Une vue d'ensemble.*
– ***Grand ensemble.*** Complexe immobilier.
– ***Tous ensemble.*** En même temps. *Nous parlons tous ensemble.*
Ne pas confondre avec l'expression littéraire ***tout ensemble*** qui signifie « à la fois ». *Une lassitude tout ensemble morale et physique.*

E

ENSEMBLIER n. m.
ENSEMBLIÈRE n. f.
Artiste qui crée des ensembles décoratifs et mobiliers. *Un décorateur ensemblier.*

ENSEMENCEMENT n. m.
Action d'ensemencer ; son résultat. *L'ensemencement des céréales.*

ENSEMENCER v. tr.
1. Jeter de la semence en terre. *L'agriculteur ensemençait ses terres de blé et de maïs.* SYN. semer.
Ne pas confondre avec les verbes suivants :
• ***planter,*** mettre en terre des graines ou des plants ;
• ***repiquer,*** mettre en terre des plantes.
2. (PAR EXT.) Introduire de petits poissons dans un cours d'eau. *Les biologistes ont ensemencé les lacs de la pourvoirie de truites.*
CONJUGAISON : VOIR MODÈLE AVANCER.
Le **c** prend une cédille devant les lettres ***a*** et **o**. *Il ensemença, nous ensemençons.*

ENSERRER v. tr.
(LITT.) Enfermer, contenir étroitement. *Une ceinture lui enserrait la taille.*
CONJUGAISON : VOIR MODÈLE AIMER.
enserrer.

ENSEVELIR v. tr.
Le ***e*** de la troisième syllabe est muet, [ɑ̃səvliʀ].
1. (LITT.) Inhumer, mettre au tombeau. SYN. enterrer.
2. (FIG.) Engloutir. *Le torrent de boue a enseveli plusieurs maisons.*
CONJUGAISON : VOIR MODÈLE FINIR.

ENSEVELISSEMENT n. m.
Le ***e*** de la troisième syllabe est muet, [ɑ̃səvlismɑ̃].
(LITT.) Action d'ensevelir ; fait d'être enseveli. SYN. inhumation ; mise au tombeau.

ENSOLEILLÉ, ÉE adj.
Éclairé par le soleil. *Une cuisine ensoleillée. Des après-midi ensoleillés.*

ENSOLEILLEMENT n. m.
État d'un lieu ensoleillé. *Cet été, nous avons eu beaucoup de jours d'ensoleillement.*

ENSOLEILLER v. tr.
Éclairer par les rayons du soleil. *Une maison ensoleillée, très claire.*
CONJUGAISON : VOIR MODÈLE AIMER.
Les lettres ***ill*** sont suivies d'un ***i*** à la première et à la deuxième personne du pluriel de l'indicatif imparfait et du subjonctif présent. *(Que) nous ensoleillions, (que) vous ensoleilliez.*

ENSOMMEILLÉ, ÉE adj.
Mal réveillé. *Des yeux ensommeillés.* SYN. somnolent.
ensommeillé.

ENSORCELANT, ANTE adj.
Envoûtant. *Un sourire ensorcelant.* SYN. charmeur ; fascinant.

ENSORCELER v. tr.
1. Soumettre à un sortilège. *Ils ont été ensorcelés par le sorcier.* SYN. envoûter.
2. (FIG.) Captiver de façon irrésistible. *Ses yeux m'ensorcellent.* SYN. charmer ; fasciner ; séduire.
CONJUGAISON : VOIR MODÈLE APPELER.
Redoublement du ***l*** devant un ***e*** muet. *J'ensorcelle, j'ensorcellerai,* mais *j'ensorcelais.*
ensorceler.
[Les *Rectifications* (1990) admettent : il ensorcèle, ensorcèlera, ensorcèlerait...]

ENSORCELEUR, EUSE adj. et n. m. et f.
ADJECTIF
Charmeur. *Des yeux ensorceleurs.* SYN. ensorcelant ; envoûtant ; fascinant.
NOM MASCULIN ET FÉMININ
Qui soumet à un sortilège.
ensorceleur.

ENSORCELLEMENT n. m.
1. Action d'ensorceler. SYN. envoûtement ; sortilège.
2. (FIG.) Fascination aveugle.
[Les *Rectifications* (1990) admettent : ensorcèlement.]

ENSUITE adv.
1. Après, puis. *Il a fait soleil, il a plu ensuite.* SYN. plus tard.
2. Par derrière. *En premier, il y avait une girafe, ensuite un éléphant.* SYN. par la suite ; plus loin.
L'expression *et puis ensuite est un pléonasme.

ENSUIVRE (S') v. pronom.
(LITT.) Découler, résulter. *On le chatouillera jusqu'à ce que mort s'ensuive.*
Aux temps composés, le pronom ***en*** se détache du verbe pour se placer avant l'auxiliaire ***être.***
Le participe passé de ce verbe, qui n'existe qu'à la forme pronominale, s'accorde toujours en genre et en nombre avec son sujet. *L'inondation qui s'en est suivie.*
LOCUTIONS
– ***Et tout ce qui s'ensuit.*** Et tout le reste.
– ***Il ne s'ensuit pas que.*** *Il ne s'ensuit pas forcément qu'elle soit admise.*
À la forme négative, le verbe se construit au subjonctif.
– ***Il s'ensuit que.*** *Il s'ensuit que nous avons gagné.*
À la forme affirmative, le verbe se construit avec l'indicatif.
CONJUGAISON : VOIR MODÈLE SUIVRE.
INDICATIF PRÉSENT *Il s'ensuit, ils s'ensuivent.* IMPARFAIT *Il s'ensuivait, ils s'ensuivaient.* PASSÉ SIMPLE *Il s'ensuivit, ils s'ensuivirent.* FUTUR *Il s'ensuivra, ils s'ensuivront.* CONDITIONNEL PRÉSENT *Il s'ensuivrait, ils s'ensuivraient.* SUBJONCTIF PRÉSENT *Qu'il s'ensuive, qu'ils s'ensuivent.* IMPARFAIT *Qu'il s'ensuivît, qu'ils s'ensuivissent.* PARTICIPE PRÉSENT *S'ensuivant.* PASSÉ *S'ensuivi, ie.*
Ce verbe est usité à la troisième personne du singulier et du pluriel seulement, et n'a pas de forme impérative.

ENTACHÉ, ÉE adj.
(LITT.) Marqué d'un défaut comme d'une tache.
LOCUTION
– ***Entaché de nullité.*** (DR.) Qui contient un vice de forme. *Une entente entachée de nullité.*

ENTACHER v. tr.
1. Souiller, salir moralement. *Ces accusations ont entaché la réputation de cet avocat.*
2. (DR.) Diminuer par un défaut. *Un immeuble entaché d'un vice de construction.*
CONJUGAISON : VOIR MODÈLE AIMER.
entacher.

ENTAILLE n. f.
1. Coupure. *Les acériculteurs ont fait des entailles dans les érables pour recueillir l'eau d'érable.* SYN. coche ; encoche.
2. Blessure causée par un instrument tranchant. *En coupant le pain, elle s'est fait une entaille au doigt.* SYN. coupure.

ENTAILLER v. tr., pronom.
VERBE TRANSITIF
Faire une entaille dans. *Entailler un érable pour en recueillir la sève.*
VERBE PRONOMINAL
Se faire une entaille. *La petite s'est entaillé la main.*
À la forme pronominale, le participe passé de ce verbe s'accorde en genre et en nombre avec le complément direct si celui-ci le précède. *La jambe qu'il s'est entaillée a enflé.* Le participe passé reste invariable si le complément direct suit le verbe. *La cuisinière s'est entaillé le pouce.* S'il n'y a pas de complément direct, le participe passé s'accorde avec le sujet. *Les érables se sont entaillés tôt cette année.*
CONJUGAISON : VOIR MODÈLE AIMER.
Les lettres ***ill*** sont suivies d'un ***i*** à la première et à la deuxième personne du singulier de l'indicatif imparfait et du subjonctif présent. *(Que) nous entaillions, (que) vous entailliez.*

ENTAME n. f.
Premier morceau coupé. *Une bonne entame de gigot.*
Attention au genre féminin de ce nom : ***une*** entame.

ENTAMER v. tr.
1. Couper le premier morceau de. *Entamer une tarte, un fromage.*
2. Commencer. *Entamer une discussion. « Mais cela devait attendre ma jeunesse déjà entamée, mes vingt ans, un peu plus tard même »* (Gabrielle Roy, *La Détresse et l'Enchantement*). SYN. amorcer ; entreprendre ; ouvrir.
CONJUGAISON : VOIR MODÈLE AIMER.

ENTARTAGE n. m.
Action de plaquer une tarte à la crème sur le visage d'une personne que l'on cherche à ridiculiser. *Un étudiant norvégien a été condamné à 30 jours de prison ferme pour avoir jeté un gâteau à la crème sur la ministre des Finances.*

ENTARTER v. tr.
Plaquer une tarte à la crème sur le visage d'une personne que l'on cherche à ridiculiser. *Accusé de complicité avec les industriels, il s'est fait entarter par des apiculteurs.*
CONJUGAISON : VOIR MODÈLE AIMER.

ENTARTEUR, EUSE n. m. et f.
Personne qui a commis un entartage. *L'entarteur à la tarte aux fraises voulait relancer le débat d'idées.*

ENTARTRAGE n. m.
Formation de tartre. *L'entartrage d'une bouilloire.* ANT. détartrage.

ENTARTRER v. tr.
Recouvrir de tartre. *Une bouilloire entartrée.*
CONJUGAISON : VOIR MODÈLE AIMER.

ENTASSEMENT n. m.
Le ***e*** de la troisième syllabe est muet, [ɑ̃tasmɑ̃].
1. Action d'entasser. SYN. accumulation.
2. Objets entassés. *Un entassement de pierres.* SYN. pile ; tas.

ENTASSER v. tr., pronom.
VERBE TRANSITIF
Accumuler. *Entasser des provisions.* SYN. amasser ; empiler.
VERBE PRONOMINAL
1. S'accumuler. *Les cartes de Noël s'entassent sur le manteau de la cheminée.*
2. Se trouver en grand nombre. *Les feuilles s'entassent dans le jardin.*
À la forme pronominale, le participe passé de ce verbe s'accorde toujours en genre et en nombre avec son sujet. *Ils se sont entassés dans les voitures du métro.*
CONJUGAISON : VOIR MODÈLE AIMER.

ENTENDEMENT n. m.
Jugement, bon sens.
LOCUTION
– ***Dépasser l'entendement.*** Être incompréhensible.

ENTENDEUR n. m.
– ***À bon entendeur, salut.*** Que celui qui entend se le tienne pour dit.
Le mot ne s'emploie que dans cette locution.

ENTENDRE v. tr., pronom.
VERBE TRANSITIF
1. Percevoir le son. *Parlez plus fort, je ne vous entends pas bien.*
Ne pas confondre avec le verbe ***écouter,*** prêter l'oreille avec attention à.
Lorsque le verbe ***entendre*** est suivi d'un infinitif :
– Le participe passé s'accorde avec le complément direct qui précède le verbe si ce complément fait l'action décrite par l'infinitif. *Les oiseaux que j'ai entendus chanter.*
– Le participe passé reste invariable si le complément direct qui précède le verbe ne fait pas l'action décrite par l'infinitif. *Les airs que j'ai entendu fredonner.*
2. Comprendre. *Ils n'entendent rien au latin.* SYN. saisir.
3. Vouloir. *J'entends bien être présente. Il entendait qu'elle fût là dès 8 heures.*
En ce sens, le verbe se construit avec un infinitif ou avec le pronom relatif ***que*** suivi d'un verbe au subjonctif.
VERBE PRONOMINAL
1. Être compétent dans un domaine. *Elle s'entend très bien en informatique.*
2. S'accorder, sympathiser. *Les deux cousines se sont bien entendues, elles ont eu du plaisir ensemble.* SYN. se comprendre.
À la forme pronominale, le participe passé de ce verbe s'accorde toujours en genre et en nombre avec son sujet. *Ils se sont bien entendus.*
LOCUTIONS
– ***À l'entendre.*** Si on l'en croit. *À l'entendre, il connaît personnellement tous les ministres.*
– ***Cela s'entend.*** Cela va de soi.
– ***Entendre raison.*** Se laisser convaincre par ce qui est juste. *Elle a fini par entendre raison et s'est rangée à son avis.*
– ***Il n'est pire sourd que celui qui ne veut pas entendre.*** Se dit d'une personne qui feint de ne pas entendre.
– ***Il vaut mieux entendre ça plutôt que d'être sourd.*** C'est une absurdité.
– ***Laisser entendre.*** Insinuer.
– ***Ne vouloir rien entendre.*** Être complètement en désaccord, n'accepter aucune explication, proposition, etc.
CONJUGAISON : VOIR MODÈLE FENDRE.
INDICATIF PRÉSENT *J'entends, tu entends, il entend, nous entendons, vous entendez, ils entendent.* PASSÉ SIMPLE *J'entendis.* IMPARFAIT *J'entendais.* FUTUR *J'entendrai.* CONDITIONNEL PRÉSENT *J'entendrais.* IMPÉRATIF PRÉSENT *Entends, entendons, entendez.* SUBJONCTIF PRÉSENT *Que j'entende.* IMPARFAIT *Que j'entendisse.* PARTICIPE PRÉSENT *Entendant.* PASSÉ *Entendu, ue.*

ENTENDU, UE adj.
Décidé, réglé. *Marché conclu, c'est une affaire entendue !*
LOCUTIONS
– ***Bien entendu.*** Évidemment. *Bien entendu, je serai là.* SYN. assurément ; certainement ; naturellement.
Dans cet emploi, le mot est pris adverbialement et est invariable.
– ***(C'est) entendu.*** D'accord. *C'est entendu, je le ferai.*
– ***Comme de bien entendu,*** loc. adv. (FAM.) Évidemment.
En ce sens, on dit couramment ***bien entendu.***
– ***Il est entendu que,*** loc. conj. Il est convenu que. *Il est entendu que nous devons augmenter notre part.*
La locution se construit avec l'indicatif ou le conditionnel.

E

ENTENTE n. f.
1. Accord. *Les deux clans ont conclu une entente secrète.* SYN. convention ; marché ; pacte.
2. Harmonie. *Entre eux, c'est l'entente parfaite.* SYN. amitié.

ENTER v. tr.
Greffer. *L'horticulteur entera le pommier.*
HOM. ***hanter,*** obséder.
CONJUGAISON : VOIR MODÈLE AIMER.

ENTÉRINER v. tr.
1. (DR.) Ratifier, rendre juridiquement valable.
2. Consacrer. *Ce nom a été entériné par l'Académie française.* SYN. admettre.
CONJUGAISON : VOIR MODÈLE AIMER.

ENTERREMENT n. m.
1. Cérémonie qui accompagne la mise en terre d'un mort. SYN. funérailles.
2. Action de mettre en terre. SYN. (LITT.) ensevelissement ; inhumation.
3. (FIG.) Abandon, mise au rancart. *L'enterrement d'une idée, d'un projet.* SYN. renonciation.

ENTERRER v. tr., pronom.
VERBE TRANSITIF
1. Mettre en terre et, par extension, dans une sépulture. *Des soldats canadiens tués lors de la guerre ont été enterrés en France.* SYN. (LITT.) ensevelir ; inhumer.
2. Enfouir dans la terre. *Le chien enterre un os dans le jardin.*
3. (FIG.) Mettre de côté à jamais (un projet). *Les conseillers municipaux enterreront-ils l'idée d'une ligne de tramway à Montréal ?* SYN. abandonner.
VERBE PRONOMINAL
(FIG.) Se retirer à l'écart. *S'enterrer au fond des bois.* SYN. se retirer.
À la forme pronominale, le participe passé de ce verbe s'accorde toujours en genre et en nombre avec son sujet. *Ces trappistes se sont enterrés au monastère.*
FORME FAUTIVE
*enterrer la voix de quelqu'un. Impropriété pour ***couvrir la voix de qqn.*** *L'orchestre couvrait* (et non *enterrait) *un peu la voix exceptionnelle de la cantatrice.*
CONJUGAISON : VOIR MODÈLE AIMER.

ENTÊTANT, ANTE adj.
Qui entête, étourdit par une odeur forte. *Des parfums capiteux, trop entêtants. « Les trèfles mûrs chargeaient l'air d'une entêtante odeur de miel »* (Ringuet, *Trente Arpents*).

EN-TÊTE n. m. (pl. *en-têtes*)
Dénomination officielle (d'une entreprise, d'un organisme) imprimée en tête d'un papier, d'un formulaire. *Du papier à en-tête. Des en-têtes imprimés en deux couleurs.*
L'en-tête comporte généralement la raison sociale, l'adresse, le numéro de téléphone, de télécopieur, s'il y a lieu.
Ne pas confondre avec les locutions ***en tête,*** en mémoire, et ***en tête de,*** en avant, qui s'écrivent sans traits d'union.
Attention au genre masculin de ce nom : ***un*** en-tête.
[Les *Rectifications* (1990) admettent : entête.]

ENTÊTÉ, ÉE adj. et n. m. et f.
ADJECTIF
Qui fait preuve d'entêtement, qui change difficilement d'idée. *Il est trop entêté pour changer d'avis. « Moi je fonce à vive allure et entêté d'avenir/La tête en bas comme un bison dans son destin »* (Gaston Miron, *L'Homme rapaillé*). SYN. buté ; obstiné ; têtu.
Les synonymes ***buté, entêté, têtu*** ont un sens défavorable, tandis que les adjectifs ***décidé, persévérant, tenace, volontaire*** ont un sens favorable. Selon le contexte, l'adjectif ***obstiné*** peut avoir une connotation favorable ou défavorable.
NOM MASCULIN ET FÉMININ
Personne qui fait preuve d'entêtement. *Des entêtés qui ne veulent pas démordre de leurs idées.* SYN. (FAM.) tête de mule.
entêté.

ENTÊTEMENT n. m.
Obstination, ténacité. *Il faut beaucoup d'entêtement pour mener à bien ce projet. Son grand-père a beaucoup d'entêtement : quand son idée est faite, il ne veut rien entendre et ne change pas d'avis.* SYN. détermination.
entêtement.

ENTÊTER v. tr., pronom.
VERBE TRANSITIF
Étourdir. *Ces parfums les ont entêtés.*
VERBE PRONOMINAL
S'obstiner. *Il s'entête à vouloir sortir nu-tête malgré le froid. Il s'entête dans ce projet.* SYN. se buter.
À la forme pronominale, le participe passé du verbe s'accorde toujours en genre et en nombre avec son sujet. *Elles se sont entêtées et ont finalement lancé leur entreprise.*
Suivi d'un infinitif, le verbe se construit avec la préposition ***à***; suivi d'un nom, il se construit plutôt avec ***dans.***
CONJUGAISON : VOIR MODÈLE AIMER.

ENTHOUSIASMANT, ANTE adj.
Qui provoque l'enthousiasme, la ferveur. *Un voyage enthousiasmant.* SYN. captivant ; emballant ; excitant ; passionnant.

ENTHOUSIASME n. m.
Ferveur, admiration, excitation joyeuse. *Tous accueillirent les vacances avec enthousiasme.* SYN. fougue.
Attention au genre masculin de ce nom : ***un*** enthousiasme.
enthousiasme.

ENTHOUSIASMER v. tr., pronom.
VERBE TRANSITIF
Emballer, remplir d'enthousiasme. *Ce spectacle les a enthousiasmés.* SYN. exciter ; passionner.
VERBE PRONOMINAL
Se passionner pour quelqu'un, quelque chose. *Elles se sont enthousiasmées pour cette cause.* SYN. s'enflammer ; s'exalter.
À la forme pronominale, le participe passé de ce verbe s'accorde toujours en genre et en nombre avec son sujet. *Les étudiants se sont enthousiasmés pour le programme d'échanges internationaux.*
CONJUGAISON : VOIR MODÈLE AIMER.
enthousiasmer.

ENTHOUSIASTE adj. et n. m. et f.
Qui ressent de l'enthousiasme, qui est rempli d'admiration. *Ils sont très enthousiastes.* SYN. fervent ; passionné.
enthousiaste.

ENTICHER (S') v. pronom.
S'engouer. *Il s'est entiché de sa collègue.* SYN. s'amouracher .
Ce verbe a un sens péjoratif.
Le participe passé de ce verbe, qui n'existe qu'à la forme pronominale, s'accorde toujours en genre et en nombre avec son sujet. *Les enfants se sont entichés de ce nouveau jeu.*
CONJUGAISON : VOIR MODÈLE AIMER.

ENTIER, IÈRE adj. et n. m.
ADJECTIF
1. Complet, intégral. *Un groupe entier. Une entière confiance.* SYN. total.
2. Intransigeant, tout d'un bloc. *Une personne entière.*
NOM MASCULIN
Totalité. *Étudier le document dans son entier.* SYN. ensemble.
LOCUTIONS
– ***Dans le monde entier.*** Sur toute la planète, partout.

– ***En entier,*** loc. adv. Complètement, totalement. *Il a vu l'émission en entier.*
– ***Tout entier,*** loc. adv. *La foule tout entière a applaudi.*
Dans cette expression, ***tout*** employé adverbialement est invariable ; par contre, l'adjectif ***entier*** s'accorde avec le nom auquel il se rapporte.
VOIR TABLEAU – TOUT (ACCORD DE).

ENTIÈREMENT adv.
Totalement. *Vous avez entièrement raison.* SYN. complètement ; parfaitement ; tout à fait.

ENTIÈRETÉ n. f.
Caractère de ce qui est entier, complet. *L'entièreté d'un manuscrit.* SYN. intégralité ; totalité.

ENTITÉ n. f.
(DIDACT.) Être ou essence de quelque chose.
FORME FAUTIVE
*entité légale. Calque de « *legal entity* » pour ***personne morale.***

ENTOILAGE n. m.
Action d'entoiler.

ENTOILER v. tr.
Fixer sur de la toile. *Entoiler un portrait.*
CONJUGAISON : VOIR MODÈLE AIMER.

ENTOMOLOGIE n. f.
Partie de la zoologie qui s'intéresse aux insectes.

ENTOMOLOGISTE n. m. et f.
Spécialiste d'entomologie.

ENTONNER v. tr.
Commencer à chanter. *Ils entonnèrent un hymne pour célébrer la victoire.*
CONJUGAISON : VOIR MODÈLE AIMER.
entonner.

ENTONNOIR n. m.
Ustensile de forme conique servant à transvaser des liquides dans un contenant à petite ouverture. *Elle a versé du parfum dans un flacon à l'aide d'un petit entonnoir.*
entonnoir.

ENTORSE n. f.
Lésion douloureuse d'une articulation. *Elle s'est fait une entorse à la cheville.* SYN. foulure ; luxation.
LOCUTION
– ***Faire une entorse à*** (une loi, un usage, etc.). (FIG.) Ne pas respecter.

ENTORTILLEMENT ou **ENTORTILLAGE** n. m.
Action d'entortiller, de s'entortiller.

ENTORTILLER v. tr., pronom.
1. Tortiller, tordre autour de quelque chose. *Elle a entortillé un ruban autour de ses cheveux. Les rubans se sont entortillés.* SYN. enrouler ; nouer.
2. (FIG.) Embrouiller, duper. *Il a encore réussi à les entortiller et à leur vendre de faux tableaux.*
À la forme pronominale, le participe passé de ce verbe s'accorde toujours en genre et en nombre avec son sujet. *Les cordons se sont entortillés.*
CONJUGAISON : VOIR MODÈLE AIMER.
Les lettres ***ill*** sont suivies d'un ***i*** à la première et à la deuxième personne du pluriel de l'indicatif imparfait et du subjonctif présent. *(Que) nous entortillions, (que) vous entortilliez.*

ENTOUR n. m.
(VX) Voisinage.
LOCUTION
– ***À l'entour de,*** loc. prép. Alentour de. *Les enfants jouent à l'entour de la maison.*
VOIR – ALENTOUR.

ENTOURAGE n. m.
Personnes qui entourent habituellement quelqu'un. *Dans son entourage, il est connu comme étant un bon bricoleur.* SYN. milieu.

ENTOURER v. tr., pronom.
VERBE TRANSITIF
1. Disposer tout autour de. *Entourer un dessin d'un trait coloré.* SYN. border ; encadrer.
2. Faire le tour de. *Des jardins entourent le château.* SYN. border ; encadrer ; encercler.
VERBE PRONOMINAL
Réunir autour de soi. *Ils se sont entourés de musiciens.*
À la forme pronominale, le participe passé de ce verbe s'accorde toujours en genre et en nombre avec son sujet. *Ces chefs d'entreprise se sont entourés de conseillers expérimentés.*
CONJUGAISON : VOIR MODÈLE AIMER.

ENTOURLOUPETTE n. f.
(FAM.) Mauvaise plaisanterie.

ENTRACTE n. m.
Interruption entre deux actes d'une pièce, entre deux parties d'un spectacle. *Un entracte* (et non une *intermission) *de dix minutes.*
Attention au genre masculin de ce nom : ***un*** entracte.

ENTRAIDE n. f.
Aide mutuelle. *Dans l'épreuve, il faut compter sur l'entraide.* SYN. aide ; solidarité ; sympathie.

ENTRAIDER (S') v. pronom.
Se venir en aide mutuellement. *Elles se sont entraidées pour repeindre la maison.*
Le participe passé de ce verbe, qui n'existe qu'à la forme pronominale, s'accorde toujours en genre et en nombre avec son sujet. *Elles se sont entraidées.*
CONJUGAISON : VOIR MODÈLE AIMER.

ENTRAILLES n. f. pl.
(VX) (LITT.) Sein de la mère. « *Je vous salue, Marie […] le fruit de vos entrailles est béni.* »
LOCUTION
– ***Sans entrailles.*** Se dit d'une personne insensible.

ENTRAIMER (S') ou **ENTR'AIMER (S')** v. pronom.
(LITT.) S'aimer l'un l'autre. *Ils se sont entr'aimés dès qu'ils se sont vus.*
Le participe passé de ce verbe, qui n'existe qu'à la forme pronominale, s'accorde toujours en genre et en nombre avec son sujet. *Ces adolescents se sont entr'aimés.*
CONJUGAISON : VOIR MODÈLE AIMER.

ENTRAIN n. m.
Dynamisme, gaieté. *Avoir de l'entrain.* SYN. ardeur ; enthousiasme ; vivacité.
Ne pas confondre avec la locution prépositive ***en train de*** qui s'écrit en trois mots et qui marque une action en cours. *Elle est en train de travailler.*

ENTRAÎNANT, ANTE adj.
Qui entraîne. *Un air entraînant.* SYN. stimulant.
[Les *Rectifications* (1990) admettent : entrainant, entrainante.]

ENTRAÎNEMENT n. m.
1. Préparation méthodique à l'accomplissement des meilleures performances lors de compétitions sportives, par la pratique d'exercices physiques variés, entremêlés à la pratique régulière d'une discipline sportive (GDT). *L'entraînement* (et non le *coaching) *d'un coureur, d'un gymnaste, d'un soldat.*
Ne pas confondre avec le nom ***formation,*** qui fait appel au travail intellectuel et aux connaissances à acquérir. *La formation d'un chirurgien, d'une comptable, d'une avocate.*
2. Apprentissage par habitude. *Avec un peu d'entraînement, vous y arriverez.*

LOCUTION

– ***Entraînement physique.*** Forme d'entraînement planifiée et systématique, qui est conçue pour améliorer les composantes de la condition physique ou les maintenir à un certain niveau (GDT). *L'entraînement* (et non *conditionnement) *physique comprend en général l'entraînement cardiovasculaire, l'entraînement de la puissance, de la force et de l'endurance musculaires, et l'entraînement de la flexibilité.*

FORME FAUTIVE

*période d'entraînement. Anglicisme pour ***période d'essai, période d'apprentissage.***

[Les *Rectifications* (1990) admettent : entrainement.]

ENTRAÎNER v. tr., pronom.

VERBE TRANSITIF

1. Amener avec soi. *Les courants ont entraîné la barque.* SYN. emporter.
2. Inciter quelqu'un à faire quelque chose. *Il a entraîné ses amis dans un bar.* SYN. emmener ; pousser.
3. Avoir pour conséquence. *La sécheresse entraîne la famine dans de nombreux pays.* SYN. causer ; occasionner ; produire ; provoquer.
4. Préparer à une compétition sportive. *Ce moniteur les a bien entraînés : ils ont gagné la partie.*

VERBE PRONOMINAL

Se préparer par des exercices à une compétition, à une épreuve. *Ils se sont entraînés* (et non *pratiqués) *pendant six mois.*

À la forme pronominale, le participe passé de ce verbe s'accorde toujours en genre et en nombre avec son sujet. *Ces athlètes se sont entraînés sérieusement.*

FORME FAUTIVE

*entraîner. Impropriété aux sens de ***former,*** transmettre des connaissances et de ***perfectionner,*** mettre à jour des connaissances.

On réservera l'emploi du verbe ***entraîner*** à la langue militaire ou à celle des sports.

CONJUGAISON : VOIR MODÈLE AIMER.

[Les *Rectifications* (1990) admettent : entrainer.]

ENTRAÎNEUR n. m.
ENTRAÎNEUSE n. f.

NOM MASCULIN ET FÉMININ

(SPORTS) Expert d'une discipline sportive, qui a pour fonction d'entraîner des athlètes ou des équipes d'athlètes et d'assurer la direction de ceux-ci lors de compétitions sportives en vue d'atteindre des performances optimales (GDT). *Un entraîneur* (et non *coach) *de hockey.* SYN. moniteur, monitrice.

NOM FÉMININ

Jeune femme entraînant à la consommation dans un bar.

[Les *Rectifications* (1990) admettent : entraineur, entraineuse.]

ENTRANT, ANTE adj. et n. m. et f.

ADJECTIF

Qui commence un programme d'études (Recomm. off.). *Un élève entrant.* ANT. finissant ; sortant.

NOM MASCULIN ET FÉMININ

Élève qui commence un programme d'études (Recomm. off.). *Cette année, l'École des HEC a accueilli plus de 1000 entrantes.* ANT. finissant ; sortant.

Le terme ***entrant*** est employé surtout dans les écrits administratifs du ministère de l'Éducation.

ENTRAPERCEVOIR ou **ENTR'APERCEVOIR** v. tr.

Apercevoir très brièvement. *Je les ai entraperçus.*

CONJUGAISON : VOIR MODÈLE APERCEVOIR.

ENTRAVE n. f.

1. Lien fixé aux jambes d'un cheval, d'un bœuf, etc., pour le retenir.
2. (FIG.) Frein, obstacle. *La censure est une entrave à la libre expression.*

LOCUTION

– ***Sans entraves.*** Sans contraintes, sans obstacles.

ENTRAVER v. tr.

1. Mettre une entrave à (un animal). *Entraver un cheval.*
2. (FIG.) Freiner, gêner l'action de. *Des voitures en panne entravent la circulation.* SYN. obstruer.

CONJUGAISON : VOIR MODÈLE AIMER.

ENTRE prép.

1. La préposition marque le **lieu.** D'un point à un autre. *Entre Québec et Montréal, il y a 300 kilomètres.*
2. La préposition marque le **temps.** Dans un intervalle de temps. *Entre midi et minuit.*
3. La préposition marque une **relation** entre des êtres, des choses. *Il y a une grande connivence entre son père et lui. Entre nous. Entre ces deux maisons, je préfère celle-ci.*

Entre ne s'élide pas devant une voyelle : ***entre elles, entre eux.***

LOCUTIONS

– ***Entre autres.*** En particulier, notamment. *Ils visiteront l'est du Québec, entre autres la Beauce et la Gaspésie. Elles visiteront entre autres la Toscane.*

Le déterminant indéfini ***autre*** prend toujours la marque du pluriel dans cette locution qui signifie « parmi d'autres (personnes, choses) ».

Cette locution se rapporte généralement à un nom ou à un pronom qui la précède ou la suit immédiatement. Dans un style soigné, en l'absence d'un nom ou d'un pronom auquel se rapporte la locution, on préférera employer l'expression ***entre autres choses*** qui s'écrit entre virgules. *Je lui mentionnerai, entre autres choses, que Paul arrivera demain.*

– ***Entre chien et loup.*** Au crépuscule. SYN. à la brunante.

– ***Entre deux âges.*** Qui fait l'effet de n'être ni jeune ni vieux.

– ***Entre parenthèses, entre guillemets, entre crochets.***

Dans ces expressions, le nom est au pluriel.

HOM. ***antre,*** excavation naturelle.

ENTRE- préf.

L'orthographe des mots composés avec le préfixe ***entre-*** n'obéit pas à une règle logique : certains s'écrivent en un seul mot, d'autres avec un trait d'union ou une apostrophe.

– Avec un trait d'union. *S'entre-déchirer.*

– En un seul mot. *Entrechat, entrevue, entrecôte.*

– Certains mots dont le second élément commence par une voyelle comportent une élision du ***e*** du préfixe et une apostrophe. *S'entr'aimer, s'entr'apercevoir* ou *s'entrapercevoir, s'entr'égorger.*

– Certains mots commençant par une voyelle et composés avec le préfixe élidé s'écrivent en un seul mot. *S'entraider, entrouvrir.*

On consultera chacun des mots composés avec le préfixe ***entre-*** à son entrée dans l'ordre alphabétique.

ENTREBÂILLEMENT n. m.

Ouverture. *Glisser sa tête dans l'entrebâillement d'une porte.*

entrebâillement.

ENTREBÂILLER v. tr., pronom.

VERBE TRANSITIF

Entrouvrir. *Elle a entrebâillé la fenêtre.*

VERBE PRONOMINAL

S'entrouvrir. *« Si la porte s'ouvre pour laisser passer un visiteur, elle s'entrebâille seulement ; quelqu'un est derrière qui la referme aussitôt »* (Pierre Loti, *Aziyadé*).

À la forme pronominale, le participe passé de ce verbe s'accorde toujours en genre et en nombre avec son sujet. *Les volets se sont entrebâillés discrètement.*

CONJUGAISON : VOIR MODÈLE AIMER.

Les lettres ***ill*** sont suivies d'un ***i*** à la première et à la deuxième personne du pluriel de l'indicatif imparfait et du subjonctif présent. *(Que) nous entrebâillions, (que) vous entrebâilliez.*

entrebâiller.

ENTRECHAT n. m.

Pas de danse en forme de saut.

entrecha**t**.

ENTRECHOQUER v. tr., pronom.

VERBE TRANSITIF

Frapper, heurter l'un contre l'autre. *Ils saluèrent la reine et entrechoquèrent leur verre à sa santé.*

VERBE PRONOMINAL

Se heurter l'un contre l'autre. *Les verres s'entrechoquaient et l'on félicita les vainqueurs.*

À la forme pronominale, le participe passé de ce verbe s'accorde toujours en genre et en nombre avec son sujet. *Les verres se sont entrechoqués.*

CONJUGAISON : VOIR MODÈLE AIMER.

ENTRECÔTE n. f.

Morceau de viande coupé entre deux côtes de bœuf. *Une entrecôte saignante.*

ENTRECOUPER v. tr.

Interrompre fréquemment. *On a entrecoupé ce texte de citations.*

CONJUGAISON : VOIR MODÈLE AIMER.

ENTRECROISEMENT n. m.

Disposition de choses qui s'entrecroisent. *Entrecroisement de rubans.*

ENTRECROISER v. tr., pronom.

VERBE TRANSITIF

Croiser à plusieurs reprises. *Elle entrecroise des rosiers grimpants.*

VERBE PRONOMINAL

Se croiser l'un l'autre. *Des fils qui s'entrecroisent.* SYN. s'entrelacer.

À la forme pronominale, le participe passé de ce verbe s'accorde toujours en genre et en nombre avec son sujet. *Nos routes se sont entrecroisées.*

CONJUGAISON : VOIR MODÈLE AIMER.

ENTRECUISSE n. m.

Espace entre les cuisses.

ENTREDÉCHIRER (S') ou **ENTRE-DÉCHIRER (S')** v. pronom.

Se déchirer mutuellement. *Elles se sont entre-déchirées cruellement.*

Le participe passé de ce verbe, qui n'existe qu'à la forme pronominale, s'accorde toujours en genre et en nombre avec son sujet. *Ces associés s'étaient entredéchirés.*

CONJUGAISON : VOIR MODÈLE AIMER.

ENTRE-DEUX n. m. (pl. *entre-deux*)

État intermédiaire entre deux extrêmes, deux éléments. *Après le travail qui vient de s'achever et celui à entreprendre, offrons-nous un entre-deux de détente.*

[Les *Rectifications* (1990) admettent : entredeux.]

ENTRE-DEUX-GUERRES n. m. ou f. inv.

Période située entre deux guerres.

Le genre masculin est nettement plus usité de nos jours.

ENTREDÉVORER (S') ou **ENTRE-DÉVORER (S')** v. pronom.

Se dévorer mutuellement. *Ils se sont entre-dévorés.*

Le participe passé de ce verbe, qui n'existe qu'à la forme pronominale, s'accorde toujours en genre et en nombre avec son sujet. *Ces mantes religieuses se sont entredévorées.*

CONJUGAISON : VOIR MODÈLE AIMER.

ENTRÉE n. f.

1. Action, fait d'entrer. *Entrée interdite.*
2. Accès. *L'entrée d'une maison.* SYN. porte.
3. (LITT.) Début d'une période. *Vienne enfin l'entrée du printemps ! À l'entrée de la nuit.*
4. Premier plat d'un repas. *J'ai pris des crudités comme entrée.*
5. (LING.) Chacun des mots et expressions qui composent un dictionnaire et qui font l'objet d'un article (définition, exemple, note, etc.). *Un ouvrage de 50 000 entrées. Dans le* Multidictionnaire, *les entrées sont en majuscules.*
6. (INFORM.) Enregistrement de données par un système informatique. *L'entrée* (et non *input).

LOCUTIONS

– ***D'entrée de jeu.*** Dès le début, d'emblée.

– ***Entrée en fonction(s).*** Moment où une personne accède à un poste en particulier. *À titre de secrétaire général, il entrera en fonction le 1er septembre.*

– ***Entrée en matière.*** Introduction d'un discours, d'un récit.

– ***Entrée en service.*** Moment où une personne commence à travailler pour un employeur dans un organisme ou une entreprise (GDT).

– ***Entrée en vigueur.*** Début de l'application d'une loi, d'un règlement, etc. *L'entrée en vigueur de la nouvelle loi sera le 1er juin 2010.*

FORMES FAUTIVES

*entrée (comptable). Impropriété pour ***écriture (comptable), inscription (comptable).***

*entrée des marchandises. Calque de «*goods entrance*» pour ***livraisons.***

ENTREFAITES n. f. pl.

– ***Sur ces entrefaites,*** loc. adv. À ce moment-là, alors.

Le mot ne s'emploie que dans cette locution et il est toujours au pluriel.

ENTREFILET n. m.

Court article d'un journal. *Quelques entrefilets signalèrent sa disparition.*

ENTREGENT n. m.

Habileté à la vie sociale. *Elle a beaucoup d'entregent.* SYN. doigté.

entre**gent.**

ENTRÉGORGER (S') ou **ENTR'ÉGORGER (S')** v. pronom.

S'égorger les uns les autres. *Les bandes rivales se sont entr'égorgées.*

Le participe passé de ce verbe, qui n'existe qu'à la forme pronominale, s'accorde toujours en genre et en nombre avec son sujet. *Ils se sont entrégorgés.*

CONJUGAISON : VOIR MODÈLE CHANGER.

Le ***g*** est suivi d'un ***e*** devant les lettres ***a*** et ***o***. *Ils s'entr'égorgeaient, nous nous entr'égorgeons.*

ENTREJAMBE n. m.

1. Partie du corps située entre les jambes.
2. Partie d'un vêtement entre les jambes.

Attention au genre masculin de ce nom : ***un*** entrejambe.

ENTRELACEMENT n. m.

1. Action d'entrelacer. *L'entrelacement de lattes de bois.* SYN. entrecroisement.
2. Réseau de choses entrelacées.

ENTRELACER v. tr., pronom.

VERBE TRANSITIF

Enlacer l'un dans l'autre. *Nous entrelaçons nos rubans et nos colliers.* SYN. tresser.

VERBE PRONOMINAL

S'entrecroiser. *Les clématites et les vignes se sont entrelacées.* SYN. s'entortiller ; s'entremêler ; se nouer.

À la forme pronominale, le participe passé s'accorde toujours en genre et en nombre avec son sujet. *Les lierres se sont entrelacés autour du treillis.*

CONJUGAISON : VOIR MODÈLE AVANCER.
Le *c* prend une cédille devant les lettres *a* et *o*. *Il entrelaça, nous entrelaçons.*

ENTRELACS n. m.
Les lettres *cs* ne se prononcent pas, [ɑ̃trəla] ; le nom rime avec *la*.
Dessin de motifs entrecroisés. *Les entrelacs d'un treillis.*
entrelacs.

ENTRELARDER v. tr.
1. Piquer une viande avec du lard. *Entrelarder un rôti.*
2. (FIG.) Parsemer de. *Entrelarder un texte de références.* SYN. entremêler ; farcir ; mêler.
CONJUGAISON : VOIR MODÈLE AIMER.

ENTREMÊLER v. tr., pronom.
VERBE TRANSITIF
1. Insérer certaines choses dans d'autres. *Entremêler des fruits et des friandises.* SYN. mélanger ; mêler.
Ne pas confondre avec le verbe ***emmêler,*** mêler avec d'autres choses.
2. Parsemer de. *Entremêler un rapport de tableaux comparatifs.*
VERBE PRONOMINAL
Se mélanger. *Tous les éléments se sont entremêlés.*
À la forme pronominale, le participe passé de ce verbe s'accorde toujours en genre et en nombre avec son sujet. *Leurs doigts se sont entremêlés tendrement.*
CONJUGAISON : VOIR MODÈLE AIMER.

ENTREMETS n. m.
Dessert. *Un bel assortiment de glaces, de sorbets, de mousses à titre d'entremets.*
un entremets, des entremets : un *s* même au singulier.

ENTREMETTEUR, EUSE n. m. et f.
(PÉJ.) Intermédiaire dans les affaires galantes.

ENTREMETTRE (S') v. pronom.
S'interposer pour réunir des personnes, régler un différend entre elles, etc. *Les autorités canadiennes se sont entremises pour empêcher son extradition.* SYN. intercéder ; intervenir.
Le participe passé de ce verbe, qui n'existe qu'à la forme pronominale, s'accorde toujours en genre et en nombre avec son sujet. *Elle s'était entremise pour calmer les esprits.*
CONJUGAISON : VOIR MODÈLE REMETTRE.

ENTREMISE n. f.
Action de s'employer dans une affaire pour quelqu'un.
LOCUTION
– ***Par l'entremise de,*** loc. prép. Par l'intermédiaire de. *C'est par son entremise que nous nous sommes rencontrés.*

ENTRENUIRE (S') v. pronom.
Se nuire réciproquement. *Il vaut mieux s'abstenir d'intervenir plutôt que de s'entrenuire.*
Le participe passé de ce verbe est toujours invariable. *Au lieu de s'entraider, ils se sont entrenui.*
CONJUGAISON : VOIR MODÈLE CONDUIRE.

ENTREPONT n. m.
Espace compris entre deux ponts d'un bateau.

ENTREPOSAGE n. m.
Action d'entreposer. *L'entreposage* (et non le *storage) *de meubles.*

ENTREPOSER v. tr.
Déposer dans un entrepôt. *L'entreprise a entreposé des archives ici.*
CONJUGAISON : VOIR MODÈLE AIMER.

ENTREPOSEUR n. m.
ENTREPOSEUSE n. f.
Personne qui reçoit des marchandises en entrepôt.
Ne pas confondre avec le nom ***entrepositaire,*** personne qui met des marchandises en entrepôt.

ENTREPOSITAIRE n. m. et f.
Personne qui met des marchandises en entrepôt.
Ne pas confondre avec le nom ***entreposeur,*** personne qui reçoit des marchandises en entrepôt.

ENTREPÔT n. m.
Lieu où sont déposées des marchandises pour une période déterminée. *Un entrepôt de fruits.*

ENTREPRENANT, ANTE adj.
1. Audacieux, qui a l'esprit d'entreprise. *Un constructeur entreprenant.* SYN. actif ; dynamique ; énergique ; hardi.
2. Galant. *Des collègues trop entreprenants.*

ENTREPRENAUTE n. m. et f.
(INFORM.) Créateur d'une entreprise centrée sur les nouvelles technologies, vivant par et pour le réseau Internet.
Les entreprenautes et les équipes qu'ils constituent, généralement des mordus de technologie, font du réseau Internet un usage permanent dans le cadre de leur travail (GDT).

ENTREPRENDRE v. tr.
1. Commencer à exécuter. *Entreprendre des travaux.* SYN. entamer.
2. Tenter de. *Ils ont entrepris de démontrer la faiblesse de cette proposition.* SYN. essayer ; se proposer de.
En ce sens, le verbe se construit avec la préposition ***de*** suivie de l'infinitif.
CONJUGAISON : VOIR MODÈLE APPRENDRE.

ENTREPRENEUR n. m.
ENTREPRENEURE n. f.
1. Chef d'une entreprise. *Un entrepreneur de construction* (et non un *contracteur).
Le complément du nom ***entrepreneur*** est introduit à l'aide de la préposition ***de*** plutôt que ***en.***
2. Personne qui, à ses risques, crée, développe et implante des entreprises. *L'an dernier, ce sont des entrepreneures qui ont créé 60 % des nouvelles entreprises du Québec.*
En France, on emploie plutôt l'expression ***créateur d'entreprise.***

ENTREPRENEURIAL, IALE, IAUX adj.
1. (NÉOL.) Relatif à la création d'entreprise.
2. (NÉOL.) Relatif à l'entrepreneur, au chef ou au créateur d'entreprise.

ENTREPRENEURIAT n. m.
Fait de mobiliser des ressources humaines, financières et matérielles pour créer, développer et implanter des entreprises. *La chaire d'entrepreneuriat des HEC.* SYN. création d'entreprise.

ENTREPRENEURSHIP n. m.
Manifestation de l'esprit, des attitudes et de l'activité des créateurs d'entreprises. SYN. esprit d'entreprise.

ENTREPRISE n. f.
1. Action. *C'est une entreprise audacieuse.* SYN. affaire ; tentative.
2. Unité économique de production de biens ou de services. *Une entreprise de fabrication, de télécommunications, de services. Des entreprises privées, publiques.* SYN. exploitation.
LOCUTIONS
– ***Chef d'entreprise.*** Entrepreneur à la tête d'une organisation. SYN. dirigeant ; président-directeur général, présidente-directrice générale.
– ***Culture d'entreprise.*** Ensemble des traditions de structure, de gestion et de savoir-faire qui assurent la cohésion d'une entreprise.

– ***Entreprise émergente.*** Entreprise innovante qui en est à ses débuts (GDT). *La récession a entraîné la fermeture de plusieurs entreprises émergentes* (et non *start-up), *de nombre de jeunes entreprises* (et non *start-up).
En français, l'expression «*start-up*» est à éviter, car il s'agit d'un emprunt à l'anglais qui entre inutilement en concurrence avec les termes français déjà existants (GDT).
– ***Esprit d'entreprise.*** Volonté ou goût de mettre en œuvre et de réaliser des entreprises sociales ou commerciales.
– ***Petite et moyenne entreprise (PME).*** Entreprise dont l'effectif est de 10 à 50 personnes.

ENTRER v. tr., intr.
VERBE TRANSITIF
1. Introduire. *Entrer une aiguille dans une veine, une clé dans une serrure.*
2. (INFORM.) Saisir, enregistrer sur un support. *Entrer des données et mettre à jour les tableaux comparatifs.*
Employé transitivement, le verbe se conjugue avec l'auxiliaire ***avoir.***
VERBE INTRANSITIF
1. Pénétrer. *Elle est entrée dans la maison. Les voleurs sont entrés par la fenêtre.* SYN. accéder; s'introduire.
2. Être compris dans. *Il y a du sucre, de la farine, du beurre et des œufs qui entrent dans ce gâteau quatre-quarts.*
3. Commencer à faire quelque chose. *Entrer en action. Entrer en guerre.*
4. Passer à une nouvelle étape. *Entrer dans l'adolescence. Marie-Ève est entrée à l'université.* SYN. commencer; entreprendre.
Employé intransitivement, le verbe se conjugue avec l'auxiliaire ***être.***
Si on ***entre*** dans une maison, on ***monte*** dans une voiture, on ***s'engage*** dans une voie de circulation.
LOCUTIONS
– ***Entrer en fonction(s).*** Être au commencement d'un nouvel emploi.
– ***Entrer en ligne de compte.*** Constituer un élément qui doit être considéré. SYN. être considéré.
– ***Entrer en scène.*** Se manifester. *C'est alors que les conseillers entrent en scène.* SYN. intervenir.
– ***Entrer en vigueur, en exercice.*** *La loi entre en vigueur* (et non *est effective) *le 15 mars.*
CONJUGAISON : VOIR MODÈLE AIMER.

ENTRESOL n. m.
Espace d'un immeuble situé entre le rez-de-chaussée et le premier étage.

ENTRE-TEMPS adv.
Pendant ce temps. *La plante germa entre-temps.*
[Les *Rectifications* (1990) admettent : entretemps.]

ENTRETENIR v. tr., pronom.
VERBE TRANSITIF
1. Maintenir en bon état. *Entretenir son jardin.* SYN. soigner.
2. Assurer la subsistance de. *Entretenir une famille.* SYN. se charger de; faire vivre; nourrir; subvenir aux besoins de.
3. Parler de. *Il entretint son ami du problème.* SYN. informer.
VERBE PRONOMINAL
Converser avec quelqu'un. *Ils se sont longuement entretenus au téléphone.* SYN. deviser; parler.
À la forme pronominale, le participe passé de ce verbe s'accorde toujours en genre et en nombre avec son sujet. *Elles se sont entretenues brièvement à ce sujet.*
CONJUGAISON : VOIR MODÈLE VENIR.

ENTRETIEN n. m.
1. Action de maintenir en bon état. *L'entretien de sa voiture. Des frais d'entretien. L'entretien du jardin réclame beaucoup de soins.*
Ne pas confondre avec le nom ***maintenance,*** ensemble des moyens d'entretien utilisés dans le but de maintenir un système, un matériel technique en état de fonctionnement normal.
2. Conversation suivie avec quelqu'un. *Un entretien téléphonique. Elle a sollicité un entretien auprès du directeur.*
Ne pas confondre avec les noms suivants :
- ***causette,*** conversation familière;
- ***conciliabule,*** réunion secrète;
- ***conversation,*** entretien familier;
- ***dialogue,*** conversation entre deux personnes;
- ***palabre,*** conversation longue et inutile.

ENTRETOISE n. f.
Pièce de bois qui relie deux autres pièces.

***ENTRETOIT**
Impropriété pour ***comble.***

ENTRETUER (S') ou **ENTRE-TUER (S')** v. pronom.
1. Se tuer mutuellement. *Les animaux se sont entre-tués.*
2. (FIG.) Se quereller violemment, se battre.
Le participe passé de ce verbe, qui n'existe qu'à la forme pronominale, s'accorde toujours en genre et en nombre avec son sujet. *Ces truands se sont entretués.*
CONJUGAISON : VOIR MODÈLE AIMER.

ENTREVOIR v. tr.
1. Voir peu longtemps ou imparfaitement. *J'ai entrevu Delphine hier soir, je n'ai pas eu le temps de lui parler.* SYN. apercevoir.
2. Commencer à comprendre. *Olivier entrevoit une solution à son problème.* SYN. découvrir; imaginer; prévoir.
CONJUGAISON : VOIR MODÈLE VOIR.

ENTREVUE n. f.
Rencontre concertée entre deux ou plusieurs personnes. *Fixer une entrevue avec un journaliste.* SYN. entretien.

ENTROPIE n. f.
Dégradation de l'énergie.

ENTROUVERT, ERTE adj.
Ouvert partiellement. *Les fenêtres sont entrouvertes.*

ENTROUVRIR v. tr., pronom.
VERBE TRANSITIF
Ouvrir un peu. *Il entrouvrit la porte avec prudence.* SYN. entrebâiller.
VERBE PRONOMINAL
S'ouvrir un peu. *La porte s'est entrouverte brusquement.* SYN. s'entrebâiller.
À la forme pronominale, le participe passé de ce verbe s'accorde toujours en genre et en nombre avec son sujet. *Les volets se sont entrouverts.*
Ce verbe s'écrivait autrefois avec une apostrophe.
CONJUGAISON : VOIR MODÈLE OUVRIR.

ÉNUCLÉER v. tr.
Extraire un noyau.
CONJUGAISON : VOIR MODÈLE CRÉER.

ÉNUMÉRATIF, IVE adj.
Qui sert à l'énumération. *Des jalons énumératifs.*

ÉNUMÉRATION n. f.
1. Action d'énumérer; dénombrement. *L'énumération des personnes présentes à une rencontre.*
VOIR TABLEAU – ÉNUMÉRATION.
2. Liste de personnes, de choses énumérées. SYN. répertoire.
FORME FAUTIVE
*énumération. Anglicisme au sens de ***recensement.***

E

ÉNUMÉRATION

LES ÉLÉMENTS DUNE ÉNUMÉRATION

E

▸ **Présentation horizontale**

Les chiffres romains sont composés des caractères suivants : I, V, X, L, C, D, M.
[T] On met une virgule entre chaque élément de l'énumération et un point à la fin.

▸ **Présentation verticale**

Cet ouvrage traite des difficultés du français :

1. orthographe; ou	*1– orthographe;* ou	*1) orthographe;*
2. grammaire;	*2– grammaire ;*	*2) grammaire;*
3. conjugaison.	*3– conjugaison.*	*3) conjugaison.*

[T] Les éléments sont suivis d'un point-virgule à l'exception du dernier élément qui est suivi d'un point. Il est également possible de présenter les éléments de l'énumération sans ponctuation. En ce cas, on écrira généralement avec une majuscule initiale chacun des éléments de l'énumération.

Types de difficultés

1. Orthographe ou	*A. Orthographe* ou	*• Orthographe*
2. Grammaire	*B. Grammaire*	*• Grammaire*
3. Conjugaison	*C. Conjugaison*	*• Conjugaison*

LES PARTIES D'UN TEXTE

En vue de découper un texte ou de mettre l'accent sur le nombre ou l'ordre des éléments, on a recours à divers jalons énumératifs : des lettres, des chiffres ou d'autres signes (tiret, point, etc.).

[T] Une règle est importante : quel que soit le type de jalon retenu, il importe de respecter tout au long du document le même ordre, la même gradation de repères énumératifs.

JALONS COURAMMENT UTILISÉS

– les lettres minuscules *a), b), c);*
– les lettres majuscules *A., B., C.;*
– les chiffres arabes *1., 2., 3.;*
– les chiffres romains *I, II, III;*
– les adjectifs ordinaux du latin sous leur forme abrégée *1°, 2°, 3°;*
– la numérotation décimale *1., 1.1., 1.1.1., 1.2., 1.3., 2., 2.1.*

Pour une **énumération simple,** on utilise un seul signe énumératif : le tiret, les majuscules, les adjectifs numéraux latins, par exemple.

Pour une **énumération double,** on a recours à deux types de signes; pour une **énumération triple,** à trois types, ainsi de suite.

Simple	Double	Triple	Quadruple	Complexe
a)	a)	A.	I–	1.
b)	1°	1°	A.	1.1.
c)	2°	a)	1°	1.1.1.
d)	3°	b)	a)	1.1.2.
e)	b)	2°	b)	1.2.
f)	1°	B.	2°	1.2.1.
g)	2°	1°	B.	1.2.2.
h)	3°	a)	II–	1.3.
i)	c)	b)	A.	2.

[T] Si l'on recourt à la numération décimale, il est préférable de se limiter à trois niveaux de subdivision (avec un maximum de dix sous-classes), afin de ne pas trop alourdir la structuration.

ÉNUMÉRER v. tr.
Nommer l'un à la suite de l'autre. *L'enseignante énumère les élèves qui ont réussi l'examen.* SYN. compter ; dénombrer.
CONJUGAISON : VOIR MODÈLE POSSÉDER.
Le *é* se change en *è* devant une syllabe contenant un *e* muet, sauf à l'indicatif futur et au conditionnel présent. *J'énumère,* mais *j'énumérerai.*
[Les *Rectifications* (1990) admettent : il énumèrera, énumèrerait...]

ÉNURÉSIE n. f.
Émission involontaire d'urine pendant le sommeil.

ÉNURÉTIQUE adj. et n. m. et f.
Qui souffre d'énurésie.

env.
Abréviation de ***environ.***

ENVAHIR v. tr.
1. Pénétrer par la force dans une région et l'occuper. *Les rebelles ont envahi la capitale du Zaïre.* SYN. s'emparer de.
2. Remplir, occuper en entier. *Les enfants ont envahi la plage. Les mauvaises herbes envahissent le jardin : il faut les sarcler.*
CONJUGAISON : VOIR MODÈLE FINIR.

ENVAHISSANT, ANTE adj.
Qui prend trop de place. *Dans le jardin, la menthe est envahissante et étouffe les fleurs. Des invités envahissants.*

ENVAHISSEMENT n. m.
1. Action d'envahir ; son résultat. *L'envahissement d'un pays par des soldats ennemis.* SYN. invasion.
2. Action de se répandre sur. *L'envahissement de la vigne qui couvre progressivement la maison.* SYN. prolifération.

ENVAHISSEUR n. m.
Celui qui envahit (un pays, une région, etc.). SYN. occupant.

ENVELOPPANT, ANTE adj.
1. Qui enveloppe. *Une robe enveloppante.*
2. (FIG.) Qui séduit. *Un ton de voix enveloppant.* SYN. captivant ; séduisant.

ENVELOPPE n. f.
1. Ce qui sert à envelopper. *Un oreiller de duvet de canard disposé dans une enveloppe de coton.*
2. Morceau de papier plié en forme de poche et qui est destiné à contenir une lettre, un document, etc. *Une enveloppe matelassée.*
VOIR TABLEAU – ENVELOPPE.
LOCUTIONS
– ***Enveloppe-réponse.*** Enveloppe portant l'adresse de l'expéditeur, ce qui évite au destinataire le souci de se procurer une enveloppe, de rédiger une adresse et l'incite ainsi à répondre. *Des enveloppes-réponses* (et non *enveloppes-retour préadressées, *pré-adressées, enveloppes *de retour).
– ***Enveloppe timbrée.*** Enveloppe dont les frais d'affranchissement sont payés d'avance par l'expéditeur ou le destinataire. SYN. enveloppe affranchie ; enveloppe prêt-à-poster.
Le terme ***enveloppe préaffranchie*** peut sembler redondant et il est critiqué par certains auteurs. C'est toutefois le terme en usage dans de nombreuses organisations, dont Postes Canada (GDT).
FORME FAUTIVE
*enveloppe-retour préadressée. Impropriété pour ***enveloppe-réponse affranchie*** ou ***enveloppe-réponse timbrée.***

ENVELOPPER v. tr.
1. Recouvrir. *Envelopper un enfant d'une couverture.* SYN. couvrir.
2. (FIG.) Environner de toutes parts, recouvrir complètement. « *Et la pluie m'enveloppait comme un doux manteau* » (Alain Grandbois, *Les Îles de la nuit*). SYN. baigner ; imprégner.
3. Emballer. *Envelopper un colis, un cadeau.*
CONJUGAISON : VOIR MODÈLE AIMER.

ENVENIMER v. tr., pronom.
VERBE TRANSITIF
1. Infecter. *Une blessure envenimée.*
Ce verbe est formé à partir du mot ***venin***, substance toxique sécrétée par certains animaux (vipère, scorpion).
2. (FIG.) Aggraver. *Envenimer une querelle.* SYN. aviver.
VERBE PRONOMINAL
Se détériorer. *Les relations se sont envenimées.* SYN. se dégrader ; empirer.
À la forme pronominale, le participe passé de ce verbe s'accorde toujours en genre et en nombre avec son sujet. *Leurs rapports se sont envenimés.*
CONJUGAISON : VOIR MODÈLE AIMER.

ENVERGURE n. f.
1. Largeur d'une voile déployée.
2. Étendue comprise entre les extrémités des ailes déployées d'un oiseau, d'un avion. *L'envergure de l'albatros est d'environ 3 m.*
3. Ampleur de l'intelligence, grande ouverture d'esprit. *Ce chercheur a beaucoup d'envergure.* SYN. calibre ; stature.
4. Importance (d'une activité), développement. *Ce parti a pris beaucoup d'envergure.*
LOCUTION
– ***D'envergure, de grande envergure,*** loc. adj. D'une grande ampleur. *Une campagne publicitaire d'envergure.*

ENVERS n. m.
1. Le côté opposé à l'endroit. *L'envers d'un lainage, d'une feuille de rosier.* ANT. endroit.
2. Le contraire, l'aspect caché. *L'envers des choses, du décor.*
3. Le mauvais côté, la contrepartie. *L'envers du succès.* SYN. prix ; rançon.
En parlant d'une médaille, on emploie également le terme ***revers.***
LOCUTIONS
– ***À l'envers,*** loc. adv. Du mauvais côté. « *Le bon roi Dagobert/avait sa culotte à l'envers* » (*Le bon roi Dagobert,* chanson burlesque, 1750). ANT. à l'endroit.
– ***À l'envers,*** loc. adv. En désordre. *Ta chambre est à l'envers, range-la donc.* SYN. sens dessus dessous. ANT. en ordre.
FORME FAUTIVE
*envers (d'une page, d'une carte, etc.). Impropriété pour ***verso*** (d'une page, d'une carte, etc.).
envers.

ENVERS prép.
À l'égard de. *Il n'a pas de préjugés envers les étrangers.* SYN. à l'endroit de ; pour.
LOCUTIONS
– ***Envers et contre tous.*** Malgré tout le monde.
– ***Envers et contre tout.*** Malgré toutes les difficultés.

ENVI (À L') loc. adv.
(LITT.) À qui mieux mieux.
à l'**envi**, sans ***e.***

ENVIABLE adj.
Désirable. *Leur sort n'est pas si enviable.* SYN. tentant.

ENVIE n. f.
1. Besoin naturel qui doit être satisfait. *Une irrésistible envie de dormir.*
2. Désir. *L'envie de partir en vacances.* SYN. goût.
3. Sentiment de jalousie à l'égard de ce qui est à autrui. SYN. convoitise.
LOCUTIONS
– ***Avoir envie de.*** Désirer, être tenté de. *J'ai grande envie de prendre congé.* SYN. aspirer à ; souhaiter ; vouloir.
Dans la langue soutenue, il est préférable d'employer un adjectif avec le nom ***envie*** plutôt que l'adverbe ***très.***
– ***Faire envie.*** Tenter. *Ce voyage lui faisait envie.*

ENVELOPPE

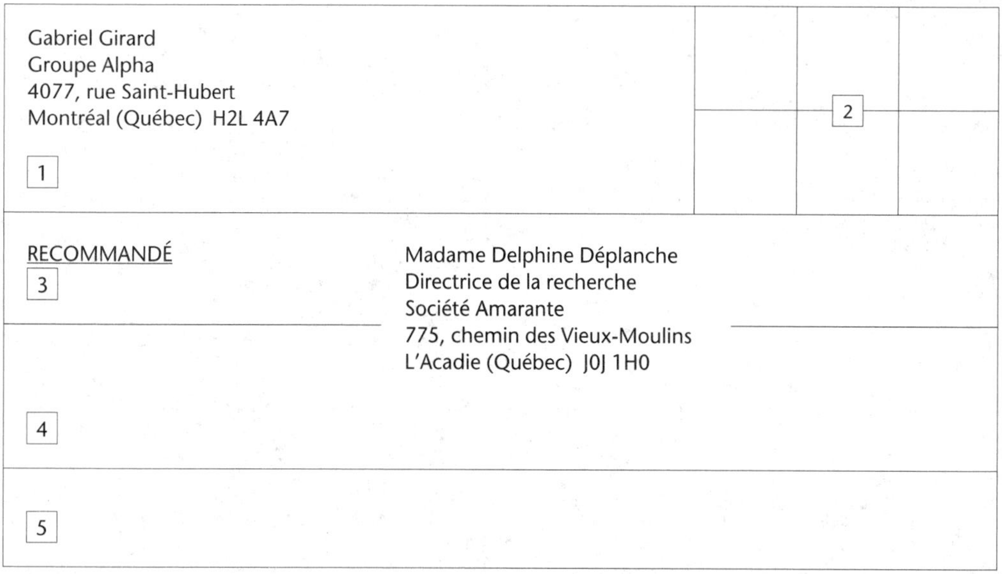

Normes de la Société canadienne des postes

1. Adresse de l'expéditeur ou de l'expéditrice.
2. Espace réservé aux timbres.
3. Les mentions PERSONNEL, CONFIDENTIEL, RECOMMANDÉ (toujours au masculin singulier) s'écrivent en lettres majuscules dans cet espace et sont soulignées.
4. Adresse du ou de la destinataire. Selon la longueur de l'adresse, celle-ci peut chevaucher les sections 3 et 4. Le code postal figure en dernière place, à la suite du nom de la ville et de la province. En cas de manque d'espace, le code postal s'écrit sur la ligne suivante, mais il doit absolument apparaître dans cette section.
5. Espace réservé au code du tri mécanique de la Société canadienne des postes.

ADRESSE

On peut lire dans le *Guide canadien d'adressage* que : « la Société canadienne des postes encourage tous les expéditeurs à respecter les souhaits de leurs clients en ce qui concerne la présentation des envois. Le *Guide* satisfait aux exigences des langues française et anglaise, car on y accepte l'utilisation d'accents, de majuscules et de minuscules, ainsi que l'écriture en toutes lettres des éléments de l'adresse et les signes de ponctuation*. »

L'adresse doit respecter l'usage français en ce qui a trait à la ponctuation (emploi de la virgule entre le numéro de l'adresse et le générique du nom de rue), à l'emploi des majuscules et des minuscules, à l'accentuation des mots et aux abréviations.

☞ Il est à noter qu'aucun tarif préférentiel ne peut être refusé sous prétexte que l'expéditeur ou l'expéditrice privilégie l'adresse courante qui respecte l'usage français, ainsi que le rappelle *Le français au bureau* : « les adresses ainsi rédigées donnent droit à tous les tarifs préférentiels consentis aux grands usagers postaux et sont utilisables par tous les services postaux*. »

* Noëlle Guilloton et Hélène Cajolet-Laganière, *Le français au bureau*, 6e éd., coll. « Guides de l'Office de la langue française », Québec, Les Publications du Québec, 2005, p. 48-49.

ENVELOPPE | ***SUITE*** >

> *ENVELOPPE* | ***SUITE***

E

ORDRE DES ÉLÉMENTS DE L'ADRESSE

Les éléments d'une adresse vont du particulier au général.

- **Nom du** ou **de la destinataire.** 1
  - Titre de civilité
  - Prénom
  - Nom
- **Titre** et **nom de l'unité administrative,** s'il y a lieu. 2
- **Nom de l'entreprise** ou **de l'organisme,** s'il y a lieu. 3
- **Adresse.**
  - Numéro et nom de la voie publique 4
    - L'indication du numéro est suivie d'une virgule, du nom générique ***(avenue, boulevard, chemin, côte, place, rue,*** etc.) écrit en minuscules et, enfin, du nom spécifique de la voie publique.
  - Appartement, étage, bureau, s'il y a lieu 5
    - En cas de manque d'espace, la mention de l'étage, du bureau ou de l'appartement s'écrit sur la ligne qui précède l'adresse.
  - Bureau de poste, s'il y a lieu 6
  - Nom de la ville 7
  - Nom de la province, s'il y a lieu 8
    - Au Canada, le nom de la province s'écrit entre parenthèses.
  - Code postal 9
    - En cas de manque d'espace, le code postal s'écrit sur la ligne suivante.
  - Nom du pays, s'il y a lieu 10
    - La mention du nom de pays s'écrit en majuscules sur la ligne qui suit le code postal.

VOIR TABLEAU ▸ **ADRESSE.**

Madame Laurence Dubois 1
Directrice des communications 2
Dubuffet et Lavigne 3
630, boul. René-Lévesque O., 5e étage 4 5
ou
Madame Laurence Dubois 1
Directrice des communications 2
Dubuffet et Lavigne 3
5e étage 5
630, boul. René-Lévesque Ouest 4

Montréal (Québec) H3B 1S6 7 8 9
ou
Montréal (Québec) 7 8
H3B 1S6 9

Madame Hélène Lessard 1
Direction des finances 2
C. P. 6204, succ. Centre-ville 6
Montréal (Québec) H3C 3T4 7 8 9

Monsieur Antoine Lebel 1
Service après-vente 2
Portes et fenêtres V. Q. 3
860, rue de l'Église 4
Sainte-Agathe-des-Monts (Québec) 7 8
J2D 4G8 9

Mrs. Bev Darnell
Jefferies Silversmiths Ltd.
1026 Fort St.
Victoria (Colombie-Britannique) V8V 3K4
CANADA 10

COURRIER POUR L'ÉTRANGER

Pour les envois à destination de l'étranger, il est préférable d'inscrire le nom du pays en majuscules. Dans la mesure du possible, il importe de se conformer aux usages du pays de destination. Cependant, le nom du pays doit être noté dans la langue du pays de départ, c'est-à-dire du lieu où s'effectue le tri postal.

ABSENCE DE PONCTUATION FINALE DANS L'ADRESSE

On ne met ni point ni virgule pour les fins de ligne des adresses et des mentions qui figurent sur l'enveloppe.

Monsieur Michel Delage
17, rue de Phalsbourg, 3e étage
75017 Paris
FRANCE

Time Magazine
541 North Fairbanks Court
Chicago
Illinois
États-Unis 60611

ENVIER v. tr.
Désirer ce qui est à autrui. *Elle envie ta chance. Il envie sa sœur.* SYN. jalouser.
Le complément du verbe peut être une personne ou une chose.
Ne pas confondre avec les verbes suivants :
- ***aspirer,*** viser, prétendre à ;
- ***convoiter,*** désirer ardemment avec jalousie ;
- ***désirer,*** espérer, souhaiter.

LOCUTION
– ***N'avoir rien à envier à personne.*** Être comblé.
CONJUGAISON : VOIR MODÈLE ÉTUDIER.
Redoublement du ***i*** à la première et à la deuxième personne du pluriel de l'indicatif imparfait et du subjonctif présent. *(Que) nous enviions, (que) vous enviiez.*

ENVIEUX, IEUSE adj. et n. m. et f.
Qui éprouve de l'envie. *Ces voisins sont envieux.* SYN. jaloux.

ENVIRON adv. et n. m. pl.
ADVERBE
Abréviation ***env.*** (s'écrit avec un point).
À peu près. *Le pont se situe à un kilomètre environ, à environ un kilomètre. Il est environ 6 h.* SYN. approximativement ; autour (de) ; dans (les) ; quelque.
NOM MASCULIN PLURIEL
Lieux qui entourent un espace. *Les environs de Montréal. Ses amis habitent aux environs.* SYN. alentours.
LOCUTIONS
– ***Aux environs de,*** loc. prép. *Aux environs de Québec, il y a encore de la neige.* SYN. aux abords de ; du côté de.
– ***Aux environs de,*** loc. prép. (en parlant d'une époque). Vers. *Nous partirons en vacances aux environs de la Saint-Jean.* SYN. à peu près à.

ENVIRONNANT, ANTE adj.
Voisin. *Les villages environnants.* SYN. proche.
environnant.

ENVIRONNEMENT n. m.
Milieu dans lequel on vit. *L'environnement politique, culturel, économique.*
LOCUTION
– ***Protection de l'environnement.*** Conservation du patrimoine naturel et lutte contre la pollution.
environnement.

ENVIRONNEMENTAL, ALE, AUX adj.
Relatif à l'environnement. *Des règlements environnementaux.*
LOCUTION
– ***Empreinte environnementale.*** Estimation de la superficie terrestre ou marine nécessaire pour répondre aux besoins liés à la consommation humaine (GDT). *On peut mesurer l'empreinte environnementale d'une personne, d'une entreprise, d'une ville, d'un pays selon divers critères tels que la consommation d'énergie, la pollution, l'utilisation des ressources naturelles.* SYN. empreinte écologique.
L'unité de mesure utilisée est l'hectare global.
environnemental.

ENVIRONNEMENTALISTE n. m. et f.
Spécialiste des problèmes de l'environnement.
environnementaliste.

ENVIRONNER v. tr.
Être autour de, constituer le voisinage de. *Des forêts environnent le chalet.* SYN. entourer.
CONJUGAISON : VOIR MODÈLE AIMER.
environner.

ENVISAGEABLE adj.
Que l'on peut envisager. *Un accord est-il envisageable ?*

ENVISAGER v. tr.
1. Considérer. *Nous envisageons les choses de façon réaliste.* SYN. regarder ; voir.
2. Projeter. *Envisagez-vous d'agrandir cette école ? Tu envisages qu'il parte déjà, qu'il partirait.* SYN. penser ; prévoir.
En ce sens, le verbe est suivi de la préposition ***de*** et d'un verbe à l'infinitif ou de la conjonction ***que*** suivie du subjonctif ou du conditionnel.
CONJUGAISON : VOIR MODÈLE CHANGER.
Le ***g*** est suivi d'un ***e*** devant les lettres ***a*** et ***o***. *Il envisagea, nous envisageons.*

ENVOI n. m.
1. Action d'envoyer. *Envoi d'un message, d'une télécopie.*
2. Chose envoyée. *Vous recevrez bientôt notre envoi.* SYN. colis ; courrier ; paquet.
LOCUTIONS
– ***Coup d'envoi.*** Dans plusieurs sports, mise au jeu par envoi du ballon. *Des coups d'envoi.*
– ***Coup d'envoi.*** (FIG.) Signal du début. *Le coup d'envoi d'une campagne de financement.*
envoi.

ENVOL n. m.
1. Action de s'envoler. *L'envol d'un papillon, d'un canard sauvage.* SYN. envolée.
2. Décollage d'un avion. *La piste d'envol de l'aéroport.*
Ne pas confondre avec le mot ***vol,*** trajet en avion.

ENVOLÉE n. f.
1. Action de s'envoler. *Une envolée d'oies sauvages.* SYN. envol.
2. Élan. *Une envolée oratoire.*
3. Augmentation subite d'une valeur. *L'envolée des prix du pétrole.* SYN. escalade.

ENVOLER (S') v. pronom.
1. Prendre son vol. *Les chardonnerets se sont envolés. Un hélicoptère qui s'envole.*
2. (FIG.) Disparaître, s'enfuir. *Les cambrioleurs s'étaient envolés.* SYN. déguerpir ; s'échapper ; s'éclipser ; fuir ; partir ; se sauver.
Le participe passé de ce verbe, qui n'existe qu'à la forme pronominale, s'accorde toujours en genre et en nombre avec son sujet. *Elles se sont envolées pour Dubrovnik.*
CONJUGAISON : VOIR MODÈLE AIMER.

ENVOÛTANT, ANTE adj.
Ensorcelant. *Des yeux envoûtants.* SYN. captivant ; séduisant.
[Les *Rectifications* (1990) admettent : envoutant, envoutante.]

ENVOÛTEMENT n. m.
1. Sortilège. SYN. ensorcellement.
2. (FIG.) Fascination. *L'envoûtement de sa poésie.* SYN. charme.
[Les *Rectifications* (1990) admettent : envoutement.]

ENVOÛTER v. tr.
1. Ensorceler. *Ce sorcier semble les avoir envoûtés.*
2. (FIG.) Fasciner. *Cette musique les envoûte.* SYN. charmer ; séduire.
CONJUGAISON : VOIR MODÈLE AIMER.
[Les *Rectifications* (1990) admettent : envouter.]

ENVOYÉ, ÉE n. m. et f.
Personne chargée d'une mission. *Ce négociateur est l'envoyé du ministre. De notre envoyée à Moscou.* SYN. délégué ; représentant.

ENVOYER v. tr., pronom.
VERBE TRANSITIF
1. Diriger une personne vers un lieu. *Envoie Philippe à la plage prévenir les amis !*
2. Expédier quelque chose dans un autre lieu. *Envoyer une lettre au Portugal.* SYN. transmettre.
3. Lancer. *Allez, envoie-moi la balle !*
VERBE PRONOMINAL
1. Se transmettre réciproquement quelque chose. *Ces correspondants se sont envoyé des colis.*

2. (FAM.) Prendre pour soi. *S'envoyer un bon repas, s'envoyer tout le travail.* SYN. (FAM.) se taper.
À la forme pronominale, le participe passé de ce verbe s'accorde en genre et en nombre avec le complément direct si celui-ci le précède. *Les lettres qu'ils se sont envoyées. Ils se sont envoyés en l'air.* Le participe passé reste invariable si le complément direct suit le verbe. *Elles se sont envoyé des cartes postales.*
FORME FAUTIVE
*être envoyé à son procès. Calque de «*to be sent for trial*» pour ***être inculpé, être traduit en justice.***
CONJUGAISON : VOIR MODÈLE ENVOYER.
Le *y* est suivi d'un *i* à la première et à la deuxième personne du pluriel de l'indicatif imparfait et du subjonctif présent. *(Que) nous envoyions, (que) vous envoyiez.*

ENZYME n. m. ou f.
Substance protéinique. *Des enzymes gloutons.*
Ne pas confondre avec le mot ***azyme***, qui est sans levain.
Bien que ce nom soit féminin selon l'Académie, l'usage lui donne plutôt un genre masculin.

ÉOLIEN, IENNE adj. et n. m. et f.
ADJECTIF
1. Relatif à l'énergie du vent. *Les marchés de l'énergie éolienne. Le vent ne fournit qu'un maigre 1 % de l'électricité dans le monde, mais la puissance installée triplera en moins de trois ans, selon l'Association mondiale de l'énergie éolienne. Un parc éolien de 360 MW évalué à quelque 700 millions de dollars.*
2. Relatif au vent. *Force éolienne. Une harpe éolienne.*
NOM FÉMININ
Système mécanique permettant de transformer l'énergie cinétique du vent en énergie mécanique ou électrique (Hydro-Québec, cité dans le GDT). *Les pales, le mât, la nacelle d'une éolienne. « Ce ne sont pas les caribous qui se plaindront que des milliers d'éoliennes tournent au-dessus de leur tête, bien loin de toutes les zones habitées »* (*L'actualité*).
NOM MASCULIN
Secteur de l'exploitation de l'énergie éolienne. *Les entrepreneurs de l'éolien voient grand.*
LOCUTIONS
– ***Éolienne à axe vertical.*** Éolienne dont l'axe du rotor est vertical.
– ***Éolienne à axe horizontal.*** Éolienne dont l'axe du rotor est horizontal.
Ce type d'éolienne est maintenant privilégié pour l'exploitation de grands parcs éoliens (Hydro-Québec, cité dans le GDT).

ÉPAGNEUL, EULE n. m. et f.
Chien de chasse à longs poils et à oreilles pendantes. *Un bel épagneul, une épagneule docile.*

ÉPAIS, AISSE adj. et adv.
ADJECTIF
1. Gros. *Une épaisse liasse de billets.* ANT. mince.
2. Dense. *Un brouillard épais.* ANT. léger.
3. Lourd. *Un esprit épais.* ANT. fin; subtil.
4. Serré, compact. *Une fourrure épaisse.*
ADVERBE
Cette escalope est tranchée trop épais.
Pris adverbialement, le mot est invariable.

ÉPAISSEUR n. f.
1. Une des dimensions, avec la longueur et la largeur. *Cette planche a deux centimètres d'épaisseur.*
2. Caractère de ce qui est épais. *L'épaisseur de la neige. L'épaisseur d'une barbe.*

ÉPAISSIR v. tr., intr. ou pronom.
VERBE TRANSITIF
Rendre plus épais, plus dense. *Épaissir un mélange.*
VERBE INTRANSITIF OU PRONOMINAL
Devenir plus épais. *Ses traits ont épaissi, se sont épaissis.*
À la forme pronominale, le participe passé de ce verbe s'accorde toujours en genre et en nombre avec son sujet. *La sauce béchamel s'est épaissie.*
CONJUGAISON : VOIR MODÈLE FINIR.

ÉPAISSISSEMENT n. m.
1. Action d'épaissir; son résultat. *L'épaississement d'une sauce.*
2. Fait de s'épaissir. *L'épaississement de sa taille.*

ÉPANCHEMENT n. m.
1. (MÉD.) Accumulation de liquide dans une cavité naturelle. *Épanchement sanguin.*
2. (FIG.) Fait de se confier. SYN. confidence.

ÉPANCHER v. tr., pronom.
VERBE TRANSITIF
Donner libre cours à. *Épancher son chagrin.* SYN. confier.
VERBE PRONOMINAL
Se confier librement. *Il n'est pas dans sa nature de s'épancher.* SYN. se livrer; s'ouvrir.
À la forme pronominale, le participe passé de ce verbe s'accorde toujours en genre et en nombre avec son sujet. *Elle s'est épanchée sans retenue auprès de sa grande amie.*
Ne pas confondre avec le verbe ***étancher***, apaiser la soif, une envie; arrêter un écoulement.
CONJUGAISON : VOIR MODÈLE AIMER.

ÉPANDAGE n. m.
Répartition égale d'un produit sur le sol. *Épandage d'asphalte, de sel.*
Ce nom est réservé à la langue technique.
épandage.

ÉPANDRE v. tr.
Étendre en dispersant. *Épandre un herbicide.*
Ce verbe est vieilli ou d'un emploi technique; on lui préfère aujourd'hui ***répandre.***
CONJUGAISON : VOIR MODÈLE FENDRE.
INDICATIF PRÉSENT *J'épands, tu épands, il épand, nous épandons, vous épandez, ils épandent.* IMPARFAIT *J'épandais.* PASSÉ SIMPLE *J'épandis.* FUTUR *J'épandrai.* CONDITIONNEL PRÉSENT *J'épandrais.* IMPÉRATIF PRÉSENT *Épands, épandons, épandez.* SUBJONCTIF PRÉSENT *Que j'épande.* IMPARFAIT *Que j'épandisse.* PARTICIPE PRÉSENT *Épendant.* PASSÉ *Épandu, ue.*

ÉPANOUI, IE adj.
1. Éclos. *Des roses épanouies.*
2. Radieux, serein. *Un sourire épanoui. Des personnes épanouies.*
3. Développé pleinement. *Un corps épanoui.*

ÉPANOUIR v. tr., pronom.
VERBE TRANSITIF
1. Faire ouvrir (une fleur). *Le soleil épanouit les pivoines.*
2. (FIG.) Rendre joyeux. *Le bon vin épanouit les convives.*
3. (FIG.) Développer pleinement. *Cet été au grand air l'a épanoui.*
VERBE PRONOMINAL
1. S'ouvrir, se développer. *Sa beauté s'est épanouie.*
2. Se réjouir. *Ses traits s'épanouirent en apprenant ce succès.*
3. (FIG.) Se réaliser pleinement. *Ses aptitudes se sont épanouies.*
À la forme pronominale, le participe passé de ce verbe s'accorde toujours en genre et en nombre avec son sujet. *Ses talents se sont épanouis.*
CONJUGAISON : VOIR MODÈLE FINIR.

ÉPANOUISSEMENT n. m.
1. Floraison. *L'épanouissement des lilas.* SYN. éclosion.
2. (FIG.) Développement complet. *Son talent a atteint son épanouissement.* SYN. maturité; plénitude.

CONJUGAISON DU VERBE **ENVOYER**

INDICATIF

PRÉSENT		PASSÉ COMPOSÉ		
j'	env**oie**	j'	ai	envoyé
tu	env**oies**	tu	as	envoyé
elle	env**oie**	elle	a	envoyé
il	env**oie**	il	a	envoyé
nous	env**oyons**	nous	avons	envoyé
vous	env**oyez**	vous	avez	envoyé
elles	env**oient**	elles	ont	envoyé
ils	env**oient**	ils	ont	envoyé

IMPARFAIT		PLUS-QUE-PARFAIT		
j'	env**oyais**	j'	avais	envoyé
tu	env**oyais**	tu	avais	envoyé
elle	env**oyait**	elle	avait	envoyé
il	env**oyait**	il	avait	envoyé
nous	env**oyions**	nous	avions	envoyé
vous	env**oyiez**	vous	aviez	envoyé
elles	env**oyaient**	elles	avaient	envoyé
ils	env**oyaient**	ils	avaient	envoyé

PASSÉ SIMPLE		PASSÉ ANTÉRIEUR		
j'	env**oyai**	j'	eus	envoyé
tu	env**oyas**	tu	eus	envoyé
elle	env**oya**	elle	eut	envoyé
il	env**oya**	il	eut	envoyé
nous	env**oyâmes**	nous	eûmes	envoyé
vous	env**oyâtes**	vous	eûtes	envoyé
elles	env**oyèrent**	elles	eurent	envoyé
ils	env**oyèrent**	ils	eurent	envoyé

FUTUR SIMPLE		FUTUR ANTÉRIEUR		
j'	env**errai**	j'	aurai	envoyé
tu	env**erras**	tu	auras	envoyé
elle	env**erra**	elle	aura	envoyé
il	env**erra**	il	aura	envoyé
nous	env**errons**	nous	aurons	envoyé
vous	env**errez**	vous	aurez	envoyé
elles	env**erront**	elles	auront	envoyé
ils	env**erront**	ils	auront	envoyé

CONDITIONNEL PRÉSENT		CONDITIONNEL PASSÉ		
j'	env**errais**	j'	aurais	envoyé
tu	env**errais**	tu	aurais	envoyé
elle	env**errait**	elle	aurait	envoyé
il	env**errait**	il	aurait	envoyé
nous	env**errions**	nous	aurions	envoyé
vous	env**erriez**	vous	auriez	envoyé
elles	env**erraient**	elles	auraient	envoyé
ils	env**erraient**	ils	auraient	envoyé

SUBJONCTIF

PRÉSENT			PASSÉ			
que	j'	env**oie**	que	j'	aie	envoyé
que	tu	env**oies**	que	tu	aies	envoyé
qu'	elle	env**oie**	qu'	elle	ait	envoyé
qu'	il	env**oie**	qu'	il	ait	envoyé
que	nous	env**oyions**	que	nous	ayons	envoyé
que	vous	env**oyiez**	que	vous	ayez	envoyé
qu'	elles	env**oient**	qu'	elles	aient	envoyé
qu'	ils	env**oient**	qu'	ils	aient	envoyé

IMPARFAIT			PLUS-QUE-PARFAIT			
que	j'	env**oyasse**	que	j'	eusse	envoyé
que	tu	env**oyasses**	que	tu	eusses	envoyé
qu'	elle	env**oyât**	qu'	elle	eût	envoyé
qu'	il	env**oyât**	qu'	il	eût	envoyé
que	nous	env**oyassions**	que	nous	eussions	envoyé
que	vous	env**oyassiez**	que	vous	eussiez	envoyé
qu'	elles	env**oyassent**	qu'	elles	eussent	envoyé
qu'	ils	env**oyassent**	qu'	ils	eussent	envoyé

IMPÉRATIF

PRÉSENT	PASSÉ	
env**oie**	aie	envoyé
env**oyons**	ayons	envoyé
env**oyez**	ayez	envoyé

INFINITIF

PRÉSENT	PASSÉ
env**oyer**	avoir envoyé

PARTICIPE

PRÉSENT	PASSÉ
env**oyant**	envoyé, ée ayant envoyé

ÉPARGNANT, ANTE n. m. et f.
Personne qui épargne. *Les épargnants sont des investisseurs indirects.*
Ne pas confondre avec le participe présent invariable ***épargnant***. *Les ménages épargnant jusqu'à 6 % de leurs revenus sont peu nombreux.*

ÉPARGNE n. f.
Ensemble des sommes d'argent mises en réserve. *L'épargne est en baisse : les ménages s'endettent de plus en plus.* SYN. économies.
Le nom ***épargne*** est un collectif qui s'emploie au singulier; il est vieilli en ce sens au pluriel. *L'épargne est* (et non *les épargnes sont) *en hausse.* Par contre, le nom ***économie***, en ce sens, s'emploie au pluriel. *Tes économies.*
LOCUTION
– ***Caisse d'épargne.*** Établissement financier recevant des dépôts d'argent portant intérêt.

ÉPARGNER v. tr.
1. Ménager, utiliser avec modération. *Épargner l'eau et l'énergie électrique.*
2. Mettre de l'argent de côté. *Épargner quelques dollars tous les mois. « Je mis sept années [...] à épargner, sou par sou, la somme dont je pensais qu'il me faudrait disposer pour envisager mon départ »* (Gabrielle Roy, *La Détresse et l'Enchantement*). SYN. économiser.
LOCUTION
– ***Épargner quelque chose à quelqu'un.*** Ne pas faire subir quelque chose de pénible à une personne. *Nous avons épargné une humiliation à ces nouveaux employés en ne mentionnant pas leurs calculs erronés.* SYN. ménager.
CONJUGAISON : VOIR MODÈLE AIMER.
Les lettres ***gn*** sont suivies d'un ***i*** à la première et à la deuxième personne du pluriel de l'indicatif imparfait et du subjonctif présent. *(Que) nous épargnions, (que) vous épargniez.*

ÉPARPILLEMENT n. m.
Action d'éparpiller, fait de s'éparpiller. *L'éparpillement des feuilles mortes.* SYN. dispersion.

ÉPARPILLER v. tr., pronom.
VERBE TRANSITIF
Disperser. *Le vent a éparpillé mes papiers.* SYN. répandre.
VERBE PRONOMINAL
Se partager entre des activités trop nombreuses. *Sébastien s'occupe de mille projets : il s'éparpille trop.* SYN. se disperser; s'épivarder.
À la forme pronominale, le participe passé de ce verbe s'accorde toujours en genre et en nombre avec son sujet. *Les membres du comité se sont trop éparpillés.*
CONJUGAISON : VOIR MODÈLE AIMER.
Les lettres ***ill*** sont suivies d'un ***i*** à la première et à la deuxième personne du pluriel de l'indicatif imparfait et du subjonctif présent. *(Que) nous éparpillions, (que) vous éparpilliez.*

ÉPARS, ARSE adj.
En désordre, dispersé. *Une chevelure éparse.*

ÉPATANT, ANTE adj.
(FAM.) Excellent, sensationnel. *Une surprise épatante.*

ÉPATE n. f.
– ***Faire de l'épate.*** (FAM.) Chercher à impressionner.
Le mot ne s'emploie que dans cette locution.

ÉPATÉ, ÉE adj.
1. Se dit d'un nez court et large. *Un nez épaté et un teint bronzé.*
2. Étonné et impressionné. *Une mine épatée.* SYN. ébahi; interloqué; stupéfait.

ÉPATER v. tr.
(FAM.) Remplir d'une surprise admirative. *Myriam Bédard et Jean-Luc Brassard nous ont bien épatés aux Jeux olympiques de Lillehammer.* SYN. impressionner.
LOCUTION
– ***Épater la galerie.*** (FAM.) Chercher à étonner, à impressionner.
CONJUGAISON : VOIR MODÈLE AIMER.

ÉPAULARD n. m.
Cétacé, voisin du marsouin. *L'épaulard peut atteindre 8 m de longueur.* SYN. orque.
épaul**ard.**

ÉPAULE n. f.
Attache du bras avec le thorax. *De larges épaules.*
LOCUTIONS
– ***Avoir la tête sur les épaules.*** (FIG.) Être raisonnable, équilibré.
– ***Changer son fusil d'épaule.*** (FIG.) Changer d'opinion, adopter une autre tactique.
– ***Hausser les épaules.*** Témoigner son indifférence, son mépris par un mouvement d'épaules. *« Mais Éphrem haussa les épaules sans rien dire »* (Ringuet, *Trente Arpents*).
– ***Par-dessus l'épaule.*** (FIG.) Avec dédain, mépris.
FORME FAUTIVE
*mettre l'épaule à la roue. Calque de «*to put one's shoulder to the wheel*» pour ***mettre la main à la pâte.***

ÉPAULER v. tr., pronom.
VERBE TRANSITIF
1. Appuyer contre l'épaule. *Épauler une arme pour viser.*
2. Aider, soutenir. *Il faut les épauler, car ils ont des ennuis.* SYN. assister.
VERBE PRONOMINAL
S'entraider, se soutenir. *Ils se sont épaulés tout au long de cette épreuve.*
À la forme pronominale, le participe passé de ce verbe s'accorde toujours en genre et en nombre avec son sujet. *Les amies se sont épaulées.*
CONJUGAISON : VOIR MODÈLE AIMER.

ÉPAULETTE n. f.
Garniture fixée sur l'épaule des uniformes militaires, et qui sert à désigner le grade.
LOCUTION
– ***Gagner ses épaulettes.*** (FIG.) Réussir (un exploit).
À l'origine, l'expression signifiait « devenir officier ».

ÉPAVE n. f.
1. Objet rejeté par la mer sur le rivage. *Quand la marée baisse, elle laisse souvent des épaves sur le sable.* SYN. débris.
2. (FIG.) Personne réduite à un état extrême de misère et d'abandon. *Vois quelle épave ce malheureux est devenu.*

ÉPÉE n. f.
Arme formée d'une lame en acier et d'une poignée protégée par une garde.
LOCUTIONS
– ***Coup d'épée dans l'eau.*** (FIG.) Effort inutile.
– ***Épée de Damoclès.*** Menace, danger qui guette quelqu'un constamment.
Denys l'Ancien fit suspendre au-dessus de la tête de Damoclès une lourde épée qui ne tenait que par un crin de cheval.
– ***Une bonne épée.*** Personne habile à manier l'épée. On dit aussi ***une fine lame.***

ÉPÉISTE n. m. et f.
Personne qui pratique l'escrime à l'épée.

ÉPELER v. tr.
Nommer les lettres qui composent un mot. *Le nom* ecchymose *n'est pas facile à épeler.*
CONJUGAISON : VOIR MODÈLE APPELER.
Redoublement du ***l*** devant un ***e*** muet. *J'épelle, j'épellerai,* mais *j'épelais.*

E

⇨ épeler, un seul *l*.
[Les *Rectifications* (1990) admettent : il épèle, épèlera, épèlerait...]

ÉPELLATION n. f.
Action de décomposer un mot en lettres ou en syllabes. *Baba : b-a ba, b-a ba, baba.*
☞ Ne pas confondre avec le nom ***orthographe,*** manière d'écrire un mot.
⇨ épellation, avec deux *l*.

ÉPÉPINER v. tr.
Enlever les pépins de. *Épépiner une mandarine.*
CONJUGAISON : VOIR MODÈLE AIMER.

ÉPERDU, UE adj.
1. Troublé. *Une mère éperdue qui cherche ses enfants.* SYN. affolé.
2. Très vif, en parlant d'un sentiment. *Un amour éperdu.* SYN. fou.

ÉPERDUMENT adv.
1. Follement. *Il l'aime éperdument.*
2. Tout à fait, totalement. *Se moquer éperdument des commentaires des envieux.*
⇨ éperd**u**ment.

ÉPERLAN n. m.
Poisson marin dont la chair est appréciée. *Des éperlans frits.*

ÉPERON n. m.
Petite pointe de métal fixée au talon du cavalier pour stimuler un cheval.

ÉPERONNER v. tr.
1. Piquer avec l'éperon. *Éperonner sa monture.*
2. (LITT.) Aiguillonner, stimuler.
CONJUGAISON : VOIR MODÈLE AIMER.

ÉPERVIER n. m.
1. Oiseau rapace diurne qui chasse les petits oiseaux.
2. (FIG.) Partisan politique des solutions de force, dont l'opposant, la ***colombe,*** est partisan des solutions en douceur.

ÉPEURANT, ANTE adj.
⚜ (FAM.) Qui fait peur. *Ce film d'horreur est épeurant.* SYN. effrayant; terrifiant.
☞ Cet adjectif de registre familier demeure usuel au Québec et dans la francophonie canadienne, mais il n'appartient plus à l'usage courant de la majorité des locuteurs du français.

ÉPEURER v. tr.
⚜ (FAM.) Effrayer. *Des gamins ont épeuré les petits avec des hurlements et des déguisements de monstres.* SYN. affoler; apeurer; épouvanter; faire peur; terrifier.
☞ Ce verbe de registre familier demeure usuel au Québec et dans la francophonie canadienne, mais il n'appartient plus à l'usage courant de la majorité des locuteurs du français.
CONJUGAISON : VOIR MODÈLE AIMER.

ÉPHÈBE n. m.
1. (ANCIENN.) Adolescent. *La statue d'un éphèbe.*
2. (PÉJ.) Beau jeune homme. SYN. adonis.
⇨ é**ph**èbe.

ÉPHÉMÈRE adj. et n. m.
ADJECTIF
1. Qui dure un seul jour. *La fleur de l'hibiscus est éphémère.*
2. Qui dure peu de temps, fugitif. *Une joie éphémère.* SYN. court; passager; rapide.
NOM MASCULIN
Insecte qui ressemble à une petite libellule et dont la vie à l'état adulte ne dure pas beaucoup plus qu'un jour. *Au printemps, les éphémères envahissent l'île Sainte-Hélène.*
⇨ é**ph**émère.

ÉPHÉMÉRIDE n. f.
1. Livre énumérant les événements importants survenus le même jour de l'année à différentes époques.
2. Calendrier dont on enlève une feuille chaque jour. *L'éphéméride du 6 janvier propose le dicton suivant : Soleil qui luit le jour des Rois fait deux hivers pour une fois. Le bon vieux semainier et les éphémérides font toujours partie de la panoplie des outils de gestion du temps du cadre supérieur.*
3. (FIG.) Journal. « *Place dans tes éphémérides, dans tes souvenirs, etc., les faits et les conjectures dont je vais te gratifier* » (Stendhal, *Correspondance, cité dans le TLF*).
4. (AU PLUR.) Tables où sont indiquées jour par jour la position des astres et des planètes, la marche des comètes, les éclipses, etc., et utilisées par les astronomes, les astrologues et les marins.
⇨ é**ph**éméride.

ÉPI n. m.
Partie terminale de la tige des graminées qui porte les graines. *Des épis de blé, des épis de maïs.*
LOCUTION
– ***En épi,*** loc. adv. Disposé obliquement et à la suite. *Des voitures stationnées en épi.*
☞ Le nom ***épi*** s'écrit au singulier dans cette expression.

ÉPI- préf.
Élément du grec signifiant « sur ». *Épiderme.*

ÉPICE n. f.
Substance aromatique ou piquante servant à assaisonner un mets. *Le poivre, le paprika, le safran sont des épices.*
LOCUTION
– ***Pain d'épice(s).*** Selon la plupart des auteurs, le nom ***épice*** s'écrit au singulier dans cette expression; cependant, la graphie au pluriel est également possible.

ÉPICÉ, ÉE adj.
1. Dont le goût est relevé à l'aide d'épices. *Une cuisine trop épicée.* SYN. assaisonné; relevé.
2. (FIG.) Osé. *Des scènes épicées.* SYN. grivois; salé.

ÉPICÉA n. m.
Conifère voisin du sapin. SYN. ⚜ épinette.

ÉPICÈNE adj.
1. (LING.) Se dit d'un nom qui, appartenant à la catégorie des animés, a la propriété d'avoir un double genre grammatical correspondant à chacun des termes de l'opposition de sexe. *Les noms* enfant *et* journaliste *sont épicènes.*
☞ La forme du mot épicène ne varie pas selon le genre. *Un* ou *une* enfant, *un* ou *une* journaliste.
2. (LING.) Se dit d'un nom, d'un pronom, d'un adjectif qui ne varie pas selon le genre. *Le pronom* vous, *l'adjectif* habile, *le nom* architecte *sont épicènes.*
⇨ épi**c**ène.

ÉPICENTRE n. m.
Zone de la croûte terrestre où un séisme a été le plus intense. *L'épicentre du tremblement de terre était situé à San Francisco.*
☞ Attention au genre masculin de ce nom : ***un*** épicentre.

ÉPICER v. tr.
Assaisonner d'épices. *Julien n'épiçait pas assez sa sauce.*
CONJUGAISON : VOIR MODÈLE AVANCER.
Le **c** prend une cédille devant les lettres ***a*** et ***o***. *Il épiça, nous épiçons.*

ÉPICERIE n. f.
1. Commerce de produits d'alimentation. *Aller à l'épicerie.*
2. Produits d'alimentation. *Maman m'a demandé de ranger l'épicerie dans l'armoire.*
☞ L'expression ***faire son épicerie*** s'emploie au Québec au sens de ***faire son marché.***

ÉPICIER n. m.
ÉPICIÈRE n. f.
Personne qui tient une épicerie.
FORME FAUTIVE
*épicier licencié. Calque de «*licensed grocery*» pour désigner une épicerie où l'on vend de la bière, du vin et du cidre. Dans l'affichage, on écrit ***bière, vin et cidre.***

ÉPICURIEN, IENNE adj. et n. m. et f.
Qui recherche et apprécie les jouissances de la vie. *D'aimables épicuriens. Des convives épicuriens qui apprécient la bonne chère.*

ÉPICURISME n. m.
Doctrine des épicuriens.

ÉPIDÉMIE n. f.
Maladie soudaine d'un grand nombre de personnes. *Une épidémie de grippe.*
Ne pas confondre avec le nom ***endémie,*** présence quasi constante d'une maladie à un endroit déterminé.

ÉPIDÉMIOLOGIE n. f.
Étude des rapports entre les maladies et les facteurs qui favorisent leur apparition.

ÉPIDÉMIOLOGISTE n. m. et f.
Spécialiste de l'épidémiologie.

ÉPIDÉMIQUE adj.
Qui a le caractère de l'épidémie.
Ne pas confondre avec le mot ***épidermique,*** relatif à l'épiderme.

ÉPIDERME n. m.
Ensemble de couches cellulaires composant la surface de la peau.
Attention au genre masculin de ce nom : ***un*** épiderme.

ÉPIDERMIQUE adj.
1. Relatif à l'épiderme. *Une réaction épidermique.*
2. (FIG.) Superficiel. *Un attrait épidermique.*
Ne pas confondre avec le mot ***épidémique,*** qui a le caractère de l'épidémie.

ÉPIER v. tr., pronom.
VERBE TRANSITIF
Observer en secret. *Ils épient leurs collègues.* SYN. espionner; scruter; surveiller.
VERBE PRONOMINAL
S'espionner mutuellement. *Des voisins trop curieux qui s'épient constamment.*
À la forme pronominale, le participe passé de ce verbe s'accorde toujours en genre et en nombre avec son sujet. *Ils se sont épiés.*
CONJUGAISON : VOIR MODÈLE ÉTUDIER.
Redoublement du ***i*** à la première et à la deuxième personne du pluriel de l'indicatif imparfait et du subjonctif présent. *(Que) nous épiions, (que) vous épiiez.*

ÉPIEU n. m. (pl. *épieux*)
Bâton terminé par un fer pointu qu'on utilisait pour la chasse.

ÉPIGRAPHE n. f.
Courte citation placée en tête d'un ouvrage pour en exprimer l'esprit. SYN. exergue.
[T] Le texte de l'épigraphe se compose en romain ou en italique. Si le nom de l'auteur est donné, il s'inscrit entre parenthèses. *Cueillez dès aujourd'hui les roses de la vie.* (Ronsard)
Attention au genre féminin de ce nom : ***une*** épigraphe.

ÉPILATEUR n. m.
Petit appareil électrique qui sert à épiler.

ÉPILATION n. f.
Action d'enlever les poils. *Une épilation à la cire.*

ÉPILATOIRE adj. et n. m.
Qui sert à épiler. *Une crème épilatoire. Un épilatoire efficace.* SYN. dépilatoire.

ÉPILEPSIE n. f.
Maladie nerveuse caractérisée par des convulsions pouvant s'accompagner de pertes de conscience.
Ne pas confondre avec le nom ***apoplexie,*** arrêt brusque des fonctions cérébrales.

ÉPILEPTIQUE adj. et n. m. et f.
Qui souffre d'épilepsie. *Cette personne est épileptique. C'est un épileptique.*

ÉPILER v. tr., pronom.
VERBE TRANSITIF
Arracher les poils de. *Des pinces à épiler. Épiler ses jambes.*
VERBE PRONOMINAL
S'arracher les poils. *Édith Piaf s'épilait les sourcils.*
À la forme pronominale, le participe passé de ce verbe s'accorde en genre et en nombre avec le complément direct si celui-ci le précède. *Le bras qu'elle s'est épilé. Elles se sont épilées à la cire.* Le participe passé reste invariable si le complément direct suit le verbe. *Léa s'est épilé les jambes.*
CONJUGAISON : VOIR MODÈLE AIMER.

ÉPILOGUE n. m.
Conclusion. *Tu préfères les épilogues heureux.* ANT. prologue.
Attention au genre masculin de ce nom : ***un*** épilogue.

ÉPILOGUER v. tr. ind., intr.
VERBE TRANSITIF INDIRECT
Disserter longuement. *Ce critique a la fâcheuse habitude d'épiloguer sur tout et rien.* SYN. discourir; ergoter.
En ce sens, le verbe se construit avec la préposition ***sur.***
VERBE INTRANSITIF
Discuter de façon interminable. *Il ne cesse d'épiloguer : quel commentateur détestable !*
CONJUGAISON : VOIR MODÈLE AIMER.

ÉPINARD n. m.
Plante potagère cultivée pour ses feuilles comestibles. *Une salade d'épinards.*
épinard.

ÉPINE n. f.
Pointe acérée de certains végétaux. *Une épine de cactus. Les épines des rosiers.*
LOCUTIONS
– ***Épine dorsale.*** Colonne vertébrale.
– ***Être sur des épines.*** (FIG.) Être au comble de l'impatience.
– ***Tirer, ôter à quelqu'un une épine du pied.*** (FIG.) Tirer quelqu'un d'embarras.

ÉPINETTE n. f.
1. ⚜ Conifère à cime conique, à branches étagées, à rameaux feuillés et à aiguilles courtes disposées en spirale. *L'épinette blanche atteint de 20 à 25 mètres; l'épinette noire, de 8 à 20 mètres. « Sur le noir de l'épinette ombrée à contre-jour »* (Hector de Saint-Denys Garneau, *Œuvres*). SYN. épicéa.
2. Petit clavecin.
LOCUTION
– ***Bière d'épinette.*** ⚜ Boisson gazeuse à base d'épicéa. SYN. soda épinette (Recomm. off.).

ÉPINEUX, EUSE adj.
1. Couvert d'épines. *Des arbrisseaux épineux.*
2. (FIG.) Difficile. *Un problème épineux.* SYN. embarrassant.

ÉPINGLE n. f.
Petite tige métallique pointue à l'une de ses extrémités et servant à attacher quelque chose. *Assembler deux pièces de tissu avec des épingles. Des épingles droites, des épingles de sûreté.*

LOCUTIONS
– ***Chercher une épingle dans une botte de foin.*** Être à la recherche de quelque chose d'à peu près impossible à trouver.
– ***Épingle à linge.*** ⚜ Pince à linge.
Ce nom demeure usuel au Québec, dans la francophonie canadienne et en Belgique, mais il n'appartient plus à l'usage courant de la majorité des locuteurs du français.
– ***Être tiré à quatre épingles.*** Avoir une tenue très soignée.
– ***Monter quelque chose en épingle.*** Mettre exagérément en valeur. *Il n'est pas nécessaire de monter en épingle ce petit accrochage.* SYN. faire une tempête dans un verre d'eau.
– ***Tirer son épingle du jeu.*** Se tirer habilement d'une affaire difficile.

ÉPINGLER v. tr.
Fixer avec des épingles. *La couturière a épinglé la manche de la robe.*
CONJUGAISON : VOIR MODÈLE AIMER.

ÉPINGLETTE n. f.
1. ⚜ Broche de fantaisie.
2. Petit insigne qu'on pique à travers un vêtement.
Ce terme a fait l'objet d'une recommandation officielle pour remplacer le mot ***pin's.***

ÉPIPHÉNOMÈNE n. m.
Phénomène accessoire.

ÉPIPHYSE n. f.
1. (ANAT.) Extrémité d'un os long.
2. (ANAT.) Petite glande du cerveau.
épi**phy**se.

ÉPIQUE adj.
1. Propre à l'épopée. *Un récit épique.*
2. (IRON.) Digne d'une épopée. *Une aventure épique.*
Ne pas confondre avec le mot ***hippique,*** relatif au cheval.

ÉPISCOPAL, ALE, AUX adj.
Qui se rapporte à un évêque. *Des palais épiscopaux.*

ÉPISODE n. m.
1. Partie d'une œuvre. *Une série télévisée en quatre épisodes.*
2. Incident, péripétie. *Un épisode amusant.* SYN. évènement.
Attention au genre masculin de ce nom : ***un*** épisode.

ÉPISODIQUE adj.
Intermittent. *Des malaises épisodiques.* SYN. sporadique.

ÉPISODIQUEMENT adv.
De façon épisodique, à l'occasion. *Il m'appelle épisodiquement.* SYN. occasionnellement.

ÉPISTÉMOLOGIE n. f.
Partie de la philosophie qui étudie l'histoire, les méthodes, les principes des sciences.

ÉPISTOLAIRE adj.
Qui a rapport à la manière d'écrire des lettres. *Un style épistolaire.*
épistol**aire.**

ÉPISTOLIER, IÈRE n. m. et f.
Écrivain célèbre pour ses lettres. *Madame de Sévigné fut une remarquable épistolière.*

ÉPITAPHE n. f.
Inscription sur un tombeau.
Ne pas confondre avec ***pierre tombale,*** monument qui recouvre une tombe.
Attention au genre féminin de ce nom : ***une*** épitaphe.

ÉPITHÉLIAL, IALE, IAUX adj.
Qui se rapporte à un épithélium. *Des tissus épithéliaux.*

ÉPITHÉLIUM n. m.
Le ***u*** se prononce ***o***; le nom rime avec ***homme.***
(ANAT.) Partie superficielle d'un tissu organique. *Des épithéliums.*

ÉPITHÈTE adj. et n. f.
(GRAMM.) Se dit d'un mot qui qualifie un nom ou un pronom, sans l'intermédiaire d'un verbe (par opposition à l'attribut). *Un adjectif épithète. Une épithète impolie.*

Nature de l'épithète
– Adjectif. *Une fleur rouge.*
Dans cet exemple, l'adjectif ***rouge*** est épithète du nom ***fleur.***
– Nom mis en apposition. *C'est une photo de Pierre enfant.*
Dans cette phrase, le nom ***enfant*** est épithète du nom ***Pierre.***
Dans la nouvelle grammaire, l'adjectif ou le nom qui qualifie un nom ou un pronom est un complément du nom ou du pronom s'il n'est pas un verbe (par opposition à attribut).
VOIR TABLEAU – COMPLÉMENT.

Place de l'épithète
– L'épithète se place le plus souvent après le nom. *Un homme grand.*
– Placée avant, l'épithète a parfois un sens figuré ou une valeur stylistique. *Un grand homme.*
Lorsqu'il suit le nom, l'adjectif ***grand*** signifie « dont la taille est élevée » ; lorsqu'il le précède, il a le sens « d'important, d'extraordinaire ».
Attention au genre féminin de ce nom : ***une*** épithète.
épit**hè**te.

ÉPÎTRE n. f.
Lettre, missive. *Il m'a transmis une longue épître.*
[Les *Rectifications* (1990) admettent : épitre.]

ÉPIVARDER (S') v. pronom.
1. Se dit des oiseaux qui, en ébouriffant leurs plumes, les nettoient avec le bec.
On a relevé des emplois du verbe en ce sens notamment en Touraine, dans le Poitou.
2. ⚜ (FIG.) (FAM.) Se disperser en activités multiples. *Ne vous épivardez pas, concentrez-vous sur vos devoirs.*
Au Québec, le verbe est demeuré vivant dans la langue familière, principalement dans son emploi figuré.
Le participe passé de ce verbe, qui n'existe qu'à la forme pronominale, s'accorde toujours en genre et en nombre avec son sujet. *Elles se sont épivardées dans la librairie, comme des abeilles qui butinent de fleur en fleur.*
CONJUGAISON : VOIR MODÈLE AIMER.

ÉPIZOOTIE n. f.
Le ***t*** se prononce ***t,*** [epizɔɔti].
Épidémie animale. *La crise de la vache folle a de nouveau frappé l'Europe, suivie de l'épizootie de fièvre aphteuse.*

ÉPIZOOTIQUE adj.
Qui est relatif à l'épizootie.

ÉPLORÉ, ÉE adj.
Attristé, en pleurs. *La fillette éplorée cherchait son ballon.*

ÉPLOYER v. tr.
(LITT.) Déplier, déployer. *Les ailes éployées de l'albatros sont immenses.*
CONJUGAISON : VOIR MODÈLE EMPLOYER.
Le ***y*** se change en ***i*** devant un ***e*** muet. *J'éploie, j'éploierai.*
Le ***y*** est suivi d'un ***i*** à la première et à la deuxième personne du pluriel de l'indicatif imparfait et du subjonctif présent. *(Que) nous éployions, (que) vous éployiez.*

ÉPLUCHAGE n. m.
1. Action d'éplucher un légume, un fruit. *L'épluchage des maïs, des mandarines.*
2. (FIG.) Examen minutieux. *L'épluchage des factures.*

ÉPLUCHER v. tr.
1. Enlever la pelure, l'écorce de (généralement d'un légume, d'un fruit, etc.). *Éplucher des pommes de terre, des crevettes, des oranges.* SYN. peler.

☞ ***Peler*** se dit surtout d'un fruit ou de certains légumes. *Peler des tomates, des poires.*
2. (FIG.) Chercher minutieusement (quelque chose de répréhensible). *Le chef de service épluche le dossier pour corriger toutes les erreurs.* SYN. décortiquer ; dépouiller.
CONJUGAISON : VOIR MODÈLE AIMER.

ÉPLUCHETTE n. f.
⚜ Fête populaire de la fin de l'été au cours de laquelle on mange du maïs en épi.

ÉPLUCHEUR n. m.
Ustensile servant à éplucher les légumes.

ÉPLUCHURE n. f.
Ce qu'on enlève en épluchant. *Des épluchures de pommes de terre.*

ÉPONGE n. f.
Animal marin dont le squelette fournit une matière souple qui a la propriété de retenir les liquides et de les rejeter à la pression.
☞ L'éponge végétale se nomme ***luffa.***
LOCUTIONS
– ***Jeter l'éponge.*** (FIG.) Abandonner le combat, renoncer. SYN. baisser les bras.
– ***Passer l'éponge sur.*** (FIG.) Pardonner, oublier. *Elle a décidé de passer l'éponge sur ses absences.*
– ***Serviette(-)éponge.*** Serviette en tissu-éponge ou tissu éponge.
– ***Tissu(-)éponge.*** Tissu dont les fils absorbent l'eau. *Des tissus-éponges* ou *tissus éponges colorés.*
☞ Ne pas confondre avec le nom ***ratine,*** étoffe de laine.

ÉPONGEAGE n. m.
Action d'éponger. *L'épongeage d'un déficit.*

ÉPONGER v. tr., pronom.
VERBE TRANSITIF
1. Étancher, essuyer un liquide. *Étienne, éponge l'eau que tu as versée sur le comptoir.*
2. (FIG.) Réduire, annuler. *Éponger une dette.*
VERBE PRONOMINAL
S'essuyer. *Elle s'est épongée. Elle s'est épongé le visage.* SYN. se sécher.
📏 À la forme pronominale, le participe passé de ce verbe s'accorde en genre et en nombre avec le complément direct si celui-ci le précède. *Les parties du corps qu'il s'est épongées. Ils se sont épongés.* Le participe passé reste invariable si le complément direct suit le verbe. *Elle s'est épongé le front.*
CONJUGAISON : VOIR MODÈLE CHANGER.
Le ***g*** est suivi d'un ***e*** devant les lettres ***a*** et ***o.*** *Il épongea, nous épongeons.*

ÉPONYME adj.
Qui donne son nom à. *Le groupe de presse Financial Times (qui édite notamment le quotidien britannique éponyme) a annoncé une restructuration.*

ÉPOPÉE n. f.
Récit d'évènements héroïques. *L'épopée des jésuites en Nouvelle-France est très intéressante.*

ÉPOQUE n. f.
1. Période de l'histoire marquée par un évènement important. *La Renaissance est une magnifique époque.*
☞ Les noms d'époques historiques ou préhistoriques sont des noms propres : le nom caractéristique s'écrit avec une majuscule ainsi que l'adjectif lorsqu'il précède ce nom. *L'Antiquité, la Renaissance, les Croisades, le Néolithique. Le Moyen Âge, le Grand Siècle, la Belle Époque. La Révolution française, la Révolution tranquille.*
☞ Ne pas confondre avec le nom ***ère,*** point de départ d'une chronologie, début d'une période de temps généralement longue. *L'ère chrétienne, l'ère quaternaire.*
2. Période particulière. *C'était à l'époque des vacances.*

ÉPOUMONER (S') v. pronom.
Crier, parler très fort. *Elle s'époumone à appeler ses enfants dehors.*
📏 Le participe passé de ce verbe, qui n'existe qu'à la forme pronominale, s'accorde toujours en genre et en nombre avec son sujet. *Ils se sont époumonés pour se faire entendre.*
CONJUGAISON : VOIR MODÈLE AIMER.
✏ s'époumoner, un seul ***n.***

ÉPOUSER v. tr., pronom.
VERBE TRANSITIF
1. Prendre en mariage, dans le style administratif. *Elle a épousé un ami d'enfance.*
☞ Dans la langue courante, on dit plutôt ***se marier.***
2. (FIG.) S'attacher par choix à. *Épouser une cause.* SYN. embrasser ; soutenir.
VERBE PRONOMINAL
Se marier. *Paul et Madeleine se sont épousés le 14 juillet 1939.*
📏 À la forme pronominale, le participe passé de ce verbe s'accorde toujours en genre et en nombre avec son sujet. *Ils s'étaient épousés alors qu'ils n'avaient que 20 ans.*
LOCUTION
– ***Épouser la forme de.*** Prendre la forme de, se mouler.
CONJUGAISON : VOIR MODÈLE AIMER.

ÉPOUSSETAGE n. m.
Action d'épousseter. *L'époussetage des bibelots est la dernière chose que ferait Olivier.*
✏ époussetage.

ÉPOUSSETER v. tr.
Ôter la poussière de. *Elle époussette des livres.*
CONJUGAISON : VOIR MODÈLE APPELER.
Redoublement du ***t*** devant un ***e*** muet. *J'époussette, j'époussetterai,* mais *j'époussetais.*
✏ épousseter.
[Les *Rectifications* (1990) admettent : il époussète, époussètera, époussèterait...]

ÉPOUSTOUFLANT, ANTE adj.
(FAM.) Qui époustoufle. *Cette photo est époustouflante.* SYN. étonnant ; stupéfiant.
✏ époustouflant, un seul ***f.***

ÉPOUSTOUFLER v. tr.
(FAM.) Étonner vivement. *Cette nouvelle l'a époustouflé.* SYN. ébahir ; sidérer ; stupéfier.
CONJUGAISON : VOIR MODÈLE AIMER.
✏ époustoufler, un seul ***f.***

ÉPOUVANTABLE adj.
1. Effrayant, terrible. *Un accident épouvantable.* SYN. affreux ; effroyable ; horrible.
2. Très mauvais, très désagréable. *Un froid épouvantable.* SYN. affreux ; horrible.
✏ épouvantable.

ÉPOUVANTABLEMENT adv.
De façon épouvantable.
✏ épouvantablement.

ÉPOUVANTAIL n. m.
Mannequin rudimentaire destiné à effrayer les oiseaux et à les éloigner d'un champ. *Des épouvantails dans un jardin potager.*
✏ épouvantail.

E

ÉPOUVANTE n. f.
1. Effroi, terreur. *Des films d'épouvante.* SYN. horreur.
2. Appréhension, inquiétude. *« Seul avec l'ennui/Que secoue à peine la vaine épouvante/Qui nous prend tout à coup/Quand le froid casse les clous dans les planches/Et que le vent fait craquer la charpente »* (Hector de Saint-Denys Garneau, *Œuvres*).
LOCUTIONS
– ***À la fine épouvante.*** ⚜ À une allure très vive. *« je l'ai tirée d'une seule main, à la fine épouvante comme on dit à Belle-Terre »* (Réjean Ducharme, *Dévadé*).
– ***Prendre l'épouvante.*** ⚜ Prendre le mors aux dents. *À la vue soudaine de cette locomotive, son cheval a pris l'épouvante.*
✏ épouvante.

ÉPOUVANTER v. tr.
Terrifier. *Ces bruits de chaîne les ont épouvantés.* SYN. effrayer; horrifier.
CONJUGAISON : VOIR MODÈLE AIMER.
✏ épouvanter.

ÉPOUX, OUSE n. m. et f.
Mari, femme. *Acceptez-vous de prendre pour époux..., pour épouse... ?*
Ce nom appartient au style administratif ou juridique. Dans la langue courante, on emploie les noms ***mari*** ou ***conjoint, femme*** ou ***conjointe***. *Je vous présente mon mari, ma femme* (et non mon *époux, mon *épouse).
✏ époux.

ÉPRENDRE (S') v. pronom.
(LITT.) Devenir amoureux de. *Ils se sont épris l'un de l'autre.* SYN. s'attacher.
Le participe passé de ce verbe, qui n'existe qu'à la forme pronominale, s'accorde toujours en genre et en nombre avec son sujet. *Elle s'est éprise d'un jeune homme charmant.*
CONJUGAISON : VOIR MODÈLE APPRENDRE.

ÉPREUVE n. f.
1. Malheur. *Il a eu beaucoup d'épreuves.* SYN. peine; souffrance.
2. Examen, compétition. *Une épreuve sportive, une épreuve de français.*
3. (TYPOGR.) Texte composé. *Des corrections d'épreuves.*
LOCUTIONS
– ***À l'épreuve de,*** loc. adj. Qui peut résister à. *Ce tissu est à l'épreuve de l'eau, du feu.*
– ***À toute épreuve,*** loc. adj. Très résistant. *Ces chaussures sont à toute épreuve.* SYN. robuste; solide.
– ***Épreuves de tournage.*** (CIN.) Prises de vues avant le montage. *Nous avons visionné les épreuves de tournage.*
Cette expression a fait l'objet d'une recommandation officielle pour remplacer l'anglicisme «*rushes*».
– ***Mettre à l'épreuve.*** Soumettre à un essai. *Les candidats ont été rudement mis à l'épreuve.* SYN. évaluer; tester.

ÉPRIS, ISE adj.
1. Amoureux. *Il est très épris d'elle.*
2. Très attaché à quelque chose. *Elle est éprise de liberté.*

ÉPROUVÉ, ÉE adj.
1. Marqué par les épreuves. *Il est très éprouvé.*
2. Sûr, confirmé. *Une méthode éprouvée.*

ÉPROUVER v. tr.
1. Ressentir. *Il éprouve beaucoup de tendresse pour elle. Elle a éprouvé une forte douleur au dos.* SYN. sentir.
2. Mettre à l'épreuve. *Les techniciens éprouvent les nouveaux produits.* SYN. essayer; expérimenter.
3. Subir (des souffrances). *Cette famille a été éprouvée par le deuil.* SYN. toucher.
CONJUGAISON : VOIR MODÈLE AIMER.

ÉPROUVETTE n. f.
Petit récipient utilisé en laboratoire.
LOCUTION
– ***Bébé éprouvette.*** Enfant dont la fécondation a été faite *in vitro. Des bébés éprouvette.*

EPSILON n. m. inv.
Lettre grecque.
[Les *Rectifications* (1990) admettent : des epsilons.]

ÉPUISANT, ANTE adj.
Qui épuise. *Des courses épuisantes.* SYN. éreintant; fatigant.

ÉPUISÉ, ÉE adj.
1. Exténué, extrêmement fatigué. *Des nageurs épuisés.*
2. Complètement écoulé, vendu. *Une édition épuisée.*

ÉPUISEMENT n. m.
1. Appauvrissement. *L'épuisement de la terre.*
2. Fatigue extrême. *Il souffre d'épuisement professionnel* (et non de *burnout).
LOCUTION
– ***Épuisement professionnel.*** État de grande faiblesse physique, émotionnelle et intellectuelle qui résulte d'un excès de stress ressenti par une personne placée dans une situation où elle se trouve incapable de répondre aux exigences de sa profession. *Cet employé souffre d'épuisement professionnel* (et non de *burnout). SYN. surmenage professionnel.

ÉPUISER v. tr., pronom.
VERBE TRANSITIF
1. Fatiguer énormément. *Cette randonnée m'a épuisé.* SYN. (FAM.) crever; exténuer; (FAM.) vider.
2. Consommer pleinement. *Ils ont épuisé leurs réserves.* SYN. dépenser; utiliser.
VERBE PRONOMINAL
S'affaiblir complètement. *Elle s'épuise à la tâche.* SYN. s'éreinter; se fatiguer; se tuer.
À la forme pronominale, le participe passé de ce verbe s'accorde toujours en genre et en nombre avec son sujet. *Elle s'est épuisée à expliquer la règle des participes passés pronominaux.*
CONJUGAISON : VOIR MODÈLE AIMER.

ÉPUISETTE n. f.
Petit filet de pêche. *Un pêcheur muni d'une épuisette* (et non d'une *puise).

ÉPURATEUR n. m.
Appareil servant à éliminer les impuretés de quelque chose. *Un épurateur d'air.*

ÉPURATION n. f.
Purification. *L'épuration des eaux.*

ÉPURE n. f.
Dessin qui précise l'élévation, le plan et le profil d'une figure (les trois dimensions).
Attention au genre féminin de ce nom : ***une*** épure.

ÉPURER v. tr.
Rendre pur, plus pur. *Épurer un style.*
Ne pas confondre avec le verbe ***apurer,*** vérifier un compte.
CONJUGAISON : VOIR MODÈLE AIMER.

ÉQUARRIR v. tr.
1. Tailler sommairement une pièce de bois, un bloc de pierre, de marbre, etc., pour lui donner une forme carrée. *Équarrir un tronc d'arbre.*
2. Dépecer, découper en quartiers un animal. *Équarrir un veau.*
CONJUGAISON : VOIR MODÈLE FINIR.
✏ équarrir.

ÉQUARRISSAGE n. m.
Action d'équarrir une pièce de bois, la pierre.
✏ équarrissage.

ÉQUATEUR n. m.
Le *u* de la deuxième syllabe se prononce ***ou***, [ekwatœr].
Cercle qui partage la Terre en deux hémisphères.
Le nom s'écrit avec une majuscule initiale quand il désigne le pays, avec une minuscule quand il désigne le cercle qui sépare la sphère terrestre en deux hémisphères.

ÉQUATION n. f.
Le *u* de la deuxième syllabe se prononce ***ou***, [ekwasjɔ̃].
(MATH.) Relation conditionnelle entre deux quantités. *Une équation du premier degré, une équation algébrique.*

ÉQUATORIAL, IALE, IAUX adj.
Le *u* de la deuxième syllabe se prononce ***ou***, [ekwatɔrjal].
Relatif à l'équateur. *Des climats équatoriaux.*

ÉQUATORIEN, IENNE adj. et n. m. et f.
D'Équateur, pays d'Amérique du Sud. *Le drapeau équatorien. Un Équatorien, une Équatorienne.*
L'adjectif s'écrit avec une minuscule; le nom, avec une majuscule.

ÉQUERRE n. f.
Le *u* ne se prononce pas, [ekɛr].
Instrument ayant deux côtés à angle droit et qui sert à tracer des angles droits. *Une équerre de menuisier.*
Attention au genre féminin de ce nom : ***une*** équerre.
LOCUTIONS
– ***D'équerre.*** Dont l'angle est droit. *Cette table n'est pas d'équerre.*
– ***En équerre,*** loc. adj. Qui forme un angle droit. SYN. perpendiculaire à.
– ***Remettre d'équerre.*** (FIG.) Remettre d'aplomb, bien droit et stable.
équerre.

ÉQUESTRE adj.
Le *u* ne se prononce pas, [ekɛstr].
Qui se rapporte à l'équitation. *Les sports équestres.*

ÉQUEUTER v. tr.
Retirer la queue d'un fruit. *Équeuter une pomme.*
CONJUGAISON : VOIR MODÈLE AIMER.

ÉQUI- préf.
Ce préfixe se prononce tantôt ***ékui***, tantôt ***éki***, [ekɥi, eki].
Élément du latin signifiant « égal ». *Équilatéral.*

ÉQUIDISTANT, ANTE adj.
Le *u* se prononce, [ekɥidistɑ̃], comme dans ***étui***.
Qui est à égale distance de.

ÉQUILATÉRAL, ALE, AUX adj.
Le *u* se prononce, [ekɥilateral], comme dans ***étui***.
Qui a tous ses côtés égaux. *Des triangles équilatéraux.*

ÉQUILIBRAGE n. m.
Le *u* ne se prononce pas, [ekilibraʒ]; comme dans ***qui***.
Action d'équilibrer; son résultat. *L'équilibrage* (et non le *balancement) *des pneus.*

ÉQUILIBRE n. m.
Le *u* ne se prononce pas, [ekilibr]; comme dans ***qui***.
1. État de stabilité. *Il a perdu l'équilibre et est tombé.*
2. Distribution égale des masses, des éléments. *L'équilibre des forces.* SYN. accord; harmonie. ANT. déséquilibre.
3. État d'une personne calme, pondérée. *Cette personne a un bon équilibre mental : elle est équilibrée.* ANT. déséquilibre.
LOCUTION
– ***Équilibre budgétaire.*** Budget sans déficit.

ÉQUILIBRÉ, ÉE adj.
1. Qui est en équilibre. *Des budgets équilibrés, où les dépenses n'excèdent pas les recettes.*
2. Sain, solide. *Un esprit équilibré.* ANT. déséquilibré.

ÉQUILIBRER v. tr., pronom.
VERBE TRANSITIF
Mettre en équilibre. *Équilibrer le budget des équipes qui doivent concourir.* SYN. contrebalancer; stabiliser. ANT. déséquilibrer.
VERBE PRONOMINAL
Être en équilibre. *Les forces se sont équilibrées.*
À la forme pronominale, le participe passé de ce verbe s'accorde toujours en genre et en nombre avec son sujet. *Les budgets ne se sont pas équilibrés.*
CONJUGAISON : VOIR MODÈLE AIMER.

ÉQUILIBRISTE n. m. et f.
Le *u* ne se prononce pas, [ekilibrist]; comme dans ***qui***.
Acrobate. *J'aime beaucoup le numéro des équilibristes du Cirque du Soleil.*

ÉQUINOXE n. m.
Le *u* ne se prononce pas, [ekinɔks]; comme dans ***qui***.
Chacun des deux moments où les jours sont égaux aux nuits. *L'équinoxe d'automne a lieu le 23 septembre et l'équinoxe de printemps, le 21 mars.*
Attention au genre masculin de ce nom : ***un*** équinoxe.
Le solstice d'hiver (21 ou 22 décembre) est le jour le plus court et le solstice d'été (21 ou 22 juin), le jour le plus long.
équinoxe.

ÉQUIPAGE n. m.
Ensemble du personnel d'un navire, d'un avion. *Il n'y a pas eu de blessés dans l'équipage.*

ÉQUIPE n. f.
Groupe de personnes qui partagent une activité. *L'esprit d'équipe. Travailler en équipe. Elle est chef d'équipe. Une équipe de hockey.*

ÉQUIPÉE n. f.
Escapade, sortie. *Une folle équipée en patins à roulettes.*

ÉQUIPEMENT n. m.
1. Action d'équiper une personne, une chose en vue d'une activité définie. *Nous devrons nous occuper de l'équipement du gymnase.*
2. Ensemble des biens (terrain, bâtiment, outillage) aménagés en vue d'un usage déterminé.
FORME FAUTIVE
*équipement. Anglicisme au sens de ***matériel.***

ÉQUIPEMENTIER n. m.
Fabricant d'équipements (de télécommunications, aéronautique, etc.).

ÉQUIPER v. tr., pronom.
VERBE TRANSITIF
Pourvoir quelqu'un, quelque chose de ce qui est nécessaire. *Équiper les élèves d'ordinateurs.*
VERBE PRONOMINAL
Se doter du nécessaire. *Ils se sont équipés pour la plongée.* SYN. se munir.
À la forme pronominale, le participe passé de ce verbe s'accorde toujours en genre et en nombre avec son sujet. *Elles se sont équipées pour créer un site Internet.*
CONJUGAISON : VOIR MODÈLE AIMER.

ÉQUIPIER, IÈRE n. m. et f.
Membre d'une équipe (sportive). *Des équipiers de même force.*

ÉQUITABLE adj.
Juste, impartial. *Cette décision est équitable.*
LOCUTION
– ***Commerce équitable.*** Commerce visant à assurer un revenu décent aux petits producteurs des pays émergents pour qu'ils puissent développer leur activité à long terme, assurer des conditions de travail décentes et utiliser des techniques agricoles, manufacturières, etc., respectueuses de l'environnement.

ÉQUITABLEMENT adv.
De façon équitable. *Le gâteau n'a pas été découpé équitablement : certaines parts sont plus petites que les autres.*

ÉQUITATION n. f.
Art de monter à cheval. *Faire de l'équitation.*

ÉQUITÉ n. f.
Justice, impartialité. *L'arbitre a fait preuve d'équité.*
FORME FAUTIVE
*équité. Anglicisme au sens de ***capitaux***.

ÉQUIVALENCE n. f.
Égalité de valeur. *L'équivalence de deux produits.*
✎ équivalence.

ÉQUIVALENT, ENTE adj. et n. m.
ADJECTIF
Correspondant, de même valeur. *Des quantités équivalentes.* SYN. égal ; pareil.
NOM MASCULIN
1. Chose équivalente, semblable. *Vous n'avez plus de disquettes X? Donnez-moi l'équivalent, s.v.p.* SYN. substitut.
2. Traduction. *Le mot* voiture *est l'équivalent français du mot anglais* car.
☞ Ne pas confondre avec le participe présent invariable ***équivalant***. *Des quantités équivalant à un kilogramme.*
✎ équivalent.

ÉQUIVALOIR v. tr. ind.
1. Avoir la même valeur. *Ces recettes équivalent à deux heures de travail.* SYN. correspondre ; égaler.
2. Correspondre à, signifier. *Cette réduction importante du budget équivaut à la fin de nos activités.*
↝ Le verbe se construit avec la préposition ***à***. *Cette somme équivaut au travail produit.*
CONJUGAISON : VOIR MODÈLE VALOIR.
Le participe passé ***équivalu*** est invariable.

ÉQUIVOQUE adj. et n. f.
ADJECTIF
1. Qui a plusieurs sens, ambigu. *Une explication équivoque.* SYN. obscur.
2. Qui suscite la méfiance. *Une attitude équivoque.* SYN. douteux ; suspect.
NOM FÉMININ
Ambiguïté. *Une attitude sans aucune équivoque.* SYN. incertitude ; malentendu.
☞ Attention au genre féminin de ce nom : ***une*** équivoque.

ÉRABLE n. m.
Grand arbre à bois dur des régions tempérées. *À l'automne, les érables colorent de rouge les forêts.*
☞ C'est la feuille de l'érable qui figure sur le drapeau canadien.
LOCUTION
– ***Érable à sucre.*** Érable dont on extrait la sève pour fabriquer le sirop d'érable. *Du sirop d'érable, du sucre d'érable.*
☞ La culture de l'érable à sucre se nomme l'***acériculture***.

ÉRABLIÈRE n. f.
⚜ Plantation d'érables à sucre exploitée pour la fabrication des produits de l'érable. « *J'ai marché sur un sentier de ferme qui remontait jusque dans l'érablière* » (Pierre Nepveu, *Lignes aériennes*). SYN. ⚜ cabane à sucre.
☞ La personne qui exploite une érablière est un ***acériculteur***, une ***acéricultrice***.

ÉRADICATION n. f.
Suppression totale. « *Les sommets de Lisbonne et de Santa Maria da Feira de 2000 ont fixé comme objectif général l'éradication de la pauvreté pour 2010* » (*Le Monde*).

ÉRADIQUER v. tr.
Supprimer totalement. *Certaines maladies contagieuses sont en voie d'être éradiquées.*
CONJUGAISON : VOIR MODÈLE AIMER.

ÉRAFLER v. tr.
Écorcher. *Ces cailloux lui ont éraflé le genou.* SYN. égratigner.
CONJUGAISON : VOIR MODÈLE AIMER.
✎ érafler.

ÉRAFLURE n. f.
Écorchure. *Elle a une éraflure au genou.* SYN. égratignure.
✎ éraflure.

ÉRAILLÉ, ÉE adj.
– ***Voix éraillée.*** Voix rauque. *Ils ont la voix éraillée à force d'avoir tant crié.*
☞ Le mot s'emploie surtout dans cette locution.

ÉRAILLER v. tr.
1. Écorcher, déchirer superficiellement.
2. Rendre rauque (la voix). *La fumée et la fatigue ont éraillé sa voix. Une voix éraillée.*
CONJUGAISON : VOIR MODÈLE AIMER.
Les lettres ***ill*** sont suivies d'un ***i*** à la première et à la deuxième personne du pluriel de l'indicatif imparfait et du subjonctif présent. *(Que) nous éraillions, (que) vous érailliez.*

ÈRE n. f.
Point de départ d'une chronologie. *L'ère chrétienne débute à la naissance de Jésus-Christ, c'est l'année 1 de notre ère.*
☞ Ne pas confondre avec le nom ***époque***, période de l'histoire marquée par un évènement important.
HOM.
- ***air***, expression ;
- ***air***, mélodie ;
- ***air***, mélange gazeux ;
- ***aire***, surface ;
- ***erre***, vitesse acquise d'un navire ;
- ***hère***, malheureux ;
- ***hère***, jeune cerf.

ÉRECTION n. f.
1. (LITT.) Construction d'un monument, d'une statue, d'une église.
☞ Il est possible de procéder à l'***érection*** d'une église, d'une chapelle, etc., mais on fait la ***construction*** d'un barrage, d'un pont.
2. (PHYSIOL.) État de certains tissus ou organes mous (verge, clitoris, etc.) lorsqu'ils deviennent rigides.

ÉREINTANT, ANTE adj.
Épuisant. *Des travaux éreintants.* SYN. exténuant ; fatigant.
☞ Ne pas confondre avec le participe présent invariable ***éreintant***. *Des escalades éreintant les plus âgés.*

ÉREINTEMENT n. m.
1. Épuisement. *L'éreintement des déménageurs.*
2. (FIG.) Critique malveillante. *L'éreintement d'un concert.*

ÉREINTER v. tr., pronom.
VERBE TRANSITIF
1. Courbaturer, briser de fatigue. *Ces déménagements les ont éreintés.* SYN. épuiser ; exténuer.
2. (FIG.) Critiquer de façon malveillante. *Ce critique a éreinté le spectacle.* SYN. démolir.
VERBE PRONOMINAL
S'épuiser. *Vous abusez de vos forces : vous allez vous éreinter.*

À la forme pronominale, le participe passé de ce verbe s'accorde toujours en genre et en nombre avec son sujet. *Elles se sont éreintées à déménager ces meubles.*
CONJUGAISON : VOIR MODÈLE AIMER.

-ERGIE suff.
Élément du grec signifiant « travail, force ». *Synergie.*

ERGO- préf.
Élément du grec signifiant « travail, force ». *Ergothérapie.*

ERGONOMIE n. f.
Science de l'organisation du travail.

ERGONOMIQUE adj.
1. Relatif à l'ergonomie. *Une étude ergonomique.*
2. Dont la conception est bien adaptée aux conditions de travail de l'utilisateur, en parlant d'un produit, d'un matériel. *Un fauteuil ergonomique.*

ERGONOMISTE n. m. et f.
Spécialiste de l'ergonomie.

ERGOT n. m.
1. Ongle pointu de certains animaux. *Les ergots du coq.*
2. (FIG.) Saillie. *L'entraîneur à ergots des imprimantes.*
LOCUTION
– ***Monter sur ses ergots.*** (FIG.) Se mettre en colère.
ergot.

ERGOTER v. intr.
Discuter, trouver à redire sur des questions insignifiantes. SYN. chicaner ; contester.
CONJUGAISON : VOIR MODÈLE AIMER.
ergoter.

ERGOTHÉRAPIE n. f.
Traitement fondé sur le travail.

ÉRIGER v. tr., pronom.
VERBE TRANSITIF
1. (LITT.) Construire (un monument, une statue, une église). SYN. bâtir ; élever.
On ***construit*** un barrage, un pont, un complexe immobilier, on ne les ***érige*** pas.
2. (LITT.) Constituer, créer. *Ériger un organisme chargé de la préservation du patrimoine.* SYN. fonder ; instituer.
VERBE PRONOMINAL
(LITT.) S'attribuer un droit qu'on n'a pas. *Ils se sont érigés en maîtres absolus.* SYN. se poser en ; se présenter comme.
À la forme pronominale, le participe passé de ce verbe s'accorde toujours en genre et en nombre avec son sujet. *Ils se sont érigés en censeurs.*
CONJUGAISON : VOIR MODÈLE CHANGER.
Le ***g*** est suivi d'un ***e*** devant les lettres ***a*** et ***o***. *Il érigea, nous érigeons.*

ERMITAGE n. m.
1. (VX) Habitation d'un ermite.
2. (LITT.) Lieu solitaire.

ERMITE n. m.
Personne qui vit dans un lieu désert de façon totalement isolée.
ermite.

ÉRODER v. tr., pronom.
Le ***o*** est ouvert, [erɔde].
VERBE TRANSITIF
Ronger, user peu à peu. *Du granit érodé par la mer.*
VERBE PRONOMINAL
1. S'user peu à peu. *Ces métaux se sont érodés.*
2. (FIG.) S'affaiblir. *Notre confiance a fini par s'éroder.*
À la forme pronominale, le participe passé de ce verbe s'accorde toujours en genre et en nombre avec son sujet. *La coalition s'est érodée progressivement.*
CONJUGAISON : VOIR MODÈLE AIMER.

ÉROSION n. f.
Le **o** de la deuxième syllabe est fermé, [erozjɔ̃].
1. Usure lente. *L'érosion de la pluie, du vent sur les rochers. « L'érosion menace les pentes raides,/les roches sourdes s'y cramponnent »* (Pierre Nepveu, *Lignes aériennes*).
2. (FIG.) Dégradation progressive. SYN. désagrégation.
LOCUTION
– ***Érosion monétaire.*** (FIG.) Baisse graduelle du pouvoir d'achat.

E

ÉROTIQUE adj. et n. f.
ADJECTIF
Relatif à la sexualité, au désir. *Un film érotique.* SYN. sensuel.
NOM FÉMININ
Conception de l'amour humain, de l'érotisme. *L'érotique médiévale.*

ÉROTISME n. m.
Caractère érotique de quelqu'un, quelque chose.

ERPÉTOLOGIE
VOIR – HERPÉTOLOGIE.

ERPÉTOLOGISTE
VOIR – HERPÉTOLOGISTE.

ERRANCE n. f.
(LITT.) Action d'aller çà et là. SYN. flânerie ; vagabondage.

ERRANT, ANTE adj.
1. Vagabond, sans domicile. *Des peuples errants.*
2. Perdu. *Un chien errant.*

ERRATA n. m. (pl. *erratas*)
Mot latin signifiant « liste des erreurs d'un ouvrage et des corrections apportées ». *Un* errata.
VOIR – ERRATUM.
T En typographie soignée, les mots étrangers sont composés en italique. Dans des textes déjà en italique, la notation se fait en romain. Pour les textes manuscrits, on utilisera les guillemets.

ERRATIQUE adj.
1. (MÉD.) Irrégulier, intermittent. *Un pouls erratique. Une fièvre, une douleur erratique.*
2. (PAR EXT.) Instable, imprévisible. *« Les partenaires de la France espèrent la fin d'une attitude souvent hautaine et cassante, au service d'une politique parfois erratique »* (*Le Monde*).

ERRATUM n. m. (pl. *errata*)
Le ***u*** se prononce ***o***, [ɛratɔm].
Mot latin signifiant « erreur d'un ouvrage qui est signalée au lecteur ». *Un* erratum.
On utilise généralement le nom pluriel ***errata***, le singulier étant rare.
T En typographie soignée, les mots étrangers sont composés en italique. Dans des textes déjà en italique, la notation se fait en romain. Pour les textes manuscrits, on utilisera les guillemets.
[Les *Rectifications* (1990) admettent : des erratums.]

ERRE n. f.
(MAR.) Vitesse acquise d'un navire. *Une fois les voiles abaissées ou les moteurs coupés, le bateau continue sur son erre un moment avant de s'immobiliser.* SYN. lancée.
Attention au genre féminin de ce nom : ***une*** erre.
LOCUTION
– ***Erre d'aller.*** ⚜ En continuant sur sa lancée, en utilisant l'élan initial. *Elle patinait très vite et puis continuait simplement sur l'erre d'aller.* SYN. sur la lancée.
Cette expression se dit à propos d'une personne, d'une chose en mouvement.
HOM.
• ***air***, mélodie ;
• ***air***, expression ;
• ***air***, mélange gazeux ;

E

• *aire,* surface ;
• *ère,* époque ;
• *hère,* malheureux ;
• *hère,* jeune cerf.

ERREMENTS n. m. pl.
Le *e* central est muet, [ɛrmɑ̃].
1. (VX) Manière d'agir, conduite.
2. Erreurs, mauvaises habitudes.

ERRER v. intr.
1. Aller à l'aventure, sans destination précise. *Voilà trois jours qu'ils erraient sans but.*
2. (LITT.) (VX) Commettre une erreur. *La Cour d'appel a déclaré que le juge n'avait pas erré.* SYN. se tromper.
3. Passer de manière fugace, en parlant d'une chose. *Il laissa errer son regard sur la maison de son enfance.* SYN. vagabonder.
CONJUGAISON : VOIR MODÈLE AIMER.

ERREUR n. f.
Inexactitude. *Il y a quelques erreurs dans vos réponses.* SYN. faute.
LOCUTIONS
– ***Faire erreur.*** Se tromper. *Je crois que tu fais erreur, le résultat est inexact.*
Dans cette expression, le nom reste au singulier.
– ***Par erreur,*** loc. adv. De façon inexacte. *J'ai inversé les chiffres par erreur.* SYN. par inadvertance ; par mégarde.

ERRONÉ, ÉE adj.
Inexact, qui contient une ou des erreurs. *Ce résultat est erroné.* SYN. fautif ; faux ; incorrect.
erroné.

ERSATZ n. m. inv.
Les lettres *tz* se prononcent, [ɛrzats].
Succédané. *La saccharine est un ersatz du sucre.*
ersatz.

ÉRUCTATION n. f.
(LITT.) Émission bruyante par la bouche des gaz de l'estomac. SYN. rot.

ÉRUCTER v. tr., intr.
VERBE TRANSITIF
(LITT.) (FIG.) Lancer. *Éructer des menaces.* SYN. proférer.
VERBE INTRANSITIF
(LITT.) Rejeter bruyamment par la bouche des gaz de l'estomac.
CONJUGAISON : VOIR MODÈLE AIMER.

ÉRUDIT, ITE adj. et n. m. et f.
Qui connaît à fond un domaine. *Cette historienne est une érudite.*
Dans le domaine scientifique, on parle surtout d'un ***savant*** ; dans le domaine des lettres, d'un ***lettré.***

ÉRUDITION n. f.
Connaissance approfondie d'un domaine. *Un fin causeur d'une grande érudition.*

ÉRUPTION n. f.
1. Jaillissement soudain de lave, de matières, de gaz à partir du cratère d'un volcan. *Les éruptions de l'Etna, en Sicile.*
2. (FIG.) Sortie brutale. *Une éruption de boutons.*
Ne pas confondre avec le nom ***irruption,*** entrée soudaine.

ÉRYTHÉMATEUX, EUSE adj.
(MÉD.) Qui présente les caractères de l'érythème.
érythémateux.

ÉRYTHÈME n. m.
(MÉD.) Affection cutanée caractérisée par une éruption de taches rosées.

ES-
VOIR – É-.

ÈS prép.
En. *Un baccalauréat ès arts, une maîtrise ès sciences.*
Cette préposition, qui n'est plus usitée que dans les titres universitaires, est la forme contractée de la préposition ***en*** et de l'article défini pluriel ***les.*** Le mot sera donc suivi d'un nom au pluriel. On écrira ***une licence ès lettres,*** mais ***une licence en droit.***

ESBROUFE n. f.
(FAM.) Tape-à-l'œil. *Faire de l'esbroufe.* SYN. (FAM.) épate.
esbroufe.

ESCABEAU n. m. (pl. *escabeaux*)
Petit escalier portatif. *Laurence a grimpé sur l'escabeau pour prendre le sac de biscuits. Des escabeaux solides.*
escabeau.

ESCADRE n. f.
Unité des forces navales ou aériennes.

ESCADRILLE n. f.
Groupe d'avions militaires formant une unité de vol.

ESCADRON n. m.
1. Unité groupant plusieurs escadrilles.
2. Troupe. *L'escadron de la mort.*

ESCALADE n. f.
1. Action de grimper sur quelque chose. *L'escalade d'un mur.*
2. Alpinisme. *Faire de l'escalade sur les falaises des Hautes-Gorges de La Malbaie.*
3. (FIG.) Montée rapide. *L'escalade des prix.* SYN. envolée.

ESCALADER v. tr.
Faire l'ascension de. *Ces alpinistes ont escaladé la falaise abrupte.* SYN. gravir ; grimper sur.
CONJUGAISON : VOIR MODÈLE AIMER.

***ESCALATEUR** ou **ESCALATOR**
Anglicisme pour ***escalier mécanique, escalier roulant.***

ESCALE n. f.
Action de s'arrêter pour prendre du ravitaillement, pour embarquer ou débarquer des passagers, du fret, pour un avion, un navire. *Nous faisons escale à Paris et à Rome.*
Ne pas confondre avec les noms suivants :
• ***étape,*** endroit où l'on s'arrête pour dormir au cours d'un voyage ;
• ***halte,*** arrêt bref au cours d'un voyage.
Attention au genre féminin de ce nom : ***une*** escale.

ESCALIER n. m.
Suite de marches pour monter ou descendre. *Il doit monter l'escalier très lentement. Un bel escalier en bois franc.*
Le nom ***escalier,*** qui est un collectif, s'utilise généralement au singulier lorsqu'il s'agit d'une seule suite de marches.
LOCUTIONS
– ***Escalier en colimaçon.*** Escalier en spirale.
– ***Escalier mécanique, escalier roulant.*** Escalier mobile servant au transport des personnes d'un étage à un autre.

ESCALOPE n. f.
Tranche mince de viande blanche ou de poisson. *Des escalopes de veau au citron accompagnées de pâtes.*
escalope.

ESCAMOTABLE adj.
Qui peut être replié et caché. *Une table à deux panneaux escamotables, une échelle escamotable.*
escamotable.

ESCAMOTER v. tr.
1. Faire disparaître. *On peut escamoter les panneaux de cette table.* SYN. cacher ; replier.
2. Voler. *On lui a escamoté son passeport.* SYN. dérober.
CONJUGAISON : VOIR MODÈLE AIMER.
escamoter.

ESCAMPETTE (PRENDRE LA POUDRE D')
LOCUTION
(FAM.) S'enfuir. SYN. décamper ; déguerpir ; filer.

ESCAPADE n. f.
Sortie furtive. *Les pensionnaires ont fait quelques escapades.* SYN. équipée ; fugue.

ESCARCELLE n. f.
(PLAISANT.) Portefeuille. *Des pièces d'or pour son escarcelle.* SYN. bourse.

ESCARGOT n. m.
Mollusque gastropode terrestre. *Étienne aime les escargots à l'ail.*
escargo**t**.

ESCARMOUCHE n. f.
Combat de courte durée entre de petits groupes. SYN. accrochage ; échauffourée.

ESCARPÉ, ÉE adj.
Qui est à pic, difficile d'accès. *La petite route qui mène au phare est très escarpée.* SYN. abrupt ; en pente.

ESCARPEMENT n. m.
Pente raide qui délimite deux reliefs importants (Recomm. off.). *L'escarpement d'une montagne.*

ESCARPIN n. m.
Chaussure découverte et légère. *Des escarpins de daim.*

ESCARPOLETTE n. f.
(VIEILLI) Balançoire.
Ne pas confondre avec le nom ***espagnolette,*** sorte de poignée de fenêtre.

ESCIENT n. m.
Attention à la prononciation, [esjɑ̃].
– ***À bon escient,*** loc. adv. À raison, à juste titre. *Ils ont cru à bon escient que le gardien les préviendrait : c'est ce qu'il a fait.*
– ***À mauvais escient,*** loc. adv. À tort, sans discernement. *Une somme utilisée à mauvais escient.*
Le mot ne s'emploie que dans ces locutions.
es**c**ient.

ESCLAFFER (S') v. pronom.
Pouffer de rire. *La pièce était très drôle et les enfants se sont esclaffés sans arrêt.* SYN. éclater de rire.
Le participe passé de ce verbe, qui n'existe qu'à la forme pronominale, s'accorde toujours en genre et en nombre avec son sujet. *Léa s'est esclaffée en voyant la nouvelle coiffure de sa cousine.*
CONJUGAISON : VOIR MODÈLE AIMER.

ESCLANDRE n. m.
Scandale, éclat. *Le groupe de fêtards a fait un esclandre au restaurant.*
Attention au genre masculin de ce nom, qui a déjà été féminin : ***un*** esclandre.

ESCLAVAGE n. m.
1. État d'esclave. *Dans le sud des États-Unis, l'esclavage s'est pratiqué autrefois.*
2. (FIG.) Dépendance étroite de quelqu'un à l'égard de quelqu'un, de quelque chose. *L'esclavage de la cigarette.*

ESCLAVAGISME n. m.
Système politique et économique fondé sur la pratique de l'esclavage.

ESCLAVAGISTE adj. et n. m. et f.
ADJECTIF
Partisan de l'esclavagisme. *Une doctrine esclavagiste.*
NOM MASCULIN ET FÉMININ
D'anciens esclavagistes.

ESCLAVE adj. et n. m. et f.
ADJECTIF
1. Qui n'est pas libre et dépend d'un maître. *Autrefois, on pouvait acheter des hommes ou des femmes esclaves.*
2. (FIG.) Qui est sous la dépendance étroite de quelqu'un, de quelque chose. *Il est esclave de son travail.*
NOM MASCULIN ET FÉMININ
1. Personne de condition non libre qui est sous la dépendance d'un maître. *D'anciens esclaves venus d'Afrique.*
2. Personne qui est sous l'entière dépendance de quelqu'un, de quelque chose. *Un esclave du jeu.*

ESCOGRIFFE n. m.
(FAM.) Homme de grande taille mal bâti. *Un grand escogriffe.*

ESCOMPTE n. m.
Réduction de prix accordée en raison de l'acquittement d'une dette avant son échéance. *Un escompte de caisse.*
Ne pas confondre avec les noms suivants :
• ***rabais,*** diminution accordée sur un prix, particulièrement en raison d'un niveau de qualité inférieur, d'un défaut de conformité, pour une fin de série, etc. ;
• ***réduction,*** diminution accordée sur un prix ;
• ***remise*** (quantitative), diminution de prix accordée à un client important en fonction des quantités achetées en un lot.
Attention au genre masculin de ce nom : ***un*** escompte.

ESCOMPTER v. tr.
Le ***p*** ne se prononce pas, [ɛskɔ̃te].
1. Payer (un effet de commerce) avant l'échéance, moyennant escompte.
2. Compter fermement sur. *Escompter un profit, un succès.* SYN. espérer ; tabler sur.
CONJUGAISON : VOIR MODÈLE AIMER.

ESCORTE n. f.
1. Groupe armé qui accompagne des personnes pour les protéger ou pour les surveiller. *Le président ne peut se déplacer sans l'escorte chargée de sa protection.*
2. Cortège, suite. *Le roi est entouré d'une nombreuse escorte.*
Attention au genre féminin de ce nom : ***une*** escorte.
LOCUTIONS
– ***Sous bonne escorte.*** Sous bonne garde. *Ces dangereux criminels ont été placés sous bonne escorte.*
– ***Sous escorte.*** Accompagné d'une escorte.

ESCORTER v. tr.
Accompagner pour protéger, guider ou faire honneur. *Des militaires escortent les souverains.*
CONJUGAISON : VOIR MODÈLE AIMER.

ESCOUADE n. f.
Petite troupe. *Une escouade de policiers encadrait les manifestants.*

ESCRIME n. f.
Art de manier l'épée, le fleuret, le sabre. *Un moniteur d'escrime.*

ESCRIMER (S') v. pronom.
S'appliquer. *Elles se sont escrimées à tout repeindre.* SYN. s'évertuer.
Le participe passé de ce verbe, qui n'existe qu'à la forme pronominale, s'accorde toujours en genre et en nombre avec son sujet. *Ils se sont escrimés à corriger les inexactitudes du document.*
Le sens premier du verbe, « s'exercer à l'escrime », est aujourd'hui vieilli.
CONJUGAISON : VOIR MODÈLE AIMER.

ESCRIMEUR, EUSE n. m. et f.
Personne qui fait de l'escrime.

E

ESCROC n. m.
Personne malhonnête. *Ne vous fiez pas à ses belles paroles : c'est une voleuse, un escroc très habile.* SYN. fraudeur.
Ce nom n'a pas de forme féminine.
escroc.

ESCROQUER v. tr.
Voler. *Ces vendeurs sans scrupules lui ont escroqué toutes ses économies.* SYN. dérober ; extorquer.
CONJUGAISON : VOIR MODÈLE AIMER.

ESCROQUERIE n. f.
Fraude. *Ce contrat est une escroquerie.* SYN. vol.

ESCUDO n. m.
Ancienne unité monétaire du Portugal. *C'est l'euro qui a remplacé l'escudo.*
VOIR TABLEAU – SYMBOLES DES UNITÉS MONÉTAIRES.

ÉSOTÉRIQUE adj.
Hermétique, réservé à des initiés. *Un texte ésotérique.* SYN. obscur.

ÉSOTÉRISME n. m.
Caractère ésotérique de quelque chose. SYN. hermétisme.

ESPACE n. m. et f.
NOM MASCULIN
1. Lieu. *Les espaces verts.*
2. Cosmos. *Ils ont lancé une fusée dans l'espace.*
3. Blanc séparant les mots dans un texte. *On doit laisser un espace avant le deux-points.*
Dans le vocabulaire spécialisé de la typographie, le nom ***espace*** est traditionnellement de genre féminin. Dans la langue courante et en informatique, le nom s'emploie au masculin en ce sens.
NOM FÉMININ
(TYPOGR.) Blanc servant à séparer les mots. *Une espace fine.*
Le nom féminin désignait à l'origine la petite lame de métal, moins épaisse que les caractères, qui servait à espacer les mots en typographie. Aujourd'hui, le nom désigne le blanc laissé entre les mots lors de la photocomposition, qui est généralement informatisée.
VOIR TABLEAU – ESPACEMENTS.
FORMES FAUTIVES
*espace. Anglicisme au sens de ***interligne.*** *Présentation à double interligne* (et non à *double espace).
*espace à louer, espace pour bureau. Calques de «*space to let*», «*office space*» pour ***local (commercial) à louer.***

ESPACEMENT n. m.
1. Distance entre deux éléments. *Il y a un espacement de trois mètres entre chaque arbre.*
2. Manière dont les mots sont espacés. *On doit laisser un espacement simple à la suite du point.*
VOIR TABLEAU – ESPACEMENTS.

ESPACER v. tr., pronom.
VERBE TRANSITIF
1. Séparer. *Espacer des mots.* SYN. distancer.
2. Échelonner. *Espacer des visites, des paiements.*
VERBE PRONOMINAL
Devenir moins fréquent. *Ses visites commençaient à s'espacer.*
À la forme pronominale, le participe passé de ce verbe s'accorde toujours en genre et en nombre avec son sujet. *Les visites de nos enfants se sont espacées dernièrement.*
CONJUGAISON : VOIR MODÈLE AVANCER.
Le **c** prend une cédille devant les lettres ***a*** et ***o***. *Il espaça, nous espaçons.*

ESPACE-TEMPS n. m. (pl. *espaces-temps*)
Milieu à quatre dimensions.

ESPADON n. m.
Grand poisson de mer dont la mâchoire supérieure se prolonge en forme d'épée.

ESPADRILLE n. f.
Chaussure de toile. *Elle s'est acheté des espadrilles à Toulouse.*

ESPAGNOL, OLE adj. et n. m. et f.
ADJECTIF ET NOM MASCULIN ET FÉMININ
D'Espagne. *Le drapeau espagnol. Un Espagnol, une Espagnole.*
T L'adjectif s'écrit avec une minuscule ; le nom, avec une majuscule.
NOM MASCULIN
Langue parlée en Espagne. *Elle parle l'espagnol.*
T Le nom de la langue s'écrit avec une minuscule.

ESPAGNOLETTE n. f.
Ferrure à poignée tournante d'une fenêtre.
Ne pas confondre avec le nom ***escarpolette,*** balançoire.

ESPALIER n. m.
Mur le long duquel on plante des rangées d'arbres fruitiers parfois soutenus par des treillis. *Culture en espaliers.*

ESPÈCE n. f.
1. Groupe d'êtres, d'éléments du même genre. *L'espèce humaine, l'espèce animale.* SYN. catégorie ; type.
2. Sorte. SYN. genre.
Le nom ***espèce*** étant féminin, on dira ***une espèce de,*** même si le complément qui suit est masculin. Le complément du nom ***espèce*** qui désigne une chose abstraite se met au singulier. *Des espèces de tristesse l'envahissent parfois.* Le complément du nom ***espèce*** qui désigne une chose concrète se met au pluriel. *Diverses espèces de fleurs poussent dans ces champs.*
Si le nom ***espèce*** est précédé du déterminant indéfini ***une*** et suivi d'un complément au pluriel, c'est avec celui-ci que se fait généralement l'accord. *Une nouvelle espèce d'enquêtes ont été effectuées.* Si le nom est précédé du déterminant défini ***(l')***, d'un déterminant possessif ***(mon, ton, son)*** ou d'un déterminant démonstratif ***(cette)*** et suivi d'un complément au pluriel, le verbe se met généralement au singulier. *Cette espèce de recherches est peu commune.*
VOIR TABLEAU – COLLECTIF.
3. (AU PLUR.) Monnaie ayant cours légal. *Préférer les espèces aux chèques ou aux paiements électroniques.*
LOCUTIONS
– ***De toute espèce*** ou ***de toutes espèces.*** De tous les genres, très différents. *Des chiens de toute espèce ou de toutes espèces.*
L'expression s'écrit au singulier ou au pluriel.
– ***En espèces.*** En argent liquide, par opposition au paiement par chèque ou carte de crédit. *Payer en espèces* (et non *cash).
– ***L'espèce humaine.*** L'humanité.
– ***Un cas d'espèce.*** Un cas particulier.

ESPÉRANCE n. f.
1. Confiance, espoir. *Il faut garder l'espérance, même quand tout va mal.*
2. Aspirations. *Fonder de grandes espérances sur un projet.*
LOCUTIONS
– ***Contre toute espérance.*** Alors que cela semble impossible.
– ***Espérance de vie.*** Durée moyenne de la vie dans une société déterminée pour un sexe donné. *L'espérance de vie des Canadiennes est aujourd'hui de 81 ans.*
espérance.

ESPÉRANTO adj. inv. et n. m.
Langue internationale artificielle. *Des mots espéranto, en espéranto.*

ESPACEMENTS

SIGNES DE PONCTUATION	AVANT		APRÈS	EXEMPLES
LE POINT	0 espace	.	1 espace	*Les vacances commenceront le 23 juin. J'ai hâte.*
LA VIRGULE	0 espace	,	1 espace	*Voici des pommes, des poires et des oranges.*
LE POINT-VIRGULE	0 espace	;	1 espace	*Léa adore la lecture; elle dévore les romans.*
LE DEUX-POINTS	1 espace	:	1 espace	*Liste des articles à apporter : cahier, crayons et règles.*
LE POINT D'INTERROGATION	0 espace	?	1 espace	*Est-ce que tu viens jouer avec nous? Oui.*
LE POINT D'EXCLAMATION	0 espace	!	1 espace	*Vive les vacances! Au diable les pénitences!*
LES POINTS DE SUSPENSION	0 espace	…	1 espace	*Elle a dit qu'elle viendrait... Je l'attends.*

SIGNES TYPOGRAPHIQUES	AVANT		APRÈS	EXEMPLES
LE TRAIT D'UNION	0 espace	-	0 espace	*Un lance-pierres et vingt-trois billes.*
LE TIRET	1 espace	–	1 espace	*Le béluga – un mammifère marin – est le favori des visiteurs.*
LA PARENTHÈSE OUVRANTE LA PARENTHÈSE FERMANTE	1 espace 0 espace	( )	0 espace 1 espace	*Elle est née lors des Jeux olympiques de Montréal (1976) et se nomme Nadia.*
LE CROCHET OUVRANT LE CROCHET FERMANT	1 espace 0 espace	[ ]	0 espace 1 espace	*On note entre crochets* [krɔʃɛ] *l'alphabet phonétique.*
LE GUILLEMET OUVRANT LE GUILLEMET FERMANT	1 espace 1 espace	« »	1 espace 1 espace	*Il lui a répondu : « Ce fut un plaisir » et elle a souri.*
LA BARRE OBLIQUE	0 espace	/	0 espace	*Elle roule à 40 km/h.*
L'ASTÉRISQUE	0 espace	*	1 espace	*Le béluga* est un mammifère.* ** Le béluga est aussi appelé baleine blanche.*
FRACTION DÉCIMALE (VIRGULE DÉCIMALE)	0 espace	,	0 espace	*15,25 unités.*
DEGRÉ	0 espace 1 espace	° °	1 espace 0 espace	*On règle le chauffage à 20°.* *Il fait 20 °C.* (Si l'échelle de mesure est donnée.)
SYMBOLE DU DOLLAR	1 espace	$	1 espace	*Cet article coûte 15 $.*
POUR CENT	1 espace	%	1 espace	*Ils ont eu 81% de moyenne.*

T Le tableau des espacements s'applique aux documents produits par dactylographie ou traitement de texte. Dans l'édition, on recourt aux espacements plus détaillés prescrits par les codes typographiques.

VOIR TABLEAU ▸ **PONCTUATION.**

E

ESPÉRER v. tr.
Souhaiter qu'une chose se réalise. *Il espère que l'examen ne sera pas trop difficile.*
Si l'objet espéré est passé ou présent, on emploiera plutôt ***aimer à croire, aimer à penser.***
Le verbe est suivi de l'infinitif. *J'espère vous retrouver bientôt.* Il se construit aussi avec la conjonction ***que*** suivie de l'indicatif ou du conditionnel dans une phrase affirmative. *Tu espères qu'il viendra. Tu espérais qu'il viendrait.* Dans une phrase négative, le verbe se construit avec le subjonctif. *Tu n'espères pas qu'il vienne.* À la forme interrogative, le verbe se construit avec le subjonctif ou l'indicatif. *Espères-tu qu'il vienne* ou *qu'il viendra ?*
CONJUGAISON : VOIR MODÈLE POSSÉDER.
Le ***é*** se change en ***è*** devant une syllabe contenant un ***e*** muet, sauf à l'indicatif futur et au conditionnel présent. *J'espère,* mais *j'espérerai.*
[Les *Rectifications* (1990) admettent : il espèrera, espèrerait...]

ESPERLUETTE n. f.
Caractère d'imprimerie (&) qui a le sens de « et » employé exclusivement dans les raisons sociales pour unir des noms propres ou dans des expressions comme ***& Fils, & Filles, & Associés, & Cie.*** *Mes fournisseurs sont Lessard & Bertrand, grossistes.* SYN. et commercial; perluète.
T L'esperluette joue le même rôle que la conjonction ***et,*** mais son utilisation se limite aux cas cités.

ESPIÈGLE adj. et n. m. et f.
ADJECTIF
Éveillé et malicieux, sans méchanceté. *Un chaton espiègle.* SYN. coquin; malin; taquin.
NOM MASCULIN ET FÉMININ
Ces enfants sont de petits espiègles.
Le mot a une connotation favorable, sympathique.

ESPIÈGLERIE n. f.
Gaminerie. *Les espiègleries des petits sont adorables.* SYN. farce; jeu.

ESPION, IONNE n. m. et f.
Agent secret. *Ces espions travaillent pour les deux puissances.*
Le nom peut être apposé à un autre nom, avec ou sans trait d'union; il est alors invariable. *Des navires(-)espion, un avion(-)espion.*

ESPIONNAGE n. m.
Surveillance clandestine. *Un réseau d'espionnage.*
espionnage.

ESPIONNER v. tr.
1. Faire de l'espionnage pour son compte ou celui d'un autre dans le but de nuire, de surprendre des secrets militaires, industriels, etc. *Ces diplomates étrangers espionnaient certaines personnes pour leur pays.*
2. Épier, regarder, écouter avec curiosité quelqu'un, quelque chose qui ne nous concerne pas. SYN. (FAM.) écornifler.
CONJUGAISON : VOIR MODÈLE AIMER.
espionner.

ESPLANADE n. f.
Espace uni et découvert situé en avant d'un édifice, d'une fortification.
Attention au genre féminin de ce nom : ***une*** esplanade.

ESPOIR n. m.
1. Sentiment d'une personne qui espère, qui attend avec confiance. *Un fol espoir. J'ai bon espoir qu'il acceptera.* SYN. espérance.
2. Personne qui a un brillant avenir. *Ces jeunes sont l'espoir du collège.*

ESPRESSO
VOIR – EXPRESS.

ESPRIT n. m.
1. Être immatériel. *Un pur esprit.* SYN. âme.
2. Principe de la pensée. *Cette personne semble avoir perdu l'esprit.*
3. Intelligence. *Il a l'esprit vif.*
Ne pas confondre avec les noms suivants :
- ***finesse,*** possibilité de saisir les nuances;
- ***génie,*** faculté créatrice;
- ***ingéniosité,*** habileté à inventer des solutions;
- ***talent,*** aptitude naturelle.

4. Humour. *Une réplique pleine d'esprit. Elle a de l'esprit. Faire de l'esprit.*
5. Caractère essentiel. *L'esprit d'une loi. C'est dans cet esprit qu'il a pris cette décision.*
LOCUTIONS
– ***Avoir l'esprit ailleurs.*** Être distrait. SYN. être dans la lune.
– ***Dans mon esprit.*** Selon moi, à mon avis.
– ***Esprit d'entreprise.*** Volonté ou goût de mettre en œuvre et de réaliser des entreprises sociales ou commerciales.
– ***Esprit saint, le Saint-Esprit.*** La troisième personne de la Trinité.
T Lorsque le nom désigne la troisième personne de la Trinité chrétienne, il s'écrit avec une majuscule.
– ***Présence d'esprit.*** À-propos. *Ils ont eu la présence d'esprit de prendre l'extincteur pour éteindre le feu.*
– ***Reprendre ses esprits.*** Retrouver son calme.

-ESQUE suff.
Élément signifiant « à la façon de ». *Éléphantesque, cauchemardesque.*

ESQUIF n. m.
(LITT.) Petite barque. *Les réfugiés trouvèrent un frêle esquif.*

ESQUIMAU, AUDE adj. et n. m. et f. (pl. *esquimaux, esquimaudes*)
Ancienne appellation des habitants des terres arctiques du Canada, des États-Unis, du Groenland et de la Russie.
Au Québec, le mot ***inuit*** remplace le mot ***esquimau,*** qui a un sens défavorable selon les autochtones du Nord canadien.
VOIR – INUIT.

ESQUINTER v. tr., pronom.
VERBE TRANSITIF
(FAM.) Abîmer, détériorer. *Tu as esquinté ma voiture.*
VERBE PRONOMINAL
(FAM.) Se détériorer. *En tombant, ces livres se sont esquintés.*
À la forme pronominale, le participe passé de ce verbe s'accorde en genre et en nombre avec le complément direct si celui-ci le précède. *La main qu'il s'est esquintée. Ils se sont esquintés en déménageant ces pierres.* Le participe passé reste invariable si le complément direct suit le verbe. *Léa s'est esquinté le dos.*
CONJUGAISON : VOIR MODÈLE AIMER.

ESQUISSE n. f.
Représentation simplifiée d'une œuvre destinée à servir d'essai.
Ne pas confondre avec les noms suivants :
- ***canevas,*** plan, schéma d'un texte;
- ***croquis,*** dessin à main levée, plan sommaire;
- ***ébauche,*** première forme donnée à une œuvre;
- ***maquette,*** représentation schématique d'une mise en pages;
- ***projet,*** plan d'une œuvre d'architecture.

ESQUISSER v. tr.
1. Dessiner à grands traits. *Elle a esquissé un paysage.* SYN. crayonner; tracer.
Ne pas confondre avec le verbe ***esquiver,*** échapper à.
2. Définir de façon sommaire. *Esquisser l'intrigue d'un roman.* SYN. ébaucher.
3. Commencer à faire. *Les danseurs ont esquissé quelques pas.* SYN. amorcer.
CONJUGAISON : VOIR MODÈLE AIMER.

ESQUIVE n. f.
1. Action d'échapper à un coup par un déplacement du corps.
2. (FIG.) Action de se soustraire à une difficulté de manière habile. *Ce ministre pratique l'esquive avec grand talent et ne répond généralement pas aux questions.*

ESQUIVER v. tr., pronom.
VERBE TRANSITIF
Échapper à. *Esquiver un problème.* SYN. contourner ; éluder.
Ne pas confondre avec le verbe ***esquisser,*** dessiner.
VERBE PRONOMINAL
Se retirer sans être vu. *Ils se sont esquivés discrètement.* SYN. disparaître ; s'éclipser.
À la forme pronominale, le participe passé de ce verbe s'accorde toujours en genre et en nombre avec son sujet. *Elles se sont esquivées à son arrivée.*
CONJUGAISON : VOIR MODÈLE AIMER.

ESSAI n. m.
1. Tentative. *Il réussit enfin après plusieurs essais.*
2. Action d'expérimenter. *Faire l'essai d'un nouveau procédé.* SYN. expérience ; expérimentation.
Comme complément du nom, le nom s'écrit généralement au singulier. *Des bancs d'essai, des pilotes d'essai, des coups d'essai, des ballons d'essai.* Cependant, il s'écrit au pluriel dans ***centre d'essais.***
3. Ouvrage de réflexion. *Un essai philosophique.*
LOCUTIONS
– ***À l'essai.*** En période d'évaluation. *Cet employé est à l'essai ; si son travail est satisfaisant, on l'engagera.*
– ***Essai thérapeutique.*** Expérimentation à visée thérapeutique, curative ou préventive, effectuée sur des volontaires humains, dont l'objectif est de démontrer l'innocuité et l'efficacité d'un médicament par rapport à une situation de référence ou de comparer différentes formes de traitements médicaux ou chirurgicaux pour une maladie particulière, conformément à un protocole rigoureux (GDT). *L'essai thérapeutique d'un vaccin auprès de 400 personnes démarrera sous peu.* SYN. essai clinique.
– ***Mettre à l'essai.*** Mettre à l'épreuve. *Ces nouvelles techniques ont été mises à l'essai.* SYN. expérimenter.
– ***Par essais et erreurs.*** Par un processus fondé sur la correction des erreurs et l'expérimentation. *Procéder par essais et erreurs.*

ESSAIM n. m.
Le ***m*** est muet, [esɛ̃] ; le nom rime avec ***sain.***
1. Groupe d'abeilles, de guêpes. *Des essaims d'abeilles.*
2. (LITT.) Multitude. *Des essaims de touristes envahissent les rues de la ville en été.*
essaim.

ESSAIMAGE n. m.
Multiplication des colonies d'abeilles.
essaimage.

ESSAIMER v. intr.
1. Quitter la ruche mère pour s'établir ailleurs, en parlant des abeilles.
2. (FIG.) Se disperser. *Les Hébert ont essaimé en Nouvelle-France où ils ont fondé plusieurs familles.*
CONJUGAISON : VOIR MODÈLE AIMER.

ESSAYAGE n. m.
Action d'essayer un vêtement. *Des salons d'essayage.*

ESSAYER v. tr., pronom.
VERBE TRANSITIF
1. Vérifier, expérimenter, faire l'essai de. *Marie-Ève essaie une bicyclette. Essayer un vêtement.*
2. Tenter de. *Essayer de chanter, d'escalader une falaise.* SYN. chercher à ; s'efforcer de ; tâcher de.
En ce sens, le verbe se construit avec la préposition ***de*** suivie de l'infinitif.
VERBE PRONOMINAL
Faire une tentative en vue de, s'exercer à. *Étienne s'essaiera à la planche à voile, à plonger.* SYN. se hasarder.
Dans sa forme pronominale, le verbe se construit avec la préposition ***à*** suivie d'un nom ou d'un infinitif.
À la forme pronominale, le participe passé de ce verbe s'accorde toujours en genre et en nombre avec son sujet. *Ils se sont essayés à jouer au hockey.*
CONJUGAISON : VOIR MODÈLE PAYER.
Le ***y*** peut être changé en ***i*** devant un ***e*** muet. Cette dernière forme est la plus usitée. *J'essaie* ou *j'essaye, j'essaierai* ou *j'essayerai.*
Le ***y*** est suivi d'un ***i*** à la première et à la deuxième personne du pluriel de l'indicatif imparfait et du subjonctif présent. *(Que) nous essayions, (que) vous essayiez.*

ESSAYISTE n. m. et f.
Personne qui écrit des essais.

ESSENCE n. f.
1. Principe, nature. *L'essence de l'être humain, c'est la pensée.*
2. Espèce d'arbre. *Le Jardin botanique contient plusieurs essences : des feuillus, des épineux, etc.*
3. Extrait concentré de certaines substances aromatiques ou alimentaires. *Essence de lavande, de vanille.*
4. Produit de la distillation du pétrole utilisé comme carburant. *De l'essence* (et non du *gaz, de la *gazoline) *sans plomb. De l'essence ordinaire* (et non *régulière).
LOCUTION
– ***Par essence.*** Par sa nature même. SYN. essentiellement ; fondamentalement.

ESSENTIEL, IELLE adj. et n. m.
ADJECTIF
Absolument nécessaire. *Une condition essentielle au succès de l'entreprise.* SYN. indispensable ; obligatoire.
Cet adjectif n'admet ni comparatif ni superlatif.
NOM MASCULIN
1. Le principal, ce qui est le plus important. *L'essentiel, c'est qu'il soit sain et sauf.*
2. Objets indispensables. *N'emportez que l'essentiel avec vous.*
essentiel.

ESSENTIELLEMENT adv.
1. Par essence. *Un problème essentiellement politique.* SYN. fondamentalement.
2. Par-dessus tout, principalement. *Nous tenons essentiellement à votre participation.*
essentiellement.

ESSEULÉ, ÉE adj.
(LITT.) Solitaire. *Une dame esseulée dans un jardin.* SYN. seul.

ESSIEU n. m. (pl. *essieux*)
Pièce de métal qui relie des roues. *Les essieux de cette voiture sont en mauvais état.*

ESSOR n. m.
1. Envol d'un oiseau. *L'aigle a pris son essor et il vole très haut.*
2. (FIG.) Élan, croissance. *L'essor d'une entreprise.* SYN. expansion.
essor.

ESSORAGE n. m.
Action d'essorer. *L'essorage des serviettes accélère leur séchage.*
essorage.

ESSORER v. tr.
Tordre quelque chose pour en extraire l'eau. *Essorer du linge. J'essore la salade que je viens de laver.*
CONJUGAISON : VOIR MODÈLE AIMER.
essorer.

ESSOUCHEMENT n. m.
Action d'essoucher. *L'essouchement d'une terre.*

E

ESSOUCHER v. tr.
Arracher les souches d'arbres d'un terrain.
CONJUGAISON : VOIR MODÈLE AIMER.

ESSOUFFLEMENT n. m.
État de quelqu'un qui est essoufflé.
essoufflement.

ESSOUFFLER v. tr., pronom.
VERBE TRANSITIF
Mettre hors d'haleine, à bout de souffle. *Cette course nous a essoufflés.*
VERBE PRONOMINAL
1. Perdre haleine. *Elles se sont essoufflées en suivant ce sentier escarpé.*
2. (FIG.) Ne plus pouvoir suivre un rythme de croissance. *L'économie s'essouffle et la récession nous guette.* SYN. ralentir.
À la forme pronominale, le participe passé de ce verbe s'accorde toujours en genre et en nombre avec son sujet. *La hausse des prix s'est essoufflée.*
CONJUGAISON : VOIR MODÈLE AIMER.
essouffler.

ESSUIE-
Les mots composés avec l'élément ***essuie-*** s'écrivent avec un trait d'union. Au pluriel, ***essuie-***, qui est un verbe, demeure invariable, de même que le second élément, à l'exception du nom ***essuie-glace***.

ESSUIE-GLACE n. m. (pl. *essuie-glaces*)
Dispositif destiné à essuyer automatiquement le pare-brise d'un véhicule. *Des essuie-glaces silencieux.*

ESSUIE-MAIN(S) n. m. (pl. *essuie-mains*)
Linge qui sert à essuyer les mains. *Des essuie-mains brodés.*

ESSUIE-PIED(S) n. m. (pl. *essuie-pieds*)
Paillasson. *Des essuie-pieds pratiques.*

ESSUIE-TOUT n. m. inv. (pl. *essuie-tout*)
Papier absorbant offert en rouleaux. *Des essuie-tout pratiques.*
[Les *Rectifications* (1990) admettent : un essuietout, des essuietouts.]

ESSUYAGE n. m.
Action d'essuyer. *L'essuyage d'un plancher mouillé.*

ESSUYER v. tr., pronom.
VERBE TRANSITIF
1. Supprimer l'eau, la poussière de. *Il essuie le lavabo.* SYN. assécher ; éponger.
2. (FIG.) Subir quelque chose de fâcheux. *Essuyer un orage, un échec, un refus.* SYN. endurer ; éprouver.
VERBE PRONOMINAL
Se sécher. *Il s'est essuyé le front avec son mouchoir.*
À la forme pronominale, le participe passé de ce verbe s'accorde en genre et en nombre avec le complément direct si celui-ci le précède. *La main qu'il s'est essuyée. Elles se sont essuyées avec ces serviettes.* Le participe passé reste invariable si le complément direct suit le verbe. *Léa s'est essuyé les pieds sur le paillasson.*
CONJUGAISON : VOIR MODÈLE EMPLOYER.
Le ***y*** se change en ***i*** devant un ***e*** muet. *J'essuie, j'essuierai.*
Le ***y*** est suivi d'un ***i*** à la première et à la deuxième personne du pluriel de l'indicatif imparfait et du subjonctif présent. *(Que) nous essuyions, (que) vous essuyiez.*

EST adj. inv. et n. m. inv.
Les lettres ***s*** et ***t*** se prononcent, [ɛst] ; le mot rime avec ***leste***.
NOM MASCULIN INVARIABLE
Abréviation ***E.*** (s'écrit avec un point).
Un des quatre points cardinaux, orienté du côté du soleil levant. *Le soleil se lève à l'est. Un vent d'est.*
ADJECTIF INVARIABLE
Qui est à l'est. *La côte est du Canada, le versant est d'une montagne. Son bureau est situé du côté est de l'immeuble.*
T 1° Le point cardinal s'écrit avec une minuscule quand il est employé comme nom ou comme adjectif pour indiquer une orientation. *Une façade orientée à l'est. L'entrée est d'un immeuble.*
2° Les noms des points cardinaux qui déterminent un pays, une région, une ville, un odonyme s'écrivent avec une majuscule. *L'Europe de l'Est.*
3° Dans une adresse, le point cardinal s'écrit avec une majuscule initiale et suit immédiatement le nom spécifique de l'odonyme. *Son bureau est situé boulevard René-Lévesque Est.*
VOIR TABLEAU – POINTS CARDINAUX.

ESTACADE n. f.
Barrage, jetée servant à protéger l'entrée d'un port, à redresser le cours des eaux, etc.
Ne pas confondre avec le nom ***estocade,*** coup d'épée, en tauromachie.

ESTAFETTE n. f.
(ANCIENN.) Militaire chargé de transmettre un message. Aujourd'hui, on dit plutôt ***agent de liaison.*** SYN. messager.
Attention au genre féminin de ce nom qui désigne généralement un homme.

ESTAMINET n. m.
(VX) Petit café.
estaminet.

ESTAMPE n. f.
Le ***s*** se prononce, [ɛstɑ̃p].
Image obtenue au moyen d'une plaque (de métal, de bois, etc.) gravée ou par lithographie.

ESTAMPER v. tr.
Le ***s*** se prononce, [ɛstɑ̃pe].
Imprimer en relief ou en creux. *Estamper une médaille.*
Ne pas confondre avec le verbe ***estampiller,*** marquer d'une estampille.
CONJUGAISON : VOIR MODÈLE AIMER.

ESTAMPILLE n. f.
Marque garantissant l'authenticité d'un produit, d'un document.

ESTAMPILLER v. tr.
Marquer d'une estampille. *Une assiette d'étain estampillée.*
Ne pas confondre avec le verbe ***estamper,*** imprimer en relief ou en creux.
CONJUGAISON : VOIR MODÈLE AIMER.

ESTHÈTE adj. et n. m. et f.
Personne qui pratique le culte exclusif de la beauté.
Ce mot est souvent péjoratif.
esthète.

ESTHÉTICIEN n. m.
ESTHÉTICIENNE n. f.
1. Personne qui s'occupe d'esthétique.
2. Spécialiste des soins de beauté.
esthéticien.

ESTHÉTIQUE adj. et n. f.
ADJECTIF
Beau, artistique. *Ce bouquet est très esthétique.*
NOM FÉMININ
1. Philosophie du beau en général et en art.
2. Beauté, harmonie. *L'esthétique d'un bâtiment.*
LOCUTIONS
– ***Chirurgie esthétique.*** Chirurgie visant à améliorer l'apparence du corps ou du visage. SYN. chirurgie plastique.
– ***Esthétique industrielle.*** Discipline qui étudie les produits en fonction de critères de beauté et d'adaptation à l'usage.
esthétique.

ESTHÉTIQUEMENT adv.
1. Du point de vue esthétique. *Esthétiquement, cette façade est ratée.*
2. De façon esthétique. *Cette ballerine danse esthétiquement.*
esth**é**ti**qu**ement.

ESTIMABLE adj.
Qui mérite d'être estimé. *Cette personne est estimable.* SYN. respectable. ANT. méprisable.

ESTIMATIF, IVE adj.
Qui a pour objet une estimation. *Un devis estimatif.*

ESTIMATION n. f.
Évaluation de la valeur, de la quantité, de la qualité. *Une estimation du coût des travaux.* SYN. appréciation.
LOCUTION
– ***D'après les premières estimations.*** Au premier coup d'œil, à première vue.

ESTIME n. f.
Opinion favorable qu'on a de la valeur de quelqu'un. *Elle a beaucoup d'estime pour cet excellent professeur. Il tient sa collègue en haute estime. Avoir quelqu'un en piètre estime.* SYN. considération ; respect. ANT. mépris.
Ne pas confondre avec les noms suivants :
• ***gloire,*** grande renommée ;
• ***honneur,*** considération accordée à un grand mérite ;
• ***réputation,*** opinion bonne ou mauvaise sur une personne.
LOCUTION
– ***Succès d'estime.*** Succès restreint à un public de connaisseurs.

***ESTIMÉ**
Anglicisme pour ***devis, évaluation.***

ESTIMER v. tr., pronom.
VERBE TRANSITIF
1. Déterminer la valeur, la quantité, le prix de. *Estimer une maison à 250 000 $.* SYN. évaluer.
2. Aimer, apprécier. *Il est très estimé de ses collègues.* SYN. considérer. ANT. mépriser.
3. Croire, être d'avis. *Ils estiment avoir fourni tous les efforts nécessaires.* SYN. penser ; trouver.
Le verbe se construit :
– soit avec un infinitif. *Elle estime avoir bien cherché.*
– soit avec la conjonction ***que*** suivie de l'indicatif ou du conditionnel. *Il estime que la recherche est suffisante.*
– le verbe peut aussi être suivi d'un attribut. *Elle estime utile de réunir le groupe.*
VERBE PRONOMINAL
Se considérer comme. *Ils s'estiment chanceux de partir en vacances et que vous soyez de la partie.* SYN. se croire ; se juger.
À la forme pronominale, le verbe suivi d'un adjectif attribut peut se construire avec la préposition ***de*** et l'infinitif ou avec la conjonction ***que*** et le subjonctif.
À la forme pronominale, le participe passé de ce verbe s'accorde toujours en genre et en nombre avec son sujet. *Elle s'est estimée satisfaite de ses résultats.*
CONJUGAISON : VOIR MODÈLE AIMER.

ESTIVAL, ALE, AUX adj.
Qui se rapporte à l'été. *Des vacances estivales, des souvenirs estivaux.*

ESTIVANT, ANTE n. m. et f.
Personne en vacances d'été.
Le nom ne s'applique qu'aux vacances d'été ; pour les autres saisons, on emploiera ***vacancier.***

ESTOC n. m.
Le **c** se prononce, [ɛstɔk].
Épée longue et étroite.
esto**c**.

ESTOCADE n. f.
Coup d'épée, en tauromachie.
Ne pas confondre avec le nom ***estacade,*** barrage.

ESTOMAC n. m.
Le **c** ne se prononce pas, [ɛstɔma].
Partie du tube digestif entre l'œsophage et l'intestin grêle, formée d'une poche destinée à recevoir les aliments. *Des estomacs affamés. Les vaches ont un estomac à quatre compartiments.*
LOCUTIONS
– ***Avoir l'estomac dans les talons.*** (FIG.) (FAM.) Avoir très faim.
– ***Ouvrir l'estomac.*** (FIG.) Donner faim. *La marche au grand air ouvre l'estomac.*
estoma**c**.

ESTOMAQUER v. tr.
(FAM.) Surprendre, scandaliser. *Cette nouvelle m'a estomaqué.*
CONJUGAISON : VOIR MODÈLE AIMER.

ESTOMPER v. tr., pronom.
VERBE TRANSITIF
Rendre flou, adoucir. *Estomper les ombres d'un dessin.*
VERBE PRONOMINAL
1. S'effacer. *Ces inscriptions millénaires se sont estompées.*
2. (FIG.) Devenir moins clair. *Les souvenirs s'estompent avec le temps.* SYN. s'atténuer ; disparaître.
À la forme pronominale, le participe passé de ce verbe s'accorde toujours en genre et en nombre avec son sujet. *Les couleurs se sont estompées.*
CONJUGAISON : VOIR MODÈLE AIMER.

ESTRADE n. f.
Plateforme. *Parler du haut d'une estrade.*
Attention au genre féminin de ce nom : ***une*** estrade.

ESTRAGON n. m.
Plante aromatique. *Du poulet à l'estragon.*

ESTROGÈNE
VOIR – OESTROGÈNE.

ESTROPIER v. tr., pronom.
VERBE TRANSITIF
1. Priver de l'usage d'un membre. *Cette chute l'a estropié provisoirement.*
2. (FIG.) Déformer. *Estropier un texte.* SYN. écorcher.
VERBE PRONOMINAL
Se blesser gravement. *Elle a glissé dans l'escalier et s'est estropiée.*
À la forme pronominale, le participe passé de ce verbe s'accorde toujours en genre et en nombre avec son sujet. *Ces skieurs se sont estropiés.*
CONJUGAISON : VOIR MODÈLE ÉTUDIER.
Redoublement du ***i*** à la première et à la deuxième personne du pluriel de l'indicatif imparfait et du subjonctif présent. *(Que) nous estropiions, (que) vous estropiiez.*

ESTUAIRE n. m.
Embouchure plus ou moins évasée d'un système fluvial, caractérisée par la prédominance des phénomènes marins sur les phénomènes fluviaux (Recomm. off.). *L'estuaire du Saint-Laurent.*
Attention au genre masculin de ce nom : ***un*** estuaire.

ESTUDIANTIN, INE adj.
Le ***s*** se prononce, [ɛstydjɑ̃tɛ̃].
(PLAISANT.) Relatif aux étudiants. *Les blagues estudiantines.*

ESTURGEON n. m.
Poisson de mer dont les œufs sont très appréciés. *On consomme les œufs d'esturgeon sous le nom de caviar.*
estur**geon**.

ET conj.
1. La conjonction de coordination ou coordonnant unit des mots ou des groupes de mots de même nature :
– Des noms. *Léa et Luc ont planté des chênes et des frênes.*

– Des verbes. *Fanny sait lire et écrire.*
– Des adjectifs. *Julien est beau et gentil.*
– Des adverbes. *As-tu travaillé vite et bien ?*
– Des pronoms. *Toi et elle pourrez leur répondre.*
Il importe que les mots qui sont coordonnés par la conjonction ***et*** soient de la même catégorie grammaticale.
2. La conjonction de coordination ou coordonnant unit des propositions indépendantes affirmatives. *Le vent se lève et la pluie se met à tomber.*
3. La conjonction de coordination ou coordonnant unit une proposition affirmative et une proposition négative. *Il aime la bonne cuisine et ne fume pas.*
4. La conjonction de coordination ou coordonnant unit des unités aux dizaines. *Vingt et une personnes.*
Dans les numéraux composés, le trait d'union ne s'emploie pas quand les éléments sont joints par la conjonction ***et***; il ne s'emploie pas non plus lorsqu'ils sont supérieurs à cent. *Les Rectifications de l'orthographe* (1990) autorisent l'emploi du trait d'union dans tous les numéraux composés, que les éléments soient joints par la conjonction ***et*** ou non, qu'ils soient inférieurs ou supérieurs à cent. Exemples : *cent-deux ans, deux-cent-soixante-et-onze.*
LOCUTION
– ***Et ce.*** Et cela. *Nous avons réussi, et ce, malgré les embûches.*
La locution s'écrit entre virgules.
HOM.
• ***eh !,*** interjection ;
• ***hé !,*** interjection.

ÊTA n. m. inv.
Lettre grecque.
[Les *Rectifications* (1990) admettent : des êtas.]

ÉTABLE n. f.
Bâtiment destiné à loger du bétail. *Les vaches sont à l'étable.*
Ne pas confondre avec le nom ***écurie,*** bâtiment destiné à loger des chevaux.

ÉTABLI, IE adj. et n. m.
ADJECTIF
1. Solide, stable. *Un usage établi. Des règles établies.*
2. En place. *Le pouvoir établi.*
NOM MASCULIN
Table massive sur laquelle on travaille le bois, le métal. *Tout bricoleur qui se respecte a son établi.*
FORME FAUTIVE
*établi en... Anglicisme au sens de ***fondé en...***

ÉTABLIR v. tr., pronom.
VERBE TRANSITIF
1. Installer dans un lieu. *Cette entreprise est établie dans la région des Bois-Francs.*
2. Préparer minutieusement, dresser. *Établir une liste de termes. Les dirigeants ont établi les paramètres de la discussion.*
3. Mettre en vigueur, instituer. *Établir un règlement, un usage.*
4. Baser. *Établir son argumentation sur des données précises.*
SYN. étayer ; fonder.
VERBE PRONOMINAL
1. S'installer (en un lieu). *Ils se sont établis à Saguenay.* SYN. habiter.
2. Commencer, prendre naissance. *Leur amitié s'établit peu à peu.*
À la forme pronominale, le participe passé de ce verbe s'accorde toujours en genre et en nombre avec son sujet. *Elles se sont établies à la campagne.*
LOCUTION
– ***S'établir à son compte.*** Lancer son entreprise, exercer sa profession. *Elle s'est établie à son compte* (et non *a parti son entreprise).
CONJUGAISON : VOIR MODÈLE FINIR.

ÉTABLISSEMENT n. m.
1. Création, mise sur pied. *L'établissement d'une coopérative.*
2. Action d'établir. *Procéder à l'établissement d'une nomenclature.*
3. Ensemble d'installations servant à l'exploitation d'une entreprise. *Un établissement commercial, bancaire.*
4. Lieu où l'on donne un enseignement scolaire (Recomm. off.). *Un établissement privé, public.*
1° L'emploi du terme ***institution*** comme terme générique désignant les écoles s'inspire de l'anglais. On emploiera plutôt le terme ***établissement.***
2° Selon le contexte, on trouvera les appellations ***établissement (d'enseignement) privé, établissement (d'enseignement) public, établissement scolaire, établissement d'éducation.***

ÉTAGE n. m.
Chacun des niveaux d'un immeuble à l'exclusion du rez-de-chaussée et des sous-sols. *Le rayon des jouets est au deuxième étage* (et non *plancher).
LOCUTION
– ***De bas étage.*** Inférieur, médiocre. *Des agissements de bas étage.*

ÉTAGER v. tr., pronom.
VERBE TRANSITIF
Superposer, échelonner. *Étager des cultures sur le versant de la montagne.*
VERBE PRONOMINAL
Être disposé en rangs superposés. *Les maisons s'étagent sur la colline.*
À la forme pronominale, le participe passé de ce verbe s'accorde toujours en genre et en nombre avec son sujet. *Les constructions se sont étagées sur la colline.*
CONJUGAISON : VOIR MODÈLE CHANGER.
Le ***g*** est suivi d'un ***e*** devant les lettres ***a*** et ***o***. *Il étagea, nous étageons.*

ÉTAGÈRE n. f.
Ensemble de tablettes disposées par étages. *Une étagère remplie de livres et de disques.*

ÉTAI n. m.
Pièce de bois servant à soutenir une construction. *Des étais.*
étai.

ÉTAIEMENT
VOIR – ÉTAYEMENT.

ÉTAIN n. m.
Symbole ***Sn*** (s'écrit sans point).
Métal mou de la couleur de l'argent. *Une assiette en étain.*
HOM. ***éteint,*** du verbe ***éteindre.***
étain.

et al.
Abréviation de ***et alii.***

ÉTAL n. m. (pl. *étals*)
1. Table épaisse de boucher. *Des étals bien propres.*
2. Table servant à exposer les denrées offertes à la vente dans un marché. *Des étals de fruits et de légumes. « À côté grouillait l'étal de morue »* (Gabrielle Roy, *La Détresse et l'Enchantement*). SYN. éventaire.
Le pluriel ***étaux*** est également attesté mais rare.

ÉTALAGE n. m.
Exposition de marchandises destinées à la vente. *De splendides étalages remplis de tentations.*
LOCUTION
– ***Faire étalage de.*** (PÉJ.) Montrer avec ostentation. *Les parvenus font étalage de leurs biens* SYN. afficher ; étaler ; exhiber.
étalage.

ÉTALAGISTE n. m. et f.
Personne chargée de concevoir et d'aménager des étalages commerciaux. *Des étalagistes inventives.*

ÉTALE adj.
1. Dont le niveau est stationnaire. *La mer est étale.*
2. (FIG.) Calme, immobile.
étale.

ÉTALEMENT n. m.
Échelonnement. *L'étalement des paiements.*

ÉTALER v. tr., pronom.
VERBE TRANSITIF
1. Exposer des marchandises pour la vente. SYN. disposer.
2. Étendre, déployer. *Il étale son journal, ses revues sur la table.* SYN. déplier; ouvrir.
3. Étendre sur une surface. *On a étalé du vernis sur le plancher.*
4. Répartir dans le temps. *Étaler des paiements. Les employés ont accepté d'étaler leurs vacances.* SYN. échelonner; répartir.
5. Faire étalage de, montrer avec ostentation. *Ils étalent leurs richesses.* SYN. afficher; exhiber; exposer.
VERBE PRONOMINAL
1. S'étendre. *Une peinture qui s'étale bien.* SYN. s'appliquer.
2. S'échelonner. *L'hypothèque s'étale sur vingt ans.*
3. (FAM.) Tomber. *Elle s'est étalée de tout son long.* SYN. s'étendre.
À la forme pronominale, le participe passé de ce verbe s'accorde toujours en genre et en nombre avec son sujet. *Nos paiements se sont étalés sur cinq ans.*
CONJUGAISON : VOIR MODÈLE AIMER.
étaler.

ET ALII
LOCUTIONS
Abréviation ***et al.*** (s'écrit avec un point).
Locution latine signifiant « et les autres ». SYN. et autres; et collab.
VOIR TABLEAU – RÉFÉRENCES BIBLIOGRAPHIQUES.

ÉTALON n. m.
1. Cheval destiné à la reproduction.
VOIR TABLEAU – ANIMAUX.
2. Représentation matérielle d'une unité de mesure qui sert de modèle légal. *Un mètre étalon.*
LOCUTION
– ***Étalon-or.*** Poids d'or correspondant à la valeur légale d'une unité monétaire.

ÉTALONNAGE n. m.
Démarche d'évaluation de biens, de services ou de pratiques d'une organisation par comparaison avec les modèles qui sont reconnus comme des normes de référence (GDT). *Se fonder sur l'étalonnage* (et non le *benchmarking) *pour améliorer la qualité des produits.*

ÉTALONNER v. tr.
Mesurer par comparaison avec un étalon.
Ne pas confondre avec les verbes suivants :
• ***calibrer,*** mesurer le diamètre intérieur d'un cylindre;
• ***jauger,*** mesurer la capacité d'un récipient, d'un navire.
CONJUGAISON : VOIR MODÈLE AIMER.
étalonner.

ÉTAMINE n. f.
1. Partie de la fleur qui produit le pollen.
2. Étoffe légère. *Des voilages d'étamine.*
3. Étoffe très légère servant à filtrer. *Un carré d'étamine* (et non de *coton à fromage).
Attention au genre féminin de ce nom : ***une*** étamine.

ÉTAMPE n. f.
Outil servant à produire des empreintes sur des pièces métalliques.
FORME FAUTIVE
*étampe. Anglicisme au sens de ***cachet, timbre, tampon encreur.***

ÉTAMPER v. tr.
Travailler une pièce métallique à l'étampe.
FORME FAUTIVE
*étamper un document. Anglicisme au sens de ***marquer, apposer un tampon, un timbre sur un document, timbrer un document.***
CONJUGAISON : VOIR MODÈLE AIMER.

ÉTANCHE adj.
1. Qui ne laisse pas passer les fluides. *Ce masque de plongée est étanche.* SYN. hermétique; imperméable.
2. (FIG.) Qui ne permet pas de communication entre des personnes, des services. *Des unités administratives étanches.*

ÉTANCHÉITÉ n. f.
Caractère de ce qui est étanche. *L'étanchéité d'une paroi.*

ÉTANCHEMENT n. m.
(LITT.) Action d'étancher. *L'étanchement d'une grande soif.* SYN. apaisement.

ÉTANCHER v. tr.
Arrêter l'écoulement d'un liquide.
Ne pas confondre avec le verbe ***épancher,*** donner libre cours à, confier.
LOCUTION
– ***Étancher sa soif.*** Apaiser sa soif. *Ce grand verre d'eau étanchera ma soif.*
CONJUGAISON : VOIR MODÈLE AIMER.

ÉTANG n. m.
Nappe d'eau de faible profondeur, souvent colonisée par la végétation (Recomm. off.). *Il y a des nénuphars et des grenouilles dans l'étang.*
Ne pas confondre avec les noms suivants :
• ***bassin,*** pièce d'eau artificielle, réservoir;
• ***lac,*** nappe d'eau douce entourée de terre, généralement pourvue d'un exutoire, ou élargissement d'un cours d'eau entraînant le dépôt de sédiments;
• ***nappe,*** vaste étendue d'eau plane, souvent souterraine.
étang.

ÉTANT DONNÉ
LOCUTIONS
– ***Étant donné,*** loc. prép. Compte tenu de. *Étant donné ses résultats, il est admis.*
Placée en tête de phrase, la locution prépositive est invariable. Par contre, le participe passé s'accordera lorsque la locution suit le nom. *Ces renseignements étant donnés.*
– ***Étant donné que,*** loc. conj. Vu que. *Étant donné que le nombre d'inscriptions est inférieur à 10, le cours n'aura pas lieu.* SYN. puisque.
Cette locution est suivie de l'indicatif.

ÉTAPE n. f.
1. Endroit où l'on s'arrête pour dormir au cours d'un voyage. *Les étapes de l'excursion seront Québec et Métis.*
Ne pas confondre avec les noms suivants :
• ***escale,*** lieu où un navire, un avion s'arrête;
• ***halte,*** arrêt bref au cours d'un voyage.
2. Phase d'une évolution. *Les étapes de l'adolescence.* SYN. période.
LOCUTIONS
– ***Brûler les étapes.*** Aller trop vite. *Ne brûlons pas les étapes : procédons méthodiquement.*
– ***Faire étape*** (dans un lieu). S'arrêter en un lieu au cours d'un voyage. *Nous ferons étape à Florence et à Venise.*

ÉTAT n. m.
1. Disposition. *Ne pas être dans son état normal. Cet appareil est en bon état.*
2. Entité politique. *Chef d'État, affaire d'État, coup d'État. L'État de New York.*
T En ce sens, le nom s'écrit avec une majuscule.

3. Ensemble des pouvoirs publics d'une nation. *L'État prélève des impôts.* SYN. Administration.
[T] En ce sens, le nom s'écrit avec une majuscule.
LOCUTIONS
– ***En tout état de cause,*** loc. adv. Quoi qu'il en soit, dans tous les cas.
– ***État civil.*** Ensemble des qualités propres à une personne physique, telles que le nom, la date et le lieu de naissance, le sexe, la nationalité et l'état matrimonial (GDT). *Au Québec, le système des registres d'état civil et le système religieux des paroisses se sont croisés pour donner une double tenue de registres. Les renseignements relatifs à l'état civil* (et non au *statut civil).
[T] En ce sens, le nom s'écrit avec une minuscule.
– ***État d'âme.*** Disposition d'esprit.
– ***État de choses.*** Ensemble des circonstances considérées.
– ***État de compte.*** Document indiquant le solde d'un compte.
– ***État matrimonial.*** Situation légale d'une personne au regard du mariage. *Un employeur ne peut questionner un futur employé sur son origine ethnique, sa date ou son lieu de naissance, son état matrimonial, ses affiliations politiques, son crédit.* SYN. situation de famille.
– ***États de service.*** Expérience d'une personne.
– ***États financiers.*** Ensemble de documents comptables qui traduisent la situation financière d'une entreprise.

ÉTATIQUE adj.
Relatif à l'État. *Un organisme étatique.*

ÉTATISATION n. f.
Action d'étatiser. *L'étatisation des exploitations hydroélectriques.* SYN. nationalisation. ANT. privatisation.

ÉTATISER v. tr.
Nationaliser. *Le gouvernement a étatisé cette compagnie aérienne.* ANT. privatiser.
CONJUGAISON : VOIR MODÈLE AIMER.

ÉTAT-MAJOR n. m. (pl. *états-majors*)
1. Ensemble des officiers qui commandent une armée sous les ordres d'un officier supérieur.
2. (FIG.) Structure administrative qui groupe les personnes remplissant des fonctions de conseillers ou de spécialistes auprès de la direction. *Un état-major* (et non un *brain trust).

ÉTATS-UNIEN, IENNE adj. et n. m. et f.
Des États-Unis. *La mentalité états-unienne. Un États-Unien, une États-Unienne.* SYN. américain.
[T] L'adjectif s'écrit avec des minuscules ; le nom, avec des majuscules.
On relève également quelques emplois de la variante orthographique ***étasunien, étasunienne.***

ÉTATS-UNIS n. m. pl.
Abréviation ***É.-U.*** (s'écrit avec des points).

ÉTAU n. m. (pl. *étaux*)
Appareil qui sert à assujettir la pièce que l'on veut travailler. *Le menuisier resserre l'étau où il a placé sa planche de bois.*

ÉTAYAGE n. m.
Action d'étayer.

ÉTAYEMENT ou **ÉTAIEMENT** n. m.
Action d'étayer.

ÉTAYER v. tr., pronom.
VERBE TRANSITIF
1. Soutenir à l'aide d'étais. *Étayer un mur par* ou *avec* ou *à l'aide de poutrelles d'acier.*
En ce sens, le verbe se construit avec les prépositions ***par, avec*** ou avec la locution prépositive ***à l'aide de.***
2. (FIG.) Appuyer. *Étayer une démonstration par, sur, avec* ou *à l'aide de données statistiques. Un exposé étayé sur des arguments solides.* SYN. baser ; fonder.
En ce sens, le verbe se construit avec les prépositions ***par, avec, sur*** ou avec la locution prépositive ***à l'aide de.***
VERBE PRONOMINAL
Se fonder. *Les divers témoignages s'étaient étayés en tous points.*
À la forme pronominale, le participe passé de ce verbe s'accorde toujours en genre et en nombre avec son sujet. *Ses avis se sont étayés sur des textes juridiques.*
CONJUGAISON : VOIR MODÈLE PAYER.
Le ***y*** peut se changer en ***i*** devant un ***e*** muet. Cette dernière forme est la plus usitée. *J'étaie* ou *j'étaye, j'étaierai* ou *j'étayerai.*
Le ***y*** est suivi d'un ***i*** à la première et à la deuxième personne du pluriel de l'indicatif imparfait et du subjonctif présent. *(Que) nous étayions, (que) vous étayiez.*

etc.
Abréviation de ***et cætera.***
L'abréviation vient à la suite d'au moins deux éléments cités ; elle doit toujours être précédée d'une virgule et ne peut être suivie de points de suspension. On met une virgule après l'abréviation si elle ne termine pas une parenthèse ou une phrase. *Voici des pommes, des oranges, etc., de beaux fruits que tu apprécieras. Les agrumes (orange, mandarine, pamplemousse, etc.) se conservent bien.*

ET CÆTERA ou **ET CETERA** loc. adv. et n. m. inv.
Attention à la prononciation des premières lettres : ***etsé,*** [ɛtsetera] ; le troisième ***e*** se prononce ***é.***
LOCUTION ADVERBIALE
Abréviation ***etc.*** (s'écrit avec un point).
Expression latine signifiant « et autres choses semblables ». Et le reste.
NOM MASCULIN INVARIABLE
Expression indiquant qu'une énumération n'est pas exhaustive. *Il est rare qu'un texte littéraire contienne des* et cætera ou *des* et cetera ou *des* etc.
[T] En typographie soignée, les mots étrangers sont composés en italique. Dans des textes déjà en italique, la notation se fait en romain. Pour les textes manuscrits, on utilisera les guillemets.
Cette expression s'emploie surtout sous sa forme abrégée ***etc.*** et doit toujours être précédée d'une virgule. Elle doit être suivie d'une virgule si elle ne termine pas une parenthèse ou une phrase.
[Les *Rectifications* (1990) admettent : etcétéra, des etcétéras.]

ET COMMERCIAL n. m.
Le ***et commercial*** est représenté par le caractère d'imprimerie **&** (s'écrit sans point). SYN. esperluette.

ÉTÉ n. m.
Saison qui suit le printemps et précède l'automne, et qui, dans notre hémisphère, est la plus chaude de l'année (du 21 juin au 22 septembre). *Prendre des vacances en été* ou *à l'été.*
Tous les noms de saisons sont masculins.
Le complément de temps est introduit par les prépositions ***en, à.***
LOCUTION
– ***Été des Indiens.*** Période de chaleur et de soleil assez brève au milieu de l'automne (en octobre).
En France, se dit ***été de la Saint-Martin*** (en novembre).

ÉTEIGNOIR n. m.
1. Ustensile qui sert à éteindre les bougies.
2. (FIG.) Rabat-joie. *Ces personnes sinistres sont des éteignoirs de concupiscence !*

ÉTEINDRE v. tr., pronom.
VERBE TRANSITIF
1. Mettre fin à un feu. *Ils ont réussi à éteindre l'incendie. Éteins ta cigarette.* ANT. allumer.
2. Supprimer la lumière de. *Éteindre une pièce.* ANT. allumer.

3. Faire cesser le fonctionnement d'un appareil. *Éteindre la radio.* ANT. allumer.
VERBE PRONOMINAL
1. Cesser de brûler, d'éclairer. *La bougie s'est éteinte.*
2. Disparaître. *Cette espèce d'oiseau pourrait s'éteindre : elle est en voie de disparition.*
3. (FIG.) Mourir. *Ils se sont éteints paisiblement le même jour.*
À la forme pronominale, le participe passé de ce verbe s'accorde toujours en genre et en nombre avec son sujet. *Les lumières se sont éteintes à minuit.*
LOCUTION
– ***Éteindre l'électricité.***
L'usage l'a emporté sur la logique dans les expressions familières ***éteindre la lumière, éteindre l'électricité.***
CONJUGAISON : VOIR MODÈLE ÉTEINDRE.
Les lettres ***gn*** sont suivies d'un ***i*** à la première et à la deuxième personne du pluriel de l'indicatif imparfait et du subjonctif présent. *(Que) nous éteignions, (que) vous éteigniez.*

ÉTEINT, EINTE adj.
1. Qui a cessé de brûler, d'éclairer, de fonctionner. *Un feu de camp éteint, une lampe éteinte, des téléviseurs éteints.*
2. Faible, sans éclat. *Une voix éteinte.*
3. Disparu. *Un amour éteint. Une race éteinte.*

ÉTENDARD n. m.
Drapeau, enseigne de guerre. *Les manifestants brandissaient leurs étendards et scandaient des slogans.*
étendard.

ÉTENDRE v. tr., pronom.
VERBE TRANSITIF
1. Allonger. *Je n'ai qu'à étendre le bras.* SYN. déplier.
2. Rendre plus grand. *Étendre une propriété.* SYN. accroître ; agrandir ; développer.
3. Déployer, déplier. *Étends les serviettes sur la corde à linge.*
VERBE PRONOMINAL
1. S'allonger, en parlant d'une personne. *Elle était un peu fatiguée, elle s'est étendue quelques minutes.* SYN. se coucher.
2. Occuper un certain espace. *Ses terres s'étendent jusqu'à la forêt.* SYN. aller jusqu'à ; couvrir.
3. Se développer. *L'incendie s'est étendu à cause du vent.* SYN. augmenter ; se propager.
À la forme pronominale, le participe passé de ce verbe s'accorde toujours en genre et en nombre avec son sujet. *Ils se sont étendus trop longuement sur le sujet.*
LOCUTION
– ***S'étendre*** (sur un sujet, une question). Faire un long développement. *Je ne m'étendrai pas* (et non *n'élaborerai pas) *sur ce thème.*
CONJUGAISON : VOIR MODÈLE FENDRE.
INDICATIF PRÉSENT *J'étends, tu étends, il étend, nous étendons, vous étendez, ils étendent.* IMPARFAIT *J'étendais.* PASSÉ SIMPLE *J'étendis.* FUTUR *J'étendrai.* CONDITIONNEL PRÉSENT *J'étendrais.* IMPÉRATIF PRÉSENT *Étends, étendons, étendez.* SUBJONCTIF PRÉSENT *Que j'étende.* IMPARFAIT *Que j'étendisse.* PARTICIPE PRÉSENT *Étendant.* PASSÉ *Étendu, ue.*

ÉTENDU, UE adj.
1. Vaste, large. *Une propriété très étendue.* SYN. grand.
2. De grande envergure, important. *Des prérogatives étendues.*
3. Déployé. *Les ailes étendues de l'albatros peuvent atteindre trois mètres.*
4. Couché. *Un chien étendu dans le foin.* SYN. allongé.
5. Additionné. *Du vin étendu d'eau.* SYN. coupé.

ÉTENDUE n. f.
1. Espace, surface. *Une vaste étendue.* SYN. superficie.
2. Ampleur. *Mesurer l'étendue des dommages.*
3. Domaine. *Augmenter l'étendue de ses connaissances.* SYN. champ.

ÉTERNEL, ELLE adj. et n. m.
ADJECTIF
1. Qui n'a ni commencement ni fin. *Un monde éternel.*
2. Qui dure indéfiniment. *Des neiges éternelles.*
3. Répétitif. *Il nous raconte ses éternelles histoires.* SYN. continuel ; incessant ; perpétuel ; sempiternel.
Cet adjectif n'admet ni comparatif ni superlatif.
NOM MASCULIN
1. Ce qui est hors du temps, sans commencement ni fin.
2. Dieu. *Elle croyait en l'Éternel.*
T En ce sens, le nom s'écrit avec une majuscule.

ÉTERNELLEMENT adv.
1. De tout temps. *Pour les chrétiens, Dieu existe éternellement.*
2. Sans cesse. *Il se plaint éternellement.* SYN. continuellement.

ÉTERNISER v. tr., pronom.
VERBE TRANSITIF
Prolonger indéfiniment. *Il se plaît à éterniser les travaux.*
VERBE PRONOMINAL
Durer trop longtemps. *La réunion s'éternise.*
À la forme pronominale, le participe passé de ce verbe s'accorde toujours en genre et en nombre avec son sujet. *L'assemblée s'est éternisée.*
CONJUGAISON : VOIR MODÈLE AIMER.

ÉTERNITÉ n. f.
1. Durée éternelle, sans commencement ni fin.
2. (FIG.) Période très longue. *Il y a une éternité que tu lui as parlé.*
LOCUTION
– ***De toute éternité,*** loc. adv. Depuis toujours.

ÉTERNUEMENT n. m.
Expiration bruyante et brutale causée par une irritation de la muqueuse nasale. *Dans les bandes dessinées, l'éternuement est noté* atchoum !
éternuement.

ÉTERNUER v. intr.
Faire un éternuement. *La poussière la fait éternuer.*
CONJUGAISON : VOIR MODÈLE AIMER.

ÉTHER n. m.
Le ***r*** se prononce, [etɛr] ; le nom rime avec ***terre.***
1. Liquide très volatil et inflammable employé comme solvant, antiseptique et anesthésique. *On se servait de l'éther pour endormir autrefois.*
2. (LITT.) Air, ciel.
Attention au genre masculin de ce nom : ***un*** éther.
éther.

ÉTHÉRÉ, ÉE adj.
1. Qui appartient à l'éther.
2. (LITT.) Très pur, très élevé. *Une ballerine éthérée.*

ÉTHICIEN n. m.
ÉTHICIENNE n. f.
Spécialiste des questions éthiques. *L'éthicien « cherche à jeter de la lumière sur un paysage accidenté, mais il ne doit pas dicter aux citoyens le chemin à adopter à l'intérieur de ce paysage »* (Daniel Weinstock, *Profession éthicien*).

ÉTHIOPIEN, IENNE adj. et n. m. et f.
ADJECTIF ET NOM MASCULIN ET FÉMININ
D'Éthiopie. *Le drapeau éthiopien. Un Éthiopien, une Éthiopienne.*
T L'adjectif s'écrit avec une minuscule ; le nom, avec une majuscule.
NOM MASCULIN
Langue parlée en Éthiopie. *Parler l'éthiopien.*
T Le nom de la langue s'écrit avec une minuscule.

E

E

CONJUGAISON DU VERBE **ÉTEINDRE**

INDICATIF

PRÉSENT		PASSÉ COMPOSÉ		
j'	étei**ns**	j'	ai	éteint
tu	étei**ns**	tu	as	éteint
elle	étei**nt**	elle	a	éteint
il	étei**nt**	il	a	éteint
nous	étei**gnons**	nous	avons	éteint
vous	étei**gnez**	vous	avez	éteint
elles	étei**gnent**	elles	ont	éteint
ils	étei**gnent**	ils	ont	éteint

IMPARFAIT		PLUS-QUE-PARFAIT		
j'	étei**gnais**	j'	avais	éteint
tu	étei**gnais**	tu	avais	éteint
elle	étei**gnait**	elle	avait	éteint
il	étei**gnait**	il	avait	éteint
nous	étei**gnions**	nous	avions	éteint
vous	étei**gniez**	vous	aviez	éteint
elles	étei**gnaient**	elles	avaient	éteint
ils	étei**gnaient**	ils	avaient	éteint

PASSÉ SIMPLE		PASSÉ ANTÉRIEUR		
j'	étei**gnis**	j'	eus	éteint
tu	étei**gnis**	tu	eus	éteint
elle	étei**gnit**	elle	eut	éteint
il	étei**gnit**	il	eut	éteint
nous	étei**gnîmes**	nous	eûmes	éteint
vous	étei**gnîtes**	vous	eûtes	éteint
elles	étei**gnirent**	elles	eurent	éteint
ils	étei**gnirent**	ils	eurent	éteint

FUTUR SIMPLE		FUTUR ANTÉRIEUR		
j'	étei**ndrai**	j'	aurai	éteint
tu	étei**ndras**	tu	auras	éteint
elle	étei**ndra**	elle	aura	éteint
il	étei**ndra**	il	aura	éteint
nous	étei**ndrons**	nous	aurons	éteint
vous	étei**ndrez**	vous	aurez	éteint
elles	étei**ndront**	elles	auront	éteint
ils	étei**ndront**	ils	auront	éteint

CONDITIONNEL PRÉSENT		CONDITIONNEL PASSÉ		
j'	étei**ndrais**	j'	aurais	éteint
tu	étei**ndrais**	tu	aurais	éteint
elle	étei**ndrait**	elle	aurait	éteint
il	étei**ndrait**	il	aurait	éteint
nous	étei**ndrions**	nous	aurions	éteint
vous	étei**ndriez**	vous	auriez	éteint
elles	étei**ndraient**	elles	auraient	éteint
ils	étei**ndraient**	ils	auraient	éteint

SUBJONCTIF

PRÉSENT			PASSÉ			
que	j'	étei**gne**	que	j'	aie	éteint
que	tu	étei**gnes**	que	tu	aies	éteint
qu'	elle	étei**gne**	qu'	elle	ait	éteint
qu'	il	étei**gne**	qu'	il	ait	éteint
que	nous	étei**gnions**	que	nous	ayons	éteint
que	vous	étei**gniez**	que	vous	ayez	éteint
qu'	elles	étei**gnent**	qu'	elles	aient	éteint
qu'	ils	étei**gnent**	qu'	ils	aient	éteint

IMPARFAIT			PLUS-QUE-PARFAIT			
que	j'	étei**gnisse**	que	j'	eusse	éteint
que	tu	étei**gnisses**	que	tu	eusses	éteint
qu'	elle	étei**gnît**	qu'	elle	eût	éteint
qu'	il	étei**gnît**	qu'	il	eût	éteint
que	nous	étei**gnissions**	que	nous	eussions	éteint
que	vous	étei**gnissiez**	que	vous	eussiez	éteint
qu'	elles	étei**gnissent**	qu'	elles	eussent	éteint
qu'	ils	étei**gnissent**	qu'	ils	eussent	éteint

IMPÉRATIF

PRÉSENT	PASSÉ	
étei**ns**	aie	éteint
étei**gnons**	ayons	éteint
étei**gnez**	ayez	éteint

INFINITIF

PRÉSENT	PASSÉ
étei**ndre**	avoir éteint

PARTICIPE

PRÉSENT	PASSÉ
étei**gnant**	éteint, einte ayant éteint

ÉTHIQUE adj. et n. f.
ADJECTIF
Qui se rapporte à la morale. *Des principes éthiques.*
NOM FÉMININ
1. Discipline de la philosophie qui a pour objet les principes moraux guidant la conduite d'un individu, d'un groupe. *Suivre un cours d'éthique.*
2. Ensemble des règles de conduite propres à une communauté.
LOCUTIONS
– ***Code d'éthique.*** Texte énonçant les valeurs et les principes à connotation morale ou civique auxquels adhère une organisation et qui servent de guide à un individu ou à un groupe afin de l'aider à juger de la justesse de ses comportements (GDT).
Ne pas confondre avec les locutions suivantes :
• ***code de conduite,*** ensemble de règles écrites qu'une entreprise ou un organisme s'engage à observer et qui régissent la conduite du personnel et de ses dirigeants ;
• ***code de déontologie,*** texte réglementaire énonçant les règles de conduite professionnelle qui régissent l'exercice d'une profession ou d'une fonction et faisant état des devoirs, des obligations et des responsabilités auxquels sont soumis ceux qui l'exercent.
– ***Éthique du réseau.*** (INFORM.) Ensemble des principes moraux régissant le comportement des internautes dans le réseau de téléinformation (GDT). *Il importe de respecter l'éthique du réseau* ou *d'Internet* (et non du *net).
– ***Fonds éthiques.*** Investissements effectués dans des entreprises respectant des critères sociaux, environnementaux et financiers. *Les sociétés des secteurs de la production d'armement, de l'énergie nucléaire, des boissons alcooliques et des produits du tabac sont fréquemment bannies des fonds éthiques.*
– ***Produit éthique.*** Produit conçu, fabriqué et distribué par une ou des entreprises respectueuses des règles de conduite de la société.
HOM. ***étique,*** d'une extrême maigreur.

ETHNIE n. f.
Collectivité ayant une identité linguistique et culturelle. *L'ethnie française regroupe les francophones.*
Ce terme est préféré à celui de ***race,*** qui comporte la notion de caractères physiques héréditaires.

ETHNIQUE adj.
Relatif à une ethnie. *Une minorité ethnique.*
Cet adjectif tend à supplanter ***racial.***
FORME FAUTIVE
*ethnique. Anglicisme au sens de ***allophone, membre d'un groupe ethnique minoritaire, de langue étrangère.***

ETHNO- préf.
Élément du grec signifiant « peuple ». *Ethnologie.*

ETHNOGRAPHE n. m. et f.
Spécialiste de l'ethnographie.
eth**n**ographe.

ETHNOGRAPHIE n. f.
Science des ethnies et de leurs caractéristiques.

ETHNOLINGUISTIQUE adj. et n. f.
Qui se rapporte à l'ethnologie du langage.

ETHNOLOGIE n. f.
Science des rapports linguistiques, sociaux, économiques des ethnies.

ETHNOLOGUE n. m. et f.
Spécialiste de l'ethnologie.

ÉTHYLÈNE n. m.
Hydrocarbure gazeux.
Attention au genre masculin de ce nom : ***un*** éthylène.
é**thy**lène.

ÉTHYLIQUE adj.
(MÉD.) Alcoolique, provoqué par l'alcool. *Un coma éthylique.*
é**thy**lique.

ÉTHYLISME n. m.
(MÉD.) Alcoolisme.
é**thy**lisme.

ÉTHYLOTEST ou **ÉTHYLOMÈTRE** n. m.
1. Appareil destiné à évaluer la concentration d'alcool dans le sang par l'analyse de l'air expiré. *L'éthylotest* ou *éthylomètre permet de mesurer le taux d'alcoolémie* (Recomm. off.).
2. Détermination du taux d'alcool dans le sang à l'aide d'un test. *Cet automobiliste a refusé de se soumettre à l'éthylotest* ou *à l'éthylomètre* (Recomm. off.).
LOCUTION
– ***Éthylotest antidémarrage.*** Dispositif pourvu d'un éthylomètre, qui empêche le démarrage d'un véhicule lorsque l'alcoolémie de son conducteur atteint un certain niveau.

ÉTINCELANT, ANTE adj.
Le *e* est muet, [etɛ̃slɑ̃, ɑ̃t].
Brillant. *Julien a astiqué les cuivres, qui sont étincelants. Un sourire étincelant. Une maison étincelante de propreté.*
étincelant, malgré ***étincelle.***

ÉTINCELER v. intr.
Le ***e*** central est muet, [etɛ̃sle].
(LITT.) Scintiller. *Le cristal étincelle de mille feux.* SYN. miroiter.
CONJUGAISON : VOIR MODÈLE APPELER.
Redoublement du ***l*** devant un ***e*** muet. *Il étincelle, il étincellera,* mais *il étincelait.*
étinceler.
[Les *Rectifications* (1990) admettent : il étincèle, étincèlera, étincèlerait...]

ÉTINCELLE n. f.
1. Parcelle enflammée qui jaillit d'un feu. *Ce sont des étincelles de soudure qui ont provoqué l'incendie du magasin.*
2. Éclat vif et passager. *Le court-circuit a provoqué des étincelles.*
LOCUTION
– ***C'est l'étincelle qui a mis le feu aux poudres.*** (FIG.) Incident qui a causé l'affrontement, le conflit.
étincelle.

ÉTINCELLEMENT n. m.
Éclat, scintillement. *L'étincellement du soleil sur les vagues.*
[Les *Rectifications* (1990) admettent : étincèlement.]

ÉTIOLEMENT n. m.
Dépérissement, au propre et au figuré. *L'étiolement d'un jardin à l'abandon. L'étiolement de la malade fait peine à voir.*
étiolement.

ÉTIOLER (S') v. pronom.
Devenir chétif, perdre de la vigueur. *Cette plante a besoin de soleil : elle s'étiolerait dans cet endroit sombre.* SYN. s'affaiblir ; dépérir.
Le participe passé de ce verbe, qui n'existe qu'à la forme pronominale, s'accorde toujours en genre et en nombre avec son sujet. *Sa santé s'est étiolée.*
CONJUGAISON : VOIR MODÈLE AIMER.
étioler.

ÉTIQUE adj.
D'une extrême maigreur. *Des enfants affamés étiques.* SYN. squelettique.
HOM. ***éthique,*** qui se rapporte à la morale.

ÉTIQUETAGE n. m.
Le ***e*** central est muet, [etiktaʒ].
Action d'étiqueter. *L'étiquetage des produits en français.*
étiquetage, malgré ***étiquette.***

ÉTIQUETER v. tr.
Le *e* central est muet, [etikte].
Marquer d'une étiquette. *Tous les produits ont été étiquetés en français, en anglais et en espagnol.*
CONJUGAISON : VOIR MODÈLE APPELER.
Redoublement du *t* devant un *e* muet. *J'étiquette, j'étiquetterai,* mais *j'étiquetais.*
[Les *Rectifications* (1990) admettent : il étiquète, étiquètera, étiquèterait...]

ÉTIQUETTE n. f.
1. Petite fiche comportant le prix, le contenu, la nature, la taille, le poids d'un article. *Une étiquette rouge précise le prix de chaque article.*
2. Appartenance à un mouvement, à un parti. *Ce candidat se présentera sous l'étiquette péquiste, du Parti libéral.*
3. Protocole. *Respecter l'étiquette.* SYN. cérémonial ; usage.
étiquette, malgré ***étiqueter.***

ÉTIREMENT n. m.
Action d'étirer, de s'étirer ; son résultat. *L'étirement d'un muscle.*

ÉTIRER v. tr., pronom.
VERBE TRANSITIF
Étendre par traction. *Antoine étire ses bras, puis ses jambes.* SYN. allonger.
VERBE PRONOMINAL
1. S'allonger en étendant les membres. *Le chaton s'étire paresseusement.*
2. Passer trop lentement. *La conversation s'étirait depuis une heure.* SYN. se prolonger.
À la forme pronominale, le participe passé de ce verbe s'accorde en genre et en nombre avec le complément direct si celui-ci le précède. *Le ligament qu'elle s'est étiré. La chatte s'est étirée paresseusement.* Le participe passé reste invariable si le complément direct suit le verbe. *Elle s'est étiré un muscle.*
CONJUGAISON : VOIR MODÈLE AIMER.

ÉTOFFE n. f.
Tissu. *Une étoffe imprimée. Des étoffes de laine et de soie.*

ÉTOFFÉ, ÉE adj.
Dont le contenu est riche et varié. *Une argumentation étoffée.* SYN. ample ; fort.

ÉTOFFER v. tr.
1. (VX) Donner de l'ampleur en utilisant toute l'étoffe nécessaire. *Étoffer une robe du soir.*
2. (FIG.) Enrichir, donner plus de matière, d'intensité. *Étoffer un récit par des illustrations et des rappels historiques.*
CONJUGAISON : VOIR MODÈLE AIMER.

ÉTOILE n. f.
1. Astre. *L'étoile Polaire, visible à l'œil nu, est à proximité du pôle Nord dans le ciel.*
T Les noms d'étoiles, de planètes, de constellations s'écrivent avec une majuscule. *Bételgeuse, Véga, Sirius sont des étoiles très brillantes.*
2. Interprète (ballet, opéra, cinéma, théâtre, chanson, etc.), athlète de réputation internationale. *Céline Dion, Pierre Lapointe, Rufus Wainright et Patrick Watson sont des étoiles de la chanson.* SYN. star ; vedette.
LOCUTIONS
– ***À la belle étoile,*** loc. adv. En plein air, la nuit. *Que c'est amusant de dormir à la belle étoile !*
– ***Étoile de mer.*** Animal marin en forme d'étoile à cinq branches. *Les enfants ont rapporté des étoiles de mer de la plage.*
– ***Étoile filante.*** Phénomène lumineux passager causé par l'entrée dans l'atmosphère terrestre d'un corps venu de l'espace. SYN. météore.
– ***Étoile montante.*** (FIG.) Personne au talent prometteur qui est en train de devenir célèbre dans son domaine. *Alexandre Despaties est l'étoile montante du plongeon.*
– ***La guerre des étoiles.*** Système de défense servant à intercepter les missiles ennemis.

ÉTOILÉ, ÉE adj.
Parsemé d'étoiles. *Un magnifique ciel d'été étoilé.*

ÉTOILER v. tr.
Parsemer d'étoiles ou d'éléments en forme d'étoiles. *Des marguerites étoilaient la pelouse.*
CONJUGAISON : VOIR MODÈLE AIMER.

ÉTOLE n. f.
Large bande de fourrure qui se porte sur les épaules. *Les étoles de vison sont passées de mode.*

ÉTONNAMMENT adv.
De façon étonnante. *Cette enfant parle étonnamment bien pour son âge.* SYN. curieusement.

ÉTONNANT, ANTE adj.
1. Surprenant. *Un geste étonnant.* SYN. bizarre ; curieux ; déconcertant ; inattendu ; stupéfiant.
2. Frappant par son originalité, par son caractère peu ordinaire. *C'est une personne étonnante. C'est une œuvre étonnante.* SYN. extraordinaire ; original ; remarquable.

ÉTONNEMENT n. m.
Le *e* central est muet, [etɔnmɑ̃].
Vive surprise. *À notre grand étonnement, il est arrivé à temps.* SYN. stupéfaction.

ÉTONNER v. tr., pronom.
VERBE TRANSITIF
Causer de la surprise à. *Sa décision de changer de profession nous a étonnés.* SYN. frapper ; surprendre.
À la voix passive, le verbe se construit avec les prépositions ***de, par.*** *Ils sont étonnés de cette absence, par cette originalité.*
VERBE PRONOMINAL
Se surprendre. *Il s'étonne qu'elle soit venue si vite le voir.*
S'étonner + ***que*** se construit avec le subjonctif.
À la forme pronominale, le participe passé de ce verbe s'accorde toujours en genre et en nombre avec son sujet. *Ils se sont étonnés de nous voir.*
Ce verbe vient du latin «*attonare*», qui signifie «frapper du tonnerre».
CONJUGAISON : VOIR MODÈLE AIMER.

ET/OU
Symbole de jonction ou de disjonction.
À l'exception de contextes très particuliers, de nature technique ou scientifique, où il apparaît nécessaire de marquer consécutivement la coordination ou l'absence de coordination de façon très brève et explicite, l'emploi de la locution ***et/ou*** est inutile, la conjonction ***ou*** exprimant parfaitement ces nuances. À cet égard, l'accord du verbe avec des sujets coordonnés par ***ou*** est significatif, le pluriel marquant la coordination, le singulier, l'absence de coordination. Ainsi, dans l'énoncé « Marie ou Benoît sont admissibles », ils sont l'un et l'autre admissibles. Si l'on juge que l'énoncé n'est pas suffisamment explicite, on pourra recourir à une autre construction. *Les étudiants peuvent choisir les civilisations grecque ou latine ou les deux à la fois.*

ÉTOUFFANT, ANTE adj.
Où l'on manque d'air. *Une chaleur étouffante.* SYN. accablant ; oppressant ; suffocant.
Ne pas confondre avec le participe présent invariable ***étouffant.*** *Elle restait là sans bouger, étouffant ses sanglots.*

ÉTOUFFÉE (À L') loc. adv.
À la vapeur. *Cuire à l'étouffée.*

ÉTOUFFEMENT n. m.
Asphyxie, obstruction des voies respiratoires. *Cette sensation d'étouffement est horrible.*

ÉTOUFFER v. tr., intr., pronom.
VERBE TRANSITIF
1. Priver d'air. *Ce foulard trop serré l'étouffe. C'est la fumée qui les a étouffés.* SYN. asphyxier.
2. Empêcher de se faire entendre. *Ces tapis épais étouffent les pas.* SYN. amortir; assourdir.
3. Arrêter, enrayer. *Étouffer un incendie, un scandale.*
VERBE INTRANSITIF
1. Manquer d'air. *Ouvre la fenêtre : on étouffe ici!* SYN. suffoquer.
2. Se sentir à l'étroit. *On ne peut donner son avis dans cette famille, on étouffe!*
VERBE PRONOMINAL
Perdre la respiration. *Elle s'est étouffée en avalant de travers.* SYN. s'asphyxier; suffoquer.
À la forme pronominale, le participe passé de ce verbe s'accorde toujours en genre et en nombre avec son sujet. *Les enfants se sont étouffés en buvant du lait.*
CONJUGAISON : VOIR MODÈLE AIMER.

ÉTOURDERIE n. f.
Distraction. *Son étourderie finira par lui causer des problèmes.* SYN. bévue; (FAM.) gaffe.

ÉTOURDI, IE adj. et n. m. et f.
Insouciant, distrait. *Ève est étourdie, elle a oublié sa clé.*

ÉTOURDIMENT adv.
Inconsidérément. *Il a étourdiment jeté factures et reçus.*
étourd**i**ment.

ÉTOURDIR v. tr., pronom.
VERBE TRANSITIF
Faire perdre l'équilibre à. *Ces nombreuses pirouettes ont étourdi Sébastien.*
VERBE PRONOMINAL
Se distraire. *Elle cherche à s'étourdir en riant beaucoup avec ses amis.* SYN. oublier.
À la forme pronominale, le participe passé de ce verbe s'accorde toujours en genre et en nombre avec son sujet. *Les enfants se sont étourdis en tournoyant comme des toupies.*
CONJUGAISON : VOIR MODÈLE FINIR.

ÉTOURDISSANT, ANTE adj.
Qui étourdit. *Des danses étourdissantes, un bruit étourdissant.*
Ne pas confondre avec le participe présent invariable ***étourdissant.*** *La danse l'étourdissant, elle perdit pied.*

ÉTOURDISSEMENT n. m.
Vertige. *Il a eu un étourdissement.* SYN. faiblesse.

ÉTOURNEAU n. m. (pl. *étourneaux*)
Passereau au plumage sombre tacheté de blanc.

ÉTRANGE adj.
Étonnant, bizarre. *Ce comportement est étrange.* SYN. anormal; inhabituel. ANT. courant; habituel.

ÉTRANGEMENT adv.
De façon étrange. *Il se conduit étrangement : est-il malade?*

ÉTRANGER, ÈRE adj. et n. m. et f.
ADJECTIF
D'une autre nation, d'un autre groupe. *Des langues étrangères.*
NOM MASCULIN ET FÉMININ
1. Personne d'une autre nationalité. *Ce sont des étrangers, ils viennent du Pérou.*
2. Personne que l'on ne connaît pas. *Il vaut mieux ne pas parler à des étrangers.*
NOM MASCULIN
Pays autre que celui dont on est citoyen. *Son ami vit à l'étranger.*
LOCUTION
– ***Corps étranger.*** Chose qui se trouve dans un organisme et qui ne devrait pas y être. *Il avait un corps étranger dans l'œil.*

ÉTRANGLEMENT n. m.
Resserrement. *Un goulot d'étranglement.*

ÉTRANGLER v. tr., pronom.
VERBE TRANSITIF
1. Étouffer, faire perdre la respiration à, par strangulation. *Le bandit a tenté d'étrangler sa victime.*
2. (FIG.) Museler, empêcher de s'exprimer. *Étrangler la presse.*
VERBE PRONOMINAL
S'étouffer, être privé de respiration. *S'étrangler en avalant de travers.*
À la forme pronominale, le participe passé de ce verbe s'accorde toujours en genre et en nombre avec son sujet. *En apprenant cette nomination, ils se sont étranglés de rire.*
CONJUGAISON : VOIR MODÈLE AIMER.

ÉTRANGLEUR, EUSE n. m. et f.
Personne qui étrangle.

ÊTRE n. m.
1. Ce qui est, créature. *Les êtres vivants.*
2. Personne. *Un être cher.*

ÊTRE v. intr.
Exister, avoir une réalité. *« Je pense, donc je suis »* (René Descartes, *Discours de la méthode*). *L'heureux temps des vacances n'est plus.*
VERBE RELIANT L'ATTRIBUT AU SUJET
Le verbe ***être*** établit la relation entre le sujet et l'attribut. *Les érables sont magnifiques.*
1. Se situer. *La ville de Trois-Rivières est au nord du Saint-Laurent.*
2. Se trouver. *Ils seront à Paris en mai. Il est sans le sou.*
3. Appartenir. *Cette maison est à elle.*
4. S'occuper à. *Être à son travail.*
5. Tendre vers. *Le temps est à la neige.*
6. Faire partie de. *Être de la fête, d'une société donnée.*
7. Venir de, être originaire de. *Geneviève est de Montréal.*
8. Donner son soutien à. *Elle est pour l'indépendance du Québec.*
VOIR TABLEAU – ATTRIBUT.
AUXILIAIRE DE CONJUGAISON
L'auxiliaire ***être*** sert à conjuguer :
– les verbes passifs dans tous leurs temps et modes. *Elle est aimée.*
– les verbes composés des verbes pronominaux. *Ils se sont habillés.*
– les temps composés de certains verbes intransitifs. *Le lac est dégelé.*
AUXILIAIRE DE TEMPS
– ***Être à*** + infinitif ou phrase infinitive. La forme verbale marque une action en cours. *Elle est à réfléchir.*
– ***Être en train de*** + infinitif ou phrase infinitive. La forme verbale marque une action en voie d'accomplissement. *Ils sont en train d'étudier.*
– ***Être sur le point de, être en passe de*** + infinitif ou phrase infinitive. Les formes verbales marquent un futur proche. *Elles sont sur le point de partir. Ils sont en passe d'atteindre leur but.*
VOIR TABLEAU – AUXILIAIRE.
LOCUTIONS
– ***Ainsi soit-il.*** Que ce vœu se réalise.
– ***Ça y est.*** Cela est prêt. *Ça y est, les carottes sont cuites!*
– ***Ce + être.*** La locution sert à présenter quelqu'un, quelque chose. Le verbe s'emploie au pluriel s'il est suivi d'un nom au pluriel. *Ce sont* (et non *c'est) *des pommes vertes.*
Exceptions :
– devant l'indication d'une quantité. *C'est trois dollars.*
– devant ***nous*** ou ***vous.*** *C'est nous qui partirons les premiers.*

E

Devant *eux, elles,* on emploie le verbe ***être*** au pluriel à la forme affirmative, mais on emploie le verbe ***être*** au singulier à la forme négative ou interrogative pour éviter les formes qui manquent d'euphonie telles que *sont-ce, furent-ce. Ce sont eux ! Ce n'est pas eux ! Est-ce eux ? Est-ce des chevaliers ?*
– ***Cela étant.*** La situation étant établie. *« Ce dixième opus est à placer au plus haut dans une discographie qui compte, cela étant, peu de faiblesses »* (*Le Monde*).
– ***Être mieux de.*** (FAM.) Faire mieux. *Tu serais mieux de venir à la réunion.*
Cette locution est quelque peu vieillie au sens de « faire mieux ». *Tu ferais mieux d'assister à la réunion.*
– ***Il est.*** (LITT.) Il y a. *Il est des souvenirs remplis de tendresse.*
– ***Il n'est que de.*** Il suffit de. *Il n'est que de préciser vos motifs.*
– ***Ne serait-ce que, ne fût-ce que.*** Quand ce ne serait que. *S'ils avaient pensé aux conséquences, ne fût-ce qu'un instant, ils n'auraient pas agi ainsi.*
Cette locution à valeur restrictive est toujours au singulier.
– ***N'être pas sans savoir quelque chose.*** Ne pas l'ignorer. *Vous n'êtes pas sans savoir* (et non sans *ignorer)...
– ***N'être plus.*** Avoir cessé d'exister, de vivre. *Cet âge d'or n'est plus.*
– ***N'eût été.*** Si ce n'était. *N'eût été la crainte de tomber, il se serait élancé sur la glace. L'histoire de l'édition en Inde aurait pu prendre un tout autre tournant, n'eût été l'opposition des copistes indiens.*
Attention, l'auxiliaire ***avoir*** s'écrit avec un accent circonflexe sur le ***û*** au subjonctif.
– ***On ne peut pas être et avoir été*** (Proverbe). On ne peut avoir à la fois jeunesse et expérience.
CONJUGAISON : VOIR MODÈLE ÊTRE.

ÉTREINDRE v. tr., pronom.
VERBE TRANSITIF
1. Serrer dans ses bras. *Il étreignit ses enfants avec tendresse.* SYN. enlacer.
2. (FIG.) Oppresser. *L'angoisse qui l'étreint trop souvent. « Un instant, sa solitude lui étreignit durement le cœur »* (Gabrielle Roy, *De quoi t'ennuies-tu, Éveline?*). SYN. étrangler ; tenailler.
VERBE PRONOMINAL
S'enlacer. *« un couple d'amoureux s'étreint une autre fois »* (Pierre Nepveu, *Lignes aériennes*).
À la forme pronominale, le participe passé de ce verbe s'accorde toujours en genre et en nombre avec son sujet. *Les parents et les enfants se sont étreints.*
LOCUTION
– ***Qui trop embrasse mal étreint*** (Proverbe). Si on entreprend trop de choses à la fois, on ne les réussira qu'à moitié.
CONJUGAISON : VOIR MODÈLE ÉTEINDRE.
INDICATIF PRÉSENT *J'étreins, tu étreins, il étreint, nous étreignons, vous étreignez, ils étreignent.* IMPARFAIT *J'étreignais, tu étreignais, il étreignait, nous étreignions, vous étreigniez, ils étreignaient.* PASSÉ SIMPLE *J'étreignis.* FUTUR *J'étreindrai.* CONDITIONNEL PRÉSENT *J'étreindrais.* IMPÉRATIF PRÉSENT *Étreins, étreignons, étreignez.* SUBJONCTIF PRÉSENT *Que j'étreigne, que tu étreignes, qu'il étreigne, que nous étreignions, que vous étreigniez, qu'ils étreignent.* IMPARFAIT *Que j'étreignisse.* PARTICIPE PRÉSENT *Étreignant.* PASSÉ *Étreint, einte.*
Les lettres ***gn*** sont suivies d'un ***i*** à la première et à la deuxième personne du pluriel de l'indicatif imparfait et du subjonctif présent. *(Que) nous étreignions, (que) vous étreigniez.*

ÉTREINTE n. f.
Action d'étreindre, de serrer dans ses bras. SYN. enlacement.
étreinte.

ÉTRENNE n. f.
Présent donné à l'occasion des fêtes. *Recevoir des étrennes à Noël.* SYN. cadeau.
Ce mot s'utilise généralement au pluriel.
À l'origine, ce mot désignait un cadeau du Nouvel An à titre de bon présage pour l'année qui commençait. Aujourd'hui, il s'emploie pour nommer aussi bien les cadeaux de Noël que ceux du Nouvel An.
étrenne.

ÉTRENNER v. tr.
Utiliser pour la première fois. *Sophie a hâte d'étrenner ses patins.*
CONJUGAISON : VOIR MODÈLE AIMER.
étrenner.

ÉTRIER n. m.
1. Anneau suspendu à la selle. *Marc-Antoine ajuste ses étriers.*
2. Osselet de l'oreille moyenne.
LOCUTIONS
– ***Avoir le pied à l'étrier*** (et non *dans l'étrier). (FIG.) Être prêt à partir.
– ***Mettre à quelqu'un le pied à l'étrier.*** L'aider à réussir, le parrainer. SYN. mettre quelqu'un en selle.
HOM. ***étriller,*** brosser avec une étrille.

ÉTRILLE n. f.
Instrument dentelé qui sert à nettoyer le poil des chevaux.

ÉTRILLER v. tr.
Le verbe se prononce comme le mot ***étrier,*** [etrije].
Brosser avec une étrille. *Étriller son cheval.*
HOM. ***étrier,*** anneau suspendu à la selle.
CONJUGAISON : VOIR MODÈLE AIMER.
Les lettres ***ill*** sont suivies d'un ***i*** à la première et à la deuxième personne du pluriel de l'indicatif imparfait et du subjonctif présent. *(Que) nous étrillions, (que) vous étrilliez.*

ÉTRIPAGE n. m.
Action d'étriper. *L'étripage des poissons au retour de la pêche.*
étripage.

ÉTRIPER v. tr., pronom.
VERBE TRANSITIF
1. Enlever les entrailles de. *Étriper une volaille.* SYN. éviscérer.
2. (FIG.) (FAM.) Par exagération, tuer. *Cette personne est détestable : je l'étriperais volontiers.*
VERBE PRONOMINAL
Se battre violemment, s'entretuer. *Allez-vous cesser de vous étriper ?*
À la forme pronominale, le participe passé de ce verbe s'accorde toujours en genre et en nombre avec son sujet. *Ces bagarreurs se sont étripés.*
CONJUGAISON : VOIR MODÈLE AIMER.
étriper.

ÉTRIQUÉ, ÉE adj.
1. Qui manque d'ampleur. *Un vêtement étriqué.*
2. Qui manque d'envergure. *Un travail étriqué.* SYN. médiocre.

ÉTRIQUER v. tr.
Rendre trop étroit.
CONJUGAISON : VOIR MODÈLE AIMER.

ÉTROIT, OITE adj.
1. Qui a peu de largeur. *Un sentier étroit, un lit étroit.*
2. Qui manque de largeur. *Mes bottes sont trop étroites.* SYN. petit ; serré.
LOCUTIONS
– ***À l'étroit,*** loc. adv. Dans un espace trop petit.
– ***Être étroit d'esprit.*** Ne pas avoir de vision, être borné.

ÉTROITEMENT adv.
1. De très près. *Les enquêteurs surveillent étroitement ces individus louches.*
2. Intimement. *Ils sont étroitement liés.*

CONJUGAISON DU VERBE **ÊTRE**

INDICATIF

PRÉSENT		PASSÉ COMPOSÉ		
je	suis	j'	ai	été
tu	es	tu	as	été
elle	est	elle	a	été
il	est	il	a	été
nous	sommes	nous	avons	été
vous	êtes	vous	avez	été
elles	sont	elles	ont	été
ils	sont	ils	ont	été

IMPARFAIT		PLUS-QUE-PARFAIT		
j'	étais	j'	avais	été
tu	étais	tu	avais	été
elle	était	elle	avait	été
il	était	il	avait	été
nous	étions	nous	avions	été
vous	étiez	vous	aviez	été
elles	étaient	elles	avaient	été
ils	étaient	ils	avaient	été

PASSÉ SIMPLE		PASSÉ ANTÉRIEUR		
je	fus	j'	eus	été
tu	fus	tu	eus	été
elle	fut	elle	eut	été
il	fut	il	eut	été
nous	fûmes	nous	eûmes	été
vous	fûtes	vous	eûtes	été
elles	furent	elles	eurent	été
ils	furent	ils	eurent	été

FUTUR SIMPLE		FUTUR ANTÉRIEUR		
je	serai	j'	aurai	été
tu	seras	tu	auras	été
elle	sera	elle	aura	été
il	sera	il	aura	été
nous	serons	nous	aurons	été
vous	serez	vous	aurez	été
elles	seront	elles	auront	été
ils	seront	ils	auront	été

CONDITIONNEL PRÉSENT		CONDITIONNEL PASSÉ		
je	serais	j'	aurais	été
tu	serais	tu	aurais	été
elle	serait	elle	aurait	été
il	serait	il	aurait	été
nous	serions	nous	aurions	été
vous	seriez	vous	auriez	été
elles	seraient	elles	auraient	été
ils	seraient	ils	auraient	été

SUBJONCTIF

PRÉSENT			PASSÉ			
que	je	sois	que	j'	aie	été
que	tu	sois	que	tu	aies	été
qu'	elle	soit	qu'	elle	ait	été
qu'	il	soit	qu'	il	ait	été
que	nous	soyons	que	nous	ayons	été
que	vous	soyez	que	vous	ayez	été
qu'	elles	soient	qu'	elles	aient	été
qu'	ils	soient	qu'	ils	aient	été

IMPARFAIT			PLUS-QUE-PARFAIT			
que	je	fusse	que	j'	eusse	été
que	tu	fusses	que	tu	eusses	été
qu'	elle	fût	qu'	elle	eût	été
qu'	il	fût	qu'	il	eût	été
que	nous	fussions	que	nous	eussions	été
que	vous	fussiez	que	vous	eussiez	été
qu'	elles	fussent	qu'	elles	eussent	été
qu'	ils	fussent	qu'	ils	eussent	été

IMPÉRATIF

PRÉSENT	PASSÉ	
sois	aie	été
soyons	ayons	été
soyez	ayez	été

INFINITIF

PRÉSENT	PASSÉ
être	avoir été

PARTICIPE

PRÉSENT	PASSÉ
étant	été
	ayant été

E

ÉTROITESSE n. f.
1. Caractère de ce qui est étroit. *L'étroitesse d'une chaussure.*
2. Manque de largeur d'esprit, mesquinerie. *Il a fait preuve d'étroitesse d'esprit.*

ÉTUDE n. f.
1. Application de l'esprit en vue d'apprendre, de comprendre. *L'étude de l'histoire, de l'écologie.*
2. (AU PLUR.) Ensemble des cours suivis dans un établissement scolaire par un élève, un étudiant. *Il est étudiant en médecine, il fait des études de médecine.*
Le nom ***étude*** dans les expressions ***salle d'étude, journée d'étude*** s'écrit au singulier, mais il s'écrit au pluriel dans ***bourse d'études, congé pour études, champ d'études.***
3. Recherche. *Elle fait une étude sur les chauves-souris.*
4. Bureau du notaire.
FORMES FAUTIVES
*étude légale. Anglicisme pour ***cabinet d'avocats.***
*études graduées. Calque de «*graduate studies*» pour ***cycles supérieurs.***

ÉTUDIANT, IANTE adj. et n. m. et f.
ADJECTIF
Relatif aux étudiants. *Des mouvements étudiants.*
NOM MASCULIN ET FÉMININ
Élève d'un établissement universitaire.
1° Ne pas confondre avec les noms suivants :
– ***écolier, écolière,*** jeune élève qui fait des études primaires ;
– ***élève,*** jeune ou adulte qui poursuit des études, à temps plein ou à temps partiel.
2° Le nom ***élève*** est le mot générique qui désigne toute personne qui fréquente un établissement d'enseignement.
Traditionnellement, on réserve le terme ***étudiant*** à la personne qui fréquente une université.

ÉTUDIER v. tr., intr., pronom.
VERBE TRANSITIF
1. Apprendre, chercher à connaître, à approfondir quelque chose. *Elle étudie la physique et la chimie ; il étudie le piano.*
2. Considérer, analyser. *Étudier une proposition.* SYN. examiner.
VERBE INTRANSITIF
Faire des études. *Ils étudient à l'Université de Montréal.*
VERBE PRONOMINAL
1. S'observer mutuellement. *Des concurrents qui se sont étudiés attentivement.* SYN. se surveiller.
2. S'observer soi-même.
À la forme pronominale, le participe passé de ce verbe s'accorde toujours en genre et en nombre avec son sujet. *Les adversaires se sont étudiés consciencieusement.*
CONJUGAISON : VOIR MODÈLE ÉTUDIER.
Redoublement du ***i*** à la première et à la deuxième personne du pluriel de l'indicatif imparfait et du subjonctif présent. *(Que) nous étudiions, (que) vous étudiiez.*

ÉTUI n. m.
Enveloppe souple ou rigide. *Un étui à lunettes, des étuis de parapluie.*
Attention au genre masculin de ce nom : ***un*** étui.

ÉTUVE n. f.
Lieu où règne une forte chaleur. *Cette cuisine, quelle étuve !*

ÉTUVÉE (À L')
Cuit à la vapeur. *Un poulet à l'étuvée.* SYN. étouffée (à l').

ÉTUVER v. tr.
1. Chauffer dans une étuve. *Étuver des vêtements de travail.*
2. Cuire à la vapeur. *Étuver des poussins aux herbes.*
CONJUGAISON : VOIR MODÈLE AIMER.

ÉTYMOLOGIE n. f.
1. Science qui recherche l'origine d'un mot. *L'étymologie est passionnante parce qu'elle raconte l'histoire des mots.*
2. Origine d'un mot. *Les mots* hôtel *et* hôpital *ont une même étymologie : ils viennent tous deux du nom latin* hospitale *qui signifie « chambre pour les hôtes ».*
étymologie.

ÉTYMOLOGIQUE adj.
Relatif à l'étymologie. *Un dictionnaire étymologique.*
étymologique.

ÉTYMOLOGIQUEMENT adv.
D'après l'étymologie. *Étymologiquement, le mot* étymologie *a le sens de « science du vrai ».*
étymologiquement.

ÉTYMON n. m.
(LING.) Mot considéré comme la source d'un mot dans une autre langue ou dans plusieurs autres langues.
étymon.

EU- préf.
Élément du grec signifiant « bien ». *Euphémisme.*

É.-U.
Abréviation de ***États-Unis.***
VOIR – USA.

EUCALYPTUS n. m.
Le ***s*** se prononce, le mot rime avec ***puce.***
Arbre originaire d'Australie dont les feuilles sont très odorantes. *Des eucalyptus odorants. Une infusion d'eucalyptus. Des eucalyptus majestueux.*
eucalyptus.

EUCHARISTIE n. f.
Les lettres ***ch*** se prononcent ***k,*** [økaristi].
Communion, dans la religion chrétienne. *Le sacrement de l'eucharistie.*
eucharistie.

EUCHARISTIQUE adj.
Relatif à l'eucharistie.
eucharistique.

EUCLIDIEN, IENNE adj.
Relatif à Euclide. *Géométrie euclidienne.*

EU ÉGARD À loc. prép.
(DR.) En considération de. *Eu égard à son âge.* SYN. compte tenu de.
Cette locution est invariable.

EUH ! interj.
Interjection qui marque l'hésitation. *Euh ! je ne connais pas la réponse.*
T L'interjection est toujours suivie d'un point d'exclamation qui est souvent repris à la fin de la phrase. Si la phrase exclamative n'est pas complète, le mot qui suit le point d'exclamation s'écrit avec une minuscule initiale.

EUNUQUE n. m.
Homme qui a subi la castration.

EUPHÉMIQUE adj.
Qui relève de l'euphémisme. *Une expression euphémique.*

EUPHÉMISME n. m.
Expression atténuée d'une notion qui pourrait blesser, choquer. *L'expression « âge d'or » est un euphémisme pour « personnes âgées ».*
VOIR TABLEAU – FIGURÉS (EMPLOIS).
euphémisme.

EUPHONIE n. f.
Ensemble de sons harmonieux. *Dans « viendra-t-il », le* t *est ajouté par euphonie.*
Ne pas confondre avec le nom ***euphorie,*** sensation de bien-être.
euphonie.

CONJUGAISON DU VERBE **ÉTUDIER**

INDICATIF

PRÉSENT		PASSÉ COMPOSÉ		
j'	étudie	j'	ai	étudié
tu	étudies	tu	as	étudié
elle	étudie	elle	a	étudié
il	étudie	il	a	étudié
nous	étudions	nous	avons	étudié
vous	étudiez	vous	avez	étudié
elles	étudient	elles	ont	étudié
ils	étudient	ils	ont	étudié

IMPARFAIT		PLUS-QUE-PARFAIT		
j'	étudiais	j'	avais	étudié
tu	étudiais	tu	avais	étudié
elle	étudiait	elle	avait	étudié
il	étudiait	il	avait	étudié
nous	étudiions	nous	avions	étudié
vous	étudiiez	vous	aviez	étudié
elles	étudiaient	elles	avaient	étudié
ils	étudiaient	ils	avaient	étudié

PASSÉ SIMPLE		PASSÉ ANTÉRIEUR		
j'	étudiai	j'	eus	étudié
tu	étudias	tu	eus	étudié
elle	étudia	elle	eut	étudié
il	étudia	il	eut	étudié
nous	étudiâmes	nous	eûmes	étudié
vous	étudiâtes	vous	eûtes	étudié
elles	étudièrent	elles	eurent	étudié
ils	étudièrent	ils	eurent	étudié

FUTUR SIMPLE		FUTUR ANTÉRIEUR		
j'	étudierai	j'	aurai	étudié
tu	étudieras	tu	auras	étudié
elle	étudiera	elle	aura	étudié
il	étudiera	il	aura	étudié
nous	étudierons	nous	aurons	étudié
vous	étudierez	vous	aurez	étudié
elles	étudieront	elles	auront	étudié
ils	étudieront	ils	auront	étudié

CONDITIONNEL PRÉSENT		CONDITIONNEL PASSÉ		
j'	étudierais	j'	aurais	étudié
tu	étudierais	tu	aurais	étudié
elle	étudierait	elle	aurait	étudié
il	étudierait	il	aurait	étudié
nous	étudierions	nous	aurions	étudié
vous	étudieriez	vous	auriez	étudié
elles	étudieraient	elles	auraient	étudié
ils	étudieraient	ils	auraient	étudié

SUBJONCTIF

PRÉSENT			PASSÉ			
que	j'	étudie	que	j'	aie	étudié
que	tu	étudies	que	tu	aies	étudié
qu'	elle	étudie	qu'	elle	ait	étudié
qu'	il	étudie	qu'	il	ait	étudié
que	nous	étudiions	que	nous	ayons	étudié
que	vous	étudiiez	que	vous	ayez	étudié
qu'	elles	étudient	qu'	elles	aient	étudié
qu'	ils	étudient	qu'	ils	aient	étudié

IMPARFAIT			PLUS-QUE-PARFAIT			
que	j'	étudiasse	que	j'	eusse	étudié
que	tu	étudiasses	que	tu	eusses	étudié
qu'	elle	étudiât	qu'	elle	eût	étudié
qu'	il	étudiât	qu'	il	eût	étudié
que	nous	étudiassions	que	nous	eussions	étudié
que	vous	étudiassiez	que	vous	eussiez	étudié
qu'	elles	étudiassent	qu'	elles	eussent	étudié
qu'	ils	étudiassent	qu'	ils	eussent	étudié

IMPÉRATIF

PRÉSENT	PASSÉ
étudie	aie étudié
étudions	ayons étudié
étudiez	ayez étudié

INFINITIF

PRÉSENT	PASSÉ
étudier	avoir étudié

PARTICIPE

PRÉSENT	PASSÉ
étudiant	étudié, ée ayant étudié

EUPHONIQUE adj.
Qui produit l'euphonie. *Un t euphonique.*
euphonique.

EUPHORIE n. f.
Sentiment de bien-être intense, de plénitude.
Ne pas confondre avec le nom ***euphonie,*** ensemble de sons harmonieux.
euphorie.

EUPHORIQUE adj.
1. Qui provoque l'euphorie. *Une boisson euphorique.*
2. Qui tient de l'euphorie. *Un état euphorique.*
euphorique.

EUPHORISANT, ANTE adj. et n. m.
ADJECTIF
Qui provoque l'euphorie, au propre et au figuré. *Des substances euphorisantes. Des commentaires euphorisants.*
NOM MASCULIN
Médicament antidépressif. *Prendre des euphorisants.*

EURASIEN, IENNE adj. et n. m. et f.
Personne née d'un Européen et d'une Asiatique ou d'un Asiatique et d'une Européenne.
L'adjectif s'écrit avec une minuscule ; le nom, avec une majuscule.
Ne pas confondre avec les mots suivants :
- ***métis,*** se dit d'une personne dont le père et la mère sont de races différentes ;
- ***mulâtre,*** se dit d'une personne née d'un Noir et d'une Blanche ou d'un Blanc et d'une Noire.

EURÊKA ! interj.
Malgré l'accent circonflexe, le ***ê*** se prononce ***é*** [øreka].
Mot grec signifiant « j'ai trouvé ».
Interjection marquant la satisfaction de trouver subitement une solution, une idée. *Eurêka ! je tiens l'explication !*
L'interjection est toujours suivie d'un point d'exclamation qui est souvent repris à la fin de la phrase. Si la phrase exclamative n'est pas complète, le mot qui suit le point d'exclamation s'écrit avec une minuscule initiale.
eurêka.

EURISTIQUE
VOIR – HEURISTIQUE.

EURO n. m. (pl. *euros*)
Symbole **€** (s'écrit sans point).
Unité monétaire de la plupart des pays de l'Union européenne. *L'Allemagne, l'Autriche, la Belgique, Chypre, l'Espagne, la Finlande, la France, la Grèce, l'Irlande, l'Italie, le Luxembourg, Malte, les Pays-Bas, la Slovaquie, la Slovénie et le Portugal ont adopté l'euro.*
L'euro se divise en 100 cents *ou* centimes. Les billets et la monnaie de la nouvelle unité monétaire sont en circulation depuis le 1er janvier 2002.
Le terme ***euro*** remplace l'acronyme ÉCU, composé des premières lettres de ***European Currency Unit.***
LOCUTION
– ***Zone euro.*** Ensemble des pays formant le nouvel espace monétaire européen depuis l'entrée en vigueur du traité sur la monnaie unique européenne (GDT). *La France fait partie de la zone euro.*

EURO- préf.
Préfixe signifiant « d'Europe ».
Les mots composés du préfixe ***euro-*** s'écrivent sans trait d'union.

EURODEVISE n. f.
Devise placée dans un établissement bancaire situé dans un pays différent du pays d'origine de la devise. *Des eurodevises.*

EURODOLLAR n. m.
Avoir en dollars américains détenu dans un établissement bancaire situé hors des États-Unis. *Des eurodollars.*

EUROMARCHÉ n. m.
Marché monétaire international sur lequel se négocient les eurodevises.

EUROPÉANISATION n. f.
Action d'européaniser ; fait d'être européanisé.
européanisation.

EUROPÉANISER v. tr., pronom.
VERBE TRANSITIF
1. Façonner à l'image de l'Europe.
2. Placer dans une perspective européenne.
VERBE PRONOMINAL
Devenir plus européen, adopter une perspective européenne.
À la forme pronominale, le participe passé de ce verbe s'accorde toujours en genre et en nombre avec son sujet. *Certains quartiers d'Istanbul se sont européanisés depuis quelques années.*
CONJUGAISON : VOIR MODÈLE AIMER.
européaniser

EUROPÉEN, ENNE adj. et n. m. et f.
Relatif à l'Europe. *Un Européen, une Européenne. La France, l'Espagne, l'Italie sont des pays européens.*
L'adjectif s'écrit avec une minuscule ; le nom, avec une majuscule.

EUTHANASIE n. f.
Action d'abréger les souffrances d'une personne incurable en provoquant sa mort.
euthanasie.

EUTHANASIER v. tr.
Pratiquer l'euthanasie sur une personne, un animal.
CONJUGAISON : VOIR MODÈLE ÉTUDIER.

EUTHANASIQUE adj.
Relatif à l'euthanasie.

EUX pron. pers. pl.
Pronom personnel masculin de la troisième personne correspondant à ***ils,*** pluriel de ***lui. Eux*** peut être sujet ou complément. *Eux seuls connaissaient la réponse. Elle mange avec eux. Ils viendront eux-mêmes.*
VOIR – LUI.
LOCUTION
– ***Eux autres.*** (FAM.) Eux.

ÉVACUATION n. f.
1. Action d'évacuer, de sortir d'un lieu. *L'évacuation rapide d'un avion en cas d'incendie.* SYN. sortie.
2. (MÉD.) Expulsion hors de l'organisme.

ÉVACUER v. tr.
1. Faire sortir quelqu'un d'un lieu. *Le commandant a demandé d'évacuer l'avion.* SYN. quitter ; sortir de.
2. (MÉD.) Expulser de l'organisme. SYN. éliminer ; excréter.
3. Rejeter quelque chose à l'extérieur. *Évacuer l'eau d'un réservoir.*
CONJUGAISON : VOIR MODÈLE AIMER.

ÉVADÉ, ÉE adj. et n. m. et f.
ADJECTIF
Qui s'est enfui d'un lieu où il était enfermé. *Des prisonniers évadés.*
NOM MASCULIN ET FÉMININ
Des évadés dangereux.

ÉVADER (S') v. pronom.
1. S'enfuir d'un lieu où l'on était retenu. *Les prisonnières se sont évadées.* SYN. s'échapper ; (FAM.) prendre la poudre d'escampette ; se sauver.

Ne pas confondre avec les verbes suivants :
- ***éluder,*** éviter en passant à côté ;
- ***fuir,*** s'éloigner rapidement pour échapper à un danger ;
- ***partir,*** quitter un lieu.

2. (FIG.) Se distraire. *Ils se sont évadés par la lecture.* SYN. s'échapper ; se libérer.

Le participe passé de ce verbe, qui n'existe qu'à la forme pronominale, s'accorde toujours en genre et en nombre avec son sujet. *Les poulains se sont évadés de leur enclos.*

CONJUGAISON : VOIR MODÈLE AIMER.

ÉVALUATEUR n. m.
ÉVALUATRICE n. f.
Personne dont la profession consiste à déterminer la valeur ou l'authenticité de certains biens.

ÉVALUATION n. f.
1. Détermination de la valeur, de la quantité, de la durée. *L'évaluation* (et non l'*estimé) *d'une propriété.* SYN. appréciation ; estimation.
2. Valeur estimée. *Un prix de vente inférieur à l'évaluation municipale.*

ÉVALUER v. tr.
1. Établir la valeur de quelque chose. *Le mécanicien évalue le coût de la réparation du moteur.* SYN. estimer.
2. Établir le nombre de. *On a évalué la foule des spectateurs des Francofolies à plusieurs milliers.* SYN. calculer ; chiffrer ; estimer.
3. Définir le rendement et la compétence d'un employé. *Le chef de service évalue les employés et remplit une fiche de notation tous les ans.* SYN. juger ; noter.
CONJUGAISON : VOIR MODÈLE AIMER.

ÉVANESCENCE n. f.
(LITT.) Caractère de ce qui est évanescent. *L'évanescence d'un souvenir.*
évanescence.

ÉVANESCENT, ENTE adj.
(LITT.) Fugitif, qui s'efface peu à peu. *Un rêve évanescent.*

ÉVANGÉLIQUE adj.
Relatif à l'Évangile. *Les principes évangéliques.*

ÉVANGÉLISATION n. f.
Action d'évangéliser un pays non chrétien. SYN. christianisation.

ÉVANGÉLISER v. tr.
Prêcher l'Évangile dans un pays non chrétien. SYN. christianiser.
CONJUGAISON : VOIR MODÈLE AIMER.

ÉVANGÉLISTE n. m.
Nom donné aux auteurs des quatre Évangiles. *Saint Jean, saint Luc, saint Marc et saint Matthieu sont les quatre évangélistes.*

ÉVANGILE n. m.
1. Enseignement de Jésus-Christ. *L'Évangile selon saint Matthieu.*
T Le nom s'écrit avec une majuscule lorsqu'il désigne le livre comportant la doctrine de Jésus-Christ, la doctrine elle-même. *L'Évangile selon saint Marc.*
2. (FIG.) Texte essentiel d'une doctrine. SYN. bible ; credo ; dogme.
T En ce sens, le nom s'écrit avec une minuscule.
LOCUTION
– ***Parole d'évangile.*** (FIG.) Chose indiscutable.

ÉVANOUIR (S') v. pronom.
1. Disparaître sans laisser de traces. *Le brouillard s'évanouit. Les fugitifs se sont évanouis dans la nature.* SYN. se dissiper ; s'effacer ; se volatiliser.
2. Perdre connaissance. *En apprenant la nouvelle, elles se sont évanouies.* SYN. défaillir ; se trouver mal.

Le participe passé de ce verbe, qui n'existe qu'à la forme pronominale, s'accorde toujours en genre et en nombre avec son sujet. *Privés d'oxygène, ils se sont évanouis.*
CONJUGAISON : VOIR MODÈLE FINIR.

ÉVANOUISSEMENT n. m.
1. Perte de conscience. *Son évanouissement a été très bref et elle est revenue à elle.*
2. Anéantissement. *L'évanouissement d'un projet.* SYN. annulation.

ÉVAPORATEUR n. m.
Appareil servant à l'évaporation de quelque chose.

ÉVAPORATION n. f.
Transformation d'un liquide en vapeur par la chaleur.
Ne pas confondre avec le nom ***ébullition,*** état d'un corps qui se transforme en vapeur.

ÉVAPORÉ, ÉE adj. et n. m. et f.
(FIG.) Écervelé. *C'est un jeune évaporé.* SYN. étourdi.
FORME FAUTIVE
*lait évaporé. Impropriété pour ***lait concentré.***

ÉVAPORER (S') v. pronom.
1. Se transformer en vapeur. *L'eau s'est évaporée sous l'action du soleil.*
2. (LITT.) Disparaître. *Ses scrupules se sont évaporés.* SYN. se dissiper ; s'envoler ; se volatiliser.
Le participe passé de ce verbe, qui n'existe qu'à la forme pronominale, s'accorde toujours en genre et en nombre avec son sujet. *La buée s'est évaporée.*
CONJUGAISON : VOIR MODÈLE AIMER.

ÉVASÉ, ÉE adj.
Qui s'élargit à son extrémité. *Une robe légèrement évasée.*

ÉVASEMENT n. m.
État de ce qui est évasé. *L'évasement délicat d'une flûte de champagne.* ANT. rétrécissement.

ÉVASER v. tr., pronom.
VERBE TRANSITIF
Agrandir l'extrémité de. *Évaser un tuyau.*
VERBE PRONOMINAL
Être plus large à une extrémité. *Ce pot s'évase légèrement.* ANT. rétrécir.
À la forme pronominale, le participe passé de ce verbe s'accorde toujours en genre et en nombre avec son sujet. *Les pétales de la rose se sont évasés.*
CONJUGAISON : VOIR MODÈLE AIMER.

ÉVASIF, IVE adj.
Vague, peu net. *Une réponse évasive.* SYN. ambigu ; équivoque.

ÉVASION n. f.
1. Action de s'échapper d'une prison, d'un lieu où l'on était enfermé. *Une évasion spectaculaire.*
2. (FIG.) Action de se divertir pour échapper au quotidien, pour se détendre. *La musique constitue une merveilleuse évasion.* SYN. détente ; distraction ; divertissement.
Ne pas confondre avec le nom ***invasion,*** entrée soudaine et massive.

ÉVASIVEMENT adv.
De façon évasive. *Il répondit évasivement.* SYN. vaguement.

ÉVÊCHÉ n. m.
Le ***ê*** se prononce ***é***, [eveʃe].
Territoire dont s'occupe un évêque. SYN. diocèse.

ÉVEIL n. m.
1. Fait de sortir du sommeil. *L'éveil de la nature.* SYN. réveil.
2. Fait de s'éveiller, de s'intéresser à quelque chose. *L'éveil de l'intelligence, du sentiment amoureux.*
LOCUTIONS
– ***Donner l'éveil.*** Alerter, sonner l'alarme.
– ***Être en éveil.*** Être sur ses gardes, être prêt à intervenir.
– ***Tenir en éveil.*** Tenir attentif.

ÉVEILLÉ, ÉE adj.
1. Qui ne dort pas. *Elle est restée éveillée toute la nuit.* ANT. endormi.
2. Alerte, vif. *Un esprit éveillé.* ANT. lent.

ÉVEILLER v. tr., pronom.
VERBE TRANSITIF
1. (LITT.) Tirer du sommeil. Dans la langue courante, on utilisera surtout le verbe ***réveiller.***
2. Susciter. *Éveiller l'intérêt des enfants pour les mathématiques. Éveiller les soupçons.* SYN. développer; provoquer; stimuler.
VERBE PRONOMINAL
Sortir du sommeil. *Elle s'éveille à 6 h 30 tous les matins.* SYN. se réveiller.
À la forme pronominale, le participe passé de ce verbe s'accorde toujours en genre et en nombre avec son sujet. *Elle s'est éveillée à 7 h aujourd'hui.*
CONJUGAISON : VOIR MODÈLE AIMER.
Les lettres ***ill*** sont suivies d'un ***i*** à la première et à la deuxième personne du pluriel de l'indicatif imparfait et du subjonctif présent. *(Que) nous éveillions, (que) vous éveilliez.*

ÉVÈNEMENT ou **ÉVÉNEMENT** n. m.
1. Fait marquant. *Un évènement historique. Les évènements du 11 septembre 2001.*
T Les noms d'évènements historiques sont des noms propres. Le nom caractéristique s'écrit avec une majuscule ainsi que l'adjectif qui le précède. *Mai 68, l'Inquisition, la Libération, la Révolution de 1789, la crise d'Octobre, la Révolution tranquille, la Grande Guerre.*
2. Circonstance. *Ils sont dépassés par les évènements.*
L'orthographe ***évènement,*** qui respecte la prononciation, a été admise par l'Académie française. Elle est de plus en plus courante.
LOCUTION
– ***Attendre un heureux évènement.*** Attendre un enfant.
FORME FAUTIVE
*à tout évènement. Calque de «*at all events*» pour ***quoi qu'il arrive, dans tous les cas, peu importe.***
Ne pas confondre avec le nom ***avènement,*** arrivée, début.

ÉVÈNEMENTIEL ou **ÉVÉNEMENTIEL, IELLE** adj.
Qui se limite à décrire les évènements. *Un récit évènementiel.*

ÉVENT n. m.
(TECH.) Orifice d'échappement.
évent.

ÉVENTAIL n. m.
1. Accessoire avec lequel on agite l'air pour se rafraîchir. *Des éventails peints à la main.*
2. (FIG.) Ensemble d'éléments d'une même catégorie. *L'éventail des prix.*
FORME FAUTIVE
*éventail. Archaïsme au sens de ***ventilateur.***

ÉVENTAIRE n. m.
Étalage sommaire de marchandises. *Les éventaires des marchands de fruits et de légumes.* SYN. étal.
Ne pas confondre avec le nom ***inventaire,*** dénombrement de produits.

ÉVENTER v. tr., pronom.
VERBE TRANSITIF
1. Donner du vent à quelqu'un. *Évente-moi un peu, j'ai très chaud.*
2. (FIG.) Révéler. *Éventer* (et non *éventrer) *un complot.*
Ne pas confondre avec le verbe ***éventrer,*** ouvrir le ventre de.
VERBE PRONOMINAL
1. Perdre son parfum, son goût à l'air. *Ces fines herbes se sont éventées.*
2. Se rafraîchir en agitant l'air. *La belle dame s'éventait gracieusement.*
À la forme pronominale, le participe passé de ce verbe s'accorde toujours en genre et en nombre avec son sujet. *Claudette s'est éventée avec son bel éventail de Séville.*
LOCUTION
– ***Éventer la mèche.*** Révéler un secret.
CONJUGAISON : VOIR MODÈLE AIMER.

ÉVENTRER v. tr., pronom.
VERBE TRANSITIF
1. Ouvrir le ventre de. *Grand-maman n'aime pas éventrer les poissons pour les nettoyer avant la cuisson.*
2. (FIG.) Faire une large déchirure à. *Éventrer un matelas.* SYN. ouvrir.
VERBE PRONOMINAL
1. S'ouvrir le ventre. *Ce malheureux s'est éventré sur une herse.*
2. Se déchirer et laisser échapper son contenu. *Ce paquet mal ficelé s'est éventré.*
À la forme pronominale, le participe passé de ce verbe s'accorde toujours en genre et en nombre avec son sujet. *Cette enveloppe s'est éventrée.*
Ne pas confondre avec le verbe ***éventer,*** donner du vent à.
CONJUGAISON : VOIR MODÈLE AIMER.

ÉVENTUALITÉ n. f.
Évènement futur possible, mais incertain. *L'éventualité d'une hausse des taux d'intérêt inquiète les investisseurs.* SYN. hypothèse; possibilité.
LOCUTIONS
– ***Dans l'éventualité où,*** loc. conj. Si. *Dans l'éventualité où elle accepterait, nous sommes prêts.*
– ***Parer à toute éventualité.*** Prendre les précautions nécessaires pour s'adapter aux circonstances.

ÉVENTUEL, ELLE adj.
Possible. *Une éventuelle candidature.* SYN. hypothétique.

ÉVENTUELLEMENT adv.
Le cas échéant. *Ces documents pourront servir éventuellement.*
FORME FAUTIVE
*éventuellement. Anglicisme au sens de ***plus tard, un jour ou l'autre, ultimement.***

ÉVÊQUE n. m.
Prêtre de l'Église catholique qui dirige un diocèse.
T Comme les titres administratifs, les titres religieux s'écrivent généralement avec une minuscule. *L'abbé, l'archevêque, le cardinal, le chanoine, le curé, le pape.* Cependant, ces titres s'écrivent avec une majuscule lorsqu'ils remplacent un nom de personne. *L'Évêque sera présent à la réunion.*
évêque.

ÉVERTUER (S') v. pronom.
(LITT.) Tenter, souvent en vain. *Elles se sont évertuées à chanter, mais personne ne les entendait.* SYN. s'efforcer de.
Le participe passé de ce verbe, qui n'existe qu'à la forme pronominale, s'accorde toujours en genre et en nombre avec son sujet. *Ils se sont évertués à convaincre les autorités.*
CONJUGAISON : VOIR MODÈLE AIMER.

ÉVICTION n. f.
Expulsion par force ou par manœuvre. *L'éviction du pays d'un criminel.*

ÉVIDEMMENT adv.
La troisième syllabe se prononce ***da,*** [evidamɑ̃].
Certainement, sans aucun doute. SYN. assurément.
évide**mm**ent.

ÉVIDENCE n. f.
1. Chose évidente. *Vous ne nous apprenez rien : ce sont des évidences.* SYN. certitude.
2. Caractère de ce qui est évident. *L'évidence de cet échec.*
LOCUTIONS
– ***À l'évidence,*** loc. adv. Évidemment, sûrement.
– ***De toute évidence,*** loc. adv. Bien entendu, naturellement. *« C'est de toute évidence un type qui cherche une héritière »* (Gabrielle Roy, *La Détresse et l'Enchantement*). SYN. bien évidemment; bien sûr.
– ***Être en évidence.*** Être bien en vue. *Les trophées sont en évidence sur la cheminée.* SYN. mettre en lumière; mettre en vedette.
– ***Mettre en évidence.*** Souligner, mettre en vedette.
– ***Se rendre à l'évidence.*** Finir par admettre.
FORME FAUTIVE
*évidence. Anglicisme au sens de ***preuve, indice.*** *Les chercheurs ont trouvé des preuves* (et non *évidences) *confirmant leur hypothèse. Nous n'avons décelé aucun indice* (et non *aucune évidence) *de leucémie.*

ÉVIDENT, ENTE adj.
Indiscutable, qui est d'une certitude absolue. *Une preuve évidente.* SYN. certain; incontestable; sûr.
Ne pas confondre avec les mots suivants :
• ***assuré,*** dont la réalité est sûre;
• ***avéré,*** reconnu comme vrai;
• ***clair,*** compréhensible;
• ***indéniable,*** qu'on ne peut nier;
• ***irréfutable,*** qu'on ne peut réfuter;
• ***notoire,*** qui est bien connu.
LOCUTIONS
– ***C'est évident.*** Cela va de soi, bien sûr. SYN. cela va sans dire.
– ***Ne pas être évident.*** (FAM.) Ne pas être facile à faire. *Recruter un bon collaborateur, ce n'est pas évident.*
Cette locution est familière. Dans un registre courant ou soutenu, on emploiera plutôt ***ce n'est pas (chose) facile, ce n'est pas une sinécure.***

ÉVIDER v. tr.
Creuser à l'intérieur d'un objet. *Il évide une pièce de bois pour en faire une flûte.*
CONJUGAISON : VOIR MODÈLE AIMER.

ÉVIER n. m.
Cuvette alimentée en eau, généralement située dans la cuisine. *Elle lave les tasses dans l'évier.*
Dans la salle de bains, on parle plutôt du ***lavabo.***

ÉVINCER v. tr.
Exclure quelqu'un par intrigue. *Ils ont réussi à évincer ce chercheur compétent.* SYN. écarter; éliminer.
CONJUGAISON : VOIR MODÈLE AVANCER.
Le **c** prend une cédille devant les lettres ***a*** et ***o.*** *Il évinça, nous évinçons.*

ÉVISCÉRER v. tr.
Enlever les viscères de. *Éviscérer des poissons.* SYN. étriper.
CONJUGAISON : VOIR MODÈLE POSSÉDER.
Le ***é*** se change en ***è*** devant une syllabe contenant un ***e*** muet, sauf à l'indicatif futur et au conditionnel présent. *J'éviscère,* mais *j'éviscérerai.*
éviscérer.
[Les *Rectifications* (1990) admettent : il éviscèrera, éviscèrerait...]

ÉVITABLE adj.
Qui peut être évité.

ÉVITEMENT n. m.
Action d'éviter. *L'évitement d'un obstacle sur la chaussée.*
LOCUTIONS
– ***Voie d'évitement.*** Voie ferrée où un train se gare pour libérer la voie principale.
– ***Voie d'évitement.*** (FIG.) Mise à l'écart d'une activité. *Ces gestionnaires ne voudraient pas se retrouver sur une voie d'évitement.* SYN. (FAM.) tablette.

ÉVITER v. tr., pronom.
VERBE TRANSITIF
1. Échapper à quelque chose de mauvais. *Éviter un obstacle.* SYN. esquiver; parer.
2. Permettre à quelqu'un de se soustraire à quelque chose de dangereux, de désagréable. *La prévention permet d'éviter les accidents.* SYN. empêcher; prévenir.
3. S'abstenir de, faire en sorte de ne pas faire. *Il faudrait éviter de courir en traversant la rue. Il faudrait éviter qu'il soit présent.* SYN. s'interdire.
Le verbe se construit avec la préposition ***de*** suivie d'un infinitif ou de la conjonction ***que*** suivie du subjonctif. À la forme affirmative, on peut employer ou non le ***ne*** explétif. *Nous tentons d'éviter qu'elle (ne) prenne ombrage de cette décision.* À la forme négative, on n'emploie pas le ***ne*** explétif.
VERBE PRONOMINAL
1. Être évité. *Cette erreur courante pourrait-elle s'éviter ?*
2. Se détourner l'un de l'autre. *Ces concurrents se sont évités prudemment.*
À la forme pronominale, le participe passé de ce verbe s'accorde toujours en genre et en nombre avec son sujet. *Elles s'étaient évitées.*
CONJUGAISON : VOIR MODÈLE AIMER.

ÉVOCATEUR, TRICE adj.
Qui a le pouvoir d'évoquer quelqu'un, quelque chose. *Une musique évocatrice.*

ÉVOCATION n. f.
Action de rappeler à la mémoire. *L'évocation d'un souvenir.*
Ne pas confondre avec le nom ***invocation,*** prière.

ÉVOLUÉ, ÉE adj.
Qui a atteint un certain degré d'évolution. *Une mentalité peu évoluée.* SYN. à la page; moderne.

ÉVOLUER v. intr.
1. Exécuter une suite de mouvements. *Évoluer sur une scène.*
2. Changer. *Au fil des saisons, la végétation évolue sans cesse.* SYN. se modifier; se transformer.
En ce sens, le verbe a une valeur favorable ou défavorable.
3. Progresser. *Le traitement de cette maladie a beaucoup évolué.*
En ce sens, le verbe a une valeur favorable.
FORME FAUTIVE
*évoluer. Impropriété au sens de ***jouer, faire partie de, travailler.*** *Un joueur de hockey qui joue* (et non *évolue) *dans la Ligue nationale.*
CONJUGAISON : VOIR MODÈLE AIMER.

ÉVOLUTIF, IVE adj.
Susceptible d'évolution. *Une maladie évolutive.*

ÉVOLUTION n. f.
Transformation graduelle. *Ce domaine est en pleine évolution.* SYN. changement; développement; modification.

ÉVOQUER v. tr.
1. Rappeler. *Elle évoque souvent son souvenir.*
2. Faire allusion à. *Dans son récit, il évoque la vie à la campagne.* SYN. décrire; montrer.
Ne pas confondre avec le verbe ***invoquer,*** appeler à son secours, faire appel à.
CONJUGAISON : VOIR MODÈLE AIMER.

ex.
Abréviation de ***exemple.***

EX- préf.
Antérieurement. *Son ex-mari. Un ex-ministre.*
Ce préfixe se joint au nom par un trait d'union.

EX-
VOIR – É-.

EXA- préf.
Symbole ***E*** (s'écrit sans point).
Préfixe qui multiplie par 1 000 000 000 000 000 000 l'unité qu'il précède. *Des exasecondes.*
Sa notation scientifique est 10^{18}.
VOIR TABLEAU – MULTIPLES ET SOUS-MULTIPLES DÉCIMAUX.

EXACERBATION n. f.
(LITT.) Exaspération. *L'exacerbation des sentiments négatifs.*

EXACERBER v. tr.
Attention à la prononciation, [ɛgzasɛrbe].
Rendre plus violent, pousser à son paroxysme. *Exacerber son chagrin. Le souvenir des jours heureux a exacerbé ses souvenirs.*
CONJUGAISON : VOIR MODÈLE AIMER.

EXACT, EXACTE adj.
Les lettres ***ct*** se prononcent ou non pour la forme masculine, [ɛgzakt, ɛgza].
1. Conforme à la réalité, à la vérité. *La réponse est exacte.* SYN. correct; juste; vrai. ANT. erroné; faux; inexact.
2. Ponctuel. *Elle est exacte au rendez-vous.*

EXACTEMENT adv.
Avec exactitude. *Ils étaient là à 15 h exactement. C'est exactement ce que j'avais dit.* SYN. précisément.

EXACTION n. f.
1. Extorsion pratiquée par un représentant d'une autorité.
2. (AU PLUR.) Actes de violence commis contre des populations.

EXACTITUDE n. f.
1. Précision rigoureuse. *L'exactitude d'une réponse.* SYN. justesse.
2. Ponctualité. *Son exactitude est proverbiale : il est toujours à l'heure et il dit que la ponctualité est la politesse des rois.*

***EXACTO**
Marque de commerce désignant un couteau servant à couper le papier, le carton, etc., et composé d'une lame escamotable montée sur un manche.
Les noms ***découpoir*** ou ***couteau à découper*** pourraient s'employer en ce sens. En France, on emprunte à l'anglais le nom «*cutter*».

EX ÆQUO adj. inv. et n. m. et f. inv. (pl. *ex æquo*)
Les lettres ***æ*** se prononcent ***é*** et la dernière syllabe se prononce ***ko***, [ɛgzeko].
ADJECTIF INVARIABLE
Au même rang. *Des candidats* ex æquo.
NOM MASCULIN ET FÉMININ INVARIABLE
Personnes classées au même rang. *Il y a deux* ex æquo *à ce concours.*
LOCUTION
– ***Ex æquo,*** loc. adv. Au même rang. *Elles se sont classées* ex æquo.
La locution est invariable.
[T] En typographie soignée, les mots étrangers sont composés en italique. Dans des textes déjà en italique, la notation se fait en romain. Pour les textes manuscrits, on utilisera les guillemets.

EXAGÉRATION n. f.
Excès, action d'exagérer. *Ses récits sont toujours remplis d'exagérations.*

EXAGÉRÉ, ÉE adj.
Empreint d'exagération. *Des revendications nettement exagérées.* SYN. démesuré; excessif; outré.

EXAGÉRÉMENT adv.
Avec exagération. *Ils dépensent exagérément.* SYN. trop.

EXAGÉRER v. tr., intr., pronom.
VERBE TRANSITIF
Grossir, augmenter de façon exagérée. *Exagérer les faits.* SYN. amplifier.
VERBE INTRANSITIF
Aller trop loin. *Il a mangé toute la tarte : vraiment il exagère!* SYN. abuser.
VERBE PRONOMINAL
1. S'amplifier, prendre des proportions excessives.
2. Surestimer. *Il s'exagère la gravité de la situation.* ANT. minimiser.
À la forme pronominale, le participe passé de ce verbe s'accorde toujours en genre et en nombre avec son sujet. *Ses travers se sont exagérés avec l'âge.*
CONJUGAISON : VOIR MODÈLE POSSÉDER.
Le ***é*** se change en ***è*** devant une syllabe contenant un ***e*** muet, sauf à l'indicatif futur et au conditionnel présent. *J'exagère,* mais *j'exagérerai.*
[Les *Rectifications* (1990) admettent : il exagèrera, exagèrerait...]

EXALTANT, ANTE adj.
Qui provoque de l'exaltation. *Des discours exaltants.*
Ne pas confondre avec le participe présent invariable ***exaltant.*** *Les discours exaltant le courage et le patriotisme sont rares.*
exaltant.

EXALTATION n. f.
Ardeur, grande excitation de l'esprit. *Les participants chantaient avec exaltation. « Une farouche exaltation lui fermait l'âme à toute autre voix »* (Gabrielle Roy, *La Détresse et l'Enchantement*).

EXALTER v. tr., pronom.
VERBE TRANSITIF
1. (LITT.) Glorifier. *Exalter les vertus d'un ami.* SYN. célébrer; louer; vanter.
2. Enthousiasmer, passionner. *Ce beau discours les a exaltés.* SYN. électriser; exciter; soulever; transporter.
Ne pas confondre avec le verbe ***exulter,*** éprouver une joie extrême.
VERBE PRONOMINAL
Devenir plus enthousiaste, plus intense. *Ne vous exaltez pas ainsi!*
À la forme pronominale, le participe passé de ce verbe s'accorde toujours en genre et en nombre avec son sujet. *Ils se sont exaltés à la pensée de retrouver leurs proches.*
CONJUGAISON : VOIR MODÈLE AIMER.

EXAMEN n. m.
1. Recherche minutieuse, étude sérieuse. *Un examen attentif de la situation. L'examen d'un malade par un médecin.*
2. Épreuve subie par un candidat. *Passer un examen, se présenter à un examen* (et non *présenter un examen), *échouer à un examen* (et non *échouer un examen), *rater un examen, réussir à un examen.*
La construction du verbe ***réussir*** avec un complément direct est critiquée, mais elle est passée dans l'usage. *Réussir un examen.*

EXAMINATEUR, TRICE n. m. et f.
Personne qui fait passer un examen à des candidats.

EXAMINER v. tr., pronom.
VERBE TRANSITIF
1. Observer attentivement. *Examiner un objet.* SYN. regarder; scruter.
2. Étudier. *Examiner une question.* SYN. approfondir.
VERBE PRONOMINAL
Se regarder attentivement. *Elle s'est examinée dans le miroir.*

À la forme pronominale, le participe passé de ce verbe s'accorde toujours en genre et en nombre avec son sujet. *Les deux chiens se sont examinés craintivement.*
CONJUGAISON : VOIR MODÈLE AIMER.

EXASPÉRANT, ANTE adj.
Agaçant, irritant. *Cette attente est exaspérante.* SYN. énervant.

EXASPÉRATION n. f.
Grand agacement. SYN. énervement ; irritation.

EXASPÉRER v. tr., pronom.
VERBE TRANSITIF
Irriter, agacer vivement. *Ces questions indiscrètes l'exaspèrent.* SYN. énerver ; impatienter.
VERBE PRONOMINAL
S'agacer mutuellement, s'irriter. *Ces deux candidats ne cessent de s'exaspérer.*
À la forme pronominale, le participe passé de ce verbe s'accorde toujours en genre et en nombre avec son sujet. *Ils se sont exaspérés.*
CONJUGAISON : VOIR MODÈLE POSSÉDER.
Le ***é*** se change en ***è*** devant une syllabe contenant un ***e*** muet, sauf à l'indicatif futur et au conditionnel présent. *J'exaspère,* mais *j'exaspérerai.*
[Les *Rectifications* (1990) admettent : il exaspèrera, exaspèrerait...]

EXAUCER v. tr.
Accorder à quelqu'un ce qu'il demande. *Elle exauça ses désirs.* SYN. combler ; contenter.
HOM. ***exhausser,*** accroître la hauteur de.
CONJUGAISON : VOIR MODÈLE AVANCER.
Le ***c*** prend une cédille devant les lettres ***a*** et ***o***. *Il exauça, nous exauçons.*

EX CATHEDRA loc. adv.
Le ***e*** de la deuxième syllabe du mot ***cathedra*** se prononce ***é*** comme dans ***cathédrale***.
Locution latine signifiant « du haut de la chaire », employée au sens de « avec un ton doctoral ». *Une affirmation* ex cathedra.
T En typographie soignée, les mots étrangers sont composés en italique. Dans des textes déjà en italique, la notation se fait en romain. Pour les textes manuscrits, on utilisera les guillemets.

EXCAVATEUR n. m.
Engin de terrassement à fonctionnement continu, équipé d'une chaîne à godets ou d'une roue à godets (Recomm. off.). *Dans la ville en pleine reconstruction, les voitures peinent à se frayer la voie au milieu des excavateurs, des camions et des grues.*
La forme masculine ***excavateur*** est employée pour désigner les gros engins de terrassement à fonctionnement continu utilisés pour les travaux à très grand rendement, par exemple dans les carrières et dans les exploitations minières. Ils sont généralement automoteurs et se déplacent au moyen de chenilles (GDT).

EXCAVATION n. f.
1. Action de creuser. *L'excavation d'un fossé.*
2. Cavité. *L'excavation atteint maintenant trois mètres de profondeur.*

EXCAVATRICE n. f.
Engin de terrassement à fonctionnement discontinu servant à creuser le sol à l'aide d'un godet unique monté sur un ensemble flèche et bras, ou à fonctionnement continu à l'aide d'un équipement à roue ou à chaîne (Recomm. off.). *Un ouvrier qui travaillait avec une excavatrice dans un nouveau lotissement a sectionné un câble électrique de 10 000 volts.*
La forme féminine ***excavatrice*** est un générique parfois employé pour désigner les pelles hydrauliques et certains excavateurs légers comme la trancheuse (GDT).

EXCAVER v. tr.
Creuser. *Excaver un terrain pour couler des fondations.*
CONJUGAISON : VOIR MODÈLE AIMER.

EXCÉDANT, ANTE adj.
Exaspérant. *Ces critiques sont excédantes.*
Ne pas confondre avec le participe présent invariable ***excédant.*** *Les sommes excédant ce montant seront écartées.*
HOM. ***excédent,*** surplus.
excéd**ant**.

EXCÉDENT n. m.
Surplus. *Avoir un excédent de bagages.* SYN. surplus.
HOM. ***excédant,*** exaspérant.
excéd**ent**.

EXCÉDENTAIRE adj.
Qui est en excédent. *Des réserves excédentaires.* SYN. supplémentaire.
excéd**en**taire.

EXCÉDER v. tr.
1. Surpasser en nombre, en quantité, en durée. *Ce prix excède la somme convenue.* SYN. dépasser.
2. Exaspérer. *Ses caprices m'excèdent.* SYN. énerver ; irriter.
CONJUGAISON : VOIR MODÈLE POSSÉDER.
Le ***é*** se change en ***è*** devant une syllabe contenant un ***e*** muet, sauf à l'indicatif futur et au conditionnel présent. *Il excède,* mais *il excédera.*
[Les *Rectifications* (1990) admettent : il excèdera, excèderait...]

EXCELLENCE n. f.
1. Perfection, caractère excellent de quelqu'un, de quelque chose. *L'excellence d'un candidat, d'un film.* SYN. supériorité.
2. Titre donné à un ministre, à un ambassadeur, à un évêque.
LOCUTIONS
– ***Par excellence,*** loc. adv. Au plus haut degré. *Félix Leclerc était l'ambassadeur par excellence de la chanson québécoise.*
– ***Son Excellence.*** Abréviations ***S. E.*** (ministre, ambassadeur), ***S. Exc.*** (évêque, archevêque).
Les adjectifs, les pronoms ou les participes s'accordent au féminin en l'absence d'un nom masculin qui suivrait le titre honorifique. *Son Excellence est décidée à partir demain. Son Excellence l'ambassadeur est déterminé à rester.*

EXCELLENT, ENTE adj.
Admirable, très bon. *Un excellent tableau. Des résultats excellents.* SYN. remarquable ; supérieur.
1° Ne pas confondre avec le participe présent invariable ***excellant.*** *On y rencontre des gens excellant aux échecs.*
2° Il est préférable de ne pas employer de comparatif ou de superlatif avec cet adjectif qui exprime un degré extrême de perfection.
excell**ent**.

EXCELLER v. intr.
Être supérieur à. *Ces athlètes excellent dans la course. Il excelle à écrire des romans policiers. Elle excelle à la guitare et en mathématiques.* SYN. briller.
Le verbe se construit avec la préposition ***à*** suivie d'un nom ou d'un infinitif, ou avec les prépositions ***dans, en*** suivies d'un nom.
CONJUGAISON : VOIR MODÈLE AIMER.

EXCENTRICITÉ n. f.
1. Caractère de ce qui est excentrique. *L'excentricité de ses vêtements.* SYN. originalité.
2. Extravagance, acte extravagant. *Il nous a fait rire avec ses excentricités.* SYN. fantaisie ; folie.
En ce sens, le mot s'emploie généralement au pluriel.
exc**en**tricité.

E

EXCENTRIQUE adj. et n. m. et f.
ADJECTIF
1. Éloigné du centre. *Une région excentrique.* SYN. éloigné.
2. Extravagant, original. *Des personnes excentriques.* SYN. bizarre ; fantaisiste.
NOM MASCULIN ET FÉMININ
Original. *Ce sont des excentriques.* SYN. anticonformiste ; fantaisiste.
⇨ excentrique.

EXCENTRIQUEMENT adv.
De façon excentrique. *Ils s'habillent excentriquement.*
⇨ excentriquement.

EXCEPTÉ adj. et prép.
ADJECTIF
Mis à part. *Cette clause exceptée, le contrat a été signé.*
▭ Placé après, l'adjectif s'accorde en genre et en nombre.
PRÉPOSITION
À l'exception de, hormis. *Ils seront tous admis, excepté les deux plus jeunes.* SYN. sauf.
▭ Placé avant l'adjectif, le nom ou le pronom, le mot ***excepté*** est une préposition et est donc invariable.
LOCUTION
– ***Excepté que,*** loc. conj. Si ce n'est que. *Elles ont beaucoup d'affinités, excepté que l'une déteste la musique.*
⊷ La locution se construit avec l'indicatif ou le conditionnel.

EXCEPTER v. tr.
Exclure d'un ensemble. *Sans excepter personne.* SYN. écarter ; oublier.
CONJUGAISON : VOIR MODÈLE AIMER.

EXCEPTION n. f.
Ce qui est en dehors de la règle, du commun. *Nous ferons une exception pour lui.*
LOCUTIONS
– ***À l'exception de,*** loc. prép. Hormis, sauf. *À l'exception de Louis, ils y seront tous.*
– ***Faire exception.*** Échapper à la règle. *Ces pluriels font exception et s'écrivent avec un* x.
– ***L'exception confirme la règle.*** Il n'y aurait pas d'exception s'il n'y avait pas de règle.
– ***Sans exception.*** Sans restriction. *Ils viendront tous sans exception.*
⊶ Dans cette expression, le nom ***exception*** est invariable.
⇨ exception.

EXCEPTIONNEL, ELLE adj.
1. Qui fait exception. *Une permission exceptionnelle.* SYN. occasionnel ; rare.
2. Remarquable. *Une œuvre exceptionnelle.* SYN. extraordinaire.
⇨ exceptionnel.

EXCEPTIONNELLEMENT adv.
De façon exceptionnelle. *Cet élève est exceptionnellement en retard, d'habitude il arrive à temps. Il est exceptionnellement doué.*
⇨ exceptionnellement.

EXCÈS n. m.
1. Dépassement de la mesure normale. *Un excès de vitesse.*
2. Abus. *Cette personne fait des excès de table.*
LOCUTIONS
– ***À l'excès,*** loc. adv. Trop. *Ils travaillent à l'excès.*
– ***Avec excès,*** loc. adv. Avec exagération. SYN. trop.
– ***Sans excès,*** loc. adv. De façon raisonnable. SYN. raisonnablement.
⇨ excès.

EXCESSIF, IVE adj.
Qui sort des limites permises. *Des dépenses excessives.* SYN. exagéré.
⊶ Ne pas confondre avec les mots suivants :
• ***démesuré,*** qui dépasse la mesure ;
• ***exorbitant,*** qui sort des bornes, qui est inabordable ;
• ***forcené,*** qui dépasse toute mesure dans ses attitudes.
⊶ On évitera l'emploi d'un superlatif ou d'un comparatif.

EXCESSIVEMENT adv.
Trop, avec excès. *Cette table est excessivement chère.*
⊷ Cet adverbe est généralement suivi d'un adjectif exprimant un défaut, non une qualité. *Il est excessivement lent.*
FORME FAUTIVE
*excessivement. Impropriété au sens de ***extrêmement.*** *Cette étudiante est extrêmement* (et non *excessivement) *douée.*

EXCISER v. tr.
Enlever en coupant. *Exciser un polype.*
CONJUGAISON : VOIR MODÈLE AIMER.

EXCISION n. f.
Action d'exciser. *L'excision d'une tumeur bénigne.*

EXCITABILITÉ n. f.
Propriété de ce qui est excitable. SYN. sensibilité.

EXCITANT, ANTE adj. et n. m.
ADJECTIF
Séduisant, agréable. *Cette sortie est excitante.* SYN. attrayant ; enthousiasmant ; tentant.
NOM MASCULIN
Produit qui stimule. *La caféine est un excitant.*

EXCITATION n. f.
1. Action d'exciter ; ce qui excite. SYN. stimulation.
2. Agitation. *Il y a beaucoup d'excitation dans la classe, les vacances approchent.*

EXCITÉ, ÉE adj. et n. m. et f.
ADJECTIF
Nerveux, agité. *Des enfants très excités.* SYN. énervé ; fébrile. ANT. calme ; pondéré.
NOM MASCULIN ET FÉMININ
Personne énervée, agitée. *Des excités ont bruyamment envahi le restaurant.*

EXCITER v. tr., pronom.
VERBE TRANSITIF
1. Rendre nerveux, agité. *L'imminence d'un congé excite les élèves.* SYN. animer ; éveiller.
2. Stimuler, provoquer. *Son sort excite la compassion.* SYN. susciter.
3. Irriter, mettre en colère. *On les a excités contre la direction de l'entreprise.* SYN. dresser.
VERBE PRONOMINAL
S'énerver. *Les élèves commencent à s'exciter en pensant à la sortie de ce soir.*
▭ À la forme pronominale, le participe passé de ce verbe s'accorde toujours en genre et en nombre avec son sujet. *Ils se sont excités toute la journée.*
CONJUGAISON : VOIR MODÈLE AIMER.

EXCLAMATIF, IVE adj.
Qui marque l'exclamation. *Quelle belle journée ! Un point exclamatif (!).*
T Les propositions exclamatives se terminent par un point d'exclamation.

EXCLAMATION n. f.
1. Cri subit marquant une émotion, un sentiment. *Des exclamations de joie.*
2. (LING.) Phrase exprimant une émotion vive.
LOCUTION
– ***Point d'exclamation (!).*** Signe de ponctuation qui termine une phrase exclamative, une interjection.
VOIR TABLEAU – PONCTUATION.

EXCLAMER (S') v. pronom.
Pousser des exclamations. *Elles se sont exclamées : « Vive les vacances ! »* SYN. s'écrier.

Le participe passé de ce verbe, qui n'existe qu'à la forme pronominale, s'accorde toujours en genre et en nombre avec son sujet. *Bravo ! se sont exclamés les spectateurs à la fin du monologue.*
CONJUGAISON : VOIR MODÈLE AIMER.

EXCLU, UE adj. et n. m. et f.
1. Qui a été rejeté. *Elle se sent exclue. Un exclu.*
2. Qui n'est pas compris. *La facture s'élève à 200 $, le transport exclu.* ANT. inclus.

EXCLURE v. tr., pronom.
VERBE TRANSITIF
1. Refuser quelqu'un, quelque chose, écarter d'un ensemble. *Nous l'avons exclu du groupe.* ANT. inclure.
2. Ne pas admettre, rejeter la possibilité de quelque chose. *J'exclus cette hypothèse.*
VERBE PRONOMINAL
1. Se mettre hors (de). *Il s'était exclu de son groupe d'amis par ses excès.*
2. Être incompatible. *Ces deux possibilités ne s'excluent pas nécessairement.*
À la forme pronominale, le participe passé de ce verbe s'accorde toujours en genre et en nombre avec son sujet. *Elles se sont exclues.*
LOCUTION
– ***Il n'est pas exclu que,*** loc. impers. Il est possible que. *Il n'est pas exclu qu'il soit nommé à la présidence.*
La locution se construit avec le subjonctif.
Contrairement à ***inclus,*** le participe passé masculin s'écrit ***exclu,*** sans ***s.*** *Le poids de la boîte est exclu.*
CONJUGAISON : VOIR MODÈLE INCLURE.
INDICATIF PRÉSENT *J'exclus, tu exclus, il exclut, nous excluons, vous excluez, ils excluent.* IMPARFAIT *J'excluais, tu excluais, il excluait, nous excluions, vous excluiez, ils excluaient.* PASSÉ SIMPLE *J'exclus, tu exclus, il exclut, nous exclûmes, vous exclûtes, ils exclurent.* FUTUR *J'exclurai.* CONDITIONNEL PRÉSENT *J'exclurais.* IMPÉRATIF PRÉSENT *Exclus, excluons, excluez.* SUBJONCTIF PRÉSENT *Que j'exclue, que tu exclues, qu'il exclue, que nous excluions, que vous excluiez, qu'ils excluent.* IMPARFAIT *Que j'exclusse, que tu exclusses, qu'il exclût, que nous exclussions, que vous exclussiez, qu'ils exclussent.* PARTICIPE PRÉSENT *Excluant.* PASSÉ *Exclu, ue.*

EXCLUSIF, IVE adj.
1. Qui a un privilège, une possession sans partage.
On évitera d'utiliser l'expression *apanage exclusif, qui est un pléonasme.
2. Qui a la responsabilité totale de la distribution. *Un distributeur exclusif.*

EXCLUSION n. f.
Action d'exclure d'un ensemble. *L'exclusion d'un élève de la classe.* ANT. inclusion.
LOCUTION
– ***À l'exclusion de,*** loc. prép. À l'exception de. ANT. à l'inclusion de.

EXCLUSIVEMENT adv.
1. En ne comprenant pas quelque chose. *J'y serai du 8 au 15 septembre exclusivement* (la dernière journée étant le 14 septembre). ANT. inclusivement.
2. À l'exclusion de toute autre chose. *Manger exclusivement des légumes.* SYN. essentiellement ; seulement.

EXCLUSIVITÉ n. f.
1. Propriété exclusive. *Se réserver l'exclusivité d'un produit.*
2. Produit vendu, exploité par une seule entreprise.
3. Nouvelle donnée en primeur. *C'est une exclusivité* (et non un *scoop).

EXCOMMUNICATION n. f.
Exclusion de l'Église. *Ce sacrilège pourrait entraîner l'excommunication.*

EXCOMMUNIER v. tr.
Exclure de l'Église.
L'action d'excommunier se dit ***excommunication*** (et non *excommunion).
CONJUGAISON : VOIR MODÈLE ÉTUDIER.
Redoublement du ***i*** à la première et à la deuxième personne du pluriel de l'indicatif imparfait et du subjonctif présent. *(Que) nous excommuniions, (que) vous excommuniiez.*

EXCRÉMENT n. m.
Matière évacuée du corps. *Des excréments de chevaux, des excréments humains.*
Ce mot s'utilise généralement au pluriel.

EXCRÉMENTIEL, IELLE adj.
Relatif aux excréments.

EXCRÉTER v. tr.
Évacuer par excrétion. *Une substance excrétée par le foie.*
CONJUGAISON : VOIR MODÈLE POSSÉDER.
Le ***é*** se change en ***è*** devant une syllabe contenant un ***e*** muet, sauf à l'indicatif futur et au conditionnel présent. *Il excrète,* mais *il excrétera.*
[Les *Rectifications* (1990) admettent : il excrètera, excrèterait...]

EXCRÉTION n. f.
Expulsion des déchets de l'organisme. SYN. élimination.

EXCROISSANCE n. f.
(MÉD.) Tumeur superficielle bénigne de la peau.

EXCURSION n. f.
Promenade. *Une excursion à la montagne.* SYN. (FAM.) balade ; randonnée ; tour.

EXCURSIONNISTE n. m. et f.
Personne qui fait une excursion.

EXCUSABLE adj.
Qui peut être excusé. *Un retard excusable.* SYN. pardonnable. ANT. impardonnable ; inexcusable.

EXCUSE n. f.
1. Raison apportée pour se faire pardonner, pour se justifier. *Tu es en retard et ton excuse n'est pas valable.* SYN. explication ; justification ; motif ; prétexte.
2. Regret exprimé à quelqu'un pour l'avoir ennuyé, gêné, offensé. *Je te fais mes excuses pour cette méprise.*
En ce sens, le nom s'emploie généralement au pluriel.

EXCUSER v. tr., pronom.
VERBE TRANSITIF
1. Servir d'excuse à, justifier. *Son enthousiasme excuse ses excès.*
2. Pardonner. *On a excusé son absence.*
VERBE PRONOMINAL
1. Présenter des excuses. *Elles se sont excusées de leur retard.* SYN. demander pardon.
Les expressions les plus polies sont : ***je vous prie de m'excuser*** ou ***veuillez m'excuser*** ou ***toutes mes excuses.*** De façon un peu moins soutenue, on dira : ***excusez-moi.*** La formule ***je m'excuse*** est jugée la moins polie et la plus familière.
2. Prévenir d'une absence. *Ces administrateurs se sont excusés, ils seront à l'étranger lors de la réunion du conseil.*
À la forme pronominale, le participe passé de ce verbe s'accorde toujours en genre et en nombre avec son sujet. *Les retardataires se sont excusés.*
CONJUGAISON : VOIR MODÈLE AIMER.

EXÉCRABLE adj.
Le mot peut se prononcer de deux façons, [ɛgzekrabl, ɛksekrabl].
Affreux, très mauvais. *Il est d'une humeur exécrable.* SYN. désagréable ; haïssable ; horrible.

EXÉCRABLEMENT adv.
Le mot peut se prononcer de deux façons, [ɛgzekrabləmɑ̃, ɛksekrabləmɑ̃].
(LITT.) De manière exécrable.

EXÉCRER v. tr.
Le mot peut se prononcer de deux façons, [ɛgzekre, ɛksekre].
(LITT.) Détester, avoir en horreur. *Ils exècrent cette vulgarité.* SYN. abhorrer ; abominer ; avoir en aversion ; haïr.
CONJUGAISON : VOIR MODÈLE POSSÉDER.
Le ***é*** se change en ***è*** devant une syllabe contenant un ***e*** muet, sauf à l'indicatif futur et au conditionnel présent. *J'exècre,* mais *j'exécrerai.*
[Les *Rectifications* (1990) admettent : il exècrera, exècrerait...]

EXÉCUTANT, ANTE n. m. et f.
Personne qui exécute une tâche. *Ils sont à la fois des concepteurs et des exécutants.*
Ne pas confondre avec le nom ***exécuteur,*** bourreau.

EXÉCUTER v. tr., pronom.
VERBE TRANSITIF
1. Mettre en application, accomplir. *Exécuter un projet.* SYN. réaliser.
2. Interpréter (une œuvre musicale). *Le pianiste a exécuté ses sonates avec brio.* SYN. jouer.
3. Faire mourir, par décision de justice. *On a exécuté le condamné.*
VERBE PRONOMINAL
Se décider à agir. *Ils se sont exécutés à regret.*
À la forme pronominale, le participe passé de ce verbe s'accorde toujours en genre et en nombre avec son sujet. *Ils se sont exécutés avec brio.*
CONJUGAISON : VOIR MODÈLE AIMER.

EXÉCUTEUR, TRICE n. m. et f.
Bourreau.
Ne pas confondre avec le nom ***exécutant,*** personne qui exécute une tâche.
LOCUTIONS
– ***Exécuteur des hautes œuvres.*** (ANCIENN.) Bourreau.
– ***Exécuteur testamentaire.*** Personne chargée de l'application d'un testament.
Cette expression a été remplacée par ***liquidateur, liquidatrice*** dans le nouveau Code civil.

EXÉCUTIF, IVE adj. et n. m.
ADJECTIF
Relatif à la mise en œuvre des lois. *Le pouvoir exécutif.*
NOM MASCULIN
Organe exerçant le pouvoir de faire appliquer les lois dans un État.
FORMES FAUTIVES
*chef exécutif. Calque de «*executive chef*» pour ***chef des cuisines.***
*comité exécutif (d'une entreprise). Calque de «*executive committee*» pour ***conseil de direction, comité directeur.***
*exécutif. Anglicisme au sens de ***direction, conseil de direction, dirigeant, le bureau*** (d'une association, d'un parti).
*exécutif syndical. Calque de «*union executive*» pour ***bureau syndical.***
*secrétaire exécutif, exécutive. Anglicisme pour ***secrétaire de direction.***
*vice-président exécutif. Anglicisme pour ***vice-président directeur, premier vice-président.***

EXÉCUTION n. f.
1. Action, manière d'exécuter ce qui a été demandé. *L'exécution rapide d'un travail.* SYN. réalisation.
2. Interprétation, réalisation. *L'exécution de cette sonate était très réussie.*
LOCUTIONS
– ***Exécution (capitale).*** Mise à mort d'un condamné. *Au Canada, il n'y a plus d'exécutions : la peine de mort a été abolie.*
– ***Mettre à exécution.*** Réaliser. *Une fois la décision prise, il faut maintenant la mettre à exécution.*

EXÉCUTOIRE adj.
(DR.) Qui doit être exécuté.

EXÉGÈSE n. f.
Commentaire sur un texte et, spécialement, sur la Bible.
Attention au genre féminin de ce nom : ***une*** exégèse.

EXÉGÈTE n. m. et f.
Commentateur d'un texte difficile et, spécialement, d'un texte biblique.

EXEMPLAIRE adj. et n. m.
ADJECTIF
1. Qui peut servir d'exemple. *Une conduite exemplaire.* SYN. modèle ; parfait.
2. Destiné à servir de leçon. *Une peine exemplaire.*
NOM MASCULIN
Chacun des objets produits dans une série. *Un livre publié à 100 000 exemplaires* (et non *copies). *Veuillez signer les trois exemplaires du formulaire.*

EXEMPLAIREMENT adv.
De façon exemplaire. *Ils ont agi exemplairement.*

EXEMPLARITÉ n. f.
Caractère de ce qui est exemplaire. *L'exemplarité d'un châtiment.*

EXEMPLE n. m.
Abréviation ***ex.*** (s'écrit avec un point).
1. Modèle qui peut être imité. *Un bon exemple, un exemple à suivre.*
2. Éléments qui servent à prouver, à illustrer ce qui vient d'être énoncé. *Le Saint-Laurent a de nombreux affluents, exemple(s) : le Saguenay, le Richelieu, le Saint-Maurice.* SYN. illustration.
LOCUTIONS
– ***À l'exemple de,*** loc. prép. À l'imitation de. *À l'exemple de ses amis, elle ira en vacances dans la région de Charlevoix.*
– ***Par exemple,*** loc. adv. *Planter des fleurs vivaces, par exemple du muguet, des delphiniums.* SYN. comme ; notamment.
– ***Par exemple !*** (FAM.) Ça alors ! *Ça, par exemple, c'est incroyable !*
Cette locution marque la surprise, l'indignation.
– ***Par exemple.*** (FAM.) Mais, toutefois (marquant l'opposition). *Elle est généralement raisonnable ; par exemple, elle succombe parfois à la tentation de la gourmandise.* SYN. cependant ; par contre ; toutefois.

EXEMPT, EMPTE adj.
Les lettres ***pt*** ne se prononcent pas, [ɛgzɑ̃, ɑ̃t].
1. Dispensé, déchargé. *Un revenu exempt d'impôts.*
2. Dépourvu de. *Ce texte est exempt d'erreurs.* SYN. sans.

EXEMPTER v. tr., pronom.
Le ***p*** ne se prononce pas, [ɛgzɑ̃te].
VERBE TRANSITIF
Dispenser d'une charge, d'un travail. *L'enseignante les a exemptés de devoirs.*
VERBE PRONOMINAL
Se dispenser. *S'exempter de préparer un repas.*
À la forme pronominale, le participe passé de ce verbe s'accorde toujours en genre et en nombre avec son sujet. *Elles se sont exemptées de travailler en fin de semaine.*
CONJUGAISON : VOIR MODÈLE AIMER.
exempter.

EXEMPTION n. f.
Contrairement à l'adjectif et au verbe, dans le nom ***exemption*** le ***p*** se fait entendre, [ɛgzɑ̃psjɔ̃].
1. Action d'exempter ; fait d'être exempté. *Une exemption d'impôts.* SYN. déduction ; dégrèvement.
2. Dispense d'une obligation. *Une exemption de devoirs.*
exemption.

EXERCER v. tr., pronom.
VERBE TRANSITIF
1. Préparer, développer. *Exercer ses muscles, sa mémoire, sa voix.* SYN. cultiver; entraîner.
2. Mettre en usage. *Exercer une autorité, une dictature.*
3. Pratiquer. *Exercer la médecine, le droit.*
VERBE PRONOMINAL
1. S'entraîner. *Ils s'exercent* (et non *se pratiquent) *à skier.*
2. (LITT.) Se manifester. *La pression qui s'exerçait sur eux était trop grande.*
À la forme pronominale, le participe passé de ce verbe s'accorde toujours en genre et en nombre avec son sujet. *Nous nous sommes exercés à jouer au bridge.*
CONJUGAISON : VOIR MODÈLE AVANCER.
Le **c** prend une cédille devant les lettres ***a*** et ***o***. *Il exerça, nous exerçons.*

EXERCICE n. m.
Action d'exercer, de s'exercer. *Des exercices physiques. L'exercice du droit. Un exercice de mathématiques.*

EXERCICE (FINANCIER) n. m.
Période de temps pour laquelle sont établies des prévisions financières ou dégagés des résultats financiers, dans une unité de gestion, une entreprise ou un organisme public (Recomm. off.). *Cette société termine son exercice financier* (et non *année fiscale) *le* 1er *mai.*
Les synonymes ***année financière*** et ***année budgétaire*** ne sont utilisés que dans le domaine de la comptabilité du secteur public.
Ne pas confondre avec ***année civile***, période de douze mois, commençant le 1er janvier et se terminant le 31 décembre.
Généralement, un exercice porte sur douze mois.

EXERCISEUR n. m.
Appareil de gymnastique.

EXÉRÈSE n. f.
(MÉD.) Excision, ablation (d'une tumeur, d'un organe, etc.) par chirurgie.

EXERGUE n. m.
1. Espace sur une médaille, une pièce de monnaie, pour une courte phrase, une devise; la phrase elle-même.
2. Courte citation, devise placée en tête d'un ouvrage, d'un texte, etc. *Inscrire un vers de Rimbaud en exergue à un roman.* SYN. épigraphe.
[T] Le texte de l'exergue se compose en romain ou en italique. Si le nom de l'auteur est donné, il s'inscrit entre parenthèses.
LOCUTION
– ***Mettre en exergue.*** (FIG.) Mettre en valeur. *Des qualités mises en exergue.*

EXFOLIATION n. f.
1. (MÉD.) Desquamation de la peau.
2. Opération chirurgicale esthétique qui consiste à faire desquamer la peau du visage pour la débarrasser des cellules mortes.
Ce terme a été proposé pour remplacer l'anglicisme *peeling.

EXHALER v. tr., pronom.
VERBE TRANSITIF
Répandre. *Ces fleurs exhalent une odeur délicate.*
VERBE PRONOMINAL
Se répandre dans l'atmosphère.
À la forme pronominale, le participe passé de ce verbe s'accorde toujours en genre et en nombre avec son sujet. *Les parfums des fleurs se sont exhalés dans la nuit.*
CONJUGAISON : VOIR MODÈLE AIMER.
exhaler.

EXHAUSSER v. tr.
Accroître la hauteur de. *Exhausser un immeuble d'un étage.* HOM. ***exaucer,*** accorder à quelqu'un ce qu'il demande.
CONJUGAISON : VOIR MODÈLE AIMER.

EXHAUSTIF, IVE adj.
Complet. *Une énumération exhaustive.*
exhaustif.

EXHAUSTIVEMENT adv.
De façon exhaustive.
exhaustivement

EXHIBER v. tr., pronom.
VERBE TRANSITIF
Faire étalage de, faire voir. *Ce parvenu exhibe sa grosse voiture.* SYN. étaler; montrer. ANT. cacher; dissimuler.
VERBE PRONOMINAL
Se montrer en public, s'afficher. *Ils se sont exhibés en la compagnie de ces célébrités.*
À la forme pronominale, le participe passé de ce verbe s'accorde toujours en genre et en nombre avec son sujet. *Les duchesses se sont exhibées en maillot de bain.*
CONJUGAISON : VOIR MODÈLE AIMER.
exhiber.

***EXHIBIT**
Anglicisme pour ***pièce à conviction, objet exposé.***

EXHIBITION n. f.
1. Action de faire étalage de. *Une exhibition de bijoux et de fourrures.*
2. Représentation. *Exhibition de phoques et de dauphins.*
exhibition.

EXHIBITIONNISME n. m.
1. Tendance pathologique à se montrer nu.
2. (FIG.) Disposition à exposer des faits privés. *L'exhibitionnisme d'un chanteur, d'une actrice.*
exhibitionnisme.

EXHIBITIONNISTE adj. et n. m. et f.
Qui souffre d'exhibitionnisme.
exhibitionniste.

EXHORTATION n. f.
1. Paroles par lesquelles on exhorte. SYN. recommandation.
2. Incitation. *Une exhortation à la sagesse.*
exhortation.

EXHORTER v. tr., pronom.
VERBE TRANSITIF
(LITT.) Inciter, encourager par des paroles. *Il l'exhorte à la patience. Elle l'exhorte à rester.* SYN. inviter; recommander.
VERBE PRONOMINAL
S'encourager, s'inciter. *Elle s'est exhortée à attendre le moment opportun pour agir.*
À la forme pronominale, le participe passé de ce verbe s'accorde toujours en genre et en nombre avec son sujet. *Ils se sont exhortés à la modération.*
Le complément indirect du verbe est introduit par la préposition ***à.***
CONJUGAISON : VOIR MODÈLE AIMER.
exhorter.

EXHUMATION n. f.
Action d'extraire un corps de sa sépulture. ANT. inhumer.
exhumation.

EXHUMER v. tr.
Extraire un corps de la terre, de sa sépulture.
CONJUGAISON : VOIR MODÈLE AIMER.
exhumer.

EXIGEANT, ANTE adj.
1. Qui exige beaucoup. *Des professeurs exigeants à l'égard des étudiants, envers leurs collègues, mais appréciés.*

2. Qui exige temps et énergie. *Une profession exigeante.* SYN. absorbant; accaparant; prenant.
Ne pas confondre avec le participe présent invariable ***exigeant***. *Des professeurs exigeant des travaux bien écrits.*
exigeant.

E

EXIGENCE n. f.
1. Ce qu'une personne exige. *Quelles sont vos exigences?* SYN. condition; demande; revendication.
En ce sens, le nom s'emploie généralement au pluriel.
2. Obligation. *Les exigences d'un métier.* SYN. contrainte.
3. Caractère d'une personne exigeante. *Cet enseignant est d'une grande exigence : il fait travailler beaucoup ses élèves.*
exigence.

EXIGER v. tr.
1. Demander. *Cette opération exigeait beaucoup d'habileté.* SYN. nécessiter; réclamer; requérir.
2. Réclamer (ce qui est considéré comme un dû). *Les employés exigent une augmentation. À la bibliothèque, on exige le silence.* SYN. demander; revendiquer.
3. Commander, ordonner. *L'institutrice exige que les enfants soient ponctuels.*
Suivi de ***que***, le verbe se construit avec le subjonctif. Le verbe peut également se construire avec la préposition ***de*** suivie de l'infinitif. *Elle exige d'être écoutée.*
CONJUGAISON : VOIR MODÈLE CHANGER.
Le ***g*** est suivi d'un ***e*** devant les lettres ***a*** et ***o***. *Il exigea, nous exigeons.*

EXIGIBILITÉ n. f.
NOM FÉMININ
Caractère de ce qui peut être exigé. *La date d'exigibilité d'une hypothèque.*
NOM FÉMININ PLURIEL
Ensemble des dettes à court terme d'une entreprise.

EXIGIBLE adj.
Que l'on peut exiger. *Un paiement exigible le 15 du mois.*

EXIGU, ÜE ou **UË** adj.
Très petit, trop petit. *Un passage exigu, une pièce exigüe* ou *exiguë.* SYN. étroit; restreint.

EXIGÜITÉ ou **EXIGUÏTÉ** n. f.
Insuffisance, petitesse d'un espace. *L'exigüité* ou *exiguïté d'un appartement parisien.*

EXIL n. m.
Situation d'une personne forcée de vivre hors d'un lieu, généralement sa patrie. *Roman est en exil depuis 20 ans : il ne peut retourner dans son pays, car il y serait en danger de mort.*

EXILÉ, ÉE adj. et n. m. et f.
Qui est condamné à l'exil. SYN. expatrié.

EXILER v. tr., pronom.
VERBE TRANSITIF
Frapper quelqu'un d'exil. SYN. expulser.
VERBE PRONOMINAL
Quitter son pays. *Ils ont dû s'exiler pour survivre.* SYN. s'éloigner; émigrer; s'expatrier.
À la forme pronominale, le participe passé de ce verbe s'accorde toujours en genre et en nombre avec son sujet. *Ces archéologues se sont exilés pour exercer leur profession.*
CONJUGAISON : VOIR MODÈLE AIMER.

EXISTANT, ANTE adj.
Actuel. *Les constructions existantes seront rasées.*

EXISTENCE n. f.
1. Fait d'exister, d'être réel. *L'existence d'une famille.* SYN. réalité.
2. Vie. *Bénédicte a eu une existence mouvementée : elle a fait le tour du monde en voilier.*
3. Durée. *Cette cathédrale a plusieurs siècles d'existence.*

EXISTENTIALISME n. m.
Mouvement philosophique qui s'interroge sur l'existence individuelle.

EXISTENTIALISTE adj. et n. m. et f.
ADJECTIF
Relatif à l'existentialisme. *La pensée existentialiste.*
NOM MASCULIN ET FÉMININ
Adepte de l'existentialisme.

EXISTENTIEL, IELLE adj.
Relatif à l'existence. *Un désespoir existentiel.*

EXISTER v. intr.
1. Être, avoir une réalité. *Cette étoile existe. Le médicament qui guérirait le sida n'existe pas encore.*
2. Avoir de l'importance. *La question financière n'existait pas pour eux : ils vivaient d'amour et d'eau fraîche.* SYN. compter; importer.
CONJUGAISON : VOIR MODÈLE AIMER.

EX-LIBRIS n. m. inv.
Petite étiquette collée sur un livre pour en marquer le propriétaire. *Des ex-libris intéressants et variés.*
[T] En typographie soignée, les mots étrangers sont composés en italique. Dans des textes déjà en italique, la notation se fait en romain. Pour les textes manuscrits, on utilisera les guillemets.
[Les *Rectifications* (1990) admettent : exlibris.]

EXODE n. m.
1. Émigration massive d'un peuple. *L'exode des Canadiens français vers la Nouvelle-Angleterre au siècle dernier.*
2. (FIG.) Fuite en grand nombre. *L'exode des habitants de la campagne vers la ville. L'exode des cerveaux.*
Attention au genre masculin de ce nom : ***un*** exode.
Ne pas confondre avec le nom ***exorde***, introduction d'un discours, d'un texte.

***EX(-)OFFICIO**
Impropriété pour ***d'office, de droit.***

EXOGÈNE adj.
(DIDACT.) Qui provient de l'extérieur, qui résulte de causes externes. ANT. endogène.

EXONÉRATION n. f.
Dégrèvement. *Une exonération d'impôts.*

EXONÉRER v. tr.
Libérer d'une obligation, d'une charge. *Des marchandises exonérées de droits de douane. Des diplomates exonérés d'impôts.*
Lorsqu'il s'agit d'un blâme et en parlant d'une personne, il est plus juste d'utiliser les verbes ***innocenter, disculper.***
CONJUGAISON : VOIR MODÈLE POSSÉDER.
Le ***é*** se change en ***è*** devant une syllabe contenant un ***e*** muet, sauf à l'indicatif futur et au conditionnel présent. *J'exonère,* mais *j'exonérerai.*
[Les *Rectifications* (1990) admettent : il exonèrera, exonèrerait...]

EXOPLANÈTE n. f.
Planète située à l'extérieur du système solaire. *« Les exoplanètes sont invisibles à l'observation lointaine parce que, telle la Terre autour de son Soleil, elles se dissimulent dans le halo de leur étoile »* (*Le Nouvel Observateur*).

EXORBITANT, ANTE adj.
Qui sort des bornes, qui est inabordable. *Des prix exorbitants.* SYN. exagéré; excessif.
Ne pas confondre avec les mots suivants :
- ***démesuré***, qui dépasse la mesure;
- ***excessif***, qui sort des limites permises;
- ***forcené***, qui dépasse toute mesure dans ses attitudes.

exorbitant.

EXORCISER v. tr.
1. Chasser à l'aide d'un rituel. *Le sorcier a exorcisé les démons.*
2. Délivrer des démons à l'aide d'un rituel. *Ce possédé a été exorcisé.* SYN. conjurer.
CONJUGAISON : VOIR MODÈLE AIMER.

EXORCISME n. m.
Cérémonie au cours de laquelle on exorcise.

EXORCISTE n. m. et f.
Personne qui exorcise, qui conjure les démons.

EXORDE n. m.
Introduction d'un discours, d'un texte.
Attention au genre masculin de ce nom : ***un*** exorde.
Ne pas confondre avec le nom ***exode,*** émigration massive.

EXOTIQUE adj.
Qui vient des pays étrangers. *Une danse exotique, des mets exotiques.*

EXOTISME n. m.
Caractère de ce qui est exotique.

EXPANSIF, IVE adj.
Démonstratif, communicatif. *Une personne expansive.*

EXPANSION n. f.
Développement. *Cette ville est en pleine expansion : on y construit de nombreux immeubles.* SYN. croissance.
expansion.

EXPATRIATION n. f.
Action de quitter sa patrie. SYN. émigration ; exil.

EXPATRIER v. tr., pronom.
VERBE TRANSITIF
Obliger quelqu'un à quitter sa patrie. SYN. exiler ; expulser.
VERBE PRONOMINAL
Quitter sa patrie, son pays pour s'installer ailleurs. *Au début du XXe siècle, de nombreux Québécois se sont expatriés aux États-Unis.* SYN. émigrer ; s'exiler.
À la forme pronominale, le participe passé de ce verbe s'accorde toujours en genre et en nombre avec son sujet. *Ces chercheurs se sont expatriés.*
CONJUGAISON : VOIR MODÈLE ÉTUDIER.
Redoublement du ***i*** à la première et à la deuxième personne du pluriel de l'indicatif imparfait et du subjonctif présent. *(Que) nous nous expatriions, (que) vous vous expatriiez.*

EXPECTATIVE n. f.
(LITT.) Attente. *Elle est dans l'expectative d'une réponse.*

EXPECTORANT, ANTE adj. et n. m.
Qui facilite l'expectoration. *Des sirops expectorants.*

EXPECTORATION n. f.
Expulsion de sécrétions.

EXPECTORER v. tr.
Rejeter des sécrétions par la bouche.
CONJUGAISON : VOIR MODÈLE AIMER.

EXPÉDIENT n. m.
Moyen commode, échappatoire. *Recourir à des expédients pour survivre.* SYN. astuce ; procédé ; (FAM.) truc.
Ne pas confondre avec le participe présent invariable ***expédiant.*** *Il n'y aura plus de retard de livraison, l'éditeur expédiant tous ses colis par avion.*

EXPÉDIER v. tr.
1. Envoyer. *Expédier un colis par avion.*
2. Faire une chose rapidement pour s'en débarrasser. *Il expédia ses devoirs et ses leçons pour aller jouer.* SYN. bâcler.
CONJUGAISON : VOIR MODÈLE ÉTUDIER.
Redoublement du ***i*** à la première et à la deuxième personne du pluriel de l'indicatif imparfait et du subjonctif présent. *(Que) nous expédiions, (que) vous expédiiez.*

EXPÉDITEUR, TRICE adj. et n. m. et f.
Personne qui fait un envoi. *L'expéditeur d'un colis.* SYN. envoyeur. ANT. destinataire.

EXPÉDITIF, IVE adj.
Rapide. *Un moyen expéditif. Des employés expéditifs.*

EXPÉDITION n. f.
1. Envoi de marchandises. *L'expédition d'un colis par avion.*
2. Opération militaire en dehors du territoire national. *Une expédition punitive.*
3. Voyage d'exploration. *Une expédition polaire.*

EXPÉRIENCE n. f.
1. Connaissance acquise par une longue pratique. *Un employé qui a beaucoup d'expérience. Elle est très jeune et vient de terminer ses études : elle est sans expérience.*
En ce sens, le nom s'écrit au singulier.
2. Expérimentation. *Faire des expériences scientifiques.* SYN. essai.

EXPÉRIMENTAL, ALE, AUX adj.
1. Qui est fondé sur l'expérience scientifique. *Des recherches expérimentales.*
2. Qui sert d'expérience. *Des traitements expérimentaux, une ferme expérimentale.* SYN. pilote.

EXPÉRIMENTALEMENT adv.
De façon expérimentale.

EXPÉRIMENTATION n. f.
Utilisation systématique des expériences.

EXPÉRIMENTÉ, ÉE adj.
Formé par l'expérience. *C'est un chercheur expérimenté.* SYN. chevronné ; compétent ; d'expérience ; expert.

EXPÉRIMENTER v. tr.
1. Vérifier par des expériences. *Expérimenter un nouveau médicament.* SYN. tester.
2. Éprouver par expérience. *J'ai expérimenté l'importance de l'amitié.* SYN. constater ; observer.
CONJUGAISON : VOIR MODÈLE AIMER.

EXPERT n. m.
EXPERTE n. f.
NOM MASCULIN ET FÉMININ
1. Personne très compétente, très expérimentée. *Une experte en informatique. Un expert en astronautique. Demander une évaluation à un expert.* SYN. spécialiste.
2. Spécialiste qui fait une expertise. *« Reconnaissant une situation flagrante de discrimination, la cour a nommé un expert pour évaluer les écarts »* (*Le Monde*).
3. ***Expert*** + nom.
Quand le nom est joint à un autre nom pour former un titre professionnel, on emploie généralement un trait d'union. *Un expert-comptable, une experte-conseil.*
ADJECTIF
Qui a une grande connaissance d'une chose par une longue pratique. *Un ébéniste expert.* SYN. capable ; compétent ; expérimenté.
LOCUTIONS
– ***À dire d'experts.*** Selon les experts.
– ***Expert en sinistres, experte en sinistres.*** Personne chargée d'enquêter sur un sinistre et de constater les dommages qui en résultent, en vue d'en négocier le règlement pour le compte de l'assuré ou de l'assureur (GDT). *Nous attendons la visite de l'expert en sinistres* (et non *ajusteur, *agent de réclamations).
Dans cette locution, le nom ***sinistre*** peut également s'écrire au singulier : ***expert, experte en sinistre.***

EXPERT-COMPTABLE n. m.
EXPERTE-COMPTABLE n. f.
Personne dont la profession est d'effectuer des vérifications comptables pour le compte d'autrui. *Recourir à un expert-comptable, à un vérificateur.*

EXPERT-CONSEIL n. m.
EXPERTE-CONSEIL n. f.
Personne agissant à titre de conseiller. *Des experts-conseils.*

EXPERTISE n. f.
1. (DR.) Examen fait par un expert sur l'ordre d'un tribunal.
2. Estimation de la valeur, de la qualité d'un objet.
3. Connaissance et compétence d'expert (Recomm. off.).

E

EXPERTISER v. tr.
Soumettre à une expertise. *Expertiser un tableau.*
CONJUGAISON : VOIR MODÈLE AIMER.

EXPIABLE adj.
Qui peut être expié. *Un crime expiable.*

EXPIATION n. f.
Châtiment. *L'expiation d'un crime.* SYN. réparation.

EXPIATOIRE adj.
Qui sert à expier. *Une cérémonie expiatoire. Des autels expiatoires.*

EXPIER v. tr., pronom.
VERBE TRANSITIF
Réparer une faute par la peine qu'on subit. *Expier ses injustices.*
VERBE PRONOMINAL
Se laver (d'une faute). *Un tel manquement s'expie difficilement.*
À la forme pronominale, le participe passé de ce verbe s'accorde toujours en genre et en nombre avec son sujet. *Ses torts se sont expiés.*
CONJUGAISON : VOIR MODÈLE ÉTUDIER.
Redoublement du ***i*** à la première et à la deuxième personne du pluriel de l'indicatif imparfait et du subjonctif présent. *(Que) nous expiions, (que) vous expiiez.*

EXPIRATION n. f.
1. Action de chasser hors de la poitrine l'air qu'on a inspiré. ANT. inspiration.
2. Fin. *L'expiration d'un délai. La date d'expiration de ta carte de débit est en décembre de cette année.* SYN. échéance; terme.

EXPIRER v. tr., intr.
VERBE TRANSITIF
Expulser l'air contenu dans les poumons. *Expirer l'air par le nez.*
VERBE INTRANSITIF
1. Rejeter l'air des poumons. *Inspire et expire lentement.*
2. (LITT.) Mourir. *Le malade vient d'expirer.* SYN. s'éteindre.
3. Prendre fin. *Le délai a expiré à 15 heures. Le délai est expiré depuis hier.* SYN. finir; se terminer.
Le verbe se conjugue avec l'auxiliaire ***avoir*** pour exprimer l'action, avec l'auxiliaire ***être*** pour marquer l'état.
CONJUGAISON : VOIR MODÈLE AIMER.

EXPLÉTIF, IVE adj.
(GRAMM.) Se dit d'un mot qui n'est pas essentiel au sens d'une phrase. *Le* ne *explétif de la phrase « Je crains qu'il ne soit absent ».*

EXPLICABLE adj.
Qui peut être expliqué. *Son erreur est explicable.* SYN. compréhensible.
explicable.

EXPLICATIF, IVE adj.
1. (GRAMM.) Se dit d'une proposition relative qui apporte une précision non indispensable sur l'antécédent. Exemple : *Son chien, qui était magnifique, se mit à japper.*
La proposition explicative, qui s'écrit généralement entre virgules, peut être supprimée sans nuire au sens de la phrase.
2. Qui explique. *Une note explicative.*
explicatif.

EXPLICATION n. f.
1. Commentaire en vue de faire comprendre. *Donner une explication sur un problème de mathématiques.*
2. Cause, motif. *Quelle est l'explication de cette absence ?*
3. Discussion. *Avoir une explication.* SYN. dispute.
explication.

EXPLICITE adj.
Qui est énoncé de façon claire. *Des commentaires explicites.* SYN. net; précis.
Ne pas confondre avec le mot ***implicite,*** qui n'est pas énoncé clairement, mais qui peut être déduit.

EXPLICITEMENT adv.
D'une manière explicite, clairement. *Je lui ai signifié mon refus explicitement.*

EXPLICITER v. tr.
Rendre plus clair, plus compréhensible. *J'aimerais que vous m'explicitiez ce problème.*
CONJUGAISON : VOIR MODÈLE AIMER.

EXPLIQUER v. tr., pronom.
VERBE TRANSITIF
1. Commenter, faire comprendre. *Expliquer un problème de mathématiques, l'accord d'un participe passé.* SYN. montrer.
2. Justifier. *Expliquer un retard.* SYN. motiver.
VERBE PRONOMINAL
1. Faire connaître sa pensée. *Elle s'est expliquée et il a compris.*
2. Devenir clair, intelligible. *Tout s'explique.*
À la forme pronominale, le participe passé de ce verbe s'accorde en genre et en nombre avec le complément direct si celui-ci le précède. *La règle qu'ils se sont expliquée.* Le participe passé reste invariable si le complément direct suit le verbe. *Elles se sont expliqué la règle de l'accord des adjectifs de couleur.* En l'absence d'un complément direct, le participe passé s'accorde avec le sujet du verbe. *Ils se sont enfin expliqués.*
CONJUGAISON : VOIR MODÈLE AIMER.

EXPLOIT n. m.
Action extraordinaire. *Cet exploit sportif est digne de mention.*
exploit.

EXPLOITABLE adj.
Qui peut être exploité. *Une mine exploitable. Des renseignements exploitables.*

EXPLOITANT n. m.
EXPLOITANTE n. f.
Personne qui exploite une entreprise. *Un exploitant forestier.*
Ce mot s'emploie dans un sens favorable, alors que le nom ***exploiteur*** est toujours péjoratif.

EXPLOITATION n. f.
1. Action d'exploiter, de faire valoir quelque chose en vue d'un profit. *L'exploitation d'une usine* (et non l'*opération). SYN. direction; gestion.
2. Affaire exploitée. *Une exploitation agricole.* SYN. entreprise.
3. Action d'abuser de quelqu'un, de quelque chose. *L'exploitation des travailleurs.* SYN. abus.
En ce sens, le nom a une valeur défavorable.

EXPLOITER v. tr.
1. Faire valoir, tirer partie de. *Exploiter* (et non *opérer) *une entreprise, une ferme.*
2. Profiter de quelqu'un de façon excessive. *Cette entreprise exploite son personnel.* SYN. abuser.
En ce sens, le verbe a une valeur défavorable.
CONJUGAISON : VOIR MODÈLE AIMER.

EXPLOITEUR, EUSE n. m. et f.
Personne qui abuse des autres. SYN. profiteur.
Ce nom a une valeur défavorable, alors que le mot ***exploitant*** s'utilise dans un sens favorable.

EXPLORATEUR, TRICE adj. et n. m. et f.
ADJECTIF ET NOM MASCULIN
(MÉD.) Se dit d'un instrument qui sert à connaître l'état d'un organe.
NOM MASCULIN ET FÉMININ
Personne qui explore un pays lointain. *C'est un explorateur français, Jacques Cartier, qui découvrit le Canada en 1534.*

EXPLORATION n. f.
1. Action de partir à la découverte d'une région, d'un lieu éloigné, peu connu. *L'exploration d'une région désertique. L'exploration spatiale a pour objet la conquête de l'espace.*
2. Approfondissement. *L'exploration d'un sujet.*

EXPLORATOIRE adj.
Préparatoire, préliminaire. *Des réunions exploratoires.*

EXPLORER v. tr.
1. Aller à la découverte d'un lieu peu connu. *Explorer les régions polaires, l'espace.*
2. Examiner avec soin. *Explorer une question.* SYN. approfondir; étudier.
CONJUGAISON : VOIR MODÈLE AIMER.

EXPLOSER v. intr.
Faire explosion. *La fusée a explosé.* SYN. éclater.
CONJUGAISON : VOIR MODÈLE AIMER.

EXPLOSIF, IVE adj. et n. m.
ADJECTIF
1. De nature à provoquer une explosion, des réactions vives. *Des substances explosives.*
2. (FIG.) Susceptible de provoquer des conflits. *Cette révélation est explosive : c'est de la dynamite !* SYN. critique.
NOM MASCULIN
Produit susceptible d'exploser. *La dynamite est un explosif qui doit être gardé sous clé.*

EXPLOSION n. f.
1. Éclatement violent. *L'explosion d'une bombe a fait plusieurs morts.*
2. Manifestation soudaine. *Une explosion de cris a salué l'arrivée des vedettes.*
LOCUTION
– ***Faire explosion.*** Exploser. *Les grenades ont fait explosion.*

EXPO n. f.
Abréviation familière de ***exposition.*** *Nous visiterons une expo scientifique.*

EXPONENTIEL, IELLE adj. et n. f.
Dont l'exposant est variable ou inconnu. *Une fonction exponentielle.*
exponentiel.

EXPORTATEUR n. m.
EXPORTATRICE n. f.
Personne qui fait des exportations. ANT. importateur; importatrice.

EXPORTATION n. f.
1. Action de vendre des biens ou des services à l'étranger. *L'exportation du bois, du blé.* ANT. importation.
2. Bien ou service exporté. *Ces exportations sont destinées aux États-Unis.* ANT. importation.

EXPORTER v. tr., pronom.
VERBE TRANSITIF
Vendre à l'étranger les produits de l'activité nationale. *Exporter des matières premières, de nouvelles technologies en Europe.* ANT. importer.
VERBE PRONOMINAL
Être exporté. *Ces produits s'exportent de moins en moins en raison de la récession.*
À la forme pronominale, le participe passé de ce verbe s'accorde toujours en genre et en nombre avec son sujet. *Ces appareils se sont exportés davantage en août 2007.*
CONJUGAISON : VOIR MODÈLE AIMER.

EXPOSANT, ANTE n. m. et f.
NOM MASCULIN ET FÉMININ
Personne qui expose ses œuvres. *De nouveaux exposants nous présenteront leurs photographies.*
NOM MASCULIN
(MATH.) Expression numérique ou algébrique de la puissance qui est placée un peu au-dessus et à droite d'une quantité. *Dans* 10^2*, l'exposant 2 signifie que la quantité 10 est au carré, c'est-à-dire 10 x 10.*

EXPOSÉ n. m.
1. Compte rendu. *Un exposé de la situation.* SYN. description.
2. Communication. *Elle a fait un excellent exposé sur le nationalisme.* SYN. conférence; présentation.

EXPOSER v. tr., pronom.
VERBE TRANSITIF
1. Placer, mettre en vue. *Cette peintre expose ses tableaux dans une galerie.* SYN. montrer; présenter.
2. Orienter. *Exposer des produits au soleil.* SYN. placer.
3. Mettre en danger. *Exposer la vie des soldats.* SYN. risquer.
4. Faire connaître. *Exposer une théorie en long et en large.* SYN. décrire; expliquer.
VERBE PRONOMINAL
Risquer. *Vous vous exposez à des reproches.*
À la forme pronominale, le participe passé de ce verbe s'accorde toujours en genre et en nombre avec son sujet. *Nous nous sommes exposés aux pires dangers.*
CONJUGAISON : VOIR MODÈLE AIMER.

EXPOSITION n. f.
Abréviation familière ***expo.***
1. Action d'exposer; lieu où l'on expose. *Élisabeth et Jérôme sont allés voir une exposition de tableaux au Musée des beaux-arts.*
2. Orientation, situation. *Une exposition au soleil.*

EXPRÈS adv.
Le ***s*** ne se prononce pas, le mot rime avec ***près,*** [ɛkspʀɛ].
Volontairement. *« Il l'a fait exprès ! » dit sa petite sœur.* SYN. intentionnellement; spécialement.
LOCUTIONS
– ***Fait exprès.*** Coïncidence fâcheuse.
– ***Par exprès.*** De façon volontaire.

EXPRÈS, ESSE adj. et n. m.
La prononciation est la même au masculin et au féminin, [ɛkspʀɛs].
ADJECTIF
1. (DR.) Formel. *Une condition expresse.* SYN. obligatoire.
La forme féminine de l'adjectif en ce sens est ***expresse.***
2. Se dit d'une expédition postale très rapide. *Une lettre exprès.*
En ce sens, l'adjectif est invariable en genre et en nombre.
NOM MASCULIN
Lettre, colis expédié par exprès.
exprès, expresse.

EXPRESS adj. et n. m.
Les ***s*** se prononcent, [ɛkspʀɛs].
ADJECTIF INVARIABLE
Rapide. *La voie express, un train express.*
Elliptiquement, on dit aussi ***un express*** pour désigner un train, un autocar qui se rend rapidement à destination.
NOM MASCULIN
1. Café fait à la vapeur d'eau sous pression. *Des express très serrés, très forts.*
Les formes ***expresso*** et ***espresso*** sont également usitées.
2. Train express. *L'express de Nice.*
express.

E

EXPRESSÉMENT adv.
De façon formelle, explicite. *Il nous avait promis expressément d'être présent.* SYN. explicitement; précisément.

EXPRESSIF, IVE adj.
1. Qui exprime bien ce qu'on veut dire. *Une caricature expressive.*
2. Qui a de l'expression. *Une mimique expressive.* SYN. éloquent.

EXPRESSION n. f.
1. Action d'exprimer quelque chose. *L'expression d'un regret.*
2. Mot ou groupe de mots. *L'expression latine* ex abrupto *signifie « brusquement ».*
LOCUTION
– ***Réduire quelque chose à sa plus simple expression.*** Réduire à l'essentiel, à l'élémentaire.

EXPRESSIVITÉ n. f.
Caractère expressif. *L'expressivité d'un regard.*

EXPRESSO n. m. (pl. *expressos*)
Café express. *Nous prendrons deux expressos bien serrés. Un double expresso, je vous prie !*
Les formes ***expresso*** et ***espresso*** sont également usitées.

EXPRIMER v. tr., pronom.
VERBE TRANSITIF
Faire connaître sa pensée par le geste, la parole, etc. *Exprimer ses idées clairement.*
VERBE PRONOMINAL
Manifester sa pensée. *Il n'arrive pas à s'exprimer clairement.* SYN. parler.
À la forme pronominale, le participe passé de ce verbe s'accorde toujours en genre et en nombre avec son sujet. *Elle s'est exprimée de façon éloquente.*
CONJUGAISON : VOIR MODÈLE AIMER.

EXPROPRIATION n. f.
Action d'exproprier. *L'expropriation d'une propriété.*

EXPROPRIER v. tr.
Ôter la propriété de, par voie légale. *Ces fermes ont été inutilement expropriées pour construire l'aéroport de Mirabel.*
CONJUGAISON : VOIR MODÈLE ÉTUDIER.
Redoublement du ***i*** à la première et à la deuxième personne du pluriel de l'indicatif imparfait et du subjonctif présent. *(Que) nous expropriions, (que) vous expropriiez.*

EXPULSER v. tr.
1. Faire sortir, mettre à l'extérieur. *On a expulsé la foule de la salle.* SYN. évacuer; exclure.
2. Chasser quelqu'un du lieu où il était établi. SYN. exiler.
CONJUGAISON : VOIR MODÈLE AIMER.

EXPULSION n. f.
Évacuation. *L'expulsion d'un locataire qui ne payait pas son loyer.*

EXPURGER v. tr.
Censurer dans un écrit ce qui est jugé contraire à la morale.
CONJUGAISON : VOIR MODÈLE CHANGER.
Le ***g*** est suivi d'un ***e*** devant les lettres ***a*** et ***o***. *Il expurgea, nous expurgeons.*

EXQUIS, ISE adj.
1. Délicieux. *Un gâteau exquis.* SYN. succulent.
2. Charmant. *Une personne exquise.* SYN. délicat; raffiné.
LOCUTION
– ***Douleur exquise.*** (MÉD.) Douleur vive localisée en un point très limité. *Elle a éprouvé une douleur aiguë que, fort étrangement, la médecine nomme exquise.*

EXSANGUE adj.
Les lettres ***ex*** se prononcent ***eks*** ou ***egz***, [ɛksɑ̃g, ɛgzɑ̃g].
1. (MÉD.) Qui a perdu une partie de son sang.
2. Très pâle, livide. *Une élève exsangue.*

EXSANGUINO-TRANSFUSION n. f. (pl. *exsanguino-transfusions*)
(MÉD.) Opération médicale au cours de laquelle une partie ou la totalité du sang d'une personne est échangée contre du sang provenant de donneurs.

EXSUDER v. tr.
Suinter. *Une icône qui exsude des larmes.*
CONJUGAISON : VOIR MODÈLE AIMER.

EXTASE n. f.
Ravissement. *Elle est en extase devant ce chanteur.* SYN. émerveillement; exaltation; pâmoison.

EXTASIER (S') v. pronom.
Être saisi d'admiration. *Elle s'est extasiée des prouesses de ces champions olympiques.* SYN. s'émerveiller.
Le participe passé de ce verbe, qui n'existe qu'à la forme pronominale, s'accorde toujours en genre et en nombre avec son sujet. *Ils se sont extasiés des multiples succès de nos athlètes.*
CONJUGAISON : VOIR MODÈLE ÉTUDIER.
Redoublement du ***i*** à la première et à la deuxième personne du pluriel de l'indicatif imparfait et du subjonctif présent. *(Que) nous nous extasiions, (que) vous vous extasiiez.*

EXTATIQUE adj.
Qui tient de l'extase. *Une adoration extatique.*

EXTENSEUR adj. m. et n. m.
ADJECTIF MASCULIN
Qui sert à l'extension. *Des muscles extenseurs.*
NOM MASCULIN
Appareil de gymnastique.

EXTENSIBILITÉ n. f.
Propriété de ce qui est extensible. *L'extensibilité d'un élastique.*

EXTENSIBLE adj.
Élastique. *Des collants extensibles.*

EXTENSIF, IVE adj.
Qui produit l'extension. *Des études extensives.*
LOCUTION
– ***Culture extensive.*** Culture pratiquée sur de vastes superficies.

EXTENSION n. f.
1. Allongement. *L'extension d'un muscle.*
2. Accroissement. *L'extension des exportations.*
FORMES FAUTIVES
*extension. Anglicisme au sens de ***poste*** (téléphonique).
*extension. Anglicisme au sens de ***prolongation*** (d'une période).
*extension. Anglicisme au sens de ***rallonge*** (électrique).

***EXTENSIONNER**
Impropriété pour ***prolonger*** (une période, un délai, etc.).

EXTENSO (IN)
VOIR – IN EXTENSO.

EXTÉNUANT, ANTE adj.
Épuisant, extrêmement fatigant. *Des travaux exténuants.*

EXTÉNUATION n. f.
Épuisement. *L'exténuation des cyclistes.*

EXTÉNUER v. tr., pronom.
VERBE TRANSITIF
Épuiser. *Ce travail l'a exténué.* SYN. affaiblir.
VERBE PRONOMINAL
Se fatiguer extrêmement. *Ils se sont exténués à marcher si longtemps.* SYN. s'épuiser.
À la forme pronominale, le participe passé de ce verbe s'accorde toujours en genre et en nombre avec son sujet. *Elles se sont exténuées à réunir des milliers de signatures dans leur pétition.*
CONJUGAISON : VOIR MODÈLE AIMER.

EXTÉRIEUR, IEURE adj. et n. m.
ADJECTIF
Qui est au-dehors. *La paroi extérieure. Les murs extérieurs de la maison.* ANT. intérieur.
NOM MASCULIN
1. Ce qui est au-dehors. *L'extérieur d'une maison.* SYN. dehors. ANT. intérieur.
2. Les pays étrangers. *Relations avec l'extérieur.* SYN. étranger.
NOM MASCULIN PLURIEL
(CIN.) Scènes filmées hors des studios. *Tourner les extérieurs à la campagne.*
LOCUTION
– ***À l'extérieur,*** loc. adv. Dehors. *Les enfants jouent à l'extérieur.* ANT. à l'intérieur.

EXTÉRIEUREMENT adv.
1. À l'extérieur. *Extérieurement, l'immeuble doit être repeint.* ANT. intérieurement.
2. En apparence. *Elle est calme extérieurement.* SYN. apparemment.

EXTÉRIORISATION n. f.
Action d'extérioriser.

EXTÉRIORISER v. tr., pronom.
VERBE TRANSITIF
Exprimer ses sentiments, les montrer. *Extérioriser sa joie, sa douleur de perdre un ami.*
VERBE PRONOMINAL
Manifester ses sentiments. *Il n'arrive pas à s'extérioriser.*
À la forme pronominale, le participe passé de ce verbe s'accorde toujours en genre et en nombre avec son sujet. *Elle s'est toujours extériorisée sans problème.*
CONJUGAISON : VOIR MODÈLE AIMER.

EXTERMINATEUR, TRICE adj. et n. m. et f.
Qui extermine. *L'ange exterminateur.*

EXTERMINATION n. f.
Destruction totale. *L'extermination des parasites.*

EXTERMINER v. tr.
Détruire entièrement, massacrer. *Exterminer des insectes nuisibles.*
CONJUGAISON : VOIR MODÈLE AIMER.

EXTERNAT n. m.
1. Établissement scolaire qui n'admet que des externes.
2. Fonction d'externe dans les hôpitaux.
externa**t**.

EXTERNE adj. et n. m. et f.
ADJECTIF
Qui est situé au-dehors. *La face externe du bras.* SYN. extérieur. ANT. interne.
NOM MASCULIN ET FÉMININ
Élève non pensionnaire.

EXTERRITORIALITÉ n. f.
SYN. extraterritorialité.

EXTINCTEUR n. m.
Appareil qui sert à éteindre les commencements d'incendie. *Des extincteurs à neige carbonique.*

EXTINCTION n. f.
Le **c** se prononce, [ɛkstɛ̃ksjɔ̃].
1. Action d'éteindre. *L'extinction d'un incendie.*
2. Disparition. *L'extinction d'une espèce. Un oiseau en voie d'extinction.*
LOCUTION
– ***Extinction de voix.*** Perte temporaire de la voix.
extin**c**tion.

EXTIRPATION n. f.
Action d'extirper. *L'extirpation des mœurs électorales douteuses.*

EXTIRPER v. tr., pronom.
VERBE TRANSITIF
Arracher en déracinant. *Extirper des mauvaises herbes.* SYN. détruire ; éradiquer.
VERBE PRONOMINAL
Sortir d'un lieu avec difficulté. *S'extirper d'une voiture.*
À la forme pronominale, le participe passé de ce verbe s'accorde toujours en genre et en nombre avec son sujet. *Elle s'est extirpée de la voiture en un rien de temps.*
CONJUGAISON : VOIR MODÈLE AIMER.

EXTORQUER v. tr.
Obtenir par violence. *Extorquer une promesse, une signature.*
CONJUGAISON : VOIR MODÈLE AIMER.

EXTORSION n. f.
Action d'extorquer. *Une extorsion de fonds.*

EXTRA adj. inv. et n. m.
ADJECTIF INVARIABLE
Abréviation familière de ***extraordinaire.***
(FAM.) Supérieur. *Cette tarte est extra.*
L'adjectif est invariable.
NOM MASCULIN
1. Supplément. *Nous allons faire quelques extras* ou *quelques extra.*
2. Domestique employé provisoirement. *Engager des extras* ou *des extra.*
Les auteurs ne s'entendent pas sur le pluriel de ce nom, variable pour certains, invariable pour d'autres.

EXTRA- préf.
Élément du latin signifiant « en dehors ».
Les mots composés avec le préfixe ***extra-*** s'écrivent le plus souvent en un seul mot. *Extraterrestre.*

EXTRACTEUR n. m.
Appareil servant à l'extraction d'un corps.
FORME FAUTIVE
*extracteur (de jus). Impropriété au sens de ***centrifugeuse.***

EXTRADER v. tr.
Livrer par extradition. *Extrader un terroriste.*
CONJUGAISON : VOIR MODÈLE AIMER.

EXTRADITION n. f.
Acte par lequel un État livre à un autre État une personne inculpée.

***EXTRA-DRY**
Anglicisme pour ***très sec.***

EXTRAFIN, FINE adj.
Très fin. *Des pois extrafins.*

EXTRAFORT, FORTE adj.
1. Très résistant. *Des cartons extraforts.*
2. Très fort de goût. *Des moutardes extrafortes.*

EXTRAHOSPITALIER, IÈRE adj.
Qui a lieu en dehors de l'hôpital. *Des soins extrahospitaliers.*

EXTRAIRE v. tr.
1. Faire sortir (du sol). *Dans cette mine, on extrait le cuivre.*
2. Retirer d'un ensemble. *Luc a extrait une citation de ce recueil.*
3. Tirer de. *On doit extraire le jus de trois citrons.*
LOCUTION
– ***Extraire une dent.*** Arracher une dent.
CONJUGAISON : VOIR MODÈLE SOUSTRAIRE.
INDICATIF PRÉSENT *J'extrais, tu extrais, il extrait, nous extrayons, vous extrayez, ils extraient.* IMPARFAIT *J'extrayais, tu extrayais, il extrayait, nous extrayions, vous extrayiez, ils extrayaient.* FUTUR *J'extrairai.* CONDITIONNEL PRÉSENT *J'extrairais.* IMPÉRATIF PRÉSENT *Extrais, extrayons, extrayez.* SUBJONCTIF PRÉSENT *Que j'extraie, que tu extraies, qu'il extraie, que nous extrayions, que vous extrayiez, qu'ils extraient.* PARTICIPE PRÉSENT *Extrayant.* PASSÉ *Extrait, aite.*

Le passé simple et le subjonctif imparfait n'existent pas. Le *y* est suivi d'un *i* à la première et à la deuxième personne du pluriel de l'indicatif imparfait et du subjonctif présent. *(Que) nous extrayions, (que) vous extrayiez.*

EXTRAIT n. m.
1. Produit obtenu par réduction d'une substance. *Un extrait de vanille.* SYN. essence.
2. Passage d'un texte. *Des extraits de Rabelais.* SYN. citation.
3. Copie conforme d'un acte. *Un extrait* (et non *certificat) *de naissance. Des extraits de baptême.*
La locution ***extrait de naissance*** désigne un document qui reprend les données de l'acte de naissance.
extrait.

EXTRA-MUROS adj.
Le *s* se prononce, [ɛkstramyros].
À l'extérieur de la ville. *Les quartiers* extra-muros *de Saint-Malo.*
En typographie soignée, les mots étrangers sont composés en italique. Dans des textes déjà en italique, la notation se fait en romain. Pour les textes manuscrits, on utilisera les guillemets.
[Les *Rectifications* (1990) admettent : extramuros.]

EXTRANET n. m.
(INFORM.) Réseau informatique à caractère commercial, constitué des intranets de plusieurs entreprises qui communiquent entre elles, à travers le réseau Internet, au moyen d'un serveur Web sécurisé (GDT). *Un extranet peut être mis en place rapidement et de façon économique par la création d'un site Web commun aux entreprises participantes.* SYN. réseau extranet.
Contrairement au nom propre ***Internet,*** le nom ***extranet*** est un nom commun qui prend la marque du pluriel.
Le nom s'écrit avec une minuscule initiale.

EXTRANT n. m.
1. (ÉCON.) Bien ou service issu de la combinaison des facteurs de la production. *Un extrant* (et non *output) *de grande qualité.* ANT. intrant.
2. (INFORM.) Donnée traitée et reproduite par l'ordinateur, soit par impression ou enregistrement.

EXTRAORDINAIRE adj.
Abréviation familière ***extra.***
1. Qui sort de l'ordinaire. *Une réunion extraordinaire* (et non *spéciale). SYN. admirable; étonnant; exceptionnel; merveilleux.
2. Remarquable. *Une peintre extraordinaire.*
Ne pas confondre avec les mots suivants :
- ***bizarre,*** étonnant, singulier;
- ***inconcevable,*** inimaginable;
- ***incroyable,*** difficile à croire;
- ***inusité,*** inhabituel;
- ***invraisemblable,*** qui ne semble pas vrai.

EXTRAORDINAIREMENT adv.
De façon extraordinaire. *Il est extraordinairement fort.*

EXTRAPOLATION n. f.
Action d'extrapoler, déduction.
extrapolation.

EXTRAPOLER v. tr.
Déduire à partir de données partielles. *Extrapoler des résultats.*
CONJUGAISON : VOIR MODÈLE AIMER.
extrapoler.

EXTRASENSIBLE adj.
Qui n'est pas perçu par les sens.

EXTRASENSORIEL, IELLE adj.
Qui ne se fait pas par les sens. *Une perception extrasensorielle.*

EXTRATERRESTRE adj. et n. m. et f.
ADJECTIF
Qui est extérieur à l'atmosphère terrestre.
NOM MASCULIN ET FÉMININ
Être qui viendrait d'une autre planète que la Terre. *Les extraterrestres existent-ils ?*

EXTRATERRITORIAL, IALE, IAUX adj.
Qui n'est pas soumis à la législation nationale.

EXTRATERRITORIALITÉ n. f.
Caractère de ce qui est hors du territoire. *Les ambassades jouissent du privilège de l'extraterritorialité.* SYN. exterritorialité.

EXTRA-UTÉRIN, INE adj.
Qui est en dehors de l'utérus. *Des grossesses extra-utérines.*

EXTRAVAGANCE n. f.
Bizarrerie, excentricité. *L'extravagance de leur tenue.* SYN. bizarrerie; originalité.
extravagance.

EXTRAVAGANT, ANTE adj. et n. m. et f.
Déraisonnable, bizarre. *Une proposition extravagante.* SYN. original.
extravagant.

EXTRAVERTI, IE adj. et n. m. et f.
Qui est tourné vers l'extérieur. *Elle est extravertie.* SYN. démonstratif; expansif. ANT. introverti.
On dit aussi ***extroverti.***

EXTRÊME adj. et n. m.
ADJECTIF
1. Qui est le plus loin. *L'extrême limite.* SYN. dernier; ultime.
2. Au plus haut point, suprême. *Une chaleur extrême.* SYN. intense.
NOM MASCULIN
Opposé, contraire. *Passer d'un extrême à l'autre.*
Attention au genre masculin de ce nom : ***un*** extrême.
LOCUTIONS
– ***À l'extrême.*** Au plus haut degré, au-delà de toute mesure. *Il se fâcha à l'extrême et perdit tout jugement.*
– ***Sports extrêmes.*** Sports comportant certains dangers, des conditions particulières de difficulté. *Les éditeurs ont aussi su capter l'attrait du public pour les sports comme le deltaplane, le surf des neiges et autres sports extrêmes.*

EXTRÊMEMENT adv.
Au plus haut degré, très. *Elle est extrêmement gentille.*
Ne pas confondre avec le mot ***excessivement,*** qui est généralement suivi d'un adjectif exprimant un défaut, alors que l'adverbe ***extrêmement*** peut se construire avec un adjectif dont le sens est favorable ou défavorable.

EXTRÊME-ONCTION n. f. (pl. *extrêmes-onctions*)
Sacrement catholique administré à un malade en danger de mort.

EXTRÉMISME n. m.
Tendance d'une personne favorable aux idées extrêmes, violentes, dans la lutte politique.
extrémisme

EXTRÉMISTE adj. et n. m. et f.
Qui fait preuve d'extrémisme. *Ce sont des extrémistes.*
extrémiste.

EXTRÉMITÉ n. f.
1. La partie extrême, la plus éloignée. *L'extrémité de la ville.*
2. (AU PLUR.) Les pieds, les mains. *Avoir les extrémités gelées.*
extrémité.

EXTRINSÈQUE adj.
Qui provient du dehors. *Une cause extrinsèque.* ANT. intrinsèque.
extrinsèque.

EXTRUSION n. f.
Procédé de mise en forme des matières plastiques. *L'extrusion d'un plastique.*

EXUBÉRANCE n. f.
1. Vivacité. *Ils applaudirent avec exubérance.* SYN. enthousiasme.
2. Surabondance. *L'exubérance de la végétation tropicale.* SYN. abondance ; profusion.
✏ ex**u**bérance.

EXUBÉRANT, ANTE adj.
1. Qui s'exprime avec exubérance. *Une joie exubérante.* SYN. débordant ; démonstratif ; enthousiaste ; fervent.
2. Très abondant. *Une végétation exubérante.* SYN. luxuriant.

EXULTER v. intr.
Éprouver une joie extrême. *À l'annonce de leur succès, ils exultèrent.*
Ne pas confondre avec le verbe ***exalter,*** enthousiasmer, passionner.
CONJUGAISON : VOIR MODÈLE AIMER.

EXUTOIRE n. m.
Dérivatif. *La musique est un excellent exutoire pour lui.*
Attention au genre masculin de ce nom : ***un*** exutoire.

EX VIVO adj. inv.
1. Expression latine signifiant « à l'extérieur de l'être vivant ».
2. (MÉD.) Se dit des traitements, des modifications, des procédés de thérapie, etc., effectués, en dehors de l'organisme, sur des cellules, des tissus ou des organes prélevés sur un sujet en vue de leur réimplantation sur ce sujet (GDT). ANT. in vitro ; in vivo.
T En typographie soignée, les mots étrangers sont composés en italique. Dans des textes déjà en italique, la notation se fait en romain. Pour les textes manuscrits, on utilisera les guillemets.

EX-VOTO n. m. inv. (pl. *ex-voto*)
Tableau, objet placé dans une église pour l'accomplissement d'un vœu. *Une chapelle tapissée d'*ex-voto.
T En typographie soignée, les mots étrangers sont composés en italique. Dans des textes déjà en italique, la notation se fait en romain. Pour les textes manuscrits, on utilisera les guillemets.
[Les *Rectifications* (1990) admettent : un exvoto, des exvotos.]

***EYE-LINER**
Anglicisme pour ***traceur.***

E

F

F n. m. inv.
Sixième lettre de l'alphabet.

F
– *f,* symbole de ***femto-.***
– *F,* symbole de ***farad.***
– *F,* symbole de ***fluor.***
– *F,* symbole de ***franc.***
– *F,* ancienne notation musicale de la note ***fa.***
– *°F,* symbole de ***degré Fahrenheit.***

FA n. m. inv.
Quatrième note de la gamme de ***do.*** *La clé de* fa. *Des* fa.
[T] En typographie soignée, les notes de musique (***do*** ou ***ut, ré, mi, fa, sol, la, si***) se composent en italique ou en romain dans un texte en italique, mais jamais entre guillemets si l'on ne dispose pas d'italique. Les indications qui les accompagnent s'écrivent en romain (ou en italique, comme dans l'exemple qui suit, si la phrase est composée en italique). *Une étude en* sol *mineur, en* fa *dièse.* Lorsqu'il s'agit d'un titre d'œuvre (qui est donc déjà en italique), la note reste en italique. *Toccata et fugue en ré mineur de Bach.*

FAB
Abréviation de ***franco à bord.***
☞ Dans le commerce international, l'abréviation anglaise ***FOB*** est couramment utilisée.

FABLE n. f.
1. Petit récit destiné à instruire. *« La Cigale et la Fourmi » est le titre d'une fable de Jean de La Fontaine.*
2. Fausseté, récit mensonger. *Vous ne voyez pas que ces affirmations sont de pures fables ?* SYN. invention ; mensonge ; tromperie.
3. Sujet de risée. *Ce politicien gaffeur est la fable du Parlement.*

FABLIAU n. m. (pl. *fabliaux*)
(ANCIENN.) Petit récit satirique écrit en vers.
⇨ fabli**au.**

FABRICANT n. m.
FABRICANTE n. f.
Chef d'une entreprise qui fabrique des produits commerciaux. *Des fabricants d'appareils d'éclairage.*
☞ Dans le domaine aéronautique ou automobile, on emploie plutôt la désignation de ***constructeur.*** Les noms ***fabricant*** ou ***industriel*** sont à préférer au nom ***manufacturier,*** qui est vieilli.
☞ Ne pas confondre avec le participe présent invariable ***fabriquant.*** *Des appareils fabriquant de la neige sont utilisés au cinéma.*
⇨ fabricant.

FABRICATION n. f.
Action de fabriquer. *Un atelier de fabrication. Une fabrication automatisée.* SYN. production.
LOCUTION
– ***Fabrication moléculaire.*** Ensemble des techniques de conception et de fabrication de structures extrêmement petites qui sont mesurables en nanomètres. SYN. nanotechnologie ; technologie moléculaire.
⇨ fabrication.

FABRIQUE n. f.
Établissement industriel où l'on transforme des matières premières en produits industriels ou commerciaux.
☞ Le terme ***fabrique*** désigne une unité de production de petite taille et généralement peu automatisée, alors que le terme ***usine*** désigne un établissement industriel de moyenne ou grande importance et dont la production est relativement informatisée. Par ailleurs, le terme ***manufacture*** nomme un établissement industriel où le travail à la main est prédominant.
LOCUTION
– ***Marque de fabrique.*** Marque apposée par le fabricant.

FABRIQUER v. tr., pronom.
VERBE TRANSITIF
1. Réaliser quelque chose. *Étienne a fabriqué un amplificateur.* SYN. faire.
2. Transformer des matières premières en produits industriels ou commerciaux. *Ces meubles sont fabriqués au* (et non *made in) *Québec.* SYN. construire ; manufacturer ; produire.
☞ L'OQLF a normalisé l'emploi des expressions ***fabriqué à, fabriqué au, fabriqué en,*** suivies du nom de lieu.
3. (PÉJ.) Inventer. *Un alibi fabriqué de toutes pièces.* SYN. forger.
☞ En ce sens, le verbe a un sens défavorable.
VERBE PRONOMINAL
Être fabriqué. *Ces produits se fabriquent à peu de frais.*
▭ À la forme pronominale, le participe passé de ce verbe s'accorde toujours en genre et en nombre avec son sujet. *Ces jouets se sont longtemps fabriqués en Asie.*
CONJUGAISON : VOIR MODÈLE AIMER.

FABULATEUR, TRICE adj. et n. m. et f.
ADJECTIF
Relatif à la fabulation. *L'imagination fabulatrice des créateurs.*
NOM MASCULIN ET FÉMININ
Personne qui a une tendance à la fabulation, à la simulation. SYN. mythomane.

FABULATION n. f.
Action de présenter comme véridique ce qui est purement imaginaire.

FABULER v. intr.
Inventer des fabulations. *Vous fabulez, mon pauvre ami, rien ne vous permet de croire à un complot.*
CONJUGAISON : VOIR MODÈLE AIMER.

FABULEUSEMENT adv.
D'une manière fabuleuse. *Ce ténor chante fabuleusement bien.* SYN. extraordinairement ; extrêmement ; prodigieusement.

FABULEUX, EUSE adj.
Qui tient de la fable, extraordinaire quoique réel. *Il a amassé une fortune fabuleuse.* SYN. extraordinaire ; fantastique.
Ne pas confondre avec les mots suivants :
- ***fictif***, inventé ;
- ***légendaire***, qui n'existe que dans les légendes.

fabuleux.

FABULISTE n. m. et f.
Auteur de fables. *Ésope est un fabuliste grec dont La Fontaine s'est inspiré.*

FAÇADE n. f.
1. Face extérieure d'un bâtiment généralement assez important. *La façade de l'hôtel de ville de Montréal.*
Ne pas confondre avec les mots suivants :
- ***devant***, côté visible d'un édifice de faible importance, d'une maison ;
- ***devanture***, façade ou devant d'un magasin, d'une boutique.

2. (FIG.) Apparence extérieure. *André semble calme, mais ce n'est qu'une façade : en réalité, il est très nerveux.* SYN. dehors.
LOCUTION
– ***De façade.*** Feint, simulé. *Une cordialité de façade.* ANT. authentique ; réel ; vrai.
façade.

FACE n. f.
1. Partie antérieure de la tête (humaine).
Par rapport aux noms ***figure*** et ***visage***, le nom ***face*** est plus littéraire et s'emploie en parlant de Dieu ou dans le domaine médical. Dans la langue orale, il qualifie un visage extraordinaire ou bizarre. *Il a une drôle de face.* Le nom ***face*** s'utilise aussi dans certaines locutions figées : *perdre la face, une face de carême, faire face.*
2. Chacun des côtés d'une chose. *Le détective examina le portefeuille sous toutes ses faces. Un dé a six faces.*
3. Côté d'une pièce de monnaie qui porte une figure. *Jouer une pièce à pile ou face.* ANT. pile.
LOCUTIONS
– ***À la face de***, loc. prép. À la vue de, en présence de. *Ces employés ont affiché leur position à la face de la direction.*
– ***De face***, loc. adv. Du côté où l'on voit le devant. *Un magasin vu de face. Une photographie de face et une de profil.*
– ***En face***, loc. adv. Par-devant, vis-à-vis. *Avoir le soleil en face. Regarder quelqu'un en face.*
– ***En face***, loc. adv. (FIG.) Sans crainte, sans se faire d'illusions. *Regarder la vérité en face.* SYN. sans détour.
– ***En face de***, loc. prép. Vis-à-vis de. *Elle habite en face de l'école.* SYN. devant.
– ***Face à***, loc. prép. Devant, vis-à-vis de. *Une maison face à la mer.*
On abuse actuellement de cette locution. Dans de nombreux emplois, on lui préférera les locutions suivantes, selon le contexte : ***par rapport à, pour, quant à, relativement à, sur, vis-à-vis de.*** *Les avis sont partagés relativement* (et non *face) *à cette question. Devant* (et non *face à) *ce problème, nous devons réagir.*
– ***Face à face***, loc. adv. Vis-à-vis. *Les maisons sont situées face à face.*
– ***Faire face à.*** (FIG.) Affronter le danger. *Ils ont fait face aux épreuves avec courage.*
– ***Perdre la face.*** Perdre sa dignité, son prestige, à la suite d'un échec.
– ***Pile ou face***, loc. adv. Au hasard du côté sur lequel tombe une pièce lancée en l'air. *On jouait à pile ou face pour prendre une décision.*
– ***Sauver la face.*** Préserver les apparences malgré l'échec subi.
– ***Se voiler la face.*** (FIG.) Refuser de reconnaître la vérité, de voir (quelque chose de pénible).
– ***Une face de carême.*** Un visage maussade.
FORME FAUTIVE
*à sa face même. Calque de «*on the face of it*» pour ***à l'évidence, de toute évidence, incontestablement, manifestement.***

FACE-À-FACE n. m. inv. (pl. *face-à-face*)
Débat contradictoire entre deux personnalités. *Organiser des face-à-face télévisés.*

FACE-À-MAIN n. m. (pl. *face-à-mains*)
Lorgnon à manche.

FACÉTIE n. f.
Le ***t*** se prononce ***s***, [fasesi] ; le nom rime avec ***si***.
Plaisanterie. *Cessons ces facéties et mettons-nous au travail.* SYN. blague ; farce.
facétie.

FACÉTIEUSEMENT adv.
(LITT.) D'une manière facétieuse. SYN. plaisamment.

FACÉTIEUX, IEUSE adj. et n. m. et f.
Le ***t*** se prononce ***s***, [fasesjø, øz] ; le nom rime avec ***essieu***.
ADJECTIF
(LITT.) Qui tient de la facétie. *Une proposition facétieuse.* SYN. blagueur ; comique ; drôle.
NOM MASCULIN ET FÉMININ
Farceur. *Ces facétieux s'amusent à nous jouer des tours.* SYN. blagueur ; plaisantin.
facétieux.

FACETTE n. f.
1. Petite face. *Les facettes d'un diamant.*
2. (FIG.) Aspect. *Les multiples facettes de la réalité.*

FÂCHÉ, ÉE adj.
1. Mécontent. *Ils sont fâchés d'avoir manqué le train, de ce retard.* SYN. agacé ; contrarié ; désolé ; embêté ; ennuyé ; navré.
L'adjectif se construit avec la préposition ***de*** suivie d'un nom ou d'un infinitif ou avec la conjonction ***que*** suivie du subjonctif. *Fâchée qu'il ne soit pas venu la voir, elle l'a appelé.*
2. En colère, en froid. *Fâchée, elle refuse de me parler.* SYN. furieux ; vexé.

FÂCHER v. tr., pronom.
VERBE TRANSITIF
Mécontenter, mettre en colère. *Je ne voudrais pas fâcher mon père.* SYN. irriter.
VERBE PRONOMINAL
1. Se brouiller avec une personne. *Elle s'est fâchée avec sa collègue.* SYN. être en froid avec ; être en mauvais termes avec.
Cette acception implique une certaine durée.
En ce sens, le verbe se construit avec la préposition ***avec***.
2. Se mettre en colère contre une personne, une chose. *Ils se sont fâchés contre ces importuns.* SYN. se choquer ; s'emporter ; s'irriter.
En ce sens, le verbe se construit avec la préposition ***contre***.

À la forme pronominale, le participe passé de ce verbe s'accorde toujours en genre et en nombre avec son sujet. *Ils se sont fâchés et ont sévi.*
CONJUGAISON : VOIR MODÈLE AIMER.
fâcher.

FÂCHEUSEMENT adv.
De façon fâcheuse, malencontreuse.
fâcheusement.

FÂCHEUX, EUSE adj. et n. m. et f.
ADJECTIF
Regrettable, malencontreux. *Un fâcheux contretemps.*
NOM MASCULIN ET FÉMININ
(LITT.) Importun.
fâcheux.

FACIAL, IALE, IAUX adj.
Qui appartient à la face. *Une paralysie faciale. Des nerfs faciaux.*
Au pluriel, l'adjectif peut aussi s'écrire ***facials.***

FACIÈS n. m.
Le *s* se prononce, [fasjɛs] ; le nom rime avec ***caisse.***
Aspect du visage. *Un faciès asiatique.*
faciès.

FACILE adj.
Aisé, possible. *Un calcul facile, une personne facile à contenter.* SYN. simple.

FACILEMENT adv.
Avec facilité, aisément. *Un logiciel qui s'apprend facilement.* SYN. simplement.

FACILITÉ n. f.
1. Qualité de ce qui est facile. *Cette question est d'une grande facilité.* SYN. simplicité.
2. Aptitude naturelle à faire quelque chose. *Elle a beaucoup de facilité à persuader. Apprendre les langues avec facilité.* SYN. disposition ; habileté ; talent.
3. (AU PLUR.) Moyens qui permettent de faire quelque chose facilement. *Elles ont eu toutes facilités pour obtenir les renseignements nécessaires.*
LOCUTION
– ***Facilités de paiement.*** Échelonnement de paiements.
FORME FAUTIVE
*facilités. Anglicisme au sens de ***installations, services.***

FACILITER v. tr.
Rendre facile. *Il faut faciliter la tâche à ce nouvel employé.* SYN. simplifier.
CONJUGAISON : VOIR MODÈLE AIMER.

FAÇON n. f.
1. Manière d'être ou d'agir. *Sa façon de dessiner, de parler, de conduire, de procéder.* SYN. mode.
2. (AU PLUR.) Comportement. *Il a de drôles de façons.* SYN. manières.
3. Travail. *Ce sera 50 $ pour le tissu, 25 $ pour la façon.* SYN. exécution ; main-d'œuvre.
LOCUTIONS
– ***À la façon de,*** loc. prép. À la manière de. *Il écrit à la façon des auteurs du siècle dernier.* SYN. comme.
– ***Avoir de la façon.*** (FAM.) Être poli et chaleureux, avoir des manières agréables, affables. SYN. avoir de l'entregent.
Cette expression de registre familier demeure usuelle au Québec et dans la francophonie canadienne, mais elle n'appartient plus à l'usage courant de la majorité des locuteurs du français.
– ***C'est une façon de parler.*** Ce n'est pas tout à fait la réalité.
– ***De façon à,*** loc. prép. De manière à, afin de. *Habillez-vous de façon à être à l'aise.*
– ***De façon que, de telle façon que,*** loc. conj. De telle sorte que.
La locution conjonctive se construit généralement avec le subjonctif. *Conduisez-vous de façon qu'on puisse vous féliciter.* La locution peut se construire avec le conditionnel pour exprimer **une hypothèse, une conséquence envisagée** (*Il a écrit de façon que l'on arriverait difficilement à le lire*) ou avec l'indicatif pour exprimer **une conséquence réelle** (*Le classement est fait de façon que tout est facilement accessible*). L'emploi de l'indicatif tend cependant à vieillir. La construction ***de façon à ce que*** est lourde et déconseillée.
– ***De toute façon,*** loc. adv. De n'importe quelle façon, quoi qu'il en soit.
– ***De toutes (les) façons,*** loc. adv. Quoi qu'il arrive. SYN. en tout état de cause.
– ***Dire sa façon de penser.*** Exprimer sa colère.
– ***D'une façon ou d'une autre,*** loc. adv. Quoi qu'il en soit.
– ***D'une façon générale,*** loc. adv. Généralement.
– ***En aucune façon,*** loc. adv. En aucun cas, nullement.
– ***Faire de la façon.*** (FAM.) Faire bonne mine à quelqu'un, se montrer gentil avec quelqu'un.
Cette expression de registre familier demeure usuelle au Québec et dans la francophonie canadienne, mais elle n'appartient plus à l'usage courant de la majorité des locuteurs du français.
– ***Faire des façons.*** Être exagérément poli, faire des chichis.
– ***Sans façon(s),*** loc. adv. Très simplement. *Venez demain, ce sera sans façon* ou *sans façons.* SYN. à la bonne franquette.
façon.

FACONDE n. f.
(LITT.) Disposition habituelle à parler beaucoup.

FAÇONNAGE n. m.
Action de façonner quelque chose. *Le façonnage du bois.*
façonnage.

FAÇONNEMENT n. m.
Action de former quelqu'un d'une certaine manière. *Le façonnement de l'esprit.*
façonnement.

FAÇONNER v. tr., pronom.
VERBE TRANSITIF
1. Travailler (une matière, une chose). *Façonner un meuble.* SYN. fabriquer.
2. (FIG.) Former par l'usage, par l'éducation. *Façonner un esprit.*
VERBE PRONOMINAL
Être façonné, élaboré. *Une matière malléable, qui se façonne aisément.*
À la forme pronominale, le participe passé de ce verbe s'accorde toujours en genre et en nombre avec son sujet. *Ces résines se sont façonnées remarquablement.*
CONJUGAISON : VOIR MODÈLE AIMER.
façonner.

FAC-SIMILÉ n. m. (pl. *fac-similés*)
Locution latine francisée signifiant « faire une chose semblable ».
Reproduction très fidèle d'un écrit, d'un dessin.
Ne pas confondre avec les mots suivants :
- ***copie,*** reproduction d'après un original ;
- ***duplicata,*** double d'un acte, d'un document déjà fourni.

[Les *Rectifications* (1990) admettent : un facsimilé, des facsimilés.]

FACTEUR n. m.
1. Élément contribuant à un résultat. *Un facteur de progrès.* SYN. cause.
2. (MATH.) Chacun des termes d'une multiplication.
LOCUTIONS
– ***Facteur Rhésus.*** Substance contenue dans le sang.
– ***Le facteur temps, le facteur prix.*** (EN APPOS.) Dans la langue soignée, on préférera la construction avec la préposition ***de.***

F

F

FACTEUR n. m.
FACTRICE n. f.
1. Employé des postes qui distribue les lettres, imprimés, colis à leurs destinataires.
2. Fabricant d'orgues ou de pianos.

FACTICE adj. et n. m.
ADJECTIF
Faux, imité. *Une moustache factice.*
NOM MASCULIN
(LITT.) Ce qui est factice. *Le factice et le vrai.*
➾ factice.

FACTIEUX, IEUSE adj.
Qui complote, cherche à provoquer des troubles contre le pouvoir établi. SYN. séditieux.

FACTION n. f.
Groupe subversif. *Une faction des Brigades rouges.*
LOCUTION
– ***Être de faction, en faction.*** Assurer la surveillance d'un lieu.
Ne pas confondre avec le nom ***fraction,*** partie d'un tout.

FACTORIEL, IELLE adj.
Relatif à un facteur. *Analyse factorielle.*

***FACTORING**
Anglicisme pour ***affacturage.***

FACTUEL, ELLE adj.
Qui se rapporte aux faits. *Non pas des hypothèses, mais des données factuelles.* SYN. objectif; observable; réel.

FACTURATION n. f.
Action d'établir une facture. *Une facturation mensuelle.*

FACTURE n. f.
1. État détaillé précisant la quantité, la nature et le prix des marchandises vendues, des services rendus. *Je voudrais régler cette facture.* SYN. compte.
À l'hôtel, c'est une ***note,*** et au restaurant, c'est une ***addition.***
Ne pas confondre avec le nom ***fracture,*** cassure.
2. Manière dont une chose est faite. *Un roman de bonne facture.* SYN. exécution; travail.

FACTURER v. tr.
Inscrire (un produit, un service) sur une facture. *Facturer* (et non *charger) *des matériaux à un entrepreneur.*
Le verbe se construit avec un complément direct (article ou service facturé) et avec la préposition ***à*** suivie d'un nom de personne (destinataire de la facture). *On a facturé les pots cassés à M. Biniou* (et non on a *facturé M. Biniou pour les pots cassés).
CONJUGAISON : VOIR MODÈLE AIMER.

FACULTATIF, IVE adj.
Qui n'est pas obligatoire. *Des lectures facultatives.* SYN. optionnel. ANT. obligatoire.

FACULTATIVEMENT adv.
D'une manière facultative. SYN. obligatoirement.

FACULTÉ n. f.
1. Pouvoir de faire une chose, privilège. *La faculté de choisir, de voter.* SYN. possibilité; pouvoir.
2. (AU PLUR.) Aptitudes naturelles. *Les facultés intellectuelles ou l'intelligence.*
3. Partie d'une université. *La faculté de droit, des lettres.*
LOCUTIONS
– ***Des facultés affaiblies par l'alcool.*** Réflexes, sens, jugement réduits en raison d'une trop grande consommation d'alcool.
– ***Ne pas avoir toutes ses facultés.*** Ne pas avoir toute son intelligence, tout son équilibre.

FADAISE n. f.
Sottise. *Débiter des fadaises.* SYN. niaiserie; platitude.

FADE adj.
1. Sans saveur, sans agrément. *Ce fruit est sans goût, il est fade.* SYN. insipide.
2. Terne. *Une couleur fade, des imprimés fades.*

FADEUR n. f.
Absence de caractère, de saveur, de piquant.

FADO n. m.
Chant portugais. *Des fados mélancoliques.*

FAGOT n. m.
Assemblage de branchages servant à faire du feu.
LOCUTION
– ***De derrière les fagots.*** (FIG.) Réservé aux grandes occasions. *Un pot de confitures maison de derrière les fagots.*
➾ fagot.

FAGOTER v. tr.
1. Mettre en fagots.
2. (FAM.) Habiller sans goût. *Il est mal fagoté.*
CONJUGAISON : VOIR MODÈLE AIMER.
➾ fagoter.

FAHRENHEIT (DEGRÉ) n. m.
Le mot se prononce [farɛnajt].
Symbole °*F* (s'écrit sans point).
Unité de mesure de température anglo-saxonne. *Des degrés Fahrenheit.*
[T] Le symbole ***F*** suit le symbole de degré ° sans espace et s'écrit sans point abréviatif. Les deux symboles sont séparés du nombre par un espace, aussi bien pour le nombre entier que pour le nombre décimal. *32 °F, 98,5 °F.* Le mot ***Fahrenheit*** est un nom propre qui s'écrit avec une majuscule.

FAIBLARD, ARDE adj.
1. (FAM.) Qui n'a pas beaucoup de force. *Des enfants faiblards.*
2. (FIG.) (FAM.) Qui manque de force, de puissance. *Une argumentation faiblarde.*

FAIBLE adj. et n. m.
ADJECTIF
1. Fragile, qui manque de vigueur, de force physique. *Stéphanie a été malade : elle est encore faible.* SYN. affaibli.
2. Qui manque de détermination, de force de caractère. *Il est faible et succombe à toutes les tentations.* SYN. lâche; mou; vulnérable.
3. Qui a de la difficulté à progresser dans ses études. *Une élève faible en chimie.* SYN. mauvais; médiocre.
4. Peu considérable. *Le faible courant d'une rivière.*
NOM MASCULIN
1. Personne sans défense, dépourvue de ressources. *Les économiquement faibles.*
2. Goût, préférence. *Je pense qu'il a un faible pour vous.* SYN. faiblesse; penchant.

FAIBLEMENT adv.
De façon faible. *Il n'y a qu'un filet d'eau : la rivière coule faiblement.*

FAIBLESSE n. f.
1. Manque de vigueur, de force. *Stéphanie s'inquiète de la faiblesse de la malade qui peut à peine marcher.* SYN. épuisement; fatigue.
2. Défaillance soudaine. *Luc a eu une faiblesse : il s'est évanoui.* SYN. évanouissement; vertige.
3. Indulgence excessive, mollesse. *Avoir un instant de faiblesse.* ANT. force.
4. Goût marqué pour quelqu'un, quelque chose. *J'ai une faiblesse pour les framboises.* SYN. faible; penchant.

FAIBLIR v. intr.
Perdre de sa force, de sa fermeté. *Ce mur commence à faiblir. Ses résolutions faiblissent : elles sont moins fortes.*
CONJUGAISON : VOIR MODÈLE FINIR.

FAÏENCE n. f.
Le mot se prononce [fajɑ̃s]; il rime avec ***alliance***.
Poterie vernissée ou émaillée.
faïence.

FAÏENCERIE n. f.
Le mot se prononce [fajɑ̃sri].
1. Fabrique de faïence.
2. Assortiment de poteries de faïence.
faïencerie.

FAILLE n. f.
1. Cassure d'un terrain. *La faille de San Andreas est en Californie.* SYN. crevasse.
2. (FIG.) Point faible. *Il y a dans ton plan plusieurs failles que l'on doit corriger.* SYN. défaut; faiblesse; lacune.

FAILLI, IE adj. et n. m. et f.
(DR.) Personne qui a fait faillite.

FAILLIBILITÉ n. f.
Possibilité de faillir, de commettre une erreur.

FAILLIBLE adj.
Qui peut faire erreur.

FAILLIR v. tr. ind., intr.
VERBE TRANSITIF INDIRECT
(LITT.) Manquer à (un engagement). *Il a failli à sa promesse. « La terre faillait aux siens, la terre éternelle et maternelle ne nourrissait plus ses fils »* (Ringuet, *Trente Arpents*).
En ce sens, le verbe se construit avec la préposition **à**.
VERBE INTRANSITIF
Être sur le point de. *Elle a failli glisser.* SYN. manquer de.
Le verbe suivi de l'infinitif se construit aujourd'hui sans préposition.
CONJUGAISON : VOIR MODÈLE FAILLIR.
Ce verbe s'emploie surtout à l'infinitif et aux temps composés.

FAILLITE n. f.
1. (DR.) Situation d'un débiteur qui ne peut plus payer ses dettes. *Cette entreprise est en faillite. Ils ont fait faillite.*
Ne pas confondre avec le nom ***banqueroute***, faillite frauduleuse.
2. (FIG.) Échec complet. *La faillite du communisme.*

FAIM n. f.
1. Besoin et désir de manger. *Avoir faim. Antoine a une faim de loup, il meurt de faim.* SYN. appétit; (FAM.) fringale.
Les expressions ***avoir très faim, avoir si faim que, avoir trop faim*** sont jugées familières. En principe, l'adverbe modifie un adjectif et non un nom. Dans les faits, on note que ces emplois sont de plus en plus courants.
2. (FIG.) Besoin, désir. *Une faim de tendresse.*
LOCUTIONS
– ***Donner faim.*** Aiguiser l'appétit. *L'odeur du pain qui cuit donne faim.*
– ***Manger à sa faim.*** Être rassasié, ne plus avoir faim. *Ces sans-abri ne mangent pas à leur faim.*
– ***Rester sur sa faim.*** Avoir encore de l'appétit, ne pas être totalement satisfait, au propre et au figuré. *J'ai raté la fin du film : je suis resté sur ma faim puisque je ne connais pas le dénouement.*
HOM. ***fin***, action de finir, but, dessein.
faim.

FAINÉANT, ANTE adj. et n. m. et f.
La première syllabe se prononce ***fè***, [fɛneɑ̃, ɑ̃t].
Paresseux. *Ces fainéants sont inactifs.* SYN. désœuvré.

FAINÉANTER v. intr.
La première syllabe se prononce ***fè***, [fɛneɑ̃te].
Se livrer à la paresse. SYN. paresser.
CONJUGAISON : VOIR MODÈLE AIMER.

FAINÉANTISE n. f.
La première syllabe se prononce ***fè***, [fɛneɑ̃tiz].
Paresse. *Quelques heures de fainéantise me seraient bénéfiques.* SYN. désœuvrement; inaction.

FAIRE v. tr., intr., pronom., impers.
Les lettres ***ai*** se prononcent ***e*** dans les formes ***nous faisons, faisons, faisant*** et à toutes les formes de l'imparfait.
VERBE TRANSITIF
1. Créer, produire. *Faire un bouquet, un dessin.*
2. Accomplir, exécuter. *Faire un travail. La randonnée que j'ai faite.*
3. Former, composer. *Deux et deux font quatre.*
4. Jouer le rôle de. *Elle faisait celle qui n'entend pas.*
5. Égaler. *Trois et quatre font sept.*
Dans une opération mathématique, le verbe ***faire*** est toujours au pluriel. *Deux et deux font quatre.* Par contre, le verbe ***égaler*** peut s'accorder au singulier ou au pluriel. *Deux et deux égale* ou *égalent quatre.*
VERBE INTRANSITIF
Agir. *Bien faire et laisser dire.*
Aux formes transitive et intransitive, le verbe ***faire*** se conjugue avec l'auxiliaire ***avoir.***
VERBE PRONOMINAL
1. Gagner, se procurer. *Nouni s'est fait de nombreuses amies. Ces étudiants se font un bon salaire.*
2. Arriver, venir à être. *Comment se fait-il que vous soyez en retard ?*
3. Devenir. *Elles commencent à se faire moins jeunes.*
4. S'habituer. *Les enfants se sont faits à leur nouveau quartier.*
5. S'accomplir, se réaliser. *Ces acquisitions se sont faites par l'intermédiaire d'un courtier.*
À la forme pronominale, le participe passé de ce verbe suivi d'un nom ou d'un adjectif attribut s'accorde en genre et en nombre avec le sujet. *Elle s'est faite belle pour leur arrivée. Ils se sont faits marins.* Le participe passé s'accorde en genre et en nombre avec le complément direct si celui-ci le précède. *Les nouveaux amis qu'elle s'est faits.* Le participe passé reste invariable si le complément direct suit le verbe. *Elle s'est fait des idées.* Devant un infinitif ou une phrase infinitive, la forme pronominale du participe passé est toujours invariable. *Ils se sont fait élire. Elle s'est fait couper les cheveux.*
VERBE SEMI-AUXILIAIRE
1. ***Faire*** + infinitif ou phrase infinitive. Être la cause. *Cette tisane fait dormir.*
2. ***Faire*** + infinitif ou phrase infinitive. Charger de l'exécution de quelque chose. *Elle fait travailler dix personnes.*
Le participe passé reste invariable. *Les personnes qu'elle a fait travailler.*
Cette construction indique qu'une action ordonnée par le sujet est exécutée par quelqu'un d'autre.
3. ***Faire*** + verbe défectif. *Elle faisait éclore des fleurs dans sa serre. Il fera frire des courgettes.*
VOIR TABLEAU – AUXILIAIRE.
VERBE IMPERSONNEL
(Pour préciser les conditions atmosphériques.) *Il fait froid, il fait du vent. Il fait nuit.*
Le participe passé du verbe impersonnel reste invariable. *Les froids qu'il a fait cet hiver. Quelle chaleur il a fait hier !*

Faire est le verbe dont l'emploi est le plus fréquent en français, c'est le verbe d'action par excellence. Il est toutefois souvent possible de remplacer ce verbe « à tout faire » par un verbe plus précis.
LOCUTIONS
– ***À tout faire,*** loc. adj. Non spécialisé. *Un employé à tout faire.*
– ***Autant que faire se peut.*** Dans la mesure du possible.
– ***Avoir affaire, avoir à faire.*** On écrit plus souvent *avoir affaire* que *avoir à faire* sans changement de sens, sauf dans le cas où la locution a un complément direct. *Elle a à faire une dissertation* (on peut à ce moment inverser les mots). *Elle a une dissertation à faire. Il a affaire à forte partie.*
– ***Avoir fort à faire.*** Devoir accomplir de grands efforts pour mener à bien l'action entreprise. *Vous aurez fort à faire pour le convaincre.*
– ***Ce faisant.*** En faisant cela.
Cette locution est vieillie.
– ***Faire affaire.*** Traiter, conclure un marché. *Nous faisons affaire avec ce fournisseur depuis peu.*
Dans cette locution, le nom ***affaire*** est au singulier.
– ***Faire de son mieux.*** Faire tout son possible. *Ils ont fait de leur mieux pour terminer le travail à temps.*
– ***N'avoir que faire de.*** Ne faire aucun cas de. *Il n'a que faire de ces critiques.*
– ***Ne faire que.*** Ne pas cesser de. *Elle ne fait que dormir.*
– ***N'en faire qu'à sa tête.*** Agir selon son idée, faire fi des conseils d'autrui. *Tu peux lui suggérer cette solution, mais il n'en fera qu'à sa tête.*
– ***Se faire des idées.*** S'imaginer. *Les idées qu'il s'est faites sur vous sont étonnantes.*
– ***Se faire fort de.*** S'engager à. *Elle se fait fort de réussir. Ils se feront fort d'arriver tôt.*
En ce sens, ***fort*** est adverbe et donc invariable.
– ***Se faire fort de.*** Tirer sa force de. *Elle se fait forte de leur appui.*
En ce sens, ***fort*** est adjectif et variable.
– ***S'en faire.*** (FAM.) S'inquiéter. *Ne t'en fais pas, tu obtiendras ce que tu veux.*
– ***Tant qu'à faire.*** (FAM.) Puisqu'il le faut.
FORMES FAUTIVES
*faire application. Calque de «*to make an application*» pour ***postuler un emploi, faire une demande d'emploi, poser sa candidature.***
*faire du sens. Impropriété pour ***avoir un sens, être intelligible, être logique, faire sens.***
*faire sa part. Calque de «*to do one's part*» pour ***apporter sa contribution, collaborer, contribuer à, participer à.***
CONJUGAISON : VOIR MODÈLE FAIRE.

FAIRE-PART n. m. inv. (pl. *faire-part*)
Lettre annonçant une naissance, un mariage, un décès.
[T] On compose habituellement en toutes lettres la date (jour, mois, année) apparaissant sur un faire-part. *Le quatorze décembre mil neuf cent quarante-cinq, en l'église...*
[Les *Rectifications* (1990) admettent : un fairepart, des faire-parts.]

FAIRE-VALOIR n. m. inv. (pl. *faire-valoir*)
Personne qui met en valeur quelqu'un. *Elles leur servent de faire-valoir.*

***FAIR-PLAY**
Anglicisme pour ***franc-jeu, loyauté, bonne foi.***

FAISABILITÉ n. f.
Les lettres ***ai*** se prononcent ***e,*** [fəzabilite], comme dans ***fenêtre.***
Caractère de ce qui est réalisable, compte tenu des possibilités technologiques, financières, etc. *Des études de faisabilité.*
faisabilité.

FAISABLE adj.
Les lettres ***ai*** se prononcent ***e,*** [fəzabl], comme dans ***fenêtre.***
Réalisable. *Croyez-vous que ce projet soit faisable ?* SYN. possible.
faisable.

FAISAN n. m.
Les lettres ***ai*** se prononcent ***e,*** [fəzɑ̃], comme dans ***fenêtre.***
Gallinacé au plumage coloré et à longue queue ; mâle de la faisane.
VOIR TABLEAU – ANIMAUX.
faisan.

FAISANDÉ, ÉE adj.
Les lettres ***ai*** se prononcent ***e,*** [fəzɑ̃de], comme dans ***fenêtre.***
Qui commence à se corrompre. *Viande faisandée.*
faisandé.

FAISANDEAU n. m. (pl. *faisandeaux*)
Les lettres ***ai*** se prononcent ***e,*** [fəzɑ̃do], comme dans ***fenêtre.***
Petit du faisan.
VOIR TABLEAU – ANIMAUX.
faisandeau.

FAISANDER v. tr., pronom.
Les lettres ***ai*** se prononcent ***e,*** [fəzɑ̃de], comme dans ***fenêtre.***
VERBE TRANSITIF
Donner au gibier un goût accentué, par un début de décomposition.
VERBE PRONOMINAL
Être proche de la décomposition, en parlant d'une viande.
À la forme pronominale, le participe passé de ce verbe s'accorde toujours en genre et en nombre avec son sujet. *Les quartiers de viande s'étaient faisandés.*
CONJUGAISON : VOIR MODÈLE AIMER.

FAISANE n. f.
Les lettres ***ai*** se prononcent ***e,*** [fəzan], comme dans ***fenêtre.***
Femelle du faisan.
VOIR TABLEAU – ANIMAUX.
faisane.

FAISCEAU n. m. (pl. *faisceaux*)
Les lettres ***ai*** se prononcent ***è,*** [fɛso], comme dans ***fesse.***
Choses liées ensemble. *Des faisceaux de branches.*
LOCUTION
– ***Faisceau lumineux.*** Rayons lumineux provenant d'une même source. *Le puissant faisceau lumineux du projecteur de la Place-Ville-Marie.*
faisceau.

FAISEUR, EUSE n. m. et f.
Les lettres ***ai*** se prononcent ***e,*** [fəzœr, øz], comme dans ***fenêtre.***
1. Personne qui fait quelque chose. *Un faiseur de bons mots, une faiseuse d'embarras.*
2. (PÉJ.) Hâbleur, prétentieux. *Ne l'écoutez pas, c'est un faiseur.*
LOCUTION
– ***Grand parleur, petit faiseur.*** Vantard qui parle beaucoup, mais agit peu.
faiseur.

FAISSELLE n. f.
Récipient percé de trous servant à faire égoutter les fromages.

CONJUGAISON DU VERBE **FAILLIR**

INDICATIF

PRÉSENT		PASSÉ COMPOSÉ		
je	fa**ux**	j'	ai	failli
tu	fa**ux**	tu	as	failli
elle	fa**ut**	elle	a	failli
il	fa**ut**	il	a	failli
nous	fa**illons**	nous	avons	failli
vous	fa**illez**	vous	avez	failli
elles	fa**illent**	elles	ont	failli
ils	fa**illent**	ils	ont	failli

IMPARFAIT		PLUS-QUE-PARFAIT		
je	fa**illais**	j'	avais	failli
tu	fa**illais**	tu	avais	failli
elle	fa**illait**	elle	avait	failli
il	fa**illait**	il	avait	failli
nous	fa**illions**	nous	avions	failli
vous	fa**illiez**	vous	aviez	failli
elles	fa**illaient**	elles	avaient	failli
ils	fa**illaient**	ils	avaient	failli

PASSÉ SIMPLE		PASSÉ ANTÉRIEUR		
je	fa**illis**	j'	eus	failli
tu	fa**illis**	tu	eus	failli
elle	fa**illit**	elle	eut	failli
il	fa**illit**	il	eut	failli
nous	fa**illîmes**	nous	eûmes	failli
vous	fa**illîtes**	vous	eûtes	failli
elles	fa**illirent**	elles	eurent	failli
ils	fa**illirent**	ils	eurent	failli

FUTUR SIMPLE		FUTUR ANTÉRIEUR		
je	fa**illirai**	j'	aurai	failli
tu	fa**illiras**	tu	auras	failli
elle	fa**illira**	elle	aura	failli
il	fa**illira**	il	aura	failli
nous	fa**illirons**	nous	aurons	failli
vous	fa**illirez**	vous	aurez	failli
elles	fa**illiront**	elles	auront	failli
ils	fa**illiront**	ils	auront	failli

CONDITIONNEL PRÉSENT		CONDITIONNEL PASSÉ		
je	fa**illirais**	j'	aurais	failli
tu	fa**illirais**	tu	aurais	failli
elle	fa**illirait**	elle	aurait	failli
il	fa**illirait**	il	aurait	failli
nous	fa**illirions**	nous	aurions	failli
vous	fa**illiriez**	vous	auriez	failli
elles	fa**illiraient**	elles	auraient	failli
ils	fa**illiraient**	ils	auraient	failli

SUBJONCTIF

PRÉSENT			PASSÉ			
que	je	fa**ille**	que	j'	aie	failli
que	tu	fa**illes**	que	tu	aies	failli
qu'	elle	fa**ille**	qu'	elle	ait	failli
qu'	il	fa**ille**	qu'	il	ait	failli
que	nous	fa**illions**	que	nous	ayons	failli
que	vous	fa**illiez**	que	vous	ayez	failli
qu'	elles	fa**illent**	qu'	elles	aient	failli
qu'	ils	fa**illent**	qu'	ils	aient	failli

IMPARFAIT			PLUS-QUE-PARFAIT			
que	je	fa**illisse**	que	j'	eusse	failli
que	tu	fa**illisses**	que	tu	eusses	failli
qu'	elle	fa**illît**	qu'	elle	eût	failli
qu'	il	fa**illît**	qu'	il	eût	failli
que	nous	fa**illissions**	que	nous	eussions	failli
que	vous	fa**illissiez**	que	vous	eussiez	failli
qu'	elles	fa**illissent**	qu'	elles	eussent	failli
qu'	ils	fa**illissent**	qu'	ils	eussent	failli

IMPÉRATIF

PRÉSENT	PASSÉ
(*n'existe pas*)	(*n'existe pas*)

INFINITIF

PRÉSENT	PASSÉ
fa**illir**	avoir failli

PARTICIPE

PRÉSENT	PASSÉ
fa**illant**	failli ayant failli

F

CONJUGAISON DU VERBE **FAIRE**

INDICATIF

PRÉSENT

je	**fais**
tu	**fais**
elle	**fait**
il	**fait**
nous	**faisons**
vous	**faites**
elles	**font**
ils	**font**

PASSÉ COMPOSÉ

j'	ai	fait
tu	as	fait
elle	a	fait
il	a	fait
nous	avons	fait
vous	avez	fait
elles	ont	fait
ils	ont	fait

IMPARFAIT

je	**faisais**
tu	**faisais**
elle	**faisait**
il	**faisait**
nous	**faisions**
vous	**faisiez**
elles	**faisaient**
ils	**faisaient**

PLUS-QUE-PARFAIT

j'	avais	fait
tu	avais	fait
elle	avait	fait
il	avait	fait
nous	avions	fait
vous	aviez	fait
elles	avaient	fait
ils	avaient	fait

PASSÉ SIMPLE

je	**fis**
tu	**fis**
elle	**fit**
il	**fit**
nous	**fîmes**
vous	**fîtes**
elles	**firent**
ils	**firent**

PASSÉ ANTÉRIEUR

j'	eus	fait
tu	eus	fait
elle	eut	fait
il	eut	fait
nous	eûmes	fait
vous	eûtes	fait
elles	eurent	fait
ils	eurent	fait

FUTUR SIMPLE

je	**ferai**
tu	**feras**
elle	**fera**
il	**fera**
nous	**ferons**
vous	**ferez**
elles	**feront**
ils	**feront**

FUTUR ANTÉRIEUR

j'	aurai	fait
tu	auras	fait
elle	aura	fait
il	aura	fait
nous	aurons	fait
vous	aurez	fait
elles	auront	fait
ils	auront	fait

CONDITIONNEL PRÉSENT

je	**ferais**
tu	**ferais**
elle	**ferait**
il	**ferait**
nous	**ferions**
vous	**feriez**
elles	**feraient**
ils	**feraient**

CONDITIONNEL PASSÉ

j'	aurais	fait
tu	aurais	fait
elle	aurait	fait
il	aurait	fait
nous	aurions	fait
vous	auriez	fait
elles	auraient	fait
ils	auraient	fait

SUBJONCTIF

PRÉSENT

que	je	**fasse**
que	tu	**fasses**
qu'	elle	**fasse**
qu'	il	**fasse**
que	nous	**fassions**
que	vous	**fassiez**
qu'	elles	**fassent**
qu'	ils	**fassent**

PASSÉ

que	j'	aie	fait
que	tu	aies	fait
qu'	elle	ait	fait
qu'	il	ait	fait
que	nous	ayons	fait
que	vous	ayez	fait
qu'	elles	aient	fait
qu'	ils	aient	fait

IMPARFAIT

que	je	**fisse**
que	tu	**fisses**
qu'	elle	**fît**
qu'	il	**fît**
que	nous	**fissions**
que	vous	**fissiez**
qu'	elles	**fissent**
qu'	ils	**fissent**

PLUS-QUE-PARFAIT

que	j'	eusse	fait
que	tu	eusses	fait
qu'	elle	eût	fait
qu'	il	eût	fait
que	nous	eussions	fait
que	vous	eussiez	fait
qu'	elles	eussent	fait
qu'	ils	eussent	fait

IMPÉRATIF

PRÉSENT

fais
faisons
faites

PASSÉ

aie fait
ayons fait
ayez fait

INFINITIF

PRÉSENT

faire

PASSÉ

avoir fait

PARTICIPE

PRÉSENT

faisant

PASSÉ

fait, faite
ayant fait

FAIT n. m.
Le *t* ne se prononce jamais au pluriel; le mot rime alors avec ***forfait***. Il se prononce parfois devant une pause et dans certaines locutions (***au fait, de fait, en fait***...); il rime alors avec ***faite***.
1. Action. *Des faits et gestes. Le fait de parler, d'écouter.* SYN. acte.
2. Évènement. *Rapporter un fait.*
3. Réalité. *C'est un fait.*
LOCUTIONS
– ***Aller au fait.*** Aller à l'essentiel.
– ***Au fait,*** loc. adv. En définitive.
– ***De fait,*** loc. adv. Véritablement, effectivement.
– ***Du fait de,*** loc. prép. Par suite de. *Du fait de sa myopie, elle doit porter des lunettes.*
– ***En fait,*** loc. adv. En réalité.
– ***État de fait.*** Situation.
– ***Fait accompli.*** Situation sur laquelle il n'y a pas à revenir.
– ***Fait divers.*** Nouvelle de seconde importance. *Cette journaliste rapporte les faits divers.*
– ***Fait exprès.*** Coïncidence fâcheuse.
– ***Haut fait.*** Exploit mémorable.
– ***Le fait est que.*** Il faut reconnaître que. *Le fait est que ce coureur est très rapide.*
– ***Le fait que,*** loc. conj. Parce que. *Le fait que la population est divisée, le fait qu'il vienne ne change rien à la situation.*
Le verbe qui suit se met à l'indicatif ou au subjonctif, selon le degré de réalité de la proposition.
– ***Pris sur le fait.*** En flagrant délit. *Les cambrioleurs ont été pris sur le fait : ils ont été arrêtés.*
– ***Tout à fait,*** loc. adv. Entièrement. *La maison a brûlé tout à fait. Êtes-vous d'accord? – Tout à fait.*
Cet emploi est parfois ironique.

FAIT, FAITE adj.
1. Fabriqué. *Une robe faite à la main. Un travail bien fait.*
2. Qui a telle forme. *Elle est bien faite.* SYN. bâti.
3. Arrivé à maturité. *Un reblochon bien fait.*
LOCUTIONS
– ***Ce qui est fait est fait.*** (Proverbe) Il est inutile de regretter ce qui est déjà accompli.
– ***C'est bien fait.*** C'est mérité.
– ***Fait à*** (nom de lieu) ***le*** (date). Formule consacrée inscrite au bas d'un document officiel qui doit être signé. *Fait* (et non *signé) *à Montréal le 24 septembre 1988.*
– ***Tout fait.*** Fabriqué à l'avance. *Acheter des plats tout faits.*

FAÎTE n. m.
Le mot se prononce [fɛt]; le nom rime avec ***fête***.
1. La partie la plus élevée, le sommet d'une construction. *Le faîte d'un arbre.*
2. (LITT.) Summum. *Être au faîte des honneurs.*
HOM. ***fête***, réjouissance.
[Les *Rectifications* (1990) admettent : faite.]

FAIT-TOUT ou **FAITOUT** n. m. (pl. *fait-tout* ou *faitouts*)
Grand récipient à deux poignées muni d'un couvercle.
Ne pas confondre avec les mots suivants :
• ***casserole,*** récipient muni d'un manche, parfois d'un couvercle et qui est réservé à la cuisson des aliments;
• ***chaudron,*** récipient assez profond à anse mobile;
• ***poêle,*** récipient plat à longue queue.

FAKIR n. m.
Personne qui exécute en public des tours (voyance, magie, hypnose, etc.). *Les fakirs dorment sur une planche à clous.*

FALAISE n. f.
Côte abrupte au-dessus de la mer, d'un cours d'eau.
falaise.

FALBALA n. m.
1. (ANCIENN.) Bande d'étoffe plissée.
2. (AU PLUR.) Ornements de mauvais goût. *Monica n'aime pas les falbalas.* SYN. fanfreluche.

FALLACIEUSEMENT n. f.
D'une manière fallacieuse.

FALLACIEUX, IEUSE adj.
(LITT.) Mensonger, trompeur. *Des discours fallacieux. Ils sont venus me voir sous le fallacieux prétexte de m'apporter des oranges.*

FALLOIR v. impers.
1. Être nécessaire. *Il faut que tu viennes nous voir. Fais ce qu'il faut* (et non ce *qui faut) *pour réussir.*
Le verbe se construit avec :
– un nom. *Il faut des tomates pour cette recette.*
– un infinitif. *Il faut dormir maintenant.*
– la conjonction ***que*** suivie du subjonctif. *Il faut que vous soyez présents.*
2. Manquer. *Il lui faudra encore trois heures de marche pour parvenir au sommet.*
Le participe passé de ce verbe, ***fallu***, est toujours invariable.
LOCUTIONS
– ***Comme il faut,*** loc. adv. Selon l'usage. *Écrire comme il faut.* SYN. convenablement; correctement.
– ***Il me*** (te, lui, etc.) ***faut.*** J'ai (tu as, il a, etc.) besoin de. *Il te faudra deux mois pour repeindre la maison.*
– ***Peu s'en est fallu que.*** Il a failli arriver que. *Peu s'en est fallu que nous perdions pied.*
– ***Peu s'en faut,*** loc. adv. Approximativement. *Elle a travaillé deux ans à cet endroit, ou peu s'en faut.*
– ***S'en falloir de.*** Manquer. *Il s'en faut de 100 $ que l'objectif soit atteint* ou *ne soit atteint.*
Cette locution qui s'emploie lorsqu'une quantité est inférieure à ce qu'elle devrait être se construit avec le subjonctif.
– ***Tant s'en faut,*** loc. adv. Au contraire. *Il n'est pas pauvre, tant s'en faut* (et non *loin s'en faut)*: il a mis de côté une bonne somme.* SYN. loin de là.
C'est par confusion avec les expressions ***loin de là*** et ***tant s'en faut,*** qui ont la même signification, que l'on emploie fautivement *loin s'en faut.
CONJUGAISON : VOIR MODÈLE FALLOIR.
Ce verbe ne s'utilise qu'à la troisième personne du singulier.

FALOT, OTE adj. et n. m.
ADJECTIF
Insignifiant, terne. *Un personnage falot.* SYN. effacé.
NOM MASCULIN
Grosse lanterne. SYN. fanal.
falot, falote.

FALSIFIABLE adj.
Qui peut être falsifié. *Des données falsifiables.*

FALSIFICATION n. f.
Action de modifier en vue de tromper; son résultat. *La falsification d'un passeport.*

FALSIFIER v. tr.
Contrefaire, modifier en vue de tromper. *Ce document a été falsifié.* SYN. trafiquer.
Ne pas confondre avec le verbe ***fausser,*** rendre faux.
CONJUGAISON : VOIR MODÈLE ÉTUDIER.
Redoublement du ***i*** à la première et à la deuxième personne du pluriel de l'indicatif imparfait et du subjonctif présent. *(Que) nous falsifiions, (que) vous falsifiiez.*

F

F

FAMÉ, ÉE adj.
– ***Mal famé.*** Qui a une mauvaise réputation. *Un endroit mal famé.*
Le mot ne s'emploie que dans cette locution.
On écrit aussi ***malfamé.***

FAMÉLIQUE adj.
Qui ne mange pas à sa faim. *Des mendiants faméliques.* SYN. affamé.

FAMEUSEMENT adv.
D'une manière fameuse. *Un comédien fameusement talentueux.* SYN. remarquablement.

FAMEUX, EUSE adj.
Renommé, dont on a parlé en bien ou en mal. *Cette rivière est fameuse pour ses saumons.* SYN. renommé ; réputé.
LOCUTIONS
– ***Ce n'est pas fameux.*** C'est médiocre, pas très bon.
– ***Fameux*** + nom. Très bon ou très mauvais. *C'est un fameux menteur.* SYN. grand ; remarquable.
– Nom + ***fameux.*** (FAM.) Excellent. *Les glaces du Bilboquet sont fameuses.*

FAMILIAL, IALE, IAUX adj. et n. f.
ADJECTIF
Qui concerne la famille. *Des liens familiaux, la cellule familiale.*
NOM FÉMININ
Voiture qui peut transporter plusieurs personnes. *La familiale de Papi était toujours remplie d'enfants.*
LOCUTION
– ***Allocations familiales.*** Aide financière de l'État aux familles ayant des enfants à charge.

FAMILIARISATION n. f.
Action de se familiariser avec quelqu'un, quelque chose. *Une familiarisation nécessaire avec les règles de la grammaire.*

FAMILIARISER v. tr., pronom.
VERBE TRANSITIF
Habituer, accoutumer. *Le professeur familiarise les élèves avec le système métrique.*
VERBE PRONOMINAL
Se rendre une personne, une chose familière. *Ils se sont familiarisés* (et non ils sont *familiers) *avec cette nouvelle méthode.* SYN. s'accoutumer ; s'habituer.
Le verbe se construit avec la préposition ***avec.***
À la forme pronominale, le participe passé de ce verbe s'accorde toujours en genre et en nombre avec son sujet. *Les élèves se sont vite familiarisés avec le nouveau logiciel.*
CONJUGAISON : VOIR MODÈLE AIMER.

FAMILIARITÉ n. f.
1. Connaissance intime. *La grande familiarité qui existe entre des amis d'enfance.*
2. (AU PLUR.) Manières trop familières. *Ces familiarités le choquent.*
En ce sens, le nom a une valeur défavorable.

CONJUGAISON DU VERBE **FALLOIR**

INDICATIF

PRÉSENT	PASSÉ COMPOSÉ
il **faut**	il a **fallu**

IMPARFAIT	PLUS-QUE-PARFAIT
il **fallait**	il avait **fallu**

PASSÉ SIMPLE	PASSÉ ANTÉRIEUR
il **fallut**	il eut **fallu**

FUTUR SIMPLE	FUTUR ANTÉRIEUR
il **faudra**	il aura **fallu**

CONDITIONNEL PRÉSENT	CONDITIONNEL PASSÉ
il **faudrait**	il aurait **fallu**

SUBJONCTIF

PRÉSENT	PASSÉ
qu' il **faille**	qu' il ait **fallu**

IMPARFAIT	PLUS-QUE-PARFAIT
qu' il **fallût**	qu' il eût **fallu**

IMPÉRATIF

PRÉSENT	PASSÉ
(n'existe pas)	*(n'existe pas)*

INFINITIF

PRÉSENT	PASSÉ
falloir	*(n'existe pas)*

PARTICIPE

PRÉSENT	PASSÉ
(n'existe pas)	fallu

FAMILIER, IÈRE adj. et n. m. et f.
ADJECTIF
1. Que l'on connaît bien. *Une odeur familière.* SYN. habituel.
2. Accessible, simple. *Elle est d'un abord familier.*
3. Bien connu. *Ce logiciel lui est familier* (et non *il est familier avec ce logiciel).
4. Qui fait preuve d'une familiarité excessive. *Il a été trop familier avec cette personne.*
En ce sens, l'adjectif a une valeur défavorable.
En ce sens, l'adjectif se construit avec la préposition ***avec.***
5. Couramment utilisé dans la langue orale. *L'abréviation* ciné *est familière.*
Les mots de niveau familier ne s'emploient pas dans les écrits de style recherché.
NOM MASCULIN ET FÉMININ
Ami, habitué. *Un familier de la maison.* SYN. intime.

FAMILIÈREMENT adv.
De façon familière. *Le mot* ciné *s'emploie familièrement. Ils se sont entretenus familièrement.*

FAMILLE n. f.
1. Ensemble formé par le père, la mère et les enfants. *Une famille nombreuse, sympathique.*
2. Ensemble de personnes qui ont des liens de parenté. *Un air de famille. Une fête de famille.*
3. Division dans un classement d'animaux, de végétaux, etc. *Les chats appartiennent à la famille des félidés.*
LOCUTIONS
– ***En famille.*** Avec la parenté ou avec la famille immédiate. *Prendre des vacances en famille.*
– ***Famille d'accueil.*** Famille qui prend en charge une ou plusieurs personnes, enfants ou adultes, qui lui sont confiées par un centre de services sociaux et dont le nombre est fixé par la loi (Recomm. off.).
Les termes ***foyer nourricier, foyer d'accueil, foyer de placement*** et ***foyer de placement familial*** ne sont plus très usités.
– ***Famille de mots.*** Ensemble de mots formés à partir de la même racine. *Les mots* feuillée, feuillet, feuilleter, feuiller, effeuiller *constituent une partie de la famille de* feuille.
VOIR TABLEAU – FAMILLE DE MOTS.
– ***Famille monoparentale.*** Famille avec un parent unique, le plus souvent la mère.
– ***Famille recomposée.*** Famille où les enfants sont issus d'un ou de conjoints d'une union antérieure.

FAMINE n. f.
Manque d'aliments, insuffisance de vivres dans une région pendant un certain temps. *La sécheresse a causé la famine dans ce pays.* SYN. disette.

***FAN**
Anglicisme pour ***admirateur, adepte.***
Anglicisme pour ***ventilateur.***

FANA adj. et n. m. et f.
Abréviation familière de ***fanatique.*** *C'est une fana des dictionnaires.*

FANAL n. m. (pl. *fanaux*)
Lanterne. *De vieux fanaux éclairaient l'entrée.*
LOCUTION
– ***Attendre quelqu'un avec une brique et un fanal.*** (FAM.) Être en colère contre quelqu'un, l'attendre de pied ferme.

FANATIQUE adj. et n. m. et f.
ADJECTIF
1. Qui fait preuve de fanatisme. *Des religieux fanatiques.* SYN. intolérant.
2. Fervent admirateur de quelqu'un, de quelque chose, partisan enthousiaste. *Des partisans fanatiques du Canadien.*
NOM MASCULIN ET FÉMININ
Personne animée d'un zèle aveugle pour une opinion, une doctrine. *Ce sont des fanatiques* (et non des *fans) *de jazz et d'écologie.* SYN. adepte ; admirateur ; partisan.

FANATIQUEMENT adv.
D'une manière fanatique ; avec fanatisme. *Ils ont agi fanatiquement.*

FANATISME n. m.
Zèle excessif pour une religion, un parti, une cause.

FANER v. tr., pronom.
VERBE TRANSITIF
1. Détruire la fraîcheur de, en parlant d'une plante. *La chaleur fanera plus rapidement les délicates pivoines.* SYN. flétrir.
2. (LITT.) Défraîchir. *Le soleil a fané les couleurs.* SYN. décolorer.
VERBE PRONOMINAL
Se flétrir, perdre sa fraîcheur, en parlant d'une plante. *Ces roses anciennes se sont fanées très vite.*
À la forme pronominale, le participe passé de ce verbe s'accorde toujours en genre et en nombre avec son sujet. *Les fleurs se sont fanées.*
CONJUGAISON : VOIR MODÈLE AIMER.

FANFARE n. f.
Orchestre de cuivres (trompettes, clairons, etc.) et d'instruments à percussion (tambour). *Une fanfare militaire.*

FANFARON, ONNE adj. et n. m. et f.
ADJECTIF
Qui affecte la bravoure. *Un air fanfaron.* SYN. vantard.
NOM MASCULIN ET FÉMININ
Personne vantarde. SYN. fendant.

FANFARONNADE n. f.
Vantardise, exagération. *Ces fanfaronnades nous ont déplu.*
fanfaro**nn**ade.

FANFARONNER v. intr.
Faire le fanfaron. *Cesse de fanfaronner !* SYN. se vanter.
CONJUGAISON : VOIR MODÈLE AIMER.
fanfaro**nn**er.

FANFRELUCHE n. f.
Ornement de peu de valeur. *Un costume orné de fanfreluches.* SYN. falbalas.

FANGE n. f.
(LITT.) Boue. *L'inondation a recouvert le petit village de fange.*

FANGEUX, EUSE adj.
1. (LITT.) Boueux. *Une tourbière fangeuse.*
2. (LITT.) Abject. *Des complots fangeux.*

FANION n. m.
Petit drapeau servant de signe de ralliement à un groupe. *Le fanion des scouts.*

FANON n. m.
1. Peau pendante sous le cou de certains bovins et de certains animaux.
2. Lame cornée qui garnit la mâchoire supérieure de la baleine.

FANTAISIE n. f.
1. Originalité, imagination. *Un film rempli de fantaisie.*
2. Caprice, goût bizarre. *Il lui prit la fantaisie de se baigner en pleine nuit.* SYN. désir ; envie ; folie.
3. Œuvre d'imagination, pièce musicale.
LOCUTIONS
– ***Bijoux (de) fantaisie.*** Imitations de bijoux authentiques.
– ***Vivre, agir à sa fantaisie.*** Faire à sa guise.

FANTAISISTE adj. et n. m. et f.
1. Qui obéit à son imagination, original. *Un auteur fantaisiste. Cette musicienne est une fantaisiste.* SYN. imaginatif.
2. (FIG.) Capricieux. *Un moteur fantaisiste, qui démarre à l'occasion.*

F

FAMILLE DE MOTS[1]

F

La famille de mots est un ensemble comprenant un mot de base, à partir duquel on a créé d'autres mots par l'ajout de préfixes ou de suffixes, ou par la formation de mots composés.

Les mots faisant partie d'une même famille sont unis par la forme et par le sens.

EXEMPLES	MOT DE BASE	MOTS DÉRIVÉS (préfixes, suffixes)	MOTS COMPOSÉS
Famille d'un verbe	*casser*	*cass**able**, **in**cass**able**, cass**ant**, cass**ation**, casse, cass**é**, cass**eur**, cass**ure***	*casse-**cou**, casse-**noix**, casse-**pied**, casse-**noisette**, casse-**tête***
Famille d'un adjectif	*vert*	*verd**âtre**, verd**issant**, verd**oyant**, verd**eur**, verd**ure**, verd**oiement**, verd**ir**, **re**verd**ir**, verd**oyer***	***bleu**-vert, vert-**de-gris**, vert **pomme**, vert **olive***
Famille d'un nom	*main*	*man**uel** (adj.), man**ette**, man**utention**, man**uscrit**, man**ière**, man**ucure**, man**œuvre**, man**ier***	*main-**d'œuvre**, main**mise**, **baise**-main, **essuie**-main, **sous**-main*

VOIR TABLEAUX ► **NOMS COMPOSÉS.** ► **PRÉFIXE.** ► **SUFFIXE.**

Le **suffixe** peut modifier :

- la catégorie grammaticale

  manuel (adjectif), *manette* (nom), *manier* (verbe)

- la connotation

  vert (neutre), *verdâtre* (péjoratif, donne un sens négatif), *verdoyant* (mélioratif, donne un sens positif)

- la terminaison ou flexion

  cassant (masculin), *cassante* (féminin) ;
  cassé (singulier), *cassés* (pluriel) ;
  casser (infinitif), *cassera* (futur), *casserait* (conditionnel, 3e personne du singulier),
  casserions (conditionnel, 1re personne du pluriel)…

Le changement de catégorie grammaticale produit par les différents suffixes possibles dans une famille de mots est un procédé important de reprise de l'information.

*Le jury **a jugé** l'accusé le mois dernier. Ce **jugement** a été très controversé.*
*Le dernier rapport **descriptif** à ce sujet a été déposé hier. La nouvelle **description** a plu à tous.*

Certaines familles de mots présentent des lacunes ; pour combler ces vides, il faut utiliser un mot de forme différente, mais lié par le sens. *Dormir* et *sommeil* ; *aveugle* et *cécité*.

VOIR TABLEAU ► **REPRISE DE L'INFORMATION.**

Le **préfixe** modifie le sens :

a- + -phone = « sans voix »
allo- + -phone = « qui parle une autre langue »
franco- + -phone = « qui parle le français »
télé- + -phone = « voix entendue à distance »

archéo- + -logie = « étude des choses anciennes »
cardio- + -logie = « étude du cœur et de ses affections »
myco- + -logie = « étude des champignons »
géo- + -logie = « science de la Terre »

1. Conception du tableau : Annie Desnoyers.

FANTASIA n. f.
Spectacle équestre de cavaliers arabes.

FANTASMAGORIE n. f.
Spectacle irréel. *Ce ballet était une fantasmagorie.* SYN. féerie.

FANTASMAGORIQUE adj.
Qui appartient à la fantasmagorie. *Un spectacle fantasmagorique.* SYN. féerique.

FANTASME n. m.
Produit de l'imagination. *Des fantasmes de liberté.* SYN. rêve.
La graphie ***phantasme*** est vieillie.

FANTASMER v. intr.
Avoir des fantasmes. *Elle fantasme sur un projet audacieux.*
CONJUGAISON : VOIR MODÈLE AIMER.

FANTASQUE adj.
Capricieux, sujet à des sautes d'humeur. SYN. changeant.

FANTASSIN n. m.
Soldat d'infanterie.

FANTASTIQUE adj. et n. m.
ADJECTIF
1. Imaginaire, surnaturel. *Un conte fantastique.* SYN. irréel.
2. Extraordinaire. *C'est fantastique ! Nous avons gagné un voyage autour du monde !* SYN. formidable ; incroyable ; invraisemblable.
NOM MASCULIN
Genre littéraire, artistique, qui fait appel à l'imaginaire, à l'irréel. *Le fantastique ou la science-fiction ne sont pas des genres qu'il apprécie.*

FANTASTIQUEMENT adv.
De façon fantastique. *Nous avons été fantastiquement chanceux.* SYN. extraordinairement ; très.

FANTOCHE n. m.
1. Marionnette, pantin.
2. (EN APPOS.) (FIG.) Personne, groupe manipulé par d'autres personnes. *Un gouvernement fantoche. Des administrateurs fantoches.*
En apposition, le nom s'écrit sans trait d'union et les deux mots prennent la marque du pluriel.

FANTOMATIQUE adj.
Qui se rapporte aux fantômes. *Une allure fantomatique.*
fantomatique, malgré ***fantôme.***

FANTÔME n. m.
Revenant. *On dit que cette maison est hantée et que, toutes les nuits, le fantôme d'une dame blanche apparaît.* SYN. spectre.
En apposition, l'expression s'écrit sans trait d'union. *Un gouvernement fantôme, des villes fantômes.*
fantôme.

FAO
Sigle anglais de ***Organisation des Nations Unies pour l'agriculture et l'alimentation*** (Food and Agriculture Organization of the United Nations).
Le sigle français ***OAA*** est très peu utilisé.

FAON n. m.
Le ***o*** ne se prononce pas, [fɑ̃] ; le mot rime avec ***enfant.***
Petit de la biche, de la daine. *Ces petits faons sont adorables.*
VOIR TABLEAU – ANIMAUX.
HOM. ***fend,*** forme du verbe ***fendre.***
faon.

FAQ n. f. inv.
Sigle de ***Frequently Asked Questions*** et de ***Foire aux questions.***
(INFORM.) Section d'un site Internet où sont présentées les questions les plus fréquemment posées par les internautes et les réponses correspondantes. *En consultant la FAQ ou la Foire aux questions, vous aurez réponse à vos questions.*

FAR n. m.
Pâtisserie bretonne.
HOM.
• ***fard,*** maquillage ;
• ***phare,*** projecteur lumineux.

FARAD n. m.
Le ***d*** se prononce, [farad].
Symbole ***F*** (s'écrit sans point).
Unité de mesure de capacité électrique. *Une capacité de 2 F ou deux farads.*

FARAMINEUX, EUSE adj.
(FAM.) Étonnant, fantastique. *Des prix faramineux, une histoire faramineuse.*

FARANDOLE n. f.
Danse provençale.
Ne pas confondre avec le nom ***faribole,*** baliverne.
farandole.

FARAUD, AUDE adj.
(FAM.) Prétentieux, fat. *Un air faraud.* SYN. fanfaron.

FARCE n. f.
1. Plaisanterie, blague. *Les amis ont fait une bonne farce à Maxime.* SYN. facétie ; tour.
2. Hachis de viande, d'herbes, etc., dont on garnit l'intérieur d'une volaille, d'un poisson, d'un légume. *Une farce aux marrons pour la dinde.*
LOCUTION
– ***Être le dindon de la farce.*** Être la personne dont on se moque.

FARCEUR, EUSE adj. et n. m. et f.
Blagueur. *Sophie est une farceuse, elle aime plaisanter. Des gamins farceurs.*

FARCI, IE adj.
1. Rempli de farce. *Une dinde farcie.*
2. (FIG.) Plein de. *Une étude farcie d'erreurs.* SYN. bourré ; cousu ; rempli.
En ce sens, cet adjectif est toujours défavorable et son complément a aussi une valeur négative.

FARCIR v. tr., pronom.
VERBE TRANSITIF
1. Remplir de farce. *Farcir un poulet.*
2. (FIG.) Remplir avec excès. *Farcir un exposé de formules chimiques.* SYN. bourrer ; truffer.
VERBE PRONOMINAL
(FAM.) Subir. *Ils devront se farcir tout le boulot.* SYN. (FAM.) se taper.
À la forme pronominale, le participe passé de ce verbe s'accorde en genre et en nombre avec le complément direct si celui-ci le précède. *Les examens qu'il s'est farcis.* Le participe passé reste invariable si le complément direct suit le verbe. *Elle s'est farci ces importuns pendant une heure.* S'il n'y a pas de complément direct, le participe passé s'accorde avec le sujet. *La dinde s'est farcie rapidement.*
CONJUGAISON : VOIR MODÈLE FINIR.

FARD n. m.
Maquillage. *Du fard rose pour les joues, du fard pour les yeux.*
HOM.
• ***far,*** pâtisserie bretonne ;
• ***phare,*** projecteur lumineux.
fard.

FARDEAU n. m. (pl. *fardeaux*)
1. Lourde charge. *Les fardeaux qu'ils devaient transporter étaient encombrants.* SYN. chargement.
2. (FIG.) Chose difficile à supporter. *Le fardeau des corrections pour les enseignants.* SYN. charge ; poids.

FARDER v. tr., pronom.
VERBE TRANSITIF
1. Mettre du fard sur. SYN. maquiller.

F

2. (FIG.) Contrefaire, déguiser. *Ne fardez pas vos commentaires : dites-moi franchement ce que vous pensez.*
VERBE PRONOMINAL
Se maquiller. *Elles s'étaient trop fardées.*
À la forme pronominale, le participe passé de ce verbe s'accorde toujours en genre et en nombre avec son sujet. *Les clowns s'étaient fardés comme il se doit.*
CONJUGAISON : VOIR MODÈLE AIMER.

FARDOCHES n. f. pl.
Broussailles dans un terrain défriché; sous-bois dans une forêt. *« Moi qui suis charpente et beaucoup de fardoches »* (Gaston Miron, *L'Homme rapaillé*).

FARFADET n. m.
Lutin, esprit follet très taquin.
farfadet.

FARFALLE n. f. (pl. *farfalle* ou *farfalles*)
Le *e* se prononce *é* ou *e*.
Pâtes alimentaires en forme de petits papillons. *Des farfalle ou farfalles au saumon. Les farfalles sont des pâtes qui se préparaient à la maison en Émilie-Romagne en serrant avec les doigts la partie centrale d'un carré d'abaisse.*

FARFELU, UE adj. et n. m. et f.
ADJECTIF
(FAM.) Qui est bizarre. *Une idée farfelue.* SYN. loufoque; saugrenu.
NOM MASCULIN ET FÉMININ
Personne un peu excentrique. *C'est une farfelue bien sympathique.*
farfelu.

FARFOUILLER v. intr.
(FAM.) Fureter, fouiller en dérangeant l'ordre. *Pourquoi farfouilles-tu dans mon armoire ?*
CONJUGAISON : VOIR MODÈLE AIMER.
Les lettres ***ill*** sont suivies d'un ***i*** à la première et à la deuxième personne du pluriel de l'indicatif imparfait et du subjonctif présent. *(Que) nous farfouillions, (que) vous farfouilliez.*

FARIBOLE n. f.
Baliverne, bêtise. *Raconter des fariboles.* SYN. niaiserie.
Ne pas confondre avec le nom ***farandole***, danse provençale.

FARINE n. f.
Poudre obtenue en écrasant les grains de certaines céréales. *Farine de blé, de sarrasin, de maïs.*
LOCUTIONS
– ***De la même farine***, loc. adj. Du même genre. *De beaux parleurs de la même farine.* SYN. de la même eau.
L'expression a une valeur péjorative.
– ***Farine de blé entier.*** Produit alimentaire obtenu par mouture et blutage de blé dont on a retiré une partie de la couche externe du son (GDT). SYN. farine de blé complet.
– ***Rouler quelqu'un dans la farine.*** (FIG.) Duper, tromper quelqu'un grossièrement.
farine.

FARINER v. tr.
1. Enduire de farine. *Fariner une escalope de veau avant de la faire revenir dans la poêle.*
2. Prendre un aspect farineux. *Une peinture qui farine.*
CONJUGAISON : VOIR MODÈLE AIMER.

FARINEUX, EUSE adj. et n. m.
1. Qui contient de la farine. *Une sauce farineuse. Des farineux.*
2. Qui a l'aspect de la farine. *Cette pomme est farineuse.*

FARNIENTE n. m.
Ce nom se prononce à l'italienne ou à la française, [farnjɛnte, farnjɑ̃t].
Agréable oisiveté. *Vive le farniente !*
Attention au genre masculin de ce nom.

FAROUCHE adj.
1. Sauvage, non apprivoisé. *Un cheval farouche. « Une farouche exaltation lui fermait l'âme à toute autre voix »* (Gabrielle Roy, *La Détresse et l'Enchantement*).
2. Violent, rude. *Un regard farouche.*
3. Tenace. *Un adversaire farouche.* SYN. âpre.

FAROUCHEMENT adv.
D'une manière farouche. *Ils sont farouchement en désaccord.*

FART n. m.
Le *t* se prononce ou non, [fart, far].
Enduit pour les skis.

FARTAGE n. m.
Action de farter. *Le fartage des skis est une opération délicate.*

FARTER v. tr.
Enduire de fart. *Farter* (et non *cirer) *des skis.*
CONJUGAISON : VOIR MODÈLE AIMER.

FASCICULE n. m.
Les lettres *sc* se prononcent *s*, [fasikyl].
Partie d'un ouvrage qui paraît par fragments successifs. *Le dictionnaire de l'Académie paraît en fascicules.*
Ne pas confondre avec les noms suivants :
• ***livre***, écrit reproduit à un certain nombre d'exemplaires;
• ***plaquette***, petit livre de peu d'épaisseur;
• ***tome***, chacun des volumes d'un même écrit qui en comprend plusieurs.
T Les fascicules sont généralement numérotés en chiffres romains. *Fascicule VII.*
fascicule.

FASCINANT, ANTE adj.
Les lettres *sc* se prononcent *s*, [fasinɑ̃, ɑ̃t].
Qui séduit, qui a un attrait irrésistible. *Une personne fascinante. Des textes fascinants.* SYN. captivant; séduisant.
fascinant.

FASCINATION n. f.
Les lettres *sc* se prononcent *s*, [fasinasjɔ̃].
1. Action de fasciner. *La fascination du dépaysement.* SYN. appel; attrait.
2. (FIG.) Attrait irrésistible. *La musique exerce une grande fascination sur lui.* SYN. ensorcellement; envoûtement.
fascination.

FASCINER v. tr.
Les lettres *sc* se prononcent *s*, [fasine].
Captiver, charmer de façon irrésistible. *Ce roman m'a fasciné.* SYN. émerveiller; séduire.
CONJUGAISON : VOIR MODÈLE AIMER.
fasciner.

FASCISME n. m.
Les lettres ***sc*** se prononcent ***ch***, [faʃism]; le mot rime avec ***schisme***.
Régime totalitaire.

FASCISTE adj. et n. m. et f.
Les lettres ***sc*** se prononcent ***ch***, [faʃist]; le mot rime avec ***schiste***.
Qui appartient au fascisme. *Un dirigeant fasciste.*

FASTE adj. et n. m.
ADJECTIF
Heureux, favorable. *Un jour faste, celui où j'ai fait ta connaissance.* ANT. néfaste.
NOM MASCULIN
Apparat, splendeur. *Un couronnement avec tout le faste nécessaire.* SYN. luxe; magnificence.

***FAST FOOD**
Anglicisme pour ***restauration rapide.***

FASTIDIEUSEMENT adv.
De façon fastidieuse. *Relire fastidieusement des épreuves.*

FASTIDIEUX, IEUSE adj.
Qui cause de l'ennui. *Des conversations fastidieuses. « Les cercles des réverbères continuaient leur fastidieuse géométrie »* (Alain Grandbois, *Les Îles de la nuit*). SYN. ennuyeux ; pénible.
Cet adjectif se dit de choses longues et répétitives, mais non de personnes ennuyeuses.

FASTUEUSEMENT adv.
De façon fastueuse. *Les invités ont été accueillis fastueusement.*

FASTUEUX, EUSE adj.
Somptueux. *Une réception fastueuse.* SYN. luxueux ; riche.

FAT adj. m. et n. m.
Le *t* ne se prononce généralement pas, [fa].
(LITT.) Prétentieux, vaniteux.
Ce mot ne comporte pas de forme féminine.

FATAL, ALE, ALS adj.
1. Inévitable. *Catherine n'a pas étudié : son échec était fatal.*
2. Qui entraîne inévitablement la mort. *Des accidents fatals. Une méprise fatale.* SYN. mortel ; tragique.
Cet adjectif se dit de ce qui est désastreux, de ce qui a des effets malheureux.
Attention à la forme du pluriel : fat**als**.

FATALEMENT adv.
Inévitablement. *Cela devait fatalement se produire.* SYN. forcément.

FATALISME n. m.
Tendance à considérer tout ce qui arrive comme inéluctable.

FATALISTE adj. et n. m. et f.
ADJECTIF
Qui fait preuve de fatalisme. *Ne soyez pas fataliste : tout s'arrangera !*
NOM MASCULIN ET FÉMININ
Personne qui adopte une attitude empreinte de résignation devant le destin. *Des fatalistes qui subissent leur destinée sans réagir.*

FATALITÉ n. f.
1. Destin. *La fatalité de la mort.*
2. Enchaînement fâcheux des évènements. *Par quelle fatalité cet accident s'est-il produit ?*

FATIDIQUE adj.
Marqué par le destin. *Une date fatidique.*

FATIGANT, ANTE adj.
1. Qui occasionne de la fatigue. *Des exercices fatigants.* SYN. épuisant ; exténuant ; pénible.
2. Qui agace, dérange. *Un client fatigant qui n'est jamais satisfait.* SYN. (FAM.) assommant ; lassant.
Ne pas confondre avec le participe présent invariable ***fatiguant***. *Les bêtes se fatiguant rapidement, nous devrons faire plusieurs haltes.*
fati**gant**, sans ***u*** pour l'adjectif.

FATIGUE n. f.
Sensation pénible causée par la diminution des forces. *Elle tombe de fatigue.* SYN. faiblesse ; lassitude.

FATIGUÉ, ÉE adj.
Qui ressent de la fatigue. *Elle est trop fatiguée pour sortir.* SYN. épuisé ; las.

FATIGUER v. tr., intr., pronom.
VERBE TRANSITIF
1. Causer de la fatigue à. *Cette course à bicyclette a fatigué Marie-Ève et Delphine.* ANT. reposer.
2. Ennuyer, agacer. *Tu me fatigues avec tes questions.* SYN. énerver ; lasser.
VERBE INTRANSITIF
Peiner, forcer, en parlant d'un mécanisme, de choses concrètes. *La côte est abrupte et le moteur fatigue.*
VERBE PRONOMINAL
1. Éprouver de la fatigue. *Il n'est pas très en forme et se fatigue* (et non *il fatigue) *rapidement.*
La forme intransitive est ancienne, on emploie aujourd'hui la forme pronominale.
2. Éprouver de la lassitude. *Étienne ne se fatiguera jamais de voyager.* SYN. se désintéresser ; se lasser.
3. Se donner de la peine. *Elle se fatigue inutilement à les convaincre. Ne te fatigue pas : il n'y a rien à faire.* SYN. s'épuiser ; s'évertuer ; tenter de.
À la forme pronominale, le participe passé de ce verbe s'accorde toujours en genre et en nombre avec son sujet. *Ils se sont fatigués en faisant ces exercices.*
CONJUGAISON : VOIR MODÈLE AIMER.

FATRAS n. m.
Le *s* est muet, [fatra].
Fouillis, désordre. *Dans la cave, il y a un fatras de vieux jouets.* SYN. bric-à-brac.
fatra**s**.

FATUITÉ n. f.
Prétention, suffisance. *La fatuité de cette personne est insupportable.*

FAUBOURG n. m.
Abréviation *fg* (s'écrit sans point).
1. Partie d'une ville qui était autrefois en dehors de son enceinte.
2. Ancien faubourg. *Elle habite rue du Faubourg Saint-Honoré.*
3. (AU PLUR.) Quartiers périphériques d'une ville.

FAUCHÉ, ÉE adj.
(FAM.) Qui a peu de ressources financières. *Des étudiants fauchés comme les blés.*

FAUCHER v. tr.
1. Couper avec une faux ou une faucheuse. *Faucher du foin.* SYN. moissonner.
2. (FIG.) Anéantir, renverser avec violence. *La voiture a fauché deux personnes.* SYN. abattre ; renverser ; tuer.
3. (FAM.) Voler. *On lui a fauché son sac.* SYN. dérober ; (FAM.) piquer ; prendre.
CONJUGAISON : VOIR MODÈLE AIMER.

FAUCHEUR, EUSE n. m. et f.
Personne qui fauche les foins, les céréales.

FAUCHEUSE n. f.
Machine agricole qui sert à faucher. *Une faucheuse-lieuse. « Il avait pour son dire que la faucheuse, ça coupait le grain trop à ras, que ça laissait pas de quoi engraisser la terre »* (Ringuet, *Trente Arpents*).

FAUCILLE n. f.
Le mot se prononce [fosij] ; il rime avec ***bille***.
Outil tranchant dont la lame est en demi-cercle, qui sert à couper les céréales, l'herbe.

FAUCON n. m.
1. Oiseau rapace diurne au bec court et crochu.
2. (FIG.) Partisan de solutions de force. *Les faucons et les colombes.*

FAUCONNEAU n. m. (pl. *fauconneaux*)
Petit faucon.

FAUCONNIER n. m.
Personne qui dresse les faucons, des oiseaux de proie.

FAUFILAGE n. m.
Action de faufiler. *Le faufilage d'un ourlet.*

FAUFILER v. tr., pronom.
VERBE TRANSITIF
Faire une couture provisoire à longs points. *Avant de coudre, la couturière a faufilé la manche.*
VERBE PRONOMINAL
S'introduire habilement. *Ils se sont faufilés par la porte d'en arrière.* SYN. se glisser.
À la forme pronominale, le participe passé de ce verbe s'accorde toujours en genre et en nombre avec son sujet. *Les journalistes se sont faufilés parmi les invités.*
CONJUGAISON : VOIR MODÈLE AIMER.

FAUNE n. f.
Ensemble des espèces animales d'un milieu. *La faune et la flore du Québec.*

FAUNESQUE adj.
Propre au faune, divinité champêtre de la mythologie.

FAUNIQUE adj.
Qui concerne la faune. *Une réserve faunique, où la faune est protégée.*
faunique.

FAUSSAIRE n. m. et f.
Personne qui commet un faux. *Ces faussaires ont contrefait des billets de banque.*

FAUSSE COUCHE n. f. (pl. *fausses couches*)
Avortement spontané.

FAUSSEMENT adv.
Le ***e*** central ne se prononce pas, [fosmɑ̃].
D'une manière fausse. *Une attitude faussement charitable.*

FAUSSER v. tr.
1. Rendre faux. *Les données du problème ont été faussées.*
Ne pas confondre avec le verbe ***falsifier,*** contrefaire.
2. Chanter faux. *Elle n'a pas été acceptée dans la chorale parce qu'elle faussait trop.*
LOCUTION
– ***Fausser compagnie à quelqu'un.*** S'enfuir, quitter quelqu'un brusquement. SYN. filer à l'anglaise ; (FAM.) prendre la poudre d'escampette.
CONJUGAISON : VOIR MODÈLE AIMER.

FAUSSET n. m.
– ***Voix de fausset.*** Voix nasillarde. *Cet humoriste à la voix de fausset a eu du succès.*
Le mot ne s'emploie que dans cette locution.
fausset.

FAUSSETÉ n. f.
Le ***e*** central ne se prononce pas, [foste].
1. Inexactitude. *La fausseté d'un résultat.* SYN. erreur.
2. Hypocrisie. *Cette personne donne une impression de fausseté : on ne peut s'y fier.* SYN. sournoiserie.

FAUTE n. f.
Manquement à une règle, à une norme. *Des fautes d'orthographe, de goût. Avouer une faute.* SYN. bêtise ; erreur.
LOCUTIONS
– ***C'est ma faute.*** J'avoue ma culpabilité, ma responsabilité.
Cette construction est à préférer à l'expression populaire ***c'est de ma faute.***
– ***Faute de,*** loc. prép. À défaut de. *Faute de pouvoir être là, elle envoya des fleurs. Faute de financement, l'entreprise n'a pu prendre de l'expansion.*
– ***Sans faute,*** loc. adv. À coup sûr. *Je viendrai sans faute.*
– ***Sans faute(s),*** loc. adv. Sans erreurs. *Écrire sans faute(s). Une dictée sans fautes.*

FAUTEUIL n. m.
Siège à dossier et à bras. *Maman aime lire son journal dans ce fauteuil.*
Ne pas confondre avec le nom ***chaise,*** siège à dossier, sans bras.
LOCUTION
– ***Fauteuil roulant.*** Siège à dossier et à bras monté sur roues permettant à une personne n'ayant pas l'usage de ses membres inférieurs de se déplacer (GDT). *Des fauteuils roulants* (et non *chaises roulantes) *pratiques.*
On s'assoit ***dans*** un fauteuil, par contre on s'assoit ***sur*** une chaise, un tabouret.

FAUTEUR, TRICE n. m. et f.
Fomenteur. *Un fauteur de troubles.*

FAUTIF, IVE adj. et n. m. et f.
1. Qui a commis une faute. *Voici le fautif : tout est sa faute.* SYN. coupable ; responsable.
2. Qui contient une faute. *Cette orthographe est fautive.* SYN. erroné ; incorrect ; inexact.

FAUTIVEMENT adv.
D'une manière fautive. *Un mot orthographié fautivement.*

FAUVE adj. et n. m.
NOM MASCULIN
1. Grand félin féroce (lion, tigre, panthère, etc.). *Le dompteur est dans la cage des fauves.*
2. (AU PLUR.) **Les Fauves.** Ensemble des peintres appartenant à l'école française de peinture du fauvisme (début du XXe s.). *Les Fauves s'expriment par des plages de couleur pure intensément lumineuses.*
T En ce sens, le nom s'écrit avec une majuscule ; l'adjectif, avec une minuscule.
ADJECTIF
Qui appartient au fauvisme. *Les peintres fauves André Derain et Henri Matisse vinrent travailler à Collioure en 1905.*
ADJECTIF DE COULEUR VARIABLE
De couleur dorée et rousse. *Des chattes fauves.*
Cet adjectif de couleur prend la marque du pluriel lorsqu'il est simple ; composé, il est invariable.
VOIR TABLEAU – COULEUR (ADJECTIFS DE).

FAUVETTE n. f.
Petit oiseau au chant agréable dont le plumage est souvent de couleur fauve.

FAUVISME n. m.
École française de peinture du début du XXe siècle caractérisée par l'emploi de la couleur pure. *Henri Matisse est considéré comme le chef de file du fauvisme.*

FAUX, FAUSSE adj., adv. et n. m.
ADJECTIF
1. Contraire à la vérité. *Cette affirmation est fausse.* SYN. erroné ; inexact ; mensonger.
2. Qui n'est qu'imité. *De la fausse monnaie. Un faux diamant. Des faux cils.*
3. Hypocrite. SYN. déloyal ; sournois.
ADVERBE
De façon fausse. *Elles jouent faux.*
Pris adverbialement, le mot est invariable.
NOM MASCULIN
1. Ce qui est contraire à la vérité. *Il faut reconnaître le vrai et le faux.* SYN. mensonge.
2. Contrefaçon. *Ce tableau est un faux.* SYN. copie.
NOM FÉMININ
Instrument agricole servant à couper les herbes, les céréales. *Une faux bien aiguisée.*
LOCUTION
– ***Faux ami.*** Emploi d'un mot dans un sens qu'il ne possède pas, sous l'influence d'un mot d'une autre langue qui a une forme semblable.
VOIR TABLEAU – ANGLICISMES.
faux, un ***x*** au singulier et au pluriel.

FAUX-
Les noms composés avec l'élément ***faux-*** s'écrivent avec un trait d'union et le deuxième élément prend la marque du pluriel. Cependant, les expressions suivantes s'écrivent sans trait d'union : ***faux témoignage, faux bond, faux cils, faux bourdon*** (abeille mâle).

FAUX BOURDON n. m. (pl. *faux bourdons*)
Abeille mâle.
HOM. ***faux-bourdon,*** harmonisation musicale.

FAUX-BOURDON n. m. (pl. *faux-bourdons*)
Harmonisation musicale.
HOM. ***faux bourdon,*** mâle de l'abeille.

FAUX-FILET n. m. (pl. *faux-filets*)
Morceau de bœuf. *Je prendrais un faux-filet saignant. Nous prendrons trois faux-filets saignants.*

FAUX-FUYANT n. m. (pl. *faux-fuyants*)
Prétexte, excuse. *Des faux-fuyants désagréables.*

FAUX-MONNAYEUR n. m. (pl. *faux-monnayeurs*)
Personne qui fabrique de la fausse monnaie.

FAUX-SEMBLANT n. m. (pl. *faux-semblants*)
Apparence trompeuse, ruse. *Des faux-semblants de sympathie.* SYN. simulacre.

FAUX-SENS n. m. inv.
(LING.) Erreur sur la signification d'un mot dans un texte. *Cette traduction comporte un faux-sens.* SYN. contresens.

FAVELA n. f.
Le ***e*** se prononce ***è***, [favɛla].
Petite habitation rudimentaire au Brésil. *Des favelas miséreuses.*

FAVEUR n. f.
1. Avantage. *La directrice nous fait la faveur de prendre congé demain.* SYN. privilège.
2. Popularité. *Cette comédienne a la faveur des jeunes.*
LOCUTIONS
– ***À la faveur de,*** loc. prép. En profitant de. *À la faveur de la nuit, le voleur s'introduisit dans la maison.*
– ***En faveur de,*** loc. prép. Pour. *Être en faveur de la souveraineté.* SYN. favorable à.

FAVORABLE adj.
1. Sympathique. *Je suis favorable à ce projet.*
2. Opportun. *Attendre le moment favorable.* SYN. propice.

FAVORABLEMENT adv.
D'une manière favorable. *Dans l'espoir que vous accueillerez favorablement notre demande...* SYN. positivement.

FAVORI, ITE adj. et n. m. et f.
ADJECTIF
Préféré. *Ma boisson favorite a toujours été le jus d'orange.*
NOM MASCULIN ET FÉMININ
1. Personne préférée. *Il a souvent été le favori de sa classe.* SYN. (FAM.) chouchou.
2. Personne, équipe qui est susceptible de gagner une épreuve, une élection, etc., selon l'opinion publique. *Le Canadien n'était pas le favori pour la Coupe Stanley.*
favo**ri**, favo**rite**.

FAVORIS n. m. pl.
Le ***s*** ne se prononce pas, [favɔri].
Partie de la barbe qu'on laisse pousser de chaque côté du visage. *Jean-Claude a toujours porté des favoris.*
favori**s**.

FAVORISER v. tr.
1. Contribuer à la progression, au développement de (une chose). *Il favorise la promotion des jeunes.* SYN. aider; encourager; soutenir.
2. Accorder un traitement de faveur à (une personne). *La maîtresse ne veut favoriser aucun élève en particulier.*
CONJUGAISON : VOIR MODÈLE AIMER.

FAVORITISME n. m.
Tendance à favoriser quelqu'un de manière injuste.
Ne pas confondre avec le nom ***népotisme,*** favoritisme envers sa propre famille.

***FAX**
Ce nom est une marque déposée. On dira ***télécopieur, télécopie.***

***FAXER**
Impropriété pour ***télécopier, envoyer par télécopie.***

FB
Symbole de ***franc belge.***
Depuis 2002, c'est l'euro qui est l'unité monétaire de la Belgique.

Fe
Symbole de ***fer.***

FÉBRILE adj.
1. Fiévreux. *Je me sens un peu fébrile : c'est la grippe.*
Fébrile et ***fiévreux*** constituent des doublets : ***fébrile*** est la forme savante qui appartient à la langue de la médecine, alors que l'adjectif ***fiévreux*** est le mot courant.
VOIR TABLEAU – DOUBLETS.
2. Excité, agité à l'excès. *L'excitation fébrile du départ en voyage.*

FÉBRILEMENT adv.
Le ***e*** central ne se prononce pas, [febrilmɑ̃].
D'une manière fébrile. *Vérifier fébrilement la présence de son portefeuille.* SYN. fiévreusement; nerveusement.

FÉBRILITÉ n. f.
Agitation, nervosité. *Les enfants attendent le spectacle avec fébrilité.* SYN. excitation.

FÉCOND, ONDE adj.
1. Capable de se reproduire, d'avoir des petits.
2. (LITT.) Fertile. *Des terres fécondes.* SYN. productif; riche. ANT. stérile.
3. (FIG.) Fructueux. *Une recherche féconde.*
4. (FIG.) Prolifique. *Un auteur fécond.*
5. (FIG.) Inépuisable. *« Elles parlaient maladie et mort qui est le sujet de conversation le plus fécond chez les paysans de toute race et de tout pays »* (Ringuet, *Trente Arpents*).
LOCUTION
– ***Fécond en.*** Riche, plein de. *La journée a été féconde en rebondissements.*
fécon**d**.

FÉCONDATION n. f.
Union d'un élément mâle et d'un élément femelle pour donner un œuf.
LOCUTIONS
– ***Fécondation*** in vitro. Technique de fécondation à l'extérieur de l'utérus. Sigle ***FIV*** (s'écrit sans points).
– ***Fécondation*** in vitro ***et transfert d'embryon.*** Sigle ***FIVETE*** (s'écrit sans points).
– ***Fécondation*** in vivo. Technique de fécondation dans l'utérus.

FÉCONDER v. tr.
1. Réaliser la fécondation de. *Cette chatte a été fécondée : elle donnera naissance à des petits.*
2. Rendre fertile (la terre). *La pluie féconde les champs.*
CONJUGAISON : VOIR MODÈLE AIMER.

FÉCONDITÉ n. f.
1. Aptitude d'un être vivant à se reproduire. *Le taux de fécondité de la population est en baisse.*
2. Fertilité, abondance de la production. *La fécondité d'un auteur, d'une imagination.*

FÉCULE n. f.
Substance composée d'amidon présente dans les pommes de terre, le maïs, etc. *De la fécule de maïs.*

F

FÉCULENT, ENTE adj. et n. m.
Qui contient une forte proportion de fécule. *Les pommes de terre sont des féculents.*

FEDAYIN n. m.
Le ***n*** se prononce, [fedajin] ; le nom rime avec ***fine***.
Résistant palestinien. *Des fedayins dépossédés de leurs terres.*
[Les *Rectifications* (1990) admettent : un fédayin, des fédayins.]

FÉDÉRAL, ALE, AUX adj. et n. m. sing.
ADJECTIF
1. Relatif à une fédération. *Des ententes fédérales.*
2. Relatif au pouvoir central d'un État fédéral.
3. Au Canada, relatif à la Confédération canadienne.
NOM MASCULIN SINGULIER
Le fédéral. Au Canada, le gouvernement fédéral par opposition aux gouvernements provinciaux. *Le fédéral vient de voter une nouvelle taxe.*

FÉDÉRALISME n. m.
Regroupement politique de plusieurs collectivités (États, provinces, etc.) en un gouvernement central.

FÉDÉRALISTE adj. et n. m. et f.
ADJECTIF
Relatif au fédéralisme. *Une tendance fédéraliste.*
NOM MASCULIN ET FÉMININ
Partisan du fédéralisme. *Les fédéralistes et les indépendantistes sont en opposition.*

FÉDÉRATIF, IVE adj.
Relatif à une fédération. *Un mouvement fédératif.*

FÉDÉRATION n. f.
1. Groupement de plusieurs États en un seul État fédéral.
2. Association de plusieurs sociétés, syndicats, groupes. *La Fédération des travailleurs du Québec.*
T La désignation d'organismes, d'institutions, d'associations s'écrit avec une majuscule initiale.

FÉDÉRER v. tr., pronom.
VERBE TRANSITIF
1. Former en fédération.
2. (FIG.) Regrouper sous une autorité commune pour la poursuite d'un même objectif. *Fédérer les langagiers en vue d'accroître la qualité de la langue.*
VERBE PRONOMINAL
Se regrouper pour former une fédération. *Ces États se sont fédérés.*
À la forme pronominale, le participe passé de ce verbe s'accorde toujours en genre et en nombre avec son sujet. *Ces associations professionnelles s'étaient fédérées.*
CONJUGAISON : VOIR MODÈLE POSSÉDER.
Le deuxième ***é*** se change en ***è*** devant une syllabe contenant un ***e*** muet, sauf à l'indicatif futur et au conditionnel présent. *Il fédère*, mais *il fédérera.*
[Les *Rectifications* (1990) admettent : il fédèrera, fédèrerait...]

FÉE n. f.
Être imaginaire du genre féminin doué d'un pouvoir magique. *Un conte de fées, des contes de fées. Une bonne fée.*
fée.

***FEED-BACK**
Anglicisme pour ***rétroaction.***

***FEELING**
Anglicisme pour ***intuition, sentiment.***

FÉERIE ou **FÉÉRIE** n. f.
Le ***e*** central se prononce ***é*** ou est muet, [feeri, feri].
Vision magnifique, spectacle merveilleux. *La féerie* ou *féérie des couleurs de l'automne québécois, la féerie d'un feu d'artifice. « Aujourd'hui, si loin de ces moments enchantés, je me fais l'impression, en les évoquant, de narrer quelque féerie »* (Gabrielle Roy, *La Détresse et l'Enchantement*). SYN. enchantement ; magie.

FÉERIQUE ou **FÉÉRIQUE** adj.
Le ***e*** central se prononce ***é*** ou est muet, [feerik, ferik].
Qui tient de la féerie. *Le paysage était féerique* ou *féérique.* SYN. enchanteur ; magique.

FEINDRE v. tr.
Faire semblant, simuler. *Ne feignez pas la surprise, vous étiez au courant. La comédienne a feint de s'évanouir.* SYN. simuler.
Suivi de l'infinitif, le verbe se construit avec la préposition ***de.***
CONJUGAISON : VOIR MODÈLE ÉTEINDRE.
INDICATIF PRÉSENT *Je feins, tu feins, il feint, nous feignons, vous feignez, ils feignent.* IMPARFAIT *Je feignais, tu feignais, il feignait, nous feignions, vous feigniez, ils feignaient.* PASSÉ SIMPLE *Je feignis.* FUTUR *Je feindrai.* CONDITIONNEL PRÉSENT *Je feindrais.* IMPÉRATIF PRÉSENT *Feins, feignons, feignez.* SUBJONCTIF PRÉSENT *Que je feigne, que tu feignes, qu'il feigne, que nous feignions, que vous feigniez, qu'ils feignent.* IMPARFAIT *Que je feignisse.* PARTICIPE PRÉSENT *Feignant.* PASSÉ *Feint, feinte.*
Les lettres ***gn*** sont suivies d'un ***i*** à la première et à la deuxième personne du pluriel de l'indicatif imparfait et du subjonctif présent.

FEINT, FEINTE adj.
Faux. *Une inquiétude feinte.* SYN. factice ; simulé.
feint.

FEINTE n. f.
(SPORTS) Coup simulé pour tromper l'adversaire. *Le joueur de hockey a fait une feinte et a réussi à marquer un but.*
feinte.

FEINTER v. tr., intr.
VERBE TRANSITIF
(FAM.) (SPORTS) Faire une feinte à un adversaire, rouler. *Ce joueur a feinté les défenseurs et a marqué un but.*
VERBE INTRANSITIF
(SPORTS) Faire une feinte. *Apprendre à feinter.*
CONJUGAISON : VOIR MODÈLE AIMER.

FÊLÉ, ÉE adj.
1. Fendu. *Une potiche fêlée.*
2. (FAM.) (FIG.) Un peu fou. SYN. (FAM.) cinglé.
fêlé.

FÊLER v. tr., pronom.
Fendre sans disjoindre les parties. *Fêler une potiche. Les miroirs se sont fêlés.*
À la forme pronominale, le participe passé de ce verbe s'accorde toujours en genre et en nombre avec son sujet. *Sous l'action du gel, ces pots se sont fêlés.*
CONJUGAISON : VOIR MODÈLE AIMER.
fêler.

FÉLICITATIONS n. f. pl.
Approbation, compliments. *Offrir ses félicitations à un lauréat. Une lettre de félicitations.*
Ce nom ne s'emploie qu'au pluriel.

FÉLICITÉ n. f.
(LITT.) Joie profonde, béatitude.

FÉLICITER v. tr., pronom.
VERBE TRANSITIF
Offrir ses compliments à quelqu'un pour un évènement agréable, pour un succès, etc., lui témoigner son approbation. *Je vous félicite d'avoir réussi. Il le félicite de son succès, pour son succès.* SYN. complimenter.
Suivi d'un infinitif, le verbe se construit avec la préposition ***de.*** Suivi d'un nom, le verbe se construit avec les prépositions ***de, pour.***
VERBE PRONOMINAL
1. Être heureux. *Notre école se félicite de la grande participation des étudiants à cette activité.* SYN. se réjouir.
2. S'approuver d'avoir fait une chose. *Tu te félicites d'avoir pris ton parapluie, car il pleut à torrents.*

À la forme pronominale, le verbe se construit avec la préposition ***de***.

À la forme pronominale, le participe passé de ce verbe s'accorde toujours en genre et en nombre avec son sujet. *La direction s'est félicitée d'avoir recruté de si bons collaborateurs.*

CONJUGAISON : VOIR MODÈLE AIMER.

FÉLIN, INE adj. et n. m.

ADJECTIF

Qui ressemble au chat. *Une démarche féline.*

NOM MASCULIN

Animal carnassier de la même famille que le chat. *Le lion et le tigre sont des félins de grande taille.*

FELOUQUE n. f.

Bâtiment long et étroit, généralement à voile, qui navigue sur la Méditerranée.

FÊLURE n. f.

Cassure. *Cette soucoupe a une fêlure.*

fêlure.

fém.

Abréviation de ***féminin***.

FEMELLE adj. et n. f.

Nom générique des animaux de sexe féminin. *La femelle du cheval est la jument. Les voisins ont acheté un perroquet femelle.*

femelle.

FÉMININ, INE adj. et n. m.

ADJECTIF

1. Qui est propre à la femme, à la femelle. *Un enfant de sexe féminin.*
2. Qui a les caractères de la femme. *Une grâce féminine.*
3. (GRAMM.) Du genre grammatical marqué, quand il y a deux groupes. *Le nom* épicière *est féminin, de genre féminin; c'est la forme féminine du nom* épicier.

NOM MASCULIN

Abréviation ***fém.*** (s'écrit avec un point).

(GRAMM.) Un des genres grammaticaux de la langue française qui s'applique aux noms d'êtres animés de sexe féminin et à de nombreux noms d'êtres inanimés. Sœur, musicienne, vache *et* biche *sont des noms d'êtres animés qui ont le féminin pour genre.* Mer, plume, neige *sont des noms d'êtres inanimés dont le genre est le féminin. Le féminin de* grand *est* grande.

VOIR TABLEAU – GENRE.

FÉMINISATION n. f.

1. Action de donner un caractère féminin. *La féminisation de la profession médicale s'accentue.*
2. Action de donner à un mot les marques du genre féminin. *La féminisation des noms de postes.*

VOIR TABLEAU – FÉMINISATION DES TITRES.

FÉMINISER v. tr., pronom.

VERBE TRANSITIF

1. Donner un caractère féminin à. *Décorer et féminiser une chambre.*
2. (GRAMM.) Donner une forme féminine à un mot. *Féminiser un nom de métier : Léa est électricienne.*

VERBE PRONOMINAL

1. Comprendre un plus grand nombre de femmes. *La profession d'ingénieur se féminise peu à peu.*
2. Prendre une forme féminine. *Le nom* épicier *se féminise en* épicière.

À la forme pronominale, le participe passé de ce verbe s'accorde toujours en genre et en nombre avec son sujet. *La profession médicale s'est féminisée.*

CONJUGAISON : VOIR MODÈLE AIMER.

FÉMINISME n. m.

Doctrine qui favorise l'égalité des droits entre les femmes et les hommes.

FÉMINISTE adj. et n. m. et f.

ADJECTIF

Relatif au féminisme. *Cette revue est féministe.*

NOM MASCULIN ET FÉMININ

Personne qui favorise le féminisme. *C'est un féministe, un homme rose!*

FÉMINITÉ n. f.

Ensemble des caractères propres à la femme. *Paule est casse-cou et manque un peu de féminité.*

FEMME n. f.

La première syllabe se prononce ***fa***, [fam]; le nom rime avec ***dame***.

1. Être humain de sexe féminin (par opposition à ***homme***). *Dans cette population, il y a 51 % de femmes.*

Le nom ***femme*** s'appose parfois à un nom de profession, de métier qui ne comporte pas de forme féminine. *Une femme médecin.*

2. Être féminin adulte (par opposition à ***fille, jeune fille***).
3. Épouse. *La femme* (et non la *dame) *de M. Dubois est malade.*

On préférera le mot ***femme*** à ***épouse***, qui relève du vocabulaire administratif ou juridique.

LOCUTION

– ***Femme de ménage.*** Aide-ménagère. *Des femmes de ménage.*

FEMMELETTE n. f.

La première syllabe se prononce ***fa***, [famlɛt].

(PÉJ.) Homme faible. *Viens te battre, espèce de femmelette!*

femmelette.

FÉMORAL, ALE, AUX adj.

Relatif au fémur ou à la cuisse. *Artère fémorale, des pouls fémoraux.*

FEMTO- préf.

Symbole ***f*** (s'écrit sans point).

Préfixe qui multiplie par 0,000 000 000 000 001 l'unité qu'il précède. *Des femtosecondes.*

Sa notation scientifique est 10^{-15}.

VOIR TABLEAU – MULTIPLES ET SOUS-MULTIPLES DÉCIMAUX.

FEMTOSECONDE n. f.

Symbole ***fs*** (s'écrit sans point).

Unité de mesure de temps correspondant à un millionième de milliardième de seconde.

FÉMUR n. m.

Os de la jambe. *Le fémur est le plus fort des os du corps.*

FENAISON n. f.

Action de couper et de récolter les foins.

FENDANT, ANTE adj. et n. m. et f.

(FAM.) Arrogant, prétentieux. *« Le douanier remonte, ahuri, vers l'avant-scène, pendant que le Français descend du paquebot, l'air fendant »* (Gratien Gélinas, *Les Fridolinades*). *« Quoi! s'écria-t-il, de tous ces fendants qui paraissent tant l'aimer, il ne s'en est pas trouvé un seul assez brave pour la secourir! »* (Philippe Aubert de Gaspé, *Mémoires*). SYN. fanfaron.

Cet adjectif de registre familier demeure usuel au Québec et dans la francophonie canadienne, mais il n'appartient plus à l'usage courant de la majorité des locuteurs du français.

FENDILLEMENT n. m.

Le ***e*** central est muet, [fɑ̃dijmɑ̃].

Fait de se fendiller. *Le fendillement d'un bois trop sec.*

FÉMINISATION DES TITRES

Depuis l'accès des femmes à de nouvelles fonctions et devant le désir de celles-ci de voir leurs désignations refléter cette nouvelle réalité, il est recommandé d'utiliser les formes féminines des titres de fonctions. (Avis de recommandation, Office de la langue française, *Gazette officielle du Québec,* 28 juillet 1979)

Cette féminisation peut se faire :

- **Soit à l'aide du féminin courant.**

  Avocate, directrice, technicienne.

- **Soit à l'aide du terme épicène marqué par un déterminant féminin.**

  Une journaliste, une architecte, une astronome, une ministre.

  ☞ L'adjectif ***épicène*** se dit d'un mot qui conserve la même forme au masculin et au féminin.

- **Soit par la création spontanée d'une forme féminine qui respecte les règles du français.**

  Policière, chirurgienne, banquière, navigatrice, professeure.

☞ Dans cet ouvrage, qui répertorie un grand nombre de noms de métiers, de professions, les formes féminines ont été systématiquement présentées lorsque leur usage est attesté. À l'entrée du dictionnaire, la désignation féminine figure en toutes lettres.

LISTE DE TITRES ET DE FONCTIONS

académicien
académicienne

accessoiriste
accessoiriste

accompagnateur
accompagnatrice

accordeur
accordeuse

accoucheur
accoucheuse

acériculteur
acéricultrice

acheteur
acheteuse

acousticien
acousticienne

acquéreur
acquéresse

acteur
actrice

actuaire
actuaire

acupuncteur ou
acuponcteur
acupunctrice ou
acuponctrice

adaptateur
adaptatrice

adjoint
adjointe

adjudant
adjudante

administrateur
administratrice

agent
agente

agent de bord
agente de bord

agent de change
agente de change

agent de voyages
agente de voyages

agent immobilier
agente immobilière

agriculteur
agricultrice

agronome
agronome

aiguilleur
aiguilleuse

ajusteur
ajusteuse

aléseur
aléseuse

amareyeur
amareyeuse

ambassadeur
ambassadrice

ambulancier
ambulancière

amiral
amirale

analyste
analyste

anatomiste
anatomiste

anesthésiste
anesthésiste

animateur
animatrice

annonceur
annonceure ou
annonceuse

anthropologue
anthropologue

antiquaire
antiquaire

apiculteur
apicultrice

appariteur
appariteice

apprenti
apprentie

arbitre
arbitre

arboriculteur
arboricultrice

archéologue
archéologue

architecte
architecte

archiviste
archiviste

armateur
armatrice

armurier
armurière

arpenteur
arpenteuse

artificier
artificière

artilleur
artilleuse

artisan
artisane

artiste
artiste

aspirant
aspirante

assembleur
assembleuse

assistant
assistante

associé
associée

assureur
assureure ou
assureuse

astrologue
astrologue

astronaute
astronaute

astronome
astronome

astrophysicien
astrophysicienne

athlète
athlète

attaché
attachée

audiologiste
audiologiste

auditeur
auditrice

auteur
auteure

auteur-compositeur
auteure-compositrice

auxiliaire
auxiliaire

aviateur
aviatrice

aviculteur
avicultrice

FÉMINISATION DES TITRES | SUITE >

> *FÉMINISATION DES TITRES* | ***SUITE***

avocat
avocate

bagagiste
bagagiste

bailleur
bailleresse

balayeur
balayeuse

banquier
banquière

barman
barmaid

barreur
barreuse

bâtonnier
bâtonnière

berger
bergère

bibliothécaire
bibliothécaire

bijoutier
bijoutière

bimbelotier
bimbelotière

biochimiste
biochimiste

biologiste
biologiste

biophysicien
biophysicienne

blanchisseur
blanchisseuse

blogueur
blogueuse

bonnetier
bonnetière

botaniste
botaniste

bottier
bottière

boucher
bouchère

boulanger
boulangère

boulanger-pâtissier
boulangère-pâtissière

boxeur
boxeuse

brancardier
brancardière

brasseur
brasseuse

brigadier
brigadière

briqueteur-maçon
briqueteuse-maçonne

briquetier
briquetière

brocanteur
brocanteuse

brodeur
brodeuse

bruiteur
bruiteuse

buandier
buandière

bûcheron
bûcheronne

bureauticien
bureauticienne

câbleur
câbleuse

cadreur
cadreuse

caissier
caissière

cambiste
cambiste

camelot
camelot

camionneur
camionneuse

capitaine
capitaine

caporal
caporale

cardeur
cardeuse

cardiologue
cardiologue

carillonneur
carillonneuse

cariste
cariste

carnetier
carnetière

carreleur
carreleuse

carrossier
carrossière

cartographe
cartographe

cartomancien
cartomancienne

cascadeur
cascadeuse

cavalier
cavalière

chancelier
chancelière

chansonnier
chansonnière

chanteur
chanteuse

chapelier
chapelière

charcutier
charcutière

chargé (de projet, de cours)
chargée (de projet, de cours)

charpentier
charpentière

chaudronnier
chaudronnière

chauffeur
chauffeuse

chef
chef

cheminot
cheminote

chercheur
chercheuse

chevalier
chevalière

chimiste
chimiste

chiromancien
chiromancienne

chiropraticien
chiropraticienne

chirurgien
chirurgienne

chocolatier
chocolatière

chorégraphe
chorégraphe

chroniqueur
chroniqueuse

chronométreur
chronométreuse

cinéaste
cinéaste

clinicien
clinicienne

clown
clown

coauteur
coauteure

cocher
cochère

codirecteur
codirectrice

coiffeur
coiffeuse

collaborateur
collaboratrice

colleur
colleuse

colonel
colonelle

colporteur
colporteuse

comédien
comédienne

commandant
commandante

commandeur
commandeure

commanditaire
commanditaire

commentateur
commentatrice

commerçant
commerçante

commis
commis

commissaire
commissaire

communicateur
communicatrice

compétiteur
compétitrice

compositeur
compositrice

comptable agréé
comptable agréée

concessionnaire
concessionnaire

concierge
concierge

conciliateur
conciliatrice

concepteur
conceptrice

conducteur
conductrice

conférencier
conférencière

confiseur
confiseuse

conseiller
conseillère

conseiller juridique
conseillère juridique

conservateur
conservatrice

consommateur
consommatrice

constructeur
constructrice

consul
consule

consultant
consultante

conteur
conteuse

contractuel
contractuelle

contre-amiral
contre-amirale

contremaître
contremaître ou contremaîtresse

contrôleur
contrôleuse

coordonnateur ou coordinateur
coordonnatrice ou coordinatrice

cordonnier
cordonnière

coroner
coroner

correcteur
correctrice

correcteur-réviseur
correctrice-réviseuse ou réviseure

correspondancier
correspondancière

F

correspondant
correspondante

costumier
costumière

coureur
coureuse

courriériste
courriériste

coursier
coursière

courtier
courtière

couturier
couturière

couvreur
couvreuse

créateur d'entreprise
créatrice d'entreprise

créatif
créative

crémier
crémière

crêpier
crêpière

critique
critique

croupier
croupière

cueilleur
cueilleuse

cuisinier
cuisinière

cultivateur
cultivatrice

curateur
curatrice

cybernéticien
cybernéticienne

cytologiste
cytologiste

danseur
danseuse

débardeur
débardeuse

débosseleur
débosseleuse

décideur
décideuse

décorateur
décoratrice

découvreur
découvreuse

dégustateur
dégustatrice

délégué
déléguée

démarcheur
démarcheuse

déménageur
déménageuse

démographe
démographe

démonstrateur
démonstratrice

dentiste
dentiste

denturologiste
denturologiste

dépanneur
dépanneuse

député
députée

dessinateur
dessinatrice

détaillant
détaillante

détecteur
détectrice

détective
détective

diacre
diaconesse

didacticien
didacticienne

diététicien
diététicienne

diététiste
diététiste

diplomate
diplomate

dirigeant
dirigeante

directeur
directrice

directeur d'école
directrice d'école

docteur
docteure

documentaliste
documentaliste

dompteur
dompteuse

douanier
douanière

doubleur
doubleuse

doyen
doyenne

dramaturge
dramaturge

draveur
draveuse

dresseur
dresseuse

ébéniste
ébéniste

éboueur
éboueuse

éclairagiste
éclairagiste

écologiste
écologiste

écrivain
écrivaine

écuyer
écuyère

éditeur
éditrice

éducateur
éducatrice

élagueur
élagueuse

électricien
électricienne

électronicien
électronicienne

éleveur
éleveuse

emballeur
emballeuse

embaumeur
embaumeuse

encadreur
encadreuse

encanteur
encanteuse

enlumineur
enlumineuse

enquêteur
enquêteuse ou
enquêtrice

enseignant
enseignante

ensemblier
ensemblière

entraîneur
entraîneuse

entreposeur
entreposeuse

entrepreneur
entrepreneure

épicier
épicière

espion
espionne

esthéticien
esthéticienne

estimateur
estimatrice

étalagiste
étalagiste

éthicien
éthicienne

évaluateur
évaluatrice

examinateur
examinatrice

excavateur
excavatrice

expéditeur
expéditrice

expert
experte

expert-comptable
experte-comptable

expert-conseil
experte-conseil

exploitant
exploitante

exportateur
exportatrice

exposant
exposante

fabricant
fabricante

facteur
factrice

ferblantier
ferblantière

fermier
fermière

ferrailleur
ferrailleuse

ferronnier
ferronnière

figurant
figurante

financier
financière

fiscaliste
fiscaliste

fleuriste
fleuriste

fonctionnaire
fonctionnaire

fondé de pouvoir
fondée de pouvoir

fondeur
fondeuse

forgeron
forgeronne

formateur
formatrice

fossoyeur
fossoyeuse

fournisseur
fournisseuse

franchisé
franchisée

franchiseur
franchiseuse

fripier
fripière

fromager
fromagère

galeriste
galeriste

gantier
gantière

garagiste
garagiste

garde
garde

garde forestier
garde forestière

gardeur
gardeuse

gardien
gardienne

gendarme
gendarme

général	générale
généticien	généticienne
géographe	géographe
géologue	géologue
géomètre	géomètre
géophysicien	géophysicienne
gérant	gérante
gestionnaire	gestionnaire
golfeur	golfeuse
goûteur	goûteuse
gouverneur	gouverneure
grainetier	grainetière
grammairien	grammairienne
graphiste	graphiste
graveur	graveuse
greffier	greffière
grutier	grutière
guichetier	guichetière
guide	guide
gynécologue	gynécologue
habilleur	habilleuse
haut-commissaire	haute-commissaire
héliciculteur	hélicicultrice
historien	historienne
hockeyeur	hockeyeuse
homme d'affaires	femme d'affaires
homme d'équipage	femme d'équipage
homme de ménage	femme de ménage
horloger	horlogère
horticulteur	horticultrice
hôtelier	hôtelière
huissier	huissière
humoriste	humoriste
hygiéniste	hygiéniste
hypnotiseur	hypnotiseuse
illustrateur	illustratrice
imitateur	imitatrice
importateur	importatrice
imprésario	imprésario
improvisateur	improvisatrice
indicateur	indicatrice
industriel	industrielle
infirmier	infirmière
infographiste	infographiste
informateur	informatrice
informaticien	informaticienne
ingénieur	ingénieure
ingénieur-conseil	ingénieure-conseil
inséminateur	inséminatrice
inspecteur	inspectrice
installateur	installatrice
instituteur	institutrice
intendant	intendante
interne	interne
interprète	interprète
intervenant	intervenante
inventeur	inventrice
investisseur	investisseuse
jardinier	jardinière
jardinier d'enfants	jardinière d'enfants
joaillier ou joailler	joaillière ou joaillère
jockey	jockey
jointoyeur	jointoyeuse
jongleur	jongleuse
joueur	joueuse
journaliste	journaliste
juge	juge
juré	jurée
juriste	juriste
kiosquier	kiosquière
laborantin	laborantine
laitier	laitière
lamineur	lamineuse
langagier	langagière
laveur	laveuse
lecteur	lectrice
lexicographe	lexicographe
libraire	libraire
lieutenant	lieutenante
lieutenant-colonel	lieutenante-colonelle
lieutenant-gouverneur	lieutenante-gouverneure
linguiste	linguiste
liquidateur	liquidatrice
livreur	livreuse
logisticien	logisticienne
lunetier	lunetière
luthier	luthière
lutteur	lutteuse
machiniste	machiniste
maçon	maçonne
magasinier	magasinière
magicien	magicienne
magistrat	magistrate
maïeuticien	sage-femme
maire	mairesse
maître d'hôtel	maître d'hôtel
maître d'œuvre	maître d'œuvre
maître de l'ouvrage	maître de l'ouvrage
majordome	majordome
mandataire	mandataire
mannequin	mannequin
manœuvre	manœuvre
manutentionnaire	manutentionnaire
maquettiste	maquettiste
maquilleur	maquilleuse
maraîcher	maraîchère
marchand	marchande
maréchal	maréchale
marin	marin
marguillier ou marguiller	marguillière ou marguillère
marinier	marinière
marionnettiste	marionnettiste
masseur	masseuse
matelot	matelot
mathématicien	mathématicienne
mécanicien	mécanicienne
médecin	médecin
médiateur	médiatrice
meneur	meneuse
menuisier	menuisière
messager	messagère
métallurgiste	métallurgiste

F

météorologue
météorologue

metteur en scène
metteure ou metteuse en scène

meunier
meunière

militaire
militaire

mineur
mineuse

ministre
ministre

modèle
modèle

modiste
modiste

moniteur
monitrice

monteur
monteuse

motard
motarde

mouleur
mouleuse

musicien
musicienne

musicologue
musicologue

mytiliculteur
mytilicultrice

narrateur
narratrice

naturaliste
naturaliste

navigateur
navigatrice

négociant
négociante

négociateur
négociatrice

nettoyeur
nettoyeuse

neurochirurgien
neurochirurgienne

neurologue
neurologue

notaire
notaire

nutritionniste
nutritionniste

observateur
observatrice

obstétricien
obstétricienne

œnologue
œnologue

officiel
officielle

officier
officière

oiselier
oiselière

oléiculteur
oléicultrice

omnipraticien
omnipraticienne

oncologue
oncologue

opérateur
opératrice

ophtalmologiste
ophtalmologiste

opticien
opticienne

optométriste
optométriste

orateur
oratrice

orchestrateur
orchestratrice

orfèvre
orfèvre

organisateur
organisatrice

orienteur
orienteuse

ostréiculteur
ostréicultrice

oto-rhino-laryngologiste
oto-rhino-laryngologiste

outilleur
outilleuse

ouvreur
ouvreuse

ouvrier
ouvrière

palefrenier
palefrenière

parachutiste
parachutiste

parfumeur
parfumeuse

parolier
parolière

pasteur
pasteure

pâtissier
pâtissière

patronnier
patronnière

patrouilleur
patrouilleuse

paysagiste
paysagiste

pêcheur
pêcheuse

peintre
peintre

percussionniste
percussionniste

perruquier
perruquière

peseur
peseuse

pharmacien
pharmacienne

philosophe
philosophe

phonéticien
phonéticienne

photographe
photographe

physicien
physicienne

pianiste
pianiste

pigiste
pigiste

pilote
pilote

pisciculteur
piscicultrice

placeur
placeuse

planificateur
planificatrice

planteur
planteuse

plasticien
plasticienne

plâtrier
plâtrière

plombier
plombière

plongeur
plongeuse

podiatre
podiatre

podologue
podologue

poète
poète

poinçonneur
poinçonneuse

poissonnier
poissonnière

policier
policière

politicologue
politicologue

pomiculteur ou pomoculteur
pomicultrice ou pomocultrice

pompier
pompière

pompiste
pompiste

porteur
porteuse

portier
portière

poseur
poseuse

postier
postière

potier
potière

pourvoyeur
pourvoyeuse

praticien
praticienne

prédicateur
prédicatrice

préfet
préfète

premier ministre
première ministre

préparateur
préparatrice

préposé
préposée

présentateur
présentatrice

président
présidente

prestidigitateur
prestidigitatrice

prêteur
prêteuse

prieur
prieure

procureur
procureure

producteur
productrice

professeur
professeure

programmateur
programmatrice

programmeur
programmeuse

projeteur
projeteuse

promoteur
promotrice

prospecteur
prospectrice

protecteur
protectrice

proviseur
proviseure

psychanalyste
psychanalyste

psychiatre
psychiatre

psychologue
psychologue

publicitaire
publicitaire

puériculteur
puéricultrice

pupitreur
pupitreuse

pyrotechnicien
pyrotechnicienne

> *FÉMINISATION DES TITRES* | ***SUITE***

qualiticien
qualiticienne

quincaillier ou quincailler
quincaillière ou quincaillère

radiologiste
radiologiste

radiologue
radiologue

ramoneur
ramoneuse

rappeur
rappeuse

réalisateur
réalisatrice

reboiseur
reboiseuse

réceptionniste
réceptionniste

recherchiste
recherchiste

recruteur
recruteuse

recteur
rectrice

rédacteur
rédactrice

relieur
relieuse

régisseur
régisseuse

registraire
registraire

régleur
régleuse

rembourreur
rembourreuse

réparateur
réparatrice

répartiteur
répartitrice

repasseur
repasseuse

répétiteur
répétitrice

repreneur
repreneuse

représentant
représentante

responsable
responsable

restaurateur
restauratrice

retoucheur
retoucheuse

revendeur
revendeuse

réviseur
réviseuse ou réviseure

romancier
romancière

routeur
routeuse

routier
routière

sableur
sableuse

sacristain
sacristaine ou sacristine

saucier
saucière

scaphandrier
scaphandrière

scénariste
scénariste

scientifique
scientifique

scripteur
scriptrice

scrutateur
scrutatrice

sculpteur
sculpteure ou sculptrice

secouriste
secouriste

secrétaire
secrétaire

secrétaire général
secrétaire générale

sémanticien
sémanticienne

sémioticien
sémioticienne

sénateur
sénatrice

sergent
sergente

sériciculteur
séricicultrice

serriste
serriste

serrurier
serrurière

serveur
serveuse

shampouineur ou shampooineur
shampouineuse ou shampooineuse

soigneur
soigneuse

soldat
soldate

sommelier
sommelière

sondeur
sondeuse

soudeur
soudeuse

souffleur
souffleuse

sous-ministre
sous-ministre

standardiste
standardiste

statisticien
statisticienne

stylicien
stylicienne

styliste
styliste

substitut
substitute

superviseur
superviseur ou superviseure

suppléant
suppléante

surveillant
surveillante

sylviculteur
sylvicultrice

tanneur
tanneuse

tapissier
tapissière

technicien
technicienne

teinturier
teinturière

téléphoniste
téléphoniste

télétravailleur
télétravailleuse

télévendeur
télévendeuse

tenancier
tenancière

teneur de livres
teneuse de livres

terminologue
terminologue

terrassier
terrassière

théologien
théologienne

thérapeute
thérapeute

tisserand
tisserande

tôlier
tôlière

topographe
topographe

torero ou toréro
torera ou toréra

torréfacteur
torréfactrice

tourneur
tourneuse

traceur
traceuse

traducteur
traductrice

tragédien
tragédienne

traiteur
traiteuse

trappeur
trappeuse

travailleur
travailleuse

travailleur social
travailleuse sociale

trésorier
trésorière

trieur
trieuse

tronçonneur
tronçonneuse

truqueur
truqueuse

tuteur
tutrice

tuyauteur
tuyauteuse

typographe
typographe

urbaniste
urbaniste

urgentiste
urgentiste

urgentologue
urgentologue

urologue
urologue

veilleur
veilleuse

vendangeur
vendangeuse

vendeur
vendeuse

vérificateur
vérificatrice

vétérinaire
vétérinaire

vice-consul
vice-consule

vice-président
vice-présidente

vidéaste
vidéaste

vigneron
vigneronne

viticulteur
viticultrice

vitrier
vitrière

voiturier
voiturière

volcanologue
volcanologue

voyagiste
voyagiste

vulgarisateur
vulgarisatrice

webmestre
webmestre

zootechnicien
zootechnicienne…

F

FENDILLER v. tr., pronom.
Le mot se prononce [fɑ̃dije].
VERBE TRANSITIF
Faire de petites fentes dans. *La chaleur a fendillé le vernis.* SYN. craqueler ; fissurer.
VERBE PRONOMINAL
Se craqueler, se crevasser. *La glace s'est fendillée.*
À la forme pronominale, le participe passé de ce verbe s'accorde toujours en genre et en nombre avec son sujet. *Sous l'action de la chaleur, la laque s'est fendillée.*
CONJUGAISON : VOIR MODÈLE AIMER.
Les lettres ***ill*** sont suivies d'un ***i*** à la première et à la deuxième personne du pluriel de l'indicatif imparfait et du subjonctif présent. *(Que) nous fendillions, (que) vous fendilliez.*

FENDRE v. tr., pronom.
VERBE TRANSITIF
1. Diviser avec force, couper dans le sens de la longueur. *Fendre du bois à la hache.*
2. Provoquer des fentes, des crevasses dans. *Les explosions ont fendu le sol.*
VERBE PRONOMINAL
S'ouvrir, se craqueler. *La paroi s'est fendue.* SYN. se crevasser ; se fendiller.
À la forme pronominale, le participe passé de ce verbe s'accorde avec le complément direct si celui-ci le précède. *L'épaule qu'il s'est fendue est douloureuse.* Le participe passé reste invariable si le complément direct suit le verbe. *Elle s'est fendu la tête sur un radiateur.* S'il n'y a pas de complément direct, il s'accorde avec le sujet. *Sa jupe s'est fendue.*
LOCUTIONS
– ***Fendre le cœur.*** Faire pitié.
– ***Il gèle à pierre fendre.*** Il fait très froid.
CONJUGAISON : VOIR MODÈLE FENDRE.

FENDU, UE adj.
Ouvert en longueur. *La bouche fendue jusqu'aux oreilles. Une jupe fendue sur un côté.* SYN. ouvert.

FENESTRATION n. f.
1. (ARCHIT.) Ensemble des fenêtres d'un bâtiment.
2. (MÉD.) Ouverture percée dans une cloison.

FENÊTRE n. f.
1. Ouverture dans un mur pour permettre le passage de l'air et de la lumière. *Cette fenêtre donne sur le lac. Ouvre la fenêtre, il fait chaud !*
Ne pas confondre avec le nom ***châssis***, armature entourant la fenêtre.
2. (INFORM.) Zone d'un écran de visualisation.
LOCUTION
– ***Jeter l'argent par les fenêtres.*** (FIG.) Dépenser à l'excès.

FENIL n. m.
Le ***l*** se prononce ou non, [fənil, fəni].
Grenier à foin. *Qu'il était amusant de jouer dans le fenil pendant les vacances !*

FENOUIL n. m.
Plante aromatique de la famille des ombellifères. *Le fenouil a le goût de l'anis.*
fen**ouil**.

FENTE n. f.
1. Action de fendre. *La fente du bois.*
2. Ouverture étroite et longue. *La fente d'une tirelire, d'une poche.*
3. Fissure. *Il y a des fentes dans la glace.*

FÉODAL, ALE, AUX adj. et n. m.
ADJECTIF
(ANCIENN.) Qui appartient au fief, à la féodalité. *Les droits féodaux.*
NOM MASCULIN
Seigneur féodal.

FÉODALITÉ n. f.
Régime politique et social en vigueur au Moyen Âge caractérisé par l'existence de fiefs et de seigneurs.

FER n. m.
Symbole ***Fe*** (s'écrit sans point).
1. Métal gris, malléable et ductile. *Des fils de fer.*
2. Instrument en fer. *Des fers à souder, des fers à friser.*
3. Bâton de golf à tête métallique.
LOCUTIONS
– ***Avoir une santé de fer.*** Être en très bonne santé.
– ***Croire dur comme fer.*** Être convaincu.
– ***Fer (à repasser).*** Instrument que l'on chauffe afin de repasser le linge. *Donner un coup de fer à une jupe.*
– ***Fer à cheval.*** (FIG.) Pièce de fer incurvée que l'on fixe sous le sabot du cheval. *Des fers à cheval qui servent de porte-bonheur.*
– ***Fer de lance.*** (FIG.) Élément le plus dynamique, le plus important. *« Après la Révolution de 1789, la langue française, jusque-là l'apanage de l'élite intellectuelle et sociale, servit de fer de lance aux idées nouvelles »* (Claude Duneton, *Le Figaro*).
– ***Il faut battre le fer quand il est chaud.*** Il faut agir quand il en est temps.
– ***Les quatre fers en l'air.*** (FAM.) (FIG.) Tomber sur le dos, les jambes en l'air. *Il s'est retrouvé les quatre fers en l'air.* SYN. (FAM.) sur le derrière.
– ***Une main de fer dans un gant de velours.*** Une grande autorité exercée avec diplomatie.
HOM. ***faire***, créer, produire.

FER-BLANC n. m. (pl. *fers-blancs*)
Tôle de fer doux recouverte d'étain. *Des plats en fer-blanc pour le camping.*
fer-blanc, avec un trait d'union.

FERBLANTERIE n. f.
Le ***e*** de la troisième syllabe ne se prononce pas, [fɛrblɑ̃tri].
Ustensiles en fer-blanc.
Ne pas confondre avec le nom ***ferronnerie***, ornements de fer.

-FÈRE suff.
Élément du latin signifiant « qui porte ». *Somnifère.*

FÉRIÉ, ÉE adj.
Se dit d'un jour de congé pour célébrer une fête. *La fête du Travail est un jour férié (le premier lundi de septembre au Québec et au Canada).* ANT. ouvrable.

FÉRIR v. tr.
(VX) Frapper.
LOCUTION
– ***Sans coup férir.*** (LITT.) Sans employer la violence, sans difficulté. *Elle a réussi sans coup férir.*
Ce verbe ne s'emploie plus que dans l'expression citée.

FERME adj., adv. et n. f.
ADJECTIF
1. Dur, résistant. *Un matelas ferme.* ANT. mou.
2. Stable, solide. *Une position ferme.* ANT. chancelant ; fragile ; hésitant.
3. Décidé, assuré. *Un ton ferme.* SYN. résolu. ANT. faible ; mou.
ADVERBE
1. Avec vigueur. *Ils marchent ferme.* SYN. dur ; fort.
2. Beaucoup. *Ils se sont ennuyés ferme au théâtre.*
Pris adverbialement, le mot est invariable.
NOM FÉMININ
Exploitation agricole. *Une ferme expérimentale.*
LOCUTIONS
– ***De pied ferme.*** Sans reculer. *Antoine attend son adversaire de pied ferme.*
– ***La terre ferme.*** Le sol du rivage, par opposition à la mer. *Après plusieurs jours en mer, ces voyageurs ont hâte de retrouver la terre ferme.*

– ***Vente ferme.*** Vente où l'article ne pourra être retourné ou échangé. *Vente ferme* (et non *finale) *pour ces articles soldés.*
La vente ferme d'un bien ne comporte habituellement aucune garantie, aucune possibilité d'annulation, de résolution ou de modification de prix par l'acheteur ou le vendeur en dehors des dispositions de rescision prévues par la loi et des cas de force majeure (GDT).
FORME FAUTIVE
*travailler sur une ferme. Calque de «*to work on a farm*» pour ***travailler à la ferme, dans une ferme.***

FERMÉ, ÉE adj.
1. Clos, bouché. *Un coffret fermé à clé.*
2. Non ouvert. *Une bibliothèque fermée le dimanche.*

FERMEMENT adv.
D'une manière ferme. *Il a refusé fermement.*

FERMENT n. m.
Agent de fermentation.
HOM. ***ferrement,*** objet, garniture en fer.

FERMENTATION n. f.
Transformation de certaines substances organiques sous l'action d'un ferment.

FERMENTER v. intr.
1. Être en fermentation. *Le raisin fermente dans le tonneau.*
2. (FIG.) Être en ébullition, devenir intense. *La révolte fermente.*
Ne pas confondre avec le verbe ***fomenter,*** préparer en secret.
CONJUGAISON : VOIR MODÈLE AIMER.

FERMER v. tr., intr., pronom.
VERBE TRANSITIF
1. Interdire l'accès de quelqu'un, de quelque chose en un lieu. *Ferme les portes du jardin.* ANT. ouvrir.
2. Clore. *Ferme bien le pot.* ANT. ouvrir.
3. Faire cesser le fonctionnement de, éteindre. *Ferme l'ordinateur avant de sortir.*
VERBE INTRANSITIF
Être, rester fermé. *Cette fenêtre ferme mal. Ce musée ferme le mardi.*
VERBE PRONOMINAL
Se refermer. *Elle avait sommeil : ses yeux se sont fermés.*
À la forme pronominale, le participe passé de ce verbe s'accorde en genre et en nombre avec le complément direct si celui-ci le précède. *L'œil qu'elle s'est fermé. En reconnaissant leur interlocuteur, ils se sont fermés comme des huîtres.* Le participe passé reste invariable si le complément direct suit le verbe. *Elle s'est fermé la bouche pour ne pas avaler ce liquide malodorant.*
FORME FAUTIVE
*fermer la ligne. Impropriété pour ***raccrocher.***
CONJUGAISON : VOIR MODÈLE AIMER.

FERMETÉ n. f.
1. Solidité, rigidité. *La fermeté d'un matelas, d'un tissu.*
2. Détermination. *Elle nous informa de sa décision avec fermeté.* SYN. résolution.

FERMETTE n. f.
Petite ferme. *Une fermette où vivent quelques vaches, poules et canards.*

FERMETURE n. f.
1. Dispositif servant à fermer. *La fermeture de sécurité d'un coffre-fort.*
2. Action de fermer. *La fermeture d'une usine.*
LOCUTIONS
– ***Fermeture annuelle*** (d'un établissement). Vacances.
– ***Fermeture éclair.*** Marque déposée passée dans l'usage au sens de ***fermeture à glissière.*** *Des fermetures éclair* (et non des *zips) *de couleur rouge.*

FERMIER n. m.
FERMIÈRE n. f.
NOM MASCULIN ET FÉMININ
Personne qui cultive la terre dans une ferme.
ADJECTIF
Produit à la ferme. *Des fromages fermiers. Un bon poulet fermier.*
À la différence du ***cultivateur,*** qui possède la terre qu'il cultive, le ***fermier*** exploitait la terre moyennant un salaire. Cependant, sous l'influence du mot anglais «*farmer*», le mot ***fermier*** a perdu ce sens et est devenu synonyme de ***cultivateur.***

FERMOIR n. m.
Attache qui sert à fermer un sac, un bijou, etc. *Des fermoirs dorés.*

FÉROCE adj.
1. Qui est sauvage et cruel par nature. *Ce tigre est féroce.*
2. Se dit d'une personne dure, inhumaine et brutale.
Ne pas confondre avec les mots suivants :
• ***bestial,*** qui a la cruauté des bêtes féroces ;
• ***inhumain,*** qui est étranger à tout sentiment de pitié.

FÉROCEMENT adv.
Le ***e*** de la troisième syllabe ne se prononce pas, [fɛrɔsmɑ̃].
Avec férocité. *Le fauve a attaqué férocement.*

FÉROCITÉ n. f.
Cruauté, violence extrême. *La férocité d'un animal sauvage, d'un guerrier.*

FERRAILLE n. f.
Débris de fer mis au rebut. *Cette voiture est bonne à mettre à la ferraille* (et non à la *scrap).

FERRAILLER v. intr.
Frapper à grand bruit des lames de sabre ou d'épée lors d'un combat.
CONJUGAISON : VOIR MODÈLE AIMER.
Les lettres ***ill*** sont suivies d'un ***i*** à la première et à la deuxième personne du pluriel de l'indicatif imparfait et du subjonctif présent. *(Que) nous ferraillions, (que) vous ferrailliez.*

FERRAILLEUR n. m.
Personne qui fait le commerce de la ferraille.

FERRÉ, ÉE adj.
1. Garni de fer. *Des souliers ferrés pour le golf.*
2. (FAM.) Expert, fort. *Il n'est pas très ferré en mécanique.* SYN. (FAM.) calé.
LOCUTION
– ***Voie ferrée.*** Voie de chemin de fer.

FERREMENT n. m.
Le ***e*** central ne se prononce pas, [fɛrmɑ̃].
Objet, garniture en fer.
HOM. ***ferment,*** agent de fermentation.

FERRER v. tr.
1. Garnir les sabots (d'un cheval, d'une bête) de fers. *Ferrer un cheval.*
2. Engager le fer d'un hameçon dans les chairs d'un poisson qui vient de mordre, en donnant une secousse à la ligne. *Ferrer un doré.*
CONJUGAISON : VOIR MODÈLE AIMER.

FERREUX adj. m.
Qui contient du fer. *Des métaux ferreux.*
Ne pas confondre avec le mot ***ferrugineux,*** qui contient de l'oxyde de fer.
Cet adjectif n'a pas de forme féminine.

FERRONNERIE n. f.
Le ***e*** de la troisième syllabe ne se prononce pas, [fɛrɔnri].
1. Fabrique d'objets, d'ornements en fer.
2. Objets, ornements en fer.
Ne pas confondre avec le nom ***ferblanterie,*** ustensiles en fer-blanc.
ferronnerie.

F

CONJUGAISON DU VERBE **FENDRE**

INDICATIF

PRÉSENT		PASSÉ COMPOSÉ		
je	fend**s**	j'	ai	fendu
tu	fend**s**	tu	as	fendu
elle	fend	elle	a	fendu
il	fend	il	a	fendu
nous	fend**ons**	nous	avons	fendu
vous	fend**ez**	vous	avez	fendu
elles	fend**ent**	elles	ont	fendu
ils	fend**ent**	ils	ont	fendu

IMPARFAIT		PLUS-QUE-PARFAIT		
je	fend**ais**	j'	avais	fendu
tu	fend**ais**	tu	avais	fendu
elle	fend**ait**	elle	avait	fendu
il	fend**ait**	il	avait	fendu
nous	fend**ions**	nous	avions	fendu
vous	fend**iez**	vous	aviez	fendu
elles	fend**aient**	elles	avaient	fendu
ils	fend**aient**	ils	avaient	fendu

PASSÉ SIMPLE		PASSÉ ANTÉRIEUR		
je	fend**is**	j'	eus	fendu
tu	fend**is**	tu	eus	fendu
elle	fend**it**	elle	eut	fendu
il	fend**it**	il	eut	fendu
nous	fend**îmes**	nous	eûmes	fendu
vous	fend**îtes**	vous	eûtes	fendu
elles	fend**irent**	elles	eurent	fendu
ils	fend**irent**	ils	eurent	fendu

FUTUR SIMPLE		FUTUR ANTÉRIEUR		
je	fend**rai**	j'	aurai	fendu
tu	fend**ras**	tu	auras	fendu
elle	fend**ra**	elle	aura	fendu
il	fend**ra**	il	aura	fendu
nous	fend**rons**	nous	aurons	fendu
vous	fend**rez**	vous	aurez	fendu
elles	fend**ront**	elles	auront	fendu
ils	fend**ront**	ils	auront	fendu

CONDITIONNEL PRÉSENT		CONDITIONNEL PASSÉ		
je	fend**rais**	j'	aurais	fendu
tu	fend**rais**	tu	aurais	fendu
elle	fend**rait**	elle	aurait	fendu
il	fend**rait**	il	aurait	fendu
nous	fend**rions**	nous	aurions	fendu
vous	fend**riez**	vous	auriez	fendu
elles	fend**raient**	elles	auraient	fendu
ils	fend**raient**	ils	auraient	fendu

SUBJONCTIF

PRÉSENT			PASSÉ			
que	je	fend**e**	que	j'	aie	fendu
que	tu	fend**es**	que	tu	aies	fendu
qu'	elle	fend**e**	qu'	elle	ait	fendu
qu'	il	fend**e**	qu'	il	ait	fendu
que	nous	fend**ions**	que	nous	ayons	fendu
que	vous	fend**iez**	que	vous	ayez	fendu
qu'	elles	fend**ent**	qu'	elles	aient	fendu
qu'	ils	fend**ent**	qu'	ils	aient	fendu

IMPARFAIT			PLUS-QUE-PARFAIT			
que	je	fend**isse**	que	j'	eusse	fendu
que	tu	fend**isses**	que	tu	eusses	fendu
qu'	elle	fend**ît**	qu'	elle	eût	fendu
qu'	il	fend**ît**	qu'	il	eût	fendu
que	nous	fend**issions**	que	nous	eussions	fendu
que	vous	fend**issiez**	que	vous	eussiez	fendu
qu'	elles	fend**issent**	qu'	elles	eussent	fendu
qu'	ils	fend**issent**	qu'	ils	eussent	fendu

IMPÉRATIF

PRÉSENT	PASSÉ	
fend**s**	aie	fendu
fend**ons**	ayons	fendu
fend**ez**	ayez	fendu

INFINITIF

PRÉSENT	PASSÉ
fend**re**	avoir fendu

PARTICIPE

PRÉSENT	PASSÉ
fend**ant**	fendu, ue ayant fendu

FERRONNIER n. m.
FERRONNIÈRE n. f.
Personne qui fait le travail du fer, le commerce de la ferronnerie.
⊏⊃ ferronnier.

FERRONNIÈRE n. f.
Bandeau de métal ou d'étoffe porté sur le front et garni d'une pierre au milieu.
⊏⊃ ferronnière.

FERROUTAGE n. m.
Transport rail-route.

FERROUTIER, IÈRE adj.
Qui sert au ferroutage. *Le réseau ferroutier.*

FERROVIAIRE adj.
Relatif aux chemins de fer. *Un réseau ferroviaire.*
⊏⊃ ferroviaire.

FERRUGINEUX, EUSE adj.
Qui contient de l'oxyde de fer.
☞ Ne pas confondre avec le mot ***ferreux,*** qui contient du fer.

FERRY-BOAT ou **FERRYBOAT** n. m.
Anglicisme utilisé en France pour ***traversier, transbordeur.***

FERTILE adj.
1. Productif. *Un sol fertile.* SYN. fécond ; riche.
2. (FIG.) Inventif. *Une imagination fertile.* SYN. créateur.
LOCUTION
– ***Fertile en.*** Rempli de. *Une histoire fertile en rebondissements.* SYN. plein de.

FERTILISABLE adj.
Qui peut être fertilisé.

FERTILISANT, ANTE adj. et n. m.
ADJECTIF
Qui est propre à fertiliser (le sol). *Ajouter des produits fertilisants.*
NOM MASCULIN
Engrais. *Répandre des fertilisants.*

FERTILISATION n. f.
Action de fertiliser.

FERTILISER v. tr.
Rendre fertile (une terre). *Le cultivateur fertilise le sol avec des engrais.* SYN. enrichir.
☞ Ce verbe ne peut s'appliquer à une personne, à un animal ; on dit plutôt ***féconder.***
CONJUGAISON : VOIR MODÈLE AIMER.

FERTILITÉ n. f.
1. Qualité de ce qui est fertile. *La fertilité des terres qui bordent le Saint-Laurent.*
2. (FIG.) Imagination, créativité.

FÉRU, UE adj.
Passionné. *Elle est férue d'astronomie.* SYN. (FAM.) mordu.

FÉRULE n. f.
Réglette de bois avec laquelle on corrigeait les écoliers.
LOCUTION
– ***Sous la férule de.*** Sous l'autorité d'une personne.
☞ Ce mot ne s'emploie plus que dans l'expression citée.

FERVENT, ENTE adj. et n. m. et f.
ADJECTIF
Ardent, qui agit avec ferveur. *De fervents défenseurs de la liberté, de la langue française.* SYN. enthousiaste.
NOM MASCULIN ET FÉMININ
Passionné. *Les fervents de la micro-informatique.* SYN. adepte.
⊏⊃ fervent.

FERVEUR n. f.
Ardeur, zèle enthousiaste. *Étienne défendit sa position avec ferveur.* SYN. passion.

FESSE n. f.
Chacune des deux parties charnues qui forment le derrière. *Antoine a glissé et est tombé sur les fesses.*

FESSÉE n. f.
Coups donnés sur les fesses. *Si tu n'écoutes pas, tu auras une fessée.*

FESSER v. tr.
Donner des coups sur les fesses à. SYN. corriger.
☞ Au sens de ***frapper,*** l'emploi de ***fesser*** est erroné.
CONJUGAISON : VOIR MODÈLE AIMER.

FESSIER, IÈRE adj. et n. m.
ADJECTIF
Relatif aux fesses. *Les muscles fessiers.*
NOM MASCULIN
(FAM.) Le derrière. *Il est tombé sur le fessier.*

FESTIF, IVE adj.
Qui a le caractère d'une fête. *Une atmosphère festive.*

FESTIN n. m.
Repas de fête, banquet. *Pour souligner cette victoire, les dirigeants ont donné un beau festin.*

FESTIVAL n. m.
Ensemble de manifestations artistiques (musique, cinéma, théâtre, etc.) qui ont lieu périodiquement dans un endroit déterminé. *Des festivals très réussis. Le Festival international de jazz de Montréal. Le Festival Juste pour rire.*

FESTIVALIER, IÈRE n. m. et f.
Personne qui participe à un festival. *Les festivaliers sont venus en grand nombre.*

FESTIVITÉS n. f. pl.
Fête, réjouissances. *Des festivités sont prévues pour la Saint-Jean.*
☞ Ce nom ne s'emploie qu'au pluriel.

FESTON n. m.
Bordure dentelée et brodée. *Une grande cape avec des festons.*

FESTOYER v. intr.
Prendre part à des réjouissances, à un festin. *Venez festoyer avec nous !*
CONJUGAISON : VOIR MODÈLE EMPLOYER.
Le ***y*** se change en ***i*** devant un ***e*** muet. *Je festoie, je festoierai.* Le ***y*** est suivi d'un ***i*** à la première et à la deuxième personne du pluriel de l'indicatif imparfait et du subjonctif présent. *(Que) nous festoyions, (que) vous festoyiez.*

FETA n. f. (pl. *fetas*)
👄 Le ***e*** se prononce ***é*** comme dans ***février,*** [feta].
Fromage à pâte molle d'origine grecque fait de lait de brebis. *Une bonne salade grecque : tomates, concombres, olives, oignons, du fromage feta et de l'huile d'olive.*

FÊTARD, ARDE n. m. et f.
(FAM.) (PÉJ.) Personne qui aime faire, qui fait la fête.
⊏⊃ fêtard.

FÊTE n. f.
1. Jour consacré à des cérémonies civiles ou religieuses.
[T] Les noms de fêtes s'écrivent avec une majuscule initiale au nom spécifique et à l'adjectif qui précède le nom. *Le jour de l'An, le Nouvel An, le jour des Rois, le Mardi gras, le mercredi des Cendres, le Vendredi saint, Pâques, la fête des Mères, la fête des Pères, la Saint-Jean-Baptiste ou la fête nationale du Québec, la fête du Canada, la fête du Travail, l'Action de grâce(s), la Toussaint, Noël.*
2. Réjouissances. *Une fête de famille.*
LOCUTIONS
– ***En fête.*** D'une humeur joyeuse.
– ***Faire la fête.*** S'amuser en bonne compagnie.
– ***Se faire une fête de.*** Se promettre du plaisir, se réjouir à l'avance. *Elle se fait une fête de le retrouver enfin.*

On confond souvent les mots ***fête*** et ***anniversaire*** : la ***fête*** est la célébration de la fête du saint dont une personne porte le nom, et l'***anniversaire***, la commémoration du jour de la naissance d'une personne. *Ses parents ont organisé une fête pour souligner son anniversaire.*
fête.

FÊTER v. tr.
Célébrer, marquer par une fête. *On a fêté la naissance de Laurence.*
CONJUGAISON : VOIR MODÈLE AIMER.
fêter.

FÉTICHE n. m.
Porte-bonheur. *Ce petit éléphant est son fétiche.* SYN. talisman.

FÉTICHISME n. m.
Vénération excessive à l'égard d'une personne, d'une chose. *Ce goût des fourrures ressemble à du fétichisme.*

FÉTICHISTE adj. et n. m. et f.
Qui pratique le fétichisme.

FÉTIDE adj.
D'une odeur très désagréable, nauséabond. *Des relents d'égout fétides.*

FÉTIDITÉ n. f.
Caractère d'une odeur fétide.

FÉTU n. m.
Brin. *Des fétus de paille.*

FEU n. m. (pl. *feux*)
1. Dégagement de chaleur, de lumière, de flamme produit par la combustion de certains corps. *Du papier en feu. Auriez-vous du feu, svp ?*
2. Matières combustibles qui brûlent après avoir été généralement allumées. *Des feux de camp. « Fais du feu dans la cheminée/Je reviens chez nous/S'il fait du soleil à Paris/Il en fait partout »* (Jean-Pierre Ferland, *Je reviens chez nous*). SYN. brasier ; flambée.
Le terme ***incendie*** désigne un grand feu involontaire qui s'étend rapidement et cause des dégâts importants. On préférera le terme ***incendie de forêt*** à celui de ***feu de forêt***.
3. Source de chaleur utilisée pour le chauffage ou la cuisson. *Au coin du feu. Le potage est sur le feu. Le rôti est au feu : il est en train de cuire.*
4. Phare. *Des feux de position, des feux de route, des feux de croisement.*
5. Tir. *Des coups de feu. Une arme à feu.*
LOCUTIONS
– ***À petit feu.*** (FIG.) Lentement. *Faire mourir quelqu'un à petit feu.*
– ***Avoir le feu sacré.*** Être passionné pour quelque chose, y être totalement dévoué.
– ***C'est le feu et l'eau.*** Se dit de personnes qui ne s'entendent pas du tout.
– ***Dans le feu de l'action.*** En pleine activité.
– ***Donner le feu vert.*** (FIG.) Autoriser. SYN. permettre.
– ***Être tout feu tout flamme.*** (FIG.) Être plein d'enthousiasme. *À la rentrée, les étudiants sont tout feu tout flamme.*
– ***Faire feu*** ou ***flèche de tout bois.*** (FIG.) Utiliser toutes les possibilités.
– ***Faire la part du feu.*** Sacrifier ce qui ne peut plus être sauvé pour préserver le reste.
– ***Faire long feu.*** (FIG.) Manquer son but. SYN. échouer.
– ***Feu d'artifice.*** Ensemble de petites fusées que l'on fait brûler à des occasions diverses. *Le feu d'artifice de la Saint-Jean.*
– ***Feu de circulation.*** Signal lumineux autorisant le passage libre (feu vert), tolérant le passage (feu jaune), interdisant le passage (feu rouge). *Tournez au prochain feu* (et non à la *prochaine lumière).
– ***Feu roulant.*** Suite ininterrompue. *Ce fut un feu roulant de questions et de commentaires.*
– ***Feu sauvage.*** (FAM.) Infection des lèvres, herpès.
– ***Il n'y a pas de fumée sans feu*** (Proverbe). Il ne court pas de rumeur sans raison.
– ***Jeter de l'huile sur le feu.*** (FIG.) Envenimer une querelle, pousser à la dispute.
– ***Jouer avec le feu.*** (FIG.) Commettre des imprudences.
– ***Mettre à feu et à sang.*** Dévaster par les combats, la guerre. *Ces rebelles ont mis le pays à feu et à sang.*
– ***Mettre le feu aux poudres.*** (FIG.) Déclencher une querelle, une polémique.
– ***Ne pas faire long feu.*** (FIG.) Ne pas durer longtemps. *Ses beaux projets n'ont pas fait long feu.*
– ***N'y voir que du feu.*** (FIG.) Être dupé, ne pas percevoir quelque chose.
– ***Ouvrir le feu.*** (FIG.) Aborder un sujet abruptement.
– ***Passer au feu.*** (FAM.) Être victime d'un incendie.
– ***Prendre feu.*** S'enflammer. *Les maisons ont pris feu* (et non *en feu) *simultanément.* SYN. s'embraser. ANT. s'éteindre.
– ***Rester au coin du feu.*** Ne pas sortir, préférer le confort douillet de la maison.
– ***Sans feu ni lieu.*** Sans domicile fixe. *Des jeunes sans feu ni lieu.*
Dans cette locution, les noms s'écrivent au singulier.
– ***Tous feux éteints,*** loc. adv. Sans phares.
– ***Un feu de paille.*** (FIG.) Un engouement passager.
FORMES FAUTIVES
*prendre en feu. Impropriété pour ***prendre feu.***
*vente de feu. Calque de «*fire sale*» pour ***solde après incendie.***

FEU, FEUE adj.
(LITT.) (DR.) Défunt. *Feu la doyenne, feu Mathilde Beauséjour, feu mes oncles,* mais *tes feus oncles, ta feue grand-mère.*
Placé avant le déterminant défini ou possessif ou en l'absence d'un déterminant, l'adjectif est invariable. Placé entre le déterminant et le nom, l'adjectif ***feu*** s'accorde avec le nom auquel il se rapporte.

FEUILLAGE n. m.
Ensemble des feuilles d'un arbre, d'une plante. *Un feuillage coloré par l'automne.*
Le nom ***feuillage*** étant un collectif, il s'écrit généralement au singulier. *Un toit de feuillage. Un lit de feuillage.*

FEUILLARD n. m.
Bande étroite destinée à consolider un emballage. *Cercler un colis de feuillards.*
feuillard.

FEUILLE n. f.
1. Partie des végétaux qui part de la tige, de la branche, généralement verte, diversement découpée et plane. *Une feuille d'érable, une feuille de rosier. Des feuilles mortes.*
2. Morceau de papier. *Une feuille quadrillée.*
3. Mince plaque de bois, de minéral, de métal, de carton. *Une feuille d'or, une feuille de cuivre.*
Si ***feuille*** et ses dérivés s'écrivent avec deux ***l***, certains mots de la même famille s'écrivent avec un seul : ***exfoliation, folié, folio.***

FEUILLE-MORTE adj. inv.
De la couleur dorée des feuilles mortes. *Des lainages feuille-morte.*
VOIR TABLEAU – COULEUR (ADJECTIFS DE).

FEUILLET n. m.
Partie d'un livre ou d'un cahier formée de deux pages recto et verso.

FEUILLETÉ, ÉE adj. et n. m.
ADJECTIF
Formé de fines feuilles superposées. *De la pâte feuilletée.*
NOM MASCULIN
Pâte feuilletée garnie. *Un feuilleté aux champignons.*

FEUILLETER v. tr.
1. Parcourir rapidement un ouvrage, un texte. *Les pages que j'ai feuilletées me semblent excellentes.*
2. Travailler de la pâte.
CONJUGAISON : VOIR MODÈLE APPELER.
Redoublement du ***t*** devant un ***e*** muet. *Je feuillette, je feuilletterai,* mais *je feuilletais.*
[Les *Rectifications* (1990) admettent : il feuillète, feuillètera, feuillèterait...]

FEUILLETON n. m.
Série télévisée qui présente une histoire en plusieurs épisodes. *Les feuilletons* (et non les *continuités) *sont très populaires.*
LOCUTION
– ***Roman-feuilleton.*** Roman publié par épisodes dans un journal. *Des romans-feuilletons à l'eau de rose.*

FEUILLU, UE adj. et n. m.
ADJECTIF
Qui a beaucoup de feuilles. *Un arbuste feuillu.*
NOM MASCULIN
Arbre qui porte des feuilles (par opposition à résineux). *L'érable est un feuillu, alors que le pin est un résineux.*

FEULEMENT n. m.
Cri du tigre, du chat en colère.
Ne pas confondre avec le nom *miaulement,* cri du chat.

FEULER v. intr.
Crier, en parlant du tigre; grogner, en parlant du chat.
CONJUGAISON : VOIR MODÈLE AIMER.

FEUTRAGE n. m.
Fait de feutrer, de se feutrer. *Le feutrage d'un tricot.*

FEUTRE n. m.
1. Étoffe non tissée, faite de laine foulée. *Un chapeau de feutre.*
2. Crayon, stylo à pointe en feutre ou en nylon. *Elle aime écrire avec un feutre violet.*
LOCUTION
– ***Crayon-feutre.*** Crayon à pointe de feutre utilisant une encre grasse. *Des crayons-feutres.* SYN. feutre; stylo-feutre.

FEUTRÉ, ÉE adj.
1. Qui a l'apparence du feutre. *Un lainage feutré.*
2. (FIG.) Étouffé, silencieux. *Une voix feutrée.*
LOCUTION
– ***Marcher à pas feutrés.*** Marcher silencieusement.

FEUTRER v. tr., intr. ou pronom.
VERBE TRANSITIF
1. Garnir de feutre.
2. (FIG.) Étouffer. *La moquette feutre les pas.* SYN. amortir.
VERBE INTRANSITIF OU PRONOMINAL
Qui prend l'aspect du feutre. *Un lainage qui ne feutre pas* ou *qui ne se feutre pas.*
À la forme pronominale, le participe passé de ce verbe s'accorde toujours en genre et en nombre avec son sujet. *Ces lainages se sont feutrés.*
CONJUGAISON : VOIR MODÈLE AIMER.

FÈVE n. f.
1. Légumineuse cultivée pour ses graines.
2. Graine comestible de cette plante.
LOCUTION
– ***Fèves au lard.*** Plat de haricots secs cuits à petit feu avec de la mélasse et du lard.
FORME FAUTIVE
*fève. Impropriété au sens de ***haricot*** (vert, jaune).

févr.
Abréviation de ***février.***

FÉVRIER n. m.
Deuxième mois de l'année. *Le 14 février.*
T Les noms de mois s'écrivent avec une minuscule.
VOIR TABLEAU – DATE.

FEZ n. m. (pl. *fez*)
Le ***z*** se prononce, [fɛz]; le nom rime avec ***laize.***
Coiffure arabe. *Un fez et une djellaba.*

FF
Symbole de ***franc français.***
Depuis 2002, c'est l'euro qui est l'unité monétaire de la France.

f^g^
Abréviation de ***faubourg.***

FI ! interj.
(VX) (PLAISANT.) Interjection qui indique le dédain. *Fi ! c'est tout ce que vous trouvez à dire !*
T L'interjection est toujours suivie d'un point d'exclamation qui est souvent repris à la fin de la phrase. Si la phrase exclamative n'est pas complète, le mot qui suit le point d'exclamation s'écrit avec une minuscule initiale.
LOCUTION
– ***Faire fi de.*** Ne pas tenir compte de. *Il a fait fi de mes recommandations.* SYN. dédaigner; ignorer.

FIABILISER v. tr.
Rendre plus fiable. *Il importe de fiabiliser nos produits.* SYN. sécuriser.
CONJUGAISON : VOIR MODÈLE AIMER.

FIABILITÉ n. f.
1. Aptitude d'un appareil, d'un système, d'un ensemble à fonctionner sans défaillance dans des conditions spécifiques. *Cette voiture est d'une grande fiabilité.*
2. Qualité de la personne à qui on peut se fier.

FIABLE adj.
1. Se dit d'un appareil qui offre des garanties de fonctionnement sans défaillance pendant une période déterminée. *Une montre fiable.*
2. Digne de confiance, à qui on peut se fier. *Une amie fiable.* SYN. fidèle; sûr.

FIACRE n. m.
(ANCIENN.) Voiture à cheval qu'on louait. *Un cocher de fiacre.*

FIANÇAILLES n. f. pl.
Promesse mutuelle de mariage. *Une bague de fiançailles.*
Ce nom est toujours au pluriel.
fiançailles.

FIANCÉ, ÉE n. m. et f.
1. Personne qui s'est engagée par une promesse de mariage.
2. Conjoint, conjointe.

FIANCER v. tr., pronom.
VERBE TRANSITIF
Célébrer les fiançailles de. *Ils fiancent leur fille aînée.*
VERBE PRONOMINAL
Se promettre solennellement de s'épouser. *Ils se sont fiancés l'an dernier.*
À la forme pronominale, le participe passé de ce verbe s'accorde toujours en genre et en nombre avec son sujet. *Julien et Isabelle se sont fiancés.*
Le verbe se construit absolument ou avec les prépositions ***à, avec.*** *Il s'est fiancé à Juliette, avec Juliette.*
CONJUGAISON : VOIR MODÈLE AVANCER.
Le ***c*** prend une cédille devant les lettres ***a*** et ***o.*** *Il fiança, nous fiançons.*

FIASCO n. m.
Échec. *Des fiascos retentissants.* SYN. insuccès.

FIBRE n. f.
Filament souple et allongé d'une matière. *Fibre textile, fibre optique.*
LOCUTIONS
– ***Fibre alimentaire.*** Élément non digestible des aliments. *Les fibres alimentaires facilitent la digestion.*

– ***Fibre de verre.*** Matière constituée de fils de verre entrecroisés. *Ce matériau est de la* (et non *du) *fibre de verre. Une barque en fibre de verre.*
– ***Fibre optique.*** Support de transmission constitué d'un guide d'ondes en forme de filament, destiné à acheminer des signaux optiques. (AFNOR)

FIBREUX, EUSE adj.
Composé de fibres.

FIBRILLATION n. f.
(MÉD.) Contractions involontaires et inefficaces des fibres musculaires, et particulièrement de celles du muscle cardiaque.

FIBROME n. m.
Le **o** est fermé, [fibrom].
Tumeur formée par des tissus fibreux.
fibrome.

FIBROMYALGIE n. f.
Syndrome chronique caractérisé par une sensation de douleur ou de brûlure avec enraidissement matinal touchant principalement les tissus fibreux articulaires, et par un sentiment de fatigue profonde (GDT). *Les symptômes de la fibromyalgie les plus fréquents sont un sommeil non réparateur, des maux de tête, des troubles digestifs, un état dépressif, des spasmes musculaires, des douleurs au visage, des engourdissements, etc.*

FIBULE n. f.
Broche antique. *Des fibules d'or.*
fibule.

FICELÉ, ÉE adj.
1. Qu'on a attaché avec de la ficelle. *Une boîte ficelée.*
2. (FIG.) (FAM.) Dont la conception, la structure sont intéressantes, rigoureuses. *L'intrigue de ce roman policier est très bien ficelée : le lecteur est tenu en haleine jusqu'au dénouement. Un rapport mal ficelé, désorganisé.* SYN. construit.
LOCUTION
– ***Mal ficelé.*** Mal habillé, mal arrangé. SYN. fagoté.

FICELER v. tr.
Attacher avec de la ficelle. *La vendeuse ficelle le colis.*
CONJUGAISON : VOIR MODÈLE APPELER.
Redoublement du ***l*** devant un ***e*** muet. *Je ficelle, je ficellerai,* mais *je ficelais.*
[Les *Rectifications* (1990) admettent : il ficèle, ficèlera, ficèlerait...]

FICELLE n. f.
1. Petite corde pour attacher des paquets.
Ne pas confondre avec les noms suivants :
• ***amarre,*** ce qui sert à retenir un navire, un ballon ;
• ***câble,*** gros cordage de fibres textiles ou d'acier ;
• ***cordage,*** câble d'un navire, d'une machine, etc. ;
• ***corde,*** lien fait de brins tordus ensemble.
2. Pain de forme allongée correspondant à une demi-baguette.

FICHAGE n. m.
Action de mettre sur fiches. *Le fichage des données terminologiques.*

FICHE n. f.
Carton sur lequel on inscrit des renseignements en vue d'un classement. *Des fiches terminologiques.*

FICHER v. tr., pronom.
VERBE TRANSITIF
1. (FAM.) Faire. *Elle n'a rien fichu hier.*
2. (FAM.) Jeter dehors. *La direction les a fichées à la porte.* SYN. congédier ; renvoyer.
3. (FAM.) Donner. *Cette histoire me fiche la peur.*
4. Noter sur fiche, surtout de police. *Les détectives ont fiché les membres de ce groupe.*
VERBE PRONOMINAL
1. Se planter par la pointe. *La flèche s'est fichée dans le bras d'un passant.*
2. (FAM.) Se moquer de. *Il s'est fichu de moi, je m'en fiche.*
À la forme pronominale, le participe passé de ce verbe s'accorde toujours en genre et en nombre avec son sujet. *La pointe du couteau s'est fichée dans le tronc de l'arbre. Elle s'est fichue de sa meilleure amie.*
LOCUTIONS
– ***Ficher la paix.*** (FAM.) Laisser tranquille. *Fiche-moi la paix avec tes critiques.*
– ***Ficher le camp.*** (FAM.) *Ils ont fiché le camp sans prévenir.* SYN. décamper ; s'enfuir ; se sauver.
Aux sens familiers de « faire » et de « se moquer de », le participe passé de ce verbe est irrégulier, on dit ***fichu*** par analogie avec ***foutu.***
CONJUGAISON : VOIR MODÈLE AIMER.

FICHIER n. m.
1. Ensemble de fiches. *Les fichiers de la bibliothèque sont informatisés.*
2. (INFORM.) Ensemble de données informatiques mises en mémoire. *Quel est le nom de ton fichier ?*

FICHTRE ! interj.
(PLAISANT.) Interjection qui marque l'étonnement, l'admiration. *Fichtre ! ils sont arrivés à temps !*
L'interjection est toujours suivie d'un point d'exclamation qui est souvent repris à la fin de la phrase. Si la phrase exclamative n'est pas complète, le mot qui suit le point d'exclamation s'écrit avec une minuscule initiale.

FICHTREMENT adv.
(PLAISANT.) Extrêmement. *Il est fichtrement sympathique.*

FICHU, UE adj. et n. m.
ADJECTIF
1. (FAM.) Perdu, qui ne peut plus servir. *Une montre dans la piscine est une montre fichue.*
En ce sens, l'adjectif suit le nom.
2. (FAM.) Désagréable. *Ils ont de fichus caractères.* SYN. détestable ; mauvais.
En ce sens, l'adjectif précède le nom.
NOM MASCULIN
Carré d'étoffe plié en triangle qui couvre la tête et les épaules. *Des fichus de laine.* SYN. châle.

FICTIF, IVE adj.
Inventé. *Des identités fictives. Une histoire fictive.* SYN. imaginaire.
Ne pas confondre avec les mots suivants :
• ***fabuleux,*** qui tient de la fable, extraordinaire quoique réel ;
• ***légendaire,*** qui n'existe que dans les légendes.

FICTION n. f.
Création de l'imagination. *Ce scénario est une fiction, il ne décrit pas la réalité.*
LOCUTION
– ***Science-fiction.*** Fiction fondée sur les conséquences des progrès scientifiques de l'humanité.
Ne pas confondre avec le nom ***fission,*** division d'un noyau d'atome.

FICTIVEMENT adv.
Le ***e*** de la troisième syllabe ne se prononce pas, [fiktivmɑ̃].
De façon fictive.

FICUS n. m.
Le ***s*** se prononce, [fikys] ; le nom rime avec ***puce.***
Plante ornementale. *Un beau ficus pousse dans la serre.*

FIDÉICOMMIS n. m.
Le ***s*** est muet, [fideikɔmi] ; le nom rime avec ***mi.***
(DR.) Don ou legs fait à une personne afin qu'elle le remette à une autre à un moment déterminé (souvent à sa mort).
fidéicommis.

FIDÈLE adj. et n. m. et f.
ADJECTIF
1. Loyal. *Un ami fidèle.* SYN. sincère ; sûr.
2. Constant dans ses goûts, ses idées. *Elle est fidèle à ses habitudes.*
3. Conforme à. *Une traduction fidèle, un récit fidèle à la vérité.* SYN. exact.
NOM MASCULIN ET FÉMININ
1. Personne qui appartient à un groupe, qui participe assidûment à ses activités. *Elle est une fidèle de ces concerts.*
2. Personne qui professe une religion, qui appartient à un groupe. *Les fidèles de l'Église catholique.*
fidèle.

FIDÈLEMENT adv.
Le ***e*** de l'avant-dernière syllabe ne se prononce pas, [fidɛlmɑ̃].
De façon fidèle. *Le chien Filou la suit fidèlement.*
fidèlement.

FIDÉLISATION n. f.
Action de fidéliser des consommateurs.

FIDÉLISER v. tr.
Obtenir la fidélité d'une clientèle à un produit, à un service, à une marque, etc., par des prix étudiés, des avantages divers proposés aux bons clients.
CONJUGAISON : VOIR MODÈLE AIMER.

FIDÉLITÉ n. f.
1. Qualité d'une personne, d'une chose fidèle. *La fidélité d'un ami, la fidélité à une promesse.* SYN. attachement ; constance.
2. Conformité, exactitude. *La fidélité d'un récit.*
fidélité.

FIDUCIAIRE adj. et n. m. et f.
ADJECTIF
(ÉCON.) Fondé sur la confiance. *Une monnaie de papier est une monnaie fiduciaire.*
NOM MASCULIN ET FÉMININ
(DR.) Personne, société chargée de remettre des biens en vertu d'un fidéicommis.

FIDUCIE n. f.
Régime juridique au titre duquel des biens constituent un patrimoine distinct détenu par une personne au bénéfice d'une autre (Recomm. off.). *Dans notre droit, une fiducie ne peut être créée que par donation, par testament ou par la loi.*
L'administration d'une fiducie consiste essentiellement en la gestion de biens d'autrui, notamment en la garde de valeurs, la perception de revenus et leur répartition conformément à l'acte de fiducie, à la tenue des registres du fonds en fiducie, à la production de feuillets d'impôt sur le revenu et à la gestion de placements du fonds en fiducie.
LOCUTIONS
– ***En fiducie.*** Se dit d'un bien confié à une personne physique ou morale qui doit en assurer la garde et la gestion jusqu'au moment où elle devra le restituer en conformité avec les instructions données par le disposant. *Remettre une somme en fiducie* (et non *in trust) *à un notaire.*
Cette expression tend à remplacer celle de ***en fidéicommis.***
– ***Société de fiducie.*** Entreprise chargée de l'administration de biens pour le compte de personnes morales ou physiques.
Ce terme tend à remplacer le mot ***fidéicommis,*** que l'on trouve dans le Code civil.
fiducie.

FIEF n. m.
Le ***f*** final se prononce, [fjɛf] ; le nom rime avec ***nef.***
1. Au Moyen Âge, domaine confié par le seigneur à son vassal en échange de sa fidélité.
2. Domaine réservé. *Des fiefs électoraux.* SYN. château fort.

FIEFFÉ, ÉE adj.
Qui possède un défaut au plus haut point. *Un fieffé menteur.* SYN. consommé ; (FAM.) sacré.
L'adjectif précède généralement le nom.
fieffé.

FIEL n. m.
1. Bile de certains animaux.
2. (FIG.) Amertume, animosité.

FIELLEUX, EUSE adj.
(LITT.) Rempli d'acrimonie, d'amertume. *Une critique fielleuse.*

FIENTE n. f.
Excrément (d'oiseau).

FIER, FIÈRE adj. et n. m. et f.
ADJECTIF
1. Digne, noble. *Elle a fière allure. Une démarche fière et majestueuse.*
2. Qui tire une vive satisfaction de. *Il est fier de son travail. Elle est fière de ses enfants.* SYN. content ; satisfait.
3. Prétentieux, méprisant. *Un ton fier.* SYN. arrogant ; hautain ; orgueilleux.
NOM MASCULIN ET FÉMININ
Prétentieux, orgueilleux. *Faire la fière, le fier.*

FIER (SE) v. pronom.
Mettre sa confiance en. *Elles se sont fiées à lui. Il se fie à sa rapidité. Ne vous y fiez pas.* SYN. compter sur ; s'en remettre à ; se reposer sur ; tabler sur.
Le verbe ne se construit plus qu'avec la préposition ***à.*** La construction avec la préposition ***sur*** est vieillie. On dira cependant ***compter sur.***
Le participe passé de ce verbe, qui n'existe qu'à la forme pronominale, s'accorde toujours en genre et en nombre avec son sujet. *Ils se sont fiés à ses promesses.*
CONJUGAISON : VOIR MODÈLE ÉTUDIER.
Redoublement du ***i*** à la première et à la deuxième personne du pluriel de l'indicatif imparfait et du subjonctif présent. *(Que) nous nous fiions, (que) vous vous fiiez.*

FIER-À-BRAS n. m. (pl. *fiers-à-bras* ou *fier-à-bras*)
Fanfaron qui cherche à se faire redouter. *Des fier(s)-à-bras tentaient d'intimider les candidats.*

FIÈREMENT adv.
Le ***e*** central ne se prononce pas, [fjɛrmɑ̃].
De façon fière, avec fierté. *Ils arborent fièrement leurs trophées.*

FIERTÉ n. f.
1. Amour-propre. *Il a trop de fierté pour accepter cette offre.*
2. Satisfaction légitime. *Elle contemple avec fierté son jardin fleuri.* SYN. contentement.

FIESTA n. f.
(FAM.) Fête. *Des fiestas joyeuses. Faire la fiesta.*

FIÈVRE n. f.
1. Élévation anormale de la température du corps. *Simon a de la fièvre : le thermomètre indique 40 °C.* SYN. température.
2. (FIG.) État de tension, animation. *La fièvre des préparatifs de voyage.* SYN. agitation ; excitation ; fébrilité.
FORMES FAUTIVES
*faire de la fièvre. Impropriété pour ***avoir de la fièvre, se sentir fiévreux.***
*fièvre des foins. Calque de «*hay fever*» pour ***rhume des foins.***
fièvre.

FIÉVREUSEMENT adv.
Le ***e*** de l'avant-dernière syllabe ne se prononce pas, [fjevrøzmɑ̃].
De façon fiévreuse. *Les enfants se préparent fiévreusement à la fête.* SYN. fébrilement.
fiévreusement.

FIÉVREUX, EUSE adj. et n. m. et f.
1. Qui a de la fièvre. *Il est fiévreux.* SYN. fébrile.
Fiévreux et ***fébrile*** constituent des doublets : l'adjectif ***fiévreux*** est le mot courant, alors que l'adjectif ***fébrile*** est la forme savante qui appartient à la langue de la médecine.
VOIR TABLEAU – DOUBLETS.
2. Inquiet, angoissé. *Une recherche fiévreuse.*
3. Qui est dans un état d'intense activité. *« Après l'activité fiévreuse de la moisson, il faisait bon flâner un peu »* (Ringuet, *Trente Arpents*).
fiévreux.

FIFRE n. m.
1. Petite flûte traversière au son aigu. *Au son des fifres et des tambours.*
2. Personne qui en joue.
fifre.

FIFRELIN n. m.
(VX) Petite chose sans valeur. SYN. babiole; broutille; rien.
LOCUTION
– ***Cela ne vaut pas un fifrelin.*** Cela ne vaut rien.
Ce nom ne s'emploie que dans l'expression citée.

fig.
Abréviation de ***figure***, de ***figuré***.

FIGER v. tr., pronom.
VERBE TRANSITIF
1. Rendre solide. *Le froid figeait l'étang.*
2. Rendre sans réaction, immobile. *Cette vision étonnante les figea un moment.* SYN. immobiliser; paralyser; pétrifier.
VERBE PRONOMINAL
S'immobiliser. *Ils se sont figés en apercevant le voleur.*
À la forme pronominale, le participe passé de ce verbe s'accorde toujours en genre et en nombre avec son sujet. *Placée dans le réfrigérateur, la vinaigrette s'est figée.*
LOCUTION
– ***Locution figée.*** Expression toute faite dont on ne peut modifier les mots. *L'expression* mi-figue, mi-raisin *est une locution figée qui signifie « ni bon ni mauvais ».*
VOIR TABLEAU – LOCUTIONS.
VOIR TABLEAU – LOCUTIONS FIGÉES.
CONJUGAISON : VOIR MODÈLE CHANGER.
Le ***g*** est suivi d'un ***e*** devant les lettres ***a*** et ***o***. *Il figea, nous figeons.*

FIGNOLAGE n. m.
Action de fignoler. *Le fignolage d'un travail.*

FIGNOLER v. tr.
(FAM.) Parfaire avec un soin minutieux. *Maman fignole la décoration de la maison.* SYN. peaufiner; raffiner; soigner.
CONJUGAISON : VOIR MODÈLE AIMER.

FIGUE n. f.
Fruit du figuier. *Au Québec, on mange parfois des figues fraîches, mais le plus souvent, elles sont séchées.*
LOCUTION
– ***Mi-figue, mi-raisin.*** Ni bon ni mauvais. *Des sourires mi-figue, mi-raisin.*
La locution figée exprime un mélange de satisfaction et de mécontentement.

FIGUIER n. m.
Arbre des pays chauds dont le fruit est la figue.

FIGURANT, ANTE n. m. et f.
Personnage accessoire, généralement muet (au cinéma, au théâtre). *Le réalisateur explique la scène aux figurants.*
Ne pas confondre avec le participe présent invariable ***figurant***. *J'ai lu trois articles figurant dans ce magazine.*

FIGURATIF, IVE adj. et n. m.
ADJECTIF
Qui représente quelque chose. *Une œuvre figurative.*
NOM MASCULIN
Créateur qui pratique l'art figuratif. *Préférer les figuratifs aux abstraits.*

FIGURATION n. f.
1. Action de figurer quelqu'un, quelque chose; résultat de cette action. *La figuration d'une activité à l'aide d'une icône.*
2. Rôle de figurant. *Faire de la figuration.*

FIGURE n. f.
1. Forme du visage humain. *Faire une drôle de figure. Elle s'est lavé la figure.*
Dans l'usage courant, le nom ***figure*** a remplacé ***face*** et ***visage***, qui ne s'emploient plus que dans certaines expressions.
2. Personnage important de l'histoire. *Samuel de Champlain, Maisonneuve et Jeanne Mance sont des figures marquantes de la Nouvelle-France.*
3. Illustration d'un livre. *Liste des figures.*
T Le nom s'abrège en ***fig.*** lorsqu'il est suivi d'un nombre ou d'une lettre, dans les renvois entre parenthèses et dans les notes *(Fig. 4 – Diagramme).*
4. Mode d'expression à valeur stylistique. *Les figures de rhétorique. La métaphore est une figure ou un emploi figuré.*
5. (GÉOM.) Représentation de surfaces, de volumes par des traits. *Des figures géométriques variées : triangle, carré, rectangle, cercle.*
LOCUTIONS
– ***Faire bonne figure, triste figure.*** Se montrer à la hauteur de sa tâche, au-dessous de sa tâche.
– ***Faire figure de.*** Paraître. *Ils font figure de personnes désintéressées.* SYN. sembler.
Dans ces expressions, le nom ***figure*** est invariable.
– ***Figure de proue.*** (FIG.) Personnalité marquante. SYN. (FIG.) chef de file.

FIGURÉ, ÉE adj.
Abréviation ***fig.***
Qui est composé d'une figure, d'un dessin. *Le schéma figuré d'une école.*
LOCUTION
– ***Sens figuré.*** Signification d'un mot exprimée par une image. *Lorsqu'on dit d'une personne qu'elle est au sommet de sa carrière, on emploie le nom* sommet *au sens figuré, c'est-à-dire comme une image, une comparaison, pour signifier le point le plus haut, le plus élevé.* ANT. sens propre.
VOIR TABLEAU – FIGURÉS (EMPLOIS).

FIGURÉMENT adv.
Au sens figuré. *Il avait employé ce nom figurément.*

FIGURER v. tr., intr., pronom.
VERBE TRANSITIF
Représenter par un dessin, une figure, un symbole. *Figurer la paix par une colombe.* SYN. symboliser.
VERBE INTRANSITIF
Se trouver. *Ce mot ne figure pas dans le dictionnaire. La nouvelle figurait à la première page de tous les journaux.*
VERBE PRONOMINAL
S'imaginer. *Tu rêves si tu te figures qu'il suivra nos conseils.* SYN. croire.
À la forme pronominale, le participe passé de ce verbe s'accorde en genre et en nombre avec le complément direct si celui-ci le précède. *Cette maison de campagne qu'il s'était figurée plus ancienne.* Le participe passé reste invariable si le complément direct suit le verbe. *Ils se sont figuré qu'ils y arriveraient.*
FORME FAUTIVE
*figurer. Anglicisme au sens de ***calculer, estimer, évaluer, imaginer, prévoir.***
CONJUGAISON : VOIR MODÈLE AIMER.

EMPLOIS **FIGURÉS**

Mode d'expression de la réalité ou des idées à l'aide d'images (sens figuré) plutôt qu'avec les mots courants ou les expresssions habituelles de la langue (sens propre).

Pour la fermeture des piscines l'été prochain, le maire a évité de se mouiller.

Dans cette phrase, le verbe ***se mouiller*** a la signification suivante : le maire n'a pas cherché à se protéger de la pluie, de l'eau **(sens propre)**, mais plutôt il n'a pas voulu donner son avis, se compromettre **(sens figuré)**.

- **Quelques exemples :** *Être dans la lune* (pour « être distrait »).
  Mettre un copain en boîte (pour « se moquer de lui »).
  ⚜ *Accrocher ses patins* (pour « cesser ses activités »).
  Verser des larmes de crocodile (pour « faire semblant de pleurer »).
  Être suspendu aux lèvres de quelqu'un (pour « écouter attentivement »).

Les emplois figurés frappent l'imagination, ils sont expressifs, vivants, colorés et ils permettent de communiquer un message de façon très efficace. Les poètes, les écrivains, les auteurs de textes et de chansons privilégient les **emplois figurés** appelés aussi **figures de style**. Ces auteurs enrichissent constamment la langue en créant de nouveaux sens figurés.

Quand Félix Leclerc chante : « Moi, mes souliers ont beaucoup voyagé... », c'est une image qu'il emploie pour dire qu'il a parcouru de grandes distances à pied, une image qui reste dans notre mémoire.

IL Y A PLUSIEURS TYPES D'EMPLOIS FIGURÉS :

- **La comparaison** Rapprochement entre des êtres, des idées, des objets.
  Ce cheval est rapide comme l'éclair. Un enfant blond comme les blés.
  Elle s'élança telle une gazelle. Ainsi qu'un jeune chien, il gambadait.
  La comparaison est introduite par ***comme, ainsi que, de même que...***
- **La métaphore** Remplacement d'un sens premier par un sens imagé, comparaison sous-entendue.
  Être sur la corde raide (pour « être en danger »).
  Mettre la main à la pâte (pour « participer, travailler soi-même à quelque chose »).
  La métaphore (ou comparaison sous-entendue) n'est pas introduite par ***comme, ainsi que, de même que...***
- **L'hyperbole** ou **exagération** Emploi volontaire d'un mot qui a un sens très fort pour frapper l'imagination.
  Je meurs de faim (pour « j'ai une grande faim »).
  Merci mille fois (pour « merci beaucoup »).
  Pleurer toutes les larmes de son corps (pour « avoir beaucoup de chagrin »).
- **La litote** ou **atténuation** Emploi volontaire d'un mot, d'une expression dont le sens est faible pour dire plus.
  Elle n'est pas bête (pour « elle est intelligente, astucieuse »).
  Je ne le déteste pas (pour « il me plaît »).
- **L'euphémisme** Adoucissement d'un mot trop brutal, d'une expression trop cruelle.
  Ton chien est au paradis (pour « il est mort »).
  Les aînés (pour « les personnes âgées »).
- **L'allégorie** Personnification de choses abstraites.
  Le bonhomme hiver a déposé son blanc manteau.
- **La synecdoque** Expression de la partie pour le tout.
  Être sans toit (pour « être sans maison »).
  Expression de l'espèce pour le genre.
  Les mortels (pour « les hommes »).
  Expression du singulier pour le pluriel.
  Le cultivateur (pour « les cultivateurs »).
- **La métonymie** Expression du contenant pour le contenu.
  Mange ton assiette (pour « mange ton repas »).
  Expression de la cause pour l'effet.
  Il est né sous une bonne étoile (pour « il réussit bien »).
  Expression de l'effet pour la cause.
  Boire la mort (pour « boire une potion mortelle »).

F

FIGURINE n. f.
Sculpture dont la hauteur est inférieure à 25 cm. *Des figurines de Mickey Mouse et de Tintin.*
Les dimensions d'une ***statue*** égalent la moitié au moins de la taille naturelle. Une sculpture qui a entre 25 et 80 cm de hauteur est une ***statuette***, et si sa hauteur est inférieure à 25 cm, on la nomme ***figurine.***

FIL n. m.
1. Brin long et fin d'une matière textile. *Un fil blanc.*
2. Longue bande métallique. *Un fil de fer, un fil électrique.*
3. Courant. *Le fil de l'eau.*
4. (FIG.) Enchaînement logique. *Le fil d'une conversation, le fil des jours.*
LOCUTIONS
– ***Coup de fil.*** Coup de téléphone. *Donne-moi un coup de fil ce soir.* SYN. appel ; communication téléphonique.
– ***De fil en aiguille.*** Petit à petit.
– ***Ne tenir qu'à un fil.*** (FIG.) Être très fragile.
– ***Sans fil,*** loc. adj. Se dit d'un appareil qui peut transmettre des signaux sans le recours à des câbles, des fils. *Des téléphones sans fil.*
La locution adjective s'écrit sans trait d'union ; le nom, avec un trait d'union. *Un sans-fil.*
HOM. ***file,*** suite.

FILAGE n. m.
1. Opération qui consiste à transformer en fil des fibres textiles ou une matière synthétique. *Le filage de la soie, du lin. Il importe de maintenir vivants ces savoirs que sont le filage et le tissage.*
2. Au théâtre, répétition en costumes. *Le filage a déjà eu lieu, mais il peut y avoir des modifications jusqu'au dernier moment.*
FORME FAUTIVE
*filage. Anglicisme pour ***câblage électrique.***

FILAMENT n. m.
1. Fil très fin.
2. Fil conducteur d'une lampe électrique. *Le filament d'une ampoule.*
filament.

FILANDREUX, EUSE adj.
Rempli de fibres longues et coriaces. *Une viande filandreuse.*
SYN. fibreux.

FILANT, ANTE adj.
Qui apparaît et disparaît rapidement. *Une étoile filante.*

FILASSE adj. inv. et n. f.
NOM FÉMININ
Matière textile végétale.
ADJECTIF DE COULEUR INVARIABLE
D'un blond fade. *Des cheveux filasse.*
VOIR TABLEAU – COULEUR (ADJECTIFS DE).

FILATURE n. f.
1. Établissement où l'on tisse les matières textiles. *Une filature de coton.*
2. Action de suivre une personne soupçonnée de quelque chose pour l'observer. *Il a fait l'objet d'une filature.*

FILE n. f.
Suite de personnes ou de choses disposées l'une après l'autre. *Une file d'attente.*
LOCUTIONS
– ***À la file, en file, en file indienne.*** L'un derrière l'autre.
– ***Chef de file.*** (FIG.) Personne qui vient en premier dans un groupe. *Des chefs de file innovateurs.* SYN. (FIG.) figure de proue.
– ***En double file.*** Se dit d'une voiture qui s'arrête le long de la file des voitures déjà garées. *Il est interdit de se garer en double file.*
HOM. ***fil,*** brin long et fin.

FILER v. tr., intr.
VERBE TRANSITIF
1. Transformer en fil. *Filer de la laine.*
2. Suivre. *Ils sont filés par un détective.*
VERBE INTRANSITIF
1. S'en aller rapidement. *La voiture file à toute allure.*
2. Disparaître rapidement. *Le temps file, l'argent lui file entre les doigts.*
LOCUTIONS
– ***Filer à l'anglaise.*** S'enfuir. *Les prisonniers ont filé à l'anglaise.* SYN. s'esquiver ; (FAM.) prendre la poudre d'escampette.
– ***Filer doux.*** Être docile. *Après cette mise au point, elles ont filé doux.*
– ***Filer un mauvais coton.*** Ne pas être en forme.
FORMES FAUTIVES
*filer (bien, mal). Calque de «*to feel (good, bad)*» au sens de ***se sentir, aller (bien, mal).***
*ne pas filer. Anglicisme au sens de ***se sentir mal en point, aller mal, ne pas être en forme.***
CONJUGAISON : VOIR MODÈLE AIMER.

FILET n. m.
1. Réseau composé de mailles entrecroisées. *Des filets de pêche. Un filet à provisions. Un filet de sécurité.*
2. Réseau de fils tendus au milieu d'un terrain (de tennis, de volley-ball, etc.), d'une table (ping-pong). *Monter au filet* (et non au *net). *Filet !*
3. Écoulement fin de quelque chose. *Un filet d'eau, de voix, de fumée.*
4. Morceau tendre et charnu du bœuf, du veau, du mouton, d'un poisson. *Un filet de sole, des filets mignons.*
LOCUTIONS
– ***Coup de filet.*** (FIG.) Opération policière destinée à capturer des suspects. *Cette descente chez les motards a donné lieu à un beau coup de filet.*
– ***Passer à travers les mailles du filet.*** (FIG.) Échapper à un contrôle.
– ***Travailler sans filet.*** (FIG.) Par allusion au filet tendu sous les acrobates, s'exposer à un danger, prendre des risques.

FILETAGE n. m.
Le ***e*** central ne se prononce pas, [filtaʒ].
Partie filetée (d'une vis).

FILETER v. tr.
Faire le filetage de (une vis, un écrou, etc.).
CONJUGAISON : VOIR MODÈLE CONGELER.
Le ***e*** se change en ***è*** devant une syllabe contenant un ***e*** muet. *Je filète,* mais *nous filetons.*

FILIAL, IALE, IAUX adj.
Propre à l'enfant par rapport à ses parents. *Des sentiments filiaux.*

FILIALE n. f.
Unité de production décentralisée, juridiquement indépendante et dotée d'une complète autonomie de gestion, mais placée sous la direction d'une société mère qui possède la majorité de ses actions. *Cette entreprise est la filiale québécoise d'une multinationale.*
Ne pas confondre avec le nom ***succursale,*** établissement n'ayant pas d'existence juridique indépendante. *La Société des alcools a plusieurs succursales.*
filiale.

FILIALEMENT adv.
D'une manière filiale.

FILIATION n. f.
1. Lien qui unit une personne à son père ou à sa mère. *Une filiation maternelle.*
2. Lignée, descendance.

***FILIBUSTER**
Anglicisme pour ***obstruction*** (systématique) ***d'un débat parlementaire.***

FILIÈRE n. f.
1. Ensemble des étapes à franchir pour atteindre un résultat, des degrés d'une hiérarchie. *Suivre la filière.*
2. Réseau. *La filière colombienne de trafiquants.*
FORME FAUTIVE
*filière. Anglicisme au sens de ***classeur.***

FILIFORME adj.
Mince comme un fil. *Ce garçon est filiforme.*
filiforme.

FILIGRANE n. m.
Dessin que l'on peut voir en transparence.
LOCUTION
– ***En filigrane.*** À l'arrière-plan. *Voir un motif en filigrane.*
Attention au genre masculin de ce nom : ***un*** filigrane.
filigrane.

FILIN n. m.
Cordage. *Des filins de nylon.*

FILLE n. f.
1. Personne du sexe féminin considérée par rapport à sa mère, à son père (par opposition à ***fils***). *Sa fille se nomme Marie-Ève.*
2. Enfant du sexe féminin (par opposition à ***garçon***). *Dans la classe, il y a 13 filles et 12 garçons.*
LOCUTIONS
– ***Jeune fille.*** Adolescente.
– ***Petite fille.*** Fillette. *Du côté des petites filles.*

FILLETTE n. f.
1. Petite fille. *Des fillettes turbulentes.*
2. (FAM.) Demi-bouteille, utilisée surtout pour les vins d'Anjou.

FILLEUL, EULE n. m. et f.
Se dit d'une personne par rapport à son parrain et à sa marraine. *Fanny est sa filleule.*

FILM n. m.
1. Pellicule photographique. *Un film de 24 poses.*
2. Œuvre cinématographique. *Des films d'aventures. Visionner un excellent film. Des films en couleurs.*
3. Fine pellicule d'un produit recouvrant une surface. *Un film protecteur.*

FILMAGE n. m.
Tournage d'un film. *Le filmage durera trois mois.*

FILMER v. tr.
Enregistrer sur film. *On a filmé le carnaval.*
CONJUGAISON : VOIR MODÈLE AIMER.

FILON n. m.
1. Couche de minerai dans le sol. *Un filon d'or.*
2. (FIG.) Source de réussite. *Trouver un filon, une idée de génie.*

FILOU n. m.
1. (FAM.) Personne malhonnête. *Ce sont des filous, des escrocs.* SYN. bandit.
2. Enfant espiègle. *Félix est un petit coquin, un filou.* SYN. coquin.

FILOUTER v. tr.
(FAM.) Voler avec adresse.
CONJUGAISON : VOIR MODÈLE AIMER.

FILS n. m.
Personne de sexe masculin considérée par rapport à sa mère, à son père (par opposition à ***fille***). *Son fils s'appelle Étienne.*
LOCUTIONS
– ***De père en fils.*** De génération en génération. *Ils dirigent cette entreprise de père en fils.*
– ***Tel père, tel fils.*** (Proverbe) Le fils ressemble souvent à son père.

FILTRAGE n. m.
1. Action de filtrer. *Le filtrage de l'eau.*
2. (FIG.) Contrôle minutieux. *Le filtrage des candidats à un poste.*

FILTRANT, ANTE adj.
Qui sert à filtrer. *Des verres filtrants.*
Ne pas confondre avec le participe présent invariable ***filtrant.*** *Le chat joue avec les rayons filtrant à travers la fenêtre.*

FILTRATION n. f.
Passage d'un fluide à travers un filtre. *La filtration de l'eau.*

FILTRE n. m.
1. Dispositif qui laisse passer un fluide en retenant les impuretés, les morceaux qu'il contient. *Un filtre à café. Un filtre* (et non *filtreur) *à huile.*
2. Dispositif servant à filtrer des éléments indésirables. *Un filtre optique, acoustique.*
HOM. ***philtre,*** boisson magique.

FILTRER v. tr., intr.
VERBE TRANSITIF
1. Faire passer à travers un filtre. *Filtrer de l'eau, un bouillon.*
2. (FIG.) Soumettre à un tri. *Filtrer les candidats, les appels.* SYN. sélectionner.
VERBE INTRANSITIF
Passer à travers, se tamiser. *Le soleil filtre à travers les branches.*
CONJUGAISON : VOIR MODÈLE AIMER.

***FILTREUR**
Impropriété pour ***filtre (à huile).***

FIN, FINE adj., adv. et n. f.
ADJECTIF
1. Dont les éléments sont extrêmement petits. *Du sucre fin. « ma province de sang aux rivières fines comme des cheveux »* (Pierre Nepveu, *Lignes aériennes*).
2. Délicat, gracieux. *Une taille fine, des traits fins.*
3. Pur, véritable. *De l'or fin, des pierres fines.*
4. De qualité supérieure. *De la porcelaine fine. Des vins fins.*
5. Malin, vif. *Un esprit très fin.* SYN. perspicace; raffiné; subtil.
6. ⚜ (FAM.) Gentil, sympathique. *Comme Catherine est fine : elle m'a offert un bouquet de lilas !* SYN. aimable; attentionné.
ADVERBE
1. Finement. *Ces grains doivent être moulus fin.*
2. Tout à fait. *Ils sont fin prêts. Elle est fin seule.* SYN. complètement; totalement.
Pris adverbialement, le mot est invariable.
NOM FÉMININ
1. Moment, lieu où se termine quelque chose. *La fin des vacances. La fin de la route. Vive la fin des cours ! Elle a aimé ce livre du début à la fin.* ANT. début.
2. But, chose à réaliser. *À des fins économiques.* SYN. objectif; visée.
LOCUTIONS
– ***À cette fin, à ces fins.*** Pour parvenir à ce résultat, pour réaliser ce qu'on propose.
– ***À la fin de, en fin de*** (matinée, journée...). Cette locution marque la fin d'une période. *Nous discuterons à la fin de la réunion.*
Dans la langue soignée, on évitera la construction sans préposition, qui appartient à la langue commerciale. *Ces produits seront vendus fin septembre.*
– ***Arriver à ses fins.*** Atteindre son but.
– ***À seule fin de, que.*** Uniquement pour. *À seule fin de bien paraître. À seule fin qu'il soit bien informé.*
La locution se construit avec la préposition ***de*** suivie de l'infinitif ou avec la conjonction ***que*** suivie du subjonctif.
Dans ces locutions, le nom est au singulier.
– ***À toutes fins utiles.*** Au cas où, pour servir le cas échéant.

☞ Cette locution n'est pas l'équivalent français de l'expression «*for all practical purposes*», qui se traduit par ***en pratique, pratiquement.***
– ***Aux fins de.*** Pour les besoins de. *Aux fins d'échange d'informations financières. Des avions embarqués avaient pour mission d'approcher au plus près le nuage radioactif aux fins d'observation. Une meilleure circulation des spectacles, aux fins de conquérir de nouveaux publics. « Au nom de quel principe pourrait-on demander à la Chine et à l'Inde de limiter leur dynamisme économique aux fins de réduire leur prélèvement sur les ressources naturelles de la planète ? »* (*Le Monde*).
∽ La locution est suivie d'un nom d'action ou d'un verbe.
– ***En fin de compte.*** En résumé, finalement.
– ***Fin de non-recevoir.*** Refus. *Opposer des fins de non-recevoir.*
– ***Fin de semaine.*** ⚜ Congé du samedi et du dimanche. *Je te verrai en fin de semaine.* SYN. week-end.
– ***Fin de série.*** Produit dont l'approvisionnement n'est plus assuré. *En janvier, les articles de fin de série* (et non *discontinués) *seront soldés.* SYN. article sans suite.
– ***Fines herbes.*** Herbes aromatiques. *Un bouquet de fines herbes provençales.*
– ***La fin justifie les moyens*** (Proverbe). Tous les moyens sont bons pour atteindre son but.
– ***Le fin fond des bois.*** ⚜ La limite, le coin le plus reculé de la forêt. *Les bûcherons travaillaient dans le fin fond des bois.*
– ***Mener à bonne fin.*** Réussir.
– ***Mettre fin.*** Terminer. *Mettre fin au combat.*
– ***Prendre fin.*** Finir. *Les épreuves ont pris fin.* SYN. se terminer.
– ***Sans fin.*** Sans arrêt, continuellement.
– ***Tirer, toucher à sa fin.*** Se terminer, s'épuiser. *Les réserves tirent à leur fin.*

FORMES FAUTIVES

*à toutes fins pratiques. Calque de «*for all practical purposes*» pour ***en pratique, pratiquement.***
*pour les fins de, pour fins de. Calque de «*for the purpose of*» pour ***aux fins de, pour.***

HOM.
• ***faim,*** besoin et désir de manger ;
• ***fine,*** eau-de-vie.

FINAL, ALE, ALS ou **AUX** adj.
Qui est à la fin. *Des examens finals* ou *finaux. Une consonne finale.*
☞ Au masculin pluriel, les formes ***finals*** et ***finaux*** sont admises l'une et l'autre.

LOCUTION
– ***Point final.*** Fin définitive. *Ceci mettra un point final à notre discussion.*

FORMES FAUTIVES
*décision finale. Calque de «*final decision*» pour ***décision sans appel, irrévocable.***
*jugement final. Calque de «*final judgment*» pour ***jugement définitif, jugement sans appel, irrévocable.***
*vente finale. Calque de «*final sale*» pour ***vente ferme.***
*version finale. Calque de «*final version*» pour ***texte définitif, version définitive.***

FINALE n. m. et f.
NOM FÉMININ
1. Dernière syllabe ou dernière lettre d'un mot. *Une finale en* e.
2. Dernière épreuve d'une compétition par élimination. *Arriver en finale. La finale de hockey.*
NOM MASCULIN
Dernier mouvement d'une œuvre musicale (sonate, symphonie, etc.). *Le finale* ou *final d'une sonate.*
☞ En ce sens, le nom est masculin et s'écrit ***finale*** ou ***final.***

FINALEMENT adv.
À la fin, en définitive. *Ils hésitaient et, finalement, ils ont accepté.*

FINALISATION n. f.
Action de finaliser.

FINALISER v. tr.
1. Donner un but, une finalité à.
2. Achever, mettre au point quelque chose de manière détaillée. *Finaliser une proposition.* SYN. parachever.
☞ Ce néologisme est critiqué par plusieurs auteurs. On pourra lui préférer ***mettre au point, terminer, achever, mettre la dernière main à.***
CONJUGAISON : VOIR MODÈLE AIMER.

FINALISTE n. m. et f.
Personne qui participe à une épreuve finale. *Les finalistes du concours international.*

FINALITÉ n. f.
But auquel tend chaque chose.

FINANCE n. f.
1. Activité bancaire, boursière. *Le monde de la finance.* SYN. affaires.
2. Science de la gestion des biens. *Étudier la finance.*
3. (AU PLUR.) Ensemble des recettes et des dépenses d'un État. *Le ministère des Finances.*
LOCUTION
– ***Haute finance.*** Ensemble des financiers importants.

FINANCEMENT n. m.
Action de financer quelque chose, de trouver les fonds nécessaires. *Le financement de ce voyage est assuré par les étudiants.*

FINANCER v. tr.
Fournir l'argent nécessaire à quelque chose. *Ils travaillent l'été pour financer leurs études.* SYN. payer.
CONJUGAISON : VOIR MODÈLE AVANCER.
Le **c** prend une cédille devant les lettres ***a*** et ***o.*** *Il finança, nous finançons.*

FINANCIER, IÈRE adj. et n. m. et f.
ADJECTIF
Relatif aux finances, à l'argent. *Une analyste financière.*
NOM MASCULIN ET FÉMININ
Spécialiste des opérations bancaires, boursières. *Des financiers compétents.*

FINANCIÈREMENT adv.
Relativement aux ressources financières.

FINASSER v. intr.
User de ruse.
CONJUGAISON : VOIR MODÈLE AIMER.

FINAUD, AUDE adj. et n. m. et f.
Fin, rusé sous un air simple. SYN. astucieux ; malin.
✎ finaud.

FIN DE SEMAINE n. f.
⚜ Congé du samedi et du dimanche. *Bonne fin de semaine ! Des fins de semaine.* SYN. week-end.

FINE n. f.
Eau-de-vie de qualité supérieure. *Une fine champagne.*

FINEMENT adv.
Avec finesse et esprit. *Elle répondit très finement à sa question.*

FINESSE n. f.
1. Délicatesse. *La finesse d'un dessin.*
2. Possibilité de saisir les nuances. *Finesse d'esprit.*
☞ Ne pas confondre avec les noms suivants :
• ***esprit,*** vivacité de l'intelligence ;
• ***génie,*** faculté créatrice ;
• ***ingéniosité,*** habileté à inventer des solutions ;
• ***talent,*** aptitude naturelle.

FINETTE n. f.
Tissu de coton dont l'envers est pelucheux. *Une chemise de nuit en finette* (et non en *flanellette).

FINI, IE adj. et n. m.
ADJECTIF
Achevé. *Un produit fini.*
En tête de phrase, l'adjectif ***fini*** peut s'accorder ou non. *Finies les folies* ou *fini les folies (c'est fini les folies).*
NOM MASCULIN
Aspect. *Le fini de ce meuble est brillant.*

FINIR v. tr., intr.
VERBE TRANSITIF
1. Terminer. *La petite a fini ses devoirs. Elle a fini de travailler.* SYN. achever.
2. Constituer la fin de. *Ce dessert somptueux finit bien le repas.* SYN. conclure ; terminer.
3. Prendre en entier. *Ne finis pas la tarte, laisse-lui-en un peu.*
VERBE INTRANSITIF
1. Arriver à sa fin. *Les vacances finissent bientôt. Le sentier finit ici.* SYN. s'achever.
2. Se terminer. *Ève aime les films qui finissent bien.*
En début de phrase, le participe passé ***fini*** peut s'accorder ou rester invariable. *Finies les folies* ou *fini les folies.*
LOCUTIONS
– ***À n'en plus finir.*** Interminable. *Des explications à n'en plus finir.*
Cette expression a un sens défavorable.
– ***Finir par.*** Réussir finalement. *Ils finiront bien par gagner.*
Cette construction marque la conclusion d'une suite d'actions antérieures. *Il a fini par accepter.*
FORME FAUTIVE
*lutte, combat à finir. Calque de «*fight to a finish*» pour ***lutte, combat à mort, sans merci.***
CONJUGAISON : VOIR MODÈLE FINIR.

FINISSAGE n. m.
Action de finir une fabrication. *Le finissage d'une chaise.*

FINISSANT, ANTE n. m. et f.
Élève ou étudiant qui est inscrit à une classe terminale ou qui a terminé un programme de formation, sans nécessairement avoir obtenu son diplôme (GDT). *Des finissants du secondaire, des finissantes du cégep. Des finissants de l'École nationale de théâtre. Le bal des finissants.* SYN. sortant.
Le terme ***finissant*** est maintenant consacré par l'usage. Le terme ***sortant*** est surtout employé dans les écrits administratifs du ministère de l'Éducation ainsi que dans les statistiques (GDT).

FINITION n. f.
1. Achèvement minutieux. *La finition d'un tableau.*
2. (AU PLUR.) Les derniers travaux. *Il ne reste plus que les finitions à terminer.*

FINLANDAIS, AISE adj. et n. m. et f.
ADJECTIF ET NOM MASCULIN ET FÉMININ
De Finlande. *Le drapeau finlandais. Un Finlandais, une Finlandaise.*
T L'adjectif s'écrit avec une minuscule ; le nom, avec une majuscule.
Pour désigner l'ethnie, on emploie l'adjectif ***finnois.***
NOM MASCULIN
Langue parlée en Finlande. *Il parle le finlandais.*
T Le nom de la langue s'écrit avec une minuscule.

FINNOIS, OISE adj. et n. m. et f.
ADJECTIF ET NOM MASCULIN ET FÉMININ
Se dit d'un peuple qui habite la Finlande et le nord-ouest de la Russie. *Le peuple finnois. Un Finnois, une Finnoise.*
T L'adjectif s'écrit avec une minuscule ; le nom, avec une majuscule.
NOM MASCULIN
Langue parlée principalement en Finlande. *Il parle le finnois.*
T Le nom de la langue s'écrit avec une minuscule.

FIOLE n. f.
Petite bouteille de verre. *Une fiole de médicament.*
fiole.

FIORITURE n. f.
Ornement. *Un style sans fioritures.*
Ce nom s'emploie surtout au pluriel.

FIRMAMENT n. m.
(LITT.) Ciel. *Les étoiles luisent dans le firmament.*

FIRME n. f.
Entreprise industrielle, financière, commerciale.

FISC n. m.
Les lettres ***s*** et ***c*** se prononcent, [fisk].
Administration chargée de la perception des impôts. *Frauder le fisc.*
fisc.

FISCAL, ALE, AUX adj.
Qui se rapporte à l'impôt. *Des règlements fiscaux.*
FORME FAUTIVE
*année fiscale. Calque de «*fiscal year*» pour ***exercice (financier), année financière.***

FISCALEMENT adv.
Du point de vue fiscal.

FISCALISTE n. m. et f.
Spécialiste des lois fiscales. *D'habiles fiscalistes.*

FISCALITÉ n. f.
Ensemble des lois fiscales. *Étudier la fiscalité des entreprises.*

FISSIBLE adj.
Susceptible de donner lieu à une fission nucléaire. *Des corps fissibles.*
Ne pas confondre avec le mot ***fissile,*** qui tend à se fragmenter.

FISSION n. f.
Division d'un noyau d'atome.
Ne pas confondre avec le nom ***fiction,*** création de l'imagination.
fission.

FISSURE n. f.
Crevasse superficielle. *Le séisme a causé des fissures dans l'immeuble.* SYN. fente.

FISSURER v. tr., pronom.
VERBE TRANSITIF
Crevasser, fendre. *Le séisme a fissuré le sol.*
VERBE PRONOMINAL
Se fendre, se lézarder. *Cette dalle de béton commence à se fissurer.*
À la forme pronominale, le participe passé de ce verbe s'accorde toujours en genre et en nombre avec son sujet. *La dalle s'est fissurée.*
CONJUGAISON : VOIR MODÈLE AIMER.

***FITNESS**
Anglicisme pour ***bonne condition physique, bonne forme physique.***

FIV
Sigle de ***fécondation* in vitro.**

FIVETE
Le premier ***e*** se prononce ***è***; le nom rime avec ***éprouvette.***
Sigle de ***fécondation* in vitro *et transfert d'embryon.***

FIXAGE n. m.
1. Action de fixer.
2. Action de fixer une image photographique.

F

F

CONJUGAISON DU VERBE **FINIR**

INDICATIF

PRÉSENT		PASSÉ COMPOSÉ		
je	fin**is**	j'	ai	fini
tu	fin**is**	tu	as	fini
elle	fin**it**	elle	a	fini
il	fin**it**	il	a	fini
nous	fin**issons**	nous	avons	fini
vous	fin**issez**	vous	avez	fini
elles	fin**issent**	elles	ont	fini
ils	fin**issent**	ils	ont	fini

IMPARFAIT		PLUS-QUE-PARFAIT		
je	fin**issais**	j'	avais	fini
tu	fin**issais**	tu	avais	fini
elle	fin**issait**	elle	avait	fini
il	fin**issait**	il	avait	fini
nous	fin**issions**	nous	avions	fini
vous	fin**issiez**	vous	aviez	fini
elles	fin**issaient**	elles	avaient	fini
ils	fin**issaient**	ils	avaient	fini

PASSÉ SIMPLE		PASSÉ ANTÉRIEUR		
je	fin**is**	j'	eus	fini
tu	fin**is**	tu	eus	fini
elle	fin**it**	elle	eut	fini
il	fin**it**	il	eut	fini
nous	fin**îmes**	nous	eûmes	fini
vous	fin**îtes**	vous	eûtes	fini
elles	fin**irent**	elles	eurent	fini
ils	fin**irent**	ils	eurent	fini

FUTUR SIMPLE		FUTUR ANTÉRIEUR		
je	fin**irai**	j'	aurai	fini
tu	fin**iras**	tu	auras	fini
elle	fin**ira**	elle	aura	fini
il	fin**ira**	il	aura	fini
nous	fin**irons**	nous	aurons	fini
vous	fin**irez**	vous	aurez	fini
elles	fin**iront**	elles	auront	fini
ils	fin**iront**	ils	auront	fini

CONDITIONNEL PRÉSENT		CONDITIONNEL PASSÉ		
je	fin**irais**	j'	aurais	fini
tu	fin**irais**	tu	aurais	fini
elle	fin**irait**	elle	aurait	fini
il	fin**irait**	il	aurait	fini
nous	fin**irions**	nous	aurions	fini
vous	fin**iriez**	vous	auriez	fini
elles	fin**iraient**	elles	auraient	fini
ils	fin**iraient**	ils	auraient	fini

SUBJONCTIF

PRÉSENT			PASSÉ			
que	je	fin**isse**	que	j'	aie	fini
que	tu	fin**isses**	que	tu	aies	fini
qu'	elle	fin**isse**	qu'	elle	ait	fini
qu'	il	fin**isse**	qu'	il	ait	fini
que	nous	fin**issions**	que	nous	ayons	fini
que	vous	fin**issiez**	que	vous	ayez	fini
qu'	elles	fin**issent**	qu'	elles	aient	fini
qu'	ils	fin**issent**	qu'	ils	aient	fini

IMPARFAIT			PLUS-QUE-PARFAIT			
que	je	fin**isse**	que	j'	eusse	fini
que	tu	fin**isses**	que	tu	eusses	fini
qu'	elle	fin**ît**	qu'	elle	eût	fini
qu'	il	fin**ît**	qu'	il	eût	fini
que	nous	fin**issions**	que	nous	eussions	fini
que	vous	fin**issiez**	que	vous	eussiez	fini
qu'	elles	fin**issent**	qu'	elles	eussent	fini
qu'	ils	fin**issent**	qu'	ils	eussent	fini

IMPÉRATIF

PRÉSENT	PASSÉ	
fin**is**	aie	fini
fin**issons**	ayons	fini
fin**issez**	ayez	fini

INFINITIF

PRÉSENT	PASSÉ
fin**ir**	avoir fini

PARTICIPE

PRÉSENT	PASSÉ
fin**issant**	fini, ie ayant fini

FIXATIF n. m.
Produit destiné à fixer sur le papier un pastel, un fusain. *« J'ai fait un fusain d'après un torse de la Renaissance, pour un essai du fixatif que Riesener emploie »* (Eugène Delacroix, *Journal*, cité dans le TLF).

FIXATION n. f.
1. Action de fixer; attache servant à fixer. *Les fixations de mes skis sont neuves.*
2. (PSYCHAN.) Attachement de la libido à un mode de satisfaction.

FIXE adj. et n. m.
ADJECTIF
1. Déterminé. *Un prix fixe. Le train part à heure fixe.*
2. Immobile. *Un point fixe.*
NOM MASCULIN
Salaire fixe (auquel s'ajoutent les commissions). *Le fixe n'excède pas 200 $ par semaine.*
LOCUTION
– ***Idée fixe.*** Obsession. *Son idée fixe est d'arriver premier en classe.*

FIXE-CHAUSSETTE n. m. (pl. *fixe-chaussettes*)
Support-chaussette.

FIXEMENT adv.
De manière fixe. *Il la regardait fixement.*

FIXER v. tr., pronom.
VERBE TRANSITIF
1. Déterminer de façon précise. *Ils ont fixé le prix à 100 $.*
2. Lier, attacher solidement. *Fixer des valises sur le toit d'une voiture.*
3. Regarder fixement. *Il me fixa longuement.*
VERBE PRONOMINAL
1. Choisir finalement. *Son choix s'est fixé sur ce lecteur optique.*
2. S'établir de façon permanente. *Ils se sont fixés dans les Laurentides.*
3. Déterminer, arrêter. *Les objectifs qu'il s'est fixés.*
À la forme pronominale, le participe passé de ce verbe s'accorde en genre et en nombre avec le complément direct si celui-ci le précède. *Les buts qu'elle s'était fixés. Ils se sont fixés à Neuilly-sur-Seine.* Le participe passé reste invariable si le complément direct suit le verbe. *Elle s'est fixé une seule priorité.*
LOCUTION
– ***Être fixé*** (sur quelque chose). Être décidé, avoir fait son choix. *Rappelez-moi plus tard : je ne suis pas encore fixé.*
CONJUGAISON : VOIR MODÈLE AIMER.

FIXITÉ n. f.
Qualité, état de ce qui est fixe. *La fixité de son regard.*

***FIXTURE**
Anglicisme pour ***appareil d'éclairage*** (applique, plafonnier, suspension).

FJORD ou **FIORD** n. m.
Le ***j*** se prononce ***i*** et le ***d*** se prononce ou non [fjɔrd, fjɔr].
Ancienne vallée glaciaire aux parois escarpées, envahie par la mer. *Le fjord du Saguenay. Les fjords* ou *fiords de Norvège.*

FLACON n. m.
Bouteille de petite dimension. *Un flacon de parfum.*

FLAFLA ou **FLA-FLA** n. m. (pl. *flaflas* ou *fla-flas* ou *fla-fla*)
(FAM.) Chichi. *Ne faites pas tant de flaflas.*

FLAGELLATION n. f.
Action de flageller, de se flageller. *La flagellation du Christ.*

FLAGELLER v. tr., pronom.
VERBE TRANSITIF
Fouetter. *Le Christ a été flagellé.*
VERBE PRONOMINAL
Se fouetter. *Ces moines se flagellaient par mortification.*
À la forme pronominale, le participe passé de ce verbe s'accorde toujours en genre et en nombre avec son sujet. *Ces fanatiques se sont flagellés.*
CONJUGAISON : VOIR MODÈLE AIMER.

FLAGEOLER v. intr.
Trembler de faiblesse, de fatigue. *Il flageolait sur ses jambes.* SYN. chanceler; vaciller.
CONJUGAISON : VOIR MODÈLE AIMER.
flag**e**oler.

FLAGEOLET n. m.
Variété de haricot dont le goût est apprécié. *Un gigot aux flageolets.*
flag**e**olet.

FLAGORNER v. tr.
Flatter bassement. SYN. louanger.
CONJUGAISON : VOIR MODÈLE AIMER.

FLAGORNERIE n. f.
Flatterie basse et souvent intéressée. SYN. courbette.

FLAGORNEUR, EUSE n. m. et f.
Personne qui flatte bassement. SYN. flatteur.

FLAGRANT, ANTE adj.
Évident, incontestable. *La vérité est flagrante.* SYN. certain.
LOCUTION
– ***Flagrant délit.*** Délit constaté au moment où il a lieu.

FLAIR n. m.
1. Odorat du chien. *Le flair d'un chien de chasse.*
2. (FIG.) Intuition. *Michèle a beaucoup de flair.*
fl**ai**r.

FLAIRER v. tr.
1. Sentir. *Les chiens flairent une perdrix.* SYN. humer.
2. (FIG.) Pressentir. *Les cambrioleurs ont flairé un piège.* SYN. deviner; prévoir.
Ne pas confondre avec le verbe ***fleurer,*** répandre une bonne odeur.
CONJUGAISON : VOIR MODÈLE AIMER.
fl**ai**rer.

FLAMAND, ANDE adj. et n. m. et f.
ADJECTIF ET NOM MASCULIN ET FÉMININ
Qui se rapporte à la Flandre. *Un peintre flamand. Un Flamand, une Flamande.*
L'adjectif s'écrit avec une minuscule; le nom, avec une majuscule.
NOM MASCULIN
Une des langues parlées en Belgique. *Jacques parle le flamand.*
Le nom de la langue s'écrit avec une minuscule.
HOM. ***flamant,*** grand oiseau.
flaman**d**.

FLAMANT n. m.
Grand oiseau au plumage blanc ou rose de la famille des échassiers. *Les flamants ont de grandes pattes palmées.*
Son nom vient de la couleur de flamme de son beau plumage.
HOM. ***flamand,*** habitant de la Flandre; langue parlée en Flandre.
flaman**t**, un ***t*** final.

FLAMBANT, ANTE adj.
Qui flambe.
LOCUTION
– ***Flambant neuf.*** Tout neuf. *Des robes flambant neuves* ou *flambant neuf.*
Les grammairiens ne s'entendent pas sur l'accord de cette expression; il est toujours possible de laisser les deux mots invariables ou d'accorder seulement l'adjectif ***neuf*** en genre et en nombre.

FLAMBEAU n. m. (pl. *flambeaux*)
Torche servant à éclairer. *Un spectacle éclairé aux flambeaux, une marche aux flambeaux.*
LOCUTIONS
– ***Passer, transmettre le flambeau.*** Confier la poursuite d'une tradition, d'une mission à quelqu'un.
– ***Reprendre le flambeau.*** Assurer la continuité d'une mission, d'une œuvre déjà commencée.

FLAMBÉE n. f.
1. Feu qui brûle avec de grandes flammes pendant peu de temps.
2. (FIG.) Brusque manifestation. *Une flambée de violence, de colère.*
LOCUTION
– ***Flambée des prix.*** Rapide augmentation des prix.

FLAMBER v. tr., intr.
VERBE TRANSITIF
1. Passer à la flamme.
2. Arroser d'alcool un mets et l'enflammer. *Flamber des crêpes.*
3. (FIG.) Dépenser beaucoup. *Il a flambé toutes ses économies.*
VERBE INTRANSITIF
Brûler vivement, en faisant une flamme claire. *Les bâtiments flambent et les pompiers maîtrisent difficilement cet incendie.*
CONJUGAISON : VOIR MODÈLE AIMER.

FLAMBOIEMENT n. m.
Éclat de ce qui flamboie. *Le flamboiement du soleil couchant.*
flamboiement.

FLAMBOYANT, ANTE adj.
1. Qui flamboie.
2. (LITT.) Brillant. *Un orateur flamboyant. Des politiciens flamboyants.*
3. Se dit du style très orné de la dernière période gothique. *Le gothique flamboyant.*

FLAMBOYER v. intr.
Jeter une flamme très vive. *L'incendie flamboie.* SYN. brûler.
CONJUGAISON : VOIR MODÈLE EMPLOYER.
Le ***y*** se change en ***i*** devant un ***e*** muet. *Il flamboie, il flamboiera.* Le ***y*** est suivi d'un ***i*** à la première et à la deuxième personne du pluriel de l'indicatif imparfait et du subjonctif présent. *(Que) nous flamboyions, (que) vous flamboyiez.*

FLAMENCO, CA adj. et n. m.
Le ***n*** se prononce, [flamɛnko].
ADJECTIF
Relatif au flamenco. *Diego Amador est de ceux à qui l'instrument importe peu pour donner une identité flamenca à la musique. La musique flamenca.*
L'adjectif peut s'accorder ou non en genre, prendre la marque du pluriel ou non. *Une musique flamenca* ou *flamenco. Elle esquisse des postures flamenca* ou *flamencas.*
NOM MASCULIN
Chant, musique et danse appartenant au folklore traditionnel d'Andalousie. *Des flamencos mélancoliques.*

FLAMME n. f.
1. Lumière produite par une substance en combustion. *La flamme d'une bougie.*
2. (FIG.) Ardeur, enthousiasme. *Un plaidoyer plein de flamme.* SYN. fougue.
LOCUTIONS
– ***En flammes.*** En feu. *La forêt est en flammes.*
– ***Être tout feu tout flamme.*** (FIG.) Être plein d'enthousiasme.
Cette expression s'écrit au singulier et sans virgule.

FLAMMÈCHE n. f.
Parcelle enflammée qui s'envole. *Attention aux flammèches !*
flammèche.

FLAN n. m.
Dessert composé de crème renversée.
HOM. ***flanc,*** côté du corps.

FLANC n. m.
Le ***c*** est muet, [flɑ̃] ; le nom rime avec ***blanc.***
1. Partie latérale d'une chose. *Les flancs d'un navire. Ils habitent à flanc de montagne.*
2. Côté du corps. *Le cheval s'est couché sur le flanc.*
LOCUTIONS
– ***À flanc de.*** Sur la pente de. *Le chalet est niché à flanc de montagne.*
– ***Prêter le flanc à (la critique, la curiosité,*** etc.). S'exposer à, donner prise à. *Le premier ministre a décidé de rester au Québec, soucieux de ne pas prêter le flanc à la critique par son absence prolongée.*
HOM. ***flan,*** crème renversée.
flanc.

FLANCHER v. intr.
(FAM.) Céder. *Il a flanché et a mangé toute la tarte.* SYN. (FAM.) se dégonfler ; faiblir ; reculer.
CONJUGAISON : VOIR MODÈLE AIMER.

FLANELLE n. f.
Tissu en laine ou en coton. *De la flanelle grise.*

***FLANELLETTE**
Anglicisme pour ***finette, flanelle de coton.***

FLÂNER v. intr.
1. Se promener tranquillement sans but. *« J'aime flâner sur les grands boulevards », comme le chantait Yves Montand.* SYN. se balader.
2. Se reposer, se détendre en ne faisant rien. *Comme il est bon de flâner le samedi matin !* SYN. paresser.
CONJUGAISON : VOIR MODÈLE AIMER.
flâner.

FLÂNERIE n. f.
Le ***e*** central ne se prononce pas, [flɑnri].
Action de flâner. *Les flâneries du dimanche.*
flânerie.

FLÂNEUR, EUSE n. m. et f.
Personne qui flâne, qui aime flâner. *Les flâneurs se promènent doucement.* SYN. promeneur.
flâneur.

FLANQUER v. tr.
1. Être à côté de (le sujet est un nom de chose). *Les deux tours qui flanquaient le château.*
2. Accompagner (le sujet est un nom de personne). *Un trafiquant flanqué de durs à cuire.*
En ce sens, le verbe a généralement une valeur défavorable ou ironique et il n'est pas un synonyme de ***entourer, accompagner.*** Dans l'exemple qui suit, le verbe ***flanquer*** ne s'emploierait que par dérision. *Monsieur le ministre flanqué de ses gestionnaires.*
3. (FAM.) Lancer violemment. *Il lui a flanqué un verre d'eau et sa démission au visage.*
CONJUGAISON : VOIR MODÈLE AIMER.

FLAPI, IE adj.
(FAM.) Épuisé. *Elle est complètement flapie.* SYN. exténué.

FLAQUE n. f.
Petite mare. *Des flaques d'eau.*

FLASH n. m. (pl. *flashes* ou *flashs*)
Lampe destinée à la prise de vue photographique.
FORMES FAUTIVES
*flash. Anglicisme au sens de ***nouvelle-éclair.***
*flash. Anglicisme au sens de ***déclic.*** *Le déclic* (et non le *flash) *s'est fait et j'ai compris.*

***FLASH-BACK**
(CIN.) Anglicisme pour ***rétrospective, retour en arrière.***

***FLASHER**
Anglicisme pour ***clignotant.***

FLASQUE adj. et n. f.
ADJECTIF
Mou, sans fermeté. *Des tissus flasques* ANT. ferme.
NOM FÉMININ
Gourde plate. *Une flasque de cognac.*

***FLAT**
Anglicisme pour ***crevaison*** (d'un pneu).

FLATTER v. tr., pronom.
VERBE TRANSITIF
1. Caresser un animal. *Ils flattent leur chatte, la Princesse Maboule.*
2. Complimenter avec excès. *Il faut se méfier de ceux qui vous flattent au lieu de donner vraiment leur avis.* SYN. encenser.
3. Toucher agréablement. *Cette nomination me flatte énormément.*
4. Avantager. *Ce vêtement le flatte.* SYN. embellir.
VERBE PRONOMINAL
1. Être persuadé de. *Il se flatte d'atteindre l'objectif fixé.* SYN. croire; penser; prétendre.
En ce sens, le verbe se construit avec la préposition ***de*** suivie de l'infinitif.
2. Tirer fierté, orgueil. *Elle se flatte de cette réussite.* SYN. se féliciter.
En ce sens, le verbe se construit avec la préposition ***de*** suivie d'un nom ou d'un infinitif.
À la forme pronominale, le participe passé de ce verbe s'accorde toujours en genre et en nombre avec son sujet. *Elle s'est flattée du succès obtenu.*
LOCUTION
– ***Être flatté que.*** Être honoré. *Je suis flatté que vous soyez venu à notre réception.* SYN. être content; être honoré.
La conjonction ***que*** est suivie du subjonctif.
CONJUGAISON : VOIR MODÈLE AIMER.

FLATTERIE n. f.
Le ***e*** central ne se prononce pas, [flatri].
Louange exagérée. *Elle n'aime pas les flatteries.* SYN. coups d'encensoir; courbettes.

FLATTEUR, EUSE adj. et n. m. et f.
ADJECTIF
1. Qui plaît à l'amour-propre. *Cette appréciation est flatteuse.* SYN. agréable; élogieux.
2. Qui avantage. *Ce miroir teinté est flatteur : il donne bonne mine.*
NOM MASCULIN ET FÉMININ
Personne qui flatte, qui complimente trop. *Ne soyez pas un flatteur.* SYN. flagorneur; hypocrite.

FLATTEUSEMENT adv.
De façon flatteuse.

FLATULENCE n. f.
Présence de gaz dans le tube digestif.
flatulence.

FLAVEUR n. f.
(RARE) Conjugaison de l'odeur et de la saveur d'un aliment. *La flaveur du chocolat est relativement complexe, avec un subtil mélange de douceur, d'acidité et d'amertume.* (*La Presse*)

FLÉAU n. m. (pl. *fléaux*)
1. Outil servant à battre les céréales. *Des fléaux servant à battre le blé.*
2. Tige horizontale à laquelle sont attachés les plateaux d'une balance.
3. Catastrophe. *Cette sécheresse est un fléau pour l'agriculture.*

FLÉCHAGE n. m.
Action de flécher un itinéraire; son résultat. *Le fléchage d'un sentier de randonnée.*
fléchage.

FLÈCHE n. f.
1. Projectile muni d'un bout pointu lancé par un arc, une arbalète. *« Vois l'aube, réconciliée avec le jour comme la flèche, avec sa cible »* (Hélène Dorion, *D'argile et de souffle*).
Ne pas confondre avec les noms suivants :
- ***dard***, arme acérée;
- ***javelot***, longue tige à pointe de fer.

2. Signe en forme de flèche pour marquer la direction. *Une flèche de signalisation. Suivez les flèches, vous trouverez l'amphithéâtre.*
LOCUTIONS
– ***Faire flèche de tout bois.*** (FIG.) Utiliser tous les moyens, bons ou mauvais, pour arriver à ses fins. *Ces politiciens font flèche de tout bois pour gagner les élections.*
– ***Monter en flèche.*** (FIG.) Augmenter rapidement. *Les prix ont monté en flèche.*
– ***Partir comme une flèche.*** (FIG.) Filer à toute allure.
flèche.

FLÉCHER v. tr.
1. Orner de flèches. *Ce sentier de grande randonnée est fléché de jaune.*
2. Installer des panneaux de signalisation afin d'indiquer la route à suivre. *Flécher un itinéraire.* SYN. baliser; jalonner.
LOCUTION
– ***Ceinture fléchée.*** Ceinture tissée de laine à motifs en forme de flèche.
CONJUGAISON : VOIR MODÈLE POSSÉDER.
Le ***é*** se change en ***è*** devant une syllabe contenant un ***e*** muet, sauf à l'indicatif futur et au conditionnel présent. *Je flèche,* mais *je flécherai.*
[Les *Rectifications* (1990) admettent : il flèchera, flècherait...]

FLÉCHETTE n. f.
Petit projectile qu'on lance à la main contre une cible. *Un jeu de fléchettes.*

FLÉCHIR v. tr., intr.
VERBE TRANSITIF
1. Plier. *Fléchir le bras.* SYN. courber.
2. (FIG.) Faire céder quelqu'un, convaincre peu à peu. *Fléchir ses parents.* SYN. ébranler.
VERBE INTRANSITIF
1. Courber sous une charge. *Les branches du pin fléchissent sous le poids de la neige.* SYN. plier.
2. (FIG.) Plier, céder. *Elle ne fléchit pas : sa décision est irrévocable.* SYN. faiblir; (FAM.) flancher.
3. Baisser. *Le cours de ces actions a fléchi.* SYN. diminuer.
CONJUGAISON : VOIR MODÈLE FINIR.

FLÉCHISSEMENT n. m.
Le ***e*** de l'avant-dernière syllabe ne se prononce pas, [fleʃismɑ̃].
1. Action de fléchir. *Le fléchissement du genou.*
2. Baisse, diminution. *Le fléchissement des prix.*

FLEGMATIQUE adj. et n. m. et f.
Se dit d'une personne toujours calme, qui demeure impassible. *Un Anglais parfaitement flegmatique.* SYN. imperturbable.

FLEGMATIQUEMENT adv.
Le ***e*** de l'avant-dernière syllabe ne se prononce pas, [flɛgmatikmɑ̃].
Avec flegme. *Il répondit flegmatiquement : « Bien sûr. »* SYN. imperturbablement.

FLEGME n. m.
Art de cacher parfaitement ses sentiments. *Le flegme britannique.* SYN. (LITT.) équanimité; impassibilité.

FLEMMARD, ARDE adj. et n. m. et f.
(FAM.) Paresseux. *Quels flemmards : il est plus de midi et ils se lèvent !* SYN. fainéant.
flemmard.

F

FLEMME n. f.
(FAM.) Paresse. SYN. fainéantise ; indolence ; inertie.
✏ flemme.

FLÉTAN n. m.
Grand poisson des mers froides dont la chair blanche est appréciée.
LOCUTIONS
– ***Flétan (de l'Atlantique).*** Grand poisson plat vivant dans les eaux froides de l'Atlantique, à la face supérieure de couleur allant du gris verdâtre au brun foncé, ayant sur le corps une ligne latérale nettement incurvée au-dessus de la nageoire pectorale et dont les yeux sont séparés l'un de l'autre par environ la longueur du diamètre de l'œil (GDT). *Le flétan de l'Atlantique peut atteindre une longueur maximale de 3 m.*
☞ Le flétan de l'Atlantique est couramment appelé *flétan*. Ce terme a fait l'objet d'un avis de normalisation de l'OQLF.
– ***Flétan du Groenland.*** Poisson plat vivant dans les eaux froides de l'Atlantique Nord et du Pacifique Nord, à la face supérieure de couleur brune très foncée, ayant sur le corps une ligne latérale plutôt droite et dont les yeux sont très écartés l'un de l'autre (GDT). *Le flétan du Groenland peut atteindre une longueur maximale de 1,2 m.* SYN. flétan noir.
☞ Le nom ***flétan du Groenland***, qui a fait l'objet d'un avis de normalisation de l'OQLF, désigne une espèce à potentiel commercial au Québec qu'il ne faut pas confondre avec le ***turbot***, qui est capturé en Europe principalement.

FLÉTRIR v. tr., pronom.
VERBE TRANSITIF
1. Ôter la couleur, la fraîcheur de (une plante). *La chaleur a flétri ces roses.* SYN. défraîchir ; faner.
2. (LITT.) Stigmatiser. *Flétrir l'injustice.* SYN. blâmer.
VERBE PRONOMINAL
Devenir flétri. *Mon orchidée commence à se flétrir.*
📏 À la forme pronominale, le participe passé de ce verbe s'accorde toujours en genre et en nombre avec son sujet. *Elle s'est flétrie.*
CONJUGAISON : VOIR MODÈLE FINIR.

FLÉTRISSURE n. f.
1. Altération de la fraîcheur, de l'éclat.
2. (LITT.) Déshonneur.

FLEUR n. f.
Partie colorée et parfois d'odeur agréable de certains végétaux, qui contient les organes de reproduction. *Un bouquet de fleurs sauvages. Des fleurs vivaces garnissent la platebande.*
LOCUTIONS
– ***À fleur de,*** loc. prép. Au niveau de, au ras de. *Une sensibilité à fleur de peau.*
– ***En fleur(s).*** *Le pommier est en fleur, le jardin est en fleurs.*
☞ Dans cette expression, le nom s'écrit au singulier ou au pluriel.
– ***Fleur bleue,*** loc. inv. Sentimental. *Ils sont fleur bleue.*
– ***La fine fleur de.*** Ce qu'il y a de plus raffiné. SYN. élite ; (FAM.) gratin.

FLEUR DE LIS n. f.
Emblème du Québec, de la royauté en France. *Dans cet ouvrage, l'icône de la fleur de lis marque les québécismes.*
☞ Ce nom peut également s'écrire ***fleur de lys.***

FLEURDELISÉ, ÉE adj. et n. m.
ADJECTIF
Orné de fleurs de lis. *Une bannière fleurdelisée.*
NOM MASCULIN
Le drapeau fleurdelisé du Québec. *On a hissé le fleurdelisé.*
✏ fleurdelisé.

FLEURER v. tr.
(LITT.) Répandre une bonne odeur. *La maison fleure le bon pain chaud.* SYN. embaumer ; sentir.
☞ Ne pas confondre avec le verbe ***flairer,*** sentir, pressentir.
CONJUGAISON : VOIR MODÈLE AIMER.

FLEURET n. m.
Épée d'escrime fixe et sans tranchant.
✏ fleuret.

FLEURETTE n. f.
Petite fleur.
LOCUTION
– ***Conter fleurette.*** Tenir des propos galants à une femme.

FLEURI, IE adj.
Garni de fleurs. *Des sentiers fleuris.*
LOCUTION
– ***Barbe fleurie.*** (LITT.) Barbe blanche.

FLEURIR v. tr., intr.
VERBE TRANSITIF
Orner de fleurs. *Elle a fleuri la maison de lilas. Nous fleurirons la chevelure des ballerines.*
VERBE INTRANSITIF
1. Produire des fleurs. *Ces rosiers fleurissent abondamment. Fleurissant tout l'été, les géraniums sont très appréciés.*
2. (FIG.) Prospérer, être en vogue. *À cette époque, l'entreprise florissait encore. Florissant constamment, l'entreprise a triplé son chiffre d'affaires.*
☞ Au sens figuré, le verbe se conjugue différemment à l'imparfait et au participe présent. *Florissait, florissant.*
CONJUGAISON : VOIR MODÈLE FINIR.

FLEURISTE n. m. et f.
Personne qui fait le commerce des fleurs.
☞ La personne qui cultive les fleurs et les plantes est un ***horticulteur***, une ***horticultrice.***

FLEURON n. m.
1. Ornement en forme de fleur.
2. (FIG.) Ce qu'il y a de plus remarquable, de plus enviable.

FLEUVE n. m.
Cours d'eau important qui se jette dans la mer. *Le Saint-Laurent est un fleuve qui a sa source dans les Grands Lacs et qui se jette dans l'Atlantique. « J'habite un fleuve en Haute-Amérique,/Presque océan, presque Atlantique/Un fleuve bleu vert et Saint-Laurent »* (Robert Charlebois, *Saint-Laurent*).
☞ Ne pas confondre avec les noms suivants :
• ***rivière,*** cours d'eau qui se jette dans un fleuve ;
• ***ruisseau,*** petit cours d'eau peu large ;
• ***torrent,*** cours d'eau de montagne, impétueux.
LOCUTION
– ***Roman-fleuve, film-fleuve, discours-fleuve.*** Interminable.

FLEXIBILITÉ n. f.
Souplesse. *La flexibilité d'une matière, d'un esprit.* ANT. rigidité.

FLEXIBLE adj.
1. Souple, qui peut être plié sans casser. *Une tige flexible.* SYN. élastique. ANT. rigide.
2. (FIG.) Qui s'adapte facilement. *Un horaire flexible, un caractère flexible.* SYN. souple.

FLEXION n. f.
1. Fléchissement. *Une flexion du genou.*
2. (GRAMM.) Variation dans la forme d'un mot qui se décline ou se conjugue.
✏ flexion.

FLIBUSTIER n. m.
Pirate des Antilles.

FLIC n. m.
(FAM.) Policier. *Les carottes sont cuites ! Voilà les flics !*

FLIRT n. m.
👄 Les lettres ***ir*** se prononcent ***eur*** et le ***t*** se prononce, [flœrt].
Amourette. *Ce ne sont que des flirts d'été. « Je n'avais de cœur pour aucun flirt »* (Gabrielle Roy, *La Détresse et l'Enchantement*).

FLIRTER v. intr.
Les lettres *ir* se prononcent *eur,* [flœrte].
1. Faire la cour à quelqu'un, avoir des relations amoureuses passagères.
2. (FIG.) (FAM.) Ébaucher un rapprochement. *Ce député flirte avec l'opposition.*
CONJUGAISON : VOIR MODÈLE AIMER.

FLOCON n. m.
1. Petite masse, de faible densité. *Des flocons de neige.*
2. Lamelle séchée de céréales, de fruits, etc. *Des flocons de blé.*

FLOCONNER v. intr.
Former des flocons.
CONJUGAISON : VOIR MODÈLE AIMER.

FLOCONNEUX, EUSE adj.
Qui ressemble à des flocons. *Des ciels floconneux.*

FLONFLON n. m.
(GÉN. AU PLUR.) (FAM.) Airs bruyants de certaines musiques populaires. *Les flonflons de la fête.*

FLOP n. m.
1. Onomatopée marquant un bruit de chute.
2. (FIG.) (FAM.) Échec. *C'est un flop total.*

FLOPÉE n. f.
(FAM.) Grande quantité de. *Une flopée de commentaires.*

FLORAISON n. f.
Épanouissement des fleurs. *La floraison des pommiers.*

FLORAL, ALE, AUX adj.
Relatif aux fleurs. *Des expositions florales, des motifs floraux.*

FLORALIES n. f. pl.
Exposition de fleurs. *Les Floralies de Québec (1997).*
Ce nom est toujours pluriel.

FLORE n. f.
Ensemble des plantes d'une région. *La flore et la faune du Québec.*

FLORÈS (FAIRE)
LOCUTION
(LITT.) (VX) Réussir brillamment. *Ces poètes n'ont pas fait florès de leur vivant.*

FLORILÈGE n. m.
1. Anthologie de morceaux choisis, surtout poétiques.
2. Sélection de choses remarquables.

FLORIN n. m.
Ancienne unité monétaire des Pays-Bas. *C'est l'euro qui a remplacé le florin.*
On peut aussi utiliser le mot néerlandais ***gulden.***
VOIR TABLEAU – SYMBOLES DES UNITÉS MONÉTAIRES.
VOIR – GULDEN.

FLORISSANT, ANTE adj.
1. Qui est prospère. *Des affaires florissantes.* SYN. riche.
2. Qui est en bonne santé. *Une mine florissante.* SYN. en forme ; rayonnant ; sain.

FLOT n. m.
1. (AU PLUR.) Vagues. *Les flots de la mer.*
2. Masse liquide qui se déplace. *Un flot de boue.*
3. Multitude. *Un flot de touristes.* SYN. foule.
LOCUTIONS
– ***À flot,*** loc. adj. Qui a assez d'eau pour flotter et ne pas toucher le fond. *Ils ont mis à flot leur voilier.*
En ce sens, le nom s'écrit au singulier.
– ***À flots,*** loc. adj. À profusion, en abondance. *« Un soleil chaleureux entrait à flots par la fenêtre »* (Gabrielle Roy, *La Détresse et l'Enchantement*).
En ce sens, le nom s'écrit au pluriel.
– ***Couler à flots.*** (FIG.) Être en abondance. *Le champagne coulait à flots.*
Dans cette expression, le nom ***flot*** s'écrit au pluriel.
– ***Être, se maintenir à flot.*** (FIG.) Avoir assez de moyens pour surmonter les difficultés financières, le volume du travail à fournir.
Dans cette expression, le nom ***flot*** s'écrit au singulier.
– ***Remettre à flot quelqu'un, quelque chose.*** (FIG.) Sauver de difficultés (surtout financières). *Ces investisseurs ont remis à flot l'entreprise.*
Dans cette expression, le nom ***flot*** s'écrit au singulier.

FLOTTABILITÉ n. f.
Aptitude à flotter. *La flottabilité d'un voilier.*

FLOTTAGE n. m.
Transport par eau de pièces de bois que l'on fait flotter sur un cours d'eau. *Le flottage du bois.*
Au Québec, on utilise surtout le nom féminin ***drave.*** *La drave du bois.*
SYN. drave.

FLOTTAISON n. f.
Limite qui sépare la partie immergée d'un corps flottant en eau calme de celle qui émerge. *La ligne de flottaison d'un navire.*

FLOTTANT, ANTE adj.
1. Qui flotte. *Des quais flottants. Une île flottante.*
2. Qui n'est pas fixe. *Des taux d'intérêt flottants.* SYN. variable.
Ne pas confondre avec le participe présent invariable ***flottant.*** *Les bateaux flottant au large ne seront pas épargnés par la tempête.*

FLOTTE n. f.
1. Ensemble des navires de guerre d'un pays. *La flotte américaine.* SYN. marine.
2. Ensemble des navires d'une compagnie maritime.
3. (FAM.) Pluie, eau.
LOCUTION
– ***Flotte aérienne.*** (PAR ANAL.) Ensemble des avions d'une société, d'un pays.
FORME FAUTIVE
*flotte (de véhicules). Impropriété au sens de ***parc*** (de camions, de voitures, etc.).

FLOTTEMENT n. m.
1. Balancement, mouvement d'ondulation. *Le flottement de banderoles colorées au vent.*
2. Hésitation, indécision. *Il y a eu un peu de flottement, les participants n'étaient pas d'accord.*

FLOTTER v. tr., intr.
VERBE TRANSITIF
Transporter du bois par flottage. *Flotter du bois.*
VERBE INTRANSITIF
1. Se maintenir à la surface d'un liquide. *Cette bouée flotte. En cas d'accident, ce gilet de sauvetage te permettra de flotter et d'attendre les secours.*
2. (FIG.) Être agité, ondoyer. *Les bannières flottent au vent.*
3. Imprégner l'atmosphère. *Une délicieuse odeur de pain flotte dans la maison.*
4. Être habillé d'un vêtement trop ample. *Charles a emprunté l'anorak de son copain : il flotte dans ce vêtement.*
CONJUGAISON : VOIR MODÈLE AIMER.

FLOTTEUR n. m.
Bouée, pièce conçue pour flotter.

FLOTTILLE n. f.
Petite flotte. *Des flottilles de pêche vinrent à la rencontre du vainqueur de la course de voiliers.*

FLOU, FLOUE adj. et n. m.
ADJECTIF
1. Imprécis. *Des dessins flous.* ANT. clair ; net ; précis.
2. Indéterminé. *Des idées floues.* SYN. incertain ; nébuleux ; vague.

NOM MASCULIN
Imprécision, caractère vague de quelque chose. *Un flou artistique.*

FLUCTUANT, ANTE adj.
Qui varie. *Des taux fluctuants.* SYN. changeant ; flottant.
Ne pas confondre avec le participe présent invariable ***fluctuant.*** *Les taux fluctuant constamment, il est impossible de fixer un prix.*

FLUCTUATION n. f.
Variation continuelle. *Les fluctuations du prix de l'or.* SYN. changement ; variation.

FLUCTUER v. intr.
Varier. *Les prix fluctuent sans cesse.* SYN. changer.
CONJUGAISON : VOIR MODÈLE AIMER.

FLUET, ETTE adj.
Frêle. *Un garçon fluet* (et non *feluet). SYN. fragile ; maigre.

FLUIDE adj. et n. m.
ADJECTIF
1. Qui coule facilement. *Une encre fluide.* ANT. solide.
2. Coulant, facile à lire. *Une écriture fluide.*
3. Facile, en parlant de la circulation.
NOM MASCULIN
Corps à l'état liquide ou gazeux. *L'huile est un fluide. La mécanique des fluides est la spécialité de Monica.*
Le mot ***fluide*** a un sens plus vaste que ***liquide.*** Si tous les liquides sont des fluides (fluides incompressibles), tous les fluides ne sont pas des liquides, puisque certains sont des gaz (fluides compressibles).

FLUIDIFIER v. tr., pronom.
VERBE TRANSITIF
Rendre fluide un corps. *La chaleur fluidifie la glycérine.*
VERBE PRONOMINAL
Devenir fluide. *La circulation s'est fluidifiée.*
À la forme pronominale, le participe passé de ce verbe s'accorde toujours en genre et en nombre avec son sujet. *Ces huiles se sont fluidifiées.*
CONJUGAISON : VOIR MODÈLE ÉTUDIER.
Redoublement du ***i*** à la première et à la deuxième personne du pluriel de l'indicatif imparfait et du subjonctif présent. *(Que) nous fluidifiions, (que) vous fluidifiiez.*

FLUIDITÉ n. f.
Caractère de ce qui est fluide. *La fluidité de la circulation.*

FLUO adj. inv.
(FAM.) D'une couleur qui évoque la fluorescence. *Des verts fluo.*
Cet adjectif est l'abréviation familière de ***fluorescent.***

FLUOR n. m.
Symbole ***F*** (s'écrit sans point).
Corps simple gazeux. *Ajoutera-t-on du fluor dans l'eau pour prévenir les caries dentaires ?*

FLUORATION n. f.
Action d'ajouter du fluor à l'eau de consommation. *La fluoration de l'eau peut prévenir les caries dentaires.*

FLUORESCENCE n. f.
Propriété qu'ont certains corps d'émettre de la lumière lorsqu'ils sont soumis à un rayonnement.
fluorescence.

FLUORESCENT, ENTE adj.
S'abrège familièrement en ***fluo*** (s'écrit sans point).
Qui devient lumineux sous l'action de certains rayonnements. *Une lumière fluorescente.*
LOCUTION
– ***Tube fluorescent, lampe fluorescente.*** Cylindre en verre servant à l'éclairage. *Un tube fluorescent, des lampes fluorescentes.*
fluorescent.

***FLUSH**
Anglicisme pour ***quinte*** (aux cartes).

FLÛTE n. f.
1. Instrument à vent. *Une flûte traversière.*
2. Verre à pied de forme allongée. *Une flûte à champagne.*
[Les *Rectifications* (1990) admettent : flute.]

FLÛTÉ, ÉE adj.
Qui se rapproche du son de la flûte. *Une voix flûtée.*
[Les *Rectifications* (1990) admettent : fluté, flutée.]

FLÛTISTE n. m. et f.
Personne qui joue de la flûte. *Fanny est une jeune flûtiste douée.*
[Les *Rectifications* (1990) admettent : flutiste.]

FLUVIAL, IALE, IAUX adj.
Qui a rapport aux fleuves. *Des bassins fluviaux. La navigation fluviale.*

FLUX n. m.
Le ***x*** ne se prononce pas, [fly] ; le nom rime avec ***joufflu.***
1. Écoulement d'un liquide. *Un flux artériel.*
2. (LITT.) Débordement, abondance. *Un flux de festivaliers ont envahi la ville.*
3. Mouvement de la mer. *Le flux et le reflux.*
4. Déplacement d'énergie. *Un flux électrique.*
flux.

FM
(RADIO) Abréviation internationale de ***modulation de fréquence.*** *Se brancher sur la bande FM.*

FMI
Sigle de ***Fonds monétaire international.***

***FOAM**
Anglicisme pour ***caoutchouc mousse, mousse de caoutchouc.***

FOB
Abréviation de ***free on board*** couramment utilisée dans le commerce international.
VOIR – FAB.

FOC n. m.
Le ***c*** se prononce, [fɔk] ; le nom rime avec ***soc.***
Voile triangulaire placée à l'avant d'un navire.
HOM. ***phoque,*** mammifère amphibie.

FOCAL, ALE, AUX adj.
Central. *Des plans focaux.*

FOCALISATION n. f.
Action de focaliser. SYN. concentration.

FOCALISER v. tr., pronom.
VERBE TRANSITIF
1. Faire converger en un point. *Focaliser un faisceau d'électrons.*
2. (FIG.) Concentrer sur un point déterminé. *Focaliser* (et non *focuser) *des opinions diverses sur une question précise.*
VERBE PRONOMINAL
Se concentrer sur. *Se focaliser sur les éléments principaux du dossier. Ils se sont focalisés* (et non *focusés) *sur le problème du décrochage scolaire.*
À la forme pronominale, le participe passé de ce verbe s'accorde toujours en genre et en nombre avec son sujet. *Elles se sont focalisées sur la définition d'une nouvelle stratégie.*
CONJUGAISON : VOIR MODÈLE AIMER.

***FOCUS**
Anglicisme pour ***accent, centre d'intérêt, point de mire.*** *On a mis l'accent* (et non le *focus) *sur l'innovation.*

***FOCUSER**
Anglicisme pour ***focaliser, se concentrer sur, porter son attention sur, se polariser sur.***

***FOCUS GROUP**
Anglicisme pour ***groupe de discussion.***

FŒTAL, ALE, AUX adj.
Les lettres **œ** se prononcent ***é***, [fetal].
Relatif au fœtus. *Des souffrances fœtales.*
fœtal.

FŒTUS n. m.
Les lettres **œ** se prononcent ***é*** et le ***s*** se prononce, [fetys].
Enfant à naître, à partir du troisième mois de la grossesse.
Avant le troisième mois, il s'agit d'un ***embryon.***
fœtus.

FOI n. f.
1. (VIEILLI) Fidélité à tenir sa parole, loyauté. *Foi d'honnête homme. Sur la foi de quelqu'un.* SYN. honneur.
En ce sens, le nom ne s'emploie aujourd'hui que dans certaines locutions.
2. Confiance en quelqu'un, quelque chose. *Cette personne est digne de foi.*
3. Le fait de croire en Dieu. *Cette famille a la foi.* SYN. croyance.
LOCUTIONS
– ***Avoir foi en.*** Avoir confiance en. *Elle a foi en ce nouveau médicament.*
– ***Être de bonne, mauvaise foi.*** Être honnête, malhonnête.
– ***Faire foi.*** Prouver. *Le cachet de la poste faisant foi.*
HOM.
• ***foie,*** organe;
• ***fois,*** il était une fois.

FOIE n. m.
Organe qui sécrète la bile et remplit de multiples fonctions. *Une crise de foie. Aimez-vous le foie de veau ?*
HOM.
• ***foi,*** croyance religieuse;
• ***fois,*** il était une fois.
foie.

FOIN n. m.
Herbe fauchée dans les champs et destinée à la nourriture du bétail. *Quel plaisir nous avons eu à faire les foins à Princeville !*
LOCUTIONS
– ***Chercher une aiguille dans une botte de foin.*** (FIG.) Entreprendre une tâche presque impossible.
– ***Rhume des foins.*** Allergie causée par la floraison de certaines graminées. *A-t-on mis au point un vaccin contre le rhume* (et non la *fièvre) *des foins et l'asthme ? Des athlètes victimes du rhume des foins.* SYN. rhinite allergique.

FOIRE n. f.
Grand marché public. *Une foire commerciale. La foire du livre de Barcelone a lieu le 23 avril.*
LOCUTION
– ***Foire d'empoigne.*** Mêlée, aux sens propre et figuré.

FOIRER v. intr.
(FAM.) Échouer, rater. *Le projet a foiré.*
CONJUGAISON : VOIR MODÈLE AIMER.

FOIS n. f.
1. Évènement, circonstance qui peut se renouveler. *Je lui ai parlé plusieurs fois.*
2. Joint à un déterminant numéral, marque un nombre, un degré de fréquence, un degré de grandeur. *Deux fois par* (et non *la) *semaine. Trois fois trois. Une maison deux fois centenaire.*
LOCUTIONS
– ***À la fois,*** loc. adv. En même temps. *Ne parlez pas tous à la fois.*
– ***Cette fois,*** loc. adv. Dans cette circonstance.
– ***Chaque fois,*** loc. adv. Toutes les fois. *Chaque fois qu'elle a congé, il pleut.*
La construction avec la préposition ***à*** tend à sortir de l'usage courant.
– ***D'autres fois,*** loc. adv. En d'autres occasions.
– ***Des fois,*** loc. adv. (FAM.) Parfois.
– ***(Deux, trois, tous) à la fois,*** loc. adv. En même temps. *Ne répondez pas tous à la fois.*
– ***Maintes fois,*** loc. adv. À plusieurs reprises, souvent.
– ***Ne pas se le faire dire deux fois.*** Agir promptement.
– ***Une fois,*** loc. adv. Jadis. *Il était une fois une jolie princesse...* SYN. autrefois.
– ***Une fois*** + adjectif ou participe. Quand. *Une fois arrivé, préviens-moi.*
– ***Une fois n'est pas coutume.*** Exceptionnellement.
– ***Une fois pour toutes,*** loc. adv. De façon définitive.
Cette expression est de niveau plus soutenu que ***une bonne fois.*** *Il importe de décider une fois pour toutes.*
– ***Une fois que,*** loc. conj. Lorsque. *Une fois que ce chiffre sera atteint.* SYN. dès que; lorsque.
La locution conjonctive se construit avec l'indicatif.
HOM.
• ***foi,*** croyance religieuse;
• ***foie,*** organe.

FOISON (À) loc. adv.
Abondamment. *Ces chênes poussent à foison ici.* SYN. beaucoup; en abondance; en grande quantité.

FOISONNANT, ANTE adj.
Qui est en abondance.

FOISONNEMENT n. m.
Fait de foisonner. *Le foisonnement des insectes dans le sol.*
foisonnement.

FOISONNER v. intr.
Abonder. *Les libellules foisonnent cet été.*
CONJUGAISON : VOIR MODÈLE AIMER.
foisonner.

FOL
VOIR – FOU.

FOLÂTRE adj.
(VIEILLI) Espiègle, badin. *Des gamins folâtres.*
folâtre.

FOLÂTRER v. intr.
Batifoler. *Les enfants folâtraient sur la plage.*
CONJUGAISON : VOIR MODÈLE AIMER.
folâtrer.

FOLIATION n. f.
Disposition des feuilles sur une tige.
foliation.

FOLICHON, ONNE adj.
Amusant. *Cette étude n'est pas particulièrement folichonne.*

FOLIE n. f.
1. Déséquilibre, trouble mental. *Il est atteint de folie.*
Aujourd'hui, on emploie plutôt l'expression ***maladie mentale.***
2. (FIG.) Acte déraisonnable, goût excessif pour quelque chose. *Cet achat est de la folie pure !* SYN. extravagance.
LOCUTIONS
– ***À la folie,*** loc. adv. Beaucoup, énormément. *Ils s'aiment à la folie.*
– ***Avoir la folie des grandeurs.*** (FIG.) Voir trop grand, avoir des projets trop ambitieux, être atteint de mégalomanie.
folie, un seul ***l*** malgré folle.

FOLIO n. m.
1. Feuillet. *Des folios.*
2. (TYPOGR.) Numéro d'ordre d'une page.

T Les folios se composent en chiffres arabes. Les folios des parties accessoires d'un ouvrage (introduction, avant-propos...) sont composés en chiffres romains.

FOLKLO
Abréviation familière de ***folklorique.***

FOLKLORE n. m.
Ensemble des traditions populaires d'un pays ou d'une région.

FOLKLORIQUE adj.
Ce mot est familièrement abrégé en ***folklo*** (s'écrit sans point).
1. Relatif au folklore. *Des danses folkloriques.*
2. (PÉJ.) Pittoresque, mais sans sérieux.

FOLKLORISTE n. m. et f.
Spécialiste du folklore.

FOLLE
VOIR – FOU.

FOLLEMENT adv.
Le ***e*** central ne se prononce pas, [fɔlmɑ̃].
Extrêmement, d'une manière folle. *Il est follement amoureux.* SYN. éperdument.
follement.

FOLLET, ETTE adj.
– ***Feu follet.*** Petite flamme fugitive. *Des feux follets ou des petits lutins animaient la forêt nocturne.*

FOLLICULE n. m.
1. Fruit sec.
2. Petit organe en forme de sac.
Attention au genre masculin de ce nom : ***un*** follicule.
follicule.

***FOLLOW-UP**
Anglicisme pour ***suivi, évolution, surveillance.***

FOMENTATION n. f.
Le premier ***o*** est ouvert, [fɔmɑ̃tasjɔ̃].
(LITT.) Action de fomenter.
fomentation.

FOMENTER v. tr.
Le ***o*** est ouvert, [fɔmɑ̃te].
(LITT.) Préparer secrètement. *Fomenter une rébellion.*
Ne pas confondre avec le verbe ***fermenter,*** être en fermentation, en ébullition.
CONJUGAISON : VOIR MODÈLE AIMER.

FONCÉ, ÉE adj.
Qui est sombre, en parlant d'une couleur. *Bleu foncé.*
Lorsqu'un adjectif de couleur est composé de plusieurs mots, il est invariable. *Des gants vert foncé.*

FONCER v. tr., intr.
VERBE TRANSITIF
Rendre plus sombre (une couleur). *Elle fonça la couleur des murs.* SYN. assombrir. ANT. éclaircir.
VERBE INTRANSITIF
1. Devenir plus sombre. *Ses cheveux ont foncé.*
2. Se précipiter contre quelqu'un, quelque chose. *Le taureau fonça sur le torero.* SYN. attaquer ; charger.
3. Aller vite. *La voiture fonçait sur la route à vive allure.* SYN. filer.
CONJUGAISON : VOIR MODÈLE AVANCER.
Le ***c*** prend une cédille devant les lettres ***a*** et ***o.*** *Il fonça, nous fonçons.*

FONCEUR, EUSE adj. et n. m. et f.
(FAM.) Audacieux, qui va de l'avant. *C'est une fonceuse.*

FONCIER, IÈRE adj.
1. Qui constitue un bien-fonds. *Une propriété foncière.*
2. Relatif à un bien-fonds. *Des impôts fonciers, un crédit foncier.*
3. Fondamental. *Une générosité foncière.* SYN. inné ; naturel.

FONCIÈREMENT adv.
Le ***e*** de l'avant-dernière syllabe est muet, [fɔ̃sjɛrmɑ̃].
Profondément. *Il est foncièrement honnête.* SYN. naturellement.

FONCTION n. f.
1. Rôle caractéristique d'un élément dans un ensemble. *La fonction du cœur dans l'organisme.*
2. Activité professionnelle. *Il exerce la fonction de maire.* SYN. occupation ; profession ; tâche ; travail.
Les désignations de fonctions sont généralement écrites avec une minuscule. *Le directeur, le doyen, le ministre, la présidente.* Par contre, si le nom de fonction désigne une personne déterminée, on peut écrire ce nom avec une majuscule initiale. Cette majuscule est obligatoire dans les appels et les formules de politesse. *Monsieur le Président.*
On écrit ***entrer en fonctions*** si l'on désire insister sur les tâches ; ***entrer en fonction,*** si l'on parle d'une profession. On écrit au singulier également l'expression ***en fonction*** au sens de ***en activité.*** *Être en fonction.*
3. (GRAMM.) Rôle d'un mot, d'un groupe de mots dans une phrase. *La fonction de sujet, de complément.*
LOCUTIONS
– ***En fonction de,*** loc. prép. Selon. *Nous ajusterons les quantités en fonction de la demande.*
– ***Être fonction de.*** Dépendre de. *Les investissements seront fonction du chiffre d'affaires.*
– ***Faire fonction de.*** Jouer le rôle de. *Elle fait fonction de conseillère.*
– ***Fonction publique.*** Ensemble des fonctionnaires ; ensemble des activités liées à la gestion des affaires publiques. *Ils travaillent dans la fonction publique.*
Dans ces expressions, le nom reste invariable.

FONCTIONNAIRE n. m. et f.
Personne employée par l'État. *Les enseignants sont des fonctionnaires. Une fonctionnaire d'expérience.*

FONCTIONNALITÉ n. f.
1. Caractère de ce qui est fonctionnel.
2. (AU PLUR.) (INFORM.) Ensemble des possibilités offertes par un logiciel, un poste ou un système informatique.

FONCTIONNEL, ELLE adj.
1. Relatif à une fonction. *Un problème fonctionnel.*
2. Utilitaire. *Un meuble fonctionnel.*

FONCTIONNELLEMENT adv.
De manière fonctionnelle.

FONCTIONNEMENT n. m.
Manière dont quelque chose fonctionne. *Le fonctionnement d'un appareil. Des modes de fonctionnement.*

FONCTIONNER v. intr.
1. Remplir sa fonction. *La cafetière fonctionne bien.* SYN. marcher.
2. (FAM.) En parlant d'une personne, se comporter, être en mesure d'agir. *Il fonctionne à l'espresso.*
CONJUGAISON : VOIR MODÈLE AIMER.

FOND n. m.
1. Le plus bas niveau. *Le fond de la rivière, de l'océan.*
2. Partie inférieure de quelque chose. *Le fond d'un verre.*
3. Partie la plus éloignée de l'entrée. *Aller jusqu'au fond d'une grotte.*
4. (FIG.) Point extrême. *Au fond de mon cœur. Dites-moi le fond de votre pensée.*
5. Substance, contenu. *La forme doit être à la hauteur du fond.*
LOCUTIONS
– ***À fond,*** loc. adv. Entièrement, jusqu'à la limite du possible. *J'ai étudié cette question à fond.* SYN. complètement.
– ***Au fond, dans le fond,*** En réalité.

– ***De fond.*** Fondamental. *Des problèmes de fond.* SYN. essentiel.
– ***De fond en comble,*** loc. adv. Complètement.
– ***Ski de fond.*** Ski sur des parcours de faible dénivellation, par opposition à ***ski alpin.***
HOM.
• ***fonds,*** capital;
• ***fonts,*** bassin.

FONDAMENTAL, ALE, AUX adj.
Qui se rapporte à l'essentiel. *Des principes fondamentaux.* SYN. capital; vital.
LOCUTION
– ***Recherche fondamentale.*** Recherche pure dont les applications ne sont pas concrètes. ANT. recherche appliquée.

FONDAMENTALEMENT adv.
De façon fondamentale. *Cette personne est fondamentalement honnête.*

FONDANT, ANTE adj. et n. m.
ADJECTIF
Qui fond. *De la glace fondante.*
NOM MASCULIN
Préparation sucrée. *Du gâteau avec du fondant.*

FONDATEUR, TRICE adj. et n. m. et f.
ADJECTIF
Qui est à l'origine de quelque chose. *Elle est membre fondatrice de ce parti.*
NOM MASCULIN ET FÉMININ
Personne qui prend l'initiative de créer, de bâtir une entreprise, un regroupement, etc. *Le fondateur de Montréal est Paul de Chomedey de Maisonneuve.* SYN. bâtisseur; créateur.

FONDATION n. f.
1. Action de fonder (une ville, un établissement, etc.). *La fondation de la ville de Québec, en 1608.*
2. (AU PLUR.) Base, fondement. *Couler les fondations d'un édifice.*
3. Fonds affectés à titre gratuit à la réalisation d'une œuvre d'intérêt général, à caractère durable et non lucratif. *La Fondation de l'Hôpital Sainte-Justine.*
T En ce sens, le nom ***fondation*** s'écrit avec une majuscule initiale.

FONDÉ, ÉE adj.
1. Autorisé. *Il est fondé à croire que l'objectif sera atteint.*
2. Juste, légitime. *Un avis fondé.*

FONDÉ DE POUVOIR n. m.
FONDÉE DE POUVOIR n. f.
Personne chargée d'agir au nom d'une autre personne ou d'une société. *Des fondés de pouvoir compétents.*

FONDEMENT n. m.
1. (AU PLUR.) Principe, base. *Les fondements de la démocratie.*
2. Motif. *Une accusation qui n'a aucun fondement.* SYN. raison.
LOCUTION
– ***Sans fondement.*** Sans raison. *Ton inquiétude est sans fondement.*

FONDER v. tr., pronom.
VERBE TRANSITIF
Constituer, créer. *C'est Maisonneuve qui fonda la ville de Montréal en 1642. Cette maison d'édition a été fondée en 1974.*
Ne pas confondre avec le verbe ***établir,*** installer dans un lieu. *Cette entreprise est établie aux États-Unis et au Canada.*
VERBE PRONOMINAL
Se baser sur. *Sur quelle preuve vous fondez-vous pour accuser cette personne?* SYN. s'appuyer.
À la forme pronominale, le participe passé de ce verbe s'accorde toujours en genre et en nombre avec son sujet. *L'avocate s'était fondée sur ma déclaration.*
CONJUGAISON : VOIR MODÈLE AIMER.
La conjugaison du verbe ***fonder*** comporte des temps homonymes avec le verbe ***fondre*** : indicatif présent, troisième personne du pluriel, indicatif imparfait, subjonctif présent et participe présent.

FONDERIE n. f.
Le ***e*** central ne se prononce pas, [fɔ̃dri].
Usine où l'on fond les métaux, les alliages.

FONDEUR, EUSE n. m. et f.
Personne qui pratique le ski de fond.

FONDEUR n. m.
FONDEUSE n. f.
1. Personne qui dirige une fonderie.
2. Personne qui travaille dans une fonderie.

FONDRE v. tr., intr., pronom.
VERBE TRANSITIF
1. Rendre liquide un corps solide, sous l'action de la chaleur. *Fondre des métaux.*
2. Mêler. *Fondre des couleurs.* SYN. dégrader.
VERBE INTRANSITIF
1. Devenir liquide sous l'action de la chaleur. *La neige a fondu. Le beurre fond rapidement.*
2. Foncer sur quelqu'un, quelque chose, se précipiter. *Le vautour a fondu sur sa proie.*
VERBE PRONOMINAL
1. Se mêler en un ensemble. *Tous les ingrédients se sont fondus pour donner une crème onctueuse.* SYN. fusionner; se mélanger.
2. (FIG.) Se confondre, disparaître. *Le voleur a réussi à se fondre dans la foule.*
À la forme pronominale, le participe passé de ce verbe s'accorde toujours en genre et en nombre avec son sujet. *Les coloris se sont fondus harmonieusement.*
CONJUGAISON : VOIR MODÈLE FENDRE.
INDICATIF PRÉSENT *Je fonds, tu fonds, il fond, nous fondons, vous fondez, ils fondent.* CONDITIONNEL PRÉSENT *Je fondrais.* IMPÉRATIF PRÉSENT *Fonds, fondons, fondez.* SUBJONCTIF PRÉSENT *Que je fonde.* PARTICIPE PRÉSENT *Fondant.* PASSÉ *Fondu, ue.*
La conjugaison du verbe ***fondre*** comporte des temps homonymes avec le verbe ***fonder*** : indicatif présent, troisième personne du pluriel, indicatif imparfait, subjonctif présent et participe présent.

FONDRIÈRE n. f.
Terrain bas souvent envahi par l'eau et généralement bourbeux (Recomm. off.).
Ne pas confondre avec les noms suivants :
• ***baissière,*** enfoncement d'une terre, d'un champ, retenant l'eau de pluie;
• ***marais,*** nappe d'eau stagnante de faible profondeur, envahie par la végétation aquatique;
• ***marécage,*** étendue de terrain imprégnée ou recouverte d'eau, occupée par une végétation surtout arbustive;
• ***tourbière,*** formation végétale en terrain humide, résultant de l'accumulation de matières organiques partiellement décomposées.

FONDS n. m.
1. Bien immeuble, terrain sur lequel on bâtit.
2. Capital de financement. *Un appel de fonds. Un fonds commun de placement* (et non *fonds mutuel) *bien géré.*
3. (FIG.) Ensemble de ressources. *Les termes* achalandage *et* piger *sont issus du fonds français.*
4. (AU PLUR.) Argent disponible. *Récolter des fonds, de l'argent* (et non *des argents).
En ce sens, le nom ne s'emploie qu'au pluriel.

F

F

LOCUTIONS
– ***À fonds perdus.*** Que l'on ne peut récupérer. *Un investissement à fonds perdus.*
– ***Fonds de commerce.*** Établissement commercial. *Vendre un fonds de commerce.*
– ***Fonds de pension.*** Capital constitué en vue d'assurer le paiement de prestations de retraite aux salariés retraités. SYN. caisse de retraite; fonds de retraite.
– ***Mise de fonds.*** Placement dans une affaire.
FORMES FAUTIVES
*fonds mutuel. Calque de «*mutual fund*» pour **fonds commun de placement.**
*levée de fonds. Calque de «*fund-raising*» au sens de ***campagne de souscription, campagne de financement, collecte de fonds.***
HOM.
• ***fond,*** le plus bas niveau;
• ***fonts,*** bassin servant au baptême.
➾ fonds.

FONDS MONÉTAIRE INTERNATIONAL
Sigle *FMI* (s'écrit avec ou sans points).

FONDU, UE adj. et n. m. et f.
ADJECTIF
Venu à l'état liquide. *Du beurre fondu et des artichauts.*
NOM MASCULIN
(CIN.) Ouverture ou fermeture progressive d'une lentille. *Des fondus enchaînés.*
NOM FÉMININ
1. Plat composé de fromage fondu dans lequel on trempe du pain. *Une fondue savoyarde.*
2. Plat composé d'un bouillon dans lequel on trempe des morceaux de viande, de poisson, de légumes. *Une fondue chinoise.*

FONGICIDE adj. et n. m.
Qui détruit les champignons parasites. *Un produit fongicide. Un fongicide efficace.*

FONTAINE n. f.
1. Eau qui sort de terre. *La fontaine de Vaucluse.*
2. Construction ornementale comportant des bassins, des jets d'eau. *La belle fontaine des Fleuves de la Piazza Navona à Rome. La fontaine de Trevi.*
3. Édicule de distribution d'eau. *Les ouvriers étaient rassemblés autour de la fontaine* (et non de l'*abreuvoir).
LOCUTION
– ***Fontaine de Jouvence.*** Fontaine mythique dont les eaux ont la vertu de rajeunir.
T Lorsqu'il s'agit de la fontaine fabuleuse, le mot ***jouvence*** s'écrit avec une majuscule; dans son emploi figuré, le mot s'écrit avec une minuscule.

FONTANELLE n. f.
Espace compris entre les os du crâne du nouveau-né.

FONTE n. f.
1. Action de fondre; fait de fondre. *La fonte des neiges.*
2. Alliage de fer et de carbone. *Une cloche en fonte.*
3. (TYPOGR.) Ensemble de caractères d'un même type. *La fonte Helvetica.* SYN. police de caractères.

FONTS n. m. pl.
– ***Fonts baptismaux.*** Bassin servant au baptême. *C'est la marraine qui tient l'enfant sur les fonts baptismaux.*
Le mot ne s'emploie que dans cette locution.
HOM.
• ***fond,*** le plus bas niveau;
• ***fonds,*** capital.
➾ fonts.

FOOTBALL n. m. (pl. *footballs*)
Le nom se prononce à l'anglaise, [futbol].
Sport pratiqué avec un ballon ovale, permettant le plaquage et opposant deux équipes de douze joueurs (football canadien) ou de onze joueurs (football américain) qui cherchent à marquer le plus de points possible en passant, portant ou bottant le ballon dans le but adverse. *Des terrains de football.*
En Amérique du Nord, c'est le terme anglais *soccer* qui s'est imposé pour distinguer le sport anglais, que l'on nommait *association football* en Angleterre, et le football américain (ou canadien), appelés également *football,* mais inspirés du rugby anglais (*rugby football*) qui se joue avec un ballon ovale, qui permet également le plaquage et l'usage des mains (GDT).
Le terme ***ballon rond*** est un synonyme courant en français européen.

FOR n. m.
– ***For intérieur.*** Au fond de soi-même. *Dans votre for intérieur, vous m'approuvez.*
Le mot ne s'emploie que dans cette locution.
HOM.
• ***fors,*** excepté;
• ***fort,*** fortification;
• ***fort,*** puissant, robuste.
➾ for.

FORAGE n. m.
Action de forer, de percer un trou. *Le forage d'un puits. Cette entreprise pétrolière fait du forage en mer.*

FORAIN, AINE adj. et n. m. et f.
Qui se rapporte aux foires, aux marchés. *Des fêtes foraines.*

FORBAN n. m.
1. Pirate, flibustier.
2. (FIG.) Personne malhonnête; sans scrupules.
➾ forban.

FORÇAGE n. m.
Culture des plantes hors saison. *Le forçage des tulipes.*
➾ forçage.

FORÇAT n. m.
(ANCIENN.) Condamné aux travaux forcés.
➾ forçat.

FORCE adv. et n. f.
ADVERBE
(LITT.) Plusieurs. *Après force recommandations.*
NOM FÉMININ
1. Puissance, énergie. *La force d'un lutteur.* SYN. vigueur.
2. Violence. *Ils ont employé la force.*
3. Degré de puissance, d'efficacité. *La force du vent, la force d'une entreprise.*
4. Degré de résistance. *La force d'un acier, d'une construction.* SYN. rigidité; solidité.
5. (AU PLUR.) Formations militaires d'un État. *Les forces armées du Canada.*
LOCUTIONS
– ***À force de,*** loc. prép. Avec beaucoup de. *Il y parvint, à force de travail.*
– ***À toute force,*** loc. adv. À tout prix, par tous les moyens. *Il tentera à toute force d'atteindre son but.*
Cette locution est toujours au singulier.
– ***De force,*** loc. adv. En employant la contrainte.
– ***De gré ou de force,*** loc. adv. Volontairement ou par la contrainte. *Ils viendront de gré ou de force.*
– ***De toutes (mes, tes, ses...) forces,*** loc. adv. En mettant toute son énergie. *Il a crié de toutes ses forces.*
– ***En force,*** loc. adv. En grand nombre. *Ils sont arrivés en force : ils étaient plusieurs milliers.*

– ***Force de vente.*** Personnel d'une entreprise chargé de prospecter la clientèle et d'effectuer la commercialisation des produits et services de l'entreprise.
– ***Force est de.*** On doit absolument. *Force est d'admettre qu'il avait raison.*
– ***Par force,*** loc. adv. Par nécessité.
– ***Par la force des choses,*** loc. adv. Par nécessité, de façon inéluctable. SYN. inévitablement ; obligatoirement.
– ***Un cas de force majeure.*** Évènement grave impossible à prévoir et à prévenir.
FORME FAUTIVE
*en force. Calque de «*in force*» au sens de ***en vigueur.*** *La loi est en vigueur.*

FORCÉ, ÉE adj.
Qui est imposé. *Les prisonniers n'ont plus à exécuter de travaux forcés.*

FORCÉMENT adv.
Nécessairement, inévitablement. *Il sera forcément présent.*

FORCENÉ, ÉE adj. et n. m. et f.
NOM MASCULIN ET FÉMININ
1. Qui n'a plus le contrôle de soi, fou furieux. *Ils criaient comme des forcenés.*
2. (FIG.) Qui est acharné.
ADJECTIF
1. Dont la violence est hors de mesure. *Une rage forcenée.*
2. (FIG.) Qui dépasse toute mesure dans ses attitudes. *Une ambition forcenée.*
Ne pas confondre avec les mots suivants :
• ***démesuré,*** qui dépasse la mesure ;
• ***excessif,*** qui sort des limites permises ;
• ***exorbitant,*** qui sort des bornes, qui est inabordable.

FORCEPS n. m.
Les lettres ***ps*** se prononcent, au singulier comme au pluriel, [fɔrsɛps].
Instrument chirurgical en forme de pinces.
force**ps.**

FORCER v. tr., intr., pronom.
VERBE TRANSITIF
1. Enfoncer. *Le cambrioleur força la porte.*
2. Imposer quelque chose à quelqu'un. *Le propriétaire les a forcés à partir.* SYN. contraindre ; obliger.
VERBE INTRANSITIF
Fournir un grand effort. *Ils ont énormément forcé pour déménager ce piano.*
VERBE PRONOMINAL
Faire un effort sur soi-même. *Elles se sont forcées un peu et le résultat est très bon.* SYN. se donner du mal.
À la forme pronominale, le participe passé de ce verbe s'accorde en genre et en nombre avec le complément direct si celui-ci le précède. *Les muscles du dos qu'il s'est forcés. Notre équipe s'est forcée pour gagner la Coupe Stanley.* Le participe passé reste invariable si le complément direct suit le verbe. *Elle s'est forcé la voix.*
CONJUGAISON : VOIR MODÈLE AVANCER.
Le ***c*** prend une cédille devant les lettres ***a*** et ***o.*** *Il força, nous forçons.*

FORCIR v. intr.
Devenir plus fort, plus gros. *Gaétan a forci pendant son été à la ferme.*
CONJUGAISON : VOIR MODÈLE FINIR.

***FOREMAN**
Anglicisme pour ***contremaître.***

FORER v. tr.
Percer un trou, une cavité dans une matière dure. *Les ouvriers ont foré le roc pour creuser un tunnel.*
CONJUGAISON : VOIR MODÈLE AIMER.

FORESTERIE n. f.
Ensemble des activités liées à la forêt et à son exploitation.

FORESTIER, IÈRE adj. et n. m. et f.
ADJECTIF
Relatif à la forêt. *Un garde forestier. Des chemins forestiers.*
NOM MASCULIN ET FÉMINININ
Professionnel de la foresterie.
fores**t**ier.

FORET n. m.
Outil pour percer.
HOM. ***forêt,*** grande étendue couverte d'arbres.
for**et.**

FORÊT n. f.
Grande étendue couverte d'arbres. *Une forêt de conifères.*
SYN. bois.
LOCUTION
– ***Forêt vierge.*** Forêt inexplorée.
Cette expression s'écrit sans trait d'union.
HOM. ***foret,*** outil pour percer.
for**ê**t.

FOREUSE n. f.
Machine à forer. *Le maniement de la foreuse* (et non de la *drill).

FORFAIT n. m.
1. (LITT.) Crime atroce.
2. Contrat dans lequel un prix global est fixé à l'avance. *Faire un forfait avec un peintre pour des travaux de peinture. Un contrat à forfait.*
– ***Forfait(-)vacances, forfait(-)croisière.*** (EN APPOS.) Prestations proposées à prix forfaitaire. *Des forfaits-vacances* ou *forfaits vacances, des forfaits-croisières* ou *forfaits croisières.*
En apposition, le nom s'écrit avec ou sans trait d'union et les deux mots prennent la marque du pluriel.
LOCUTION
– ***Déclarer forfait.*** Abandonner. *Ils ont déclaré forfait et ont renoncé à poursuivre.*
Le nom demeure invariable dans cette locution.

FORFAITAIRE adj.
La deuxième syllabe se prononce ***fè,*** [fɔrfɛtɛr].
Dont le prix est fixé à l'avance. *Contrat forfaitaire.*

FORFAITAIREMENT adv.
D'une manière forfaitaire. *Le prix est fixé forfaitairement.*

FORFANTERIE n. f.
(LITT.) Vantardise.
forf**an**terie.

FORGE n. f.
Atelier où l'on travaille les métaux.

FORGEAGE n. m.
Action de forger. *Du forgeage à chaud.*
forg**e**age.

FORGER v. tr.
1. Travailler un métal. *Il forgeait l'argent. Du fer forgé.*
Lorsqu'il s'agit d'une imitation frauduleuse, on emploie le verbe ***contrefaire.***
2. Inventer. *Un nom forgé.* SYN. créer ; imaginer.
LOCUTION
– ***C'est en forgeant qu'on devient forgeron*** (Proverbe). On apprend et on devient habile par l'expérience.
FORME FAUTIVE
*forger une signature. Anglicisme pour ***contrefaire une signature.***
CONJUGAISON : VOIR MODÈLE CHANGER.
Le ***g*** est suivi d'un ***e*** devant les lettres ***a*** et ***o.*** *Il forgea, nous forgeons.*

FORGERON n. m.
FORGERONNE n. f.
Personne qui façonne le fer au marteau après l'avoir fait chauffer.

FORINT n. m.
Unité monétaire de la Hongrie. *Des forints.*
VOIR TABLEAU – SYMBOLES DES UNITÉS MONÉTAIRES.

FORMALISATION n. f.
Action de formaliser.
formalisation.

FORMALISER v. tr., pronom.
VERBE TRANSITIF
1. Donner des structures formelles à un système de connaissances.
2. Donner forme à (un projet, une idée). *Nous avons établi les grandes lignes de notre projet et il nous reste maintenant à le formaliser.*
VERBE PRONOMINAL
S'offenser, s'offusquer. *Elle s'est formalisée de ce qu'on ne l'ait pas consultée.* SYN. se piquer ; se vexer.
À la forme pronominale, le participe passé de ce verbe s'accorde toujours en genre et en nombre avec son sujet. *Nos amis ne se sont pas formalisés de notre retard.*
CONJUGAISON : VOIR MODÈLE AIMER.
formaliser.

FORMALISME n. m.
Respect scrupuleux des formalités.
formalisme.

FORMALISTE adj. et n. m. et f.
Qui s'attache aux formalités à l'excès.
formaliste.

FORMALITÉ n. f.
1. Manière obligatoire de procéder. *Des formalités de douane.*
2. Étiquette, cérémonie. *Les formalités l'ennuient.*
3. Acte peu important et facile à faire. *C'est une simple formalité.*
formalité.

FORMAT n. m.
Dimensions (d'un livre, d'une feuille de papier, etc.). *Une boîte de format géant.*
VOIR – GRANDEUR.
format, un ***t*** final.

FORMATAGE n. m.
(INFORM.) Opération qui consiste à préparer un support physique en vue de lui permettre de recevoir une information selon un format spécifique. *Le formatage d'une disquette.*
Ne pas confondre avec la ***mise en page(s),*** qui désigne l'action de disposer les données en vue de leur affichage, de leur impression ou de leur mémorisation.

FORMATER v. tr.
(INFORM.) Faire le formatage de. *Formater une disquette.*
CONJUGAISON : VOIR MODÈLE AIMER.

FORMATEUR n. m.
FORMATRICE n. f.
Personne dont la fonction est d'enseigner à des personnes qui sont en formation continue. *Liette est une bonne formatrice.*

FORMATEUR, TRICE adj.
Qui développe les capacités intellectuelles. *Cet exercice est très formateur.*

FORMATION n. f.
1. Constitution, élaboration. *La formation d'une société.*
2. Enseignement. *Elle a reçu une formation scientifique.* SYN. connaissances.
Ne pas confondre avec le nom ***entraînement,*** qui se dit pour un sportif, un militaire.
3. Groupement de personnes. *Une formation politique.*
LOCUTIONS
– ***Formation à distance.*** Mode d'enseignement permettant de recevoir une formation à domicile ou sur les lieux de travail (Recomm. off.).
– ***Formation continue.*** Programme de formation axé sur l'acquisition, l'approfondissement ou le recyclage de connaissances et destiné à toute personne ayant déjà quitté l'école (Recomm. off.). SYN. formation permanente.
– ***Formation en alternance.*** Formation donnée alternativement dans un établissement d'enseignement et en entreprise sous la forme de stages.
– ***Formation professionnelle.*** Ensemble des connaissances théoriques ou pratiques qui ont été acquises dans un domaine déterminé (Recomm. off.).

FORME n. f.
1. Figure extérieure, configuration. *Une table de forme circulaire. Des formes asymétriques.*
2. Mode d'expression de la pensée. *La forme de ce texte laisse à désirer, mais le fond est intéressant et original.* ANT. contenu ; fond.
3. (LING.) Unité linguistique (mot, syntagme, phrase) identifiée par ses traits formels. *La forme pronominale d'un verbe. La forme féminine d'un nom.*
4. (AU PLUR.) Règles établies, manière de procéder. *Agir dans les formes.*
5. Condition physique. *Elle est en excellente forme, en mauvaise forme. Il est au mieux de sa forme.*
Cette expression, qui appartenait à la langue des sports, est aujourd'hui couramment utilisée pour décrire la condition physique ou intellectuelle de quelqu'un.
LOCUTIONS
– ***Dans les formes.*** Selon les règles définies, les formalités.
– ***De pure forme.*** De façon purement formelle. *Un examen de pure forme, une simple formalité.*
– ***En bonne et due forme.*** Dans le respect des règles. *Signer un contrat en bonne et due forme.*
– ***En forme de.*** Qui a l'apparence de. *Un arbuste en forme de lapin.*
– ***Haut-de-forme.*** Chapeau dont le corps est haut et cylindrique. *Des hauts-de-forme.*
– ***Mettre les formes.*** Suivre les règles de la bienséance, de la politesse. *Il est possible d'exprimer sa pensée devant cette assemblée, mais en y mettant les formes.*
– ***Pour la forme.*** Pour sauver les apparences.
– ***Prendre forme.*** Se définir progressivement. *Notre bonhomme de neige commençait à prendre forme quand il s'est mis à pleuvoir. Une idée qui prend forme.*
– ***Sous la forme de.*** Avec l'apparence de. *Le prince lui est apparu sous la forme d'un renard.*

-FORME suff.
Élément du latin signifiant « forme » et qui sert à la formation de mots savants. *Filiforme, cunéiforme.*

FORMÉ, ÉE adj.
Qui a achevé son développement. *Avoir le jugement formé.*

FORMEL, ELLE adj.
1. Qui concerne la forme seulement, l'apparence. *Une amabilité formelle.*
2. Clair, explicite. *Une déclaration formelle.*
3. Certain. *Le gardien est formel : cette porte était fermée à clé.* SYN. catégorique ; clair ; sûr.
FORME FAUTIVE
*formel. Anglicisme au sens de ***officiel.***

FORMELLEMENT adv.
Le ***e*** de l'avant-dernière syllabe ne se prononce pas, [fɔrmɛlmɑ̃].
Absolument. *C'est formellement interdit.* SYN. strictement.

FORMER v. tr., pronom.
VERBE TRANSITIF
1. Créer, organiser. *Les élus formeront un nouveau gouvernement. Les participants ont formé un long cortège.*
2. Éduquer. *Former des ingénieurs.* SYN. instruire.
3. Constituer. *Des chapitres qui forment un livre.* SYN. composer.
Ne pas confondre avec le verbe ***formuler,*** rédiger, exprimer.
VERBE PRONOMINAL
1. Prendre forme. *Des nuages se sont formés.* SYN. apparaître.
2. S'instruire. *Ces techniciens se forment par des stages pratiques.* SYN. se cultiver; se perfectionner.
À la forme pronominale, le participe passé de ce verbe s'accorde toujours en genre et en nombre avec son sujet. *Une couche de glace s'est formée sur la chaussée.*
CONJUGAISON : VOIR MODÈLE AIMER.

FORMICA n. m.
Matériau stratifié. *Une table en formica.*

FORMIDABLE adj.
1. Considérable, très grand. *Une explosion formidable.* SYN. énorme; étonnant.
2. (FAM.) Excellent, sensationnel. *Le spectacle est formidable. Des résultats formidables.* SYN. fantastique; génial; (FAM.) super; terrible.

FORMIDABLEMENT adv.
De façon formidable. *Il a formidablement réussi.*

FORMOL n. m.
Désinfectant. « *Les échantillons d'espèces disparues conservés dans le formol sont inexploitables d'un point de vue génétique* » (*Libération*).
form**ol**.

FORMULAIRE n. m.
1. Document administratif conçu pour recueillir, transmettre ou conserver des renseignements. *Remplir* (et non *compléter) *un formulaire d'inscription, d'offre d'emploi.* SYN. formule.
2. Recueil de formules.

FORMULATION n. f.
1. Action de formuler. *La formulation d'un problème.*
2. Manière dont quelque chose est formulé. *Une formulation non pas hermétique, mais au contraire accessible à tous.* SYN. expression.

FORMULE n. f.
1. Expression consacrée par l'usage, par un rituel. *Des formules de politesse, une formule magique. Des formules usuelles d'appel, d'introduction, de conclusion, de salutation.*
VOIR TABLEAU – CORRESPONDANCE.
2. Solution. *Les auberges de jeunesse sont une bonne formule pour voyager de façon économique.*
3. Expression très résumée. *Une formule chimique, algébrique.*
4. Formulaire. *Une formule de demande d'emploi.*
FORME FAUTIVE
*formule sanguine. Calque de «*blood count*» pour ***hémogramme.***

FORMULER v. tr., pronom.
VERBE TRANSITIF
Rédiger, exprimer dans une forme définie. *Formuler une question, une demande.*
VERBE PRONOMINAL
S'énoncer, se dire. *Ton point de vue ne se formule pas facilement.*
À la forme pronominale, le participe passé de ce verbe s'accorde toujours en genre et en nombre avec son sujet. *Ces principes se sont formulés clairement.*
Ne pas confondre avec le verbe ***former,*** composer, concevoir.
CONJUGAISON : VOIR MODÈLE AIMER.

FORNIQUER v. intr.
(PLAISANT.) Avoir des relations sexuelles.
CONJUGAISON : VOIR MODÈLE AIMER.

FORS prép.
Le *s* est muet, [fɔr].
(VX) Excepté. *Tout est perdu, fors l'honneur.* (François Ier)
SYN. sauf.
HOM.
• ***for,*** au fond de soi-même ;
• ***fort,*** puissant, robuste ;
• ***fort ,*** fortification.
fors.

FORSYTHIA n. m.
Arbuste décoratif dont les rameaux se couvrent de petites fleurs jaunes dès le début du printemps. *Des forsythias qui symbolisent le printemps.*
fors**ythi**a.

FORT, FORTE adj., adv. et n. m.
ADJECTIF
1. Qui a de la force, puissant, robuste. *Ce garçon est très fort : il peut soulever une voiture.* SYN. (FAM.) costaud; vigoureux. ANT. faible.
2. Habile, doué. *Delphine est forte en français.* SYN. bon; (FAM.) calé; capable. ANT. nul.
3. Courageux, énergique. *Cette famille est demeurée forte malgré une grande épreuve.*
4. Grand, intense. *Un vent fort souffle. Une explosion très forte a secoué le quartier. Une forte somme.* SYN. considérable.
5. Solide, résistant. *La tente est fabriquée avec une toile très forte.*
ADVERBE
1. Très. *Elles étaient fort contentes.*
2. Avec force. *Parlez plus fort, je ne vous entends pas bien.*
Comme adverbe, ce mot est toujours invariable.
NOM MASCULIN
Ouvrage de fortification autrefois destiné à protéger un lieu stratégique (Recomm. off.). *Le fort Sainte-Hélène.* « *Elle dit encore le fort, en parlant du village, comme les vieux colons d'autrefois dont le refuge était une misérable palissade enfermant les maisons et sur les pieux de laquelle venaient à l'improviste se planter les flèches iroquoises* » (Ringuet, *Trente Arpents*). SYN. fortification.
LOCUTIONS
– ***À plus forte raison.*** Pour des raisons d'autant plus valables. SYN. a fortiori.
– ***Au plus fort de.*** Au milieu de, au sommet de. *Au plus fort de la tempête, il n'y avait plus d'électricité.*
– ***Avoir affaire à forte partie.*** Affronter un adversaire très puissant.
– ***Fort de,*** loc. adj. Muni de, armé de. *Fort de sa solide formation, il s'est présenté à l'examen.*
– ***Se faire fort de.*** S'engager à accomplir quelque chose. *Elle se fait fort de réussir là où les autres ont échoué.*
Le mot ***fort*** est invariable dans cette expression.
– ***Temps fort.*** Moment capital. *Ces sonates ont constitué le temps fort du récital.*
HOM.
• ***for,*** au fond de soi-même ;
• ***fors,*** excepté.

FORTEMENT adv.
1. Avec force. *Le vent soufflait fortement.*
2. Beaucoup. *Nous espérons fortement que notre amie malade se rétablira vite.*

FORTERESSE n. f.
Lieu fortifié. *On dit que cette forteresse est imprenable.* SYN. fortification.

FORTIFIANT, IANTE adj. et n. m.
ADJECTIF
Qui augmente les forces. *Des vitamines fortifiantes.*
NOM MASCULIN
Médicament qui augmente les forces physiques. *Prendre un fortifiant.* SYN. tonique.

FORTIFICATION n. f.
Ouvrage de défense militaire. *Des fortifications entouraient Québec.*

FORTIFIER v. tr.
1. Rendre plus fort. *Ces exercices les fortifieront.* SYN. développer.
2. Protéger (une ville, un lieu, etc.) par des fortifications.
CONJUGAISON : VOIR MODÈLE ÉTUDIER.
Redoublement du ***i*** à la première et à la deuxième personne du pluriel de l'indicatif imparfait et du subjonctif présent. *(Que) nous fortifiions, (que) vous fortifiiez.*

FORTIN n. m.
Petit fort. *Ces Beaucerons ont érigé un fortin en glace.*

FORTIORI (A)
VOIR – A FORTIORI.

FORTRAN n. m.
(INFORM.) Langage de programmation utilisé pour la résolution de problèmes scientifiques ou techniques.
Ce nom est un acronyme de l'anglais «*Formula Translator*» et peut s'écrire en minuscules ou en majuscules.

FORTUIT, ITE adj.
Le ***t*** ne se prononce pas à la forme masculine, [fɔrtɥi, ɥit].
Accidentel. *Un cas fortuit. Des évènements fortuits.*

FORTUITEMENT adv.
De façon fortuite. *Il l'a rencontrée fortuitement.* SYN. par hasard.

FORTUNE n. f.
1. (LITT.) Hasard. *La fortune sourit aux audacieux.* (Proverbe) SYN. sort.
2. Situation financière d'une personne. *Pour toute fortune, ils n'ont que 300 $ et deux vélos.*
3. Richesse. *Sa fortune s'élève à trois millions de dollars.*
LOCUTIONS
– ***À la fortune du pot.*** À la bonne franquette, très simplement.
– ***De fortune.*** Rudimentaire. *Une installation de fortune.* SYN. provisoire.
– ***Faire contre mauvaise fortune bon cœur.*** Se résigner, accepter son sort.
– ***Faire fortune.*** S'enrichir. *Ils ont fait fortune rapidement.*
– ***Revers de fortune.*** Perte d'argent.
– ***Tenter fortune.*** Commencer une vie, une carrière.

FORTUNÉ, ÉE adj.
1. (LITT.) (VX) Favorisé par la fortune.
2. Riche. *Cette famille est fortunée.* SYN. aisé.

FORUM n. m.
1. Place de la Rome antique. *Le Forum romain.*
[T] En ce sens, le nom s'écrit généralement avec une majuscule.
2. Grande salle de spectacle. *Le 11 mars 1996 a sonné le glas du Forum de Montréal. Des forums très vastes.*
3. Réunion où sont débattues des questions d'une vaste portée, généralement dans le but d'établir une concertation entre les divers participants. *Tenir un forum sur la maîtrise de la langue.*
[T] Les noms d'activités scientifiques, culturelles ou commerciales (colloque, congrès, journée, foire, forum, séminaire, symposium, etc.) s'écrivent avec une majuscule initiale lorsqu'ils désignent des évènements particuliers. *Le Congrès mondial de neurologie. Le Symposium international de l'Association des obstétriciens et gynécologues du Québec. Le Salon du meuble de Paris. Le 25e Colloque des écrivains de l'Académie des lettres du Québec. La IIIe Journée québécoise des dictionnaires a eu lieu à Québec en avril 2008.*
Ne pas confondre avec les noms suivants :
• ***colloque,*** réunion de spécialistes invités, en nombre généralement limité, pour exposer, discuter et confronter leurs idées et leurs opinions sur un thème donné ;
• ***congrès,*** assemblée regroupant un nombre important de personnes réunies pour délibérer sur un ou des sujets donnés ;
• ***séminaire,*** réunion à caractère scientifique constituée d'un groupe restreint de personnes et généralement animée par un professeur, un chercheur ou un spécialiste ;
• ***symposium,*** congrès scientifique.
LOCUTIONS
– ***Forum de bavardage.*** Communauté électronique constituée d'internautes qui échangent des idées de façon interactive et en temps réel sur un sujet donné, à travers le Service de bavardage Internet (GDT). SYN. canal de bavardage.
– ***Forum électronique.*** (INFORM.) Regroupement d'internautes qui utilisent Internet pour échanger en différé des propos sur un sujet commun (GDT). *Créer un forum électronique* (et non *groupe d'intérêt).

FOSSE n. f.
Le **o** est fermé, [fos].
1. Dépression importante du fond de la mer, d'un fleuve, d'une rivière, d'un lac (Recomm. off.). *Une fosse abyssale profonde de 5000 mètres.*
2. Cavité naturelle. *Les fosses nasales.*
LOCUTIONS
– ***Fosse à saumon.*** Partie d'un cours d'eau généralement plus profonde et moins rapide que les eaux adjacentes, servant d'aire de repos au saumon dans sa montaison vers les frayères (Recomm. off.).
– ***Fosse septique.*** Fosse d'aisances. *Installer une fosse septique* (et non *sceptique).

FOSSÉ n. m.
Le **o** est fermé, [fose].
1. Fosse creusée en longueur pour faire écouler les eaux. *Ne roule pas si près du fossé, tu vas y tomber.* SYN. canal ; éloignement.
2. (FIG.) Écart, séparation, désaccord entre des personnes, des groupes. *Le fossé des générations.* SYN. cassure ; fracture.

FOSSETTE n. f.
Le **o** est fermé, [fosɛt].
Petit creux au menton, aux joues. *Des fossettes charmantes.*

FOSSILE adj. et n. m.
Le **o** est fermé ou ouvert, [fosil, fɔsil].
ADJECTIF
Se dit d'une empreinte, d'un reste d'animal ou de végétal très ancien qui a été conservé dans des dépôts sédimentaires. *Sous les glaces du Groenland, on a retrouvé de l'ADN fossile, de minuscules traces d'une forêt vieille de 800 000 ans.*
NOM MASCULIN
1. Organisme fossile. *Un fossile de dinosaure, qui vivait il y a 70 millions d'années en Mongolie, présente des caractéristiques aviaires, notamment un bec, et devait peser 1,4 tonne pour 8 mètres de longueur.*

2. (FIG.) (FAM.) Personne archaïque, ayant des idées désuètes. *« C'est un nouveau régime qui s'avance, piétinant les fossiles gaulliens pour affirmer une nouvelle dynamique du pouvoir »* (*L'Express*).

LOCUTIONS

– ***Combustibles fossiles.*** Combustibles dérivés d'organismes vivants, végétaux ou animaux, par des procédés de fossilisation (GDT). *Depuis 2000, les quantités de gaz à effet de serre envoyées dans l'atmosphère par l'usage de combustibles fossiles (charbon, pétrole, gaz naturel) augmentent.*

– ***Énergie fossile.*** Énergie produite à partir de ressources épuisables telles que le pétrole brut, le gaz naturel, le charbon, etc. *La culture à très grande échelle du maïs, de la canne à sucre, du colza, de la betterave ou du soja induit nombre d'effets pervers dont la consommation de beaucoup d'énergie fossile, d'eau ou d'engrais.*

fossile, deux ***s***, un ***l***.

FOSSILISATION n. f.

Transformation progressive de corps organisés à l'état fossile.

FOSSILISÉ, ÉE adj.

1. Devenu fossile. *Un insecte fossilisé.*

2. (FIG.) Figé, rétrograde. *Un organisme fossilisé par la tradition.* SYN. momifié ; sclérosé.

FOSSILISER v. tr., pronom.

VERBE TRANSITIF

Amener à l'état de fossile, au propre et au figuré. *Une fougère fossilisée. Des points de vue archaïques, voire fossilisés.*

VERBE PRONOMINAL

Devenir fossile, au propre et au figuré. *Ce parti est devenu rétrograde : il s'est fossilisé.*

À la forme pronominale, le participe passé de ce verbe s'accorde toujours en genre et en nombre avec son sujet. *Ces insectes se sont fossilisés.*

CONJUGAISON : VOIR MODÈLE AIMER.

FOSSOYEUR n. m.

FOSSOYEUSE n. f.

Le premier ***o*** est fermé ou ouvert, [foswajœr, fɔswajœr].

Personne chargée d'enterrer les morts.

FOU ou **FOL, FOLLE** adj. et n. m. et f.

1. Qui n'a pas sa raison. *Il est devenu fou.*

On dit plutôt ***aliéné, malade mental.***

2. Déraisonnable. *Les jeunes ont fait de folles dépenses.*

3. Considérable. *Un charme fou, un prix fou.*

4. Très gai, qui s'amuse beaucoup. *Elles ont fait les folles, ils ont ri comme des fous.* SYN. exubérant.

5. Passionné de, qui raffole de. *Ils sont fous de cette musique. C'est une folle du jardinage.* SYN. adepte de ; fidèle ; (FAM.) mordu ; partisan.

Devant un nom masculin commençant par une voyelle ou par un ***h*** muet, on emploie l'adjectif ***fol***. *Un fol amour,* mais *un amour fou.*

LOCUTION

– ***Fou rire.*** Rire irrépressible. *Des fous rires communicatifs.*

FORME FAUTIVE

*faire un fou de soi. Calque de «*to make a fool of oneself*» pour ***se rendre ridicule.***

FOUDRE n. m. et f.

NOM MASCULIN

1. Grand tonneau.

2. (PLAISANT.) Grand capitaine. *Un foudre de guerre.*

NOM FÉMININ

1. Décharge électrique très forte qui produit une vive lumière, un éclair et un bruit sourd, le tonnerre. *La foudre a frappé cette maison.*

2. (AU PLUR.) Colère. *Veux-tu t'attirer les foudres de la direction ?*

LOCUTION

– ***Coup de foudre.*** Sentiment amoureux subit et violent.

FOUDROYANT, ANTE adj.

Qui est violent et rapide. *Des succès foudroyants, une maladie foudroyante.* SYN. fulgurant.

Ne pas confondre avec le participe passé invariable ***foudroyant.*** *Il quitta la pièce en les foudroyant du regard.*

FOUDROYER v. tr.

1. Frapper de la foudre. *Pendant un orage, il ne faut pas se réfugier sous un arbre afin de ne pas être foudroyé.*

2. Électrocuter. *Ces travailleurs ont été foudroyés par le courant à haute tension quand leur échafaudage a touché le fil électrique.*

3. (FIG.) Tuer brutalement. *Un infarctus l'a foudroyé.* SYN. terrasser.

LOCUTION

– ***Foudroyer quelqu'un du regard.*** (FIG.) Lancer un regard rempli de colère à quelqu'un.

CONJUGAISON : VOIR MODÈLE EMPLOYER.

Le ***y*** se change en ***i*** devant un ***e*** muet. *Je foudroie, je foudroierai.*

Le ***y*** est suivi d'un ***i*** à la première et à la deuxième personne du pluriel de l'indicatif imparfait et du subjonctif présent. *(Que) nous foudroyions, (que) vous foudroyiez.*

FOUET n. m.

Le ***t*** est muet, [fwɛ].

1. Instrument formé d'un manche et d'une lanière et qui sert à frapper. *Autrefois, on condamnait les voleurs à recevoir des coups de fouet.*

2. Batteur. *Un fouet à œufs.*

FOUETTER v. tr.

1. Frapper avec un fouet. *Le cocher fouetta son cheval.*

2. Battre rapidement. *Fouetter des œufs. De la crème fouettée et des framboises : quel délice !*

LOCUTION

– ***Avoir d'autres chats à fouetter.*** (FIG.) Avoir d'autres choses à faire, être occupé.

CONJUGAISON : VOIR MODÈLE AIMER.

FOUGÈRE n. f.

Plante des bois et des lieux humides, caractérisée par sa tige le plus souvent souterraine (le rhizome) produisant des tiges aériennes aux feuilles vertes très découpées et finement dentelées. *Les fougères préfèrent l'ombre. « des milliers de fougères se soulèvent/de loin en loin, grande marée/des frissons charmeurs »* (Pierre Nepveu, *Lignes aériennes*).

LOCUTION

– ***Crosse de fougère.*** Jeune pousse de fougère. *On cueille les crosses de fougère* (et non *têtes de violon) *au printemps.*

FOUGUE n. f.

Élan d'enthousiasme. *Elles ont défendu cette cause avec fougue.* SYN. ardeur ; feu ; zèle.

FOUGUEUSEMENT adv.

Avec fougue. *Ils ont défendu fougueusement leur idée innovatrice.* SYN. ardemment.

FOUGUEUX, EUSE adj.

Ardent, impétueux. *Une jument fougueuse.*

fougueu**x**.

FOUILLE n. f.

1. Cavité pratiquée dans la terre afin de découvrir ce qui a été enfoui. *On peut visiter les fouilles archéologiques de la place Royale à Québec.*

2. Examen méthodique. *La fouille des passagers est obligatoire pour des raisons de sécurité.* SYN. inspection.

FOUILLÉ, ÉE adj.

Examiné soigneusement, fait avec minutie. *Une recherche fouillée.*

F

F

FOUILLER v. tr., intr.
VERBE TRANSITIF
1. Creuser pour chercher. *L'écureuil fouille le sol à la recherche des glands qu'il a cachés.*
2. Examiner attentivement. *Les agents de sécurité fouillent les voyageurs.* SYN. inspecter.
3. Étudier minutieusement. *Fouiller une question.* SYN. approfondir; creuser.
VERBE INTRANSITIF
Chercher avec soin. *Il fouille dans ses affaires, dans ses poches.*
CONJUGAISON : VOIR MODÈLE AIMER.
Les lettres ***ill*** sont suivies d'un ***i*** à la première et à la deuxième personne de l'indicatif imparfait et du subjonctif présent. *(Que) nous fouillions, (que) vous fouilliez.*

FOUILLIS n. m.
Le *s* ne se prononce pas, [fuji].
Désordre. *Le grenier est un fouillis total.*
fouillis, un *s* final même au singulier.

FOUINE n. f.
1. Petit mammifère carnivore.
2. (FIG.) Personne indiscrète. *Elle écoute aux portes : une vraie fouine.*

FOUINER v. intr.
1. (FAM.) Fureter, chercher. *C'est agréable d'aller fouiner au marché aux puces.*
2. (FAM.) Se livrer à des recherches indiscrètes. *L'inconnu fouinait dans notre jardin.*
CONJUGAISON : VOIR MODÈLE AIMER.

FOUINEUR, EUSE adj. et n. m. et f.
1. Curieux. *Un regard fouineur.* SYN. indiscret.
2. Personne qui aime fouiner. *Ces petites sont des fouineuses.*

FOULARD n. m.
1. Carré de tissu léger que l'on porte autour du cou ou sur la tête. *Un foulard de soie.*
2. ⚜ Bande de tricot, de tissu portée autour du cou. Elle a revêtu des mitaines, une tuque, un épais foulard de laine et des bottes d'hiver à toute épreuve. « *Enveloppée d'un long manteau à col de fourrure, les pieds chaussés de bottes fourrées, un grand foulard autour du cou, les mains enfouies dans d'épais gants de laine, elle s'élança vers la Californie comme si c'était au pôle qu'elle se rendait* » (Gabrielle Roy, *De quoi t'ennuies-tu, Éveline?*). SYN. écharpe.
LOCUTION
– ***Foulard islamique.*** Voile dont certaines femmes musulmanes se couvrent la tête.
foulard.

FOULE n. f.
Nombre élevé de personnes rassemblées en un lieu. *Une foule de manifestants a envahi, ont envahi le boulevard.*
Si le sujet du verbe est un collectif précédé du déterminant indéfini ***un, une*** et suivi d'un complément au pluriel, le verbe se met au singulier lorsque l'auteur veut insister sur le tout, l'ensemble; au pluriel, s'il veut insister sur la pluralité, la multiplicité. Si le sujet du verbe est un collectif précédé du déterminant défini ***(le, la)***, d'un déterminant possessif ***(mon, ma, ton, ta, son, sa)***, d'un déterminant démonstratif ***(ce, cette)*** et s'il est suivi d'un complément au pluriel, le verbe se met généralement au singulier. *La foule des touristes envahissait le petit port dès le matin.*
VOIR TABLEAU – COLLECTIF.
LOCUTION
– ***Une foule de.*** Un grand nombre de choses ou de personnes. *Nous avons eu une foule de problèmes.*

FOULÉE n. f.
Enjambée d'un coureur, grand pas que l'on fait.
LOCUTION
– ***Dans la foulée.*** Sur la même lancée, dans le prolongement de quelque chose. SYN. ⚜ sur l'erre d'aller.

FOULER v. tr., pronom.
VERBE TRANSITIF
1. Presser de façon répétée. *Fouler le raisin.*
2. (LITT.) Marcher sur. *Le pape a foulé le sol de sa patrie avec émotion.*
VERBE PRONOMINAL
Se faire une foulure. *Elle s'est foulé la cheville.*
À la forme pronominale, le participe passé de ce verbe s'accorde en genre et en nombre avec le complément direct si celui-ci le précède. *Les deux pieds qu'elle s'est foulés.* Le participe passé reste invariable si le complément direct suit le verbe. *Elle s'est foulé le poignet.*
LOCUTIONS
– ***Fouler aux pieds.*** Bafouer, ne pas respecter. *Ces jeunes ont foulé aux pieds la tradition.*
– ***Ne pas se fouler.*** (FAM.) Ne pas se donner de mal. *Ils ne se sont pas foulés pour arriver à temps.*
CONJUGAISON : VOIR MODÈLE AIMER.

FOULURE n. f.
Légère entorse. *Une foulure de la cheville.*
Ne pas confondre avec le nom ***luxation,*** déplacement d'un os.

FOUR n. m.
1. Ouvrage de maçonnerie servant à cuire (le pain, la pâtisserie). *Un four à bois, un four à pizza.*
2. Partie d'une cuisinière servant à cuire. *Mettre un gâteau au four* (et non *fourneau).
LOCUTIONS
– ***(Four à) micro-ondes.*** Appareil utilisant l'énergie électromagnétique (micro-ondes) pour chauffer les aliments.
– ***Petit(-)four*** (sec ou glacé). Petit gâteau. *Elle adore les petits(-)fours glacés.*

FOURBE adj.
Hypocrite, sournois. *Cette personne semble fourbe, elle ne m'inspire pas confiance.* ANT. franc.

FOURBERIE n. f.
Trahison, hypocrisie.

FOURBIR v. tr.
1. Astiquer. *Fourbir des armes.*
2. (FIG.) Préparer soigneusement. *Nous devons fourbir notre planification.*
CONJUGAISON : VOIR MODÈLE FINIR.

FOURBU, UE adj.
Harassé de fatigue. *Après ce déménagement, il est fourbu.* SYN. épuisé; éreinté.

FOURCHE n. f.
1. Instrument terminé par plusieurs branches en pointe. *Pour retourner la terre, on utilise une fourche.*
2. Se dit d'une chose qui se divise en deux. *La route fait une fourche. La fourche d'un pantalon.*

FOURCHETTE n. f.
1. Ustensile de table. *Des fourchettes, des couteaux et des cuillères.*
2. (FIG.) Écart entre deux valeurs. *La fourchette des prix.*

FOURCHU, UE adj.
Qui se divise comme une fourche. *Un menton fourchu.*

FOURGON n. m.
Véhicule ferroviaire destiné au transport des bagages.

FOURGONNETTE n. f.
Véhicule automobile servant au transport de plusieurs personnes, de marchandises. *Une fourgonnette de tourisme. Une fourgonnette* (et non *minivan, *minivanne, *van, *vanne) *de livraison.*

FOURMI n. f.
1. Insecte vivant en colonies (fourmilières). *« La fourmi n'est pas prêteuse »* (Jean de La Fontaine, *La Cigale et la Fourmi*).
2. (AU PLUR.) (FIG.) Démangeaisons. *Avoir des fourmis dans les jambes.*
⇨ fourmi.

FOURMILIER n. m.
Mammifère qui capture les insectes avec sa langue. *Le fourmilier se nourrit de fourmis.* SYN. tamanoir.
Ne pas confondre avec le verbe ***fourmiller,*** être en abondance.

FOURMILIÈRE n. f.
1. Nid de fourmis; colonie de fourmis vivant dans un nid.
2. (FIG.) Endroit où s'activent de nombreuses personnes.

FOURMILLEMENT n. m.
Les deux ***l*** se prononcent comme dans ***famille,*** [furmijmɑ̃].
1. Grouillement. *Un fourmillement de maringouins.*
2. Picotement. *Après trois heures de route, ils commencent à sentir des fourmillements.*

FOURMILLER v. intr.
Les deux ***l*** se prononcent comme dans ***famille,*** [furmije].
1. Être en abondance. *Les rues fourmillent de touristes.* SYN. abonder.
2. Picoter. *Les pieds me fourmillent.*
Ne pas confondre avec le nom ***fourmilier,*** mammifère qui capture les insectes avec sa langue.
CONJUGAISON : VOIR MODÈLE AIMER.
Les lettres ***ill*** sont suivies d'un ***i*** à la première et à la deuxième personne du pluriel de l'indicatif imparfait et du subjonctif présent. *(Que) nous fourmillions, (que) vous fourmilliez.*
⇨ fourmiller.

FOURNAISE n. f.
1. (VX) Grand four où brûle un feu ardent, brasier. *Les fournaises de l'enfer.*
2. (FIG.) Lieu où il fait très chaud. *Cette voiture laissée au soleil est une vraie fournaise.*
FORMES FAUTIVES
*fournaise. Impropriété au sens de ***chaudière,*** appareil de chauffage central.
*fournaise à l'huile. Impropriété pour ***chaudière au mazout.***

FOURNEAU n. m. (pl. *fourneaux*)
Sorte de four où l'on soumet diverses substances à l'action du feu. *Des hauts(-)fourneaux pour la fabrication de l'acier, de l'aluminium.*
FORME FAUTIVE
*fourneau. Archaïsme au sens de ***four.***

FOURNÉE n. f.
1. Quantité que l'on fait cuire à la fois dans un four. *Voilà la dernière fournée de pains.*
2. (FIG.) (FAM.) Groupe. *Les touristes entrent par fournées dans le musée.* SYN. lot.

FOURNI, IE adj.
1. Approvisionné. *Un magasin bien fourni.* SYN. rempli.
2. Épais. *Une chevelure fournie. Un gazon fourni.*

FOURNIL n. m.
Le ***l*** ne se prononce pas, [furni]; le nom rime avec ***ni.***
Lieu où se situe le four du boulanger.

FOURNIR v. tr., pronom.
VERBE TRANSITIF
1. Approvisionner. *Fournir une entreprise en peinture.*
2. Procurer. *Le centre sportif fournit les raquettes aux participants.* SYN. offrir.
VERBE PRONOMINAL
S'approvisionner. *Je me fournis en pain* ou *de pain à cette boulangerie.* SYN. se procurer; se ravitailler.
À la forme pronominale, le participe passé de ce verbe s'accorde toujours en genre et en nombre avec son sujet. *Ils se sont fournis en fruits et légumes au marché Jean-Talon.*
CONJUGAISON : VOIR MODÈLE FINIR.

FOURNISSEUR n. m.
FOURNISSEUSE n. f.
Personne ou société qui fournit habituellement des marchandises à un particulier, à une entreprise.

FOURNITURE n. f.
1. Approvisionnement. *La fourniture de bois.* SYN. livraison.
2. (GÉN. AU PLUR.) Petit matériel spécialisé. *Des fournitures scolaires, des fournitures de bureau.* SYN. accessoires.

FOURRAGE n. m.
Foin, herbe, paille servant à la nourriture du bétail.
⇨ fourrage.

FOURRAGER v. intr.
(FAM.) Fouiller, explorer. *Elle fourrage dans son sac pour retrouver sa clé.* SYN. (FAM.) farfouiller.
CONJUGAISON : VOIR MODÈLE CHANGER.
Le ***g*** est suivi d'un ***e*** devant les lettres ***a*** et ***o.*** *Il fourragea, nous fourrageons.*
⇨ fourrager.

FOURRAGER, ÈRE adj.
Propre à servir de fourrage. *Les plantes fourragères.*
⇨ fourrager.

FOURRÉ, ÉE adj. et n. m.
ADJECTIF
1. Doublé de fourrure. *Des gants fourrés.*
2. Garni. *Des chocolats fourrés à la pâte d'amandes.*
NOM MASCULIN
Massif d'arbustes. *Le cambrioleur était caché derrière un fourré.*

FOURREAU n. m. (pl. *fourreaux*)
1. Étui allongé. *Tirer une épée de son fourreau.* SYN. enveloppe; gaine.
2. Robe très ajustée. *Des fourreaux moulants.*

FOURRER v. tr., pronom.
VERBE TRANSITIF
1. Garnir l'intérieur d'une chose. *Fourrer des chocolats avec des cerises.*
2. Doubler de fourrure. *Fourrer un manteau avec du renard.*
3. Mettre une chose dans une autre, comme dans un fourreau. *Fourrer son mouchoir dans sa poche.* SYN. introduire.
4. (FAM.) Placer sans soin. *Où ai-je donc fourré mon crayon?* SYN. mettre.
VERBE PRONOMINAL
(FAM.) Se mettre, se placer. *Elle avait sommeil et s'est fourrée dans son sac de couchage.* SYN. se glisser; s'introduire.
À la forme pronominale, le participe passé de ce verbe s'accorde en genre et en nombre avec le complément direct si celui-ci le précède. *Le doigt qu'elle s'est fourré dans l'œil. Ils se sont fourrés dans le pétrin.* Le participe passé reste invariable si le complément direct suit le verbe. *Ils se sont fourré le nez dans les affaires des autres.*
CONJUGAISON : VOIR MODÈLE AIMER.

FOURRE-TOUT n. m. inv. (pl. *fourre-tout*)
1. Endroit, sac où l'on entasse des choses sans ordre.
2. (FIG.) Document, texte, etc., qui contient des éléments disparates. *Ce guide mal structuré est un fourre-tout difficile à consulter.*
[Les *Rectifications* (1990) admettent : un fourretout, des fourretouts.]

FOURREUR n. m.
Personne qui confectionne et vend des manteaux de fourrure.

FOURRIÈRE n. f.
Endroit où l'on remise temporairement les voitures, où l'on garde les animaux, jusqu'au paiement d'une amende.

FOURRURE n. f.
1. Peau des animaux à poil touffu. *La fourrure d'un chat.*
2. Vêtement de fourrure. *Des manteaux de castor, de vison, de zibeline, de lynx, soit autant de belles fourrures.*

FOURVOYER v. tr., pronom.
VERBE TRANSITIF
Mettre dans l'erreur. *Par mégarde, j'ai fourvoyé ces passants.*
VERBE PRONOMINAL
Se tromper. *Ils se sont lourdement fourvoyés.*
À la forme pronominale, le participe passé de ce verbe s'accorde toujours en genre et en nombre avec son sujet. *La candidate s'est fourvoyée en répondant ainsi.*
CONJUGAISON : VOIR MODÈLE EMPLOYER.
Le ***y*** se change en ***i*** devant un ***e*** muet. *Je fourvoie, je fourvoierai.*
Le ***y*** est suivi d'un ***i*** à la première et à la deuxième personne du pluriel de l'indicatif imparfait et du subjonctif présent. *(Que) nous fourvoyions, (que) vous fourvoyiez.*

FOUTAISE n. f.
(FAM.) Baliverne, bêtise. *Foutaise que ces beaux discours !*

FOUTRE v. tr., pronom.
VERBE TRANSITIF
1. (FAM.) Faire. *Qu'est-ce que tu fous ici ?* SYN. fabriquer.
2. (FAM.) Mettre. *Où avez-vous foutu vos maillots ?*
VERBE PRONOMINAL
1. (FAM.) Se moquer, se ficher. *Il se fout d'eux.*
2. (FAM.) Se jeter. *Ils se sont foutus à l'eau tout habillés.* SYN. se jeter ; se lancer.
À la forme pronominale, le participe passé de ce verbe s'accorde toujours en genre et en nombre avec son sujet. *Elles se sont foutues de lui.*
CONJUGAISON : VOIR MODÈLE FENDRE.
INDICATIF PRÉSENT *Je fous, nous foutons.* IMPARFAIT *Je foutais.* FUTUR *Je foutrai.* CONDITIONNEL PRÉSENT *Je foutrais.* SUBJONCTIF PRÉSENT *Que je foute, que nous foutions.* PARTICIPE PRÉSENT *Foutant.* PASSÉ *Foutu, ue.*
Le passé simple et l'imparfait du subjonctif n'existent pas.

FOUTU, UE adj.
(FAM.) Fichu. *Il a un foutu caractère.*

FOX-TERRIER ou **FOX** n. m. (pl. *fox-terriers*)
Chien terrier.

FOYER n. m.
1. Partie de l'âtre où se fait le feu.
Ne pas confondre avec le nom ***cheminée***, encadrement de l'âtre.
2. Lieu où l'on vit. *Rentrer au foyer.* SYN. demeure ; maison.
3. Point central. *Un foyer d'incendie.*

FRACAS n. m.
Bruit violent. *La pile d'assiettes se brisa avec fracas.* SYN. tapage ; vacarme.
fracas.

FRACASSANT, ANTE adj.
1. Qui produit un grand fracas.
2. (FIG.) Qui fait beaucoup de bruit. *Une démission fracassante.* SYN. retentissant.

FRACASSER v. tr., pronom.
VERBE TRANSITIF
Briser violemment. *Le caillou fracassa le miroir.* SYN. casser.
VERBE PRONOMINAL
Se briser avec violence, se réduire en miettes. *Le véhicule s'est fracassé contre un arbre.*
À la forme pronominale, le participe passé de ce verbe s'accorde toujours en genre et en nombre avec son sujet. *L'assiette de Nicolas s'est fracassée contre le mur.*
CONJUGAISON : VOIR MODÈLE AIMER.

FRACTION n. f.
1. Part séparée d'un tout. *Dans la fraction 5/7, 5 est le numérateur et 7, le dénominateur. Les 5/7* (et non *5/7e), *les cinq septièmes* (s'écrit sans trait d'union).
Les fractions sont composées en chiffres :
– dans les taux d'intérêt. *Un taux de 8 1/2 %.*
– dans les échelles de carte. *1/50 000.*
– dans les textes financiers, scientifiques, techniques, mathématiques.
Fractions décimales
– Les fractions décimales sont toujours composées en chiffres.
– Le signe décimal, qui est la virgule, s'écrit sans espace. Les unités ne se séparent pas des décimales. *15,5 km* (et non *15 km 5).
– Si le nombre est inférieur à l'unité, la virgule décimale est précédée d'un zéro. *0,75.*
2. Partie d'une totalité. *Une fraction de seconde.* SYN. parcelle ; portion.
Ne pas confondre avec les noms suivants :
• ***éclat***, morceau d'une chose brisée ;
• ***fragment***, morceau ;
• ***lambeau***, partie déchirée d'un vêtement, d'un corps ;
• ***miette***, petite parcelle.
Ne pas confondre avec le nom ***faction***, groupe subversif.

FRACTIONNAIRE adj.
Sous forme de fraction. *Un nombre fractionnaire.*

FRACTIONNEMENT n. m.
Division. *Le fractionnement d'une entreprise en unités.*

FRACTIONNER v. tr., pronom.
VERBE TRANSITIF
Diviser un tout en fractions. *Fractionner un nombre en quatre parties.* SYN. partager.
VERBE PRONOMINAL
Se diviser en parties. *Le groupe s'est fractionné et chacun est parti de son côté.* SYN. se scinder ; se séparer.
À la forme pronominale, le participe passé de ce verbe s'accorde toujours en genre et en nombre avec son sujet. *La pierre s'est fractionnée en petits morceaux.*
CONJUGAISON : VOIR MODÈLE AIMER.

FRACTURE n. f.
1. Cassure d'un os. *Une fracture du crâne.*
2. (FIG.) Rupture d'un équilibre. *Le gouvernement doit s'attaquer au problème de la fracture sociale et à celui de la misère du monde en général.*
Ne pas confondre avec le nom ***facture***, état détaillé précisant la quantité, la nature et le prix des marchandises vendues, des services rendus.

FRACTURER v. tr., pronom.
VERBE TRANSITIF
1. Casser un os. *Fracturer une jambe.*
2. Briser. *Les cambrioleurs ont fracturé la porte.*
VERBE PRONOMINAL
1. Se faire une fracture. *Elle s'est fracturé le bras.*
2. Se briser. *La porte s'était fracturée.*
À la forme pronominale, le participe passé de ce verbe s'accorde en genre et en nombre avec le complément direct si celui-ci le précède. *Les os qu'elle s'est fracturés. Lors du transport, la table s'est fracturée.* Le participe passé reste invariable si le complément direct suit le verbe. *Elle s'est fracturé la jambe.*
CONJUGAISON : VOIR MODÈLE AIMER.

FRAGILE adj.
1. Qui manque de solidité, qui est susceptible de se détériorer. *Un chandelier en verre très fragile.* SYN. cassant.
2. Frêle, faible. *Sa santé est fragile.* SYN. chétif.
fragile.

FRAGILEMENT adv.
Le *e* de l'avant-dernière syllabe ne se prononce pas, [fraʒilmɑ̃].
De façon fragile.

FRAGILISATION n. f.
1. Action de fragiliser. *Les fissures seraient dues à une fragilisation du revêtement de béton consécutive aux importants travaux effectués dans le tunnel.*
2. Fait d'être fragilisé. *Ce chiffre s'explique par une croissance ralentie et une fragilisation du tissu économique.*

FRAGILISER v. tr., pronom.
VERBE TRANSITIF
Rendre plus fragile, précaire, vulnérable. *Ces pertes ont fragilisé l'entreprise.* SYN. affaiblir.
VERBE PRONOMINAL
Devenir fragile. *Ses os se sont fragilisés progressivement.*
À la forme pronominale, le participe passé de ce verbe s'accorde toujours en genre et en nombre avec son sujet. *Lors du séisme, cette structure s'est fragilisée.*
CONJUGAISON : VOIR MODÈLE AIMER.

FRAGILITÉ n. f.
1. Caractère de ce qui est fragile, de ce qui se casse facilement. *La fragilité du verre.*
2. Manque de robustesse ; délicatesse, en parlant d'une personne. SYN. faiblesse. ANT. solidité.

FRAGMENT n. m.
1. Morceau. *Des fragments d'un ancien mur.* SYN. bout ; miette.
2. Passage d'un ouvrage, extrait. *Son roman est publié par fragments.*
3. Partie. *Un fragment de son rêve.* SYN. bribe ; parcelle.
Ne pas confondre avec les noms suivants :
- ***éclat,*** morceau d'une chose brisée ;
- ***fraction,*** part séparée d'un tout ;
- ***lambeau,*** partie déchirée d'un vêtement, d'un corps ;
- ***miette,*** petite parcelle.

FRAGMENTAIRE adj.
Incomplet, qui constitue un fragment, une partie. *Des résultats fragmentaires.* SYN. partiel.

FRAGMENTATION n. f.
Action de fragmenter ; fait d'être fragmenté. *La fragmentation des fichiers informatiques.*

FRAGMENTER v. tr., pronom.
VERBE TRANSITIF
Diviser, réduire en fragments. *Fragmenter une dalle de béton.*
VERBE PRONOMINAL
Se diviser en fragments. *Ces pierres se sont fragmentées.* SYN. se séparer.
À la forme pronominale, le participe passé de ce verbe s'accorde toujours en genre et en nombre avec son sujet. *La philosophie s'est fragmentée en plusieurs disciplines.*
CONJUGAISON : VOIR MODÈLE AIMER.

FRAGRANCE n. f.
(LITT.) Odeur agréable. *Une fragrance d'agrumes.* SYN. parfum.

FRAÎCHEMENT adv.
1. Récemment. *Ils sont fraîchement arrivés.* SYN. nouvellement.
2. Avec froideur. *Elle nous a reçus assez fraîchement.* SYN. froidement.
[Les *Rectifications* (1990) admettent : fraichement.]

FRAÎCHEUR n. f.
1. Froid modéré, air frais. *La fraîcheur de la brise.* « *Les corolles que ferma la fraîcheur du soir* » (Hector de Saint-Denys Garneau, *Œuvres*).
2. Éclat. *La fraîcheur de son teint.*
3. Spontanéité. *La fraîcheur des paroles enfantines.* SYN. candeur.
[Les *Rectifications* (1990) admettent : fraicheur.]

F

FRAÎCHIR v. intr.
Devenir frais, en parlant de la température. *Prends un chandail, le temps fraîchit en soirée.* SYN. se rafraîchir.
CONJUGAISON : VOIR MODÈLE FINIR.
[Les *Rectifications* (1990) admettent : fraichir.]

FRAIS n. m. pl.
Somme versée en contrepartie d'un bien, d'un service. *Des frais de transport, des frais bancaires. Est-ce qu'il y a des frais* (et non *une charge ou *des charges) *pour cette réparation ?*
Ce nom s'emploie toujours au pluriel. *Sans aucuns frais.*
LOCUTIONS
– ***À frais virés.*** Se dit d'un appel téléphonique interurbain où le correspondant paie les frais de la communication. *Étienne a appelé de Londres à frais virés* (et non *en renversant les charges, *à charges renversées).
Dans le reste de la francophonie, on emploie l'expression ***en PCV,*** qui signifie « à percevoir ».
– ***À grands frais.*** En dépensant beaucoup. *Nos voisins ont rénové leur maison à grands frais.*
– ***À peu de frais.*** En payant peu. *Acquérir une collection d'affiches à peu de frais.*
– ***À peu de frais.*** (FIG.) En se donnant peu de mal. *La simulation vidéo sur ordinateurs permet de se familiariser à peu de frais avec le pilotage d'un avion.*
– ***En être pour ses frais.*** S'être dépensé inutilement. *La fête est annulée : ils en sont* (et non en *ont) *pour leurs frais.*
– ***Faire les frais de la conversation.*** En être le principal sujet.
– ***Faire les frais de quelque chose.*** Payer quelqu'un, quelque chose ; au figuré, être victime de quelque chose. « *L'innovation risque-t-elle de faire les frais de cette législation ?* » (*Le Monde*).
– ***Faire ses frais.*** Atteindre le seuil de rentabilité. SYN. rentrer dans ses frais.
– ***Se mettre en frais.*** Faire une dépense plus importante que d'habitude. *Ils se sont mis en frais : quelle belle réception !*
– ***Tous frais payés.*** Une fois toutes les dépenses réglées.
FORMES FAUTIVES
*frais de condo. Calque de « *condo fees* » pour ***charges de copropriété.***
*frais de scolarité. Impropriété pour ***droits de scolarité.***
*frais d'inscription. Impropriété pour ***droits d'inscription.***

FRAIS, FRAÎCHE adj., adv. et n. m.
ADJECTIF
1. Un peu froid. *Il fait frais aujourd'hui malgré le soleil.*
2. Qui vient de se produire. *Des nouvelles fraîches.* SYN. nouveau ; récent.
3. Qui n'est pas altéré. *Du poisson frais, des légumes frais.*
4. Clair, sain. *Un teint frais.*
ADVERBE
Récemment. *Des fleurs fraîches écloses, des légumes frais cueillis.*
Pris adverbialement, l'adjectif s'accorde généralement.
NOM MASCULIN
Air frais. *Si nous allions prendre le frais au bord de l'eau ?*
LOCUTIONS
– ***À la fraîche.*** Au moment ou à l'endroit où il fait frais.
– ***Au frais,*** loc. adv. Dans un endroit frais. *Mets donc le pique-nique au frais !*
– ***De frais,*** loc. adv. Tout récemment, depuis peu. *La pelouse est tondue de frais.*

– ***Frais émoulu, fraîche émoulue.*** Diplômé, diplômée de fraîche date. *Elle est fraîche émoulue* (et non *moulue) *de l'École des HEC.*
[Les *Rectifications* (1990) admettent : fraiche.]

F

FRAISAGE n. m.
Action de fraiser. *Le fraisage d'une pièce de métal, d'une dent.*

FRAISE n. f.
1. Fruit rouge et savoureux du fraisier. *Un gâteau aux fraises. Des fraises des bois.*
2. Petit outil rotatif. *La fraise du dentiste.*

FRAISER v. tr.
Agrandir l'orifice d'un trou. *Le dentiste fraise ma dent et ce n'est pas très agréable.*
CONJUGAISON : VOIR MODÈLE AIMER.

FRAISEUR n. m.
Personne qui exécute un fraisage.

FRAISEUSE n. f.
Machine servant à fraiser les métaux.

FRAISIER n. m.
1. Plante qui produit les fraises. *Nous planterons des fraisiers.*
2. Pâtisserie à la crème et aux fraises.

FRAMBOISE adj. inv. et n. f.
NOM FÉMININ
Fruit rouge et succulent du framboisier. *Les framboises fragiles et délicieuses sont mes fruits préférés.*
ADJECTIF DE COULEUR INVARIABLE
De la couleur de la framboise. *Des turbans framboise.*
VOIR TABLEAU – COULEUR (ADJECTIFS DE).

FRAMBOISIER n. m.
Plante qui produit les framboises. *Plantons des framboisiers : ainsi, nous aurons des framboises tout au long de l'été.*

FRANC n. m.
Ancienne unité monétaire de la France, de la Belgique, du Luxembourg. *C'est l'euro qui a remplacé le franc français, le franc belge et le franc luxembourgeois.*
LOCUTIONS
– ***Franc de la Communauté financière africaine.*** Symbole ***FCFA*** (s'écrit sans points). Unité monétaire de certains pays d'Afrique de l'Ouest.
– ***Franc suisse.*** Symbole ***FS*** (s'écrit sans points). Unité monétaire de la Suisse. *Le prix de cette montre est de 450 FS.*

FRANC, FRANCHE adj.
1. Loyal, sincère. *Mon amie est très franche : elle me dit ce qu'elle pense vraiment.* ANT. hypocrite ; sournois.
2. Exempt de certains droits, taxes, etc.
LOCUTIONS
– ***Franc de port.*** Dont les frais de transport ne sont pas à la charge du destinataire. *Envoyer franc de port des colis.*
Pris adverbialement, le mot ***franc*** est invariable ; comme adjectif, il s'accorde. *Des marchandises franches de port.*
– ***Zone franche.*** Secteur où les marchandises ne sont pas soumises aux taxes. *La zone franche d'un aéroport.*

FRANÇAIS, AISE adj., adv. et n. m. et f.
ADJECTIF
1. Qui est de France. *Une citoyenne française. Un vin français. La République française.*
2. Propre à la langue française. *Les conjugaisons françaises, les mots français.*
NOM MASCULIN ET FÉMININ
Personne de nationalité française. *Un Français, une Française.*
T L'adjectif s'écrit avec une minuscule ; le nom, avec une majuscule.
NOM MASCULIN
La langue française. *Le français se parle dans de nombreux pays. « Car le français, tout beau, tout bien, nous étions parvenus à l'apprendre, à le préserver, mais, en fait, c'était pour la gloire, la dignité ; ce ne pouvait être une arme pour la vie quotidienne »* (Gabrielle Roy, *La Détresse et l'Enchantement*). *«[Il] ne parlait même plus le français vieillot et bigarré des rives laurentiennes »* (Ringuet, *Trente Arpents*).
T Le nom de la langue s'écrit avec une minuscule.
ADVERBE
D'origine française, à la manière des Français. *Acheter français.*

FRANCHEMENT adv.
De manière directe, sans détour. SYN. carrément ; clairement.

FRANCHIR v. tr.
1. Passer une limite. *Franchir la frontière.* SYN. traverser.
2. Passer par-dessus un obstacle. *Ils ont franchi la rivière.* SYN. enjamber ; escalader ; sauter.
3. Triompher de. *Ils ont franchi le dernier obstacle et ont créé leur entreprise.*
CONJUGAISON : VOIR MODÈLE FINIR.

FRANCHISAGE n. m.
(COMM.) Système de mise sur le marché dans lequel une entreprise concède par contrat à des entreprises indépendantes, en contrepartie de redevances ou d'autres compensations habituellement financières, le droit d'exploiter, de façon intégrée et sous son contrôle, sa marque et le savoir-faire commercial qu'elle a développé et expérimenté (Recomm. off.). *Le franchisage* (et non *franchising) *est de plus en plus répandu.*
LOCUTION
– ***Contrat de franchisage.*** (COMM.) Contrat par lequel une entreprise concède à des entreprises indépendantes, en contrepartie de redevances ou d'autres compensations habituellement financières, le droit d'exploiter, de façon intégrée et sous son contrôle, sa marque et le savoir-faire qu'elle a développé et expérimenté (Recomm. off.).

FRANCHISE n. f.
1. Sincérité, qualité d'une personne franche. *J'apprécie la franchise de mon amie.* SYN. loyauté.
2. (COMM.) Droit d'exploiter une marque, une raison sociale concédée par une entreprise à une autre sous certaines conditions. *Ils exploitent une franchise de vêtements d'enfant.*
3. Exemption. *Des droits d'auteur en franchise d'impôt.*
4. Part d'un dommage assumée par l'assuré. *Une franchise* (et non un *déductible) *de 500 $ pour une assurance contre le vol.*
LOCUTION
– ***En toute franchise,*** loc. adv. Très franchement. *En toute franchise, vos chances de succès sont limitées.*

FRANCHISÉ, ÉE n. m. et f.
(COMM.) Personne physique ou morale juridiquement indépendante du franchiseur, mais qui s'engage par contrat à commercer sous l'enseigne et dans le réseau commercial du franchiseur, selon des normes préétablies en accord avec le franchiseur, et sous son contrôle (Recomm. off.).

FRANCHISER v. tr.
Donner à une entreprise le droit d'exploiter une marque sous certaines conditions.
CONJUGAISON : VOIR MODÈLE AIMER.

FRANCHISEUR n. m.
(COMM.) Société qui concède par contrat à un franchisé sa marque, son savoir-faire commercial.

FRANCISATION n. f.
Action de franciser. *La francisation de la langue de travail. La francisation d'un mot anglais. Un comité de francisation.*

FRANCISCAIN, AINE adj. et n. m. et f.
De l'ordre fondé par saint François d'Assise.
🅃 Le nom s'écrit avec une minuscule lorsqu'il désigne un membre de l'ordre religieux ; quand il désigne l'ordre religieux, il s'écrit avec une majuscule. *Les Franciscains.*

FRANCISER v. tr., pronom.
VERBE TRANSITIF
Donner un caractère français, une forme française à. *Il est important que l'on francise la langue de travail des Québécois. Pour franciser le nom « walkman », c'est le nom* baladeur *qui a été retenu.*
VERBE PRONOMINAL
Acquérir un caractère français, devenir francophone. *Ces immigrants se sont francisés en fréquentant l'école française.*
À la forme pronominale, le participe passé de ce verbe s'accorde toujours en genre et en nombre avec son sujet. *Ces jeunes Italiennes se sont francisées rapidement.*
CONJUGAISON : VOIR MODÈLE AIMER.

FRANC-JEU n. m. (pl. *francs-jeux*)
Comportement loyal. *Il est franc-jeu* (et non *fair-play).

FRANC-MAÇON, ONNE adj. et n. m. et f. (pl. *francs-maçons, franc-maçonnes*)
Membre de la franc-maçonnerie. *Des francs-maçons. Des franc-maçonnes. De secrètes loges franc-maçonnes.*
franc-maçon.

FRANC-MAÇONNERIE n. f. (pl. *franc-maçonneries*)
Association de caractère philanthropique.
franc-maçonnerie.

FRANCO adv.
Sans frais pour le destinataire. *Des colis franco de port et d'emballage.*
LOCUTION
– ***Franco à bord***, loc. adv. Abréviation ***FAB***. Se dit d'un prix comprenant les frais de transport et les assurances jusqu'à un point donné (bateau, avion, entrepôt, etc.). *Le prix franco à bord est de 5 000 $.*
Dans le commerce international, l'abréviation anglaise ***FOB*** est couramment utilisée.

FRANCO-
1. Élément exprimant un rapport entre la France et un autre peuple. *Les accords franco-québécois. Un organisme franco-canadien.*
2. Élément invariable de mots composés signifiant « de langue française, d'ascendance française ». *Des traditions franco-ontariennes. Une Franco-Manitobaine. Des Franco-Américains.*
Les mots composés avec l'élément ***franco-*** s'écrivent avec un trait d'union.

FRANCOPHILE adj. et n. m. et f.
Le ***o*** est ouvert, [frɑ̃kɔfil].
Qui aime la France, les Français, les francophones.
francophile.

FRANCOPHILIE n. f.
Le ***o*** est ouvert, [frɑ̃kɔfili].
Amitié envers la France, les Français, les francophones.
francophilie.

FRANCOPHOBE adj. et n. m. et f.
Les ***o*** sont ouverts, [frɑ̃kɔfɔb].
Qui est hostile à la France, aux Français, aux francophones.
francophobe.

FRANCOPHOBIE n. f.
Les ***o*** sont ouverts, [frɑ̃kɔfɔbi].
Hostilité envers la France, les Français, les francophones.
francophobie.

FRANCOPHONE adj. et n. m. et f.
Les ***o*** sont ouverts, [frɑ̃kɔfɔn].
ADJECTIF
1. Dont la langue maternelle ou d'usage est le français. *La population francophone du Liban. Un Ontarien francophone.*
2. Où l'on parle le français. *Les quartiers francophones de l'agglomération montréalaise.*
3. Relatif à la francophonie, aux usages du français dans le monde. *La poésie francophone. « Réservons les vocables de francophonie et de francophone à la sphère diplomatique et géopolitique, et prenons l'habitude de dire écrivains de langue française »* (Amin Maalouf, *Le Monde*).
NOM MASCULIN ET FÉMININ
Personne d'expression française. *Il y a plus de cinq millions de francophones au Québec.*
francophone.

F

FRANCOPHONIE n. f.
Les ***o*** sont ouverts, [frɑ̃kɔfɔni].
Ensemble des peuples francophones. *Par quels moyens les instances de la francophonie entendent-elles consolider la place du français dans le monde ? En 2008, le Sommet de la francophonie a eu lieu à Québec, à l'occasion du 400e anniversaire de cette ville.*
🅃 Le nom peut s'écrire avec une majuscule initiale. *Les pays de la Francophonie.*
francophonie.

FRANC-PARLER n. m. (pl. *francs-parlers*)
Langage sans détour, direct. *Elle n'a pas la langue dans sa poche : elle a son franc-parler.* SYN. franchise.

FRANC-TIREUR n. m. (pl. *francs-tireurs*)
1. Combattant qui ne fait pas partie d'une armée régulière.
2. (FIG.) Personne qui mène un combat de façon indépendante.

FRANGE n. f.
1. Ce qui borde quelque chose. *Les franges du tapis.*
2. Cheveux retombant sur le front. *Julie porte une frange.*

FRANGER v. tr.
1. Découper en forme de franges.
2. Border de franges. *Elle frangea de fils de soie son écharpe.*
CONJUGAISON : VOIR MODÈLE CHANGER.
Le ***g*** est suivi d'un ***e*** devant les lettres ***a*** et ***o***. *Il frangea, nous frangeons.*

FRANGIN, INE n. m. et f.
(FAM.) Frère, sœur. *Mon frangin est gentil.*

FRANGIPANE n. f.
Crème pâtissière à base d'amandes. *Une tarte à la frangipane.*

FRANGLAIS n. m.
Ensemble des mots d'origine anglaise et des tournures syntaxiques calquées sur l'anglais, introduits dans la langue française.

FRANQUETTE (À LA BONNE) loc. adv.
Sans cérémonie. *On mangera à la bonne franquette.* SYN. à la fortune du pot ; sans façon(s).

FRAPPANT, ANTE adj.
Étonnant. *La ressemblance est frappante.* SYN. impressionnant ; saisissant.

FRAPPE n. f.
1. Manière, action de dactylographier. *Le texte est à la frappe.* SYN. saisie.
2. (MILIT.) Opération militaire ponctuelle pouvant combiner différents moyens. *Ces frappes aériennes ont causé une recrudescence des pertes au sein de la population civile afghane.*

LOCUTIONS
– ***Faute de frappe.*** Faute dans la graphie d'un mot, dans l'écriture d'un nombre ou dans toute suite de caractères résultant d'une mauvaise utilisation du clavier. *Le document remis aux journalistes contient de trop nombreuses fautes de frappe.* SYN. coquille ; erreur de saisie.
– ***Force de frappe.*** Ensemble de moyens militaires, d'armes stratégiques.

FRAPPÉ, ÉE adj.
1. Atteint, saisi. *Une personne frappée d'un accident vasculaire cérébral.*
2. Rafraîchi dans la glace. *Un muscat frappé.*
3. Vivement touché. *Ils sont restés frappés de stupeur.*

FRAPPEMENT n. m.
Le ***e*** central ne se prononce pas, [frapmɑ̃].
Action de frapper ; bruit produit par ce qui frappe.

FRAPPER v. tr., intr., pronom.
VERBE TRANSITIF
1. Donner un coup à. *Il a frappé son camarade par mégarde. Elle a été frappée par une balle de golf perdue. La balle a frappé le filet.* SYN. atteindre ; toucher.
2. Impressionner. *Ses réponses ont frappé ses camarades.* SYN. étonner ; saisir.
VERBE INTRANSITIF
Donner un, des coups. *On frappe à la porte, ils frappent dans leurs mains.* SYN. cogner.
VERBE PRONOMINAL
(FAM.) S'inquiéter outre mesure. *Cesse de te frapper pour rien.*
À la forme pronominale, le participe passé de ce verbe s'accorde en genre et en nombre avec le complément direct si celui-ci le précède. *Le bras qu'elle s'est frappé est douloureux. Elle s'est frappée bêtement.* Le participe passé reste invariable si le complément direct suit le verbe. *Ils se sont frappé la tête.*
FORMES FAUTIVES
*frapper un nœud. Calque de « *to hit a snag* » pour ***se heurter à un obstacle, avoir un problème.***
CONJUGAISON : VOIR MODÈLE AIMER.

FRASIL n. m.
Le ***l*** se prononce ou non, [frazil, frazi].
Formation de fragments de glace flottant à la surface d'un cours d'eau.

FRASQUE n. f.
(GÉN. AU PLUR.) Écart de conduite. *Des frasques de collégien.* SYN. bêtise ; fredaine.

FRATERNEL, ELLE adj.
1. Qui est propre à des frères ou à des sœurs. *Des liens fraternels.*
2. Qui rappelle les sentiments propres à des frères, à des sœurs. *Un accueil fraternel. « Nous tous avec des cœurs nus comme des chambres vides/Dans un même élan fraternel »* (Alain Grandbois, *Les Îles de la nuit*). SYN. affectueux ; amical.

FRATERNELLEMENT adv.
De façon fraternelle.

FRATERNISATION n. f.
Sympathie fraternelle. *Cette fraternisation et cette entraide entre tous les sinistrés sont admirables.*

FRATERNISER v. intr.
1. Faire acte de sympathie, de fraternité. SYN. s'entendre ; sympathiser.
2. Passer de rapports hostiles à des rapports amicaux.
CONJUGAISON : VOIR MODÈLE AIMER.

FRATERNITÉ n. f.
1. Parenté entre frères et sœurs.
2. Camaraderie, solidarité, rapports fraternels. SYN. solidarité.

FRATRICIDE adj. et n. m. et f.
ADJECTIF
1. Relatif au meurtre d'un frère, d'une sœur.
2. Qui oppose des êtres qui devraient avoir des rapports fraternels. *Des rivalités fratricides.*
NOM MASCULIN ET FÉMININ
Personne qui tue son frère ou sa sœur.

FRAUDE n. f.
Acte qui contrevient à la loi. *Une fraude électorale.* SYN. escroquerie.

FRAUDER v. tr., intr.
Commettre une fraude au détriment de. *Frauder le fisc. On les accuse d'avoir fraudé la banque. Ils ont fraudé sur la nature des marchandises.* SYN. rouler ; voler.
CONJUGAISON : VOIR MODÈLE AIMER.

FRAUDEUR, EUSE n. m. et f.
Personne qui fraude. *Cette personne est honnête : ce n'est pas une fraudeuse.*

FRAUDULEUSEMENT adv.
En fraude. *Ils ont agi frauduleusement en piratant ces logiciels.*

FRAUDULEUX, EUSE adj.
Contraire à la loi. *Une transaction frauduleuse.*
frauduleux.

FRAYER v. tr., intr., pronom.
VERBE TRANSITIF
Tracer (un chemin). *Il lui fraie la voie. Se frayer un chemin dans la forêt.* SYN. ouvrir.
VERBE INTRANSITIF
1. (FIG.) Fréquenter quelqu'un. *Frayer avec des bandits notoires.*
En ce sens, le verbe a généralement une connotation négative.
En ce sens, le verbe se construit avec la préposition ***avec.***
2. Déposer ou féconder les œufs, en parlant des poissons. *Les saumons remontent la rivière Miramichi pour frayer.*
VERBE PRONOMINAL
Écarter les obstacles pour ouvrir (un chemin, une voie...). *Les dignitaires se sont frayé un chemin dans la foule.*
À la forme pronominale, le participe passé de ce verbe s'accorde en genre et en nombre avec le complément direct si celui-ci le précède. *La place qu'il s'est frayée dans l'organisation.* Le participe passé reste invariable si le complément direct suit le verbe. *Ils se sont frayé un sentier dans la forêt.*
CONJUGAISON : VOIR MODÈLE PAYER.
Le ***y*** peut être changé en ***i*** devant un ***e*** muet. *Je fraie* (ou *je fraye*), *je fraierai* (ou *je frayerai*).
Le ***y*** est suivi d'un ***i*** à la première et à la deuxième personne du pluriel de l'indicatif imparfait et du subjonctif présent. *(Que) nous frayions, (que) vous frayiez.*

FRAYÈRE n. f.
Lieu où les poissons vont déposer leurs œufs. *La montaison des saumons vers les frayères. L'Ashuapmushuan, le dernier cours d'eau naturel de la région et la principale frayère à ouananiches du lac Saint-Jean.* (Le Devoir)

FRAYEUR n. f.
Peur soudaine et passagère que fait naître un danger réel ou supposé. *Elle poussa un cri de frayeur en apercevant un ours près de sa tente.* SYN. affolement ; angoisse ; crainte ; effroi.

FREDAINE n. f.
Frasque sans gravité. *Des fredaines d'adolescents.* SYN. bêtise ; sottise.
Ce nom s'emploie surtout au pluriel.

FREDONNER v. tr., intr.
Chantonner. *Elle fredonne une chanson. Il ne cesse de fredonner.*
CONJUGAISON : VOIR MODÈLE AIMER.

***FREE-LANCE**
Anglicisme pour ***pigiste.***

***FREEZER**
Anglicisme pour ***congélateur.***

FRÉGATE n. f.
Bateau de guerre destiné à la chasse aux sous-marins.

FREIN n. m.
1. Appareil servant à arrêter, à ralentir le mouvement d'un ensemble mécanique. *Des freins assistés* (et non des *power brakes). *Des coups de frein. Les freins d'une bicyclette.*
2. (FIG.) Entrave. *Un frein à l'expansion économique.*
3. Partie du mors qui se trouve dans la bouche du cheval.
LOCUTIONS
– ***Mettre un frein à quelque chose.*** (FIG.) Faire obstacle à. *Nous mettrons un frein aux folles dépenses.* SYN. arrêter ; freiner.
– ***Ronger son frein.*** Contenir son impatience avec difficulté.
– ***Sans frein.*** Sans limites, effréné. *Des dépenses sans frein.*
Dans cette expression, le nom s'écrit au singulier.
frein.

FREINAGE n. m.
Action de freiner. *Le freinage doit être immédiat.*
freinage.

FREINER v. tr., intr., pronom.
VERBE TRANSITIF
1. Ralentir, arrêter le mouvement de. *Les vagues freinaient les nageurs.*
2. (FIG.) Entraver le développement de. *Les difficultés ont freiné son enthousiasme. Le parachute freine la descente des parachutistes.* SYN. diminuer ; réduire ; refréner.
VERBE INTRANSITIF
Ralentir, s'arrêter, en parlant d'un véhicule, de quelqu'un. *Il a freiné brusquement pour éviter un chien.*
VERBE PRONOMINAL
S'arrêter, ralentir sa course, sa progression. *L'inflation s'est freinée.*
À la forme pronominale, le participe passé de ce verbe s'accorde toujours en genre et en nombre avec son sujet. *La progression de l'épidémie s'est enfin freinée.*
CONJUGAISON : VOIR MODÈLE AIMER.
freiner.

FRELATER v. tr.
Falsifier une substance. *Un vin frelaté.*
CONJUGAISON : VOIR MODÈLE AIMER.

FRÊLE adj.
Fragile. *Cet enfant est frêle et de santé délicate.* SYN. chétif ; délicat ; faible.

FRELON n. m.
Grosse guêpe dont la piqûre est redoutée.

FRELUQUET n. m.
(VIEILLI) Jeune homme prétentieux. *Des freluquets frais émoulus de l'école.*
freluquet.

FRÉMIR v. intr.
1. Vibrer, bouger doucement. *Quand l'eau est sur le point de bouillir, elle frémit.*
2. Trembler de peur, d'émotion, de joie, de surprise. *Cette tarentule les a fait frémir.* SYN. avoir peur ; craindre.
CONJUGAISON : VOIR MODÈLE FINIR.

FRÉMISSANT, ANTE adj.
Qui est agité d'un léger tremblement. *Des enfants frémissants d'excitation.*

FRÉMISSEMENT n. m.
Tremblement, agitation. *Des frémissements d'angoisse.* SYN. frisson.

FRÊNAIE n. f.
Lieu planté de frênes.
frênaie.

FRÊNE n. m.
Arbre à bois dur. *Ils ont planté de petits frênes.*
frêne.

FRÉNÉSIE n. f.
Passion. *La frénésie du jeu.* SYN. exaltation ; excitation ; fièvre ; folie.

FRÉNÉTIQUE adj.
Passionné, fou. *Des acclamations frénétiques.* SYN. délirant.

FRÉNÉTIQUEMENT adv.
Avec frénésie. *Ils cherchaient frénétiquement la clé de l'appartement qui est tombée dans la neige.*

FRÉON n. m.
Gaz de certains appareils réfrigérants.

FRÉQUEMMENT adv.
Le ***e*** de la deuxième syllabe se prononce ***a***, [frekamɑ̃].
Souvent. *Catherine appelle Ève fréquemment.*
fréquemment.

FRÉQUENCE n. f.
Caractère de ce qui se reproduit périodiquement. *La fréquence* (et non l'*incidence) *des accidents de la route a encore augmenté.*

FRÉQUENT, ENTE adj.
Qui se produit souvent. *Ses retards sont trop fréquents.* SYN. courant ; habituel ; nombreux ; répété.

FRÉQUENTABLE adj.
Que l'on peut fréquenter.

FRÉQUENTATION n. f.
1. Action de fréquenter un lieu, une personne. *La fréquentation d'un restaurant.*
2. (AU PLUR.) Personnes que l'on fréquente. *Avoir de mauvaises fréquentations.* SYN. connaissances.
En ce sens, le nom s'emploie au pluriel.

FRÉQUENTER v. tr., pronom.
VERBE TRANSITIF
1. Aller souvent dans un lieu. *Elle fréquente cette librairie.*
2. Rencontrer fréquemment. *Il fréquente assidûment ses amis.* SYN. être en relation avec ; frayer avec.
3. (VIEILLI) (FAM.) Courtiser. *Il fréquente son amie depuis deux ans.*
VERBE PRONOMINAL
Se rendre visite. *Comptez-vous vous fréquenter avant de vous marier ?*
À la forme pronominale, le participe passé de ce verbe s'accorde toujours en genre et en nombre avec son sujet. *Ils se sont fréquentés.*
CONJUGAISON : VOIR MODÈLE AIMER.

FRÉQUENTIEL, ELLE adj.
Relatif à la fréquence d'un phénomène périodique. *Les signaux de ces grands dauphins, composés surtout de sifflements, sont typiquement d'une durée de cinq cents millisecondes, et leur structure fréquentielle est étonnamment régulière. Des données fréquentielles.*

FRÈRE n. m.
1. Celui qui est né de même père et de même mère qu'une autre personne. *Étienne est le frère de Marie-Ève.*
2. Titre de certains ordres religieux. *Les frères des Écoles chrétiennes.*
T Les titres d'ordres religieux s'écrivent avec une minuscule.

FRÉROT n. m.
(FAM.) Petit frère. *Elle adore son frérot.*
frérot.

FRESQUE n. f.
1. Vaste peinture murale. *On a découvert des fresques préhistoriques dans une caverne.*
2. (FIG.) Description d'un ensemble. *La fresque d'une société, d'une époque.* SYN. (FIG.) portrait; (FIG.) tableau.

FRESSURE n. f.
Ensemble formé par le cœur, la rate, le foie et les poumons d'un animal de boucherie.

FRET n. m.
Le *t* se prononce généralement, [frɛt].
1. Prix du transport maritime, aérien et routier. *À combien s'élève le fret pour le transport aérien de ces marchandises?*
2. Marchandises transportées. *Le fret aérien.* SYN. cargaison.

FRÉTILLANT, ANTE adj.
Qui frétille. *Des poissons frétillants.*

FRÉTILLEMENT n. m.
Le *e* de l'avant-dernière syllabe ne se prononce pas, [fretijmɑ̃].
Mouvement de ce qui frétille. *Les frétillements d'une truite.*

FRÉTILLER v. intr.
Remuer avec de petits mouvements rapides. *Les poissons frétillaient encore dans l'épuisette.* SYN. s'agiter.
CONJUGAISON : VOIR MODÈLE AIMER.
Les lettres ***ill*** sont suivies d'un ***i*** à la première et à la deuxième personne du pluriel de l'indicatif imparfait et du subjonctif présent. *(Que) nous frétillions, (que) vous frétilliez.*

FRETIN n. m.
Petits poissons rejetés par le pêcheur.
LOCUTION
– ***Menu fretin.*** (FIG.) Choses, personnes de peu d'importance. *Ces joueurs de golf amateurs ne sont pour les champions que du menu fretin.*

FREUDIEN, IENNE adj. et n. m. et f.
Relatif à Freud. *Des concepts freudiens.*

FRIABILITÉ n. f.
Caractère de ce qui est friable.

FRIABLE adj.
Cassant, qui se réduit aisément en poudre. *L'ardoise est friable.*

FRIAND, FRIANDE adj. et n. m.
ADJECTIF
1. Qui a un goût particulier pour un aliment. *Ils sont friands de bons légumes frais du jardin.*
2. (FIG.) Qui aime ou apprécie particulièrement quelque chose. *Elle est friande des écrits d'Umberto Eco.* SYN. adepte; amateur.
L'adjectif se construit toujours avec la préposition ***de.***
NOM MASCULIN
1. Petit pâté feuilleté garni de champignons et d'un hachis de viande.
2. Petit gâteau en pâte d'amandes.

FRIANDISE n. f.
Sucrerie. *Les friandises ne sont pas bonnes pour les dents.*

FRIC n. m.
(FAM.) Argent. *Papa, il me faudrait un peu de fric pour le cinéma.*

FRICASSÉE n. f.
Viande coupée en morceaux et cuite dans une sauce.

FRICHE n. f.
Terrain non cultivé.
LOCUTION
– ***En friche.*** Non cultivé, abandonné. *Un terrain en friche.* SYN. à l'abandon.
Ne pas confondre avec le nom ***jachère,*** terre labourable qu'on laisse reposer.

FRICOT n. m.
(FAM.) Ragoût.
fricot.

FRICOTER v. tr., intr.
VERBE TRANSITIF
(FAM.) Cuisiner, accommoder en ragoût.
VERBE INTRANSITIF
(FAM.) Trafiquer. *Qu'est-ce qu'il peut bien fricoter?*
CONJUGAISON : VOIR MODÈLE AIMER.
fricoter.

FRICTION n. f.
1. Frottement sur une partie du corps. *Une friction vigoureuse le réchauffera.* SYN. massage.
2. Frottement entre des surfaces. *L'huile réduit la friction entre les pièces du moteur.*
3. (FIG.) Conflits, désaccords entre des personnes. *Même entre des amis, il y a parfois des accrochages, des frictions.*
En ce sens, le nom s'emploie généralement au pluriel.

FRICTIONNER v. tr., pronom.
VERBE TRANSITIF
Faire des frictions à. *L'infirmière lui a frictionné le dos.* SYN. frotter; masser.
VERBE PRONOMINAL
Se frotter une partie du corps. *Elle s'est frictionné le bras.*
À la forme pronominale, le participe passé de ce verbe s'accorde en genre et en nombre avec le complément direct si celui-ci le précède. *L'épaule qu'il s'est frictionnée. Ils se sont frictionnés vigoureusement.* Le participe passé reste invariable si le complément direct suit le verbe. *Elle s'est frictionné les jambes.*
CONJUGAISON : VOIR MODÈLE AIMER.

FRIGIDAIRE n. m.
(FAM.) Réfrigérateur.
Ce mot est une marque déposée qui est passée dans la langue familière. On préférera le nom ***réfrigérateur*** dans la langue courante écrite.

FRIGIDE adj.
Atteint de frigidité. *Une patiente frigide.*

FRIGIDITÉ n. f.
Absence de désir, incapacité d'obtenir une satisfaction sexuelle, pour la femme.
Ne pas confondre avec les noms suivants :
• ***impuissance,*** déficience physique ou psychologique, pour l'homme;
• ***stérilité,*** impossibilité de concevoir.

FRIGO n. m.
(FAM.) Réfrigérateur. *Mets le lait dans le frigo, je te prie. Des frigos neufs.*

FRIGORIFIER v. tr.
Réfrigérer pour conserver. *Il faut que nous frigorifiions ces produits périssables.*
CONJUGAISON : VOIR MODÈLE ÉTUDIER.
Redoublement du ***i*** à la première et à la deuxième personne du pluriel de l'indicatif imparfait et du subjonctif présent. *(Que) nous frigorifiions, (que) vous frigorifiiez.*

FRIGORIFIQUE adj.
1. Qui sert à produire le froid. ANT. calorifique.
2. Aménagé pour la réfrigération. *Un wagon frigorifique servant au transport des produits laitiers.*

FRILEUSEMENT adv.
De façon frileuse. *Grand-maman s'enroule frileusement dans son châle.*

FRILEUX, EUSE adj.
1. (FIG.) Timoré, qui craint les responsabilités, qui hésite à prendre position. *À la veille des élections, le gouvernement devient plus frileux.*
2. Qui est sensible au froid. *Léa n'est pas frileuse.*
frileux.

FRIMAS n. m.
Le *s* ne se prononce pas, [frima].
Brouillard qui se congèle en tombant.
Ne pas confondre avec les noms suivants :
• ***brouillard,*** amas de vapeurs d'eau qui flotte à proximité du sol (visibilité inférieure à 1 km);
• ***brume,*** brouillard léger (visibilité supérieure à 1 km), brouillard de mer;
• ***buée,*** vapeur d'eau qui se condense sur une surface froide;
• ***nuage,*** masse vaporeuse de particules d'eau très fines qui flotte dans l'atmosphère.
frima*s*, un *s* final.

FRIME n. f.
(FAM.) Apparence trompeuse, comportement simulé. *Cet empressement exagéré, c'est de la frime.* SYN. blague; (FAM.) bluff; feinte; semblant.

FRIMER v. intr.
(FAM.) Tenter d'impressionner, de donner le change, de laisser croire une chose fausse. SYN. (FAM.) bluffer; fanfaronner; leurrer; simuler.
CONJUGAISON : VOIR MODÈLE AIMER.

FRIMEUR, EUSE adj. et n. m. et f.
ADJECTIF
(FAM.) Qui cherche à en imposer. *Un bagout frimeur.*
NOM MASCULIN ET FÉMININ
Une bande de frimeurs.

FRIMOUSSE n. f.
(FAM.) Visage d'enfant. *Fanny a une frimousse agréable.* SYN. (FAM.) binette; minois.

FRINGALE n. f.
1. Faim subite. *Les enfants avaient une petite fringale : ils ont mangé tous les biscuits.* SYN. (FAM.) creux.
2. Envie irrésistible de quelque chose. *Une fringale de musées et d'excursions.*

FRINGANT, ANTE adj.
1. Fougueux, en parlant surtout d'un cheval. *Des chevaux fringants.*
2. Vif et de bonne humeur, en parlant d'une personne. *Des invités fringants et gentils.* SYN. alerte; pétillant; vivant.
fringant.

FRINGUES n. f. pl.
(FAM.) Vieux vêtements. SYN. (FAM.) frusques; (VX) hardes.

FRIPER v. tr., pronom.
VERBE TRANSITIF
1. Froisser. *Des vêtements fripés. Le long trajet en voiture a fripé mes vêtements.* SYN. chiffonner.
2. (FIG.) Rider, flétrir.
VERBE PRONOMINAL
Acquérir des plis, des rides. *Sa jupe s'est fripée dans sa valise.*
À la forme pronominale, le participe passé de ce verbe s'accorde toujours en genre et en nombre avec son sujet. *Ses traits se sont fripés.*
CONJUGAISON : VOIR MODÈLE AIMER.

FRIPIER n. m.
FRIPIÈRE n. f.
Personne qui vend de vieux vêtements.

FRIPON, ONNE adj. et n. m. et f.
ADJECTIF
Malicieux. *Un sourire fripon.* SYN. malicieux; malin.
NOM MASCULIN ET FÉMININ
1. (VX) Escroc, personne malhonnête.
2. (FAM.) Enfant espiègle. SYN. coquin; malin.
fripon.

FRIPOUILLE n. f.
(FAM.) Canaille. *Ces commerçants sont malhonnêtes, ce sont des fripouilles.* SYN. (FAM.) crapule; escroc.
fripouille.

F

FRIQUÉ, ÉE adj.
(FAM.) Qui est riche. *Un restaurant pour des clients friqués.*

FRIRE v. tr., intr.
VERBE TRANSITIF
Faire cuire un aliment dans un corps gras bouillant. *Frire des courgettes tranchées dans de l'huile. Des pommes de terre frites.*
VERBE INTRANSITIF
Cuire dans la friture. *Mettre du poisson à frire, faire frire des beignets.*
CONJUGAISON : VOIR MODÈLE SUFFIRE.
Ce verbe ne s'emploie qu'au singulier du présent de l'indicatif et de l'impératif; il s'emploie rarement au futur et au conditionnel. Il est courant au participe passé et aux temps composés formés avec l'auxiliaire ***avoir.***

FRISE n. f.
1. Bordure ornementale en forme de bandeau. *Une frise élégamment sculptée.*
2. Bande à motifs décoratifs qui délimite la partie supérieure d'un mur. *Une frise de papier peint.*

FRISÉ, ÉE adj. et n. m. et f.
ADJECTIF
Bouclé. *Des cheveux frisés qui ondulaient sous le vent.*
NOM MASCULIN ET FÉMININ
Personne dont les cheveux frisent. *Ils ont trouvé un frisé pour jouer ce rôle.*

FRISELIS n. m.
Le *s* final ne se prononce pas, [frizli].
(LITT.) Frémissement. *Le friselis de l'onde sous la brise matinale.*
friselis.

FRISER v. tr., intr.
VERBE TRANSITIF
1. Boucler. *Elle a frisé ses cheveux au fer.*
2. (FIG.) Être près d'atteindre quelque chose. *Ils ont frisé la catastrophe. Elle frise la quarantaine.* SYN. frôler; raser.
VERBE INTRANSITIF
Avoir les cheveux qui bouclent naturellement. *Nathalie frise un peu lorsque le temps est humide.*
LOCUTION
– ***Friser le ridicule.*** Être loufoque.
CONJUGAISON : VOIR MODÈLE AIMER.

FRISETTE n. f.
Petite boucle de cheveux frisés.

FRISOTTER v. tr.
Friser en petites boucles. *Avec cette permanente, ses cheveux frisottent.*
CONJUGAISON : VOIR MODÈLE AIMER.
[Les *Rectifications* (1990) admettent : frisoter.]

FRISQUET, ETTE adj. et adv.
ADJECTIF
(FAM.) Frais. *Une soirée frisquette.*
ADVERBE
(FAM.) Frais. *Il fait un peu frisquet ce soir.*

FRISSON n. m.
1. Contraction involontaire de la peau causée par le froid, la fièvre. *J'ai des frissons et je grelotte : il faut que je m'habille plus chaudement.*
2. Saisissement passager qui naît d'une émotion vive. *Des frissons d'angoisse.* SYN. tremblement.

LOCUTION
– ***Donner le frisson.*** Terrifier, faire peur. *Ces histoires macabres donnent le frisson, font froid dans le dos.*

FRISSONNANT, ANTE adj.
Qui frissonne en raison du froid, de la fièvre, d'une émotion. SYN. grelottant; transi; tremblant.

FRISSONNEMENT n. m.
1. Léger frisson. *Un frissonnement de plaisir, de fièvre.*
2. (LITT.) Frémissement. *Le frissonnement de la surface du lac sous le vent léger.*
frissonnement.

FRISSONNER v. intr.
1. Avoir des frissons. *Elle a mis un manteau parce qu'elle frissonnait.* SYN. grelotter.
2. Trembler légèrement sous le coup d'une émotion. *Ils frissonnent de peur et d'inquiétude.* SYN. frémir.
CONJUGAISON : VOIR MODÈLE AIMER.
frissonner.

FRISURE n. f.
Façon de friser.

FRITE n. f.
Pomme de terre frite. *Du poulet et des frites.*
Ce nom s'emploie généralement au pluriel.

FRITERIE n. f.
Le ***e*** central ne se prononce pas, [fritri].
Endroit où l'on vend des frites. *Une friterie* (et non un *stand de patates).

FRITEUSE n. f.
Appareil de cuisine destiné aux fritures.

FRITURE n. f.
1. Corps gras servant à frire. *Jette les bâtonnets de pomme de terre dans la friture.*
2. Aliment frit. *Une friture de petits poissons.*
3. Grésillement anormal dans un appareil de téléphone, de radio. *Il y a de la friture* (et non de la *statique) *sur la ligne.*

FRIVOLE adj.
Peu sérieux, superficiel. *Il ne songe qu'aux voitures, il est un peu frivole.* SYN. futile.
frivole.

FRIVOLEMENT adv.
De façon frivole. *Il dépense temps et argent frivolement.*

FRIVOLITÉ n. f.
Futilité, caractère vain de quelque chose. *La frivolité d'une demande.*

FROC n. m.
Le **c** se prononce, [frɔk]; le nom rime avec ***bloc***.
1. (VIEILLI) Vêtement du moine. *Il a abandonné le froc, il a défroqué.*
2. (FAM.) Pantalon.

FROID, FROIDE adj. et n. m.
ADJECTIF
1. Qui est privé de chaleur. *L'eau du lac est froide. Il fait froid aujourd'hui.*
2. (FIG.) Insensible, sans chaleur. *Un ton froid. Un accueil froid.* SYN. distant; glacial; sévère.
NOM MASCULIN
Abaissement de la température. *Il fait un froid de canard.* « *Quand le froid casse les clous dans les planches* » (Hector de Saint-Denys Garneau, *Œuvres*).
LOCUTIONS
– ***À froid,*** loc. adv. Sans réchauffement. *Démarrer à froid.*
– ***À froid,*** loc. adv. (FIG.) Sans précautions, sans préparation. *Le médecin a dû l'opérer à froid, sans anesthésie.*
– ***Attraper froid, prendre froid.*** S'enrhumer.
– ***En froid,*** loc. adj. En mauvais termes, brouillé. SYN. en désaccord.
– ***Être en froid avec (quelqu'un).*** Être brouillé avec une personne, être en froid avec elle.
– ***Garder la tête froide.*** (FIG.) Garder son sang-froid, son calme.
– ***Jeter un froid.*** Gêner, embarrasser. *Cette remarque désagréable a jeté un froid dans la classe.*
– ***Ne faire ni chaud ni froid.*** Être égal. *Son refus ne me fait ni chaud ni froid : cela m'est indifférent.*
Dans plusieurs expressions, le nom se construit sans article. *Avoir froid, prendre froid, attraper froid.*
Les expressions ***avoir très froid, avoir si froid que, avoir trop froid*** sont jugées familières. En principe, l'adverbe modifie un adjectif et non un nom. Dans les faits, on note que ces emplois sont de plus en plus courants.

FROIDEMENT adv.
Avec froideur, avec insensibilité. *Il répondit très froidement.*

FROIDEUR n. f.
Impassibilité, manque de sensibilité. *Cette apparente froideur n'est que de la timidité.* SYN. indifférence; réserve. ANT. chaleur.

FROIDURE n. f.
(LITT.) Le froid du climat, l'hiver.

FROISSEMENT n. m.
Action de froisser; fait d'être froissé. *Le froissement d'une étoffe.*

FROISSER v. tr., pronom.
VERBE TRANSITIF
1. Chiffonner. *Il a froissé son pantalon.* SYN. friper.
2. Meurtrir par un choc, un effort violent. *Froisser un muscle.*
3. (FIG.) Blesser, choquer légèrement. *Elle a involontairement froissé sa cousine.* SYN. choquer; offenser; vexer.
VERBE PRONOMINAL
Se vexer. *Ils se sont froissés qu'on ne les ait pas invités. Elle s'est froissée de cette impolitesse.* SYN. se fâcher.
À la forme pronominale, le verbe se construit avec la conjonction ***que*** suivie du subjonctif ou avec la préposition ***de*** suivie d'un nom.
À la forme pronominale, le participe passé de ce verbe s'accorde en genre et en nombre avec le complément direct si celui-ci le précède. *Le muscle qu'elle s'est froissé. Elles se sont froissées de leur impolitesse.* Le participe passé reste invariable si le complément direct suit le verbe. *Elle s'est froissé plusieurs muscles.*
CONJUGAISON : VOIR MODÈLE AIMER.

FRÔLEMENT n. m.
Le ***e*** central ne se prononce pas, [frolmɑ̃].
Action de frôler. *Ces frôlements me chatouillent.*
frôlement.

FRÔLER v. tr., pronom.
VERBE TRANSITIF
1. Effleurer, toucher légèrement en passant. *Le chat a frôlé sa jambe.*
2. (FIG.) Passer très près de, échapper de justesse à (quelque chose de grave). *Ils ont frôlé le désastre.* SYN. friser; raser.
VERBE PRONOMINAL
Passer très près l'un de l'autre. *Il n'y a pas eu d'accrochage : les véhicules n'ont fait que se frôler.*
À la forme pronominale, le participe passé de ce verbe s'accorde toujours en genre et en nombre avec son sujet. *Leurs doigts se sont frôlés à peine.*
CONJUGAISON : VOIR MODÈLE AIMER.
frôler.

FROMAGE n. m.
Aliment préparé avec du lait coagulé. *Ils aiment bien le Sir Laurier d'Arthabaska et le Chèvre noir de la Fromagerie Tournevent.*

T 1° À moins qu'il ne s'agisse d'un nom déposé, les noms de fromage s'écrivent en minuscules. *Le brie, le reblochon, le roquefort.*

2° Les noms simples prennent la marque du pluriel. *Des cantals, des cheddars, des emmenthals.*

3° Les noms composés sont invariables. *Des pont-l'évêque, des saint-andré, des saint-paulin.*

4° Certaines appellations sont des noms déposés invariables qui s'écrivent avec une majuscule initiale. *Une boîte de Vache qui rit.*

LOCUTION

– ***Entre la poire et le fromage.*** Au dessert, quand les propos sont plus libres.

FROMAGER n. m.
FROMAGÈRE n. f.
Personne qui fabrique, vend des fromages.

FROMAGER, ÈRE adj.
Relatif au fromage. *Le secteur fromager.*

FROMAGERIE n. f.
Le ***e*** de l'avant-dernière syllabe ne se prononce pas, [frɔmaʒri].
Lieu où l'on fait, où l'on vend des fromages.

FROMENT n. m.
Blé de la qualité la plus fine. *De la farine de froment dont on fera du pain.*
froment.

FRONCE n. f.
Pli rond. *Un corsage à fronces.*

FRONCEMENT n. m.
Le ***e*** central ne se prononce pas, [frɔ̃smɑ̃].
Action de froncer. *Ces froncements de sourcils ne l'intimident pas.*

FRONCER v. tr., pronom.
VERBE TRANSITIF
1. Plisser. *Une jupe froncée.*
2. Rider en plissant. *Il fronça les sourcils d'étonnement.*
VERBE PRONOMINAL
Devenir froncé. *Ce tissu se fronce aisément.*
À la forme pronominale, le participe passé de ce verbe s'accorde toujours en genre et en nombre avec son sujet. *Ses sourcils se sont froncés quand elle a appris la nouvelle.*
CONJUGAISON : VOIR MODÈLE AVANCER.
Le ***c*** prend une cédille devant les lettres ***a*** et ***o***. *Il fronça, nous fronçons.*

FRONDAISON n. f.
1. Apparition du feuillage sur les arbres.
2. (LITT.) Le feuillage. *La frondaison vert tendre du saule.*

FRONDE n. f.
Arme de jet. *Antoine lança quelques cailloux avec sa fronde.* SYN. lance-pierres.

FRONDER v. tr.
(LITT.) Attaquer, provoquer. *Fronder l'autorité.* SYN. railler.
CONJUGAISON : VOIR MODÈLE AIMER.

FRONDEUR, EUSE adj. et n. m. et f.
Moqueur, impertinent. SYN. insolent ; railleur.

FRONT n. m.
1. Partie supérieure du visage qui va des sourcils aux cheveux. *Elle a un grain de beauté sur le front.*
2. Zone de combat. *Partir au front.*
3. (MÉTÉOROL.) Masse d'air. *Un front froid.*
LOCUTIONS
– ***Avoir du front tout le tour de la tête.*** ⚜ (FAM.) Avoir du culot, de l'audace.
– ***Avoir le front de.*** Avoir l'audace de. *Elles ont le front de critiquer : à cheval donné, on ne regarde point la bouche.*
– ***De front,*** loc. adv. Par-devant. *Ils ont attaqué de front.*
– ***Faire front.*** Tenir tête. *Dans l'adversité, il faut faire front.* SYN. résister ; tenir bon.
– ***Mener de front.*** Diriger en même temps plusieurs choses. SYN. en même temps ; parallèlement ; simultanément.

FRONTAL, ALE, AUX adj.
1. Qui appartient au front. *Des os frontaux.*
2. De face. *Une collision frontale.*

F

FRONTALIER, IÈRE adj. et n. m. et f.
ADJECTIF
Relatif aux frontières. *Des incidents frontaliers.*
NOM MASCULIN ET FÉMININ
Habitant d'une région voisine d'une frontière.

FRONTIÈRE adj. inv. et n. f.
NOM FÉMININ
1. Limite qui borde l'étendue d'un territoire, qui sépare un État d'un autre État. *La frontière américaine* (et non les *lignes).
2. (FIG.) Borne, limite. *Les frontières de la connaissance.*
ADJECTIF INVARIABLE
Situé à la frontière. *Des régions frontière, des villes frontière, des postes frontière, des zones frontière.*
LOCUTION
– ***Sans frontières,*** loc. adj. Qui n'appartient pas à un pays en particulier. *Médecins, secouristes sans frontières.*
Le nom s'écrit au pluriel dans cette locution.

FRONTISPICE n. m.
(TYPOGR.) Grand titre d'un ouvrage imprimé, placé sur la première page.
Ne pas confondre avec le nom ***fronton,*** ornement architectural.

FRONTON n. m.
Ornement architectural qui surmonte la façade d'un édifice.
Ne pas confondre avec le nom ***frontispice,*** titre d'un ouvrage imprimé, placé sur la première page.

FROTTEMENT n. m.
Le ***e*** central ne se prononce pas, [frɔtmɑ̃].
1. Friction. *Le frottement d'un vêtement contre la peau.*
2. Résistance. *Freinage par frottement.*
3. (AU PLUR.) Heurt, mésentente de peu d'importance. *Il y a eu quelques frottements, mais tout est rentré dans l'ordre.* SYN. désaccord ; frictions.

FROTTER v. tr., intr., pronom.
VERBE TRANSITIF
1. Appuyer une chose contre une autre avec un mouvement pour faire une étincelle. *Frotter deux pierres l'une contre l'autre. Jean frotta une allumette.*
2. Nettoyer en frottant. *Frotter le plancher, les vêtements.* SYN. astiquer.
3. Frictionner. *Elle a frotté sa jambe endolorie.* SYN. masser.
VERBE INTRANSITIF
Produire un frottement. *Le pneu semble frotter, il frotte contre le trottoir.*
VERBE PRONOMINAL
1. Se frictionner. *Se frotter le dos avec une pommade.*
2. (FAM.) Provoquer. *Il vaut mieux ne pas se frotter à cette personne désagréable.* SYN. défier.
À la forme pronominale, le participe passé de ce verbe s'accorde en genre et en nombre avec le complément direct si celui-ci le précède. *La joue qu'il s'est frottée était rouge. Elles ne se sont pas frottées à ces personnes désagréables.* Le participe passé reste invariable si le complément direct suit le verbe. *Les enfants se sont frotté les yeux.*
CONJUGAISON : VOIR MODÈLE AIMER.
frotter.

FROTTIS n. m.
Le *s* ne se prononce pas, [frɔti].
1. Mince couche de couleur appliquée sur un tableau.
2. (MÉD.) Étalement d'un produit organique, de cellules superficielles, sur une lame de microscope. *Un frottis vaginal.*
frottis.

FROUFROU ou **FROU-FROU** n. m. (pl. *froufrous* ou *frous-frous*)
1. Bruit produit par un froissement léger. *Les froufrous d'une robe de bal.*
2. (AU PLUR.) Ornements d'un vêtement féminin.

FROUSSARD, ARDE adj. et n. m. et f.
(FAM.) Qui a la frousse. *Sébastien n'est pas un froussard. Une fillette froussarde.* SYN. peureux; poltron.
froussard.

FROUSSE n. f.
(FAM.) Peur. *Ces bruits dans la cave m'effraient, j'ai la frousse.*

FRUCTIFIER v. intr.
1. Produire des fruits. *Ce poirier ne fructifie que tous les deux ans : il est bisannuel.*
2. (FIG.) Produire de bons résultats, des bénéfices. *Ses placements ont bien fructifié.* SYN. rapporter.
CONJUGAISON : VOIR MODÈLE ÉTUDIER.
Redoublement du *i* à la première et à la deuxième personne du pluriel de l'indicatif imparfait et du subjonctif présent. *(Que) nous fructifiions, (que) vous fructifiiez.*

FRUCTUEUSEMENT adv.
Avec succès. *Ces personnes ont investi fructueusement.*

FRUCTUEUX, EUSE adj.
Qui donne de bons résultats. *Des recherches fructueuses, des placements fructueux.* SYN. avantageux; profitable; rentable.

FRUGAL, ALE, AUX adj.
Peu abondant, simple. *Des repas frugaux.* SYN. léger.

FRUGALEMENT adv.
De façon frugale. *Ils ont mangé frugalement.*

FRUGALITÉ n. f.
Simplicité. *La frugalité d'un repas de campeur.*

FRUGIVORE adj. et n. m.
Qui se nourrit de fruits. *Les chevreuils sont frugivores : ils aiment bien les pommes.*
Ne pas confondre avec les mots suivants :
- ***carnivore***, qui se nourrit de chair;
- ***granivore***, qui se nourrit de graines;
- ***herbivore***, qui se nourrit d'herbe;
- ***insectivore***, qui se nourrit d'insectes;
- ***omnivore***, qui se nourrit de végétaux et d'animaux.

FRUIT n. m.
1. Ensemble des organes végétaux contenant les graines produites par une plante après la fleur. *Le citron est le fruit du citronnier; le gland, celui du chêne.*
2. Fruit comestible. *Les fruits et les légumes. Une salade de fruits, un jus de fruits.*
3. (FIG.) Résultat. *Cette entreprise est le fruit de son travail acharné.* SYN. avantage; profit.
LOCUTIONS
– ***Fruits de mer.*** Mollusques et crustacés comestibles.
– ***Porter des fruits, porter ses fruits.*** Donner de bons résultats. *L'enquête a porté des fruits* ou *a porté ses fruits : nous avons des indices intéressants.*

FRUITÉ, ÉE adj.
Qui a le goût du fruit frais. *Un vin fruité.*

FRUITERIE n. f.
Le *e* central ne se prononce pas, [frɥitri].
Magasin de fruits, rayon des fruits d'un supermarché. *Les fruiteries colorées et appétissantes du marché Jean-Talon.*

FRUITIER, IÈRE adj.
Qui produit des fruits comestibles. *Des arbres fruitiers.*

FRUSQUES n. f. pl.
(FAM.) Vieux vêtements. SYN. (FAM.) fringues; (VX) hardes.

FRUSTE adj.
Rude, grossier, peu raffiné. *Des manières frustes.*
fruste.

FRUSTRANT, ANTE adj.
Décevant, de nature à frustrer. *Des refus frustrants.* SYN. insatisfaisant.

FRUSTRATION n. f.
Action de frustrer. *Un sentiment de frustration.*

FRUSTRÉ, ÉE adj. et n. m. et f.
ADJECTIF
Qui souffre de frustration, qui est privé de satisfaction. *Des espoirs frustrés.*
NOM MASCULIN ET FÉMININ
Des frustrés malheureux.

FRUSTRER v. tr.
1. Priver une personne d'un bien qu'elle était en droit de recevoir. *On les a frustrés de leur héritage.* SYN. déposséder; dépouiller; désavantager; léser; spolier.
2. Priver une personne d'une satisfaction, décevoir. *Ils sont frustrés par cet insuccès. Ils se sentent frustrés.* SYN. désappointer.
Ce verbe ne s'emploie pas à la forme intransitive. *Le retard de Maxime a frustré Luc* (et non *Luc frustre parce que Maxime est en retard).
CONJUGAISON : VOIR MODÈLE AIMER.

FS
Symbole de ***franc suisse.***

FUCHSIA adj. inv. et n. m.
Les lettres ***chs*** se prononcent ***ch*** ou ***ks***, [fyʃja, fyksja].
NOM MASCULIN
Arbrisseau à fleurs pourpres. *Une haie de fuchsias.*
Attention au genre masculin de ce nom : ***un*** fuchsia.
ADJECTIF DE COULEUR INVARIABLE
De la couleur pourpre des fuchsias. *Des soies fuchsia.*
VOIR TABLEAU – COULEUR (ADJECTIFS DE).
fuchsia.

FUDGE n. m.
Le ***u*** se prononce ***o***.
Friandise composée de sucre, de sirop de maïs, de lait, de beurre et le plus souvent de chocolat, cuits ensemble puis battus. *Que préférez-vous : le sucre à la crème ou le fudge ?*

***FUEL**
Anglicisme pour ***mazout.***

FUGACE adj.
Éphémère. *Une vision fugace.* SYN. fugitif; momentané; passager.

FUGACITÉ n. f.
Caractère de ce qui est fugace. *La fugacité d'une sensation.*

-FUGE suff.
Élément du latin signifiant « fuir » ou « faire fuir ». *Ignifuge.*

FUGITIF, IVE adj. et n. m. et f.
ADJECTIF
1. En fuite. *Des soldats fugitifs.*
2. Qui fuit rapidement. *Une vision fugitive.* SYN. court; éphémère; passager.
NOM MASCULIN ET FÉMININ
Personne en fuite. *Il faut rattraper les fugitifs.* SYN. fuyard.

FUGITIVEMENT adv.
De façon fugitive.

FUGUE n. f.
1. (MUS.) Composition musicale.
2. Action de s'enfuir pour un temps du lieu où l'on vit généralement. *Faire une fugue.* SYN. escapade.

FUGUER v. intr.
(FAM.) Faire une fugue (notamment pour un enfant mineur).
CONJUGAISON : VOIR MODÈLE AIMER.

FUGUEUR, EUSE adj. et n. m. et f.
Se dit d'un enfant qui fait des fugues.

FUIR v. tr., intr., pronom.
VERBE TRANSITIF
Chercher à éviter. *Il me semble qu'elle me fuit. Ces automobilistes fuient les conducteurs du dimanche. Fuir les histoires.* SYN. s'éloigner de.
VERBE INTRANSITIF
1. S'éloigner rapidement pour échapper à un danger. *La maison était en feu, mais ils ont eu le temps de fuir. Fuir devant un chien méchant.* SYN. s'enfuir; partir.
Ne pas confondre avec les verbes suivants :
- ***éluder,*** éviter en passant à côté;
- ***évader (s'),*** s'enfuir d'un lieu où l'on est retenu;
- ***partir,*** quitter un lieu.

2. S'écouler rapidement. *Le temps fuit trop vite.* SYN. s'en aller; s'envoler; filer; passer.
3. Laisser échapper un fluide. *Son réservoir fuit.*
VERBE PRONOMINAL
Chercher à s'éviter. *Ces anciens amis se fuient maintenant.*
À la forme pronominale, le participe passé de ce verbe s'accorde toujours en genre et en nombre avec son sujet. *Ils se sont fuis.*
CONJUGAISON : VOIR MODÈLE FUIR.
Le ***y*** est suivi d'un ***i*** à la première et à la deuxième personne du pluriel de l'indicatif imparfait et du subjonctif présent. *(Que) nous fuyions, (que) vous fuyiez.*

FUITE n. f.
1. Action de fuir. *Prendre la fuite. Les évadés courent toujours, ils sont en fuite.*
2. (FIG.) Échappatoire, refus d'assumer une responsabilité, de remplir un devoir. *La fuite dans l'alcool.*
3. Écoulement (d'un fluide, d'un gaz) par une fissure. *Des fuites d'eau ont abîmé le plafond. Une fuite de gaz.*
4. Sortie, perte pour un pays. *La fuite des cerveaux, des médecins. La fuite des capitaux, des entreprises.*
5. (FIG.) Divulgation d'informations destinées à demeurer secrètes. *Il y a eu des fuites* (et non du *coulage) *relativement au nouveau budget.* SYN. indiscrétion.
LOCUTION
– ***Mettre en fuite.*** Faire fuir.

FULGURANT, ANTE adj.
1. (LITT.) Étincelant. *Une lueur fulgurante dans un ciel d'été.*
2. (MÉD.) Aigu et rapide comme l'éclair. *Des douleurs fulgurantes. Une crise fulgurante.*
3. Très rapide. *Des progrès fulgurants. Une vitesse fulgurante.*

FULMINANT, ANTE adj.
1. (VX) Qui lance la foudre.
2. (FIG.) Menaçant de colère. *Des regards fulminants.*

FULMINER v. tr., intr.
VERBE TRANSITIF
(LITT.) Formuler avec véhémence. *Fulminer des injures.*
VERBE INTRANSITIF
Se mettre en colère. *Il fulmine toujours contre quelqu'un ou quelque chose.* SYN. s'emporter; tempêter; tonner.
CONJUGAISON : VOIR MODÈLE AIMER.

FUMANT, ANTE adj.
Qui produit de la fumée. *Une soupe fumante. Des troncs d'arbres calcinés, encore fumants, voilà tout ce qui reste de la belle forêt incendiée.*
LOCUTION
– ***Un coup fumant.*** (FAM.) Un coup extraordinaire.

FUMÉ, ÉE adj.
Qui a été fumé. *Du saumon fumé. De la dinde fumée.*

FUME-CIGARE n. m. (pl. *fume-cigares*)
Petit tuyau au bout duquel on adapte un cigare.
Certains auteurs jugent le nom invariable, mais il paraît plus logique de lui donner la marque du pluriel.

FUME-CIGARETTE n. m. (pl. *fume-cigarettes*)
Petit tuyau au bout duquel on adapte une cigarette.
Certains auteurs jugent le nom invariable, mais il paraît plus logique de lui donner la marque du pluriel.

FUMÉE n. f.
Produit gazeux provenant d'un corps en feu. *La fumée de cigarette.*
LOCUTIONS
– ***Écran de fumée.*** (FIG.) Propos, activités qui ont pour objet de masquer la réalité. *Ces belles paroles sont un écran de fumée : restez sur vos gardes.*
– ***Il n'y a pas de fumée sans feu.*** (Proverbe) Il ne court pas de rumeur sans raison.
– ***S'en aller en fumée.*** (FIG.) Disparaître sans résultat.
Dans cette expression, le nom s'écrit au singulier.

FUMER v. tr., intr., pronom.
VERBE TRANSITIF
1. Aspirer la fumée du tabac. *Fumer une cigarette.*
2. Exposer à la fumée pour faire sécher et conserver. *Fumer un jambon, une truite, des huîtres, un saumon.* SYN. boucaner.
VERBE INTRANSITIF
1. Dégager de la fumée. *Le cratère de l'Etna en Sicile continue de fumer. La soupe fume; elle est encore très chaude.*
2. Aspirer la fumée du tabac. *Il voudrait bien arrêter de fumer.*
VERBE PRONOMINAL
Être fumé. *Ces herbes peuvent-elles se fumer?*
À la forme pronominale, le participe passé de ce verbe s'accorde toujours en genre et en nombre avec son sujet. *Elles se sont fumées.*
CONJUGAISON : VOIR MODÈLE AIMER.

FUMEROLLE n. f.
Le ***e*** de la deuxième syllabe ne se prononce pas, [fymrɔl].
Émission de gaz s'échappant d'un volcan. *Avez-vous déjà vu les fumerolles de l'Etna?*
[Les *Rectifications* (1990) admettent : fumerole.]

FUMET n. m.
Odeur agréable de certaines viandes qui cuisent. *Le fumet d'un rôti.* SYN. arôme.
fumet.

FUMEUR, EUSE n. m. et f.
Personne qui fume. *Des fumeurs incorrigibles. Les vols de cette compagnie ne comportent plus de section fumeurs.* ANT. non-fumeur.

FUMEUX, EUSE adj.
1. Qui répand de la fumée. *Des cendres fumeuses.*
2. (FIG.) Obscur. *Une idée fumeuse.* SYN. nébuleux; vague. ANT. clair; limpide.

FUMIER n. m.
Mélange fermenté de paille et d'excréments de bestiaux utilisé comme engrais. *L'agriculteur épand du fumier sur ses terres.*

FUMIGATION n. f.
1. Action d'utiliser des fumées désinfectantes ou insecticides.
2. Inhalation de vapeurs médicamenteuses.

FUMIGÈNE adj. et n. m.
Qui produit de la fumée.

FUMISTE adj. et n. m. et f.
1. Spécialiste de l'installation et de l'entretien des appareils de chauffage.
2. (FAM.) Qui est blagueur, peu sérieux. *Ce sont des fumistes : ne perdons pas notre temps.*

CONJUGAISON DU VERBE **FUIR**

INDICATIF

PRÉSENT

je	fuis
tu	fuis
elle	fuit
il	fuit
nous	fuyons
vous	fuyez
elles	fuient
ils	fuient

PASSÉ COMPOSÉ

j'	ai	fui
tu	as	fui
elle	a	fui
il	a	fui
nous	avons	fui
vous	avez	fui
elles	ont	fui
ils	ont	fui

IMPARFAIT

je	fuyais
tu	fuyais
elle	fuyait
il	fuyait
nous	fuyions
vous	fuyiez
elles	fuyaient
ils	fuyaient

PLUS-QUE-PARFAIT

j'	avais	fui
tu	avais	fui
elle	avait	fui
il	avait	fui
nous	avions	fui
vous	aviez	fui
elles	avaient	fui
ils	avaient	fui

PASSÉ SIMPLE

je	fuis
tu	fuis
elle	fuit
il	fuit
nous	fuîmes
vous	fuîtes
elles	fuirent
ils	fuirent

PASSÉ ANTÉRIEUR

j'	eus	fui
tu	eus	fui
elle	eut	fui
il	eut	fui
nous	eûmes	fui
vous	eûtes	fui
elles	eurent	fui
ils	eurent	fui

FUTUR SIMPLE

je	fuirai
tu	fuiras
elle	fuira
il	fuira
nous	fuirons
vous	fuirez
elles	fuiront
ils	fuiront

FUTUR ANTÉRIEUR

j'	aurai	fui
tu	auras	fui
elle	aura	fui
il	aura	fui
nous	aurons	fui
vous	aurez	fui
elles	auront	fui
ils	auront	fui

CONDITIONNEL PRÉSENT

je	fuirais
tu	fuirais
elle	fuirait
il	fuirait
nous	fuirions
vous	fuiriez
elles	fuiraient
ils	fuiraient

CONDITIONNEL PASSÉ

j'	aurais	fui
tu	aurais	fui
elle	aurait	fui
il	aurait	fui
nous	aurions	fui
vous	auriez	fui
elles	auraient	fui
ils	auraient	fui

SUBJONCTIF

PRÉSENT

que	je	fuie
que	tu	fuies
qu'	elle	fuie
qu'	il	fuie
que	nous	fuyions
que	vous	fuyiez
qu'	elles	fuient
qu'	ils	fuient

PASSÉ

que	j'	aie	fui
que	tu	aies	fui
qu'	elle	ait	fui
qu'	il	ait	fui
que	nous	ayons	fui
que	vous	ayez	fui
qu'	elles	aient	fui
qu'	ils	aient	fui

IMPARFAIT

que	je	fuisse
que	tu	fuisses
qu'	elle	fuît
qu'	il	fuît
que	nous	fuissions
que	vous	fuissiez
qu'	elles	fuissent
qu'	ils	fuissent

PLUS-QUE-PARFAIT

que	j'	eusse	fui
que	tu	eusses	fui
qu'	elle	eût	fui
qu'	il	eût	fui
que	nous	eussions	fui
que	vous	eussiez	fui
qu'	elles	eussent	fui
qu'	ils	eussent	fui

IMPÉRATIF

PRÉSENT	PASSÉ
fuis	aie fui
fuyons	ayons fui
fuyez	ayez fui

INFINITIF

PRÉSENT	PASSÉ
fuir	avoir fui

PARTICIPE

PRÉSENT	PASSÉ
fuyant	fui, ie
	ayant fui

FUMISTERIE n. f.
Le *e* de l'avant-dernière syllabe se prononce, [fymistəri].
1. Métier de fumiste.
2. (FAM.) Chose peu sérieuse. *Cet essai est une fumisterie.* SYN. farce.

FUMOIR n. m.
1. Lieu où l'on fume (la viande, le poisson).
2. Local à la disposition des fumeurs.

***FUN**
*être le fun. Anglicisme pour ***être amusant, drôle.***
*fun. Anglicisme pour ***plaisir, amusement.***

FUNAMBULE n. m. et f.
Acrobate qui marche sur une corde tendue. SYN. équilibriste.
funambule.

FUNAMBULESQUE adj.
Excentrique, bizarre. *Des diatribes funambulesques.* SYN. extravagant.

FUNÈBRE adj.
Qui appartient aux funérailles, à la mort. *Une oraison funèbre. Un silence funèbre. Les pompes funèbres.*
Ne pas confondre avec le mot ***funeste,*** qui cause la mort.

FUNÉRAILLES n. f. pl.
Cérémonie solennelle entourant un enterrement. *Les funérailles des jeunes disparus ont été très émouvantes. Les funérailles de Gaston Miron. Ce grand écrivain a eu droit à des funérailles nationales* (et non *civiques).
FORMES FAUTIVES
*funérailles civiques. Calque de «*civic funeral*» pour ***funérailles (nationales), funérailles officielles.***
*funérailles d'État. Calque de «*state funeral*» pour ***funérailles (nationales), funérailles officielles.***
Ce terme, qui est toujours au pluriel, désigne généralement une cérémonie solennelle, alors que ***obsèques, service funèbre*** sont des termes plus généraux. Cependant, cette distinction n'est pas toujours observée.

FUNÉRAIRE adj.
Qui concerne la sépulture. *Un monument funéraire.*
LOCUTION
– ***Salon funéraire.*** Entreprise chargée des préparatifs et des formalités qui concernent un décès, notamment de l'exposition en chapelle ardente et de la direction du service funèbre. SYN. pompes funèbres; salon mortuaire.
Cette expression calquée de «*funeral parlor*» est passée dans l'usage québécois.

FUNESTE adj.
1. (VX) Qui cause la mort. *Un accident funeste.* SYN. fatal; mortel; tragique.
2. Qui apporte le malheur. *Une décision funeste.* SYN. malheureux; tragique.
3. Désastreux. *Une erreur funeste.* SYN. catastrophique; néfaste.
Ne pas confondre avec le mot ***funèbre,*** relatif aux funérailles, à la mort.

FUNESTEMENT adv.
De façon funeste.

FUNICULAIRE n. m.
Wagon mis en mouvement à l'aide de câbles. *Vous pouvez gravir les 425 marches ou prendre le funiculaire. Le funiculaire de Montmartre.*

FUR
LOCUTION
– ***Au fur et à mesure.*** À mesure. *Au fur et à mesure qu'ils arrivent. Au fur et à mesure de vos besoins financiers. Répondez au fur et à mesure.* SYN. en même temps.
La locution se construit avec ***que*** et le subjonctif, avec la préposition ***de*** ou absolument.
Le mot ***fur*** ne s'emploie que dans cette locution.

FURET n. m.
Petit carnassier au pelage blanc.
furet.

FURETAGE n. m.
Action de fureter. *Le furetage dangereux dans les magasins des antiquaires.*
furetage.

FURETER v. intr.
Chercher pour découvrir des choses rares, cachées. *Tous les samedis, elle furète dans les boutiques.* SYN. fouiller; fouiner.
CONJUGAISON : VOIR MODÈLE CONGELER.
Le ***e*** se change en ***è*** devant une syllabe contenant un ***e*** muet. *Je furète,* mais *nous furetons.*

FURETEUR, EUSE adj. et n. m. et f.
Curieux, qui furète. *Des coups d'œil fureteurs.* SYN. fouineur; indiscret.

FUREUR n. f.
Colère. *Des cris de fureur.* SYN. furie; rage; violence.
LOCUTIONS
– ***Crise de fureur.*** Colère violente.
– ***Faire fureur.*** Provoquer un intérêt passionné. *Ces produits ont fait fureur.*
Le nom reste au singulier dans cette expression.
– ***Mettre en fureur.*** Mettre en colère.

FURIBOND, ONDE adj.
(FAM.) Furieux. *Un client furibond.* SYN. courroucé; enragé.

FURIE n. f.
1. Accès de rage, de fureur. *Ces erreurs les ont mis en furie.* SYN. colère; (LITT.) courroux.
2. Caractère d'extrême violence. *Les flots étaient en furie.*
3. Femme déchaînée par la colère.

FURIEUSEMENT adv.
De façon furieuse, avec fureur. *Elle répondit furieusement : « Que le diable l'emporte ! »*

FURIEUX, IEUSE adj.
En fureur, en colère. *Il était furieux d'avoir été contredit. Elle était furieuse contre eux. Ils sont furieux que la décision soit prise.* SYN. courroucé; enragé; furibond.
L'adjectif peut se construire avec ***de, contre*** ou ***que*** + subjonctif.
LOCUTIONS
– ***Folie furieuse.*** (FIG.) Chose déraisonnable, ridicule.
– ***Fou furieux.*** Furieux à l'extrême. *Elles sont folles furieuses.* SYN. hystérique.
Cette expression n'est plus usitée en psychiatrie; dans la langue courante, elle a perdu son sens médical et s'emploie comme un superlatif, de façon figurée.
furieux.

FURONCLE n. m.
Petite inflammation de la peau. SYN. (FAM.) clou.
Attention au genre masculin de ce nom : ***un*** furoncle.

FURTIF, IVE adj.
1. Discret, caché. *Des regards furtifs.* SYN. en cachette.
2. Difficile à détecter par radar, en parlant d'un avion. *Un monoréacteur furtif très manœuvrable même à des vitesses supersoniques et capable d'atterrissage vertical.*

FURTIVEMENT adv.
De manière furtive. *Un billet transmis furtivement.*

FUSAIN n. m.
1. Arbuste ornemental.
2. Charbon employé pour le dessin.
3. Dessin fait au fusain. *De beaux fusains.*

***FUSE**
Anglicisme pour ***fusible.***

F

FUSEAU n. m. (pl. *fuseaux*)
1. Petite bobine pour filer à la quenouille.
2. Pantalon élastique comprenant une bande qui passe sous le pied. *Des fuseaux de ski.*
3. Zone imaginaire comportant une heure uniforme. *Les 24 fuseaux horaires de la Terre.*

FUSÉE n. f.
1. Pièce de feu d'artifice. *Des fusées éclairantes.*
2. Engin mû par un moteur à réaction et pouvant voyager dans l'espace. *Envoyer une fusée vers la Lune.*

FUSELAGE n. m.
Corps d'un avion sur lequel se fixent les ailes.
fuselage.

FUSELÉ, ÉE adj.
En forme de fuseau. *Une colonne fuselée.*
fuselé.

FUSELER v. tr.
Donner la forme d'un fuseau à.
CONJUGAISON : VOIR MODÈLE APPELER.
Redoublement du ***l*** devant un ***e*** muet. *Je fuselle, je fusellerai,* mais *je fuselais.*
[Les *Rectifications* (1990) admettent : il fusèle, fusèlera, fusèlerait...]

FUSER v. intr.
Jaillir comme une fusée. *Des rires fusaient de toutes parts.*
CONJUGAISON : VOIR MODÈLE AIMER.

FUSIBLE n. m.
Dispositif destiné à couper le courant électrique lorsque l'intensité est trop forte. *Des fusibles* (et non des *fuses).
Attention au genre masculin de ce nom. *Un fusible.*

FUSIL n. m.
Le ***l*** ne se prononce pas, [fyzi] ; le nom rime avec ***rosi***.
1. Arme à feu portative comportant un long canon. *Un fusil de chasse.*
2. Outil comportant une tige d'acier et servant à aiguiser les couteaux.
LOCUTIONS
– ***Changer son fusil d'épaule.*** (FIG.) Changer d'opinion.
– ***Coup de fusil.*** (FAM.) Addition excessivement élevée dans un restaurant, un hôtel.
fusil.

FUSILIER n. m.
Soldat muni d'un fusil. *Les Fusiliers du Mont-Royal.*
fusilier.

FUSILLADE n. f.
1. Combat à coups de fusil.
2. Échange de coups de feu. *La fusillade a fait deux blessés.*

FUSILLER v. tr.
Passer (un condamné) par les armes. *Le peloton d'exécution a fusillé les traîtres.*
CONJUGAISON : VOIR MODÈLE AIMER.
Les lettres ***ill*** sont suivies d'un ***i*** à la première et à la deuxième personne du pluriel de l'indicatif imparfait et du subjonctif présent. *(Que) nous fusillions, (que) vous fusilliez.*
fusiller.

FUSION n. f.
1. Passage d'un corps solide à l'état liquide sous l'influence de la chaleur. *De la lave en fusion.*
2. (FIG.) Combinaison. *La fusion de deux fichiers informatiques pour produire des lettres personnalisées.* SYN. amalgame ; mélange ; union.
3. (ÉCON.) Intégration. *Une fusion d'entreprises.* SYN. alliance ; réunion.

FUSIONNEMENT n. m.
Action, fait de fusionner. *Le fusionnement de deux sociétés, de fichiers, de banques de données.*

FUSIONNER v. tr., intr., pronom.
VERBE TRANSITIF
Réunir (des éléments, des groupes distincts) en un seul. SYN. amalgamer ; combiner ; fondre ; rassembler ; unir.
VERBE INTRANSITIF
Devenir une seule chose, se réunir. *Ces entreprises ont fusionné.* SYN. se fondre.
VERBE PRONOMINAL
S'unir par fusion. *Ces villes sont-elles destinées à se fusionner ?*
À la forme pronominale, le participe passé de ce verbe s'accorde toujours en genre et en nombre avec son sujet. *Elles se sont fusionnées.*
CONJUGAISON : VOIR MODÈLE AIMER.

FUSTIGER v. tr.
1. (VX) Battre, fouetter. SYN. flageller.
2. (LITT.) Critiquer vivement. *Fustiger les auteurs de compressions budgétaires sauvages.* SYN. blâmer ; stigmatiser.
CONJUGAISON : VOIR MODÈLE CHANGER.
Le ***g*** est suivi d'un ***e*** devant les lettres ***a*** et ***o***. *Il fustigea, nous fustigeons.*

FÛT n. m.
1. Partie droite d'un tronc d'arbre dépourvue de branches. *Les fûts des grands pins de cette forêt.*
2. Corps d'une colonne.
3. Tonneau. *Un fût de chêne. De la bière en fût.*
[Les *Rectifications* (1990) admettent : fut.]

FUTAIE n. f.
Forêt composée de grands arbres.

FUTÉ, ÉE adj. et n. m. et f.
(FAM.) Rusé. *Ce jeune homme est très futé, il est astucieux.* SYN. débrouillard ; dégourdi ; fin ; habile ; malin.
futé, sans accent circonflexe.

FUTILE adj.
Peu important, vide. *Des préoccupations futiles.* SYN. creux ; insignifiant ; superficiel ; vain.

FUTILEMENT adv.
Le ***e*** central ne se prononce pas, [fytilmɑ̃].
De façon futile.

FUTILITÉ n. f.
Caractère inutile, frivolité. *La futilité de ses interventions est décevante.* SYN. nullité ; vacuité.

FUTON n. m.
Matelas d'origine japonaise, plus ou moins épais, pouvant également servir de siège.

FUTUR, URE adj. et n. m.
ADJECTIF
1. Qui est à venir. *Les publications futures.* SYN. prochain ; suivant.
2. Qui doit être tel dans peu de temps. *Les futurs présidents. Les futurs époux se préparent fébrilement au mariage.*
En ce sens, l'adjectif précède généralement le nom qu'il qualifie.
NOM MASCULIN
1. Avenir. *Nous ne connaissons pas le futur.*
On préférera le mot ***avenir*** à celui de ***futur*** au sens de « ce qui sera », même si ce nom s'emploie de plus en plus sous l'influence de l'anglais.
2. (GRAMM.) Temps du verbe exprimant un fait qui aura lieu dans l'avenir, une action à venir, par rapport au présent.
VOIR TABLEAU – FUTUR.

FUTURISME n. m.
Attitude qui consiste à suivre l'évolution et à se tourner vers l'avenir.

FUTURISTE adj. et n. m. et f.
ADJECTIF
Qui évoque le futur. *Une voiture futuriste.*
NOM MASCULIN ET FÉMININ
Qui cherche à imaginer l'avenir de l'humanité.

F

FUTUR

AXE DU TEMPS

PASSÉ	PRÉSENT	FUTUR
AUTREFOIS, ON VOYAGEAIT EN BATEAU.	**AUJOURD'HUI,** ON SE DÉPLACE EN AVION.	**DEMAIN,** ON CIRCULERA EN NAVETTE SPATIALE.

▸ **Le FUTUR exprime un fait qui aura lieu plus tard, une action à venir, par rapport au présent.**
*Nous **serons** en vacances à la fin de juin. Il **arrivera** demain.*

Ce temps traduit également :

– une **vérité générale.** *Il y **aura** toujours des gagnants et des perdants.*
– un **fait probable.** *L'été **sera** ensoleillé, je crois.*
– un **ordre poli.** *Tu **voudras** bien m'expliquer ce retard.*
📏 Dans cet emploi, le futur correspond à un impératif exprimé de façon moins autoritaire.
– un **présent atténué.** *Tu **comprendras** que je ne peux lui faire confiance.*
– un **conseil**, une **recommandation.** *Vous **prendrez** ce médicament après chaque repas.*
– un **futur dans une narration au passé.** *La bataille des Plaines d'Abraham entraîna la chute de Québec en 1759 : ce **sera** la fin de la Nouvelle-France.*
📏 On qualifie cet emploi de **futur historique.**

▸ **Le FUTUR ANTÉRIEUR exprime un fait qui doit précéder un fait futur.**
*Quand vous **aurez fini** vos devoirs, vous pourrez jouer dehors.*

Ce temps traduit également :

– un **fait futur inévitable.** *Je suis sûr qu'il **aura** vite **réuni** les provisions nécessaires à l'expédition.*
– un **fait passé hypothétique.** *Nos amis ne sont pas encore là, ils se **seront** encore **attardés** à la piscine.*

VOIR TABLEAU ▸ **CONCORDANCE DES TEMPS DANS LA PHRASE.**

▸ AUXILIAIRE DE TEMPS (ou D'ASPECT)

Aller + infinitif ou phrase infinitive. *Martine va arriver en retard si elle rate son autobus.*
📏 En fonction d'auxiliaire exprimant le **futur proche,** le verbe s'emploie au présent de l'indicatif et il est suivi d'un infinitif. Pour exprimer le **futur dans le passé,** le verbe s'emploie à l'imparfait de l'indicatif et il est suivi d'un infinitif. *Martine a promis qu'elle allait réussir son examen.*

Devoir + infinitif ou phrase infinitive. *Max doit téléphoner d'une minute à l'autre.*
📏 En fonction d'auxiliaire exprimant le **futur proche,** le verbe s'emploie au présent de l'indicatif et il est suivi d'un infinitif. Pour exprimer le **futur dans le passé,** le verbe s'emploie à l'imparfait de l'indicatif et il est suivi d'un infinitif. *Max, distrait comme toujours, a perdu ses gants : cela devait arriver.*

Être sur le point de + infinitif ou phrase infinitive. *Ils sont sur le point de partir.*
📏 En fonction d'auxiliaire exprimant le **futur proche,** le verbe s'emploie au présent de l'indicatif et il est suivi d'un infinitif. Pour exprimer le **futur dans le passé,** le verbe s'emploie à l'imparfait de l'indicatif et il est suivi d'un infinitif. *J'étais sur le point de partir quand le téléphone a sonné.*

▸ PRÉSENT DE L'INDICATIF

Présent + adverbe ou locution adverbiale (adverbe simple ou composé) de temps. *Attends-moi, j'arrive bientôt. Elle rentre demain.*
📏 La dimension future est indiquée à l'aide de l'adverbe ou de la locution adverbiale de temps qui accompagne le verbe au présent.

Si + présent (dans une subordonnée conditionnelle). *Si tu préviens ta copine, elle ne s'inquiétera pas inutilement. Si vous plantez un arbre tous les jours, vous reboiserez ce domaine.*
📏 Dans une subordonnée conditionnelle dont la phrase autonome (ou matrice) est au futur, on emploie un verbe au présent de l'indicatif pour exprimer une action future.

F

FUTUROLOGIE n. f.
Ensemble des recherches prospectives qui ont pour objet l'évolution future, scientifique, économique, sociale, technique de l'humanité.

FUTUROLOGUE n. m. et f.
Spécialiste de la futurologie. *Les futurologues n'avaient pas prévu cette évolution.*

FUYANT, ANTE adj.
1. Qui fuit, qui se dérobe. *Des regards fuyants.*
2. Incliné vers l'arrière. *Un front fuyant.*

FUYARD, ARDE n. m. et f.
Personne en fuite. *La police n'a pas rattrapé les fuyards.* SYN. fugitif.

G

G n. m. inv.
Septième lettre de l'alphabet.

G
– *g*, symbole de ***gramme.***
– *G*, symbole de ***giga.***
– *G*, ancienne notation musicale de la note ***sol.***

GABARDINE n. f.
Tissu de laine à côtes très fines. *Un manteau en gabardine.*

GABARIT n. m.
Le *t* ne se prononce pas, [gabari] ; le nom rime avec ***riz.***
1. Appareil qui sert à vérifier la forme, les dimensions.
2. Toute dimension réglementée, toute forme imposée. *Un gabarit de 7 mètres.*
gabari**t**.

GABEGIE n. f.
Le *e* de la deuxième syllabe ne se prononce pas, [gabʒi].
Fraude, dilapidation de fonds publics. SYN. gaspillage.

GABONAIS, AISE adj. et n. m. et f.
Du Gabon. *Le drapeau gabonais. Un Gabonais, une Gabonaise.*
T L'adjectif s'écrit avec une minuscule ; le nom, avec une majuscule.

GÂCHAGE n. m.
Action de gâcher (le plâtre, le mortier).

GÂCHE n. f.
Pièce dans laquelle s'insère le pêne d'une serrure.

GÂCHER v. tr.
1. Délayer du plâtre, du mortier, etc., pour maçonner.
2. Rater quelque chose par négligence, par manque d'application. *Gâcher un tableau.* SYN. gâter.
3. Gaspiller. *Il pourrait faire beaucoup mieux : il gâche son talent.* SYN. galvauder.
4. Rendre désagréable, gâter. *Sa mauvaise humeur a gâché la soirée.*
CONJUGAISON : VOIR MODÈLE AIMER.
g**â**cher.

GÂCHETTE n. f.
Le *â* se prononce *â*, ou *a*, [gɑʃɛt, gaʃɛt].
1. Mécanisme d'un fusil relié à la détente et commandant le départ du coup. *Appuyer sur la détente* (et non sur la *gâchette) *afin d'actionner la gâchette.*
2. Mécanisme d'un dispositif. *La gâchette d'un pistolet à peinture.*
g**â**chette.

GÂCHEUR, EUSE n. m. et f.
Personne qui gâche, gaspille.
g**â**cheur.

GÂCHIS n. m.
1. Désordre, gaspillage. *Quel gâchis, Rouki, tes pattes boueuses ont sali le tapis !* SYN. dégât.
2. (FIG.) Situation regrettable. *Ces deux grandes amies se sont brouillées, c'est un vrai gâchis !*
g**â**chi**s**, accent circonflexe sur le *a* et un *s* final.

GADGET n. m.
Ce nom se prononce à l'anglaise, [gadʒɛt] ; il rime avec ***courgette.***
Petit objet nouveau plus ou moins utile, de conception ingénieuse. *Des gadgets amusants.* SYN. truc.
Ce nom emprunté à l'anglais il y a une cinquantaine d'années est admis en français.

GADOUE n. f.
1. Boue, terre détrempée. *Tes bottes sont pleines de gadoue.*
2. Mélange plus ou moins consistant de neige et d'eau tombant en averse et couvrant le sol, ou résultant de la circulation des piétons et des véhicules, et pouvant alors comporter des fondants, du sable et des saletés (GDT). *Les trottoirs sont couverts de gadoue* (et non *sloche, *slush).
Le nom ***gadoue*** « se présente donc comme une utile solution de rechange à l'anglicisme ***sloche*** (adapté de l'anglais ***slush***), qui est attesté au Québec depuis le début du XXe siècle et qui fut toujours critiqué » (GDT).
gado**ue**.

GAÉLIQUE adj. et n. m.
ADJECTIF
Relatif aux Gaëls (peuple celte). *La culture gaélique, la langue gaélique.*
T L'adjectif s'écrit avec une minuscule.
NOM MASCULIN
Langue parlée par les Gaëls. *Le gaélique.*
T Le nom de la langue s'écrit avec une minuscule.

GAFFE n. f.
1. Perche munie d'un croc. *Avec sa gaffe, il a repêché le maillot qui était tombé à l'eau.*
2. (FAM.) Maladresse. *Gaston, c'est le roi de la gaffe.* SYN. bêtise ; bévue ; bourde ; impair ; sottise.

GAFFER v. intr.
(FAM.) Faire une gaffe, commettre une maladresse. *Zut, j'ai encore gaffé !*
CONJUGAISON : VOIR MODÈLE AIMER.

GAFFEUR, EUSE adj. et n. m. et f.
(FAM.) Maladroit. *Elle est gaffeuse.*

GAG n. m.
Le ***g*** final se prononce, [gag]; le nom rime avec ***blague***.
(FAM.) Effet comique. *Ce spectacle est rempli de bons gags.*
Ce nom emprunté à l'anglais au début du siècle est admis en français.

GAGA adj.
Un peu fou, gâteux. *Des personnes gagas.*

GAGE n. m.
1. Garantie d'une dette. *Laisser une bague en gage en attendant de pouvoir rembourser.* SYN. dépôt.
2. (FIG.) Preuve. *Un gage de reconnaissance, un gage d'amour.* SYN. témoignage.
3. (AU PLUR.) Salaire des domestiques.
Aujourd'hui, on emploie plutôt le mot ***salaire.***
LOCUTION
– ***Tueur à gages.*** Personne payée pour accomplir un crime.

GAGER v. tr.
1. Être d'avis, supposer que. *Je gage qu'il arrivera en retard.*
Le verbe se construit avec la conjonction ***que*** suivie de l'indicatif.
2. Parier. *Je te gage 5 $ que le Canadien va gagner.*
Ce verbe demeure usuel au Québec et dans la francophonie canadienne, mais il n'appartient plus à l'usage courant de la majorité des locuteurs du français.
CONJUGAISON : VOIR MODÈLE CHANGER.
Le ***g*** est suivi d'un ***e*** devant les lettres ***a*** et ***o***. *Il gagea, nous gageons.*

GAGEURE n. f.
Les lettres ***eu*** se prononcent ***u***, [gaʒyr]; le nom rime avec ***parjure***.
1. Pari. *Ils ont fait une gageure.*
En ce sens, le nom demeure usuel au Québec et dans la francophonie canadienne, mais il n'appartient plus à l'usage courant de la majorité des locuteurs du français.
2. Projet difficile. *La gageure de réduire le déficit.* SYN. défi.
[Les *Rectifications* (1990) admettent : gageüre.]

GAGNANT, ANTE adj. et n. m. et f.
ADJECTIF
Qui gagne. *Les numéros gagnants du gros lot sont le 7 et le 45.*
Ne pas confondre avec le participe présent invariable ***gagnant***. *Les personnes gagnant un petit salaire bénéficieront d'une réduction.*
NOM MASCULIN ET FÉMININ
Vainqueur. *Les gagnantes de la course, du concours.* ANT. perdant.

GAGNE-PAIN n. m. inv. (pl. *gagne-pain*)
Travail qui permet à quelqu'un de gagner sa vie. *La menuiserie est son gagne-pain.*
[Les *Rectifications* (1990) admettent : des gagne-pains.]

GAGNE-PETIT n. m. inv. (pl. *gagne-petit*)
Personne dont le métier est peu rémunérateur.
[Les *Rectifications* (1990) admettent : un gagnepetit, des gagnepetits.]

GAGNER v. tr., intr.
VERBE TRANSITIF
1. Obtenir. *Il a gagné* (et non *s'est mérité, *a mérité) *le premier prix. Les dollars qu'elle a gagnés. Ils gagnent 10 $ l'heure.*
2. Être vainqueur dans. *C'est notre équipe qui a gagné le tournoi. Gagner un pari.* SYN. vaincre.
3. Arriver à convaincre quelqu'un. *Il a gagné le cœur de cette personne.*
VERBE INTRANSITIF
1. Avoir avantage à. *Il gagne à être connu.*
En ce sens, le verbe se construit avec la préposition ***à*** suivie de l'infinitif.
2. Être le vainqueur. *C'est une troisième victoire : ils ont gagné !* SYN. triompher.
LOCUTIONS
– ***Gagner du temps.*** Faire une économie de temps. *Le micro-ordinateur nous fera gagner* (et non *sauver) *du temps.*
– ***Gagner du terrain.*** Progresser.
– ***Gagner sa vie.*** Travailler pour vivre.
– ***Manque à gagner.*** (ÉCON.) Perte causée par la renonciation à d'autres possibilités de gain. *En acceptant ce poste, je dois considérer le manque à gagner que ce choix entraînera.*
FORME FAUTIVE
*gagner son point. Calque de «*to gain, to win one's point*» pour ***avoir gain de cause.***
CONJUGAISON : VOIR MODÈLE AIMER.
Les lettres ***gn*** sont suivies d'un ***i*** à la première et à la deuxième personne du pluriel de l'indicatif imparfait et du subjonctif présent. *(Que) nous gagnions, (que) vous gagniez.*

GAGNEUR, EUSE n. m. et f.
Personne animée par la volonté de gagner.

GAI, GAIE adj. et n. m. et f.
ADJECTIF
Joyeux, de bonne humeur. *Cette enfant est gaie comme un pinson.* SYN. content; enjoué; souriant.
ADJECTIF ET NOM MASCULIN ET FÉMININ
Homosexuel, homosexuelle. *Rémy ne craint pas d'affirmer qu'il est gai.*
En ce sens, le mot est un emprunt francisé à l'américain «*gay*».
HOM. ***gué***, endroit où l'on traverse un cours d'eau à pied.

GAIEMENT adv.
Joyeusement. *Ils mangent tous ensemble en parlant gaiement. « Les insectes bourdonnaient gaiement en voletant de massif en massif »* (Gabrielle Roy, *La Détresse et l'Enchantement*).
La graphie ***gaîment*** est vieillie.
[Les *Rectifications* (1990) admettent : gaiment.]

GAIETÉ n. f.
Bonne disposition de l'humeur. *Sa gaieté fait plaisir à voir.* SYN. entrain.
Ne pas confondre avec les noms suivants :
• ***bonheur,*** état moral de plénitude qui comporte une idée de durée;
• ***joie,*** émotion profonde et agréable, souvent courte et passagère;
• ***plaisir,*** sensation agréable.
LOCUTION
– ***De gaieté de cœur.*** Volontiers. *Ce n'est pas de gaieté de cœur que j'ai fait ce choix.*
Cette expression s'emploie surtout dans une phrase négative où elle signifie « à contrecœur, à regret ».
La graphie ***gaîté*** est vieillie.
[Les *Rectifications* (1990) admettent : gaité.]

GAILLARD, ARDE adj. et n. m. et f.
ADJECTIF
Vif, alerte. *Je me sens fiévreuse, je ne suis pas très gaillarde aujourd'hui.* SYN. en forme.
NOM MASCULIN ET FÉMININ
Personne vigoureuse. *Un solide gaillard.*

GAILLARDEMENT adv.
De façon gaillarde, avec vigueur.

GAILLARDISE n. f.
(LITT.) Gaieté vive, bonne humeur. SYN. enjouement; joie de vivre.

GAIN n. m.
1. Action de gagner, d'économiser quelque chose. *Un gain de temps et d'énergie.* SYN. économie. ANT. perte.

2. Bénéfice, salaire. *Ils ont réalisé des gains appréciables à la vente de ces immeubles.* SYN. profit.
LOCUTIONS
– ***L'appât du gain.*** La possibilité de gagner de l'argent. *Ces délateurs ont cédé à l'appât du gain.*
– ***Obtenir gain de cause.*** Gagner un procès, une réclamation et, plus généralement, obtenir ce qui était demandé.
Cette locution est figée et les noms demeurent au singulier.

GAINAGE n. m.
Action de gainer. *Le gainage de fils électriques.*

GAINE n. f.
1. Étui. *La gaine d'une arme.*
2. Sous-vêtement féminin. *Une silhouette affinée par une gaine.*

GAINER v. tr.
Recouvrir d'une gaine. *Un cordon gainé de cuir.*
CONJUGAISON : VOIR MODÈLE AIMER.

GALA n. m.
Grande fête officielle. *Des galas somptueux, des soirées de gala.*

GALACTIQUE adj.
Relatif à la Voie lactée. *Une nébuleuse galactique.*

GALAMMENT adv.
On ne prononce qu'un seul ***m***, [galamɑ̃] ; le mot rime avec ***amant***.
Avec galanterie. SYN. aimablement ; délicatement.
galamment.

GALANT, ANTE adj.
1. Qui se rapporte aux relations amoureuses. *Une aventure galante.*
2. Poli, prévenant à l'égard des femmes. *En homme galant* (ou *en galant homme*), *il la laisse toujours passer devant.*
Le féminin est littéraire et vieilli dans l'expression ***femme galante***, femme de mœurs légères.
LOCUTION
– ***Galant homme.*** (VIEILLI) Homme d'honneur.

GALANTERIE n. f.
1. Courtoisie à l'égard des femmes. *Il s'inclina avec galanterie.*
2. Intrigue amoureuse.

GALANTINE n. f.
Préparation de charcuterie servie dans sa gelée. *Une galantine de poulet.*

GALAXIE n. f.
1. La Voie lactée.
2. Ensemble d'étoiles et de matières interstellaires.
T Le nom s'écrit avec une majuscule lorsqu'il désigne la nébuleuse à laquelle appartient le Soleil.
VOIR – ASTRE.

GALBE n. m.
1. Profil harmonieux du corps humain, d'une statue.
2. Contour harmonieux. *Le galbe d'une jambe.*

GALBÉ, ÉE adj.
1. Arrondi vers le milieu.
2. Bien fait. *Des jambes bien galbées.*

GALBER v. tr.
Donner du galbe à. *Ces collants galbent bien la jambe.*
CONJUGAISON : VOIR MODÈLE AIMER.

GALE n. f.
1. Maladie parasitaire et contagieuse de la peau. *Ce chien a la gale.*
2. ⚜ (FAM.) Plaque qui se forme sur une plaie en voie de guérison. *N'enlève pas la gale, car tu vas saigner.* SYN. croûte.
Ce nom de registre familier demeure usuel au Québec et dans la francophonie canadienne, mais il n'appartient plus à l'usage courant de la majorité des locuteurs du français.
gale.

GALÈRE n. f.
1. (ANCIENN.) Navire à voiles et à rames.
2. Mésaventure. *« Mais que diable allait-il faire dans cette galère ? »* (Molière).

GALERIE n. f.
1. Large passage couvert aménagé à l'intérieur ou à l'extérieur d'un immeuble pour circuler. *Les religieuses se reposent sur la galerie.*
Ne pas confondre avec les noms :
• ***balcon,*** plateforme disposée en saillie sur la façade d'un immeuble, entourée d'un garde-fou et communiquant avec l'intérieur ;
• ***véranda,*** balcon couvert et clos par un vitrage.
2. Lieu aménagé pour recevoir une collection d'œuvres d'art.
3. (AUTO.) Support avec fond et rebord métalliques, fixé sur le toit ou le coffre d'un véhicule automobile, pour le transport des bagages (GDT). *Elle a fixé les bagages sur la galerie à l'aide de sangles.*
LOCUTIONS
– ***Galerie d'art.*** Lieu où l'on expose, où l'on fait le commerce d'œuvres d'art.
– ***Galerie marchande.*** Espace couvert sur lequel s'ouvrent des boutiques.

GALERISTE n. m. et f.
Personne qui tient une galerie d'art.

GALET n. m.
Caillou poli et arrondi par la mer. *Une plage de galets.*
galet.

GALETTE n. f.
1. Gâteau rond et plat. *La galette des Rois contient une fève et un pois.*
2. Sorte de crêpe composée de farine de sarrasin.

GALEUX, EUSE adj. et n. m. et f.
Qui a la gale.

GALIMATIAS n. m.
Le ***s*** ne se prononce pas, [galimatja].
Langage obscur, charabia. *Ne recourez pas au galimatias technique : exprimez-vous plus simplement.*
galimatias.

GALION n. m.
(ANCIENN.) Grand navire espagnol.
galion.

GALIPETTE n. f.
(FAM.) Pirouette, au propre et au figuré. *Ce politicien s'en est tiré avec ses galipettes habituelles.*

GALIPOTE
LOCUTION
– ***Courir la galipote.*** ⚜ (FAM.) Courir la prétentaine, être à la recherche d'aventures amoureuses (*Glossaire du parler français au Canada*).
Le nom ***galipote*** ne s'emploie que dans cette expression.

GALLICISME n. m.
Construction ou forme propre à la langue française. *Les anglophones de Montréal emploient des gallicismes quand ils utilisent les termes* métro *ou* dépanneur.

GALLINACÉ, ÉE adj. et n. m. et f.
D'un ordre d'oiseaux omnivores. *La poule est un gallinacé.*

G

GALLOIS, OISE adj. et n. m. et f.
ADJECTIF ET NOM MASCULIN ET FÉMININ
Du pays de Galles. *Les mineurs gallois. Un Gallois, une Galloise.*
T L'adjectif s'écrit avec une minuscule; le nom, avec une majuscule.
NOM MASCULIN
Langue parlée dans le pays de Galles.
T Le nom de la langue s'écrit avec une minuscule.

GALLON n. m.
Unité de mesure de capacité utilisée aux États-Unis et au Canada avant l'adoption du système métrique. *Des gallons d'essence.*
☞ Le ***gallon canadien***, qui comprend 4 pintes ou 8 chopines, équivaut à 4,545 litres; le ***gallon américain*** équivaut à 3,785 litres.
☞ Maintenant, l'unité de mesure que nous utilisons est le ***litre.***
HOM. ***galon***, ruban.

GALOCHE n. f.
(FAM.) Chaussure. *Enlève tes galoches!*
LOCUTION
– ***Menton en galoche.*** Menton proéminent.

GALON n. m.
1. Ruban épais qui sert d'ornement. *Des galons dorés.*
2. Bande de tissu qui sert à marquer les différents grades militaires.
3. ⚜ Ruban gradué servant à prendre les mesures. *Un galon, un mètre à ruban* (et non un *tape).
LOCUTION
– ***Prendre du galon.*** (FIG.) Avoir une promotion. *Elle a pris du galon : on l'a nommée vice-présidente.*
HOM. ***gallon***, unité de mesure de capacité.

GALOP n. m.
Le ***p*** ne se prononce pas, [galo]; le nom rime avec ***silo***.
Allure la plus rapide du cheval. *Le cheval est parti au galop, il peut aller aussi au pas, au trot.*
LOCUTION
– ***Au galop.*** Très rapidement. *Chassez le naturel et il revient au galop.* (Proverbe)
⇨ galop.

GALOPADE n. f.
Course. *Pas de galopades dans les corridors de l'école!*

GALOPANT, ANTE adj.
Dont l'évolution est rapide. *Une épidémie galopante.*

GALOPER v. intr.
1. Aller au galop. *Ces chevaux galopent, puis vont au trot.*
2. (FIG.) Aller vite. SYN. courir.
CONJUGAISON : VOIR MODÈLE AIMER.
⇨ galoper.

GALOPIN n. m.
(FAM.) Gamin. *Des galopins ont piétiné mes fleurs.*

GALVANISATION n. f.
Opération par laquelle on recouvre le fer d'une couche de zinc, par électrolyse, pour le préserver de la rouille.

GALVANISER v. tr.
1. Faire une galvanisation à.
2. (FIG.) Exciter, enflammer. *Son plaidoyer a galvanisé la foule.* SYN. électriser; enthousiasmer; exalter.
CONJUGAISON : VOIR MODÈLE AIMER.

GALVAUDER v. tr.
1. Gaspiller, perdre. *Galvauder sa réputation.* SYN. gâcher.
2. Affaiblir le sens d'un mot, lui faire perdre sa véritable signification. *Un mot galvaudé, c'est-à-dire qui ne veut plus rien dire.* SYN. déprécier.
CONJUGAISON : VOIR MODÈLE AIMER.

GAMBADE n. f.
Cabriole, culbute. *Les funambules faisaient des gambades sur le fil de fer.*

GAMBADER v. intr.
Sauter, danser. *Gambader de joie.* SYN. bondir.
CONJUGAISON : VOIR MODÈLE AIMER.

GAMBE n. f.
– ***Viole de gambe.*** Instrument ancien, ancêtre du violoncelle.
☞ Le mot ne s'emploie que dans cette locution.

GAMELLE n. f.
Écuelle de métal. *Une gourde et une gamelle pour le camping.*
⇨ gamelle.

GAMÈTE n. m.
Cellule reproductrice.
☞ Attention au genre masculin de ce nom : ***un*** gamète.

GAMIN, INE adj. et n. m. et f.
ADJECTIF
Espiègle. *Avec un air gamin.* SYN. coquin; taquin.
NOM MASCULIN ET FÉMININ
(FAM.) Enfant. *Les gamins jouent dehors.* SYN. (FAM.) gosse.

GAMINERIE n. f.
Espièglerie, acte enfantin. *Cesse tes gamineries, du sérieux, je te prie!*

GAMINET n. m.
⚜ Maillot de coton à encolure ronde ou en V et à manches courtes. *« Le temps du week-end, vous êtes conviés à apporter vos vieux gaminets (t-shirts) pour les confier à une quinzaine d'artistes qui se chargeront de les transformer en œuvres d'art »* (Le Devoir). *« À surveiller cet été, des jolis gaminets multicolores ornés de scènes de plage d'époques révolues »* (La Presse). *Une compagnie de vêtements de l'État du Nouveau-Mexique propose une trousse baptisée « Go Canadian Package », composée d'un gaminet et d'écussons arborant le drapeau canadien et sur lesquels on peut lire « Ô Canada »* (Presse canadienne). SYN. tee-shirt.
☞ Ce néologisme proposé à la blague en 1974 par le chroniqueur linguistique du journal *Le Monde*, Jacques Cellard, pour déloger l'emprunt ***tee-shirt*** recueille un certain succès dans l'usage commercial et médiatique québécois.

GAMMA n. m. inv.
Lettre grecque.
LOCUTION
– ***Rayons gamma.*** Radiations émises par les corps radioactifs.
[Les *Rectifications* (1990) admettent : des gammas.]

GAMME n. f.
Série continue d'éléments classés par gradation. *Une gamme de musique. Une gamme de couleurs.*
LOCUTIONS
– ***Bas de gamme.*** Se dit des produits les moins coûteux d'une série.
– ***Haut de gamme.*** Se dit des produits les plus coûteux d'une série. *Des articles haut de gamme.*
☞ Ces expressions sont invariables.

GAMMÉE adj. f.
Se dit d'une croix dont les extrémités des quatre branches sont pliées à angle droit.

GANACHE n. f.
Crème pâtissière au chocolat et à la crème fraîche.

GANDOURA n. f.
Vêtement ample sans manches porté en Afrique du Nord. *Des gandouras brodées.*

GANG n. m.
Le mot se prononce [gɑ̃g] ou à l'anglaise; le mot rime avec ***gangue***.

Bande de malfaiteurs. *Un gang très bien organisé. Des gangs de motards.*
Attention au genre masculin de ce nom : ***un*** gang.
Ce nom emprunté à l'anglais il y a plus de 100 ans est admis en français.

GANGLION n. m.
Petite boule sous la peau que présentent des vaisseaux lymphatiques et certains nerfs. *Les ganglions grossissent quand il y a une infection.*

GANGRÈNE n. f.
1. (MÉD.) Nécrose d'un tissu. *On doit amputer ce malade, sinon il risque la gangrène.*
2. (FIG.) Corruption. *La gangrène des pots-de-vin.*
gangrène.

GANGRENER v. tr., pronom.
VERBE TRANSITIF
1. Provoquer la gangrène d'un tissu.
2. (FIG.) Corrompre. *Ces mœurs électorales douteuses ont gangrené le pouvoir politique.* SYN. compromettre ; gâter ; pervertir ; vicier.
VERBE PRONOMINAL
1. Être atteint par la gangrène. *Sa jambe s'est gangrenée.*
2. (FIG.) Se corrompre, se pervertir. *Un système financier qui risque de se gangrener.*
À la forme pronominale, le participe passé de ce verbe s'accorde toujours en genre et en nombre avec son sujet. *Cette plaie s'est gangrenée.*
CONJUGAISON : VOIR MODÈLE LEVER.
Le ***e*** se change en ***è*** devant une syllabe contenant un ***e*** muet. *Il gangrène,* mais *il gangrenait.*

GANGSTER n. m.
Le ***e*** se prononce ***èr*** ou ***eur,*** [gãgstɛr, gãgstœr].
Membre d'un gang. *Des gangsters astucieux.*
Ce nom emprunté à l'anglais il y a près de 75 ans est admis en français.

GANGSTÉRISME n. m.
Banditisme. *Cette brigade lutte contre le gangstérisme.*

GANGUE n. f.
1. Substance terreuse qui entoure le minerai, les pierres précieuses. *Retirer un minerai de sa gangue.*
2. Enveloppe enfermant quelque chose de précieux.
gangue.

GANSE n. f.
Cordonnet servant à border. *Une ganse de soie.* SYN. cordon.

GANSER v. tr.
Garnir d'une ganse. *Ganser une ceinture.*
CONJUGAISON : VOIR MODÈLE AIMER.

GANT n. m.
Partie de l'habillement qui couvre la main et les doigts séparément. *Une paire de gants. Des gants de cuir. Un gant de baseball, de boxe.*
Ne pas confondre avec les noms suivants :
• ***mitaine,*** gant qui découvre le bout des doigts ;
• ***moufle,*** partie de l'habillement qui couvre la main sans séparation pour les doigts, sauf pour le pouce. Au Québec, se dit ***mitaine.***
LOCUTIONS
– ***Aller comme un gant.*** Convenir parfaitement. *Ce travail lui va comme un gant.*
– ***Gant de toilette.*** Petite serviette de tissu éponge formant une poche.
– ***Jeter le gant à quelqu'un.*** Défier quelqu'un.
– ***Prendre des gants, mettre des gants.*** Prendre des précautions.
– ***Ramasser, relever le gant.*** Relever le défi.

GANTER v. tr., intr., pronom.
VERBE TRANSITIF
Mettre, fournir des gants à. *Il faudra ganter cette poupée.*
VERBE INTRANSITIF
Avoir comme pointure pour les gants. *Elle gante du sept.*
VERBE PRONOMINAL
Mettre des gants. *Elle s'est gantée pour affronter le froid.*
À la forme pronominale, le participe passé de ce verbe s'accorde toujours en genre et en nombre avec son sujet. *Les skieurs se sont gantés avant de dévaler les pistes.*
CONJUGAISON : VOIR MODÈLE AIMER.

GANTERIE n. f.
Le ***e*** central ne se prononce pas, [gɑ̃tri].
Industrie, commerce du gantier.

GANTIER n. m.
GANTIÈRE n. f.
Personne qui fait ou vend des gants.

***GAP**
Anglicisme pour ***écart.***

GARAGE n. m.
1. Action de garer.
2. Endroit servant d'abri aux véhicules. *Des garages souterrains.*
3. Établissement où l'on fait l'entretien et la réparation des véhicules. *Ma voiture est au garage pour une révision.* SYN. atelier de réparation.
LOCUTIONS
– ***Voie de garage.*** Voie sur laquelle se gare un train pour laisser le passage à un autre train.
– ***Voie de garage.*** (FIG.) Situation stagnante, sans possibilité d'avancement. SYN. voie d'évitement.
FORME FAUTIVE
*vente de garage. Calque de «*garage sale*» pour ***vente-débarras.***

GARAGISTE n. m. et f.
Personne qui dirige un garage.

GARANCE adj. inv. et n. f.
NOM FÉMININ
1. Plante dont la racine produit une teinture rouge.
2. Teinture d'un rouge vif.
ADJECTIF DE COULEUR INVARIABLE
De la couleur rouge extraite de la garance. *Des vêtements garance.*
VOIR TABLEAU – COULEUR (ADJECTIFS DE).

GARANT, ANTE n. m. et f.
NOM MASCULIN ET FÉMININ
(DR.) Personne qui sert de garantie, de caution. *Ils agiront comme garants pour cet emprunt.*
NOM MASCULIN
Garantie. *L'excellence est le garant du succès.*
En ce sens, le nom est toujours masculin.
LOCUTION
– ***Se porter garant.*** (DR.) S'engager envers un créancier à remplir l'obligation du débiteur principal, dans le cas où le débiteur n'y aurait pas lui-même satisfait. *Elle s'est portée garante de l'emprunt.*
Dans cette locution, le nom s'accorde en genre et en nombre avec le sujet du verbe.

GARANTIE n. f.
1. Ce qui est donné pour garantir, assurer le remboursement d'une dette. *Cet immeuble sert de garantie pour l'emprunt que maman a fait.*
2. Clause d'un contrat de vente destinée à protéger l'acheteur contre un dommage éventuel du produit acquis. *Une garantie de deux ans. Cet appareil est encore sous la garantie* ou *sous garantie* (et non *sur la garantie) *: on nous le réparera gratuitement s'il fait défaut.*

GARANTIR v. tr.
1. Assurer sous sa responsabilité. *Garantir l'exécution de travaux.*
2. Attester. *Je vous garantis que ces données sont exactes.* SYN. affirmer ; assurer ; certifier.
Le verbe se construit avec la conjonction ***que*** suivie de l'indicatif.
CONJUGAISON : VOIR MODÈLE FINIR.

GARBURE n. f.
Potage béarnais à base de légumes, de lard et de confit.

GARCE n. f.
(FAM.) Femme désagréable et vulgaire.

GARCETTE n. f.
Cordage tressé.

GARÇON n. m.
1. Personne du sexe masculin considérée par rapport à sa mère, à son père (par opposition à ***fille***). *Mon garçon s'appelle Étienne.* SYN. fils.
2. Enfant mâle, par opposition à ***fille.*** *Ces garçons jouent au tennis.*
3. Jeune homme. *Mathieu est un garçon charmant. Ce collège est réservé aux garçons.*
garçon.

GARÇONNET n. m.
Jeune garçon.
garçonnet.

GARÇONNIER, IÈRE adj.
Qui convient à un garçon. *Cette jeune fille a une démarche plutôt garçonnière.*
garçonnier.

GARÇONNIÈRE n. f.
Petit appartement, studio.
garçonnière.

GARDE n. f.
1. Action de garder, de conserver, de surveiller. *Je vous confie la garde de la maison.* SYN. conservation ; protection ; surveillance.
2. Groupe de personnes chargées de garder quelqu'un, quelque chose. *Avez-vous assisté au changement de la garde ?*
LOCUTIONS
– ***Être de garde.*** Être en faction ou être chargé de la permanence d'un service. *Un médecin de garde* (et non *en devoir).
– ***Faire bonne garde.*** Assurer une surveillance étroite de quelqu'un ou de quelque chose.
– ***Mettre en garde.*** Prévenir, avertir. *Je les ai mis en garde contre ces menteurs.*
– ***Prendre garde.*** Remarquer. *Prenez garde que cet examen aura lieu lundi prochain.* SYN. noter ; prendre note.
En ce sens, la locution se construit avec la conjonction ***que*** suivie de l'indicatif.
– ***Prendre garde.*** Prendre ses mesures. *Elle prend garde que tout soit prêt à temps.*
En ce sens, le verbe se construit avec la conjonction ***que*** suivie du subjonctif.
– ***Prendre garde.*** Chercher à éviter. *Elle prend garde que rien ne manque.*
En ce sens, le verbe se construit avec la conjonction ***que*** suivie de la négation ***ne*** et du subjonctif.
– ***Prendre garde à.*** Faire attention à quelqu'un, quelque chose ; se protéger de. *Prenez garde à vous. Prends garde à ce chien, il est dangereux.*
En ce sens, la locution se construit avec la préposition ***à*** suivie d'un nom ou d'un pronom.
– ***Prendre garde à.*** Veiller à, avoir soin de. *Prends garde à te lever tôt pour être prête à temps.*
En ce sens, la locution se construit avec la préposition ***à*** suivie d'un infinitif.
– ***Prendre garde de.*** Éviter soigneusement de. *Prenez garde de glisser.*
La locution se construit avec la préposition ***de*** suivie de l'infinitif. Étant donné le sens négatif de cette locution, l'infinitif ne doit pas être accompagné d'une négation, sous peine de signifier le contraire de ce qu'on voulait dire.
– ***Se tenir sur ses gardes.*** Être prudent.

GARDE n. m. et f.
Personne chargée de la garde de quelqu'un ou de quelque chose. *Un garde forestier, une garde-chasse.*
Si ***garde*** est suivi d'un nom, il s'écrit avec un trait d'union ; s'il est suivi d'un adjectif, il s'écrit sans trait d'union.

GARDE-
Les mots composés avec ***garde-*** s'écrivent généralement avec un trait d'union. Seules font exception les expressions composées du nom ***garde*** suivi d'un adjectif. *Un garde forestier.*
Si l'élément ***garde*** désigne une personne qui garde, c'est alors un nom qui prend la marque du pluriel. *Des gardes-chasse, des gardes-malades.*
Si l'élément ***garde*** est un verbe, il demeure invariable. *Des garde-boue.*

GARDE-À-VOUS n. m. inv. (pl. *garde-à-vous*)
Position réglementaire prise par les militaires en certaines occasions.
Ne pas confondre avec l'expression ***Garde à vous !*** qui est un commandement militaire et qui s'écrit généralement sans traits d'union.

GARDE-BARRIÈRE n. m. et f. (pl. *gardes-barrières*)
Personne chargée de la surveillance d'un passage à niveau.

GARDE-BOUE n. m. (pl. *garde-boue* ou *garde-boues*)
Dispositif placé au-dessus des roues d'une bicyclette pour protéger des éclaboussures. *Les jeunes préfèrent des vélos sans garde-boue.*

GARDE CHAMPÊTRE n. m. et f. (pl. *gardes champêtres*)
Personne préposée à la garde des propriétés rurales.

GARDE-CHASSE n. m. et f. (pl. *gardes-chasse* ou *gardes-chasses*)
Agent préposé à la garde du gibier dans un domaine.
Attention au pluriel de ce nom composé. L'élément ***garde*** prend la marque du pluriel puisqu'il désigne une personne et qu'il s'agit alors d'un nom. L'élément ***chasse*** peut prendre la marque du pluriel ou rester au singulier.

GARDE-CHIOURME n. m. (pl. *gardes-chiourme* ou *gardes-chiourmes*)
(FAM.) Surveillant brutal.

GARDE-CORPS n. m. inv. (pl. *garde-corps*)
Parapet. *Ne vous penchez pas au-dessus du garde-corps.* SYN. garde-fou.
Ne pas confondre avec le nom ***garde du corps,*** personne attachée à la garde de quelqu'un.

GARDE-CÔTE n. m. (pl. *garde-côte* ou *garde-côtes*)
Bateau utilisé pour la surveillance de la pêche le long des côtes.

GARDE DU CORPS n. m. (pl. *gardes du corps*)
Personne attachée à la garde de quelqu'un. *Le président est entouré de gardes du corps.*
Ne pas confondre avec le nom ***garde-corps,*** parapet.

GARDE-FEU n. m. (pl. *garde-feu* ou *garde-feux*)
Grille que l'on place devant le foyer d'une cheminée.

GARDE-FOU n. m. (pl. *garde-fous*)
1. Barrière construite le long d'un lieu élevé pour empêcher les gens de tomber. SYN. garde-corps.

2. (FIG.) Ce qui prévient les erreurs, protège des dangers. *Les élections sont le garde-fou de la démocratie.*

GARDE-MALADE n. m. et f. (pl. *garde-malades* ou *gardes-malades*)
Personne qui surveille et aide les malades dans les actes élémentaires de la vie (par exemple, l'alimentation). SYN. garde.
Ne pas confondre avec le nom ***infirmier,*** personne qui, après avoir suivi des études professionnelles, est apte et habilitée à prodiguer des soins aux malades et à travailler à la promotion de la santé ainsi qu'à la prévention de la maladie (GDT).

GARDE-MANGER n. m. (pl. *garde-manger* ou *garde-mangers*)
Placard servant à conserver les aliments. *Mets les céréales dans le garde-manger.*
Au Québec et dans la francophonie canadienne, on emploie aussi familièrement le nom ***dépense,*** qui n'appartient plus à l'usage courant de la majorité des locuteurs du français.

GARDE-MEUBLES ou **GARDE-MEUBLE** n. m. (pl. *garde-meubles*)
Lieu où l'on peut entreposer des meubles de façon temporaire. *Mettre une armoire au garde-meuble* (et non *en storage).

GARDÉNIA n. m.
Arbuste à fleurs blanches et odorantes. *Des gardénias odorants.*
Attention au genre masculin de ce nom : ***un*** gardénia.

GARDE-PÊCHE n. m. et f.
NOM MASCULIN ET FÉMININ
Personne chargée de surveiller la pêche. *Une garde-pêche efficace. Des gardes-pêches astucieux.*
En ce sens, le mot ***garde*** prend la marque du pluriel parce qu'il s'agit d'un nom.
NOM MASCULIN
Embarcation utilisée pour la surveillance de la pêche le long des côtes. *Des garde-pêche* ou *garde-pêches.*
En ce sens, le mot ***garde*** demeure invariable parce qu'il est un verbe.

GARDER v. tr., pronom.
VERBE TRANSITIF
1. Assurer la garde, la surveillance de quelqu'un, de quelque chose. *Garder un bébé, un bâtiment.*
2. Ne pas quitter. *Garder le lit, garder son chapeau.*
3. Conserver. *Garder des pommes au réfrigérateur. Elle garde de bons livres pour les vacances.*
4. Continuer à avoir. *Elle a gardé sa souplesse. Garder ses illusions.*
VERBE PRONOMINAL
1. Se conserver. *Les framboises se gardent difficilement.*
2. Éviter de, s'abstenir de. *Il faudrait se garder de suivre ce conseil.*
En ce sens, le verbe se construit avec la préposition ***de*** suivie de l'infinitif.
3. Se méfier de, faire attention à. *Garde-toi des belles promesses.*
En ce sens, le verbe se construit avec la préposition ***de*** suivie d'un nom.
À la forme pronominale, le participe passé de ce verbe s'accorde toujours en genre et en nombre avec son sujet. *Ils se sont gardés d'accepter cette proposition malhonnête. Ces fruits se sont gardés longtemps au réfrigérateur.*
FORMES FAUTIVES
*garder la ligne. Calque de «*to keep the line*» pour ***rester en ligne.*** *Restez en ligne* (et non *gardez la ligne) ou *ne quittez pas, je vous le passe.*
*gardez la droite. Dans la signalisation routière, calque de «*keep to the right*» pour ***tenez la droite, serrez à droite.***
CONJUGAISON : VOIR MODÈLE AIMER.

GARDERIE n. f.
Établissement où l'on garde les enfants pendant la journée ou en dehors des heures de classe.
En ce sens, les noms ***crèche*** et ***jardin d'enfants*** sont également utilisés dans le reste de la francophonie.

GARDE-ROBE n. m. ou f. (pl. *garde-robes*)
NOM MASCULIN OU FÉMININ
Penderie, placard où l'on range les vêtements. *Mon manteau est accroché dans le garde-robe* ou *la garde-robe.*
Ce nom demeure usuel au Québec et dans la francophonie canadienne, mais il n'appartient plus à l'usage courant de la majorité des locuteurs du français. Le nom est féminin selon son étymologie, mais il est couramment utilisé au masculin au Québec en ce sens.
NOM FÉMININ
Ensemble des vêtements d'une personne. *Sa garde-robe d'été est très colorée.*
Attention au genre féminin du nom en ce sens : ***une*** garde-robe.

GARDEUR n. m.
GARDEUSE n. f.
Gardien. *Une gardeuse d'oies.*

GARDIAN n. m.
Gardien de chevaux ou de taureaux, en Camargue.

GARDIEN n. m.
GARDIENNE n. f.
Personne chargée de veiller sur quelqu'un, de garder quelque chose. *Un gardien de but au hockey. Des gardiens de sécurité. Une gardienne d'enfants* (et non une *baby-sitter).

GARDIENNAGE n. m.
Service de garde. *Assurer le gardiennage d'immeubles.*
gardiennage.

GARDON n. m.
Poisson d'eau douce.
LOCUTION
– ***Frais comme un gardon.*** En bonne forme.

GARE n. f.
Dans le transport ferroviaire, bâtiment et installations où se font l'embarquement et le débarquement des voyageurs, le chargement et le déchargement des marchandises. *Le train entre en* (et non *dans la) *gare à 15 heures.*
LOCUTIONS
– ***Gare de transport intermodal.*** Ensemble des bâtiments et installations destinés à permettre l'accès, par embarquement ou débarquement, à des modes ou à des moyens de transport différent (Recomm. off.). SYN. gare intermodale.
– ***Gare de triage.*** Aire où l'on fait le regroupement et la séparation de wagons pour former les convois. *L'Université de Montréal a fait l'acquisition de la gare* (et non *cour) *de triage d'Outremont pour y aménager des pavillons et des résidences étudiantes.*
– ***Gare ferroviaire.*** Emplacement où se trouvent les installations ferroviaires et les bâtiments nécessaires au transit des voyageurs et des marchandises (Recomm. off.).
– ***Gare maritime.*** Gare aménagée sur les quais d'un port pour l'embarquement et le débarquement des voyageurs ou le transbordement des marchandises.
– ***Gare routière.*** Gare aménagée pour l'embarquement et le débarquement des voyageurs ou le transbordement des marchandises dans des véhicules routiers (autobus, autocars, camions, etc.).

GARE ! interj.
Interjection pour avertir d'un danger. *Gare devant ! le chariot élévateur recule !* SYN. Attention !

L'interjection est toujours suivie d'un point d'exclamation qui est souvent repris à la fin de la phrase. Si la phrase exclamative n'est pas complète, le mot qui suit le point d'exclamation s'écrit avec une minuscule initiale.

LOCUTIONS

– ***Gare à,*** loc. prép. Attention à. *Gare au chien! Gare à toi si tu ne tiens pas ta promesse!*

– ***Sans crier gare.*** Sans prévenir. *Ils sont partis sans crier gare.*

GARENNE n. f.
Lieu boisé où vivent les lapins à l'état sauvage. *Un lapin de garenne.*

GARER v. tr., pronom.
VERBE TRANSITIF
Ranger un véhicule dans un lieu de stationnement. *J'ai réussi à garer ma voiture à proximité du magasin.* SYN. stationner.
On emploie surtout la forme pronominale en ce sens. *As-tu réussi à te garer?*
VERBE PRONOMINAL
1. Ranger sa voiture à l'écart de la circulation. *Il s'est mal garé : il est en stationnement interdit.* SYN. se stationner.
2. Éviter. *Se garer des coups.* SYN. prendre garde à; se protéger.
À la forme pronominale, en ce sens, le verbe se construit avec la préposition ***de.***
À la forme pronominale, le participe passé de ce verbe s'accorde toujours en genre et en nombre avec son sujet. *Ces touristes s'étaient garés à proximité de la place Jacques-Cartier.*
CONJUGAISON : VOIR MODÈLE AIMER.

GARGANTUESQUE adj.
Digne de Gargantua, géant de grand appétit. *Des desserts gargantuesques.*

GARGARISER (SE) v. pronom.
1. Se rincer la bouche et la gorge avec un liquide. *Elle s'est gargarisée avec un antiseptique.*
2. (FAM.) (FIG.) Faire usage de quelque chose de façon prétentieuse. *Il se gargarise de mots ronflants.*
Le participe passé de ce verbe, qui n'existe qu'à la forme pronominale, s'accorde toujours en genre et en nombre avec son sujet. *Elles se sont gargarisées de belles formules.*
CONJUGAISON : VOIR MODÈLE AIMER.

GARGARISME n. m.
Liquide avec lequel on se gargarise. *Un gargarisme au goût de menthe.*

GARGOTE n. f.
(PÉJ.) Endroit où l'on mange mal. *N'allons pas dans cette gargote.*
gargote, un seul ***t.***

GARGOUILLE n. f.
Partie d'une gouttière, de forme bizarre, par laquelle l'eau tombe à distance des murs. *Les gargouilles de Notre-Dame.*

GARGOUILLEMENT n. m.
1. Bruit de l'eau qui tombe dans une gouttière.
2. Borborygme. *Les gargouillements de mon ventre signalent ma faim.*

GARGOUILLIS n. m.
Le *s* ne se prononce pas, [garguji].
Bruit produit par un liquide.
gargouill**is**.

GARGOULETTE n. f.
Vase poreux où l'eau se conserve fraîche.
Ne pas confondre avec le nom familier ***margoulette,*** mâchoire.

GARNEMENT n. m.
Enfant insupportable. *Petit garnement, tu as cassé mon vase chinois!* SYN. galopin; gamin; voyou.

GARNI, IE adj.
1. Accompagné de charcuteries, de légumes divers, d'un autre aliment. *Une pizza garnie* (et non *all dressed).
2. Orné. *Une robe garnie d'un col de dentelle.*

GARNIR v. tr.
1. Pourvoir de choses nécessaires. *Garnir une bibliothèque de livres.* SYN. munir; remplir.
2. Enrichir, orner. *Garnir un sapin de décorations de Noël.* SYN. agrémenter; décorer.
CONJUGAISON : VOIR MODÈLE FINIR.

GARNISON n. f.
Troupe de soldats casernée dans un endroit, une ville.

GARNISSAGE n. m.
Action de garnir; ce qui garnit.

GARNITURE n. f.
1. Ornement. *Les garnitures dorées d'un meuble.*
2. Ce qui remplit, accompagne un plat. *Garniture d'une tarte.*

GAROU
VOIR – LOUP.

GARRIGUE n. f.
Terrain aride parsemé de végétation broussailleuse.

GARROCHER v. tr.
(FAM.) Lancer. *Ils garrochent des cailloux dans le lac.*
On évitera l'emploi de ce verbe de niveau très familier dans un texte écrit de niveau courant ou recherché.
FORME FAUTIVE
*garrocher. Impropriété au sens de ***bâcler, expédier.*** *Bâcler* (et non *garrocher) *un travail.*
CONJUGAISON : VOIR MODÈLE AIMER.

GARROT n. m.
Lien servant à comprimer une artère pour arrêter une hémorragie.
ga**rr**o**t**.

GARROTTER v. tr.
Bâillonner.
CONJUGAISON : VOIR MODÈLE AIMER.
[Les *Rectifications* (1990) admettent : garroter.]

GARS n. m.
Les lettres ***rs*** ne se prononcent pas, [ga]; le nom rime avec ***méga***.
1. (FAM.) Jeune homme. *Un petit gars.* SYN. garçon.
2. (FAM.) Gaillard. *Trois gars à l'allure louche se promenaient.* SYN. individu; (FAM.) type.

GASPACHO n. m.
Les lettres ***ch*** se prononcent ***tch,*** [gaspatʃo].
Potage espagnol à base de tomates et d'épices que l'on mange froid.

GASPÉSIEN, IENNE adj. et n. m. et f.
De la Gaspésie. *La pêche gaspésienne. Un Gaspésien, une Gaspésienne.*
L'adjectif s'écrit avec une minuscule; le nom, avec une majuscule.

GASPILLAGE n. m.
Action de faire des dépenses inutiles, de consommer inutilement. *Un gaspillage d'énergie.*

GASPILLER v. tr.
1. Consommer à l'excès, ne pas utiliser au mieux. *Les ressources naturelles sont précieuses : ne les gaspillons pas. Ne gaspille pas ton argent en dépenses inutiles.*
2. Ne pas utiliser au mieux. *Gaspiller son talent.*
CONJUGAISON : VOIR MODÈLE AIMER.
Les lettres ***ill*** sont suivies d'un ***i*** à la première et à la deuxième personne du pluriel de l'indicatif imparfait et du subjonctif présent. *(Que) nous gaspillions, (que) vous gaspilliez.*

GASPILLEUR, EUSE adj. et n. m. et f.
Qui gaspille. *Des personnes gaspilleuses.* SYN. dépensier ; prodigue.

GASTRIQUE adj.
Relatif à l'estomac. *Un ulcère gastrique.*

GASTRO-ENTÉROLOGIE ou **GASTROENTÉROLOGIE** n. f.
Partie de la médecine consacrée aux maladies du tube digestif.

GASTRO-ENTÉROLOGUE ou **GASTROENTÉROLOGUE** n. m. et f.
Médecin spécialiste des maladies du tube digestif.

GASTRONOME n. m. et f.
Gourmet, personne qui apprécie la bonne cuisine.

GASTRONOMIE n. f.
Art de la bonne cuisine.

GASTRONOMIQUE adj.
Qui se rapporte à la gastronomie. *Un repas gastronomique.*

GÂTEAU adj. inv. et n. m. (pl. *gâteaux*)
NOM MASCULIN
Pâtisserie. *Des gâteaux d'anniversaire. Un gâteau au chocolat.*
ADJECTIF INVARIABLE
(FAM.) Qui gâte les enfants. *Des grands-papas gâteau.*
gâteau.

GÂTER v. tr., pronom.
VERBE TRANSITIF
1. Endommager. *Ce vêtement a été gâté par de la peinture.* SYN. gâcher.
2. Traiter avec trop d'indulgence. *Gâter un enfant.*
3. Combler, traiter avec grande gentillesse. *Ces fleurs sont magnifiques, tu m'as gâtée.*
VERBE PRONOMINAL
1. S'abîmer. *Ces fruits commencent à se gâter.* SYN. se détériorer ; pourrir.
2. Prendre une mauvaise tournure. *La situation s'est gâtée.*
3. Se dorloter, se soigner. *J'ai bien travaillé : je me gâte un peu en allant au cinéma.*
À la forme pronominale, le participe passé de ce verbe s'accorde toujours en genre et en nombre avec son sujet. *Elles se sont gâtées et ont pris quelques jours de congé.*
LOCUTIONS
– ***Ce qui ne gâte rien.*** Avantage non négligeable. *Cet appartement est grand et, ce qui ne gâte rien, peu cher.*
– ***N'être pas gâté par la nature.*** Ne pas avoir une belle apparence.
CONJUGAISON : VOIR MODÈLE AIMER.
gâter.

GÂTERIE n. f.
Petit présent, friandises. *Sa marraine lui a apporté des gâteries.*
gâterie.

GÂTE-SAUCE n. m. (pl. *gâte-sauce* ou *gâte-sauces*)
Marmiton.
gâte-sauce.

GÂTEUX, EUSE adj. et n. m. et f.
1. (MÉD.) Atteint de gâtisme. *Des personnes gâteuses.* SYN. sénile.
2. (FIG.) Se dit d'une personne qui perd une partie de son sens critique, en présence surtout des petits-enfants. *Margot devient gâteuse quand elle s'occupe de sa petite Mathilde.*
gâteux.

GÂTISME n. m.
Affaiblissement intellectuel lié à la vieillesse. SYN. sénilité.
gâtisme.

GAUCHE adj. et n. f.
ADJECTIF
1. Se dit par opposition à ***droit*** pour marquer la position relative de quelque chose. *La main gauche est celle qui est du côté du cœur.* ANT. droit.
2. Maladroit. *Des manières gauches.* SYN. malhabile. ANT. adroit ; habile.
NOM FÉMININ
1. Mouvement politique. *Il appartient à la gauche qui professe des opinions avancées comparativement à la droite, plus conservatrice.* ANT. droite.
2. Le côté gauche. *Elle marchait à la gauche de Catherine. Tourne à gauche au prochain feu.* ANT. droite.

GAUCHEMENT adv.
De façon gauche, maladroite. ANT. adroitement.

GAUCHER, ÈRE adj. et n. m. et f.
Qui est plus habile de la main gauche que de la main droite. *Johanne est gauchère. Une gauchère.* ANT. droitier.

GAUCHERIE n. f.
Maladresse, embarras.

GAUCHIR v. tr., intr.
VERBE TRANSITIF
Rendre gauche, déformer. *L'humidité a gauchi la planche.*
VERBE INTRANSITIF
Perdre sa forme. *Cette porte a gauchi.*
CONJUGAISON : VOIR MODÈLE FINIR.

GAUCHISANT, ANTE adj.
Adepte des partis de gauche. *Des auteurs gauchisants.*

GAUCHISME n. m.
Attitude du gauchiste.

GAUCHISSEMENT n. m.
Déformation.

GAUCHISTE adj. et n. m. et f.
Partisan de solutions avant-gardistes, d'idées progressistes, dans un parti.

GAUCHO n. m.
Les lettres ***ch*** se prononcent ***ch*** ou ***tch***, [goʃo, gotʃo].
Berger d'Amérique du Sud. *Des gauchos.*

GAUDRIOLE n. f.
(FAM.) Grivoiserie. *Aimer la gaudriole.* SYN. gauloiserie.

GAUFRAGE n. m.
Action de gaufrer ; son résultat. *Le gaufrage d'un cuir.*
gaufrage.

GAUFRE n. f.
Pâtisserie cuite entre deux fers dont la surface porte des dessins en relief. *Une gaufre aux bleuets.*
gaufre.

GAUFRER v. tr.
Imprimer des motifs en relief ou en creux sur (du cuir, des étoffes, du papier).
CONJUGAISON : VOIR MODÈLE AIMER.

GAUFRERIE n. f.
Établissement de restauration où l'on fabrique et vend des gaufres, à consommer sur place ou à emporter (Recomm. off.).

GAUFRETTE n. f.
Petite gaufre.

GAUFRIER n. m.
Moule à gaufre.

***GAUGE**
Anglicisme pour ***jauge***.

GAULE n. f.
Longue perche, manche d'une ligne.

GAULER v. tr.
Frapper un arbre avec une gaule pour en faire tomber les fruits.
CONJUGAISON : VOIR MODÈLE AIMER.

GAULOIS, OISE adj. et n. m. et f.
ADJECTIF ET NOM MASCULIN ET FÉMININ
De la Gaule. *Astérix était gaulois. Un Gaulois, une Gauloise.*
L'adjectif s'écrit avec une minuscule ; le nom, avec une majuscule.
NOM MASCULIN
Langue celte des Gaulois. *Il s'intéresse au gaulois.*
Le nom de la langue s'écrit avec une minuscule.

GAULOISE n. f.
Cigarette de tabac brun fabriquée en France.

GAULOISERIE n. f.
Grivoiserie.

GAUSSER (SE) v. pronom.
(LITT.) Se moquer de quelqu'un, de quelque chose. *Ils se gaussaient de ceux qui aiment à parader dans une belle voiture rutilante.* SYN. railler.
Le verbe se construit avec la préposition ***de***.
Le participe passé de ce verbe, qui n'existe qu'à la forme pronominale, s'accorde toujours en genre et en nombre avec son sujet. *Les élèves se sont gaussés de nos recommandations.*
CONJUGAISON : VOIR MODÈLE AIMER.

GAVAGE n. m.
Action de gaver. *Le gavage des oies.*

GAVER v. tr., pronom.
VERBE TRANSITIF
Faire manger par force. *Gaver des oies.*
VERBE PRONOMINAL
Manger avec excès. *« Ils se gavaient de crumpets saturés de beurre, de tartelettes recouvertes de crème du Devon, de petits fours au fromage »* (Gabrielle Roy, *La Détresse et l'Enchantement*).
À la forme pronominale, le participe passé de ce verbe s'accorde toujours en genre et en nombre avec son sujet. *Les enfants se sont gavés de fraises et de framboises.*
CONJUGAISON : VOIR MODÈLE AIMER.

GAVOTTE n. f.
Danse ancienne.
gavo**tt**e.

GAVROCHE adj. et n. m.
Gamin parisien, frondeur et sympathique. *Un style gavroche.*

GAZ n. m. inv.
Le *z* se prononce, [gaz].
1. (PHYS.) Corps à l'état gazeux. *L'oxygène est un gaz.*
2. Corps gazeux employé comme combustible. *Un chauffage au gaz. Une cuisinière au gaz.*
3. (AU PLUR.) Gaz accumulés dans le tube digestif. *Avoir des gaz.* SYN. flatulence.
LOCUTIONS
– ***Bouteille de gaz.*** Récipient mobile, destiné à l'emmagasinage et au transport des gaz comprimés, liquéfiés ou dissous. *Un incendie s'est déclaré dans une station-service, provoquant l'explosion de bouteilles de gaz.*
Le Comité de terminologie de Radio-Canada, conformément aux décisions de normalisation des organismes officiels, recommande d'utiliser le mot ***bouteille*** pour les contenants de gaz liquéfié, sous pression.
– ***Gaz à effet de serre (GES).*** Gaz présent dans l'atmosphère, d'origine naturelle ou résultant de la présence humaine, qui absorbe et renvoie les rayons infrarouges en provenance de la surface terrestre. *La concentration accrue des gaz à effet de serre dans l'atmosphère, comme le dioxyde de carbone et le méthane, contribue au réchauffement climatique.*
– ***Gaz naturel.*** Mélange naturel de gaz d'hydrocarbures et de non-hydrocarbures qu'on retrouve dans les formations géologiques poreuses sous la surface de la terre, souvent en même temps que le pétrole (GDT).
– ***Masque antigaz.*** Appareil de protection individuel contre les gaz. *Tout ce qu'ont trouvé les forces américaines en Iraq, ce sont des masques antigaz et quelques uniformes de protection contre des armes chimiques.*
On préférera cette expression à *masque à gaz.
– ***Mettre les gaz.*** Appuyer sur l'accélérateur et, au figuré, se hâter.
FORME FAUTIVE
*gaz. Anglicisme au sens de ***essence*** (pour les véhicules automobiles).
HOM. ***gaze***, tissu léger.

GAZE n. f.
Tissu léger, très clair.
HOM. ***gaz***, état fluide de la matière.

***GAZEBO**
Anglicisme pour ***gloriette***.

GAZÉIFICATION n. f.
1. Passage d'un corps à l'état gazeux.
2. Action de dissoudre du gaz carbonique dans une boisson.

GAZÉIFIER v. tr.
1. Transformer en gaz. *Ce processus consiste à gazéifier le charbon à l'aide d'oxygène et de vapeur d'eau.*
2. Dissoudre du gaz carbonique dans une boisson. *Gazéifier du jus de fruits pour le rendre pétillant.*
CONJUGAISON : VOIR MODÈLE ÉTUDIER.

GAZELLE n. f.
Mammifère de la famille des antilopes. *Rapide comme une gazelle.*

GAZER v. tr.
Soumettre à l'action de gaz asphyxiants.
FORME FAUTIVE
*gazer. Impropriété pour ***faire le plein***.
CONJUGAISON : VOIR MODÈLE AIMER.

GAZEUX, EUSE adj.
1. Relatif au gaz. *Un corps gazeux.*
2. Qui contient du gaz. *Une boisson gazeuse* (et non une *liqueur, une *liqueur douce).
gazeu**x**.

GAZIER, IÈRE adj. et n. m. et f.
ADJECTIF
Relatif au gaz. *Le réseau gazier.*
NOM MASCULIN ET FÉMININ
Employé d'une compagnie du gaz.

GAZODUC n. m.
Canalisation de gaz naturel.

GAZOLE n. m.
Forme francisée de «*gas-oil*», utilisée en France.

***GAZOLINE**
Anglicisme au sens de ***essence*** (pour les véhicules moteurs).

GAZON n. m.
1. Herbe courte et dense. *Une tondeuse à gazon.*
2. (PAR EXT.) Surface couverte de gazon. *Marcher sur le gazon.*
Le nom ***pelouse*** désigne un terrain couvert d'une herbe courte, il est donc synonyme de ***gazon*** en ce sens.

GAZONNER v. tr.
Couvrir de gazon. *Gazonner un talus.*
CONJUGAISON : VOIR MODÈLE AIMER.

GAZONNIÈRE n. f.
1. Entreprise spécialisée dans la culture et l'exploitation du gazon en plaques, en tapis, en rouleaux (Recomm. off.).
2. Terrain planté de gazon en vue de l'exploitation du gazon en plaques, en tapis, en rouleaux (Recomm. off.).

GAZOUILLEMENT n. m.
Bruit agréable produit par les oiseaux qui gazouillent. *Le gazouillement des chardonnerets.* SYN. gazouillis.

GAZOUILLER v. intr.
Produire un bruit léger et doux. *Les chardonnerets gazouillent.*
CONJUGAISON : VOIR MODÈLE AIMER.
Les lettres ***ill*** sont suivies d'un ***i*** à la première et à la deuxième personne du pluriel de l'indicatif imparfait et du subjonctif présent. *(Que) nous gazouillions, (que) vous gazouilliez.*

GAZOUILLIS n. m.
Le *s* ne se prononce pas, [gazuji].
Gazouillement léger et doux. *C'est le gazouillis des oiseaux qui l'a réveillé.*
gazouilli**s**, un *s* final même au singulier.

G.-B.
Abréviation de ***Grande-Bretagne.***

GDT
Sigle du ***Grand dictionnaire terminologique.***
Le GDT peut être consulté dans le site de l'Office québécois de la langue française (OQLF) à l'adresse URL suivante : **http://www.oqlf.gouv.qc.ca**.

GEAI n. m.
Les lettres ***ai*** se prononcent ***è,*** [ʒɛ] ; le mot rime avec ***jet.***
Oiseau. *Le geai bleu est omnivore, mais il apprécie particulièrement les glands.*
VOIR TABLEAU – ANIMAUX.
HOM.
• ***jais,*** pierre d'un noir brillant ;
• ***jet,*** distance parcourue par une chose lancée.

GÉANT, ANTE adj. et n. m. et f.
ADJECTIF
Immense, très grand. *New York est une ville géante.* SYN. énorme ; gigantesque. ANT. minuscule.
NOM MASCULIN ET FÉMININ
1. Personne dont la taille est anormalement grande. *Le géant Beaupré mesurait près de sept pieds (2 m).* ANT. nain.
2. (FIG.) Personne, entreprise qui surpasse les autres dans son domaine. *Les géants du cinéma.* SYN. éminence ; sommité.
LOCUTION
– ***À pas de géant.*** Très vite. *Ils progressent à pas de géant.*

GÉHENNE n. f.
Attention à la prononciation, [ʒeɛn].
Enfer, dans la Bible.

GEIGNARD, ARDE adj. et n. m. et f.
(FAM.) Pleurnichard. *Cet enfant est trop geignard, il se lamente sans raison.*
geig**n**ard.

GEINDRE v. intr.
1. Gémir, exprimer sa souffrance, sa douleur d'une voix plaintive. *La malade a geint un peu et s'est endormie.* SYN. se lamenter.
2. Se plaindre constamment et sans raison. *Donne un biberon au bébé pour qu'il arrête de geindre.* SYN. pleurnicher.
CONJUGAISON : VOIR MODÈLE ÉTEINDRE.
INDICATIF PRÉSENT *Je geins, tu geins, il geint, nous geignons, vous geignez, ils geignent.* IMPARFAIT *Je geignais, tu geignais, il geignait, nous geignions, vous geigniez, ils geignaient.* PASSÉ SIMPLE *Je geignis, tu geignis, il geignit, nous geignîmes, vous geignîtes, ils geignirent.* FUTUR *Je geindrai.* CONDITIONNEL PRÉSENT *Je geindrais.* IMPÉRATIF PRÉSENT *Geins, geignons, geignez.* SUBJONCTIF PRÉSENT *Que je geigne, que tu geignes, qu'il geigne, que nous geignions, que vous geigniez, qu'ils geignent.* IMPARFAIT *Que je geignisse, que tu geignisses, qu'il geignît, que nous geignissions, que vous geignissiez, qu'ils geignissent.* PARTICIPE PRÉSENT *Geignant.* PASSÉ *Geint.*
Les lettres ***gn*** sont suivies d'un ***i*** à la première et à la deuxième personne du pluriel de l'indicatif imparfait et du subjonctif présent. *(Que) nous geignions, (que) vous geigniez.*
geindre.

GEISHA n. f.
Le ***g*** se prononce comme dans ***guerre,*** et les lettres ***ei*** se prononcent ***é*** ou ***èi,*** [geʃa, gɛiʃa].
Chanteuse et danseuse japonaise. *De gracieuses geishas.*
[Les *Rectifications* (1990) admettent : guécha.]

GEL n. m.
1. Abaissement de la température au-dessous de zéro. *Le gel transforme l'eau en glace.*
2. Temps de gelée. *On a prévu du gel pour ce soir. « et sous le gant de fer déjà des premiers gels »* (Pierre Nepveu, *Lignes aériennes*).
3. Produit de consistance gélatineuse. *Un gel pour les lèvres, un gel coiffant.*
4. (FIG.) Mesure économique interdisant provisoirement la hausse des prix, des salaires, etc. *L'État a décrété un gel des prix.* SYN. blocage.

GÉLATINE n. f.
Protéine ayant l'aspect d'une gelée.

GÉLATINEUX, EUSE adj.
Qui a l'aspect de la gélatine. *Une substance gélatineuse.*

GELÉE n. f.
1. Gel. *Une gelée automnale.*
2. Confiture. *Gelée de groseille, de pomme.*
Le complément du nom ***gelée*** se met généralement au singulier. Par contre, dans l'expression ***gelée de fruits,*** le complément se met au pluriel.

GELER v. tr., intr., pronom., impers.
VERBE TRANSITIF
1. Transformer en glace, glacer. *Le froid a gelé le lac.*
2. Pénétrer d'un froid vif. *Ce vent nous gèle.* SYN. glacer.
VERBE INTRANSITIF
1. Se transformer en glace. *La rivière a gelé cette nuit.*
2. Avoir froid. *Il fait 30 °C au-dessous de* (et non *sous, *en bas de) *zéro, on gèle !* SYN. grelotter.
VERBE PRONOMINAL
Prendre froid. *Par ce froid sibérien, sans gants, vous risquez de vous geler les mains.*
À la forme pronominale, le participe passé de ce verbe s'accorde en genre et en nombre avec le complément direct si celui-ci le précède. *La main qu'il s'est gelée. Ils se sont gelés à rester dehors par grand froid.* Le participe passé reste invariable si le complément direct suit le verbe. *Léa s'est gelé les pieds.*
VERBE IMPERSONNEL
Descendre au-dessous de zéro, en parlant de la température. *Il a gelé la nuit dernière.*
LOCUTION
– ***Il gèle à pierre fendre.*** Il fait très froid.
CONJUGAISON : VOIR MODÈLE CONGELER.
Le ***e*** se change en ***è*** devant une syllabe contenant un ***e*** muet. *Il gèle,* mais *il gelait.*

GELINOTTE ou **GÉLINOTTE** n. f.
Oiseau sauvage à plumage roux. *Une gélinotte huppée.*
gélinotte.

GÉLULE n. f.
Capsule gélatineuse contenant un médicament.

GÉMEAU n. m. (pl. *gémeaux*)
1. (VX) Jumeau.
2. (AU PLUR.) Nom d'une constellation, d'un signe du zodiaque. *Elle est (du signe des) Gémeaux, elle est née entre le 22 mai et le 21 juin.*
T Les noms d'astres s'écrivent avec une majuscule.

G

G

GÉMELLAIRE adj.
Le *e* de la deuxième syllabe se prononce *é* ou *è*, [ʒemelɛr, ʒemɛlɛr].
Qui est relatif aux jumeaux. *Une grossesse gémellaire.*

GÉMIR v. intr.
Faire entendre des plaintes inarticulées. *Le malade gémissait faiblement.* SYN. geindre ; se lamenter ; se plaindre.
CONJUGAISON : VOIR MODÈLE FINIR.

GÉMISSEMENT n. m.
Cri plaintif. *Il poussait des gémissements faibles.* SYN. plainte.

GEMME n. f.
Nom générique des pierres précieuses.
LOCUTION
– ***Sel gemme.*** Sel extrait des mines.

GEMMOLOGIE n. f.
Science des pierres précieuses.

GEMMOLOGUE n. m. et f.
Spécialiste de la gemmologie.

GÊNANT, ANTE adj.
1. Qui ennuie, qui incommode. *Une situation gênante.* SYN. déplaisant ; embarrassant ; ennuyeux ; inconfortable.
2. Intimidant. *Cette personne est un peu gênante.*

GENCIVE n. f.
Muqueuse recouvrant la racine des dents.

GENDARME n. m.
Militaire appartenant à la gendarmerie.

GENDARMER (SE) v. pronom.
S'emporter, se mettre en colère pour peu.
Le participe passé de ce verbe, qui n'existe qu'à la forme pronominale, s'accorde toujours en genre et en nombre avec son sujet. *Elle s'est gendarmée contre ces personnes indiscrètes.*
CONJUGAISON : VOIR MODÈLE AIMER.

GENDARMERIE n. f.
1. Corps militaire chargé d'assurer le maintien de l'ordre public. *La Gendarmerie royale du Canada (GRC).*
2. Caserne où sont logés les gendarmes.

GENDARMERIE ROYALE DU CANADA
Sigle *GRC* (s'écrit avec ou sans points).

GENDRE n. m.
Le mari de la fille par rapport au père et à la mère de celle-ci. *Gendres et belles-mères ne font pas toujours bon ménage.*

GÈNE n. m.
Une des unités héréditaires localisées sur les chromosomes. *Un gène dominant.*
Les dérivés du nom ***gène*** s'écrivent avec un accent aigu. *Génétique, généticien.*
HOM. ***gêne,*** embarras, malaise.
gène, un accent grave en ce sens.

-GÈNE suff.
Élément du grec signifiant « naissance, origine » ou « force productrice, cause ».
La plupart des mots composés avec le suffixe ***-gène*** ont le sens de « cause » ainsi qu'en témoignent les exemples suivants : ***allergène,*** « qui provoque une réaction allergique » ; ***antigène,*** « qui entraîne la production d'anticorps » ; ***cancérigène, cancérogène, carcinogène,*** « qui peut causer un cancer » ; ***hallucinogène,*** « qui provoque des hallucinations ». Cependant, quelques mots composés avec ce suffixe ont le sens premier du terme grec, soit celui de « naissance, origine » ou « force productrice, cause », par ex. : ***endogène,*** « qui prend naissance à l'intérieur d'un corps, d'un organisme, d'un groupe, sous l'impulsion de causes externes » ; ***exogène,*** « qui provient de l'extérieur, qui résulte de causes externes ».

GÊNE n. f.
1. Embarras, malaise. *C'est avec beaucoup de gêne que j'ose vous déranger : j'en suis désolé. Être à la gêne, mettre quelqu'un à la gêne. Ressentir une gêne momentanée, croissante, un sentiment de gêne.*
2. Timidité. *Il éprouve de la gêne quand il veut parler devant la classe.*
En ce sens, le nom demeure usuel au Québec et dans la francophonie canadienne, mais il n'appartient plus à l'usage courant de la majorité des locuteurs du français.
3. Situation matérielle ou financière précaire, embarras d'argent. *Se trouver dans la gêne. « Ainsi notre gêne d'argent nous jetait-elle tôt ou tard dans l'extravagance qui nous ramenait à une plus sévère gêne encore »* (Gabrielle Roy, *La Détresse et l'Enchantement*). SYN. besoin ; pauvreté.
LOCUTIONS
– ***Sans-gêne.*** Personne impolie. *Des sans-gêne incroyables.*
– ***Sans-gêne.*** Effronté. *Ils sont sans-gêne.*
HOM. ***gène,*** une des unités héréditaires localisées sur les chromosomes.
gêne, un accent circonflexe en ce sens.

GÊNÉ, ÉE adj.
1. Embarrassé. *Des excuses gênées.*
2. Timide. *Un garçon gêné.* SYN. intimidé.

GÉNÉALOGIE n. f.
1. Liste des ancêtres, des membres d'une famille. *Faire la généalogie de la famille Hébert.*
2. Science de la composition des familles.

GÉNÉALOGIQUE adj.
Relatif à la généalogie. *Un arbre généalogique.*

GÉNÉALOGISTE n. m.
Spécialiste de la généalogie.

GÊNER v. tr., pronom.
VERBE TRANSITIF
1. Déranger. *Cette musique les gêne pour étudier.*
2. Embarrasser, mettre mal à l'aise. *La curiosité de la voisine a gêné maman.*
3. Intimider. *Parler en public le gêne.*
En ce sens, le verbe s'emploie couramment au Québec et dans la francophonie canadienne, mais il est vieilli en français européen.
VERBE PRONOMINAL
S'imposer une contrainte. *Ne vous gênez pas, mettez-vous à l'aise.*
À la forme pronominale, le participe passé de ce verbe s'accorde toujours en genre et en nombre avec son sujet. *Ils ne se sont pas gênés pour intervenir.*
CONJUGAISON : VOIR MODÈLE AIMER.

GÉNÉRAL, ALE, AUX adj. et n. m. et f.
ADJECTIF
1. Qui est commun à un grand nombre de personnes ou de choses. *Une situation générale, un tableau général.* ANT. individuel ; particulier.
Ne pas confondre avec l'adjectif ***générique,*** qui appartient à un genre.
2. Global. *Une description générale.* ANT. spécifique.
3. Total. *Une grève générale.* ANT. partiel.
4. Qui concerne tous les aspects de quelque chose. *Un dictionnaire général, une culture générale.*
NOM MASCULIN
Ensemble des principes généraux.
NOM FÉMININ
Dernière répétition d'une pièce de théâtre, d'un spectacle avant la première.
LOCUTION
– ***En général.*** Généralement, le plus souvent. SYN. habituellement.

GÉNÉRAL n. m.
GÉNÉRALE n. f.
Personne qui commande une armée.

GÉNÉRALEMENT adv.
1. Ordinairement. *Généralement, le lac est gelé à cette époque.* SYN. habituellement. ANT. exceptionnellement; rarement.
2. Dans l'ensemble. *Une idée généralement acceptée.* ANT. peu.

GÉNÉRALISATION n. f.
Action de généraliser. *La généralisation de l'emploi du mot* dépanneur *au Québec.*

GÉNÉRALISER v. tr., pronom.
VERBE TRANSITIF
1. Rendre général. *Généraliser l'emploi d'un mot.*
2. (ABSOL.) Conclure du particulier au général. *Il faut se garder de généraliser : par exemple, si tous vos amis ont un ordinateur, vous ne pouvez cependant pas affirmer que tout le monde en a un.*
VERBE PRONOMINAL
Devenir général, courant. *L'emploi du système métrique se généralise chez les jeunes.*
À la forme pronominale, le participe passé de ce verbe s'accorde toujours en genre et en nombre avec son sujet. *Ces nouvelles pratiques se sont généralisées.*
CONJUGAISON : VOIR MODÈLE AIMER.

GÉNÉRALISTE adj. et n. m. et f.
ADJECTIF
Se dit d'un médecin qui pratique la médecine générale. *Des médecins généralistes.*
NOM MASCULIN ET FÉMININ
Omnipraticien. *Des généralistes compétents et dévoués.*

GÉNÉRALITÉ n. f.
1. Nature de ce qui est général.
2. (GÉN. AU PLUR.) (PÉJ.) Idées générales. *Énoncer des généralités.*

GÉNÉRATEUR n. m.
Appareil produisant du courant électrique. *Un générateur d'électricité.* SYN. génératrice.

GÉNÉRATEUR, TRICE adj.
Qui sert à engendrer. *La fonction génératrice.*

GÉNÉRATION n. f.
1. Reproduction. *Une génération asexuée.*
2. Ensemble de personnes qui descendent de quelqu'un. *Trois générations vivent dans cette maison : les enfants, les parents et les grands-parents.*
3. Ensemble des personnes ayant à peu près le même âge à la même époque. *La nouvelle génération, tous ceux qui sont adolescents en ce moment.*
Ne pas confondre avec les noms suivants :
• ***cohorte***, ensemble des élèves fréquentant ou ayant fréquenté la même classe (échelon du programme d'études) au cours du même intervalle de temps;
• ***promotion***, ensemble des diplômés d'un établissement d'enseignement ayant terminé, la même année, un programme d'études sanctionné par un même diplôme.

GÉNÉRATIONNEL, ELLE adj.
Qui est propre à une génération, qui concerne les relations entre les générations. *Un fossé générationnel.*

GÉNÉRER v. tr.
1. (LING.) Produire (une phrase).
2. Engendrer, produire, avoir pour conséquence. *Des aménagements qui génèrent des frais importants. « L'émergence de nouvelles organisations syndicales en marge des appareils confédérés a généré une nouvelle dynamique du syndicalisme autonome »* (Le Monde). *« Tous les gestionnaires devront générer des rendements absolus et positifs, plutôt que de tenter de battre des indices de marché »* (Le Devoir). SYN. créer; entraîner; provoquer; susciter.
Ce verbe est employé sous l'influence de l'anglais «*to generate*», mais il est maintenant passé dans l'usage français. Littré a déjà intégré le verbe ***générer*** à la nomenclature de son *Dictionnaire de la langue française* (1863-1873) au sens de « produire ».
CONJUGAISON : VOIR MODÈLE POSSÉDER.
[Les *Rectifications* (1990) admettent : il génèrera, génèrerait...]

G

GÉNÉREUSEMENT adv.
1. De façon généreuse. *Donner généreusement.*
2. Abondamment. *Tu m'as servi du gâteau trop généreusement.* SYN. copieusement.

GÉNÉREUX, EUSE adj.
Qui a bon cœur, qui donne beaucoup. *Ses amies ont été généreuses et lui ont offert de beaux cadeaux.*
généreux.

GÉNÉRIQUE adj. et n. m.
ADJECTIF
1. Qui appartient à un genre. *Des caractères génériques.* ANT. spécifique.
2. Qui concerne un produit, sans égard à la marque. *Des produits alimentaires génériques.*
3. (LING.) Se dit d'un mot qui désigne une classe d'êtres ou d'objets susceptibles de recevoir chacun une désignation spécifique. *Le nom* siège *est le terme générique d'une classe d'objets tels le fauteuil, la chaise, le canapé, le divan, la causeuse, etc.*
Ne pas confondre avec l'adjectif ***général***, qui est commun à un grand nombre.
NOM MASCULIN
Partie d'un film où figurent les noms des acteurs, des techniciens, des collaborateurs, des producteurs. *Le nom de cette actrice est au générique.*
LOCUTION
– ***Médicament générique.*** Médicament dont le brevet est expiré, dont la formule appartient maintenant au domaine public. *Le prix des médicaments génériques est beaucoup plus bas que celui des médicaments d'origine.*

GÉNÉROSITÉ n. f.
Qualité d'une personne généreuse, qui donne sans compter. *Donner avec générosité. Ses amies ont fait preuve de générosité.*

GENÈSE n. f.
Création, processus de production. *La genèse d'un film, ce sont les étapes de sa conception.*
genèse.

-GENÈSE, -GÉNÈSE, -GÉNÉSIE suff.
Éléments du latin qui signifient « génération, formation ». *Parthénogenèse, spermatogenèse.*

GENÊT n. m.
Arbrisseau à fleurs jaunes.
genêt.

GÉNÉTICIEN n. m.
GÉNÉTICIENNE n. f.
Spécialiste de la génétique.

GÉNÉTIQUE adj. et n. f.
ADJECTIF
Qui est relatif à l'hérédité, aux gènes. *Un caractère génétique, c'est un caractère inscrit dans les chromosomes.* SYN. héréditaire.

NOM FÉMININ
Branche de la biologie qui s'intéresse à l'hérédité, c'est-à-dire aux caractères qui se transmettent de génération en génération. *Grâce à la génétique, on pourra guérir certaines maladies.*
LOCUTIONS
– ***Empreinte génétique.*** Patrimoine génétique inscrit dans l'ADN des cellules, spécifique de chaque individu, et qui permet son identification.
– ***Matériel génétique.*** Support de l'information héréditaire.

GÉNÉTIQUEMENT adv.
D'un point de vue génétique.
LOCUTION
– ***Organisme génétiquement modifié (OGM).*** Organisme dont le génome a été modifié par introduction d'un fragment d'ADN.

GÊNEUR, EUSE n. m. et f.
Importun. *N'ouvrez pas la porte à ces gêneurs.*

GENÉVRIER n. m.
Arbuste des pays tempérés, à feuilles persistantes et épineuses et à fruits noirs ou violets. *Les genévriers sont très rustiques et leur taille peut atteindre 5 m.*
✎ genévrier.

GÉNIAL, IALE, IAUX adj.
1. Qui a du génie. *Des musiciens géniaux. Un inventeur génial.* SYN. de génie.
2. (FAM.) Astucieux, ingénieux. *Une idée géniale.*
3. (FAM.) Extraordinaire, très intéressant. *Un film génial.* SYN. fantastique; sensationnel; (FAM.) super.

GÉNIALEMENT adv.
De façon géniale.

GÉNIE n. m.
1. Être imaginaire, bon ou mauvais. *Un génie séjournait dans la lampe magique d'Aladin.* SYN. esprit.
2. Aptitude naturelle. *Avoir le génie des mathématiques.* SYN. (FAM.) bosse; don; penchant; talent.
☞ En ce sens, ne pas confondre avec les noms suivants :
– ***esprit,*** vivacité de l'intelligence;
– ***finesse,*** possibilité de saisir les nuances;
– ***ingéniosité,*** habileté à inventer des solutions;
– ***talent,*** aptitude naturelle.
3. Grande faculté créatrice. *Le génie de Léonard de Vinci. Il a été un inventeur de génie.*
4. Personne géniale. *Einstein était un génie.*
5. Art de l'ingénieur. *Génie civil, mécanique, forestier, industriel, chimique.*
LOCUTION
– ***Génie génétique.*** (GÉNÉT.) Terme général désignant l'ensemble des méthodes et des techniques comportant une intervention directe sur les unités de base du matériel génétique d'une cellule ou d'un organisme, ou l'utilisation de fragments de ces unités comme matériau d'étude ou d'application (GDT). *Cet agent antibactérien, qui est en phase d'optimisation par génie génétique, vise les infections en hôpital qui deviennent résistantes aux traitements antibiotiques.* SYN. ingénierie génétique.
☞ Le terme ***manipulation génétique*** (au singulier et au pluriel) a désigné l'ensemble des méthodes et des techniques du génie génétique pendant un certain temps, mais il a assez rapidement été utilisé de façon péjorative; il est aujourd'hui considéré comme impropre, et son emploi est donc déconseillé dans ce sens; l'OQLF recommande d'employer plutôt les termes ***génie génétique*** ou ***ingénierie génétique.***

GENIÈVRE n. m.
1. Fruit du genévrier. *Des baies de genièvre pour la choucroute.*
2. Eau-de-vie obtenue par la distillation de certaines céréales (avoine, orge, sarrasin, etc.) et parfumée avec le fruit du genévrier.
☞ Attention au genre masculin de ce nom : ***un*** genièvre.

GÉNIQUE adj.
Relatif aux gènes. *Carte génique.*
LOCUTION
– ***Thérapie génique.*** Mode de traitement d'une maladie génétique par l'introduction d'un ou de plusieurs gènes fonctionnels dans des cellules de l'organisme malade. SYN. génothérapie.

GÉNISSE n. f.
Jeune vache.

GÉNITAL, ALE, AUX adj.
Relatif à la reproduction humaine, animale. *Les organes génitaux.*

GÉNITEUR n. m.
Animal mâle destiné à la reproduction.

GÉNITIF n. m.
Cas latin.

GÉNOCIDAIRE adj. et n. m. et f.
ADJECTIF
Relatif à un génocide. *Les rares dirigeants encore vivants du régime génocidaire de Phnom Penh sont poursuivis devant le tribunal financé par les Nations Unies.*
NOM MASCULIN ET FÉMININ
Personne qui prend part à un génocide. *« Les autorités rwandaises veulent voir dans ces arrestations une voie ouverte vers d'autres interpellations, voire l'expulsion, de présumés génocidaires réfugiés en France »* (*Le Figaro*).

GÉNOCIDE n. m.
Extermination d'un groupe ethnique. *Les Arméniens ont été victimes d'un génocide.*

GÉNOISE n. f.
Gâteau à pâte de biscuit.

GÉNOME n. m.
👄 Le nom rime avec ***dôme.***
Totalité du matériel génétique porté par l'ensemble des chromosomes d'un organisme (GDT). *« Les scientifiques cherchent à introduire, dans le génome des céréales, un gène capable d'induire la fabrication de substances ayant une activité antifongique »* (*Le Devoir*). SYN. patrimoine génétique; patrimoine héréditaire.
✎ génome, sans accent circonflexe sur le **o.**

GÉNOMIQUE adj. et n. f.
ADJECTIF
Relatif au génome.
NOM FÉMININ
Ensemble des recherches qui ont pour objet d'inventorier le patrimoine génétique (génome) d'un organisme vivant et d'en étudier les fonctions. *« Il est toutefois clair que c'est la recherche en génomique qui accélérera notre capacité à créer des médicaments permettant non seulement de traiter les symptômes mais surtout d'intervenir et même de prévenir les maladies »* (*Le Devoir*).

GÉNOTHÈQUE n. f.
Banque où l'on classe les génotypes. *Plusieurs génothèques sont en cours de constitution, dont celle de Cart@gène, qui séquencera le génome de 50 000 Québécois de souche.*

GÉNOTHÉRAPIE n. f.
Traitement médical par introduction dans l'organisme d'un gène modifié en laboratoire. *Les maladies héréditaires, les cancers, les infections, la maladie d'Alzheimer comptent parmi les principales indications de la génothérapie.* SYN. thérapie génique.

GÉNOTYPAGE n. m.
Détermination de l'ensemble des gènes contenus dans les cellules d'un organisme (GDT). *« Le Centre d'innovation Génome Québec représente aujourd'hui l'une des cinq plates-formes de génotypage (permettant de déterminer la structure génétique d'un tissu ou d'un organisme) en importance au monde servant à l'étude des maladies complexes telles que le diabète, le cancer du côlon, l'asthme et la sclérose en plaques »* (*Le Devoir*).

GÉNOTYPE n. m.
Patrimoine génétique d'un individu.

GENOU n. m. (pl. *genoux*)
Le ***e*** se prononce ou non, [ʒənu, ʒnu].
Articulation entre la jambe et la cuisse. *Des genoux égratignés. « Et ton genou rond comme l'île de mon enfance »* (Alain Grandbois, *Les Îles de la nuit*).
LOCUTIONS
– ***À genoux.*** Les genoux à terre. *Elle s'est mise à genoux.*
– ***Être à genoux devant quelqu'un.*** (FIG.) Lui témoigner une soumission absolue, une grande admiration.

GENOUILLÈRE n. f.
Bande destinée à protéger le genou. *Les patineurs portent des genouillères.*

GENRE n. m.
1. Ensemble d'espèces qui ont un ou plusieurs caractères communs. *Le genre humain.*
2. Espèce, sorte. *Quel genre de robe dois-je porter ce soir?* SYN. type.
Le complément du mot ***genre*** est au singulier si l'auteur veut insister sur la dimension spécifique de l'être ou de l'objet. *Ce genre de témoignage n'est pas crédible.* Le complément du nom se met au pluriel si l'auteur veut insister sur la catégorie à laquelle appartient un être ou un objet. *Ce genre de maisons est typique de la région.* Si le nom ***genre*** est précédé du déterminant indéfini ***(un)*** et suivi d'un complément au pluriel, c'est avec celui-ci que se fait généralement l'accord du verbe et de l'adjectif. *Un nouveau genre de messages publicitaires ont été créés.* Si le nom genre est précédé d'un déterminant défini ***(le),*** d'un déterminant possessif ***(mon, ton, son)*** ou d'un déterminant démonstratif ***(ce)*** et suivi d'un complément au pluriel, le verbe se met généralement au singulier. *Ce genre de messages publicitaires est peu commun.*
3. (GRAMM.) Catégorie exprimant l'appartenance (naturelle ou conventionnelle) au sexe féminin ou au sexe masculin de certains mots. *Le nom* femme *est du genre féminin, le nom* homme, *du genre masculin.*
En français, le genre des noms de choses est une convention et ne repose sur aucune règle définie; seul le genre des noms de personnes et de certains animaux correspond vraiment au sexe de l'être désigné.
VOIR TABLEAU – GENRE.
LOCUTIONS
– ***Bon chic, bon genre (BCBG).*** De bon ton.
– ***Du même genre.*** De même espèce.
– ***En tous genres,*** loc. adj. De tous les types. *Ce magasin vend des vélos en tous genres.*
Cette locution s'écrit au singulier ou au pluriel.
– ***En tout genre,*** loc. adj. De n'importe quel genre. *Vous trouverez chez ce philatéliste des timbres en tout genre.*

GENS n. m. et f. pl.
Le ***s*** ne se prononce pas, [ʒɑ̃]; le nom rime avec ***Jean.***
Personnes, individus dont on ne connaît pas précisément le nombre. *Ce sont des gens sympathiques. « Gens du pays, c'est votre tour de vous laisser parler d'amour »* (Gilles Vigneault, *Gens du pays*).
1° S'il est suivi d'un adjectif ou d'un complément, le nom ***gens*** est **masculin pluriel.** *Des gens raffinés. De nombreux gens d'affaires appuient le projet.* S'il est précédé immédiatement d'un adjectif, le nom ***gens*** est **féminin pluriel.** *De bonnes gens.*
2° Si deux adjectifs précèdent le nom ***gens*** et que le second a la même forme au masculin et au féminin (épicène), le premier se met au masculin. *Quels braves gens!* Par contre, si le second adjectif a une forme féminine distincte, le premier prendra la marque du féminin. *Quelles ennuyeuses gens! De gentilles vieilles gens.*
HOM. ***gent,*** race.
gens.

GENT, GENTE adj. et n. f. sing.
Dans le nom ***gent,*** le ***t*** ne se prononce pas, [ʒɑ̃]; le nom rime avec ***gens.***
ADJECTIF
(VX) (LITT.) Gracieux. *La gente demoiselle.*
NOM FÉMININ SINGULIER
(IRON.) Race. *La gent canine. La « gent trotte-menu » : les souris.*
FORME FAUTIVE
*gente. Impropriété pour ***gent.*** *La gent féminine* (et non la *gente).
Ce nom s'emploie surtout en plaisantant.
HOM. ***gens,*** personnes.

GENTIANE n. f.
Le ***t*** se prononce ***s,*** [ʒɑ̃sjan].
Plante des prés à fleurs bleues, violettes ou jaunes suivant les espèces.

GENTIL, ILLE adj.
Le ***l*** ne se prononce pas au masculin, [ʒɑ̃ti].
1. Charmant, agréable. *Delphine est gentille et intelligente.* SYN. plaisant; sympathique.
2. Qui plaît par sa délicatesse. *Une gentille attention. C'est gentil à vous d'être venu.* SYN. aimable; prévenant.
gentil.

GENTILÉ n. m.
Dénomination des habitants par rapport au lieu où ils habitent (continent, pays, région, ville, village, quartier, paroisse, etc.) (Recomm. off.). *Le mot* Montréalais *est le gentilé des habitants de Montréal,* Trifluvien, *celui des habitants de Trois-Rivières et* Québécois, *celui des habitants de Québec et du Québec.*
Les gentilés s'écrivent avec une majuscule. *Un Gaspésien.* Les adjectifs dérivés de gentilés s'écrivent avec une minuscule. *Un repas gaspésien.*

GENTILHOMME n. m. (pl. *gentilshommes*)
Au pluriel, le mot se prononce [ʒɑ̃tizɔm], car on fait alors la liaison.
1. (ANCIENN.) Personne appartenant à la noblesse. *Des gentilshommes en armure.* SYN. noble.
2. Homme qui fait preuve d'une grande distinction, d'une parfaite éducation. SYN. gentleman.

G

GENRE

Le genre des mots est l'une des grandes difficultés de la langue française, comme d'ailleurs de toutes les autres langues où cette distinction existe, notamment le grec, qui ajoute le neutre au masculin et au féminin.

Spontanément, on a tendance à croire qu'il existe une relation entre le genre du mot et le sexe de l'être désigné. Cela n'est vrai que pour les êtres humains, les êtres mythologiques et certains animaux.

LE GENRE DES NOMS D'ÊTRES ANIMÉS

▸ 1. Relation entre le genre du mot et le sexe de l'être désigné

Dans de nombreux cas, le masculin correspond effectivement à un être mâle et le féminin, à un être femelle, lorsque les noms désignent :

- Les **êtres humains** ou les **êtres mythologiques.** *Homme/femme, garçon/fille, dieu/déesse.*
- Des **liens familiaux.** *Mari/femme, père/mère, fils/fille, frère/sœur, cousin/cousine, oncle/tante.*
- Des **désignations de métiers, de fonctions.** *Directeur/directrice, épicier/épicière, romancier/romancière.*
  VOIR TABLEAU ▸ **FÉMINISATION DES TITRES.**
- Des ***animaux domestiques.*** *Cheval/jument, bouc/chèvre, canard/cane, bœuf/vache, coq/poule, chat/chatte.*
- Du **gibier traditionnel.** *Cerf/biche, renard/renarde, ours/ourse, sanglier/laie, faisan/faisane.*
  VOIR TABLEAU ▸ **ANIMAUX.**

▸ 2. Sexe non différencié

La langue ne fait pas toujours la distinction entre les sexes, même lorsque celle-ci existe dans les faits :

- Soit parce que le masculin est utilisé comme une ***appellation générale.*** *Les hommes sont mortels.*
- Soit parce que la notion de sexe est ***indifférente aux propos tenus.*** *Ce cheval court vite.*
- Soit parce que les êtres ne sont pas considérés comme appariés, en raison de leur **petitesse,** de leur **caractère exotique** ou **fabuleux.** *La mouche, le lynx, la panthère, le vautour.*
- Soit parce qu'on considère comme **sans sexe** certains êtres qui, en fait, ont un sexe. *La rose, le jasmin, la truite, le requin, la baleine.*

▸ 3. Genre non marqué

Parfois, le nom – dit épicène – peut être tour à tour masculin et féminin selon qu'il désigne un être mâle ou un être femelle. *Un* ou *une architecte, un* ou *une enfant, un* ou *une propriétaire.*

▸ 4. Absence de relation entre le genre du mot et le sexe de l'être désigné

Une sentinelle, une canaille, un témoin, un prédécesseur.

LE GENRE DES NOMS D'ÊTRES INANIMÉS

Dans la très grande majorité des cas, l'attribution du genre est sans motivation précise. *Une chaise, un fauteuil, un canapé, une causeuse.*

Dans de rares cas, la différence de genre correspond à une **distinction de sens.** Ne pas confondre :

un pendule, balancier .... et .... ***une pendule,*** appareil qui indique l'heure
un tour, mouvement circulaire .... et .... ***une tour,*** construction en hauteur
un mémoire, écrit, thèse .... et .... ***une mémoire,*** fonction biologique qui conserve le souvenir du passé

GENRE | **SUITE >**

LES ACCORDS

En fonction du genre et du nombre du nom auquel ils se rapportent, le déterminant et l'adjectif s'accordent au masculin ou au féminin, au singulier ou au pluriel :

– Accord du **déterminant.** ***Le*** *pont,* ***la*** *balle,* ***les*** *billes,* ***un*** *crayon,* ***une*** *règle,* ***son*** *chapeau,* ***cette*** *fleur.*

– Accord de **l'adjectif.** *Un* ***beau*** *gâteau, une* ***belle*** *tarte, de* ***beaux*** *enfants, un* ***bon*** *biscuit, une* ***bonne*** *pomme.*

Si l'on fait généralement les accords de façon instinctive, quelques noms sont cause d'hésitation, notamment :

– Les mots commençant par une ***voyelle*** ou un ***h*** muet, parce que les déterminants sont alors neutralisés. ***L'****escalier* (nom masculin), ***l'****horloge* (nom féminin), ***son*** *avion* (nom masculin), ***son*** *amie* (nom féminin), ***son*** *histoire* (nom féminin).

– Les mots se terminant par un ***e*** muet. ***Un*** *pétale,* ***un*** *globule,* ***un*** *incendie,* ***un*** *pétoncle.*

EXEMPLES DE NOMS DONT LE GENRE EST DIFFICILE À RETENIR

▸ Noms masculins

abaque	aromate	éclair	haltère	oreiller
accident	arpège	effluve	hémicycle	orteil
agrume	ascenseur	embâcle	hémisphère	ovule
air	asphalte	emblème	hôpital	ozone
ambre	astérisque	en-tête	incendie	pénates
amiante	augure	entracte	insigne	pétale
ampère	autobus	épisode	interstice	pétoncle
antidote	autographe	équinoxe	ivoire	poulpe
antre	automne	escalier	jade	tentacule
apanage	avion	esclandre	jute	termite
apogée	caméo	étage	météore	testicule
appendice	chrysanthème	évangile	narcisse	tubercule
après-guerre	décombres	granule	nimbe	ulcère
armistice	écho	habit	obélisque	vivres…

▸ Noms féminins

abscisse	arabesque	écritoire	hélicoptère	oriflamme
acné	argile	enclume	heure	orthographe
acoustique	armoire	épice	horloge	ouïe
aire	atmosphère	épitaphe	immondice	primeur
alcôve	autoroute	épithète	molécule	réglisse
algèbre	avant-scène	épître	moustiquaire	spore
améthyste	azalée	ère	nacre	stalactite
amibe	câpre	erreur	oasis	stalagmite
ancre	cuticule	étape	omoplate	strate
anicroche	débâcle	fibre de verre	once	ténèbres
apostrophe	ébène	gélule	opinion	topaze
appendicite	échappatoire	hélice	orbite	urticaire…

▸ Noms à double genre

aigle	enseigne	manche	office	physique
amour	espace	mémoire	orge	poste
couple	geste	météorite	orgue	relâche
crêpe	gîte	mode	parallèle	solde
délice	hymne	œuvre	pendule	voile…

LE GENRE ET LE NOMBRE DES SIGLES

Les sigles prennent généralement le genre et le nombre du premier nom abrégé.

La LNH (La Ligue nationale de hockey).

La SRC (La Société Radio-Canada).

Les sigles de langue étrangère prennent le genre et le nombre qu'aurait eus, en français, le générique de la dénomination.

La BBC (British Broadcasting Corporation) ***(société,*** féminin singulier).

Les USA (United States of America) ***(États,*** masculin pluriel).

G

GENTILHOMMIÈRE n. f.
Petit château à la campagne.
Ne pas confondre avec les noms suivants :
• *castel,* petit château ;
• *château,* habitation royale ou seigneuriale généralement située à la campagne ;
• *manoir,* habitation seigneuriale entourée de terres ;
• *palais,* résidence d'un chef d'État ou d'un souverain.

GENTILLESSE n. f.
Amabilité, délicatesse. *Sophie fait preuve de gentillesse en offrant des fleurs à son institutrice.* SYN. prévenance.

GENTIMENT adv.
De façon gentille. *Elle lui a gentiment offert des fleurs.* SYN. aimablement.
gentiment.

GENTLEMAN n. m. (pl. *gentlemen* ou *gentlemans*)
Se prononce à l'anglaise, [dʒɛntləman].
Homme distingué, gentilhomme. *La vie du gentleman cambrioleur.*

***GENTLEMAN'S AGREEMENT**
Anglicisme pour ***engagement moral.***

***GENTRIFICATION**
Anglicisme pour ***embourgeoisement.***

GÉNUFLEXION n. f.
Agenouillement.
génuflexion.

GÉO- préf.
Élément du grec signifiant « Terre ». *Géologie.*

GÉODE n. f.
Pierre creuse tapissée de cristaux.

GÉODÉSIE n. f.
Science qui a pour objet l'établissement de la forme de la Terre et la mesure de ses dimensions, notamment pour la conception des cartes géographiques.

GÉODÉSIQUE adj.
Qui se rapporte à la géodésie.

GÉOGRAPHE n. m. et f.
Le *o* est ouvert, [ʒeɔgraf].
Spécialiste de la géographie.

GÉOGRAPHIE n. f.
Le *o* est ouvert, [ʒeɔgrafi].
Science qui a pour objet l'étude des phénomènes naturels et humains de la surface de la Terre. *Préfères-tu la géographie ou l'histoire ?*
VOIR TABLEAU – GÉOGRAPHIQUES (NOMS).

GÉOGRAPHIQUE adj.
Le *o* est ouvert, [ʒeɔgrafik].
Relatif à la géographie. *Un atlas géographique, une carte géographique.*

GÉOGRAPHIQUEMENT adv.
Selon les principes de la géographie.

GEÔLE n. f.
Les lettres *eô* se prononcent *o,* [ʒol].
(LITT.) Prison.
geôle.

GEÔLIER, IÈRE n. m. et f.
Les lettres *eô* se prononcent *o,* [ʒolje, jɛr].
(LITT.) Gardien.
geôlier.

GÉOLOCALISATION n. f.
Ensemble des techniques qui permettent de déterminer une position géographique, à partir d'ondes ou de signaux. *Muni d'un système de géolocalisation, ce bracelet informe les familles ou les soignants dès que le malade sort d'une zone prédéfinie d'environ un demi-kilomètre autour de son domicile.*
VOIR – GÉOPOSITIONNEMENT PAR SATELLITE.

GÉOLOGIE n. f.
Les *o* sont ouverts, [ʒeɔlɔʒi].
Science qui a pour objet l'étude de la nature et de la formation des éléments qui composent le globe terrestre.

GÉOLOGIQUE adj.
Les *o* sont ouverts, [ʒeɔlɔʒik].
Relatif à la géologie.

GÉOLOGIQUEMENT adv.
Les *o* sont ouverts, [ʒeɔlɔʒikmɑ̃].
Au point de vue géologique.

GÉOLOGUE n. m. et f.
Les *o* sont ouverts, [ʒeɔlɔg].
Spécialiste de la géologie.

GÉOMARKETING n. m.
Application du marketing qui repose sur des critères géographiques assortis de caractéristiques sociodémographiques et économiques des populations visées. SYN. géomercatique (Recomm. off.).

GÉOMÈTRE n. m. et f.
Le *o* est ouvert, [ʒeɔmɛtr].
Spécialiste de la géométrie.

GÉOMÉTRIE n. f.
Le *o* est ouvert, [ʒeɔmetri].
Science mathématique qui étudie les relations entre points, droites, courbes, surfaces et volumes de l'espace.

GÉOMÉTRIQUE adj.
Le *o* est ouvert, [ʒeɔmetrik].
Relatif à la géométrie. *Des figures géométriques.*

GÉOMÉTRIQUEMENT adv.
De façon géométrique.

GÉOPHYSICIEN n. m.
GÉOPHYSICIENNE n. f.
Le *o* est fermé, [ʒeofizisjɛ̃, ʒeofizisjɛn].
Spécialiste de la géophysique.

GÉOPHYSIQUE n. f.
Le *o* est fermé [ʒeofizik].
Science qui a pour objet l'étude des phénomènes physiques naturels.

GÉOPOLITIQUE n. f.
Le premier *o* est fermé, [ʒeopɔlitik].
Étude des rapports entre les données géographiques et la politique des États.

GÉOPOSITIONNEMENT PAR SATELLITE n. m.
Abréviation ***GPS.***
Système de localisation qui permet, à un moment précis, de déterminer la position d'un engin ou d'un objet qui se déplace, en se servant de signaux émis par des satellites placés en orbite autour de la Terre (GDT). *Depuis 2008, les autobus de la Société de transport de Montréal devraient être munis de systèmes de géopositionnement par satellite (GPS), ce qui contribue à augmenter considérablement la sécurité des chauffeurs et des passagers.* SYN. système de positionnement mondial par satellite.
VOIR – GÉOLOCALISATION.

GÉRABLE adj.
Que l'on peut gérer. *Cette équipe n'est pas gérable.*

GÉRANCE n. f.
Administration par un gérant. *La gérance d'un hôtel.*

GÉRANIUM n. m.
Le *u* se prononce comme *o,* [ʒeranjɔm].
Plante herbacée, souvent ornementale. *Des géraniums rouges ornent la plate-bande.*

NOMS **GÉOGRAPHIQUES**

Les noms géographiques sont des **noms de lieux** (appelés également **toponymes**) qui désignent des pays, des villes, des régions, des cours d'eau, des montagnes, etc., ainsi que des **noms de voies de communication** (nommés également **odonymes**).

G

1. Nom géographique employé seul
Le nom propre géographique prend une majuscule.
Le Québec, le Saint-Laurent, La Malbaie, les Laurentides.

2. Nom géographique constitué d'un nom commun accompagné par un nom propre ou par un adjectif
Le nom commun – **nom générique** – s'écrit avec une minuscule (lac, rivière, mont, baie, mer, océan, etc.), tandis que le nom propre ou l'adjectif – **élément distinctif** – prend la majuscule.
Le cap Diamant, les montagnes Rocheuses, l'anse de Vaudreuil, l'océan Atlantique, le golfe Persique, la rivière Saint-François, la chute Montmorency, les îles de la Madeleine.

3. Nom géographique composé
Le nom est accompagné d'un adjectif ou d'un déterminant numéral nécessaire à l'identification, qui précède souvent le nom.
Terre-Neuve, le Proche-Orient, la Grande-Bretagne, Trois-Rivières, les Pays-Bas, la Nouvelle-Angleterre, les Grands Lacs.

T Les deux mots s'écrivent avec une majuscule et sont souvent liés par un trait d'union.

4. Nom des habitants d'un lieu (gentilé)
Le nom des habitants d'un lieu (continent, pays, région, ville, village, etc.), appelé également ***gentilé***, s'écrit avec une majuscule.
Un Québécois, une Montréalaise, des Trifluviens.

T Les adjectifs dérivés de gentilés s'écrivent avec une minuscule. *Une coutume beauceronne. Une recette gaspésienne.*

VOIR TABLEAU ▸ **PEUPLES (NOMS DE).**

5. Nom géographique étranger
Dans les cas où le nom géographique n'a pas d'équivalent français, la graphie d'origine est respectée.
New York, San Diego, Los Angeles, Rhode Island, Cape Cod, Detroit.

Les noms des habitants d'un lieu et les adjectifs dérivés de noms étrangers sont écrits à la française avec accents et traits d'union, s'il y a lieu. *Les New-Yorkais.*

6. Surnom géographique
Les expressions désignant certaines régions, certaines villes s'écrivent avec une majuscule au nom et à l'adjectif qui précède.
Le Nouveau Monde, les Grands Lacs, les Prairies.

Si l'adjectif suit, il garde la minuscule.
La Ville éternelle, la Péninsule gaspésienne, le Bouclier canadien.

7. Toponyme administratif
Le toponyme administratif désigne un espace délimité par l'homme.
Le parc des Laurentides, Outremont, Les Méchins, l'autoroute Transcanadienne.

T L'élément distinctif du toponyme administratif s'écrit avec des traits d'union lorsqu'il est constitué de plusieurs mots. *La rue Saint-Jean-Baptiste, le chemin de la Côte-Sainte-Catherine, Port-au-Persil.*

8. Odonyme (nom de voie de communication)
Les noms génériques des odonymes (avenue, boulevard, place, rue, etc.) s'écrivent en minuscules et sont suivis de l'élément distinctif simple ou composé qui s'écrit avec une ou des majuscules, selon le cas.
Le boulevard René-Lévesque, le chemin Saint-Louis, la place d'Armes, la rue du Manoir.

T L'élément distinctif de l'odonyme s'écrit avec des traits d'union lorsqu'il est constitué de plusieurs mots.

VOIR TABLEAU ▸ **ODONYMES.**

GÉRANT n. m.
GÉRANTE n. f.
Mandataire qui gère une entreprise pour le compte du propriétaire. *Le gérant d'un immeuble.*
FORME FAUTIVE
*gérant. Impropriété au sens de ***directeur, chef, imprésario.*** *Le directeur* (et non *gérant) *de la banque. La directrice* (et non *gérante) *de l'entreprise. L'imprésario* (et non le *gérant) *d'une chanteuse.*

GERBAGE n. m.
1. Action d'attacher les épis de céréales ensemble.
2. Action d'empiler. *Le gerbage des palettes.*

GERBE n. f.
1. Botte de tiges de céréales liées ensemble. *Des gerbes de blé doré.*
2. Bouquet de fleurs à longues tiges. *Une gerbe de roses.*

GERBER v. tr., intr.
VERBE TRANSITIF
Mettre en gerbes.
VERBE INTRANSITIF
Empiler (des tonneaux, des sacs, des palettes, etc.) les uns sur les autres.
CONJUGAISON : VOIR MODÈLE AIMER.

GERBEUR, EUSE adj. et n. f.
ADJECTIF
Qui sert au gerbage.
NOM FÉMININ
Appareil de levage destiné au gerbage des charges.

GERBOISE n. f.
Petit rongeur.

GERCER v. tr., intr. ou pronom.
VERBE TRANSITIF
Fendiller (surtout la peau) sous l'action du froid, de la sécheresse. *Le froid gerçait ses lèvres.*
VERBE INTRANSITIF OU PRONOMINAL
Se fendiller, se couvrir de petites crevasses. *En hiver, Claire a les mains qui gercent. Ses lèvres se gerçaient.*
À la forme pronominale, le participe passé de ce verbe s'accorde toujours en genre et en nombre avec son sujet. *Ses mains se sont gercées.*
CONJUGAISON : VOIR MODÈLE AVANCER.
Le **c** prend une cédille devant la lettre ***a***. *Il gerça.*

GERÇURE n. f.
Crevasse à la surface de la peau causée par le froid, la sécheresse. *Claire cherche une lotion pour les gerçures de ses mains.*
gerçure.

GÉRER v. tr.
Administrer (une entreprise, une affaire, etc.) pour son propre compte ou pour le compte d'autrui. *Il gère cette entreprise, cet immeuble.* SYN. diriger.
CONJUGAISON : VOIR MODÈLE POSSÉDER.
Le ***é*** se change en ***è*** devant une syllabe contenant un ***e*** muet, sauf à l'indicatif futur et au conditionnel présent. *Je gère,* mais *je gérerai.*
[Les *Rectifications* (1990) admettent : il gèrera, gèrerait...]

GÉRIATRE n. m. et f.
Spécialiste de la gériatrie.
gériatre, sans accent circonflexe.

GÉRIATRIE n. f.
Partie de la médecine qui étudie les maladies des personnes âgées.
Ne pas confondre avec le nom ***gérontologie,*** science du vieillissement de l'être humain sous ses divers aspects, psychologiques, sociaux, etc.
gériatrie, sans accent circonflexe.

GÉRIATRIQUE adj.
Relatif à la gériatrie. *Des soins gériatriques. Un établissement gériatrique.*

GERMAIN, AINE adj. et n. m. et f.
ADJECTIF
Se dit de cousins ayant un grand-père ou une grand-mère en commun. *Marie-Ève a cinq cousines germaines : Fanny, Laurence, Karine, Nada et May.*
NOM MASCULIN ET FÉMININ
Cousins ayant un grand-père ou une grand-mère en commun. *Les cousins issus de germains descendent d'un cousin germain ou d'une cousine germaine ou de parents qui sont cousins germains entre eux.*

GERMANIQUE adj. et n. m. et f.
ADJECTIF
De l'Allemagne. *Les langues germaniques.*
NOM MASCULIN ET FÉMININ
Habitant des pays de civilisation allemande, par opposition à ***latin, slave.*** *Un Germanique, une Germanique.*
T L'adjectif s'écrit avec une minuscule ; le nom, avec une majuscule.
NOM MASCULIN
Langue des anciens Germains dont sont issus l'anglais, l'allemand, le néerlandais et les langues nordiques.
T Le nom de la langue s'écrit avec une minuscule.

GERME n. m.
1. Partie de la graine qui se développe en formant la plante. *Un germe de haricot.*
2. (FIG.) Principe, origine. *Le germe de la vie.*
3. Microbe, bactérie. *On doit stériliser les instruments du dentiste pour éliminer les germes.*
En ce sens, le nom s'emploie généralement au pluriel.
LOCUTION
– ***Être en germe.*** (FIG.) Être à l'état latent. *La révolution était déjà en germe 20 ans plus tôt.*

GERMER v. intr.
1. Commencer à se développer, en parlant d'une graine, d'un bulbe, etc. *Les tulipes ont germé, elles fleuriront dans quelques jours.*
2. (FIG.) Se développer, prendre forme. *Le projet est en train de germer dans son esprit.* SYN. se former.
CONJUGAISON : VOIR MODÈLE AIMER.

GERMINATION n. f.
Premier développement du germe de la plante.

GÉRONDIF n. m.
Groupe constitué de la préposition ***en*** et du ***participe présent*** qui sert à préciser un verbe à titre de complément de phrase.
Il importe que le gérondif ait le même sujet que le verbe qu'il complète. *En espérant que ces renseignements vous seront utiles, je vous prie d'agréer...* (et non *en espérant que... *veuillez agréer...).
Le gérondif est toujours invariable.
VOIR TABLEAU – EN, PRÉPOSITION.

GÉRONTO- préf.
Élément du grec signifiant « vieillard ». *Gérontologie.*

GÉRONTOCRATIE n. f.
Le **o** de la troisième syllabe est ouvert, [ʒerɔ̃tɔkrasi].
Régime où le pouvoir appartient aux vieillards.

GÉRONTOLOGIE n. f.
Les **o** des troisième et quatrième syllabes sont ouverts, [ʒerɔ̃tɔlɔʒi].
Science du vieillissement de l'être humain sous ses divers aspects, psychologiques, sociaux, etc.
Ne pas confondre avec le nom ***gériatrie,*** partie de la médecine qui étudie les maladies des personnes âgées.

GÉRONTOLOGUE n. m. et f.
Les **o** des troisième et quatrième syllabes sont ouverts, [ʒerɔ̃tɔlɔg].
Spécialiste de la gérontologie.

GÉSIER n. m.
Partie de l'estomac des oiseaux.

GÉSIR v. intr.
1. (LITT.) Être couché, sans mouvement. *« À l'école communale transformée en hôpital, les malades gisaient par terre, enroulés dans leur seule couverture »* (Gabrielle Roy, *La Détresse et l'Enchantement*).
2. Être enterré. *Ci-gît un poète oublié.*
3. Se trouver. *Là gît la solution de l'énigme.*
CONJUGAISON
INDICATIF PRÉSENT *Je gis, tu gis, il gît, nous gisons, vous gisez, ils gisent.* IMPARFAIT *Je gisais, tu gisais, il gisait, nous gisions, vous gisiez, ils gisaient.* PARTICIPE PRÉSENT *Gisant.*
Le verbe n'est usité qu'au présent et à l'imparfait de l'indicatif, et au participe présent.
[Les *Rectifications* (1990) admettent : il git.]

GESTATION n. f.
1. Période pendant laquelle une femelle vivipare porte ses petits. *La période de gestation des humains est de 40 semaines.*
Pour l'espèce humaine, la gestation est appelée ***grossesse.***
2. (FIG.) Genèse. *La gestation d'une œuvre, d'une nouvelle ère.*

GESTE n. m. et f.
NOM MASCULIN
1. Mouvement du corps. *Un geste de la main.*
2. Action. *Faire un geste* (et non *poser un geste), *avoir un geste noble.* SYN. acte.
NOM FÉMININ
Grand poème épique du Moyen-Âge. *Une chanson de geste.*
LOCUTION
– ***Faits et gestes.*** Conduite.

GESTICULANT, ANTE adj.
Qui gesticule.

GESTICULATION n. f.
Action de gesticuler.

GESTICULER v. intr.
Faire beaucoup de gestes en tous sens. *Antoine gesticulait pour avertir son ami du danger.*
CONJUGAISON : VOIR MODÈLE AIMER.

GESTION n. f.
Attention à bien prononcer le ***t,*** [ʒɛstjɔ̃] ; le mot rime avec ***question.***
Action de gérer, d'organiser, de diriger, d'administrer quelque chose. *La gestion d'une entreprise, la gestion d'une école.*

GESTIONNAIRE n. m. et f.
Attention à bien prononcer le ***t,*** [ʒɛstjɔnɛr].
Personne qui gère une entreprise, un organisme. *C'est une excellente gestionnaire.*

GESTUEL, ELLE adj. et n. f.
ADJECTIF
Relatif au geste. *La peinture gestuelle.*
NOM FÉMININ
Ensemble des gestes expressifs considérés sur le plan de leur signification.

GEYSER n. m.
Les lettres ***ey*** se prononcent ***é*** ou ***è*** et le ***r*** se prononce, [ʒezɛr, ʒɛzɛr].
Source d'eau chaude jaillissante. *Les geysers de Yellowstone.*
geyser.

GHANÉEN, ENNE adj. et n. m. et f.
Du Ghana. *Le drapeau ghanéen. Un Ghanéen, une Ghanéenne.*
T L'adjectif s'écrit avec une minuscule ; le nom, avec une majuscule.

GHETTO n. m.
Les lettres ***ghe*** se prononcent ***gué*** ou ***guè,*** [geto, gɛto].
1. Lieu où les Juifs étaient obligés de résider.
2. Lieu où des gens vivent séparés du reste de la population. *Les ghettos noirs de New York.*

GHETTOÏSATION n. f.
1. Action d'isoler un groupe minoritaire dans un ghetto.
2. (FIG.) Action de tenir une minorité à l'écart. *La ghettoïsation des femmes dans l'Église catholique.*

G. I. n. m.
Attention à la prononciation, [dʒiaj].
Sigle anglais de ***Government Issue.***
(FAM.) Soldat américain.

GIBECIÈRE n. f.
Sac du chasseur destiné à recevoir le gibier.

GIBELOTTE n. f.
Fricassée au vin blanc. *La gibelotte des îles de Sorel est composée de poissons et de légumes.*
gibelotte.

GIBET n. m.
Potence où l'on pendait autrefois les condamnés à mort.
gibet.

GIBIER n. m.
Tous les animaux que l'on prend à la chasse.

GIBOULÉE n. f.
Averse soudaine de pluie souvent mêlée de neige, de grêle. *« Mars enfin où l'été promis lutte contre l'arrière-garde de l'hiver, parmi les giboulées »* (Ringuet, *Trente Arpents*).
Ne pas confondre avec les noms suivants :
- ***averse,*** pluie subite, violente et de faible durée ;
- ***bruine,*** pluie fine et froide ;
- ***ondée,*** pluie assez forte, mais de courte durée ;
- ***orage,*** pluie abondante accompagnée d'éclairs et de tonnerre ;
- ***pluie,*** eau qui tombe par gouttes du ciel.

giboulée.

GICLÉE n. f.
Jet de liquide. *Une giclée d'eau boueuse tacha son pantalon.*
giclée.

GICLEMENT n. m.
Fait de gicler.

GICLER v. intr.
Jaillir avec force, en parlant d'un liquide. *Un peu de sauce tomate a giclé sur sa chemise.*
CONJUGAISON : VOIR MODÈLE AIMER.

GICLEUR n. m.
Dispositif fixé sur une conduite d'eau sous pression et qui libère automatiquement un jet d'eau sur un foyer d'incendie lorsque l'air ambiant atteint une température prédéterminée (Recomm. off.). *Un gicleur* (et non *sprinkler) *s'est déclenché lorsqu'un appareil électrique défectueux a mis le feu à des rideaux.* SYN. gicleur d'incendie.

GIFLE n. f.
1. Coup donné sur la joue avec la main. *Elle lui a donné une gifle retentissante.*
2. (FIG.) Humiliation. *Ces défaites aux élections partielles ont été une véritable gifle pour le parti.*
gifle, un seul ***f.***

GIFLER v. tr.
Donner une gifle à. *Parce qu'il l'avait insultée, elle le gifla.*
CONJUGAISON : VOIR MODÈLE AIMER.
gifler, un seul ***f.***

G

GIGA- préf.
Symbole *G* (s'écrit sans point).
Préfixe qui multiplie par 1 000 000 000 l'unité qu'il précède. *Des gigawatts.*
Sa notation scientifique est 10^9.
VOIR TABLEAU – MULTIPLES ET SOUS-MULTIPLES DÉCIMAUX.

GIGADOLLAR n. m. (pl. *gigadollars*)
SYMBOLE
Symbole *G$* (s'écrit sans point).
NOM MASCULIN
Un milliard de dollars. *Un budget de 35 gigadollars, de 35 G$.*
Le kilodollar (k$) représente mille dollars, le mégadollar (M$), un million de dollars et le gigadollar (G$), un milliard de dollars.
[T] Le symbole de l'unité monétaire *$* n'est pas précédé d'un espace à la suite du symbole *G.*

GIGAHERTZ n. m. (pl. *gigahertz*)
SYMBOLE
Symbole *GHz* (s'écrit sans point).
NOM MASCULIN
Un milliard de hertz.

GIGAJOULE (pl. *gigajoules*)
SYMBOLE
Symbole *GJ* (s'écrit sans point).
NOM MASCULIN
Un milliard de joules.

GIGANTESQUE adj.
Immense. *Un barrage gigantesque.* SYN. énorme ; géant.

GIGANTISME n. m.
1. Développement exagéré du corps.
2. (FIG.) Caractère gigantesque. *Le gigantisme d'une multinationale.*

GIGAOCTET n. m. (pl. *gigaoctets*)
SYMBOLE
Symbole *Go* (s'écrit sans point).
S'abrège familièrement en ***gig*** et ***giga.***
NOM MASCULIN
(INFORM.) Un milliard d'octets. *Ce téléphone multimédia a une mémoire de 7 gigaoctets, de 7 gigas.*
Le kilo-octet (ko) est une unité de mesure correspondant à environ mille octets, soit 2^{10} octets ; le mégaoctet (Mo), une unité de mesure équivalant à environ un million d'octets, soit 2^{20} octets, et le gigaoctet (Go), une unité de mesure représentant environ un milliard d'octets, soit 2^{30} octets.

GIGAWATT n. m. (pl. *gigawatts*)
Symbole *GW* (s'écrit sans point).
Un milliard de watts. *« "Notre objectif est d'arriver à une capacité de production d'un gigawatt d'énergie renouvelable", soit l'équivalent de la consommation d'une ville comme San Francisco »* (*Le Devoir*).

GIGAWATTHEURE n. m.
Symbole *GWh* (s'écrit sans point).
Un million de kilowattheures. *« Si 2,9 millions de foyers remplaçaient seulement un globe pour un fluo compact, le Québec économiserait 81 gigawattheures (un gigawatt correspond à un milliard de watts), l'équivalent de la consommation de 3000 foyers »* (*Le Soleil*).

GIGOGNE adj.
Composé d'éléments qui s'emboîtent les uns dans les autres. *Des tables gigognes, des poupées gigognes.*
Ne pas confondre avec le nom ***cigogne,*** oiseau.

GIGOLO n. m.
(FAM.) Amant entretenu. *Des gigolos.*

GIGOT n. m.
Cuisse d'agneau, de chevreuil, coupée pour être mangée. *Un bon gigot d'agneau.*
gigot.

GIGOTER v. intr.
(FAM.) Remuer sans cesse. *Ces enfants gigotent trop, je n'arrive pas à les habiller.* SYN. bouger.
CONJUGAISON : VOIR MODÈLE AIMER.
gigoter.

GIGUE n. f.
1. Danse vive, généralement au son d'un violon, que l'on dansait surtout à la campagne. *La gigue est d'origine anglaise ou irlandaise.*
2. Cuisse de chevreuil.

GILET n. m.
1. Vêtement masculin sans manches porté sous le veston.
2. Tricot à manches longues qui s'ouvre sur le devant.
Ne pas confondre avec les noms :
- ***chandail,*** tricot de laine se passant par la tête ;
- ***débardeur,*** tricot sans manches et à large encolure ;
- ***veste,*** vêtement comportant des manches, ouvert à l'avant.

gilet.

GIN n. m.
Attention à la prononciation, [dʒin].
Eau-de-vie de grains aromatisée au genièvre. *Des gins excellents.*

GINGEMBRE n. m.
Plante dont la racine est employée comme condiment. *Des biscuits au gingembre.*

GINGIVAL, ALE, AUX adj.
Relatif aux gencives.

GINGIVITE n. f.
Inflammation des gencives.

GINSENG n. m.
Le *g* final se prononce ou non, [ʒinsɑ̃g, ʒinsɑ̃].
Racine d'une plante possédant des vertus toniques. *On dit que le ginseng donne de l'énergie.*

GIORNO (A)
VOIR – A GIORNO.

GIRAFE n. f.
1. Ruminant à cou très long et au pelage roux tacheté de brun.
2. (CIN.) (RADIO) Dispositif articulé muni d'un microphone pour capter le son.
girafe, un seul ***f.***

GIRATOIRE adj.
Se dit d'un mouvement de rotation autour d'un axe.
LOCUTION
– ***Sens giratoire.*** Sens que doivent suivre les véhicules autour d'un rond-point.

GIROFLE n. m.
Bouton de fleurs du giroflier en forme de clou utilisé comme condiment. *Un jambon piqué de clous de girofle.*
Attention au genre masculin de ce nom : ***du*** girofle.
girofle, un seul ***f.***

GIROFLÉE n. f.
Plante ornementale.
giroflée, un seul ***f.***

GIROFLIER n. m.
Arbre tropical produisant les girofles, appelés généralement ***clous de girofle.***
giroflier, un seul ***f.***

GIROLLE n. f.
Champignon comestible très apprécié. *Une omelette aux girolles.*
[Les *Rectifications* (1990) admettent : girole.]

GIRON n. m.
1. Partie du corps allant de la ceinture aux genoux.
2. (LITT.) Milieu. *Le giron de l'Église.*
LOCUTION
– ***Rentrer dans le giron de.*** (FIG.) Revenir dans une entreprise, un groupe qu'on avait quitté.

GIROUETTE n. f.
1. Appareil placé au sommet d'un édifice pour indiquer la direction des vents. *Une girouette en forme de coq.*
2. (FIG.) Personne qui change souvent d'avis.
girouette.

GISANT, ANTE adj. et n. m.
ADJECTIF
Qui gît. *Les corps gisants des victimes de l'attentat.*
NOM MASCULIN
Statue couchée, sculptée sur un tombeau. *Les gisants des cathédrales anglaises.*
Ne pas confondre avec le participe présent invariable ***gisant.*** *Les blessés gisant sur le sol ont été secourus.*

GISEMENT n. m.
Amas de minéraux souterrains, nappe ou puits de pétrole que l'on peut tirer du sol. *Un gisement d'or. Un gisement de pétrole.* SYN. filon.

GÎT
VOIR – GÉSIR.

GITAN, ANE adj. et n. m. et f.
ADJECTIF
Qui appartient aux gitans. *Les chansons gitanes.* SYN. bohémien.
NOM MASCULIN ET FÉMININ
Nomade qui vit généralement dans une roulotte. *Les gitans de la Camargue.* SYN. bohémien.
Le nom s'écrit avec une majuscule quand on parle du peuple, de l'ethnie. *Les Gitans font un pèlerinage aux Saintes-Maries-de-la-Mer.*
NOM FÉMININ
Cigarette de tabac brun fabriquée en France. *L'odeur d'une bonne gitane.*

GÎTE n. m. et f.
NOM MASCULIN
(LITT.) Abri. *Le gîte et le couvert. Chercher désespérément un gîte.* SYN. refuge.
NOM FÉMININ
(MAR.) Bande, inclinaison sur un bord. *Bateau qui donne de la gîte.*
LOCUTION
– ***Gîte touristique.*** Établissement d'hébergement touristique de deux à cinq chambres où le propriétaire occupant offre, pour un prix forfaitaire, le coucher et le petit déjeuner (Recomm. off.). *Je vous recommande ce gîte touristique* (et non *bed and breakfast) *à proximité du Parc national du Bic.* SYN. chambre d'hôte ; maison d'hôte.
[Les *Rectifications* (1990) admettent : gite.]

GÎTER v. intr.
1. (LITT.) Avoir son gîte, son refuge en un lieu.
2. (MAR.) S'incliner sur un bord, en parlant d'un bateau.
CONJUGAISON : VOIR MODÈLE AIMER.
[Les *Rectifications* (1990) admettent : giter.]

GIVRAGE n. m.
1. Action de givrer.
2. Formation de givre sur une surface.

GIVRANT, ANTE adj.
Qui provoque la formation de givre. *Des brouillards givrants.*

GIVRE n. m.
Frimas, couche de glace fine et blanche sur une surface. *Ce matin, l'herbe était couverte de givre. « Ah ! comme la neige a neigé !/Ma vitre est un jardin de givre »* (Émile Nelligan, *Poésies complètes*). *« À peine voyait-on sur la vitre quelques fleurs de givre »* (Gabrielle Roy, *De quoi t'ennuies-tu, Éveline?*).

GIVRÉ, ÉE adj.
1. Se dit d'un fruit fourré de glace. *Des citrons givrés.*
2. (FAM.) Fou.

GIVRER v. tr., pronom.
VERBE TRANSITIF
1. Couvrir de givre. *Le gel a givré les branches.*
2. Couvrir d'une couche blanche translucide. *Givrer du verre.*
VERBE PRONOMINAL
Se couvrir de givre. *Sous le verglas, les branches des arbres se sont givrées.*
À la forme pronominale, le participe passé de ce verbe s'accorde toujours en genre et en nombre avec son sujet. *Les glaces de la voiture se sont givrées.*
CONJUGAISON : VOIR MODÈLE AIMER.

GLABRE adj.
Dépourvu de barbe. *Un menton glabre.*

GLAÇAGE n. m.
1. Action de glacer. *Effectuer le glaçage d'un papier.*
2. Préparation sucrée, généralement à base de beurre, de sucre glace et de lait, qu'on peut aromatiser et colorer, et qui sert à fourrer et à napper un gâteau, une pâtisserie (GDT). *Le glaçage* (et non *crémage) *d'un millefeuille.*
glaçage.

GLAÇANT, ANTE adj.
Qui glace par sa froideur. *Des paroles glaçantes.* ANT. chaleureux ; cordial.

GLACE n. f.
1. Eau congelée. *La glace de la patinoire est bien entretenue.*
2. Mélange glacé et aromatisé à base de lait ou de fruits. *Une glace à l'érable.* SYN. crème glacée.
Ne pas confondre avec le nom ***sorbet,*** mets glacé ne contenant pas de lait ou de crème.
3. Miroir. *Elle se coiffe devant la glace.*
4. Vitre d'une voiture. *Les glaces de cette voiture sont propres.*
LOCUTIONS
– ***Brise-glace(s).*** Navire chargé d'ouvrir la voie dans les régions où les mers, les cours d'eau gèlent. *Des brise-glace ou des brise-glaces.*
– ***Essuie-glace.*** Appareil destiné à essuyer le pare-brise d'un véhicule. *Les essuie-glaces sont défectueux.*
– ***Glace noire.*** Mince film de glace transparente, presque invisible sur la chaussée ou ailleurs, qui provient de la condensation d'humidité, d'un redoux suivi de gel ou d'une pluie fine (GDT).
Largement répandu, le terme ***glace noire*** est bien construit ; il est utile et acceptable pour signaler un type particulier de verglas dans le contexte routier (GDT).
– ***Lave-glace.*** Liquide servant à nettoyer le pare-brise d'un véhicule. *Des lave-glaces efficaces.*
– ***Rester de glace.*** Rester impassible, ne montrer aucune réaction. SYN. rester froid.
– ***Rompre, briser la glace.*** (FIG.) Faire cesser la gêne.
FORMES FAUTIVES
*crème à glace. Impropriété au sens de ***crème glacée, glace.***
*mettre quelque chose sur la glace. Calque de *«to keep something on ice, to put it on ice»* pour ***mettre de côté, mettre en attente.***

GLACÉ, ÉE adj.
1. Transformé en glace, durci par le froid. *Les enfants patinent sur la surface glacée du lac.* SYN. congelé ; gelé.

2. Très froid. *Avoir les mains glacées. L'eau de la mer est glacée.* SYN. gelé.
3. (FIG.) Qui est dépourvu de chaleur, de cordialité. *Un refus glacé.* SYN. glacial.
4. (CUIS.) Recouvert d'un glaçage. *Des marrons glacés.*
LOCUTION
– ***Crème glacée.*** Mélange glacé et aromatisé à base de lait ou de fruits, etc. *Trois boules de crème glacée* (et non *à glace) au chocolat, à la pistache et à la vanille. SYN. glace.

GLACER v. tr., pronom.
VERBE TRANSITIF
1. Solidifier un liquide par le froid. SYN. congeler; geler.
2. Causer une sensation de froid, de grand froid. *Le vent lui glaçait le visage.* SYN. refroidir.
3. (FIG.) Faire impression sur quelqu'un, le paralyser en l'effrayant. *Sa sévérité les glaçait. « Des coyotes non loin lancèrent dans la nuit leur appel si propre à glacer l'âme »* (Gabrielle Roy, *La Détresse et l'Enchantement*). SYN. geler.
4. (CUIS.) Couvrir d'une glace, d'un glaçage. *Glacer un gâteau de fondant.*
VERBE PRONOMINAL
Devenir glacé. *Soyez prudent : le trottoir s'est glacé !*
À la forme pronominale, le participe passé de ce verbe s'accorde toujours en genre et en nombre avec son sujet. *Les routes se sont glacées.*
CONJUGAISON : VOIR MODÈLE AVANCER.
Le **c** prend une cédille devant les lettres ***a*** et ***o***. *Il glaça, nous glaçons.*

GLACIAIRE adj.
Propre aux glaciers. *Le relief glaciaire.*
glaci**a**ire.

GLACIAL, IALE, IALS ou **IAUX** adj.
1. Extrêmement froid. *Des vents glacials* ou *glaciaux.*
2. (FIG.) Qui est d'une froideur qui intimide. *Un accueil glacial.*
Le pluriel le plus courant de cet adjectif est ***glacials***; cependant, il est possible d'écrire aussi ***glaciaux.***

GLACIALEMENT adv.
De façon glaciale, avec froideur. *Il lui a répondu glacialement.* SYN. froidement.

GLACIATION n. f.
Transformation en glace.
glaciation.

GLACIEL, IELLE adj. et n. m.
ADJECTIF
Qui se rapporte aux glaces flottantes. *En janvier, le Saint-Laurent était couvert de blocs glaciels.*
NOM MASCULIN
Ensemble des glaces flottantes (Recomm. off.). *Ce scientifique a étudié le glaciel des côtes du Saint-Laurent.*

GLACIER n. m.
1. Nappe épaisse de glace créée par l'accumulation de neige d'année en année et qui ressemble à une montagne. *Le pôle Nord est couvert de glaciers.*
2. Lieu où l'on fabrique et vend des glaces. *Le glacier Bilboquet vend des glaces délicieuses.*

GLACIÈRE n. f.
Endroit réfrigéré destiné à la conservation des aliments. *Le boucher met les quartiers de viande dans la glacière.*
Ce nom ne peut désigner l'appareil électroménager généralement utilisé pour conserver les aliments frais, le ***réfrigérateur.***
LOCUTION
– ***Glacière portative.*** Contenant isolant refroidi avec de la glace pour conserver les aliments au frais.

GLACIOLOGIE n. f.
Science qui a pour objet l'étude des glaciers et des régions glaciaires.

GLACIOLOGIQUE adj.
Relatif à la glaciologie.

GLACIS n. m.
Le ***s*** ne se prononce pas, [glasi].
(PEINT.) Mince couche de couleur transparente que l'on applique sur les couleurs déjà sèches d'un tableau pour les rendre plus éclatantes.
glaci**s**.

GLAÇON n. m.
1. Morceau de glace. *Attention aux glaçons du toit !*
2. Cube de glace. *Je prendrai une limonade bien fraîche avec des glaçons.*
LOCUTION
– ***Bac à glaçons.*** Récipient placé dans le congélateur où sont conservés des cubes de glace servant à rafraîchir les boissons.
gla**ç**on.

GLAÇURE n. f.
Enduit brillant dont on recouvre la céramique et qui sera vitrifié au feu.
gla**ç**ure.

GLADIATEUR n. m.
Homme qui combattait contre une bête féroce ou contre un autre homme chez les Romains.

GLAÏEUL n. m.
Plante cultivée pour ses fleurs colorées. *Une gerbe de glaïeuls.*
Attention au genre masculin de ce nom : ***un*** glaïeul.
glaïeul.

GLAIRE n. f.
Matière visqueuse sécrétée par les muqueuses enflammées.

GLAISE adj. et n. f.
Terre très argileuse. *Une terre glaise. Un vase de glaise.*

GLAISEUX, EUSE adj.
Qui contient de la glaise. *Un sol glaiseux.*

GLAIVE n. m.
(ANCIENN.) Épée tranchante.
gla**i**ve.

GLANAGE n. m.
Action de ramasser les épis de blé, après la moisson.

GLAND n. m.
Fruit du chêne. *Les écureuils aiment manger des glands.*
glan**d**.

GLANDE n. f.
Organe dont la fonction est de produire certaines substances. *La salive est sécrétée par une glande de la bouche.*

GLANDULAIRE adj.
Qui se rapporte aux glandes.

GLANER v. tr.
1. Ramasser des épis de blé, après la moisson.
2. (FIG.) Recueillir des données, des renseignements, des idées çà et là. SYN. (FAM.) grappiller; ramasser; récolter.
CONJUGAISON : VOIR MODÈLE AIMER.

GLANEUR, EUSE n. m. et f.
Personne qui glane.

GLAPIR v. intr.
Émettre des sons aigus et brefs, en parlant d'un lapin, d'un renard.
CONJUGAISON : VOIR MODÈLE FINIR.

GLAPISSEMENT n. m.
Action de glapir; cri aigu du lapin, du renard.

GLAS n. m.
Le *s* ne se prononce pas, [gla] ; le nom rime avec ***verglas***.
Tintement répété d'une cloche d'église pour annoncer une cérémonie funèbre, un évènement dramatique. *Sonner le glas.*
glas, un **s** final même au singulier.

GLASNOST n. f.
Mot russe signifiant « transparence ».
Transparence politique prônée par les partisans de la ***perestroïka***, en URSS, sous Mikaïl Gorbatchev en 1986.
T En typographie soignée, les mots étrangers sont composés en italique. Dans des textes déjà en italique, la notation se fait en romain. Pour les textes manuscrits, on utilisera les guillemets.

GLAUCOME n. m.
Maladie de l'œil entraînant une diminution du champ visuel.

GLAUQUE adj.
D'un vert tirant sur le bleu. *Des eaux glauques.*
VOIR TABLEAU – COULEUR (ADJECTIFS DE).

GLÈBE n. f.
(LITT.) Champ, terre que l'on cultive.

GLISSADE n. f.
1. Mouvement que l'on fait en glissant. *Luc a fait une glissade et est tombé.* SYN. chute.
2. Glissoire. *Cet hiver, ils ont aménagé une grande glissade au parc.*

GLISSAGE n. m.
Opération consistant à faire descendre le long de pentes les bois abattus en montagne.

GLISSANT, ANTE adj.
Sur quoi on glisse facilement. *Attention à ces marches, qui sont glissantes !*
LOCUTION
– ***Terrain glissant.*** (FIG.) Situation difficile et délicate. *Si tu acceptes cette offre malhonnête, tu pourrais te retrouver sur un terrain glissant.*

GLISSE n. f.
Capacité d'un matériel, d'un skieur à glisser sur la neige, la glace.

GLISSEMENT n. m.
1. Action de glisser. *Le glissement des skis sur la neige.*
2. (FIG.) Évolution graduelle. *Un glissement de sens.* SYN. changement ; modification.
LOCUTION
– ***Glissement de terrain.*** Affaissement du sol. *À Cap-Rouge, près de Québec, il y a eu d'importants glissements de terrain : des maisons ont disparu dans le fleuve.* SYN. éboulement.

GLISSER v. tr., intr., pronom.
VERBE TRANSITIF
Introduire, insérer. *Glisser une lettre sous la porte.*
VERBE INTRANSITIF
Se déplacer volontairement ou involontairement sur une surface glissante ou inclinée. *Glisser sur la neige en skis. Il a glissé sur une flaque d'huile.*
VERBE PRONOMINAL
1. Se faufiler, s'introduire sans être vu. *Un malfaiteur avait réussi à se glisser dans le bureau.*
2. Se trouver involontairement. *Une erreur s'est glissée dans le texte.*
À la forme pronominale, le participe passé de ce verbe s'accorde toujours en genre et en nombre avec son sujet. *Des coquilles se sont glissées dans la traduction anglaise.*
LOCUTION
– ***Glisser un mot à l'oreille de quelqu'un.*** Dire secrètement.
CONJUGAISON : VOIR MODÈLE AIMER.

GLISSIÈRE n. f.
Rainure. *Une fermeture à glissière* ou *fermeture éclair.*
LOCUTION
– ***Glissière de sécurité.*** Ensemble constitué par des rails de protection disposés horizontalement en bordure d'une route ou entre les voies d'une autoroute, pour retenir les véhicules qui ont quitté leur axe de marche (Recomm. off.).

GLISSOIRE n. f.
Couloir glacé aménagé pour les glissades. *Fanny a une petite glissoire dans son jardin ainsi qu'une balançoire.*

GLOBAL, ALE, AUX adj.
Le **o** est ouvert, [glɔbal].
Total. *Des résultats globaux.* SYN. entier. ANT. partiel.

GLOBALEMENT adv.
Le **o** est ouvert, [glɔbalmɑ̃].
D'une manière globale, dans l'ensemble. *Globalement, je suis d'accord.* SYN. généralement.

GLOBALISANT, ANTE adj.
Qui envisage la réalité d'une manière globale. *Une étude globalisante.* SYN. synthétique.

GLOBALISATION n. f.
Action de considérer une question dans son ensemble, de synthétiser en un tout des éléments divers. SYN. synthèse.
FORME FAUTIVE
*globalisation. Anglicisme au sens de ***mondialisation.***

GLOBALISER v. tr.
Examiner une question d'une manière globale. SYN. synthétiser.
CONJUGAISON : VOIR MODÈLE AIMER.

GLOBALISTE adj.
Qui va au-delà des éléments pour envisager la globalité. *« Les processus de mondialisation mettent en relief deux profondes ruptures dans les sociétés contemporaines : entre la richesse et la pauvreté des peuples, et entre la tendance globaliste ou universelle et la réaction hostile à tout pluriculturalisme »* (*Le Monde*).

GLOBALITÉ n. f.
Caractère global. *Il faut étudier la question dans sa globalité.* SYN. intégralité ; totalité.

GLOBE n. m.
Le **o** est ouvert, [glɔb].
1. Corps sphérique ou hémisphérique. *Les globes de verre dépoli d'un luminaire. Le globe oculaire.* SYN. boule ; sphère.
2. Corps sphérique qui représente la Terre. *Un globe terrestre.*
Ne pas confondre avec ***mappemonde***, carte plane représentant le monde en deux hémisphères.
3. (ABSOL.) Le monde. *Faire le tour du globe, c'est-à-dire faire le tour du monde.*

GLOBE-TROTTEUR, EUSE n. m. et f. (pl. *globe-trotteurs*)
(VIEILLI) Voyageur qui parcourt le monde. *Ces étudiants sont de véritables globe-trotteurs : ils ont fait le tour de la planète.* [Les *Rectifications* (1990) admettent : globetrotteur, globetrotteuse.]

GLOBULAIRE adj.
Le **o** est ouvert, [glɔbylɛr].
1. Qui a la forme d'un globe.
2. Qui est relatif aux globules. *Numération globulaire.*
globul**aire.**

GLOBULE n. m.
Le **o** est ouvert, [glɔbyl].
Élément de divers liquides, du sang. *Le sang contient des globules blancs et des globules rouges.*
Attention au genre masculin de ce nom : ***un*** globule.

GLOBULEUX, EUSE adj.
Le *o* est ouvert, [glɔbylø, øz].
Qui a une forme sphérique. *Les yeux globuleux du crapaud.*
globuleux.

GLOIRE n. f.
Grande renommée. *Cet homme politique est avide de gloire.* SYN. célébrité.
LOCUTIONS
– ***Pour la gloire.*** De façon gratuite, pour le prestige simplement.
– ***Rendre gloire à.*** Glorifier, célébrer les mérites de quelqu'un.
– ***Tirer gloire de.*** S'enorgueillir de quelque chose, en tirer vanité.
Ne pas confondre avec le nom ***honneur,*** considération accordée à un grand mérite.

GLORIETTE n. f.
Petit pavillon dans un jardin. *Au bout de l'allée de rosiers se trouve une gloriette couverte* (et non *un gazebo couvert) *de verdure.*

GLORIEUSEMENT adv.
Le *o* est ouvert, [glɔrjøzmɑ̃].
De façon glorieuse.

GLORIEUX, IEUSE adj.
Le *o* est ouvert, [glɔrjø, øz].
Éclatant, célèbre. *Les exploits glorieux de ces chercheurs.* SYN. illustre.
glorieux.

GLORIFIER v. tr., pronom.
Le *o* est ouvert, [glɔrifje].
VERBE TRANSITIF
Louer, célébrer. *Les histoires ont glorifié le courage des premiers colons.* SYN. louanger; vanter.
VERBE PRONOMINAL
Tirer vanité de. *Ils se sont glorifiés de ces succès.* SYN. se flatter; se vanter.
À la forme pronominale, le participe passé de ce verbe s'accorde toujours en genre et en nombre avec son sujet. *Les lauréates se sont glorifiées de leur exploit.*
CONJUGAISON : VOIR MODÈLE ÉTUDIER.
Redoublement du ***i*** à la première et à la deuxième personne du pluriel de l'indicatif imparfait et du subjonctif présent. *(Que) nous glorifiions, (que) vous glorifiiez.*

GLORIOLE n. f.
Les *o* sont ouverts, [glɔrjɔl].
Vanité tirée de petites choses. *La gloriole des manchettes d'un journal consacré aux vedettes.*

GLOSE n. f.
Le *o* est fermé, [gloz].
1. Explication, annotation en marge d'un ouvrage. SYN. commentaire.
2. Critique malveillante.

GLOSER v. tr., intr.
Le *o* est fermé, [gloze].
VERBE TRANSITIF
Critiquer. *Gloser un paragraphe.*
VERBE INTRANSITIF
Éclaircir un texte par un commentaire. *Il excelle à gloser sur tout et rien.*
À la forme intransitive, le verbe se construit absolument ou avec la préposition ***sur.***
CONJUGAISON : VOIR MODÈLE AIMER.

GLOSSAIRE n. m.
Le *o* est ouvert, [glɔsɛr].
Petit répertoire érudit des mots d'un auteur, d'un domaine.
Ne pas confondre avec les noms suivants :
• ***dictionnaire,*** recueil des mots d'une langue et des informations s'y rapportant, présentés selon un certain ordre (alphabétique, thématique, systématique, etc.);
• ***lexique,*** ouvrage qui ne comporte pas de définitions et qui donne souvent l'équivalent dans une autre langue;
• ***vocabulaire,*** ouvrage qui comprend les mots d'une spécialité avec leurs définitions.

GLOTTE n. f.
Le **o** est ouvert, [glɔt].
Orifice du larynx qui permet à l'air de passer.
Ne pas confondre avec le nom ***grotte,*** cavité naturelle dans la roche.

GLOUSSEMENT n. m.
1. Cri de la poule.
2. Rires contenus. *Ses paroles furent saluées par des gloussements, puis des éclats de rire.*
En ce sens, le nom s'emploie généralement au pluriel.

GLOUSSER v. intr.
1. Crier, en parlant de la poule.
2. Rire avec de petits cris. *Quand elle rit, Marie-Thérèse ne cesse de glousser : elle est très drôle.*
CONJUGAISON : VOIR MODÈLE AIMER.

GLOUTON n. m.
Mammifère carnivore de la toundra polaire qui a la taille d'un ourson. *Est-ce parce qu'il est trop gourmand que le glouton porte ce nom ?*
On l'appelle aussi ***carcajou.***

GLOUTON, ONNE adj. et n. m. et f.
Qui mange avidement, à l'excès. *Nadine est une petite gloutonne.* SYN. goinfre; goulu.
Ne pas confondre avec les mots suivants :
• ***gourmand,*** qui aime trop la bonne cuisine;
• ***gourmet,*** qui goûte la bonne cuisine en connaisseur.

GLOUTONNEMENT adv.
Avec gloutonnerie. *Les jeunes affamés mangent gloutonnement.*

GLOUTONNERIE n. f.
Appétit dévorant et excessif du glouton. *Les enfants ont dévoré le goûter avec gloutonnerie.*

GLU n. f.
Substance collante extraite de l'écorce de certains arbres, dont le houx épineux.
glu.

GLUANT, ANTE adj.
Collant. *Cette substance est gluante.* SYN. visqueux.

GLUCIDE n. m.
Nom générique des hydrocarbones.

GLUCO-, GLY-, GLYCÉ-, GLYCI- préf.
Éléments du grec signifiant « doux ». *Glucose.*

GLUCOSE n. m.
Nom générique de certains sucres.

GLY-
VOIR – GLUCO-.

GLYCÉ-
VOIR – GLUCO-.

GLYCÉRINE n. f.
Liquide incolore, sirupeux. *Un savon à la glycérine.*
glycérine.

GLYCI-
VOIR – GLUCO-.

GLYCINE n. f.
Arbuste grimpant cultivé pour ses grappes de fleurs mauves.
glycine.

GMT
Sigle de ***Greenwich Mean Time*** signifiant « heure moyenne du méridien de Greenwich ». *Il est midi GMT.*
Le sigle ***GMT*** est souvent employé improprement pour désigner le temps universel coordonné (***UTC***).

GNANGNAN adj. inv. et n. m. et f.
ADJECTIF INVARIABLE
Pleurnichard. *Des feuilletons gnangnan.*
NOM MASCULIN ET FÉMININ
Personne sans énergie, qui se plaint sans cesse. *Des gnangnans.*
Contrairement à l'adjectif, le nom prend la marque du pluriel.

GNOCCHI n. m. (pl. *gnocchis*)
Les lettres ***cch*** se prononcent ***k***, [ɲɔki].
Mets italien à base de semoule, de pommes de terre, de fromage, gratiné au four. *Des gnocchis délicieux.*
Certains auteurs conservent le pluriel italien du mot en ***i***; il paraît plus logique d'intégrer le mot au français et de mettre un ***s*** au pluriel.
VOIR TABLEAU – ITALIEN (EMPRUNTS À L').

GNOME n. m.
Les lettres ***g*** et ***n*** se prononcent distinctement, [gnom].
Petit génie difforme, gardien de la Terre dans les contes. SYN. lutin.
gnome.

GNOU n. m. (pl. *gnous*)
Antilope d'Afrique. *Les gnous sont des ruminants.*

GO n. m.
Jeu japonais. *Un jeu de go.*

GO (TOUT DE) loc. adv.
(FAM.) Directement, sans préliminaires. *Il posa sa question tout de go.* SYN. sans préambule.

***GOAL**
Anglicisme pour ***but.***

***GOALER**
Anglicisme pour ***garder les buts.***

***GOALEUR**
Anglicisme pour ***gardien de but.***

GOBELET n. m.
Récipient à boire, généralement sans pied ni anse. *Prenons des gobelets de plastique pour le pique-nique.*
gobelet.

GOBE-MOUCHE(S) n. m. (pl. *gobe-mouches*)
1. Passereau qui chasse les insectes au vol.
2. (VIEILLI) (FIG.) Personne crédule qui gobe tout ce qu'on lui dit.
[Les *Rectifications* (1990) admettent : un gobemouche, des gobemouches.]

GOBER v. tr.
1. Avaler sans mâcher. *La grenouille a gobé des mouches. « Je me suis levé pour aller gober des aspirines »* (Réjean Ducharme, *Dévadé*).
2. (FAM.) Croire naïvement. *Il a gobé cette histoire incroyable.*
Ne pas confondre avec les verbes suivants :
- ***agripper,*** saisir violemment avec les doigts ;
- ***attraper,*** prendre comme dans un piège, au passage ;
- ***happer,*** attraper avidement avec la gueule.

CONJUGAISON : VOIR MODÈLE AIMER.

GOBERGE n. f.
Nom d'une espèce halieutique à potentiel commercial au Québec. *La goberge de l'Alaska est une espèce utilisée principalement dans la préparation du surimi.*

GOBERGER (SE) v. pronom.
1. (FAM.) Se prélasser.
2. (FAM.) Faire bonne chère.
Le participe passé de ce verbe, qui n'existe qu'à la forme pronominale, s'accorde toujours en genre et en nombre avec son sujet. *Ces épicuriens se sont gobergés pendant une semaine entière.*
CONJUGAISON : VOIR MODÈLE CHANGER.
Le ***g*** est suivi d'un ***e*** devant les lettres ***a*** et ***o***. *Il se gobergea, nous nous gobergeons.*

GOBEUR, EUSE n. m. et f.
(FAM.) Personne crédule.

GODASSE n. f.
(FAM.) Chaussure.

GODELUREAU n. m. (pl. *godelureaux*)
(FAM.) Jeune prétentieux. SYN. freluquet.

GODET n. m.
1. Petit gobelet.
2. Gros pli d'un vêtement. *Jupe à godets.*
godet.

GODICHE adj. et n. m. et f.
(FAM.) Benêt. *Une personne godiche.* SYN. bête ; niais.

GODILLE n. f.
1. Aviron. *Conduire une gondole à la godille.*
2. Enchaînement de virages rapprochés, en skis.

GODILLER v. intr.
1. Faire avancer une embarcation à la godille. *Le gondolier godille gaiement.*
2. Faire la godille, en skis.
CONJUGAISON : VOIR MODÈLE AIMER.
Les lettres ***ill*** sont suivies d'un ***i*** à la première et à la deuxième personne du pluriel de l'indicatif imparfait et du subjonctif présent. *(Que) nous godillions, (que) vous godilliez.*

GOÉLAND n. m.
Le ***o*** est ouvert, [gɔelɑ̃].
Oiseau de mer de la taille d'une grosse mouette. *Des goélands nombreux.*
Ne pas confondre avec le nom ***goélette,*** bateau de pêche.
goéland.

GOÉLETTE n. f.
Le ***o*** est ouvert, [gɔelɛt].
Bateau de pêche à deux mâts. *Les goélettes rentrent au port.*
Ne pas confondre avec le nom ***goéland,*** grosse mouette.

GOÉMON n. m.
Le ***o*** est ouvert, [gɔemɔ̃].
Algues marines.

GOGLU n. m.
Oiseau chanteur qui niche en Amérique du Nord et hiverne en Argentine. *Nous attendons le goglu des prés, signe avant-coureur du printemps.*

GOGO n. m.
(FAM.) Personne naïve. *C'est un piège pour les gogos.*
LOCUTION
– ***À gogo.*** (FAM.) À profusion, à volonté.

GOGUENARD, ARDE adj.
Insolent, railleur. *Des rires goguenards.* SYN. narquois.

GOGUENARDISE n. f.
Raillerie méprisante.

GOGUETTE n. f.
– ***Être en goguette.*** (FAM.) Être légèrement ivre, en gaieté.
Le mot ne s'emploie que dans cette locution.

GOINFRE adj. et n. m.
Glouton. *Antoinette est un goinfre : elle a mangé 15 crêpes ! Son copain est goinfre tout autant : ils s'entendent bien !* SYN. goulu.
Ce nom ne s'emploie qu'au masculin.

GOINFRER v. intr., pronom.
VERBE INTRANSITIF
(VX) Manger gloutonnement.
VERBE PRONOMINAL
(FAM.) Manger comme un goinfre. *Ils se sont goinfrés.* SYN. s'empiffrer.
À la forme pronominale, le participe passé de ce verbe s'accorde toujours en genre et en nombre avec son sujet. *Ces rustres se sont goinfrés sans retenue.*
CONJUGAISON : VOIR MODÈLE AIMER.

GOINFRERIE n. f.
Gloutonnerie. *La goinfrerie d'adolescents qui viennent de jouer au hockey.*

GOITRE n. m.
Tumeur de la glande thyroïde.
goitre, sans accent circonflexe.

GOLF n. m.
1. Sport où le joueur doit successivement faire pénétrer une balle à l'aide d'un bâton dans un certain nombre de trous (9 ou 18) avec un nombre minimal de coups. *Jouer au golf.*
2. Terrain où l'on pratique le golf. *Le golf de Saint-Lambert est bien aménagé.*
LOCUTION
– ***Golf miniature, mini-golf.*** Golf à échelle réduite.
HOM. ***golfe,*** partie de mer qui s'enfonce dans les terres.

GOLFE n. m.
Partie de mer qui s'enfonce dans les terres. *Le golfe du Saint-Laurent est majestueux.*
T Dans les désignations géographiques, le nom ***golfe*** s'écrit avec une minuscule, tout comme les mots ***baie, île, lac, mer, mont, océan,*** etc. Lorsque le nom ***golfe*** est employé de façon elliptique, il s'écrit avec une majuscule. *La guerre du Golfe.*
HOM. ***golf,*** sport.

GOLFEUR, EUSE n. m. et f.
Personne qui joue au golf. *André est un bon golfeur.*

GOMBO n. m.
Plante dont le fruit est employé comme condiment. *Une soupe aux gombos.*

GOMINER v. tr.
Enduire ses cheveux d'un produit pour les rendre lisses et brillants.
CONJUGAISON : VOIR MODÈLE AIMER.

GOMMAGE n. m.
1. Action de recouvrir de gomme.
2. En cosmétique, nettoyage de la peau avec un produit destiné à éliminer les cellules mortes superficielles.
VOIR – EXFOLIATION.

GOMMANT, ANTE adj.
Se dit d'un produit qui élimine les cellules mortes. *Cette pâte gommante ressemble à du sable : elle se transforme en mousse onctueuse au contact de l'eau pour éliminer les cellules mortes et faire peau neuve.* SYN. exfoliant.

GOMME n. f.
1. Substance visqueuse. *Gomme arabique.*
2. Petit bloc de caoutchouc pour effacer les traits de crayon. *Une gomme à effacer* (et non une *efface).
3. ⚜ Gomme à mâcher. *Acheter de la gomme à mâcher.*

GOMMER v. tr.
1. Enduire de gomme. *Du papier gommé.*
2. Effacer au moyen d'une gomme. *Gommer un trait de crayon.*
3. (FIG.) Atténuer. *Il a tendance à gommer la réalité.* SYN. effacer ; supprimer.
CONJUGAISON : VOIR MODÈLE AIMER.

GONADE n. f.
Glande sexuelle. *Le testicule est une gonade mâle, l'ovaire, une gonade femelle.*
Attention au genre féminin de ce nom : ***une*** gonade.

GOND n. m.
Le ***d*** ne se prononce pas, [gɔ̃].
Pièce de fer sur laquelle tourne une penture. *Les gonds d'une porte.*
LOCUTION
– ***Sortir de ses gonds.*** (FIG.) Se mettre en colère.
Ne pas confondre avec le nom ***gong,*** instrument à percussion.
gond.

GONDOLE n. f.
Barque vénitienne. *Les gondoles sont conduites par les gondoliers.*
gondole.

GONDOLEMENT n. m.
Action de gondoler ; fait de se gondoler.
gondolement.

GONDOLER v. tr., intr., pronom.
VERBE TRANSITIF
Déformer. *L'humidité a gondolé la porte.*
VERBE INTRANSITIF
Prendre une forme ondulée. *Le bois a gondolé.*
VERBE PRONOMINAL
1. Se bomber. *La surface de la table s'est gondolée.*
2. (FAM.) S'amuser, rire à se tordre.
À la forme pronominale, le participe passé de ce verbe s'accorde toujours en genre et en nombre avec son sujet. *Les lattes du parquet se sont gondolées.*
CONJUGAISON : VOIR MODÈLE AIMER.
gondoler.

GONDOLIER n. m.
Batelier qui conduit une gondole.

GONFLABLE adj.
Qui se gonfle. *Un ballon gonflable.*
LOCUTION
– ***Coussin gonflable.*** Coussin qui se gonfle automatiquement lors d'un impact en vue de protéger les passagers d'un véhicule automobile. *Un coussin gonflable* (et non un *airbag). SYN. sac gonflable.

GONFLAGE n. m.
Action de gonfler. *Le gonflage d'un matelas pneumatique.*

GONFLÉ, ÉE adj.
(FAM.) Qui a du culot. *Il est gonflé de me demander cela.* SYN. (FAM.) culotté ; effronté.

GONFLEMENT n. m.
État de ce qui est gonflé. *Le médecin a noté le gonflement de ses chevilles.*

GONFLER v. tr., intr., pronom.
VERBE TRANSITIF
1. Augmenter le volume d'un corps en le remplissant d'air. *Gonfler un ballon.*
2. Faire grossir. *Le vent gonfle la voile de sa planche.*
VERBE INTRANSITIF
Augmenter de volume, enfler. *Ce soufflé gonfle à la cuisson. Son genou a gonflé.*
VERBE PRONOMINAL
1. Devenir enflé. *Ses cheveux se sont gonflés sous le vent.* SYN. enfler.
2. Se remplir de. *Il se gonfle d'orgueil.*
3. (FIG.) Prendre du volume, de l'importance. *La rivière s'est gonflée sous l'effet des pluies abondantes.* SYN. augmenter ; croître.

À la forme pronominale, le participe passé de ce verbe s'accorde toujours en genre et en nombre avec son sujet. *En raison de l'inflation, les prix se sont gonflés.*
CONJUGAISON : VOIR MODÈLE AIMER.

GONG n. m.
Le *g* final se prononce, [gɔ̃g].
Instrument à percussion. *Des gongs retentissants.*
Ne pas confondre avec le nom ***gond,*** pièce de fer sur laquelle tourne une penture.
gong.

GONOCOQUE n. m.
Microbe pathogène.
gonocoque.

***GOODWILL**
Anglicisme pour ***achalandage, clientèle.***

GORDIEN adj. m.
LOCUTIONS
– ***Nœud gordien.*** Problème épineux.
– ***Trancher le nœud gordien.*** Résoudre un problème d'une façon brutale.
Le mot ne s'emploie que dans ces locutions.

GORET n. m.
Jeune porc.
goret.

GORGE n. f.
1. Partie du cou. *Ce foulard couvre sa gorge.*
2. (LITT.) Seins de la femme.
3. Région située au fond de la bouche. *Avoir mal à la gorge.*
4. Vallée étroite et profonde aux versants rocheux escarpés (Recomm. off.).
LOCUTIONS
– ***Faire des gorges chaudes de quelque chose.*** Se moquer de quelque chose.
– ***Mettre le couteau sous, sur la gorge.*** (FIG.) Menacer quelqu'un.
– ***Prendre quelqu'un à la gorge.*** (FIG.) Imposer sa volonté à quelqu'un.
– ***Rire à gorge déployée.*** Rire très fort.
Ne pas confondre avec les noms suivants :
• ***col,*** passage plus ou moins élevé entre deux montagnes ;
• ***défilé,*** passage étroit entre deux montagnes ;
• ***détroit,*** espace étroit entre deux côtes.

GORGE-DE-PIGEON adj. inv.
Se dit d'une couleur à reflets changeants. *Des velours gorge-de-pigeon.*
VOIR TABLEAU – COULEUR (ADJECTIFS DE).

GORGÉE n. f.
Quantité de liquide qu'on peut avaler en une seule fois. *Laisse-moi boire une gorgée d'eau, j'ai soif.*

GORGER v. tr., pronom.
VERBE TRANSITIF
Remplir, combler. *Gorger un enfant de gâteries.* SYN. gaver.
VERBE PRONOMINAL
Se remplir. *Au printemps, la terre s'est gorgée d'eau.*
Le complément est introduit par la préposition ***de.***
À la forme pronominale, le participe passé de ce verbe s'accorde toujours en genre et en nombre avec son sujet. *Les enfants se sont gorgés de limonade.*
CONJUGAISON : VOIR MODÈLE CHANGER.
Le ***g*** est suivi d'un ***e*** devant les lettres ***a*** et ***o.*** *Il gorgea, nous gorgeons.*

GORGONE n. f.
Monstre de la mythologie coiffé de serpents.
gorgone.

GORGONZOLA n. m.
Fromage italien. *Des gorgonzolas appétissants.*

GORILLE n. m.
1. Singe de grande taille.
2. (FIG.) (FAM.) Garde du corps. *Le président est protégé par des gorilles.*

GOSIER n. m.
Arrière-gorge. *Ces enfants crient à plein gosier.*

GOSSE n. m. et f.
(FAM.) Enfant (garçon ou fille).

GOTHIQUE adj. et n. m. et f.
ADJECTIF
Qui se rapporte au style architectural qui s'est épanoui en Europe, du Moyen Âge à la Renaissance. *Une cathédrale gothique.*
NOM MASCULIN
Style architectural du Moyen Âge.
NOM FÉMININ
(TYPOGR.) Type de lettre. *Pour la composition, nous utiliserons des gothiques.*

GOUACHE n. f.
1. Peinture à l'eau. *Maman a acheté des pots de gouache.*
2. Dessin fait à la gouache. *Une jolie gouache décorait le mur.*

GOUAILLER v. intr.
(FAM.) Se moquer de, railler.
CONJUGAISON : VOIR MODÈLE AIMER.
Les lettres ***ill*** sont suivies d'un ***i*** à la première et à la deuxième personne du pluriel de l'indicatif imparfait et du subjonctif présent. *(Que) nous gouaillions, (que) vous gouailliez.*

GOUAILLERIE n. f.
(FAM.) Raillerie.

GOUAILLEUR, EUSE adj.
Moqueur. *Un ton gouailleur.*

GOUALANTE n. f.
(FAM.) (VX) Chanson populaire.

GOUDA n. m.
Fromage de Hollande. *Des goudas savoureux.*
T Le nom du fromage s'écrit avec une minuscule ; le nom de la ville s'écrit avec une majuscule.

GOUDRON n. m.
Substance noire et visqueuse servant notamment au revêtement des routes, des toitures.

GOUDRONNAGE n. m.
Action de goudronner. *Le goudronnage d'un toit.*
goudronnage.

GOUDRONNER v. tr.
Enduire, revêtir de goudron. *Goudronner une route.*
CONJUGAISON : VOIR MODÈLE AIMER.
goudronner.

GOUFFRE n. m.
1. Cavité profonde et abrupte. *Le gouffre de Padirac.*
2. (FIG.) Ce qui engloutit beaucoup d'argent. *Cette folle entreprise est un gouffre.*
gouffre.

GOUGE n. f.
Ciseau servant à travailler le bois.

GOUJAT n. m.
Homme grossier, sans manières.
goujat.

GOUJATERIE n. f.
Acte grossier.

GOUJON n. m.
1. Tige de bois servant à lier deux pièces.
2. Poisson des rivières.

GOULAG n. m.
Système concentrationnaire en URSS. *Des goulags.*

G

GOULASCH ou **GOULACHE** n. m.
Plat hongrois. *Manger un bon goulasch.*
Ce nom est masculin, mais en raison de sa finale, on lui donne également le genre féminin.

GOULÉE n. f.
1. (FAM.) Bouchée ou gorgée avalée avec avidité. *Boire à grosses goulées.*
2. Quantité d'air qu'on peut aspirer en une fois.

GOULET n. m.
Passage étroit dans les montagnes, chenal étroit à l'entrée de certains ports.
Ne pas confondre avec le nom ***goulot***, col étroit d'un vase, d'une bouteille.
LOCUTION
– ***Goulet d'étranglement.*** (FIG.) Difficulté faisant obstacle au développement, à l'évolution. *Il y a un goulet d'étranglement à la caisse et des files d'attente se forment.*
L'expression d'origine est fréquemment remplacée par ***goulot d'étranglement.***
goulet.

GOULEYANT, ANTE adj.
(FAM.) Léger, agréable, en parlant d'un vin. *Des vins gouleyants.*

GOULOT n. m.
Col étroit d'un vase, d'une bouteille. *Il est difficile de nettoyer cette bouteille dont le goulot est très étroit.*
Ne pas confondre avec le nom ***goulet***, passage étroit dans les montagnes.
LOCUTION
– ***Goulot d'étranglement.*** (FIG.) Difficulté faisant obstacle au développement, à l'évolution.
L'expression ***goulot d'étranglement*** remplace souvent l'expression d'origine ***goulet d'étranglement.***
goulot.

GOULU, UE adj. et n. m. et f.
Goinfre, glouton. *Un appétit goulu. Es-tu une goulue ou une gourmande ?*

GOULÛMENT adv.
Avidement, de façon goulue. *Les adolescents mangeaient goulûment.*
[Les *Rectifications* (1990) admettent : goulument.]

GOUPIL n. m.
Le *l* se prononce ou non, [gupil, gupi].
(VX) Renard.

GOUPILLE n. f.
Cheville ou tige métallique qui sert à assembler deux pièces.

GOUPILLER v. tr., pronom.
VERBE TRANSITIF
Fixer à l'aide de goupilles.
VERBE PRONOMINAL
(FIG.) (FAM.) S'arranger. *L'affaire s'est bien goupillée.* SYN. se combiner.
À la forme pronominale, le participe passé de ce verbe s'accorde toujours en genre et en nombre avec son sujet. *L'entente s'est goupillée rapidement.*
CONJUGAISON : VOIR MODÈLE AIMER.
Les lettres ***ill*** sont suivies d'un ***i*** à la première et à la deuxième personne du pluriel de l'indicatif imparfait et du subjonctif présent. *(Que) nous goupillions, (que) vous goupilliez.*

GOURD, GOURDE adj.
Engourdi par le froid. *Elle a les doigts gourds.*

GOURDE n. f.
1. Récipient portatif. *Une gourde d'eau.*
2. Unité monétaire d'Haïti. *Des gourdes.*
VOIR TABLEAU – SYMBOLES DES UNITÉS MONÉTAIRES.

GOURDIN n. m.
Gros bâton. *Pour se défendre, elle avait un gourdin.*

GOURER (SE) v. pronom.
(FAM.) Se tromper lourdement. *Ils se sont encore gourés.*
Le participe passé de ce verbe, qui n'existe qu'à la forme pronominale, s'accorde toujours en genre et en nombre avec son sujet. *Elle s'était gourée en achetant cette voiture d'occasion.*
CONJUGAISON : VOIR MODÈLE AIMER.

GOURMAND, ANDE adj. et n. m. et f.
Qui aime trop la bonne cuisine. *Christiane est trop gourmande, elle a quelques kilos en trop.*
Ne pas confondre avec les mots suivants :
- ***glouton***, qui mange avidement ;
- ***gourmet***, qui goûte la bonne cuisine en connaisseur.

GOURMANDER v. tr.
(LITT.) Réprimander sévèrement. SYN. chapitrer.
CONJUGAISON : VOIR MODÈLE AIMER.

GOURMANDISE n. f.
1. Caractère d'une personne gourmande. *La gourmandise de Christiane est bien connue.*
2. (AU PLUR.) Friandises. *Merci pour ces délicieuses gourmandises.*

GOURMÉ, ÉE adj.
Raide, guindé. *Une attitude gourmée.* SYN. pincé.

GOURMET n. m.
Personne qui goûte la bonne cuisine en connaisseur.
Ne pas confondre avec les mots suivants :
- ***glouton***, qui mange avidement ;
- ***gourmand***, qui aime trop la bonne cuisine.
gourmet.

GOURMETTE n. f.
Chaîne de montre, bracelet.

GOUROU ou **GURU** n. m.
1. Dans la religion hindoue, maître spirituel.
2. Maître spirituel. *Des gourous.*

GOUSSE n. f.
1. Enveloppe allongée de certaines graines. *Enlever les petits pois de leur gousse ou de leur cosse. Une gousse de vanille.*
2. Tête ou partie de tête d'ail ou d'échalote. *Des gousses d'ail.*

GOUSSET n. m.
Petite poche de gilet. *Une montre de gousset.*
gousset.

GOÛT n. m.
1. Sens par lequel nous percevons les saveurs (salée, sucrée, amère, acide). *« Le goût, mon cher, c'est un organe délicat, perfectible et respectable comme l'œil et l'oreille »* (Maupassant, *Contes et Nouvelles*, cité dans le TLF).
2. Saveur. *Cette glace a bon goût, elle a un goût d'érable.*
3. Faculté d'apprécier le beau. *C'est une affaire de goût. Elle a un goût très sûr.*
4. Préférence. *Ce jardin anglais est à mon goût. Ce dessin n'est pas de mon goût.*
Dans une construction affirmative, on emploie surtout la préposition ***à*** ; dans une construction négative, la préposition ***de.***
LOCUTIONS
– ***Au goût du jour.*** À la mode.
– ***Avoir le goût de.*** Avoir envie de. *J'ai le goût d'aller patiner.*
– ***Dans le goût de.*** Dans le style de. *Une aquarelle dans le goût de Marc-Aurèle Fortin.*
[Les *Rectifications* (1990) admettent : gout.]

GOÛTER v. tr., intr.
VERBE TRANSITIF DIRECT
1. Apprécier par le goût la saveur des choses. *Goûter une sauce.* SYN. essayer.
2. ⚜ Avoir le goût de. *Cette viande goûte le sapin.*
En ce sens, le verbe demeure usuel au Québec et dans la francophonie canadienne, mais il n'appartient plus à l'usage courant de la majorité des locuteurs du français.
3. (FIG.) Apprécier. *Goûter le calme de la forêt. « Je goûterai le soir bleu »* (Pierre Nepveu, *Lignes aériennes*). SYN. aimer ; savourer.
VERBE TRANSITIF INDIRECT
1. Manger ou boire un peu de quelque chose pour connaître son goût. *Goûter à un dessert.*
En ce sens, le verbe se construit avec la préposition ***à.***
2. (FIG.) Jouir complètement de quelque chose. *Goûter à la liberté.*
En ce sens, le verbe se construit avec la préposition ***à.***
3. Boire ou manger pour la première fois. *Goûter de la papaye.*
En ce sens, le verbe se construit avec la préposition ***de.***
VERBE INTRANSITIF
Prendre une collation. *Les enfants aiment bien goûter au retour de l'école.*
HOM. ***goûter,*** collation.
CONJUGAISON : VOIR MODÈLE AIMER.
[Les *Rectifications* (1990) admettent : gouter.]

GOÛTER n. m.
Collation. *Le goûter des enfants après l'école.*
HOM. ***goûter,*** apprécier par le goût la saveur des choses.
[Les *Rectifications* (1990) admettent : gouter.]

GOÛTEUX, EUSE adj.
Qui a bon goût. *Une pêche goûteuse.*
[Les *Rectifications* (1990) admettent : gouteux, gouteuse.]

GOUTTE n. f.
1. Très petite quantité de liquide. *Une goutte d'eau, une goutte de pluie. À peine une goutte de lait, s'il vous plaît, dans mon café. Des gouttes pour les yeux.*
2. (MÉD.) Maladie causée par l'accumulation d'acide urique dans l'organisme. *Jean-Claude a parfois de douloureux accès de goutte.*
LOCUTIONS
– ***C'est la goutte d'eau qui fait déborder le vase.*** C'est un ennui qui vient s'ajouter aux autres, qui les couronne. SYN. C'est le bouquet !
– ***C'est une goutte d'eau dans l'océan.*** C'est une chose inutile, insignifiante.
– ***Goutte à goutte.*** Une goutte après l'autre. *Le liquide s'écoule goutte à goutte.*
Ne pas confondre avec le nom ***goutte-à-goutte,*** perfusion.
– ***N'y voir goutte.*** (VX) Ne pas bien voir. *C'est tout noir dans la cave : je n'y vois goutte.*
– ***Se ressembler comme deux gouttes d'eau.*** Avoir une apparence très semblable à celle d'une autre personne.

GOUTTE-À-GOUTTE n. m. inv.
Perfusion.
Ne pas confondre avec la locution ***goutte à goutte*** qui s'écrit sans traits d'union.

GOUTTELETTE n. f.
Petite goutte. *Des gouttelettes de rosée.*
gouttelette.

GOUTTER v. intr.
Couler goutte à goutte. *Le toit goutte.* SYN. dégoutter.
HOM. ***goûter,*** manger ou boire un peu de quelque chose.
CONJUGAISON : VOIR MODÈLE AIMER.

GOUTTIÈRE n. f.
Petit canal destiné à recevoir les eaux de pluie.
LOCUTION
– ***Chat de gouttière.*** Chat sans race spécifique.

GOUVERNABLE adj.
Que l'on peut gouverner. *Une entreprise difficilement gouvernable.*

GOUVERNAIL n. m.
Dispositif mobile d'un bateau, d'un avion destiné à régler sa direction. *Des gouvernails en bon état.*

GOUVERNANCE n. f.
1. Art de gouverner.
2. Pour les membres d'un conseil d'administration, action de fixer les grandes orientations de l'entreprise, de la diriger, d'en assurer la viabilité financière et de veiller à ce que les intérêts des actionnaires soient protégés. *Afin d'exercer leur gouvernance adéquatement, les membres du conseil d'administration ne doivent pas être inféodés à la direction de l'entreprise.* SYN. gouvernement d'entreprise.

GOUVERNANT, ANTE adj. et n. m. et f.
ADJECTIF
Qui gouverne.
NOM MASCULIN ET FÉMININ
Personne qui exerce le pouvoir politique. SYN. dirigeant.

GOUVERNANTE n. f.
1. Femme chargée de l'éducation d'un ou de plusieurs enfants.
2. Femme qui prend soin de la maison d'une personne seule. *La gouvernante du presbytère.*

GOUVERNE n. f.
(MAR.) Direction d'une embarcation.
LOCUTION
– ***Pour ma (ta, sa,*** etc.***) gouverne.*** Comme règle de conduite.

GOUVERNEMENT n. m.
1. Action, manière de diriger un pays. *Le gouvernement de notre pays se fait de manière démocratique.*
2. Ensemble des personnes qui gouvernent un État (le premier ministre, les ministres, etc.). *Le gouvernement du Québec. Le gouvernement devrait s'attaquer à réduire le déficit.*
T Le nom ***gouvernement*** s'écrit avec une minuscule.
LOCUTION
– ***Gouvernement d'entreprise.*** Pour les membres d'un conseil d'administration, action de fixer les grandes orientations de l'entreprise, de la diriger, d'en assurer la viabilité financière et de veiller à ce que les intérêts des actionnaires soient protégés. SYN. gouvernance.
FORME FAUTIVE
*gouvernement local. Calque de « *local government* » pour ***collectivité locale.***

GOUVERNEMENTAL, ALE, AUX adj.
Relatif au gouvernement. *Les services gouvernementaux.*

GOUVERNER v. tr.
1. Diriger politiquement. *Le premier ministre et ses ministres gouvernent le pays pour quatre ou cinq ans.*
2. Diriger à l'aide d'un gouvernail. *Gouverner un voilier.*
CONJUGAISON : VOIR MODÈLE AIMER.

GOUVERNEUR n. m.
GOUVERNEURE n. f.
1. Au Canada, personne qui représente le roi ou la reine d'Angleterre. *Élisabeth II a été accueillie par la gouverneure générale.*
2. Personne qui assure la direction d'un grand établissement public. *Gouverneur de la Banque de France.*
3. Aux États-Unis, titulaire du pouvoir exécutif d'un État.
FORMES FAUTIVES
*bureau des gouverneurs. Calque de « *board of governors* » pour ***conseil d'administration.***
*gouverneur (d'un conseil d'administration). Anglicisme au sens de ***administrateur.***

G

GOYAVE n. f.
Les lettres ***goya*** se prononcent ***go-ya***, [gɔjav].
Fruit du goyavier.
Attention au genre féminin de ce nom : ***une*** goyave.

GOYAVIER n. m.
Arbre tropical cultivé pour ses fruits sucrés, les goyaves.

GPS (SYSTÈME) n. m.
Système de localisation qui permet, à un moment précis, de déterminer la position d'un engin ou d'un objet qui se déplace, en se servant de signaux émis par des satellites placés en orbite autour de la Terre (GDT). *Un système GPS de navigation routière.* SYN. système mondial de localisation.
Les lettres ***GPS*** sont le sigle de ***Global Positioning System*** et de ***géopositionnement par satellite.***

GRABAT n. m.
Lit misérable. *Les réfugiés dormaient sur de simples grabats.*
grabat.

GRABATAIRE adj. et n. m. et f.
Qui ne quitte pas le lit. *Ces malades sont des grabataires.*

GRABATISATION n. f.
Fait de devenir grabataire.

GRABUGE n. m.
(FAM.) Bataille, désordre. *Je ne veux pas de grabuge ici !* SYN. (FAM.) bagarre.

GRÂCE n. f.
1. Faveur. *Solliciter une grâce.* SYN. avantage ; bienfait.
2. Reconnaissance. *Nous fêtons l'Action de grâces* ou *l'Action de grâce en octobre.*
3. Pardon, remise de peine. *L'opinion publique a finalement obtenu la grâce du condamné.*
4. Aisance, élégance naturelle. *Elle a beaucoup de grâce.*
LOCUTIONS
– ***Action de grâce(s).*** Témoignage de reconnaissance.
– ***Avoir mauvaise grâce à.*** Être malvenu de.
– ***Coup de grâce.*** Coup fatal.
– ***Crier grâce.*** Se déclarer vaincu, réclamer la pitié.
– ***De bonne grâce,*** loc. adv. Aimablement, volontiers.
– ***De grâce.*** Par faveur. *De grâce, taisez-vous !*
– ***Délai de grâce.*** Délai accordé à un débiteur par son créancier.
– ***Demander grâce, crier grâce.*** Implorer le pardon.
– ***Faire à quelqu'un la grâce de.*** Accorder à quelqu'un la faveur de, avoir l'amabilité de.
– ***Faire grâce de.*** Épargner. *Je vous fais grâce des détails.*
– ***Grâce à,*** loc. prép. À l'aide de. *Grâce à son aide, nous avons réussi.* SYN. avec.
Cette locution ne s'emploie que dans un contexte favorable. Dans un contexte défavorable, on emploie plutôt ***à cause de, en raison de, par suite de.*** *En raison d'écarts* (et non *grâce à des écarts) *importants dans les résultats, nous avons dû refaire l'enquête.*
– ***Les bonnes grâces de quelqu'un.*** Appui, faveur de quelqu'un. « *Je suis entré à fond dans ses bonnes grâces quand j'ai sauvé son chat* » (Réjean Ducharme, *Dévadé*).
– ***Rendre grâce à quelqu'un.*** Lui attribuer un résultat favorable.
– ***Trouver grâce aux yeux de quelqu'un.*** Gagner sa bienveillance.

GRÂCE ! interj.
Interjection employée pour implorer la pitié. *Grâce ! ne soyez pas trop sévère.* SYN. pitié.
T L'interjection est toujours suivie d'un point d'exclamation qui est souvent repris à la fin de la phrase. Si la phrase exclamative n'est pas complète, le mot qui suit le point d'exclamation s'écrit avec une minuscule initiale.

LOCUTION
– ***De grâce,*** loc. interj. Par pitié. *De grâce, épargne ces chatons : laisse-les avec leur maman pour quelques jours encore !*
grâce.

GRACIER v. tr.
Supprimer la peine de, par faveur. *Le président a gracié le condamné.*
CONJUGAISON : VOIR MODÈLE ÉTUDIER.
Redoublement du ***i*** à la première et à la deuxième personne du pluriel de l'indicatif imparfait et du subjonctif présent. *(Que) nous graciions, (que) vous graciiez.*
gracier, malgré ***grâce.***

GRACIEUSEMENT adv.
1. Avec charme, élégance. *Comme elle marche gracieusement !*
2. Gratuitement. *Ce livre nous a été offert gracieusement.*

GRACIEUSETÉ n. f.
1. (LITT.) Manière aimable d'agir.
2. (VIEILLI) Don gracieux.
Ce nom est aujourd'hui vieilli, on dira plutôt ***cadeau.*** Par contre, l'expression ***à titre gracieux*** demeure courante.

GRACIEUX, IEUSE adj.
1. Qui a beaucoup de grâce. *Une gracieuse jeune fille.* SYN. attrayant ; charmant.
2. Gratuit. *Cette aide est apportée à titre gracieux.*

GRACILE adj.
(LITT.) Délicat, fragile. *Un corps gracile.*
gracile.

GRACILITÉ n. f.
(LITT.) Caractère de ce qui est gracile.

GRADATEUR (DE LUMIÈRE) n. m.
Dispositif permettant de réduire le flux lumineux d'un appareil d'éclairage. *Une lampe halogène munie d'un gradateur* (et non *dimmer). SYN. variateur.

GRADATION n. f.
Accroissement ou décroissement progressif. *La gradation des sons, des couleurs.*
Ne pas confondre avec le nom ***graduation,*** action de diviser en degrés, et son résultat.

GRADE n. m.
Échelon de la hiérarchie.
LOCUTIONS
– ***Grade universitaire.*** Rang dans la hiérarchie des diplômes universitaires (Recomm. off.). *Quel est son grade universitaire* (et non *académique)*?*
Le terme ***grade universitaire*** est un générique. Les termes ***baccalauréat, maîtrise*** et ***doctorat*** sont des termes spécifiques. Les certificats et les diplômes décernés par un établissement universitaire sont des diplômes, au sens général du terme, au même titre que les baccalauréats, les maîtrises et les doctorats, mais ne sont pas des grades.
VOIR TABLEAU – GRADES ET DIPLÔMES UNIVERSITAIRES.
– ***Monter en grade.*** (FIG.) Avoir une promotion. SYN. prendre du galon.
FORMES FAUTIVES
*grade. Anglicisme au sens de ***année scolaire.***
*grade. Anglicisme au sens de ***degré (de malignité).*** *Une tumeur de faible degré* (et non *grade) *de malignité.*

GRADÉ, ÉE adj. et n. m.
Qui a un grade. *Un militaire gradé.*
Ne pas confondre avec les mots suivants :
- ***gradué,*** divisé en degrés ;
- ***graduel,*** qui évolue par degrés.

***GRADER**
Anglicisme pour ***niveleuse.***

GRADIN n. m.
Chacun des bancs étagés d'un amphithéâtre. *Les gradins du stade olympique étaient remplis à craquer.*

GRADUATION n. f.
1. Action de diviser en degrés. *La graduation d'un instrument de mesure.*
2. Ensemble des divisions correspondant à ces degrés.
Ne pas confondre avec le nom ***gradation***, accroissement ou décroissement progressif.
FORMES FAUTIVES
*bal de graduation. Anglicisme au sens de ***bal de fin d'études, fête de fin d'études.***
*graduation. Anglicisme au sens de ***collation des grades*** (enseignement universitaire), ***(cérémonie de) remise des diplômes, cérémonie de fin d'études*** (enseignement secondaire, enseignement collégial).

GRADUÉ, ÉE adj.
Divisé en degrés. *Un thermomètre gradué.*
Ne pas confondre avec les mots suivants :
• ***gradé,*** qui a un grade;
• ***graduel,*** qui évolue par degrés.
FORMES FAUTIVES
*études graduées. Calque de «*graduate studies*» pour ***cycles supérieurs.***
*gradué. Anglicisme au sens de ***diplômé.***

GRADUEL, ELLE adj.
Qui évolue par degrés. *La diminution graduelle du niveau de l'eau.*
Ne pas confondre avec les mots suivants :
• ***gradé,*** qui a un grade;
• ***gradué,*** divisé en degrés.

GRADUELLEMENT adv.
De façon graduelle. SYN. peu à peu.

GRADUER v. tr.
1. Diviser en degrés. *Ce thermomètre est gradué en Celsius.*
2. Augmenter graduellement. *Les enseignants ont gradué les exercices en fonction des connaissances des élèves.*
FORME FAUTIVE
*graduer. Anglicisme au sens de ***obtenir un diplôme.***
CONJUGAISON : VOIR MODÈLE AIMER.

GRAFFITEUR, EUSE n. m. et f.
Personne qui dessine des graffitis sur les murs.

GRAFFITI n. m. (pl. *graffitis* ou *graffiti*)
Inscriptions dessinées sur les murs. *Des graffitis* ou *des graffiti amusants.*
Ce nom est un pluriel italien qui peut rester invariable ou prendre la marque du pluriel.
VOIR TABLEAU – ITALIEN (EMPRUNTS À L').

GRAIN n. m.
1. Le fruit des céréales, la graine de certaines légumineuses. *Des grains de blé.*
2. Corps très petit et sphérique. *Des grains de sable, des grains de poivre. Du café en grains.*
3. (MAR.) Coup de vent violent et subit. *Recevoir un grain.*
LOCUTIONS
– ***Grain de beauté.*** Petite tache brune sur la peau.
– ***Veiller au grain.*** (FIG.) (MAR.) Se disposer à manœuvrer à l'approche d'un grain et, au figuré, se tenir sur ses gardes.

GRAINE n. f.
Semence des plantes à fleurs. *Des graines de marguerites.*

GRAINETERIE n. f.
Les ***e*** des deuxième et troisième syllabes ne se prononcent pas, [grɛntri].
Commerce des graines.

GRAINETIER n. m.
GRAINETIÈRE n. f.
Le ***e*** central ne se prononce pas, [grɛntje, grɛntjɛr].
Personne qui vend des grains, des graines, des bulbes, etc.

GRAISSAGE n. m.
Lubrification. *Il faudrait faire le graissage de cette voiture.*

GRAISSE n. f.
Corps gras. *Des graisses végétales et animales.*

GRAISSER v. tr.
Huiler. *Graisser un engrenage.*
LOCUTION
– ***Graisser la patte à quelqu'un.*** (FIG.) (FAM.) Donner de l'argent à quelqu'un en échange de faveurs, pour obtenir un marché, etc.
CONJUGAISON : VOIR MODÈLE AIMER.

GRAISSEUX, EUSE adj.
1. De la nature de la graisse. *Des tissus graisseux.*
2. Taché de graisse. *Des mains graisseuses.*
graisseux.

GRAMMAIRE n. f.
1. Science des structures et des règles d'une langue.
2. Livre où les règles pour parler et écrire correctement une langue sont regroupées. Le Bon Usage *est une excellente grammaire du français.*
VOIR TABLEAU – TERMINOLOGIE GRAMMATICALE.
grammaire.

GRAMMAIRIEN n. m.
GRAMMAIRIENNE n. f.
Spécialiste de la grammaire.
grammairien.

GRAMMATICAL, ALE, AUX adj.
Qui se rapporte à la grammaire. *Des règles grammaticales.*
LOCUTION
– ***Orthographe grammaticale.*** Graphie d'un mot selon le rôle qu'il joue dans la phrase, par exemple, *la pomme qu'elle a mangée* (et non *mangé).
L'orthographe usuelle *ou* orthographe d'usage est la graphie d'un mot, indépendamment du rôle qu'il joue dans la phrase, par exemple *rythme* (et non *ritme).
grammatical.

GRAMMATICALEMENT adv.
Selon les règles de la grammaire.
grammaticalement.

GRAMMATICALITÉ n. f.
(LING.) Caractère d'une phrase, d'une construction conforme à la grammaire d'une langue.

GRAMME n. m.
Symbole ***g*** (s'écrit sans point).
Unité de masse valant un millième de kilogramme.

-GRAMME suff.
Élément du latin signifiant « lettre ». *Télégramme.*

GRAMOPHONE n. m.
Les deux ***o*** sont ouverts, [gramɔfɔn].
(VX) Phonographe.

GRAND, GRANDE adj. et n. m. et f.
Suivi d'un mot qui commence par une voyelle ou un ***h*** muet, le ***d*** de l'adjectif ou du nom masculin singulier se prononce ***t***. *Un grand (t) homme.*
ADJECTIF
1. Dont la taille dépasse la moyenne. *Un grand jardin. Il est très grand, il mesure 1,90 m.*
2. Qui a atteint l'âge adulte. *Il est grand maintenant, il a 20 ans. Une grande personne peut être petite.*
3. Important, extraordinaire. *Un grand évènement.*
4. Considérable. *Une grande fortune.*

GRADES ET DIPLÔMES UNIVERSITAIRES

G

DÉSIGNATIONS

Dans le corps d'un texte, les désignations de grades et de diplômes universitaires s'écrivent au long et en minuscules. *Elle a terminé son doctorat en physique. Il est titulaire d'une maîtrise en histoire.*

T La préposition **ès** qui résulte de la contraction de **en** et de **les,** est suivie d'un pluriel.
Un doctorat ès lettres.

ABRÉVIATIONS

Les abréviations des grades et des diplômes se composent ainsi :

▸ **le grade**

Le nom désignant le grade s'abrège par le retranchement des lettres à l'exception de l'initiale qui s'écrit en majuscule et qui est suivie du point abréviatif :

- *baccalauréat* ...... B.
- *licence* .... L.
- *maîtrise* .... M.
- *doctorat* .... D. ou Ph. D.

▸ **la discipline**

Le nom désignant la discipline ou la spécialité s'abrège par le retranchement des lettres finales (après une consonne) ; la première lettre s'écrit en majuscule, la dernière lettre de l'abréviation est généralement suivie du point abréviatif. *Architecture, Arch. Urbanisme, Urb.*

T Font exception à ces règles certaines abréviations consacrées par l'usage et qui proviennent du latin, *Ph. D., LL. D., LL. M., LL. L.,* ou de l'anglais, *M.B.A.*

ABRÉVIATIONS DES GRADES UNIVERSITAIRES

B.A. .... baccalauréat ès arts
B.A.A. .... baccalauréat en administration des affaires
B. Arch. .... baccalauréat en architecture
B.A.V. .... baccalauréat en arts visuels
B. Éd. .... baccalauréat en éducation
B. Mus. .... baccalauréat en musique
B. Pharm. .... baccalauréat en pharmacie
B. Ps. .... baccalauréat en psychologie
B. Sc. .... baccalauréat ès sciences
B. Sc. A. .... baccalauréat ès sciences appliquées
B. Sc. inf. .... baccalauréat en sciences infirmières
B. Sc. (nutrition) .... baccalauréat ès sciences (nutrition)
B. Sc. pol. .... baccalauréat en sciences politiques
B. Sc. soc. .... baccalauréat en sciences sociales
B. Serv. soc. .... baccalauréat en service social
B. Th. .... baccalauréat en théologie
B. Urb. .... baccalauréat en urbanisme
D.C.L. .... doctorat en droit civil
D. Éd. .... doctorat en éducation
D. ès L. .... doctorat ès lettres
D.M.D. .... doctorat en médecine dentaire

GRADES ET DIPLÔMES UNIVERSITAIRES | **SUITE** >

G

D. Mus.	doctorat en musique
D.M.V.	doctorat en médecine vétérinaire
D. Sc.	doctorat ès sciences
D.U.	doctorat de l'Université
J.C.B.	baccalauréat en droit canonique
J.C.D.	doctorat en droit canonique
L. ès L.	licence ès lettres
LL. B.	baccalauréat en droit
LL. D.	doctorat en droit *(Legum Doctor)*
LL. L.	licence en droit *(Legum Licentiatus)*
LL. M.	maîtrise en droit *(Legum Magister)*
L. Ph.	licence en philosophie
L. Pharm.	licence en pharmacie
L. Th.	licence en théologie
M.A.	maîtrise ès arts
M.A.P.	maîtrise en administration publique
M. A. Ps.	maîtrise ès arts en psychologie
M.A. (théologie)	maîtrise ès arts en théologie
M.B.A.	maîtrise en administration des affaires *(Master of Business Administration)*
M.D.	doctorat en médecine *(Medicinæ Doctor)*
M. Éd.	maîtrise en éducation
M. Ing.	maîtrise en ingénierie
M. Mus.	maîtrise en musique
M. Sc.	maîtrise ès sciences
M. Sc. A.	maîtrise ès sciences appliquées
M. Sc. (biologie)	maîtrise ès sciences (biologie)
M. Sc. (gestion)	maîtrise ès sciences (gestion)
M. Th.	maîtrise en théologie
Ph. D.	doctorat *(Philosophiæ Doctor)*
Ph. D. (linguistique)	doctorat en linguistique
Ph. D. (biochimie)	doctorat en biochimie

ABRÉVIATIONS DES DIPLÔMES ET DES CERTIFICATS

D.E.C.	diplôme d'études collégiales
D.E.S.	diplôme d'études secondaires
D.E.S.S.	diplôme d'études supérieures spécialisées
D.M.V.P.	diplôme de médecine vétérinaire préventive
D.P.H.	diplôme de pharmacie d'hôpital
D.S.A.	diplôme en sciences administratives
C.A.E.S.L.S.	certificat d'aptitude à l'enseignement spécialisé d'une langue seconde
C.A.P.E.M.	certificat d'aptitude pédagogique à l'enseignement musical
C.A.P.E.S.	certificat d'aptitude pédagogique à l'enseignement secondaire
C.E.C.	certificat pour l'enseignement collégial
C.E.C.P.	certificat pour l'enseignement collégial professionnel
C.E.E.	certificat pour l'enseignement au cours élémentaire
C.E.S.	certificat pour l'enseignement au cours secondaire
C.E.S.P.	certificat pour l'enseignement secondaire professionnel
C.P.E.C.P.	certificat de pédagogie pour l'enseignement collégial professionnel

NOM MASCULIN ET FÉMININ
1. Personne adulte. *Les petits et les grands.*
2. Personne importante. *Les grands de ce monde.*
LOCUTIONS
– ***À grande échelle, sur une grande échelle.*** En grand, en grandes proportions. *Un piratage à grande échelle.*
La locution se construit avec les prépositions ***à, sur.***
– ***À grands frais.*** En engageant de fortes dépenses. *Aménager une maison à grands frais.*
– ***En grand,*** loc. adv. Sur une vaste échelle. *Ils vont construire en grand.*
– ***Être d'un grand secours (à qqn).*** Être très utile. *Vos recherches nous sont d'un grand secours.*
– ***Grand comme ma main.*** (FAM.) Très petit. *Cette maison est grande comme ma main.*
– ***Grand ouvert.*** Tout à fait ouvert. *Les yeux grands ouverts, les fenêtres grandes ouvertes.*
Employé adverbialement devant l'adjectif ***ouvert,*** le mot ***grand*** s'accorde généralement en genre et en nombre. L'invariabilité, plus logique, est également possible, mais elle est peu usitée. *Les yeux grand ouverts, les fenêtres grand ouvertes.*
– ***Mettre les petits plats dans les grands.*** (FAM.) Préparer un repas très raffiné.
– ***Monter sur ses grands chevaux.*** (FIG.) Se mettre en colère. *Calme-toi, ne monte pas sur tes grands chevaux !*
– ***Voir grand,*** loc. adv. Avoir de vastes projets sans songer à la dépense. *Ces architectes voient grand.*
Pris adverbialement, le mot est invariable.
FORME FAUTIVE
*grand total. Calque de «*grand total*» pour ***total général.***

GRAND-
1. Les noms composés avec l'élément ***grand-*** s'écrivent aujourd'hui avec un trait d'union. L'orthographe avec une apostrophe est vieillie. *Grand-mère* (et non plus *grand'mère). En ancien français, l'adjectif ***grand*** conservait la même forme au masculin et au féminin. De nombreux noms composés nous sont restés : ils s'écrivent avec un trait d'union. *Grand-chose, avoir grand-honte, grand-maman, grand-messe, à grand-peine, grand-rue, grand-tante,* etc.
2. Le pluriel des noms féminins composés avec l'élément ***grand-*** est flottant. *Des grand(s)-mères.*
Le deuxième élément prend toujours la marque du pluriel, mais le premier élément a longtemps été invariable. Les auteurs ne s'entendent pas sur cette question, mais on observe une tendance à marquer le pluriel de l'élément ***grand-*** tout en lui conservant sa forme masculine. *Des grands-mamans.*
3. Le pluriel des noms masculins composés avec l'élément ***grand-*** est régulier : les deux éléments prennent un ***s.*** *Des grands-pères.*

GRAND-ANGLE ou **GRAND-ANGULAIRE** n. m. (pl. *grands-angles, grands-angulaires*)
Attention à la liaison, [grɑ̃tɑ̃gl].
Objectif photographique couvrant une grande largeur de champ.

GRAND-CHOSE n. m. et f. inv. et pron. indéf.
NOM MASCULIN ET FÉMININ INVARIABLE
(FAM.) Personne peu estimable. *Un, une pas grand-chose dont on est sans nouvelles.*
PRONOM INDÉFINI INVARIABLE
Peu de chose, presque rien. *Il n'y a pas grand-chose à faire : le cas est désespéré.*
Ce pronom indéfini ne s'emploie que dans une construction négative. L'accord de l'adjectif ou du participe se fait au masculin singulier. *Nous n'avons pas trouvé grand-chose d'intéressant dans les archives.*
LOCUTIONS
– ***Ce n'est pas grand-chose.*** Ce n'est rien. *Ce n'est pas grand-chose, mais je vous l'offre de bon cœur.*
– ***Ne pas valoir grand-chose.*** Avoir peu de valeur. *Ce vieux vélo ne vaut pas grand-chose.*

GRAND-CROIX n. m. et f.
NOM FÉMININ INVARIABLE
Dignité la plus élevée des ordres de chevalerie, de mérite. *Des grand-croix de la Légion d'honneur.*
NOM MASCULIN
Titulaire de cette dignité. *Des grands-croix de l'ordre de Malte récemment honorés.*

GRAND-DUC n. m. (pl. *grands-ducs*)
Souverain d'un grand-duché.
LOCUTION
– ***(Faire) la tournée des grands-ducs.*** (FAM.) (Faire) la tournée des restaurants, des cabarets de luxe.

GRAND-DUCAL, ALE, AUX adj.
1. Qui concerne un grand-duc, un grand-duché. *Des domaines grand-ducaux.*
2. Pays où règne un grand-duc.
L'élément ***grand-*** demeure invariable.

GRANDE-BRETAGNE n. f.
Abréviation ***G.-B.*** (s'écrit avec un trait d'union et des points).

GRANDE-DUCHESSE n. f.
1. Femme ou fille d'un grand-duc.
2. Souveraine d'un grand-duché. *Des grandes-duchesses.*

GRANDEMENT adv.
1. Largement. *Cette famille est logée grandement.*
2. Beaucoup. *Ils ont grandement aidé cette cause.*

GRAND ENSEMBLE n. m. (pl. *grands ensembles*)
Attention à la liaison, [grɑ̃tɑ̃sɑ̃bl].
Groupe important d'immeubles qui ont la même architecture.

GRANDEUR n. f.
1. Dimension en hauteur, en longueur, en largeur. *La grandeur d'un bureau, d'un terrain.* SYN. étendue.
De façon spécifique, on écrira ***la taille*** d'une personne, ***le format*** d'une chose, ***l'échelle*** d'un pays, d'une région.
2. Importance, noblesse. *La grandeur d'un geste.*
LOCUTIONS
– ***Avoir la folie des grandeurs.*** Voir trop grand, avoir des projets trop ambitieux, être atteint de mégalomanie.
– ***Grandeur d'âme.*** Générosité.
– ***Grandeur nature.*** Selon les dimensions réelles. *Des modèles grandeur nature.*
L'expression reste invariable.
– ***Ordre de grandeur.*** Dimension approximative.

GRANDILOQUENCE n. f.
Emphase, éloquence excessive. *La grandiloquence de ces envolées oratoires est ennuyeuse.*

GRANDILOQUENT, ENTE adj.
Emphatique, pompeux. *Un style grandiloquent.*

GRANDIOSE adj.
Qui se distingue par sa grandeur, sa splendeur. *Un décor grandiose.* SYN. majestueux.

GRANDIR v. tr., intr., pronom.
VERBE TRANSITIF
1. Rendre plus grand. *Cette robe la grandit.*
2. (FIG.) Ennoblir. *Cette action l'a grandi.*
VERBE INTRANSITIF
Devenir plus grand. *Fanny a beaucoup grandi au cours de l'été, elle a bien trois centimètres de plus.*

VERBE PRONOMINAL
Se rendre plus grand. *Sophie tente de se grandir avec ses hauts talons.*
À la forme pronominale, le participe passé de ce verbe s'accorde toujours en genre et en nombre avec son sujet. *Ils se sont grandis en agissant ainsi.*
CONJUGAISON : VOIR MODÈLE FINIR.

GRAND-LIVRE n. m. (pl. *grands-livres*)
Registre comptable. *Les grands-livres de l'entreprise sont informatisés.*

GRAND-MAMAN n. f. (pl. *grands-mamans* ou *grand-mamans*)
Grand-mère, dans le langage des enfants.

GRAND-MÈRE n. f. (pl. *grands-mères* ou *grand-mères*)
Mère du père ou de la mère.
VOIR – AÏEUL.

GRAND-MESSE n. f. (pl. *grands-messes*)
Messe solennelle chantée. *Nouni et Papi vont à la grand-messe de 10 h.*

GRAND-ONCLE n. m. (pl. *grands-oncles*)
Frère du grand-père ou de la grand-mère.

GRAND-PAPA n. m. (pl. *grands-papas*)
Grand-père, dans le langage des enfants.

GRAND-PEINE (À) loc. adv.
Difficilement. *Il a escaladé la falaise à grand-peine.*
grand-peine, avec un trait d'union.

GRAND-PÈRE n. m. (pl. *grands-pères*)
Père du père ou de la mère.
FORME FAUTIVE
*clause grand-père. Calque de «*grandfather clause*» pour ***clause de droits acquis.***
VOIR – AÏEUL.

GRANDS-PARENTS n. m. pl.
Le grand-père et la grand-mère. *L'un des grands-parents était présent.*
Ce nom ne peut s'employer au singulier.

GRAND-TANTE n. f. (pl. *grands-tantes* ou *grand-tantes*)
Sœur du grand-père ou de la grand-mère.

GRAND-VOILE n. f. (pl. *grand-voiles* ou *grands-voiles*)
Voile carrée du grand mât.

GRANGE n. f.
Bâtiment de ferme où l'on conserve le fourrage. *Le foin est dans la grange. « Nous traversâmes une première cour entourée des bâtiments nécessaires aux exploitations rurales, une grange, un pressoir, des étables, des écuries »* (Honoré de Balzac, *Le Lys dans la vallée*).

GRANIT ou **GRANITE** n. m.
Le ***t*** se prononce, [granit].
Roche très dure de teinte variable, composée de feldspath, de mica et de quartz. *Des granites* ou *granits noirs. Une maison bretonne en granit rose. « Le granit royal surgit çà et là [...] on y passe la main comme dans une fourrure froide »* (Pierre Nepveu, *Lignes aériennes*).
La graphie ***granit*** est celle de la langue courante ; la langue technique de la géologie retient la graphie ***granite.***

GRANITIQUE adj.
Qui est propre au granit. *Un sol granitique.*

GRANIVORE adj.
Qui se nourrit de graines. *Ces oiseaux sont granivores.*
Ne pas confondre avec les mots suivants :
- ***carnivore,*** qui se nourrit de chair ;
- ***frugivore,*** qui se nourrit de fruits ;
- ***herbivore,*** qui se nourrit d'herbe ;
- ***insectivore,*** qui se nourrit d'insectes ;
- ***omnivore,*** qui se nourrit de végétaux et d'animaux.

GRANULE n. m.
1. Petit grain d'une substance quelconque.
2. Petit grain contenant un médicament en très faible proportion. *Des granules homéopathiques.*
Attention au genre masculin de ce nom : ***un*** granule.

GRANULÉ, ÉE adj. et n. m.
Qui est formé de petits grains. *Du sucre granulé.*

GRANULER v. tr.
Réduire en granules.
CONJUGAISON : VOIR MODÈLE AIMER.

GRANULEUX, EUSE adj.
Qui est composé de grains. *Pour poncer, il utilise du papier granuleux.* ANT. lisse.
Ne pas confondre avec le mot ***grenu,*** qui se dit d'une chose dont le grain est apparent.

GRAPHE n. m.
Représentation graphique d'une fonction.

-GRAPHE, -GRAPHIE, -GRAPHIQUE suff.
Éléments du grec signifiant « écrire ». *Orthographe, géographie, télégraphique.*

GRAPHÈME n. m.
(LING.) Représentation d'un son par une ou plusieurs lettres.

GRAPHEUR n. m.
(INFORM.) Programme permettant de générer des graphiques, comme des histogrammes ou des graphiques à secteurs circulaires, à partir de données chiffrées (GDT). *Ce tableur comporte un grapheur très convivial.*

GRAPHIE n. f.
(LING.) Manière dont un mot est écrit. *La graphie du nom* rythme *est assez difficile.*
VOIR – ORTHOGRAPHE.

GRAPHIQUE adj. et n. m.
ADJECTIF
1. Relatif aux procédés d'impression. *Les industries graphiques.*
2. Qui représente à l'aide de traits, de points. *Les arts graphiques.*
NOM MASCULIN
Schéma. *Un graphique des profits de l'association.*
LOCUTION
– ***Graphique à barres.*** Graphique composé de rectangles dont les hauteurs indiquent les quantités représentées. SYN. histogramme.

GRAPHIQUEMENT adv.
Le ***e*** de l'avant-dernière syllabe ne se prononce pas, [grafikmɑ̃].
1. Par l'écrit.
2. Par des procédés graphiques.

GRAPHISME n. m.
1. Manière d'écrire les lettres, les mots.
2. Manière de dessiner.

GRAPHISTE n. m. et f.
Spécialiste des arts graphiques.

GRAPHITE n. m.
Variété de carbone cristallisé. *Le graphite est gris-noir.*
Attention au genre masculin de ce nom : ***un*** graphite.

GRAPHO- préf.
Élément du grec signifiant « écrire ». *Graphologie.*

GRAPHOLOGIE n. f.
Étude de l'écriture d'une personne. *La graphologie peut révéler des traits de la personnalité.*

GRAPHOLOGIQUE adj.
Qui se rapporte à la graphologie. *Une analyse graphologique.*

G

GRAPHOLOGUE n. m. et f.
Spécialiste de la graphologie.

GRAPPA n. f.
Eau-de-vie de marc de raisin populaire en Italie.

GRAPPE n. f.
1. Assemblage de fleurs ou de fruits. *Des grappes de raisin. Des fleurs en grappes.*
2. Pellicule servant à grouper des produits. *« Je suis sorti du Marché Soir avec une grappe de six canettes »* (Réjean Ducharme, *Dévadé*).

GRAPPILLAGE n. m.
Action de grappiller.

GRAPPILLER v. tr., intr.
VERBE TRANSITIF
Ramasser au hasard. *Grappiller des renseignements.*
VERBE INTRANSITIF
Cueillir les grappes qui restent après une vendange.
CONJUGAISON : VOIR MODÈLE AIMER.
Les lettres ***ill*** sont suivies d'un ***i*** à la première et à la deuxième personne du pluriel de l'indicatif imparfait et du subjonctif présent. *(Que) nous grappillions, (que) vous grappilliez.*

GRAPPIN n. m.
Crochet à plusieurs branches en forme d'ancre qui est fixé au bout d'un cordage.
LOCUTION
– ***Mettre le grappin sur quelqu'un, sur quelque chose.*** (FIG.) (FAM.) Accaparer quelqu'un, lui imposer sa présence.
⊂⊃ grappin.

GRAS, GRASSE adj. et n. m.
ADJECTIF
1. Formé de graisse. *Des corps gras. Le beurre et l'huile d'olive sont des corps gras.*
2. Qui a trop de graisse. *Un chien bien gras.* ANT. maigre ; mince ; svelte.
3. (TYPOGR.) Épais. *Des caractères gras.* ANT. maigre.
NOM MASCULIN
Se dit des parties grasses de la viande. *Il y a très peu de gras dans ce bœuf haché.*
LOCUTIONS
– ***Faire la grasse matinée.*** Se lever tard.
– ***Gras trans, acide gras trans.*** Acide gras dans lequel les atomes d'hydrogène, liés aux atomes de carbone entre lesquels il existe une double liaison, sont placés de part et d'autre de la chaîne hydrocarbonée (GDT). *Souvent présents dans les plats préparés, les biscuits, les grignotines, les frites, les pâtes à pizza, etc., les gras trans sont depuis quelques années considérés comme extrêmement nuisibles à la santé.*

GRASSEMENT adv.
1. D'une manière grasse.
2. Généreusement. *Il est grassement payé.* SYN. beaucoup ; largement.

GRASSEYEMENT n. m.
Prononciation d'une personne qui grasseye.

GRASSEYER v. intr.
Prononcer les ***r*** sans l'action de la langue.
CONJUGAISON : VOIR MODÈLE AIMER.
Le ***y*** est suivi d'un ***i*** à la première et à la deuxième personne du pluriel de l'indicatif imparfait et du subjonctif présent. *(Que) nous grasseyions, (que) vous grasseyiez.*

GRASSOUILLET, ETTE adj.
(FAM.) Potelé. *Des écoliers grassouillets.* SYN. dodu.

GRATIFIANT, ANTE adj.
Qui gratifie, qui apporte une satisfaction psychologique. *Une profession gratifiante. Certaines régions du cerveau sont normalement affectées aux comportements gratifiants et aux expériences agréables.* SYN. valorisant.

GRATIFICATION n. f.
1. Somme d'argent donnée en surcroît de ce qui est dû. *Les employés ont reçu une bonne gratification à Noël.*
Ne pas confondre avec les noms suivants :
• ***cadeau,*** présent destiné à faire plaisir à quelqu'un ;
• ***don,*** libéralité à titre gracieux ;
• ***legs,*** don fait par testament.
2. Satisfaction psychologique. *La reconnaissance du travail bien fait constitue une gratification importante.*

GRATIFIER v. tr.
1. Nantir d'un avantage. *Gratifier quelqu'un d'une rente.*
2. Accorder généreusement quelque chose à quelqu'un. *Elle m'a gratifié d'un beau sourire.*
CONJUGAISON : VOIR MODÈLE ÉTUDIER.
Redoublement du ***i*** à la première et à la deuxième personne du pluriel de l'indicatif imparfait et du subjonctif présent. *(Que) nous gratifiions, (que) vous gratifiiez.*

GRATIN n. m.
1. Préparation culinaire recouverte de fromage ou de chapelure et dorée au four. *Un gratin dauphinois.*
2. (FAM.) Élite. *Une soirée avec tout le gratin.* SYN. (FAM.) crème.
⊂⊃ gratin.

GRATINÉ, ÉE adj. et n. f.
ADJECTIF
Recouvert de gratin. *Un soufflé gratiné.*
NOM FÉMININ
Soupe à l'oignon. *Nous prendrons des gratinées.*

GRATINER v. tr.
Apprêter au gratin.
CONJUGAISON : VOIR MODÈLE AIMER.

GRATIS adj. inv. et adv.
Le ***s*** se prononce, [gratis].
ADJECTIF INVARIABLE
Gratuit. *Un service gratis.*
ADVERBE
(FAM.) Gratuitement. *Il tond la pelouse gratis.*

GRATITUDE n. f.
Reconnaissance. *Je voudrais vous exprimer, vous témoigner toute ma gratitude pour votre générosité.*
Le nom se construit avec les prépositions ***pour, envers*** ou avec la locution prépositive ***à l'égard de.*** *Ils ont de la gratitude pour leurs parents, envers leurs professeurs, à l'égard de leurs amis.*

GRATTE n. f.
⚜ (FAM.) Outil servant à racler.
Dans le reste de la francophonie, on dit surtout ***grattoir.***
FORME FAUTIVE
*gratte. Impropriété au sens de ***chasse-neige.***

GRATTE-CIEL n. m. (pl. *gratte-ciel* ou *gratte-ciels*)
Immeuble d'une grande hauteur. *Des gratte-ciel* ou *gratte-ciels impressionnants.*

GRATTE-DOS n. m. inv. (pl. *gratte-dos*)
Grattoir en forme de main, muni d'un long manche.

GRATTEMENT n. m.
Bruit fait en grattant. *On entendait des grattements dans le grenier : des souris y trottinaient !*

GRATTE-PAPIER n. m. (pl. *gratte-papiers*)
(PÉJ.) Employé de bureau. *Des gratte-papiers sans imagination.*
Ce nom a un sens défavorable.

GRATTE-PIED(S) n. m. (pl. *gratte-pieds*)
Grille métallique placée sur le sol à l'entrée d'un bâtiment et destinée à nettoyer les semelles des chaussures, des bottes.

GRATTER v. tr., intr., pronom.
VERBE TRANSITIF
1. Racler en entamant la surface de quelque chose. *Gratter la peinture d'un meuble.*
2. Frotter une partie du corps. *Elle lui gratte le dos.*
3. Causer une démangeaison à. *Ce lainage la gratte.* SYN. irriter ; ⚜ piquer.
VERBE INTRANSITIF
Faire un bruit léger au lieu de frapper. *Gratter à la porte.*
VERBE PRONOMINAL
Gratter son corps lorsqu'on a des démangeaisons. *Cesse de te gratter !*
À la forme pronominale, le participe passé de ce verbe s'accorde en genre et en nombre avec le complément direct si celui-ci le précède. *La main qu'il s'est grattée. Elle s'est grattée pendant plusieurs minutes.* Le participe passé reste invariable si le complément direct suit le verbe. *Ils se sont gratté la tête.*
CONJUGAISON : VOIR MODÈLE AIMER.

GRATTOIR n. m.
Instrument qui sert à nettoyer, à gratter. *Un grattoir à peinture.*

GRATUIT, UITE adj.
1. Donné sans faire payer ; où l'on est admis sans payer. *Une exposition gratuite.* SYN. gratis.
2. (FIG.) Sans raison, non fondé. *Une accusation gratuite.* SYN. faux ; hypothétique.

GRATUITÉ n. f.
1. Caractère de ce qui est gratuit. *La gratuité des soins médicaux.*
2. Caractère de ce qui est sans fondement. *La gratuité d'une accusation.*

GRATUITEMENT adv.
1. Sans payer. *Le vétérinaire a soigné son chat gratuitement.*
2. Sans fondement, sans motif. *On l'a accusé gratuitement.*

GRAVATS n. m. pl.
Débris. *Avant de repeindre, il faut nettoyer les gravats.*
Ce nom ne s'emploie qu'au pluriel.
gravats.

GRAVE adj. et n. m.
ADJECTIF
1. Sérieux, digne. *Un ton grave et solennel. « les enfants furent graves/à son enterrement dans le pré »* (Pierre Nepveu, *Lignes aériennes*).
2. Qui peut avoir des conséquences importantes. *Une décision très grave. Un grave accident.*
NOM MASCULIN
La gamme des sons graves, par opposition aux sons aigus. *Elle peut chanter aussi bien le grave que l'aigu.*
LOCUTION
– ***Accent grave.*** (GRAMM.) Accent qui marque le ***e*** ouvert. *Les mots* trouvère, flèche, nèfle *comportent des accents graves.* ANT. accent aigu.
T L'accent grave est constitué d'un signe oblique descendant de gauche à droite.

***GRAVELLE**
Anglicisme pour ***gravier.***

GRAVEMENT adv.
1. Dignement. *Le juge doit parler gravement.* SYN. solennellement.
2. Dangereusement. *L'accidenté est gravement blessé.* SYN. grièvement.

GRAVER v. tr.
Tracer en creux. *Graver un nom sur une plaque de bois.*
CONJUGAISON : VOIR MODÈLE AIMER.

GRAVES n. m.
Type de vin blanc. *Une bouteille de graves.*
graves.

GRAVEUR n. m.
(INFORM.) Appareil permettant l'enregistrement de données par gravure au laser sur un cédérom, un disque DVD, etc. *Le disque dur permet de conserver temporairement certains enregistrements, tandis que le graveur permet de transférer le matériel qu'on désire archiver sur DVD.*

GRAVEUR n. m.
GRAVEUSE n. f.
1. Artiste qui exécute sur métal, pierre ou bois, les sujets de sa création ou ceux qui lui sont confiés dans un but de reproduction par impression (gravure en creux, en relief).
2. Personne dont la profession est de graver sur matériau dur.

GRAVIER n. m.
Petits cailloux dont on recouvre un chemin. *Une allée de gravier* (et non de *gravelle).

GRAVIR v. tr.
Escalader, monter difficilement. *Gravir une montagne, un long escalier. Elle a gravi peu à peu tous les échelons de la hiérarchie.* SYN. grimper.
CONJUGAISON : VOIR MODÈLE FINIR.

GRAVITÉ n. f.
1. (PHYS.) Attraction exercée par la Terre. *Dans la fusée, il y a absence de gravité, et les astronautes semblent flotter dans l'air.*
2. Qualité d'une personne grave (ou de son comportement). *La gravité d'un regard. « Un livre étrange [...] qui, sous une apparence de légèreté, baigne au fond dans la gravité »* (Gabrielle Roy, *La Détresse et l'Enchantement*). SYN. dignité ; sérieux.
3. Caractère de ce qui a de l'importance. *La gravité d'un problème, d'une décision.*

GRAVITER v. intr.
1. Tourner autour. *La Terre gravite autour du Soleil.*
2. (FIG.) Évoluer dans l'entourage de quelqu'un. *Tout le personnel qui gravite autour du premier ministre.*
CONJUGAISON : VOIR MODÈLE AIMER.

GRAVOIS n. m. pl.
Débris provenant d'une démolition. SYN. gravats.

GRAVURE n. f.
1. Manière, art de graver ; son résultat. *Ève veut apprendre la gravure et la peinture.*
2. Reproduction d'un dessin. *Il y a de jolies gravures dans ce livre.*

GRAY n. m.
Symbole ***Gy*** (s'écrit sans point).
Unité de mesure de dose absorbée de radiation.
Cette unité de mesure remplace le ***rad.***

GRC
Sigle de ***Gendarmerie royale du Canada.***

GRÉ n. m.
Accord, goût, bon vouloir. *Elle vit à son gré, en faisant ce qui lui plaît. Sa fille est partie au cinéma contre son gré.*
LOCUTIONS
– ***Au gré de,*** loc. prép. Selon. *Les feuilles bougent au gré du vent.*
– ***Bon gré mal gré.*** Qu'on le veuille ou non. *Vous irez bon gré mal gré.*
L'expression s'écrit sans virgule.
– ***De gré à gré,*** loc. adv. Par consentement mutuel. *Un marché, un contrat de gré à gré.* SYN. à l'amiable ; d'un commun accord.
– ***De son plein gré.*** Volontairement. *Il a décidé de son plein gré.*
– ***Savoir gré.*** Être reconnaissant. *Elles lui sauront gré* (et non *seront gré) *de sa compréhension.*
Le nom ***gré*** est invariable.

GREC, GRECQUE adj. et n. m. et f.
ADJECTIF ET NOM MASCULIN ET FÉMININ
De Grèce. *Le drapeau grec. Un Grec, une Grecque.*
T L'adjectif s'écrit avec une minuscule ; le nom, avec une majuscule.
NOM MASCULIN
Langue parlée en Grèce. *Elle parle le grec. Une version du grec au français.*
T Le nom de la langue s'écrit avec une minuscule.
VOIR TABLEAU – GREC (EMPRUNTS AU).

GRÉCO-LATIN, INE adj.
Commun au grec et au latin. *Les arts gréco-latins.*

GRÉCO-ROMAIN, AINE adj.
Relatif aux civilisations grecque et latine. *La civilisation gréco-romaine.*

GREDIN, INE n. m. et f.
1. Malfaiteur. *Les gredins se sont fait prendre la main dans le sac.*
2. (FAM.) Fripon, chenapan. *Petit gredin, va !*

GRÉEMENT n. m.
Ensemble du matériel nécessaire à la manœuvre des voiles d'un bateau.
gréement.

GRÉER v. tr.
(MAR.) Garnir (un voilier, un mât) de son gréement.
CONJUGAISON : VOIR MODÈLE CRÉER.
Le verbe conserve le ***é*** à toutes les formes.

GREFFAGE n. m.
La première syllabe se prononce ***gré***.
Action ou manière de greffer.

GREFFE n. m.
1. Bureau où l'on dépose certains documents. *Consulter un acte au greffe. Le greffe du palais de justice de Montréal.*
2. (DR.) Service rattaché à une juridiction, chargé d'assurer la délivrance des ordres des tribunaux et la conservation des dossiers et aussi d'accomplir certaines tâches judiciaires (Recomm. off.).

GREFFE n. f.
1. Opération par laquelle on fixe une partie d'une plante (greffon) à une autre (sujet) pour en modifier les caractères. *Le pomiculteur a fait des greffes sur ses pommiers : ces greffes permettront-elles de produire des pommes carrées ?* SYN. bouture.
2. Opération chirurgicale consistant à transférer sur une personne des parties prélevées sur elle-même ou sur une autre personne. *Une greffe de la peau.*
Lorsqu'il y a rétablissement de vaisseaux, de conduits, on parle plutôt de ***transplantation***. *Une transplantation cardiaque.*

GREFFÉ, ÉE n. m. et f.
La première syllabe se prononce ***gré***.
Personne qui a reçu une greffe d'organe. *Des greffés de la moelle osseuse.*

GREFFER v. tr., pronom.
La première syllabe se prononce ***gré***.
VERBE TRANSITIF
1. Mettre une greffe à une plante. *Greffer des pommiers.*
2. (MÉD.) Insérer une greffe à un patient. *On lui a greffé un rein.*
VERBE PRONOMINAL
(FIG.) S'ajouter. *De nouveaux faits se sont greffés sur cette affaire.*
À la forme pronominale, le participe passé de ce verbe s'accorde toujours en genre et en nombre avec son sujet. *Des sentiments divers se sont greffés à son insécurité.*
CONJUGAISON : VOIR MODÈLE AIMER.

GREFFIER n. m.
GREFFIÈRE n. f.
La première syllabe se prononce ***gré***.
Personne chargée de diriger un greffe.

GREFFON n. m.
La première syllabe se prononce ***gré***.
Partie d'un végétal greffée sur un autre appelé ***sujet***.

GRÉGAIRE adj.
Relatif à une espèce animale qui vit en groupe.
LOCUTION
– ***Instinct grégaire.*** Tendance qui pousse les êtres humains à former des groupes ou à adopter le même comportement.

GRÈGE adj.
ADJECTIF
Brut. *Des soies grèges.*
ADJECTIF DE COULEUR INVARIABLE
De couleur beige clair. *Des chemisiers grège.*
VOIR TABLEAU – COULEUR (ADJECTIFS DE).

GRÉGORIEN, IENNE adj.
Relatif au pape Grégoire Ier. *Le chant grégorien.*

GRÊLE n. f.
Chute de grains de glace. *La grêle a détruit toute la récolte.*
grêle.

GRÊLE adj.
Frêle, maigre. *Des jambes grêles.* SYN. fluet ; malingre.
LOCUTION
– ***Intestin grêle.*** Partie de l'intestin qui fait suite à l'estomac et qui précède le gros intestin.
grêle.

GRÊLER v. impers.
La première syllabe se prononce ***gré***, [grele].
Tomber, en parlant de la grêle. *Il a grêlé hier soir.*
CONJUGAISON : VOIR MODÈLE AIMER.
grêler.

GRÊLON n. m.
La première syllabe se prononce ***grè***, [grɛlɔ̃].
Grain de glace. *Des grêlons gros comme des balles de golf.*
grêlon.

GRELOT n. m.
Petite boule de métal creuse contenant une bille métallique et résonnant quand on l'agite. *Les grelots tintent quand le cheval trotte.* SYN. sonnette.
grelot.

GRELOTTANT, ANTE adj.
Qui grelotte. *Des enfants grelottants et affamés.*

GRELOTTEMENT n. m.
Frisson causé par le froid, la fièvre ou une émotion. *Elle est fiévreuse et a des grelottements.* SYN. tremblement.
[Les *Rectifications* (1990) admettent : grelotement.]

GRELOTTER v. intr.
Frissonner en raison du froid, de la fièvre ou d'une émotion. *Elle grelotte de froid et de peur.*
CONJUGAISON : VOIR MODÈLE AIMER.
[Les *Rectifications* (1990) admettent : greloter.]

GRENADE n. f.
1. Fruit du grenadier. *Les pépins rouges de la grenade se mangent.*
2. Projectile contenant une charge d'explosif. *Le pirate de l'air menaçait de lancer une grenade dans l'avion.*

GRENADIER n. m.
1. Arbuste qui produit la grenade.
2. Soldat qui lançait les grenades.

GRENADINE n. f.
Sirop de couleur rouge. *À l'apéritif, les enfants boivent de la grenadine.*

EMPRUNTS AU **GREC**

Un grand nombre de mots français proviennent de la langue grecque ancienne. Ce sont des mots de formation savante qui appartiennent surtout à la langue technique, scientifique, médicale ou religieuse.

Suivent quelques exemples de mots français d'origine grecque :

amnésie	baptême	diocèse	heuristique	neurologie	syntagme
anatomie	batracien	diphtérie	hygiène	œsophage	syntaxe
anecdote	bibliothèque	éphémère	iota	olympique	système
anthropologie	botanique	épisode	kaléidoscope	orthopédie	télépathie
apocalypse	cathode	érotique	larynx	philanthropie	téléphone
apoplexie	catholicisme	grammaire	lexicologie	phonétique	typographie
archevêque	dactylographie	gramme	lexique	rhétorique	xénophobie
ascèse	démocratie	graphie	méthode	rhizome	xylophone
asphyxie	diaphane	gynécologie	mètre	sténographie	zoologie...

Certains mots ont été empruntés au grec par l'intermédiaire du latin :

antidote	ermite	hippodrome	mécanique	pyramide	trigonométrie
architecte	esthétique	hyperbole	nécromancie	rhésus	typique
arthrite	flegme	iris	orchidée	rhinocéros	tyran
basilique	géométrie	logique	pédagogie	rhumatisme	utopie
catéchisme	gymnase	logistique	périple	salamandre	zéphyr
catastrophe	harmonique	magie	péritoine	synchronisme	zizanie
dialectique	hermaphrodite	mandragore	philologie	taxer	zodiaque
épitaphe	hiéroglyphe	méandre	philosophie	tigre	zone...

Aujourd'hui, ce sont plutôt les **racines grecques** qui servent à créer les nouveaux mots, les **néologismes :**

Préfixes	Sens	Exemples
aéro-	air	*aérodynamique*
anthropo-	homme	*anthropologie*
anti-	contre	*antibiotique*
auto-	soi-même	*automatique*
chrono-	temps	*chronomètre*
démo-	peuple	*démographie*
kilo-	mille	*kilogramme*
micro-	petit	*microscope*
patho-	maladie	*pathologie*
télé-	au loin	*télématique*
xéno-	étranger	*xénophobie*

Suffixes	Sens	Exemples
-archie	pouvoir	*monarchie*
-céphale	tête	*encéphale*
-gène	qui crée	*tératogène*
-gyne	femme	*androgyne*
-graphe	écriture	*géographe*
-logie	science	*biologie*
-pathie	sentiment	*sympathie*
-phage	manger	*anthropophage*
-phile	ami	*bibliophile*
-phobe	crainte	*xénophobie*
-scope	observer	*microscope*

VOIR TABLEAU ▸ **NÉOLOGISME.**

GRENAILLE n. f.
Métal réduit en menus grains.

GRENAT adj. inv. et n. m.
NOM MASCULIN
Pierre précieuse de couleur rouge sombre.
ADJECTIF DE COULEUR INVARIABLE
De la couleur rouge sombre du grenat. *Des soieries grenat.*
VOIR TABLEAU – COULEUR (ADJECTIFS DE).
✏ grenat.

GRENÉ, ÉE adj.
Qui présente de nombreux petits grains. *Du cuir grené.* SYN. grenu.

GRENIER n. m.
Étage supérieur d'une maison. *Sa maison de poupée est dans le grenier.*

GRENOUILLAGE n. m.
(FAM.) (PÉJ.) Magouille, tractations, notamment dans le domaine politique.

GRENOUILLE n. f.
Batracien vivant au bord des étangs. *La grenouille est amphibie; elle peut vivre dans l'eau et sur la terre.*
VOIR TABLEAU – ANIMAUX.

GRENOUILLER v. intr.
(FAM.) (PÉJ.) Se livrer au grenouillage.
CONJUGAISON : VOIR MODÈLE AIMER.
Les lettres ***ill*** sont suivies d'un ***i*** à la première et à la deuxième personne du pluriel de l'indicatif imparfait et du subjonctif présent. *(Que) nous grenouillions, (que) vous grenouilliez.*

GRENU, UE adj. et n. m.
Dont le grain est apparent. *Un papier grenu, un cuir grenu.* SYN. grené.
Ne pas confondre avec le mot ***granuleux***, qui se dit de ce qui est composé de grains.

GRÈS n. m.
Le ***s*** ne se prononce pas, [grɛ]; le nom rime avec ***progrès***.
Matière dont on fait des poteries. *Un pot de grès.*
✏ grès.

GRÉSIL n. m.
Le ***l*** se prononce, [grezil]; le nom rime avec ***île***.
Petite grêle. *Le grésil a glacé les pare-brise.*

GRÉSILLEMENT n. m.
Le ***e*** de l'avant-dernière syllabe ne se prononce pas, [grezijmɑ̃].
Crépitement. *Le grésillement du bois qui brûle.*

GRÉSILLER v. impers., intr.
VERBE IMPERSONNEL
Tomber, en parlant du grésil. *Il grésille.*
VERBE INTRANSITIF
(FIG.) Crépiter. *Le feu grésille, le beurre grésille dans la poêle.*
CONJUGAISON : VOIR MODÈLE AIMER.
Les lettres ***ill*** sont suivies d'un ***i*** à la première et à la deuxième personne du pluriel de l'indicatif imparfait et du subjonctif présent. *(Que) nous grésillions, (que) vous grésilliez.*

GRÈVE n. f.
1. Rivage. *La grève est couverte de coquillages.*
2. Cessation collective du travail pour la défense d'intérêts communs. *Une grève tournante, une grève générale.*
LOCUTIONS
– ***Briseur de grève.*** Personne engagée pour remplacer un gréviste dans une entreprise en grève. *Les grévistes ont empêché les briseurs de grève* (et non *scabs) *de franchir les piquets de grève.*
– ***Faire grève, faire la grève.*** Se mettre en grève. *Les employés ont décidé de faire grève, de faire la* (et non d'*aller en) *grève demain.* SYN. débrayer.
FORME FAUTIVE
*aller en grève. Calque de «*to go on strike*» pour ***débrayer, déclencher une grève, faire grève, faire la grève, se mettre en grève.***
✏ grève.

GREVER v. tr.
Faire supporter de lourdes charges financières à. *Des dépenses qui grèvent un budget.*
CONJUGAISON : VOIR MODÈLE LEVER.
Le ***e*** se change en ***è*** devant une syllabe contenant un ***e*** muet. *Il grève,* mais *il grevait.*

GRÉVISTE n. m. et f.
Personne salariée qui fait grève. *Les grévistes ont organisé une manifestation pour faire valoir leurs demandes.*
✏ gréviste.

GRIBOUILLAGE n. m.
Écriture informe. *Les gribouillages et les pattes de mouche de Maxime sont difficiles à lire.* SYN. barbouillage; gribouillis.

GRIBOUILLER v. tr., intr.
Griffonner, écrire de façon peu lisible. *Il gribouille des caractères indéchiffrables. Les enfants ont gribouillé sur le miroir.* SYN. barbouiller.
CONJUGAISON : VOIR MODÈLE AIMER.
Les lettres ***ill*** sont suivies d'un ***i*** à la première et à la deuxième personne du pluriel de l'indicatif imparfait et du subjonctif présent. *(Que) nous gribouillions, (que) vous gribouilliez.*

GRIBOUILLEUR, EUSE n. m. et f.
Personne qui gribouille.

GRIBOUILLIS n. m.
Le ***s*** ne se prononce pas, [gribuji].
Écriture illisible. SYN. barbouillage; gribouillage; griffonnage.
✏ gribouillis, un ***s*** final même au singulier.

GRIEF n. m.
Le ***f*** se prononce, [grijɛf]; le nom rime avec ***bref***.
1. (AU PLUR.) Motif de plainte. *Exprimer des griefs contre son supérieur. Formuler des griefs à l'égard de ses collègues.*
Le nom se construit avec la préposition ***contre*** ou avec les locutions prépositives ***à l'égard de, à l'endroit de.***
2. ⚜ Plainte officiellement formulée par un salarié, un groupe de salariés, le syndicat ou l'employeur, pour faire reconnaître l'existence d'un droit en vertu d'une convention collective et obtenir réparation s'il y a lieu (Recomm. off.).
LOCUTION
– ***Faire grief de quelque chose à quelqu'un.*** Reprocher. *Elles lui ont fait grief de sa sévérité.*

GRIÈVEMENT adv.
Très gravement. *Elles ont été grièvement blessées, brûlées.* SYN. sérieusement.
L'adverbe ne s'emploie qu'avec un adjectif, un participe signifiant « physiquement atteint ».

GRIFFE n. f.
1. Ongle acéré de certains animaux. *Les griffes du chat.*
2. (FIG.) Signature. *Apposer sa griffe.*
LOCUTIONS
– ***Coup de griffe.*** (FIG.) Attaque. *Les coups de griffe des critiques malveillants.*
– ***Être entre les griffes de quelqu'un.*** (FIG.) Être dominé par une personne mal intentionnée.
– ***Montrer les griffes.*** (FIG.) Se donner une apparence menaçante, devenir agressif.

GRIFFER v. tr.
1. Donner un coup de griffe à. *Le chat a griffé Nellie.*
2. Indiquer sur un vêtement la marque de son créateur. *Un foulard griffé.* ANT. dégriffer.
CONJUGAISON : VOIR MODÈLE AIMER.

GRIFFON n. m.
1. Animal fabuleux de la mythologie doté du corps du lion et de la tête et des ailes de l'aigle.
2. Chien de chasse au poil long et broussailleux.

GRIFFONNAGE n. m.
Barbouillage. *Elle n'a fait que quelques griffonnages.* SYN. gribouillis.

GRIFFONNER v. tr.
1. Écrire d'une manière illisible. *Éloi a griffonné un message.*
2. Rédiger avec hâte. *Griffonner un billet sur un napperon.*
CONJUGAISON : VOIR MODÈLE AIMER.

GRIGNOTAGE n. m.
1. Action de grignoter.
2. (FIG.) Réduction progressive. *Le grignotage constant de la majorité du parti au pouvoir.*

GRIGNOTEMENT n. m.
Action de grignoter; bruit produit en grignotant. *On entendait des grignotements : un écureuil mangeait une poire sur la table du jardin.*
✏ grignotement.

GRIGNOTER v. tr., intr.
VERBE TRANSITIF
1. Manger peu à peu en rongeant. *Fanny grignote une carotte.*
2. (FIG.) Détruire progressivement. *Ces dépenses excessives grignotent son capital.*
VERBE INTRANSITIF
Manger un peu. *Cesse de grignoter entre les repas !*
CONJUGAISON : VOIR MODÈLE AIMER.
✏ grignoter, un seul ***t***.

GRIGNOTINE n. f.
Amuse-gueule à grignoter, généralement de fabrication industrielle (GDT). *Léa a acheté diverses grignotines : des croustilles, des bâtonnets au fromage et des bretzels.*

GRIGOU n. m. (pl. *grigous*)
(FAM.) Personne désagréable et ennuyeuse.

GRI-GRI ou **GRIGRI** n. m. (pl. *gris-gris* ou *grigris*)
Amulette. *Des grigris colorés.* SYN. porte-bonheur.

GRIL n. m.
Le ***l*** se prononce généralement, [gril, gri].
Ustensile servant à la cuisson des grillades. *Acheter un gril* (et non un *BBQ).

GRILLADE n. f.
Viande grillée. *Olivier n'aime pas les grillades, car il est végétarien.*

GRILLAGE n. m.
Treillis métallique. *Un grillage retient les poules dans le poulailler.*
FORME FAUTIVE
*grillage. Impropriété au sens de ***moustiquaire***.

GRILLAGER v. tr.
Munir d'un grillage. *Philippe et Josée ont grillagé le clapier.*
CONJUGAISON : VOIR MODÈLE CHANGER.
Le ***g*** est suivi d'un ***e*** devant les lettres ***a*** et ***o***. *Il grillagea, nous grillageons.*

GRILLE n. f.
1. Assemblage de barreaux. *Les fenêtres des prisons ont des grilles. Des grilles protègent les luminaires du gymnase.*
2. Tableau quadrillé servant à l'organisation de données. *La grille horaire* ou *la grille d'horaires* ou *la grille des horaires des vols à destination des différentes villes du Canada. Voici une grille des échelons hiérarchiques et des salaires mise à jour.*

GRILLE-PAIN n. m. (pl. *grille-pain* ou *grille-pains*)
Appareil servant à griller les tranches de pain. *Des grille-pain* (et non *toasters) *efficaces.*

GRILLER v. tr., intr.
VERBE TRANSITIF
Soumettre à un feu vif. *Des viandes grillées.* SYN. rôtir.
VERBE INTRANSITIF
Rôtir sur le gril. *Mettre les côtelettes à griller.*
LOCUTIONS
– ***Griller d'impatience.*** (FIG.) Brûler d'impatience.
– ***Griller un feu rouge.*** (FIG.) Ne pas s'y arrêter.
FORME FAUTIVE
*griller. Impropriété pour ***bronzer***.
CONJUGAISON : VOIR MODÈLE AIMER.
Les lettres ***ill*** sont suivies d'un ***i*** à la première et à la deuxième personne du pluriel de l'indicatif imparfait et du subjonctif présent. *(Que) nous grillions, (que) vous grilliez.*

GRILLON n. m.
Insecte. *Les grillons font un bruit strident.*

GRIMAÇANT, ANTE adj.
Qui grimace. *Des masques grimaçants ont terrifié les enfants.*

GRIMACE n. f.
Contraction volontaire ou involontaire du visage. *Les enfants faisaient des grimaces aux passants.*
LOCUTIONS
– ***Faire la grimace.*** (FIG.) Témoigner son désaccord, son mécontentement.
– ***On n'apprend pas à un vieux singe à faire la grimace.*** (Proverbe) On ne peut prétendre donner des leçons à un expert.

GRIMACER v. intr.
Faire des grimaces. *Pour faire rire les petits, le bouffon grimaçait.*
CONJUGAISON : VOIR MODÈLE AVANCER.
Le ***c*** prend une cédille devant les lettres ***a*** et ***o***. *Il grimaça, nous grimaçons.*

GRIMER v. tr., pronom.
VERBE TRANSITIF
1. Maquiller pour la scène.
2. (FIG.) Maquiller à l'excès. *Des travestis grimés.*
VERBE PRONOMINAL
Se maquiller grossièrement. *Les enfants adorent se grimer.*
À la forme pronominale, le participe passé de ce verbe s'accorde toujours en genre et en nombre avec son sujet. *Elles s'étaient grimées outrageusement.*
CONJUGAISON : VOIR MODÈLE AIMER.

GRIMOIRE n. m.
Livre de sorcellerie à l'usage des magiciens.
Attention au genre masculin de ce nom : ***un*** grimoire.

GRIMPANT, ANTE adj.
Se dit d'une plante qui monte le long des corps voisins. *Des rosiers grimpants. La clématite est une plante grimpante.*
Ne pas confondre avec le participe présent invariable ***grimpant***. *J'ai surpris les enfants grimpant sur le toit.*

GRIMPER v. tr., intr.
VERBE TRANSITIF
Monter rapidement. *Elle a grimpé l'escalier à toute vitesse.* SYN. escalader; gravir.
VERBE INTRANSITIF
1. Monter en s'agrippant, en s'accrochant. *Les enfants ont grimpé à l'arbre, sur l'arbre.*
2. Monter sur un lieu élevé. *Il a grimpé jusqu'au sommet de la montagne.*

3. (FAM.) S'accroître. *Les prix ont grimpé.* SYN. augmenter.
LOCUTION
– ***Grimper aux rideaux.*** (FIG.) (FAM.) S'affoler, avoir une réaction (bonne ou mauvaise) excessive.
Le verbe se conjugue avec l'auxiliaire ***avoir.***
CONJUGAISON : VOIR MODÈLE AIMER.

GRIMPEUR, EUSE adj. et n. m. et f.
ADJECTIF
Qui grimpe. *Des singes grimpeurs.*
NOM MASCULIN ET FÉMININ
Alpiniste. *Les grimpeurs ont atteint le sommet.*

GRINÇANT, ANTE adj.
Qui fait entendre un grincement, un son désagréable. *Des volets grinçants, de la musique grinçante.*

GRINCEMENT n. m.
Bruit désagréable produit par ce qui grince. *Un grincement strident se fit entendre.*
LOCUTION
– ***Grincements de dents.*** (FIG.) Fait d'être en colère, mécontent. *Pleurs et grincements de dents ont accueilli la nouvelle.*

GRINCER v. intr.
Produire un son désagréable. *La porte grinçait horriblement.*
LOCUTION
– ***Grincer des dents.*** (FIG.) Frotter les dents les unes contre les autres par rage, peur, douleur.
CONJUGAISON : VOIR MODÈLE AVANCER.
Le ***c*** prend une cédille devant les lettres ***a*** et ***o***. *Il grinça, nous grinçons.*

GRINCHEUX, EUSE adj.
Grognon, sévère. *La bibliothécaire n'est pas grincheuse du tout, elle est très sympathique.* SYN. acariâtre ; bougon ; maussade.

GRINGALET n. m.
Le ***t*** ne se prononce pas, [grɛ̃galɛ].
(PÉJ.) Homme de faible constitution. SYN. avorton.
gringalet.

GRIOTTE n. f.
Cerise à chair très acidulée.

GRIPPAGE n. m.
Blocage des pièces d'un mécanisme. *Le grippage est dû au manque de lubrifiant ou à un jeu insuffisant, provoquant ainsi le coincement* (GDT).

GRIPPAL, ALE, AUX adj.
Relatif à la grippe. *Des symptômes grippaux.*

GRIPPE n. f.
Maladie contagieuse d'origine virale provoquant une inflammation des muqueuses respiratoires. *François a attrapé la grippe. Un vaccin contre la grippe.*
LOCUTION
– ***Prendre en grippe.*** Avoir de l'antipathie pour quelqu'un, quelque chose. *Nellie a pris le professeur de géographie en grippe.*

GRIPPÉ, ÉE adj.
Atteint de la grippe. *Grippée et fiévreuse, elle ne put se rendre à son travail.*

GRIPPER v. intr., pronom.
VERBE INTRANSITIF
Provoquer un blocage, en parlant des pièces d'un mécanisme. *Le moteur va gripper si on ne l'entretient pas.*
VERBE PRONOMINAL
Se coincer. *Ces mécanismes se sont grippés.*
À la forme pronominale, le participe passé de ce verbe s'accorde toujours en genre et en nombre avec son sujet. *Ces engrenages se sont grippés.*
CONJUGAISON : VOIR MODÈLE AIMER.

GRIPPE-SOU n. m. (pl. *gripper-sous*)
(FAM.) Avare. SYN. (FAM.) radin ; séraphin.

GRIS, GRISE adj. et n. m.
ADJECTIF DE COULEUR
D'une couleur entre le blanc et le noir. *Des robes grises.*
L'adjectif de couleur simple s'accorde, mais l'adjectif de couleur composé est invariable. *Des robes grises. Des robes gris perle, gris acier.*
VOIR TABLEAU – COULEUR (ADJECTIFS DE).
NOM MASCULIN
La couleur grise qui résulte d'un mélange de blanc et de noir. *Le gris et le rose vont bien ensemble.*

GRISAILLE n. f.
Monotonie. *Annie préfère le ciel bleu de l'hiver à la grisaille de l'automne.*

GRISANT, ANTE adj.
Enivrant. *Une aventure grisante.* SYN. exaltant ; excitant.

GRISÂTRE adj.
Qui tire sur le gris. *Une chemise grisâtre.*
Cet adjectif a une valeur défavorable.
grisâtre.

GRISÉ n. m.
Teinte grise donnée à certaines parties d'un dessin.

GRISER v. tr., pronom.
VERBE TRANSITIF
1. Donner une teinte grise à.
2. Étourdir, enthousiasmer. *Elle l'a grisé de compliments.*
VERBE PRONOMINAL
S'étourdir, s'enivrer. *Se griser de promesses.*
À la forme pronominale, le participe passé de ce verbe s'accorde toujours en genre et en nombre avec son sujet. *Ils se sont grisés de belles paroles.*
CONJUGAISON : VOIR MODÈLE AIMER.

GRISERIE n. f.
Enivrement. *La griserie du succès.* SYN. excitation ; ivresse.

GRISONNER v. intr.
Devenir gris. *Ses cheveux commencent à grisonner.*
CONJUGAISON : VOIR MODÈLE AIMER.

GRISOU n. m.
Gaz inflammable qui se dégage dans les mines de charbon.
LOCUTION
– ***Coup de grisou.*** Explosion du grisou.

GRIVE n. f.
Oiseau voisin du merle à plumage brun et gris. *La grive des bois, la grive fauve sont des oiseaux qui habitent les sous-bois.*
LOCUTION
– ***Faute de grives, on mange des merles.*** (Proverbe) Il faut se contenter de ce que l'on a.

GRIVÈLERIE n. f.
Délit de la personne qui part sans payer l'addition dans un restaurant.
Ne pas confondre avec le nom ***grivoiserie,*** geste, propos grivois.

GRIVOIS, OISE adj.
Qui est licencieux, égrillard, sans être obscène. *Des propos grivois.*

GRIVOISERIE n. f.
Caractère de ce qui est grivois ; geste, propos grivois.
Ne pas confondre avec le nom ***grivèlerie,*** délit.

GRIZZLI ou **GRIZZLY** n. m. (pl. *grizzlis* ou *grizzlys*)
Ours de grande taille des Rocheuses. *Les grizzlis* ou *grizzlys sont des animaux très dangereux.*
grizzli, grizzly.

GROENLANDAIS, AISE adj. et n. m. et f.
Du Groenland. *Le littoral groenlandais. Un Groenlandais, une Groenlandaise.*

T L'adjectif s'écrit avec une minuscule ; le nom, avec une majuscule.
➯ groenlandais, sans tréma.

GROG n. m.
Les deux ***g*** se prononcent, [grɔg] ; le nom rime avec ***dogue***.
Boisson chaude au rhum. *Un bon grog me réchauffera.*

GROGNEMENT n. m.
1. Cri du porc, de l'ours, etc. *Les grognements du berger allemand ont éloigné les cambrioleurs.*
2. Murmure de mécontentement, de protestation. *Des grognements se firent entendre dans la salle.* SYN. bougonnement.

GROGNER v. intr.
1. Émettre un bruit sourd (en parlant du porc, de l'ours, etc.). *Le chien grogne pour effrayer le chat.* SYN. gronder.
2. Bougonner. *Ces vieux grincheux ne cessent de grogner.* SYN. gronder ; maugréer ; pester ; ronchonner.
CONJUGAISON : VOIR MODÈLE AIMER.
Les lettres ***gn*** sont suivies d'un ***i*** à la première et à la deuxième personne du pluriel de l'indicatif imparfait et du subjonctif présent. *(Que) nous grognions, (que) vous grogniez.*

GROGNON, ONNE adj. et n. m. et f.
Bougon. *Ce vieux grognon n'est pas aimable, mais sa grognonne l'aime bien.* SYN. acariâtre ; grincheux ; (FAM.) râleur.

GROIN n. m.
Museau du porc.

GROMMELER v. tr.
Bougonner, grogner. *Il grommelait des injures, elle est toujours à grommeler.*
CONJUGAISON : VOIR MODÈLE APPELER.
Redoublement du ***l*** devant un ***e*** muet. *Je grommelle, je grommellerai,* mais *je grommelais.*
[Les *Rectifications* (1990) admettent : il grommèle, grommèlera, grommèlerait...]

GROMMELLEMENT n. m.
Le ***e*** de l'avant-dernière syllabe ne se prononce pas, [grɔmɛlmɑ̃].
Action de grommeler ; sons émis en grommelant.
[Les *Rectifications* (1990) admettent : grommèlement.]

GRONDANT, ANTE adj.
Qui gronde, qui produit un bruit sourd. *Les flots grondant des chutes du Niagara.*

GRONDER v. tr., intr.
VERBE TRANSITIF
Réprimander. *L'institutrice a grondé les enfants turbulents.* SYN. ⚜ chicaner ; disputer.
VERBE INTRANSITIF
Grogner. *Un chien qui gronde, le tonnerre gronde.*
CONJUGAISON : VOIR MODÈLE AIMER.

GRONDERIE n. f.
Le ***e*** central ne se prononce pas, [grɔ̃dri].
Réprimande faite de façon bienveillante.

GROS, GROSSE adj., adv. et n. m.
ADJECTIF
1. Volumineux, considérable. *Un gros ballon. Une grosse tempête de neige.* ANT. petit.
2. Important. *Une grosse fortune.* SYN. grand.
3. Gras. *Je suis trop grosse, il faut que je maigrisse.* SYN. considérable ; (FAM.) dodu ; obèse ; rond. ANT. maigre ; mince ; svelte.
ADVERBE
1. Beaucoup. *Elles parient gros et risquent gros.*
Pris adverbialement, le mot est invariable.
2. En grande dimension. *Écris plus gros, je n'arrive pas à lire ton écriture.*
NOM MASCULIN
1. Commerce par grandes quantités. *Le gros et le détail.*
2. L'élément le plus important. *Le gros du dictionnaire est terminé.*
3. La majorité. *Le gros de la classe était d'accord.*
NOM FÉMININ
(COMM.) Douze douzaines. *Une grosse d'oranges.*
NOM MASCULIN ET FÉMININ
Personne qui souffre d'embonpoint. SYN. obèse.
LOCUTIONS
– ***Avoir le cœur gros.*** (FIG.) Avoir du chagrin.
– ***En avoir gros sur le cœur.*** Avoir des reproches à faire, de la rancune.
– ***Faire les gros yeux.*** (FIG.) Prendre un air sévère.
– ***Gros bonnet.*** (FIG.) Personnalité. *Le conseil est composé de gros bonnets.*
– ***Gros œuvre.*** (FIG.) Ensemble des éléments de construction assurant la stabilité, la résistance et la protection d'un bâtiment.
– ***Le gros bon sens.*** Jugement élémentaire.
FORME FAUTIVE
*une grosse demi-heure, heure, un gros quart d'heure, etc. Impropriété pour ***une bonne demi-heure, heure, un bon quart d'heure,*** etc.

GROSEILLE adj. inv. et n. f.
NOM FÉMININ
Fruit du groseillier. *Des confitures de groseilles délicieuses.*
Comme complément du nom ***confiture, groseille*** s'écrit généralement au pluriel, tandis que comme complément du nom ***gelée,*** il s'écrit au singulier. *De la gelée de groseille.*
ADJECTIF DE COULEUR INVARIABLE
De la couleur rouge clair de la groseille. *Des gants groseille.*
VOIR TABLEAU – COULEUR (ADJECTIFS DE).
➯ groseille.

GROSEILLIER ou **GROSEILLER** n. m.
Arbuste cultivé pour ses fruits. *Planter des groseilliers* ou *groseillers rouges.*

GROS-GRAIN n. m. (pl. *gros-grains*)
Tissu de soie à côtes.

GROS-PORTEUR adj. et n. m.
ADJECTIF
Se dit d'un avion de grande capacité.
NOM MASCULIN
Avion de grande capacité. *Des gros-porteurs* (et non des *jumbo jets) *lourdement chargés.*

GROSSESSE n. f.
État d'une femme enceinte. *La grossesse de l'espèce humaine dure 9 mois ; chez les animaux, la gestation de la souris dure 21 jours (3 semaines) tandis que celle de l'éléphant va jusqu'à 640 jours (près de 2 ans).*

GROSSEUR n. f.
1. Volume. *Des tomates d'une bonne grosseur.* SYN. dimension ; taille.
2. Volume de ce qui est gros. *La grosseur d'un éléphant.*

GROSSIER, IÈRE adj.
1. Non achevé. *Un travail grossier.* SYN. imparfait ; rudimentaire.
2. Rude. *Une étoffe grossière.* SYN. brut.
3. Impoli, contraire aux usages. *Une personne grossière.* SYN. vulgaire.

GROSSIÈREMENT adv.
Avec grossièreté. *Ne réponds pas grossièrement !* SYN. vulgairement.

GROSSIÈRETÉ n. f.
1. Caractère de ce qui est grossier. *La grossièreté d'un geste.* SYN. vulgarité.
2. Paroles grossières. *Il lui a dit des grossièretés.* SYN. gros mot.

GROSSIR v. tr., intr.
VERBE TRANSITIF
Rendre plus gros, plus volumineux. *La loupe grossit les caractères. Cette jupe plissée me grossit.*
VERBE INTRANSITIF
1. Devenir plus gros, augmenter de volume. *Il a un peu grossi.* SYN. engraisser.
2. Devenir plus considérable. *La plante a grossi.* SYN. grandir.
CONJUGAISON : VOIR MODÈLE FINIR.

GROSSISSANT, ANTE adj.
1. Qui a la propriété de faire paraître plus gros. *Des verres grossissants.*
2. Qui devient de plus en plus gros. *Une population grossissante.*

GROSSISSEMENT n. m.
Le *e* de l'avant-dernière syllabe ne se prononce pas, [grosismɑ̃].
1. Agrandissement. *Le grossissement de petits caractères à l'aide d'une loupe.*
2. Croissance, développement. *Le grossissement d'un tronc d'arbre.*

GROSSISTE n. m.
Intermédiaire entre le détaillant et le producteur.
LOCUTION
– ***Grossiste (en voyages).*** Personne morale ou physique dont les activités se limitent à organiser des forfaits pour les agences de voyages, en principe à la demande de celles-ci (Recomm. off.).

GROSSO MODO loc. adv.
En gros, sans tenir compte des détails. Grosso modo, *notre association compte maintenant 1 000 membres.*
T En typographie soignée, les mots étrangers sont composés en italique. Dans des textes déjà en italique, la notation se fait en romain. Pour les textes manuscrits, on utilisera les guillemets.

GROTESQUE adj.
Le **o** est ouvert, [grɔtɛsk].
1. Loufoque, bizarre. *Des bouffons grotesques.*
2. Ridicule, extravagant. *Ces accusations sont grotesques.*

GROTESQUEMENT adv.
Le **o** est ouvert, [grɔtɛskəmɑ̃].
De façon grotesque. SYN. ridiculement.

GROTTE n. f.
Cavité naturelle dans la roche. *Sous la chute, il y a une grotte secrète.*
Ne pas confondre avec le nom ***glotte***, orifice du larynx.
grotte.

GROUILLANT, ANTE adj.
Qui grouille, qui remue. *Une foule grouillante.*

GROUILLEMENT n. m.
Fourmillement. *Le grouillement des insectes sur le sol.*

GROUILLER v. intr., pronom.
VERBE INTRANSITIF
Remuer, fourmiller. *La place grouille de monde.*
VERBE PRONOMINAL
(FAM.) Se dépêcher. *Grouille-toi, nous sommes en retard!* SYN. se hâter.
À la forme pronominale, le participe passé de ce verbe s'accorde toujours en genre et en nombre avec son sujet. *Elles se sont grouillées pour arriver à temps.*
CONJUGAISON : VOIR MODÈLE AIMER.
Les lettres ***ill*** sont suivies d'un ***i*** à la première et à la deuxième personne du pluriel de l'indicatif imparfait et du subjonctif présent. *(Que) nous grouillions, (que) vous grouilliez.*

GROUPAGE n. m.
Action de réunir des colis destinés au transport.

GROUPE n. m.
1. Réunion de personnes. *Un groupe d'élèves.*
2. Ensemble de choses. *Un groupe de maisons.*
Si le sujet du verbe est un collectif précédé du déterminant indéfini ***un, une*** et suivi d'un complément au pluriel, le verbe se met au singulier lorsque l'auteur veut insister sur le tout, l'ensemble; au pluriel, s'il veut insister sur la pluralité, la multiplicité. *Un groupe de chercheurs a réussi, ont réussi à isoler le virus.* Si le sujet du verbe est un collectif précédé du déterminant défini ***(le, la)***, d'un déterminant possessif ***(mon, ma, ton, ta, son, sa)***, d'un déterminant démonstratif ***(ce, cette)*** et s'il est suivi d'un complément au pluriel, le verbe se met généralement au singulier. *Ce groupe de médecins a donné son appui à la proposition.*
VOIR TABLEAU – COLLECTIF.
LOCUTIONS
– ***Groupe de discussion.*** Groupe restreint de clients ou d'utilisateurs d'un produit ou d'un service dont les caractéristiques sociodémographiques sont assez homogènes et qui sont réunis pour une enquête sur ce produit ou ce service (GDT). *Le groupe de discussion* (et non *focus group) *est habituellement composé de 6 à 12 personnes.*
Cette technique permet de dégager les opinions, connaître les tendances, cerner les besoins et les attentes ou clarifier les données d'un problème.
– ***Groupe de l'adjectif (GAdj).*** Groupe formé d'un adjectif et, s'il y a lieu, d'un complément de l'adjectif. SYN. groupe adjectival.
– ***Groupe de l'adverbe (GAdv).*** Groupe formé d'un adverbe et, s'il y a lieu, d'un complément de l'adverbe. SYN. groupe adverbial.
– ***Groupe de la préposition (GPrép).*** Groupe formé d'une préposition et, obligatoirement, d'un complément de la préposition. SYN. groupe prépositionnel.
– ***Groupe du nom (GN).*** Groupe formé soit d'un nom commun, généralement accompagné d'un déterminant, soit d'un nom propre, soit d'un pronom, et, s'il y a lieu, d'un complément du nom ou du pronom. SYN. groupe nominal.
– ***Groupe du verbe (GV).*** Groupe formé d'un verbe et, s'il y a lieu, d'un ou de plusieurs compléments du verbe. SYN. groupe verbal.
VOIR TABLEAU – GROUPE.
– ***Groupe témoin.*** Groupe de sujets qui reçoivent un traitement courant ou un placebo et qui sont utilisés à des fins comparatives au cours d'un essai clinique. *Des groupes témoins.*
FORME FAUTIVE
*groupe d'intérêt. Calque de «*interest group*» pour ***forum électronique.***

GROUPEMENT n. m.
1. Action de grouper; fait d'être groupé. *Le groupement des enfants.* SYN. rassemblement.
2. Association de personnes qui poursuivent un objectif commun. *Un groupement écologique.*

GROUPER v. tr., pronom.
VERBE TRANSITIF
Rassembler en groupe. *Grouper des étudiants.* SYN. assembler; réunir.
VERBE PRONOMINAL
Se rassembler. *Les enfants se sont groupés autour du chiot.*
À la forme pronominale, le participe passé de ce verbe s'accorde toujours en genre et en nombre avec son sujet. *Les invités s'étaient groupés dans le salon.*
CONJUGAISON : VOIR MODÈLE AIMER.

GROUPUSCULE n. m.
(PÉJ.) Petit groupement. *Un groupuscule d'activistes.*

GRUAU n. m. (pl. *gruaux*)
Partie du grain de blé. *De la farine de gruau.*

GRUE n. f.
1. Grand oiseau échassier migrateur.
2. Appareil de levage. *Une grue de chantier.*
LOCUTION
– ***Faire le pied de grue.*** (FIG.) Attendre longuement debout.
✏ grue.

GRUGER v. tr.
1. (LITT.) Voler, duper quelqu'un. *Il grugeait son patron.*
2. ⚜ (FAM.) Ronger, briser avec les dents. *Maxime grugeait une pomme.* SYN. grignoter.
Ce verbe demeure usuel au Québec et dans la francophonie canadienne, mais il n'appartient plus à l'usage courant de la majorité des locuteurs du français.
CONJUGAISON : VOIR MODÈLE CHANGER.
Le ***g*** est suivi d'un ***e*** devant les lettres ***a*** et ***o***. *Il grugea, nous grugeons.*

GRUME n. f.
Tronc d'arbre abattu qui a été ébranché. SYN. ⚜ billot.

GRUMEAU n. m. (pl. *grumeaux*)
Masse coagulée dans un liquide. *Il y a des grumeaux dans la sauce. La soupe est pleine de grumeaux.*

GRUMELER (SE) v. pronom.
Former des grumeaux. *Le lait se grumelle.*
Le participe passé de ce verbe, qui n'existe qu'à la forme pronominale, s'accorde toujours en genre et en nombre avec son sujet. *La pâte à crêpes s'est grumelée.*
CONJUGAISON : VOIR MODÈLE APPELER.
Redoublement du ***l*** devant un ***e*** muet. *Il se grumelle, il se grumellera,* mais *il se grumelait.*
[Les *Rectifications* (1990) admettent : il grumèle, grumèlera, grumèlerait...]

GRUTIER n. m.
GRUTIÈRE n. f.
Personne chargée de conduire une grue.

GRUYÈRE n. m.
Fromage suisse. *Du jambon avec du gruyère gratiné.*

GUADELOUPÉEN, ENNE adj. et n. m. et f.
La première syllabe se prononce ***goua,*** [gwadlupeɛ̃, ɛn].
De la Guadeloupe. *Un chant guadeloupéen. Un Guadeloupéen, une Guadeloupéenne.*
T L'adjectif s'écrit avec une minuscule; le nom, avec une majuscule.

GUANO n. m.
La première syllabe se prononce ***goua,*** [gwano].
Engrais composé d'excréments d'oiseaux marins.

GUARANI n. m.
La première syllabe se prononce ***goua,*** [gwarani].
Unité monétaire du Paraguay. *Des guaranis.*
VOIR TABLEAU – SYMBOLES DES UNITÉS MONÉTAIRES.

GUATÉMALTÈQUE adj. et n. m. et f.
La première syllabe se prononce ***goua,*** [gwatemaltɛk].
Du Guatemala. *Le drapeau guatémaltèque. Un Guatémaltèque, une Guatémaltèque.*
T L'adjectif s'écrit avec une minuscule; le nom, avec une majuscule.

GUÉ n. m.
Endroit où l'on traverse un cours d'eau. *Un passage à gué.*
HOM. ***gai,*** joyeux.

GUENILLE n. f.
1. ⚜ Petite pièce de vieille étoffe servant au nettoyage. SYN. chiffon; torchon.
2. (AU PLUR.) Vêtement en lambeaux. *Un clochard en guenilles.*
En ce sens, le nom s'emploie au pluriel.

GUENON n. f.
Femelle du singe. *La guenon épouille ses petits.*
VOIR TABLEAU – ANIMAUX.

GUÉPARD n. m.
Carnassier au pelage roux tacheté de noir.
✏ guépard.

GUÊPE n. f.
Insecte au corps rayé jaune et noir. *Un essaim de guêpes.*
LOCUTION
– ***Taille de guêpe.*** (FIG.) Taille très fine.

GUÊPIER n. m.
Le ***ê*** se prononce ***é,*** [gepje].
Nid de guêpes. *Il faut déloger ces guêpiers.*
LOCUTION
– ***Se fourrer, tomber dans un guêpier.*** (FIG.) Se mettre dans une situation difficile.
✏ guêpier.

GUÊPIÈRE n. f.
Dessous féminins qui amincissent la taille, qui font une taille de guêpe. *Des guêpières délicatement brodées.*

GUÈRE adv.
1. Peu, pas beaucoup. *Il ne fume guère. Elle ne s'en inquiète guère.*
L'adverbe s'emploie toujours avec la particule négative ***ne.*** S'il ne peut s'employer avec ***pas,*** il peut cependant se construire avec ***ne... plus.*** *Elle ne sort plus guère.*
2. Presque. *Il n'y a guère que vous qui puissiez réaliser ce projet.* SYN. seulement.
L'adverbe s'emploie avec la particule négative ***ne*** et il est suivi de la conjonction ***que*** et du subjonctif.
HOM. ***guerre,*** conflit armé.

GUÉRI, IE adj.
1. Qui a retrouvé la santé. *Enfin guérie, je peux reprendre mes activités.* SYN. remis; rétabli.
2. (FIG.) Libéré. *Il est guéri de la vie politique.* SYN. débarrassé; délivré.

GUÉRIDON n. m.
Petite table ronde à un seul pied central.

GUÉRILLA n. f.
Guerre d'embuscades, de harcèlement. *Des guérillas sanglantes.*

GUÉRILLÉRO n. m.
Le ***e*** de la troisième syllabe se prononce ***é,*** [gerijero].
Personne qui fait la guérilla. *Des guérilléros péruviens.*

GUÉRIR v. tr., intr., pronom.
VERBE TRANSITIF
Redonner la santé à quelqu'un. *Guérir un malade de sa bronchite.*
VERBE INTRANSITIF
1. Recouvrer la santé. *Elle guérira vite à la campagne.* SYN. se rétablir.
2. Disparaître en parlant d'une maladie. *Son rhume a guéri.*
VERBE PRONOMINAL
1. Se débarrasser d'une maladie. *Il a réussi à se guérir de son rhume.* SYN. se remettre; se rétablir.
2. Se libérer de quelque chose de pénible. *Elle s'est guérie de son indécision.* SYN. se débarrasser; se délivrer.
À la forme pronominale, le participe passé de ce verbe s'accorde toujours en genre et en nombre avec son sujet. *Ils se sont guéris de leur pneumonie.*
CONJUGAISON : VOIR MODÈLE FINIR.

GUÉRISON n. f.
Disparition d'un mal physique ou moral. SYN. rétablissement.

GUÉRISSABLE adj.
Qui peut être guéri. *Ce cancer est désormais guérissable.* ANT. incurable.

G

GROUPE[1]

G

Un **groupe de mots** est un ensemble de mots organisés autour d'un noyau et pouvant jouer le même rôle syntaxique que ce dernier. Comme les éléments autres que le noyau sont facultatifs (sauf pour le groupe de la préposition), il arrive parfois qu'un groupe ne contienne qu'un seul mot, son noyau. Dans la phrase, il y a cinq catégories de groupes de mots possibles :

- le groupe du nom ;
- le groupe du verbe ;
- le groupe de l'adjectif ;
- le groupe de la préposition ;
- le groupe de l'adverbe.

LES CINQ GROUPES DE LA GRAMMAIRE DE LA PHRASE

GROUPE DU NOM

Le **groupe du nom** est formé d'un nom commun et son déterminant ou d'un nom propre puis, facultativement, d'un complément du nom. Un pronom peut aussi remplacer le nom puis, facultativement, être suivi d'un complément du pronom.

	GROUPE DU NOM		
Fonctions syntaxiques	**Déterminant**	**Noyau** (nom/pronom)	**Complément du nom / du pronom** (facultatif)
Exemples	*les*	*promenades* *Louise* *celles* *aucune*	*à vélo* *de mon amie*

Le groupe du nom peut remplir les fonctions de sujet de la phrase, de complément de la phrase, de complément du nom, de complément du verbe et de complément de la préposition.

Sujet de la phrase	***Les promenades à vélo*** *sont relaxantes.*
Complément de la phrase	*Il a perdu son emploi* ***le mois dernier****.*
Complément du nom	*la table,* ***un meuble indispensable*** */ des tissus* ***couleur orange***
Complément du verbe	*Il plantait* ***des arbres****.*
Complément de la préposition	*dans* ***sa chambre récemment peinte***

GROUPE DU VERBE

Le **groupe du verbe** est formé d'un verbe conjugué et, selon ce que commande l'emploi de ce verbe, d'aucun, d'un ou de plusieurs compléments du verbe.

	GROUPE DU VERBE	
Fonctions syntaxiques	**Noyau** (verbe)	**Complément du verbe** (selon le verbe utilisé)
Exemples	*dort* *aime* *parle* *va* *met* *est* *rend*	 *les biscuits* *à son père* *dans sa chambre* *un dessin dans son sac* *heureux* *ses parents heureux*

La seule fonction possible du groupe du verbe est d'être le prédicat de la phrase, et ce prédicat est d'une seule catégorie possible, le groupe du verbe.

GROUPE | ***SUITE*** >

1. Conception du tableau : Annie Desnoyers.

GROUPE DE L'ADJECTIF

Le **groupe de l'adjectif** contient un adjectif et, facultativement, un complément de l'adjectif.

	GROUPE DE L'ADJECTIF	
Fonctions syntaxiques	**Noyau** (adjectif)	**Complément de l'adjectif** (facultatif)
Exemples	*conforme* *bonne* *calme*	*à vos dispositions* *en mathématiques*

Le groupe de l'adjectif peut occuper la fonction de complément dans le groupe du nom et dans le groupe du verbe.

Dans le groupe du nom	*ma grand-mère* ***paternelle*** *ma mère,* ***toujours généreuse,***
Dans le groupe du verbe	*Ma grand-mère a été* ***heureuse****.* (Attribut du sujet) *Les enfants rendent cet enseignant* ***heureux****.* (Attribut du complément direct du verbe)

GROUPE DE LA PRÉPOSITION

Le **groupe de la préposition** est composé d'une préposition et, obligatoirement, d'un complément de la préposition.

	GROUPE DE LA PRÉPOSITION	
Fonctions syntaxiques	**Noyau** (préposition)	**Complément de la préposition** (obligatoire)
Exemples	*dans* *d'* *pour*	*sa chambre* *hier* *te voir arriver*

Le groupe de la préposition peut remplir les fonctions de complément de la phrase, de complément du nom, de complément du verbe, de complément de l'adjectif, de complément de la préposition et de complément de l'adverbe.

Complément de la phrase	*Je vais te le dire* ***à ce moment-là****.*
Complément du nom	*les promenades* ***à vélo***
Complément du verbe	*compter* ***sur ses amis***
Complément de l'adjectif	*fou* ***de la vie***
Complément de la préposition	*de* ***derrière la maison***
Complément de l'adverbe	*conformément* ***aux lois provinciales***

> GROUPE | SUITE

G

GROUPE DE L'ADVERBE

Le **groupe de l'adverbe** contient un adverbe et, facultativement, un complément de l'adverbe.

	GROUPE DE L'ADVERBE	
Fonctions syntaxiques	**Noyau** (adverbe)	**Complément de l'adverbe** (facultatif)
Exemples	*conformément* *toujours*	*à vos dispositions*

Le groupe de l'adverbe peut occuper deux fonctions syntaxiques : complément de la phrase ou modificateur.

Complément de la phrase — ***Hier**, les deux garçons faisaient route en silence.*

Modificateur
- modificateur dans le **groupe du verbe** — *nage **rapidement** / parle **bien***
- modificateur dans le **groupe du nom** — ***quelque** trente maisons / **même** ses cousines*
- modificateur dans le **groupe de l'adjectif** — ***très** rapide / **peu** probable*
- modificateur dans le **groupe de la préposition** — ***juste** devant la porte / **longtemps** après son arrivée*
- modificateur dans le **groupe de l'adverbe** — ***excessivement** mal / **très** bien*

Le modificateur est un groupe de mots facultatif, le plus souvent un groupe de l'adverbe, qui modifie le sens premier d'un autre mot en exprimant un degré, une qualité, une manière, une insistance. Il peut être inclus dans chacun des cinq groupes de mots de la grammaire de la phrase.

VOIR TABLEAUX ▸ ADJECTIF. ▸ ADVERBE. ▸ COMPLÉMENT. ▸ NOM. ▸ PHRASE (ANALYSE GRAMMATICALE DE LA). ▸ PRÉPOSITION. ▸ PRONOM. ▸ VERBE.

GUÉRISSEUR, EUSE n. m. et f.
Personne qui guérit ou prétend guérir, sans avoir fait d'études médicales.

GUÉRITE n. f.
Abri dans lequel une sentinelle, un gardien, se met à couvert.

GUERRE n. f.
Conflit armé entre États. *Nous espérons que la guerre ne sera jamais plus déclarée. Déclencher, entreprendre une guerre, perdre, gagner la guerre. Entrer en guerre. Des nations en guerre.*
LOCUTIONS
– ***De bonne guerre.*** Légitime, admissible. *Ces tactiques sont de bonne guerre.*
– ***De guerre lasse.*** En renonçant à combattre, à lutter. *De guerre lasse, elle se résigna à accepter.*
La locution verbale se construit avec la préposition ***à***.
– ***Faire la guerre à.*** (FIG.) Lutter contre. *Ces établissements financiers font la guerre aux* (et non *contre les) *fraudeurs.*
– ***Le nerf de la guerre.*** (FIG.) L'argent.
– ***Si tu veux la paix, prépare la guerre,*** (par allusion au proverbe latin *Si vis pacem, para bellum*). Pour éviter d'être attaqué, le meilleur moyen est de prouver qu'on est en mesure de se défendre.
HOM. ***guère,*** peu.

GUERRIER, IÈRE adj. et n. m.
ADJECTIF
(LITT.) Relatif à la guerre. *Les écrits guerriers.*
NOM MASCULIN
(LITT.) Soldat. *Le repos du guerrier.*

GUERROYER v. intr.
(LITT.) Faire la guerre, de façon discontinue.
Ce mot ne s'emploie plus beaucoup aujourd'hui, mais au Moyen Âge, on guerroyait sans cesse.
CONJUGAISON : VOIR MODÈLE EMPLOYER.
Le ***y*** se change en ***i*** devant un ***e*** muet. *Je guerroie, je guerroierai.* Le ***y*** est suivi d'un ***i*** à la première et à la deuxième personne du pluriel de l'indicatif imparfait et du subjonctif présent. *(Que) nous guerroyions, (que) vous guerroyiez.*

GUET n. m.
Action de guetter. *Faire le guet.* SYN. surveillance.
guet.

GUET-APENS n. m. (pl. *guets-apens*)
Le *s* ne se prononce pas, [gɛtapɑ̃].
Piège, embuscade. *On l'a attiré dans un guet-apens.*
guet-apens.

GUÊTRE n. f.
Jambière. *Des guêtres jaunes lui gainaient les jambes.*
guêtre.

GUETTER v. tr.
1. Surveiller avec attention. *Le chat guette l'oiseau.* SYN épier ; être aux aguets.
2. Faire peser une menace sur quelqu'un. *L'épuisement le guette.* SYN. menacer.
CONJUGAISON : VOIR MODÈLE AIMER.

GUEULE n. f.
Bouche des animaux. *Se jeter dans la gueule du loup.*
On emploie le nom ***gueule*** pour désigner la bouche des carnassiers, des fauves. *La gueule d'un lion, d'un crocodile, d'un chien, d'un requin.* Pour un cheval, un chameau, un bœuf, un éléphant, un poisson, et en général, pour les animaux de selle, de trait, on utilise le nom ***bouche***. Pour désigner la bouche humaine, le nom ***gueule*** est vulgaire ; dans un style soigné, on évitera de l'employer.

GUEULE-DE-LOUP n. f. (pl. *gueules-de-loup*)
Muflier. *Des gueules-de-loup colorent le jardin.*

GUEULER v. tr., intr.
(TRÈS FAM.) Crier ou hurler de douleur, de mécontentement.
Dans un style soigné, on emploiera plutôt ***crier, hurler.***
CONJUGAISON : VOIR MODÈLE AIMER.

GUEULETON n. m.
(FAM.) Bon repas entre amis.

GUEUSE ou **GUEUZE** n. f.
Bière belge forte.

GUEUX, GUEUSE n. m. et f.
(VX) Mendiant, miséreux.

GUI n. m.
Plante qui vit en parasite sur les branches de certains arbres. *Du gui décore l'entrée de la maison à Noël.*

GUICHE n. f.
Mèche de cheveux plaquée sur le front ou les tempes.

GUICHET n. m.
Petite ouverture par laquelle le public communique avec les employés d'une banque, d'une administration, etc. *Les guichets de la billetterie.*
LOCUTIONS
– ***À guichets fermés.*** Se dit d'un spectacle dont tous les billets sont vendus.
– ***Guichet automatique.*** (PAR ANAL.) Distributeur automatique de billets de banque.
– ***Guichet libre-service.*** (INFORM.) Guichet virtuel permettant aux citoyens un libre accès, en tout temps, à l'information et aux services gouvernementaux offerts dans Internet par une administration publique (GDT).
– ***Guichet unique.*** Point d'accès à des produits et services de plusieurs ordres de gouvernement, regroupés en fonction d'un même type d'usagers ou d'un même secteur d'activité (GDT).
guichet.

GUICHETIER n. m.
GUICHETIÈRE n. f.
Attention à la prononciation, [giʃtje, giʃtjɛr].
Personne préposée à un guichet.

GUIDAGE n. m.
1. Action de guider.
2. (AVIAT.) Processus visant à imposer une trajectoire à un véhicule aéronautique ou spatial, par référence à une trajectoire donnée.
3. (MÉCAN.) Ensemble des dispositifs obligeant un organe mobile à suivre une trajectoire donnée.

GUIDE n. m. et f.
NOM MASCULIN
Recueil de renseignements. *Un guide du Québec vient d'être publié. Des guides gastronomiques.*
NOM FÉMININ PLURIEL
Lanières attachées au mors d'un cheval. *Tirer sur les guides d'un cheval.*

GUIDE n. m. et f.
NOM MASCULIN ET FÉMININ
Personne chargée de faire visiter (un musée, une ville, un monument, un site). *Une guide expérimentée.*
NOM FÉMININ
Jeune fille faisant partie d'un mouvement de scoutisme. SYN. scoute.

GUIDER v. tr., pronom.
VERBE TRANSITIF
1. Indiquer la voie à. *Le chien guide l'aveugle.* SYN. conduire ; mener.
2. Diriger, conseiller. *Ses conseils m'ont bien guidé.* SYN. orienter.
VERBE PRONOMINAL
Trouver son chemin. *Ils se sont guidés sur les repères balisant le sentier.*
À la forme pronominale, le participe passé de ce verbe s'accorde toujours en genre et en nombre avec son sujet. *La nuit tombée, les skieuses égarées se sont guidées sur l'étoile polaire.*
CONJUGAISON : VOIR MODÈLE AIMER.

GUIDON n. m.
Tube de métal à poignées qui sert à diriger une bicyclette, une moto.

GUIGNE n. f.
(FAM.) Malchance persistante. *Avoir la guigne.*

GUIGNER v. tr.
Lorgner, convoiter.
CONJUGAISON : VOIR MODÈLE AIMER.
Les lettres ***gn*** sont suivies d'un ***i*** à la première et à la deuxième personne du pluriel de l'indicatif imparfait et du subjonctif présent. *(Que) nous guignions, (que) vous guigniez.*

GUIGNOL n. m.
1. Héros des marionnettes françaises.
2. Petit théâtre de marionnettes pour enfants. *Les enfants ont vu une représentation au guignol du jardin du Luxembourg.*
LOCUTIONS
– ***C'est du (grand) guignol !*** C'est une parodie digne du héros des marionnettes françaises.
– ***Faire le guignol.*** (FIG.) Faire le pitre.

GUIGNOLÉE n. f.
Quête faite de porte en porte à la période des fêtes, à l'intention des démunis.
guignolée.

GUILDE n. f.
Le ***l*** se prononce, [gild].
Association professionnelle. *La guilde des orfèvres.*

GUILLEDOU n. m.
Le ***e*** se prononce ou non, [gijədu].
– ***Courir le guilledou.*** (FAM.) Chercher des aventures galantes.
Le mot ne s'emploie que dans cette locution.

GUILLEMET n. m.
Petit chevron double qui se place au commencement et à la fin d'une citation, d'un dialogue, d'un mot, d'une locution que l'auteur désire isoler.
LOCUTION
– ***Entre guillemets.*** Expression destinée à souligner qu'on ne prend pas à son compte le mot ou la locution employé.
VOIR TABLEAU – GUILLEMETS.
VOIR TABLEAU – PONCTUATION.

GUILLEMETS

Les guillemets sont de petits chevrons doubles (« ») qui se placent au commencement ***(guillemet ouvrant)*** et à la fin ***(guillemet fermant)*** d'une citation, d'un dialogue, d'un mot, d'une expression ou d'un groupe de mots que l'auteur désire isoler.

G

Les guillemets se présentent en français sous la forme de petits chevrons doubles (« »), et en anglais, sous la forme d'une double apostrophe (" ").

DISCOURS RAPPORTÉ DIRECT

Lorsqu'on redit mot à mot les paroles ou les écrits d'une ou de plusieurs personnes, on emploie le guillemet ouvrant à la suite du deux-points et le guillemet fermant à la fin des mots cités. *Martin m'a demandé : « Veux-tu un cornet de crème glacée à la tire d'érable ? »*

T Les phrases incises telles que ***dit-il, répondit-elle*** se mettent entre virgules, sans répétition de guillemets. « En fait, me confia-t-il, je veux réussir, et c'est bien légitime. »

CITATION

Les guillemets encadrent les citations : ils en indiquent le début et la fin. *La Charte de la langue française édicte : « 1.– Le français est la langue officielle du Québec. »*

T Si la citation porte sur plusieurs alinéas, on met un guillemet ouvrant au début de chaque alinéa et on termine la citation par un guillemet fermant.

« Langue distinctive d'un peuple majoritairement francophone, la langue française permet au peuple québécois d'exprimer son identité.
« L'Assemblée nationale reconnaît la volonté des Québécois d'assurer la qualité et le rayonnement de la langue française. »

Préambule de la ***Charte de la langue française.***

Si la citation comporte plus de trois lignes, elle est généralement disposée en retrait et composée à interligne simple. Dans ce cas, on n'emploie pas de guillemets.

T Dans la bande dessinée, les bulles jouent le rôle des guillemets.

DIALOGUE

On met des guillemets au début et à la fin des dialogues. Un changement d'interlocuteur est signalé par l'alinéa précédé d'un tiret.

Le jardinier constata :
« Les roses sont superbes cette année.
– Vraiment, je suis de votre avis : elles sont superbes.
– Désirez-vous que j'ajoute une nouvelle variété de pivoines ? »

MISE EN VALEUR

On utilise les guillemets pour isoler un mot, une expression :

- dont on veut parler explicitement. *Le nom « trait d'union » s'écrit sans trait d'union.*
- qui constitue un emprunt à une autre langue. *Ce commentaire n'est pas très « politically correct ».*
- qui est de niveau familier. *Les élèves de cette école ont trouvé « pas pire » cette exposition.*
- qui marque une distance, un sens particulier donné à un mot. *Elle a effectué une mise en scène « intéressante ».*
- qui donne la signification d'un mot, d'une expression. La locution *a giorno* signifie « brillamment éclairé ».

GUILLEMETS ANGLAIS (" ")

Les guillemets anglais en double apostrophe sont utilisés à l'intérieur d'une citation déjà guillemetée. *Elle m'a dit : « Paul m'a rapporté que votre jardin est "magnifique". »*

GUILLEMETER v. tr.
Mettre entre guillemets. *Une phrase guillemetée. Il y a lieu de guillemeter les citations.*
CONJUGAISON : VOIR MODÈLE APPELER.
Redoublement du ***t*** devant un ***e*** muet. *Je guillemette, je guillemetterai*, mais *je guillemetais.*
✏ guillemeter.
[Les *Rectifications* (1990) admettent : il guillemète, guillemètera, guillemèterait...]

GUILLERET, ETTE adj.
Joyeux, fringant. *Il se sentait tout guilleret.* SYN. gai ; vif.

GUILLOTINE n. f.
Instrument servant à couper la tête des condamnés à mort.

GUILLOTINER v. tr.
Décapiter par la guillotine. *Les révolutionnaires ont guillotiné de nombreux nobles.*
CONJUGAISON : VOIR MODÈLE AIMER.

GUIMAUVE n. f.
1. Plante des marais et des prés humides.
2. Pâte molle et sucrée (originairement à base de racine de guimauve). *Faire griller des guimauves* (et non *marshmallows).

GUIMBARDE n. f.
1. Petit instrument de musique formé d'une languette d'acier montée sur une lame recourbée en anneau.
2. Danse populaire au XVIIe siècle.
3. (VIEILLI) (FAM.) Vieille voiture. *Ta guimbarde tombe en ruine.* SYN. tacot.

GUIMPE n. f.
Plastron, chemisette en tissu léger.

GUINDÉ, ÉE adj.
Affecté, mal à l'aise. *Ce monsieur est très sérieux et guindé.*

GUINÉE n. f.
Ancienne monnaie britannique.

GUINÉEN, ENNE adj. et n. m. et f.
De la Guinée. *Le drapeau guinéen. Un Guinéen, une Guinéenne.*
[T] L'adjectif s'écrit avec une minuscule ; le nom, avec une majuscule.

GUINGOIS (DE) loc. adv.
(FAM.) De travers. *Un chapeau de guingois.*
✏ de guingois.

GUINGUETTE n. f.
Café populaire où l'on peut danser, le plus souvent en plein air.

GUIPURE n. f.
Étoffe imitant la dentelle.

GUIRLANDE n. f.
Cordon de feuillage, de fleurs, etc., servant à décorer. *Des guirlandes brillantes ornaient les sapins de Noël.*

GUISE n. f.
– ***À (ma, ta, sa,** etc.**) guise.*** Selon (ma, ta, sa, etc.) volonté.
– ***En guise de,*** loc. prép. À la place de.
☞ Le mot ne s'emploie que dans ces locutions.

GUITARE n. f.
Instrument de musique. *Alain s'accompagne à la guitare.*

GUITARISTE n. m. et f.
Personne qui joue de la guitare.

GULDEN n. m.
👄 Le ***u*** se prononce ***ou,*** [guldɛn].
Unité monétaire des Pays-Bas maintenant remplacée par l'euro.
VOIR – FLORIN.

GURU
VOIR – GOUROU.

GUSTATIF, IVE adj.
Relatif au goût. *Les papilles gustatives.*

GUTTURAL, ALE, AUX adj.
Qui appartient au gosier. *Des sons gutturaux.*

GUYANAIS, AISE adj. et n. m. et f.
De la Guyane. *Le drapeau guyanais. Un Guyanais, une Guyanaise.*
[T] L'adjectif s'écrit avec une minuscule ; le nom, avec une majuscule.

Gy
Symbole de ***gray.***

GYM n. f.
👄 Les lettres ***gy*** se prononcent ***ji*** (et non *dji), [ʒim].
Abréviation familière de ***gymnastique.***

GYMNASE n. m.
👄 Les lettres ***gy*** se prononcent ***ji*** (et non *dji), [ʒimnɑz].
Lieu où l'on peut pratiquer des exercices physiques.
✏ gymnase.

GYMNASTE n. m. et f.
👄 Les lettres ***gy*** se prononcent ***ji*** (et non *dji), [ʒimnast].
Spécialiste de la gymnastique.
✏ gymnaste.

GYMNASTIQUE n. f.
👄 Les lettres ***gy*** se prononcent ***ji*** (et non *dji), [ʒimnastik].
Le mot s'abrège familièrement en ***gym*** (s'écrit sans point).
1. Ensemble d'exercices physiques destinés à assouplir, à fortifier le corps.
2. Série de mouvements. *Faire sa gymnastique quotidienne.*
✏ gymnastique.

GYMNIQUE adj. et n. f.
👄 Les lettres ***gy*** se prononcent ***ji*** (et non *dji), [ʒimnik].
Relatif aux exercices du corps ; science des exercices du corps.

GYN(É)-, GYNÉCO- préf.
Éléments du grec signifiant « femme ». *Gynécologue.*

-GYNE suff.
Élément du grec signifiant « femme ». *Androgyne.*

GYNÉCÉE n. m.
(ANTIQ.) Appartement des femmes.
☞ Attention au genre masculin de ce nom : ***un*** gynécée.

GYNÉCO-
VOIR – GYN(É)-.

GYNÉCOLOGIE n. f.
👄 Les deux ***o*** sont ouverts, [ʒinekɔlɔʒi].
Spécialité de la médecine qui s'occupe des maladies particulières aux femmes.
✏ gynécologie.

GYNÉCOLOGIQUE adj.
👄 Les deux ***o*** sont ouverts, [ʒinekɔlɔʒik].
Relatif à la gynécologie. *Un examen gynécologique.*
✏ gynécologique.

GYNÉCOLOGUE n. m. et f.
👄 Les deux ***o*** sont ouverts, [ʒinekɔlɔg].
Spécialiste de la gynécologie. *C'est un excellent gynécologue.*
✏ gynécologue.

***GYPROC**
Marque déposée pour ***carton-plâtre, panneau de plâtre, plaque de plâtre.***

GYPSE n. m.
👄 Attention à la prononciation, [ʒips].
Roche sédimentaire dont on tire le plâtre. *Un gypse très blanc.*
☞ Attention au genre masculin de ce nom : ***un*** gypse.
✏ gypse.

G

GYPSOPHILE n. f.
Plante ornementale cultivée pour ses petites fleurs blanches.

GYR(O)- préf.
Élément du grec signifiant « cercle ». *Gyrophare.*

GYROPHARE n. m.
Le **o** est ouvert, [ʒirɔfar].
Phare rotatif. *Une ambulance munie d'un gyrophare.*
gyrophare.

H

H n. m. inv.
Huitième lettre de l'alphabet.
VOIR TABLEAU – H MUET ET H ASPIRÉ.

H
– *h,* symbole de ***hecto-***.
– *h,* symbole de ***heure.***
– *H,* symbole de ***hydrogène.***

ha
Symbole de ***hectare.***

HA ! (*h* aspiré) interj.
Interjection toujours redoublée qui marque le rire. *Ha ! ha ! quelle bonne blague !*
Pour marquer la surprise, le soulagement, on emploiera plutôt ***ah !***
T L'interjection est toujours suivie d'un point d'exclamation qui est souvent repris à la fin de la phrase. Si la phrase exclamative n'est pas complète, le mot qui suit le point d'exclamation s'écrit avec une minuscule initiale.

HABEAS CORPUS n. m.
Les deux ***s*** se prononcent, le ***e*** se prononce ***é,*** [abeaskɔrpys] ; l'expression rime avec ***puce.***
Expression latine signifiant « que tu aies le corps ».
Institution britannique garantissant le respect de la liberté individuelle.
T En typographie soignée, les mots étrangers sont composés en italique. Dans des textes déjà en italique, la notation se fait en romain. Pour les textes manuscrits, on utilisera les guillemets.

HABILE adj.
1. Adroit. *Ce menuisier est très habile : il fabrique de très beaux meubles de bois.* ANT. maladroit ; malhabile.
2. Astucieux. *Elles ont été très habiles en proposant cette idée.* SYN. fin ; fort ; (FAM.) futé ; ingénieux ; inventif. ANT. malhabile.

HABILEMENT adv.
Le ***e*** de l'avant-dernière syllabe ne se prononce pas, [abilmɑ̃].
Avec habileté. *Ces menuisiers travaillent très habilement. Une idée habilement présentée.* SYN. adroitement.

HABILETÉ n. f.
Le ***e*** de l'avant-dernière syllabe ne se prononce pas, [abilte].
1. Qualité de ce qui est habile. *Un travail fait avec habileté.* SYN. adresse ; dextérité.
2. Maîtrise d'une activité physique ou intellectuelle. *L'habileté d'un pianiste.* SYN. savoir-faire.
Ne pas confondre avec le nom ***habilité,*** aptitude légale.

HABILITATION n. f.
1. (DR.) Action de donner à une personne le pouvoir d'accomplir un ou plusieurs actes juridiques soit en son nom personnel, soit par représentation d'autrui.
2. (FIG.) Action de donner à quelqu'un une certaine autonomie d'action. *Ces gestionnaires de ressources humaines prônent l'habilitation* (et non l'*empowerment) *du personnel.* SYN. responsabilisation.

HABILITÉ n. f.
(DR.) Aptitude légale à faire quelque chose. SYN. capacité.
Ne pas confondre avec le nom ***habileté,*** maîtrise d'une activité physique ou intellectuelle.

HABILITER v. tr.
1. (DR.) Rendre une personne légalement apte à faire un acte juridique. *Elle est habilitée à signer au nom de l'entreprise, c'est-à-dire qu'elle est autorisée par la loi.* SYN. autoriser.
2. (FIG.) Donner à quelqu'un une certaine autonomie d'action.
CONJUGAISON : VOIR MODÈLE AIMER.

HABILLAGE n. m.
1. Action d'habiller quelqu'un, quelque chose, de s'habiller. *Un salon d'habillage. L'habillage d'un canapé.*
2. Conditionnement d'un produit. *L'habillage d'un parfum.*

HABILLÉ, ÉE adj.
1. Couvert de vêtements. *Tu n'es pas encore habillé ?* ANT. déshabillé ; nu.
2. Se dit d'une tenue élégante, d'une tenue du soir. *Une robe habillée pour aller au bal.* SYN. chic ; élégant.

HABILLEMENT n. m.
1. Action de pourvoir de vêtements. *Des frais d'habillement élevés.*
2. Tenue vestimentaire. *Un habillement original.*

HABILLER v. tr., pronom.
VERBE TRANSITIF
Revêtir de vêtements. *Elle habille la fillette. Elle est habillée de noir, de coton* ou *en noir.*
Dans un style soigné, on préférera la préposition ***de.***
VERBE PRONOMINAL
1. Mettre ses vêtements. *Elles se sont habillées rapidement.*
2. Choisir ses vêtements. *Il s'habille bien, avec goût.*
À la forme pronominale, le participe passé de ce verbe s'accorde toujours en genre et en nombre avec son sujet. *Les ballerines se sont habillées de blanc.*
CONJUGAISON : VOIR MODÈLE AIMER.
Les lettres ***ill*** sont suivies d'un ***i*** à la première et à la deuxième personne du pluriel de l'indicatif imparfait et du subjonctif présent. *(Que) nous habillions, (que) vous habilliez.*

H

HABILLEUR n. m.
HABILLEUSE n. f.
Personne qui aide les acteurs, les actrices à s'habiller.

HABIT n. m.
1. (AU SING.) Tenue de soirée dont la veste à revers de soie est à longues basques à l'arrière. *Un bal en habit et en robe du soir.*
1° Ne pas confondre avec le nom ***smoking,*** qui désigne une tenue de soirée composée d'un veston à revers de soie, mais sans basques, d'un pantalon à galon de soie et d'un gilet. *Revêtir un smoking* (et non *tuxedo).
2° La tenue de soirée masculine est le ***smoking*** ou l'***habit.***
2. (AU PLUR.) Vêtements. *Range tes habits dans la penderie.*
Attention au genre masculin de ce nom : ***un*** habit.
FORME FAUTIVE
*habit. Archaïsme au sens de ***costume, complet.***

HABITABILITÉ n. f.
1. Caractère de ce qui est habitable. *L'habitabilité d'un lieu.*
2. Espace laissé aux personnes (dans un véhicule, un ascenseur, etc.). *Cette voiture offre une excellente habitabilité.*

HABITABLE adj.
Qui peut être habité. *Cette maison n'est pas habitable en hiver : il y fait trop froid.* ANT. inhabitable.

HABITACLE n. m.
1. Partie d'un véhicule où prennent place les passagers.
2. Poste de pilotage d'un avion.

HABITANT, ANTE adj. et n. m. et f.
NOM MASCULIN ET FÉMININ
1. Personne qui habite généralement en un lieu déterminé. *Le Québec compte près de huit millions d'habitants.*
La dénomination des habitants d'un lieu est un ***gentilé.***
[T] Les gentilés s'écrivent avec une majuscule. *Un Gaspésien.* Les adjectifs dérivés de gentilés s'écrivent avec une minuscule. *Un paysage gaspésien.*
VOIR TABLEAU – PEUPLES (NOMS DE).
2. Personne qui réside dans (une maison, un immeuble, etc.). *Les habitants d'une résidence.* SYN. occupant ; résidant.
3. (HIST.) Personne qui possède une terre dans une colonie. *« Une lieuë au dessous de Quebec la riviere se separe en deux, & forme une belle Isle, qu'on appelle l'Isle d'Orleans, qui a environ dix-huit lieuës de tour, dans laquelle il y a plusieurs Habitans : les terres y sont fort bonnes ; il y a aussi quantité de prairies les long des bords »* (Pierre Boucher, *Histoire véritable et naturelle des mœurs & productions du pays de la Nouvelle France*).
4. ⚜ (VX) Personne qui exploite la terre. *« Y a pourtant une grosse différence entre les deux : un habitant c'est un homme qui doit sur sa terre ; tandis qu'un cultivateur, lui, il doit rien »* (Germaine Guèvremont, *Le Survenant*). SYN. colon ; cultivateur ; fermier ; paysan.
En ce sens, le nom a une valeur défavorable au Québec.
5. ⚜ (FAM.) Rustre. *Espèce d'habitant !*
SYN. colon.
En ce sens, le nom a une valeur défavorable au Québec.
ADJECTIF ET NOM MASCULIN ET FÉMININ
⚜ (FAM.) Qui a des manières frustes. *Cette personne a l'air habitant.* SYN. paysan.
En ce sens, le mot a une valeur défavorable au Québec.
LOCUTION
– ***Loger chez l'habitant.*** Loger chez les gens du pays plutôt qu'à l'hôtel. *En Normandie, nous avons logé chez l'habitant : une solution agréable et économique.*

HABITAT n. m.
1. Ensemble des conditions géographiques dans lesquelles vit une espèce animale, une espèce végétale particulière. SYN. milieu.
2. Ensemble des conditions d'habitation. *Amélioration de l'habitat.*
➾ habita**t**.

HABITATION n. f.
1. Action d'habiter dans un lieu.
2. Maison, logement où l'on habite. *Un groupe d'habitations.* SYN. demeure ; maison.
LOCUTIONS
– ***Habitation à loyer modéré (France).*** Sigle ***HLM*** (s'écrit avec ou sans points).
– ***Habitation à loyer modique (Québec).*** ⚜ Sigle ***HLM*** (s'écrit avec ou sans points). Appartement dont le loyer est partiellement payé par l'État.

HABITER v. tr., intr.
VERBE TRANSITIF
1. Loger de façon durable en un lieu. *Ils habitent un appartement de six pièces.* SYN. demeurer ; résider ; vivre.
2. Avoir son habitation en un lieu. *Ils habitent un quartier très calme.* SYN. demeurer ; résider.
VERBE INTRANSITIF
Demeurer. *Ils habitent en ville, à la campagne.*
Suivi d'un nom de ville, le verbe se construit avec ou sans la préposition ***à.*** *Ils habitent Montréal* ou *à Montréal.* Suivi d'un nom de rue (avenue, boulevard, etc.), le verbe se construit généralement sans préposition. *Cette famille habite rue du Manoir.* Si l'adresse comporte un numéro, on peut écrire aussi ***habiter + au.*** *Elle habite au 15, rue du Manoir* ou *elle habite 15, rue du Manoir.*
CONJUGAISON : VOIR MODÈLE AIMER.

HABITUDE n. f.
Façon habituelle d'être, d'agir. *Léa a l'habitude d'appeler sa copine tous les soirs. Une bonne ou une mauvaise habitude.*
LOCUTIONS
– ***À son habitude,*** loc. adv. Habituellement, le plus souvent. *À son habitude* (et non *à l'habitude), *il se lève à 7 h.*
– ***Avoir l'habitude de.*** Avoir coutume de. *Les enfants ont l'habitude de marcher pour aller à l'école.*
– ***Comme d'habitude,*** loc. adv. À l'accoutumée, selon son habitude. *Comme d'habitude, elle est en retard.*
– ***D'habitude,*** loc. adv. Ordinairement, habituellement. *Sa tarte est meilleure que d'habitude.*
– ***Par habitude,*** loc. adv. Machinalement. *Par habitude, elle se lève à 6 h 30, même le samedi et le dimanche.*

HABITUÉ, ÉE adj. et n. m. et f.
ADJECTIF
Qui a l'habitude de. *Habitué à se lever tôt, il est debout dès 6 h, et ce, même le dimanche.*
NOM MASCULIN ET FÉMININ
Personne qui fréquente habituellement un lieu. *Ce sont des habitués de ce restaurant.*
L'adjectif se construit avec la préposition ***à,*** alors que le nom se construit avec la préposition ***de.***

HABITUEL, ELLE adj.
Usuel, normal. *Les voisins font leur promenade habituelle.* SYN. courant.

HABITUELLEMENT adv.
De façon habituelle. *Habituellement, elle est en retard.* SYN. généralement ; normalement ; ordinairement. ANT. exceptionnellement.

HABITUER v. tr., pronom.
VERBE TRANSITIF
Rendre familier (à quelqu'un, quelque chose) par l'habitude. *Habituer un chien à la propreté, à ne pas japper.* SYN. accoutumer.
VERBE PRONOMINAL
Prendre l'habitude de. *S'habituer à travailler pendant la nuit.*

À la forme pronominale, le participe passé de ce verbe s'accorde toujours en genre et en nombre avec son sujet. *Ils se sont habitués à ce changement d'horaire.*
À la forme transitive comme pronominale, le verbe se construit avec la préposition ***à.***
CONJUGAISON : VOIR MODÈLE AIMER.

HÂBLEUR, EUSE (*h* aspiré) adj. et n. m. et f.
(PÉJ.) Se dit d'une personne qui a tendance à se vanter. *Certains vendeurs sont des hâbleurs.* SYN. beau parleur.
hâbleur.

HACHE (*h* aspiré) n. f.
Outil tranchant servant à fendre, à couper. *La hache du bûcheron.*
LOCUTION
– ***Mettre la hache dans quelque chose.*** (FIG.) (FAM.) Supprimer, réduire considérablement quelque chose. *Nous devrons mettre la hache dans ces frais exagérés.*
HOM. ***ache,*** plante.

HACHÉ, ÉE (*h* aspiré) adj. et n. m.
ADJECTIF
Coupé en morceaux. *Du steak haché, du bœuf haché.*
NOM MASCULIN
Viande hachée. *Du haché très maigre.*

HACHE-LÉGUMES (*h* aspiré) n. m. inv. (pl. *hache-légumes*)
Hachoir à légumes.

HACHER (*h* aspiré) v. tr.
Déchiqueter avec un instrument tranchant. *Hacher de la viande.*
CONJUGAISON : VOIR MODÈLE AIMER.

HACHETTE (*h* aspiré) n. f.
Petite hache. *Ces scouts disposent d'une hachette pour entretenir le sentier.*

HACHE-VIANDE (*h* aspiré) n. m. (pl. *hache-viande* ou *hache-viandes*)
Hachoir à viande. *Des hache-viande* ou *hache-viandes électriques.*

HACHIS (*h* aspiré) n. m.
Le *s* ne se prononce pas, ['aʃi].
Plat préparé avec de la viande, du poisson ou des légumes hachés. *Le hachis Parmentier comprend du bœuf haché, des pommes de terre et du maïs.*
hachis.

HACHISCH
VOIR – HASCHISCH.

HACHOIR (*h* aspiré) n. m.
Large couteau servant à hacher (viande, légumes, etc.).

HACHURE (*h* aspiré) n. f.
Trait parallèle qui marque les parties ombrées d'un dessin, d'une gravure. *Faire des hachures.*

HACHURER (*h* aspiré) v. tr.
Marquer de hachures. *Les parties hachurées du formulaire sont réservées à l'Administration.*
CONJUGAISON : VOIR MODÈLE AIMER.

HACIENDA n. f. (pl. *haciendas*)
Ferme, en Amérique du Sud.

***HADDOCK**
Anglicisme pour ***églefin.***

HAE
Sigle de ***heure avancée de l'Est.***

HAGARD, ARDE (*h* aspiré) adj.
Effaré. *L'œil hagard.* SYN. égaré.

HAGIOGRAPHE n. m. et f.
Personne qui rédige des hagiographies.

HAGIOGRAPHIE n. f.
1. Biographie d'un saint.
2. Biographie très élogieuse.

HAIE (*h* aspiré) n. f.
1. Bordure d'arbustes. *Une haie de conifères.*
2. Rang de personnes bordant une voie. *Une haie d'honneur.*

HAILLON (*h* aspiré) n. m.
(GÉN. AU PLUR.) Vêtement très usé. *Il portait des haillons.*
HOM. ***hayon,*** porte arrière d'un véhicule.

HAINE (*h* aspiré) n. f.
Sentiment violent qui pousse à détester quelqu'un, quelque chose, à lui vouloir du mal. *Éprouver de la haine contre* ou *pour des ennemis, contre des gestes brutaux* ou *pour la violence.* SYN. aversion; hostilité. ANT. amitié; amour.
Le nom se construit avec la préposition ***contre*** ou ***pour.***
HOM. ***aine,*** partie du corps.

HAINEUSEMENT (*h* aspiré) adv.
Avec haine. *Il les regardait haineusement.*

HAINEUX, EUSE (*h* aspiré) adj.
Qui traduit la haine. *Des paroles haineuses.* SYN. malveillant; méchant. ANT. amical.

HAÏR (*h* aspiré) v. tr., pronom.
Aux première, deuxième et troisième personnes du singulier de l'indicatif présent, ainsi qu'à la deuxième personne du singulier de l'impératif présent, il n'y a pas de tréma sur le ***i*** : on prononce ['ɛ] (et non *a-i), le verbe rime alors avec ***haie.***
VERBE TRANSITIF
1. Avoir en horreur quelqu'un, éprouver de la haine à son égard. *Il hait les voleurs qui ont détruit son entreprise.*
2. Détester. *Plusieurs écoliers haïssent la fin des vacances.*
VERBE PRONOMINAL
Éprouver de la haine l'un pour l'autre. *Se haïr cordialement.*
À la forme pronominale, le participe passé de ce verbe s'accorde toujours en genre et en nombre avec son sujet. *Elles ne se sont pas haïes.*
CONJUGAISON : VOIR MODÈLE HAÏR.

HAÏSSABLE (*h* aspiré) adj.
Attention à la prononciation, ['aisabl] (et non *aguissable).
1. Qui inspire la haine. *Ces lâches sont haïssables.* SYN. exécrable; odieux.
2. (FIG.) Insupportable. *Les enfants étaient bien haïssables hier.* SYN. détestable.

HAÏTIEN, IENNE adj. et n. m. et f.
D'Haïti. *Le drapeau haïtien. Un Haïtien, une Haïtienne.*
T L'adjectif s'écrit avec une minuscule; le nom, avec une majuscule.
L'usage est flottant en ce qui a trait à la nature du ***h*** initial de ce mot; même si plusieurs auteurs indiquent la présence du ***h*** aspiré, la tendance la plus courante est de considérer l'initiale comme un ***h*** muet. On dira donc : *Des* (z) *Haïtiens.*

HALAGE (*h* aspiré) n. m.
Action de haler un bateau à l'aide d'un cordage tiré du rivage. *Un chemin de halage.*

HÂLE (*h* aspiré) n. m.
Bronzage de la peau sous l'effet du soleil. *Un beau hâle.*
HOM.
• ***hall,*** entrée;
• ***halle,*** marché.

HÂLÉ, ÉE adj.
Bruni par le soleil, bronzé. *Une peau hâlée. Des jardiniers hâlés.*

CONJUGAISON DU VERBE **HAÏR**

INDICATIF

PRÉSENT		PASSÉ COMPOSÉ		
je	hais	j'	ai	haï
tu	hais	tu	as	haï
elle	hait	elle	a	haï
il	hait	il	a	haï
nous	haïssons	nous	avons	haï
vous	haïssez	vous	avez	haï
elles	haïssent	elles	ont	haï
ils	haïssent	ils	ont	haï

IMPARFAIT		PLUS-QUE-PARFAIT		
je	haïssais	j'	avais	haï
tu	haïssais	tu	avais	haï
elle	haïssait	elle	avait	haï
il	haïssait	il	avait	haï
nous	haïssions	nous	avions	haï
vous	haïssiez	vous	aviez	haï
elles	haïssaient	elles	avaient	haï
ils	haïssaient	ils	avaient	haï

PASSÉ SIMPLE		PASSÉ ANTÉRIEUR		
je	haïs	j'	eus	haï
tu	haïs	tu	eus	haï
elle	haït	elle	eut	haï
il	haït	il	eut	haï
nous	haïmes	nous	eûmes	haï
vous	haïtes	vous	eûtes	haï
elles	haïrent	elles	eurent	haï
ils	haïrent	ils	eurent	haï

FUTUR SIMPLE		FUTUR ANTÉRIEUR		
je	haïrai	j'	aurai	haï
tu	haïras	tu	auras	haï
elle	haïra	elle	aura	haï
il	haïra	il	aura	haï
nous	haïrons	nous	aurons	haï
vous	haïrez	vous	aurez	haï
elles	haïront	elles	auront	haï
ils	haïront	ils	auront	haï

CONDITIONNEL PRÉSENT		CONDITIONNEL PASSÉ		
je	haïrais	j'	aurais	haï
tu	haïrais	tu	aurais	haï
elle	haïrait	elle	aurait	haï
il	haïrait	il	aurait	haï
nous	haïrions	nous	aurions	haï
vous	haïriez	vous	auriez	haï
elles	haïraient	elles	auraient	haï
ils	haïraient	ils	auraient	haï

SUBJONCTIF

PRÉSENT			PASSÉ			
que	je	haïsse	que	j'	aie	haï
que	tu	haïsses	que	tu	aies	haï
qu'	elle	haïsse	qu'	elle	ait	haï
qu'	il	haïsse	qu'	il	ait	haï
que	nous	haïssions	que	nous	ayons	haï
que	vous	haïssiez	que	vous	ayez	haï
qu'	elles	haïssent	qu'	elles	aient	haï
qu'	ils	haïssent	qu'	ils	aient	haï

IMPARFAIT			PLUS-QUE-PARFAIT			
que	je	haïsse	que	j'	eusse	haï
que	tu	haïsses	que	tu	eusses	haï
qu'	elle	haït	qu'	elle	eût	haï
qu'	il	haït	qu'	il	eût	haï
que	nous	haïssions	que	nous	eussions	haï
que	vous	haïssiez	que	vous	eussiez	haï
qu'	elles	haïssent	qu'	elles	eussent	haï
qu'	ils	haïssent	qu'	ils	eussent	haï

IMPÉRATIF

PRÉSENT	PASSÉ
hais	aie haï
haïssons	ayons haï
haïssez	ayez haï

INFINITIF

PRÉSENT	PASSÉ
haïr	avoir haï

PARTICIPE

PRÉSENT	PASSÉ
haïssant	haï, ïe ayant haï

HALEINE n. f.
1. Air qui sort des poumons par la bouche et le nez quand on expire. *Ce rince-bouche rafraîchit l'haleine. Avoir mauvaise haleine.*
2. Souffle, respiration.
LOCUTIONS
– ***À perdre haleine,*** loc. adv. Longuement, sans répit. *Courir à perdre haleine.*
– ***De longue haleine,*** loc. adj. (FIG.) Qui demande temps et effort. *Un travail de longue haleine.* SYN. à long terme.
– ***Hors d'haleine,*** loc. adj. Essoufflé, à bout de souffle.
– ***Reprendre haleine.*** Reprendre sa respiration. SYN. souffler.
– ***Reprendre haleine.*** (FIG.) Se reposer avant de recommencer quelque chose. SYN. se détendre.
– ***Tenir en haleine.*** Maintenir en état d'attente. *On nous tenait en haleine : nous attendions l'annonce des résultats depuis deux heures.*
HOM.
• ***alêne,*** outil ;
• ***allène,*** gaz.

HALER (*h* aspiré) v. tr.
1. Tirer sur. *Haler un cordage.*
2. Remorquer un bateau au moyen d'un câble à partir du rivage.
HOM. ***hâler,*** bronzer.
CONJUGAISON : VOIR MODÈLE AIMER.

HÂLER (*h* aspiré) v. tr.
Bronzer, brunir la peau, en parlant du soleil. *Un teint hâlé.*
HOM. ***haler,*** tirer sur.
CONJUGAISON : VOIR MODÈLE AIMER.

HALETANT, ANTE (*h* aspiré) adj.
Le ***e*** central ne se prononce pas, ['altɑ̃, ɑ̃t].
Hors d'haleine, essoufflé. *Il est arrivé haletant et assoiffé après avoir tant couru.*

HALÈTEMENT (*h* aspiré) n. m.
Le ***e*** de l'avant-dernière syllabe ne se prononce pas, ['alɛtmɑ̃].
Essoufflement, état d'une personne hors d'haleine.
HOM. ***allaitement,*** action d'allaiter.

HALETER (*h* aspiré) v. intr.
Être hors d'haleine. *Après avoir tant couru, il haletait.*
CONJUGAISON : VOIR MODÈLE CONGELER.
Le ***e*** se change en ***è*** devant une syllabe contenant un ***e*** muet. *Il halète,* mais *il haletait.*

HALIEUTIQUE adj. et n. f.
ADJECTIF
(DIDACT.) Qui concerne la pêche. *Le saumon de l'Atlantique fait partie des espèces halieutiques à potentiel commercial.*
NOM FÉMININ
(DIDACT.) Art de la pêche.

HALL (*h* aspiré) n. m.
Le **a** se prononce **o**, ['ol] ou à l'anglaise.
Entrée, salle d'accès de grandes dimensions. *Le hall de l'hôtel est bien décoré.*
HOM.
• ***hâle,*** bronzage ;
• ***halle,*** marché.

HALLALI n. m.
Cri des chasseurs annonçant que la bête poursuivie est aux abois. *Des hallalis.*
hallali.

HALLE (*h* aspiré) n. f.
1. Marché. *La halle aux vins.*
2. (AU PLUR.) Marché central d'une ville. *Les Halles de Paris.*
HOM.
• ***hâle,*** bronzage ;
• ***hall,*** entrée.

HALLEBARDE (*h* aspiré) n. f.
(ANCIENN.) Arme composée d'une lance, à fer pointu d'un côté et tranchant de l'autre.

HALLEBARDIER (*h* aspiré) n. m.
Soldat armé d'une hallebarde.

HALLOWEEN n. f.
Veille du 1er novembre que fêtent les enfants en se déguisant pour sonner de porte en porte et récolter des friandises.

HALLUCINANT, ANTE adj.
Extraordinaire. *Une coïncidence hallucinante.* SYN. fantastique ; saisissant ; surprenant.

HALLUCINATION n. f.
Perception d'objets non réels. *Ce patient a des hallucinations : il voit des tarentules partout.* SYN. vision.

HALLUCINATOIRE adj.
1. Qui relève de l'hallucination. *Des images hallucinatoires.*
2. Qui provoque l'hallucination. *Des délires hallucinatoires.*

HALLUCINÉ, ÉE adj. et n. m. et f.
1. Qui a des hallucinations.
2. Visionnaire. *Ce poète est un halluciné.*

HALLUCINER v. intr.
(FAM.) Avoir des hallucinations. *Ce n'est pas possible ce que tu racontes : tu hallucines !* SYN. délirer ; déraisonner ; divaguer.
CONJUGAISON : VOIR MODÈLE AIMER.

HALLUCINOGÈNE adj. et n. m.
ADJECTIF
Qui provoque des hallucinations. *Des produits hallucinogènes.*
NOM MASCULIN
Substance qui provoque un état psychédélique.

HALO (*h* aspiré) n. m.
1. Couronne lumineuse autour de la Lune, du Soleil, d'une source lumineuse. *Un halo autour de la Lune.*
2. (FIG.) Auréole. *Le halo de la gloire, du pouvoir.*
HOM. ***allo, allô,*** interjection.

HALOGÈNE adj. et n. m.
ADJECTIF
Se dit d'une lampe contenant un halogène qui accroît son efficacité lumineuse et sa durée. *Une lampe (à) halogène, un halogène bien conçu.*
NOM MASCULIN
1. (CHIM.) Nom générique du chlore.
2. Appareil d'éclairage comportant une lampe (à) halogène.
halogène.

HALTE (*h* aspiré) n. f.
Moment d'arrêt pendant un voyage, une promenade. *Faire une halte au bord d'un lac.*
Ne pas confondre avec les noms suivants :
• ***escale,*** lieu où un navire, un avion s'arrête ;
• ***étape,*** endroit où l'on s'arrête pour dormir au cours d'un voyage.
LOCUTION
– ***Halte routière.*** Espace aménagé en bordure d'une route afin de permettre aux automobilistes de prendre du repos sans gêner l'écoulement de la circulation (Recomm. off.). *La halte routière* (et non le *rest area). SYN. aire de repos.

HALTE ! (*h* aspiré) interj.
Commandement militaire enjoignant à une personne de s'arrêter. *Halte ! qui va là ?*
T L'interjection est toujours suivie d'un point d'exclamation qui est souvent repris à la fin de la phrase. Si la phrase exclamative n'est pas complète, le mot qui suit le point d'exclamation s'écrit avec une minuscule initiale.

H

HALTE-GARDERIE (*h* aspiré) n. f. (pl. *haltes-garderies*)
Petit établissement de quartier servant de garderie, généralement avant et après les heures d'école. *Fanny est à la halte-garderie.*

HALTÈRE n. m.
(SPORTS) Instrument composé de deux disques de métal réunis par une barre. *Poids et haltères. Des haltères très lourds.*
Attention au genre masculin de ce nom : ***un*** haltère.

HALTÉROPHILE n. m. et f.
Personne qui pratique les poids et haltères.
haltérophile.

HALTÉROPHILIE n. f.
Sport des poids et haltères. *L'haltérophilie est une discipline olympique.*
haltérophilie.

HAMAC (*h* aspiré) n. m.
Le *c* se prononce, ['amak].
Lit mobile suspendu. *Le hamac du jardin est bien invitant.*

HAMBURGER (*h* aspiré) n. m.
Se prononce généralement à l'anglaise, ['ambœrgœr].
Sandwich de bœuf haché. *Des hamburgers succulents.*

HAMEAU n. m. (pl. *hameaux*)
Groupement isolé de quelques maisons, en milieu rural.

HAMEÇON n. m.
Petit crochet de métal placé au bout d'une ligne avec un appât pour prendre un poisson. *Le doré a mordu à l'hameçon.*

HAMEÇONNAGE n. m.
(INFORM.) Opération de piratage informatique au moyen d'un envoi massif de courriels usurpant l'identité d'une organisation dans le but de recueillir les coordonnées et renseignements confidentiels de destinataires à des fins illicites.

HAMMAM (*h* aspiré) n. m.
Le *m* final se prononce; le nom rime avec ***madame,*** ['amam].
Établissement de bains où l'on prend des bains de vapeur.

HAMPE (*h* aspiré) n. f.
Longue tige de bois. *La hampe d'un drapeau.*

HAMSTER (*h* aspiré) n. m.
Le *r* se prononce, ['amstɛr]; le nom rime avec ***gangster.***
Petit rongeur. *Le hamster creuse son terrier.*

HANAP (*h* aspiré) n. m.
Le *p* se prononce, ['anap].
Grand vase à boire, au Moyen Âge.

HANCHE (*h* aspiré) n. f.
Partie du corps correspondant à l'articulation du fémur avec l'os iliaque.
HOM. ***anche,*** pièce de certains instruments à vent.

HANDBALL ou **HAND-BALL** (*h* aspiré) n. m. (pl. *handballs*)
Attention à la prononciation, ['ɑ̃dbal].
Sport d'équipe qui ressemble au soccer, mais qui se joue uniquement avec les mains.

HANDICAP (*h* aspiré) n. m.
Le *p* se prononce, ['ɑ̃dikap].
1. Déficience physique ou mentale. *Il souffre d'un handicap.*
2. (FIG.) Infériorité, désavantage. *Son manque d'expérience est un handicap.* SYN. inconvénient.

HANDICAPANT, ANTE (*h* aspiré) adj.
Qui handicape. *Une maladie handicapante.*

HANDICAPÉ, ÉE (*h* aspiré) adj. et n. m. et f.
Personne souffrant de déficience physique ou mentale. *Un handicapé physique, mental.*
Ce mot commence par un *h* aspiré : on n'élide pas l'article et on ne fait pas de liaison avec le mot qui le précède. *Les handicapés* (et non les *(z) handicapés).
LOCUTION
– ***Handicapé moteur.*** Invalide. *Des handicapés moteurs.*
Le mot ***handicapé*** tend à remplacer de plus en plus le mot ***infirme.***

HANDICAPER (*h* aspiré) v. tr.
(FIG.) Désavantager. *Cette blessure a handicapé ce joueur.* SYN. desservir.
CONJUGAISON : VOIR MODÈLE AIMER.

HANDISPORT (*h* aspiré) adj.
Qui concerne les sports pratiqués par les handicapés. *La course handisport. Les Jeux paralympiques sont des compétitions handisports* ou *handisport qui se déroulent parallèlement aux Jeux olympiques.*
Certains auteurs, dont ceux du *Petit Larousse,* préconisent l'invariabilité de l'adjectif; d'autres, dont ceux du *Petit Robert,* estiment que l'adjectif est variable, ce qui nous paraît justifié.

HANGAR (*h* aspiré) n. m.
1. Entrepôt. *Le hangar désaffecté d'un ancien aéroport.*
2. Remise, abri. *Martin range son vélo dans le hangar.*
VOIR – REMISE.

HANNETON (*h* aspiré) n. m.
Insecte. *Le hanneton mange les racines des arbres, il est nuisible.*

HANTAVIRUS (*h* aspiré) n. m.
(MÉD.) Virus responsable d'infections épidémiques provoquant de la fièvre et des hémorragies.

HANTÉ, ÉE (*h* aspiré) adj.
Fréquenté par les esprits, les fantômes. *Un manoir hanté.*

HANTER (*h* aspiré) v. tr.
1. Revenir dans certains lieux, en parlant des spectres. *Une dame blanche hante cette auberge anglaise.*
2. (FIG.) Obséder. *Ce voleur est hanté par le remords.* SYN. poursuivre.
HOM. ***enter,*** greffer.
CONJUGAISON : VOIR MODÈLE AIMER.

HANTISE (*h* aspiré) n. f.
Obsession, peur constante. *Il a la hantise de perdre son portefeuille.*

HAPPEMENT (*h* aspiré) n. m.
Action de happer. *Le happement d'un fauve.*

HAPPER (*h* aspiré) v. tr.
1. Saisir brusquement, accrocher. *Sa main a été happée dans un engrenage.* SYN. coincer.
2. Attraper avidement avec la gueule. *Les fauves ont happé les morceaux de viande. « grands ducs et renards roux/happent au passage leurs victimes »* (Pierre Nepveu, *Lignes aériennes*).
Ne pas confondre avec les verbes suivants :
• ***agripper,*** saisir violemment avec les doigts;
• ***attraper,*** prendre comme dans un piège, au passage.
CONJUGAISON : VOIR MODÈLE AIMER.

***HAPPY-FEW**
Anglicisme pour ***privilégiés, élite, la crème.***

HARA-KIRI ou **HARAKIRI** (*h* aspiré) n. m.
Suicide imposé par l'honneur au Japon et qui consiste à s'ouvrir le ventre avec un sabre. *Des hara-kiris* ou *harakiris.*
LOCUTION
– ***Se faire hara-kiri*** ou ***harakiri.*** (FIG.) Se suicider. *Ils se sont fait hara-kiri ou harakiri.*

HARANGUE (*h* aspiré) n. f.
Discours long et ennuyeux. *La harangue lassante.*

HARANGUER (*h* aspiré) v. tr.
Faire des remontrances longues et insistantes. SYN. sermonner.
CONJUGAISON : VOIR MODÈLE AIMER.

HARAS (*h* aspiré) n. m.
Le *s* ne se prononce pas, ['arɑ] ; le nom rime avec ***rat***.
Établissement où l'on élève des étalons et des juments.
Ne pas confondre avec le nom ***ara***, perroquet.

HARASSANT, ANTE (*h* aspiré) adj.
Épuisant. *De harassantes heures de travail.* SYN. pénible.

HARASSEMENT (*h* aspiré) n. m.
Fatigue extrême, épuisement.
Ne pas confondre avec le nom ***harcèlement***, action de poursuivre, d'attaquer fréquemment.
harassement.

HARASSER (*h* aspiré) v. tr.
Épuiser, fatiguer à l'extrême. *Des sinistrés harassés.* SYN. exténuer.
CONJUGAISON : VOIR MODÈLE AIMER.
harasser.

HARCELANT, ANTE (*h* aspiré) adj.
Qui harcèle. *Des vendeurs par téléphone harcelants.*

HARCÈLEMENT (*h* aspiré) n. m.
Action de poursuivre, d'attaquer fréquemment. *Il a été accusé de harcèlement* (et non *d'harcèlement) *sexuel.*
Ne pas confondre avec le nom ***harassement***, fatigue extrême.
harcèlement.

HARCELER (*h* aspiré) v. tr.
La deuxième syllabe se prononce ***se***, ['arsəle].
Poursuivre, attaquer fréquemment. *Ces voyous harcèlent les écoliers. Elle est harcelée de demandes multiples.*
CONJUGAISON : VOIR MODÈLE CONGELER.
Le ***e*** se change en ***è*** devant une syllabe contenant un ***e*** muet. *Il harcèle,* mais *il harcelait.*

HARDES (*h* aspiré) n. f. pl.
Guenilles, vieux vêtements.
Ce nom est vieilli.

HARDI, IE (*h* aspiré) adj.
Audacieux. *Un sauteur hardi.* SYN. brave ; courageux ; intrépide.

HARDIESSE (*h* aspiré) n. f.
(LITT.) Bravoure, courage. *Ces chevaliers ont combattu avec hardiesse.* SYN. audace ; intrépidité.

HARDIMENT (*h* aspiré) adv.
1. Courageusement. *Ils plongèrent hardiment dans l'eau profonde.*
2. Impudemment. *Elle lui répondit un peu hardiment.* SYN. à la légère.

***HARDWARE**
Anglicisme pour ***matériel*** (informatique).

HAREM (*h* aspiré) n. m.
1. Appartement des femmes chez les musulmans.
2. Ensemble des femmes qui y habitent. *Le harem du sultan.*

HARENG (*h* aspiré) n. m.
Le ***g*** ne se prononce pas, ['arɑ̃] ; le nom rime avec ***rang***.
Poisson de mer. *Des filets de hareng.*
LOCUTION
– ***Hareng saur.*** Hareng fumé et salé.
hareng.

HARFANG DES NEIGES (*h* aspiré) n. m.
Le ***g*** ne se prononce pas, ['arfɑ̃] ; ce mot rime avec ***enfant***.
Oiseau nocturne de l'Arctique, aussi appelé ***chouette blanche***. *Peu commun, le harfang des neiges niche (nicheur résidant) dans la toundra du nord du Québec ; l'espèce est présente en hiver (hivernant) comme en été (estivant).*
Ce mot commence par un ***h*** aspiré : on n'élide pas l'article et on ne fait pas de liaison avec le mot qui le précède.
L'Assemblée nationale du Québec a choisi le harfang des neiges comme emblème aviaire du Québec en 1987. Elle voulait ainsi souligner l'importance d'améliorer la qualité de l'environnement et de sauvegarder les espèces sauvages.

HARGNE n. f.
Mauvaise humeur, paroles agressives. *Épargne-moi ta hargne et tes injures.* SYN. colère ; (LITT.) courroux ; rage.

HARGNEUX, EUSE adj.
Rageur, acerbe. *Des commentaires hargneux.* SYN. coléreux.

HARICOT (*h* aspiré) n. m.
Légumineuse à graines comestibles. *Le haricot vert* (et non la *petite fève).
haricot.

HARIDELLE (*h* aspiré) n. f.
Mauvais cheval. *La haridelle.*
Attention au genre féminin de ce nom : ***une*** haridelle.

HARISSA (*h* aspiré) n. m. ou f.
Condiment très piquant. *La harissa pimente le couscous.*

HARMONICA n. m.
Instrument de musique que l'on fait glisser entre les lèvres en soufflant et en aspirant. SYN. musique à bouche.
Attention au genre masculin de ce nom : ***un*** harmonica.

HARMONICISTE n. m. et f.
Personne qui joue de l'harmonica. *Une habile harmoniciste.*

HARMONIE n. f.
1. Ensemble de sons agréables. *L'harmonie d'une musique.*
2. Équilibre d'un ensemble. *L'harmonie des bâtiments d'un quartier.* SYN. régularité ; symétrie.
3. Accord, entente. *Vivre en harmonie.* SYN. concorde ; paix.

HARMONIEUSEMENT adv.
De façon harmonieuse. *Les musiciens jouent harmonieusement.*

HARMONIEUX, IEUSE adj.
1. Mélodieux. *Des sons harmonieux.* ANT. discordant.
2. Bien équilibré, agréable. *Cette pièce est harmonieuse, une démarche harmonieuse. Un ensemble harmonieux.*
harmonieux.

HARMONIQUE adj. et n. f.
ADJECTIF
Relatif à l'harmonie.
NOM FÉMININ
Son musical simple.

HARMONISATION n. f.
1. Orchestration, agencement. *L'harmonisation des couleurs d'un tableau.*
2. Uniformisation. *L'harmonisation des termes techniques.*

HARMONISER v. tr., pronom.
VERBE TRANSITIF
1. Mettre en harmonie des volumes, des teintes. *Ces couleurs s'harmonisent bien au décor du boudoir, avec les canapés du salon.*
2. Uniformiser. *Harmoniser la terminologie comptable.*
3. (FIG.) Établir un équilibre entre des éléments. *Harmoniser les heures de travail et les heures de loisir.*
VERBE PRONOMINAL
Être en harmonie avec. *Ces vêtements s'harmonisent bien.*

À la forme pronominale, le verbe se construit avec les prépositions ***à, avec.*** *Ce bijou s'harmonise à la couleur de ses yeux. Harmoniser les jardinières avec les platebandes du parterre.*

À la forme pronominale, le participe passé de ce verbe s'accorde toujours en genre et en nombre avec son sujet. *Les tableaux choisis et le mobilier de cette pièce se sont harmonisés à merveille.*

CONJUGAISON : VOIR MODÈLE AIMER.

HARMONISTE n. m. et f.
Personne qui règle les jeux d'orgues.

HARMONIUM n. m.
Instrument de musique. *Des harmoniums.*

HARNACHEMENT (*h* aspiré) n. m.
Ensemble des harnais d'un cheval.

FORME FAUTIVE
*harnachement (d'un cours d'eau). Impropriété au sens de ***aménagement*** (d'un cours d'eau).

HARNACHER (*h* aspiré) v. tr., pronom.

VERBE TRANSITIF
Mettre un harnais à un cheval. *Je harnache la jument.*

VERBE PRONOMINAL
Se munir d'un équipement, d'accessoires encombrants. *Ils se sont harnachés de leurs jambières et de leur plastron de gardien de but.*

À la forme pronominale, le participe passé de ce verbe s'accorde toujours en genre et en nombre avec son sujet. *Elles se sont harnachées de crinolines.*

FORME FAUTIVE
*harnacher (un cours d'eau). Impropriété au sens de ***aménager*** (un cours d'eau).

CONJUGAISON : VOIR MODÈLE AIMER.

HARNAIS (*h* aspiré) n. m.
1. Équipement d'un cheval de selle ou d'attelage.
2. Sangles. *Le harnais d'un parachutiste.*

FORME FAUTIVE
*course sous harnais. Calque de «*harness race*» pour ***course attelée.***

harnais.

HARO (*h* aspiré) n. m.
– ***Crier haro sur.*** (LITT.) Dénoncer. *« À ces mots on cria haro sur le baudet »* (Jean de La Fontaine, *Les Animaux malades de la peste*). *Ils crièrent haro sur la partialité du comité.*

Ce nom ne s'emploie que dans cette expression.

HARPE (*h* aspiré) n. f.
Instrument de musique à cordes pincées. *Elle joue de la harpe avec brio.*

HARPISTE (*h* aspiré) n. m. et f.
Personne qui joue de la harpe. *La harpiste est habile.*

HARPON (*h* aspiré) n. m.
Instrument en forme de flèche. *Le harpon a atteint son but. Le plongeur utilise un harpon pour pêcher.*

HARPONNAGE ou **HARPONNEMENT** (*h* aspiré) n. m.
Action de harponner.

HARPONNER (*h* aspiré) v. tr.
1. Atteindre avec le harpon. *Harponner une baleine.*
2. (FIG.) Arrêter. *Harponner un cambrioleur.* SYN. attraper; (FAM.) pincer.

CONJUGAISON : VOIR MODÈLE AIMER.

HARUSPICE ou **ARUSPICE** n. m.
(ANTIQ.) Devin chargé autrefois de découvrir des présages dans les entrailles des victimes.

HASARD (*h* aspiré) n. m.
Évènement imprévu heureux ou malheureux. *Un hasard heureux, un hasard malheureux. Le hasard fait bien les choses.* SYN. destin; sort.

LOCUTIONS
– ***À tout hasard,*** loc. adv. Au cas où.
– ***Au hasard,*** loc. adv. Sans choisir, sans réfléchir.
– ***Jeu de hasard.*** Jeu soumis au hasard seul, où l'habileté ne compte pas.
– ***Par hasard,*** loc. adv. De façon imprévue.

Le nom s'écrit au singulier.

hasard.

HASARDER (*h* aspiré) v. tr., pronom.

VERBE TRANSITIF
Tenter de faire quelque chose en risquant un échec. *Hasarder une proposition.* SYN. risquer.

VERBE PRONOMINAL
1. S'aventurer dans un lieu dangereux. *Ne vous hasardez pas dans ce quartier.*
2. Se risquer à. *Elle se hasarda à lui poser une question.* SYN. oser.

En ce sens, le verbe se construit avec la préposition ***à.***

À la forme pronominale, le participe passé de ce verbe s'accorde toujours en genre et en nombre avec son sujet. *Elle s'est hasardée à lui demander de l'aide.*

CONJUGAISON : VOIR MODÈLE AIMER.

hasarder.

HASARDEUX, EUSE (*h* aspiré) adj.
Qui comporte des risques, des périls. *Une aventure hasardeuse.* SYN. aléatoire; incertain; périlleux; risqué.

hasardeux.

***HAS-BEEN**
Anglicisme pour ***vieux, qui a fait son temps, qui n'a plus de succès.***

HASCH ou **HACH** (*h* aspiré) n. m.
Abréviation familière de ***haschisch*** ou ***hachich.***

HASCHISCH ou **HACHICH** (*h* aspiré) n. m.
Ce nom s'abrège familièrement en ***hasch*** ou ***hach.***
Chanvre indien servant à préparer une drogue.

HASE (*h* aspiré) n. f.
Femelle du lièvre ou du lapin de garenne.

VOIR TABLEAU – ANIMAUX.

HASSIDIM (*h* aspiré) n. m. pl.
Juifs pieux se réclamant du hassidisme. *Les hassidim d'Outremont.*

T Le nom s'écrit avec une minuscule.

HASSIDIQUE (*h* aspiré) adj.
Du hassidisme, relatif au hassidisme. *Le judaïsme hassidique. « Le joueur de confession juive hassidique avait fait la manchette au début de la saison par sa décision de ne pas jouer entre le coucher du soleil du vendredi et celui du samedi, jour du Sabbat »* (*La Presse*).

T L'adjectif s'écrit avec une minuscule.

HASSIDISME (*h* aspiré) n. m.
Courant de piété judaïque né au milieu du XVIIIe siècle en Pologne, et dont l'initiateur Ba'al Shem Tov (1700-1760), à la fois prophète et thaumaturge, rejetait toute forme d'ascétisme (GDT).

T Le nom s'écrit avec une minuscule.

***HATCHBACK**
Anglicisme pour ***hayon.***

HÂTE (*h* aspiré) n. f.
Précipitation, grande rapidité à faire quelque chose. *Elle partit en grande hâte.*

LOCUTIONS
– ***À la hâte,*** loc. adv. Au plus vite. *Ce travail a été fait à la hâte.* SYN. rapidement.
– ***Avoir hâte de.*** Être pressé de. *Elles avaient hâte de finir ce travail.* SYN. être impatient de.

– ***En hâte, en toute hâte,*** loc. adv. Très rapidement. *À notre appel, ils sont venus en hâte.*
hâte, accent circonflexe sur le ***a***.

HÂTER (*h* aspiré) v. tr., pronom.
VERBE TRANSITIF
Rendre plus rapide. *Je hâte le pas.* SYN. accélérer ; presser.
VERBE PRONOMINAL
Se dépêcher. *Hâtez-vous, voyons !* SYN. se presser.
À la forme pronominale, le participe passé de ce verbe s'accorde toujours en genre et en nombre avec son sujet. *Les enfants se sont hâtés pour ne pas rater l'autobus.*
CONJUGAISON : VOIR MODÈLE AIMER.
hâter.

HÂTIF, IVE (*h* aspiré) adj.
Qui vient avant la date habituelle. *Des tulipes hâtives.* SYN. précoce. ANT. tardif.
hâtif.

HÂTIVEMENT (*h* aspiré) adv.
Le ***e*** de l'avant-dernière syllabe ne se prononce pas, [ˈɑtivmɑ̃].
En hâte, trop vite. *Ils se sont levés et habillés hâtivement.* SYN. précipitamment.
hâtivement.

HAUBAN (*h* aspiré) n. m.
Cordage qui sert à maintenir un mât.

HAUBANER (*h* aspiré) v. tr.
Fixer au moyen de haubans.
CONJUGAISON : VOIR MODÈLE AIMER.

HAUSSE (*h* aspiré) n. f.
Augmentation (de prix, de valeur). *La hausse des prix.*

HAUSSEMENT (*h* aspiré) n. m.
Le ***e*** central ne se prononce pas, [ˈosmɑ̃].
Action de hausser. *Le haussement d'épaules.*

HAUSSER (*h* aspiré) v. tr., pronom.
VERBE TRANSITIF
1. Rendre plus haut. *Je hausse le prix des produits. Il haussa le ton en haussant les épaules.* SYN. monter.
2. Rendre plus exigeant, élever le niveau de. *Il faudrait hausser la qualité de ces cours.*
VERBE PRONOMINAL
Se placer à un niveau plus élevé. *Se hausser sur la pointe des pieds.*
À la forme pronominale, le participe passé de ce verbe s'accorde toujours en genre et en nombre avec son sujet. *Elles se sont haussées pour mieux voir l'orateur.*
LOCUTION
– ***Hausser les épaules.*** Témoigner son indifférence, son mépris par un mouvement d'épaules. « *Mais Éphrem haussa les épaules sans rien dire* » (Ringuet, *Trente Arpents*).
CONJUGAISON : VOIR MODÈLE AIMER.

HAUSSIER, IÈRE (*h* aspiré) adj.
Qui est à la hausse, en parlant de la Bourse, du cours des actions. *Un marché haussier.* ANT. baissier.

HAUT, HAUTE (*h* aspiré) adj., adv. et n. m.
ADJECTIF
1. Élevé, grand verticalement. *Une haute montagne. Dans le centre-ville, il y a de très hauts immeubles.*
2. Qui a une certaine dimension dans le sens vertical. *Un arbre haut de 15 mètres.*
3. Éminent, supérieur. *Des hauts fonctionnaires.*
En ce sens, l'adjectif se place avant le nom qu'il qualifie.
4. Grand. *L'horloger fait un travail de haute précision.*
En ce sens, l'adjectif se place avant le nom qu'il qualifie.
5. Aigu. *Une voix haute.*
6. Qui dépasse le niveau ordinaire. *Les eaux de la rivière sont hautes. Le prix de l'or est haut.*
Joint au nom ***mer***, l'adjectif a un sens différent selon qu'il est placé avant ou après le nom. *En haute mer,* au large. *Ils pêchent en haute mer. La mer est haute, la marée est haute,* près de son niveau le plus élevé.
ADVERBE
À une grande hauteur. *Les avions volent haut. Des partenaires haut placés. Haut les mains !*
Quand il est adverbe, le mot ***haut*** est toujours invariable, comme tous les adverbes d'ailleurs.
NOM MASCULIN
1. Élévation, hauteur. *L'immeuble a 50 mètres de haut. Des hauts et des bas.*
2. Sommet. *Le haut d'un édifice.*
3. Partie supérieure. *Dans le haut du tableau, vous remarquerez une comète qui traverse le ciel.*
Les noms composés avec l'adverbe ***haut*** ne prennent la marque du pluriel qu'au deuxième élément. *Des haut-parleurs.*
Les noms composés avec l'adjectif ***haut*** prennent le plus souvent la marque du pluriel aux deux éléments et s'écrivent généralement avec un trait d'union. *Des hauts-fonds.*
LOCUTIONS
– ***À haute voix, à voix haute,*** loc. adv. Fort. *Ne parlez pas à haute voix dans la bibliothèque.*
– ***Au haut de,*** loc. prép. (LITT.) Dans la partie la plus élevée de, au sommet de. *Sa maison est au haut de la colline.*
– ***Avoir la haute main, la main haute.*** Diriger. *Elle garde la haute main sur l'entreprise.*
– ***De haut,*** loc. adv. De la partie supérieure. *Voir la vue panoramique de haut.*
– ***De haut,*** loc. adv. (FIG.) Avec dédain. *Pour qui se prend-il pour nous traiter de haut ?*
– ***De haut en bas,*** loc. adv. Entièrement. *Nous avons repeint l'immeuble de haut en bas.*
– ***Du haut de,*** loc. prép. Du sommet de. *Il a sauté du haut de la maison jusqu'au sol.*
– ***En haut,*** loc. adv. En un endroit plus élevé. *Ma sœur habite en haut. Il a lancé la balle en haut.*
L'expression *monter en haut est un pléonasme.
– ***En haut de,*** loc. prép. Dans la partie haute, la plus haute de. *Nous voici enfin en haut de la montagne. En haut de l'escalier, sous le paillasson, tu trouveras la clef de la maison.*
– ***Haut*** + dénominations géographiques. Se dit des lieux, des pays qui sont plus élevés, comparativement à d'autres, au-dessus du niveau de la mer ou plus éloignés de la mer. *Les Hautes-Terres-du-Cap-Breton, le Haut-Canada.*
– ***Haut*** + dénominations historiques. Se dit des périodes historiques les plus anciennes. *Le haut Moyen Âge.*
T L'adjectif s'écrit avec une minuscule sans trait d'union.
– ***Haut comme trois pommes,*** loc. adj. Très petit. *Une fillette haute comme trois pommes.*
– ***Haut en couleur,*** loc. adj. Très coloré. *Des personnages hauts en couleur.*
Dans cette locution, l'adjectif s'accorde en genre et en nombre, le nom reste au singulier.
– ***Là-haut,*** loc. adv. Dans le ciel. *Elle est maintenant là-haut.*
– ***Marcher la tête haute.*** Être sans reproche, fier et digne.
Qu'il soit adjectif, adverbe ou nom, le mot ***haut*** s'écrit avec un ***h*** aspiré qui empêche l'élision de la voyelle précédente ou la liaison. *Le haut niveau d'une athlète.*

HAUTAIN, AINE (*h* aspiré) adj.
Arrogant. *Le hautain personnage.* SYN. orgueilleux.

HAUTBOIS (*h* aspiré) n. m.
1. Instrument de musique à vent.
2. Personne qui joue du hautbois. SYN. hautboïste.

H

HAUTBOÏSTE (*h* aspiré) n. m. et f.
Le *o* est ouvert, ['obɔist].
Personne qui joue du hautbois. SYN. hautbois.
hautboïste.

HAUT-COMMISSAIRE (*h* aspiré) n. m.
HAUTE-COMMISSAIRE n. f.
Titre de certains fonctionnaires. *Louise Arbour a été haute-commissaire de l'ONU pour les droits de l'homme.*

HAUT-DE-CHAUSSE(S) (*h* aspiré) n. m. (pl. *hauts-de-chausse* ou *hauts-de-chausses*)
(ANCIENN.) Vêtement masculin qui couvrait le corps, de la ceinture aux genoux.

HAUT-DE-FORME (*h* aspiré) n. m. (pl. *hauts-de-forme*)
Chapeau dont le corps est haut et cylindrique.

HAUT DE GAMME (*h* aspiré) adj. et n. m. (pl. *hauts de gamme*)
ADJECTIF INVARIABLE
Se dit des produits les plus coûteux d'une série. *Des voitures haut de gamme.*
NOM MASCULIN
Produit qui, par son prix et sa qualité, se situe au sommet de la gamme à laquelle il appartient. *Des hauts de gamme.*
Le nom composé prend la marque du pluriel au premier élément seulement.

HAUTE-CONTRE (*h* aspiré) n. m. et f. (pl. *hautes-contre*)
NOM FÉMININ
Voix d'homme aiguë plus élevée que celle de ténor.
NOM MASCULIN
Chanteur masculin qui a cette voix. *Des hautes-contre talentueux.*
[Les *Rectifications* (1990) admettent : un hautecontre, des hautecontres.]

HAUTE-FIDÉLITÉ (*h* aspiré) n. f. (pl. *hautes-fidélités*)
Appareil qui reproduit fidèlement un son.
On a dit aussi ***hi-fi***, par abréviation de l'anglais «*high fidelity*», mais ce terme est aujourd'hui vieilli.

HAUTEUR (*h* aspiré) n. f.
1. Terrain élevé. *Une maison située sur une hauteur. « De ces hauteurs, la vue est saisissante »* (Gabrielle Roy, *La Détresse et l'Enchantement*). SYN. colline; éminence.
2. Caractère de ce qui est haut, au propre et au figuré. *La hauteur de la maison, la hauteur de ses aspirations.*
3. Niveau. *Ces pupitres sont à la même hauteur.*
LOCUTIONS
– ***À hauteur de.*** À une valeur économique de, pour le montant de. *Elle est actionnaire minoritaire à hauteur de 28,5 % de la société ABC. La dette contractée n'a finalement été utilisée qu'à hauteur de 50 millions de dollars. Le potentiel de production de brut devrait s'élever à hauteur de 30 millions de tonnes/an vers 2010.*
– ***Être à la hauteur de.*** Avoir la compétence, les qualités nécessaires. *Il est à la hauteur de sa réputation.*
– ***Hauteur de vues.*** Grandeur d'âme, ampleur de vision.
– ***N'être pas à la hauteur.*** Ne pas convenir. *Ces candidats ne sont pas à la hauteur.*
HOM. ***auteur,*** créateur de quelque chose.

HAUT FAIT (*h* aspiré) n. m. (pl. *hauts faits*)
Action d'éclat. *Les hauts faits des Patriotes.*
haut fait, sans trait d'union.

HAUT-FOND (*h* aspiré) n. m. (pl. *hauts-fonds*)
Élévation du fond de la mer ou d'un cours d'eau, dont le sommet est faiblement immergé et qui peut présenter un danger pour la navigation.

HAUT(-)FOURNEAU (*h* aspiré) n. m. (pl. *hauts(-)fourneaux*)
Grand four à cuve servant à fondre le minerai de fer.
Le nom s'écrit avec ou sans trait d'union.

HAUT-LE-CŒUR (*h* aspiré) n. m. inv. (pl. *haut-le-cœur*)
Nausée, sentiment de dégoût.

HAUT-LE-CORPS (*h* aspiré) n. m. (pl. *haut-le-corps*)
Sursaut marquant la surprise, la colère.

HAUT-PARLEUR (*h* aspiré) n. m. (pl. *haut-parleurs*)
Appareil qui transforme en ondes sonores les courants électriques correspondant aux sons de la parole, de la musique. *Cette chaîne comporte quatre haut-parleurs.*
[Les *Rectifications* (1990) admettent : un hautparleur, des hautparleurs.]

HAUT-RELIEF (*h* aspiré) n. m. (pl. *hauts-reliefs*)
Sculpture en forte saillie. ANT. bas-relief.

HAVANE (*h* aspiré) adj. inv. et n. m.
NOM MASCULIN
Cigare. *Il préfère le havane.*
ADJECTIF DE COULEUR INVARIABLE
De la couleur brun-roux du cigare. *Des gants havane.*
VOIR TABLEAU – COULEUR (ADJECTIFS DE).

HAVRE (*h* aspiré) n. m.
1. Emplacement littoral bien abrité, pouvant accueillir des navires de faible tonnage (Recomm. off.).
2. (LITT.) Port, refuge. *Le havre de paix qu'était cette maison de campagne.*
havre.

HAVRESAC (*h* aspiré) n. m.
Sac à dos. *Le havresac de cuir noir.*

HAWAÏEN ou **HAWAIIEN, ÏENNE, IIENNE** adj. et n. m. et f.
Des îles Hawaï. *Une danse hawaïenne* ou *hawaiienne. Un Hawaïen* ou *Hawaiien, une Hawaïenne* ou *Hawaiienne.*
T L'adjectif s'écrit avec une minuscule; le nom, avec une majuscule.

HAYON (*h* aspiré) n. m.
Porte arrière d'un véhicule. *Le hayon de la voiture.*
HOM. ***haillon,*** vêtement très usé.
hayon.

He
Symbole de ***hélium.***

HÉ ! (*h* aspiré) interj.
Interjection servant à interpeller une personne. *Hé! toi, là-bas, viens nous voir!*
T L'interjection est toujours suivie d'un point d'exclamation qui est souvent repris à la fin de la phrase. Si la phrase exclamative n'est pas complète, le mot qui suit le point d'exclamation s'écrit avec une minuscule initiale.
HOM.
- ***eh!,*** interjection;
- ***et,*** conjonction.

HEAUME (*h* aspiré) n. m.
(ANCIENN.) Casque d'une armure. *Le chevalier a revêtu son heaume.*
heaume.

HEBDOMADAIRE adj. et n. m.
ADJECTIF
Qui a lieu une fois par semaine. *Une visite hebdomadaire.*
NOM MASCULIN
Publication qui paraît une fois par semaine. *Un hebdomadaire régional.*

HEBDOMADAIREMENT adv.
Une fois par semaine. *Il lit ce journal hebdomadairement.*

HÉBERGEMENT n. m.
Action de loger quelqu'un. *Outre le transport et l'hébergement, ils auront accès aux projections et aux manifestations du festival.*

LOCUTION
– ***Centre d'hébergement.*** Centre d'accueil où l'on reçoit et loge des adultes qui, en raison d'une diminution de leur autonomie physique ou psychique, doivent séjourner en résidence protégée (Recomm. off.).

HÉBERGER v. tr.
Recevoir chez soi, loger. *Claude hébergeait souvent ses amis.*
CONJUGAISON : VOIR MODÈLE CHANGER.
Le ***g*** est suivi d'un ***e*** devant les lettres ***a*** et ***o***. *Il hébergea, nous hébergeons.*

HÉBÉTÉ, ÉE adj.
Stupide, abruti. *Un air hébété.* SYN. ahuri ; ébahi.

HÉBÉTEMENT ou **HÉBÈTEMENT** n. m.
Le deuxième ***é*** se prononce ***è***, [ebɛtmɑ̃].
État d'une personne hébétée, stupide. SYN. ahurissement.

HÉBÉTER v. tr.
Rendre quelqu'un stupide, abruti. SYN. ahurir ; ébahir.
CONJUGAISON : VOIR MODÈLE POSSÉDER.
Le ***é*** se change en ***è*** devant une syllabe contenant un ***e*** muet, sauf à l'indicatif futur et au conditionnel présent. *J'hébète,* mais *j'hébéterai.*
[Les *Rectifications* (1990) admettent : il hébètera, hébèterait...]

HÉBÉTUDE n. f.
(LITT.) Hébétement, abrutissement.
hébétude.

HÉBRAÏQUE adj.
Relatif aux Hébreux ou à leur langue. *La langue hébraïque, l'alphabet hébraïque, les coutumes hébraïques.*
hébraïque.

HÉBREU adj. m. et n. m.
ADJECTIF MASCULIN
Relatif aux Hébreux. *Le peuple hébreu.*
Au féminin, on emploie l'adjectif ***hébraïque.***
NOM MASCULIN
1. (ANCIENN.) Juif. *La religion des Hébreux.*
T L'adjectif s'écrit avec une minuscule ; le nom, avec une majuscule.
Pour désigner une personne, on utilise aujourd'hui les noms ***Juif, Juive*** ou ***Israélite.***
2. La langue hébraïque. *Connaître l'hébreu.*
T Le nom de la langue s'écrit avec une minuscule.
VOIR – ISRAÉLIEN, ISRAÉLITE.

HEC
Sigle de ***École des hautes études commerciales.*** *L'École des HEC de Montréal.*
Depuis 2002, l'École des HEC de Montréal a adopté la désignation abrégée *HEC Montréal.* Il demeure également possible d'employer le nom en toutes lettres, *École des hautes études commerciales de Montréal.*
T Dans la nouvelle désignation officielle de l'École, le sigle et le nom de la ville sont simplement mis en apposition, sans trait d'union. *HEC Montréal.*
Dans la désignation *HEC Montréal,* comme le nom *École* est sous-entendu, on accorde le verbe, le participe passé ou l'adjectif avec le nom sous-entendu, c'est-à-dire au féminin singulier. *HEC Montréal a été fondée en 1907.* La reprise se fait à l'aide du pronom *elle. Elle a délivré ses premiers diplômes en 1913. Marie-Ève est diplômée de HEC* (et non *des HEC, *d'HEC) *Montréal. Jacques Fortin enseigne à* (et non *aux) *HEC Montréal.*

HÉCATOMBE n. f.
1. Grande masse de personnes tuées, surtout au figuré.
2. (FIG.) (FAM.) Grand nombre de personnes refusées, éliminées. *L'examen final uniforme des comptables agréés : quelle hécatombe !*
Ne pas confondre avec les noms suivants :
• ***carnage,*** massacre d'hommes ou d'animaux ;
• ***massacre,*** meurtre d'un grand nombre d'êtres vivants ;
• ***tuerie,*** action de tuer sauvagement.

HECTARE n. m.
Symbole ***ha*** (s'écrit sans point).
Unité de mesure de superficie équivalant à 100 ares (10 000 mètres carrés).

HECTO- préf.
Symbole ***h*** (s'écrit sans point).
Préfixe qui multiplie par 100 l'unité qu'il précède. *Des hectolitres.*
Sa notation scientifique est 10^2.
VOIR TABLEAU – MULTIPLES ET SOUS-MULTIPLES DÉCIMAUX.

HÉDONISME n. m.
Doctrine axée sur la recherche du plaisir.

HÉDONISTE adj. et n. m. et f.
Adepte de l'hédonisme.

HÉGÉMONIE n. f.
Prépondérance d'un État. *L'hégémonie d'une puissance occidentale.*

HÉGÉMONIQUE adj.
Relatif à l'hégémonie. *Une centralisation hégémonique. Le pouvoir hégémonique d'un État.*

HEIN ! (***h*** aspiré) interj.
Interjection familière qui marque la surprise, l'interrogation. *Hein ! tu as gagné le gros lot ? Hein ! que dis-tu ?*
T L'interjection est toujours suivie d'un point d'exclamation qui est souvent repris à la fin de la phrase. Si la phrase exclamative n'est pas complète, le mot qui suit le point d'exclamation s'écrit avec une minuscule initiale.

HÉLAS ! interj.
Interjection qui marque le regret. *Hélas ! j'ai perdu mon billet. Hélas ! trois fois hélas, il n'est plus des nôtres. « Qu'est devenu mon cœur, navire déserté ?/Hélas ! Il a sombré dans l'abîme du Rêve ! »* (Émile Nelligan, *Poésies complètes*).
T L'interjection est toujours suivie d'un point d'exclamation qui est souvent repris à la fin de la phrase. Si la phrase exclamative n'est pas complète, le mot qui suit le point d'exclamation s'écrit avec une minuscule initiale.

HÉLER (***h*** aspiré) v. tr.
Appeler de loin. *Je hèle un taxi.*
CONJUGAISON : VOIR MODÈLE POSSÉDER.
Le ***é*** se change en ***è*** devant une syllabe contenant un ***e*** muet, sauf à l'indicatif futur et au conditionnel présent. *Je hèle,* mais *je hélerai.*
[Les *Rectifications* (1990) admettent : il hèlera, hèlerait...]

HÉLICE n. f.
Appareil de propulsion constitué de deux ou trois pales. *Les hélices d'un avion. Prends garde à l'hélice du ventilateur.*
Attention au genre féminin de ce nom : ***une*** hélice.

HÉLICICULTEUR n. m.
HÉLICICULTRICE n. f.
Personne qui élève des escargots.

HÉLICICULTURE n. f.
Élevage des escargots.

HÉLICOÏDAL, ALE, AUX adj.
En forme d'hélice. *Des escaliers hélicoïdaux.* SYN. en colimaçon.
hélicoïdal.

HÉLICOPTÈRE n. m.
Appareil de navigation aérienne qui s'élève verticalement et se soutient à l'aide d'hélices horizontales.
Attention au genre masculin de ce nom : ***un*** hélicoptère.

HÉLIO- préf.
Élément du grec signifiant « soleil ». *Héliomarin.*

H

HÉLIOMARIN, INE adj.
Qui combine l'action du soleil et de l'air marin. *Une cure héliomarine.*

HÉLIOTROPE n. m.
Plante dont la fleur se tourne vers le soleil, comme le tournesol.
Attention au genre masculin de ce nom : ***un*** héliotrope.

HÉLIOTROPISME n. m.
Propriété des végétaux de se tourner vers la lumière solaire.

HÉLIPORT n. m.
Aéroport pour hélicoptères. *Il y a un héliport sur le toit de l'hôpital.*
héliport.

HÉLIPORTÉ, ÉE adj.
Transporté par hélicoptère. *Un chargement héliporté.*

HÉLIUM n. m.
Symbole ***He*** (s'écrit sans point).
Gaz très léger.

HELLÉBORE
VOIR – ELLÉBORE.

HELLÈNE adj. et n. m. et f.
De la Grèce ancienne. *Les Hellènes, le peuple hellène.*
T L'adjectif s'écrit avec une minuscule; le nom, avec une majuscule.

HELLÉNIQUE adj.
Relatif aux Hellènes. *La civilisation hellénique.*

HELLÉNISER v. tr.
Donner un caractère grec à.
CONJUGAISON : VOIR MODÈLE AIMER.

HELLÉNISME n. m.
1. (LING.) Construction propre à la langue grecque.
2. Civilisation grecque.

HELLÉNISTE n. m. et f.
Personne versée dans la langue et la civilisation grecques.

HELVÈTE adj. et n. m. et f.
(LITT.) De l'Helvétie.
T L'adjectif s'écrit avec une minuscule; le nom, avec une majuscule.

HELVÉTIQUE adj.
Relatif à la Suisse. *La Confédération helvétique.*

HELVÉTISME n. m.
(LING.) Construction propre au français de la Suisse romande.

HEM ! interj.
Interjection servant à marquer le scepticisme. *Hem! c'est vrai ce mensonge?*
T L'interjection est toujours suivie d'un point d'exclamation qui est souvent repris à la fin de la phrase. Si la phrase exclamative n'est pas complète, le mot qui suit le point d'exclamation s'écrit avec une minuscule initiale.

HÉMA-, HÉMAT(O)- préf.
Éléments du grec signifiant « sang ». *Hématome.*

HÉMATOLOGIE n. f.
Partie de la médecine consacrée au traitement des maladies du sang.

HÉMATOLOGIQUE adj.
Relatif à l'hématologie.

HÉMATOLOGISTE ou **HÉMATOLOGUE** n. m. et f.
Médecin spécialiste de l'hématologie.

HÉMATOME n. m.
(MÉD.) Épanchement de sang dans un tissu, consécutif à une rupture des vaisseaux. *Il a un hématome important au bras.*
SYN. bleu.
Attention au genre masculin de ce nom : ***un*** hématome.

HÉMÉROCALLE n. f.
Plante ornementale vivace qui s'apparente au lys. *Les hémérocalles peuvent fleurir à l'ombre.*

HÉMI- préf.
Élément du grec signifiant « à moitié ». *Hémisphère.*

HÉMICYCLE n. m.
Salle aménagée en demi-cercle. *Les cours se donnaient dans un grand hémicycle.*
Attention au genre masculin de ce nom : ***un*** hémicycle.
hémicycle.

HÉMIPLÉGIE n. f.
(MÉD.) Paralysie d'une moitié latérale du corps.
VOIR – PARALYSIE.

HÉMIPLÉGIQUE adj. et n. m. et f.
ADJECTIF
Atteint d'hémiplégie. *Un patient hémiplégique.*
NOM MASCULIN ET FÉMININ
Personne atteinte d'hémiplégie.

HÉMISPHÈRE n. m.
1. La moitié d'une sphère. *Les hémisphères cérébraux.*
2. Moitié du globe terrestre. *L'hémisphère boréal* ou *l'hémisphère Nord. L'hémisphère austral* ou *l'hémisphère Sud.*
Attention au genre masculin de ce nom : ***un*** hémisphère.

HÉMISPHÉRIQUE adj.
Qui a la forme d'un hémisphère.

HÉMISTICHE n. m.
Moitié d'un vers, en poésie.
Attention au genre masculin de ce nom : ***un*** hémistiche.

HÉMO- préf.
Élément du grec signifiant « sang ». *Hémorragie.*

HÉMOGLOBINE n. f.
Pigment des globules rouges du sang qui renferme du fer.

HÉMOGRAMME n. m.
(MÉD.) Analyse diagnostique consistant à dénombrer et à classifier l'ensemble des éléments figurés du sang. *Pour établir son diagnostic, le médecin a demandé un hémogramme* (et non une *formule sanguine) *de son patient.*

HÉMOPHILE adj. et n. m.
ADJECTIF
Qui est atteint d'hémophilie. *Un patient hémophile.*
NOM MASCULIN
Homme atteint d'hémophilie. *Un hémophile dont la vie est menacée.*
hémophile.

HÉMOPHILIE n. f.
Maladie congénitale caractérisée par l'absence d'un facteur de coagulation dans le sang. *L'hémophilie est transmise par la mère uniquement à des enfants de sexe masculin.*
hémophilie.

HÉMORRAGIE n. f.
1. Écoulement de sang hors des vaisseaux. SYN. saignement.
2. (FIG.) Perte importante. *Une hémorragie de capitaux.*
hémorragie.

HÉMORRAGIQUE adj.
Qui se rapporte à l'hémorragie. *Le virus Ebola est caractérisé par une fièvre hémorragique.*

HÉMORROÏDE n. f.
(GÉN. AU PLUR.) Varice formée par la dilatation des veines de l'anus et du rectum.

HÉMOVIGILANCE n. f.
(MÉD.) Ensemble des procédures de surveillance organisées depuis la collecte de sang et de ses composants jusqu'au suivi des receveurs. *« Des erreurs d'étiquetage se produisent encore chaque année malgré l'hémovigilance des centres de transfusion »* (*Le Figaro*).

HENDÉCAGONE n. m.
Polygone à onze côtés et onze angles.

HENNÉ (*h* aspiré) n. m.
1. Arbuste cultivé au Moyen-Orient, en Afrique du Nord, qui produit une poudre colorante.
2. Poudre de cet arbuste utilisée pour teindre les cheveux et les ongles. *Elle utilise régulièrement du henné pour donner des reflets roux à ses cheveux.*

HENNIN (*h* aspiré) n. m.
(ANCIENN.) Coiffure féminine du Moyen Âge en forme de cône, recouverte d'un voile.

HENNIR (*h* aspiré) v. intr.
Faire entendre un hennissement, en parlant du cheval. *Les chevaux hennissaient bruyamment.*
CONJUGAISON : VOIR MODÈLE FINIR.

HENNISSEMENT (*h* aspiré) n. m.
Cri du cheval. *Le hennissement du cheval s'entendait de loin.*

HEP ! (*h* aspiré) interj.
Interjection servant à appeler. *Hep ! taxi.*
T L'interjection est toujours suivie d'un point d'exclamation qui est souvent repris à la fin de la phrase. Si la phrase exclamative n'est pas complète, le mot qui suit le point d'exclamation s'écrit avec une minuscule initiale.

HÉPATIQUE adj.
Relatif au foie. *Une colique hépatique. L'artère hépatique.*

HÉPATITE n. f.
Affection du foie. *Une hépatite virale.*

HÉPATOLOGIE n. f.
Spécialité de la médecine consacrée à l'étude du foie et de ses maladies.

HÉPATOLOGUE n. m. et f.
Médecin spécialiste en hépatologie.

HEPTA- préf.
Élément du grec signifiant « sept ». *Heptagone.*

HEPTAGONE n. m.
Polygone qui a sept côtés et sept angles.

HÉRALDIQUE adj. et n. f.
ADJECTIF
Qui se rapporte aux armoiries. *La science héraldique.*
NOM FÉMININ
Connaissance des armoiries.

HÉRALDISTE n. m. et f.
Spécialiste des armoiries.

HÉRAUT (*h* aspiré) n. m.
1. (ANCIENN.) Officier qui faisait les proclamations publiques au Moyen Âge.
2. (FIG.) Messager, annonciateur. *Le héraut des temps nouveaux.*
HOM. ***héros,*** homme courageux.
hér**aut**.

HERBACÉ, ÉE adj.
De la nature de l'herbe.
LOCUTION
– ***Plante herbacée.*** Végétaux à tige non ligneuse qui meurent chaque année.

HERBAGE n. m.
Herbe des prés. *Les vaches aiment bien ces herbages.*

HERBE n. f.
Plante fine et verte. *Se coucher dans l'herbe. Le déjeuner sur l'herbe. Des herbes sauvages. Des brins d'herbe.*
L'emploi de la préposition ***dans*** tient compte de la hauteur de l'herbe qui cache les personnes, les choses. Autrement, si l'herbe est considérée comme une surface, on emploie la préposition ***sur.***
LOCUTIONS
– ***Couper l'herbe sous le pied.*** Priver quelqu'un d'un avantage en le devançant.
– ***En herbe.*** Qui n'est pas encore mûr. *Des génies en herbe.*
– ***Fines herbes.*** Herbes employées comme condiments (persil, estragon, etc.).
– ***Herbe à poux.*** Plante vivace dont la floraison peut provoquer le rhume des foins.
– ***Herbe à puce.*** Plante vénéneuse répandue dans les sous-bois et dont le contact peut provoquer des démangeaisons de la peau.
– ***Manger son blé en herbe.*** Dépenser un bien avant qu'il n'ait été productif. SYN. dilapider.
– ***Pousser comme de la mauvaise herbe.*** Pousser rapidement et sans effort.

HERBEUX, EUSE adj.
Où il pousse de l'herbe. *Une plaine herbeuse.*

HERBICIDE adj. et n. m.
ADJECTIF
Qui détruit les mauvaises herbes. *Des produits herbicides. Un herbicide efficace.*
NOM MASCULIN
Produit qui détruit les mauvaises herbes.

HERBIER n. m.
Collection de plantes conservées entre des feuilles de papier. *Nellie a recueilli des plantes dans les Laurentides pour se constituer un bel herbier.*

HERBIVORE adj. et n. m.
ADJECTIF
Qui se nourrit d'herbe, de végétaux. *Les bœufs, les chèvres, les moutons, les chevreuils, les chameaux sont herbivores.*
NOM MASCULIN
Animal se nourrissant exclusivement de végétaux. *La vache et la brebis sont des herbivores.*
Ne pas confondre avec les mots suivants :
- ***carnivore,*** qui se nourrit de chair ;
- ***frugivore,*** qui se nourrit de fruits ;
- ***granivore,*** qui se nourrit de graines ;
- ***insectivore,*** qui se nourrit d'insectes ;
- ***omnivore,*** qui se nourrit de végétaux et d'animaux.

HERBORISATION n. f.
1. Action d'herboriser.
2. Excursion au cours de laquelle on herborise.

HERBORISER v. intr.
Recueillir des plantes dans la nature pour les étudier.
CONJUGAISON : VOIR MODÈLE AIMER.

HERBORISTE n. m. et f.
Personne qui vend des plantes médicinales.

HERBORISTERIE n. f.
Le ***e*** de l'avant-dernière syllabe se prononce ou non, [ɛrbɔristəri, ɛrbɔristri].
Commerce d'herboristes.

HERBU, UE adj.
Où l'herbe abonde. *Une colline herbue.*

HERCULE n. m.
(FIG.) Homme très fort. *Il est bâti en hercule.* SYN. colosse.
Ce nom est celui du dieu romain Hercule, qui symbolise la force physique, l'endurance. Le nom s'écrit avec une minuscule lorsqu'il ne désigne pas le dieu romain.

HERCULÉEN, ENNE adj.
Digne d'Hercule. *Une force herculéenne.*

HÈRE (*h* aspiré) n. m.
Jeune cerf.
LOCUTION
– ***Pauvre hère.*** (LITT.) Malheureux homme sans fortune.
En ce sens, le nom n'est usité que dans l'expression citée.
HOM.
• ***air,*** mélodie ;
• ***air,*** mélange gazeux ;
• ***air,*** expression ;
• ***aire,*** mesure de la surface ;
• ***ère,*** époque.

HÉRÉDITAIRE adj.
Transmis par hérédité, des parents aux enfants. *Une maladie héréditaire. Les taches de rousseur de Marie-Ève sont héréditaires : elles lui ont été transmises par sa mère qui elle-même les tenait de son père.*

HÉRÉDITÉ n. f.
1. Transmission des caractères génétiques d'une personne à ses descendants.
2. Ensemble des caractères que les parents transmettent à leurs enfants. *C'est en raison de l'hérédité que Marie-Ève a des taches de rousseur.*

HÉRÉSIE n. f.
1. Doctrine contraire à la doctrine établie, aux idées généralement admises.
2. (FIG.) Opinion, idée, pratique contraire à l'usage habituel. *Ce serait une hérésie que de saler les framboises : on met plutôt un peu de sucre et parfois de la crème. Mieux encore, on les mange nature.*

HÉRÉTIQUE adj. et n. m. et f.
Qui ne souscrit pas à la doctrine d'un groupe.

HÉRISSER (*h* aspiré) v. tr., pronom.
VERBE TRANSITIF
1. Dresser ses poils. *Le porc-épic hérisse ses piquants quand il se sent menacé.*
2. (FIG.) Irriter, mettre en colère. *Ces commentaires désagréables l'ont hérissé.* SYN. fâcher ; indisposer ; (FAM.) mettre en boule.
VERBE PRONOMINAL
1. Se dresser. *Ses poils se sont hérissés.*
La forme pronominale est la plus fréquemment utilisée.
2. (FIG.) S'irriter. *Sylvie se hérisse lorsqu'on est impoli.* SYN. se fâcher ; se vexer.
À la forme pronominale, le participe passé de ce verbe s'accorde toujours en genre et en nombre avec son sujet. *Les employés se sont hérissés lorsqu'ils ont appris le rejet de leur proposition.*
CONJUGAISON : VOIR MODÈLE AIMER.

HÉRISSON (*h* aspiré) n. m.
Petit mammifère dont le corps est couvert de piquants.

HÉRITAGE n. m.
1. Biens transmis par succession. *Un bel héritage.*
2. (FIG.) Ce qu'on a reçu des générations précédentes. *L'héritage linguistique des francophones.* SYN. patrimoine.

HÉRITER v. tr., intr.
VERBE TRANSITIF DIRECT
1. Recevoir un bien en héritage. *Elle a hérité de sa marraine une bague.*
2. (FIG.) Tenir de ses parents, grands-parents, etc. *Elle a hérité de son père ses taches de rousseur.*
Si la phrase comprend les compléments désignant la personne dont on hérite et la chose héritée, le premier complément sera transitif indirect (introduit par la préposition ***de***), le second complément se construit directement (sans préposition).
VERBE TRANSITIF INDIRECT
1. Recevoir à titre d'héritage. *Elle hérite d'une maison à la campagne.*
2. Avoir des caractères par hérédité. *Il a hérité de l'imagination de sa mère.*
Le verbe peut se construire avec la préposition ***de*** suivie d'un nom de personne ou de chose.
VERBE INTRANSITIF
Recueillir un héritage. *Ils ont hérité il y a deux ans.*
CONJUGAISON : VOIR MODÈLE AIMER.

HÉRITIER, IÈRE n. m. et f.
Personne qui reçoit des biens en héritage. *La riche héritière des* Belles Histoires des pays d'en haut.

HERMAPHRODITE adj. et n. m.
ADJECTIF
Qui possède les organes reproducteurs des deux sexes. *L'escargot est hermaphrodite.* SYN. bisexué.
NOM MASCULIN
Personne dotée des caractères des deux sexes.
Le nom ***androgyne*** se dit d'un individu qui présente des caractères sexuels du sexe opposé.

HERMÉTIQUE adj.
1. Fermé, étanche. *Une fenêtre hermétique, qui ne peut s'ouvrir.*
2. Difficile à comprendre. *Un film hermétique.* SYN. obscur.

HERMÉTIQUEMENT adv.
De façon hermétique. *Des fenêtres hermétiquement closes.*

HERMÉTISME n. m.
Caractère de ce qui est difficile à comprendre.

HERMINE n. f.
1. Mammifère carnivore à fourrure blanche, voisin de la belette.
2. Fourrure de cet animal. *Une bordure d'hermine.*

HERNIAIRE (*h* aspiré) adj.
Relatif aux hernies. *Un bandage herniaire.*

HERNIE (*h* aspiré) n. f.
Sortie d'un organe hors de la cavité où il se trouve normalement. *Son papa s'est fait une hernie en soulevant le piano. La hernie peut être douloureuse.*
On n'élide pas l'article devant ce nom, qui commence par un ***h*** aspiré.
Attention au genre féminin de ce nom. *Une hernie étranglée.*

HÉROÏNE n. f.
1. Femme qui se distingue par son grand courage, qui a accompli une action héroïque. *Lucille Teasdale, fondatrice d'un hôpital en Afrique, était très malade, mais elle continuait à soigner ses patients : elle s'est conduite en héroïne.*
Le nom ***héroïne*** est la forme féminine de ***héros.***
2. Femme qui joue le rôle principal dans une œuvre (roman, film, etc.) ou dans un évènement.
3. Stupéfiant très toxique. *Se droguer à l'héroïne.*
héroïne.

HÉROÏNOMANE n. m. et f.
Toxicomane à l'héroïne.
héroïnomane.

HÉROÏQUE adj.
Très courageux, brave. *Le comportement héroïque d'un pompier qui a sauvé deux personnes en pénétrant dans une maison en flammes.*
héroïque.

HÉROÏQUEMENT adv.
D'une manière héroïque. *Ils ont défendu leurs collègues héroïquement.*

HÉROÏSME n. m.
Très grand courage, force d'âme. *La policière a fait preuve d'héroïsme en désamorçant la bombe.*
héroïsme.

HÉRON (*h* aspiré) n. m.
Oiseau de l'ordre des échassiers. *Le héron pêche des poissons, des grenouilles : il vit au bord de l'eau.*

HÉROS (*h* aspiré) n. m.
1. Personne qui se distingue par son grand courage, qui a accompli une action héroïque. *Au péril de sa vie, M. Jalbert a convaincu le tireur fou de se rendre : M. Jalbert a agi en héros.*
2. Personne qui joue le rôle principal dans une œuvre (roman, film, etc.) ou dans un évènement.
Le ***h*** de ce nom n'est pas un véritable ***h*** aspiré ; c'est par euphonie qu'on ne fait pas de liaison ou d'élision devant ce mot. *Les héros* (et non *les (z) héros), *le nouveau héros* (et non le *nouvel héros). Par contre, le nom féminin commence par un ***h*** muet. *L'héroïne, les* (z) *héroïnes.*
héros.

HERPÈS n. m.
Le *s* se prononce, [ɛrpɛs] ; le mot rime avec ***presse***.
Lésion de la peau ou des muqueuses provoquée par un virus. *Le soleil peut causer de l'herpès sur les lèvres.*
herpès.

HERPÉTOLOGIE ou **ERPÉTOLOGIE** n. f.
Science des reptiles.

HERPÉTOLOGISTE ou **ERPÉTOLOGISTE** n. m. et f.
Spécialiste des reptiles.

HERSE (*h* aspiré) n. f.
Instrument agricole muni de dents métalliques, destiné à travailler la terre labourée. *La herse aplanit le sol.*

HERTZ n. m.
Le *z* se prononce ***s***, [ɛrts].
Symbole ***Hz*** (s'écrit sans point).
Unité de mesure de fréquence.
hertz.

HERTZIEN, IENNE adj.
Se dit des ondes et des phénomènes électromagnétiques. *Des ondes hertziennes.*

HÉSITANT, ANTE adj.
Qui hésite, qui tergiverse. *Une voix hésitante.*

HÉSITATION n. f.
Moment d'incertitude au cours duquel on n'arrive pas à se décider. *Après une courte hésitation, l'élève donna la bonne réponse.* SYN. doute ; flottement ; indécision.

HÉSITER v. intr.
Être incertain et ne pas arriver à se décider. *Hésiter à partir. Hésiter entre deux solutions. Hésiter sur le choix à faire, quant à la décision à prendre.*
Le verbe se construit avec la préposition ***à***, suivie de l'infinitif, et les prépositions ***sur, entre, quant à***, suivies d'un nom.
CONJUGAISON : VOIR MODÈLE AIMER.

HÉTÉR(O)- préf.
Élément du grec signifiant « autre ». *Hétérogène.*

HÉTÉROCLITE adj.
(PÉJ.) Dépareillé, composé d'éléments différents, sans unité ni harmonie. *Des livres hétéroclites.*
Ne pas confondre avec les mots suivants :
- ***hétérodoxe***, contraire à l'orthodoxie ;
- ***hétérogène***, formé d'éléments variés, disparates.

HÉTÉRODOXE adj.
Contraire à l'orthodoxie.
Ne pas confondre avec les mots suivants :
- ***hétéroclite***, dépareillé ;
- ***hétérogène***, formé d'éléments variés.

HÉTÉROGÈNE adj.
Formé d'éléments variés, disparates. ANT. homogène.
Ne pas confondre avec les mots suivants :
- ***hétéroclite***, dépareillé ;
- ***hétérodoxe***, contraire à l'orthodoxie.

HÉTÉROGÉNÉITÉ n. f.
Caractère de ce qui est hétérogène. *L'hétérogénéité d'une classe.* ANT. homogénéité.

HÉTÉROGREFFE n. f.
(MÉD.) Greffe de cellules, d'un tissu ou d'un organe à partir d'un donneur qui appartient à une espèce différente de celle du receveur. SYN. xénogreffe.

HÉTÉROSEXUALITÉ n. f.
Sexualité de l'hétérosexuel. ANT. homosexualité.

HÉTÉROSEXUEL, ELLE adj. et n. m. et f.
ADJECTIF
Qui éprouve une affinité sexuelle pour le sexe opposé.
NOM MASCULIN ET FÉMININ
Personne qui éprouve une affinité sexuelle pour le sexe opposé. SYN. (FAM.) hétéro. ANT. homosexuel.

HÊTRAIE (*h* aspiré) n. f.
Lieu planté de hêtres.
hêtraie.

HÊTRE (*h* aspiré) n. m.
Très grand arbre à écorce lisse, dont le bois blanc est utilisé en menuiserie. *Le hêtre est un arbre majestueux.*
hêtre.

HEU ! (*h* aspiré) interj.
Interjection qui marque l'embarras. *Heu ! j'ai oublié la réponse.*
T L'interjection est toujours suivie d'un point d'exclamation qui est souvent repris à la fin de la phrase. Si la phrase exclamative n'est pas complète, le mot qui suit le point d'exclamation s'écrit avec une minuscule initiale.

HEUR n. m.
(VX) Chance, bonne fortune.
LOCUTION
– ***Avoir l'heur de plaire à quelqu'un.*** Avoir la chance de lui plaire.
Ce nom n'est plus usité que dans l'expression citée.
HOM.
- ***heure***, unité de mesure du temps ;
- ***heurt***, choc.

HEURE n. f.
Symbole ***h*** (s'écrit sans point).
Unité de mesure du temps correspondant à la vingt-quatrième partie du jour. *Il y a 60 minutes ou 3600 secondes dans une heure.*
On écrira : *à une heure précise*, mais *à seize heures précises; une heure sonne*, mais *onze heures sonnent; cinq heures approchent.*
T On peut indiquer l'heure selon une période de 12 heures en précisant le moment (ex. : 8 h du soir), mais pour éviter les erreurs, il est recommandé de choisir plutôt la période de 24 heures (ex. : 20 h), conformément à la norme adoptée par le Bureau de normalisation du Québec.
VOIR TABLEAU – HEURE.
LOCUTIONS
– ***À cette heure***, loc. adv. ⚜ Maintenant. *À cette heure, viens me raconter ton voyage. « Je comprends cela à cette heure »* (Molière, *Le Bourgeois gentilhomme*, cité par Littré).
– ***À cette heure***, loc. adv. En ce moment. *À cette heure, nos amis doivent arriver à Dorval.*
– ***À la bonne heure !*** C'est très bien, tant mieux.

– ***À l'heure.*** Ponctuel. *Il est toujours à l'heure.*
– ***À l'heure.*** Par heure. *La vitesse est limitée à 60 kilomètres à l'heure (60 km/h). Elle fait du cent à l'heure.*
– ***À toute heure,*** loc. adv. N'importe quand. *Le téléphone sonne à toute heure du jour et de la nuit.*
– ***De bonne heure,*** loc. adv. Très tôt. *Elle est toujours levée de bonne heure.*
– ***D'heure en heure,*** loc. adv. Toutes les heures. *Nous avons des nouvelles d'heure en heure.*
– ***D'une heure à l'autre,*** loc. adv. Très bientôt. *Ils seront là d'une heure à l'autre.*
– ***Être à l'heure.*** Être ponctuel. *Il est toujours à l'heure. Ces autobus ne sont pas souvent à l'heure.*
– ***Heure avancée.*** Temps avancé d'une heure pendant l'été.
– ***Heure de pointe.*** Heure d'affluence, de consommation maximale, de grande écoute. *Cette émission est diffusée à une heure de pointe* (et non en *prime time).
– ***Heure de tombée.*** Moment où il faut remettre un écrit, un texte pour un journal ou, par extension, tout autre travail. *Mon heure de tombée* (et non *deadline) *est à 15 h.* SYN. dernier délai; heure limite.
– ***Heure normale de l'Atlantique (HNA).*** Au Canada, temps en usage correspondant à l'heure du méridien de Greenwich reculée de 4 heures. *La cérémonie aura lieu dans les Maritimes à 16 h, heure normale de l'Atlantique.*
– ***Heure normale de l'Est (HNE).*** Au Canada, temps en usage correspondant à l'heure du méridien de Greenwich reculée de 5 heures. *La cérémonie aura lieu à Montréal à 15 h, heure normale de l'Est.*
– ***Heure normale des Rocheuses (HNR).*** Au Canada, temps en usage correspondant à l'heure du méridien de Greenwich reculée de 7 heures. *La cérémonie aura lieu à Calgary à 18 h, heure normale des Rocheuses.*
– ***Heure normale du Centre (HNC).*** Au Canada, temps en usage correspondant à l'heure du méridien de Greenwich reculée de 6 heures. *La cérémonie aura lieu à Winnipeg à 17 h, heure normale du Centre.*
– ***Heure normale du Pacifique (HNP).*** Au Canada, temps en usage correspondant à l'heure du méridien de Greenwich reculée de 8 heures. *La cérémonie aura lieu à Vancouver à 19 h, heure normale du Pacifique.*
– ***Heure-personne.*** Unité de temps de travail correspondant au travail de 1 personne pendant 1 heure (Recomm. off.). *Ce travail nécessitera 40 heures-personnes environ.*
– ***Heure supplémentaire.*** Toute heure de travail exécutée en plus de l'horaire normal. *Faire des heures supplémentaires* (et non du *surtemps, du *temps supplémentaire) *en raison d'un surcroît de travail.*
– ***L'heure.*** Par heure. *Le plombier est payé 50 $ l'heure, Vincent et Julia, 7 $ l'heure.* SYN. (FAM.) de l'heure.
L'expression familière ***de l'heure*** est plus courante.
– ***N'avoir pas d'heure.*** Ne pas être ponctuel. *Tes enfants n'ont pas d'heure : ils sont souvent en retard.*
– ***N'avoir pas une heure à soi.*** Ne disposer d'aucun moment de répit. *Je ne pourrai te voir cette semaine : je n'ai pas une heure à moi.*
– ***Sur l'heure,*** loc. adv. Immédiatement. *Appelez-moi et j'arrive sur l'heure.*
– ***Tout à l'heure,*** loc. adv. Dans quelques instants. *J'ai encore du travail, je te rejoins tout à l'heure. « Je vais revenir tout à l'heure »* (Molière, *Le Malade imaginaire*).

FORMES FAUTIVES

*aux (deux, trois, quatre…) heures Construction fautive pour ***toutes les (deux, trois, quatre…) heures.***
*aux petites heures du matin. Calque de «*in the small hours of the morning*» pour ***au petit matin.***
*heures d'affaires. Calque de «*business hours*» pour ***heures d'ouverture.***

HOM.
• ***heur,*** chance;
• ***heurt,*** choc.

HEUREUSEMENT adv.
Le ***e*** de l'avant-dernière syllabe ne se prononce pas, [ørøzmɑ̃].
1. Par bonheur. *Heureusement, tu as pu venir.*
2. De façon heureuse, favorable. *Vivre heureusement.*

LOCUTION

– ***Heureusement que.*** C'est une chance que. *Heureusement que tu es là pour m'aider. Heureusement que tu accepterais volontiers.*
Le verbe qui suit est à l'indicatif ou au conditionnel.

HEUREUX, EUSE adj.
1. Qui jouit du bonheur. *Des enfants heureux.*
L'adjectif peut se construire avec la préposition ***de*** suivie d'un nom ou d'un infinitif. *Ils sont heureux de leur sort et de partir en voyage.* Il peut aussi se construire avec la conjonction ***que*** suivie du subjonctif. *Je suis heureuse que tu sois là.*
2. Qui donne du bonheur, qui est favorable. *Je te souhaite un heureux anniversaire. Un dénouement heureux.* SYN. agréable; bon.

LOCUTIONS

– ***Avoir la main heureuse.*** Réussir habituellement ce qui est entrepris.
– ***Faire des heureux.*** Contenter des personnes. SYN. satisfaire.

HEURISTIQUE ou **EURISTIQUE** adj. et n. f.

ADJECTIF

Relatif à la recherche scientifique et à la découverte.

NOM FÉMININ

Science des règles de la recherche scientifique et de la découverte.

HEURT (***h*** aspiré) n. m.
Le ***t*** ne se prononce pas, ['œr].
1. Fait de heurter, de se heurter. *Le heurt de deux véhicules.*
2. Conflit, désaccord. *Une transition sans heurt, qui n'a pas été sans heurts.*
Dans l'expression ***sans heurt,*** le nom peut se mettre au singulier ou au pluriel.

HOM.
• ***heur,*** chance;
• ***heure,*** unité de mesure de temps.

HEURTER (***h*** aspiré) v. tr., pronom.

VERBE TRANSITIF

1. Entrer en contact plus ou moins brutalement avec quelqu'un, quelque chose. *La voiture a heurté un piéton.*
2. (FIG.) Contrarier vivement, irriter. *Cette réponse négative l'a heurté.* SYN. blesser; choquer; froisser.

VERBE PRONOMINAL

1. Se cogner contre. *Les oiseaux se sont heurtés contre* ou *à la paroi vitrée.*
2. (FIG.) Buter contre, rencontrer un obstacle. *Elle se heurta à l'indifférence générale.*
3. (FIG.) Entrer en conflit. *Ils se sont sérieusement heurtés.* SYN. s'affronter.
À la forme pronominale, le participe passé de ce verbe s'accorde toujours en genre et en nombre avec son sujet. *Elles se sont heurtées à une porte close.*
À la forme pronominale, le verbe se construit avec les prépositions ***contre, à*** suivies d'un nom.

CONJUGAISON : VOIR MODÈLE AIMER.

HEURTOIR (***h*** aspiré) n. m.
Marteau de porte. *Le heurtoir de laiton a la forme d'une tête de lion.*

HÉVÉA n. m.
Arbre de grande taille cultivé pour son latex dont on tire le caoutchouc. *Des hévéas.*

HEURE

Symboles du système international d'unités (SI) :

heure ....**h**
minute ....**min**
seconde ....**s**

- La ***notation de l'heure*** réunit les indications des unités par ordre décroissant, sans virgule, mais avec un espace de part et d'autre de chaque symbole.

  C'est à 12 h 35 min 40 s qu'il est arrivé.

- Les ***symboles*** des unités de mesure n'ont pas de point abréviatif, ne prennent pas la marque du pluriel et ne doivent pas être divisés en fin de ligne.

  La cérémonie commencera à 16 h 30 (et non à 16 *hres 30).

- Conformément à la norme 9990-911 du Bureau de normalisation du Québec, l'heure doit être indiquée selon la **période de 24 heures.**

  Le musée est ouvert de 10 h à 18 h tous les jours.

- Cependant, la langue courante, ou la conversation, s'en tient le plus souvent à la **période de 12 heures** avec l'indication du matin, de l'après-midi ou du soir.

  Le musée ferme à 6 heures du soir.

- L'heure doit être indiquée de **façon uniforme.**

  – Si le nom d'une unité est écrit au long, les autres noms devront être notés en toutes lettres.

  14 heures 8 minutes (et non *14 heures 8 min).

  – Si le nom de la première unité est abrégé, celui de la seconde unité sera également abrégé ou omis.

  Je vous verrai à 18 h 25 min (ou *18 h 25) demain.*

- Les abréviations *a.m. et *p.m., qui proviennent du latin « *ante meridiem* » qui signifie « avant-midi » et « *post meridiem* » qui signifie « après-midi », ne sont utilisées qu'en anglais. En français, on écrira ***17 h*** (langue officielle) ou ***5 h du soir*** (langue courante), mais si l'on doit abréger, on ne retiendra que les 24 divisions du jour.

  15 h (et non *3 h pm).

  [T] 1° La fraction horaire n'étant pas décimale, il n'y a pas lieu d'ajouter un zéro devant les unités.
  1 h 5 (et non *1 h 05).

  2° L'utilisation du ***deux-points (:)***, recommandée par l'Organisation internationale de normalisation (ISO) pour désigner les soixantièmes, doit être limitée aux usages techniques et à la présentation en tableau.
  20 h 15 min 30 s (20:15:30).

  3° Pour exprimer la vitesse, on recourt à l'expression ***à l'heure*** qui s'abrège ***/h*** (s'écrit sans point).
  Il roule à 60 ***km/h*** *en moyenne.*

H

HEX(A)- préf.
Élément du grec signifiant « six ». *Hexagone.*

HEXADÉCIMAL, ALE, AUX adj.
Se dit d'un système de numération de base 16.

HEXAÈDRE adj. et n. m.
ADJECTIF
Se dit d'un solide à six faces.
NOM MASCULIN
Solide à six faces. *Le cube est un hexaèdre dont les six faces sont des carrés.*

HEXAGONAL, ALE, AUX adj.
1. Qui a la forme d'un hexagone. *Des panneaux de signalisation hexagonaux.*
2. Relatif à l'Hexagone, à la France.

HEXAGONE n. m.
Polygone à six côtés et à six angles.
LOCUTION
– ***L'Hexagone.*** La France (à cause de sa forme qui ressemble à cette figure).
[T] En ce sens, le nom s'écrit avec une majuscule.

Hg
Symbole de ***mercure.***

HI ! (*h* aspiré) interj.
Interjection toujours redoublée qui marque le rire. *Hi! hi! que dites-vous là ?*
[T] L'interjection est toujours suivie d'un point d'exclamation qui est souvent repris à la fin de la phrase. Si la phrase exclamative n'est pas complète, le mot qui suit le point d'exclamation s'écrit avec une minuscule initiale.

HIATUS (*h* aspiré ou muet) n. m.
Le *s* se prononce, [jatys]; le mot rime avec ***motus.***
(LING.) Rencontre de deux voyelles à l'intérieur d'un mot ou entre deux mots. *Dans la phrase suivante, il y a des hiatus par la rencontre de voyelles sonores qui ne peuvent s'élider : Les hiboux hululent.*
1° Le nom ***hiatus,*** du latin signifiant « ouverture (de la bouche) », contient lui-même un hiatus.
2° Dans la mesure du possible, les phrases sont construites de façon à réduire au minimum les hiatus, pour faciliter la lecture à haute voix.

HIBERNATION n. f.
État d'engourdissement dans lequel certains animaux demeurent pendant l'hiver. *L'hiver, les marmottes entrent en hibernation.*

HIBERNER v. intr.
Passer l'hiver dans un état d'engourdissement, de sommeil. *Pendant l'hiver, les ours hibernent.*
Ne pas confondre avec le verbe ***hiverner,*** passer l'hiver à l'intérieur.
CONJUGAISON : VOIR MODÈLE AIMER.

HIBISCUS ou **IBISCUS** n. m.
Plante ornementale à belles fleurs. *Un bel hibiscus en fleur.*

HIBOU (*h* aspiré) n. m. (pl. *hiboux*)
Rapace nocturne portant des aigrettes de plumes. *Les hiboux hululent.*
VOIR TABLEAU – ANIMAUX.

HIC (*h* aspiré) n. m. inv.
Le *c* se prononce, ['ik].
(FAM.) Le point délicat, le problème. *J'ai le hoquet, voilà le hic.*

HIDEUSEMENT (*h* aspiré) adv.
De façon hideuse. *Ils sont hideusement défigurés.*

HIDEUX, EUSE (*h* aspiré) adj.
1. Horrible à voir. *Des insectes hideux.*
2. Affreux. *Un acte hideux.* SYN. ignoble; répugnant.

HIER adv.
Se dit du jour qui précède celui où l'on est. *Elle a appelé hier soir. Il est venu hier.*

HIÉR(O)- préf.
Élément du grec signifiant « sacré ». *Hiératique.*

HIÉRARCHIE (*h* aspiré) n. f.
1. Classement des fonctions selon un rapport de subordination. *Il faut respecter la hiérarchie.*
2. Organisation d'éléments selon leur grandeur ou leur valeur. *Hiérarchie des droits.*

HIÉRARCHIQUE (*h* aspiré) adj.
Qui appartient à une hiérarchie. *Une structure hiérarchique, une supérieure hiérarchique.*
Ne pas confondre avec le mot ***hiératique,*** relatif aux choses sacrées.

HIÉRARCHIQUEMENT (*h* aspiré) adv.
En suivant la filière hiérarchique.

HIÉRARCHISATION (*h* aspiré) n. f.
Action de hiérarchiser. *La hiérarchisation des besoins.*

HIÉRARCHISER (*h* aspiré) v. tr.
Organiser en fonction d'une hiérarchie. *Il faut hiérarchiser les priorités, les classer par ordre d'importance.*
CONJUGAISON : VOIR MODÈLE AIMER.

HIÉRATIQUE adj.
1. D'une majesté solennelle.
2. Qui est relatif aux choses sacrées.
Ne pas confondre avec le mot ***hiérarchique,*** relatif à la hiérarchie.

HIÉROGLYPHE (*h* aspiré) n. m.
1. Écriture des anciens Égyptiens.
2. (FIG.) Écriture illisible. *Je n'arrive pas à déchiffrer ses hiéroglyphes.*
Attention au genre masculin de ce nom : ***un*** hiéroglyphe.
hiéroglyphe.

***HIGH-TECH**
Anglicisme pour ***haute technologie, technologie de pointe.***

HIJAB ou **HIDJAB** n. m. (pl. *hijabs, hidjabs*)
Voile qui cache les cheveux, les oreilles et le cou, porté par de nombreuses musulmanes en présence d'étrangers dans le but de préserver leur pudeur. *La Tunisie est le seul pays musulman à avoir interdit le port du hijab. Le système scolaire britannique, qui accepte le port du hidjab laissant le visage découvert, a dû faire face à des poursuites après qu'un établissement eut interdit à une élève de 12 ans de porter le voile intégral, qui ne découvre que les yeux.*

HILARANT, ANTE adj.
Qui incite au rire. *Une coïncidence hilarante, un gaz hilarant.* SYN. amusant; comique; drôle; (FAM.) rigolo.

HILARE adj.
Qui manifeste la gaieté, le rire. *Des spectateurs hilares.* SYN. amusé; gai; réjoui.

HILARITÉ n. f.
Explosion de rire. *Son intervention a provoqué l'hilarité générale.* SYN. amusement; gaieté.

HIMALAYEN, YENNE adj. et n. m. et f.
1. De l'Himalaya. *Des sherpas himalayens. Des Himalayens.*
[T] L'adjectif s'écrit avec une minuscule; le nom, avec une majuscule.
2. Chat à poils longs dont la race est un croisement entre les siamois et les persans. *Princesse Maboule est une jolie chatte himalayenne, une magnifique himalayenne.*

HINDI (*h* aspiré) n. m.
L'une des langues de l'Inde.

HINDOU, E adj. et n. m. et f.
ADJECTIF
Relatif à l'hindouisme.
NOM MASCULIN ET FÉMININ
Adepte de l'hindouisme.
1° Au sens de « habitant de l'Inde », ce mot est vieilli ; on lui préfère aujourd'hui le nom ***Indien.***
2° Au sens de « adepte de l'hindouisme », ce mot s'écrit avec une minuscule.

HINDOUISME n. m.
Religion de nombreux Indiens.
T Les noms de religions s'écrivent avec une minuscule.

HINDOUISTE adj. et n. m. et f.
De l'hindouisme.
T L'adjectif ainsi que le nom s'écrivent avec une minuscule.

HIPP(O)- préf.
Élément du grec signifiant « cheval ». *Hippodrome.*
Ne pas confondre avec le préfixe du grec ***hypo-*** signifiant « au-dessous ».

HIPPIQUE adj.
Qui est relatif au cheval. *Le sport hippique.*
Ne pas confondre avec le mot ***épique,*** qui est propre à l'épopée.
hippique.

HIPPISME n. m.
Sport hippique.
hippisme.

HIPPOCAMPE n. m.
Petit poisson de mer dont la tête ressemble à celle du cheval.
Attention au genre masculin de ce nom : ***un*** hippocampe.
hippocampe.

HIPPODROME n. m.
Champ de courses. *Il y a des courses de chevaux ce soir à l'hippodrome.*
hippodrome.

HIPPOPOTAME n. m.
Gros mammifère amphibie à la peau épaisse qui vit dans les fleuves d'Afrique.
hippopotame.

HIRONDELLE n. f.
Oiseau migrateur à dos noir, à ventre blanc et à queue échancrée. *L'hirondelle de rivage creuse son nid dans les falaises abruptes.*
VOIR TABLEAU – ANIMAUX.

HIRSUTE adj.
Échevelé. *Des individus sales et hirsutes.* SYN. ébouriffé.

HIRSUTISME n. m.
(MÉD.) Développement excessif du système pileux.

HISPANIQUE adj.
Relatif à l'Espagne.

HISPANISME n. m.
(LING.) Construction propre à la langue espagnole.

HISPANOPHONE adj. et n. m. et f.
De langue espagnole. *Des étudiants hispanophones. La littérature hispanophone. Plusieurs hispanophones fréquentent notre établissement.*

HISSE ! (OH !)
VOIR – OH!.

HISSER (*h* aspiré) v. tr., pronom.
VERBE TRANSITIF
1. Élever avec un cordage. *Hissez les voiles ! Hisser un drapeau.*
2. Faire monter, dresser avec difficulté. *Les déménageurs ont réussi à hisser le réfrigérateur au troisième étage.*
VERBE PRONOMINAL
1. S'élever avec effort, grimper. *Ils se sont hissés à la cime de l'arbre.* SYN. monter.
2. (FIG.) Parvenir par ses efforts. *Elle s'est hissée au poste le plus important.* SYN. s'élever.
À la forme pronominale, le participe passé de ce verbe s'accorde toujours en genre et en nombre avec son sujet. *Elles se sont hissées sur la pointe des pieds.*
CONJUGAISON : VOIR MODÈLE AIMER.

HISTAMINE n. f.
Substance présente dans la plupart des tissus animaux et qui joue un rôle important dans le mécanisme des réactions allergiques.

HISTAMINIQUE adj.
Relatif à l'histamine.

HISTOGRAMME n. m.
Graphique illustrant la distribution d'une variable continue à l'aide de rectangles de même base dont la longueur est proportionnelle à la quantité à représenter. *Un histogramme à rectangles verticaux ou horizontaux.*

HISTOIRE n. f.
1. Récit des évènements qui ont marqué une époque. *L'histoire du Québec.*
2. Science du passé. *Un cours d'histoire.*
3. Récit d'évènements réels ou imaginaires. *Des histoires véridiques. Une histoire à dormir debout.*
LOCUTIONS
– ***C'est de l'histoire ancienne.*** C'est une chose dépassée, il n'en est plus question. *N'en parlons plus, c'est de l'histoire ancienne !*
– ***Faire des histoires.*** (FAM.) Faire des difficultés.
– ***Histoire de.*** (FAM.) Pour. *Nous nous sommes réunis, histoire de bavarder un peu.*
La locution se construit avec un infinitif.
– ***Histoire drôle.*** Récit assez court visant à faire rire. *Il excelle à conter, à raconter des histoires drôles.*
– ***La petite histoire.*** Le côté anecdotique de l'histoire ; l'ensemble des faits historiques secondaires. *S'intéresser à la petite histoire.*
– ***Sans histoire.*** Sans incident, sans rien d'exceptionnel. Une carrière sans histoire.
Dans cette locution, en ce sens, le nom ***histoire*** s'écrit au singulier.
FORMES FAUTIVES
*histoire de cas. Calque de «*case history*» pour ***antécédents médicaux, observation clinique.***
*pour faire une longue histoire courte. Calque de «*to make a long story short*» pour ***en deux mots, somme toute, bref.***

HISTOLOGIE n. f.
Science des tissus constitutifs de l'être vivant.

HISTOLOGIQUE adj.
Relatif à l'histologie. *Une coupe histologique.*

HISTORICITÉ n. f.
Caractère de ce qui est historique.

HISTORIEN n. m.
HISTORIENNE n. f.
Spécialiste des études historiques.

HISTORIETTE n. f.
Anecdote, récit d'un fait peu important.

HISTORIQUE adj. et n. m.
ADJECTIF
Relatif à l'histoire. *Un récit historique.*

NOM MASCULIN
Exposé chronologique des faits relatifs à une question. *L'historique de la découverte du radium par Marie et Pierre Curie.*

HISTORIQUEMENT adv.
Du point de vue historique.

***HIT-AND-RUN**
Anglicisme pour ***délit de fuite.***

***HIT-PARADE**
Anglicisme pour ***palmarès.***

HIVER n. m.
Saison la plus froide de l'année dans l'hémisphère Nord (du 21 décembre au 20 mars). *Aimez-vous l'hiver ? « Sitôt la ville quittée, l'autobus bourré de gens parut lancé à travers l'hiver comme dans un immense pays gelé, qui criait sa solitude en longs coups de vent »* (Gabrielle Roy, *De quoi t'ennuies-tu, Éveline?*).
Le complément de temps est introduit par les prépositions ***en, à.*** *Nous prendrons nos vacances en hiver* ou *à l'hiver.*
Attention au genre du nom ***hiver,*** qui est masculin comme d'ailleurs les noms des autres saisons : ***un*** hiver, ***un*** printemps, ***un*** été, ***un*** automne.

HIVERNAGE n. m.
Action d'hiverner, c'est-à-dire de passer l'hiver à l'abri ; résultat de cette action. *Site d'hivernage de Jacques Cartier, ce lieu historique national du Canada se trouve aux confluents des rivières Lairet et Saint-Charles. « Par une poignée d'oiseaux/L'arbre d'hiver parle lumière/La lune s'assied en rond, Veuve crayeuse des hivernages »* (Rina Lasnier, *L'Ombre jetée*). *« Amarré pour son hivernage dans une petite baie de la péninsule arctique (fraîchement baptisée baie Sedna), l'équipage de marins, de cinéastes et de scientifiques [du Sedna] a ainsi pu observer* de visu *la fonte accélérée des glaciers »* (*La Presse*).

HIVERNAL, ALE, AUX adj.
Relatif à l'hiver. *Des jeux hivernaux, une température hivernale.*

HIVERNER v. intr.
Passer l'hiver à l'abri. *Ces retraités hivernent en Floride.*
Ne pas confondre avec le verbe ***hiberner,*** passer l'hiver dans un état d'engourdissement, de sommeil.
CONJUGAISON : VOIR MODÈLE AIMER.

HLM (*h* aspiré) n. m. ou f. inv.
Sigle de ***habitation à loyer modique*** (Québec).
Sigle de ***habitation à loyer modéré*** (France).
Immeuble dont les appartements sont destinés aux familles à revenu modeste.
En principe, le genre du sigle est le féminin en raison du premier nom (habitation) ; cependant, le nom masculin ***immeuble*** qui vient spontanément à l'esprit rend souvent le sigle masculin.

HNA
Sigle de ***heure normale de l'Atlantique.***

HNC
Sigle de ***heure normale du Centre.***

HNE
Sigle de ***heure normale de l'Est.***

HNP
Sigle de ***heure normale du Pacifique.***

HNR
Sigle de ***heure normale des Rocheuses.***

HO ! (*h* aspiré) interj.
Interjection servant à interpeller, à marquer la surprise, l'indignation, l'admiration. *Ho ! quel désordre !*
L'interjection est toujours suivie d'un point d'exclamation qui est souvent repris à la fin de la phrase. Si la phrase exclamative n'est pas complète, le mot qui suit le point d'exclamation s'écrit avec une minuscule initiale.
VOIR – OH !.

***HOBBY**
Anglicisme pour ***passe-temps.***

HOBEREAU (*h* aspiré) n. m. (pl. *hobereaux*)
(PÉJ.) Gentilhomme campagnard.

HOC (AD)
VOIR – AD HOC.

HOCHEMENT (*h* aspiré) n. m.
Action de hocher la tête. *Le hochement de tête de haut en bas signifie oui.*

HOCHER (*h* aspiré) v. tr.
– ***Hocher la tête.*** Secouer la tête de haut en bas ou de gauche à droite. *Je hoche la tête.*
Le mot ne s'emploie que dans cette locution.
CONJUGAISON : VOIR MODÈLE AIMER.

HOCHET (*h* aspiré) n. m.
Jouet à grelot pour les bébés. *Le hochet coloré.*
hochet.

HOCKEY (*h* aspiré) n. m.
Sport d'équipe consistant à envoyer une rondelle dans le but adverse avec un bâton au bout aplati. *Le hockey sur glace.*

HOCKEYEUR, EUSE (*h* aspiré) n. m. et f.
Personne qui joue au hockey. *Le hockeyeur s'est blessé.*

HOLÀ ! (*h* aspiré) interj.
Sert à arrêter, à attirer l'attention. *Holà ! c'est une propriété privée ici !*
L'interjection est toujours suivie d'un point d'exclamation qui est souvent repris à la fin de la phrase. Si la phrase exclamative n'est pas complète, le mot qui suit le point d'exclamation s'écrit avec une minuscule initiale.
LOCUTION
– ***Mettre le holà à.*** Mettre fin à quelque chose pour rétablir l'ordre. *Heureusement, ils ont mis le holà à cette situation déplorable.*
holà.

***HOLD (SUR LE)**
Calque de «*on hold*» pour ***en attente, en garde.*** *J'ai mis la communication en attente* (et non *sur le hold).

***HOLDING**
Anglicisme pour ***société de portefeuille.***

***HOLD-UP**
Anglicisme pour ***vol à main armée.***

HOLLANDAIS, AISE (*h* aspiré) adj. et n. m. et f.
ADJECTIF ET NOM MASCULIN ET FÉMININ
Relatif à la Hollande. *Un fromage hollandais. Un Hollandais, une Hollandaise.*
L'adjectif s'écrit avec une minuscule ; le nom, avec une majuscule.
NOM MASCULIN
Langue parlée en Hollande. *Il apprend le hollandais.* SYN. néerlandais.
Le nom de la langue s'écrit avec une minuscule.

HOLLANDE (*h* aspiré) n. m.
Fromage. *Aimer le hollande.*

HOLLYWOODIEN, IENNE (*h* aspiré) adj.
De Hollywood. *La mode hollywoodienne.*

HOLO- préf.
Élément du grec signifiant « entier ». *Hologramme.*

HOLOCAUSTE n. m.
Sacrifice religieux.

LOCUTION
– ***L'Holocauste.*** Extermination des Juifs par les nazis.
[T] En ce sens, le nom s'écrit avec une majuscule.
Attention au genre masculin de ce nom : ***un*** holocauste.

HOLOGRAMME n. m.
Image à trois dimensions obtenue par holographie. *Cet hologramme donne l'illusion du relief.*

HOLOGRAPHE ou **HOLOGRAPHIQUE** adj.
Relatif à l'holographie. *Un procédé holographique qui donne l'illusion aux spectateurs de nager sous l'eau.*

HOLOGRAPHIE n. f.
Procédé photographique qui permet de projeter des images à trois dimensions.

HOLOGRAPHIQUE
VOIR – HOLOGRAPHE.

HOMARD (*h* aspiré) n. m.
Crustacé marin à grosses pinces dont la chair est très recherchée. *Toute la famille aime le homard de la Gaspésie ou des Îles-de-la-Madeleine.*
FORME FAUTIVE
*cage à homards. Impropriété pour ***casier à homards.***
homard.

***HOME CENTER**
Anglicisme pour ***maisonnerie.***

***HOME CINEMA**
Anglicisme pour ***cinéma maison.***

HOMÉLIE n. f.
Sermon. *Le curé nous servit sa belle homélie.*

HOMÉOPATHE adj. et n. m. et f.
Se dit d'une personne qui pratique l'homéopathie.
homéopathe.

HOMÉOPATHIE n. f.
Méthode thérapeutique. ANT. allopathie.
homéopathie.

HOMÉOPATHIQUE adj.
Relatif à l'homéopathie. *Des traitements homéopathiques.*
LOCUTION
– ***Dose homéopathique.*** (FIG.) Par très petites quantités. *Ils lisent très peu, à dose homéopathique, dirons-nous.*

***HOME PAGE**
Anglicisme pour ***page d'accueil.***

HOMÉRIQUE adj.
1. Relatif à Homère.
2. Qui est digne d'Homère. *Une aventure homérique.*
[T] L'adjectif s'écrit avec une minuscule.

HOMICIDE n. m.
(DR.) Action de tuer, volontairement ou non, un être humain.
Ne pas confondre avec les noms suivants :
- ***assassinat,*** meurtre préparé à l'avance ;
- ***meurtre,*** action de donner la mort de façon volontaire.

homicide.

HOMINEM (AD)
VOIR – AD HOMINEM.

HOMMAGE n. m.
1. Marque, témoignage d'estime. *Des hommages mérités.*
2. Cadeau, offrande. *Hommage de l'auteur.*
LOCUTIONS
– ***Faire hommage*** (de quelque chose à quelqu'un). Donner, offrir. *Je vous fais hommage de ces fleurs en témoignage de gratitude.*
– ***Rendre hommage*** (à quelque chose). Souligner. *Il faudrait rendre hommage au courage de cette personne.*
– ***Rendre hommage*** (à quelqu'un). Témoigner du respect, de la reconnaissance. *Nous rendons hommage au concepteur de cet évènement.*

HOMME n. m.
1. Être intelligent, incluant l'homme et la femme. *L'homme descend-il du singe ?*
2. Être humain mâle. *C'est un homme d'action.*
L'être humain de sexe féminin est la ***femme.***
LOCUTIONS
– ***Comme un seul homme.*** D'un seul bloc, tous ensemble. *Ils se sont levés comme un seul homme pour les acclamer.*
– ***D'homme à homme.*** Sans détour, franchement. *Ils se sont parlé d'homme à homme.*
– ***Jeune homme.*** Homme d'âge tendre.

HOMME-GRENOUILLE n. m. (pl. *hommes-grenouilles*)
Plongeur équipé d'un scaphandre autonome afin de pouvoir travailler sous l'eau.
Ce nom tend à être remplacé par ***plongeur, plongeuse.***

HOMME-ORCHESTRE n. m. (pl. *hommes-orchestres*)
Personne qui accomplit des fonctions multiples dans une entreprise, un domaine. *L'éditeur est un homme-orchestre, par définition.*

HOMME-SANDWICH n. m. (pl. *hommes-sandwichs*)
Homme qui promène deux panneaux publicitaires, l'un sur son dos, l'autre sur sa poitrine. *Des hommes-sandwichs annoncent le menu du jour de ce restaurant que fréquentent les touristes.*

***HOMMES AU TRAVAIL**
Calque de «*men at work*» pour ***travaux*** ou ***travaux en cours,*** utilisé dans la signalisation routière.

HOMO- préf.
Élément du grec signifiant « semblable ». *Homonyme.*

HOMOGÈNE adj.
Qui présente une grande unité. *Une classe homogène.* SYN. uniforme. ANT. hétérogène.

HOMOGÉNÉISATION n. f.
Action de rendre homogène. *L'homogénéisation du lait.*

HOMOGÉNÉISER v. tr.
Rendre homogène. *Homogénéiser du lait. Du lait homogénéisé.*
CONJUGAISON : VOIR MODÈLE AIMER.

HOMOGÉNÉITÉ n. f.
Cohérence, qualité de ce qui est homogène.

HOMOGRAPHE adj.
Se dit des mots qui ont la même orthographe et souvent la même prononciation, sans avoir la même signification. *Les mots* noyer *(arbre) et* noyer *(périr par noyade) sont des homographes.*
VOIR TABLEAU – HOMONYMES.

HOMOLOGATION n. f.
1. Action d'homologuer. SYN. ratification.
2. Confirmation, validation. *L'homologation d'un record.*

HOMOLOGUE adj. et n. m. et f.
ADJECTIF
Équivalent. *Un poste homologue à celui qu'elle occupait précédemment.*
NOM MASCULIN ET FÉMININ
Personne qui exerce une fonction équivalente à celle d'une autre dans un ensemble différent. *La ministre de la Culture a rencontré son homologue à Paris.*
Ne pas confondre avec les mots suivants :
- ***analogue,*** à peu près semblable ;
- ***identique,*** tout à fait semblable.

HOMOLOGUER v. tr.
1. Sanctionner par décision de justice.
2. Approuver, enregistrer officiellement. *Homologuer un record.*
CONJUGAISON : VOIR MODÈLE AIMER.

H

HOMONYME adj. et n. m.
Se dit de mots qui s'écrivent ou se prononcent de façon identique, sans avoir la même signification.
VOIR TABLEAU – HOMONYMES.

HOMONYMIE n. f.
Caractère des mots homonymes.
✎ homonymie.

HOMOPARENTAL, ALE, AUX adj.
Se dit d'une famille composée d'un couple homosexuel masculin ou féminin, et d'un ou de plusieurs enfants biologiques ou adoptifs. *Malgré trente ans d'accusations diverses évoquant une institution en déroute (famille monoparentale, recomposée, homoparentale...), jamais l'institution n'a paru plus solide.*

HOMOPARENTALITÉ n. f.
Fait pour une personne homosexuelle, en couple ou non, d'avoir la garde légale d'un enfant biologique ou adoptif (GDT). *« Le mot-valise* homoparentalité *a été forgé pour instaurer le principe d'un couple parental homosexuel et promouvoir la possibilité juridique de donner à un enfant deux parents du même sexe »* (Le Monde).

HOMOPHOBE adj. et n. m. et f.
Qui manifeste de l'hostilité à l'égard des homosexuels, de l'homosexualité. *Des commentaires homophobes. Des téléspectateurs se sont plaints d'avoir entendu l'humoriste sévir dans un registre homophobe.*

HOMOPHOBIE n. f.
Hostilité, discrimination systématique à l'égard des homosexuels, de l'homosexualité. *Le maire de São Paulo a accompagné le défilé de la Parada Gay pour marquer son appui à la manifestation, placée sous le signe de la lutte contre les discriminations, l'homophobie, le racisme et le machisme.*

HOMOPHONE adj. et n. m.
Se dit de mots qui ont la même prononciation sans avoir la même orthographe ni la même signification. *Les noms* houx *(arbrisseau à feuilles piquantes) et* août *(huitième mois) sont des homophones. Les mots* mère, maire *et* mer *sont homophones.*
VOIR TABLEAU – HOMONYMES.

HOMOPHONIE n. f.
Identité de prononciation.

HOMOSEXUALITÉ n. f.
Sexualité des personnes homosexuelles. ANT. hétérosexualité.

HOMOSEXUEL, ELLE adj. et n. m. et f.
ADJECTIF
Qui éprouve une affinité sexuelle pour les personnes de son sexe.
NOM MASCULIN ET FÉMININ
Personne qui éprouve une affinité sexuelle pour les personnes de son sexe. SYN. (FAM.) homo. ANT. hétérosexuel.

HONGRE (*h* aspiré) adj. m. et n. m.
Se dit d'un cheval châtré.
Cheval châtré. *Un équipage de hongres gris.*

HONGROIS, OISE (*h* aspiré) adj. et n. m. et f.
ADJECTIF ET NOM MASCULIN ET FÉMININ
De la Hongrie. *Une musique hongroise. Un Hongrois, une Hongroise.*
[T] L'adjectif s'écrit avec une minuscule ; le nom, avec une majuscule.
NOM MASCULIN
Langue parlée en Hongrie. *Elle étudie le hongrois.*
[T] Le nom de la langue s'écrit avec une minuscule.

HONNÊTE adj.
1. Conforme à la loi morale, honorable. *Des personnes honnêtes.* SYN. intègre ; loyal. ANT. malhonnête.
2. Correct, bon. *Des conditions honnêtes, un but honnête.*
3. Satisfaisant, ni bon ni mauvais. *C'est un travail honnête, sans plus.* SYN. acceptable ; moyen ; passable.
✎ honnête.

HONNÊTEMENT adv.
1. De façon honnête. *Pierre a géré le magasin honnêtement.*
2. Franchement. *Honnêtement, que penses-tu de mon idée ?*
3. Correctement. *Cet étudiant a honnêtement argumenté pour défendre le bien-fondé de sa position.* SYN. suffisamment.
✎ honnêtement.

HONNÊTETÉ n. f.
Qualité d'une personne, d'un comportement honnête. SYN. droiture ; intégrité ; loyauté.
✎ honnêteté.

HONNEUR n. m.
1. Dignité morale, fierté. *Défendre son honneur.*
Ne pas confondre avec les noms suivants :
- ***estime***, opinion favorable qu'on a de la valeur de quelqu'un ;
- ***gloire***, grande renommée ;
- ***réputation***, opinion bonne ou mauvaise sur une personne.

2. Considération accordée à un grand mérite. *C'est trop d'honneur.* SYN. estime.
3. (AU PLUR.) Marques d'estime. *Ce savant ne recherche pas les honneurs.*
LOCUTIONS
– ***À tout seigneur tout honneur.*** Il faut honorer chacun selon son rang ou son mérite.
– ***En l'honneur de quelqu'un.*** En vue de rendre hommage à quelqu'un.
– ***En quel honneur ?*** Pourquoi ? *En quel honneur as-tu reçu ce magnifique bouquet ?*
– ***Être à l'honneur.*** Être honoré, faire l'objet d'hommages. *Les étudiants qui ont gagné le débat oratoire seront à l'honneur ce soir.*
– ***Faire honneur (à ses obligations, à sa signature,*** etc.***).*** Respecter ses engagements.
– ***Faire honneur à.*** Être une source de fierté pour. *Bravo ! Vous faites honneur à votre école.*
– ***Faire honneur à un repas.*** (FAM.) Manger avec appétit.
– ***Les derniers honneurs.*** Hommages funèbres.
– ***Parole d'honneur.*** Promesse faite sur l'honneur.
– ***Pour l'honneur.*** De façon désintéressée.
– ***Prix d'honneur.*** Premier prix.
– ***Se faire un point d'honneur de.*** Mettre tout en œuvre.
– ***Tableau d'honneur.*** Liste des élèves qui ont obtenu les meilleurs résultats.
✎ honneur.

HONNIR (*h* aspiré) v. tr.
(VIEILLI) (LITT.) Couvrir de honte. *Honni soit qui mal y pense.* SYN. vilipender.
CONJUGAISON : VOIR MODÈLE FINIR.
✎ honnir.

HONORABILITÉ n. f.
Qualité d'une personne honorable. *L'honorabilité de ces anciens ministres est discutable.*

HONORABLE adj.
1. Qui par sa conduite, ses actions est digne d'estime, de considération, de respect. *Un comportement honorable.* SYN. estimable ; respectable.

2. D'un niveau convenable. *Un classement honorable. Un homme qui a réussi en vingt ans à transformer un groupe publicitaire de taille honorable en un géant mondial, et qui en est fier.*

LOCUTION

– ***Faire amende honorable.*** Demander pardon, reconnaître ses torts. *Ils ont fait amende honorable et ont admis leur erreur.*

FORME FAUTIVE

*honorable député, ministre, etc. Titre de civilité désuet à déconseiller en français. *La cérémonie était présidée par Mme* (et non l'*honorable) *Louise Dubois, ministre des Affaires culturelles.*

☞ Cet usage n'a plus cours dans le vocabulaire parlementaire du Québec, où l'on emploie plutôt les titres ***monsieur*** et ***madame*** devant le nom des élus et élues (GDT). Il n'y a pas lieu d'employer ce titre devant les noms de députés, de ministres ou de juges du Québec ni du Canada.

HONORABLEMENT adv.

De façon honorable. *Ils s'en sont tirés honorablement.*

HONORAIRE adj. et n. m. pl.

ADJECTIF

Qui porte un titre honorifique. *Un président honoraire.*

NOM MASCULIN PLURIEL

Rétribution variable de la personne qui exerce une profession libérale. *L'avocat touche des honoraires.*

☞ Ne pas confondre avec les noms suivants :

• ***cachet,*** rémunération que reçoit l'artiste ;

• ***paie*** ou ***paye,*** rémunération d'un employé ;

• ***salaire,*** générique de toute rémunération convenue d'avance et donnée par n'importe quel employeur ;

• ***traitement,*** rémunération liée à un emploi d'une certaine importance sociale.

HONORER v. tr., pronom.

VERBE TRANSITIF

1. Rendre honneur à quelqu'un, à quelque chose. *Honorer le mérite d'un pionnier.* SYN. célébrer.

2. Estimer, respecter. *Honore ton père et ta mère.*

VERBE PRONOMINAL

Être fier de. *Ce collège s'honore d'avoir formé d'excellents scientifiques.* SYN. s'enorgueillir.

▭ À la forme pronominale, le participe passé de ce verbe s'accorde toujours en genre et en nombre avec son sujet. *Son amie s'est honorée d'avoir tenu parole.*

CONJUGAISON : VOIR MODÈLE AIMER.

HONORIFIQUE adj.

Qui procure des honneurs (sans avantages matériels). *Des titres honorifiques.*

HONORIS CAUSA adj. inv.

Attention à la prononciation, [ɔnɔriskoza].

À titre honorifique. *Des doctorats* honoris causa.

🅃 En typographie soignée, les mots étrangers sont composés en italique. Dans des textes déjà en italique, la notation se fait en romain. Pour les textes manuscrits, on utilisera les guillemets.

HONTE (*h* aspiré) n. f.

1. Déshonneur. *Il n'y a pas de honte à dire ce que l'on pense.*

2. Remords. *Ils ont honte d'avoir caché la vérité. « Alors la honte d'avoir pu être heureuse alors qu'elle était si triste m'accabla »* (Gabrielle Roy, *La Détresse et l'Enchantement*).

LOCUTIONS

– ***Avoir honte de.*** Éprouver de l'humiliation, du regret. *Avoir honte de sa paresse.*

– ***Faire honte à quelqu'un.*** Être un sujet de honte pour quelqu'un ; faire des reproches.

– ***Sans fausse honte.*** Sans scrupule inutile.

HONTEUSEMENT (*h* aspiré) adv.

D'une façon honteuse.

HONTEUX, EUSE (*h* aspiré) adj.

1. Qui cause de la honte, de la confusion. *Une attitude honteuse.* SYN. dégradant ; méprisable.

2. Qui éprouve de la honte. *Il est honteux de cet échec. « Je n'osais le lui avouer, honteuse de m'être montrée dépensière alors qu'elle avait tant de difficultés à faire marcher la maison »* (Gabrielle Roy, *La Détresse et l'Enchantement*). SYN. confus ; humilié ; méprisable.

☞ Ne pas confondre avec le mot ***éhonté,*** qui est sans honte.

HOP ! (*h* aspiré) interj.

Interjection servant à marquer une action brusque. *Allez, hop ! plonge !*

🅃 L'interjection est toujours suivie d'un point d'exclamation qui est souvent repris à la fin de la phrase. Si la phrase exclamative n'est pas complète, le mot qui suit le point d'exclamation s'écrit avec une minuscule initiale.

HÔPITAL n. m. (pl. *hôpitaux*)

Établissement où l'on soigne les malades. *Des hôpitaux spécialisés. Un hôpital pédiatrique.* SYN. centre hospitalier.

☞ Attention au genre masculin de ce nom : ***un*** hôpital.

⇨ hôpital.

HOQUET (*h* aspiré) n. m.

1. Contraction brusque du diaphragme. *Avoir le hoquet.*

2. Bruit rauque qui en résulte. *De petits hoquets.*

⇨ hoquet.

HOQUETER (*h* aspiré) v. intr.

Avoir le hoquet.

CONJUGAISON : VOIR MODÈLE APPELER.

Redoublement du ***t*** devant un ***e*** muet. *Je hoquette, je hoquetterai,* mais *je hoquetais.*

[Les *Rectifications* (1990) admettent : il hoquète, hoquètera, hoquèterait...]

HORAIRE adj. et n. m.

ADJECTIF

Relatif aux heures, par heure. *Un salaire horaire.*

NOM MASCULIN

Répartition des heures (de travail, d'ouverture, d'arrivée et de départ). *L'horaire* (et non la *cédule) *des cours, des avions. Je suis en retard sur mon horaire.*

LOCUTION

– ***Horaire variable.*** Horaire flexible.

HORDE (*h* aspiré) n. f.

Troupe indisciplinée. *La horde des partisans envahit la salle.*

HORIZON n. m.

1. Ligne où la terre (ou la mer) et le ciel semblent se rejoindre. *« L'horizon où se mourait le soleil avait pris une couleur foncée, tragique, et toujours, comme des épaules de géants, les collines solitaires se pressaient contre le ciel »* (Gabrielle Roy, *De quoi t'ennuies-tu, Éveline?*).

2. Étendue totale de la terre ou de la mer que l'on peut apercevoir. *De ce poste d'observation, l'horizon est immense par temps clair : on voit très loin.*

3. (FIG.) Champ de la pensée, de l'action. *Des horizons nouveaux. Élargir son horizon.* SYN. perspective.

4. Période de temps. *Nous envisageons des rentrées de fonds dans un horizon de trois ans, c'est-à-dire à l'horizon 2012.*

LOCUTION

– ***Tour d'horizon.*** Survol, examen global d'une question. *Nous ferons un tour d'horizon du problème.*

HORIZONTAL, ALE, AUX adj. et n. f.

Qui est parallèle à l'horizon. *Des rayons horizontaux.* ANT. vertical.

HORIZONTALEMENT adv.

Dans une direction horizontale. *Les branches du pommier ont poussé horizontalement.*

H MUET ET H ASPIRÉ

H MUET

La lettre ***h*** est dite ***muette*** lorsqu'elle n'empêche pas l'élision de la voyelle précédente ou la liaison entre deux mots. *L'hôpital : le* ***h*** *du mot* ***hôpital*** *est muet.* C'est donc un signe purement orthographique qui, le plus souvent, constitue un simple rappel de l'étymologie.

habile	hégémonie	herbage	hexagonal	hôpital	humain
habileté	hélas !	herbe	hibiscus	horaire	humanité
habit	hélicoptère	herbivore	hiératique	horizon	humeur
habitat	héliport	hercule	hilarité	horoscope	humidité
habitude	hématome	hérédité	hippocampe	horreur	humilité
haleine	hémicycle	hérésie	hiver	hospice	humour
hallucination	hémiplégie	hermine	homéopathie	hôte	hurluberlu
halogène	hémistiche	héroïsme	homicide	hôtel	hyacinthe
haltère	hémorragie	herpès	homogène	huile	hydratant
hebdomadaire	hennin	heure	honnêteté	huissier	hydraulique...
hécatombe	hépatique	hévéa	honoraire	huître	

H ASPIRÉ

La lettre ***h*** est dite ***aspirée*** quand elle empêche l'élision de la voyelle qui la précède ou la liaison entre deux mots. *Le haricot : le* ***h*** *du mot* ***haricot*** *est aspiré.*

Seuls certains mots, surtout d'origine germanique ou anglo-saxonne, ont le ***h*** aspiré pour initiale :

ha !	hampe	harnais	havane	hiéroglyphe	houleux
hache	hamster	haro	havre	hisser	houppe
haché	hanche	harpe	havresac	HLM	houppelande
hacher	hand-ball	harpie	hayon	ho !	houppette
hachette	handicap	harpiste	hé !	hobereau	hourra !
hachure	handicapé	harpon	heaume	hochement	houspiller
hachurer	handicaper	harponner	hein !	hocher	housse
hagard	hangar	hasard	héler	hochet	houx
haie	hanneton	hasarder	henné	hockey	hublot
haillon	hanter	hasardeux	hennir	hockeyeur	huche
haine	hantise	haschisch	hennissement	holà	huée
haineux	happer	hase	hep !	homard	huer
haïr	hara-kiri	hâte	hère	honnir	huis clos
haïssable	harangue	hâter	hérisser	honte[1]	huit
halage	haras	hâtif	hérisson	honteux	huitième
hâle	harassant	hâtivement	hernie	hop !	hululement
haler	harasser	hauban	héron	hoquet	hululer
hâler	harcèlement	haubert	héros[1]	hors	hum !
haletant	harceler	hausse	herse	hors-bord	humer
haleter	harde	haussement	hêtre	hors-d'œuvre	hune
hall	hardi	hausser	heu !	hors-jeu	huppe
halle	hardiesse	haut	heurt	hors-la-loi	huppé
hallebarde	hardiment	hautain	heurter	hot dog	hurlement
halo	harem	hautbois	hi !	hotte	hurler
halte	hareng	haut-de-forme	hibou	hou !	huron
halte-garderie	harfang	haute-fidélité	hic	houblon	hussard
hamac	hargneux	hauteur	hideux	houille	hutte...
hamburger	haricot	haut-le-cœur	hiérarchie	houle	
hameau	harnacher	haut-parleur	hiérarchique	houlette	

1. Les noms ***héros, honte*** ne comportent pas un véritable ***h*** aspiré ; c'est par euphonie qu'on ne fait pas de liaison ou d'élision devant ces mots. *Les héros* (s'entendrait les « zéros »). Par contre, le nom féminin ***héroïne*** a un ***h*** muet. *L'héroïne.*

HOMONYMES

Les ***homonymes*** sont des mots qui s'écrivent ou se prononcent de façon identique, sans avoir la même signification :

air .... mélange gazeux
air .... mélodie
air .... expression
aire .... surface
ère .... époque
erre .... vitesse acquise d'un navire
hère .... jeune cerf
hère .... malheureux

ancre .... pièce servant à retenir un navire
encre .... liquide utilisé pour écrire

cou .... partie du corps
coud .... du verbe ***coudre***
coup .... choc brutal
coût .... somme que coûte une chose

maire .... personne élue à la direction d'une municipalité
mer .... vaste étendue d'eau salée
mère .... femme qui a donné naissance à un ou à plusieurs enfants

Dans les ***homonymes***, on peut distinguer :

– les ***homographes***, qui ont une orthographe identique, souvent la même prononciation, mais une signification différente :

bas .... peu élevé
bas .... vêtement qui couvre la jambe

bis .... très brun
bis .... une seconde fois

noyer .... arbre
noyer .... périr par noyade

prêt .... dont la préparation est terminée
prêt .... somme prêtée

sur .... qui a un goût acide
sur .... au sommet de

verre .... substance transparente
verre .... récipient pour boire

– les ***homophones***, qui ont une prononciation identique, mais une orthographe et une signification différentes :

amande ..... fruit de l'amandier
amende ..... somme d'argent à payer

basilic .... herbe aromatique
basilique .... église

censé .... supposé
sensé .... raisonnable

chair .... substance
chaire .... tribune

chère .... nourriture
cher .... coûteux

champ ...... étendue de terre
chant .... chanson

chaîne ..... lien
chêne .... arbre

filtre .... dispositif servant à filtrer
philtre ...... boisson magique

mante ...... cape
menthe ..... herbe potagère, bonbon

pain .... aliment
pin .... conifère

C'est le contexte qui permet de situer le terme et de préciser son orthographe ; la tâche n'est pas toujours facile, car le français est une des langues qui comportent le plus d'homonymes.

Ne pas confondre avec les noms suivants :

– ***antonymes***, mots qui ont une signification contraire :

devant, derrière ; froid, chaud ; doux, rugueux ; haut, bas ; petit, grand ; faible, fort ; actif, passif

– ***paronymes***, mots qui présentent une ressemblance d'orthographe ou de prononciation sans avoir la même signification :

vénéneux, qui contient une substance toxique
venimeux, qui contient du venin

acception, sens d'un mot
acceptation, accord

– ***synonymes***, mots qui ont la même signification ou une signification très voisine :

gravement, grièvement ; clé anglaise, clé à molette ; imprenable, inexpugnable ; duper, berner

VOIR TABLEAUX ▸ **ANTONYMES.** ▸ **PARONYMES.** ▸ **SYNONYMES.**

HORIZONTALITÉ n. f.
Caractère de ce qui est horizontal.

HORLOGE n. f.
Appareil de grande dimension servant à mesurer le temps et à indiquer l'heure. *La tour de l'Horloge dans le port de Montréal.*
Attention au genre féminin de ce nom qui était autrefois masculin : ***une*** horloge.
LOCUTION
– ***Horloge de parquet.*** Horloge de dimension importante qui sonne généralement l'heure. *Une ancienne horloge de parquet* (et non une horloge *grand-père).
FORMES FAUTIVES
*horloge. Archaïsme au sens de ***pendule.***
*horloge grand-père. Calque de «*grandfather's clock*» pour ***horloge de parquet.***
Ne pas confondre avec les noms suivants :
• ***coucou,*** appareil qui indique l'heure et dont la sonnerie imite le chant du coucou;
• ***pendule,*** appareil de petite dimension qui indique l'heure;
• ***réveille-matin*** ou ***réveil,*** appareil qui indique l'heure et qui peut sonner à une heure déterminée à l'avance.

HORLOGER n. m.
HORLOGÈRE n. f.
Personne qui fabrique, répare, vend des objets d'horlogerie (montres, pendules, horloges).

HORLOGERIE n. f.
Industrie et commerce des instruments de mesure du temps. *L'horlogerie suisse est réputée.*

HORMIS (*h* aspiré) prép.
Le *s* ne se prononce pas, ['ɔrmi].
(VIEILLI) Excepté, sauf. *Les chevaliers étaient présents hormis Guilhèm.*
La préposition est invariable par nature.
hormis.

HORMONAL, ALE, AUX adj.
Relatif aux hormones. *Des traitements hormonaux.*

HORMONE n. f.
Les deux **o** sont ouverts, [ɔrmɔn].
Substance produite par les glandes et par certains tissus. *Des hormones de croissance.*
LOCUTIONS
– ***Hormone adrénocorticotrope.*** Sigle ***ACTH*** (s'écrit avec ou sans points) de l'anglais «Adreno-Cortico-Trophic-Hormone».
– ***Hormone antidiurétique.*** Sigle ***ADH*** (s'écrit avec ou sans points).
hormone.

HORMONOTHÉRAPIE n. f.
Traitement par des hormones. *L'hormonothérapie s'impose de plus en plus.*

HORO- préf.
Élément du grec signifiant «heure». *Horodateur.*

HORODATÉ, ÉE adj.
Qui comprend l'indication de la date et de l'heure. *Un reçu horodaté, des correspondances horodatées.*

HORODATER v. tr.
Inscrire la date et l'heure. *Horodater des documents.*
CONJUGAISON : VOIR MODÈLE AIMER.

HORODATEUR n. m.
Appareil imprimant la date et l'heure.

HOROSCOPE n. m.
Ensemble des prévisions tirées de l'état du ciel à la naissance d'une personne. *Lire son horoscope.*
Attention au genre masculin de ce nom : ***un*** horoscope.

HORREUR n. f.
1. Terreur, effroi. *Ils furent saisis d'horreur en apercevant l'ours furieux qui venait vers eux.*
2. Grande peur, répugnance. *Il lui inspire de l'horreur.*
LOCUTIONS
– ***Avoir horreur de, que.*** Détester, exécrer. *Elle a horreur de constater des irrégularités, que l'on soit injuste.* SYN. avoir en horreur.
Suivie de la préposition ***de,*** la locution se construit avec un infinitif ou un nom; suivie de ***que,*** elle se construit avec le subjonctif.
– ***Faire horreur.*** Inspirer de la répugnance. *Ces attentats à la bombe font horreur.*
Le nom ***horreur*** demeure au singulier dans ces expressions.

HORRIBLE adj.
Qui soulève un dégoût physique et moral. *Ce crime est horrible.*
Ne pas confondre avec les mots suivants :
• ***abominable,*** qui inspire de l'horreur;
• ***détestable,*** exécrable, très mauvais;
• ***effroyable,*** qui cause une grande frayeur.

HORRIBLEMENT adv.
1. De façon horrible. *Il a souffert horriblement.*
2. Extrêmement. *Ces porcelaines sont horriblement fragiles.*

HORRIFIANT, IANTE adj.
Qui provoque l'horreur, qui remplit d'effroi. *Des crimes horrifiants.*

HORRIFIER v. tr.
1. Provoquer l'horreur, remplir d'effroi. *Cet acte de violence les a horrifiés.*
2. (FIG.) Scandaliser. *Il était horrifié par un tel gaspillage.*
CONJUGAISON : VOIR MODÈLE ÉTUDIER.
Redoublement du ***i*** à la première et à la deuxième personne du pluriel de l'indicatif imparfait et du subjonctif présent. *(Que) nous horrifiions, (que) vous horrifiiez.*

HORRIPILANT, ANTE adj.
(FAM.) Exaspérant, agaçant. *Des tics horripilants.* SYN. énervant; irritant.
horripilant.

HORRIPILER v. tr.
(FAM.) Exaspérer, agacer. *Ces grattements m'horripilent.* SYN. énerver; irriter.
CONJUGAISON : VOIR MODÈLE AIMER.
horripiler.

HORS (*h* aspiré) prép.
1. En dehors de. *Hors saison. Le film est hors concours.*
2. (LITT.) Excepté, à l'exclusion de. *Tout est prévisible hors l'imprévisible.*
LOCUTIONS
– ***Être hors de soi.*** Être en colère, furieux. *Martine était hors d'elle.*
– ***Hors cause,*** loc. adj. Qui ne fait pas l'objet d'une accusation.
– ***Hors de.*** À l'extérieur. *Hors de chez soi.*
– ***Hors de.*** À l'écart de. *Hors d'atteinte, hors de danger.*
– ***Hors de prix,*** loc. adj. D'un prix très élevé, inabordable.
– ***Hors de question,*** loc. adj. Qui n'est pas envisagé.
– ***Hors pair, hors de pair,*** loc. adj. Exceptionnel, sans égal. *Des collaboratrices hors pair, hors de pair.*
– ***Hors série.*** Qui n'est pas de fabrication courante.
– ***Hors série,*** loc. adj. (FIG.) Remarquable. *Un article hors série, des œuvres hors série.*
– ***Hors service, hors d'usage,*** loc. adj. Qui ne peut être utilisé. *L'ascenseur est hors d'usage* (et non *hors d'ordre). SYN. en panne.

FORMES FAUTIVES
*hors de notre contrôle. Calque de «*out of control*» pour ***qui ne dépend pas de nous, imprévisible.***
*hors d'ordre. Calque de «*out of order*» pour ***en panne, hors d'usage.*** *L'ascenseur est en panne* (et non *hors d'ordre).
*question hors d'ordre. Anglicisme pour ***question irrecevable.***
*règlement hors cour. Calque de «*out-of-court settlement*» pour ***règlement à l'amiable.***
HOM.
• ***or***, conjonction ;
• ***or***, métal précieux.

HORS-
Les noms composés avec l'élément ***hors***- s'écrivent avec un trait d'union.

HORS-BORD (*h* aspiré) n. m. (pl. *hors-bord* ou *hors-bords*)
Canot léger propulsé par un moteur fixé à la poupe. *Des hors-bord* ou *hors-bords bruyants sillonnaient le lac.*

HORS-CONCOURS (*h* aspiré) n. m. inv. (pl. *hors-concours*)
Personne qui ne peut concourir. *Nous sommes parmi les hors-concours.*
Employée comme une locution adjective, l'expression s'écrit sans trait d'union. *Les épreuves hors concours auront lieu demain.*

HORS-D'ŒUVRE (*h* aspiré) n. m. inv. (pl. *hors-d'œuvre*)
Mets léger servi au début du repas. *Des hors-d'œuvre froids et chauds.*

HORS-JEU (*h* aspiré) n. m. (pl. *hors-jeu* ou *hors-jeux*)
Faute commise par un joueur. *L'arbitre a sifflé un hors-jeu.*
Employée comme une locution adjective, l'expression s'écrit sans trait d'union. *Un lancer hors jeu.*

HORS-LA-LOI (*h* aspiré) n. m. et f. inv. (pl. *hors-la-loi*)
Bandit. *Des hors-la-loi dangereux.*

HORS-TEXTE n. m. (pl. *hors-texte* ou *hors-textes*)
Feuillet que l'on insère dans un livre.

HORTENSIA n. m.
Arbrisseau cultivé pour ses inflorescences très décoratives. *Des hortensias blancs, des hortensias bleus et roses.* SYN. ⚜ hydrangée.
Attention au genre masculin de ce nom : ***un*** hortensia.

HORTICOLE adj.
Relatif à l'horticulture. *Des conseils horticoles.*

HORTICULTEUR n. m.
HORTICULTRICE n. f.
Spécialiste de la culture des jardins, des fleurs.

HORTICULTURE n. f.
1. (VIEILLI) Culture des jardins.
2. Culture des fleurs, des arbustes d'ornement, des arbres, des légumes et des fruits.
VOIR – AGRICULTURE.

HOSANNA n. m.
Acclamation religieuse. *Des hosannas.*

HOSPICE n. m.
Foyer de personnes âgées.
Ce nom est peu courant aujourd'hui ; on dit plutôt ***résidence de personnes âgées.***
Ne pas confondre avec le nom ***auspices***, présage.
Attention au genre masculin de ce nom : ***un*** hospice.

HOSPITALIER, IÈRE adj.
1. Relatif aux hôpitaux. *Un établissement hospitalier. Un centre hospitalier universitaire (CHU).*
2. Accueillant. *Ce sont des amis tellement hospitaliers.*

HOSPITALISATION n. f.
Admission dans un hôpital. *L'hospitalisation d'un brûlé.*

HOSPITALISER v. tr.
Faire entrer une personne dans un hôpital. *On a hospitalisé le blessé.*
CONJUGAISON : VOIR MODÈLE AIMER.

HOSPITALITÉ n. f.
Accueil d'une personne qui reçoit quelqu'un chez elle. *Recevoir l'hospitalité de quelqu'un, offrir l'hospitalité à quelqu'un.*

HOSTIE n. f.
Pain consacré par le prêtre pendant la messe.

HOSTILE adj.
Agressif, qui se conduit en ennemi. *Un ton hostile, un pays hostile.* SYN. ennemi.
LOCUTION
– ***Hostile à.*** Opposé. *Ils sont hostiles à notre proposition.* SYN. contre ; en désaccord avec.

HOSTILEMENT adv.
De façon hostile. *Ils se sont adressés à eux hostilement.*

HOSTILITÉ n. f.
1. Antipathie, opposition. *Le groupe leur a manifesté de l'hostilité.*
2. (AU PLUR.) Opérations de guerre. *Les hostilités ont repris.* SYN. attaque ; conflit.

HOT DOG ou **HOTDOG** (*h* aspiré) n. m. (pl. *hot dogs* ou *hotdogs*)
Petit pain contenant une saucisse. *Ils ont mangé des hotdogs et des frites.*
Ce mot emprunté à l'anglais n'a pas d'équivalent en français.

HÔTE n. m. et f.
Personne qui reçoit l'hospitalité. *Une hôte très aimable. Des hôtes de marque. « La grand-table avait perdu un à un ses hôtes familiers »* (Ringuet, *Trente Arpents*). SYN. invité.
Au masculin, le nom ***hôte*** désigne la personne qui donne l'hospitalité aussi bien que celle qui reçoit l'hospitalité. Par contre, la forme féminine varie selon le sens : l'***hôtesse*** est la personne qui reçoit, alors que celle qui est reçue est une ***hôte.***
LOCUTION
– ***Table d'hôte.*** ⚜ Repas à prix fixe dans un restaurant. *Ce jeune chef vous fera vivre d'intenses émotions épicuriennes avec sa table d'hôte gastronomique où les produits régionaux et les poissons fumés maison sont à l'honneur.* SYN. menu à prix fixe.
➡ hôte.

HÔTE, HÔTESSE n. m. et f.
Personne qui donne l'hospitalité. *Notre hôtesse était charmante.*
LOCUTIONS
– ***Chambre d'hôte.*** Chambre louée. *De douces collines dans un paysage de forêts, de prés et de vignes : au nord-est de Bordeaux, quelques belles demeures proposent des chambres d'hôte et l'occasion de faire les vendanges.*
– ***Hôte payant.*** Personne qui prend pension chez quelqu'un, moyennant un loyer.
– ***Hôtesse de l'air.*** Femme qui, dans un avion, veille au confort des passagers.
Cette désignation n'est plus employée au Canada ; on dit plutôt ***agent de bord, agente de bord.***
➡ hôte, hôtesse.

HÔTEL n. m.
Immeuble aménagé pour loger les voyageurs. *Un hôtel de luxe. Des hôtels de charme.*
LOCUTION
– ***Hôtel particulier.*** Résidence d'un riche particulier en ville.
HOM. ***autel***, table servant à célébrer la messe ou des sacrifices.
➡ hôtel.

HÔTEL DE VILLE n. m. (pl. *hôtels de ville*)
Édifice où siège l'autorité municipale dans une grande ville. *L'hôtel de ville de Montréal est un bel immeuble.*
✏ hôtel de ville, sans traits d'union.

HÔTELIER n. m.
HÔTELIÈRE n. f.
Personne qui exploite un hôtel.
✏ hôtelier.

HÔTELIER, IÈRE adj.
Relatif aux hôtels, à l'hôtellerie. *Une chaîne hôtelière.*
✏ hôtelier.

HÔTELLERIE n. f.
Profession, industrie hôtelière. *Antoine travaille dans l'hôtellerie.*
✏ hôtellerie.

***HOT-LINE**
Anglicisme pour ***service d'aide téléphonique.***

HOTTE (*h* aspiré) n. f.
1. Grand panier porté sur le dos. *La hotte du père Noël.*
2. Ouverture d'un conduit d'aération. *La hotte placée au-dessus de la cuisinière aspire fumées et odeurs de cuisson.*

HOU ! (*h* aspiré) interj.
Interjection servant à railler, à faire honte. *Hou ! c'est très mauvais, ce monologue !*
LOCUTION
– ***Hou ! hou !*** Interjection servant à appeler. *Hou ! hou ! où te caches-tu, Mireille ?*
[T] L'interjection est toujours suivie d'un point d'exclamation qui est souvent repris à la fin de la phrase. Si la phrase exclamative n'est pas complète, le mot qui suit le point d'exclamation s'écrit avec une minuscule initiale.

HOUBLON (*h* aspiré) n. m.
Plante dont les fleurs sont employées pour aromatiser la bière.

HOUILLE (*h* aspiré) n. f.
Charbon. *Des gisements de houille.*
LOCUTION
– ***Houille blanche.*** (FIG.) Énergie hydraulique.

HOUILLER, ÈRE (*h* aspiré) adj. et n. f.
ADJECTIF
Relatif à la houille. *Des ressources houillères.*
NOM FÉMININ
Mine de houille. *Les houillères du nord de la France.*

HOULE (*h* aspiré) n. f.
Mouvement d'ondulation des eaux de la mer sans bruit et sans vagues qui se brisent. *Il y a de la houle aujourd'hui, car le vent souffle.*
☞ Ne pas confondre avec le nom **vague**, grande masse d'eau qui déferle, qui se hisse sur le rivage ou s'élève très haut sous l'action du vent.

HOULETTE (*h* aspiré) n. f.
Bâton de berger.
LOCUTION
– ***Sous la houlette de.*** (FIG.) Sous la direction de.

HOULEUX, EUSE (*h* aspiré) adj.
1. Agité par la houle. *La mer est houleuse.* ANT. calme ; paisible.
2. (FIG.) Agité, mouvementé. *Une discussion houleuse.*
✏ houleux.

HOUMOS ou **HOMMOS** ou **HOUMMOS** (*h* aspiré) n. m.
Plat du Moyen-Orient, fait d'une purée de pois chiches, d'huile et de jus de citron, souvent servi comme hors-d'œuvre. *Le houmos de Paolo est succulent.*

HOUPPE (*h* aspiré) n. f.
1. Touffe (de fils, de laine, etc.).
2. Touffe de cheveux. *Tintin a une houppe blonde.*
☞ Ne pas confondre avec le nom ***huppe,*** touffe de plumes d'un oiseau.

HOUPPELANDE (*h* aspiré) n. f.
Long pardessus. *La houppelande verte.*

HOUPPETTE (*h* aspiré) n. f.
Petite houppe. *La houppette à poudre.*

HOURRA (*h* aspiré) interj. et n. m.
INTERJECTION
Interjection marquant l'enthousiasme, l'admiration. *Hourra ! ils ont gagné ! Hip, hip ! hourra !*
[T] L'interjection est toujours suivie d'un point d'exclamation qui est souvent repris à la fin de la phrase. Si la phrase exclamative n'est pas complète, le mot qui suit le point d'exclamation s'écrit avec une minuscule initiale.
NOM MASCULIN
Cri d'acclamation. *Des hourras enthousiastes.*

HOUSPILLER (*h* aspiré) v. tr.
Gronder quelqu'un. *Il le houspilla vertement.* SYN. réprimander ; semoncer.
CONJUGAISON : VOIR MODÈLE AIMER.
Les lettres ***ill*** sont suivies d'un ***i*** à la première et à la deuxième personne du pluriel de l'indicatif imparfait et du subjonctif présent. *(Que) nous houspillions, (que) vous houspilliez.*

HOUSSE (*h* aspiré) n. f.
Enveloppe servant à recouvrir, à protéger. *La housse d'un fauteuil. Une housse à vêtements.*

HOUX (*h* aspiré) n. m.
Arbrisseau toujours vert à feuilles piquantes et à fruits rouges. *Le houx de Noël.*
HOM.
• ***août,*** huitième mois de l'année ;
• ***ou,*** conjonction ;
• ***où,*** adverbe et pronom relatif.
✏ houx.

***HOVERCRAFT**
Anglicisme pour ***aéroglisseur.***

HTML n. m.
Sigle de ***Hyper Text Markup Language.***
Langage de balisage de texte qui permet la création de documents hypertextes affichables par un navigateur Web (GDT). SYN. langage HTML.

HUARD ou **HUART** (*h* aspiré) n. m.
1. ⚜ Oiseau aquatique plongeur de taille légèrement supérieure à celle du canard dont il se distingue par un cou plus long, un bec droit et effilé, qui fréquente surtout les lacs profonds et les grandes rivières où il se tient généralement seul ou en couple (DHFQ). *Le huart à collier, le huart à gorge rousse, le huart arctique.* SYN. plongeon arctique.
2. ⚜ Pièce de un dollar canadien à l'effigie du huard à collier. *Auriez-vous un huard pour nourrir le parcomètre ?*
3. ⚜ Dollar canadien. « *Le dollar canadien a poursuivi sa remontée, gagnant 37 centièmes à 94,93 cents US : le huard avait franchi brièvement, le matin, le cap des 95 cents US* » (*La Presse*).
☞ C'est Miville Tremblay, alors journaliste au quotidien montréalais *La Presse,* qui a le premier recouru à cette métaphore, que l'usage a reprise très rapidement.

HUBLOT (*h* aspiré) n. m.
Petite fenêtre d'un navire, d'un avion. *Le hublot.*
✏ hublot.

HUCHE (*h* aspiré) n. f.
Grand coffre de bois à couvercle plat. *La huche à pain.*

HUE ! (*h* aspiré) interj.
Interjection servant à faire avancer un cheval. *Hue ! mon beau destrier !*

T L'interjection est toujours suivie d'un point d'exclamation qui est souvent repris à la fin de la phrase. Si la phrase exclamative n'est pas complète, le mot qui suit le point d'exclamation s'écrit avec une minuscule initiale.

HUÉE (*h* aspiré) n. f.
Cris d'hostilité. *Il dut subir les huées de la foule.*

HUER (*h* aspiré) v. tr.
Siffler. *Le public déçu a hué les comédiens.*
CONJUGAISON : VOIR MODÈLE AIMER.

HUILAGE n. m.
Action d'huiler. *L'huilage des mécanismes.*
Le *h* de ce nom est muet : on doit faire l'élision devant ce nom.

HUILE n. f.
Substance grasse d'origine animale, végétale ou minérale. *Huile d'olive, huile de foie de morue, huile de soja, huile d'arachide(s), huile de maïs, huile de noix.*
LOCUTIONS
– ***Faire tache d'huile.*** Se propager, prendre des proportions de plus en plus importantes. *Une mode qui fait tache d'huile.* SYN. faire boule de neige.
– ***Jeter de l'huile sur le feu.*** Envenimer une querelle.
– ***Une mer d'huile.*** Très calme.
FORMES FAUTIVES
*huile à chauffage. Calque de «*heating oil*» pour ***mazout.***
*huile de castor. Calque de «*castor oil*» pour ***huile de ricin.***

HUILER v. tr.
Lubrifier avec de l'huile. *Périodiquement, il faut huiler ce mécanisme.* SYN. graisser.
La liaison se fait devant le verbe ***huiler*** qui commence par un *h* muet. *Les mécanismes, il faut les (z) huiler périodiquement.*
CONJUGAISON : VOIR MODÈLE AIMER.

HUILEUX, EUSE adj.
Qui renferme de l'huile, gras. *Des cheveux huileux.*

HUILIER n. m.
Accessoire de table comprenant deux petits flacons pour l'huile et le vinaigre.

HUIS n. m.
(VX) Porte. « *Dans la plaine les baladins S'éloignent au long des jardins Devant l'huis des auberges grises Par les villages sans églises* » (Guillaume Apollinaire, *Alcools*, cité dans le TLF).
LOCUTIONS
– ***À huis clos,*** loc. adv. À portes closes. *Les membres du conseil ont examiné la question à huis clos.* SYN. en secret.
– ***À huis clos.*** (DR.) Hors de la présence du public. *Le procès est jugé à huis clos, car l'inculpé est mineur. Délibérer à huis clos.*
Le nom ***huis*** n'est plus employé que dans cette locution, et le *h* est aspiré.
– ***Huis clos.*** (DR.) Décision de la cour de ne pas admettre le public à l'audience. *Demander le huis clos.*
huis.

HUISSIER n. m.
HUISSIÈRE n. f.
Personne chargée de signifier les actes de procédure et de mettre à exécution les jugements. *Les deux* (z) *huissiers se sont présentés aujourd'hui. L'huissier* (et non *le huissier).
Ce nom a un *h* muet : on doit donc élider la voyelle précédente.

HUIT (*h* aspiré) adj. num. inv. et n. m. inv.
Le *t* se prononce devant une voyelle ou en fin d'expression ; il ne se prononce pas devant une consonne ni devant un *h* aspiré.
ADJECTIF NUMÉRAL CARDINAL INVARIABLE
Deux fois quatre. *Huit heures.*
ADJECTIF NUMÉRAL ORDINAL INVARIABLE
Huitième. *Le huit décembre.*
Si l'adjectif numéral ***huit*** est employé seul, le ***h*** est aspiré et la liaison ne se fait pas. Si ***huit*** est le second élément d'un adjectif numéral, la liaison se fait. *Dix-huit. Dix (z) huit.*
NOM MASCULIN INVARIABLE
Nombre huit. *Des huit de cœur et de pique.*
L'élision est interdite devant le mot ***huit.***
VOIR TABLEAU – ÉLISION.
VOIR TABLEAU – LIAISON.
VOIR TABLEAU – NOMBRES.
VOIR TABLEAU – NUMÉRAL ET ADJECTIF ORDINAL (DÉTERMINANT).
LOCUTION
– ***En huit.*** Dans huit jours, la semaine suivante à pareil jour. *Le mardi en huit.*

HUITAINE (*h* aspiré) n. f.
1. Nombre de huit ou environ. *Une huitaine de livres.*
2. Huit jours. *Il part dans une huitaine.*

HUITIÈME (*h* aspiré) adj. num. et n. m. et f.
ABRÉVIATIONS
8e (huitième), ***8***^{es} (huitièmes).
ADJECTIF NUMÉRAL ORDINAL
Nombre ordinal de huit. *La huitième heure. Les huitièmes positions.*
NOM MASCULIN
La huitième partie d'un tout. *Les trois huitièmes d'une quantité.*
NOM MASCULIN ET FÉMININ
Personne, chose qui occupe le huitième rang. *Elles sont les huitièmes.*
VOIR TABLEAU – NOMBRES.
VOIR TABLEAU – NUMÉRAL ET ADJECTIF ORDINAL (DÉTERMINANT).

HUITIÈMEMENT (*h* aspiré) adv.
En huitième lieu.

HUÎTRE n. f.
Mollusque comestible. *Une douzaine d'huîtres. La consommation d'huîtres est déconseillée dans les mois sans* r.
La culture des huîtres est l'***ostréiculture.***
[Les *Rectifications* (1990) admettent : huitre.]

HUÎTRIER, IÈRE adj.
Relatif aux huîtres. *Une exploitation huîtrière.*
[Les *Rectifications* (1990) admettent : huitrier, huitrière.]

HULULEMENT ou **ULULEMENT** (*h* aspiré) n. m.
Cri des oiseaux de nuit. *Le hululement* ou *ululement des hiboux.*

HULULER ou **ULULER** (*h* aspiré) v. intr.
Crier, en parlant des oiseaux de nuit. *Le hibou hulule* ou *ulule.*
CONJUGAISON : VOIR MODÈLE AIMER.

HUM ! (*h* aspiré) interj.
Interjection marquant le doute, la réticence. *Hum ! as-tu vraiment étudié ?*
T L'interjection est toujours suivie d'un point d'exclamation qui est souvent repris à la fin de la phrase. Si la phrase exclamative n'est pas complète, le mot qui suit le point d'exclamation s'écrit avec une minuscule initiale.

H

HUMAIN, AINE adj. et n. m. et f.
ADJECTIF
1. Propre à l'homme. *La nature humaine.*
2. Compréhensif. *Elle est très humaine. « Quelque chose de chaleureux, de doucement humain se terminait »* (Gabrielle Roy, *De quoi t'ennuies-tu, Éveline?*). SYN. indulgent.
Ne pas confondre avec l'adjectif ***humaniste,*** qui a une culture littéraire ou scientifique.
NOM MASCULIN ET FÉMININ
(LITT.) Être humain. *Les humains.*
LOCUTIONS
– ***Être humain.*** Femme, homme.
– ***L'erreur est humaine*** (Proverbe). Il est de la nature de l'homme de se tromper.
FORME FAUTIVE
*droits humains. Calque de «*human rights*» pour ***droits de la personne.***

HUMAINEMENT adv.
1. Du point de vue de l'homme.
2. Avec humanité. SYN. généreusement.

HUMANISATION n. f.
Action d'humaniser; fait de s'humaniser.

HUMANISER v. tr., pronom.
VERBE TRANSITIF
Civiliser, donner un caractère plus humain à.
VERBE PRONOMINAL
Devenir plus humain, plus sociable.
À la forme pronominale, le participe passé de ce verbe s'accorde toujours en genre et en nombre avec son sujet. *À côtoyer ces malheureux, ils se sont humanisés.*
CONJUGAISON : VOIR MODÈLE AIMER.

HUMANISME n. m.
Recherche de ce qui donne à la vie humaine son sens.

HUMANISTE adj. et n. m. et f.
1. Partisan de l'humanisme. *Jean Rostand fut un humaniste.*
2. Qui a une culture littéraire ou scientifique. *Les humanistes de la Renaissance.*
Ne pas confondre avec l'adjectif ***humain,*** compréhensif.

HUMANITAIRE adj.
Qui vise le bien-être de l'humanité. *Une vision humanitaire.*

HUMANITÉ n. f.
1. Ensemble des êtres humains. *L'histoire de l'humanité.*
2. Compassion. *Soigner les malades avec humanité.* SYN. bienveillance; charité; générosité.

HUMBLE adj.
1. Modeste, timide. *Un air humble.* SYN. effacé. ANT. orgueilleux.
2. Simple, petit. *Une humble chaumière.* SYN. modeste.

HUMBLEMENT adv.
Avec humilité. SYN. modestement.

HUMECTAGE n. m.
Action d'humecter.

HUMECTER v. tr., pronom.
VERBE TRANSITIF
Mouiller légèrement. *Humecter une nappe pour la repasser.*
VERBE PRONOMINAL
Devenir humide, se mouiller. *À l'aube, les rosiers s'humectent de rosée.*
À la forme pronominale, le participe passé de ce verbe s'accorde toujours en genre et en nombre avec son sujet. *Ils se sont humectés.*
CONJUGAISON : VOIR MODÈLE AIMER.

HUMER (***h*** aspiré) v. tr.
Aspirer pour sentir. *Je hume l'air du matin.*
CONJUGAISON : VOIR MODÈLE AIMER.

HUMÉRUS n. m.
Le *s* se prononce, [ymerys]; le nom rime avec ***cactus.***
Os du bras, de l'épaule au coude.

HUMEUR n. f.
Disposition affective. *Elle est d'humeur changeante aujourd'hui.*
LOCUTIONS
– ***Bonne, belle humeur.*** Enjouement, gaieté. SYN. entrain.
– ***D'humeur à.*** Disposé à. *Elle n'est pas d'humeur à l'écouter.*
– ***Mauvaise humeur.*** Tristesse, irritation. SYN. grogne.
– ***Saute d'humeur.*** Changement soudain dans l'humeur.

HUMIDE adj.
Chargé d'eau, de vapeur d'eau. *Un temps chaud et très humide. Des yeux humides de larmes.*

HUMIDIFICATEUR n. m.
Appareil destiné à accroître le degré d'humidité d'un lieu donné.

HUMIDIFICATION n. f.
Action d'humidifier.

HUMIDIFIER v. tr.
Rendre humide. *Il faut que nous humidifiions cette pièce desséchée par le chauffage.*
CONJUGAISON : VOIR MODÈLE ÉTUDIER.
Redoublement du ***i*** à la première et à la deuxième personne du pluriel de l'indicatif imparfait et du subjonctif présent. *(Que) nous humidifiions, (que) vous humidifiiez.*

HUMIDITÉ n. f.
Caractère de ce qui est chargé d'eau. *Cette plante a besoin d'humidité.*
Ne pas confondre avec le nom ***humilité,*** caractère de ce qui est modeste.

HUMILIANT, IANTE adj.
Qui humilie. *Des procédés humiliants.* SYN. dégradant; mortifiant.

HUMILIATION n. f.
1. Action d'humilier, affront. *Infliger une humiliation aux adversaires.*
2. Action d'être humilié, honte. *L'humiliation de la défaite.*

HUMILIER v. tr., pronom.
VERBE TRANSITIF
Rabaisser, vexer. *Cette remarque m'a humilié. Il est humilié d'avoir perdu, par cette dernière place, que ses amis ne l'aient pas appuyé.*
Le verbe se construit avec la préposition ***de*** suivie de l'infinitif, avec la préposition ***par*** suivie d'un nom ou avec la conjonction ***que*** suivie du subjonctif.
VERBE PRONOMINAL
S'abaisser, devenir humble. *Ils se sont humiliés à demander pardon.*
À la forme pronominale, le verbe se construit avec la préposition ***à*** suivie de l'infinitif.
À la forme pronominale, le participe passé de ce verbe s'accorde toujours en genre et en nombre avec son sujet. *Elles s'étaient humiliées devant ce dictateur.*
CONJUGAISON : VOIR MODÈLE ÉTUDIER.
Redoublement du ***i*** à la première et à la deuxième personne du pluriel de l'indicatif imparfait et du subjonctif présent. *(Que) nous humiliions, (que) vous humiliiez.*

HUMILITÉ n. f.
Modestie, soumission. *Un ton d'humilité.*
LOCUTION
– ***En toute humilité.*** Bien modestement. *En toute humilité, puis-je vous suggérer de choisir une autre formulation ?*
Ne pas confondre avec le nom ***humidité,*** caractère de ce qui est chargé d'eau.

HUMORISTE n. m. et f.
Se dit d'une personne qui a de l'humour, qui s'exprime avec humour. *Cet auteur est un humoriste.*

HUMORISTIQUE adj.
Qui est empreint d'humour. *Un texte humoristique.* SYN. drôle.

HUMOUR n. m.
Faculté d'apprécier les éléments amusants, absurdes ou insolites de la réalité. *Elle a le sens de l'humour.*
L'***humour*** est une forme d'esprit qui ne cherche pas à persuader de la fausseté d'une idée, mais à créer un doute sur l'apparence logique du monde ou à mettre en évidence les aspects insolites ou amusants de la réalité. *L'**ironie*** est une forme d'esprit qui consiste à présenter comme vraie une proposition manifestement fausse de façon à faire ressortir son absurdité.

HUMUS n. m.
Le ***s*** se prononce, [ymys] ; le nom rime avec ***cactus***.
Terre noirâtre résultant de la décomposition de débris végétaux et animaux dans le sol et qui contribue à sa fertilité. *Une couche d'humus. « cet homme en salopette en avril,/ vacillant dans la tiédeur de l'humus »* (Pierre Nepveu, *Lignes aériennes*).

HUNE (*h* aspiré) n. f.
Plateforme fixée à un mât qui sert de poste d'observation.

HUPPE (*h* aspiré) n. f.
Touffe de plumes qui orne la tête de certains oiseaux. *Le grand pic était nommé autrefois le pic à huppe écarlate.*
Ne pas confondre avec le nom ***houppe***, touffe (de fils, de laine).

HUPPÉ, ÉE (*h* aspiré) adj.
(FAM.) Notable, riche. *Un quartier huppé.* SYN. chic.

HURE (*h* aspiré) n. f.
Tête apprêtée de certains animaux, poissons. *Une hure de saumon.*

HURLEMENT (*h* aspiré) n. m.
1. Cri aigu et prolongé du loup, du chien, de l'hyène.
2. Cri déchirant d'une personne. *Des hurlements de douleur.* SYN. gémissement.

HURLER (*h* aspiré) v. tr., intr.
VERBE TRANSITIF
Parler, crier très fort. *Hurler des injures.*
VERBE INTRANSITIF
Pousser des hurlements. *Le chien hurle à la lune. Les prisonniers se mirent à hurler.*
CONJUGAISON : VOIR MODÈLE AIMER.

HURLUBERLU, UE adj. et n. m. et f.
(FAM.) Se dit d'une personne bizarre. *Joséphine est une hurluberlue.* SYN. farfelu.

HURON, ONNE (*h* aspiré) adj. et n. m. et f.
Relatif aux Amérindiens d'une nation autochtone du Québec. *La culture huronne, des projets hurons. Un Huron, une Huronne.*
[T] L'adjectif s'écrit avec une minuscule ; le nom, avec une majuscule.

HUSKY (*h* aspiré) n. m. (pl. *huskys* ou *huskies*)
Chien originaire de Sibérie à fourrure claire, aux yeux bleus, utilisé pour la traction des traîneaux. *Doté d'une grande énergie, le husky est le chien de prédilection pour tirer une charge légère sur une longue distance.*
En 1909, un marchand de fourrures introduit le Siberian Husky au Canada pour le faire participer à des courses de traîneaux (GDT).

HUSSARD (*h* aspiré) n. m.
(ANCIENN.) Soldat.
LOCUTION
– ***À la hussarde.*** Brutalement.
hussard.

HUTTE (*h* aspiré) n. f.
Petite cabane. *La hutte de branches qui nous protégeait.*
hutte.

HYBRIDATION n. f.
Production d'hybrides par croisement d'espèces différentes.

HYBRIDE adj. et n. m.
ADJECTIF
1. Qui provient de deux espèces distinctes. *La mule est un animal hybride issu d'une jument et d'un âne.*
2. Qui est constitué d'éléments différents. *Un tableau hybride.*
3. (LING.) Se dit d'un mot formé d'éléments empruntés à des langues différentes. *Composé d'un préfixe latin et d'un suffixe grec, le nom trithérapie est un mot hybride.*
NOM MASCULIN
Animal, végétal résultant du croisement de deux espèces différentes ou du croisement de deux variétés d'une même espèce.
LOCUTION
– ***Voiture hybride.*** Voiture automobile dont la production d'énergie est assurée par l'association d'un moteur thermique et d'un moteur électrique (GDT). *La voiture européenne de l'année est une automobile hybride essence-électricité. La voiture hybride se heurte encore à un écueil : malgré les aides gouvernementales diverses et les efforts des constructeurs eux-mêmes, ces modèles de haute technologie restent trop chers.*

HYDR(O)- préf.
Élément du grec signifiant « eau ». *Hydroélectricité, hydratation.*

HYDRANGÉE n. f.
Arbrisseau cultivé pour ses inflorescences très décoratives. *« Il s'agit d'une hydrangée bleue qui fleurit tout l'été parce que les fleurs se forment à la fois sur les tiges de l'année précédente et sur les nouvelles, une caractéristique unique à ce type de plante »* (*La Presse*). SYN. hortensia.

HYDRATANT, ANTE adj.
1. Qui produit une hydratation.
2. Qui donne à l'épiderme sa teneur en eau. *Une lotion hydratante.*

HYDRATATION n. f.
Introduction d'eau dans les tissus, l'organisme.

HYDRATER v. tr.
Procéder à l'hydratation de (un tissu, un organisme).
CONJUGAISON : VOIR MODÈLE AIMER.

HYDRAULIQUE adj. et n. f.
ADJECTIF
1. Qui est mû par l'eau. *Une roue hydraulique.*
2. Relatif à la circulation de l'eau.
NOM FÉMININ
Branche de la mécanique des fluides.
LOCUTION
– ***Énergie hydraulique.*** Énergie fournie par une chute d'eau.
hydr**au**lique.

HYDRAVION n. m.
Avion muni de flotteurs qui décolle sur l'eau et y amerrit.
Attention au genre masculin de ce nom : ***un*** hydravion.

HYDRE n. f.
1. Animal fabuleux en forme de serpent d'eau à sept têtes qui renaissaient au fur et à mesure qu'on les coupait. *C'est Hercule qui tua l'hydre.*
2. (FIG.) Fléau qui augmente malgré tous les efforts. *L'hydre du terrorisme.*

-HYDRE suff.
Élément du grec signifiant « eau ». *Anhydre.*

HYDRIQUE adj.
Qui concerne l'eau. *Le début d'été pluvieux ne fait pas oublier les quatre années précédentes de déficit hydrique.*
LOCUTION
– ***Bilan hydrique.*** Calcul de la quantité d'eau qui, dans un système hydrologique, un bassin versant, un aquifère, un lac, un réservoir, etc., entre, sort ou est retenue (GDT). SYN. bilan hydrologique.

HYDROCARBURE n. m.
(CHIM.) Composé comportant uniquement du carbone et de l'hydrogène. *L'essence est un hydrocarbure. Mélangé avec un hydrocarbure comme diesel, le nitrate d'ammonium peut être utilisé comme explosif.*

HYDROCUTION n. f.
Syncope qui fait couler à pic un baigneur.

HYDROÉLECTRICITÉ n. f.
Énergie électrique produite par l'eau (d'un cours d'eau, d'une chute).

HYDROÉLECTRIQUE adj.
Relatif à l'hydroélectricité. *Énergie hydroélectrique. Les ressources hydroélectriques du Québec sont très grandes.*

HYDROFUGE adj. et n. m.
ADJECTIF
Se dit d'un produit qui préserve de l'humidité, imperméable. *Des substances hydrofuges.*
NOM MASCULIN
Un hydrofuge efficace.

HYDROFUGER v. tr.
Imperméabiliser. *Ils hydrofugeaient des tissus.*
CONJUGAISON : VOIR MODÈLE CHANGER.
Le ***g*** est suivi d'un ***e*** devant les lettres ***a*** et ***o***. *Il hydrofugea, nous hydrofugeons.*

HYDROGÈNE n. m.
Symbole *H* (s'écrit sans point).
Corps simple gazeux extrêmement léger.
Attention au genre masculin de ce nom : ***un*** hydrogène.

HYDROGÉNÉ, ÉE adj.
Combiné avec de l'hydrogène.

HYDROGÉNER v. tr.
Combiner avec l'hydrogène.
CONJUGAISON : VOIR MODÈLE POSSÉDER.
[Les *Rectifications* (1990) admettent : il hydrogènera, hydrogènerait...]

HYDROGLISSEUR n. m.
Bateau conçu pour glisser sur l'eau.

HYDROMASSAGE n. m.
Massage par jet d'eau sous pression. *Cette baignoire est proposée en version à remous, en version à hydromassage ou en version combinée remous/hydromassage.*

HYDROMEL n. m.
Boisson faite d'eau et de miel.
Attention au genre masculin de ce nom : ***un*** hydromel.

HYDROPHILE adj.
Qui absorbe l'eau.
LOCUTION
– ***Coton hydrophile.*** (MÉD.) Coton blanchi dont on se sert pour les pansements. *Recouvrir la plaie avec un coton hydrophile* (et non *absorbant).

HYÈNE (*h* aspiré ou non) n. f.
Mammifère carnivore à pelage gris ou fauve tacheté. *La hyène* ou *l'hyène se nourrit de charognes.*

HYGIÈNE n. f.
1. Ensemble des moyens individuels ou collectifs qui visent à préserver la santé, la propreté du corps. *Il importe d'avoir une bonne hygiène.*
2. Soins de propreté. *L'hygiène du corps, des dents.*
hygiène.

HYGIÉNIQUE adj.
Qui favorise l'hygiène, la propreté du corps. *Des mesures hygiéniques, du papier hygiénique* (et non du *papier de toilette).
hygiénique.

HYGIÉNIQUEMENT adv.
Conformément aux règles de l'hygiène.
hygiéniquement.

HYGIÉNISTE n. m. et f.
Spécialiste de l'hygiène. *Une hygiéniste dentaire.*
hygiéniste.

HYGRO- préf.
Élément du grec signifiant « humide ». *Hygromètre.*

HYGROMÈTRE n. m.
Appareil qui mesure le degré d'humidité de l'air.

HYMEN n. m.
Le ***n*** se prononce, [imɛn].
1. (ANAT.) Membrane qui obstrue partiellement l'entrée du vagin.
2. (LITT.) Mariage.
En ce sens, on dit aussi ***hyménée***. *Un hyménée.*
Attention au genre masculin de ce nom : ***un*** hymen.

HYMNE n. m.
Chant à la gloire de quelqu'un, de quelque chose. *Un hymne patriotique.*
Attention au genre masculin de ce nom : ***un*** hymne.
hymne.

HYPER adv.
(FAM.) Au plus haut point, extrêmement. *Julie est hyper gentille.*
Employé adverbialement, ce mot s'écrit sans trait d'union et n'est pas joint à l'adjectif.

HYPER- préf.
Élément du grec signifiant « au-dessus, au delà ». *Un hypermarché.*
On emploie également les préfixes ***extra-, super-***.
Les mots composés avec le préfixe *hyper-* s'écrivent en un seul mot. *Hypersensible.*
VOIR TABLEAU – SUPERLATIF.

HYPERACIDITÉ n. f.
(MÉD.) Acidité excessive. *Une hyperacidité gastrique.*

HYPERACTIF, IVE adj. et n. m. et f.
ADJECTIF
Qui souffre d'hyperactivité. *Des enfants hyperactifs.*
NOM MASCULIN ET FÉMININ
Personne qui déploie une activité excessive accompagnée d'un déficit de la concentration. *Des hyperactifs qui éprouvent des difficultés à se concentrer.*

HYPERACTIVITÉ n. f.
(MÉD.) Syndrome qui se caractérise par une activité supérieure à la normale accompagnée d'impulsivité et d'une incapacité à fixer l'attention de façon soutenue. *L'hyperactivité met en péril l'estime de soi.* SYN. trouble déficitaire de l'attention avec hyperactivité.

HYPERBARE adj.
Se dit d'un espace où la pression est plus élevée que la pression atmosphérique. *Ce joueur de hockey blessé au genou commencera des traitements dans la chambre hyperbare afin de faire diminuer l'enflure.*

HYPERBOLE n. f.
Figure de style. *L'expression* des torrents de larmes *se dit par hyperbole.* ANT. litote.
VOIR TABLEAU – FIGURÉS (EMPLOIS).

HYPERBOLIQUE adj.
Relatif à l'hyperbole. *Une image hyperbolique.*

HYPERCORRECT, E adj.
(LING.) Forme linguistique produite par hypercorrection. *La forme hypercorrecte « Alice s'est *permise », par opposition à la forme correcte « Alice s'est permis ».*

HYPERCORRECTION n. f.
(LING.) Production fautive d'une forme linguistique par désir de manifester une bonne maîtrise de la langue. *Le remplacement de la locution calquée sur l'anglais* *à toutes fins pratiques *par la locution* à toutes fins utiles *résulte d'une confusion de sens et d'une hypercorrection.*

HYPERLIEN n. m.
(INFORM.) Connexion activable à la demande sur le Web, reliant des données textuelles ayant une relation de complémentarité les unes avec les autres, et ce, où qu'elles se trouvent dans Internet. *Cliquez sur l'hyperlien. Vous trouverez dans ce portail les listes de tous les types d'hôtels, d'auberges, de pensions de famille, d'appartements, de résidences étudiantes et d'auberges de jeunesse de la ville, avec les hyperliens appropriés. Tous les mots de ce blogue sont des hyperliens qui mènent à une définition.* SYN. lien hypertexte.
Dans les pages Web, la présence d'un lien hypertexte est signalée visuellement par son ancre, qui peut être une partie de phrase ou un mot soulignés ou de couleur différente de celle du texte, ou encore une image, une icône, un graphique (GDT).

HYPERMARCHÉ n. m.
Magasin de très grande superficie exploité en libre-service.

HYPERMÉDIA adj. et n. m.
(INFORM.) Extension de l'hypertexte à des données multimédias, permettant d'inclure des liens entre des éléments textuels, visuels et sonores (GDT). *Les technologies de l'hypermédia. Les cours porteront sur la conception et la rédaction de sites Web ainsi que sur les outils de la localisation et de la rédaction hypermédia.*
Le terme ***hypermédia*** prend la marque du pluriel. *Des documents hypermédias, des liens hypermédias.*

HYPERMÉTROPE adj. et n. m. et f.
Qui ne distingue pas clairement les objets rapprochés.

HYPERMÉTROPIE n. f.
Trouble de la vision.

HYPERNERVEUX, EUSE adj. et n. m. et f.
Qui est trop nerveux.
hypernerveux.

HYPERONYME n. m.
(LING.) Terme générique. *Le nom* siège *est l'hyperonyme de* fauteuil, chaise, canapé, divan, etc.

HYPERRÉALISME n. m.
Reproduction très minutieuse, photographique de la réalité, en art.
hyperréalisme.

HYPERRÉALISTE adj. et n. m. et f.
Qui appartient à l'hyperréalisme. *Un peintre hyperréaliste.*

HYPERSENSIBILITÉ n. f.
Sensibilité extrême.

HYPERSENSIBLE adj. et n. m. et f.
Qui est extrêmement sensible.

HYPERSEXUALISATION n. f.
Phénomène de société selon lequel de jeunes adolescents adoptent des attitudes et des comportements sexuels jugés trop précoces (GDT). *« Qui n'a pas entendu parler du phénomène d'hypersexualisation chez les jeunes, c'est-à-dire de précocité des relations sexuelles, de vêtements hautement suggestifs, de conduites débridées, etc. ? »* (*Le Devoir*).

HYPERTENDU, UE adj. et n. m. et f.
Qui souffre d'hypertension. *Des patients hypertendus. Ce régime est contre-indiqué pour les hypertendus.*

HYPERTENSION n. f.
Tension artérielle supérieure à la normale. *Souffrir d'hypertension* (et non de *haute pression).

HYPERTEXTE adj. et n. m.
ADJECTIF
(INFORM.) Qui se rapporte à un système de structuration de l'information qui permet de passer d'un document à un autre grâce à des liens de complémentarité activables. *Des liens documents hypertextes.* SYN. hypertextuel.
NOM MASCULIN
(INFORM.) Présentation de l'information qui permet une lecture non linéaire grâce à la présence de liens sémantiques activables dans les documents (GDT). *« La rencontre entre la littérature et l'hypertexte a donné naissance à l'hyperlivre que l'on parcourt à son écran d'ordinateur : il suffit de cliquer avec sa souris sur divers mots-liens du texte pour avoir accès à des explications, à des définitions, et même à des cartes, à des illustrations, à des documents sonores, à des animations »* (*L'actualité*).

HYPERTEXTUEL, ELLE adj.
(INFORM.) Relatif à l'hypertexte. *Liens hypertextuels.*

HYPERTHYROÏDIE n. f.
Excès de sécrétion de la glande thyroïde causant de la tachycardie, des tremblements, une exagération du métabolisme basal et parfois un goitre et de l'exophtalmie. SYN. hyperthyroïdisme.

HYPERTROPHIE n. f.
Développement excessif, anormal. *Il souffre d'une hypertrophie du foie.*

HYPERTROPHIER v. tr., pronom.
VERBE TRANSITIF
Produire l'hypertrophie de (un tissu, un organe).
VERBE PRONOMINAL
Augmenter de volume par hypertrophie.
À la forme pronominale, le participe passé de ce verbe s'accorde toujours en genre et en nombre avec son sujet. *Ses membres se sont hypertrophiés.*
CONJUGAISON : VOIR MODÈLE ÉTUDIER.
Redoublement du ***i*** à la première et à la deuxième personne du pluriel de l'indicatif imparfait et du subjonctif présent. *(Que) nous hypertrophiions, (que) vous hypertrophiiez.*

HYPERVENTILATION n. f.
(MÉD.) Augmentation du débit respiratoire par anxiété ou par maladie.

HYPN(O)- préf.
Élément du grec signifiant « sommeil ». *Hypnotiser.*

HYPNOSE n. f.
Le ***p*** se prononce, [ipnoz].
Sommeil provoqué par suggestion.
hypnose.

HYPNOTIQUE adj.
Le ***p*** est prononcé dans la première syllabe, [ipnɔtik] (et non *hynoptique).
Qui est relatif à l'hypnose. *Un sommeil hypnotique.*
hypnotique.

HYPNOTISER v. tr.
Le ***p*** est prononcé dans la première syllabe, [ipnɔtize] (et non *hynoptiser).
1. Soumettre à l'hypnose. *Le dentiste a hypnotisé son patient pour lui extraire une dent.*
2. (FIG.) Fasciner, éblouir. *Ils étaient hypnotisés par cette beauté radieuse.*
CONJUGAISON : VOIR MODÈLE AIMER.
hypnotiser.

HYPNOTISEUR n. m.
Le *p* est prononcé dans la première syllabe, [ipnɔtizœr] (et non *hynoptiseur).
Personne qui hypnotise. *Ce magicien est un hypnotiseur.*

HYPNOTISME n. m.
Le *p* est prononcé dans la première syllabe, [ipnɔtism] (et non *hynoptisme).
Ensemble de techniques susceptibles de provoquer l'hypnose.

HYPO- préf.
Élément du grec signifiant « au-dessous ». *Hypotension.*

HYPOALLERGÈNE
VOIR – HYPOALLERGIQUE.

HYPOALLERGÉNIQUE
VOIR – HYPOALLERGIQUE.

HYPOALLERGIQUE adj. et n. m.
ADJECTIF
Se dit d'une substance qui diminue les risques d'allergie. *Des produits de beauté hypoallergiques.* SYN. hypoallergène ; hypoallergénique.
NOM MASCULIN
Produit qui diminue les risques d'allergie.
Ne pas confondre avec les adjectifs suivants :
- ***allergène***, qui provoque ou peut provoquer des phénomènes d'allergies ;
- ***anallergique***, qui ne provoque pas d'allergie.

HYPOCONDRIAQUE adj. et n. m. et f.
Qui est atteint d'hypocondrie. *Des personnes hypocondriaques. Des hypocondriaques inquiets.*

HYPOCONDRIE n. f.
Tendance à ne penser qu'à ses maladies, souvent imaginaires.

HYPOCRISIE n. f.
Dissimulation, fausseté. *La franchise est préférable à l'hypocrisie.* ANT. loyauté ; sincérité.
hypocrisie, un *y* et un *i*.

HYPOCRITE adj. et n. m. et f.
Qui a de l'hypocrisie, qui est sournois. *Un sourire hypocrite.* SYN. faux. ANT. franc ; loyal ; sincère.
hypocrite.

HYPOCRITEMENT adv.
De façon hypocrite. *Des concurrents sont venus hypocritement recueillir des renseignements sur les produits de cette entreprise.*

HYPOGLYCÉMIE n. f.
Diminution du taux de glucose dans le sang.
hypoglycémie.

HYPONYME n. m.
(LING.) Terme spécifique. *Les noms* fauteuil, chaise, canapé *sont des hyponymes de l'hyperonyme* siège.

HYPOPHYSAIRE adj.
Relatif à l'hypophyse.
hypophysaire.

HYPOPHYSE n. f.
Glande endocrine située à la base du crâne.
hypophyse.

HYPOTENDU, UE adj. et n. m. et f.
Qui a une tension artérielle inférieure à la normale.

HYPOTENSION n. f.
Tension artérielle inférieure à la normale. *Souffrir d'hypotension* (et non de *basse pression).

HYPOTÉNUSE n. f.
(MATH.) Côté d'un triangle rectangle opposé à l'angle droit.
hypoténuse.

HYPOTHALAMUS n. m.
Le *s* se prononce, [ipɔtalamys].
Région située à la base du cerveau.
hypothalamus.

HYPOTHÉCABLE adj.
Qui peut être hypothéqué. *Un immeuble hypothécable.*

HYPOTHÉCAIRE adj.
1. Relatif à l'hypothèque. *Des taux hypothécaires.*
2. Qui est garanti par une hypothèque. *Une créance hypothécaire.*
hypothécaire.

HYPOTHÈQUE n. f.
(DR.) Droit réel grevant un immeuble et constitué au profit d'un créancier pour garantir le remboursement d'une dette ou l'exécution d'une obligation.
FORME FAUTIVE
*hypothèque ouverte. Impropriété pour ***prêt hypothécaire ouvert.***
hypothèque.

HYPOTHÉQUER v. tr.
1. Grever d'une hypothèque. *Elle a hypothéqué sa maison.*
2. (FIG.) Engager, rendre problématique le succès de l'entreprise. *Hypothéquer l'avenir.*
CONJUGAISON : VOIR MODÈLE AIMER.
Le ***é*** se change en ***è*** devant une syllabe contenant un ***e*** muet, sauf à l'indicatif futur et au conditionnel présent. *J'hypothèque,* mais *j'hypothéquerai.*
hypothéquer.
[Les *Rectifications* (1990) admettent : il hypothèquera, hypothèquerait...]

HYPOTHÈSE n. f.
Supposition. *Ce n'est qu'une hypothèse : nous n'avons aucune preuve.* SYN. conjecture.
LOCUTION
– ***Dans l'hypothèse où.*** Si. *Dans l'hypothèse où vous viendriez...*
La locution est suivie du conditionnel.
hypothèse, un accent grave, contrairement à ***hypothétique.***

HYPOTHÉTIQUE adj.
1. Fondé sur une hypothèse. *Une analyse hypothétique.* SYN. supposé.
2. Qui n'est pas assuré. *Un succès hypothétique.* SYN. douteux ; incertain.
hypothétique, un accent aigu, contrairement à ***hypothèse.***

HYPOTHÉTIQUEMENT adj.
D'une façon hypothétique. *Hypothétiquement, cet immeuble vaudrait environ 500 000 $.*

HYPOTHYROÏDIE n. f.
(MÉD.) Insuffisance de sécrétion de la glande thyroïde. SYN. hypothyroïdisme.

HYSTÉRECTOMIE n. f.
(MÉD.) Ablation de l'utérus.

HYSTÉRIE n. f.
Vive excitation qui peut aller jusqu'au délire. *Une attaque d'hystérie.*
hystérie, un *y* et un *i*.

HYSTÉRIQUE adj. et n. m. et f.
1. Qui est atteint d'hystérie.
2. (FIG.) Vivement excité. *Le groupe de musiciens a été accueilli par des cris hystériques.*
hystérique, un *y* et un *i*.

Hz
Symbole de ***hertz.***

I

I n. m. inv.
Neuvième lettre de l'alphabet.
LOCUTIONS
– ***Droit comme un i.*** Qui se tient très droit, raide. *La reine, droite comme un i, salua les dignitaires.*
– ***Mettre les points sur les i.*** (FIG.) S'exprimer avec franchise et précision afin de dissiper toute équivoque.

I
Chiffre romain dont la valeur est de 1.
VOIR TABLEAU – CHIFFRES ROMAINS.

-IATRE, -IATRIE suff.
Éléments du grec signifiant « médecin ». *Psychiatre, pédiatrie.*
Il n'y a pas d'accent circonflexe sur le ***a***.

IBÉRIQUE adj.
Relatif au Portugal et à l'Espagne. *La péninsule ibérique.*
Ce mot appartient au vocabulaire géographique.

ibid.
Abréviation de ***ibidem***.

IBIDEM adv.
Abréviation ***ibid.*** (s'écrit avec un point).
Mot latin signifiant « au même endroit, dans le même ouvrage ».
[T] Pour ne pas répéter les noms d'un auteur et d'un ouvrage déjà cités, on inscrira en italique ***id., ibid. p.***
VOIR TABLEAU – RÉFÉRENCES BIBLIOGRAPHIQUES.
VOIR – IDEM.

IBIS n. m.
Le *s* se prononce, [ibis] ; le mot rime avec ***lis***.
Échassier à longues pattes et à bec allongé qui vit en Afrique et dans les régions chaudes de l'Amérique. *Des ibis roses.*

IBISCUS n. m.
VOIR – HIBISCUS.

-IBLE suff.
Élément du latin signifiant « possibilité d'être ». *Admissible.*

ICEBERG n. m.
Le mot se prononce à la française ou à l'anglaise, [isbɛrg, ajsbɛrg].
Montagne de glace flottante provenant de la dislocation de glaciers polaires. *Des icebergs. Le* Titanic *a heurté un iceberg et a sombré dans la mer.*
Ce mot a été emprunté à l'anglais, qui l'a lui-même emprunté au norvégien «*isberg*», qui signifie « montagne de glace ».
La partie visible de l'iceberg ne représente que le dixième de son volume total.
LOCUTIONS
– ***La partie immergée de l'iceberg.*** (FIG.) La partie cachée et souvent la plus importante de quelque chose.
– ***La pointe de l'iceberg.*** (FIG.) La partie visible et qui ne représente qu'une fraction de quelque chose. *Ces exploits féminins (sports et expériences extrêmes) sont ici vus comme la pointe de l'iceberg d'un mouvement général de libération.*
La locution est très usitée au Québec, mais peu courante dans le reste de la francophonie.

ICELUI, ICELLE adj. dém. (pl. *iceux, icelles*)
(VX) Celui-ci, celle-ci, ceux-ci, celles-ci.
Ce mot ne s'emploie plus que par plaisanterie.

ICHTY(O)- préf.
Les lettres ***ch*** se prononcent ***k***, [iktjo].
Élément du grec signifiant « poisson ». *Ichtyologie.*
À l'origine, ce préfixe était orthographié ***ichthy(o)-*** ; aujourd'hui, il s'écrit plutôt ***ichty(o)-***.

ICHTYOLOGIE n. f.
Les lettres ***ch*** se prononcent ***k***, [iktjɔlɔʒi].
Science des poissons.
ichtyologie.

ICHTYOLOGIQUE adj.
Les lettres ***ch*** se prononcent ***k***, [iktjɔlɔʒik].
Qui se rapporte à l'ichtyologie.
ichtyologique.

ICHTYOLOGISTE n. m. et f.
Les lettres ***ch*** se prononcent ***k***, [iktjɔlɔʒist].
Spécialiste des poissons.
ichtyologiste.

ICI adv.
Se dit du lieu où est la personne qui parle. *Viens ici : je t'attends !* ANT. ailleurs ; là-bas.
En principe, l'adverbe ***là*** se dit d'un autre lieu. *Ici il pleut, là il neige.* Dans les faits, les deux adverbes sont souvent confondus. *Olivier ? Malheureusement, il n'est pas ici* ou *il n'est pas là.*
LOCUTIONS
– ***D'ici,*** loc. adv. De ce lieu. *Cette famille vient d'ici.*
– ***D'ici à,*** loc. prép. Dans un moment futur, à partir du moment où on parle. *D'ici à jeudi, la situation sera différente.*
L'omission de la préposition est courante. *D'ici demain, tout sera revenu à la normale.*
– ***D'ici peu,*** loc. adv. Bientôt. *Nous aurons terminé d'ici peu.*
– ***Ici-bas.*** loc. adv. Sur la terre. ANT. là-haut.
– ***Ici et là,*** loc. adv. Par endroits. *Il a plu ici et là.*
– ***Jusqu'ici,*** loc. adv. Jusqu'à maintenant. *Jusqu'ici, il s'est montré raisonnable, mais le demeurera-t-il ?*

– ***Par ici,*** loc. adv. Dans cette direction. *Passe par ici, c'est plus court.*

ICON-, ICONO- préf.
Éléments du grec signifiant « image ». *Iconographie.*

ICÔNE n. f.
1. Peinture religieuse sur panneau de bois.
2. (FIG.) Personne, objet qui personnifie une époque, un courant, une mode, un lieu, etc. *Les Francofolies 2007 ont mis en scène une icône, Juliette Gréco. Miracle d'équilibre et de hardiesse, la tour Eiffel constitue l'icône parisienne par excellence.*
3. (INFORM.) Symbole graphique d'un objet, d'un concept ou d'une fonction dans un logiciel, que l'utilisateur peut manipuler grâce à un dispositif de pointage.
En ce sens, le terme ***icône*** est écrit parfois sans accent circonflexe et employé au masculin (***un icone***) ; le genre féminin et la graphie comprenant l'accent circonflexe sur le ***o*** sont largement les plus usités.
4. Signe pictographique.
Dans cet ouvrage, des icônes signalent divers types de notes : la **bouche** précède une note sur la prononciation, l'**engrenage**, une note syntaxique, la **fleur de lis**, un québécisme, la **punaise**, une note linguistique, sémantique ou technique, la **règle**, une note grammaticale, la **lettre T**, une note typographique, le **crayon**, une note orthographique.
icône, avec un accent circonflexe.

ICONOCLASTE adj. et n. m. et f.
1. Qui détruit les images saintes et, par extension, les œuvres d'art.
2. (FIG.) Ennemi de la tradition, du passé. *Ces critiques se veulent iconoclastes, ils sont en fait incultes.*
Ne pas confondre avec le mot ***iconographe,*** spécialiste de l'iconographie.

ICONOGRAPHE n. m. et f.
Spécialiste de l'iconographie.
Ne pas confondre avec le mot ***iconoclaste,*** destructeur d'images saintes et, par extension, d'œuvres d'art.

ICONOGRAPHIE n. f.
1. Étude des représentations figurées d'un sujet. *L'iconographie d'un document historique.*
2. Ensemble des illustrations d'un ouvrage. *L'iconographie du* Petit Larousse *est très riche.*

ICONOGRAPHIQUE adj.
Relatif à l'iconographie. *Une bibliographie iconographique.*

id.
Abréviation de ***idem.***

-IDE suff.
Élément du grec signifiant « forme, aspect ». *Lipide.*

IDÉAL, ALE, ALS ou **AUX** adj. et n. m.
ADJECTIF
1. Qui n'existe que dans l'imagination, la pensée. *Un monde idéal.* SYN. fictif ; imaginaire ; théorique.
2. Parfait. *Des résultats idéals* ou *idéaux, des conditions idéales.* SYN. optimal.
NOM MASCULIN
1. Modèle parfait. *Un idéal de beauté.* SYN. perfection.
2. Ce qui donnerait entière satisfaction. *Atteindre son objectif, voilà l'idéal.*

IDÉALEMENT adv.
Le ***e*** de l'avant-dernière syllabe ne se prononce pas, [idealmɑ̃].
1. D'une manière idéale, parfaite. *Il chante idéalement.*
2. Selon ce que l'on peut espérer le plus. *Idéalement, nous devrions avoir terminé ce travail demain.*

IDÉALISATION n. f.
Action de conférer un caractère idéal à une personne, à une chose.
Ne pas confondre avec le nom ***idéation,*** formation des idées.

IDÉALISER v. tr.
Donner un caractère idéal à quelqu'un, à quelque chose. *On a tendance à idéaliser les choses du passé.* SYN. embellir.
CONJUGAISON : VOIR MODÈLE AIMER.

IDÉALISME n. m.
Attitude d'une personne qui aspire à un idéal élevé. ANT. réalisme.

IDÉALISTE adj. et n. m. et f.
1. Qui oriente sa vie vers un idéal élevé qui souvent ne peut être atteint.
2. Utopiste. *Des projets idéalistes qui ne tiennent pas compte de la réalité.* SYN. rêveur.
En ce sens, le mot a une valeur péjorative.

IDÉALITÉ n. f.
Qualité de ce qui est idéal.

IDÉATION n. f.
Formation des idées.
Ne pas confondre avec le nom ***idéalisation,*** action de conférer un caractère idéal à (une personne, une chose).

IDÉE n. f.
1. Conception de l'esprit. *Une idée géniale, audacieuse.*
2. Exposé rapide. *Donne-moi une idée de ton projet.* SYN. aperçu.
3. Illusion. *Tu te fais des idées : ce garçon ne m'intéresse pas du tout, Mélanie.*
LOCUTIONS
– ***À l'idée que, à la seule idée que,*** loc. conj. En pensant que. *À l'idée que les enfants seront seuls, elle s'inquiète déjà.*
La locution se construit avec l'indicatif ou le conditionnel.
– ***À son idée.*** Selon sa conception. *Paul ne faisait qu'à son idée.*
– ***Avoir des idées noires.*** Être déprimé.
– ***Avoir idée que.*** Estimer, juger que. *Ils ont idée que cette équipe réussira.*
La locution se construit avec l'indicatif ou avec le conditionnel. *J'ai idée qu'elle viendra. Elle a idée qu'il accepterait une offre raisonnable.*
– ***Avoir l'idée de.*** Imaginer quelque chose, penser à quelque chose. *Elle a eu l'idée d'organiser un beau pique-nique.*
La locution se construit avec la préposition ***de*** suivie de l'infinitif.
– ***Changer d'idée.*** Changer d'avis. *Tu ne cesses de changer d'idée.*
Le nom s'écrit au singulier dans cette expression.
– ***Dans un autre ordre d'idées,*** loc. adv. Par ailleurs, d'un autre point de vue. SYN. d'un autre côté.
Dans cette locution, le nom ***idée*** s'écrit au pluriel.
– ***Dans un même ordre d'idées,*** loc. adv. Pareillement, dans le même domaine.
Dans cette locution, le nom ***idée*** s'écrit au pluriel.
– ***Idée fixe.*** Obsession, hantise.
– ***Idée reçue.*** Opinion préconçue. SYN. préjugé.
– ***Largeur, étroitesse d'idées.*** Ouverture, absence d'ouverture de l'esprit.
Dans ces expressions, le nom ***idée*** s'écrit au pluriel.
– ***N'avoir pas idée de.*** Se dit de ce qui paraît excessif, extraordinaire. *On n'a pas idée de se lancer dans pareille aventure !* ou, elliptiquement, *A-t-on idée de se lancer ainsi !*
– ***Ordre d'idées.*** Ensemble d'idées, de réflexions se rapportant à un thème particulier.
– ***Perdre le fil de ses idées.*** S'embrouiller, ne plus savoir où on en est.
– ***Se faire des idées.*** Avoir des illusions, s'imaginer des choses qui n'existent pas.

I

IDEM adv.
Abréviation ***id.*** (s'écrit avec un point).
1. Mot latin signifiant « de même ».
2. La même chose. *Les feux d'artifice de Montréal auront lieu à 22 h ; idem ceux de Québec.*
T L'adverbe s'emploie pour éviter la répétition d'un mot ou d'un groupe de mots dans une énumération, dans une phrase.
LOCUTION
– ***Idem, ibidem.*** Du même auteur, dans le même ouvrage.
T La locution s'emploie dans une liste de citations pour éviter la répétition du nom d'un auteur et du titre d'un ouvrage précédemment cités ; elle s'abrège *id., ibid.*

IDENTIFIABLE adj.
Que l'on peut identifier. *Un signe identifiable.* SYN. repérable.

IDENTIFICATION n. f.
Action d'identifier, de reconnaître quelqu'un, quelque chose. *L'identification d'un suspect.*
FORME FAUTIVE
*identification. Impropriété au sens de ***pièce d'identité.***

IDENTIFIER v. tr., pronom.
VERBE TRANSITIF
Déterminer l'identité de quelqu'un, la nature de quelque chose. *Ève a identifié ce champignon : c'est une morille.* SYN. reconnaître.
VERBE PRONOMINAL
Se mettre à la place de. *À cet âge, le jeune garçon s'identifie avec son père* ou *à son père.* SYN. se mettre dans la peau de.
Le verbe pronominal se construit avec les prépositions ***avec, à.***
À la forme pronominale, le participe passé de ce verbe s'accorde toujours en genre et en nombre avec son sujet. *Léa s'est identifiée à sa marraine.*
LOCUTION
– ***Objet volant non identifié (OVNI).*** Objet observé dans l'atmosphère et dont la nature n'a pas été déterminée.
FORMES FAUTIVES
*identifier. Anglicisme au sens de ***déterminer, établir, définir.*** *Nous devons déterminer* (et non *identifier) *nos priorités, nos objectifs.*
*identifier. Anglicisme au sens de ***déceler, découvrir.*** *Les études de marché nous permettront de découvrir* ou *de déceler* (et non d'*identifier) *les goûts des consommateurs.*
*identifier. Anglicisme au sens de ***proposer, recommander, suggérer.*** *Chaque gestionnaire doit proposer* (et non *identifier) *les correctifs les plus urgents.*
*s'identifier. Anglicisme au sens de ***donner son identité, se nommer, se présenter.***
CONJUGAISON : VOIR MODÈLE ÉTUDIER.
Redoublement du ***i*** à la première et à la deuxième personne du pluriel de l'indicatif imparfait et du subjonctif présent. *(Que) nous identifiions, (que) vous identifiiez.*

IDENTIQUE adj.
Qui est tout à fait semblable à quelqu'un, à quelque chose. *Des maisons pratiquement identiques. Ces signatures sont identiques à celle de mon père.* SYN. pareil.
L'adjectif se construit avec la préposition ***à.***
Ne pas confondre avec les mots suivants :
• ***semblable,*** de même nature, de même apparence ;
• ***similaire,*** à peu près semblable.
LOCUTION
– ***À l'identique.*** Selon la conception originale, avec les mêmes matériaux. *Le bâtiment détruit sera reconstruit à l'identique.*

IDENTIQUEMENT adv.
De façon identique. *Ils classent les données identiquement.*

IDENTITAIRE adj.
Qui constitue l'identité d'une personne, d'un groupe. *Une quête identitaire.*

IDENTITÉ n. f.
1. Conformité totale. *Il y a une identité parfaite entre ces jumeaux.*
Ne pas confondre avec les noms suivants :
• ***conformité,*** état de choses semblables ;
• ***ressemblance,*** conformité partielle ;
• ***uniformité,*** nature de ce qui ne change pas de caractère, d'apparence.
2. Caractère essentiel et permanent d'une personne, d'un groupe. *L'identité culturelle d'un peuple.*
3. Ensemble des éléments qui permettent d'établir qu'une personne est bien ce qu'elle dit être. *Des cartes d'identité, des pièces d'identité* (et non des *identifications).

IDÉO- préf.
Élément du grec signifiant « idée ». *Idéologie.*

IDÉOGRAMME n. m.
Signe graphique représentatif de la signification du mot. *Les idéogrammes sont des images qui évoquent des choses concrètes ou abstraites. Les idéogrammes du chinois.*
À l'opposé, les lettres sont des signes graphiques qui représentent des sons.
idéogra**mm**e.

IDÉOGRAPHIQUE adj.
Se dit d'un système d'écriture qui utilise des idéogrammes. *Les hiéroglyphes de l'Égypte ancienne forment une écriture idéographique.*

IDÉOLOGIE n. f.
Système d'idées. *L'idéologie néo-libérale.*

IDÉOLOGIQUE adj.
Relatif à l'idéologie.

IDIO- préf.
Élément du grec signifiant « propre, spécial ». *Idiome, idiotisme.*

IDIOMATIQUE adj.
Relatif à un idiome. *Les locutions idiomatiques du français.*

IDIOME n. m.
Langue, parler propre à une communauté.
idi**o**me, pas d'accent circonflexe, malgré la prononciation.

IDIOSYNCRASIE n. f.
Disposition d'un individu à réagir de façon particulière aux agents extérieurs.
idio**syn**c**r**asie.

IDIOT, IDIOTE adj. et n. m. et f.
Qui manque d'intelligence, stupide. *Une réponse idiote. L'idiot du village.* SYN. bête ; imbécile ; sot.
idio**t**, idio**te**.

IDIOTEMENT adv.
De façon idiote. *Tu as agi idiotement.*

IDIOTIE n. f.
Le ***t*** se prononce comme un *s*, [idjɔsi] ; le nom rime avec ***scie.***
1. Manque d'intelligence, stupidité.
2. Bêtise. *Je crois que j'ai fait une idiotie.*
Ne pas confondre avec les noms suivants :
• ***idiome,*** langue ;
• ***idiotisme,*** expression propre à une langue.

IDIOTISME n. m.
Expression propre à une langue. *L'idiotisme* Il pleut à boire debout *ne se traduit pas littéralement. En anglais, on dira* It rains cats and dogs.
Ne pas confondre avec le nom ***idiotie,*** stupidité.

IDOINE adj.
(PLAISANT.) Approprié. *Choisir des caractères idoines.* SYN. convenable.

IDOLÂTRE adj. et n. m. et f.
1. Qui adore les idoles.
2. Qui voue un culte à quelqu'un, à quelque chose.
idolâtre.

IDOLÂTRER v. tr.
Aimer passionnément quelqu'un, quelque chose.
CONJUGAISON : VOIR MODÈLE AIMER.
idolâtrer.

IDOLÂTRIE n. f.
1. Adoration des idoles.
2. Amour excessif pour quelqu'un, quelque chose.
idolâtrie.

IDOLÂTRIQUE adj.
Relatif à l'idolâtrie. *Des cultes idolâtriques.*
idolâtrique.

IDOLE n. f.
1. Statue, image d'une divinité. *Ce peuple adorait des idoles.*
2. (FIG.) Personne qui est l'objet d'un culte passionné. *Ce chanteur est l'idole des jeunes.* SYN. vedette.
Attention au genre féminin de ce nom : ***une*** idole.

IDYLLE n. f.
Les deux ***l*** se prononcent comme un seul, [idil] ; le nom rime avec ***édile***.
Amour tendre et naïf.
Attention au genre féminin de ce nom : ***une*** idylle.
idylle.

IDYLLIQUE adj.
Les deux ***l*** se prononcent comme un seul, [idilik] ; le nom rime avec ***ombilic***.
1. Qui tient de l'idylle. *Un accord idyllique.*
2. (FIG.) Idéalisé. *Une description idyllique de la région.*
idyllique.

i. e.
Abréviation des mots latins «*id est*», au sens de ***c'est-à-dire***.
T L'emploi de l'abréviation ***c.-à-d.*** est préférable.

-IÈME suff.
Symbole ^{e}. 4e, 7e (et non *4ième, 7ème). Au pluriel, 4es, 7es.
Élément composant les nombres ordinaux, à l'exception de ***premier***.

IF n. m.
Conifère à feuillage persistant en aiguilles. *L'if du Canada* (Taxus canadensis) *est souvent planté dans les aménagements paysagers. Une haie d'ifs encadre ce jardin.*

IGLOO ou **IGLOU** n. m.
Les deux **o** se prononcent ***ou***; le mot rime avec ***glouglou***.
Habitation construite avec des blocs de glace ou de neige. *Des igloos ou des iglous bien construits par un Inuit.*

IGN(I)- préf.
Élément du latin signifiant « feu ». *Ignifuge.*

IGNARE adj. et n. m. et f.
Inculte, sans culture. *Ces iconoclastes sont des ignares.*

IGNIFUGATION n. f.
Action de rendre ininflammable quelque chose. SYN. ignifugeage.

IGNIFUGE adj. et n. m.
Qui a la propriété de rendre ininflammables des objets combustibles. *Un produit ignifuge. Un ignifuge nouveau. Ces rideaux ont été traités avec un ignifuge : ils ne peuvent pas prendre feu.*

IGNIFUGER v. tr.
Rendre ininflammable. *Ces rideaux ont été ignifugés.*
CONJUGAISON : VOIR MODÈLE CHANGER.
Le ***g*** est suivi d'un ***e*** devant les lettres ***a*** et ***o***. *Il ignifugea, nous ignifugeons.*

***IGNITION (D'UNE AUTOMOBILE)**
Anglicisme au sens de ***allumage***.

IGNOBLE adj.
1. Odieux, affreux. *Ces incestes sont ignobles.*
2. Dégoûtant, répugnant. *Ces prisonniers vivent dans des conditions ignobles.*

IGNOBLEMENT adv.
De façon ignoble. *Ce père dénaturé s'est conduit ignoblement.*

IGNOMINIE n. f.
Déshonneur, infamie.

IGNOMINIEUSEMENT adv.
(LITT.) Avec ignominie.

IGNOMINIEUX, IEUSE adj.
Déshonorant, infamant. *Une conduite ignominieuse.*

IGNORANCE n. f.
1. Manque de connaissances, de culture générale. *Ce candidat a été refusé à cause de son ignorance.*
2. Fait d'ignorer quelque chose. *Léa était dans l'ignorance de son départ.*

IGNORANT, ANTE adj. et n. m. et f.
Qui manque de connaissances, de culture. *Clara étudie pour ne pas être ignorante. Ces ignorants ne pourront être admis.*

IGNORER v. tr., pronom.
VERBE TRANSITIF
1. Ne pas savoir, n'être pas informé de. *J'ignore son nom. Il ignore que je suis venue. Elle ignorait que je pourrais l'aider. Nul n'est censé ignorer la loi.* ANT. savoir.
Le verbe peut se construire avec un nom ou avec la conjonction ***que*** suivie de l'indicatif pour exprimer un fait réel, et du conditionnel pour exprimer une possibilité. Le verbe peut aussi se construire avec la conjonction ***si*** suivie de l'indicatif. *Elle ignore si elle pourra venir ou non. Il ignore l'adresse de son camarade. Léa ignore peut-être que la banque est fermée aujourd'hui. Il ignorait que je pourrais deviner ses intentions.*
Dans l'expression ***n'être pas sans savoir***, qui signifie « ne pas ignorer », il ne faudrait pas commettre l'erreur fréquente de remplacer le verbe ***savoir*** par le verbe ***ignorer***. *Tu n'es pas sans savoir* (et non *sans ignorer) *que la valeur des actions a beaucoup baissé.*
2. Refuser de connaître quelqu'un, par mépris. *Cet arrogant ignore ses collègues.*
3. Ne faire aucun cas de quelque chose, ne pas prendre en considération de façon délibérée. *Ignorer les conseils d'un expert.* SYN. ne pas tenir compte de.
En ce sens, le verbe est employé sous l'influence de l'anglais «*to ignore*». Il est cependant consigné dans le TLF et figure sous la plume de bons auteurs. On pourra lui préférer les verbes et expressions ***faire abstraction de, faire fi de, laisser de côté, négliger, ne pas tenir compte de, ne pas reconnaître, ne pas relever, refuser de prendre en compte.***
VERBE PRONOMINAL
1. Ne pas se connaître. *Notre ami est un philosophe qui s'ignore.*
2. Feindre de ne pas se connaître. *Elles se sont ignorées superbement.*
À la forme pronominale, le participe passé de ce verbe s'accorde toujours en genre et en nombre avec son sujet. *Ils se sont ignorés.*
CONJUGAISON : VOIR MODÈLE AIMER.

IGUANE n. m.
Le ***u*** se prononce ***ou***, [igwan], comme dans le mot ***gouache***.

Reptile herbivore d'Amérique du Sud ayant l'allure d'un grand lézard. *L'iguane peut atteindre près de 2 m de longueur; il ressemble à un animal préhistorique.*
Attention au genre masculin de ce nom : ***un*** iguane.

IKEBANA n. m.
Le ***e*** se prononce ***é***.
Art traditionnel japonais de la composition florale. *On pourra visiter une exposition d'ikebana intitulée* Essence : Zen *au Pavillon japonais du Jardin botanique de Montréal.*

IL pron. pers. m. (pl. *ils*)
1. Pronom personnel masculin de la troisième personne qui est toujours sujet du verbe. *Il aime. Ils adorent. Seront-ils là ?*
Au féminin ***elle***, pluriel ***elles***.
2. Pronom personnel neutre de la troisième personne du singulier qui sert à introduire :
– un verbe impersonnel. *Il neige.*
– un verbe employé impersonnellement. *Il paraît qu'il fera beau demain.*
VOIR TABLEAU – PRONOM.
LOCUTION
– ***Il est.*** (LITT.) Il y a. *Il est un pays où...*
HOM. ***île***, étendue de terre entourée d'eau.

IL-
Élément à valeur négative. *Illogique.*
VOIR – IN-.

ILANG-ILANG ou **YLANG-YLANG** n. m.
Plante tropicale que l'on cultive pour ses fleurs et dont on extrait un parfum très prononcé.

ÎLE n. f.
Étendue de terre entourée d'eau de tous côtés. *Un chapelet d'îles. L'île Sainte-Hélène. Habiter l'île de Montréal, dans l'île Saint-Louis, sur l'île de Wight.*
Le terme ***île*** s'applique à une étendue de terre de superficie très variable. Ainsi, il est difficile de distinguer les petites îles des îlots; seule la coutume semble leur attribuer l'un de ces termes en particulier. S'il s'agit de simples affleurements rocheux, on parle d'écueil ou de récif (TLF).
Devant le nom ***île***, on emploie les prépositions ***dans***, ***sur***. *Être abandonné sur* ou *dans une île déserte. Quel livre emporteriez-vous sur cette île ?*
C'est l'usage qui détermine le choix de la préposition devant un nom d'île; cependant, certaines règles peuvent être énoncées. On emploie la préposition ***à*** lorsque le nom n'est jamais précédé d'un article. *Ils iront à Terre-Neuve et à Cuba.* On emploie la préposition ***à*** également lorsque le nom de l'île est toujours précédé de l'article. *Nous sommes allés à l'île d'Orléans et aux îles de la Madeleine.* Devant un nom d'île qui prend ou non l'article, on emploie généralement la préposition ***en***. *Avez-vous déjà séjourné en Irlande, en Sicile, en République dominicaine ?* Dans le cas d'Haïti, on relève l'emploi des prépositions ***à*** et ***en***. *Être en voyage à Haïti, en Haïti.*
VOIR TABLEAU – GÉOGRAPHIQUES (NOMS).
HOM. ***il***, pronom personnel de la troisième personne.
[Les *Rectifications* (1990) admettent : ile.]

ÎLE-DU-PRINCE-ÉDOUARD n. f.
Abréviation ***Î.-P.-É.*** (s'écrit avec des points).
Les habitants de l'Île-du-Prince-Édouard sont des Prince-Édouardiens, des Prince-Édouardiennes. *Une tradition prince-édouardienne.*
T Le nom de la province canadienne s'écrit avec des traits d'union. *L'Île-du-Prince-Édouard.*

ILIAQUE adj.
(ANAT.) Relatif aux flancs. *L'os iliaque.*
iliaque.

ILLÉGAL, ALE, AUX adj.
Qui est contraire à la loi. *Des documents illégaux.* ANT. légal.
Ne pas confondre avec le mot ***illégitime***, qui qualifie ce qui est contraire au bon droit, à la morale.

ILLÉGALEMENT adv.
De façon illégale. *Ils ont agi illégalement.*
illégalement.

ILLÉGALITÉ n. f.
1. Caractère de ce qui est illégal. *L'illégalité d'un acte, d'une perquisition.* ANT. légalité.
2. Acte illégal. *L'enquête n'a révélé aucune illégalité.*
illégalité.

ILLÉGITIME adj.
1. Né hors du mariage. *Un enfant illégitime.* ANT. légitime.
2. Contraire au bon droit, à la loi, à la morale. *Une requête illégitime.*
3. Non justifié. *Des soupçons illégitimes.* ANT. légitime.
Ne pas confondre avec le mot ***illégal***, contraire à la loi.

ILLÉGITIMEMENT adv.
De façon illégitime. *On l'a jugé illégitimement.*

ILLÉGITIMITÉ n. f.
Défaut de légitimité. *L'illégitimité d'une requête.* ANT. légitimité.

ILLETTRÉ, ÉE adj. et n. m. et f.
1. (VIEILLI) Qui a peu de connaissances littéraires, qui est ignorant.
Ce mot a un sens défavorable.
2. Qui ne sait ni lire ni écrire.
Le mot ***illettré*** peut être synonyme de ***analphabète***; il peut également désigner une personne qui manque de culture.

ILLICITE adj.
Interdit par la morale ou par la loi. SYN. illégal; interdit. ANT. licite.

ILLICITEMENT adv.
D'une manière illicite. *On les a espionnés illicitement.*

ILLICO adv.
(FAM.) Sur-le-champ. *Jean a réagi illico à ces attaques.*

ILLIMITÉ, ÉE adj.
1. Infini. *Des ressources hydroélectriques illimitées.* SYN. immense.
2. Indéfini. *Une durée illimitée.* SYN. indéterminé. ANT. limité.

ILLISIBILITÉ n. f.
Caractère de ce qui est illisible. *L'illisibilité d'une écriture.*

ILLISIBLE adj.
Qu'on ne peut lire. *Son écriture est illisible.* SYN. indéchiffrable. ANT. clair; lisible.

ILLISIBLEMENT adv.
D'une manière illisible. *Les médecins écrivent illisiblement.*

ILLOGIQUE adj.
Qui n'est pas logique. *Sa conduite est illogique.* SYN. incohérent. ANT. logique.

ILLOGIQUEMENT adv.
D'une manière illogique. *Ils ont agi illogiquement, sans réfléchir.*

ILLOGISME n. m.
Caractère de ce qui est illogique. *L'illogisme d'une proposition.*

ILLUMINATION n. f.
1. Action d'illuminer. *Les illuminations de Noël.* SYN. éclairage.
2. Inspiration soudaine. *Il a eu une illumination, une idée de génie.*

ILLUMINÉ, ÉE adj. et n. m. et f.
Qui soutient une idée aveuglément, de façon utopique.
Ce mot a une connotation péjorative.

ILLUMINER v. tr., pronom.
VERBE TRANSITIF
1. Éclairer vivement. *Le feu d'artifice a illuminé le ciel pendant trente minutes.*
2. (FIG.) Donner un vif éclat à. *Ses yeux clairs illuminaient son visage.* SYN. faire briller.
VERBE PRONOMINAL
Devenir lumineux. *Lors des fêtes, la maison s'illuminait entièrement.* SYN. s'éclairer.
À la forme pronominale, le participe passé de ce verbe s'accorde toujours en genre et en nombre avec son sujet. *La salle s'est illuminée soudainement.*
CONJUGAISON : VOIR MODÈLE AIMER.

ILLUSION n. f.
1. Erreur de perception. *Des illusions d'optique. Cette photo donne l'illusion d'une forêt.*
2. Idée fausse. *Vous vous faites des illusions : la réalité est bien différente.* SYN. rêve.
LOCUTION
– ***Faire illusion.*** Tromper. *La belle apparence fait souvent illusion.*
Ne pas confondre avec le nom ***allusion,*** affirmation à mots couverts.

ILLUSIONNER v. tr., pronom.
VERBE TRANSITIF
Tromper par des illusions. *Ne cherchez pas à l'illusionner.*
VERBE PRONOMINAL
Se faire des illusions, se tromper. *Ils se sont illusionnés sur leurs chances de succès.* SYN. se leurrer.
À la forme pronominale, le verbe se construit avec la préposition ***sur.***
À la forme pronominale, le participe passé de ce verbe s'accorde toujours en genre et en nombre avec son sujet. *Elles s'étaient illusionnées sur l'appui de leurs collègues.*
CONJUGAISON : VOIR MODÈLE AIMER.
illusionner.

ILLUSIONNISTE n. m. et f.
Personne habile à créer l'illusion à l'aide d'artifices, de tours de magie. *Ce magicien est un remarquable illusionniste.*
Ne pas confondre avec le nom ***prestidigitateur,*** illusionniste qui se caractérise par sa grande dextérité manuelle.
illusionniste.

ILLUSOIRE adj.
Qui ne se réalise pas, chimérique. *Il est illusoire de croire que cette décision sera bien acceptée.*

ILLUSOIREMENT adv.
D'une façon illusoire.

ILLUSTRATEUR n. m.
ILLUSTRATRICE n. f.
Artiste qui illustre une publication.

ILLUSTRATIF, IVE adj.
Qui sert à illustrer. *Un graphique illustratif de l'évolution des résultats.*

ILLUSTRATION n. f.
1. Action de rendre illustre. Défense et illustration de la langue française *est une œuvre de J. du Bellay.*
2. Dessin destiné à illustrer un texte. *Les illustrations de cet ouvrage sont très jolies.*
Dessins, photographies, schémas, tableaux, caricatures peuvent servir d'illustrations.
3. Action de rendre clair à l'aide d'un exemple. *L'illustration d'une difficulté typographique à l'aide d'une phrase.*

ILLUSTRE adj.
Très connu, célèbre. *Jean de La Fontaine est un illustre fabuliste.* SYN. fameux.

ILLUSTRÉ, ÉE adj. et n. m.
ADJECTIF
Orné d'illustrations. *Une édition illustrée.*
NOM MASCULIN
Périodique illustré. *Acheter des illustrés.*
Ne pas confondre avec le mot ***imagé,*** qui est riche en métaphores.

ILLUSTRER v. tr., pronom.
VERBE TRANSITIF
1. (LITT.) Rendre illustre.
2. Orner (une publication, un imprimé, etc.) d'illustrations.
3. Rendre plus clair à l'aide de notes, de citations, de tableaux, de diagrammes, etc. *Illustrer une règle par des exemples.*
VERBE PRONOMINAL
Se distinguer. *Ils se sont illustrés par leur courage.*
À la forme pronominale, le participe passé s'accorde toujours en genre et en nombre avec le sujet.
CONJUGAISON : VOIR MODÈLE AIMER.
illustrer.

ÎLOT n. m.
1. Petite île. *Quelques îlots parsèment le lac.*
2. (FIG.) Petit espace isolé. *Cette cour intérieure est un îlot de paix.*
[Les *Rectifications* (1990) admettent : ilot.]

IM- préf.
Élément à valeur négative. *Immortel.*
VOIR – IN-.

IMAGE n. f.
1. Représentation d'une personne, d'une chose. *Des livres d'images. L'image n'est pas claire : il faudrait régler le téléviseur.*
2. Reflet d'une personne produit par un miroir, une surface plane. *Narcisse aperçoit son image dans le miroir de l'eau calme.*
3. Métaphore, figure de style. *Quand on écrit « verser des torrents de larmes », c'est une image qui signifie « pleurer abondamment ».*
4. Ressemblance. *Cet enfant est l'image de sa grand-mère.* SYN. portrait.
5. Réputation. *L'image de marque d'une entreprise. Ce scientifique soigne son image.*
FORME FAUTIVE
*image corporative. Calque de «*corporate image*» pour ***image, image de marque, image de la société, de l'entreprise.***

IMAGÉ, ÉE adj.
Coloré, riche en métaphores. *Un style imagé.* SYN. figuré.
Ne pas confondre avec le mot ***illustré,*** orné d'illustrations.

IMAGERIE n. f.
Ensemble d'images provenant de la même source, de même inspiration. *L'échographie est une technique d'imagerie médicale.*
LOCUTION
– ***Imagerie par résonance magnétique (IRM).*** (MÉD.) Ensemble d'images anatomiques recueillies grâce à la résonance magnétique nucléaire.

IMAGINABLE adj.
Qu'il est possible d'imaginer. *Cette réussite est imaginable.* SYN. concevable ; possible. ANT. inimaginable.

IMAGINAIRE adj. et n. m.
ADJECTIF
Qui n'existe que dans l'imagination. *Un décor imaginaire.*
Ne pas confondre avec les mots suivants :
• ***fabuleux,*** qui tient de la fable, extraordinaire quoique réel ;
• ***fictif,*** inventé ;
• ***légendaire,*** qui n'existe que dans les légendes.

NOM MASCULIN
Domaine de l'imagination. *L'imaginaire de cet auteur est très riche.* ANT. réel.

IMAGINATIF, IVE adj. et n. m. et f.
Qui a beaucoup d'imagination. *Des enfants imaginatifs.*

IMAGINATION n. f.
1. Faculté de se représenter un objet en esprit. *Cette personne n'a aucune imagination.*
2. Créativité. *Ces concepteurs de bandes dessinées ont une imagination fertile.*

IMAGINER v. tr., pronom.
VERBE TRANSITIF
1. Se représenter mentalement. *Pouvez-vous imaginer la vue que l'on doit avoir au sommet de cette montagne ?*
2. Inventer. *André a imaginé un stéthoscope électronique.*
3. Avoir l'idée. *Ils avaient imaginé de planter des fleurs de toutes les variétés.*
En ce sens, le verbe se construit avec la préposition ***de*** suivie de l'infinitif.
4. Supposer. *J'imagine qu'il finira par venir.*
En ce sens, le verbe se construit généralement avec la conjonction ***que*** suivie de l'indicatif ou du conditionnel. À la forme négative, le verbe se construit surtout avec le subjonctif. *Elle n'imagine pas que la chose soit si complexe.*
VERBE PRONOMINAL
1. Se représenter par l'esprit. *Imagine-toi un magnifique voilier !* SYN. se figurer.
2. Croire à tort. *Elle s'imagine être la plus forte. Ils s'imaginent qu'ils sont les plus forts.*
À la forme pronominale, le participe passé de ce verbe s'accorde avec le complément direct si celui-ci le précède. *Les sornettes qu'ils se sont imaginées. Elle s'est imaginée à cent ans.* Le participe passé reste invariable si le complément direct suit le verbe. *Les enfants se sont imaginé des fantômes. Elle s'est imaginé qu'elle gagnerait.*
CONJUGAISON : VOIR MODÈLE AIMER.

IMAM n. m.
Le ***m*** se prononce, [imam].
Chef de prière dans une mosquée.

IMBATTABLE adj.
Qui ne peut être battu. *Des champions imbattables.* SYN. invincible.
imbattable.

IMBÉCILE adj. et n. m. et f.
Idiot. *Cet imprudent est un imbécile.* SYN. bête ; stupide.
imbécile, un seul ***l***.

IMBÉCILEMENT adv.
De façon imbécile. *Il s'est fait rouler imbécilement.*
imbécilement.

IMBÉCILLITÉ n. f.
1. Grave manque d'intelligence, de jugement. *L'imbécillité d'une mise à la retraite anticipée de milliers d'infirmières.* SYN. stupidité.
2. Action, parole qui dénote un manque d'intelligence,de jugement. *Cette affirmation est une imbécillité.* SYN. niaiserie ; sottise ; stupidité.
[Les *Rectifications* (1990) admettent : imbécilité.]

IMBERBE adj.
Qui est sans barbe. *Un jeune homme imberbe.* ANT. barbu.

IMBIBER v. tr., pronom.
VERBE TRANSITIF
Remplir, imprégner d'un liquide. *Imbiber un chiffon d'un détergent.* SYN. tremper.
VERBE PRONOMINAL
Absorber un liquide. *L'éponge s'est imbibée d'eau.*
À la forme pronominale, le participe passé de ce verbe s'accorde toujours en genre et en nombre avec son sujet. *Les tapis se sont imbibés d'huile.*
CONJUGAISON : VOIR MODÈLE AIMER.

IMBRICATION n. f.
État de choses imbriquées.

IMBRIQUÉ, ÉE adj.
1. Entrecroisé. *Des bardeaux imbriqués.*
2. En étroite liaison. *Des activités imbriquées les unes dans les autres, qui se chevauchent.*

IMBRIQUER v. tr., pronom.
VERBE TRANSITIF
Placer des choses de façon qu'elles se chevauchent. *Imbriquer des ardoises.*
VERBE PRONOMINAL
Être étroitement lié. *Les pièces de ce jeu s'imbriquent les unes dans les autres.*
À la forme pronominale, le participe passé de ce verbe s'accorde toujours en genre et en nombre avec son sujet. *Les éléments se sont imbriqués pour former un ensemble harmonieux.*
CONJUGAISON : VOIR MODÈLE AIMER.

IMBROGLIO n. m.
Le ***g*** se prononce ou non, [ɛ̃brɔglijo].
Situation très compliquée. *Des imbroglios cocasses.* SYN. brouillamini ; confusion ; embrouillamini.

IMBU, UE adj.
Plein, infatué. *Un personnage imbu de sa supériorité, de lui-même.* SYN. pénétré.

IMBUVABLE adj.
1. Au goût très mauvais. *Un café imbuvable.*
2. (FIG.) (FAM.) Insupportable. *Ce garçon est imbuvable : il se prend pour un autre.* SYN. détestable.

IMITABLE adj.
Qui peut être imité. *Sa signature est imitable.* ANT. inimitable.

IMITATEUR, TRICE n. m. et f.
Personne qui imite autrui. *Jean-Guy Moreau est un excellent imitateur.*

IMITATION n. f.
1. Reproduction. *Une excellente imitation du maire.*
2. En matière imitée. *Un sac (en) imitation (de) crocodile.*
LOCUTION
– ***À l'imitation de,*** loc. prép. À l'exemple de, comme.

IMITER v. tr.
1. Reproduire, copier. *Ce fini imite le marbre.*
2. Prendre pour modèle. *Julie imite sa grande sœur.*
3. Contrefaire. *On a imité sa signature.* SYN. copier.
CONJUGAISON : VOIR MODÈLE AIMER.

IMMACULÉ, ÉE adj.
1. Exempt de toute souillure. *L'Immaculée Conception.*
En ce sens, l'adjectif s'écrit avec une majuscule.
2. Propre. *Une nappe immaculée.* SYN. impeccable.

IMMANENCE n. f.
État de ce qui est immanent.
immanence.

IMMANENT, ENTE adj.
Qui découle de la nature même de l'être. *La justice immanente.*
Ne pas confondre avec le mot ***imminent,*** prochain.

IMMANGEABLE adj.
Les lettres ***im*** se prononcent ***in,*** [ɛ̃mɑ̃ʒabl], comme dans ***imbuvable.***
Très mauvais au goût. *Ces spaghettis sont immangeables : ils sont trop cuits.*
immangeable.

IMMANQUABLE adj.
Les lettres ***im*** se prononcent ***in,*** [ɛ̃mɑ̃kabl].
Inévitable. *Ses retards sont immanquables.*
Ne pas confondre avec le mot ***infaillible,*** qui ne peut se tromper.

IMMANQUABLEMENT adv.
Les lettres ***im*** se prononcent ***in,*** [ɛ̃mɑ̃kabləmɑ̃].
Inévitablement. *Immanquablement, ils arrivent une fois que la cloche a sonné.*

IMMATÉRIEL, IELLE adj.
Qui n'est pas formé de matière. *L'imagination est immatérielle.*
immatériel.

IMMATRICULATION n. f.
1. Action d'inscrire le nom, le numéro d'une personne, d'une chose sur un registre. *Des plaques d'immatriculation* (et non des *licences).
2. Numéro de l'inscription. *Cette immatriculation est purement numérique.*
immatriculation.

IMMATRICULER v. tr.
Inscrire sur un registre public. *Il a immatriculé cette voiture au Québec.*
CONJUGAISON : VOIR MODÈLE AIMER.
immatriculer.

IMMATURE adj.
1. Qui n'a pas atteint la maturité physique, qui ne peut pas encore se reproduire (en parlant d'un animal). ANT. mature.
2. Qui manque de maturité intellectuelle. *Un garçon immature.* ANT. mature ; mûr.
immature.

IMMATURITÉ n. f.
État de quelqu'un, de quelque chose qui manque de maturité (principalement intellectuelle).
immaturité.

IMMÉDIAT, ATE adj.
1. Instantané. *Un départ immédiat. Ce médicament donne un soulagement immédiat.*
2. Qui précède ou qui suit sans intermédiaire. *Un supérieur immédiat. Leurs voisins immédiats sont très discrets.*
LOCUTION
– ***Dans l'immédiat,*** loc. adv. Dans un avenir bref, pour le moment.
immédiat.

IMMÉDIATEMENT adv.
Tout de suite. *Je viens immédiatement.* SYN. sur-le-champ.
immédiatement.

IMMÉMORIAL, IALE, IAUX adj.
Si ancien qu'on en a oublié l'origine. *Des usages immémoriaux.*
immémorial.

IMMENSE adj.
1. Extrêmement grand. *L'immense étendue du Canada en fait le pays le plus grand du monde après la Russie.* SYN. vaste.
2. Énorme. *Une immense fortune.* SYN. colossal ; gigantesque.
immense.

IMMENSÉMENT adv.
De façon immense. *Le Canada est immensément grand. Cette personne est immensément riche.*
immensément.

IMMENSITÉ n. f.
Caractère de ce qui est immense. *L'immensité de l'océan.*
immensité.

IMMERGER v. tr., pronom.
VERBE TRANSITIF
Plonger entièrement dans un liquide. *On a immergé le scaphandrier dans le lac.*
VERBE PRONOMINAL
Se plonger entièrement dans un liquide. *Le sous-marin s'est immergé.*
À la forme pronominale, le participe passé de ce verbe s'accorde toujours en genre et en nombre avec son sujet. *Ils se sont immergés dans la piscine.*
Ne pas confondre avec les verbes suivants :
• ***émerger,*** surgir d'un liquide ;
• ***submerger,*** recouvrir complètement d'un liquide.
CONJUGAISON : VOIR MODÈLE CHANGER.
Le ***g*** est suivi d'un ***e*** devant les lettres ***a*** et ***o.*** *Il immergea, nous immergeons.*
immerger.

IMMÉRITÉ, ÉE adj.
Que l'on n'a pas mérité. *Une réprimande imméritée, un prix immérité.*
immérité.

IMMERSION n. f.
1. Action de plonger un corps dans l'eau. *L'immersion d'une ancre.*
2. (FIG.) Méthode d'enseignement intensif d'une langue seconde ou étrangère dans un milieu culturel différent. *Des cours d'anglais en immersion dans une université britannique.*
LOCUTIONS
– ***Classe d'immersion.*** Classe dans laquelle les élèves suivent une partie ou la totalité de leurs cours dans la langue seconde (Recomm. off.).
– ***Enseignement par immersion.*** Enseignement donné dans les classes d'immersion (Recomm. off.).
immersion.

IMMETTABLE adj.
Les lettres ***im*** se prononcent ***in,*** [ɛ̃mɛtabl], comme dans ***indésirable.***
Se dit d'un vêtement que l'on ne peut pas porter.
immettable.

IMMEUBLE adj. et n. m.
ADJECTIF
(DR.) Se dit d'un bien qui ne peut être déplacé. *Un bien immeuble.* SYN. immobilier. ANT. meuble.
NOM MASCULIN
Grand bâtiment urbain à plusieurs étages. *Ce nouvel immeuble s'intègre bien au voisinage. Un immeuble résidentiel.*
On préférera les mots ***immeuble*** ou ***édifice*** au mot ***bâtisse,*** qui est parfois péjoratif.
LOCUTIONS
– ***Immeuble de bureaux.*** Immeuble comportant des locaux à usage professionnel et administratif. *Un immeuble de bureaux* (et non *édifice, immeuble à bureaux) *ultramoderne et vert.*
– ***Immeuble d'habitation.*** Immeuble comportant des appartements proposés en location ou vendus en copropriété. *Des immeubles d'habitation bien entretenus.*
FORME FAUTIVE
*immeuble à bureaux. Construction fautive pour ***immeuble de bureaux.***

IMMIGRANT, ANTE adj. et n. m. et f.
ADJECTIF
Qui immigre. *Des familles immigrantes.*
NOM MASCULIN ET FÉMININ
Personne entrant dans un pays étranger pour s'y établir. *Le Québec a accueilli beaucoup d'immigrants au cours des dernières années.*

Ne pas confondre avec le nom ***émigrant,*** personne quittant son pays pour aller vivre à l'étranger.
immigrant.

IMMIGRATION n. f.
Action de venir dans un pays pour s'y établir. *Le Québec favorise l'immigration : il accueille les immigrants et leur permet de vivre ici.*
Ne pas confondre avec le nom ***émigration,*** action de quitter son pays pour aller s'établir dans un autre pays.
immigration.

IMMIGRÉ, ÉE adj. et n. m. et f.
Se dit d'une personne qui vient habiter un nouveau pays après avoir quitté le sien. *Il n'est pas toujours facile pour une personne immigrée de s'adapter à son nouveau pays. Ces immigrés se sont acclimatés à leur nouvel environnement.*
Ne pas confondre avec le mot ***émigré,*** personne ayant quitté son pays pour s'installer dans un nouveau pays.
immigré.

IMMIGRER v. intr.
Venir habiter un nouveau pays après avoir quitté le sien. *Cette famille du Liban a décidé d'immigrer au Québec.*
Ne pas confondre avec le verbe ***émigrer,*** quitter son pays pour aller s'établir à l'étranger.
CONJUGAISON : VOIR MODÈLE AIMER.
immigrer.

IMMINENCE n. f.
Caractère de ce qui est imminent. *L'imminence d'une avalanche. L'imminence des élections.*
Ne pas confondre avec le nom ***éminence,*** titre religieux, élévation de terrain.
imminence.

IMMINENT, ENTE adj.
Qui est tout près d'arriver. *Un effondrement imminent.*
En principe, le mot ***imminent*** se dit d'une chose dangereuse, tragique qui est sur le point de se produire ; dans les faits, ce sens étymologique n'est pas toujours respecté. *Une guerre imminente, un départ imminent.*
Ne pas confondre avec les mots suivants :
- ***éminent,*** qui est remarquable ;
- ***immanent,*** qui découle de la nature même de l'être.

imminent.

IMMISCER (S') v. pronom.
Les lettres *sc* se prononcent *s*, [imise].
S'ingérer indûment dans les affaires d'autrui. *Ils se sont immiscés dans nos affaires.* SYN. s'interposer ; se mêler.
Le participe passé de ce verbe, qui n'existe qu'à la forme pronominale, s'accorde toujours avec son sujet. *Ces indiscrètes se sont immiscées dans la conversation.*
Ne pas confondre avec le verbe ***intervenir,*** intercéder, prendre part à quelque chose.
CONJUGAISON : VOIR MODÈLE AVANCER.
immiscer.

IMMIXTION n. f.
Le mot se prononce [imiksjɔ̃].
Action de s'immiscer. *Cette immixtion est inadmissible.* SYN. ingérence.
immixtion.

IMMOBILE adj.
Sans mouvement. *Cette sentinelle est immobile.* SYN. fixe. ANT. mobile.

IMMOBILIER, IÈRE adj. et n. m.
ADJECTIF
1. Composé d'immeubles. *Des propriétés immobilières.*
2. Relatif à un immeuble, à des immeubles. *Des ventes immobilières, des agents immobiliers.* ANT. mobilier.
NOM MASCULIN
Ensemble des professions liées à la vente des immeubles. *Elle travaille dans l'immobilier.*

IMMOBILISATION n. f.
1. Action d'immobiliser ; fait d'être immobilisé. *L'immobilisation d'un véhicule.* SYN. arrêt.
2. (ÉCON.) Ensemble des biens corporels et incorporels qu'une entreprise compte conserver et utiliser de façon durable. *Les bâtiments, les terrains, les brevets constituent des immobilisations.* SYN. biens immobilisés ; éléments d'actif immobilisés.
immobilisation.

IMMOBILISER v. tr., pronom.
VERBE TRANSITIF
1. Rendre immobile, arrêter le mouvement de. *Immobiliser sa bicyclette.*
2. (ÉCON.) Dans une entreprise, consacrer des biens, des éléments d'actif, des capitaux à une utilisation durable.
VERBE PRONOMINAL
S'arrêter. *La voiture s'est immobilisée devant la maison.*
À la forme pronominale, le participe passé de ce verbe s'accorde toujours en genre et en nombre avec son sujet. *Les véhicules se sont immobilisés difficilement sur la chaussée glacée.*
CONJUGAISON : VOIR MODÈLE AIMER.
immobiliser.

IMMOBILISME n. m.
Attachement excessif au passé, opposition au progrès. SYN. conservatisme.
immobilisme.

IMMOBILISTE adj. et n. m. et f.
Qui fait preuve d'immobilisme. *Des observateurs immobilistes.*
immobiliste.

IMMOBILITÉ n. f.
État de ce qui est sans mouvement. *L'immobilité d'une statue.*
immobilité.

IMMODÉRATION n. f.
Excès, qui manque de modération. ANT. modération.
immodération.

IMMODÉRÉ, ÉE adj.
Excessif, qui dépasse la mesure. *Une ambition immodérée.* ANT. modéré.
immodéré.

IMMODÉRÉMENT adv.
Démesurément, sans modération.
immodérément.

IMMODESTE adj.
Qui manque de modestie, de pudeur.
immodeste.

IMMODESTEMENT adv.
De façon immodeste.
immodestement.

IMMODESTIE n. f.
(VIEILLI) Manque de pudeur, de retenue.
immodestie.

IMMOLATION n. f.
Sacrifice. *L'immolation d'un agneau.*
immolation.

IMMOLER v. tr., pronom.
VERBE TRANSITIF
Sacrifier. *Ces tribus immolaient des agneaux pour les offrir en sacrifice à leurs divinités.*
VERBE PRONOMINAL
Faire le sacrifice de sa vie. *Ils se sont immolés par le feu.*

À la forme pronominale, le participe passé de ce verbe s'accorde toujours en genre et en nombre avec son sujet. *Ces soldats se sont immolés à leur patrie.*
CONJUGAISON : VOIR MODÈLE AIMER.
immoler.

I

IMMONDE adj.
Répugnant. *Un crime immonde.* SYN. ignoble ; révoltant.
immonde.

IMMONDICE n. f.
1. (VX) Impureté.
2. (AU PLUR.) Déchets. *Un talus jonché d'immondices.* SYN. détritus.
immondice.

IMMORAL, ALE, AUX adj.
Contraire à la morale. *Des procédés immoraux.*
Ne pas confondre avec l'adjectif ***amoral,*** étranger à la morale.
immoral.

IMMORALEMENT adv.
Le ***e*** de l'avant-dernière syllabe ne se prononce pas, [imɔralmɑ̃].
(LITT.) De façon immorale.
immoralement.

IMMORALISME n. m.
Doctrine qui nie toute obligation morale.
immoralisme.

IMMORALITÉ n. f.
Caractère de ce qui est immoral, absence de principes moraux.
Ne pas confondre avec le nom ***immortalité,*** qualité de ce qui est immortel.
immoralité.

IMMORTALISER v. tr., pronom.
VERBE TRANSITIF
Rendre immortel dans la mémoire. *Ces tableaux remarquables ont immortalisé ce peintre.*
VERBE PRONOMINAL
Devenir immortel. *S'immortaliser par ses exploits.*
À la forme pronominale, le participe passé de ce verbe s'accorde toujours en genre et en nombre avec son sujet. *Ces poètes se sont immortalisés par leurs œuvres.*
CONJUGAISON : VOIR MODÈLE AIMER.
immortaliser.

IMMORTALITÉ n. f.
Qualité de ce qui est immortel. *L'immortalité de l'âme.*
Ne pas confondre avec le nom ***immoralité,*** ce qui est immoral.
immortalité.

IMMORTEL, ELLE adj. et n. f.
ADJECTIF
1. Qui ne meurt jamais. *L'âme est immortelle.* SYN. éternel.
2. Dont la mémoire se perpétue à travers les siècles. *Mozart a composé des œuvres immortelles. Des poèmes immortels.*
NOM FÉMININ
Plante dont les fleurs se conservent longtemps. *L'edelweiss est aussi appelé* immortelle des neiges.
immortel, immortelle.

IMMOTIVÉ, ÉE adj.
Injustifié. *Une demande immotivée, non fondée.*
immotivé.

IMMUABILITÉ n. f.
Caractère de ce qui est immuable. *L'immuabilité d'un dogme.*
immuabilité.

IMMUABLE adj.
Qui ne change pas. *L'immuable lever du soleil : jamais il ne fait la grasse matinée.* SYN. invariable. ANT. variable.
immuable.

IMMUABLEMENT adv.
De façon immuable. *Le fleuve va vers la mer, immuablement.* SYN. indéfiniment.
immuablement.

IMMUNISATION n. f.
Action d'immuniser ; son résultat. *L'immunisation des enfants contre les maladies contagieuses est nécessaire.*
immunisation.

IMMUNISER v. tr.
Préserver d'une maladie. *Ce vaccin l'immunisera contre la rougeole.*
CONJUGAISON : VOIR MODÈLE AIMER.

IMMUNITAIRE adj.
Relatif à la résistance aux maladies. *Un déficit immunitaire.*
LOCUTION
– ***Système immunitaire.*** Ensemble de moyens de défense de l'organisme contre les agressions extérieures. *La moelle osseuse, le thymus, la rate, les ganglions lymphatiques font partie du système immunitaire.*

IMMUNITÉ n. f.
1. Privilège des diplomates auxquels seules les lois de leur pays d'origine s'appliquent. *Immunité diplomatique.*
2. (MÉD.) État d'un organisme devenu réfractaire à certains agents qui causent des maladies.
immunité.

IMMUNODÉFICIENCE n. f.
(MÉD.) Déficience immunitaire qui limite, voire supprime, la résistance à l'infection.

IMMUNODÉPRESSEUR ou **IMMUNOSUPPRESSEUR** adj. m. et n. m.
(MÉD.) Se dit d'un médicament, d'un traitement apte à réduire les réactions immunitaires. *Des médicaments immunodépresseurs* ou *immunosuppresseurs.*

IMMUNOLOGIE n. f.
(MÉD.) Partie de la médecine qui étudie les phénomènes d'immunité.
immunologie.

IMMUTABILITÉ n. f.
Caractère de ce qui est immuable. *L'immutabilité des dispositions testamentaires.*
immutabilité.

IMPACT n. m.
Les lettres ***ct*** se prononcent, [ɛ̃pakt].
1. Choc. *La force de l'impact a été très grande : la voiture a été réduite en miettes.* SYN. collision ; heurt.
2. (FIG.) Effet, influence. *L'impact d'une campagne publicitaire.*
En ce sens, le nom est employé sous l'influence de l'anglais et il est critiqué par certains auteurs, mais il est maintenant passé dans l'usage. On pourra lui préférer les noms ***conséquence, contrecoup, effet, incidence, influence, portée, répercussion, retombées,*** selon le cas.
LOCUTION
– ***Étude d'impact.*** Étude qui a pour objet la détermination et l'évaluation des effets physiques, chimiques, biologiques, esthétiques, sociaux, culturels, etc., d'un projet d'aménagement en vue d'en connaître et d'en minimiser les effets négatifs. *Avant d'entamer la réalisation du projet, il faut procéder à une étude d'impact.*

IMPAIR, AIRE adj. et n. m.
ADJECTIF
Non divisible par deux. *Le 13 est un nombre impair.*

NOM MASCULIN
Maladresse. *Il a commis un impair.* SYN. gaffe.
HOM. ***imper,*** forme abrégée de ***imperméable***.

IMPALPABLE adj.
Qu'on ne peut palper. *Une tumeur impalpable.* ANT. palpable.

IMPARABLE adj.
Impossible à éviter. *Un coup imparable.*

IMPARDONNABLE adj.
Qui ne peut être pardonné, excusé. *Je suis impardonnable : j'ai oublié notre rendez-vous. C'est une erreur impardonnable.* SYN. inexcusable.
impardonnable.

IMPARFAIT n. m.
(GRAMM.) Temps de l'indicatif ou du subjonctif qui exprime un fait passé inachevé, quand un autre a eu lieu, un fait qui se prolonge dans le passé, une formulation polie. *Il pleuvait quand l'accident s'est produit.*
L'imparfait du subjonctif n'est pas d'emploi courant. On y recourt parfois dans un style relevé, généralement à l'écrit.
VOIR TABLEAU – INDICATIF.
VOIR TABLEAU – PASSÉ (TEMPS DU).

IMPARFAIT, AITE adj.
1. Qui n'est pas parfait. *Un travail imparfait.* ANT. parfait.
2. Qui n'est pas achevé. *Une guérison imparfaite.* SYN. incomplet.

IMPARFAITEMENT adv.
D'une manière imparfaite. *Il a répondu imparfaitement aux questions.*

IMPARTIAL, IALE, IAUX adj.
Équitable, juste. *Des juges impartiaux.* SYN. objectif. ANT. partial.
impartial.

IMPARTIALEMENT adv.
De façon impartiale. *Ils ont été jugés impartialement.* SYN. équitablement.

IMPARTIALITÉ n. f.
Équité, justice. *Cet arbitre a fait preuve d'impartialité : il est tout à fait neutre et accorde des chances égales aux deux équipes.* SYN. objectivité. ANT. subjectivité.
impartialité.

IMPARTIR v. tr.
Accorder, attribuer (dans la langue administrative ou littéraire). *Les délais qui nous ont été impartis.*
CONJUGAISON : VOIR MODÈLE FINIR.

IMPARTITION n. f.
(ÉCON.) Acte par lequel un agent économique se procure un bien ou un service à l'extérieur plutôt que d'assurer lui-même la production de ce bien ou la prestation de ce service. *Les entreprises recourent de plus en plus à l'impartition* (et non à l'*outsourcing) *pour réduire leurs coûts.*

IMPASSE n. f.
1. Rue sans issue. SYN. cul-de-sac.
2. (FIG.) Situation sans issue, dont on ne peut se sortir.
Attention au genre féminin de ce nom : ***une*** impasse.

IMPASSIBILITÉ n. f.
Caractère d'une personne impassible. SYN. flegme.

IMPASSIBLE adj.
Qui ne manifeste pas d'émotion. *Son visage est resté impassible.* SYN. imperturbable.
Ne pas confondre avec les mots suivants :
- ***impavide,*** qui ne manifeste pas de crainte ;
- ***impossible,*** qui ne peut se faire.

IMPASSIBLEMENT adv.
Avec impassibilité. SYN. imperturbablement.

IMPATIEMMENT adv.
Le premier ***t*** se prononce ***s***, [ɛ̃pasjamɑ̃].
Avec impatience. *Elle attendait les vacances impatiemment.*
impatiemment.

IMPATIENCE n. f.
Le ***t*** se prononce ***s***, [ɛ̃pasjɑ̃s] ; le mot rime avec ***science***.
Manque de patience. *Un soupir d'impatience. Elle brûle d'impatience de la retrouver.*
LOCUTION
– ***Impatiences (des membres inférieurs).*** (AU PLUR.) (MÉD.) Sensation désagréable indéfinissable ressentie dans les membres inférieurs, déclenchée par l'immobilité, provoquant un irrépressible besoin de bouger les jambes en les agitant, en se levant ou en marchant (GDT). *Les impatiences sont une cause d'insomnie.* SYN. syndrome des jambes sans repos.
HOM. ***impatiens,*** plante annuelle.
impatience.

IMPATIENT, IENTE adj. et n. m. et f.
Le premier ***t*** se prononce ***s***, [ɛ̃pasjɑ̃, ɑ̃t].
ADJECTIF ET NOM MASCULIN ET FÉMININ
1. Qui manque de patience. *Alex est un peu impatient.*
2. Qui désire avec ferveur. *Je suis impatiente de me retrouver en vacances.*
NOM FÉMININ
Nom vulgaire de la fleur appelée ***balsamine***, plante annuelle qui vit bien à l'ombre et fleurit tout l'été. *Nous planterons des impatientes* ou *impatiens blanches.*
Le nom peut aussi s'orthographier ***impatiens.***
impatient.

IMPATIENTER v. tr., pronom.
Le premier ***t*** se prononce ***s***, [ɛ̃pasjɑ̃te].
VERBE TRANSITIF
Exaspérer, faire perdre patience à. *Ces retards commencent à l'impatienter.*
VERBE PRONOMINAL
Perdre patience. *Sa copine s'est impatientée et est partie sans l'attendre.*
À la forme pronominale, le participe passé de ce verbe s'accorde toujours en genre et en nombre avec son sujet. *Elles se sont impatientées et ont mis les points sur les i.*
CONJUGAISON : VOIR MODÈLE AIMER.
impatienter.

IMPAVIDE adj.
Qui ne manifeste aucune crainte, aucune peur. *Rester impavide malgré l'incendie.* SYN. intrépide.
Ne pas confondre avec le mot ***impassible,*** qui ne manifeste pas d'émotion.

IMPAYABLE adj.
(FAM.) Cocasse. *Des comédiens impayables.* SYN. (FAM.) tordant.

IMPAYÉ, ÉE adj. et n. m.
Qui n'a pas été payé. *Un solde impayé.*

IMPECCABLE adj.
1. Sans défaut. *Une coiffure impeccable.* SYN. irréprochable.
2. (FAM.) Parfait. *Un exposé impeccable.*
impeccable.

IMPECCABLEMENT adv.
De façon impeccable. *Un document impeccablement présenté.*
impeccablement.

IMPÉNÉTRABILITÉ n. f.
Caractère de quelqu'un, de quelque chose d'impénétrable.

IMPÉNÉTRABLE adj.
1. Inaccessible. *Un territoire impénétrable.*
2. (FIG.) Incompréhensible. *Une énigme impénétrable.* SYN. indéchiffrable ; inexplicable ; insaisissable ; obscur.

I

I

IMPÉNITENT, ENTE adj.
Invétéré, incorrigible. *Un voleur impénitent.* SYN. endurci.

IMPENSABLE adj.
Auquel on ne peut penser. *Un refus impensable.* SYN. inconcevable ; inimaginable.

IMPER n. m.
Abréviation familière de ***imperméable***. *Acheter des impers.* HOM. ***impair***, maladresse.

IMPÉRATIF n. m.
1. Exigence. *Les impératifs de l'école.*
En ce sens, le nom s'emploie généralement au pluriel.
2. (GRAMM.) Mode qui exprime l'ordre, le conseil, la prière, le souhait, le désir.
VOIR TABLEAU – IMPÉRATIF.

IMPÉRATIF, IVE adj.
1. Autoritaire. *Un ton impératif.* SYN. catégorique ; impérieux ; péremptoire.
2. Qui s'impose comme une nécessité absolue. *Il est impératif qu'elle soit présente.* SYN. obligatoire.

IMPÉRATIVEMENT adv.
De façon impérative, absolument.

IMPÉRATRICE n. f.
1. Femme d'un empereur. *L'impératrice Joséphine était la femme de Napoléon.*
2. Chef d'un empire. *L'impératrice Catherine II de Russie.*
T Suivis d'un nom propre, les noms ***impératrice, empereur*** s'écrivent avec une minuscule. *L'impératrice Eugénie.* Employés sans nom propre, ils s'écrivent avec une majuscule. *L'Impératrice éclairée.*

IMPERCEPTIBILITÉ n. f.
Caractère de ce qui est imperceptible.

IMPERCEPTIBLE adj.
Qui ne peut être perçu par les sens. *Des sons imperceptibles.* SYN. inaudible ; indiscernable. ANT. perceptible.

IMPERCEPTIBLEMENT adv.
De façon imperceptible. *Le glacier fond imperceptiblement.*

IMPERFECTIBLE adj.
Qui n'est pas perfectible. ANT. perfectible.

IMPERFECTION n. f.
1. État de ce qui n'est pas parfait.
2. Défaut. *Il y a quelques imperfections dans ce travail.*

IMPÉRIAL, IALE, IAUX adj.
Qui appartient à un empereur, à un empire. *Des attributs impériaux.*

IMPÉRIALE n. f.
Niveau supérieur d'un véhicule. *Autobus à impériale.*

IMPÉRIALEMENT adv.
Le ***e*** de l'avant-dernière syllabe ne se prononce pas, [ɛ̃perjalmɑ̃].
De façon impériale.

IMPÉRIALISME n. m.
Politique d'expansion, de domination. *Un impérialisme économique.*

IMPÉRIALISTE adj. et n. m. et f.
Qui relève de l'impérialisme. *Des politiques impérialistes.*

IMPÉRIEUSEMENT adv.
De façon impérieuse. SYN. impérativement ; péremptoirement.

IMPÉRIEUX, IEUSE adj.
1. Irrésistible. *Un désir impérieux de dormir.* SYN. pressant.
2. Autoritaire. *Un ton impérieux.* SYN. catégorique ; impératif.
impéri**eux**.

IMPÉRISSABLE adj.
Qui ne peut périr, durable. *Une œuvre impérissable, qui restera dans la mémoire à travers les siècles.* SYN. immortel.

IMPÉRITIE n. f.
Le ***t*** se prononce ***s***, [ɛ̃perisi] ; le nom rime avec ***scie***.
(LITT.) Incompétence. *Son impéritie est notoire.*

IMPERMÉABILISANT, ANTE adj. et n. m.
ADJECTIF
Qui rend imperméable à l'eau. *Une solution imperméabilisante.*
NOM MASCULIN
Produit que l'on applique sur un tissu, un cuir, etc., pour le rendre imperméable. *Des imperméabilisants coûteux.*

IMPERMÉABILISATION n. f.
Action d'imperméabiliser. *L'imperméabilisation d'une toile.*

IMPERMÉABILISER v. tr.
Rendre imperméable. *Imperméabiliser un coton.*
CONJUGAISON : VOIR MODÈLE AIMER.

IMPERMÉABILITÉ n. f.
Qualité de ce qui est imperméable. *L'imperméabilité du caoutchouc.*

IMPERMÉABLE adj. et n. m.
ADJECTIF
Qui ne peut être pénétré par un liquide. *Des bottes imperméables.* ANT. perméable.
NOM MASCULIN
S'abrège familièrement en ***imper***.
Vêtement pour la pluie. *Mets ton imperméable, on annonce de la pluie.*

IMPERSONNEL, ELLE adj.
Qui n'a pas de personnalité, banal. *Un ton impersonnel.*
LOCUTION
– ***Verbe impersonnel.*** Se dit d'un verbe qui ne s'emploie qu'à la troisième personne du singulier et dont le sujet demeure indéterminé. Il neige, il vente, *sont des verbes impersonnels.*
VOIR TABLEAU – VERBE.

IMPERSONNELLEMENT adv.
De façon impersonnelle.

IMPERTINEMMENT adv.
L'avant-dernière syllabe se prononce ***na***, [ɛ̃pɛrtinamɑ̃].
Effrontément.

IMPERTINENCE n. f.
Insolence. *Antoine a répondu avec impertinence.* SYN. effronterie ; impolitesse.
impertin**en**ce.

IMPERTINENT, ENTE adj. et n. m. et f.
Insolent, effronté. *Un ton impertinent.* SYN. impoli.
impertin**ent**.

IMPERTURBABILITÉ n. f.
Caractère de ce qui est imperturbable.

IMPERTURBABLE adj.
Inébranlable, que rien ne peut émouvoir. *Malgré la surprise, elle est restée imperturbable.* SYN. impassible.

IMPERTURBABLEMENT adv.
De façon imperturbable. SYN. impassiblement.

IMPÉTIGO n. m.
Maladie de la peau.
Attention au genre masculin de ce nom : ***un*** impétigo.

IMPÉTUEUSEMENT adv.
Avec impétuosité. *Il lui répondit impétueusement.*

IMPÉTUEUX, EUSE adj.
Fougueux, tumultueux. *Un torrent impétueux.*

IMPÉTUOSITÉ n. f.
(LITT.) Fougue, ardeur. SYN. élan ; exaltation.

IMPIE adj. et n. m. et f.
ADJECTIF
(LITT.) Qui est contraire à la religion. *Des paroles impies.*

NOM MASCULIN ET FÉMININ
Qui est sans religion. *Des personnes impies.* SYN. athée; incroyant.
⇨ impie.

IMPIÉTÉ n. f.
(LITT.) Action contraire à la religion.

IMPITOYABLE adj.
Qui est sans pitié. *Ces guerriers barbares ont été impitoyables.* SYN. dur; inhumain.

IMPITOYABLEMENT adv.
Sans pitié. *On a refusé impitoyablement sa demande.*

IMPLACABLE adj.
Inflexible. *Une vengeance implacable.* SYN. acharné.

IMPLACABLEMENT adv.
De façon implacable.

IMPLANT n. m.
(MÉD.) Pastille de médicament, d'hormone, etc., introduite sous la peau pour se résorber graduellement.
⇨ implant.

IMPLANTATION n. f.
Action d'implanter; fait d'être implanté. *L'implantation d'une nouvelle entreprise, l'implantation d'une idée nouvelle, d'un programme innovateur.*

IMPLANTER v. tr., pronom.
VERBE TRANSITIF
Établir de façon durable (dans un nouveau milieu). *Ils ont implanté une nouvelle usine.*
VERBE PRONOMINAL
Se fixer, s'installer. *Cette entreprise s'est implantée dans les Laurentides. Cet usage s'est implanté rapidement au Québec.* SYN. s'établir.
À la forme pronominale, le participe passé de ce verbe s'accorde toujours en genre et en nombre avec son sujet. *L'organisation s'est implantée dans toutes les régions du Québec.*
CONJUGAISON : VOIR MODÈLE AIMER.

***IMPLÉMENTATION**
Anglicisme pour ***implantation, mise en œuvre.***

IMPLICATION n. f.
1. Action d'impliquer dans une affaire criminelle.
2. Conséquence. *Les implications économiques d'une décision.*
3. Fait d'être impliqué, en parlant d'une personne. *L'implication des bénévoles a été remarquable.* SYN. engagement; participation.

IMPLICITE adj.
Qui n'est pas clairement énoncé, mais qui peut être déduit.
Ne pas confondre avec le mot ***explicite,*** énoncé formellement.

IMPLICITEMENT adv.
D'une manière implicite.

***IMPLIQUÉ**
Impropriété au sens de ***relié, visé, concerné.*** *Informez toutes les personnes visées* (et non *impliquées).

IMPLIQUER v. tr., pronom.
VERBE TRANSITIF
1. Compromettre quelqu'un (dans une affaire fâcheuse). *Il est impliqué dans ce détournement de fonds.* SYN. mêler.
En ce sens, le verbe s'emploie lorsqu'il s'agit d'une affaire désagréable, d'une situation de nature à causer des problèmes.
2. Supposer, comprendre implicitement. *Cette grève implique la fermeture du casino.* SYN. comporter.
3. Avoir comme conséquence. *Lancer son entreprise implique beaucoup de travail.* SYN. imposer; obliger à.
4. Engager grandement dans une action de façon déterminée. *Être impliqué dans le mouvement écologique.*
Ce verbe s'emploie souvent à la forme passive.
VERBE PRONOMINAL
Se donner à fond. *Ils se sont impliqués personnellement dans cette entreprise.* SYN. s'investir.
À la forme pronominale, le participe passé de ce verbe s'accorde toujours en genre et en nombre avec son sujet. *Les enseignants se sont impliqués pleinement dans les activités de l'école.*
FORME FAUTIVE
*impliquer. Impropriété au sens de ***concerner, intéresser, toucher, viser.*** *Donne ce document aux élèves concernés* (et non *impliqués).
CONJUGAISON : VOIR MODÈLE AIMER.

IMPLORER v. tr.
Supplier avec insistance. *Elle implorait son amie de l'aider.* SYN. conjurer; prier.
CONJUGAISON : VOIR MODÈLE AIMER.

IMPLOSER v. intr.
Faire implosion. *Son téléviseur a implosé.*
CONJUGAISON : VOIR MODÈLE AIMER.

IMPLOSION n. f.
Explosion vers l'intérieur. ANT. explosion.

IMPOLI, IE adj. et n. m. et f.
Qui manque de politesse. *Ne soyez pas impolis.* SYN. discourtois; grossier.

IMPOLIMENT adv.
Avec impolitesse. *Ils n'ont pas répondu impoliment.* SYN. effrontément. ANT. poliment.

IMPOLITESSE n. f.
Ignorance ou mépris des règles de politesse. SYN. effronterie; sans-gêne. ANT. savoir-vivre.

IMPONDÉRABLE adj. et n. m.
ADJECTIF
Difficile à prévoir, indéterminé. *Des conséquences impondérables.*
NOM MASCULIN
(GÉN. AU PLUR.) Éléments difficiles à apprécier, mais néanmoins déterminants.

IMPOPULAIRE adj.
Qui ne répond pas aux goûts du public. *Une émission impopulaire.*

IMPOPULARITÉ n. f.
Caractère de ce qui est impopulaire.

IMPORTABLE adj.
Que l'on peut importer. *Ces fromages ne sont pas importables.* ANT. exportable.

IMPORTANCE n. f.
Caractère de ce qui est important. *L'importance d'une décision. Elle attache beaucoup d'importance à cette question.*
LOCUTION
– ***D'importance.*** De taille. *Une surprise d'importance.*

IMPORTANT, ANTE adj. et n. m.
ADJECTIF
1. Qui est d'un grand intérêt, d'une grande valeur, qui importe. *Une décision importante.*
2. Considérable. *Une somme importante.* SYN. grand.
3. Influent, prestigieux. *Un ministre important.*
NOM MASCULIN
Essentiel. *L'important est d'être heureux.*
LOCUTION
– ***Faire l'important.*** Se donner des airs avantageux.

IMPORTATEUR n. m.
IMPORTATRICE n. f.
Personne qui importe des biens et des services d'un autre pays.

I

IMPÉRATIF

L'impératif est le mode du commandement (ordre ou défense), du conseil, de l'invitation, du souhait ou du désir.

VALEURS DE L'IMPÉRATIF

L'IMPÉRATIF exprime :

– **un ordre**
Présentez-vous demain au bureau de la direction. Viens faire tes devoirs.

On peut recourir à l'infinitif ou au conditionnel pour atténuer le ton autoritaire du mode impératif. *Prière de transmettre la réponse par courrier électronique. Il faudrait me remettre vos travaux avant le 15 novembre.* On peut aussi employer le verbe ***vouloir*** à l'impératif pour donner un ton plus poli. *Veuillez vous présenter à 9 h au bureau 234.*

– **une défense**
Ne buvez pas de cette eau : elle n'est pas potable. Ne sois pas injuste.

– **un conseil**
Reposez-vous un peu : vous travaillez trop. Ne te fais pas de souci pour si peu.

– **une invitation**
Venez manger à la maison, ce sera à la bonne franquette!

– **un souhait ou un désir**
Passez de bonnes vacances! Amuse-toi bien avec tes copains.

CONSTRUCTION SYNTAXIQUE DU VERBE À L'IMPÉRATIF

Absence de sujet

Le verbe à l'impératif s'emploie sans sujet. C'est la désinence verbale qui nous indique que le locuteur s'adresse à un ou à des interlocuteurs (2e personne du singulier ou du pluriel) ou s'il s'associe à son ou à ses interlocuteurs (1re personne du pluriel).

Verbe à l'impératif suivi de pronoms :

– **verbe à l'impératif + pronom personnel**
complément direct du verbe. *Regarde-toi.*
complément indirect du verbe. *Raconte-lui.*
Le verbe à l'impératif se joint par un trait d'union au pronom personnel complément direct ou indirect qui le suit.

– **verbe à l'impératif + deux pronoms personnels.** *Dis-le-moi.*
Si le verbe à l'impératif est suivi de deux pronoms, le pronom complément direct s'écrit avant le pronom complément indirect et deux traits d'union sont alors nécessaires.

– **verbe à l'impératif + pronoms *en* et *y*.** *Donnes-en, entres-y. Cueilles-en, découvres-y.*

Devant les pronoms ***en*** et ***y*** non suivis d'un infinitif, les verbes du premier groupe (en ***er***) s'écrivent avec un ***s*** euphonique à la deuxième personne du singulier et se joignent aux pronoms ***en*** et ***y*** par un trait d'union. C'est également le cas pour certains verbes en ***ir*** comme *cueillir* et sa famille *(accueillir, recueillir); assaillir, défaillir, tressaillir; couvrir* et sa famille *(découvrir, recouvrir, redécouvrir), offrir, ouvrir* et sa famille *(entrouvrir, rentrouvrir, rouvrir), souffrir.* Suivis de l'infinitif, à l'exception du verbe ***laisser,*** les verbes en ***er*** ne prennent pas de ***s*** euphonique devant les pronoms ***en*** et ***y*** et ne se joignent pas à eux par un trait d'union. *Ose en parler à tes amis, daigne y voir de la générosité,* mais *laisses-en circuler quelques exemplaires.*

VOIR TABLEAU ▸ **TRAIT D'UNION.**

> *IMPÉRATIF* | ***SUITE***

TROIS PERSONNES SEULEMENT

Le mode impératif ne comporte que trois personnes.

- **Deuxième personne du singulier.** *Aime ton prochain. Connais-toi mieux.*

À l'impératif, il n'y a pas de ***s*** final pour les verbes en ***er***, ainsi que pour certains verbes en ***ir*** comme *cueillir* et sa famille *(accueillir, recueillir); assaillir, défaillir, tressaillir; couvrir* et sa famille *(découvrir, recouvrir, redécouvrir), offrir, ouvrir* et sa famille *(entrouvrir, rentrouvrir, rouvrir), souffrir*, contrairement au présent de l'indicatif *(tu aimes, tu cueilles)* ou au présent du subjonctif *(que tu aimes, que tu cueilles). Aime. Chante. Cueille. Assaille. Couvre. Offre. Ouvre. Souffre.*

- **Première personne du pluriel.** *Aimons-nous les uns les autres.*
- **Deuxième personne du pluriel.** *Aimez la nature, respectez-la.*

DEUX TEMPS À VALEUR DE FUTUR PROCHE OU LOINTAIN

Le mode impératif ne comprend que deux temps qui se situent dans un avenir plus ou moins rapproché.

- **Le présent.** *Reviens vite. Écrivons-nous dans une décennie.*

  L'impératif présent a une valeur de futur proche ou lointain.

- **Le passé.** *Sois revenu avant la nuit.*

  L'impératif passé a une valeur de futur qui doit être achevé avant un évènement.

IMPORTATION n. f.
1. Action d'acheter des produits à l'étranger. *Faire l'importation de produits italiens.* ANT. exportation.
2. Produits achetés à l'étranger. *Des importations italiennes.*

IMPORTER v. tr., intr., pronom., impers.
VERBE TRANSITIF DIRECT
1. Acheter des produits étrangers. *Cette entreprise importe des matières premières d'Afrique.* ANT. exporter.
2. Adopter ce qui vient de l'étranger. *Importer une mode, une pratique.*
3. (INFORM.) Récupérer un fichier produit par une autre application (GDT). *Importer une image, un tableau pour l'intégrer à un texte.*
VERBE TRANSITIF INDIRECT
Avoir de la valeur, compter pour quelqu'un. *La possibilité de travailler lui importe beaucoup. Ta réussite importe à tes amis.*
En ce sens, le verbe se construit avec la préposition ***à***.
VERBE INTRANSITIF
Présenter de l'intérêt, avoir de l'importance. *Ces considérations importent peu.*
En ce sens, le verbe ne s'emploie qu'à la troisième personne du singulier ou du pluriel et à l'infinitif.
VERBE PRONOMINAL
Être importé. *Ces matières premières se sont longtemps importées d'Afrique.*
À la forme pronominale, le participe passé de ce verbe s'accorde toujours en genre et en nombre avec son sujet. *Ces produits s'étaient importés en contrebande.*
VERBE IMPERSONNEL
Il est important de, que. *Il importe à Laura de réussir. Il importe que tu sois là.*
En ce sens, le verbe se construit avec la préposition ***de*** suivie de l'infinitif ou avec la conjonction ***que*** suivie du subjonctif.
LOCUTIONS
– ***N'importe comment***, loc. adv. Par un moyen quelconque, sans soin. *Ils écrivent n'importe comment.*
– ***N'importe lequel, laquelle, lesquels, lesquelles***, loc. pron. *N'importe laquelle de ces jeunes Françaises pourra être admise.*
– ***N'importe où***, loc. adv. En un lieu quelconque. *Elle veut aller n'importe où, là où il fait beau.*
– ***N'importe quand***, loc. adv. À tout moment. *Il peut arriver n'importe quand.*
– ***N'importe quel, quelle, quels, quelles***, loc. adj. Une personne, une chose quelconque. *N'importe quels fruits feront l'affaire. Il pourrait convaincre n'importe quel garçon de l'imiter.*
Dans cette locution, le verbe demeure invariable, mais l'adjectif indéfini s'accorde.
– ***Peu importe, qu'importe.*** Cela a peu d'importance. *Peu importe* ou *peu importent ces résultats. Qu'importe* ou *qu'importent les difficultés.*
Dans ces locutions, le verbe peut s'accorder ou rester invariable.
CONJUGAISON : VOIR MODÈLE AIMER.

IMPORT-EXPORT n. m. inv.
Les ***t*** ne se prononcent pas, [ɛ̃pɔrɛkspɔr].
Commerce de produits importés et exportés.

IMPORTUN, UNE adj. et n. m. et f.
Qui vient mal à propos. *Un visiteur importun.* SYN. embêtant; indésirable.

IMPORTUNER v. tr.
Ennuyer, déranger. *Ces visites l'importunent.*
CONJUGAISON : VOIR MODÈLE AIMER.

IMPOSABLE adj.
Assujetti à l'impôt. *Des revenus imposables.*

IMPOSANT, ANTE adj.
Qui impressionne par la grandeur, l'importance, la force. *Un édifice imposant. Ils ont été élus avec une majorité imposante.*
Ne pas confondre avec le participe présent invariable ***imposant***. *Leurs supérieurs imposant leurs conditions, ils durent plier l'échine.*

IMPOSER v. tr., pronom.
VERBE TRANSITIF DIRECT
1. Faire payer un impôt à. *Le gouvernement impose-t-il trop les contribuables ?*
2. Exiger, dicter. *Imposer une tâche.* SYN. ordonner.

VERBE TRANSITIF INDIRECT
En imposer à quelqu'un. Commander le respect. *Il en impose à ses élèves par sa science.* SYN. impressionner.
En ce sens, le verbe ne s'emploie que dans cette locution.
VERBE PRONOMINAL
1. Se faire accepter de façon importune. *Je ne voudrais pas m'imposer.*
2. Se faire reconnaître pour sa valeur, forcer l'adhésion. *Cette façon si vivante d'enseigner l'histoire devrait s'imposer.*
3. Être obligatoire, nécessaire. *Cette décision s'imposait.*
4. Se contraindre à. *Il s'impose de se rendre au travail à pied.*
À la forme pronominale, le participe passé de ce verbe s'accorde en genre et en nombre avec le complément direct si celui-ci le précède. *Les vérifications fastidieuses qu'il s'est imposées. Ces mesures se sont imposées.* Le participe passé reste invariable si le complément direct suit le verbe. *Ils se sont imposé des sacrifices.*
CONJUGAISON : VOIR MODÈLE AIMER.

IMPOSITION n. f.
Action de faire payer un impôt. *Les taux d'imposition.*
LOCUTIONS
– ***Avis d'imposition.*** Document établissant le montant des impôts fonciers et taxes que le contribuable doit à une Administration (GDT). *La Ville vient de transmettre les avis d'imposition* (et non *comptes de taxes).
– ***Année d'imposition.*** Période utilisée par le fisc pour l'imposition d'un contribuable (GDT). *Au Canada et au Québec, l'année d'imposition coïncide avec l'année civile pour les personnes physiques et avec l'exercice financier pour les personnes morales.*

IMPOSSIBILITÉ n. f.
Chose impossible. *Je suis dans l'impossibilité de venir.* ANT. possibilité.

IMPOSSIBLE adj. et n. m.
Irréalisable. *Une tâche impossible. À l'impossible, nul n'est tenu.* (Proverbe) *Ils ont tenté l'impossible, mais ont échoué.*
Ne pas confondre avec le mot ***impassible,*** qui ne manifeste pas d'émotion.

IMPOSTE n. f.
Partie fixe qui surmonte une porte, une fenêtre.
Attention au genre féminin de ce nom : ***une*** imposte.

IMPOSTEUR n. m.
Personne qui se fait passer pour quelqu'un d'autre, pour ce qu'elle n'est pas. *Cette femme est un imposteur.* SYN. menteur ; tricheur.
Ce nom n'a pas de forme féminine.

IMPOSTURE n. f.
(LITT.) Tromperie d'un imposteur. *Ces promesses sont des impostures.*

IMPÔT n. m.
Contribution aux dépenses de l'État imposée aux particuliers, aux entreprises. *Impôt fédéral.*
impôt.

IMPOTENCE n. f.
Invalidité. *Cet accident l'a condamné à l'impotence.*

IMPOTENT, ENTE adj. et n. m. et f.
Invalide. *Ce vieux monsieur est impotent : il se déplace en fauteuil roulant.*

IMPRATICABILITÉ n. f.
Caractère, état de ce qui est impraticable.

IMPRATICABLE adj.
1. Irréalisable. *Ce projet est impraticable.*
2. Où l'on ne passe que difficilement. *Une route impraticable.*

IMPRÉCATION n. f.
(LITT.) Malédiction lancée contre quelqu'un. *Formuler de terribles imprécations contre quelqu'un.* ANT. bénédiction.

IMPRÉCATOIRE adj.
(LITT.) Qui s'apparente à une imprécation.

IMPRÉCIS, ISE adj.
Qui manque de précision. *Des résultats imprécis.* SYN. flou ; incertain ; vague. ANT. précis.

IMPRÉCISION n. f.
Manque de précision. *L'imprécision peut être source d'erreurs.*

IMPRÉGNATION n. f.
1. Action d'imprégner ; résultat de cette action. *L'imprégnation de textiles par une teinture.*
2. (FIG.) Pénétration d'idées, de convictions, etc., dans l'esprit. SYN. assimilation.

IMPRÉGNER v. tr., pronom.
VERBE TRANSITIF
1. Imbiber un corps d'un liquide. *Imprégner un chiffon de solvant.*
2. (FIG.) Influencer. *On a imprégné les étudiants de principes philosophiques. « Voilà pour l'instant tout ce que j'escomptais de mon passage à la Petite-Poule-d'Eau qui allait pourtant imprégner ma vie entière de son indicible attrait »* (Gabrielle Roy, *La Détresse et l'Enchantement*).
Le verbe se construit avec la préposition ***de.***
VERBE PRONOMINAL
Se pénétrer (d'une idée, d'un sentiment, etc.), se convaincre de quelque chose.
À la forme pronominale, le participe passé de ce verbe s'accorde toujours en genre et en nombre avec son sujet. *Ils se sont imprégnés des enseignements de ce penseur.*
CONJUGAISON : VOIR MODÈLE POSSÉDER.
Le ***é*** se change en ***è*** devant une syllabe contenant un ***e*** muet, sauf à l'indicatif futur et au conditionnel présent. *J'imprègne,* mais *j'imprégnerai.*
[Les *Rectifications* (1990) admettent : il imprègnera, imprègnerait...]

IMPRENABLE adj.
Qui ne peut être pris. *Une forteresse imprenable.* SYN. inaccessible ; inexpugnable ; invincible.
LOCUTION
– ***Vue imprenable.*** Vue qui ne peut pas être cachée par de nouveaux immeubles.

IMPRÉSARIO ou **IMPRESARIO** n. m.
Le ***s*** se prononce ***s*** ou ***z,*** [ɛ̃presarjo, ɛ̃prezarjo].
Personne qui s'occupe de l'organisation de spectacles et des engagements d'un artiste. *Un imprésario* (et non *gérant). *Des imprésarios, des impresarios.*
Cet emprunt à l'italien s'écrit généralement avec un accent aigu et il prend le plus souvent la marque du pluriel. *Des imprésarios.* Le pluriel italien ***impresarii*** est vieilli.

IMPRESCRIPTIBILITÉ n. f.
Caractère de ce qui est imprescriptible.

IMPRESCRIPTIBLE adj.
Qui conserve toujours sa valeur. *Des droits imprescriptibles.* ANT. prescriptible.
Ne pas confondre avec les mots suivants :
• ***indescriptible,*** qu'on ne peut décrire ;
• ***indestructible,*** qu'on ne peut détruire.

IMPRESSION n. f.
1. Sentiment ou sensation résultant de l'effet d'un agent extérieur. *Une impression de calme, de froid, de sécurité.*
2. Opinion. *Donne-moi ton impression sur ce film.* SYN. sentiment.
3. Reproduction d'un texte, d'une image par l'imprimerie. *L'impression d'un ouvrage. Une impression en couleurs. L'impression de photos.* SYN. édition.

LOCUTIONS
– ***Avoir l'impression de, que.*** Croire, s'imaginer. *J'ai l'impression qu'il dit la vérité, de l'avoir déjà rencontré.*
– ***Donner l'impression de, que.*** Paraître. *Il donne l'impression d'être détendu, mais il est très inquiet.* SYN. sembler.
– ***Faire impression.*** S'imposer fortement. *Vos exposés ont fait impression sur les participants. Faire bonne impression, faire mauvaise impression.* SYN. frapper; impressionner.
Dans cette expression, le nom est invariable.
– ***Faute d'impression.*** Erreur typographique. *Des fautes d'impression.*
FORME FAUTIVE
*être sous l'impression que. Calque de «*to be under the impression that*» pour ***avoir l'impression que.***

IMPRESSIONNABILITÉ n. f.
(LITT.) Caractère de quelqu'un qui se laisse facilement impressionner.

IMPRESSIONNABLE adj.
Facile à impressionner. SYN. émotif; sensible.

IMPRESSIONNANT, ANTE adj.
1. Émouvant, saisissant. *Ces trapézistes qui exécutent des numéros de voltige sont impressionnants.* SYN. étonnant; frappant; renversant.
2. Imposant. *La chute Montmorency est impressionnante.* SYN. grandiose.
Ne pas confondre avec le participe présent invariable ***impressionnant.*** *Ces scènes impressionnant trop les enfants devront être supprimées.*
impressionnant.

IMPRESSIONNER v. tr.
1. Émouvoir, produire une forte impression sur. *Son courage nous a impressionnés.* SYN. frapper; toucher.
2. Intimider. *Ses grands airs ne m'impressionnent pas.*
CONJUGAISON : VOIR MODÈLE AIMER.
impressionner.

IMPRESSIONNISME n. m.
Mouvement pictural axé sur l'expression des impressions suscitées par la lumière et les objets.
impressionnisme.

IMPRESSIONNISTE adj. et n. m. et f.
ADJECTIF
Qui relève de l'impressionnisme. *Un tableau impressionniste.*
NOM MASCULIN ET FÉMININ
Peintre impressionniste. *Les impressionnistes sont ses peintres préférés.*
impressionniste.

IMPRÉVISIBILITÉ n. f.
Caractère de ce qui est imprévisible. *L'imprévisibilité d'un raz-de-marée.*

IMPRÉVISIBLE adj.
Impossible à prévoir. *Cet accident était imprévisible* (et non *incontrôlable). SYN. imprévu; inattendu. ANT. prévisible.

IMPRÉVOYANCE n. f.
Manque de prévoyance. SYN. étourderie. ANT. prévoyance.

IMPRÉVOYANT, ANTE adj.
Qui manque de prévoyance. *Des voyageurs imprévoyants.* ANT. prévoyant.

IMPRÉVU, UE adj. et n. m.
ADJECTIF
Inattendu. *Des résultats imprévus. Une visite imprévue.*
NOM MASCULIN
Ce qui n'a pas été prévu, qui est inattendu. *En cas d'imprévu, téléphonez-moi.*

IMPRIMABLE adj.
Qui peut être imprimé. *Un dessin imprimable.*

IMPRIMANTE n. f.
(INFORM.) Unité périphérique d'un ordinateur apte à produire une représentation permanente de données sous la forme de suites de caractères.
LOCUTIONS
– ***Imprimante à jet(s) d'encre.*** Imprimante dans laquelle les caractères sont réalisés par projection d'un jet d'encre sur le papier.
– ***Imprimante à laser.*** Imprimante dans laquelle un pinceau lumineux provenant d'un laser dessine sur une surface photosensible une image latente qui sera ensuite fixée à la chaleur.
– ***Imprimante matricielle.*** Imprimante dans laquelle chaque caractère est représenté par une configuration de points.

IMPRIMATUR n. m.
Le ***u*** se prononce ***u***, [ɛ̃primatyr]; le nom rime avec ***dur***. Mot latin signifiant « qu'il soit imprimé ». *Des imprimaturs* ou *des imprimatur.*
Autorisation ecclésiastique de publier un texte, un ouvrage.

IMPRIMÉ n. m.
1. Texte reproduit par l'imprimerie. *Le tarif postal des imprimés s'applique pour les journaux, les revues, les dépliants.*
2. Formulaire. *Des imprimés administratifs.*
3. Tissu orné d'un motif. *Un imprimé à fleurs.*

IMPRIMER v. tr.
1. Reproduire des caractères, des dessins par les techniques de l'imprimerie. *Ce dictionnaire a été imprimé au Québec.*
2. Communiquer (un mouvement, une force). *Imprimer un élan.*
CONJUGAISON : VOIR MODÈLE AIMER.

IMPRIMERIE n. f.
1. Art d'imprimer les livres. *Des caractères d'imprimerie.*
2. Établissement où l'on imprime. *Cette imprimerie s'est automatisée.*

IMPRIMEUR n. m.
Personne qui exerce l'art de l'imprimerie. *Un imprimeur dynamique.*

IMPROBABILITÉ n. f.
Caractère de ce qui est improbable. *L'improbabilité d'un gain à la loterie.*

IMPROBABLE adj.
Douteux, qui a peu de chances de se réaliser. *Des succès improbables.* ANT. probable.

IMPRODUCTIF, IVE adj.
Qui ne produit rien, qui produit peu. *Une terre improductive.*

IMPRODUCTIVITÉ n. f.
Défaut de ce qui est improductif.

IMPROMPTU, UE adj., adv. et n. m.
ADJECTIF
Improvisé. *Une fête impromptue.* SYN. imprévu.
ADVERBE
De façon improvisée. *Il a fait un exposé impromptu.* SYN. à l'improviste; au pied levé.
NOM MASCULIN
Petite pièce instrumentale. *Des impromptus pour le piano.*

IMPRONONÇABLE adj.
Impossible à prononcer. *Ce mot russe est imprononçable.*
imprononçable.

IMPROPRE adj.
Qui n'est pas exact, qui ne convient pas. *Au sens de « fontaine », le terme* abreuvoir *est impropre.*
VOIR – IMPROPRIÉTÉ.

IMPROPREMENT adv.
De façon impropre. *Un terme employé improprement.*

IMPROPRIÉTÉ n. f.
Emploi incorrect d'un mot. *Au sens de* « verrouiller, fermer à clé », *le verbe* barrer *est une impropriété.*
Dans cet ouvrage, les impropriétés fréquentes sont intégrées à l'ordre alphabétique et renvoient aux formes correctes. Elles sont précédées d'un astérisque.

I

IMPROVISATEUR, TRICE n. m. et f.
Personne qui improvise. *Une bonne improvisatrice.*

IMPROVISATION n. f.
Action, art d'improviser. *La Ligue nationale d'improvisation.*

IMPROVISER v. tr., pronom.
VERBE TRANSITIF
Faire une chose sans préparation. *Improviser un monologue.*
VERBE PRONOMINAL
Être effectué sans préparation, devenir subitement. *À la suite de l'incendie, les secours se sont improvisés rapidement.*
À la forme pronominale, le participe passé de ce verbe s'accorde toujours en genre et en nombre avec son sujet. *Ils se sont improvisés négociateurs.*
CONJUGAISON : VOIR MODÈLE AIMER.

IMPROVISTE (À L') loc. adv.
D'une manière imprévue, par surprise. *Il est arrivé à l'improviste.* SYN. au pied levé ; impromptu ; subitement.

IMPRUDEMMENT adv.
La troisième syllabe se prononce ***da***, [ɛ̃prydamɑ̃].
De façon imprudente. *Ils escaladent imprudemment ce rocher.*
impru**demm**ent.

IMPRUDENCE n. f.
1. Défaut d'une personne imprudente. *L'imprudence de ces écoliers est inquiétante.* SYN. imprévoyance ; témérité. ANT. prudence.
2. Action irréfléchie. *Traverser la rue sans regarder est une imprudence.* SYN. étourderie.

IMPRUDENT, ENTE adj. et n. m. et f.
Qui manque de prudence. *Des cyclistes imprudents.* SYN. téméraire.
Ne pas confondre avec le mot ***impudent***, effronté.

IMPUBÈRE adj. et n. m. et f.
(LITT.) Qui n'a pas encore atteint l'âge de la puberté. ANT. pubère.

IMPUBLIABLE adj.
Que l'on ne peut publier. *Des écrits impubliables.* ANT. publiable.

IMPUDEMMENT adv.
La troisième syllabe se prononce ***da***, [ɛ̃pydamɑ̃].
Effrontément. *Ils ont répliqué impudemment.*

IMPUDENCE n. f.
Effronterie, audace. *Faire preuve d'impudence.* SYN. insolence.
Ne pas confondre avec les noms suivants :
- ***impudeur***, ce qui manque de retenue ;
- ***impudicité***, ce qui est indécent.

IMPUDENT, ENTE adj. et n. m. et f.
Effronté, insolent. *Des gestes impudents.*
Ne pas confondre avec le mot ***imprudent***, qui manque de prudence.

IMPUDEUR n. f.
Manque de retenue, de réserve. *Révéler ses pensées avec impudeur.*
Ne pas confondre avec les noms suivants :
- ***impudence***, effronterie ;
- ***impudicité***, indécence.

IMPUDICITÉ n. f.
Indécence.
Ne pas confondre avec les noms suivants :
- ***impudence***, effronterie ;
- ***impudeur***, manque de retenue.

IMPUDIQUE adj.
Indécent, contraire à la pudeur. *Une tenue impudique.*

IMPUDIQUEMENT adv.
De façon impudique. *Se vêtir impudiquement.*

IMPUISSANCE n. f.
1. Impossibilité d'accomplir une chose. *Les garçons n'ont pu l'aider : ils étaient réduits à l'impuissance.*
2. Déficience sexuelle physique ou psychologique, pour l'homme.
Ne pas confondre avec les noms suivants :
- ***frigidité***, absence de désir ;
- ***stérilité***, impossibilité de concevoir.

IMPUISSANT, ANTE adj.
1. Incapable, inefficace. *Ils étaient impuissants devant l'ouragan.*
2. Se dit d'un homme qui souffre d'impuissance.

IMPULSIF, IVE adj. et n. m. et f.
Qui agit sous l'impulsion d'un instinct, sans réfléchir. *Elle est trop impulsive, elle commettra des erreurs.* SYN. irréfléchi.

IMPULSION n. f.
1. Poussée. *Jules donne une impulsion à sa petite voiture.* SYN. élan.
2. Force, instinct qui pousse à agir. *Il a agi sous l'impulsion de la colère.* SYN. influence.

IMPULSIVEMENT adv.
De façon impulsive. *Une décision prise impulsivement.*

IMPULSIVITÉ n. f.
Caractère impulsif de quelqu'un, de quelque chose.

IMPUNÉMENT adv.
Sans subir de punition. *Il ne pourra détourner des fonds impunément : on finira par le démasquer.*

IMPUNI, IE adj.
Qui reste sans punition. *Ces malfaiteurs demeureront impunis tant qu'on ne les retrouvera pas.*

IMPUNITÉ n. f.
Absence de punition. *Ces diplomates peuvent espionner en toute impunité.*

IMPUR, URE adj.
1. Qui contient des matières étrangères. *Une eau impure.*
2. Contraire à la chasteté.

IMPURETÉ n. f.
1. Présence d'un élément étranger dans quelque chose. *Il y a des impuretés dans cette eau : il faut la faire bouillir pour la rendre potable.*
2. Acte impur. SYN. impudicité.

IMPUTABILITÉ n. f.
Caractère de ce qui est imputable, de ce que l'on peut imputer à quelqu'un.
FORME FAUTIVE
*imputabilité (d'un gestionnaire, d'un fonctionnaire, etc.). Impropriété pour ***obligation de rendre compte, reddition de comptes, responsabilité***.

IMPUTABLE adj.
Qui doit être attribué à quelqu'un, à quelque chose. SYN. attribuable.

IMPUTATION n. f.
1. Accusation, fondée ou non. SYN. allégation.
2. (FIN.) Affectation d'une somme à un compte.

IMPUTER v. tr.
1. Attribuer la responsabilité d'une faute à quelqu'un. *On a injustement imputé ce crime à cette personne.*
2. Porter une somme au débit d'un compte. *Imputer des frais de déplacement au compte de l'entreprise.*
Ne pas confondre avec le verbe ***amputer***, couper un membre.
CONJUGAISON : VOIR MODÈLE AIMER.

IMPUTRESCIBILITÉ n. f.
Caractère de ce qui est imputrescible. *L'imputrescibilité du marbre.*
imputrescibilité.

IMPUTRESCIBLE adj.
Qui ne peut pourrir. *Ces produits sont imputrescibles.* ANT. putrescible.
imputrescible.

***IN**
Anglicisme pour ***à la mode, en vogue.***

IN- préf.
Élément du latin à valeur négative. *Inacceptable.*
Si le radical commence par un ***n***, le ***n*** du préfixe demeure. *Innommable, innovateur.* Devant les consonnes ***l, m, r,*** le préfixe devient ***il-, im-, ir-***. *Illogique, immobile, irresponsable.*

INABORDABLE adj.
1. Où l'on ne peut aborder. *Une île inabordable.*
2. (VIEILLI) D'un abord difficile. *Une cantatrice inabordable.*
3. D'un prix élevé, exorbitant. *En hiver, les framboises sont inabordables.* SYN. cher ; hors de prix.

IN ABSENTIA loc. adv.
La deuxième syllabe se prononce ***san*** ou ***sin*** et le ***t*** se prononce ***s***, [inapsɑ̃sja, inapsɛ̃sja].
Locution latine signifiant « en l'absence de ». En l'absence de la personne intéressée. *On les a jugés* in absentia.
En typographie soignée, les mots étrangers sont composés en italique. Dans des textes déjà en italique, la notation se fait en romain. Pour les textes manuscrits, on utilisera les guillemets.

IN ABSTRACTO loc. adv.
La locution se prononce [inapstrakto].
Locution latine signifiant « dans l'abstrait ». *Vous avez raison* in abstracto ; *dans les faits, ce n'est pas certain.* SYN. théoriquement.
En typographie soignée, les mots étrangers sont composés en italique. Dans des textes déjà en italique, la notation se fait en romain. Pour les textes manuscrits, on utilisera les guillemets.

INACCENTUÉ, ÉE adj.
Qui ne porte pas d'accent. *Une voyelle inaccentuée.* ANT. accentué.

INACCEPTABLE adj.
Que l'on ne peut accepter. *Ces conditions sont inacceptables.* SYN. inadmissible ; irrecevable. ANT. acceptable.

INACCESSIBILITÉ n. f.
Caractère, état de ce qui est inaccessible.

INACCESSIBLE adj.
1. Dont l'accès est impossible. *Ces pics sont inaccessibles.*
2. (FIG.) Qu'on ne peut atteindre. *Des objectifs inaccessibles.* « *Sans cesse l'inaccessible/Chaque jour recule* » (Alain Grandbois, *Les Îles de la nuit*). SYN. irréalisable.
inaccessible.

INACCOUTUMÉ, ÉE adj.
Inhabituel. *Une visite inaccoutumée.* ANT. coutumier.

INACHEVÉ, ÉE adj.
Qui n'est pas achevé, fini. *Un dessin inachevé.* SYN. incomplet.

INACHÈVEMENT n. m.
État de ce qui n'est pas achevé. ANT. achèvement.

INACTIF, IVE adj. et n. m. et f.
1. Qui n'a pas d'activité. *Un volcan inactif. Une personne inactive.*
2. Inefficace. *Un médicament inactif.* SYN. impuissant.

INACTION n. f.
Cessation de toute activité. *Ève n'aime pas l'inaction.* SYN. oisiveté.

INACTIVER v. tr.
Rendre inactif. *Inactiver une bactérie.*
CONJUGAISON : VOIR MODÈLE AIMER.

INACTIVITÉ n. f.
Absence d'activité. *Ils se plaisent dans l'inactivité.* SYN. oisiveté.

INACTUEL, ELLE adj.
(LITT.) Qui n'est plus actuel. *Des considérations inactuelles.*

INADAPTATION n. f.
Défaut d'adaptation. *Ces jeunes ont du mal à s'adapter à l'école : ils souffrent d'inadaptation.*
LOCUTION
– ***Inadaptation sociale.*** Défaut d'adaptation, global ou partiel, d'une personne à la normalité, soit parce qu'elle ne parvient pas à s'intégrer à la société, soit parce qu'elle refuse les valeurs sur lesquelles est fondée la société (Recomm. off.).

INADAPTÉ, ÉE adj. et n. m. et f.
Qui est incapable de s'adapter à un milieu en raison de difficultés de comportement. SYN. inapproprié.
Ne pas confondre avec le mot ***désadapté***, celui qui n'est plus adapté à son milieu en raison de son évolution.

INADÉQUAT, ATE adj.
La quatrième syllabe se prononce ***koua***, [inadekwa, kwat].
Qui n'est pas adéquat, inapproprié. *Des mesures inadéquates.*

INADÉQUATION n. f.
La quatrième syllabe se prononce ***koua***, [inadekwasjɔ̃].
Caractère de ce qui n'est pas adéquat.

INADMISSIBILITÉ n. f.
Caractère de ce qui ne peut être admis.

INADMISSIBLE adj.
1. Qu'on ne peut admettre. *Son comportement est inadmissible.*
2. Irrecevable. *Cette demande est inadmissible.*

INADVERTANCE n. f.
Défaut d'attention.
LOCUTION
– ***Par inadvertance***, loc. adv. Par distraction, par manque d'attention. SYN. par mégarde.

INALIÉNABLE adj.
1. (DR.) Incessible. *Des droits inaliénables.*
2. (LITT.) Qui ne peut être enlevé.

INALTÉRABLE adj.
Qui ne peut s'altérer. *Un paysage d'une beauté inaltérable.*

INAMICAL, ALE, AUX adj.
Hostile. *Des procédés inamicaux. Une concurrence inamicale.*

INAMOVIBILITÉ n. f.
Caractère de ce qui est inamovible.

INAMOVIBLE adj.
Qui ne peut être déplacé, destitué. *Des fonctionnaires inamovibles.*

INANIMÉ, ÉE adj.
1. Qui est sans vie. *Une matière inanimée. Des objets inanimés.*
2. Qui a perdu la vie ou la connaissance. *Elle tomba inanimée.* SYN. inconscient. ANT. animé.

INANITÉ n. f.
Caractère de ce qui est vain.
Ne pas confondre avec le nom ***inanition***, faiblesse causée par un manque de nourriture.

INANITION n. f.
Faiblesse causée par un manque de nourriture.
Ne pas confondre avec le nom ***inanité,*** caractère de ce qui est vain.

INAPERÇU, UE adj.
– ***Passer inaperçu.*** Ne pas être remarqué. *Les voleurs sont passés inaperçus.*
Le mot ne s'emploie que dans cette locution.

INAPPÉTENCE n. f.
1. (LITT.) Indifférence, manque de désir.
2. Diminution de l'appétit.

INAPPLICABLE adj.
Qui ne peut être appliqué. *Un règlement inapplicable.*
inap**pli**cable.

INAPPLICATION n. f.
Manque d'application.
inap**pli**cation.

INAPPRÉCIABLE adj.
Inestimable. *Votre aide est inappréciable.* SYN. précieux.
inap**pr**éciable.

INAPPROPRIÉ, ÉE adj.
Qui n'est pas approprié. *Une solution inappropriée. Des médicaments inappropriés à leur usage.* SYN. inadapté; inadéquat. ANT. approprié.
FORMES FAUTIVES
*inapproprié. Impropriété pour ***inopportun, mal choisi, mal à propos, mauvais.*** *Un moment inopportun* (et non *inapproprié).
*inapproprié. Impropriété pour ***déplacé, inconvenant, incorrect.*** *Un comportement déplacé* (et non *inapproprié).

INAPTE adj.
Incapable. *Ces personnes ont été jugées inaptes à faire ce travail.*
Ne pas confondre avec le mot ***inepte,*** qui se dit d'une personne stupide.

INAPTITUDE n. f.
Incapacité. *Son inaptitude à jouer du piano est évidente.*

INARTICULÉ, ÉE adj.
Qui n'est pas articulé. *Des sons inarticulés.*

INASSOUVI, IE adj.
(LITT.) Qui n'est pas assouvi. *Une soif de connaître inassouvie. « Nous remonterons le cours inassouvi des siècles jusqu'à l'éclatement de toute la mémoire du monde »* (Jean-Guy Pilon, *Comme eau retenue*). SYN. inapaisé; insatisfait.

INASSOUVISSEMENT n. m.
(LITT.) État de ce qui ne peut pas être assouvi.

INATTAQUABLE adj.
Qu'on ne peut attaquer, mettre en colère. *Ses arguments sont inattaquables.* SYN. irréprochable.
inat**ta**quable.

INATTENDU, UE adj.
Imprévu. *Une visite inattendue. Des évènements inattendus.*

INATTENTIF, IVE adj.
Distrait. *Des élèves inattentifs.* ANT. attentif.

INATTENTION n. f.
Manque d'attention. *Des fautes d'inattention.* SYN. distraction.

INAUDIBLE adj.
Que l'on n'entend pas. *Des bruits inaudibles.*

INAUGURAL, ALE, AUX adj.
Qui concerne une inauguration. *Une séance inaugurale. Des exposés inauguraux.*

INAUGURATION n. f.
1. Cérémonie d'ouverture. *L'inauguration d'une nouvelle bibliothèque.*
2. (FIG.) Début. *L'inauguration d'une nouvelle planification.*

INAUGURER v. tr.
1. Procéder à l'inauguration de quelque chose. *Ils ont inauguré la nouvelle école.*
2. Commencer, marquer le début de. *Inaugurer une nouvelle collaboration.* SYN. entreprendre.
CONJUGAISON : VOIR MODÈLE AIMER.

INAVOUABLE adj.
Qui ne peut être avoué. *Des motifs inavouables.*

INAVOUÉ, ÉE adj.
Qui n'est pas avoué. *Un désir inavoué.* SYN. caché; secret.

inc.
Abréviation de ***incorporée*** dans une raison sociale.
[T] Cette mention abrégée s'écrit avec une minuscule initiale.
VOIR TABLEAU – RAISON SOCIALE.

INCA adj. et n. inv. en genre
ADJECTIF INVARIABLE EN GENRE
Relatif aux Incas. *Les coutumes incas* ou *inca.*
NOM INVARIABLE EN GENRE
Les Incas ou *les Inca. Un Inca, une Inca.*
[T] L'adjectif s'écrit avec une minuscule; le nom, avec une majuscule.

INCALCULABLE adj.
1. Qu'on ne peut calculer. *Le nombre des grains de sable de cette plage est incalculable.*
2. Impossible à évaluer, très grand. *Des difficultés incalculables.*

INCANDESCENCE n. f.
La troisième syllabe se prononce ***dé,*** [ɛ̃kɑ̃desɑ̃s].
État d'un corps chauffé et rendu lumineux.
LOCUTION
– ***Lampe à incandescence.*** Lampe qui éclaire à l'aide d'un filament chauffé à blanc.
incan**desc**ence.

INCANDESCENT, ENTE adj.
La troisième syllabe se prononce ***dé,*** [ɛ̃kɑ̃desɑ̃, ɑ̃t].
Qui est en incandescence. *Des lampes incandescentes.*
incan**desc**ent.

INCANTATION n. f.
Parole magique. *Le sorcier prononça des incantations.*

INCANTATOIRE adj.
Propre à l'incantation. *Des formules incantatoires.*
incantat**oire.**

INCAPABLE adj. et n. m. et f.
ADJECTIF
Qui n'a pas l'aptitude à faire quelque chose. *Il est incapable de compter.*
NOM MASCULIN ET FÉMININ
(DR.) Personne frappée d'incapacité parce qu'elle est inapte à exercer certains droits.

INCAPACITÉ n. f.
1. Impuissance, inaptitude. *Une incapacité à admettre la vérité.*
2. (DR.) Inaptitude à exercer certains droits ou à en jouir.

INCARCÉRATION n. f.
Emprisonnement. *Il a été condamné à l'incarcération pour vingt ans.*

INCARCÉRER v. tr.
Mettre en prison. *On les a incarcérés pour trois ans.* SYN. emprisonner.

CONJUGAISON : VOIR MODÈLE POSSÉDER.
Le ***é*** se change en ***è*** devant une syllabe contenant un ***e*** muet, sauf à l'indicatif futur et au conditionnel présent. *J'incarcère,* mais *j'incarcérerai.*
[Les *Rectifications* (1990) admettent : il incarcèrera, incarcèrerait...]

INCARNAT, ATE adj. et n. m.
ADJECTIF
D'un rouge vif. *Des lèvres incarnates.*
VOIR TABLEAU – COULEUR (ADJECTIFS DE).
Cet adjectif de couleur simple s'accorde en genre et en nombre avec le mot auquel il se rapporte ; s'il est composé, il est invariable.
NOM MASCULIN
Rouge vif. *L'incarnat de ses joues contraste joliment avec son teint.*
incarnat.

INCARNATION n. f.
1. (THÉOL.) Action de prendre la forme humaine, en parlant de Dieu.
2. Personnification, représentation. *Cette ballerine est l'incarnation de la grâce.*

INCARNÉ, ÉE adj.
1. (THÉOL.) Qui s'est fait chair. *Le Verbe incarné.*
2. (MÉD.) Ongle entré dans la chair. *Les ongles incarnés font souffrir.*
3. Représenté sous forme matérielle. *La paresse incarnée.*

INCARNER v. tr., pronom.
VERBE TRANSITIF
1. Personnifier. *Incarner la justice.*
2. Interpréter. *Cette comédienne incarna Hélène de Champlain.*
VERBE PRONOMINAL
1. Prendre une forme humaine, en parlant d'une divinité.
2. Se réaliser en. *Ses rêves se sont incarnés en elle.*
À la forme pronominale, le participe passé de ce verbe s'accorde toujours en genre et en nombre avec son sujet. *Nos espoirs se sont incarnés en ces nouveaux appuis qu'a reçus notre projet.*
CONJUGAISON : VOIR MODÈLE AIMER.

INCARTADE n. f.
Écart de conduite. *Ces petites incartades ne sont pas graves.* SYN. faute ; peccadille.

INCASSABLE adj.
Qui ne peut se casser. *Ces verres sont incassables.*

INCENDIAIRE adj. et n. m. et f.
ADJECTIF
1. Propre à causer un incendie. *Une bombe incendiaire.*
2. (FIG.) Propre à enflammer les esprits. *Des textes incendiaires.* SYN. provocateur.
NOM MASCULIN ET FÉMININ
Auteur volontaire d'un incendie. SYN. pyromane.
incendi**aire**.

INCENDIE n. m.
Grand feu qui s'étend rapidement et occasionne des dégâts importants. *Cet incendie a détruit deux maisons. Les pompiers ont réussi à circonscrire, à enrayer, à éteindre, à maîtriser l'incendie. Un incendie criminel.*
On préférera le terme ***incendie de forêt*** à celui de ***feu de forêt.***
Ne pas confondre avec le nom ***sinistre*** qui, dans la langue des assurances, désigne une catastrophe causant des dommages (incendie, mais aussi inondation, tornade, etc.).
incendie.

INCENDIÉ, IÉE adj.
Détruit par le feu. *Une forêt incendiée.* SYN. brûlé ; calciné ; consumé.

INCENDIER v. tr.
Mettre en feu, détruire par le feu. *Malgré l'interdiction, des campeurs ont fait un feu de camp qui a incendié la forêt.* SYN. brûler.
CONJUGAISON : VOIR MODÈLE ÉTUDIER.
Redoublement du ***i*** à la première et à la deuxième personne du pluriel de l'indicatif imparfait et du subjonctif présent. *(Que) nous incendiions, (que) vous incendiiez.*

INCERTAIN, AINE adj.
1. Indéfini, imprécis. *Des résultats incertains. Une réussite incertaine.* SYN. indéterminé.
2. Variable. *Le temps est incertain, il pleuvra peut-être.*
3. Indécis, perplexe. *Julie est incertaine ; elle ne sait pas quelle option choisir.*
L'adjectif se construit généralement avec la préposition ***de,*** mais il s'emploie également avec ***sur*** et ***quant.*** *Elle est incertaine de ce qui va se produire, sur l'évolution des choses, quant à ce que l'avenir lui réserve.*

INCERTITUDE n. f.
Manque de certitude. *Julie n'a pas fait son choix : elle est encore dans l'incertitude.* SYN. doute ; indécision ; indétermination.

INCESSAMMENT adv.
La deuxième syllabe se prononce ***sé,*** [ɛ̃sesamɑ̃].
1. (LITT.) (VX) Sans cesse. *Elle écrit incessamment.*
2. Sans délai, d'ici peu. *Il part incessamment.*

INCESSANT, ANTE adj.
La deuxième syllabe se prononce ***é,*** [ɛ̃sesɑ̃, ɑ̃t].
Continuel. *Des va-et-vient incessants.* SYN. ininterrompu.

INCESSIBILITÉ n. f.
(DR.) Qualité de ce qui est incessible.

INCESSIBLE adj.
(DR.) Qui ne peut être cédé. *Un titre incessible.*

INCESTE n. m.
Union entre proches parents. *Des victimes d'inceste.*
Attention au genre masculin de ce nom : ***un*** inceste.

INCESTUEUX, EUSE adj.
Coupable d'inceste. *Des relations incestueuses.*

INCHANGÉ, ÉE adj.
Qui est sans changement. *Les cours demeurent inchangés.*

INCHAVIRABLE adj.
Qui ne peut chavirer. *Cette barque est inchavirable.*

INCIDEMMENT adv.
1. Accessoirement, sans y accorder beaucoup d'importance. *Nous leur avons offert incidemment de prendre des vacances.* SYN. en passant ; entre parenthèses.
2. Accidentellement. *J'ai appris la nomination incidemment.* SYN. par hasard.
3. Soit dit en passant. *Elle nous a mentionné incidemment qu'elle partait en voyage le lendemain.*
incide**mm**ent.

INCIDENCE n. f.
1. Effet, conséquence. *L'incidence des taux d'intérêt sur le cours du dollar, sur les prix.* SYN. répercussion ; suite.
2. (MÉD.) Nombre de nouveaux cas d'une maladie, ou de personnes qui sont tombées malades, pendant une période donnée et dans une population déterminée.
Ne pas confondre avec le nom ***prévalence,*** nombre total de cas d'une maladie, anciens et nouveaux.
FORME FAUTIVE
*incidence. Anglicisme au sens de ***fréquence.*** *La fréquence* (et non l'*incidence) *des accidents de la route a encore augmenté.*

INCIDENT n. m.
Évènement imprévu d'importance secondaire. *Ces incidents n'ont pas compromis la réalisation de l'ouvrage.*
Ne pas confondre avec le nom ***accident,*** évènement imprévisible, malheureux.

INCIDENT, ENTE adj. et n. f.
ADJECTIF
(DR.) Qui survient par hasard. SYN. accessoire ; accidentel.
NOM FÉMININ
Proposition insérée dans une autre dont elle fait partie. *L'incidente joue le rôle d'une parenthèse.* SYN. incise.

INCINÉRATEUR n. m.
Appareil servant à incinérer les déchets.

INCINÉRATION n. f.
1. Action de réduire en cendres. *L'incinération de produits confisqués.*
2. Action de brûler le corps d'une personne morte. SYN. crémation.

INCINÉRER v. tr.
Réduire en cendres. *Cette personne souhaite être incinérée après sa mort.*
CONJUGAISON : VOIR MODÈLE POSSÉDER.
Le ***é*** se change en ***è*** devant une syllabe contenant un ***e*** muet, sauf à l'indicatif futur et au conditionnel présent. *J'incinère,* mais *j'incinérerai.*
[Les *Rectifications* (1990) admettent : il incinèrera, incinèrerait...]

INCISE adj. et n. f.
(GRAMM.) Se dit d'une proposition intercalée dans une phrase. *Dans la phrase « Je viendrai certainement, répondit-il, si j'en ai la possibilité », la proposition « répondit-il » est une incise. Une proposition incise.* SYN. incidente.
Ne pas confondre avec les mots suivants :
• ***incisif,*** qui coupe, mordant ;
• ***incisive,*** dent.
Les verbes des propositions incises ont généralement le sens de « dire ». L'incise se met entre deux virgules.

INCISER v. tr.
Faire une incision dans, au moyen d'un instrument tranchant. *Inciser une gencive.* SYN. couper ; entailler.
CONJUGAISON : VOIR MODÈLE AIMER.

INCISIF, IVE adj.
Mordant. *Une réplique incisive.* SYN. acéré ; caustique ; tranchant.
Ne pas confondre avec le nom ***incise,*** proposition intercalée dans une phrase.

INCISION n. f.
Coupure. *Le chirurgien a pratiqué une petite incision pour enlever un grain de beauté.*

INCISIVE n. f.
Dent. *Nous avons huit incisives.*
Ne pas confondre avec le nom ***incise,*** proposition intercalée dans une phrase.

INCITATIF, IVE adj.
Qui vise à convaincre, qui stimule. *Des mesures incitatives plutôt que coercitives.*
Au Québec, l'adjectif ***incitatif*** est parfois utilisé comme substantif au sens de « mesure incitative » ou de « programme incitatif ». Dans un contexte où cette forme elliptique fait référence de façon claire au terme plus long déjà cité dans le texte, on peut avoir recours à ce procédé d'abrègement (GDT). *Cette déduction fiscale pour des travaux de rénovation est un incitatif efficace.*

INCITATION n. f.
Tentation. *Ces gâteaux sont une incitation à la gourmandise.* SYN. encouragement ; invitation ; sollicitation.

INCITER v. tr.
Pousser. *Elle m'incita à accepter. On m'incite à la paresse.* SYN. encourager ; entraîner ; inviter.
Ce verbe se construit avec la préposition ***à*** suivie d'un nom ou d'un infinitif. *On incite quelqu'un à quelque chose.*
CONJUGAISON : VOIR MODÈLE AIMER.

INCIVIL, ILE adj.
(LITT.) Impoli, qui manque de civilité.
Ne pas confondre avec le mot ***incivique,*** qui manque de civisme.

INCIVILITÉ n. f.
(LITT.) Caractère de ce qui est incivil.
incivilité.

INCIVIQUE adj.
Qui manque de civisme. *Ces pollueurs sont inciviques.*
Ne pas confondre avec le mot ***incivil,*** qui se dit d'une personne impolie.

INCIVISME n. m.
(LITT.) Manque de civisme. *Votre tapage nocturne dénote de l'incivisme.*

INCLÉMENCE n. f.
Rigueur (du climat).
Ce nom ne s'emploie plus qu'en parlant de la météorologie.

INCLÉMENT, ENTE adj.
(LITT.) Rigoureux, froid (en parlant du climat).

INCLINAISON n. f.
État de ce qui est incliné. *L'inclinaison de la route.*
Ne pas confondre avec le nom ***inclination,*** penchant.

INCLINATION n. f.
(LITT.) Penchant. *Elle a une inclination pour la poésie.* SYN. attrait ; désir ; goût ; propension.
Ne pas confondre avec le nom ***inclinaison,*** état de ce qui est incliné.

INCLINER v. tr., intr., pronom.
VERBE TRANSITIF DIRECT
1. Rendre oblique ce qui est droit, faire pencher. *Le vent incline le voilier.* SYN. obliquer.
2. Baisser, courber vers l'avant. *Incliner la tête.* SYN. fléchir.
3. (FIG.) Pousser à, inciter à. *Le désir de rendre service l'incline à participer à la rencontre.* SYN. inciter ; porter à.
VERBE TRANSITIF INDIRECT
Tendre à, être enclin à. *Elle incline à la paresse et au désir de profiter pleinement de la vie.*
VERBE INTRANSITIF
1. Être incliné. *La table incline un peu vers l'arrière.* SYN. pencher.
2. (FIG.) Être porté à, avoir tendance à. *Elle incline à l'indulgence et à l'optimisme.*
VERBE PRONOMINAL
1. Se baisser, se courber. *Elles se sont inclinées avec respect.*
2. (FIG.) Se soumettre. *Ils se sont inclinés finalement et ont accepté la proposition.* SYN. céder ; se résigner.
3. (FIG.) (SPORTS) Perdre. *L'équipe des Castors s'est inclinée.*
À la forme pronominale, le participe passé de ce verbe s'accorde toujours en genre et en nombre avec son sujet. *L'équipe du Canadien ne s'est pas inclinée.*
CONJUGAISON : VOIR MODÈLE AIMER.

INCLURE v. tr.
1. Introduire (dans). *Il inclut des illustrations dans son document.*
2. Comprendre, intégrer. *Les élèves que nous avons inclus dans le groupe sont très forts.*
Au participe passé, le verbe s'écrit ***inclus, incluse,*** à la différence de ***exclu, exclue,*** du verbe ***exclure.***
CONJUGAISON : VOIR MODÈLE INCLURE.

INCLUS, USE adj.
Compris. *Taxe incluse. Les piles sont incluses.* ANT. exclu.
LOCUTION
– ***Y inclus,*** loc. prép. Y compris. *Envoyez-lui le manuscrit y inclus les illustrations.*
Cette locution prépositive demeure invariable.
La forme féminine de l'adjectif ***inclus*** est ***incluse,*** à la différence de celle de l'adjectif ***exclu*** qui fait ***exclue*** au féminin.

CONJUGAISON DU VERBE **INCLURE**

INDICATIF

PRÉSENT		PASSÉ COMPOSÉ		
j'	incl**us**	j'	ai	inclus
tu	incl**us**	tu	as	inclus
elle	incl**ut**	elle	a	inclus
il	incl**ut**	il	a	inclus
nous	incl**uons**	nous	avons	inclus
vous	incl**uez**	vous	avez	inclus
elles	incl**uent**	elles	ont	inclus
ils	incl**uent**	ils	ont	inclus

IMPARFAIT		PLUS-QUE-PARFAIT		
j'	incl**uais**	j'	avais	inclus
tu	incl**uais**	tu	avais	inclus
elle	incl**uait**	elle	avait	inclus
il	incl**uait**	il	avait	inclus
nous	incl**uions**	nous	avions	inclus
vous	incl**uiez**	vous	aviez	inclus
elles	incl**uaient**	elles	avaient	inclus
ils	incl**uaient**	ils	avaient	inclus

PASSÉ SIMPLE		PASSÉ ANTÉRIEUR		
j'	incl**us**	j'	eus	inclus
tu	incl**us**	tu	eus	inclus
elle	incl**ut**	elle	eut	inclus
il	incl**ut**	il	eut	inclus
nous	incl**ûmes**	nous	eûmes	inclus
vous	incl**ûtes**	vous	eûtes	inclus
elles	incl**urent**	elles	eurent	inclus
ils	incl**urent**	ils	eurent	inclus

FUTUR SIMPLE		FUTUR ANTÉRIEUR		
j'	incl**urai**	j'	aurai	inclus
tu	incl**uras**	tu	auras	inclus
elle	incl**ura**	elle	aura	inclus
il	incl**ura**	il	aura	inclus
nous	incl**urons**	nous	aurons	inclus
vous	incl**urez**	vous	aurez	inclus
elles	incl**uront**	elles	auront	inclus
ils	incl**uront**	ils	auront	inclus

CONDITIONNEL PRÉSENT		CONDITIONNEL PASSÉ		
j'	incl**urais**	j'	aurais	inclus
tu	incl**urais**	tu	aurais	inclus
elle	incl**urait**	elle	aurait	inclus
il	incl**urait**	il	aurait	inclus
nous	incl**urions**	nous	aurions	inclus
vous	incl**uriez**	vous	auriez	inclus
elles	incl**uraient**	elles	auraient	inclus
ils	incl**uraient**	ils	auraient	inclus

SUBJONCTIF

PRÉSENT			PASSÉ			
que	j'	incl**ue**	que	j'	aie	inclus
que	tu	incl**ues**	que	tu	aies	inclus
qu'	elle	incl**ue**	qu'	elle	ait	inclus
qu'	il	incl**ue**	qu'	il	ait	inclus
que	nous	incl**uions**	que	nous	ayons	inclus
que	vous	incl**uiez**	que	vous	ayez	inclus
qu'	elles	incl**uent**	qu'	elles	aient	inclus
qu'	ils	incl**uent**	qu'	ils	aient	inclus

IMPARFAIT			PLUS-QUE-PARFAIT			
que	j'	incl**usse**	que	j'	eusse	inclus
que	tu	incl**usses**	que	tu	eusses	inclus
qu'	elle	incl**ût**	qu'	elle	eût	inclus
qu'	il	incl**ût**	qu'	il	eût	inclus
que	nous	incl**ussions**	que	nous	eussions	inclus
que	vous	incl**ussiez**	que	vous	eussiez	inclus
qu'	elles	incl**ussent**	qu'	elles	eussent	inclus
qu'	ils	incl**ussent**	qu'	ils	eussent	inclus

IMPÉRATIF

PRÉSENT	PASSÉ	
incl**us**	aie	inclus
incl**uons**	ayons	inclus
incl**uez**	ayez	inclus

INFINITIF

PRÉSENT	PASSÉ
incl**ure**	avoir inclus

PARTICIPE

PRÉSENT	PASSÉ
incl**uant**	inclus, se ayant inclus

I

INCLUSIF, IVE adj.
Qui renferme, comprend en soi. *Il faut militer pour un monde inclusif et non exclusif.* ANT. exclusif.

INCLUSION n. f.
Action d'inclure. *L'inclusion d'une taxe.* ANT. exclusion.

INCLUSIVEMENT adv.
En comprenant la chose dont on parle. *De la page 10 à la page 13 inclusivement.* ANT. exclusivement.

INCOERCIBLE adj.
Le *o* est ouvert, [ɛ̃kɔɛrsibl].
(LITT.) Irrépressible. *Une joie incoercible.* SYN. irrésistible.
inco**e**rc**i**ble.

INCOGNITO adv. et n. m.
ADVERBE
Anonymement. *Ils voyagent incognito.*
Pris adverbialement, le mot est invariable.
NOM MASCULIN
Désir de ne pas être reconnu. *Garder l'incognito. Des incognitos difficiles à préserver.*
Ne pas confondre avec le mot ***anonyme,*** qui se dit d'un auteur inconnu, volontairement ou non.
Ce mot a été emprunté à l'italien où il signifie « inconnu ».

INCOHÉRENCE n. f.
Le *o* est ouvert, [ɛ̃kɔɛrɑ̃s].
Caractère de ce qui est incohérent, de ce qui manque de logique. *L'incohérence de ces propos.*
inco**hé**rence.

INCOHÉRENT, ENTE adj.
Le *o* est ouvert, [ɛ̃kɔɛrɑ̃, ɑ̃t].
Qui manque de logique, d'unité, de cohésion. *Des paroles incohérentes.* SYN. absurde ; illogique. ANT. cohérent.
inco**hé**rent.

INCOLLABLE adj.
1. Qui ne colle pas.
2. (FAM.) Qui connaît toutes les réponses. *Annie est incollable : elle connaît toutes les réponses.*

INCOLORE adj.
1. Qui n'a pas de couleur. *Un vernis incolore.*
2. (FIG.) Sans relief. *Un style incolore et sans saveur.* SYN. terne.
inco**l**o**re**.

INCOMBER v. tr. ind.
Être à la charge de, revenir obligatoirement à. *Cette responsabilité nous incombe. C'est à nous qu'il incombe d'agir.*
Le verbe se construit avec la préposition ***à.***
CONJUGAISON : VOIR MODÈLE AIMER.

INCOMMENSURABILITÉ n. f.
Caractère de ce qui est incommensurable.
inco**mm**ensurabilité.

INCOMMENSURABLE adj.
Qui ne peut être mesuré. *Une bonté incommensurable.* SYN. immense.
inco**mm**ensurable.

INCOMMENSURABLEMENT adv.
De façon incommensurable. *Ils ont été incommensurablement généreux.* SYN. immensément.
inco**mm**ensurablement.

INCOMMODANT, ANTE adj.
Qui dérange, gêne. *Ces travaux de rénovation sont incommodants.*

INCOMMODE adj.
Peu pratique. *Cet escalier est incommode.* SYN. (VX) malcommode.

INCOMMODER v. tr.
Déranger, gêner. *Cette odeur de peinture les incommode.* SYN. ennuyer ; importuner.
CONJUGAISON : VOIR MODÈLE AIMER.

INCOMMUNICABILITÉ n. f.
Impossibilité de communiquer.

INCOMMUNICABLE adj.
Qui ne peut être communiqué. *Des renseignements incommunicables.*

INCOMPARABLE adj.
Sans pareil. *Ce paysage est incomparable.* SYN. admirable ; remarquable ; unique.

INCOMPARABLEMENT adv.
Sans comparaison possible.

INCOMPATIBILITÉ n. f.
1. Impossibilité de s'entendre avec une autre personne. *L'incompatibilité de deux caractères, d'une personnalité et d'une autre, d'un tempérament avec un autre.*
Ne pas confondre avec les noms suivants :
- ***désaccord,*** différend ;
- ***discorde,*** désunion grave ;
- ***dissidence,*** division profonde qui conduit un groupe ou une personne à se désolidariser.

2. (MÉD.) État existant entre deux sujets dont l'un possède des antigènes contre lequel l'autre peut élaborer des anticorps (GDT).

INCOMPATIBLE adj.
1. Qui ne peut s'accorder avec une autre chose. *Des caractères incompatibles.*
2. (MÉD.) Qui provoque un rejet du système immunitaire. *Des groupes sanguins incompatibles.*
3. (INFORM.) Qui ne peut fonctionner avec un autre appareil. *Des logiciels incompatibles avec cet ordinateur.* ANT. compatible.

INCOMPÉTENCE n. f.
Manque de compétence. *Cette personne a atteint son niveau d'incompétence.*

INCOMPÉTENT, ENTE adj. et n. m. et f.
Qui n'est pas compétent. *On a dû remercier cet employé incompétent. Je suis incompétente en mécanique, dans ce domaine.* SYN. incapable.

INCOMPLET, ÈTE adj.
Qui n'est pas complet. *Un devoir incomplet, un jeu de cartes incomplet, des résultats incomplets.* SYN. partiel.

INCOMPLÈTEMENT adv.
D'une manière incomplète.

INCOMPRÉHENSIBILITÉ n. f.
(LITT.) État de ce qui est incompréhensible.

INCOMPRÉHENSIBLE adj.
Insaisissable en raison de la nature même de l'objet. *Un mystère incompréhensible.* SYN. inexplicable.
Ne pas confondre avec le mot ***inintelligible,*** dont on ne peut saisir le sens en raison d'une mauvaise présentation de l'objet.

INCOMPRÉHENSION n. f.
Incapacité à comprendre. *Martin souffre d'incompréhension, il se sent incompris. Il y a de l'incompréhension entre ces collègues.*
Le nom se construit avec les prépositions ***pour, envers,*** avec la locution prépositive ***à l'égard de.*** *De l'incompréhension pour les chômeurs, envers les marginaux, à l'égard des décrocheurs.*

INCOMPRESSIBILITÉ n. f.
Caractère de ce qui est incompressible.

INCOMPRESSIBLE adj.
Qui ne diminue pas de volume quand on le comprime. *L'eau est un fluide incompressible; le gaz, un fluide compressible.*

INCOMPRIS, ISE adj. et n. m. et f.
Qui n'est pas compris. *Cette enfant est incomprise. Une incomprise qui se cherche.*

INCONCEVABLE adj.
Le *e* central ne se prononce pas, [ɛ̃kɔ̃svabl].
Inimaginable. *Son attitude est inconcevable.* SYN. impensable.
Ne pas confondre avec les mots suivants :
- ***bizarre,*** étonnant, singulier;
- ***extraordinaire,*** exceptionnel;
- ***incroyable,*** difficile à croire;
- ***inusité,*** inhabituel;
- ***invraisemblable,*** qui ne semble pas vrai.

INCONCEVABLEMENT adv.
De façon inconcevable.

INCONCILIABLE adj.
Opposé, que l'on ne peut concilier avec quelque chose d'autre; se dit de personnes, de choses qui s'excluent réciproquement.
Ne pas confondre avec le mot ***irréconciliable,*** qu'on ne peut réconcilier, remettre en harmonie.

INCONDITIONNEL, ELLE adj. et n. m. et f.
ADJECTIF
Absolu. *Un appui inconditionnel.*
NOM MASCULIN ET FÉMININ
Partisan sans réserve. *Des inconditionnels du recyclage.*

INCONDITIONNELLEMENT adv.
De façon inconditionnelle.

INCONDUITE n. f.
(LITT.) Conduite répréhensible.

INCONFORT n. m.
Manque de confort. *L'inconfort d'une tente.*
inconfort.

INCONFORTABLE adj.
1. Qui n'est pas confortable. *Ce véhicule est inconfortable.*
2. (FIG.) Qui est désagréable. *Une rencontre inconfortable.*

INCONGRU, UE adj.
Non convenable, déplacé. *Une parole incongrue.*

INCONGRUITÉ n. f.
1. Caractère de ce qui est incongru, inconvenant. SYN. inconvenance.
2. Parole, geste incongru. *Bien sûr, il a dit quelques incongruités pour dérider l'atmosphère.*
incongruité.

INCONGRÛMENT adv.
De façon incongrue. *Se comporter incongrûment.*
[Les *Rectifications* (1990) admettent : incongrument.]

INCONNU, UE adj. et n. m. et f.
ADJECTIF
1. Qui n'est pas connu. *Un terme inconnu à tous, de tous.* SYN. ignoré.
2. Non déterminé. *Une destination inconnue.*
L'adjectif se construit avec les prépositions ***à, de.***
NOM MASCULIN ET FÉMININ
Étranger. *Elle a croisé un inconnu. Une inconnue parle avec Léa.*
NOM FÉMININ
Variable mathématique. *Une équation à deux inconnues.*
NOM MASCULIN
Ce qui n'est pas connu. *La peur de l'inconnu. « N'était-il pas déjà merveilleux qu'à son âge elle sache encore trouver en elle de quoi se réjouir de la route, des hasards, de l'inconnu du voyage ? »* (Gabrielle Roy, *De quoi t'ennuies-tu, Éveline?*).

INCONSCIEMMENT adv.
De façon inconsciente. *Inconsciemment, il imite son père.*
inconsciemment.

INCONSCIENCE n. f.
1. Perte de connaissance. *Il est tombé et a glissé dans l'inconscience.*
2. Absence de réflexion. *Cette audace dénote de l'inconscience.* SYN. légèreté.
3. Folie. *Partir à cette heure ? C'est de l'inconscience !*
inconscience.

INCONSCIENT, ENTE adj. et n. m. et f.
ADJECTIF ET NOM MASCULIN ET FÉMININ
1. Qui a perdu connaissance. *Elle était inconsciente depuis quelques minutes.*
2. Spontané. *Un geste inconscient.* SYN. instinctif.
3. Qui n'a pas conscience de ses actes. *C'est une inconsciente.* SYN. fou; irréfléchi.
NOM MASCULIN
Ensemble de phénomènes étrangers à la conscience.
inconscient.

INCONSÉQUENCE n. f.
Irréflexion, étourderie. *Cette inconséquence lui sera préjudiciable.*

INCONSÉQUENT, ENTE adj.
Qui n'a pas de suite dans les idées, illogique.

INCONSIDÉRÉ, ÉE adj.
Irréfléchi. *Des propos inconsidérés.* SYN. imprudent.

INCONSISTANCE n. f.
Absence de consistance. *L'inconsistance d'une proposition.* SYN. faiblesse.
Ne pas confondre avec le nom ***inconstance,*** tendance à changer d'opinion.

INCONSISTANT, ANTE adj.
Qui manque de consistance, de logique, de rigueur. *Des textes inconsistants.* SYN. faible.

INCONSOLABLE adj.
Qui ne peut être consolé. *Elle a perdu son chien et elle est inconsolable.*
Cet adjectif se dit surtout d'une personne.

INCONSOMMABLE adj.
Immangeable. *Des viandes inconsommables.*

INCONSTANCE n. f.
(LITT.) Tendance à changer d'opinion, de sentiment. SYN. instabilité.
Ne pas confondre avec le nom ***inconsistance,*** absence de consistance.

INCONSTANT, ANTE adj. et n. m. et f.
Qui manque de constance, qui change souvent d'avis. *Christian est inconstant : il change souvent de copine.* SYN. changeant; instable; versatile.

INCONSTITUTIONNALITÉ n. f.
Caractère de ce qui est inconstitutionnel.
inconstitutionnalité.

INCONSTITUTIONNEL, ELLE adj.
Qui n'est pas conforme à la Constitution d'un pays. *Une mesure inconstitutionnelle.*

INCONSTITUTIONNELLEMENT adv.
De façon inconstitutionnelle.

INCONTESTABLE adj.
Dont on ne peut douter, qui ne peut être contesté. *Son habileté est incontestable.* SYN. évident; indéniable; indiscutable.

INCONTESTABLEMENT adv.
De façon incontestable. *Il est incontestablement très persuasif.*

INCONTESTÉ, ÉE adj.
Admis par tous. *Le chef incontesté d'un parti.*

INCONTINENCE n. f.
1. Absence de sobriété dans le langage.
2. (MÉD.) Perte de contrôle des sphincters. *Incontinence urinaire.*

INCONTINENT adv.
(LITT.) Aussitôt. *Et elle s'envola incontinent pour l'Italie.* SYN. sur-le-champ ; tout de suite.

INCONTINENT, ENTE adj.
Qui souffre d'incontinence. *Des malades incontinents.*

INCONTOURNABLE adj. et n. m.
ADJECTIF
Inévitable, dont il faut tenir compte. *Cette restructuration est incontournable.* SYN. indispensable.
NOM MASCULIN
Personne, chose qu'il est nécessaire de connaître. *Il vous faut absolument aller voir ce film : c'est un incontournable.*

INCONTRÔLABLE adj.
Qui ne peut être vérifié. *Cet alibi est incontrôlable.*
FORME FAUTIVE
*incontrôlable. Anglicisme au sens de ***imprévisible, imprévu.***
⇨ incontrôlable.

INCONVENANCE n. f.
Impertinence, indécence. *L'inconvenance de ses propos est choquante.* SYN. incongruité ; incorrection.
⇨ inconvenance.

INCONVENANT, ANTE adj.
Contraire aux convenances, à la politesse. *Des propos inconvenants.* SYN. choquant ; impoli ; incongru ; incorrect.

INCONVÉNIENT n. m.
Désavantage. *Les inconvénients du camping sont insignifiants alors que les avantages sont considérables.*

INCONVERTIBLE adj.
(FIN.) Qui ne peut être converti. *Une monnaie inconvertible.*

INCOORDINATION n. f.
(DIDACT.) Absence de coordination.

INCORPORATION n. f.
1. Action d'incorporer. *L'incorporation d'un peu de sucre dans un mélange.*
2. État de ce qui est incorporé.

INCORPORÉE adj.
Abrév. ***inc.***
(DR.) Indication du statut juridique d'une entreprise.
La mention ***inc.***, abréviation de ***incorporée***, suit la dénomination de l'entreprise dans une raison sociale.
VOIR TABLEAU – RAISON SOCIALE.

INCORPOREL, ELLE adj.
1. Qui n'a pas de corps et qui ne peut être perçu par les sens. *L'imagination est incorporelle.*
2. (DR.) Qui n'a pas d'existence matérielle. *L'image d'une entreprise, son achalandage sont des éléments incorporels. Des biens incorporels.* ANT. corporel.

INCORPORER v. tr., pronom.
VERBE TRANSITIF
1. Mélanger. *Incorporer de la farine à une crème.*
2. Intégrer. *Une montre avec chronomètre incorporé.*
3. ⚜ Constituer en société par actions. *Incorporer une entreprise.*
VERBE PRONOMINAL
1. Se mélanger à quelque chose. *La crème s'est incorporée au potage.*
2. ⚜ Se constituer en société par actions. *Cette entreprise s'est incorporée en 1980.*
À la forme pronominale, le participe passé de ce verbe s'accorde toujours en genre et en nombre avec son sujet. *Ces ingrédients se sont bien incorporés.*
CONJUGAISON : VOIR MODÈLE AIMER.

INCORRECT, E adj.
1. Fautif. *La réponse est incorrecte.* SYN. faux ; inexact.
2. Impoli, grossier. *Ces propos sont incorrects.* SYN. inconvenant.

INCORRECTEMENT adv.
D'une manière incorrecte. *Jules et Andréa ont écrit le mot* rythme *incorrectement : ils ont fait une faute d'orthographe.* SYN. mal.

INCORRECTION n. f.
1. Défaut de correction, surtout en matière linguistique. SYN. impropriété.
2. Manquement aux règles de la bienséance. SYN. inconvenance.

INCORRIGIBLE adj.
Qui ne peut être corrigé. *Ce livreur est incorrigible : il n'enlève pas ses bottes et salit toujours les parquets.*

INCORRIGIBLEMENT adv.
De façon incorrigible. *Elle est incorrigiblement en retard.*

INCORRUPTIBILITÉ n. f.
Intégrité. *L'incorruptibilité des juges.*

INCORRUPTIBLE adj. et n. m. et f.
1. Inaltérable. *Une matière incorruptible.* SYN. imputrescible.
2. Qui ne se laisse pas corrompre. *Un agent incorruptible.* SYN. intègre.

INCRÉDULE adj. et n. m. et f.
Qui est méfiant. *Les passants incrédules n'en croyaient pas leurs yeux : cet homme mesurait plus de 2,30 m.* SYN. sceptique.

INCRÉDULITÉ n. f.
Méfiance, doute. *C'est avec beaucoup d'incrédulité qu'on l'écouta raconter ses exploits de pêche : il exagère toujours.* SYN. scepticisme.

INCRÉMENT n. m.
(INFORM.) Quantité constante ajoutée à la valeur d'une variable, à chaque exécution d'une instruction répétitive inscrite dans un processus itératif (GDT). *L'utilisation de l'incrément est courante dans la conception des boucles de programme.*

INCRÉMENTIEL, IELLE adj.
(INFORM.) Qualifie un procédé de calcul dont la caractéristique principale est d'augmenter la valeur d'une variable par une quantité constante prédéfinie (GDT).

INCREVABLE adj.
1. Qui ne peut crever. *Un pneu increvable.*
2. (FAM.) Infatigable. *Il travaille sans arrêt, il est increvable.*

INCRIMINATION n. f.
Accusation. *Des incriminations fausses.*

INCRIMINER v. tr.
Accuser, blâmer. *On n'a pas incriminé ces personnes innocentes.*
CONJUGAISON : VOIR MODÈLE AIMER.

INCROCHETABLE adj.
Qui ne peut être ouvert avec un crochet, un outil. *Une serrure incrochetable.*

INCROYABLE adj.
1. Qui est difficile à croire. *Ce récit est incroyable. L'incroyable, c'est qu'il a raison.*
2. Fantastique. *J'ai eu une occasion incroyable !* SYN. inouï.
Ne pas confondre avec les mots suivants :
- ***bizarre***, étonnant, singulier ;
- ***extraordinaire***, remarquable ;

• ***inconcevable,*** inimaginable ;
• ***inusité,*** inhabituel ;
• ***invraisemblable,*** qui ne semble pas vrai.

INCROYABLEMENT adv.
D'une manière incroyable. *Ces jeunes sont incroyablement talentueux.* SYN. énormément ; extrêmement.

INCROYANCE n. f.
Absence de croyance religieuse.

INCROYANT, ANTE adj. et n. m. et f.
Qui n'est pas croyant. *Les incroyants.*

INCRUSTATION n. f.
Action d'incruster ; ce qui est incrusté. *Des incrustations de bois précieux.*

INCRUSTER v. tr., pronom.
VERBE TRANSITIF
Appliquer une matière sur une autre pour l'orner. *Incruster d'or une reliure.*
VERBE PRONOMINAL
1. Adhérer fortement, s'implanter profondément. *La saleté s'est incrustée, il faudra bien frotter.*
2. (FIG.) (FAM.) Imposer sa présence trop longuement. *Ces invités s'incrustent : je vais devoir leur préciser qu'il se fait tard.*
À la forme pronominale, le participe passé de ce verbe s'accorde toujours en genre et en nombre avec son sujet. *Nos voisins se sont incrustés quelque peu hier soir.*
CONJUGAISON : VOIR MODÈLE AIMER.

INCUBATEUR, TRICE adj. et n. m.
ADJECTIF
Qui favorise l'incubation des œufs. *Un appareil incubateur.*
NOM MASCULIN
Appareil stérile à température constante où l'on place les bébés prématurés ou fragiles. *Un incubateur perfectionné.*
LOCUTION
– ***Incubateur d'entreprises.*** Organisme qui aide de nouvelles entreprises à démarrer en leur fournissant des locaux, des services multiples et des conseils jusqu'à ce qu'elles deviennent autonomes (Recomm. off.). SYN. pépinière d'entreprises.

INCUBATION n. f.
1. Développement de l'embryon dans l'œuf. *L'incubation des œufs par la poule dure vingt et un jours.*
2. Période comprise entre l'infection d'un organisme et l'apparition de la maladie. *La période d'incubation de cette maladie est de cinq jours.*

INCULPATION n. f.
1. Action d'inculper. *L'inculpation d'une personne.* SYN. accusation.
2. Faute attribuée. *Une inculpation de vol.*

INCULPÉ, ÉE adj. et n. m. et f.
Se dit d'une personne présumée coupable.
Ne pas confondre avec le nom ***accusé,*** personne reconnue coupable.

INCULPER v. tr.
Accuser quelqu'un d'une faute. *On l'a inculpé de vol.*
Ne pas confondre avec le verbe ***inculquer,*** enseigner.
CONJUGAISON : VOIR MODÈLE AIMER.

INCULQUER v. tr.
Enseigner. *Elle aimerait t'inculquer le respect et l'amour de la belle langue française.* SYN. apprendre ; montrer.
Ne pas confondre avec le verbe ***inculper,*** accuser quelqu'un d'une faute.
CONJUGAISON : VOIR MODÈLE AIMER.

INCULTE adj.
1. Non cultivé. *Une terre inculte.*
2. Sans culture intellectuelle. *Une personne inculte.* SYN. ignorant.

INCUNABLE adj. et n. m.
Se dit d'un livre imprimé qui date des débuts de l'imprimerie (avant 1500).
Ne pas confondre avec le nom ***incurable,*** malade qu'on ne peut guérir.

INCURABILITÉ n. f.
Caractère d'une maladie, d'un malade incurable.

INCURABLE adj. et n. m. et f.
Qui ne peut être guéri. *Ce malade est incurable.* SYN. inguérissable.
Ne pas confondre avec le nom ***incunable,*** livre ancien.

INCURABLEMENT adv.
De façon incurable.

INCURIE n. f.
Négligence, laisser-aller. *Cet administrateur a fait preuve d'incurie.*

INCURSION n. f.
Invasion, irruption momentanée. *Les troupes ont fait une incursion en territoire ennemi.* SYN. attaque.

INCURVER v. tr., pronom.
VERBE TRANSITIF
Courber. *Incurver une pièce métallique.*
VERBE PRONOMINAL
Prendre une forme courbe. *À cet endroit, la route s'incurve.*
À la forme pronominale, le participe passé de ce verbe s'accorde toujours en genre et en nombre avec son sujet. *La terrasse s'est incurvée sous le poids de la neige.*
CONJUGAISON : VOIR MODÈLE AIMER.

INDÉCEMMENT adv.
La troisième syllabe se prononce ***sa,*** [ɛ̃desamɑ̃].
D'une manière indécente. *Se vêtir indécemment.*

INDÉCENCE n. f.
Inconvenance. *L'indécence d'une tenue.*
FORME FAUTIVE
*grossière indécence. Calque de «*gross indecency*» pour ***attentat à la pudeur.***

INDÉCENT, ENTE adj.
1. Inconvenant, scandaleux. *Elle porte un maillot indécent.*
2. Qui déplaît par sa démesure, sa vulgarité, etc. *Un étalage de richesses indécent.* SYN. impudent.
indécent.

INDÉCHIFFRABLE adj.
1. Illisible, que l'on ne peut déchiffrer. *Une écriture indéchiffrable.*
2. Impossible à comprendre. *Une énigme indéchiffrable.* SYN. incompréhensible ; inexplicable ; inintelligible.

INDÉCIS, ISE adj. et n. m. et f.
Qui n'arrive pas à se décider. *Des clients indécis.* SYN. hésitant ; incertain ; perplexe.

INDÉCISION n. f.
Hésitation. *Cette personne est dans l'indécision, elle n'arrive pas à faire un choix.* SYN. incertitude ; irrésolution ; perplexité.

INDÉCOMPOSABLE adj.
Qui ne peut être décomposé. *Un tout indécomposable.*

INDÉCROTTABLE adj.
(FAM.) Incorrigible. *Un paresseux indécrottable.* SYN. invétéré.

INDÉFECTIBLE adj.
Solide. *Une amitié indéfectible.* SYN. fidèle.

INDÉFECTIBLEMENT adv.
De façon indéfectible.

INDÉFENDABLE adj.
Qu'on ne peut défendre. *Cette opinion est indéfendable.*

INDÉFINI, IE adj.
Indéterminé. *Une longueur indéfinie.* ANT. défini.

I

LOCUTION

– ***Déterminant indéfini.*** (GRAMM.) Déterminant qui se place devant le nom d'un être, d'un objet indéterminé ou encore inconnu dans le texte. Un, une, des *sont des déterminants indéfinis.*

VOIR TABLEAU – DÉTERMINANT.

VOIR TABLEAU – INDÉFINI (DÉTERMINANT).

INDÉFINIMENT adv.
D'une manière indéfinie, à jamais. *Éliane sera indéfiniment reconnaissante à son médecin : elle est maintenant hors de danger.* SYN. éternellement.

INDÉFINISSABLE adj.
Difficile à définir. *Un parfum indéfinissable.* SYN. indéterminable.

INDÉFORMABLE adj.
Qui ne peut se déformer. *Des pantalons indéformables.*

INDÉFRISABLE n. f.
(VIEILLI) Permanente.

INDÉLÉBILE adj.
Qui ne peut s'effacer. *Une encre indélébile.* ANT. délébile.

INDÉLÉBILITÉ n. f.
Caractère de ce qui est indélébile.

INDÉLICAT, ATE adj.
1. Grossier.
2. Malhonnête.

INDÉLICATEMENT adv.
Malhonnêtement.

INDÉLICATESSE n. f.
1. Impolitesse.
2. Malversation. *Il a commis une indélicatesse.*

INDÉMAILLABLE adj.
Dont les mailles ne peuvent se défaire. *Des collants indémaillables.*

INDEMNE adj.
Le ***e*** final ne se prononce pas, [ɛ̃dɛmn].
Sans dommage, sans blessure. *Il est sorti indemne de cet accident.*
indemne.

INDEMNISABLE adj.
Qui a droit à une indemnité. *Un accidenté indemnisable.*

INDEMNISATION n. f.
Action d'indemniser. *Ces déplacements leur donnent droit à une indemnisation.*
indemnisation.

INDEMNISER v. tr.
Dédommager. *Cette famille sera indemnisée pour son déménagement.*
CONJUGAISON : VOIR MODÈLE AIMER.

INDEMNITÉ n. f.
Somme accordée en compensation de frais engagés, en réparation d'un préjudice. *Une indemnité de déménagement, de licenciement.*

LOCUTION

– ***Indemnité de départ, indemnité de cessation d'emploi.*** Somme versée par l'employeur au salarié au moment où ce dernier quitte définitivement l'organisme ou l'entreprise pour une raison indépendante de la volonté de l'un ou de l'autre. *Une généreuse indemnité de départ* (et non *prime de séparation).

Ne pas confondre avec le nom ***allocation,*** prestation versée par l'État.

INDÉMODABLE adj.
Qui échappe à la mode et, par conséquent, ne se démodera pas. *Un tweed indémodable.*

INDÉMONTRABLE adj.
Qui ne peut être prouvé. *Cette théorie est indémontrable.*

INDÉNIABLE adj.
Qu'on ne peut nier. *Son talent est indéniable.* SYN. incontestable; indiscutable.

Ne pas confondre avec les mots suivants :
- ***assuré,*** dont la réalité est sûre;
- ***avéré,*** reconnu comme vrai;
- ***clair,*** compréhensible;
- ***évident,*** indiscutable;
- ***irréfutable,*** qu'on ne peut réfuter;
- ***notoire,*** qui est bien connu.

INDÉNIABLEMENT adv.
De façon indéniable. SYN. incontestablement; indiscutablement.

INDÉPENDAMMENT adv.
De façon indépendante. *Il agit indépendamment.* SYN. individuellement; isolément.

LOCUTIONS

– ***Indépendamment de,*** loc. prép. En ne tenant pas compte de quelqu'un, de quelque chose. *Indépendamment de ces progrès, nous avons encore du chemin à parcourir.*

– ***Indépendamment de,*** loc. prép. En plus de. *Indépendamment de ses vacances, il a d'autres congés.* SYN. outre; par surcroît.

indépendamment.

INDÉPENDANCE n. f.
1. Liberté. *Étienne tient à son indépendance.*
2. Autonomie. *L'indépendance d'un État.* SYN. souveraineté.
3. Absence de relation entre deux phénomènes.
indépendance.

INDÉPENDANT, ANTE adj.
1. Libre, qui refuse la contrainte. *Un caractère indépendant.*
2. Sans rapport. *Un phénomène indépendant de la météo.* SYN. sans relation.
En ce sens, l'adjectif se construit avec la préposition ***de.***
3. Autonome. *Le Québec sera-t-il indépendant un jour?* SYN. souverain.
indépendant.

INDÉPENDANTISME n. m.
Mouvement politique prônant l'indépendance, la souveraineté d'une nation. *L'indépendantisme québécois.*

INDÉPENDANTISTE adj. et n. m. et f.
Partisan de l'indépendance. *Les indépendantistes du Québec. Un député indépendantiste.* SYN. souverainiste.
indépendantiste.

INDÉRACINABLE adj.
Qui ne peut être déraciné; bien ancré. *Des préjugés indéracinables.* SYN. tenace.

INDESCRIPTIBLE adj.
Qu'on ne peut décrire. *Un désordre indescriptible.* SYN. inexprimable.

Ne pas confondre avec les mots suivants :
- ***imprescriptible,*** qui conserve toujours sa valeur;
- ***indestructible,*** qu'on ne peut détruire.

INDÉSIRABLE adj. et n. m. et f.
Se dit d'une personne dont la présence n'est pas désirée. *Ce sont des indésirables.* SYN. importun; intrus.

INDESTRUCTIBILITÉ n. f.
Caractère de ce qui est indestructible.

INDESTRUCTIBLE adj.
Qu'on ne peut détruire, très solide. *Une confiance indestructible, un béton indestructible.*

Ne pas confondre avec les mots suivants :
- ***imprescriptible,*** qui conserve toujours sa valeur;
- ***indescriptible,*** qu'on ne peut décrire.

DÉTERMINANT **INDÉFINI**

Le déterminant indéfini se place devant le nom d'un être ou d'un objet indéterminé ou encore inconnu dans le texte. Il ne nous renseigne pas sur l'identité de cet être ou de cet objet, mais exprime une idée de quantité, une qualité indéterminée, une idée de ressemblance ou de différence.

Principaux déterminants indéfinis

aucun, aucune
autre
certain, certaine
chaque
différents, différentes
divers, diverses
force
maints, maintes
même
nul, nulle
plusieurs
quelconque
quelque
tel, telle
tous, toutes
un, une, des...

Locutions indéfinies ou déterminants composés

assez de
autant de
beaucoup de
bien de, des
le plus possible de
l'un et l'autre des
n'importe lequel, laquelle des
n'importe quel, quelle
nombre de
pas un, une des
peu de
plus d'un, d'une
quantité de
tant de
trop de
un peu de...

Les locutions comprenant **de** ou **des** marquent une idée de quantité et sont toujours suivies d'un verbe au pluriel. ***Beaucoup de*** *personnes ont applaudi.*

LE DÉTERMINANT INDÉFINI EXPRIME

► UNE IDÉE DE QUANTITÉ

0	Une quantité nulle, **zéro**	***aucun, aucune, aucuns***	*Martin n'a reçu* ***aucun*** *appel.* ***Aucuns*** *ciseaux ne feront l'affaire.*
		nul, nulle, nuls	***Nul*** *chien n'a été aperçu.* ***Nuls*** *frais ne seront exigés.*
		pas un, pas une	***Pas une*** *maison n'apparaissait à l'horizon.*

Ces adjectifs indéfinis doivent toujours être accompagnés de ***ne, ne... jamais*** ou ***ne... plus.*** Cependant, on ne peut employer les adverbes ***pas*** ou ***point.***

=1	Une quantité **égale à un**	***chaque***	***Chaque*** *élève a un crayon et un cahier.*
		quelque	*Elle a* ***quelque*** *peine à lui faire confiance.*
		un certain, une certaine	*Après avoir lu* ***un certain*** *temps, elle a dormi.*
		un, une	***Une*** *écolière a traversé la cour.*
+1	Une quantité indéfinie **supérieure à un**	***certains, certaines***	***Certains*** *jouets seront offerts.*
		des	***Des*** *chevaux gambadaient dans le champ.*
		différents, différentes	***Différentes*** *personnes étaient présentes.*
		divers, diverses	***Diverses*** *épreuves auront lieu.*
		quelques	*J'ai vu* ***quelques*** *enfants.*
		maints, maintes	*Tu l'as rencontré* ***maintes*** *fois.*

Lorsque la quantité indéfinie est supérieure à *un*, l'adjectif indéfini est obligatoirement au pluriel.

tout	Une quantité **totale**	***tous, toutes***	*J'ai essayé* ***tous*** *les patins.*

VOIR TABLEAU ► TOUT (ACCORD DE).

► UNE QUALITÉ INDÉTERMINÉE	***n'importe quel, lequel, laquelle, lesquels, lesquelles***	***N'importe quelle*** *personne peut entrer.*
	quelconque, quelconques	*Il a acheté un ballon* ***quelconque.***
	tel, telle, tels, telles	*Si tu ajoutes* ***telle*** *quantité de sucre, ce sera délicieux.*

VOIR TABLEAU ► TEL.

La signification et la catégorie grammaticale du mot *quelconque* varient selon qu'il précède ou suit le nom. Placé avant le nom, le déterminant indéfini *quelconque* désigne une réalité de façon imprécise. *Une quelconque description.* Placé après le nom, l'adjectif *quelconque* a le sens de « ordinaire, médiocre ». *Un film très quelconque.*

► UNE IDÉE DE RESSEMBLANCE	***même***	*Ils ont vu le* ***même*** *film et ont mangé les* ***mêmes*** *fruits.*
► UNE IDÉE DE DIFFÉRENCE	***autre, autres***	*Je te verrai un* ***autre*** *jour.*

INDESTRUCTIBLEMENT adv.
D'une manière indestructible.

INDÉTECTABLE adj.
Qui ne peut être détecté. *Des substances indétectables.*

INDÉTERMINABLE adj.
Indéfinissable. *Un air indéterminable.*

INDÉTERMINATION n. f.
1. Imprécision, en parlant d'une chose.
2. Indécision, en parlant d'une personne.

INDÉTERMINÉ, ÉE adj.
Qui n'est pas déterminé, indistinct. *Une date indéterminée.* SYN. incertain.

INDEX n. m. (pl. *index*)
Le ***x*** se prononce, [ɛ̃dɛks].
1. Deuxième doigt de la main.
2. Table alphabétique. *Des index thématiques et alphabétiques.*

INDEXATION n. f.
Action d'indexer. *Des clauses d'indexation. L'indexation d'un terme.*

INDEXER v. tr.
1. Relier la valeur d'un titre, d'un prix, etc., à un indice. *Indexer un prix.*
2. Créer l'index d'un ouvrage, d'un texte, d'une banque de données.
CONJUGAISON : VOIR MODÈLE AIMER.

INDICATEUR n. m.
INDICATRICE n. f.
Personne qui donne des renseignements aux policiers contre de l'argent, des avantages. *Un indicateur de police.*

INDICATEUR n. m.
1. Brochure, tableau. *L'indicateur des chemins de fer.*
Le mot peut être pris adjectivement. *Un tableau indicateur.*
2. Appareil de mesure. *Un indicateur de niveau.*
3. (ÉCON.) Indice. *Les indicateurs de l'inflation.*

INDICATIF, IVE adj. et n. m.
ADJECTIF
Qui indique. *À titre indicatif, je vous envoie notre dépliant.*
NOM MASCULIN
(GRAMM.) Mode du verbe indiquant l'état ou l'action d'une manière absolue. *L'indicatif est le mode du réel, le mode des faits certains.*
VOIR TABLEAU – INDICATIF.
LOCUTIONS
– ***Indicatif (musical).*** Pièce musicale qui annonce une émission régulière de télévision, de radio. *Cet indicatif* (et non ce *thème musical, cette *chanson thème) *était celui de* Passe-Partout.
– ***Indicatif régional.*** Ensemble de chiffres destiné à sélectionner une zone téléphonique et que l'on compose avant le numéro d'un correspondant. *Depuis 2006, il est nécessaire de composer les indicatifs* (et non *codes) *régionaux 514 ou 450 pour qu'un appel soit acheminé dans la grande région métropolitaine.* SYN. indicatif téléphonique.
[T] L'indicatif régional des numéros de téléphone et de télécopie s'écrit désormais sans les parenthèses, étant donné que la composition des dix chiffres des numéros de téléphone est désormais obligatoire dans de nombreuses régions du Canada. Il y a un espacement à la suite des trois premiers chiffres correspondant à l'indicatif régional et un trait d'union entre les trois suivants et les quatre derniers. *Son numéro de téléphone se lit ainsi : 514 340-1234.*

INDICATION n. f.
1. Marque. *Le panneau porte une indication du chemin à suivre.* SYN. signe.
2. Renseignement. *Grâce à ses indications, j'ai pu trouver la bonne direction.*

INDICE n. m.
1. Signe de l'existence de quelque chose. *Les enquêteurs ne disposent d'aucun indice. Ces fautes sont un indice de son inattention.*
2. Rapport entre des quantités montrant l'évolution de certains phénomènes. *L'indice des prix à la consommation (IPC). L'indice Dow Jones de New York.*
Attention au genre masculin de ce nom : ***un*** indice.
LOCUTION
– ***Indice des prix à la consommation.*** Abréviation ***IPC*** (s'écrit avec ou sans points).

INDICIAIRE adj.
Relatif à un indice. *Des variations indiciaires.*
indici**aire.**

INDICIBLE adj.
(LITT.) Inexprimable. *Une joie indicible.* SYN. ineffable.

INDIEN, IENNE adj. et n. m. et f.
1. Qui habite l'Inde. *Un citoyen indien.*
2. Qui appartient aux populations autochtones de l'Amérique. En ce sens, on dit plutôt ***amérindien.***
[T] L'adjectif s'écrit avec une minuscule ; le nom, avec une majuscule.
Ne pas confondre avec les mots suivants :
- ***hindou,*** qui désigne un adepte de l'hindouisme ;
- ***Amérindien,*** qui désigne un Indien d'Amérique.

INDIENNE n. f.
Toile de coton imprimée. « *Maman avait lu dans le journal, ou appris d'une voisine, qu'il y avait solde, chez Eaton, de dentelle de rideaux, d'indienne propre à confectionner tabliers et robes d'intérieur, ou encore de chaussures d'enfants* » (Gabrielle Roy, *La Détresse et l'Enchantement*).

INDIFFÉREMMENT adv.
La quatrième syllabe se prononce ***ra,*** [ɛ̃difeʀamɑ̃].
Sans faire de différence. *Elle aime indifféremment la glace aux fraises ou au chocolat.*
indiffére**mm**ent.

INDIFFÉRENCE n. f.
Insensibilité, absence d'intérêt. *L'indifférence de son amie attriste Étienne.* SYN. détachement ; froideur.

INDIFFÉRENCIATION n. f.
État de ce qui est indifférencié.

INDIFFÉRENCIÉ, ÉE adj.
Se dit de ce qui ne comporte pas suffisamment de caractères spécifiques pour se différencier. *Des cellules indifférenciées.*

INDIFFÉRENT, ENTE adj.
1. Sans intérêt. *Toutes ces propositions le laissent indifférent.*
2. Égal. *Ce choix m'est indifférent : j'aime aussi bien l'un que l'autre.*

INDIFFÉRER v. tr.
Être indifférent à (quelqu'un). *Ces manœuvres l'indiffèrent.*
Ce verbe a généralement pour complément direct un pronom personnel.
CONJUGAISON : VOIR MODÈLE POSSÉDER.
Le ***é*** se change en ***è*** devant une syllabe contenant un ***e*** muet, sauf à l'indicatif futur et au conditionnel présent. *Je l'indiffère,* mais *je l'indifférerai.*
[Les *Rectifications* (1990) admettent : il indiffèrera, indiffèrerait...]

INDIGENCE n. f.
Grande pauvreté. *Ces familles vivent dans l'indigence.*

INDIGÈNE adj. et n. m. et f.
ADJECTIF ET NOM MASCULIN ET FÉMININ
Se dit d'une personne née dans le pays où elle habite. *Présidente du Parlement indigène des Amériques, Isabel Ortega est l'une des 200 participantes à la Cinquième rencontre continentale des femmes autochtones des Amériques.* SYN. aborigène. ANT. allochtone.
ADJECTIF
Se dit d'une espèce végétale ou animale qui est originaire du lieu de croissance et de reproduction où elle vit. *« Le mélèze laricin (*Larix laricina*) est le seul de nos conifères indigènes à perdre ses aiguilles (feuilles) pendant l'hiver »* (*Le Devoir*). SYN. autochtone. ANT. allochtone ; exotique.

INDIGENT, ENTE adj. et n. m. et f.
Pauvre. *Des indigents qui errent dans les rues.*

INDIGESTE adj.
Difficile à digérer. *La fondue est indigeste.* SYN. lourd. ANT. digeste.

INDIGESTION n. f.
1. Indisposition causée par une mauvaise digestion.
2. (FIG.) Dégoût de quelque chose par une trop grande abondance. *Une indigestion de mathématiques.*

INDIGNATION n. f.
Révolte, colère suscitée par une injustice, un affront, etc. *Ce refus a provoqué son indignation.*

INDIGNE adj.
1. Qui ne mérite pas (quelque chose de favorable). *Cette personne est indigne de votre gentillesse.*
En ce sens, l'adjectif se construit avec la préposition ***de.***
2. Méprisable. *Des parents indignes. Une attitude indigne.*

INDIGNEMENT adv.
De façon indigne. *On les a jugés indignement.*

INDIGNER v. tr., pronom.
VERBE TRANSITIF
Révolter, remplir d'indignation. *Cette proposition malhonnête a indigné le conseil. Ils sont indignés que cette personne ait l'audace de les contredire.*
Suivi de la conjonction ***que,*** le verbe se construit avec le subjonctif.
VERBE PRONOMINAL
Éprouver un sentiment de colère, de révolte. *Elle s'indigna de cette décision, contre ce choix. Il s'indigne de voir sa collègue absente, qu'elle soit absente.*
Le verbe se construit avec les prépositions ***de, contre*** suivies d'un nom, avec la préposition ***de*** suivie de l'infinitif ou avec la conjonction ***que*** suivie du subjonctif.
À la forme pronominale, le participe passé de ce verbe s'accorde toujours en genre et en nombre avec son sujet. *Ces personnes se sont indignées de son attitude.*
CONJUGAISON : VOIR MODÈLE AIMER.
Les lettres ***gn*** sont suivies d'un ***i*** à la première et à la deuxième personne du pluriel de l'indicatif imparfait et du subjonctif présent. *(Que) nous indignions, (que) vous indigniez.*

INDIGNITÉ n. f.
Caractère de ce qui est indigne. *L'indignité de sa trahison.*

INDIGO adj. inv. et n. m.
ADJECTIF DE COULEUR INVARIABLE
D'un bleu foncé avec des reflets violets. *Des tissus indigo.*
VOIR TABLEAU – COULEUR (ADJECTIFS DE).
NOM MASCULIN
1. Bleu violacé.
2. Matière colorante.

INDIQUER v. tr.
1. Faire connaître, signaler. *Elle lui indiqua la route du village.* SYN. montrer.
2. Révéler, dénoter. *Cette écriture indique une certaine instabilité.* SYN. marquer ; signaler.
CONJUGAISON : VOIR MODÈLE AIMER.

INDIRECT, E adj.
Qui n'est pas en ligne droite. *Un éclairage indirect. Une route indirecte.* ANT. direct.
LOCUTION
– ***Complément indirect.*** (GRAMM.) Complément rattaché au verbe par l'intermédiaire d'une préposition.
Le complément indirect répond aux questions ***à qui ? à quoi ? de qui ? de quoi ? par qui ? par quoi ?*** Dans les phrases suivantes : « Julie parle à Catherine », « Elle parle de Christian », les noms « Catherine » et « Christian » sont des compléments indirects du verbe ***parler.***
VOIR TABLEAU – COMPLÉMENT.

INDIRECTEMENT adv.
D'une manière indirecte. *J'ai été informée indirectement par l'entremise d'un collègue.*

INDISCERNABLE adj.
Qu'on ne peut distinguer d'une chose de même espèce.

INDISCIPLINABLE adj.
Qui ne peut être discipliné. *Une chevelure indisciplinable.*

INDISCIPLINE n. f.
Insubordination.

INDISCIPLINÉ, ÉE adj.
Qui manque de discipline. *Des collégiens indisciplinés.* SYN. désobéissant.

INDISCRET, ÈTE adj. et n. m. et f.
Sans discrétion, curieux. *Des questions indiscrètes.*

INDISCRÈTEMENT adv.
D'une manière indiscrète.

INDISCRÉTION n. f.
Curiosité. *Ils ont commis une indiscrétion.*

INDISCUTABLE adj.
Qu'on ne peut discuter. *Ce succès est indiscutable.* SYN. certain ; indéniable ; sûr.

INDISCUTABLEMENT adv.
Certainement, assurément. *Ce dossier est indiscutablement très solide.*

INDISPENSABLE adj.
Essentiel, vital. *L'eau est indispensable à la vie. Ce livre m'est indispensable.* SYN. nécessaire.
La forme impersonnelle se construit avec ***de*** et l'infinitif ou avec ***que*** et le subjonctif. *Il est indispensable de faire ceci. Il est indispensable que tu fasses ceci.*

INDISPONIBILITÉ n. f.
État de ce qui est indisponible.

INDISPONIBLE adj.
1. Dont on ne peut disposer.
2. Qui n'est pas libre. ANT. disponible.

INDISPOSÉ, ÉE adj.
Souffrant. *Des personnes indisposées par la chaleur.*

INDISPOSER v. tr.
1. Rendre légèrement malade.
2. Agacer. *Ces remarques désagréables ont indisposé le juge.* SYN. fâcher ; mécontenter.
CONJUGAISON : VOIR MODÈLE AIMER.

INDISPOSITION n. f.
Malaise léger. *Une indisposition résultant d'un excès de nourriture.*

INDISSOCIABLE adj.
Qui ne peut être séparé. *Ces deux éléments sont indissociables.* SYN. inséparable.

INDISSOLUBILITÉ n. f.
Caractère de ce qui ne peut être dissous.

INDICATIF

Mode du réel, des faits certains, l'indicatif permet de situer une action dans le temps par rapport à l'instant présent.

AXE DU TEMPS

PASSÉ	PRÉSENT	FUTUR
AUTREFOIS, ON VOYAGEAIT EN BATEAU.	**AUJOURD'HUI,** ON SE DÉPLACE EN AVION.	**DEMAIN,** ON CIRCULERA EN NAVETTE SPATIALE.

L'indicatif est le mode le plus souvent utilisé ; il comprend un temps pour le **présent**, cinq temps pour le **passé**, deux temps pour le **futur** et deux temps pour le **conditionnel**.

LE PRÉSENT

- Ce temps exprime un **fait présent, actuel.** *Youpi ! Aujourd'hui, il fait beau et on a congé. Il commence à neiger : est-il prudent de s'aventurer sur la route ?*
- Le présent traduit également :
  - **une vérité éternelle, générale.** *Deux et deux font quatre. Le ciel est bleu. Le moi est haïssable.* (Pascal) *Je pense, donc je suis.* (Descartes)
  - **un fait habituel.** *Les enfants partent tous les matins à 7 h 30 : les cours commencent à 8 h 30.*
  - **un fait historique.** *Maisonneuve fonde Montréal en 1642. C'est l'ordonnance de Villers-Cotterêts – signée en 1539 par François Ier – qui fait du français la langue officielle de la France.*
  - **un passé récent.** *La partie de tennis se termine à l'instant.*
  - **un futur proche.** *Attends-moi, j'arrive dans quelques minutes.*

LE PASSÉ

- L'**imparfait** exprime :
  - **un fait habituel dans le passé.** *Autrefois, on s'éclairait à la chandelle. À cette époque, il était d'usage de transmettre des invitations par écrit. Tous les jours, le laitier nous livrait lait, beurre et œufs.*
  - **un fait non achevé, secondaire, par rapport à un évènement achevé, principal.** *Il pleuvait quand nous sommes arrivés à Gaspé.*
  - **une description de personne, de lieu, de chose dans le passé.** *Son grand-père s'intéressait à tout. La maison des étés de mon enfance avait des volets bleus.*
  - **un fait hypothétique dans une subordonnée conditionnelle alors que le verbe de la phrase principale** ou **autonome est au conditionnel présent.** *Si j'avais su, je ne serais pas venu.*
- Le **passé simple** traduit :
  - **un fait qui s'est produit il y a longtemps (passé lointain) et qui est complètement achevé.** *Le Vésuve entra en éruption en 79 après Jésus-Christ et ensevelit la ville de Pompéi.*

  Le passé simple est le temps du récit historique : il décrit des actions coupées du présent. Il s'emploie surtout dans la langue écrite, car la langue orale lui préfère le passé composé.
- Le **passé composé** décrit :
  - **un fait achevé,** qui a eu lieu avant le moment où l'on parle. *Ils ont bien travaillé et ils ont fini leur rapport à temps.*
  - **un fait passé** à un moment déterminé qui demeure **en contact avec le présent.** *Mes grands-parents ont fait un potager et ont récolté de beaux légumes…*

  À la différence du passé simple, le passé composé traduit un fait passé dont les conséquences sont actuelles, dont le résultat est encore présent.

INDICATIF | **SUITE** >

- **une vérité générale, un fait d'expérience** qui remonte au passé, mais qui est **toujours vrai.** *Les Beaucerons ont toujours eu l'esprit d'initiative.*

▸ Le **passé antérieur** traduit :

- **un fait passé** qui s'est produit immédiatement **avant un autre fait passé.** *Quand ils eurent terminé, ils partirent.*

▸ Le **plus-que-parfait** exprime :

- **un fait entièrement achevé** lors d'un autre fait passé. *Nous avions terminé nos exercices quand la cloche a sonné.*

LE FUTUR

▸ Le **futur simple** exprime un fait qui aura lieu dans l'avenir. *Nous finirons bientôt. Marie-Ève aura vingt ans l'été prochain.*

Il exprime également :

- **une vérité générale.** *Il y aura toujours des gagnants et des perdants.*
- **une probabilité.** *L'automne sera beau, je crois.*
- **un futur dans le passé.** *Vous assisterez, dans les mois qui suivront, à la victoire de notre équipe.*
- **un impératif.** *Vous voudrez bien m'expliquer cette erreur.*
- **un présent atténué par politesse.** *Tu comprendras que je ne pouvais te révéler ce secret.*

▸ Le **futur antérieur** traduit un fait qui devra en précéder un autre dans l'avenir.

Quand il aura terminé, il prendra des vacances.

Il peut également marquer :

- **un fait futur inévitable.** *Je ne suis pas inquiète, il aura conquis son auditoire en quelques minutes.*
- **un fait passé hypothétique.** *Il ne s'est pas présenté, il se sera rendu à notre ancienne adresse.*

LE CONDITIONNEL[1]

Dans une phrase autonome (ou matrice), le conditionnel peut marquer :

- **un vœu, un désir** (conditionnel présent). *J'aimerais revenir un jour.*
- **un regret** (conditionnel passé). *Qu'elle aurait aimé rester là-bas !*
- **une demande** (conditionnel présent). *Pourrais-je avoir un verre d'eau, s'il vous plaît ?*
- **un ordre poli** (conditionnel présent). *Vous devriez ranger vos documents.*
- **un fait soumis à une condition :** (conditionnel présent) *Si j'étudiais, je réussirais mieux.*
  (conditionnel passé) *Si tu avais su, tu ne serais pas venu.*

Une phrase subordonnée à l'imparfait introduite par ***si*** indique à quelle condition peut se réaliser l'action exprimée par le verbe de la phrase autonome (ou matrice) au conditionnel.

Dans une phrase subordonnée, le conditionnel marque :

- **le futur dans le passé.** *Je croyais qu'ils seraient présents.*

Lorsque la conjonction *si* introduit une condition, une hypothèse, elle est suivie de l'imparfait. *Si j'avais su, je ne serais pas venue.* Par contre, lorsque la conjonction *si* introduit une interrogation indirecte, elle est suivie du conditionnel. *Cet architecte se demandait si sa proposition serait bien reçue.*

VOIR TABLEAUX ▸ CONCORDANCE DES TEMPS DANS LA PHRASE. ▸ FUTUR. ▸ PASSÉ (TEMPS DU). ▸ PRÉSENT.

1. Dans la nouvelle grammaire, le conditionnel, longtemps considéré comme un mode, devient un nouveau temps de l'indicatif, qui s'apparente au futur, un futur hypothétique.

INDISSOLUBLE adj.
1. Qui ne peut être rompu (en parlant d'un lien). *Une union indissoluble.*
2. Qui ne peut être dissous (en parlant d'un corps).

INDISSOLUBLEMENT adv.
De façon indissoluble.

INDISTINCT, INCTE adj.
Les lettres ***ct*** se prononcent ou non au masculin, [ɛ̃distɛ̃kt, ɛ̃distɛ̃], contrairement au féminin où elles se prononcent toujours.
Imprécis, confus. *Des contours indistincts.* SYN. flou ; vague.
indisti**nct**.

INDISTINCTEMENT adv.
Le **c** se prononce, [ɛ̃distɛ̃ktəmɑ̃].
1. De façon indistincte, sans pouvoir distinguer. *Sentir indistinctement les arômes.*
2. Sans distinction. *Tous les étudiants indistinctement peuvent participer à ce programme.*

INDIVIDU n. m.
1. Personne quelconque. *Cette ville compte 35 000 individus.* SYN. personne.
En ce sens, le nom a une valeur neutre.
2. Personne inconnue. *Deux individus ont pris la fuite.*
En ce sens, le nom a une valeur défavorable.

INDIVIDUALISATION n. f.
Action de rendre individuel ; son résultat.

INDIVIDUALISER v. tr., pronom.
VERBE TRANSITIF
Particulariser, caractériser. *Des traits distinctifs individualisent chaque personne.*
VERBE PRONOMINAL
Se distinguer par des caractères particuliers. *Les techniques de ce peintre se sont individualisées.*
À la forme pronominale, le participe passé de ce verbe s'accorde toujours en genre et en nombre avec son sujet. *Ces procédés se sont individualisés.*
CONJUGAISON : VOIR MODÈLE AIMER.

INDIVIDUALISME n. m.
Tendance à s'affirmer indépendamment des autres. ANT. altruisme.

INDIVIDUALISTE adj. et n. m. et f.
ADJECTIF
1. Qui a tendance à favoriser l'individu plutôt que le groupe social.
2. Qui privilégie ses intérêts plutôt que ceux d'autrui. *Des personnes individualistes.* ANT. altruiste.
NOM MASCULIN ET FÉMININ
Personne qui fait preuve d'individualisme. *Des individualistes égocentriques.*

INDIVIDUALITÉ n. f.
Originalité propre d'une personne.

INDIVIDUEL, ELLE adj.
1. Qui appartient à l'individu. *Une propriété individuelle.* SYN. personnel ; privé. ANT. collectif ; général.
2. À la disposition d'une seule personne. *Un siège individuel.*

INDIVIDUELLEMENT adv.
D'une manière individuelle.

INDIVIS, ISE adj.
(DR.) Qui n'est pas divisé. ANT. divis.
LOCUTION
– ***Copropriété indivise.*** Dont la totalité appartient en commun à tous les propriétaires, dans une proportion réglée par contrat.

INDIVISÉMENT adv.
Par indivis.
indivis**é**ment.

INDIVISIBILITÉ n. f.
Caractère de ce qui est indivisible.

INDIVISIBLE adj.
Qui ne peut être divisé, qui forme un tout. *Des éléments indivisibles.*

INDIVISION n. f.
État de ce qui est indivis.

INDOCHINOIS, OISE adj. et n. m. et f.
Relatif à l'Indochine. *Une musique indochinoise. Un Indochinois, une Indochinoise.*
T L'adjectif s'écrit avec une minuscule ; le nom, avec une majuscule.

INDOCILE adj.
(LITT.) Désobéissant. *Des élèves indociles.* SYN. dissipé.

INDOCILITÉ n. f.
Caractère de celui qui est indocile.

INDO-EUROPÉEN, ENNE adj. et n. m.
ADJECTIF
Se dit des langues d'Europe et d'Asie qui ont une origine commune. *L'iranien, l'arménien, le français sont des langues indo-européennes.*
NOM MASCULIN
Langue à l'origine des principales langues d'Europe et d'Asie. *L'indo-européen.*
T Le nom de la langue s'écrit avec une minuscule.

INDOLEMMENT adv.
La troisième syllabe se prononce ***la***, [ɛ̃dɔlamɑ̃].
Avec indolence. *La diva se repose indolemment.*
indol**emm**ent.

INDOLENCE n. f.
Insouciance, paresse. *Le chat s'étire avec indolence.* SYN. langueur ; nonchalance.
indol**e**nce.

INDOLENT, ENTE adj. et n. m. et f.
Insouciant, paresseux. *Une personne indolente.* SYN. fainéant ; nonchalant.
Ne pas confondre avec le mot ***indolore***, qui ne provoque aucune douleur physique.
indol**ent**.

INDOLORE adj.
Qui ne provoque aucune douleur physique. *Ce traitement est indolore, on ne sent rien.*
Ne pas confondre avec le mot ***indolent***, insouciant, paresseux.

INDOMPTABLE adj.
Le ***p*** ne se prononce pas, [ɛ̃dɔ̃tabl].
1. Qu'on ne peut dompter. *Un cheval indomptable.* SYN. sauvage.
2. (FIG.) Qu'on ne peut maîtriser. *Un caractère indomptable.* SYN. inflexible ; irréductible ; rebelle.

INDOMPTÉ, ÉE adj.
Qui n'a pu être dompté. *Un cheval indompté. Une arrogance indomptée.*

INDONÉSIEN, ENNE adj. et n. m. et f.
Relatif à l'Indonésie. *Une coutume indonésienne. Un Indonésien, une Indonésienne.*
T L'adjectif s'écrit avec une minuscule ; le nom, avec une majuscule.

IN-DOUZE adj. inv. et n. m. inv.
Le ***n*** se prononce, [induz].
ADJECTIF INVARIABLE
Abréviation ***in-12*** (s'écrit sans point).
(IMPRIM.) Se dit d'une feuille d'impression qui est pliée en 12 feuillets (24 pages).
NOM MASCULIN INVARIABLE
Un livre de ce format. *Des in-douze.*

INDU, UE adj.
(LITT.) Non convenable. *C'est une heure indue pour téléphoner.*
indu.

INDUBITABLE adj.
Incontestable, qu'on ne peut mettre en doute. *Des témoignages indubitables.* SYN. certain ; indiscutable ; sûr.

INDUBITABLEMENT adv.
Sans aucun doute. *Nous atteindrons notre objectif indubitablement.* SYN. à coup sûr ; assurément ; évidemment.

INDUCTEUR, TRICE adj. et n. m.
Qui produit l'induction. *Fil inducteur.*

INDUCTIF, IVE adj.
1. Qui procède par induction. *Un raisonnement inductif.*
2. Qui a rapport à l'induction. *Courant inductif.*

INDUCTION n. f.
1. Raisonnement qui va du particulier au général, des effets vers la cause. ANT. déduction.
2. Transmission d'électricité.

INDUIRE v. tr.
1. (VIEILLI) Inciter, pousser à. *Il m'a induit à passer à l'action.* SYN. amener ; entraîner.
2. Conclure par induction.
3. Être la cause de, avoir pour effet. *Ce médicament est un excellent anti-inflammatoire : néanmoins, il peut induire une fibrose du foie.* SYN. causer ; engendrer ; entraîner ; occasionner.
LOCUTION
– ***Induire en erreur.*** Tromper. *J'ai été induit en erreur par cette personne.*
CONJUGAISON : VOIR MODÈLE CONDUIRE.
INDICATIF PRÉSENT *J'induis, tu induis, il induit, nous induisons, vous induisez, ils induisent.* IMPARFAIT *J'induisais.* PASSÉ SIMPLE *J'induisis.* FUTUR *J'induirai.* CONDITIONNEL PRÉSENT *J'induirais.* IMPÉRATIF PRÉSENT *Induis, induisons, induisez.* SUBJONCTIF PRÉSENT *Que j'induise.* IMPARFAIT *Que j'induisisse.* PARTICIPE PRÉSENT *Induisant.* PASSÉ *Induit, ite.*

INDULGENCE n. f.
Facilité à pardonner. *Les pécheurs auront besoin de son indulgence.* SYN. clémence ; compréhension ; tolérance.

INDULGENT, ENTE adj.
Clément, tolérant. *Il est indulgent envers les gourmands, mais non pour les gloutons.* SYN. bienveillant ; compréhensif.
L'adjectif se construit avec les prépositions ***envers, pour.***

INDÛMENT adv.
D'une manière indue. *On les a indûment condamnés.* SYN. à tort.
[Les *Rectifications* (1990) admettent : indument.]

INDUSTRIALISATION n. f.
Action de doter une région d'établissements industriels.

INDUSTRIALISÉ, ÉE adj.
Qui a fait l'objet d'une industrialisation. *Les pays industrialisés.*

INDUSTRIALISER v. tr., pronom.
VERBE TRANSITIF
Doter d'établissements industriels. *Industrialiser une région.*
VERBE PRONOMINAL
Être exploité industriellement. *Le Québec a commencé à s'industrialiser au début du siècle précédent.*
À la forme pronominale, le participe passé de ce verbe s'accorde toujours en genre et en nombre avec son sujet. *Cette région s'est industrialisée notablement au cours des dernières années.*
CONJUGAISON : VOIR MODÈLE AIMER.

INDUSTRIE n. f.
1. Activité économique ayant pour objet la transformation des matières premières en produits finis.
2. Ensemble des entreprises d'un secteur. *L'industrie pharmaceutique, l'industrie du meuble.*
LOCUTION
– ***Industrie(s) de la langue.*** Ensemble des activités visant à concevoir, fabriquer et commercialiser des appareils et des logiciels qui manipulent, interprètent et génèrent le langage humain, aussi bien sous sa forme écrite que sous sa forme parlée. (GDT) SYN. ingénierie linguistique.
Les expressions ***industrie(s) de la langue*** et ***ingénierie linguistique*** ont cours depuis 1984.
FORME FAUTIVE
*industrie. Impropriété au sens de ***entreprise, établissement industriel.***

INDUSTRIEL n. m.
INDUSTRIELLE n. f.
Chef, dirigeant d'une entreprise industrielle.
Dans le domaine aéronautique ou automobile, on emploie plutôt la désignation de ***constructeur.*** Les noms ***fabricant*** ou ***industriel*** sont à préférer au nom ***manufacturier,*** qui est vieilli.

INDUSTRIEL, IELLE adj.
Relatif à l'industrie. *Une entreprise industrielle. Un secteur industriel.*
LOCUTION
– ***Quantité industrielle.*** (FIG.) (FAM.) Grande quantité.

INDUSTRIELLEMENT adv.
Relativement à l'industrie.

INDUSTRIEUX, IEUSE adj.
(LITT.) Habile, ingénieux. *Un artisan industrieux.*

INÉBRANLABLE adj.
Ferme, inflexible. *Il ne changera pas d'avis, il est inébranlable.* SYN. déterminé.

INÉDIT, ITE adj. et n. m.
ADJECTIF
1. Non publié. *Un récit inédit.*
2. Original. *Une façon inédite de faire de la publicité.* SYN. innovateur ; nouveau.
NOM MASCULIN
Éditer des inédits.

INEFFABLE adj.
La deuxième syllabe se prononce ***né,*** [inefabl].
Extraordinaire, sublime. *Un bonheur ineffable.* «*[Il] avait fermé les yeux pour mieux apprécier cet instant qui devait lui paraître ineffable*» (Gabrielle Roy, *La Détresse et l'Enchantement*). SYN. indicible.

INEFFABLEMENT adv.
La deuxième syllabe se prononce ***né,*** [inefabləmɑ̃].
(LITT.) De façon ineffable.

INEFFAÇABLE adj.
La deuxième syllabe se prononce ***né,*** [inefasabl].
Qui ne peut disparaître. *Un souvenir ineffaçable.*
ineffaçable.

INEFFICACE adj.
La deuxième syllabe se prononce ***né,*** [inefikas].
Qui n'agit pas. *Une mesure inefficace.*

INEFFICACEMENT adv.
La deuxième syllabe se prononce ***né,*** [inefikasmɑ̃].
De façon inefficace.

INEFFICACITÉ n. f.
La deuxième syllabe se prononce ***né,*** [inefikasite].
Manque d'efficacité.

INÉGAL, ALE, AUX adj.
1. Qui n'est pas uni. *Un sol inégal.*
2. Qui n'est pas égal. *Une lutte inégale.*

I

INÉGALABLE adj.
Qui ne peut être égalé. *Un musicien inégalable.* SYN. extraordinaire ; remarquable ; unique.

INÉGALÉ, ÉE adj.
Qui n'a pas été égalé. *Un record inégalé.*

INÉGALEMENT adv.
De façon inégale.

INÉGALITÉ n. f.
1. Défaut d'égalité, différence. *Des inégalités sociales.* SYN. déséquilibre.
2. Irrégularité. *Les inégalités de la route.*

INÉLÉGAMMENT adv.
Sans élégance. *Ils ont agi inélégamment en mettant fin à l'entente sans préavis.*

INÉLÉGANCE n. f.
Défaut d'élégance.

INÉLÉGANT, ANTE adj.
Qui manque d'élégance.

INÉLUCTABLE adj.
Inévitable. *Le raz-de-marée est inéluctable.* SYN. fatal.

INÉLUCTABLEMENT adv.
De façon inéluctable. SYN. fatalement ; inévitablement.

INÉNARRABLE adj.
Qu'on ne peut raconter sans rire. *Une histoire inénarrable.*
✏ inénarrable.

INEPTE adj.
Stupide, dépourvu de sens. *Des discours ineptes.*
☞ Ne pas confondre avec le mot ***inapte,*** qui se dit d'une personne incapable.

INEPTIE n. f.
👄 Le *t* se prononce *s,* [inɛpsi].
1. Sottise. *Les inepties d'un discours officiel.* SYN. bêtise ; stupidité.
2. Caractère d'un acte inepte.
☞ Ne pas confondre avec le nom ***inertie,*** résistance, inaction.

INÉPUISABLE adj.
Qu'on ne peut épuiser. *Des ressources inépuisables.*

INÉPUISABLEMENT adv.
De façon inépuisable.

INÉQUITABLE adj.
Injuste. *Un jugement inéquitable.*

***INÉQUITÉ**
Impropriété pour ***iniquité.***

INERTE adj.
Sans mouvement. *Le blessé gisait inerte.* SYN. inanimé.

INERTIE n. f.
👄 Le *t* se prononce *s,* [inɛrsi] ; le mot rime avec *si.*
1. Résistance. *Une force d'inertie.*
2. Manque d'activité, d'énergie. *Impossible de le tirer de son inertie.* SYN. paresse.
☞ Ne pas confondre avec le nom ***ineptie,*** absurdité.

INESPÉRÉ, ÉE adj.
Inattendu. *Une participation inespérée.* SYN. imprévu.

INESTHÉTIQUE adj.
Laid. *Une façade inesthétique.*
✏ inesthétique.

INESTIMABLE adj.
Qui n'a pas de prix. *Une aide inestimable.* SYN. précieux.

INÉVITABLE adj.
Qu'on ne peut éviter. *Un accident inévitable.* SYN. fatal ; inéluctable.

INÉVITABLEMENT adv.
De façon inévitable. *Elle sera inévitablement en retard.* SYN. fatalement.

INEXACT, ACTE adj.
👄 Au masculin, les lettres *ct* peuvent se prononcer ou non, [inɛgzakt, inɛgza], contrairement au féminin où ces lettres se prononcent toujours.
1. Qui n'est pas exact, faux. *Une orthographe inexacte.* SYN. erroné.
2. Qui n'est pas ponctuel. *Des employés inexacts.* SYN. retardataire.

INEXACTEMENT adv.
D'une manière inexacte.

INEXACTITUDE n. f.
1. Erreur. *L'inexactitude d'une réponse.* SYN. faute.
2. Manque de ponctualité. *Les élèves ont eu une retenue pour leur inexactitude : ils sont toujours en retard.*

INEXCUSABLE adj.
Impardonnable. *Votre erreur est inexcusable.*

INEXCUSABLEMENT adv.
D'une manière inexcusable. *Vous êtes inexcusablement absent quand j'ai besoin de vous.*

INEXÉCUTABLE adv.
Qui ne peut être exécuté.

INEXISTANT, ANTE adj.
Qui n'existe pas. *Des ressources inexistantes.*

INEXISTENCE n. f.
Défaut d'existence.

INEXORABLE adj.
Implacable. *Une poursuite inexorable.*

INEXORABLEMENT adv.
(LITT.) D'une manière inexorable.

INEXPÉRIENCE n. f.
Absence d'expérience. *Son inexpérience lui compliquera la tâche.*

INEXPÉRIMENTÉ, ÉE adj.
Sans expérience. *Une employée inexpérimentée.*

INEXPLICABLE adj.
Qu'on ne peut expliquer. *Son geste est inexplicable.* SYN. étrange ; incompréhensible ; mystérieux.

INEXPLICABLEMENT adv.
De façon inexplicable. *Ils sont inexplicablement inquiets.*

INEXPLOITÉ, ÉE adj.
Qui n'est pas exploité. *Des richesses inexploitées.*

INEXPLORÉ, ÉE adj.
Qui n'a pas encore été exploré. *Des forêts inexplorées.* SYN. vierge.

INEXPRESSIF, IVE adj.
Qui est sans expression. *Des yeux inexpressifs.* SYN. terne.

INEXPRIMABLE adj.
Que les mots sont impuissants à traduire. *Une joie inexprimable, une angoisse inexprimable.* SYN. indescriptible ; indicible.
☞ Cet adjectif peut se dire d'une chose non matérielle, agréable ou désagréable.

INEXPUGNABLE adj.
Qu'on ne peut prendre d'assaut. *Une forteresse inexpugnable.* SYN. imprenable ; inaccessible ; invincible.

INEXTENSIBLE adj.
Qui n'est pas extensible. *Le coton est inextensible.*

IN EXTENSO adj. et adv.
👄 Les lettres ***in*** se prononcent ***ine*** et les lettres ***en*** se prononcent *in,* [inɛkstɛ̃so].

ADJECTIF
Au complet. *Un compte rendu* in extenso. SYN. intégral.
ADVERBE
Intégralement. *Des textes publiés* in extenso.
[T] En typographie soignée, les mots étrangers sont composés en italique. Dans des textes déjà en italique, la notation se fait en romain. Pour les textes manuscrits, on utilisera les guillemets.

INEXTINGUIBLE adj.
Le ***u*** se prononce ou non, [inɛkstɛ̃gɥibl, inɛkstɛ̃gibl].
(LITT.) Qu'on ne peut éteindre, apaiser. *Une soif inextinguible.*

IN EXTREMIS adv.
Le ***s*** se prononce et le deuxième ***e*** se prononce ***é***, [inɛkstremis].
Expression latine signifiant « au dernier moment ». *Ils ont remis leur rapport* in extremis.
[T] En typographie soignée, les mots étrangers sont composés en italique. Dans des textes déjà en italique, la notation se fait en romain. Pour les textes manuscrits, on utilisera les guillemets.
[Les *Rectifications* (1990) admettent : in extrémis.]

INEXTRICABLE adj.
1. Qu'on ne peut démêler, complètement embrouillé. *Un amas inextricable de fils électriques.*
2. (FIG.) Compliqué, très embrouillé. *Une situation inextricable dont on peut difficilement se tirer.*

INEXTRICABLEMENT adv.
De façon inextricable. *Les éléments sont inextricablement liés.*

INFAILLIBILITÉ n. f.
1. Qualité de quelqu'un qui ne peut se tromper. *L'infaillibilité du pape.*
2. Caractère de ce qui ne peut manquer de réussir. *L'infaillibilité d'un traitement.*

INFAILLIBLE adj.
1. Qui ne peut se tromper. *Il est infaillible, il a toujours la bonne réponse.*
2. Qui a un effet assuré. *Un remède infaillible.* SYN. efficace; parfait.

INFAILLIBLEMENT adv.
Inévitablement.

INFAISABLE adj.
Les lettres ***ai*** se prononcent ***e***, [ɛ̃fəzabl].
Qui ne peut être fait. *Ce problème est infaisable.*

INFAMANT, ANTE adj.
Déshonorant. *Des gestes infamants.* SYN. honteux.
inf**a**mant, sans accent circonflexe.

INFÂME adj.
1. Abject. *Des actes infâmes.* SYN. odieux.
2. Immonde, sordide. *Des lieux infâmes.*
inf**â**me.

INFAMIE n. f.
(LITT.) Action déshonorante. *Ce dictateur a commis des infamies.*
inf**a**mie, sans accent circonflexe.

INFANT, ANTE n. m. et f.
Titre donné aux enfants cadets des rois d'Espagne et du Portugal.

INFANTERIE n. f.
Partie d'une armée chargée de conquérir, d'occuper, de défendre le terrain.

INFANTICIDE n. m. et f.
1. Personne qui tue un enfant.
2. Meurtre d'un enfant.

INFANTILE adj.
Relatif à la première enfance. *Les maladies infantiles.*
Ne pas confondre avec l'adjectif ***enfantin***, qui appartient à l'enfance.

INFANTILISER v. tr.
Traiter quelqu'un comme un enfant, le priver de ses responsabilités; encourager un adulte à conserver ou à adopter un comportement enfantin.
CONJUGAISON : VOIR MODÈLE AIMER.

INFANTILISME n. m.
Comportement infantile.

INFARCTUS n. m.
(MÉD.) Lésion nécrotique d'un tissu par obstruction de l'artère qui assure son irrigation. *Un infarctus* (et non un *infractus) *du myocarde.*
inf**arc**tus.

INFATIGABLE adj.
Que rien ne fatigue. *Ces athlètes semblent infatigables.* SYN. (FAM.) increvable; résistant.
infati**ga**ble.

INFATIGABLEMENT adv.
De façon infatigable, inlassablement.
infati**ga**blement.

INFATUÉ, ÉE adj.
– ***Être infatué*** (de soi, de ses mérites). Être content de soi à l'excès. SYN. imbu; suffisant; vaniteux.
Le mot ne s'emploie que dans cette locution.

INFÉCOND, ONDE adj.
(LITT.) Qui ne produit rien. *Des terres infécondes.* SYN. improductif.

INFECT, E adj.
Les lettres ***ct*** se prononcent, [ɛ̃fɛkt].
1. Répugnant, très sale. *Des prisons infectes.*
2. Dégoûtant, très mauvais. *Des repas infects.*
3. (FIG.) Mauvais, ignoble. *Une conduite indigne, infecte.*

INFECTER v. tr., pronom.
VERBE TRANSITIF
Contaminer. *Ces parasites ont infecté sa plaie.*
VERBE PRONOMINAL
Être atteint par l'infection. *Ces animaux se sont infectés en buvant de cette eau stagnante.*
À la forme pronominale, le participe passé de ce verbe s'accorde toujours en genre et en nombre avec son sujet. *Cette plaie s'est infectée.*
Ne pas confondre avec le verbe ***infester***, envahir, dévaster.
CONJUGAISON : VOIR MODÈLE AIMER.

INFECTIEUX, IEUSE adj.
Le ***t*** se prononce ***s***, [ɛ̃fɛksjø, øz].
Qui donne une infection. *Une maladie infectieuse.*

INFECTIOLOGIE n. f.
(MÉD.) Branche de la médecine qui traite des maladies infectieuses. *Le directeur du Centre de recherche en infectiologie de l'Université Laval compte lancer un disque compact qui permettra d'identifier les microbes grâce à leur ADN.*

INFECTIOLOGUE n. m. et f.
Médecin spécialiste des maladies infectieuses. *Cet hôpital est considéré comme un modèle en matière de lutte contre les infections nosocomiales grâce à son infectiologue, qui a convaincu la direction de l'établissement que la prévention est un investissement rentable.*

INFECTION n. f.
Contamination par des agents pathogènes.
Ne pas confondre avec le nom ***affection***, maladie. *Le cancer est une grave affection, mais il ne comporte pas d'infection.*

INFÉODATION n. f.
Action d'inféoder; fait d'être inféodé.

INFÉODER v. tr., pronom.
VERBE TRANSITIF
Soumettre quelqu'un, quelque chose. *Inféoder un parti politique provincial à un parti fédéral.*
VERBE PRONOMINAL
Obéir, se mettre sous la dépendance de. *L'association s'est inféodée à ce parti.*
À la forme pronominale, le participe passé de ce verbe s'accorde toujours en genre et en nombre avec son sujet. *Ces députés se sont complètement inféodés au chef de leur parti.*
CONJUGAISON : VOIR MODÈLE AIMER.

INFÉRENCE n. f.
Action de tirer une conséquence d'une proposition, d'un principe.

INFÉRER v. tr.
(LITT.) Déduire une conclusion d'un fait, d'un principe. *Ils ont inféré de ce sondage qu'ils allaient gagner.*
Ne pas confondre avec le verbe ***se référer,*** se reporter à quelque chose.
CONJUGAISON : VOIR MODÈLE POSSÉDER.
Le ***é*** se change en ***è*** devant une syllabe contenant un ***e*** muet, sauf à l'indicatif futur et au conditionnel présent. *J'infère,* mais *j'inférerai.*
[Les *Rectifications* (1990) admettent : il infèrera, infèrerait...]

INFÉRIEUR, IEURE adj. et n. m. et f.
ADJECTIF
1. Situé plus bas. *Les jambes sont les membres inférieurs, les bras, les membres supérieurs. Les jouets se trouvent à l'étage inférieur.* ANT. supérieur.
2. Plus petit. *Les résultats de cet élève sont inférieurs à la moyenne.* SYN. moindre.
En ce sens, l'adjectif se construit avec la préposition ***à.***
L'adjectif ***inférieur*** exprime une idée de comparaison, il n'est pas possible de l'employer au comparatif ; par contre, l'emploi du superlatif est usité. *Les résultats sont très inférieurs.*
NOM MASCULIN ET FÉMININ
Subalterne, subordonné.

INFÉRIEUREMENT adv.
D'une manière inférieure.

INFÉRIORITÉ n. f.
État de ce qui est inférieur. *Des complexes d'infériorité.*

INFERNAL, ALE, AUX adj.
1. Qui évoque l'enfer. *Un bruit infernal, une chaleur infernale.*
2. (FIG.) Insupportable, endiablé. *Un adolescent infernal.*

INFERTILE adj.
1. (LITT.) Infécond, stérile. *Une terre infertile.*
2. (FIG.) Improductif. *Un écrivain infertile, en panne d'écriture.*

INFERTILITÉ n. f.
(LITT.) Stérilité. *L'infertilité d'un couple.*
Pour désigner l'incapacité de procréer d'un être vivant, on emploie couramment le terme ***stérilité.***

INFESTER v. tr.
1. (VIEILLI) (LITT.) Ravager, attaquer (en parlant de malfaiteurs).
2. Envahir, dévaster (en parlant d'insectes, d'animaux, de plantes nuisibles). *Des cultures infestées de sauterelles.*
Ne pas confondre avec le verbe ***infecter,*** contaminer.
CONJUGAISON : VOIR MODÈLE AIMER.

INFEUTRABLE adj.
Qui ne se feutre pas. *Une laine infeutrable.*

INFIBULATION n. f.
Opération visant à empêcher la pénétration sexuelle.
infibulation.

INFIDÈLE adj. et n. m. et f.
ADJECTIF
1. Inconstant, qui change souvent de sentiment et d'avis. *Des amis infidèles.* SYN. déloyal.
2. Inexact. *Un résumé infidèle.*
NOM MASCULIN ET FÉMININ
Hérétique. *Ils combattaient les infidèles.*
infid**è**le, l'adjectif a la même forme au masculin et au féminin.

INFIDÈLEMENT adv.
De façon infidèle.
infid**è**lement.

INFIDÉLITÉ n. f.
Manque de fidélité.
infid**é**lité.

INFILTRATION n. f.
1. Pénétration accidentelle d'un liquide. *Des infiltrations d'eau dans un mur.*
2. Noyautage. *L'infiltration d'un syndicat.*

INFILTRER v. tr., pronom.
VERBE TRANSITIF
1. Pénétrer peu à peu (un corps), en parlant d'un liquide.
2. (FIG.) Faire entrer des éléments clandestins dans un groupe. *Ils ont infiltré la cellule terroriste.* SYN. noyauter.
L'emploi du verbe transitif direct en ce sens est un néologisme critiqué par certains auteurs. On doit constater toutefois qu'il est passé dans l'usage.
VERBE PRONOMINAL
Pénétrer peu à peu. *Les eaux se sont infiltrées dans les fondations de l'immeuble.*
À la forme pronominale, le participe passé de ce verbe s'accorde toujours en genre et en nombre avec son sujet. *L'eau s'est infiltrée dans le sous-sol.*
CONJUGAISON : VOIR MODÈLE AIMER.

INFIME adj.
Minuscule, très petit. *Une somme infime te sera demandée : 0,01 $.* SYN. minime.
L'adjectif comportant une valeur de superlatif, il est préférable de s'abstenir de l'employer avec ***plus, moins, très.***
Ne pas confondre avec l'adjectif ***infirme,*** atteint d'une infirmité.

INFINI, IE adj. et n. m.
ADJECTIF
1. Sans commencement et sans fin. *Un ciel infini, un espace infini, un temps infini.*
2. Très nombreux, considérable. *Le nombre des grains de sable de cette plage est infini.* SYN. incalculable.
3. Très grand, extrême. *Une patience et une bonté infinies.*
NOM MASCULIN
Ce qui est sans limites. *L'infini ne sera jamais exploré. « Son feu arrière déjà se perdait dans l'infini soyeux de la nuit sur la Prairie »* (Gabrielle Roy, *De quoi t'ennuies-tu, Éveline?*).
LOCUTION
– ***À l'infini,*** loc. adv. Sans fin, sans bornes. *On peut arroser le désert à l'infini, il demeurera sec.* SYN. indéfiniment.

INFINIMENT adv.
1. Extrêmement. *Ces particules sont infiniment petites, elles sont microscopiques.*
2. Beaucoup, très. *Merci infiniment pour le beau bouquet.*

INFINITÉ n. f.
1. Quantité infinie. *Une infinité d'étoiles.*
2. Nombre considérable, très élevé. *Une infinité de promeneurs ont admiré ce paysage.*

L'accord du verbe ou de l'adjectif se fait avec le complément au pluriel des collectifs exprimant la quantité : ***assez (de) beaucoup (de), bien des, combien (de), la plupart (des), la totalité des, nombre (de), peu (de), quantité (de), tant (de), trop (de), une infinité de, une quantité de,*** etc.
VOIR TABLEAU – COLLECTIF.

INFINITÉSIMAL, ALE, AUX adj.
Les lettres ***si*** se prononcent ***zi,*** [ɛ̃finitezimal, o].
Infiniment petit. *Une quantité infinitésimale, des éléments infinitésimaux.*

INFINITIF, IVE adj. et n. m.
ADJECTIF
1. (GRAMM.) Qui exprime la notion verbale d'une manière indéterminée. *Le mode infinitif.*
2. (GRAMM.) Caractérisé par l'emploi de l'infinitif. *Une construction infinitive.*
NOM MASCULIN
(GRAMM.) Mode impersonnel du verbe sans indication de personne (première, deuxième, troisième) ni de nombre (singulier, pluriel).
Dans le dictionnaire, c'est à l'infinitif que les verbes sont écrits. Ex. : ***AIMER*** *v. tr., pronom.*
VOIR TABLEAU – INFINITIF.

INFIRME adj. et n. m. et f.
Qui est atteint d'une infirmité. *Elle est infirme : paralysée, elle doit se déplacer en fauteuil roulant. C'est un infirme.*
Le terme ***handicapé*** tend à remplacer ce mot.
Ne pas confondre avec l'adjectif ***infime,*** minuscule.

INFIRMER v. tr.
Remettre en question, affaiblir, diminuer le crédit, la vérité de. *Une théorie infirmée par les faits.* ANT. confirmer.
CONJUGAISON : VOIR MODÈLE AIMER.

INFIRMERIE n. f.
Local où l'on reçoit et soigne les malades. *Il y a une petite infirmerie à l'école où l'on peut recevoir les premiers soins.*

INFIRMIER n. m.
INFIRMIÈRE n. f.
Personne qui, après avoir suivi des études professionnelles, est apte et habilitée à prodiguer des soins aux malades et à travailler à la promotion de la santé ainsi qu'à la prévention de la maladie (GDT). *Une infirmière praticienne spécialisée.*
Ne pas confondre avec le nom ***garde-malade,*** personne qui surveille et aide les malades dans les actes élémentaires de la vie (par exemple, l'alimentation).

INFIRMIER, IÈRE adj.
Relatif aux soins donnés par les infirmiers et les infirmières. *Le personnel infirmier.*

INFIRMITÉ n. f.
Déficience permanente d'une partie du corps.

INFLAMMABILITÉ n. f.
Caractère de ce qui est inflammable.
infla**mm**abilité.

INFLAMMABLE adj.
Qui peut prendre feu. *Un tissu très inflammable.* ANT. ininflammable.
Attention au sens de ce mot : ne pas confondre la première syllabe de cet adjectif avec le préfixe privatif ***in-***.
Ne pas confondre avec le mot ***ininflammable,*** qui ne peut prendre feu.

INFLAMMATION n. f.
1. (LITT.) Fait de s'enflammer.
2. (MÉD.) Irritation. *Une inflammation de la gorge.*
Bien que le nom provienne du verbe ***enflammer,*** il s'écrit avec les lettres ***in.***
infla**mm**ation, avec deux ***m.***

INFLAMMATOIRE adj.
(MÉD.) Caractérisé par une inflammation. *Une maladie inflammatoire.*
inflammat**oire**.

INFLATION n. f.
(ÉCON.) Phénomène économique caractérisé par la hausse du niveau des prix et la baisse de la valeur de la monnaie. ANT. déflation.

INFLATIONNISTE adj.
Qui est relatif à l'inflation. *Une politique monétaire inflationniste.*
inflatio**nn**iste.

INFLÉCHIR v. tr., pronom.
VERBE TRANSITIF
1. Courber, dévier de manière à former une courbe.
2. (FIG.) Modifier l'orientation de. *Infléchir une décision, une politique.*
VERBE PRONOMINAL
(FIG.) Prendre une autre direction, dévier. *Leur politique s'est infléchie considérablement.*
À la forme pronominale, le participe passé de ce verbe s'accorde toujours en genre et en nombre avec son sujet. *La trajectoire du satellite s'est infléchie légèrement.*
CONJUGAISON : VOIR MODÈLE FINIR.

INFLEXIBILITÉ n. f.
Rigidité, fait d'être inflexible. *L'inflexibilité de la direction.*

INFLEXIBLE adj.
Rigide, impitoyable. *Une règle inflexible. Cette personne est inflexible : rien ne peut la faire changer d'avis.* ANT. souple.

INFLEXIBLEMENT adv.
De façon inflexible.

INFLEXION n. f.
1. Flexion, inclination. *Une inflexion de la tête.*
2. Changement d'orientation. *L'inflexion du chemin.*
3. Modulation, intonation. *Il parle avec des inflexions chantantes.*

INFLIGER v. tr., pronom.
VERBE TRANSITIF
1. Imposer une sentence, une amende, une punition pour une faute, une infraction. *On lui a infligé une retenue parce qu'il n'avait pas fait sa recherche.* SYN. donner.
2. Faire subir quelque chose de pénible à quelqu'un. *Infliger du chagrin à quelqu'un.*
Le verbe se construit avec la préposition ***à.*** *On inflige quelque chose à quelqu'un.*
VERBE PRONOMINAL
S'imposer quelque chose, s'astreindre à quelque chose de désagréable. *Ils se sont infligé des privations.*
À la forme pronominale, le participe passé de ce verbe s'accorde en genre et en nombre avec le complément direct si celui-ci le précède. *Les punitions qu'ils se sont infligées.* Le participe passé reste invariable si le complément direct suit le verbe. *Elles se sont infligé des restrictions.*
Attention à l'emploi de la forme pronominale avec le complément direct ***blessure*** au sens de « se blesser ». Si une personne s'inflige une blessure, elle se cause volontairement cette blessure, ce qui n'est généralement pas le cas. On dira plutôt ***recevoir une blessure, se blesser.***
LOCUTION
– ***Infliger un démenti à.*** Contredire catégoriquement. *Le bien-être est devenu une sorte de pôle attractif permanent, et tout phénomène venant lui infliger un démenti nous affecte comme s'il faisait injure à ce droit au bonheur.*
CONJUGAISON : VOIR MODÈLE CHANGER.
Le ***g*** est suivi d'un ***e*** devant les lettres ***a*** et ***o.*** *Il infligea, nous infligeons.*

INFINITIF

Le mode infinitif exprime une idée d'action ou d'état sans indication de personne ni de nombre, c'est un **mode impersonnel.** L'infinitif s'emploie tantôt comme un **verbe,** tantôt comme un **nom.**

VERBE

▸ Dans une **phrase infinitive autonome,** le mode infinitif exprime :

– Un **ordre,** un **conseil.** *Ne pas* ***exposer*** *à l'humidité.*

Dans ce contexte, l'infinitif a valeur d'impératif. Sur les formulaires, dans l'affichage, on préférera le mode infinitif au mode impératif, qui est plus autoritaire, moins poli.

– Une **narration.** *Et les invités d'****applaudir****.*

L'infinitif est précédé de ***de.***

– Une **question.** *Où* ***aller ?***

L'infinitif interrogatif exprime un dilemme, une réflexion à voix haute, en quelque sorte.

– Une **exclamation.** ***Abandonner*** *la partie, jamais !*

L'infinitif exclamatif traduit un sentiment avec intensité.

▸ Dans une **phrase infinitive subordonnée,** l'infinitif présent exprime :

– Un **futur** après certains verbes (*devoir, espérer, promettre, souhaiter,* etc.). *J'espère réussir* (que je réussirai).

– Un **passé,** et ce, quel que soit le temps du verbe de la phrase autonome :

- *Je pense* ***avoir atteint*** *mon objectif* (... que j'ai atteint...).
- *Je pensais* ***avoir atteint*** *mon objectif* (... que j'avais atteint...).
- *J'espère* ***avoir atteint*** *mon objectif en décembre* (... que j'aurai atteint...).
- *J'espérais* ***avoir atteint*** *mon objectif en décembre* (... que j'aurais atteint...).

L'infinitif peut remplir les fonctions suivantes :

– **Sujet de la phrase.** .... ***Lire des romans*** *me plaît.*
– **Attribut du sujet.** .... *Partir, c'est* ***mourir un peu.***
– **Complément direct du verbe.** .... *Tu aimes* ***courir.*** *Il aime* ***chanter, danser*** *et puis* ***rire.***
On peut employer plusieurs phrases infinitives à la suite.
– **Complément de la préposition.** ..... *Le temps de* ***jouer.*** *Apte à* ***réussir.*** *Préparez-vous à* ***partir.*** *Avant de* ***partir,*** *préviens-moi.*

Dans la conjugaison avec un auxiliaire, selon le sens de cet auxiliaire de temps, l'infinitif présent prend une valeur :

– De **présent.** *Les enfants sont en train de jouer.*
– De **passé.** *Elle vient de nager.*
– De **futur.** *Il va dormir.*

NOM

Certains infinitifs s'emploient à l'occasion comme des noms : *le rire, le savoir-faire, le baiser, le déjeuner, le devoir, le sourire, le souvenir.*

Quand ce sont des noms, ils prennent la marque du pluriel s'ils sont simples ; s'ils sont composés, ils sont invariables. *Des rires, des savoir-vivre.*

VOIR TABLEAUX ▸ COMPLÉMENT. ▸ PHRASE (ANALYSE GRAMMATICALE DE LA). ▸ PHRASE (FONCTIONS DE LA).

INFLORESCENCE n. f.
1. Disposition particulière des fleurs d'une plante. *Une inflorescence en grappes.*
2. Ensemble des fleurs ainsi disposées. *Voilà donc le moment de profiter des jeunes inflorescences de basilic en les ajoutant à vos salades.*

INFLUENÇABLE adj.
Qui peut être influencé. *Ces personnes sont un peu trop influençables : on peut les faire changer d'avis facilement.* SYN. manipulable.
⇨ influençable.

INFLUENCE n. f.
Action qu'exerce une personne sur quelqu'un ou quelque chose. *Son grand frère a beaucoup d'influence sur elle.* SYN. ascendant; autorité; crédit; emprise.
☞ Ne pas confondre avec le nom ***affluence,*** foule.
LOCUTIONS
– ***Sous l'influence de,*** loc. prép. Sous l'effet de. *Il a agi ainsi sous l'influence de la colère.* SYN. sous l'emprise de.
– ***Sous l'influence de,*** loc. prép. Au contact de. *Il a fait ce choix sous l'influence de ses copains.*
⇨ influence.

INFLUENCER v. tr.
1. Agir sur quelque chose. *L'atmosphère d'un magasin peut influencer le comportement des consommateurs.*
2. Exercer une influence sur l'esprit et la volonté d'une personne pour la convaincre. *Maxime influençait beaucoup ses camarades, qui l'écoutaient toujours.*
☞ Il y a une légère distinction de sens avec le verbe ***influer,*** exercer une influence sur (des personnes ou des choses).
CONJUGAISON : VOIR MODÈLE AVANCER.
Le ***c*** prend une cédille devant les lettres ***a*** et ***o***. *Il influença, nous influençons.*

INFLUENT, ENTE adj.
Qui a de l'influence. *Ce sont des personnes influentes.* SYN. important; puissant.
☞ Ne pas confondre avec le participe présent ***influant.*** *Des substances influant sur le comportement.*

INFLUENZA n. f.
(VX) Grippe.
☞ Attention au genre féminin de ce nom : ***une*** influenza.
☞ Selon le GDT, ce nom emprunté à l'italien est désuet. On lui préfère aujourd'hui le nom ***grippe.***

INFLUER v. intr.
Exercer une influence sur (des personnes ou des choses). *Le contexte économique influe sur la performance de l'entreprise.*
☞ Il y a une légère distinction de sens avec le verbe ***influencer,*** exercer une influence sur l'esprit et la volonté d'une personne pour la convaincre.
CONJUGAISON : VOIR MODÈLE AIMER.

INFLUX n. m.
⇔ Le ***x*** ne se prononce pas, [ɛ̃fly].
Phénomène par lequel l'excitation d'une fibre nerveuse se propage dans le nerf. *L'influx nerveux est une onde électrique.*
⇨ **influx.**

INFOBULLE n. f.
(INFORM.) Élément d'un système d'aide contextuelle qui, à la demande de l'utilisateur, affiche des renseignements, des conseils sur les différentes fonctions d'un logiciel, à la manière des bulles des bandes dessinées. *Des infobulles guident l'utilisateur de ce logiciel très convivial.* SYN. bulle d'aide.

INFOGÉRANCE n. f.
(INFORM.) Prise en charge contractuelle, par un prestataire extérieur, de la totalité ou d'une partie des services informatiques d'une organisation.
☞ Au Québec, c'est principalement le terme ***impartition (informatique)*** qui est employé en ce sens.

INFOGRAPHIE n. f.
(INFORM.) Branche de l'informatique qui a pour objet la production automatique d'images et de dessins.
☞ Ce néologisme a été formé à partir des mots ***informatique*** et ***graphie.***

INFOGRAPHIQUE adj.
(INFORM.) Relatif à l'infographie. *Des fichiers infographiques.*

INFOGRAPHISTE n. m. et f.
Spécialiste de la production d'images et de dessins par ordinateur. *Pour produire le* Dictionnaire visuel, *les Éditions Québec Amérique ont recruté des infographistes.*

IN-FOLIO adj. inv. et n. m.
⇔ Le ***n*** se prononce, [infɔljo].
ADJECTIF INVARIABLE
(IMPRIM.) Se dit d'une feuille d'impression qui est pliée en 2 feuillets (4 pages). *Des livres* in-folio.
NOM MASCULIN
Livre de ce format. *Des* in-folio ou *des* in-folios.
[T] En typographie soignée, les mots étrangers sont composés en italique. Dans des textes déjà en italique, la notation se fait en romain. Pour les textes manuscrits, on utilisera les guillemets.
[Les *Rectifications* (1990) admettent : un infolio, des infolios.]

INFOMESTRE n. m. et f.
(INFORM.) Personne chargée de la création et de la mise à jour de documents diffusés dans le site Web d'une organisation. *L'infomestre gère, actualise et hiérarchise le contenu d'un site Web.* SYN. édimestre.
VOIR – WEBMESTRE.

INFORMATEUR n. m.
INFORMATRICE n. f.
1. Personne qui recueille des informations.
2. Indicateur (de police).

INFORMATICIEN n. m.
INFORMATICIENNE n. f.
Spécialiste de l'informatique.

INFORMATIF, IVE adj.
Qui a pour objet d'informer. *Une lettre informative. À titre informatif, je vous communique la liste de nos établissements.*

INFORMATION n. f.
1. Ensemble de renseignements sur quelqu'un, sur quelque chose. *Recueillir de l'information sur un sujet. Des informations confidentielles ont été diffusées par erreur.*
VOIR TABLEAU – PROGRESSION DE L'INFORMATION.
VOIR TABLEAU – REPRISE DE L'INFORMATION.
2. Évènement porté à la connaissance d'un public. *Une information de dernière heure* (et non un *scoop). SYN. nouvelle.
3. (AU PLUR.) Actualités radiodiffusées ou télévisées. *Écouter le bulletin d'informations à la radio.*
☞ Le nom s'abrège familièrement en ***infos.***
4. Ensemble des activités qui ont pour objet la collecte, le traitement et la diffusion des nouvelles auprès du public. *Le traitement de l'information. « Il est de la responsabilité des pouvoirs publics de garantir les conditions économiques et d'indépendance des médias faute de quoi la liberté d'information et le droit à une information plurielle ne seraient que des concepts vidés de toute réalité »* (*Le Monde*).
LOCUTIONS
– ***Réunion d'information, séance d'information.*** Rencontre au cours de laquelle des renseignements sont communiqués.
– ***Voyage d'information.*** Déplacement servant à recueillir des renseignements.
☞ Dans ces expressions, le nom ***information*** est un collectif et s'écrit au singulier.

FORMES FAUTIVES
*laisser couler de l'information. Calque de «*to leak information*» pour ***dévoiler, divulguer de l'information, communiquer des renseignements confidentiels, favoriser des fuites, ébruiter une nouvelle.***
*pour votre information. Calque de «*for your information*» pour ***à titre de renseignement, à titre indicatif, à titre informatif, pour information.***

INFORMATIONNEL, ELLE adj.
Qui concerne l'information. *Un contenu informationnel imprécis et partial.*

INFORMATIQUE adj. et n. f.
ADJECTIF
Relatif au traitement automatisé de l'information. *Des procédés informatiques. Des fichiers informatiques.*
NOM FÉMININ
Science du traitement automatique de l'information. *Informatique de gestion.*
Ce mot a été créé en 1962 à partir des mots ***information*** et ***automatique.***
L'informatique consiste à employer divers appareils (micro-ordinateur, écran, imprimante, etc.), que l'on regroupe sous le nom de ***matériel*** (en anglais, «*hardware*»), et des programmes qui font fonctionner ces appareils, les ***logiciels*** (en anglais, «*software*»); par exemple : le traitement de texte, les programmes de dessin, d'édition, les jeux électroniques.

INFORMATIQUEMENT adv.
(INFORM.) Par des moyens informatiques. *À partir de ces prélèvements, certaines portions de l'ADN seront décodées dans les laboratoires de la GRC, puis entreposées informatiquement.*

INFORMATISATION n. f.
Action d'informatiser. *L'informatisation d'une production.*

INFORMATISER v. tr., pronom.
VERBE TRANSITIF
Traiter, organiser à l'aide de moyens automatisés. *Une comptabilité informatisée, une raffinerie informatisée. Une production totalement informatisée.*
VERBE PRONOMINAL
1. Se doter de moyens informatiques. *Cette entreprise s'est informatisée dès 1980.*
2. Devenir informatisé. *Les tests linguistiques se sont informatisés.*
À la forme pronominale, le participe passé de ce verbe s'accorde toujours en genre et en nombre avec son sujet. *Ils se sont informatisés.*
CONJUGAISON : VOIR MODÈLE AIMER.

INFORME adj.
1. Sans forme précise. *Une masse informe.*
2. Imparfait, imprécis. *Une ébauche informe.*

INFORMÉ, ÉE adj. et n. m.
ADJECTIF
Averti, renseigné. *Une personne bien informée.*
NOM MASCULIN
(DR.) Information sur une affaire juridique.
LOCUTION
– ***Jusqu'à plus ample informé,*** loc. adv. Avant d'en savoir plus.

INFORMEL, ELLE adj. et n. m.
1. Qui est sans forme définie. *L'art informel.*
2. Qui n'a pas de caractère officiel, n'est pas déterminé par des structures imposées. *Une réunion informelle.* SYN. officieux; sans cérémonie.

INFORMER v. tr., pronom.
VERBE TRANSITIF
Renseigner, mettre au courant de quelque chose. *Elle a informé sa mère de sa décision.* SYN. avertir.
Le verbe se construit avec la préposition ***de*** suivie d'un nom. Il se construit aussi avec la conjonction ***que*** suivie de l'indicatif ou du conditionnel. *La directrice a informé les élèves que les cours se termineront le 10 juin. Il l'a informé qu'il prolongerait son séjour.*
VERBE PRONOMINAL
Se renseigner. *Claire s'est informée de la durée du voyage. Vous êtes-vous informé sur ce programme d'études ?*
Suivi d'un nom, le verbe pronominal se construit avec les prépositions ***de, sur.*** Il se construit aussi avec la conjonction ***si*** suivie de l'indicatif ou du conditionnel. *Elle s'informe si tout est prêt, si vous accepteriez de venir.*
À la forme pronominale, le participe passé de ce verbe s'accorde toujours en genre et en nombre avec son sujet. *Elles se sont informées de votre santé.*
CONJUGAISON : VOIR MODÈLE AIMER.

INFOROUTE n. f.
(INFORM.) Autoroute électronique.

INFORTUNE n. f.
(LITT.) Adversité, malheur. ANT. bonheur; félicité.

INFORTUNÉ, ÉE adj. et n. m. et f.
(LITT.) Qui est desservi par le sort, malchanceux. *Son infortuné compagnon. Ces infortunés nous font pitié.*

INFOS n. f. pl.
Abréviation familière de ***informations*** (radiodiffusées, télévisées).

INFOTHÈQUE n. f.
(INFORM.) Bibliothèque virtuelle donnant accès à divers documents multimédias. *Grâce aux nouvelles technologies de l'information, on pourra décentraliser la production des enseignements et des connaissances, favoriser la circulation des travaux de recherche par l'intermédiaire d'une infothèque électronique, en plus d'offrir aux usagers une information en ligne.*

INFRA adv.
Ci-après, ci-dessous. *Se reporter* infra.
En typographie soignée, les mots étrangers sont composés en italique. Dans des textes déjà en italique, la notation se fait en romain. Pour les textes manuscrits, on utilisera les guillemets.

INFRA- préf.
Élément du latin signifiant « au-dessous ».

INFRACTION n. f.
Fait de ne pas respecter une loi, un règlement. *Le fait de brûler un feu rouge constitue une grave infraction au code de la route. Même les piétons peuvent commettre des infractions, en traversant à un feu rouge, par exemple.*
Ne pas confondre avec ***effraction,*** vol avec forcement d'une serrure, d'une fenêtre, etc.

***INFRACTUOSITÉ**
Impropriété pour ***anfractuosité.***

***INFRACTUS**
Impropriété pour ***infarctus.***

INFRANCHISSABLE adj.
1. Qui ne peut être franchi. *Une distance infranchissable.*
2. Insurmontable. *Des difficultés infranchissables.*

INFRAROUGE adj. et n. m.
(PHYS.) Se dit des radiations qui sont en deçà du rouge dans la partie du spectre que l'on ne peut voir avec les yeux. *Des rayons infrarouges. Des infrarouges.*

INFRASTRUCTURE n. f.
1. Fondations. *L'infrastructure d'une voie ferrée.*
2. Ensemble des moyens économiques et techniques d'un pays, d'une région, etc. *L'infrastructure routière d'une région.*

INFROISSABLE adj.
Qui ne peut se froisser. *Un tissu infroissable.*
infroissable.

INFRUCTUEUSEMENT adv.
Sans obtenir de succès, sans profit.

INFRUCTUEUX, EUSE adj.
Sans résultat. *Une recherche infructueuse.* SYN. vain.

INFUS, USE adj.
(LITT.) Inné. *La science infuse.*

INFUSER v. tr., intr.
VERBE TRANSITIF
Laisser macérer une substance dans un liquide bouillant afin d'en recueillir des éléments. *Infuser du thé, du tilleul.*
VERBE INTRANSITIF
Tremper dans un liquide bouillant. *Le tilleul infuse.*
CONJUGAISON : VOIR MODÈLE AIMER.

INFUSION n. f.
1. Action d'infuser. *L'infusion du thé.*
2. Liquide ainsi obtenu. *Une infusion de camomille.*
Ne pas confondre avec les noms suivants :
- ***effusion***, démonstration enthousiaste ;
- ***tisane***, infusion médicamenteuse.

INFUSOIRE n. m.
Animal microscopique.

INGAMBE adj.
Qui se déplace avec agilité. *Une nonagénaire toujours ingambe.* SYN. alerte.

INGÉNIER (S') v. pronom.
Chercher, s'efforcer. *Ils se sont ingéniés à construire un abri avec quelques bouts de bois.* SYN. s'évertuer à ; tenter de.
Le verbe se construit avec la préposition ***à*** suivie de l'infinitif.
Le participe passé de ce verbe, qui n'existe qu'à la forme pronominale, s'accorde toujours en genre et en nombre avec son sujet. *Ces conseillers se sont ingéniés à trouver une solution.*
CONJUGAISON : VOIR MODÈLE ÉTUDIER.
Redoublement du ***i*** à la première et à la deuxième personne du pluriel de l'indicatif imparfait et du subjonctif présent. *(Que) nous nous ingéniions, (que) vous vous ingéniiez.*

INGÉNIERIE n. f.
Étude globale d'un projet industriel sous tous ses aspects (techniques, économiques, financiers, sociaux), coordonnant les études particulières de plusieurs équipes de spécialistes. *L'ingénierie* (et non *engineering).
LOCUTIONS
– ***Ingénierie génétique.*** (GÉNÉT.) Terme général désignant l'ensemble des méthodes et des techniques comportant une intervention directe sur les unités de base du matériel génétique d'une cellule ou d'un organisme, ou l'utilisation de fragments de ces unités comme matériau d'étude ou d'application (GDT). *Cet agent antibactérien, qui est en phase d'optimisation par ingénierie génétique, vise les infections en hôpital qui deviennent résistantes aux traitements antibiotiques.* SYN. génie génétique.
Le terme ***manipulation génétique*** (au singulier et au pluriel) a désigné l'ensemble des méthodes et des techniques du génie génétique pendant un certain temps, mais il a assez rapidement été utilisé de façon péjorative ; il est aujourd'hui considéré comme impropre, et son emploi est donc déconseillé dans ce sens ; l'OQLF recommande d'employer plutôt les termes ***génie génétique*** ou ***ingénierie génétique.***
– ***Ingénierie linguistique.*** Ensemble des activités visant à concevoir, fabriquer et commercialiser des appareils et des logiciels qui manipulent, interprètent et génèrent le langage humain, aussi bien sous sa forme écrite que sous sa forme parlée (GDT). SYN. industrie(s) de la langue.
Les expressions ***ingénierie linguistique*** et ***industrie(s) de la langue*** ont cours depuis 1984.

INGÉNIEUR n. m.
INGÉNIEURE n. f.
Personne que sa formation scientifique ou technique rend apte à diriger certains travaux. *Un ingénieur civil. Une ingénieure industrielle, un ingénieur forestier.*

INGÉNIEUR-CONSEIL n. m.
INGÉNIEURE-CONSEIL n. f.
Personne dont la profession est de donner des conseils, des expertises, de conduire des travaux qui relèvent de l'ingénieur. *Des ingénieurs-conseils, des ingénieures-conseils.*
ingénieur-conseil, avec un trait d'union.

INGÉNIEUSEMENT adv.
Habilement. *Un abri ingénieusement construit.* SYN. astucieusement.

INGÉNIEUX, IEUSE adj.
Adroit, habile. *Un bricoleur ingénieux. Une trouvaille ingénieuse.* SYN. astucieux.

INGÉNIOSITÉ n. f.
Habileté à inventer des solutions. *Faire preuve d'ingéniosité.* SYN. adresse.
Ne pas confondre avec les noms suivants :
- ***esprit***, vivacité de l'intelligence ;
- ***finesse***, possibilité de saisir les nuances ;
- ***génie***, faculté créatrice ;
- ***talent***, aptitude naturelle.

INGÉNU, UE adj. et n. f.
ADJECTIF
Candide. *Un sourire ingénu.* SYN. innocent ; naïf ; simple ; sincère.
NOM FÉMININ
Rôle de jeune fille naïve. *J'ai lu* L'Ingénue libertine, *un roman de Colette.*

INGÉNUITÉ n. f.
Candeur. *L'ingénuité d'une fillette.*

INGÉNUMENT adv.
De façon ingénue. *Décrire une situation ingénument.* SYN. candidement.
ingénument.

INGÉRABLE adj.
Difficile à gérer. *Une équipe ingérable.*

INGÉRENCE n. f.
Immixtion, intrusion. *L'ingérence de l'État dans la vie privée.*

INGÉRER v. tr., pronom.
VERBE TRANSITIF
Introduire par la bouche. *Ingérer un médicament.*
VERBE PRONOMINAL
S'immiscer. *Certains États tentent de s'ingérer dans les affaires intérieures du pays.* SYN. intervenir.
À la forme pronominale, le participe passé de ce verbe s'accorde toujours en genre et en nombre avec son sujet. *Elles se sont ingérées dans le processus de sélection.*
CONJUGAISON : VOIR MODÈLE POSSÉDER.
Le ***é*** se change en ***è*** devant une syllabe contenant un ***e*** muet, sauf à l'indicatif futur et au conditionnel présent. *J'ingère,* mais *j'ingérerai.*
[Les *Rectifications* (1990) admettent : il ingèrera, ingèrerait...]

INGESTION n. f.
Action d'introduire par la bouche. *L'ingestion d'un médicament.*

INGRAT, ATE adj. et n. m. et f.
1. Qui manque de reconnaissance. *Étienne et Marie-Ève sont reconnaissants : ils ne sont pas des ingrats, ils sont loin d'être ingrats.*
2. Déplaisant, désagréable. *Une tâche ingrate, c'est éplucher des oignons, par exemple.*

INGRATITUDE n. f.
Manque de reconnaissance, de gratitude.

INGRÉDIENT n. m.
Toute substance qui entre dans un mélange. *Des ingrédients divers composent ce gâteau.*

INGUINAL, ALE, AUX adj.
👄 Le ***u*** se prononce ***u*** (et non *ou), [ɛ̃gɥinal, o].
Relatif à l'aine. *Une hernie inguinale.*

INGURGITATION n. f.
Action d'ingurgiter. *L'ingurgitation d'un liquide.*

INGURGITER v. tr.
Avaler avidement. *Les coureurs assoiffés ingurgitaient des litres d'eau.*
CONJUGAISON : VOIR MODÈLE AIMER.

INHABILE adj.
(LITT.) Maladroit, qui manque d'adresse. SYN. gauche.
✎ inhabile.

INHABILEMENT adv.
(LITT.) De façon inhabile. *Une discussion inhabilement menée.*
✎ inhabilement.

INHABILETÉ n. f.
(LITT.) Maladresse, manque d'habileté. SYN. gaucherie ; incapacité.
✎ inhabileté.

INHABITABLE adj.
Qui ne peut être habité. *Un logement incendié inhabitable. Une région nordique inhabitable en raison du froid.* ANT. habitable.

INHABITÉ, ÉE adj.
Qui n'est pas habité. *Cette maison est inhabitée depuis quelque temps. Une région polaire inhabitée.* SYN. désert.

INHABITUEL, ELLE adj.
Non habituel. *Un fait inhabituel.* SYN. inaccoutumé ; insolite.

INHALATEUR n. m.
Appareil servant aux inhalations. *Un inhalateur électronique.*

INHALATION n. f.
Absorption par les voies respiratoires. *L'inhalation de vapeurs d'eucalyptus.*

INHALER v. tr.
Respirer une substance médicamenteuse ou chimique.
⚠ Ne pas confondre avec le verbe ***aspirer,*** attirer l'air dans les poumons.
CONJUGAISON : VOIR MODÈLE AIMER.

INHÉRENT, ENTE adj.
Qui est lié à une personne, à une chose de par sa nature. *La joie de vivre inhérente à sa jeunesse.*
✎ inhérent.

INHIBER v. tr.
(PSYCHO.) Freiner (une réaction, une impulsion).
CONJUGAISON : VOIR MODÈLE AIMER.
✎ inhiber.

INHIBITEUR, TRICE adj. et n. m.
ADJECTIF
De nature à provoquer une inhibition.
NOM MASCULIN
Substance qui bloque ou retarde une réaction (chimique, physiologique).
✎ inhibiteur.

INHIBITION n. f.
Suspension ou suppression d'une fonction organique, psychologique ou psychique.
✎ inhibition.

INHOSPITALIER, IÈRE adj.
Qui n'est pas accueillant. *Des personnes inhospitalières, presque sauvages.*
✎ inhospitalier.

INHUMAIN, AINE adj.
Qui est étranger à tout sentiment de pitié, d'humanité. *Ce dictateur est inhumain.* SYN. dur ; insensible.
⚠ Ne pas confondre avec les mots suivants :
• ***bestial,*** qui a la cruauté des bêtes féroces ;
• ***féroce,*** qui est sauvage et cruel par nature.
✎ inhumain.

INHUMAINEMENT adv.
De façon inhumaine. *On les a affamés inhumainement.*
✎ inhumainement.

INHUMATION n. f.
Mise en terre d'un corps, dans la langue administrative. SYN. enterrement. ANT. exhumation.
✎ inhumation.

INHUMER v. tr.
Mettre un corps en terre avec les cérémonies d'usage, dans la langue administrative. *Un permis d'inhumer.* ANT. exhumer.
⚠ Dans la langue courante, on emploie le verbe ***enterrer.***
CONJUGAISON : VOIR MODÈLE AIMER.
✎ inhumer.

INIMAGINABLE adj.
Que l'on ne peut imaginer. *Une étendue inimaginable.* SYN. impensable ; incroyable ; invraisemblable. ANT. imaginable.

INIMITABLE adj.
Qu'on ne saurait imiter. *Son style est inimitable.* ANT. imitable.

INIMITIÉ n. f.
(LITT.) Hostilité.
⚠ Ne pas confondre avec le nom ***intimité,*** caractère de ce qui est intime.

ININFLAMMABILITÉ n. f.
Qualité de ce qui est ininflammable. *L'ininflammabilité de ce matériau est garantie.*

ININFLAMMABLE adj.
Qui ne peut prendre feu. *L'amiante est ininflammable.* ANT. inflammable.
⚠ Ne pas confondre avec le mot ***inflammable,*** qui peut prendre feu.

ININTELLIGEMMENT adv.
👄 L'avant-dernière syllabe se prononce ***gea,*** [inɛ̃teliʒamɑ̃].
Sans intelligence. *Un rapport inintelligemment structuré.*
✎ inintelligemment.

ININTELLIGENCE n. f.
Manque d'intelligence. SYN. bêtise ; stupidité.

ININTELLIGENT, ENTE adj.
Qui manque d'intelligence. SYN. bête ; stupide.

ININTELLIGIBLE adj.
Dont on ne peut saisir le sens en raison d'une mauvaise présentation de l'objet. *Un texte inintelligible.*
⚠ Ne pas confondre avec le mot ***incompréhensible,*** insaisissable en raison de la nature même de l'objet.

ININTELLIGIBLEMENT adv.
De façon inintelligible.

ININTÉRESSANT, ANTE adj.
Dépourvu d'intérêt. *Ce texte n'est pas inintéressant, mais il faudrait l'illustrer pour le rendre plus attrayant.*

ININTERROMPU, UE adj.
Continu dans l'espace ou dans le temps. *Des efforts ininterrompus.*
✎ ininterrompu.

INIQUE adj.
(LITT.) Injuste. *Un châtiment inique.*
inique.

INIQUEMENT adv.
De façon inique.
iniquement.

INIQUITÉ n. f.
Absence d'équité, de justice. *L'iniquité* (et non l'*inéquité) *d'un règlement.*
iniquité.

INITIAL, IALE, IAUX adj. et n. f.
Le *t* se prononce *s*, [inisjal, o]; le mot rime avec ***spécial***.
ADJECTIF
Premier, qui est au début. *La phase initiale. Des plans initiaux.* ANT. final.
NOM FÉMININ
Première lettre majuscule d'un nom propre. *Ses initiales sont E. V.*

INITIALEMENT adv.
Le premier *t* se prononce *s*, [inisjalmɑ̃].
Au début, à l'origine. *Initialement, il s'agissait d'un bâtiment de huit étages.*

***INITIALER**
Impropriété pour ***parapher, parafer*** (une lettre, un contrat).

INITIALISATION n. f.
Les *t* se prononcent *s*, [inisjalizasjɔ̃].
(INFORM.) Établissement de l'organisation initiale d'un support d'information (disque, disquette).

INITIALISER v. tr.
Le *t* se prononce *s*, [inisjalize].
1. (INFORM.) Mettre dans un état initial un circuit électronique, un programme informatique.
2. (INFORM.) Établir l'organisation initiale d'un support d'information (disque, disquette).
CONJUGAISON : VOIR MODÈLE AIMER.

INITIATEUR, TRICE adj. et n. m. et f.
Le premier *t* se prononce *s*, [inisjatœr, tris].
ADJECTIF
Qui initie; qui sert à initier, à l'initiation. *Des épreuves initiatrices.*
NOM MASCULIN ET FÉMININ
1. Personne qui initie quelqu'un à la connaissance de quelque chose. « *Réjean Ducharme a été un initiateur pour moi, quelqu'un qui m'a montré la porte de la liberté* » (Monique Proulx, *cité par L'actualité*).
2. (PAR EXT.) Personne qui crée quelque chose, qui ouvre une voie nouvelle. *Pierre de Coubertin, initiateur des Jeux olympiques modernes.*

INITIATION n. f.
Les *t* se prononcent *s*, [inisjasjɔ̃].
1. Révélation, admission à la connaissance de certains mystères religieux, de choses cachées.
2. Action d'enseigner, d'apprendre les rudiments d'une science. *Une initiation à la photographie.*
3. (FIG.) Rituel imposé aux nouveaux étudiants. *Les nouveaux étudiants en droit ont dû se prêter à l'initiation : ils ont défilé dans les rues déguisés en Gaulois.*

INITIATIQUE adj.
Qui se rapporte à l'initiation. *Des rites initiatiques.*

INITIATIVE n. f.
Le premier *t* se prononce *s*, [inisjativ].
Action de proposer ou d'entreprendre quelque chose. *Un esprit d'initiative. Voilà une excellente initiative.*
Ce nom se construit avec les prépositions ***de, à, sur.*** *Il a fait ce choix de sa propre initiative, à son initiative. C'est sur l'initiative de sa collègue que la démarche a été faite.*
LOCUTION
– ***Syndicat d'initiative.*** En France, organisme chargé de la promotion touristique d'une région.

INITIÉ, ÉE adj. et n. m. et f.
Le *t* se prononce *s*, [inisje].
Qui a reçu une initiation. *Ils ont eu accès à des informations confidentielles : ce sont des initiés. Des membres initiés.*
LOCUTION
– ***Délit d'initié.*** Infraction commise par un initié qui, grâce à des informations privilégiées relatives à une entreprise, réalise une opération profitable sur les titres de celle-ci avant que ces informations soient connues du public.

INITIER v. tr., pronom.
Le *t* se prononce *s*, [inisje].
VERBE TRANSITIF
Donner la connaissance (d'un art, d'une science, d'une profession, etc.) à. *Initier un enfant au ski.* SYN. enseigner; instruire.
VERBE PRONOMINAL
Acquérir les rudiments (d'un art, d'une science). *S'initier à l'informatique.*
Le verbe se construit avec la préposition ***à.***
À la forme pronominale, le participe passé de ce verbe s'accorde toujours en genre et en nombre avec son sujet. *Son amie s'est initiée à la voile.*
FORMES FAUTIVES
*initier. Anglicisme au sens de ***lancer, instaurer, mettre en œuvre, amorcer.*** *On a instauré* (et non *initié) *une politique nouvelle.*
*initier une activité, un programme, un processus. Anglicisme au sens de ***entreprendre une activité, mettre en place un programme, entamer, engager un processus.*** *Nous avons entrepris* (et non *initié) *une activité, nous avons mis en place* (et non *initié) *un programme.*
CONJUGAISON : VOIR MODÈLE ÉTUDIER.
Redoublement du ***i*** à la première et à la deuxième personne du pluriel de l'indicatif imparfait et du subjonctif présent. *(Que) nous initiions, (que) vous initiiez.*

INJECTABLE adj.
Qui peut être administré par injection. *Un médicament injectable.*
Ne pas confondre avec le mot ***éjectable***, qui peut être éjecté.

INJECTER v. tr., pronom.
VERBE TRANSITIF
1. Introduire par pression un liquide, un gaz dans un organisme. *Injecter un médicament dans une veine.*
Ne pas confondre avec le verbe ***éjecter***, projeter au dehors.
2. Fournir des capitaux à une entreprise. *Injecter des fonds.*
VERBE PRONOMINAL
1. Être introduit dans un organisme en parlant d'un liquide, d'un gaz.
2. Devenir coloré par l'afflux de sang. *Ses yeux s'étaient injectés de sang.*
À la forme pronominale, le participe passé de ce verbe s'accorde en genre et en nombre avec le complément direct si celui-ci le précède. *Les médicaments qu'elles se sont injectés. Ses yeux se sont injectés de sang.* Le participe passé reste invariable si le complément direct suit le verbe. *Elle s'est injecté de l'insuline.*
CONJUGAISON : VOIR MODÈLE AIMER.

INJECTEUR n. m.
Dispositif d'injection. *Un injecteur d'essence.*

INJECTION n. f.
Le *t* se prononce comme un *s*; le mot rime avec ***tension.***
1. Action d'introduire un liquide dans un corps. *Une injection intraveineuse.*

2. Le produit injecté. *Une injection d'insuline pour une personne diabétique.*
LOCUTION
– ***Moteur à injection.*** Moteur muni d'un dispositif d'alimentation en carburant par injecteur.
Ne pas confondre avec le nom ***injonction,*** ordre formel.

INJOIGNABLE adj.
Que l'on ne peut joindre, notamment par téléphone, par courrier électronique. *Malheureusement, je serai injoignable par courriel pendant mes vacances.* ANT. joignable.

INJONCTION n. f.
Ordre formel d'obéir sur-le-champ. *Ils ont obtenu une injonction qui interdit la diffusion de l'ouvrage.*
Ne pas confondre avec le nom ***injection,*** introduction d'un liquide dans un corps.

INJURE n. f.
Insulte. *Vos injures n'atteignent pas le parapluie de mon indifférence.*

INJURIER v. tr., pronom.
VERBE TRANSITIF
Offenser par des insultes. *Des petits voisins l'ont injurié sans raison.* SYN. insulter; invectiver.
VERBE PRONOMINAL
S'offenser, s'adresser mutuellement des injures. *Ces gamins ne cessent de s'injurier.*
À la forme pronominale, le participe passé de ce verbe s'accorde toujours en genre et en nombre avec son sujet. *Ils se sont injuriés sans retenue.*
CONJUGAISON : VOIR MODÈLE ÉTUDIER.
Redoublement du ***i*** à la première et à la deuxième personne du pluriel de l'indicatif imparfait et du subjonctif présent. *(Que) nous injuriions, (que) vous injuriiez.*

INJURIEUSEMENT adv.
De façon injurieuse.

INJURIEUX, IEUSE adj.
1. Insultant. *Ce qualificatif est injurieux.* SYN. blessant; offensant.
2. Qui constitue une injure.
Cet adjectif se construit généralement avec ***pour,*** parfois avec la locution prépositive ***à l'égard de.*** *Ce commentaire est injurieux pour le témoin.*

INJUSTE adj.
Qui est contraire à la justice, inéquitable. *Des décisions injustes envers ou pour ces employés, à l'égard de ces personnes.*
L'adjectif se construit avec les prépositions ***envers, pour*** ou avec la locution prépositive ***à l'égard de.***

INJUSTEMENT adv.
De façon injuste. *Ils ont été traités injustement.*

INJUSTICE n. f.
1. Acte contraire à la justice.
2. Acte injuste. *L'expulsion de ces réfugiés est une injustice.*

INJUSTIFIABLE adj.
Qui ne peut être justifié, excusé. *Une erreur injustifiable.* ANT. défendable; excusable; justifiable.

INJUSTIFIÉ, ÉE adj.
Qui n'est pas ou n'a pas été justifié. *Des décisions injustifiées.*

INLASSABLE adj.
Infatigable, patient. *Il est inlassable : il n'est jamais fatigué de pêcher.* SYN. (FAM.) increvable.

INLASSABLEMENT adv.
De façon inlassable. *Inlassablement, il observe les oiseaux.*

IN MEMORIAM loc. prép.
Le ***n*** est sonore, le ***e*** se prononce ***é*** et le ***m*** final est sonore, [inmemɔriam].
Expression latine signifiant « à la mémoire de ».
T En typographie soignée, les mots étrangers sont composés en italique. Dans des textes déjà en italique, la notation se fait en romain. Pour les textes manuscrits, on utilisera les guillemets.
in memoriam, sans accent sur le ***e.***

INNÉ, ÉE adj.
Que nous avons en naissant, naturel. *Un talent inné pour le dessin.*
inné.

INNERVATION n. f.
(MÉD.) Distribution des nerfs. *L'innervation du cou.*
innervation.

INNERVER v. tr.
Distribuer des nerfs dans un organe, en parlant d'un tronc nerveux. *Une partie du corps très innervée.*
Ne pas confondre avec le verbe ***énerver,*** exciter.
CONJUGAISON : VOIR MODÈLE AIMER.

INNOCEMMENT adv.
La troisième syllabe se prononce ***sa,*** [inɔsamɑ̃].
Avec innocence, sans vouloir de mal. *Je t'ai dit cela innocemment : je ne voulais pas te faire de peine, excuse-moi.*
innocemment.

INNOCENCE n. f.
1. Pureté, ingénuité. *L'innocence d'un enfant.*
2. État de la personne qui n'est pas coupable. *Son innocence a été prouvée.* ANT. culpabilité.
innocence.

INNOCENT, ENTE adj. et n. m. et f.
1. Candide, pur. SYN. ingénu.
Cet adjectif se dit d'une personne ou d'une chose. *Il est innocent. Un sourire innocent.*
2. Crédule. *Pour croire une histoire pareille, il faudrait être bien innocent.* SYN. naïf; niais.
3. Qui n'est pas coupable. *Ils ont été déclarés innocents.* ANT. coupable.

INNOCENTER v. tr.
1. Déclarer innocent. *Les accusés ont été innocentés.*
2. Absoudre d'un blâme.
CONJUGAISON : VOIR MODÈLE AIMER.
innocenter.

INNOCUITÉ n. f.
Qualité d'une chose qui n'est pas nocive. *L'innocuité d'un vaccin.*
innocuité.

INNOMBRABLE adj.
Qui ne peut être dénombré, incalculable. *D'innombrables étoiles.* SYN. infini.

INNOMMABLE adj.
Abject, inqualifiable. *Des actes innommables.*

INNOMMÉ, ÉE adj.
(LITT.) Qui n'a pas reçu de nom. *Un lieu innommé.*
Plusieurs ouvrages donnent également la graphie ***innomé*** préconisée par l'Académie, qui écrit toutefois ***innommable.*** L'orthographe avec deux ***m*** semble plus logique.

INNOVANT, ANTE adj.
Qui innove ou constitue une innovation. *La clef de nos succès futurs réside dans notre capacité de construire une société innovante. Ces produits sont moins sensibles aux variations de prix parce qu'ils sont jugés plus innovants et à forte valeur ajoutée technologique.* SYN. innovateur; novateur.

INNOVATEUR, TRICE adj. et n. m. et f.
Créateur, novateur. *Des projets innovateurs, des créations innovatrices.* SYN. nouveau.

INNOVATION n. f.
Création. *Des innovations technologiques.* SYN. invention.

INNOVER v. tr., intr.
VERBE TRANSITIF
(VX) Créer. *Innover une mode.*
VERBE INTRANSITIF
Introduire quelque chose de nouveau dans un domaine. *Il faut innover sans cesse en informatique.*
Le verbe ne s'emploie plus qu'intransitivement.
CONJUGAISON : VOIR MODÈLE AIMER.

INOBSERVANCE n. f.
Manquement à des prescriptions (religieuses, médicales, morales, etc.).
inobservance.

INOBSERVATION n. f.
Inexécution (d'une loi, d'une promesse).

INOCCUPÉ, ÉE adj.
1. Vacant. *Une maison inoccupée.*
2. Désœuvré. *Un employé inoccupé.*
inoccupé.

IN-OCTAVO adj. inv. et n. m.
Le *n* se prononce, [inɔktavo].
ADJECTIF INVARIABLE
(IMPRIM.) Se dit d'un format où la feuille d'impression est pliée en huit feuillets (16 pages). *Des volumes* in-octavo.
NOM MASCULIN
Livre de ce format. *Des* in-octavo ou *des* in-octavos.
T En typographie soignée, les mots étrangers sont composés en italique. Dans des textes déjà en italique, la notation se fait en romain. Pour les textes manuscrits, on utilisera les guillemets.
[Les *Rectifications* (1990) admettent : un inoctavo, des inoctavos.]

INOCULABLE adj.
Qui peut être inoculé. *Une substance inoculable.*

INOCULATION n. f.
Introduction dans l'organisme d'un germe vivant. *L'inoculation d'un vaccin.*

INOCULER v. tr., pronom.
VERBE TRANSITIF
Introduire dans l'organisme par inoculation (un virus, une maladie, etc.). *Inoculer un vaccin.*
VERBE PRONOMINAL
Introduire dans son organisme (un virus, une maladie, etc.). *Il s'est inoculé un vaccin antigrippe.*
À la forme pronominale, le participe passé de ce verbe s'accorde en genre et en nombre avec le complément direct si celui-ci le précède. *Le virus qu'ils se sont inoculé.* Le participe passé reste invariable si le complément direct suit le verbe. *Ils se sont inoculé la tuberculose.*
CONJUGAISON : VOIR MODÈLE AIMER.

INODORE adj.
Sans odeur. *Ces fleurs sont inodores.* ANT. odorant.

INOFFENSIF, IVE adj.
Incapable de nuire, sans danger. *La couleuvre est inoffensive, contrairement à d'autres serpents dont la morsure est dangereuse.*
inoffensif.

INONDATION n. f.
Débordement d'un cours d'eau qui couvre les terres environnantes. *Les pluies abondantes ont fait monter le niveau des rivières et ont provoqué des inondations.*

INONDER v. tr., pronom.
VERBE TRANSITIF
Recouvrir un endroit d'eau. *Au printemps, la rivière a inondé ces terres.*
VERBE PRONOMINAL
Se couvrir d'eau, s'arroser d'un liquide. *Elle s'est inondée d'un parfum capiteux.*
À la forme pronominale, le participe passé de ce verbe s'accorde toujours en genre et en nombre avec son sujet. *Les marathoniens se sont inondés d'eau fraîche.*
CONJUGAISON : VOIR MODÈLE AIMER.

INOPÉRABLE adj.
Que l'on ne peut opérer. *Un patient inopérable.*

INOPÉRANT, ANTE adj.
Inefficace. *Un traitement inopérant. Une mesure inopérante.*

INOPINÉ, ÉE adj.
Imprévu. *Une visite inopinée des policiers. « Mais la nouvelle inopinée de sa venue déclencha toute une kyrielle de suppositions »* (Ringuet, *Trente Arpents*). SYN. inattendu.

INOPINÉMENT adv.
De façon inopinée. *Ils sont venus inopinément.*

INOPPORTUN, UNE adj.
Qui n'est pas opportun, qui vient mal à propos.

INOPPORTUNÉMENT adv.
(LITT.) De façon inopportune. *Ils sont arrivés inopportunément.*

INOPPORTUNITÉ n. f.
Caractère de ce qui n'est pas opportun. *L'inopportunité d'une démarche.*

INOUBLIABLE adj.
Qui ne peut être oublié. *Des amis inoubliables. Un livre inoubliable.* SYN. mémorable.

INOUÏ, ÏE adj.
Extraordinaire, prodigieux. *Des histoires inouïes.* SYN. étonnant ; incroyable ; invraisemblable.
inouï.

INOXYDABLE adj.
Qui résiste à l'oxydation. *Une bouilloire en acier inoxydable ne rouille pas.* ANT. oxydable.
inoxydable.

IN PETTO loc. adj.
Expression italienne signifiant « dans la poitrine ».
(PLAISANT.) Secrètement, dans son for intérieur.
T En typographie soignée, les mots étrangers sont composés en italique. Dans des textes déjà en italique, la notation se fait en romain. Pour les textes manuscrits, on utilisera les guillemets.

***INPUT**
(INFORM.) Anglicisme pour ***entrée, intrant.***

INQUALIFIABLE adj.
Innommable. *Une conduite inqualifiable.* SYN. abject ; ignoble.

IN-QUARTO adj. inv. et n. m.
Le *n* se prononce, [inkwarto].
ADJECTIF INVARIABLE
(IMPRIM.) Se dit d'un format où la feuille imprimée est pliée en 4 feuillets (8 pages). *Des volumes* in-quarto.
NOM MASCULIN
Livre de ce format. *Des* in-quarto ou *des* in-quartos.
T En typographie soignée, les mots étrangers sont composés en italique. Dans des textes déjà en italique, la notation se fait en romain. Pour les textes manuscrits, on utilisera les guillemets.
[Les *Rectifications* (1990) admettent : un inquarto, des inquartos.]

INQUIET, ÈTE adj. et n. m. et f.
ADJECTIF
Qui ressent de l'inquiétude, de l'anxiété. *Sophie est inquiète de l'avenir, pour lui, sur son sort.* SYN. angoissé ; soucieux. ANT. confiant ; insouciant ; serein ; tranquille.
L'adjectif se construit avec les prépositions ***de, pour, sur.***
NOM MASCULIN ET FÉMININ
Personne anxieuse. *C'est un inquiet, de nature.* SYN. angoissé ; tourmenté.

INQUIÉTANT, ANTE adj.
Qui inquiète. *Ces retards sont inquiétants.* SYN. alarmant ; angoissant ; préoccupant. ANT. rassurant.

INQUIÉTER v. tr., pronom.
VERBE TRANSITIF
Remplir d'inquiétude. *Son absence inquiète sa mère.* SYN. angoisser ; tracasser.
VERBE PRONOMINAL
Éprouver de l'inquiétude, de l'angoisse, se tracasser pour quelqu'un, quelque chose. *Léa s'inquiète à tort ; elle s'inquiète pour des riens.*
Le verbe se construit avec la préposition ***pour*** suivie d'un nom ou d'un pronom. Il se construit également avec la préposition ***de*** suivie d'un nom ou d'un infinitif. *Sa mère s'inquiète pour son avenir, pour elle. L'enseignant s'inquiète de l'absence d'un élève, de le voir absent.* Le verbe peut aussi se construire avec la locution ***de ce que*** suivie de l'indicatif ou du conditionnel. *Elle ne s'inquiète pas de ce qu'on peut penser* ou *qu'on pourrait penser.* Il peut enfin se construire avec la conjonction ***que*** suivie du subjonctif. *Elle s'inquiète qu'il soit si souvent absent.*
À la forme pronominale, le participe passé de ce verbe s'accorde toujours en genre et en nombre avec son sujet. *Ses amis se sont inquiétés d'être sans nouvelles.*
CONJUGAISON : VOIR MODÈLE POSSÉDER.
Le ***é*** se change en ***è*** devant une syllabe contenant un ***e*** muet, sauf à l'indicatif futur et au conditionnel présent. *J'inquiète,* mais *j'inquiéterai.*
[Les *Rectifications* (1990) admettent : il inquiètera, inquièterait...]

INQUIÉTUDE n. f.
Malaise causé par la crainte, l'anxiété, l'incertitude par rapport à un danger, à un évènement malheureux. *Son inquiétude grandit au fur et à mesure que l'heure passe et que les enfants ne sont pas rentrés.* SYN. angoisse ; souci.

INQUISITEUR, TRICE adj.
Scrutateur. *Des regards inquisiteurs.*

INQUISITION n. f.
Examen malveillant. *Pourquoi cette inquisition des inspecteurs de l'impôt ?* SYN. investigation.

INRACONTABLE adj.
Qui ne peut être raconté. *Une histoire inracontable* (et non *irracontable).

INRS
Sigle de ***Institut national de la recherche scientifique.***

INSAISISSABLE adj.
Qu'on ne peut saisir. *Ces malfaiteurs semblent insaisissables : on ne réussit pas à les arrêter.*
insaisissable.

INSALUBRE adj.
Malsain, mauvais pour la santé. *Un logement insalubre.*

INSALUBRITÉ n. f.
État de ce qui est insalubre.

INSANITÉ n. f.
1. Absence de raison. SYN. folie.
2. Bêtise. *Débiter des insanités.* SYN. ineptie ; sottise.

INSATIABLE adj.
Le ***t*** se prononce ***s***, [ɛ̃sasjabl].
Qui ne peut être satisfait. *Un besoin de dormir insatiable. Un désir d'absolu insatiable.*
Cet adjectif s'emploie surtout pour qualifier une chose abstraite.

INSATIABLEMENT adv.
Le premier ***t*** se prononce ***s***, [ɛ̃sasjabləmɑ̃].
De façon insatiable.

INSATISFACTION n. f.
Mécontentement. *Cette décision a provoqué l'insatisfaction.*

INSATISFAISANT, ANTE adj.
Les lettres ***ai*** de la quatrième syllabe se prononcent ***e*** ; le mot rime avec ***faisan.***
Qui ne donne pas satisfaction. *Des profits insatisfaisants.* SYN. décevant. ANT. satisfaisant.

INSATISFAIT, AITE adj. et n. m. et f.
Mécontent. *Des clients insatisfaits.*

INSCRIPTION n. f.
1. Action d'inscrire ; ce qui est inscrit. *Une inscription en hiéroglyphes difficile à déchiffrer.*
2. Action d'inscrire une personne sur un registre, une liste, etc. *L'inscription d'un étudiant au collège Notre-Dame.*
3. Résultat de cette action. *L'École des HEC a reçu plusieurs inscriptions.*
LOCUTION
– ***Droits d'inscription.*** Somme qu'exige un établissement d'enseignement pour inscrire sur son registre le nom et le choix de cours d'une personne (Recomm. off.). *Les droits* (et non *frais) *d'inscription s'élèvent à 50 $.*

INSCRIRE v. tr., pronom.
VERBE TRANSITIF
1. Écrire, noter. *Inscris ton nom sur ton cahier.* SYN. indiquer ; marquer.
2. Noter le nom d'une personne sur un registre, une liste, etc. *Inscrire une étudiante à l'université.*
VERBE PRONOMINAL
1. Donner son nom pour un registre, une liste. *Julie et Olivier se sont inscrits* (et non *ont appliqué) *en droit.*
2. Apparaître. *Les renseignements demandés s'inscrivent à l'écran en quelques secondes.*
3. Faire partie de, se situer. *Cette activité s'inscrit bien dans le programme de la journée.* SYN. s'intégrer.
À la forme pronominale, le participe passé s'accorde toujours en genre et en nombre avec son sujet. *Elles se sont inscrites à HEC Montréal.*
LOCUTION
– ***S'inscrire en faux contre quelque chose.*** Démentir quelque chose. *La ministre s'est inscrite en faux contre cette affirmation d'un journaliste, qu'elle prétend inexacte.*
Dans cette expression, le mot ***faux*** est invariable.
CONJUGAISON : VOIR MODÈLE ÉCRIRE.
INDICATIF PRÉSENT *J'inscris, tu inscris, il inscrit, nous inscrivons, vous inscrivez, ils inscrivent.* IMPARFAIT *J'inscrivais.* PASSÉ SIMPLE *J'inscrivis.* FUTUR *J'inscrirai.* CONDITIONNEL PRÉSENT *J'inscrirais.* IMPÉRATIF PRÉSENT *Inscris, inscrivons, inscrivez.* SUBJONCTIF PRÉSENT *Que j'inscrive.* IMPARFAIT *Que j'inscrivisse.* PARTICIPE PRÉSENT *Inscrivant.* PASSÉ *Inscrit, ite.*

INSÉCABLE adj.
Qu'on ne peut séparer. *Un espace insécable.*

INSECTARIUM n. m.
Les lettres ***um*** se prononcent ***om***, [ɛ̃sɛktarjɔm] ; le mot rime avec ***aquarium.***
Établissement scientifique où l'on élève des insectes. *Des insectariums. Au Jardin botanique de Montréal, il y a maintenant un magnifique insectarium.*

INSECTE n. m.
Petit animal invertébré, articulé et à six pattes, doté parfois d'ailes. *L'araignée se nourrit d'insectes. Les fourmis et les maringouins sont des insectes.*

INSECTICIDE adj. et n. m.
Se dit d'un produit qui tue les insectes nuisibles.

INSECTIVORE adj. et n. m.
Se dit d'un animal qui se nourrit d'insectes. *La grenouille est insectivore. Le hérisson, la taupe sont des insectivores.*
Ne pas confondre avec les mots suivants :
- ***carnivore,*** qui se nourrit de chair ;
- ***frugivore,*** qui se nourrit de fruits ;
- ***granivore,*** qui se nourrit de graines ;
- ***herbivore,*** qui se nourrit d'herbe ;
- ***omnivore,*** qui se nourrit de végétaux et d'animaux.

***INSÉCURE**
Anglicisme pour ***anxieux, inquiet.***

INSÉCURITAIRE adj.
Qui n'est pas sûr, qui manque de sécurité. *Des procédés de fabrication insécuritaires. La phobie insécuritaire a pris le dessus sur le bon sens.*

INSÉCURITÉ n. f.
Manque de sécurité. *L'insécurité règne dans ce quartier.*

IN-SEIZE adj. inv. et n. m. inv.
Le ***n*** se prononce, [insɛz].
ADJECTIF INVARIABLE
(IMPRIM.) Se dit d'un format où la feuille imprimée est pliée en 16 feuillets (32 pages). *Des volumes* in-seize.
NOM MASCULIN INVARIABLE
Livre de ce format. *Des* in-seize.
T En typographie soignée, les mots étrangers sont composés en italique. Dans des textes déjà en italique, la notation se fait en romain. Pour les textes manuscrits, on utilisera les guillemets.

INSÉMINATEUR n. m.
INSÉMINATRICE n. f.
Spécialiste de l'insémination artificielle.

INSÉMINATEUR, TRICE adj.
Qui sert à inséminer.

INSÉMINATION n. f.
Introduction de sperme dans les voies génitales de la femelle. *Une insémination artificielle de jument.*

INSÉMINER v. tr.
Féconder, ou tenter de féconder, par insémination.
CONJUGAISON : VOIR MODÈLE AIMER.

INSENSÉ, ÉE adj.
1. Qui n'a pas de bon sens. *Ce choix est insensé, tout à fait déraisonnable.* SYN. absurde ; déraisonnable.
2. (FAM.) Bizarre, extravagant. *Une dépense insensée.* SYN. fou.

INSENSIBILISATION n. f.
Action d'insensibiliser une partie du corps.
insensibilisation.

INSENSIBILISER v. tr.
Rendre insensible à la douleur. *Le dentiste a insensibilisé la mâchoire de Christian avant de réparer sa dent.* SYN. anesthésier.
CONJUGAISON : VOIR MODÈLE AIMER.
insensibiliser.

INSENSIBILITÉ n. f.
1. Défaut de sensibilité physique. *L'insensibilité de sa main.*
2. Indifférence, absence de sensibilité.

INSENSIBLE adj.
Dépourvu de sensibilité. *Claude joue les durs, mais il n'est pas insensible.* SYN. froid ; indifférent.

INSENSIBLEMENT adv.
De façon graduelle. *Les analyses ont montré que la ville de Venise s'était enfoncée insensiblement dans la mer au cours des ans.* SYN. peu à peu.

INSÉPARABLE adj. et n. m. et f.
Que l'on ne peut séparer. *Ces amis sont inséparables. Ce sont des inséparables.*
Le nom s'emploie généralement au pluriel.

INSÉPARABLEMENT adv.
De façon à ne pouvoir être séparé.

INSÉRER v. tr., pronom.
VERBE TRANSITIF
Introduire quelque chose dans un ensemble. *Insérer un mot dans une phrase.*
VERBE PRONOMINAL
1. Se situer. *Ces recherches s'insèrent dans le prolongement de nos travaux.*
2. S'intégrer. *Cette illustration s'insérera bien dans le texte.*
À la forme pronominale, le participe passé de ce verbe s'accorde toujours en genre et en nombre avec son sujet. *Ces manifestations se sont insérées dans le contexte de la Révolution tranquille.*
CONJUGAISON : VOIR MODÈLE POSSÉDER.
Le ***é*** se change en ***è*** devant une syllabe contenant un ***e*** muet, sauf à l'indicatif futur et au conditionnel présent. *J'insère,* mais *j'insérerai.*
[Les *Rectifications* (1990) admettent : il insèrera, insèrerait...]

INSERTION n. f.
Le ***t*** se prononce ***s***, [ɛ̃sɛrsjɔ̃].
Introduction, intégration. *L'insertion d'une citation dans un texte.*
insertion.

INSIDIEUSEMENT adv.
De façon insidieuse. *Ils ont agi insidieusement.*

INSIDIEUX, IEUSE adj.
1. Qui constitue un piège. *Une question insidieuse. Des anglicismes sémantiques insidieux.* SYN. trompeur.
2. Sournois. *Une maladie insidieuse à début bénin, mais très grave.*
insidieux.

INSIGNE adj. et n. m.
ADJECTIF
Remarquable. *Un insigne honneur. Une grâce insigne.*
L'adjectif se place avant ou après le nom.
VOIR TABLEAU – DOUBLETS.
NOM MASCULIN
Emblème, signe distinctif. *Les scouts portent un insigne.*
L'insigne précisant le nom de la personne qui le porte se nomme ***porte-nom*** ou ***badge.***
Les noms ***insigne*** et ***enseigne*** sont des doublets.
Attention au genre masculin de ce nom : ***un*** insigne.

INSIGNIFIANCE n. f.
Caractère de ce qui est insignifiant, sans importance. *Ils perdent leur temps à des insignifiances.*
insignifiance.

INSIGNIFIANT, IANTE adj.
Sans intérêt, sans importance. *Ces problèmes me paraissent insignifiants.* SYN. négligeable.

INSINUATION n. f.
Sous-entendu. *Ses paroles étaient souvent des insinuations déplaisantes.*

INSINUER v. tr., pronom.
VERBE TRANSITIF
Suggérer, sans affirmer de façon claire. *Que voulez-vous insinuer ? Je n'ai jamais fait cela.*
VERBE PRONOMINAL
Pénétrer (au propre et au figuré). *L'eau s'insinue dans les fissures. Le doute s'insinue en eux.*
À la forme pronominale, le participe passé de ce verbe s'accorde toujours en genre et en nombre avec son sujet. *Des soupçons se sont insinués dans leur esprit.*
CONJUGAISON : VOIR MODÈLE AIMER.

INSIPIDE adj.
1. Sans saveur, fade. *Cette soupe est insipide.* ANT. sapide.
2. (FIG.) Sans attrait, fade. *Un film insipide.* SYN. terne.

INSIPIDITÉ n. f.
Caractère de ce qui est insipide. ANT. sapidité.

INSISTANCE n. f.
Action d'insister, obstination. *Anna invita Claire avec beaucoup d'insistance.*
insistance.

INSISTANT, ANTE adj.
Qui insiste, pressant. *Anna a été insistante : elle voulait absolument que Claire vienne.*

INSISTER v. intr.
1. Réclamer de façon pressante. *Il insiste pour que tu viennes.*
2. Mettre l'accent sur quelque chose. *Il faut insister* (et non *mettre l'emphase) *sur l'importance du projet.*
CONJUGAISON : VOIR MODÈLE AIMER.

IN SITU adj. inv.
1. Expression latine signifiant « en place ».
2. Dans son milieu naturel. *Une expérimentation* in situ. ANT. in vitro.
T En typographie soignée, les mots étrangers sont composés en italique. Dans des textes déjà en italique, la notation se fait en romain. Pour les textes manuscrits, on utilisera les guillemets.

INSOCIABLE adj.
Qui n'est pas sociable. *Des enfants insociables toujours seuls.*

INSOLATION n. f.
Malaise causé par une exposition prolongée au soleil.
Ne pas confondre avec le nom ***isolation,*** action d'isoler.

INSOLEMMENT adv.
La troisième syllabe se prononce ***la,*** [ɛ̃sɔlamɑ̃].
Avec insolence. *Mélanie a répondu insolemment à la directrice : elle a eu une retenue pour son manque de politesse.* SYN. effrontément.
insolemment.

INSOLENCE n. f.
Manque de politesse, de respect. *La directrice n'aime pas l'insolence.* SYN. effronterie ; impertinence.
insolence.

INSOLENT, ENTE adj. et n. m. et f.
Qui est effronté, impoli. *Des élèves insolents.* SYN. impertinent.
Ne pas confondre avec le mot ***insolite,*** étrange.
insolent.

INSOLITE adj. et n. m.
Qui est étrange, inhabituel. *Un bruit insolite. Une mise en scène de l'insolite et du bizarre.* SYN. anormal.
Ne pas confondre avec le mot ***insolent,*** effronté, impoli.

INSOLUBLE adj.
1. Qui ne peut se dissoudre. *Un produit insoluble dans l'eau.*
2. Qu'on ne peut résoudre. *Un problème insoluble.*

INSOLVABILITÉ n. f.
État de la personne, de la société qui ne peut payer ses dettes.

INSOLVABLE adj.
Qui ne peut payer ses dettes. *Ce marchand est insolvable.*

INSOMNIAQUE adj. et n. m. et f.
(LITT.) Qui souffre d'insomnie.

INSOMNIE n. f.
1. Privation de sommeil. *Papa se réveille en pleine nuit et n'arrive plus à s'endormir : il souffre d'insomnie.*
2. État de la personne qui ne peut dormir.

INSONDABLE adj.
1. Dont on ne peut toucher le fond. *Un abîme insondable.*
2. Indéchiffrable. *Un mystère insondable.*

INSONORE adj.
Qui amortit les sons, où l'on entend peu les bruits, les sons. *Un appartement insonore.*
insonore.

INSONORISATION n. f.
Action d'insonoriser. *L'insonorisation d'une chambre.*

INSONORISER v. tr.
Aménager un local pour le rendre plus silencieux. *Il faudrait insonoriser ce bureau.*
CONJUGAISON : VOIR MODÈLE AIMER.

INSOUCIANCE n. f.
Nonchalance. *Martin fait preuve d'insouciance.*
insouciance.

INSOUCIANT, IANTE adj. et n. m. et f.
Qui ne se soucie de rien. *Ces jeunes sont insouciants : ils ne songent qu'à s'amuser.* SYN. nonchalant.
insouciant.

INSOUMIS, ISE adj. et n. m. et f.
Rebelle. *Des élèves insoumis. Une classe d'insoumises.*

INSOUPÇONNABLE adj.
Qui est à l'abri de tout soupçon. *Ce policier est insoupçonnable.*
insoupçonnable.

INSOUPÇONNÉ, ÉE adj.
Impossible à déterminer. *Des richesses insoupçonnées.*
insoupçonné.

INSOUTENABLE adj.
1. Qu'on ne peut justifier. *Une affirmation insoutenable.* SYN. inadmissible.
2. Intolérable. *Une douleur insoutenable.* SYN. insupportable.

INSPECTER v. tr.
Examiner avec attention. *On doit inspecter les locaux, car la direction a reçu un appel à la bombe.* SYN. fouiller.
CONJUGAISON : VOIR MODÈLE AIMER.

INSPECTEUR n. m.
INSPECTRICE n. f.
Personne chargée de contrôler un service, une administration, une activité, etc.

INSPECTION n. f.
Contrôle, examen attentif. *L'inspection des aliments.*

INSPIRATEUR, TRICE adj. et n. m. et f.
ADJECTIF
Susceptible d'inspirer. *Un texte inspirateur.*
NOM MASCULIN ET FÉMININ
Personne dont on s'inspire, conseiller. *Chloé est l'inspiratrice de cette manifestation pour la paix.*
Ce mot se dit en bonne ou en mauvaise part.

INSPIRATION n. f.
1. Acte par lequel l'air est introduit dans les poumons. *La respiration se fait en deux temps : l'inspiration et l'expiration.* ANT. expiration.
2. Faculté de créer quelque chose, imagination. *Ce soir, Alain manque d'inspiration : il n'arrive pas à composer.*

INSPIRÉ, ÉE adj. et n. m. et f.
ADJECTIF
Qui a reçu l'inspiration, qui traduit l'inspiration. *Des poètes inspirées. Une œuvre inspirée.*
NOM MASCULIN ET FÉMININ
Personne animée par l'inspiration.
LOCUTIONS
– ***Être bien, mal inspiré.*** Avoir une bonne, une mauvaise idée. *Nous avons été bien inspirés de choisir cette candidate.* SYN. avisé.
– ***Inspiré de.*** Influencé par. *Des poèmes inspirés du romantisme.*

INSPIRER v. tr., intr., pronom.
VERBE TRANSITIF
1. Faire pénétrer l'air dans ses poumons. *Inspirer de l'air.* ANT. expirer.
2. Faire naître une pensée, une émotion. *Ce geste généreux inspire du respect à Nadia.* SYN. provoquer.
VERBE INTRANSITIF
Faire pénétrer dans la poitrine. *Il faut inspirer, puis expirer.*
VERBE PRONOMINAL
Emprunter des idées de quelqu'un, de quelque chose. *Ce peintre s'inspire des paysages de montagne.*
À la forme pronominale, le participe passé de ce verbe s'accorde toujours en genre et en nombre avec son sujet. *Ces auteurs s'étaient inspirés d'un fait divers.*
CONJUGAISON : VOIR MODÈLE AIMER.

INSTABILITÉ n. f.
Caractère de ce qui manque de stabilité. ANT. stabilité.

INSTABLE adj. et n. m. et f.
Qui manque de stabilité. *Une chaise instable. Cette personne est instable, elle change souvent d'avis.* SYN. changeant; précaire; variable. ANT. fixe; solide; stable.

INSTALLATEUR n. m.
INSTALLATRICE n. f.
Personne assurant l'installation d'appareils divers, de systèmes, etc.

INSTALLATION n. f.
1. Action d'installer, d'aménager quelque chose. *Procéder à l'installation d'un appareil de climatisation.*
2. (GÉN. AU PLUR.) Ensemble de biens, de bâtiments aménagés en vue d'un usage défini. *Des installations* (et non des *facilités) *industrielles.*
3. (INFORM.) Action de rendre un logiciel ou un matériel apte à fonctionner sur un équipement informatique. *Il est facile de procéder à l'installation du* Multidictionnaire électronique.
4. Œuvre éphémère constituée d'éléments divers assemblés dans un espace défini.

INSTALLER v. tr., pronom.
VERBE TRANSITIF
1. Nommer officiellement à un poste.
2. Disposer, placer. *Installer un appareil d'éclairage.* SYN. mettre; poser.
3. (INFORM.) Rendre un logiciel ou un matériel apte à fonctionner sur un équipement informatique. *Avez-vous installé cette banque de données dans votre ordinateur? Un jeu vidéo installé sur une console électronique.*
Le verbe se construit avec les prépositions ***dans, sur.***
VERBE PRONOMINAL
1. Se placer à un endroit déterminé pour un certain temps. *Les campeurs s'étaient installés au bord du lac.*
2. S'établir durablement quelque part. *Mes parents se sont installés à la campagne.*
3. (FIG.) S'imposer de façon durable. *Le concept de développement durable s'installe.*
À la forme pronominale, le participe passé de ce verbe s'accorde en genre et en nombre avec le complément direct si celui-ci le précède. *Le téléviseur qu'ils se sont installé. Elle s'est installée à la terrasse du restaurant.* Le participe passé reste invariable si le complément direct suit le verbe. *Lina s'est installé une belle bibliothèque.*
CONJUGAISON : VOIR MODÈLE AIMER.

INSTAMMENT adv.
D'une manière pressante. *Je vous prie instamment de venir.*
insta**mm**ent.

INSTANCE n. f.
1. (AU PLUR.) Demandes pressantes. *Sur les instances de ses collègues, il accepta.*
2. Autorité, groupe qui possède le pouvoir décisionnel. *Les instances gouvernementales.*
L'expression *instances décisionnelles est redondante puisque, par définition, les instances ont le pouvoir de décider.
LOCUTION
– ***En instance de.*** Sur le point de. *En instance de divorce, de divorcer.*

INSTANT n. m.
Moment très court. *Un instant, s'il te plaît : je te passe Martin.*
LOCUTIONS
– ***À l'instant,*** loc. adv. Immédiatement, aussitôt. *Appelle-moi et je viens à l'instant.*
– ***À tout instant,*** loc. adv. Sans cesse, continuellement. *Il appelle à tout instant.*
Dans cette expression, le nom s'écrit au singulier.
– ***D'un instant à l'autre,*** loc. adv. Dans peu de temps. *Nous les attendons d'un instant à l'autre.*
– ***En un instant,*** loc. adv. Très rapidement. *Elle s'est changée en un instant.*
– ***Par instants,*** loc. adv. À certains moments. *Par instants, le blessé souffrait beaucoup.*
Le nom s'écrit au pluriel dans cette expression.

INSTANT, ANTE adj.
(LITT.) Pressant. *Une prière instante.*

INSTANTANÉ, ÉE adj. et n. m.
ADJECTIF
Bref, immédiat. *Un effet instantané.*
NOM MASCULIN
Cliché photographique. *Des instantanés très réussis.*
instantan**é**.

INSTANTANÉITÉ n. f.
Caractère de ce qui est instantané.

INSTANTANÉMENT adv.
Immédiatement. *Le médicament a guéri Marjolaine instantanément.* SYN. aussitôt.

INSTAR DE (À L') loc. prép.
(LITT.) À l'exemple de, de la même manière que.
Attention au sens de cette locution qui ne signifie pas « à l'opposé de ».
insta**r**.

INSTAURATEUR, TRICE n. m. et f.
Personne qui instaure. *L'instaurateur d'une nouvelle entente.* SYN. initiateur.

INSTAURATION n. f.
Établissement. *L'instauration d'une réforme.*

INSTAURER v. tr.
Fonder, instituer. *Instaurer un parti politique.* SYN. établir.
CONJUGAISON : VOIR MODÈLE AIMER.

INSTIGATEUR, TRICE n. m. et f.
Personne qui pousse à faire une action. *L'instigateur de ce projet, de ce complot.*
Ce nom s'emploie surtout en mauvaise part.

INSTIGATION n. f.
Incitation. SYN. conseil; exhortation.
LOCUTION
– ***À l'instigation de*** (quelqu'un), loc. prép. Sous l'influence de (quelqu'un), sur ses conseils. *C'est à l'instigation de ses amis que Jérémie a changé d'avis.*

INSTILLER v. tr.
Attention à la prononciation : les deux ***l*** se prononcent comme un seul, [ɛ̃stile].
1. Verser goutte à goutte.
2. (FIG.) Faire pénétrer lentement. *Instiller l'espoir d'un monde meilleur.*
Ne pas confondre avec le verbe ***insuffler,*** faire pénétrer en soufflant.

CONJUGAISON : VOIR MODÈLE AIMER.
Les lettres ***ill*** sont suivies d'un ***i*** à la première et à la deuxième personne du pluriel de l'indicatif imparfait et du subjonctif présent. *(Que) nous instillions, (que) vous instilliez.*

INSTINCT n. m.
Les lettres ***ct*** sont muettes, [ɛ̃stɛ̃]; le mot rime avec ***matin***.
1. Tendance naturelle des êtres vivants à faire quelque chose. *C'est par instinct que les castors construisent des barrages ou que la mouffette projette un liquide malodorant pour se protéger des ennemis. L'instinct maternel.*
2. Disposition naturelle à faire quelque chose, intuition. *Son instinct lui dicte ce qu'il faut dire à une personne triste pour la consoler.*
LOCUTIONS
– ***Instinct grégaire.*** Tendance qui pousse les êtres humains à former des groupes ou à adopter le même comportement.
– ***Par instinct, d'instinct,*** loc. adv. D'une manière naturelle et spontanée. *Il emploie d'instinct les mots justes.*
instinct.

INSTINCTIF, IVE adj.
La lettre ***c*** se prononce, [ɛ̃stɛ̃ktif].
Qui n'est pas réfléchi, involontaire. *Une réaction instinctive.* SYN. automatique; impulsif; spontané.

INSTINCTIVEMENT adv.
La lettre ***c*** se prononce, [ɛ̃stɛ̃ktivmɑ̃].
Par instinct. *Il a répondu oui instinctivement.* SYN. spontanément.

INSTITUER v. tr.
Établir, fonder. *Cet organisme a été institué en 1907.*
CONJUGAISON : VOIR MODÈLE AIMER.

INSTITUT n. m.
Établissement de recherche scientifique ou d'enseignement.
T Les désignations où le nom ***institut*** est suivi d'un nom commun ou d'un adjectif s'écrivent avec une majuscule initiale. *L'Institut de recherches cliniques de Montréal.* Lorsque le nom ***institut*** est suivi d'un nom propre, il s'écrit avec une minuscule. *L'institut Armand-Frappier.*

INSTITUTEUR n. m.
INSTITUTRICE n. f.
Personne chargée de l'enseignement général dans une classe primaire (Recomm. off.). *L'instituteur* (et non le *titulaire) *prépare sa classe.*
Le nom ***enseignant*** est un générique qui regroupe les professeurs (enseignement secondaire ou supérieur) et les instituteurs (enseignement primaire). ***Instituteur, institutrice*** sont les termes administratifs.

INSTITUTION n. f.
1. Action par laquelle on institue, on établit. *L'institution d'un tribunal pénal international.* SYN. création; fondation.
2. (AU PLUR.) Norme, coutume ou pratique socialement sanctionnée, établie dans une société donnée, qui revêt habituellement une valeur officielle ou légale (GDT). *À titre d'exemples, le mariage et la responsabilité civile sont des institutions. Défendre ses institutions.*
3. (FIG.) (FAM.) Personne, organisation, autorité qui sert de référence. *L'Hôpital Sainte-Justine est non seulement un hôpital pédiatrique de pointe, c'est aussi une institution montréalaise réputée.*
LOCUTION
– ***Institution financière.*** Établissement financier d'importance. *Les institutions bancaires. La Banque nationale est une institution financière.*
FORME FAUTIVE
*institution. Anglicisme au sens de ***établissement scolaire, établissement d'enseignement.***

INSTITUTIONNALISATION n. f.
Action d'institutionnaliser.
institutionnalisation.

INSTITUTIONNALISER v. tr.
Transformer quelque chose en institution. *Institutionnaliser les échanges entre employeurs et employés.*
CONJUGAISON : VOIR MODÈLE AIMER.
institutionnaliser.

INSTITUTIONNEL, ELLE adj.
1. Relatif aux institutions de l'État.
2. Relatif aux institutions. *Les investisseurs institutionnels sont des institutions financières qui effectuent des placements dans les valeurs mobilières principalement.*
institutionnel.

INSTITUT NATIONAL DE LA RECHERCHE SCIENTIFIQUE
Sigle ***INRS*** (s'écrit avec ou sans points).

INSTRUCTEUR n. m.
INSTRUCTRICE n. f.
1. (VIEILLI) Éducateur, éducatrice.
2. Personne qui enseigne un sport, une technique. *Un instructeur de volleyball, une instructrice de secourisme.* SYN. moniteur, monitrice.

INSTRUCTIF, IVE adj.
Propre à instruire. *Une conférence instructive, un film instructif.* SYN. éducatif.

INSTRUCTION n. f.
1. Enseignement. *Au Québec, l'instruction est gratuite, à l'exclusion de l'université.*
2. Savoir, culture des personnes instruites. *Avoir une bonne instruction.* SYN. connaissances.
3. (AU PLUR.) Ordres, explications. *Donner des instructions. Un manuel d'instructions.* SYN. directives.
LOCUTION
– ***Juge d'instruction, centre d'instruction.*** Dans ces expressions, le nom ***instruction*** s'écrit au singulier.
Ne pas confondre avec les noms suivants :
- ***commandement,*** ordre;
- ***précepte,*** règle de conduite;
- ***prescription,*** ordre détaillé.

INSTRUIRE v. tr., pronom.
VERBE TRANSITIF
1. Enseigner, éduquer. *Ces enseignants ont instruit des centaines d'enfants.* SYN. former.
2. Informer. *Nous l'avons instruite des nouvelles dispositions de la loi.* SYN. aviser; mettre au courant; renseigner.
On instruit quelqu'un de quelque chose.
VERBE PRONOMINAL
1. Acquérir des connaissances. *Ils se sont instruits progressivement.* SYN. apprendre; se cultiver; étudier.
2. Se renseigner sur quelque chose. *Je dois m'instruire de la façon de procéder, sur les circonstances de l'accident.* SYN. s'informer.
À la forme pronominale, le verbe se construit avec les prépositions ***de, sur.***
À la forme pronominale, le participe passé de ce verbe s'accorde toujours en genre et en nombre avec son sujet. *Ces chercheurs se sont instruits des derniers travaux portant sur la plasticité du cerveau.*
CONJUGAISON : VOIR MODÈLE CONDUIRE.

INSTRUIT, ITE adj.
Cultivé, qui a une bonne instruction. *Une personne instruite.*

INSTRUMENT n. m.
Objet qui sert, dans un art ou une science, à effectuer certaines opérations. *Des instruments chirurgicaux, un instrument de musique. Le bistouri est un instrument, le marteau, un outil et la fourchette, un ustensile.*

Ne pas confondre avec les noms suivants :
- ***outil***, objet utilisé directement par la main pour faire un travail ;
- ***ustensile***, objet servant aux usages domestiques.

INSTRUMENTAL, ALE, AUX adj.
Qui s'exécute par des instruments. *De la musique instrumentale.* ANT. vocal.
FORME FAUTIVE
*instrumental. Anglicisme au sens de ***décisif, utile, déterminant.*** *Cette étude a été décisive* (et non *instrumentale) *pour l'adoption du projet.*

INSTRUMENTATION n. f.
1. (MUS.) Orchestration et choix des instruments.
2. Ensemble d'instruments. *L'instrumentation chirurgicale relative à une opération donnée.*

INSTRUMENTER v. tr., intr.
VERBE TRANSITIF
1. (MUS.) Écrire pour chaque instrument en fonction de ses caractéristiques la partie d'une œuvre musicale qui sera interprétée. SYN. orchestrer.
2. Munir d'instruments techniques une installation.
VERBE INTRANSITIF
(DR.) Dresser un acte authentique (contrat, testament, etc.). *Le notaire instrumente.*
CONJUGAISON : VOIR MODÈLE AIMER.

INSTRUMENTISTE n. m. et f.
Personne qui joue d'un instrument de musique, qui fait partie d'un orchestre.

INSU
LOCUTIONS
– ***À l'insu de.*** Sans que la chose soit sue. *Ils sont partis à l'insu du propriétaire. Il est parti à son insu.* ANT. au vu et au su de.
– ***À (mon, ton, son) insu.*** De façon inconsciente, sans en avoir connaissance. *Le voleur s'est emparé du tableau à ton insu.*
– ***Essai à double insu.*** Essai clinique au cours duquel le sujet et l'investigateur sont tenus dans l'ignorance du traitement administré (GDT). SYN. essai en double aveugle.
insu.

INSUBMERSIBILITÉ n. f.
Caractère de ce qui est insubmersible.
insubmersibilité.

INSUBMERSIBLE adj.
Qui ne peut être submergé. *Un bateau insubmersible.*
insubmersible.

INSUBORDINATION n. f.
Manque d'obéissance. *Les militaires ne tolèrent pas l'esprit d'insubordination.* SYN. désobéissance.
insubordination.

INSUBORDONNÉ, ÉE adj.
Désobéissant. *Ces élèves sont insubordonnés.* SYN. dissipé ; indiscipliné.
insubordonné.

INSUCCÈS n. m.
Échec. *Malgré son insuccès, elle a poursuivi ses efforts.*
insuccès.

INSUFFISAMMENT adv.
De façon insuffisante. *Fanny a mangé insuffisamment ce matin : elle a faim.*
insuffisamment.

INSUFFISANCE n. f.
1. Manque. *Une insuffisance d'argent, de ressources.*
2. (MÉD.) État déficient d'un organe. *Une insuffisance cardiaque.*
insuffisance.

INSUFFISANT, ANTE adj.
Qui ne suffit pas. *Des ressources insuffisantes. Nos réserves d'eau sont insuffisantes : il faut trouver une source.*
insuffisant.

INSUFFLATION n. f.
Action d'insuffler. *Une insufflation d'air.*
insufflation.

INSUFFLER v. tr.
1. Faire pénétrer en soufflant. *Insuffler de l'air dans les poumons.*
2. (FIG.) Imprimer, inspirer. *La perspective de réussir lui insuffla le courage de poursuivre.*
Ne pas confondre avec le verbe ***instiller***, verser goutte à goutte.
CONJUGAISON : VOIR MODÈLE AIMER.

INSULAIRE adj. et n. m. et f.
ADJECTIF
Relatif à une île, aux îles. *La végétation insulaire.*
NOM MASCULIN ET FÉMININ
Personne qui habite une île. *Les Britanniques sont des insulaires.*
insulaire.

INSULINE n. f.
Hormone sécrétée par le pancréas. *L'insuline est utilisée dans le traitement du diabète.*

INSULTANT, ANTE adj.
Qui offense, insulte. *Des propos insultants.* SYN. blessant ; injurieux ; offensant ; vexant.
Ne pas confondre avec le participe présent invariable ***insultant.*** *Les joueurs insultant leurs rivaux, l'arbitre est intervenu.*

INSULTE n. f.
1. Parole blessante, injure. *La foule leur adresse des insultes gratuites. En venir aux insultes. Proférer des insultes. Essuyer, recevoir, subir des insultes.*
2. Fait, chose dont l'existence témoigne d'irrespect, de mépris envers quelque chose ou quelqu'un. *Cette émission médiocre est une insulte à l'intelligence des téléspectateurs.*
FORME FAUTIVE
*pour ajouter l'insulte à l'injure. Calque de «*to add insult to injury*» pour ***et pour comble de malheur, et comme si cela ne suffisait pas.***

INSULTER v. tr., pronom.
VERBE TRANSITIF DIRECT
Faire insulte à quelqu'un par des propos injurieux, par des actes offensants. *Je me suis fait insulter par des voyous. Cette offre dérisoire l'a insulté.* SYN. blesser ; injurier ; offenser ; outrager.
VERBE TRANSITIF INDIRECT
(LITT.) Constituer un contraste choquant. *L'abondance étalée insulte à la précarité de leurs moyens.*
En ce sens, le verbe se construit avec la préposition ***à.***
VERBE PRONOMINAL
1. S'offenser de quelque chose. *Cette personne s'insulte du moindre commentaire.*
2. S'injurier mutuellement. *Elles se sont insultées de façon disgracieuse.*
À la forme pronominale, le participe passé de ce verbe s'accorde toujours en genre et en nombre avec son sujet. *Ils se sont insultés de ne pas avoir été consultés.*
CONJUGAISON : VOIR MODÈLE AIMER.

INSUPPORTABLE adj.
1. Intolérable. *Un chagrin insupportable.* SYN. atroce ; insoutenable ; intenable.
2. Difficile à supporter. *Ces enfants sont insupportables : ils ne veulent rien entendre et n'en font qu'à leur tête.* SYN. impossible ; turbulent.

I

INSUPPORTABLEMENT adv.
D'une manière insupportable.

INSURGÉ, ÉE adj. et n. m. et f.
Qui est en révolte. SYN. rebelle.

INSURGER (S') v. pronom.
Se révolter. *Ils se sont insurgés contre cette décision injuste.* SYN. se rebeller; résister à.
Le verbe se construit avec la préposition ***contre.***
Le participe passé de ce verbe, qui n'existe qu'à la forme pronominale, s'accorde toujours en genre et en nombre avec son sujet. *Les étudiants se sont insurgés contre une hausse des droits de scolarité.*
CONJUGAISON : VOIR MODÈLE CHANGER.
Le ***g*** est suivi d'un ***e*** devant les lettres ***a*** et ***o***. *Il s'insurgea, nous nous insurgeons.*

INSURMONTABLE adj.
Qui ne peut être surmonté. *Des difficultés insurmontables.*

INSURPASSABLE adj.
Qui ne peut être surpassé. *Un courage insurpassable.*

INSURRECTION n. f.
Émeute, rébellion. *Les policiers ont réussi à maîtriser l'insurrection.* SYN. soulèvement.

INSURRECTIONNEL, ELLE adj.
Qui tient de l'insurrection. *Des manifestations insurrectionnelles.*

INTACT, E adj.
Les lettres ***ct*** se prononcent au masculin et au féminin, [ɛ̃takt]; le mot rime avec ***impact.***
Qui n'a subi aucune atteinte. *L'assiette est tombée, mais elle est intacte : elle ne s'est pas cassée. Une image de marque intacte.*
intact.

INTAILLE n. f.
Pierre dure gravée en creux, servant souvent de sceau.

INTANGIBILITÉ n. f.
Caractère de ce qui est intangible. *L'intangibilité de l'honneur.*

INTANGIBLE adj.
1. (VX) Qui échappe au toucher. SYN. impalpable. ANT. tangible.
2. (FIG.) Auquel on ne peut porter atteinte.

INTARISSABLE adj.
1. Qui ne s'épuise pas. *Une source intarissable.* SYN. inépuisable.
2. (FIG.) Qui ne peut s'arrêter de parler. *François est intarissable sur les voyages.*
intarissable.

INTARISSABLEMENT adv.
De façon intarissable. SYN. inépuisablement.

INTÉGRAL, ALE, AUX adj.
Entier. *Des textes intégraux, une édition intégrale, un bronzage intégral.* SYN. complet.
Ne pas confondre avec le mot ***intégrant,*** qui se dit d'un élément d'un tout.

INTÉGRALE n. f.
1. Fonction mathématique.
2. (MUS.) Œuvre musicale intégrale. *L'intégrale des symphonies de Mozart.*

INTÉGRALEMENT adv.
Complètement. *Écouter un opéra intégralement.* SYN. en entier; in extenso; totalement.

INTÉGRALITÉ n. f.
Caractère de ce qui est entier. *L'intégralité d'une somme.* SYN. entièreté; totalité.
Ne pas confondre avec le nom ***intégrité,*** probité.

INTÉGRANT, ANTE adj.
– ***Partie intégrante.*** Élément qui compose un tout.
Le mot ne s'emploie que dans cette locution.
Ne pas confondre avec le mot ***intégral,*** entier.

INTÉGRATION n. f.
1. Action de faire entrer dans un ensemble. *L'intégration des données dans une base informatique.*
2. Opération par laquelle une personne s'adapte, s'incorpore à un nouveau milieu. *L'intégration de ces immigrants est réussie.*

INTÈGRE adj.
Honnête. *Ces policiers sont intègres.* SYN. incorruptible; probe. ANT. corrompu; malhonnête.
intègre.

INTÉGRER v. tr., pronom.
VERBE TRANSITIF
1. Faire entrer à titre de partie intégrante d'un ensemble. *Intégrer des mots dans un dictionnaire.* SYN. inclure; incorporer; insérer.
2. Incorporer à une collectivité, à un milieu. *Cette structure permet d'intégrer les nouveaux arrivants à la société québécoise* ou *dans la société.*
VERBE PRONOMINAL
S'assimiler entièrement à un groupe. *La famille portugaise s'est bien intégrée.* SYN. s'adapter; faire partie de.
À la forme pronominale, le participe passé de ce verbe s'accorde toujours en genre et en nombre avec son sujet. *Ces étudiants se sont intégrés rapidement dans leur groupe.*
CONJUGAISON : VOIR MODÈLE POSSÉDER.
Le ***é*** se change en ***è*** devant une syllabe contenant un ***e*** muet, sauf à l'indicatif futur et au conditionnel présent. *J'intègre,* mais *j'intégrerai.*
[Les *Rectifications* (1990) admettent : il intègrera, intègrerait...]

INTÉGRISME n. m.
1. Maintien intransigeant d'une tradition religieuse et refus de toute évolution.
2. (FIG.) Conservatisme intransigeant dans une doctrine, un parti, un mouvement. *L'intégrisme néolibéral de certains économistes.* SYN. purisme.

INTÉGRISTE adj. et n. m. et f.
ADJECTIF
Relatif à l'intégrisme. *Un croyant intégriste.*
NOM MASCULIN ET FÉMININ
Partisan de l'intégrisme. *Des intégristes intraitables.*

INTÉGRITÉ n. f.
1. État de ce qui est entier, qui a tous ses éléments. *Il importe de protéger l'intégrité de nos parcs nationaux.*
2. Qualité d'une personne intègre. *L'intégrité de cet employé ne fait aucun doute.* SYN. honnêteté; probité.
Ne pas confondre avec le nom ***intégralité,*** caractère de ce qui est entier.
LOCUTION
– ***Intégrité des données.*** (INFORM.) Propriété associée aux données qui, lors de leur traitement ou de leur transmission, ne subissent aucune altération ou destruction volontaire ou accidentelle, et conservent un format permettant leur utilisation.
intégrité.

INTELLECT n. m.
(PHILOS.) Intelligence, faculté de comprendre, de concevoir. SYN. esprit.

INTELLECTUALISER v. tr.
Porter au rang des choses intellectuelles.
CONJUGAISON : VOIR MODÈLE AIMER.

INTELLECTUEL, ELLE adj. et n. m. et f.
ADJECTIF
Qui se rapporte à l'intelligence, à l'esprit. *Un travail intellectuel.*
NOM MASCULIN ET FÉMININ
Personne chez qui prédominent les choses de l'esprit. *Ce sont des intellectuels.*

INTELLECTUELLEMENT adv.
Sur le plan intellectuel.

INTELLIGEMMENT adv.
La quatrième syllabe se prononce ***gea***, [ɛ̃teliʒamɑ̃].
Avec intelligence. *Léa s'est conduite intelligemment.*
intelligemment.

INTELLIGENCE n. f.
La deuxième syllabe se prononce ***té***, [ɛ̃teliʒɑ̃s].
1. Faculté de comprendre. *Une intelligence vive. Des tests d'intelligence. Faire preuve d'intelligence.*
2. (AU PLUR.) Complicités secrètes. *Avoir des intelligences avec l'ennemi.*
3. Conformité de sentiments. *Des voisins qui vivent en bonne intelligence.*
LOCUTION
– ***Intelligence artificielle.*** Système de programmes informatiques complexes aptes à résoudre certains problèmes de façon autonome, sans le concours des humains.
FORME FAUTIVE
*intelligence d'affaires. Calque de «*business intelligence*» pour ***veille économique.***
intelligence.

INTELLIGENT, ENTE adj.
La deuxième syllabe se prononce ***é***, [ɛ̃teliʒɑ̃].
Doué d'intelligence. *Marie Curie, qui a découvert la radioactivité, était très intelligente.* ANT. inintelligent.

INTELLIGENTSIA ou **INTELLIGENTZIA** n. f.
Le ***g*** se prononce ***j*** ou ***gue***, [ɛ̃teliʒɛnsja, ɛ̃teligɛnsja].
Les intellectuels d'un milieu, d'un groupe.

INTELLIGIBILITÉ n. f.
Caractère de ce qui est intelligible. SYN. clarté.

INTELLIGIBLE adj.
Qui peut être compris. *Ce langage est bien intelligible.* SYN. accessible; clair; compréhensible.

INTELLIGIBLEMENT adv.
De façon intelligible. *Parler intelligiblement.* SYN. clairement.

INTEMPÉRANCE n. f.
(VX) Manque de modération.
Ne pas confondre avec le nom ***intempéries,*** mauvais temps.

INTEMPÉRIES n. f. pl.
Mauvais temps. *Être à l'abri des intempéries, bien au chaud.*
Ne pas confondre avec le nom ***intempérance,*** manque de modération.

INTEMPESTIF, IVE adj.
Importun. *Une réaction intempestive. Un zèle intempestif.*

INTEMPESTIVEMENT adv.
De façon intempestive.

INTEMPOREL, ELLE adj.
Qui n'est pas touché par le passage du temps.
Ne pas confondre avec le mot ***atemporel,*** en dehors du temps.

INTENABLE adj.
Que l'on ne peut soutenir. *Une situation intenable.* SYN. insoutenable.

INTENDANCE n. f.
Ensemble des tâches économiques, des questions matérielles de l'État, d'un établissement scolaire, etc. *S'occuper de l'intendance.*

INTENDANT n. m.
INTENDANTE n. f.
Personne chargée de l'administration financière d'un établissement.

INTENSE adj.
Extrême, considérable. *Un froid intense, une activité intense.*
Ne pas confondre avec le mot ***intensif,*** qui résulte d'un effort intense ou qui exige un effort soutenu.

INTENSÉMENT adv.
D'une façon intense. *Ils travaillent intensément pour finir à temps.*
intensément.

INTENSIF, IVE adj.
Qui résulte d'un effort intense ou qui exige un effort soutenu. *Une culture intensive. Un cours intensif.*
Ne pas confondre avec le mot ***intense,*** extrême.

INTENSIFICATION n. f.
Augmentation. *L'intensification des échanges par courrier électronique.*

INTENSIFIER v. tr., pronom.
VERBE TRANSITIF
Rendre plus intense, plus actif. *Ils ont intensifié les échanges entre des jeunes du monde entier.* SYN. accroître; amplifier; augmenter.
VERBE PRONOMINAL
Devenir plus intense. *Les rapports entre ces pays se sont intensifiés.* SYN. se renforcer.
À la forme pronominale, le participe passé de ce verbe s'accorde toujours en genre et en nombre avec son sujet. *Les échanges d'étudiants entre ces universités se sont intensifiés au cours des dernières années.*
CONJUGAISON : VOIR MODÈLE ÉTUDIER.
Redoublement du ***i*** à la première et à la deuxième personne du pluriel de l'indicatif imparfait et du subjonctif présent. *(Que) nous intensifiions, (que) vous intensifiiez.*

INTENSITÉ n. f.
1. Degré d'énergie, d'activité. *L'intensité d'un courant électrique.*
2. Caractère de ce qui est intense. *L'intensité de son jeu dramatique.* SYN. puissance.

INTENSIVEMENT adv.
De façon intensive. *Ils produisent intensivement.*

INTENTER v. tr.
(DR.) Entreprendre une action en justice contre quelqu'un.
Ne pas confondre avec le verbe ***attenter,*** commettre un attentat contre quelqu'un.
CONJUGAISON : VOIR MODÈLE AIMER.

INTENTION n. f.
Volonté, désir de faire quelque chose. *De bonnes intentions de travail. C'est l'intention qui compte.*
LOCUTIONS
– ***À l'intention de,*** loc. prép. Spécialement pour. *J'ai acheté ce jouet à l'intention de Fanny. Un ouvrage à l'intention des élèves du secondaire.* SYN. destiné à.
Ne pas confondre avec la locution ***à l'attention de,*** mention précisant le destinataire d'une lettre.
– ***Avoir l'intention de.*** Projeter de. *Il a l'intention de prendre des vacances.* SYN. se proposer de.
La locution est suivie de l'infinitif.
– ***Procès d'intention.*** Blâme fondé non sur les faits mais sur les intentions prêtées.

INTENTIONNÉ, ÉE adj.
Avec de bonnes ou de mauvaises intentions. *Une personne bien intentionnée.*

L'adjectif ne s'emploie plus qu'avec les adverbes ***bien*** ou ***mal;*** attention à l'orthographe, car l'adverbe ***mal*** est soudé à l'adjectif : ***malintentionné,*** mais ***bien intentionné.***
intentionné.

INTENTIONNEL, ELLE adj.
Qui est fait délibérément. *Ce coup n'était pas intentionnel.* SYN. calculé; délibéré; prémédité; projeté; volontaire; voulu.
intentionnel.

INTENTIONNELLEMENT adv.
Volontairement. *Il a agi intentionnellement avec la volonté de nuire.* SYN. délibérément; exprès; volontairement.
intentionnellement.

INTER n. m.
Abréviation familière de ***interurbain, interphone.*** *Des inters.*

INTER- préf.
Élément du latin signifiant « entre » et qui exprime une relation, une réciprocité. *Un disque multimédia interactif.*
Les mots composés avec le préfixe ***inter-*** s'écrivent sans trait d'union. *Interurbain, international.*

INTERACTIF, IVE adj.
(INFORM.) Se dit d'un mode de traitement de données qui permet une conversation entre un système informatique et un utilisateur, avec échange de questions et réponses. SYN. conversationnel.

INTERACTION n. f.
Action réciproque. *Des interactions intéressantes.*

INTERAGIR v. intr.
Exercer une interaction. *Les comédiens interagissent avec le public, au grand plaisir de celui-ci. « Les océans sont peuplés d'un grand nombre de tourbillons, qui plongent jusqu'à 500 m de profondeur pour former des sortes de cylindres verticaux placés côte à côte et qui interagissent vigoureusement »* (Le Monde). *Les médicaments peuvent interagir entre eux : un anti-inflammatoire ajouté à un traitement anticoagulant accentuera l'effet de ce dernier.*
CONJUGAISON : VOIR MODÈLE FINIR.

INTERALLIÉ, ÉE adj.
Relatif aux alliés.

INTERARMÉES adj.
Commun à plusieurs armées (air, terre, mer). *Un état-major interarmées.*

INTERARMES adj.
Commun à plusieurs armes (artillerie, génie, infanterie, etc.). *Un commando interarmes.*

INTERCALAIRE adj. et n. m.
ADJECTIF
Qui peut être inséré. *Des pages intercalaires.*
NOM MASCULIN
Feuillet qui peut être inséré dans un ouvrage.
intercalaire.

INTERCALER v. tr., pronom.
VERBE TRANSITIF
Insérer, introduire une chose entre deux autres. *Intercale des pages blanches entre les parties de ton travail.*
VERBE PRONOMINAL
Être intercalé, s'insérer dans un ensemble. *Des illustrations qui s'intercalent entre chaque chapitre.*
À la forme pronominale, le participe passé de ce verbe s'accorde toujours en genre et en nombre avec son sujet. *Ces tableaux se sont intercalés dans le texte.*
CONJUGAISON : VOIR MODÈLE AIMER.
intercaler.

INTERCÉDER v. intr.
Intervenir en faveur de quelqu'un, plaider sa cause. *Intercéder pour quelqu'un, en faveur de quelqu'un.* SYN. défendre.
CONJUGAISON : VOIR MODÈLE POSSÉDER.
Le ***é*** se change en ***è*** devant une syllabe contenant un ***e*** muet, sauf à l'indicatif futur et au conditionnel présent. *J'intercède,* mais *j'intercéderai.*
[Les *Rectifications* (1990) admettent : il intercèdera, intercèderait...]

INTERCEPTER v. tr.
1. Cacher, éclipser. *Ces stores interceptent les rayons lumineux.*
2. S'emparer d'une chose qui était destinée à quelqu'un. *Intercepter un message, une passe.*
CONJUGAISON : VOIR MODÈLE AIMER.

INTERCEPTION n. f.
Action d'intercepter. *L'interception d'un ballon.*

INTERCESSION n. f.
(LITT.) Entremise. *Par l'intercession de la Vierge.*
intercession.

INTERCHANGEABLE adj.
Se dit de ce qui peut se remplacer l'un l'autre sans inconvénient. *Des pièces interchangeables.* SYN. substituable.
interchangeable.

INTERCLUB adj. et n. m.
ADJECTIF
Se dit d'une rencontre où s'opposent plusieurs clubs. *Un tournoi interclubs.*
L'adjectif s'écrit toujours au pluriel.
NOM MASCULIN
Rencontre où s'opposent plusieurs clubs sportifs (GDT). *Organiser un interclub.*

***INTERCOM**
Anglicisme pour ***interphone.***

INTERCONNEXION n. f.
Le fait de connecter des réseaux distincts.
interconnexion.

INTERCONTINENTAL, ALE, AUX adj.
Qui relie deux continents. *Les transports intercontinentaux.*

INTERCOSTAL, ALE, AUX adj.
Entre les côtes. *Les nerfs intercostaux.*

INTERCULTUREL, ELLE adj.
Qui concerne les rapports entre diverses cultures. *Il faut accroître les communications interculturelles.*

INTERDÉPARTEMENTAL, ALE, AUX adj.
Commun à plusieurs départements. *Des comités interdépartementaux.*

INTERDÉPENDANCE n. f.
Dépendance réciproque. *L'interdépendance des économies canadienne et américaine.* SYN. interaction; liaison.

INTERDÉPENDANT, ANTE adj.
Se dit de personnes, de choses dépendant les unes des autres. *Des marchés interdépendants.* SYN. lié.

INTERDICTION n. f.
Action d'interdire quelque chose. *Les associations étudiantes ont obtenu une interdiction de fumer à l'étage des salles de cours.* SYN. défense; interdit.

INTERDIRE v. tr., pronom.
VERBE TRANSITIF
1. Défendre (quelque chose à quelqu'un). *Sa maman lui interdit de parler à des inconnus. Il est interdit de fumer dans l'école. Reproduction interdite. Vous interdisez la vente de ces produits.* SYN. prohiber.
2. Rendre impossible. *La prudence t'interdit de révéler le nom de ton nouvel amant.* SYN. empêcher.

VERBE PRONOMINAL
S'empêcher de. *S'interdire de faire la grasse matinée.*
À la forme pronominale, le participe passé de ce verbe s'accorde en genre et en nombre avec le complément direct si celui-ci le précède. *Les bons petits plats qu'elles se sont interdits.* Le participe passé reste invariable si le complément direct suit le verbe. *Elles se sont interdit les sucreries.*
CONJUGAISON : VOIR MODÈLE DIRE.
INDICATIF PRÉSENT *J'interdis, tu interdis, il interdit, nous interdisons, vous interdisez, ils interdisent.* IMPARFAIT *J'interdisais.* PASSÉ SIMPLE *J'interdis, vous interdîtes.* FUTUR *J'interdirai.* CONDITIONNEL PRÉSENT *J'interdirais.* IMPÉRATIF PRÉSENT *Interdis, interdisons, interdisez.* SUBJONCTIF PRÉSENT *Que j'interdise, que vous interdisiez.* IMPARFAIT *Que j'interdisse, que vous interdissiez.* PARTICIPE PRÉSENT *Interdisant.* PASSÉ *Interdit, ite.*
Le verbe ***interdire*** se conjugue comme ***dire,*** à l'exception de l'indicatif présent et de l'impératif à la deuxième personne du pluriel : ***interdisez,*** contrairement à ***dites.***

INTERDISCIPLINAIRE adj.
Qui regroupe plusieurs disciplines. *Des recherches interdisciplinaires.*

INTERDIT, ITE adj. et n. m.
ADJECTIF
1. Non autorisé. *Entrée interdite.* SYN. défendu ; illégal ; illicite ; prohibé.
2. Surpris. *Elle resta interdite, trop surprise pour répondre.* SYN. abasourdi ; ébahi ; stupéfait.
NOM MASCULIN
Interdiction. *Il transgresse les interdits.* SYN. défense ; tabou.

INTÉRESSANT, ANTE adj.
1. Digne d'intérêt. *Des lectures intéressantes.* SYN. captivant ; passionnant.
2. Profitable. *Des profits intéressants.* SYN. avantageux ; rentable.

INTÉRESSÉ, ÉE adj. et n. m. et f.
ADJECTIF
1. Qui est en cause. *Les parties intéressées.*
2. Attaché à ses intérêts. *Une attitude intéressée.*
NOM MASCULIN ET FÉMININ
Personne concernée par une question, une chose. *Il nous faut prévenir les intéressés.*
FORME FAUTIVE
*intéressé à. Construction fautive pour ***désireux de, qui désire.***

INTÉRESSEMENT n. m.
Participation du personnel aux projets, aux profits d'une entreprise. *L'intéressement est de nature à motiver le personnel.*

INTÉRESSER v. tr., pronom.
VERBE TRANSITIF
1. Inspirer de l'intérêt à. *Ce livre a intéressé les élèves.* SYN. captiver ; passionner.
2. Concerner. *Cette mesure intéresse les petites entreprises.* SYN. regarder ; toucher.
VERBE PRONOMINAL
Avoir de l'intérêt pour. *Elle s'intéresse au cinéma.*
À la forme pronominale, le participe passé de ce verbe s'accorde toujours en genre et en nombre avec son sujet. *Ils se sont intéressés au reboisement des forêts.*
CONJUGAISON : VOIR MODÈLE AIMER.

INTÉRÊT n. m.
1. Attention, curiosité qui inspire quelqu'un, quelque chose. *Il témoigne de l'intérêt pour elle. Elle lit ce roman avec beaucoup d'intérêt.*
2. Ce qui est utile, ce qui est important. *L'intérêt public, l'intérêt commun.*
3. Recherche par une personne de ce qui lui est profitable, de son avantage personnel, souvent de façon égoïste. *Agir par intérêt.* SYN. avantage.
En ce sens, le nom peut avoir une valeur défavorable.
4. Revenu tiré d'un capital. *Un intérêt de 8 %, un taux d'intérêt.*
LOCUTIONS
– ***Avoir intérêt à.*** Trouver un avantage à. *Ils ont intérêt à travailler s'ils veulent atteindre leur but.*
– ***Champ d'intérêt.*** Domaine, activité de prédilection. *Ses réflexions sur la couleur profitent à ses deux champs d'intérêt, l'architecture et la peinture.* SYN. centre d'intérêt.
– ***Conflit d'intérêts.*** Intérêts contradictoires.
Dans cette expression, le nom est au pluriel.
– ***Porter, prendre intérêt à, témoigner de l'intérêt à.*** S'intéresser à. *Les jeunes ont pris intérêt à la protection de l'environnement.*
Dans cette expression, le nom est au singulier.
– ***Produire des intérêts.*** Donner un revenu.
Dans cette expression, le nom est au pluriel.
FORME FAUTIVE
*intérêts. Anglicisme au sens de ***préférences, sujets de prédilection, choses préférées, champs d'intérêt.*** *Quels sont vos champs d'intérêt* (et non *intérêts)*?*

INTERFACE n. f.
1. (INFORM.) Dispositif permettant de relier deux systèmes informatiques non compatibles.
2. (FIG.) Jonction.

INTERFÉRENCE n. f.
Conjonction, superposition de plusieurs éléments.
interférence.

INTERFÉRER v. intr.
Produire des interférences. *Des activités qui interfèrent* (et non *s'interfèrent) *les unes avec les autres.*
La forme pronominale est à éviter.
Le verbe se construit avec les prépositions ***entre, avec.*** *Ces programmes pourraient interférer entre eux.*
CONJUGAISON : VOIR MODÈLE POSSÉDER.
Le ***é*** se change en ***è*** devant une syllabe contenant un ***e*** muet, sauf à l'indicatif futur et au conditionnel présent. *J'interfère,* mais *j'interférerai.*
[Les *Rectifications* (1990) admettent : il interfèrera, interfèrerait...]

INTÉRIEUR, IEURE adj. et n. m.
ADJECTIF
1. Qui est au-dedans (par opposition à ***extérieur***). *Une cour intérieure, un jardin intérieur.* ANT. extérieur.
2. Qui concerne un pays (par opposition à ***étranger, international***). *La politique intérieure. Le marché intérieur* (et non *domestique).
L'adjectif ***intérieur*** étant déjà un comparatif, on ne l'emploiera pas avec l'adverbe ***plus.***
NOM MASCULIN
1. La partie de dedans. *L'intérieur d'un fruit.*
2. L'endroit où l'on habite. *Un bel intérieur joliment décoré.*
LOCUTION
– ***À l'intérieur de,*** loc. prép. Dans. *Ils ont pénétré à l'intérieur de la maison.*

INTÉRIEUREMENT adv.
1. Au-dedans. *De l'extérieur, tout semblait intact, mais intérieurement le bâtiment était noir de suie.*
2. En soi-même. *Loïc s'est dit intérieurement qu'il gagnerait la partie de tennis, s'il le voulait.* SYN. in petto.

INTÉRIM n. m.
Le ***m*** se prononce, [ɛ̃terim].
Temps pendant lequel une fonction vacante est exercée par une autre personne. *Pendant l'intérim, les décisions sont différées. Faire des intérims.*

Le nom a été francisé : il s'écrit avec un accent aigu et prend la marque du pluriel.
LOCUTION
– ***Par intérim,*** loc. adv. Provisoirement. *Elle est directrice par intérim.*
Ce nom est un emprunt du mot latin «*interim*», qui signifie « pendant ce temps-là ».

INTÉRIMAIRE adj. et n. m. et f.
ADJECTIF
Qui agit temporairement, en remplacement d'une autre personne. *Le directeur intérimaire.*
NOM MASCULIN ET FÉMININ
Personne qui, de façon provisoire, exerce une fonction à la place du titulaire.

INTÉRIORISATION n. f.
Action d'intérioriser. *L'intériorisation d'un sentiment.*
intériorisation.

INTÉRIORISER v. tr.
Garder intérieurement, rendre plus intime.
CONJUGAISON : VOIR MODÈLE AIMER.
intérioriser.

INTÉRIORITÉ n. f.
Caractère de ce qui est intérieur.
intériorité.

INTERJECTIF, IVE adj.
(GRAMM.) Relatif à l'interjection. *Une locution interjective.*

INTERJECTION n. f.
Mot ou groupe de mots qui exprime une réaction émotive de la personne qui parle.
VOIR TABLEAU – INTERJECTION.
VOIR TABLEAU – LÀ, ADVERBE ET INTERJECTION.

INTERJETER v. tr.
– ***Interjeter appel.*** (DR.) Appeler d'un jugement, demander un second jugement. SYN. faire appel.
Le mot ne s'emploie que dans cette locution.
CONJUGAISON : VOIR MODÈLE APPELER.
Redoublement du ***t*** devant un ***e*** muet. *J'interjette, j'interjetterai,* mais *j'interjetais.*

INTERLIGNE n. m.
Espace entre deux lignes. *Présentation à double interligne* (et non à *double espace) *ou à simple interligne.*
Attention au genre masculin de ce nom dans cette acception : ***un*** interligne.

INTERLOCUTEUR, TRICE n. m. et f.
Personne qui converse avec une autre. *Des interlocutrices amusées. Des interlocuteurs intéressants.*

INTERLOPE adj.
Suspect, louche. *Des personnages interlopes fréquentent ce bar.*
interlope.

INTERLOQUER v. tr.
Décontenancer, stupéfier. *Cette interruption les a interloqués.* SYN. abasourdir; ébahir.
CONJUGAISON : VOIR MODÈLE AIMER.

INTERLUDE n. m.
1. Courte émission destinée à faire patienter les téléspectateurs.
2. Courte pièce musicale.
Attention au genre masculin de ce nom : ***un*** interlude.

INTERMÈDE n. m.
1. Divertissement exécuté entre deux parties d'un spectacle, d'une pièce de théâtre, etc. *Un intermède musical.*
2. (FIG.) Temps intermédiaire. *Un intermède de paix entre deux attaques.*
Attention au genre masculin de ce nom : ***un*** intermède.

INTERMÉDIAIRE adj. et n. m. et f.
ADJECTIF
Qui est entre deux. *L'adolescence est une étape intermédiaire entre l'enfance et l'âge adulte.*
NOM MASCULIN ET FÉMININ
Personne qui met en relation deux personnes, deux groupes. *Ils ont servi d'intermédiaires.*
LOCUTION
– ***Par l'intermédiaire de,*** loc. prép. Au moyen de.
intermédiaire.

INTERMINABLE adj.
Qui dure trop longtemps. *Un discours interminable.* SYN. long.

INTERMINABLEMENT adv.
De façon interminable. *Ils discouraient interminablement.*

INTERMINISTÉRIEL, IELLE adj.
Commun à plusieurs ministères. *Un comité interministériel.*

***INTERMISSION**
Anglicisme pour ***entracte.***

INTERMITTENCE n. f.
(LITT.) Caractère de ce qui est discontinu, intermittent.
LOCUTION
– ***Par intermittence.*** Par moments, d'une façon irrégulière. *Étudier par intermittence.*

INTERMITTENT, ENTE adj.
Qui s'arrête et reprend à plusieurs reprises. *Pluie intermittente.* SYN. discontinu; irrégulier.

INTERMODAL, ALE, AUX adj.
Qui réunit des modes de transport différents. *Une gare intermodale.*

INTERNAT n. m.
Fonction d'interne des hôpitaux. *Il termine son internat.*
internat.

INTERNATIONAL, ALE, AUX adj.
Qui a lieu entre plusieurs nations (par opposition à ***national, intérieur***). *Des championnats internationaux.*
international.

INTERNATIONALEMENT adv.
Sur le plan international. *Cette harmonisation doit se faire internationalement.*

INTERNATIONALISATION n. f.
Action de rendre international. *L'internationalisation d'une entente.*
internationalisation.

INTERNATIONALISER v. tr., pronom.
VERBE TRANSITIF
Rendre international. *Le conflit s'est internationalisé.*
VERBE PRONOMINAL
Devenir international. *Les échanges d'étudiants se sont internationalisés.*
À la forme pronominale, le participe passé de ce verbe s'accorde toujours en genre et en nombre avec son sujet. *Les normes comptables se sont internationalisées.*
CONJUGAISON : VOIR MODÈLE AIMER.
internationaliser.

INTERNATIONAL ORGANIZATION FOR STANDARDIZATION
Sigle *ISO* (s'écrit avec ou sans points).

INTERNATIONAL STANDARD BOOK NUMBER
Sigle *ISBN* (s'écrit avec ou sans points).

INTERNATIONAL STANDARD SERIAL NUMBER
Sigle *ISSN* (s'écrit avec ou sans points).

INTERJECTION

L'interjection est un mot, un groupe de mots qui exprime une réaction émotive de la personne qui parle (surprise, peur, joie, chagrin, etc.). Les multiples exclamations, tous les jurons imaginables rendent la création des interjections toujours vivante.

▸ Les interjections peuvent être :

– Des **noms.** *Ciel ! Courage ! Dame ! Flûte ! Miracle ! Silence !*

– Des **verbes.** *Allez ! Suffit ! Tenez ! Tiens ! Voyons ! Va !*

– Des **adverbes.** *Arrière ! Assez ! Bien ! Debout ! Enfin ! Hélas ! Non ! Vite !*

– Des **adjectifs.** *Bon ! Chic ! Las ! Mince ! Parfait !*

– Des **jurons.** *Diable ! Mamma mia ! Zut !*

– Des **cris.** *Aïe ! Bis ! Chut ! Hourra ! Hue ! Olé !*

– Des **onomatopées.** *Brrr ! Crac ! Hon ! Hum ! Pssit !*

– Des **locutions.** *À la bonne heure ! Au feu ! Au secours ! Par exemple ! D'accord !*

On nomme ***locution interjective*** l'exclamation formée de plusieurs mots. *Mystère et boule de gomme !*

T Les ***interjections*** et les ***locutions interjectives*** sont suivies du point d'exclamation et s'écrivent généralement avec une majuscule initiale.

QUELQUES INTERJECTIONS ET LOCUTIONS INTERJECTIVES

Adieu !	Dame !	Hourra !	Parfait !
Ah !	Debout !	Hue !	Pas possible !
Aïe !	Diable !	Hum !	Patience !
Ainsi soit-il !	Dieu !	Jamais !	Pitié !
À la bonne heure !	Dommage !	Juste ciel !	Pssit !
Allez !	Eh !	Là !	Quoi !
Allô !	Eh bien !	Ma foi !	Quoi donc !
Allons !	Eh bien soit !	Malheur !	Salut !
Arrière !	En avant !	Mamma mia !	Silence !
Assez !	Enfin !	Merci !	Soit !
Attention !	Est-ce Dieu possible !	Mince !	Stop !
Au feu !	Euh !	Minute !	Suffit !
Au secours !	Flûte !	Miracle !	Tant mieux !
Bah !	Gare !	Mon Dieu !	Tant pis !
Bien !	Grâce !	N'importe !	Tenez !
Bis !	Ha !	Nom d'un chien !	Tiens !
Bon !	Ha ! ha !	Non !	Tonnerre !
Bon Dieu !	Halte !	Ô... !	Tout beau !
Bonté divine !	Hé !	Oh !	Tout doux !
Bravo !	Hé quoi !	Oh là là !	Très bien !
Brrr !	Hein !	Ohé !	Va !
Ça alors !	Hélas !	Oh ! hisse !	Vite !
Chic !	Heu !	Olé !	Vive... !
Chut !	Ho !	Ouf !	Voilà !
Ciel !	Ho ! ho !	Oui !	Voyons !
Courage !	Holà !	Ouste !	Zut !
Crac !	Hop !	Pan !	
D'accord !	Hou !	Par exemple !	

INTERNAUTE n. m. et f.
(NÉOL.) Utilisateur du réseau Internet. *Si tu navigues dans Internet, alors tu es une internaute.*
Le terme ***internaute*** s'écrit avec une minuscule initiale, contrairement au mot ***Internet*** qui s'écrit avec une majuscule initiale.

INTERNE adj. et n. m. et f.
ADJECTIF
Qui est situé en dedans. *L'oreille interne.* ANT. externe.
NOM MASCULIN ET FÉMININ
Élève logé et nourri dans un établissement scolaire.
LOCUTION
– ***Interne des hôpitaux.*** Étudiant en médecine, reçu au concours de l'internat. *C'est un ex-interne des hôpitaux de Paris.*

INTERNEMENT n. m.
Action d'interner; fait d'être interné. SYN. emprisonnement.

INTERNER v. tr.
1. Enfermer dans une prison. SYN. emprisonner.
2. Faire entrer dans un hôpital psychiatrique. *Nelligan a été interné très jeune : on le disait fou.*
CONJUGAISON : VOIR MODÈLE AIMER.

INTERNET n. m.
(INFORM.) Réseau informatique mondial constitué d'un ensemble de réseaux nationaux, régionaux et privés, qui sont reliés par le protocole de communication TCP-IP (GDT). *Naviguer dans* ou *sur Internet* (et non *l'Internet). *Faire des recherches dans* ou *sur Internet.* SYN. réseau Internet.
Ce nom s'écrit avec une majuscule initiale et se construit sans article défini, contrairement à l'anglais. Il peut être précédé des prépositions ***dans, sur.*** Lorsque le nom suit le verbe ***se brancher,*** il se construit avec la préposition ***sur.*** *Se brancher sur Internet.*
LOCUTIONS
– ***Adresse Internet.*** Appellation complète attribuée à un ordinateur relié à Internet, selon les règles du système de noms de domaine et qui correspond à l'adresse Internet de cet ordinateur (GDT). *L'adresse Internet de l'École des HEC est : www.hec.ca.*
Pour citer une adresse Internet, on peut recourir aux crochets, aux parenthèses ou aux chevrons simples. *Consultez nos cyberchroniques* [www.hec.ca/qualitecomm/]. *Vous pouvez accéder au GDT de l'OQLF (www.oqlf.gouv.qc.ca)* ou *<www.oqlf.gouv.qc.ca>.*
– ***Site Internet.*** Lieu où se trouve implanté un hôte Internet et qui est identifié par une adresse Internet (GDT).

INTERPELLATION n. f.
Action d'interpeller.

INTERPELLER v. tr., pronom.
La troisième syllabe se prononce ***e*** ou ***è***, [ɛ̃tɛrpəle, ɛ̃tɛrpɛle].
VERBE TRANSITIF
1. Adresser la parole à quelqu'un pour lui demander quelque chose. *Un passant l'interpella de façon peu aimable. Ils ont été interpellés par les policiers.* SYN. apostropher.
Ce verbe implique une façon de parler assez brusque, qui ressemble à une sommation.
2. Susciter une réaction, un écho chez quelqu'un. *Les injustices de ce monde nous interpellent.*
VERBE PRONOMINAL
S'apostropher. *Des motards de bandes rivales qui s'interpellent bruyamment.*
À la forme pronominale, le participe passé de ce verbe s'accorde toujours en genre et en nombre avec son sujet. *Ils se sont interpellés.*
CONJUGAISON : VOIR MODÈLE AIMER.
Ce verbe garde les deux ***l*** à toutes les formes de la conjugaison.
[Les *Rectifications* (1990) admettent : interpeler, interpelons, interpelais, interpelai, interpelé...]

INTERPÉNÉTRATION n. f.
Pénétration réciproque. SYN. imbrication.

INTERPÉNÉTRER (S') v. pronom.
Se pénétrer réciproquement. *Ces deux civilisations se sont interpénétrées.* SYN. s'imbriquer.
Le participe passé de ce verbe, qui n'existe qu'à la forme pronominale, s'accorde toujours en genre et en nombre avec son sujet. *Ces philosophies se sont interpénétrées.*
CONJUGAISON : VOIR MODÈLE POSSÉDER.
[Les *Rectifications* (1990) admettent : ils s'interpénètreront, s'interpénètreraient...]

INTERPERSONNEL, ELLE adj.
Qui a lieu entre plusieurs personnes. *Elle entretient de bonnes relations interpersonnelles.*

INTERPHONE n. m.
Système téléphonique intérieur. *Appeler quelqu'un à, par l'interphone* (et non *à l'intercom).

INTERPLANÉTAIRE adj.
Se dit de ce qui est, de ce qui a lieu entre les planètes. *Un voyage interplanétaire.*

INTERPOSÉ, ÉE adj.
Par l'intermédiaire d'une autre personne. *Je l'ai appris par personne interposée.*

INTERPOSER v. tr., pronom.
VERBE TRANSITIF
Mettre une chose entre deux autres. *Interposer des cloisons entre les bureaux.*
VERBE PRONOMINAL
Intervenir en médiateur. *Elle s'est interposée dans la querelle.* SYN. s'entremettre.
À la forme pronominale, le participe passé de ce verbe s'accorde toujours en genre et en nombre avec son sujet. *Des passants se sont interposés quand un voyou a tenté de s'emparer du blouson de cuir d'un adolescent.*
CONJUGAISON : VOIR MODÈLE AIMER.

INTERPRÉTABLE adj.
Qui peut être interprété. *Des clauses d'un contrat difficilement interprétables.*

INTERPRÉTARIAT n. m.
Fonction d'interprète.
interprétariat.

INTERPRÉTATION n. f.
1. Explication d'une chose. *L'interprétation d'une loi.*
2. Façon dont une œuvre est jouée. *L'interprétation de cette chanson est originale.* SYN. exécution.
LOCUTION
– ***Interprétation simultanée.*** Traduction orale.
interprétation.

INTERPRÈTE n. m. et f.
1. Personne qui fait la traduction orale et immédiate des paroles de quelqu'un dans une autre langue. *Elle est interprète à l'ONU.*
2. Personne qui exécute une œuvre (musicale, dramatique). *Ce pianiste est un interprète remarquable.*
interprète.

INTERPRÉTER v. tr., pronom.
VERBE TRANSITIF
1. Expliquer. *Interpréter les paroles de quelqu'un. Ce geste peut être interprété de plusieurs façons : pour les uns, c'est une vengeance, pour les autres, un acte de courage.* SYN. commenter ; comprendre.
2. Jouer une œuvre (musicale, dramatique). *Elle interprète Chopin.* SYN. exécuter.
VERBE PRONOMINAL
Être interprété. *Des propos qui s'interprètent difficilement.*
À la forme pronominale, le participe passé de ce verbe s'accorde toujours en genre et en nombre avec son sujet. *Ils se sont interprétés diversement.*
CONJUGAISON : VOIR MODÈLE POSSÉDER.
Le ***é*** se change en ***è*** devant une syllabe contenant un ***e*** muet, sauf à l'indicatif futur et au conditionnel présent. *J'interprète,* mais *j'interpréterai.*
[Les *Rectifications* (1990) admettent : il interprètera, interprèterait...]

INTERPROFESSIONNEL, ELLE adj.
Commun à plusieurs professions. *Une association interprofessionnelle.*

INTERRACIAL, IALE, IAUX adj.
Qui se produit entre des personnes de races différentes. *Des conflits interraciaux.*

INTERRÈGNE n. m.
Intervalle de temps entre deux règnes.
interrègne.

INTERRELATION n. f.
Relation réciproque. *Les interrelations entre les économies américaine et canadienne.*
interrelation.

INTERRELIÉ, ÉE adj.
Qui est lié par interrelation. *Notre monde complexe et divers est en train de devenir de plus en plus interrelié et interdépendant.*

INTERROGATEUR, TRICE adj.
Qui interroge. *Un air interrogateur.* SYN. interrogatif.

INTERROGATIF, IVE adj.
Qui marque l'interrogation. *Un regard interrogatif. Une locution interrogative.*
VOIR TABLEAU – INTERROGATIF (PRONOM).
VOIR TABLEAU – INTERROGATIF ET DÉTERMINANT EXCLAMATIF (DÉTERMINANT).

PRONOM **INTERROGATIF**

Pronom employé pour introduire une phrase interrogative directe ou indirecte. ***Qui** frappe à la porte ? Dis-moi **qui** viendra. **Que** demandez-vous ?*

FORMES SIMPLES

qui ? (pour les personnes)

que ? quoi ? (pour les choses)

FORMES COMPOSÉES

	MASCULIN SINGULIER	FÉMININ SINGULIER	MASCULIN PLURIEL	FÉMININ PLURIEL
– avec ***le***	lequel ?	laquelle ?	lesquels ?	lesquelles ?
– avec ***à*** + *le*	auquel ?	à laquelle ?	auxquels ?	auxquelles ?
– avec ***de*** + *le*	duquel ?	de laquelle ?	desquels ?	desquelles ?

FONCTIONS DU PRONOM INTERROGATIF

- **Sujet.** ***Qui** vient dîner ce soir ? Sais-tu **qui** a découvert le Canada ?*
- **Attribut.** *Dis-moi **qui** elle est. **Que** devient ce projet ?*
- **Complément direct du verbe.** *Dis-moi **qui** tu as vu. **Que** voulez-vous ?*
- **Complément indirect du verbe.** *À **qui** voulez-vous parler ? À **quoi** pensez-vous ? Sur **qui** comptes-tu ? En **quoi** cela consiste-t-il ?*
- **Complément du nom.** *À **qui** as-tu emprunté ces livres ?*
- **Complément de l'adjectif.** *De **quoi** êtes-vous si inquiète ?*
- **Complément de la phrase.** *Avec **quoi** écrivez-vous ?*

VOIR TABLEAUX ► **ADVERBE.** ► **DÉTERMINANT.** ► **PRONOM.**

INTERROGATION n. f.
1. Question. *Cette décision risque de susciter des interrogations.* SYN. demande.
2. Ensemble de questions posées à un élève. *Demain, il y aura une interrogation écrite sur l'histoire.*
LOCUTION
– ***Point d'interrogation.*** Signe de ponctuation qui marque la fin de toute phrase interrogative directe.
Si la phrase interrogative est inversée et que le pronom personnel commence par une voyelle, on intercale un ***t*** euphonique entre ce pronom et le verbe qui se termine par une voyelle ainsi qu'un trait d'union entre chacun des éléments. *A-t-elle joué ?*
VOIR TABLEAU – PONCTUATION.

INTERROGATIVEMENT adv.
Par interrogation.

INTERROGATOIRE n. m.
Ensemble de questions posées à quelqu'un. *Le policier a procédé à un interrogatoire.*
Attention au genre masculin de ce nom : ***un*** interrogatoire.

INTERROGER v. tr., pronom.
VERBE TRANSITIF
1. Questionner. *Nous interrogerons les candidats demain.*
2. Examiner, étudier attentivement. *Interroger le ciel pour voir s'il pleuvra.*
VERBE PRONOMINAL
Se poser des questions. *Il s'interrogeait sur son avenir.* SYN. réfléchir.
À la forme pronominale, le participe passé de ce verbe s'accorde toujours en genre et en nombre avec son sujet. *Elle s'est interrogée sur le bien-fondé d'une décision prise par ses collègues.*
CONJUGAISON : VOIR MODÈLE CHANGER.
Le ***g*** est suivi d'un ***e*** devant les lettres ***a*** et ***o***. *Il interrogea, nous interrogeons.*

INTERROMPRE v. tr., pronom.
VERBE TRANSITIF
1. Rompre la continuité de, arrêter. *La communication téléphonique a été interrompue. J'ai dû interrompre mon travail à l'ordinateur à cause d'une panne.* SYN. couper.
2. Empêcher quelqu'un de poursuivre son activité. *Cesse de l'interrompre : il ne pourra jamais finir ses devoirs.* SYN. déranger.
3. Couper la parole à quelqu'un. *Désolée de vous interrompre, mais nous devons passer à l'étude d'une autre question.*
VERBE PRONOMINAL
S'arrêter au cours d'une action. *Elles se sont interrompues pour écouter ses arguments.*
À la forme pronominale, le participe passé de ce verbe s'accorde toujours en genre et en nombre avec son sujet. *La liaison téléphonique s'est soudainement interrompue.*
CONJUGAISON : VOIR MODÈLE FENDRE.
À la différence du verbe ***fendre,*** le verbe ***interrompre*** prend un ***t*** à la suite du ***p*** à la troisième personne du singulier de l'indicatif présent.

INTERRUPTEUR n. m.
Commutateur. *Éteindre la lumière à l'aide de l'interrupteur* (et non de la *switch).

INTERRUPTION n. f.
1. Action d'interrompre. *L'interruption d'une émission de télévision.*
2. État de ce qui est interrompu. *Il y a interruption du spectacle à cause d'une manifestation.* SYN. arrêt.
LOCUTION
– ***Interruption volontaire de grossesse.*** Sigle ***IVG*** (s'écrit avec ou sans points). SYN. avortement.

INTERSECTION n. f.
Endroit où deux routes se rencontrent. *À la prochaine intersection, il faut tourner à droite.* SYN. croisement.

INTERSIDÉRAL, ALE, AUX adj.
Qui est situé entre les astres. *Des espaces intersidéraux.*

DÉTERMINANT **INTERROGATIF ET DÉTERMINANT EXCLAMATIF**

DÉTERMINANT INTERROGATIF

Déterminant indiquant que l'on s'interroge sur l'identité de l'être ou de l'objet déterminé.
Le déterminant interrogatif s'accorde en genre et en nombre avec le nom déterminé.

DÉTERMINANT EXCLAMATIF

Déterminant qui sert à traduire l'étonnement, l'admiration que l'on éprouve devant l'être ou l'objet déterminé.
Le déterminant exclamatif s'accorde en genre et en nombre avec le nom déterminé.

	GENRE	NOMBRE	DÉTERMINANT INTERROGATIF	DÉTERMINANT EXCLAMATIF
Quel	masculin	singulier	*Quel livre ?*	*Quel succès !*
Quelle	féminin	singulier	*Quelle personne ?*	*Quelle maison !*
Quels	masculin	pluriel	*Quels ballons ?*	*Quels amis !*
Quelles	féminin	pluriel	*Quelles bicyclettes ?*	*Quelles vacances !*

VOIR TABLEAU ► **DÉTERMINANT.**

INTERSTELLAIRE adj.
Qui est situé entre les étoiles. *Un espace interstellaire.*
interstell**aire.**

INTERSTICE n. m.
Petit espace vide. *Les interstices d'un plancher.*
Attention au genre masculin de ce nom : ***un*** interstice.
inters**tice.**

INTERSTITIEL, IELLE adj.
Qui est situé dans les interstices d'un tissu organique. *Un liquide interstitiel.*
inters**ti**tiel.

INTERSYNDICAL, ALE, AUX adj.
Qui concerne plusieurs syndicats. *Des comités intersyndicaux.*

INTERTITRE n. m.
Titre secondaire d'un paragraphe, d'une partie d'un texte.

INTERURBAIN, AINE adj. et n. m.
ADJECTIF
Se dit d'une communication téléphonique entre des villes. *Des appels interurbains.*
NOM MASCULIN
S'abrège familièrement en ***inter.***
Appel téléphonique. *Des interurbains* (et non des *longues distances).

INTERVALLE n. m.
1. Espace entre deux corps. *Ces fleurs sont plantées à un intervalle de 15 cm.*
2. Espace de temps entre deux périodes. *Un intervalle de 30 minutes.*
LOCUTIONS
– ***À intervalles (égaux, inégaux, réguliers, irréguliers,*** etc.***).*** Par moments. *Le conseil mesure, à intervalles réguliers, l'état d'avancement des travaux.*
– ***Par intervalles,*** loc. adv. De temps à autre. *Par intervalles, Maxime venait à la maison.* SYN. à l'occasion.
Dans ces locutions, le nom est généralement au pluriel.
Attention au genre masculin de ce nom : ***un*** intervalle.
interva**lle.**

INTERVENANT, ANTE adj. et n. m. et f.
1. (DR.) Qui intervient dans un procès.
2. Qui intervient dans un débat, dans une discussion, dans un processus. SYN. acteur ; participant ; partie.

INTERVENIR v. intr.
1. Prendre part à quelque chose. *Ils sont intervenus à temps dans la discussion.* SYN. participer à.
2. Tenter de convaincre. *Il nous a offert d'intervenir auprès des autorités.* SYN. intercéder.
3. Arriver. *Un accord est intervenu finalement.*
Ce verbe se conjugue avec l'auxiliaire ***être.***
Ne pas confondre avec le verbe ***s'immiscer,*** s'ingérer.
CONJUGAISON : VOIR MODÈLE VENIR.

INTERVENTION n. f.
1. Action de s'interposer dans une situation, une action. *L'intervention rapide des pompiers a permis de sauver le bâtiment.*
2. Acte opératoire. *Une intervention chirurgicale.* SYN. opération.
Ne pas confondre avec le nom ***interversion,*** action d'inverser l'ordre.

INTERVENTIONNISME n. m.
(POLIT.) Doctrine prônant l'intervention de l'État en matière économique. *Les économistes sont généralement opposés à l'interventionnisme gouvernemental.*

INTERVENTIONNISTE adj. et n. m. et f.
ADJECTIF
Relatif à l'interventionnisme. *Une politique économique interventionniste.*
NOM MASCULIN ET FÉMININ
Partisan de l'interventionnisme. *Des interventionnistes convaincus.*

INTERVERSION n. f.
Action d'inverser l'ordre. *L'interversion de deux lettres dans un mot.*
Ne pas confondre avec le nom ***intervention,*** action de s'interposer.

INTERVERTIR v. tr., pronom.
VERBE TRANSITIF
Changer l'ordre de. *Les chiffres ont été intervertis.* SYN. inverser.
VERBE PRONOMINAL
S'inverser, se permuter. *Dans la coquille relevée, les lettres s'étaient interverties.*
À la forme pronominale, le participe passé de ce verbe s'accorde toujours en genre et en nombre avec son sujet. *Les rôles se sont intervertis.*
CONJUGAISON : VOIR MODÈLE FINIR.

INTERVIEW n. m. ou f.
Les lettres ***ew*** se prononcent ***ou,*** [ɛ̃tɛrvju] ; le nom rime avec ***sioux.***
Entrevue avec une personne pour l'interroger sur ses projets, ses idées, etc., afin d'en diffuser le contenu. *Des interviews télédiffusés* ou *télédiffusées.* SYN. entretien.
Ce nom emprunté à l'anglais depuis plus de 100 ans est de genre masculin ou féminin.

INTERVIEWER v. tr.
Les deux dernières syllabes se prononcent ***viouvé,*** [ɛ̃tɛrvjuve].
Soumettre quelqu'un à une entrevue. *Interviewer un écrivain sur son prochain livre.*
CONJUGAISON : VOIR MODÈLE AIMER.

INTESTAT adj. inv. et n. m. et f.
Le ***t*** ne se prononce pas, [ɛ̃tɛsta].
ADJECTIF INVARIABLE
Qui n'a pas fait de testament. *Ils sont morts intestat, c'est-à-dire sans avoir rédigé de testament.*
NOM MASCULIN ET FÉMININ
Personne qui n'a pas fait de testament. *Des intestats.*
L'adjectif est invariable, mais le nom prend la marque du pluriel.
intestat.

INTESTIN, INE adj. et n. m.
NOM MASCULIN
Partie du tube digestif comprise entre l'estomac et l'anus. *L'intestin grêle, le gros intestin.*
ADJECTIF
(LITT.) Intérieur. *Des querelles intestines.*
L'adjectif s'emploie généralement au féminin pour éviter la confusion avec le nom.

INTESTINAL, ALE, AUX adj.
De l'intestin. *Des problèmes intestinaux.*

INTI n. m.
Unité monétaire du Pérou. *Des intis.*
VOIR TABLEAU – SYMBOLES DES UNITÉS MONÉTAIRES.

INTIME adj. et n. m. et f.
ADJECTIF
1. Privé. *Des confidences intimes, un journal intime.*
2. Très proche. *Des amis intimes.*
NOM MASCULIN ET FÉMININ
Ami proche. *Cette fête ne réunit que les intimes.*

INTIMÉ, ÉE adj. et n. m. et f.
(DR.) Cité en justice.

INTIMEMENT adv.
Profondément. *Je le connais intimement.*

INTIMER v. tr.
1. (DR.) Citer devant une juridiction supérieure.
2. Signifier, déclarer avec autorité. *On nous a intimé l'ordre de demeurer à la disposition de la justice.*
Ne pas confondre avec les verbes suivants :
• ***édicter,*** prescrire par une loi;
• ***enjoindre,*** recommander avec insistance à;
• ***notifier,*** faire savoir dans les formes légales, de façon officielle.
CONJUGAISON : VOIR MODÈLE AIMER.

INTIMIDANT, ANTE adj.
Qui intimide. *Des questions intimidantes.* SYN. troublant.
Ne pas confondre avec le participe présent ***intimidant.*** *Les questions intimidant les candidats, les résultats furent plutôt médiocres.*

INTIMIDATION n. f.
Menace, pression. *Agir par intimidation.*

INTIMIDER v. tr.
Rendre timide, troubler. *Ne vous laissez pas intimider par son sérieux.* SYN. impressionner; paralyser.
CONJUGAISON : VOIR MODÈLE AIMER.

INTIMITÉ n. f.
1. Caractère de ce qui est intime. *Il y a une grande intimité entre ces deux amies.*
Ne pas confondre avec le nom ***inimitié,*** hostilité.
2. La vie privée. *La cérémonie aura lieu dans la plus stricte intimité : seule la famille y assistera. « Une fois seulement ce grondement extraordinaire Prenait des intimités de seuil de maison »* (Alain Grandbois, *Les Îles de la nuit*).

INTITULÉ n. m.
Titre d'un livre, d'un chapitre, d'un compte, d'un contrat, d'un rapport, etc. *L'intitulé d'un document.*

INTITULER v. tr., pronom.
VERBE TRANSITIF
Donner un titre à (un livre, un chapitre, etc.). *Ève a intitulé sa recherche : « La mystérieuse mygale ».*
VERBE PRONOMINAL
Avoir pour titre. *Cet article s'intitule : « Alerte ! »*
À la forme pronominale, le participe passé de ce verbe s'accorde toujours en genre et en nombre avec son sujet. *Cette anthologie s'était d'abord intitulée* À la recherche du paradis perdu.
CONJUGAISON : VOIR MODÈLE AIMER.

INTOLÉRABLE adj.
Insupportable. *Ces cris sont intolérables.* SYN. insoutenable.

INTOLÉRANCE n. f.
Intransigeance. *Ces racistes font preuve d'intolérance.*
intolérance.

INTOLÉRANT, ANTE adj. et n. m. et f.
Qui fait preuve d'intolérance. *Des personnes intolérantes.* SYN. intransigeant.
intolér**ant.**

INTONATION n. f.
Ton de la voix. *Une intonation chantante.* SYN. accent.
intonation.

INTOUCHABLE adj. et n. m. et f.
ADJECTIF
1. Qui ne peut être touché.
2. Injoignable, notamment par téléphone. *Ils sont en réunion et sont intouchables.*
3. Que l'on ne peut critiquer. *Des personnages influents intouchables.*
NOM MASCULIN ET FÉMININ
Personne à l'abri de toute critique, de toute sanction.

INTOXICATION n. f.
1. Empoisonnement. *Une intoxication alimentaire.*
2. (FIG.) Propagande insidieuse.

INTOXIQUER v. tr., pronom.
VERBE TRANSITIF
1. Empoisonner. *Ces huîtres ont intoxiqué plusieurs personnes.*
2. (FIG.) Soumettre à une propagande insidieuse.
VERBE PRONOMINAL
S'empoisonner. *Ces campeurs se sont intoxiqués avec des champignons vénéneux.*
À la forme pronominale, le participe passé de ce verbe s'accorde toujours en genre et en nombre avec son sujet. *Elles se sont intoxiquées avec des produits chimiques.*
CONJUGAISON : VOIR MODÈLE AIMER.

INTRA- préf.
Les mots composés avec le préfixe ***intra-*** s'écrivent sans trait d'union, à l'exception de ceux dont le second élément commence par une voyelle. *Intraveineux, intra-utérin.*

INTRADUISIBLE adj.
Impossible à traduire. *Un poème intraduisible.*

INTRAITABLE adj.
Qui se refuse à céder. *Elle est intraitable, rien ne la fera changer d'avis.* SYN. inébranlable; inflexible.

INTRA-MUROS loc. adv.
Le ***u*** se prononce ***u*** et le ***s*** est sonore, [ɛ̃tramyros].
Expression latine signifiant « à l'intérieur des murs ». *Québec* intra-muros.
T En typographie soignée, les mots étrangers sont composés en italique. Dans des textes déjà en italique, la notation se fait en romain. Pour les textes manuscrits, on utilisera les guillemets.

INTRAMUSCULAIRE adj.
Qui est à l'intérieur d'un muscle. *Une injection intramusculaire.*

INTRANET n. m. (pl. *intranets*)
(INFORM.) Réseau informatique privé qui utilise les protocoles de communication et les technologies du réseau Internet (GDT). *Pour assurer la sécurité des intranets lorsqu'ils sont reliés au réseau Internet, ceux-ci doivent être dotés d'un coupe-feu. L'École des HEC dispose d'un intranet pour diffuser les plans de cours, le matériel pédagogique, les cas à étudier, etc.* SYN. réseau intranet.
T Le nom ***intranet*** s'écrit avec une minuscule initiale, contrairement à ***Internet.***
Contrairement au nom propre ***Internet,*** le nom ***intranet*** est un nom commun qui prend la marque du pluriel.

INTRANSIGEANCE n. f.
Caractère intransigeant de quelqu'un, de quelque chose. *Les correcteurs ont fait preuve d'intransigeance.*
intransi**geance.**

INTRANSIGEANT, ANTE adj. et n. m. et f.
Qui n'accepte aucune concession. *Des adversaires intransigeants.* ANT. souple.
intransi**geant.**

INTRANSITIF, IVE adj. et n. m.
(GRAMM.) Se dit d'un verbe qui exprime une action qui ne s'applique qu'au sujet et qui n'a pas de complément direct ni indirect. Paraître *et* venir *sont des verbes intransitifs. Un verbe intransitif, un intransitif.*
VOIR TABLEAU – VERBE.

INTRANSITIVEMENT adv.
(GRAMM.) D'une manière intransitive. *Un verbe employé intransitivement.*

INTRANSPORTABLE adj.
Qui ne peut être transporté. *Un malade intransportable.*

INTRANT n. m.
1. (ÉCON.) Élément (technique, financier, humain) utilisé ou mis en œuvre dans un processus de production. *Un intrant* (et non *input). SYN. facteur de production. ANT. extrant.

2. (INFORM.) Donnée mise en mémoire en vue d'un traitement informatique.

INTRA-UTÉRIN, INE adj.
Qui a lieu dans l'utérus. *La vie intra-utérine.*

INTRAVEINEUX, EUSE adj. et n. f.
Qui est, se fait dans une veine. *Une injection intraveineuse. Une intraveineuse.*

INTRÉPIDE adj.
Brave, hardi. *Les trappeurs intrépides.* SYN. courageux.

INTRÉPIDEMENT adv.
Avec intrépidité. *Ils ont combattu intrépidement.* SYN. audacieusement; bravement; fièrement; vaillamment.

INTRÉPIDITÉ n. f.
Bravoure, hardiesse. *L'intrépidité de ces coureurs des bois.* SYN. audace; courage; vaillance.

INTRIGANT, ANTE adj. et n. m. et f.
1. Qui recourt à l'intrigue pour atteindre son but. *Des procédés intrigants. Ce sont des intrigants auxquels on ne peut se fier.*
2. ⚜ Mystérieux, bizarre. *Une affirmation intrigante.*
Ne pas confondre avec le participe présent invariable ***intriguant***. *Les employés intriguant pour être promus sont souvent déçus.*
intrigant.

INTRIGUE n. f.
1. (AU PLUR.) Manœuvres secrètes, actes déloyaux. *Des intrigues politiques. Une intrigue financière dangereuse.*
2. Liaison amoureuse. *Nouer une intrigue.*
3. Trame (d'un récit, d'un film, d'une pièce de théâtre). *Une intrigue très prenante.*

INTRIGUER v. tr., intr.
VERBE TRANSITIF
Exciter la curiosité de. *Ce fait nous intrigue beaucoup. C'est en nous intriguant qu'il captive notre attention.*
Le participe présent s'écrit avec un ***u***, contrairement à l'adjectif et au nom.
VERBE INTRANSITIF
Comploter. *Il n'a cessé d'intriguer pour arriver à ses fins.*
CONJUGAISON : VOIR MODÈLE AIMER.

INTRINSÈQUE adj.
Inhérent, essentiel. *La qualité intrinsèque d'une œuvre.* ANT. extrinsèque.
intrinsèque.

INTRINSÈQUEMENT adv.
En soi, essentiellement.

INTRO- préf.
Élément du latin signifiant « dedans ».
Les mots composés avec le préfixe ***intro-*** s'écrivent en un seul mot. *Introverti.*

INTRODUCTIF, IVE adj.
Qui sert à introduire un sujet, une question. *Un paragraphe introductif.*

INTRODUCTION n. f.
Court texte explicatif rédigé généralement par un auteur pour présenter son texte.
Ne pas confondre avec les noms suivants :
- ***avant-propos,*** brève introduction d'un ouvrage, généralement rédigée par son auteur, pour en exposer le contenu et l'objectif poursuivi;
- ***avertissement,*** texte placé entre le grand titre et le début de l'ouvrage afin d'attirer l'attention du lecteur sur un point particulier;
- ***note liminaire,*** texte destiné à expliciter les symboles et les abréviations employés dans un ouvrage;
- ***notice,*** brève étude placée en tête d'un livre pour présenter la vie et l'œuvre de l'auteur;
- ***préface,*** texte de présentation d'un ouvrage qui n'est généralement pas rédigé par l'auteur; il est composé en italique.

Ordre des textes : la ***préface*** précède l'***introduction,*** qui est suivie par la ***note liminaire,*** s'il y a lieu.

INTRODUIRE v. tr., pronom.
VERBE TRANSITIF
1. Faire entrer. *Introduire une clé dans une serrure.* SYN. insérer.
2. Faire adopter par l'usage. *Introduire une mode.* SYN. lancer.
VERBE PRONOMINAL
Pénétrer. *Ils se sont introduits par effraction dans ce bureau.* SYN. entrer.
À la forme pronominale, le participe passé de ce verbe s'accorde en genre et en nombre avec le complément direct si celui-ci le précède. *La prothèse auditive qu'il s'est introduite dans l'oreille. Ils se sont introduits par effraction dans ce bureau.* Le participe passé reste invariable si le complément direct suit le verbe. *Elle s'est introduit un anneau dans une narine.*
FORME FAUTIVE
*introduire. Anglicisme au sens de ***présenter quelqu'un.***
CONJUGAISON : VOIR MODÈLE CONDUIRE.
INDICATIF PRÉSENT *J'introduis, tu introduis, il introduit, nous introduisons, vous introduisez, ils introduisent.* IMPARFAIT *J'introduisais.* PASSÉ SIMPLE *J'introduisis.* FUTUR *J'introduirai.* CONDITIONNEL PRÉSENT *J'introduirais.* IMPÉRATIF PRÉSENT *Introduis, introduisons, introduisez.* SUBJONCTIF PRÉSENT *Que j'introduise.* IMPARFAIT *Que j'introduisisse.* PARTICIPE PRÉSENT *Introduisant.* PASSÉ *Introduit, ite.*

INTRONISATION n. f.
Action d'introniser. *L'intronisation d'un pape.*

INTRONISER v. tr.
Placer sur le trône un roi, un évêque, conférer solennellement un titre à quelqu'un.
CONJUGAISON : VOIR MODÈLE AIMER.

INTROSPECTIF, IVE adj.
Relatif à l'introspection.

INTROSPECTION n. f.
Observation individuelle de la conscience elle-même.

INTROUVABLE adj.
Impossible ou difficile à trouver. *Ce livre est introuvable.*

INTROVERTI, IE adj. et n. m. et f.
Le **o** est ouvert, [ɛ̃trɔvɛrti].
Qui est tourné vers l'intérieur. ANT. extraverti ou extroverti.

INTRUS, USE n. m. et f.
Personne qui s'introduit en un lieu sans justification, sans y être invitée. *Chassez ces intrus !* SYN. importun; indésirable.
intrus.

INTRUSION n. f.
Ingérence. *Cette décision est une intrusion inadmissible dans la gestion de nos affaires.*

INTUBATION n. f.
(MÉD.) Introduction, par la bouche ou par le nez, d'une sonde dans la trachée, qui permet de conserver la perméabilité des voies aériennes supérieures et de réaliser, en connexion avec un respirateur, une ventilation artificielle.

INTUBER v. tr.
(MÉD.) Pratiquer une intubation. *Le médecin a dû intuber le malade qui n'arrivait plus à respirer.*
CONJUGAISON : VOIR MODÈLE AIMER.

INTUITIF, IVE adj. et n. m. et f.
ADJECTIF
Qui résulte d'une intuition. *Une perception intuitive.*
NOM MASCULIN ET FÉMININ
Personne qui se fie à son intuition, qui pressent les choses.

INTUITION n. f.
Connaissance directe et immédiate qui ne s'appuie pas sur la raison. *Elle se fie à son intuition.* SYN. flair.
intuition.

INTUITIVEMENT adv.
Par intuition. *Il préfère choisir intuitivement, se fier à son flair.*

INUIT, INUITE adj. et n. m. et f.
ADJECTIF
Relatif aux Inuits ou à la culture des Inuits. *Les traditions inuites, des villages inuits.*
L'adjectif ***inuit*** prend la marque du genre et du nombre.
T L'adjectif s'écrit avec une minuscule.
NOM MASCULIN ET FÉMININ
Autochtone d'origine asiatique et de langue esquimaude-aléoute dont l'habitat et la civilisation sont historiquement liés au milieu arctique (Recomm. off.). *Au Québec, il y a près de 6000 Inuits. Les Inuits parlent l'inuktitut. Les Inuits habitent la Sibérie, le Groenland, l'Alaska (États-Unis) et le Canada.*
Le mot ***esquimau, esquimaude,*** est l'ancienne appellation des habitants des terres arctiques ; ce mot a un sens défavorable selon les autochtones du Nord canadien.
T Le nom s'écrit avec une majuscule.

INUKSHUK ou **INUKSUK** n. m. (pl. *inukshuks* ou *inuksuks*)
Amoncellement de pierres imitant une forme humaine et servant de repère (GDT). *Un inukshuk peut servir à signaler un bon endroit pour la pêche ou à indiquer le chemin.*
Inukshuk est un mot inuktitut signifiant « à l'image d'un homme ». En inuktitut, le pluriel de ce nom est ***inukshuit*** ou ***inuksuit.***

INUKTITUT n. m. inv.
Le ***t*** final se prononce, [inyktityt].
Langue des Inuits de l'est du Canada (Recomm. off.). *Un livre écrit en inuktitut.*
Le mot ***esquimau,*** autrefois d'usage courant, n'est plus utilisé aujourd'hui pour désigner cette langue.
T Le nom de la langue s'écrit avec une minuscule.

INUSABLE adj.
Qui ne peut s'user. *Un tissu inusable.* SYN. résistant.

INUSITÉ, ÉE adj.
Inhabituel. *Des démarches inusitées.* SYN. rare. ANT. courant ; usité.
Ne pas confondre avec les mots suivants :
- ***bizarre,*** étonnant, singulier ;
- ***extraordinaire,*** remarquable ;
- ***inconcevable,*** inimaginable ;
- ***incroyable,*** difficile à croire ;
- ***invraisemblable,*** qui ne semble pas vrai.

INUTILE adj.
Qui n'a pas d'utilité, non nécessaire. *Ces précautions sont inutiles.* SYN. superflu.

INUTILEMENT adv.
De façon inutile. *Vous êtes venu inutilement.*

INUTILISABLE adj.
Qui ne peut être utilisé. *Des livres inutilisables.*

INUTILITÉ n. f.
Manque d'utilité. *L'inutilité d'une démarche.*

INVAINCU, UE adj.
Qui n'a jamais été vaincu. *Des candidats invaincus.*

INVALIDATION n. f.
Action d'invalider. *L'invalidation d'un article de loi.*

INVALIDE adj. et n. m. et f.
1. Se dit d'une personne infirme ou malade, qui ne peut travailler.
2. (DR.) Nul. *Une loi invalide.*

INVALIDER v. tr.
Rendre nul, non valable. *Invalider une clause.* SYN. annuler.
CONJUGAISON : VOIR MODÈLE AIMER.

INVALIDITÉ n. f.
État d'une personne invalide. *Une invalidité temporaire.*

INVARIABILITÉ n. f.
État, caractère de ce qui est invariable. *L'invariabilité des adverbes.*

INVARIABLE adj.
Qui ne varie pas. *Les participes présents sont invariables.*
LOCUTION
– ***Mot invariable.*** (GRAMM.) Mot qui ne change pas de forme, de terminaison. *Les adverbes, les conjonctions, les prépositions sont des mots invariables.*

INVARIABLEMENT adv.
De façon invariable. *Il est invariablement en retard.* SYN. immanquablement ; toujours.

INVASIF, IVE adj.
(MÉD.) Se dit d'une tumeur, d'une infection susceptible de se propager dans l'organisme. *Un cancer invasif.*
FORME FAUTIVE
*invasif. Anglicisme lorsque l'adjectif est employé pour qualifier un mode d'exploration, de diagnostic qui nécessite une pénétration à travers la peau ou une muqueuse. En ce sens, le DDFM recommande l'emploi des adjectifs ***traumatique, atraumatique*** et le GDT, ***effractif, non effractif.*** *Un examen atraumatique* (et non *non invasif) ou *non effractif.*

INVASION n. f.
Entrée soudaine et massive. *Invasion de sauterelles.* SYN. envahissement.
FORME FAUTIVE
*invasion de domicile. Calque de « *home invasion* » pour ***violation de domicile avec agression.***
Ne pas confondre avec le nom ***évasion,*** action de s'échapper d'une prison, d'un lieu.

INVECTIVE n. f.
Insulte, paroles belliqueuses. SYN. injure.

INVECTIVER v. tr., intr., pronom.
VERBE TRANSITIF
Injurier. *Invectiver des adversaires.* SYN. insulter.
VERBE INTRANSITIF
Fulminer. *Il ne cesse d'invectiver contre le vice, l'excès.*
En ce sens, le verbe se construit avec la préposition ***contre.***
VERBE PRONOMINAL
S'insulter, s'injurier. *Des automobilistes qui s'invectivent copieusement.*
À la forme pronominale, le participe passé de ce verbe s'accorde toujours en genre et en nombre avec son sujet. *Ils se sont invectivés.*
CONJUGAISON : VOIR MODÈLE AIMER.

INVENDABLE adj.
Qui ne peut être vendu. *Des produits invendables.*

INVENDU, UE adj. et n. m.
Qui n'a pas été vendu. *Les libraires retournent les livres invendus, les invendus.*

INVENTAIRE n. m.
1. Dénombrement des marchandises d'une entreprise à une date donnée. *Dresser l'inventaire, procéder à l'inventaire. Fermeture pour cause d'inventaire.*
2. Relevé détaillé des marchandises d'une entreprise. *L'inventaire est tenu à jour de façon permanente.*
FORMES FAUTIVES
*bris d'inventaire. Impropriété pour ***rupture de stock.***
*inventaire. Anglicisme au sens de ***stock, marchandises en magasin.***

Ne pas confondre avec le nom ***éventaire***, étalage sommaire de marchandises.

En français, le terme ***inventaire*** ne peut désigner que le dénombrement (d'articles, de marchandises, etc.) et le document qui en résulte. C'est sous l'influence du terme anglais «*inventory*» qui, outre les acceptions du français, désigne également les marchandises en magasin, que l'on emploie improprement le nom ***inventaire*** en ce sens. *Cette entreprise doit maintenir des stocks* (et non des *inventaires) *considérables. Nous n'avons plus ce produit en magasin* (et non en *inventaire).

INVENTER v. tr.
Créer, trouver par des recherches, par l'imagination, ce qui n'existait pas. *Inventer un nouveau vaccin.* SYN. imaginer.
Ne pas confondre avec le verbe ***découvrir,*** trouver ce qui était encore inconnu. *Jacques Cartier a découvert le Canada.*
CONJUGAISON : VOIR MODÈLE AIMER.

INVENTEUR n. m.
INVENTRICE n. f.
Personne qui a inventé quelque chose d'important dans le domaine scientifique, technique, etc. *Alexander Graham Bell est l'inventeur du téléphone.*

INVENTIF, IVE adj.
Ingénieux, qui a beaucoup d'idées. *Un esprit inventif.*

INVENTION n. f.
1. Action d'inventer quelque chose. *Ce chercheur aimerait bien faire une invention importante.*
2. Chose inventée. *Les vaccins sont des inventions très utiles parce qu'ils nous protègent de certaines maladies.*

INVENTIVITÉ n. f.
Capacité d'inventer, créativité. *Ce chercheur fait preuve d'une faculté d'innover, d'une inventivité extraordinaire.*

INVENTORIER v. tr.
Faire l'inventaire de, recenser. *Il inventorie les études traitant de cette question.* SYN. dénombrer ; répertorier.
CONJUGAISON : VOIR MODÈLE ÉTUDIER.
Redoublement du ***i*** à la première et à la deuxième personne du pluriel de l'indicatif imparfait et du subjonctif présent. *(Que) nous inventoriions, (que) vous inventoriiez.*

INVÉRIFIABLE adj.
Qui ne peut être vérifié. *Cette affirmation est invérifiable.*

INVERSE adj. et n. m.
ADJECTIF
Qui est dans le sens contraire. *Nous avons croisé Martin, qui venait en sens inverse : nous marchions vers l'ouest, et lui, vers l'est.* SYN. opposé.
NOM MASCULIN
Le contraire. *Ils ont fait l'inverse de ce que j'avais prévu.*
LOCUTION
– ***À l'inverse de,*** loc. prép. Au contraire de.

INVERSEMENT adv.
D'une manière inverse. SYN. vice versa.

INVERSER v. tr., pronom.
VERBE TRANSITIF
Changer le sens de quelque chose. *Inverser l'ordre des pages.*
VERBE PRONOMINAL
Adopter l'ordre inverse. *Le classement alphabétique s'est inversé en passant de l'ordre croissant à l'ordre décroissant.*
À la forme pronominale, le participe passé de ce verbe s'accorde toujours en genre et en nombre avec son sujet. *Les lettres se sont inversées.*
CONJUGAISON : VOIR MODÈLE AIMER.

INVERSION n. f.
1. Action de mettre dans un sens opposé.
Ne pas confondre avec le nom ***aversion,*** antipathie profonde.
2. (GRAMM.) Construction d'une phrase où l'on donne aux mots un autre ordre que l'ordre habituel. *L'inversion du sujet dans une phrase interrogative : Quand viendras-tu ?*

INVERTÉBRÉ, ÉE adj. et n. m. pl.
ADJECTIF
Sans vertèbres. *Les insectes sont invertébrés.*
Ne pas confondre avec le mot ***invétéré,*** enraciné.
NOM MASCULIN PLURIEL
Animaux qui sont sans colonne vertébrale. *Les insectes, les vers et les mollusques sont des invertébrés.*

INVESTIGATION n. f.
Recherche systématique et approfondie. *Les policiers feront des investigations pour trouver les auteurs du vol.*

INVESTIGUER v. intr.
Faire des recherches systématiques et approfondies. *Les détectives investiguent : toute piste est étudiée. Le juge investigue sur la gestion de cette société commerciale.* SYN. enquêter.
L'emploi du verbe ***investiguer,*** qui signifie « enquêter, faire une recherche systématique et approfondie », est discutable et déconseillé dans le domaine médical, où on emploiera plutôt, selon le contexte, examiner, évaluer ou explorer (GDT).
CONJUGAISON : VOIR MODÈLE AIMER.

INVESTIR v. tr.
1. Mettre en possession d'un pouvoir, d'une autorité. *Ce délégué a été investi d'un grand pouvoir.*
On investit quelqu'un de quelque chose.
2. Assiéger. *La ville a été investie par les rebelles.* SYN. cerner.
3. Placer des capitaux dans une affaire. *Ils ont investi tous les bénéfices dans cette entreprise.*
CONJUGAISON : VOIR MODÈLE FINIR.

INVESTISSEMENT n. m.
Capitaux investis dans une affaire. *Cet immeuble et ce terrain sont de bons investissements.* SYN. placement.

INVESTISSEUR, EUSE adj. et n. m. et f.
Se dit d'une personne ou d'un groupe qui investit des capitaux dans une entreprise. *De petits investisseurs. Des investisseurs institutionnels.*

INVESTITURE n. f.
Acte par lequel un parti politique désigne un candidat à une élection.

INVÉTÉRÉ, ÉE adj.
Enraciné. *Un fumeur invétéré.* SYN. endurci ; incorrigible.
Ne pas confondre avec le mot ***invertébré,*** qui se dit d'un animal sans vertèbres.

INVINCIBILITÉ n. f.
Qualité de ce qui est invincible. *L'invincibilité d'un pays.*
invincibilité.

INVINCIBLE adj.
1. Qui ne peut être vaincu. *Un guerrier invincible, une forteresse invincible.* SYN. imbattable ; invulnérable.
2. Irrésistible. *Une invincible envie de rire.*
invincible.

INVINCIBLEMENT adv.
De façon invincible. SYN. irrésistiblement.
invinciblement.

INVIOLABILITÉ n. f.
Caractère de ce qui est inviolable. *L'inviolabilité d'une sépulture.*

INVIOLABLE adj.
Qui ne doit pas être violé. *Un secret inviolable.*

INVISIBILITÉ n. f.
Caractère de ce qui est invisible. *L'invisibilité de l'esprit.*

INVISIBLE adj.
Qui échappe à la vue. *De l'encre invisible. Des particules invisibles.*

INVISIBLEMENT adv.
De façon invisible.

I

INVITANT, ANTE adj.
Qui invite à, qui pousse à. *Un accueil invitant, des arômes invitants, une conviction invitante.* SYN. engageant; stimulant.

INVITATION n. f.
1. Action d'inviter. *Nous devrons faire nos invitations bientôt. Des invitations à une conférence, à un lancement.*
2. Résultat de cette action. *Recevoir une invitation, un carton d'invitation.*
3. Incitation. *Lire* L'Invitation au voyage, *poème de Baudelaire.*

INVITE n. f.
Invitation déguisée et furtive. *Ses œillades étaient des invites tentantes.*

INVITÉ, ÉE n. m. et f.
Personne qui a reçu une invitation. *Nous aurons vingt invités.*

INVITER v. tr., pronom.
VERBE TRANSITIF
1. Demander à quelqu'un de participer à quelque chose. *Inviter une amie à dîner.* SYN. convier.
2. Inciter. *Le beau temps invite à la promenade.* SYN. porter; pousser.
VERBE PRONOMINAL
Se convier mutuellement. *Ces amis s'invitent souvent à dîner.*
À la forme pronominale, le participe passé de ce verbe s'accorde toujours en genre et en nombre avec son sujet. *Ils se sont invités fréquemment.*
CONJUGAISON : VOIR MODÈLE AIMER.

IN VITRO adj. inv.
Expression latine signifiant « dans le verre ».
En milieu artificiel, en laboratoire. ANT. in vivo.
LOCUTIONS
– ***Fécondation*** in vitro ***(FIV).*** Technique de fécondation à l'extérieur de l'utérus.
– ***Fécondation*** in vitro ***et transfert d'embryon (FIVETE).*** Technique de fécondation artificielle.
[T] En typographie soignée, les mots étrangers sont composés en italique. Dans des textes déjà en italique, la notation se fait en romain. Pour les textes manuscrits, on utilisera les guillemets.

INVIVABLE adj.
Insupportable, impossible à vivre. *Cette personne acariâtre est invivable.*

IN VIVO adj. inv.
Expression latine signifiant « dans l'être vivant ».
Se dit de toute réaction physiologique qui se fait dans l'organisme. ANT. in vitro.
[T] En typographie soignée, les mots étrangers sont composés en italique. Dans des textes déjà en italique, la notation se fait en romain. Pour les textes manuscrits, on utilisera les guillemets.

INVOCATION n. f.
Action d'invoquer, prière. *Une invocation à la Vierge.*
Ne pas confondre avec le nom ***évocation,*** rappel.

INVOLONTAIRE adj.
1. Qui échappe au contrôle de la volonté. *Un geste involontaire.* SYN. automatique; machinal; réflexe.
2. Qui agit ou se trouve dans une situation quelconque, sans le vouloir. *Être le témoin involontaire d'un crime.*

INVOLONTAIREMENT adv.
Sans le vouloir. *Si je t'ai fait de la peine, c'est bien involontairement.*

INVOQUER v. tr.
1. Appeler à son secours, faire appel à. *Invoquer Dieu, la Vierge.* SYN. prier.
2. Avoir recours à, s'appuyer sur. *Invoquer les dispositions de la Charte de la langue française.*
3. Donner comme raison. *Elle invoqua la maladie pour ne pas se présenter.* SYN. prétexter.
Ne pas confondre avec le verbe ***évoquer,*** rappeler, faire allusion à.
CONJUGAISON : VOIR MODÈLE AIMER.

INVRAISEMBLABLE adj. et n. m.
ADJECTIF
1. Qui ne semble pas vrai. *Cette histoire est invraisemblable.* SYN. impensable.
2. Qui surprend par son côté bizarre, extravagant. *Une invraisemblable tenue.* SYN. étonnant.
En ce sens, l'adjectif se place souvent avant le nom qu'il qualifie.
Ne pas confondre avec les adjectifs suivants :
- ***bizarre,*** étonnant, singulier;
- ***extraordinaire,*** remarquable;
- ***inconcevable,*** inimaginable;
- ***incroyable,*** difficile à croire;
- ***inusité,*** inhabituel.

NOM MASCULIN
Ce qui n'est pas vraisemblable. *L'invraisemblable peut parfois devenir réalité.* ANT. réel; vrai.

INVRAISEMBLABLEMENT adv.
De façon invraisemblable.

INVRAISEMBLANCE n. f.
Défaut de vraisemblance. *Les invraisemblances d'un film.*

INVULNÉRABILITÉ n. f.
Fait d'être invulnérable.

INVULNÉRABLE adj.
Qui ne peut être atteint. *Obélix est invulnérable.* SYN. invincible.

IODE n. m.
Corps simple qui émet en bouillant des vapeurs violettes. *La teinture d'iode désinfecte les plaies.*
Attention au genre masculin de ce nom : ***un*** iode.

IODÉ, ÉE adj.
1. Qui contient de l'iode. *Du sel iodé.*
2. Qui évoque l'odeur de l'iode. *Le parfum iodé de la mer.*

IODER v. tr.
Ajouter de l'iode à quelque chose. *Ioder du sel.*
CONJUGAISON : VOIR MODÈLE AIMER.

ION n. m.
Atome ou groupe d'atomes portant une charge électrique. *Des ions négatifs.*

IONIQUE adj.
Se dit d'un style architectural de la Grèce antique. *Des colonnes ioniques.*

IOTA n. m. inv.
Lettre grecque.
LOCUTION
– ***Il n'y manque pas un iota.*** Il ne manque rien.
On ne fait pas de liaison devant ce mot.
[Les *Rectifications* (1990) admettent : des iotas.]

IPC
Sigle de ***indice des prix à la consommation.***

Î.-P.-É.
Abréviation de ***Île-du-Prince-Édouard.***

***IPHONE**
Marque déposée pour ***téléphone multimédia.***

***IPOD**
Marque déposée pour ***baladeur numérique.***

***IPODCASTING**
Anglicisme pour ***baladodiffusion.***

IPSO FACTO loc. adv.
Expression latine signifiant « par le fait même ». *Étant donné que le Québec fait partie du Canada actuellement, les Québécois sont des Canadiens* ipso facto. SYN. automatiquement ; de ce fait.
🅃 En typographie soignée, les mots étrangers sont composés en italique. Dans des textes déjà en italique, la notation se fait en romain. Pour les textes manuscrits, on utilisera les guillemets.

IR-
VOIR – IN-.

IRAKIEN ou **IRAQUIEN, IENNE** adj. et n. m. et f.
De l'Irak. *Le drapeau irakien, iraquien. Un Irakien, un Iraquien, une Irakienne, une Iraquienne.*
🅃 L'adjectif s'écrit avec une minuscule ; le nom, avec une majuscule.
☞ La graphie ***iraqien*** est rare.

IRANIEN, IENNE adj. et n. m. et f.
De l'Iran. *Le pétrole iranien. Un Iranien, une Iranienne.*
🅃 L'adjectif s'écrit avec une minuscule ; le nom, avec une majuscule.

IRASCIBILITÉ n. f.
(LITT.) Tendance à se mettre en colère. SYN. irritabilité.
✏ irascibilité.

IRASCIBLE adj.
Colérique, irritable. *Il est d'un tempérament irascible.* SYN. coléreux ; emporté ; (FAM.) (FIG.) soupe au lait.
✏ irascible.

IRE n. f.
(PLAISANT.) Colère. *Provoquer l'ire des mégères.*

IRIDESCENT, ENTE adj.
Qui a des reflets irisés. *Des verres iridescents.*
✏ iridescent.

IRIS n. m.
👄 Le *s* se prononce, [iris] ; le nom rime avec ***avarice.***
1. Plante donnant des fleurs bleues, violettes, blanches.
2. Partie colorée de l'œil. *L'iris vert de ses yeux.*

IRISATION n. f.
Propriété qu'ont certains corps de produire les couleurs de l'arc-en-ciel par décomposition de la lumière.

IRISER v. tr.
Colorer des couleurs de l'arc-en-ciel.
CONJUGAISON : VOIR MODÈLE AIMER.

IRLANDAIS, AISE adj. et n. m. et f.
ADJECTIF ET NOM MASCULIN ET FÉMININ
D'Irlande. *Le drapeau irlandais. Un Irlandais, une Irlandaise.*
🅃 L'adjectif s'écrit avec une minuscule ; le nom, avec une majuscule.
NOM MASCULIN
Langue parlée en Irlande. *Parler l'irlandais.*
🅃 Le nom de la langue s'écrit avec une minuscule.

IRM
Sigle de ***imagerie par résonance magnétique.***

IRONIE n. f.
Forme d'esprit qui consiste à présenter comme vraie une proposition manifestement fausse de façon à faire ressortir son absurdité.
☞ Ne pas confondre avec le nom ***humour,*** forme d'esprit qui ne cherche pas à persuader de la fausseté d'une idée, mais à créer un doute sur l'apparence logique du monde ou à mettre en évidence les aspects insolites ou amusants de la réalité.

IRONIQUE adj.
Où il y a de l'ironie. *Quand le comédien dit adorer Sophie, son ton est ironique : en fait, il ne peut la supporter.*

IRONIQUEMENT adv.
De façon ironique, en se moquant. *On l'a salué ironiquement.*

IRONISER v. intr.
Railler, se moquer.
CONJUGAISON : VOIR MODÈLE AIMER.

IROQUOIS, OISE adj. et n. m. et f.
ADJECTIF
Qui appartient à la famille amérindienne des Iroquois. *Une coutume iroquoise.*
🅃 L'adjectif s'écrit avec une minuscule ; le nom, avec une majuscule.
NOM MASCULIN ET FÉMININ
Membre d'une grande famille amérindienne qui vivait au sud du Saint-Laurent et du lac Ontario. *Les Iroquois et les Iroquoises.*
☞ Cette appellation a été remplacée par celle de ***Mohawk.***
NOM MASCULIN
La langue des Iroquois. *L'iroquois est un ensemble de langues parlées par les Iroquois.*
🅃 Le nom de la langue s'écrit avec une minuscule.

***IRRACONTABLE**
Impropriété pour ***inracontable.***

IRRADIATION n. f.
Action d'exposer à un rayonnement radioactif.

IRRADIER v. tr., intr.
VERBE TRANSITIF
Soumettre (quelque chose) à certaines radiations. *Irradier des produits alimentaires.*
VERBE INTRANSITIF
Se propager à partir d'un point central. *La douleur irradie vers la main.*
CONJUGAISON : VOIR MODÈLE ÉTUDIER.
Redoublement du ***i*** à la première et à la deuxième personne du pluriel de l'indicatif imparfait et du subjonctif présent. *(Que) nous irradiions, (que) vous irradiiez.*

IRRATIONNEL, ELLE adj. et n. m.
Qui est dénué de raison. *Ces gestes sont irrationnels.* ANT. rationnel.
✏ irrationnel.

IRRÉALISABLE adj.
Impossible à réaliser. *Un projet coûteux et irréalisable.*

IRRÉALISME n. m.
Absence de réalisme. *Ils ont fait preuve d'irréalisme en proposant cela.*

IRRÉALISTE adj.
Qui manque de réalisme. *Des prévisions irréalistes.* ANT. réaliste.

IRRÉALITÉ n. f.
Qualité de ce qui n'est pas réel.

IRRECEVABILITÉ n. f.
Qualité de ce qui n'est pas recevable. *L'irrecevabilité d'une demande.* SYN. inadmissibilité.

IRRECEVABLE adj.
Inacceptable. *Une demande irrecevable.* SYN. inadmissible.

IRRÉCONCILIABLE adj.
Qu'on ne peut réconcilier, remettre en harmonie, en accord. *Les deux cousines semblent irréconciliables, mais elles finiront bien par s'entendre.*
☞ Ne pas confondre avec le mot ***inconciliable,*** qui se dit de personnes, de choses qui s'excluent réciproquement.

IRRÉCOUVRABLE adj.
Qui ne peut être recouvré. *Des créances irrécouvrables.*

IRRÉCUPÉRABLE adj.
Qui ne peut être récupéré. *Une voiture accidentée irrécupérable.*

IRRÉCUSABLE adj.
Qui ne peut être mis en doute. *Un témoignage irrécusable.* SYN. incontestable ; indiscutable ; irréfutable.

IRRÉDUCTIBLE adj.
1. Qui ne peut être simplifié.
2. (FIG.) Qu'on ne peut fléchir, qui ne transige pas. *Adversaire irréductible.*

IRRÉEL, ELLE adj.
Qui est en dehors de la réalité. *Un paysage irréel.*

IRRÉFLÉCHI, IE adj.
Non réfléchi. *Un geste irréfléchi, un adolescent irréfléchi.* SYN. étourdi.

IRRÉFUTABLE adj.
Qu'on ne peut réfuter. *Un argument irréfutable.* SYN. incontestable ; indiscutable ; irrécusable. ANT. réfutable.
Ne pas confondre avec les mots suivants :
- ***assuré***, dont la réalité est sûre ;
- ***avéré***, reconnu comme vrai ;
- ***clair***, compréhensible ;
- ***évident***, indiscutable ;
- ***indéniable***, qu'on ne peut nier ;
- ***notoire***, qui est bien connu.

IRRÉGULARITÉ n. f.
1. Inégalité. *Les irrégularités d'une surface.*
2. Illégalité. *Commettre des irrégularités.*

IRRÉGULIER, IÈRE adj.
1. Non symétrique. *Une forme irrégulière.*
2. Non conforme à l'usage. *Une démarche irrégulière.*
3. Non conforme aux règles générales, au modèle grammatical. *Un verbe irrégulier.*

IRRÉGULIÈREMENT adv.
De façon irrégulière.

IRRÉMÉDIABLE adj. et n. m.
Auquel on ne peut remédier, dont on ne peut supprimer ou atténuer les effets néfastes. *Une aggravation irrémédiable. « De plus, elle avait été dire à cet homme que Majorique était gravement malade, et c'était comme si elle eût rendu la chose vraie, irrémédiable »* (Gabrielle Roy, *De quoi t'ennuies-tu, Éveline?*). SYN. définitif ; inéluctable.

IRRÉMÉDIABLEMENT adv.
D'une manière irrémédiable, sans recours.

IRREMPLAÇABLE adj.
Qui ne peut être remplacé. *Une amie irremplaçable.* SYN. unique.
irremplaçable.

IRRÉPARABLE adj. et n. m.
ADJECTIF
Qui ne peut être réparé au propre et au figuré. *Une perte irréparable. Une voiture irréparable.*
NOM MASCULIN
Situation contre laquelle on ne peut rien. *L'irréparable est accompli.* SYN. irrémédiable.

IRRÉPRESSIBLE adj.
Qui ne peut être réprimé, contenu. *Une irrépressible envie de rire.* SYN. irrésistible. ANT. répressible.

IRRÉPROCHABLE adj.
Sans défaut, sans reproche. *Un travail irréprochable, une personne irréprochable.* SYN. impeccable ; parfait.

IRRÉSISTIBLE adj.
À qui, à quoi on ne peut résister. *Un fou rire irrésistible.* SYN. irrépressible.

IRRÉSISTIBLEMENT adv.
De façon irrésistible. *Rire irrésistiblement.*

IRRÉSOLU, UE adj.
Indécis. *Une personne irrésolue.* SYN. hésitant.

IRRÉSOLUTION n. f.
Indécision. SYN. hésitation ; incertitude.

IRRESPIRABLE adj.
Qui est dangereux à respirer. *Une atmosphère irrespirable.*

IRRESPONSABILITÉ n. f.
Caractère de celui qui est irresponsable.

IRRESPONSABLE adj. et n. m. et f.
Irréfléchi, qui agit sans penser aux conséquences.

IRRÉVÉRENCE n. f.
Insolence, irrespect. *Répondre avec irrévérence.*

IRRÉVÉRENCIEUSEMENT adv.
D'une manière irrévérencieuse. SYN. insolemment.

IRRÉVÉRENCIEUX, IEUSE adj.
Insolent, qui manque de respect. *Un qualificatif irrévérencieux.* SYN. impertinent.

IRRÉVERSIBILITÉ n. f.
Caractère de ce qui est irréversible.

IRRÉVERSIBLE adj.
Qui va dans un seul sens, qui ne peut être renversé. *Un processus de dégradation irréversible. Une décision irréversible.* ANT. réversible.

IRRÉVOCABILITÉ n. f.
Caractère de ce qui est irrévocable. *L'irrévocabilité d'un acte.*

IRRÉVOCABLE adj.
1. Inéluctable. *Le passage irrévocable du temps.*
2. Qui ne saurait être modifié. *Un choix irrévocable.* SYN. définitif ; final.

IRRÉVOCABLEMENT adv.
De façon irrévocable, définitivement.

IRRIGABLE adj.
Qui peut être irrigué. *Des terres irrigables.*

IRRIGATION n. f.
1. Action d'irriguer.
2. Arrosage artificiel d'un sol. *En cas de sécheresse, l'irrigation est nécessaire.*

IRRIGUER v. tr.
Arroser par irrigation. *Irriguer une vallée.*
CONJUGAISON : VOIR MODÈLE AIMER.

IRRITABILITÉ n. f.
Caractère d'une personne irritable. SYN. irascibilité.

IRRITABLE adj.
Susceptible, qui se fâche pour peu de chose. *Cette personne est irritable, elle se met en colère pour des riens.* SYN. emporté ; irascible.

IRRITANT, ANTE adj.
1. Agaçant, énervant. *Cette attente est irritante.* SYN. exaspérant.
2. (MÉD.) Qui cause de l'irritation. *Ce produit chimique est irritant pour la peau.*
FORME FAUTIVE
*irritant. Impropriété au sens de ***problème, difficulté***.

IRRITATION n. f.
1. Colère. *Son irritation était causée par leur retard.* SYN. agacement ; énervement ; exaspération.
2. (MÉD.) Inflammation. *Une irritation de la paupière.*

IRRITER v. tr., pronom.
VERBE TRANSITIF
1. Mettre en colère. *Il ne faut pas l'irriter, il peut devenir méchant.* SYN. agacer ; énerver ; exaspérer.
2. (MÉD.) Provoquer une inflammation de. *Ce produit irrite la peau.*
VERBE PRONOMINAL
Se mettre en colère. *Ne vous irritez pas pour si peu.*

À la forme pronominale, le participe passé de ce verbe s'accorde en genre et en nombre avec le complément direct si celui-ci le précède. *L'œil qu'elle s'est irrité. Ils se sont irrités grandement.* Le participe passé reste invariable si le complément direct suit le verbe. *Elle s'est irrité la peau.*
CONJUGAISON : VOIR MODÈLE AIMER.

IRRUPTION n. f.
1. Entrée soudaine et brutale de personnes dans un lieu. *Faire irruption dans une pièce. L'irruption joyeuse des élèves dans la cour de récréation.*
2. Envahissement. *L'irruption des eaux.*
Ne pas confondre avec le nom ***éruption,*** sortie brutale.

ISABELLE adj. inv. et n. m.
ADJECTIF DE COULEUR INVARIABLE
Se dit d'un cheval de couleur café au lait.
VOIR TABLEAU – COULEUR (ADJECTIFS DE).
NOM MASCULIN
Cheval de couleur café au lait.

ISBA n. f.
En Russie, petite maison rustique. *Des isbas.*

ISBN
Sigle de ***International Standard Book Number.***
Numéro d'identification international attribué à chaque ouvrage publié.

ISLAM n. m.
La lettre ***m*** se prononce, [islam] ; le nom rime avec ***lame.***
1. Religion musulmane. *Le livre saint de l'islam est le Coran.*
T En ce sens, le nom s'écrit avec une minuscule.
2. Ensemble des peuples musulmans. *Les pays de l'Islam.*
T En ce sens, le nom s'écrit avec une majuscule.

ISLAMIQUE adj.
Relatif à l'islam. *Une fête islamique.*

ISLAMISATION n. f.
Action d'islamiser.

ISLAMISER v. tr.
Appliquer les règles islamiques à la vie politique, sociale, économique, etc.
CONJUGAISON : VOIR MODÈLE AIMER.

ISLAMISME n. m.
1. (VIEILLI) Religion des musulmans fondée par Mahomet.
En ce sens, on emploie aujourd'hui le nom ***islam.***
2. Mouvement religieux préconisant l'islamisation complète de la vie politique, sociale, économique, etc.

ISLAMISTE adj. et n. m. et f.
ADJECTIF
Relatif à l'islamisme. *Des réseaux islamistes.*
NOM MASCULIN ET FÉMININ
Partisan de l'islamisme.

ISLAMITÉ n. f.
Fait d'appartenir à la religion, à la culture musulmane.

ISLANDAIS, AISE adj. et n. m. et f.
ADJECTIF ET NOM MASCULIN ET FÉMININ
D'Islande. *Le drapeau islandais. Un Islandais, une Islandaise.*
T L'adjectif s'écrit avec une minuscule ; le nom, avec une majuscule.
NOM MASCULIN
Langue parlée en Islande. *Il parle l'islandais.*
T Le nom de la langue s'écrit avec une minuscule.

ISO
Sigle de ***International Organization for Standardization.***
Organisme de normalisation international dont le siège est à Genève.

ISO- préf.
Élément du grec signifiant « égal ».
Les mots composés du préfixe ***iso-*** s'écrivent sans trait d'union. *Isocèle.*

ISOCÈLE adj.
Qui a deux côtés égaux. *Des triangles isocèles.*
isocèle.

ISOLABLE adj.
Qui peut être isolé. *Des éléments chimiques isolables.* ANT. indissociable.

ISOLANT, ANTE adj. et n. m.
ADJECTIF
Qui isole. *Des substances isolantes. La laine est une substance isolante.*
Ne pas confondre avec le participe présent invariable ***isolant.*** *Nous n'utilisons que les matériaux isolant le mieux.*
NOM MASCULIN
Matériau isolant. *Des isolants efficaces.*

ISOLATION n. f.
Action d'isoler un corps contre le bruit, la chaleur, etc.
Ne pas confondre avec le nom ***insolation,*** malaise causé par une exposition prolongée au soleil.

ISOLATIONNISME n. m.
(POLIT.) Politique d'isolement d'une nation. *Une affirmation du traditionnel isolationnisme suisse.* ANT. multilatéralisme.

ISOLEMENT n. m.
1. État d'une personne seule. *L'isolement de Philippe lui est pénible.* SYN. solitude.
2. État d'une chose isolée. *L'isolement d'une maison dans la forêt.*

ISOLÉMENT adv.
Séparément. *Nous considérons isolément ces dossiers.* SYN. indépendamment.

ISOLER v. tr., pronom.
VERBE TRANSITIF
1. Mettre à l'écart. *Isoler un prisonnier.* SYN. séparer.
2. Distinguer, étudier de façon indépendante. *Isoler une variable.* SYN. abstraire.
3. Protéger contre les influences, le froid, la chaleur. *Isoler une maison.*
VERBE PRONOMINAL
Se mettre à l'écart. *Ils se sont isolés pour mieux réfléchir.* SYN. se retirer.
À la forme pronominale, le participe passé de ce verbe s'accorde toujours en genre et en nombre avec son sujet. *Ces étudiantes s'étaient isolées afin de préparer leurs examens.*
CONJUGAISON : VOIR MODÈLE AIMER.

ISOLOIR n. m.
Cabine permettant à l'électeur de remplir son bulletin de vote.

ISOTHERMIQUE adj.
Qui comporte une isolation thermique.
LOCUTION
– ***Combinaison isothermique.*** Combinaison isolante utilisée pour différents sports aquatiques (plongée, voile, surf, rafting, etc.), qui est fabriquée habituellement en néoprène et dont l'ajustement laisse pénétrer une petite quantité d'eau, qui prend la température du corps (GDT). *Le plongeur a revêtu une combinaison isothermique* (et non un *wetsuit).

ISRAÉLIEN, IENNE adj. et n. m. et f.
Le *s* se prononce *s* (et non *z), [israeljɛ̃, jɛn].
Qui se rapporte à l'État d'Israël.
T L'adjectif s'écrit avec une minuscule ; le nom, avec une majuscule.

ISRAÉLITE adj. et n. m. et f.
Le *s* se prononce *s* (et non *z), [israelit].
Se dit d'une personne qui, par sa religion, appartient à la communauté juive.
VOIR – ISRAÉLIEN, HÉBREU.

ISSN
Sigle de ***International Standard Serial Number.***
Numéro d'identification international attribué à chaque publication périodique.

ISSU, UE adj.
1. Sorti, descendu d'une personne. *Ils sont cousins issus de germains.*
2. Qui provient de. *Cette réforme est issue d'une nouvelle politique.*

ISSUE n. f.
1. Lieu par où l'on sort. *Une issue de secours. Une voie sans issue.* SYN. sortie.
2. (FIG.) Moyen de se tirer d'embarras, d'échapper à une situation difficile, dangereuse ou délicate. *L'optimisme sur une issue consensuelle de la question de la présidence a été à son comble lorsque le chef du parti a indiqué qu'il acceptait le compromis proposé.* SYN. échappatoire.
3. Résultat positif ou non d'une affaire, d'un événement. *Attendre l'issue des négociations.* SYN. aboutissement.
LOCUTIONS
– ***À l'issue de,*** loc. prép. À la fin de, à la sortie de. *À l'issue de la réunion, nous serons fixés.*
– ***Sans issue.*** (FIG.) Sans solution, sans échappatoire. *Une crise sans issue, une impasse.*

ISTHME n. m.
Le *t* ne se prononce pas, [ism] ; le nom rime avec ***socialisme.***
Langue de terre qui sépare deux mers et relie deux terres.
Attention au genre masculin de ce nom : ***un*** isthme.
isthme.

ITALIANISER v. tr., pronom.
VERBE TRANSITIF
Donner le caractère italien à.
VERBE PRONOMINAL
Devenir italien, acquérir un caractère italien. *Ce quartier s'est italianisé.*
À la forme pronominale, le participe passé de ce verbe s'accorde toujours en genre et en nombre avec son sujet. *Elles se sont italianisées.*
CONJUGAISON : VOIR MODÈLE AIMER.

ITALIANISME n. m.
Construction propre à la langue italienne.

ITALIEN, IENNE adj. et n. m. et f.
ADJECTIF ET NOM MASCULIN ET FÉMININ
D'Italie. *Le drapeau italien. Un Italien, une Italienne.*
L'adjectif s'écrit avec une minuscule ; le nom, avec une majuscule.
NOM MASCULIN
Langue parlée en Italie. *Apprendre l'italien.*
Le nom de la langue s'écrit avec une minuscule.
VOIR TABLEAU – ITALIEN (EMPRUNTS À L').

ITALIQUE adj. et n. m.
ADJECTIF
Se dit d'un caractère typographique légèrement incliné vers la droite. *Une lettre italique.*
NOM MASCULIN
Caractère incliné vers la droite.
VOIR TABLEAU – ITALIQUE.
LOCUTION
– ***En italique(s).*** En caractères italiques.
L'italique permet d'attirer l'attention du lecteur sur un mot, un titre, une citation. Dans un texte destiné à l'impression, on souligne d'un trait les mots qui doivent être composés en italique.
Le nom ***italique*** est un collectif qui désigne l'ensemble des caractères italiques ; on écrit généralement ce mot au singulier. *Composer en italique.* Cette expression peut s'écrire au pluriel lorsque le nom ***lettres*** est sous-entendu. *Composer en (lettres) italiques.*

ITEM adv. et n. m.
ADVERBE
En outre, de même, de plus.
NOM MASCULIN
1. (PSYCHO.) Élément (dans un test).
2. (LING.) Élément d'un ensemble grammatical, lexical.
FORMES FAUTIVES
*item. Anglicisme au sens de ***article, produit.*** *Ces articles* (et non *items) *sont intéressants.*
*item. Anglicisme au sens de ***élément*** (d'une liste).
*item. Anglicisme au sens de ***point, question*** (à l'ordre du jour).
*item. Anglicisme au sens de ***poste*** (d'un bilan).
*item. Anglicisme au sens de ***article*** (d'un contrat, d'un règlement, etc.). *Le premier article* (et non *item) *d'un contrat.*

ITÉRATIF, IVE adj.
Réitéré, répété plusieurs fois. *Boucle itérative.*

ITINÉRAIRE n. m.
Trajet. *Tracer un itinéraire pour une randonnée dans le parc du Mont-Tremblant.*

ITINÉRANCE n. f.
1. Déplacement d'un lieu à un autre. *Cette agence veut enrichir l'expérience du voyage et dépasser la simple itinérance touristique en donnant un sens aux lieux traversés, aux monuments visités.*
2. (TÉL.) Fonction reliée à un système de téléphonie cellulaire, qui consiste à permettre à l'abonné d'un réseau d'utiliser son appareil dans une zone autre que celle où il a été enregistré, mais dans laquelle il peut être localisé. *Les Européens doivent se procurer plusieurs abonnements pour éviter de payer des frais d'itinérance* (et non de *roaming) élevés.
3. ⚜ État ou situation d'une personne qui est sans lieu d'habitation fixe. *Les personnes dont le revenu est insuffisant pour payer un loyer sont réduites à l'itinérance : elles fréquentent les soupes populaires, les centres d'hébergement pour se nourrir et se loger temporairement. À l'extérieur des réserves, trop d'autochtones vivent l'isolement, la perte d'identité, l'itinérance et le racisme.*
Le terme ***itinérance,*** autrefois critiqué en ce sens, est maintenant passé dans l'usage du français au Québec.

ITINÉRANT, ANTE adj. et n. m. et f.
ADJECTIF
1. Qui se déplace pour exercer une fonction. *Des vendeurs itinérants, un ambassadeur itinérant, une exposition itinérante.*
2. (PAR EXT.) Qui se déplace. *Ostracisé de son bureau, des restaurants et des bars, le fumeur itinérant est également devenu la bête noire de l'espace public tout entier.* SYN. sédentaire.
NOM MASCULIN ET FÉMININ
⚜ Personne qui est sans lieu d'habitation fixe. *Le Réseau d'aide aux personnes itinérantes dénonce le fait que plus de 15 000 contraventions ont été données à un peu plus de 2400 itinérants pour une occupation de l'espace public.* SYN. sans-abri.
Les noms ***itinérant, itinérante,*** autrefois critiqués en ce sens, sont maintenant passés dans l'usage du français au Québec.

ITOU adv.
(FAM.) (PLAISANT.) Aussi, de même. *Et moi itou.*

IVG
Sigle de ***interruption volontaire de grossesse.***

IVOIRE adj. inv. et n. m.
NOM MASCULIN
Matière blanche dont sont constituées les défenses de l'éléphant. *Une sculpture en ivoire.*
ADJECTIF DE COULEUR INVARIABLE
De la couleur de l'ivoire. *Des lainages ivoire.*
VOIR TABLEAU – COULEUR (ADJECTIFS DE).
LOCUTION
– ***Tour d'ivoire.*** (FIG.) Isolement hautain.
Attention au genre masculin de ce nom : ***un*** ivoire.

EMPRUNTS À L'**ITALIEN**

De nombreux mots d'origine italienne se sont intégrés au français ; ils proviennent surtout des domaines de la musique, de l'art et de la cuisine.

▸ Orthographe

La plupart des emprunts à l'italien sont maintenant francisés ; ils s'écrivent avec des accents, s'il y a lieu, et prennent la marque du pluriel. *Des scénarios, des trémolos, des opéras.*

Certains auteurs recommandent l'invariabilité des mots pluriels italiens tels que ***gnocchi, macaroni, ravioli, spaghetti…*** Il apparaît plus pratique de considérer que ces mots sont maintenant francisés, et donc variables. *Des spaghettis, des macaronis, des raviolis.*

▸ Musique

Certains mots italiens qui font partie du vocabulaire musical demeurent invariables lorsqu'ils désignent des mouvements, des nuances ; ils sont alors employés adverbialement et s'écrivent sans accent. *Jouer allegro, andante…* Lorsqu'ils désignent des pièces de musique, ces mots sont alors des noms qui s'écrivent avec des accents, s'il y a lieu, et prennent la marque du pluriel. *Des allégros, des andantes, des adagios.*

▸ Quelques emprunts à l'italien

Emprunt	Signification du mot italien d'origine	Emprunt	Signification du mot italien d'origine
bravo	« beau, excellent »	malaria	« mauvais air »
brio	« vivacité »	opéra	« œuvre »
brocoli	« pousses de chou »	pergola	« tonnelle »
casino	« maison de jeux »	pierrot	de Pedrolino, personnage de la commedia dell'arte
crescendo	« en croissant »	polichinelle	de Pulcinella, personnage de farces de Naples
dilettante	« celui qui s'adonne à un art par plaisir »	salami	« viande salée »
diva	« divine »	scénario	« décor »
farniente	« ne rien faire »	sépia	« seiche »
fiasco	« échec »	tombola	« culbute »
incognito	« inconnu »		
loto	« sort, lot »		

▸ Quelques exemples de mots provenant de l'italien

agrume	banque	calepin	cortège	fugue	nonce	soldat
air	banqueroute	calque	courtisan	fumerole	numéro	solfège
ambassade	banquet	cambiste	crédit	galbe	pantalon	sonate
antichambre	barcarolle	campanile	crinoline	gélatine	partisan	sourdine
appartement	bataillon	canaille	dégrader	gondole	pastel	soutane
aquarelle	bicoque	cannelure	disgrâce	gouache	perruque	store
arcade	bilan	canon	dôme	grandiose	piédestal	tarentelle
arpège	bisbille	cantate	duo	granit	pistache	tarentule
artisan	biscotte	cantine	entrechat	grotesque	politesse	ténor
babiole	bizarre	caprice	escapade	improviste	radis	trafic
bagatelle	bosquet	capucin	escarpin	incarnat	rafale	trille
bagne	botte (escrime)	carnaval	escorte	incartade	reflet	vasque
baguette	bouffon	cartouche	esquisse	lagune	régate	vedette
balcon	bravade	cavalcade	façade	lampion	ristourne	vermicelle
baldaquin	bravoure	cavalerie	faillite	lavande	ritournelle	veste
ballerine	brigade	citadelle	fanal	lettrine	salon	violoncelle
bambin	brigand	concert	fantassin	macaron	saltimbanque	virtuose
banderole	burlesque	confetti	fioriture	manège	semoule	volte-face
bandit	cabriole	contrebande	fortin	maquette	sérénade	voltiger

ITALIQUE

L'italique, caractère typographique légèrement incliné vers la droite, permet d'attirer l'attention du lecteur sur un mot, un titre, une citation, une dénomination.

[T] Dans un texte manuscrit ou dactylographié destiné à l'impression, on souligne d'un trait les mots qui doivent être composés en italique.

SE COMPOSENT EN ITALIQUE

▸ **Titres d'œuvres** (livres, tableaux, journaux, revues, etc.)

Le mot initial du titre s'écrit avec une majuscule.

Martine a beaucoup aimé *Les grands sapins ne meurent pas.* Le journal *Le Devoir.*
Connais-tu la chanson *J'aurais voulu être un artiste* de Luc Plamondon ?

▸ **Enseignes commerciales**

Citées intégralement, les inscriptions d'enseignes se composent en ***italique;*** abrégées, elles seront composées en ***romain.***

S'arrêter à *l'Auberge du Cheval blanc.* Manger au Cheval blanc.

▸ **Noms de véhicules** (bateaux, avions, trains, engins spatiaux, etc.)

Les noms propres de véhicules se composent en ***italique.*** Ces noms propres s'écrivent avec une capitale initiale au nom spécifique et à l'adjectif qui précède le nom.

Il a pris le *Concorde.* Le lanceur de satellites *Ariane* est européen.

▸ **Notes de musique**

Les huit notes de musique se composent en ***italique.*** Les indications qui peuvent accompagner les notes sont en ***romain.***

Une étude en *si* bémol.

[T] Lorsqu'il s'agit d'un titre d'œuvre (qui est donc déjà en italique), la note reste en italique.
Toccata et fugue en ré mineur de Bach.

▸ **Citations, mots en langue étrangère**

Les locutions latines, les citations, les mots, les expressions qui appartiennent à une langue étrangère sont composés en ***italique.***

Une déduction *a posteriori.* C'est un véritable *one man show.*

▸ **Mise en valeur**

On utilise l'italique pour isoler un mot, une expression :

- dont on veut parler explicitement ;

  La locution *a priori* signifie « d'après ce qui est avant ».

- qui est de niveau familier ;

  Ces données ont été citées tout *croche.*

- qui marque une distance, un sens particulier donné à un mot.

  Ces comptables ont établi des états financiers bien *créatifs.*

▸ **Devises**

Les devises sont toujours composées en ***italique.***

Je me souviens. A mari usque ad mare.

▸ **Avis, indications au lecteur**

Si le texte (avant-propos, dédicace, etc.) n'excède pas 20 pages, il peut être composé en ***italique.*** On utilise l'***italique*** pour attirer l'attention du lecteur à qui l'on s'adresse directement.

La suite au prochain numéro.

IVOIRIEN, IENNE adj. et n. m. et f.
De la Côte d'Ivoire. *Le drapeau ivoirien. Un Ivoirien, une Ivoirienne.*
T L'adjectif s'écrit avec une minuscule ; le nom, avec une majuscule.
Ne pas confondre avec le mot ***ivoirin,*** qui a l'apparence de l'ivoire.

IVOIRIN, INE adj.
(LITT.) Qui a l'apparence de l'ivoire.
Ne pas confondre avec le mot ***ivoirien,*** relatif à la Côte d'Ivoire.

IVRAIE n. f.
Plante nuisible de la famille des graminées.
LOCUTION
– ***Séparer le bon grain de l'ivraie.*** Allusion biblique signifiant « séparer les bons des méchants ».
ivr**aie**.

IVRE adj.
1. Qui a trop bu. *Ces fêtards sont ivres.* SYN. gris ; soûl.
2. (FIG.) Troublé par une passion, une émotion. *Ivre de joie, il se mit à crier.*
LOCUTION
– ***Ivre mort.*** Ivre au point d'avoir perdu connaissance. *Ils sont ivres morts. Elles étaient ivres mortes.*
Cette expression s'écrit sans trait d'union et les deux éléments prennent la marque du pluriel.

IVRESSE n. f.
1. Enivrement dû à l'alcool. *Son ivresse était visible, on lui proposa de prendre un taxi.*
Ce mot est le doublet populaire du nom ***ébriété,*** qui relève du style administratif et ne s'utilise que dans l'expression ***en état d'ébriété.***
VOIR TABLEAU – DOUBLETS.
2. (FIG.) Extase. *L'ivresse du pouvoir.* SYN. enivrement ; exaltation ; excitation ; griserie.

***IVRESSOMÈTRE**
Impropriété pour ***éthylomètre, éthylotest.***

IVROGNE, ESSE adj. et n. m. et f.
Se dit d'une personne qui s'enivre souvent ; alcoolique.
L'emploi de la forme féminine ***ivrognesse*** est vieilli ou familier.

IVROGNERIE n. f.
Alcoolisme. ANT. sobriété.

IXIÈME adj.
D'ordre indéterminé et élevé. *Je vais répondre au téléphone pour la ixième fois.* SYN. nième.

I

J

J n. m. inv.
Dixième lettre de l'alphabet.

J
Symbole de ***joule.***

JABOT n. m.
Le ***t*** ne se prononce pas, [ʒabo].
1. Poche placée sous la gorge des oiseaux où les aliments séjournent avant d'être digérés dans l'estomac. *Le jabot de la poule.*
2. Ornement plissé fixé au col d'une chemise. *Le jabot de dentelle est l'ancêtre de la cravate.*
jabo**t**, un ***t*** final.

JACASSEMENT n. m.
1. Cri de la pie.
2. Bavardage tapageur. *Le jacassement des commères.* SYN. jacasserie.

JACASSER v. intr.
1. Crier, en parlant de la pie.
2. Bavarder d'une voix criarde, de façon malveillante. *Silence! arrêtez de jacasser!*
CONJUGAISON : VOIR MODÈLE AIMER.

JACASSERIE n. f.
Bavardage bruyant. SYN. jacassement.

JACHÈRE n. f.
Terre labourable qu'on laisse reposer. *Des terres en jachère.*
LOCUTIONS
– ***Laisser, mettre quelqu'un, quelque chose en jachère.*** (FIG.) Laisser inactif, au repos temporairement.
– ***Se mettre en jachère.*** (FIG.) S'accorder une période de répit afin d'être plus productif ultérieurement. *Patricia a décidé de se mettre en jachère pour six mois.*
Ne pas confondre avec le nom ***friche,*** terrain non cultivé.
jach**è**re.

JACINTHE n. f.
Plante bulbeuse cultivée pour ses fleurs colorées et parfumées. *La jacinthe est très odorante.*
jacin**th**e.

***JACK**
Anglicisme au sens de ***cric.***

JACQUARD n. m.
Tricot orné de dessins géométriques. *Des jacquards harmonieux.*
ja**cq**uar**d**.

JACQUET n. m.
Le ***t*** ne se prononce pas, [ʒakɛ].
Jeu de société qui s'apparente au trictrac. *Jouer au jacquet* (et non au *backgammon).
ja**cq**ue**t**.

JACTANCE n. f.
1. (LITT.) Attitude vaniteuse. SYN. fanfaronnade; vantardise.
2. (FAM.) Bavardage. SYN. (FAM.) bagou; (FAM.) baratin.

***JACUZZI**
Marque déposée pour ***baignoire à remous.***

JADE n. m.
Pierre très dure dont la couleur varie du blanc au vert. *De beaux jades. Amélie a reçu un bracelet en jade.*
Attention au genre masculin de ce nom : ***un*** jade.
Ne pas confondre avec le nom ***jaspe,*** pierre tachetée de rouge.

JADIS adv.
Le ***s*** se prononce, [ʒadis]; l'adverbe rime avec ***indice.***
(LITT.) Il y a très longtemps. *Jadis, les hommes vivaient dans des cavernes.*
Ne pas confondre avec les mots suivants :
• ***autrefois,*** dans un temps passé;
• ***naguère,*** il y a peu de temps.

JAGUAR n. m.
Le ***u*** se prononce ***ou,*** [ʒagwar]; le nom rime avec ***couard.***
Grand félin de l'Amérique du Sud au pelage fauve tacheté de noir, voisin de la panthère. *Les jaguars sont des carnassiers.*

JAILLIR v. intr.
1. Sortir violemment, en parlant d'un liquide. *Une source d'eau pure jaillit du sol.* SYN. gicler.
2. Apparaître brusquement. *Des étincelles jaillissent du brasier.* SYN. surgir.
CONJUGAISON : VOIR MODÈLE FINIR.

JAILLISSANT, ANTE adj.
Qui jaillit. *Des eaux jaillissantes.*

JAILLISSEMENT n. m.
Action, fait de jaillir. *Le jaillissement des fusées d'un feu d'artifice.* SYN. jet.
ja**ill**issement.

JAIS n. m.
Les lettres ***ais*** se prononcent ***è,*** [ʒɛ]; le mot rime avec ***jet.***
Pierre d'un noir brillant. *Des yeux noirs comme du jais.*
L'adjectif de couleur composé avec un nom est invariable. *Des cheveux noir jais* (d'un noir de jais).
VOIR TABLEAU – COULEUR (ADJECTIFS DE).
LOCUTION
– ***De jais.*** D'un noir brillant. *Une chevelure de jais.*
HOM.
• ***geai,*** oiseau;
• ***jet,*** distance parcourue par une chose lancée.
ja**is**.

JALON n. m.
1. Tige plantée en terre à titre de point de repère. *Poser des jalons pour mesurer un terrain.*
2. (FIG.) Repère, grandes lignes. *Les jalons d'une recherche.*
3. Standard, élément de référence. *Établir des jalons* (et non des *bench marks).
LOCUTION
– ***Planter, poser des jalons.*** Établir les idées principales d'une recherche, d'un travail, amorcer une action.

JALONNEMENT n. m.
Action, manière de jalonner. *Le jalonnement de la production.*
✎ jalonnement.

JALONNER v. tr.
1. Disposer des repères. *Jalonner un terrain, un itinéraire.* SYN. baliser; délimiter.
2. Marquer. *Les étapes qui jalonnent sa carrière.*
CONJUGAISON : VOIR MODÈLE AIMER.
✎ jalonner.

JALOUSEMENT adv.
De façon jalouse, avec grand soin. *Ils veillent jalousement sur les chiots.*

JALOUSER v. tr.
Envier. *Il jalouse les enfants plus grands qui jouent dehors.*
CONJUGAISON : VOIR MODÈLE AIMER.

JALOUSIE n. f.
1. Envie. *Éprouver de la jalousie à l'égard de ceux qui ont du succès.* SYN. dépit.
2. Amour possessif. *Une scène de jalousie. Une jalousie maladive.*
3. Volet intérieur d'une fenêtre comportant de fines planchettes parallèles orientables. *Installer des jalousies de chêne aux fenêtres du salon.*

JALOUX, OUSE adj. et n. m. et f.
ADJECTIF
1. Qui éprouve de la jalousie à l'égard d'une personne et craint qu'on ne lui préfère une autre personne. *Un mari jaloux. Cette enfant est jalouse de son frère.*
2. Qui envie le succès, le bonheur, la richesse, etc., d'autrui. *Tes collègues sont-ils jaloux de ta réussite ?* SYN. envieux.
3. Qui tient beaucoup à quelque chose. *Elle est très jalouse de son indépendance.* SYN. attaché à.
↝ Cet adjectif se construit avec la préposition ***de*** suivie d'un nom, d'un pronom ou avec la conjonction ***que*** suivie du subjonctif.
NOM MASCULIN ET FÉMININ
Personne qui éprouve de la jalousie, de l'envie. *Son succès fera des jaloux.*

JAMAÏQUAIN ou **JAMAÏCAIN, AINE** adj. et n. m. et f.
De la Jamaïque. *Une musique jamaïquaine, jamaïcaine. Un Jamaïquain, un Jamaïcain, une Jamaïquaine, une Jamaïcaine.*
[T] L'adjectif s'écrit avec une minuscule; le nom, avec une majuscule.
☞ La graphie ***jamaïquain*** est la plus fréquente.

JAMAIS adv.
1. (Sens positif) En un temps quelconque, futur ou passé. *La plus jolie musique que j'aie jamais entendue.*
2. (Sens négatif) À aucun moment. *Il ne joue jamais dehors. Je n'en ai jamais entendu parler.*
↝ En ce sens, l'adverbe est généralement accompagné d'une négation (***ne, sans***).
3. (Sens négatif) Pas, nullement. *Je me rends au travail à pied, jamais à vélo. Il est gentil, jamais ennuyeux.*
↝ En ce sens, l'adverbe n'est pas accompagné d'une négation (***ne, non, sans***).
LOCUTIONS
– ***À jamais, à tout jamais,*** loc. adv. Pour toujours. *Cette famille est partie à tout jamais.*
– ***Au grand jamais,*** loc. adv. Jamais, quoi qu'il arrive.
– ***C'est maintenant ou jamais.*** Il est temps de se décider à faire ou à ne pas faire quelque chose.
– ***Du jamais-vu.*** Situation inusitée. *Gagner autant de médailles aux Jeux olympiques, c'est du jamais-vu.*
– ***Jamais de la vie,*** loc. adv. Pas du tout.
– ***Jamais plus.*** (LITT.) Plus jamais.
☞ Cette construction s'emploie dans un style recherché.
– ***Mieux vaut tard que jamais.*** Il vaut mieux faire quelque chose en retard que de ne pas le faire.
– ***Si jamais,*** loc. conj. Si par hasard. *Si jamais tu vois Luc, dis-lui que je suis d'accord.*
✎ jamais.

JAMBAGE n. m.
Trait vertical de certaines lettres (***m, n, w,*** etc.).

JAMBE n. f.
Partie du membre inférieur de l'être humain comprise entre le genou et le pied. *De longues jambes. Je vais courir un peu pour me dégourdir les jambes.*
LOCUTIONS
– ***À toutes jambes,*** loc. adv. Très vite. *Ils ont couru à toutes jambes pour ne pas manquer le train.*
– ***Cela me fait une belle jambe !*** (FAM.) Cela ne m'apporte aucun avantage.
– ***Être dans les jambes de quelqu'un.*** Déranger, encombrer quelqu'un.
– ***Prendre ses jambes à son cou.*** S'enfuir très rapidement.
– ***Traiter quelqu'un par-dessous, par-dessus la jambe.*** Le traiter sans aucune considération.

JAMBETTE n. f.
⚜ (FAM.) Croc-en-jambe. *Christian m'a fait une jambette et je suis tombé.*
☞ Ce nom de registre familier demeure usuel au Québec et dans la francophonie canadienne, mais il n'appartient plus à l'usage courant de la majorité des locuteurs du français.

JAMBIÈRE n. f.
Vêtement, équipement qui protège la jambe. *Les jambières des joueurs de hockey.*

JAMBON n. m.
Cuisse du porc, salée ou fumée pour être conservée. *Un sandwich au jambon.*

JAMBONNEAU n. m. (pl. *jambonneaux*)
Petit jambon fait avec la portion inférieure de la jambe du porc.

JAMBOREE n. m.
≈ Les deux ***e*** se prononcent ***é*** ou ***i***, [ʒɑ̃bɔre, ʒɑ̃bɔri].
Rassemblement de scouts. *Des jamborees annuels.*
[Les *Rectifications* (1990) admettent : jamborée.]

JANSÉNISTE adj. et n. m. et f.
Partisan d'une morale austère et rigoriste.

JANTE n. f.
Partie périphérique d'une roue. *Le pneu est monté sur une jante.*

JANVIER n. m.
Premier mois de l'année. *Le 27 janvier.*
[T] Les noms de mois s'écrivent avec une minuscule.
VOIR TABLEAU – DATE.

JAPONAIS, AISE adj. et n. m. et f.
ADJECTIF ET NOM MASCULIN ET FÉMININ
Du Japon. *Le drapeau japonais. Un Japonais, une Japonaise.*
[T] L'adjectif s'écrit avec une minuscule; le nom, avec une majuscule.
NOM MASCULIN
Langue parlée au Japon. *Yamata parle le japonais.*
[T] Le nom de la langue s'écrit avec une minuscule.

JAPPEMENT n. m.
Cri du petit chien. *Des jappements de joie accueillent la maîtresse de Rouki.*
Pour les chiens de grande taille, on emploiera plutôt ***aboiement.***

JAPPER v. intr.
Crier, en parlant du chien. *Ouaf! Ouaf! Cesse de japper, Filou !*
Pour les chiens de grande taille, on emploiera plutôt ***aboyer*** et pour les chiens de chasse, ***crier*** ou ***donner de la voix.***
CONJUGAISON : VOIR MODÈLE AIMER.

JAQUETTE n. f.
1. Vêtement masculin de cérémonie.
2. Veste de femme. *La jaquette d'un tailleur.*
3. Couverture amovible d'un livre.
FORMES FAUTIVES
*jaquette. Impropriété au sens de ***chemise de nuit.***
*jaquette (d'hôpital). Impropriété au sens de ***chemise (d'hôpital).***

JARDIN n. m.
1. Terrain où l'on cultive des légumes, des fleurs, etc. *Un jardin potager, un jardin d'agrément.*
2. Parc ouvert au public. *Le jardin de Métis.*
T Les noms génériques de jardins publics, de parcs s'écrivent avec une minuscule lorsqu'ils sont précisés par un nom propre ; ils s'écrivent avec une majuscule lorsque l'adjectif qui suit précise l'appartenance à une catégorie. *Le Jardin zoologique.*
LOCUTIONS
– ***Jardin botanique.*** Établissement où l'on cultive des plantes diverses à des fins d'étude. *Le Jardin botanique de Montréal.*
– ***Jardin d'enfants.*** Classe enfantine, maternelle, dans l'enseignement privé.
– ***Jardin zoologique.*** Parc où l'on garde en captivité des animaux sauvages ou exotiques, dans le but d'instruire et de récréer le public (Recomm. off.).
T L'abréviation de ***jardin zoologique*** est ***zoo.***

JARDINAGE n. m.
Culture des jardins. *Le jardinage est un agréable passe-temps.* SYN. horticulture.

JARDINER v. intr.
Travailler à un jardin. *Comme passe-temps, elle adore jardiner.*
CONJUGAISON : VOIR MODÈLE AIMER.

JARDINERIE n. f.
Établissement commercial qui offre, en tout ou en partie, les biens et les services liés au jardin et au jardinage (Recomm. off.).

JARDINET n. m.
Petit jardin. *Elle entretient un jardinet qui fleurit tout l'été.*
jardi**net.**

JARDINIER n. m.
JARDINIÈRE n. f.
Personne dont le métier est de cultiver les jardins.

JARDINIER, IÈRE adj. et n. f.
ADJECTIF
Relatif aux jardins. *La culture jardinière.*
NOM FÉMININ
1. Récipient où l'on cultive des fleurs, des plantes vertes à des fins décoratives. *Ses jardinières* (et non *boîtes à fleurs) *sont garnies de géraniums roses et de lierre.* SYN. bac.
2. Garniture de légumes coupés en petits dés et cuits. *Une jardinière de légumes fraîchement cueillis accompagne ce saumon cuit à l'unilatérale.*

JARDINIER D'ENFANTS n. m.
JARDINIÈRE D'ENFANTS n. f.
Éducateur, éducatrice d'un jardin d'enfants.

JARGON n. m.
Langage spécialisé difficile à comprendre. *Le jargon des financiers.* SYN. argot ; charabia ; galimatias.
Ce mot a un sens plutôt défavorable et désigne la langue compliquée d'un art, d'une science, que les personnes non spécialistes ne comprennent pas.

JARGONNER v. intr.
1. Crier, en parlant du jars, de l'oie.
2. (FAM.) Employer un langage inintelligible. *Cesse de jargonner, emploie des mots que tous comprendront.*
CONJUGAISON : VOIR MODÈLE AIMER.

JARGONNEUX, EUSE adj.
Qui recourt à un langage difficile à comprendre. *Un discours prétentieux et jargonneux.*

JARRE n. f.
Grand vase de terre cuite. *Une jarre d'huile.*
Ne pas confondre avec les noms suivants :
• ***bocal,*** contenant de verre ;
• ***jatte,*** grand bol.
HOM. ***jars,*** mâle de l'oie.

JARRET n. m.
1. Partie de la jambe située derrière l'articulation du genou, chez l'homme. *On qualifie les Beaucerons de « jarrets noirs ».*
Ne pas confondre avec le nom ***mollet,*** partie postérieure de la jambe, entre le jarret et la cheville.
2. Articulation du membre postérieur, chez les quadrupèdes.
3. Morceau de boucherie. *Des jarrets de veau.*
LOCUTION
– ***Avoir des jarrets d'acier.*** (FIG.) Être très bon marcheur.
jar**ret.**

JARRETELLE n. f.
Ruban de tissu élastique servant à fixer un bas au porte-jarretelles ou à la gaine.
Ne pas confondre avec le nom ***jarretière,*** bande élastique entourant la jambe, servant à retenir une chaussette, un bas.
jarre**telle.**

JARRETIÈRE n. f.
Bande élastique entourant la jambe et servant à retenir un bas, une chaussette.
Ne pas confondre avec le nom ***jarretelle,*** ruban de tissu élastique servant à fixer un bas au porte-jarretelles ou à la gaine.
Pour désigner l'accessoire masculin, on emploie plutôt le nom ***fixe-chaussette.***
jarreti**ère.**

JARS n. m.
Le *s* ne se prononce pas, [ʒar] ; ce mot rime avec ***jarre.***
Mâle de l'oie.
VOIR TABLEAU – ANIMAUX.
HOM. ***jarre,*** grand vase de terre cuite.
jar**s.**

JASER v. intr.
1. (PÉJ.) Médire. *Attention, cela va faire jaser.* SYN. (FAM.) bavasser.
2. ⚜ (FAM.) Bavarder agréablement et longuement. *Viens me voir : on jasera tout à loisir.* SYN. converser ; deviser ; parler.
Ce verbe de registre familier demeure usuel au Québec et dans la francophonie canadienne, mais il n'appartient plus à l'usage courant de la majorité des locuteurs du français.
CONJUGAISON : VOIR MODÈLE AIMER.
ja**ser.**

JASETTE n. f.
– ***Avoir de la jasette.*** ⚜ (FAM.) Avoir la parole facile. *Monica a de la jasette.* SYN. avoir du bagout.
Le mot ne s'emploie que dans cette locution.

JASMIN n. m.
Plante ornementale à fleurs très odorantes.

JASPE n. m.
Pierre souvent tachetée de rouge.
Ne pas confondre avec le nom ***jade,*** pierre très dure dont la couleur varie du blanc au vert.
Attention au genre masculin de ce nom : ***un*** jaspe.

JASPÉ, ÉE adj. et n. m.
Qui imite l'aspect du jaspe. *Un recouvrement jaspé ou marbré. Un jaspé réussi.*

JASPINER v. intr.
(FAM.) Bavarder, bougonner.
Ce verbe a une connotation péjorative.
CONJUGAISON : VOIR MODÈLE AIMER.

JATTE n. f.
Grand bol très évasé; son contenu. *Mets les ingrédients dans la jatte et mélange le tout.*
Ne pas confondre avec les noms suivants :
- ***bocal,*** contenant de verre;
- ***jarre,*** grand vase.

JAUGE n. f.
1. Instrument de mesure. *La jauge* (et non le *gauge) *d'essence indique que le réservoir est vide.*
2. Tonnage d'un navire.
jauge.

JAUGER v. tr., intr.
VERBE TRANSITIF
1. Mesurer avec une jauge (le volume de). *Jauger un réservoir.*
2. (FIG.) Évaluer les capacités (morales, intellectuelles, physiques) d'une personne. *L'examinateur la jaugea rapidement.*
SYN. juger.
VERBE INTRANSITIF
Avoir une capacité de. *Un navire qui jauge 1000 tonneaux.*
SYN. contenir.
Ne pas confondre avec les verbes suivants :
- ***calibrer,*** mesurer le diamètre intérieur d'un cylindre;
- ***étalonner,*** mesurer par comparaison avec un étalon.
CONJUGAISON : VOIR MODÈLE CHANGER.
Le ***g*** est suivi d'un ***e*** devant les lettres ***a*** et ***o***. *Il jaugea, nous jaugeons.*

JAUNÂTRE adj.
Qui tire sur le jaune. *Des papiers jaunâtres.*
Cet adjectif a une valeur plutôt défavorable.
jaunâtre.

JAUNE adj. et n. m. et f.
ADJECTIF DE COULEUR
Qui est de la couleur du citron, de l'or. *Des robes jaunes.*
Employé seul, l'adjectif s'accorde; employé avec un nom ou un autre adjectif, il est invariable. *Des chapeaux jaune orange, jaune maïs, jaune pâle.*
VOIR TABLEAU – COULEUR (ADJECTIFS DE).
NOM MASCULIN
Couleur jaune. *Des jaunes lumineux.*
Employé comme nom, le mot ***jaune*** prend la marque du pluriel.
NOM MASCULIN ET FÉMININ
Personne de race jaune, généralement d'origine asiatique. *Les Jaunes, les Blancs, les Noirs.*
T En ce sens, le nom s'écrit avec une majuscule.
LOCUTION
– ***Rire jaune,*** loc. adv. D'un rire faux, forcé. *Ils ont ri jaune en voyant cette caricature.*
Pris adverbialement, le mot est invariable.

JAUNIR v. tr., intr.
VERBE TRANSITIF
Rendre jaune. *L'automne a jauni les feuilles.*
VERBE INTRANSITIF
Prendre une teinte jaune. *Le papier peint a jauni.*
CONJUGAISON : VOIR MODÈLE FINIR.

JAUNISSE n. f.
Coloration jaune de la peau caractéristique des maladies du foie.

JAUNISSEMENT n. m.
Action de rendre jaune; fait de devenir jaune.

JAVA n. f.
Danse à trois temps, de rythme saccadé. *Des javas endiablées.*

JAVA n. m.
(INFORM.) Langage de programmation destiné à la conception d'applications interactives dans le réseau Internet.
SYN. langage Java.

JAVANAIS, AISE adj. et n. m. et f.
ADJECTIF ET NOM MASCULIN ET FÉMININ
De Java. *Une coutume javanaise. Un Javanais, une Javanaise.*
T L'adjectif s'écrit avec une minuscule; le nom, avec une majuscule.
NOM MASCULIN
Langue parlée dans l'île de Java. *Elle étudie le javanais.*
T Le nom de la langue s'écrit avec une minuscule.

JAVEL
VOIR – EAU.

JAVELAGE n. m.
Mise en javelles.

JAVELER v. tr.
Mettre en javelles.
Ne pas confondre avec le verbe ***javelliser,*** nettoyer à l'aide d'eau de Javel.
CONJUGAISON : VOIR MODÈLE APPELER.
Redoublement du ***l*** devant un ***e*** muet. *Je javelle, je javellerai,* mais *je javelais.*
[Les *Rectifications* (1990) admettent : il javèle, javèlera, javèlerait...]

JAVELLE n. f.
Brassée de tiges de céréales (blé, avoine, etc.) coupées.
HOM. ***Javel,*** de l'expression ***eau de Javel.***

JAVELLISABLE adj.
Qui peut être javellisé. *Un tissu javellisable.*

JAVELLISANT, ANTE adj. et n. m.
Qui peut javelliser ou qui sert à la javellisation. *On ne peut employer de javellisant pour laver ce tissu très fragile.*

JAVELLISATION n. f.
Action de javelliser, de purifier à l'eau de Javel.

JAVELLISER v. tr.
Passer le linge à l'eau de Javel ou à tout autre produit équivalent pour le blanchir, le détacher ou le stériliser.
Ne pas confondre avec le verbe ***javeler,*** mettre en javelles.
CONJUGAISON : VOIR MODÈLE AIMER.
javelliser.

JAVELOT n. m.
1. Longue tige de bois à pointe de fer qui servait d'arme anciennement.
2. Instrument de lancer, employé en athlétisme. *Le lancer du javelot est une discipline olympique.*
Ne pas confondre avec les noms suivants :
- ***dard,*** arme acérée;
- ***flèche,*** baguette munie d'un fer pointu.
javelot.

JAZZ n. m.
Le ***j*** se prononce ***dj,*** [dʒaz].
Style musical des Noirs américains. *Un air de jazz.*

JE pron. pers. m. et f.
Pronom personnel masculin et féminin de la première personne du singulier, qui est toujours sujet du verbe. *Je fais de la bicyclette, je lis.*
L'inversion du pronom ***je*** dans l'interrogation directe est de style littéraire. *Dois-je le dire?* Dans la langue courante, on recourt plutôt à l'expression *Est-ce que je dois le dire?*
Le pronom s'élide devant une voyelle ou un ***h*** muet. *J'aime, j'honore.*
VOIR TABLEAU – PRONOM.

JEAN ou **JEANS** n. m. (pl. *jeans*)
Le ***j*** se prononce ***dj*** et les lettres ***ea*** se prononcent ***i,*** [dʒin, dʒins].
1. Pantalon de toile. *Elle porte un jean* ou *un jeans. Il est en jean* ou *en jeans.*
2. Toile qui sert à confectionner ce pantalon. *Un blouson en jean.*

JEAN-FOUTRE n. m. inv.
(FAM.) Individu incapable. *Ce sont des jean-foutre : il n'y a rien à en tirer.*
[Les *Rectifications* (1990) admettent : un jeanfoutre, des jeanfoutres.]

JEANNETTE n. f.
1. Fillette appartenant à un mouvement de guides (scoutisme).
Les jeunes scouts sont des louveteaux.
2. Petite planche à repasser.

JEEP n. f.
La lettre ***j*** se prononce ***dj*** ou ***j*** et les lettres ***ee, i,*** [dʒip, ʒip].
Véhicule tout-terrain. *Des jeeps puissantes.*

JE NE SAIS QUOI ou **JE-NE-SAIS-QUOI** n. m. inv.
Chose difficile à exprimer. *Il se dégage de cette œuvre un je ne sais quoi ou je-ne-sais-quoi de mystérieux.*
Ce nom composé s'écrit avec ou sans traits d'union.

JÉRÉMIADE n. f.
(FAM.) Plainte, lamentation. *J'en ai assez de tes jérémiades.*

JEREZ
VOIR – XÉRÈS.

JÉROBOAM n. m.
Contenant qui correspond approximativement à quatre bouteilles. *Un jéroboam de champagne.*
VOIR – BOUTEILLE.

JERRICAN, JERRYCAN ou **JERRICANE** n. m.
Bidon d'essence. *Des jerricans, jerrycans* ou *jerricanes.*

JERSEY n. m.
Les lettres ***ey*** se prononcent ***è,*** [ʒɛrzɛ].
Tissu tricoté. *Des jerseys de bonne qualité.*
jersey.

JÉSUITE adj. et n. m.
Membre de la Compagnie de Jésus; relatif à la Compagnie de Jésus. *Le père Bourgeois est un jésuite passionné de physique. Un collège jésuite.*
T Le nom s'écrit avec une minuscule lorsqu'il désigne un membre de l'ordre religieux; quand il désigne la Compagnie de Jésus, il s'écrit avec une majuscule. *Les Jésuites ont joué un rôle important dans l'histoire du Québec.*

JÉSUS n. m.
Représentation du Christ enfant. *Un jésus de plâtre.*
T En ce sens, le nom s'écrit avec une minuscule.

JET n. m.
1. Distance parcourue par une chose lancée. *À un jet de pierre.*
2. Mouvement d'un liquide qui jaillit. *Des jets d'eau, de lave.* SYN. projection.
LOCUTIONS
– ***D'un seul jet.*** D'un seul coup. *Elle a écrit sa lettre d'un seul jet.*
– ***Premier jet.*** (FIG.) Esquisse d'une œuvre. SYN. ébauche.
FORME FAUTIVE
*jet. Anglicisme au sens de ***avion à réaction.***
HOM.
• ***geai,*** oiseau;
• ***jais,*** pierre d'un noir brillant.

JETABLE adj.
Terme général pour qualifier tout objet que l'on peut ou doit jeter après usage (Recomm. off.). *Des lames jetables* (et non *disposables).
Cette recommandation n'exclut pas l'utilisation de termes spécifiques, par exemple dans le domaine pharmaceutique, seringue ***uniservice*** et, dans le domaine du conditionnement des liquides, verre ***perdu,*** bouteille ***non consignée.***

JETÉ n. m.
Pièce d'étoffe, de tricot que l'on dispose sur (un lit, une table, un siège, etc.). *Un jeté de lit brodé. Des jetés en cachemire pour les canapés.*
Attention au genre masculin de ce nom : ***un*** jeté.

JETÉE n. f.
Construction qui s'avance dans l'eau et qui est destinée à protéger un port. *Pêcher sur la jetée.*

JETER v. tr., pronom.
VERBE TRANSITIF
1. Envoyer quelque chose à une certaine distance. *Jeter une pierre.* SYN. lancer.
Ce verbe n'implique ni objectif précis à atteindre ni précaution pour viser.
2. Mettre en place, au propre et au figuré. *Jeter un pont sur un fleuve. Il vous faut jeter les fondements d'une société nouvelle.*
3. Se défaire de (quelque chose). *Jeter de vieux journaux au recyclage. Ne jette pas ces vêtements, donne-les plutôt.* SYN. se débarrasser.
VERBE PRONOMINAL
1. Se lancer. *Elle s'est jetée à son secours.* SYN. s'élancer; se précipiter; sauter.
2. Déverser ses eaux, en parlant d'un cours d'eau. *Le Saguenay se jette dans le Saint-Laurent.*
À la forme pronominale, le participe passé de ce verbe s'accorde en genre et en nombre avec le complément direct si celui-ci le précède. *Les coups d'œil étonnés qu'elles se sont jetés. Les malfaiteurs se sont jetés sur nous.* Le participe passé reste invariable si le complément direct suit le verbe. *Ils se sont jeté un sort.*
LOCUTIONS
– ***Jeter de la poudre aux yeux.*** (FIG.) Éblouir, tromper.
– ***Jeter de l'huile sur le feu.*** (FIG.) Envenimer un conflit.
– ***Jeter le bébé avec l'eau du bain.*** (FIG.) Aller trop loin en tentant de se débarrasser d'un problème et des difficultés qui lui sont liées.
– ***Jeter son dévolu sur.*** Choisir. *Elle a jeté son dévolu sur ces rideaux d'étamine.*
– ***Les dés sont jetés, le sort en est jeté.*** Tout est décidé, le destin est tracé. SYN. alea jacta est; les jeux sont faits.
– ***Se jeter à l'eau.*** (FIG.) Se lancer, expérimenter quelque chose de nouveau.
FORME FAUTIVE
*jeter, lancer la serviette. Calque de «*to throw in the towel*» pour ***abandonner (la partie), baisser les bras, baisser pavillon, capituler, déclarer forfait, démissionner, jeter l'éponge.***

CONJUGAISON : VOIR MODÈLE APPELER.
Redoublement du ***t*** devant un ***e*** muet. *Je jette, je jetterai,* mais *je jetais.*

JETON n. m.
Le ***e*** se prononce ou non, [ʒətɔ̃, ʒtɔ̃].
Petite pièce plate, généralement ronde, qui sert de monnaie. *Des jetons pour le poste de péage du pont.*
LOCUTIONS
– ***Faux jeton.*** (FAM.) Hypocrite.
Le ***e*** ne se prononce pas dans cette expression.
– ***Jetons de présence.*** Somme accordée aux membres des conseils d'administration.

***JET-SKI**
Anglicisme pour ***motomarine.***

JEU n. m. (pl. *jeux*)
1. Divertissement. *Des jeux de société, des jeux vidéo, des jeux d'adresse, des jeux d'équipe.* SYN. amusement.
Attention au complément du nom ***jeu;*** il est au pluriel lorsqu'il désigne une série complète d'objets, un certain nombre d'éléments. *Un jeu de cartes, un jeu d'échecs, un jeu de clés.*
2. (AU PLUR.) Ensemble de compétitions sportives. *Participer aux 30es Jeux olympiques* ou *aux 30es Jeux Olympiques.*
3. Manière de jouer. *Le jeu de ce pianiste est intéressant.*
4. (ABSOL.) Jeux d'argent. *La passion du jeu est dangereuse.*
5. Assortiment d'objets, d'outils destinés à un usage analogue. *Un jeu* (et non *set) *complet de tournevis et de pinces.*
6. Mouvement d'un mécanisme. *Le jeu d'un piston.*
7. Espace laissé entre des pièces pour permettre leur mouvement.
8. Espace excédentaire entre des pièces. *Il y a du jeu* (et non *lousse) *dans ce mécanisme.*
9. (FIG.) Fonctionnement des éléments d'un système. *Il faut favoriser le jeu de la concurrence.*
LOCUTIONS
– ***Avoir beau jeu.*** Se trouver dans des conditions idéales pour faire quelque chose. *Ils ont beau jeu de nous faire croire n'importe quoi.*
L'expression est toujours au singulier.
– ***Cacher son jeu.*** (FIG.) Dissimuler ses impressions.
– ***D'entrée de jeu.*** Dès le début, d'emblée.
– ***Faire le jeu de quelqu'un.*** Faciliter sa réussite.
– ***Jeu d'arcade.*** Jeu vidéo payant installé dans un lieu public.
– ***Jeu de mots.*** Plaisanterie créée par la ressemblance entre divers mots.
– ***Jeu d'enfant.*** Chose très facile. *Y arriver sera un jeu d'enfant.*
– ***Jeu vidéo.*** Programme informatique fonctionnant sur un ordinateur ou une console informatique et permettant de jouer seul ou avec d'autres. *Des jeux vidéo très populaires.*
L'adjectif ***vidéo*** est invariable.
– ***Jouer gros jeu.*** (FIG.) Investir beaucoup dans une affaire risquée.
– ***Jouer le jeu.*** (FIG.) Se conformer aux règles définies.
– ***Le jeu n'en vaut pas la chandelle.*** Cela n'en vaut pas la peine.
– ***Les jeux sont faits.*** Le sort en est jeté, tout est décidé. SYN. alea jacta est; les dés sont jetés.
– ***Règles du jeu.*** Conventions. *Il faut respecter les règles du jeu.*
– ***Se piquer, se prendre au jeu.*** Être captivé, s'obstiner malgré les échecs.
– ***Vieux jeu,*** loc. adj. Démodé. *Ces principes sont vieux jeu.*
Cette expression est invariable.

JEUDI n. m.
Quatrième jour de la semaine. *Bianca vient tous les jeudis.*
T Les noms de jours s'écrivent avec une minuscule et prennent la marque du pluriel. *Je viendrai tous les jeudis,* mais *je viendrai tous les jeudi et vendredi de chaque semaine.* Attention à la construction de la dernière phrase où les noms de jours restent au singulier parce qu'il n'y a qu'un seul jeudi et qu'un seul vendredi par semaine.
LOCUTIONS
– ***Jeudi matin, midi, après-midi, soir.*** *Le cours a lieu tous les jeudis matin, tous les jeudis midi, tous les jeudis après-midi, tous les jeudis soir.*
Il apparaît plus logique d'écrire au singulier le nom qui désigne le moment du jour.
– ***La semaine des quatre jeudis.*** (FIG.) (FAM.) Jamais.
VOIR – JOUR.

JEUN (À) loc. adv.
Sans avoir mangé. *Pour cette analyse de sang, il faut être à jeun.*
à jeun, sans accent circonflexe.

JEUNE adj. et n. m. et f.
ADJECTIF
Qui n'est pas vieux. *Un jeune homme, une jeune fille.*
NOM MASCULIN ET FÉMININ
Personne qui est dans sa jeunesse. *Ces jeunes sont très sympathiques.* ANT. âgé; vieux.
Ne pas confondre avec le nom ***jeûne,*** privation de nourriture.
La place de l'adjectif est significative : un ***homme jeune*** est un homme non âgé et un ***jeune homme*** est un adolescent.

JEÛNE n. m.
Privation de nourriture. *Certaines personnes pratiquent le jeûne à l'occasion.* SYN. abstinence.
Ne pas confondre avec le mot ***jeune,*** qui n'est pas vieux.
jeûne.

JEÛNER v. intr.
Rester sans manger. *Voilà deux jours qu'ils jeûnent.*
CONJUGAISON : VOIR MODÈLE AIMER.
[Les *Rectifications* (1990) admettent : ils jeunent, jeuneront... (sauf jeûne et jeûnes)]

JEUNESSE n. f.
Période de la vie entre l'enfance et la maturité. ANT. vieillesse.

JEU-QUESTIONNAIRE n. m. (pl. *jeux-questionnaires*)
Jeu radiophonique ou télévisé dans lequel les participants doivent répondre correctement à certaines questions pour gagner des prix. *Des jeux-questionnaires* (et non des *quiz) *amusants.*

***JINGLE**
Anglicisme pour ***refrain publicitaire, ritournelle.***

JIU-JITSU n. m. inv.
Le mot se prononce [ʒiyʒitsy].
Art martial japonais qui est l'ancêtre du judo.
[Les *Rectifications* (1990) admettent : jiujitsu.]

JOAILLERIE n. f.
1. Art de monter les pierres précieuses, de créer des joyaux.
2. Commerce du joaillier. *Une magnifique joaillerie.*
joaillerie.

JOAILLIER ou **JOAILLER** n. m.
JOAILLIÈRE ou **JOAILLÈRE** n. f.
Personne dont la profession est de créer des joyaux et d'en faire le commerce.

***JOB**
Anglicisme pour ***travail, emploi.***
Cet anglicisme s'emploie dans la francophonie aux sens de « travail de peu d'importance » et de « emploi rémunéré » et son genre est masculin.

JOCKEY n. m. et f.
Le nom se prononce [ʒɔke, dʒɔke]; il rime avec ***quai.***
Personne dont le métier est de monter les chevaux de course. *Des jockeys très habiles.*

JODHPURS n. m. pl.
Le ***s*** ne se prononce pas, [ʒɔdpyr]; le nom rime avec ***pur.***
Pantalon d'équitation.
jodhpurs.

JOGGEUR, EUSE n. m. et f.
Personne qui pratique le jogging. *Hier soir, j'ai croisé un joggeur qui courait, un joggeur nommé Étienne.*

JOGGING n. m.
Le mot se prononce à l'anglaise, [dʒɔgiŋ].
Course à pied à petite allure. *Faire du jogging.*

JOIE n. f.
Émotion profonde et agréable, souvent courte et passagère. *Quelle joie de retrouver ses amis ! « J'aurais pu sauter au cou du cher vieillard dans la joie qui m'inonda brusquement le cœur »* (Gabrielle Roy, *La Détresse et l'Enchantement*).
LOCUTIONS
– ***Être la joie de quelqu'un.*** Rendre cette personne heureuse, lui procurer un grand plaisir.
– ***S'en donner à cœur joie.*** S'amuser, se satisfaire pleinement. *Il neigeait, et les enfants s'en donnaient à cœur joie dehors.*
Ne pas confondre avec les noms suivants :
• ***bonheur,*** état moral de plénitude qui comporte une idée de durée ;
• ***gaieté,*** bonne disposition de l'humeur ;
• ***plaisir,*** sensation agréable.

JOIGNABILITÉ n. f.
Aptitude à être joint, notamment par téléphone ou courrier électronique.

JOIGNABLE adj.
Que l'on peut joindre, notamment par téléphone ou courrier électronique. *Serez-vous joignable par courriel lors de votre séjour en Croatie ?* ANT. injoignable.

JOINDRE v. tr., intr., pronom.
VERBE TRANSITIF
1. Unir, mettre ensemble. *Joindre les mains. Les enfants sautent à pieds joints sur le lit.* SYN. réunir.
2. Établir une communication entre. *Le pont joint les deux rives. J'ai réussi à le joindre* (et non *rejoindre) *par téléphone.*
Ne pas confondre avec le verbe ***rejoindre,*** atteindre de nouveau après avoir été séparé.
3. Ajouter. *Joignez vos voix aux nôtres.*
En ce sens, le verbe se construit avec la préposition ***à.***
4. Unir. *Joindre la jeunesse à la beauté, avec la beauté.*
En ce sens, le verbe se construit avec les prépositions ***à, avec.***
L'expression *joindre ensemble est un pléonasme à éviter.
VERBE INTRANSITIF
Se toucher sans laisser d'espace. *Les volets joignent mal.*
VERBE PRONOMINAL
1. S'associer à, entrer au service de. *Karine s'est jointe à* (et non *a joint) *l'équipe de la qualité de la communication en 2002.*
2. Se réunir, participer à quelque chose. *Ils se sont joints aux amis de Luc pour organiser la fête. Puis-je me joindre à vous ? Mon mari se joint à moi pour vous remercier vivement de votre hospitalité.*
À la forme pronominale, le verbe se construit avec la préposition ***à.***
À la forme pronominale, le participe passé de ce verbe s'accorde toujours en genre et en nombre avec son sujet. *Nos amis se sont joints à nous pour recueillir des fonds.*
LOCUTION
– ***Joindre les deux bouts.*** Équilibrer son budget.
FORME FAUTIVE
*joindre. Anglicisme au sens de ***devenir membre*** (d'une association), ***adhérer*** (à un parti), ***entrer au service de.*** *Mme Blond est entrée au service de* (et non *a joint) *notre compagnie* ou *s'est jointe à notre équipe.*
CONJUGAISON : VOIR MODÈLE JOINDRE.
Les lettres ***gn*** sont suivies d'un ***i*** à la première et à la deuxième personne du pluriel de l'indicatif imparfait et du subjonctif présent. *(Que) nous joignions, (que) vous joigniez.*

JOINT n. m.
1. Articulation, point de raccordement de deux éléments. *Un joint universel dans un moteur. Des joints d'étanchéité.*
2. Espace entre des éléments joints. *Remplir les joints avec du plâtre, du mortier.*
3. (FAM.) Cigarette de haschisch, de marihuana.
FORME FAUTIVE
*tirer les joints. Impropriété pour ***jointoyer.***

JOINT, JOINTE adj.
Qui est uni. *Sauter à pieds joints. Les mains jointes.*
VOIR – CI-JOINT.

JOINTOYER v. tr.
Garnir les joints (de ciment, de mortier, etc.). *Le maçon doit jointoyer ce mur* (et non *tirer les joints).
CONJUGAISON : VOIR MODÈLE EMPLOYER.
Le ***y*** se change en ***i*** devant un ***e*** muet. *Il jointoie, il jointoiera.* Le ***y*** est suivi d'un ***i*** à la première et à la deuxième personne du pluriel de l'indicatif imparfait et du subjonctif présent. *(Que) nous jointoyions, (que) vous jointoyiez.*

JOINTURE n. f.
Endroit des articulations où les os se joignent. *La jointure des doigts, du genou.*

***JOINT VENTURE**
Anglicisme pour ***coentreprise.***

JOKER n. m.
Le ***r*** est sonore, [ʒɔkɛr, dʒɔkɛr].
1. Carte à jouer prenant la valeur que lui attribuent les joueurs, selon le jeu. *Les jokers valent deux points.*
2. (INFORM.) Caractère employé pour la substitution d'un ou de plusieurs autres caractères lors d'une recherche. *Le joker, nommé aussi caractère de remplacement, est utile quand on recherche une donnée, un fichier sans en connaître exactement le nom.* SYN. caractère de remplacement ; caractère de troncation.
Les programmes ont souvent un caractère de remplacement pour la substitution d'un seul caractère (habituellement, le point d'interrogation) et un autre pour la substitution de plusieurs caractères (habituellement, l'astérisque ou les points de suspension) (GDT).

JOLI, IE adj.
Agréable à voir. *Une jolie fille, de jolies maisons, un joli jardin.* SYN. charmant ; harmonieux.
Alors que l'adjectif ***beau*** comporte une idée de perfection, de grandeur, l'adjectif ***joli*** implique une idée de grâce, de gentillesse, de petitesse.

JOLIESSE n. f.
(LITT.) Caractère de ce qui est joli. SYN. harmonie.

JOLIMENT adv.
1. D'une façon jolie. *Elle est joliment habillée.*
2. (FAM.) Très, beaucoup. *Elle a joliment travaillé pour élever ses nombreux enfants.* SYN. (FAM.) drôlement ; rudement.
joliment.

JONC n. m.
Le ***c*** est muet, [ʒɔ̃] ; le nom rime avec ***donjon.***
1. Plante des lieux humides. *Il y a des joncs dans la baie.*
2. Bague dont le cercle a partout la même épaisseur. *Des joncs en or.*
jonc.

JONCHER v. tr.
Couvrir le sol en quantité. *Des feuilles jonchaient l'herbe.* SYN. recouvrir.
CONJUGAISON : VOIR MODÈLE AIMER.

CONJUGAISON DU VERBE **JOINDRE**

INDICATIF

PRÉSENT		PASSÉ COMPOSÉ		
je	joins	j'	ai	joint
tu	joins	tu	as	joint
elle	joint	elle	a	joint
il	joint	il	a	joint
nous	joignons	nous	avons	joint
vous	joignez	vous	avez	joint
elles	joignent	elles	ont	joint
ils	joignent	ils	ont	joint

IMPARFAIT		PLUS-QUE-PARFAIT		
je	joignais	j'	avais	joint
tu	joignais	tu	avais	joint
elle	joignait	elle	avait	joint
il	joignait	il	avait	joint
nous	joignions	nous	avions	joint
vous	joigniez	vous	aviez	joint
elles	joignaient	elles	avaient	joint
ils	joignaient	ils	avaient	joint

PASSÉ SIMPLE		PASSÉ ANTÉRIEUR		
je	joignis	j'	eus	joint
tu	joignis	tu	eus	joint
elle	joignit	elle	eut	joint
il	joignit	il	eut	joint
nous	joignîmes	nous	eûmes	joint
vous	joignîtes	vous	eûtes	joint
elles	joignirent	elles	eurent	joint
ils	joignirent	ils	eurent	joint

FUTUR SIMPLE		FUTUR ANTÉRIEUR		
je	joindrai	j'	aurai	joint
tu	joindras	tu	auras	joint
elle	joindra	elle	aura	joint
il	joindra	il	aura	joint
nous	joindrons	nous	aurons	joint
vous	joindrez	vous	aurez	joint
elles	joindront	elles	auront	joint
ils	joindront	ils	auront	joint

CONDITIONNEL PRÉSENT		CONDITIONNEL PASSÉ		
je	joindrais	j'	aurais	joint
tu	joindrais	tu	aurais	joint
elle	joindrait	elle	aurait	joint
il	joindrait	il	aurait	joint
nous	joindrions	nous	aurions	joint
vous	joindriez	vous	auriez	joint
elles	joindraient	elles	auraient	joint
ils	joindraient	ils	auraient	joint

SUBJONCTIF

PRÉSENT			PASSÉ			
que	je	joigne	que	j'	aie	joint
que	tu	joignes	que	tu	aies	joint
qu'	elle	joigne	qu'	elle	ait	joint
qu'	il	joigne	qu'	il	ait	joint
que	nous	joignions	que	nous	ayons	joint
que	vous	joigniez	que	vous	ayez	joint
qu'	elles	joignent	qu'	elles	aient	joint
qu'	ils	joignent	qu'	ils	aient	joint

IMPARFAIT			PLUS-QUE-PARFAIT			
que	je	joignisse	que	j'	eusse	joint
que	tu	joignisses	que	tu	eusses	joint
qu'	elle	joignît	qu'	elle	eût	joint
qu'	il	joignît	qu'	il	eût	joint
que	nous	joignissions	que	nous	eussions	joint
que	vous	joignissiez	que	vous	eussiez	joint
qu'	elles	joignissent	qu'	elles	eussent	joint
qu'	ils	joignissent	qu'	ils	eussent	joint

IMPÉRATIF

PRÉSENT	PASSÉ	
joins	aie	joint
joignons	ayons	joint
joignez	ayez	joint

INFINITIF

PRÉSENT	PASSÉ
joindre	avoir joint

PARTICIPE

PRÉSENT	PASSÉ
joignant	joint, e ayant joint

JONCTION n. f.
1. Action de joindre. *Une voie de jonction.* SYN. raccordement.
2. Point où des choses se joignent. *À la jonction des deux chemins.* SYN. croisement; raccordement; rencontre.

JONGLER v. intr.
1. Faire des tours d'adresse. *Le magicien jongle avec trois quilles.*
2. (FIG.) Manier quelque chose avec habileté. *Elle jongle avec les chiffres.* SYN. jouer.
FORME FAUTIVE
*jongler. Impropriété au sens de ***réfléchir, songer.***
CONJUGAISON : VOIR MODÈLE AIMER.

JONGLEUR n. m.
JONGLEUSE n. f.
Personne dont le métier est de jongler (dans un cirque, une foire, etc.).

JONQUE n. f.
Bateau plat à voiles utilisé en Extrême-Orient.

JONQUILLE adj. inv. et n. f.
NOM FÉMININ
Espèce de narcisse à fleurs jaunes odorantes. *Un bouquet de jonquilles.*
ADJECTIF DE COULEUR INVARIABLE
De la couleur jaune vif des jonquilles. *Des pailles jonquille.*
VOIR TABLEAU – COULEUR (ADJECTIFS DE).

JORDANIEN, IENNE adj. et n. m. et f.
De Jordanie. *Le drapeau jordanien. Un Jordanien, une Jordanienne.*
T L'adjectif s'écrit avec une minuscule; le nom, avec une majuscule.

JOUAL n. m.
Parler populaire du Québec. *Certaines pièces de Michel Tremblay sont écrites en joual.*
Ce nom a été créé d'après la prononciation populaire du nom ***cheval*** dans certaines régions du Québec.

JOUE n. f.
Partie du visage humain qui s'étend de la tempe à l'œil, jusqu'au menton. *De belles joues rouges.*
LOCUTION
– ***Mettre en joue.*** Viser.
HOM. ***joug,*** attelage des bœufs.

JOUER v. tr., intr., pronom.
VERBE TRANSITIF DIRECT
1. Mettre en jeu, lancer, déplacer. *Jouer une balle, un pion.*
2. Interpréter. *Il jouait un air connu. Jouer une pièce de Marcel Dubé.*
3. Risquer. *Il joue son poste, elle joue gros jeu. Jouer à la Bourse.*
4. Feindre. *Ne jouez pas la surprise, vous étiez au courant.*
VERBE TRANSITIF INDIRECT
1. Se divertir avec un jeu. *Jouer aux échecs, au bridge, au ballon.*
En ce sens, le verbe se construit avec la préposition ***à.***
2. Se servir d'un instrument de musique. *Elle joue du piano.*
En ce sens, le verbe se construit avec la préposition ***de.***
VERBE INTRANSITIF
Se distraire, se livrer à des jeux. *Cette petite ne pense qu'à jouer. Il joue avec son ordinateur. Les enfants jouaient avec le chien.* SYN. s'amuser; se divertir.
VERBE PRONOMINAL
1. Exécuter. *Cette sonate se joue en duo.*
2. Se moquer de. *Il se joue des difficultés. Ils se sont joués de leur directeur.*
En ce sens, le verbe se construit avec la préposition ***de.***
À la forme pronominale, le participe passé de ce verbe s'accorde toujours en genre et en nombre avec son sujet. *Elles se sont jouées de lui.*
FORME FAUTIVE
*jouer les seconds violons. Calque de «*to play second fiddle*» pour ***jouer un rôle secondaire.***
CONJUGAISON : VOIR MODÈLE AIMER.

JOUET n. m.
Objet destiné à amuser un enfant. *Des jouets ingénieux.*
LOCUTION
– ***Être le jouet de.*** (FIG.) Être victime de. *Elle a été le jouet d'une mauvaise plaisanterie.*

JOUEUR, EUSE adj. et n. m. et f.
1. Qui joue. *Un joueur de hockey. Une joueuse de golf.*
2. Qui a la passion du jeu. *C'est un joueur : il ne peut s'empêcher d'acheter des billets de loterie.*
LOCUTION
– ***Beau, bon joueur.*** Personne qui s'incline avec élégance devant la victoire, la supériorité de l'adversaire. *Allons, montrez-vous bon joueur.* ANT. mauvais joueur.
FORME FAUTIVE
*joueur. Impropriété au sens d'***acteur, artisan.*** *Ces chercheurs ont été des acteurs clés* (et non des *joueurs clés) *dans la découverte du vaccin. Cette entreprise joue un rôle de premier plan* (et non *est un joueur important) *dans le secteur de la biotechnologie.*

JOUFFLU, UE adj.
Qui a de grosses joues. *Une bambin joufflu.*
joufflu.

JOUG n. m.
Le ***g*** est muet, [ʒu]; le nom rime avec ***joue.***
Attelage des bœufs.
LOCUTION
– ***Sous le joug de quelqu'un, de quelque chose.*** (FIG.) Sous la domination de. *Ils ont longtemps été sous le joug des Anglais.*
HOM. ***joue,*** partie du visage.
joug.

JOUIR v. tr. ind., intr.
VERBE TRANSITIF INDIRECT
1. Profiter de, goûter, tirer plaisir de. *Jouir de la vie, jouir de la présence d'un ami.* SYN. apprécier; goûter.
2. Bénéficier de. *Jouir d'une bonne santé, d'une excellente réputation.* SYN. posséder.
En ce sens, le complément doit toujours désigner quelque chose d'agréable. *Jouir d'une bonne santé* (et non *jouir d'une mauvaise santé).
3. (DR.) Avoir l'usage, la possession d'un bien, d'un droit.
VERBE INTRANSITIF
Éprouver le plaisir sexuel.
Le verbe se construit avec la préposition ***de.***
CONJUGAISON : VOIR MODÈLE FINIR.

JOUISSANCE n. f.
1. Plaisir, satisfaction. *Quelle jouissance que de lire son journal le samedi matin !*
2. Plaisir physique intense et spécialement le plaisir sexuel.
3. (DR.) Usage et possession d'un bien, d'un droit. *Avoir la jouissance d'une propriété, y habiter.*

JOUISSEUR, EUSE adj. et n. m. et f.
Qui ne cherche qu'à profiter des plaisirs de la vie.

JOUISSIF, IVE adj.
(FAM.) Qui donne un plaisir intense.

JOUJOU n. m. (pl. *joujoux*)
Jouet, dans le langage enfantin. *Des joujoux amusants.*

JOULE n. m.
Symbole ***J*** (s'écrit sans point).
Unité de mesure de travail, d'énergie et de quantité de chaleur.
Attention au genre masculin de ce nom : ***un*** joule.

J

JOUR n. m.
Abréviations ***j*** (s'écrit sans point), ***d*** (du latin «*dies*», qui signifie « jour »).
1. Clarté. *Le jour se lève.*
2. Ouverture, orifice. *Il y a un peu de jour dans l'assemblage de cette fenêtre.*
3. Division du temps qui comprend 24 heures. *Il y a 365 jours dans une année.*
Les noms de jours (lundi, mardi, mercredi, jeudi, vendredi, samedi, dimanche) s'écrivent avec une minuscule et prennent la marque du pluriel. *Je viendrai tous les jeudis,* mais *je viendrai tous les jeudi et vendredi de chaque semaine.* Attention à la construction de la dernière phrase, où les noms de jours restent au singulier parce qu'il n'y a qu'un seul jeudi et qu'un seul vendredi par semaine.
Jour de la semaine + ***matin, midi, après-midi, avant-midi, soir.*** *Le cours a lieu tous les jeudis matin.* Dans cette construction, les noms ***matin, midi, après-midi, avant-midi, soir*** restent généralement au singulier parce que le déterminant défini est sous-entendu. *Tous les jeudis* (le) *matin.* Il est cependant à noter que certains auteurs admettent le pluriel.
Dans son sens astronomique, le mot ***jour*** désigne le temps qui s'écoule entre le lever et le coucher du soleil, par opposition à la ***nuit.*** *Les jours allongent à compter de janvier.*
LOCUTIONS
– ***À jours.*** Brodé et ajouré. *Des serviettes à jours.*
– ***À contre-jour,*** loc. adv. Avec un éclairage insuffisant. *On distingue mal son visage, qui est à contre-jour.*
– ***Au grand jour,*** loc. adv. À la connaissance de tous. *Ils ne craignent pas de sortir au grand jour.*
– ***Au jour le jour,*** loc. adv. En ne tenant compte que du jour présent, à très court terme, sans planification. *Vivre au jour le jour.*
– ***Au petit jour,*** loc. adv. À l'aube. *Le duel a eu lieu au petit jour.*
– ***De jour en jour,*** loc. adv. De plus en plus, davantage. *Maxime grandit de jour en jour.*
– ***De nos jours,*** loc. adv. Aujourd'hui, à l'époque actuelle. *De nos jours, les étudiantes sont majoritaires à l'université.*
– ***Des jours et des jours,*** loc. adv. Pendant une longue période. *Ils ont poursuivi les recherches pendant des jours et des jours pour retrouver les disparus.* SYN. longtemps.
– ***Donner le jour à un enfant.*** (LITT.) Donner naissance à un enfant, mettre au monde un enfant. *Jeanne a donné le jour à sa fille le jour même de son anniversaire : elle l'a prénommée Jeanne.*
– ***Du jour au lendemain,*** loc. adv. Très rapidement. *Du jour au lendemain, ils ont changé d'avis.*
– ***En plein jour,*** loc. adv. En pleine lumière, au milieu de la journée. *Le vol a été commis en plein jour.*
– ***Jour civil.*** Période de vingt-quatre heures, considérée de minuit à minuit, qui correspond aux divisions d'un mois civil. *Trois jours civils* (et non *de calendrier).
– ***Jour et nuit, le jour et la nuit,*** loc. adv. Sans arrêt. *Ces restaurants sont ouverts jour et nuit.* SYN. continuellement.
– ***Jour pour jour,*** loc. adv. Exactement, au jour près. *Cet accident est survenu il y a un an, jour pour jour.*
– ***Le jour J.*** Jour où doit avoir lieu un grand évènement, où l'on doit déclencher une attaque, une opération capitale.
– ***Mettre à jour.*** Rendre actuel. *Le dictionnaire sera mis à jour* (et non *à date) *tous les trois ans.*
Ne pas confondre avec la locution ***mettre au jour,*** qui signifie « découvrir, révéler ». *Les archéologues ont mis au jour les fondations du premier immeuble.*
– ***Se faire jour.*** Apparaître. *Ces indications à la baisse se font jour de plus en plus.* SYN. se révéler.
Dans cette expression, le nom ***jour*** est invariable.
– ***Sous un jour*** + adjectif. Sous un certain angle. *Il verra la question sous un jour nouveau.*
– ***Tous les jours,*** loc. adv. Chaque jour. *Paula vient tous les jours* (et non *à tous les jours).
– ***Un jour dans l'autre,*** loc. adv. Si l'on fait une moyenne par jour. *Ce magasin est plus fréquenté en été qu'en hiver, mais un jour dans l'autre, il est rentable.*
– ***Voir le jour.*** Naître, en parlant d'une personne ; être créé, en parlant d'une chose.
FORME FAUTIVE
*jour de calendrier. Calque de «*calendar day*» pour ***jour civil.***

JOUR (À) loc. adv.
En tenant compte de l'actualité, des données actuelles, nouvelles. *Un registre à jour. Mettre son carnet à jour* (et non *à date).

JOURNAL n. m. (pl. *journaux*)
1. Mémoires. *Écrire son journal intime.*
2. Publication quotidienne relatant l'actualité. *Lire une information dans* (et non *sur) *un journal.* SYN. quotidien.
[T] On écrit en italique les titres de journaux. Dans un texte déjà en italique, les titres s'écrivent en romain, c'est-à-dire en caractères droits. L'article défini qui fait partie de l'intitulé, le nom du journal et, éventuellement, l'adjectif qui précède le nom s'écrivent avec une majuscule. *Elle lit* Le Devoir, Le Nouvel Observateur *et le* New York Times.
VOIR TABLEAU – TITRES D'ŒUVRES.
3. Actualités radiodiffusées ou télévisées. *Le journal de 18 heures.*
4. Registre de comptes. *Passer une écriture dans le journal général.*
LOCUTIONS
– ***Journal de bord.*** Registre d'un navire. *Des journaux de bord.*
– ***Papier journal.*** Papier qui sert à l'impression des journaux.

JOURNALIER, IÈRE adj. et n. m. et f.
ADJECTIF
Quotidien. *Une promenade journalière.*
NOM MASCULIN ET FÉMININ
Personne travaillant à la journée. *Un journalier, une journalière.*

JOURNALISME n. m.
Métier de journaliste. *Le journalisme est parfois difficile.*

JOURNALISTE n. m. et f.
Personne dont le métier est de collaborer à la rédaction d'un journal. *Un journaliste financier.*

JOURNALISTIQUE adj.
Qui se rapporte au journalisme. *Un style journalistique.*

JOURNÉE n. f.
Espace de temps entre le lever et le coucher du soleil. *Une journée de congé. Des journées ensoleillées.* SYN. jour.
LOCUTION
– ***À longueur de journée,*** loc. adv. Toute la journée. *Il lit à longueur de journée* (et non *à la journée longue).
FORME FAUTIVE
*(tu as, cela a, etc.) fait ma journée. Calque de «*you made my day*» pour ***tu as, cela a, etc., égayé, ensoleillé, transformé ma journée, m'a fait un grand plaisir, un plaisir fou.***

JOUTE n. f.
1. Combat à cheval au Moyen Âge. *Lors des Médiévales de Québec, on a pu assister à des joutes spectaculaires.*
2. ⚜ Compétition sportive. *Une joute de hockey.* SYN. match ; partie.
LOCUTION
– ***Joute oratoire.*** (LITT.) Concours oratoire, débat.

JOUVENCE n. f.
1. Fontaine mythique dont les eaux ont la vertu de rajeunir.
2. (FIG.) Traitement de rajeunissement. *Cure de jouvence, bain de jouvence.*

Ⓣ Lorsqu'il s'agit de la fontaine fabuleuse, le mot ***jouvence*** s'écrit avec une majuscule ; dans son emploi figuré, le mot s'écrit avec une minuscule.
⇨ jouvence.

JOUVENCEAU, ELLE n. m. et f. (pl. *jouvenceaux*)
(VX) (PLAISANT.) Adolescent.

JOUXTER v. tr.
(LITT.) Être situé près de, être attenant à. *Ce terrain jouxte celui* (et non *à celui) *de la ville. « À travers les champs d'en arrière qui jouxtaient le verger où nous prenions le thé »* (Gabrielle Roy, *La Détresse et l'Enchantement*). SYN. avoisiner ; toucher.
CONJUGAISON : VOIR MODÈLE AIMER.

JOVIAL, IALE, IAUX adj.
Enjoué. *Des tons joviaux. Une humeur joviale.* SYN. cordial ; joyeux.
☞ Le pluriel ***jovials***, bien que moins fréquent, est également attesté.

JOVIALEMENT adv.
De façon joviale.

JOVIALITÉ n. f.
Enjouement, humeur joviale. *Un accueil plein de jovialité.*

JOYAU n. m. (pl. *joyaux*)
1. Objet précieux. *À Londres, les joyaux de la couronne sont bien gardés.* SYN. bijou.
2. (FIG.) Chose de très grande valeur. *Cette sculpture en bois de Philippe Hébert est le joyau de notre collection.*

JOYEUSEMENT adv.
Avec joie. *Les enfants chantent joyeusement : ils sont en vacances.*

JOYEUX, EUSE adj.
1. Qui éprouve de la joie. *De joyeux lurons.* SYN. heureux.
2. Qui donne de la joie. *Je vous souhaite un joyeux Noël.*

***JOYSTICK**
Anglicisme pour ***manette de jeu, manche à balai.***

JUBÉ n. m.
Partie surélevée à l'intérieur d'une église.

JUBILAIRE adj. et n. m. et f.
Dont on célèbre le jubilé.

JUBILATION n. f.
Joie intense, exubérante. SYN. réjouissance.
☞ Ne pas confondre avec le nom ***jubilé***, fête célébrée à l'occasion d'un cinquantenaire.

JUBILATOIRE adj.
Qui exprime une grande joie. *Des chants jubilatoires.*

JUBILÉ n. m.
Fête célébrée à l'occasion d'un cinquantenaire.
☞ Ne pas confondre avec le nom ***jubilation***, joie intense.

JUBILER v. intr.
Éprouver une grande joie. *Ils ont gagné : ils jubilent.* SYN. exulter ; se réjouir.
CONJUGAISON : VOIR MODÈLE AIMER.
⇨ jubiler.

JUCHER v. tr., intr., pronom.
VERBE TRANSITIF
Placer très haut. *Elle a juché sa fille sur ses épaules.*
VERBE INTRANSITIF
Se mettre sur une branche, en parlant d'un oiseau. *Dans le jardin, le cardinal juche sur une des branches du saule.*
VERBE PRONOMINAL
Se percher. *L'oiseau s'est juché sur la branche.* SYN. se poser.
▭ À la forme pronominale, le participe passé de ce verbe s'accorde toujours en genre et en nombre avec son sujet. *Frédérique s'est juchée sur les épaules de son papa.*
CONJUGAISON : VOIR MODÈLE AIMER.

JUDAÏQUE adj.
Qui est relatif au judaïsme. *La religion judaïque.*
⇨ judaïque.

JUDAÏSME n. m.
Religion des Juifs.
⇨ judaïsme.

JUDAS n. m.
Le *s* ne se prononce pas, [ʒyda].
1. Traître. *C'est un Judas. Le baiser de Judas.*
Ⓣ En ce sens, le nom s'écrit avec une majuscule.
2. Ouverture d'une porte. *Regarder par le judas.*
⇨ judas.

JUDÉO-CHRÉTIEN, IENNE adj.
Qui appartient aux croyances, aux traditions juives et chrétiennes. *La civilisation judéo-chrétienne.*

JUDICIAIRE adj.
Qui se rapporte à l'organisation de la justice. *Un casier judiciaire. Une erreur judiciaire.*
☞ Ne pas confondre avec les mots suivants :
- ***judicieux***, qui dénote du jugement ;
- ***juridique***, qui se rapporte au droit ;
- ***légal***, qui est prescrit par la loi.

FORME FAUTIVE
*dossier judiciaire. Impropriété au sens de ***casier judiciaire.***

JUDICIAIREMENT adv.
Au point de vue judiciaire.

JUDICIARISATION n. f.
(DR.) Fait de recourir à la justice pour régler les litiges, les polémiques. *La judiciarisation de l'itinérance coûte cher et les millions qui y sont consacrés seraient sans aucun doute mieux utilisés ailleurs. L'ombre de la judiciarisation pèse sur la pratique médicale.* ANT. déjudiciarisation.

JUDICIARISER v. tr., pronom.
VERBE TRANSITIF
(DR.) Confier aux tribunaux le règlement des litiges, des polémiques. *« La Charte a judiciarisé les politiciens beaucoup plus qu'elle n'a politisé les juges »* (Claire L'Heureux-Dubé, cité dans *La Presse*). *La proposition des conservateurs de judiciariser les moins de 12 ans suscite une vive opposition.* ANT. déjudiciariser.
VERBE PRONOMINAL
(DR.) Se régler par l'intervention des tribunaux, en parlant d'un litige. *La réforme proposée fera en sorte que les conflits ne vont pas diminuer, mais plutôt s'intensifier et se judiciariser davantage.*
▭ À la forme pronominale, le participe passé de ce verbe s'accorde toujours en genre et en nombre avec son sujet. *Les conflits se sont judiciarisés.*
CONJUGAISON : VOIR MODÈLE AIMER.

JUDICIEUSEMENT adv.
Avec pertinence, de façon judicieuse. SYN. intelligemment.

JUDICIEUX, IEUSE adj.
Qui dénote du jugement, avisé. *Un choix judicieux.* SYN. sensé.
☞ Ne pas confondre avec les mots suivants :
- ***judiciaire***, qui se rapporte à l'organisation de la justice ;
- ***juridique***, qui se rapporte au droit ;
- ***légal***, qui est prescrit par la loi.

⇨ judicieux.

JUDO n. m.
Sport de combat. *Pratiquer le judo. Mishima est ceinture noire de judo : c'est un judoka.*

JUDOKA n. m. et f. (pl. *judokas*)
Personne qui pratique le judo. *Des judokas expérimentés.*
☞ Ce nom conserve la même forme au masculin et au féminin.

JUGE n. m. et f.
Personne dont la profession est de rendre la justice et d'appliquer les lois. *Un juge de la Cour d'appel, une juge de la Cour suprême.*
LOCUTION
– ***Être (à la fois) juge et partie.*** Avoir un pouvoir de décision dans une affaire où l'on a des intérêts. *Dans cette histoire, ils sont juge et partie.*
Cette expression est généralement invariable.

JUGÉ ou **JUGER** n. m.
– ***Au jugé*** ou ***au juger,*** loc. adv. À première vue. *Au jugé ou au juger, cet immeuble mesure 15 m de hauteur.* SYN. approximativement.
Le mot ne s'emploie que dans cette locution.

JUGEMENT n. m.
1. Décision à caractère juridictionnel émanant d'un juge ou d'un arbitre (Recomm. off.). *Le jugement a été sévère.* SYN. décision.
Le terme ***jugement,*** pris dans un sens restreint, désigne les décisions rendues par les tribunaux du premier degré de juridiction et s'oppose au terme ***arrêt*** qui désigne les jugements d'une cour d'appel. Entendu dans son sens le plus large, le terme ***jugement*** désigne tous les actes par lesquels une juridiction termine une instance ou intervient au cours de celle-ci pour régler un incident. Le jugement d'un arbitre est appelé ***sentence arbitrale*** (GDT).
2. Opinion favorable ou défavorable. *Porter un jugement sur un livre.* SYN. critique.
3. Faculté de l'esprit qui permet de juger. *Vous avez fait preuve de beaucoup de jugement. Avoir du jugement.* SYN. discernement.

JUGEOTE n. f.
(FAM.) Bon sens. *Hélas ! il manque de jugeote.* SYN. jugement.
jugeote, un seul ***t.***

JUGER v. tr., pronom.
VERBE TRANSITIF DIRECT
1. Rendre la justice, régler une mésentente en qualité de juge. *Juger une affaire.* SYN. décider ; statuer.
2. Porter un jugement sur. *Ne le juge pas sur les apparences. Il le juge honnête.* SYN. évaluer.
3. Trouver, estimer. *Il a jugé utile de préparer ce dossier.*
VERBE TRANSITIF INDIRECT
Apprécier. *Il n'est pas facile de juger de la hauteur de cet arbre.* SYN. évaluer ; jauger.
En ce sens, le verbe se construit avec la préposition ***de.***
VERBE PRONOMINAL
Porter un jugement sur soi. *Elles se sont jugées perdues.* SYN. se croire ; s'estimer.
À la forme pronominale, le participe passé de ce verbe s'accorde toujours en genre et en nombre avec son sujet. *Ces personnes se sont jugées en danger.*
LOCUTION
– ***Juger que.*** Estimer. *Elle juge que vous avez raison, que vous pourriez avoir raison. Elle ne juge pas que vous ayez raison.* SYN. considérer ; croire.
Le verbe qui suit se met à l'indicatif ou au conditionnel dans une phrase affirmative, au subjonctif dans une phrase négative.
CONJUGAISON : VOIR MODÈLE CHANGER.
Le ***g*** est suivi d'un ***e*** devant les lettres ***a*** et ***o.*** *Il jugea, nous jugeons.*

JUGULAIRE adj. et n. f.
ADJECTIF
Qui appartient à la gorge. *La veine jugulaire.*
NOM FÉMININ
Courroie qui passe sous le menton. *Ce casque est retenu par une jugulaire.*

JUGULER v. tr.
Arrêter le développement de quelque chose. *Juguler l'inflation.* SYN. enrayer ; maîtriser.
CONJUGAISON : VOIR MODÈLE AIMER.

JUIF, JUIVE adj. et n. m. et f.
ADJECTIF
Relatif aux Juifs. *La religion juive.*
L'adjectif s'écrit avec une minuscule.
NOM MASCULIN ET FÉMININ
1. De religion juive. *Un juif pratiquant.*
En ce sens, le nom s'écrit avec une minuscule.
2. Qui appartient au peuple juif. *Un Juif russe.*
En ce sens, le nom s'écrit avec une majuscule.

JUILLET n. m.
Septième mois de l'année. *Le 31 juillet, elle a eu 21 ans.*
Les noms de mois s'écrivent avec une minuscule.
VOIR TABLEAU – DATE.

JUIN n. m.
Le mot rime avec ***brin.*** Au Québec, le mot rime couramment avec ***brun.***
Sixième mois de l'année. *Le 27 juin.*
Les noms de mois s'écrivent avec une minuscule.
VOIR TABLEAU – DATE.

JUJUBE n. m.
1. Fruit du jujubier.
2. Pâte extraite de ce fruit. *Aimer les jujubes.*

JUJUBIER n. m.
Arbuste épineux produisant le jujube.

JULIENNE n. f.
Préparation de légumes en filaments minces.

***JUMBO JET**
Anglicisme pour ***avion gros-porteur.***

JUMEAU, ELLE adj. et n. m. et f. (pl. *jumeaux*)
ADJECTIF ET NOM MASCULIN ET FÉMININ
Se dit des enfants nés d'un même accouchement. *Des frères jumeaux, des sœurs jumelles.*
Le nom peut s'employer au singulier. *Louis est le jumeau de Guy.*
ADJECTIF
Se dit de deux choses semblables. *Des lits jumeaux. Des maisons jumelles.*
LOCUTIONS
– ***Faux jumeaux.*** Jumeaux issus de deux ovules distincts, fécondés simultanément par deux spermatozoïdes différents, et ayant des placentas séparés (GDT). SYN. jumeaux dizygotes.
– ***Vrais jumeaux.*** Jumeaux issus de la fécondation d'un seul ovule par un seul spermatozoïde, suivie d'une division du zygote en deux moitiés (GDT). *Ils se ressemblent comme deux gouttes d'eau : ce sont de vrais jumeaux* (et non des jumeaux *identiques). SYN. jumeaux monozygotes.

JUMELAGE n. m.
Le ***e*** central se prononce ou non, [ʒymlaʒ, ʒyməlaʒ].
Action de jumeler. *Le jumelage de deux villes.*
jumelage.

JUMELÉ, ÉE adj.
Disposé par couples. *Des fenêtres jumelées.*
LOCUTIONS
– ***Maison jumelée.*** Maison attenante à une autre maison par un mur mitoyen (GDT). *De nouvelles maisons jumelées* (et non *semi-détachées).
– ***Ville jumelée.*** Ville ayant été associée à une autre ville d'un pays différent en vue de favoriser des échanges. *Barcelone et Dunkerke sont des villes jumelées.*

JUMELER v. tr., pronom.
Le *e* central se prononce ou non, [ʒymle, ʒyməle].
VERBE TRANSITIF
1. Réunir et favoriser les échanges entre deux groupes, deux ensembles. *Les enseignants jumellent des classes.*
2. Associer des villes étrangères. *Jumeler Outremont et Le Vésinet* ou *avec Le Vésinet. Ce sont des villes jumelées.*
VERBE PRONOMINAL
Faire l'objet d'un jumelage. *Des villes québécoises et françaises se sont jumelées.*
À la forme pronominale, le participe passé de ce verbe s'accorde toujours en genre et en nombre avec son sujet. *Elles se sont jumelées.*
CONJUGAISON : VOIR MODÈLE APPELER.
Redoublement du *l* devant un *e* muet. *Je jumelle, je jumellerai,* mais *je jumelais.*
jumeler.
[Les *Rectifications* (1990) admettent : il jumèle, jumèlera, jumèlerait...]

JUMELLE n. f.
(GÉN. AU PLUR.) Instrument d'optique composé de deux lunettes. *Se servir d'une jumelle pour observer une course. Des jumelles de spectacle.*
Pour désigner l'instrument d'optique, ce nom s'emploie le plus souvent au pluriel, mais le singulier est possible.

JUMENT n. f.
Femelle du cheval. *La jument rousse a eu un poulain.*
VOIR TABLEAU – ANIMAUX.

JUNGLE n. f.
Les lettres ***un*** se prononcent ***un*** ou ***on,*** [ʒœ̃gl, ʒɔ̃gl].
1. Forêt tropicale. *Les lions vivent dans la jungle.*
2. (FIG.) Société où règne la loi du plus fort. *La jungle new-yorkaise.*
LOCUTION
– ***La loi de la jungle.*** La loi de la sélection naturelle, la loi du plus fort. *Dans l'univers de la finance, c'est la loi de la jungle qui règne.*

JUNIOR adj. inv. en genre et n. m. et f.
ADJECTIF INVARIABLE EN GENRE
Qui est destiné aux jeunes. *La mode junior.*
NOM MASCULIN ET FÉMININ
Jeune, adolescent. *Les juniors adorent ce groupe.*
FORMES FAUTIVES
*junior. Anglicisme au sens de ***débutant.*** *Nous embaucherons un commis débutant* (et non *junior). *C'est un apprenti plombier* (et non un *plombier junior).
*junior. Anglicisme au sens de ***fils.*** *Paul Beauchemin fils* (et non *Paul Beauchemin junior).

***JUNK FOOD**
Anglicisme pour ***malbouffe.***

***JUNK MAIL, JUNK E-MAIL**
Anglicisme pour ***publicité importune, pourriel.***

JUNTE n. f.
Les lettres ***un*** se prononcent ***un,*** [ʒœ̃t].
Nom donné à certains gouvernements militaires.

JUPE n. f.
Partie de l'habillement féminin qui descend de la ceinture à la jambe. *Des jupes écossaises. Des jupes-culottes pratiques pour faire de l'équitation.*

JUPETTE n. f.
Jupe très courte. *Les jupettes sont à la mode cet été.*

JUPON n. m.
Vêtement de dessous. *Un jupon de dentelle.*

JURÉ n. m.
JURÉE n. f.
Membre d'un jury. *Les jurés délibèrent.*
Ne pas confondre avec le nom ***jury,*** ensemble des jurés.

JURER v. tr., intr., pronom.
VERBE TRANSITIF
Affirmer par serment. *Ils jurent qu'ils sont innocents.* SYN. attester.
VERBE INTRANSITIF
1. Blasphémer. *Il jure comme un charretier.* SYN. sacrer.
2. Être peu harmonieux. *Ce jaune jure avec ce rouge.* SYN. détonner.
VERBE PRONOMINAL
Se promettre. *Elle s'est juré qu'elle gagnerait son pari. L'amitié qu'ils se sont jurée.*
À la forme pronominale, le participe passé de ce verbe s'accorde en genre et en nombre avec le complément direct si celui-ci le précède. *La fidélité qu'ils se sont jurée.* Le participe passé reste invariable si le complément direct suit le verbe. *Elle s'est juré qu'elle atteindrait son objectif.*
CONJUGAISON : VOIR MODÈLE AIMER.

JURICOMPTABILITÉ n. f.
Discipline qui se préoccupe des liens pouvant exister entre des faits économiques et des problèmes juridiques de nature criminelle ou civile (GDT). *Le spécialiste de la juricomptabilité peut être amené à agir à titre de témoin expert dans le cadre d'un procès.*

JURIDICTION n. f.
1. Tribunal, pouvoir des personnes qui ont le droit de juger. *Le juge a pleine juridiction.* SYN. compétence ; ressort.
2. Ensemble de tribunaux de même nature. *Des juridictions administratives.*
3. Tribunal devant lequel une affaire est portée.
FORME FAUTIVE
*juridiction. Anglicisme au sens de ***compétence, autorité, ressort, territoire, champ d'application.*** *Les questions éducatives sont de compétence* (et non *juridiction) *provinciale.*

JURIDICTIONNEL, ELLE adj.
Relatif à une juridiction, au fait de juger. *Exercer un pouvoir juridictionnel.*

JURIDIQUE adj.
Qui se rapporte au droit. *Un conseiller juridique* (et non un *aviseur légal).
Ne pas confondre avec les mots suivants :
- ***judiciaire,*** qui se rapporte à l'organisation de la justice ;
- ***judicieux,*** sage, raisonnable ;
- ***légal,*** conforme à la loi.

JURIDIQUEMENT adv.
De façon juridique, selon le droit. *Se trouver juridiquement dans son droit.*

JURILINGUISTE n. m. et f.
Linguiste spécialiste de la terminologie juridique (Termium). *« De la nécessité de raccorder sur le plan terminologique deux langues et deux systèmes juridiques cohabitant à l'intérieur des mêmes frontières, naîtront de nouvelles professions de spécialistes hybrides : le* jurilinguiste, *le* terminologue-juriste *(ou* juriste-terminologue*) et le* terminologue juridique*»* (Jean Delisle, *La Terminologie au Canada, histoire d'une profession*).

JURILINGUISTIQUE n. f.
« Étude linguistique de deux ou plusieurs systèmes juridiques et leurs rapports au niveau du discours » (Jacques Boissy et John Humbley, *Cahier de termes nouveaux*). SYN. linguistique juridique.

JURISPRUDENCE n. f.
Le *s* se prononce, [ʒyrisprydɑ̃s].
Ensemble des décisions des tribunaux sur une question.
jurisprudence.

JURISPRUDENTIEL, IELLE adj.
Qui appartient à la jurisprudence.
jurisprudentiel.

JURISTE n. m. et f.
Spécialiste des questions juridiques.

JURON n. m.
Exclamation dont on se sert pour jurer. « *Bout de Bobinette !* » *est son juron préféré.*

JURY n. m. (pl. *jurys*)
1. Ensemble des jurés, dans une affaire judiciaire. *Le jury est unanime : l'accusé est non coupable.*
2. Ensemble d'examinateurs. *Le jury a décerné le premier prix à cet ouvrage.*
Ne pas confondre avec le nom ***juré,*** membre d'un jury.

JUS n. m.
1. Liquide contenu dans une substance végétale. *Je boirais bien un grand verre de jus de pamplemousse.*
2. Substance résultant de la cuisson d'une viande. *Un bon rôti dans son jus.*
Le complément du nom ***jus*** s'écrit surtout au singulier. *Du jus d'orange, de pomme, de tomate, de raisin.* Par contre, le complément est toujours au pluriel dans ***jus de fruits, jus de légumes.***

JUSQUE prép.
1. La préposition marque une limite, un terme final de lieu ou de temps. *Ils iront jusqu'à Montréal. Elle travaillera jusqu'au soir.*
La préposition se construit le plus souvent avec ***à.*** *Boris marcha jusqu'à la forêt. J'irai jusqu'au bout.* Elle peut aussi être suivie d'un adverbe ou d'une autre préposition. *Jusqu'ici, jusque-là, jusque chez lui.*
VOIR TABLEAU – ÉLISION.
2. ***Jusque*** + sujet ou complément direct. Y compris, même. *Il irait jusqu'à pleurer pour les convaincre.*
LOCUTIONS
– ***Jusqu'à ce que,*** loc. conj. Jusqu'au moment où. *Elena cherchera jusqu'à ce qu'elle finisse par trouver.*
Le verbe se construit au subjonctif pour marquer l'incertitude. Pour exprimer une idée de réalisation effective, on emploie la locution conjonctive ***jusqu'au moment où*** suivie de l'indicatif. *Yan cherchera jusqu'au moment où elle trouvera.*
– ***Jusqu'alors,*** loc. prép. Jusqu'à ce moment. *Jusqu'alors, on s'était contenté de la lampe à huile.*
On réservera à la description d'évènements passés l'emploi de cette locution. Pour le présent, on emploiera plutôt ***jusqu'à présent, jusqu'à maintenant.***
– ***Jusqu'à tant que,*** loc. conj. ⚜ Jusqu'à ce que.
La locution se construit avec un verbe au subjonctif. *Elle se reposera à la campagne jusqu'à tant qu'elle reprenne des forces.*
– ***Jusqu'aujourd'hui, jusqu'à aujourd'hui,*** loc. prép. Les deux formes sont également admises.
FORME FAUTIVE
*jusqu'à date. Calque de «*up to date*» pour ***jusqu'à présent, jusqu'à ce jour, jusqu'ici, jusqu'à maintenant.***

JUSTAUCORPS n. m.
1. (ANCIENN.) Pourpoint.
2. Maillot de gymnastique. *Des danseuses en justaucorps* (et non en *body).
justaucorps, en un seul mot.

JUSTE adj., adv. et n. m.
1. Qui est équitable, qui est conforme à la justice, à la règle. *Une personne juste, une réponse juste, un juste.*
2. Exact. *Donner l'heure juste* (au propre et au figuré).
1. Avec justesse. *Ils chantent juste. Elle a deviné juste.*
2. Précisément. *Il est dix heures juste.*
Dans cet emploi, ***juste*** est un adverbe et il est donc invariable.
3. Seulement. *Elle vient juste de partir.* SYN. à l'instant.
LOCUTIONS
– ***Au juste,*** loc. adv. (FAM.) Exactement. *Il ne voyait pas au juste où l'on voulait en venir.*
– ***Tout juste,*** loc. adv. À peine. *Paulo a recueilli tout juste 15 points.*
Pris adverbialement, l'adjectif est invariable.

JUSTE-À-TEMPS n. m. inv.
Mode de gestion de la production caractérisée par la réduction des stocks grâce à un approvisionnement effectué seulement au moment où la production le requiert ainsi que par la fabrication des seules quantités commandées.

JUSTEMENT adv.
1. Avec raison. *Il a été justement réprimandé.* SYN. légitimement.
2. Précisément. *C'est justement ce qu'il fallait écrire.* SYN. exactement.
3. Avec justesse. *Cette phrase résume justement l'ouvrage.*

JUSTESSE n. f.
1. Qualité d'une chose conforme à ce qui doit être. *Chanter avec justesse.*
2. Précision, exactitude. *Il décrit la situation avec justesse. La justesse d'une description.*
LOCUTION
– ***De justesse,*** loc. adv. Tout juste, juste à temps.

JUSTICE n. f.
1. Équité, impartialité. *Il traite son personnel avec justice.*
2. Pouvoir de faire régner le droit. *La justice a le bras long.*
3. Ensemble des autorités chargées de l'administration de la justice. *Le palais de justice de Montréal.*
LOCUTIONS
– ***Rendre justice à quelqu'un.*** Reconnaître ses mérites.
– ***Se faire justice.*** Se venger.

JUSTICIABLE adj. et n. m. et f.
ADJECTIF
1. Qui relève de la justice d'un pays, compétence des tribunaux d'un État. *Ces trafiquants sont justiciables des tribunaux canadiens.*
2. (FIG.) Qui a l'obligation de rendre compte de, de répondre de ses actes. *Être justiciable de ses choix budgétaires.*
NOM MASCULIN ET FÉMININ
Personne qui relève des tribunaux, de la justice d'un État. *Traiter équitablement les justiciables. Les justiciables du Canada ont tous droit à la présomption d'innocence.*

JUSTICIER, IÈRE adj. et n. m. et f.
Qui agit en redresseur de torts.

JUSTIFIABLE adj.
Qui peut être justifié, motivé. *Une décision justifiable.* SYN. défendable. ANT. injustifiable.

JUSTIFICATIF, IVE adj. et n. m.
ADJECTIF
Qui légitime. *Des pièces justificatives.*
NOM MASCULIN
1. Document qui sert à prouver ce qu'on allègue. *Pour le remboursement, il faut présenter un justificatif.* SYN. pièce justificative.
2. Exemplaire (d'un journal, d'une revue, etc.) adressé aux personnes qui ont fait insérer une annonce.

JUSTIFICATION n. f.
1. Preuve, excuse. *Avez-vous des justifications ?*
2. (IMPRIM.) (INFORM.) Opération consistant à aligner un texte entre deux marges.

JUSTIFIER v. tr., pronom.
VERBE TRANSITIF DIRECT
1. Disculper (une personne). *Justifier un collègue auprès de la direction.* SYN. acquitter ; innocenter.

2. Légitimer (une chose). *La fin justifie les moyens* (Proverbe). *Justifier une décision.* SYN. autoriser.
3. (IMPRIM.) Effectuer la justification d'un texte imprimé.
VERBE TRANSITIF INDIRECT
Donner la preuve de. *Les candidats devront justifier de plusieurs années d'expérience.*
Cette construction est juridique ou administrative.
VERBE PRONOMINAL
Prouver son innocence, dégager sa responsabilité. *Vous n'avez pas à vous justifier.*
À la forme pronominale, le participe passé de ce verbe s'accorde toujours en genre et en nombre avec son sujet. *Elle s'est justifiée en affirmant qu'elle ignorait tout de ce qui se tramait.*
FORME FAUTIVE
*Être justifié de (dire, faire, etc.) quelque chose. Calque de «*to be justified in saying, doing, etc.*» pour ***être en droit de, avoir de bonnes raisons pour, avoir raison de.*** *Ils sont en droit* (et non *justifiés) *de penser que le contrat est rompu.*
CONJUGAISON : VOIR MODÈLE ÉTUDIER.
Redoublement du ***i*** à la première et à la deuxième personne du pluriel de l'indicatif imparfait et du subjonctif présent. *(Que) nous justifiions, (que) vous justifiiez.*

JUTE n. m.
1. Plante herbacée dont on tire une fibre qui permet de tisser des étoffes grossières.
2. Fibre textile grossière. *Confectionner une poche avec du jute.*
Attention au genre masculin de ce nom : ***le*** jute.

JUTEUX, EUSE adj.
1. Qui contient beaucoup de jus. *Des oranges bien juteuses.*
2. (FIG.) (FAM.) Qui est bien payant. *Une affaire juteuse.* SYN. lucratif; rémunérateur.
juteux.

JUVÉNILE adj.
Propre à la jeunesse. *Un enthousiasme juvénile.* SYN. jeune.
FORME FAUTIVE
*juvénile. Anglicisme au sens de ***mineur.*** *Le policier a cru qu'il s'agissait d'une mineure* (et non d'une *juvénile).
juvénile.

JUXTAPOSABLE adj.
Que l'on peut juxtaposer. *Des modules juxtaposables.*

JUXTAPOSER v. tr., pronom.
VERBE TRANSITIF
Mettre une chose immédiatement à côté d'une autre. *Elle juxtapose des tissus, un imprimé et un papier peint* ou *l'imprimé au papier peint.* SYN. jumeler; rapprocher; réunir.
VERBE PRONOMINAL
Être placé à côté de. *Des couleurs qui se juxtaposent difficilement.*
À la forme pronominale, le participe passé de ce verbe s'accorde toujours en genre et en nombre avec son sujet. *Peu à peu, les maisons se sont juxtaposées les unes aux autres.*
CONJUGAISON : VOIR MODÈLE AIMER.

JUXTAPOSITION n. f.
Action de juxtaposer. *La juxtaposition de plusieurs couleurs.* SYN. assemblage.

K

K n. m. inv.
Onzième lettre de l'alphabet.

K
– *k,* symbole de ***kilo-***.
Le préfixe ***kilo-*** sert à la composition du multiple décimal et se juxtapose immédiatement au symbole de l'unité. *Kilomètre, km ; kilogramme, kg ; kilodollar, k$.*
– *K,* symbole de ***Kelvin.***
– *K,* symbole de ***potassium.***

K$
Symbole de ***kilodollar.***

kA
Symbole de ***kiloampère.***

KABBALE n. f.
Tradition juive de l'interprétation des Écritures.
HOM. ***cabale,*** complot.
kabbale.

KABYLE adj. et n. m. et f.
ADJECTIF ET NOM MASCULIN ET FÉMININ
De la Kabylie, en Algérie. *Un Kabyle, une Kabyle.*
T L'adjectif s'écrit avec une minuscule ; le nom, avec une majuscule.
NOM MASCULIN
Parler de Kabylie. *Ahmed parle le kabyle.*
T Le nom de la langue s'écrit avec une minuscule.
kabyle.

KAFKAÏEN, ÏENNE adj.
Qui rappelle l'univers absurde de Kafka. *Un cauchemar kafkaïen. Une bureaucratie kafkaïenne.*
kafkaïen.

KAISER n. m.
Le mot se prononce [kajzɛr].
Mot allemand signifiant « empereur ».

KAKATOÈS
VOIR – CACATOÈS.

KAKI adj. inv. et n. m.
NOM MASCULIN
1. Fruit à pulpe molle. *Manger des kakis.*
2. Couleur brun jaunâtre. *Des kakis très jolis.*
ADJECTIF DE COULEUR INVARIABLE
D'une couleur brun jaunâtre. *Des uniformes kaki.*
VOIR TABLEAU – COULEUR (ADJECTIFS DE).

KALÉIDOSCOPE n. m.
Cylindre que l'on fait tourner et dans lequel des morceaux mobiles de verre de diverses couleurs composent des images symétriques et variées à l'aide d'un jeu de miroirs.
kal**é**idoscope.
[Les *Rectifications* (1990) admettent : caléidoscope.]

KAMIKAZE adj. et n. m.
Le ***e*** final est muet ou se prononce ***é,*** [kamikaz, kamikaze].
ADJECTIF
Qui tient du suicide. *Un projet kamikaze.*
NOM MASCULIN
1. Avion-suicide japonais, piloté par un volontaire.
2. (FIG.) Personne qui offre sa vie pour la cause qu'elle défend. *Un kamikaze palestinien a fait exploser une bombe dans un café.*
3. (FIG.) Personne d'une grande témérité qui met sa vie et celle des autres en danger. *Les kamikazes du volant.*

KAN
VOIR – KHAN.

KANGOUROU n. m. (pl. *kangourous*)
Mammifère australien herbivore qui se déplace par bonds et dont la femelle a une poche ventrale qui lui permet d'abriter les petits après leur naissance, pendant environ six mois.
LOCUTION
– ***Sac kangourou.*** Sac attaché sur la poitrine et qui permet de transporter un bébé. *La jeune maman porte son nouveau-né dans son sac kangourou.*

KAOLIN n. m.
Argile fine à porcelaine provenant de la décomposition complète de feldspaths et de granits (GDT). *À cause de sa faible teneur en fer, le kaolin devient d'un blanc très pur à la cuisson.*
Ce terme est dérivé du mot chinois «*kao-ling*», qui signifie « montagne ».

KAPOK n. m.
Fibre végétale imperméable utilisée notamment pour les ceintures de sauvetage, le rembourrage des coussins.

KAPPA n. m. inv.
Lettre grecque.
[Les *Rectifications* (1990) admettent : des kappas.]

KARAOKÉ n. m.
1. Jeu collectif consistant à chanter à partir d'un accompagnement musical.
2. Établissement où l'on peut pratiquer le karaoké. *Des karaokés mal fréquentés.*

KARATÉ n. m.
Sport de combat japonais. *Mishima est ceinture noire de karaté et de judo : c'est un karatéka et un judoka.*

KARATÉKA n. m. et f.
Personne qui pratique le karaté. *Des karatékas chevronnés, chevronnées. Judith est une karatéka accomplie.*
Ce nom conserve la même forme au masculin et au féminin.

KARITÉ n. m.
Arbre d'Afrique équatoriale, dit ***arbre à beurre,*** dont les graines fournissent une substance grasse, le beurre de karité.

KARMA ou **KARMAN** n. m.
Destin, dans la religion hindouiste. *Il faut accepter son karma.*

KASCHER adj. inv.
Le ***r*** se prononce, [kaʃɛr]; l'adjectif rime avec ***cher.***
Se dit d'un aliment préparé conformément à la religion juive. *Une viande kascher, cachère, des gâteaux kascher, cachers.*
Cet adjectif s'orthographie également ***cacher, kasher, casher, cascher.***

KAYAK n. m.
1. Embarcation légère, de forme étroite et longiligne, effilée aux deux extrémités, propulsée à la pagaie double, en position assise (GDT). *Des kayaks légers, des kayaks de compétition.*
2. Sport pratiqué avec ce type d'embarcation. *Madeleine fait du kayak au lac Théodore.* SYN. kayakisme.
On distingue le kayak d'eaux vives, le kayak de course en ligne, le kayak de mer et de nouvelles pratiques de loisir tels le kayak de vagues, le kayak polo, le kayak court (GDT).

KAYAKISME n. m.
Sport pratiqué avec le kayak. *Avez-vous déjà expérimenté le kayakisme de mer ?* SYN. kayak.

KAYAKISTE n. m. et f.
Personne pratiquant le sport du kayak. *Les kayakistes expérimentés adorent descendre ces rapides.*

K€
Symbole de ***kiloeuro.***

KELVIN (DEGRÉ) n. m.
Le ***n*** se prononce [kɛlvin].
Symbole °***K*** (s'écrit sans point).
Unité de mesure de température thermodynamique. *Des degrés Kelvin.*
[T] Le symbole ***K*** suit le symbole de degré ° sans espace et s'écrit sans point abréviatif. Les deux symboles sont séparés du nombre par un espace, aussi bien pour le nombre entier que pour le nombre décimal. *50 °K, 90,5 °K.* Le mot ***Kelvin*** est un nom propre qui s'écrit avec une majuscule.

KENYAN, ANE adj. et n. m. et f.
Du Kenya. *Le drapeau kenyan. Un Kenyan, une Kenyane.*
[T] L'adjectif s'écrit avec une minuscule; le nom, avec une majuscule.

KÉPI n. m.
Coiffure rigide munie d'une visière. *Des képis militaires.*

KERMESSE n. f.
Fête de bienfaisance. *Des kermesses annuelles.*

KÉROSÈNE n. m.
Carburant servant à l'alimentation des réacteurs (avions, fusées).

KETCHUP n. m.
Le mot se prononce à l'anglaise, [kɛtʃɔp, kɛtʃœp]; au Québec, la première syllabe se prononce comme dans ***quête,*** la seconde comme dans ***chope.***
Sauce à base de tomates. *Des ketchups épicés.*

kF
Symbole de ***kilofranc.***

kg
Symbole de ***kilogramme.***

KGB
Sigle de ***Komitet Gosudarstvennoye Bezopastnosti*** (police secrète soviétique).

KHALIFAT
VOIR – CALIFAT.

KHALIFE
VOIR – CALIFE.

KHAN
VOIR – KAN.

KHAN ou **KAN** n. m.
Le ***n*** ne se prononce pas, [kɑ̃]; le nom rime avec ***camp.***
1. Titre des anciens souverains mongols et tartares, puis des chefs de la Turquie et du Proche-Orient. *L'agha Khan.*
2. Étape des caravanes.

KHI n. m. inv.
Lettre grecque.
[Les *Rectifications* (1990) admettent : des khis.]

KHMER, KHMÈRE adj. et n. m. et f.
ADJECTIF ET NOM MASCULIN ET FÉMININ
Relatif à la population d'origine indienne qui habite le Cambodge. *Un Khmer, une Khmère. Une coutume khmère.*
NOM MASCULIN
Langue des Khmers. *Phala parle le khmer.*
[T] Le nom de la langue s'écrit avec une minuscule.
[T] L'adjectif s'écrit avec une minuscule; le nom, avec une majuscule.

KHÔL
VOIR – KOHOL.

kHz
Symbole de ***kilohertz.***

KIBBOUTZ n. m. (pl. *kibboutz* ou *kibboutzim*)
Le nom se prononce [kibuts]; les lettres ***t*** et ***z*** sont sonores.
En Israël, exploitation agricole collective.
kibboutz.

KIDNAPPER v. tr.
Enlever un enfant, une personne en vue d'obtenir une rançon.
On préférera l'emploi du verbe ***enlever*** à ce verbe emprunté à l'anglais.
CONJUGAISON : VOIR MODÈLE AIMER.

KIDNAPPING n. m.
Enlèvement d'un enfant, d'une personne en vue d'obtenir une rançon.
On préférera l'emploi des noms ***enlèvement*** ou ***rapt*** à ce nom emprunté à l'anglais.

KIF-KIF ou **KIFKIF** adj. inv.
Mot arabe signifiant « comme comme ».
(FAM.) Pareil. *Bonnet blanc, blanc bonnet, c'est kif-kif.*

KILO n. m.
Abréviation familière de ***kilogramme.*** *Perdre des kilos.*

KILO- préf.
Élément du grec signifiant « mille ».
Symbole ***k*** (s'écrit sans point).
Préfixe qui multiplie par 1000 l'unité qu'il précède.
Sa notation scientifique est 10^3.
VOIR TABLEAU – MULTIPLES ET SOUS-MULTIPLES DÉCIMAUX.
Le préfixe ***kilo-*** sert à la composition du multiple décimal et se juxtapose immédiatement au symbole de l'unité. *Kilomètre, km; kilogramme, kg; kilodollar, k$.*

KILOAMPÈRE n. m.
Symbole ***kA*** (s'écrit sans point).
Unité d'intensité de courant électrique de 1000 ampères.

KILODOLLAR n. m. (pl. *kilodollars*)
Symbole ***k$*** (s'écrit sans point).
Mille dollars. *Un salaire de 100 kilodollars, de 100 k$ par année.*

KILOEURO n. m. (pl. *kiloeuros*)
Symbole ***k€*** (s'écrit sans point).
Mille euros. *Un salaire de 350 kiloeuros par an.*

KILOGRAMME n. m. (pl. *kilogrammes*)
Symbole ***kg*** (s'écrit sans point).
Unité de masse de 1000 grammes. *Ce rôti pèse deux kilogrammes, deux kilos.*
[T] Ce nom s'abrège familièrement en ***kilo***.

KILOHERTZ n. m. (pl. *kilohertz*)
Le nom se prononce [kiloɛrts].
Symbole ***kHz*** (s'écrit sans point).
Unité de fréquence des ondes.

KILOMÉTRAGE n. m.
Nombre de kilomètres parcourus. *Au cours de ce voyage, nous avons fait beaucoup de kilométrage.*
Au Québec, on a employé jusqu'à l'adoption du système métrique le nom ***millage*** qui signifie « nombre de milles parcourus ».

KILOMÈTRE n. m. (pl. *kilomètres*)
Symbole ***km*** (s'écrit sans point).
Mesure de longueur de mille mètres. *La prochaine ville est à dix kilomètres.*
LOCUTIONS
– ***Kilomètre carré*** s'abrège en ***km²***.
– ***Kilomètre cube*** s'abrège en ***km³***.
– ***Kilomètre par heure, kilomètre à l'heure.*** Nombre de kilomètres parcourus en une heure.
[T] Cette expression s'abrège en ***km/h*** (s'écrit sans points).
Notées en toutes lettres, les unités de mesure sont suivies des prépositions ***par*** ou ***à*** pour exprimer la division. *On ne doit pas rouler à plus de 100 kilomètres par heure, 100 kilomètres à l'heure.* À la suite du symbole de l'unité de mesure, c'est la barre oblique qui est employée. 100 km/h.

KILOMÉTRER v. tr.
1. Garnir de bornes kilométriques. *Kilométrer une route.*
2. Dénombrer les kilomètres parcourus. *Kilométrer un itinéraire.*
CONJUGAISON : VOIR MODÈLE POSSÉDER.
Le ***é*** se change en ***è*** devant une syllabe contenant un ***e*** muet, sauf à l'indicatif futur et au conditionnel présent. *Je kilomètre,* mais *je kilométrerai.*
[Les *Rectifications* (1990) admettent : il kilomètrera, kilomètrerait...]

KILOMÉTRIQUE adj.
Relatif au kilomètre. *Un compteur kilométrique.*
kilométrique.

KILO-OCTET n. m. (pl. *kilo-octets*)
Abréviation ***ko*** (s'écrit sans points).
(INFORM.) Unité de capacité d'une mémoire égale à 1024 octets. *Une disquette de 800 kilo-octets* ou *de 800 ko.*
Le kilo-octet (ko) est une unité de mesure correspondant à environ mille octets, soit 2^{10} octets ; le mégaoctet (Mo), une unité de mesure équivalant à environ un million d'octets, soit 2^{20} octets, et le gigaoctet (Go), une unité de mesure représentant environ un milliard d'octets, soit 2^{30} octets.
Pour uniformiser l'utilisation du préfixe ***kilo***, il serait préférable d'écrire ce nom sans trait d'union sur le modèle des multiples décimaux des unités de mesure. *Des kiloampères.*

KILOPASCAL n. m. (pl. *kilopascals*)
Symbole ***kPa*** (s'écrit sans point).
Unité de pression de 1000 pascals.

KILOTONNE n. f. (pl. *kilotonnes*)
Unité de puissance explosive des charges nucléaires correspondant à l'énergie produite par l'explosion de 1000 tonnes de TNT.

KILOVOLT n. m. (pl. *kilovolts*)
Symbole ***kV*** (s'écrit sans point).
Unité de tension électrique de 1000 volts.

KILOWATT n. m. (pl. *kilowatts*)
Symbole ***kW*** (s'écrit sans point).
Unité de puissance de 1000 watts.

KILOWATTHEURE n. m. (pl. *kilowattheures*)
Symbole ***kWh*** (s'écrit sans point).
Unité d'énergie ou de travail équivalant au travail accompli pendant une heure par une machine d'une puissance de 1000 watts.

KILT n. m.
Les lettres ***lt*** se prononcent, [kilt].
Jupe plissée en tissu écossais. *Des kilts colorés.*

KIMONO adj. inv. et n. m.
NOM MASCULIN
Vêtement japonais à larges manches et qui se croise à l'avant. *De beaux kimonos et leur ceinture, des obis.*
ADJECTIF INVARIABLE
À la manière d'un kimono. *Des manches kimono, des robes kimono.*

KINÉSI- préf.
Élément du grec signifiant « mouvement ». *Kinésithérapie.*

KINÉSITHÉRAPEUTE n. m. et f.
Personne qui donne des soins corporels thérapeutiques, tels que les mouvements actifs, passifs et contrariés, en vue de soulager les douleurs musculaires ou articulaires dues à un traumatisme, à une mauvaise posture ou à l'inactivité physique (GDT).
kinésit**h**érapeute.

KINÉSITHÉRAPIE n. f.
Emploi thérapeutique des mouvements actifs et passifs (GDT).
La kinésithérapie, qui est très répandue en France, est une discipline distincte de la physiothérapie pratiquée en Amérique du Nord et ailleurs dans le monde (GDT).
kinésit**h**érapie.

KIOSQUE n. m.
Petit pavillon de jardin. *Les enfants jouent dans le kiosque au bord du fleuve.* SYN. belvédère ; gloriette.
LOCUTIONS
– ***Kiosque à journaux, à fleurs.*** Abri pour la vente des journaux, des fleurs.
– ***Kiosque à musique.*** Petit pavillon destiné à abriter les musiciens d'un concert public dans un parc.
FORME FAUTIVE
*kiosque. Impropriété au sens de ***stand***.

KIOSQUIER n. m.
KIOSQUIÈRE n. f.
Personne qui tient un kiosque à journaux, à fleurs.

KIP n. m.
Unité monétaire du Laos. *Des kips.*
VOIR TABLEAU – SYMBOLES DES UNITÉS MONÉTAIRES.

KIR n. m.
Apéritif composé de vin blanc et de sirop de cassis. *Des kirs bien frais.*
LOCUTION
– ***Kir royal.*** Apéritif composé de champagne et de sirop de cassis. *Des kirs royaux.*
[T] Le nom de cette boisson qui provient de son créateur, le chanoine Kir, s'écrit avec une minuscule.

KIRSCH n. m.
Les consonnes finales se prononcent, [kirʃ].
Eau-de-vie extraite des cerises. *De l'ananas au kirsch. Des kirschs de qualité.*
Ne pas confondre avec le nom ***kitsch,*** qui se dit d'un style très chargé et baroque.
[Les *Rectifications* (1990) admettent : kirch.]

KIT n. m. (pl. *kits*)
Le ***t*** se prononce, [kit]; le nom rime avec ***quitte.***
Objet vendu en pièces détachées et que l'on peut assembler soi-même. *Des kits pour enfants. Des bibliothèques vendues en kit.*
Le nom ***prêt-à-monter*** a fait l'objet d'une recommandation officielle pour remplacer cet emprunt à l'anglais couramment utilisé.

KITCHENETTE n. f.
Anglicisme utilisé en France pour ***cuisinette.***

***KITESURF**
Anglicisme pour ***surf cerf-volant.***

KITSCH adj. et n. m.
Les consonnes finales se prononcent, [kitʃ].
Se dit d'un style très chargé et baroque. *Des maisons très kitsch* ou *kitschs. Elles sont d'un kitsch achevé.*
Ne pas confondre avec le mot ***kirsch,*** eau-de-vie de cerises.

KIWI n. m.
Fruit à pulpe verte. *Des kiwis savoureux.*

KLAXON n. m.
Le ***n*** se prononce ou non, [klaksɔn, klaksɔ̃].
Avertisseur. *Des coups de klaxon.*

KLAXONNER v. tr., intr.
VERBE TRANSITIF
(FAM.) Faire fonctionner un klaxon à l'intention d'une personne, d'un véhicule. *J'en ai assez de me faire klaxonner !*
VERBE INTRANSITIF
Actionner un klaxon. *Il est interdit de klaxonner près des hôpitaux.*
CONJUGAISON : VOIR MODÈLE AIMER.

***KLEENEX**
Marque déposée pour ***papier-mouchoir, mouchoir de papier.***

KLEPTOMANE ou **CLEPTOMANE** n. m. et f.
Personne atteinte de kleptomanie.

KLEPTOMANIE ou **CLEPTOMANIE** n. f.
Tendance irrépressible au vol.

km
Symbole de ***kilomètre.***

km/h
Symbole de ***kilomètre par heure, kilomètre à l'heure.***

KNOCK-OUT adj. et n. m. (pl. *knock-out* ou *knock-outs*)
Abréviation ***K.-O.***
Mise hors de combat d'un boxeur. *Ils sont knock-out* ou *knock-outs. Ce boxeur a perdu par knock-out.*
[Les *Rectifications* (1990) admettent : un knockout, des knockouts.]

***KNOW-HOW**
Anglicisme pour ***savoir-faire.***

ko
Symbole de ***kilo-octet.***

K.-O. adj. inv. et n. m. inv.
Abréviation de ***knock-out.***

KOALA n. m.
Mammifère grimpeur vivant en Australie. *Des koalas espiègles.*

***KODAK**
Marque déposée désignant un appareil photographique de cette marque.
On emploie plutôt les termes ***appareil photo*** ou ***appareil photographique.***

KOHOL ou **KHÔL** n. m.
Ce mot se prononce ***co-ol*** ou ***col,*** [kɔɔl, kɔl].
Fard pour les yeux. *Mettre du kohol* ou *khôl sur ses cils.*
[Les *Rectifications* (1990) admettent : khol.]

KOINÈ n. f.
La première syllabe se prononce comme s'il y avait un tréma sur le ***i*** et le ***è*** se prononce ***è*** ou ***é.***
Dans une région donnée, langue commune adoptée par des locuteurs ayant des langues maternelles diverses.

KOLA ou **COLA** n. m.
1. Kolatier. *Graine de kola* ou *de cola.*
2. Fruit du kolatier. *Une boisson faite à partir de kola* ou *de cola.*

KOLATIER ou **COLATIER** n. m.
Arbre d'Afrique occidentale qui produit la noix de kola *ou* de cola.

KOPECK n. m.
Monnaie russe. *Des kopecks.*
LOCUTION
– ***Ne pas avoir un kopeck.*** Être sans le sou.
kope**ck**.

KOULIBIAC n. m.
Pâté en croûte farci de viande ou de poisson, de légumes, de riz et d'œufs durs. *Le koulibiac est une spécialité russe connue en France depuis le* XIX*e siècle.*
Le mot est une déformation de l'allemand ***Kohlgeback,*** qui signifie « pâté au chou » (GDT).

KOWEÏTIEN, IENNE adj. et n. m. et f.
Du Koweït. *Le drapeau koweïtien. Un Koweïtien, une Koweïtienne.*
T L'adjectif s'écrit avec une minuscule ; le nom, avec une majuscule.

kPa
Symbole de ***kilopascal.***

KRACH n. m. (pl. *krachs*)
Les lettres ***ch*** se prononcent ***k,*** [krak] ; le nom rime avec ***crac.***
Effondrement de la Bourse.
HOM.
- ***crac !,*** interjection ;
- ***crack,*** as ;
- ***craque,*** mensonge.

kra**ch**.

KRAFT n. m.
Papier d'emballage. *Du papier kraft, du kraft.*

KSI n. m. inv.
Lettre grecque.

KUNG-FU n. m. inv.
Les ***u*** se prononcent ***ou;*** le nom rime avec ***fou,*** [kuŋfu].
Art martial chinois s'apparentant au karaté.

KURDE adj. et n. m. et f.
ADJECTIF ET NOM MASCULIN ET FÉMININ
Du Kurdistan. *Des clans kurdes. Un Kurde, une Kurde.*
T L'adjectif s'écrit avec une minuscule ; le nom, avec une majuscule.
NOM MASCULIN
Langue parlée au nord de l'Iran.
T Le nom de la langue s'écrit avec une minuscule.

kV
Symbole de ***kilovolt.***

kW
Symbole de ***kilowatt.***

kWh
Symbole de ***kilowattheure.***

KYRIELLE n. f.
Suite interminable, très grand nombre. *Une kyrielle de demandes.*
✏ kyrielle.

KYSTE n. m.
Tumeur ayant la forme d'une cavité et entourée d'une membrane. *Un kyste de l'ovaire.*
✏ kyste.

L

L n. m. inv.
Douzième lettre de l'alphabet.

L
– *l,* symbole de ***litre.***
– *L,* chiffre romain dont la valeur est de 50.
VOIR TABLEAU – CHIFFRES ROMAINS.

LA art. déf. et pron. pers.
ARTICLE DÉFINI
Déterminant défini qui s'emploie devant un nom féminin singulier désignant des personnes ou des choses connues, dont on a déjà parlé.
VOIR TABLEAU – DÉTERMINANT.
VOIR TABLEAU – LE, LA, LES, DÉTERMINANTS DÉFINIS.
PRONOM PERSONNEL
Pronom remplaçant un nom de personne ou de chose déterminé, déjà exprimé et qui est féminin singulier. *Cette orange, tu la dégusteras cet après-midi.*
VOIR TABLEAU – LE, LA, LES, PRONOMS PERSONNELS.

LA n. m. inv.
Sixième note de la gamme de ***do.***
[T] En typographie soignée, les notes de musique (***do*** ou ***ut, ré, mi, fa, sol, la, si***) se composent en italique ou en romain dans un texte en italique, mais jamais entre guillemets si l'on ne dispose pas d'italique. Les indications qui les accompagnent s'écrivent en romain (ou en italique, comme dans l'exemple qui suit, si la phrase est composée en italique). *Une étude en* sol *mineur, en* fa *dièse.* Lorsqu'il s'agit d'un titre d'œuvre (qui est donc déjà en italique), la note reste en italique. *Toccata et fugue en ré mineur de Bach.*

LÀ adv. et interj.
ADVERBE
Adverbe qui marque un lieu éloigné, un point d'arrêt. *Es-tu déjà allé là ? Restons-en là.*
INTERJECTION
Interjection employée pour apaiser, consoler. *Là, là ! Tout s'arrangera.*
[T] L'interjection est toujours suivie d'un point d'exclamation qui est souvent repris à la fin de la phrase. Si la phrase exclamative n'est pas complète, le mot qui suit le point d'exclamation s'écrit avec une minuscule initiale.
L'interjection est généralement redoublée.
VOIR TABLEAU – LÀ, ADVERBE ET INTERJECTION.

LÀ-BAS adv.
En un lieu situé plus loin. ANT. ici.
VOIR TABLEAU – LÀ, ADVERBE ET INTERJECTION.

LABEL n. m. (pl. *labels*)
Ce mot se prononce à la française, [labɛl] ; il rime avec ***bel.***
Marque apposée sur un produit pour en garantir la qualité, l'origine. *Des labels de qualité.* SYN. étiquette.

LABELLISATION ou **LABÉLISATION** n. f.
Action de labelliser. *La labellisation d'un digestif.*

LABELLISER ou **LABÉLISER** v. tr.
Accorder un label (à un produit). *Labelliser un fromage.*
CONJUGAISON : VOIR MODÈLE AIMER.

LABEUR n. m.
(LITT.) Travail pénible et prolongé. *Le patient labeur de la révision d'un dictionnaire.* SYN. ouvrage.

LABIAL, IALE, IAUX adj. et n. f.
ADJECTIF
Relatif aux lèvres. *Des muscles labiaux.*
NOM FÉMININ
Consonne qui se prononce avec les lèvres. *Les consonnes* b *et* p *sont des labiales.*

LABO n. m.
Abréviation familière de ***laboratoire.***

LABORANTIN n. m.
LABORANTINE n. f.
Personne qui effectue des travaux de laboratoire.
labor**a**ntin.

LABORATOIRE n. m.
1. Local aménagé pour des expériences, des recherches scientifiques, des analyses, des essais, etc. *Les cours de chimie et de physique se donnent au laboratoire. Les laboratoires ultramodernes de l'Institut neurologique de Montréal.*
2. Ensemble de chercheurs engagés dans un programme de recherches.
Familièrement, ce nom s'abrège en ***labo.***

LABORIEUSEMENT adv.
1. D'une manière laborieuse. *S'appuyant sur deux cannes, il s'avançait laborieusement.* SYN. difficilement ; péniblement.
2. D'une manière qui manque de spontanéité, par suite d'une recherche excessive. *Une démonstration effectuée laborieusement.*

LABORIEUX, IEUSE adj.
1. Qui sent l'effort, la recherche, qui manque d'invention, de spontanéité, de simplicité. *Un style laborieux.*
2. (LITT.) Qui demande beaucoup de temps et de travail. *Des recherches laborieuses.* SYN. difficile ; fastidieux ; fatigant ; pénible.

LABOUR n. m.
1. Travail de la terre. *Faire les labours. Le labour d'automne.*
2. Terre labourée. *Parcourir les labours.*

LABOURAGE n. m.
Action de labourer la terre. *Le labourage d'une terre.*

LABOURER v. tr.
1. Retourner la terre avec la charrue. *Alexis Labranche a sorti son cheval de la grange pour labourer son champ.*
2. (FIG.) Creuser des sillons, comme la charrue dans la terre. *« le front, comme un pré lourd, labouré par les soucis, les inquiétudes et les sueurs »* (Ringuet, *Trente Arpents*).
CONJUGAISON : VOIR MODÈLE AIMER.

LABOUREUR n. m.
1. Personne qui laboure.
2. (VX) Cultivateur.
Aujourd'hui, on emploie plutôt les noms ***agriculteur*** ou ***cultivateur.***

LABRADOR n. m.
Chien de chasse à poil ras. *De beaux labradors.*
[T] Le nom du chien s'écrit avec une minuscule ; le nom géographique, avec une majuscule. *Le courant froid du Labrador.*

LABYRINTHE n. m.
1. Réseau compliqué de chemins, de couloirs dont il est difficile de sortir. *À La Ronde, le Palais des glaces est un labyrinthe de miroirs.* SYN. dédale.
2. (FIG.) Ensemble de choses embrouillées difficiles à démêler. *Le labyrinthe des démarches administratives.* SYN. dédale ; écheveau ; enchevêtrement.
3. (ANAT.) Ensemble des structures de l'oreille interne.
labyrinthe.

LABYRINTHIQUE adj.
Qui est inextricable comme un labyrinthe. *La maison labyrinthique de lady Winchester en Californie.*

LABYRINTHITE n. f.
(MÉD.) Inflammation du labyrinthe de l'oreille interne.

LÀ, ADVERBE ET INTERJECTION

ADVERBE

- **L'adverbe marque :**
  - **un lieu éloigné.** *Es-tu allé **là** ?*

    Dans cet emploi, ***là*** est en opposition à l'adverbe ***ici*** qui marque la proximité. Dans les faits, les deux adverbes sont souvent confondus. *Berthe, je ne suis **là** pour personne.*
  - **un point d'arrêt.** *Restons-en **là**. Je ne croyais pas qu'on allait en venir **là**.*

    Pour désigner un objet éloigné de la personne qui parle, l'adverbe ***là*** se joint par un trait d'union au nom qui le précède si celui-ci est précédé d'un déterminant démonstratif. *Ce livre-**là**, cette raquette-**là**.* Il se joint également par un trait d'union au ***pronom démonstratif (celui-là, celle-là, ceux-là, celles-là)*** à certains adverbes ***(jusque-là, là-bas, là-dedans, là-dessous, là-haut)*** pour former des composés.
- **Locutions adverbiales (ou adverbes composés)**
  - ***Çà et là, par-ci, par-là.*** Par endroits. *Des fleurs sauvages poussent çà et là.*

    L'expression ***çà et là*** s'écrit sans traits d'union, mais ***par-ci, par-là*** s'écrit avec des traits d'union.
  - ***De là.*** De ce lieu-là, pour cette raison. *C'est de là qu'ils sont partis. Les premiers résultats étaient prometteurs ; de là, mon étonnement d'apprendre l'interruption des recherches.*
  - ***D'ici là.*** Entre ce moment et un autre moment postérieur. *J'attendrai votre retour, mais d'ici là donnez-moi de vos nouvelles.*

    Cette expression s'écrit sans trait d'union.
  - ***Jusque-là.*** Jusqu'à ce point. *La falaise est à 2 km d'ici, marcherez-vous jusque-là ?*
  - ***Là-bas.*** Plus loin. *Ils habitent là-bas, dans la vallée.*
  - ***Par là.*** Par ce lieu, par ce moyen. *Passons par là, ce sera plus court.*

    Cette expression s'écrit sans trait d'union.

INTERJECTION

Là ! L'interjection s'emploie, généralement redoublée, pour apaiser, consoler. ***Là, là !*** *Tout s'arrangera.*

- **Locutions interjectives (ou interjections composées)**
  - ***Eh là !*** Interpellation. *Eh là ! Venez m'aider, s'il vous plaît.*
  - ***Halte-là !*** Ordre de s'arrêter. *Halte-là !, leur cria le douanier.*
  - ***Oh là là !*** Exclamation qui marque l'étonnement, l'admiration. *Oh là là, quel beau jardin !*

LAC n. m.
Grande étendue d'eau douce entourée de terre. *Le lac des Deux-Montagnes, le lac Memphrémagog. Les Grands Lacs.*
[T] Le terme générique (***lac, rivière, mont, mer, océan,*** etc.) d'un nom géographique s'écrit avec une minuscule, tandis que le nom, l'adjectif qui en constitue l'élément spécifique prend la majuscule. *Le lac Théodore, le lac Noir.*
Ne pas confondre avec les noms suivants :
• ***bassin,*** pièce d'eau artificielle, réservoir ;
• ***étang,*** nappe d'eau de faible profondeur, souvent colonisée par la végétation ;
• ***nappe,*** vaste étendue d'eau plane, souvent souterraine.
VOIR TABLEAU – GÉOGRAPHIQUES (NOMS).

LAÇAGE n. m.
Action de lacer. *Le laçage des patins peut être long.*
laçage.

LACER v. tr., pronom.
VERBE TRANSITIF
Attacher avec un lacet. *Julia laçait ses chaussures.*
VERBE PRONOMINAL
Être attaché au moyen d'un lacet. *Ces patins se lacent facilement.*
À la forme pronominale, le participe passé de ce verbe s'accorde toujours en genre et en nombre avec son sujet. *Ses souliers se sont lacés en un clin d'œil.*
HOM. ***lasser,*** ennuyer.
CONJUGAISON : VOIR MODÈLE AVANCER.
Le ***c*** prend une cédille devant les lettres ***a*** et ***o***. *Il laça, nous laçons.*

LACÉRATION n. f.
1. Action de lacérer.
2. (MÉD.) Déchirure accidentelle des tissus cutanés.

LACÉRER v. tr.
Mettre en lambeaux. *Le chat a lacéré le tableau.* SYN. déchirer ; taillader.
CONJUGAISON : VOIR MODÈLE POSSÉDER.
Le ***é*** se change en ***è*** devant une syllabe contenant un ***e*** muet, sauf à l'indicatif futur et au conditionnel présent. *Je lacère,* mais *je lacérerai.*
[Les *Rectifications* (1990) admettent : il lacèrera, lacèrerait...]

LACET n. m.
Cordon qu'on passe dans des œillets pour attacher un vêtement, une chaussure, etc. *Nouer ses lacets, les défaire.*
LOCUTION
– ***Route en lacet, en lacets.*** (FIG.) Route en zigzag, avec de nombreux virages aigus.
Dans cette expression, le nom ***lacet*** s'écrit au singulier ou au pluriel.
lacet.

LÂCHE adj. et n. m. et f.
1. Pas assez serré, tendu. *Un nœud lâche* (et non *lousse).
2. Peureux. *Il se tait devant l'adversaire ; c'est un lâche.* SYN. couard ; froussard ; poltron ; veule.
3. Méprisable, vil. *Un geste lâche.* SYN. bas.
lâche.

LÂCHEMENT adv.
1. D'une manière lâche, sans être tendu. *Ses cheveux étaient retenus lâchement par un ruban.*
2. Avec bassesse. *On l'a lâchement attaqué par-derrière.*
3. Sans courage. *Ils ont fui lâchement.*
lâchement.

LÂCHER n. m.
Action de lâcher. *Un lâcher de colombes.*
Ce nom s'emploie dans les expressions ***lâcher de pigeons, de colombes, de ballons.***
lâcher.

LÂCHER v. tr., intr.
VERBE TRANSITIF
1. Desserrer. *Léa a lâché le ruban qui retenait ses cheveux.* SYN. détendre ; relâcher.
2. Cesser de tenir. *Il a lâché la corde.* SYN. laisser.
3. (FIG.) (FAM.) Délaisser, abandonner. *Tu ne peux pas lâcher tes copains.*
VERBE INTRANSITIF
Céder. *Le câble a lâché.* SYN. se casser ; se rompre.
LOCUTIONS
– ***Lâcher du lest.*** (FIG.) Faire des concessions.
– ***Lâcher la bride à quelqu'un.*** (FIG.) Lui donner plus de liberté, de marge de manœuvre.
– ***Lâcher la proie pour l'ombre.*** Abandonner la réalité pour l'apparence.
– ***Lâcher les amarres.*** (FIG.) Partir.
– ***Lâcher pied.*** (FIG.) S'enfuir, abandonner.
– ***Lâcher prise.*** (FIG.) Abandonner la lutte, capituler.
CONJUGAISON : VOIR MODÈLE AIMER.
lâcher.

LÂCHETÉ n. f.
1. Manque de courage. *Par lâcheté, ils n'ont rien dit.* SYN. couardise ; poltronnerie. ANT. bravoure ; courage ; hardiesse.
2. Action indigne. *Quelles lâchetés n'ont-ils pas commises pour parvenir à leurs fins ?*
lâcheté.

LÂCHEUR, EUSE n. m. et f.
(FAM.) Personne qui abandonne ceux envers qui elle s'était engagée. *Philippe et Annie ne sont pas venus nous aider, ce sont des lâcheurs.*
lâcheur.

LACIS n. m.
Le *s* ne se prononce pas, [lasi].
1. Réseau de fils enchevêtrés. *Des lacis de dentelle délicate.*
2. (FIG.) Réseau complexe. *Un lacis de routes surélevées.*
lacis.

LACONIQUE adj.
Concis. *Une réponse laconique.* SYN. bref ; court.

LACONIQUEMENT adv.
En peu de mots, succinctement. SYN. brièvement.

LACONISME n. m.
Concision, brièveté. *Le laconisme d'une réponse qui se résume à un mot : oui.*

LACRYMA-CHRISTI ou **LACRIMA-CHRISTI** n. m. inv. (pl. *lacryma-christi* ou *lacrima-christi*)
Vin muscat provenant des vignobles situés à proximité du Vésuve. *Des lacryma-christi* ou *lacrima-christi délicieux.*

LACRYMAL, ALE , AUX adj.
Relatif aux larmes. *Les glandes lacrymales, les canaux lacrymaux.*
lacrymal.

LACRYMOGÈNE adj.
Qui provoque les larmes. *Un gaz, une grenade lacrymogène.*
lacrymogène.

LACT-, LACTI-, LACTO- préf.
Éléments du latin signifiant « lait ». *Lactation.*

LACTATION n. f.
Sécrétion et excrétion du lait chez la femme et les femelles des mammifères. *La période de lactation survient après la naissance du bébé.*
lactation.

LACTÉ, ÉE adj.
Relatif au lait, qui en a l'apparence. *Un régime lacté, des produits lactés.*
LOCUTION
– ***Voie lactée.*** Bande blanchâtre formée par des milliers d'étoiles et qui fait le tour de la sphère céleste.

T Le nom *voie* désigne de façon imagée la galaxie et s'écrit avec une majuscule ; le déterminant qui suit s'écrit avec une minuscule.
VOIR – ASTRE.

LACTOSE n. m.
Matière sucrée contenue dans le lait.
Attention au genre masculin de ce nom : ***le*** lactose.

LACTOSÉRUM n. m.
Liquide jaune pâle restant après la coagulation du lait lors de la fabrication du fromage, renfermant les éléments solubles du lait (lactose, protéines solubles et sels minéraux) (GDT). SYN. petit-lait.

LACUNAIRE adj.
(LITT.) Qui présente des lacunes. *Une recherche lacunaire.* SYN. fragmentaire ; imparfait ; incomplet.
lacun**aire**.

LACUNE n. f.
Déficience, oubli, ce qui manque pour compléter une chose. *En géographie, ces élèves présentent des lacunes. Il importe de combler ces lacunes.*
Ne pas confondre avec le nom ***lagune***, étendue d'eau séparée de la mer par un cordon littoral.

LACUSTRE adj.
1. Relatif aux lacs. *Un village lacustre. Un terrain lacustre.*
2. Qui vit sur les bords ou dans les eaux des lacs. *Des poissons lacustres, la flore lacustre.*

LÀ-DEDANS, LÀ-DEHORS, LÀ-DEVANT, LÀ-DERRIÈRE, LÀ-DESSOUS, LÀ-DESSUS loc. adv.
Dans, dehors, devant, derrière, dessus, dessous. *Clara est cachée dans le placard : elle est cachée là-dedans, là-derrière ou là-dessous ?*
Ces expressions s'écrivent avec un trait d'union, contrairement aux expressions ***en dedans, en dehors, en avant, en arrière, en dessus, en dessous*** qui s'écrivent sans trait d'union.
VOIR TABLEAU – LÀ, ADVERBE ET INTERJECTION.

LÀ-DEHORS
VOIR – LÀ-DEDANS.

LÀ-DERRIÈRE
VOIR – LÀ-DEDANS.

LÀ-DESSOUS
VOIR – LÀ-DEDANS.

LÀ-DESSUS
VOIR – LÀ-DEDANS.

LÀ-DEVANT
VOIR – LÀ-DEDANS.

LADITE
VOIR – LEDIT.

LADRE adj. et n. m. et f.
(LITT.) Avare. SYN. (FAM.) grippe-sou ; pingre ; radin ; ⚜ séraphin.

LADRERIE n. f.
(LITT.) Avarice. SYN. cupidité ; parcimonie ; pingrerie.

LADY n. f. (pl. *ladies* ou *ladys*)
Le ***a*** se prononce ***è***, [lɛdi].
Titre donné aux femmes de la noblesse anglaise. *J'ai rencontré Lady Blake et Lady Di.*
T Le nom s'écrit avec une minuscule, sauf devant un nom propre.

LAGON n. m.
Étendue d'eau située au centre d'un anneau de récifs de coraux. *Le lagon Bleu de la Jamaïque est magnifique.*
Ne pas confondre avec le nom ***lagune***, étendue d'eau séparée de la mer par un cordon littoral.

LAGUIOLE n. m. (pl. *laguioles*)
Le ***g*** ne se prononce généralement pas ; le mot se prononce comme s'il était orthographié ***layol***, [lajɔl].
1. Fromage de lait de vache qui ressemble au Cantal.
2. Couteau de poche à manche recourbé, fabriqué à Laguiole dans l'Aveyron. *Acheter des laguioles.*
Devenu nom commun, le nom de lieu a perdu sa majuscule et il prend la marque du pluriel.

LAGUNE n. f.
Étendue d'eau séparée de la mer par un cordon littoral.
Ne pas confondre avec les noms suivants :
- ***lacune***, déficience, oubli ;
- ***lagon***, étendue d'eau située au centre d'un anneau de récifs de coraux.

LÀ-HAUT loc. adv.
1. En haut. *Là-haut sur la montagne.*
2. Au ciel. *Retrouverons-nous là-haut les êtres chers disparus ?* ANT. ici-bas.

LAI n. m.
Poème, au Moyen Âge. *Les lais des cours d'amour sont charmants.*
HOM.
- ***laid***, désagréable à la vue ;
- ***laie***, femelle du sanglier ;
- ***lait***, liquide.

LAÏC
VOIR – LAÏQUE.

LAÏCISATION n. f.
Action de laïciser. *La laïcisation des établissements scolaires.*
laï**ci**sation.

LAÏCISER v. tr., pronom.
VERBE TRANSITIF
Rendre laïque, non confessionnel. *Laïciser l'enseignement.*
VERBE PRONOMINAL
Devenir laïque. *L'État turc s'est laïcisé grâce aux efforts de Kemal Atatürk.*
À la forme pronominale, le participe passé de ce verbe s'accorde toujours en genre et en nombre avec son sujet. *Ces universités, jadis dirigées par des religieux, se sont laïcisées.*
CONJUGAISON : VOIR MODÈLE AIMER.
laï**ci**ser.

LAÏCITÉ n. f.
1. Caractère de ce qui est laïque, indépendant de toute confession religieuse.
2. Système politique préconisant la séparation de l'Église et de l'État, le caractère non confessionnel de l'État.

LAID, LAIDE adj. et n. m.
ADJECTIF
1. Désagréable à la vue. *Une construction laide.* SYN. inesthétique.
2. (FIG.) Qui inspire le mépris. *Un geste laid et mesquin.* SYN. bas ; indigne.
NOM MASCULIN
Laideur. *Le beau et le laid.* ANT. beauté.
HOM.
- ***lai***, poème ;
- ***laie***, femelle du sanglier ;
- ***lait***, liquide.

lai**d**.

LAIDEMENT adv.
D'une façon laide.

LAIDERON n. m.
Personne laide.
Le nom masculin peut désigner un homme ou une femme.

LAIDEUR n. f.
1. État de ce qui est laid à voir. *La laideur d'un insecte, d'un dépotoir.* ANT. beauté; esthétique.
2. Caractère de ce qui est laid moralement. *La laideur d'un crime.*

LAIE n. f.
Femelle du sanglier. *La laie et ses petits, les marcassins, grommellent.*
HOM.
• ***lai,*** poème;
• ***laid,*** désagréable à la vue;
• ***lait,*** liquide.

LAINAGE n. m.
1. Étoffe de laine. *Des lainages soyeux.*
2. Vêtement en laine. *N'oublie pas d'apporter des lainages, car les nuits sont fraîches.*

LAINE n. f.
1. Poil doux et frisé des moutons et de certains animaux. *Pure laine vierge. Des écheveaux de laine.*
2. (FAM.) Vêtement de laine. *Prends une petite laine, car le vent souffle aujourd'hui.*
LOCUTIONS
– ***Laine d'acier.*** Tampon à récurer (pour les casseroles).
La ***paille de fer*** s'utilise surtout pour les parquets.
– ***Laine minérale.*** Matériau employé pour l'isolation thermique de bâtiments.
– ***Se laisser manger, tondre la laine sur le dos.*** Se laisser dépouiller sans réagir, sans se défendre.

LAINEUX, EUSE adj.
Qui a beaucoup de laine. *Des tissus laineux.*

LAINIER, IÈRE adj.
Relatif à la laine. *L'industrie lainière.*

LAÏQUE ou **LAÏC, LAÏQUE** adj. et n. m. et f.
ADJECTIF
1. Qui n'est pas un religieux, qui ne fait pas partie du clergé. *Un enseignant laïque.*
2. Qui n'a pas de caractère religieux, qui est indépendant de toute confession religieuse. *L'école laïque donne un enseignement neutre.* SYN. non confessionnel. ANT. confessionnel.
L'adjectif s'écrit ***laïque*** au masculin et au féminin; le nom masculin est ***laïc*** ou ***laïque,*** le nom féminin, ***laïque.***
NOM MASCULIN ET FÉMININ
Personne qui n'est pas un religieux, qui ne fait pas partie du clergé (prêtre, moine, sœur, frère, etc.). *Le collège a recruté des laïques* ou *des laïcs.*
L'adjectif s'écrit ***laïque*** au masculin et au féminin; le nom masculin est ***laïc*** ou ***laïque,*** le nom féminin, ***laïque.***
laïque.

LAISSE n. f.
Lien avec lequel on attache un animal. *Tenir un chien en laisse.*

LAISSÉ-POUR-COMPTE adj. et n. m. et f. (pl. *laissés-pour-compte*)
ADJECTIF ET NOM MASCULIN
Se dit d'un produit refusé. *Des marchandises laissées-pour-compte. Des laissés-pour-compte.*
NOM MASCULIN ET FÉMININ
Personne rejetée. *Des laissés-pour-compte, des personnes oubliées.*
Au pluriel, seul le mot ***laissé*** prend la marque du genre et du nombre.

LAISSER v. tr., pronom.
VERBE TRANSITIF
1. Quitter. *Boris a laissé cet ami.*
2. Ne pas prendre. *J'ai laissé ma bicyclette et j'ai préféré marcher.*
3. Transmettre. *Il a laissé sa fortune à ses petits-enfants.* SYN. léguer.
4. Ne pas supprimer. *La traductrice a laissé certains mots anglais dans son texte.* SYN. conserver; garder; maintenir.
5. Ne pas empêcher. *Laisse-nous jouer dehors encore un peu, maman, s'il te plaît.* SYN. permettre.
Employé comme auxiliaire, ***laisser*** est suivi d'un verbe à l'infinitif.
Selon la règle classique, le participe passé suivi d'un infinitif s'accorde avec le complément direct lorsque celui-ci fait l'action exprimée par l'infinitif. *Les enfants m'ont laissée dormir, mais ils m'ont laissé déranger par un visiteur importun. Les Rectifications de l'orthographe* (1990) préconisent l'invariabilité du participe passé du verbe ***laisser*** suivi d'un infinitif dans tous les cas. *Les enfants m'ont laissé dormir.*
VERBE PRONOMINAL
Être l'objet d'une action. *Laissez-vous aller, détendez-vous. Je me laisse faire.*
À la forme pronominale, le participe passé de ce verbe non suivi d'un infinitif s'accorde toujours en genre et en nombre avec son sujet. *Après dix ans de vie commune, ils se sont laissés d'un commun accord.* Selon la règle classique, le participe passé de la forme pronominale suivi d'un infinitif s'accorde avec le complément direct lorsque celui-ci fait l'action exprimée par l'infinitif. *Elle s'est laissée vivre,* mais *elle s'est laissé conduire par ce guide* (elle n'a pas fait l'action). Les *Rectifications de l'orthographe* (1990) préconisent l'invariabilité du participe passé du verbe ***laisser*** suivi d'un infinitif dans tous les cas. *Elle s'est laissé vivre.*
LOCUTIONS
– ***Laisser + à (penser, rêver...).*** Donner matière à (réflexion, méditation...). *Cette attitude laisse à penser.*
– ***Laisser à désirer.*** Être imparfait, médiocre. *Ces traductions laissent à désirer.*
– ***Laisser dire, laisser faire.*** Ne pas contredire, ne pas intervenir.
– ***Laisser tranquille.*** Ne pas ennuyer. *Laissez-nous tranquilles, laissez-la tranquille.*
Le mot ***tranquille*** s'accorde avec le complément du verbe.
– ***Ne pas laisser de*** + infinitif. (LITT.) Être véritablement, ne pas manquer de. *Ses travaux ne laissent pas d'être très utiles.*
FORME FAUTIVE
*laisser savoir. Calque de «*to let someone know*» pour ***faire savoir.*** *Je vous le ferai* (et non *laisserai) *savoir dès demain.*
CONJUGAISON : VOIR MODÈLE AIMER.

LAISSER-ALLER n. m. inv. (pl. *laisser-aller*)
On ne fait pas la liaison entre les deux éléments, [leseale].
Négligence dans la tenue, le comportement. *Ces collègues font preuve de laisser-aller dans la gestion de ces dossiers.* SYN. désinvolture.
Ce nom s'emploie au singulier.
laisser-aller.

LAISSER-FAIRE n. m. inv. (pl. *laisser-faire*)
Attitude qui consiste à ne pas intervenir, à laisser agir les forces en présence. *Les autorités ont fait preuve d'un laisser-faire contestable.*
laisser-faire.

LAISSEZ-PASSER n. m. inv. (pl. *laissez-passer*)
Permission d'entrer. *On nous a donné des laissez-passer.* SYN. sauf-conduit.
Le premier élément de ce nom composé est un verbe à l'impératif qui exprime un ordre, un commandement.
laissez-passer.

LAIT n. m.
1. Liquide très nutritif sécrété par les glandes mammaires de la femme et des femelles des mammifères. *Le lait maternel. Du lait de vache, de chèvre.*
2. Préparation ayant l'apparence du lait. *Un lait de beauté hydratant.*
LOCUTIONS
– ***Boire du petit-lait.*** (FIG.) Se délecter, jouir de quelque chose, particulièrement de paroles élogieuses.
– ***Chocolat au lait, riz au lait.*** Boisson, crème composée de lait.
Ces expressions s'écrivent sans traits d'union.
– ***Lait concentré.*** Lait dont on réduit une partie de l'eau par évaporation. *Lisa adore le lait concentré.*
– ***Lait d'amande(s).*** Préparation hydratante à base d'amandes.
Dans cette expression, le complément du nom ***lait*** s'écrit au singulier ou au pluriel : ***amande*** ou ***amandes.***
– ***Lait de beauté.*** Liquide hydratant qui ressemble au lait. *Des laits de beauté, des laits démaquillants.*
– ***Montée de lait.*** Afflux du lait chez une accouchée, une mère.
– ***Petit-lait.*** Liquide qui se sépare du lait caillé.
Attention au trait d'union.
– ***Soupe au lait.*** (FIG.) (FAM.) Se dit d'une personne très colérique. *Il est soupe au lait : il se met en colère pour des riens.*
– ***Vache à lait.*** (FIG.) (FAM.) Chose, personne qui contribue largement au financement d'un groupe, d'une organisation. *La Société des alcools est la vache à lait du gouvernement québécois.*
HOM.
• ***lai,*** poème ;
• ***laid,*** désagréable à la vue ;
• ***laie,*** femelle du sanglier.

LAITAGE n. m.
Aliment qui contient du lait. *Les fromages, les yaourts sont des laitages.*

LAITERIE n. f.
1. Lieu où se fait le traitement du lait.
2. Lieu où l'on vend des produits laitiers.

LAITEUX, EUSE adj.
Qui a la couleur du lait. *Une peau laiteuse.*

LAITIER n. m.
LAITIÈRE n. f.
Personne qui vend du lait. *Il y a bien longtemps, tante Aimée a coupé des poils de la queue du cheval du laitier.*

LAITIER, IÈRE adj.
Qui est relatif au lait et à ses dérivés. *L'industrie laitière. Des produits laitiers. Un comptoir laitier où l'on peut trouver les laitages et un excellent choix de fromages locaux.*
LOCUTION
– ***(Vache) laitière.*** Vache destinée à la production du lait. *Une vache laitière.*

LAITON n. m.
Alliage de couleur jaune, composé principalement de cuivre et de zinc. *Un cache-pot en laiton* (et non en *brass).

LAITUE n. f.
Plante potagère qui se mange en salade.

LAÏUS n. m.
Le *s* se prononce, [lajys] ; le nom rime avec ***cactus.***
(FAM.) Discours. *Le directeur prononcera un petit laïus avant de libérer les élèves pour les vacances.*
laïus.

LAIZE n. f.
Bande d'étoffe. *Une jupe à plusieurs laizes.* SYN. lé.

LAMA n. m.
1. Mammifère d'Amérique du Sud. *Des lamas. La laine de lama est rugueuse.*
2. Dignitaire ecclésiastique bouddhiste. *Le grand lama* ou *dalaï-lama est le chef du bouddhisme tibétain.*

LAMBADA n. f.
Danse sud-américaine. *Savez-vous danser la lambada ?*

LAMBDA n. m. inv.
Lettre grecque. *Des lambda bien tracés.*
[Les *Rectifications* (1990) admettent : des lambdas.]

LAMBEAU n. m. (pl. *lambeaux*)
Partie déchirée d'un vêtement, d'un corps. *Des lambeaux de tissu, de chair déchirés par l'explosion.* SYN. morceau.
Ne pas confondre avec les noms suivants :
• ***éclat,*** morceau d'une chose brisée ;
• ***fraction,*** part séparée d'un tout ;
• ***fragment,*** morceau ;
• ***miette,*** petite parcelle.

LAMBIN, INE adj.
(FAM.) Lent. *Cette petite est un peu lambine.* SYN. traînard.
lambin.

LAMBINER v. intr.
(FAM.) Traîner. *Ne lambine pas trop, nous sommes déjà en retard.* SYN. prendre son temps.
CONJUGAISON : VOIR MODÈLE AIMER.
lambiner.

LAMBRIS n. m.
Le *s* est muet, [lɑ̃bri].
Revêtement mural composé de bois, de marbre ou de stuc. *Une salle à manger aux riches lambris de chêne.*
lambris.

LAMBRISSAGE n. m.
Action de lambrisser. *Le lambrissage d'une pièce.*

LAMBRISSER v. tr.
Revêtir de lambris. *Lambrisser une pièce de bois de chêne.*
CONJUGAISON : VOIR MODÈLE AIMER.

LAME n. f.
1. Morceau plat, assez mince et allongé. *Une lame de ciseau. Des lames de verre. Des lames de bois pour le parquet.*
2. Vague plate. *Des lames de fond.*
lame.

LAMÉ, ÉE adj. et n. m.
Qui est broché d'un fil métallique. *Un tissu lamé or. Un corsage de lamé.*

LAMELLE n. f.
Petite lame très mince. *Des lamelles pour l'examen au microscope.*
lamelle.

LAMENTABLE adj.
Déplorable. *Ces échecs sont lamentables.* SYN. désolant ; navrant. ANT. excellent.
lamentable.

LAMENTABLEMENT adv.
De façon lamentable. *Ils ont échoué lamentablement.*
lamentablement.

LAMENTATION n. f.
Plainte prolongée. *Tes lamentations nous exaspèrent.* SYN. jérémiade.
lamentation.

LAMENTER (SE) v. pronom.
Se plaindre, gémir. *Ils se sont lamentés sans arrêt.*
Le participe passé de ce verbe, qui n'existe qu'à la forme pronominale, s'accorde toujours en genre et en nombre avec son sujet. *Assoiffés, les enfants se sont lamentés pour avoir des boissons fraîches.*

CONJUGAISON : VOIR MODÈLE AIMER.
⌨ lamenter.

LAMIFIÉ, ÉE adj. et n. m.
Se dit d'un matériau composé de plusieurs feuilles de matériaux collées. *Un comptoir en lamifié* (et non en *arborite).
VOIR – STRATIFIÉ.

LAMINAGE n. m.
1. Étirage, aplatissement d'une masse métallique, d'un matériau, d'un textile, etc.
2. Document (photographie, affiche, diplôme, etc.) collé sur un support de bois et recouvert d'une pellicule thermocollée. *Un laminage d'un tableau de Borduas décore son bureau.*
3. (FIG.) Action de diminuer, de réduire quelque chose. *La récession entraînera-t-elle un laminage des cours boursiers ?*
⌨ laminage.

LAMINER v. tr., pronom.
VERBE TRANSITIF
1. Réduire en feuilles, en barres.
2. (FIG.) Diminuer, réduire. *Ces coûts ont laminé nos profits.*
3. (FIG.) Ruiner la santé de quelqu'un. *L'inquiétude et les soucis l'ont laminée.*
VERBE PRONOMINAL
1. Se réduire en feuilles, en lames par une forte compression. *L'acier se lamine à température élevée.*
2. (FIG.) Se réduire de façon importante. *Des rendements qui se laminent en raison de la récession.*
À la forme pronominale, le participe passé de ce verbe s'accorde toujours en genre et en nombre avec son sujet. *Nos profits se sont laminés.*
CONJUGAISON : VOIR MODÈLE AIMER.
⌨ laminer.

LAMINEUR n. m.
LAMINEUSE n. f.
Personne préposée à des opérations de laminage.

LAMINOIR n. m.
Presse pour laminer.

LAMPADAIRE n. m.
Appareil d'éclairage muni d'un long support vertical. *Montréal a remplacé ses lampadaires. Un lampadaire* (et non une *lampe de plancher) *éclairerait ce coin de la pièce.*
VOIR – LAMPE.
⌨ lampadaire.

LAMPE n. f.
1. Appareil d'éclairage muni d'un pied, d'une base. *Une lampe de bureau, de table. « Là-bas dans la maison de vieilles pierres/une lampe se rallume sur un livre d'heures/à la tranche dorée et aux images fertiles »* (Pierre Nepveu, *Lignes aériennes*).
Ne pas confondre avec les noms suivants :
- ***applique***, appareil d'éclairage fixé au mur ;
- ***lampadaire***, appareil d'éclairage muni d'un long support vertical ;
- ***luminaire***, appareil d'éclairage (terme générique) ;
- ***plafonnier***, appareil d'éclairage fixé au plafond ;
- ***suspension***, appareil d'éclairage suspendu au plafond.

2. Ampoule électrique. *Des lampes en verre dépoli. Une lampe à incandescence, une lampe halogène.*
LOCUTIONS
– ***Lampe (à) halogène.*** Lampe à incandescence comportant un gaz composé d'un halogène. *L'efficacité lumineuse de la lampe halogène est très élevée.*
– ***Lampe à incandescence.*** Lampe qui éclaire à l'aide d'un filament chauffé à blanc.
– ***Lampe de poche.*** Petit appareil d'éclairage portatif qui fonctionne avec des piles. *Une lampe de poche* (et non *flashlight).

LAMPÉE n. f.
(FAM.) Gorgée. *Une lampée de vin.*

LAMPER v. tr.
(FAM.) Boire avidement. *Lamper une bonne soupe chaude.*
CONJUGAISON : VOIR MODÈLE AIMER.

LAMPE-TEMPÊTE n. f. (pl. *lampes-tempête*)
Lampe dont la flamme est protégée des intempéries.

LAMPION n. m.
⚜ Godet souvent en verre de couleur contenant une matière combustible et une mèche. *Faire brûler un lampion devant la statue de saint Joseph.*
Ce nom demeure usuel au Québec et dans la francophonie canadienne, mais il n'appartient plus à l'usage courant de la majorité des locuteurs du français.
⌨ lampion.

LAMPROIE n. f.
Poisson qui ressemble à l'anguille.
⌨ lamproie.

LANCE n. f.
Arme pour attaquer. *Les guerriers romains portaient une lance et un bouclier.*
LOCUTION
– ***Fer de lance.*** (FIG.) Élément le plus dynamique, le plus important. *« Après la Révolution de 1789, la langue française, jusque-là l'apanage de l'élite intellectuelle et sociale, servit de fer de lance aux idées nouvelles »* (Claude Duneton, *Le Figaro*).

LANCE-
Les noms composés avec l'élément ***lance-*** sont généralement invariables ; le premier élément, qui est un verbe, ne prend pas la marque du pluriel, le deuxième élément peut prendre la marque du pluriel.

LANCÉE n. f.
Élan, vitesse acquise. *Les cyclistes roulaient sur leur lancée.*
LOCUTION
– ***Continuer sur sa lancée.*** Poursuivre sa trajectoire grâce à l'élan initial. SYN. ⚜ continuer sur l'erre d'aller.

LANCE-FLAMME ou **LANCE-FLAMMES** n. m. (pl. *lance-flammes*)
Arme de combat servant à projeter des liquides enflammés.

LANCE-FUSÉE(S) n. m. (pl. *lance-fusées*)
(VIEILLI) Lance-roquettes.

LANCE-GRENADE ou **LANCE-GRENADES** n. m. (pl. *lance-grenades*)
Appareil lançant des grenades.

LANCEMENT n. m.
1. Action de projeter. *Le lancement d'un satellite. Une rampe de lancement.*
2. Action de faire connaître au public une œuvre, une publication, un produit. *Le lancement d'un livre, d'un disque.*
Pour l'inauguration d'une exposition de peinture, on emploie le nom ***vernissage.***
Ne pas confondre avec le nom ***élancement,*** douleur aiguë et passagère.

LANCE-MISSILE ou **LANCE-MISSILES** n. m. (pl. *lance-missiles*)
Engin servant à lancer des missiles.

LANCE-PIERRE ou **LANCE-PIERRES** n. m. (pl. *lance-pierres*)
Instrument à deux branches muni d'une bande élastique qui sert à lancer des pierres. SYN. fronde.

LANCER v. tr., pronom.
VERBE TRANSITIF
1. Jeter en avant avec force, généralement dans une direction déterminée. *Lancer un ballon, une bouteille à la mer.*
2. Projeter. *À l'occasion, l'Etna lance des pierres dans un fracas assourdissant.*

3. Faire connaître, mettre en valeur. *Lancer une mode, un auteur.* SYN. promouvoir.
4. Créer, mettre sur pied (une entreprise, une organisation). *Ces investisseurs lanceront une entreprise de recherche en biotechnologie.*
5. Prononcer, exprimer avec vigueur. *Effrayée, elle lança un cri. Lancer des accusations contre quelqu'un.*
VERBE PRONOMINAL
1. S'élancer. *Les parachutistes sont sur le point de se lancer dans le vide.*
2. S'engager avec détermination dans une direction, une action. *Se lancer en affaires* (et non *partir en affaires). *Les policiers se sont lancés à la poursuite du chauffard. Vous lancerez-vous en politique ?*
À la forme pronominale, le participe passé de ce verbe s'accorde avec le complément direct si celui-ci le précède. *Le défi qu'elles se sont lancé. Nous nous sommes lancés dans de folles dépenses.* Le participe passé reste invariable si le complément direct suit le verbe. *Les enfants se sont lancé le ballon.*
FORME FAUTIVE
*lancer, jeter la serviette. Calque de «*to throw in the towel*» pour ***abandonner (la partie), baisser les bras, baisser pavillon, capituler, déclarer forfait, démissionner, jeter l'éponge.***
CONJUGAISON : VOIR MODÈLE AVANCER.

LANCER n. m.
Action de projeter au loin. *Des lancers de javelot, de poids, de disques. La pêche au lancer.*

LANCE-ROQUETTE ou **LANCE-ROQUETTES** n. m. (pl. *lance-roquettes*)
Arme lançant des roquettes.

LANCE-TORPILLE ou **LANCE-TORPILLES** n. m. (pl. *lance-torpilles*)
Dispositif servant à lancer une torpille.

LANCETTE n. f.
Instrument chirurgical en forme de petit couteau servant à l'incision de petits abcès.

LANCEUR, EUSE n. m. et f.
NOM MASCULIN ET FÉMININ
(SPORTS) Personne habile dans les lancers. *Une lanceuse de javelot, de disque. Il est lanceur, au baseball.*
NOM MASCULIN
Fusée servant à lancer une charge dans l'espace.

LANCINANT, ANTE adj.
1. Qui fait souffrir par des élancements aigus. *Une douleur lancinante.*
2. Obsédant. *Un souvenir lancinant.*

LANCINER v. tr., intr.
VERBE TRANSITIF
Tourmenter, obséder. *Ce souvenir le lancine sans arrêt.*
VERBE INTRANSITIF
Être lancinant. *Un mal de tête qui lancine.* SYN. élancer.
CONJUGAISON : VOIR MODÈLE AIMER.

LANDAU n. m. (pl. *landaus*)
Voiture d'enfant. *Des landaus* (et non des *carrosses) *luxueux.*
landau.

LANDE n. f.
Grande étendue de terre inculte où poussent les fougères, les genêts, les bruyères.

LANGAGE n. m.
1. Expression de la pensée et des émotions par la parole et l'écriture.
2. Emploi de mots pour exprimer sa pensée, pour communiquer oralement (parole) ou par écrit (écriture).
3. Système, code servant à la transmission d'un message. *Le langage des sourds-muets. Le langage des pictogrammes.*
4. Manière particulière de s'exprimer. *Le langage technique.*
LOCUTION
– ***Langage de programmation.*** (INFORM.) Langage servant à la conception des logiciels.
lan**ga**ge, sans ***u***.

LANGAGIER, IÈRE adj. et n. m. et f.
ADJECTIF
Relatif au langage. *Les usages langagiers.*
NOM MASCULIN ET FÉMINININ
(NÉOL.) Personne dont la profession concerne le traitement de la langue, les activités linguistiques. *Les terminologues, les traducteurs, les rédacteurs sont des langagiers.*

LANGE n. m.
(VIEILLI) Bande de tissu servant à emmailloter un bébé.
Attention au genre masculin de ce nom : ***un*** lange.

LANGER v. tr.
1. (VIEILLI) Envelopper de langes. SYN. emmailloter.
2. Mettre une couche à un bébé, changer sa couche. *Une table à langer.*
CONJUGAISON : VOIR MODÈLE CHANGER.
Le ***g*** est suivi d'un ***e*** devant les lettres ***a*** et ***o***. *Il langea, nous langeons.*

LANGOUREUSEMENT adv.
(PLAISANT.) De façon langoureuse. *Il regardait sa belle langoureusement.*
lan**gou**reusement.

LANGOUREUX, EUSE adj.
(PLAISANT.) Alangui, affaibli. *Un baiser langoureux.*
lan**gou**reux.

LANGOUSTE n. f.
Crustacé apprécié pour sa chair.

LANGOUSTIER n. m.
1. Filet à langoustes.
2. Bateau équipé pour la pêche à la langouste.

LANGOUSTINE n. f.
Petit crustacé dont la chair a bon goût.

LANGUE n. f.
1. Organe charnu de la bouche. *Tirer la langue.*
2. Organe de la parole. *Parler sur le bout de la langue.*
3. Parler, langage propre à un groupe social. *La langue française réunit dans une communauté linguistique tous les francophones. La langue parlée, la langue écrite.*
LOCUTIONS
– ***Avoir la langue bien pendue,*** loc. adv. (FIG.) Parler facilement.
– ***Avoir un mot sur le bout de la langue.*** (FIG.) Chercher un mot qui vous échappe.
– ***Donner sa langue au(x) chat(s).*** (FIG.) Renoncer à chercher.
– ***La langue de bois.*** Langage creux composé de métaphores passe-partout. *La langue de bois des bureaucrates.*
– ***Ne pas avoir la langue dans sa poche.*** (FIG.) Avoir de la répartie, répliquer avec vivacité, avoir son franc-parler.
– ***Ne pas savoir tenir sa langue.*** (FIG.) Ne pas pouvoir garder un secret.
– ***Se mordre la langue.*** (FIG.) Regretter d'avoir trop parlé.
– ***Tirer la langue.*** (FIG.) Avoir soif, être dans le besoin.
– ***Tourner sa langue sept fois dans sa bouche avant de parler*** (Proverbe). Il importe de penser avant de parler, de bien peser ses mots.
– ***Une mauvaise langue, une langue de vipère.*** (FIG.) Personne qui ne craint pas de médire, de calomnier.

LANGUE-DE-CHAT n. f. (pl. *langues-de-chat*)
Petit biscuit plat et allongé. *Du champagne et des langues-de-chat.*

LANGUETTE n. f.
Pièce en forme de petite langue. *Tire sur la languette pour ouvrir la boîte.*

LANGUEUR n. f.
1. Affaiblissement physique ou moral qui réduit l'énergie d'une personne.
2. État d'âme mélancolique et rêveur. *« Quelle est cette langueur qui pénètre mon cœur ? »* (Verlaine, *Romances sans paroles*, cité dans *Le Grand Robert*). SYN. alanguissement ; indolence ; mélancolie ; nonchalance. ANT. dynamisme.
✏ langueur.

LANGUIDE adj.
(LITT.) Langoureux. *Un air languide.*
✏ languide.

LANGUIR v. intr., pronom.
VERBE INTRANSITIF
1. Manquer d'énergie, traîner en longueur. *La conversation languit.*
2. (LITT.) Attendre avec impatience. *Ne me fais pas trop languir.*
VERBE PRONOMINAL
S'ennuyer du fait de l'absence de quelqu'un, de quelque chose. *Elle se languit d'eux.*
📏 À la forme pronominale, le participe passé de ce verbe s'accorde toujours en genre et en nombre avec son sujet. *Ils se sont languis de leurs amis retournés en France.*
CONJUGAISON : VOIR MODÈLE FINIR.
✏ languir.

LANGUISSAMMENT adv.
(LITT.) De façon languissante. *Elle le regardait languissamment.*
✏ languissamment.

LANGUISSANT, ANTE adj.
1. Qui languit, qui manifeste un état de langueur. *Des yeux languissants.* SYN. indolent.
2. (FIG.) Qui manque de force, de vivacité. *Une discussion languissante qui s'éternise.*

LANIÈRE n. f.
Courroie. *Des lanières de cuir servent à attacher les raquettes.*

LANOLINE n. f.
Substance onctueuse utilisée dans la composition des pommades. *Une lotion hydratante qui contient de la lanoline.*

LANTERNE n. f.
Fanal. *La porte d'entrée est éclairée par deux lanternes.*
LOCUTIONS
– ***Éclairer la lanterne de quelqu'un.*** (FIG.) Lui fournir les lumières nécessaires, le renseigner.
– ***Prendre des vessies pour des lanternes.*** (FIG.) Se méprendre, confondre vaines apparences et réalités.

LANTERNEAU n. m. (pl. *lanterneaux*)
Petite construction basse, de base carrée ou rectangulaire, percée de fenêtres et placée au faîte d'un toit pour permettre l'éclairage et la ventilation des parties sous le toit (GDT).

LANTERNER v. intr.
(FAM.) Perdre son temps, traîner. SYN. (FAM.) lambiner ; musarder.
CONJUGAISON : VOIR MODÈLE AIMER.

LAPALISSADE n. f.
Vérité évidente. *Cesse de débiter des lapalissades !* SYN. truisme.
✎ Le nom s'écrit avec deux *s* bien qu'il soit formé sur le nom propre ***La Palice***.

LAPAROSCOPE n. m.
(MÉD.) Appareil muni d'un système optique et d'une source d'éclairage que le chirurgien introduit dans l'abdomen d'un patient à des fins diagnostiques ou thérapeutiques. *La chirurgienne pratique une petite incision au-dessus de l'ombilic pour introduire le laparoscope.*

LAPAROSCOPIE n. f.
(MÉD.) Examen de la cavité abdominale à l'aide d'un laparoscope.

LAPAROSCOPIQUE adj.
(MÉD.) Relatif à la laparoscopie. *Le chirurgien a effectué une appendicectomie par voie laparoscopique.*

LAPAROTOMIE n. f.
(MÉD.) Ouverture chirurgicale de la paroi abdominale et du péritoine. *Le chirurgien a dû procéder à une laparotomie pour enlever un kyste.*

LAPEMENT n. m.
Action de laper. *Les lapements du chaton qui boit son lait.*
✏ lapement.

LAPER v. tr.
Boire à coups de langue. *Le chat lapait son lait.*
CONJUGAISON : VOIR MODÈLE AIMER.
✏ laper, un seul ***p***.

LAPEREAU n. m. (pl. *lapereaux*)
Petit du lapin.
VOIR TABLEAU – ANIMAUX.
✏ lapereau.

LAPIDAIRE adj. et n. m.
ADJECTIF
Concis. *Un style lapidaire.* SYN. bref ; succinct.
NOM MASCULIN
Artisan qui taille les pierres précieuses.
✏ lapidaire.

LAPIDATION n. f.
Action de lapider.

LAPIDER v. tr.
Tuer à coups de pierres.
CONJUGAISON : VOIR MODÈLE AIMER.

LAPIN, INE n. m. et f.
Petit mammifère rongeur. *Le lapin glapit. La lapine et les lapereaux.*
LOCUTIONS
– ***Coup du lapin.*** (FIG.) (FAM.) Lésion traumatique de la colonne cervicale à la suite d'un choc brutal subi par la nuque.
– ***Poser un lapin.*** (FAM.) Ne pas venir au rendez-vous fixé.

LAPINER v. intr.
Mettre bas, en parlant d'une lapine.
CONJUGAISON : VOIR MODÈLE AIMER.

LAPIS ou **LAPIS-LAZULI** n. m.
👄 Le *s* se prononce, [lapis, lapislazyli] ; le nom rime avec ***propice***.
Pierre précieuse d'un beau bleu foncé semé de parcelles d'or. *De beaux lapis-lazuli* ou *lapis-lazulis.*
📏 Ce nom est généralement invariable, mais certains auteurs lui donnent la marque du pluriel.

LAPON, ONE adj. et n. m. et f.
De Laponie. *Une sculpture lapone. Un Lapon, une Lapone.*
🅃 L'adjectif s'écrit avec une minuscule ; le nom, avec une majuscule.
✏ lapon, lapone.

LAPS n. m.
👄 Le *s* se prononce, [laps].
– ***Laps de temps.*** Période. *Le directeur sera absent un court laps de temps.*
✎ Le mot ne s'emploie que dans cette locution.

LAPSUS n. m.
Le *s* se prononce, [lapsys] ; le nom rime avec **cactus**.
Utilisation involontaire d'un mot pour un autre. *Commettre des lapsus significatifs.*
LOCUTIONS
– ***Lapsus linguæ.*** Erreur commise en parlant.
– ***Lapsus calami.*** Erreur commise en écrivant.

***LAPTOP**
Anglicisme pour ***ordinateur portatif, ordinateur portable.***

LAQUAGE n. m.
Action d'enduire de laque. *Le laquage d'un meuble est une opération longue et compliquée.*
la**qu**age.

LAQUAIS n. m.
Valet en livrée, en uniforme.
laqu**ais.**

LAQUE n. m. et f.
NOM MASCULIN
Objet d'art laqué. *Un très joli laque.*
NOM FÉMININ
1. Vernis. *Appliquer une laque sur un meuble.*
2. Produit que l'on vaporise sur les cheveux. *Désirez-vous un peu de laque* (et non de *spray net)*?*

LAQUÉ, ÉE adj.
1. Recouvert de laque. *Des tables laquées.*
2. (CUIS.) Se dit d'une volaille, d'une viande couverte d'une sauce aigre-douce. *Un canard laqué.*

LAQUELLE
VOIR – LEQUEL.

LAQUER v. tr.
Recouvrir de laque. *Laquer un meuble.*
CONJUGAISON : VOIR MODÈLE AIMER.

LARCIN n. m.
(LITT.) Petit vol furtif. *Les voyous ont commis des larcins.*
larcin.

LARD n. m.
Tissu gras du porc. *Des fèves au lard.* SYN. graisse.
lar**d.**

LARDER v. tr.
Garnir de petits morceaux de lard.
Ne pas confondre avec le verbe ***barder,*** envelopper d'une tranche de lard.
CONJUGAISON : VOIR MODÈLE AIMER.

LARDON n. m.
Petit morceau de lard qu'on fait griller pour accompagner certains plats. *Une salade aux lardons.*

LARGAGE n. m.
Action de larguer. *Le largage des parachutistes.* SYN. parachutage.
lar**g**age.

LARGE adj., adv. et n. m.
ADJECTIF
1. Qui a une certaine étendue entre ses côtés, par opposition à la longueur. *Des épaules larges.* ANT. étroit.
2. Ample, vaste. *De larges étendues. Une étude de large envergure, une large majorité, un large consensus.* SYN. considérable ; grand ; important.
3. Qui est ouvert. *Un esprit large, des idées larges.* SYN. généreux. ANT. borné ; étroit.
ADVERBE
Grandement. *Elle ouvrit large ses yeux.*
NOM MASCULIN
1. Largeur. *Ce meuble a 45 cm de large.*
2. La haute mer. *L'air du large. Prendre le large.*
LOCUTIONS
– ***Au large.*** En haute mer.
– ***Au sens large du terme.*** Dans son sens le plus étendu.
– ***En long et en large.*** De toutes les façons, en détail. *Je lui ai expliqué la situation en long et en large.*
– ***Large ouvert.*** Tout à fait ouvert. *Les yeux larges ouverts, les fenêtres larges ouvertes.*
Employé adverbialement devant un adjectif commençant par une voyelle ou un ***h*** muet, le mot ***large*** s'accorde généralement en genre et en nombre. L'invariabilité, plus logique, est également possible, mais elle est peu usitée. *Les yeux large ouverts, les fenêtres large ouvertes.*
– ***Ne pas en mener large.*** (FIG.) Être inquiet, avoir peur.
– ***Prendre, gagner le large.*** S'en aller, partir. *Les prisonniers ont pris le* (et non *sont au) *large.* SYN. s'enfuir.
FORMES FAUTIVES
*au large. Calque de «*at large*» au sens de ***en liberté.*** *Les prisonniers sont en liberté* (et non *au large) *ils ont pris le large.*
*large. Anglicisme au sens de ***grand.*** *Une chemise petite, moyenne ou grande* (et non *large).

LARGEMENT adv.
Abondamment, amplement. *Un panier largement garni de fruits.*

LARGESSE n. f.
Générosité, don. *Les enfants ont bénéficié de ses largesses.*
Ne pas confondre avec le nom ***largeur,*** étendue d'une chose.

LARGEUR n. f.
Étendue d'une chose dans le sens opposé à la longueur, à la hauteur, à l'épaisseur, à la profondeur. *Cette bibliothèque a 90 cm de largeur.*
LOCUTION
– ***Largeur de vues, d'idées.*** Ouverture d'esprit. ANT. étroitesse d'esprit.
Ne pas confondre avec le nom ***largesse,*** don.

LARGUER v. tr.
1. (MAR.) Détacher. *Larguez les amarres !*
2. (AVIAT.) Abandonner en cours de vol, laisser tomber. *Larguer du matériel.* SYN. lâcher.
LOCUTION
– ***Larguer les amarres.*** (FIG.) Partir.
CONJUGAISON : VOIR MODÈLE AIMER.
Ce verbe s'écrit toujours avec un ***u,*** même devant les lettres ***a*** et ***o.*** *Il largua, nous larguons.*

LARME n. f.
Liquide transparent et salé que sécrètent les glandes lacrymales pour humecter le globe oculaire. *La fillette était en larmes : son chat avait disparu.*
LOCUTIONS
– ***Larmes de crocodile.*** Chagrin feint.
– ***Pleurer à chaudes larmes, fondre en larmes.*** Pleurer abondamment.

LARMOIEMENT n. m.
1. (MÉD.) Écoulement continuel de larmes. *Des larmoiements causés par une allergie à la poussière.*
2. Pleurnicherie. *Tes plaintes et tes larmoiements finiront par le lasser.* SYN. pleur.
En ce sens, le nom s'emploie surtout au pluriel et il a une connotation péjorative.
larmoiement.

LARMOYANT, ANTE adj.
1. Qui larmoie en raison d'une allergie ou d'une irritation. *Des yeux larmoyants.*
2. (FIG.) Pleurnichard. *Un plaidoyer, un ton larmoyant.*
En ce sens, l'adjectif a une connotation péjorative.

LARMOYER v. intr.
1. Être atteint de larmoiement. *Le rhume des foins me fait larmoyer.*
2. Pleurnicher, se lamenter. SYN. geindre ; gémir.

CONJUGAISON : VOIR MODÈLE EMPLOYER.
Le *y* se change en *i* devant un *e* muet. *Il larmoie, il larmoyait.* Le *y* est suivi d'un *i* à la première et à la deuxième personne du pluriel de l'indicatif imparfait et du subjonctif présent. *(Que) nous larmoyions, (que) vous larmoyiez.*

LARRON n. m.
(VIEILLI) Voleur.
Au sens de ***voleur,*** ce nom est vieilli et ne s'emploie plus que dans certaines locutions.
LOCUTION
– ***S'entendre comme larrons en foire.*** Être de connivence.
larron.

LARVE n. f.
Premier stade de développement de certains animaux. *Qu'est-ce qu'une larve de papillon ? Une chenille.*

LARVÉ, ÉE adj.
Se dit de choses qui se manifestent insidieusement. *Un conflit larvé.* SYN. latent.

LARYNGITE n. f.
Inflammation du larynx. SYN. mal de gorge.
laryngite.

LARYNGOLOGIE n. f.
Étude du larynx et de ses affections.
laryngologie.

LARYNGOLOGISTE ou **LARYNGOLOGUE** n. m. et f.
Spécialiste de la laryngologie.
VOIR – OTO-RHINO-LARYNGOLOGISTE OU OTORHINOLARYNGOLOGISTE.
laryngologiste, laryngologue.

LARYNX n. m.
Le *x* se prononce, [larɛ̃ks] ; le nom rime avec ***lynx.***
Organe situé à l'arrière de la trachée-artère et qui est essentiel à la production de la voix.
larynx.

LAS, LASSE adj.
Au masculin, le *s* ne se prononce pas, [lɑ, lɑs].
1. Fatigué. *Elle est très lasse ce soir : elle a eu une dure journée.* SYN. épuisé ; exténué.
2. (LITT.) Excédé. *Elle est lasse de l'entendre se plaindre.* SYN. dégoûté ; ennuyé.
En ce sens, l'adjectif se construit avec la préposition ***de*** suivie d'un nom ou d'un infinitif.
LOCUTION
– ***De guerre lasse.*** En renonçant à lutter.

LAS ! interj.
Le *s* se prononce, [lɑs] ; l'interjection rime avec ***tasse.***
(VX) Interjection marquant le regret, le découragement. *Las ! comme vous aviez raison de craindre le pire !* SYN. hélas.
T L'interjection est toujours suivie d'un point d'exclamation qui est souvent repris à la fin de la phrase. Si la phrase exclamative n'est pas complète, le mot qui suit le point d'exclamation s'écrit avec une minuscule initiale.

LASAGNE n. f.
Plat de pâtes alimentaires. *Des lasagnes gratinées.*
Ce nom s'emploie surtout au pluriel.

LASCAR n. m.
(FAM.) Individu malin. *De fameux lascars.*
lascar.

LASCIF, IVE adj.
Les lettres *sc* se prononcent *s,* [lasif, iv].
Qui est empreint de sensualité, de volupté. *Des œillades lascives.* SYN. caressant ; séduisant ; sensuel ; voluptueux.
lascif.

LASCIVEMENT adv.
Les lettres *sc* se prononcent *s,* [lasivmɑ̃].
De façon lascive. *Il se déhanchait lascivement.*
lascivement.

LASCIVETÉ ou **LASCIVITÉ** n. f.
Les lettres *sc* se prononcent *s,* [lasivte, lasivite].
(LITT.) Tempérament lascif. *La lasciveté d'une danse.* SYN. sensualité.
lasciveté, lascivité.

LASER n. m. (pl. *lasers*)
Le *r* se prononce, [lazɛr] ; le nom rime avec ***ère.***
Amplification de radiations lumineuses qui permet d'obtenir des faisceaux très directifs et de grande puissance. *Des lasers servant à des opérations chirurgicales. Des rayons laser(s).*
LOCUTIONS
– ***Disque compact à lecture laser.*** Disque destiné à être lu par un système optique au laser. SYN. disque audionumérique ; disque compact.
Le terme ***disque compact*** s'est imposé et a supplanté les autres expressions.
– ***Imprimante (à) laser.*** Imprimante dans laquelle un pinceau lumineux provenant d'un laser dessine sur une surface photosensible une image latente qui sera ensuite fixée à la chaleur. *Des imprimantes laser, à laser.*

LASSANT, ANTE adj.
Qui est de nature à lasser, à ennuyer. *Des discours lassants.*

LASSER v. tr., pronom.
VERBE TRANSITIF
Ennuyer. *Ces exposés trop longs ont lassé les participants.* SYN. embêter ; rebuter.
VERBE PRONOMINAL
Devenir las de, en avoir assez de. *Elle s'est lassée de répéter la même chose.* SYN. se décourager ; renoncer.
À la forme pronominale, le verbe se construit avec la préposition ***de.***
À la forme pronominale, le participe passé de ce verbe s'accorde toujours en genre et en nombre avec son sujet. *Ils se sont lassés d'entendre toujours les mêmes propos.*
HOM. ***lacer,*** attacher avec un lacet.
CONJUGAISON : VOIR MODÈLE AIMER.

LASSITUDE n. f.
1. Fatigue physique. *Ils sont épuisés, ils éprouvent une grande lassitude.* SYN. abattement ; épuisement.
2. Découragement. *Malgré les difficultés, les embûches, il doit reprendre courage, ne pas céder à la lassitude.*
lassitude.

LASSO n. m. (pl. *lassos*)
Corde à nœud coulant. *Attraper un animal au lasso.*

LATENCE n. f.
État de ce qui n'est pas encore apparent. *Période de latence.*
latence.

LATENT, ENTE adj.
Qui n'est pas encore apparent, mais peut se déclarer à tout moment. *Un conflit latent.* SYN. larvé.
latent.

LATÉR(O)- préf.
Élément du latin signifiant « côté ». *Latéral.*

LATÉRAL, ALE, AUX adj.
1. Qui est relatif aux côtés. *Des angles latéraux.*
2. Qui se trouve sur le côté. *Une ouverture latérale.*

LATÉRALEMENT adv.
Sur le côté. *Ils ont été frappés latéralement par une ambulance.*

LATEX n. m. inv. (pl. *latex*)
Le *x* se prononce, [latɛks].
1. Suc laiteux sécrété par certains végétaux.
2. Produit naturel constitué par une dispersion colloïdale aqueuse de caoutchouc naturel (GDT). *Le latex synthétique entre dans la composition de certaines colles et peintures.*
Le terme ***latex*** constitue un emprunt au latin ***latex,*** qui signifie « liqueur, liquide » (GDT).

LATIN, INE adj. et n. m. et f.
ADJECTIF
1. (ANTIQ.) Relatif à la Rome ancienne. *La civilisation latine, les auteurs latins.*
2. Qui appartient à une civilisation où la langue est d'origine latine. *Un tempérament latin.*
[T] L'adjectif s'écrit avec une minuscule.
NOM MASCULIN
La langue latine. *C'est l'heure du cours de latin. Le mot* agenda *a été emprunté au latin et il signifie « ce que l'on doit faire ».*
[T] Le nom de la langue s'écrit avec une minuscule.
VOIR TABLEAU – LATIN (EMPRUNTS AU).
NOM MASCULIN PLURIEL
Peuple de l'ancien Latium. *Les Latins ont subi la domination étrusque.*
NOM MASCULIN ET FÉMININ
Dont la langue, la culture est d'origine latine. *Les Français, les Espagnols, les Italiens sont des Latins. C'est un Latin, une Latine.*
[T] Le nom s'écrit avec une majuscule.
LOCUTIONS
– ***Amérique latine.*** Amérique du Sud.
– ***Y perdre son latin.*** (FIG.) N'y rien comprendre, ne plus savoir que faire.

LATINISME n. m.
(LING.) Construction propre au latin, emprunt au latin. *L'emploi du terme* consensus *en français est un latinisme.*

LATINISTE n. m. et f.
Spécialiste de la langue et de la culture latines.

LATINITÉ n. f.
1. Caractère latin d'une langue, d'une personne, d'un groupe.
2. La civilisation latine.

LATINO adj. et n. m. et f. (pl. *latinos*)
ADJECTIF
(FAM.) Relatif à l'Amérique latine. *Un festival latino.* SYN. latino-américain.
NOM MASCULIN ET FÉMININ
Personne originaire de l'Amérique latine. *Des Latinos bien intégrés.* SYN. latino-américain.
Le nom et l'adjectif sont invariables en genre, mais prennent la marque du pluriel.
[T] L'adjectif s'écrit avec une minuscule ; le nom, avec une majuscule.

LATINO-AMÉRICAIN, AINE adj. et n. m. et f. (pl. *latino-américains, latino-américaines*)
De l'Amérique latine. *Des rythmes latino-américains. Un Latino-Américain, une Latino-Américaine.*
[T] L'adjectif s'écrit avec des minuscules ; le nom, avec des majuscules.

LATITUDE n. f.
1. Distance d'un lieu à l'équateur. *Les villes de Paris et de Québec sont à peu près à la même latitude : 48° de latitude Nord.*
[T] La latitude d'un lieu s'exprime en degrés (°), en minutes (') et en secondes ('') d'angle ; ces indications sont suivies du point cardinal (***Nord*** ou ***Sud***,) qui s'écrit avec une majuscule, ***N.*** ou ***S.*** La longitude s'exprime de la même manière, mais les indications sont suivies du point cardinal ***Est*** ou ***Ouest***, selon le cas. *Cette ville est située à 48 degrés 12 minutes 8 secondes de latitude* Nord *ou à 48° 12' 8'' N.* Attention à la disposition : il n'y a pas d'espace entre le nombre et le symbole ni de signe de ponctuation entre les unités.
VOIR – LONGITUDE.
2. (FIG.) Marge de manœuvre, liberté. *On nous laisse toute latitude pour agir.*

LATO SENSU adv.
Le ***u*** se prononce ***u***, [latosɛ̃sy].
Expression latine signifiant « au sens large ». Dans le sens le plus étendu d'un mot. ANT. stricto sensu.
[T] En typographie soignée, les mots étrangers sont composés en italique. Dans des textes déjà en italique, la notation se fait en romain. Pour les textes manuscrits, on utilisera les guillemets.

-LÂTRE, -LÂTRIE suff.
Éléments du grec exprimant l'idée d'adoration. *Idolâtre, idolâtrie.*
lâtre, lâtrie.

LATRINES n. f. pl.
Lieux d'aisances sommaires.

LATTE n. f.
Pièce de bois longue et étroite. *Des lattes de bois.* SYN. planchette.

LAUDATIF, IVE adj.
Élogieux. *Un article laudatif. Une expression laudative ou méliorative, par opposition à péjorative.*

LAURÉAT, ATE adj. et n. m. et f.
ADJECTIF
Qui a remporté un prix à un concours. *Les poètes lauréats ont été désignés.*
NOM MASCULIN ET FÉMININ
Personne qui a remporté un prix. *De jeunes lauréates. Le premier lauréat du prix Georges-Émile-Lapalme.*

LAURIER n. m.
Plante aromatique. *Une couronne de laurier, symbole de la victoire.*
Dans la Rome antique, les vainqueurs défilaient avec des couronnes de laurier. Depuis ce temps, le laurier est un symbole de victoire.
LOCUTIONS
– ***Laurier-rose, laurier-cerise.*** *Des lauriers-roses, des lauriers-cerises.*
– ***S'endormir sur ses lauriers, se reposer sur ses lauriers.*** (FIG.) Ne plus faire d'efforts, après un succès, une victoire.

LAUSE ou **LAUZE** n. f.
Pierre plate (schiste) utilisée comme dalle ou pour couvrir les bâtiments. *L'Aveyron et ses toits de lauzes.*

LAVABLE adj.
Qui peut être lavé. *Ce pantalon est lavable à la machine, un tricot lavable à la main.*

LAVABO n. m.
1. Appareil sanitaire muni d'une cuvette et de robinets où l'on peut faire sa toilette. *Le lavabo de la salle de bains.*
Dans la cuisine, on parle plutôt de l'***évier.***
2. (AU PLUR.) Toilettes. *Où sont les lavabos ? Au fond, à gauche.*

LAVAGE n. m.
Action de laver. *Le lavage et le repassage du linge.* SYN. nettoyage.
LOCUTION
– ***Lavage de cerveau.*** Influence exercée sur une personne de façon excessive en vue de la convaincre d'adhérer à une idéologie, d'adopter de nouvelles valeurs, etc. *Avez-vous subi un lavage de cerveau* (et non *brainwashing)*?* SYN. endoctrinement.

LAVALLIÈRE n. f.
Cravate à large nœud. *Une lavallière de soie.*

LAVANDE adj. inv. et n. f.
NOM FÉMININ
Plante aromatique donnant de petites fleurs bleues au parfum délicat et frais. *Des sachets de lavande odorante.*
ADJECTIF DE COULEUR INVARIABLE
D'une couleur bleu mauve. *Des lainages lavande, bleu lavande.*
VOIR TABLEAU – COULEUR (ADJECTIFS DE).

EMPRUNTS AU **LATIN**

L

Langue des anciens Romains, le latin constitue l'origine du français et de plusieurs autres langues. La plupart des mots français issus du latin ont subi l'évolution phonétique normale **(formation populaire)** et sont devenus des mots intégrés au français. Ainsi le mot latin « *caballus* » est devenu ***cheval*** en français. Des emprunts faits par les érudits des XIVe, XVe et XVIe siècles ont conservé une **forme française voisine du latin (formation savante),** par exemple, le mot ***parabole*** qui vient du latin « *parabola* ». Le même mot latin a donné par l'évolution phonétique normale le mot ***parole*** **(formation populaire).**

D'autres mots empruntés au latin ont conservé leur **forme latine.** En voici quelques exemples :

MOTS LATINS VARIABLES

SINGULIER LATIN	PLURIEL LATIN
addendum	*addenda*
desideratum	*desiderata*
erratum	*errata*
maximum	*maxima*
minimum	*minima*
stimulus	*stimuli...*

Certains mots gardent le pluriel latin et s'écrivent sans accent.

MOTS LATINS INVARIABLES

credo	*nimbus*	*requiem*
cumulus	*nota*	*statu quo*
ex-voto	*nota bene*	*tumulus*
minus habens	*pater*	*vade-mecum*
miserere	*post-scriptum*	*veto...*

Certains mots empruntés au latin restent invariables : ces mots s'écrivent sans accent, malgré leur prononciation.

MOTS LATINS FRANCISÉS

agenda	intérim
album	médium
alibi	mémento
alinéa	mémorandum
alléluia	pensum
atrium	quatuor
angélus	quorum
bénédicité	quota
consortium	recto
décorum	référendum
déficit	sanatorium
duplicata	solarium
fac-similé	spécimen
folio	ultimatum
forum	verso...

Certains mots empruntés au latin ont été francisés par leur usage fréquent.
Ces mots prennent la marque du pluriel et s'écrivent avec des accents s'il y a lieu. *Des médias électroniques.*

LOCUTIONS LATINES

LOCUTION	SIGNIFICATION
a contrario	par l'argument des contraires
ad patres	dans l'autre monde
ad valorem	selon la valeur
ad vitam æternam	pour toujours
a fortiori	à plus forte raison
a posteriori	fondé sur des faits
a priori	non fondé sur des faits
de facto	de fait
de visu	après l'avoir vu
et cætera	et les autres
ex æquo	au même rang
ex cathedra	avec un ton doctoral
extra-muros	à l'extérieur des murs
grosso modo	en gros
in extenso	intégralement
in extremis	au tout dernier moment
intra-muros	à l'intérieur des murs
ipso facto	immédiatement
manu militari	par la force
modus vivendi	entente
nec plus ultra	ce qu'il y a de mieux
sine die	sans jour fixé
sine qua non	condition essentielle
vice versa	inversement

Ces locutions s'écrivent sans accent.

La tendance actuelle est de franciser les noms ***maximum, minimum*** en les écrivant au pluriel avec un ***s***. Comme adjectifs, ils sont remplacés par ***maximal, ale, aux, ales*** et ***minimal, ale, aux, ales.***

T En typographie soignée, les mots étrangers sont composés en italique. Dans des textes déjà en italique, la notation se fait en romain. Pour les textes manuscrits, on utilisera les guillemets.

VOIR TABLEAU ► **DOUBLETS.**

L

LAVANDIÈRE n. f.
Femme qui lavait le linge à la main. *Les lavandières du Portugal.* SYN. blanchisseuse.

LAVE n. f.
Matière en fusion qui jaillit des volcans en éruption. *Une coulée de lave.*

LAVE-AUTO n. m. (pl. *lave-autos*)
⚜ Portique de lavage automatique pour automobiles.

LAVE-GLACE ou **LAVE-VITRE** n. m. (pl. *lave-glaces, lave-vitres*)
1. Appareil qui envoie un jet de liquide sur le pare-brise ou la lunette arrière d'un véhicule.
Le lave-glace est composé d'un réservoir, d'une pompe, de gicleurs et de conduits (GDT).
2. Liquide contenu dans le réservoir du lave-glace. *Assure-toi de disposer de suffisamment de lave-vitre* ou *lave-glace avant de t'engager sur les routes enneigées.*

LAVE-LINGE n. m. (pl. *lave-linge* ou *lave-linges*)
Machine à laver le linge.
Au Québec, on emploie plutôt le nom ***laveuse.***

LAVE-MAIN(S) n. m. (pl. *lave-mains*)
Récipient destiné au lavage des mains après un repas. *Un lave-mains* ou *lave-main en cristal.*

LAVEMENT n. m.
1. (VX) Ablution. *Le lavement des pieds est une cérémonie du Jeudi saint.*
2. Injection d'un liquide dans l'intestin à des fins thérapeutiques, pour un examen radiologique.

LAVER v. tr., pronom.
VERBE TRANSITIF
1. Nettoyer avec (de l'eau, un liquide, un produit nettoyant). *Laver la vaisselle.* SYN. savonner.
2. (FIG.) Prouver l'innocence de. *Laver quelqu'un d'une accusation.* SYN. disculper.
VERBE PRONOMINAL
1. Être lavable. *Ce pantalon se lave à la machine.*
2. Nettoyer son corps, faire sa toilette. *Elle s'est lavé la figure et s'est coiffée.*
À la forme pronominale, le participe passé de ce verbe s'accorde avec le complément direct si celui-ci le précède. *La main qu'il s'est lavée était tachée d'encre. Elle s'est lavée énergiquement.* Le participe passé reste invariable si le complément direct suit le verbe. *Ils se sont lavé le visage.*
LOCUTIONS
– ***Laver son linge sale en famille.*** (FIG.) Régler ses problèmes personnels en privé.
– ***Laver son linge sale en public.*** (FIG.) Étaler ses problèmes personnels au grand jour.
– ***Se laver les mains de quelque chose.*** (FIG.) Se dégager de toute responsabilité.
CONJUGAISON : VOIR MODÈLE AIMER.

LAVERIE n. f.
Blanchisserie équipée de machines à laver.

LAVETTE n. f.
1. Ustensile avec lequel on lave la vaisselle.
2. (FIG.) (FAM.) Personne sans énergie, molle. *Joseph est une vraie lavette.*

LAVEUR n. m.
LAVEUSE n. f.
NOM MASCULIN ET FÉMININ
Personne dont le métier est de laver. *Laveur de vitres, de voitures.*
NOM MASCULIN
Appareil industriel destiné à nettoyer certains produits.
NOM FÉMININ
⚜ Machine à laver. *Une laveuse à chargement frontal silencieuse.*
Dans le reste de la francophonie, on emploie le nom ***lave-linge.***

LAVE-VAISSELLE n. m. (pl. *lave-vaisselle* ou *lave-vaisselles*)
Machine à laver la vaisselle. *Des lave-vaisselle* ou *lave-vaisselles efficaces.*

LAVE-VITRE
VOIR – LAVE-GLACE.

LAVIS n. m.
Le *s* est muet, [lavi].
1. Procédé de dessin où l'encre est délayée dans l'eau.
2. Dessin ainsi obtenu. *De jolis lavis des paysages de la Toscane.*
lavis.

LAVOIR n. m.
Lieu public où on lavait le linge.

LAXATIF, IVE adj. et n. m.
Purgatif. *Des produits laxatifs. Des laxatifs.*

LAXISME n. m.
Tolérance excessive. *Faire preuve de laxisme en matière d'anglicismes.* ANT. purisme.

LAXISTE adj. et n. m. et f.
Qui fait preuve de laxisme. ANT. puriste.

LAYETTE n. f.
La première syllabe se prononce ***lè***, [lɛjɛt].
Trousseau à l'usage d'un nouveau-né. *Préparer la layette du bébé qui va naître.*
layette.

LAZARET n. m.
Établissement médical où l'on garde des malades contagieux en quarantaine.
lazaret.

***LAZY-BOY**
Anglicisme pour ***fauteuil de repos.***

LE art. déf. et pron. pers.
ARTICLE DÉFINI
Déterminant défini qui s'emploie devant un nom masculin singulier désignant des personnes ou des choses connues, dont on a déjà parlé.
VOIR TABLEAU – DÉTERMINANT.
VOIR TABLEAU – LE, LA, LES, DÉTERMINANTS DÉFINIS.
PRONOM PERSONNEL
Pronom remplaçant un nom de personne ou de chose déterminé, déjà exprimé et qui est masculin singulier. *Ce voyage, tu pourras le faire.*
VOIR TABLEAU – LE, LA, LES, PRONOMS PERSONNELS.

LÉ n. m.
Bande d'étoffe. *Des lés de coton.* SYN. laize.

***LEAD**
Anglicisme pour ***introduction.***

LEADER n. m.
Les lettres ***ea*** se prononcent ***i*** et le ***r*** est sonore, [lidœr]; ce nom se prononce à l'anglaise, il rime avec ***bulldozer.***
1. Meneur. *Ces jeunes sont des leaders dans leur école : ils ont une bonne influence sur les élèves.*
2. Groupe, entreprise, produit qui domine dans son secteur. *Cette société est un leader en informatique.*
Ce nom, emprunté à l'anglais il y a plus d'un siècle et demi, est admis en français.
[Les *Rectifications* (1990) admettent : leadeur.]

LEADERSHIP n. m.
Les lettres ***ea*** se prononcent ***i***, [lidœrʃip].
Direction, position dominante. *Des leaderships enviés.*
Ce nom, emprunté à l'anglais il y a plus d'un siècle, est admis en français. Cependant, on pourra lui préférer les noms ***autorité, direction, tête, primauté, prestige, initiative,*** selon le cas. *Asseoir son autorité, prendre la direction, la tête d'une association, d'un mouvement, faire preuve d'esprit d'entreprise, d'initiative, démontrer ses qualités de chef, sauvegarder son prestige.*
[Les *Rectifications* (1990) admettent : leadeurship.]

LE, LA, LES, DÉTERMINANTS DÉFINIS

Déterminants qui se placent devant le nom d'un être ou d'un objet connu, dont on a déjà parlé.

Le déterminant défini individualise le nom qui l'accompagne. *La pomme que j'ai mangée était délicieuse.* Il s'agit précisément d'une pomme en particulier, celle qui a été mangée. S'il s'agissait de n'importe quelle pomme, on emploierait le déterminant indéfini. *Achète-moi une pomme.*

L

Formes simples			Exemples
MASCULIN	FÉMININ	NOMBRE	
le	la	singulier	***Le*** *chien de Martin,* ***la*** *robe de Laurence,*
les	les	pluriel	***les*** *amis de la classe.*
Formes contractées avec *de*			
MASCULIN	FÉMININ	NOMBRE	
du (de le)	de la	singulier	*Les outils* ***du*** *maçon, les dons* ***de la*** *fée,*
des (de les)	des (de les)	pluriel	*les noms* ***des*** *parents.*
Formes contractées avec *à*			
MASCULIN	FÉMININ	NOMBRE	
au (à le)	à la	singulier	*Nous irons* ***au*** *centre des loisirs,* ***à la***
aux (à les)	aux (à les)	pluriel	*patinoire ou* ***aux*** *divers parcs de la ville.*

▸ Élision et liaison

Les déterminants définis ***le*** et ***la*** s'élident devant un mot commençant par une voyelle ou un ***h*** muet. ***L'****école,* ***l'****hommage*, mais ***le*** *homard.*

Cette élision ne se fait pas devant les adjectifs numéraux. ***Le*** *onze du mois,* ***le*** *huit de cœur,* ***le*** *un de la rue des Érables.*

La liaison du déterminant ***les*** avec le mot qui suit se fait si ce mot commence par une voyelle ou un ***h*** muet. ***Les*** *enfants (lézenfants),* ***les*** *hommes (lézommes),* mais ***les*** *haches (léaches).*

▸ Omission

On ne répète pas le déterminant si deux adjectifs se rapportent au même nom. ***La*** *tendre et belle enfant.*

On peut omettre le déterminant dans certaines énumérations. *Orthographe, grammaire, typographie feront l'objet de tableaux.*

Les déterminants sont omis dans certaines expressions figées. *Des faits et gestes, sur mer et sur terre, blanc comme neige, avoir carte blanche...*

▸ Répétition

Le déterminant est répété devant les noms joints par les conjonctions de coordination ***et, ou.*** ***Les*** *fruits et* ***les*** *légumes.*

▸ Devant un superlatif

Quand la comparaison est établie entre des êtres ou des objets différents, le déterminant défini s'accorde en genre et en nombre avec le nom auquel il se rapporte. *Cette amie est* ***la*** *plus gentille de toutes ces personnes.*

Quand la comparaison porte sur des états distincts du même être ou du même objet, le déterminant défini est neutre et invariable. *C'est le matin qu'elle est* ***le*** *plus en forme* (en forme au plus haut degré).

▸ À la place du possessif

Le déterminant défini s'emploie quand le nom employé sans adjectif désigne une partie du corps ou une faculté de l'esprit. *Il a mal à* ***la*** *tête. Elle s'est fracturé* ***la*** *jambe.*

Attention, dans ces cas, on n'emploie pas le déterminant possessif. *Il s'est cassé* ***le*** *bras* (et non *son bras).

VOIR TABLEAU ▸ **LE, LA, LES,** PRONOMS PERSONNELS.

***LEASING**
Anglicisme au sens de ***crédit-bail.***

LÈCHE-CUL adj. inv. et n. m. et f.
ADJECTIF INVARIABLE
(TRÈS FAM.) Flatteur. *Ils sont lèche-cul.*
NOM MASCULIN ET FÉMININ
(TRÈS FAM.) Personne flatteuse. *Des lèche-culs.*
Ce mot de niveau très familier est à éviter dans un texte de style courant ou soutenu. L'adjectif est invariable, mais le nom prend la marque du pluriel.

LÈCHEFRITE n. f.
Ustensile de cuisine destiné à recevoir le jus de la viande mise à rôtir. *Des lèchefrites bien astiquées.*
lèchefrite, en un seul mot.

LÉCHER v. tr., pronom.
VERBE TRANSITIF
1. Passer la langue sur quelque chose. *Julia lèche une sucette à la tire d'érable.*
2. Soigner à l'excès. *Un dessin trop léché.*

LE, LA, LES, PRONOMS PERSONNELS

Les pronoms ***le, la, les*** remplacent un nom de personne ou de chose déjà exprimé. *Quand Étienne sera de retour, préviens-**le** de notre arrivée prochaine. Ce film est excellent, je te **le** conseille.*

Les pronoms ***le, la, les*** accompagnent toujours un verbe *(je **les** aime)* à titre de **complément direct** ou d'**attribut du sujet,** tandis que les déterminants définis ***le, la, les*** accompagnent toujours un nom *(**les** personnes que j'aime).*

COMPLÉMENT DIRECT

Les pronoms personnels ***le, la, les*** s'emploient avec les verbes transitifs directs (on pose la question ***qui ? que ? quoi ?*** pour trouver le complément direct du verbe). Ces verbes se conjuguent avec l'auxiliaire ***avoir.***

*Tu **le** regardes. Cette pomme, tu **la** mangeras à la récréation. Vous **les** avez lus pendant les vacances : ce sont de bons livres.*

Pour les verbes transitifs indirects (on pose la question ***à qui ?***), ce sont les pronoms ***lui*** et ***leur*** qui sont employés. *Tu **lui** as parlé, tu **leur** as parlé* (à qui ?).

ATTRIBUT DU SUJET

Les pronoms personnels ***le, la, les*** sont attributs du sujet lorsqu'ils sont employés avec les verbes qui se conjuguent avec l'auxiliaire **être.** *Un champion, il **le** deviendra après beaucoup d'efforts.*

Dans l'usage courant, on a tendance à employer le pronom personnel ***le*** même si l'antécédent est féminin ou pluriel. *La présidente de l'entreprise, je ne **le** serai pas.* En français soutenu, le pronom s'accorde en genre et en nombre avec le sujet accompagné d'un déterminant défini ou du démonstratif. *La présidente de l'entreprise, je ne **la** serai pas. Ces fous de la vitesse, ils ne **les** sont plus.*

FORME

Les pronoms ***le, la*** s'élident devant un verbe commençant par une voyelle ou un ***h*** muet. *Je **l'**aime, tu **l'**honores.*

► **Place du pronom**

Il se place généralement **avant** le verbe. *Ce vélo, je **le** veux.*

Si le verbe est à l'impératif dans une construction affirmative, le pronom se place **après** le verbe auquel il est joint par un trait d'union. *Admirez-**le**.*

Par contre, dans une construction négative, le pronom se place **avant** le verbe. *Ne **l'**admirez pas.*

Si le verbe comporte plusieurs pronoms compléments, le complément direct se place **avant** le complément indirect et se joint au verbe et au complément indirect par des traits d'union. *Donne-**le**-moi.*

VOIR TABLEAU ► **LE, LA, LES,** DÉTERMINANTS DÉFINIS.

VERBE PRONOMINAL
À la forme pronominale, le participe passé de ce verbe s'accorde avec le complément direct si celui-ci le précède. *Les doigts qu'elle s'est léchés. Les chiots se sont léchés.* Le participe passé reste invariable si le complément direct suit le verbe. *Ces gourmets se sont léché les babines à la vue de ces mets succulents.*
LOCUTIONS
– ***S'en lécher les doigts, les babines.*** (FIG.) (FAM.) Se régaler.
– ***Un ours mal léché.*** Personne désagréable et mal élevée.
CONJUGAISON : VOIR MODÈLE POSSÉDER.
Le ***é*** se change en ***è*** devant une syllabe contenant un ***e*** muet, sauf à l'indicatif futur et au conditionnel présent. *Je lèche,* mais *je lécherai.*
[Les *Rectifications* (1990) admettent : il lèchera, lècherait...]

LÈCHE-VITRINE ou **LÈCHE-VITRINES** n. m.
Action de flâner en regardant les vitrines. *Faire du lèche-vitrine* ou *lèche-vitrines.* SYN. ⚜ magasinage.

LEÇON n. f.
1. Enseignement théorique et pratique d'une science, d'un art. *Des leçons d'histoire, de dessin. Une leçon de piano, d'équitation.*
2. Ensemble des matières qu'un élève doit apprendre. *Réciter ses leçons. As-tu appris tes leçons pour demain ?*
LOCUTIONS
– ***Faire la leçon à quelqu'un.*** (FIG.) Le réprimander, lui indiquer la conduite à adopter.
– ***N'avoir de leçons à recevoir de personne.*** Ne pas accepter une réprimande, un conseil.
→ leçon.

LECTEUR, TRICE n. m. et f.
NOM MASCULIN ET FÉMININ
Personne qui lit pour son plaisir, son information. *Le courrier des lecteurs. C'est une lectrice de romans policiers.* SYN. liseur.
NOM MASCULIN
Dispositif matériel ou logiciel permettant l'exécution d'un document multimédia stocké sur un support d'information. *Un lecteur de CD-ROM, des lecteurs (de) DVD.*

LECTORAT n. m.
Ensemble des lecteurs d'un quotidien, d'une revue, etc.

LECTURE n. f.
1. Action de lire. *La lecture d'un bulletin de nouvelles. Lecture rapide.*
2. Art de lire. *La lecture est un agréable passe-temps.*
3. Interprétation d'un texte, d'une partition. *Cette anthologie propose une lecture originale de l'œuvre de ce poète.*

LEDIT, LADITE, LESDITS, LESDITES adj.
Cet adjectif démonstratif s'emploie dans la langue juridique ou administrative pour désigner ce dont on vient de parler. *Lesdits contrats, ladite condition.*
Cet adjectif s'écrit en un seul mot et s'accorde avec le mot auquel il se rapporte.
VOIR – DIT.

LÉGAL, ALE, AUX adj.
1. Qui est conforme à la loi. *Des contrats légaux.* ANT. illégal.
2. Qui est imposé par la loi. *Les formes légales.*
Ne pas confondre avec les mots suivants :
• ***judiciaire,*** qui se rapporte à l'organisation de la justice;
• ***judicieux,*** qui dénote du jugement;
• ***juridique,*** qui se rapporte au droit.
FORMES FAUTIVES
*aviseur légal. Calque de «*legal adviser*» pour ***conseiller juridique.***
*étude légale. Anglicisme pour ***cabinet, bureau d'avocat.***
*légal. Anglicisme au sens de ***juridique.***
*poursuite légale. Calque de «*legal action*» pour ***action (judiciaire), poursuites, poursuite (judiciaire).*** *Nous intenterons une action contre cette entreprise, nous engagerons des poursuites* (et non une *poursuite légale) *contre elle.*

LÉGALEMENT adv.
D'une manière légale. *Ils ont agi légalement.*

LÉGALISATION n. f.
Action de légaliser. *La légalisation de l'avortement.*

LÉGALISER v. tr.
Rendre légal. *Légaliser une pratique jusqu'ici interdite.*
CONJUGAISON : VOIR MODÈLE AIMER.

LÉGALISME n. m.
Respect scrupuleux de la loi.

LÉGALISTE adj. et n. m. et f.
Qui fait preuve de légalisme.

LÉGALITÉ n. f.
Caractère de ce qui est conforme au droit. *Ces personnes font des affaires en toute légalité.*

LÉGAT n. m.
Ambassadeur du pape chargé d'une mission extraordinaire.
→ légat.

LÉGATAIRE n. m. et f.
Personne qui hérite d'un bien, reçoit un legs. *Elle est la légataire universelle de cette personne.* SYN. héritier.
Ce mot peut être masculin ou féminin.

LÉGENDAIRE adj.
1. Qui n'existe que dans les légendes. *Une force légendaire.* SYN. fabuleux.
2. Bien connu. *Sa distraction est légendaire.* SYN. fameux; mythique; proverbial.
Ne pas confondre avec les mots suivants :
• ***fabuleux,*** qui tient de la fable, extraordinaire quoique réel;
• ***imaginaire,*** qui n'existe que dans l'imagination.

LÉGENDE n. f.
1. Récit populaire souvent merveilleux et reposant parfois sur un fondement historique. *La légende québécoise de la chasse-galerie.*
2. Texte explicatif d'une illustration, d'un plan, d'une carte géographique. *La légende d'une photo dans un journal. La légende des pictogrammes utilisés dans un ouvrage.*

LÉGER, ÈRE adj.
1. Imprévoyant, désinvolte. *Une personne légère.* ANT. réfléchi; sérieux.
2. Qui a peu de poids. *Une valise légère. Léger comme une plume.*
3. Qui a peu de force. *Un parfum léger, un vent léger.*
4. Petit. *Un bruit léger.* SYN. imperceptible; subtil.
5. Qui manque de sérieux. SYN. désinvolte; faible; imprévoyant.
Pris adverbialement, le mot est invariable. *Ils mangent léger.*
LOCUTION
– ***À la légère,*** loc. adv. Sans réfléchir. *On ne peut prendre une telle décision à la légère.*
FORME FAUTIVE
*léger. Anglicisme au sens de ***maigre.*** *Les caractères maigres* (et non *légers) *s'opposent aux caractères gras.*
→ **léger, légère.**

LÉGÈREMENT adv.
1. De façon légère. *Ils étaient trop légèrement vêtus : ils ont pris froid.*
2. Un peu. *Elle était légèrement lasse. Ils sont blessés légèrement.*
3. Délicatement. *Massez légèrement.* SYN. doucement.

LÉGÈRETÉ n. f.
1. Caractère de ce qui a peu de poids. *La légèreté d'une plume.*
2. Caractère de ce qui est peu grave. *La légèreté d'une faute.*

3. Imprudence. *Elle a fait preuve de légèreté dans cette affaire : elle n'a pas réfléchi suffisamment.* SYN. désinvolture ; insouciance.
légèreté.

LÉGIFÉRER v. intr.
Faire des lois. *Le gouvernement doit légiférer.*
CONJUGAISON : VOIR MODÈLE POSSÉDER.
Le ***é*** de la troisième syllabe se change en ***è*** devant une syllabe contenant un ***e*** muet, sauf à l'indicatif futur et au conditionnel présent. *Je légifère,* mais *je légiférerai.*
[Les *Rectifications* (1990) admettent : il légifèrera, légifèrerait...]

LÉGION n. f.
1. (ANTIQ.) Corps de soldats romains.
2. Multitude. *Le pays est envahi par des légions de touristes à la belle saison.*
Si le sujet du verbe est un collectif précédé du déterminant indéfini ***un, une*** et suivi d'un complément au pluriel, le verbe se met au singulier lorsque l'auteur veut insister sur le tout, l'ensemble ; au pluriel, s'il veut insister sur la pluralité, la multiplicité. *Une légion d'adolescents a envahi, ont envahi la salle de cinéma.* Si le sujet du verbe est un collectif précédé du déterminant défini ***(le, la)***, d'un déterminant possessif ***(mon, ma, ton, ta, son, sa)***, d'un déterminant démonstratif ***(ce, cette)*** et s'il est suivi d'un complément au pluriel, le verbe se met généralement au singulier. *La légion des réfugiés se pressait au poste de douane.*
VOIR TABLEAU – COLLECTIF.
LOCUTIONS
– ***Être légion.*** Être en très grand nombre. *Les pèlerins étaient légion pour recevoir la bénédiction papale. Ils étaient légion.*
En ce sens, le nom est invariable.
– ***Légion d'honneur.*** Décoration civile et militaire.
Dans cette locution, le nom ***légion*** s'écrit avec une majuscule. *Ils ont été décorés de la Légion d'honneur.*

LÉGISLATEUR, TRICE n. m. et f.
1. (VIEILLI) Personne qui fait les lois.
2. (ABSOL.) **Le législateur.** Le pouvoir législatif.

LÉGISLATIF, IVE adj.
Qui a la mission de faire les lois. *Le pouvoir législatif.*

LÉGISLATION n. f.
Ensemble des lois d'un pays, d'un domaine déterminé.
Le nom ***législation*** désigne un ensemble de lois relatives à un domaine et ne doit pas être utilisé au sens de ***loi.***
Ne pas confondre avec le nom ***législature,*** qui désigne une période pendant laquelle une assemblée législative exerce ses pouvoirs.

LÉGISLATURE n. f.
Période pendant laquelle une assemblée législative exerce ses pouvoirs.
Ne pas confondre avec le nom ***législation,*** qui désigne l'ensemble des lois d'un pays, d'un domaine déterminé.

LÉGITIMATION n. f.
Action de justifier, de légitimer. *La légitimation d'un acte.*

LÉGITIME adj.
1. Qui est reconnu conforme au droit. *Une union légitime.* ANT. illégitime.
2. Qui est conforme à la justice, à la raison. *Une cause légitime.* SYN. admissible ; équitable.
3. Normal, justifié. *Médaillée olympique, Myriam Bédard éprouve une fierté bien légitime.* SYN. compréhensible.

LÉGITIMEMENT adv.
Conformément à la loi, à l'équité.

LÉGITIMER v. tr.
VERBE TRANSITIF
1. (DR.) Rendre légitime un enfant naturel.
2. Justifier. *Légitimer un geste, une cause.*
VERBE PRONOMINAL
Se faire reconnaître comme légitime, justifiable. *Ces atteintes aux droits de la personne ne se légitiment pas.* SYN. se justifier.
À la forme pronominale, le participe passé de ce verbe s'accorde toujours en genre et en nombre avec son sujet. *Ces trahisons ne se sont pas légitimées.*
CONJUGAISON : VOIR MODÈLE AIMER.

LÉGITIMITÉ n. f.
Caractère de ce qui est conforme à la justice, au droit, à la raison. ANT. illégitimité.

LEGS n. m.
Le ***g*** se prononce généralement et le ***s*** est muet, [lɛg].
Don fait par testament. SYN. héritage.
Ne pas confondre avec les noms suivants :
- ***cadeau,*** présent destiné à faire plaisir à quelqu'un ;
- ***don,*** libéralité à titre gracieux ;
- ***gratification,*** somme d'argent donnée en surcroît de ce qui est dû.

LÉGUER v. tr., pronom.
VERBE TRANSITIF
1. Donner ses biens par testament. *Sa marraine lui a légué une bague.* SYN. laisser.
2. (FIG.) Transmettre. *Léguer le désir d'entreprendre, d'oser à ses enfants.*
VERBE PRONOMINAL
1. Être cédé par testament. *Cette ferme s'est léguée de père en fils.*
2. (FIG.) Être transmis. *Le talent pour la musique se lègue-t-il ?*
À la forme pronominale, le participe passé de ce verbe s'accorde toujours en genre et en nombre avec son sujet. *Des domaines qui se sont légués de génération en génération.*
CONJUGAISON : VOIR MODÈLE POSSÉDER.
Ce verbe s'écrit toujours avec un ***u,*** même devant les lettres ***a*** et ***o.*** *Nous léguons, il légua.*
Le ***é*** se change en ***è*** devant une syllabe contenant un ***e*** muet, sauf à l'indicatif futur et au conditionnel présent. *Je lègue,* mais *je léguerai.*
[Les *Rectifications* (1990) admettent : il lèguera, lèguerait...]

LÉGUME n. m.
Plante potagère. *Des légumes frais cueillis. Une bonne soupe aux légumes.*
LOCUTION
– ***Grosse légume.*** (FIG.) (FAM.) Personne importante. *C'est une grosse légume.*
Dans cette expression familière, le nom est de genre féminin.

LÉGUMIER n. m.
Plat à légumes. *Des légumiers qui vont au four.*

LÉGUMINEUSE adj. et n. f.
ADJECTIF
Dont le fruit est une gousse. *Une plante légumineuse.*
NOM FÉMININ
Plante ayant pour fruit une gousse. *Les pois, les haricots sont des légumineuses.*

LEITMOTIV n. m.
Les lettres ***ei*** se prononcent ***aï*** ou ***è,*** [lajtmɔtif, lɛtmɔtiv].
1. (MUS.) Thème caractéristique. *Des leitmotive musicaux.*
2. (FIG.) Formule qui revient fréquemment. *Les leitmotivs lancinants.* SYN. refrain ; ritournelle.
Dans le vocabulaire de la musique, on emploie au pluriel la forme allemande ***leitmotive.*** Au sens figuré, le mot s'écrit avec un ***s*** au pluriel.
leitmotiv.

LEK n. m.
Unité monétaire de l'Albanie. *Des leks.*
VOIR TABLEAU – SYMBOLES DES UNITÉS MONÉTAIRES.

LEMMING n. m.
Petit rongeur. *La légende des lemmings.*

LEMPIRA n. m.
Unité monétaire du Honduras. *Des lempiras.*
VOIR TABLEAU – SYMBOLES DES UNITÉS MONÉTAIRES.

LENDEMAIN n. m.
1. Le jour qui suit le jour dont on parle. *Elle le vit le lendemain de son retour au pays.* ANT. veille.
2. Avenir. *Il faut songer au lendemain.*
3. Suite. *Les lendemains d'une escapade.* SYN. conséquence.
LOCUTIONS
– ***Du jour au lendemain,*** loc. adv. Très rapidement.
– ***Sans lendemain.*** De courte durée. *Des amours sans lendemain.* SYN. éphémère.

LÉNIFIANT, IANTE adj.
Qui calme, qui apaise. *Des paroles lénifiantes.* SYN. apaisant.
Ne pas confondre avec le mot ***lénitif*** qui qualifie un médicament adoucissant.

LÉNIFIER v. tr.
(LITT.) Calmer, adoucir. *Des paroles qui lénifient.* SYN. apaiser.
CONJUGAISON : VOIR MODÈLE ÉTUDIER.
Redoublement du ***i*** à la première et à la deuxième personne du pluriel de l'indicatif imparfait et du subjonctif présent. *(Que) nous lénifiions, (que) vous lénifiiez.*

LÉNITIF, IVE adj. et n. m.
Qui adoucit, en parlant d'un médicament. *Une crème lénitive.*
Ne pas confondre avec le mot ***lénifiant,*** qui se dit de ce qui calme, qui apaise.

LENT, LENTE adj.
1. Qui n'est pas rapide. *La tortue est lente.*
2. Qui n'est pas vif. *Un esprit lent.*

LENTEMENT adv.
Avec lenteur. *Les arbres poussent lentement.*

LENTEUR n. f.
Manque de rapidité, de vivacité. *Sa lenteur est agaçante : il n'arrive jamais à finir à temps.*

LENTILLE n. f.
1. Plante cultivée pour sa graine ; la graine elle-même. *Une soupe de lentilles aux épinards.*
2. Verre de contact. *Des lentilles cornéennes.*

LÉONIN, INE adj.
1. Propre au lion. *Une crinière léonine.*
2. (DR.) Se dit d'un contrat avantageant à l'excès l'une des parties.
léonin.

LÉOPARD n. m.
Le **o** est ouvert, [leɔpar].
Panthère tachetée d'Afrique. *Un manteau de faux léopard.*
léopard.

LÈPRE n. f.
Maladie infectieuse et contagieuse.
lèpre.

LÉPREUX, EUSE adj. et n. m. et f.
1. Qui est atteint de la lèpre.
2. (FIG.) Couvert de taches, dont l'apparence s'est dégradée. *Des bâtiments délabrés aux façades lépreuses.*
lépreux.

LÉPROSERIE n. f.
Hôpital où l'on soigne les lépreux.

LEQUEL, LAQUELLE adj. rel. et pron. rel. et interr.
PRONOM RELATIF
1. Après une préposition, au lieu de ***qui*** quand l'antécédent est un nom d'animal ou de chose. *La route vers laquelle nous allions.*
Quand l'antécédent est un nom de personne, on emploie ***qui.*** *La personne vers qui nous allions.*
2. Comme sujet ou complément direct pour éviter une équivoque. *J'ai vu une copie de ce tableau, laquelle était parfaitement conforme.*
3. Dans le style juridique ou administratif. *Ils ont interrogé deux personnes, lesquelles ont affirmé...*
PRONOM INTERROGATIF
1. (Interrogation directe) Le pronom peut être sujet, attribut ou complément. *Lequel vient jouer ?* (sujet) *Laquelle êtes-vous ?* (attribut) *Lesquels choisissez-vous ?* (complément direct)
2. (Interrogation indirecte) Le pronom est employé au sens de ***celui, celle qui*** ou ***que.*** *Dites-moi lequel des deux vous préférez.*
Employé au sens de ***quel est celui qui*** ou ***que ?, quelle est celle qui*** ou ***que ?,*** le pronom interrogatif marque un choix à arrêter entre deux ou plusieurs personnes, deux ou plusieurs choses.
ADJECTIF RELATIF
L'adjectif relatif se place devant un nom pour indiquer que l'on rattache à un antécédent la subordonnée qu'il introduit. *Une somme de 1000 $, laquelle somme servira à la bibliothèque des jeunes.*
Ces mots sont composés du pronom interrogatif ***quel*** et de l'article défini. L'article défini employé avec les prépositions ***de*** ou ***à*** se contracte pour donner ***du*** et ***au.*** Voici les pronoms relatifs composés de ***quel*** :
SINGULIER
lequel, laquelle
duquel, de laquelle
auquel, à laquelle
PLURIEL
lesquels, lesquelles
desquels, desquelles
auxquels, auxquelles
Tous ces composés s'écrivent en un seul mot, à l'exception de ***à laquelle, de laquelle.***
VOIR TABLEAU – DÉTERMINANT.
VOIR TABLEAU – INTERROGATIF (PRONOM).
VOIR TABLEAU – PRONOM.

LES art. déf. et pron. pers.
ARTICLE DÉFINI
Déterminant défini qui s'emploie devant un nom masculin pluriel ou féminin pluriel désignant des personnes ou des choses connues dont on a déjà parlé.
VOIR TABLEAU – DÉTERMINANT.
VOIR TABLEAU – LE, LA, LES, DÉTERMINANTS DÉFINIS.
PRONOM PERSONNEL
Pronom remplaçant un nom de personne ou de chose déterminé, déjà exprimé et qui est masculin pluriel ou féminin pluriel. *Ces cadeaux, tu les déballeras sous peu.*
VOIR TABLEAU – LE, LA, LES, PRONOMS PERSONNELS.

LESBIANISME n. m.
Homosexualité féminine.

LESBIEN, IENNE adj. et n. f.
ADJECTIF
Relatif à l'homosexualité féminine.
NOM FÉMININ
Homosexuelle.

LESDITES
VOIR – LEDIT.

LESDITS
VOIR – LEDIT.

L

LÈSE-
Cet élément s'emploie en composition avec certains mots féminins (***majesté, humanité, société***) pour indiquer une atteinte à la dignité, aux principes représentés par ces noms.

LÈSE-MAJESTÉ n. f. (pl. *lèse-majesté* ou *lèse-majestés*)
Attentat contre l'autorité du souverain. *Ce sont des crimes de lèse-majesté.*

LÉSER v. tr.
Causer du tort à quelqu'un. SYN. défavoriser; désavantager; nuire à.
CONJUGAISON : VOIR MODÈLE POSSÉDER.
Le ***é*** se change en ***è*** devant une syllabe contenant un ***e*** muet, sauf à l'indicatif futur et au conditionnel présent. *Je lèse,* mais *je léserai.*
[Les *Rectifications* (1990) admettent : il lèsera, lèserait...]

LÉSINER v. intr.
Épargner à l'excès. *Ces avares lésinent sur la nourriture.*
Le verbe se construit avec la préposition ***sur.***
LOCUTION
– ***Ne pas lésiner sur.*** Ne pas se priver de quelque chose, dépenser ce qui est nécessaire pour. *On ne peut lésiner sur la documentation. « Il ne lésinait pas sur la dépense »* (Gabrielle Roy, *La Détresse et l'Enchantement*).
CONJUGAISON : VOIR MODÈLE AIMER.

LÉSION n. f.
1. (DR.) Préjudice.
2. Atteinte d'un organe, d'un tissu. *Une lésion cutanée.*

LESQUELLES
VOIR – LEQUEL.

LESQUELS
VOIR – LEQUEL.

LESSIVABLE adj.
Qui peut être lessivé. *Un revêtement mural lessivable.*

LESSIVAGE n. m.
Action de lessiver. *Le lessivage des plafonds.*

LESSIVE n. f.
1. Savon pour laver le linge. SYN. détersif.
2. Blanchissage du linge; linge lavé. *Un jour de lessive.*

LESSIVER v. tr.
1. (VIEILLI) Nettoyer du linge.
2. Nettoyer à l'aide d'une solution détersive. *Lessiver les plafonds.*
3. (FIG.) (FAM.) Au jeu, éliminer des adversaires. *Ils se sont fait lessiver en moins de temps qu'il n'en faut pour le dire.* SYN. (FAM.) laver.
CONJUGAISON : VOIR MODÈLE AIMER.

LESSIVEUSE n. f.
Récipient servant à faire bouillir le linge.
Pour un usage domestique, on emploie plutôt ***machine à laver*** (au Québec, ***laveuse***).

LEST n. m.
Les lettres ***st*** se prononcent, [lɛst]; le nom rime avec ***leste.***
Matière lourde destinée à assurer la stabilité d'un navire, d'un ballon, etc. *Jeter du lest.*
LOCUTION
– ***Jeter du lest.*** (FIG.) Faire des concessions pour préserver des acquis compromis, pour éviter un échec.
HOM. ***leste,*** se dit d'une personne, d'un animal agile.

LESTE adj.
1. Agile. *Cet acrobate est leste et audacieux.* SYN. souple.
2. Grivois. *Des histoires lestes.*
HOM. ***lest,*** matière lourde destinée à assurer la stabilité d'un navire, d'un ballon, etc.

LESTEMENT adv.
D'une manière leste.

LESTER v. tr.
1. Charger de lest. ANT. délester.
2. (FIG.) (FAM.) Charger. *Lester ses bagages de livres.*
CONJUGAISON : VOIR MODÈLE AIMER.

LÉTAL, ALE, AUX adj.
Qui cause la mort. *Une dose létale d'un médicament.*

LÉTHARGIE n. f.
1. Sommeil profond et durable. *Tomber en léthargie.*
2. (FIG.) Engourdissement, torpeur. *Son esprit semble en léthargie, mais il est seulement en jachère.* SYN. apathie.
léthargie.

LÉTHARGIQUE adj.
Qui tient de la léthargie. *Un état léthargique.* SYN. apathique.
léthargique.

LETTON, ONNE ou **ONE** adj. et n. m. et f.
ADJECTIF ET NOM MASCULIN ET FÉMININ
De Lettonie. *Les forêts lettonnes, lettones. Un Letton, une Lettonne, Lettone.*
T L'adjectif s'écrit avec une minuscule; le nom, avec une majuscule.
NOM MASCULIN
Langue balte parlée en Lettonie. *Uldis parle le letton.*
T Le nom de la langue s'écrit avec une minuscule.

LETTRAGE n. m.
Ensemble de lettres. *Le lettrage de cette affiche n'est pas très lisible.*

LETTRE n. f.
1. Caractère de l'alphabet.
Les lettres de l'alphabet étaient autrefois de genre féminin; elles sont aujourd'hui de genre masculin. *Un* a, *un* b, *des* e, *des* alpha *et des* oméga.
2. Écrit transmis à un destinataire. *Il reçoit plusieurs lettres par jour. Acheter du papier à lettres.*
Ne pas confondre avec les noms suivants :
- ***billet,*** lettre très concise;
- ***circulaire,*** lettre d'information adressée à plusieurs destinataires;
- ***communiqué,*** avis transmis au public;
- ***courrier,*** ensemble des lettres, des imprimés, etc., acheminés par la poste;
- ***dépêche,*** missive officielle, message transmis par voie rapide;
- ***note,*** brève communication écrite, de nature administrative.

Le complément du nom se met au pluriel dans les expressions : ***lettre d'affaires, de félicitations, de condoléances.*** Le complément du nom se met au singulier dans les expressions : ***lettre de change, de convocation, de créance, d'introduction, de recommandation, de rappel, de démission.*** Les auteurs ne s'entendent pas sur l'orthographe du terme ***lettre de remerciement(s)*** : *Le français au bureau* préconise l'emploi du nom ***remerciement*** au pluriel, ***lettre de remerciements,*** tandis que *Le Petit Robert, Le Petit Larousse,* le *Nouveau Dictionnaire des difficultés du français moderne* de Joseph Hanse écrivent ***lettre de remerciement.*** André Jouette distingue la ***lettre de remerciement*** (licenciement) et la ***lettre de remerciements*** (gratitude). En conclusion, les deux orthographes sont possibles, mais le pluriel paraît plus logique pour la lettre exprimant la gratitude.
VOIR TABLEAU – LETTRE TYPE.
3. Connaissances littéraires. *Faculté des lettres. Les belles-lettres.*
LOCUTIONS
– ***À la lettre, au pied de la lettre.*** Exactement. *J'ai suivi tes instructions au pied de la lettre et, malgré cela, j'ai raté mon coup.*

– ***En lettres moulées.*** En lettres qui imitent les lettres imprimées. *Veuillez remplir ce formulaire en lettres moulées.* SYN. en caractères d'imprimerie.
Molière fait dire à un de ses personnages qu'il sait lire la lettre moulée.
– ***En toutes lettres,*** loc. adv. Au long, sans chiffres. *Dans certains documents importants, on écrit habituellement la date en toutes lettres : Le quatorze décembre mil neuf cent...*
– ***Femme de lettres, homme de lettres.*** Personne qui fait profession d'écrire, qui se consacre à la littérature. SYN. auteur ; écrivain.
Dans cette locution, le nom ***lettre*** s'écrit au pluriel.
– ***Lettre capitulaire.*** Lettre ornée au début d'un chapitre. SYN. lettrine.
– ***Lettre morte.*** Chose dont on ne tient pas compte. *Ces recommandations resteront lettre morte.*
Cette expression est invariable.
– ***Passer comme une lettre à la poste.*** Être accepté sans difficulté.
FORME FAUTIVE
*lettre de références. Calque de «*reference letter*» pour ***lettre de recommandation.***

LETTRÉ, ÉE adj. et n. m. et f.
Qui connaît à fond surtout le domaine des lettres. *C'est un fin lettré.*
En général, on parlera d'un ***érudit*** et dans le domaine scientifique particulièrement, d'un ***savant.***

LETTRINE n. f.
Lettre ornée au début d'un chapitre. SYN. lettre capitulaire.

LEU n. m. (pl. *lei*)
Unité monétaire de la Roumanie.
VOIR TABLEAU – SYMBOLES DES UNITÉS MONÉTAIRES.

LEU n. m.
Forme ancienne du mot ***loup.***
LOCUTION
– ***À la queue leu leu,*** loc. adv. À la file, les uns derrière les autres. *Les enfants marchaient à la queue leu leu.*
Cette expression est une altération de « à la queue le loup ».

LEUC(O)- préf.
Élément du grec signifiant « blanc ». *Leucocyte.*

LEUCÉMIE n. f.
Maladie du sang très grave caractérisée par une augmentation des globules blancs.

LEUCÉMIQUE adj. et n. m. et f.
Qui est atteint de leucémie. *Un patient leucémique guéri. Un leucémique.*

LEUCOCYTE n. m.
(MÉD.) Globule blanc du sang.
leucocyte.

LEUR n. m. et pron. poss.
PRONOM POSSESSIF
Pronom possessif masculin et féminin de la troisième personne du pluriel. Qui est à eux, à elles. *Ce pays est le leur, cette patrie, la leur. Ces amis sont les leurs.*
Le pronom est toujours accompagné du déterminant défini. Le mot ***leur*** s'emploie parfois en fonction d'attribut, sans déterminant, comme un adjectif. *Ces mots sont leurs.*
NOM MASCULIN
Leur. Ce qui leur appartient. *Ils devront y mettre du leur.*
NOM MASCULIN PLURIEL
Leurs. Leurs parents, leurs proches, leurs amis. *Ils retrouveront les leurs demain.*
HOM. ***leurre,*** appât attaché à un hameçon.

LEUR adj. poss. m. et f.
Déterminant possessif de la troisième personne du pluriel et des deux genres. Qui est à eux, qui leur appartient, qui est relatif à eux. *Ils adorent leur fille, leur fils. Elles décorent leur maison et font courir leur chien.*
ACCORD
Le déterminant s'accorde en nombre avec le nom déterminé, il s'accorde en personne avec le nom désignant le « possesseur » et représente au moins deux possesseurs, dont celui de qui l'on parle.
Nombre du possessif : le déterminant possessif et le nom qu'il détermine s'écrivent au singulier ou au pluriel, selon le contexte. *Ils ont mangé leur pomme* (plusieurs possesseurs ont chacun un objet). *Elles ont dévoré leurs fruits* (plusieurs possesseurs ont chacun plusieurs objets).
VOIR TABLEAU – POSSESSIF ET PRONOM POSSESSIF (DÉTERMINANT).

LEUR pron. pers. m. et f.
Pronom personnel masculin et féminin de la troisième personne du pluriel. À eux, à elles. *Je leur dirai de venir.*
1° Ce pronom, qui est complément indirect, se place devant le verbe et il est invariable. *Je leur donne raison. Elle leur* (et non *leurs) *a dit.*
2° À l'impératif, il suit le verbe auquel il est joint par un trait d'union. *Offre-leur des billets.*
VOIR TABLEAU – PRONOM.

LEURRE n. m.
1. Appât attaché à un hameçon pour attirer le poisson.
2. (FIG.) Piège, tromperie. *Ces cadeaux somptueux ne sont que des leurres pour rouler les acheteurs.*
HOM. ***leur,*** adjectif possessif, pronom possessif et pronom personnel.
leurre.

LEURRER v. tr., pronom.
VERBE TRANSITIF
(FIG.) Tromper par de faux espoirs. *Ce marchand malhonnête tente de leurrer ses clients.* SYN. attraper ; duper.
VERBE PRONOMINAL
S'illusionner. *Elle s'est leurrée sur leurs intentions.*
À la forme pronominale, le verbe se construit avec la préposition ***sur.***
À la forme pronominale, le participe passé de ce verbe s'accorde toujours en genre et en nombre avec son sujet. *Ils se sont leurrés en pensant terminer le travail à temps.*
CONJUGAISON : VOIR MODÈLE AIMER.
leurrer.

LEV n. m. (pl. *leva*)
Unité monétaire de la Bulgarie. *Des leva.*
VOIR TABLEAU – SYMBOLES DES UNITÉS MONÉTAIRES.

LEVAGE n. m.
Action de soulever. *Des engins de levage.*

LEVAIN n. m.
Produit qui fait lever le pain. *Le levain fait lever la pâte du pain.*
levain, ***ain*** comme dans **pain.**

LEVANT, ANTE adj. et n. m.
ADJECTIF
Qui se lève, en parlant du soleil.
NOM MASCULIN
1. Lieu de l'horizon où le soleil se lève, l'est.
2. Les pays de la partie orientale de la Méditerranée.
En ce sens, le nom s'écrit avec une majuscule. *Les pays du Levant.*

LEVANTIN, INE adj.
Des pays du Levant, de la Méditerranée orientale. *Les cultures levantines. Un Levantin, une Levantine.*

L

LETTRE TYPE

MULTI
DICTIONNAIRE
DE LA LANGUE FRANÇAISE

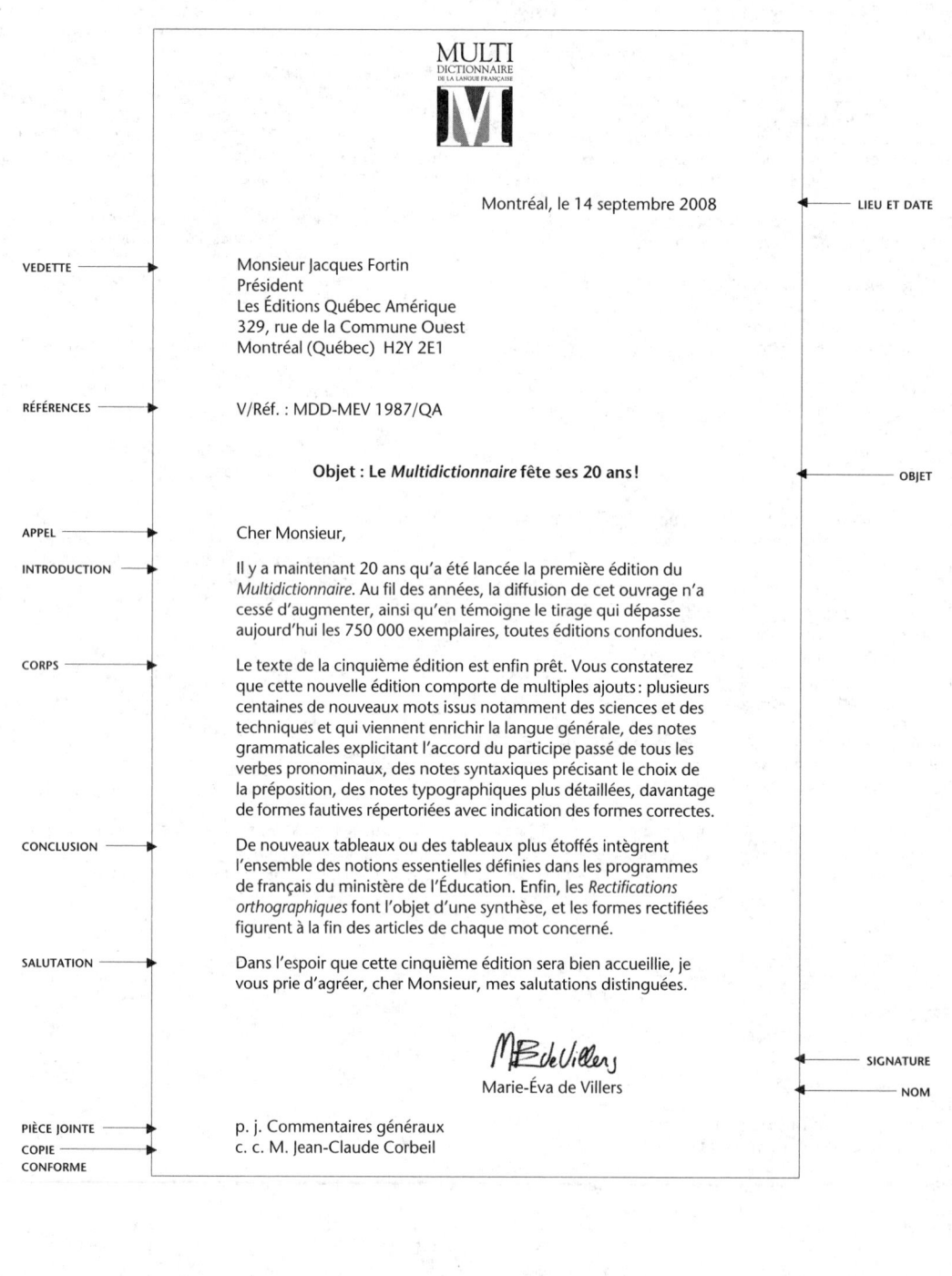

Montréal, le 14 septembre 2008 ← LIEU ET DATE

VEDETTE → Monsieur Jacques Fortin
Président
Les Éditions Québec Amérique
329, rue de la Commune Ouest
Montréal (Québec) H2Y 2E1

RÉFÉRENCES → V/Réf. : MDD-MEV 1987/QA

Objet : Le *Multidictionnaire* fête ses 20 ans! ← OBJET

APPEL → Cher Monsieur,

INTRODUCTION → Il y a maintenant 20 ans qu'a été lancée la première édition du *Multidictionnaire*. Au fil des années, la diffusion de cet ouvrage n'a cessé d'augmenter, ainsi qu'en témoigne le tirage qui dépasse aujourd'hui les 750 000 exemplaires, toutes éditions confondues.

CORPS → Le texte de la cinquième édition est enfin prêt. Vous constaterez que cette nouvelle édition comporte de multiples ajouts: plusieurs centaines de nouveaux mots issus notamment des sciences et des techniques et qui viennent enrichir la langue générale, des notes grammaticales explicitant l'accord du participe passé de tous les verbes pronominaux, des notes syntaxiques précisant le choix de la préposition, des notes typographiques plus détaillées, davantage de formes fautives répertoriées avec indication des formes correctes.

CONCLUSION → De nouveaux tableaux ou des tableaux plus étoffés intègrent l'ensemble des notions essentielles définies dans les programmes de français du ministère de l'Éducation. Enfin, les *Rectifications orthographiques* font l'objet d'une synthèse, et les formes rectifiées figurent à la fin des articles de chaque mot concerné.

SALUTATION → Dans l'espoir que cette cinquième édition sera bien accueillie, je vous prie d'agréer, cher Monsieur, mes salutations distinguées.

MEdeVillers ← SIGNATURE

Marie-Éva de Villers ← NOM

PIÈCE JOINTE → p. j. Commentaires généraux

COPIE CONFORME → c. c. M. Jean-Claude Corbeil

VOIR TABLEAUX ► **ADRESSE.** ► **CORRESPONDANCE.** ► **ENVELOPPE.**

LEVÉE n. f.
1. Action d'élever. *Une levée de boucliers.*
2. Action de recueillir quelque chose. *La levée du courrier se fait à 9 h.*
3. Action de mettre fin à quelque chose. *La levée de séance.* SYN. fin.
4. (DR.) Action de supprimer. *La levée des scellés.*
FORME FAUTIVE
*levée de fonds. Calque de «*fund-raising*» pour ***campagne de souscription, campagne de financement, collecte de fonds.***
HOM.
• ***lever,*** action de se lever;
• ***lever,*** mouvoir de bas en haut.

LÈVE-GLACE ou **LÈVE-VITRE** n. m. (pl. *lève-glaces, lève-vitres*)
(AUTO.) Mécanisme logé dans une portière de véhicule automobile, qui est actionné par une manivelle ou un système automatique et qui sert à ouvrir ou à fermer une glace (GDT). *Des lève-glaces* ou *lève-vitres électriques.*

LEVER n. m.
1. Action de se lever. *Le lever du soleil. Au lever et au coucher, prendre un comprimé.*
2. Action de hausser. *Le lever du rideau.*
HOM.
• ***levée,*** action d'élever;
• ***lever,*** mouvoir de bas en haut.

LEVER v. tr., intr., pronom.
VERBE TRANSITIF
Faire mouvoir de bas en haut. *Élisa lève la main.*
VERBE INTRANSITIF
Commencer à sortir de terre, en parlant d'une plante. *Le maïs commence à lever.*
VERBE PRONOMINAL
1. Se mettre debout. *Levez-vous, je vous prie.*
2. Sortir du lit. *Elle s'est levée à 7 heures.*
3. Apparaître à l'horizon. *Le soleil se lèvera à 6 h demain matin.*
À la forme pronominale, le participe passé de ce verbe s'accorde toujours en genre et en nombre avec son sujet. *Les amies se sont levées de bon matin.*
LOCUTIONS
– ***À main(s) levée(s).*** En levant la main. *Voter à main levée.*
– ***Au pied levé.*** À l'improviste.
– ***Lever l'ancre.*** (FIG.) S'en aller, partir. SYN. lever le siège.
– ***Lever la séance.*** Déclarer que la séance est terminée.
– ***Lever le camp.*** (FIG.) Fuir.
– ***Lever le coude.*** (FIG.) Boire de façon excessive.
– ***Lever le masque.*** (FIG.) Agir ouvertement en mettant fin aux dissimulations antérieures.
– ***Lever les doutes.*** Dissiper les soupçons.
– ***Lever le voile.*** (FIG.) Révéler ce qui était caché, secret. *Les enquêteurs ont levé le voile sur ces activités clandestines.*
– ***Lever une difficulté.*** La faire cesser.
Ne pas confondre avec les verbes suivants :
• ***élever,*** placer à un niveau supérieur;
• ***soulever,*** lever lentement à faible hauteur;
• ***surélever,*** accroître la hauteur de quelque chose.
HOM.
• ***levée,*** action d'élever;
• ***lever,*** action de se lever.
CONJUGAISON : VOIR MODÈLE LEVER.
Le ***e*** se change en ***è*** devant une syllabe contenant un ***e*** muet. *Il lève,* mais *il levait.*

LÈVE-TARD n. m. et f. inv. (pl. *lève-tard*)
Personne qui a l'habitude de faire la grasse matinée, de se lever tard.

LÈVE-TÔT n. m. et f. inv. (pl. *lève-tôt*)
Personne matinale. *Je suis une lève-tôt.*

LÈVE-VITRE
VOIR – LÈVE-GLACE.

LEVIER n. m.
Tige pouvant tourner sur un point d'appui pour soulever des fardeaux. *Archimède prétendait pouvoir soulever le monde avec un levier, pourvu qu'on lui fournît un point d'appui.*
LOCUTIONS
– ***Effet de levier.*** (FIN.) Effet d'accroissement exercé par l'endettement sur les bénéfices d'une société, d'un particulier.
Pour qu'il y ait un ***effet de levier,*** la rentabilité de l'exploitation doit être supérieure aux coûts des capitaux d'emprunt qui la financent.
– ***Être aux leviers de commande.*** (FIG.) Être à la direction d'une entreprise, d'un organisme, etc.

LÉVITATION n. f.
Soulèvement d'une personne produit par l'influence d'un médium.

LEVRAUT ou **LEVREAU** n. m. (pl. *levrauts* ou *levreaux*)
Petit du lièvre. *Les levrauts* ou *levreaux entourent la hase.*
levr**aut**.

LÈVRE n. f.
Chacune des deux parties qui forment le contour de la bouche. *Rouge à lèvres. Des lèvres pulpeuses.*
LOCUTIONS
– ***Être sur toutes les lèvres.*** Faire l'objet de toutes les conversations, passionner l'opinion publique.
– ***Être suspendu aux lèvres de quelqu'un.*** L'écouter avec attention.
– ***Manger du bout des lèvres.*** Chipoter, manger peu et sans appétit.
– ***Ne pas desserrer les lèvres.*** Rester silencieux.

LEVRETTE n. f.
Femelle du lévrier.

LEVRETTER v. intr.
Mettre bas, en parlant de la hase (femelle du lièvre).
CONJUGAISON : VOIR MODÈLE AIMER.

LÉVRIER n. m.
Chien de chasse d'allure très rapide dont la femelle est la levrette.

LEVURE n. f.
Organisme microscopique unicellulaire qui peut provoquer la fermentation des matières organiques animales et végétales.
LOCUTION
– ***Levure chimique.*** Corps qui remplace la levure, en panification ou en pâtisserie. *Ajouter une cuillerée de levure chimique* (et non *poudre à pâte). SYN. levure artificielle.

LEXÈME n. m.
(LING.) Élément d'un mot qui est porteur du sens. SYN. morphème lexical.

LEXICAL, ALE, AUX adj.
(LING.) Relatif aux mots d'une langue, à son vocabulaire. *L'orthographe lexicale.*
LOCUTION
– ***Unité lexicale.*** Unité composant le lexique d'une langue. *Les mots, expressions, locutions figées sont des unités lexicales.*

LEXICALISATION n. f.
(LING.) Création progressive d'une unité lexicale. *La lexicalisation d'une expression, d'un syntagme.*

LEXICALISÉ, ÉE adj.
(LING.) Qui est employé comme une unité lexicale, comme un mot. *L'expression québécoise* blé d'Inde *est lexicalisée. Les locutions figées telles que* à la queue leu leu, au pied levé, effet de levier *sont lexicalisées.*

L

CONJUGAISON DU VERBE **LEVER**

INDICATIF

PRÉSENT		PASSÉ COMPOSÉ		
je	**lève**	j'	ai	levé
tu	**lèves**	tu	as	levé
elle	**lève**	elle	a	levé
il	**lève**	il	a	levé
nous	**levons**	nous	avons	levé
vous	**levez**	vous	avez	levé
elles	**lèvent**	elles	ont	levé
ils	**lèvent**	ils	ont	levé

IMPARFAIT		PLUS-QUE-PARFAIT		
je	**levais**	j'	avais	levé
tu	**levais**	tu	avais	levé
elle	**levait**	elle	avait	levé
il	**levait**	il	avait	levé
nous	**levions**	nous	avions	levé
vous	**leviez**	vous	aviez	levé
elles	**levaient**	elles	avaient	levé
ils	**levaient**	ils	avaient	levé

PASSÉ SIMPLE		PASSÉ ANTÉRIEUR		
je	**levai**	j'	eus	levé
tu	**levas**	tu	eus	levé
elle	**leva**	elle	eut	levé
il	**leva**	il	eut	levé
nous	**levâmes**	nous	eûmes	levé
vous	**levâtes**	vous	eûtes	levé
elles	**levèrent**	elles	eurent	levé
ils	**levèrent**	ils	eurent	levé

FUTUR SIMPLE		FUTUR ANTÉRIEUR		
je	**lèverai**	j'	aurai	levé
tu	**lèveras**	tu	auras	levé
elle	**lèvera**	elle	aura	levé
il	**lèvera**	il	aura	levé
nous	**lèverons**	nous	aurons	levé
vous	**lèverez**	vous	aurez	levé
elles	**lèveront**	elles	auront	levé
ils	**lèveront**	ils	auront	levé

CONDITIONNEL PRÉSENT		CONDITIONNEL PASSÉ		
je	**lèverais**	j'	aurais	levé
tu	**lèverais**	tu	aurais	levé
elle	**lèverait**	elle	aurait	levé
il	**lèverait**	il	aurait	levé
nous	**lèverions**	nous	aurions	levé
vous	**lèveriez**	vous	auriez	levé
elles	**lèveraient**	elles	auraient	levé
ils	**lèveraient**	ils	auraient	levé

SUBJONCTIF

PRÉSENT			PASSÉ			
que	je	**lève**	que	j'	aie	levé
que	tu	**lèves**	que	tu	aies	levé
qu'	elle	**lève**	qu'	elle	ait	levé
qu'	il	**lève**	qu'	il	ait	levé
que	nous	**levions**	que	nous	ayons	levé
que	vous	**leviez**	que	vous	ayez	levé
qu'	elles	**lèvent**	qu'	elles	aient	levé
qu'	ils	**lèvent**	qu'	ils	aient	levé

IMPARFAIT			PLUS-QUE-PARFAIT			
que	je	**levasse**	que	j'	eusse	levé
que	tu	**levasses**	que	tu	eusses	levé
qu'	elle	**levât**	qu'	elle	eût	levé
qu'	il	**levât**	qu'	il	eût	levé
que	nous	**levassions**	que	nous	eussions	levé
que	vous	**levassiez**	que	vous	eussiez	levé
qu'	elles	**levassent**	qu'	elles	eussent	levé
qu'	ils	**levassent**	qu'	ils	eussent	levé

IMPÉRATIF

PRÉSENT	PASSÉ	
lève	aie	levé
levons	ayons	levé
levez	ayez	levé

INFINITIF

PRÉSENT	PASSÉ
lever	avoir levé

PARTICIPE

PRÉSENT	PASSÉ
levant	levé, ée ayant levé

LEXICALISER (SE) v. pronom.
(LING.) Devenir une unité lexicale. *Ces néologismes relatifs à Internet se lexicalisent.*
Le participe passé de ce verbe, qui n'existe qu'à la forme pronominale, s'accorde toujours en genre et en nombre avec son sujet. *L'expression* naviguer dans Internet *et le terme* internaute *se sont lexicalisés.*
CONJUGAISON : VOIR MODÈLE AIMER.

LEXICOGRAPHE n. m. et f.
1. (LING.) Spécialiste de lexicographie.
2. Auteur de dictionnaires.

LEXICOGRAPHIE n. f.
(LING.) Étude des mots d'une langue en vue de l'élaboration de dictionnaires.
La ***lexicographie*** étudie les unités lexicales d'une langue : la ***terminologie*** recense le vocabulaire technique d'une science, d'un art.

LEXICOGRAPHIQUE adj.
(LING.) Relatif à la lexicographie. *Une étude lexicographique.*

LEXICOLOGIE n. f.
(LING.) Étude des unités lexicales d'une langue du point de vue historique, sociologique, culturel, etc.

LEXICOLOGIQUE adj.
(LING.) Relatif à la lexicologie.

LEXICOLOGUE n. m. et f.
(LING.) Spécialiste de la lexicologie.

LEXIQUE n. m.
1. Ensemble des mots d'une langue.
2. Ouvrage qui recense les termes d'une science, d'une technique et qui donne souvent l'équivalent dans une autre langue.
Ne pas confondre avec les noms suivants :
• ***dictionnaire,*** recueil des mots d'une langue et des informations s'y rapportant présentés selon un certain ordre (alphabétique, thématique, systématique, etc.);
• ***glossaire,*** petit répertoire érudit d'un auteur, d'un domaine;
• ***vocabulaire,*** ouvrage qui comprend les mots d'une spécialité avec leurs définitions.

LÉZARD n. m.
Petit reptile. *Un lézard femelle.*
Ne pas confondre avec le nom ***lézarde,*** fissure.
lézard.

LÉZARDE n. f.
1. Fissure dans un ouvrage de maçonnerie. SYN. crevasse; fente.
2. (FIG.) Fêlure, fissure. *Il y a quelques lézardes dans ce raisonnement savant.*
Ne pas confondre avec le nom ***lézard,*** petit reptile.

LÉZARDER v. tr., intr., pronom.
VERBE TRANSITIF
Crevasser. *L'explosion a lézardé le mur.*
VERBE INTRANSITIF
(FAM.) Se prélasser au soleil. SYN. paresser.
VERBE PRONOMINAL
Se fendre en lézardes, en parlant d'un mur. *La muraille s'est lézardée.* SYN. se crevasser; se fissurer.
À la forme pronominale, le participe passé de ce verbe s'accorde toujours en genre et en nombre avec son sujet. *Les murs se sont lézardés.*
CONJUGAISON : VOIR MODÈLE AIMER.

LIAISON n. f.
1. Association, enchaînement entre deux mots. *Quand on prononce les (z) amis, on fait une liaison entre l'article et le nom.*
VOIR TABLEAU – LIAISON.
2. Communication. *Nous sommes en liaison étroite. Une liaison aérienne.*
3. Intrigue amoureuse. *Avoir une liaison avec un poète.*

LIANE n. f.
Plante grimpante de la jungle. *Dans la jungle, les singes se pendent aux lianes.*

LIANT, LIANTE adj.
Affable, qui se lie d'amitié facilement. *Des personnes liantes.*

LIARD n. m.
Ancienne monnaie qui valait très peu.
LOCUTION
– ***N'avoir pas un liard.*** Être démuni d'argent.
liard.

LIASSE n. f.
Documents liés ensemble. *Une liasse de billets doux.*

LIBANAIS, AISE adj. et n. m. et f.
Du Liban. *Le drapeau libanais. Un Libanais, une Libanaise.*
L'adjectif s'écrit avec une minuscule; le nom, avec une majuscule.

LIBATION n. f.
1. (ANTIQ.) Offrande religieuse qui consistait à répandre une coupe de vin en l'honneur des dieux.
2. Action de boire abondamment.
LOCUTION
– ***Faire des libations.*** Boire beaucoup en s'amusant. *De joyeuses libations.*
libation.

LIBELLE n. m.
Écrit diffamatoire. SYN. pamphlet.
FORME FAUTIVE
*libelle. Anglicisme au sens de ***diffamation.***
Attention au genre masculin de ce nom : ***un*** libelle.

LIBELLÉ n. m.
Façon dont est rédigé un document. *Le libellé d'un contrat, d'un chèque.*

LIBELLER v. tr.
Rédiger selon la forme prescrite un acte, une demande. *Libeller un contrat.*
LOCUTION
– ***Libeller un chèque.*** Inscrire le nom de la personne à l'ordre de qui le chèque est fait.
CONJUGAISON : VOIR MODÈLE AIMER.

LIBELLULE n. f.
Insecte à quatre ailes transparentes qui vit au bord de l'eau.
libellule.

LIBÉRAL, ALE, AUX adj. et n. m. et f.
ADJECTIF
1. Favorable aux libertés individuelles.
2. Tolérant. *Des principes libéraux.*
3. Qui est adepte du Parti libéral. *Son père est libéral.*
NOM MASCULIN ET FÉMININ
1. Personne qui professe des idées libérales.
2. Adepte du Parti libéral. *Des libéraux.*
LOCUTION
– ***Professions libérales.*** Professions de caractère intellectuel que l'on exerce de façon indépendante, généralement sous le contrôle d'une corporation professionnelle. *Les avocats, les médecins, les architectes, les ingénieurs, etc., exercent des professions libérales.*

LIBÉRALEMENT adv.
De façon libérale, généreusement. *Donner libéralement.* SYN. beaucoup; largement.

LIBÉRALISATION n. f.
Action de libéraliser. *La libéralisation des échanges entre deux pays.*
Ne pas confondre avec le nom ***libération,*** action de rendre libre.

L

LIAISON

La liaison est l'action de prononcer la consonne finale d'un mot placé devant un mot commençant par une voyelle ou un *h* muet.

On ne prononce pas la consonne finale d'un mot précédant un mot commençant par un *h* aspiré. *Les homards* (et non les *(z) homards).

▸ **En liaison :**

- Les lettres *s* et *x* se prononcent *z. Les* (z) *iris. Dix* (z) *oranges.*
- La lettre *d* se prononce *t. Un grand* (t) *homme.*
- La lettre *g* se prononce *g* dans la langue courante. *Un long* (g) *hiver.*
- La lettre *g* se prononce *k* dans certains emplois figés. *Suer sang* (k) *et eau. Qu'un sang* (k) *impur.* (La Marseillaise)
- La lettre *f* se prononce *v. Du vif* (v) *argent.*

LA LIAISON SE FAIT TOUJOURS

- Entre le déterminant et le nom. *Les* (z) *ours. Deux* (z) *oasis.*
- Entre l'adjectif et le nom. *Les bons* (z) *amis. Ton petit* (t) *ami.*
- Entre le pronom (sujet ou complément) et le verbe. *Nous* (z) *aimons. Je vous* (z) *aime.*
- Entre les auxiliaires ***avoir*** et ***être*** et le participe passé des formes verbales composées. *Elles ont* (t) *été aimées.*
- Entre le verbe et le nom ou l'adjectif attribut. *Ces lieux sont* (t) *agréables.*
- Entre la préposition et son complément. *Dès* (z) *aujourd'hui. Sans* (z) *aucun doute.*
- Entre l'adverbe et le mot qu'il modifie. *Ils sont plus* (z) *aimables, très* (z) *adroits.*
- Dans la plupart des locutions, des mots composés. *Petit* (t) *à petit. Tout* (t) *à coup.*

LA LIAISON SE FAIT PARFOIS

- Entre le nom et son complément. *Les professeurs* (z) *en voyage.*
- Entre le nom et l'adjectif. *Les fillettes* (z) *adorables.*
- Entre le nom sujet et le verbe. *Les fillettes* (z) *ont joué.*
- Entre le verbe et son complément. *Ils allèrent* (t) *au bois.*

LA LIAISON NE SE FAIT JAMAIS

- Devant un nom commençant par un *h* aspiré. *Les / handicapés.*

  VOIR TABLEAU ▸ **H MUET** ET **H ASPIRÉ.**
- Après la conjonction de coordination ***et*** : *un bateau et / un avion.*
- Entre un nom singulier se terminant par une consonne muette et l'adjectif qui le suit. *Un projet / intéressant.*

  Par contre, la liaison se fait entre l'adjectif qui précède le nom et le nom. *Un mauvais* (z) *usage.*
- Après un signe de ponctuation. *Voici des fruits, / une assiette.*
- Devant un déterminant numéral et un adjectif ordinal : ***un, onze, onzième, huit, huitième.*** *Les / onze ans de Fanny.*
- Devant les mots étrangers commençant par *y. Des / yaourts.*

LIBÉRALISER v. tr., pronom.
VERBE TRANSITIF
Rendre plus libre, en particulier en limitant le rôle de l'État. *Il est question de libéraliser les heures d'ouverture des magasins. Libéraliser les échanges commerciaux entre les pays de l'Amérique du Nord et de l'Amérique du Sud.*
VERBE PRONOMINAL
Devenir plus libéral. *Les échanges commerciaux se sont libéralisés.*
À la forme pronominale, le participe passé de ce verbe s'accorde toujours en genre et en nombre avec son sujet. *L'économie s'est libéralisée.*
FORME FAUTIVE
*libéraliser. Impropriété au sens de ***légaliser.***
CONJUGAISON : VOIR MODÈLE AIMER.

LIBÉRALISME n. m.
Doctrine économique prônant la libre entreprise.

LIBÉRALITÉ n. f.
(LITT.) Générosité, largesse.

LIBÉRATEUR, TRICE adj. et n. m. et f.
Personne qui délivre quelqu'un, quelque chose d'une oppression, d'une servitude.

LIBÉRATION n. f.
Action de rendre libre. *La libération des otages, une libération conditionnelle.*
LOCUTION
– ***Libération conditionnelle.*** (DR.) Mesure de faveur par laquelle un condamné à une peine privative de liberté n'est pas tenu d'exécuter le reste de sa peine, moyennant certaines conditions.
La personne qui bénéficie d'une libération conditionnelle est en liberté conditionnelle.
Ne pas confondre avec le nom ***libéralisation,*** action de libéraliser.

LIBÉRER v. tr., pronom.
VERBE TRANSITIF
1. Remettre en liberté (un prisonnier). *Libérer un détenu.* SYN. relâcher.
2. Décharger d'une obligation. *Libérer quelqu'un d'une dette.* SYN. dégager.
VERBE PRONOMINAL
(ABSOL.) Se rendre libre. *Je n'ai pu me libérer hier, mais je viendrai ce soir.*
À la forme pronominale, le participe passé de ce verbe s'accorde toujours en genre et en nombre avec son sujet. *Elles se sont libérées pour aller à la pêche.*
CONJUGAISON : VOIR MODÈLE POSSÉDER.
Le ***é*** se change en ***è*** devant un ***e*** muet, sauf à l'indicatif futur et au conditionnel présent. *Je libère,* mais *je libérerai.*
[Les *Rectifications* (1990) admettent : il libèrera, libèrerait...]

LIBERTÉ n. f.
1. État d'une personne libre. *Vive la liberté !*
2. Indépendance, pouvoir d'agir. *Liberté d'action, d'esprit, de pensée, de la presse, de réunion, du culte.*
LOCUTIONS
– ***En liberté, en toute liberté, en pleine liberté,*** loc. adv. Librement. *Tu pourras choisir en toute liberté.*
– ***Liberté conditionnelle.*** (DR.) État d'une personne qui bénéficie d'une libération conditionnelle.
– ***Mise en liberté.*** Fin de l'emprisonnement d'une personne, d'un animal.
– ***Prendre des libertés avec quelqu'un.*** Se montrer trop familier, ne pas se gêner.
– ***Prendre des libertés avec quelque chose.*** Ne pas respecter les règles. *Il prend des libertés avec la grammaire.*
– ***Prendre la liberté de.*** Se permettre de. *Je prends la liberté de vous écrire en espérant que vous accepterez mon invitation.*

LIBERTIN, INE adj. et n. m. et f.
(LITT.) De mœurs très libres. *L'ingénue libertine du Nouveau-Monde.*

LIBERTINAGE n. m.
(LITT.) Indépendance de mœurs marquée d'irrévérence.

LIBIDINEUX, EUSE adj. et n. m. et f.
(LITT.) (PLAISANT.) Vicieux, lubrique.

LIBIDO n. f.
Instinct sexuel. *Des libidos.* SYN. désir.

LIBITUM (AD)
VOIR – AD LIBITUM.

LIBRAIRE n. m. et f.
Personne dont la profession est de vendre des livres.

LIBRAIRIE n. f.
1. Commerce de livres. *Il travaille dans le domaine de la librairie.*
2. Magasin où l'on vend des livres. *La Librairie Leméac.*
Ne pas confondre avec les noms suivants :
• ***bibliothèque,*** édifice où sont conservées des collections de livres offertes à la consultation des abonnés ;
• ***papeterie,*** établissement où l'on vend des fournitures de bureau.
3. Maison d'édition qui assure la vente directe d'une partie de sa production. *La Librairie Larousse.*

LIBRE adj.
1. Qui a la faculté d'agir ou de ne pas agir. *Étienne est libre de choisir la profession qui lui plaît : c'est lui seul qui décidera.* SYN. indépendant.
2. Souverain. *« Vive le Québec libre ! » cria le général de Gaulle en juillet 1967.*
LOCUTIONS
– ***Entrée libre.*** Accès gratuit.
– ***Libre à vous de.*** Il vous est possible de. *Libre à vous de suivre ce conseil ou non.*

LIBRE ARBITRE n. m.
Faculté qu'a la volonté de choisir.
libre arbitre, sans trait d'union.

LIBRE-ÉCHANGE n. m.
(ÉCON.) Convention économique selon laquelle les échanges commerciaux entre les pays signataires ne sont pas soumis à des barrières tarifaires. *L'Accord de libre-échange nord-américain.* ANT. protectionnisme.
LOCUTION
– ***Zone de libre-échange.*** (ÉCON.) Ensemble constitué de pays ayant admis entre eux la libre circulation des marchandises produites sur leur territoire. *La zone de libre-échange des Amériques (ZLÉA).*
libre-échange, avec un trait d'union.

LIBRE-ÉCHANGISTE adj. et n. m. et f. (pl. *libres-échangistes*)
(ÉCON.) Partisan du libre-échange. *Des thèses libres-échangistes.* ANT. protectionniste.
Certains auteurs estiment que le premier élément de ce nom composé est invariable. Il est préférable de l'accorder, comme dans les mots ***libre-penseur*** ou ***libre-service.***

LIBREMENT adv.
En toute liberté. *Tu prendras ta décision librement.*

LIBRE PENSÉE ou **LIBRE-PENSÉE** n. f. (pl. *libres pensées* ou *libres-pensées*)
État d'esprit du libre penseur.

LIBRE PENSEUR ou **LIBRE-PENSEUR, EUSE** adj. et n. m. et f. (pl. *libres penseurs* ou *libres-penseurs*)
Personne hostile à tout dogmatisme.

LIBRE-SERVICE n. m. (pl. *libres-services*)
Établissement commercial (magasin, poste d'essence, etc.) où le client se sert lui-même. *Des libres-services* (et non des *self-service) *ouverts jour et nuit.*

L

LIBYEN, ENNE adj. et n. m. et f.
De la Libye. *Le drapeau libyen. Un Libyen, une Libyenne.*
T L'adjectif s'écrit avec une minuscule ; le nom, avec une majuscule.

LICE n. f.
1. (ANCIENN.) Palissade entourant un château fort.
2. (PAR EXT.) Lieu clos où se déroulaient les tournois.
LOCUTION
– ***Être, entrer en lice.*** S'engager dans une compétition. *Ces auteurs sont en lice* (et non en *liste) *pour un prix littéraire.*
Le nom ne s'emploie plus que dans ces expressions.
HOM. ***lis ou lys,*** fleur.

LICENCE n. f.
1. Autorisation officielle. *Une licence d'exportation.*
2. Grade universitaire. *Une licence ès lettres, une licence en droit.*
VOIR TABLEAU – GRADES ET DIPLÔMES UNIVERSITAIRES.
3. (VIEILLI) Débauche, dérèglement des mœurs.
FORMES FAUTIVES
*licence. Anglicisme au sens de ***permis (de conduire),*** de ***plaque (d'immatriculation).***
*licence. Anglicisme au sens de ***permis de pratique (d'un médecin).***
*licence complète. Calque de «*fully licensed*» pour ***vin, bière et spiritueux.***
licence.

LICENCIÉ, ÉE adj. et n. m. et f.
Titulaire d'une licence. *Il est licencié en philosophie.*
licencié.

LICENCIEMENT n. m.
Rupture ou suspension du contrat de travail d'un salarié par l'employeur pour des raisons économiques ou disciplinaires.
licenciement.

LICENCIER v. tr.
Priver d'emploi un travailleur de façon temporaire ou permanente. *La direction a licencié 50 travailleurs pour quelques semaines.* SYN. congédier ; mettre à pied.
CONJUGAISON : VOIR MODÈLE ÉTUDIER.
Redoublement du ***i*** à la première et à la deuxième personne du pluriel de l'indicatif imparfait et du subjonctif présent. *(Que) nous licenciions, (que) vous licenciiez.*
licencier.

LICENCIEUX, IEUSE adj.
(LITT.) Contraire à la décence. SYN. immoral ; libertin.
licencieux.

LICHEN n. m.
Les lettres ***ch*** se prononcent ***k***, le ***n*** est sonore, [likɛn] ; ce nom rime avec le prénom anglais ***Ken***.
Plante croissant sur les pierres. *Des lichens.*
lichen.

LICHETTE n. f.
(FAM.) Petite quantité d'un aliment. *Une lichette de tire d'érable.*

LICITE adj.
Permis. *Des activités parfaitement licites.* ANT. illicite.
licite.

LICOL ou **LICOU** n. m.
Pièce de harnais. *Des licols, des licous.*

LICORNE n. f.
Sorte de cheval fabuleux à longue corne unique au milieu du front. *« Il ne manquait personne, pas même/La lionne et la jolie licorne »* (*La Licorne,* comptine).

LIE n. f.
1. Résidu d'un liquide. *La lie du vin.*
2. (FIG.) Partie la plus vile. *La lie du mercantilisme.*
LOCUTION
– ***Boire le calice, la coupe jusqu'à la lie.*** Endurer les pires épreuves jusqu'au bout, complètement.
HOM. ***lit,*** meuble sur lequel on se couche.

LIED n. m. (pl. *lieder* ou *lieds)*
Les lettres ***ie*** se prononcent ***i***, [lid].
1. Ballade germanique. *Des lieds, des lieder.*
2. Mélodie vocale. *Des lieder de Schubert.*
Le pluriel allemand est ***lieder.*** Au sens de ***ballade,*** le pluriel est ***lieds*** ou ***lieder*** ; dans la langue des musiciens, le pluriel est ***lieder.***

LIE-DE-VIN ou **LIE DE VIN** adj. inv.
De couleur rouge violacé. *Des bonnets lie-de-vin, lie de vin.*
VOIR TABLEAU – COULEUR (ADJECTIFS DE).

LIÈGE n. m.
Matière spongieuse très légère dont on fait des bouchons, des flotteurs, etc. *Un bouchon de liège.*

LIÉGEOIS, OISE adj. et n. m. et f.
De Liège. *Une tradition liégeoise. Des Liégeois accueillants.*
T L'adjectif s'écrit avec une minuscule ; le nom, avec une majuscule.
LOCUTION
– ***Café liégeois, chocolat liégeois.*** Glace au café, au chocolat nappée de crème Chantilly.

LIEN n. m.
1. Tout ce qui sert à attacher. *Un lien de cuir.* SYN. bande ; fil.
2. (FIG.) Tout ce qui unit des personnes entre elles. *Des liens amicaux.* SYN. attache ; relation.
3. Ce qui relie des faits entre eux. *Ces évènements n'ont aucun lien : il n'y a aucun rapport entre eux.* SYN. relation.
4. (INFORM.) Hyperlien. *Ce site Internet comprend de nombreux liens intéressants.*

LIER v. tr., pronom.
VERBE TRANSITIF
1. Attacher avec un lien quelqu'un, quelque chose. *Les jardiniers lient les rosiers grimpants aux treillis. Elle lie des gerbes de fleurs avec des rubans.*
Ne pas confondre avec le verbe ***ligoter,*** attacher solidement une personne pour la priver de l'usage de ses bras, de ses jambes.
2. Unir. *Cette épreuve les a liés.* SYN. assembler ; rapprocher.
VERBE PRONOMINAL
S'attacher à quelqu'un. *Ils se sont rapidement liés d'amitié avec leurs camarades.* SYN. se rapprocher.
À la forme pronominale, le participe passé de ce verbe s'accorde toujours en genre et en nombre avec son sujet. *Elles se sont liées rapidement.*
LOCUTIONS
– ***Avoir les mains liées.*** (FIG.) Être réduit à l'impuissance.
– ***Fou à lier.*** (FAM.) Complètement fou.
– ***Lier conversation.*** Engager un dialogue. *Ils ont lié conversation.*
Dans cette locution verbale, le nom demeure invariable.
CONJUGAISON : VOIR MODÈLE ÉTUDIER.
Redoublement du ***i*** à la première et à la deuxième personne du pluriel de l'indicatif imparfait et du subjonctif présent. *(Que) nous liions, (que) vous liiez.*

LIERRE n. m.
Plante grimpante. *Le mur est couvert de lierre.*
lierre.

LIESSE n. f.
(LITT.) Joie, en parlant de la foule. *Les spectateurs en liesse acclamaient leurs nouveaux champions.*
liesse.

LIEU n. m. (pl. *lieux*)
1. Portion définie de l'espace. *Des lieux déserts.*
☞ Le mot ***lieu*** est plus général et plus abstrait que le mot ***endroit.*** Dans la langue actuelle, il s'emploie surtout dans de nombreuses locutions figées.
2. Endroit déterminé. *Quel est votre lieu de destination ? Je vais à Rimouski.* SYN. place.
3. Place déterminée dans un ensemble, une succession.
☞ Pris en ce sens, le nom ***lieu*** est au singulier dans de nombreuses expressions.
LOCUTIONS
– ***Au lieu de,*** loc. prép. À la place de. *Au lieu d'un parapluie, je prendrai un imperméable.*
☞ Dans la langue juridique, on emploie les expressions ***au lieu et place, en lieu et place,*** dont les mots sont tous au singulier.
– ***Au lieu que*** + subjonctif, loc. conj. Cette locution signifie que l'action exprimée par le subjonctif n'a pas été accomplie, mais qu'elle a été remplacée par l'action exprimée par le verbe de la principale. *Au lieu que le remède produise un effet bénéfique, il a été nocif.*
– ***Avoir lieu.*** Se produire. *En 1976, les Jeux olympiques ont eu lieu à Montréal.*
– ***Donner lieu.*** Être cause de. *Les commentaires donneront lieu à de nombreux ajouts.*
– ***En haut lieu,*** loc. adv. Auprès des autorités. *Attention, il se plaindra en haut lieu.*
– ***En premier lieu, en dernier lieu,*** loc. adv. D'abord, enfin.
– ***En temps et lieu.*** Au moment et à l'endroit convenables.
– ***En tous lieux, en tout lieu,*** loc. adv. Partout.
– ***Haut lieu.*** (FIG.) Lieu mémorable.
– ***Il y a lieu de*** + infinitif. Il faut. *Il y a lieu de se taire quand on ne dit que des bêtises.*
– ***Lieu commun.*** Banalité. *Des lieux communs.*
– ***Lieu public.*** Lieu auquel le public peut accéder (parc, rue, magasin, restaurant, etc.).
– ***Lieu saint.*** Église, temple, sanctuaire.
– ***Mettre en lieu sûr.*** Ranger à l'abri du danger.
– ***S'il y a lieu,*** loc. conj. Si l'occasion se présente, le cas échéant.
– ***Sur les lieux,*** loc. adv. Sur place.
– ***Tenir lieu.*** Remplacer. *Cette loupe et les rayons du soleil tiendront lieu d'allumette.*
– ***Vider les lieux.*** Quitter un endroit.
HOM. ***lieue,*** ancienne mesure de distance.

LIEU-DIT n. m. (pl. *lieux-dits*)
Lieu de faible étendue ayant reçu spontanément un nom inspiré de la géographie, de l'histoire ou du folklore.
[Les *Rectifications* (1990) admettent : un lieudit, des lieudits.]

LIEUE n. f.
(ANCIENN.) Mesure de distance. *Des bottes de sept lieues.*
LOCUTION
– ***Être à cent, à mille lieues de.*** (FIG.) Être très loin de. *Nous étions à mille lieues d'imaginer cela.*
HOM. ***lieu,*** portion définie de l'espace.
✏ lieu**e**, un *e* final.

LIEUTENANT n. m.
LIEUTENANTE n. f.
Officier militaire.

LIEUTENANT-COLONEL n. m.
LIEUTENANTE-COLONELLE n. f.
Officier, officière militaire. *Des lieutenants-colonels.*

LIÈVRE n. m.
Genre de rongeur à longues oreilles qui s'apparente au lapin.
☞ La femelle du lièvre est la ***hase***; les petits, des ***levrauts.***
LOCUTIONS
– ***Courir comme un lièvre.*** Courir très vite.
– ***Lever un lièvre.*** (FIG.) Aborder une question gênante.

***LIFEGUARD**
Anglicisme pour ***maître nageur, maître nageuse, surveillant, surveillante de piscine, de plage.***

***LIFT**
Anglicisme pour ***pont élévateur.***

***LIFTING**
(CHIR.) Anglicisme pour ***déridage, lissage, remodelage.***

***LIFT TRUCK**
Anglicisme pour ***chariot élévateur.***

LIGAMENT n. m.
Ensemble de fibres qui unit les os entre eux ou maintient en place des organes.

LIGAMENTAIRE adj.
Relatif aux ligaments. *Une blessure ligamentaire.*

LIGATURE n. f.
1. Action d'attacher avec un lien. SYN. lier.
2. (MÉD.) Opération consistant à serrer avec un lien un conduit, un vaisseau, etc. *Une ligature des trompes.*
3. (TYPOGR.) Trait reliant deux lettres entre elles. *La ligature des lettres* o *et* e *dans le nom* œuvre.

LIGATURER v. tr.
Serrer avec une ligature. *Ligaturer un vaisseau sanguin.*
CONJUGAISON : VOIR MODÈLE AIMER.

LIGE adj.
Personne très dévouée à une autre, à une cause. *Des hommes liges.*

***LIGHT**
Anglicisme pour ***allégé, léger.***

LIGNAGE n. m.
1. (VX) Ascendance. *Un noble lignage.*
2. (IMPRIM.) Nombre de lignes d'un texte.

LIGNE n. f.
1. Trait. *Tracer des lignes.*
2. Direction continue dans un sens déterminé. *Marcher en ligne droite.*
3. Suite de caractères disposés de façon continue. *Il y a 15 lignes de texte.*
4. Trajet d'un service de transport en commun. *Des lignes d'autobus.*
5. Système de câbles assurant le transport de l'énergie électrique, les communications téléphoniques. *Une ligne électrique.*
LOCUTIONS
– ***Administration en ligne.*** (INFORM.) Ensemble des services gouvernementaux accessibles par l'intermédiaire d'Internet (GDT). *L'Administration en ligne* (et non *e-gouvernement) *donne accès à quantité de renseignements très facilement.*
SYN. services gouvernementaux en ligne.
– ***En droite ligne.*** Directement, sans détour.
– ***En première ligne,*** loc. adv. Au premier rang.
– ***Être en ligne.*** Être en liaison téléphonique.
– ***Faire entrer en ligne de compte.*** Tenir compte de.
– ***Hors ligne.*** Exceptionnel.
– ***La dernière ligne droite.*** La fin rectiligne du parcours. *Les cyclistes se positionnent en vue de la dernière ligne droite.*
– ***La dernière ligne droite.*** (FIG.) Les derniers moments avant le but. *Le projet est aujourd'hui dans sa dernière ligne droite* (et non *son dernier droit) *: les études d'ingénierie juridique et financière sont en passe d'être bouclées.*
– ***Les grandes lignes (d'une question, d'un projet,*** etc.***).*** Les aspects fondamentaux (d'une question, d'un projet, etc.). *Esquisser une recherche dans ses grandes lignes.*
– ***Ligne de conduite.*** Principes moraux.
– ***Lire entre les lignes.*** (FIG.) Comprendre à demi-mot.
FORMES FAUTIVES
*couper la ligne. Impropriété pour ***interrompre, couper la communication, mettre fin à la communication.***

*en ligne. Calque de «*on line*» pour **consécutif, de suite.** *Ce joueur de hockey a compté trois buts consécutifs* (et non *en ligne).

*être sur la ligne. Calque de «*to be on the line*» pour ***utiliser une ligne téléphonique, la ligne est occupée, le poste est occupé.***

*fermer la ligne. Calque de «*to close the line*» pour ***couper la communication, raccrocher (le combiné du téléphone).***

*garder la ligne. Calque de «*to keep the line*» pour ***rester en ligne).*** *Restez en ligne* (et non *gardez la ligne) ou *ne quittez pas, je vous le passe.*

*ligne. Anglicisme au sens de ***domaine*** (d'emploi). *Dans quel domaine* (et non quelle *ligne) *êtes-vous ?*

*ligne d'attente. Anglicisme pour ***file (d'attente), queue.***

*ligne de montage. Calque de «*assembly line*» pour ***chaîne de montage.***

*ligne de piquetage. Anglicisme pour ***piquet de grève.***

*ligne de produits. Anglicisme pour ***gamme de produits.***

*ligne ouverte. Calque de «*open line*» pour ***tribune téléphonique.***

*lignes. Anglicisme au sens de ***frontière.***

*ouvrir la ligne. Calque de «*to open the line*» pour ***décrocher*** (le récepteur du téléphone).

LIGNÉE n. f.
1. Descendance. *Une longue lignée de menuisiers.*
2. Filiation spirituelle. *Une lignée de musiciens.*
lignée.

LIGNER v. tr.
Marquer de lignes, rayer. *Des feuilles lignées.*
CONJUGAISON : VOIR MODÈLE AIMER.

LIGNEUR n. m.
Produit de maquillage destiné à souligner le contour des yeux, à modifier leur ligne et leur dimension (GDT). *Un ligneur* (et non *eye-liner) *noir.* SYN. traceur.

LIGNEUX, EUSE adj.
De la nature, de la consistance du bois. *Une substance ligneuse.* ANT. herbacé.

LIGNITE n. m.
Roche charbonneuse.
Attention au genre masculin de ce nom : ***un*** lignite.

LIGOTER v. tr.
Attacher solidement une personne pour la priver de l'usage de ses bras, de ses jambes.
Ne pas confondre avec le verbe ***lier,*** attacher avec un lien quelqu'un, quelque chose.
CONJUGAISON : VOIR MODÈLE AIMER.
ligoter.

LIGUE n. f.
Association. *Une ligue de hockey.*

LIGUER v. tr., pronom.
VERBE TRANSITIF
Former une coalition. *Ils ont ligué les étudiants contre la direction.* SYN. allier.
VERBE PRONOMINAL
S'unir, s'allier contre quelqu'un, quelque chose. *Elles se sont liguées contre cette décision.*
À la forme pronominale, le participe passé de ce verbe s'accorde toujours en genre et en nombre avec son sujet. *Les employés se sont ligués contre le nouveau directeur.*
À la forme transitive ou pronominale, le verbe se construit avec la préposition ***contre.***
CONJUGAISON : VOIR MODÈLE AIMER.
Ce verbe s'écrit toujours avec un ***u,*** même devant les lettres ***a*** et ***o.*** *Il ligua, nous liguons.*

LILAS adj. inv. et n. m.
NOM MASCULIN
Arbuste produisant au printemps de belles grappes de fleurs violettes, mauves ou blanches très odorantes. *Cueillir des lilas, du lilas.*
ADJECTIF DE COULEUR INVARIABLE
De la couleur violet pâle du lilas. *Des écharpes lilas.*
VOIR TABLEAU – COULEUR (ADJECTIFS DE).
lilas.

LILIAL, IALE, IAUX adj.
Qui a la blancheur du lis. *Un teint lilial.*

LILLIPUTIEN, IENNE adj. et n. m. et f.
Minuscule. *Un personnage lilliputien.*
lilliputien.

LIMACE n. f.
Mollusque qui ressemble à l'escargot, mais qui est sans coquille.

LIMAÇON n. m.
(VIEILLI) Escargot. SYN. colimaçon.
limaçon.

LIMAILLE n. f.
Parcelles de métal. *De la limaille de fer.*

LIMANDE n. f.
Poisson de mer ovale et plat.
limande.

LIMBES n. m. pl.
1. Séjour des âmes des justes avant la venue du Christ, des enfants morts sans baptême.
2. (FIG.) Endroit mal défini. *Les limbes des rêves inachevés.*
Ne pas confondre avec le nom ***nimbe,*** auréole.
Attention au genre masculin de ce nom.

LIME n. f.
Outil abrasif. *Une lime à ongles.*

LIME n. f.
Fruit d'une variété de limettier, à écorce mince, de couleur verte, dont le jus est très acide. SYN. citron vert.

LIMER v. tr., pronom.
VERBE TRANSITIF
Polir avec une lime. *Elle lime ses ongles* ou *elle se lime les ongles.*
VERBE PRONOMINAL
S'user, par frottement. *La corde s'est limée et a fini par se rompre.*
À la forme pronominale, le participe passé de ce verbe s'accorde en genre et en nombre avec le complément direct si celui-ci le précède. *L'ongle qu'elle s'est limé. La toile s'est limée.* Le participe passé reste invariable si le complément direct suit le verbe. *Elle s'est limé les ongles.*
CONJUGAISON : VOIR MODÈLE AIMER.

LIMETTE n. f.
Fruit du limettier, à écorce lisse, de couleur verte, dont la saveur est plus douce que celle de la lime. SYN. lime douce.

LIMETTIER n. m.
Variété de citronnier.
limettier.

LIMIER n. m.
1. Gros chien de chasse.
2. (FIG.) Policier chargé de rechercher les malfaiteurs. *Ce détective est un fin limier.*
limier.

LIMINAIRE adj.
Se dit d'un texte placé au début d'un livre. *Une note liminaire.*
Ne pas confondre avec le mot ***préliminaire,*** qui précède la matière principale.
VOIR – NOTE LIMINAIRE.

LIMITATIF, IVE adj.
Qui limite. *Des règles limitatives.* SYN. restrictif.

LIMITATION n. f.
Action de limiter. *La limitation de la vitesse est une mesure qui s'impose. La limitation* (et non le *contrôle) *des naissances.*

LIMITE n. f.
1. Ligne marquant le début ou la fin d'une étendue. *Les limites d'un terrain, d'une forêt. Au-delà de cette limite, votre ticket n'est plus valable.* SYN. borne ; démarcation.
2. Début ou fin d'une période de temps. *La dernière limite pour les inscriptions est le premier mai. Il nous est impossible de dépasser les limites du temps imparti.*
3. (FIG.) Extrémité qui ne peut être franchie. Tenter de reculer les limites du possible.
4. (EN APPOS.) (FAM.) Tout juste acceptable. *Des résultats limites.* SYN. passable.
LOCUTIONS
– ***À la limite,*** loc. adv. Dans un cas extrême. *En poussant à l'extrême un raisonnement.* SYN. à la rigueur.
– ***Cas, état limite.*** Concept évoquant les cas situés à la limite entre la névrose et la psychose (GDT). *Des cas limites* (et non *borderline).
– ***Date limite de consommation (DLC).*** Date jusqu'à laquelle une denrée très périssable conserve toutes ses propriétés spécifiques, dans des conditions de conservation appropriées (GDT).
– ***Il y a des limites à tout.*** (FAM.) Il ne faut pas exagérer.
– ***Limite d'âge.*** Âge au-delà duquel on ne peut exercer une fonction. *Pour les travailleurs des secteurs privé et public, la limite d'âge de 65 ans a été abolie.*
– ***Sans limites,*** loc. adj. Sans bornes, illimité. *Une ambition sans limites.*
– ***Vitesse limite.*** Vitesse maximale autorisée sur un parcours donné. *Des vitesses limites.*
📏 En apposition, le nom s'écrit sans trait d'union et les deux mots prennent la marque du pluriel.

LIMITÉ, ÉE adj.
1. Qui comprend des limites. *Une durée limitée.* ANT. illimité.
2. Restreint. *Une marge de manœuvre limitée.* SYN. réduit.
3. (DR.) Indication du statut juridique d'une entreprise.
🔌 La mention ***ltée,*** abréviation de ***limitée,*** suit la dénomination de l'entreprise dans une raison sociale.
VOIR TABLEAU – RAISON SOCIALE.

LIMITER v. tr., pronom.
VERBE TRANSITIF
Donner des limites à. *Il faut limiter les dégâts.*
VERBE PRONOMINAL
S'imposer des limites, se restreindre. *Ils se sont limités à demander congé.*
📏 À la forme pronominale, le participe passé de ce verbe s'accorde toujours en genre et en nombre avec son sujet. *Ils se sont limités à des suggestions pour améliorer la situation.*
CONJUGAISON : VOIR MODÈLE AIMER.

LIMITROPHE adj.
1. Qui est situé, qui habite à la limite d'une étendue, d'un pays. SYN. frontalier.
2. Qui est voisin, en parlant d'un pays, d'une région. *Le Canada est limitrophe des États-Unis. La Californie et le Mexique sont limitrophes.*
3. (FIG.) Proche, voisin (de). *Un président dont l'intelligence était limitrophe de la déficience intellectuelle.*

LIMNOLOGIE n. f.
Science qui a pour objet l'étude des lacs et des cours d'eau. *Un congrès de limnologie tenu à Montréal en 2007.*
🔌 Alors que la limnologie ne portait à l'origine que sur les lacs, cette discipline s'est progressivement étendue pour inclure aujourd'hui l'étude des cours d'eau (GDT).

LIMNOLOGIQUE adj.
Relatif à la limnologie. *Des recherches limnologiques.*

LIMOGEAGE n. m.
Action de limoger. *Le limogeage des fauteurs de troubles.*
✏ limogeage.

LIMOGER v. tr.
Destituer, rétrograder (une personne haut placée). *Le secrétaire général a été limogé.*
CONJUGAISON : VOIR MODÈLE CHANGER.
Le ***g*** est suivi d'un ***e*** devant les lettres ***a*** et ***o***. *Il limogea, nous limogeons.*

LIMON n. m.
Dépôt accumulé sur les bords d'un fleuve.

LIMONADE n. f.
⚜ Boisson composée de jus de citron et d'eau sucrée.
🔌 Dans le reste de la francophonie, la ***limonade*** est une boisson gazeuse au goût de citron. La boisson composée de jus de citron est une ***citronnade.***
✏ limonade.

LIMONEUX, EUSE adj.
Couvert de limon. *Un sol limoneux.*

LIMOUSINE n. f.
Voiture spacieuse possédant quatre portes ou plus et pouvant accueillir un grand nombre de passagers.

LIMPIDE adj.
1. Clair, pur. *Une eau limpide.* SYN. transparent.
2. (FIG.) Parfaitement clair, facile à comprendre. *Une explication limpide.* SYN. transparent.

LIMPIDITÉ n. f.
Qualité de ce qui est limpide. *La limpidité d'un cristal.* SYN. clarté ; pureté.

LIN n. m.
1. Plante cultivée pour ses fibres textiles.
2. Toile faite de fibres de lin. *Le lin se froisse facilement.*

LINCEUL n. m.
👄 La deuxième syllabe se prononce ***seul*** (et non *seuil), [lɛ̃sœl].
(LITT.) Grand morceau de toile dans lequel on ensevelit un mort. *Des linceuls.*
✏ **linceul.**

LINÉAIRE adj.
1. Relatif aux lignes. *Une perspective linéaire.*
2. Qui évoque une ligne droite. *Un récit linéaire.*

LINÉAIREMENT adv.
De façon linéaire. *Un scénario qui n'a pas à être exécuté linéairement.*

LINGE n. m.
Chiffon, pièce de tissu. *Essuyer avec un linge humide. Une corde à linge.*
🔌 Au sens de « vêtements », ce nom est vieilli.
LOCUTIONS
– ***Linge de corps.*** Sous-vêtements.
– ***Linge de maison.*** Ensemble des articles textiles utilisés pour la cuisine, la table, la toilette, le lit. *Les draps, les serviettes, les nappes sont du linge de maison.*

LINGERIE n. f.
1. Commerce des sous-vêtements féminins.
2. Sous-vêtements et vêtements de nuit féminins. *De la belle lingerie brodée.*
3. Lieu où l'on range le linge. *Les serviettes et les draps sont dans la lingerie qui fleure la lavande.*

LINGETTE n. f.
Petite serviette jetable, imprégnée d'un produit nettoyant, hydratant, etc. *Des lingettes démaquillantes.*

L

LINGOT n. m.
Morceau de métal fondu. *Des lingots d'or.*
✏ lingot.

LINGUA FRANCA n. f. inv.
(LING.) Langue de communication internationale, comprise et parlée par un grand nombre de locuteurs de langues différentes. *Aujourd'hui, c'est l'anglais qui fait office de* lingua franca *dans le domaine scientifique.*
🅃 En typographie soignée, les mots étrangers sont composés en italique. Dans des textes déjà en italique, la notation se fait en romain. Pour les textes manuscrits, on utilisera les guillemets.

LINGUAL, ALE, AUX adj.
👄 Le ***u*** se prononce ***ou***, [lɛ̃gwal].
Relatif à la langue. *Des muscles linguaux.*

LINGUISTE n. m. et f.
👄 Le ***u*** se prononce ***u*** (et non *ou), [lɛ̃gɥist].
Spécialiste de la linguistique. *Un linguiste spécialiste de l'aménagement.*

LINGUISTIQUE adj. et n. f.
👄 Le ***u*** se prononce ***u*** (et non *ou), [lɛ̃gɥistik].
ADJECTIF
1. Propre à la langue, du point de vue de la langue. *Une communauté linguistique qui s'est donné une politique linguistique.*
2. Relatif à l'étude du langage. *Des recherches linguistiques.*
NOM FÉMININ
Étude scientifique du langage humain. *La linguistique appliquée.*

LINGUISTIQUEMENT adv.
Du point de vue de la linguistique.

LINIMENT n. m.
Onguent. *Un liniment qui soulage les douleurs musculaires.* SYN. baume.

LINOLÉUM ou **LINO** n. m.
Revêtement de sol. *Des linoléums résistants.*

LINON n. m.
Tissu fin et transparent. *Un voile en linon.*

LINOTTE n. f.
Petit oiseau au plumage brun sur le dos, rouge sur la poitrine. *Le chant de la linotte est agréable.*
LOCUTION
– ***Tête de linotte.*** Personne écervelée. *Des têtes de linotte.* SYN. distrait; étourdi.
✏ linotte.

LINTEAU n. m. (pl. *linteaux*)
(ARCHIT.) Pièce horizontale qui ferme la partie supérieure d'une ouverture. *Les linteaux de pierre des portes et des fenêtres d'une maison.*

LION n. m.
1. Grand quadrupède carnivore au pelage fauve. *Le lion est le roi de la jungle.*
2. Mâle de la lionne. *Le lion, la lionne et les lionceaux rugissent.*
VOIR TABLEAU – ANIMAUX.
3. Nom d'une constellation, d'un signe du zodiaque. *Elle est (du signe du) Lion, elle est née entre le 23 juillet et le 22 août.*
🅃 Les noms d'astres s'écrivent avec une majuscule.
LOCUTIONS
– ***La part du lion.*** Se dit d'un partage où le plus fort obtient la plus grande partie.
– ***Se défendre comme un lion.*** Se battre avec un très grand courage.

LIONCEAU n. m. (pl. *lionceaux*)
Petit du lion et de la lionne. *Les lionceaux s'amusent comme des petits chiens.*
VOIR TABLEAU – ANIMAUX.

LIONNE n. f.
Femelle du lion. *Le petit de la lionne est le lionceau.*

LIP(O)- préf.
Élément du grec signifiant « graisse ». *Lipide, liposuccion.*

LIPIDE n. m.
Corps gras d'origine animale ou végétale.
☞ Attention au genre masculin de ce nom : ***un*** lipide.

LIPOASPIRATION n. f.
(MÉD.) Opération de chirurgie esthétique visant à supprimer des excès de graisse par aspiration sous-cutanée. SYN. liposuccion.

LIPOSUCCION n. f.
(MÉD.) Opération de chirurgie *ou* chirurgicale visant à supprimer des excès de graisse par aspiration sous-cutanée. SYN. lipoaspiration.

LIPPE n. f.
Lèvre inférieure pendante. *Une lippe qui fait la moue.*
✏ lippe.

LIPPU, UE adj.
Qui a de grosses lèvres. *Les actrices lippues sont à la mode.*
✏ lippu.

***LIP-SYNC**
Anglicisme pour ***présonorisation.***

LIQUÉFACTION n. f.
Passage d'un fluide de l'état gazeux à l'état liquide.
☞ Ne pas confondre avec les noms suivants :
• ***condensation,*** passage d'une vapeur à l'état liquide;
• ***fusion,*** passage d'un solide à l'état liquide.

LIQUÉFIABLE adj.
Qui peut être liquéfié.

LIQUÉFIER v. tr., pronom.
VERBE TRANSITIF
Faire passer à l'état liquide. *La chaleur liquéfie le chocolat.*
VERBE PRONOMINAL
Passer à l'état liquide. *Sous le soleil, la glace s'est liquéfiée : elle a fondu.*
📏 À la forme pronominale, le participe passé de ce verbe s'accorde toujours en genre et en nombre avec son sujet. *Sous l'action de la chaleur, les bougies se sont liquéfiées.*
CONJUGAISON : VOIR MODÈLE ÉTUDIER.
Redoublement du ***i*** à la première et à la deuxième personne du pluriel de l'indicatif imparfait et du subjonctif présent. *(Que) nous liquéfiions, (que) vous liquéfiiez.*

LIQUETTE n. f.
(FAM.) Chemise. *Une jolie liquette de coton brodé.*

LIQUEUR n. f.
Boisson sucrée alcoolisée. *Une liqueur de framboise.*
📏 Le complément du nom se met généralement au singulier.
FORME FAUTIVE
*liqueur douce. Calque de «*soft drink*» au sens de ***boisson gazeuse.***

LIQUIDATEUR, TRICE n. m. et f.
1. (DR.) Personne chargée d'une liquidation.
2. Exécuteur testamentaire. *Le liquidateur d'une succession.*
☞ Ce terme remplace désormais l'expression ***exécuteur testamentaire*** dans le nouveau Code civil.

LIQUIDATION n. f.
Vente de marchandises à bas prix en vue d'un écoulement rapide. *Profitons des bons prix de la liquidation* (et non de l'*écoulement). SYN. solde.

LIQUIDE adj. et n. m.
ADJECTIF
Qui coule ou tend à couler. *Une sauce trop liquide.*
NOM MASCULIN
Tout corps à l'état liquide. *Le lait est un liquide.*

Le nom ***fluide*** a un sens plus vaste que celui de ***liquide***. Si tous les liquides sont des fluides, tous les fluides ne sont pas des liquides, puisque certains sont des gaz.
LOCUTIONS
– ***Argent liquide.*** Espèces.
– ***Liquide correcteur.*** Produit servant à corriger les erreurs d'écriture ou de frappe.

LIQUIDER v. tr.
1. Vendre à bas prix. *Ce magasin liquide ses vêtements d'été : il y a des rabais très intéressants.*
2. (FAM.) Régler une situation pénible. *Liquider une question.* SYN. se débarrasser de.
3. (FAM.) Éliminer. *Les motards ont liquidé le chef de la bande rivale.* SYN. tuer.
CONJUGAISON : VOIR MODÈLE AIMER.

LIQUIDITÉ n. f.
1. État d'un bien liquide. *La liquidité d'un placement.*
2. (AU PLUR.) Somme d'argent dont on peut disposer immédiatement. *Avoir des liquidités. Manquer de liquidités.*
En ce sens, le nom s'emploie au pluriel.

***LIQUID PAPER**
Anglicisme pour ***liquide correcteur.***

LIQUOREUX, EUSE adj.
Riche en alcool et en sucre. *Un vin liquoreux.*
liquoreux.

LIRE v. tr., pronom.
VERBE TRANSITIF
1. Prendre connaissance d'un texte par la lecture. *Paulo et Geneviève lisent une bande dessinée. Que c'est agréable de lire un bon livre ! Lire un billet doux.*
2. (FIG.) Déchiffrer. *Peut-on vraiment lire les lignes de la main ? Le pianiste lit les notes de la partition.*
VERBE PRONOMINAL
1. Être lu. *Ce roman se lit très facilement.*
2. Être visible, en parlant d'une pensée, d'un état d'âme. *La tristesse se lisait dans ses yeux.* SYN. se deviner.
À la forme pronominale, le participe passé de ce verbe s'accorde toujours en genre et en nombre avec son sujet. *L'inquiétude qui s'est lue sur son visage.*
LOCUTION
– ***Lire entre les lignes.*** Comprendre ce qui est suggéré simplement, de façon peu claire.
HOM.
• ***lire,*** unité monétaire de l'Italie ;
• ***lyre,*** instrument de musique.
CONJUGAISON : VOIR MODÈLE LIRE.

LIRE n. f.
Ancienne unité monétaire de l'Italie. *C'est l'euro qui a remplacé la lire.*
On peut aussi utiliser la graphie d'origine ***lira*** (au pluriel : ***lire***).
HOM.
• ***lire,*** prendre connaissance d'un texte par la lecture ;
• ***lyre,*** instrument de musique.

LIS ou **LYS** n. m.
Le *s* se prononce, [lis] ; le mot rime avec ***lisse***.
1. Plante bulbeuse à grandes fleurs diversement colorées et aux feuilles en forme de fer de lance. *Des lis sauvages entourent le chalet.*
2. Cette fleur elle-même. *La salle à manger était décorée de lis jaunes.*
3. La fleur blanche du lis commun. *Le lis symbolise la pureté.*
LOCUTION
– ***Fleur de lys, fleur de lis.*** Représentation stylisée d'une fleur de lis. *La fleur de lys était l'emblème de la royauté en France. Comme le drapeau du Québec comporte quatre fleurs de lys, il est souvent désigné par le terme* fleurdelisé.
Dans cet ouvrage, l'icône de la fleur de lys marque les usages québécois.
L'orthographe ***lys*** est ancienne, mais elle subsiste dans la locution ***fleur de lys.***
HOM. ***lice,*** lieu clos.

LISERÉ ou **LISÉRÉ** n. m.
Ruban étroit dont on borde un vêtement.

LISERER ou **LISÉRER** v. tr.
Garnir d'un liseré. *Lisérer un corsage.*
CONJUGAISON : VOIR MODÈLE CONGELER OU POSSÉDER.
Le ***é*** se change en ***è*** devant une syllabe contenant un ***e*** muet, sauf à l'indicatif futur et au conditionnel présent. *Je lisère,* mais *je lisérerai.*
Lorsqu'il s'écrit ***liserer,*** le verbe se conjugue comme ***congeler***; il se conjugue comme ***posséder*** lorsqu'il s'écrit ***lisérer.***
[Les *Rectifications* (1990) admettent : il lisèrera, lisèrerait...]

LISERON n. m.
Plante grimpante à fleurs blanches ou colorées. *Des liserons couvrent les treillis du jardin.* SYN. belle-de-jour.

LISEUR, EUSE n. m. et f.
NOM MASCULIN ET FÉMININ
Personne qui lit beaucoup, qui aime la lecture. *C'est une grande liseuse.*
NOM FÉMININ
1. Couvre-livre. *Une jolie liseuse de cuir rouge.*
2. Veste de lainage léger, que l'on porte au lit pour lire. *Cette liseuse douillette te gardera les bras au chaud quand tu liras jusqu'au petit matin dans ton lit.*

LISIBILITÉ n. f.
1. Caractère de ce qui est lisible. *La lisibilité de ces caractères typographiques est très bonne.*
2. Qualité d'un texte clair et facile à comprendre. *La lisibilité de ce contrat laisse à désirer.* SYN. clarté ; intelligibilité.

LISIBLE adj.
1. Facile à lire. *Son écriture est bien lisible.*
2. Facile à comprendre. SYN. compréhensible.

LISIBLEMENT adv.
De façon lisible. *Écris plus lisiblement.*

LISIER n. m.
Mélange que constituent les excréments d'animaux et une importante quantité d'eau. « *La technique de la litière liquide génère ainsi d'énormes quantités de lisier qu'il faut ensuite épandre, ce qui engendre odeurs nauséabondes et pollution des cours d'eau* » (Louis-Gilles Francœur, *Le Devoir*).
Le lisier est répandu comme engrais sur les terrains agricoles (GDT).

LISIÈRE n. f.
1. Bord d'un tissu. SYN. bande.
2. Limite extrême. *La lisière de la forêt.* SYN. bordure.

LISSAGE n. m.
1. Action de lisser. *Le lissage de ses cheveux.*
2. (MÉD.) Opération de chirurgie plastique destinée à remodeler (le visage). *Se faire faire un lissage* (et non *lifting) *du visage.* SYN. déridage.
3. (STAT.) Opération par laquelle on substitue une courbe régulière à une courbe présentant des irrégularités dues au hasard, dans une série statistique (GDT).

LISSE adj.
Uni. *Un sol très lisse.* SYN. égal. ANT. inégal ; rugueux.
lisse.

LISSE ou **LICE** n. f.
Série de fils tendus verticalement, portant des maillons dans lesquels passe le fil de chaîne, sur un métier à tisser. *Une tapisserie de haute lisse.*

L

CONJUGAISON DU VERBE **LIRE**

INDICATIF

PRÉSENT		PASSÉ COMPOSÉ		
je	**lis**	j'	ai	lu
tu	**lis**	tu	as	lu
elle	**lit**	elle	a	lu
il	**lit**	il	a	lu
nous	**lisons**	nous	avons	lu
vous	**lisez**	vous	avez	lu
elles	**lisent**	elles	ont	lu
ils	**lisent**	ils	ont	lu

IMPARFAIT		PLUS-QUE-PARFAIT		
je	**lisais**	j'	avais	lu
tu	**lisais**	tu	avais	lu
elle	**lisait**	elle	avait	lu
il	**lisait**	il	avait	lu
nous	**lisions**	nous	avions	lu
vous	**lisiez**	vous	aviez	lu
elles	**lisaient**	elles	avaient	lu
ils	**lisaient**	ils	avaient	lu

PASSÉ SIMPLE		PASSÉ ANTÉRIEUR		
je	**lus**	j'	eus	lu
tu	**lus**	tu	eus	lu
elle	**lut**	elle	eut	lu
il	**lut**	il	eut	lu
nous	**lûmes**	nous	eûmes	lu
vous	**lûtes**	vous	eûtes	lu
elles	**lurent**	elles	eurent	lu
ils	**lurent**	ils	eurent	lu

FUTUR SIMPLE		FUTUR ANTÉRIEUR		
je	**lirai**	j'	aurai	lu
tu	**liras**	tu	auras	lu
elle	**lira**	elle	aura	lu
il	**lira**	il	aura	lu
nous	**lirons**	nous	aurons	lu
vous	**lirez**	vous	aurez	lu
elles	**liront**	elles	auront	lu
ils	**liront**	ils	auront	lu

CONDITIONNEL PRÉSENT		CONDITIONNEL PASSÉ		
je	**lirais**	j'	aurais	lu
tu	**lirais**	tu	aurais	lu
elle	**lirait**	elle	aurait	lu
il	**lirait**	il	aurait	lu
nous	**lirions**	nous	aurions	lu
vous	**liriez**	vous	auriez	lu
elles	**liraient**	elles	auraient	lu
ils	**liraient**	ils	auraient	lu

SUBJONCTIF

PRÉSENT			PASSÉ			
que	je	**lise**	que	j'	aie	lu
que	tu	**lises**	que	tu	aies	lu
qu'	elle	**lise**	qu'	elle	ait	lu
qu'	il	**lise**	qu'	il	ait	lu
que	nous	**lisions**	que	nous	ayons	lu
que	vous	**lisiez**	que	vous	ayez	lu
qu'	elles	**lisent**	qu'	elles	aient	lu
qu'	ils	**lisent**	qu'	ils	aient	lu

IMPARFAIT			PLUS-QUE-PARFAIT			
que	je	**lusse**	que	j'	eusse	lu
que	tu	**lusses**	que	tu	eusses	lu
qu'	elle	**lût**	qu'	elle	eût	lu
qu'	il	**lût**	qu'	il	eût	lu
que	nous	**lussions**	que	nous	eussions	lu
que	vous	**lussiez**	que	vous	eussiez	lu
qu'	elles	**lussent**	qu'	elles	eussent	lu
qu'	ils	**lussent**	qu'	ils	eussent	lu

IMPÉRATIF

PRÉSENT	PASSÉ
lis	aie lu
lisons	ayons lu
lisez	ayez lu

INFINITIF

PRÉSENT	PASSÉ
lire	avoir lu

PARTICIPE

PRÉSENT	PASSÉ
lisant	lu, ue
	ayant lu

LISSER v. tr.
Rendre lisse. *Le chat fait sa toilette et lisse ses poils brillants.*
CONJUGAISON : VOIR MODÈLE AIMER.

LISTAGE n. m.
(INFORM.) Liste produite par ordinateur.

LISTE n. f.
Série de mots, de chiffres placés à la suite les uns des autres. *Une liste de livres et de disques à acheter.*
LOCUTION
– ***Liste noire.*** Liste de noms de personnes considérées comme suspectes.
FORMES FAUTIVES
*en liste. Impropriété au sens de ***en lice.*** *Ces auteurs sont en lice* (et non en *liste).
*prix de liste. Calque de «*list price*» pour ***prix de catalogue, prix courant.***

LISTER v. tr.
(INFORM.) Établir une liste de données, d'instructions à l'aide d'un ordinateur.
CONJUGAISON : VOIR MODÈLE AIMER.

***LISTING**
Anglicisme pour ***listage.***

LIT n. m.
1. Meuble sur lequel on se couche pour dormir. *Des lits jumeaux. Un grand lit décoré de coussins.*
2. Creux dans lequel coule un cours d'eau. *La rivière est sortie de son lit.*
LOCUTIONS
– ***Aller au lit.*** Se coucher. *Quand on va à l'école, il ne faut pas aller au lit très tard.*
– ***Au saut du lit.*** Au lever. *Au saut du lit, elle est de bonne humeur.*
– ***Canapé-lit.*** Canapé transformable en lit. *Des canapés-lits pratiques pour accueillir parents et amis.*
– ***Divan-lit.*** Divan qui peut se transformer en lit. *Des divans-lits.*
– ***Garder le lit.*** Rester couché. *Alec est malade, il doit garder le lit pour quelques jours.*
– ***Lit à deux places.*** Lit dont la largeur est d'environ 1,19 m. *Un lit à deux places* (et non *lit double). SYN. grand lit.
– ***Lit à une place.*** Lit dont la largeur est d'environ un mètre. *Un lit à une place* (et non *lit simple). SYN. petit lit.
– ***Lit de bébé, lit d'enfant.*** Lit élevé dont les côtés sont constitués de barreaux. *Les futurs parents ont acheté la table à langer et le lit de bébé* (et non la *bassinette).
– ***Lit de camp.*** Petit lit démontable. *Des lits de camp légers.*
– ***Lit grand format.*** Lit dont la largeur est d'environ 1,5 m. *Un lit grand format* (et non *lit queen). SYN. grand lit à deux places.
– ***Lit très grand format.*** Lit dont la largeur est d'environ deux mètres. *Un lit très grand format* (et non *lit king). SYN. très grand lit.
FORMES FAUTIVES
*lit double. Calque de «*double bed*» pour ***lit à deux places, grand lit.***
*lit king. Calque de «*king-size bed*» pour ***lit très grand format, très grand lit.***
*lit queen. Calque de «*queen-size bed*» pour ***lit grand format, grand lit à deux places.***
*lit simple. Calque de «*single bed*» pour ***lit à une place, petit lit.***
HOM. ***lie,*** résidu d'un liquide.

LITANIE n. f.
1. (AU PLUR.) Prière adressée aux saints. *Réciter des litanies.*
2. (FIG.) Propos ennuyeux et répétitif. *Cesse ces litanies !*

LITERIE n. f.
Ensemble des articles dont se compose un lit. *Le sommier, le matelas, les oreillers, les draps, les couvertures font partie de la literie.*

LITH(O)- préf.
Élément du grec signifiant « pierre ». *Lithographie.*

LITHIUM n. m.
Métal blanc, malléable, le plus léger de tous les métaux.

LITHO n. f.
Abréviation familière de ***lithographie.***

LITHOGRAPHIE n. f.
S'abrège familièrement en ***litho*** (s'écrit sans point).
Impression d'un dessin gravé sur une pierre calcaire.
➾ lithographie.

LITHOGRAPHIER v. tr.
Imprimer par le procédé de la lithographie.
CONJUGAISON : VOIR MODÈLE ÉTUDIER.
➾ lithographier.

LITHOGRAPHIQUE adj.
Relatif à la lithographie. *Une reproduction lithographique.*
➾ lithographique.

LITHUANIEN
VOIR – LITUANIEN.

LITIÈRE n. f.
1. Paille sur laquelle couchent les animaux dans les écuries, les étables, etc. *La litière du cheval.*
2. Matière absorbante sur laquelle les petits animaux domestiques font leurs besoins. *Claude, c'est à ton tour de changer la litière du chat.*

LITIGE n. m.
1. (DR.) Contestation donnant lieu à un procès.
2. Dispute. *Régler un litige en acceptant des compromis.*

LITIGIEUX, IEUSE adj.
(DR.) Qui est ou peut être en litige. *Un cas litigieux.*
⊶ Dans une entreprise, le contentieux est le service qui règle les affaires litigieuses, tandis que le service juridique traite l'ensemble des dossiers qui se rapportent au droit.

LITOTE n. f.
Figure de style consistant à dire moins pour exprimer plus. *Il n'est pas laid* pour *il est beau.* ANT. hyperbole.
VOIR TABLEAU – FIGURÉS (EMPLOIS).
➾ litote.

LITRE n. m.
Symbole ***l*** (s'écrit sans point).
Unité de mesure de volume. *Ce bassin contient approximativement 150 l* ou *150 litres.*
[T] Le symbole s'emploie après un nombre en chiffres ; il ne prend pas la marque du pluriel et s'écrit sans point. Dans une fraction décimale, les dixièmes ne sont pas séparés de l'unité par le symbole. *150,5 l d'eau.*

LITTÉRAIRE adj. et n. m. et f.
ADJECTIF
1. Qui concerne la littérature. *Des études littéraires.*
⊶ Ne pas confondre avec le mot ***littéral,*** conforme à la lettre, au texte.
2. Soigné, soutenu, en parlant du style, du niveau de langue. *Une langue littéraire.*
NOM MASCULIN ET FÉMININ
1. Personne douée pour les lettres (par opposition à ***scientifique***). *Les littéraires et les scientifiques.*
2. Personne qui s'intéresse à la littérature.
➾ littéraire.

LITTÉRAIREMENT adv.
Du point de vue littéraire.
➾ littérairement.

LITTÉRAL, ALE, AUX adj.
Conforme à la lettre, au texte. *Traduction littérale.*
Ne pas confondre avec le mot ***littéraire,*** qui concerne la littérature.
littéral.

L

LITTÉRALEMENT adv.
1. De façon littérale, mot à mot. *Ce texte a été traduit littéralement.*
2. (FAM.) Absolument, tout à fait. *Elle est littéralement épuisée.*
littéralement.

LITTÉRATURE n. f.
1. Ensemble des œuvres écrites ou orales, dans une perspective esthétique.
2. Ensemble des productions littéraires d'un pays, d'une époque, d'un genre. *La littérature française.*
3. Ensemble des ouvrages publiés sur une question. *Il existe une abondante littérature sur ce thème. Faire une revue de la littérature sur un thème.*
Les dépliants et prospectus sont de la documentation (et non de la *littérature). En revanche, dans le contexte universitaire et scientifique, on emploie le nom ***littérature*** pour désigner l'ensemble des documents qui portent sur un même sujet. Ainsi, on fera une ***revue de la documentation,*** une ***revue de la littérature*** ou une ***recension des écrits.***
FORME FAUTIVE
*littérature. Anglicisme au sens de ***dépliants, prospectus, documentation.***
littérature.

LITTORAL, ALE, AUX adj. et n. m.
ADJECTIF
Qui appartient au bord de la mer. *La faune littorale.*
NOM MASCULIN
Étendue de pays, le long des côtes, au bord de la mer. *Des littoraux accidentés.* SYN. côte; rivage. ANT. arrière-pays.
littoral.

LITUANIEN ou **LITHUANIEN, IENNE** adj. et n. m. et f.
ADJECTIF ET NOM MASCULIN ET FÉMININ
De Lituanie. *Le folklore lituanien, lithuanien. Un Lituanien, Lithuanien, une Lituanienne, Lithuanienne.*
T L'adjectif s'écrit avec une minuscule; le nom, avec une majuscule.
NOM MASCULIN
Langue parlée en Lituanie. *Elle parle le lituanien, lithuanien.*
T Le nom de la langue s'écrit avec une minuscule.

LITURGIE n. f.
Forme du culte. *La liturgie catholique.*

LITURGIQUE adj.
Relatif à la liturgie. *Le calendrier liturgique.*

***LIVE**
Anglicisme au sens de ***en direct.***

LIVIDE adj.
Se dit d'un teint pâle, blafard. *Le blessé était livide.* SYN. blême.

LIVIDITÉ n. f.
État de ce qui est livide.

LIVING ou **LIVING-ROOM** n. m.
1. Anglicisme utilisé en France au sens de ***salle de séjour.***
2. Au Québec, se dit ***salle de séjour, séjour, vivoir.***

LIVRABLE adj.
Qui peut ou doit être livré.

LIVRAISON n. f.
1. Action de livrer des marchandises. *Un délai de livraison de 15 jours.*
2. Numéro d'un périodique, d'une revue. *La livraison de juillet d'une revue de décoration.*
FORMES FAUTIVES
*livraison spéciale. Calque de «*special delivery*» pour ***livraison par exprès.***
*payable sur livraison. Calque de «*cash on delivery*» pour ***contre remboursement.***

LIVRE n. f.
Symbole ***lb,*** des ***lb*** (s'écrit sans point).
1. Unité de masse valant 16 onces ou 0,453 kg. *Acheter un poulet de 3 lb, de trois livres. Une livre de beurre.*
Au Canada, les unités de masse sont maintenant exprimées selon le système métrique.
2. Unité monétaire de nombreux pays. *La livre sterling est l'unité monétaire de la Grande-Bretagne.*
LOCUTIONS
– ***Livre cypriote,*** symbole ***£CYP*** (s'écrit sans points). Unité monétaire de Chypre.
– ***Livre égyptienne,*** symbole ***£EG*** (s'écrit sans points). Unité monétaire de l'Égypte.
– ***Livre irlandaise,*** ancienne unité monétaire de l'Irlande. *C'est l'euro qui a remplacé la livre irlandaise.*
– ***Livre libanaise,*** symbole ***£LIB*** (s'écrit sans points). Unité monétaire du Liban.
– ***Livre soudanaise,*** symbole ***£SOU*** (s'écrit sans points). Unité monétaire du Soudan.
– ***Livre sterling,*** symbole ***£*** (s'écrit sans point). Unité monétaire de Grande-Bretagne.
L'expression ***livre sterling*** ne se dit que de l'unité monétaire de Grande-Bretagne.
– ***Livre syrienne,*** symbole ***£SYR*** (s'écrit sans points). Unité monétaire de la Syrie.
– ***Livre turque,*** symbole ***£TQ*** (s'écrit sans points). Unité monétaire de la Turquie.
VOIR TABLEAU – SYMBOLES DES UNITÉS MONÉTAIRES.

LIVRE n. m.
1. Écrit reproduit à un certain nombre d'exemplaires. *Écrire un livre de poésie, un livre de géographie. Éditer un livre d'art. Des livres de référence.*
Ne pas confondre avec les noms suivants :
• ***fascicule,*** partie d'un ouvrage qui paraît en fragments successifs;
• ***plaquette,*** petit livre de peu d'épaisseur;
• ***tome,*** chacun des volumes d'un même écrit qui en comprend plusieurs. *Un dictionnaire en neuf tomes.*
VOIR TABLEAU – TITRES D'ŒUVRES.
2. Partie principale d'un ouvrage. *Livre IV.*
T Les parties d'un livre se numérotent en chiffres romains.
3. Registre comptable. *Tenir les livres d'une entreprise.*
LOCUTIONS
– ***Le livre, le secteur du livre.*** L'édition, l'imprimerie. *Le livre est en mutation. Le marché du livre.*
– ***Livre blanc.*** Texte officiel préliminaire. *Le livre blanc sur la fiscalité.*
FORMES FAUTIVES
*copie d'un livre. Anglicisme au sens de ***exemplaire.*** *On a vendu 250 000 exemplaires* (et non *copies) *de cet ouvrage.*
*dans mon livre. Calque de «*in my book*» pour ***à mon avis, d'après moi, selon moi.***
*livre des minutes. Calque de «*minute book*» pour ***registre des procès-verbaux.***
*lire un livre d'un couvert à l'autre. Calque de «*to read a book from cover to cover*» pour ***lire un livre de la première à la dernière page.***

LIVRÉE n. f.
1. Habit des domestiques masculins de certaines grandes maisons. *Le chasseur en livrée d'un grand restaurant.*
2. (ZOOL.) Plumage ou pelage d'un animal. *La livrée est à l'oiseau ce que la robe est au cheval.*

LIVRER v. tr., pronom.
VERBE TRANSITIF
1. Remettre à quelqu'un quelque chose qui lui était destiné. *Martine livre des journaux.*
2. Trahir. *Le malfaiteur a livré le nom de ses complices.* SYN. dénoncer ; donner.
3. Confier. *Livrer ses secrets.* SYN. dévoiler ; révéler.
VERBE PRONOMINAL
1. Se rendre. *Les malfaiteurs se sont livrés à la police.* SYN. se soumettre.
2. Se consacrer. *Étienne se livre à son passe-temps préféré, le bricolage.* SYN. pratiquer.
En ce sens, le verbe se construit avec la préposition ***à***.
3. Se confier. *Le malheureux ne s'est livré à personne.* SYN. s'ouvrir.
À la forme pronominale, le participe passé de ce verbe s'accorde toujours en genre et en nombre avec son sujet. *Elles se sont livrées à leur sport préféré, la natation.*
FORME FAUTIVE
*livrer la marchandise. Calque de «*to deliver the goods*» pour ***remplir ses engagements, tenir ses promesses, tenir parole, être à la hauteur.***
CONJUGAISON : VOIR MODÈLE AIMER.

LIVRESQUE adj.
(PÉJ.) Qui n'est inspiré que des livres et non de l'expérience. *Une connaissance livresque.*

LIVRET n. m.
1. Petit livre, petit registre. *Un livret de banque.*
2. Texte d'un opéra. *Michel Tremblay a écrit le livret de* Nelligan.

LIVREUR n. m.
LIVREUSE n. f.
Personne chargée de la livraison des marchandises.

lm
Symbole de ***lumen.***

***LOADER**
Anglicisme pour ***chargeuse.***

LOBBY n. m. (pl. *lobbies* ou *lobbys*)
La lettre *y* se prononce ***i*** ou ***é***, [lɔbi, lɔbe].
Groupement défendant des intérêts communs qui tente d'exercer des pressions sur les organismes de décision. SYN. groupe de pression.

LOBBYING n. m.
Action d'une organisation qui tente d'influencer les décideurs politiques, économiques, etc. *Le lobbying doit être encadré sérieusement.*

LOBE n. m.
Partie arrondie d'un organe. *Le lobe de l'oreille, les lobes du poumon.*
Attention au genre masculin de ce nom : ***un*** lobe.

LOCAL n. m. (pl. *locaux*)
Pièce d'un bâtiment destinée à un usage particulier. *La direction de l'école a aménagé un local pour les cours de dessin.*
FORME FAUTIVE
*local (téléphonique). Anglicisme au sens de ***poste*** (téléphonique). *Le poste* (et non le *local) *6792.*

LOCAL, ALE, AUX adj.
Relatif à un lieu, à une région. *Des coutumes locales, les usages locaux.*
LOCUTIONS
– ***Collectivité locale.*** Personne morale de droit public, constituée des habitants d'un territoire organisé en circonscription administrative, et qui gère les intérêts de ceux-ci par le moyen d'autorités élues (Recomm. off.). *La ville de Québec, la municipalité régionale de Matane sont des collectivités locales municipales.*
Les collectivités locales ou territoriales font partie de la grande catégorie des collectivités ou collectivités publiques, institutions administratives à base territoriale qui, par opposition aux simples circonscriptions, sont dotées de la personnalité juridique.
– ***Couleur locale.*** Traits typiques d'un pays, d'une époque.
FORMES FAUTIVES
*administration locale. Calque de «*local government*» pour ***collectivité locale.***
*gouvernement local. Calque de «*local government*» pour ***collectivité locale.***

LOCALEMENT adv.
De façon locale, par endroits.

LOCALISATION n. f.
1. Action de situer en un lieu défini, en un temps déterminé. *La localisation d'une fracture à l'aide d'une radiographie.*
2. Action de délimiter, de circonscrire. *La localisation d'une inondation par la construction de digues.*
3. Fait de placer en un lieu défini. *La localisation d'une usine à proximité d'un aéroport.* SYN. implantation. ANT. délocalisation.
4. (ÉCON.) Adaptation d'un produit à un contexte particulier, à une culture déterminée. *La localisation d'un disque multimédia destiné à divers marchés.*

LOCALISER v. tr.
1. Définir précisément le lieu, le moment. *Localiser une fracture de la jambe, le souvenir d'un instant de bonheur.*
2. Circonscrire. *Localiser un conflit, un incendie de forêt.*
3. Établir en un lieu déterminé. *Localiser un commerce sur une artère commerciale.* SYN. situer. ANT. délocaliser.
4. (ÉCON.) Adapter un produit à un contexte particulier, à une culture définie. *Localiser un logiciel destiné au marché québécois.*
FORME FAUTIVE
*localiser. Impropriété au sens de ***repérer, retrouver, trouver.***
CONJUGAISON : VOIR MODÈLE AIMER.

LOCALITÉ n. f.
Petite ville. *Alain habite dans une localité des Laurentides.*

LOCATAIRE n. m. et f.
Personne qui prend en location un appartement, une maison, un local. *Julie et Antoine ont loué un appartement : ils sont locataires de cet appartement et paient un loyer au propriétaire.*
VOIR – LOUER.

LOCATIF, IVE adj.
Qui concerne le locataire ou la chose louée. *La valeur locative d'un immeuble. Le marché locatif est en baisse.*

LOCATION n. f.
1. Action de louer. *La location d'un appartement.*
2. Chose louée. *Une voiture de location.*
FORME FAUTIVE
*location. Anglicisme au sens de ***emplacement.*** *Ils ont trouvé un bon emplacement* (et non une *location) *pour leur usine.*

loc. cit.
Abréviation de ***loco citato,*** signifiant « passage cité ».

LOCH n. m. (pl. *lochs*)
Les lettres ***ch*** se prononcent ***k***, [lɔk] ; le nom rime avec ***roc.***
Lac d'Écosse. *Le monstre légendaire du loch Ness.*

LOCK-OUT ou **LOCKOUT** n. m. (pl. *lock-out* ou *lockouts*)
Fermeture d'une entreprise décidée par la direction en riposte à une grève. *Des lock-out inadmissibles.*

LOCO CITATO
LOCUTIONS
Abréviation ***loc. cit.***
Locution latine qui signifie « passage cité ». Cette expression s'emploie pour renvoyer à une citation précédente.

T En typographie soignée, les mots étrangers sont composés en italique. Dans des textes déjà en italique, la notation se fait en romain. Pour les textes manuscrits, on utilisera les guillemets.

LOCOMOTION n. f.
Action de se déplacer d'un point à un autre. *Des moyens de locomotion : bicyclette, patins à roulettes, trottinette, planche à roulettes.* SYN. transport.
locomotion.

LOCOMOTIVE n. f.
1. Puissant véhicule de traction des trains. *Une locomotive électrique.*
2. (FIG.) Élément moteur. *Ce concepteur est une locomotive dans son domaine.* SYN. leader; maître à penser.

LOCUTEUR, TRICE n. m. et f.
(LING.) Personne qui parle (une langue). *Les locuteurs du français.*
Ne pas confondre avec le nom ***auditeur,*** personne qui écoute l'énoncé d'un locuteur.

LOCUTION n. f.
Groupe de mots ayant une fonction grammaticale particulière.
VOIR TABLEAU – LOCUTIONS.
VOIR TABLEAU – LOCUTIONS FIGÉES.

LODEN n. m.
Le ***n*** se prononce, [lɔdɛn]; le nom rime avec ***fredaine.***
1. Étoffe de laine imperméable. *Un manteau de loden.*
2. Manteau fait de ce lainage. *Un loden vert. Des lodens inusables.*

LOFT n. m. (pl. *lofts*)
Les lettres ***ft*** se prononcent, [lɔft].
Local à usage industriel reconverti en habitation.
Ce nom est un emprunt récent à l'américain et n'a pas d'équivalent français actuellement.

LOGARITHME n. m.
(MATH.) Puissance à laquelle une base doit être élevée pour atteindre un nombre donné (GDT).
logarithme, contrairement au nom ***rythme.***

LOGARITHMIQUE adj.
(MÉCAN.) Relatif aux logarithmes. *Les langages de programmation de haut niveau offrent généralement des fonctions de calcul logarithmique.*
logarithmique, contrairement au nom ***rythme.***

LOGE n. f.
1. Logement d'un concierge.
2. Partie cloisonnée d'un théâtre, d'une salle de spectacle, d'un stade. *Philippe a assisté à une partie de hockey dans une loge du Centre Bell de Montréal.*
LOCUTION
– ***Être aux premières loges.*** (FIG.) Être très bien placé pour observer quelque chose.

LOGEABLE adj.
Que l'on peut facilement placer quelque part. *Un bureau logeable.*

LOGEMENT n. m.
1. Action de loger. *Donner le logement à des parents en voyage.* SYN. hébergement.
2. Appartement. *Un logement de huit pièces.*

LOGER v. tr., intr.
VERBE TRANSITIF
Héberger quelqu'un. *Elle logeait des étudiants dans sa grande maison.*
VERBE INTRANSITIF
Habiter un endroit (généralement de façon temporaire). *Ils logeaient à l'hôtel.*
VERBE PRONOMINAL
1. Trouver un logement. *Ils se sont logés dans une jolie maison à la campagne.*
2. Trouver place. *La balle s'est logée dans le mur.*
À la forme pronominale, le participe passé de ce verbe s'accorde en genre et en nombre avec le complément direct si celui-ci le précède. *La balle qu'il s'est accidentellement logée dans le bras. Léa s'est logée à proximité de l'université.* Le participe passé reste invariable si le complément direct suit le verbe. *Elle s'est logé une fléchette dans l'épaule.*
LOCUTIONS
– ***Être logé à la même enseigne.*** Se trouver dans la même situation, généralement fâcheuse.
– ***Loger à la belle étoile.*** Dormir en plein air.
FORMES FAUTIVES
*loger un appel. Calque de «*to lodge an appeal*» pour ***interjeter appel, en appeler (d'un jugement).***
*loger un appel téléphonique. Anglicisme pour ***faire un appel téléphonique, appeler, donner un coup de téléphone.***
*loger une plainte. Calque de «*to lodge a complaint*» pour ***porter plainte, déposer une plainte.***
*loger un grief. Anglicisme pour ***déposer un grief.***
CONJUGAISON : VOIR MODÈLE CHANGER.
Le ***g*** est suivi d'un ***e*** devant les lettres ***a*** et ***o.*** *Il logea, nous logeons.*

LOGEUR, EUSE n. m. et f.
Personne qui loue des chambres meublées.

LOGGIA n. f.
Les lettres ***g*** se prononcent ***dj,*** [lɔdʒja].
Balcon couvert. *Des loggias surplombant la mer.*
Attention au genre féminin de ce nom : une loggia.

LOGICIEL, IELLE adj. et n. m.
ADJECTIF
Relatif à un logiciel. *Des améliorations logicielles.*
NOM MASCULIN
(INFORM.) Ensemble des programmes destinés à effectuer un traitement particulier sur un ordinateur. *Commercialiser un logiciel* (et non un *software).
VOIR – MATÉRIEL.

LOGIQUE adj. et n. f.
ADJECTIF
1. Conforme à la logique. *Des arguments logiques.* SYN. cohérent.
2. Qui raisonne bien. *Julien est logique : il veut réussir, alors il travaille bien.* SYN. rationnel.
NOM FÉMININ
Science du raisonnement.
Ne pas confondre avec le nom ***logistique,*** ensemble des moyens nécessaires à une force militaire.

LOGIQUEMENT adv.
1. Avec logique. *Ils ont argumenté logiquement.* SYN. rationnellement.
2. Normalement. *Logiquement, nous devrions finir à temps.*
En ce sens, l'adverbe se place en tête de phrase.

LOGIS n. m.
(LITT.) Demeure. *La folle du logis : l'imagination.*

LOGISTICIEN n. m.
LOGISTICIENNE n. f.
Spécialiste de la logistique. *Les logisticiens sont très recherchés dans le secteur de l'aéronautique.*

LOGISTIQUE adj. et n. f.
ADJECTIF
Relatif à la logistique. *Des études logistiques.*
NOM FÉMININ
1. (MILIT.) Ensemble des moyens nécessaires à une force militaire (entretien, transports, etc.).

2. (ÉCON.) Ensemble des activités inhérentes au déplacement des matières, des produits en cours de fabrication et des produits finis depuis la source des approvisionnements jusqu'à la destination des livraisons.

Ne pas confondre avec le nom ***logique,*** science du raisonnement.

LOGITHÈQUE n. f.

(INFORM.) Ensemble des logiciels dont dispose un individu, une entreprise, ou qu'un site Web propose à ses utilisateurs afin qu'ils puissent les télécharger. *Ce centre culturel dispose notamment d'une cinémathèque, d'une bibliothèque et d'une logithèque.* SYN. bibliothèque de logiciels.

LOGO n. m.

Abréviation de ***logotype.***

Dessin propre à une marque, à un produit, à une firme. *Des logos bien conçus.*

L'abréviation est d'emploi courant et le terme ***logotype*** est d'emploi rare.

LOGO n. m.

(INFORM.) Langage de programmation conçu pour l'enseignement des mathématiques aux enfants.

Ce langage se caractérise par sa simplicité d'apprentissage et par l'utilisation de procédures graphiques élémentaires.

LOGO- préf.

Élément du grec signifiant « parole ». *Logomachie.*

LOGOMACHIE n. f.

1. Querelle de mots.

2. Assemblage artificiel de mots.

LOGORRHÉE n. f.

Flot de paroles.

logo**rrhée**.

LOGOTYPE n. m.

S'abrège en ***logo*** (s'écrit sans point).

LOI n. f.

1. Ensemble de règles qui précisent ce qui est permis et ce qui est interdit. *La loi exige que l'on ait 18 ans pour voter. Les lois sont adoptées par le Parlement : ce sont les députés qui votent les lois. La loi est dure, mais c'est la loi (*dura lex, sed lex*).*

T Les numéros d'articles des codes, lois, règlements s'écrivent en chiffres arabes. *Consulter les articles 15 et 20 du* Code du travail.

T La loi ne peut être désignée par un numéro, en français ; seul le projet de loi peut être ainsi nommé. *Le projet de loi 101, la Charte de la langue française* (et non la *loi 101).

T Dans les titres de textes législatifs, les mots génériques (*accord, arrêté, code, constitution, décret, loi, règlement,* etc.) s'écrivent avec une majuscule. *La Charte de la langue française, la Loi sur les langues officielles, le Code civil.* Le nom ***loi*** s'écrit avec une minuscule si l'on ne cite pas le titre exact de la loi. *Il faudra étudier les nouvelles lois fiscales.*

Ne pas confondre avec le nom ***législation,*** ensemble de lois relatives à un domaine.

2. Règle qui décrit des phénomènes de la nature et qui a été formulée par un ou des scientifiques. *La loi de la gravité.*

LOCUTIONS

– ***Avoir force de loi.*** Être obligatoire comme une loi. *Nous avons inscrit nos engagements dans des textes qui leur donnent force de loi.*

– ***Faire la loi.*** Tenter de diriger tout un chacun sans y avoir droit. *Cesse de faire la loi : ce n'est pas toi qui commandes ici.*

– ***La loi du plus fort.*** Le pouvoir détenu par le plus fort sur le plus faible.

FORME FAUTIVE

*avoir des dents, en parlant d'une loi, d'un règlement. Calque de «*to have teeth*» pour ***avoir du pouvoir.*** *Il faut renforcer le pouvoir de cette loi* (et non lui *donner des dents) *en imposant des amendes. Ce règlement est inefficace* (et non *n'a pas de dents).

LOI-CADRE n. f. (pl. *lois-cadres*)

Loi servant de cadre à des décrets d'application.

LOIN adv.

À une grande distance dans l'espace ou le temps. *Parties à l'aube, elles sont très loin déjà. Les vacances sont encore loin.*

LOCUTIONS

– ***Aller trop loin.*** (FIG.) Exagérer, dépasser les bornes.

– ***Au loin,*** loc. adv. À une grande distance.

– ***D'aussi loin que, du plus loin que,*** loc. conj. *D'aussi loin que je l'ai vu.*

– ***D'aussi loin que, du plus loin que,*** loc. conj. *Du plus loin qu'il se souvienne.*

La locution conjonctive se construit avec le subjonctif pour marquer le temps.

– ***De loin,*** loc. adv. D'une grande distance. *Venir de loin.*

– ***De loin en loin,*** loc. adv. À de longs intervalles d'espace ou de temps. *Nous avions de ses nouvelles de loin en loin.*

– ***Loin de là.*** loc. adv. Bien au contraire. *Il n'est pas paresseux, loin de là.* SYN. tant s'en faut.

– ***Loin des yeux, loin du cœur.*** Peu à peu, on oublie les absents.

FORME FAUTIVE

*loin s'en faut. Impropriété pour ***loin de là, tant s'en faut.***

La locution conjonctive se construit avec l'indicatif pour marquer le lieu.

C'est par confusion avec les expressions ***loin de là*** et ***tant s'en faut,*** qui ont la même signification, que l'on emploie fautivement *loin s'en faut.

LOINTAIN, AINE adj. et n. m.

ADJECTIF

Éloigné dans l'espace et dans le temps. *Une forêt lointaine. Un souvenir lointain.*

NOM MASCULIN

(AU PLUR.) Arrière-plan dans un tableau. SYN. fond ; toile de fond.

LOCUTION

– ***Dans le lointain, au lointain,*** loc. adv. À l'horizon, au loin.

LOIR n. m.

Rongeur hibernant d'octobre à avril.

LOCUTION

– ***Dormir comme un loir.*** Dormir à poings fermés, très profondément.

LOISIBLE adj.

(VX) Permis.

LOCUTION

– ***Être loisible de*** + infinitif. Être possible de. *Il (m'est, t'est, etc.) loisible de tout reprendre de zéro.*

L'adjectif ne s'emploie plus que dans la construction impersonnelle.

LOISIR n. m.

(AU PLUR.) Distraction pendant les temps libres. *Quels sont vos loisirs ? Un centre de loisirs.*

LOCUTION

– ***À loisir, tout à loisir,*** loc. adv. À son aise, sans hâte. *Elle pourra enfin lire, musarder tout à loisir.*

LOKOUM

VOIR – LOUKOUM.

LOMBAGO

VOIR – LUMBAGO.

LOMBAIRE adj.

Situé à la hauteur des reins. *Des douleurs lombaires.*

lomb**aire**.

L

LOCUTIONS

Ensemble de mots formant une expression figée et correspondant à un mot unique.

La locution n'a qu'une seule fonction grammaticale pour l'ensemble des mots qui la constituent.

LOCUTION VERBALE (ou verbe composé)

La **locution verbale** joue le rôle d'un verbe. Elle est composée :

- D'un verbe et d'un nom employé sans déterminant. *Nous **avons besoin** de toi. Ces bijoux de fantaisie **font illusion.** Avoir affaire. Avoir confiance. Avoir envie. Avoir faim. Avoir mal. Avoir peur. Avoir sommeil. Crier famine. Donner cours. Donner lieu. Entendre raison. Faire défaut. Faire face. Faire illusion. Faire pitié. Faire semblant. Lier conversation. Perdre patience. Porter bonheur. Prendre garde. Savoir gré.*
- D'un verbe et d'un adjectif. *Je t'ai remboursé, nous **sommes quittes.** Elles **sont portées** à faire confiance. À **dire vrai.***
- De deux verbes. ***Envoie**-les **paître**! **Laisse faire**, il est inutile de discuter. On nous a **fait croire** qu'il serait là.*
- D'un verbe, d'une préposition et d'un nom. *Nous **avons à cœur** de réussir. On ne peut **passer sous silence** un tel geste. Être d'accord.*

À l'exception du verbe, les éléments composant une locution verbale sont généralement invariables. *Les enfants **ont raison** : ils doivent **faire attention** à cet accord.*

LOCUTION ADVERBIALE (ou adverbe composé)

La **locution adverbiale** a valeur d'adverbe. ***Tout à coup**, ils entendirent un grand bruit. À bride abattue, à dessein, à l'endroit, en bas, en clair.*

LOCUTION ADJECTIVE (ou adjectif composé)

La **locution adjective** joue le rôle d'un adjectif. *Des chercheurs **de talent.** Ils ont acheté des tableaux **de prix.** Bon marché, de rebut, de rechange, sans rival.*

LOCUTION NOMINALE (ou nom composé)

La **locution nominale** ou **nom composé** joue le rôle d'un nom. *Des **pommes de terre** frites, un **arc-en-ciel** magnifique. Hôtel de ville, robe de chambre, ruban à mesurer.*

VOIR TABLEAU ▸ **NOMS COMPOSÉS.**

LOCUTION PRONOMINALE (ou pronom composé)

La **locution pronominale** a valeur de pronom. *J'aime **les uns et les autres. Ceux-là** ne nous ont rien dit. N'importe lequel, ni l'un ni l'autre.*

LOCUTION PRÉPOSITIVE (ou préposition composée)

La **locution prépositive** a valeur de préposition. *Je serai là **jusqu'à** 9 h. Il est **en haut de** l'escalier. À destination de, en cas de, sous l'angle de, sous l'influence de.*

LOCUTION CONJONCTIVE (ou conjonction composée)

La **locution conjonctive** joue le rôle d'une conjonction de coordination ou de subordination. *Retiens-le **jusqu'à ce que** j'arrive **afin que** je puisse lui parler. Bien que, dans le cas où.*

LOCUTION INTERJECTIVE (ou interjection composée)

La **locution interjective** a valeur d'interjection. ***Oh là là,** quel bel arbre ! Allons donc ! Beau dommage ! De grâce ! Eh bien ! Tant mieux !*

LOCUTION DÉTERMINATIVE (ou déterminant composé)

La **locution déterminative** a valeur de déterminant. *J'ai mangé **trop de** sucreries la semaine dernière. Peu de, le même, tous les.*

LOCUTIONS FIGÉES

Groupe de mots toujours employés ensemble qui ont un sens global différent des sens de chacun des mots qui le composent.

Main courante.................................... Partie supérieure d'une rampe d'escalier.
Pied de nez. .... Grimace.
Coup de tête...................................... Décision impulsive.
Faire l'affaire..................................... Convenir.
Tirer d'affaire.................................... Aider, secourir.

On dit que ces locutions sont figées parce qu'on ne peut remplacer un mot par un autre dans ces expressions : on emploie toujours les mêmes mots. Ainsi, dans les locutions qui suivent on ne peut remplacer le nom ***sac*** par un synonyme comme ***cartable, serviette, sac à main.***

- **Exemples avec le mot *sac* :**

Mettre dans le même sac......................... Considérer sur le même pied.
Prendre quelqu'un la main dans le sac. .... Le prendre en train de commettre un délit.
Vider son sac...................................... Dire la vérité, sans rien dissimuler.

- **Autres exemples :**

Accrocher ses patins. .... ⚜ Prendre sa retraite.
Appeler un chat un chat.......................... Appeler les choses par leur nom.
Avoir voix au chapitre............................ Avoir droit de parole.
Cogner des clous. .... ⚜ Somnoler.
Contre vents et marées........................... Malgré tous les obstacles.
Couper les cheveux en quatre................... Être trop subtil.
Donner sa langue au chat........................ Abandonner, capituler.
Envoyer paître quelqu'un......................... (FAM.) L'envoyer promener.
Être pieds et poings liés.......................... Être réduit à l'inaction.
Il y a anguille sous roche. .... Il y a une chose cachée que l'on soupçonne.
Le jeu n'en vaut pas la chandelle............... C'est une chose qui n'en vaut pas la peine.
Mettre les points sur les i. .... Expliquer clairement quelque chose.
Monter sur ses grands chevaux................. Se mettre en colère.
Montrer patte blanche. .... Se faire reconnaître pour entrer quelque part.
Parler à tort et à travers.......................... Dire n'importe quoi.
Prendre la poudre d'escampette................ S'enfuir.
Renvoyer aux calendes grecques. .... Renvoyer à une date qui n'arrivera jamais.
Reprendre du poil de la bête. .... Réagir, reprendre le dessus.
Tirer à la courte paille........................... Tirer au sort.
Tirer sa révérence. .... Partir.
Voir le jour. .... (LITT.) Venir au monde.

LOMBRIC n. m.
Le **c** se prononce, [lɔ̃brik] ; le nom rime avec ***brique***.
Ver de terre. *Les lombrics ondulent dans la terre humide.*

LONDONIEN, IENNE adj. et n. m. et f.
De Londres. *Un Londonien, une Londonienne, la population londonienne.*
T L'adjectif s'écrit avec une minuscule ; le nom, avec une majuscule.

LONG, LONGUE adj., adv. et n. m.
ADJECTIF
1. L'adjectif marque une dimension par rapport à l'**espace** :
– Qui a une certaine dimension, dans le sens de la longueur. *Un long bec. De longs doigts. De longs cheveux.*
En ce sens, l'adjectif est souvent placé avant le nom auquel il se rapporte.
– Qui s'étend sur une grande distance, dont la longueur est importante. *Un long chemin, des robes longues.* SYN. étendu.
2. L'adjectif marque une dimension par rapport au **temps** :
– Qui dure longtemps. *Un long hiver. Une longue attente.*
ADVERBE
Beaucoup. *Ils en savent long sur la question. Cela en dit long sur son état d'esprit.*
Pris adverbialement, ce mot est invariable ; il s'emploie surtout avec les verbes ***dire*** et ***savoir.***
NOM MASCULIN
Longueur. *Ce mur a trois mètres de long.*
LOCUTIONS
– ***À la longue,*** loc. adv. Avec le temps. *Elle finira par comprendre à la longue.*
– ***À long terme.*** Dans un horizon temporel généralement supérieur à deux ans. *À long terme, ce système devra être remplacé.*
Dans les expressions ***à court terme, à moyen terme, à long terme,*** le nom ***terme*** s'écrit au singulier ; il en est ainsi pour l'expression ***à court ou à long terme,*** qui signifie « soit à court terme, soit à long terme », où le nom ***terme*** est sous-entendu. Par contre, si l'expression désigne plusieurs termes, le nom peut s'écrire au singulier ou au pluriel : *à court et à moyen terme* ou *à court et à moyen termes.*
– ***Au long, tout au long,*** loc. adv. Complètement, amplement. *Il m'a décrit tout au long la conversation.* SYN. en détail.
– ***Chaise longue.*** Chaise sur laquelle on peut allonger les jambes. *Des chaises longues en bois de style transatlantique.*
– ***De long en large, en long et en large,*** loc. adv. En n'omettant aucun détail. *Racontez-moi tout en long et en large.*
– ***De longue haleine,*** loc. adv. À long terme. *C'est un travail de longue haleine.*
– ***De longue main,*** loc. adv. Depuis longtemps. *Rassembler des données de longue main.*
– ***De tout son long,*** loc. adv. En s'allongeant par terre. *Elle est tombée de tout son long au milieu de la rue glacée.*
– ***Le long de,*** loc. prép. En longeant, en suivant le bord de. *Marcher le long du fleuve.*
– ***Long métrage.*** Film de longue durée.

LONG-COURRIER adj. et n. m. (pl. *long-courriers*)
Se dit des avions faisant de longs parcours.

LONGE n. f.
Moitié de l'échine du veau, du chevreuil, du porc. *Manger de la longe de veau.*

LONGER v. tr.
1. Aller le long de quelque chose. *Il longeait le parc tous les matins en promenant son chien.*
2. Être le long de quelque chose. *Une piste cyclable longe le bord de l'eau.* SYN. border.
CONJUGAISON : VOIR MODÈLE CHANGER.
Le ***g*** est suivi d'un ***e*** devant les lettres ***a*** et ***o.*** *Il longea, nous longeons.*

LONGÉVITÉ n. f.
Durée de la vie. *La tortue a une longévité de 200 ans.*

LONGILIGNE adj.
Se dit d'une personne grande et mince. ANT. bréviligne.

LONGITUDE n. f.
Angle compris entre le méridien d'origine et le méridien d'un lieu.
T La longitude d'un lieu s'exprime en degrés (°), minutes (′) et secondes (″) d'angle. Le point cardinal (***Est*** ou ***Ouest***) s'écrit avec une majuscule, ***E.*** ou ***O.*** La latitude s'exprime de la même manière, mais les indications sont suivies du point cardinal ***Nord*** ou ***Sud***, selon le cas. *Cette ville est située à 75 degrés 15 minutes 28 secondes de longitude Ouest* ou *à 75° 15′ 28″ O.*
VOIR – LATITUDE.
T Attention à la disposition : il n'y a pas d'espace entre le nombre et le symbole ni de signe de ponctuation entre les unités.

LONGITUDINAL, ALE, AUX adj.
Dans le sens de la longueur. *Des axes longitudinaux.*

LONGITUDINALEMENT adv.
En longitude.

***LONG-JEU**
Anglicisme pour ***microsillon.***

LONG-MÉTRAGE ou **LONG MÉTRAGE** n. m. (pl. *longs(-)métrages*)
Film dont la durée dépasse une heure. ANT. court(-)métrage.

LONGTEMPS adv.
Pendant un long espace de temps. *Il y a bien longtemps que je t'attends. Tu lui as parlé longtemps.*
longtemps.

***LONGUE (À LA JOURNÉE, À LA SEMAINE, À L'ANNÉE)**
Anglicisme pour ***à longueur de*** (journée, semaine, année).

***LONGUE DISTANCE**
Calque de «*long distance call*» au sens de ***interurbain, appel interurbain.***

LONGUEMENT adv.
Durant un long temps. *Elle m'a parlé longuement. « Anna […] me parla longuement de sa pauvre vie n'ayant jamais donné sa riche mesure »* (Gabrielle Roy, *La Détresse et l'Enchantement*). SYN. longtemps.

LONGUET, ETTE adj.
1. (FAM.) Un peu trop long. *Une pièce de théâtre longuette.*
2. Relativement long. *Une jupe longuette qui s'arrête un peu au-dessus des chevilles.*

LONGUEUR n. f.
1. Dimension d'un objet considéré de l'une de ses extrémités à l'autre. *Cette table a 150 cm de longueur* ou *de long.*
2. Grandeur. *La mode adopte tous les ans une longueur différente pour les jupes.*
3. Durée du temps. *La longueur de l'émission est de trente minutes.*
LOCUTIONS
– ***À longueur de (journée, semaine, année...).*** Tout le long de. *Il s'ennuie à longueur d'année* (et non *à l'année longue).
– ***Traîner en longueur.*** Durer trop longtemps.

LONGUE-VUE n. f. (pl. *longues-vues*)
Lunette d'approche. *Elle a pris sa longue-vue pour observer l'oiseau au fond du jardin.*

LOOFA
VOIR – LUFFA.

***LOOK**
Anglicisme pour ***allure, style.***

LOPIN n. m.
– ***Lopin de terre.*** Petit terrain. *Ses parents ont gardé un lopin de terre à la campagne, où ils cultivent quelques légumes.*
Le mot ne s'emploie que dans cette locution.
lopin.

LOQUACE adj.
Le ***u*** ne se prononce pas, [lɔkas] ; l'adjectif rime avec ***cocasse.***
Bavard, volubile. *Son ami n'est pas très loquace.* SYN. causant.
loquace.

LOQUACITÉ n. f.
Le ***u*** ne se prononce pas, [lɔkasite].
Volubilité. *Monica a une loquacité incroyable.* SYN. bagout.
loquacité.

LOQUE n. f.
1. (PÉJ.) Guenille, vêtement usé et déchiré. *Un vêtement en loques. Ton manteau tombe en loques, prends donc celui-ci.* SYN. haillon.
En ce sens, le nom s'emploie généralement au pluriel.
2. (PÉJ.) (FIG.) Personne sans ressources, détruite par la vie. *Une loque humaine.*
Ce nom a une valeur péjorative au propre et au figuré.

LOQUET n. m.
Système de fermeture de porte comprenant une pièce mobile (la clenche) fixée sur la porte et qui vient se bloquer dans une pièce fixée au chambranle de la porte.
Ne pas confondre avec le nom ***verrou,*** pièce métallique d'une serrure qui coulisse pour bloquer une porte.
loquet.

LORD n. m. (pl. *lords*)
Le ***d*** se prononce ou non, [lɔrd, lɔr].
Titre donné en Grande-Bretagne aux titulaires de certains postes. *C'est un club où se rencontrent les lords.*
T Suivi d'un nom propre, le titre s'écrit avec une majuscule. *C'est un admirateur de Lord Mountbatten.*
La forme féminine est ***lady.***

LORGNER v. tr.
1. Regarder avec insistance et envie. *Les curieuses lorgnaient la comédienne.* SYN. dévisager ; observer.
On lorgne plus efficacement avec une lorgnette (petite lunette d'approche) !
2. (FIG.) Désirer ardemment. *Les enfants lorgnent les jouets présentés dans les vitrines de Noël.* SYN. admirer ; rêver de.
CONJUGAISON : VOIR MODÈLE AIMER.
Les lettres ***gn*** sont suivies d'un ***i*** à la première et à la deuxième personne du pluriel de l'indicatif imparfait et du subjonctif présent. *(Que) nous lorgnions, (que) vous lorgniez.*

LORGNETTE n. f.
Petite lunette d'approche. *Avec cette lorgnette, je pourrai observer les oiseaux.*
LOCUTION
– ***Regarder par le petit bout de la lorgnette.*** Exagérer l'importance d'un détail.

LORGNON n. m.
Lunettes sans branches. *Une dame très digne avec son lorgnon parcourait le menu.*

LORRAIN, AINE adj. et n. m. et f.
De Lorraine. *Le charbon lorrain. Un Lorrain, une Lorraine.*
T L'adjectif s'écrit avec une minuscule ; le nom, avec une majuscule.

LORS adv.
(VX) Alors.
Cet adverbe est vieilli et ne s'emploie plus que dans certaines expressions.
LOCUTIONS
– ***Depuis lors,*** loc. adv. Depuis ce moment. *Elle a fait la connaissance d'Alec et, depuis lors, ne parle que de lui.*
– ***Dès lors,*** loc. adv. Dès ce moment. *Dès lors que nous serons en vacances, nous partirons à la campagne.*
– ***Lors de,*** loc. prép. Au moment de. *Lors de notre rencontre, tu portais un chandail rouge.*
– ***Lors même que,*** loc. conj. (LITT.) Quand bien même. *Lors même qu'ils lui offriraient la lune, elle refuserait.*
Cette locution se construit avec le conditionnel.

LORSQUE conj.
Quand, au moment où. Cette conjonction marque la simultanéité de deux actions. *Lorsqu'il neige, les routes sont glissantes.*
Cette conjonction indique que deux actions ont lieu en même temps ; on dit alors qu'elles sont simultanées.
L'élision se fait devant les mots suivants : ***il, ils, elle, elles, en, on, un, une, ainsi.***

LOSANGE n. m.
Parallélogramme dont les côtés sont égaux. *Sa grand-maman lui a tricoté un chandail avec des losanges bleus.*
losange.

***LOSER** ou **LOOSER**
Anglicisme pour ***perdant.***

***LOSS LEADER**
Anglicisme pour ***produit d'appel.***

LOT n. m.
1. Part attribuée à chacun. *L'héritage a été divisé en trois lots.*
2. Ensemble d'objets. *Un lot de tableaux anciens sera proposé, seront proposés.*
Si le sujet du verbe est un collectif précédé du déterminant indéfini ***un, une*** et suivi d'un complément au pluriel, le verbe se met au singulier lorsque l'auteur veut insister sur le tout, l'ensemble ; au pluriel, s'il veut insister sur la pluralité, la multiplicité. Si le nom est précédé d'un déterminant défini (***le, la***), d'un déterminant possessif (***mon, ma, ton, ta, son, sa***) ou d'un déterminant démonstratif (***ce, cette***) et suivi d'un complément au pluriel, le verbe se met généralement au singulier. *Ce lot de sculptures sera cédé au plus offrant.*
VOIR TABLEAU – COLLECTIF.
LOCUTION
– ***Gros lot.*** Premier prix, dans une loterie. *On a gagné le gros lot !*
lot, un ***t*** final.

LOTERIE n. f.
Jeu de hasard. *Un billet de loterie.*

LOTION n. f.
Le ***o*** est fermé, [losjɔ̃] ; le ***o*** se prononce comme dans ***do***, le ***t*** se prononce comme un ***s***, le mot rime avec ***sion.***
Liquide utilisé pour les soins de la peau, des cheveux. *Une lotion hydratante qui rend la peau très douce.*

LOTIR v. tr.
Partager en lots. *Lotir un domaine, le partager en trois.*
LOCUTION
– ***Bien, mal loti.*** Favorisé, défavorisé par le sort.
CONJUGAISON : VOIR MODÈLE FINIR.
lotir.

LOTISSEMENT n. m.
Le ***o*** est ouvert, [lɔtismɑ̃].
1. Action de partager une propriété en lots pour la revente. *Le lotissement d'un domaine.*
2. Chacun de ces lots.
lotissement.

LOTO n. m.
1. Jeu de hasard qui s'apparente au bingo. *Un jeu de loto.*
2. Loterie de l'État. *Gagner au loto, gagner le gros lot du loto.*
Attention au genre masculin de ce nom emprunté à l'italien il y a plus de deux siècles.

LOTTE n. f.
Poisson d'eau douce dont la chair est appréciée.

LOTUS n. m.
Le *o* se prononce comme dans ***loterie*** et le *s* se prononce, [lɔtys] ; le nom rime avec ***cactus***.
Plante à fleurs bleues ou blanches qui s'apparente au nénuphar.

L

LOUABLE adj.
Qui mérite d'être loué. *Un effort louable.* SYN. méritoire.

LOUANGE n. f.
1. (LITT.) Action de louer quelqu'un, d'en dire du bien. *La louange est un art délicat.*
2. Éloge, félicitations. *La directrice a comblé de louanges les gagnants du concours.* ANT. critique.

LOUANGER v. tr.
(LITT.) Décerner des louanges à quelqu'un. *Elle a louangé les gagnants.* SYN. faire l'éloge de ; glorifier.
CONJUGAISON : VOIR MODÈLE CHANGER.
Le ***g*** est suivi d'un ***e*** devant les lettres ***a*** et ***o***. *Il louangea, nous louangeons.*

LOUANGEUR, EUSE adj.
(LITT.) Élogieux, flatteur. *Une critique louangeuse.*

LOUCHE adj. et n. f.
ADJECTIF
Qui n'est pas ou ne semble pas honnête. *Des individus louches. Un bar louche où dansent des travestis.* SYN. suspect.
NOM FÉMININ
Grande cuillère à long manche destinée à servir le potage. *Plonge la louche dans la soupière et sers-moi une bonne soupe aux légumes bien chaude.*

LOUCHER v. intr.
Avoir les yeux qui ne regardent pas tout à fait dans la bonne direction.
CONJUGAISON : VOIR MODÈLE AIMER.

LOUER v. tr., pronom.
VERBE TRANSITIF
1. Souligner le mérite de quelqu'un. *Il faut louer le courage de cette personne.* SYN. vanter.
2. Donner un bien en location. *Mon propriétaire loue cet appartement 800 $ par mois.*
1° La personne qui donne quelque chose en location est un ***bailleur*** ; la personne qui prend quelque chose en location est un ***locataire.***
2° Au Québec, dans la Loi sur la Régie du logement, ***bailleur*** se dit également ***locateur.***
3. Prendre un bien en location. *Elle a loué une voiture, une maison.*
VERBE PRONOMINAL
1. Se féliciter de, être tout à fait satisfait de (quelqu'un, quelque chose). *Il se loue d'avoir recruté cette personne.*
2. Être loué. *Ces appartements se louent au mois.*
À la forme pronominale, le verbe se construit avec la préposition ***de*** suivie d'un nom ou d'un infinitif.
À la forme pronominale, le participe passé de ce verbe s'accorde avec le complément direct si celui-ci le précède. *La voiture qu'il s'est louée. Elles se sont louées d'avoir informatisé les tests linguistiques.* Le participe passé reste invariable si le complément direct suit le verbe. *Régine s'est loué un appartement.*
CONJUGAISON : VOIR MODÈLE AIMER.

LOUFOQUE adj.
Farfelu. *Une situation loufoque.* SYN. bizarre ; drôle.

LOUFOQUERIE n. f.
Caractère d'une personne, d'une chose loufoque.

LOUIS n. m.
Ancienne pièce de monnaie. *Un louis d'or.*

LOUKOUM ou **LOKOUM** n. m.
Confiserie orientale. *Des loukoums délicieux.*

LOUP n. m.
1. Mammifère sauvage et carnivore qui ressemble à un grand chien.
2. Mâle de la louve. *Le loup, la louve et les louveteaux.*
VOIR TABLEAU – ANIMAUX.
LOCUTIONS
– ***À pas de loup,*** loc. adv. Furtivement.
– ***Entre chien et loup,*** loc. adv. Au crépuscule.
– ***Être connu comme le loup blanc.*** Être extrêmement connu.
– ***Faim de loup.*** Grand appétit.
– ***Froid de loup.*** Froid intense.
– ***Il faut hurler avec les loups.*** Il faut s'adapter aux manières de ceux auxquels on est lié malgré les désaccords.
– ***Jeune loup.*** Jeune ambitieux. *Les jeunes loups de l'École des HEC.*
– ***Loup de mer.*** Vieux marin.
– ***Loup-garou.*** Être malfaisant qui, selon les légendes, errait la nuit sous l'apparence d'un loup. *Des loups-garous.*
– ***Quand on parle du loup, on en voit la queue.*** Quand une personne dont on parle survient à ce moment précis.
– ***Se jeter dans la gueule du loup.*** S'exposer imprudemment à un danger.

LOUPE n. f.
Lentille grossissante. *Julien étudie sa collection de timbres avec une loupe pour voir les plus petits détails.*
LOCUTION
– ***À la loupe.*** (FIG.) D'une façon très consciencieuse. *Il faut scruter ce contrat à la loupe.*

LOUPER v. tr., intr.
VERBE TRANSITIF
(FAM.) Manquer. *Il a loupé son avion.* SYN. rater.
VERBE INTRANSITIF
(FAM.) Manquer. *Ça n'a pas loupé, c'est arrivé.*
CONJUGAISON : VOIR MODÈLE AIMER.

LOURD, LOURDE adj. et adv.
ADJECTIF
1. Difficile à soulever, à porter en raison de son poids. *Un fardeau très lourd.* SYN. pesant.
2. Pénible à faire, à supporter. *C'est une lourde tâche que je ne pourrai accomplir sans la collaboration de tous.* SYN. dur.
ADVERBE
Beaucoup. *Ces boîtes ne pèsent pas lourd.*
Pris adverbialement, le mot est invariable.
LOCUTION
– ***Poids lourd.*** Camion.

LOURDAUD, AUDE adj. et n. m. et f.
Qui est maladroit et lent. *Ces impolis sont des lourdauds.* SYN. balourd.

LOURDEMENT adv.
1. Pesamment. *Marcher lourdement.* SYN. maladroitement.
2. Beaucoup. *Ils se sont lourdement trompés.* SYN. énormément ; grossièrement.

LOURDEUR n. f.
Caractère de ce qui est lourd, sans finesse. *La lourdeur de son style.* SYN. maladresse.

***LOUSSE**
Anglicisme pour ***ample, flottant, large, non ajusté*** en parlant d'un vêtement ; pour ***libre,*** en parlant d'une chevelure ; pour lâche (adjectif), ***jeu, mou*** (nom masculin). *Attache la chaloupe au quai en laissant un peu de mou* (et non de *lousse).

LOUSTIC n. m.
1. (ANCIENN.) Amuseur.
2. (FAM.) (PÉJ.) Individu. *Des drôles de loustics.* SYN. (FAM.) moineau ; type.

LOUTRE n. f.
Petit animal à pelage brun recherché pour sa fourrure. *Dans nos forêts, il y a beaucoup de loutres.*
⌨ loutre.

LOUVE n. f.
Femelle du loup. *Le petit de la louve est le louveteau.*
VOIR TABLEAU – ANIMAUX.

LOUVETEAU n. m. (pl. *louveteaux*)
1. Petit du loup. *Ces louveteaux ne hurlent pas encore.*
VOIR TABLEAU – ANIMAUX.
2. (FIG.) Jeune scout. *Des louveteaux sympathiques et serviables.*
Les jeunes scoutes sont des jeannettes.
⌨ louveteau.

LOUVETER v. intr.
Mettre bas, en parlant de la louve.
CONJUGAISON : VOIR MODÈLE APPELER.
Redoublement du ***t*** devant un ***e*** muet. *Elle louvette,* mais *elle louvetait.*
[Les *Rectifications* (1990) admettent : elle louvète, louvètera, louvèterait...]

LOUVOIEMENT n. m.
Action de louvoyer. *Évite ces louvoiements, sois franc.* SYN. détour ; tergiversation.
⌨ louvoiement.

LOUVOYER v. intr.
1. Naviguer en zigzag.
2. (FIG.) User de biais pour arriver à ses fins. SYN. tergiverser.
CONJUGAISON : VOIR MODÈLE EMPLOYER.
Le ***y*** se change en ***i*** devant un ***e*** muet. *Je louvoie, je louvoyais.*

LOVER (SE) v. pronom.
S'enrouler sur soi. *Sa petite chatte Maboule s'est lovée dans ses bras.*
Le participe passé de ce verbe, qui n'existe qu'à la forme pronominale, s'accorde toujours en genre et en nombre avec son sujet. *Les enfants se sont lovés tout contre leur grand-maman.*
CONJUGAISON : VOIR MODÈLE AIMER.

***LOW PROFILE**
Anglicisme pour ***discret, effacé, en retrait.***

LOYAL, ALE, AUX adj.
Qui fait preuve de fidélité relativement aux engagements pris, qui est inspiré par les lois de l'honneur et de la probité. *Des adversaires loyaux. De bons et loyaux services.* SYN. correct ; droit ; fidèle ; franc. ANT. déloyal ; malhonnête ; perfide.
L'adjectif ***loyal*** se construit généralement avec la préposition ***envers,*** parfois avec la préposition ***à.*** *Des employés loyaux envers la direction, à la direction.*

LOYALEMENT adv.
D'une manière loyale. *Les chevaliers ont combattu loyalement.*

LOYALISME n. m.
1. Attachement à une institution établie.
2. Fidélité à une cause. SYN. loyauté.

LOYAUTÉ n. f.
Honnêteté, droiture. *La loyauté d'une équipe de chercheurs.* SYN. fidélité.
⌨ loyauté.

LOYER n. m.
Prix d'une location. *Le loyer de cet appartement est de 500 $ par mois. Acquitter, payer son loyer. Une hausse des loyers est à prévoir.*
LOCUTION
– ***Loyer de l'argent.*** (ÉCON.) Taux d'intérêt de l'argent emprunté.

LSD n. m.
Substance hallucinogène dérivée de l'acide lysergique.

ltée
Abréviation de ***limitée*** dans les raisons sociales.
[T] Cette mention abrégée s'écrit avec une minuscule initiale.
VOIR TABLEAU – RAISON SOCIALE.

LUBIE n. f.
Idée saugrenue. *La lubie de Boris, c'est d'escalader cette falaise.* SYN. caprice ; envie ; folie.
Ne pas confondre avec le nom ***phobie,*** crainte.

LUBRICITÉ n. f.
Penchant pour la sensualité, les plaisirs sexuels.

LUBRIFIANT, IANTE adj. et n. m.
ADJECTIF
Qui lubrifie. *Une substance lubrifiante.*
NOM MASCULIN
Matière propre à lubrifier. *Des lubrifiants efficaces.*

LUBRIFICATION n. f.
Action visant à atténuer le frottement, à réduire l'usure et l'échauffement ou à faciliter le glissement à l'aide de lubrifiants (GDT). *La lubrification de ce mécanisme s'effectue par huilage ou par graissage.*

LUBRIFIER v. tr.
Rendre glissant, huiler. *Lubrifier les rouages d'un mécanisme.*
CONJUGAISON : VOIR MODÈLE ÉTUDIER.
Redoublement du ***i*** à la première et à la deuxième personne du pluriel de l'indicatif imparfait et du subjonctif présent. *(Que) nous lubrifiions, (que) vous lubrifiiez.*
⌨ lubrifier.

LUBRIQUE adj.
Qui a un penchant pour la luxure, les plaisirs sexuels.

LUBRIQUEMENT adv.
Avec lubricité.

LUCARNE n. f.
Petite fenêtre dans un toit. *Une charmante auberge avec des lucarnes.*

LUCIDE adj.
1. Qui fait preuve de perspicacité, de pénétration d'esprit. *Un essayiste lucide.* SYN. clairvoyant ; perspicace.
2. Qui témoigne d'une grande perspicacité. *Une réflexion lucide.* SYN. pénétrant.
3. Qui a conservé toute sa raison, en parlant d'une personne gravement malade ou très âgée. *Le blessé est-il lucide ?* SYN. conscient.

LUCIDEMENT adv.
Avec lucidité, avec clarté. *Il accepte lucidement son sort.*

LUCIDITÉ n. f.
1. Qualité d'une personne qui analyse et comprend bien les choses. *Elle voit la situation avec lucidité.*
2. Raison. *Après cet accident, il n'avait pas toute sa lucidité.* SYN. conscience ; esprit.

LUCIOLE n. f.
Insecte lumineux qui ressemble au ver luisant.
⌨ luciole.

LUCRATIF, IVE adj.
Qui procure des bénéfices. *Un travail lucratif.* SYN. rentable.
LOCUTION
– ***Organisme sans but lucratif.*** Organisme constitué à des fins sociales, éducatives ou philanthropiques et dont l'objet n'est pas de procurer un avantage économique à ses membres ni de leur distribuer les profits engendrés par certaines de ses activités (GDT). *Les syndicats, les associations sportives, les fondations sont des organismes sans but lucratif.* SYN. organisme à but non lucratif.

L

LUCRATIVEMENT adv.
D'une manière lucrative.

LUCRE n. m.
(LITT.) Profit plus ou moins licite.

LUDICIEL n. m.
(INFORM.) Logiciel de jeu. *Les échecs, la simulation de vol sont des ludiciels appréciés.*

LUDIQUE adj.
Relatif au jeu. *Des activités ludiques.*

LUDOÉDUCATIF, IVE adj.
Qui a pour but d'éduquer par l'intermédiaire du jeu. *Des méthodes ludoéducatives. Un logiciel ludoéducatif.*

LUDOTHÈQUE n. f.
Local où des jouets sont à la disposition des enfants.

LUETTE n. f.
Appendice charnu au fond de la bouche.

LUEUR n. f.
1. Lumière faible ou de courte durée. *Ils mangèrent à la lueur d'une bougie.*
2. Éclair. *Elle remarqua dans ses yeux une lueur amusée.*
3. (FIG.) Très petite quantité de quelque chose. *Une lueur d'espoir.* SYN. étincelle ; possibilité.

LUFFA ou **LOOFA** n. m.
La lettre ***u*** ou les lettres ***oo*** se prononcent ***ou***, [lufa].
Plante grimpante dont la pulpe constitue l'éponge végétale.

LUGE n. f.
Traîneau à patins. *Faire de la luge sur la montagne.*

LUGUBRE adj.
Qui inspire la crainte, la tristesse. *Cette prison est lugubre. Un air lugubre.* SYN. sinistre ; triste.

LUGUBREMENT adv.
D'une façon lugubre. *Les chiens hurlèrent lugubrement.* SYN. sinistrement.

LUI pron. pers. m. et f.
Pronom personnel masculin et féminin de la troisième personne du singulier.
EMPLOIS
– Comme **complément indirect** en parlant des personnes, au sens de ***à lui, à elle.*** Il est masculin ou féminin lorsqu'il précède le verbe ou suit l'impératif. *Tu lui racontes l'histoire. Parlez-lui de moi.* Il est seulement masculin lorsqu'il suit un verbe qui n'est pas à l'impératif. *Je pense à lui.*
– Comme **complément direct** à la place de ***le.*** *Qui avez-vous retenu ? – Lui.*
1° Avec un **sujet déterminé** désignant une personne, on emploie ***lui.*** *Cet ami ne parle jamais de lui.*
2° Avec un **sujet indéterminé** désignant une personne, un pronom indéfini, un impersonnel, on emploie ***soi.*** *Chacun pour soi, cela va de soi.*
3° Avec un **sujet** désignant une **chose de genre masculin,** on emploie ***lui.*** *Le temps emporte avec lui l'insouciance.*
Si le pronom désigne une personne de sexe féminin et que le complément suit le verbe, on emploie ***elle.*** *Je pense à elle.*
Le pronom s'écrit avec un trait d'union dans ***lui-même*** et lorsqu'il est employé avec un verbe à l'impératif. *Donne-lui à boire.*
En parlant des animaux, des choses, on utilise surtout ***en*** et ***y.*** *Cette maison était trop sombre, nous y avons ajouté des fenêtres.*
VOIR TABLEAU – PRONOM.

LUIRE v. intr.
Briller. *Le soleil luit. Le plancher bien ciré luisait joliment.* SYN. briller.
CONJUGAISON : VOIR MODÈLE CONDUIRE.
INDICATIF PRÉSENT *Je luis, tu luis, il luit, nous luisons, vous luisez, ils luisent.* IMPARFAIT *Je luisais.* FUTUR *Je luirai.* CONDITIONNEL PRÉSENT *Je luirais.* IMPÉRATIF PRÉSENT *Luis, luisons, luisez.* SUBJONCTIF PRÉSENT *Que je luise.* PARTICIPE PRÉSENT *Luisant.* PASSÉ *Lui.*
Le passé simple et l'imparfait du subjonctif sont pratiquement inusités. Le participe passé ne comporte ni forme féminine ni pluriel.

LUISANCE n. f.
(LITT.) Caractère de ce qui est luisant.

LUISANT, ANTE adj.
Qui réfléchit la lumière. *Des yeux luisants.* SYN. brillant.
LOCUTION
– ***Ver luisant.*** Lampyre femelle. *Des vers luisants.*

LUMBAGO ou **LOMBAGO** n. m.
Les lettres ***um*** ou ***om*** se prononcent ***on,*** [lɔ̃bago] ; la première syllabe rime avec ***long.***
Douleur dorsale de la région lombaire. SYN. (FAM.) tour de reins.

LUMIÈRE n. f.
1. Clarté du soleil. *Cette maison est très claire grâce à ses grandes fenêtres qui laissent pénétrer la lumière. « J'habitai la lumière de chaque chose et l'ombre qui témoigne de son passage »* (Hélène Dorion, *D'argile et de souffle*).
2. Clarté produite par une source lumineuse. *Cet appareil d'éclairage procure assez de lumière pour la lecture.* SYN. éclairage.
L'usage l'a emporté sur la logique dans les expressions ***allumer, éteindre la lumière.*** *Éteins la lumière ou allume-la, mais décide-toi !*
3. (FAM.) (FIG.) Personne brillante. *Ce garçon, ce n'est pas une lumière, il ne comprend jamais rien.*
Cette image s'emploie surtout dans une phrase négative. Dans les bandes dessinées, la petite lumière symbolise une idée.
LOCUTIONS
– ***À la lumière de.*** Selon les enseignements de. *À la lumière de notre expérience, il est plus sage de procéder par étapes.*
– ***Avoir des lumières sur quelque chose.*** Avoir des connaissances sur un sujet, être informé.
– ***Faire la lumière sur quelque chose.*** (FIG.) Révéler ce qui était caché, ignoré. SYN. élucider.
– ***Mettre en lumière.*** (FIG.) Révéler clairement, mettre en évidence.
FORMES FAUTIVES
*lumière. Anglicisme au sens de ***feu (de circulation).*** *Tournez à droite au prochain feu* (et non à la prochaine *lumière).
*lumière. Anglicisme au sens de ***phare.*** *N'oublie pas d'éteindre tes phares* (et non *lumières).

LUMINAIRE n. m.
Appareil d'éclairage. *Un grand choix de luminaires.*
Le mot ***luminaire*** est un terme générique qui convient pour nommer tous les types d'appareils d'éclairage : lampe, lampadaire, plafonnier, etc.
Ne pas confondre avec les noms suivants :
• ***applique,*** appareil d'éclairage fixé au mur ;
• ***lampadaire,*** appareil d'éclairage muni d'un long support vertical ;
• ***lampe,*** appareil d'éclairage muni d'un pied, d'une base ;
• ***plafonnier,*** appareil d'éclairage fixé au plafond ;
• ***suspension,*** appareil d'éclairage suspendu au plafond.
luminaire.

LUMINESCENCE n. f.
La troisième syllabe se prononce ***né,*** [lyminesɑ̃s].
Propriété qu'ont certains corps d'émettre des rayons lumineux.
luminescence.

LUMINESCENT, ENTE adj.
La troisième syllabe se prononce ***né,*** [lyminesɑ̃, ɑ̃t].
Qui émet des rayons lumineux.
luminescent.

LUMINEUSEMENT adv.
De façon lumineuse, claire. *Démontrer lumineusement la nécessité d'une réorganisation.*

LUMINEUX, EUSE adj.
1. Qui projette de la lumière. *Un chiffre lumineux.* SYN. brillant ; étincelant.
2. Clair. *Une maison très lumineuse.*
3. (FIG.) (FAM.) Brillant, génial. *Une idée lumineuse.*

LUMINOSITÉ n. f.
Qualité de ce qui est lumineux. *La luminosité d'un ciel d'hiver.* SYN. clarté.

LUNAIRE adj.
Qui appartient à la Lune. *Le cycle lunaire, un décor lunaire.*

LUNAISON n. f.
Mois lunaire.

LUNATIQUE adj. et n. m. et f.
1. Qui est d'humeur changeante, capricieuse. *Il est d'humeur lunatique.* SYN. fantaisiste ; fantasque ; instable ; versatile.
2. ⚜ Qui est distrait, toujours dans la lune. *Joseph est un lunatique : il oublie constamment ses clefs.*
Au Québec, c'est principalement le deuxième sens qui est usité. Le mot est emprunté au latin *lunaticus* signifiant « qui vit dans la lune ».

LUNCH n. m.
Le mot se prononce à l'anglaise, [lœntʃ].
1. Repas léger servi en buffet lors d'une réception. *Des lunchs* ou *lunches appétissants.*
Cet emprunt ancien à l'anglais est passé dans l'usage français au sens de « repas léger ».
2. ⚜ Repas apporté à l'école, au travail. *Avez-vous apporté votre lunch ? Une boîte à lunch.* SYN. casse-croûte.

LUNDI n. m.
La première syllabe se prononce ***lun*** (et non *lin), [lœ̃di].
Premier jour de la semaine. *Je vous verrai lundi.*
[T] Les noms de jours s'écrivent avec une minuscule et prennent la marque du pluriel. *Je viendrai tous les lundis,* mais *je viendrai tous les lundi et vendredi de chaque semaine.* Attention à la construction de la dernière phrase où les noms de jours restent au singulier parce qu'il n'y a qu'un seul lundi et qu'un seul vendredi par semaine.
L'Organisation internationale de standardisation (ISO) recommande de considérer le lundi comme le premier jour de la semaine.
VOIR – JOUR.

LUNE n. f.
Corps céleste qui tourne autour de la Terre et l'éclaire la nuit. *La Lune est pleine ce soir.*
[T] Les mots ***lune, soleil, terre*** s'écrivent avec une majuscule lorsqu'ils désignent la planète, l'astre, le satellite lui-même, notamment dans la langue de l'astronomie et dans les textes techniques ; ils s'écrivent avec une minuscule dans les autres utilisations. *La Lune tourne autour de la Terre. Un beau coucher de soleil, le clair de lune.*
LOCUTIONS
– ***Demander la lune.*** (FIG.) Demander quelque chose d'impossible.
– ***Être dans la lune.*** (FIG.) Être distrait. *Il n'écoutait pas, il était dans la lune.*
– ***Lune de miel.*** Les premiers temps du mariage.
– ***Promettre la lune.*** (FIG.) Faire des promesses exagérées, démesurées.
FORME FAUTIVE
*lune. Impropriété au sens de ***lustre***. *Il y a des lustres que nous n'en avons entendu parler.*
Au Québec, on emploie couramment en ce sens l'expression ***il y a des lunes.***
VOIR – ASTRE.

LUNÉ, ÉE adj.
En forme de croissant de lune.
LOCUTION
– ***Être bien, mal luné.*** Être bien, mal disposé. *Elle est bien lunée aujourd'hui : elle est d'excellente humeur.*

LUNETTE n. f.
1. Instrument d'optique. *Une lunette astronomique, une lunette d'approche.*
2. (AU PLUR.) Paire de verres destinés à corriger la vue. *Elle ne porte pas de lunettes, mais des verres de contact. Une paire de lunettes.*
3. (AUTO.) Vitre arrière du véhicule automobile. *La lunette (arrière) de ma voiture dispose d'un essuie-glace.*

LUNETTERIE n. f.
Entreprise de conception, de fabrication et de commercialisation de lunettes. *On distingue la lunetterie médicale, qui vise à corriger les problèmes de vision, et la lunetterie industrielle, qui a pour objet la fabrication de lunettes de protection pour les activités professionnelles ou sportives.*

LUNULE n. f.
Partie située à la base de l'ongle, en demi-lune.

LUPANAR n. m.
(LITT.) Maison de prostitution.

LUPIN n. m.
Plante herbacée. *Des lupins violets bordent le jardin.*

LURETTE n. f. sing.
– ***Il y a belle lurette,*** loc. adv. (FAM.) Il y a longtemps. *Il y a belle lurette que je l'ai vu : cela doit bien faire cinq ans. Elle est partie il y a belle lurette.*
Le mot ne s'emploie que dans cette locution.

LURON, ONNE n. m. et f.
Personne joyeuse.
En principe, l'expression ***gai luron*** est un pléonasme, mais elle est maintenant admise par l'usage.

LUSTRAL, ALE, AUX adj.
(LITT.) Qui sert à purifier. *L'eau lustrale.*

LUSTRE n. m.
1. Éclat. *Le lustre d'une soirée de gala.*
2. Appareil d'éclairage à plusieurs branches portant des lampes ou des bougies et qu'on suspend au plafond d'une salle à manger, d'une entrée, etc. *Un lustre de cristal éclaire la salle à manger.*
3. (LITT.) Période de cinq ans et, par extension, longue période de temps.
LOCUTION
– ***Il y a des lustres que.*** Il y a très longtemps. *Il y a des lustres* (et non des *lunes) *que nous attendons ce moment.*

LUSTRER v. tr.
Faire briller. *Lustrer ses chaussures.*
CONJUGAISON : VOIR MODÈLE AIMER.

LUTH n. m.
Le ***t*** se prononce, [lyt] ; le nom rime avec ***lutte***.
Ancien instrument de musique à cordes.
luth.

LUTHIER n. m.
LUTHIÈRE n. f.
Personne qui fabrique des instruments de musique à cordes. *C'est le luthier qui fabrique les violons et les guitares.*

LUTIN n. m.
Petit être espiègle. *À Albertville, aux Jeux olympiques, de petits lutins ramassaient les fleurs lancées sur la patinoire.* SYN. farfadet.

LUTRIN n. m.
Pupitre destiné à recevoir un document, un livre ouvert, pour en faciliter la lecture.

L

LUTTE n. f.
1. Sport de combat. *La lutte est une discipline olympique.*
2. Combat, efforts soutenus contre quelque chose d'abstrait. *Engager la lutte contre les* (et non *aux) *pluies acides, pour le respect de l'accord de Kyoto.* SYN. bataille.
Le nom se construit avec les prépositions ***contre*** ou ***pour,*** selon le sens.
LOCUTION
– ***De haute lutte,*** loc. adv. Par de grands efforts. *Nous avons gagné ce prix de haute lutte.*
FORME FAUTIVE
*lutte, combat à finir. Calque de «*fight to the finish*» pour ***lutte, combat à mort, sans merci.***

LUTTER v. intr.
1. Combattre à la lutte. *Ils luttent pour le titre olympique.*
2. Rivaliser. *Elles luttent pour obtenir une promotion.*
3. S'efforcer de vaincre quelque chose. *Cette association lutte contre le racisme, pour la liberté d'expression.* SYN. batailler; combattre.
En ce sens, le verbe se construit avec les prépositions ***contre, pour,*** selon le sens.
CONJUGAISON : VOIR MODÈLE AIMER.

LUTTEUR n. m.
LUTTEUSE n. f.
Athlète qui pratique la lutte.

LUXATION n. f.
Déplacement anormal d'un os de son articulation. *Une luxation du coude.*
Ne pas confondre avec les noms suivants :
• ***foulure,*** entorse;
• ***luxure,*** recherche des plaisirs sexuels.

LUXE n. m.
Abondance de biens de grande valeur. *Cette famille vit dans le luxe.*
LOCUTIONS
– ***De luxe,*** loc. adj. De grand prix. *Des produits de luxe.*
– ***S'offrir le luxe de.*** Se permettre une chose inhabituelle. *Elle s'est offert le luxe de lire toute la nuit.*
– ***Un luxe de.*** Une profusion de, une trop grande quantité de. *Un luxe de pâtisseries, de fruits exotiques, de confiseries garnissaient la table.*

LUXEMBOURGEOIS, OISE adj. et n. m. et f.
Du Luxembourg. *Le drapeau luxembourgeois. Un Luxembourgeois, une Luxembourgeoise.*
T L'adjectif s'écrit avec une minuscule; le nom, avec une majuscule.

LUXER v. tr., pronom.
VERBE TRANSITIF
Provoquer la luxation de. *Une épaule luxée.*
VERBE PRONOMINAL
Se démettre une articulation. *Elle s'est luxé la cheville.*
À la forme pronominale, le participe passé de ce verbe s'accorde en genre et en nombre avec le complément direct si celui-ci le précède. *L'épaule qu'il s'est luxée. Ses genoux se sont luxés bien souvent.* Le participe passé reste invariable si le complément direct suit le verbe. *Elle s'est luxé la cheville.*
CONJUGAISON : VOIR MODÈLE AIMER.

LUXUEUSEMENT adv.
De façon luxueuse. *Ils sont logés luxueusement.*

LUXUEUX, EUSE adj.
Somptueux, de grand prix. *Une maison luxueuse.*

LUXURE n. f.
(LITT.) Recherche sans retenue des plaisirs sexuels.
Ne pas confondre avec le nom ***luxation,*** déplacement anormal d'un os de son articulation.

LUXURIANCE n. f.
(LITT.) État de ce qui est luxuriant. *La luxuriance de la jungle.*

LUXURIANT, IANTE adj.
Abondant, en parlant de la végétation. *Une forêt luxuriante.*
Ne pas confondre avec le mot ***luxurieux,*** débauché.

LUXURIEUX, IEUSE adj.
Débauché.
Ne pas confondre avec le mot ***luxuriant,*** abondant.

LUZERNE n. f.
Plante fourragère. *Des champs de luzerne et de trèfle.*

LYCANTHROPE n. m.
Loup-garou. *La nuit des lycanthropes.*
lycanthrope.

LYCÉE n. m.
Établissement d'enseignement.
T Les désignations où le nom ***lycée*** est suivi d'un nom commun ou d'un adjectif s'écrivent avec une majuscule initiale. *Le Lycée français.* Lorsque le nom ***lycée*** est suivi d'un nom propre, il s'écrit avec une minuscule. *Il enseigne au lycée Louis-le-Grand.*
lycée.

LYCÉEN, ENNE adj. et n. m. et f.
ADJECTIF
Relatif au lycée, aux lycéens.
NOM MASCULIN ET FÉMININ
Élève d'un lycée. *Les lycéens sont en vacances.*
lycéen.

***LYCRA**
Marque déposée pour ***élasthanne.***

LYMPHATIQUE adj.
1. Relatif à la lymphe. *Vaisseaux lymphatiques.*
2. Amorphe. *Une personne lymphatique.* SYN. apathique.
lymphatique.

LYMPHE n. f.
Liquide riche en lymphocytes circulant dans l'organisme par les vaisseaux lymphatiques.
Ne pas confondre avec le nom ***nymphe,*** divinité féminine, jeune fille gracieuse.
lymphe.

LYMPHOCYTE n. m.
Globule blanc de petite taille qui joue un rôle important dans le système immunitaire.
lymphocyte.

LYNCHAGE n. m.
La première syllabe se prononce comme le nom ***lin,*** [lɛ̃ʃaʒ].
Action de lyncher.
lynchage.

LYNCHER v. tr.
La première syllabe se prononce comme le nom ***lin,*** [lɛ̃ʃe].
Exécuter sommairement, sans jugement régulier.
CONJUGAISON : VOIR MODÈLE AIMER.
lyncher.

LYNX n. m.
Le ***x*** se prononce, [lɛ̃ks].
Mammifère carnassier recherché pour sa fourrure.
LOCUTION
– ***Avoir des yeux de lynx.*** (FIG.) Discerner le moindre petit détail. *Marie a des yeux de lynx : aucune faute d'orthographe ne lui échappe.*
lynx.

LYOPHILISER v. tr.
Dessécher en vue d'assurer la conservation.
CONJUGAISON : VOIR MODÈLE AIMER.
lyophiliser.

LYRE n. f.
Instrument de musique à cordes pincées.
HOM.
• ***lire,*** prendre connaissance d'un texte par la lecture ;
• ***lire,*** unité monétaire de l'Italie.
✏ lyre.

LYRIQUE adj.
1. Se dit de la poésie qui traduit des sentiments intimes avec émotion et exaltation.
2. Destiné à être mis en musique. *Une comédie lyrique.*
✏ lyrique.

LYRIQUEMENT adv.
Avec lyrisme. *Il lui a déclamé lyriquement un poème.*
✏ lyriquement.

LYRISME n. m.
Expression poétique de ses sentiments.
✏ lyrisme.

LYS
VOIR – LIS.

M

M n. m. inv.
Treizième lettre de l'alphabet.

M
– *m,* symbole de ***milli-.***
– *m,* symbole de ***mètre.***
– m^2, symbole de ***mètre carré.***
– m^3, symbole de ***mètre cube.***
– *M,* symbole de ***million.***
– *M,* symbole de ***méga-.***
– *M,* chiffre romain dont la valeur est de 1000.
VOIR TABLEAU – CHIFFRES ROMAINS.
– *M.*, abréviation de ***monsieur.***

M$
Symbole de ***mégadollar.***

mA
Symbole de ***milliampère.***

MA adj. poss. f. sing.
1. Déterminant possessif féminin de la première personne du singulier qui détermine le nom en indiquant le « possesseur » de l'objet désigné. Il s'accorde en genre et en nombre avec le nom déterminé. *Ma chambre.*
2. Le déterminant possessif s'accorde en personne avec le nom désignant le « possesseur ». Ainsi, le déterminant possessif ***ma*** renvoie à un seul « possesseur » d'un être, d'un objet de genre féminin. *Voici ma bicyclette* (un seul possesseur) *et regarde notre nouvelle voiture* (plusieurs possesseurs).
Devant un nom féminin commençant par une voyelle ou un ***h*** muet, c'est la forme masculine ***mon*** qui est employée pour rendre la liaison plus harmonieuse entre le déterminant possessif et le mot qui suit. *Mon amie, mon histoire.*
VOIR TABLEAU – POSSESSIF ET PRONOM POSSESSIF (DÉTERMINANT).

MA
Abréviation de ***modulation d'amplitude.***
Toutefois, l'abréviation internationale est AM. *La radio AM.*

MABOUL, E adj. et n. m. et f.
(FAM.) Fou. *Une chatte folichonne nommée Princesse Maboule.*
maboul.

MACABRE adj.
Lugubre. *Ce film rempli de cadavres et de squelettes est trop macabre. Un humour macabre.* SYN. sinistre.

MACADAM n. m.
Le ***m*** final se prononce, [makadam] ; le nom rime avec ***dame.***
1. Revêtement de la chaussée.
2. (PAR EXT.) Chaussée. « *Comme une fleur de macadam* » (Jean-Pierre Ferland, *Les Fleurs de macadam*).
macadam.

MACAQUE n. m.
Singe d'Asie dont le museau est saillant.
Ce nom n'a pas de forme féminine. *Un macaque femelle.*
macaque.

MACAREUX n. m.
Oiseau palmipède, voisin du pingouin.
macareux.

MACARON n. m.
1. Petit gâteau sec. *Des macarons et un peu de thé ?*
2. Insigne généralement de forme ronde. *Des macarons amusants.*
macaron.

MACARONI n. m. (pl. *macaronis*)
Pâte alimentaire en forme de tube. *Des macaronis savoureux, du macaroni au gratin.*
Certains auteurs conservent le pluriel italien du mot en ***i***; il paraît plus logique d'intégrer le mot au français et de mettre un ***s*** au pluriel.

MACCHABÉE n. m.
La deuxième syllabe se prononce ***ka,*** [makabe].
(FAM.) Cadavre.
macchabée.

MACÉDOINE n. f.
Salade de légumes ou de fruits. *Une macédoine d'agrumes.*
macédoine.

MACÉRATION n. f.
Action de laisser séjourner une substance dans un liquide pour en extraire les éléments solubles. *La macération de prunes dans l'alcool.*
macération.

MACÉRER v. tr., intr.
VERBE TRANSITIF
Faire tremper. *Des fruits macérés dans l'eau-de-vie.*
VERBE INTRANSITIF
Baigner dans un liquide. *Cette viande doit macérer quelques heures avant d'être cuite.*
CONJUGAISON : VOIR MODÈLE POSSÉDER.
Le ***é*** se change en ***è*** devant une syllabe contenant un ***e*** muet, sauf à l'indicatif futur et au conditionnel présent. *Il macère,* mais *il macérera.*
[Les *Rectifications* (1990) admettent : il macèrera, macèrerait...]

M

MACH n. m.
Les lettres ***ch*** se prononcent ***k***, [mak]; le nom rime avec ***hamac***.
Rapport entre la vitesse d'un mobile et celle du son. *Voler à Mach 3* (trois fois la vitesse du son).
Ce rapport varie selon la température. Le mot s'écrit avec une majuscule, car il s'agit du nom d'un physicien autrichien.

MÂCHE n. f.
Plante herbacée qui se mange en salade. *Une salade de cresson et de mâche.*
mâche.

MÂCHEFER n. m.
Scories résultant de la combustion du charbon.
mâchefer.

MÂCHER v. tr.
1. Broyer avec les dents des aliments avant de les avaler. *Mâche bien ta viande, sinon tu auras du mal à digérer.* SYN. mastiquer.
2. Garder longtemps dans la bouche, sans avaler. *Elle mâche toujours de la gomme.*
LOCUTION
– ***Ne pas mâcher ses mots.*** (FIG.) Parler très franchement sans cacher sa pensée.
CONJUGAISON : VOIR MODÈLE AIMER.
mâcher.

MACHETTE n. f.
Grand couteau à lame épaisse.
machette.

MÂCHEUR, EUSE n. m. et f.
Celui, celle qui mâche. *Cet enseignant ne tolère pas les mâcheurs de gomme dans sa classe.*

MACHIAVÉLIQUE adj.
Les lettres ***ch*** se prononcent ***k***, [makjavelik].
Qui repose sur la perfidie et l'astuce. *Un plan machiavélique.* SYN. diabolique; perfide; tortueux.
machiavélique.

MÂCHICOULIS n. m.
Le *s* ne se prononce pas, [maʃikuli].
Corniche percée d'ouvertures au sommet des murs des châteaux forts.
mâchicoulis.

MACHIN n. m.
(FAM.) Chose. *Je voudrais un machin comme ça.* SYN. truc.
On emploie ce mot lorsqu'on ignore le nom exact de quelque chose, mais il est toujours préférable d'utiliser le terme juste.

MACHINAL, ALE, AUX adj.
Que l'on fait sans y penser, involontaire. *Des gestes machinaux.* SYN. réflexe; spontané.

MACHINALEMENT adv.
De façon machinale, sans réfléchir. *Dire bonjour machinalement.*

MACHINATION n. f.
Complot, intrigue. *Cette accusation résulterait d'une machination; l'accusé est innocent.*
Ne pas confondre avec le nom ***machinerie***, ensemble de machines concourant à un même but.

MACHINE n. f.
Ensemble de mécanismes utilisant une énergie donnée afin de fournir un travail. *Une machine électrique. Une machine à laver. Des machines distributrices.*
Ne pas confondre avec les noms suivants :
• ***appareil***, ensemble de pièces disposées pour fonctionner ensemble en vue d'exécuter une opération matérielle;
• ***outil***, instrument utilisé directement par la main pour faire un travail;
• ***ustensile***, instrument servant aux usages domestiques.
LOCUTIONS
– ***Faire machine, marche arrière.*** Reculer. *Ils font machine arrière.*
Dans cette expression, le nom est invariable.
– ***Machine à écrire.*** Appareil dont on se sert pour transcrire un texte. *Les ordinateurs ont désormais remplacé les machines à écrire.*
Ne pas confondre le ou la ***dactylo***, qui désigne une personne, avec l'appareil dont on se sert pour transcrire un texte et qui est une ***machine à écrire***.
– ***Machine à sous.*** Appareil comprenant un jeu de hasard qui permet de miser des pièces de monnaie et d'en gagner occasionnellement.
FORME FAUTIVE
*machine. Impropriété au sens de ***voiture, automobile***.

MACHINE-OUTIL n. f. (pl. *machines-outils*)
Machine dotée d'un outillage mû mécaniquement.

MACHINER v. tr.
Comploter, manigancer. *Ils ont machiné un vol de voiture.* SYN. tramer.
CONJUGAISON : VOIR MODÈLE AIMER.

MACHINERIE n. f.
Ensemble de machines concourant à un même but.
Ne pas confondre avec le nom ***machination***, complot.

MACHINISTE n. m. et f.
Personne chargée des décors, au théâtre, au cinéma.
Ce nom est vieilli au sens de ***conducteur, mécanicien***.

MACHISME n. m.
Les lettres ***ch*** se prononcent ***tch*** ou ***ch***, [matʃism, maʃism].
Idéologie fondée sur l'idée de la suprématie du mâle; comportement conforme à cette idéologie. SYN. phallocratie.

MACHISTE adj. et n. m. et f.
Les lettres ***ch*** se prononcent ***tch*** ou ***ch***, [matʃist, maʃist].
Qui fait preuve de machisme. *Des gestionnaires machistes.* SYN. (FAM.) macho.

MACHO adj. inv. et n. m.
Les lettres ***ch*** se prononcent ***tch***, [matʃo].
ADJECTIF INVARIABLE
(FAM.) Méprisant à l'égard des femmes. *Des préjugés macho.* SYN. machiste; phallocrate.
NOM MASCULIN
(FAM.) Personne qui croit à la supériorité des hommes sur les femmes. *Des machos, il en reste beaucoup.* SYN. machiste.

MÂCHOIRE n. f.
Os de la face portant les dents. *La mâchoire supérieure est fixe, la mâchoire inférieure est mobile.*
mâchoire.

MÂCHONNEMENT n. m.
Action de mâchonner.

MÂCHONNER v. tr.
Mâcher légèrement. *Éliane a l'habitude de mâchonner son crayon quand elle écoute les explications.* SYN. mâchouiller; mordiller.
CONJUGAISON : VOIR MODÈLE AIMER.
mâchonner.

MÂCHOUILLER v. tr.
(FAM.) Mâcher sans avaler. *Mâchouiller le bout d'un crayon.* SYN. mâchonner; mordiller.
CONJUGAISON : VOIR MODÈLE AIMER.
mâchouiller.

MAÇON n. m.
MAÇONNE n. f.
Personne qui exécute des travaux de maçonnerie.
maçon.

MÂCON n. m.
Vin de la région de Mâcon.
[T] Le nom du vin s'écrit avec une minuscule, le nom de la région, avec une majuscule.
mâcon.

MAÇONNERIE n. f.
Ouvrage composé de pierres, de briques unies par du mortier, du ciment, etc.
maçonnerie.

MACR(O)- préf.
Élément du grec signifiant « grand ».
Les mots composés avec ce préfixe s'écrivent sans trait d'union, sauf devant la voyelle ***i***. *Macrocosme, macroéconomie, macro-instruction.*

MACRAMÉ n. m.
Ouvrage de fils noués. *Sophie fait des macramés.*

MACRO n. f.
Abréviation familière de ***macro-instruction***. *Des macros très utiles.*

MACROCOSME n. m.
Univers, par opposition à l'homme considéré comme un microcosme. ANT. microcosme.

MACROÉCONOMIE n. f.
(ÉCON.) Partie de l'économie qui étudie les structures générales, les grandeurs et les variables globales.
Ne pas confondre avec la ***microéconomie***, partie de l'économie qui étudie le comportement des unités individuelles (entreprise, consommateur, etc.).

MACROÉCONOMIQUE adj.
Relatif à la macroéconomie. *Des études macroéconomiques.*

MACRO-INSTRUCTION n. f. (pl. *macro-instructions*)
Abréviation familière ***macro***.
(INFORM.) Instruction provoquant l'exécution de plusieurs opérations.

MACROSCOPIQUE adj.
Qui se voit à l'œil nu. ANT. microscopique.

MACROSTRUCTURE n. f.
(DIDACT.) Structure générale comportant d'autres structures. *La macrostructure d'un dictionnaire est constituée par la nomenclature des mots traités, alors que la microstructure définit l'organisation de chaque article.* ANT. microstructure.

MACULER v. tr.
(LITT.) Salir, barbouiller. *Des feuillets maculés d'encre.*
CONJUGAISON : VOIR MODÈLE AIMER.
maculer.

MADAME n. f. (pl. *mesdames*)
Abréviations ***Mme***, ***Mmes*** (s'écrivent sans point).
Titre de civilité donné aux femmes. *Madame Dubois sera là ce soir.*
[T] 1° Le titre de civilité s'écrit avec une majuscule et ne s'abrège pas dans les formules d'appel et de salutation, dans les suscriptions. *Madame Hélène Duchêne.*

2° Le titre s'abrège généralement lorsqu'il est suivi du patronyme ou d'un autre titre et qu'on ne s'adresse pas directement à la personne. *Mme Laforest sera là. Mme la directrice est absente.*

3° Le titre ne s'abrège généralement pas lorsqu'on s'adresse à la personne ; il s'écrit avec une minuscule. *Vous êtes bien madame Aline Dubois ?*

4° Le titre s'écrit avec une minuscule et ne s'abrège pas lorsqu'il est employé seul, sans être accompagné d'un nom propre, d'un titre ou d'une fonction et dans certaines constructions de déférence. *Oui, madame, monsieur est sorti. Je ne crois pas avoir déjà rencontré madame.*

5° L'emploi du nom ***madame*** précédé d'un déterminant défini est ironique ou appartient au langage enfantin ; dans ce contexte, c'est le nom ***dame*** qu'il faut préférer. *La dame* (et non *la madame) *était contente.* Par contre, dans la même construction, le titre de civilité masculin peut s'utiliser ; il s'écrit alors avec une minuscule initiale. *Le monsieur était ravi.* Le titre s'écrit en toutes lettres avec une minuscule lorsqu'il est suivi d'un nom propre. *La jolie madame Dubois.*

***MADE IN**
Anglicisme au sens de ***fabriqué en, au*** (nom de pays).

MADELEINE n. f.
Petit gâteau de forme ovale. *La madeleine de Proust.*

MADELINOT ou **MADELINIEN, MADELINIENNE** adj. et n. m. et f.
Des Îles-de-la-Madeleine. *Un Madelinot* ou *un Madelinien, une Madelinienne. Les coutumes madeliniennes.*
[T] Le nom s'écrit avec une majuscule ; l'adjectif, avec une minuscule.
La forme féminine ***madelinote*** n'est pas recommandée.

MADEMOISELLE n. f. (pl. *mesdemoiselles*)
Abréviations ***Mlle***, ***Mlles*** (s'écrivent sans point).
Titre de civilité donné aux jeunes filles. *Au revoir, mademoiselle !*
L'usage de donner le titre de ***mademoiselle*** aux femmes célibataires tend à vieillir ; on emploie plutôt ***madame***, à moins que l'intéressée n'en fasse la demande.
VOIR – MADAME.

MADÈRE n. m.
Vin de Madère. *Boire du madère.*
[T] Le nom du vin s'écrit avec une minuscule ; le nom de l'île, avec une majuscule.

MADONE n. f.
1. La Vierge. *Prier la Madone.*
2. Représentation de la Vierge. *Des madones sculptées.*
[T] Le nom s'écrit avec une majuscule lorsqu'il désigne la Vierge.

MADRAS n. m.
Le *s* se prononce, [madras] ; le nom rime avec ***hélas***.
Étoffe de couleurs vives. *Une jupe de madras.*
madras.

MADRASA n. f. (pl. *madrasas*)
Le *s* se prononce ***sa*** (et non *za), le nom rime avec ***ça***, [madrasa].
École coranique.

MADRIER n. m.
Poutre. *Un camion a livré les madriers de la charpente.*

MADRIGAL n. m. (pl. *madrigaux*)
Petit poème galant.

MADRILÈNE adj. et n. m. et f.
De Madrid. *Un quartier madrilène. Un Madrilène, une Madrilène.*
[T] L'adjectif s'écrit avec une minuscule ; le nom, avec une majuscule.

MAELSTROM ou **MAELSTRÖM** ou **MALSTROM** n. m. (pl. *maelstroms* ou *maelströms* ou *malstroms*)
La première syllabe se prononce ***mal***, la seconde rime avec ***pomme***.
Mouvement violent qui tourbillonne. *Cet orchestre nous offre un déchirement électroacoustique dans un maelström de guitares.*

M

MAESTRIA n. f.
Les lettres ***ae*** se prononcent séparément, [maɛstrija].
Brio. *Un ballet exécuté avec maestria.* SYN. virtuosité.

MAESTRO n. m.
Les lettres ***ae*** se prononcent séparément, [maɛstro].
(PLAISANT.) Chef d'orchestre. *Des maestros respectés.*

MAFFLU, UE adj.
(LITT.) Joufflu. *Un vieux notaire mafflu et bien dodu.*
mafflu.

MAFIA ou **MAFFIA** n. f.
1. Association secrète de malfaiteurs. *La mafia est un réseau d'origine sicilienne.*
Le nom peut s'écrire avec un ou deux ***f.***
2. (FAM.) Groupe de personnes unies par des intérêts communs. *La mafia des M.B.A.*
En ce sens, le nom n'a pas de connotation péjorative.

MAFIEUX ou **MAFFIEUX, EUSE** adj.
Qui a trait à, qui appartient à la mafia. *Une organisation mafieuse.*

MAGANER v. tr.
(FAM.) Endommager, détériorer. *J'ai magané mes chaussures dans la boue.* SYN. abîmer; gâter.
Ce verbe de registre familier demeure usuel au Québec et dans la francophonie canadienne, mais il n'appartient plus à l'usage courant de la majorité des locuteurs du français. On évitera de l'employer dans un texte courant ou de style soutenu.
CONJUGAISON : VOIR MODÈLE AIMER.

MAGASIN n. m.
1. Établissement commercial où sont exposés des produits destinés à la vente. *Ouvrir, tenir, fermer un magasin. Un magasin à grande surface. Une chaîne de magasins.*
Par rapport à ***boutique, magasin*** désigne un établissement d'une certaine importance.
2. Lieu où l'on entrepose des produits, des matières premières, des pièces. *Le magasin de pièces d'une usine. Nous n'avons pas cet article en magasin.*
LOCUTION
– ***Grand magasin.*** Magasin comportant de nombreux rayons spécialisés. *Ce grand magasin* (et non *magasin à rayons) *est populaire.*
FORME FAUTIVE
*magasin à rayons. Impropriété pour ***grand magasin.***

MAGASINAGE n. m.
1. Action de faire des courses, du lèche-vitrines.
2. Action de mettre en magasin des marchandises. *Des frais de magasinage.*

MAGASINER v. intr.
Faire des courses, du lèche-vitrines. *Huguette aime bien magasiner dans les petites boutiques de son quartier.*
CONJUGAISON : VOIR MODÈLE AIMER.

MAGASINIER n. m.
MAGASINIÈRE n. f.
Personne responsable d'un magasin (de pièces, de fournitures, etc.) dans une grande entreprise.

MAGAZINE n. m.
1. Publication périodique généralement illustrée. *Maman est abonnée à un magazine de jardinage : elle en reçoit un par mois.*
2. Émission de radio, de télévision traitant régulièrement de certains sujets. *L'émission* Perfecto *est un magazine sur la mode.*
magazine.

MAGE n. m.
Personne versée dans la magie, l'astrologie, les croyances qui ne reposent pas sur la science ou la raison.
LOCUTION
– ***Les Rois mages.*** Personnages qui, en suivant une étoile, se rendirent à Bethléem pour adorer Jésus dans sa crèche.

MAGENTA adj. inv. et n. m.
Les lettres ***en*** se prononcent ***in,*** [maʒɛ̃ta].
ADJECTIF DE COULEUR INVARIABLE
D'un rouge violacé. *Des imprimés magenta.*
VOIR TABLEAU – COULEUR (ADJECTIFS DE).
NOM MASCULIN
Couleur rouge violacé. *Des magentas vibrants.*

MAGHRÉBIN, INE adj. et n. m. et f.
Du Maghreb, c'est-à-dire d'Afrique du Nord. *Le folklore maghrébin. Un Maghrébin, une Maghrébine.*
T L'adjectif s'écrit avec une minuscule; le nom, avec une majuscule.
maghrébin.

MAGICIEN n. m.
MAGICIENNE n. f.
Personne qui pratique la magie. *Michel le magicien.*

MAGIE n. f.
1. Art de produire des effets apparemment inexplicables. *Des tours de magie étonnants.*
2. (FIG.) Charme. *La magie des couleurs de l'automne.* SYN. féerie.

MAGIQUE adj.
Qui se rapporte à la magie. *Une baguette magique.*

MAGIQUEMENT adv.
De façon magique. *Le lapin est sorti magiquement du chapeau.*

MAGISTRAL, ALE, AUX adj.
1. (DIDACT.) Donné par un maître, un professeur. *Des cours magistraux. Un enseignement magistral.*
2. Remarquable, digne d'un maître. *Une interprétation magistrale.* SYN. excellent; magnifique.

MAGISTRALEMENT adv.
De façon magistrale. *Une sonate magistralement jouée.*

MAGISTRAT n. m.
MAGISTRATE n. f.
Fonctionnaire chargé de rendre la justice. SYN. juge.

MAGISTRATURE n. f.
Ensemble des magistrats.

MAGMA n. m.
Masse informe, mélange confus. *Des magmas de débris jonchaient le sol à la suite de l'explosion.*

MAGNANIME adj.
Généreux, clément. *Ils se sont montrés magnanimes envers leurs concurrents.* SYN. bienveillant.
L'adjectif se construit avec les prépositions ***pour, envers*** et la locution ***à l'égard de.***
magnanime.

MAGNANIMEMENT adv.
Avec magnanimité. *Ils ont été traités magnanimement.* SYN. généreusement.
magnanimement.

MAGNANIMITÉ n. f.
Générosité, clémence. *Elles témoigneront de la magnanimité à l'égard de leur tortionnaire repentant.*
magnanimité.

MAGNAT n. m.
Les lettres ***gn*** se prononcent séparément ou non et le ***t*** est muet, [magna, maɲa].
Personnalité influente. *Les magnats de la finance, du pétrole.* SYN. dirigeant.
magnat.

MAGNER (SE) ou **MANIER (SE)** v. pronom.
(FAM.) Se hâter.
Le participe passé de ce verbe, qui n'existe qu'à la forme pronominale, s'accorde toujours en genre et en nombre avec son sujet. *Elles se sont magnées pour ne pas être en retard.*
CONJUGAISON : VOIR MODÈLE AIMER.

MAGNÉSIUM n. m.
Le ***u*** se prononce comme un ***o***, [maɲezjɔm] ; le mot rime avec ***gomme***.
Symbole ***Mg*** (s'écrit sans point).
Métal blanc argenté. *Des magnésiums.*

***MAGNET**
Anglicisme pour ***aimant***.

MAGNÉTIQUE adj.
1. Qui possède les propriétés de l'aimant. *L'attraction magnétique. Les cassettes comprennent une bande magnétique sur laquelle on peut enregistrer les sons.*
2. (FIG.) Qui exerce un attrait mystérieux et fort. *Un regard magnétique.* SYN. envoûtant ; fascinant.
LOCUTIONS
– ***Champ magnétique.*** Nom donné à un champ de forces créé autour d'un aimant ou autour de tout conducteur parcouru par un courant (GDT).
– ***Imagerie par résonance magnétique (IRM).*** Méthode d'imagerie médicale basée sur le phénomène de la résonance magnétique qui permet d'obtenir des images tomographiques de la distribution d'éléments atomiques tels que l'hydrogène (GDT). SYN. tomographie à résonance magnétique ; tomographie par résonance magnétique.

MAGNÉTISATION n. f.
Action de magnétiser.

MAGNÉTISER v. tr.
1. Aimanter. *Magnétiser une plaquette de métal.*
2. (FIG.) Fasciner, charmer. *Ses discours magnétisaient la foule.*
CONJUGAISON : VOIR MODÈLE AIMER.

MAGNÉTISME n. m.
1. Ensemble des phénomènes relatifs aux aimants et aux champs magnétiques.
2. (FIG.) Fascination exercée par quelqu'un sur son entourage. SYN. séduction.

MAGNÉTO n. m.
Abréviation familière de ***magnétophone*** et de ***magnétoscope***. *Des magnétos.*

MAGNÉTO- préf.
Élément du grec signifiant « aimant ». *Magnétophone.*

MAGNÉTOPHONE n. m.
S'abrège familièrement en ***magnéto*** (s'écrit sans point).
Appareil d'enregistrement et de reproduction des sons utilisant des bandes magnétiques. *Le journaliste a enregistré l'entrevue sur son magnétophone.*

MAGNÉTOSCOPE n. m.
S'abrège familièrement en ***magnéto*** (s'écrit sans point).
Appareil d'enregistrement et de reproduction des images et du son utilisant des bandes magnétiques. SYN. vidéoscope.

MAGNÉTOSCOPER v. tr.
Enregistrer (une émission, un spectacle, etc.) avec un magnétoscope. *Magnétoscoper un film diffusé à minuit.*
CONJUGAISON : VOIR MODÈLE AIMER.

MAGNIFICAT n. m. inv. (pl. *Magnificat*)
Le ***t*** se prononce, [maɲifikat] ; le nom rime avec ***délicate***.
Cantique en l'honneur de la Vierge. *De beaux Magnificat.*
T Ce nom s'écrit avec une majuscule.

MAGNIFICENCE n. f.
Qualité de ce qui est magnifique, somptueux. *La magnificence de l'aménagement paysager des jardins de Bagatelle.*
SYN. splendeur.
Ne pas confondre avec le nom ***munificence***, générosité.
magnifi**cence**.

MAGNIFIER v. tr.
1. (LITT.) Célébrer, louer. *Magnifier les coutumes du pays d'origine.*
2. Idéaliser. *Des projets magnifiés par l'enthousiasme.*
CONJUGAISON : VOIR MODÈLE ÉTUDIER.
Redoublement du ***i*** à la première et à la deuxième personne du pluriel de l'indicatif imparfait et du subjonctif présent. *(Que) nous magnifiions, (que) vous magnifiiez.*

MAGNIFIQUE adj.
Admirable, grandiose. *Un magnifique paysage.*

MAGNIFIQUEMENT adv.
De façon magnifique. *Un jardin magnifiquement fleuri.* SYN. merveilleusement.

MAGNOLIA n. m.
Le nom se prononce [maɲɔlja].
Arbre à feuilles luisantes, à grandes fleurs très odorantes. *Des magnolias blancs.*
Attention au genre masculin de ce nom : ***un*** magnolia.

MAGNUM n. m.
Les lettres ***gn*** se prononcent séparément et le ***u*** se prononce ***o***, [magnɔm] ; comme dans ***gomme***.
Bouteille de champagne contenant de 1,50 à 1,60 litre.
VOIR – BOUTEILLE.

MAGOT n. m.
Somme d'argent économisée. *Cacher son magot sous son lit.*
mago**t**.

MAGOUILLE n. f.
(FAM.) Tractation douteuse. *Les magouilles de la politique.*
SYN. (FAM.) combine ; grenouillage.
magou**ill**e.

MAGOUILLER v. intr.
(FAM.) Se livrer à des magouilles. SYN. manigancer.
CONJUGAISON : VOIR MODÈLE AIMER.
magou**ill**er.

MAGOUILLEUR, EUSE adj. et n. m. et f.
(FAM.) Se dit d'une personne qui se livre à des magouilles. *C'est un magouilleur patenté.*
magou**ill**eur.

MAGRET n. m.
(CUIS.) Filet de canard. *Du magret de canard.*
magre**t**.

MAHARAJAH ou **MAHARADJA** n. m.
La dernière syllabe se prononce ***ja*** ou ***dja***, [maaraʒa, maaradʒa].
Titre princier en Inde. *Des maharajahs.*

MAHARANÉ ou **MAHARANI** n. f.
Femme du maharajah. *Des maharanés.*

MAHOMÉTAN, ANE adj. et n. m. et f.
(VX) Musulman.

MAI n. m.
Cinquième mois de l'année. *Le 29 mai. Des mais verdoyants.*
T Les noms de mois s'écrivent avec une minuscule et sont tous de genre masculin.
VOIR TABLEAU – DATE.

MAÏEUTICIEN n. m.
Homme qui exerce la profession de surveiller la grossesse, de donner les soins nécessaires lors de l'accouchement à la mère ainsi qu'au nouveau-né.

M

☞ Ce terme a été proposé par l'Académie française à titre de masculin du nom ***sage-femme.*** Le GDT indique que « dans plusieurs pays de la francophonie, c'est le terme ***homme sage-femme*** qui semble le plus employé. Toutefois, le terme ***sagehomme*** ou ***sage-homme*** est proposé comme envisageable. En anglais, on trouve parfois le terme ***male midwife.*** Au Québec, les sages-femmes doivent obligatoirement appartenir à l'Ordre des sages-femmes du Québec et ne peuvent se désigner autrement que comme ***sages-femmes*** dans l'exercice de leur profession. »

MAÏEUTIQUE n. f.
Dialectique de Socrate visant à « accoucher les esprits » de la vérité à l'aide de questions.
⇨ maïeutique.

MAIGRE adj.
1. Qui a très peu de graisse, trop mince. *Une personne maigre comme un manche à balai.* ANT. gras ; gros.
2. (FIG.) Médiocre, insuffisant. *De maigres résultats.* SYN. faible ; piètre.
☞ En ce sens, l'adjectif se place avant le nom.
3. (IMPRIM.) Peu épais (par opposition à ***gras***). *Des caractères typographiques maigres* (et non *légers). ANT. gras.

MAIGRELET, ETTE adj.
Un peu trop maigre. *Une fillette maigrelette.* SYN. (FAM.) maigrichon.
⇨ maigre**let**.

MAIGREMENT adv.
De façon peu abondante. *On le paie maigrement.* SYN. peu.

MAIGREUR n. f.
1. Absence de graisse. *La maigreur de cette adolescente est inquiétante.*
2. (FIG.) Caractère de ce qui est insuffisant, peu important. *La maigreur des données recueillies.*

MAIGRICHON, ONNE adj. et n. m. et f.
(FAM.) Un peu maigre. *Des enfants maigrichons.*

MAIGRIR v. tr., intr.
VERBE TRANSITIF
Rendre maigre. *Ce costume le maigrit.* SYN. amincir.
VERBE INTRANSITIF
Devenir maigre. *Un régime pour maigrir. Elle a maigri.*
CONJUGAISON : VOIR MODÈLE FINIR.

MAIL n. m.
Allée bordée d'arbres, souvent piétonnière. *Des mails ombragés.*
☞ Attention au genre masculin de ce nom : ***un*** mail.

***MAIL**
Anglicisme pour ***courrier électronique, courriel.***

***MAILING**
Anglicisme pour ***publipostage.***

MAILLAGE n. m.
1. Structure et dimension des mailles d'un filet.
2. (FIG.) Constitution en réseau, établissement d'une concertation entre des personnes, des entreprises, des organismes. *Le maillage des concepteurs du multimédia.* SYN. réseautage.

MAILLE n. f.
Chacune des boucles nouées d'un tissu, d'un tricot, d'un réseau, etc. *Une maille à l'endroit, une maille à l'envers.*
LOCUTION
– ***Avoir maille à partir avec quelqu'un.*** Avoir un différend avec quelqu'un.

MAILLER v. tr.
1. Relier à l'aide de mailles.
2. (FIG.) (NÉOL.) Intégrer dans un réseau. *Mailler des universités.*
CONJUGAISON : VOIR MODÈLE AIMER.
Les lettres ***ill*** sont suivies d'un ***i*** à la première et à la deuxième personne du pluriel de l'indicatif imparfait et du subjonctif présent. *(Que) nous maillions, (que) vous mailliez.*

MAILLET n. m.
Petit marteau à deux têtes. *Le maillet du juge.*

MAILLON n. m.
Anneau d'une chaîne. *Les maillons d'un bracelet.*

MAILLOT n. m.
Vêtement moulant qui couvre le haut du corps. *Porter un maillot de coton.* SYN. débardeur.
LOCUTIONS
– ***Maillot de bain.*** Vêtement de bain. *Elle a toute une collection de maillots de bain. Un maillot de bain d'homme.*
– ***Maillot de corps.*** Sous-vêtement masculin couvrant le torse.

MAIN n. f.
Partie du corps humain, composée de cinq doigts, qui termine le bras et sert à toucher et à saisir.
LOCUTIONS
– ***À main armée.*** Les armes à la main.
– ***À pleine(s) main(s),*** loc. adv. Abondamment.
– ***Avoir, tenir en main.*** Avoir à sa disposition.
– ***Avoir la main haute sur.*** Diriger.
– ***Avoir le cœur sur la main.*** (FIG.) Être très généreux.
– ***Avoir les mains libres.*** (FIG.) Avoir toute latitude.
– ***Avoir les mains pleines de pouces.*** ⚜ (FIG.) Être maladroit.
– ***Avoir sous la main.*** Avoir à sa portée.
– ***Changer de main.*** Faire passer d'une main à une autre.
– ***Changer de main(s).*** Passer d'un propriétaire à un autre.
– ***Coup de main.*** Aide momentanée.
– ***De la main à la main.*** Sans intermédiaire.
– ***De longue main.*** Depuis longtemps.
– ***De main de maître.*** Avec habileté.
– ***De main en main.*** D'une personne à une autre.
– ***De première main.*** Directement, de source sûre.
– ***De seconde main.*** Indirectement.
– ***Dessiner à main levée.*** D'un seul trait.
– ***En bonnes mains.*** À une personne compétente.
– ***En main(s) propre(s).*** Dans les mains de la personne intéressée.
– ***En un tour de main, en un tournemain,*** loc. adv. Rapidement.
– ***En venir aux mains.*** Se battre.
– ***Faire des pieds et des mains.*** (FIG.) Multiplier les démarches.
– ***Faire main basse sur quelque chose.*** (FIG.) Voler.
– ***Fait, cousu main.*** Fait à la main.
– ***Forcer la main à quelqu'un.*** Obliger quelqu'un.
– ***Haut la main,*** loc. adv. Facilement, avec autorité.
– ***Haut les mains !*** Sommation de lever les bras.
– ***Homme de main.*** Homme d'exécution.
– ***Lever la main sur quelqu'un.*** S'apprêter à le frapper.
– ***Main courante.*** Partie supérieure d'une rampe d'escalier.
– ***Mettre la dernière main à quelque chose.*** Terminer, achever quelque chose.
– ***Mettre la main à la pâte.*** (FIG.) Participer, travailler soi-même.
– ***Ne pas y aller de main morte.*** Attaquer avec vivacité.
– ***Passer la main.*** Renoncer à une fonction.
– ***Perdre la main.*** Perdre l'habitude.
– ***Poignée de main.*** Geste par lequel on serre la main de quelqu'un. *Des poignées de main.*
– ***Porter la main sur quelqu'un.*** Frapper quelqu'un.
– ***Prendre en main(s) quelqu'un, quelque chose.*** Se charger de quelqu'un, de quelque chose.
– ***Prendre la main dans le sac.*** (FIG.) Prendre en flagrant délit.

– ***Prêter main-forte.*** Aider.
– ***Se faire la main.*** S'exercer.
– ***Se laver les mains de quelque chose.*** (FIG.) Dégager sa responsabilité.
– ***Se prendre par la main.*** S'obliger à faire quelque chose.
– ***Sous la main,*** loc. adv. À sa disposition.
– ***Tendre la main à quelqu'un.*** (FIG.) Offrir son aide, son amitié.
– ***Voter à main levée.*** Exprimer son suffrage en levant la main.

MAIN-D'ŒUVRE n. f. (pl. *mains-d'œuvre*)
1. Travail de l'ouvrier. *Des frais de main-d'œuvre.*
2. Ensemble des salariés. *Une main-d'œuvre étrangère.*
Contrairement à ***main-d'œuvre,*** qui s'écrit avec un trait d'union, la locution ***à pied d'œuvre*** s'écrit sans trait d'union.
main-d'œuvre, avec un trait d'union.

MAIN-FORTE n. f. inv.
Assistance, secours accordé. SYN. aide.
LOCUTION
– ***Prêter main-forte, donner main-forte à quelqu'un.*** Aider quelqu'un, particulièrement dans un contexte difficile. *Les voisins nous ont prêté main-forte pour rebâtir la grange incendiée.*
Le nom ne s'emploie que dans ces expressions.
[Les *Rectifications* (1990) admettent : mainforte.]

MAINLEVÉE n. f.
(DR.) Acte qui met fin à une saisie, à une opposition.
mainlevée, en un seul mot.

MAINMISE n. f.
Prépondérance, domination. *La mainmise d'un empire financier sur un réseau d'information.* SYN. emprise.
mainmise, en un seul mot.

MAINT, MAINTE adj. indéf.
(LITT.) Plusieurs. *Je l'ai aperçu maintes fois, en maints endroits.*
LOCUTIONS
– ***À maintes reprises,*** loc. adv. Souvent.
– ***Maint et maint,*** loc. adv. Un grand nombre de. *Nous avons lu ces poèmes maintes et maintes fois.*
maint.

MAINTENANCE n. f.
Ensemble des opérations exécutées dans le but de maintenir un système ou une partie du système dans un état de fonctionnement normal. *Superviser la maintenance d'un avion.*
Ne pas confondre avec le nom ***entretien,*** action de maintenir en bon état.
FORME FAUTIVE
*maintenance. Anglicisme au sens de ***entretien.***

MAINTENANT adv.
Actuellement, à présent. *Nous pouvons jouer maintenant, nous sommes en vacances.* SYN. présentement.
LOCUTION
– ***Maintenant que,*** loc. conj. À présent que, à ce moment où. *Maintenant que nous avons terminé notre travail, nous partons en vacances.*
La locution se construit avec l'indicatif.
mainten**ant.**

MAINTENIR v. tr., pronom.
VERBE TRANSITIF
1. Entretenir, conserver dans le même état. *Maintenir la discipline dans la classe.* SYN. garder ; tenir.
2. Fixer. *Elle maintient ses longs cheveux par des peignes.* SYN. attacher ; retenir.
VERBE PRONOMINAL
Durer, rester dans le même état. *Si l'eau se maintient au même niveau, il n'y aura pas d'inondation.* SYN. subsister.
À la forme pronominale, le participe passé de ce verbe s'accorde toujours en genre et en nombre avec son sujet. *Les cours du cuivre se sont maintenus à des niveaux élevés.*
CONJUGAISON : VOIR MODÈLE VENIR.
INDICATIF PRÉSENT *Je maintiens, tu maintiens, il maintient, nous maintenons, vous maintenez, ils maintiennent.* IMPARFAIT *Je maintenais.* PASSÉ SIMPLE *Je maintins.* FUTUR *Je maintiendrai.* CONDITIONNEL PRÉSENT *Je maintiendrais.* IMPÉRATIF PRÉSENT *Maintiens, maintenons, maintenez.* SUBJONCTIF PRÉSENT *Que je maintienne.* IMPARFAIT *Que je maintinsse.* PARTICIPE PRÉSENT *Maintenant.* PASSÉ *Maintenu, ue.*

MAINTIEN n. m.
1. Attitude. *Un maintien souple.*
2. Action de conserver, de faire durer. *Assurer le maintien des lois.* SYN. conservation.
maint**ien,** sans ***t*** final.

MAIRE n. m.
MAIRESSE n. f.
Personne élue à la direction d'une administration municipale.
L'emploi du nom ***mairesse*** au sens de « femme du maire » est aujourd'hui désuet ou ironique ; cependant, on note que plusieurs femmes exerçant les fonctions de maire au Québec choisissent le titre de ***mairesse.*** Il est également possible d'employer le mot ***maire*** au féminin. *Madame la maire.*
HOM.
• ***mer,*** vaste étendue d'eau salée ;
• ***mère,*** femme qui a donné naissance à un ou à plusieurs enfants.

MAIRIE n. f.
1. Administration municipale. *Ces fonctionnaires travaillent à la mairie.*
2. Hôtel de ville. *La mairie de Montréal est un bel immeuble.*

MAIS conj.
Cette conjonction introduit une idée contraire, une restriction, une objection. *Il a une bonne formation, mais il n'a pas l'expérience voulue.*
La conjonction ***mais*** est généralement précédée d'une virgule.
LOCUTION
– ***Mais encore, mais aussi,*** loc. conj. Ces locutions s'emploient en corrélation avec ***non seulement*** pour insister sur une idée. *« Non seulement l'État n'a plus d'argent mais encore il ne semble guère enclin à risquer de susciter les foudres des écologistes en soutenant un tel projet »* (*Le Monde*).

MAÏS n. m.
Le ***s*** se prononce, [mais] ; le mot rime avec ***hisse.***
Graminée dont les épis portent des grains durs. *Du maïs soufflé, du maïs éclaté. En été, on peut manger un délicieux maïs sucré.*
Au Québec, on emploie également le nom ***blé d'Inde*** en ce sens.
maïs.

MAISON n. f.
1. Bâtiment servant d'habitation. *Une maison de campagne. Ils habitent une grande maison en pierre, de pierre.*
2. Établissement privé ou public. *Une maison d'édition, une maison de la culture.*
3. (EN APPOS.) Fait à la maison, du chef. *Des spécialités maison. Du pain maison. Des tartes maison.* ANT. de série ; industriel.
En apposition, le nom s'écrit sans trait d'union et il est invariable.
LOCUTIONS
– ***Maison-Blanche.*** Résidence du président des États-Unis.
T Le nom et l'adjectif s'écrivent avec une majuscule initiale et un trait d'union.

– ***Maison en rangée.*** Maison qui appartient à une rangée continue de plusieurs maisons adjacentes, reliées entre elles par les murs latéraux mitoyens, et qui possède au moins une entrée privée sur la rue (Recomm. off.).
– ***Maison jumelée.*** Maison attenante à une autre maison par un mur mitoyen (Recomm. off.).
– ***Maison(-)mère.*** Établissement dont dépend un ordre religieux.
Pour une entreprise commerciale, on emploie plutôt le terme ***siège social.***
– ***Maison-mobile.*** Habitation de forme rectangulaire pouvant servir de résidence permanente ou secondaire et qu'on peut tracter assez facilement grâce à son train de roues (GDT).
FORMES FAUTIVES
*maison de ville. Calque de «*town house*» pour ***maison en rangée.***
*maison semi-détachée. Calque de «*semi-detached house*» pour ***maison jumelée.***

MAISONNÉE n. f.
Ensemble de ceux qui habitent une maison. *La maisonnée est réunie pour fêter son succès.*

MAISONNERIE n. f.
Commerce spécialisé dans la vente d'articles pour la maison. *Une maisonnerie* (et non un *home center).

MAISONNETTE n. f.
Petite maison. *Des maisonnettes disposées sur le fleuve gelé en prévision de la pêche aux petits poissons des chenaux.*
maisonnette.

MAÎTRE, MAÎTRESSE n. m. et f.
1. Personne qui possède l'autorité. *Les Romains ont souhaité être les maîtres de l'univers.*
2. Personne qui enseigne un art, une science. *Maître de ballet, de dessin, maîtresse de piano.*
Le complément s'écrit au singulier.
3. Titre donné aux avocats et aux notaires. *Cher Maître, chère Maître.*
[T] Le titre conserve la même forme au masculin et au féminin, et s'abrège ***Me*** au singulier, ***Mes*** au pluriel. Ces abréviations s'écrivent sans point.
4. (EN APPOS.) Qui est important, le plus important. *Des pièces maîtresses, des atouts maîtres.*
En apposition, le nom s'écrit sans trait d'union et les deux mots prennent la marque du pluriel.
LOCUTIONS
– ***Maître à penser.*** Modèle (intellectuel). *Nous avons eu le même maître à penser.*
– ***Maître chanteur.*** Personne qui fait du chantage. *Des maîtres chanteurs.*
Cette locution péjorative n'a pas de forme féminine.
– ***Maître d'armes.*** Professeur d'escrime.
– ***Maître d'hôtel.*** Personne qui dirige le service dans un hôtel, un restaurant. *Des maîtres d'hôtel stylés.*
– ***Maître d'œuvre.*** Personne physique ou morale à qui le maître de l'ouvrage confie la direction ou le contrôle de l'exécution des travaux. *Des maîtres d'œuvre expérimentés.*
– ***Maître d'ouvrage.*** Personne physique ou morale qui définit un marché de travaux, conclut le marché, reçoit l'ouvrage terminé et procède aux paiements. *Des maîtres d'ouvrage exigeants.*
– ***Maître, maîtresse d'école.*** Instituteur, institutrice.
– ***Maître nageur, maître nageuse.*** Personne qui surveille des baigneurs, qui enseigne la natation. *Des maîtres nageuses, des maîtres nageurs* (et non *lifeguards) *attentifs.*
– ***Rester maître de soi.*** Se maîtriser.
– ***Se rendre maître d'un lieu.*** S'en emparer.
– ***Trouver son maître.*** S'incliner devant quelqu'un de supérieur.
HOM. ***mètre,*** unité de mesure de longueur.
[Les *Rectifications* (1990) admettent : maitre, maitresse.]

MAÎTRE(-)QUEUX (pl. *maîtres-queux*)
(VX) (PLAISANT.) Cuisinier.

MAÎTRISABLE adj.
Que l'on peut maîtriser. *Un incendie non maîtrisable.*
[Les *Rectifications* (1990) admettent : maitrisable.]

MAÎTRISE n. f.
1. Domination incontestée. *Ces corsaires avaient la maîtrise de la Méditerranée.* SYN. autorité ; pouvoir ; prépondérance.
2. Connaissance approfondie d'une question, d'une discipline, d'un sujet. *La maîtrise du français.*
3. Grade universitaire sanctionnant le second cycle de l'enseignement supérieur. *Une maîtrise en administration des affaires. Rédiger un mémoire de maîtrise.*
VOIR TABLEAU – GRADES ET DIPLÔMES UNIVERSITAIRES.
LOCUTION
– ***Maîtrise de soi.*** (FIG.) Fait de dominer ses émotions, de conserver son sang-froid.
[Les *Rectifications* (1990) admettent : maitrise.]

MAÎTRISER v. tr., pronom.
VERBE TRANSITIF
1. Se rendre maître de. *Maîtriser un cheval.* SYN. dompter.
2. Avoir une bonne connaissance de quelque chose. *Monica maîtrise l'espagnol : elle le parle couramment.*
3. Contenir. *Maîtriser* (et non *contrôler) *un incendie, maîtriser l'inflation.*
VERBE PRONOMINAL
Se dominer, être maître de soi. *Ils se sont maîtrisés et sont restés silencieux.* SYN. se contenir.
À la forme pronominale, le participe passé de ce verbe s'accorde toujours en genre et en nombre avec son sujet. *Folle d'inquiétude, elle ne s'était plus maîtrisée et avait appelé à l'aide.*
CONJUGAISON : VOIR MODÈLE AIMER.
[Les *Rectifications* (1990) admettent : maitriser.]

MAJESTÉ n. f.
1. Qualité de ce qui est revêtu d'un caractère de grandeur propre à inspirer l'admiration. *Une cérémonie remplie de majesté.* SYN. beauté ; éclat ; grandeur ; magnificence.
2. Titre donné aux souverains. *Sa Majesté la reine Élisabeth. Abréviations : Sa Majesté (S. M.) ; Sa Majesté Royale (S. M. R.) ; Leurs Majestés (LL. MM.) ; Leurs Majestés Royales (LL. MM. RR.).*
LOCUTION
– ***Pluriel de majesté.*** Pour éviter le ***je,*** le pronom ***nous*** peut être employé dans certains cas. *Nous sommes persuadé* (ou *persuadée*) *que ce sera utile.*
Dans ce cas, le participe passé s'accorde en genre, mais reste au singulier.

MAJESTUEUSEMENT adv.
Avec majesté. *Les souverains s'avancèrent majestueusement.*

MAJESTUEUX, EUSE adj.
1. Empreint de majesté. *Une démarche majestueuse.* SYN. auguste ; digne.
2. Imposant. *Le Saint-Laurent est un fleuve majestueux.* SYN. grandiose.

MAJEUR, EURE adj. et n. m. et f.
ADJECTIF
1. Plus grand, plus considérable. *La majeure partie des élèves est absente.*
2. Très important. *Une inondation majeure.* SYN. considérable.
3. Qui a atteint la majorité. *Elle est majeure.*
Au Québec, c'est à 18 ans qu'on atteint la majorité.
NOM MASCULIN ET FÉMININ
Personne qui a atteint la majorité. *Les majeurs ont le droit de voter.* ANT. mineur.
NOM MASCULIN
Le troisième doigt de la main. *Le majeur est le doigt le plus long.*
NOM FÉMININ
Champ d'études principal d'un programme d'études (Recomm. off.). ANT. mineure.

LOCUTIONS
– ***Cas de force majeure.*** Évènement inévitable. *C'était un cas de force majeure, une situation indépendante de notre volonté.*
– ***En majeure partie.*** Pour le plus grand nombre.

MAJOR adj. inv. en genre et n. m.
ADJECTIF INVARIABLE EN GENRE
Supérieur par le rang. *Sergent-major, tambour-major.*
L'adjectif se joint au nom par un trait d'union.
NOM MASCULIN
1. Officier supérieur.
2. Premier d'une promotion.

MAJORATION n. f.
Augmentation. *Une majoration de prix, d'impôt.*

MAJORDOME n. m.
Maître d'hôtel de grande maison.

MAJORER v. tr.
Augmenter. *Majorer un salaire.* SYN. hausser.
CONJUGAISON : VOIR MODÈLE AIMER.

MAJORETTE n. f.
Dans un défilé, jeune fille qui manie agilement un bâton de tambour-major.

MAJORITAIRE adj.
1. Se dit d'un régime électoral où la majorité des votes l'emporte. ANT. proportionnel.
2. Qui fait partie d'une majorité. *Un groupe majoritaire.* ANT. minoritaire.

MAJORITAIREMENT adv.
D'une manière majoritaire, en majorité. *Depuis quelques années, les classes du 1er cycle en administration sont majoritairement composées d'étudiantes.*

MAJORITÉ n. f.
1. Le plus grand nombre. *Une majorité de participants a choisi, ont choisi notre candidat.* ANT. minorité.
Si le sujet du verbe est un collectif précédé du déterminant indéfini ***un, une*** et suivi d'un complément au pluriel, le verbe se met au singulier lorsque l'auteur veut insister sur le tout, l'ensemble ; au pluriel, s'il veut insister sur la pluralité, la multiplicité. Si le sujet du verbe est un collectif précédé du déterminant défini ***(le, la)***, d'un déterminant possessif ***(mon, ma, ton, ta, son, sa)***, d'un déterminant démonstratif ***(ce, cette)*** et s'il est suivi d'un complément au pluriel, le verbe se met généralement au singulier. *La majorité des élèves a réussi.*
VOIR TABLEAU – COLLECTIF.
2. Âge légal à partir duquel une personne jouit du libre exercice de ses droits. *La majorité est maintenant établie à 18 ans au Canada.*

MAJUSCULE n. f.
Lettre de format plus grand que celui de la minuscule, qui se met au début d'une phrase ou d'un nom propre. *Un M majuscule. Les sigles, les titres sont écrits en majuscules.* SYN. capitale. ANT. minuscule.
VOIR TABLEAU – MAJUSCULES ET MINUSCULES.
LOCUTION
– ***Lettre majuscule.*** Grande lettre, capitale. *Les noms propres s'écrivent avec une lettre majuscule initiale.* ANT. bas de casse ; lettre minuscule.

***MAKING OF**
Anglicisme pour ***reportage de tournage, documentaire de tournage, coulisses du tournage.***

MAL adj., adv. et n. m.
ADJECTIF
Contraire au bien. *C'est mal de tricher.* SYN. déshonorant ; (LITT.) vil.
ADVERBE
1. De manière défavorable, autrement qu'il ne conviendrait. *Cette affaire se présente mal. Tu vois mal.*
2. Imparfaitement. *Ils écrivent mal, mais ils parlent bien.* SYN. incorrectement ; insuffisamment.
Employé comme adverbe, le mot est invariable.
NOM MASCULIN
1. Ce qui est contraire au bien. *Ne pas faire le mal, faire le bien.*
2. Douleur, maladie. *Des maux de dents, de tête.* SYN. souffrance.
Le pluriel du nom est ***maux.***
LOCUTIONS
– ***Aux grands maux, les grands remèdes*** (Proverbe). Les problèmes graves requièrent une action énergique.
– ***Bon an, mal an.*** En faisant une moyenne entre les années. *Cette société fait de bons profits bon an, mal an.*
– ***Bon gré, mal gré.*** De gré ou de force, qu'on soit d'accord ou non.
– ***Être mal en point.*** Être en mauvais état. *Elles sont mal en point après cette escalade.*
– ***Faire mal.*** Causer une douleur. *Ces dents me font mal.*
– ***Mal de cœur.*** Envie de vomir. *Des maux de cœur légers.* SYN. nausée.
– ***Mal de l'air, de mer.*** Malaise causé par les oscillations d'un avion, d'un bateau. *Souffrez-vous du mal de l'air ?*
– ***Mal du pays.*** Nostalgie du pays natal. *Il a le mal du pays de temps à autre.*
– ***Mettre à mal.*** Maltraiter. SYN. malmener.
– ***Pas mal.*** (FAM.) Plutôt bien. *Cette amie est pas mal du tout, elle est jolie.*
– ***Pas mal***, loc. adv. (FAM.) Assez. *Elle a pas mal de cassettes.*
HOM.
• ***(du plur. maux) mot***, groupe de lettres exprimant une idée ;
• ***malle***, coffre.

MALABAR n. m.
Homme grand et fort. *Des malabars gardaient le bar.*

MALACHITE n. f.
Les lettres ***ch*** se prononcent ***k***, [malakit], comme dans ***quitte***.
Belle pierre verte. *Un bracelet de malachite.*

MALADE adj. et n. m. et f.
ADJECTIF
1. Qui est en mauvaise santé. *Éric est enrhumé : il est malade.*
2. (FIG.) En mauvais état, dans une situation précaire. *L'économie est malade et le chômage, trop élevé.*
NOM MASCULIN ET FÉMININ
Être vivant atteint d'une maladie. *Un grand malade.*

MALADIE n. f.
1. Altération de la santé, mauvais état de l'organisme. *Une grave maladie. La varicelle est une maladie contagieuse.* ANT. santé.
2. (FIG.) Dégradation. *L'individualisme, une maladie contemporaine.*
3. (FAM.) Passion excessive. *Avoir la maladie du rangement.* SYN. lubie ; manie.
LOCUTIONS
– ***Assurance(-)maladie.*** Assurance personnelle ou collective destinée à payer l'ensemble ou une partie des coûts liés aux soins de santé. *Des assurances(-)maladie* (et non des *assurances santé).
Le Grand Dictionnaire terminologique privilégie désormais l'orthographe du terme ***assurance maladie*** sans trait d'union, mais il admet la graphie ***assurance-maladie*** avec un trait d'union à titre de variante orthographique.
– ***Maladie sexuellement transmissible.*** Maladie qui se transmet lors de relations sexuelles.
Cette appellation dont le sigle est ***MST*** est utilisée dans le reste de la francophonie.
– ***Maladie transmise sexuellement.*** Maladie qui se transmet lors de relations sexuelles.
Cette expression dont le sigle est ***MTS*** est employée au Québec.

MAJUSCULES ET MINUSCULES

La majuscule sert à mettre en évidence les *noms propres.*

EMPLOI DE LA MAJUSCULE POUR SIGNALER UN NOM PROPRE

M

- Le nom de **Dieu.**

  Dieu, Notre-Seigneur, le Père éternel.

- Les noms de **personnes** (noms de famille, prénoms, surnoms).

  Félix Leclerc. Jean-Baptiste Poquelin, dit Molière.
  T La particule nobiliaire s'écrit avec une minuscule. *Alfred de Vigny.*

- Les noms de **peuples.**

  Les Québécois, les Belges, les Suisses et les Français.
  T Employés comme adjectifs, ces mots s'écrivent avec une minuscule. *Le drapeau québécois.* Attention, les noms d'adeptes de religions, de partis politiques, d'écoles artistiques, d'ordres religieux s'écrivent également avec une minuscule, contrairement aux noms de peuples. *Les chrétiens, les libéraux, les impressionnistes, les jésuites.*

  VOIR TABLEAU ► **PEUPLES (NOMS DE).**

- Les noms de **dieux païens.** *Hermès, Aphrodite, Neptune.*

- Les noms d'**astres** (étoiles, planètes, constellations, comètes) et les signes du zodiaque.

  Le Soleil, Saturne, le Sagittaire.

- Les noms de **points cardinaux** utilisés dans des noms géographiques, des odonymes.

  L'Amérique du ***Sud****. Boulevard René-Lévesque* ***Ouest****. Le pôle* ***Nord****.*

- Les **noms géographiques.**

  Le Québec, Montréal, le Saint-Laurent.

  VOIR TABLEAU ► **GÉOGRAPHIQUES (NOMS).**

- Les noms de **rues**, les noms de **places**, de **monuments.**
  - Ces noms s'écrivent avec une majuscule au mot caractéristique et une minuscule au mot générique (rue, avenue, boulevard, jardin...).

    La rue ***Notre-Dame****, la statue de la* ***Liberté****.*
  - Quand la désignation spécifique est composée de plusieurs éléments, ceux-ci sont reliés par des traits d'union.

    Elle habite avenue ***Antonine-Maillet****, rue* ***Saint-Jean-Baptiste****, le square du* ***Vert-Galant****.*

- Les noms d'**établissements d'enseignement** (écoles, collèges, instituts...), de **musées,** de **bibliothèques.**
  - Les génériques suivis d'un adjectif s'écrivent avec une majuscule.

    *L'****École*** *polytechnique. La* ***Bibliothèque*** *nationale.*
  - Les génériques suivis d'un nom propre s'écrivent avec une minuscule.

    Le ***collège*** *Jean-de-Brébeuf. L'****école*** *Saint-Germain. L'****institut*** *Armand-Frappier.*

- Les noms d'**organismes** publics ou privés, de **sociétés**, d'**institutions.** On emploie généralement la majuscule au premier nom de ces diverses dénominations.

  *L'****Assemblée*** *nationale, l'****Office*** *québécois de la langue française, le* ***Centre*** *national de la recherche scientifique.*

T Pour les noms de ministères, la règle diffère ; en effet, c'est le nom du domaine d'activité spécifique qui s'écrit avec une majuscule, tandis que le nom ***ministère*** et les adjectifs de la désignation s'écrivent avec des minuscules. *Le ministère de la Culture et des Communications, le ministère de l'Éducation.*

M

- Les noms d'**évènements historiques.** Seuls le mot caractéristique de la désignation et l'adjectif qui le précède s'écrivent avec une majuscule, alors que le générique s'écrit avec une minuscule.

  La bataille des Plaines d'Abraham, la Renaissance, le Moyen Âge.

- Les noms de **fêtes** religieuses et nationales s'écrivent avec une majuscule au mot caractéristique et à l'adjectif qui le précède.

  Le jour de l'An, le Nouvel An, le jour des Rois, le Mardi gras, le mercredi des Cendres, le Vendredi saint, Pâques, la Saint-Jean-Baptiste, la fête du Travail, la Toussaint, Noël.

- Les titres d'**ouvrages,** d'**œuvres d'art,** les noms de **journaux,** de **périodiques** prennent une majuscule au premier nom et éventuellement à l'adjectif et au déterminant qui le précèdent.

  Le *Visuel,* les *Lettres de mon moulin, Le Petit Prince.*

EMPLOI DE LA MAJUSCULE POUR SIGNALER LE DÉBUT D'UNE PHRASE

- **Au premier mot d'une phrase.**

  La rencontre aura lieu le 29 mars. D'ici là, précisons nos projets.

- **Après les points d'interrogation, d'exclamation, de suspension** quand ces points terminent effectivement la phrase.

  Serez-vous présent ? Veuillez communiquer avec nous…

- **Après un deux-points introduisant :**

  – une **citation.** *Et celui-ci de répondre : « L'art d'aimer, je connais. »*

  – une **énumération** où les jalons énumératifs sont une lettre ou un numéro de classification suivi d'un point *(1., 2., A., B.),* un numéro d'ordre *(1°, 2°). 1. Introduction 2. Hypothèses…*

EMPLOI DE LA MINUSCULE

- Les **titres** et **dignités.**

  L'empereur, le roi, le président, le premier ministre.

- Les noms de **religions.**

  Le christianisme, le bouddhisme, le protestantisme, le judaïsme, l'islam.

- Les noms des **mois,** des **jours** de la semaine.

  Le mois de mars ; lundi, mardi.

- Les noms de **pays,** ou de **régions, donnés aux produits** qui en sont originaires.

  Un champagne, un cheddar, un hollande, un médoc, un oka.

- Les noms de **langues.**

  Le français, l'anglais et l'espagnol.

- Les génériques des **noms géographiques,** des **noms de rues,** des **désignations administratives.**

  Montagne, lac, océan, mont, avenue, rue, école, collège.

M

MALADIF, IVE adj.
1. Qui est souvent malade. *Des personnes maladives.*
2. Fragile, excessif. *Une inquiétude maladive.*

MALADIVEMENT adv.
De façon maladive.

MALADRESSE n. f.
1. Manque d'habileté. *Quelle maladresse! Claire a cassé le beau vase.* SYN. gaucherie.
2. Action maladroite, bêtise. *Pierre a commis une maladresse.* SYN. bévue; erreur; faux pas; (FAM.) gaffe; impair; sottise.

MALADROIT, OITE adj.
1. Qui manque d'adresse, incapable. *Claire et Pierre sont maladroits.* SYN. gauche; malhabile.
2. Qui manque d'habileté, de tact. *Une proposition maladroite.* ANT. adroit; diplomate; habile.

MALADROITEMENT adv.
De façon maladroite. *Renverser maladroitement son café.*

MALAGA n. m.
Vin de la région de Malaga. *Boire un peu de malaga à titre d'apéritif.*
[T] Le nom du vin s'écrit avec une minuscule; celui de la région, avec une majuscule.
⇨ **malaga.**

MALAIS, AISE adj. et n. m. et f.
ADJECTIF ET NOM MASCULIN ET FÉMININ
De la Malaisie. *Le drapeau malais. Un Malais, une Malaise.*
[T] L'adjectif s'écrit avec une minuscule; le nom, avec une majuscule.
NOM MASCULIN
Langue officielle de la Malaisie et de l'Indonésie. *Apprendre le malais.*
[T] Le nom de la langue s'écrit avec une minuscule.

MALAISE n. m.
1. Sensation pénible passagère. *Anna a eu un malaise, elle s'est évanouie.*
2. Sentiment de gêne. *Quand Jules a gaffé, il y a eu un malaise dans la classe.*

MALAISÉ, ÉE adj.
Difficile. *Ce devoir est malaisé. Une vérité malaisée à dire.* SYN. ardu.

MALAPPRIS, ISE adj. et n. m. et f.
(VIEILLI) Qui est mal élevé. *Petits voyous, petits malappris.* SYN. impoli; malpoli.
⇨ **malappris.**

MALARD n. m.
⚜ Variété de canard. *Des volées de malards ont traversé le lac.*
⇨ **malard.**

MALARIA n. f.
(VIEILLI) Paludisme. *Il souffre de la malaria.*

MALAVISÉ, ÉE adj.
(LITT.) Imprudent. *Elle aurait été malavisée de refuser une telle offre.* SYN. bête; déraisonnable; sot.

MALAXAGE n. m.
Action de malaxer. *Le malaxage des ingrédients.*

MALAXER v. tr.
Mélanger, rendre homogène, souvent à l'aide d'un appareil. *La bétonnière malaxe le béton.*
CONJUGAISON : VOIR MODÈLE AIMER.

MALAXEUR n. m.
Appareil, machine servant à malaxer.

MALBOUFFE n. f.
Nourriture mauvaise sur le plan diététique en raison notamment de sa faible valeur nutritive et de sa forte teneur en calories (GDT). *Il faut remplacer la malbouffe* (et non le *junk food) *par une nourriture saine et équilibrée.*

MALCHANCE n. f.
Mauvaise chance, manque de chance. *Quelle malchance : le dernier métro vient de partir!* ANT. chance.
LOCUTION
– ***Jouer de malchance.*** Être malchanceux. *Vous jouez de malchance, Mme Verdier vient de partir.*

MALCHANCEUX, EUSE adj. et n. m. et f.
Qui n'a pas de chance. *Luigi est malchanceux, il devra rentrer à pied : il a raté le dernier métro.* ANT. chanceux.

MALCOMMODE adj.
1. (VIEILLI) Incommode, peu pratique. *Un siège malcommode.*
2. ⚜ (FAM.) Turbulent, en parlant d'un enfant. *Des garçons malcommodes, mais adorables.* SYN. agité; espiègle.
3. ⚜ (FAM.) Qui manque de patience, désagréable, en parlant d'un adulte. *Des grognons malcommodes et sévères.* SYN. bourru; insupportable; pénible.
☞ Cet adjectif de registre familier demeure usuel au Québec et dans la francophonie canadienne, mais il n'appartient plus à l'usage courant de la majorité des locuteurs du français.

MALDONNE n. f.
1. Erreur dans la distribution des cartes.
2. (FIG.) Erreur. *Il y a maldonne.*

MÂLE adj. et n. m.
ADJECTIF
1. Masculin. *Un enfant mâle.*
2. Qui est relatif à l'homme. *Une démarche mâle.*
NOM MASCULIN
Nom générique de tous les êtres animés de sexe masculin. *Le coq est le mâle de la poule.* ANT. femelle.

MALÉDICTION n. f.
Désastre qui semble lié au mauvais sort. *La malédiction frappe cette équipe : un des joueurs s'est blessé, puis trois autres sont touchés.* SYN. fatalité; malchance; malheur. ANT. bénédiction.

MALÉFICE n. m.
(LITT.) Sortilège, ensorcellement.

MALÉFIQUE adj.
Qui exerce une action néfaste. *Un pouvoir maléfique.*

MALENCONTREUSEMENT adv.
De façon malencontreuse, inopportune. *Ils ont agi malencontreusement.*

MALENCONTREUX, EUSE adj.
Fâcheux, mal à propos. *Un incident malencontreux.* SYN. ennuyeux; regrettable.

MAL-EN-POINT ou **MAL EN POINT** loc. adj. inv.
En mauvais état. *Après cet accident, ils étaient très mal-en-point* ou *mal en point.*
☞ La locution s'écrit avec ou sans traits d'union.

MALENTENDANT, ANTE n. m. et f.
Personne qui entend mal. *Les malentendants.*

MALENTENDU n. m.
1. Erreur d'interprétation des paroles, des actes de quelqu'un. *Des malentendus fâcheux.*
2. Désaccord qui résulte de cette mauvaise interprétation.
☞ Ne pas confondre avec le nom ***quiproquo,*** fait de prendre une personne, une chose pour une autre.

MAL-ÊTRE n. m. inv. (pl. *mal-être*)
Sentiment de profond malaise. *Des mal-être désespérants.* ANT. bien-être.

MALFAÇON n. f.
Ouvrage mal exécuté. *Les malfaçons d'un promoteur.*
Ne pas confondre avec les noms suivants :
• ***travers,*** défaut léger, bizarrerie ;
• ***vice,*** défaut qui altère gravement la constitution d'une chose.

MALFAISANCE n. f.
Les lettres ***ai*** se prononcent ***e,*** [malfəzɑ̃s].
Disposition à faire du mal.
malfaisance.

MALFAISANT, ANTE adj. et n. m. et f.
Les lettres ***ai*** se prononcent ***e,*** [malfəzɑ̃, ɑ̃t].
1. Qui cherche à nuire. *Des personnes malfaisantes.* SYN. malin.
2. Pernicieux. *Une influence malfaisante.* SYN. nuisible.
malf**ai**sant.

MALFAITEUR n. m.
Les lettres ***ai*** se prononcent ***è,*** [malfɛtœr].
Personne qui commet des actes criminels. *La police s'apprête à démanteler ce réseau de malfaiteurs.* SYN. bandit.
malf**ai**teur.

MALFAMÉ ou **MAL FAMÉ, ÉE** adj.
Qui a une mauvaise réputation. *Des établissements mal famés* ou *malfamés.* SYN. louche ; suspect.
Cet adjectif peut s'écrire en un seul mot ou en deux mots, sans trait d'union.

MALFORMATION n. f.
Infirmité à la naissance. *Le bébé est né avec une malformation cardiaque.*

MALGACHE adj. et n. m. et f.
ADJECTIF ET NOM MASCULIN ET FÉMININ
De Madagascar. *Le drapeau malgache. Un Malgache, une Malgache.*
[T] L'adjectif s'écrit avec une minuscule ; le nom, avec une majuscule.
NOM MASCULIN
Langue parlée à Madagascar. *Il parle le malgache.*
[T] Le nom de la langue s'écrit avec une minuscule.

MALGRÉ prép.
En dépit de. *Nous viendrons malgré la tempête de neige. C'est malgré lui que la décision a été prise.*
LOCUTIONS
– ***Malgré le fait que,*** loc. conj. Bien que, encore que, quoique. *Malgré le fait qu'il soit malade, il a tenu à venir.* SYN. en dépit de.
Cette locution introduit une subordonnée concessive et se construit avec le subjonctif. La locution ***malgré que*** est quelque peu vieillie ou littéraire : on lui préférera les locutions ***bien que, encore que*** ou la conjonction ***quoique.***
– ***Malgré tout.*** Quoi qu'il arrive. *Malgré tout, elle a tenu à être là.*

MALHABILE adj.
Maladroit. *Il est trop malhabile pour construire cette maquette.* SYN. empoté ; gauche. ANT. habile.
malhabile.

MALHABILEMENT adv.
De façon malhabile. *Il a réparé la clôture bien malhabilement.* SYN. gauchement.
malhabilement.

MALHEUR n. m.
1. Situation pénible, triste. *Sébastien a perdu son père : quel malheur !* SYN. épreuve.
2. Évènement fâcheux. *Paulo a eu le malheur d'être blessé.* SYN. (LITT.) infortune ; malchance.
LOCUTIONS
– ***Jouer de malheur.*** Être malchanceux. *Elles jouent de malheur : il n'y a plus de billets pour le spectacle.*
– ***Porter malheur.*** Avoir une influence néfaste. *On dit que le nombre 13 porte malheur.*
Dans cette locution, le nom demeure invariable.

MALHEUREUSEMENT adv.
Par malheur. *Malheureusement, mes amis n'ont pu venir ce soir.*

MALHEUREUX, EUSE adj. et n. m. et f.
ADJECTIF
1. Qui est dans le malheur, infortuné. *Sébastien est malheureux, il a perdu son papa. « Je pense [...] que ce doit être le pire chagrin au monde que de savoir ses enfants malheureux »* (Gabrielle Roy, *La Détresse et l'Enchantement*). SYN. affligé ; éprouvé ; triste.
2. Désastreux, regrettable. *Un évènement malheureux.*
NOM MASCULIN ET FÉMININ
Personne qui vit dans le malheur, dans la misère. *Venir en aide aux malheureux.*

MALHONNÊTE adj.
Qui n'est pas honnête. *Un courtier malhonnête.* SYN. indélicat ; voleur. ANT. honnête.
Ne pas confondre avec le nom ***déshonnête,*** contraire à la décence.
malhonnête.

MALHONNÊTEMENT adv.
Sans probité, de façon malhonnête.
malhonnêtement.

MALHONNÊTETÉ n. f.
1. Manque d'honnêteté, de probité. *La malhonnêteté d'un commerçant qui volait ses clients.*
2. Acte malhonnête. SYN. escroquerie ; indélicatesse ; malversation ; vol.
LOCUTION
– ***Malhonnêteté intellectuelle.*** Mauvaise foi.
malhonnêteté.

MALICE n. f.
Moquerie, raillerie sans méchanceté. *Elles plaisantent sans malice.* SYN. espièglerie.

MALICIEUSEMENT adv.
Avec malice. *Elle lui tira la langue malicieusement.* SYN. espièglement.

MALICIEUX, IEUSE adj. et n. m. et f.
Espiègle, taquin. *Un regard malicieux.* SYN. malin.

MALIEN, IENNE adj. et n. m. et f.
Du Mali. *Le drapeau malien. Un Malien, une Malienne.*
[T] L'adjectif s'écrit avec une minuscule ; le nom, avec une majuscule.

MALIGNE
VOIR – MALIN.

MALIGNEMENT adv.
Avec malice, méchanceté. *Critiquer malignement une collègue.*

MALIGNITÉ n. f.
1. Méchanceté (d'une personne).
2. Nocivité (d'une chose).
LOCUTION
– ***Degré de malignité.*** (MÉD.) Division d'un système de classification des tumeurs basé sur les différences histologiques que présentent leurs cellules par rapport à des cellules normales du tissu d'origine de la tumeur (GDT). *Une tumeur cancéreuse de faible degré* (et non *grade), *de degré intermédiaire, de degré élevé de malignité* (DDFM). SYN. degré de différenciation.

MALIN, MALIGNE adj. et n. m. et f.
ADJECTIF
1. Rusé, astucieux. *Il est très malin.* SYN. adroit ; futé ; habile ; ingénieux.
En ce sens, l'adjectif a une connotation favorable et est souvent synonyme de ***fin, intelligent.***

2. Qui prend plaisir à être méchant, à nuire. *Une joie maligne à voir les gens trébucher.* SYN. malfaisant; mauvais.
3. (MÉD.) Se dit d'une tumeur, d'une affection susceptible de se généraliser, souvent cancéreuse. ANT. bénin.
NOM MASCULIN ET FÉMININ
Personne rusée. *C'est un petit malin : il a plus d'un tour dans son sac.* SYN. débrouillard; (FAM.) roublard.
Attention à la forme féminine de ce mot : mali**gne**.
LOCUTIONS
– ***Ce n'est pas malin.*** (FAM.) Cela n'est pas bien difficile. SYN. ce n'est pas sorcier.
– ***C'est malin.*** (FAM.) C'est idiot (par antiphrase), ce n'est pas intelligent.
– ***Faire le malin.*** Fanfaronner. SYN. (FAM.) crâner.

MALINGRE adj.
Chétif. *Une fillette malingre.* SYN. maigrelet; (FAM.) maigrichon.

MALINTENTIONNÉ, ÉE adj.
Qui a de mauvaises intentions. *Des badauds malintentionnés.* SYN. hostile; malveillant.
malintentionné, en un seul mot.

MALLE n. f.
1. Coffre destiné à recevoir les effets qu'on emporte en voyage. *Nellie est pensionnaire; elle a mis ses vêtements dans une malle.*
Ne pas confondre avec le nom ***valise***, bagage que l'on porte à la main.
2. (VIEILLI) Coffre d'une voiture. *La malle arrière* (et non *valise) *est remplie de cadeaux.*
On emploie plutôt le nom ***coffre*** aujourd'hui en ce sens.
FORME FAUTIVE
*malle. Archaïsme au sens de ***poste, courrier.*** *Envoyer une lettre par la poste* (et non *malle).
HOM. ***mal***, contraire au bien.

MALLÉABILITÉ n. f.
1. Qualité de ce qui est malléable. *La malléabilité d'un métal.*
2. (FIG.) Souplesse de caractère. *La malléabilité de jeunes élèves.*

MALLÉABLE adj.
1. Qui se laisse façonner. *L'or et l'argent sont des métaux malléables.*
2. (FIG.) Souple, influençable. *Un esprit malléable.* ANT. rigide.

***MALLER**
Anglicisme pour ***mettre à la poste, poster.***

MALLETTE n. f.
Petite valise rigide pour le voyage, le travail. *Des mallettes noires de représentant. Une mallette à cosmétiques.*
Ne pas confondre avec les noms suivants :
• ***cartable***, sac d'écolier à plusieurs compartiments;
• ***porte-documents***, serviette plate ne comportant qu'une seule poche;
• ***serviette***, sac à compartiments qui sert à porter des livres, des documents.

MALMENER v. tr.
Maltraiter. *Julia n'accepte pas que les petits malmènent son chat.* SYN. brutaliser; rudoyer.
CONJUGAISON : VOIR MODÈLE LEVER.
Le ***e*** se change en ***è*** devant une syllabe contenant un ***e*** muet. *Il malmène*, mais *il malmenait.*

MALNUTRITION n. f.
Trouble de la nutrition causé par une mauvaise alimentation, une mauvaise assimilation des aliments. *Ces enfants souffrent de malnutrition.*
malnutrition, en un seul mot.

MALODORANT, ANTE adj.
Qui a une mauvaise odeur. *Une porcherie malodorante.* SYN. nauséabond; pestilentiel; puant.
malodorant, en un seul mot.

MALOTRU, UE n. m. et f.
Personne impolie, vulgaire, grossière. *C'est une malotrue. « Là, il y a un malotru qui braque un revolver sur Callaghan »* (Réjean Ducharme, *L'Hiver de force*). SYN. goujat; rustre.

MALPOLI, IE adj. et n. m. et f.
ADJECTIF
(FAM.) Impoli, sans éducation. *Des enfants malpolis.* SYN. malappris.
NOM MASCULIN ET FÉMININ
(FAM.) Personne mal élevée. SYN. malappris.
Dans la langue soutenue, on emploie le mot ***impoli.***

MALPROPRE adj. et n. m. et f.
1. Sale, dont l'hygiène est douteuse. *Tes mains sont malpropres : lave-les avant de passer à table. Se faire traiter de malpropre.*
Ce mot de registre familier demeure usuel au Québec et dans la francophonie canadienne, mais il n'appartient plus à l'usage courant de la majorité des locuteurs du français.
2. Malhonnête, sans probité. *Des pratiques malpropres.*
malpropre, en un seul mot.

MALPROPREMENT adv.
D'une façon malpropre. *Ils sont vêtus malproprement.*
malproprement, en un seul mot.

MALPROPRETÉ n. f.
Saleté. *Le savon viendra-t-il à bout de cette malpropreté ?*
malpropreté, en un seul mot.

MALSAIN, AINE adj.
1. Mauvais pour la santé. *Un climat malsain.* SYN. insalubre.
2. Dangereux. *Une influence malsaine.* SYN. nocif; nuisible; pernicieux.
3. Morbide. *Des commentaires malsains.*

MALSÉANT, ANTE adj.
(LITT.) Qui n'est pas conforme à la bienséance, déplacé. *Il est malséant d'arriver à l'avance pour un dîner.* SYN. impoli; inconvenant; mal élevé.

MALSTROM
VOIR – MAELSTRÖM.

MALT n. m.
Les lettres ***lt*** se prononcent, [malt]; le mot rime avec ***halte.***
Orge germée utilisée pour la fabrication de la bière.

MALTAIS, AISE adj. et n. m. et f.
ADJECTIF ET NOM MASCULIN ET FÉMININ
De Malte. *Le drapeau maltais. Un Maltais, une Maltaise.*
[T] L'adjectif s'écrit avec une minuscule; le nom, avec une majuscule.
NOM MASCULIN
Langue parlée à Malte. *Elle étudie le maltais.*
[T] Le nom de la langue s'écrit avec une minuscule.

MALTÉ, ÉE adj.
Mêlé de malt grillé. *Boire un lait malté* (et non un *milk shake).

MALTRAITANCE n. f.
Fait de maltraiter, de brutaliser (un enfant, un employé, etc.). *Cette enfant portait des traces de maltraitance. Le petit Lubin est mort de maltraitance à deux mois.*

MALTRAITANT, ANTE adj.
Qui maltraite, brutalise (un enfant, une personne âgée, etc.). *Des préposés maltraitants.*

MALTRAITER v. tr.
Traiter durement. *Ce chien a été maltraité, nous en prendrons soin.* SYN. brutaliser; malmener; rudoyer; violenter.
CONJUGAISON : VOIR MODÈLE AIMER.
maltraiter, en un seul mot.

MALVEILLANCE n. f.
Hostilité. *La malveillance de ces voyous qui brisent les carreaux est révoltante.* SYN. méchanceté.

MALVEILLANT, ANTE adj. et n. m. et f.
Méchant, qui cherche à nuire. *Ces voyous sont malveillants ; ils ne respectent pas la propriété d'autrui.* SYN. malfaisant.

MALVENU, UE adj.
Qui n'est pas fondé, qui est peu qualifié pour faire quelque chose. *Elle serait malvenue de, à critiquer cette étude.*
L'adjectif se construit avec les prépositions ***à, de.***
L'adjectif s'écrit en un seul mot.

MALVERSATION n. f.
Détournement de fonds. *Un administrateur coupable de malversation.*

MALVOYANT, ANTE adj. et n. m. et f.
ADJECTIF
Dont l'acuité visuelle est réduite. *Des piétons malvoyants.*
NOM MASCULIN ET FÉMININ
Personne dont la vue est très réduite. *Des malvoyants autonomes malgré leur handicap.*

MAMAN n. f.
Mère, dans le langage des enfants, même devenus adultes. *Maman, donne-moi un peu de lait, s'il te plaît.*
LOCUTIONS
– ***Belle-maman.*** Belle-mère. *Des belles-mamans gentilles.*
– ***Grand-maman.*** Grand-mère. *Des grands-mamans trop indulgentes.*

MAMBO n. m.
Le deuxième ***m*** est sonore, [mãmbo].
Danse. *Des mambos endiablés.*

MAMELLE n. f.
Organe des mammifères qui sécrète le lait. *Est-ce que l'éléphante a des mamelles ?*
mamelle.

MAMELON n. m.
1. Bout du sein. *Un décolleté qui laisse deviner les mamelons.*
2. Colline. *Les mamelons plantés de vignes de la Toscane.*
mamelon.

MAMIE n. f.
Grand-mère, dans le langage des enfants.

MAMMAIRE adj.
Relatif au sein. *Les glandes mammaires.*
mammaire.

MAMMECTOMIE n. f.
(MÉD.) Ablation du sein. SYN. mastectomie.
mammectomie.

MAMMIFÈRE adj. et n. m.
ADJECTIF
Qui porte des mamelles.
NOM MASCULIN
Animal vertébré dont les femelles allaitent leurs petits à la mamelle. *La vache est un mammifère. Le dauphin est un mammifère marin. Les oiseaux ne sont pas des mammifères.*
mammifère.

MAMMOGRAPHIE n. f.
(MÉD.) Radiographie du sein.
mammographie.

MAMMOPLASTIE n. f.
(MÉD.) Chirurgie plastique du sein.
mammoplastie.

MAMMOUTH n. m.
Le ***t*** se prononce, [mamut] ; le nom rime avec ***soute.***
Éléphant géant qui vivait il y a très longtemps. *Les mammouths mesuraient plus de 3 m de hauteur et avaient de longues défenses recourbées.*
mammouth.

MAN.
Abréviation de ***Manitoba.***

MANAGEMENT n. m.
Gestion, direction, organisation.
Cet anglicisme, qui n'ajoute rien aux mots ***gestion, direction, organisation,*** a été adopté par l'Académie avec une prononciation francisée.

MANAGER n. m.
Le ***r*** est sonore, [manadʒɛr] ; le nom rime avec ***air.***
1. Imprésario d'un artiste.
2. Entraîneur d'un athlète, d'un champion professionnel.
FORME FAUTIVE
*manager. Anglicisme au sens de ***directeur, cadre, gestionnaire.***
[Les *Rectifications* (1990) admettent : manageur, manageuse.]

MANANT n. m.
(ANCIENN.) Roturier, homme grossier. SYN. rustre.

MANCHE n. m. et f.
NOM MASCULIN
Partie d'un outil, d'un instrument par laquelle on le tient. *Le manche du marteau, du couteau, du balai.*
NOM FÉMININ
Partie du vêtement qui couvre le bras. *Une robe sans manches. Des manches raglan.*
LOCUTIONS
– ***Branler dans le manche.*** (FIG.) (FAM.) Hésiter.
– ***C'est une autre paire de manches.*** (FAM.) Ce n'est pas la même chose.
– ***Faire la manche.*** (FAM.) Mendier.
– ***Manche à balai.*** (INFORM.) Dispositif de commande d'un jeu électronique, servant à déplacer un objet visualisé à l'écran.
Le manche à balai est utilisé surtout dans les logiciels de jeu.
– ***Manche à balai.*** (AVIAT.) Levier vertical du gouvernail de profondeur d'un avion. *Des manches à balai.*
– ***Retrousser ses manches.*** (FIG.) Se mettre courageusement au travail.

MANCHETTE n. f.
1. Poignet de chemise à revers. *Des boutons de manchette.*
2. Titre en gros caractères à la première page d'un journal. *Faire la manchette. Quelles sont les manchettes ?*
3. (AU PLUR.) Faits saillants de l'actualité. *« Voici les manchettes du 23 mars 2002 », annonça la présentatrice du bulletin de fin de soirée.*

MANCHON n. m.
1. Rouleau creux généralement en fourrure où l'on met les mains. *Julie a un joli manchon de renard.*
2. Cylindre destiné à raccorder, à protéger.

MANCHOT n. m.
Oiseau palmipède de l'Antarctique. *Les manchots du Biodôme sont beaux à voir dans leur tenue de soirée.*
Ne pas confondre avec le nom ***pingouin,*** oiseau palmipède de l'Arctique.
manchot.

MANCHOT, OTE adj. et n. m. et f.
ADJECTIF
Privé d'un bras, d'une main.
NOM MASCULIN ET FÉMININ
Personne privée d'un bras, d'une main.
LOCUTION
– ***N'être pas manchot.*** Avoir de l'habileté. *Elle n'est pas manchote.*
manchot, manchote, un seul ***t*** au féminin.

M

MANDANT, ANTE n. m. et f.
(DR.) Personne qui donne un mandat à une autre (le mandataire).

MANDARIN, INE adj. et n. m.
ADJECTIF
Relatif au mandarin. *Les dialectes mandarins, la langue mandarine.*
NOM MASCULIN
1. (ANCIENN.) Titre donné aux hauts fonctionnaires chinois.
2. (FIG.) Personnage influent, particulièrement haut fonctionnaire.
Le nom n'a pas de forme féminine.
3. Dialecte du chinois. *Yu parle le mandarin.*
T Le nom du dialecte s'écrit avec une minuscule.

MANDARINE n. f.
Fruit doux et parfumé du mandarinier ressemblant à une petite orange. *Des mandarines sans pépins.*

MANDARINIER n. m.
Arbre voisin de l'oranger, qui donne les mandarines.

MANDAT n. m.
1. (DR.) Acte par lequel une personne (le ***mandant***) donne à une autre (le ***mandataire***) le pouvoir de faire quelque chose en son nom.
2. Pouvoir politique donné aux personnes élues par la population. *Exercer un mandat de conseiller municipal. Le mandat du gouvernement est de quatre à cinq ans. Cette députée sollicitera le renouvellement de son mandat.*
LOCUTIONS
– ***Mandat (d'arrêt, de perquisition,*** etc.***).*** (DR.) Ordre d'arrêter, de perquisitionner, etc.
– ***Mandat (de paiement).*** (FIN.) Titre constatant la remise d'une somme à un établissement financier avec mandat de la verser à un destinataire.
– ***Mandat-poste.*** Titre remis par le service des postes pour faire parvenir une somme à un correspondant. *Envoyer des mandats-poste.* SYN. mandat postal.
Seul le nom ***mandat*** prend la marque du pluriel.
mandat.

MANDATAIRE n. m. et f.
(DR.) Personne qui a reçu mandat pour agir au nom d'une autre (le ***mandant***).

MANDATEMENT n. m.
Action de mandater. *Le mandatement d'un notaire pour la préparation d'un testament.*

MANDATER v. tr.
Charger quelqu'un d'un mandat. *Elle a été mandatée pour le représenter.* SYN. déléguer.
Ne pas confondre avec le verbe ***mander***, convoquer quelqu'un.
CONJUGAISON : VOIR MODÈLE AIMER.

MANDCHOU, E adj. et n. m. et f.
ADJECTIF ET NOM MASCULIN ET FÉMININ
De la Mandchourie. *Un Mandchou, une Mandchoue. Des coutumes mandchoues.*
T L'adjectif s'écrit avec une minuscule; le nom, avec une majuscule.
NOM MASCULIN
Langue parlée en Mandchourie. *Tian parle le mandchou.*
T Le nom de la langue s'écrit avec une minuscule.

MANDER v. tr.
(VX) Convoquer quelqu'un. *Le médecin a été mandé d'urgence.* SYN. appeler; demander.
Ne pas confondre avec le verbe ***mandater***, charger quelqu'un d'un mandat.
CONJUGAISON : VOIR MODÈLE AIMER.

MANDIBULE n. f.
1. (ANAT.) Maxillaire inférieur.
2. Chacune des pièces buccales de l'oiseau, de l'insecte.
Attention au genre féminin de ce nom : ***une*** mandibule.

MANDOLINE n. f.
Instrument de musique à cordes pincées.

MANDRAGORE n. f.
Plante aux propriétés narcotiques, utilisée jadis en sorcellerie.

MANDRIN n. m.
Outil de forme cylindrique.

MANÉCANTERIE n. f.
École de chant liturgique.

MANÈGE n. m.
1. Exercices que l'on fait faire à un cheval pour le dresser.
2. Lieu où se font ces exercices. *Les leçons d'équitation se donnent au manège.*
3. Façon détournée de faire quelque chose. *Je comprends son manège.* SYN. intrigue; manœuvre.
LOCUTION
– ***Manège*** (de chevaux de bois). Attraction foraine où des animaux figurés, des véhicules, etc., qui servent de monture à des enfants, sont animés d'un mouvement circulaire. *Un beau manège* (et non un *merry-go-round).

MÂNES n. m. pl.
Âmes des morts, dans la Rome antique.
Ce nom est toujours au pluriel.
Attention au genre masculin de ce nom : ***les mânes paternels.***
HOM. ***manne***, nourriture miraculeuse.

MANETTE n. f.
Levier de commande. *Abaissez la manette et l'avion perdra de l'altitude.*
LOCUTION
– ***Manette de jeu.*** Périphérique que l'on branche à l'ordinateur et qui est utilisé dans les jeux vidéo et les simulateurs de vol pour contrôler les déplacements d'un objet à l'écran.
manette.

MANGEABLE adj.
1. Que l'on peut manger. *La viande de l'autruche est-elle mangeable ?* SYN. comestible.
2. Qui est tout juste acceptable comme nourriture. *Les repas servis dans les avions ne sont guère mangeables.*

MANGEOIRE n. f.
Auge où l'on donne à manger aux animaux. *La mangeoire attire les rosalins, les chardonnerets et les carouges à épaulettes.*
Les animaux boivent à l'abreuvoir.
mangeoire.

MANGER v. tr., intr., pronom.
VERBE TRANSITIF
1. Avaler un aliment, afin de se nourrir. *Il mangeait du poulet.* SYN. (FAM.) bouffer; ingérer.
2. Ronger. *Un tricot mangé par les mites, mangé aux mites.*
VERBE INTRANSITIF
Absorber des aliments. *Il aime bien manger.* SYN. s'alimenter; se nourrir; se restaurer.
VERBE PRONOMINAL
1. Être consommé. *La vengeance est un plat qui se mange froid.*
2. Se dévorer mutuellement, se faire tort. *Les loups ne se mangent pas entre eux* (Proverbe).
À la forme pronominale, le participe passé de ce verbe s'accorde toujours en genre et en nombre avec son sujet. *Ces mets raffinés se sont mangés trop vite.*
LOCUTIONS
– ***Manger le morceau.*** (FAM.) (FIG.) Avouer.

– ***Manger ses mots.*** (FIG.) Ne pas prononcer clairement, avoir une élocution déficiente.
– ***Se laisser manger la laine sur le dos.*** (FAM.) (FIG.) Se laisser dépouiller.
CONJUGAISON : VOIR MODÈLE CHANGER.
Le ***g*** est suivi d'un ***e*** devant les lettres ***a*** et ***o***. *Il mangea, nous mangeons.*

MANGER n. m.
1. (VX) Acte de se nourrir. *Le boire et le manger.*
2. (FAM.) Repas. *Apporter son manger.*

MANGE-TOUT ou **MANGETOUT** adj. inv. et n. m. inv. (pl. *mange-tout* ou *mangetout*)
Variété de haricot. *Des haricots mange-tout, des mange-tout croquant sous la dent et bien verts.*

MANGEUR, EUSE n. m. et f.
Personne qui mange (beaucoup, peu, etc.). *C'est un gros mangeur de viande.*

MANGOUSTE n. f.
Mammifère carnivore qui se nourrit de serpents.

MANGUE n. f.
Fruit du manguier se rapprochant de la pêche et dont la pulpe est très parfumée.
⇨ mangue.

MANGUIER n. m.
Arbre tropical produisant les mangues.
⇨ manguier.

MANIABILITÉ n. f.
Qualité de ce qui est maniable. *La maniabilité d'un vélo.* SYN. manœuvrabilité.

MANIABLE adj.
Facile à manier. *Cette voiture est bien maniable.*

MANIACODÉPRESSIF ou **MANIACO-DÉPRESSIF, IVE** adj.
(MÉD.) Relatif à une psychose caractérisée par des états successifs de surexcitation et de dépression. *Des états maniaco-dépressifs.*

MANIAQUE adj. et n. m. et f.
ADJECTIF
1. Atteint d'une manie, relatif à une manie. *Une euphorie maniaque.*
2. (FIG.) Qui a une idée fixe. *C'est un correcteur maniaque.*
NOM MASCULIN ET FÉMININ
Personne atteinte d'une manie, d'une idée fixe. *Une maniaque de la propreté.*
⇨ maniaque.

MANICHÉEN, ENNE adj. et n. m. et f.
Les lettres ***ch*** se prononcent ***k***, [manikeẽ, ɛn].
ADJECTIF
1. Relatif au manichéisme.
2. Dont le jugement est peu nuancé, qui classe en deux catégories qui s'opposent, par exemple : le bien et le mal, les bons et les méchants.
NOM MASCULIN ET FÉMININ
Adepte du manichéisme.

MANICHÉISME n. m.
Les lettres ***ch*** se prononcent ***k***, [manikeism].
1. Religion qui admet l'existence de deux principes divins opposés, le bien et le mal.
2. Conception peu nuancée qui oppose le bien et le mal.

***MANICURE**
Impropriété pour ***manucure.***

MANIE n. f.
1. Incohérence des idées, difficulté à fixer son attention, obsession, surexcitation.
2. Goût excessif de quelque chose. *La manie des pendules, la manie de la propreté.*
3. Petites habitudes particulières. *Chacun a ses manies.*

MANIEMENT n. m.
Manipulation. *Le maniement d'armes.* SYN. usage.
⇨ maniement.

MANIER v. tr., pronom.
VERBE TRANSITIF
Manipuler, utiliser. *Manier le pinceau avec adresse.*
VERBE PRONOMINAL
Être dirigé, manipulé. *Cette tondeuse se manie difficilement.*
À la forme pronominale, le participe passé de ce verbe s'accorde toujours en genre et en nombre avec son sujet. *Cette scie à chaîne s'est maniée aisément.*
CONJUGAISON : VOIR MODÈLE ÉTUDIER.
Redoublement du ***i*** à la première et à la deuxième personne du pluriel de l'indicatif imparfait et du subjonctif présent. *(Que) nous maniions, (que) vous maniiez.*

MANIÈRE n. f.
1. Façon, méthode. *Il a trouvé une nouvelle manière de planter ses fleurs.* SYN. mode ; moyen.
2. (AU PLUR.) Façons habituelles d'agir en société. *Il a de bonnes manières. Ne faites pas de manières : venez tout simplement.*
LOCUTIONS
– ***À la manière de,*** loc. prép. Comme, à l'imitation de.
– ***De manière à,*** loc. prép. De façon à. *Nous avons pris la voiture de manière à arriver à temps.*
Cette construction qui exprime le but, la conséquence visée se construit avec l'infinitif.
– ***De manière que.*** *Il a tout préparé de manière que la fête soit réussie.*
Le verbe se construit au mode subjonctif lorsqu'on veut marquer une conséquence éventuelle.
– ***De telle manière que.*** De sorte que. *Toutes les provisions ont été congelées de telle manière qu'elles se conserveront.*
Le verbe se construit au mode indicatif lorsqu'on veut marquer une conséquence réelle, voulue ou non.
– ***De toute manière,*** loc. adv. Quoi qu'il arrive.
Dans cette locution, le nom s'écrit au singulier. Cependant, on écrira au pluriel l'expression ***de toutes les manières.*** *Nous avons abordé le sujet de toutes les manières possibles.*
– ***D'une certaine manière,*** loc. adv. En un sens.
– ***D'une manière générale,*** loc. adv. En règle générale, dans la plupart des cas. SYN. généralement.
– ***D'une manière ou d'une autre,*** loc. adv. Quoi qu'il arrive.
– ***En aucune manière,*** loc. adv. Nullement.
– ***Sans manières,*** loc. adv. Simplement. SYN. (FAM.) à la bonne franquette ; sans cérémonie ; sans façons.

MANIÉRÉ, ÉE adj.
Affecté. *Un style maniéré.* SYN. précieux.
⇨ maniéré.

MANIFESTANT, ANTE n. m. et f.
Personne qui participe à une manifestation. *Des manifestants en colère.*
Ne pas confondre avec le participe présent invariable ***manifestant.*** *Les personnes manifestant leur indignation devront quitter la salle.*

MANIFESTATION n. f.
1. Expression, témoignage. *Des manifestations de joie.* SYN. démonstration ; marque.
2. Démonstration populaire. *La manifestation contre le dégel des droits de scolarité s'est déroulée pacifiquement.*

MANIFESTE adj. et n. m.
ADJECTIF
Indiscutable, évident. *Il a relevé une erreur manifeste.*
NOM MASCULIN
1. Déclaration publique des idées d'un groupe, d'un parti politique. *Le manifeste du Parti québécois.* Refus global, *manifeste de Paul-Émile Borduas et Claude Gauvreau contre l'ordre établi (1948).*
2. Liste détaillée des marchandises transportées par un navire.

MANIFESTEMENT adv.
De façon évidente. *Manifestement, cette proposition sera rejetée.* SYN. visiblement.

MANIFESTER v. tr., intr., pronom.
VERBE TRANSITIF
Rendre évident, dénoter. *Elle manifeste beaucoup de bonne volonté.* SYN. démontrer; faire montre de.
VERBE INTRANSITIF
Participer à une manifestation. *Les étudiants manifesteront devant le bureau du ministre.* SYN. protester.
VERBE PRONOMINAL
Se faire connaître. *L'indignation commence à se manifester.* SYN. apparaître; se déclarer; se montrer.
À la forme pronominale, le participe passé de ce verbe s'accorde toujours en genre et en nombre avec son sujet. *Ils ne se sont pas manifestés depuis un bon moment.*
CONJUGAISON : VOIR MODÈLE AIMER.

MANIGANCE n. f.
(GÉN. AU PLUR.) Manœuvre secrète peu importante. *Malgré leurs manigances, ils n'ont pas fait élire leur candidat.* SYN. agissement; machination; (FAM.) magouille; manœuvre; micmac.
manigance.

MANIGANCER v. tr.
Préparer secrètement, comploter. *Que manigancez-vous? Nous ne manigançons rien du tout.* SYN. intriguer; manœuvrer; tramer.
CONJUGAISON : VOIR MODÈLE AVANCER.
Le *c* prend une cédille devant les lettres *a* et *o*. *Il manigança, nous manigançons.*
manigancer.

MANIOC n. m.
Plante tropicale dont les racines fournissent le tapioca. *Des maniocs, de la farine de manioc.*
manioc.

MANIPULATEUR n. m.
MANIPULATRICE n. f.
Personne qui procède à des opérations techniques ou autres. *Une manipulatrice de laboratoire.* SYN. opérateur.

MANIPULATEUR, TRICE adj. et n. m. et f.
(PÉJ.) Se dit d'une personne qui exerce des pressions insidieuses sur quelqu'un, sur un groupe. *C'est un manipulateur expert : méfiez-vous.*

MANIPULATION n. f.
1. Action de manipuler. *La manipulation d'une substance explosive.* SYN. maniement.
Le terme ***manipulation génétique*** (au singulier et au pluriel) a désigné l'ensemble des méthodes et des techniques du génie génétique pendant un certain temps, mais il a assez rapidement été utilisé de façon péjorative; il est aujourd'hui considéré comme impropre, et son emploi est donc déconseillé dans ce sens; l'OQLF recommande d'employer plutôt les termes ***génie génétique*** ou ***ingénierie génétique.***
2. (FIG.) (PÉJ.) Modification frauduleuse de données, tromperies. *La manipulation des résultats financiers.*
3. (FIG.) (PÉJ.) Emprise sur une personne, sur un groupe.

MANIPULER v. tr.
1. Déplacer avec les mains. *Manipuler des objets fragiles.* SYN. manier; transporter.
2. (FIG.) (PÉJ.) Modifier des données de façon malhonnête. *Manipuler des chiffres, des rendements.* SYN. (FAM.) trafiquer.
3. (FIG.) (PÉJ.) Manœuvrer, exercer une emprise sur une personne, sur un groupe. *Il manipule ses collègues.*
CONJUGAISON : VOIR MODÈLE AIMER.

MANITOBA n. m.
Abréviation ***Man.*** (s'écrit avec un point).
Les habitants du Manitoba sont des Manitobains, des Manitobaines. *Une tradition manitobaine.*

MANITOU n. m.
1. Esprit du bien (***grand, bon manitou***) chez les Amérindiens. *« Quoy que ce soit, ils ont de certaines personnes, qui sont les [...] Manitous, ainsi appellez par les Algommequins & Montagnais, & ceste sorte de gens font les Medecins pour guarir les mallades, & pencer les blessez : predire les choses futures »* (Samuel de Champlain, *Voyages et descouvertures faites en la Nouvelle France,* depuis l'année 1615 jusques à la fin de l'année 1618).
2. Esprit du mal (***méchant manitou***) chez les Amérindiens.
Ce nom emprunté à l'algonquin et au montagnais signifie « grand esprit ».
3. (FIG.) (FAM.) Personne influente. *Le grand manitou de la télé, c'est-à-dire le président.* SYN. mandarin.

MANIVELLE n. f.
Levier coudé à l'aide duquel on imprime un mouvement de rotation. *Au début du siècle, c'est à la manivelle que l'on faisait démarrer les voitures.*
manivelle.

MANNE n. f.
1. Insecte. *Au début de l'été, il y a beaucoup de mannes à l'Île-des-Sœurs.* SYN. éphémère.
2. Grand panier d'osier. *Des mannes remplies de provisions pour le pique-nique dans la forêt.*
3. Nourriture miraculeuse.
HOM. ***mânes,*** âmes des morts, dans la Rome antique.
manne.

MANNEQUIN n. m. et f.
1. Personne qui présente des modèles de vêtements au public. *Ce mannequin présentera la dernière collection du couturier. Une mannequin très grande et élancée.* SYN. modèle.
Signifiant « petit homme », le nom ***mannequin*** était à l'origine du genre masculin; dans l'usage québécois, il s'emploie de plus en plus au masculin et au féminin, selon le sexe de l'être désigné. Par ailleurs, *Le Petit Robert* (2003) écrit : « En ce sens, l'usage actuel hésite entre *un mannequin, une mannequin* ou *une mannequine.* »
2. Forme humaine à membres articulés ou non. *La couturière utilise un mannequin pour ajuster les vêtements. L'étalagiste habille les mannequins de la vitrine.*
LOCUTION
– ***Avoir la taille mannequin.*** (FAM.) Être mince et grand.
Mis en apposition, le nom est invariable et l'expression s'écrit sans trait d'union.

MANNEQUINAT n. m.
Profession de mannequin. *Choisira-t-il le mannequinat?*

MANŒUVRABILITÉ n. f.
Qualité de ce qui se manœuvre facilement. SYN. maniabilité.
manœuvrabilité.

MANŒUVRABLE adj.
Qui se manœuvre facilement, en parlant surtout d'un véhicule. *Un monoréacteur furtif (difficile à détecter par radar), très manœuvrable même à des vitesses supersoniques, et capable d'atterrissage vertical.*

MANŒUVRE n. f.
1. Action, manière de diriger le fonctionnement de. *Faire des manœuvres pour garer sa voiture.*
2. Exercice militaire. *Champ de manœuvre.*
3. Intrigue, machination. SYN. agissements ; complot ; (FAM.) magouille ; tripotage.
LOCUTION
– ***Fausse manœuvre.*** Opération mal appropriée ou mal exécutée.
manœuvre.

MANŒUVRE n. m.
Ouvrier non spécialisé. *Plusieurs manœuvres travaillent au chantier.*
manœuvre.

MANŒUVRER v. tr., intr., pronom.
VERBE TRANSITIF
Faire fonctionner. *Manœuvrer un volant, une voiture.*
VERBE INTRANSITIF
1. Exécuter des exercices militaires.
2. Effectuer une manœuvre sur un véhicule. *Manœuvrer pour entrer dans le port.*
3. Utiliser d'habiles détours pour arriver à ses fins. *Il faut bien manœuvrer : la partie est serrée.*
VERBE PRONOMINAL
1. Être mis en mouvement, se diriger. *Cette voiture se manœuvre bien.*
2. (FIG.) Subir l'influence de quelqu'un de façon déterminante. *Ces délégués syndicaux ne se manœuvreront pas aisément.*
À la forme pronominale, le participe passé de ce verbe s'accorde toujours en genre et en nombre avec son sujet. *Ces véhicules se sont mal manœuvrés.*
CONJUGAISON : VOIR MODÈLE AIMER.

MANOIR n. m.
Habitation seigneuriale entourée de terres.
Ne pas confondre avec les noms suivants :
• ***castel,*** petit château ;
• ***château,*** habitation royale ou seigneuriale généralement située à la campagne ;
• ***gentilhommière,*** petit château à la campagne ;
• ***palais,*** résidence d'un chef d'État ou d'un souverain.

MANOMÈTRE n. m.
Appareil servant à mesurer la pression d'un fluide.

MANQUANT, ANTE adj. et n. m. pl.
ADJECTIF
Qui manque. *Il faudra aviser les personnes manquantes.*
Ne pas confondre avec le participe présent invariable ***manquant.*** *Les personnes manquant à l'appel sont déclarées absentes.*
NOM MASCULIN PLURIEL
Produits qui manquent. *Dans la livraison reçue, nous avons noté plusieurs manquants.*
LOCUTION
– ***Le chaînon manquant.*** (FIG.) Élément absent d'une suite logique.

MANQUE n. m.
1. Pénurie. *Le manque d'eau.* SYN. défaut.
2. Absence. *Un manque de goût, d'imagination.*
LOCUTIONS
– ***État de manque.*** État d'un toxicomane privé de sa drogue.
– ***Manque à gagner.*** (ÉCON.) Occasion perdue, perte causée par la renonciation à d'autres possibilités de gain. *En acceptant ce poste, je dois considérer le manque à gagner lié à l'impossibilité d'assurer la direction de mon entreprise.*

MANQUÉ, ÉE adj.
Raté. *Une tentative manquée de prendre le pouvoir.*
LOCUTION
– ***Garçon manqué.*** Fille à l'allure masculine.

MANQUEMENT n. m.
Faute. *Un manquement à l'ordre, au règlement.*

MANQUER v. tr., intr., impers., pronom.
VERBE TRANSITIF DIRECT
1. Ne pas réussir. *Il a manqué son effet.* SYN. rater.
2. Laisser échapper. *Elle a manqué une bonne occasion de se taire.* SYN. rater.
3. Ne pas arriver à temps. *Il a manqué son avion.* SYN. rater.
4. Ne pas être présent à. *Les enfants ont manqué l'école en raison de la tempête de neige.* SYN. être absent de.
VERBE TRANSITIF INDIRECT
1. Faire défaut à. *Les forces manquaient à l'athlète : il a dû renoncer à poursuivre la course.*
En ce sens, le verbe se construit avec la préposition ***à.***
2. Ne pas avoir en quantité suffisante. *Nous manquons de médicaments.*
En ce sens, le verbe se construit avec la préposition ***de.***
VERBE INTRANSITIF
1. Être absent, en parlant d'une personne ; faire défaut, en parlant de quelque chose. *Cet employé manque trop souvent. L'argent manque. Deux livres manquent : où sont-ils ?*
2. Faire cruellement défaut. *Vous nous avez beaucoup manqué.* SYN. ⚜ s'ennuyer de.
Pour indiquer que l'on souffre de l'absence de quelqu'un, il importe de donner au verbe le bon sujet, c'est-à-dire la personne absente. *Vous m'avez manqué* (et non *je vous ai manqué). La construction fautive est un calque de l'anglais «*I missed you*» et a un sens différent en français. En effet, on présume que l'autre personne a souffert de notre absence, ce qui n'est pas nécessairement exact.
VERBE SEMI-AUXILIAIRE
Être sur le point de, faillir. *J'ai manqué (de) le frapper.* SYN. faillir.
L'emploi de la préposition ***de*** est de niveau plus relevé. Dans la langue courante, surtout oralement, l'omission de la préposition est plus fréquente.
VERBE IMPERSONNEL
Être en moins. *Il manque quelques livres dans la bibliothèque.*
VERBE PRONOMINAL
Se rater (en parlant de personnes qui devaient se rencontrer). *Ils se sont manqués de quelques minutes seulement.*
À la forme pronominale, le participe passé de ce verbe s'accorde toujours en genre et en nombre avec son sujet. *Elles se sont manquées à l'aéroport.*
LOCUTIONS
– ***Manquer à.*** Ne pas honorer. *Il a manqué à ses engagements.*
– ***Ne pas manquer de.*** Ne pas omettre, ne pas négliger. *« Transmettez-lui mes amitiés. – Je ne manquerai pas de le faire. »*
CONJUGAISON : VOIR MODÈLE AIMER.

MANSARDE n. f.
Pièce de comble avec un mur incliné. *Une charmante mansarde. Une pièce en mansarde avec vue sur les clochers de l'église.*
Ne pas confondre avec le nom ***masure,*** maison délabrée.

MANSARDÉ, ÉE adj.
Aménagé en mansarde. *Une chambre mansardée.*

MANSUÉTUDE n. f.
(LITT.) Indulgence. *Faites preuve de mansuétude : pardonnez-lui.* SYN. bonté.

MANTE n. f.
1. Cape. *Une mante de fourrure.*
2. Insecte carnassier. *La mante religieuse.*
HOM. ***menthe,*** herbe potagère, bonbon.

M

MANTEAU n. m. (pl. *manteaux*)
Vêtement porté par-dessus les autres vêtements pour se protéger des intempéries. *Des manteaux d'hiver.*

MANTILLE n. f.
Longue écharpe de dentelle. *À la chapelle du couvent, le port de la mantille était obligatoire.*

MANUCURE n. m. et f.
Personne dont le métier est de donner des soins de beauté aux mains, aux ongles.
FORME FAUTIVE
*faire un manucure. Anglicisme au sens de ***faire les ongles, manucurer.***
➾ manucure (et non *manicure).

MANUCURER v. tr.
Donner des soins aux ongles de quelqu'un, lui faire les ongles. *Elle s'est fait manucurer au salon de coiffure.*
CONJUGAISON : VOIR MODÈLE AIMER.

MANUEL, ELLE adj. et n. m.
ADJECTIF
Qui se fait avec les mains. *Un travail manuel.* ANT. intellectuel.
NOM MASCULIN
Ouvrage destiné à l'enseignement, guide. *Des manuels scolaires, des manuels de comptabilité, un manuel horticole.*
FORME FAUTIVE
*manuel de service. Anglicisme au sens de ***guide d'entretien.***

MANUELLEMENT adv.
Avec les mains. *Ces plantations se font manuellement.*

MANUFACTURE n. f.
1. Établissement industriel où le travail à la main est prédominant. *Une manufacture de porcelaine.*
2. (VIEILLI) Entreprise industrielle.
✎ En ce sens, le nom est vieilli ; cependant, le verbe ***manufacturer*** demeure courant ainsi que l'adjectif ***manufacturier.***

MANUFACTURER v. tr.
Faire subir une transformation industrielle à. *Produits manufacturés.*
CONJUGAISON : VOIR MODÈLE AIMER.

MANUFACTURIER, IÈRE adj. et n. m.
ADJECTIF
Relatif à l'industrie. *Les techniques manufacturières.*
NOM MASCULIN
(VIEILLI) Industriel, constructeur, fabricant.
✎ Si ce mot s'emploie couramment comme adjectif, le nom est par contre vieilli ; on lui préférera ***industriel, constructeur, fabricant,*** selon le cas.

MANU MILITARI loc. adv.
Le ***u*** se prononce ***u,*** [manymilitari] ; le premier mot rime avec ***nu.***
Expression latine signifiant « par la force militaire ». *Ils ont été expulsés* manu militari.
[T] En typographie soignée, les mots étrangers sont composés en italique. Dans des textes déjà en italique, la notation se fait en romain. Pour les textes manuscrits, on utilisera les guillemets.

MANUSCRIT, ITE adj. et n. m.
ADJECTIF
Écrit à la main. *Une lettre manuscrite.*
NOM MASCULIN
Abréviation ***ms.*** (s'écrit avec un point) ; au pluriel, ***mss*** (s'écrit sans point).
1. Texte écrit à la main. *Un manuscrit ancien.*
2. Texte original écrit, dactylographié. *Il faut remettre le manuscrit avant le 15 juin.*
➾ manuscrit.

MANUTENTION n. f.
Emballage, étiquetage, manipulation de marchandises.

MANUTENTIONNAIRE n. m. et f.
Personne chargée d'effectuer des opérations de manutention. *Il est manutentionnaire dans un magasin d'articles de cuisine.*

MANUTENTIONNER v. tr.
Manipuler des marchandises.
CONJUGAISON : VOIR MODÈLE AIMER.

***MAP**
Anglicisme pour ***carte*** (géographique).

MAPPEMONDE n. f.
Carte plane représentant le monde en deux hémisphères.
✎ Ne pas confondre avec ***globe terrestre,*** sphère représentant le monde.
➾ mappemonde.

MAQUEREAU n. m. (pl. *maquereaux*)
1. Poisson de mer dont la chair est appréciée. *Des maquereaux frais pêchés.*
2. (FAM.) Entremetteur. SYN. proxénète ; souteneur.

MAQUETTE n. f.
1. Modèle réduit.
2. (IMPRIM.) Représentation schématique d'une mise en pages. SYN. modèle.
✎ Ne pas confondre avec les noms suivants :
• ***canevas,*** plan, schéma d'un texte ;
• ***ébauche,*** première forme donnée à une œuvre ;
• ***esquisse,*** représentation simplifiée d'une œuvre destinée à servir d'essai.

MAQUETTISTE n. m. et f.
Personne chargée d'exécuter des maquettes. *Une maquettiste publicitaire.*
➾ maquettiste.

MAQUIGNON n. m.
Marchand de chevaux dont les défauts ont été dissimulés (souvent péjoratif).

MAQUIGNONNAGE n. m.
1. Manœuvres frauduleuses de maquignon.
2. (FIG.) Manœuvres douteuses.
➾ maquignonnage.

MAQUIGNONNER v. tr.
(PÉJ.) Traiter une affaire en employant des procédés de maquignon.
CONJUGAISON : VOIR MODÈLE AIMER.
➾ maquignonner.

MAQUILLAGE n. m.
1. Art de maquiller, de se maquiller.
2. Produits de beauté. *Agnès ne porte pas de maquillage.*
3. (FIG.) (PÉJ.) Action de cacher les défauts de quelque chose. *Le maquillage de la rouille d'une carrosserie.*

MAQUILLER v. tr., pronom.
VERBE TRANSITIF
1. Mettre en valeur le visage de quelqu'un. *Rita maquille Léa avec de la poudre et un peu de rouge à lèvres.*
2. (FIG.) Camoufler frauduleusement, déguiser. *Maquiller la vérité.* SYN. altérer ; cacher.
VERBE PRONOMINAL
Se farder. *Elle s'est maquillée légèrement. Elle s'est maquillé les yeux.*
À la forme pronominale, le participe passé de ce verbe s'accorde en genre et en nombre avec le complément direct si celui-ci le précède. *L'œil qu'elle s'est maquillé. Elles se sont maquillées outrageusement.* Le participe passé reste invariable si le complément direct suit le verbe. *Elle s'est maquillé les yeux.*

CONJUGAISON : VOIR MODÈLE AIMER.
Les lettres ***ill*** sont suivies d'un ***i*** à la première et à la deuxième personne du pluriel de l'indicatif imparfait et du subjonctif présent. *(Que) nous maquillions, (que) vous maquilliez.*

MAQUILLEUR n. m.
MAQUILLEUSE n. f.
Spécialiste du maquillage.

MAQUIS n. m.
1. Végétation touffue.
2. Lieu retiré. *Prendre le maquis corse.*
✏ maquis.

MARABOUT adj. et n. m.
ADJECTIF
⚜ Grincheux, irritable. *Attention à Luc, il est plutôt marabout ce matin.* SYN. (FAM.) grognon.
NOM MASCULIN
Oiseau échassier parent de la cigogne.
✏ marabout.

MARAÎCHAGE n. m.
Culture des légumes.
[Les *Rectifications* (1990) admettent : maraichage.]

MARAÎCHER n. m.
MARAÎCHÈRE n. f.
Personne qui fait la culture des légumes.
[Les *Rectifications* (1990) admettent : maraicher, maraichère.]

MARAÎCHER, ÈRE adj.
Relatif à la culture des légumes. *La culture maraîchère.*
[Les *Rectifications* (1990) admettent : maraicher, maraichère.]

MARAIS n. m.
Nappe d'eau stagnante de faible profondeur, envahie par la végétation aquatique (Recomm. off.).
⊶ Ne pas confondre avec les noms suivants :
• ***baissière,*** enfoncement d'une terre, d'un champ, retenant l'eau de pluie ;
• ***fondrière,*** terrain bas souvent envahi par l'eau et généralement bourbeux ;
• ***marécage,*** étendue de terrain imprégnée ou recouverte d'eau, occupée par une végétation surtout arbustive ;
• ***tourbière,*** formation végétale en terrain humide, résultant de l'accumulation de matières organiques partiellement décomposées.
LOCUTIONS
– ***Le Marais.*** Ancien quartier de Paris (IIIe et IVe arrondissements). *L'hôtel Carnavalet est situé dans le Marais.*
[T] En ce sens, le nom s'écrit avec une majuscule.
– ***Marais salant.*** Bassin aménagé au bord de la mer pour extraire le sel de l'eau de mer par évaporation.

MARASME n. m.
1. Accablement, apathie.
2. (FIG.) Ralentissement marqué, stagnation. *Le marasme économique.*

MARASQUIN n. m.
Liqueur de cerise.
✏ marasquin.

MARATHON n. m.
1. Course à pied sur route d'environ 40 km. *Le marathon de Montréal attire tous les ans de nombreux coureurs.*
2. (FIG.) Épreuve d'endurance, activité qui demande beaucoup de temps et d'énergie. *L'organisation de ce voyage a été un véritable marathon.*
✏ marathon.

MARATHONIEN, IENNE n. m. et f.
Personne qui participe à un marathon.
✏ marathonien.

MARÂTRE n. f.
(PÉJ.) Mauvaise mère.
✏ marâtre.

MARAUDAGE n. m.
1. Vol de fruits, de légumes encore attachés à la plante, à l'arbre.
2. ⚜ Activité syndicale de recrutement.

MARAUDE n. f.
Vol de produits de la terre avant leur récolte.
LOCUTION
– ***Taxi en maraude.*** À la recherche d'un client.

MARAUDER v. intr.
Voler des fruits, des légumes dans les jardins, les fermes.
CONJUGAISON : VOIR MODÈLE AIMER.

MARAUDEUR, EUSE n. m. et f.
Personne qui maraude. *Des maraudeurs malintentionnés.* SYN. (FAM.) chapardeur ; voleur.

MARBRE n. m.
Pierre calcaire très dure. *Des tables de marbre, en marbre. Un marbre de Carrare.*
LOCUTION
– ***Gravé, inscrit dans le marbre.*** (FIG.) Défini, établi de façon permanente. *Une décision inscrite dans le marbre.* SYN. irrémédiable.

MARBRER v. tr.
1. Marquer de veines pour donner l'apparence du marbre.
2. Faire des marques à. *Des joues marbrées par le froid.*
CONJUGAISON : VOIR MODÈLE AIMER.

MARBRURE n. f.
Imitation des veines du marbre. *Faire des marbrures sur une boiserie.*

MARC n. m.
👄 Le ***c*** ne se prononce pas, [mar] ; le nom rime avec ***mare.***
1. Résidu. *Marc de café.*
2. Eau-de-vie de marc de raisin. *Du marc de Bourgogne.*
✏ marc.

MARCASSIN n. m.
Petit du sanglier. *Les marcassins entourent la laie.*
VOIR TABLEAU – ANIMAUX.

MARCHAND n. m.
MARCHANDE n. f.
Personne qui fait profession d'acheter pour revendre avec bénéfice. *Le marchand de sapins fait de bonnes affaires en décembre.*

MARCHAND, ANDE adj.
Relatif au commerce. *Une rue marchande qui compte plusieurs magasins de vêtements.*
LOCUTIONS
– ***Galerie marchande.*** Galerie où se trouvent plusieurs établissements commerciaux.
– ***Marine marchande.*** Marine commerciale (paquebots, cargos), par opposition à ***marine de guerre.***
– ***Valeur marchande.*** Valeur commerciale d'un bien.

MARCHANDAGE n. m.
Action de marchander. SYN. négociation.

MARCHANDER v. tr.
Discuter le prix de quelque chose pour l'obtenir à meilleur compte. *Pour le principe, dans un marché, il faut toujours marchander un peu.* SYN. négocier.
CONJUGAISON : VOIR MODÈLE AIMER.

MARCHANDISAGE n. m.
Étude des problèmes de création, de présentation et de distribution des marchandises en fonction de l'évolution des besoins (Recomm. off.).

MARCHANDISE n. f.
Produit destiné à la vente. *Le prix d'une marchandise.* SYN. article.
FORME FAUTIVE
*livrer la marchandise. Calque de «*to deliver the goods*» pour ***remplir ses engagements, tenir ses promesses, tenir parole, être à la hauteur.***

MARCHE n. f.
1. Degré d'un escalier sur lequel on pose le pied pour monter ou descendre. *Attention à la marche!*
2. Action de marcher. *La marche est un excellent exercice. Des chaussures de marche.* SYN. promenade.
L'expression ***faire de la marche à pied,*** qui contient une répétition de mots dont le sens est identique, est maintenant passée dans l'usage, mais on peut lui préférer ***aller à pied, marcher.***
3. Action de marcher, considérée sous le rapport de l'allure, de la distance parcourue ou de la durée. *Les enfants sont allés faire* (et non *prendre) *une longue marche dans la campagne. Pour aller au village, il y a bien une heure de marche. Ils font de la marche rapide.*
4. (FIG.) Cours. *La marche des évènements.*
5. Cortège. *Marche militaire.*
LOCUTIONS
– ***Cadre de marche.*** Aide à la marche constituée de quatre montants tubulaires de métal léger reliés entre eux sur trois côtés par des barres horizontales, parfois munie de roulettes ou de patins sous les montants de devant, sur laquelle une personne prend appui durant la marche en la glissant, en la soulevant ou en la faisant rouler à chaque pas (GDT). SYN. déambulateur; ⚜ marchette.
– ***En marche.*** En fonctionnement. *Le train est en marche.*
Les termes ***marche, arrêt*** ont fait l'objet d'une recommandation officielle pour traduire les termes anglais «*on, off*».
– ***Marche à suivre.*** Manière de procéder pour effectuer une opération, pour atteindre un but.
FORME FAUTIVE
*prendre une marche. Anglicisme au sens de ***faire une promenade, une randonnée à pied, faire un tour, faire une petite, une longue marche.***

MARCHÉ n. m.
1. Lieu public où des marchandises sont offertes à la vente. *Le marché Jean-Talon.*
2. Contrat d'achat ou de vente. *Un marché forfaitaire, un marché clés en main. Marché conclu!*
3. État de l'offre et de la demande. *Le marché est à la hausse.*
4. Débouché. *Un marché trop étroit pour des produits spécialisés. Des études de marché.*
LOCUTIONS
– ***À bon marché,*** loc. adv. À bas prix. *Vendre à bon marché.*
– ***Bon marché,*** loc. adj. Peu coûteux. *Des vêtements bon marché* (et non *cheap).
Ces locutions sont invariables.
– ***Marché aux puces.*** Endroit où l'on vend de la brocante.
– ***Marché commun.*** Communauté européenne.
[T] Le nom ***marché*** s'écrit avec une majuscule dans cette désignation.
– ***Marché noir.*** Vente clandestine. *Ces cigarettes ont été achetées au marché noir.*
– ***Par-dessus le marché.*** En outre, de plus.

MARCHÉ INTERNATIONAL DU DISQUE ET DE L'ÉDITION MUSICALE
Sigle *MIDEM* (s'écrit avec ou sans points).

MARCHÉ INTERNATIONAL DU MULTIMÉDIA
Sigle *MIM* (s'écrit avec ou sans points).

MARCHEPIED n. m.
Marche ou suite de marches qui servent à monter dans un car, un train, etc.
marchepied, en un seul mot.

MARCHER v. intr.
1. Avancer sur ses pieds. *Elle marche trop vite pour moi. Ne marchez pas dans la rue, marchez plutôt sur le trottoir!*
On marche sur le trottoir, sur une route, sur un boulevard, dans la rue, dans la forêt, dans la campagne, le long d'un ruisseau, à travers champs.
2. Se déplacer, en parlant d'un véhicule. *Cette voiture marche à 100 km à l'heure.* SYN. aller; rouler.
3. Faire des progrès, avoir de bons résultats. *Les affaires ne marchent pas bien en ce moment.*
4. Fonctionner, en parlant d'un mécanisme, d'une machine, d'un organe. *Sa radio ne marche pas.*
5. (FAM.) Accepter. *Je ne marche pas : cette affaire est peu sûre. Je marche, c'est d'accord!* SYN. consentir.
En français, le verbe ***marcher*** est intransitif; il ne peut être suivi d'un complément de distance comme en anglais. *Bianca fait 2 km à pied* (et non *marche 2 km) *pour aller à l'école.*
LOCUTIONS
– ***Faire marcher quelqu'un.*** (FAM.) Faire croire quelque chose à quelqu'un pour rire, taquiner quelqu'un. SYN. rouler.
– ***Marcher comme sur des roulettes.*** Marcher très bien, progresser rapidement.
– ***Marcher sur les pas de quelqu'un.*** (FIG.) L'imiter, suivre son exemple. *Marcher sur les pas de son père.* SYN. suivre les traces de quelqu'un.
CONJUGAISON : VOIR MODÈLE AIMER.

MARCHETTE n. f.
⚜ (MÉD.) Dispositif de soutien composé d'un cadre monté sur roulettes et destiné aux personnes éprouvant des difficultés à marcher. *Elle recourt à une marchette pour se déplacer.* SYN. cadre de marche; déambulateur.

MARCHEUR, EUSE n. m. et f.
Personne qui marche, qui aime marcher. *C'est une grande marcheuse. De bons marcheurs.*

MARDI n. m.
Deuxième jour de la semaine. *Il doit les rencontrer le mardi 20 juin.*
[T] Les noms de jours s'écrivent avec une minuscule et prennent la marque du pluriel. *Je viendrai tous les mardis,* mais *je viendrai tous les mardi et vendredi de chaque semaine.* Attention à la construction de la dernière phrase où les noms de jours restent au singulier parce qu'il n'y a qu'un seul mardi et qu'un seul vendredi par semaine.
LOCUTION
– ***La fête du Mardi gras.*** Veille du mercredi des Cendres.
[T] Les noms de fêtes s'écrivent avec une majuscule au nom spécifique; l'adjectif qui suit s'écrit avec une minuscule.
VOIR – JOUR.

MARE n. f.
Petite étendue d'eau. *Trois petits canards se suivent dans la mare.*

MARÉCAGE n. m.
Étendue de terrain imprégnée ou recouverte d'eau, occupée par une végétation surtout arbustive (Recomm. off.). *Les oiseaux migrateurs apprécient les marécages.*
Ne pas confondre avec les noms suivants :
• ***baissière,*** enfoncement d'une terre, d'un champ, retenant l'eau de pluie;
• ***fondrière,*** terrain bas souvent envahi par l'eau et généralement bourbeux;
• ***marais,*** nappe d'eau stagnante de faible profondeur, envahie par la végétation aquatique;
• ***tourbière,*** formation végétale en terrain humide, résultant de l'accumulation de matières organiques partiellement décomposées.

MARÉCAGEUX, EUSE adj.
1. Où il y a des marécages. *Des terres marécageuses.*
2. Qui vit dans les marécages. *Une plante marécageuse.*
✏ marécageux.

MARÉCHAL n. m. (pl. *maréchaux*)
Officier militaire.

MARÉCHAL-FERRANT n. m. (pl. *maréchaux-ferrants*)
Artisan dont le métier est de ferrer les chevaux, les animaux de trait.

MARÉCHAUSSÉE n. f.
(PLAISANT.) Gendarmerie.
✏ maréchaussée.

MARÉE n. f.
Mouvement périodique des eaux de la mer qui montent et baissent chaque jour de façon régulière. *La marée est haute, tout à l'heure elle baissera. « Le crépuscule montait doucement comme une marée tranquille du fond du pâturage »* (Gabrielle Roy, *La Détresse et l'Enchantement*).
LOCUTIONS
– ***Contre vents et marées, contre vent et marée,*** loc. adv. (FIG.) Malgré tous les obstacles.
– ***Marée noire.*** (FIG.) Arrivée sur un rivage d'une nappe de pétrole répandue accidentellement.
– ***Raz de marée*** ou ***raz-de-marée.*** Vague immense qui déferle sur le rivage, généralement à la suite d'un tremblement de terre ou d'une éruption volcanique. *Des raz de marée, des raz-de-marée terrifiants.*
Ce nom masculin est invariable.

MARELLE n. f.
Jeu d'enfants qui consiste à pousser un caillou avec le bout du pied dans des cases tracées sur le sol. *Jouer à la marelle.*
✏ marelle.

MARÉMOTEUR, TRICE adj.
Actionné par l'énergie de la marée. *L'usine marémotrice de la Rance, en Bretagne.*

MARENGO adj. inv.
D'une couleur brun-rouge foncé, piqueté de blanc.
VOIR TABLEAU – COULEUR (ADJECTIFS DE).

MARGARINE n. f.
Graisse alimentaire. *Certaines personnes ont remplacé le beurre par de la margarine.*
✏ margarine.

MARGE n. f.
1. Espace blanc autour d'un texte. *Écrire des notes dans la marge.*
2. Intervalle de temps ou d'espace. *La marge de manœuvre est grande. Prévoir une marge d'erreur.*
LOCUTIONS
– ***En marge de,*** loc. prép. À l'écart, à l'extérieur de. *Ils vivent en marge de la société.*
– ***Marge bénéficiaire.*** Différence entre le prix de vente et le prix de revient.
– ***Marge brute d'autofinancement.*** Capacité d'autofinancement d'une entreprise dégagée au cours d'un exercice, par la différence entre ses recettes courantes et ses dépenses courantes. Sigle ***MBA*** (s'écrit avec ou sans points). *La marge brute d'autofinancement* (et non le *cash-flow) *est satisfaisante.*

MARGELLE n. f.
Rebord d'un puits.

MARGINAL, ALE, AUX adj. et n. m. et f.
ADJECTIF
1. Inscrit dans la marge. *Une annotation marginale.*
2. Accessoire. *Jouer un rôle marginal.* SYN. secondaire.
NOM MASCULIN ET FÉMININ
Personne vivant en marge de la société. *Des marginaux.* SYN. anticonformiste.

MARGINALEMENT adv.
De façon marginale.

MARGINALISER v. tr., pronom.
VERBE TRANSITIF
Mettre en marge. *Cette prise de position extrémiste risque de la marginaliser.*
VERBE PRONOMINAL
Devenir marginal. *Un mouvement extrémiste qui s'est marginalisé.*
À la forme pronominale, le participe passé de ce verbe s'accorde toujours en genre et en nombre avec son sujet. *Par leurs excès, ces manifestants se sont marginalisés.*
CONJUGAISON : VOIR MODÈLE AIMER.

MARGINALITÉ n. f.
Caractère de ce qui est marginal.

MARGOULETTE n. f.
(FAM.) Mâchoire. *Attention de ne pas te casser la margoulette avec tes patins à roulettes !*
Ne pas confondre avec le nom ***gargoulette,*** vase poreux où l'eau se conserve fraîche.

MARGUERITE n. f.
Fleur blanche à cœur jaune. *Un bouquet de marguerites.*

MARGUILLIER ou **MARGUILLER** n. m.
MARGUILLIÈRE ou **MARGUILLÈRE** n. f.
Membre du conseil d'une paroisse.

MARI n. f.
Abréviation familière de ***marihuana.*** *Fumer de la mari.*

MARI n. m.
Homme uni à une femme par mariage.
Les noms ***époux, épouse*** sont réservés au style administratif. On présente son ***mari,*** sa ***femme*** (et non son *époux, son *épouse).
HOM. ***marri,*** qui qualifie une personne désolée, fâchée.

MARIAGE n. m.
1. Union légitime de deux personnes. *Un mariage civil, religieux. Un acte de mariage. Un contrat de mariage. « C'est cela le mariage, la même peur partagée, le même besoin d'être consolé, la même vaine caresse dans le noir »* (Anne Hébert, *Kamouraska*).
2. La cérémonie du mariage. *Assister à un mariage.* SYN. noce.
3. État d'une personne mariée, d'un couple marié. *Aujourd'hui, peu de jeunes optent pour le mariage.* ANT. célibat.
4. (FIG.) Rapprochement. *Le mariage des couleurs.* SYN. harmonie ; mélange.

MARIAL, IALE, IALS ou **IAUX** adj.
Consacré à la Vierge. *Une année mariale.*

MARIÉ, ÉE adj. et n. m. et f.
Qui est uni à une autre personne par le mariage. *Des jeunes mariés.* ANT. célibataire.

MARIE-LOUISE n. f. (pl. *maries-louises*)
Bordure de carton biseauté dont on encadre un dessin, une image, une photographie et qui est fixée sur le bord intérieur d'un cadre. *Des maries-louises ivoire mettront en valeur ces aquarelles aux teintes douces.* SYN. passe-partout.

MARIER v. tr., pronom.
VERBE TRANSITIF
1. Unir par le mariage. *Elle a marié sa fille à un médecin, avec un médecin.*
Le complément se construit avec les prépositions ***à, avec.*** *Marier quelqu'un à ou avec quelqu'un.*
2. ⚜ (FAM.) Épouser. *Elle a marié son ami d'enfance.*
Le verbe se conjugue avec l'auxiliaire ***avoir*** pour marquer l'action, l'auxiliaire ***être*** pour marquer l'état. *Ils sont mariés depuis 20 ans. Elle est mariée à un pharmacien.*
VERBE PRONOMINAL
Épouser. *Elle s'est mariée avec un ami d'enfance.*

M

M

À la forme pronominale, le participe passé de ce verbe s'accorde toujours en genre et en nombre avec son sujet. *Ils se sont mariés en 1971.*
CONJUGAISON : VOIR MODÈLE ÉTUDIER.

MARIEUR, IEUSE n. m. et f.
(FAM.) Personne qui aime à s'entremettre pour favoriser des mariages.

MARIHUANA ou **MARIJUANA** n. f.
Le ***h*** se prononce ***r*** et le ***u*** se prononce ***ou***, ou le ***h*** se prononce ***j*** et le ***u*** se prononce ***u***, [marirwana, mariʒɥana].
S'abrège familièrement en ***mari***.
Chanvre indien employé comme drogue. *Fumer de la marihuana.*

MARIN n. m.
Personne dont la profession est de naviguer. *« Marin d'eau douce ! » crie le capitaine Haddock.*
Ce nom n'a pas de forme féminine. *Florence ferait un bon marin.*

MARIN, INE adj.
ADJECTIF
Qui se rapporte à la mer. *Des monstres marins, du sel marin, une brise marine.*
Ne pas confondre avec les mots suivants :
- ***aquatique***, qui se rapporte à l'eau, qui vit dans l'eau ;
- ***aqueux***, qui contient de l'eau ;
- ***maritime***, relatif à la navigation en mer ;
- ***nautique***, relatif à la navigation de plaisance.

ADJECTIF DE COULEUR INVARIABLE
Bleu foncé. *Des vestes marine, des tricots bleu marine.*
VOIR TABLEAU – COULEUR (ADJECTIFS DE).
L'adjectif de couleur simple ou composé est invariable et s'écrit sans trait d'union.

MARINA n. f. (pl. *marinas*)
Port de plaisance où sont amarrés voiliers et petits bateaux. *Des marinas à l'abri du vent.*

MARINADE n. f.
1. Mélange pour faire mariner. *Laissez tremper toute la nuit dans cette marinade.*
2. Aliment mariné. *Prendrez-vous quelques marinades ou quelques crudités ?*

MARINE n. f.
1. Art de la navigation sur mer.
2. Ensemble des marins et des navires d'un pays. *La marine marchande de Grèce.*

MARINER v. tr., intr.
VERBE TRANSITIF
Faire macérer (de la viande, des poissons, etc.) dans une marinade.
VERBE INTRANSITIF
Baigner dans une marinade, en parlant d'un aliment.
CONJUGAISON : VOIR MODÈLE AIMER.

MARINGOUIN n. m.
Insecte piqueur. *Au printemps, il y a beaucoup de maringouins dans l'île. « À bout de souffle, encerclé par un nuage de maringouins, Pierre-Louis agrippa des deux mains le ruban vermillon et le colla amoureusement sur son visage »* (Robert Lalonde, *Où vont les sizerins flammés en été?*). *« Il doit bien y avoir quelques moustiques sur ces terrains humides... Oh, nous retirons un revenu appréciable de l'élevage intensif du maringouin ! »* (Pierre Morency, *Lumière des oiseaux*). SYN. moustique.
Le terme ***maringouin*** a été « emprunté par les marins français au tupi-guarani, famille de langues amérindiennes autrefois parlées sur les côtes brésiliennes ». « Au Québec, ***moustique*** est le terme qui s'impose de plus en plus dans la langue soutenue, en particulier à l'écrit » (GDT).
maring**ouin**.

MARINIER n. m.
MARINIÈRE n. f.
Personne dont la profession est de naviguer sur les fleuves, les rivières, les canaux.

MARINIÈRE n. f.
Corsage très ample. *Les élèves portaient des marinières bleu pervenche.*
LOCUTION
– ***À la marinière.*** Au vin blanc. *Des moules (à la) marinière.*
Dans cet emploi, le nom est invariable.

MARIOL ou **MARIOLE** ou **MARIOLLE** adj. et n. m. et f.
(FAM.) Malin.
LOCUTION
– ***Faire le mariolle.*** Faire le malin. *Ne fais pas le mariolle !*

MARIONNETTE n. f.
Petite figure qu'on fait mouvoir à l'aide de la main ou de fils. *Pépinot et Capucine ont été les marionnettes préférées de notre enfance.*
mario**nnette**.

MARIONNETTISTE n. m. et f.
Personne qui manœuvre des marionnettes.
mario**nnettiste**.

MARITAL, ALE, AUX adj.
(DR.) Qui appartient au mari. *Des droits maritaux.*
FORME FAUTIVE
*statut marital. Calque de «*marital status*» pour ***situation de famille.***

MARITALEMENT adv.
(DR.) Comme mari et femme. *Vivre maritalement.*

MARITIME adj.
1. Relatif à la navigation en mer. *Un chantier maritime.*
2. Qui est au bord de la mer. *Un pin maritime. Les provinces maritimes. Un climat maritime.*
Les plantes maritimes se trouvent dans le voisinage de la mer, alors que les plantes marines vivent dans la mer (ex. : les algues).
LOCUTION
– ***Les Maritimes.*** Provinces canadiennes de la Nouvelle-Écosse, du Nouveau-Brunswick et de l'Île-du-Prince-Édouard.
Pour inclure la province de Terre-Neuve, on emploie l'expression ***provinces de l'Atlantique***.
Ne pas confondre avec les mots suivants :
- ***aquatique***, qui se rapporte à l'eau, qui vit dans l'eau ;
- ***aqueux***, qui contient de l'eau ;
- ***marin***, qui se rapporte à la mer ;
- ***nautique***, relatif à la navigation de plaisance.

MARIVAUDAGE n. m.
Badinage galant. *Le marivaudage du Grand Siècle devait être fort agréable.*
mariv**au**dage.

MARIVAUDER v. intr.
Faire du marivaudage. *Si nous bavardions et marivaudions un peu, ce serait agréable, ne pensez-vous pas ?*
CONJUGAISON : VOIR MODÈLE AIMER.

MARJOLAINE n. f.
Herbe aromatique.

MARK n. m. (pl. *marks*)
Ancienne unité monétaire de l'Allemagne et de la Finlande. *C'est l'euro qui a remplacé le deutsche mark et le mark finlandais.*
Certains auteurs considèrent ce mot comme invariable.
VOIR TABLEAU – SYMBOLES DES UNITÉS MONÉTAIRES.

MARKETING n. m.
1. Stratégie de l'entreprise axée sur la satisfaction des besoins du consommateur. *Les quatre P du marketing : le prix, le produit, la publicité, la place.*

☞ Ne pas confondre avec le nom ***commercialisation,*** dont le sens est plus restreint : ensemble des activités commerciales d'une entreprise.
☞ Plusieurs équivalents ont été proposés en remplacement de cet emprunt à l'américain : ***marchéage, mercatique,*** mais l'usage ne les a pas retenus.
2. (EN APPOS.) Qui a les caractéristiques du marketing. *Une approche marketing.*
☞ En apposition, le nom s'écrit sans trait d'union et il est invariable.
[Les *Rectifications* (1990) admettent : markéting.]

MARKKA n. m. (pl. *markkaa*)
Mark finlandais.
VOIR TABLEAU – SYMBOLES DES UNITÉS MONÉTAIRES.

MARMAILLE n. f.
(FAM.) Ensemble bruyant de jeunes enfants.

MARMELADE n. f.
Fruits cuits avec du sucre. *De la marmelade d'oranges.*
☞ Le complément se met généralement au pluriel.
LOCUTION
– ***En marmelade.*** (FIG.) En piteux état. *J'ai les jambes en marmelade après cette course.* SYN. en compote.
✏ marme**l**ade.

MARMITE n. f.
Récipient fermé d'un couvercle et muni d'anses où l'on fait cuire des aliments. *Il y a un bon pot-au-feu dans la marmite.*
VOIR – CASSEROLE.
✏ marmi**t**e.

MARMITON n. m.
Aide-cuisinier. *Les marmitons s'affairaient à couper les légumes.*

MARMONNEMENT n. m.
Murmure difficile à comprendre. *Ses marmonnements m'exaspèrent : je ne comprends pas ce qu'il dit.* SYN. bredouillage.

MARMONNER v. tr.
Prononcer à mi-voix des paroles confuses, souvent avec colère.
☞ Ne pas confondre avec les mots suivants :
• ***chuchoter,*** dire à voix basse à l'oreille de quelqu'un ;
• ***marmotter,*** parler entre ses dents ;
• ***murmurer,*** prononcer à mi-voix des paroles confuses, surtout pour se plaindre ou protester ;
• ***susurrer,*** dire d'une voix ténue.
CONJUGAISON : VOIR MODÈLE AIMER.

MARMORÉEN, ENNE adj.
(FIG.) (LITT.) De marbre. *Un teint marmoréen.*

MARMOT n. m.
(FAM.) Petit enfant. *Des marmots jouaient dans le parc.*
☞ Ce nom ne s'emploie qu'au masculin, ***marmotte*** ayant un tout autre sens.
✏ marm**ot**.

MARMOTTE n. f.
Rongeur qui passe l'hiver en hibernation. *Dormir comme une marmotte.*
VOIR TABLEAU – ANIMAUX.

MARMOTTER v. tr.
Parler entre ses dents. *Qu'est-ce que tu marmottes ? Articule mieux pour qu'on puisse te comprendre.* SYN. bredouiller.
☞ Ne pas confondre avec ***marmonner,*** prononcer à mi-voix des paroles confuses, souvent avec colère.
CONJUGAISON : VOIR MODÈLE AIMER.
✏ marmo**tt**er.

MAROCAIN, AINE adj. et n. m. et f.
Du Maroc. *Le drapeau marocain. Un Marocain, une Marocaine.*
[T] L'adjectif s'écrit avec une minuscule ; le nom, avec une majuscule.
HOM. ***maroquin,*** cuir de chèvre ou de mouton.
✏ maro**cain**.

MAROQUIN n. m.
Cuir de chèvre ou de mouton. *Un beau portefeuille en maroquin.*
HOM. ***marocain,*** du Maroc.
✏ maro**quin**.

MAROQUINAGE n. m.
Préparation du cuir à la façon du maroquin.
✏ maro**quin**age.

MAROQUINERIE n. f.
1. Préparation du maroquin.
2. Articles de cuir fin (sacs à main, portefeuilles, etc.).
3. Commerce des articles de maroquinerie. *On vend de jolis sacs dans cette maroquinerie.*
✏ maro**quin**erie.

MAROQUINIER n. m.
MAROQUINIÈRE n. f.
Personne qui fabrique ou vend des articles de maroquinerie.
✏ maro**quin**ier.

MAROTTE n. f.
(FIG.) Ce qui fait l'objet d'un goût excessif, maniaque. *« Lancé sur sa marotte que l'enfant n'était pas fait pour convenir à l'école, mais que l'école devait convenir à l'enfant […], il pouvait monologuer pendant des heures »* (Gabrielle Roy, *La Détresse et l'Enchantement*). SYN. dada ; idée fixe ; manie.

MARQUAGE n. m.
Action de marquer. *Le marquage des bêtes d'un troupeau. Le marquage génétique.*

MARQUANT, ANTE adj.
Mémorable. *Une date marquante.* SYN. remarquable.

MARQUE n. f.
1. Signe particulier. *Faire une marque au crayon.*
2. Trace, empreinte. *La marque d'un pneu sur le sol.*
LOCUTIONS
– ***De marque.*** De qualité supérieure, de prestige. *Une image de marque.*
– ***Marque de fabrication, de commerce.*** Label servant à distinguer les produits d'une entreprise, d'un commerce.
– ***Marque déposée.*** Certaines marques de fabrique, de commerce font l'objet d'un dépôt légal afin de protéger la propriété du déposant et de lui en réserver l'exclusivité. D'une façon générale, ces marques sont invariables et s'écrivent avec une majuscule initiale. *Des voitures Peugeot.*
[T] Certaines désignations sont d'un emploi tellement courant qu'elles sont devenues des noms communs ; elles s'écrivent avec une minuscule et prennent la marque du pluriel. *Des camemberts, des champagnes, des aspirines, des vinyles.*
[T] Les titres d'œuvres littéraires, musicales, artistiques, etc., sont suivis du symbole © (copyright) pour marquer leur dépôt légal ; les marques déposées peuvent être nominales (nom patronymique, dénomination de fantaisie, etc.) ou figuratives (dessin, logo, etc.).

MARQUÉ, ÉE adj.
1. Qui porte une marque. *Des taies d'oreiller marquées d'une initiale brodée.*
2. Qui apparaît clairement. *Des progrès marqués.* SYN. apparent ; net ; prononcé.
3. Accentué. *Des traits marqués.* SYN. accusé.

4. (LING.) Qui dénote un usage particulier, par opposition à un terme neutre. *Le nom* souvenance, *qui est vieux ou littéraire, est un terme marqué par rapport au nom courant* souvenir.

MARQUE-PAGE n. m. (pl. *marque-pages*)
Signet qui sert à retrouver une page dans un livre.

MARQUER v. tr., intr.
VERBE TRANSITIF
1. Faire une marque, noter par écrit. *Marquer les articles d'un trait. As-tu marqué son numéro de téléphone dans ton répertoire ?* SYN. indiquer ; signaler.
2. Laisser une trace. *Ce verre a marqué la table.*
3. Faire connaître, exprimer. *Marquer sa reconnaissance, de l'intérêt.* SYN. manifester ; témoigner.
4. Réussir. *Marquer un but, un essai.*
5. Influencer. *Ton parrain t'a beaucoup marquée.*
VERBE INTRANSITIF
Laisser une marque. *Cette atmosphère familiale a marqué.*
CONJUGAISON : VOIR MODÈLE AIMER.

MARQUETERIE n. f.
Le premier *e* se prononce *e* ou *è*, [markətri] ou [markɛtri].
Assemblage décoratif de petites pièces de bois. *Un parquet en marqueterie.*
[Les *Rectifications* (1990) admettent : marquèterie.]

MARQUEUR, EUSE n. m. et f.
NOM MASCULIN ET FÉMININ
(SPORTS) Joueur qui marque un but, un essai, etc. *C'est un bon marqueur.*
NOM MASCULIN
Gros crayon-feutre. *Inscris ton adresse sur le colis avec un marqueur vert.*

MARQUE-VERRE n. m. (pl. *marque-verres*)
Petit objet aux formes ou aux couleurs distinctives que l'on fixe sur les verres des invités afin que ceux-ci puissent les retrouver facilement tout au long de la réunion, de la soirée. *Les marque-verres de Fanny et de Laurence sont ingénieux.*

MARQUIS, ISE n. m. et f.
NOM MASCULIN ET FÉMININ
Titre de noblesse venant entre celui de duc et celui de comte.
NOM FÉMININ
1. Femme d'un marquis.
2. Auvent.

MARRAINE n. f.
Personne qui tient un enfant (son filleul, sa filleule) lors du baptême et qui, dans une certaine mesure, en demeure responsable. *Elle est la marraine de Fanny.*
marraine.

MARRANT, ANTE adj. et n. m. et f.
(FAM.) Amusant. *Ce clown est très marrant.* SYN. comique ; drôle ; (FAM.) rigolo.

MARRE adv.
– ***En avoir marre.*** (FAM.) Ne plus pouvoir supporter. *Elles en ont marre.* SYN. en avoir assez ; (FAM.) en avoir ras le bol.
Le mot ne s'emploie que dans cette locution.

MARRER (SE) v. pronom.
(FAM.) S'amuser. *Ils se sont bien marrés.* SYN. rigoler ; rire.
Le participe passé de ce verbe, qui n'existe qu'à la forme pronominale, s'accorde toujours en genre et en nombre avec son sujet. *Nous nous sommes bien marrés hier.*
CONJUGAISON : VOIR MODÈLE AIMER.

MARRI, IE adj.
(LITT.) (VX) Désolé, fâché.
HOM. ***mari,*** homme uni à une femme par le mariage.

MARRON adj. et n. m.
NOM MASCULIN
Fruit comestible du châtaignier. *Des marrons glacés.*
Dans la langue de la cuisine, on utilise le mot ***marron*** plutôt que ***châtaigne.***
ADJECTIF DE COULEUR INVARIABLE
De la couleur brune du marron. *Des chaussures marron clair, des gants marron foncé.*
VOIR TABLEAU – COULEUR (ADJECTIFS DE).
ADJECTIF
Qui exerce illégalement une profession. *Des avocats marrons.*
LOCUTION
– ***Tirer les marrons du feu.*** Mener à bien une affaire dont une autre personne tirera profit.

MARRONNIER n. m.
Arbre qui produit les marrons. *Les marronniers sont en fleur.*
marronnier.

MARS n. m.
Troisième mois de l'année. *Les 28 et 29 mars.*
Les noms de mois s'écrivent avec une minuscule.
VOIR TABLEAU – DATE.

***MARSHMALLOW**
Anglicisme pour ***guimauve.***

MARSOUIN n. m.
Mammifère cétacé voisin du dauphin.

MARSUPIAL, IALE, IAUX adj. et n. m. pl.
ADJECTIF
Qui se rapporte à la poche ventrale des marsupiaux.
NOM MASCULIN PLURIEL
Ordre de mammifères dont les femelles ont une poche ventrale où se tiennent les petits après la naissance. *Le kangourou appartient à l'ordre des marsupiaux.*

MARTE
VOIR – MARTRE.

MARTEAU adj. inv. en genre et n. m. (pl. *marteaux*)
NOM MASCULIN
Outil composé d'une masse de métal et d'un manche pour frapper, enfoncer.
ADJECTIF INVARIABLE EN GENRE
(FAM.) Un peu fou. *Elles sont marteaux.* SYN. (FAM.) cinglé ; (FAM.) maboul.

MARTEAU-PILON n. m. (pl. *marteaux-pilons*)
Marteau mécanique. *Des marteaux-pilons bruyants.*

MARTEL n. m.
– ***Se mettre martel en tête.*** S'inquiéter. *Elles se mettent martel en tête.*
Le mot ne s'emploie que dans cette locution où il reste invariable.

MARTELAGE n. m.
Action de marteler. *Le martelage du forgeron.*
martelage.

MARTÈLEMENT n. m.
Chocs répétés régulièrement, analogues à ceux du marteau sur l'enclume.
martèlement.

MARTELER v. tr.
1. Façonner à coups de marteau. *Il martèle un gobelet de cuivre.*
2. Détacher chaque syllabe, chaque son en articulant vigoureusement. *Le ministre martèle les objectifs du parti avec conviction.*
CONJUGAISON : VOIR MODÈLE CONGELER.
Le ***e*** se change en ***è*** devant une syllabe contenant un ***e*** muet. *Il martèle,* mais *il martelait.*
marteler.

MARTIAL, IALE, IAUX adj.
Le *t* se prononce *s*, [marsjal] ; le mot rime avec ***partial***.
(LITT.) Relatif à la guerre ; militaire. *Air de musique martiale.*
LOCUTION
– ***Arts martiaux.*** Sports de combat d'origine asiatique tels le judo, le karaté.

MARTIEN, IENNE adj. et n. m. et f.
ADJECTIF
De la planète Mars. *Le sol martien.*
NOM MASCULIN ET FÉMININ
Habitant imaginaire de Mars. *Les Martiens envahissent la Terre !*
L'adjectif s'écrit avec une minuscule ; le nom, avec une majuscule.

MARTINGALE n. f.
1. Demi-ceinture placée à la taille d'un manteau, d'un costume.
2. Combinaison fondée sur les probabilités destinée à accroître les gains au jeu.
martingale.

MARTINIQUAIS, AISE adj. et n. m. et f.
De la Martinique. *Une danse martiniquaise. Un Martiniquais, une Martiniquaise.*
L'adjectif s'écrit avec une minuscule ; le nom, avec une majuscule.

MARTIN-PÊCHEUR n. m. (pl. *martins-pêcheurs*)
Oiseau passereau au plumage coloré, à bec long, qui se nourrit de petits poissons qu'il attrape en plongeant. *Les martins-pêcheurs ont un riche plumage.*

MARTRE ou **MARTE** n. f.
Animal apprécié pour son pelage brun.

MARTYR, YRE n. m. et f.
NOM MASCULIN ET FÉMININ
Personne qui a subi la torture, que l'on maltraite et tue. *Ces enfants sont des martyrs de la guerre. Sainte Cécile, patronne des musiciens, a été une martyre romaine.*
NOM MASCULIN
Supplice, grande souffrance. *Souffrir le martyre.*
Attention à l'orthographe de ce deuxième sens : martyr*e*, un ***e*** final.
martyr.

MARTYRISER v. tr.
Faire souffrir, maltraiter, tuer. *Les premiers chrétiens ont été martyrisés.* SYN. supplicier.
CONJUGAISON : VOIR MODÈLE AIMER.
martyriser.

MARTYROLOGE n. m.
Liste des martyrs.
martyrologe.

MARXISME n. m.
Doctrine philosophique, sociale et économique de Karl Marx sur laquelle repose le communisme.

MARXISTE adj. et n. m. et f.
Adepte du marxisme.

MAS n. m.
Le *s* se prononce ou non, [mɑs, mɑ].
Demeure provençale.

MASCARADE n. f.
1. Déguisement. *La mascarade de l'Halloween.*
2. (FIG.) Parade ridicule. *Les mascarades des campagnes électorales.*

MASCARPONE n. m. (pl. *mascarpones*)
Le nom rime avec ***francophone***, [maskarpɔn].
Fromage de lait de vache, très crémeux. *Le tiramisu est composé de couches alternées de mascarpone et de biscuits imbibés de café.*

MASCOTTE n. f.
Fétiche, porte-bonheur. *Ce toutou est la mascotte de la classe.*

MASCULIN, INE adj. et n. m.
ADJECTIF
1. Qui a les caractères de l'homme. *Pedro a une voix masculine.*
2. Qui est propre à l'homme, au mâle. *Un enfant de sexe masculin.*
NOM MASCULIN
(GRAMM.) Un des genres grammaticaux de la langue française qui s'applique aux noms d'êtres animés mâles et à de nombreux noms d'êtres inanimés. *Les mots* frère, romancier, cheval, renard *sont des noms d'êtres animés qui ont le masculin pour genre. Les mots* pont, crayon *et* ballon *sont des noms d'êtres inanimés dont le genre est le masculin.*
VOIR TABLEAU – GENRE.

MASCULINISATION n. f.
Action de masculiniser ; son résultat.

MASCULINISER v. tr., pronom.
VERBE TRANSITIF
1. Donner un aspect viril, un caractère masculin. SYN. viriliser. ANT. efféminer.
2. (MÉD.) Provoquer l'apparition de caractères sexuels masculins. ANT. féminiser.
VERBE PRONOMINAL
1. Acquérir un caractère masculin.
2. Devenir majoritairement masculin, en parlant d'une profession, d'un métier, d'un secteur d'activité. ANT. se féminiser.
À la forme pronominale, le participe passé de ce verbe s'accorde toujours en genre et en nombre avec son sujet. *Cette profession s'est masculinisée.*
CONJUGAISON : VOIR MODÈLE AIMER.

MASCULINITÉ n. f.
Caractère masculin.

***MASKING TAPE**
Anglicisme pour ***ruban-cache.***

MASKINONGÉ n. m.
Poisson d'eau douce de la famille du brochet. *Les maskinongés mesurent de 70 à 120 cm.*
Cet amérindianisme d'origine algonquienne est attesté en français depuis la fin du XVIIe siècle.

MASOCHISME n. m.
Perversion qui fait éprouver du plaisir à souffrir.
Ne pas confondre avec le nom ***sadisme***, perversion qui fait éprouver du plaisir à faire souffrir.

MASOCHISTE adj. et n. m. et f.
Abréviation familière ***maso*** (s'écrit sans point).
Qui relève du masochisme.

MASQUE n. m.
1. Appareil de protection du visage. *Masque d'oxygène, de soudeur, de plongée.*
2. Objet, tissu dont on se couvre le visage pour se déguiser. *Un masque de sorcière.*
LOCUTIONS
– ***Masque antigaz.*** Cette expression est à préférer à ***masque à gaz.***
– ***Poser le masque.*** (FIG.) Cesser de feindre. *Le jeu a assez duré, tu peux poser le masque.*

MASQUÉ, ÉE adj.
Qui porte un masque. *Un voleur masqué.*
LOCUTION
– ***Bal masqué.*** Bal où l'on va déguisé et masqué.

MASQUER v. tr.
1. Dissimuler derrière un masque. *À Venise, les belles dames étaient masquées lors du carnaval.*
2. (FIG.) Dissimuler sous de fausses apparences. *Masquer une fraude.*

Ne pas confondre avec les verbes suivants :
• ***cacher,*** dissimuler ;
• ***celer,*** tenir quelque chose secret ;
• ***déguiser,*** dissimuler sous une apparence trompeuse ;
• ***taire,*** ne pas révéler ce que l'on n'est pas obligé de faire connaître ;
• ***voiler,*** cacher sous des apparences.

CONJUGAISON : VOIR MODÈLE AIMER.

MASSACRANT, ANTE adj.
– ***Humeur massacrante.*** Humeur maussade. SYN. mauvaise humeur ; humeur de chien.
Le mot s'emploie surtout dans cette locution.
Ne pas confondre avec le participe présent invariable ***massacrant.*** *Les curieux regardaient impuissants les lions massacrant leur proie.*

MASSACRE n. m.
1. Meurtre d'un grand nombre d'êtres vivants. *Cette guerre a entraîné d'horribles massacres.*
2. (FAM.) Gâchis. *Cette interprétation a été un massacre.*
Ne pas confondre avec les noms suivants :
• ***carnage,*** massacre d'hommes ou d'animaux ;
• ***hécatombe,*** grande masse de personnes tuées, surtout au figuré ;
• ***tuerie,*** action de tuer sauvagement.

MASSACRER v. tr.
1. Tuer un grand nombre de personnes avec sauvagerie. *Cette peuplade a été massacrée.* SYN. assassiner.
2. (FIG.) Détruire. *Ces opposants ont massacré notre projet.* SYN. démolir ; saboter.

CONJUGAISON : VOIR MODÈLE AIMER.

MASSAGE n. m.
Action de masser. *Un massage facial. Un massage suédois.*

MASSE n. f.
1. Grand nombre. *Une masse d'élèves a choisi, ont choisi l'excursion en ski.*
Si le sujet du verbe est un collectif précédé du déterminant indéfini ***un, une*** et suivi d'un complément au pluriel, le verbe se met au singulier lorsque l'auteur veut insister sur le tout, l'ensemble ; au pluriel, s'il veut insister sur la pluralité, la multiplicité. Si le sujet du verbe est un collectif précédé du déterminant défini (***le, la***), d'un déterminant possessif (***mon, ma, ton, ta, son, sa***), d'un déterminant démonstratif (***ce, cette***) et s'il est suivi d'un complément au pluriel, le verbe se met généralement au singulier. *La masse des délégués a élu le candidat Desprès.*

VOIR TABLEAU – COLLECTIF.

2. Quantité de matière d'un corps. *Le kilogramme est une unité de masse.*
3. Gros marteau de fer.

LOCUTION
– ***Média de masse.*** Moyen de communication et d'information destiné au grand public.

MASSEPAIN n. m.
Pâtisserie composée d'amandes, de sucre et de blancs d'œufs.

MASSER v. tr., pronom.

VERBE TRANSITIF
1. Disposer par masses. *Masser des troupes près des frontières.* SYN. grouper ; rassembler ; réunir.
2. Pétrir différentes parties du corps avec les mains pour assouplir les tissus, les articulations, etc. *Se faire masser procure une immense détente.* SYN. frotter.

VERBE PRONOMINAL
1. Se grouper, en parlant d'un grand nombre de personnes. *La foule s'est massée devant l'immeuble en feu.*
2. Se frotter une partie du corps. *Elle se massait la cheville pour atténuer la douleur.*
À la forme pronominale, le participe passé de ce verbe s'accorde avec le complément direct si celui-ci le précède. *La tempe qu'il s'est massée était douloureuse. Les spectateurs se sont massés devant l'orchestre improvisé.* Le participe passé reste invariable si le complément direct suit le verbe. *Ils se sont massé les pieds.*

CONJUGAISON : VOIR MODÈLE AIMER.

MASSEUR n. m.
MASSEUSE n. f.
Personne dont la profession est de faire des massages.

MASSICOT n. m.
Machine destinée à couper le papier.
massicot.

MASSIF n. m.
1. Ensemble montagneux non orienté qui se dégage du relief environnant (Recomm. off.).
Ne pas confondre avec les noms suivants :
• ***butte,*** petite colline ;
• ***colline,*** relief d'élévation modérée aux versants généralement en pente douce ;
• ***mont,*** importante élévation se détachant du relief environnant ;
• ***montagne,*** relief élevé aux versants raides, occupant une grande superficie et appartenant à un système ;
• ***monticule,*** petite élévation du sol ;
• ***pic,*** sommet rocheux aux flancs escarpés.
2. Bosquet. *Des massifs de fleurs. « Les insectes bourdonnaient gaiement en voletant de massif en massif »* (Gabrielle Roy, *La Détresse et l'Enchantement*).

MASSIF, IVE adj.
1. Lourd, épais. *Des traits massifs.* SYN. gros.
2. Plein. *De l'or massif.*
3. En grandes quantités. *Des doses massives d'antibiotiques sont venues à bout de sa maladie.*

MASSIVEMENT adv.
D'une manière massive.

***MASS MEDIA**
Anglicisme pour ***média de masse.***

MASSOTHÉRAPEUTE n. m. et f.
Personne qui donne des soins thérapeutiques corporels tels que massages et traitements (compresses, exposition aux lampes à infrarouge ou à rayons ultraviolets, bains à remous, etc.) en vue de corriger les troubles physiques du corps humain (GDT).

MASSOTHÉRAPIE n. f.
Emploi thérapeutique du massage (GDT).

MASSUE n. f.
Bâton noueux servant à assommer.

LOCUTIONS
– ***Argument massue.*** (FIG.) Argument très percutant. *Il lui servit des arguments massue qui la laissèrent sans réplique.*
Mis en apposition, le mot ***massue*** reste invariable.
– ***Coup de massue.*** (FIG.) Évènement imprévu qui accable, bouleverse.
massue.

MASTECTOMIE n. f.
(MÉD.) Ablation du sein. SYN. mammectomie.

MASTIC adj. inv. et n. m.

NOM MASCULIN
Mélange adhésif. *Nicolas, achète du mastic pour réparer le carreau, s'il te plaît.*

ADJECTIF DE COULEUR INVARIABLE
Beige clair. *Des imperméables mastic.*

VOIR TABLEAU – COULEUR (ADJECTIFS DE).
mastic.

MASTICATION n. f.
Action de broyer les aliments avec les dents.

MASTIQUER v. tr.
1. Broyer les aliments avec les dents. *Mastiquez bien avant d'avaler.* SYN. mâcher.
2. Poser des joints de mastic à. *Mastiquer une fenêtre.*
CONJUGAISON : VOIR MODÈLE AIMER.

MASTOC adj. inv. et n. m.
(FAM.) Massif, grossier. *Un style mastoc.* SYN. épais ; lourd.
mastoc.

MASTODONTE n. m.
1. Mammifère fossile voisin de l'éléphant.
2. Personne ou chose énorme. *Cette grue est un mastodonte : elle est géante.*

MASTURBATION n. f.
Action de procurer le plaisir sexuel par l'excitation manuelle des parties génitales.

MASTURBER v. tr., pronom.
VERBE TRANSITIF
Soumettre à la masturbation.
VERBE PRONOMINAL
Se livrer à la masturbation.
À la forme pronominale, le participe passé de ce verbe s'accorde toujours en genre et en nombre avec son sujet. *Ils se sont masturbés.*
CONJUGAISON : VOIR MODÈLE AIMER.

M'AS-TU-VU adj. et n. m. inv.
Se dit d'une personne prétentieuse. *De jeunes m'as-tu-vu.*

MAT adj. inv.
Le *t* se prononce, [mat] ; l'adjectif rime avec ***tomate***.
Se dit, aux échecs, du gain de la partie. *Le roi est mat.*
LOCUTION
– ***Faire quelqu'un échec et mat.*** (FIG.) Défaire quelqu'un, remporter la victoire.
Cette locution adjective est invariable.

MAT, MATE adj.
Le *t* se prononce au masculin comme au féminin, [mat] ; l'adjectif rime avec ***tomate***.
Qui ne brille pas. *Un noir mat. Il a la peau mate.*

MÂT n. m.
(MAR.) Longue pièce dressée sur un navire et destinée à porter les voiles, les installations radioélectriques. *Un drapeau flotte sur le mât.*
mât, un accent circonflexe sur le ***a***.

MATADOR n. m.
Torero chargé de mettre le taureau à mort, dans une corrida.
Ne pas confondre avec le mot ***matamore,*** vantard.
matador.

MATAMORE n. m.
Vantard. *Ne fais pas le matamore, tu es ridicule.*
Ne pas confondre avec le nom ***matador,*** torero chargé de mettre l'animal à mort, dans une corrida.
matamore.

MATCH n. m. (pl. *matchs* ou *matches*)
Les lettres ***tch*** se prononcent, [matʃ].
Compétition sportive. *Des matchs de tennis.* SYN. joute ; partie.

MATELAS n. m.
Sorte de vaste coussin qui couvre l'étendue d'un lit.
matelas.

MATELASSER v. tr.
Rembourrer. *Matelasser un siège.*
CONJUGAISON : VOIR MODÈLE AIMER.

MATELOT n. m.
Marin faisant partie de l'équipage d'un navire.
matelot.

MATELOTE n. f.
Mets composé de poissons. *Une matelote d'anguille.*
matelote.

MATER v. tr.
Dresser, soumettre à son autorité. *Mater un cheval.* SYN. dompter.
Ne pas confondre avec le verbe ***mâter,*** munir d'un mât.
CONJUGAISON : VOIR MODÈLE AIMER.

MÂTER v. tr.
Munir d'un mât. *Ils ont mâté ce voilier.* ANT. démâter.
Ne pas confondre avec le verbe ***mater,*** dresser, soumettre à son autorité.
CONJUGAISON : VOIR MODÈLE AIMER.

MATÉRIALISATION n. f.
Action de se matérialiser. *La matérialisation d'un rêve.*

MATÉRIALISER v. tr., pronom.
VERBE TRANSITIF
Rendre réel, matériel. *Matérialiser une idée.*
VERBE PRONOMINAL
Devenir concret. *Son rêve s'est matérialisé : elle fait le tour du monde.*
À la forme pronominale, le participe passé de ce verbe s'accorde toujours en genre et en nombre avec son sujet. *Ses espoirs les plus fous se sont matérialisés.*
CONJUGAISON : VOIR MODÈLE AIMER.

MATÉRIALISME n. m.
Doctrine qui considère la matière comme la seule réalité.

MATÉRIALISTE adj. et n. m. et f.
Adepte du matérialisme.

MATÉRIAU n. m. (pl. *matériaux*)
1. Matière première. *Le bois est un matériau très utilisé.*
Dans la langue technique, ce nom est fréquemment employé ; dans la langue soutenue ou littéraire, on pourra préférer le nom ***matière.*** *Le marbre est une matière noble.*
2. Ensemble de données, de renseignements qui constituent la substance d'un document, d'une recherche, d'un texte. *Les corpus journalistiques fournissent des matériaux précieux pour l'observation de la langue.*
3. (AU PLUR.) Ensemble des matières entrant dans la construction des bâtiments (pierre, bois, etc.). *Des matériaux de construction de première qualité.*

MATÉRIEL, IELLE adj. et n. m.
ADJECTIF
Qui est formé de matière. *Les biens matériels.* ANT. spirituel.
NOM MASCULIN
1. Ensemble d'outils, d'instruments nécessaires à une exploitation. *Du matériel sophistiqué.*
2. (INFORM.) Ensemble d'éléments physiques employés pour le traitement des données, par opposition aux programmes et à la documentation correspondante (logiciel). *Du matériel informatique.*
FORMES FAUTIVES
*matériel. Anglicisme au sens de ***tissu.***
*matériel. Impropriété au sens de ***matériau.***

MATÉRIELLEMENT adv.
1. Relatif à la matière.
2. Effectivement. *Il n'en a pas matériellement la possibilité.*

MATERNEL, ELLE adj.
Qui appartient à la mère. *La tendresse maternelle.*
LOCUTION
– ***Langue maternelle.*** La première langue apprise.

MATERNELLE n. f.
Classe où les enfants reçoivent une éducation préscolaire (Recomm. off.). SYN. classe maternelle.

MATERNELLEMENT adv.
De façon maternelle.

MATERNER v. tr.
Entourer quelqu'un de soins excessifs. SYN. surprotéger.
CONJUGAISON : VOIR MODÈLE AIMER.

MATERNITÉ n. f.
État de mère.

MATERNOLOGIE n. f.
(MÉD.) Étude portant sur la dimension psychique de la maternité.

MATH ou **MATHS** n. f. pl.
Le *s* ne se prononce pas, [mat].
Abréviation familière de ***mathématiques***. *Catherine est forte en maths.*

MATHÉMATICIEN n. m.
MATHÉMATICIENNE n. f.
Spécialiste des mathématiques.
mathéma**t**icien.

MATHÉMATIQUE adj. et n. f.
ADJECTIF
Qui a trait aux mathématiques. *Les sciences mathématiques.*
NOM FÉMININ
(GÉN. AU PLUR.) Science qui a pour objet la mesure et les propriétés des grandeurs. *Aimer les mathématiques. Un cours de mathématiques.*
Ce nom s'abrège familièrement en ***math(s)*** et s'emploie généralement au pluriel.
math**é**mati**q**ue.

MATHÉMATIQUEMENT adv.
1. Selon les méthodes des mathématiques.
2. Rigoureusement. *C'est mathématiquement exact.*
math**é**mati**q**uement.

MATIÈRE n. f.
1. Substance. *Des matières grasses.*
2. Contenu. *La matière d'un livre, d'un cours.* SYN. sujet; thème.
LOCUTIONS
– ***Donner, être matière à.*** Être l'occasion, la cause de. *Ces écarts donnent matière à réflexion.*
– ***En matière de,*** loc. prép. En ce qui concerne. *En matière de sport.*
– ***Entrée en matière.*** Introduction.
Dans ces expressions, le mot ***matière*** demeure au singulier.
– ***Matière grise.*** Cerveau.
– ***Matières premières.*** Matières non encore transformées par le travail.
– ***Table des matières.*** Liste schématique des parties d'un ouvrage.

MATIN n. m.
1. Début de la journée. *Elle part tous les matins. Il est rentré à quatre heures du matin.*
2. (ELLIPT.) Au début du jour. *Tous les lundis matin.*
Dans cet exemple, il est plus logique d'écrire le nom ***matin*** au singulier parce qu'on sous-entend *tous les lundis le matin.*
VOIR – JOUR.
LOCUTIONS
– ***Au petit matin,*** loc. adv. Très tôt, à l'aube.
– ***De bon matin,*** loc. adv. De bonne heure.
– ***Du matin au soir,*** loc. adv. Toute la journée.
– ***Un de ces quatre matins.*** Bientôt, un de ces jours.
– ***Un beau matin,*** loc. adv. Un jour.
FORME FAUTIVE
*bon matin. Calque de « *good morning* » pour ***bonjour***.

MÂTIN, INE n. m. et f.
NOM MASCULIN ET FÉMININ
(FAM.) (VX) Personne délurée.
NOM MASCULIN
Chien de chasse ou de garde.
m**â**tin, avec un accent circonflexe sur le ***a***.

MATINAL, ALE, AUX adj.
1. Qui est propre au matin. *Des bruits matinaux.*
2. Qui se lève tôt. *Vous êtes bien matinal aujourd'hui.* SYN. lève-tôt.

MATINALEMENT adv.
(LITT.) À une heure matinale.
matinal**e**ment.

MATINÉE n. f.
1. Période de temps comprise entre le lever du soleil et midi. *Une froide matinée.* SYN. avant-midi.
2. Représentation d'un spectacle en après-midi, par opposition à la soirée.
LOCUTION
– ***Faire la grasse matinée.*** Se lever tard. *Le samedi, Alexandre aime bien faire la grasse matinée.*

MATINES n. f. pl.
Office religieux. *Sonner les matines.*

MATOU n. m. (pl. *matous*)
Chat domestique mâle. *Un matou blanc surveille un coin du jardin.*
VOIR TABLEAU – ANIMAUX.

MATRAQUAGE n. m.
1. Action de matraquer.
2. (FIG.) Répétition systématique d'un message publicitaire.
matra**qu**age.

MATRAQUE n. f.
Bâton servant à frapper. *Les policiers se défendent parfois à coups de matraque.*
matra**que**.

MATRAQUER v. tr.
1. Frapper à coups de matraque. *Les policiers matraquaient les manifestants.*
2. (FIG.) Soumettre un public cible à un message publicitaire répété.
CONJUGAISON : VOIR MODÈLE AIMER.

MATRIARCAL, ALE, AUX adj.
Relatif au matriarcat. *Des régimes matriarcaux.*

MATRIARCAT n. m.
Régime social dans lequel la femme exerce une autorité prépondérante.
matriarca**t**.

MATRICE n. f.
1. (VX) Utérus.
2. Pièce métallique gravée en creux ou en relief, servant à reproduire une empreinte sur une matière soumise à son action.
3. (MATH.) Ensemble ordonné de nombres.

MATRICIEL, IELLE adj.
Relatif aux matrices. *Le calcul matriciel.*
LOCUTION
– ***Imprimante matricielle.*** (INFORM.) Imprimante dans laquelle chaque caractère est représenté par une configuration de points.

MATRICULE n. m. et f.
NOM FÉMININ
Registre d'inscription comportant les noms et numéros d'ordre des personnes qui composent un effectif, qui font partie d'un groupe.

NOM MASCULIN
Numéro inscrit dans un registre. *Le matricule d'un prisonnier, d'une malade, d'un soldat, d'une étudiante.*
LOCUTION
– ***Numéro matricule.*** Numéro sous lequel une personne est inscrite dans un registre matricule. *Des numéros matricules. Quel est le numéro matricule de ton dossier scolaire ?*

MATRIMONIAL, IALE, IAUX adj.
Relatif au mariage. *Des régimes matrimoniaux.*
LOCUTION
– ***Agence matrimoniale.*** Entreprise qui se charge, contre rémunération, de mettre en relation des personnes souhaitant se marier.

MATRONE n. f.
Femme d'un certain âge, corpulente et vulgaire.
matrone.

MATRONYME n. m.
Nom de famille transmis par la mère, par opposition à *patronyme,* qui est transmis par le père.
T Les matronymes s'écrivent avec une majuscule.
matronyme.

MATURATION n. f.
Ensemble des phénomènes par lesquels un fruit arrive à maturité. SYN. mûrissement.

MATURE adj.
1. Se dit d'un végétal, d'un animal parvenu à maturité. ANT. immature.
2. (PSYCHO.) Qui a atteint la maturité intellectuelle et affective. SYN. mûr. ANT. immature.
Cet adjectif qui appartient au vocabulaire de la psychologie est passé dans l'usage courant.
HOM. ***mâture,*** ensemble des mâts et gréements d'un navire.

MÂTURE n. f.
Ensemble des mâts et gréements d'un navire.
HOM. ***mature,*** parvenu à maturité.
mâture.

MATURITÉ n. f.
1. État des fruits mûrs.
2. (FIG.) État de ce qui a atteint son plein développement. *Elle n'a pas beaucoup de maturité, elle est encore très jeune de caractère.* SYN. épanouissement ; plénitude.
LOCUTION
– ***Maturité d'esprit.*** Sagesse, sérieux, équilibre, qualité du jugement acquis par l'expérience.

MATUTINAL, ALE, AUX adj.
(LITT.) Qui est du matin. *Une promenade matutinale. Des oiseaux matutinaux.*

MAUDIRE v. tr.
1. Vouer au malheur, à l'enfer.
2. Détester quelqu'un, quelque chose. SYN. haïr.
CONJUGAISON : VOIR MODÈLE FINIR.
INDICATIF PRÉSENT *Je maudis, tu maudis, il maudit, nous maudissons, vous maudissez, ils maudissent.* IMPARFAIT *Je maudissais.* PASSÉ SIMPLE *Je maudis.* FUTUR *Je maudirai.* CONDITIONNEL PRÉSENT *Je maudirais.* IMPÉRATIF PRÉSENT *Maudis, maudissons, maudissez.* SUBJONCTIF PRÉSENT *Que je maudisse, qu'il maudisse.* IMPARFAIT *Que je maudisse, qu'il maudît.* PARTICIPE PRÉSENT *Maudissant.* PASSÉ *Maudit, ite.*

MAUDIT, ITE adj. et n. m. et f.
ADJECTIF
1. Sur qui la malédiction a été appelée. *Caïn fut maudit.*
2. Détestable, exécrable. *Quel maudit temps !* SYN. (FAM.) damné ; (FAM.) fichu.
En ce sens, l'adjectif est généralement placé avant le nom.
NOM MASCULIN ET FÉMININ
Personne damnée.

MAUGRÉER v. intr.
(LITT.) Pester, ronchonner. *Ces grincheux ne cessent de maugréer, de se plaindre.* SYN. bougonner ; grogner ; grommeler ; (FAM.) rouspéter.
CONJUGAISON : VOIR MODÈLE CRÉER.

MAURE, MAURESQUE adj. et n. m. et f.
ADJECTIF
Qui est relatif aux Maures d'Espagne, à leurs coutumes, à leur culture. *Le style mauresque des jardins de l'Alhambra.*
L'adjectif masculin et féminin est ***mauresque.***
NOM MASCULIN ET FÉMININ
Habitant du Sahara occidental. *Un Maure, une Mauresque.*
Le mot ***maure*** s'emploie comme nom masculin et comme adjectif masculin pour désigner des personnes, des groupes. Le mot ***mauresque*** s'emploie comme nom féminin et comme adjectif masculin et féminin.
HOM.
• ***mors,*** pièce métallique placée dans la bouche du cheval pour le diriger ;
• ***mort,*** décès.

MAUSOLÉE n. m.
Riche monument funéraire de très grandes dimensions.
Attention au genre masculin de ce nom : ***un*** mausolée.
mausolée.

MAUSSADE adj.
La première syllabe se prononce avec un ***o*** fermé, [mosad], comme dans ***mot.***
1. De mauvaise humeur. *Maxime et Elena ne sont jamais maussades, ils sont toujours de bonne humeur.* SYN. grognon ; renfrogné.
2. Triste, propre à inspirer de l'ennui. *Temps maussade.* SYN. chagrin ; ennuyeux ; morose.

MAUSSADEMENT adv.
La première syllabe se prononce avec un ***o*** fermé, [mosadmɑ̃].
D'une manière maussade.

MAUVAIS, AISE adj., adv. et n. m.
ADJECTIF
1. Qui n'a pas les qualités morales nécessaires (en parlant d'une personne). *C'est un mauvais citoyen.*
2. Qui dénote de la malveillance. *Un air mauvais.* SYN. malfaisant ; malveillant.
3. Désagréable. *Il est de mauvaise humeur.*
4. Qui présente un défaut (en parlant d'une chose). *Un mauvais produit, une mauvaise vue.* SYN. défectueux ; imparfait.
5. Faux. *C'est la mauvaise réponse.* SYN. erroné ; incorrect ; inexact.
6. Incommode, défavorable. *Il fait mauvais temps, recevoir une mauvaise nouvelle.*
7. Désagréable au goût, à l'odorat. *Ce café est très mauvais. Une mauvaise haleine.*
ADVERBE
Ces herbes sentent mauvais. Il fait mauvais. ANT. bon.
Pris adverbialement, le mot est invariable.
NOM MASCULIN
Ce qu'il y a de mauvais dans une personne ou une chose. *Le bon et le mauvais.* SYN. mal.

MAUVE adj. et n. f.
NOM FÉMININ
Plante dont les fleurs sont d'un violet pâle. *Des mauves.*
ADJECTIF DE COULEUR VARIABLE
De la couleur violet pâle de la mauve. *Des robes mauves.*
Cet adjectif de couleur prend la marque du pluriel lorsqu'il est simple ; composé, il est invariable.
VOIR TABLEAU – COULEUR (ADJECTIFS DE).

MAUVIETTE n. f.
(FAM.) Personne chétive. SYN. gringalet.

MAX n. m.
Abréviation familière de ***maximum.*** *J'ai travaillé au max.*

MAXI- préf.
Élément du latin signifiant « le plus grand ».
Les mots composés avec le préfixe ***maxi-*** s'écrivent sans trait d'union à l'exception de mots formés pour l'occasion. *Un solde maxi-géant.*

MAXILLAIRE adj. et n. m.
ADJECTIF
Qui se rapporte aux mâchoires. *L'artère maxillaire.*
NOM MASCULIN
1. Mâchoire supérieure. *Le maxillaire supérieur.*
2. Os des mâchoires. *Le maxillaire inférieur.*
Attention au genre masculin du nom : ***un*** maxillaire.
maxillaire.

MAXIMAL, ALE, AUX adj.
Qui est au plus haut degré. *Des chiffres maximaux.*
L'emploi de l'adjectif ***maximal*** est à préférer à celui de l'adjectif d'origine latine ***maximum.***

MAXIME n. f.
Formule brève d'une réflexion, d'une règle de conduite très simple. *Les* Fables *de La Fontaine sont riches en maximes : « La raison du plus fort est toujours la meilleure » est une de ces maximes.*

MAXIMISATION ou **MAXIMALISATION** n. f.
Action de maximiser.

MAXIMISER ou **MAXIMALISER** v. tr.
1. Donner la plus haute valeur possible à (une grandeur, une idée, etc.).
2. Porter à son maximum. *Luc essaie de maximiser ses chances de succès.*
CONJUGAISON : VOIR MODÈLE AIMER.

MAXIMUM adj. et n. m. (pl. *maximums* ou *maxima*)
Le ***u*** se prononce ***o,*** [maksimɔm] ; le mot rime avec ***homme.***
ADJECTIF
Qui est à son plus haut degré. *Des vitesses maximums, des effectifs maximums.* SYN. maximal.
L'adjectif conserve la même forme au masculin et au féminin, mais prend la marque du pluriel. L'emploi de l'adjectif ***maximal*** est à privilégier.
NOM MASCULIN
S'abrège familièrement en ***max*** (s'écrit sans point).
1. Limite supérieure. *Le maximum de vitesse est de 100 km/h.*
2. Le plus grand nombre. *Le maximum d'atouts pour réussir.*
Ce mot d'origine latine a été francisé et s'écrit généralement au pluriel avec un ***s.*** Le pluriel latin ***maxima*** est également employé.
LOCUTIONS
– ***Au maximum,*** loc. adv. Au plus haut degré, au plus haut point, le plus possible. *Il doit se concentrer au maximum.* SYN. à l'extrême.
En ce sens, à la suite d'un verbe exprimant une idée de diminution, il est généralement recommandé d'employer la locution ***au minimum.*** « *Les Quinze veulent réduire au minimum la facture. Le but de la négociation est maintenant de réduire au minimum le nombre de points litigieux* » (*Le Monde*). Cependant, l'examen des articles du journal *Le Monde* au cours de 2002 révèle l'emploi presque aussi fréquent de la locution ***au maximum*** dans le même contexte. « *Pour Margaret Thatcher et Ronald Reagan, les choses étaient simples : il fallait réduire au maximum le rôle de l'État et faire confiance aux marchés pour assurer la prospérité économique* » (*Le Monde*). « *Lionel Jospin entendait bien restaurer la primauté présidentielle des institutions et réduire au maximum les risques de cohabitation* » (*Le Monde*). Au sens de « à l'extrême » à la suite d'un verbe exprimant une idée de diminution, les deux locutions sont en concurrence.
– ***Au maximum,*** loc. adv. Au plus, tout au plus. *Je paierais cet article 100 $ au maximum. La synthèse doit comporter 350 mots au maximum.*
L'expression *au grand maximum est un pléonasme, mais de bons auteurs n'hésitent pas à l'employer. « *On peut cependant évaluer à un grand maximum de 1 milliard le nombre d'hommes et de femmes de l'hémisphère Sud* » (*Le Monde*).

MAYA adj. inv. en genre et n. m. et f.
ADJECTIF INVARIABLE EN GENRE
Relatif aux Mayas. *La civilisation maya. Un Maya, une Maya.*
NOM MASCULIN ET FÉMININ
L'adjectif s'écrit avec une minuscule ; le nom, avec une majuscule.

MAYONNAISE n. f.
Sauce froide à base de jaune d'œuf et d'huile. *Un sandwich au jambon avec de la mayonnaise, s.v.p.*
Employé en apposition, le nom est invariable. *Des crudités mayonnaise.*
mayonnaise.

MAZOUT n. m.
Le ***t*** se prononce, [mazut].
Combustible liquide utilisé pour le chauffage domestique et industriel (Recomm. off.). *Une livraison de mazout* (et non *d'huile à chauffage).
Ce combustible est improprement désigné au Québec par les expressions *huile à chauffage, *huile à fournaise, *huile de chauffage, *huile de fournaise.

MAZURKA n. f.
Danse polonaise. *Des mazurkas endiablées.*

MBA
Sigle de ***marge brute d'autofinancement.***

MBJ
Symbole de ***million de barils par jour.***

M^{e}
Abréviation de ***maître.***
L'abréviation du pluriel ***maîtres*** est ***M^{es}.***

ME pron. pers. m. et f.
Pronom personnel masculin et féminin de la première personne du singulier. ***Me*** ne s'emploie que devant un verbe ou après le verbe à l'impératif, où il s'élide devant ***en*** ou ***y.*** *Tu me donnes un livre. Donne-m'en un peu.*
EMPLOIS
– **Complément direct**
Le pronom représente la personne qui parle et indique qu'elle subit l'action faite par le sujet. *Il me regarde.*
Le pronom a la même fonction dans les verbes pronominaux réfléchis. *Je me suis intéressée à ce projet.*
– **Complément indirect**
Le pronom indique que la personne qui parle subit indirectement l'action faite par le sujet. *Il me parle.*
Le pronom a la même fonction dans les verbes essentiellement pronominaux. *Je me souviens.*
Le pronom s'élide devant une voyelle ou un ***h*** muet. *Il m'adore, tu m'honores.*
VOIR TABLEAU – PRONOM.

MEA-CULPA n. m. inv. (pl. *mea-culpa*)
Acte de contrition. *Des mea-culpa sincères.*
LOCUTION
– ***Faire son mea-culpa.*** (FIG.) Se repentir.

MÉANDRE n. m.
1. Suite de détours d'un cours d'eau, d'un chemin. *Les multiples petits méandres de la rivière.*
2. (FIG.) Détours complexes. *Les méandres de la bureaucratie.*
Attention au genre masculin de ce nom : ***un*** méandre.

MEC n. m.
(FAM.) Individu quelconque. *Qui sont ces mecs ?* SYN. type.

MÉCANICIEN n. m.
MÉCANICIENNE n. f.
Personne dont le métier est d'exécuter les réparations courantes sur des ensembles mécaniques.

MÉCANIQUE adj. et n. f.
ADJECTIF
Qui est exécuté par un mécanisme. *Une tondeuse mécanique.*
NOM FÉMININ
1. Science des lois du mouvement et de l'équilibre des corps ainsi que des forces motrices. *La mécanique des fluides.*
2. Science de la construction des machines. *Boris et Martine s'intéressent à la mécanique.*
3. Assemblage de pièces entrant en jeu dans un fonctionnement. *Une mécanique complexe.* SYN. mécanisme.

MÉCANIQUEMENT adv.
1. D'une manière mécanique.
2. Du point de vue de la mécanique.

MÉCANISATION n. f.
Action de mécaniser. *La mécanisation de la production.*

MÉCANISER v. tr.
Rendre mécanique. *Mécaniser des opérations de production.* SYN. automatiser.
CONJUGAISON : VOIR MODÈLE AIMER.

MÉCANISME n. m.
Agencement de pièces disposées de façon à obtenir un résultat donné. *Régler un mécanisme d'horlogerie.* SYN. mécanique.

MÉCÉNAT n. m.
Protection, subvention accordée à des activités culturelles, scientifiques. *Les musées doivent faire appel au mécénat.*
✏ mécé**n**at.

MÉCÈNE n. m.
Protecteur généreux des lettres, des arts et des sciences.
✏ mécè**n**e.

MÉCHAMMENT adv.
Les deux ***m*** se prononcent comme un seul, [meʃamɑ̃].
1. Avec méchanceté. *Il est condamnable de traiter des bêtes méchamment.* SYN. durement.
2. (FAM.) Très. *Julie a été méchamment chanceuse : elle a gagné le grand prix du concours.* SYN. drôlement.
✏ mécha**mm**ent.

MÉCHANCETÉ n. f.
1. Penchant à faire du mal. *Il a trahi ses associés par méchanceté.* SYN. dureté ; malveillance. ANT. bonté ; gentillesse.
2. Action, parole méchante. *Dire des méchancetés.*

MÉCHANT, ANTE adj. et n. m. et f.
ADJECTIF
1. (LITT.) (Avant un nom de chose) Médiocre. *Un méchant livre.* SYN. mauvais ; nul.
2. (LITT.) (Avant un nom de personne) Incompétent. *Un méchant avocat.* SYN. mauvais ; médiocre.
3. (Après le nom) Porté au mal, cruel. *Attention ! chien méchant. Cette personne est bête et méchante.* SYN. acerbe ; odieux ; vilain.
4. (FAM.) (Avant le nom). Considérable, hors de l'ordinaire, remarquable. *Organiser une méchante fête pour souligner un grand évènement.*
NOM MASCULIN ET FÉMININ
(LITT.) Personne méchante. *Les bons et les méchants.* SYN. mauvais.

MÈCHE n. f.
1. Assemblage de fils destiné à brûler dans un appareil d'éclairage. *Une mèche de lampe à pétrole. La mèche d'un bâton de dynamite.*
2. Petite touffe de cheveux. *Il a toujours une mèche sur l'œil.*
3. Petite tige effilée. *Une mèche de perceuse électrique.*
LOCUTIONS
– ***Être de mèche avec quelqu'un.*** Être de connivence. *Ils étaient certainement de mèche, mais un seul d'entre eux a été reconnu coupable.*
– ***Éventer, découvrir, vendre la mèche.*** (FIG.) Révéler un secret. *Elle a éventé* (et non *éventré) *la mèche.*

MÉCHOUI n. m. (pl. *méchouis*)
Mouton cuit à la broche. *Préparer des méchouis comme au Maroc et en Tunisie.*
✏ méch**oui**.

MÉCONNAISSABLE adj.
Qu'on a peine à reconnaître. *Depuis son accident, elle est méconnaissable.* SYN. différent.

MÉCONNAISSANCE n. f.
(LITT.) Mauvaise connaissance. *La méconnaissance de l'évolution.* SYN. ignorance.

MÉCONNAÎTRE v. tr.
1. Refuser d'admettre, de tenir compte de ; ne pas comprendre quelque chose. *Il ne faut pas méconnaître l'insatisfaction grandissante à l'égard de la nouvelle politique.* SYN. ignorer ; négliger.
2. Ne pas reconnaître à sa juste valeur. *On méconnaît sa compétence.* SYN. mésestimer.
CONJUGAISON : VOIR MODÈLE PARAÎTRE.
[Les *Rectifications* (1990) admettent : il méconnait, méconnaitra, méconnaitrait...]

MÉCONNU, UE adj. et n. m. et f.
Qui n'est pas reconnu à sa juste valeur. *Un peintre méconnu.*

MÉCONTENT, ENTE adj. et n. m. et f.
ADJECTIF
Insatisfait. *Ces habitués du métro sont mécontents de la grève.* SYN. contrarié ; fâché.
L'adjectif se construit avec la préposition ***de*** suivie d'un nom, d'un infinitif ou avec la conjonction ***que*** suivie du subjonctif. *Elles sont mécontentes d'avoir été roulées. Ils seront mécontents que vous ne leur ayez rien dit.*
NOM MASCULIN ET FÉMININ
Personne insatisfaite. *Les mécontents se plaindront de ce traitement. Les éternels mécontents.*

MÉCONTENTEMENT n. m.
Insatisfaction. *Cette décision a suscité colère et mécontentement.* SYN. contrariété ; (FAM.) grogne.

MÉCONTENTER v. tr.
Rendre mécontent. *L'augmentation des taxes mécontente les contribuables.* SYN. déplaire à ; fâcher.
CONJUGAISON : VOIR MODÈLE AIMER.

MÉCRÉANT, ANTE adj. et n. m. et f.
(VIEILLI) Impie, sans religion. SYN. incroyant.

MÉDAILLABLE adj.
Qui pourrait recevoir une médaille, dans une compétition sportive. *Une athlète médaillable.*

MÉDAILLE n. f.
1. Pièce de métal qui représente un sujet de dévotion, d'estime. *Une médaille de la Vierge.*
2. Prix dans un concours, une exposition. *Recevoir la médaille d'or à un débat oratoire.*
3. Titre de nombreuses distinctions honorifiques. *Être titulaire d'une médaille militaire.*
T Le nom ***médaille*** en ce sens s'écrit avec une minuscule, alors que le mot spécifique de la distinction honorifique s'écrit avec une majuscule.
LOCUTION
– ***Le revers de la médaille.*** (FIG.) L'aspect négatif de quelque chose, le mauvais côté.

M

MÉDAILLÉ, ÉE adj. et n. m. et f.
Qui a été décoré d'une médaille. *Myriam Bédard est médaillée d'or des Jeux olympiques de Lillehammer. Une médaillée sympathique.*

MÉDAILLER v. tr.
Décorer quelqu'un d'une médaille.
CONJUGAISON : VOIR MODÈLE AIMER.
Les lettres ***ill*** sont suivies d'un ***i*** à la première et à la deuxième personne du pluriel de l'indicatif imparfait et du subjonctif présent. *(Que) nous médaillions, (que) vous médailliez.*

MÉDAILLON n. m.
Cadre, bijou de forme circulaire ou ovale dans lequel on place un portrait, des cheveux, etc.

MÉDECIN n. m. et f.
Personne titulaire du diplôme de docteur en médecine, qui exerce la médecine. *Un médecin spécialiste, un médecin consultant. Des médecins traitants, des médecins généralistes.*
☞ Pris absolument, le titre de ***docteur*** désigne la personne titulaire d'un doctorat en médecine.

MÉDECINE n. f.
Science qui a pour objet la conservation de la santé, la prévention et le traitement des maladies.

MÉDIA n. m. (pl. *médias*)
Moyen de diffusion massive de l'information (Recomm. off.). *La presse, la radio, la télévision, la télématique, etc., sont des médias.*
Ce nom d'origine latine venu par l'intermédiaire de l'anglais est maintenant francisé : il s'écrit avec un accent aigu et prend la marque du pluriel.
LOCUTION
– ***Média de masse.*** Moyen de communication et d'information de masse.
FORME FAUTIVE
*média d'information. Impropriété pour ***média.***
☞ Un média étant un moyen de diffusion de l'information, l'expression *média d'information est redondante.

MÉDIAGRAPHIE n. f.
Liste de documents cités en référence, constituée de documents sur papier, de documents audiovisuels ou de documents consultables dans Internet (GDT). *Ce rapport comprend une médiagraphie très étoffée.*

MÉDIAN, IANE adj. et n. f.
ADJECTIF
Qui est placé au milieu. *Une ligne médiane.*
NOM FÉMININ
1. (GÉOM.) Dans un triangle, segment de droite joignant le sommet au milieu du côté opposé.
2. (STAT.) Valeur centrale.

MÉDIATEUR, TRICE n. m. et f.
Conciliateur, arbitre. *C'est une bonne médiatrice.*

MÉDIATION n. f.
Mode amiable de règlement des litiges dans lequel un tiers est chargé de proposer aux parties une solution à leur différend (Recomm. off.). *Recourir à la médiation d'un expert.*
☞ Dans la médiation, le rôle du tiers chargé de rapprocher les parties est en principe plus actif que dans la simple conciliation qui, à la limite, peut se faire sans l'intervention d'un tiers.

MÉDIATIQUE adj.
1. Relatif aux médias. *Les moyens médiatiques, une campagne médiatique.*
2. Qui tire profit des médias, qui est avantagé par les médias, et particulièrement la télévision. *Un chef d'entreprise médiatique.* SYN. télégénique.

MÉDIATISATION n. f.
Action de médiatiser.

MÉDIATISER v. tr.
Diffuser par les médias. *Médiatiser un lancement.*
CONJUGAISON : VOIR MODÈLE AIMER.

MÉDICAL, ALE, AUX adj.
Relatif à la médecine. *Avoir une formation médicale. Des experts médicaux.*
☞ Ne pas confondre avec le mot ***médicinal,*** utilisé à titre de médicament.

MÉDICALEMENT adv.
Du point de vue de la médecine.

MÉDICALISATION n. f.
Action de médicaliser.

MÉDICALISER v. tr.
Donner un caractère médical à quelque chose. *Médicaliser l'avortement.*
CONJUGAISON : VOIR MODÈLE AIMER.

MÉDICAMENT n. m.
Substance destinée à soulager ou à guérir un malade. *Le médecin lui a prescrit un nouveau médicament. Ces médicaments requièrent une ordonnance* (et non *prescription). SYN. remède.
☞ Ne pas confondre avec le nom ***médication,*** ensemble des agents thérapeutiques destinés au traitement d'une maladie.
LOCUTION
– ***Numéro d'identification du médicament.*** Numéro à six chiffres que la Direction générale de la protection de la santé de Santé Canada attribue à chaque produit médicamenteux vendu avec ou sans ordonnance.
☞ Pour abréger ce terme, on emploie couramment l'acronyme ***DIN,*** abréviation du terme anglais «*drug identification number*».

MÉDICAMENTEUX, EUSE adj.
Qui renferme un médicament. *Un sirop médicamenteux.*

MÉDICATION n. f.
Ensemble des agents thérapeutiques destinés au traitement d'une maladie. SYN. thérapeutique.
☞ Ne pas confondre avec le nom ***médicament,*** substance destinée à soulager ou à guérir un malade.

MÉDICINAL, ALE, AUX adj.
Utilisé à titre de médicament. *Des plantes médicinales.*
☞ Ne pas confondre avec le mot ***médical,*** relatif à la médecine.

MÉDICOLÉGAL, ALE, AUX adj.
Relatif à la médecine légale. *Des experts médicolégaux.*
☞ La médecine légale est une branche de la médecine qui a pour objet de seconder la justice.

MÉDIÉVAL, ALE, AUX adj.
Relatif au Moyen Âge. *La poésie médiévale.*
☞ En ce sens, l'adjectif ***moyenâgeux*** est vieilli, mais on l'emploie toujours au sens de « vétuste, dépassé ».

MÉDIÉVISTE n. m. et f.
Spécialiste du Moyen Âge. *Cette historienne est une excellente médiéviste.*

MÉDIOCRE adj. et n. m. et f.
ADJECTIF
1. De mauvaise qualité. *Un repas médiocre.* SYN. mauvais.
2. Faible, sans talent. *Des élèves médiocres.*
NOM MASCULIN ET FÉMININ
Personne sans talent. *Les médiocres et les arrivistes.*

MÉDIOCREMENT adv.
Avec médiocrité. *Ils ont travaillé médiocrement.*

MÉDIOCRITÉ n. f.
Faiblesse, imperfection. *La médiocrité d'un livre, des résultats d'une enquête.*

MÉDIRE v. tr. ind.
1. Dire du mal de quelqu'un, de quelque chose sans trahir la vérité. *Il médit de ses collègues, de leurs travaux de recherche. Ne médisez pas de vos supérieurs.* SYN. dénigrer ; diffamer.
Le verbe se construit avec la préposition ***de.***
2. (ABSOL.) Prendre plaisir à dénigrer avec la volonté de nuire.
CONJUGAISON : VOIR MODÈLE DIRE.
INDICATIF PRÉSENT *Je médis, tu médis, il médit, nous médisons, vous médisez, ils médisent.* IMPARFAIT *Je médisais.* PASSÉ SIMPLE *Je médis.* FUTUR *Je médirai.* CONDITIONNEL PRÉSENT *Je médirais.* IMPÉRATIF PRÉSENT *Médis, médisons, médisez.* SUBJONCTIF PRÉSENT *Que je médise.* IMPARFAIT *Que je médisse.* PARTICIPE PRÉSENT *Médisant.* PASSÉ *Médit.*
Attention à la deuxième personne du pluriel de l'indicatif présent et de l'impératif ***médisez*** où la forme diffère de celle du verbe ***dire.***

MÉDISANCE n. f.
Propos vrais qui peuvent nuire à quelqu'un.
Ne pas confondre avec le nom ***calomnie,*** propos mensongers qui attaquent la réputation de quelqu'un.

MÉDISANT, ANTE adj. et n. m. et f.
ADJECTIF
Qui médit. *Des bavardages médisants.*
NOM MASCULIN ET FÉMININ
Personne qui se prête à la médisance, qui aime à dire du mal d'autrui. *Des médisants détestables.* SYN. dénigreur.

MÉDITATIF, IVE adj.
1. Porté à la méditation. *Un caractère méditatif.* SYN. contemplatif ; penseur.
2. Pensif. *Un air méditatif.* SYN. absent ; absorbé ; préoccupé ; songeur ; soucieux.

MÉDITATION n. f.
Réflexion. *Elle a un penchant pour la méditation. Un sujet de méditation.*

MÉDITER v. tr., intr.
VERBE TRANSITIF DIRECT
1. Réfléchir sérieusement à quelque chose, l'examiner en profondeur. *Méditer un sujet.* SYN. songer à.
2. Projeter. *Elle médite un projet ambitieux.* SYN. élaborer ; étudier ; mûrir ; préparer.
VERBE TRANSITIF INDIRECT
Réfléchir attentivement à quelque chose. *Méditer sur une question, sur un problème.*
Le verbe se construit avec la préposition ***sur.***
VERBE INTRANSITIF
Se consacrer à la réflexion. *Il aimerait se retirer à la campagne pour méditer.* SYN. songer à.
CONJUGAISON : VOIR MODÈLE AIMER.

MÉDITERRANÉEN, ENNE adj. et n. m. et f.
Qui se rapporte à la Méditerranée. *Un paysage méditerranéen. Un Méditerranéen, une Méditerranéenne.*
T L'adjectif s'écrit avec une minuscule ; le nom, avec une majuscule.
méditerranéen.

MÉDIUM n. m. (pl. *médiums*)
Personne qui prétend communiquer avec les esprits. *Des médiums célèbres.*
Le mot d'origine latine a été francisé, il s'écrit avec un accent aigu et prend la marque du pluriel.

***MÉDIUM**
*médium (en parlant de la taille d'un vêtement). Anglicisme au sens de ***moyen.*** *Désirez-vous une chemise de taille petite, moyenne* (et non *médium) *ou grande ?*
*médium (en parlant d'une cuisson). Anglicisme au sens de ***à point.*** *Quelle cuisson ? Bien cuit, à point* (et non *médium) *ou saignant ?*

MÉDOC n. m. (pl. *médocs*)
Bordeaux rouge provenant de la région du Médoc. *Des médocs millésimés.*
T Le nom du vin s'écrit avec une minuscule ; le nom de la région, avec une majuscule.

MÉDUSE n. f.
Animal marin de consistance gélatineuse. *Au bord de la mer, il y a parfois des méduses* (et non des *jelly fish).
T Lorsqu'il désigne l'une des trois Gorgones qui changeait en pierre ceux qui la regardaient, le mot s'écrit avec une majuscule. *La Méduse.*

MÉDUSER v. tr.
Pétrifier, stupéfier. *Cette apparition les médusa.* SYN. abasourdir ; ahurir ; estomaquer ; sidérer.
CONJUGAISON : VOIR MODÈLE AIMER.

***MEETING**
Anglicisme pour ***rencontre.***
Anglicisme utilisé en France pour ***réunion (politique), rassemblement.***

MÉFAIT n. m.
Action nuisible, mauvais coup. *Ces fêtards ivres ont commis plusieurs méfaits.* SYN. ravage.

MÉFIANCE n. f.
Doute, état d'une personne qui se méfie. *Elle éprouve de la méfiance à l'égard de cette personne trop aimable : elle ne lui fait pas confiance.* SYN. défiance ; suspicion. ANT. confiance.

MÉFIANT, IANTE adj.
Qui est naturellement soupçonneux. *Une personne méfiante et prudente à l'excès.* SYN. craintif ; défiant ; soupçonneux.

MÉFIER (SE) v. pronom.
1. Ne pas se fier à quelqu'un, à quelque chose. *Ils se sont méfiés de ces beaux discours, de ces vendeurs.* SYN. se défier ; douter.
En ce sens, le verbe se construit avec la préposition ***de.***
2. Rester sur ses gardes. *Méfiez-vous, vous pourriez y perdre beaucoup.* SYN. faire attention.
En ce sens, le verbe se construit sans complément.
Le participe passé de ce verbe, qui n'existe qu'à la forme pronominale, s'accorde toujours en genre et en nombre avec son sujet. *Elle ne s'était jamais méfiée de cette personne.*
CONJUGAISON : VOIR MODÈLE ÉTUDIER.
Redoublement du ***i*** à la première et à la deuxième personne du pluriel de l'indicatif imparfait et du subjonctif présent. *(Que) nous nous méfiions, (que) vous vous méfiiez.*

MEG-, MÉGA- préf.
Éléments du grec signifiant « grand ».
• **Mots composés.** Les mots composés avec le préfixe ***méga-*** s'écrivent en un seul mot à l'exception de ceux dont le second élément commence par une voyelle. *Un mégajoule, un méga-octet.*
• **Composition des sous-multiples décimaux.**
Symbole *M* (s'écrit sans point).
Préfixe qui multiplie par 1 000 000 l'unité qu'il précède. *Des mégawatts.*
Sa notation scientifique est ***10^6.***
VOIR TABLEAU – MILLE, MILLION, MILLIARD.
VOIR TABLEAU – MULTIPLES ET SOUS-MULTIPLES DÉCIMAUX.

MÉGADOLLAR n. m. (pl. *mégadollars*)
Symbole ***M$*** (s'écrit sans point).
Un million de dollars. *Un budget de 50 mégadollars, de 50 M$.*
Le ***kilodollar*** (k$) représente mille dollars, le ***mégadollar*** (M$), un million de dollars et le ***gigadollar*** (G$), un milliard de dollars.

MÉGAHERTZ n. m.
Symbole ***MHz*** (s'écrit sans point).
Un million de hertz.

MÉGAJOULE n. m.
Symbole *MJ* (s'écrit sans point).
Un million de joules.

MÉGAL(O)- préf.
Élément du grec signifiant « grand ». *Un mégalomane.*

MÉGALITHE n. m.
Monument de pierre de grandes dimensions. *Les menhirs sont des mégalithes.*
mégali**the.**

MÉGALOMANE adj. et n. m. et f.
Abréviation familière ***mégalo.*** *Des conceptrices mégalos.*
Qui est atteint de mégalomanie, de la folie des grandeurs.

MÉGALOMANIE n. f.
Désir irréaliste et immodéré de gloire, de prestige, de puissance. *Il est parfois difficile de délimiter l'ambition raisonnable de la mégalomanie.* SYN. folie des grandeurs.

MÉGAOCTET n. m.
Symbole ***Mo*** (s'écrit sans point).
S'abrège familièrement en ***meg.***
(INFORM.) Un million d'octets. *Ce disque rigide a une capacité de trente mégaoctets, de 30 Mo.*
Le kilo-octet (ko) est une unité de mesure correspondant à environ mille octets, soit 2^{10} octets ; le mégaoctet (Mo), une unité de mesure équivalant à environ un million d'octets, soit 2^{20} octets, et le gigaoctet (Go), une unité de mesure représentant environ un milliard d'octets, soit 2^{30} octets.

MÉGARDE n. f.
– ***Par mégarde.*** Par erreur. *Ils ont interverti les noms par mégarde.* SYN. sans faire exprès ; involontairement.
Le mot ne s'emploie que dans cette locution.

MÉGATONNE n. f.
Unité de mesure de la puissance des bombes atomiques. *Une bombe de trois mégatonnes.*

MÉGAWATT n. m.
Symbole *MW* (s'écrit sans point).
Un million de watts. *Une consommation de 3 MW, de trois mégawatts.*

MÉGÈRE n. f.
Femme acariâtre et méchante. SYN. chipie ; (FAM.) dragon ; furie.
Ce nom est emprunté à la mythologie où il désigne Mégère, une des trois Furies.
m**é**g**ère.**

MÉGOT n. m.
(FAM.) Bout de cigarette, de cigare. *Au moins, ne jette pas tes mégots à terre.*
mégot.

MÉHARI n. m.
Dromadaire de l'Afrique du Nord. *Des méharis rapides.*
méhari.

MEILLEUR, EURE adj. et n. m. et f.
ADJECTIF
1. Comparatif de supériorité de ***bon.*** Plus habile, plus compétent, qui se qualifie plus qu'une autre personne, une autre chose. *Elle est meilleure skieuse que son amie. Il est de meilleure humeur qu'hier.* ANT. moins bon.
2. Superlatif de ***bon.*** Qui se classe au premier rang dans son genre. *Ce champagne est le meilleur.* SYN. excellent. ANT. pire.
Le verbe qui suit ***le meilleur, la meilleure*** se met au subjonctif. *Cette personne est la meilleure qui soit.*
NOM MASCULIN
Ce qu'il y a de mieux. *Pour le meilleur et pour le pire. Elle a donné le meilleur d'elle-même.*
NOM MASCULIN ET FÉMININ
Personne supérieure aux autres. *Seuls les meilleurs y parviendront.*
LOCUTION
– ***Avec la meilleure volonté du monde.*** Malgré tous les efforts.
FORMES FAUTIVES
*au meilleur de ma connaissance. Calque de «*to the best of my knowledge*» pour ***à ma connaissance, autant que je sache.***
*avoir le meilleur sur quelqu'un. Calque de «*to get the better of someone*» pour ***battre quelqu'un, l'emporter sur quelqu'un, triompher de quelqu'un.***
*être à son meilleur. Calque de «*to be at one's best*» pour ***être au mieux, exceller.***
*meilleur avant. Calque de «*best-before (date)*» pour ***date limite de consommation, date limite d'utilisation, date de péremption.***

MÉLAMINE n. f.
Couche de plastique laminée sur une surface d'aggloméré, de contreplaqué. *Des meubles recouverts de mélamine.*

MÉLANCOLIE n. f.
Tristesse vague, sans cause déterminée. SYN. abattement ; (FAM.) déprime ; nostalgie ; vague à l'âme.

MÉLANCOLIQUE adj.
Triste. *Un air mélancolique.* SYN. abattu ; chagrin ; déprimé ; nostalgique ; sombre.

MÉLANCOLIQUEMENT adv.
D'une manière mélancolique. *Rêver mélancoliquement aux amours anciennes.*

MÉLANGE n. m.
Combinaison, assemblage, au propre et au figuré. *Faire un mélange d'ingrédients. Un mélange de tendresse et d'amitié.*
LOCUTION
– ***Sans mélange.*** Pur. *Une joie sans mélange.*
FORME FAUTIVE
*mélange (à gâteau, etc.). Anglicisme pour ***préparation pour gâteau,*** etc.

MÉLANGER v. tr., pronom.
VERBE TRANSITIF
1. Intégrer des choses différentes pour former un tout, assortir dans des proportions données, incorporer. *Mélanger des couleurs.* SYN. combiner ; mêler.
2. (FAM.) Confondre, prendre une personne, une chose pour une autre. *J'ai mélangé les noms des invités.*
VERBE PRONOMINAL
1. S'amalgamer, s'incorporer. *Les ingrédients se sont bien mélangés.* SYN. se fondre.
2. (FIG.) Perdre leur ordre, leur classement. *Les fiches de nos clients se sont mélangées.*
À la forme pronominale, le participe passé de ce verbe s'accorde toujours en genre et en nombre avec son sujet. *Le bleu et le vert se sont mélangés pour former un joli turquoise.*
Ne pas confondre avec le verbe ***mêler,*** mettre en désordre.
CONJUGAISON : VOIR MODÈLE CHANGER.
Le ***g*** est suivi d'un ***e*** devant les lettres ***a*** et ***o.*** *Il mélangea, nous mélangeons.*

MÉLANGEUR n. m.
Appareil ménager servant à mélanger des denrées. *Doter la cuisine d'un mélangeur* (et non d'un *blender).

MÉLANINE n. f.
Pigment brun foncé qui colore la peau, les cheveux, l'iris. *Les albinos souffrent de l'absence congénitale de mélanine.*

MÊLANT, ANTE adj.
(FAM.) Qui prête à confusion, qui donne lieu à des erreurs. *L'orthographe du mot* rythme *est mêlante.* SYN. compliqué ; embrouillé.
Cet adjectif de registre familier demeure usuel au Québec et dans la francophonie canadienne, mais il n'appartient plus à l'usage courant de la majorité des locuteurs du français.

MÉLASSE n. f.
Matière sucrée brunâtre. *« Renverser un pot de mélasse, c'est pas de la tarte », dit Papi qui parle en connaissance de cause.*

MELBA adj. inv.
Se dit de fruits présentés avec de la glace et de la crème Chantilly. *Des fraises Melba, melba.*
L'adjectif est issu d'un nom propre ; en principe, il s'écrit avec une majuscule et demeure invariable. L'usage en a fait un adjectif sans majuscule qui demeure invariable.

MÊLÉ, ÉE adj.
1. Composé d'éléments divers. *Des couleurs mêlées. Des anecdotes mêlées de témoignages. « Nos corps mêlés comme si l'enfant déjà/jouait dans nos chairs »* (Alain Grandbois, *Les Îles de la nuit*).
2. Embrouillé. *Ces explications compliquées ont laissé les élèves complètement mêlés.* SYN. confus ; désorienté ; embrouillé.

MÊLÉE n. f.
1. Combat où deux groupes s'affrontent corps à corps. *Les joueurs se sont lancés dans la mêlée.* SYN. (FAM.) bagarre ; bataille.
2. (FIG.) Vive opposition. *La mêlée des souverainistes et des fédéralistes.* SYN. affrontement.
LOCUTIONS
– ***Rester au-dessus de la mêlée.*** (FIG.) Demeurer à l'écart des luttes partisanes, des conflits.
– ***Se jeter dans la mêlée.*** (FIG.) S'engager dans une lutte.

MÊLER v. tr., pronom.
VERBE TRANSITIF
1. Mettre en désordre. *Mêler les pages d'un dossier.* SYN. embrouiller ; emmêler.
2. Unir. *Mêler la douceur à l'ironie.* SYN. allier ; combiner ; joindre.
3. Mélanger. *Mêler du blanc et du noir, avec du noir. Mêler des tulipes à des roses.* SYN. assortir.
Le verbe se construit selon les cas avec les prépositions ***à, avec.***
4. Embrouiller, faire perdre le fil de ses idées à quelqu'un. *Avec tes questions, tu m'as mêlée.*
Ce verbe de registre familier demeure usuel au Québec et dans la francophonie canadienne, mais il n'appartient plus à l'usage courant de la majorité des locuteurs du français.
VERBE PRONOMINAL
S'occuper de. *De quoi vous mêlez-vous ? Elles se sont mêlées de nos affaires.*
À la forme pronominale, le participe passé de ce verbe s'accorde toujours en genre et en nombre avec son sujet. *Elles se sont mêlées de politique municipale.*
Ne pas confondre avec le verbe ***mélanger,*** incorporer des choses différentes pour former un tout.
CONJUGAISON : VOIR MODÈLE AIMER.

MÉLÈZE n. m.
Arbre de la famille des conifères. *Une haie de mélèzes.*
mélèze.

MÉLI-MÉLO n. m. (pl. *mélis-mélos*)
(FAM.) Fouillis, mélange complet. *C'est un méli-mélo général : tout est sens dessus dessous.* SYN. chaos ; désordre ; embrouillamini ; micmac.
[Les *Rectifications* (1990) admettent : un mélimélo, des mélimélos.]

MÉLIORATIF, IVE adj. et n. m.
ADJECTIF
(LING.) Qui a une connotation favorable. *Le mot* beau *n'est pas toujours mélioratif : par exemple, quand il précède un mot désignant un défaut, il renforce son sens négatif (ex. : c'est un beau menteur).* ANT. péjoratif.
NOM MASCULIN
(LING.) Terme mélioratif. *Les mélioratifs.*

MÉLO n. m.
Abréviation familière de ***mélodrame.*** *Des mélos navrants.*

MÉLODIE n. f.
Suite de sons formant un air musical. *Pour composer une chanson, il faut ajouter des paroles à une mélodie.*

MÉLODIEUSEMENT adv.
D'une manière mélodieuse. *Ces enfants chantent mélodieusement.* SYN. harmonieusement.

MÉLODIEUX, IEUSE adj.
Harmonieux, qui charme l'oreille. *Sa voix est mélodieuse.*
mélodieux.

MÉLODIQUE adj.
Qui a les caractères de la mélodie, qui est harmonieux.

MÉLODRAMATIQUE adj.
(PÉJ.) Qui tient du mélodrame. *Un film affreusement mélodramatique.*

MÉLODRAME n. m.
S'abrège familièrement en ***mélo.***
(PÉJ.) Drame où l'action est remplie à l'excès de péripéties malheureuses.

MÉLOMANE adj. et n. m. et f.
Qui apprécie la musique. *Les mélomanes ont aimé ce concert.*
mélomane.

MELON n. m.
1. Plante rampante cultivée pour ses fruits.
2. Fruit de cette plante de forme sphérique dont la chair orangée ou vert clair a un goût sucré.
LOCUTIONS
– ***Chapeau melon.*** Chapeau noir de forme arrondie. *Le chapeau melon des parfaits Londoniens.*
Dans cette expression qui s'écrit sans trait d'union, le mot ***melon*** est invariable.
– ***Melon d'eau.*** Pastèque, gros melon à pulpe rouge.
Le ***cantaloup*** est un melon à côtes rugueuses.

***MELTING-POT**
Anglicisme pour ***creuset.***

***MEMBERSHIP**
Anglicisme pour ***effectif, nombre de membres.***

MEMBRANE n. f.
Paroi mince qui enveloppe certains organes. *Le tympan est une membrane de l'oreille.*
membrane.

MEMBRANEUX, EUSE adj.
De la nature d'une membrane.
membraneux.

MEMBRE n. m. et f.
NOM MASCULIN
1. Chacune des quatre parties du corps des êtres animés qui se rattachent au tronc. *Les membres supérieurs des êtres humains sont les bras, les membres inférieurs, les jambes.*
2. (EN APPOS.) Pays faisant partie d'un tout. *Les États membres d'un accord de libre-échange.*
En apposition, le nom s'écrit sans trait d'union et les deux mots prennent la marque du pluriel.
NOM MASCULIN ET FÉMININ
Personne, groupe, pays faisant partie d'un ensemble, d'un groupe. *Les membres d'une association. Elle est membre agréée de cet ordre professionnel.*

L'OQLF considère désormais comme épicène le nom ***membre*** en ce sens.
LOCUTION
– ***Membre viril.*** Pénis.

MÊME adj., adv. et pron.
ADJECTIF
1. Devant un nom et précédé d'un déterminant (***le, la, les, un, une, cet, cette...***) (déterminant + ***même*** + nom) :
– il marque la ressemblance, l'identité. *Elle a lu le même livre plusieurs fois. Il porte les mêmes chaussettes que lui. Une même amitié les réunit.*
2. Après un nom précédé d'un déterminant (déterminant + nom + ***même***) :
– il insiste sur la personne ou la chose dont on parle et qu'il marque expressément. *Ce sont les paroles mêmes qu'il a prononcées.*
– il marque une qualité possédée au plus haut point. *Cette personne est l'intégrité même, elle est la sagesse et l'honnêteté mêmes.*
Il n'est pas toujours possible de distinguer l'adjectif de l'adverbe dans cet emploi. Selon l'intention de l'auteur, le mot s'accorde ou demeure invariable. *Il craignait sa colère, son silence mêmes* (au sens de ***eux-mêmes***) ou *sa colère, son silence même* (au sens de ***même son silence***). Quand on peut placer le mot ***même*** devant le déterminant suivi du nom, il s'agit de l'adverbe.
3. Après un pronom (pronom + ***même***) :
– l'adjectif insiste sur l'identité de la personne. *Moi-même, toi-même, lui-même, elle-même, soi-même, nous-mêmes, vous-mêmes, eux-mêmes, elles-mêmes.*
L'adjectif placé après le pronom s'accorde en nombre avec celui-ci et s'y joint par un trait d'union. Attention : l'adjectif est au singulier si le pronom ***nous*** ou ***vous*** ne désigne qu'une seule personne. *Alain, vous décrirez vous-même les faits. Brigitte et Jean, vous ferez vous-mêmes la synthèse des discussions.*
ADVERBE
Aussi, jusqu'à, y compris.
Placé devant un nom, un adjectif, ou accompagnant un verbe, le mot est adverbe et, par le fait même, invariable.
– Devant un nom précédé d'un déterminant (***même*** + déterminant + nom). *Même les maisons les plus récemment construites furent détruites par le séisme. Il ignorait même son nom.*
– Placé devant un adjectif ou accompagnant un verbe, un adverbe, le mot est adverbe et, par le fait même, invariable. *Elle est aimable et même généreuse. Il manifesta son indignation et même sortit en claquant la porte. Aujourd'hui même.*
PRONOM INDÉFINI
Toujours employé avec un déterminant (***le, la, les, un, une...***) (déterminant + ***même***), il marque :
– l'identité de la personne. *Ce sont toujours les mêmes qui osent parler.*
– la permanence de sa façon d'être. *Elle est toujours la même.*
LOCUTIONS
– ***À même,*** loc. prép. Directement à. *Boire à même la bouteille.*
– ***Cela revient au même.*** Cela revient à la même chose.
– ***De même,*** loc. adv. De même manière. *Nous devrions faire de même.*
– ***De même que,*** loc. conj. Et. *Germaine de même que ma cousine seront de la fête.* SYN. ainsi que.
En ce sens, la locution marque un rapport de coordination ; le verbe et l'attribut sont au pluriel et la locution n'est pas placée entre virgules.
– ***De même que,*** loc. conj. Comme, ainsi que. *Paul, de même que Pierre, est gentil.* SYN. à l'exemple de ; à l'instar de.
Dans cette locution, qui implique un rapport de comparaison, le verbe et l'attribut sont au singulier et la comparaison, généralement placée entre virgules, n'intervient pas dans l'accord.
– ***Être à même de*** + infinitif, loc. verb. Être apte à, être en mesure de. *Ils sont à même d'effectuer les calculs.*
– ***Quand même, quand bien même,*** loc. conj. Même si. *Quand bien même il neigerait à plein ciel, nous irons.*
– ***Tout de même,*** loc. adv. Quand même, malgré tout. *Elle était malade, elle est sortie tout de même.*
FORME FAUTIVE
*même à ça. Anglicisme pour ***même alors, malgré cela.***

MÉMENTO n. m. (pl. *mémentos*)
Les lettres ***en*** se prononcent ***in,*** [memɛ̃to].
Mot latin signifiant « souviens-toi ».
1. Agenda où l'on prend note des choses dont on veut se souvenir. *Le mémento des anniversaires. Des mémentos.*
2. Résumé, aide-mémoire. *Le* Mémento typographique *résume les principales règles de la typographie.*
Ce nom d'origine latine a été francisé : il s'écrit avec un accent aigu et prend la marque du pluriel.

MÉMÈRE adj. et n. f.
(FAM.) Vieille femme.
(FAM.) Se dit d'une personne très bavarde. *Michel est vraiment mémère. C'est une vraie mémère.*
Cet adjectif ne comporte pas de forme masculine, mais il s'emploie pour désigner une femme ou un homme très bavard, qui aime les commérages.

MÉMO n. m.
Abréviation familière de ***mémorandum.***

***MÉMO**
Impropriété au sens de ***note (de service),*** brève communication écrite de nature administrative.

MÉMOIRE n. m. et f.
NOM FÉMININ
1. Fonction biologique qui permet de conserver et de rappeler le souvenir du passé. *Ce monsieur a une excellente mémoire. Se rafraîchir la mémoire. « La lourde mémoire nous poursuit au-delà de nous-mêmes/Il faut réapprendre les espoirs nécessaires »* (Jean-Guy Pilon, *Comme eau retenue*).
2. (INFORM.) Dispositif qui permet l'enregistrement, la conservation et la restitution de données. *Ce disque a 100 méga-octets de mémoire.*
NOM MASCULIN
1. Écrit où l'on résume une question. *Présenter un mémoire à une commission parlementaire.*
2. Écrit où l'on expose le fruit d'une recherche universitaire donnant droit, avec une scolarité déterminée, à un grade de maître. *Un mémoire de maîtrise.*
3. État détaillé des sommes dues à un entrepreneur, à un architecte, etc.
LOCUTIONS
– ***Aide-mémoire.*** Résumé. *Des aide-mémoire utiles.*
Attention, ce nom est invariable.
– ***À la mémoire de,*** loc. prép. En l'honneur de, pour perpétuer le souvenir de.
La locution ***en mémoire de*** est vieillie.
– ***De mémoire.*** En faisant appel simplement à la mémoire. *Elle cite ces chiffres de mémoire. « sous le vent tiède de septembre/la terre joue de mémoire sa partition/ancienne »* (Pierre Nepveu, *Lignes aériennes*). SYN. par cœur.
– ***De mémoire d'homme.*** Aussi loin que remonte le souvenir.
Dans cette expression, le nom s'écrit au singulier.
– ***Lieu de mémoire.*** Site, œuvre, élément qui témoigne de l'appartenance d'une communauté à son passé, à son patrimoine.
– ***Mémoire collective.*** Faculté de se souvenir, en parlant d'une communauté.

– ***Mémoire morte.*** (INFORM.) Mémoire dont le contenu ne peut être modifié ou effacé. *Ces instructions sont contenues dans la mémoire morte.*
– ***Mémoire vive.*** (INFORM.) Mémoire dont les informations sont accessibles et modifiables. *À la mise hors tension, les informations de la mémoire vive s'effacent.*
– ***Pour mémoire,*** loc. adv. À titre de renseignement, de rappel. *Je rappelle, pour mémoire, que les candidats disposent d'un an pour arrêter leur projet de façon définitive.*

MÉMORABLE adj.
Digne d'être conservé dans la mémoire. *Des exploits mémorables.* SYN. inoubliable ; marquant ; remarquable.

MÉMORANDUM n. m. (pl. *mémorandums*)
Le ***u*** se prononce ***o***, [memɔrɑ̃dɔm].
S'abrège familièrement en ***mémo*** (s'écrit sans point).
1. Note qu'on prend d'une chose qu'on ne veut pas oublier.
2. Carnet de notes, mémento.
Ce nom a été francisé : il s'écrit avec un accent aigu et prend la marque du pluriel.

MÉMORIAL n. m. (pl. *mémoriaux*)
Monument commémoratif. *Érigera-t-on un mémorial sur les vestiges du World Trade Center ?*

MÉMORISABLE adj.
Qui peut être mémorisé. *Un numéro de téléphone facilement mémorisable.*

MÉMORISATION n. f.
Action de mémoriser. *La mémorisation des déclinaisons.*

MÉMORISER v. tr.
1. Fixer dans la mémoire. *Annie mémorise les verbes irréguliers.*
2. (INFORM.) Sauvegarder des données sur un support d'information. *Mémoriser des informations sur une disquette.*
CONJUGAISON : VOIR MODÈLE AIMER.

MENAÇANT, ANTE adj.
1. Qui contient une menace. *Un ton menaçant. Des airs menaçants.* SYN. agressif ; hostile.
2. Qui représente un danger, une menace. *Des voyous menaçants.* SYN. dangereux ; inquiétant.
3. Qui annonce du mauvais temps. *Des nuages menaçants.*
menaçant.

MENACE n. f.
1. Attitude (parole ou geste) annonçant une intention hostile, une colère. *Ces gardes assurent la protection de ce diplomate qui a reçu des menaces de mort.* SYN. intimidation.
2. Signe, présage qui fait craindre quelque chose. *Menaces d'orage. Des menaces de conflit.*
LOCUTION
– ***Sous la menace de,*** loc. prép. Contraint par des menaces. *Il a signé ce document sous la menace d'une arme.*

MENACÉ, ÉE adj.
En danger. *Des espèces menacées.*

MENACER v. tr.
1. Chercher à intimider par des menaces. *Vous pouvez me menacer : je ne céderai pas à ce chantage.*
2. Informer d'une sanction éventuelle. *Le directeur menaça son adjoint de congédiement si celui-ci ne modifiait pas son comportement.*
3. Risquer de, laisser craindre (quelque chose de négatif). *La pluie menace de tomber. La soirée menace d'être longue.*
En ce sens, le verbe se construit avec la préposition ***de*** suivie de l'infinitif.
CONJUGAISON : VOIR MODÈLE AVANCER.
Le ***c*** prend une cédille devant les lettres ***a*** et ***o***. *Il menaça, nous menaçons.*

MÉNAGE n. m.
1. Entretien d'une famille, d'une maison. *Faire le ménage.*
2. Homme et femme vivant ensemble. *Un jeune ménage.*
3. (ÉCON.) Unité constituée par une famille, une personne vivant seule. *Le nombre de ménages a augmenté.*
LOCUTIONS
– ***Pain de ménage.*** Pain cuit à la maison.
– ***Se mettre en ménage.*** Se marier, partager la vie d'une personne.
– ***Tenir ménage.*** Tenir maison.

MÉNAGEMENT n. m.
Égard, précaution. *On lui a appris la nouvelle avec le plus grand ménagement.* SYN. attention.
LOCUTION
– ***Sans ménagement,*** loc. adv. Avec brutalité. SYN. brutalement.
Dans cette expression, le nom s'écrit au singulier ou au pluriel.

MÉNAGER, ÈRE adj. et n. f.
ADJECTIF
Relatif aux soins du ménage. *Les travaux ménagers.*
NOM FÉMININ
1. Femme qui tient une maison. *Mme Papinette est une excellente ménagère.* SYN. maîtresse de maison.
2. Service de couverts disposé dans un coffret. *Renouveler la ménagère* (et non la *coutellerie).

MÉNAGER v. tr., pronom.
VERBE TRANSITIF
1. Économiser. *Les enfants ménageaient leurs forces avant la longue promenade. Ménage tes sous pour t'acheter des patins à roulettes.* SYN. épargner.
2. Mesurer. *Ménagez vos paroles : vous dites n'importe quoi.* SYN. modérer.
3. Traiter avec égard. *Il faut la ménager, elle est très malade.*
4. Arranger. *Elle nous ménage une surprise.* SYN. organiser ; préparer ; réserver.
VERBE PRONOMINAL
Ne pas abuser de ses forces. *Il importe de vous ménager un peu, car vous avez été très malade.*
À la forme pronominale, le participe passé de ce verbe s'accorde toujours en genre et en nombre avec son sujet. *Elle s'est ménagée pendant sa convalescence.*
LOCUTION
– ***Ménager la chèvre et le chou.*** (FIG.) Tenter de ne pas déplaire à deux groupes opposés en ne se rangeant ni d'un côté ni de l'autre. SYN. nager entre deux eaux.
On sait que la chèvre dévore le chou à la première occasion ; ils sont donc ennemis.
CONJUGAISON : VOIR MODÈLE CHANGER.
Le ***g*** est suivi d'un ***e*** devant les lettres ***a*** et ***o***. *Il ménagea, nous ménageons.*

MÉNAGERIE n. f.
Lieu où l'on rassemble des animaux pour les présenter au public. *La ménagerie du cirque.*

MENDIANT, IANTE n. m. et f.
Personne qui demande la charité. *Ces mendiants ont froid et faim : il faut leur venir en aide.*

MENDICITÉ n. f.
État d'indigence qui conduit à mendier.

MENDIER v. tr., intr.
VERBE TRANSITIF
1. Rechercher avec insistance, demander à titre de don. *Mendier de la nourriture.* SYN. quémander.
2. (FIG.) Solliciter avec trop d'empressement. *Mendier des suffrages, des appuis.*
VERBE INTRANSITIF
Demander l'aumône, la charité. SYN. quêter.
CONJUGAISON : VOIR MODÈLE ÉTUDIER.
Redoublement du ***i*** à la première et à la deuxième personne du pluriel de l'indicatif imparfait et du subjonctif présent. *(Que) nous mendiions, (que) vous mendiiez.*

MENÉE n. f.
1. Route que prend un cerf en fuite, dans le langage de la chasse à courre.
2. (AU PLUR.) Manœuvres secrètes et malveillantes. *Être victime des menées ambitieuses de la concurrence.* SYN. intrigue; machination.

MENER v. tr., intr.
VERBE TRANSITIF
1. Conduire en accompagnant. *Elle mène sa fille à l'école.* SYN. amener.
☞ On mène, on amène une personne vers un lieu donné, mais on emmène une personne du lieu où l'on est dans un autre.
2. Conduire vers. *Ce sentier nous mènera à la forêt.*
3. (FIG.) Diriger, commander. *C'est Bruno qui mène le groupe.* SYN. conduire.
4. Assurer le déroulement de. *Mener une enquête, mener à bien une entreprise.*
VERBE INTRANSITIF
Avoir l'avantage sur un adversaire. *L'équipe mène par deux parties.*
LOCUTION
– ***Bien mener sa barque.*** (FIG.) Diriger adroitement ses affaires.
CONJUGAISON : VOIR MODÈLE LEVER.
Le ***e*** se change en ***è*** devant une syllabe contenant un ***e*** muet. *Il mène,* mais *il menait.*

MÉNESTREL n. m.
Au Moyen Âge, musicien ambulant.

MENEUR, EUSE n. m. et f.
1. Personne qui mène. *Un meneur de jeu, une meneuse de revue.*
2. Chef, personne qui a une autorité naturelle. *C'est un meneur.* SYN. dirigeant; leader.

MENHIR n. m.
Monument composé d'une pierre verticale. *Les menhirs de Carnac, en Bretagne.*
☞ Ne pas confondre avec le nom ***dolmen,*** monument de pierre composé d'une pierre plate posée à l'horizontale sur des pierres verticales.
✏ menhir.

MÉNINGE n. f.
1. Chacune des membranes qui enveloppent le cerveau et la moelle épinière.
2. (AU PLUR.) (FAM.) Esprit, cerveau. *Se creuser les méninges.*
☞ Attention au genre féminin de ce nom : ***une*** méninge.

MÉNINGITE n. f.
Inflammation des méninges.
✏ méningite.

MÉNISQUE n. m.
Cloison cartilagineuse de certaines articulations, le genou en particulier. *Un ménisque déchiré, luxé.*
☞ Attention au genre masculin de ce nom : ***un*** ménisque.

MÉNOPAUSE n. f.
Fin de la fonction ovarienne (ovulation), chez la femme.
☞ Chez l'homme, c'est le nom ***andropause*** qui désigne la diminution progressive de l'activité sexuelle.
✏ ménopause.

MENOTTE n. f.
1. Petite main, dans le langage des enfants.
2. (AU PLUR.) Bracelets de fer réunis par une chaîne que l'on met aux poignets des prisonniers. *Le policier a mis des menottes au voleur qu'il a arrêté.*

MENOTTER v. tr.
Mettre les menottes à quelqu'un. *Les policiers ont menotté les manifestants arrêtés.*
CONJUGAISON : VOIR MODÈLE AIMER.

MENSONGE n. m.
Affirmation contraire à la vérité. *Dire que j'aime la tarte à la citrouille serait un mensonge : je déteste ce goût.*
LOCUTION
– ***Détecteur de mensonge.*** Appareil qui mesure certains phénomènes physiques en vue de déterminer si une personne dit la vérité ou non.
☞ Dans cette expression, le nom ***mensonge*** s'écrit au singulier.

MENSONGER, ÈRE adj.
Faux, non conforme à la vérité. *Des propos mensongers.* SYN. trompeur.

MENSONGÈREMENT adv.
D'une façon mensongère.

MENSTRUATION n. f.
Écoulement sanguin qui se produit périodiquement chez la femme, de la puberté à la ménopause.

MENSTRUEL, ELLE adj.
Qui se rapporte aux règles de la femme.

MENSTRUES n. f. pl.
(VX) Règles de la femme.
☞ Ce nom est toujours au pluriel.

MENSUALISATION n. f.
Fait de rendre mensuel. *La mensualisation des salaires.*

MENSUALISER v. tr.
Rendre mensuel. *Mensualiser une publication.*
CONJUGAISON : VOIR MODÈLE AIMER.

MENSUALITÉ n. f.
Somme payée ou reçue tous les mois. *Recevoir des mensualités. Une hypothèque payée par mensualités.*
✏ mensualité.

MENSUEL, ELLE adj. et n. m.
ADJECTIF
Qui a lieu, qui revient tous les mois. *Un loyer mensuel.*
NOM MASCULIN
Publication qui paraît chaque mois. *Un mensuel économique.*

MENSUELLEMENT adv.
Par mois, tous les mois. *Cette revue paraît mensuellement.*

MENSURATION n. f.
1. Mesure des dimensions caractéristiques d'une personne (poitrine, taille, etc.). *Le tailleur prend les mensurations précises de son client.*
2. Ces dimensions. *Quelles sont vos mensurations ?*

MENTAL, ALE, AUX adj.
1. Qui s'exécute par l'esprit. *Faire un rapide calcul mental.*
2. Relatif aux facultés intellectuelles. *Des troubles mentaux.*
LOCUTION
– ***Âge mental.*** État de développement des facultés intellectuelles.

MENTALEMENT adv.
Par la pensée. *Calculer mentalement.* SYN. intérieurement.
✏ mentalement.

MENTALITÉ n. f.
Façon de penser, en parlant d'une personne, d'un groupe. *Jolie mentalité !*
✏ mentalité.

MENTERIE n. f.
(FAM.) Mensonge. *Raconter des menteries. « tu inventes des mensonges en ton esprit [...] tu perseveres en tes menteries »* (Samuel de Champlain, *Les Voyages de la Nouvelle France occidentale, dicte Canada,* faits par le Sr de Champlain). *« On dirait qu'il dit vrai, tant son effronterie/Avec naïveté pousse une menterie »* (Corneille, *Le Menteur*). *« Là il n'y a point de poésie où il n'y a pas de menterie »* (Chateaubriand, *Le Génie du christianisme*). *« La vie n'est rien d'autre qu'une suite de compromis, de déceptions, de menteries »* (Francine Noël, *Myriam première*). *« Sa première vraie grosse menterie. Mais François s'accommode mieux qu'il ne pensait du mensonge »* (Marie Laberge, *Quelques Adieux*). SYN. fausseté.
Ce nom de registre familier demeure usuel au Québec et dans la francophonie canadienne, mais il n'appartient plus à l'usage courant de la majorité des locuteurs du français.

MENTEUR, EUSE adj. et n. m. et f.
Qui ment. *Catherine dit la vérité : elle n'est pas menteuse.* ANT. franc.

MENTHE n. f.
Plante potagère odorante. *Des chocolats à la menthe.*
HOM. ***mante,*** cape.
menthe, attention au ***h.***

MENTION n. f.
Action de signaler oralement ou par écrit quelque chose. *La mention d'un accident.*
LOCUTION
– ***Faire mention de.*** Souligner. *Ils ont fait mention de cet ouvrage à plusieurs reprises.*
Le nom ***mention*** est invariable dans cette expression.

MENTIONNER v. tr.
Faire mention de. *Il a mentionné ce fait.* SYN. signaler.
CONJUGAISON : VOIR MODÈLE AIMER.
mentionner.

MENTIR v. intr., pronom.
VERBE INTRANSITIF
Faire un mensonge, affirmer quelque chose de faux. *Cette personne ment comme elle respire.* SYN. tromper.
VERBE PRONOMINAL
1. Chercher à se faire illusion à soi-même. *À quoi sert-il de se mentir ?*
2. Se dissimuler mutuellement la vérité. *Ils n'ont cessé de se mentir.*
À la forme pronominale, le participe passé de ce verbe est toujours invariable. *Ils se sont constamment menti.*
CONJUGAISON : VOIR MODÈLE SORTIR.
INDICATIF PRÉSENT *Je mens, tu mens, il ment, nous mentons, vous mentez, ils mentent.* IMPARFAIT *Je mentais.* PASSÉ SIMPLE *Je mentis.* FUTUR *Je mentirai.* CONDITIONNEL PRÉSENT *Je mentirais.* IMPÉRATIF PRÉSENT *Mens, mentons, mentez.* SUBJONCTIF PRÉSENT *Que je mente.* IMPARFAIT *Que je mentisse.* PARTICIPE PRÉSENT *Mentant.* PASSÉ *Menti.*
Le participe passé ne comporte pas de forme féminine.

MENTON n. m.
Partie saillante au bas du visage. *Un double menton.*

MENTONNIÈRE n. f.
Bande de toile qui passe sous le menton pour retenir une coiffure.
mentonnière.

MENTOR n. m.
(LITT.) Conseiller avisé qui sert de guide à quelqu'un.
Ce nom est emprunté à l'*Odyssée* d'Homère où Mentor est l'ami d'Ulysse et le précepteur de Télémaque. Au sens de « conseiller avisé », il s'écrit avec une minuscule.

MENU, UE adj. et adv.
ADJECTIF
Petit, de faible volume. *Une personne délicate et menue. De menus objets, de menues dépenses.* SYN. fin ; mince.
ADVERBE
Finement. *Les carottes doivent être hachées menu.*
En ce sens, le mot est invariable.

MENU n. m.
1. Liste des plats servis dans un restaurant. *Ce plat n'est pas au menu.*
2. Carte où figurent les plats proposés pour un repas et leur prix, s'il y a lieu.
3. (FIG.) (FAM.) Programme (d'un évènement, d'une réunion, etc.). *Qu'a-t-on au menu de l'assemblée générale ?*
4. (INFORM.) Liste des commandes proposées à l'utilisateur d'un logiciel. *Ce traitement de texte comprend huit menus qui figurent dans la barre des menus en haut de l'écran : fichier, édition, affichage, insertion, format, outils, tableau et fenêtre.*
LOCUTIONS
– ***Menu déroulant.*** (INFORM.) Menu que l'on peut développer à partir de la barre de menus en utilisant un dispositif de pointage ou une combinaison de touches de clavier (GDT).
– ***Par le menu.*** En détail. *Racontez-moi votre voyage par le menu.*

MENUET n. m.
Ancienne danse des XVIIe et XVIIIe siècles.
menuet.

MENUISERIE n. f.
Art de travailler le bois pour en faire des meubles, pour aménager des locaux.

MENUISIER n. m.
MENUISIÈRE n. f.
Personne dont le métier est de travailler le bois.
Ne pas confondre avec le nom ***ébéniste,*** personne spécialisée dans la fabrication de meubles en bois de grande qualité.

MÉPLAT n. m.
Surface plane d'une chose.
méplat.

MÉPRENDRE (SE) v. pronom.
Se tromper. *Elle s'est méprise sur son silence.*
Le verbe se construit avec la préposition ***sur.***
Le participe passé de ce verbe, qui n'existe qu'à la forme pronominale, s'accorde toujours en genre et en nombre avec son sujet. *Elles s'étaient méprises sur les projets de leurs concurrents.*
LOCUTION
– ***À s'y méprendre.*** Au point de se tromper. *Les deux sœurs se ressemblent à s'y méprendre.*
CONJUGAISON : VOIR MODÈLE APPRENDRE.

MÉPRIS n. m.
1. Dédain, indifférence hautaine. *Traiter une personne avec mépris.*
2. Fait de dédaigner, de faire fi de quelque chose (de souhaitable, d'enviable). *Le mépris du confort.* SYN. désintérêt.
3. Fait de juger condamnable. *On ne peut qu'éprouver du mépris pour une conduite aussi abjecte.*
LOCUTION
– ***Au mépris de,*** loc. prép. Sans tenir compte de. *Au mépris de sa vie, il entra dans la maison en feu pour secourir ses occupants.*
mépris, un ***s*** final.

MÉPRISABLE adj.
Qui mérite le mépris. *Ce vil individu est méprisable.* ANT. estimable.

MÉPRISANT, ANTE adj.
Qui montre du mépris. *Une attitude méprisante.* SYN. arrogant ; dédaigneux ; hautain.

MÉPRISE n. f.
Erreur. *Vous avez le mauvais numéro, il y a eu une méprise.*
LOCUTION
– ***Par méprise.*** Par erreur. *Cette citation lui a été attribuée par méprise.*

MÉPRISER v. tr., pronom.
VERBE TRANSITIF
1. Juger quelqu'un indigne d'estime, d'attention. *Elle méprise ce profiteur.*
2. Dédaigner. *Il méprise les honneurs.* SYN. se désintéresser de.
VERBE PRONOMINAL
Ressentir du mépris pour soi. *Elles se sont méprisées. Il se méprisait d'avoir cru, pour avoir cru à ses belles paroles.*
Le complément peut être introduit par les prépositions ***de, pour.***
À la forme pronominale, le participe passé de ce verbe s'accorde toujours en genre et en nombre avec son sujet. *Ces concurrents se sont méprisés.*
CONJUGAISON : VOIR MODÈLE AIMER.

MER n. f.
Vaste étendue d'eau salée, distincte des océans par la moindre importance des fonds abyssaux et par l'extension souvent plus considérable des plates-formes continentales (Recomm. off.). *Aller se baigner à la mer. La mer Noire. La mer des Antilles.*
[T] Le terme générique (***lac, rivière, mont, mer, océan,*** etc.) d'un nom géographique s'écrit avec une minuscule, tandis que le nom, l'adjectif qui en constitue l'élément spécifique prend la majuscule.
VOIR TABLEAU – GÉOGRAPHIQUES (NOMS).
LOCUTIONS
– ***Ce n'est pas la mer à boire.*** (FIG.) C'est un travail facile dont on peut prévoir la fin.
– ***Fruits de mer.*** Coquillages, crustacés.
– ***Haute mer, pleine mer.*** Partie de mer qui est éloignée des rivages.
– ***Prendre la mer.*** S'embarquer.
HOM.
• ***maire,*** personne élue à la direction d'une administration municipale ;
• ***mère,*** femme qui a donné naissance à un ou à plusieurs enfants.

MERCANTILE adj.
1. (VX) Commercial.
2. Qui ne pense qu'au gain. *Un financier mercantile.*
mercant**ile**.

MERCANTILISME n. m.
1. (ÉCON.) Doctrine économique.
2. Esprit mercantile.

MERCENAIRE n. m.
Soldat étranger qui combat pour un salaire.
mercen**aire**.

MERCERIE n. f.
1. Ensemble des menus articles servant à la couture, aux loisirs textiles et à la parure, comme les aiguilles, fils, ciseaux, boutons, glissières, coupons, rubans, dentelles, broderies, etc.
2. Commerce de la mercerie.

***MERCHANDISING**
Anglicisme pour ***marchandisage.***

MERCI n. m. et f.
NOM MASCULIN
Remerciement. *Mille mercis. Un grand merci. Merci pour tout ! Non merci, je ne prends pas de sucre dans mon café.*
Le nom se construit avec la préposition ***de*** ou ***pour*** suivie d'un nom. *Merci de ton aide, merci pour ton cadeau.* Suivi d'un infinitif, il se construit avec **de.** *Merci d'être là.*
NOM FÉMININ
(VX) Grâce, pitié.
LOCUTIONS
– ***Demander merci.*** Demander grâce.
– ***Dieu merci !*** Grâce à Dieu. SYN. heureusement.
– ***Être à la merci de quelqu'un, de quelque chose.*** Dépendre de. *Les prisonniers sont à la merci des gardiens.*
– ***Sans merci.*** Sans pitié. *L'enseignante est sans merci pour les fautes d'orthographe.*
mer**ci**.

MERCIER n. m.
MERCIÈRE n. f.
Personne qui fait le commerce des articles de mercerie.

MERCREDI n. m.
Troisième jour de la semaine. *Le mercredi des Cendres. Le mercredi 17 mai.*
[T] Les noms de jours s'écrivent avec une minuscule et prennent la marque du pluriel. *Je viendrai tous les mercredis,* mais *je viendrai tous les mercredi et vendredi de chaque semaine.* Attention à la construction de la dernière phrase où les noms de jours restent au singulier parce qu'il n'y a qu'un seul mercredi et qu'un seul vendredi par semaine.
VOIR – JOUR.

MERCURE n. m.
Symbole ***Hg*** (s'écrit sans point).
Métal d'un blanc argenté qui, à la température ordinaire, est liquide. *C'est avec le mercure qu'est indiquée la température dans un thermomètre.*
[T] Lorsqu'il désigne le dieu romain ou la planète, le nom s'écrit avec une majuscule.

MERDE interj. et n. f.
NOM FÉMININ
(VULG.) Excrément. *Une merde de chien souille le trottoir.*
INTERJECTION
(VULG.) L'interjection exprime la déception, la colère, l'indignation, etc. *Eh, merde ! tout est à recommencer !*
[T] L'interjection est toujours suivie d'un point d'exclamation qui est souvent repris à la fin de la phrase. Si la phrase exclamative n'est pas complète, le mot qui suit le point d'exclamation s'écrit avec une minuscule initiale.

MERDEUX, EUSE adj. et n. m. et f.
ADJECTIF
(VULG.) Souillé d'excréments.
ADJECTIF ET NOM MASCULIN ET FÉMININ
(FAM.) Qui est prétentieux.

MERDIER n. m.
(FAM.) Grande confusion, désordre général.

MERDIQUE adj.
(FAM.) Sans intérêt, sans valeur.

MÈRE n. f.
1. Femme qui a donné naissance à un ou à plusieurs enfants. *Elle est la mère de quatre enfants. La fête des Mères.*
2. Supérieure d'une communauté religieuse. *La mère supérieure.*
[T] Les titres religieux s'écrivent avec une minuscule. *Elle a prié mère Marie de l'Incarnation.*
3. (EN APPOS.) Origine. *Des cellules mères.*
En apposition, le nom s'écrit sans trait d'union et les deux mots prennent la marque du pluriel.

LOCUTIONS
– ***Maison mère.*** Établissement dont dépend un ordre religieux.
Pour une entreprise commerciale, on dit plutôt ***siège social.***
– ***Mère porteuse.*** Femme qui a été inséminée artificiellement afin de donner naissance à l'enfant d'un autre couple. *Des mères porteuses.*
– ***Mère poule.*** Mère qui entoure ses enfants exagérément. *Des mères poules possessives.*
– ***Reine mère.***
Cette locution, où le mot ***mère*** est en apposition, s'écrit sans trait d'union.
HOM.
• ***maire,*** personne élue à la direction d'une administration municipale;
• ***mer,*** vaste étendue d'eau salée.

MÈRE-GRAND n. f. (pl. *mères-grand*)
(VX) Grand-mère. *La mère-grand du petit Chaperon rouge.*

MERGUEZ n. f.
Le *z* se prononce, [mɛʀgɛz].
Petite saucisse épicée. *Des merguez grillées.*
Attention au genre féminin de ce nom : ***une*** merguez.

MÉRIDIEN n. m.
Cercle théorique passant par les deux pôles terrestres. *Le méridien de Greenwich.*
Le ***premier méridien*** ou le ***méridien d'origine*** est celui à partir duquel on compte les degrés de longitude.
VOIR – LONGITUDE.

MÉRIDIENNE n. f.
Canapé de repos. *Elle s'est allongée sur sa jolie méridienne.*

MÉRIDIONAL, ALE, AUX adj. et n. m. et f.
1. Du sud. *La région méridionale du Québec.*
2. Du Midi. *L'accent des Méridionaux.*
T L'adjectif s'écrit avec une minuscule; le nom, avec une majuscule.

MERINGUE n. f.
Pâtisserie légère à base de blancs d'œufs battus.

MERISIER n. m.
Cerisier sauvage dont le bois est recherché en ébénisterie.

MÉRITANT, ANTE adj.
Se dit d'une personne qui a du mérite. *Ils sont bien méritants.*
Ne pas confondre avec le mot ***méritoire,*** qui se dit d'une chose louable.

MÉRITE n. m.
1. Valeur. *Ils ont bien du mérite d'avoir réussi cela.*
2. Utilité, avantage. *Le mérite de ce choix, c'est de permettre à tous de voyager.*
FORME FAUTIVE
*mérite. Anglicisme au sens de ***bien-fondé.*** *Faire valoir le bien-fondé* (et non le *mérite) *de sa cause.*

MÉRITER v. tr.
1. Être digne d'une récompense ou passible d'un châtiment. *Il mérite une récompense, il mérite une punition.*
Le verbe s'emploie en bonne et en mauvaise part.
2. Donner droit à. *Cet effort mérite un avancement.* SYN. valoir.
3. Exiger. *Cette conclusion mérite réflexion. Cette demande mérite réponse.*
4. Valoir la peine de. *Ce roman mérite d'être lu.*
FORME FAUTIVE
*se mériter. Impropriété au sens de ***remporter, obtenir, gagner*** (un prix).
CONJUGAISON : VOIR MODÈLE AIMER.

MÉRITOIRE adj.
Se dit d'une chose louable. *Un geste méritoire.*
Ne pas confondre avec le mot ***méritant,*** qui se dit d'une personne qui a du mérite.

MERLAN n. m.
Poisson de mer dont la chair est appréciée.

MERLE n. m.
Oiseau passereau voisin de la grive. *Le merle d'Amérique.*
VOIR TABLEAU – ANIMAUX.

MÉROU n. m.
Poisson des mers chaudes dont la chair est très délicate.

MERVEILLE n. f.
Chose admirable, étonnante. *Les sept merveilles du monde.*
LOCUTIONS
– ***À merveille,*** loc. adv. Parfaitement. *Ce tailleur lui va à merveille. Elle se porte à merveille.*
– ***Faire merveille.*** Obtenir des résultats remarquables. *Ces étudiants ont fait merveille au concours.*
Dans cette expression, le nom reste au singulier.
– ***Promettre monts et merveilles.*** (FIG.) Faire des promesses exagérées.

MERVEILLEUSEMENT adv.
Admirablement, parfaitement. *Il joue du piano merveilleusement.*

MERVEILLEUX, EUSE adj. et n. m.
ADJECTIF
Exceptionnel. *Un merveilleux jardin.* SYN. extraordinaire; magnifique; remarquable.
Ne pas confondre avec les mots suivants :
• ***miraculeux,*** qui tient du miracle;
• ***prodigieux,*** qui tient du prodige;
• ***surhumain,*** qui dépasse les possibilités habituelles de la personne humaine.
NOM MASCULIN
Ce qui est extraordinaire. *Le plus merveilleux dans tout ce qui m'arrive, c'est que tu puisses venir avec moi.*
merveil**leux**.

MES adj. poss. pl.
1. Déterminant possessif pluriel de la première personne du singulier qui détermine le nom en indiquant le « possesseur » de l'objet désigné. Il s'accorde en genre et en nombre avec le nom déterminé. *Mes livres.*
2. Le déterminant possessif s'accorde en personne avec le nom désignant le « possesseur ». Ainsi, le déterminant possessif ***mes*** renvoie à un seul « possesseur » de plusieurs êtres, de plusieurs objets. *Regarde mes patins à roulettes* (un seul possesseur) *et notre nouvelle tondeuse* (plusieurs possesseurs).
VOIR TABLEAU – POSSESSIF ET PRONOM POSSESSIF (DÉTERMINANT).

MÉSADAPTATION n. f.
Difficulté d'adaptation plus ou moins transitoire que manifeste, dans son comportement, une personne qui ne peut pas ou ne veut pas satisfaire aux exigences d'intégration à son environnement social (Recomm. off.).

MÉSALLIANCE n. f.
Mariage, alliance avec une personne de condition inférieure.
més**all**iance.

MÉSALLIER (SE) v. pronom.
Faire une mésalliance, s'associer avec une personne de condition inférieure.
Le participe passé de ce verbe, qui n'existe qu'à la forme pronominale, s'accorde toujours en genre et en nombre avec son sujet. *Cette baronne s'est mésalliée en se mariant avec son jardinier.*
CONJUGAISON : VOIR MODÈLE ÉTUDIER.
Redoublement du ***i*** à la première et à la deuxième personne du pluriel de l'indicatif imparfait et du subjonctif présent. *(Que) nous nous mésalliions, (que) vous vous mésalliiez.*

M

MÉSANGE n. f.
Petit oiseau au plumage parfois rehaussé de couleurs vives. *La mésange à tête noire élève ses petits en forêt.*
Attention au genre féminin de ce nom : ***une*** mésange.

MÉSAVENTURE n. f.
Aventure désagréable. *Il lui est arrivé une mésaventure : on lui a volé son sac.* SYN. déboire ; malchance ; (FAM.) tuile.

MESCALINE n. f.
Hallucinogène.

MESCLUN n. m.
La première syllabe se prononce comme le nom ***messe***, [mɛsklœ̃].
Mélange de salades de diverses espèces (romaine, frisée, roquette, mâche, etc.).

MESDAMES n. f. pl.
Abréviation ***M**mes* (s'écrit sans point).
VOIR – MADAME.

MESDEMOISELLES n. f. pl.
Abréviation ***M**lles* (s'écrit sans point).
VOIR – MADEMOISELLE.

MÉSENTENTE n. f.
Désaccord. *Il faut mettre fin à cette mésentente et redevenir amis.* SYN. brouille ; désunion.

MÉSESTIMER v. tr., pronom.
VERBE TRANSITIF
Ne pas estimer à sa juste valeur. *La compétence de cette personne est mésestimée.* SYN. méconnaître.
Ne pas confondre avec le verbe ***sous-estimer***, estimer au-dessous de sa valeur.
VERBE PRONOMINAL
Se déprécier. *Cette personne a tendance à se mésestimer.*
À la forme pronominale, le participe passé de ce verbe s'accorde toujours en genre et en nombre avec son sujet. *Elle s'est mésestimée.*
CONJUGAISON : VOIR MODÈLE AIMER.

MESQUIN, INE adj.
1. Parcimonieux. *Malgré ses richesses, il est mesquin* (et non *cheap), *il n'est pas généreux.*
2. Bas. *Cette critique est très mesquine.*

MESQUINEMENT adv.
D'une façon mesquine. *On a critiqué son idée mesquinement.*

MESQUINERIE n. f.
1. Avarice. *La mesquinerie de cette personne la rend antipathique.* ANT. générosité.
2. Action mesquine. *Ces petites mesquineries ne me touchent pas.* SYN. bassesse.

MESS n. m.
(MILIT.) Salle où les officiers se réunissent pour prendre leurs repas.
HOM. ***messe***, office religieux.

***MESS**
Anglicisme au sens de ***désordre, confusion.***

MESSAGE n. m.
1. Communication transmise à quelqu'un. *Transmettre un message secret. Un message téléphonique.*
2. Ensemble d'échanges signifiants entre un émetteur et un récepteur à l'aide d'un ensemble conventionnel de signes (un code). *Il faut faire en sorte que le message transmis soit bien reçu.*
LOCUTIONS
– ***Message publicitaire.*** Information transmise au consommateur afin de faire connaître et de vendre un produit. *Diffuser un message publicitaire* (et non *spot, *commercial).
– ***Message SMS.*** (INFORM.) Message alphanumérique de longueur limitée, que l'on peut recevoir ou envoyer à partir d'un terminal mobile (GDT). *Les jeunes se servent de leur cellulaire pour envoyer des messages SMS* (et non *texto). SYN. message texte ; minimessage.

MESSAGER, ÈRE n. m. et f.
Personne chargée de transmettre un ou plusieurs messages. *La messagère des dieux.*

MESSAGERIE n. f.
(GÉN. AU PLUR.) Transport rapide de marchandises. *Un entrepreneur de messageries.* SYN. coursier.
LOCUTION
– ***Messagerie électronique.*** (INFORM.) Courrier électronique.

MESSE n. f.
Office religieux. *Sa maman va à la messe le dimanche.*
LOCUTIONS
– ***Faire des messes basses.*** (FIG.) (FAM.) Se chuchoter quelque chose à l'oreille.
– ***Grand-messe.*** Messe solennelle chantée.
– ***Messe basse.*** Messe non chantée.
– ***Messe noire.*** Pratique de sorcellerie parodiant la messe.
HOM. ***mess***, salle où les officiers se réunissent pour prendre leurs repas.

MESSEOIR v. intr.
(LITT.) Ne pas convenir. *Ces propos ne messiéent pas en ces lieux.* ANT. seoir.
CONJUGAISON
INDICATIF PRÉSENT *Il messied, ils messiéent.* IMPARFAIT *Il messeyait, ils messeyaient.* FUTUR *Il messiéra, ils messiéront.* CONDITIONNEL PRÉSENT *Il messiérait, ils messiéraient.* SUBJONCTIF PRÉSENT *Qu'il messiée, qu'ils messiéent.* PARTICIPE PRÉSENT *Messéant.*
Ce verbe ne s'utilise qu'à la troisième personne dans une phrase généralement négative et il n'a pas de temps composés.
[Les *Rectifications* (1990) admettent : messoir.]

MESSIANIQUE adj.
(LITT.) Relatif à la venue du Messie. *Les textes messianiques.*

MESSIE n. m.
Sauveur. *Jésus-Christ était le Messie. Un faux messie.*
T Lorsque le nom désigne le Christ, il s'écrit avec une majuscule.
messie.

MESSIEURS n. m. pl.
Abréviation ***MM.*** (s'écrit avec un point).
VOIR – MONSIEUR.

MESURABLE adj.
Qui peut se mesurer. *Une grandeur mesurable.*

MESURE n. f.
1. Action de déterminer les dimensions. *Prendre la mesure d'une surface à l'aide d'une règle. « Je crée la mesure de cette eau qui nous emporte/Au loin des rives de pierre froide »* (Jean-Guy Pilon, *Comme eau retenue*).
2. Dimension déterminée par la mesure. *Les mesures de cette table sont de 60 cm de hauteur, 45 cm de largeur et 75 cm de longueur.*
3. Valeur déterminée. *Donner sa pleine mesure. « C'est alors, évidemment, que j'ai pris la pleine mesure du chagrin que j'éprouvais de la perte de notre maison… »* (Gabrielle Roy, *La Détresse et l'Enchantement*).
4. Disposition que l'on prend pour agir. *Ce ne sont que des mesures préventives. Prendre les mesures qui s'imposent.*
5. Modération. *Elle agit avec mesure.* SYN. pondération ; retenue.
LOCUTIONS
– ***À la mesure de,*** loc. prép. Proportionné à. *Une école à la mesure du quartier.* SYN. à l'échelle de.
– ***À mesure que,*** loc. conj. En même temps que.

– ***Au fur et à mesure,*** loc. adv. En même temps et proportionnellement. *Répondez au fur et à mesure. Au fur et à mesure que les jours passent. Au fur et à mesure de vos progrès.*
La locution se construit avec ***que*** et l'indicatif, avec la préposition ***de*** et absolument.
– ***Avoir deux poids, deux mesures.*** Juger des choses ou des personnes semblables avec partialité.
– ***Dans la mesure où,*** loc. conj. Pour autant que. *Dans la mesure où nos efforts seront couronnés de succès.*
La locution se construit avec l'indicatif.
– ***Dans une certaine mesure.*** Jusqu'à un certain point.
– ***Dépasser la mesure.*** (FIG.) Exagérer.
– ***Être en mesure de.*** Avoir les moyens nécessaires, pouvoir. *Ces élèves sont en mesure de réussir.*
Dans cette expression, le nom s'écrit au singulier.
La locution est suivie de l'infinitif.
– ***Faire bonne mesure.*** Donner davantage que ce qui est dû.
– ***Outre mesure,*** loc. adv. À l'excès, très. *Je n'apprécie pas cette personne outre mesure.*
– ***Sans commune mesure,*** loc. adj. Non comparable.
– ***Sur mesure.*** Fabriqué d'après les mesures de la personne même. *Un vêtement fait sur mesure.*
Dans cette expression, le nom s'écrit au singulier le plus souvent, mais certains auteurs, dont Grevisse, l'écrivent aussi au pluriel. *Un chemisier sur mesures.*

MESURÉ, ÉE adj.
1. Compté. *À pas mesurés.* SYN. réglé.
2. Circonspect. *Il faut rester mesuré, ne pas s'emporter.* SYN. modéré ; réfléchi.

MESURER v. tr., intr., pronom.
VERBE TRANSITIF
1. Évaluer d'après un étalon, à l'aide d'un instrument. *La pièce qu'il a mesurée a 22 mètres carrés.* SYN. apprécier.
2. Déterminer l'importance de quelque chose proportionnellement à autre chose, juger par comparaison. *Il est difficile de mesurer l'ampleur du désastre, l'étendue d'un phénomène. Mesurer les pertes subies, les risques encourus.* SYN. estimer ; évaluer.
Ne pas confondre avec le verbe ***calculer,*** déterminer une quantité, une valeur en effectuant un calcul ou une suite de calculs.
VERBE INTRANSITIF
Avoir une dimension donnée. *Les deux mètres que ce mur avait mesuré avant de s'écrouler.*
En ce sens, le participe passé est invariable. Le complément (***deux mètres***) répond à la question « combien ? » et non à la question « quoi ? ».
VERBE PRONOMINAL
1. Être mesurable. *Cette surface se mesure facilement.*
2. Lutter, se comparer à, avec quelqu'un, quelque chose. *Elle s'est mesurée à lui, avec lui. Le champion d'échecs s'est mesuré à l'ordinateur.* SYN. affronter.
À la forme pronominale, le participe passé de ce verbe s'accorde toujours en genre et en nombre avec son sujet. *Elle s'est mesurée aux plus grandes championnes de tennis, avec les championnes de l'aviron.*
CONJUGAISON : VOIR MODÈLE AIMER.

MÉTA- préf.
Élément du grec signifiant « ce qui dépasse, englobe ».
Les mots composés avec le préfixe ***méta-*** s'écrivent en un seul mot. *Métaphysique, métamorphose.*

MÉTABOLIQUE adj.
Relatif au métabolisme.

MÉTABOLISME n. m.
Ensemble des transformations qui s'accomplissent dans l'organisme vivant.

MÉTACARPE n. m.
Ensemble des cinq os de la main compris entre le carpe et les phalanges.
Ne pas confondre avec le nom ***métatarse,*** ensemble des cinq os du pied compris entre les orteils et le tarse.

MÉTAIRIE n. f.
Petit domaine rural.
métairie.

MÉTAL n. m. (pl. *métaux*)
Corps simple. *Un métal précieux. L'or, l'argent, le plomb, le cuivre, etc., sont des métaux.*

MÉTALANGAGE n. m.
Langue qui décrit la langue naturelle ; terminologie linguistique.

MÉTALINGUISTIQUE adj.
Qui appartient au métalangage, à la terminologie linguistique. *Le vocabulaire métalinguistique de la terminologie.*

MÉTALLIQUE adj.
1. Qui est fait de métal. *Un coffre métallique.*
2. Qui semble provenir du métal. *Un bruit métallique.*
métallique.

MÉTALLISER v. tr.
Couvrir d'une couche de métal.
CONJUGAISON : VOIR MODÈLE AIMER.
métalliser.

MÉTALLURGIE n. f.
Ensemble des techniques qui assurent la fabrication des métaux.
métallurgie.

MÉTALLURGIQUE adj.
Relatif à la métallurgie. *L'industrie métallurgique.*
métallurgique.

MÉTALLURGISTE n. m. et f.
Personne qui travaille dans la métallurgie.
métallurgiste.

MÉTAMORPHOSE n. f.
1. Transformation radicale. *La métamorphose de la chenille en papillon.*
2. Évolution. *Une métamorphose progressive.* SYN. changement ; mutation.
Ne pas confondre avec le nom ***métempsycose,*** réincarnation.
métamorphose.

MÉTAMORPHOSER v. tr., pronom.
VERBE TRANSITIF
Changer radicalement la forme, la nature de quelqu'un, de quelque chose. *Cette nouvelle coiffure l'a métamorphosée : on la reconnaît à peine !*
VERBE PRONOMINAL
Changer complètement de forme, d'état. *En quelques années, ces enfants se sont métamorphosés.* SYN. se transformer.
À la forme pronominale, le participe passé de ce verbe s'accorde toujours en genre et en nombre avec son sujet. *Les princes se sont métamorphosés en crapauds.*
CONJUGAISON : VOIR MODÈLE AIMER.
métamorphoser.

MÉTAPHORE n. f.
Figure de style constituée d'une comparaison abrégée qui omet le signe de la comparaison. *La neige a recouvert la campagne d'un blanc manteau.* Cette phrase contient une métaphore : la neige est comparée à un vêtement blanc.
VOIR TABLEAU – FIGURÉS (EMPLOIS).
métaphore.

MÉTAPHORIQUE adj.
Relatif à la métaphore. *Un emploi métaphorique.*
métaphorique.

MÉTAPHORIQUEMENT adv.
Par métaphore.
✎ méta**ph**oriquement.

MÉTASTASE n. f.
(MÉD.) Transfert d'organismes pathogènes ou de cellules malignes dans une partie du corps éloignée du foyer primaire d'une maladie ou d'une tumeur (GDT). SYN. cancer secondaire.

MÉTATARSE n. m.
Ensemble des cinq os du pied compris entre le tarse et les orteils.
☞ Ne pas confondre avec le nom ***métacarpe,*** ensemble des cinq os de la main compris entre le poignet et les doigts.
✎ méta**tarse**.

MÉTEMPSYCOSE n. f.
Réincarnation d'une âme dans un autre corps, après la mort.
☞ Ne pas confondre avec le nom ***métamorphose,*** transformation radicale.
✎ métempsy**co**se.

MÉTÉO adj. inv. et n. f.
ADJECTIF INVARIABLE
Météorologique. *Des prévisions météo, les bulletins météo.*
NOM FÉMININ
Abréviation familière de ***météorologie.***
1. (FAM.) Bulletin météorologique. *Il attend la météo pour prendre une décision.*
2. (FAM.) Conditions du temps. *Pour une excursion en mer, la météo est idéale.*

MÉTÉORE n. m.
Corps céleste lumineux qui passe dans le ciel. *Les étoiles filantes sont des météores.*
☞ Ne pas confondre avec le nom ***météorite,*** fragment minéral provenant de l'atmosphère qui tombe sur la Terre.
☞ Attention au genre masculin de ce nom : ***un*** météore.
✎ météore.

MÉTÉORIQUE adj.
Relatif à un météore.

MÉTÉORITE n. m. ou f.
(ASTRON.) Fragment minéral provenant de l'atmosphère et tombant sur la Terre. *Une petite météorite a creusé un cratère dans le sol.*
☞ Ne pas confondre avec le nom ***météore,*** corps céleste lumineux qui passe dans le ciel.
☞ Ce nom s'emploie au masculin ou au féminin. *Un ou une météorite.*

MÉTÉOROLOGIE n. f.
Abréviation familière ***météo*** (s'écrit sans point).
Étude des phénomènes atmosphériques en vue de la prévision du temps.
☞ Ne pas confondre avec le nom ***métrologie,*** science des mesures.
✎ mété**oro**logie.

MÉTÉOROLOGIQUE adj.
Relatif à la météorologie. *Des prévisions météorologiques.*
✎ mété**oro**logique.

MÉTÉOROLOGUE ou **MÉTÉOROLOGISTE** n. m. et f.
Spécialiste de la météorologie.

MÉTÈQUE n. m.
(PÉJ.) Étranger dont le comportement est jugé déplaisant.

***METER**
Anglicisme pour ***compteur.***

MÉTHANE n. m.
Gaz incolore et inodore qui est le constituant principal du gaz naturel. *Le méthane est un excellent combustible. La concentration accrue des gaz à effet de serre dans l'atmosphère, comme le méthane, contribue au réchauffement climatique.*

MÉTHODE n. f.
1. Ensemble des moyens à utiliser pour atteindre un but. *Une méthode de travail.*
☞ Ne pas confondre avec le nom ***méthodologie,*** étude des méthodes.
2. Qualité qui consiste à procéder avec logique et ordre. *Il n'a pas beaucoup de méthode : il aurait intérêt à faire un plan avant de rédiger son travail.* SYN. organisation.
✎ mét**h**ode.

MÉTHODIQUE adj.
Qui a de la méthode, de l'ordre. *Un élève méthodique.* SYN. organisé ; systématique.
✎ mét**h**odique.

MÉTHODIQUEMENT adv.
Avec méthode. *Étudier tous les sens d'un mot méthodiquement.*
✎ mét**h**odiquement.

MÉTHODOLOGIE n. f.
1. Étude des méthodes scientifiques et techniques.
2. Manière de procéder ; méthode. *La méthodologie de la recherche scientifique est très sérieuse.*
✎ mét**h**odologie.

MÉTHODOLOGIQUE adj.
Relatif à la méthodologie. *Un guide méthodologique bien conçu.*
✎ mét**h**odologique.

MÉTHYLIQUE adj.
(CHIM.) Se dit de composés dérivant du méthane.
LOCUTION
– ***Alcool méthylique.*** Alcool à brûler.
✎ mét**hy**lique.

MÉTICULEUSEMENT adv.
D'une manière méticuleuse. *Étudier une loi méticuleusement.* SYN. consciencieusement ; minutieusement.

MÉTICULEUX, EUSE adj.
Minutieux. *Une recherche méticuleuse des indices.* SYN. appliqué ; consciencieux.
✎ méticuleu**x**.

MÉTICULOSITÉ n. f.
(LITT.) Caractère d'un esprit méticuleux. SYN. minutie.
✎ méticul**o**sité.

MÉTIER n. m.
1. Profession, travail dont on vit. *Il exerce un métier manuel, le métier de peintre, le métier d'ingénieur.*
2. Machine servant à la fabrication des textiles. *Un métier à tisser.*
3. Expérience, habileté technique. *Elle a du métier, elle ne manque pas de métier.*
LOCUTION
– ***Corps de métier.*** Ensemble de personnes qui exercent le même métier.

MÉTIS, ISSE adj. et n. m. et f.
1. Se dit d'une personne dont le père et la mère sont de races différentes. *Un jeune Métis. Une coutume métisse.*
☞ Les dictionnaires écrivent les noms ***créole, métis*** et ***mulâtre*** avec une minuscule ; il apparaît plus logique de les écrire avec une majuscule initiale. Par contre, l'adjectif correspondant s'écrit en minuscules.

2. Se dit d'un autochtone du Canada d'ascendance mixte amérindienne ou inuite et européenne, peuplant certains territoires des provinces des Prairies. *Louis Riel était un Métis. La révolte métisse de 1885.*
Ne pas confondre avec les mots suivants :
- ***eurasien,*** se dit d'une personne née d'un Européen et d'une Asiatique ou d'un Asiatique et d'une Européenne ;
- ***mulâtre,*** se dit d'une personne née d'un Noir et d'une Blanche ou d'un Blanc et d'une Noire.

MÉTISSAGE n. m.
Croisement de races.
LOCUTION
– ***Métissage culturel.*** Résultante de l'influence mutuelle de civilisations en contact.
métissage.

MÉTISSER v. tr.
Croiser des races. *Un chien métissé.*
CONJUGAISON : VOIR MODÈLE AIMER.
métisser.

MÉTONYMIE n. f.
Figure de style consistant à exprimer la cause pour l'effet, l'effet pour la cause, le contenant pour le contenu. *Les plaisirs de la table. Mange ton assiette au complet, ma chérie. Boire un verre.*
VOIR TABLEAU – FIGURÉS (EMPLOIS).
métonymie.

MÉTONYMIQUE adj.
Qui a le caractère de la métonymie. *Emploi métonymique.*
métonymique.

MÉTRAGE n. m.
1. Action de mesurer en mètres.
2. Longueur en mètres.
LOCUTION
– ***Court(-)métrage, long(-)métrage.*** (CIN.) Film dont la longueur varie entre 300 et 3000 m de longueur.

MÉTRÉ n. m.
Mesure d'un terrain, d'une construction.

MÈTRE n. m.
Symbole ***m*** (s'écrit sans point).
1. Unité de mesure de longueur. *Sa taille atteint maintenant 1,80 m et il n'a pas fini de grandir.*
2. Règle ou ruban gradué servant à prendre les mesures. *Un mètre de bois, de couturière.*
LOCUTIONS
– ***Mètre à ruban.*** Mètre constitué d'un ruban métallique qui s'enroule dans un boîtier. *Se servir d'un mètre à ruban* (et non d'un *tape).
– ***Mètre carré.*** Symbole m^2 (s'écrit sans point). Unité de superficie. *Le terrain mesure 300 m^2. Des mètres carrés.*
– ***Mètre cube.*** Symbole m^3 (s'écrit sans point). Unité de volume. *Des mètres cubes.*
– ***Mètre par seconde.*** Symbole ***m/s*** (s'écrit sans point). Unité de vitesse. *Des mètres par seconde.*
T La fraction décimale est indiquée par une virgule qui s'inscrit sans espace. Les fractions ne doivent pas être séparées de l'entier et le symbole de l'unité de mesure s'écrit après l'expression numérique. *15,5 m de hauteur.* Si le nombre est inférieur à un, la virgule décimale est précédée d'un zéro. *0,5 m de largeur.*
HOM. ***maître,*** personne qui possède l'autorité, qui commande.
mètre.

MÉTRER v. tr.
Mesurer en mètres. *Métrer un appartement.*
CONJUGAISON : VOIR MODÈLE POSSÉDER.
métrer.
[Les *Rectifications* (1990) admettent : il mètrera, mètrerait...]

MÉTRIQUE adj.
Relatif au mètre, unité de mesure. *Des tonnes métriques.*
LOCUTION
– ***Système métrique.*** Système décimal de poids et mesures qui a le mètre pour base.

MÉTRO n. m.
Chemin de fer généralement souterrain qui dessert une grande ville. *Le métro de Montréal.*
Le nom ***métro*** est l'abréviation de ***chemin de fer métropolitain,*** expression aujourd'hui vieillie.

MÉTRO- préf.
Élément du grec signifiant « mesure ». *Métronome.*

MÉTROLOGIE n. f.
Science des mesures.
Ne pas confondre avec le nom ***météorologie,*** étude des phénomènes atmosphériques en vue de la prévision du temps.

MÉTRONOME n. m.
Instrument qui sert à battre la mesure pour une exécution musicale.
métronome.

MÉTROPOLE n. f.
1. Ville principale. *Montréal est la métropole du Québec, mais c'est Québec qui en est la capitale.*
Ne pas confondre avec le nom ***capitale,*** ville où siège le gouvernement d'un État.
2. État central considéré par rapport à ses territoires extérieurs.
métropole.

MÉTROPOLITAIN adj. et n. m.
ADJECTIF
Propre à une métropole. *L'autoroute métropolitaine.*
NOM MASCULIN
(VX) Chemin de fer métropolitain.
On n'emploie plus aujourd'hui que l'abréviation ***métro*** (s'écrit sans point).
FORME FAUTIVE
*métropolitain (en parlant d'une ville). Impropriété au sens de ***agglomération.*** *L'agglomération montréalaise* ou *le Grand Montréal* (et non le *Montréal métropolitain).

METS n. m.
Aliment. *La truite saumonée est un mets de choix.*
un mets, des mets, un *s*, au singulier comme au pluriel.

METTEUR EN... n. m.
METTEURE EN... n. f.
Personne qui réalise une œuvre au théâtre, au cinéma, à la télévision.
LOCUTIONS
– ***Metteur en pages, metteure en pages*** ou ***metteuse en pages.*** Spécialiste de la mise en pages.
– ***Metteur en scène, metteure en scène*** ou ***metteuse en scène.*** Réalisateur d'une œuvre au théâtre, au cinéma, à la télévision.
Le nom ***metteur*** ne s'emploie que dans ces locutions.

METTRE v. tr., pronom.
VERBE TRANSITIF
Placer quelqu'un, quelque chose dans un lieu déterminé. *Il a mis son argent à la banque.*
VERBE PRONOMINAL
1. Se placer. *Elles se sont mises au dernier rang.*
À la forme pronominale, le participe passé de ce verbe s'accorde en genre et en nombre avec le complément direct si celui-ci le précède. *Le chapeau qu'elle s'est mis sur la tête. Elle s'est mise en colère.* Le participe passé reste invariable si le complément direct suit le verbe. *Elles se sont mis la tête à la fenêtre pour saluer leurs amies.*

2. ***Se mettre*** + infinitif. Commencer à. *Il s'est mis à chanter. Elles se sont mises à rire.*
À la forme pronominale et suivi d'un infinitif, le verbe joue le rôle d'un auxiliaire pour marquer le commencement d'une action.
LOCUTIONS
– ***Mettons.*** (FAM.) Supposons. *Il lui faudrait quelques jours, mettons trois jours, pour terminer.*
– ***Mettre à jour.*** Actualiser. *Le document doit être mis à jour* (et non *à date).
– ***Mettre à mal.*** Maltraiter. SYN. malmener.
– ***Mettre à niveau.*** (INFORM.) Remplacer un système informatique (logiciel, matériel) ou une partie de celui-ci par un modèle plus puissant ou par une version plus perfectionnée. *Mettre à niveau* (et non *upgrader) *un ordinateur.*
– ***Mettre au jour.*** Découvrir, révéler. *Les archéologues ont mis au jour les fondations du premier immeuble.*
– ***Mettre aux voix.*** Soumettre au vote, procéder à un scrutin.
– ***Mettre dans le même panier.*** (FIG.) Juger de même valeur, considérer sur le même pied. SYN. mettre dans le même sac.
– ***Mettre la charrue devant (avant) les bœufs.*** (FIG.) Commencer par la fin, aller trop vite en besogne.
– ***Mettre la pédale douce.*** (FIG.) (FAM.) Modérer l'allure de quelqu'un, de quelque chose, atténuer une affirmation. SYN. diminuer l'intensité; mettre un bémol.
– ***Mettre quelqu'un en demeure.*** Obliger quelqu'un à faire quelque chose.
– ***Mettre sur pied.*** Monter, élaborer. *Ils ont mis sur pied une équipe très efficace.* SYN. créer.
– ***Mettre tous ses œufs dans le même panier.*** (FIG.) Concentrer ses efforts, ses investissements dans une même affaire. ANT. diversifier.
– ***Mis à part.*** Excepté. *Mis à part cette interruption, tout s'est bien passé.*
Devant le nom, cette locution est généralement invariable. *Mis à part ces coquilles, tout est parfait.* Après le nom, le participe est variable. *Ces coquilles mises à part, le texte est parfait.*
– ***Se mettre en tête.*** S'imaginer. *Il s'est mis en tête de faire de l'informatique.* SYN. décider de.
– ***Se mettre quelqu'un à dos.*** S'en faire un ennemi.
– ***Se mettre sur son trente et un.*** S'habiller pour sortir.
FORME FAUTIVE
*mettre au vote. Calque de «*to put to the vote*» pour ***soumettre au vote, procéder à un scrutin, mettre aux voix.***
CONJUGAISON : VOIR MODÈLE REMETTRE.
INDICATIF PRÉSENT *Je mets, tu mets, il met, nous mettons, vous mettez, ils mettent.* IMPARFAIT *Je mettais.* PASSÉ SIMPLE *Je mis.* FUTUR *Je mettrai.* CONDITIONNEL PRÉSENT *Je mettrais.* IMPÉRATIF PRÉSENT *Mets, mettons, mettez.* SUBJONCTIF PRÉSENT *Que je mette.* IMPARFAIT *Que je misse.* PARTICIPE PRÉSENT *Mettant.* PASSÉ *Mis, mise.*

MEUBLE adj. et n. m.
ADJECTIF
1. (DR.) Qui peut être déplacé. *Des biens meubles.* ANT. immeuble.
2. Facile à travailler. *Une terre meuble.*
NOM MASCULIN
Tout ce qui sert à l'aménagement de l'habitation, de locaux. *Acheter de nouveaux meubles.*
LOCUTION
– ***Meuble-lavabo.*** Meuble de salle de bains à hauteur de taille dans lequel est encastré un lavabo et sous lequel se trouve un espace de rangement fermé par des portes et pouvant comporter des tiroirs (Recomm. off.). *Ranger les savonnettes dans le meuble-lavabo* (et non la *vanité).

MEUBLÉ, ÉE adj. et n. m.
ADJECTIF
Garni de meubles. *Une maison bien meublée.*
NOM MASCULIN
Appartement loué avec du mobilier. *Louer un meublé.*

MEUBLER v. tr., pronom.
VERBE TRANSITIF
1. Équiper de meubles. *Jérémy a meublé sa chambre avec des caisses d'oranges recyclées et un hamac.*
2. Remplir. *Pierre-Luc meuble bien ses loisirs : il pratique de nombreux sports et adore la musique.* SYN. occuper.
VERBE PRONOMINAL
1. (FIG.) Se remplir. *À la nuit tombée, le ciel s'est meublé d'étoiles.*
2. Se procurer des meubles. *Ce jeune ménage s'est meublé à bon compte.*
À la forme pronominale, le participe passé reste invariable si le complément direct suit le verbe. *Ces élèves se sont meublé le cerveau d'ouvrages historiques et scientifiques.* En l'absence d'un complément direct, le participe passé de ce verbe s'accorde en genre et en nombre avec son sujet. *Ils se sont meublés chez ce fournisseur.*
CONJUGAISON : VOIR MODÈLE AIMER.

MEUGLEMENT n. m.
Cri des bovins. *On entendait les meuglements des vaches et les hennissements des chevaux.*

MEUGLER v. intr.
Crier, en parlant des bovins. *La vache meugle.*
CONJUGAISON : VOIR MODÈLE AIMER.

MEULAGE n. m.
Action de meuler. *Le meulage d'un garde-corps.*

MEULE n. f.
1. Lourde pierre dure servant à broyer, à moudre. *La meule d'un moulin à vent.*
2. Disque rugueux servant à aiguiser, à polir. *Le cordonnier aiguise les lames des patins à l'aide d'une meule.*
3. Grand fromage en forme de disque. *Une meule de gruyère, d'oka.*
4. Amas de paille, de foin que l'on a récolté.

MEULER v. tr.
Passer à la meule. *Meuler une surface rugueuse.*
CONJUGAISON : VOIR MODÈLE AIMER.

MEUNERIE n. f.
Industrie de la fabrication des farines.

MEUNIER n. m.
MEUNIÈRE n. f.
Personne qui exploite un moulin à céréales ou une meunerie.

MEUNIÈRE n. f.
Avec de la farine. *Des soles meunière.*
En apposition, le nom est invariable.

MEURSAULT n. m. (pl. *meursaults*)
Vin très réputé. *Un bon meursault rouge.*
T Le nom qui désigne le vin s'écrit avec une minuscule, celui qui désigne la région s'écrit avec une majuscule.
meurs**ault**.

MEURTRE n. m.
Action de donner la mort de façon volontaire. *Il a été condamné pour meurtre.*
Ne pas confondre avec les noms suivants :
• ***assassinat,*** meurtre préparé à l'avance;
• ***homicide,*** action de tuer, volontairement ou non, un être humain.

MEURTRIER, IÈRE adj. et n. m. et f.
ADJECTIF
Qui cause la mort. *Un accident meurtrier.*
NOM MASCULIN ET FÉMININ
Personne qui a commis un meurtre.
NOM FÉMININ
Petite ouverture pratiquée dans un mur fortifié. *Les guerriers lançaient des flèches par les meurtrières.*

MEURTRIR v. tr.
1. Blesser en laissant une marque. *Le genou d'Isabelle est meurtri.*
2. (FIG.) Blesser moralement. *Une âme meurtrie.* SYN. déchirer; peiner.
CONJUGAISON : VOIR MODÈLE FINIR.

MEURTRISSURE n. f.
Marque causée par un choc. *Ces poires ont des meurtrissures.*

MEUTE n. f.
1. Bande de chiens dressés pour la chasse.
2. (FIG.) Troupe de personnes à la poursuite de quelqu'un, de quelque chose, comme des chiens à la chasse. *La meute des admirateurs d'un chanteur.*
3. Troupe de louveteaux, chez les scouts.

MÉVENTE n. f.
Diminution marquée des ventes d'un commerce, d'un secteur d'activité économique.

MEXICAIN, AINE adj. et n. m. et f.
Du Mexique. *Une musique mexicaine. Un Mexicain, une Mexicaine.*
T L'adjectif s'écrit avec une minuscule; le nom, avec une majuscule.

MEZZANINE n. f.
Les lettres ***zza*** se prononcent ***dza***, [mɛdzanin].
Petit étage intermédiaire entre deux plus grands. *Des mezzanines bien aménagées.*

MEZZA-VOCE loc. adv.
Le ***c*** se prononce ***tch*** et le ***e*** final se prononce ***é***, [mɛdzavɔtʃe].
À mi-voix. *Parler* mezza-voce.
T En typographie soignée, les mots étrangers sont composés en italique. Dans des textes déjà en italique, la notation se fait en romain. Pour les textes manuscrits, on utilisera les guillemets.
mezza-voce.

MEZZO-SOPRANO n. m. et f. (pl. *mezzo-sopranos*)
NOM MASCULIN
Voix de femme entre le soprano et le contralto.
NOM FÉMININ
Celle qui a cette voix. *Des mezzo-sopranos.*
mezzo-soprano.

MF
Abréviation de ***modulation de fréquence.***
Toutefois, l'abréviation internationale est ***FM***. *La radio FM.*

mg
Symbole de ***milligramme.***

Mg
Symbole de ***magnésium.***

Mgr
Abréviation de ***monseigneur.***

M^{grs}
Abréviation de ***messeigneurs.***

MHz
Symbole de ***mégahertz.***

MI n. m. inv.
Troisième note de la gamme de ***do.***
T En typographie soignée, les notes de musique (***do*** ou ***ut, ré, mi, fa, sol, la, si***) se composent en italique ou en romain dans un texte en italique, mais jamais entre guillemets si l'on ne dispose pas d'italique. Les indications qui les accompagnent s'écrivent en romain (ou en italique, comme dans l'exemple qui suit, si la phrase est composée en italique). *Une étude en* sol *mineur, en* fa *dièse.* Lorsqu'il s'agit d'un titre d'œuvre (qui est donc déjà en italique), la note reste en italique. *Toccata et fugue en ré mineur de Bach.*

HOM.
• ***mie,*** partie molle du pain;
• ***mye,*** mollusque comestible.

MI- préf.
Adjectif.
À demi. *La mi-mars. Des cheveux mi-longs.*
Adverbe.
À moitié. *Ils sont à mi-distance entre la mer et la montagne.*
Pris adjectivement ou adverbialement, le préfixe ***mi-*** est invariable. Les deux éléments des mots composés avec ce préfixe sont joints par un trait d'union dans la plupart des cas.
LOCUTION
– ***Mi-figue, mi-raisin.*** Qui témoigne à la fois de la satisfaction et du mécontentement.
VOIR – DEMI.

MIAOU n. m. (pl. *miaous*)
(FAM.) Cri du chat qui miaule.

MIASME n. m.
Vapeur malsaine, gaz putride.

MIAULEMENT n. m.
Les lettres ***au*** se prononcent comme un ***o*** fermé, [mjolmɑ̃].
Cri du chat. *Les miaulements des chats dans la nuit.*
Ne pas confondre avec le nom *feulement*, cri du tigre, du chat en colère.

MIAULER v. intr.
Les lettres ***au*** se prononcent comme un ***o*** fermé, [mjole].
Crier, en parlant du chat. *Le chaton miaule pour avoir du lait.*
CONJUGAISON : VOIR MODÈLE AIMER.

MICA n. m.
Minerai. *Une feuille de mica. Des micas transparents.*

MI-CARÊME n. f. (pl. *mi-carêmes*)
Jeudi de la troisième semaine de carême.

MICHE n. f.
Pain de campagne rond. *Une belle miche de pain frais.*

MI-CHEMIN (À) loc. adv.
À la moitié de la route. *Ils se sont arrêtés à mi-chemin.*
LOCUTION
– ***À mi-chemin de,*** loc. prép. À égale distance entre deux éléments. *Un produit à mi-chemin de l'atlas et du jeu vidéo.*

MI-CLOS, -CLOSE adj.
À moitié clos. *Les paupières mi-closes, les yeux mi-clos.* SYN. entrouvert.
mi-clos, avec un trait d'union.

MICMAC n. m.
1. Manigances, tractations. *Dans les nominations politiques, il y a toujours des micmacs.*
2. Désordre général. *Sa chambre est un vrai micmac.* SYN. fouillis; méli-mélo.
Ce nom ne vient pas d'une langue amérindienne, mais du néerlandais où il signifie « mutin, rebelle ».

MICMAC, MICMAQUE adj. et n. m. et f. (pl. *micmacs, micmaques*)
Se dit des Amérindiens d'une nation autochtone du Québec. *La culture micmaque, des projets micmacs. Un Micmac, une Micmaque.*
T L'adjectif s'écrit avec une minuscule; le nom, avec une majuscule.

MI-CORPS (À) loc. adv.
Au milieu du corps. *Il avait de l'eau jusqu'à mi-corps.*

MI-CÔTE (À) loc. adv.
Au milieu de la côte. *La voiture est tombée en panne à mi-côte.*

MICRO n. m.
1. Abréviation de ***microphone.***
2. (FAM.) Abréviation de ***micro-ordinateur.***

MICRO- préf.
Élément du grec signifiant « petit ».
• **Mots composés**. Les mots composés avec le préfixe ***micro-*** s'écrivent généralement en un seul mot, à l'exception de ceux dont le second élément commence par la voyelle ***i***. *Une microbrasserie. Un microfilm. Une microfibre. Micro-informatique.*
⊶ Une tendance à écrire les mots formés de ***micro-*** en un seul mot se dessine peu à peu. *Microélectronique. Des microordinateurs* ou *micro-ordinateurs.*
• **Composition des sous-multiples décimaux.**
Symbole ***μ*** (s'écrit sans point).
Préfixe qui multiplie par 0,000 001 l'unité qu'il précède. *Des microsecondes.*
⊶ Sa notation scientifique est 10^{-6}.
VOIR TABLEAU – MULTIPLES ET SOUS-MULTIPLES DÉCIMAUX.

MICRO-ANALYSE ou **MICROANALYSE** n. f.
Analyse chimique de haute précision.

MICROBE n. m.
Organisme microscopique à l'origine des maladies infectieuses. SYN. bactérie ; germe.

MICROBIEN, IENNE adj.
Relatif aux microbes. *Une infection microbienne.*

MICROBIOLOGIE n. f.
Science des micro-organismes.
⊶ La microbiologie comprend la bactériologie, la virologie, la mycologie.

MICROBIOLOGISTE n. m. et f.
Spécialiste de la microbiologie.

MICROBRASSERIE n. f.
Établissement de brassage de la bière, dont la production, très faible, est réalisée de façon artisanale (GDT).

MICROCHIRURGIE n. f.
Chirurgie effectuée à l'aide d'un microscope.

MICROCLIMAT n. m.
Ensemble des conditions de température, d'humidité, etc., propres à un espace restreint. *Le microclimat de l'île de Jersey.*

MICROCOSME n. m.
(LITT.) Univers en miniature.

MICROCRÉDIT n. m.
Attribution de prêts de faible montant, à intérêt réduit ou nul, consentis par un organisme sans but lucratif à des personnes qui ne peuvent accéder aux prêts bancaires afin de financer des microprojets créateurs de richesse. *« Le microcrédit a des effets à la fois économiques et sociaux majeurs : par exemple, il a réduit de 40 % l'ensemble de la pauvreté dans les régions rurales du Bangladesh »* (*La Presse*).

MICROÉCONOMIE n. f.
(ÉCON.) Partie de l'économie qui étudie le comportement des unités individuelles (entreprise, consommateur, etc.).
⊶ Ne pas confondre avec ***macroéconomie,*** partie de l'économie qui étudie les structures générales, les grandeurs et les variables globales.

MICROÉCONOMIQUE adj.
Relatif à la microéconomie. *Des effets microéconomiques.*

MICROÉLECTRONIQUE n. f.
Branche de l'électronique qui traite des circuits intégrés.

MICROFIBRE n. f.
Fibre textile extrêmement fine. *Un pantalon infroissable en microfibre.*

MICROFICHE n. f.
Photographie très réduite d'un document d'archives.

MICROFILM n. m.
Film composé de microfiches. *L'espion avait des microfilms.*

MICROFILMER v. tr.
Reproduire des documents sous forme de microfiches.
CONJUGAISON : VOIR MODÈLE AIMER.

MICRO-INFORMATIQUE n. f.
Abréviation familière ***micro.***
Domaine de l'informatique relatif à la conception, à la fabrication et à l'utilisation des micro-ordinateurs.

MICROMÈTRE n. m.
1. Instrument de mesure de grande précision.
2. Un millionième de mètre. SYN. micron.

MICRON n. m.
Symbole ***μm*** (s'écrit sans point).
Unité de longueur valant un millionième de mètre. *Trois microns, 3 μm.* SYN. micromètre.

MICRO-ONDE ou **MICROONDE** n. f.
Onde de très petite longueur.

MICRO-ONDES ou **MICROONDES** n. m. inv.
Four à micro-ondes. *Cette soupe se réchauffe en 50 secondes au micro-ondes.*

MICRO-ORDINATEUR ou **MICROORDINATEUR** n. m. (pl. *micro-ordinateurs* ou *microordinateurs*)
S'abrège en ***micro*** (s'écrit sans point).
(INFORM.) Ordinateur construit autour d'un microprocesseur auquel est adjoint l'environnement, logiciel et matériel, nécessaire au traitement complet de l'information.

MICRO-ORGANISME ou **MICROORGANISME** n. m. (pl. *micro-organismes* ou *microorganismes*)
Organisme microscopique.

MICROPHONE n. m.
S'abrège en ***micro*** (s'écrit sans point).
Instrument servant à transformer et à amplifier le son.

MICROPHONIQUE adj.
Relatif au microphone.

MICROPROCESSEUR n. m.
(INFORM.) Circuit intégré remplissant les fonctions de processeur et comportant les circuits de base suivants : unité arithmétique et logique, unité de commande et décodeur d'instructions.

MICROSCOPE n. m.
Instrument d'optique permettant de grossir les objets très petits. *Un microscope électronique.*

MICROSCOPIE n. f.
Art d'observer au microscope.

MICROSCOPIQUE adj.
1. Qui est extrêmement petit. *Un corps microscopique.*
2. Qui s'effectue au moyen d'un microscope. *Un examen microscopique.*
3. Minuscule, de format très réduit. *Des jardins microscopiques décorent ces immeubles japonais.* SYN. géant.

MICROSECONDE n. f.
Symbole ***μs*** (s'écrit sans point).
Unité de temps valant un millionième de seconde. *Si l'on cherche quelques repères chronologiques sur la contraction du temps dans l'histoire, faut-il rappeler qu'on a commencé de parler de dixième de seconde en 1600, de centième de seconde en 1800, de milliseconde en 1850, de microseconde (millionième de seconde) en 1950, de nanoseconde (milliardième de seconde) en 1965, de picoseconde (millième de milliardième de seconde) en 1970, de femtoseconde (millionième de milliardième de seconde) en 1990, et qu'on parlera probablement en 2020 d'attoseconde, c'est-à-dire de milliardième de milliardième de seconde* (Le Monde diplomatique, *2002*)*!*

MICROSILLON n. m.
Disque à longue durée. *Écouter des microsillons* (et non des *longs-jeux).

MICROSTRUCTURE n. f.
(DIDACT.) Structure intégrée à une structure plus vaste. *La microstructure définit l'organisation des articles d'un dictionnaire, alors que la macrostructure est constituée par la nomenclature des mots étudiés.* ANT. macrostructure.

MICROTECHNOLOGIE n. f.
Techniques de conception et de fabrication de structures de très petites dimensions.

MICTION n. f.
(MÉD.) Action d'uriner.
HOM. ***mixtion,*** action de mélanger des drogues.

MIDEM
Sigle de ***Marché international du disque et de l'édition musicale.***

MIDI n. m.
1. Milieu du jour, douzième heure de la journée. *Le spectacle commencera à midi précis, à midi dix.*
Quand le nom ***midi*** est sujet, le verbe s'accorde au singulier. *Midi sonne, midi est sonné.*
T Après le mot ***midi,*** on écrit les minutes en toutes lettres. *Midi vingt.* Par contre, si l'on utilise la notation en chiffres, *12 h,* on écrit alors les minutes en chiffres, *12 h 20.*
L'expression « ce midi » sur le modèle de ***ce matin, ce soir*** jadis critiquée est de plus en plus courante. On dit ***à midi*** comme on dit ***à minuit,*** mais on peut dire aussi ***ce midi.*** *Où vas-tu manger à midi* ou *ce midi ?*
Attention au genre masculin de ce nom. *Il est midi et demi (12 h 30).*
2. (ELLIPT.) À l'heure du midi. *Ils se retrouvent tous les jeudis midi.*
Dans cet exemple, il paraît logique d'écrire le nom ***midi*** au singulier parce qu'on sous-entend *tous les jeudis le midi.*
3. (ABSOL.) La région du sud de la France. *Un accent du Midi.*
T Lorsqu'il désigne le sud de la France et qu'il est pris absolument, le nom s'écrit avec une majuscule. Suivi d'un complément du nom, il s'écrit avec une minuscule. *Le midi de la France.*
VOIR – JOUR.

MIDINETTE n. f.
Jeune fille à la sentimentalité naïve.

MIE n. f.
1. Partie molle du pain. *Il faut manger la croûte aussi bien que la mie.*
2. (LITT.) (VX) Amie. *Ma mie.*
HOM.
• ***mi,*** note de musique ;
• ***mye,*** mollusque comestible.

MIEL n. m.
Substance sucrée produite par les abeilles à partir du nectar des fleurs. *Une tartine de miel.*
LOCUTIONS
– ***Être tout miel.*** (FIG.) Montrer une douceur hypocrite.
– ***Faire son miel.*** (FIG.) Tirer profit de quelque chose.
– ***Lune de miel.*** Les premiers temps du mariage.
VOIR – APICULTURE.

MIELLEUSEMENT adv.
D'une manière mielleuse.

MIELLEUX, EUSE adj.
(PÉJ.) D'une douceur hypocrite. *Un ton mielleux.*
mielleux.

MIEN, MIENNE n. m. et pron. poss.
PRONOM POSSESSIF
Pronom possessif de la première personne du singulier. Qui est à moi. *Ces enfants sont les miens.*
Le pronom est toujours accompagné de l'article défini ; le mot ***mien*** s'emploie parfois en fonction d'attribut, sans article, comme un adjectif. *Cette maison est mienne.*
NOM MASCULIN
Mien. Ce qui m'appartient. *Je dois y mettre du mien.*
NOM MASCULIN PLURIEL
Miens. Mes proches, ma famille. *Je me sens bien auprès des miens.*

MIETTE n. f.
Petite parcelle. *Élise jette des miettes de pain aux oiseaux.*
Ne pas confondre avec les noms suivants :
• ***éclat,*** morceau d'une chose brisée ;
• ***fraction,*** part séparée d'un tout ;
• ***fragment,*** morceau ;
• ***lambeau,*** partie déchirée d'un vêtement, d'un corps.

MIEUX adj., adv. et n. m.
ADJECTIF
Meilleur, plus convenable, plus agréable. *Je ne demande pas mieux. Ce roman est mieux que le précédent.*
ADVERBE DE MANIÈRE
1. Comparatif de ***bien.*** D'une façon plus avantageuse, plus favorable, plus accomplie. *Il chante mieux qu'elle, elle se porte mieux aujourd'hui, tu aimes mieux ce climat tempéré.*
Comme comparatif, l'adverbe se construit avec un verbe.
2. Superlatif absolu de ***bien.*** *Le livre le mieux écrit. C'est ce chanteur que j'aime le mieux. La fenêtre la mieux orientée de la maison.*
3. ***Le mieux que*** + subjonctif. *Le montage le mieux réussi que j'aie vu.*
Le verbe se met généralement au subjonctif ; on peut employer l'indicatif si l'on veut marquer davantage la réalité que la possibilité. *Le montage le mieux réussi qu'il a fait.*
NOM MASCULIN
Ce qui est meilleur. *J'ai fait de mon mieux. Le mieux est de prendre l'initiative dès le début.*
LOCUTIONS
– ***À qui mieux mieux,*** loc. adv. Chacun plus que l'autre. *Ils ont chanté à qui mieux mieux.*
Cette expression figée ne peut s'employer qu'avec un sujet au pluriel.
– ***Au mieux,*** loc. adv. Dans les conditions les meilleures, dans le meilleur des cas. *Au mieux, nous y serons à 21 h.*
– ***De mieux en mieux,*** loc. adv. D'une façon toujours plus favorable. *Il réussit de mieux en mieux.*
– ***Des mieux.***
1° L'adjectif ou le participe qui suit ***des mieux*** se met au pluriel et s'accorde en genre avec le sujet qui est déterminé. *Ce projet est des mieux préparés. Une maison des mieux construites.*
2° Si le sujet est indéterminé, l'adjectif ou le participe reste invariable. *Cela était des mieux orchestré.*
– ***Faute de mieux.*** À défaut d'une chose meilleure. *Faute de mieux, nous nous contenterons d'une omelette.*
– ***Il vaut mieux, mieux vaut.*** Il est préférable de. *Il vaut mieux partir, mieux vaut partir.*
– ***Le mieux, du mieux.*** Ces expressions sont synonymes. *Elle fait le mieux qu'elle peut, du mieux qu'elle peut.*
– ***Le mieux du monde,*** loc. adv. Aussi bien qu'il est possible.
– ***Mieux vaut tard que jamais.*** (Proverbe) Il est préférable d'arriver en retard que de ne pas venir du tout.
– ***Tant mieux !,*** loc. interj. Cela est bien. *Vous allez bien ? Tant mieux !*

MIEUX-ÊTRE n. m. inv. (pl. *mieux-être*)
Bien-être supérieur, situation meilleure.
Le nom ***mieux-être*** marque un progrès, une amélioration dans la vie matérielle.
mieux-être, avec un trait d'union.

MIÈVRE adj.
(PÉJ.) D'un charme un peu puéril, affecté. SYN. doucereux.

MIÈVREMENT adv.
D'une façon mièvre.

MIÈVRERIE n. f.
Gentillesse affectée.

MIGNARDISE n. f.
Grâce affectée.

MIGNON, ONNE adj. et n. m. et f.
ADJECTIF
Charmant, gracieux. *Cette fillette est mignonne.* SYN. adorable.
NOM MASCULIN ET FÉMININ
Personne mignonne, en parlant des enfants surtout.
NOM MASCULIN
(VX) Favori. *Les mignons d'Henri III.*
LOCUTIONS
– ***Filet mignon.*** Morceau très tendre et charnu du filet de bœuf, de veau ou de porc.
– ***Péché mignon.*** Faute bénigne commise avec plaisir. *Son péché mignon, c'est la glace à la pistache du glacier Bilboquet.*
✎ mignon, mignonne.

MIGRAINE n. f.
1. Douleur intense dans une partie de la tête.
2. Mal de tête.
✎ migraine.

MIGRAINEUX, EUSE adj. et n. m. et f.
Qui souffre de la migraine.

MIGRATEUR, TRICE adj. et n. m.
Se dit des oiseaux qui se déplacent pour suivre les saisons. *Les hérons et les canards sont des oiseaux migrateurs. Des outardes migratrices.*

MIGRATION n. f.
Déplacement de certains animaux qui changent de climat suivant les saisons. *La migration des oies blanches.*
☞ Pour désigner les déplacements de personnes, on emploie plutôt les mots ***émigration, immigration.***

MIGRATOIRE adj.
Relatif à une migration. *Un mouvement migratoire.*
✎ migratoire.

MIGRER v. intr.
Faire une migration. *Ces oiseaux migrent à l'automne.*
CONJUGAISON : VOIR MODÈLE AIMER.

MIHRAB n. m.
◈ Le ***b*** se prononce [mirab].
Niche décorée d'une mosquée, indiquant l'orientation de La Mecque. *Le mihrab de Cordoue.*
☞ La graphie savante comporte un accent circonflexe sur le ***a***, Mihrâb.
✎ mihrab.

MI-JAMBE (À) loc. adv.
À la hauteur du mollet. *Elle avait de l'eau jusqu'à mi-jambe, jusqu'à mi-jambes.*
☞ La locution peut s'écrire au singulier ou au pluriel.

MIJAURÉE n. f.
Femme d'une pruderie affectée.
✎ mijaurée.

MIJOTER v. tr., intr.
VERBE TRANSITIF
1. Faire cuire lentement. *Nouni mijote un bon repas.*
2. (FIG.) Comploter. *Mijoter une blague.*
VERBE INTRANSITIF
Cuire à petit feu. *La soupe mijote doucement.*
CONJUGAISON : VOIR MODÈLE AIMER.
✎ mijoter.

MIL n. m.
Céréale. *Farine de mil.*

MIL adj. num.
(LITT.) Variante orthographique de ***mille*** pour les dates de l'ère chrétienne jusqu'à l'an 1999 quand l'adjectif est suivi d'un autre adjectif numéral, donc de 1001 à 1999. *L'an mil neuf cent quatre-vingt-dix-neuf,* mais *l'an mille, l'an deux mille.*
☞ Pour les dates antérieures à l'ère chrétienne, on écrit ***mille.*** *En l'an mille deux cent avant Jésus-Christ.* Pour les dates postérieures à l'an 1999, on écrit ***mille*** (du latin ***milia*** « des milliers ») parce que l'adjectif numéral ***mil*** (du latin ***mille*** « un millier ») désigne un seul millier. La graphie ***mille*** peut s'employer dans tous les cas.
VOIR – MILLE.

MILE n. m.
Unité de mesure de longueur anglo-saxonne.
☞ Au Québec, on emploie plutôt la graphie ***mille.***
VOIR – MILLE.

MILICE n. f.
Police auxiliaire. *Les milices libanaises sont puissantes.*
✎ milice.

MILICIEN, IENNE n. m. et f.
Soldat d'une milice.
✎ milicien.

MILIEU n. m. (pl. *milieux*)
1. Centre d'un lieu, d'une chose. *Le milieu de la ville.*
2. Entourage. *Le milieu géographique, les milieux bien informés.*
LOCUTIONS
– ***Au milieu de, au beau milieu de, en plein milieu de,*** loc. prép. Dans, parmi. *Qu'il était heureux de se retrouver au milieu de ses amis !*
– ***Le juste milieu.*** Ce qui est également éloigné de deux extrémités, de deux excès contraires.

MILITAIRE adj. et n. m. et f.
Qui fait partie de l'armée, qui s'y rapporte. *Une marche militaire. Ce sont des militaires.*

MILITAIREMENT adv.
Par la force armée.

MILITANT, ANTE adj. et n. m. et f.
ADJECTIF
Qui combat. *Des syndicalistes militants.*
NOM MASCULIN ET FÉMININ
Membre actif d'une organisation, d'un syndicat, d'un parti. *Des militants très motivés. Des militantes actives.*

MILITANTISME n. m.
Activité du militant.
✎ militantisme.

MILITARISATION n. f.
Organisation sous une forme militaire.

MILITARISER v. tr.
Donner un caractère militaire à.
CONJUGAISON : VOIR MODÈLE AIMER.

MILITER v. intr.
Agir en faveur de quelqu'un, de quelque chose. *Ils militent pour la paix dans le monde.*
CONJUGAISON : VOIR MODÈLE AIMER.

***MILK-SHAKE**
Anglicisme pour ***lait fouetté.***

MILLAGE n. m.
Nombre de milles parcourus.
Avec l'adoption du système métrique, on emploie maintenant le nom ***kilométrage.***

MILLE n. m.
Mesure de distance valant 5 280 pieds ou 1,6 km. « *je le faisais, à quatre-vingts milles à l'heure sur l'autoroute glacée* » (Réjean Ducharme, *Dévadé*).
Ce nom prend la marque du pluriel.
FORME FAUTIVE
*sur son dernier mille. Calque de «*on his last mile*» pour ***au bout du rouleau.***

MILLE adj. inv. et n. m. inv.
Dix fois cent. *Ils ont recueilli trois mille dons.*
Le nombre mille. *Des mille lumineux.*
VOIR TABLEAU – MILLE, MILLION, MILLIARD.

MILLE-
Les mots composés avec ***mille-*** ont le plus souvent un second élément au pluriel, parfois au singulier. *Un mille-pattes, un mille-feuille.*

MILLEFEUILLE n. m. (pl. *millefeuilles*)
Gâteau de pâte feuilletée. *Des millefeuilles délicieux.*
Le nom peut aussi s'écrire avec un trait d'union, mais la forme en un seul mot est à privilégier.

MILLÉNAIRE adj. et n. m.
ADJECTIF
Qui a mille ans au moins. *Une légende millénaire.*
NOM MASCULIN
Période de mille ans. *Le troisième millénaire.*
Les nombres servant à marquer les millénaires s'écrivent en chiffres romains. *Le III*^{e} *millénaire.*
millénaire.

MILLE-PATTES ou **MILLEPATTE** n. m. (pl. *mille-pattes* ou *millepattes*)
Insecte. *En fait, les mille-pattes* ou *millepattes n'ont que 42 pattes !*

MILLERAIES ou **MILLE-RAIES** n. m. inv.
Tissu à côtes très fines. *Du velours milleraies* ou *mille-raies.*

MILLÉSIME n. m.
Année figurant comme date sur les monnaies, certaines bouteilles de vin, etc. *C'est un excellent millésime pour les bordeaux.*

MILLÉSIMÉ, ÉE adj.
Marqué d'un millésime.

MILLÉSIMER v. tr.
Marquer d'un millésime. *Millésimer un champagne.*
CONJUGAISON : VOIR MODÈLE AIMER.

MILLET n. m.
Les deux ***l*** se prononcent comme dans ***famille,*** [mijɛ].
Céréale. *Farine de millet.*

MILLI- préf.
Symbole ***m*** (s'écrit sans point).
Préfixe qui multiplie par 0,001 l'unité qu'il précède. *Des millimètres.*
Les mots composés avec le préfixe ***milli-*** s'écrivent en un seul mot.
Sa notation scientifique est 10^{-3}.
VOIR TABLEAU – MULTIPLES ET SOUS-MULTIPLES DÉCIMAUX.

MILLIAMPÈRE n. m.
Symbole ***mA*** (s'écrit sans point).
Millième d'ampère.

MILLIARD n. m.
Symbole ***G*** (s'écrit sans point).
Mille millions. *Des milliards de dollars.*
VOIR TABLEAU – MILLE, MILLION, MILLIARD.

MILLIARDAIRE adj. et n. m. et f.
Qui possède un ou plusieurs milliards (d'unités monétaires). *Milliardaire en dollars.*

MILLIARDIÈME adj. et n. m.
Se dit de chaque partie d'un tout divisé en un milliard de parties égales.

MILLIBAR n. m.
(MÉTÉOROL.) Millième de bar.

MILLIÈME adj. num. et n. m. et f.
ABRÉVIATIONS
1000e (millième), ***1000***^{es} (millièmes).
ADJECTIF NUMÉRAL ORDINAL
1. Nombre ordinal de mille. *La millième fois.*
2. (FIG.) (PÉJ.) D'ordre indéterminé et élevé. *Je vais répondre au téléphone pour la millième fois.* SYN. énième ; ixième ; nième.
NOM MASCULIN
La millième partie d'un tout. *Les cent millièmes d'une quantité.*
NOM MASCULIN ET FÉMININ
Personne, chose qui occupe le millième rang. *Elles sont les millièmes gagnantes.*
VOIR TABLEAU – NOMBRES.
VOIR TABLEAU – NUMÉRAL ET ADJECTIF ORDINAL (DÉTERMINANT).

MILLIER n. m.
1. Nombre de mille ou d'environ mille. *La pétition compte un millier de signatures.*
2. Grande quantité. *Des milliers de personnes seront présentes.*
1° Contrairement à l'adjectif ***mille,*** qui est invariable, le nom ***millier*** prend la marque du pluriel.
2° L'accord du verbe ou de l'adjectif se fait avec le complément au pluriel du nom.
VOIR TABLEAU – COLLECTIF.

MILLIGRAMME n. m.
Symbole ***mg*** (s'écrit sans point).
Millième partie du gramme.

MILLILITRE n. m.
Symbole ***ml*** (s'écrit sans point).
Millième partie du litre.

MILLIMÈTRE n. m.
Symbole ***mm*** (s'écrit sans point).
Millième partie du mètre.

MILLIMÉTRÉ, ÉE adj.
Gradué en millimètres.

MILLION n. m.
Symbole ***M*** (s'écrit sans point).
Mille fois mille. *Le total s'élève à quinze millions de dollars.*
VOIR TABLEAU – MILLE, MILLION, MILLIARD.

MILLIONIÈME adj. et n. m.
Se dit de chaque partie d'un tout divisé en un million de parties égales.
millionième.

MILLIONNAIRE adj. et n. m. et f.
Qui possède un ou plusieurs millions (d'unités monétaires). *Millionnaire en dollars.*
millionnaire.

M

MILLE, MILLION, MILLIARD

MILLE, DÉTERMINANT NUMÉRAL ET NOM MASCULIN – 1 000

- **Déterminant numéral invariable.** Dix fois cent. *Ils ont recueilli trois **mille** dons.*
- **Nom masculin invariable.** Le nombre mille. *Elle a dessiné des **mille** en chiffres dorés.*
  - ***Mille,*** déterminant numéral ou nom, est toujours invariable.
  - T Dans la composition des nombres, le déterminant numéral *mille* n'est pas lié par un trait d'union au chiffre qui le précède ni à celui qui le suit. *Six **mille** deux cent trente-deux.* Par contre, les *Rectifications orthographiques* (1990) admettent l'emploi du trait d'union : « on peut lier par un trait d'union les numéraux formant un nombre complexe, inférieur ou supérieur à cent ».
  - Ne pas confondre avec le nom masculin ***mille,*** mesure de distance valant 1,6 km. *Il a parcouru 15 milles.*
- **Expression numérique.** 1 000 ou 10^3 (notation scientifique).
  Son symbole est **k** et le préfixe qui multiplie une unité par mille est ***kilo-***. *Coût : 18 kilodollars* ou *18 k$.*
  - T L'emploi du préfixe **k** doit être réservé aux tableaux et aux documents techniques où la place est très restreinte. Il n'y a pas d'espace entre le préfixe et le symbole de l'unité monétaire.
- **Écriture des sommes d'argent**
  Généralement, on utilise l'expression numérique et on remplace le nom de l'unité monétaire par son symbole. Le symbole suit l'expression numérique et en est séparé par un espace. *Cette voiture coûte 18 000 $.*
  - T Si le nombre est écrit en toutes lettres, le symbole de l'unité monétaire ne peut être utilisé, il faut alors écrire le nom de l'unité monétaire au long. *Le prix est de dix-huit **mille** dollars.*

VOIR TABLEAU ▸ **SYMBOLES DES UNITÉS MONÉTAIRES.**

MILLION, NOM MASCULIN – 1 000 000

- **Nom masculin.** Comme le mot **milliard,** le mot **million** est un nom et il prend donc la marque du pluriel. *Le total est de dix **millions** deux cent vingt mille.*
- **Expression numérique.** 1 000 000 ou 10^6 (notation scientifique).
  Son symbole est **M** et le préfixe qui multiplie une unité par un million est ***méga-***. *Coût : 30 mégadollars* ou *30 M$.*
  - T L'emploi du préfixe **M** doit être réservé aux tableaux et aux documents techniques où la place est très restreinte. Il n'y a pas d'espace entre le préfixe et le symbole de l'unité monétaire.
- **Écriture des sommes d'argent**
  La somme de 30 000 000 $ peut être notée également 30 millions de dollars parce que le mot ***million*** n'est pas un déterminant numéral, mais un nom. Si le déterminant numéral et le mot ***million*** sont écrits en toutes lettres, le nom de l'unité monétaire doit être écrit au long. *Trente **millions** de dollars.*
  - T Le symbole de l'unité monétaire suit l'expression numérique et en est séparé par un espacement.

EN RÉSUMÉ : 30 000 000 $ ou 30 **millions** de dollars ou trente **millions** de dollars.

MILLIARD, NOM MASCULIN – 1 000 000 000

- **Nom masculin.** Comme le mot **million,** le mot **milliard** est un nom et il prend donc la marque du pluriel. *Le total s'élève à trois **milliards,** le nombre est de sept **milliards** cinq cent trente-sept mille.*
- **Expression numérique.** 1 000 000 000 ou 10^9 (notation scientifique).
  Son symbole est **G** et le préfixe qui multiplie une unité par un milliard est ***giga-***. *Coût : 45 gigadollars* ou *45 G$.*
  - T L'emploi du préfixe **G** doit être réservé aux tableaux et aux documents techniques où la place est très restreinte. Il n'y a pas d'espace entre le préfixe et le symbole de l'unité monétaire.
- **Écriture des sommes d'argent**
  La somme de 45 000 000 000 $ peut être notée également 45 milliards de dollars parce que le mot ***milliard*** n'est pas un déterminant numéral, mais un nom. Si le déterminant numéral et le mot ***milliard*** sont écrits en toutes lettres, le nom de l'unité monétaire doit être écrit au long. *Quarante-cinq **milliards** de dollars.*
  - T Le symbole de l'unité monétaire suit l'expression numérique et en est séparé par un espacement.

EN RÉSUMÉ : 45 000 000 000 $ ou 45 **milliards** de dollars ou quarante-cinq **milliards** de dollars.

- Les déterminants numéraux ***vingt*** et ***cent*** prennent la marque du pluriel s'ils sont multipliés par un nombre et ne sont pas suivis d'un autre déterminant numéral. Les mots ***million*** et ***milliard*** étant des noms, on écrira donc : *Quatre-vingts **millions** d'euros. Trois cents **milliards** d'euros.*
- La marque du pluriel ne s'inscrit qu'à compter de deux unités. *La somme s'élève à 1,5 **million** de dollars, à 1,5 **milliard** de dollars.*

MILLISECONDE n. f.
Symbole *ms* (s'écrit sans point).
Unité de mesure de temps correspondant à un millième de seconde. *Quelques millisecondes. « Si l'on cherche quelques repères chronologiques sur la contraction du temps dans l'histoire, faut-il rappeler qu'on a commencé de parler de dixième de seconde en 1600, de centième de seconde en 1800, de milliseconde en 1850, de microseconde (millionième de seconde) en 1950, de nanoseconde (milliardième de seconde) en 1965, de picoseconde (millième de milliardième de seconde) en 1970, de femtoseconde (millionième de milliardième de seconde) en 1990, et qu'on parlera probablement en 2020 d'attoseconde, c'est-à-dire de milliardième de milliardième de seconde »* (*Le Monde diplomatique*, 2002)!

MILLIVOLT n. m.
Symbole ***mV*** (s'écrit sans point).
Millième de volt.

MILORD n. m.
(VX) Titre donné aux lords anglais.
milord.

MIM
Sigle de ***Marché international du multimédia.***

MIME n. m. et f.
NOM MASCULIN ET FÉMININ
Artiste qui s'exprime par les attitudes et les gestes. *Cette mime est très expressive.*
NOM MASCULIN
Art d'exprimer une pensée, des sentiments, d'évoquer une réalité, une atmosphère par une mimique, des attitudes et des gestes, sans le recours à la parole.

MIMER v. tr.
Reproduire par des gestes, à l'exclusion de la parole.
CONJUGAISON : VOIR MODÈLE AIMER.

MIMÉTISME n. m.
Propriété de certains animaux de prendre l'apparence, la couleur de leur milieu pour mieux se dissimuler. *Le mimétisme du caméléon.*

MIMIQUE n. f.
1. Art de l'imitation par gestes.
2. Ensemble des gestes et des expressions qui accompagnent la parole. *Ses mimiques sont très amusantes.*

MIMODRAME n. m.
Spectacle de pantomime.

MIMOSA n. m.
Arbrisseau produisant de petites fleurs jaunes parfumées. *Des gerbes de mimosa. Des mimosas odorants. Rapporte-moi du mimosa.*
Attention au genre masculin de ce nom : ***un*** mimosa.

min
Symbole de ***minute.***

MINABLE adj. et n. m. et f.
(FAM.) Médiocre, très mauvais. *Ces émissions télévisées sont minables.*

MINARET n. m.
Tour d'une mosquée. *Le minaret de la mosquée de Cordoue.*
minaret.

MINAUDER v. intr.
Prendre des manières affectées pour attirer l'attention.
CONJUGAISON : VOIR MODÈLE AIMER.

MINAUDERIE n. f.
Mine affectée. SYN. manières.

MINCE adj.
1. Qui n'a pas beaucoup d'épaisseur. *Un papier trop mince.* SYN. fin.
2. Élancé. *Elle est très mince.* SYN. svelte.

MINCE ! interj.
(FAM.) Interjection marquant la surprise, l'admiration, le mécontentement. *Mince alors ! j'ai oublié mes clés !*
T L'interjection est toujours suivie d'un point d'exclamation qui est souvent repris à la fin de la phrase. Si la phrase exclamative n'est pas complète, le mot qui suit le point d'exclamation s'écrit avec une minuscule initiale.

MINCEUR n. f.
Caractère de ce qui est mince. *La minceur d'un film. La minceur de ces ballerines.*

MINCIR v. tr., intr.
VERBE TRANSITIF
Faire paraître plus mince. *Cette robe la mincit.* SYN. amincir.
VERBE INTRANSITIF
Devenir plus mince. *Elle a minci depuis l'an dernier.* SYN. amincir.
CONJUGAISON : VOIR MODÈLE FINIR.

MINE n. f.
1. Apparence. *Elle a bonne mine et j'ai mauvaise mine.* SYN. air ; allure.
2. Lieu d'où l'on extrait des minéraux. *Une mine de diamants.*
3. (FIG.) Ressource précieuse. *C'est une mine de renseignements.*
4. Engin explosif. *Ce terrain est rempli de mines qui peuvent exploser à tout moment.*
LOCUTIONS
– ***Avoir bonne mine.*** Avoir l'air en forme, bien paraître.
– ***Faire grise mine.*** (FIG.) Réserver un mauvais accueil.
– ***Faire mine de.*** Faire semblant de. *Ils ont fait mine de partir, mais ils sont restés tout près.*
– ***Mine de rien.*** Sans rien laisser paraître, de façon cachée. *Alors que la vendeuse était occupée par un client, mine de rien, le voleur s'empara d'un bijou sur le comptoir.*
– ***Mine d'or.*** (FIG.) Entreprise très rentable, trésor. *Cette comédie musicale est une mine d'or.*
– ***Ne pas payer de mine.*** Avoir une apparence qui laisse à désirer.

MINER v. tr.
1. Placer des mines dans. *Ce terrain a été miné : il faudra le déminer.*
2. (FIG.) Attaquer lentement. *Les soucis minent son énergie.* SYN. saper.
CONJUGAISON : VOIR MODÈLE AIMER.

MINERAI n. m.
Les lettres ***ai*** se prononcent **è**, [minrɛ] ; ce nom rime avec ***forêt.***
Fragment de terrain contenant des minéraux. *Des minerais très riches.*
minerai.

MINÉRAL, ALE adj. et n. m. (pl. *minéraux*)
ADJECTIF
Relatif aux minerais. *Des sels minéraux.*
NOM MASCULIN
Roche. *Des minéraux recherchés.*
LOCUTION
– ***Eau minérale.*** Eau qui contient des minéraux.

MINÉRALIER n. m.
Cargo destiné au transport des minerais.

MINÉRALISATION n. f.
Action de minéraliser.

MINÉRALISER v. tr.
Modifier par l'addition de minéraux.
CONJUGAISON : VOIR MODÈLE AIMER.

MINÉRALOGIE n. f.
Étude des minéraux.

MINÉRALOGIQUE adj.
Relatif à la minéralogie.
LOCUTION
– ***Plaque minéralogique.*** Plaque d'immatriculation.

MINÉRALOGISTE n. m. et f.
Spécialiste de la minéralogie.

MINERVE n. f.
Appareil orthopédique pour maintenir le cou.
Quand il s'agit de la déesse, le nom s'écrit avec une majuscule.

MINESTRONE n. m.
Le dernier ***e*** ne se prononce pas ou se prononce ***é***, [minɛstrɔn, minɛstrɔne].
Soupe de légumes à l'italienne. *Des minestrones délicieux.*
Attention au genre masculin de ce nom : ***un*** minestrone.

MINET, ETTE n. m. et f.
1. (FAM.) Chat.
2. Jeune homme, jeune femme à la mode.

MINEUR, EURE adj. et n. m. et f.
ADJECTIF
1. Petit, de peu d'importance. *Des corrections mineures.* SYN. accessoire ; secondaire. ANT. majeur.
2. Qui n'a pas atteint la majorité. *Une étudiante mineure.* ANT. majeur.
Au Québec, c'est à 18 ans qu'on atteint la majorité.
NOM MASCULIN ET FÉMININ
Personne qui n'a pas atteint la majorité. *Ce bar est interdit aux mineurs.* ANT. majeur.
NOM FÉMININ
Champ d'études secondaire d'un programme d'études (Recomm. off.). ANT. majeure.

MINEUR n. m.
MINEUSE n. f.
Personne qui travaille à l'exploitation d'une mine. *Le travail de mineur est pénible.*

MINI- préf.
Élément du latin signifiant « moins ».
Les mots composés du préfixe ***mini-*** s'écrivent en un seul mot, à l'exception de ceux dont le second élément commence par un ***i*** ou un ***o***. *Mini-ordinateur.*
Très petit, très bref. *Une minijupe.*

MINIATURE n. f.
Peinture de très petite dimension. *Une jolie miniature.*
LOCUTION
– ***En miniature.*** De format très réduit. *Un train en miniature.*
Le mot s'emploie également comme un adjectif et prend la marque du pluriel. *Des trains miniatures.*

MINIATURISATION n. f.
Action de miniaturiser. *La miniaturisation d'une voiture.*

MINIATURISER v. tr.
Donner des dimensions très réduites à quelque chose.
CONJUGAISON : VOIR MODÈLE AIMER.

MINIBUS ou **MINICAR** n. m.
Petit car.

MINIER, IÈRE adj.
Relatif aux mines. *L'industrie minière.*

MINIGOLF n. m. (pl. *minigolfs*)
Golf miniature. *Des minigolfs remplis de difficultés.*

MINIJUPE n. f.
Jupe très courte. *Porter la minijupe.*

MINIMA
VOIR – MINIMUM.

MINIMAL, ALE, AUX adj.
Qui constitue un minimum. *Des résultats minimaux. La vitesse minimale.*
L'emploi de la forme française de cet adjectif est à préférer à la forme latine ***minimum.***

MINIME adj.
Très petit, infime. *Des modifications minimes.*
À l'origine, l'adjectif était un superlatif qui signifiait « le plus petit » ; il a perdu ce sens et peut donc être précédé de ***plus, très,*** etc. *Le plus minime insecte.*

MINIMESSAGE n. m.
(INFORM.) Message alphanumérique de longueur limitée, que l'on peut recevoir ou envoyer à partir d'un terminal mobile (Recomm. off.). *Les jeunes se servent de leur cellulaire pour envoyer des minimessages* (et non *textos*). SYN. message SMS ; message texte.

MINIMISATION n. f.
Action de minimiser. *La minimisation des problèmes.* SYN. réduction.

MINIMISER v. tr.
Réduire au minimum. *Minimiser un incident.*
CONJUGAISON : VOIR MODÈLE AIMER.

MINIMUM adj. et n. m. (pl. *minimums* ou *minima*)
NOM MASCULIN
Limite inférieure. *Le minimum que tu peux payer pour cet article, c'est 10 $.*
Ce mot d'origine latine a été francisé et s'écrit généralement au pluriel avec un ***s***. Le pluriel latin est également employé, ***minima.***
ADJECTIF
Minimal. *Des vitesses minimums.*
L'adjectif conserve la même forme au masculin et au féminin, mais prend la marque du pluriel. L'emploi de l'adjectif ***minimal*** est préférable.
LOCUTIONS
– ***Au minimum,*** loc. adv. Au moins, pour le moins. *Les manifestants étaient au nombre de 25 000 au minimum.* SYN. au bas mot.
– ***Au minimum,*** loc. adv. Au plus bas degré. *« Le but de la négociation est maintenant de réduire au minimum le nombre de points litigieux »* (*Le Monde*). SYN. à l'extrême.
En ce sens, à la suite d'un verbe exprimant une idée de diminution, il est généralement recommandé d'employer la locution ***au minimum.*** Cependant, l'examen des articles du journal *Le Monde* au cours de 2002 révèle l'emploi presque aussi fréquent de la locution ***au maximum*** dans le même contexte. *« Lionel Jospin entendait bien restaurer la primauté présidentielle des institutions et réduire au maximum les risques de cohabitation » (Le Monde).* Au sens de « à l'extrême » à la suite d'un verbe exprimant une idée de diminution, les deux locutions sont en concurrence.

MINISTÈRE n. m.
1. (LITT.) Sacerdoce. *Le cardinal Léger exerça son ministère à Montréal.*
2. Division administrative de l'État dirigée par un ministre. *Le ministère de l'Éducation.*
Les dénominations de ministères prennent la majuscule à chacun des noms spécifiques de la désignation. *Le ministère de la Culture et des Communications.*
Le mot ***ministère*** et les adjectifs qui déterminent les noms s'écrivent avec des minuscules. *Le ministère des Affaires internationales, le ministère de l'Immigration et des Communautés culturelles.*
Lorsque le contexte le permet, il est possible d'omettre les éléments spécifiques d'une dénomination. Dans ce cas, on recourt généralement à l'emploi d'une majuscule elliptique. *L'examen du Ministère* (pour le ministère de l'Éducation).

Par contre, les désignations des organismes, des institutions, des services de l'État s'écrivent avec une majuscule initiale. *Le Conseil supérieur de la langue française.*
VOIR TABLEAU – MAJUSCULES ET MINUSCULES.

MINISTÉRIEL, IELLE adj.
1. Relatif à un ministère. *Un cabinet ministériel.*
2. Qui émane d'un ministère. *Un arrêté ministériel.*

MINISTRABLE adj.
Susceptible d'être nommé ministre. *Une députée ministrable.*

MINISTRE n. m. et f.
Personne chargée de la direction d'un ministère. *Le premier ministre, la ministre de la Culture, le Conseil des ministres.*
T Le titre s'écrit avec une minuscule initiale dans le corps d'un texte. *La cérémonie a eu lieu en présence de Mme Pauline Marquis, ministre de l'Éducation.* Par contre, ce titre s'écrit avec une majuscule lorsqu'on s'adresse au titulaire du poste, par exemple dans une lettre. *Madame la Ministre, ...*
VOIR TABLEAU – TITRES DE FONCTIONS.

***MINIVAN** ou **MINIVANNE**
Anglicisme pour ***fourgonnette.***

MINOIS n. m.
Frimousse, visage joli et charmant. *Un charmant minois.*
minois.

MINORER v. tr.
1. Réduire l'importance de quelque chose. *Minorer les inconvénients en insistant sur les avantages.*
2. Réduire le prix, la valeur de quelque chose. *La Banque du Canada a minoré les taux d'intérêt.*
CONJUGAISON : VOIR MODÈLE AIMER.

MINORITAIRE adj.
Qui appartient à une minorité. *Ce parti est minoritaire.* ANT. majoritaire.

MINORITÉ n. f.
Le petit nombre. *Une minorité de partisans a voté, ont voté contre la proposition. « Les minorités ont ceci de tragique, elles doivent être supérieures... ou disparaître... »* (Gabrielle Roy, *La Détresse et l'Enchantement*). ANT. majorité.
Si le sujet du verbe est un collectif précédé du déterminant indéfini ***un, une*** et suivi d'un complément au pluriel, le verbe se met au singulier lorsque l'auteur veut insister sur le tout, l'ensemble; au pluriel, s'il veut insister sur la pluralité, la multiplicité. Si le sujet du verbe est un collectif précédé du déterminant défini ***(le, la)***, d'un déterminant possessif ***(mon, ma, ton, ta, son, sa)***, d'un déterminant démonstratif ***(ce, cette)*** et s'il est suivi d'un complément au pluriel, le verbe se met généralement au singulier. *La minorité des élèves a échoué.*
VOIR TABLEAU – COLLECTIF.
LOCUTION
– ***Minorité agissante.*** Petit groupe de personnes qui font la promotion de leurs idées, de leurs intérêts avec succès et qui parviennent à provoquer des changements dans la société. ANT. majorité silencieuse.

MINOTERIE n. f.
Établissement industriel où l'on transforme les grains en farine.

MINOU n. m. (pl. *minous*)
Petit chat, dans le langage enfantin. *Minou! Minou! Viens boire ton lait!*

MINUIT n. m.
1. Le milieu de la nuit.
2. Début de la première heure du jour (24 heures ou 0 heure).
Attention au genre masculin de ce nom. *Il est minuit et demi (0 h 30). Le dernier métro part à minuit précis.* Quand le nom ***minuit*** est sujet, le verbe s'accorde au singulier. *Minuit sonne.*

MINUSCULE adj. et n. f.
ADJECTIF
Très petit. *Un minuscule oiseau.* ANT. géant; grand.
NOM FÉMININ
Petite lettre. *Le prénom peut s'écrire en minuscules, à l'exception de la première lettre, qui s'écrit avec une majuscule.* ANT. majuscule.
VOIR TABLEAU – MAJUSCULES ET MINUSCULES.

MINUS HABENS n. m. inv.
Les lettres ***en*** se prononcent ***in***, [minysabɛ̃s].
Personne peu intelligente.
T En typographie soignée, les mots étrangers sont composés en italique. Dans des textes déjà en italique, la notation se fait en romain. Pour les textes manuscrits, on utilisera les guillemets.

MINUTAGE n. m.
Action de minuter. *Le minutage d'une émission.*

MINUTE n. f.
Symbole ***min*** (s'écrit sans point).
Unité de mesure de temps valant 60 secondes. *Je viens dans cinq minutes.*
1° La notation de l'heure réunit les indications des unités par ordre décroissant et avec un espace de part et d'autre de chaque symbole. *14 h 25 min* ou *14 h 25.*
2° Les symboles des unités de mesure n'ont pas de point abréviatif, ne prennent pas la marque du pluriel et ne doivent pas être divisés en fin de ligne. *C'est à 15 h 35 min que le train part.*
3° La fraction horaire n'étant pas décimale, il n'y a pas lieu d'ajouter un zéro devant les unités. *1 h 5* (et non *1 h 05).
VOIR TABLEAU – HEURE.
FORME FAUTIVE
*minutes (d'une réunion, d'une séance). Anglicisme au sens de ***compte rendu, procès-verbal*** (d'une réunion, d'une séance).

MINUTER v. tr.
Déterminer avec précision la durée d'une activité, définir un horaire de façon très précise. *Les élèves ont bien minuté la présentation de leurs exposés.*
CONJUGAISON : VOIR MODÈLE AIMER.

MINUTERIE n. f.
Appareil permettant d'établir ou de supprimer automatiquement le courant électrique. *Une cafetière dotée d'une minuterie.*

***MINUTES**
Anglicisme au sens de ***procès-verbal, compte rendu.*** *Inscrire au procès-verbal* (et non aux *minutes).
En français, la minute d'un acte est constituée par l'original de cet acte. Le nom provient du latin ***minuta***, « écriture menue ».

MINUTIE n. f.
Le ***t*** se prononce ***s***, [minysi]; le mot rime avec ***scie.***
Soin, précision. *Étienne a fait les raccords électriques avec beaucoup de minutie.* SYN. application; méticulosité.
minutie.

MINUTIEUSEMENT adv.
Avec minutie. *Dessiner minutieusement.* SYN. méticuleusement.

MINUTIEUX, IEUSE adj.
Le ***t*** se prononce ***s***.
Qui demande de la minutie. *C'est un travail minutieux que de souder ces raccords. Étienne est très minutieux.* SYN. méticuleux; soigné.

MIPS
Sigle de ***million d'instructions par seconde.***
Unité de mesure de la puissance d'un ordinateur, équivalant à un million d'instructions exécutées par seconde.

MIRABELLE n. f.
Petite prune de couleur jaune. *Une tarte aux mirabelles.*
mirabelle.

MIRACLE n. m.
Évènement extraordinaire qui ne peut se produire naturellement. *Cette rencontre est un miracle.*
LOCUTIONS
– ***Par miracle.*** D'une façon inattendue, inespérée. *Ils ont échappé à la noyade par miracle.*
– ***Solution miracle, recette miracle, remède miracle.*** (EN APPOS.) D'une efficacité extraordinaire. *Des solutions miracles.*
En apposition, le nom s'écrit sans trait d'union et les deux mots prennent la marque du pluriel.

MIRACULÉ, ÉE adj. et n. m. et f.
Qui a été l'objet d'un miracle.

MIRACULEUSEMENT adv.
D'une manière surprenante. *Ils ont été sauvés miraculeusement.*

MIRACULEUX, EUSE adj.
Qui tient du miracle. *Une guérison miraculeuse.*
Ne pas confondre avec les mots suivants :
• ***merveilleux,*** exceptionnel ;
• ***prodigieux,*** qui tient du prodige ;
• ***surhumain,*** qui dépasse les possibilités habituelles de la personne humaine.

MIRADOR n. m.
Poste d'observation, de surveillance d'un camp de détention. *Des miradors.*

MIRAGE n. m.
Illusion d'optique. *Dans le désert, on a parfois des mirages : on croit apercevoir de l'eau alors qu'il n'y en a pas.*
Ne pas confondre avec le nom ***miroitement,*** éclat jeté par une surface polie ou réfléchissant la lumière.

MIRE n. f.
Repère de visée d'une arme à feu.
LOCUTION
– ***Point de mire.*** (FIG.) Personne, chose qui attire tous les regards. *Des points de mire.*
HOM. ***myrrhe,*** résine aromatique.

MIREPOIX n. f.
Préparation à base de légumes (carottes, navets, oignons) et d'épices (thym, laurier, etc.) servant à relever la saveur de certains plats, de certaines sauces.

MIRER v. tr., pronom.
VERBE TRANSITIF
Examiner à contre-jour. *Mirer des œufs.*
VERBE PRONOMINAL
1. (LITT.) Se regarder. *La jeune fille se mirait dans l'eau.*
2. (LITT.) Se refléter. *Les saules se mirent joliment dans le lac.*
À la forme pronominale, le participe passé de ce verbe s'accorde toujours en genre et en nombre avec son sujet. *Les rameurs se sont mirés dans l'eau claire du lac.*
CONJUGAISON : VOIR MODÈLE AIMER.

MIRIFIQUE adj.
(IRON.) Étonnant, merveilleux. *Des prévisions financières mirifiques.* SYN. mirobolant.

MIROBOLANT, ANTE adj.
(FAM.) Merveilleux, trop beau pour être vrai. *Des histoires mirobolantes.* SYN. extraordinaire ; fabuleux ; mirifique.
mirobolant.

MIROIR n. m.
1. Glace de verre destinée à refléter l'image des objets (êtres animés et choses). *Miroir, dis-moi si je suis la plus belle.*
2. (FIG.) Reflet. *Sa voix est le miroir de sa tendresse.*
LOCUTIONS
– ***En miroir,*** loc. adj. Se dit d'une écriture renversée comme si elle était réfléchie par un miroir.
– ***Miroir aux alouettes.*** Objet monté sur pivot et garni de fragments de miroir, dont le scintillement attire les oiseaux.
– ***Miroir aux alouettes.*** (FIG.) Illusion éblouissante, apparence de nature à séduire. SYN. attrape-nigaud.
– ***Œuf (au) miroir.*** Œuf sur le plat.

MIROITANT, ANTE adj.
Qui miroite. *Une étendue d'eau miroitante sous le soleil.*

MIROITEMENT n. m.
Éclat jeté par une surface polie ou réfléchissant la lumière. *Le miroitement du soleil sur le lac.* SYN. reflet ; scintillement.
Ne pas confondre avec le nom ***mirage,*** illusion d'optique.

MIROITER v. intr.
Briller. *Le soleil miroite dans l'eau.* SYN. étinceler ; scintiller.
LOCUTION
– ***Faire miroiter quelque chose à quelqu'un.*** Chercher à convaincre à l'aide de promesses, parfois fausses. *Cet individu nous a fait miroiter des gros lots fabuleux qui n'existaient même pas.*
CONJUGAISON : VOIR MODÈLE AIMER.

MIROITERIE n. f.
Industrie et commerce des miroirs. *Monique exploite une vitrerie-miroiterie.*

MIROTON n. m.
Bœuf bouilli avec des oignons et du vin blanc.

MIS(O)- préf.
Élément du grec signifiant « haïr ». *Misogyne.*

MISANDRE adj. et n. m. et f.
Qui hait les hommes. ANT. misogyne.
Le ou la ***misandre*** hait les hommes, le ou la ***misogyne,*** les femmes et le ou la ***misanthrope,*** la totalité du genre humain.

MISANTHROPE adj. et n. m. et f.
Qui hait le genre humain. *Le héros du* Misanthrope *de Molière est très peu sympathique.*
Le ou la ***misanthrope*** hait la totalité du genre humain, le ou la ***misandre*** hait les hommes et le ou la ***misogyne*** hait les femmes.
misanthrope.

MISANTHROPIE n. f.
Aversion pour le genre humain.
misanthropie.

MIS À PART loc. prép.
Exception faite de. *Mis à part ses notes de géographie et d'histoire, ses résultats sont bons.*
Devant le nom, cette locution est généralement invariable. *Mis à part ces coquilles, tout est parfait.* Après le nom, le participe est variable. *Ces coquilles mises à part, le texte est parfait.*

MISE n. f.
Action de mettre ; résultat de cette action. *Une mise en chantier. La mise en pots de confitures maison.*
LOCUTIONS
– ***De mise,*** loc. adj. Convenable, acceptable. *Ces paroles blessantes ne sont pas de mise ici.* SYN. admissible.
– ***Mise à jour.*** Action de rendre actuel, fait d'adapter à l'époque présente. *La mise à jour d'un dictionnaire.* SYN. actualisation.
– ***Mise à niveau.*** Aide apportée à un élève dont les connaissances de base comportent des lacunes. *Les élèves qui échouent à l'épreuve de français doivent suivre des cours de mise à niveau.* SYN. rattrapage.

– ***Mise à niveau.*** (INFORM.) Opération qui consiste à remplacer un système informatique (logiciel, matériel) ou une partie de celui-ci par un modèle plus puissant ou par une version plus perfectionnée. SYN. récupération ; version améliorée.
– ***Mise à pied.*** Cessation temporaire ou définitive du travail. *Des mises à pied économiques* (faute de travail), *techniques* (faute de matières premières, de pièces).
– ***Mise à prix.*** Prix minimal demandé dans une vente aux enchères.
– ***Mise au point.*** (FIG.) Clarification, rectification d'une erreur. *C'est très confus, il faut faire une mise au point.*
– ***Mise de fonds.*** Placement dans une affaire.
– ***Mise en candidature.*** Motion proposant le choix d'une personne pour remplir une charge élective dans une assemblée délibérante (GDT). *Une mise en candidature* (et non en *nomination).
– ***Mise en liberté.*** Fin de l'emprisonnement d'une personne, d'un animal.
– ***Mise en œuvre.*** Concrétisation, réalisation de quelque chose. SYN. mise en pratique.
– ***Mise en ondes.*** Action de diffuser à la radio ou à la télévision. *La mise en ondes d'un reportage.*
Dans cette expression, le complément est au pluriel.
– ***Mise en pages.*** (TYPOGR.) Action de disposer les titres, les clichés, le texte, etc., pour obtenir des pages prêtes à être imprimées.
Cette expression s'écrit parfois ***mise en page.***
– ***Mise en pages.*** (INFORM.) Action de disposer les données en vue de leur affichage, de leur impression ou de leur mémorisation par un système informatique.
Ne pas confondre avec le nom ***formatage,*** en informatique, opération qui consiste à préparer un support physique en vue de lui permettre de recevoir une information selon un format particulier.
– ***Mise en plis.*** Action de coiffer les cheveux. *Une mise en plis réussie.*
Dans cette expression, le complément est au pluriel.
– ***Mise en scène.*** Réalisation d'une œuvre au théâtre, au cinéma, à la télévision.
– ***Mise en service.*** Action de faire fonctionner. *La mise en service d'une centrale hydroélectrique.*
FORME FAUTIVE
*mise en nomination. Impropriété pour ***mise en candidature.***

MISER v. tr.
VERBE TRANSITIF DIRECT
Déposer comme enjeu. *Miser 100 $ sur un cheval.* SYN. gager ; parier.
VERBE TRANSITIF INDIRECT
Se fonder sur. *Miser sur la compétence d'un collaborateur.* SYN. compter sur.
Le verbe se construit avec la préposition ***sur.***
CONJUGAISON : VOIR MODÈLE AIMER.

MISÉRABLE adj. et n. m. et f.
Qui est dans la misère, très pauvre. *Cette famille est misérable.* SYN. miséreux ; pitoyable.

MISÉRABLEMENT adv.
Dans la misère, la pauvreté. *Ils vivent misérablement.*

MISÈRE n. f.
Grande pauvreté. *Vivre dans la misère.* SYN. besoin ; indigence.
LOCUTIONS
– ***Avoir de la misère à.*** (FAM.) Avoir de la difficulté à faire quelque chose. *Sébastien a de la misère à se lever à 6 heures pour livrer les journaux.*
Cette expression est de niveau familier. Dans un texte de style courant ou soutenu, on emploiera plutôt les expressions ***avoir (de la) peine, du mal, de la difficulté à.***
– ***Chercher misère à quelqu'un.*** Adresser des reproches à.
– ***De misère.*** Misérable. *Un salaire, une retraite de misère.*

MISERERE ou **MISÉRÉRÉ** n. m.
Les ***e*** se prononcent ***é,*** [mizerere].
1. Psaume.
2. Chant composé sur les paroles de ce psaume.
Le mot conserve sa forme latine : il s'écrit sans accents et ne prend pas la marque du pluriel. Il peut être francisé : il s'écrit alors avec des accents et prend la marque du pluriel. *Des miserere, des misérérés.*

M

MISÉREUX, EUSE adj. et n. m. et f.
Qui est extrêmement pauvre. *Il faut aider ces miséreux. Des sans-abri miséreux.* SYN. misérable ; nécessiteux.
miséreux.

MISÉRICORDE n. f.
Clémence, pardon. *Demander miséricorde.*
LOCUTION
– ***À tout péché miséricorde.*** (Proverbe) Toute faute peut être effacée par le pardon.

MISÉRICORDIEUX, IEUSE adj.
Clément, qui pardonne. *Dieu est miséricordieux.*

MISOGYNE adj. et n. m. et f.
Qui hait les femmes. *Sophie n'aime pas les misogynes.*
Le ou la ***misogyne*** hait les femmes, le ou la ***misandre,*** les hommes et le ou la ***misanthrope,*** la totalité du genre humain.
misogyne.

MISOGYNIE n. f.
Aversion pour les femmes. *Sa misogynie est proverbiale.*
misogynie.

MISSEL n. m.
Livre liturgique.

MISSILE n. m.
Projectile téléguidé. *Cet avion a été détruit par un missile.*
missile.

MISSION n. f.
1. Fonction confiée à quelqu'un. *Confier une mission à une personne de confiance. Mission accomplie. Mission impossible.*
2. Ensemble des personnes chargées d'entreprendre une action au nom d'un gouvernement, d'une organisation. *Une mission diplomatique, scientifique.*
3. Vocation. *La mission particulière des poètes.*

MISSIONNAIRE adj. et n. m. et f.
NOM MASCULIN ET FÉMININ
Religieux chargé de convertir (quelqu'un) à une religion. *Les sœurs de l'Immaculée-Conception sont des missionnaires.*
ADJECTIF
Qui se rapporte aux missions, à la fonction de gagner des fidèles à une religion. *Des sœurs, des pères missionnaires.*
missionnaire.

MISSIVE n. f.
(LITT.) Lettre. *Aujourd'hui on ne reçoit plus de tendres missives, que des états de compte et des factures !*
missive.

MISTRAL n. m.
Vent violent qui souffle du nord sur la France méditerranéenne.
T Les noms de vents s'écrivent avec une minuscule.

MIT
Sigle de ***Massachusetts Institute of Technology.***

M

MITAINE n. f.
1. Gant qui découvre le bout des doigts.
2. ⚜ Partie de l'habillement qui couvre la main, sans séparation pour les doigts, sauf pour le pouce. *« Le rire vola, d'une voiture à l'autre, tandis que les hommes, pour activer le sang, trépignaient le sol dur et se frappaient les mains à travers leurs mitaines de peau de cochon »* (Germaine Guèvremont, *Le Survenant*). SYN. moufle.
Ne pas confondre avec le nom ***gant***, partie de l'habillement qui couvre la main et les doigts séparément.

MITAN n. m.
(VIEILLI) (LITT.) Milieu. *Au mitan de la vie.*
HOM. ***mi-temps (à),*** à temps partiel.

MITE n. f.
Insecte dont les larves rongent les lainages, les fourrures. *Un lainage mangé aux mites, par les mites.*
HOM. ***mythe,*** récit fabuleux.

MITÉ, ÉE adj.
Rongé par les mites. *Ces lainages sont mités.*

MI-TEMPS n. f. inv. (pl. *mi-temps*)
Dans les sports d'équipe, pause au milieu d'un match.
LOCUTION
– ***À mi-temps,*** loc. adv. À temps partiel. *Il travaille à mi-temps.* SYN. à demi-temps. ANT. à plein temps.
HOM. ***mitan,*** milieu.

MITEUX, EUSE adj.
D'aspect misérable. *Des logis miteux.* SYN. minable ; pauvre ; pitoyable.
miteux.

MITIGÉ, ÉE adj.
Nuancé, incertain. *Des réactions mitigées, parfois favorables, parfois défavorables. Un accueil mitigé.*

MITIGEUR n. m.
Robinet destiné à régler le débit et la température d'un mélange d'eau chaude et d'eau froide.

MITONNER v. tr., intr., pronom.
VERBE TRANSITIF
1. Faire mijoter. *Il va leur mitonner un bon petit plat.*
2. (FIG.) Préparer quelque chose avec soin, tout doucement. *Elle mitonne un recueil des figures de style.*
VERBE INTRANSITIF
Mijoter, en parlant d'aliments. *La soupe mitonne.*
VERBE PRONOMINAL
Cuire longtemps, à petit feu. *Une bonne soupe de légumes qui se mitonne doucement sur le poêle à bois.*
À la forme pronominale, le participe passé de ce verbe s'accorde en genre et en nombre avec le complément direct si celui-ci le précède. *Les potages qu'elles se sont mitonnés.* Le participe passé reste invariable si le complément direct suit le verbe. *Ils se sont mitonné de bons ragoûts.* En l'absence d'un complément direct, le participe passé s'accorde en genre et en nombre avec le sujet du verbe. *Ces plats se sont mitonnés longuement.*
CONJUGAISON : VOIR MODÈLE AIMER.
mitonner.

MITOYEN, ENNE adj.
Qui appartient à deux propriétés et les sépare. *Un mur mitoyen, une allée mitoyenne. Des maisons mitoyennes. « le ravin où glissait le ruisseau mitoyen, entre sa terre et celle de Phydime »* (Ringuet, *Trente Arpents*).
Le complément de l'adjectif se construit avec les prépositions ***de, avec.*** *Un superbe pavillon de chasse mitoyen du château de Versailles. Un jardin mitoyen de celui de ma grand-mère. Le terrain de stationnement du magasin est mitoyen avec celui de la rôtisserie.*
mitoyen.

MITRAILLADE n. f.
Décharge simultanée de plusieurs armes à feu.

MITRAILLAGE n. m.
Action de mitrailler.

MITRAILLE n. f.
Décharge d'artillerie. *Tomber sous la mitraille.*

MITRAILLER v. tr., pronom.
VERBE TRANSITIF
1. Tirer de nombreux coups de fusil, de mitrailleuse sur un objectif. *Mitrailler une voiture.*
2. (FIG.) (FAM.) Bombarder de (questions, flashs, etc.). *Les journalistes ont mitraillé de questions le ministre démissionnaire.*
VERBE PRONOMINAL
1. Échanger des tirs de mitrailleuses. *Les combattants se sont mitraillés sans répit.*
2. (FIG.) Se bombarder (de questions, de commentaires, etc.). *Elles se sont mitraillées de remarques désobligeantes.*
À la forme pronominale, le participe passé de ce verbe s'accorde toujours en genre et en nombre avec son sujet. *Ils se sont mitraillés de questions indiscrètes.*
CONJUGAISON : VOIR MODÈLE AIMER.
Les lettres ***ill*** sont suivies d'un ***i*** à la première et à la deuxième personne du pluriel de l'indicatif imparfait et du subjonctif présent. *(Que) nous mitraillions, (que) vous mitrailliez.*

MITRAILLETTE n. f.
Arme portative à tir automatique. *Des tirs de mitraillettes.*

MITRAILLEUSE n. f.
Arme à tir automatique. *Les mitrailleuses ne sont pas portatives.*

MITRE n. f.
Coiffure des évêques.
mitre, sans accent.

MIUF
Sigle de ***mousse isolante d'urée-formol.***

MI-VOIX (À) loc. adv.
D'une voix faible. *Parler à mi-voix.* SYN. à voix basse.

MIXAGE n. m.
(CIN.) Intégration sur une même bande des différents enregistrements sonores d'un film.
Ne pas confondre avec le nom ***montage,*** intégration des éléments visuels d'un film sur une bande finale.

MIXER v. tr.
(CIN.) Procéder au mixage d'un film.
CONJUGAISON : VOIR MODÈLE AIMER.

***MIXER**
Anglicisme au sens de ***mélangeur.***

MIXITÉ n. f.
Caractère de ce qui est mixte. *La mixité des écoles.*
mixité.

MIXTE adj.
Qui comprend des personnes des deux sexes. *Une classe mixte avec 13 filles et 12 garçons.*
mixte.

MIXTION n. f.
Action de mélanger des drogues à des fins médicales.
HOM. ***miction,*** action d'uriner.
mixtion.

MIXTURE n. f.
1. (PHARM.) Mélange de plusieurs substances.
2. (FIG.) Mélange peu appétissant. *Elle dut absorber une mixture épicée.*

MJ
Symbole de ***mégajoule.***

ml
Symbole de ***millilitre.***

Mlle
Abréviation de ***mademoiselle.***
L'abréviation de ***mesdemoiselles*** est ***Mlles.***

mm
Symbole de ***millimètre.***

MM.
Abréviation de ***messieurs.***
L'abréviation de ***monsieur*** est ***M.***

Mme
Abréviation de ***madame.***
L'abréviation de ***mesdames*** est ***Mmes.***

Mn
Symbole de ***manganèse.***

MNÉMONIQUE adj.
Qui aide la mémoire. *Des formules mnémoniques.* SYN. mnémotechnique.

MNÉMOTECHNIQUE adj.
Attention à la prononciation ***m-n-é*** [mnemɔtɛknik].
Qui facilite la mémorisation. *Pour retenir les conjonctions, on a recours à l'association suivante : « mais ou et donc or ni car »* (mais où est donc Ornicar ?). SYN. mnémonique.

-MNÈSE, -MNÉSIE, -MNÉSIQUE suff.
Éléments du grec signifiant « se souvenir ». *Amnésie.*

Mo
Symbole de ***méga-octet.***

MOBILE adj. et n. m.
ADJECTIF
Qui peut se déplacer. *Une pièce mobile.* ANT. fixe ; immobile.
NOM MASCULIN
1. Corps en mouvement. *Le mobile se déplace sur un rail. La vitesse d'un mobile.*
2. Raison. *Quel est le mobile du crime ?* SYN. cause ; motif.
3. Composition dont les éléments entrent en mouvement sous l'influence du vent ou d'un moteur. *Un joli mobile pour la chambre du bébé. Le mobile du 630, boul. René-Lévesque O.*
LOCUTIONS
– ***Clause d'échelle mobile.*** Clause d'un contrat en vertu de laquelle la valeur nominale d'une prestation (salaire, loyer, etc.) est actualisée en fonction d'un indice de référence, par exemple l'indice des prix à la consommation.
– ***Maison mobile.*** Habitation de forme rectangulaire pouvant servir de résidence permanente ou secondaire et qu'on peut tracter assez facilement grâce à son train de roues (GDT).

MOBILIER, IÈRE adj. et n. m.
ADJECTIF
(DR.) Qui se rapporte aux biens meubles. *Des biens mobiliers.* ANT. immobilier.
NOM MASCULIN
Ameublement. *Un mobilier très moderne, rustique. Un mobilier de salon.*
LOCUTION
– ***Valeurs mobilières.*** (FIN.) Titre de placement. *Les actions, les obligations, les bons de souscription, les contrats à terme sont des valeurs mobilières. La Loi sur les valeurs mobilières.*

MOBILISABLE adj.
Qui peut être mobilisé. *Des jeunes gens mobilisables.*

MOBILISATEUR, TRICE adj.
Propre à mobiliser. *Des pratiques mobilisatrices.*

MOBILISATION n. f.
1. Action de mettre une armée sur le pied de guerre.
2. (FIG.) Regroupement en vue d'une action commune. *La mobilisation des jeunes à l'égard de la protection de l'environnement.*

MOBILISER v. tr., pronom.
VERBE TRANSITIF
1. Ordonner aux hommes de se joindre à l'armée en cas de guerre.
2. Inciter quelqu'un à l'action, faire appel à un groupe pour une cause commune. *Mobiliser les Québécois pour la sauvegarde de la langue française.*
VERBE PRONOMINAL
Rassembler toute son énergie pour l'accomplissement de quelque chose. *Ils se sont mobilisés pour mener à bien les travaux entrepris.*
À la forme pronominale, le participe passé de ce verbe s'accorde toujours en genre et en nombre avec son sujet. *Ils se sont mobilisés pour aider leurs amis éprouvés.*
CONJUGAISON : VOIR MODÈLE AIMER.

MOBILITÉ n. f.
Caractère de ce qui peut se mouvoir. *La mobilité d'un bras.*
LOCUTION
– ***Personne à mobilité réduite.*** Handicapé dans l'incapacité de marcher.

MOBYLETTE n. f.
Bicyclette à moteur. *Louer une mobylette pour explorer une île grecque : le bonheur !* SYN. cyclomoteur.
T Ce nom est une marque déposée passée dans l'usage et qui s'écrit maintenant avec une minuscule.
mobylette.

MOCASSIN n. m.
Chaussure plate, souple et sans lacets. *Des mocassins de cuir.*

MOCHE adj.
1. (FAM.) Laid, affreux. *Ces vêtements sont moches.*
2. (FAM.) Incorrect, mauvais. *C'est très moche de sa part de t'avoir laissé tomber.*

MODAL, ALE, AUX adj.
(GRAMM.) Relatif aux modes des verbes. *Une forme modale.*

MODALITÉ n. f.
Forme particulière que peut revêtir une chose, un acte. *Les modalités de paiement sont les suivantes : au comptant ou à crédit.*

MODE n. m. et f.
NOM MASCULIN
1. Manière d'être, d'agir. *Des modes de vie, un mode d'action.*
2. Méthode, procédé. *Un mode d'emploi, un mode de paiement, des modes de production.*
3. (GRAMM.) Forme verbale. *Le mode indicatif, le mode subjonctif.*
NOM FÉMININ
1. Façon de vivre d'une collectivité, goûts d'une certaine époque. *La mode hippie.*
2. Façon passagère de s'habiller à un moment donné. *La mode rétro. Par définition, la mode est éphémère.*
En apposition, le nom est invariable. *Des vêtements mode.*
3. Industrie du vêtement. *Travailler dans la mode.*
LOCUTIONS
– ***À la mode,*** loc. adj. Au goût du jour. *Sa coiffure est à la mode. Des bars à la mode.* SYN. (FAM.) branché. ANT. démodé ; passé de mode.
– ***À la mode de,*** loc. adj. À la manière de. *À la mode de chez nous.*

MODELAGE n. m.
Action de modeler quelque chose pour lui donner une forme. *Adèle aimait bien faire du modelage avec de la pâte à modeler colorée.*

MODÈLE adj. et n. m.
NOM MASCULIN
1. Ce qui sert de référence. *Un modèle de conjugaison.*
2. Personne reproduite par l'art ou la photographie. *Dessin d'après un modèle nu.* SYN. sujet.

M

M

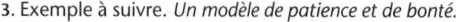

3. Exemple à suivre. *Un modèle de patience et de bonté.*
4. Objet qui peut être reproduit à de multiples exemplaires. *Des modèles courants, un modèle de luxe.*
5. (EN APPOS.) Ce qui sert d'exemple, de témoin. *Une école modèle, des appartements modèles.*
En apposition, le nom s'écrit sans trait d'union et les deux mots prennent la marque du pluriel.
ADJECTIF
Digne d'être imité. *Des étudiantes modèles.* SYN. accompli ; exemplaire ; parfait.
LOCUTION
– ***Modèle réduit.*** Construction en miniature. *Un modèle réduit de voilier.*

MODELER v. tr., pronom.
VERBE TRANSITIF
1. Façonner. *De la pâte à modeler.*
2. Fixer d'après un modèle. *Elle modèle sa façon de travailler sur celle de ses camarades.* SYN. copier ; imiter.
VERBE PRONOMINAL
Prendre pour modèle. *Elles se sont modelées sur ces scientifiques rigoureuses.* SYN. se conformer ; imiter ; se régler.
À la forme pronominale, le participe passé de ce verbe s'accorde toujours en genre et en nombre avec son sujet. *Ils s'étaient modelés sur leurs héros.*
CONJUGAISON : VOIR MODÈLE CONGELER.
Le ***e*** se change en ***è*** devant une syllabe contenant un ***e*** muet. *Il modèle,* mais *il modelait.*

MODÉLISATION n. f.
Représentation sous forme de modèle.

MODEM n. m. (pl. *modems*)
(INFORM.) Unité périphérique qui permet à un ordinateur de communiquer par ligne téléphonique.
Ce terme est une contraction des mots ***modulateur-démodulateur.***

MODÉRATEUR, TRICE adj. et n. m. et f.
ADJECTIF
Qui tempère, modère, concilie.
NOM MASCULIN ET FÉMININ
1. Personne qui modère, tempère. *C'est un bon modérateur, une excellente modératrice.*
2. Machine qui a pour fonction de régulariser un fonctionnement. *Le modérateur d'une horloge.*
LOCUTION
– ***Ticket modérateur.*** Partie des frais médicaux laissée à la charge des bénéficiaires de l'assurance-maladie.

MODÉRATION n. f.
Réserve, retenue. *La modération de ses propos a étonné les participants.* SYN. mesure ; pondération. ANT. excès.

MODERATO adv.
Le ***e*** se prononce ***é***, [mɔderato].
D'un mouvement modéré. *Moderato cantabile.*
T En typographie soignée, les mots étrangers sont composés en italique. Dans des textes déjà en italique, la notation se fait en romain. Pour les textes manuscrits, on utilisera les guillemets.
[Les *Rectifications* (1990) admettent : modérato.]

MODÉRÉ, ÉE adj.
1. Sage. SYN. mesuré ; pondéré. ANT. immodéré.
2. Moyen, raisonnable. *Habitation à loyer modéré (HLM).*

MODÉRÉMENT adv.
Avec modération. *Ils ont mangé modérément.* SYN. avec mesure ; avec retenue ; sans excès.

MODÉRER v. tr., pronom.
VERBE TRANSITIF
1. Tempérer l'intensité de. *Modère tes transports !* SYN. atténuer ; freiner ; limiter.
2. Diminuer. *Modérer ses dépenses.* SYN. réduire.
VERBE PRONOMINAL
Se contenir, devenir raisonnable. *Ils se sont modérés et ont finalement accepté les propositions.* SYN. se retenir.
À la forme pronominale, le participe passé de ce verbe s'accorde toujours en genre et en nombre avec son sujet. *Elles se sont finalement modérées dans leurs ardeurs.*
CONJUGAISON : VOIR MODÈLE POSSÉDER.
Le ***é*** se change en ***è*** devant une syllabe contenant un ***e*** muet, sauf à l'indicatif futur et au conditionnel présent. *Je modère,* mais *je modérerai.*
[Les *Rectifications* (1990) admettent : il modèrera, modèrerait...]

MODERNE adj. et n. m.
ADJECTIF
1. Actuel, nouveau. *Une maison très moderne.* SYN. contemporain. ANT. ancien ; vieux.
2. Qui est de son temps (personnes). *Mes parents sont très modernes.* SYN. à la mode. ANT. démodé ; vieux jeu.
NOM MASCULIN
Chose d'aujourd'hui. *Aimer le moderne.* ANT. ancien.

MODERNISATION n. f.
Action de moderniser. *La modernisation de l'école s'impose.*

MODERNISER v. tr., pronom.
VERBE TRANSITIF
Rendre moderne, rénover. *Moderniser une cuisine, une façon de procéder.*
VERBE PRONOMINAL
Adopter les usages modernes. *L'enseignement s'est modernisé : on utilise maintenant les ordinateurs.*
À la forme pronominale, le participe passé de ce verbe s'accorde toujours en genre et en nombre avec son sujet. *Cette profession s'est modernisée grandement.*
CONJUGAISON : VOIR MODÈLE AIMER.

MODERNISME n. m.
Goût de ce qui est moderne.

MODERNITÉ n. f.
Caractère de ce qui est moderne, notamment dans les arts.

MODESTE adj.
1. Qui est exempt de vanité. *Vous êtes trop modeste.* SYN. effacé ; humble.
2. Simple, sans faste. *Un logement modeste.*
3. Limité. *Un salaire modeste.*

MODESTEMENT adv.
D'une manière modeste. *Ils sont modestement logés.* SYN. simplement.

MODESTIE n. f.
Simplicité, réserve, pudeur. *Ces éloges ont blessé sa modestie.* SYN. humilité.

MODICITÉ n. f.
Caractère de ce qui est modique. *La modicité d'une somme.*

MODIFIABLE adj.
Qui peut être modifié. *Des équations modifiables.*

MODIFICATION n. f.
Changement. *Apporter des modifications à un texte.* SYN. transformation.

MODIFIÉ, ÉE adj.
Transformé, changé. *Des produits modifiés et améliorés.*
LOCUTION
– ***Organisme génétiquement modifié (OGM).*** Organisme dont le génome a été modifié par introduction d'un fragment d'ADN.

MODIFIER v. tr., pronom.
VERBE TRANSITIF
1. Changer. *Modifier l'aspect d'un immeuble.* SYN. transformer.
2. (GRAMM.) En parlant d'un adverbe, préciser le sens d'un verbe, d'un adjectif ou d'un autre adverbe. *Dans la phrase « Cette cantatrice chante divinement », l'adverbe* divinement *modifie le sens du verbe* chanter *en déterminant la qualité du chant.*
VERBE PRONOMINAL
Devenir différent. *Ses traits se sont modifiés.* SYN. changer ; évoluer ; varier.
À la forme pronominale, le participe passé de ce verbe s'accorde toujours en genre et en nombre avec son sujet. *Ses projets se sont modifiés.*
CONJUGAISON : VOIR MODÈLE ÉTUDIER.
Redoublement du ***i*** à la première et à la deuxième personne du pluriel de l'indicatif imparfait et du subjonctif présent. *(Que) nous modifiions, (que) vous modifiiez.*

MODIQUE adj.
Bas, de peu de valeur. *Pour une modique somme, pour très peu, vous obtiendrez de jolis objets.* SYN. faible ; petit.
LOCUTION
– ***Habitation à loyer modique (HLM).*** Immeuble réservé aux personnes ayant de faibles revenus.
Dans le reste de la francophonie, on emploie l'expression ***habitation à loyer modéré.***

MODIQUEMENT adv.
D'une manière modique.

MODISTE n. m. et f.
Personne qui fabrique des chapeaux de femmes.
La personne qui fabrique ou vend des chapeaux d'hommes est un ***chapelier,*** une ***chapelière.***

MODULABLE adj.
Qui peut être modulé, adapté selon les circonstances. *Un système de rangement modulable.*

MODULAIRE adj.
1. Relatif à un module. *Un système modulaire.*
2. Construit à l'aide de modules. *Une construction modulaire.*
modul**aire**.

MODULATEUR n. m.
Dispositif permettant de moduler un signal.
LOCUTION
– ***Modulateur-démodulateur.*** (INFORM.) Modem.

MODULATION n. f.
Technique consistant à transformer un signal en un autre signal. *Modulation d'amplitude (MA).*

MODULATION DE FRÉQUENCE n. f.
Abréviation ***MF*** (s'écrit généralement sans points).
1. Mode de transmission d'un signal.
2. Émission en modulation de fréquence.
Toutefois, l'abréviation internationale est ***FM.*** *La radio FM.*

MODULE n. m.
1. Élément destiné à entrer dans la réalisation d'un ensemble par juxtaposition ou combinaison. *Le complexe Habitat 67 est constitué de modules.*
2. Élément d'un véhicule spatial. *Un module lunaire.*
Attention au genre masculin de ce nom : ***un*** module.

MODULER v. tr., intr.
VERBE TRANSITIF
1. Articuler. *Moduler des sons.*
2. Adapter à un contexte spécifique. *Une méthode de recherche modulée selon des critères déterminés.*
VERBE INTRANSITIF
(MUS.) Passer d'une tonalité à une autre.
CONJUGAISON : VOIR MODÈLE AIMER.

MODUS VIVENDI n. m. inv. (pl. *modus vivendi*)
Attention à la prononciation, [mɔdysvivɛ̃di].
Expression latine signifiant « manière de vivre ».
Accord qui permet à deux parties en litige de coexister sans heurt. *Définir un* modus vivendi. SYN. compromis ; terrain d'entente.
T En typographie soignée, les mots étrangers sont composés en italique. Dans des textes déjà en italique, la notation se fait en romain. Pour les textes manuscrits, on utilisera les guillemets.

MOELLE n. f.
Le ***e*** se prononce ***a,*** [mwal] ; le mot rime avec ***toile.***
1. Substance molle de l'intérieur des os. *Une greffe de moelle osseuse.*
2. (FIG.) (LITT.) Quintessence, partie essentielle. *« La substantifique moelle »* (Rabelais, *Gargantua*).
LOCUTION
– ***Moelle épinière.*** Substance qui remplit le canal rachidien qui assure la transmission de l'influx nerveux entre le cerveau et les diverses parties du corps.
m**oelle**.

MOELLEUSEMENT adv.
Le ***e*** se prononce ***a,*** [mwaløzmɑ̃].
D'une manière moelleuse. *Le chat dort moelleusement.*
m**oell**eusement.

MOELLEUX, EUSE adj.
Le ***e*** se prononce ***a,*** [mwalø, øz].
Doux, confortable. *Un fauteuil moelleux.* SYN. douillet.
m**oelleux**.

MŒURS n. f. pl.
Le ***s*** se prononce ou non, [mœrs, mœr].
1. Manière de vivre, coutumes, usages propres à chaque société. *Les mœurs des Égyptiens de l'Antiquité.*
2. Façon de se conduire. *Des mœurs douteuses. Les bonnes mœurs.*
Ce nom est toujours pluriel.

MOHAIR n. m.
Le ***o*** est ouvert, [mɔɛr].
Poil de la chèvre angora dont on tisse des étoffes. *Des mohairs soyeux.*
En apposition, le nom est invariable. *Des laines mohair.*
m**o**hair.

MOHAWK adj. et n. m. et f.
Se dit des Amérindiens d'une nation autochtone du Québec. *La culture mohawk, des projets mohawks. Un Mohawk, une Mohawk.*
T L'adjectif s'écrit avec une minuscule ; le nom, avec une majuscule.
Les Mohawks étaient appelés autrefois ***Iroquois.***

MOI n. m. inv. et pron. pers. m. et f.
PRONOM PERSONNEL MASCULIN ET FÉMININ
Pronom personnel masculin et féminin de la première personne du singulier.
EMPLOIS
– **Complément direct.** *Écoutez-moi.*
– **Complément indirect.** *Il est à moi.*
– **Complément de phrase.** *Elle est chez moi.*
– **Complément du nom.** *Un dessin de moi.*
– **Complément de l'adjectif.** *Digne de moi.*
– **Attribut.** *« L'État, c'est moi. »* (Louis XIV)
– **Sujet pour renforcer le pronom *je*.** *Moi, j'ai dit cela ?*
VOIR TABLEAU – PRONOM.
NOM MASCULIN INVARIABLE
1. La personne humaine.
2. Égocentrisme. *Tu ne penses qu'à ton moi. « Le moi est haïssable »* (Pascal).

M

M

3. (PSYCHAN.) L'un des trois éléments de la structure psychique qui équilibre les pulsions instinctives et inconscientes (le *ça*) et la censure (le ***surmoi***).
LOCUTIONS
– ***À moi!*** À l'aide! Au secours! *À moi! je me noie!*
– ***Chez moi,*** loc. adv. Dans ma maison. *Venez donc chez moi.*
La locution s'écrit sans trait d'union (*ils sont chez moi*), contrairement au nom masculin **chez-moi** qui s'écrit avec trait d'union (*mon chez-moi*).
– ***De vous à moi, entre vous et moi,*** loc. adv. Entre nous. SYN. confidentiellement.
– ***Quant à moi.*** En ce qui me concerne.
FORME FAUTIVE
*Moi pour un. Calque de «*I for one*» pour ***à mon avis, quant à moi, pour ma part, selon moi.***

MOIGNON n. m.
Ce qui reste d'un membre amputé.

MOINDRE adj.
Plus petit en quantité, en qualité, en intensité. *C'est un moindre mal. Cette somme est moindre que ce que nous avions prévu.*
LOCUTIONS
– ***C'est la moindre des choses.*** C'est peu de chose, c'est une bagatelle, ce n'est rien.
– ***Le moindre.*** Superlatif relatif. Le plus petit. *Il nous a décrit son voyage dans les moindres détails.*
La locution suivie de la conjonction ***que*** se construit généralement avec un verbe au subjonctif. *Ce don est bien le moindre que vous puissiez faire.* On peut aussi employer l'indicatif si l'on veut marquer davantage la réalité que la possibilité. *Cette quantité est la moindre qu'il a comptée.*

MOINDREMENT adv.
– ***Le moindrement.*** (LITT.) Tant soit peu. *S'il était le moindrement prudent, il prendrait cette précaution.*
– ***Ne... pas le moindrement.*** (LITT.) Ne... aucunement. *Elle n'était pas le moindrement contente.*
Le mot ne s'emploie que dans ces locutions.

MOINE n. m.
Religieux qui vit en communauté à l'écart du monde.

MOINEAU n. m. (pl. *moineaux*)
Oiseau passereau à livrée brune. *Le moineau domestique est omniprésent à Montréal.*
VOIR TABLEAU – ANIMAUX.
FORME FAUTIVE
*moineau. Impropriété au sens de ***volant*** (de badminton).

MOINS adv., n. m. et prép.
ADVERBE
1. L'adverbe ***moins*** marque l'infériorité.
– ***Moins*** + qualité. À un degré plus faible. *Les bouleaux sont moins résistants que les chênes. Cet article est moins cher.*
– ***Moins de*** + quantité. D'une quantité moindre. *Ils sont moins de mille participants. Le film dure moins de deux heures.*
– ***Moins de deux*** + verbe. *Moins de deux ans séparent ces événements.*
1° Dans cette construction, le verbe s'accorde avec le nom qui suit le numéral et se met donc au pluriel, malgré la contradiction apparente.
2° Suivant le même raisonnement, le verbe se met au singulier après l'expression ***plus d'un.*** *Plus d'un étudiant a peiné sur ce travail.*
2. Comparatif de l'adverbe ***peu. Moins que*** + comparaison. *Elles sont moins grandes que leurs frères. Les jeunes s'inquiètent moins que leurs parents.*
3. Superlatif de l'adverbe ***peu. Le, la, les... que*** + subjonctif. *Cette maison est la moins chère que nous puissions trouver.*
Le verbe se met généralement au subjonctif; on peut employer l'indicatif si l'on veut marquer davantage la réalité que la possibilité. *Cette maison est la moins chère que nous avons trouvée.*
VOIR TABLEAU – SUPERLATIF.
NOM MASCULIN
1. Signe de la soustraction. *Remplacer un moins par un plus.*
2. La plus petite quantité. *Le moins que nous puissions espérer.*
PRÉPOSITION
1. En soustrayant, en déduisant. *Sept moins trois égale quatre (7 – 3 = 4). Sept heures moins le quart.*
2. La préposition sert à introduire un nombre négatif. *C'est l'hiver, il fait moins vingt degrés Celsius (– 20 °C) ou vingt degrés au-dessous de zéro* (et non *sous zéro ou *en bas de zéro).
LOCUTIONS
– ***À moins de,*** loc. prép. Sauf si. *À moins d'un retard inattendu, il sera là bientôt. À moins de construire des écoles, nous manquerons de place.*
Cette locution peut se construire avec un nom, avec un infinitif ou une phrase infinitive.
– ***À moins de,*** loc. prép. Au-dessous de. *À moins de 10 $, je peux l'acheter.*
– ***À moins que,*** loc. conj. À condition que, sauf si. *À moins qu'il ne vienne ce soir, elle partira.*
Cette locution se construit avec le subjonctif. On emploie généralement le ***ne*** explétif.
– ***Au moins,*** loc. adv. Au minimum. *Il a perdu au moins cinq kilos.*
– ***Au moins,*** loc. adv. En tout cas. *Au moins, écris-nous pour nous donner des nouvelles!*
– ***De moins en moins,*** loc. adv. En diminuant graduellement. *Nos amis nous rendent visite de moins en moins, faute de temps.*
– ***Des moins*** + adjectif. Parmi les moins. *Une personne des moins aimables.*
1° L'adjectif ou le participe passé qui suit ***des moins, des plus, des mieux*** se met au pluriel et s'accorde en genre avec le sujet déterminé. *Cette personne est des moins compétentes. Un véhicule des moins performants.*
2° Si le sujet est un pronom neutre, un infinitif ou une phrase infinitive, l'adjectif ou le participe reste invariable. *Acheter ces titres miniers est **des moins** sûr.*
– ***Du moins,*** loc. adv. Néanmoins. *Tu ne peux venir, mais du moins, préviens-le de ton absence.*
La locution adverbiale entraîne fréquemment l'inversion du sujet.
– ***En moins de,*** loc. prép. Dans un moindre espace de temps. *En moins de quatre mois, ce sera terminé.*
– ***Moins... moins, moins... plus,*** loc. adv. Proportionnellement. *Moins il travaille, moins il réussit. Moins elle réussit, plus elle fait des efforts.*
– ***Ni plus ni moins,*** loc. adv. Exactement. *Je lui ai donné 20 $, ni plus ni moins.*
– ***Tout au moins, à tout le moins, pour le moins,*** loc. adv. En tout cas.
Ces locutions marquent une restriction. *S'il n'était pas très travailleur, tout au moins était-il compétent et honnête.*

MOINS-DISANT n. m. (pl. *moins-disants*)
(DR.) En réponse à un appel d'offres, entreprise qui soumet une offre, qui dépose une soumission dont le prix est le plus bas.

MOINS-VALUE n. f. (pl. *moins-values*)
(ÉCON.) Perte de valeur. ANT. plus-value.

MOIRE n. f.
Tissu chatoyant. *Une jupe de moire.*
moire.

MOIRÉ, ÉE adj.
Qui chatoie, qui a l'aspect de la moire. *Une soie moirée.*

MOIRER v. tr.
Rendre chatoyant. *Moirer une étoffe.*
CONJUGAISON : VOIR MODÈLE AIMER.

MOIRURE n. f.
Chatoiement d'une surface. *Les moirures du lac au soleil couchant.*

MOIS n. m.
Chacune des douze divisions de l'année.
VOIR TABLEAU – DATE.
[T] Les noms de mois s'écrivent avec une minuscule et ils sont tous de genre masculin. *Le mois de mai. Nous avons eu un janvier très froid.*

MOÏSE n. m.
Petit berceau. *Le nouveau-né a un joli moïse.*
moïse.

MOISI, IE adj. et n. m.
ADJECTIF
Couvert de moisissure. *Du pain moisi. Cette brioche est moisie.*
NOM MASCULIN
Ce qui est moisi, moisissure. *Il y a du moisi sur les confitures. Cet appartement sent le moisi.*

MOISIR v. tr., intr., pronom.
VERBE TRANSITIF
Couvrir de moisissure. *L'humidité a moisi les papiers peints.*
VERBE INTRANSITIF
1. Se couvrir de moisissure. *Le pain a moisi.*
2. (FIG.) Rester improductif. *Il y a des personnes qui moisissent dans certains emplois.*
3. (FIG.) Rester trop longtemps en un lieu. *Je n'ai pas envie de moisir ici : on s'y ennuie à mourir.* SYN. croupir.
VERBE PRONOMINAL
Se couvrir de moisissures. *Le pain s'est moisi.*
À la forme pronominale, le participe passé de ce verbe s'accorde toujours en genre et en nombre avec son sujet. *Ces mets non réfrigérés se sont moisis.*
CONJUGAISON : VOIR MODÈLE FINIR.

MOISISSURE n. f.
Mousse verdâtre formée de petits champignons. *Le pain est couvert de moisissure : il n'est plus bon.* SYN. moisi.

MOISSON n. f.
1. Récolte du blé, des céréales. *La moisson sera bonne cette année.*
2. Temps de la moisson.
3. (FIG.) Action de recueillir quelque chose en abondance. *Une moisson d'expressions imagées. « Mes meilleures moissons d'idées, d'images, de récits, je les ai presque toujours cueillies au réveil »* (Gabrielle Roy, *La Détresse et l'Enchantement*).

MOISSONNAGE n. m.
Action de moissonner.
moissonnage.

MOISSONNER v. tr.
1. Faire la récolte. *Le cultivateur moissonne son trèfle.*
2. (FIG.) (LITT.) Recueillir en abondance. *Moissonner des idées, des projets.* SYN. récolter.
CONJUGAISON : VOIR MODÈLE AIMER.
moissonner.

MOISSONNEUR, EUSE n. m. et f.
Personne chargée de faire la moisson. *Les moissonneurs étaient furieux : la pluie a retardé leurs travaux.*

MOISSONNEUSE n. f.
Machine agricole qui sert à moissonner.
LOCUTION
– ***Moissonneuse-batteuse.*** Machine agricole servant à récolter les céréales. *Des moissonneuses-batteuses efficaces.*

MOITE adj.
1. Un peu humide. *Une chaleur moite.*
2. Se dit de la peau recouverte de sueur. *Avoir les mains moites.*
L'adjectif conserve la même forme au masculin et au féminin.
moite.

MOITEUR n. f.
Légère humidité. *La moiteur de l'atmosphère.*

MOITIÉ n. f.
1. Une des deux parties égales en lesquelles un tout est divisé. *La Révolution tranquille s'est accomplie au cours de la seconde moitié du XXe siècle.*
Si le sujet du verbe est un collectif précédé du déterminant indéfini ***un, une*** et suivi d'un complément au pluriel, le verbe se met au singulier lorsque l'auteur veut insister sur le tout, l'ensemble ; au pluriel, s'il veut insister sur la pluralité, la multiplicité. *Une moitié des arbres a été déracinée, ont été déracinés par l'ouragan.* Si le sujet du verbe est un collectif précédé du déterminant défini ***(le, la)***, d'un déterminant possessif ***(mon, ma, ton, ta, son, sa)***, d'un déterminant démonstratif ***(ce, cette)*** et s'il est suivi d'un complément au pluriel, le verbe se met généralement au singulier. *La moitié des accidents est attribuable à la négligence.*
VOIR TABLEAU – COLLECTIF.
2. Milieu. *J'en suis à la moitié de la distance à parcourir. La moitié de la vie.*
LOCUTIONS
– ***À moitié,*** loc. adv. À demi, en partie. *Le pichet est à moitié vide* ou *à moitié plein. Un vélo à moitié démoli.*
– ***À moitié chemin,*** loc. adv. Au milieu de l'espace à parcourir.
– ***À moitié prix,*** loc. adv. Pour la moitié du prix.
– ***Moitié-moitié, moitié... moitié.*** (FAM.) En deux parts égales. *Partageons moitié-moitié, d'accord ? Des galettes moitié sarrasin moitié farine.*

MOKA n. m.
1. Variété de café. *Du moka noir mouture filtre.*
2. Gâteau aromatisé au café ou au chocolat. *Les mokas chauds avec de la crème glacée du Laurier : un classique.*

MOL
VOIR – MOU.

MOLAIRE n. f.
Dent dont la fonction est de broyer. *Une molaire saine.*
molaire.

MÔLE n. m.
Ouvrage en maçonnerie destiné à protéger l'entrée d'un port. SYN. jetée.
môle.

MOLÉCULAIRE adj.
Relatif à la molécule. *Masse moléculaire. Génétique moléculaire.*
LOCUTION
– ***Fabrication moléculaire.*** Ensemble des techniques de conception et de fabrication de structures extrêmement petites qui sont mesurables en nanomètres. SYN. nanotechnologie ; technologie moléculaire.

MOLÉCULE n. f.
La plus petite portion d'un corps qui puisse exister à l'état libre. *La molécule est un groupement d'atomes.*
Attention au genre féminin de ce nom : ***une*** molécule.
molécule.

MOLESTER v. tr.
Brutaliser, maltraiter. *Le voleur a molesté le gardien.*
CONJUGAISON : VOIR MODÈLE AIMER.

MOLETER v. tr.
Le ***e*** de la deuxième syllabe se prononce ou non, [mɔləte, mɔlte].
Travailler à l'aide d'une molette.

CONJUGAISON : VOIR MODÈLE APPELER.
Redoublement du ***t*** devant un ***e*** muet. *Je molette, je moletterai,* mais *je moletais.*
[Les *Rectifications* (1990) admettent : il molète, molètera, molèterait...]

MOLETTE n. f.
Roulette dentée. *Une clé à molette.*
Ne pas confondre avec l'adjectif féminin ***mollette***, qui est un peu mou.
molette.

MOLLASSON, ONNE adj. et n. m. et f.
(FAM.) Apathique.

MOLLEMENT adv.
Le ***e*** de la deuxième syllabe ne se prononce pas, [mɔlmɑ̃].
Sans énergie, avec mollesse. *Marcher mollement.* SYN. nonchalamment ; paresseusement.

MOLLESSE n. f.
Indolence. *La mollesse de ces pachas est légendaire.* SYN. apathie ; paresse ; somnolence. ANT. énergie ; fermeté.

MOLLET n. m.
Partie postérieure de la jambe, entre le jarret et la cheville. *Des mollets bien musclés.*
Ne pas confondre avec le nom ***jarret***, partie de la jambe située derrière l'articulation du genou, chez l'homme.

MOLLET, ETTE adj.
Un peu mou. *Un œuf mollet.*
Ne pas confondre l'adjectif féminin avec le nom ***molette***, roulette dentée.

MOLLETIÈRE adj. f. et n. f.
Le ***e*** de la deuxième syllabe ne se prononce pas, [mɔltjɛr].
ADJECTIF FÉMININ
Qui couvre le mollet. *Des bandes molletières.*
NOM FÉMININ
Guêtre, jambière qui s'arrête en haut du mollet.

MOLLETON n. m.
Le ***e*** de la deuxième syllabe ne se prononce pas, [mɔltɔ̃].
Étoffe moelleuse et chaude. *Une robe de chambre en molleton.*

MOLLETONNÉ, ÉE adj.
Le ***e*** de la deuxième syllabe ne se prononce pas, [mɔltɔne].
Doublé de molleton. *Une veste molletonnée.*

MOLLETONNER v. tr.
Le ***e*** de la deuxième syllabe ne se prononce pas, [mɔltɔne].
Mettre une doublure de molleton à. *Molletonner des pantoufles.*
CONJUGAISON : VOIR MODÈLE AIMER.

MOLLIR v. intr.
1. Devenir mou. *La glace commence à mollir.* SYN. se ramollir.
2. (FIG.) Faiblir, perdre de sa vigueur. *Sa volonté n'a jamais molli.* SYN. flancher.
CONJUGAISON : VOIR MODÈLE FINIR.

MOLLO adv.
(FAM.) Doucement. *Allez-y mollo, les amis, faites un peu moins de bruit.*

MOLLUSQUE n. m.
Animal invertébré vivant le plus souvent dans une coquille protectrice.

MOLOSSE n. m.
(LITT.) Gros chien de garde. *Ces molosses qui montrent les dents sont inquiétants.*

MÔME adj. et n. m. et f.
1. (FAM.) Enfant. *Les mômes jouent au parc.*
2. (FAM.) Jeune femme. *C'est une jolie môme.*

MOMENT n. m.
1. Instant bref. *Un moment, j'arrive !*
2. Temps. *Le moment présent. Voici le moment de partir.*
LOCUTIONS
– ***À tous moments,*** loc. adv. Toujours, continuellement, sans cesse. *Il parle de toi à tous moments.*
– ***À tout moment,*** loc. adv. À n'importe quel moment. *Mes amis venaient me voir à tout moment du jour et de la nuit.*
– ***Au moment de,*** loc. prép. Sur le point de. *Au moment de dormir.*
– ***Au moment où,*** loc. conj. Alors que. *Au moment où l'on ne s'y attend pas.*
– ***C'est le moment ou jamais.*** C'est le temps d'agir.
– ***Dans un moment,*** loc. adv. Bientôt, dans peu de temps.
– ***Du moment que,*** loc. conj. Puisque. *Du moment que tu seras présent, je n'ai pas à te faire de compte rendu.*
La locution est suivie de l'indicatif.
– ***D'un moment à l'autre,*** loc. adv. Dans un instant. SYN. incessamment ; très prochainement.
– ***En ce moment,*** loc. adv. Actuellement, présentement.
– ***En un moment,*** loc. adv. Très rapidement.
– ***Jusqu'au moment où,*** loc. conj. Jusqu'à ce que. *Il la suivit des yeux jusqu'au moment où elle se perdit dans la foule.*
La locution est suivie de l'indicatif ou du conditionnel pour marquer une réalisation réelle ou possible.
– ***N'avoir pas un moment à soi.*** Être très occupé.
– ***Par moments,*** loc. adv. À l'occasion. *Par moments, il a le mal du pays.* SYN. à l'occasion ; de temps à autre.
Dans cette expression, le mot s'écrit généralement au pluriel.
– ***Sur le moment,*** loc. adv. Sur le coup, à l'instant même.
FORME FAUTIVE
*à ce moment. Impropriété pour ***en ce moment, actuellement.***

MOMENTANÉ, ÉE adj.
Qui ne dure qu'un moment. *Une fatigue momentanée.* SYN. passager.

MOMENTANÉMENT adv.
Pendant un moment. *Je regrette, M. Dubois est momentanément absent.*

***MOMENTUM**
Anglicisme pour ***impulsion, circonstances (favorables), lancée.*** *Il faut profiter des circonstances* (et non du *momentum).

MOMIE n. f.
Corps embaumé selon les procédés des anciens Égyptiens. *Les archéologues ont trouvé, en Égypte, des momies entourées de bandelettes dans des sarcophages.*

MOMIFICATION n. f.
Action de momifier.

MOMIFIER v. tr., pronom.
VERBE TRANSITIF
Transformer un corps en momie. *Les anciens Égyptiens momifiaient leurs morts.*
VERBE PRONOMINAL
Se fossiliser. *Ces insectes se sont momifiés.*
À la forme pronominale, le participe passé de ce verbe s'accorde toujours en genre et en nombre avec son sujet. *Ces petits animaux préhistoriques se sont momifiés.*
CONJUGAISON : VOIR MODÈLE ÉTUDIER.
Redoublement du ***i*** à la première et à la deuxième personne de l'indicatif imparfait et du subjonctif présent. *(Que) nous momifiions, (que) vous momifiiez.*

MON adj. poss. m. sing.
1. Déterminant possessif masculin de la première personne du singulier qui détermine le nom en indiquant le « possesseur » de l'objet désigné. Il s'accorde en genre et en nombre avec le nom déterminé. *Mon cahier.*

2. Le déterminant possessif s'accorde en personne avec le nom désignant le « possesseur ». Ainsi, le déterminant possessif ***mon*** renvoie à un seul « possesseur » d'un être, d'un objet de genre masculin. *Regarde mon vélo* (un seul possesseur) *et notre nouvelle tondeuse* (plusieurs possesseurs).
Devant un nom féminin qui commence par une voyelle ou un ***h*** muet, c'est aussi la forme masculine ***mon*** qui est employée pour rendre la liaison plus harmonieuse entre le déterminant possessif et le mot qui suit. *Mon amie, mon histoire.*
VOIR TABLEAU – POSSESSIF ET PRONOM POSSESSIF (DÉTERMINANT).

MONACAL, ALE, AUX adj.
Semblable à l'existence d'un moine. *Des rites monacaux, une cellule monacale.*

MONARCHIE n. f.
État gouverné par un monarque. *En France, la monarchie a été abolie en 1789.*

MONARCHIQUE adj.
Qui appartient à la monarchie. *Un régime monarchique.*

MONARCHISTE adj. et n. m. et f.
Partisan de la monarchie. *Plusieurs Lyonnais sont restés monarchistes.*

MONARQUE n. m.
Roi, souverain. *Ce monarque était aimé de ses sujets.*

MONASTÈRE n. m.
Couvent habité par des moines ou par des religieuses.
monast**è**re.

MONASTIQUE adj.
Propre aux moines. *Une vie monastique.*

MONCEAU n. m. (pl. *monceaux*)
Amoncellement. *Des monceaux de documents.* SYN. amas.

MONDAIN, AINE adj. et n. m. et f.
1. Relatif à la vie de la société brillante, élégante. *Un dîner mondain.*
2. Qui sort beaucoup. *Elle n'est pas très mondaine.*

MONDANITÉ n. f.
1. Goût des choses mondaines.
2. (AU PLUR.) Évènements de la vie mondaine. *Ne pas apprécier les mondanités.*

MONDE n. m.
1. Univers, ensemble des choses créées. *La fin du monde.*
2. La Terre. *Faire le tour du monde.*
T Dans les désignations géographiques, le mot s'écrit avec une majuscule ainsi que l'adjectif qui le précède. *Le Nouveau Monde.*
3. Société humaine. *Il y a beaucoup de monde ici.* SYN. gens.
4. Milieu. *Le monde du cirque, le monde de l'automobile.*
LOCUTIONS
– ***Au bout du monde.*** Très loin. *Ils habitent au bout du monde.*
– ***Avoir du monde.*** Recevoir, avoir des invités.
– ***Mettre au monde.*** Donner naissance à.
– ***Pas le moins du monde,*** loc. adv. Pas du tout.
– ***Pour rien au monde,*** loc. adv. À aucun prix.
– ***Pour tout l'or du monde.*** À aucun prix. *Je ne déménagerais pas pour tout l'or du monde.*
– ***Tout le monde.*** Tous. *Tout le monde est là.*
Cette locution à valeur collective se construit avec le verbe au singulier. *Tout le monde le sait.*
– ***Venir au monde.*** Naître. *Elle est venue au monde en 1976.*

MONDIAL, IALE, IAUX adj.
Qui concerne le monde entier. *Des évènements mondiaux. Une diffusion mondiale.*

MONDIALEMENT adv.
Dans le monde entier. *Le Cirque du Soleil est connu mondialement.* SYN. universellement.

MONDIALISATION n. f.
Le fait de devenir mondial, de toucher le monde entier. *La mondialisation* (et non la *globalisation) *de l'économie.*

MONDIALISER v. tr.
Rendre mondial. *Mondialiser une diffusion, l'étendre à la planète entière.*
CONJUGAISON : VOIR MODÈLE AIMER.

MONÉGASQUE adj. et n. m. et f.
De Monaco. *Un casino monégasque. Un Monégasque, une Monégasque.*
T L'adjectif s'écrit avec une minuscule ; le nom, avec une majuscule.

MONÉTAIRE adj.
Qui se rapporte aux monnaies. *L'unité monétaire du Canada est le dollar.*
LOCUTION
– ***Masse monétaire.*** (ÉCON.) Total des différentes formes de monnaie d'un pays à un moment déterminé.
FORME FAUTIVE
*monétaire. Anglicisme au sens de ***financier, salarial.*** *Les clauses salariales* (et non *monétaires) *de l'entente ont été acceptées.*

MONÉTIQUE n. f.
Ensemble des procédures et des dispositifs qui utilisent l'électronique et l'informatique pour le développement des transactions bancaires (GDT). *La monétique couvre l'ensemble des transferts de fonds par voie électronique (paiement électronique, transferts interbancaires, etc.) et s'appuie notamment sur l'utilisation de cartes bancaires diverses.*

MONGOL, OLE adj. et n. m. et f.
ADJECTIF ET NOM MASCULIN ET FÉMININ
De Mongolie. *Le drapeau mongol. Un Mongol, une Mongole.*
T L'adjectif s'écrit avec une minuscule ; le nom, avec une majuscule.
NOM MASCULIN
Langue parlée en Mongolie. *Elle parle le mongol.*
T Le nom de la langue s'écrit avec une minuscule.
Ne pas confondre avec le mot ***mongolien*** qui qualifie une personne atteinte de mongolisme (trisomie 21).

MONGOLIEN, IENNE adj. et n. m. et f.
Qui est atteint d'une maladie très grave à la naissance, le mongolisme (trisomie 21).
Ne pas confondre avec le mot ***mongol,*** de Mongolie.

MONGOLISME n. m.
Affection congénitale due à une anomalie chromosomique.
Dans la profession médicale, on préconise le remplacement du nom ***mongolisme*** par l'expression ***trisomie 21.***

MONITEUR n. m.
1. Appareil utilisé pour la surveillance des malades. *Un moniteur cardiaque.*
2. (INFORM.) Écran de visualisation. *Un moniteur couleur.*
3. (INFORM.) Programme du système d'exploitation destiné à assurer l'enchaînement des différentes parties d'un travail.

MONITEUR n. m.
MONITRICE n. f.
Personne chargée d'enseigner certains sports. *Un moniteur* (et non un *instructeur) *de ski, une monitrice de voile.*

MONITORAGE n. m.
Surveillance médicale à l'aide d'un moniteur. *Le monitorage* (et non le *monitoring) *d'un cardiaque.*

MONNAIE n. f.
1. Pièce de métal servant d'instrument de règlement des échanges. *Avez-vous de la monnaie* (et non du *change)*? Le cours d'une monnaie.*
VOIR TABLEAU – SYMBOLES DES UNITÉS MONÉTAIRES.
2. Ensemble des moyens de règlement.

M

LOCUTIONS
– ***Fausse monnaie.*** Contrefaçon de la monnaie légale.
– ***Monnaie courante.*** Chose fréquente. *Dans cette ville, les agressions sont monnaie courante.*
Cette expression demeure invariable.
– ***Monnaie d'appoint.*** Monnaie complétant une somme.
– ***Monnaie électronique.*** Flux de données électroniques qui remplacent les chèques et les virements. *La monnaie électronique devient un moyen de paiement très courant.*
– ***Payer quelqu'un en monnaie de singe.*** Payer quelqu'un par de belles paroles, de fausses promesses.
– ***Petite monnaie.*** Pièces métalliques.
– ***Rendre à quelqu'un la monnaie de sa pièce.*** (FIG.) Se venger.
– ***Servir de monnaie d'échange.*** (FIG.) Dans une négociation, servir d'instrument de règlement.

MONNAIE-DU-PAPE n. f. (pl. *monnaies-du-pape*)
Plante décorative qui se conserve bien.

MONNAYABLE adj.
Qui peut se monnayer. *Une formation monnayable. Un silence monnayable.* SYN. négociable; vendable.
monnayable.

MONNAYER v. tr.
1. Convertir en argent.
2. (FIG.) Tirer un revenu de quelque chose. *Monnayer sa compétence.*
CONJUGAISON : VOIR MODÈLE PAYER.
Le ***y*** peut être changé en ***i*** devant un ***e*** muet. *Il monnaie, il monnaiera.*
monnayer.

MONNAYEUR n. m.
1. Personne qui travaille à la fabrication de la monnaie.
2. Appareil qui fait la monnaie.
LOCUTION
– ***Faux-monnayeur.*** Personne qui fabrique de la fausse monnaie. *Des faux-monnayeurs habiles.*
Cette locution s'écrit généralement avec un trait d'union et n'a pas de forme féminine.
monnayeur.

MONO- préf.
Élément du grec signifiant « unique ».
Les mots composés avec le préfixe ***mono-*** s'écrivent en un seul mot. *Monologue, monoparental.*

MONOBLOC adj. inv. et n. m.
ADJECTIF INVARIABLE
D'une seule pièce. *Des carrosseries monobloc.*
NOM MASCULIN
Groupe de cylindres d'un moteur d'explosion. *Concevoir des monoblocs.*
L'adjectif est invariable, mais le nom prend la marque du pluriel.

MONOCHROME adj.
Qui est d'une seule couleur. *Un tableau monochrome.* ANT. polychrome.
monochrome.

MONOCHROMIE n. f.
Caractère de ce qui est monochrome. ANT. polychromie.
monochromie.

MONOCLE n. m.
Lorgnon à un seul verre qui s'insère dans l'arcade sourcilière. *Ce monsieur portait un monocle.*

MONOCOQUE adj.
Se dit d'un bateau à une seule coque, d'un véhicule sans châssis. *Une voiture monocoque.*
monocoque.

MONOCORDE adj.
1. Qui est sur une seule note.
2. (FIG.) Monotone. *Une voix monocorde.*

MONOGAME adj.
Qui n'a qu'un seul mari ou une seule femme. ANT. polygame.
Ne pas confondre avec le nom ***monogramme,*** lettres entrelacées.
monogame.

MONOGAMIE n. f.
Régime selon lequel l'homme ne peut épouser qu'une seule femme (par opposition à ***polygynie***), et la femme qu'un seul homme (par opposition à ***polyandrie***). ANT. polygamie.
monogamie.

MONOGRAMME n. m.
1. Lettres entrelacées en un seul caractère. *Un monogramme brodé sur les serviettes et les draps.* SYN. paraphe.
2. Signature abrégée.
Ne pas confondre avec le nom ***monogame,*** qui n'a qu'un seul mari ou une seule femme.
monogramme.

MONOGRAPHIE n. f.
Étude détaillée d'un sujet déterminé. *Rédiger la monographie d'un personnage de Kafka.*

MONOGRAPHIQUE adj.
Qui a le caractère d'une monographie.

MONOKINI n. m.
Maillot de bain féminin qui se limite à un slip. *Des monokinis.*

MONOLINGUE adj.
1. Qui ne parle qu'une langue. *Des élèves monolingues.* SYN. unilingue.
2. Écrit en une seule langue. *Une terminologie monolingue.* SYN. unilingue. ANT. bilingue; multilingue.

MONOLITHE adj. et n. m.
ADJECTIF
Fait d'une seule pierre. *Des colonnes monolithes.* SYN. monolithique.
NOM MASCULIN
Monument constitué d'une pierre. *Les menhirs sont des monolithes.*
Attention au genre masculin de ce nom : ***un*** monolithe.
monolithe.

MONOLITHIQUE adj.
1. Fait d'une seule pierre. SYN. monolithe.
2. (FIG.) Qui forme un tout homogène. *Ces personnes composent un clan monolithique.*
monolithique.

MONOLOGUE n. m.
Scène où un personnage seul se parle à lui-même. *Cet humoriste a conçu des monologues très drôles.* ANT. dialogue.

MONOLOGUER v. intr.
Parler seul. *Il monologuait avec tristesse.* ANT. dialoguer.
CONJUGAISON : VOIR MODÈLE AIMER.

MONOMOTEUR, TRICE adj. et n. m.
ADJECTIF
Qui n'a qu'un seul moteur. *Un avion monomoteur.*
NOM MASCULIN
Avion à un seul moteur. *Un monomoteur survolait le lac.*

MONONUCLÉOSE n. f.
Maladie virale caractérisée par une fatigue extrême et prolongée.

MONOPARENTAL, ALE, AUX adj.
Où il n'y a qu'un seul des deux parents, généralement la mère. *Une famille monoparentale.*
L'adjectif ***monoparental*** signifie « où il n'y a qu'un seul des deux parents ». Une personne ne peut être monoparentale; une famille ou un ménage peuvent l'être. On pourra aussi employer l'adjectif ***seul,*** le terme ***chef de famille.*** *Une mère chef de famille, un père seul.*

MONOPLACE adj. et n. m. et f.
Se dit d'un véhicule qui n'a qu'une place. *Un avion monoplace. Des voitures monoplaces. Une monoplace rapide.*

MONOPOLE n. m.
Secteur économique où il n'y a qu'un seul vendeur. *Au Québec, la vente de l'électricité est le monopole d'Hydro-Québec.*
Ne pas confondre avec les noms suivants :
• ***cartel,*** entente entre des entreprises en vue d'une action commune visant à limiter ou à supprimer la concurrence;
• ***oligopole,*** situation économique où quelques vendeurs se partagent la production pour l'offrir à une multitude d'acheteurs.

MONOPOLISER v. tr.
1. Exploiter par monopole.
2. (FIG.) Accaparer. *Il monopolise tout le personnel avec ses travaux.*
CONJUGAISON : VOIR MODÈLE AIMER.

MONORAIL n. m.
Se dit d'un chemin de fer à un seul rail. *Des monorails ultra-rapides.*

MONOSYLLABE n. m.
Mot d'une seule syllabe. *Répondre par monosyllabes, par exemple : Bien. Oui! Non?*

MONOSYLLABIQUE adj.
Composé d'une seule syllabe. *Les onomatopées sont souvent des mots monosyllabiques.*

MONOTONE adj.
1. Qui est toujours sur le même ton. *Une voix monotone.* SYN. monocorde.
2. Trop uniforme. *Ce paysage plat est monotone.*

MONOTONIE n. f.
Uniformité ennuyeuse. *La monotonie de ce paysage est lassante. Un concert d'une grande monotonie.*

MONOZYGOTE adj.
(MÉD.) Se dit de jumeaux issus de la fécondation d'un seul ovule par un seul spermatozoïde. SYN. vrais jumeaux.

MONSEIGNEUR n. m. (pl. *messeigneurs*)
Abréviations Mgr, M^{grs} (s'écrivent sans points).
Titre de civilité donné aux princes, aux prélats.
T La forme plurielle ***nosseigneurs*** (abréviation ***NN. SS.***) est rare.

MONSIEUR n. m. (pl. *messieurs*)
Au singulier, la première syllabe se prononce ***me,*** la seconde rime avec ***cieux;*** au pluriel, la première syllabe se prononce ***mé,*** la seconde rime aussi avec ***cieux,*** [məsjø, mesjø].
Abréviations ***M., MM.*** (s'écrivent avec des points).
Titre donné aux hommes. *Mesdames et messieurs.*
T 1° Le titre de civilité s'écrit avec une majuscule et ne s'abrège pas dans les formules d'appel et de salutation, dans les suscriptions. *Monsieur Jacques Valbois.*
2° Le titre s'abrège généralement lorsqu'il est suivi du patronyme ou d'un autre titre et qu'on ne s'adresse pas directement à la personne. *M. Roberge est absent, M. le juge est là.*
3° Le titre ne s'abrège généralement pas lorsqu'on s'adresse à la personne; il s'écrit avec une minuscule. *Vous êtes bien monsieur Alain Dubois?*
4° Le titre s'écrit avec une minuscule et ne s'abrège pas lorsqu'il est employé seul, sans être accompagné d'un nom propre, d'un titre ou d'une fonction et dans certaines constructions de déférence. *Oui, monsieur, madame est sortie. Je ne crois pas avoir déjà rencontré monsieur.*
5° Le titre s'écrit en toutes lettres avec une minuscule lorsqu'il est employé comme nom commun. *Un gentil monsieur.*

MONSTRE adj. et n. m.
NOM MASCULIN
1. Être légendaire terrifiant. *Y a-t-il un monstre dans le lac Memphrémagog?*
2. Personne inhumaine. *Cette meurtrière est un monstre.*
Ce nom n'a pas de forme féminine.
ADJECTIF
(FAM.) Gigantesque. *On avait organisé des réunions monstres.* SYN. colossal; énorme.
Pris adjectivement, le nom prend la marque du pluriel.

MONSTRUEUSEMENT adv.
D'une manière monstrueuse. *Une personne monstrueusement grande.* SYN. extrêmement.

MONSTRUEUX, EUSE adj.
1. Qui est propre à un monstre. *Une bête monstrueuse.*
2. Horrible. *Ces actes sont monstrueux.* SYN. affreux; effroyable; épouvantable.
monstrueux.

MONSTRUOSITÉ n. f.
Chose monstrueuse. *La monstruosité d'un meurtre.*

MONT n. m.
Importante élévation se détachant du relief environnant (Recomm. off.). *Le mont Tremblant. Le mont Blanc, le mont Everest.*
T Le terme générique (***lac, rivière, mont, mer, océan,*** etc.) d'un nom géographique s'écrit avec une minuscule, tandis que le nom, l'adjectif qui en constitue l'élément spécifique prend la majuscule.
Ne pas confondre avec les noms suivants :
• ***butte,*** petite colline;
• ***colline,*** relief d'élévation modérée aux versants généralement en pente douce;
• ***massif,*** ensemble montagneux non orienté qui se dégage du relief environnant;
• ***montagne,*** relief élevé aux versants raides, occupant une grande superficie et appartenant à un système;
• ***monticule,*** petite élévation du sol;
• ***pic,*** sommet rocheux aux flancs escarpés.
VOIR TABLEAU – GÉOGRAPHIQUES (NOMS).

MONTAGE n. m.
1. Action d'agencer des éléments, d'assembler les pièces d'un dispositif, les images d'un film. *Une chaîne de montage. Le montage d'un reportage.*
2. Organisation. *Le montage financier d'une nouvelle entreprise.*
LOCUTION
– ***Chaîne de montage.*** Ensemble de machines, d'équipements, de moyens de manutention directement reliés les uns aux autres, et permettant de réaliser des séquences de production. *Une chaîne* (et non *ligne) *de montage efficace.*

MONTAGNAIS, AISE adj. et n. m. et f.
Se dit des Amérindiens d'une nation autochtone du Québec. *La culture montagnaise, des projets montagnais. Un Montagnais, une Montagnaise.*
T L'adjectif s'écrit avec une minuscule; le nom, avec une majuscule.

MONTAGNARD, ARDE adj. et n. m. et f.
ADJECTIF
Relatif à la montagne. *Un refuge montagnard.*
NOM MASCULIN ET FÉMININ
Personne qui habite la montagne. *Ces montagnards vivent en ermites.*

MONTAGNE n. f.
1. Relief élevé aux versants raides, occupant une grande superficie et appartenant à un système (Recomm. off.). *Les Laurentides sont une chaîne de montagnes. Les montagnes Rocheuses, les montagnes Vertes.*

T Dans les désignations géographiques, le nom ***montagne*** est un générique qui s'écrit avec une minuscule, tout comme les mots ***baie, île, mer, océan,*** etc.
VOIR TABLEAU – GÉOGRAPHIQUES (NOMS).
2. (FIG.) Difficulté insurmontable. *Déménager, c'est une montagne pour maman.*
LOCUTIONS
– ***Montagnes russes.*** Suite de montées et de descentes sur lesquelles un traîneau monté sur des rails glisse à vive allure. *Il y a d'énormes montagnes russes à La Ronde.*
Cette expression est toujours au pluriel.
– ***Se faire une montagne de quelque chose.*** (FIG.) Exagérer la difficulté de quelque chose. *Ne te fais pas une montagne de cette soirée.*
– ***Soulever les montagnes.*** (FIG.) Vaincre tous les obstacles. *La foi soulève les montagnes.*

MONTAGNEUX, EUSE adj.
Couvert de montagnes. *Une région montagneuse.*

MONTAISON n. f.
Déplacement des saumons qui vont en eau douce vers les frayères pour déposer leurs œufs.

MONTANT n. m.
Chiffre auquel s'élève un compte, un paiement. *Le montant d'un compte.*
Ne pas confondre avec le nom ***somme,*** résultat d'une addition, quantité déterminée d'argent.
On écrira : *un chèque de* (et non *au montant de) *50 $.*

MONTANT, ANTE adj.
Qui monte. *La marée montante.*
LOCUTION
– ***Garde montante.*** Relève. *La garde montante est bien formée.*

MONT-DE-PIÉTÉ n. m. (pl. *monts-de-piété*)
Établissement de crédit.

MONTÉ, ÉE adj.
Qui dispose d'une monture, d'un cheval.
LOCUTIONS
– ***Collet monté.*** Se dit d'une personne à cheval sur les principes, rigide.
– ***Coup monté.*** Complot. *Cette fuite dans les journaux est un coup monté.*
– ***Être monté*** (à propos de quelque chose, contre quelqu'un). Être en colère. SYN. irrité.

MONTE-CHARGE n. m. (pl. *monte-charges*)
Appareil de levage. *Des monte-charges puissants.*
Ce nom était invariable; il prend maintenant la marque du pluriel selon la plupart des auteurs.

MONTÉE n. f.
1. Action de monter sur un lieu élevé. SYN. ascension; escalade.
2. Pente considérée de bas en haut. *Une montée rude.*
3. Voie en pente plus ou moins forte, conduisant à un lieu déterminé (Recomm. off.). *La montée Saint-Michel.*
4. Fait de monter. *La montée des taux d'intérêt. Une montée de lait.*

MONTE-PENTE n. m. (pl. *monte-pentes*)
Dispositif servant à transporter les skieurs au sommet d'une pente. SYN. remonte-pente.

MONTE-PLATS ou **MONTE-PLAT** n. m. (pl. *monte-plats*)
Petit monte-charge pour les plats.

MONTER v. tr., intr., pronom.
VERBE TRANSITIF
Parcourir de bas en haut. *Elle a monté l'escalier.* SYN. grimper.
À la forme transitive, le verbe se conjugue avec l'auxiliaire ***avoir.***
Attention au pléonasme *monter en haut.
VERBE INTRANSITIF
1. Passer à un lieu plus haut que celui où l'on est. *Le chat est monté dans l'arbre.*
À la forme intransitive, le verbe se conjugue généralement avec l'auxiliaire ***être,*** sauf quand il exprime une augmentation de niveau ou de prix.
2. Se placer (dans un véhicule, un avion). *Je l'ai vu qui montait* (et non *embarquait) *dans la voiture. Il est monté dans l'avion avant-hier.*
3. S'élever. *Le chemin montait tout doucement.*
4. Atteindre un niveau, un prix plus élevé. *Les prix ont monté. Le lac a monté.*
En ce sens, le verbe se conjugue avec l'auxiliaire ***avoir.***
VERBE PRONOMINAL
1. Être gravi. *Cet escalier étroit se monte difficilement.*
2. (FAM.) Se mettre en colère. *Elle s'est montée contre sa collègue.*
3. S'élever, atteindre. *Le total se montait à 300 $.*
À la forme pronominale, le participe passé de ce verbe s'accorde toujours en genre et en nombre avec son sujet. *Ils s'étaient montés contre lui. La facture s'est montée à plus de 100 $.*
LOCUTION
– ***Se monter la tête.*** Se faire des idées.
CONJUGAISON : VOIR MODÈLE AIMER.

MONTEUR n. m.
MONTEUSE n. f.
Personne qui effectue des opérations de montage.

MONTGOLFIÈRE n. f.
(ANCIENN.) Ballon dont la force ascensionnelle est fournie par de l'air chaud. *Tous les ans a lieu le Festival des montgolfières de Saint-Jean-sur-Richelieu.*
Ne pas confondre avec le nom ***ballon,*** dirigeable.
montgolfière.

MONTICULE n. m.
Petite élévation du sol (Recomm. off.).
Ne pas confondre avec les noms suivants :
- ***butte,*** petite colline;
- ***colline,*** relief d'élévation modérée aux versants généralement en pente douce;
- ***massif,*** ensemble montagneux non orienté qui se dégage du relief environnant;
- ***mont,*** importante élévation se détachant du relief environnant;
- ***montagne,*** relief élevé aux versants raides, occupant une grande superficie et appartenant à un système;
- ***pic,*** sommet rocheux aux flancs escarpés.

MONTRE n. f.
1. Petit instrument portatif qui indique l'heure. *Une montre automatique.*
La montre dotée d'un affichage à aiguilles est une ***montre analogique***; celle qui est dotée d'un affichage à cristaux liquides par chiffres et lettres est une ***montre numérique*** (et non *digitale).
2. (VX) Étalage, vitrine. *Avoir des articles en montre.*
LOCUTIONS
– ***Être en montre.*** En parlant d'un article, d'une marchandise, être exposé pour la vente. *Tous nos modèles de cafetières sont en montre au 1er étage.*
– ***Faire montre de.*** Faire preuve de. *Elle a fait montre de beaucoup de jugement.* SYN. démontrer.
– ***Faire montre de.*** Montrer en insistant. *Ils ont fait montre de leurs nouvelles richesses.* SYN. faire étalage de; étaler; exhiber.
En ce sens, la locution a un sens défavorable.
FORME FAUTIVE
*salle de montre. Archaïsme pour ***salle d'exposition.***

MONTRÉALAIS, AISE adj. et n. m. et f.
ADJECTIF
De Montréal. *Le métro montréalais.*
NOM MASCULIN ET FÉMININ
Habitant de Montréal. *Les Montréalaises et les Montréalais.*
T L'adjectif s'écrit avec une minuscule ; le nom, avec une majuscule.

MONTRER v. tr., pronom.
VERBE TRANSITIF
1. Faire voir. *Montrez-moi vos skis.*
2. Faire connaître. *Elle ne voulait pas lui montrer sa déception.* SYN. manifester.
3. Enseigner. *Il lui montre comment programmer.*
VERBE PRONOMINAL
Se révéler. *Elle s'est montrée à la hauteur de la tâche.*
À la forme pronominale, le participe passé de ce verbe s'accorde en genre et en nombre avec le complément direct si celui-ci le précède. *Les données qu'ils se sont montrées. Ils se sont montrés surpris par ce revirement.* Le participe passé reste invariable si le complément direct suit le verbe. *Ils se sont montré les plans de leurs futurs bureaux.*
CONJUGAISON : VOIR MODÈLE AIMER.

MONTURE n. f.
1. Bête sur laquelle on monte. *Ménager sa monture.*
2. Partie d'un objet qui sert à fixer. *Les montures d'une paire de lunettes.*

MONUMENT n. m.
1. Ouvrage d'architecture ou de sculpture destiné à conserver le souvenir de quelqu'un ou de quelque chose. *Un monument égyptien.*
2. Édifice imposant par ses dimensions, son ancienneté. *Un monument historique.*
T 1° **Noms de monuments – emploi de la minuscule**
Les noms génériques de monuments (***abbaye, basilique, cathédrale, chapelle, château, église, fontaine, oratoire, palais, pont, porte, statue, temple, théâtre, tour,*** etc.) s'écrivent avec une minuscule :
– Lorsqu'ils sont individualisés par un nom propre. *La basilique Notre-Dame, l'abbaye de Port-Royal, l'oratoire Saint-Joseph, la tour Eiffel, la tour de Londres, le château de Chambord, la porte Saint-Jean.*
– Lorsqu'ils sont individualisés par un nom commun ayant fonction de nom propre. *La cour des Lions, la statue de la Liberté, la tour de l'Horloge.*
2° **Noms de monuments – emploi de la majuscule**
Lorsqu'un nom sert à désigner un monument entre tous les autres, il devient nom propre et s'écrit avec une majuscule ; il en est ainsi pour l'adjectif qui le précède. *L'Arc de Triomphe, le Grand Palais, l'Acropole, le Colisée, le Forum.*

MONUMENTAL, ALE, AUX adj.
1. Imposant. *Des immeubles monumentaux.*
2. Énorme, important. *Une erreur monumentale. Une œuvre monumentale.*

***MOP**
Anglicisme pour ***vadrouille, balai à franges.***
Au Québec, on emploie surtout le nom ***vadrouille.***

MOQUER v. tr., pronom.
VERBE TRANSITIF
(LITT.) Tourner en dérision, railler (quelqu'un ou quelque chose). « *Elle était seule, [...] moquée des petits garçons en guenilles* » (Victor Hugo, *Notre-Dame de Paris,* cité dans le TLF).
VERBE PRONOMINAL
1. Tourner en dérision. *Tu t'es moqué de lui.* SYN. railler ; ridiculiser.
2. Dédaigner. *Elles se sont moquées des honneurs.* SYN. se désintéresser ; mépriser.
À la forme pronominale, le verbe se construit avec la préposition ***de.***
À la forme pronominale, le participe passé de ce verbe s'accorde toujours en genre et en nombre avec son sujet. *Les élèves se sont moqués d'elle.*
LOCUTION
– ***S'en moquer comme de l'an quarante.*** Ne faire aucun cas de.
D'après certains auteurs, cette expression tire son origine de l'an 1840, qui devait marquer la fin du monde, selon une croyance populaire ; d'autres sources donnent comme origine une déformation ancienne des mots ***Al Khoran*** (le Coran).
CONJUGAISON : VOIR MODÈLE AIMER.

MOQUERIE n. f.
Action de tourner quelque chose, quelqu'un en ridicule. *Vos moqueries le laissent indifférent.* SYN. ironie ; raillerie ; sarcasme.

MOQUETTE n. f.
Tapis qui recouvre complètement le sol d'une pièce. *Poser une moquette* (et non un *tapis mur à mur).

MOQUEUR, EUSE adj. et n. m. et f.
Qui est ironique, blagueur. *Un ton moqueur.* SYN. narquois ; pince-sans-rire.

MORAL, ALE, AUX adj. et n. m.
ADJECTIF
1. Qui est conforme à la morale. *Des principes moraux.* SYN. correct ; honnête.
2. Relatif à l'esprit. *Une certitude morale.*
NOM MASCULIN
Disposition d'esprit d'une personne, d'un groupe. *Avoir un excellent moral. Son moral est à zéro.*
En ce sens, la forme du pluriel est ***morals.***
HOM. ***morale,*** ensemble de règles de conduite.

MORALE n. f.
1. Ensemble de règles de conduite pour faire le bien et éviter le mal.
2. Leçon. *Ne me fais pas la morale. La morale de cette histoire est claire.*
HOM. ***moral,*** disposition d'esprit d'une personne, d'un groupe.

MORALEMENT adv.
Le ***e*** de la troisième syllabe ne se prononce pas [mɔralmɑ̃].
1. Conformément aux règles de la morale.
2. Sur le plan spirituel.

MORALISATEUR, TRICE adj.
(PÉJ.) Qui fait la morale. *Des films moralisateurs.*

MORALISER v. tr.
Prêcher la morale.
CONJUGAISON : VOIR MODÈLE AIMER.

MORALITÉ n. f.
1. Valeur morale.
2. Conduite d'une personne. *Il est de moralité douteuse.*
3. (VIEILLI) Conclusion que l'on peut tirer d'un enseignement. *Moralité :* Tout vient à point à qui sait attendre (Proverbe). SYN. morale.

MORATOIRE n. m.
(DR.) Décision légale qui suspend provisoirement les effets de certaines obligations légales.

MORBIDE adj.
Malsain. *Une curiosité morbide.* SYN. anormal ; maladif.

MORBLEU ! interj.
Ancien juron marquant la surprise, le dépit, la colère, etc. *Morbleu ! ils ont raté leur sortie !*
T L'interjection est toujours suivie d'un point d'exclamation qui est souvent repris à la fin de la phrase. Si la phrase exclamative n'est pas complète, le mot qui suit le point d'exclamation s'écrit avec une minuscule initiale.

M

MORCEAU n. m. (pl. *morceaux*)
Fragment. *Des morceaux de bois. Un morceau de tarte ?* SYN. bout ; parcelle ; partie.
LOCUTION
– ***Mettre en morceaux.*** Détruire.

MORCELER v. tr., pronom.
VERBE TRANSITIF
Diviser par morceaux. *Morceler un domaine.* SYN. fractionner ; partager.
VERBE PRONOMINAL
Se scinder en morceaux. *La plaque de glace s'est morcelée.* SYN. se diviser.
À la forme pronominale, le participe passé de ce verbe s'accorde toujours en genre et en nombre avec son sujet. *Au fil du temps, ces grands domaines agricoles se sont morcelés.*
CONJUGAISON : VOIR MODÈLE APPELER.
Redoublement du ***l*** devant un ***e*** muet. *Je morcelle, je morcellerai,* mais *je morcelais.*
[Les *Rectifications* (1990) admettent : il morcèle, morcèlera, morcèlerait...]

MORCELLEMENT n. m.
Le ***e*** de la troisième syllabe ne se prononce pas [mɔrsɛlmɑ̃].
Action de morceler. *Le morcellement d'une entreprise en plusieurs unités administratives.* SYN. division ; fractionnement ; partage.
[Les *Rectifications* (1990) admettent : morcèlement.]

MORDANT, ANTE adj. et n. m.
ADJECTIF
1. Qui mord, qui ressemble à une morsure. *Un froid mordant.*
2. (FIG.) Agressif. *Une réplique mordante.*
NOM MASCULIN
Vivacité. *Un texte qui a du mordant.* SYN. caractère ; piquant.

MORDICUS adv.
Le ***s*** se prononce, [mɔrdikys].
(FAM.) Sans démordre. *Il tient mordicus à son titre.* SYN. à tout prix.

MORDILLEMENT n. m.
Action de mordiller. *Le mordillement d'un crayon.*

MORDILLER v. tr.
Mordre légèrement à plusieurs reprises. *Le chien Filou lui mordille l'oreille pour lui témoigner son affection.*
CONJUGAISON : VOIR MODÈLE AIMER.
Les lettres ***ill*** sont suivies d'un ***i*** à la première et à la deuxième personne du pluriel de l'indicatif imparfait et du subjonctif présent. *(Que) nous mordillions, (que) vous mordilliez.*

MORDORÉ, ÉE adj.
D'un beau brun à reflets dorés. *Une chevelure avec des reflets mordorés.*
VOIR TABLEAU – COULEUR (ADJECTIFS DE).

MORDRE v. tr., intr., pronom.
VERBE TRANSITIF
Saisir, broyer avec les dents. *Le chien a mordu la petite.*
VERBE INTRANSITIF
Mordre dans. *Paulo a mordu dans une pomme.* SYN. croquer.
VERBE PRONOMINAL
1. Se blesser soi-même avec les dents. *Elle s'est mordu la langue en tombant.*
2. Se blesser mutuellement avec les dents. *Les petits se sont mordus.*
À la forme pronominale, le participe passé de ce verbe s'accorde en genre et en nombre avec le complément direct si celui-ci le précède. *Le poignet qu'elle s'est mordu. Les chiens se sont mordus.* Le participe passé reste invariable si le complément direct suit le verbe. *Elle s'est mordu la langue.*
LOCUTION
– ***Se mordre les doigts de quelque chose.*** (FAM.) (FIG.) Regretter. *Je me mords les doigts d'avoir oublié mon parapluie.*
CONJUGAISON : VOIR MODÈLE FENDRE.
INDICATIF PRÉSENT *Je mords, tu mords, il mord, nous mordons, vous mordez, ils mordent.* IMPARFAIT *Je mordais.* PASSÉ SIMPLE *Je mordis.* FUTUR *Je mordrai.* CONDITIONNEL PRÉSENT *Je mordrais.* IMPÉRATIF PRÉSENT *Mords, mordons, mordez.* SUBJONCTIF PRÉSENT *Que je morde.* IMPARFAIT *Que je mordisse.* PARTICIPE PRÉSENT *Mordant.* PASSÉ *Mordu, ue.*

MORDU, UE adj. et n. m. et f.
(FAM.) Qui raffole de. *Elle est mordue de théâtre. C'est un mordu d'alpinisme.* SYN. féru de ; fou de ; passionné.

MORFONDRE (SE) v. pronom.
Attendre longtemps en s'ennuyant. *Elle s'est morfondue pendant trois jours dans cet endroit perdu.* SYN. languir.
Le participe passé de ce verbe, qui n'existe qu'à la forme pronominale, s'accorde toujours en genre et en nombre avec son sujet. *Elles se sont morfondues trois heures à l'attendre.*
CONJUGAISON : VOIR MODÈLE FENDRE.

MORGUE n. f.
1. (LITT.) Arrogance, air hautain et méprisant. *« Vraiment ? » répondit-il avec morgue. « Reprendre son allure de reine offensée, retrouver sa morgue et sa hauteur »* (Anne Hébert, *Kamouraska*).
2. Lieu où l'on conserve momentanément des cadavres.

MORIBOND, ONDE adj. et n. m. et f.
Qui est sur le point de mourir. *Des moribonds.* SYN. agonisant ; mourant.

MORIGÉNER v. tr.
Réprimander. SYN. corriger ; sermonner.
CONJUGAISON : VOIR MODÈLE POSSÉDER.
Le ***é*** se change en ***è*** devant une syllabe contenant un ***e*** muet, sauf à l'indicatif futur et au conditionnel présent. *Je morigène,* mais *je morigénais.*
[Les *Rectifications* (1990) admettent : il morigènera, morigènerait...]

MORILLE n. f.
Le ***o*** est ouvert, [mɔrij].
Champignon comestible. *Une omelette aux morilles.*

MORMON, ONE adj. et n. m. et f.
Membre d'une secte religieuse d'origine américaine. *Les mormons ont fondé Salt Lake City.*
T L'adjectif ainsi que le nom s'écrivent avec une minuscule.
mormon, mormone.

MORNE adj.
1. Morose, maussade, en parlant d'une personne. *Un air morne.* SYN. taciturne.
2. Terne, sans éclat. *Un texte morne.*

MOROSE adj.
Triste, maussade. *Ces élèves sont moroses : elles manquent d'entrain.* SYN. abattu ; morne ; sombre ; taciturne.
morose.

MOROSITÉ n. f.
1. (LITT.) Caractère maussade, triste. *La morosité d'un ciel d'automne.*
2. Marasme. *La morosité de l'économie.* SYN. stagnation.
morosité.

-MORPHE, -MORPHIQUE, -MORPHISME suff.
Éléments du grec signifiant « forme ». *Anthropomorphe, anthropomorphique, anthropomorphisme.*

MORPHÈME n. m.
(LING.) Élément grammatical minimal d'un énoncé. *Le morphème grammatical -s marque habituellement le pluriel. Un morphème lexical.*
✏ morp**h**ème.

MORPHINE n. f.
Drogue puissante qui calme la douleur.
✏ morp**h**ine.

MORPHINOMANE adj. et n. m. et f.
Toxicomane qui s'adonne à l'usage de la morphine.
✏ morp**h**inomane.

MORPHO- préf.
Élément du grec signifiant « forme ». *Morphologie.*

MORPHOLOGIE n. f.
1. Étude des formes des êtres organisés.
2. Forme, configuration d'un organisme vivant.
3. (LING.) Étude des diverses formes des mots.
✏ morp**h**ologie.

MORPHOLOGIQUE adj.
Relatif à la morphologie. *Une étude morphologique animale.*
✏ morp**h**ologique.

MORPHOLOGIQUEMENT adv.
Du point de vue de la morphologie.
✏ morp**h**ologiquement.

MORS n. m.
👄 Le *s* ne se prononce pas, [mɔr] ; le mot rime avec **or**.
Pièce métallique placée dans la bouche du cheval pour le diriger.
LOCUTION
– ***Prendre le mors aux dents.*** Se dit d'un cheval qui s'emballe et, familièrement, de façon figurée, d'une personne qui s'emballe et se met en colère. SYN. s'emporter.
HOM.
• ***Maure,*** habitant du Sahara occidental ;
• ***mort,*** décès.
✏ mor**s**.

MORSE n. m.
1. Mammifère marin des régions arctiques dont le mâle se caractérise par des canines développées en défenses.
2. Code de signaux composés de points et de traits. *Un S.O.S. en morse.*

MORSURE n. f.
1. Action de mordre.
2. Meurtrissure causée par des dents. *La morsure de ce serpent est dangereuse.*

MORT, MORTE adj. et n. m. et f.
ADJECTIF
1. Qui a cessé de vivre. *Son chaton est mort.*
2. (FIG.) Qui est épuisé, anéanti. *Elle est morte d'angoisse.*
3. Sans activité, qui est au ralenti. *La saison morte. Un temps mort.*
NOM FÉMININ
Fin définitive de la vie. *Une mort douce en la compagnie des êtres chers.*
NOM MASCULIN ET FÉMININ
1. Personne décédée. *Cet accident a fait des morts.*
2. Dépouille mortelle. *Ensevelir un mort. Incinérer un mort.* SYN. cadavre.
LOCUTIONS
– ***À mort,*** loc. adv. De telle sorte qu'on en meurt. *Ils sont blessés à mort.* SYN. mortellement.
– ***À mort.*** (FIG.) (FAM.) À l'extrême. *Je l'aime à mort.* SYN. extrêmement.
– ***Angle mort.*** Zone de visibilité inaccessible au conducteur lorsqu'il regarde dans le rétroviseur. *Un angle mort* (et non *point aveugle).
– ***Arrêt de mort.*** Condamnation à mourir. SYN. condamnation à mort.
– ***Avoir la mort dans l'âme.*** Être désespéré.
– ***Faire le mort.*** (FIG.) Rester sourd à une demande, ne donner aucun signe de vie.
– ***Langue morte.*** Langue qui n'est plus parlée ni transmise. *Le latin est une langue morte.* ANT. langue vivante.
– ***Mettre à mort.*** Exécuter. *Les condamnés ont été mis à mort.*
– ***Nature morte.*** Tableau ayant pour sujet des objets inanimés (fleurs, fruits, etc.). *De jolies natures mortes.*
– ***Ne pas y aller de main morte.*** Attaquer avec vivacité.
– ***Point mort.*** Position des pièces d'un dispositif où les forces sont en équilibre ou n'agissent pas. *Mettez-vous au point mort* (et non *au neutre) *pour passer les vitesses.*
– ***Rester lettre morte.*** Ne pas avoir de suite. *Ces recommandations sont restées lettre morte.*
HOM.
• ***Maure,*** habitant du Sahara occidental ;
• ***mors,*** pièce métallique placée dans la bouche du cheval pour le diriger.

MORTADELLE n. f.
Saucisson d'origine italienne. *Un sandwich à la mortadelle.*

MORTAISE n. f.
Entaille pratiquée dans une pièce de bois ou de métal pour former un assemblage. *La mortaise reçoit le tenon de l'autre pièce à assembler.*
✏ morta**i**se.

MORTAISEUSE n. f.
Machine-outil servant à faire des mortaises.
✏ morta**i**seuse.

MORTALITÉ n. f.
Nombre des personnes mortes d'une même maladie. *La mortalité causée par le sida a augmenté beaucoup.*
LOCUTION
– ***Taux de mortalité.*** Nombre de décès survenus au sein d'une population pendant une période donnée.
FORME FAUTIVE
*mortalité. Impropriété au sens de ***décès.***

MORT-AUX-RATS n. f. inv. (pl. *mort-aux-rats*)
Poison destiné à la destruction des rongeurs.

MORTEL, ELLE adj. et n. m. et f.
ADJECTIF
1. Qui est sujet à la mort. *Les hommes sont mortels.*
2. Qui cause la mort. *Une maladie mortelle.* SYN. fatal.
NOM MASCULIN ET FÉMININ
(LITT.) Être humain. *Le commun des mortels.*

MORTELLEMENT adv.
1. D'une manière mortelle. *Il a été blessé mortellement.*
2. (FIG.) (FAM.) Énormément. *Elle s'ennuie mortellement.* SYN. extrêmement ; à mort.
✏ morte**ll**ement.

MORTE-SAISON n. f. (pl. *mortes-saisons*)
Époque de l'année pendant laquelle les affaires sont au ralenti.
✏ **morte-saison**, avec un trait d'union.

MORTIER n. m.
Ciment servant à lier les pierres, les briques d'une construction.

MORTIFÈRE adj.
Qui cause la mort. *Une maladie mortifère.*

MORTIFIANT, IANTE adj.
Qui mortifie, fait souffrir dans son orgueil.

MORTIFICATION n. f.
Humiliation, privation. *La mortification infligée par un refus.*

M

MORTIFIER v. tr., pronom.
VERBE TRANSITIF
Froisser, humilier, faire souffrir dans son orgueil.
VERBE PRONOMINAL
S'infliger des mortifications. *Cesse de te mortifier !*
À la forme pronominale, le participe passé de ce verbe s'accorde toujours en genre et en nombre avec son sujet. *Elles se sont mortifiées.*
CONJUGAISON : VOIR MODÈLE ÉTUDIER.
Redoublement du ***i*** à la première et à la deuxième personne du pluriel de l'indicatif imparfait et du subjonctif présent. *(Que) nous mortifiions, (que) vous mortifiiez.*

MORT-NÉ, MORT-NÉE adj. et n. m. et f. (pl. *mort-nés*)
Qui est mort en arrivant au monde. *Un enfant mort-né.*
Le premier élément du mot est invariable. *Des fillettes mort-nées.*

MORTUAIRE adj.
Relatif aux morts, aux services funèbres. *Un drap mortuaire.*
LOCUTION
– ***Salon mortuaire.*** Entreprise chargée des préparatifs et des formalités qui concernent un décès, notamment de l'exposition en chapelle ardente et de la direction du service funèbre. SYN. pompes funèbres; salon funéraire.

MORUE n. f.
Poisson des mers froides. *L'huile de foie de morue est riche en vitamines.*

MORUTIER, IÈRE adj. et n. m.
ADJECTIF
Relatif à la pêche à la morue. *L'industrie morutière.*
NOM MASCULIN
1. Pêcheur de morue.
2. Bateau équipé pour la pêche à la morue.

MOSAÏQUE n. f.
1. Assemblage de petites pièces qui forment un dessin, un motif. *Certaines mosaïques romaines sont très bien conservées.*
2. Assemblage réunissant les photographies des diplômés d'un établissement d'enseignement ayant terminé, la même année, un programme d'études secondaires, collégiales ou universitaires sanctionné par un même diplôme.
mosaïque.

MOSQUÉE n. f.
Temple consacré au culte musulman. *La magnifique et impressionnante mosquée de Casablanca.*
mosquée, attention au ***e*** muet final.

MOT n. m.
1. Groupe de lettres formant une ou plusieurs syllabes et exprimant une idée. *Le mot* oui *est un mot de trois lettres.*
2. Courte lettre. *J'ai reçu un mot de lui qui m'apprenait son départ.* SYN. billet.
LOCUTIONS
– ***À demi-mot,*** loc. adv. Par sous-entendus. *Je le lui ai dit à demi-mot.*
– ***À mots couverts,*** loc. adv. De façon peu explicite.
– ***Au bas mot,*** loc. adv. Au moins. *Ils sont 200 au bas mot.* SYN. au minimum.
– ***Avoir le dernier mot.*** L'emporter dans une discussion.
– ***Avoir son mot à dire.*** Avoir le droit de donner son avis. SYN. avoir voix au chapitre.
– ***Ce ne sont que des mots.*** Paroles vaines qui ne sont pas accompagnées d'une volonté d'agir.
– ***C'est mon dernier mot.*** Prix final consenti lors d'une négociation.
– ***En un mot,*** loc. adv. Bref. *En un mot, elle démissionne.*
– ***Famille de mots.*** Ensemble de mots formés à partir de la même racine. *Les mots* feuillée, feuillet, feuilleter, feuiller, effeuiller *constituent une partie de la famille de* feuille.
VOIR TABLEAU – FAMILLE DE MOTS.
– ***Grand mot.*** Terme savant.
– ***Gros mot.*** Terme vulgaire, parole blessante.
– ***Jeu de mots.*** Trait d'esprit fondé sur la ressemblance entre des mots. SYN. calembour.
– ***Jouer sur les mots.*** Manier les mots de façon ambiguë, avec mauvaise foi.
– ***Mot à mot,*** loc. adv. Par cœur. *Elisa a appris son texte mot à mot.*
Cette expression s'écrit sans traits d'union.
– ***Mot(-)clé.*** Mot servant au classement d'un document. *Les termes* dictionnaire *et* langue française *sont des mots(-)clés utilisés pour le catalogage du* Multi des jeunes.
– ***Mot de passe.*** Formule secrète par laquelle on peut se faire reconnaître.
– ***Mot pour mot, mot à mot,*** loc. adv. Textuellement. *Je te rapporte ses paroles mot pour mot.*
– ***Mots croisés.*** Jeu où l'on inscrit dans une grille horizontalement et verticalement des mots correspondant à des définitions.
L'amateur de mots croisés est un ***cruciverbiste.***
– ***Mot-valise.*** Mot composé d'éléments non signifiants empruntés à d'autres mots. *Le mot* didacticiel *est composé de* didacti- *et de* (logi)ciel. *Des mots-valises. Le néologisme* courriel *est un mot-valise formé à partir des mots* courri(er) *et* él(ectronique).
– ***Ne pas souffler mot, ne dire mot, sans mot dire.*** Garder le silence.
Dans ces expressions, le nom s'écrit sans article et au singulier. Avec la préposition ***sans,*** le nom précède le verbe. *Sans mot dire.*
– ***Prendre quelqu'un au mot.*** Accepter une chose à la première offre formulée en pensant qu'elle ne sera pas retenue.
– ***Qui ne dit mot consent*** (Proverbe). Le silence est synonyme d'accord.
– ***Se donner le mot.*** Se concerter. *Ses amis se sont donné le mot pour souligner son anniversaire.*
– ***Se payer de mots.*** Se contenter de belles paroles au lieu d'agir.
– ***Toucher un mot à quelqu'un.*** Expliquer brièvement quelque chose à quelqu'un.
– ***Le mot d'une énigme.*** (FIG.) La solution, l'explication d'une chose difficile à comprendre, à interpréter. SYN. le fin mot.
– ***Mot de passe.*** (INFORM.) Information unique et confidentielle destinée à permettre l'authentification d'une personne ou d'une entité. *Le mot de passe sert au contrôle de l'accès informatique.*
Le mot de passe peut être jumelé à un code confidentiel, à un numéro d'identification personnel (NIP), à une carte informatique, etc.
HOM. ***maux,*** pluriel de ***mal.***

MOTARD, ARDE n. m. et f.
(FAM.) Motocycliste. *Les motards ont envahi les routes.*
FORME FAUTIVE
*motard criminalisé. Impropriété pour ***motard hors la loi.***
motard.

MOTEL n. m.
Établissement hôtelier situé à proximité des routes. *« Je reste seul à marcher vers un motel qui m'attend pour la nuit »* (Pierre Nepveu, *Lignes aériennes*).

MOTET n. m.
Chant d'église. *Les religieuses alternaient les motets.*
motet.

MOTEUR, TRICE adj. et n. m.
NOM MASCULIN
1. Appareil servant à transformer une forme d'énergie en énergie mécanique. *Un moteur à explosion, à réaction.*
2. (FIG.) Cause, agent. *Il fut le moteur de cette réforme, de cette expansion.* SYN. initiateur; instigateur.

ADJECTIF
Qui donne le mouvement. *Des roues motrices.*
LOCUTION
– ***Moteur de recherche.*** Programme qui indexe le contenu de différentes ressources Internet, plus particulièrement de sites Web, et qui permet, à l'aide d'un navigateur Web, de rechercher de l'information selon différents paramètres, en se servant de mots-clés, ou par des requêtes en texte libre, et d'avoir accès à l'information ainsi trouvée (GDT). *Un moteur* (et non *engin) *de recherche très puissant.*

MOTIF n. m.
1. Raison. *Pour quel motif as-tu changé d'avis ? Des motifs de satisfaction.* SYN. cause.
2. Dessin qui se répète. *Une serviette à motifs brodés.*
LOCUTION
– ***Sans motif,*** loc. adv. Sans raison. *Il l'a attaqué sans motif.*

MOTION n. f.
Le premier **o** est fermé, [mosjɔ̃].
Proposition, dans le langage des assemblées délibérantes. *Déposer une motion. La motion a été rejetée.*
FORME FAUTIVE
*motion de non-confiance. Calque de «*motion of non confidence*» pour ***vote de censure, vote de blâme.***

MOTIVATION n. f.
Force qui pousse à agir. *Ariane ne manque pas de motivation pour ses études : elle est déterminée à réussir.*

MOTIVER v. tr.
1. Servir de motif à, justifier. *Les raisons qui ont motivé son choix.*
2. Inciter à l'action. *Il importe de motiver le personnel.* SYN. mobiliser.
CONJUGAISON : VOIR MODÈLE AIMER.

MOTO n. f.
Abréviation de ***motocyclette.***
Véhicule motorisé à deux roues. *Des courses de moto. Des motos rutilantes. Jacques aime faire de la moto. Il vient travailler à* (et non *en) *moto.*

MOTOCYCLETTE n. f.
S'abrège en ***moto.***
Véhicule motorisé à deux roues. *Une motocyclette très puissante.*
De façon courante, on emploie surtout l'abréviation ***moto.***

MOTOCYCLISTE n. m. et f.
Personne qui conduit une motocyclette. SYN. (FAM.) motard.

MOTOMARINE n. f.
Véhicule nautique personnel, à une ou deux places, dont la position de conduite s'apparente à celle de la moto et qui permet de se déplacer rapidement sur l'eau (GDT). *Faire l'acquisition d'une motomarine* (et non d'un *jet-ski).
Le terme ***motomarine*** est construit sur le modèle du québécisme courant ***motoneige.***

MOTONEIGE n. f.
Véhicule muni de skis et de chenilles destiné au transport sur la neige. *Des motoneiges* (et non des *skidoos) *très rapides.*
Le nom s'écrit en un seul mot et prend la marque du pluriel.

MOTONEIGISTE n. m. et f.
Personne qui conduit une motoneige ou qui pratique le sport de la motoneige.

MOTORISER v. tr.
1. Doter de véhicules à moteur.
2. (FAM.) Avoir un véhicule, une voiture à sa disposition. *Êtes-vous motorisé ?* SYN. véhiculer.
CONJUGAISON : VOIR MODÈLE AIMER.

MOTRICITÉ n. f.
Mode d'action du système nerveux sur les organes du corps qui assurent le mouvement.

MOTTE n. f.
Petit morceau de terre compacte. *Le jardinier aplanit les mottes avec son râteau.*

MOTUS ! interj.
Le **s** se prononce ; le mot rime avec ***cactus.***
Interjection servant à demander le silence, la discrétion. *Motus ! soyez discrets !*
L'interjection est toujours suivie d'un point d'exclamation qui est souvent repris à la fin de la phrase. Si la phrase exclamative n'est pas complète, le mot qui suit le point d'exclamation s'écrit avec une minuscule initiale.

MOU ou **MOL, MOLLE** adj. et n. m. et f.
ADJECTIF
1. Qui change de forme facilement, qui s'enfonce quand on le touche. *Des caramels mous, un matelas mou.* SYN. malléable ; souple.
2. (FIG.) Qui manque de volonté, d'énergie. *Ce garçon est trop mou : il n'arrive pas à agir.* SYN. faible ; lâche. ANT. décidé ; déterminé.
Devant une voyelle, l'adjectif masculin singulier s'écrit ***mol.*** *Un mol édredon. Des édredons mous.*
NOM MASCULIN ET FÉMININ
Personne sans volonté, peu énergique. *C'est un mou : il n'arrive pas à se décider.* SYN. faible.
LOCUTIONS
– ***Avoir du mou.*** Être lâche, pas assez tendu, en parlant d'un lien. *Il y a du mou* (et non du *lousse) *dans la corde.*
– ***Donner du mou.*** (FIG.) Donner une marge de manœuvre, diminuer la tension.

MOUCHARD, ARDE n. m. et f.
(FAM.) Personne qui surveille quelqu'un en vue de le dénoncer. SYN. délateur ; dénonciateur ; rapporteur.
mouchard.

MOUCHE n. f.
Insecte à ailes transparentes. *Une mouche tsé-tsé. La mouche domestique.*
LOCUTIONS
– ***Bateau-mouche.*** Bateau réservé aux promenades touristiques. *Des bateaux-mouches permettent de voir Montréal à partir du Saint-Laurent.*
– ***Faire mouche.*** Toucher la cible en son centre et, au figuré, atteindre son objectif. *Ils ont fait mouche et ont tué deux canards.*
– ***Il, elle ne ferait pas de mal à une mouche.*** (FIG.) Se dit d'une personne inoffensive, bienveillante.
– ***Mouche noire.*** Insecte dont la piqûre est douloureuse.
– ***Pattes de mouche.*** (FIG.) Écriture difficile à lire.
– ***Prendre la mouche.*** S'emporter. *Il a pris la mouche pour un rien.*
– ***Tue-mouches.*** Se dit d'un papier enduit de colle employé pour attraper les mouches. *Des tue-mouches.*
FORME FAUTIVE
*mouche à feu. Calque de «*fire fly*» pour ***luciole.***

MOUCHER v. tr., pronom.
VERBE TRANSITIF
1. Débarrasser les narines de ses mucosités. *Moucher son nez.*
2. Débarrasser les narines de (quelqu'un) en les pressant et en lui demandant d'expirer avec force. *Moucher un enfant.*
VERBE PRONOMINAL
Se débarrasser le nez des mucosités. *Ils se sont mouchés bruyamment. Mouche-toi, petit.*

À la forme pronominale, le participe passé de ce verbe s'accorde toujours en genre et en nombre avec son sujet. *Elles se sont mouchées plusieurs fois.*
CONJUGAISON : VOIR MODÈLE AIMER.

M

MOUCHERON n. m.
Petit insecte voisin de la mouche. *Des moucherons incommodants.*

MOUCHETER v. tr.
Marquer de petites taches. *Une truite mouchetée.*
CONJUGAISON : VOIR MODÈLE APPELER.
Redoublement du ***t*** devant un ***e*** muet. *Je mouchette, je mouchetterai*, mais *je mouchetais.*
[Les *Rectifications* (1990) admettent : il mouchète, mouchètera, mouchèterait...]

MOUCHOIR n. m.
Petit linge qui sert à se moucher. *Sèche tes larmes : voici un mouchoir.*
LOCUTIONS
– ***Grand comme un mouchoir de poche.*** (FIG.) Minuscule. *Un jardin grand comme un mouchoir de poche.*
– ***Mouchoir de papier.*** Mouchoir jetable. *Utiliser des mouchoirs de papier* (et non des *kleenex). SYN. papier-mouchoir.

MOUDRE v. tr.
Broyer des grains à l'aide d'un moulin. *Moudre du café, du poivre.*
CONJUGAISON : VOIR MODÈLE MOUDRE.

MOUE n. f.
Grimace boudeuse. *Laurence fait la moue, elle n'est pas contente.*
HOM. ***moût***, jus du raisin, de la poire, etc.

MOUETTE n. f.
Oiseau palmipède blanc vivant sur les côtes. *Les mouettes suivent les bateaux.*

MOUFFETTE n. f.
Petit mammifère noir et blanc qui, pour se défendre, peut projeter un liquide qui sent très mauvais. *La mouffette a arrosé la chatte Maboule : oh là là ! quelle odeur !* SYN. (FAM.) bête puante.
On écrit aussi ***moufette.***

MOUFLE n. f.
Partie de l'habillement qui couvre la main sans séparation pour les doigts, sauf pour le pouce. SYN. mitaine.
Ne pas confondre avec le nom ***gant***, partie de l'habillement qui couvre la main et les doigts séparément.

MOUFLET, ETTE n. m. et f.
(FAM.) Petit enfant.

MOUFLON n. m.
Ruminant à cornes recourbées, voisin du mouton.

MOUILLAGE n. m.
Emplacement favorable pour jeter l'ancre (Recomm. off.).

MOUILLER v. tr., intr., pronom., impers.
VERBE TRANSITIF
Tremper. *La pluie a mouillé mes cheveux.* SYN. imbiber.
VERBE INTRANSITIF
(ABSOL.) Jeter l'ancre. *Le bateau a mouillé dans la baie.*
Attention à la place du complément direct pour l'accord du participe passé.
VERBE PRONOMINAL
1. (FAM.) Devenir humide, trempé. *Elle s'est mouillée, elle s'est mouillé les pieds.* SYN. s'imbiber.
2. (FIG.) (FAM.) Se compromettre. *Ils se sont mouillés dans une affaire délicate.*
À la forme pronominale, le participe passé de ce verbe s'accorde avec le complément direct si celui-ci le précède. *Le pied qu'elle s'est mouillé. Ces individus s'étaient mouillés dans une affaire louche.* Le participe passé reste invariable si le complément direct suit le verbe. *Ils se sont à peine mouillé les orteils.*
VERBE IMPERSONNEL
(FAM.) Pleuvoir. *Il mouille à boire debout, rentrons vite. « Mouille, mouille Paradis !/Tout le monde est à l'abri »* (extrait d'une chanson du Poitou de 1871-1892, cité par Pierre-Georges Roy, *Les mots qui restent*).
Ce verbe de registre familier demeure usuel au Québec et dans la francophonie canadienne, mais il n'appartient plus à l'usage courant de la majorité des locuteurs du français. Cet emploi est à éviter dans un texte de style soutenu.
CONJUGAISON : VOIR MODÈLE AIMER.
Les lettres ***ill*** sont suivies d'un ***i*** à la première et à la deuxième personne du pluriel de l'indicatif imparfait et du subjonctif présent. *(Que) nous mouillions, (que) vous mouilliez.*

MOUILLETTE n. f.
Petit morceau de pain trempé dans un œuf à la coque.

MOUJIK n. m.
Le ***k*** se prononce, [muʒik] ; le nom rime avec ***hic.***
Paysan russe. *Des moujiks.*

MOULAGE n. m.
1. Art de reproduire un objet à l'aide d'un moule.
2. Objet fait au moyen d'un moule. *Un moulage de plâtre.*
Ne pas confondre avec le nom ***moulure,*** ornement servant d'encadrement aux ouvrages de menuiserie.

MOULANT, ANTE adj.
Qui moule, qui épouse les formes étroitement. *Des corsages moulants, un pantalon moulant.* SYN. ajusté ; collant.

MOULE n. m. et f.
NOM MASCULIN
1. Corps solide creusé de manière à donner une forme particulière à la matière qu'on y introduit. *Des moules à biscuits en forme de cœur.* SYN. forme.
2. (FIG.) Modèle. *Être fait sur le même moule.* SYN. matrice ; type.
NOM FÉMININ
Mollusque à coquille d'un noir bleuâtre, dont la chair est comestible. *Des moules marinière.*

MOULÉ, ÉE adj.
Fait dans un moule. *Des châteaux de sable moulés.*
LOCUTION
– ***Lettre moulée.*** Lettre qui imite les caractères d'imprimerie.

***MOULÉE**
Impropriété pour ***farine pour animaux, aliment pour animaux, pâtée.***

MOULER v. tr., pronom.
VERBE TRANSITIF
1. Reproduire à l'aide d'un moule. *Mouler une colonne grecque.*
2. Épouser les formes étroitement. *Ce pantalon moule la jambe.*
3. Calligraphier les lettres soigneusement, les former d'une façon régulière.
VERBE PRONOMINAL
Prendre l'empreinte, la forme de quelque chose. *La cire fondue s'est moulée sur les motifs du chandelier.*
À la forme pronominale, le participe passé de ce verbe s'accorde toujours en genre et en nombre avec son sujet. *La pâte à modeler s'est moulée sur le visage des enfants.*
CONJUGAISON : VOIR MODÈLE AIMER.

MOULEUR n. m.
MOULEUSE n. f.
Technicien qui exécute des moulages.

CONJUGAISON DU VERBE **MOUDRE**

INDICATIF

PRÉSENT

je	mouds
tu	mouds
elle / il	moud
nous	moulons
vous	moulez
elles / ils	moulent

PASSÉ COMPOSÉ

j'	ai	moulu
tu	as	moulu
elle / il	a	moulu
nous	avons	moulu
vous	avez	moulu
elles / ils	ont	moulu

IMPARFAIT

je	moulais
tu	moulais
elle / il	moulait
nous	moulions
vous	mouliez
elles / ils	moulaient

PLUS-QUE-PARFAIT

j'	avais	moulu
tu	avais	moulu
elle / il	avait	moulu
nous	avions	moulu
vous	aviez	moulu
elles / ils	avaient	moulu

PASSÉ SIMPLE

je	moulus
tu	moulus
elle / il	moulut
nous	moulûmes
vous	moulûtes
elles / ils	moulurent

PASSÉ ANTÉRIEUR

j'	eus	moulu
tu	eus	moulu
elle / il	eut	moulu
nous	eûmes	moulu
vous	eûtes	moulu
elles / ils	eurent	moulu

FUTUR SIMPLE

je	moudrai
tu	moudras
elle / il	moudra
nous	moudrons
vous	moudrez
elles / ils	moudront

FUTUR ANTÉRIEUR

j'	aurai	moulu
tu	auras	moulu
elle / il	aura	moulu
nous	aurons	moulu
vous	aurez	moulu
elles / ils	auront	moulu

CONDITIONNEL PRÉSENT

je	moudrais
tu	moudrais
elle / il	moudrait
nous	moudrions
vous	moudriez
elles / ils	moudraient

CONDITIONNEL PASSÉ

j'	aurais	moulu
tu	aurais	moulu
elle / il	aurait	moulu
nous	aurions	moulu
vous	auriez	moulu
elles / ils	auraient	moulu

SUBJONCTIF

PRÉSENT

que	je	moule
que	tu	moules
qu'	elle	moule
qu'	il	moule
que	nous	moulions
que	vous	mouliez
qu'	elles	moulent
qu'	ils	moulent

PASSÉ

que	j'	aie	moulu
que	tu	aies	moulu
qu'	elle	ait	moulu
qu'	il	ait	moulu
que	nous	ayons	moulu
que	vous	ayez	moulu
qu'	elles	aient	moulu
qu'	ils	aient	moulu

IMPARFAIT

que	je	moulusse
que	tu	moulusses
qu'	elle	moulût
qu'	il	moulût
que	nous	moulussions
que	vous	moulussiez
qu'	elles	moulussent
qu'	ils	moulussent

PLUS-QUE-PARFAIT

que	j'	eusse	moulu
que	tu	eusses	moulu
qu'	elle	eût	moulu
qu'	il	eût	moulu
que	nous	eussions	moulu
que	vous	eussiez	moulu
qu'	elles	eussent	moulu
qu'	ils	eussent	moulu

IMPÉRATIF

PRÉSENT

mouds
moulons
moulez

PASSÉ

aie moulu
ayons moulu
ayez moulu

INFINITIF

PRÉSENT

moudre

PASSÉ

avoir moulu

PARTICIPE

PRÉSENT

moulant

PASSÉ

moulu, ue
ayant moulu

M

MOULIN n. m.
1. Machine servant à moudre, à broyer des grains. *Un moulin à café, à poivre, à céréales.*
2. Bâtiment où est installé un moulin à céréales. *« Meunier, tu dors,/Ton moulin,ton moulin va trop vite »* (*Meunier, tu dors*, berceuse). *On ne peut être à la fois au four et au moulin* (proverbe signifiant qu'on ne peut tout accomplir à la fois).
LOCUTIONS
– ***Apporter de l'eau au moulin.*** (FIG.) Favoriser un point de vue, volontairement ou non. *Tes commentaires apportent de l'eau au moulin de la thèse que nous défendons.*
– ***Entrer (quelque part) comme dans un moulin.*** Pénétrer facilement en un lieu.
– ***Jeter son bonnet par-dessus les moulins.*** (FIG.) Se dévergonder.
– ***Moulin à paroles.*** Personne très bavarde.
– ***Se battre contre des moulins à vent.*** (FIG.) Combattre des ennemis imaginaires, par allusion à un épisode de *Don Quichotte* de Cervantès.
FORMES FAUTIVES
*moulin. Impropriété au sens de ***papeterie, usine.***
*moulin à coudre. Impropriété au sens de ***machine à coudre.***

MOULINET n. m.
1. Appareil muni d'un dispositif de rotation. *Une canne à pêche et un moulinet servant à enrouler et à dérouler le fil de la ligne.*
2. Rotation exécutée avec les bras, une arme. *Faire des moulinets pour attirer l'attention.*
✏ moulin**et.**

MOULINETTE n. f.
Petit moulin à légumes.

MOULT adv.
Les lettres ***lt*** se prononcent, [mult].
(VX) (PLAISANT.) Très, beaucoup. *Après moult essais.*
Ce mot est un adverbe et est donc toujours invariable.

MOULU, UE adj.
1. Qui a été broyé. *Du poivre moulu, des cafés moulus fin.*
2. (FIG.) Fatigué. *Après la journée, elle était moulue.* SYN. éreinté; fourbu; rompu.

MOULURE n. f.
Ornement servant d'encadrement aux ouvrages de menuiserie. *Une moulure dorée encadre le miroir.*
Ne pas confondre avec le nom ***moulage***, art de reproduire un objet à l'aide d'un moule.

MOULURER v. tr.
Orner de moulures.
CONJUGAISON : VOIR MODÈLE AIMER.

MOUMOUTE n. f.
(FAM.) Perruque, manteau de fourrure.

MOURANT, ANTE adj. et n. m. et f.
ADJECTIF
1. Qui est sur le point de mourir. *Ces accidentés sont mourants.* SYN. agonisant; moribond.
2. (FIG.) Qui fait mourir de rire. *Il est mourant : ses blagues sont très drôles.*
NOM MASCULIN ET FÉMININ
Personne qui se meurt. SYN. moribond.

MOURIR v. intr., pronom.
VERBE INTRANSITIF
1. Cesser de vivre. *Il était déjà mort quand le médecin est arrivé. Cette plante est morte.* SYN. décéder; périr; succomber.
Ce verbe se conjugue avec l'auxiliaire ***être.***
2. Par exagération, éprouver fortement une sensation. *Je meurs de faim.*
VERBE PRONOMINAL
Être sur le point de mourir. *Elle se meurt.*
À la forme pronominale, le verbe ne se conjugue pas aux temps composés.
LOCUTIONS
– ***Mourir de.*** Ressentir fortement (un sentiment, une sensation). *Je meurs de froid, d'inquiétude et de soif.*
– ***Mourir de sa belle mort.*** Mourir de mort naturelle.
– ***S'ennuyer à mourir.*** Périr d'ennui.
CONJUGAISON : VOIR MODÈLE MOURIR.

MOUSQUET n. m.
Ancienne arme à feu.
✏ mousqu**et.**

MOUSQUETAIRE n. m.
(ANCIENN.) Cavalier de la Maison du Roi armé d'un mousquet.
✏ mousquet**aire.**

MOUSQUETON n. m.
Crochet d'alpinisme.

MOUSSAKA n. f.
Plat oriental commun à la Turquie, à la Grèce et aux Balkans, composé d'aubergines cuites au four.

MOUSSANT, ANTE adj.
Qui produit de la mousse. *Des bains moussants.*

MOUSSE n. m. et f.
NOM MASCULIN
Jeune matelot. *Un mousse lavait les ponts.*
NOM FÉMININ
1. Plante qui vit en touffes sur la terre humide, les rochers, les troncs d'arbres. *Des pierres que recouvre en partie la mousse.*
2. Écume. *La mousse d'une bière, du champagne.*
3. Produit moussant. *De la mousse pour le bain.*
4. Dessert. *De la mousse au chocolat.*
LOCUTIONS
– ***Mousse de latex, caoutchouc mousse.*** Matériau polymérisé fait d'alvéoles produites au moyen de procédés physiques ou chimiques. *Un rembourrage en mousse de latex, en caoutchouc mousse* (et non en *airfoam, en *foam).
– ***Mousse isolante d'urée-formol.*** Sigle ***MIUF*** (s'écrit généralement sans points). Isolant thermique.

MOUSSELINE n. f.
1. Étoffe très légère et très fine. *Un voile de mousseline.*
2. Purée très légère. *Une mousseline de pommes.*
LOCUTION
– ***Verre mousseline.*** Verre très fin orné de motifs. *Des flûtes en verre mousseline.*

MOUSSER v. intr.
Produire de la mousse. *Ce savon mousse beaucoup.*
LOCUTION
– ***Faire mousser.*** (FIG.) (FAM.) Mettre en valeur de manière exagérée. *Il en profite pour faire mousser ses réalisations.* SYN. faire valoir.
CONJUGAISON : VOIR MODÈLE AIMER.

MOUSSEUX, EUSE adj. et n. m.
ADJECTIF
Qui produit de la mousse. *Un vin mousseux.*
Ne pas confondre avec le mot ***moussu***, recouvert de mousse.
NOM MASCULIN
Vin rendu mousseux par fermentation naturelle. *Un bon mousseux bien frais.*

MOUSSON n. f.
Vent tropical.

MOUSSU, UE adj.
Recouvert de mousse. *Un petit pot de grès moussu décoré de roses blanches.*
Ne pas confondre avec les mots ***moussant*** et ***mousseux*** qui qualifient ce qui produit de la mousse.

M

CONJUGAISON DU VERBE **MOURIR**

INDICATIF

PRÉSENT

je	**meurs**
tu	**meurs**
elle / il	**meurt**
nous	**mourons**
vous	**mourez**
elles / ils	**meurent**

PASSÉ COMPOSÉ

je	suis	mort, te
tu	es	mort, te
elle	est	morte
il	est	mort
nous	sommes	morts, tes
vous	êtes	morts, tes
elles	sont	mortes
ils	sont	morts

IMPARFAIT

je	**mourais**
tu	**mourais**
elle / il	**mourait**
nous	**mourions**
vous	**mouriez**
elles / ils	**mouraient**

PLUS-QUE-PARFAIT

j'	étais	mort, te
tu	étais	mort, te
elle	était	morte
il	était	mort
nous	étions	morts, tes
vous	étiez	morts, tes
elles	étaient	mortes
ils	étaient	morts

PASSÉ SIMPLE

je	**mourus**
tu	**mourus**
elle / il	**mourut**
nous	**mourûmes**
vous	**mourûtes**
elles / ils	**moururent**

PASSÉ ANTÉRIEUR

je	fus	mort, te
tu	fus	mort, te
elle	fut	morte
il	fut	mort
nous	fûmes	morts, tes
vous	fûtes	morts, tes
elles	furent	mortes
ils	furent	morts

FUTUR SIMPLE

je	**mourrai**
tu	**mourras**
elle / il	**mourra**
nous	**mourrons**
vous	**mourrez**
elles / ils	**mourront**

FUTUR ANTÉRIEUR

je	serai	mort, te
tu	seras	mort, te
elle	sera	morte
il	sera	mort
nous	serons	morts, tes
vous	serez	morts, tes
elles	seront	mortes
ils	seront	morts

CONDITIONNEL PRÉSENT

je	**mourrais**
tu	**mourrais**
elle / il	**mourrait**
nous	**mourrions**
vous	**mourriez**
elles / ils	**mourraient**

CONDITIONNEL PASSÉ

je	serais	mort, te
tu	serais	mort, te
elle	serait	morte
il	serait	mort
nous	serions	morts, tes
vous	seriez	morts, tes
elles	seraient	mortes
ils	seraient	morts

SUBJONCTIF

PRÉSENT

que	je	**meure**
que	tu	**meures**
qu'	elle / il	**meure**
que	nous	**mourions**
que	vous	**mouriez**
qu'	elles / ils	**meurent**

PASSÉ

que	je	sois	mort, te
que	tu	sois	mort, te
qu'	elle	soit	morte
qu'	il	soit	mort
que	nous	soyons	morts, tes
que	vous	soyez	morts, tes
qu'	elles	soient	mortes
qu'	ils	soient	morts

IMPARFAIT

que	je	**mourusse**
que	tu	**mourusses**
qu'	elle / il	**mourût**
que	nous	**mourussions**
que	vous	**mourussiez**
qu'	elles / ils	**mourussent**

PLUS-QUE-PARFAIT

que	je	fusse	mort, te
que	tu	fusses	mort, te
qu'	elle	fût	morte
qu'	il	fût	mort
que	nous	fussions	morts, tes
que	vous	fussiez	morts, tes
qu'	elles	fussent	mortes
qu'	ils	fussent	morts

IMPÉRATIF

PRÉSENT	PASSÉ
meurs	sois mort, te
mourons	soyons morts, tes
mourez	soyez morts, tes

INFINITIF

PRÉSENT	PASSÉ
mourir	être mort, te

PARTICIPE

PRÉSENT	PASSÉ
mourant	mort, te étant mort, te

M

MOUSTACHE n. f.
1. Poils qui poussent au-dessus de la lèvre supérieure de l'homme. *Ce policier a une grosse moustache noire* ou *de grosses moustaches noires.*
Le singulier et le pluriel peuvent s'employer.
2. Poils poussant autour de la gueule de certains animaux (chat, lapin, lion, etc.). *Les moustaches de ma chatte.*

MOUSTACHU, UE adj.
Qui porte une moustache. *Ce policier est moustachu. Un moustachu sympathique.*

MOUSTIQUAIRE n. f.
Pellicule en toile métallique placée aux fenêtres et aux portes pour se préserver des moustiques.
Attention au genre féminin de ce nom : ***une*** moustiquaire.
moustiq**u**aire.

MOUSTIQUE n. m.
Insecte dont la femelle pique la peau pour se nourrir de sang. *En mai, il y a trop de moustiques dans* ou *sur l'île.*

MOÛT n. m.
Jus du raisin, de la poire, de la pomme qui n'a pas encore fermenté.
HOM. ***moue,*** grimace boudeuse.
[Les *Rectifications* (1990) admettent : mout.]

MOUTARDE adj. inv. et n. f.
NOM FÉMININ
Plante dont la graine sert de condiment. *Un sandwich jambon moutarde, SVP.*
ADJECTIF DE COULEUR INVARIABLE
De la couleur fauve de la moutarde. *Des tricots moutarde, jaune moutarde.*
VOIR TABLEAU – COULEUR (ADJECTIFS DE).

MOUTON n. m.
Mammifère ruminant élevé pour sa laine, sa chair et son lait, qui sert à la fabrication de fromages. *De jolis moutons blancs.*
La femelle du mouton est la ***brebis***; le petit, l'***agneau.***
VOIR TABLEAU – ANIMAUX.
LOCUTIONS
– ***Moutons de Panurge.*** Personnes qui imitent bêtement les autres, par allusion à *Pantagruel* de Rabelais.
– ***Mouton noir.*** Personne marginale, rebelle dans un groupe. *Loulou est le mouton noir de la famille.*
– ***Revenons à nos moutons.*** Reprenons le sujet dont nous nous sommes éloignés.
– ***Un mouton à cinq pattes.*** Évènement exceptionnel, phénomène, personne hors du commun.

MOUTONNEMENT n. m.
Le fait de moutonner. *Le moutonnement des vagues.*

MOUTONNER v. intr., pronom.
VERBE INTRANSITIF
Se couvrir de vagues et d'écume, en parlant de la mer. *La mer moutonne.*
VERBE PRONOMINAL
Se dit du ciel qui se couvre de petits nuages pommelés. *Le ciel s'est moutonné.*
À la forme pronominale, le participe passé de ce verbe s'accorde toujours en genre et en nombre avec son sujet. *La mer s'est moutonnée subitement.*
CONJUGAISON : VOIR MODÈLE AIMER.

MOUTONNEUX, EUSE adj.
Qui a l'apparence de la laine des moutons, qui se couvre de vagues, en parlant de la mer.

MOUTONNIER, IÈRE adj.
1. Relatif au mouton. *Une race moutonnière.*
2. (FIG.) Qui imite bêtement ce qu'il voit faire, comme les moutons.

MOUTURE n. f.
1. Action de moudre des grains.
2. Produit qui en résulte. *Une mouture de café très fine.*
3. Reprise d'un thème sous une forme différente. *Une nouvelle mouture de la comédie musicale* Starmania.
LOCUTION
– ***Première mouture.*** Version initiale d'un texte, ébauche d'un projet. *Voici la première mouture de mon analyse.*

MOUVANCE n. f.
1. (ANCIENN.) Dépendance d'un domaine, d'un fief qui relevait d'un autre fief.
2. (FIG.) Sphère d'influence. *La mouvance souverainiste.*
3. (LITT.) Caractère de ce qui est mouvant.

MOUVANT, ANTE adj.
1. Qui se modifie constamment, qui change sans cesse.
2. Se dit d'un sol qui n'est pas stable, où l'on peut s'enfoncer. *Des sables mouvants.*

MOUVEMENT n. m.
1. Déplacement d'un corps, changement de position. *Des mouvements de gymnastique.*
2. Regroupement traduisant de nouvelles idées, de nouvelles tendances. *Un mouvement politique, un mouvement artistique.*
LOCUTIONS
– ***Avoir un bon mouvement.*** Se montrer généreux.
– ***En deux temps trois mouvements.*** En très peu de temps. SYN. rapidement.
– ***Faux mouvement.*** Geste involontaire. *Elle a fait un faux mouvement et a renversé son verre.*

MOUVEMENTÉ, ÉE adj.
Agité, où il y a de l'action. *Une réunion mouvementée.*

MOUVOIR v. tr., pronom.
VERBE TRANSITIF
(LITT.) Mettre en mouvement, bouger. *Mouvoir ses jambes. Un véhicule mû par l'électricité.* SYN. remuer.
VERBE PRONOMINAL
Se déplacer. *Ils se sont mus jusqu'ici. Pour des personnes paralysées, il est difficile de se mouvoir.*
À la forme pronominale, le participe passé de ce verbe s'accorde toujours en genre et en nombre avec son sujet. *Elles se sont mues avec élégance.*
Le participe passé masculin singulier s'écrit avec un accent circonflexe.
CONJUGAISON : VOIR MODÈLE ÉMOUVOIR.
INDICATIF PRÉSENT *Je meus, tu meus, il meut, nous mouvons, vous mouvez, ils meuvent.* IMPARFAIT *Je mouvais.* PASSÉ SIMPLE *Je mus.* FUTUR *Je mouvrai.* CONDITIONNEL PRÉSENT *Je mouvrais.* IMPÉRATIF PRÉSENT *Meus, mouvons, mouvez.* SUBJONCTIF PRÉSENT *Que je meuve.* IMPARFAIT *Que je musse, qu'il mût.* PARTICIPE PRÉSENT *Mouvant.* PASSÉ *Mû, mue.*
[Les *Rectifications* (1990) admettent : mu (participe passé masculin).]

MOYEN n. m.
Façon de faire en vue d'atteindre un résultat, de parvenir à une fin. *La fin ne justifie pas toujours les moyens.* SYN. procédé.
LOCUTIONS
– ***Au moyen de,*** loc. prép. À l'aide de, grâce à.
– ***Avoir les moyens.*** Avoir les ressources matérielles ou intellectuelles. *Nous n'avons pas les moyens de partir en voyage.*
– ***Employer les grands moyens.*** Recourir à des procédés extrêmes.
– ***Il n'y a pas moyen de*** + infinitif. Il n'est pas possible de.
– ***La fin justifie les moyens.*** Les moyens sont bons si la fin est légitime. SYN. qui veut la fin veut les moyens.
– ***Les moyens du bord.*** Les ressources limitées qui sont à notre disposition. *Nous nous débrouillerons avec les moyens du bord.*

– ***Moyen de pression.*** Procédé qui pousse l'adversaire à prendre position, à agir. *La grève est un moyen de pression.*
– ***Moyens de transport.*** Modes de locomotion. *La voiture, le train, l'avion sont des moyens de transport.*
– ***Par le moyen de, au moyen de,*** loc. prép. À l'aide de. *Elle l'a prévenu au moyen d'un télégramme.*
– ***Perdre ses moyens.*** Ne plus savoir quoi faire.

MOYEN, ENNE adj.
1. Qui se situe entre deux extrêmes. *Une note moyenne, ni bonne ni mauvaise.* SYN. intermédiaire.
2. De type courant. *Le Québécois moyen.* SYN. type.
LOCUTIONS
– ***À moyen terme.*** Dans un horizon temporel de un à deux ans. *Nous prévoyons une expansion à moyen terme.*
Dans les expressions ***à court terme, à moyen terme, à long terme,*** le nom ***terme*** s'écrit au singulier ; il en est ainsi pour l'expression ***à court ou à moyen terme,*** qui signifie « soit à court terme, soit à moyen terme », où le nom ***terme*** est sous-entendu. Par contre, si l'expression désigne plusieurs termes, le nom peut s'écrire au singulier ou au pluriel : *à court et à moyen terme* ou *à court et à moyen termes.*
– ***Moyen Âge.*** Période historique qui s'étend du Ve au XVe siècle.
T Dans les désignations des époques historiques, le nom spécifique et l'adjectif qui le précède s'écrivent avec une majuscule. L'expression s'écrit sans trait d'union. Les désignations géographiques suivent les mêmes règles en ce qui a trait à l'emploi des majuscules et des minuscules. *Le Moyen-Orient.* Cependant, l'expression s'écrit avec un trait d'union.
– ***Moyen terme.*** Étape intermédiaire, compromis.
– ***Petite et moyenne entreprise (PME).*** Entreprise dont l'effectif se situe entre 10 et 50 employés.

MOYENÂGEUX, EUSE adj.
1. (VIEILLI) Relatif au Moyen Âge.
En ce sens, l'adjectif est vieilli ; on emploie aujourd'hui ***médiéval,*** qui n'a pas de sens négatif.
2. (FIG.) Vieillot, démodé. *Des pratiques moyenâgeuses.*
En ce sens, l'adjectif a une connotation péjorative.
moyenâgeux.

MOYEN-COURRIER adj. et n. m. (pl. *moyen-courriers*)
Se dit d'un avion de transport destiné à assurer des liaisons à moyenne distance.

MOYENNANT prép.
Au moyen de. *Il réussira à terminer ce travail moyennant quelques heures de travail.* SYN. grâce à.
LOCUTIONS
– ***Moyennant finance(s).*** En payant. *Vous pouvez obtenir ces renseignements moyennant finances* ou *finance.*
– ***Moyennant que.*** À la condition que. *Je viendrai moyennant que vous soyez de la fête.*
Cette locution peut être suivie de l'indicatif futur, du subjonctif ou du conditionnel ; elle est vieillie ou littéraire pour certains auteurs.

MOYENNE n. f.
Proportion intermédiaire. *La moyenne des résultats de la classe est de 76 %. Es-tu dans la moyenne ?*
LOCUTIONS
– ***En moyenne.*** En calculant une moyenne. *Elle a obtenu 78 % en moyenne.*
– ***Moyenne arithmétique de*** n ***nombres.*** Quotient de la somme de ces nombres par ***n.***

MOYENNEMENT adv.
D'une manière moyenne. *Ils sont moyennement contents des résultats.* SYN. à demi ; modérément.

MOYEU n. m. (pl. *moyeux*)
Pièce du milieu de la roue.

MOZZARELLA n. f.
Fromage italien à pâte molle. *De la mozzarella râpée.*
Attention au genre féminin de ce nom : ***une*** mozzarella.

MP3 n. m. inv.
Format de fichier son compressé, obtenu par la suppression de données, qui permet de stocker, dans son ordinateur ou dans son baladeur, des fichiers musicaux provenant d'Internet ou créés à partir d'un CD, sans perte de qualité sonore.

ms
Abréviation de ***manuscrit.***

m/s
Symbole de ***mètre par seconde.***

mss
Abréviation de ***manuscrits.***

MST
Sigle de ***maladie sexuellement transmissible.***
Appellation utilisée en France. Au Québec, on emploie l'abréviation ***MTS,*** sigle de ***maladie transmise sexuellement.***

mtée ou **m^{tée}**
Abréviation de ***montée*** (utilisé comme odonyme).

MTS
Sigle de ***maladie transmise sexuellement.***
Appellation utilisée au Québec.
VOIR – MST.

MU n. m. inv.
Lettre grecque.

MUCOSITÉ n. f.
Sécrétion des muqueuses. *Libère-toi de ces mucosités en te mouchant.*
Le nom s'emploie au singulier et au pluriel.

MUCUS n. m.
Le *s* se prononce, [mykys] ; le nom rime avec ***cactus.***
Substance visqueuse tapissant certaines muqueuses.
Le nom s'emploie seulement au singulier.

MUE n. f.
Changement de peau, de poil, de voix. *La mue des serpents et des jeunes gens.*
mue.

MUER v. intr., pronom.
VERBE INTRANSITIF
1. Changer de poil, de plumage, de peau, en parlant des animaux. *Les serpents muent.*
2. Changer de voix, en parlant des jeunes gens. *Étienne a mué, il a maintenant une voix grave.*
VERBE PRONOMINAL
Se transformer. *Une colère qui s'est muée en éclats de rire.* SYN. se changer.
À la forme pronominale, le participe passé de ce verbe s'accorde toujours en genre et en nombre avec son sujet. *Ses inquiétudes se sont muées en joie à l'annonce de cette bonne nouvelle.*
CONJUGAISON : VOIR MODÈLE AIMER.

MUET, MUETTE adj. et n. m. et f.
1. Qui n'a pas l'usage de la parole. *Cette jeune fille est sourde et muette. C'est une muette.*
2. Qui demeure silencieux. *Vous pouvez compter sur moi : je serai muette comme une carpe.*
3. Interdit jusqu'à en perdre la parole, ahuri. *Ils étaient muets d'admiration.* SYN. ébahi ; interloqué ; sans voix ; sidéré.

MUEZZIN n. m.
Le nom se prononce [mɥɛdzin].
Fonctionnaire musulman qui appelle les fidèles à la prière.
[Les *Rectifications* (1990) admettent : muézin.]

MUFFIN n. m.
Ce nom se prononce à l'anglaise, [mœfin].
Petit gâteau. *Du café et des muffins aux bleuets.*

MUFLE adj. et n. m.
ADJECTIF
Discourtois, indélicat. *Elle ne l'a pas apprécié : il est trop mufle.*
NOM MASCULIN
1. Extrémité du museau de certains animaux. *Le mufle du chien.*
2. Individu grossier. *Quel mufle !* SYN. goujat ; malotru ; rustre.
mufle.

MUFLERIE n. f.
Action, parole qui manque de délicatesse. SYN. goujaterie ; grossièreté.
muflerie.

MUFLIER n. m.
Plante cultivée pour ses fleurs, appelée aussi ***gueule-de-loup.***
muflier.

MUGIR v. intr.
1. Meugler, crier en parlant du buffle, des bovins. *Les vaches mugissaient doucement.* SYN. beugler.
2. (FIG.) Produire un son sourd. *Les sirènes mugissaient dans la nuit.*
CONJUGAISON : VOIR MODÈLE FINIR.

MUGISSEMENT n. m.
Meuglement, cri du buffle, des bovins. SYN. beuglement.

MUGUET n. m.
Plante à petites fleurs blanches et odorantes. *Un bouquet de muguet très frais et très odorant.*
muguet.

MULÂTRE, MULÂTRESSE adj. et n. m. et f.
Se dit d'une personne née d'un Noir et d'une Blanche ou d'un Blanc et d'une Noire.
L'adjectif ***mulâtre*** conserve la même forme au masculin et au féminin ; cependant, le nom féminin est ***mulâtresse.***
T Les dictionnaires écrivent les noms ***créole, métis*** et ***mulâtre*** avec une minuscule ; il apparaît plus logique de les écrire avec une majuscule initiale.
Ne pas confondre avec les mots suivants :
- ***eurasien,*** se dit d'une personne née d'un Européen et d'une Asiatique ou d'un Asiatique et d'une Européenne ;
- ***métis,*** se dit d'une personne dont le père et la mère sont de races différentes.

MULE n. f.
1. Animal femelle né d'un âne et d'une jument ou d'un cheval et d'une ânesse.
2. Chaussure féminine sans talon. *Elle portait de jolies mules.*
LOCUTIONS
– ***Chargé comme une mule, comme un mulet.*** (FIG.) Encombré de paquets.
– ***Tête de mule.*** (FIG.) Personne entêtée. *C'est une vraie tête de mule : impossible de lui faire entendre raison.* SYN. obstiné ; (FAM.) tête de pioche.

MULET n. m.
1. Animal mâle né d'un âne et d'une jument. *Elle était chargée comme un mulet.*
2. Poisson de mer à chair blanche.
mulet.

MULOT n. m.
Rongeur des champs à pattes postérieures et à queue longues, avançant par bonds, en sautant.

MULTI- préf.
Élément du latin signifiant « beaucoup, plusieurs ».
Les mots composés avec le préfixe ***multi-*** s'écrivent sans trait d'union. *Multicolore, multiethnique.*

MULTICOLORE adj.
Qui a un grand nombre de couleurs. *Un tableau multicolore.*
multicolore.

MULTICONFESSIONNEL, ELLE adj.
Qui rassemble plusieurs confessions religieuses.

MULTICULTURALISME n. m.
Existence simultanée de plusieurs cultures dans un pays.

MULTICULTUREL, ELLE adj.
Qui concerne plusieurs cultures. *Une école multiculturelle.*

MULTIDIMENSIONNEL, ELLE adj.
Qui comporte des dimensions multiples. *Une recherche multidimensionnelle.*

MULTIDISCIPLINAIRE adj.
Qui est relatif à plusieurs disciplines, à plusieurs domaines. *Une équipe multidisciplinaire.* SYN. pluridisciplinaire.

MULTIETHNIQUE adj.
Qui concerne plusieurs ethnies. *Une population multiethnique.* SYN. pluriethnique.

MULTIGÉNIQUE adj.
(MÉD.) Se dit de ce qui est déterminé par plusieurs gènes. *Une maladie multigénique.*

MULTIGRADE adj.
Se dit d'un produit dont les propriétés s'étendent simultanément à plusieurs spécifications.
LOCUTION
– ***Huile multigrade.*** Se dit d'une huile de graissage qui possède plusieurs indices de viscosité (à haut indice de viscosité) afin d'être utilisée en toute saison. *Des huiles multigrades.*

MULTILATÉRAL, ALE, AUX adj.
Se dit d'un accord conclu entre plusieurs parties. *Des traités multilatéraux.*

MULTILATÉRALISME n. m.
(POLIT.) Organisation des relations fondée sur des mécanismes permettant de privilégier les rapports de chacun des pays avec l'ensemble de ses partenaires (GDT). ANT. isolationnisme.

MULTILINGUE adj.
Qui parle plusieurs langues, qui est en plusieurs langues. *Un dictionnaire multilingue en français, en anglais et en espagnol.* SYN. polyglotte. ANT. unilingue.

MULTILINGUISME n. m.
Situation d'un pays où se parlent plusieurs langues. ANT. unilinguisme.

MULTIMÉDIA adj. et n. m. (pl. *multimédias*)
ADJECTIF
Qui concerne plusieurs médias. *Une diffusion multimédia, des messages multimédias* (radio, télévision, presse, affiches).
NOM MASCULIN
Ensemble des techniques qui combinent plusieurs moyens de communication de l'information. *Le cédérom du* Visuel *est un multimédia qui comprend du texte, des sons, des images fixes et animées.*
Ce mot a été formé à partir des mots latins «*multi*», « plusieurs » et «*media*», « moyen ».

MULTIMILLIARDAIRE adj. et n. m. et f.
Qui possède plusieurs milliards (d'unités monétaires). *Multimilliardaire en dollars.*

MULTIMILLIONNAIRE adj. et n. m. et f.
Qui possède plusieurs millions (d'unités monétaires). *Multimillionnaire en dollars.*

MULTINATIONAL, ALE, AUX adj. et n. f.
ADJECTIF
Qui concerne plusieurs pays. *Des accords multinationaux.*
NOM FÉMININ
Entreprise qui a des activités dans plusieurs pays. *La société Quebecor est une multinationale.*

MULTIPLE adj. et n. m.
ADJECTIF
Nombreux, divers. *Nous avons eu de multiples appels.*
NOM MASCULIN
Nombre obtenu par la multiplication d'un élément par un autre. *Les nombres 10, 15, 20, 25 sont des multiples de 5.*
VOIR TABLEAU – MULTIPLES ET SOUS-MULTIPLES DÉCIMAUX.

MULTIPLET n. m.
(INFORM.) Ensemble de plusieurs bits traité comme un tout. *Des multiplets.*
✏ **multiplet.**

MULTIPLEXE n. m.
Cinéma comportant un grand nombre de salles, équipé d'installations modernes et pouvant offrir des services complémentaires de restauration ou autres (GDT). *Des projections quotidiennes de films récents ou inédits dans deux multiplexes du voisinage.*

MULTIPLICANDE n. m.
(MATH.) Nombre qui est multiplié par un autre. *Dans la multiplication 5 x 3, le multiplicande est 5.*

M

MULTIPLES ET SOUS-MULTIPLES DÉCIMAUX

Les **multiples** et les **sous-multiples** sont formés à l'aide de préfixes qui se joignent sans espace aux unités de mesure.

- **Exemples de multiples :**
  Le nom ***kilogramme*** désigne un millier de grammes (1 gramme x 1000).
  Le nom ***mégawatt*** désigne un million de watts (1 watt x 1 000 000).
- **Exemples de sous-multiples :**
  Le nom ***centimètre*** désigne un centième de mètre (1 mètre ÷ 100).
  Le nom ***nanoseconde*** désigne un milliardième de seconde (1 seconde ÷ 1 000 000 000).

Les **symboles** de ces préfixes se joignent de la même façon aux symboles des unités de mesure.
Exemples : *3 kg, 1 MW, 2 cm, 4 mg* (sans points).

T Les symboles ne prennent pas la marque du pluriel et s'écrivent sans point abréviatif.

MULTIPLES

PRÉFIXE		SENS	SYMBOLE	NOTATION SCIENTIFIQUE	EXEMPLE
exa-	x	1 000 000 000 000 000 000	E	10^{18}	*exaseconde*
péta-	x	1 000 000 000 000 000	P	10^{15}	*pétaseconde*
téra-	x	1 000 000 000 000	T	10^{12}	*térawatt*
giga-	x	1 000 000 000	G	10^{9}	*gigahertz*
méga-	x	1 000 000	M	10^{6}	*mégajoule*
kilo-	x	1 000	k	10^{3}	*kilogramme*
hecto-	x	100	h	10^{2}	*hectolitre*
déca-	x	10	da	10^{1}	*décamètre*

SOUS-MULTIPLES

PRÉFIXE		SENS	SYMBOLE	NOTATION SCIENTIFIQUE	EXEMPLE
déci-	x	0,1	d	10^{-1}	*décilitre*
centi-	x	0,01	c	10^{-2}	*centimètre*
milli-	x	0,001	m	10^{-3}	*milligramme*
micro-	x	0,000 001	µ	10^{-6}	*microampère*
nano-	x	0,000 000 001	n	10^{-9}	*nanoseconde*
pico-	x	0,000 000 000 001	p	10^{-12}	*picofarad*
femto-	x	0,000 000 000 000 001	f	10^{-15}	*femtogramme*
atto-	x	0,000 000 000 000 000 001	a	10^{-18}	*attoseconde*

M

MULTIPLICATEUR, TRICE adj. et n. m.
(MATH.) Se dit d'un nombre par lequel on multiplie. *Dans la multiplication 5 x 3, le multiplicateur est 3.*

MULTIPLICATIF, IVE adj.
Qui multiplie. *Un signe multiplicatif.*

MULTIPLICATION n. f.
1. Accroissement. *La multiplication des lapins.* SYN. augmentation.
2. Opération mathématique visant à obtenir un produit. *Ex. : 2 x 3 = 6 ; la multiplication de 2 par 3 donne un produit égal à 6.*

MULTIPLICITÉ n. f.
Nombre considérable. *Une multiplicité de fleurs.* SYN. abondance ; quantité.

MULTIPLIER v. tr., pronom.
VERBE TRANSITIF
1. Augmenter le nombre, la quantité de. *Multiplier les démarches.* SYN. accroître.
2. Faire une multiplication. *Si tu multiplies 10 par 3, tu obtiens le nombre 30.*
VERBE PRONOMINAL
1. Se reproduire. *Les mauvaises herbes se multiplient très rapidement.* SYN. s'accroître ; se développer ; proliférer ; se propager.
2. Se produire en grand nombre. *Les dérapages se sont multipliés en raison du verglas.*
À la forme pronominale, le participe passé de ce verbe s'accorde toujours en genre et en nombre avec son sujet. *Les accidents se sont multipliés cet hiver.*
CONJUGAISON : VOIR MODÈLE ÉTUDIER.
Redoublement du ***i*** à la première et à la deuxième personne du pluriel de l'indicatif imparfait et du subjonctif présent. *(Que) nous multipliions, (que) vous multipliiez.*

MULTIPROPRIÉTÉ n. f.
Régime de propriété collective selon lequel chaque propriétaire peut jouir de son bien pendant une période déterminée de l'année. *Acheter un appartement à la montagne en multipropriété.*

MULTIRACIAL, IALE, IAUX adj.
Où coexistent plusieurs races. *Un groupe multiracial.*

MULTIRISQUE adj.
(ASS.) Se dit d'une assurance qui couvre plusieurs risques. *Une assurance multirisque* ou *multirisques, des assurances multirisques.*
Le terme ***multirisque*** peut prendre la marque du pluriel même s'il accompagne un nom singulier parce qu'il marque la pluralité ; cependant, la tendance actuelle est d'écrire les mots composés avec le préfixe ***multi-*** sans ***s*** au singulier. Les deux orthographes sont admises.

MULTITÂCHE adj.
(INFORM.) Se dit d'un mode d'exploitation permettant d'exécuter plusieurs tâches en parallèle.
multitâche.

MULTITUDE n. f.
1. Très grand nombre. *Sa collection comporte une multitude d'insectes qui sont tous étiquetés.* SYN. quantité.
2. Foule. *Une multitude d'internautes a répondu, ont répondu à l'appel.*
Si le sujet du verbe est un collectif précédé du déterminant indéfini ***un, une*** et suivi d'un complément au pluriel, le verbe se met au singulier lorsque l'auteur veut insister sur le tout, l'ensemble ; au pluriel, s'il veut insister sur la pluralité, la multiplicité. Si le sujet du verbe est un collectif précédé du déterminant défini ***(le, la)***, d'un déterminant possessif ***(mon, ma, ton, ta, son, sa)***, d'un déterminant démonstratif ***(ce, cette)*** et s'il est suivi d'un complément au pluriel, le verbe se met généralement au singulier. *La multitude des participants était gagnée d'avance.*
VOIR TABLEAU – COLLECTIF.

MUNICIPAL, ALE, AUX adj.
Relatif à l'administration d'une municipalité. *Des conseillers municipaux, les taxes municipales.*

MUNICIPALITÉ n. f.
1. Ensemble formé par le maire et ses adjoints.
2. Division territoriale administrée par un conseil municipal. *La municipalité d'Outremont.*
LOCUTION
– ***Municipalité régionale de comté.*** ⚜ Territoire regroupant des municipalités et, dans certains cas, des territoires non organisés, sur lequel s'exerce une autorité fixée par la loi d'application générale (Recomm. off.).
T Le sigle MRC est couramment utilisé.

MUNIFICENCE n. f.
(LITT.) Générosité extraordinaire.
Ne pas confondre avec le nom ***magnificence,*** qualité de ce qui est magnifique, somptueux.
munificence.

MUNIR v. tr., pronom.
VERBE TRANSITIF
Doter, pourvoir de ce qui est nécessaire, utile. *Vous devez être munis d'un passeport.* SYN. équiper.
VERBE PRONOMINAL
Prendre avec soi. *Se munir d'un parapluie.*
À la forme pronominale, le participe passé de ce verbe s'accorde toujours en genre et en nombre avec son sujet. *Ils se sont munis d'un pied-de-biche pour ouvrir la porte.*
CONJUGAISON : VOIR MODÈLE FINIR.

MUNITIONS n. f. pl.
Ensemble des projectiles nécessaires au chargement des armes à feu. *Les chasseurs ont emporté des munitions* (des balles et des cartouches).
Le nom s'emploie au pluriel.

MUNSTER n. m.
Attention à la prononciation, [mœ̃stɛr].
Fromage à pâte molle fabriqué dans les Vosges. *Un munster au cumin.*
T Le nom du fromage s'écrit avec une minuscule ; le nom de la ville, avec une majuscule.

MUQUEUSE n. f.
Membrane qui tapisse certaines cavités du corps. *La muqueuse buccale est toujours humide.*

MUR n. m.
Ouvrage de maçonnerie qui soutient une construction, qui entoure un immeuble. *Un mur de pierres.*
LOCUTIONS
– ***Entre quatre murs.*** À l'intérieur.
– ***Mettre quelqu'un au pied du mur.*** (FIG.) Forcer une personne à se décider, à agir.
– ***Se heurter à un mur.*** (FIG.) Rencontrer un obstacle infranchissable.
FORMES FAUTIVES
*tapis mur à mur. Calque de «*wall-to-wall carpet*» pour ***moquette.***

*mur à mur. Calque de «*wall-to-wall*» (emploi figuré) pour ***complètement, totalement, d'envergure,*** selon le cas. *Une région totalement péquiste* (et non *mur à mur). *Une campagne publicitaire de grande envergure* (et non *mur à mur).
Ne pas confondre avec les noms suivants :
• ***muraille,*** mur épais et élevé ;
• ***rempart,*** muraille fortifiée entourant une ville.
HOM.
• ***mûr,*** se dit d'un fruit prêt à être cueilli et mangé ;
• ***mûre,*** fruit du mûrier.

MÛR, MÛRE adj.
1. Se dit d'un fruit prêt à être cueilli et mangé. *Une poire bien mûre.*
2. Parvenu à maturité. *Une personne mûre.* SYN. raisonnable ; réfléchi.
LOCUTION
– ***Après mûre réflexion.*** Après avoir longuement réfléchi.
HOM.
• ***mur,*** ouvrage de maçonnerie ;
• ***mûre,*** fruit du mûrier.
[Les *Rectifications* (1990) admettent : mure, murs, mures.]

MURAILLE n. f.
Mur épais et élevé servant de fortification. *La Grande Muraille de Chine est longue de 5000 km.*
Ne pas confondre avec les noms suivants :
• ***mur,*** ouvrage de maçonnerie qui soutient une construction ;
• ***rempart,*** muraille fortifiée entourant une ville.
muraille.

MURAL, ALE, AUX adj.
Qui est fixé au mur. *Des revêtements muraux. Une bibliothèque murale.*

MÛRE n. f.
Fruit du mûrier. *J'aime les mûres, mais je préfère les framboises.*
HOM.
• ***mur,*** ouvrage de maçonnerie ;
• ***mûr,*** se dit d'un fruit prêt à être cueilli et mangé.
[Les *Rectifications* (1990) admettent : mure.]

MÛREMENT adv.
Avec beaucoup de réflexion. *Après avoir mûrement réfléchi, j'accepte ton offre.* SYN. longuement.
[Les *Rectifications* (1990) admettent : murement.]

MURÈNE n. f.
Poisson voisin de l'anguille, carnivore et dont la morsure est dangereuse.

MURER v. tr., pronom.
VERBE TRANSITIF
Fermer avec de la maçonnerie. *Murer une fenêtre.* SYN. boucher ; condamner.
VERBE PRONOMINAL
(FIG.) S'enfermer. *Se murer dans son silence.* SYN. se cloîtrer ; s'isoler.
À la forme pronominale, le participe passé de ce verbe s'accorde toujours en genre et en nombre avec son sujet. *Elle s'est murée dans son silence.*
CONJUGAISON : VOIR MODÈLE AIMER.

MURET n. m.
Petit mur. *Un muret de pierres délimite les champs.*
muret.

MÛRIER n. m.
1. Arbre à fruits noirs.
2. Ronce à baies comestibles (mûres).
LOCUTION
– ***Mûrier blanc.*** Arbre dont les feuilles servent de nourriture aux vers à soie.
[Les *Rectifications* (1990) admettent : murier.]

MÛRIR v. tr., intr.
VERBE TRANSITIF
Rendre mûr. *Le soleil a mûri ces pêches. L'expérience les a mûris.*
VERBE INTRANSITIF
1. Devenir mûr. *Les tomates mûrissent rapidement.*
2. (FIG.) Acquérir de la maturité, du jugement. *Ces adolescentes ont mûri, elles sont plus raisonnables.*
CONJUGAISON : VOIR MODÈLE FINIR.
mûrir.
[Les *Rectifications* (1990) admettent : murir.]

MÛRISSEMENT n. m.
Action de devenir mûr (au propre et au figuré). *Le mûrissement d'un fruit, d'un projet.*
[Les *Rectifications* (1990) admettent : murissement.]

MURMURE n. m.
1. Paroles prononcées à voix basse. *Les murmures des copines distraient Annick.* SYN. chuchotement.
2. Bruit sourd et continu. *Le léger murmure d'un ruisseau dans la forêt.*

MURMURER v. tr., intr.
VERBE TRANSITIF
Dire à voix basse (quelque chose). *Elle lui murmura un secret.*
VERBE INTRANSITIF
Prononcer à mi-voix des paroles confuses, surtout pour se plaindre ou protester.
Ne pas confondre avec les mots suivants :
• ***chuchoter,*** dire à voix basse à l'oreille de quelqu'un ;
• ***marmonner,*** prononcer à mi-voix des paroles confuses, souvent avec colère.
CONJUGAISON : VOIR MODÈLE AIMER.

MUSARAIGNE n. f.
Petit mammifère à museau pointu, ressemblant à une souris.

MUSARDER v. intr.
Flâner. *Ils aiment musarder au marché et se laisser tenter par les beaux fruits et légumes fraîchement cueillis.*
CONJUGAISON : VOIR MODÈLE AIMER.

MUSC n. m.
Le ***c*** se prononce, [mysk].
Substance odorante produite par certains animaux, utilisée en parfumerie.

MUSCADE adj. et n. f.
Épice. *Le goût de la muscade. Une noix muscade.*

MUSCADET n. m.
Vin qui a un goût de muscat.
T Le nom du vin s'écrit avec une minuscule.
muscadet.

MUSCAT adj. m. et n. m.
Le ***t*** ne se prononce pas, [myska].
ADJECTIF MASCULIN
À odeur musquée. *Du vin muscat, des raisins muscats.*
NOM MASCULIN
Vin fait avec des raisins muscats.

MUSCLE n. m.
Organe composé de fibres qui permet le mouvement, chez les êtres animés. *Ses muscles sont bien développés.*

MUSCLÉ, ÉE adj.
1. Qui a des muscles puissants. *Un garçon bien musclé.*
2. (FIG.) Énergique, autoritaire. *Une réforme musclée.*

MUSCLER v. tr.
Développer les muscles. *Ces longues promenades te muscleront les jambes.*
CONJUGAISON : VOIR MODÈLE AIMER.

MUSCULAIRE adj.
Qui est propre aux muscles. *Un effort musculaire.*

MUSCULATION n. f.
Ensemble d'exercices destinés à développer les muscles. *Des exercices de musculation. Marc-André fait de la musculation tous les jours : il est très musclé.*

MUSCULATURE n. f.
Ensemble des muscles du corps humain. *La musculature de Marc-André est bien développée.*

MUSCULEUX, EUSE adj.
Qui a beaucoup de muscles. *Des jambes musculeuses.*

MUSE n. f.
Femme qui inspire un poète, un écrivain.

MUSEAU n. m. (pl. *museaux*)
Partie de la tête de certains animaux comprenant la gueule et le nez. *Le museau de la vache.*
Pour le cheval, on dit plutôt ***le nez***; pour le cochon, le sanglier, on dit aussi ***le groin.***

MUSÉE n. m.
Établissement où sont exposées des collections d'œuvres d'art, d'objets scientifiques, historiques, etc.
T Le nom ***musée*** suivi d'un nom commun ou d'un adjectif s'écrit avec une majuscule initiale. *Le Musée des beaux-arts, le Musée de la civilisation.* Le nom ***musée*** suivi d'un nom propre s'écrit avec une minuscule. *Le musée du Louvre, le musée d'Orsay.*
musée.

MUSELER v. tr.
1. Mettre une muselière à un animal. *Ce chien est féroce, il faudrait le museler.*
2. (FIG.) Réduire au silence, empêcher de parler. *Des employés muselés, qu'on empêche de parler.* SYN. bâillonner.
CONJUGAISON : VOIR MODÈLE APPELER.
Redoublement du ***l*** devant un ***e*** muet. *Je muselle, je musellerai,* mais *je muselais.*
[Les *Rectifications* (1990) admettent : il musèle, musèlera, musèlerait...]

MUSELIÈRE n. f.
Appareil qui recouvre le museau de certains animaux pour les empêcher de mordre.
muselière.

MUSELLEMENT n. m.
Le deuxième ***e*** est muet, [myzɛlmɑ̃].
Action de museler, au propre et au figuré. *Le musellement d'un chien méchant, le musellement de la presse.* SYN. bâillonnement.
[Les *Rectifications* (1990) admettent : musèlement.]

MUSÉOLOGIE n. f.
Science du classement, de la présentation des collections d'un musée.

MUSER v. intr.
(LITT.) Flâner. SYN. musarder.
CONJUGAISON : VOIR MODÈLE AIMER.

MUSETTE n. f.
Instrument de musique champêtre. « *Jouez hautbois, résonnez musettes* » (*Il est né le divin enfant*, chant de Noël lorrain, 1874).
LOCUTION
– ***Bal musette.*** Bal populaire. *Des bals musettes.* « *Ce soir même, il y avait bal musette sur la placette du village, au son de l'accordéon* » (Gabrielle Roy, *La Détresse et l'Enchantement*).

MUSICAL, ALE, AUX adj.
Qui appartient à la musique. *Des thèmes musicaux. Une comédie musicale.*

MUSICALEMENT adv.
Harmonieusement.

MUSICALITÉ n. f.
Qualité de ce qui est musical. *La musicalité d'une langue, d'un accent.*

MUSIC-HALL n. m. (pl. *music-halls*)
Établissement qui offre un spectacle de variétés.

MUSICIEN n. m.
MUSICIENNE n. f.
Personne dont la profession est de composer ou d'interpréter de la musique.

MUSIQUE n. f.
1. Art de combiner les sons, quant à leur mélodie, leur rythme, leur harmonie. *Composer de la musique. Le piano et le violon sont des instruments de musique. Les musiques de l'enfance/Se sont-elles jamais tues* » (Alain Grandbois, *Les Îles de la nuit*).
2. Œuvre musicale. *La musique classique.*
LOCUTIONS
– ***Connaître la musique.*** Être expérimenté, savoir comment s'y prendre.
– ***Musique à bouche.*** Harmonica. *Ce chanteur s'accompagne à la musique à bouche.*
FORMES FAUTIVES
*faire face à la musique. Calque de «*to face the music*» pour ***ne pas reculer, affronter la tempête.***
*musique thème. Anglicisme pour ***indicatif musical.***

MUSQUÉ, ÉE adj.
Qui a l'odeur du musc.
musqué.

***MUST**
Anglicisme pour ***obligation, impératif.***

MUSULMAN, ANE adj. et n. m. et f.
ADJECTIF
Qui est propre à l'islam. *Le monde musulman.*
NOM MASCULIN ET FÉMININ
Qui professe la religion islamique. *Les musulmans et les chrétiens.*
T L'adjectif et le nom s'écrivent avec des minuscules.

MUTANT, ANTE adj. et n. m. et f.
ADJECTIF
1. (GÉNÉT.) Qui a subi une mutation. *Des gènes mutants.*
2. Se dit d'un être qui provient d'une mutation.
NOM MASCULIN
Personne mutante. *Les mutants d'un roman de science-fiction.*

MUTATION n. f.
1. Changement, évolution. *La mutation d'une espèce, d'un gène.*
2. (GÉNÉT.) Modification permanente des caractères héréditaires.
3. Affectation d'une personne à un autre poste. *Une mutation* (et non un *transfert) *à Toronto.*
LOCUTION
– ***Droits de mutation.*** Taxe à payer à l'administration municipale lors du transfert d'une propriété. *Des droits de mutation élevés* (et non une *taxe de bienvenue) *lors de l'acquisition d'une maison.*

MUTATIS MUTANDIS loc. adv.
Les ***u*** se prononcent ***ou***; les deux mots riment avec ***notice,*** [mutatismutɑ̃dis].
Locution latine signifiant « en changeant ce qui doit être changé ».
En apportant les modifications qui s'imposent en vue d'établir une comparaison. *Dans le domaine des biotechnologies, une nouvelle pratique mondiale se met en place, qui n'est pas sans rappeler,* mutatis mutandis, *la logique conquérante d'autrefois.*

En typographie soignée, les mots étrangers sont composés en italique. Dans des textes déjà en italique, la notation se fait en romain. Pour les textes manuscrits, on utilisera les guillemets.

MUTER v. tr.
Affecter à un autre poste. *Ils ont été mutés* (et non *transférés) *à Toronto.*
Par rapport à ***muter,*** le verbe ***permuter*** comporte une idée de réciprocité.
CONJUGAISON : VOIR MODÈLE AIMER.

MUTILATEUR, TRICE adj.
(LITT.) Qui mutile. *Une chirurgie mutilatrice.*

MUTILATION n. f.
1. Retranchement d'un organe.
2. Perte accidentelle d'une partie du corps.
Ne pas confondre avec les noms suivants :
• ***ablation,*** action d'enlever un organe, une tumeur ;
• ***amputation,*** action d'enlever un membre, une partie d'un membre au cours d'une opération chirurgicale.
mutilation.

MUTILER v. tr., pronom.
VERBE TRANSITIF
1. Retrancher un membre, une partie du corps.
2. Dégrader quelque chose. *Un monument mutilé.*
VERBE PRONOMINAL
S'infliger une mutilation. *Ces soldats ont été tentés de se mutiler pour échapper au combat.*
À la forme pronominale, le participe passé de ce verbe s'accorde toujours en genre et en nombre avec son sujet. *Ils se sont mutilés.*
CONJUGAISON : VOIR MODÈLE AIMER.
mutiler.

MUTIN, INE adj. et n. m.
ADJECTIF
Espiègle. *Un air mutin.* SYN. badin ; (FAM.) gamin.
NOM MASCULIN
Rebelle. *Les mutins ont mis la prison en feu.* SYN. insurgé.

MUTINER (SE) v. pronom.
Se rebeller. *Les prisonniers se sont mutinés contre les autorités pénitentiaires.* SYN. se révolter.
Le participe passé de ce verbe, qui n'existe qu'à la forme pronominale, s'accorde toujours en genre et en nombre avec son sujet. *Les troupes se sont mutinées.*
CONJUGAISON : VOIR MODÈLE AIMER.

MUTINERIE n. f.
Rébellion. *Il y a eu une mutinerie à la prison.* SYN. révolte ; sédition.

MUTISME n. m.
Attitude d'une personne qui se réfugie dans le silence.

MUTUEL, ELLE adj. et n. f.
ADJECTIF
Fondé sur l'échange de sentiments qui se répondent. *Une estime mutuelle entre les membres d'une équipe.*
NOM FÉMININ
Groupement à but non lucratif. *Une mutuelle d'assurances.*
FORME FAUTIVE
*fonds mutuel. Calque de « *mutual fund* » pour ***fonds commun de placement.***

MUTUELLEMENT adv.
Réciproquement. *Ils se sont penchés mutuellement sur cette question.*

mV
Symbole de ***millivolt.***

MW
Symbole de ***mégawatt.***

MYCO- préf.
Élément du grec signifiant « champignon ». *Mycologie.*

MYCOLOGIE n. f.
Étude des champignons.
mycologie.

MYCOLOGUE n. m.
Spécialiste de la mycologie.
mycologue.

MYE n. f.
Attention à la prononciation, [mi].
Mollusque comestible.
HOM.
• ***mi,*** note de musique ;
• ***mie,*** partie molle du pain.
mye.

MYGALE n. f.
Araignée pouvant atteindre plus de 15 centimètres et dont la morsure est douloureuse. *La mygale est terrifiante.*
mygale, attention au ***y.***

MYOCARDE n. m.
Muscle du cœur. *Un infarctus du myocarde.*
myocarde.

MYOPE adj. et n. m. et f.
ADJECTIF
Atteint de myopie. *Olivier est myope et devra porter des lunettes ou des lentilles.*
NOM MASCULIN ET FÉMININ
Personne qui ne voit pas bien les objets éloignés. *C'est un myope, une myope.*
myope.

MYOPIE n. f.
Défaut de l'œil qui distingue mal les objets éloignés.
À l'opposé, la ***presbytie*** est le défaut d'un œil qui distingue mal les objets proches.
myopie.

MYOSOTIS n. m.
Le ***s*** se prononce, [mjozɔtis] ; le nom rime avec ***métis.***
Plante donnant de petites fleurs bleues.
Attention au genre masculin de ce nom : ***un*** myosotis.
myosotis.

MYRIADE n. f.
Une très grande quantité. *Une myriade de bénévoles ont participé à la collecte des dons. Des myriades d'étoiles illuminent le ciel.* SYN. masse ; multiplicité ; multitude ; nuée.
Ce nom est toujours suivi d'un complément au pluriel et l'accord du verbe et de l'adjectif se fait avec le complément.
Ne pas confondre avec le nom ***pléiade,*** groupe de personnes formant une élite.
VOIR TABLEAU – COLLECTIF.
myriade.

MYRRHE n. f.
Résine aromatique. *L'or, l'encens et la myrrhe des Rois mages.*
HOM. ***mire,*** repère de visée d'une arme à feu.
myrrhe.

MYRTE n. m.
Arbuste à petites fleurs blanches odorantes. *Des feuilles de myrte.*
Attention au genre masculin de ce nom : ***du*** myrte.
myrte.

MYRTILLE n. f.
1. Variété d'airelles.
2. Baie noire de la myrtille.
La baie bleue de l'airelle des bois qui pousse au Québec est nommée ***bleuet.***
myrtille.

M

MYSTÈRE n. m.
Ce qui est caché, difficile à expliquer. *Cette disparition demeure un mystère : on se perd en conjectures.* SYN. énigme.
LOCUTION
– ***Faire des mystères.*** Prendre des précautions pour cacher quelque chose.
✏ mystère.

MYSTÉRIEUSEMENT adv.
D'une manière secrète. *Ils ont disparu mystérieusement.*
✏ mystérieusement.

MYSTÉRIEUX, IEUSE adj.
Qui est difficile à comprendre, caché. *Une lettre mystérieuse.* SYN. énigmatique ; incompréhensible ; inexplicable ; secret.
✏ mystérieux.

MYSTICISME n. m.
Doctrine religieuse selon laquelle l'homme peut s'unir à Dieu par la contemplation.
✏ mysticisme.

MYSTIFICATION n. f.
Action de mystifier, tromperie. *Ils ont été victimes d'une mystification : on les a roulés.* SYN. duperie ; imposture ; supercherie.
✏ mystification.

MYSTIFIER v. tr.
Abuser de la crédulité de quelqu'un, duper. *Ce fraudeur a mystifié mon voisin : il l'a roulé.*
Ne pas confondre avec le verbe ***mythifier,*** ériger en mythe.
CONJUGAISON : VOIR MODÈLE ÉTUDIER.
Redoublement du ***i*** à la première et à la deuxième personne du pluriel de l'indicatif imparfait et du subjonctif présent. *(Que) nous mystifiions, (que) vous mystifiiez.*
✏ mystifier.

MYSTIQUE adj. et n. m. et f.
ADJECTIF
Relatif au mysticisme.
NOM MASCULIN ET FÉMININ
Personne qui a une foi religieuse intense.
✏ mystique.

MYSTIQUEMENT adv.
Selon un sens mystique.
✏ mystiquement.

MYTHE n. m.
1. Récit fabuleux, fable symbolique. *Le mythe du déluge est universel.*
2. Construction de l'esprit qui ne repose sur aucun fondement. *Cet attentat est un mythe, il n'a jamais eu lieu.*
HOM. ***mite,*** insecte.
✏ mythe.

MYTHIFICATION n. f.
Fait de mythifier. *La mythification de la maîtrise de la langue française par nos grands-parents.*
✏ mythification.

MYTHIFIER v. tr.
Ériger en mythe. *On a mythifié l'habileté orthographique de nos grands-parents.*
Ne pas confondre avec le verbe ***mystifier,*** abuser de la crédulité de quelqu'un.
CONJUGAISON : VOIR MODÈLE ÉTUDIER.
Redoublement du ***i*** à la première et à la deuxième personne du pluriel de l'indicatif imparfait et du subjonctif présent. *(Que) nous mythifiions, (que) vous mythifiiez.*
✏ mythifier.

MYTHIQUE adj.
Qui a rapport aux mythes. *Un récit mythique.*
✏ mythique.

MYTHO- préf.
Élément du grec signifiant « fable ».
Les noms composés du préfixe ***mytho-*** s'écrivent en un seul mot. *Mythologie.*

MYTHOLOGIE n. f.
Histoire fabuleuse des dieux. *La mythologie grecque.*
✏ mythologie.

MYTHOLOGIQUE adj.
Qui concerne la mythologie. *Hermès et Diane font partie des divinités mythologiques.*
✏ mythologique.

MYTHOMANE adj. et n. m. et f.
Qui est atteint de mythomanie. *Il change constamment d'identité, c'est un mythomane.*
✏ mythomane.

MYTHOMANIE n. f.
Tendance pathologique à la fabulation.
✏ mythomanie.

MYTILICULTEUR n. m.
MYTILICULTRICE n. f.
Personne qui fait la culture des moules.
✏ mytiliculteur.

MYTILICULTURE n. f.
Culture des moules.
✏ mytiliculture.

N

N n. m. inv.
Quatorzième lettre de l'alphabet.

N
– ***n-,*** symbole de ***nano-.***
– ***N,*** symbole de ***azote.***
– ***N,*** symbole de ***newton.***
– ***N.,*** abréviation du point cardinal ***nord.***
VOIR TABLEAU – POINTS CARDINAUX.

N'
VOIR – NE.

Na
Symbole de ***sodium.***

NABAB n. m.
Les ***b*** se prononcent, [nabab] ; le nom rime avec ***baobab.***
1. Dans l'Inde, titre donné autrefois aux gouverneurs de province, aux grands officiers des sultans.
2. (FIG.) Personne très riche, vivant fastueusement. *Certains nababs de la nouvelle économie ont vu leur fortune fondre comme neige au soleil.*

NABOT, OTE n. m. et f.
Personne presque naine.
Ce nom a une connotation péjorative.

NABUCHODONOSOR n. m.
Les lettres ***ch*** se prononcent ***k,*** [nabykɔdɔnɔzɔr].
Grosse bouteille de champagne contenant approximativement 16 litres. *Des nabuchodonosors du meilleur champagne.*
VOIR – BOUTEILLE.

NAC n. m. (pl. *nacs*)
SIGLE
Acronyme de ***nouvel animal de compagnie.***
NOM MASCULIN
Animal sauvage ou exotique domestiqué afin de servir d'animal de compagnie. *La mouffette ou le tamia peuvent-ils devenirs des nacs ?*

NACELLE n. f.
1. (LITT.) Petite embarcation à rames plate et pointue aux deux extrémités, sans mât ni voile.
2. Panier suspendu sous un ballon où prennent place les passagers. *Julien et Martine regardent la ville du haut de la nacelle.*
nace**ll**e.

NACRE n. f.
Matière dure et blanche à reflets irisés qui tapisse l'intérieur de la coquille de certains mollusques. *La nacre d'un coquillage.*
Attention au genre féminin de ce nom : ***une*** nacre.

NACRÉ, ÉE adj.
Qui a l'éclat de la nacre. *Un vernis à ongles nacré.* SYN. irisé.

NACRER v. tr.
Donner l'irisation de la nacre à.
CONJUGAISON : VOIR MODÈLE AIMER.

NADIR n. m.
Point imaginaire du ciel diamétralement opposé au zénith, allant vers le centre de la Terre. ANT. zénith.

NÆVUS n. m. (pl. *nævus* ou *nævi*)
Les lettres ***æ*** se prononcent ***é,*** le ***s*** se prononce, [nevys, nevi].
(MÉD.) Tache congénitale sur la peau. SYN. grain de beauté.

NAGE n. f.
Action ou manière de nager. *La brasse est une nage appréciée. Quelle nage est la plus rapide ? Le crawl est plus rapide que la brasse ou la nage papillon.*
LOCUTIONS
– ***À la nage,*** loc. adv. En nageant. *Les amis ont traversé le petit lac à la nage.*
– ***Être en nage.*** Être couvert de sueur. *Elles ont couru et sont en nage.*

NAGEOIRE n. f.
Membrane qui permet aux poissons et à certains animaux aquatiques de se déplacer et de se diriger dans l'eau. *Les phoques, comme les poissons, ont des nageoires. Des nageoires pectorales, dorsales, caudales.*
nag**eo**ire.

NAGER v. tr., intr.
VERBE TRANSITIF
Pratiquer une forme de nage. *Sais-tu nager la brasse ?*
VERBE INTRANSITIF
1. Se déplacer dans l'eau à l'aide de ses membres. *Elle nageait sous l'eau. Les enfants nagent comme des poissons.*
2. (FIG.) Être submergé par un sentiment. *Ils nagent dans la ferveur et la joie.*
3. Être plongé dans un liquide trop abondant. *Une escalope nageait dans une sauce claire.*
En ce sens, le verbe a une connotation péjorative.
4. (FAM.) Être vêtu de vêtements trop grands. *Elle a beaucoup maigri et nage dans ses vêtements.*
LOCUTIONS
– ***Nager dans l'opulence.*** Être très riche.
– ***Nager entre deux eaux.*** (FIG.) Tenter de ménager deux groupes opposés en ne se rangeant ni d'un côté ni de l'autre. SYN. ménager la chèvre et le chou.
CONJUGAISON : VOIR MODÈLE CHANGER.
Le ***g*** est suivi d'un ***e*** devant les lettres ***a*** et ***o.*** *Il nagea, nous nageons.*

NAGEUR, EUSE n. m. et f.
Personne qui nage. *Fanny est une bonne nageuse.*
LOCUTION
– ***Maître nageur, maître nageuse.*** Personne qui surveille des baigneurs, qui enseigne la natation. *Des maîtres nageurs* (et non *lifeguards) *expérimentés.*

NAGUÈRE adv.
(LITT.) Il y a peu de temps. *Naguère, on tapait les lettres à la machine, aujourd'hui, on emploie un micro-ordinateur.*
Ne pas confondre avec les mots suivants :
• ***autrefois,*** dans un temps passé ;
• ***jadis,*** il y a très longtemps.

NAÏADE n. f.
1. Nymphe, divinité des rivières, des eaux.
2. (LITT.) Nageuse. *Des naïades évoluaient gracieusement dans les eaux claires de la baie.*
naïade.

NAÏF, ÏVE adj. et n. m. et f.
ADJECTIF
1. Se dit de ce qui est naturel, simple, spontané. *Des yeux rieurs et naïfs. Une réponse naïve.* SYN. candide ; ingénu ; jeune. ANT. malin.
2. Se dit d'une personne trop confiante, que l'on peut tromper facilement. *Ils sont trop naïfs : ils croient aux horoscopes.* SYN. crédule ; niais ; (FAM.) niaiseux.
NOM MASCULIN ET FÉMININ
1. Personne trop confiante. *Cet escroc s'en prend aux naïfs.* SYN. niais.
Le nom a une valeur négative.
2. Peintre pratiquant l'art naïf. *Une exposition des naïfs et primitifs, rue du Dragon à Paris.*
LOCUTION
– ***Art naïf.*** Art pictural pratiqué par des peintres autodidactes au style naturel, peu savant et qui s'écarte des écoles et de la tradition.
naïf, le *i* s'écrit avec un tréma.

NAIN, NAINE adj. et n. m. et f.
ADJECTIF
D'une très petite taille. *Une personne naine. Un pommier nain.*
NOM MASCULIN ET FÉMININ
Personne dont la taille est très inférieure à la normale. ANT. géant.
LOCUTION
– ***Nain de jardin.*** Statuette décorative représentant un gnome. *Les nains de jardin sont censés veiller sur le jardin et la maison.*

NAIRA n. m.
Unité monétaire du Nigéria. *Des nairas.*
VOIR TABLEAU – SYMBOLES DES UNITÉS MONÉTAIRES.

NAISSANCE n. f.
1. Venue au monde. *La naissance d'une fille.* ANT. mort.
2. (FIG.) Début, commencement. *La naissance du printemps. La naissance d'un État.*
LOCUTIONS
– ***Acte de naissance.*** Acte de l'état civil faisant preuve de la naissance, dressé immédiatement par l'officier de l'état civil dès la déclaration de naissance (GDT). *Vous devez présenter votre acte* (et non *certificat) *de naissance. L'acte de naissance précise la date, le lieu de naissance d'une personne ainsi que le nom de ses parents.*
Le terme ***extrait de naissance*** désigne un document qui reprend les données de l'acte de naissance.
– ***De naissance,*** loc. adv. Congénitalement. *Il est aveugle de naissance.*
– ***De naissance,*** loc. adv. (FIG.) De façon non acquise. « *Ma sœur et moi, qui croyions de naissance/aux miracles* » (Pierre Nepveu, *Lignes aériennes*).
– ***Donner naissance à.*** Mettre au monde. *Elle a donné naissance à un garçon et à une fille.* SYN. enfanter.
– ***Prendre naissance.*** Commencer, avoir son origine. *Le Saint-Laurent prend naissance dans les Grands Lacs.*

NAISSANT, ANTE adj.
Qui vient de naître. *Des bébés naissants.*
Ne pas confondre avec le participe présent invariable ***naissant.*** *Faut-il plaindre ou envier les bébés naissant un 29 février ?*

NAÎTRE v. intr.
1. Venir au monde. *Il est né en 1974.* ANT. mourir.
2. (FIG.) Commencer à exister. *Cette idée est née un beau jour de mai.*
LOCUTIONS
– ***Être né sous une bonne étoile.*** (FIG.) Avoir de la chance.
– ***Faire naître.*** (FIG.) Provoquer, engendrer. *Le luxe ostentatoire fait naître la jalousie.*
– ***Ne pas être né d'hier, ne pas être né de la dernière pluie.*** (FIG.) Être bien informé, expérimenté.
CONJUGAISON : VOIR MODÈLE NAÎTRE.
Ce verbe se conjugue avec l'auxiliaire ***être.*** Lorsque la première syllabe contient un ***i*** suivi d'un ***t,*** ce ***i*** prend l'accent circonflexe.
[Les *Rectifications* (1990) admettent : il nait, naitra, naitrait...]

NAÏVEMENT adv.
Avec naïveté. *Elle accepta naïvement.* SYN. ingénument.
naïvement.

NAÏVETÉ n. f.
1. Candeur, simplicité. SYN. ingénuité.
2. Excès de confiance. *Votre naïveté pourrait attirer les fraudeurs.* SYN. crédulité.
naïveté.

NAJA n. m.
Serpent très venimeux, appelé aussi ***cobra*** ou ***serpent à lunettes.*** *Des najas terrifiants.*
Ne pas confondre avec le nom ***serpent à sonnette,*** qui est un ***crotale.***

NANA n. f.
(FAM.) Femme, jeune fille. *Une petite nana. Les mecs et les nanas.*

NANDROLONE n. f.
Stéroïde anabolisant administré par voie intramusculaire. *Ces nageurs professionnels ont été suspendus pour dopage à la nandrolone par le CIO et la Fédération internationale de natation.*

NANISER v. tr.
Tailler une plante de façon à l'empêcher de croître.
CONJUGAISON : VOIR MODÈLE AIMER.

NANISME n. m.
1. (MÉD.) Anomalie caractérisée par une taille très inférieure à la moyenne. *Cette personne souffre de nanisme.*
2. État d'une plante naine.

NANO- préf.
Symbole ***n*** (s'écrit sans point).
Préfixe qui multiplie par 0,000 000 001 l'unité qu'il précède. *Une nanoseconde, des nanosecondes.*
Sa notation scientifique est 10^{-9}.
VOIR TABLEAU – MULTIPLES ET SOUS-MULTIPLES DÉCIMAUX.

NANOMÈTRE n. m.
Symbole ***nm*** (s'écrit sans point).
Unité de mesure de longueur correspondant à un milliardième de mètre.

N

CONJUGAISON DU VERBE **NAÎTRE**

INDICATIF

PRÉSENT

je	**nais**
tu	**nais**
elle	**naît**
il	**naît**
nous	**naissons**
vous	**naissez**
elles	**naissent**
ils	**naissent**

PASSÉ COMPOSÉ

je	suis	né, ée
tu	es	né, ée
elle	est	née
il	est	né
nous	sommes	nés, ées
vous	êtes	nés, ées
elles	sont	nées
ils	sont	nés

IMPARFAIT

je	**naissais**
tu	**naissais**
elle	**naissait**
il	**naissait**
nous	**naissions**
vous	**naissiez**
elles	**naissaient**
ils	**naissaient**

PLUS-QUE-PARFAIT

j'	étais	né, ée
tu	étais	né, ée
elle	était	née
il	était	né
nous	étions	nés, ées
vous	étiez	nés, ées
elles	étaient	nées
ils	étaient	nés

PASSÉ SIMPLE

je	**naquis**
tu	**naquis**
elle	**naquit**
il	**naquit**
nous	**naquîmes**
vous	**naquîtes**
elles	**naquirent**
ils	**naquirent**

PASSÉ ANTÉRIEUR

je	fus	né, ée
tu	fus	né, ée
elle	fut	née
il	fut	né
nous	fûmes	nés, ées
vous	fûtes	nés, ées
elles	furent	nées
ils	furent	nés

FUTUR SIMPLE

je	**naîtrai**
tu	**naîtras**
elle	**naîtra**
il	**naîtra**
nous	**naîtrons**
vous	**naîtrez**
elles	**naîtront**
ils	**naîtront**

FUTUR ANTÉRIEUR

je	serai	né, ée
tu	seras	né, ée
elle	sera	née
il	sera	né
nous	serons	nés, ées
vous	serez	nés, ées
elles	seront	nées
ils	seront	nés

CONDITIONNEL PRÉSENT

je	**naîtrais**
tu	**naîtrais**
elle	**naîtrait**
il	**naîtrait**
nous	**naîtrions**
vous	**naîtriez**
elles	**naîtraient**
ils	**naîtraient**

CONDITIONNEL PASSÉ

je	serais	né, ée
tu	serais	né, ée
elle	serait	née
il	serait	né
nous	serions	nés, ées
vous	seriez	nés, ées
elles	seraient	nées
ils	seraient	nés

SUBJONCTIF

PRÉSENT

que	je	**naisse**
que	tu	**naisses**
qu'	elle	**naisse**
qu'	il	**naisse**
que	nous	**naissions**
que	vous	**naissiez**
qu'	elles	**naissent**
qu'	ils	**naissent**

PASSÉ

que	je	sois	né, ée
que	tu	sois	né, ée
qu'	elle	soit	née
qu'	il	soit	né
que	nous	soyons	nés, ées
que	vous	soyez	nés, ées
qu'	elles	soient	nées
qu'	ils	soient	nés

IMPARFAIT

que	je	**naquisse**
que	tu	**naquisses**
qu'	elle	**naquît**
qu'	il	**naquît**
que	nous	**naquissions**
que	vous	**naquissiez**
qu'	elles	**naquissent**
qu'	ils	**naquissent**

PLUS-QUE-PARFAIT

que	je	fusse	né, ée
que	tu	fusses	né, ée
qu'	elle	fût	née
qu'	il	fût	né
que	nous	fussions	nés, ées
que	vous	fussiez	nés, ées
qu'	elles	fussent	nées
qu'	ils	fussent	nés

IMPÉRATIF

PRÉSENT

nais
naissons
naissez

PASSÉ

sois né, ée
soyons nés, ées
soyez nés, ées

INFINITIF

PRÉSENT

naître

PASSÉ

être né, ée

PARTICIPE

PRÉSENT

naissant

PASSÉ

né, née
étant né, ée

NANOSECONDE n. f.
Symbole ***ns*** (s'écrit sans point).
Unité de mesure de temps correspondant à un milliardième de seconde. «*Si l'on cherche quelques repères chronologiques sur la contraction du temps dans l'histoire, faut-il rappeler qu'on a commencé de parler de dixième de seconde en 1600, de centième de seconde en 1800, de milliseconde en 1850, de microseconde (millionième de seconde) en 1950, de nanoseconde (milliardième de seconde) en 1965, de picoseconde (millième de milliardième de seconde) en 1970, de femtoseconde (millionième de milliardième de seconde) en 1990, et qu'on parlera probablement en 2020 d'attoseconde, c'est-à-dire de milliardième de milliardième de seconde*» (*Le Monde diplomatique*, 2002) !

NANOTECHNOLOGIE n. f.
Ensemble des techniques de conception et de fabrication de structures extrêmement petites qui sont mesurables en nanomètres. *La nanotechnologie et la microtechnologie nous donnent désormais la capacité de diagnostiquer des tumeurs dont la taille ne dépasse pas quelques cellules, rapprochant ainsi la perspective de possible guérison de tous les cancers.* (Bill Clinton cité par *Le Monde*, 2002). SYN. fabrication moléculaire ; technologie moléculaire.

NANTI, IE adj. et n. m. et f.
Riche. *Ce quartier est réservé aux nantis.*
Ce mot a une connotation péjorative.
nanti.

NANTIR v. tr., pronom.
VERBE TRANSITIF
1. (LITT.) Doter. *On l'a nantie d'une décoration.*
2. (DR.) Garantir une dette.
VERBE PRONOMINAL
(LITT.) Se munir, se pourvoir de. *Ils se sont nantis de titres pompeux.*
Le verbe se construit avec la préposition ***de.***
À la forme pronominale, le participe passé de ce verbe s'accorde toujours en genre et en nombre avec son sujet. *Elles se sont nanties de tous les documents nécessaires.*
CONJUGAISON : VOIR MODÈLE FINIR.
nantir.

NANTISSEMENT n. m.
(DR.) Contrat par lequel un débiteur met un bien en garantie d'une dette.
nantissement.

NAPALM n. m.
Essence utilisée pour la fabrication des bombes incendiaires.
napalm.

NAPHTALINE n. f.
Les lettres ***ph*** se prononcent ***f***, [naftalin].
Produit antimite. *Son manteau sent la naphtaline* (et non la *boule à mites).
naphtaline.

NAPHTE n. m.
Produit distillé des pétroles, utilisé notamment comme solvant, dégraisseur, combustible.
Attention au genre masculin de ce nom : ***un*** naphte.
naphte.

***NAPKIN**
Anglicisme pour ***serviette (de table).***

NAPPAGE n. m.
1. Action de napper. *Le nappage d'un gâteau avec du chocolat.* SYN. glaçage.
2. Couche nappée. *Un nappage à la crème Chantilly.*

NAPPE n. f.
1. Linge dont on recouvre la table. *Une jolie nappe à carreaux.*
2. Vaste étendue plane, souvent souterraine. *Une nappe de pétrole.*
En ce sens, ne pas confondre avec les noms suivants :
- ***bassin,*** pièce d'eau artificielle, réservoir ;
- ***étang,*** petite étendue d'eau peu profonde ;
- ***lac,*** grande étendue d'eau à l'intérieur des terres ;
- ***marais,*** eau stagnante.

LOCUTION
– ***Nappe phréatique.*** Nappe supérieure des eaux souterraines.
nappe.

NAPPER v. tr.
Recouvrir un mets d'une sauce, d'une crème, etc. *Napper un gâteau de crème fouettée.*
CONJUGAISON : VOIR MODÈLE AIMER.
napper.

NAPPERON n. m.
Petite nappe individuelle placée sur une table, un meuble pour le protéger ou le décorer. *Fanny a taché le napperon.*
napperon.

NARCISSE n. m.
Plante à fleurs blanches ou jaunes très odorantes. *Mon amie a cueilli un narcisse.*
Attention au genre masculin de ce nom : ***un*** narcisse.
narcisse.

NARCISSIQUE adj.
Atteint de narcissisme. *Un économiste narcissique.*
narcissique.

NARCISSISME n. m.
Amour pathologique de soi. *Il souffre de narcissisme.*
narcissisme.

NARCO- préf.
Élément du grec signifiant « engourdissement ». *Narcotique.*

NARCODOLLARS n. m. pl.
Fonds en dollars provenant du trafic de la drogue. *Certains devinent, derrière cette fièvre immobilière, un recyclage de narcodollars.*

NARCOTIQUE adj. et n. m.
Se dit d'une substance qui provoque le sommeil. *Une plante narcotique. Le médecin lui a donné un narcotique.*
Ne pas confondre avec le nom ***stupéfiant,*** substance toxique qui produit l'inhibition des centres nerveux et peut provoquer l'accoutumance.

NARCOTRAFIC n. m.
Trafic de drogue. « *Le chef guatémaltèque de la lutte contre le narcotrafic a été arrêté par les autorités américaines... pour avoir importé et distribué de la drogue* » (*Le Monde*).

NARCOTRAFIQUANT, ANTE n. m. et f.
Trafiquant de drogue. *Des narcotrafiquants ont été arrêtés.*

NARGUER v. tr.
Provoquer quelqu'un avec insolence. *Antoine narguait ses petits voisins.* SYN. braver ; défier.
CONJUGAISON : VOIR MODÈLE AIMER.
Ce verbe s'écrit toujours avec un ***u***, même devant les lettres ***a*** et ***o***. *Il nargua, nous narguons.*

NARGUILÉ ou **NARGHILEH** n. m.
Pipe orientale dans laquelle la fumée traverse un vase d'eau aromatisée. *Des narguilés finement ouvragés.*
narguilé, narghileh.

NARINE n. f.
Chacune des deux ouvertures du nez. *Laurence s'est bouché les narines parce qu'elle trouvait que le fromage sentait mauvais.*
narine.

NARQUOIS, OISE adj.
Moqueur, malicieux. *Un sourire narquois.* SYN. ironique.
narquois.

NARQUOISEMENT adv.
D'une manière narquoise. *Elle le regardait narquoisement.* SYN. ironiquement.
narquoisement.

NARRATEUR n. m.
NARRATRICE n. f.
Personne qui raconte. *Elle travaille comme narratrice dans une bibliothèque : elle raconte des histoires aux enfants.*

NARRATIF, IVE adj.
Qui raconte une histoire. *Un exposé narratif.*

NARRATION n. f.
Récit détaillé. *Les élèves feront la narration de leurs vacances.*

NARRER v. tr.
(LITT.) Raconter, faire un long récit. *L'explorateur a narré son expédition polaire.*
☞ Ne pas confondre avec les mots suivants :
- ***conter,*** faire un récit d'une façon agréable ;
- ***rapporter,*** faire un récit authentique ;
- ***relater,*** rapporter un fait historique.

CONJUGAISON : VOIR MODÈLE AIMER.
✏ narrer.

NARVAL n. m.
Grand mammifère marin, voisin de la baleine, qui vit dans les mers arctiques. *Les narvals sont des mammifères.*
☞ On l'appelait autrefois ***licorne de mer*** à cause de la longue dent (2 à 3 m) que porte le mâle.

NAS
Sigle de ***numéro d'assurance sociale.***

NASA
Sigle de ***National Aeronautics and Space Administration.***

NASAL, ALE, AUX adj.
1. Qui appartient au nez. *Une cloison nasale, des sons nasaux.*
2. Dont la prononciation comporte une résonance nasale. *Les lettres* m *et* n *sont des consonnes nasales.*
HOM. ***(au plur.) naseau,*** narine de certains animaux.

NASALISATION n. f.
Action de nasaliser.

NASALISER v. tr.
Prononcer avec un son nasal une voyelle, une consonne.
CONJUGAISON : VOIR MODÈLE AIMER.

NASEAU n. m. (pl. *naseaux*)
Narine de certains animaux (cheval, bœuf, etc.). *Bianca flatte les naseaux du cheval.*
☞ Ce mot s'emploie généralement au pluriel.
HOM. ***nasaux,*** plur. de ***nasal,*** qui appartient au nez.
✏ naseau.

NASILLARD, ARDE adj.
Qui vient du nez. *Une voix nasillarde.*
✏ nasillard.

NASILLEMENT n. m.
1. Action de nasiller.
2. Bruit du canard.
✏ nasillement.

NASILLER v. intr.
1. Parler du nez.
2. Crier, en parlant du canard. *Les canetons nasillent.*
CONJUGAISON : VOIR MODÈLE AIMER.
Les lettres ***ill*** sont suivies d'un ***i*** à la première et à la deuxième personne du pluriel de l'indicatif imparfait et du subjonctif présent. *(Que) nous nasillions, (que) vous nasilliez.*
✏ nasiller.

NASKAPI, IE adj. et n. m. et f.
Relatif aux Amérindiens d'une nation autochtone du Québec. *La culture naskapie, des projets naskapis. Un Naskapi, une Naskapie.*
[T] L'adjectif s'écrit avec une minuscule ; le nom, avec une majuscule.

NASSE n. f.
Sorte de filet ou de panier en forme de cône servant à la pêche.
☞ La nasse servant à la pêche des homards est un ***casier.***
✏ nasse.

NATAL, ALE, ALS adj.
1. Où l'on est né. *Des pays natals, la terre natale.*
2. (MÉD.) Relatif à la naissance. *Des problèmes natals.*

NATALISTE adj.
De nature à favoriser la natalité. *Des mesures fiscales natalistes.*

NATALITÉ n. f.
Rapport entre le nombre des naissances pour une période donnée et la population d'un pays. *Un taux de natalité élevé.*
ANT. mortalité.
☞ Le taux de natalité se calcule par rapport à un groupe moyen de 1000 habitants.

NATATION n. f.
Sport de la nage. *La natation est leur sport préféré.*

NATIF, IVE adj. et n. m. et f.
ADJECTIF
Né à. *Elle est native de Montréal.*
NOM MASCULIN ET FÉMININ
Personne originaire d'un lieu. *C'est un natif de la Beauce.*
⟿ L'adjectif et le nom se construisent avec la préposition ***de.***

NATION n. f.
1. Groupement de personnes vivant dans un même pays et partageant la même culture, les mêmes traditions. *La nation québécoise.*
2. Pays. *L'Organisation des Nations Unies (ONU).*
LOCUTION
– ***Les Premières Nations.*** Au Canada, les Amérindiens et les Inuits. *La nouvelle présidente de l'Assemblée nationale a mentionné la représentation éventuelle au Parlement des Premières Nations, toujours absentes, et des immigrants, insuffisamment représentés.* (Le Devoir, *2002)*

NATIONAL, ALE, AUX adj. et n. m. pl.
ADJECTIF
1. Qui concerne une nation en particulier. *Les Québécois célèbrent leur fête nationale le 24 juin. Les hymnes nationaux.*
2. Qui incarne une nation. *Gaston Miron, l'un de nos grands poètes nationaux.*
NOM MASCULIN PLURIEL
Ensemble des personnes qui possèdent une nationalité particulière. *On distingue les nationaux des étrangers.*
✏ national.

NATIONALISATION n. f.
Action de nationaliser (une entreprise privée). *La nationalisation de l'électricité.* ANT. privatisation.
✏ nationalisation.

NATIONALISER v. tr.
Transférer à l'État la propriété d'une entreprise privée. *Les compagnies d'électricité ont été nationalisées.* ANT. privatiser.
☞ Ne pas confondre avec le verbe ***naturaliser,*** accorder à un immigrant la nationalité d'un pays.
CONJUGAISON : VOIR MODÈLE AIMER.
✏ nationaliser.

NATIONALISME n. m.
Attachement à la nation à laquelle on appartient.
✏ nationalisme.

NATIONALISTE adj. et n. m. et f.
ADJECTIF
Relatif au nationalisme. *Des chants nationalistes.*
NOM MASCULIN ET FÉMININ
Partisan du nationalisme. *Des nationalistes convaincus.*
✏ nationaliste.

N

NATIONALITÉ n. f.
1. Ethnie, collectivité qui se distingue par sa langue, sa culture.
VOIR TABLEAU – PEUPLES (NOMS DE).
2. Fait pour une personne d'être membre d'une nation. *Ils sont de nationalité libanaise.* SYN. citoyenneté.
⇨ nationalité.

NATIVITÉ n. f.
1. Naissance de Jésus-Christ. *La nativité du Christ.*
2. Fête de Noël. *Fêter la Nativité.*
T Pris absolument, le nom s'écrit avec une majuscule.

NATTAGE n. m.
1. Action de tresser en natte. *Le nattage de ses longs cheveux ne lui prend que quelques minutes.*
2. État de ce qui est natté. *Un nattage d'osier très décoratif.*

NATTE n. f.
1. Pièce d'un tissu fait de brins entrelacés. *Cette natte tissée avec de la corde sert de matelas au chien.*
2. Cheveux tressés. *Avec sa longue natte, elle a l'air d'une petite fille.* SYN. tresse.
⇨ natte.

NATTER v. tr.
Tresser en natte. *Sa maman a natté ses longs cheveux.*
CONJUGAISON : VOIR MODÈLE AIMER.
⇨ natter.

NATURALISATION n. f.
1. Action d'accorder à un immigrant la nationalité d'un pays.
2. (ÉCOL.) Acclimatation durable d'une espèce introduite dans une région, qui la rend capable de se reproduire et de se maintenir comme partie intégrante de la faune ou de la flore indigènes (GDT).

NATURALISER v. tr.
1. Conférer à un immigrant la naturalisation.
Ne pas confondre avec le verbe ***nationaliser,*** transférer à l'État la propriété d'une entreprise privée.
2. (ÉCOL.) Acclimater durablement une espèce de la faune ou de la flore dans une région.
3. Conserver un animal par taxidermie, de manière à lui garder une apparence naturelle. *Naturaliser un cerf de Virginie.*
CONJUGAISON : VOIR MODÈLE AIMER.

NATURALISTE adj. et n. m. et f.
ADJECTIF ET NOM MASCULIN ET FÉMININ
Se dit d'une personne qui étudie les plantes, les minéraux, les animaux. *Le Cercle des jeunes naturalistes.*
NOM MASCULIN ET FÉMININ
Taxidermiste.

NATURE adj. inv. et n. f.
NOM FÉMININ
1. Ensemble des êtres et des choses qui composent l'univers. *Les beautés de la nature.* SYN. monde.
2. Ensemble des traits distinctifs, des propriétés d'un être. *La nature humaine. La nature de l'homme est de penser.*
ADJECTIF INVARIABLE
Préparé simplement, sans autres ingrédients. *Des fraises nature.*
Employé comme adjectif, le mot demeure invariable.
LOCUTIONS
– ***De nature,*** loc. adv. Naturellement, d'une façon normale. *Elle est hospitalière de nature.*
– ***De toute nature,*** loc. adv. De toute sorte. *Il y avait des œuvres de toute nature.* SYN. de tout genre ; de tout type.
L'expression reste au singulier.
– ***En nature,*** loc. adv. En objets réels et non en argent. *Les enfants ont reçu des prix en nature : de délicieux gâteaux, de beaux fruits.*
– ***Grandeur nature.*** De la taille réelle de l'être ou de l'objet. *Une affiche représentant une bicyclette grandeur nature.*
– ***Nature morte.*** Tableau ayant pour sujet des objets inanimés (fleurs, fruits, etc.). *De jolies natures mortes.*
– ***Seconde nature.*** Activité rendue automatique par habitude.

NATUREL, ELLE adj. et n. m.
ADJECTIF
1. Qui appartient à la nature. *Le vent et la pluie sont des phénomènes naturels.*
2. Normal. *C'est tout naturel, voyons !*
NOM MASCULIN
Ensemble des qualités, des défauts ainsi que des caractères qu'une personne possède à sa naissance. *Il est d'un naturel généreux.*
LOCUTIONS
– ***Au naturel,*** loc. adj. Sans préparation, simple et vrai.
– ***Chassez le naturel et il revient au galop*** (Proverbe). On peut changer de personnalité pour un moment, mais on finit toujours par montrer son vrai visage.

NATURELLEMENT adv.
1. D'une manière naturelle. *Les cheveux de Madeleine sont naturellement bouclés.*
2. Évidemment. *Naturellement, mes parents sont d'accord.* SYN. assurément ; bien sûr.

NATURISME n. m.
Doctrine prônant le retour à la nature et le nudisme.

NATURISTE adj. et n. m. et f.
Adepte du naturisme. *Cette plage est réservée aux naturistes.*

NATUROPATHE n. m. et f.
Personne qui pratique la naturopathie.

NATUROPATHIE n. f.
Médecine douce qui exclut l'utilisation de tout produit pharmaceutique et qui base ses traitements sur l'utilisation exclusive de moyens naturels (jeûne, phytothérapie, diététique, massage, hygiène de vie, soleil, air pur, etc.) (GDT).

NAUFRAGE n. m.
Les lettres ***au*** se prononcent comme un ***o*** ouvert ou fermé, [nɔfraʒ, nofraʒ].
Perte d'un bateau par un accident de navigation.
LOCUTION
– ***Faire naufrage.*** Couler, en parlant d'un bateau. *Ces voiliers ont fait naufrage.*
Dans cette expression, le nom reste au singulier.
⇨ naufrage.

NAUFRAGÉ, ÉE adj. et n. m. et f.
Les lettres ***au*** se prononcent comme un ***o*** ouvert ou fermé, [nɔfraʒe, nofraʒe].
Qui a fait naufrage. *Des marins naufragés. Ce paquebot a secouru des naufragés.*
⇨ naufragé.

NAUFRAGEUR, EUSE n. m. et f.
1. Pillard qui provoque le naufrage d'un bateau pour le piller, en l'attirant sur une côte dangereuse par de faux signaux. *Les naufrageurs légendaires de Cap Hatteras.*
2. (FIG.) Personne qui provoque la ruine de quelqu'un ou de quelque chose. *Ces technocrates ont été les naufrageurs de cette entreprise.*

NAUSÉABOND, ONDE adj.
Qui sent très mauvais, qui donne la nausée. *Une odeur nauséabonde.* SYN. fétide ; puant.
⇨ nauséabond.

NAUSÉE n. f.
1. Envie de vomir. *La mer agitée lui donne la nausée.* SYN. mal de cœur.
2. (FIG.) Dégoût. *Ces détournements de fonds destinés à des œuvres de charité donnent la nausée.*
⇨ nausée.

NAUSÉEUX, EUSE adj.
1. Relatif à la nausée. *Une sensation nauséeuse.*
2. Qui souffre de nausées. *Les femmes enceintes sont parfois nauséeuses.*
3. (FIG.) Qui inspire le dégoût. SYN. dégoûtant; répugnant.

-NAUTE suff.
Élément du grec signifiant « navigateur ». *Un astronaute.*

NAUTILE n. m.
Mollusque céphalopode des mers tropicales.

NAUTIQUE adj.
Les lettres ***au*** se prononcent comme un **o** fermé, [notik].
Relatif à la navigation de plaisance et aux sports pratiqués sur l'eau. *Du ski nautique.*
Ne pas confondre avec les mots suivants :
- ***aquatique,*** qui vit dans l'eau ou au bord de l'eau;
- ***aqueux,*** qui contient de l'eau;
- ***marin,*** qui se rapporte à la mer;
- ***maritime,*** relatif à la navigation en mer.

NAUTISME n. m.
Ensemble des sports qui se pratiquent sur l'eau et, tout particulièrement, la navigation de plaisance.

NAVAL, ALE, ALS adj.
Qui concerne les navires. *Des chantiers navals.*

NAVARIN n. m.
Ragoût de mouton avec navets et pommes de terre.
Ne pas confondre avec le nom ***savarin,*** pâtisserie au rhum.
nava**rin**.

NAVET n. m.
1. Plante dont la racine est employée comme aliment.
2. (FAM.) Film, pièce de théâtre, etc., sans valeur. *Ce film est un navet.*
navet.

NAVETTE n. f.
1. Instrument utilisé sur un métier à tisser pour faire courir le fil de la trame entre les fils de la chaîne.
2. Véhicule qui circule entre deux points pour assurer la liaison. *Y a-t-il une navette* (et non un *shuttle) *entre les deux aéroports ?*
LOCUTIONS
– ***Faire la navette.*** Faire des allers et retours fréquents, comme la navette du métier à tisser.
– ***Navette spatiale.*** Véhicule spatial conçu pour assurer la liaison entre la Terre et une station orbitale.
navette.

NAVIGABILITÉ n. f.
1. État d'un cours d'eau qui est navigable.
2. État d'un navire, d'un avion qui réunit les conditions de sécurité nécessaires pour prendre la mer, pour voler. *Un certificat de navigabilité.*

NAVIGABLE adj.
Où l'on peut naviguer. *Un cours d'eau navigable.*

NAVIGANT, ANTE adj.
Qui fait partie des équipages des avions, par opposition au personnel au sol. *Les personnels navigants.*
Ne pas confondre avec le participe présent invariable ***naviguant.*** *Seront embauchés les marins naviguant pendant l'hiver.*

NAVIGATEUR n. m.
NAVIGATRICE n. f.
1. (LITT.) Personne qui a fait de longs voyages en mer. *Jacques Cartier a été un grand navigateur : il est parti de Saint-Malo en France pour parvenir à Gaspé en 1534.*
2. Personne chargée de déterminer la route à suivre, dans un bateau, un avion.
navi**ga**teur.

NAVIGATION n. f.
1. Action de voyager sur mer ou sur les cours d'eau. *La navigation sur la voie maritime du Saint-Laurent.*
2. Circulation aérienne. *La navigation aérienne est interdite de minuit à 6 h dans ce secteur.*
3. (INFORM.) Recherche d'information dans Internet. *Navigation dans* ou *sur Internet.*

NAVIGUER v. intr.
1. Voyager sur mer ou sur les cours d'eau. *Ces marins ont navigué sur toutes les mers. Ce voilier naviguait sur le fleuve quand le vent s'est levé. Un bateau qui peut naviguer en haute mer.*
2. (INFORM.) Utiliser Internet pour y chercher de l'information. *Naviguer dans* ou *sur Internet.* SYN. fureter.
En ce sens, le verbe se construit avec les prépositions ***dans, sur.***
LOCUTION
– ***Savoir naviguer.*** (FIG.) Éviter habilement les écueils pour atteindre son but.
CONJUGAISON : VOIR MODÈLE AIMER.
Ce verbe s'écrit toujours avec un ***u,*** même devant les lettres ***a*** et **o.** *Il navigua, nous naviguons.*

NAVIRE n. m.
Bâtiment de fort tonnage destiné au transport maritime (et non fluvial).
Le nom ***bateau*** désigne tout ce qui flotte et navigue, tandis que le nom ***embarcation*** ne désigne que de petits bateaux, destinés principalement au tourisme, aux loisirs nautiques (canots, chaloupes, voiliers, etc.).
Pour le genre des noms de bateaux, voir **bateau.**

NAVRANT, ANTE adj.
Désolant. *Des résultats navrants.* SYN. affligeant; consternant; décourageant; désespérant.
Ne pas confondre avec le participe présent invariable ***navrant.*** *Le cours fut suspendu, les étudiants navrant leur professeur.*

NAVRÉ, ÉE adj.
Désolé, contrarié. *Vous me voyez navrée de ce fâcheux incident. Ils étaient navrés de devoir mettre fin prématurément à leurs vacances.*
L'adjectif se construit avec la préposition ***de*** suivie d'un nom ou d'un infinitif.

NAVRER v. tr.
Désoler. *Je suis absolument navré de ce retard.* SYN. attrister; consterner; décourager.
CONJUGAISON : VOIR MODÈLE AIMER.

NAZI, IE adj. et n. m. et f.
Abréviation allemande de ***national-socialiste.*** *Des crimes nazis. Les nazis ont tué des millions de personnes.*

N. B.
Abréviation de ***nota bene*** qui signifie « notez bien ».

N.-B.
Abréviation de ***Nouveau-Brunswick.***

NDLR
Abréviation de ***note de la rédaction.***

NDT
Abréviation de ***note du traducteur.***

NE, N' adv.
(GRAMM.) Adverbe qui se place devant un verbe pour marquer la négation et qui est généralement accompagné d'un adverbe, d'un pronom ou d'un déterminant ayant également un sens négatif (*pas, plus, jamais, aucun, personne, rien...*).
L'adverbe s'élide devant une voyelle ou un *h* muet.
VOIR TABLEAU – NE, NI, NON.

N

NE, NI, NON

NE, ADVERBE DE NÉGATION

Adverbe qui se place devant un verbe pour marquer la négation et qui est généralement accompagné d'un adverbe, d'un pronom ou d'un déterminant qui a également un sens négatif ***(pas, plus, jamais, aucun, personne, rien...).*** *Elle **ne** part **pas**, il **ne** joue **plus** à la balle, les enfants **n'**ont **rien** mangé.*

L'adverbe ***ne*** s'élide devant une voyelle ou un ***h*** muet. *Elle **n'**aime pas les tomates, il **n'**habite plus là.* Dans la langue parlée ou familière, on omet parfois l'adverbe de négation ***ne.*** Dans la langue écrite courante ou soutenue, l'emploi de l'adverbe ***ne*** s'impose.

▸ Négations composées

- ***Ne... aucun.*** *N'y a-t-il **aucun** problème à procéder ainsi ?*
- ***Ne... jamais.*** *Martine **ne** critique **jamais** ses amis.*
- ***Ne... nul.*** *Nous **n'**avons **nul** besoin de lui.*
- ***Ne... nullement.*** *Elle **ne** s'est **nullement** inquiétée.*
- ***Ne... pas.*** *Les enfants **ne** jouent **pas** dehors, car il pleut.*
- ***Ne... personne.*** *Nous **n'**avons vu **personne** dans la forêt.*
- ***Ne... plus.*** *André **ne** fume **plus**. Depuis quand **ne** fume-t-il **plus** ?*
- ***Ne... point.*** *Il **ne** dort **point** et rêve à sa belle amie.*
  Cette négation composée est littéraire ou vieillie.
- ***Ne... rien.*** *Sandra **n'**a **rien** acheté, elle a été très raisonnable.*

▸ Négation simple

Ne, employé seul

- Dans certains proverbes, dans certaines expressions toutes faites. *Qui **ne** dit mot consent. Qu'à cela **ne** tienne.*
- Avec les verbes ***savoir, cesser, oser, pouvoir, avoir***, suivis de ***que*** interrogatif et d'un infinitif ou d'une phrase infinitive. *Il **ne** sait **que** dire. Elle **n'**a **que** faire de ses conseils.*

Une phrase qui contient une négation simple ou une négation composée est une **PHRASE NÉGATIVE.**

VOIR TABLEAU ▸ **PHRASE (TYPES ET FORMES DE LA).**

▸ Le *ne* explétif

Il ne faut pas confondre l'adverbe de négation avec le ***ne*** explétif qui ne joue aucun rôle grammatical et qui peut souvent être supprimé sans compromettre le sens de la phrase. Il n'est pas utilisé dans la langue courante ; on ne le retrouve que dans les textes de niveau soutenu.

Emplois du *ne* explétif

- Après les verbes exprimant le doute, la crainte, la négation : ***avoir peur, craindre, douter, empêcher, éviter, mettre en doute, nier, prendre garde, redouter.***
  À la forme affirmative, on emploie ***ne*** lorsqu'on redoute de voir se produire un évènement. *Je crains qu'il **ne** pleuve.* Si l'on redoute qu'un évènement ne se produise pas, on emploie ***ne... pas.*** *Je crains qu'elle **ne** puisse **pas** arriver à temps.* À la forme négative, on n'emploie pas le ***ne*** explétif. *Je **ne** crains **pas** qu'il vienne.*
- Après les expressions comparatives : ***autre que, autrement que, meilleur que, mieux que, moins que, pire que, plus que...*** *Il est plus âgé que tu **ne** l'es.*
- Après les expressions : ***de crainte que, de peur que, à moins que...*** *Nous viendrons à moins qu'il **ne** neige.*

> *NE, NI, NON* | ***SUITE***

NI, CONJONCTION DE COORDINATION (OU COORDONNANT)

Conjonction de coordination à valeur négative, elle est l'équivalent de la conjonction ***et*** de la phrase affirmative et sert à lier des adjectifs, des noms, des pronoms ou des phrases.

- La conjonction marque l'**union entre deux éléments** de même fonction dans une **phrase négative.** *Il n'est pas aimable **ni** même poli. Elles ont fait du ski sans bonnet **ni** gants. Elle ne chante **ni** ne danse.*
- La conjonction **joint** plusieurs mots **sujets** ou **compléments** d'un **verbe à la forme négative.** ***Ni** les filles **ni** les garçons ne sont d'accord. Il n'aime **ni** les navets **ni** les carottes.*

La construction ***ni... ni...*** s'emploie avec la négation simple ***ne.***

▸ **Locution**

– ***Ni l'un ni l'autre,*** locution pronominale indéfinie (ou pronom composé). Aucun des deux. *Ni l'un ni l'autre ne viendra.*

L'accord du verbe peut se faire au singulier ou au pluriel. ***Ni l'un ni l'autre n'est arrivé*** ou ***ne sont arrivés.*** Si le verbe précède le pronom composé, il s'écrit obligatoirement au pluriel parce qu'il s'accorde avec son sujet, selon la règle habituelle.
Ils ne sont arrivés ni l'un ni l'autre.

T On ne met généralement pas de virgule entre les éléments de la négation.

NON, ADVERBE DE NÉGATION

▸ **Emplois**

Dans une **réponse négative.** *Serez-vous présent ? **Non.***
Au début d'une **phrase négative.** ***Non,** je ne pourrai être là.*
Avec un groupe du **nom.** *C'est une pomme que j'aimerais, **non** une poire.*
Avec un **adjectif,** un **participe.** *Des produits **non** conformes aux normes.*
Avec un **pronom.** *Vous êtes invités, mais **non** eux.*
Avec un **infinitif** ou **une phrase infinitive.** *Ils veulent manger et **non** boire.*
Comme **préfixe** d'un nom. *La **non**-ingérence.*

Les noms composés avec l'élément *non* s'écrivent avec un trait d'union.

▸ **Locutions**

– ***Non plus.*** Pas davantage. *Tu n'as pas aimé ce film. Moi **non plus.***
– ***Non seulement... mais (encore).*** *Il est **non seulement** habile **mais** très expérimenté.*

NON, NOM MASCULIN INVARIABLE

Expression du refus. *Opposer un **non.*** ANT. oui.

NÉ, NÉE adj.

1. Qui est venu au monde. *Née à Montréal, elle vit maintenant à Québec.*

2. Nom + ***-né, -née.*** Qui a un talent inné dans un domaine. *C'est une pianiste-née, des informaticiens-nés.* SYN. de naissance.

Les mots composés avec le participe ***né, née*** s'écrivent avec un trait d'union et prennent la marque du pluriel. *Une artiste-née, des artistes-nées, des premiers-nés, des derniers-nés.* Exception : ***nouveau-né*** dont le premier élément est généralement invariable. *Des nouveau-nés.*

HOM. ***nez,*** organe de l'odorat.

N.-É.

Abréviation de ***Nouvelle-Écosse.***

NÉANMOINS adv.

Toutefois, malgré tout. *Elle a été injuste envers moi, néanmoins je lui pardonne.* SYN. cependant ; pourtant.

né**an**moins.

NÉANT n. m.

Ce qui n'existe pas. *Le météorite a explosé et est retourné dans le néant.*

Dans un questionnaire, un formulaire à remplir, on écrit ***néant, sans objet*** (et non *nil).

LOCUTION

– ***Réduire à néant.*** Annihiler. *Ces prétentions ont été réduites à néant.* SYN. anéantir ; détruire.

néant.

NÉBULEUSE n. f.

(ASTRON.) Amas d'étoiles.

N

NÉBULEUX, EUSE adj.
1. Rempli de nuages. *Un ciel nébuleux.* SYN. couvert; nuageux.
2. (FIG.) Obscur, confus. *Ton récit me semble un peu nébuleux. Des excuses nébuleuses.* SYN. brumeux; flou; imprécis.
✏ nébuleux.

NÉBULOSITÉ n. f.
(MÉTÉOROL.) Ensemble de nuages qui couvrent le ciel. *Des nébulosités croissantes.*

NÉCESSAIRE adj. et n. m.
ADJECTIF
Essentiel, indispensable. *Il est nécessaire de manger pour vivre. Les aptitudes nécessaires à cette fonction, pour faire ce travail.*
L'adjectif se construit avec les prépositions ***à, de, pour.***
NOM MASCULIN
1. Biens essentiels. *Le strict nécessaire.* ANT. accessoire; superflu.
2. Ce qui s'impose. *Faire le nécessaire pour finir à temps.*
3. Trousse. *Un nécessaire de couture.*
✏ nécessaire.

NÉCESSAIREMENT adv.
1. Obligatoirement. *Les rapports doivent être déposés nécessairement demain.*
2. Inévitablement, infailliblement.

NÉCESSITÉ n. f.
Ce qui est indispensable. *Je dois partir, c'est une nécessité.* SYN. obligation.
LOCUTION
– ***De première nécessité,*** loc. adj. Essentiel. *Les sinistrés ont reçu des objets de première nécessité.*
✏ nécessité.

NÉCESSITER v. tr.
1. Rendre nécessaire. *Une histoire qui nécessite une fin.*
2. Exiger. *Son état nécessite un traitement immédiat.* SYN. demander; requérir.
CONJUGAISON : VOIR MODÈLE AIMER.

NÉCESSITEUX, EUSE adj. et n. m. et f.
(VIEILLI) Indigent, qui manque du nécessaire. SYN. pauvre.
✏ nécessiteux.

NEC PLUS ULTRA n. m. inv.
Le **c** se prononce, [nɛkplysyltra].
Locution latine signifiant « pas au-delà ».
Ce qu'il y a de mieux. *Cet ordinateur, c'est le* nec plus ultra.
[T] En typographie soignée, les mots étrangers sont composés en italique. Dans des textes déjà en italique, la notation se fait en romain. Pour les textes manuscrits, on utilisera les guillemets.

NÉCR(O)- préf.
Élément du grec signifiant « mort ». *Nécrologie.*

NÉCROLOGIE n. f.
1. Écrit sur une personne récemment décédée.
2. Liste des décès du jour, de la semaine, publiée dans un journal.

NÉCROLOGIQUE adj.
Relatif à un décès récent. *Une notice nécrologique.*

NÉCROMANCIE n. f.
Art prétendu d'évoquer les morts pour connaître l'avenir.
✏ nécromancie

NÉCROMANCIEN, IENNE n. m. et f.
Personne qui pratique la nécromancie.
✏ nécromancien.

NÉCROPOLE n. f.
Grand cimetière de certains peuples de l'Antiquité. *Une nécropole égyptienne.*

NÉCROSE n. f.
(MÉD.) Altération d'un tissu causée par la mort de ses cellules.

NÉCROSER v. tr., pronom.
VERBE TRANSITIF
Produire la nécrose de.
VERBE PRONOMINAL
Être atteint de nécrose. *Les tissus se sont nécrosés.*
À la forme pronominale, le participe passé de ce verbe s'accorde toujours en genre et en nombre avec son sujet. *Ses os se sont nécrosés.*
CONJUGAISON : VOIR MODÈLE AIMER.

NECTAR n. m.
1. Boisson des dieux de la mythologie grecque.
La nourriture des divinités de l'Olympe est l'***ambroisie.***
2. Suc des fleurs que butinent les abeilles.
3. Boisson résultant d'une addition d'eau et de sucre à un jus de fruits pratiquement non consommable à l'état pur comme boisson en raison de son caractère naturellement trop pulpeux ou trop acide (Recomm. off.).

NECTARINE n. f.
Variété de pêche à peau lisse dont le noyau n'adhère pas à la chair.
VOIR – BRUGNON.

NÉERLANDAIS, AISE adj. et n. m. et f.
ADJECTIF ET NOM MASCULIN ET FÉMININ
Des Pays-Bas. *Le drapeau néerlandais. Un Néerlandais, une Néerlandaise.*
[T] L'adjectif s'écrit avec une minuscule; le nom, avec une majuscule.
NOM MASCULIN
Langue parlée aux Pays-Bas et en Belgique. *Elle étudie le néerlandais.*
[T] Le nom de la langue s'écrit avec une minuscule.

NÉERLANDOPHONE adj. et n. m. et f.
De langue néerlandaise. *Ils sont néerlandophones.*

NEF n. f.
1. (LITT.) Grand navire à voiles.
2. Partie centrale d'une église. *La nef d'une cathédrale.*

NÉFASTE adj.
1. Préjudiciable, défavorable. *Une période néfaste. Des pratiques néfastes à la profession. Une hausse d'intérêt néfaste pour la population.* SYN. désastreux. ANT. faste.
2. Mauvais, nuisible. *L'influence de cette amie lui a été néfaste.*
L'adjectif se construit avec les prépositions ***à, pour.***

NÈFLE n. f.
Fruit du néflier. *Une belle nèfle bien mûre.*
Attention au genre féminin de ce nom : ***une*** nèfle.
✏ nèfle.

NÉFLIER n. m.
Arbre qui produit la nèfle. *Le néflier ne peut résister à nos hivers.*
✏ néflier.

NÉGATIF, IVE adj. et n. m. et f.
ADJECTIF
1. Qui exprime une négation. *Une phrase négative.* ANT. affirmatif.
2. Qui exprime un refus. *Une réponse négative.* ANT. positif.
3. Qui est dépourvu d'éléments positifs. *Des commentaires négatifs.* ANT. constructif.
4. (MATH.) Qui est inférieur à zéro. *Un solde négatif.* ANT. positif.
NOM MASCULIN
(PHOT.) Cliché. *Développer un négatif pour obtenir une photographie.*
NOM FÉMININ
Phrase exprimant une négation, un refus. *Répondre par la négative.*

NÉGATION n. f.
1. Action de nier. *La négation de l'égalité de tous.* ANT. affirmation.
VOIR TABLEAU – NE, NI, NON.

2. (GRAMM.) Mot qui sert à exprimer une négation.
La négation s'exprime au moyen d'adverbes de négation (***non, ne, pas, rien,*** etc.), de certains verbes (***contester, nier, refuser,*** etc.). Attention à la juxtaposition des négations : deux négations valent une affirmation. *Je ne suis pas sans savoir* signifie « je sais ».

NÉGATIONNISME n. m.
Doctrine niant la réalité du génocide des Juifs par les nazis.

NÉGATIONNISTE adj. et n. m. et f.
Partisan du négationnisme.

NÉGATIVEMENT adv.
D'une manière négative. *Répondre négativement.*

NÉGATIVITÉ n. f.
Caractère de ce qui est négatif.

NÉGLIGÉ, ÉE adj. et n. m.
ADJECTIF
Peu soigné. *Une allure négligée.*
NOM MASCULIN
Tenue d'intérieur. *Elle portait un joli négligé en coton.*

NÉGLIGEABLE adj.
Qui est sans importance. *Une somme négligeable.* SYN. dérisoire ; insignifiant ; minime.
LOCUTION
– ***Traiter quelqu'un comme quantité négligeable.*** (FIG.) Ne pas tenir compte de la présence, de l'opinion de quelqu'un.
négligeable.

NÉGLIGEMMENT adv.
Les lettres ***em*** se prononcent ***a***, [negliʒamɑ̃] ; le mot rime avec ***savamment***.
Avec indifférence, sans soin. *Jeter négligemment ses vêtements à terre.*
négligemment.

NÉGLIGENCE n. f.
1. Fait de négliger quelqu'un, quelque chose. *Quelle négligence ! On ne nous a pas prévenus de son retour.*
2. Manque d'attention, de prudence. *Cette panne a été causée par la négligence d'un technicien.* SYN. omission.
négligence.

NÉGLIGENT, ENTE adj.
Qui manque d'attention, de prudence. *Des automobilistes négligents.* SYN. imprudent.
Ne pas confondre avec le participe présent invariable ***négligeant***. *Les gardiens négligeant leur surveillance seront rappelés à l'ordre.*

NÉGLIGER v. tr., pronom.
VERBE TRANSITIF
Ne pas s'occuper d'une personne, d'une chose comme on le devrait. *Négliger sa santé, ses amis, son travail.*
Suivi d'un infinitif, le verbe se construit avec la préposition ***de***. *On a négligé de nous transmettre ce document. As-tu négligé de faire le plein ?*
VERBE PRONOMINAL
Se laisser aller, ne plus prendre soin de sa personne. *Elle s'est négligée depuis quelque temps.*
À la forme pronominale, le participe passé de ce verbe s'accorde toujours en genre et en nombre avec son sujet. *Leur tenue laisse à désirer : ils se sont négligés.*
CONJUGAISON : VOIR MODÈLE CHANGER.
Le ***g*** est suivi d'un ***e*** devant les lettres ***a*** et ***o***. *Il négligea, nous négligeons.*

NÉGOCE n. m.
1. (VX) Commerce.
2. Activité commerciale sur les marchés internationaux.

NÉGOCIABILITÉ n. f.
Qualité d'un titre qui peut se négocier.

NÉGOCIABLE adj.
1. Qui peut se négocier. *Un titre négociable.* SYN. cessible ; transférable.
2. Dont le prix, les conditions peuvent être négociés. *Cette offre n'est pas négociable.*
négociable.

NÉGOCIANT n. m.
NÉGOCIANTE n. f.
Personne qui fait le commerce en gros. *Des négociantes en vins.*

NÉGOCIATEUR n. m.
NÉGOCIATRICE n. f.
Intermédiaire chargé de négocier une affaire, une convention. *D'habiles négociateurs ont conclu l'entente.*

NÉGOCIATION n. f.
Ensemble de démarches entreprises en vue de parvenir à un accord, de conclure une affaire. *La négociation d'un contrat.*
LOCUTIONS
– ***Être en négociations.*** Cette expression s'écrit généralement au pluriel.
– ***Négociation collective.*** Discussions entre la partie patronale et le syndicat d'une entreprise en vue de parvenir à la signature d'une convention sur les relations de travail.

NÉGOCIER v. tr., intr., pronom.
VERBE TRANSITIF
1. Discuter quelque chose en vue d'un accord. *Négocier l'achat de produits, d'une maison.*
2. (FIN.) Céder une valeur mobilière, un titre.
VERBE INTRANSITIF
Mener une négociation. *Le syndicat négocie avec la direction.*
VERBE PRONOMINAL
(FIN.) S'échanger. *Ces actions se sont négociées* (et non *transigées) *à 15 $ aujourd'hui.* SYN. coter.
À la forme pronominale, le participe passé de ce verbe s'accorde toujours en genre et en nombre avec son sujet. *Ces contrats se sont négociés difficilement.*
LOCUTION
– ***Négocier un virage.*** (FAM.) Manœuvrer de manière à exécuter un virage à grande vitesse.
Cette expression calquée sur l'anglais est critiquée.
CONJUGAISON : VOIR MODÈLE ÉTUDIER.
Redoublement du ***i*** à la première et à la deuxième personne du pluriel de l'indicatif imparfait et du subjonctif présent. *(Que) nous négociions, (que) vous négociiez.*

NÈGRE, NÉGRESSE adj. et n. m. et f.
ADJECTIF
Relatif à la race noire. *L'art nègre.*
Cet adjectif est vieilli et il a un sens défavorable ; on emploie plutôt ***noir, noire.***
NOM MASCULIN ET FÉMININ
Personne de race noire.
Ce nom est vieilli et il a un sens défavorable ; on emploie plutôt ***Noir, Noire.***
L'adjectif féminin est ***nègre***, tandis que le nom féminin est ***négresse.***
VOIR – NOIR.

NÉGRIER, IÈRE adj.
Qui se livrait à la traite des Noirs.

NÉGRITUDE n. f.
(LITT.) Ensemble des caractères, des valeurs propres à la race noire.
Ce nom n'a pas de connotation péjorative et il s'emploie dans un style soutenu.

NÉGROÏDE adj. et n. m. et f.
Qui présente certaines des caractéristiques de la race noire. *Il a des traits négroïdes.*
Ce mot n'a pas de connotation péjorative.
négroïde.

NEIGE n. f.
Eau congelée qui tombe en flocons blancs légers. *La pluie froide des derniers jours a cédé la place à de la neige fondante en fin d'après-midi. Jusqu'à 10 centimètres de neige sont prévus dans la nuit d'aujourd'hui à demain dans la région de la Beauce. « La neige, tendrement, s'amoncelait comme une couverture de plus, chaude et moelleuse »* (Gabrielle Roy, *La Détresse et l'Enchantement*).
LOCUTIONS
– ***Averse de neige.*** ⚜ Chute de neige, subite et abondante, quelquefois violente, mais de courte durée.
– ***Banc de neige.*** ⚜ Amas de neige entassée par le vent ou par le déneigement. SYN. congère.
– ***Blanc comme neige.*** Innocent.
– ***Bonhomme de neige.*** Figure humaine modelée sommairement avec de la neige. *Les enfants se promettent de faire de magnifiques bonshommes de neige.*
– ***Classe de neige.*** Enseignement donné à la montagne au cours de l'hiver, où sont combinés leçons et exercices physiques (ski, luge, etc.).
– ***Tempête de neige.*** Chute de neige abondante accompagnée de vents violents.

NEIGEOTER v. impers.
Neiger un peu. *Il neigeote et vente : la visibilité est réduite.*
CONJUGAISON : VOIR MODÈLE AIMER.
Le ***g*** est suivi d'un ***e*** devant la lettre ***o***. *Il neigeota.*

NEIGER v. impers.
Tomber, en parlant de la neige. *Il neigeait à plein ciel. « Ah ! comme la neige a neigé !/Ma vitre est un jardin de givre »* (Émile Nelligan, *Poésies complètes*).
CONJUGAISON : VOIR MODÈLE CHANGER.
Le ***g*** est suivi d'un ***e*** devant la lettre ***a***. *Il neigea.*

NEIGEUX, EUSE adj.
Couvert de neige. *Des pentes neigeuses.*

NÉNUPHAR ou **NÉNUFAR** n. m.
Plante aquatique à larges feuilles et à fleurs blanches ou jaunes. *Des nénuphars* ou *nénufars couvraient l'étang.*
☞ Ce nom est un emprunt au persan *nilufar* par l'intermédiaire de l'arabe *nînûfar.* Dans son *Dictionnaire de la langue française,* Littré privilégie l'orthographe ***nénufar*** et signale la graphie ***nénuphar,*** « d'après l'usage des botanistes », écrit le lexicographe.

NÉO- préf.
Élément du latin signifiant « nouveau ».
☞ 1° Les mots auxquels le préfixe ***néo-*** est joint s'écrivent maintenant en un seul mot, à l'exception de ceux dont le second élément commence par un ***i***. *Le néoclassicisme, le néo-impressionnisme.* Cette règle ne s'applique pas aux noms de peuples composés du préfixe ***néo-*** ni lorsque le préfixe signifie « de souche récente ».
2° Les noms de peuples comprenant le préfixe ***néo-*** s'écrivent avec un trait d'union et deux majuscules. *Des Néo-Zélandais.*
3° Si le préfixe signifie « de souche récente », il s'écrit avec un trait d'union et une minuscule initiale. *Un néo-Québécois, des néo-Ontariens.* Le préfixe ***néo-*** est invariable, mais le deuxième élément prend la marque du pluriel.
VOIR TABLEAU – PEUPLES (NOMS DE).

NÉOCLASSICISME n. m.
1. École littéraire prônant le retour au classicisme.
2. Forme d'art imitée de l'Antiquité.

NÉOCLASSIQUE adj.
Qui appartient au néoclassicisme. *Un portail néoclassique.*

NÉOCOLONIALISME n. m.
Colonialisme d'une forme nouvelle visant une domination économique sur les anciennes colonies maintenant indépendantes.

NÉOCOLONIALISTE adj. et n. m. et f.
ADJECTIF
Relatif au néocolonialisme. *Des tendances néocolonialistes.*
NOM MASCULIN ET FÉMININ
Partisan du néocolonialisme.

NÉO-DÉMOCRATE ou **NÉODÉMOCRATE** adj. et n. m. et f.
Adepte du Nouveau Parti démocratique. *Il est néo-démocrate. Des néo-démocrates* ou *néodémocrates.*

NÉO-IMPRESSIONNISME n. m.
Mouvement pictural dont le peintre pointilliste Seurat fut le chef de file entre 1885 et 1890.

NÉO-IMPRESSIONNISTE adj. et n. m. et f.
Qui relève du néo-impressionnisme. *Les néo-impressionnistes privilégiaient la richesse et la solidité des tons. Des peintres néo-impressionnistes.*

NÉOLIBÉRAL, ALE, AUX adj. et n. m. et f.
ADJECTIF
Relatif au néolibéralisme. *Des pratiques néolibérales.*
NOM MASCULIN ET FÉMININ
Partisan du néolibéralisme. *Des économistes néolibéraux.*

NÉOLIBÉRALISME n. m.
(ÉCON.) Doctrine qui n'admet qu'une intervention limitée de l'État.

NÉOLITHIQUE adj. et n. m.
Relatif à la période la plus récente de l'âge de pierre. *L'époque néolithique.*
✏ néoli**th**ique.

NÉOLOGIE n. f.
Création de nouveaux mots par dérivation, par composition, par évolution de sens ou par tout autre procédé.
VOIR TABLEAU – NÉOLOGISME.

NÉOLOGIQUE adj.
Relatif au néologisme. *Une locution néologique.*

NÉOLOGISME n. m.
Mot nouveau ou sens nouveau accordé à un mot existant.
VOIR TABLEAU – NÉOLOGISME.

NÉON n. m.
1. Gaz rare de l'atmosphère employé dans l'éclairage. *Le néon est un gaz incolore.*
2. Éclairage au moyen de tubes fluorescents. *Une enseigne au néon.*
3. Tube au néon. *Le néon est brûlé, il faut le remplacer.* SYN. tube fluorescent.

NÉONATAL, ALE, AUX adj.
Relatif au nouveau-né (au cours du premier mois de vie). *Des soins néonataux. La médecine néonatale.*

NÉONATOLOGIE n. f.
(MÉD.) Branche de la médecine qui a pour objet la surveillance et les soins spécialisés du nouveau-né à risques ou de celui dont l'état s'est dégradé après la naissance (GDT). SYN. médecine néonatale.

NÉOPHYTE n. m. et f.
👄 Le o est ouvert, [neɔfit].
1. Personne récemment baptisée.
2. (FIG.) Nouvel adepte d'un parti, d'une théorie. *Il a l'ardeur des néophytes.*
☞ Ne pas confondre avec le mot ***novice***, personne inexpérimentée.
✏ néo**phy**te.

NÉO-ZÉLANDAIS, AISE adj. et n. m. et f.
De la Nouvelle-Zélande. *Un paysage néo-zélandais. Un Néo-Zélandais, une Néo-Zélandaise.*

T L'adjectif s'écrit avec des minuscules ; le nom, avec des majuscules.
VOIR – NÉO-.
[Les *Rectifications* (1990) admettent : Néozélandais, Néozélandaise.]

NÉPALAIS, AISE adj. et n. m. et f.
Du Népal. *Le drapeau népalais. Un Népalais, une Népalaise.*
T L'adjectif s'écrit avec une minuscule ; le nom, avec une majuscule.

NÉPHROLOGIE n. f.
Étude de la physiologie et de la pathologie du rein.
néph**ro**logie.

NÉPHROLOGUE n. m. et f.
Spécialiste de la néphrologie.
néph**ro**logue.

NÉPOTISME n. m.
(LITT.) Faveur accordée par une personne en place à l'égard de ses parents ou amis. *Le député a été accusé de népotisme.*
Ne pas confondre avec le nom ***favoritisme***, tendance à favoriser quelqu'un de manière injuste.

NERF n. m.
Le *f* ne se prononce pas, [nɛr] ; le mot rime avec ***air***.
1. Force, vigueur. *Avoir du nerf.*
2. Cordon conducteur de la sensibilité et du mouvement qui relie un centre nerveux à un organe.
3. (AU PLUR.) Système nerveux. *Avoir les nerfs fragiles. Des nerfs d'acier.*
LOCUTIONS
– ***Avoir des nerfs d'acier.*** (FIG.) Avoir beaucoup de sang-froid, savoir garder son calme.
– ***Avoir les nerfs (à vif).*** S'exciter, s'énerver à l'excès.
– ***Crise de nerfs.*** Excès de nervosité, irritation.
– ***Être à bout de nerfs, être sur les nerfs.*** Être tendu, surexcité.
– ***Le nerf de la guerre.*** (FIG.) Les ressources financières nécessaires à la réalisation de quelque chose.
– ***Les nerfs !*** ⚜ (FAM.) Du calme !

NERVEUSEMENT adv.
De façon nerveuse. *Elle mordillait son crayon nerveusement.*

NERVEUX, EUSE adj. et n. m. et f.
1. Qui est relatif aux nerfs. *Le système nerveux.*
2. Énervé. *Elle est un peu nerveuse.* SYN. agité ; excité ; irritable.
nerveu**x**.

NERVOSITÉ n. f.
Surexcitation, énervement. *Sa nervosité grandit à mesure que l'attente se prolonge.*
nerv**o**sité.

NERVURE n. f.
Ligne saillante. *Les nervures d'une feuille.*

N'EST-CE PAS? adv. interr.
Expression servant à demander l'accord de quelqu'un sur ce qui vient d'être dit. *C'est joli ce paysage, n'est-ce pas ?*
T Dans le corps d'une phrase, la locution s'écrit sans point d'interrogation. *Les questions multiples, les doutes, n'est-ce pas, demeurent.*

NET, NETTE adj. et adv.
Le *t* de la forme masculine se prononce, [nɛt].
ADJECTIF
1. Propre. *Un vêtement net.* SYN. impeccable.
2. Clair. *Un progrès très net, une réponse nette.*
3. Précis. *Une image très nette.* SYN. distinct.
4. Après déduction des frais, des taxes. *Un bénéfice net, un salaire net d'impôt.*
5. Après déduction de l'emballage. *Un poids net.* ANT. brut.
ADVERBE
1. Tout d'un coup. *Ils ont cessé net de chanter. Cet incident m'a coupé net l'appétit.*
2. Franchement. *Parlez net, sans détour. Ils ont refusé net notre offre.*
3. Après déduction des frais, des taxes, etc., par opposition à ***brut***. *Cet article revient à 15 $ net ; il pèse cinq kilos net.*
Employé adverbialement, le mot est invariable.
LOCUTIONS
– ***Au net.*** Au propre. *Il ne me reste qu'à mettre le texte au net.*
– ***En avoir le cœur net.*** Être fixé au sujet de quelque chose.
– ***Faire place nette.*** (FIG.) Libérer un endroit, partir.
FORME FAUTIVE
*net. Anglicisme pour ***filet***.

NÉTHIQUE n. f.
(INFORM.) Ensemble des principes moraux qui régissent le comportement des internautes dans le réseau (GDT). *Le piratage de données, de logiciels, la diffusion de documents illicites contreviennent à la néthique.* SYN. éthique d'Internet.
né**thi**que.

NÉTIQUETTE n. f.
(INFORM.) Ensemble des conventions de bienséance en usage sur Internet. *Respectez-vous la nétiquette ?*
Le terme ***nétiquette*** est un mot-valise issu de la contraction de ***Net*** (forme tronquée d'Internet) et du nom ***étiquette***.
né**ti**quette.

NETTEMENT adv.
De façon nette. *Je n'arrive pas à distinguer nettement le nom de ce bateau.* SYN. clairement ; distinctement.

NETTETÉ n. f.
Précision. *Les critères ont été exprimés avec netteté.* SYN. clarté.

NETTOIEMENT n. m.
Assainissement. *Le nettoiement des terrains.* SYN. nettoyage.
Ce nom désigne l'ensemble des opérations de nettoyage.
netto**ie**ment.

NETTOYAGE n. m.
Action de nettoyer quelque chose. *Le nettoyage d'un vêtement.* SYN. blanchissage.

NETTOYANT n. m.
Produit qui nettoie. *Des nettoyants efficaces.*

NETTOYER v. tr., pronom.
VERBE TRANSITIF
Rendre net, propre. *Elle nettoie son tapis.*
VERBE PRONOMINAL
Se débarrasser de ce qui salit, gêne, etc. *Comment se nettoyer quand on est couvert de peinture ?*
À la forme pronominale, le participe passé de ce verbe s'accorde en genre et en nombre avec le complément direct si celui-ci le précède. *L'oreille qu'il s'est nettoyée. Ils se sont nettoyés soigneusement.* Le participe passé reste invariable si le complément direct suit le verbe. *Elles se sont nettoyé les ongles.*
CONJUGAISON : VOIR MODÈLE EMPLOYER.
Le ***y*** se change en ***i*** devant un ***e*** muet. *Il nettoie, il nettoiera.*
Le ***y*** est suivi d'un ***i*** à la première et à la deuxième personne du pluriel de l'indicatif imparfait et du subjonctif présent. *(Que) nous nettoyions, (que) vous nettoyiez.*

NETTOYEUR n. m.
⚜ Entreprise qui se charge de nettoyer, de repasser les vêtements, les tissus. *Papa a porté son pantalon chez le nettoyeur.* SYN. teinturerie.

NETTOYEUR n. m.
NETTOYEUSE n. f.
Personne qui nettoie. *Un nettoyeur de vitres, de planchers.* SYN. laveur.

N

NÉOLOGISME

Mot nouveau ou sens nouveau accordé à un mot existant.

Généralement, on crée un néologisme quand la langue ne dispose pas déjà d'un mot pour nommer une réalité nouvelle. La néologie illustre la créativité d'une langue qui invente un mot pour nommer une nouveauté plutôt que d'emprunter un terme à une autre langue.

▸ Exemples de néologismes

BALADODIFFUSION n. f.
(INFORM.) Mode de diffusion qui permet aux internautes d'automatiser le téléchargement de contenus radiophoniques, audio ou vidéo, destinés à être transférés sur un baladeur numérique pour une écoute ou un visionnement ultérieurs (GDT).

Le terme *baladodiffusion* a été proposé en 2004 par l'Office québécois de la langue française sur le modèle de *radiodiffusion, télédiffusion* pour traduire les termes *podcasting, *iPodcasting.

COURRIEL n. m.
1. Courrier dont l'acheminement se fait exclusivement par l'utilisation de systèmes électroniques reliés entre eux. (Recomm. off.) *Un fichier envoyé par courriel* (et non *e-mail).
2. Message transmis par courrier électronique. *Tu as reçu plusieurs courriels* (et non *mails).

DELTISTE n. m. et f.
Adepte du vol libre en deltaplane. *Deux pas d'élan, et le deltiste disparaît en contrebas, avant de réapparaître : rapide, l'engin file conquérir l'air des cimes, pour quelques minutes de plaisir, de solitude et de liberté totale.*

DOCUFICTION n. m.
Documentaire basé sur des faits irréels ayant pour but de produire, par l'étonnement, des effets divertissants (GDT). *Le téléfilm frôle parfois le docufiction, s'offrant des incursions dans le réel.*

ÉCOCITOYENNETÉ n. f.
Comportement individuel ou collectif responsable à l'égard de l'environnement. *Des écologistes assurent un enseignement centré sur la nature afin de semer les germes de l'écocitoyenneté de demain.*

▸ Formation de néologismes à l'aide de racines grecques ou latines

Les néologismes scientifiques sont souvent créés à l'aide de préfixes, de suffixes d'origine grecque ou latine dont le sens est connu. Ainsi, dans le domaine médical, le néologisme ***cardiostimulateur***, qui désigne une prothèse destinée à provoquer la contraction du cœur, est composé de ***cardio-***, élément du grec signifiant « cœur », et du nom ***stimulateur***, dérivé de *stimuler* du latin *stimulare* « aiguillonner, stimuler ». Ce néologisme présente le double avantage d'éviter un emprunt au terme anglais *pacemaker* et d'être plus concis que le terme *stimulateur cardiaque*, employé comme synonyme.

VOIR TABLEAUX ▸ **PRÉFIXE.** ▸ **SUFFIXE.**

▸ Formation de néologismes par dérivation

PRÉFIXATION

- **Préfixe** + radical
  - Préfixe ***co-*** « avec » + radical ***parentalité*** = ***coparentalité*** « exercice conjoint des responsabilités des parents à l'égard de l'enfant ».
  - Préfixe ***cyclo-*** « cercle » + radical ***tourisme*** = ***cyclotourisme*** « tourisme à bicyclette ».
  - Préfixe ***multi-*** signifiant « plusieurs » + radical ***culturel*** = ***multiculturel*** « où coexistent plusieurs cultures ».

La préfixation modifie le sens du mot.

SUFFIXATION

- Radical + **suffixe**
  - ***Cervol(ant)*** + suffixe ***-iste*** servant à la formation d'un nom, d'un adjectif = ***cervoliste*** « amateur de cerf-volants ».
  - ***Compost*** + suffixe ***-able*** « être susceptible de » = ***compostable*** « qui peut être composté, décomposé ».
  - ***Convivial*** + suffixe ***-iser*** servant à la formation d'un verbe = ***convivialiser*** « rendre convivial ».
  - ***Kayak*** engendre ***kayakisme;***
  - ***Logistique*** engendre ***logisticien, logisticienne;***
  - ***Pilule*** engendre ***pilulier.***

N

▸ Formation de néologismes par composition

- Juxtaposition de mots pour composer un nouveau terme.

Commerce équitable, développement durable, empreinte écologique, réchauffement climatique.

☞ Les éléments peuvent être soudés (***clavardage***, télescopage des noms ***clavier*** et ***bavardage***), joints par un trait d'union ***(copier-coller)*** ou disjoints ***(bâtiment vert).***

▸ Formation de néologismes à l'aide d'acronymes ou de sigles

Certains néologismes proviennent des initiales de plusieurs mots juxtaposés qui composent un terme, une désignation.

- Le terme ***FAQ*** est l'acronyme de ***foire aux questions.***
- Le nom ***ONG*** est le sigle de la désignation ***organisation non gouvernementale.***
- Le québécisme ***cégep*** est l'acronyme de **collège d'enseignement général et professionnel.**

  ☞ Ce terme a été créé en 1965.
- Le nom ***sida*** est l'acronyme de **syndrome d'immuno-déficience acquise.**

  ☞ Ce terme a été créé en 1982.

VOIR TABLEAU ▸ **NOMS COMPOSÉS.**

▸ Autres exemples de néologismes

AGROCHIMIE n. f.
Ensemble des produits de l'industrie chimique destinés à l'agriculture (fertilisants, pesticides, etc.).

AGRO-INDUSTRIE n. f.
Ensemble des industries qui concernent l'agriculture (agrochimie, agroalimentaire, etc.).

ANGIOGRAPHIE n. f.
(MÉD.) Radiographie des vaisseaux. *L'angiographie permet notamment de détecter des sténoses artérielles.*

ANTIVIRUS adj. et n. m.
ADJECTIF
Un logiciel antivirus.
NOM MASCULIN
(INFORM.) Logiciel de sécurité qui procède, automatiquement ou sur demande, à l'analyse des fichiers et de la mémoire d'un ordinateur, soit pour empêcher toute introduction parasite, soit pour détecter et éradiquer tout virus dans un système informatique. (Recomm. off.) *Des antivirus efficaces.*

AUTOGREFFE n. f.
(MÉD.) Greffe faite à l'aide d'un greffon qui provient du sujet lui-même. SYN. greffe autologue.

BIODIVERSITÉ n. f.
Diversité des espèces vivantes d'un milieu. *Il importe de préserver la biodiversité végétale et animale.*

BIOÉTHIQUE adj. et n. f.
ADJECTIF
Qui concerne l'éthique de la médecine et de la recherche médicale. *Des questions bioéthiques.*
NOM FÉMININ
Discipline qui étudie les problèmes moraux posés par la médecine et la recherche médicale. *Le clonage soulève de graves problèmes de bioéthique.*

CANYONING n. m.
Sport combinant la descente d'un cours d'eau au fond d'une gorge profonde et l'escalade des parois abruptes qui l'enserrent. *Étienne a fait du canyoning dans les gorges du Verdon.*

CLAVARDAGE n. m.
(INFORM.) Activité permettant à un internaute d'avoir une conversation écrite interactive et en temps réel avec d'autres internautes, par clavier interposé (GDT). *Des sessions de clavardage* (et non de *chat). SYN. bavardage.

CLIC interj. et n. m.
INTERJECTION
Onomatopée indiquant le claquement sec d'un déclic. *Clic! le classeur est verrouillé!*
[T] L'interjection est toujours suivie d'un point d'exclamation qui est souvent repris à la fin de la phrase. Si la phrase exclamative n'est pas complète, le mot qui suit le point d'exclamation s'écrit avec une minuscule initiale.
NOM MASCULIN
(INFORM.) Pression exercée avec le doigt sur la souris d'un ordinateur en vue de sélectionner une fonction, un élément.
LOCUTION
– ***Clic droit.*** (INFORM.) Pression exercée brièvement une fois sur la partie droite de la souris. *Dans certains logiciels, le clic droit permet d'ouvrir un menu contextuel.*

DÉBOGAGE n. m.
(INFORM.) Recherche et élimination des erreurs d'un logiciel ou d'un matériel. *Le débogage d'un nouveau progiciel de gestion de la production.*

NEUF adj. num. inv. et n. m. inv.
Le *f* se prononce, même devant une consonne. Devant ***ans, autres, heures, hommes,*** le *f* se prononce *v*; dans tous les autres cas (par exemple ***autobus***), la liaison se fait avec un *f*, [nœf, nəvotr, nəvœr, nəvɔm, nœfɔtɔbys].
ADJECTIF NUMÉRAL CARDINAL INVARIABLE
Trois fois trois. *Neuf heures.*
ADJECTIF NUMÉRAL ORDINAL INVARIABLE
Neuvième. *Le neuf janvier.*
NOM MASCULIN INVARIABLE
Le nombre neuf. *Il dessine des neuf.*
VOIR TABLEAU – NOMBRES.
VOIR TABLEAU – NUMÉRAL ET ADJECTIF ORDINAL (DÉTERMINANT).

NEUF, NEUVE adj. et n. m.
ADJECTIF
1. Qui n'a pas encore servi. *Une voiture neuve.* ANT. vieux.
2. Original. *Une idée neuve.* SYN. nouveau.
NOM MASCULIN
1. Ce qui est neuf. *Aimer l'odeur du neuf.*
2. Ce qui est nouveau. *Y a-t-il du neuf?* SYN. nouvelles.
LOCUTIONS
– ***À neuf,*** loc. adv. En redonnant l'apparence du neuf. *L'appartement a été décoré à neuf.*
– ***De neuf.*** Avec des choses nouvelles. *Elles sont habillées de neuf.* ANT. vieux.
– ***Faire peau neuve.*** (FIG.) Se renouveler. *Elles font peau neuve et commencent une nouvelle production.*
Cette expression est invariable.
– ***Flambant neuf.*** Entièrement neuf. *Des robes flambant neuves.*
Dans cette expression, le mot ***flambant*** est invariable; certains auteurs toutefois le font accorder.

NEUR(O)- préf.
Élément du grec signifiant « nerf ». *Neurologie.*

NEURASTHÉNIE n. f.
1. Épuisement nerveux.
2. État durable d'abattement et de tristesse.
neurasthénie.

NEURASTHÉNIQUE adj.
1. (VIEILLI) Qui est atteint de neurasthénie. *« L'éléphant neurasthénique » d'Ollivier Mercier-Gouin faisait de la neurasthénie parce qu'il était blanc, alors que son grand-papa, son papa, sa maman et son oncle Fernand étaient gris.* SYN. déprimé.
2. (VX) Qui est triste et abattu.
neurasthénique.

NEUROCHIRURGICAL, ALE, AUX adj.
Relatif à la neurochirurgie. *Des traitements neurochirurgicaux.*

NEUROCHIRURGIE n. f.
Chirurgie du système nerveux.

NEUROCHIRURGIEN n. m.
NEUROCHIRURGIENNE n. f.
Chirurgien qui pratique la neurochirurgie.

NEURODÉGÉNÉRATIF, IVE adj.
(MÉD.) Qui provoque la dégénérescence du système nerveux. *Maladies neurodégénératives.*

NEUROLOGIE n. f.
1. Étude du système nerveux.
2. Spécialité de la médecine qui s'occupe des maladies du système nerveux.

NEUROLOGIQUE adj.
Relatif à la neurologie ou aux nerfs. *Un problème neurologique.*

NEUROLOGUE n. m. et f.
Médecin spécialiste de la neurologie. *Une neurologue. Étienne est maintenant neurologue.*

NEURONE n. m.
Cellule des centres nerveux.
Attention au genre masculin de ce nom : ***un*** neurone.
neurone.

NEUROSCIENCES n. f. pl.
Ensemble des disciplines scientifiques qui ont pour objet le système nerveux. SYN. sciences neurologiques.
C'est l'interdisciplinarité imposée aujourd'hui par les études sur le cerveau qui est à la base de la création du terme neurosciences (GDT).

NEUROTOXIQUE adj.
(MÉD.) Se dit d'un agent qui empoisonne ou détruit le tissu nerveux.

NEUTRALISATION n. f.
Action de neutraliser. *La neutralisation d'une opposition.*

NEUTRALISER v. tr., pronom.
VERBE TRANSITIF
1. (CHIM.) Supprimer le caractère acide d'une substance en y ajoutant une base, ou inversement, supprimer le caractère alcalin d'une substance en y ajoutant un acide.
2. Empêcher d'agir par une action contraire. *Le gardien a neutralisé les cambrioleurs.*
3. Rendre neutre (un pays, un territoire).
VERBE PRONOMINAL
Se contrebalancer. *Les effets se sont neutralisés.* SYN. s'équilibrer.
À la forme pronominale, le participe passé de ce verbe s'accorde toujours en genre et en nombre avec son sujet. *Les équipes concurrentes s'étaient neutralisées.*
CONJUGAISON : VOIR MODÈLE AIMER.

NEUTRALITÉ n. f.
État d'une personne, d'un pays qui reste neutre. *La neutralité de la Suisse.*
neutralité.

NEUTRE adj. et n. m.
ADJECTIF
1. Qui s'abstient de prendre parti, qui n'est ni pour ni contre quelqu'un ou quelque chose. *La Suisse est neutre.* SYN. impartial.
2. Détaché. *Un ton neutre.*
NOM MASCULIN
(GRAMM.) Genre des mots d'une langue qui ne sont ni du genre masculin ni du genre féminin. *Le neutre du latin.*
Quelques mots français présentent les caractéristiques du neutre de certaines autres langues : le pronom ***il*** impersonnel, les pronoms ***ce, que, quoi, rien, tout,*** etc. Les adjectifs qui se rapportent à ces pronoms se mettent au masculin.
FORME FAUTIVE
*être au neutre, en parlant d'un embrayage. Impropriété pour ***être au point mort.***

NEUTRON n. m.
Particule élémentaire instable non chargée électriquement, de masse sensiblement égale à celle du proton qui entre avec celui-ci dans la constitution de tous les noyaux atomiques à la seule exception de celui de l'hydrogène (GDT).

NEUVAINE n. f.
Actes de dévotion répétés pendant neuf jours pour obtenir une grâce. *Faire une neuvaine à saint Jude, patron des causes désespérées.*
neuvaine.

NEUVIÈME adj. num. et n. m. et f.
ABRÉVIATIONS
9e (neuvième), ***9es*** (neuvièmes).
ADJECTIF NUMÉRAL ORDINAL
Qui vient après le huitième. *Les neuvièmes pages.*
NOM MASCULIN
Neuvième partie d'un tout. *Les deux neuvièmes d'un groupe.*

Il n'y a pas de trait d'union entre l'adjectif numéral et le nom désignant la partie d'un tout.
NOM MASCULIN ET FÉMININ
Personne, chose qui occupe le neuvième rang. *Ils sont les neuvièmes.*
VOIR TABLEAU – NOMBRES.
VOIR TABLEAU – NUMÉRAL ET ADJECTIF ORDINAL (DÉTERMINANT).

NEUVIÈMEMENT adv.
En neuvième lieu.

NEVEU n. m. (pl. *neveux*)
Fils du frère ou de la sœur. *Des neveux turbulents.*
Le nom féminin est ***nièce.***

NÉVRALGIE n. f.
Douleur qui siège sur le trajet d'un nerf sensitif. *Une névralgie intercostale.*
FORME FAUTIVE
*névralgie. Impropriété au sens de ***mal de tête.***
Un remède contre les névralgies est un ***antinévralgique.***

NÉVRALGIQUE adj.
Relatif à la névralgie. *Une douleur névralgique.*
LOCUTION
– ***Point névralgique.*** Point sensible.

NÉVROPATHE adj. et n. m. et f.
Névrosé.

NÉVROSE n. f.
Affection caractérisée par des troubles affectifs et émotionnels. *Une névrose phobique.*

NÉVROSÉ, ÉE adj. et n. m. et f.
Qui est atteint de névrose.

NÉVROTIQUE adj.
Relatif à la névrose.

***NEWSLETTER**
Anglicisme pour ***lettre de diffusion, lettre d'information, bulletin de liaison, bulletin d'information, note d'information.***

NEWTON n. m.
Symbole *N* (s'écrit sans point).
Unité mécanique équivalant à une accélération de 1m/s transmise à une masse de 1 kg.
T Attention, le symbole s'écrit avec une majuscule, mais le nom s'écrit avec une minuscule.

NEW-YORKAIS adj. et n. m. et f.
De New York. *La population new-yorkaise. Le métro new-yorkais. Un New-Yorkais, une New-Yorkaise.*
Le gentilé s'écrit avec un trait d'union; le nom de la ville s'écrit sans trait d'union.
T L'adjectif s'écrit avec des minuscules; le nom, avec des majuscules.

NEZ n. m. (pl. *nez*)
Partie saillante au milieu du visage humain, organe de l'odorat. *Un petit nez retroussé, un nez droit.*
LOCUTIONS
– ***Avoir du nez.*** Avoir un bon odorat et, au figuré, de l'intuition.
– ***Cache-nez.*** Écharpe destinée à couvrir le bas du visage. *Des cache-nez bien chauds.*
– ***Mener quelqu'un par le bout du nez.*** (FIG.) Avoir beaucoup d'influence sur quelqu'un.
– ***Mettre le nez dans une affaire.*** Intervenir dans une affaire, se mêler d'une affaire.
– ***Mettre le nez dehors.*** (FIG.) Sortir.
– ***Ne pas voir plus loin que le bout de son nez.*** Manquer de clairvoyance.
– ***Nez à nez.*** Face à face. *Le voleur s'est trouvé nez à nez avec le gardien.*
Pour qualifier des concurrents à égalité, on emploiera plutôt l'expression ***coude à coude.***
– ***Pied de nez.*** Grimace. *Des pieds de nez espiègles.*
– ***Rire au nez de quelqu'un.*** (FIG.) Se moquer de lui ouvertement.
HOM. ***né,*** qui est venu au monde.

Ni
Symbole de ***nickel.***

NI conj.
(GRAMM.) Conjonction de coordination à valeur négative qui sert à lier des adjectifs, des noms, des pronoms ou des phrases. *Ils sont sortis sans manteau ni tuque. Ni les infographistes ni les informaticiens ne sont prêts.*
La conjonction *ni* correspond à la conjonction *et* de la phrase affirmative.
VOIR TABLEAU – NE, NI, NON.

NIAIS, NIAISE adj. et n. m. et f.
1. Naïf et sot. *Quels niais : on les a roulés de la plus belle façon !* SYN. bête; naïf; (FAM.) ⚜ niaiseux; stupide.
2. Qui exprime la niaiserie, la bêtise. *Un regard niais.* SYN. abruti; bête.

NIAISEMENT adv.
D'une façon niaise.

NIAISER v. tr., intr.
VERBE TRANSITIF
⚜ (FAM.) Embêter. *Oscar, cesse de nous niaiser, laisse-nous tranquilles !*
VERBE INTRANSITIF
⚜ (FAM.) Perdre son temps à ne rien faire, s'embêter. *Viens jouer avec moi, Julie, on va s'amuser au lieu de niaiser tout l'après-midi !*
CONJUGAISON : VOIR MODÈLE AIMER.

NIAISERIE n. f.
1. Caractère de ce qui est niais. *La niaiserie d'une réplique.* SYN. stupidité.
2. Parole, action niaise. *Tu nous embêtes avec tes niaiseries.* SYN. bêtise; sottise.

NIAISEUX, EUSE adj. et n. m. et f.
⚜ (FAM.) Niais. *Ne sois pas niaiseux : termine ton travail.* SYN. bête; stupide.

NICHE n. f.
1. Enfoncement pratiqué dans l'épaisseur d'un mur pour y placer une statue, un objet, etc. *On a placé une statue de saint François d'Assise dans la niche.*
2. Abri où couche un chien. *Filou est dans sa niche.*
FORME FAUTIVE
*niche. Impropriété au sens de ***créneau*** (commercial).

NICHÉE n. f.
1. Petits oiseaux d'une même couvée.
2. (FIG.) Famille nombreuse.

NICHER v. intr., pronom.
VERBE INTRANSITIF
1. Construire son nid. *L'hirondelle a déjà niché.*
2. (FAM.) Loger. *Il niche chez elle.* SYN. demeurer.
VERBE PRONOMINAL
1. Faire son nid. *Les oiseaux se sont nichés sur la plus haute branche de l'arbre.*
2. Se blottir, se placer. *Où ma chatte s'est-elle nichée ?* SYN. s'installer.
À la forme pronominale, le participe passé de ce verbe s'accorde toujours en genre et en nombre avec son sujet. *Les cardinaux se sont nichés au sommet de l'olivier.*
CONJUGAISON : VOIR MODÈLE AIMER.

NICKEL n. m.
Symbole ***Ni*** (s'écrit sans point).
Métal brillant inoxydable. *Les pièces de cinq cents sont en nickel.*
nickel.

NICKELAGE n. m.
Action de nickeler. *Le nickelage d'un ancien pare-chocs.*
➭ nickelage.

NICKELER v. tr.
Recouvrir un métal d'une couche de nickel pour le rendre inoxydable.
LOCUTION
– ***Avoir les pieds nickelés.*** (FIG.) (FAM.) Se montrer indolent, refuser d'agir.
CONJUGAISON : VOIR MODÈLE APPELER.
Redoublement du ***l*** devant un ***e*** muet. *Je nickelle, je nickellerai,* mais *je nickelais.*
[Les *Rectifications* (1990) admettent : il nickèle, nickèlera, nickèlerait...]

NICOTINE n. f.
Substance toxique contenue dans le tabac.

NID n. m.
1. Lieu où vivent des animaux. *Un nid de tamias rayés.*
2. Construction façonnée par les oiseaux pour y déposer leurs œufs. *Un nid d'hirondelle.*
Lorsqu'il s'agit d'un oiseau, le complément de ce nom s'écrit au singulier. Autrement, il s'écrit au pluriel. *Un nid de guêpes, de fourmis.*
HOM. ***ni,*** conjonction marquant l'union entre des éléments dans une phrase négative.
➭ nid, un ***d*** final.

NIDATION n. f.
Implantation de l'œuf fécondé dans l'utérus.
Ne pas confondre avec le nom ***nidification,*** construction d'un nid.

NID-D'ABEILLES n. m. (pl. *nids-d'abeilles*)
Broderie exécutée sur un plissé de tissu. *Des corsages garnis de nids-d'abeilles.*

NID-DE-POULE n. m. (pl. *nids-de-poule*)
Trou dans la chaussée. *Les cols bleus s'affairent à réparer les nids-de-poule.*

NIDIFICATION n. f.
Construction d'un nid.
Ne pas confondre avec le nom ***nidation,*** implantation de l'œuf fécondé dans l'utérus.

NIÈCE n. f.
Fille du frère ou de la sœur. *Fanny et Laurence sont de gentilles nièces.*
Le nom masculin est ***neveu.***

NIÈME adj.
Le ***n*** se prononce comme une lettre seule, [ɛnjɛm].
(FAM.) (PÉJ.) D'ordre indéterminé et élevé. *Je vais répondre au téléphone pour la nième fois.* SYN. énième ; ixième ; (FIG.) millième.

NIER v. tr.
1. Dire qu'une chose n'est pas vraie. *Il nie avoir arrosé sa sœur. Il nie son mauvais coup.* ANT. affirmer.
Le verbe peut se construire avec l'infinitif ou avec un nom complément direct. La construction avec la préposition ***de*** suivie de l'infinitif est peu usitée aujourd'hui ; elle s'emploie exclusivement dans la langue écrite littéraire, dans un registre très soutenu. *Elle nie d'avoir pensé cela.*
2. ***Nier que*** + subjonctif. Contester. *Il nie que cette personne soit coupable.*
Le verbe se construit généralement avec le subjonctif. Cette construction est utilisée quand on ne sait pas si le fait est vrai ou non.
3. ***Nier que*** + indicatif. *Peut-on nier que l'eau est indispensable à notre survie ?*
Cette construction insiste sur un fait indiscutable : on sait que l'eau est indispensable.
CONJUGAISON : VOIR MODÈLE ÉTUDIER.

NIGAUD, AUDE adj. et n. m. et f.
Qui est stupide. *C'est un nigaud.* SYN. niais ; ⚜ (FAM.) niaiseux ; sot.
➭ nigaud.

NIGÉRIAN, IANE adj. et n. m. et f.
Du Nigeria. *Le drapeau nigérian. Un Nigérian, une Nigériane.*
T L'adjectif s'écrit avec une minuscule ; le nom, avec une majuscule.

NIGÉRIEN, IENNE adj. et n. m. et f.
Du Niger. *Le drapeau nigérien. Un Nigérien, une Nigérienne.*
T L'adjectif s'écrit avec une minuscule ; le nom, avec une majuscule.

***NIGHT-CLUB**
Anglicisme pour ***cabaret, boîte de nuit.***

NIHILISME n. m.
1. Idéologie qui refuse toute contrainte sociale.
2. État d'esprit caractérisé par le pessimisme.

NIHILISTE adj. et n. m. et f.
ADJECTIF
Pessimiste. *Un essai nihiliste.* SYN. désenchanté ; noir.
NOM MASCULIN ET FÉMININ
Partisan du nihilisme.

***NIL**
Anglicisme utilisé dans un questionnaire, un formulaire pour ***néant, sans objet.***

NIMBE n. m.
Auréole. *Le saint dont la tête est couronnée d'un nimbe doré.*
Ne pas confondre avec le nom ***limbes,*** séjour des enfants morts sans baptême.
Attention au genre masculin de ce nom : ***un*** nimbe.

NIMBER v. tr., pronom.
VERBE TRANSITIF
(LITT.) Entourer d'un nimbe. *Le peintre a nimbé les saints de sa fresque.* SYN. auréoler.
VERBE PRONOMINAL
S'entourer d'un halo. *Son visage délicat s'était nimbé de sa chevelure soulevée par le vent.*
À la forme pronominale, le participe passé de ce verbe s'accorde toujours en genre et en nombre avec son sujet. *Dans son rêve, la jeune femme s'est nimbée d'une auréole.*
CONJUGAISON : VOIR MODÈLE AIMER.

NIMBOSTRATUS n. m.
Le ***s*** final se prononce, [nɛ̃bostratys] ; le nom rime avec ***puce.***
Nuage bas, de couleur grise, annonciateur de pluie ou de neige.

NIMBUS n. m.
Le ***s*** se prononce, [nɛ̃bys] ; le nom rime avec ***cactus.***
Nuage gris et pluvieux. *De nombreux nimbus.*
➭ nimbus.

N'IMPORTE
VOIR – IMPORTER.

NIP
Sigle de ***numéro d'identification personnelle.***

NIPPES n. f. pl.
(PÉJ.) Ensemble de vêtements usés.
Le mot ne s'emploie qu'au pluriel.

NIPPON, ONNE ou **ONE** adj. et n. m. et f.
Du Japon. *L'empire nippon. Un Nippon, une Nipponne, une Nippone.*
T L'adjectif s'écrit avec une minuscule ; le nom, avec une majuscule.
➭ nipponne ou nippone.

NIQUE n. f.
– ***Faire la nique à quelqu'un.*** Lui faire un signe de mépris ou de moquerie.
Le mot ne s'emploie que dans cette locution.

NIRVANA ou **NIRVÂNA** n. m.
État de béatitude complète. *Des nirvanas.*

NITOUCHE
VOIR – SAINTE-NITOUCHE.

NITROGLYCÉRINE n. f.
Substance qui est le constituant essentiel de la dynamite.
✏ nitroglycérine.

NIVEAU n. m. (pl. *niveaux*)
1. Instrument qui sert à vérifier l'horizontalité d'un plan. *Le menuisier emploie un niveau à bulle d'air pour que son meuble soit bien droit.*
2. Degré d'élévation par rapport à un plan horizontal de comparaison. *Le niveau de l'eau a monté.* SYN. hauteur.
3. Plan horizontal d'un bâtiment. *Cet immeuble comporte 15 niveaux* (et non *planchers), *dont 3 sont souterrains.*
☞ Alors que le mot ***étage*** désigne chacun des niveaux d'un immeuble situés au-dessus du rez-de-chaussée, le mot ***niveau*** permet une seule gradation depuis le dernier sous-sol jusqu'au dernier étage.
4. Degré hiérarchique. *Les employés et les cadres de tous les niveaux sont concernés.*
☞ Quand il est question de sphère de compétence de différents gouvernements, on privilégiera l'emploi du terme ***ordre de gouvernement***. Les termes ***palier, niveau*** et ***échelon de gouvernement,*** qui sont courants dans la langue générale, ne sont pas retenus dans la terminologie officielle du système parlementaire canadien parce qu'ils se réfèrent à une organisation hiérarchique, alors que les gouvernements fédéral et provincial sont tous les deux souverains dans leurs champs de compétence respectifs (GDT).
LOCUTIONS
– ***Au niveau de,*** loc. prép. À la même hauteur que, à la portée de. *Au niveau de l'eau, au niveau de tous.*
– ***Au niveau de,*** loc. prép. À l'échelon de. *Au niveau des cadres supérieurs, au niveau des études du premier cycle.*
☞ On réservera l'emploi de la locution ***au niveau de*** aux sens de « à la même hauteur que », « à la portée de », « à l'échelon de ». Dans les autres cas, on emploiera de préférence les locutions ***en matière de, à propos de, dans le domaine de, en ce qui concerne, du point de vue de, sur le plan de,*** etc.
– ***Mise à niveau.*** Aide apportée à un élève dont les connaissances de base comportent des lacunes. *Les élèves qui échouent à l'épreuve de français doivent suivre des cours de mise à niveau.* SYN. rattrapage ; récupération.
– ***Mise à niveau.*** (INFORM.) Opération qui consiste à remplacer un système informatique (logiciel, matériel) ou une partie de celui-ci par un modèle plus puissant ou par une version plus perfectionnée. SYN. version améliorée.
– ***Niveau de vie.*** Ensemble des biens que peuvent se procurer un individu, une famille ou une population. *Le niveau de vie a monté, a baissé. Des niveaux de vie différents.*
– ***Passage à niveau.*** Croisement d'une route et d'une voie ferrée. *Attention au passage à niveau* (et non à la *traverse de chemin de fer)*!*

NIVEAU DE LANGUE n. m. (pl. *niveaux de langue*)
Façon de s'exprimer en fonction des situations ou des personnes à qui on s'adresse. *Un niveau de langue familier.* SYN. registre.
• **Niveau littéraire**
Les mots qui ne sont pas d'usage courant, qui s'emploient dans la langue écrite recherchée sont de **niveau littéraire.** Ainsi ***abîme*** est un mot littéraire ; dans la langue courante, on dit plutôt ***précipice***; ***naguère*** est littéraire par rapport à ***il y a peu de temps***; ***œuvrer*** par rapport à ***travailler.***
• **Niveau familier**
Les mots utilisés dans la langue parlée, ou lorsqu'on s'adresse à des amis, à des gens que l'on connaît bien, sont souvent de **niveau familier**. Ainsi ***chouchou*** est un nom de niveau familier par rapport à ***favori***. ***Se chamailler*** est un verbe de niveau familier par rapport à ***se disputer.*** Certains mots sont signalés comme étant très familiers. Selon les contextes, on les emploiera avec beaucoup de circonspection.
• **Niveau vulgaire**
Quelques mots sont **vulgaires** : il vaut mieux les éviter dans la langue courante ou recherchée. Ainsi ***gueule,*** pour désigner la bouche humaine, est un mot vulgaire.
☞ Dans cet ouvrage, les niveaux de langue sont soulignés par les mentions ***(familier), (très familier), (littéraire), (vulgaire).*** En l'absence d'une mention, le niveau est neutre et l'emploi est courant.

NIVELAGE n. m.
Action de niveler. *Le nivelage d'un sol.*
✏ nivelage.

NIVELER v. tr.
1. Mettre de niveau. *Niveler un terrain.* SYN. aplanir.
2. Égaliser. *Niveler les avantages fiscaux.*
CONJUGAISON : VOIR MODÈLE APPELER.
Redoublement du ***l*** devant un ***e*** muet. *Je nivelle, je nivellerai,* mais *je nivelais.*
✏ niveler.
[Les *Rectifications* (1990) admettent : il nivèle, nivèlera, nivèlerait...]

NIVELEUSE n. f.
Engin de terrassement automoteur, muni d'une lame orientable placée entre les essieux avant et arrière, et servant à profiler la surface du sol au niveau désiré ou à régler les couches de chaussée (Recomm. off.).
✏ niveleuse.

NIVELLEMENT n. m.
1. Action de rendre une surface horizontale et plane. *Le nivellement d'un plancher.*
2. (FIG.) Action de niveler, de rendre égal. *C'est un nivellement par le bas. Cette réduction des connaissances exigées constitue un nivellement par le bas.*
[Les *Rectifications* (1990) admettent : nivèlement.]

n^{o} ou **N^{o}**
Abréviation de ***numéro.***
[T] L'abréviation de ***numéros*** est ***n^{os}*** ou ***N^{os}.***

NÔ n. m.
Drame lyrique japonais. *Des nôs.*
✏ nô.

NOBÉLISABLE adj. et n. m. et f.
ADJECTIF
Qui peut recevoir un prix Nobel. *Un chercheur nobélisable.*
NOM MASCULIN ET FÉMININ
Un nobélisable.

NOBILIAIRE adj.
Qui appartient à la noblesse.
LOCUTION
– ***Particule nobiliaire.*** Préposition, article précédant un patronyme. *Alfred de Vigny.*
[T] La particule s'écrit avec une minuscule.

NOBLE adj. et n. m. et f.
ADJECTIF ET NOM MASCULIN ET FÉMININ
De la noblesse. *Elle est de sang noble. Les châteaux de la Loire étaient habités par des nobles.* SYN. aristocrate.
ADJECTIF
Qui a de la dignité, qui est digne d'admiration. *Un geste noble.* SYN. digne ; grand. ANT. bas ; mesquin ; vulgaire.

N

NOBLEMENT adv.
Avec noblesse. *Il leur a noblement offert son appui.* SYN. dignement.

NOBLESSE n. f.
1. Qualité de la personne qui est noble. SYN. aristocratie.
2. Grandeur d'âme, dignité. ANT. bassesse; mesquinerie.
LOCUTION
– ***Noblesse oblige.*** Quiconque se prétend noble doit se conduire noblement.

NOCE n. f.
1. (AU PLUR.) Mariage. *Un voyage de noces. Des noces d'or. En secondes noces.*
2. Fête donnée à l'occasion d'un mariage. *Aller à la noce. Un repas de noce.*
3. (FAM.) Partie de plaisir, fête. *Faire la noce.*

NOCEUR, EUSE adj. et n. m. et f.
(FAM.) Fêtard, qui aime les parties de plaisir à l'excès.

NOCIF, IVE adj.
Nuisible. *Une substance nocive pour la peau.* SYN. dangereux.
L'adjectif se construit avec la préposition ***pour.***
nocif.

NOCIVITÉ n. f.
Toxicité. *Ces produits chimiques sont d'une grande nocivité.*
nocivité.

NOCTAMBULE adj. et n. m. et f.
Qui aime sortir, se divertir la nuit.
Ne pas confondre avec le nom ***somnambule,*** personne qui accomplit certains actes pendant son sommeil.
noctambule.

NOCTURNE adj. et n. m. et f.
ADJECTIF
1. Qui a lieu la nuit. *Une marche nocturne.* ANT. diurne.
2. Qui est actif la nuit. *Le hibou est un oiseau nocturne.*
NOM MASCULIN
Morceau de musique d'un caractère mélancolique. *Un nocturne de Chopin.*
NOM FÉMININ
Activité qui a lieu le soir par opposition à ***matinée.*** *Une représentation en nocturne, la nocturne d'un magasin, d'un coiffeur.*

NODULE n. m.
Renflement, production pathologique dure. *Un nodule non cancéreux.*
Attention au genre masculin de ce nom : ***un*** nodule.

NOËL n. m.
1. Fête qui commémore la naissance du Christ et qui est célébrée le 25 décembre. *Joyeux Noël ! Un bel arbre de Noël. Des cadeaux de Noël donnés par le père Noël.*
[T] Quand le nom désigne la fête religieuse, il s'emploie au masculin et s'écrit avec une majuscule.
2. Chanson ayant pour thème Noël. *Les noëls de la guignolée.*
3. Cadeau de Noël. *Voilà ton petit noël.*
[T] Le nom s'écrit avec une minuscule quand il désigne un chant, un cantique de Noël ou un cadeau donné à l'occasion de Noël.
LOCUTIONS
– ***Arbre de Noël.*** Sapin, pin orné et illuminé pendant la période des fêtes de Noël et du Nouvel An. *Des arbres de Noël richement décorés.*
– ***La Noël.*** La fête de Noël.
Cette construction elliptique plus familière, qui désigne la fête familiale, ne s'emploie qu'au singulier. *Nous passerons la Noël à la montagne.*
– ***Père Noël.*** Personnage légendaire à longue barbe blanche et vêtu de rouge qui se charge de distribuer les cadeaux de Noël aux enfants.
noël.

NŒUD n. m.
1. Enlacement serré d'un fil, d'une corde. *Des nœuds coulants. Porter un nœud de velours dans les cheveux.*
2. Point essentiel d'une intrigue. *Le nœud d'une pièce de théâtre.*
3. (MAR.) Unité de vitesse correspondant à un mille marin à l'heure. *Ce bateau file dix nœuds.*
4. Partie très dure à l'intérieur de l'arbre. *Les nœuds forment des cercles dans le bois.*
LOCUTION
– ***Nœud papillon.*** Nœud dont la forme s'apparente à celle d'un papillon et qui peut remplacer la cravate. *Des nœuds papillon colorés* (et non des *boucles colorées).
La plupart des auteurs estiment que le nom ***papillon*** apposé est invariable; dans *Dictionnaire d'orthographe et d'expression écrite,* André Jouette lui donne la marque du pluriel. *Des nœuds papillons.*
FORME FAUTIVE
*frapper un nœud. Calque de «*to hit a snag*» pour ***se heurter à un obstacle, avoir un problème.***

***NO-FAULT**
Anglicisme pour ***assurance sans égard à la responsabilité.***

NOIR, NOIRE adj. et n. m. et f.
ADJECTIF
1. Qui est obscur. *La maison est toute noire : il n'y a pas d'électricité.*
2. Sale. *Tu as les mains noires.*
3. Illégal, caché. *Le marché noir.*
4. Qui est de race noire. *Une femme noire.*
[T] L'adjectif s'écrit avec une minuscule initiale.
ADJECTIF DE COULEUR VARIABLE
De couleur très foncée. *Des cheveux noirs.*
VOIR TABLEAU – COULEUR (ADJECTIFS DE).
NOM MASCULIN ET FÉMININ
Personne de race noire. *Ce sont des Noirs.*
Ce mot a remplacé celui de ***nègre,*** qui a une valeur défavorable.
[T] Le nom s'écrit avec une majuscule initiale.
NOM MASCULIN
La couleur noire. *Ses cheveux sont d'un beau noir de jais.*
NOM FÉMININ
(MUS.) Note qui vaut un quart de ronde.
LOCUTIONS
– ***Au noir,*** loc. adv. Clandestinement. *Travailler au noir.*
– ***Noir de jais.*** D'un noir brillant comme la pierre qui porte le nom de ***jais.***
Cet adjectif de couleur composé est invariable.

NOIRÂTRE adj.
Qui tire sur le noir. *Une étoffe noirâtre.*

NOIRAUD, AUDE adj. et n. m. et f.
Qui a les cheveux et le teint noirs.
VOIR TABLEAU – COULEUR (ADJECTIFS DE).
noiraud.

NOIRCEUR n. f.
1. Caractère de ce qui est noir. *La noirceur de ses yeux. « Parfois je dis* mémoire, *pour parler de ce tâtonnement dans le noir des choses. Une noirceur sans issue »* (Hélène Dorion, *D'argile et de souffle*).
2. (LITT.) Méchanceté. *La noirceur d'un geste.* SYN. perfidie.
3. Obscurité. *Revenez à la maison avant la noirceur.* SYN. nuit.

NOIRCIR v. tr., pronom.
VERBE TRANSITIF
Colorer de noir. *La pollution a noirci la façade de l'immeuble.*
VERBE PRONOMINAL
1. Devenir noir. *Le ciel se noircit.* SYN. s'assombrir.
2. (FIG.) (LITT.) Se dépeindre en exagérant ses lacunes, ses défauts.

À la forme pronominale, le participe passé de ce verbe s'accorde avec le complément direct si celui-ci le précède. *Les mèches qu'il s'est noircies le rajeunissent. Pourquoi Léa s'est-elle noircie alors qu'elle n'avait rien à se reprocher?* Le participe passé reste invariable si le complément direct suit le verbe. *Elles s'étaient noirci les sourcils.*
CONJUGAISON : VOIR MODÈLE FINIR.

NOIRCISSEMENT n. m.
Action de rendre noir, de devenir noir. *Le noircissement de certains métaux exposés à l'air.*

NOISE n. f.
– ***Chercher noise à quelqu'un.*** (LITT.) Chercher querelle à quelqu'un.
Le mot ne s'emploie que dans cette locution.

NOISETIER n. m.
Arbrisseau qui produit la noisette. *Des noisetiers qui portent beaucoup de noisettes déjà mûres.*
noisetier.

NOISETTE adj. inv. et n. f.
NOM FÉMININ
Fruit du noisetier. *Pour manger la noisette, il faut briser sa coque qui est assez dure.*
ADJECTIF DE COULEUR INVARIABLE
De la couleur brune des noisettes. *Des yeux noisette.*
VOIR TABLEAU – COULEUR (ADJECTIFS DE).
noisette.

NOIX n. f. (pl. *noix*)
1. Fruit comestible du noyer. *Il a mangé une noix.*
2. Fruit de divers arbres. *Des noix de coco, de pistache. Des noix de cajou* (et non de *cachou). *La chair de la noix épluchée se nomme* cerneau.
noix.

NOLISEMENT n. m.
Action de noliser, affrètement.
Pour un navire, on emploie le mot ***affrètement.***

NOLISER v. tr.
Louer un moyen de transport, soit pour un parcours défini, soit pour une période déterminée. *Noliser un avion, un autocar.*
Le verbe ***affréter*** s'emploie lorsqu'il s'agit de navires; l'expression ***avion nolisé*** est l'équivalent français de l'anglicisme *charter.
CONJUGAISON : VOIR MODÈLE AIMER.

NOM n. m.
1. Mot servant à nommer les êtres animés et les choses. *Son nom de jeune fille, un nom d'oiseau. Appeler les choses par leur nom. « Nomme les êtres et les choses par leur nom, pour savoir qui tu es »* (Jean-Guy Pilon, *Comme eau retenue*).
Ne pas confondre avec les noms suivants :
• ***prénom,*** nom placé devant le nom de famille;
• ***pseudonyme,*** nom d'emprunt d'un auteur, d'un acteur, etc.;
• ***sobriquet,*** nom familier, plaisant ou moqueur;
• ***surnom,*** nom marquant une qualité, un défaut et qui s'ajoute au nom.
2. (GRAMM.) Catégorie grammaticale regroupant les mots désignant tous les êtres ou objets de même espèce (nom commun) et ceux ne s'appliquant qu'à une personne particulière, qu'à un objet unique (nom propre). SYN. substantif.
VOIR TABLEAU – NOMS COMPOSÉS.
VOIR TABLEAU – GROUPE.
LOCUTIONS
– ***Au nom de,*** loc. prép. De la part de. *J'aimerais vous remercier au nom de toute l'équipe.*
– ***Au nom de,*** loc. prép. (FIG.) En considération de. *C'est au nom de notre amitié que je me permets de vous dire cela.*
– ***Avoir nom,*** loc. verb. Porter le nom de. *Elle a nom Raphaëlle.* SYN. s'appeler.
– ***Complément du nom.*** Qui détermine le sens d'un mot en le précisant.
Le complément du nom est introduit par la préposition ***de*** et sert à préciser la possession, le lieu, la matière, l'origine, la qualité, l'espèce, l'instrument, le contenu... Ainsi, dans l'expression « la maison de campagne », le nom « campagne » est complément du nom « maison ».
– ***De nom.*** Par la réputation seulement, et non en fait. *Tu ne le connais que de nom?*
– ***N'avoir pas de nom.*** (FIG.) Être inqualifiable. *Ce refus mesquin n'a pas de nom.*
– ***Nom de famille.*** Patronyme. *Des patronymes d'origine normande.*
– ***Petit nom.*** (FAM.) Prénom. *J'ai oublié son petit nom : est-ce Jules ou Jim?*
– ***Sans nom,*** loc. adv. Innommable. *Une injustice sans nom.* SYN. inqualifiable.
– ***Se faire un nom.*** Devenir connu, avoir une réputation enviable. *Ils se sont fait un nom dans la couture.*
FORMES FAUTIVES
*mon nom est... Calque de «*my name is*» pour ***je m'appelle..., ici...***
*nom corporatif. Calque de « *corporate name* » pour ***dénomination sociale, raison sociale.***
HOM. ***non,*** négation.

NOMADE adj. et n. m. et f.
Qui n'a pas d'habitation fixe, qui mène une vie errante. *Une tribu nomade. Ces gitans sont des nomades.* ANT. sédentaire.

NOMADISME n. m.
Mode de vie des nomades.

NOMBRE n. m.
Abréviation n^{bre} (s'écrit sans point).
1. Quantité d'unités. *Un nombre pair. Un nombre à six chiffres (100 000). Quel est le nombre d'élèves dans la classe?*
Ne pas confondre avec les mots suivants :
• ***chiffre,*** signe qui permet de noter les nombres;
• ***numéro,*** chiffre, nombre qui marque le rang, l'ordre.
VOIR TABLEAU – NOMBRES.
2. (GRAMM.) Formes qui, dans les mots variables, rendent l'idée d'unité ou de pluralité. *Le français utilise deux nombres : le singulier et le pluriel.*
LOCUTIONS
– ***Au nombre de, du nombre de,*** loc. prép. Parmi. *Est-il du nombre des blessés?*
– ***En nombre,*** loc. adv. En grande quantité. *Ils sont venus en nombre.*
– ***Nombre de.*** Beaucoup. *Nombre de candidatures ont été retenues.*
L'accord du verbe ou de l'adjectif se fait avec le complément au pluriel des collectifs exprimant la quantité : ***assez (de), beaucoup (de), bien des, combien (de), la plupart (des), la totalité des, nombre (de), peu (de), quantité (de), tant (de), trop (de), une infinité de, une quantité de,*** etc.
– ***Sans nombre,*** loc. adj. D'une immense quantité, innombrable.
– ***Un (certain, grand, petit) nombre de.*** Une certaine quantité de. *Un grand nombre de pommes jonchait, jonchaient le sol.*
Si le sujet du verbe est un collectif précédé du déterminant indéfini ***un, une*** et suivi d'un complément au pluriel, le verbe se met au singulier lorsque l'auteur veut insister sur le tout, l'ensemble; au pluriel, s'il veut insister sur la pluralité, la multiplicité.
VOIR TABLEAU – COLLECTIF.

N

NOM

Mot servant à nommer une entité (personne, animal, chose).

Accompagnés d'un déterminant, tous les mots de la langue peuvent devenir des noms si leur fonction est de désigner une entité :

- Un nom commun........ *Une **pêche.***
- Un nom propre........... *Un **camembert.***
- Un verbe .... *Le **baiser.***
- Un adjectif .... *Le **beau.***
- Un pronom .... *Le **moi.***
- Un adverbe .... *Les **alentours.***
- Une préposition....... *Le **pour** et le **contre.***
- Une conjonction....... *Des **si** et des **mais.***
- Un acronyme.......... *Un **laser.***
- Une expression........ *Un **maître à penser.***

Le nom est le noyau du groupe nominal ; il est un donneur d'accord, c'est-à-dire que son genre et son nombre vont déterminer l'accord d'autres mots de la phrase tels le déterminant, l'adjectif, le verbe et son participe passé.

FONCTIONS DU GROUPE NOMINAL

- Sujet de la phrase. ***Le chien** jappe.*
- Attribut du sujet. *Elle est **ministre.***
- Attribut du complément du verbe. *On a nommé mon frère **président.***
- Complément direct du verbe. *Il mange **le gâteau.***
- Complément de la préposition. *Annie pense à **ses vacances.***
- Complément du nom. *Le style **Renaissance.***
- Complément de la phrase. *Les enfants seront de retour **ce soir.***

GENRE DU NOM

- Le **masculin.** *Un bûcheron, un chien, un tracteur, le courage.*
- Le **féminin.** *Une avocate, une lionne, une voiture, la candeur.*

Certains noms ont un double genre qui correspond à une distinction de sens. *Un pendule* « balancier », *une pendule* « appareil qui indique l'heure ». *Un tour* « mouvement circulaire », *une tour* « construction en hauteur ».

VOIR TABLEAU ▸ **GENRE.**

NOMBRE DU NOM

- Le nombre des noms est la propriété d'indiquer l'unicité ou la pluralité.
  - Le nom au **singulier** désigne un seul être, un seul objet. *Un adolescent, une rose, un patin à lame.*
  - Le nom au **pluriel** désigne plusieurs êtres ou plusieurs objets. *Des touristes, des lilas, des groupes, un patin à roulettes.*

Certains noms ont un double nombre qui correspond à une distinction de sens. *Une vacance* « état d'un poste sans titulaire », *des vacances* « période de congé ». *Un échec* « insuccès », *les échecs* « jeu ».

VOIR TABLEAU ▸ **PLURIEL DES NOMS.**

FORME DU NOM

Noms simples et noms composés

- Les **noms simples** sont formés d'un seul mot. *Feuille, boulevard.*
- Les **noms composés** sont formés de plusieurs mots. *Rouge-gorge, arc-en-ciel, hôtel de ville.*

VOIR TABLEAU ▸ **NOMS COMPOSÉS.**

ESPÈCES DE NOMS

1. Noms communs et noms propres

- Les **noms communs** désignent une personne, un animal, une chose concrète ou abstraite qui appartient à une espèce. *Un jardinier, un chat, un arbre, la tendresse.*
- Les **noms propres** ne peuvent désigner qu'un seul être, qu'un seul groupe d'êtres, qu'un seul objet; ils s'écrivent toujours avec une majuscule initiale, car ils rendent individuel l'être ou l'objet qu'ils nomment. *Fanny, le Pacifique.*

Les noms propres comprennent :

– Les **noms de personnes** (prénom, nom de famille, surnom). *Étienne, Laforêt, le pirate Maboule, Molière* (surnom de Jean-Baptiste Poquelin).

– Les **noms de peuples.** *Les Québécois et les Français parlent français. La cuisine italienne.*

T Les noms de peuples s'écrivent avec une majuscule, mais les adjectifs correspondants et les noms qui désignent une langue s'écrivent avec une minuscule.

– Les **noms géographiques ou historiques.** *Le Canada, le mont Tremblant, la Renaissance.*

VOIR TABLEAU ▸ **GÉOGRAPHIQUES (NOMS).**

– Les **noms d'astres *et de constellations.*** *Le Soleil, Mercure, la Grande Ourse.*

– Les **noms d'œuvres.** *À la recherche du temps perdu* (Marcel Proust), *La Dolce Vita* (Fellini), *La Montagne Sainte-Victoire* (Paul Cézanne), *Starmania* (Luc Plamondon).

– Les **dénominations.** *L'avenue des Érables, l'École des HEC, le ministère de la Culture, le collège Brébeuf.*

VOIR TABLEAU ▸ **MAJUSCULES ET MINUSCULES.**

2. Noms d'êtres animés et noms d'êtres non animés

- Les **noms d'êtres animés** désignent des personnes et des animaux.
  Architecte, agriculteur/agricultrice, Jean-Baptiste, hirondelle.
- Les **noms d'êtres non animés** désignent des choses.
  Maison, prairie, tempête, soleil, espoir.

3. Noms abstraits et noms concrets

- Les **noms abstraits** désignent des qualités, des états, des actions, des propriétés.
  Franchise, ébullition, détermination, recherche, élasticité.
- Les **noms concrets** désignent des choses, des êtres réels que l'on peut percevoir par les sens.
  Fougère, abeille, bicyclette, route, école.

4. Noms comptables et noms non comptables

- Les **noms comptables** désignent des êtres ou des choses que l'on peut compter.
  Tableau, banc, projet, fourmi, ordinateur.
- Les **noms non comptables** désignent des choses que l'on ne peut pas compter.
  Admiration, folie, eau, sel, atmosphère.

5. Noms individuels et noms collectifs

- Les **noms individuels** sont propres à un être, à un objet, mais ils peuvent se mettre au pluriel.
  Un enfant, une table, des chats.
- Les **noms collectifs** désignent un ensemble d'êtres ou d'objets.
  Foule, groupe, multitude.

Après un collectif précédé d'un déterminant indéfini (*un, une*) et suivi d'un complément au pluriel, le verbe se met au singulier ou au pluriel suivant l'intention de l'auteur, qui veut insister sur l'ensemble ou la pluralité. *Une majorité d'élèves a* (ou *ont*) *réussi l'examen.*

VOIR TABLEAU ▸ **COLLECTIF.**

N

NOMBRES

ÉCRITURE DES NOMBRES

▸ **En chiffres**

Dans la langue courante ainsi que dans les textes techniques, scientifiques, financiers ou administratifs, on recourt généralement aux chiffres arabes pour noter les nombres.

La fête aura lieu à 15 h 30. La distance entre Montréal et Québec est de 253 km.

VOIR TABLEAUX ▸ **CHIFFRES ARABES.** ▸ **CHIFFRES ROMAINS.**

▸ **En lettres**

Cependant, dans les textes de nature poétique ou littéraire, dans certains documents à portée juridique où l'on désire éviter toute fraude ou toute modification, les nombres s'écrivent parfois en lettres.

Ex. : Sur un chèque, la somme d'argent est écrite :

– en chiffres arabes suivis du symbole de l'unité monétaire. *25 $.*

– puis en toutes lettres. *Vingt-cinq dollars.*

▸ **Principaux cas d'emploi des nombres en lettres**

- Les nombres exprimant une **durée** : âge, nombre d'années, de mois, de jours, d'heures, de minutes, de secondes.

  La traversée est de sept heures. Il a quinze ans et demi.
- Les **fractions d'heure** suivant les mots **midi** ou **minuit.**

  Midi et quart, midi quarante-cinq, minuit et demi.

  T Si l'heure est notée en chiffres, les fractions d'heure ne peuvent être écrites en lettres. *Il viendra à 12 h 45.*
- Les **nombres de un à neuf** inclusivement.

  La collection comprenait sept ouvrages en 1995.

  T À compter de 10, on écrit généralement les nombres en chiffres. *La collection comporte 13 titres.* Si la même phrase réunit un nombre inférieur à 10 et le nombre 10 ou un nombre supérieur à 10, il est d'usage en typographie de noter les deux nombres en chiffres. *En 1995, la collection totalisait 7 publications et elle en compte 20 en 2002.*
- **En début de phrase,** le nombre s'écrit toujours en lettres.

  Quatorze chercheurs ont recueilli des données dans huit pays.
- Les expressions numérales des **actes juridiques, notariés.**

  Pour la somme de vingt-cinq mille dollars (25 000 $).

  T Dans les documents à portée juridique, les nombres sont d'abord écrits en toutes lettres, puis notés en chiffres, entre parenthèses. En dehors du contexte juridique, on évitera de recourir à ce procédé.
- Les nombres employés comme **noms.**

  Miser sur le neuf de cœur, voyager en première, manger les trois quarts d'une tarte, passer un mauvais quart d'heure.
- Les nombres qui font partie de **noms composés.**

  Le boulevard des Quatre-Bourgeois, la ville de Trois-Rivières, un deux-mâts, un deux-points.

▸ **Accord des déterminants numéraux**

- Les **déterminants numéraux** déterminent les êtres ou les choses par leur NOMBRE.

  Ces déterminants sont invariables, à l'exception de :

  – **un,** qui peut se mettre au féminin.

  Trente et une pommes.

  – **vingt** et **cent,** qui prennent la marque du pluriel s'ils sont multipliés par un nombre et s'ils ne sont pas suivis d'un autre adjectif numéral.

  Quatre-vingts, trois cents, quatre-vingt-huit, trois cent deux, cent vingt.

  Alors que le mot ***mille*** est un déterminant numéral invariable, les mots ***millier, million, milliard, billion, trillion...*** sont des noms qui, tout à fait normalement, prennent la marque du pluriel. *Des milliers de personnes, trois millions, deux milliards.*

- Les **adjectifs ordinaux** déterminent les êtres ou les choses par leur ORDRE.
  Les adjectifs ordinaux sont formés du déterminant numéral auquel on ajoute la terminaison ***ième*** (à l'exception de ***premier*** et de ***dernier***) ; ils prennent tous la marque du pluriel.
  Les troisièmes pages, les quinzièmes places, les dernières notes.
  T Pour les abréviations des ordinaux, VOIR TABLEAU ▸ **NUMÉRAL ET ADJECTIF ORDINAL (DÉTERMINANT).**

▸ Avec ou sans trait d'union

Dans les déterminants numéraux, selon la règle classique, le trait d'union s'emploie seulement entre les éléments qui sont l'un et l'autre inférieurs à cent, sauf s'ils sont joints par la conjonction ***et.***

Dix-sept, trente-cinq, quatre-vingt-quatre, vingt et un, cent dix, deux cent trente-deux.

Selon les *Rectifications orthographiques* (1990), « on peut lier par un trait d'union les numéraux formant un nombre complexe, inférieur ou supérieur à ***cent*** ».

▸ Les nombres en toutes lettres

un	**1**	vingt-neuf	**29**	quatre-vingt-un	**81**
deux	**2**	trente	**30**	quatre-vingt-deux	**82**
trois	**3**	trente et un	**31**	...	
quatre	**4**	trente-deux	**32**	quatre-vingt-dix	**90**
cinq	**5**	...		quatre-vingt-onze	**91**
six	**6**	quarante	**40**	...	
sept	**7**	quarante et un	**41**	quatre-vingt-dix-sept	**97**
huit	**8**	quarante-deux	**42**	quatre-vingt-dix-huit	**98**
neuf	**9**	...		quatre-vingt-dix-neuf	**99**
dix	**10**	cinquante	**50**	cent	**100**
onze	**11**	cinquante et un	**51**	cent un	**101**
douze	**12**	cinquante-deux	**52**	cent deux	**102**
treize	**13**	...		...	
quatorze	**14**	soixante	**60**	cent vingt	**120**
quinze	**15**	soixante et un	**61**	...	
seize	**16**	soixante-deux	**62**	deux cents	**200**
dix-sept	**17**	...		deux cent un	**201**
dix-huit	**18**	soixante-dix	**70**	...	
dix-neuf	**19**	soixante et onze	**71**	neuf cent quatre-vingt-dix-neuf	**999**
vingt	**20**	soixante-douze	**72**	mille	**1 000**
vingt et un	**21**	soixante-treize	**73**	mille un	**1 001**
vingt-deux	**22**	soixante-quatorze	**74**	...	
vingt-trois	**23**	soixante-quinze	**75**	dix mille	**10 000**
vingt-quatre	**24**	soixante-seize	**76**	dix mille un	**10 001**
vingt-cinq	**25**	soixante-dix-sept	**77**	...	
vingt-six	**26**	soixante-dix-huit	**78**	cent mille	**100 000**
vingt-sept	**27**	soixante-dix-neuf	**79**	deux millions	**2 000 000**
vingt-huit	**28**	quatre-vingts	**80**	trois milliards	**3 000 000 000**

▸ Les fractions

Une fraction est composée d'un numérateur et d'un dénominateur. Le numérateur est un déterminant numéral qui suit la règle d'accord de ces adjectifs, tandis que le dénominateur est un nom qui prend donc la marque du pluriel.

Nous avons terminé les quatre cinquièmes de ce travail.

Dans la fraction ***huit trente-cinquièmes (8/35)****, le* ***numérateur*** *est 8, le* ***dénominateur****, 35.*

T On ne met pas de trait d'union entre le numérateur et le dénominateur ; en revanche, le numérateur ou le dénominateur s'écrivent avec un trait d'union, s'il y a lieu.

Vingt-huit millièmes (28/1000).

Trente cinquante-septièmes (30/57).

ÉCRITURE DES GRANDS NOMBRES

CHIFFRES	LETTRES	NOTATION SCIENTIFIQUE	EXEMPLES
1 000	mille	10^{3}	*Cette maison vaut trois cent cinquante **mille** dollars.*
1 000 000	un million	10^{6}	*L'immeuble est évalué à trois **millions** de dollars.*
1 000 000 000	un milliard	10^{9}	*Ce gouvernement dépense près de trois **milliards** de dollars par année.*
1 000 000 000 000	un billion	10^{12}	*Une année-lumière représente une distance d'environ dix **billions** de kilomètres.*
1 000 000 000 000 000 000	un trillion	10^{18}	*Le volume du Soleil est d'environ un **trillion** et demi de kilomètres cubes.*
1 000 000 000 000 000 000 000 000	un quatrillion ou un quadrillion	10^{24}	*Le Sahara compte sûrement plusieurs **quatrillions** de grains de sable.*
1 000 000 000 000 000 000 000 000 000 000	un quintillion	10^{30}	*Un **quintillion** de particules.*

▸ **Représentation chiffrée de quatre quintillions**

4	000	000	000	000	000	000	000	000	000	000
↓	↓	↓	↓	↓	↓	↓	↓	↓	↓	↓
QUINTILLIONS	MILLE QUATRILLIONS	QUATRILLIONS	MILLE TRILLIONS	TRILLIONS	MILLE BILLIONS	BILLIONS	MILLIARDS	MILLIONS	MILLE	UNITÉS

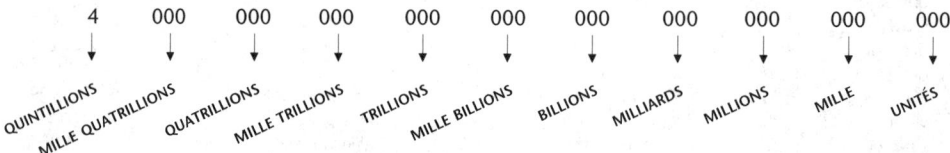

Ne pas confondre le nom français ***billion*** qui représente un million de millions ou un millier de milliards (10^{12}) avec le nom américain « *billion* » employé aux États-Unis ainsi qu'au Canada anglais et dont l'équivalent français est ***milliard*** (10^{9}), ni le nom français ***trillion*** qui représente un billion de millions (10^{18}), avec le nom américain « *trillion* » qui égale un billion de mille (10^{12}).

SYSTÈME INTERNATIONAL

DONNÉES DE BASE : **MILLION** 10^{6}

- un million ....un **million** 10^{6}
- un milliard ....mille **millions** 10^{9}
- un billion............un million de **millions** 10^{12}
- un trillion............un billion de **millions** 10^{18}
- un quatrillion........un trillion de **millions** 10^{24}

SYSTÈME AMÉRICAIN

DONNÉES DE BASE : **MILLE** 10^{3}

- un million...........mille mille 10^{6}
- un billion............un million de milliers 10^{9}
- un trillion ....un billion de milliers 10^{12}
- un quatrillion ....un trillion de milliers 10^{15}

Les noms français ***milliard, billion, trillion, quatrillion…*** du Système international sont des multiples de ***million*** (10^{6}), tandis que les noms *million, billion, trillion, quatrillion…* du système américain sont des multiples de ***mille*** (10^{3}).

VOIR TABLEAUX ▸ **MULTIPLES ET SOUS-MULTIPLES DÉCIMAUX.** ▸ **SYMBOLE.** ▸ **SYMBOLES DES UNITÉS MONÉTAIRES.**

NOMS COMPOSÉS

Les noms composés sont des mots formés de plusieurs éléments qui, ensemble, ont une nouvelle signification.

N

MODE DE FORMATION

– Association de plusieurs mots. *Taille-crayon, va-et-vient, pomme de terre.*
– Juxtaposition de mots simples et de préfixes. *Antigel, micro-ordinateur.*

ORTHOGRAPHE

1. En un seul mot. *Paratonnerre, bonheur, madame, motoneige.*
2. Sans trait d'union. *Robe de chambre, chemin de fer.*
3. Avec un ou des traits d'union. *Savoir-faire, garde-chasse, arc-en-ciel.*

ÉLÉMENTS COMPOSANTS

- **Nom + nom.** *Oiseau-mouche, papier pelure, porte-fenêtre, wagon-restaurant.*
- **Nom + adjectif.** *Amour-propre, château fort, chaise longue.*
- **Adjectif + nom.** *Grand-père, premier ministre, rond-point.*
- **Nom + préposition + nom.** *Arc-en-ciel, chef-d'œuvre, hôtel de ville.*
- **Nom + préposition + infinitif.** *Poêle à frire, salle à manger, album à colorier.*
- **Préposition + nom.** *En-tête, pourboire, survêtement.*
- **Adverbe + nom.** *Avant-garde, arrière-pensée, bien-être.*
- **Déterminant numéral + nom.** *Deux-chevaux, trois-mâts.*
- **Verbe + nom.** *Aide-mémoire, passeport, taille-crayon, tire-bouchon.*
- **Verbe + verbe.** *Savoir-vivre, laissez-passer, va-et-vient.*
- **Verbe + adverbe.** *Couche-tard, passe-partout.*
- **Phrase.** Un *je-ne-sais-quoi*, le *qu'en-dira-t-on*, un *cessez-le-feu.*

LE PLURIEL DES NOMS COMPOSÉS

1. Noms composés **écrits en un seul mot.** Ils prennent la marque du pluriel comme les mots simples.
   Des paratonnerres, des passeports.
   Font exception les noms ***bonhomme, madame, mademoiselle, monsieur, gentilhomme*** qui font au pluriel ***bonshommes, mesdames, mesdemoiselles, messieurs, gentilshommes.***
2. Noms composés **de deux noms.** Ils prennent généralement la marque du pluriel aux deux éléments.
   Des aides-comptables, des portes-fenêtres, des oiseaux-mouches.
3. Noms composés **d'un nom et d'un groupe prépositionnel.** Le premier nom seulement prend la marque du pluriel.
   Des chefs-d'œuvre, des poêles à frire, des arcs-en-ciel.
4. Noms composés **d'un nom et d'un adjectif.** Ils prennent tous deux la marque du pluriel.
   Des premiers ministres, des hauts-fonds, des amours-propres, des châteaux forts.
5. Noms composés **d'un nom et d'un mot invariable** (préposition ou adverbe). Le nom seulement prend la marque du pluriel.
   Des en-têtes, des contre-coups, des avant-gardes, des sans-abris.

NOMS COMPOSÉS | ***SUITE >***

> NOMS COMPOSÉS | **SUITE**

6. Noms composés **d'un verbe et de son complément.** Le verbe reste invariable et le nom complément prend la marque du pluriel ou non, selon le sens.
Un porte-bagage, des porte-bagages, un tire-bouchon, des tire-bouchons, un taille-crayon, des taille-crayons.

Les *Rectifications orthographiques* (1990) font abstraction du sens et proposent la règle suivante: « les noms composés d'un verbe et d'un nom suivent la règle des mots simples et prennent la marque du pluriel seulement quand ils sont au pluriel. Cette marque est portée sur le second élément. Exemples: *un pèse-lettre, des pèse-lettres; un cure-dent, des cure-dents; un perce-neige, des perce-neiges; un abat-jour, des abat-jours.* »

Selon la règle traditionnelle, le verbe reste invariable et le nom complément prend la marque du pluriel ou non, selon le sens. *Un aide-mémoire, des aide-mémoire.* Les deux types d'accord sont admis.

7. Noms composés avec le mot ***garde-***.
– S'il est un nom, le mot ***garde-*** prend la marque du pluriel. *Des gardes-pêche, des gardes-chasse.*
– S'il est un verbe, le mot ***garde-*** reste invariable. *Des garde-boue, des garde-fous.*

8. Noms composés **de deux verbes, de phrases.** Ces noms sont invariables.
Des savoir-faire, des laissez-passer, des va-et-vient, des je-ne-sais-quoi, des qu'en-dira-t-on.

NOMBREUX, EUSE adj.
1. Qui est en grand nombre. *De nombreuses qualités.* SYN. abondant; considérable.
En ce sens, l'adjectif se place généralement avant le nom.
2. Qui comprend un grand nombre d'éléments. *Une famille nombreuse.*
En ce sens, l'adjectif se place généralement après le nom.
nombre**ux**.

NOMBRIL n. m.
Le *l* est généralement muet, [nɔ̃bri]; le nom rime avec ***abri.***
Cicatrice au milieu du ventre, à l'endroit où était le cordon ombilical. SYN. ombilic.

NOMBRILISME n. m.
Égocentrisme, narcissisme.

NOMENCLATURE n. f.
1. Ensemble des mots méthodiquement classés qui composent un dictionnaire, un ouvrage, une liste. *La nomenclature de ce dictionnaire atteint 35 000 entrées.*
2. Liste méthodique d'éléments, d'objets, etc. *La nomenclature chimique.*
nome**n**clature.

NOMINAL, ALE, AUX adj.
1. (GRAMM.) Qui se rapporte à un nom. *Un groupe nominal. Une proposition nominale.*
2. Qui existe de nom seulement. *Un titre nominal. Des emplois nominaux.*
LOCUTION
– ***Valeur nominale.*** (ÉCON.) Valeur théorique qui ne correspond pas nécessairement à la valeur réelle (d'un effet de commerce). *La valeur nominale d'une monnaie.*

NOMINALEMENT adv.
De façon nominale, comme nom. *Le nom masculin* baiser *est un infinitif employé nominalement.*
nominal**e**ment.

NOMINATIF, IVE adj.
Qui dénomme, qui comprend des noms. *Les renseignements nominatifs sont confidentiels.*

NOMINATION n. f.
1. Action de nommer quelqu'un à une fonction, à un poste. *La nomination d'un nouveau président.*
2. Mention. *Obtenir une nomination pour un film.*
FORME FAUTIVE
*mise en nomination. Impropriété pour ***mise en candidature.***

NOMINATIVEMENT adv.
Par le nom. *Énumérer nominativement les candidats.*

***NOMINER**
Anglicisme pour ***mettre en nomination, recevoir une nomination, sélectionner.***

NOMMAGE n. m.
(INFORM.) Attribution d'un nom. *Le nommage d'un site Internet.*
L'utilisation des termes ***affectation d'un nom*** et ***désignation*** convient davantage, lorsqu'il s'agit d'attribuer un nom à une seule entité ou à une seule personne (GDT).

NOMMÉ, ÉE adj.
Qui a pour nom. *Louis XIV, nommé le Roi-Soleil.*
LOCUTIONS
– ***À point nommé,*** loc. adv. Au moment voulu, opportun. *Ils se sont manifestés à point nommé.* SYN. à propos.
– ***Un nommé…*** Un certain. *Un nommé Dubois a posé sa candidature.*

NOMMÉMENT adv.
Spécifiquement. *Ils ont été cités nommément.*

NOMMER v. tr., pronom.
VERBE TRANSITIF
1. Donner un nom à. *Comment nommerez-vous votre fille ? « Rien n'existait, qui ne pouvait être nommé. Les mots seuls portaient l'univers comme le vent dans la voilure au loin »* (Hélène Dorion, *D'argile et de souffle*). SYN. appeler; dénommer.
2. Donner un poste, une fonction à quelqu'un. *Le gouvernement l'a nommé président.*
3. Désigner. *Comment nomme-t-on cette fleur ?*
VERBE PRONOMINAL
Avoir pour nom, se dénommer. *Il se nomme Pierre Dubois.* SYN. s'appeler.
À la forme pronominale, le participe passé de ce verbe s'accorde toujours en genre et en nombre avec son sujet. *Ils ont voulu conserver l'anonymat et ne se sont pas nommés.*
CONJUGAISON : VOIR MODÈLE AIMER.

NON adv. et n. m. inv.
ADVERBE
(GRAMM.) Adverbe de négation donnant une valeur négative, exprimant une réponse négative.
NOM MASCULIN INVARIABLE
Expression du refus. *Un non catégorique.*
VOIR TABLEAU – NE, NI, NON.

NON-
Les noms composés avec l'élément ***non-*** s'écrivent avec un trait d'union et peuvent prendre la marque du pluriel au dernier élément. *Des non-fumeurs, un non-sens.*
La négation ***non*** s'emploie généralement sans trait d'union devant un adjectif ou un participe. *Une quantité non négligeable. Un peintre non figuratif.*

NONAGÉNAIRE adj. et n. m. et f.
Qui est âgé d'au moins quatre-vingt-dix ans et de moins de cent ans. *Des nonagénaires alertes.*
nonagén**aire.**

NON-AGRESSION n. f. (pl. *non-agressions*)
On fait la liaison entre le préfixe et le nom, [nɔnagresjɔ̃].
Le fait de ne pas attaquer. *Un pacte de non-agression.*

NON-ASSISTANCE n. f. (pl. *non-assistances*)
On fait la liaison entre le préfixe et le nom, [nɔnasistɑ̃s].
Le fait de ne pas porter assistance. *La non-assistance à une personne en danger est un délit.*

NON-BELLIGÉRANCE n. f. (pl. *non-belligérances*)
Le fait de ne pas participer à un conflit armé, pour un État.

NON(-)BELLIGÉRANT, ANTE adj. et n. m. et f. (pl. *non(-) belligérants*)
Qui ne participe pas à un conflit armé. *Des pays non belligérants.*

NONCE n. m.
Ambassadeur du pape. *Le nonce apostolique.*

NONCHALAMMENT adv.
Avec nonchalance, mollesse. *Elle marche nonchalamment.*
nonchal**amm**ent.

NONCHALANCE n. f.
Manque d'ardeur, paresse. SYN. indolence ; langueur. ANT. ardeur ; entrain ; vivacité.
nonchal**ance.**

NONCHALANT, ANTE adj.
Qui manque d'ardeur. *Des élèves nonchalants.* SYN. indolent ; paresseux. ANT. ardent ; vif.
nonchal**ant.**

NON(-)COMBATTANT, ANTE adj. et n. m. et f. (pl. *non(-) combattants*)
Qui ne prend pas part aux combats. *Des unités non combattantes.*

NON(-)CONFORMISTE adj. et n. m. et f. (pl. *non(-) conformistes*)
Qui est indépendant, original, qui refuse de se conformer aux usages établis. *Un projet non conformiste.*

NON-CONFORMISME n. m. (pl. *non-conformismes*)
Attitude d'un non-conformiste.

NON-CONFORMITÉ n. f. (pl. *non-conformités*)
Défaut de conformité.

NON-DIT n. m. (pl. *non-dits*)
Ce que l'on tait, ce qui n'est pas exprimé. *« L'exclusion des "perturbateurs" paraît inévitable, fût-ce dans le non-dit des approches les plus humanistes... ou dans les soupirs des habitants des cités »* (Le Monde).

NON-ÊTRE n. m. inv.
(PHILOS.) Négation de l'être.

NON-ÈVÈNEMENT ou **NON-ÉVÉNEMENT** n. m.
Évènement sur lequel on avait misé et qui n'a pas les retombées prévues.

NON-EXÉCUTION n. f. (pl. *non-exécutions*)
On fait la liaison entre le préfixe et le nom, [nɔnɛgzekysjɔ̃].
(DR.) Défaut d'exécution.

NON(-)FIGURATIF, IVE adj. et n. m. et f. (pl. *non(-)figuratifs*)
Abstrait. *Des peintres non figuratifs. C'est un non-figuratif.*

NON-FUMEUR, EUSE n. m. et f. (pl. *non-fumeurs*)
Personne qui ne fume pas. *Ma sœur est une non-fumeuse.*
LOCUTION
– ***Restaurant non-fumeurs, bâtiment non-fumeurs...*** Lieu où il est interdit de fumer. *Un restaurant non-fumeurs.*
Dans cette construction, la préposition ***pour*** est sous-entendue (*un restaurant pour non-fumeurs*) et le nom composé s'écrit généralement au pluriel.

NON-INGÉRENCE n. f. (pl. *non-ingérences*)
On fait la liaison entre le préfixe et le nom, [nɔnɛ̃ʒerɑ̃s].
Absence d'ingérence. *Une politique de non-ingérence.*

NON-INTERVENTION n. f. (pl. *non-interventions*)
On fait la liaison entre le préfixe et le nom, [nɔnɛ̃tɛrvɑ̃sjɔ̃].
Le fait de ne pas intervenir dans les affaires intérieures d'un autre pays. *Une politique de non-intervention.*

NON-LIEU n. m. (pl. *non-lieux*)
(DR.) Déclaration par laquelle une autorité indique qu'il n'y a pas lieu de poursuivre en justice. *Une ordonnance de non-lieu.*

NONNE n. f.
(VX) (PLAISANT.) Religieuse.

NONOBSTANT adv. et prép.
ADVERBE
(VIEILLI) Néanmoins. *Accumulant les échecs, il poursuit nonobstant ses tentatives.*
PRÉPOSITION
1. (VIEILLI) Malgré, en dépit de. *Il s'arrêta de courir, nonobstant les encouragements de ses partisans.*
2. (DR.) Sans égard à.
FORME FAUTIVE
*clause nonobstant. Impropriété pour ***disposition de dérogation.***

NON-PAIEMENT n. m. (pl. *non-paiements*)
Défaut de payer. *Le non-paiement du loyer met fin à ce bail.*

NONPAREIL, EILLE adj.
(VX) Qui est sans égal. *Des surprises nonpareilles.* SYN. inégalable.

NON-PROLIFÉRATION n. f. (pl. *non-proliférations*)
Limitation des armes nucléaires dans le monde. *Un accord de non-prolifération.*

NON-RECEVOIR n. m. inv. (pl. *non-recevoir*)
Refus. *Des fins de non-recevoir catégoriques.*

NON(-)RÉSIDENT, ENTE adj. et n. m. et f. (pl. *non(-)résidents, non(-)résidentes*)
Qui n'a pas le statut de résident d'un pays. *Des personnes non(-)résidentes.*
non(-)rési**dent.**

NON-RETOUR n. m. (pl. *non-retours*)
– ***Point de non-retour.*** Point à compter duquel il n'est plus possible de revenir en arrière. *Points de non-retour.*
Le mot ne s'emploie que dans cette locution.

NON-SENS n. m. inv. (pl. *non-sens*)
Absurdité. *Cette décision est un non-sens.*
non-sens, avec un trait d'union.

***NON-STOP**
Anglicisme pour ***continu, ininterrompu.***

NON-VIOLENCE n. f.
Attitude politique qui n'admet que la résistance passive, qui refuse la violence en réponse à la violence.

NON(-)VIOLENT, ENTE adj. et n. m. et f.
ADJECTIF
Qui est partisan de la non-violence. *Des manifestants non violents.*
NOM MASCULIN ET FÉMININ
Des non-violents convaincus.

NON-VOYANT, ANTE n. m. et f. (pl. *non-voyants*)
Aveugle. *Quelques non-voyants ont le courage de poursuivre des études universitaires.*

NORD adj. inv. et n. m. inv.
NOM MASCULIN INVARIABLE
Abréviation ***N.*** (s'écrit avec un point).
Un des quatre points cardinaux. *Dans une boussole, l'aiguille indique le nord.*
ADJECTIF INVARIABLE
Qui est au nord. *La rive nord du Saint-Laurent, le versant nord du mont Tremblant. Son bureau est situé du côté nord de l'immeuble.*
[T] 1° Le point cardinal s'écrit avec une minuscule quand il est employé comme nom ou comme adjectif pour indiquer une orientation. *L'entrée nord d'un immeuble.*
2° Les noms des points cardinaux qui déterminent un pays, une région, une ville, un odonyme s'écrivent avec une majuscule. *L'Amérique du Nord, le Grand Nord, le Nord canadien, l'Organisation du traité de l'Atlantique Nord, le pôle Nord.*
3° Dans une adresse, le point cardinal s'écrit avec une majuscule initiale et suit immédiatement le nom spécifique de l'odonyme. *Un bureau situé boulevard Décarie Nord.*
[T] Le nom de la région administrative ***Rive-Nord*** s'écrit avec des majuscules et un trait d'union.
VOIR TABLEAU – POINTS CARDINAUX.
LOCUTION
– ***Perdre le nord.*** (FIG.) (FAM.) Perdre la tête.

NORD-AFRICAIN, AINE adj. et n. m. et f. (pl. *nord-africains, nord-africaines*)
Le ***d*** est muet, [nɔrafrikɛ̃, ɛn].
D'Afrique du Nord. *Une musique nord-africaine. Un Nord-Africain, une Nord-Africaine.*
[T] L'adjectif s'écrit avec des minuscules ; le nom, avec deux majuscules.

NORD-AMÉRICAIN, AINE adj. et n. m. et f. (pl. *nord-américains, nord-américaines*)
Le ***d*** est muet, [nɔramerikɛ̃, ɛn].
D'Amérique du Nord. *Une coutume nord-américaine. Un Nord-Américain, une Nord-Américaine.*
[T] L'adjectif s'écrit avec des minuscules ; le nom, avec deux majuscules.

NORD-CORÉEN, ENNE adj. et n. m. et f. (pl. *nord-coréens, nord-coréennes*)
De la Corée du Nord. *Le folklore nord-coréen. Un Nord-Coréen, une Nord-Coréenne.*
[T] L'adjectif s'écrit avec des minuscules ; le nom, avec deux majuscules.

NORDÉ ou **NORDET** n. m.
Vent du nord-est.

NORD-EST adj. inv. et n. m. inv.
Le ***d*** est muet, [nɔrɛst].
Point de l'horizon qui est à égale distance entre le nord et l'est. *« Le nord-est, par son caractère agressif, violent et brutal, est une cause d'horripilation et d'épouvante pour les Québécois »* (Arthur Buies, *Québec en 1900*).

NORDICITÉ n. f.
Niveau nordique des pays de l'hémisphère boréal (Recomm. off.).

NORDIQUE adj. et n. m. et f.
ADJECTIF ET NOM MASCULIN ET FÉMININ
Qui est relatif aux pays du nord de l'Europe. *Le climat nordique. Un Nordique, une Nordique.*
[T] L'adjectif s'écrit avec une minuscule ; le nom, avec une majuscule.
ADJECTIF
Relatif à tout ce qui est propre à la partie septentrionale du monde (Recomm. off.). *Une expédition nordique.*

NORD-OUEST adj. inv. et n. m. inv.
Le ***d*** est muet, [nɔrwɛst].
Point de l'horizon qui est à égale distance entre le nord et l'ouest.

NORD-VIETNAMIEN, IENNE adj. et n. m. et f. (pl. *nord-vietnamiens, nord-vietnamiennes*)
Du Vietnam du Nord. *La cuisine nord-vietnamienne. Un Nord-Vietnamien, une Nord-Vietnamienne.*
[T] L'adjectif s'écrit avec des minuscules ; le nom, avec deux majuscules.

NORMAL, ALE, AUX adj. et n. f.
ADJECTIF
Conforme à la norme, à la moyenne, à l'habitude. *Des poids normaux. C'est le tarif normal.*
NOM FÉMININ
État habituel. *Tout devrait revenir à la normale sous peu.*
LOCUTION
– ***École normale.*** École destinée à la formation des enseignants.

NORMALEMENT adv.
1. D'une manière normale. *Cet enfant grandit normalement.*
2. Théoriquement, selon ce qui est prévu. *Normalement, nous devrions finir notre travail en juin.* SYN. en principe.

NORMALISATION n. f.
1. Standardisation. *L'Association canadienne de normalisation (ACNOR).*
2. Harmonisation. *La normalisation des relations entre deux pays.* SYN. régularisation.

NORMALISER v. tr.
1. Soumettre un produit à une norme. *Normaliser les interrupteurs électriques.*
2. Uniformiser. *Normaliser la terminologie juridique.*
3. Rendre normal. *Normaliser des échanges commerciaux interrompus.*
CONJUGAISON : VOIR MODÈLE AIMER.

NORMAND, ANDE adj. et n. m. et f.
De Normandie. *Un cousin normand. Un Normand, une Normande.*
[T] L'adjectif s'écrit avec une minuscule ; le nom, avec une majuscule.

NORMATIF, IVE adj.
1. Qui constitue une norme. *Des avis normatifs publiés à la* Gazette officielle.
2. Qui donne des règles, qui valorise un usage linguistique. *C'est un dictionnaire normatif.* SYN. prescriptif.

NORME n. f.
1. Règle juridique. *C'est la norme, c'est ce que prévoit la loi.*
2. Spécification technique d'un produit, d'un procédé. *Dans la construction, on doit respecter les normes de sécurité.*
3. (LING.) Usage courant dans une communauté linguistique. *La langue standard correspond à la norme.*
En ce sens, Alain Rey, directeur de la rédaction du *Grand Robert de la langue française,* emploie le terme ***norme objective.***
4. (LING.) Usage valorisé par une communauté linguistique. *La norme s'inscrit dans un idéal socioculturel.*
En ce sens, Alain Rey emploie le terme ***norme prescriptive.***
5. Moyenne. *Ne pas s'écarter de la norme.*

NOROÎT ou **NOROIS** n. m.
Vent du nord-ouest.
[Les *Rectifications* (1990) admettent : noroit.]

NORVÉGIEN, IENNE adj. et n. m. et f.
ADJECTIF ET NOM MASCULIN ET FÉMININ
De Norvège. *Le drapeau norvégien. Un Norvégien, une Norvégienne.*
[T] L'adjectif s'écrit avec une minuscule ; le nom, avec une majuscule.
NOM MASCULIN
Langue parlée en Norvège. *Il étudie le norvégien.*
[T] Le nom de la langue s'écrit avec une minuscule.

NOS
VOIR – NOTRE.

NOSOCOMIAL, IALE, IAUX adj.
Se dit d'une infection, d'une maladie contractée en milieu hospitalier (GDT). *Une infection, une contamination nosocomiale.*

NOSTALGIE n. f.
Tristesse mélancolique. *La nostalgie du pays.* SYN. regret.

NOSTALGIQUE adj.
Empreint de nostalgie. *Antonio est nostalgique quand il pense à son pays natal.* SYN. triste.

NOTA BENE ou **NOTA** n. m. inv. (pl. *nota bene*)
Les ***e*** se prononcent ***é***, [nɔtabene].
Mots latins signifiant « note », « notez bien » introduisant une remarque. *Des* nota bene *nombreux.*
[T] En typographie soignée, les mots étrangers sont composés en italique. Dans des textes déjà en italique, la notation se fait en romain. Pour les textes manuscrits, on utilisera les guillemets.

NOTABILITÉ n. f.
Personne notable, importante. *Les notabilités nous honoreront de leur présence.* SYN. personnalité.
Ne pas confondre avec le nom ***notoriété***, fait d'être connu, renommé.

NOTABLE adj. et n. m. et f.
ADJECTIF
1. Digne d'être noté. *Des progrès notables.* SYN. appréciable ; remarquable.
2. Important.
NOM MASCULIN ET FÉMININ
Personne qui a une situation sociale importante. *Les notables d'une ville.* SYN. personnalité.

NOTABLEMENT adv.
Grandement. *Notre chiffre d'affaires a augmenté notablement.* SYN. considérablement ; sensiblement.

NOTAIRE n. m. et f.
Personne qui prépare les actes, les contrats, les testaments, etc., les reçoit, les conserve pour leur donner un caractère d'authenticité. *Jean et Léa ont chargé la notaire de leur préparer un contrat de mariage.*

NOTAMMENT adv.
Les deux ***m*** se prononcent comme un seul, [nɔtamɑ̃].
Entre autres. *Alexandra s'entend bien avec ses camarades, notamment avec Luce.* SYN. particulièrement ; spécialement.
notam**m**ent.

NOTARIAL, IALE, IAUX adj.
Qui concerne les notaires. *Des études notariales, des actes notariaux.*

NOTARIAT n. m.
Fonction de notaire. *Il se destine au notariat.*
notariat.

NOTARIÉ, ÉE adj.
Passé devant notaire. *Un acte notarié.*

NOTATION n. f.
Action, manière de noter. *La notation scientifique des expressions numériques. Sais-tu lire la notation musicale ?*

NOTE n. f.
1. Signe représentant les sons dans l'écriture musicale. *Je ne sais pas déchiffrer les notes dans ton cahier de musique.*
2. Son musical représenté par ce signe. *Une note de musique.*
3. Touche. *Une note gaie et colorée dans un décor sombre.*
4. Appréciation chiffrée de la valeur d'un travail. *Elle a obtenu de bonnes notes en latin et en histoire.* SYN. point.
5. Commentaire, indications brèves. *Prendre des notes de cours. Dans ce dictionnaire, les notes sont précédées par l'icône de la punaise.*
6. Brève communication écrite de nature administrative. *La directrice a fait parvenir une note à tous les enseignants.*
Ne pas confondre avec les noms suivants :
• ***billet***, lettre très concise ;
• ***circulaire***, lettre d'information adressée à plusieurs destinataires ;
• ***communiqué***, avis transmis au public ;
• ***courrier***, ensemble des lettres, des imprimés, etc., acheminés par la poste ;
• ***dépêche***, missive officielle, message transmis par voie rapide ;
• ***lettre***, écrit transmis à un destinataire.
7. Total des dépenses faites à l'hôtel. *Je vais régler la note.*
Au restaurant, c'est une ***addition***, et dans un commerce, une ***facture***.
LOCUTIONS
– ***Être dans la note.*** (FIG.) Avoir le style qui convient.
– ***Faire une fausse note.*** (FIG.) Commettre une maladresse.
– ***Forcer la note.*** (FIG.) Exagérer.
– ***Note de la rédaction.*** Abréviation ***NDLR*** (s'écrit avec ou sans points). Commentaire de la direction de la publication.
– ***Note de service.*** Note transmise par un supérieur à ses subordonnés.
– ***Note du traducteur.*** Abréviation ***NDT*** (s'écrit avec ou sans points). Observations du traducteur en vue d'éclairer la compréhension du texte traduit.
– ***Prendre bonne note de quelque chose.*** Inscrire soigneusement un renseignement, un commentaire, etc.

NOTE DE MUSIQUE n. f.
Signe qui représente les sons dans l'écriture musicale.
[T] En typographie soignée, les notes de musique (***do*** ou ***ut***, ***ré, mi, fa, sol, la, si***) se composent en italique ou en romain dans un texte en italique, mais jamais entre guillemets si l'on ne dispose pas d'italique. Les indications qui les accompagnent s'écrivent en romain (ou en italique, comme dans l'exemple qui suit, si la phrase est composée en italique). *Une étude en* sol *mineur, en* fa *dièse.* Lorsqu'il s'agit d'un titre d'œuvre (qui est donc déjà en italique), la note reste en italique. *Toccata et fugue en ré mineur de Bach.*

NOTE LIMINAIRE n. f.
Texte destiné à expliciter les symboles et les abréviations employés dans un ouvrage.
Ne pas confondre avec les noms suivants :
• ***avant-propos***, brève introduction d'un ouvrage, généralement rédigée par son auteur, pour en exposer le contenu et l'objectif poursuivi ;
• ***avertissement***, texte placé entre le grand titre et le début de l'ouvrage, afin d'attirer l'attention du lecteur sur un point particulier ;
• ***introduction***, court texte explicatif rédigé généralement par un auteur pour présenter son texte ;
• ***notice***, brève étude placée en tête d'un livre pour présenter la vie et l'œuvre de l'auteur ;
• ***préface***, texte de présentation d'un ouvrage qui n'est généralement pas rédigé par l'auteur ; il est souvent composé en italique.
[T] Ordre des textes : la ***préface*** précède l'***introduction*** qui est suivie par la ***note liminaire***, s'il y a lieu.

NOTER v. tr.
1. Prendre note de quelque chose. SYN. inscrire.
2. Donner une note à. *Il note sévèrement.* SYN. corriger.
CONJUGAISON : VOIR MODÈLE AIMER.

NOTICE n. f.
1. Brève étude placée en tête d'un livre pour présenter la vie et l'œuvre de l'auteur.
2. Exposé écrit succinct. *Une notice biographique.*
3. Ensemble d'indications relatives à un produit. *Une notice technique, une notice de montage.*
FORMES FAUTIVES
*donner sa notice. Anglicisme au sens de ***donner sa démission.***
*recevoir sa notice. Anglicisme au sens de ***recevoir son avis de congédiement, être congédié.***

NOTIFICATION n. f.
1. Acte par lequel on notifie.
2. Avis.

NOTIFIER v. tr.
Faire savoir dans les formes légales, de façon officielle. *On lui a notifié son congédiement.* SYN. aviser; informer.
Le complément indirect de ce verbe se construit avec la préposition ***à***. *On notifie quelque chose à quelqu'un* (et non *on notifie quelqu'un de quelque chose).
Ne pas confondre avec les verbes suivants :
- ***édicter,*** prescrire par une loi;
- ***enjoindre,*** recommander avec insistance;
- ***intimer,*** signifier, déclarer avec autorité.

CONJUGAISON : VOIR MODÈLE ÉTUDIER.
Redoublement du ***i*** à la première et à la deuxième personne du pluriel de l'indicatif imparfait et du subjonctif présent. *(Que) nous notifiions, (que) vous notifiiez.*

NOTION n. f.
Le **o** de la première syllabe est fermé, [nosjɔ̃].
1. (AU PLUR.) Connaissance élémentaire de quelque chose. *Il a des notions d'espagnol.* SYN. éléments; rudiments.
2. Idée qu'on a de quelque chose. *Elles s'amusaient beaucoup et ont perdu la notion du temps.* SYN. sens.
3. Objet abstrait de connaissance. SYN. concept.

NOTIONNEL, ELLE adj.
Le **o** de la première syllabe est fermé, [nosjɔnɛl].
Relatif à une notion. *Un système notionnel.*
notionnel.

NOTOIRE adj.
Qui est bien connu, attesté. *C'est un bandit notoire, un fait notoire.* SYN. reconnu.
Ne pas confondre avec les mots suivants :
- ***assuré,*** dont la réalité est sûre;
- ***avéré,*** reconnu comme vrai;
- ***clair,*** compréhensible;
- ***évident,*** indiscutable;
- ***indéniable,*** qu'on ne peut nier;
- ***irréfutable,*** qu'on ne peut réfuter.

NOTOIREMENT adv.
Manifestement. *Cette entreprise est notoirement en mauvaise situation financière.*

NOTORIÉTÉ n. f.
Fait d'être connu, renommée. *Il est de notoriété publique que l'école Saint-Germain est une excellente école. Aujourd'hui, cet auteur jouit d'une grande notoriété.*
Le nom ***notoriété*** ne peut désigner une personne notable.
Ne pas confondre avec le nom ***notabilité,*** personne notable, importante.

NOTRE adj. poss. m. et f. (pl. *nos*)
1. Déterminant possessif de la première personne du pluriel et des deux genres.
2. Qui est à nous, qui nous appartient, qui est relatif à nous. *Notre maison, nos enfants.*
Le déterminant s'accorde en nombre avec le nom déterminé; il s'accorde en personne avec le nom désignant le « possesseur » et représente au moins deux possesseurs, dont celui à qui l'on parle.
VOIR TABLEAU – POSSESSIF ET PRONOM POSSESSIF (DÉTERMINANT).

NÔTRE n. m. et pron. poss. (pl. *nôtres*)
PRONOM POSSESSIF
Pronom possessif de la première personne du pluriel et du genre masculin et féminin. Qui est à nous. *Ce pays est le nôtre, cette patrie, la nôtre. Ces amis sont les nôtres.*
Le pronom est toujours accompagné de l'article défini; le mot ***nôtre*** s'emploie parfois en fonction d'attribut, sans article, comme un adjectif. *Ces pensées sont nôtres.*
Ne pas confondre l'adjectif possessif ***notre*** (sans accent circonflexe) avec le pronom possessif ***nôtre*** (avec un accent circonflexe). Le pronom s'emploie sans être suivi d'un nom, alors que l'adjectif est accompagné d'un nom. *Ce sont les nôtres* (pronom possessif), *notre chat* (adjectif possessif).
NOM MASCULIN
Nôtre. Ce qui nous appartient. *Nous devons y mettre du nôtre.*
NOM MASCULIN PLURIEL
Nôtres. Nos parents, nos proches, nos amis. *Il n'est pas des nôtres. Soyez des nôtres.*
nôtre.

NOUÉ, ÉE adj.
1. Lié par un nœud. *Des cheveux noués sur la nuque.*
2. (FIG.) Serré par l'émotion. *Avoir la gorge nouée.*

NOUER v. tr., pronom.
VERBE TRANSITIF
1. Lier par un nœud. *Nouer ses cheveux.* SYN. attacher.
2. Établir des liens avec quelqu'un. *Les commerçants ont noué des relations avec leurs fournisseurs.* SYN. se lier avec.
VERBE PRONOMINAL
Se former. *Une amitié s'est nouée entre eux. L'intrigue se noue vite dans ce roman.*
À la forme pronominale, le participe passé de ce verbe s'accorde toujours en genre et en nombre avec son sujet. *La conversation s'est nouée facilement.*
LOCUTION
– ***Nouer (une) conversation.*** Engager la conversation.
CONJUGAISON : VOIR MODÈLE AIMER.

NOUEUX, EUSE adj.
Se dit d'un bois qui présente beaucoup de nœuds.
noueux.

NOUGAT n. m.
Confiserie. *Le nougat réputé de Montélimar.*
nougat.

NOUGATINE n. f.
Pâtisserie.

NOUILLE n. f.
(AU PLUR.) Pâtes alimentaires. *Elle aime beaucoup les nouilles.*
LOCUTION
– ***Style nouille.*** Style décoratif du début du siècle.

NOURRICE n. f.
Femme qui allaite un enfant.
nourrice.

NOURRICIER, IÈRE adj.
Qui fournit la nourriture. *La terre nourricière.*

NOURRIR v. tr., pronom.
VERBE TRANSITIF
1. Donner à manger. *Cette jeune maman nourrit bien son enfant avec beaucoup de fruits et de légumes. Nourrir un malade à la cuillère.* SYN. alimenter.
2. (FIG.) Entretenir un sentiment, une pensée dans l'esprit. *Ne vous laissez pas nourrir de vaines promesses. Il serait vain de nourrir cet espoir.*
Le verbe se construit avec les prépositions ***à, avec, de.***
VERBE PRONOMINAL
Manger, s'alimenter. *Ces personnes semblent se nourrir d'amour et d'eau fraîche : elles ne mangent pas suffisamment.*
À la forme pronominale, le participe passé de ce verbe s'accorde toujours en genre et en nombre avec son sujet. *Elles se sont nourries correctement.*
CONJUGAISON : VOIR MODÈLE FINIR.
nourrir.

NOURRISSANT, ANTE adj.
Nutritif. *Des céréales nourrissantes.*
Ne pas confondre avec le participe présent invariable ***nourrissant.*** *Les céréales nourrissant le plus sont le blé et le riz.*
nourrissant.

NOURRISSON n. m.
Enfant en bas âge (de plus d'un mois et de moins de deux ans).
nourrisson.

NOURRITURE n. f.
Aliments dont on se nourrit. *Les gourmets apprécient la bonne nourriture.*
nourriture.

NOUS pron. pers. m. et f.
Pronom personnel masculin et féminin de la première personne du pluriel.
EMPLOIS
VOIR TABLEAU – PRONOM.
– **Sujet.** *Nous viendrons demain.*
– **En apposition.** *Nous, nous sommes convaincus de ce fait, mais vous ne partagez pas cet avis.*
– **Complément direct.** *Regardez-nous.*
– **Complément indirect.** *Ce jardin est à nous.*
– **Complément de phrase.** *Venez chez nous.*
– ***Nous* de modestie.** Dans un contexte de communication professionnelle ou dans un texte de style soutenu, le pronom de la première personne du pluriel, ***nous,*** peut être employé à la place du ***je.*** Attention à l'accord de l'adjectif ou du participe, qui se fait au singulier. *Nous sommes persuadée que cette solution est judicieuse, nous sommes convaincu...* (selon que l'auteur du texte est une femme ou un homme).
– ***Nous* de société.** On emploie également le pronom ***nous*** quand on parle au nom d'une entreprise, d'un organisme. Dans ce cas, l'accord de l'adjectif ou du participe passé se fait au masculin pluriel parce que le pronom représente plusieurs personnes. *Nous sommes ravis de vous informer que votre demande est agréée.*

NOUVEAU ou **NOUVEL, ELLE, EAUX** adj. et n. m.
ADJECTIF
1. (Après le nom) Inédit, qui vient d'apparaître. *Des techniques nouvelles.*
2. (Devant le nom) Qui n'existe que depuis peu de temps. *Un nouveau jour vient de se lever. Des nouveaux mariés, des nouveaux venus, des nouveaux riches.*
1° Lorsque l'adjectif masculin est placé après le nom ou en fonction d'attribut, la seule forme employée est ***nouveau.***
2° Placé avant le nom et devant une voyelle ou un ***h*** muet, l'adjectif masculin s'écrit ***nouvel.*** *Un nouvel amour, le Nouvel An.*
T Dans un nom géographique, un titre, l'adjectif qui précède le nom déterminant s'écrit avec une majuscule. *La Nouvelle-Orléans, le Nouveau Monde, le Nouveau Testament.*
NOM MASCULIN
Suite, choses nouvelles. *Il n'y a rien de nouveau dans ce dossier.* SYN. neuf.
LOCUTIONS
– ***À nouveau,*** loc. adv. À neuf, de manière différente. *Formulez la question à nouveau.*
– ***De nouveau,*** loc. adv. Une fois de plus. *Il est tombé de nouveau après sa chute d'hier.*

NOUVEAU-BRUNSWICK n. m.
Abréviation ***N.-B.*** (s'écrit avec des points).
Les habitants du Nouveau-Brunswick sont des Néo-Brunswickois, des Néo-Brunswickoises. *Une tradition néo-brunswickoise.*

NOUVEAU-NÉ, NOUVEAU-NÉE adj. et n. m. et f. (pl. *nouveau-nés*)
Qui vient de naître. *Une fille nouveau-née.*
Dans ce mot composé, ***nouveau*** est généralement invariable, car il est pris adverbialement au sens de ***nouvellement.*** Seul le deuxième élément, ***né,*** prend la marque du féminin et du pluriel. Cependant, certains auteurs accordent le premier élément.

NOUVEAUTÉ n. f.
1. Caractère de ce qui est nouveau. *La nouveauté de ces dessins.* SYN. originalité.
2. Innovation. *Ce produit est une nouveauté : il est à la fine pointe de la recherche.*
nouveauté.

NOUVEAU TESTAMENT n. m.
Abréviation ***N. T.*** (s'écrit avec des points).

NOUVEL
VOIR – NOUVEAU.

NOUVELLE n. f.
1. Premier avis d'un fait récent. *Une nouvelle de dernière heure, une nouvelle de première main.*
2. Renseignements sur une situation, informations. *J'ai eu de ses nouvelles. Écouter les nouvelles à la radio. Ils sont sans nouvelles d'eux depuis quelques mois.*
En ce sens, ce nom s'emploie au pluriel.
3. Court récit. *Elle a écrit une nouvelle fantastique.*
LOCUTION
– ***Pas de nouvelles, bonnes nouvelles.*** Quand tout va bien, on n'envoie pas de ses nouvelles.
nouvelle.

NOUVELLE-ÉCOSSE n. f.
Abréviation ***N.-É.*** (s'écrit avec des points).
Les habitants de la Nouvelle-Écosse sont des Néo-Écossais, des Néo-Écossaises. *Une tradition néo-écossaise.*

NOUVELLEMENT adv.
Récemment, depuis peu. *Valentin est nouvellement établi à Montréal : il vient de Russie.*

NOVATEUR, TRICE adj. et n. m. et f.
Innovateur. *Une banque novatrice.*

NOVEMBRE n. m.
Onzième mois de l'année. *Le mardi 2 novembre.*
T Les noms de mois s'écrivent avec une minuscule.
VOIR TABLEAU – DATE.

NOVICE adj. et n. m. et f.
ADJECTIF
Débutant, inexpérimenté. *Une musicienne novice. Un travailleur novice. Elle est novice en horticulture, dans ce domaine.*
L'adjectif se construit avec les prépositions ***dans, en.***
NOM MASCULIN ET FÉMININ
Personne qui fait l'apprentissage de quelque chose. *C'est un novice en la matière.*
Ne pas confondre avec le nom ***néophyte,*** nouvel adepte d'un parti, d'une théorie.
novice.

N

NOYADE n. f.
Mort accidentelle par asphyxie dans l'eau.
noyade.

NOYAU n. m. (pl. *noyaux*)
1. Partie centrale de certains fruits. *Des noyaux de pêches, de cerises.*
Lorsqu'il y a plusieurs graines, ce sont des ***pépins***; quand il n'y a qu'une graine, c'est un ***noyau.*** Ainsi, dans la pêche, la prune, l'abricot, etc., la partie dure qui est au centre du fruit se nomme le ***noyau.*** *Un noyau d'avocat, des noyaux de cerises, d'olives.*
2. Partie centrale. *Le noyau d'une cellule, de l'atome.*
3. Petit groupe autour duquel s'organisent les éléments d'un ensemble. *Le noyau de la contestation.*
noyau.

NOYAUTAGE n. m.
Action de noyauter. *Le noyautage d'une association.*
noyautage.

NOYAUTER v. tr.
Introduire des éléments dans un groupe afin de le désorganiser.
CONJUGAISON : VOIR MODÈLE AIMER.
noyauter.

NOYÉ, ÉE adj. et n. m. et f.
Qui est mort par noyade.
HOM. ***noyer,*** arbre.
noyé.

NOYER n. m.
Arbre qui produit les noix.
HOM.
• ***noyé,*** mort par noyade;
• ***noyer,*** mourir par asphyxie dans un liquide.
noyer.

NOYER v. tr., pronom.
VERBE TRANSITIF
1. Faire mourir par asphyxie dans un liquide. *Ces brutes ont tenté de noyer un chien.*
2. Faire disparaître dans un ensemble confus. *Ils ont noyé leurs explications dans une foule de détails inutiles.*
VERBE PRONOMINAL
Mourir asphyxié dans l'eau ou dans un autre liquide. *Ils se sont noyés en faisant de la plongée.*
À la forme pronominale, le participe passé de ce verbe s'accorde toujours en genre et en nombre avec son sujet. *Trois jeunes pêcheurs se sont noyés.*
LOCUTION
– ***Se noyer dans un verre d'eau.*** (FIG.) Se décourager à la moindre difficulté.
HOM.
• ***noyé,*** mort par noyade;
• ***noyer,*** arbre.
CONJUGAISON : VOIR MODÈLE EMPLOYER.
Le ***y*** se change en ***i*** devant un ***e*** muet. *Il noie, il noiera.*
Le ***y*** est suivi d'un ***i*** à la première et à la deuxième personne du pluriel de l'indicatif imparfait et du subjonctif présent. *(Que) nous noyions, (que) vous noyiez.*
noyer.

***NSF**
Anglicisme (abréviation de «*no sufficient funds*») pour ***chèque sans provision.***

Nt
Abréviation de ***Nunavut.***

N. T.
Abréviation de ***Nouveau Testament.***

NU n. m.
Œuvre (dessin, peinture, sculpture, photographie) d'après un modèle nu. *Les nus de Picasso.*
LOCUTIONS
– ***À nu,*** loc. adv. Sans protection. *L'os est à nu.*
– ***Mettre à nu.*** Dévoiler, mettre à découvert. *Les menteurs ont été mis à nu.*
HOM. ***nu,*** qui n'est couvert d'aucun vêtement.

NU n. m. inv.
Lettre grecque.

NU, NUE adj.
Qui n'est couvert d'aucun vêtement. *Anne-Marie dort nue en été.* SYN. déshabillé. ANT. habillé; vêtu.
Quand l'adjectif précède le nom, il est invariable et se joint à ce dernier par un trait d'union. *Ils sont nu-pieds.* Quand l'adjectif suit le nom, il s'accorde en genre et en nombre. *Ils sont pieds nus, tête nue.*
HOM.
• ***nu,*** œuvre d'après un modèle nu;
• ***nue,*** nuage.

NUAGE n. m.
1. Masse vaporeuse de particules d'eau très fines qui flotte dans l'atmosphère. *Le ciel est couvert de nuages.*
Si le ciel est clair, on peut écrire qu'il est ***sans nuage*** (sans aucun nuage) ou ***sans nuages*** (habituellement, il y a plusieurs nuages).
Les dénominations de nuages composées des éléments ***alto-, cirro-, cumulo-, nimbo-*** et ***strato-*** s'écrivent en un seul mot. *Altocumulus, altostratus, cumulonimbus, cirrocumulus, stratocumulus, nimbostratus, cirrostratus.*
2. Amas d'aspect vaporeux. *Un nuage de poussière, de fumée, de sauterelles, de moustiques.*
3. (VIEILLI) Écharpe faite d'un tissu de soie, de laine, léger et souple, qui couvre le cou et le bas du visage. *« Elles n'en finissaient plus de se débarrasser de leurs grands bas, de leurs nuages de laine, de leurs crémones, de leurs chapes »* (Germaine Guèvremont, *Le Survenant*). SYN. crémone.
Ne pas confondre avec les noms suivants :
• ***brouillard,*** amas de vapeurs d'eau qui flotte à proximité du sol (visibilité inférieure à 1 km);
• ***brume,*** brouillard léger (visibilité supérieure à 1 km); brouillard de mer;
• ***buée,*** vapeur d'eau qui se condense sur une surface froide;
• ***frimas,*** brouillard qui se congèle en tombant.
LOCUTIONS
– ***Être dans les nuages.*** Être distrait.
– ***Un nuage de lait.*** Petite quantité de lait versée dans le café, le thé.

NUAGEUX, EUSE adj.
Couvert de nuages. *On prévoit du temps nuageux.* ANT. clair.
nuageux.

NUANCE n. f.
1. Tonalité d'une teinte. *Toutes les nuances de l'arc-en-ciel.*
2. Légère différence entre deux choses. *Avoir le sens des nuances.* SYN. finesse; subtilité.

NUANCÉ, ÉE adj.
Rempli de nuances. *Une critique nuancée. Une surprise nuancée d'inquiétude. Elle est nuancée dans ses propos.* ANT. catégorique; tranché.

NUANCER v. tr.
1. Assortir des couleurs par nuances.
2. Exprimer des distinctions. *Nuancer une affirmation.*
CONJUGAISON : VOIR MODÈLE AVANCER.

NUANCIER n. m.
Présentation des différentes teintes d'un produit coloré, d'une peinture, teinture, etc., dans un carnet, un album. *Voici le nuancier de nos vernis.*

NUBILE adj.
(DR.) Qui est en âge de se marier.
Ne pas confondre avec le mot ***pubère***, qui se dit d'une personne qui a atteint la puberté.

NUCLÉ(O)- préf.
Élément du latin signifiant « noyau ». *Nucléaire.*

NUCLÉAIRE adj. et n. m.
1. Relatif au noyau de la cellule. *Médecine nucléaire.*
2. Relatif au noyau de l'atome. *Centrale nucléaire.*
L'adjectif ***nucléaire*** tend à remplacer l'adjectif ***atomique*** pour qualifier l'énergie.
nucléaire.

NUCLÉARISER v. tr.
1. Doter (un État, un territoire) de l'énergie nucléaire.
2. Doter (un État, un territoire) de l'armement nucléaire.
CONJUGAISON : VOIR MODÈLE AIMER.

NUCLÉIQUE adj.
Se dit d'un constituant fondamental de la cellule.
LOCUTION
– ***Acide nucléique.*** Substance de la cellule. *L'ADN et l'ARN sont des acides nucléiques.*

NUDISME n. m.
Doctrine prônant la vie en plein air dans un état de nudité complète.

NUDISTE n. m. et f.
Adepte du nudisme. *La plage de nudistes.*

NUDITÉ n. f.
1. État d'une personne nue.
2. Sobriété extrême. *La nudité d'un décor.*

NUE n. f.
(LITT.) Nuage.
LOCUTIONS
– ***Porter aux nues.*** Glorifier, encenser.
– ***Tomber des nues.*** Perdre ses illusions.
HOM. ***nu,*** qui n'est couvert d'aucun vêtement.

NUÉE n. f.
1. (LITT.) Grand nuage.
2. Multitude (de personnes, d'animaux) envahissant un endroit. *Une nuée de sauterelles a envahi, ont envahi les champs.* SYN. quantité.
Si le sujet du verbe est un collectif précédé du déterminant indéfini ***une*** et suivi d'un complément au pluriel, le verbe se met au singulier lorsque l'auteur veut insister sur le tout, l'ensemble ; au pluriel, s'il veut insister sur la pluralité, la multiplicité. Si le nom est précédé d'un déterminant défini ***(la)***, d'un déterminant possessif ***(ma, ta, sa)*** ou d'un déterminant démonstratif ***(cette)*** et suivi d'un complément au pluriel, le verbe se met généralement au singulier. *La nuée de sauterelles couvrait le sol.*
VOIR TABLEAU – COLLECTIF.

NUE-PROPRIÉTÉ n. f. (pl. *nues-propriétés*)
(DR.) Propriété d'un bien sur lequel une autre personne a un droit d'usufruit.
nue-propriété.

***NUGGET**
Anglicisme pour ***croquette***. *Une croquette* (et non *nugget) *de poulet.*

NUIRE v. tr. ind., pronom.
VERBE TRANSITIF INDIRECT
1. Faire tort à quelqu'un. *Cette arrogance lui a nui.*
2. Constituer un danger (pour une chose). *La mauvaise visibilité nuisait aux déplacements.*
Le verbe se construit toujours avec la préposition ***à***.
VERBE PRONOMINAL
Se causer du tort. *Ils se sont nui en faisant ce choix.* SYN. desservir.
À la forme pronominale, le participe passé de ce verbe est toujours invariable. *Au lieu de s'aider, elles se sont nui.*
CONJUGAISON : VOIR MODÈLE CONDUIRE.
INDICATIF PRÉSENT *Je nuis, tu nuis, il nuit, nous nuisons, vous nuisez, ils nuisent.* IMPARFAIT *Je nuisais.* PASSÉ SIMPLE *Je nuisis.* FUTUR *Je nuirai.* CONDITIONNEL PRÉSENT *Je nuirais.* IMPÉRATIF PRÉSENT *Nuis, nuisons, nuisez.* SUBJONCTIF PRÉSENT *Que je nuise.* IMPARFAIT *Que je nuisisse.* PARTICIPE PRÉSENT *Nuisant.* PASSÉ *Nui.*

NUISANCE n. f.
Facteur de la vie urbaine ou industrielle qui constitue un danger pour la santé, pour l'environnement. *Le bruit est une nuisance de la vie moderne, de même que la pollution.*
nuisance.

NUISIBLE adj.
Qui nuit à quelqu'un, à quelque chose. *Ces insectes sont nuisibles aux cultures. Des abus de bonne chère nuisibles à la santé.* SYN. dommageable ; néfaste. ANT. bienfaisant.
L'adjectif se construit avec la préposition ***à***.

NUISIBLEMENT adv.
D'une manière nuisible.

NUIT n. f.
1. Durée écoulée entre le coucher et le lever du soleil. *La nuit, tous les chats sont gris.* (Adage) SYN. noirceur.
2. Obscurité. *Il fait nuit.*
LOCUTIONS
– ***De nuit,*** loc. adv. Pendant la nuit. *Ils voyagent de nuit.*
– ***La nuit des temps.*** Époque très reculée.
– ***Nuit blanche.*** Nuit passée sans dormir. *La petite avait la fièvre : elle a passé une nuit blanche.*
– ***Nuit et jour,*** loc. adv. Constamment.

NUITAMMENT adv.
(LITT.) Pendant la nuit.
nuitamment.

NUITÉE n. f.
Durée de 24 heures commençant généralement à midi.
La nuitée est une unité de temps dans le vocabulaire de l'hôtellerie.
nuitée.

NUL, NULLE adj. et pron. indéf.
ADJECTIF QUALIFICATIF
1. Sans aucune valeur. *Une réponse nulle.*
2. Sans valeur, sans intérêt. *Un film complètement nul.*
Employé après le nom, le mot ***nul*** est un adjectif qualificatif.
3. Qui est très mauvais. *Un étudiant nul en informatique, nul aussi pour le sport, mais loin d'être nul dans les relations interpersonnelles.*
L'adjectif se construit avec les prépositions ***dans, en, pour.***
ADJECTIF INDÉFINI
(LITT.) Aucun. *Nul mineur ne sera admis. Sans nul doute.*
Le déterminant indéfini est placé avant le nom avec lequel il s'accorde en genre et en nombre, et est toujours accompagné de la négation ***ne*** ou ***sans.*** Devant un nom qui ne s'emploie pas au singulier, l'adjectif ***nul*** s'écrit au pluriel. *Nuls frais ne seront exigés.*
PRONOM INDÉFINI
Personne. *Nul n'est prophète en son pays* (proverbe qui signifie que, en général, on a plus de succès à l'extérieur de son propre pays.)
Le pronom s'emploie surtout au masculin en tête d'un proverbe, d'une maxime ; il est toujours accompagné de la négation ***ne***. Dans la langue courante, on emploie plutôt ***personne.***

N

LOCUTIONS
– ***À nul autre pareil,*** loc. adj. (LITT.) Incomparable. *Des succès à nul autre pareils* (des succès pareils à nul autre succès). *Des réussites à nulle autre pareilles* (des réussites pareilles à nulle autre réussite).
Attention à l'accord de cette locution adjective : l'adjectif ***pareil*** s'accorde avec le mot que la locution détermine, alors que les mots ***nul autre*** s'accordent généralement avec le nom que représente ***autre.***
– ***Nul autre,*** loc. adj. Aucun autre. *Une réussite comparable à nulle autre. Les personnes présentes étaient nulles* ou *nuls autres que ses enfants et ses amis.*
L'adjectif indéfini ***nul*** s'accorde avec le ou les mots que l'adjectif ***autre*** détermine.

NULLEMENT adv.
Aucunement, pas du tout. *Cela ne me dérange nullement.*
L'adverbe se construit avec ***ne*** sauf en réponse elliptique à une question. *Cela vous dérange ? – Nullement.*

NULLITÉ n. f.
1. Absence de toute valeur. *La nullité d'un contrat.*
2. Personne dénuée de valeur, de talent. *Ils ont tout raté : ce sont des nullités.* SYN. zéro.
nullité.

NUMÉRAIRE n. m.
Monnaie en espèces ayant cours légal.
LOCUTION
– ***Payer en numéraire.*** Paiement effectué avec des billets de banque ou des pièces, par opposition aux paiements par chèque, par carte de crédit.
numéraire.

NUMÉRAL, ALE, AUX adj. et n. m.
Qui désigne un nombre. *Un système numéral.*
VOIR TABLEAU – NUMÉRAL ET ADJECTIF ORDINAL (DÉTERMINANT).

NUMÉRATEUR n. m.
Terme d'une fraction placé au-dessus de la barre horizontale. Dans la fraction 3/5, le nombre 3 est le ***numérateur,*** le nombre 5, le ***dénominateur.*** ANT. dénominateur.
VOIR TABLEAU – NOMBRES.

NUMÉRATION n. f.
Action de dénombrer.

NUMÉRIQUE adj.
1. Qui est relatif aux nombres. *Une valeur numérique.*
2. Qui est représenté par un nombre. *Une montre numérique.*
La représentation de l'heure au moyen de chiffres mobiles est dite ***numérique*** (et non *digitale) ; au moyen d'aiguilles, ***analogique.***

NUMÉRIQUEMENT adv.
Relativement au nombre.

NUMÉRISATION n. f.
1. (INFORM.) Conversion d'informations analogiques (son, image, texte) en valeurs numériques correspondantes, manipulables par ordinateur. *La numérisation de 500 000 ouvrages non couverts par le droit d'auteur permettrait de préserver le patrimoine littéraire et de le mettre à la disposition d'un large public.*
2. (INFORM.) Numérisation automatique, au moyen d'un numériseur à balayage, d'informations (texte ou image) présentées sous forme analogique. *La numérisation* (et non *le scanning) *d'images et de photographies anciennes.*

NUMÉRISER v. tr.
(INFORM.) Transformer en format numérique des informations analogiques.
CONJUGAISON : VOIR MODÈLE AIMER.

NUMÉRISEUR n. m.
(INFORM.) Appareil qui permet la numérisation des données analogiques (image, texte). *Un numériseur* (et non un *scanner).

NUMÉRO n. m.
Abréviation ***n***^{o} ou ***N***^{o} (s'écrit sans point). L'abréviation du pluriel ***numéros*** est ***n***^{os} ou ***N***^{os} (s'écrit sans point).
[T] L'emploi du signe # n'est pas recommandé.
1. Chiffre, nombre attribué à un objet dans une série, qui marque le rang, l'ordre. *Des numéros gagnants. Elle loge au numéro 6 de l'avenue de la Brunante.*
Ne pas confondre avec les noms suivants :
• ***chiffre,*** signe qui permet de noter les nombres ;
• ***nombre,*** quantité d'unités.
2. Élément d'une adresse qui sert à indiquer l'emplacement exact d'une maison ou d'un immeuble dans une voie de circulation. *Quel est le numéro* (et non *numéro civique) *de son immeuble ?*
VOIR TABLEAU – ADRESSE.
RÈGLES TYPOGRAPHIQUES
• Emploi de l'abréviation
Le nom ***numéro*** ne s'abrège que devant un chiffre. *N*^{o} *15.* Précédé d'un article, le nom s'écrit au long. *Le numéro 7, les numéros 15 et 16* (et non le *n° 7, les n°s 15 et 16).
• Écriture en chiffres arabes
Dans les numéros d'ordre, notamment des articles de code, de lois, de décrets, les matricules, les titres de valeur, les folios, les nombres se composent en chiffres arabes. *Le compte n*^{o} *4530, les articles n*^{os} *15 et 16.*
LOCUTIONS
– ***Numéro d'assurance sociale.*** Sigle ***NAS*** (s'écrit avec ou sans points).
– ***Numéro de téléphone.*** Suite de chiffres attribuée à une ligne téléphonique, qui permet d'établir des communications. *Son numéro de téléphone est le 514 340-6000 : on peut le joindre en composant le 514 340-6000. Le numéro de téléphone de Denis est le 450 458-1234 : on pourra le joindre ce soir au 450 458-1234. Le numéro de téléphone au domicile, le numéro de téléphone au travail.* SYN. numéro d'appel.
[T] La composition de l'indicatif régional étant maintenant obligatoire, l'indicatif est noté désormais sans parenthèses. On laisse simplement un espacement entre l'indicatif régional et le reste du numéro de téléphone, et on met un trait d'union avant les quatre derniers chiffres.
– ***Numéro d'identification du médicament.*** Numéro à six chiffres que la Direction générale de la protection de la santé de Santé Canada attribue à chaque produit médicamenteux vendu avec ou sans ordonnance.
Pour abréger ce terme, on emploie couramment l'acronyme ***DIN,*** abréviation du terme anglais «*drug identification number*».
– ***Numéro d'identification personnel.*** (INFORM.) Sigle ***NIP*** (s'écrit avec ou sans points). Information unique et confidentielle à l'usage exclusif d'une personne ou d'une entité permettant à un utilisateur d'avoir accès à un système informatique et d'y effectuer une opération spécifique. *Grâce à une carte bancaire et à un numéro d'identification personnel, on peut retirer une somme de son compte à toute heure du jour et de la nuit.*
Le NIP est couplé à une carte informatique qui authentifie l'identité de l'utilisateur.
FORME FAUTIVE
*numéro civique. Impropriété pour ***numéro*** (dans une adresse).

NUMÉROTAGE n. m.
Action de numéroter.

NUMÉROTATION n. f.
Manière dont des numéros se succèdent. *Il faut refaire la numérotation.*

NUMÉROTER v. tr.
Mettre un chiffre indiquant un ordre successif. *Numéroter des pages.* SYN. chiffrer.
CONJUGAISON : VOIR MODÈLE AIMER.

DÉTERMINANT **NUMÉRAL ET ADJECTIF ORDINAL**

DÉTERMINANT NUMÉRAL

Le déterminant numéral indique le nombre précis des êtres ou des objets dont on parle ou précise l'ordre de ces êtres, de ces objets.

N

- Certains déterminants numéraux sont **simples.**

Sept, douze, mille.

- Certains déterminants numéraux sont **composés.**

Trente-deux (30 + 2). Quatre-vingts (4 x 20). Trois cents (3 x 100).

[T] Dans les déterminants numéraux composés, selon la règle classique, le trait d'union s'emploie seulement entre les éléments qui sont l'un et l'autre inférieurs à cent et quand ces éléments ne sont pas joints par la conjonction ***et***. *Trente-huit, quatre-vingt-quatre, vingt et un, cent dix, deux cent trente-deux.* Selon les *Rectifications orthographiques* (1990), « on peut lier par un trait d'union les numéraux formant un nombre complexe, inférieur ou supérieur à ***cent*** ».

- Les **déterminants numéraux** sont **invariables**, à l'exception de :

– ***Un***, qui peut se mettre au féminin.

Vingt et une écolières.

VOIR TABLEAU ▸ **UN.**

– ***Vingt*** et ***cent***, qui prennent la marque du pluriel s'ils sont multipliés par un nombre et s'ils ne sont pas suivis d'un autre déterminant numéral.

Six cents crayons, trois cent vingt règles, quatre-vingts feuilles, quatre-vingt-huit stylos.

- **Le déterminant numéral et les fractions**

Une fraction est composée d'un numérateur et d'un dénominateur. Le numérateur est un déterminant numéral qui suit la règle d'accord de ces adjectifs, tandis que le dénominateur est un nom qui prend la marque du pluriel.

Les quatre cinquièmes (4/5). Les vingt-huit millièmes (28/1000). Les trente cinquante-septièmes (30/57).

ADJECTIF ORDINAL

L'adjectif ordinal classe les êtres ou les choses par leur ordre : il indique le rang dans une série.

Les adjectifs ordinaux sont des adjectifs classifiants qui prennent le genre et le nombre du nom qu'ils accompagnent. Ils sont formés du déterminant numéral auquel on ajoute la terminaison ***ième*** (à l'exception de ***premier*** et de ***dernier***).

Les troisièmes (3es) pages, les huitièmes (8es) pages, mais *les premières (1res) pages.*

Les adjectifs ordinaux et les abréviations des adjectifs ordinaux prennent la marque du pluriel.
Les trentièmes Jeux olympiques, les 30es Jeux olympiques.

Pour la formation de l'adjectif ordinal, les déterminants numéraux qui se terminent par un ***e*** muet perdent cette lettre finale (*quatrième, onzième, trentième*) ; on ajoute un ***u*** à la fin de ***cinq*** (*cinquième*) et le ***f*** de ***neuf*** est remplacé par un ***v*** (*neuvième*).

- **Abréviations courantes**

Premier **1er**, première **1re**, deuxième **2e**, troisième **3e**, quatrième **4e** et ainsi de suite **100e**, **500e**, **1 000e**. Philippe **Ier**, **1re** année, **6e** étage.

Les autres manières d'abréger ne doivent pas être retenues (*1ère, *2ème, *2ième, *2^è^...).

VOIR TABLEAUX ▸ **ADJECTIF.** ▸ **NOMBRES.**

N

NUMISMATE n. m. et f.
Spécialiste de la numismatique.

NUMISMATIQUE adj. et n. f.
ADJECTIF
Relatif aux monnaies anciennes, aux médailles.
NOM FÉMININ
Étude des monnaies anciennes, des médailles.

NUNAVUT n. m.
Abréviation ***Nt*** (s'écrit sans point).
Les habitants autochtones du Nunavut sont des Nunavummiuts (m. pl.), Nunavummiutes (f. pl.) ; ceux qui ne sont pas autochtones sont des habitants du Nunavut.

NU-PROPRIÉTAIRE, NUE-PROPRIÉTAIRE n. m. et f. (pl. *nus-propriétaires, nues-propriétaires*)
(DR.) Personne qui n'a que la nue-propriété d'un bien sur lequel une autre personne exerce un droit d'usufruit.

NUPTIAL, IALE, IAUX adj.
(LITT.) Relatif au mariage. *Des vœux nuptiaux, une bénédiction nuptiale.*
nuptial.

NUQUE n. f.
Partie postérieure du cou. *Une coiffure qui dégage bien la nuque.*

***NURSING**
Anglicisme pour ***sciences infirmières, soins infirmiers.***
L'ancienne Faculté de nursing s'appelle maintenant Faculté des sciences infirmières. Dans les hôpitaux, l'ancien Service du nursing s'appelle aujourd'hui le Service des soins infirmiers.

NUTRIMENT n. m.
(BIOL.) Toute substance alimentaire que l'organisme peut absorber entièrement. *Le calcium constitue un nutriment essentiel à la santé osseuse.*
Les aliments sont transformés en nutriments sous l'action des sucs digestifs (GDT).

NUTRITIF, IVE adj.
Qui a la propriété de nourrir. *La valeur nutritive d'un aliment.*
SYN. nourrissant.

NUTRITION n. f.
Transformation, assimilation des aliments dans l'organisme.
nutrition.

NUTRITIONNEL, ELLE adj.
Qui concerne la nutrition. *Des données nutritionnelles bien utiles.*
nutritionnel.

NUTRITIONNISTE n. m. et f.
Spécialiste de la nutrition.
nutritionniste.

NYLON n. m.
Fibre synthétique, tissu obtenu à partir de ce produit. *Des nylons résistants, des bas de nylon.*
[T] Ce nom est une marque déposée qui devrait s'écrire avec une majuscule. Cependant, ce mot est passé dans l'usage et s'écrit maintenant avec une minuscule.
nylon.

NYMPHE n. f.
1. État qui précède l'âge adulte chez les insectes. *L'abeille est d'abord une larve, puis une nymphe.*
2. Divinité féminine.
3. Jeune fille gracieuse.
Ne pas confondre avec le nom ***lymphe,*** liquide organique.

NYMPHÉA n. m.
Ne pas oublier qu'au pluriel le ***s*** est muet, [nɛ̃fea].
Nénuphar. *Monet a peint les magnifiques* Nymphéas.
Attention au genre masculin de ce nom : ***un*** nymphéa.
nymphéa.

NYMPHETTE n. f.
Adolescente attrayante.
nymphette.

NYMPHOMANE adj. f. et n. f.
ADJECTIF FÉMININ
Atteinte de nymphomanie.
NOM FÉMININ
Femme atteinte de nymphomanie.
Ce mot s'emploie en parlant d'une femme.
nymphomane.

NYMPHOMANIE n. f.
Exagération des désirs sexuels chez la femme.
nymphomanie.

O

O n. m. inv.
Quinzième lettre de l'alphabet.

O
– ***o,*** abréviation de ***octet.***
– ***O,*** symbole de ***oxygène.***
– ***O.,*** abréviation du point cardinal ***ouest.*** *15, rue Laurier O.*

O- préf.
La voyelle **o** à l'initiale se prononce comme un *o* ouvert, sauf lorsqu'elle est suivie du son ***z*** (comme dans les noms ***osier, ozone***...).

o/
Symbole de ***à l'ordre de.***

Ô interj.
1. Interjection qui sert à interpeller, à invoquer dans un style littéraire. *Ô mon Dieu !*
2. Interjection qui marque la surprise, la joie, la douleur, etc., dans un texte de niveau soutenu. *Ô te voilà !*
[T] L'interjection **ô**, contrairement à ***oh !, ho !,*** n'est jamais immédiatement suivie du point d'exclamation ; le signe de ponctuation est reporté à la fin de l'apostrophe, de la phrase. VOIR – OH !.

OACI
Sigle de ***Organisation de l'aviation civile internationale.***

OASIS n. f.
Le **o** est ouvert et le **s** final se prononce, [ɔazis] ; le mot rime avec ***saucisse.***
1. Lieu où il y a une source, de la végétation dans un désert. *Une oasis luxuriante.*
2. (FIG.) Lieu calme et agréable qui contraste avec un milieu agité. *Ce jardin est une oasis de paix dans la ville bruyante.*
Attention au genre féminin de ce nom : ***une*** oasis.

OBÉDIENCE n. f.
Obéissance à une autorité spirituelle, politique, etc. *Il est d'obédience catholique. La Chine demeure un pays d'obédience communiste.*
obédien**ce**.

OBÉIR v. tr. ind.
Exécuter la volonté de quelqu'un, se conformer à ce qui est imposé. *Obéir à ses parents. Elle est obéie de tous. Cette enseignante sait se faire obéir. Les automobilistes obéissent au Code de la route.* SYN. écouter.
Le verbe se construit avec la préposition ***à.***
CONJUGAISON : VOIR MODÈLE FINIR.

OBÉISSANCE n. f.
1. Action d'obéir.
2. Observation des règles, disposition à obéir. *Les enfants doivent obéissance à leurs parents.* SYN. docilité.
obéissance.

OBÉISSANT, ANTE adj.
Soumis, discipliné. *Ces enfants sont obéissants, mais Filou n'est pas un chien obéissant.* SYN. docile.
Ne pas confondre avec le participe présent invariable ***obéissant.*** *Les enfants obéissant toujours à leurs parents sont rares.*

OBÉLISQUE n. m.
Monument en forme de pyramide allongée. *Un obélisque dressé depuis des milliers d'années.*
Ne pas confondre avec le nom ***odalisque,*** femme d'un harem.
Attention au genre masculin de ce nom : ***un*** obélisque.
obélis**que.**

OBÈSE adj. et n. m. et f.
Atteint d'obésité. *Des personnes obèses. Ces obèses ont du mal à se déplacer.* SYN. énorme ; gros. ANT. maigre.
obèse.

OBÉSITÉ n. f.
Excédent important de poids. *L'obésité n'est pas bonne pour la santé.* SYN. grosseur. ANT. maigreur.
obésité.

OBI n. f.
Ceinture en soie portée sur le kimono au Japon. *Des obis brodées.*
Attention au genre féminin de ce nom : ***une*** obi.

OBJECTER v. tr.
1. Répondre, répliquer à l'aide d'un argument contraire. *On objecta que le projet était trop coûteux.*
2. Donner pour raison. *Objecter un mal de tête pour ne pas travailler.* SYN. prétexter.
Le verbe ***objecter*** ne s'utilise pas à la forme pronominale.
FORME FAUTIVE
*s'objecter. Anglicisme au sens de ***s'opposer à, s'élever contre.*** *Les étudiants s'opposent* (et non *s'objectent) *à la suppression des vacances d'été.*
CONJUGAISON : VOIR MODÈLE AIMER.

OBJECTEUR n. m.
Personne qui refuse d'accomplir son service militaire par conviction personnelle. *Des objecteurs de conscience.*

OBJECTIF n. m.
1. Système optique d'un instrument. *L'objectif d'une caméra.*
2. But à atteindre. *L'objectif est de répondre aux besoins des consommateurs.* SYN. cible ; fin.

LOCUTION
– ***Avoir pour objectif.*** Viser. *Ils ont pour objectifs d'escalader cette montagne et de dormir dans le refuge.*
Dans cette expression, le nom ***objectif*** peut prendre la marque du pluriel s'il a plusieurs compléments.

OBJECTIF, IVE adj.
1. Conforme à la réalité. *Une étude objective des faits.*
2. Neutre, sans parti pris. *Cet arbitre est objectif et parfaitement équitable à l'égard des deux équipes.* SYN. impartial; juste. ANT. partial; subjectif.
LOCUTION
– ***Norme objective.*** (LING.) Usage courant dans une communauté linguistique.
Alain Rey, directeur de la rédaction du *Grand Robert de la langue française,* oppose à la norme objective la norme prescriptive, qui désigne l'usage valorisé par une communauté linguistique.

OBJECTION n. f.
1. Raison de s'opposer à quelque chose. *Avez-vous des objections à ce que nous partions demain?* SYN. opposition.
2. Inconvénient. *Si tu n'y vois pas d'objection, nous reprendrons notre travail demain.* SYN. empêchement.
FORME FAUTIVE
*avoir objection. Construction fautive pour ***s'opposer à, voir un inconvénient à, être en désaccord avec, refuser.***

OBJECTIVEMENT adv.
D'une façon impartiale. *Conduire une étude objectivement.* SYN. impartialement. ANT. subjectivement.

OBJECTIVER v. tr.
(DIDACT.) Extérioriser, manifester. *Objectiver son inquiétude.* SYN. exprimer.
CONJUGAISON : VOIR MODÈLE AIMER.

OBJECTIVITÉ n. f.
Caractère de ce qui est neutre, sans parti pris, de ce qui est conforme à la réalité. *Les juges doivent faire preuve d'objectivité.* SYN. impartialité; neutralité. ANT. subjectivité.

OBJET n. m.
1. Toute chose. *Une collection de petits objets amusants.*
2. But, motif. *Quel est l'objet de votre appel?*
LOCUTIONS
– ***Avoir pour objet.*** Avoir pour but, pour motif. *Ces précautions ont pour objet d'éviter tout incident.*
Dans cette expression, le nom est invariable.
– ***Faire l'objet de, être l'objet de.*** Être la cause, le motif d'une action, d'un sentiment. *Ils ont fait l'objet d'une enquête.*
Dans cette expression, le nom est invariable.
– ***Objet d'une lettre, d'une note.*** Énoncé succinct du contenu d'une lettre, d'une note. *Objet* (et non *sujet, *re) : *appel d'offres – matériel informatique.*
Cette mention qui s'inscrit au centre de la page, sous la vedette, résume le motif, le but de la lettre. Elle permet au destinataire de se situer très rapidement et facilite le classement de la correspondance.
T Il est conseillé de noter cette mention en caractères gras ou de la souligner.
VOIR TABLEAU – LETTRE TYPE.
– ***Objet volant non identifié (OVNI*** ou ***ovni).*** Objet ou phénomène d'origine inconnue observé dans le ciel. *On a signalé des objets volants non identifiés dans la région.*
T L'emploi de l'acronyme ***ovni*** est plus fréquent que celui de l'expression au long.
– ***Sans objet.*** Sans motif, sans fondement. *Une accusation sans objet.*
– ***Sans objet.*** Néant. *Signes particuliers : sans objet* (et non *non applicable).
La locution s'emploie dans un questionnaire, un formulaire et s'abrège ***s. o.***

OBJURGATION n. f.
(LITT.) Réprimande, demande instante. *Malgré toutes les objurgations, il demeure intraitable.* SYN. admonestation; représentation.
Ce nom s'emploie surtout au pluriel.

OBLAT, ATE n. m. et f.
Religieux de certains ordres. *Une oblate de Marie-Immaculée.*
T Le nom s'écrit avec une minuscule lorsqu'il désigne un membre de l'ordre religieux; quand il désigne l'ordre religieux, il s'écrit avec une majuscule. *Les Oblats.*

OBLIGATAIRE adj. et n. m. et f.
ADJECTIF
Relatif aux obligations. *Le marché obligataire.*
NOM MASCULIN ET FÉMININ
(DR.) Titulaire d'une obligation (titre de créance).

OBLIGATION n. f.
1. Engagement, devoir. *L'obligation de porter assistance aux personnes en danger.* SYN. nécessité; responsabilité.
2. (FIN.) Titre de créance portant un intérêt déterminé et remboursable à une date déterminée. *Une obligation d'épargne, une obligation garantie du gouvernement du Québec.*
LOCUTIONS
– ***Obligation de rendre compte.*** Obligation juridique ou morale qu'a une entreprise d'informer ses actionnaires, ses bailleurs de fonds et le public en général de l'usage qui a été fait des ressources appartenant à la collectivité (Recomm. off.). *Maintenant, l'obligation de rendre compte* (et non l'*imputabilité) *s'applique aussi aux gestionnaires de l'État.*
– ***Obligation scolaire.*** Nécessité imposée légalement aux enfants de fréquenter un établissement d'enseignement pendant un nombre d'années déterminé (Recomm. off.).

OBLIGATOIRE adj.
Exigé, nécessaire. *Un cours obligatoire.* ANT. facultatif; optionnel.

OBLIGATOIREMENT adv.
D'une manière obligatoire. *On doit suivre ce cours obligatoirement.* SYN. nécessairement.

OBLIGÉ, ÉE adj.
1. Redevable. *Nous vous serions obligés de bien vouloir nous transmettre ces données.* SYN. reconnaissant.
2. Indispensable, obligatoire. *La médiatisation obligée de toute campagne électorale.* SYN. nécessaire.

OBLIGEAMMENT adv.
La troisième syllabe se prononce ***ja,*** [ɔbliʒamɑ̃].
Avec obligeance. *Transmettre obligeamment une lettre d'accord.* SYN. aimablement; gentiment.
oblig**eamm**ent.

OBLIGEANCE n. f.
Amabilité. *Auriez-vous l'obligeance de m'indiquer la date de la prochaine rencontre?*
T Malgré la tournure interrogative, la formule de politesse commençant par l'expression ***auriez-vous l'obligeance de...*** peut se terminer par un point (phrase affirmative qui correspond à un ordre poli). Cependant, certains auteurs préconisent le point d'interrogation.
oblig**eance**.

OBLIGEANT, ANTE adj.
Aimable, affable. *Ils sont très obligeants.* SYN. gentil; serviable.
Ne pas confondre avec le participe présent invariable ***obligeant.*** *Les enfants étaient épuisés, l'approche des examens les obligeant à travailler d'arrache-pied.*
oblig**eant**.

OBLIGER v. tr., pronom.
VERBE TRANSITIF
1. Lier par la nécessité ou le devoir. *Maman nous obligeait à déjeuner avant d'aller à l'école. Suis-je obligée de venir?* SYN. contraindre; forcer.

À la forme active, le verbe se construit avec la préposition **à**. *On l'oblige à se présenter à 9 heures.* À la forme passive, le verbe se construit avec la préposition **de**. *Il est obligé de tout recommencer.*
2. Faire plaisir, rendre service. *Vous m'obligeriez en acceptant de venir.*
VERBE PRONOMINAL
1. S'obliger par une obligation juridique. *S'obliger à rembourser une hypothèque en dix ans.*
2. S'imposer de faire quelque chose. *Ils s'obligent à aider les élèves en situation d'échec.*
À la forme pronominale, le participe passé de ce verbe s'accorde toujours en genre et en nombre avec son sujet. *Elles se sont obligées à faire l'acquisition de cette propriété.*
Ne pas confondre avec les mots suivants :
- ***acculer,*** ne laisser aucune autre possibilité ;
- ***astreindre,*** imposer la pratique d'un acte peu agréable.

CONJUGAISON : VOIR MODÈLE CHANGER.
Le ***g*** est suivi d'un ***e*** devant les lettres ***a*** et ***o***. *Il obligea, nous obligeons.*

OBLIQUE adj. et n. f.
ADJECTIF
Qui est de biais. *Des traits obliques.*
NOM FÉMININ
Ligne oblique. *Une oblique relie les deux coins opposés d'un carré.*
LOCUTION
– ***En oblique,*** loc. adv. En diagonale. SYN. obliquement.

OBLIQUEMENT adv.
De biais. *Traverser un champ obliquement.* SYN. en diagonale.

OBLIQUER v. intr.
Prendre une autre direction. *Il a obliqué à droite.*
CONJUGAISON : VOIR MODÈLE AIMER.

OBLITÉRATION n. f.
Action d'oblitérer (un timbre).

OBLITÉRER v. tr.
Recouvrir un timbre d'un cachet afin d'empêcher qu'il serve de nouveau. *Oblitérer un timbre.*
CONJUGAISON : VOIR MODÈLE POSSÉDER.
Le ***é*** se change en ***è*** devant une syllabe contenant un ***e*** muet, sauf à l'indicatif futur et au conditionnel présent. *J'oblitère,* mais *j'oblitérerai.*

OBLONG, ONGUE adj.
Plus long que large. *Une forme oblongue.*
oblong.

OBNUBILATION n. f.
Action d'obnubiler l'esprit.

OBNUBILER v. tr.
1. Obscurcir, rendre embrouillé.
2. Obséder. *Il est obnubilé par l'ambition d'être le premier.*
CONJUGAISON : VOIR MODÈLE AIMER.

OBOLE n. f.
Don modeste. *Apporter son obole à sa paroisse.*
Attention au genre féminin de ce nom : ***une*** obole.

OBSCÈNE adj.
L'adjectif rime avec ***saine,*** [ɔpsɛn].
Grossier, indécent. *Des gestes obscènes.* SYN. licencieux ; pornographique.
obscène.

OBSCÉNITÉ n. f.
1. Caractère de ce qui est obscène. SYN. indécence.
2. Chose, parole grossière. *Dire des obscénités.* SYN. (FAM.) cochonnerie ; grossièreté.
obscénité.

OBSCUR, URE adj.
1. Sombre, noir. *Une maison obscure.* ANT. clair ; lumineux.
2. Difficile à comprendre. *Le sens de cette phrase est obscur.* SYN. compliqué ; confus ; hermétique ; incompréhensible.
3. Inconnu. *Un auteur obscur dont personne n'a entendu parler.*

OBSCURCIR v. tr., pronom.
VERBE TRANSITIF
Assombrir, réduire la lumière, l'éclat. *Ces stores obscurcissent la cuisine.*
VERBE PRONOMINAL
Devenir obscur. *La maison s'est obscurcie.* SYN. s'assombrir.
À la forme pronominale, le participe passé de ce verbe s'accorde toujours en genre et en nombre avec son sujet. *Les cieux se sont obscurcis.*
CONJUGAISON : VOIR MODÈLE FINIR.
obscurcir.

OBSCURCISSEMENT n. m.
Action d'obscurcir. *L'obscurcissement du ciel par une éclipse. L'obscurcissement d'un texte par l'emploi de termes savants.*
obscurcissement.

OBSCURÉMENT adv.
1. D'une manière obscure, peu intelligible.
2. D'une manière intuitive, vague. *Elle perçoit obscurément les intentions de ses partenaires.* SYN. intuitivement.
obscurément.

OBSCURITÉ n. f.
1. Absence de lumière, état de ce qui est obscur. *Dans l'obscurité, je n'arrivais pas à retrouver mes clefs.* SYN. noirceur ; nuit.
2. (FIG.) Manque de clarté, d'intelligibilité. *L'obscurité d'un texte.* SYN. hermétisme.

OBSÉDANT, ANTE adj.
Qui obsède, se présente sans cesse à l'esprit. *Des refrains obsédants.*

OBSÉDÉ, ÉE adj. et n. m. et f.
Qui est atteint d'une obsession, d'une idée fixe. *Il est obsédé par le désir d'avoir la plus haute note. Un obsédé sexuel.*

OBSÉDER v. tr.
Préoccuper continuellement, poursuivre. *La peur d'une agression l'obsède.* SYN. hanter ; obnubiler ; tourmenter ; tracasser.
CONJUGAISON : VOIR MODÈLE POSSÉDER.
Le ***é*** se change en ***è*** devant une syllabe contenant un ***e*** muet, sauf à l'indicatif futur et au conditionnel présent. *J'obsède,* mais *j'obséderai.*
[Les *Rectifications* (1990) admettent : il obsèdera, obsèderait...]

OBSÈQUES n. f. pl.
Ensemble des cérémonies entourant un enterrement. *Les obsèques auront lieu le 13 mai.*
Ce nom, qui est toujours au pluriel, s'emploie dans la langue administrative. Le terme courant est ***service funèbre,*** alors que le nom ***funérailles*** désigne une cérémonie solennelle.
obsèques.

OBSÉQUIEUSEMENT adv.
D'une manière obséquieuse. *Féliciter quelqu'un obséquieusement.*
obséquieusement.

OBSÉQUIEUX, IEUSE adj.
Servile, exagérément poli. *Cette personne est trop obséquieuse.*
obséquieux.

OBSÉQUIOSITÉ n. f.
Servilité, politesse excessive. *Cette obséquiosité est insupportable.* SYN. à-plat-ventrisme.
obséquiosité.

OBSERVABLE adj.
Qui peut être observé. *Ces étoiles sont observables à l'œil nu.*

OBSERVANCE n. f.
Action d'observer une règle religieuse. *L'observance du carême.*

OBSERVATEUR, TRICE adj. et n. m. et f.
ADJECTIF
Curieux et perspicace. *Un esprit observateur. Une élève observatrice.*
NOM MASCULIN ET FÉMININ
Personne qui observe sans intervenir. *À la réunion, l'observatrice a applaudi.* SYN. témoin.

OBSERVATION n. f.
1. Action d'examiner attentivement. *L'observation des étoiles à l'aide d'un télescope. La malade est en* (et non *sous) *observation.*
2. Remarque, commentaire. *Nous tiendrons compte de vos observations judicieuses.* SYN. réflexion.
3. Réprimande. *L'enseignant lui a fait des observations parce que son travail était bâclé.* SYN. remontrance ; reproche.
4. Action de suivre une règle. *L'observation de la loi.* SYN. obéissance.
LOCUTIONS
– ***Avoir l'esprit d'observation.*** Être habile à établir des liens entre des phénomènes, des faits, à rechercher les causes, les effets d'une situation.
– ***Observation clinique.*** (MÉD.) Compte rendu de l'interrogatoire et de l'examen d'un malade (DDFM). *Le médecin doit rédiger son observation clinique* (et non *histoire de cas). SYN. antécédents médicaux ; observation médicale.
FORME FAUTIVE
*sous observation. Calque de «*under observation*» pour ***en observation, sous surveillance.***

OBSERVATOIRE n. m.
Établissement destiné aux observations astronomiques, météorologiques, linguistiques, etc. *L'Observatoire du français contemporain.*

OBSERVER v. tr., pronom.
VERBE TRANSITIF
1. Examiner avec soin. *Observer les oiseaux.* SYN. étudier ; regarder.
2. Remarquer. *Je vous fais observer qu'il a réussi brillamment.* SYN. noter.
Le verbe se construit avec le semi-auxiliaire ***faire.***
3. Suivre une règle. *Il observe la loi.* SYN. obéir à ; respecter.
VERBE PRONOMINAL
Se surveiller, s'épier réciproquement. *Les adversaires se sont observés attentivement.*
À la forme pronominale, le participe passé de ce verbe s'accorde toujours en genre et en nombre avec son sujet. *Les deux équipes se sont observées avec circonspection.*
CONJUGAISON : VOIR MODÈLE AIMER.

OBSESSION n. f.
Idée fixe. *L'obsession de la perfection.* SYN. hantise ; manie.

OBSESSIONNEL, ELLE adj.
Propre à l'obsession. *Un souci obsessionnel de l'ordre.*

OBSIDIENNE n. f.
Pierre d'origine volcanique.
obsidienne.

OBSOLESCENCE n. f.
(ÉCON.) Fait, pour un bien, un service, un concept, d'être progressivement périmé. *L'obsolescence planifiée.* SYN. désuétude.
Contrairement à l'***usure*** qui conduit à la dégradation matérielle d'un bien, l'***obsolescence*** est de nature plutôt psychologique puisqu'elle est relative à l'apparition de nouveaux produits, de nouveaux concepts.
obsolescence.

OBSOLESCENT, ENTE adj.
Qui est devenu désuet du fait de l'évolution scientifique, technique, etc. *Un matériel informatique obsolescent.*
obsolescent.

OBSOLÈTE adj.
(LITT.) Tombé en désuétude. *Des mots obsolètes.* SYN. désuet ; périmé.
L'adjectif ***obsolescent*** est aujourd'hui d'emploi plus courant.

OBSTACLE n. m.
1. Ce qui gêne le passage. *Une course d'obstacles. Rencontrer un obstacle.*
2. (FIG.) Problème. *Tous les obstacles ont été surmontés. Franchir un obstacle.* SYN. difficulté ; écueil ; empêchement.
LOCUTION
– ***Faire obstacle à.*** S'opposer à. *Ils ont fait obstacle au projet.* SYN. empêcher ; gêner.
Dans cette expression, le nom reste invariable.

OBSTÉTRICAL, ALE, AUX adj.
Relatif à l'obstétrique. *Des problèmes obstétricaux.*

OBSTÉTRICIEN n. m.
OBSTÉTRICIENNE n. f.
Médecin spécialiste de l'obstétrique. *Il est gynécologue-obstétricien.*

OBSTÉTRIQUE n. f.
Spécialité de la médecine qui concerne la grossesse et les accouchements.

OBSTINATION n. f.
1. Entêtement. *L'obstination d'un enfant.* SYN. insistance.
2. Persévérance. *Elle a continué avec obstination.* SYN. ténacité.

OBSTINÉ, ÉE adj.
1. Entêté. *Ces garnements sont obstinés et indisciplinés.* SYN. buté ; têtu.
2. Persévérant. *Pour arriver à ses fins, il faut être obstiné.* SYN. décidé ; déterminé ; tenace ; volontaire.
3. Assidu, constant, fait avec persévérance. *Une recherche obstinée.* SYN. acharné.
Selon le contexte, l'adjectif ***obstiné*** peut avoir une connotation favorable ou défavorable. Les synonymes ***buté, entêté*** et ***têtu*** ont un sens défavorable, tandis que ***persévérant, tenace, volontaire*** ont un sens favorable.

OBSTINÉMENT adv.
Avec obstination. *Ils travaillent obstinément pour atteindre leur objectif.*

OBSTINER (S') v. pronom.
1. S'entêter. *Il s'obstine à dire qu'il a raison.* SYN. insister.
2. Persévérer, continuer. *Il s'obstinait à poursuivre ses recherches. Elles se sont obstinées et elles ont réussi.*
Le verbe se construit avec la préposition ***à*** suivie de l'infinitif ou avec la préposition ***dans*** suivie d'un nom. *Elle s'obstine à tenter de déchiffrer le message secret. Elles se sont obstinées dans l'examen détaillé de ces documents.*
Le participe passé de ce verbe, qui n'existe qu'à la forme pronominale, s'accorde toujours en genre et en nombre avec son sujet. *Ces chercheurs se sont obstinés et ils ont fait une découverte majeure.*
CONJUGAISON : VOIR MODÈLE AIMER.

OBSTRUCTION n. f.
(MÉD.) Occlusion. *Une obstruction intestinale.*
LOCUTION
– ***Faire de l'obstruction.*** (POLIT.) Retarder le vote d'une loi. SYN. faire opposition à.

OBSTRUER v. tr., pronom.
VERBE TRANSITIF
Boucher. *Un camion renversé obstrue la route.* SYN. bloquer ; encombrer ; fermer.
VERBE PRONOMINAL
Se boucher. *Ce tuyau pourrait s'obstruer.*

À la forme pronominale, le participe passé de ce verbe s'accorde toujours en genre et en nombre avec son sujet. *Les canalisations se sont obstruées.*
CONJUGAISON : VOIR MODÈLE AIMER.

OBTEMPÉRER v. tr. ind.
(DR.) Obéir à. *Obtempérer à un ordre.* SYN. se soumettre à.
Le verbe se construit toujours avec la préposition ***à***.
CONJUGAISON : VOIR MODÈLE POSSÉDER.
[Les *Rectifications* (1990) admettent : il obtempèrera, obtempèrerait...]

OBTENIR v. tr.
Parvenir à un résultat. *Ces élèves ont obtenu de bonnes notes. Elle obtiendra de finir un peu plus tôt. Ils ont obtenu qu'il vienne plus tôt.* SYN. remporter.
Le verbe se construit généralement avec un complément direct, la préposition ***de*** suivie de l'infinitif ou avec la conjonction ***que*** suivie du subjonctif.
CONJUGAISON : VOIR MODÈLE VENIR.
INDICATIF PRÉSENT *J'obtiens, tu obtiens, il obtient, nous obtenons, vous obtenez, ils obtiennent.* IMPARFAIT *J'obtenais.* PASSÉ SIMPLE *J'obtins.* FUTUR *J'obtiendrai.* CONDITIONNEL PRÉSENT *J'obtiendrais.* IMPÉRATIF PRÉSENT *Obtiens, obtenons, obtenez.* SUBJONCTIF PRÉSENT *Que j'obtienne.* IMPARFAIT *Que j'obtinsse.* PARTICIPE PRÉSENT *Obtenant.* PASSÉ *Obtenu, ue.*

OBTENTION n. f.
Action d'obtenir. *L'obtention d'un diplôme.*
obtention.

OBTURATEUR n. m.
1. Pièce qui sert à fermer plus ou moins hermétiquement quelque chose.
2. Élément de robinetterie destiné à empêcher ou à établir l'écoulement d'un fluide (eau, gaz, vapeur) dans une canalisation.

OBTURATION n. f.
Action d'obturer une cavité. *Une obturation dentaire.*

OBTURER v. tr.
1. Fermer hermétiquement un trou, une ouverture. SYN. bloquer; boucher; clore; colmater.
2. Boucher la cavité d'une dent avec une substance. *Le dentiste obture la cavité d'une dent à l'aide d'un amalgame.*
CONJUGAISON : VOIR MODÈLE AIMER.

OBTUS, USE adj.
1. (GÉOM.) Se dit d'un angle qui est plus grand qu'un angle droit.
2. (FIG.) Se dit d'une personne dont l'esprit est borné. *« je tenais enfin la réponse à ma sotte question et n'en revenais pas d'avoir été si obtuse »* (Gabrielle Roy, *La Détresse et l'Enchantement*). SYN. (FAM.) bête; (FAM.) bouché; épais. ANT. ouvert; vif.

OBUS n. m.
Le *s* est muet, [ɔby].
Projectile rempli d'explosif. *Pendant la guerre, des obus ont détruit des villes entières. Des éclats d'obus.*
obus, attention au ***s*** final, même au singulier.

OBVIER v. tr.
(LITT.) Faire obstacle à, remédier à. *Obvier à une difficulté.* SYN. éviter.
Le verbe se construit toujours avec la préposition ***à***.
CONJUGAISON : VOIR MODÈLE ÉTUDIER.
Redoublement du ***i*** à la première et à la deuxième personne du pluriel de l'indicatif imparfait et du subjonctif présent. *(Que) nous obviions, (que) vous obviiez.*

OC adv.
Particule affirmative signifiant « oui » en ancien occitan.
LOCUTION
– ***Langue d'oc.*** Ensemble des dialectes parlés dans le sud de la France (par opposition à ***langue d'oïl***). SYN. occitan.
T La particule affirmative s'écrit avec une minuscule.

OCCASION n. f.
Circonstance favorable. *Profiter de l'occasion. C'est l'occasion ou jamais. Allons-y !*
LOCUTIONS
– ***À l'occasion,*** loc. adv. Parfois. *Nous mangeons ici à l'occasion.* SYN. occasionnellement.
– ***À l'occasion de.*** Lors de. *Nous serons tous réunis à l'occasion du vernissage de Lenny.*
– ***D'occasion,*** loc. adv. Qui n'est pas neuf, qui a déjà appartenu à quelqu'un d'autre. *Une voiture d'occasion.*

OCCASIONNEL, ELLE adj.
1. Qui arrive par hasard. *Des orages occasionnels.* SYN. fortuit.
2. Qui a lieu de temps en temps. *Une visite occasionnelle.* ANT. habituel.
FORME FAUTIVE
*employé occasionnel. Impropriété pour ***employé temporaire.***
occasionnel.

OCCASIONNELLEMENT adv.
À l'occasion, parfois. *Je le rencontrais occasionnellement.* SYN. de temps en temps. ANT. habituellement.
occasionnellement.

OCCASIONNER v. tr.
Causer, donner lieu à, entraîner. *La tempête a occasionné plusieurs accidents.* SYN. provoquer.
Le complément de ce verbe désigne généralement quelque chose de désagréable. *Occasionner des retards, des inconvénients, des problèmes.*
CONJUGAISON : VOIR MODÈLE AIMER.
occasionner.

OCCIDENT n. m.
1. Côté de l'horizon où le soleil se couche. *Le soleil se couche à l'ouest, à l'occident.*
T Quand le nom désigne un point cardinal, il s'écrit avec une minuscule.
2. Ensemble des pays d'Europe de l'Ouest et d'Amérique du Nord. *Les pays de l'Occident.* ANT. Orient.
T En ce sens, le nom s'écrit avec une majuscule.
VOIR TABLEAU – POINTS CARDINAUX.
HOM. ***oxydant,*** qui a la propriété d'oxyder.

OCCIDENTAL, ALE, AUX adj. et n. m. et f.
ADJECTIF
1. Qui appartient à l'Occident. *Les États occidentaux, la vie occidentale.* ANT. oriental.
2. Qui est à l'ouest. *Le mode de vie occidental.*
NOM MASCULIN ET FÉMININ
1. Habitant de l'Occident. *Les Québécois, les Américains, les Européens sont des Occidentaux.* ANT. Oriental.
2. (AU PLUR.) Les peuples d'Occident. *Les Occidentaux et les Orientaux.*
T L'adjectif s'écrit avec une minuscule; le nom, avec une majuscule.

OCCIDENTALISATION n. f.
Action d'occidentaliser. *L'occidentalisation de l'économie japonaise.*
occidentalisation.

OCCIDENTALISER v. tr., pronom.
VERBE TRANSITIF
Adapter les coutumes, les idées à celles de l'Occident. *Les Chinois s'occidentaliseront-ils ou les Occidentaux s'orientaliseront-ils ?*
VERBE PRONOMINAL
Acquérir les caractéristiques des sociétés occidentales. *Ces groupes politiques se sont occidentalisés.*

À la forme pronominale, le participe passé de ce verbe s'accorde toujours en genre et en nombre avec son sujet. *Ces sociétés se sont occidentalisées.*
CONJUGAISON : VOIR MODÈLE AIMER.
occidentaliser.

OCCIPUT n. m.
Le *t* se prononce, [ɔksipyt] ; le nom rime avec ***dispute***.
Partie postérieure de la tête. *Des occiputs.*

OCCIRE v. tr.
(VX) (PLAISANT.) Tuer, faire mourir.
CONJUGAISON
Ce verbe ne s'emploie plus qu'à l'infinitif, au participe passé (*occis, occise*) et aux temps composés.

OCCITAN, ANE n. m. et f.
NOM FÉMININ
De l'Occitanie (sud de la France). *Le paysage occitan. Un Occitan, une Occitane.*
T L'adjectif s'écrit avec une minuscule ; le nom, avec une majuscule.
NOM MASCULIN
Langue parlée en Occitanie. *Claude parle l'occitan.* SYN. langue d'oc.
T Le nom de la langue s'écrit avec une minuscule.

OCCLURE v. tr.
(MÉD.) Clore un orifice naturel.
CONJUGAISON : VOIR MODÈLE INCLURE.
INDICATIF PRÉSENT *J'occlus, tu occlus, il occlut, nous occluons, vous occluez, ils occluent.* IMPARFAIT *J'occluais.* PASSÉ SIMPLE *J'occlus.* FUTUR *J'occlurai.* CONDITIONNEL PRÉSENT *J'occlurais.* IMPÉRATIF PRÉSENT *Occlus, occluons, occluez.* SUBJONCTIF PRÉSENT *Que j'occlue, que tu occlues, qu'il occlue, que nous occluions, que vous occluiez, qu'ils occluent.* IMPARFAIT *Que j'occlusse.* PARTICIPE PRÉSENT *Occluant.* PASSÉ *Occlus, occluse.*

OCCLUSIF, IVE adj. et n. f.
ADJECTIF
Qui produit une occlusion.
NOM FÉMININ
(PHONÉT.) Consonne produite par une occlusion de la bouche suivie d'une ouverture. *Les consonnes* p, t, b, d, k, g *sont des occlusives.*

OCCLUSION n. f.
(MÉD.) Fermeture, obstruction. *Une occlusion intestinale.* SYN. blocage.

OCCULTE adj.
Caché, clandestin. *Un pouvoir occulte.* SYN. mystérieux.
LOCUTION
– ***Sciences occultes.*** Ésotérisme, pratiques secrètes faisant appel au surnaturel. *L'alchimie, l'astrologie sont des sciences occultes.*

OCCULTER v. tr.
1. (FIG.) Dissimuler, passer sous silence. *Occulter des pratiques douteuses.* SYN. masquer ; taire ; tenir secret ; voiler.
2. Cacher, obscurcir.
CONJUGAISON : VOIR MODÈLE AIMER.

OCCUPANT, ANTE adj. et n. m. et f.
ADJECTIF
1. Qui habite un lieu.
2. Qui occupe un pays, un lieu.
NOM MASCULIN ET FÉMININ
1. Habitant. *Des occupants paisibles.*
2. Envahisseur. *Le pays est aux mains d'occupants syriens.*

OCCUPATION n. f.
1. Travail, activité. *Elle a beaucoup d'occupations.* SYN. activité ; affaire ; ouvrage ; tâche.
2. Action d'occuper une ville, un pays. *L'occupation d'un pays par un État ennemi.* SYN. invasion.
FORME FAUTIVE
*occupation. Anglicisme au sens de ***profession, métier.*** *Quelle est votre profession* (et non *occupation)*?*

OCCUPÉ, ÉE adj.
1. Qui est pris (par opposition à ***libre***). *La ligne téléphonique est occupée* (et non *engagée).
2. Que l'ennemi a envahi. *Des territoires occupés.*
3. Qui se consacre à une activité, à une tâche. *Elle est occupée à construire une maisonnette.*

OCCUPER v. tr., pronom.
VERBE TRANSITIF
1. Remplir un espace ou une durée. *Le locataire occupe le premier étage. Ses études occupent la majeure partie de son temps.*
2. Se rendre maître d'un lieu par la force. *Les soldats occupent la ville.* SYN. envahir.
3. Donner du travail. *La Ville occupe une trentaine de personnes à l'entretien des jardins.* SYN. employer ; engager.
4. Consacrer son temps à une activité. *Il occupe le poste de contremaître.*
À la forme passive, le verbe se construit avec les prépositions ***à, par*** (et non *avec) et le participe passé s'accorde toujours avec le sujet du verbe. *Elle est occupée à traduire un texte. Il est occupé par la mise au point d'un nouveau produit.*
VERBE PRONOMINAL
1. ***S'occuper + à.*** Employer son temps à quelque chose. *Il s'occupe à bricoler.* SYN. travailler.
2. ***S'occuper + de.*** Se charger de. *Elle s'occupe des approvisionnements.*
Selon l'emploi des prépositions ***de, à,*** le verbe a deux significations distinctes.
3. (ABSOL.) Ne pas rester inactif. *Occupez-vous, ne restez pas là à ne rien faire.*
À la forme pronominale, le participe passé de ce verbe s'accorde toujours en genre et en nombre avec son sujet. *Nous nous sommes occupés de prévenir les intéressés.*
CONJUGAISON : VOIR MODÈLE AIMER.
occupé.

OCCURRENCE n. f.
1. (LITT.) Circonstance.
2. (LING.) Attestation d'une unité linguistique dans un texte. *Nous avons relevé plusieurs occurrences de ce néologisme dans les journaux.*
LOCUTION
– ***En l'occurrence,*** loc. adv. Dans la circonstance, dans le cas présent.
occurrence.

OCDÉ
Sigle de ***Organisation de coopération et de développement économiques.***

OCÉAN n. m.
Grande étendue d'eau salée. *L'océan Atlantique. L'océan Arctique.*
T Le terme générique (***lac, rivière, mont, mer, océan,*** etc.) d'un nom géographique s'écrit avec une minuscule, tandis que le nom, l'adjectif qui en constitue l'élément spécifique prend la majuscule.
VOIR TABLEAU – GÉOGRAPHIQUES (NOMS).

OCÉANE adj. f.
(LITT.) Relatif à l'océan. *Les profondeurs océanes.*

OCÉANIEN, IENNE adj. et n. m. et f.
De l'Océanie.
Ne pas confondre avec le mot ***océanique,*** relatif à l'océan.
T L'adjectif s'écrit avec une minuscule ; le nom, avec une majuscule.

OCÉANIQUE adj. et n. m.
ADJECTIF
Relatif à l'océan. *Un climat océanique.*
NOM MASCULIN
Bateau qui navigue sur l'océan.

OCÉANOGRAPHE n. m. et f.
Spécialiste de l'océanographie.

OCÉANOGRAPHIE n. f.
Étude de la mer, des profondeurs sous-marines.

OCÉANOGRAPHIQUE adj.
Qui est relatif à l'océanographie. *Des recherches océanographiques.*

OCELOT n. m.
Le ***e*** ne se prononce pas, [ɔslo]; le nom se prononce ***oslo.***
Mammifère carnassier à fourrure rousse tachetée.
ocelot.

OCRE adj. inv. et n. m. et f.
NOM FÉMININ
Terre colorée dont on fait des couleurs. *Des ocres rouges, des ocres jaunes.*
ADJECTIF DE COULEUR INVARIABLE
Brun-jaune. *Des turbans ocre. Des peintures ocre.*
NOM MASCULIN
Couleur brun-orangé. *Des ocres chauds.*
VOIR TABLEAU – COULEUR (ADJECTIFS DE).
L'adjectif de couleur est invariable, mais le nom prend la marque du pluriel.

OCRÉ, ÉE adj.
Qui a la teinte de l'ocre.

OCREUX, EUSE adj.
De la nature de l'ocre.

OCT-, OCTA-, OCTI-, OCTO- préf.
Éléments du latin signifiant « huit ».
Les mots composés du préfixe ***octo-*** s'écrivent en un seul mot. *Octogone.*

OCTANE n. m.
Hydrocarbure saturé. *Des indices d'octane élevés.*

OCTAVE n. f.
1. Période de huit jours qui suit une fête. *L'octave de Noël.*
2. (MUS.) Intervalle de notes portant le même nom dans deux gammes successives. *Une octave supérieure.*
Attention au genre féminin de ce nom : ***une*** octave.

OCTET n. m.
Abréviation **o** (s'écrit sans point).
(INFORM.) Ensemble de huit bits consécutifs traités comme un tout qui permet de représenter un caractère, une lettre, un chiffre ou un autre symbole. *Une disquette de 800 milliers d'octets, de 800 ko.*
Le kilo-octet (ko) est une unité de mesure correspondant à environ mille octets, soit 2^{10} octets; le mégaoctet (Mo), une unité de mesure équivalant à environ un million d'octets, soit 2^{20} octets, et le gigaoctet (Go), une unité de mesure représentant environ un milliard d'octets, soit 2^{30} octets.
T Le nom ***octet*** est souvent précédé du symbole ***k,*** qui multiplie l'unité par mille, du symbole ***M,*** qui multiplie l'unité par un million ou du symbole ***G,*** qui multiplie l'unité par un milliard. *Un disque rigide de 20 méga-octets, de 20 Mo, de 30 gigacotets, de 30 Go.*
octet.

OCTOBRE n. m.
Dixième mois de l'année. *Le samedi 30 octobre.*
T Les noms de mois s'écrivent avec une minuscule.
VOIR TABLEAU – DATE.

OCTOGÉNAIRE adj. et n. m. et f.
Qui est âgé d'au moins quatre-vingts ans.

OCTOGONAL, ALE, AUX adj.
Qui a huit angles. *Des immeubles octogonaux.*

OCTOGONE n. m.
Polygone à huit côtés. *Dans la signalisation routière, que signifie l'octogone rouge ? – Un arrêt obligatoire.*

OCTROI n. m.
Action d'octroyer, d'accorder à titre de faveur. *L'octroi d'un privilège.* SYN. attribution.
FORMES FAUTIVES
*octroi. Impropriété au sens de ***subvention.***
*octroi d'un diplôme. Impropriété pour ***délivrance d'un diplôme.***
octroi.

OCTROYER v. tr., pronom.
VERBE TRANSITIF
Accorder à titre de faveur. *On lui a octroyé quelques jours de congé.* SYN. attribuer; consentir; donner.
VERBE PRONOMINAL
S'attribuer quelque chose. *Ils se sont octroyé quelques jours de vacances. Les congés qu'ils se sont octroyés.*
À la forme pronominale, le participe passé de ce verbe s'accorde avec le complément direct si celui-ci le précède. *Les vacances qu'il s'était octroyées.* Le participe passé reste invariable si le complément direct suit le verbe. *Ils se sont octroyé une semaine de repos.*
FORME FAUTIVE
*octroyer. Impropriété au sens de ***délivrer*** (un diplôme), ***accorder*** (un prêt), ***attribuer*** (des fonds, des crédits).
CONJUGAISON : VOIR MODÈLE EMPLOYER.
Le ***y*** se change en ***i*** devant un ***e*** muet. *Il octroie, il octroiera.*

OCULAIRE adj. et n. m.
ADJECTIF
Relatif à l'œil. *Le globe oculaire. Des problèmes oculaires.*
NOM MASCULIN
Système optique d'une lunette, d'un microscope, etc.
LOCUTION
– ***Témoin oculaire.*** Personne qui témoigne de ce qu'elle a vu de ses propres yeux.
oculaire.

OCULISTE adj. et n. m. et f.
(VX) Médecin spécialiste des anomalies de la vision.
VOIR – OPHTALMOLOGISTE OU OPHTALMOLOGUE.

ODALISQUE n. f.
(LITT.) Femme d'un harem. *Le sultan et ses belles odalisques.*
Ne pas confondre avec le nom ***obélisque,*** monument en forme de pyramide.

ODE n. f.
1. Poème lyrique. *Une belle ode à l'amour. La* Marche à l'amour *de Gaston Miron constitue une ode magnifique.*
2. Poème mis en musique.
Attention au genre féminin de ce nom : ***une*** ode.

ODEUR n. f.
Sensation olfactive qui émane de certains corps. *La bonne odeur du pain qui cuit.*
L'odeur peut être bonne ou mauvaise.
LOCUTIONS
– ***Ne pas être en odeur de sainteté*** (dans un lieu, auprès de quelqu'un). (FIG.) Ne pas être apprécié quelque part, ne pas jouir de l'estime de quelqu'un.
– ***Odeur de sainteté.*** Parfum miraculeux répandu par le corps de certains saints après leur mort.
Ne pas confondre avec les noms suivants :
- ***parfum,*** odeur agréable;
- ***relent,*** odeur désagréable.

ODIEUSEMENT adv.
D'une manière odieuse. *Il s'est conduit odieusement.*

ODIEUX, IEUSE adj.
1. Méchant, cruel. *Un crime odieux.* SYN. ignoble.
2. Détestable, désagréable. *Ces paroles sont odieuses.* SYN. insupportable.
odieux.

ODOMÈTRE n. m.
Appareil qui mesure la distance parcourue. *L'odomètre indique 75 000 kilomètres.*

ODONYME n. m.
Nom de voies de circulation. Avenue de la Brunante *est un odonyme.*
T Les mots génériques des odonymes (***avenue, boulevard, place, rue,*** etc.) s'écrivent en minuscules et sont suivis du nom spécifique qui s'écrit avec une ou des majuscules. *Le boulevard René-Lévesque, le chemin Saint-Louis, la place d'Armes, la rue du Manoir.*
VOIR TABLEAU – ADRESSE.
VOIR TABLEAU – ODONYMES.

ODORANT, ANTE adj.
1. Qui a une bonne odeur. *Des roses odorantes.* ANT. inodore; puant.
2. Qui a une odeur bonne ou mauvaise. *Ces fromages sont odorants.*
L'adjectif se dit de ce qui a une odeur, bonne ou mauvaise, mais il est plus souvent employé au sens de ***odoriférant,*** qui a une bonne odeur.

ODORAT n. m.
Sens par lequel on perçoit les odeurs. *L'odorat du chat est bien développé.*
odorat.

ODORIFÉRANT, ANTE adj.
Qui a une bonne odeur. *Les lilas odoriférants.* ANT. malodorant.

ODYSSÉE n. f.
1. Récit des aventures d'Ulysse écrit par Homère. *L'*Iliade *et l'*Odyssée.
2. Suite d'aventures extraordinaires. *Ce voyage fut une véritable odyssée.*
T Lorsqu'il désigne le poème d'Homère, le nom s'écrit avec une majuscule; au sens figuré, il s'écrit avec une minuscule.

ŒCUMÉNIQUE adj.
Les lettres **œ** se prononcent ***é,*** [ekymenik].
(RELIG.) Universel, qui concerne l'ensemble des Églises. *Un concile œcuménique.*

ŒCUMÉNISME n. m.
Les lettres **œ** se prononcent ***é,*** [ekymenism].
(RELIG.) Mouvement qui vise le rassemblement des Églises chrétiennes.

ŒDÈME n. m.
Les lettres **œ** se prononcent ***é,*** [edɛm].
(MÉD.) Gonflement des tissus. *Un œdème pulmonaire.*

ŒDIPE n. m.
Les lettres **œ** se prononcent ***é,*** [edip].
– ***Complexe d'Œdipe*** ou ***œdipe.*** Attachement amoureux du garçon à sa mère, de la fille à son père. *Il souffre d'un complexe d'Œdipe.*
Le mot ne s'emploie que dans cette locution.
T Le nom du héros grec s'écrit avec une majuscule dans l'expression ***complexe d'Œdipe.*** Construit elliptiquement, le nom s'écrit avec une minuscule. *Un œdipe.*

ŒIL n. m. (pl. *yeux*)
1. Organe de la vue. *Avoir de bons yeux. Des yeux verts.*
2. Ouverture. *L'œil d'un marteau, d'une meule.*
3. (MAR.) Boucle, ganse. *Les œils de la voile, du hauban.*
4. (IMPRIM.) Relief qui constitue le caractère. *Des gros œils, des petits œils.*
Le pluriel du nom ***œil*** est ***yeux,*** sauf dans les mots composés avec traits d'union où il s'écrit ***œils*** (*des œils-de-bœuf*), dans la langue de la marine (*les œils de la voile*) et dans la langue de l'imprimerie (*les œils d'un caractère*).
LOCUTIONS
– ***À l'œil.*** (FAM.) Gratuitement. *Il va toujours au théâtre à l'œil; il reçoit des billets en cadeau.*
– ***Aux yeux de.*** De l'avis de, selon le jugement de.
– ***Avoir bon pied, bon œil.*** Être en bonne santé.
– ***Avoir les yeux plus grands que la panse*** ou ***le ventre.*** (FIG.) (FAM.) Être trop gourmand.
– ***Avoir les yeux sur quelqu'un*** ou ***quelque chose.*** Regarder avec intérêt quelqu'un, quelque chose.
– ***Avoir l'œil, avoir le compas dans l'œil.*** Savoir évaluer, mesurer au premier coup d'œil.
– ***Avoir l'œil sur quelqu'un, quelque chose.*** Surveiller étroitement quelqu'un, quelque chose. *Dans le jardin, elle avait* (et non *gardait) *toujours un œil sur les enfants.*
– ***Avoir un œil au beurre noir, un œil poché.*** Avoir un œil meurtri à la suite d'un coup, d'une blessure, d'une intervention chirurgicale, etc.
– ***Coup d'œil.*** Regard rapide. *En un coup d'œil, vous avez un aperçu de la situation grâce à ce tableau.*
– ***Coûter les yeux de la tête.*** Être hors de prix. *Ces diamants coûtent les yeux de la tête.*
– ***Crever les yeux, sauter aux yeux.*** (FIG.) Être évident.
– ***Entre les deux yeux.*** Fixement, franchement.
– ***Être tout yeux, tout oreilles.*** Être très attentif.
Dans cette expression, ***tout*** est invariable.
– ***Faire les gros yeux, les yeux doux à quelqu'un.*** Le regarder sévèrement, amoureusement.
– ***Fermer les yeux de quelqu'un.*** (FIG.) Assister quelqu'un dans ses derniers moments.
– ***Fermer les yeux sur quelque chose.*** (FIG.) Ne pas tenir compte de, feindre de ne pas voir, par connivence, par lâcheté.
– ***Jeter de la poudre aux yeux.*** (FIG.) Tenter d'éblouir par des apparences.
– ***Les yeux fermés.*** (FIG.) En toute confiance, en toute connaissance.
– ***Loin des yeux, loin du cœur.*** On oublie vite ceux qui sont absents.
– ***Mauvais œil.*** Malchance.
– ***Mon œil!*** (FAM.) Interjection marquant le scepticisme.
– ***Ne pas avoir froid aux yeux.*** Avoir du cran, faire preuve d'effronterie.
– ***Ne pouvoir fermer l'œil.*** (FAM.) Être incapable de dormir.
– ***Œil pour œil, dent pour dent.*** Loi du talion qui incite à une vengeance proportionnelle à celle de l'offense.
– ***Ouvrir l'œil (et le bon).*** (FIG.) Exercer une surveillance étroite, être vigilant.
– ***Pour les beaux yeux de quelqu'un.*** Pour lui faire plaisir.
– ***Se mettre le doigt dans l'œil.*** (FIG.) Faire erreur.
– ***Sous les yeux.*** En présence de.
– ***Tourner de l'œil.*** S'évanouir.
– ***Voir les choses d'un bon œil, d'un mauvais œil.*** Être favorable, défavorable à quelque chose.
FORME FAUTIVE
*garder un œil sur. Calque de «*to keep an eye on*» pour ***avoir l'œil sur, surveiller.***

ŒIL-DE-BŒUF n. m. (pl. *œils-de-bœuf*)
Fenêtre ronde. *Des œils-de-bœuf éclairent le couloir.*
Contrairement au nom ***œil*** dont le pluriel est ***yeux,*** le nom composé s'écrit ***œils*** au pluriel. Seul le premier élément prend la marque du pluriel.

ŒIL-DE-CHAT n. m. (pl. *œils-de-chat*)
Pierre fine. *Un bracelet serti d'œils-de-chat.*

ODONYMES

Les odonymes sont des noms de voies de communication (appelés également noms de rues). *Le chemin de la Côte-Sainte-Catherine, l'avenue Antonine-Maillet, la place d'Armes, le boulevard René-Lévesque.*

O

Les odonymes sont composés :

1. D'UN **NOM GÉNÉRIQUE**

autoroute
avenue
boulevard
carré
chemin
côte
cours
échangeur
impasse
mail
montée
passage
place
pont
pont-tunnel
promenade
quai
rang
route
rue
ruelle
square
tunnel
viaduc...

2. D'UN **ÉLÉMENT DISTINCTIF** SIMPLE OU COMPOSÉ

autoroute des Laurentides
avenue de la Brunante
boulevard du Mont-Royal
carré Saint-Louis
cours Le Royer
chemin Queen-Mary
côte de la Fabrique
échangeur Turcot
impasse Saint-Denis
montée de Liesse
passage Paul-Émile-Borduas
place Jacques-Cartier
pont Champlain
pont-tunnel Louis-Hippolyte-La Fontaine
promenade Sussex
quai de l'Horloge
rang du Petit-Lac
route Marie-Victorin
rue Lajoie
ruelle Saint-Christophe
square Victoria
tunnel Lachine

► **Règles d'écriture des odonymes**

1. Les noms génériques des odonymes s'écrivent en minuscules et au long, de préférence. *L'**avenue** du Parc, la **côte** du Beaver Hall, le **chemin** Don-Quichotte, la **rue** de la Montagne.*

   Par contre, les noms génériques de rues caractérisés par un adjectif ordinal s'écrivent généralement avec une majuscule initiale. *La 18e Avenue, le 7e Rang, la 3e Rue.*

   [T] S'il est nécessaire d'abréger, les abréviations des noms génériques usuels sont : ***av.*** *(avenue),* ***boul.*** *(boulevard),* ***ch.*** *(chemin),* ***pl.*** *(place),* ***rte*** *(route).*

2. Les éléments distinctifs des odonymes s'écrivent avec des majuscules initiales; lorsqu'ils sont constitués de plusieurs mots, ceux-ci sont liés par des traits d'union. *La rue **Vincent-d'Indy**, le chemin de la **Côte-des-Neiges**, l'avenue du **Parc-La Fontaine.***

   [T] Il est à noter que la préposition ***de,*** les déterminants définis ***le, la,*** les déterminants définis contractés ***des, du*** s'écrivent en minuscules et qu'ils ne sont liés ni au nom générique ni à l'élément distinctif par des traits d'union. Par contre, les particules nobiliaires et les articles qui composent des patronymes servant d'éléments distinctifs s'écrivent avec une majuscule initiale. *L'avenue Le Corbusier, l'avenue De Lorimier, la rue De La Chevrotière.*

3. Le point cardinal qui fait partie d'un odonyme s'écrit de préférence au long, avec une majuscule, à la suite de l'élément distinctif de l'odonyme et sans trait d'union. *Des bureaux situés rue Laurier Est et rue Sherbrooke Ouest.*

   [T] S'il est nécessaire d'abréger, les abréviations des points cardinaux sont : E. (Est), N. (Nord), O. (Ouest), S. (Sud).

ŒILLADE n. f.
Regard de connivence. *Une œillade furtive.* SYN. clin d'œil.

ŒILLÈRE n. f.
Chacune des deux pièces de cuir destinées à obliger le cheval à regarder devant lui.
LOCUTION
– ***Avoir des œillères.*** (FIG.) Être borné (comme le cheval obligé à regarder devant lui).

ŒILLET n. m.
1. Trou à bords renforcés par où passe un lacet. *Ces patins comptent chacun 20 œillets.*
2. Fleur odorante. *Un bouquet d'œillets blancs.*

ŒN(O)- préf.
Élément du grec signifiant « vin ». *Œnologue.*

ŒNOLOGIE n. f.
Les lettres ***œ*** se prononcent ***é,*** [enɔlɔʒi].
Science des vins.

ŒNOLOGIQUE adj.
Les lettres ***œ*** se prononcent ***é,*** [enɔlɔʒik].
Relatif à l'œnologie.

ŒNOLOGUE n. m. et f.
Les lettres ***œ*** se prononcent ***é,*** [enɔlɔg].
Spécialiste des vins.

ŒSOPHAGE n. m.
Les lettres ***œ*** se prononcent ***é,*** [ezɔfaʒ].
Partie du tube digestif qui va du pharynx à l'estomac.
œso**ph**age.

ŒSTROGÈNE ou **ESTROGÈNE** adj. et n. m.
Les lettres ***œ*** se prononcent ***è,*** [ɛstrɔʒɛn].
Hormone produite par l'ovaire durant la période reproductive de la femme, de la femelle.
Attention au genre masculin de ce nom : ***un*** œstrogène.

ŒUF n. m. (pl. *œufs*)
Au pluriel, le *f* ne se prononce pas, [ø] ; le mot rime avec ***feu.***
Corps produit par les femelles des oiseaux et qui, lorsqu'il est fécondé, produit un embryon. *Un œuf d'autruche. Des œufs de caille. Un blanc d'œuf, un jaune d'œuf, des blancs d'œufs, des jaunes d'œufs. Des œufs à la coque, durs, brouillés, au plat.*
LOCUTIONS
– ***Écraser, étouffer, tuer dans l'œuf.*** (FIG.) Faire échouer une entreprise qui n'est encore qu'à l'état de projet.
– ***Marcher sur des œufs.*** (FIG.) Agir avec prudence dans une affaire délicate.
– ***Mettre tous ses œufs dans le même panier.*** (FIG.) Concentrer tous ses efforts dans un seul projet, investir ses fonds dans une même affaire.

ŒUVRE n. m. et f.
NOM MASCULIN
1. (ARCHIT.) Ensemble des éléments d'un bâtiment.
2. (LITT.) Ensemble des œuvres d'un auteur, d'un peintre, d'un musicien, etc. *L'œuvre original de Rabelais.*
NOM FÉMININ
1. (LITT.) Travail, activité. *Elle est à l'œuvre depuis plusieurs mois.*
2. Résultat d'une action, réalisation. *Ce jardin charmant est l'œuvre de Papi.*
3. Production littéraire, artistique. *Une œuvre d'art.*
Pour désigner l'ensemble de la production d'un auteur, d'un peintre, etc., on emploie, dans un registre littéraire, le nom au masculin. *L'éditeur a réuni tout l'œuvre de Marcel Proust, de Gaston Miron.*
VOIR TABLEAU – TITRES D'ŒUVRES.
4. Organisation caritative. *Une œuvre de bienfaisance.*
LOCUTIONS
– ***Être à pied d'œuvre.*** Être prêt pour l'exécution d'un travail. *Nous sommes à pied d'œuvre : toute la documentation est rassemblée.*
La locution s'écrit sans trait d'union.
– ***Chef-d'œuvre.*** Œuvre capitale. *Les chefs-d'œuvre de Léonard de Vinci, de la Renaissance.*
– ***Gros œuvre.*** (ARCHIT.) Ensemble des éléments de construction assurant la stabilité, la résistance et la protection d'un immeuble (murs, planchers et toiture).
– ***Hors-d'œuvre.*** Petites entrées. *Des hors-d'œuvre délicieux.*
– ***Main-d'œuvre.*** Ensemble des salariés. *La main-d'œuvre étrangère.*
– ***Mettre en œuvre.*** Employer tous les moyens nécessaires à la réalisation de quelque chose. *Ils ont tout mis en œuvre pour convaincre leurs associés.*
– ***Mise en œuvre.*** Concrétisation d'un projet, réalisation de quelque chose. *La mise en œuvre d'une politique.* SYN. application ; mise en pratique.

ŒUVRER v. intr.
1. (LITT.) Travailler, accomplir une œuvre. *« L'objet fini, il l'abandonnait à ses frères ou à ses sœurs, travaillant pour le seul plaisir d'œuvrer »* (Ringuet, *Trente Arpents*).
Ce mot est de niveau littéraire ; dans la langue courante, son emploi au sens de « travailler » est affecté.
2. Travailler pour une cause. *Il a toujours œuvré pour la promotion de la recherche scientifique.*
CONJUGAISON : VOIR MODÈLE AIMER.

***OFF**
Anglicisme pour ***arrêt*** (Recomm. off.).
Lorsque l'espace est restreint, il est possible de recourir aux abréviations des noms ***marche*** et ***arrêt, M*** et ***A,*** ou aux symboles internationaux, soit la barre verticale, qui représente le nom ***marche,*** et le cercle, le nom ***arrêt.***
Anglicisme pour ***en congé, libre.*** *Je suis en congé* (et non *off) *vendredi.*

OFFENSE n. f.
Parole, geste, action qui fait de la peine, qui choque quelqu'un. *Il n'y a pas d'offense.* SYN. affront ; injure ; insulte.
offen**s**e.

OFFENSER v. tr., pronom.
VERBE TRANSITIF
Blesser. *Ils ont offensé leurs amis.* SYN. froisser ; vexer.
VERBE PRONOMINAL
Se froisser. *Tu t'offenses de la moindre remarque, de ne pas avoir été élu.* SYN. se fâcher ; s'indigner ; s'offusquer.
À la forme pronominale, le verbe se construit avec la préposition ***de*** suivie d'un nom ou d'un infinitif, avec la conjonction ***que*** ou la locution conjonctive ***de ce que*** suivie du subjonctif. *Elle s'est offensée qu'on ne l'eût pas saluée, de ce qu'on ne l'eût pas prévenue.*
À la forme pronominale, le participe passé de ce verbe s'accorde toujours en genre et en nombre avec son sujet. *Ils se sont offensés qu'on ne les ait pas reconnus.*
CONJUGAISON : VOIR MODÈLE AIMER.

OFFENSIF, IVE adj.
Qui sert à attaquer. *Des armes offensives.* ANT. défensif.

OFFENSIVE n. f.
1. Attaque d'importance. *Passer à l'offensive.* ANT. défensive.
2. (FIG.) Campagne, activité d'envergure. *Une offensive médiatique.*
offen**s**ive.

OFFENSIVEMENT adv.
De façon offensive.

OFFICE n. m.
1. (VIEILLI) Fonction que l'on doit remplir.
2. Organisme officiel. *Adressez-vous à l'Office québécois de la langue française. Un office de tourisme.*
3. Cérémonie du culte. *L'office divin, l'office des morts.*
4. Pièce où l'on range tout ce qui dépend du service de la table.
Ce nom était autrefois de genre féminin.

LOCUTIONS
– ***Bons offices.*** Aide. *Je m'en remets à vos bons offices.*
– ***D'office,*** loc. adv. Par voie d'autorité. *Il a été désigné d'office.*
– ***Faire office de.*** Tenir lieu de. *Ces pièces feront office de bureaux.* SYN. servir de.
Dans cette expression, le nom est invariable.
FORME FAUTIVE
*office. Anglicisme au sens de ***bureau, réception.***

OFFICE DE LA LANGUE FRANÇAISE
Sigle *OLF* (s'écrit avec ou sans points).
Le 1er octobre 2002, l'Office de la langue française (OLF) est devenu l'Office québécois de la langue française (OQLF).

OFFICE DES PROFESSIONS DU QUÉBEC
Sigle *OPQ* (s'écrit avec ou sans points).

OFFICE NATIONAL DU FILM
Sigle *ONF* (s'écrit avec ou sans points).

OFFICE QUÉBÉCOIS DE LA LANGUE FRANÇAISE
Sigle *OQLF* (s'écrit avec ou sans points).
Depuis le 1er octobre 2002, le nom de l'organisme a été modifié en celui de ***Office québécois de la langue française.***

OFFICIALISATION n. f.
Action de rendre officiel. *L'officialisation d'un avis de normalisation par sa publication à la* Gazette officielle.
officialisation.

OFFICIALISER v. tr.
Rendre officiel. *Officialiser une entente.*
CONJUGAISON : VOIR MODÈLE AIMER.
officialiser.

OFFICIEL, IELLE adj. et n. m. et f.
ADJECTIF
Qui vient d'une autorité compétente. *Une recommandation officielle, une annonce officielle.* ANT. officieux.
NOM MASCULIN ET FÉMININ
1. Personnage appartenant au gouvernement, à l'Administration. *La tribune des officiels.*
2. (SPORTS) Organisateur. *Les arbitres, les juges sont les officiels de cette épreuve olympique.*
LOCUTION
– ***Langue officielle.*** Langue d'un État. *Le français est la langue officielle du Québec, alors que l'anglais et le français sont les langues officielles du Canada.*

OFFICIELLEMENT adv.
À titre officiel. *Le président vient d'être nommé officiellement.*
officiellement.

OFFICIER n. m.
OFFICIÈRE n. f.
Titulaire d'une charge militaire. *Des officiers supérieurs.*
Ce nom désigne également une personne qui a le titre supérieur à celui de chevalier, dans un ordre honorifique. *Officier de la Légion d'honneur.*
FORMES FAUTIVES
*officier. Anglicisme au sens de ***dirigeant, administrateur, membre de la direction, directeur.***
*officiers (d'une entreprise). Anglicisme au sens de ***direction, dirigeants, conseil de direction*** (d'une entreprise).
*officiers du syndicat. Anglicisme au sens de ***bureau du syndicat.***

OFFICIER v. intr.
1. Célébrer un office religieux. *Les prêtres revêtus de leurs plus beaux ornements officiaient.*
2. (FIG.) Présider une cérémonie, agir cérémonieusement. *Christian officiait à la dégustation des grands crus.*
CONJUGAISON : VOIR MODÈLE ÉTUDIER.
Redoublement du ***i*** à la première et la deuxième personne du pluriel de l'indicatif imparfait et du subjonctif présent. *(Que) nous officiions, (que) vous officiiez.*

OFFICIEUSEMENT adv.
À titre officieux, sans caractère officiel. *Nous avons appris la nouvelle officieusement.*

OFFICIEUX, IEUSE adj.
De source sérieuse, mais non officielle. *Cette nouvelle est officieuse, elle n'a pas encore été annoncée par les autorités.* ANT. officiel.

OFFICINE n. f.
1. Partie d'une pharmacie où sont préparés les médicaments.
2. (FIG.) Lieu où se trame quelque chose de louche. *Les officines du pouvoir. Une remarquable officine de rumeurs.*

OFFRANDE n. f.
Don de charité. *L'église a reçu de nombreuses offrandes.*

OFFRANT n. m.
– ***Le plus offrant.*** Personne qui offre le prix le plus élevé. *Vendre au plus offrant.*
Le mot ne s'emploie que dans cette locution.

OFFRE n. f.
1. Action d'offrir, proposition. *Une offre qu'il est impossible de refuser. Des offres d'emploi alléchantes.*
2. (ÉCON.) Mise à la disposition du marché de biens ou de services (par opposition à ***demande***). *La loi de l'offre et de la demande.*
LOCUTIONS
– ***Appel d'offres.*** Procédure d'appel à la concurrence entre plusieurs soumissionnaires relativement à un marché.
Dans cette expression, le nom ***offre*** s'écrit au pluriel.
– ***Offre de service.*** Écrit comportant la description des services et des produits d'une entreprise, la présentation de ses réalisations et qui est destiné aux clients éventuels de cette entreprise.
L'offre de service peut jouer un rôle informatif à l'égard de la clientèle d'une entreprise ou répondre plus précisément à un appel d'offres de service lancé par un client éventuel.
– ***Offre publique d'achat (OPA).*** (BOURSE) Opération consistant à offrir aux actionnaires d'une société un prix supérieur au cours du marché pour leurs actions en vue de prendre le contrôle de cette société.

OFFRIR v. tr., pronom.
VERBE TRANSITIF
1. Présenter en cadeau. *Offrir des chocolats.* SYN. donner.
2. Proposer quelque chose à quelqu'un, souvent en échange de quelque chose. *Je vous offre 5 000 $ pour cette voiture. Il a offert à son ami de prendre la relève. Elle s'est offerte à travailler avec eux.*
La construction avec la préposition ***de*** est la plus courante. La construction avec la préposition ***à*** suivie de l'infinitif est plus littéraire.
3. Présenter. *Cette suggestion offre de nombreuses possibilités.* SYN. comporter.
VERBE PRONOMINAL
S'accorder. *Il est temps de nous offrir quelques jours de vacances.* SYN. se payer.
À la forme pronominale, le participe passé de ce verbe s'accorde avec le complément direct si celui-ci le précède. *Les vacances à la campagne qu'elle s'est offertes. Ils se sont offerts pour les seconder.* Le participe passé reste invariable si le complément direct suit le verbe. *Ils se sont offert quelques minutes de répit.*
FORME FAUTIVE
*offrir un cours. Calque de «*to offer a course*» au sens de ***donner un cours.***
CONJUGAISON : VOIR MODÈLE OUVRIR.
INDICATIF PRÉSENT *J'offre, tu offres, il offre, nous offrons, vous offrez, ils offrent.* IMPARFAIT *J'offrais.* PASSÉ SIMPLE *J'offris.* FUTUR *J'offrirai.* CONDITIONNEL PRÉSENT *J'offrirais.* IMPÉRATIF PRÉSENT *Offre, offrons, offrez.* SUBJONCTIF PRÉSENT *Que j'offre.* IMPARFAIT *Que j'offrisse.* PARTICIPE PRÉSENT *Offrant.* PASSÉ *Offert, erte.*

O

OFFSET n. m. et f.
NOM MASCULIN
(IMPRIM.) Procédé d'impression. *Un livre imprimé en offset. Des presses offset* ou *offsets.*
NOM FÉMININ
Presse qui permet l'impression selon ce procédé. *Des offsets efficaces.*

***OFFSHORE**
Anglicisme pour ***en mer, au large, hors des frontières, extraterritorial.***

OFFUSQUER v. tr., pronom.
VERBE TRANSITIF
Choquer. *Il a offusqué ses parents.* SYN. blesser ; froisser ; heurter ; offenser.
VERBE PRONOMINAL
Se formaliser de. *Elles se sont offusquées de ce commentaire, de n'avoir pas été consultées.* SYN. s'indigner ; se vexer.
À la forme pronominale, le verbe se construit avec la préposition ***de*** suivie d'un nom ou d'un infinitif, avec la conjonction ***que*** ou la locution conjonctive ***de ce que*** suivie du subjonctif. *Tu t'offusques qu'on ne t'ait pas montré plus d'égards, de ce qu'il ne soit pas venu te saluer.*
À la forme pronominale, le participe passé de ce verbe s'accorde toujours en genre et en nombre avec son sujet. *Ils se sont offusqués de ce manque de professionnalisme.*
CONJUGAISON : VOIR MODÈLE AIMER.

OGIVAL, ALE, AUX adj.
Qui est en forme d'ogive. *Des arcs ogivaux.*

OGIVE n. f.
1. (ARCHIT.) Arc diagonal renforçant une voûte. *Des croisées d'ogives.*
2. Partie supérieure de certains projectiles. *Ogive nucléaire d'un missile.*

OGM n. m.
Sigle de ***organisme génétiquement modifié.***
Organisme (bactérie, plante, animal) dont on a modifié le génome par l'introduction d'un ou de plusieurs gènes étrangers afin de lui conférer une caractéristique nouvelle ou améliorée qui sera transmissible à la descendance. SYN. organisme transgénique.

OGRE, OGRESSE n. m. et f.
Personnage fabuleux, géant friand de chair humaine. *Manger comme un ogre.*

OH ! interj. et n. m. inv.
INTERJECTION
Interjection servant à marquer l'étonnement, l'indignation, la colère, l'admiration, la douleur, etc. *Oh ! quelle idée géniale ! Oh ! quelle tristesse ! Oh là là !*
Ne pas confondre avec l'interjection marquant le rire, ***ha ! ha !*** et parfois ***ho ! ho !*** (pour le père Noël, par exemple).
NOM MASCULIN INVARIABLE
Exclamation marquant l'étonnement, l'indignation, l'admiration, etc. *Il poussait des oh ! et des ah !*
LOCUTION
– ***Oh ! hisse !*** Interjection exprimant un effort collectif pour tirer.
T L'interjection est toujours suivie d'un point d'exclamation qui est souvent repris à la fin de la phrase. Si la phrase exclamative n'est pas complète, le mot qui suit le point d'exclamation s'écrit avec une minuscule initiale.
VOIR – Ô.

OHÉ ! interj.
Interjection servant à appeler. *Ohé ! venez par ici !*
T L'interjection est toujours suivie d'un point d'exclamation qui est souvent repris à la fin de la phrase. Si la phrase exclamative n'est pas complète, le mot qui suit le point d'exclamation s'écrit avec une minuscule initiale.

OHM n. m.
Symbole Ω (s'écrit sans point).
Unité de mesure de résistance électrique. *Trois ohms.*

OHMMÈTRE n. m.
Appareil de mesure de la résistance électrique.

OIE n. f.
Oiseau palmipède au long cou, blanc ou gris. *Avez-vous déjà vu les grandes oies blanches qui s'arrêtent au cap Tourmente lors de leurs migrations saisonnières ? Un foie gras d'oie. « Les oies sauvages, blanches et frivolantes comme une neige de bourrasque »* (Germaine Guèvremont, *Le Survenant*).
Le petit de l'oie est l'***oison***, le mâle de l'oie, le ***jars***.
VOIR TABLEAU – ANIMAUX.
LOCUTION
– ***Patte-d'oie.*** Petite ride située au coin de l'œil. *Avoir des pattes-d'oie.*

OIGNON n. m.
Les lettres ***oi*** se prononcent **o**, [ɔɲɔ̃] ; le mot rime avec ***grognon***.
1. Plante à bulbe comestible dont l'odeur et le goût sont forts. *Une soupe à l'oignon.*
2. Bulbe. *Maman a planté des oignons de tulipes et de jonquilles.*
LOCUTIONS
– ***Aux petits oignons,*** loc. adv. (FAM.) Aux petits soins, parfaitement. *J'étais traité aux petits oignons.*
– ***En rang d'oignons,*** loc. adv. (FAM.) En ligne droite. *Les invités étaient placés en rang d'oignons.*
– ***Oignon vert.*** Poireau blanc miniature doté de longues feuilles cylindriques et vertes (GDT).
Le GDT précise que « le produit que les consommateurs québécois désignent communément, mais de façon erronée, sous le nom d'***échalote*** ressemble à un poireau blanc miniature doté de longues feuilles cylindriques et vertes ; ce produit est un oignon vert ».
Ne pas confondre avec le nom ***échalote,*** plante potagère, variété d'ail voisine de l'oignon, dont le bulbe sert de condiment.
– ***S'occuper de ses oignons.*** (FAM.) Se mêler de ses affaires.
[Les *Rectifications* (1990) admettent : ognon.]

OÏL adv.
Particule affirmative signifiant « oui » dans la langue parlée anciennement au nord de la Loire.
LOCUTION
– ***Langue d'oïl.*** Ensemble des dialectes parlés dans la moitié nord de la France jusqu'à la Loire (par opposition à ***langue d'oc***).

OINDRE v. tr., pronom.
VERBE TRANSITIF
(LITT.) Enduire d'huile. *À l'extrême-onction, le malade est oint avec les saintes huiles.*
VERBE PRONOMINAL
(LITT.) Se frotter d'huile. *S'oindre les cheveux.*
À la forme pronominale, le participe passé de ce verbe s'accorde en genre et en nombre avec le complément direct si celui-ci le précède. *L'épaule qu'il s'est ointe. Elles se sont ointes d'une lotion hydratante.* Le participe passé reste invariable si le complément direct suit le verbe. *Ils se sont oint les mains.*
Ce verbe est vieilli et s'emploie surtout à l'infinitif et au participe passé.
CONJUGAISON : VOIR MODÈLE JOINDRE.
INDICATIF PRÉSENT *J'oins, tu oins, il oint, nous oignons, vous oignez, ils oignent.* IMPARFAIT *J'oignais, tu oignais, il oignait, nous oignions, vous oigniez, ils oignaient.* PASSÉ SIMPLE *J'oignis.* FUTUR *J'oindrai.* CONDITIONNEL PRÉSENT *J'oindrais.* IMPÉRATIF PRÉSENT *Oins, oignons, oignez.* SUBJONCTIF PRÉSENT *Que j'oigne, que tu oignes, qu'il oigne, que nous oignions, que vous oigniez, qu'ils oignent.* IMPARFAIT *Que j'oignisse.* PARTICIPE PRÉSENT *Oignant.* PASSÉ *Oint, ointe.*

Les lettres ***gn*** sont suivies d'un ***i*** à la première et à la deuxième personne du pluriel de l'indicatif imparfait et du subjonctif présent. *(Que) nous oignions, (que) vous oigniez.*

OISEAU n. m. (pl. *oiseaux*)
Animal vertébré et ovipare dont le corps est revêtu de plumes, qui a deux pattes, deux ailes et qui peut voler. *Les moineaux, les hirondelles, les hérons, les aigles, les coqs, les oies sont des oiseaux.*
LOCUTIONS
– ***Avoir un appétit d'oiseau.*** (FIG.) Manger très peu. *Quand on a un appétit d'oiseau, on a souvent une taille de guêpe!*
– ***À vol d'oiseau,*** loc. adv. Se dit d'une distance en ligne droite.
– ***Être aux oiseaux.*** ⚜ (FAM.) Être très content. *Ils sont aux oiseaux, ils ont gagné.*
– ***Oiseau-mouche.*** Très petit oiseau, appelé également ***colibri.*** *Des oiseaux-mouches.*
– ***Petit à petit l'oiseau fait son nid*** (Proverbe). À force de patience et de travail, on arrive au but.

OISELEUR n. m.
Personne qui capture des oiseaux au filet ou au piège.

OISELIER n. m.
OISELIÈRE n. f.
Personne qui fait métier d'élever et de vendre des oiseaux.

OISELLERIE n. f.
Lieu où l'on élève les oiseaux, où l'on en fait le commerce.

OISEUX, EUSE adj.
Inutile, vain, qui ne sert à rien. *Des discussions oiseuses.*
Ne pas confondre avec le mot ***oisif*** qui qualifie une personne désœuvrée.
oiseux.

OISIF, IVE adj. et n. m. et f.
Désœuvré, sans occupation. *Il est resté oisif.* SYN. inactif.
Ne pas confondre avec le mot ***oiseux,*** inutile, vain.

OISILLON n. m.
Petit oiseau. *Les oisillons sont dans le nid.*
Ne pas confondre avec le nom ***oison,*** petit de l'oie.

OISIVEMENT adv.
D'une manière oisive. *Ils attendent oisivement que le train passe.*

OISIVETÉ n. f.
État d'une personne inoccupée, inactive. *L'oisiveté est la mère de tous les vices.* (Proverbe qui signifie que quand on n'a rien à faire, on a le temps de faire des bêtises.) SYN. désœuvrement; inaction; paresse.

OISON n. m.
Petit de l'oie et du jars. *Les oisons criaillent.*
Ne pas confondre avec le nom ***oisillon,*** petit oiseau.
VOIR TABLEAU – ANIMAUX.

OIT
Sigle de ***Organisation internationale du travail.***

OK adj. inv., adv. et interj.
ADJECTIF INVARIABLE
(FAM.) Qui convient. *C'est OK : tout est au point.* SYN. bien; correct; parfait.
ADVERBE
(FAM.) D'accord, c'est entendu. *OK, j'accepte.* SYN. entendu; oui.
Ce mot emprunté aux Américains est devenu courant, même en français, mais il est familier; il s'écrit en majuscules avec ou sans points. Dans un style soigné, on lui préférera l'expression ***d'accord.***
INTERJECTION
C'est d'accord. *OK! cela me convient, c'est entendu!*
T L'interjection est toujours suivie d'un point d'exclamation qui est souvent repris à la fin de la phrase. Si la phrase exclamative n'est pas complète, le mot qui suit le point d'exclamation s'écrit avec une minuscule initiale.

OKA n. m. (pl. *okas*)
Fromage à pâte ferme fabriqué par les trappistes de l'abbaye cistercienne d'Oka.

OKAPI n. m.
Mammifère ruminant d'Afrique, voisin de la girafe, mais à cou plus court. *Les okapis sont de la taille d'une antilope.*

OLÉ! ou **OLLÉ!** interj.
Interjection espagnole qui sert à marquer l'encouragement. *« Olé! olé! » ou « ollé! » criaient les spectateurs de la corrida.*
T L'interjection qui s'orthographie ***olé!*** ou ***ollé!*** est toujours suivie d'un point d'exclamation qui est souvent repris à la fin de la phrase. Si la phrase exclamative n'est pas complète, le mot qui suit le point d'exclamation s'écrit avec une minuscule initiale.
LOCUTION
– ***Olé olé,*** loc. adj. (FAM.) Très libre, grivois. *Ces films sont un peu olé olé.*

OLÉAGINEUX, EUSE adj. et n. m.
Qui contient de l'huile. *Des plantes oléagineuses. L'arachide est un oléagineux.*

OLÉICULTEUR n. m.
OLÉICULTRICE n. f.
Personne qui fait la culture des oliviers.

OLÉICULTURE n. f.
Culture des oliviers.

OLÉODUC n. m.
Conduite servant au transport des produits pétroliers. *Ils ont construit des oléoducs.*
Ce nom construit sur le modèle de ***aqueduc*** sert d'équivalent au mot d'origine anglaise ***pipeline.*** Pour le transport du gaz, on emploie le mot ***gazoduc.***

OLF
Sigle de ***Office de la langue française.***
Le 1er octobre 2002, l'Office québécois de la langue française (OQLF) a remplacé l'Office de la langue française (OLF).
Les avis de recommandation ou de normalisation qui ont été publiés antérieurement au 1er octobre 2002 conservent la mention OLF dans le *Multidictionnaire.* Les avis d'officialisation publiés après le 1er octobre 2002 sont suivis du sigle correspondant à la nouvelle désignation de l'organisme, soit OQLF.

OLFACTIF, IVE adj.
Relatif à l'odorat. *Une sensation olfactive.*

OLIBRIUS n. m.
Le *s* se prononce, [ɔlibrijys]; le nom rime avec ***cactus.***
(FAM.) Personnage bizarre, excentrique. SYN. original; type.
Ce nom a un sens défavorable.

OLIFANT ou **OLIPHANT** n. m.
(ANCIENN.) Corne de chasse. *Charlemagne fit sonner l'olifant.*

OLIG(O)- préf.
Élément du grec signifiant « peu nombreux ». *Oligopole.*

OLIGARCHIE n. f.
Gouvernement dans lequel le pouvoir est exercé par un petit groupe.

OLIGARCHIQUE adj.
Qui appartient à l'oligarchie. *Un régime oligarchique.*

OLIGOÉLÉMENT n. m.
Élément chimique essentiel au métabolisme. *Le cuivre, le fer, l'iode sont des oligoéléments dont les êtres vivants ont besoin pour vivre.*

OLIGOPOLE n. m.
(ÉCON.) Situation économique où quelques vendeurs se partagent la production pour l'offrir à une multitude d'acheteurs.
Ne pas confondre avec les noms suivants :
• ***cartel,*** entente entre des entreprises en vue d'une action commune visant à limiter ou à supprimer la concurrence;
• ***monopole,*** situation économique où il n'y a qu'un seul vendeur.

O

OLIVÂTRE adj.
Qui rappelle la couleur de l'olive. *Un teint olivâtre.*
VOIR TABLEAU – COULEUR (ADJECTIFS DE).
olivâtre.

OLIVE adj. inv. et n. f.
NOM FÉMININ
Fruit de l'olivier dont on tire de l'huile. *Des olives vertes et des olives noires.*
ADJECTIF DE COULEUR INVARIABLE
De la couleur verte de l'olive. *Des chapeaux olive, des soies vert olive.*
VOIR TABLEAU – COULEUR (ADJECTIFS DE).

OLIVERAIE ou **OLIVAIE** n. f.
Plantation d'oliviers. *Les oliveraies de la Toscane.*

OLIVIER n. m.
Arbre dont le fruit est l'olive. *La feuille de l'olivier est d'un joli vert argenté.*
La branche d'olivier est le symbole de la paix.

OLOGRAPHE adj.
(DR.) Se dit d'un testament écrit à la main par le testateur.
Ne pas confondre avec le nom ***holographe,*** relatif à l'holographie.
L'adjectif s'orthographie également ***holographe.***

OLYMPIADE n. f.
1. Période de quatre ans qui sépare deux célébrations des Jeux olympiques.
T Le nom s'écrit avec une minuscule.
2. Jeux olympiques. *Les XIV*[es] *olympiades.*
Au sens de ***Jeux olympiques,*** cet emploi est critiqué par certains auteurs, admis par d'autres.

OLYMPIEN, IENNE adj.
Majestueux. *Une démarche olympienne.* SYN. digne; noble.

OLYMPIQUE adj.
1. Relatif aux Jeux olympiques. *Les athlètes olympiques.*
2. Conforme aux règles des Jeux olympiques. *Le ski est une discipline olympique.*
LOCUTION
– ***Jeux olympiques.*** Compétition sportive internationale qui a lieu tous les quatre ans. *Les Jeux olympiques d'été se sont tenus à Montréal en 1976. Les Jeux olympiques d'Athènes de 2004.*
T Logiquement, le nom devrait s'écrire avec une majuscule et l'adjectif avec une minuscule. *Les Jeux olympiques.* De nombreux auteurs écrivent cependant ***jeux Olympiques, Jeux Olympiques.***

OLYMPISME n. m.
1. Ensemble des règles qui définissent l'organisation des Jeux olympiques.
2. Idéal olympique.

OMBELLIFÈRE adj. et n. f. pl.
Se dit d'une famille de végétaux à laquelle appartiennent les carottes, le céleri, le persil, etc.

OMBILIC n. m.
Le **c** se prononce, [ɔ̃bilik]; le nom rime avec ***oblique***.
Nombril, cicatrice marquant le point de l'abdomen où était rattaché le cordon ombilical. *Des ombilics distendus.*
ombilic.

OMBILICAL, ALE, AUX adj.
Qui se rapporte à l'ombilic. *Des cordons ombilicaux.*

OMBLE n. m.
Poisson salmonidé. *L'omble de l'Arctique est un poisson dont la chair est appréciée.*

OMBLE DE FONTAINE n. m.
Poisson de rivière voisin du saumon dont la chair est appréciée. SYN. ⚜ truite mouchetée; ⚜ truite saumonée.
L'espèce *Salvelinus fontinalis* possède une forme d'eau douce (omble de fontaine) et une forme marine (truite de mer) dont la robe est différente (Recomm. off.).

OMBRAGE n. m.
1. Feuillage qui fait de l'ombre.
2. Ombre formée par le feuillage. *L'été, on apprécie l'agréable ombrage de la forêt.*
LOCUTIONS
– ***Faire, porter ombrage à quelqu'un.*** (LITT.) Causer de la jalousie, du ressentiment.
– ***Prendre ombrage de quelqu'un, quelque chose.*** (LITT.) Jalouser. *Ne prenez pas ombrage de cette nomination.* SYN. s'offenser.
Attention au genre masculin de ce nom : ***un*** ombrage, ***une*** ombre.

OMBRAGÉ, ÉE adj.
Couvert d'ombre. *Un chemin ombragé et frais sous les grands arbres.*
Ne pas confondre avec le mot ***ombrageux*** qui qualifie une personne méfiante, susceptible.

OMBRAGER v. tr.
Donner de l'ombre, en parlant des feuillages. *Le chêne ombrageait le jardin.*
CONJUGAISON : VOIR MODÈLE CHANGER.
Le ***g*** est suivi d'un ***e*** devant la lettre ***a.*** *Il ombragea.*

OMBRAGEUX, EUSE adj.
Méfiant, susceptible. *Un caractère ombrageux.* SYN. soupçonneux.
Ne pas confondre avec le mot ***ombragé,*** couvert d'ombre.
ombrageux.

OMBRE n. f.
Zone sombre où le soleil, la lumière ne pénètrent pas parce qu'une matière opaque les en empêche. *Il fait bon à l'ombre de ce grand chêne. « je m'éloigne, à cinq heures, parmi les ombres allongées des feuillages »* (Pierre Nepveu, *Lignes aériennes*).
LOCUTIONS
– ***Avoir peur de son ombre.*** (FIG.) S'effrayer pour rien.
– ***Dans l'ombre,*** loc. adv. À l'écart. *Ils travaillent dans l'ombre.*
– ***Faire de l'ombre à quelqu'un.*** Lui porter ombrage, lui causer du ressentiment en l'éclipsant.
– ***Il y a une ombre au tableau.*** (FIG.) Un problème se présente.
– ***Jeter une ombre sur.*** Assombrir la joie, la sérénité de quelqu'un. *Cette mauvaise nouvelle a jeté une ombre sur les convives.* SYN. attrister.
– ***Lâcher la proie pour l'ombre.*** Choisir un avantage illusoire plutôt qu'un bénéfice réel.
– ***N'être plus que l'ombre de soi-même.*** (FIG.) Être très malade, très diminué.
– ***Ombre à paupières.*** Fard destiné à mettre les yeux en valeur.
– ***Sous ombre de,*** loc. prép. Sous prétexte de.
– ***Zone d'ombre, part d'ombre.*** Éléments incertains, inconnus. *Dans cette histoire, des zones d'ombre subsistent.* SYN. doute; incertitude.

OMBRELLE n. f.
Petit parasol. *Une jolie dame avec une ombrelle marchait dans le grand parc.*

OMBRER v. tr.
Mettre de l'ombre dans (un dessin). *Ombrer un fusain.*
Ne pas confondre avec le verbe ***ombrager,*** donner de l'ombre.
CONJUGAISON : VOIR MODÈLE AIMER.

OMBREUX, EUSE adj.
(LITT.) Qui donne de l'ombre. *Un bel érable ombreux.*

OMBUDSMAN n. m.
Attention à la prononciation, [ɔmbydsman].
Personne indépendante chargée de défendre les droits des particuliers, dans les pays scandinaves.
Au Québec, on emploie l'expression ***protecteur du citoyen,*** en France, ***médiateur.***

OMC
Sigle de ***Organisation mondiale du commerce.***

OMÉGA n. m. inv.
Dernière lettre de l'alphabet grec.
LOCUTION
– ***L'alpha et l'oméga.*** Le commencement et la fin.
[Les *Rectifications* (1990) admettent : des omégas.]

OMELETTE n. f.
Œufs battus et cuits dans la poêle. *Une omelette aux champignons.*
LOCUTION
– ***On ne fait pas d'omelette sans casser d'œufs.*** (Proverbe) Toute action comporte des inconvénients.
omelette.

OMERTA n. f.
Loi du silence imposée aux membres de la mafia sous peine de mort.

OMETTRE v. tr.
Ne pas faire quelque chose, volontairement ou non. *Ils ont omis de nous avertir.* SYN. négliger de.
CONJUGAISON : VOIR MODÈLE REMETTRE.

OMICRON n. m. inv.
Lettre grecque.
[Les *Rectifications* (1990) admettent : des omicrons.]

OMISSION n. f.
1. Action d'omettre. *L'omission d'une vérification.* SYN. manque ; négligence ; oubli.
2. La chose omise. *Sauf erreur ou omission.*

OMM
Sigle de ***Organisation météorologique mondiale.***

OMNI- préf.
Élément du latin signifiant « tout ».
Les mots composés avec le préfixe ***omni-*** s'écrivent en un seul mot. *Omnipraticien, omnivore.*

OMNIBUS adj. inv. et n. m.
Le *s* se prononce, [ɔmnibys] ; le nom rime avec ***cactus.***
Se dit d'un véhicule qui s'arrête à toutes les stations. *Un train omnibus.*

OMNIPOTENT, ENTE adj.
Tout-puissant. *Un dictateur omnipotent.*

OMNIPRATICIEN n. m.
OMNIPRATICIENNE n. f.
Médecin généraliste. SYN. généraliste.

OMNIPRÉSENCE n. f.
Présence en tous lieux. *L'omniprésence des panneaux publicitaires d'une campagne.*

OMNIPRÉSENT, ENTE adj.
Présent en tous lieux. *Dieu est omniprésent.*

OMNISCIENCE n. f.
(LITT.) Connaissance de toute chose.
omniscience.

OMNISCIENT, IENTE adj.
(LITT.) Qui sait tout.
omniscient.

OMNISPORTS adj. inv.
Où l'on pratique tous les sports. *Un centre omnisports.*
omnisports.

OMNIVORE adj. et n. m. et f.
Qui se nourrit de végétaux et d'animaux. *L'homme et le cochon sont omnivores. Des omnivores et des insectivores.*
Ne pas confondre avec les mots suivants :
- ***carnivore,*** qui se nourrit de chair ;
- ***frugivore,*** qui se nourrit de fruits ;
- ***granivore,*** qui se nourrit de graines ;
- ***herbivore,*** qui se nourrit d'herbe ;
- ***insectivore,*** qui se nourrit d'insectes.

OMOPLATE n. f.
Os formant le haut de l'épaule. *Des omoplates saillantes.*
Attention au genre féminin de ce nom : ***une*** omoplate.

OMS
Sigle de ***Organisation mondiale de la santé.***

ON pron. indéf.
1. Pronom indéfini de la troisième personne du singulier.
Le pronom indéfini ***on*** agit toujours comme sujet du verbe. Le pronom ***on*** étant de la troisième personne du singulier, le verbe demeure toujours à la troisième personne du singulier. *On a pensé que vous étiez malade.*
1° L'accord de l'adjectif ou du participe passé se fait généralement au masculin singulier. *On est venu livrer du bois. On est convaincu de sa bonne foi.*
2° Cependant, si le pronom représente un sujet féminin au singulier ou au pluriel ou un sujet masculin pluriel, l'adjectif ou le participe passé s'accorde avec ce sujet, s'il y a lieu. *On est bien conciliante aujourd'hui, Madame.*
2. D'une façon indéfinie au sens de « tout le monde, n'importe qui ». *On a sonné ? À cette question que tu as posée, qu'a-t-on répondu ?*
En ce sens, le pronom ***on*** exclut la personne qui parle.
3. Dans les proverbes au sens de « chacun ». *On n'est jamais si bien servi que par soi-même.*
4. (FAM.) Dans la langue familière ou orale, le pronom ***on*** peut aussi remplacer les pronoms personnels :
– ***je.*** Par modestie, l'auteur substitue le pronom indéfini, moins prétentieux que le ***nous,*** au ***je.*** *On a longuement étudié la question. On est persuadé que ce choix s'impose.*
Si le pronom représente un sujet féminin au singulier ou au pluriel ou un sujet masculin pluriel, l'adjectif ou le participe passé s'accorde avec ce sujet, s'il y a lieu. *On est persuadée que ce choix s'impose.*
– ***tu, vous.*** *Alors, on a fait l'école buissonnière ?*
– ***il, elle, ils, elles.*** *Est-ce qu'on a été gentil avec toi, au moins ?*
– ***nous.*** *Hier, on est allé se promener, on est allés se promener, on est allées se promener.*
L'adjectif ou le participe se met au genre et au nombre du sujet représenté par ***on.*** Cet emploi est de niveau familier ; dans un style plus soigné, on emploie le pronom ***nous.***
1° Quand il y a plusieurs verbes coordonnés, le pronom doit être répété. *On lave les légumes, on les coupe, on les fait revenir dans du beurre.*
2° Le déterminant possessif et le pronom personnel renvoyant au sujet ***on*** sont généralement de la troisième personne. *On a toujours besoin d'un plus petit que soi.* Cependant, si le pronom indéfini est employé pour un pronom de la première ou de la deuxième personne, les déterminants possessifs ou les pronoms personnels pourront être de la première ou de la deuxième personne. *On se sent chez nous.*

3° Pour des raisons d'euphonie, surtout après les mots ***et, ou, où, que, à qui, à quoi, si,*** le pronom ***on*** est précédé du déterminant élidé ***l'***. *Si l'on examinait cette question.* En tête de phrase, l'emploi de l'article est archaïque. *L'on m'a dit que...*

4° Quand la phrase est négative, l'adverbe de négation ***ne, n'*** ne peut pas être omis. *On n'arrive pas à l'attacher.*

VOIR TABLEAU – PRONOM.

5. Pour désigner l'auteur inconnu ou anonyme d'un renseignement. *On m'a dit que les employés étaient mécontents. Des on-dit, le qu'en-dira-t-on.*

***ON**
Anglicisme pour ***marche*** (Recomm. off.).
Lorsque l'espace est restreint, il est possible de recourir aux abréviations des noms ***marche*** et ***arrêt, M*** et ***A,*** ou aux symboles internationaux, soit la barre verticale, qui représente le nom ***marche,*** et le cercle, le nom ***arrêt.***

ONANISME n. m.
(LITT.) (MÉD.) Masturbation.

ONCE n. f.
Symbole ***oz*** (s'écrit sans point).
Unité de masse anglo-saxonne. *Il y a 16 onces dans une livre.*
L'once égale 28,35 grammes.
LOCUTION
– ***Une once de.*** (FAM.) Un soupçon, une petite quantité de. *Il n'y avait pas une once de méchanceté ou d'envie dans ses paroles.*

ONCLE n. m.
1. Frère du père ou de la mère. *Mon oncle Albert* ou *oncle Albert était très gentil. Un oncle paternel, un oncle maternel.* SYN. (FAM.) tonton.
2. Parent, mari de la tante. *Oncle Albert, tu n'aurais pas dû ! Un oncle par alliance.*
En apostrophe, quand on s'adresse à la personne, on n'emploie pas l'adjectif possessif ; dans tous les autres cas, on peut faire précéder le nom de l'article ou de l'adjectif possessif.

ONCOLOGIE n. f.
(DIDACT.) Cancérologie.

ONCOLOGUE ou **ONCOLOGISTE** n. m. et f.
(DIDACT.) Cancérologue.

ONCTION n. f.
1. (RELIG.) Action de frotter une partie du corps avec des huiles saintes.
2. (LITT.) Douceur affectée. *L'obséquieux personnage, avec des paroles pleines d'onction, les félicita longuement.*
En ce sens, le nom a une connotation péjorative.
LOCUTION
– ***Extrême-onction.*** Derniers sacrements.

ONCTUEUX, EUSE adj.
1. Velouté. *Un potage onctueux.* SYN. crémeux.
2. (FIG.) Qui a trop d'onction. *Des éloges onctueux.* SYN. mielleux.
En ce sens, l'adjectif a une connotation péjorative.
onctueux.

ONCTUOSITÉ n. f.
Caractère de ce qui est onctueux.
onctuosité.

ONDE n. f.
1. (LITT.) Eau. *Les naïades s'ébrouent dans l'onde claire.*
2. Vibration. *Des ondes sonores.*
LOCUTIONS
– ***Être sur la même longueur d'onde.*** (FIG.) Se comprendre, partager le même point de vue.
Dans cette expression, le nom ***onde*** est au singulier.
– ***Mise en ondes.*** Action de diffuser une émission à la radio ou à la télévision.
Dans cette expression, le nom est toujours au pluriel.
– ***Passer sur les ondes.*** Être diffusé à la radio. *Cette émission passera sur les ondes samedi.*

ONDÉE n. f.
Pluie assez forte, mais de courte durée. *Le sol est mouillé, il y a eu une ondée.* SYN. pluie.
Ne pas confondre avec les noms suivants :
- ***averse,*** pluie subite, violente et de faible durée ;
- ***bruine,*** pluie fine et froide ;
- ***giboulée,*** averse soudaine de pluie souvent mêlée de neige, de grêle ;
- ***orage,*** pluie abondante accompagnée d'éclairs et de tonnerre ;
- ***pluie,*** eau qui tombe par gouttes du ciel.

ON-DIT n. m. inv. (pl. *on-dit*)
Racontar. *Peu m'importe les on-dit ou les qu'en-dira-t-on.* SYN. bruit ; cancan ; commérage ; potin ; rumeur.
Ce nom s'emploie surtout au pluriel.
on-dit, avec un trait d'union.

ONDOIEMENT n. m.
1. Mouvement de ce qui ondoie. *L'ondoiement d'un drapeau sous l'action du vent.*
2. Baptême dont le rituel est réduit à l'essentiel.
ondoiement.

ONDOYANT, ANTE adj.
(FIG.) Versatile, incertain. *Des réponses ondoyantes qui varient sans cesse.* SYN. changeant ; inconstant.

ONDOYER v. tr., intr.
VERBE TRANSITIF
Baptiser par ondoiement. *Ondoyer un nouveau-né. « une petite qui ne vécut que pour être ondoyée »* (Ringuet, *Trente Arpents*).
VERBE INTRANSITIF
Onduler. *Des champs de blé qui ondoient.*
CONJUGAISON : VOIR MODÈLE EMPLOYER.

ONDULATION n. f.
Mouvement semblable à celui des ondes, qui s'élève et s'abaisse. *Les ondulations des vagues.*

ONDULATOIRE adj.
Qui se propage par ondulations. *Un mouvement ondulatoire.*

ONDULER v. tr., intr.
VERBE TRANSITIF
Donner une forme en relief et en creux tour à tour, comme les vagues de la mer. *Onduler les cheveux.*
VERBE INTRANSITIF
Avoir un mouvement d'ondulation. *Le drapeau ondule sous le vent.* SYN. ondoyer.
CONJUGAISON : VOIR MODÈLE AIMER.

***ONE-MAN-SHOW**
Anglicisme pour ***spectacle solo.***

ONÉREUX, EUSE adj.
Qui entraîne beaucoup de frais, qui coûte cher. *Un voyage onéreux.* SYN. coûteux ; dispendieux.
onéreux.

***ONE-WAY**
Anglicisme pour ***sens unique.***

ONF
Sigle de ***Office national du film.***

ONG
Sigle de ***organisation non gouvernementale.***

ONGLE n. m.
Partie cornée qui recouvre l'extrémité supérieure des doigts et des orteils. *Des ongles propres, du vernis à ongles.*
Nous avons des ***ongles***, les animaux, des ***griffes*** et certains rapaces tel l'aigle ont des ***serres.***
LOCUTIONS
– ***Payer rubis sur l'ongle.*** Payer complètement ce qui est dû.
– ***Se défendre bec et ongles.*** Se défendre farouchement.

ONGLÉE n. f.
Engourdissement douloureux du bout des doigts causé par le froid. *Avoir l'onglée.*

ONGLET n. m.
Entaille où l'on peut introduire l'ongle, le doigt. *L'onglet d'un canif. Un dictionnaire comportant des onglets pour marquer chaque lettre.*
onglet.

ONGUENT n. m.
Pommade. *Un onguent antibiotique.*
Ce nom est de genre masculin : ***un*** onguent.
onguent, attention au ***u*** à la suite du ***g***.

ONGULÉ adj. et n. m.
Se dit des animaux dont les pieds sont terminés par des sabots. *Les chevaux sont des ongulés.*

ONIRIQUE adj.
1. (DIDACT.) Relatif aux rêves. *Une vision onirique.*
2. (LITT.) Qui s'apparente à un rêve. *Des paysages oniriques et fabuleux.*

ONOMASIOLOGIE n. f.
(LING.) Science des significations, partant de la notion pour en étudier la désignation.
Ne pas confondre avec le nom ***sémasiologie***, science des significations, partant du mot pour en étudier le sens.

ONOMASTIQUE adj. et n. f.
ADJECTIF
(LING.) Relatif aux noms propres. *Un dictionnaire onomastique.*
NOM FÉMININ
(LING.) Science des noms propres. *Une onomastique des patronymes québécois.*

ONOMATOPÉE n. f.
Mot dont le son imite la chose dénommée (cri, bruit, etc.). Coin-coin, atchoum, glouglou, tic-tac, coucou, ronron, cocorico *sont des onomatopées.*
La liste des onomatopées est infinie puisque celles-ci relèvent de la créativité des auteurs. Les bandes dessinées, tout particulièrement, font appel à ces mots sonores qui s'apparentent aux interjections et qui sont souvent suivis d'un point d'exclamation. *Boum ! Splatch ! zzz... Miam ! Snif... Vroum !*
Les verbes qui traduisent les cris d'animaux sont souvent conçus à partir d'onomatopées. *La vache meugle, le chat miaule, la colombe roucoule.*
onomatopée, un seul ***p*** et un ***e*** muet à la fin.

ONT.
Abréviation de ***Ontario.***

ONTARIO n. m.
Abréviation ***Ont.*** (s'écrit avec un point).
Les habitants de l'Ontario sont des Ontariens, des Ontariennes. *Une tradition ontarienne.*

ONTO- préf.
Élément du grec signifiant « être ». *Ontologie.*

ONTOLOGIE n. f.
(PHILOS.) Partie de la métaphysique qui étudie l'être dans son essence.

ONTOLOGIQUE adj.
(PHILOS.) Relatif à l'ontologie.

ONU
Sigle de ***Organisation des Nations Unies.***

ONUDI
Sigle de ***Organisation des Nations Unies pour le développement industriel.***

ONUSIEN, IENNE adj. et n. m. et f.
Relatif à l'Organisation des Nations Unies (ONU). *Des observateurs onusiens ont été dépêchés.*
T Le nom et l'adjectif s'écrivent avec une minuscule.

ONYX n. m.
Le ***x*** se prononce, [ɔniks].
Agate semi-transparente. *Un bel onyx.*
Attention au genre masculin de ce nom : ***un*** onyx.
onyx.

ONZE adj. num. inv. et n. m. inv.
ADJECTIF NUMÉRAL CARDINAL INVARIABLE
Nombre qui vient après dix. *Il a onze ans.*
ADJECTIF NUMÉRAL ORDINAL INVARIABLE
Onzième. *On peut lire à la page onze de ce livre...*
NOM MASCULIN INVARIABLE
Le nombre onze. *Des onze lumineux.*
L'élision et la liaison sont interdites devant le mot ***onze***. *Des colis de onze kilos. Le onze septembre.*
VOIR TABLEAU – ÉLISION.
VOIR TABLEAU – LIAISON.
VOIR TABLEAU – NOMBRES.
VOIR TABLEAU – NUMÉRAL ET ADJECTIF ORDINAL (DÉTERMINANT).

ONZIÈME adj. num. et n. m. et f.
ABRÉVIATIONS
11e (onzième), ***11es*** (onzièmes).
ADJECTIF NUMÉRAL ORDINAL
Nombre ordinal de onze. *La onzième fois.*
NOM MASCULIN
Onzième partie d'un tout. *Les trois onzièmes d'un groupe.*
NOM MASCULIN ET FÉMININ
Personne, chose qui occupe le onzième rang. *Elles sont les onzièmes.*
L'élision et la liaison sont interdites devant le mot ***onzième***. *La onzième heure.*
VOIR TABLEAU – ÉLISION.
VOIR TABLEAU – LIAISON.
VOIR TABLEAU – NOMBRES.
VOIR TABLEAU – NUMÉRAL ET ADJECTIF ORDINAL (DÉTERMINANT).

ONZIÈMEMENT adv.
En onzième lieu.

op.
Abréviation de ***opus.***

OPA
Sigle de ***offre publique d'achat.***

OPACIFICATION n. f.
Action d'opacifier ; son résultat. *L'opacification de la cornée se corrige.*

OPACIFIER v. tr., pronom.
VERBE TRANSITIF
Rendre opaque. *Opacifier des fenêtres.*
VERBE PRONOMINAL
Devenir opaque. *Ce plastique s'est opacifié.*
À la forme pronominale, le participe passé de ce verbe s'accorde toujours en genre et en nombre avec son sujet. *Ses cristallins se sont opacifiés.*
CONJUGAISON : VOIR MODÈLE ÉTUDIER.
opacifier.

OPACITÉ n. f.
1. Caractère de ce qui ne laisse pas passer la lumière. *L'opacité du bois, la transparence du verre.* ANT. transparence.
2. (FIG.) Hermétisme (d'une œuvre, d'une formulation, etc.). *L'opacité d'un essai philosophique.*
opacité.

OPALE adj. et n. f.
NOM FÉMININ
Pierre qui donne des reflets irisés et qui est utilisée en joaillerie.
ADJECTIF
Qui a la couleur irisée de l'opale. SYN. (LITT.) opalescent ; opalin.
Ne pas confondre avec le mot ***opaline***, verre épais d'un blanc laiteux.

OPALESCENCE n. f.
(LITT.) Reflet irisé. *L'opalescence de la surface calme d'un lac.*
opalescence.

OPALESCENT, ENTE adj.
(LITT.) Qui a les nuances vives et les reflets irisés de l'opale. SYN. opalin.
Ne pas confondre avec les mots suivants :
- ***cristallin,*** transparent comme le cristal;
- ***diaphane,*** translucide;
- ***transparent,*** qui laisse voir nettement les objets.

opalescence.

OPALIN, INE adj.
Qui a la teinte laiteuse et irisée de l'opale. SYN. (LITT.) opalescent.

OPALINE n. f.
Verre épais d'un blanc laiteux avec lequel on fabrique des vases.
Ne pas confondre avec le mot ***opale,*** pierre qui donne des reflets irisés.

OPAQUE adj.
1. Qui n'est pas transparent, qui ne laisse pas passer la lumière. *Un acier opaque.*
2. (FIG.) Difficile à comprendre. *Une démonstration opaque.* SYN. hermétique; obscur.

op. cit.
Abréviation de ***opere citato.***
Locution latine qui signifie « dans l'ouvrage déjà mentionné ».
T En typographie soignée, les mots étrangers sont composés en italique. Dans des textes déjà en italique, la notation se fait en romain. Pour les textes manuscrits, on utilisera les guillemets.

***OPENER**
Anglicisme pour ***ouvre-bouteille, décapsuleur.***

OPEP
Sigle de ***Organisation des pays exportateurs de pétrole.***

OPÉRA n. m. (pl. *opéras*)
1. Œuvre dramatique mise en musique et dont les paroles sont chantées. Turandot *est un bel opéra. Un chanteur d'opéra. Elle aime l'opéra.*
2. Édifice où l'on interprète ces œuvres. *L'Opéra (Paris) et la Scala (Milan) sont des opéras réputés.*
LOCUTION
– ***Opéra-comique.*** Œuvre dramatique mise en musique dans laquelle les dialogues alternent avec les parties chantées.

OPÉRABLE adj.
Qui peut être opéré. *Un malade opérable. Une tumeur opérable.*

OPÉRATEUR n. m.
OPÉRATRICE n. f.
Personne qui fait fonctionner un appareil, qui effectue des opérations techniques. *Un opérateur de prise de vues. Elle est opératrice de saisie.*
FORME FAUTIVE
*opératrice. Anglicisme au sens de ***téléphoniste.***

OPÉRATION n. f.
1. Mise en œuvre de moyens en vue d'atteindre un résultat. *Une opération publicitaire. Ce sont des robots qui exécutent la plupart des opérations de production d'une voiture.*
2. Intervention chirurgicale. *Une opération* (et non *chirurgie) *à cœur ouvert.*
3. (FIN.) Achat ou vente de valeurs. *Des opérations commerciales.*
4. Calcul d'une somme (addition), d'une différence (soustraction), d'un produit (multiplication) ou d'un quotient (division).
LOCUTIONS
– ***Plan d'opérations.*** Suite programmée d'actions.
Dans cette expression, le nom ***opération*** se met au pluriel.
– ***Table, salle d'opération.*** Plateau articulé, lieu servant aux interventions chirurgicales.
Dans ces expressions, le nom ***opération*** est au singulier.
FORMES FAUTIVES
*budget d'opération. Calque de «*operating budget*» pour ***budget d'exploitation.***
*compagnie en opération. Calque de «*operating company*» pour ***société active, société en exploitation.***
*coût, frais d'opération. Calque de «*operating expenses*» pour ***frais d'exploitation.***
*dépenses d'opération. Calque de «*operating expenditure*» pour ***frais d'exploitation*** ou ***charges d'exploitation*** (entreprises), ***dépenses de fonctionnement*** (organismes, Administration).
*en opération. Anglicisme aux sens de ***en vigueur*** (loi, plan, programme), ***en activité, en exploitation*** (entreprise, usine, etc.), ***en service*** (transporteur public), ***en marche*** (machine, mécanisme).
*revenu d'opération. Calque de «*operating income*» pour ***bénéfice d'exploitation.***

OPÉRATIONNEL, ELLE adj.
1. Relatif à la stratégie militaire.
2. Qui est en exploitation. *La nouvelle chaîne robotisée sera opérationnelle dès cet automne.* SYN. en activité.
3. Apte à accomplir une fonction déterminée, à effectuer des activités, en parlant d'une personne. *Grâce aux stages qu'ils ont faits dans les entreprises, nos diplômés sont opérationnels dès leur arrivée sur le marché du travail.*
LOCUTION
– ***Recherche opérationnelle.*** Méthode d'analyse scientifique fondée principalement sur la statistique et les mathématiques en vue de la détermination rationnelle des solutions les plus efficaces et les plus économiques.

OPÉRATOIRE adj.
Relatif aux opérations chirurgicales. *Le bloc opératoire.*

OPERE CITATO
LOCUTIONS
Abréviation ***op. cit.***
Locution latine qui signifie « dans l'ouvrage déjà mentionné ».
T En typographie soignée, les mots étrangers sont composés en italique. Dans des textes déjà en italique, la notation se fait en romain. Pour les textes manuscrits, on utilisera les guillemets.

OPÉRER v. tr., intr., pronom.
VERBE TRANSITIF
1. Effectuer une opération, exécuter une suite ordonnée d'actes en vue d'un résultat. *Opérer un calcul. La chimiste opère la séparation de ces substances au moyen de la force centrifuge.* SYN. faire.
2. Produire un effet. *Ces médicaments ont opéré une modification de son hémogramme.*
3. Réaliser. *Opérer une transformation des mentalités.*
4. Pratiquer une opération chirurgicale. *Opérer une patiente de l'appendicite.*
VERBE INTRANSITIF
1. Exercer son action. *L'antibiotique opérera dans les 24 heures.* SYN. agir.
2. Procéder. *Ces conseillers opèrent discrètement.*
VERBE PRONOMINAL
S'accomplir, avoir lieu. *Une étrange métamorphose s'est opérée en elle.* SYN. s'effectuer; se faire; se produire.
À la forme pronominale, le participe passé de ce verbe s'accorde toujours en genre et en nombre avec son sujet. *Ces changements se sont opérés graduellement.*
FORMES FAUTIVES
*opérer un commerce. Anglicisme au sens de ***diriger, exploiter, gérer, tenir un commerce, tenir boutique.***

*opérer une entreprise. Anglicisme au sens de ***diriger, exploiter, gérer une entreprise.***
*opérer une machine. Anglicisme au sens de ***actionner, conduire, faire fonctionner, manœuvrer une machine.***
CONJUGAISON : VOIR MODÈLE POSSÉDER.
Le ***é*** se change en ***è*** devant une syllabe contenant un ***e*** muet, sauf à l'indicatif futur et au conditionnel présent. *J'opère,* mais *j'opérerai.*
[Les *Rectifications* (1990) admettent : il opèrera, opèrerait...]

OPÉRETTE n. f.
Petit opéra-comique.

OPHTALM(O)- préf.
Élément du grec signifiant «œil». *Ophtalmologie.*

OPHTALMIQUE adj.
Relatif à l'œil, aux maladies de l'œil. *Des gouttes ophtalmiques.*
✎ ophtalmique.

OPHTALMOLOGIE n. f.
Partie de la médecine qui traite des maladies de l'œil et des opérations pratiquées sur l'œil.
✎ ophtalmologie.

OPHTALMOLOGISTE ou **OPHTALMOLOGUE** n. m. et f.
S'abrège familièrement en ***ophtalmo*** (s'écrit sans point).
Spécialiste en ophtalmologie.
☞ Ne pas confondre avec les noms suivants :
- ***opticien,*** personne qui fabrique et vend des lunettes;
- ***optométriste,*** spécialiste en optométrie.

✎ ophtalmologiste.

OPIACÉ, ÉE adj. et n. m.
Qui contient de l'opium. *Une préparation opiacée. Un opiacé.*

OPINER v. intr.
(VX) Donner son avis, son assentiment.
LOCUTION
– ***Opiner du bonnet.*** (FIG.) Donner son assentiment (littéralement en ôtant son bonnet).
CONJUGAISON : VOIR MODÈLE AIMER.

OPINIÂTRE adj.
(LITT.) Persévérant, obstiné. *Une quête opiniâtre de la vérité.* SYN. acharné; tenace.
✎ opiniâtre.

OPINIÂTREMENT adv.
Obstinément. *Elle poursuit sa recherche opiniâtrement.*
✎ opiniâtrement.

OPINIÂTRETÉ n. f.
Ténacité, détermination. *Une opiniâtreté qui vient à bout de tous les obstacles.* SYN. fermeté; résolution; volonté.

OPINION n. f.
1. Avis. *Ne pas avoir d'opinion sur un sujet. As-tu changé d'opinion ?*
2. Jugement d'un groupe social. *L'opinion publique.*
LOCUTION
– ***Sondage d'opinion.*** Enquête sur certaines caractéristiques d'une population en vue d'étudier un marché potentiel, de prévoir un comportement politique, etc.
FORME FAUTIVE
*endosser une opinion. Calque de «*to endorse an opinion*» pour ***souscrire, adhérer à une opinion.***

OPIUM n. m.
Le ***m*** se prononce, [ɔpjɔm]; le nom rime avec ***pomme.***
1. Stupéfiant extrait d'un pavot. *Des opiums de contrebande.*
2. (FIG.) Ce qui agit comme une drogue. *Son opium, c'est le pouvoir.*

OPOSSUM n. m.
Le ***m*** se prononce, [ɔpɔsɔm]; le nom rime avec ***pomme.***
Mammifère d'Amérique de la taille d'un chat, recherché pour sa fourrure. *Des opossums d'excellente qualité. Des manteaux d'opossum.*
✎ opossum.

OPPORTUN, UNE adj.
Convenable, favorable. *Une circonstance opportune, les moments opportuns. Il serait opportun de ne pas rentrer trop tard.*
LOCUTION
– ***En temps opportun,*** loc. adv. En temps et lieu.

OPPORTUNÉMENT adv.
À propos. *Il est venu nous saluer opportunément.*

OPPORTUNISME n. m.
(PÉJ.) Attitude d'une personne qui place son intérêt au-dessus de ses principes.
FORME FAUTIVE
*opportunisme. Anglicisme au sens de ***habileté.***

OPPORTUNISTE adj. et n. m. et f.
ADJECTIF
(PÉJ.) Qui se conduit de façon intéressée.
NOM MASCULIN ET FÉMININ
(PÉJ.) Personne qui fait preuve d'opportunisme.

OPPORTUNITÉ n. f.
1. Caractère opportun de quelque chose. *L'opportunité d'une mesure, d'une décision.*
2. Occasion favorable.
☞ L'Académie française a entériné l'emploi du nom ***opportunité*** au sens de «circonstance opportune». On pourra néanmoins préférer les noms ***circonstance, occasion, possibilité.*** *Profiter de l'occasion pour remercier quelqu'un.*
FORME FAUTIVE
*opportunités. Anglicisme au sens de ***avantages, perspectives d'avenir, possibilités.*** *Cette mission commerciale ouvrira de nouvelles perspectives d'avenir* (et non des *opportunités).

OPPOSANT, ANTE adj. et n. m. et f.
Adversaire. *Les opposants d'un régime.*
☞ Ne pas confondre avec le participe présent invariable ***opposant.*** *Faire la liste des différends opposant les deux parties.*

OPPOSÉ, ÉE adj. et n. m.
ADJECTIF
Situé en face, contraire. *Il a pris la direction opposée à celle qu'il devait suivre.* SYN. inverse.
NOM MASCULIN
Situation inverse, contraire. *L'opposé d'une thèse.*
LOCUTION
– ***À l'opposé de,*** loc. prép. Au contraire de, à l'inverse de.

OPPOSER v. tr., pronom.
VERBE TRANSITIF
1. Mettre en opposition, face à face comme dans un combat. *La partie opposera les Castors et les Vautours.*
2. Comparer. *Il faut opposer les deux tissus pour juger de l'effet.*
VERBE PRONOMINAL
Se dresser contre, faire obstacle. *Elles se sont opposées vigoureusement à ce choix.* SYN. désapprouver; résister à.
À la forme pronominale, le participe passé de ce verbe s'accorde toujours en genre et en nombre avec son sujet. *Ils se sont opposés à ces modifications du contrat.*
CONJUGAISON : VOIR MODÈLE AIMER.

OPPOSITION n. f.
1. Action de faire obstacle à quelque chose. *L'opposition de la direction à ce voyage.* SYN. désaccord.
2. (POLIT.) Ensemble des élus qui ne sont pas du parti au pouvoir. *Former l'opposition officielle.*

OPPRESSANT, ANTE adj.
Qui oppresse. *Une humidité oppressante.* SYN. étouffant.

O

OPPRESSER v. tr.
1. Causer une gêne de la respiration. *Une bronchite l'oppressait.* SYN. étouffer ; suffoquer.
2. Étouffer sous un poids, une angoisse. *L'inquiétude l'oppresse.* SYN. accabler ; étreindre.
Ne pas confondre avec le verbe ***opprimer,*** persécuter, accabler par abus d'autorité.
CONJUGAISON : VOIR MODÈLE AIMER.

OPPRESSEUR adj. m. et n. m.
Personne qui opprime.
L'adjectif et le nom n'ont pas de forme féminine.

OPPRESSIF, IVE adj.
Qui opprime. *Une loi oppressive.* SYN. despotique.
L'adjectif ne s'emploie que pour des choses.

OPPRESSION n. f.
1. Gêne respiratoire, malaise. *Une oppression des voies respiratoires.* SYN. suffocation.
2. Action d'opprimer. *L'oppression d'une nation.* SYN. domination.

OPPRIMÉ, ÉE adj. et n. m. et f.
Qui subit une oppression. *Les peuples opprimés.*

OPPRIMER v. tr.
Persécuter, accabler par abus d'autorité. *Les peuples opprimés.* SYN. écraser.
Ne pas confondre avec le verbe ***oppresser,*** étouffer sous un poids, une angoisse.
CONJUGAISON : VOIR MODÈLE AIMER.

OPPROBRE n. m.
(LITT.) Déshonneur, honte. *Il a couvert sa famille d'opprobre.*
Attention au genre masculin de ce nom : ***un*** opprobre.
opprobre.

OPQ
Sigle de ***Office des professions du Québec.***

-OPSIE suff.
Élément du grec signifiant « vue ». *Biopsie.*

OPTER v. intr.
(LITT.) Faire un choix entre plusieurs possibilités. *Il a opté pour la médecine.* SYN. choisir.
Le verbe se construit avec la préposition ***pour.***
Ce verbe appartient à la même famille que le nom ***option.***
CONJUGAISON : VOIR MODÈLE AIMER.

OPTICIEN n. m.
OPTICIENNE n. f.
Personne qui fabrique et vend des lunettes.
Ne pas confondre avec les noms suivants :
- ***ophtalmologiste,*** spécialiste en ophtalmologie ;
- ***optométriste,*** personne qui pratique l'examen de la vue.

OPTIMAL, ALE, AUX adj.
Qui est le meilleur possible. *Des résultats optimaux. Une solution optimale.*
Cet adjectif s'intègre mieux que l'adjectif emprunté au latin ***optimum.*** Étant un superlatif, l'adjectif ne peut s'employer avec un comparatif.

OPTIMISATION n. f.
(DIDACT.) Action d'optimiser. *L'optimisation de la consommation énergétique.*

OPTIMISER v. tr.
Déterminer parmi toutes les solutions d'un problème celle qui, compte tenu des contraintes, donne le meilleur résultat.
CONJUGAISON : VOIR MODÈLE AIMER.

OPTIMISME n. m.
Disposition à voir les bons côtés de la réalité. *Il faut faire preuve d'optimisme : tout va s'arranger.* ANT. pessimisme.

OPTIMISTE adj. et n. m. et f.
Qui est enclin à percevoir les bons côtés d'une chose. ANT. pessimiste.

OPTIMUM adj. et n. m. (pl. *optimums* ou *optima*)
Les lettres ***um*** se prononcent ***om,*** [ɔptimɔm] ; le mot rime avec ***pomme.***
État le plus favorable possible d'une chose, d'une situation. *Des optimums, des optima de rentabilité.*
L'emploi de l'adjectif ***optimal*** qui s'intègre mieux au français est préférable à celui de l'adjectif latin dont le pluriel est problématique.

OPTION n. f.
1. (DR.) Promesse d'achat, de vente. *Avoir une option d'achat sur un bâtiment.*
2. Possibilité de choisir entre deux ou plusieurs choses. *Une matière à option.* SYN. choix.
3. (FIN.) Contrat conférant à l'acheteur le droit, mais non l'obligation, d'acheter (*option d'achat*) ou de vendre (*option de vente*), à un prix d'exercice stipulé d'avance, une certaine quantité d'un actif (action, obligation, contrat à terme, marchandise, etc.), soit à une date déterminée, soit à n'importe quel moment avant une échéance préétablie. (Comité de terminologie française de l'OCAQ) *Le groupe a la possibilité d'exercer une option pour s'emparer du solde du capital.*

OPTIONNEL, ELLE adj.
Facultatif. *Cette matière est optionnelle.* SYN. en option. ANT. obligatoire.
optionnel.

OPTIQUE adj. et n. f.
ADJECTIF
Relatif à la vision. *Le nerf optique. Un lecteur optique.*
NOM FÉMININ
1. Science de la lumière et de ses relations avec la vision.
2. Point de vue. *Une optique très pessimiste.* SYN. perspective.
LOCUTIONS
– ***Illusion d'optique.*** Erreur des sens qui altère la perception des choses relativement à la forme, à la couleur, etc.
– ***Illusion d'optique.*** (FIG.) Erreur de point de vue.

OPTOMÉTRIE n. f.
Science qui a pour objet la mesure et la correction de la vue.

OPTOMÉTRISTE n. m. et f.
Spécialiste en optométrie.
Ne pas confondre avec les noms suivants :
- ***ophtalmologiste,*** spécialiste en ophtalmologie ;
- ***opticien,*** personne qui fabrique et vend des lunettes.

OPULENCE n. f.
Abondance de biens. *Ils ne vivent pas dans l'opulence, mais dans le confort.* SYN. aisance ; fortune ; luxe ; richesse.
opulence.

OPULENT, ENTE adj.
1. Riche, fortuné. *Des industriels opulents.*
2. Abondant. *Des formes opulentes.* SYN. plantureux.

OPUS n. m.
Le ***s*** se prononce, [ɔpys] ; le nom rime avec ***puce.***
Abréviation ***op.*** (s'écrit avec un point).
Œuvre musicale. *Corelli,* Concerti grossi, *opus 6.*

OPUSCULE n. m.
Petit livre scientifique ou littéraire.
Attention au genre masculin de ce nom : ***un*** opuscule.
opuscule.

OQLF
Sigle de ***Office québécois de la langue française.***
Le 1er octobre 2002, l'Office québécois de la langue française (OQLF) a remplacé l'Office de la langue française (OLF).

OR n. m.
Symbole ***Au*** (s'écrit sans point).
1. Métal précieux. *Des pièces d'or, des colliers en or.*
2. (AU PLUR.) Fond doré d'un tableau. *Les ors vieillis d'une miniature.*

LOCUTIONS
– ***Affaire en or.*** Une affaire excellente, très rentable.
– ***Âge d'or.*** Époque fabuleuse (du passé ou de l'avenir).
– ***À prix d'or.*** Très cher. *Ils ont vendu leur maison à prix d'or.*
– ***C'est de l'or en barre.*** C'est un bon investissement, quelque chose d'excellent.
– ***Cœur d'or.*** (FIG.) Personne très généreuse.
– ***Être cousu d'or.*** Être très riche.
– ***Faire un pont d'or à quelqu'un.*** Offrir une somme d'argent considérable à quelqu'un pour le convaincre d'accepter une offre.
– ***Or noir.*** Pétrole. *Les magnats de l'or noir.*
– ***Personne en or.*** (FIG.) Excellente personne.
– ***Pour tout l'or du monde.*** À aucun prix. *Je ne recommencerais pas ce travail pour tout l'or du monde.*
– ***Règle d'or.*** Méthode qui a fait ses preuves et qui est gage de succès.
– ***Rouler sur l'or.*** Jouir d'une grande fortune.
– ***Tout ce qui brille n'est pas or.*** (Proverbe) Les apparences sont trompeuses.
– ***Valoir son pesant d'or.*** (FIG.) Avoir une immense valeur.
– ***Vieil or,*** loc. adj. *Des drapés vieil or.*
Cette locution adjective est invariable.
HOM.
• ***hors,*** en dehors de ;
• ***or,*** conjonction.

OR adv. et conj.
ADVERBE DE TEMPS
(VX) Maintenant.
CONJONCTION DE COORDINATION
1. La conjonction sert à mettre en relief un fait nouveau, une phrase qui contredit, dans une certaine mesure, ce qui précède. *On l'attendait jeudi ; or, il n'arriva que le samedi.* SYN. pourtant.
2. Elle sert aussi à introduire un argument, à lier les termes d'un raisonnement. *Les poissons vivent dans l'eau, or, le saumon est un poisson ; donc le saumon vit dans l'eau.*
La conjonction est généralement suivie d'une virgule.
HOM.
• ***hors,*** en dehors de ;
• ***or,*** métal précieux.

ORACLE n. m.
1. (ANCIENN.) Réponse donnée par une divinité aux fidèles qui la consultaient.
2. (LITT.) Personne qui énonce des avis avec autorité et compétence.
Attention au genre masculin de ce nom : ***un*** oracle.

ORAGE n. m.
Pluie abondante accompagnée d'éclairs et de tonnerre. *Le temps est à l'orage.*
Ne pas confondre avec les noms suivants :
• ***averse,*** pluie subite, violente et de faible durée ;
• ***bruine,*** pluie fine et froide ;
• ***giboulée,*** averse soudaine de pluie souvent mêlée de neige, de grêle ;
• ***ondée,*** pluie assez forte, mais de courte durée ;
• ***pluie,*** eau qui tombe par gouttes du ciel.
L'expression *orage électrique est un pléonasme puisque l'orage est caractérisé par de la pluie accompagnée d'éclairs et de tonnerre.
LOCUTION
– ***Il y a de l'orage dans l'air.*** (FIG.) Nervosité qui laisse présager une querelle.

ORAGEUX, EUSE adj.
1. Qui annonce l'orage. *Un ciel orageux.*
2. (FIG.) Mouvementé, agité. *Une assemblée orageuse.*

ORAISON n. f.
Prière. *Une oraison funèbre.*
oraison.

ORAL, ALE adj. et n. m. (pl. *oraux*)
ADJECTIF
1. Relatif à la bouche. *Cet antibiotique est donné par voie orale sous forme de sirop.*
2. Parlé (par opposition à ***écrit***). *Une épreuve de français oral.*
NOM MASCULIN
1. Examen oral. *Les oraux de fin d'année.*
2. La langue parlée. *L'oral et l'écrit.*

O

ORALEMENT adv.
D'une manière orale. *Ils ont conclu une entente oralement.*

ORANGE adj. inv. et n. f.
NOM FÉMININ
Fruit comestible de l'oranger apprécié pour son jus. *Une orange bien juteuse. Un jus d'orange. Un sorbet à l'orange.*
ADJECTIF DE COULEUR INVARIABLE
De la couleur jaune des oranges. *Des cartes orange.*
VOIR TABLEAU – COULEUR (ADJECTIFS DE).

ORANGÉ, ÉE adj. et n. m.
ADJECTIF
De la couleur obtenue par la combinaison du jaune et du rouge. *Des nuances orangées.*
VOIR TABLEAU – COULEUR (ADJECTIFS DE).
NOM MASCULIN
Couleur de l'orange. *Des orangés très vifs.*
Contrairement à l'adjectif de couleur ***orange*** qui est invariable, l'adjectif ***orangé*** s'accorde en genre et en nombre avec le nom auquel il se rapporte.
HOM. ***oranger,*** arbre qui produit les oranges.

ORANGEADE n. f.
Les lettres ***gea*** se prononcent ***ja***; ce nom rime avec ***jade***.
Boisson à base de jus d'orange. *Une orangeade fraîche.*

ORANGER n. m.
Arbre qui produit les oranges. *La fleur d'oranger est très odorante.*
HOM. ***orangé,*** qui est de couleur orange.

ORANGERAIE n. f.
Plantation d'orangers.

ORANGERIE n. f.
Partie d'un jardin où l'on place des orangers. *L'orangerie de Versailles.*

ORANG-OUTAN ou **ORANG-OUTANG** n. m. (pl. *orangs-outans* ou *orangs-outangs*)
Les ***g*** ne se prononcent pas, le mot rime avec ***rang***.
Singe de grande taille à la fourrure assez longue et d'un brun roux.
Ce nom a été emprunté au malais, langue de la Malaisie et de l'Indonésie ; il signifie « homme des bois ».

ORATEUR n. m.
ORATRICE n. f.
1. Personne qui prononce un discours devant une assemblée. SYN. conférencier.
2. Personne qui s'exprime bien et sait intéresser son auditoire. *C'est un excellent orateur, une oratrice persuasive.*

ORATOIRE adj. et n. m.
ADJECTIF
Qui se rapporte à l'art de la parole en public. *L'art oratoire. Des débats oratoires.*
NOM MASCULIN
Chapelle. *L'oratoire Saint-Joseph.*
Dans les désignations d'édifices religieux, le nom générique (***église, chapelle, cathédrale,*** etc.) s'écrit avec une minuscule.

L'oratoire est généralement un édifice religieux de taille modeste. Dans le cas de l'oratoire Saint-Joseph, la chapelle d'origine correspond mieux à la dénomination d'***oratoire***.
LOCUTION
– ***Joute oratoire.*** Concours oratoire, débats.
Ne pas confondre avec le mot ***aratoire,*** qui se rapporte au labourage.

ORATORIO n. m. (pl. *oratorios*)
(MUS.) Drame lyrique à grand orchestre portant sur un sujet religieux. *Les oratorios de Haendel.*
Ce mot d'origine italienne est francisé et prend la marque du pluriel.

ORBITAL, ALE, AUX adj.
(ASTRON.) Relatif à l'orbite d'un astre. *Des satellites orbitaux.*

ORBITE n. f.
1. Cavité où est placé l'œil. *Des orbites creuses. « Arrachons de l'orbite nos prunelles d'aveugles »* (Alain Grandbois, *Les Îles de la nuit*).
2. Trajectoire décrite par un corps céleste.
LOCUTION
– ***Mise sur orbite.*** Lancement d'un satellite sur une orbite. *Des mises sur orbite ratées.*
Attention au genre féminin de ce nom : ***une*** orbite.

ORCHESTRATEUR n. m.
ORCHESTRATRICE n. f.
Les lettres ***ch*** se prononcent ***k,*** [ɔrkɛstratœr].
Musicien chargé de l'orchestration d'une œuvre.

ORCHESTRATION n. f.
Les lettres ***ch*** se prononcent ***k,*** [ɔrkɛstrasjɔ̃].
1. Façon dont les parties d'un orchestre sont agencées.
2. Adaptation d'une œuvre musicale à l'orchestre.
3. (FIG.) Action d'organiser quelque chose de façon harmonieuse, de coordonner efficacement une activité. *L'orchestration d'une campagne électorale.*

ORCHESTRE n. m.
Les lettres ***ch*** se prononcent ***k,*** [ɔrkɛstr].
1. Ensemble de musiciens qui exécutent de la musique. *Un concerto pour violon et orchestre. L'Orchestre symphonique de Montréal.*
2. Dans une salle de spectacle, ensemble des places du rez-de-chaussée rapprochées de la scène.
LOCUTION
– ***Chef d'orchestre.*** Musicien qui dirige un orchestre. *Des chefs d'orchestre inspirés.*

ORCHESTRER v. tr.
Les lettres ***ch*** se prononcent ***k,*** [ɔrkɛstre].
1. (MUS.) Adapter pour l'orchestre. *Orchestrer une chanson.* SYN. arranger.
2. (FIG.) Organiser de façon harmonieuse, coordonner une activité. *Orchestrer un colloque international.*
CONJUGAISON : VOIR MODÈLE AIMER.

ORCHIDÉE n. f.
Les lettres ***ch*** se prononcent ***k,*** [ɔrkide] ; la deuxième syllabe se prononce comme le pronom ***qui.***
1. Plante donnant des fleurs recherchées pour leur beauté et leur parfum.
2. Fleur de cette plante.

ORDI n. m.
(FAM.) Ordinateur. *Son nouvel ordi est très puissant.*

ORDINAIRE adj. et n. m.
ADJECTIF
1. Qui est dans l'ordre habituel. *Une semaine ordinaire.* SYN. courant ; normal. ANT. extraordinaire.
2. Moyen. *Un papier ordinaire et un papier de luxe. Désirez-vous une viande de qualité ordinaire ou de qualité supérieure ? De l'essence ordinaire* (et non *régulière). SYN. courant.
NOM MASCULIN
Le degré moyen d'une chose. *Cette musicienne est au-dessus de l'ordinaire, elle sort de l'ordinaire.*
LOCUTIONS
– ***À l'ordinaire, d'ordinaire,*** loc. adv. Habituellement, généralement.
– ***À son ordinaire,*** loc. adv. Comme d'habitude. *Comme à son ordinaire, il part très tôt le matin.* SYN. d'habitude.

ORDINAIREMENT adv.
En général, habituellement. *Ordinairement, Fanny et Laurence vont à la campagne en fin de semaine ; à l'occasion, elles restent en ville.*

ORDINAL, ALE, AUX adj. et n. m.
Qui marque le rang dans une série, un ensemble. *Elle est quatorzième ou 14e) sur vingt. L'adjectif numéral (quatorzième) est ordinal, alors que l'adjectif numéral (quatorze) est cardinal.*
VOIR TABLEAU – NOMBRES.
VOIR TABLEAU – NUMÉRAL ET ADJECTIF ORDINAL (DÉTERMINANT).

ORDINATEUR n. m.
S'abrège familièrement en ***ordi.***
(INFORM.) Appareil de traitement automatique de données. *Grâce à l'ordinateur, on peut faire des calculs compliqués en très peu de temps.*
LOCUTION
– ***Ordinateur portatif.*** (INFORM.) Ordinateur de taille réduite, que l'on transporte facilement avec soi et qui fonctionne de façon autonome. *Laurence a acheté son ordinateur portatif* (et non *laptop) *à la COOP informatique de HEC Montréal.* SYN. ordinateur portable.
ordinateur.

ORDINATION n. f.
Action de conférer les ordres sacrés. *L'ordination d'un prêtre.*

ORDINOGRAMME n. m.
Schéma d'analyse qui permet de représenter la logique de l'enchaînement des opérations de traitement et de résolution d'un problème.
Ne pas confondre avec le mot ***organigramme,*** représentation schématique des divers services d'une entreprise, d'un organisme et des rapports qui les unissent.

ORDONNANCE n. f.
1. Disposition, arrangement d'ensemble. *L'ordonnance d'une maison.* SYN. agencement ; organisation.
2. (DR.) Décision. *Une ordonnance de non-lieu.*
3. Document contenant les prescriptions faites pour le traitement d'un malade par un professionnel de la santé dûment habilité, et prévoyant, en particulier, l'usage de médicaments, d'examens et de soins (Recomm. off.). *Ce médicament ne se vend que sur ordonnance. Le pharmacien doit exécuter* (et non *remplir) *strictement l'ordonnance du médecin.*
Ne pas confondre avec le nom ***prescription,*** ordre détaillé, recommandation, conseil thérapeutique émanant d'un médecin. Quand la prescription est sous forme écrite, il s'agit d'une ***ordonnance.***
4. Soldat au service d'un officier.
Bien que le nom soit du genre féminin, il est souvent employé au masculin en ce sens.
FORME FAUTIVE
*remplir une ordonnance. Calque de «*to fill a prescription*» pour ***exécuter une ordonnance.*** *J'ai demandé à la pharmacienne de bien vouloir exécuter* (et non *remplir) *l'ordonnance* (et non la *prescription) *du médecin.*
ordonnance.

ORDONNANCEMENT n. m.
Organisation méthodique de la production d'un bien, d'un service. *L'ordonnancement* (et non le *scheduling) *d'une commande.*
ordon**n**ancement.

ORDONNANCER v. tr.
Disposer, arranger selon un ordre déterminé. SYN. agencer.
CONJUGAISON : VOIR MODÈLE AVANCER.
Le **c** prend une cédille devant les lettres ***a*** et ***o***. *Il ordonnança, nous ordonnançons.*

ORDONNÉ, ÉE adj.
1. Qui a de l'ordre. *Des employées ordonnées et consciencieuses.*
2. Bien rangé. *Un grenier ordonné.*

ORDONNÉE n. f.
(MATH.) Coordonnée verticale qui sert à définir un point.
Ne pas confondre avec le nom ***abscisse,*** coordonnée horizontale qui sert à définir un point.

ORDONNER v. tr., pronom.
VERBE TRANSITIF
1. Mettre en ordre. *Ordonner des éléments de façon systématique. Ordonner une chambre d'adolescente.* SYN. agencer; classer; organiser.
2. Donner un ordre. *On a ordonné que les commerces soient fermés le dimanche.* SYN. prescrire.
Ce verbe se construit généralement avec le subjonctif, mais il peut se construire avec l'indicatif futur ou le conditionnel si l'on veut insister sur l'énoncé d'un jugement, d'un ordre, d'un texte législatif. *Le juge a ordonné que le témoin serait entendu.*
Ne pas confondre avec les verbes suivants :
- ***arrêter,*** décider quelque chose dans son esprit;
- ***décider,*** prendre une décision;
- ***décréter,*** ordonner par décret;
- ***trancher,*** décider sans appel.

VERBE PRONOMINAL
Se mettre en ordre. *Mes idées se sont ordonnées sans peine.*
À la forme pronominale, le participe passé de ce verbe s'accorde toujours en genre et en nombre avec son sujet. *Les élèves se sont ordonnés en files bien droites.*
CONJUGAISON : VOIR MODÈLE AIMER.

ORDRE n. m.
1. Disposition, arrangement. *Un ordre alphabétique, systématique. Classer dans l'ordre* (et non *en ordre) *alphabétique, trier par* (et non *en) *ordre décroissant.*
Les verbes ***classer, trier*** se construisent avec les prépositions ***dans, par*** (et non avec la préposition ***en***).
2. Disposition méthodique, harmonieuse. *Tout est en ordre.*
3. Norme, organisation sociale. *Rétablir l'ordre, rentrer dans l'ordre.*
4. Espèce. *Un sentiment d'un autre ordre.* SYN. type.
5. Association professionnelle. *L'Ordre des médecins.*
6. Commandement. *Donner un ordre, un ordre de mission.*
7. Mandat d'acheter ou de vendre des actions. *Des ordres de Bourse.*

LOCUTIONS
– ***À l'ordre de,*** loc. prép. Symbole ***o/*** (s'écrit sans point). Locution établissant le nom du destinataire d'un chèque. *Un chèque à l'ordre de l'Université de Montréal.*
– ***Dans un autre ordre d'idées,*** loc. adv. Par ailleurs, d'un autre point de vue. SYN. d'un autre côté.
Dans cette locution, le nom ***idée*** s'écrit au pluriel.
– ***Dans un même ordre d'idées,*** loc. adv. Pareillement, dans le même domaine.
Dans cette locution, le nom ***idée*** s'écrit au pluriel.
– ***De premier ordre,*** loc. adj. Excellent.
– ***Jusqu'à nouvel ordre.*** Jusqu'à ce qu'une nouvelle directive vienne modifier la situation. *Nous procéderons ainsi jusqu'à nouvel ordre.*
– ***Jusqu'à nouvel ordre*** (FIG.) En l'état actuel des choses. *La contestation demeure, jusqu'à nouvel ordre, la seule façon de protester.*
– ***Ordre de gouvernement.*** Au Canada, sphère de compétence du gouvernement fédéral et des gouvernements provinciaux.
Quand il est question de sphère de compétence de différents gouvernements, on privilégiera l'emploi du terme ***ordre de gouvernement.*** Les termes ***palier, niveau*** et ***échelon de gouvernement,*** qui sont courants dans la langue générale, ne sont pas retenus dans la terminologie officielle du système parlementaire canadien parce qu'ils se réfèrent à une organisation hiérarchique, alors que les gouvernements fédéral et provincial sont tous les deux souverains dans leurs champs de compétence respectifs (GDT).
– ***Ordre d'enseignement.*** Chacune des grandes divisions de l'enseignement (Recomm. off.).
Au Québec, les ordres d'enseignement sont : l'enseignement primaire, l'enseignement secondaire, l'enseignement collégial, l'enseignement universitaire.
– ***Ordre d'idées.*** Ensemble d'idées, de réflexions se rapportant à un thème particulier.
– ***Ordre du jour.*** Liste des questions à étudier au cours d'une réunion. *Un ordre du jour très chargé. Inscrire un point à l'ordre du jour* (et non *agenda).
L'ordre du jour comprend généralement les points suivants :
- lecture et adoption de l'ordre du jour;
- lecture et approbation du procès-verbal de la dernière réunion;
- énumération des questions soumises à l'assemblée;
- questions diverses;
- date de la prochaine réunion;
- clôture de la réunion.

– ***Ordre professionnel.*** Groupement professionnel, ayant une personnalité juridique, auquel sont affiliés les membres de la profession et bénéficiant de prérogatives étatiques telles que le pouvoir réglementaire et le pouvoir disciplinaire (Recomm. off.).

FORMES FAUTIVES
*en bon, mauvais ordre. Anglicisme au sens de ***en bon, mauvais état.*** *Une voiture en bon état* (et non *ordre).
*en ordre. Calque de «*in order*» au sens de ***en règle.*** *Un passeport en règle* (et non *ordre).
*être hors d'ordre. Calque de «*to be out of order*» pour ***déroger à un règlement, poser une question irrecevable, formuler une proposition non recevable.***
*hors d'ordre. Calque de «*out of order*» pour ***en panne, en dérangement*** (ligne téléphonique).
*soulever un point d'ordre. Calque de «*to raise a point of order*» pour ***invoquer le règlement.***

ORDURE n. f.
1. (AU PLUR.) Déchets. *L'enlèvement* ou *le ramassage* ou *la collecte* (et non la *cueillette) *des ordures.*
En ce sens, le nom s'emploie au pluriel.
2. (FIG.) (FAM.) Personne méprisable. *Ce trafiquant est une ordure.*

LOCUTION
– ***Benne à ordures.*** Camion servant au ramassage des ordures ménagères.

ORDURIER, IÈRE adj.
Qui contient des obscénités. *Un langage ordurier.* SYN. grossier; vulgaire.

ORÉE n. f.
Lisière d'une forêt. *Un restaurant à l'orée du bois.*

O

OREILLE n. f.
Organe de l'ouïe. *Placées de chaque côté de la tête, les oreilles nous permettent d'entendre les sons.*
LOCUTIONS
– ***Avoir de l'oreille.*** Avoir une bonne ouïe pour la musique, pouvoir reconnaître les sons musicaux.
– ***Boucle d'oreille.*** Bijou porté aux lobes des oreilles. *Des boucles d'oreilles.*
– ***Dormir sur ses deux oreilles.*** (FIG.) Être sans inquiétude.
– ***Du bouche à oreille.*** Rumeur.
– ***Être dur d'oreille.*** Avoir une mauvaise ouïe, ne pas entendre très bien.
– ***Faire la sourde oreille.*** Faire semblant de ne rien entendre pour ne pas avoir à accepter une demande.
– ***Ouvrir l'oreille.*** Écouter attentivement.
– ***Prêter l'oreille.*** Écouter avec attention.
– ***Rebattre les oreilles.*** Répéter.
☞ Le verbe est ***rebattre*** (et non *rabattre).

OREILLER n. m.
Coussin destiné à soutenir la tête pendant le sommeil. *Une taie d'oreiller* (et non *tête d'oreiller).

OREILLETTE n. f.
Cavité du cœur. *L'oreillette gauche du cœur.*

OREILLONS n. m. pl.
Maladie contagieuse virale caractérisée par des maux d'oreille. *Attraper les oreillons.*
☞ Le nom de la maladie est toujours pluriel.

ORES ET DÉJÀ (D')
LOCUTION
(LITT.) Dès maintenant. *Cet auteur est d'ores et déjà très connu et apprécié.*

ORFÈVRE n. m. et f.
Personne qui fabrique et vend des objets en métaux précieux. *Cette belle bague a été créée par une orfèvre.* SYN. joaillier.

ORFÈVRERIE n. f.
1. Art de l'orfèvre.
2. Pièces créées par un orfèvre. *Ce ciboire est une magnifique pièce d'orfèvrerie.*

ORFRAIE n. f.
Rapace diurne.
☞ Ne pas confondre avec le mot ***effraie,*** rapace nocturne.

ORGANDI n. m.
Mousseline raidie par un apprêt. *Un voile d'organdi.*
⇨ organd**i**.

ORGANE n. m.
1. Partie d'un corps organisé remplissant une fonction. *L'oreille est l'organe de l'ouïe. Une greffe d'organe.*
2. Mécanisme. *Un organe de transmission.*
3. Publication périodique. *Ce journal est l'organe des nationalistes.*

ORGANIGRAMME n. m.
Représentation schématique des divers services d'une entreprise, d'un organisme et des rapports qui les unissent. *L'organigramme d'une entreprise industrielle.*
☞ Ne pas confondre avec le nom ***ordinogramme,*** schéma d'analyse qui permet de représenter la logique de l'enchaînement des opérations de traitement et de résolution d'un problème.

ORGANIQUE adj.
1. Qui se rapporte aux organes. *Une maladie organique.*
2. Qui provient des êtres organisés. *Une substance organique. La chimie organique étudie les composés des éléments contenus dans les êtres vivants.*

ORGANISATEUR n. m.
ORGANISATRICE n. f.
Personne qui est chargée de l'organisation d'un évènement, d'une activité. *Pierre-Luc et Étienne sont organisateurs de l'exposition scientifique.*

ORGANISATEUR, TRICE adj.
Qui organise. *Des comités organisateurs.*

ORGANISATION n. f.
1. Action d'organiser. *L'organisation d'une exposition.* SYN. coordination ; direction ; préparation.
2. Manière dont un corps est organisé. *L'organisation d'une école.* SYN. agencement.
3. Groupement à caractère public ou non, ayant pour objet la paix, l'amélioration de la condition humaine, etc. *L'Organisation des Nations Unies.* SYN. groupe.

ORGANISATION DE COOPÉRATION ET DE DÉVELOPPEMENT ÉCONOMIQUES
Sigle *OCDÉ* (s'écrit avec ou sans points).

ORGANISATION DE L'AVIATION CIVILE INTERNATIONALE
Sigle *OACI* (s'écrit avec ou sans points).

ORGANISATION DES NATIONS UNIES
Sigle *ONU* (s'écrit avec ou sans points).

ORGANISATION DES NATIONS UNIES POUR L'AGRICULTURE ET L'ALIMENTATION
Sigle *FAO* (s'écrit avec ou sans points).
☞ Le sigle usité est celui de la désignation anglaise.

ORGANISATION DES NATIONS UNIES POUR L'ÉDUCATION, LA SCIENCE ET LA CULTURE
Sigle *Unesco* (s'écrit avec ou sans points).
☞ Le sigle usité est celui de la désignation anglaise.

ORGANISATION DES PAYS EXPORTATEURS DE PÉTROLE
Sigle *OPEP* (s'écrit avec ou sans points).

ORGANISATION DU TRAITÉ DE L'ATLANTIQUE NORD
Sigle *OTAN* (s'écrit avec ou sans points).

ORGANISATION INTERNATIONALE DU TRAVAIL
Sigle *OIT* (s'écrit avec ou sans points).

ORGANISATION MÉTÉOROLOGIQUE MONDIALE
Sigle *OMM* (s'écrit avec ou sans points).

ORGANISATION MONDIALE DE LA PROPRIÉTÉ INTELLECTUELLE
Sigle *OMPI* (s'écrit avec ou sans points).

ORGANISATION MONDIALE DE LA SANTÉ
Sigle *OMS* (s'écrit avec ou sans points).

ORGANISATION MONDIALE DU COMMERCE
Sigle *OMC* (s'écrit avec ou sans points).

ORGANISATIONNEL, ELLE adj.
Qui concerne l'organisation. *Une structure organisationnelle.*

ORGANISATION NON GOUVERNEMENTALE
Sigle *ONG* (s'écrit avec ou sans points).

ORGANISER v. tr., pronom.
VERBE TRANSITIF
1. Préparer, régler dans un but précis. *Organiser une exposition, un voyage.* SYN. arranger ; mettre sur pied ; orchestrer ; programmer.
2. ⚜ (FAM.) Rouler. *Il l'a organisé de la plus belle façon.* SYN. duper ; tromper.
VERBE PRONOMINAL
Prendre les moyens nécessaires pour obtenir un résultat. *Ils se sont organisés pour venir.* SYN. s'arranger.
▭ À la forme pronominale, le participe passé de ce verbe s'accorde toujours en genre et en nombre avec son sujet. *Elles se sont organisées pour être là.*
CONJUGAISON : VOIR MODÈLE AIMER.

ORGANISEUR n. m.
1. Agenda comprenant plusieurs sections en vue de faciliter la planification et l'organisation du temps.
2. (INFORM.) Ordinateur de poche comportant un agenda électronique, un répertoire téléphonique et différentes banques de données. *La compatibilité de l'organiseur et de l'ordinateur permet la mise à jour constante des fichiers et des renseignements.*

ORGANISME n. m.
1. Tout corps organisé ayant une individualité propre. *Un organisme microscopique.*
2. (ABSOL.) Le corps humain. *Les besoins de l'organisme.*
3. Ensemble organisé. *Un organisme gouvernemental.* SYN. organisation.
LOCUTIONS
– ***Organisme génétiquement modifié (OGM).*** Organisme dont le génome a été modifié par introduction d'un fragment d'ADN.
– ***Organisme sans but lucratif.*** Organisme constitué à des fins sociales, éducatives ou philanthropiques et dont l'objet n'est pas de procurer un avantage économique à ses membres ni de leur distribuer les profits engendrés par certaines de ses activités (GDT). *Les syndicats, les associations sportives, les fondations sont des organismes sans but lucratif.* SYN. organisme à but non lucratif.

ORGANISTE n. m. et f.
Personne qui joue de l'orgue.

ORGASME n. m.
Le plus haut point du plaisir sexuel.
☞ Attention au genre masculin de ce nom : ***un*** orgasme.

ORGASMIQUE ou **ORGASTIQUE** adj.
Relatif à l'orgasme. *Une jouissance orgasmique* ou *orgastique.*

ORGE n. f.
Céréale. *Un pain d'orge, du sucre d'orge.*
☞ Attention au genre féminin de ce nom : ***une*** orge.

ORGEAT n. m.
Sirop anciennement préparé avec de l'orge et qui contient aujourd'hui une émulsion d'amandes.
✏ orge**at**.

ORGELET n. m.
Inflammation de la paupière.
✏ orgel**et**.

ORGIAQUE adj.
(LITT.) Relatif aux orgies.

ORGIE n. f.
1. Débauche. *Participer à une orgie.*
2. (FIG.) Profusion, quantité excessive de. *Une orgie de fleurs.*
∽ En ce sens, le nom se construit avec la préposition ***de.***

ORGUE n. m. et f.
NOM MASCULIN
Instrument de musique à vent et à tuyaux, en usage dans les églises. *Un orgue harmonieux.*
NOM FÉMININ PLURIEL
Instrument de musique en usage dans les églises et qui est de grande envergure. *Les grandes orgues. Des orgues harmonieuses.*
☞ Au pluriel, le nom est féminin s'il désigne un instrument en insistant sur son ampleur; si le mot désigne plusieurs instruments, il reste masculin.
LOCUTION
– ***Orgue de Barbarie.*** Appareil de musique portatif dont on joue au moyen d'une manivelle. *Le joueur d'orgue de Barbarie.*
[T] L'expression s'écrit sans traits d'union et le mot ***Barbarie*** s'écrit avec une majuscule.

ORGUEIL n. m.
1. Défaut de la personne qui se croit supérieure aux autres. SYN. arrogance; vanité. ANT. humilité; modestie.
☞ En ce sens, le mot a un sens défavorable.
2. Fierté. *L'orgueil de bien connaître son métier.* SYN. amour-propre.
☞ En ce sens, le mot a un sens favorable.
LOCUTION
– ***Faire l'orgueil de.*** Être un sujet de fierté. *Il fait l'orgueil de ses parents.*
✏ org**ueil**.

ORGUEILLEUSEMENT adv.
D'une manière orgueilleuse. *Ils se pavanent orgueilleusement dans leurs voitures prétentieuses.*
✏ org**ueil**leusement.

ORGUEILLEUX, EUSE adj. et n. m. et f.
Qui manifeste de l'orgueil. *Il est trop orgueilleux pour admettre qu'il a tort.* SYN. arrogant; hautain; prétentieux; vaniteux. ANT. humble.
✏ org**ueil**leux.

ORIEL n. m.
Fenêtre en saillie sur une façade. *Un oriel donnant sur la baie.*
☞ Ce nom a fait l'objet d'une recommandation pour remplacer «*bow-window*».
✏ ori**el**.

ORIENT n. m.
1. Côté de l'horizon où le soleil se lève. *Le soleil se lève à l'est, à l'orient.*
[T] Quand le nom désigne un point cardinal, il s'écrit avec une minuscule.
2. Région située à l'est de l'Europe. *Le Moyen-Orient, l'Extrême-Orient.* ANT. Occident.
[T] En ce sens, le nom s'écrit avec une majuscule.
VOIR TABLEAU – POINTS CARDINAUX.

ORIENTABLE adj.
Qui peut être orienté. *Une antenne orientable.*

ORIENTAL, ALE, AUX adj. et n. m. et f.
ADJECTIF
1. Qui appartient à l'Orient. *Des langues orientales, des usages orientaux.*
[T] En ce sens, l'adjectif s'écrit avec une minuscule.
2. Qui est du côté est. *Les Pyrénées-Orientales.*
[T] Dans cette expression, l'adjectif s'écrit avec une majuscule.
NOM MASCULIN ET FÉMININ
1. Habitant de l'Orient. *Les Chinois, les Japonais sont des Orientaux.* ANT. Occidental.
2. (AU PLUR.) Se dit des peuples d'Orient. *Les Orientaux et les Occidentaux.*
[T] Le nom s'écrit avec une majuscule.

ORIENTATION n. f.
1. Détermination des points cardinaux d'un lieu. *Elle a le sens de l'orientation.*
2. Position de quelque chose par rapport aux points cardinaux. *L'orientation de cette maison favorise son ensoleillement.* SYN. exposition.
3. Action de choisir une voie particulière. *Avoir une orientation scientifique. L'orientation professionnelle.* SYN. spécialisation.

ORIENTER v. tr., pronom.
VERBE TRANSITIF
1. Placer quelque chose dans une direction. *Orienter un édifice en direction du sud.* SYN. exposer.
2. Indiquer la direction à prendre. *Orienter un touriste vers la cathédrale. Orienter un élève vers les sciences pures.* SYN. diriger; guider.

VERBE PRONOMINAL
1. Déterminer les points cardinaux du lieu où l'on se trouve. *Elle est habile à s'orienter.* SYN. se repérer.
2. Choisir une voie. *Ils se sont orientés en médecine.* SYN. se diriger; opter pour.
À la forme pronominale, le participe passé de ce verbe s'accorde toujours en genre et en nombre avec son sujet. *Elles se sont orientées sans difficulté.*
CONJUGAISON : VOIR MODÈLE AIMER.

O

ORIENTEUR n. m.
ORIENTEUSE n. f.
Personne qui se charge d'orientation professionnelle.

ORIFICE n. m.
Ouverture. *Un orifice d'aération.* SYN. trou.
Attention au genre masculin de ce nom : ***un*** orifice.
orifice.

ORIFLAMME n. f.
Bannière en forme de flamme.
Attention au genre féminin de ce nom : ***une*** oriflamme.

ORIGAN n. m.
Plante aromatique voisine de la marjolaine. *De l'origan* (et non de l'*oregano) *frais.*

ORIGINAIRE adj.
1. Qui est à l'origine d'une chose. *La cause originaire.*
2. Qui vient (d'un lieu). *Il est originaire de Gaspésie.*
Ne pas confondre avec les mots suivants :
- ***original,*** qui est inédit;
- ***originel,*** qui vient de l'origine.

ORIGINAL, ALE, AUX adj. et n. m. et f.
ADJECTIF
1. Inédit. *Une idée originale.* SYN. neuf; nouveau; novateur.
2. Qui est le premier exemplaire. *Le dessin original. Les manuscrits originaux.*
3. Bizarre.
NOM MASCULIN ET FÉMININ
Personne excentrique. *Ils ont une allure un peu bizarre : ce sont des originaux.*
NOM MASCULIN
Premier exemplaire. *L'original d'un contrat, d'un texte.*
FORME FAUTIVE
*original. Impropriété au sens de ***initial, originel, premier.*** *Le mandat premier* (et non *original) *de cet organisme.*
Ne pas confondre avec les mots suivants :
- ***originaire,*** qui vient d'un lieu;
- ***originel,*** qui vient de l'origine.

ORIGINALEMENT adv.
D'une façon originale, différente. *Elle s'habille originalement.*
FORME FAUTIVE
*originalement. Impropriété au sens de ***initialement, originellement.*** *Initialement* (et non *originalement), *le budget était de 15 millions.*

ORIGINALITÉ n. f.
Caractère de ce qui est original, neuf. *L'originalité d'une recherche.* SYN. nouveauté.

ORIGINE n. f.
1. Ce qui sert de point de départ, de commencement, de cause. *L'origine du monde est inconnue. Des mots d'origine latine.*
2. Provenance. *Ce produit est d'origine française.*
LOCUTIONS
– ***À l'origine.*** Au commencement. *À l'origine, il y avait ici une petite chapelle qui a été remplacée par cet oratoire imposant.*
– ***Appellation d'origine.*** Désignation d'un produit par le nom du lieu où il a été fabriqué.
– ***Dès l'origine,*** loc. adv. Dès le commencement.
– ***Être à l'origine de.*** Causer, être la source de. *Les injustices commises sont à l'origine des problèmes que nous observons aujourd'hui.*
Ne pas confondre avec les noms suivants :
- ***commencement,*** début;
- ***prélude,*** ce qui précède quelque chose;
- ***principe,*** ce qui désigne la cause première.

ORIGINEL, ELLE adj.
Qui vient de l'origine. *Le péché originel.*
Ne pas confondre avec les mots suivants :
- ***originaire,*** qui vient d'un lieu;
- ***original,*** inédit.

ORIGINELLEMENT adv.
Par son origine, dès l'origine.

***ORIGINER**
Anglicisme pour ***provenir de, émaner de, avoir son origine dans, avoir pour origine, remonter à, résulter de, venir de, prendre naissance dans, prendre sa source dans.***

ORIGNAL n. m. (pl. *orignaux*)
Grand mammifère ruminant vivant en troupeaux dans les forêts du Canada. *L'orignal mâle porte des bois.*
On l'appelle aussi ***élan d'Amérique.***

ORIPEAUX n. m. pl.
Vieux vêtements d'apparat. *Des oripeaux défraîchis.*

ORL
Abréviation de ***oto-rhino-laryngologie*** et de ***oto-rhino-laryngologiste.***

ORME n. m.
Grand arbre à bois dur. *L'orme est un arbre majestueux qui peut atteindre 30 m. « Les ormes calmes font de l'ombre/Pour les vaches et les chevaux/Qui les entourent à midi »* (Hector de Saint-Denys Garneau, *Œuvres*).
Attention au genre masculin de ce nom : ***un*** orme.

ORMEAU n. m. (pl. *ormeaux*)
Jeune orme. *Des ormeaux verdissants.*

ORNEMENT n. m.
Ce qui sert à embellir, à décorer. *Une profusion d'ornements.* SYN. décoration.
ornement.

ORNEMENTAL, ALE, AUX adj.
Décoratif. *Des dessins ornementaux.*
ornemental.

ORNEMENTATION n. f.
Action d'ornementer. *L'ornementation d'un bâtiment.*
ornementation.

ORNEMENTER v. tr.
Décorer d'ornements. *Elle a ornementé la façade de beaux drapeaux.* SYN. enjoliver.
CONJUGAISON : VOIR MODÈLE AIMER.
ornementer.

ORNER v. tr.
1. Embellir, décorer. *Orner un salon d'un bouquet de fleurs sauvages.* SYN. garnir; parer.
2. Servir d'ornement. *Des rosiers ornent le jardin.* SYN. agrémenter; décorer; rehausser.
CONJUGAISON : VOIR MODÈLE AIMER.

ORNIÈRE n. f.
1. Trace profonde d'un chemin causée par le passage des roues. *« La voiture roulait dans les ornières parallèles pétrifiées par les premiers froids, entre les broutilles uniformément rousses des fossés »* (Ringuet, *Trente Arpents*).
2. (FIG.) Routine. *Il est difficile parfois de sortir de l'ornière.*

ORNITH(O)- préf.
Élément du grec signifiant « oiseau ». *Ornithologie.*

ORNITHOLOGIE n. f.
Science des oiseaux. *Aimerais-tu faire partie d'un club d'ornithologie pour apprendre à connaître les oiseaux ?*
ornithologie.

ORNITHOLOGIQUE adj.
Relatif à l'ornithologie, aux oiseaux. *Une réserve ornithologique* (et non un *sanctuaire d'oiseaux).
ornithologique.

ORNITHOLOGISTE ou **ORNITHOLOGUE** n. m. et f.
Spécialiste de l'ornithologie.
ornithologiste.

ORNITHORYNQUE n. m.
Animal d'Australie. *L'ornithorynque a une forme bizarre : il a un bec de canard, une queue de castor et un corps de petit phoque.*
ornithorynque.

ORPAILLAGE n. m.
Action de recueillir des paillettes d'or dans les sables aurifères de certains cours d'eau.

ORPAILLEUR n. m.
Personne qui est à la recherche de paillettes d'or dans les sables aurifères de certains cours d'eau.

ORPHELIN, INE adj. et n. m. et f.
Enfant qui a perdu son père, sa mère ou les deux. *Une orpheline. Des enfants orphelins.*
FORME FAUTIVE
*clause orphelin. Calque de «*orphan clause*» pour ***clause de disparité (de traitement).***
orphelin.

ORPHELINAT n. m.
Établissement qui recueille les orphelins.

ORQUE n. f.
Mammifère marin appelé communément ***épaulard.*** *L'orque peut être dangereuse.*
Attention au genre féminin de ce nom : ***une*** orque.

ORTEIL n. m.
Doigt de pied. *Son gros orteil est blessé.*
Attention au genre masculin de ce nom : ***un*** orteil.

ORTH(O)- préf.
Élément du grec signifiant « droit ». *Orthographe.*

ORTHÈSE n. f.
Aide technique destinée à suppléer ou à corriger une fonction déficiente, à compenser les limitations ou même à accroître le rendement physiologique d'un organe ou d'un membre qui a perdu sa fonction, qui ne s'est jamais pleinement développé ou est atteint d'anomalies congénitales (Recomm. off.).
Les termes ***appareil orthopédique*** et ***appareil d'orthopédie*** sont anciens ; ils ont rapidement été remplacés par le terme ***orthèse,*** qui est très vite passé dans le langage courant.
Ne pas confondre avec le terme ***prothèse,*** aide technique destinée à remplacer en tout ou en partie un organe ou un membre et à lui restituer sa fonction ou son aspect original.

ORTHODONTIE n. f.
Le ***t*** de la dernière syllabe se prononce ***s*** ou ***t,*** [ɔrtodɔ̃si, ɔrtodɔ̃ti].
Spécialité de l'art dentaire qui corrige la mauvaise disposition des dents.
orthodontie.

ORTHODONTISTE n. m. et f.
Le ***t*** de la dernière syllabe se prononce ***t*** comme dans ***dentiste.***
Spécialiste de l'orthodontie. *Aller chez l'orthodontiste* (et non l'*orthodentiste).
orthodontiste.

ORTHODOXE adj. et n. m. et f.
ADJECTIF
Conforme à une doctrine (religieuse, politique, etc.). *Un théologien orthodoxe.*
NOM MASCULIN ET FÉMININ
Personne dont les opinions sont orthodoxes. *Le nouveau chef du parti est un orthodoxe.*
orthodoxe.

ORTHODOXIE n. f.
1. Conformité aux doctrines traditionnelles.
2. (FIG.) Conformité aux idées reçues, à la bienséance, aux usages établis. *L'orthodoxie politique.*
orthodoxie.

ORTHOGRAPHE n. f.
1. Ensemble des règles qui définissent la notation écrite des sons d'une langue.
L'***orthographe d'usage,*** nommée également ***orthographe usuelle*** ou ***orthographe lexicale,*** concerne la graphie d'un mot indépendamment du rôle qu'il joue dans la phrase, par exemple *rythme* (et non *ritme) ; l'***orthographe grammaticale*** régit la graphie d'un mot selon le rôle qu'il joue dans la phrase et définit donc les accords, par exemple *la pomme qu'elle a mangée* (et non *mangé).
2. Manière d'écrire un mot. *Une orthographe difficile. Des fautes d'orthographe.*
Ne pas confondre avec le nom ***épellation,*** action de décomposer un mot en lettres ou en syllabes.
Variantes orthographiques. Plusieurs mots ont des orthographes multiples, appelées ***variantes orthographiques.*** Ces mots, qui sont souvent empruntés à d'autres langues, peuvent s'écrire de deux façons, parfois davantage. Dans cet ouvrage, la première forme citée, qui est la plus courante, est à privilégier. Quelques exemples :

acupuncture ou ***acuponcture***
béluga ou ***bélouga***
cacatoès ou ***kakatoès***
cari ou ***carry, curry***
clé ou ***clef***
cuillère ou ***cuiller***
igloo ou ***iglou***
cacher ou ***cascher***
lis ou ***lys***
orang-outan ou ***orang-outang***
paie ou ***paye***
yogourt, yoghourt ou ***yaourt***

Attention au genre féminin de ce mot : *une orthographe.*
VOIR TABLEAU – ANOMALIES ORTHOGRAPHIQUES.
VOIR TABLEAU – RECTIFICATIONS ORTHOGRAPHIQUES.
orthographe.

ORTHOGRAPHIER v. tr., pronom.
VERBE TRANSITIF
Écrire un mot suivant l'orthographe. *Orthographier un mot de façon exacte. Mal orthographier un verbe.*
VERBE PRONOMINAL
Être écrit selon l'orthographe. *Son nom s'orthographie avec un* s *final.* SYN. s'écrire.
À la forme pronominale, le participe passé de ce verbe s'accorde toujours en genre et en nombre avec son sujet. *Ces noms se sont naguère orthographiés différemment.*
CONJUGAISON : VOIR MODÈLE ÉTUDIER.
Redoublement du ***i*** à la première et à la deuxième personne du pluriel de l'indicatif imparfait et du subjonctif présent. *(Que) nous orthographiions, (que) vous orthographiiez.*
orthographier.

O

ORTHOGRAPHIQUE adj.
Relatif à l'orthographe. *Un dictionnaire orthographique. Des difficultés orthographiques.*
VOIR TABLEAU – RECTIFICATIONS ORTHOGRAPHIQUES.
✎ orthographique.

ORTHOPÉDAGOGUE n. m. et f.
Personne qui travaille auprès des enfants, des adolescents ou des adultes afin de prévenir, de déceler et de corriger leurs troubles d'apprentissage scolaire.

ORTHOPÉDIE n. f.
Spécialité de la médecine qui traite les affections du squelette et des articulations.
✎ orthopédie.

ORTHOPÉDIQUE adj.
Relatif à l'orthopédie. *Des chaussures orthopédiques.*
✎ orthopédique.

ORTHOPÉDISTE adj. et n. m. et f.
Médecin spécialiste de l'orthopédie. *Grand-papa, qui avait une fracture de la hanche, a été opéré par un orthopédiste.*
✎ orthopédiste.

ORTHOPHONIE n. f.
Rééducation du langage oral.
✎ orthophonie.

ORTHOPHONIQUE adj.
Relatif à l'orthophonie.

ORTHOPHONISTE n. m. et f.
Spécialiste de l'orthophonie.
✎ orthophoniste.

ORTIE n. f.
Plante dont les poils irritent la peau.

ORTOLAN n. m.
Petit oiseau dont la chair est estimée. *Reliefs d'ortolan* (La Fontaine).

OS n. m.
Au singulier, le *s* se prononce et le mot rime avec ***bosse***; au pluriel, le *s* ne se prononce pas et le mot rime avec ***dos***, [ɔs, o].
Chacune des parties du squelette de l'homme et des animaux vertébrés. *L'humérus, le radius et le cubitus sont les os du bras.*
LOCUTIONS
– ***En chair et en os***, loc. adv. En personne. *J'ai rencontré cet acteur en chair et en os !*
– ***Il ne fera pas de vieux os.*** (FIG.) Il ne vivra pas longtemps.
– ***Mouillé jusqu'aux os.*** (FIG.) Complètement trempé.
– ***N'avoir que la peau et les os.*** (FIG.) Être très maigre.
On dit aussi : ***n'avoir que la peau sur les os.***
– ***Tomber sur un os.*** (FIG.) (FAM.) Rencontrer un obstacle.
HOM.
• ***au, aux***, articles contractés ;
• ***eau***, substance liquide et transparente, sans couleur, sans odeur, sans goût ;
• ***haut***, sommet.

OSCAR n. m.
(CIN.) Trophée décerné par l'Académie du cinéma en Californie. *Il a remporté trois oscars : c'est un excellent comédien.*

OSCILLANT, ANTE adj.
Attention à la prononciation : les deux *l* se prononcent comme un seul, [ɔsilɑ̃].
Qui oscille. *Des flammes oscillantes.*

OSCILLATEUR n. m.
(ÉLECTR.) Dispositif électrique destiné à produire un courant alternatif dont la fréquence est déterminée par les caractéristiques propres du dispositif (GDT).

OSCILLATION n. f.
Attention à la prononciation : les deux *l* se prononcent comme un seul, [ɔsilasjɔ̃].
Mouvement de va-et-vient d'un corps. *Les oscillations d'un pendule.*
✎ oscillation.

OSCILLATOIRE adj.
Attention à la prononciation : les deux *l* se prononcent comme un seul, [ɔsilatwar].
Qui est de la nature de l'oscillation. *Un mouvement oscillatoire.*
✎ oscillatoire.

OSCILLER v. intr.
Attention à la prononciation : les deux *l* se prononcent comme un seul, [ɔsile].
1. Se mouvoir tour à tour en deux sens contraires. SYN. se balancer.
2. (FIG.) Hésiter. *Il oscille entre ces deux idées.* SYN. (FAM.) balancer.
CONJUGAISON : VOIR MODÈLE AIMER.
Les lettres ***ill*** sont suivies d'un ***i*** à la première et à la deuxième personne du pluriel de l'indicatif imparfait et du subjonctif présent. *(Que) nous oscillions, (que) vous oscilliez.*
✎ osciller.

OSCILLOSCOPE n. m.
Attention à la prononciation : les deux *l* se prononcent comme un seul, [ɔsilɔskɔp].
Instrument de mesure des oscillations.
✎ oscilloscope.

OSÉ, ÉE adj.
Le **o** est fermé, [oze].
1. Hardi. *Une entreprise osée.*
2. Libre. *Un texte osé.* SYN. grivois ; leste ; (FAM.) olé olé.

OSEILLE n. f.
Le **o** est fermé, [ozɛj].
Plante dont les feuilles sont comestibles. *Une soupe à l'oseille.*

OSER v. tr.
Le **o** est fermé, [oze].
1. Risquer, avoir l'audace de. *Elle a osé s'habiller en panthère.*
2. Se permettre. *Si j'ose t'appeler, c'est que j'ai absolument besoin de ton aide.*
Avec ce verbe, la négation ***ne*** peut s'employer seule. *Je n'ose pas le croire* ou *je n'ose le croire.*
CONJUGAISON : VOIR MODÈLE AIMER.

OSIER n. m.
Le **o** est fermé, [ozje].
Saule à rameaux flexibles dont on fait de la vannerie. *Un fauteuil en osier.*

OSMOSE n. f.
1. Mélange de deux solutions à travers une paroi perméable.
2. (FIG.) Interpénétration. *Un enthousiasme les gagnait tour à tour comme par osmose.*

OSMOTIQUE adj.
Relatif à l'osmose.

OSSATURE n. f.
1. Ensemble des os. *Elle a une ossature solide.* SYN. squelette.
2. (FIG.) Charpente, structure. *L'ossature d'une cathédrale. « en nous rien qui tienne sinon la grande ossature des plans de vie »* (Pierre Nepveu, *Lignes aériennes*).

OSSELET n. m.
1. Petit os.
2. (AU PLUR.) Petits os que les enfants lancent et rattrapent sur le dos de la main. *Jouer aux osselets.*

OSSEMENTS n. m. pl.
Os décharnés et desséchés des cadavres. *Dans les oubliettes du château, on a trouvé des ossements.*

OSSEUX, EUSE adj.
1. Propre aux os. *Une substance osseuse.*
2. Dont les os sont apparents. *Une main osseuse.*
⇨ osseux.

OSSO BUCO n. m. inv.
Le *u* se prononce *ou*, [ɔsobuko].
Plat italien constitué d'un jarret de veau servi avec l'os à moelle dans une préparation à base d'oignons, de tomates et de vin blanc. *L'osso buco de Denise est délicieux.*
[Les *Rectifications* (1990) admettent : un ossobuco, des ossobucos.]

OSTENSIBLE adj.
Qui est fait de façon apparente dans le but d'être vu. *Ce candidat brigue la présidence avec un ostensible détachement.*

OSTENSIBLEMENT adv.
D'une manière que l'on veut apparente. *Le paysage industriel où se situe l'action favorise les plans ostensiblement cadrés, un peu trop proches d'une esthétique de film publicitaire.* (Le Monde)

OSTENSOIR n. m.
(LITURG.) Pièce d'orfèvrerie dans laquelle on expose l'hostie à l'adoration des fidèles.

OSTENTATION n. f.
Action de faire étalage de ses avantages, de ses qualités de façon exagérée. *Montrer son érudition avec ostentation.*

OSTENTATOIRE adj.
Qui fait preuve d'ostentation. *Ce luxe ostentatoire est le propre des nouveaux riches.* ANT. discret; modeste.

OSTÉODENSITOMÉTRIE n. f.
(MÉD.) Mesure de la teneur minérale des os d'une personne, qui permet de déterminer si cette personne est atteinte ou non d'ostéoporose, de même que d'évaluer le risque qu'elle en soit atteinte dans l'avenir.

OSTÉOPATHE n. m. et f.
Personne qui traite les états pathologiques par des manipulations vertébrales et articulaires (GDT).

OSTÉOPATHIE n. f.
Méthode thérapeutique qui traite les affections des os, des articulations et des muscles par des manipulations vertébrales et articulaires.

OSTÉOPOROSE n. f.
(MÉD.) Syndrome anatomique caractérisé par une détérioration des os en raison d'une perte progressive des corps minéraux. *L'ostéoporose* (et non *ostéosporose) *entraîne une diminution du volume de tissu osseux par unité de volume d'os, ou encore une diminution de la « masse osseuse ».*

OSTRACISER v. tr.
Exclure, tenir à l'écart. *Chacun s'accorde pour ostraciser les champagnes à la bulle forte, voire agressive, et à l'acidité marquée. Il faut cesser d'ostraciser toutes les organisations et leurs représentants qui nous déplaisent.* SYN. isoler.
CONJUGAISON : VOIR MODÈLE AIMER.

OSTRACISME n. m.
Mise à l'écart d'un groupe. *Ces immigrants ont été victimes d'ostracisme et n'ont pu trouver de travail.* SYN. exclusion.

OSTRÉI- préf.
Élément du latin signifiant « huître ». *Ostréiculture.*

OSTRÉICOLE adj.
Relatif à l'ostréiculture.

OSTRÉICULTEUR n. m.
OSTRÉICULTRICE n. f.
Personne qui fait l'élevage des huîtres.

OSTRÉICULTURE n. f.
Élevage des huîtres.
VOIR – AGRICULTURE.

OSTROGOTH, GOTHE n. m. et f.
1. (ANCIENN.) Habitant des territoires occupés par la tribu des Goths. *Un Ostrogoth, des Ostrogoths.*
2. (FIG.) Personne rustre, excentrique. *Qui sont ces ostrogoths ?* SYN. barbare; original; sauvage.
[T] Au sens propre, le nom s'écrit avec une majuscule; au sens figuré, il s'écrit avec une minuscule.
[Les *Rectifications* (1990) admettent : ostrogot, ostrogote.]

OTAGE n. m.
1. Personne remise ou reçue pour garantir l'exécution d'une promesse, d'un traité, etc. *Il a servi d'otage.*
2. Personne enlevée pour obtenir ce que l'on exige. *Les prisonniers retiennent un otage.*
Ce nom est toujours masculin.

OTAN
Sigle de ***Organisation du traité de l'Atlantique Nord.***

OTARIE n. f.
Mammifère voisin des phoques. *Une otarie mâle, une otarie femelle.*
Ce nom n'a pas de forme masculine.

ÔTER v. tr., pronom.
VERBE TRANSITIF
1. Enlever. *Vous n'ôtez pas votre manteau ?* SYN. retirer.
2. Supprimer. *Ôter les mauvaises herbes du jardin.*
VERBE PRONOMINAL
Se retirer d'un lieu. *Ôtez-vous de là, la falaise menace de s'effriter !*
À la forme pronominale, le participe passé de ce verbe s'accorde toujours en genre et en nombre avec son sujet. *Ils se sont ôtés du passage à niveau juste avant le passage du train.*
CONJUGAISON : VOIR MODÈLE AIMER.
⇨ ôter.

OTITE n. f.
Inflammation de l'oreille. *L'otite est très douloureuse.*
⇨ otite.

OTO-RHINO-LARYNGOLOGIE ou **OTORHINOLARYNGOLOGIE** n. f.
Abréviation *ORL* (s'écrit avec ou sans points).
Spécialité de la médecine qui traite les maladies des oreilles, du nez et de la gorge.

OTO-RHINO-LARYNGOLOGISTE ou **OTORHINOLARYNGOLOGISTE** n. m. et f.
S'abrège familièrement en ***ORL*** (s'écrit avec ou sans points) et en ***oto-rhino*** (s'écrit sans points).
Médecin spécialiste de l'oto-rhino-laryngologie.

OTO-RHINO ou **OTORHINO** n. m. et f.
Abréviation familière de ***oto-rhino-laryngologiste.***

OU conj.
Conjonction de coordination qui lie des mots ou des phrases de même catégorie. *Boire du café ou du thé. Ils iront au cinéma ou ils se reposeront.*
VOIR TABLEAU – OU, CONJONCTION.

OÙ adv. et pron. rel.
ADVERBE
Là où, à l'endroit où. *Nous irons où le climat est doux.*
L'adverbe marque le lieu.
PRONOM RELATIF
1. Dans lequel, au propre et au figuré. *Un coin de pays où il fait bon vivre.*
Précédé d'un antécédent, le pronom relatif peut marquer le lieu.
2. Pendant lequel, lors duquel. *Ce jour où tu nous as annoncé ton retour.*
Précédé d'un antécédent, le pronom relatif peut marquer le temps d'un évènement.

3. Dans lequel. *Dans l'état où il se trouve, ce blessé ne peut être transporté.*
Précédé d'un antécédent, le pronom relatif peut marquer l'état.
VOIR TABLEAU – OÙ, ADVERBE ET PRONOM.

O

OUAILLES n. f. pl.
(PLAISANT.) Paroissiens. *Le curé et ses ouailles.*

OUAIS! interj.
(FAM.) (IRON.) Interjection marquant une approbation mitigée. *Ouais! tu as peut-être raison.*
T L'interjection est toujours suivie d'un point d'exclamation qui est souvent repris à la fin de la phrase. Si la phrase exclamative n'est pas complète, le mot qui suit le point d'exclamation s'écrit avec une minuscule initiale.

OUANANICHE n. f.
Variété de saumon d'eau douce. *On retrouve la ouananiche dans les rivières et les lacs.*
Ce nom d'origine amérindienne signifie « le petit égaré ». Au Québec, il n'y a généralement ni élision ni liaison devant ce nom. Le nom normalisé par le Comité de normalisation de la terminologie des pêches commerciales est *saumon atlantique.*

OUAOUARON n. m.
Grenouille de très grande taille d'un vert brunâtre qui vit en Amérique du Nord. *Les enfants observent le ouaouaron. Les bonds du ouaouaron peuvent atteindre 1,2 m.*
Ce nom d'origine iroquoise signifie « grenouille verte ». Au Québec, il n'y a généralement ni élision ni liaison devant ce nom.

OUATE n. f.
Coton hydrophile. *Acheter de l'ouate, de la ouate, un tampon d'ouate.*
Devant ce nom, l'élision est facultative.

OUATÉ, ÉE adj.
1. Garni d'ouate. *Un bâtonnet ouaté.*
2. (FIG.) Feutré. *Des pas ouatés.*

OUATER v. tr.
Garnir d'ouate. .
CONJUGAISON : VOIR MODÈLE AIMER.

OUBLI n. m.
Fait de perdre le souvenir de quelqu'un, de quelque chose. *L'oubli d'une date, d'un nom.*

OUBLIER v. tr., pronom.
VERBE TRANSITIF
1. Perdre le souvenir de quelqu'un, de quelque chose. *J'ai oublié cette formule mathématique.*
2. Ne pas penser à quelque chose. *J'ai oublié mon rendez-vous.*
Le verbe se construit avec un complément direct, avec la préposition ***de*** + infinitif. *Tu as oublié ton manteau? Ils ont oublié de nous téléphoner.* Il se construit aussi avec la conjonction ***que*** généralement suivie de l'indicatif. *Ils ont oublié que c'était lundi.*
VERBE PRONOMINAL
1. Sortir de la mémoire. *Ces termes techniques s'oublient rapidement.*
2. Ne pas penser à soi, à ses intérêts. *Elle s'est oubliée au profit de ses enfants.*
À la forme pronominale, le participe passé de ce verbe s'accorde toujours en genre et en nombre avec son sujet. *Ces procédés artisanaux se sont oubliés.*
LOCUTION
– ***Ne-m'oubliez-pas.*** Myosotis.
CONJUGAISON : VOIR MODÈLE ÉTUDIER.
Redoublement du ***i*** à la première et à la deuxième personne du pluriel de l'indicatif imparfait et du subjonctif présent. *(Que) nous oubliions, (que) vous oubliiez.*

OUBLIETTE n. f.
Cachot souterrain des châteaux forts où l'on enfermait certains condamnés.
Le nom s'emploie généralement au pluriel.
LOCUTION
– ***Jeter, mettre aux oubliettes.*** (FIG.) Laisser de côté. *Le projet a été mis aux oubliettes.*

OUD n. m. (pl. *ouds*)
Instrument de musique à cordes pincées très répandu dans les pays arabes, en Turquie, en Arménie et en Grèce. *Né en Perse en 500 après Jésus-Christ, l'oud a traversé les continents, rayonnant dans les émirats arabo-andalous, les palais impériaux d'Asie, les cours d'Italie et de France. L'oud fut introduit en France, pendant les croisades, grâce aux troubadours.*

OUEST adj. inv. et n. m. inv.
Les lettres ***s*** et ***t*** se prononcent, [wɛst]; le mot rime avec ***leste.***
NOM MASCULIN INVARIABLE
Abréviation ***O.*** (s'écrit avec un point).
Un des quatre points cardinaux, orienté du côté du soleil couchant. *Le soleil se couche à l'ouest.*
T 1° Le point cardinal s'écrit avec une minuscule quand il est employé comme nom ou comme adjectif pour indiquer une orientation. *Un vent de l'ouest. L'entrée ouest d'un immeuble.*
2° Les noms des points cardinaux qui déterminent un pays, une région, une ville, un odonyme s'écrivent avec une majuscule. *L'Ouest canadien.*
3° Dans une adresse, le point cardinal s'écrit avec une majuscule et suit le nom spécifique de l'odonyme. *Son bureau est au 555, boul. René-Lévesque Ouest.*
ADJECTIF INVARIABLE
Qui est à l'ouest. *La côte ouest des États-Unis, le versant ouest d'une montagne. La façade ouest d'un immeuble.*
VOIR TABLEAU – POINTS CARDINAUX.

OUF! interj.
Interjection marquant le soulagement. *Ouf! j'ai terminé mes devoirs.*
T L'interjection est toujours suivie d'un point d'exclamation qui est souvent repris à la fin de la phrase. Si la phrase exclamative n'est pas complète, le mot qui suit le point d'exclamation s'écrit avec une minuscule initiale.

OUGUIYA n. m.
Unité monétaire de la Mauritanie. *Des ouguiyas.*
VOIR TABLEAU – SYMBOLES DES UNITÉS MONÉTAIRES.

OUI adv. et n. m. inv.
ADVERBE
Particule affirmative. *Serez-vous des nôtres ce soir? Oui, avec plaisir.* ANT. non.
NOM MASCULIN INVARIABLE
Les oui du référendum se sont élevés à 49,4 % en 1995.
L'élision ne se fait pas devant le mot ***oui,*** sauf dans un texte de niveau familier. *Des milliers de oui.*
VOIR TABLEAU – ÉLISION.
LOCUTION
– ***Pour un oui, pour un non.*** Sans motif valable.
HOM.
• ***ouïe,*** sens qui permet de percevoir les sons;
• ***ouïes,*** branchies des poissons.

OUÏ-DIRE n. m. inv. (pl. *ouï-dire*)
Rumeur. *Des ouï-dire qui n'ont aucun fondement.* SYN. bruit; cancan; commérage; potin; ragot.
ouï-dire.

OU, CONJONCTION

La conjonction de coordination (coordonnant) ***ou*** lie des mots ou des phrases de même catégorie.
*Porter du vert **ou** du bleu. Nous irons à la campagne **ou** nous partirons en voyage.*

O

EMPLOIS

La conjonction (coordonnant) ***ou,*** qui peut être remplacée par la locution conjonctive (coordonnant composé) ***ou bien***, pour la distinguer du pronom relatif ou de l'adverbe ***où,*** marque :

1. **Une alternative.**

   *Le froid **ou** la chaleur. Il aimerait poursuivre ses études **ou** acquérir un peu d'expérience.*

2. **Un nombre approximatif.**

   *Vingt-huit **ou** trente étudiants,* c'est-à-dire environ une trentaine d'étudiants.

3. **Une opposition entre deux phrases.**

   ***Ou** vous acceptez, **ou** vous cédez votre place.*

Dans une phrase négative, la conjonction ***ou*** est remplacée par ***ni.*** *Elle ne lui a pas parlé ni écrit.*

ACCORD DU VERBE

- **Deux sujets au singulier.** Le verbe se met au pluriel ou au singulier suivant l'intention de l'auteur qui désire marquer la coordination ou l'absence de coordination.

  *La surprise **ou** le plaisir illumina* ou *illuminèrent son visage.*

  Si la conjonction est précédée d'une virgule, le verbe se met au singulier, car la phrase exprime une absence de coordination : un élément ou un autre, non les deux. *L'inquiétude, **ou** le découragement, lui fit abandonner la recherche.*

- **Un sujet au singulier + un sujet au pluriel.** Le verbe se met au pluriel.

  *Un chien **ou** des chats s'ajouteront à la famille.*

- **Un sujet au singulier + un synonyme.** Le verbe se met au singulier.

  *L'outarde **ou** bernache du Canada est une oie sauvage qui niche dans l'extrême Nord.*

  Le synonyme s'emploie sans déterminant.

ACCORD DE L'ADJECTIF

- L'adjectif qui se rapporte à deux noms coordonnés par ***ou*** se met au masculin pluriel si les noms sont de genres différents.

  *Du coton **ou** de la toile bleus.*

- L'adjectif qui se rapporte à un seul des deux noms coordonnés par ***ou*** s'accorde en genre et en nombre avec ce nom.

  *Il achètera un gigot **ou** des viandes marinées.*

Et/ou : à l'exception de contextes très particuliers, de nature technique ou scientifique, où il apparaît nécessaire de marquer consécutivement la coordination ou l'absence de coordination de façon très brève et explicite, l'emploi de la locution ***et/ou*** est inutile, la conjonction ***ou*** exprimant parfaitement ces nuances. À cet égard, l'accord du verbe avec des sujets coordonnés par ***ou*** est significatif, le pluriel marquant la coordination, le singulier, l'absence de coordination. Ainsi, dans l'énoncé *Marie **ou** Benoît sont admissibles,* ils sont l'un et l'autre admissibles. Si l'on juge que l'énoncé n'est pas suffisamment explicite, on pourra recourir à une autre construction. *Les étudiants peuvent choisir les civilisations grecque **ou** latine **ou** les deux à la fois.*

VOIR TABLEAU ▸ **OÙ,** ADVERBE ET PRONOM.

O

OÙ, ADVERBE ET PRONOM

ADVERBE

L'adverbe marque le **lieu.** Là. *Nous irons **où** il fait plus chaud.*

L'adverbe ne s'emploie que pour des choses ; pour les personnes, on emploie ***dont.*** Construit sans antécédent, le mot ***où*** est un **adverbe.** Avec un antécédent, il est un **pronom.**

Locutions

– ***D'où ?*** D'un lieu. *Nous savons d'**où** il vient.*

En ce sens, l'adverbe précédé de la préposition ***de*** marque la provenance.

– ***D'où ?*** De là. *Nous la croyions en Europe : d'**où** notre surprise de la retrouver ici.*

En ce sens, l'adverbe précédé de la préposition ***de*** marque la conséquence.

– ***Je ne sais où.*** Dans un lieu inconnu. *Ils sont **je ne sais où :** nous sommes sans nouvelles d'eux.*

– ***N'importe où.*** En n'importe quel lieu. *Elles dormiront **n'importe où,** à la belle étoile, s'il le faut.*

– ***Où que,*** loc. conj. de concession. En quelque lieu que. *D'**où que** vous m'appeliez, nous pourrons vous retrouver. **Où que** vous soyez, je vous rejoindrai.*

Cette locution est suivie du subjonctif.

ADVERBE INTERROGATIF

▸ **Phrase autonome interrogative**

En quel lieu ? ***Où** êtes-vous ? **Où** vas-tu ? D'**où** m'appelez-vous ? Par **où** passerez-vous ?*

L'adverbe interrogatif s'emploie en début de phrase interrogative pour s'informer sur le lieu où l'on est, où l'on va.

▸ **Phrase subordonnée**

L'adverbe interrogatif introduit une phrase subordonnée comme complément direct d'un verbe qui pose une question ou qui énonce un jugement sur un lieu, une provenance. *Je me demande où elle va et d'où elle vient. Explique-moi où tu comptes aller.*

PRONOM RELATIF

Quand il est précédé d'un antécédent, ***où*** est un pronom relatif employé avec les êtres inanimés au sens de ***lequel, laquelle.***

1. Le pronom marque le **lieu** où l'on est, où l'on va, etc. Dans lequel, au propre et au figuré.
*Le pays **où** il passe ses vacances. Le coin de campagne **où** il fait bon vivre. Dans ce parti politique, **où** il y a de la place pour toutes les tendances, on privilégie l'action.*

Le pronom peut se construire avec les prépositions ***de, par, jusque.*** *La ville d'**où** elle vient est bien pittoresque. La région **par où** vous êtes passé. Le lieu **jusqu'où** vous irez.*

2. Le pronom marque le temps d'un **évènement.** Pendant lequel.
*C'était à une époque **où** l'on avait le temps de respirer, de profiter de la vie. Le jour **où** je l'ai rencontré. Les cambrioleurs ont commis leur méfait au moment **où** la lune était voilée par des nuages.*

3. Le pronom marque l'**état.**
*Dans l'état **où** il se trouve, ce malade ne peut rentrer chez lui. Dans l'inquiétude **où** elle se trouvait, l'adolescente se réfugia auprès de cette famille.*

Locutions

– ***Au cas où, dans le cas où, pour le cas où,*** loc. conj. À supposer que. *Au cas où il pleuvrait, le pique-nique serait reporté.*

Ces locutions conjonctives de subordination (ou subordonnants) sont généralement suivies de l'indicatif, le plus souvent au conditionnel.

– ***Au moment où,*** loc. conj. Quand. *Nous aviserons au moment où ce sera nécessaire.*

– ***Du train*** ou ***au train où vont les choses.*** À ce rythme. *Du train où vont les choses, nous ne finirons pas à temps.*

– ***Là où.*** Au lieu dans lequel. *Là où tu iras, j'irai.*

VOIR TABLEAU ▸ **OU,** CONJONCTION.

OUÏE n. f.
1. Sens qui permet de percevoir les sons.
2. Audition. *Perdre l'ouïe.*
LOCUTION
– ***Être tout ouïe.*** Être très attentif. *Je suis tout ouïe : dites-moi ce qui en est.*
HOM.
• ***oui,*** particule affirmative ;
• ***ouïes,*** branchies des poissons.
ouïe.

OUÏE ! ou **OUILLE !** interj.
Ce mot rime avec ***citrouille,*** [uj].
Interjection marquant la douleur, la surprise. *Ouille ! j'ai un énorme coup de soleil.*
T L'interjection est toujours suivie d'un point d'exclamation qui est souvent repris à la fin de la phrase. Si la phrase exclamative n'est pas complète, le mot qui suit le point d'exclamation s'écrit avec une minuscule initiale.

OUÏES n. f. pl.
1. Branchies des poissons.
2. Ouvertures latérales d'un violon.
HOM.
• ***oui,*** particule affirmative ;
• ***ouïe,*** sens qui permet de percevoir les sons.
ouïes.

OUÏR v. tr.
(VX) (PLAISANT.) Entendre. *Ils ont ouï dire.*
Ce verbe s'emploie surtout à l'infinitif et au participe passé (*ouï, ouïe*) et dans l'expression ***oyez, oyez*** à la deuxième personne du pluriel de l'impératif, par plaisanterie.
CONJUGAISON
INDICATIF PRÉSENT *J'ois, tu ois, il oit, nous oyons, vous oyez, ils oient.* IMPARFAIT *J'oyais.* PASSÉ SIMPLE *J'ouïs.* FUTUR *J'ouïrai ou j'orrai ou j'oirai.* CONDITIONNEL PRÉSENT *J'ouïrais ou j'orrais ou j'oirais.* IMPÉRATIF PRÉSENT *Ois, oyons, oyez.* SUBJONCTIF PRÉSENT *Que j'oie, que tu oies, qu'il oie, que nous oyions, que vous oyiez, qu'ils oient.* IMPARFAIT *Que j'ouïsse.* PARTICIPE PRÉSENT *Oyant.* PASSÉ *ouï, ïe.*
ouïr.

OUISTITI n. m.
Petit singe. *Des ouistitis. Le ouistiti a une longue queue.*
Devant ce nom, l'article ne s'élide pas.

OUKASE ou **UKASE** n. m.
1. (ANCIENN.) En Russie, édit du tsar.
2. (FIG.) Ordre impératif, décret autoritaire.

OUPS ! interj.
Interjection qui exprime l'embarras à la suite d'une erreur, d'une gaffe. *Oups ! j'ai encore gaffé.*
T L'interjection est toujours suivie d'un point d'exclamation qui est souvent repris à la fin de la phrase. Si la phrase exclamative n'est pas complète, le mot qui suit le point d'exclamation s'écrit avec une minuscule initiale.

OURAGAN n. m.
1. (MÉTÉOROL.) Dépression atmosphérique tropicale caractérisée par un puissant tourbillon de vents très destructeurs accompagnés de précipitations abondantes. *En Amérique du Nord, l'intensité des ouragans est déterminée selon les valeurs de l'échelle Saffir-Simpson.*
Au Québec et dans la francophonie canadienne, on emploie le nom ***ouragan*** en ce sens, tandis que c'est le terme ***cyclone*** qui est usité en Europe.
Ne pas confondre avec les noms suivants :
• ***bourrasque,*** coup de vent violent et de courte durée ;
• ***tornade,*** dépression atmosphérique tourbillonnaire très intense, mais de petite dimension et de courte durée ;
• ***trombe,*** colonne tourbillonnante qui soulève les eaux et déverse des torrents de pluie.
2. (FIG.) Déchaînement violent de sentiments, d'opinions, etc. *Un ouragan de contestation.*

OURDIR v. tr.
(LITT.) Tramer. *Ourdir un complot.* SYN. machiner ; nouer.
CONJUGAISON : VOIR MODÈLE FINIR.

OURLER v. tr.
Garnir d'un ourlet.
CONJUGAISON : VOIR MODÈLE AIMER.

OURLET n. m.
Bord d'une étoffe replié et cousu. *Faire l'ourlet d'une jupe, d'un pantalon.* SYN. rebord.
ourlet.

OURS n. m.
Le ***s*** se prononce au singulier et au pluriel, [urs] ; le nom rime avec ***bourse.***
Mammifère carnivore de grande taille. *Un ours polaire.*
La prononciation avec un ***s*** muet est ancienne.
VOIR TABLEAU – ANIMAUX.

OURSE n. f.
Femelle de l'ours. *L'ourse et son ourson.*
VOIR TABLEAU – ANIMAUX.
LOCUTION
– ***La Grande Ourse.*** (ASTRON.) Constellation. *As-tu vu la Grande Ourse ?*
T Les noms d'astres, de constellations, d'étoiles prennent une majuscule au nom spécifique ainsi qu'à l'adjectif qui le précède.

OURSIN n. m.
Animal marin garni de piquants, dont certaines espèces sont comestibles.

OURSON n. m.
Petit de l'ours. *Les oursons entourent l'ourse.*
VOIR TABLEAU – ANIMAUX.

OUST ! ou **OUSTE !** interj.
(FAM.) Interjection qui donne l'ordre de quitter un lieu. *Oust ! dégagez les lieux !*
T L'interjection est toujours suivie d'un point d'exclamation qui est souvent repris à la fin de la phrase. Si la phrase exclamative n'est pas complète, le mot qui suit le point d'exclamation s'écrit avec une minuscule initiale.

OUTARDE n. f.
1. Oiseau échassier migrateur, de grande taille, aux teintes brunes.
2. Bernache du Canada. « *De gros oiseaux qui sont en ce pays-là appelés outardes* » (Samuel de Champlain, *1613*). « *Deux ou trois jours plus tard un immense volier d'outardes traversa la barre pourpre du soleil couchant* » (Germaine Guèvremont, *Le Survenant*). « *les outardes égarées/se posent en douceur sur la piste vide* » (Pierre Nepveu, *Lignes aériennes*).

OUTIL n. m.
Le ***l*** ne se prononce pas, [uti] ; le mot rime avec ***parti*** ou ***gentil.***
1. Objet utilisé directement par la main pour faire un travail. *Le marteau, le tournevis sont des outils courants. Le bistouri est un instrument, le marteau, un outil et la fourchette, un ustensile.*
2. (FIG.) Moyen. *Les livres sont un des outils de la connaissance. Un outil de travail pratique et efficace.*
Ne pas confondre avec les mots suivants :
• ***appareil,*** ensemble de pièces disposées pour fonctionner ensemble en vue d'exécuter une opération matérielle ;
• ***instrument,*** objet qui sert, dans un art ou une science, à effectuer certaines opérations ;
• ***machine,*** appareil utilisant l'énergie ;
• ***ustensile,*** objet servant aux usages domestiques.
outil.

OUTILLAGE n. m.
Assortiment d'outils. *Un outillage industriel.*

OUTILLÉ, ÉE adj.
Doté des outils nécessaires à un travail. *Un chercheur bien outillé grâce à une importante bibliothèque et à de nombreuses banques de données.*

OUTILLER v. tr., pronom.
VERBE TRANSITIF
Équiper. *Cette entreprise est outillée de robots.*
VERBE PRONOMINAL
Se doter des outils nécessaires à une activité. *S'outiller pour travailler le bois, pour observer les oiseaux.*
À la forme pronominale, le participe passé de ce verbe s'accorde toujours en genre et en nombre avec son sujet. *Ces bricoleurs se sont outillés d'une bonne perceuse.*
CONJUGAISON : VOIR MODÈLE AIMER.
Les lettres ***ill*** sont suivies d'un ***i*** à la première et à la deuxième personne du pluriel de l'indicatif imparfait et du subjonctif présent. *(Que) nous outillions, (que) vous outilliez.*

OUTILLEUR n. m.
OUTILLEUSE n. f.
Technicien chargé de la mise au point de l'outillage, des montages, etc., nécessaires à la fabrication industrielle.

***OUTPLACEMENT**
Anglicisme pour ***reclassement externe.***

***OUTPUT**
Anglicisme pour ***extrant, sortie*** (d'ordinateur).

OUTRAGE n. m.
Affront, injure. *On ne l'a pas attendu : c'est un véritable outrage, il est en furie. « Pour réparer des ans l'irréparable outrage »* (Racine, *Athalie*). SYN. insulte ; offense.

OUTRAGEANT, ANTE adj.
Qui constitue un outrage, injurieux. *Une remarque outrageante, des propos outrageants.* SYN. insultant ; offensant.
Ne pas confondre avec le participe présent invariable ***outrageant.*** *Il publiait des textes outrageant la morale.*
outrag**eant.**

OUTRAGER v. tr.
Faire outrage à, insulter. *Outrager la raison.* SYN. offenser.
CONJUGAISON : VOIR MODÈLE CHANGER.
Le ***g*** est suivi d'un ***e*** devant les lettres ***a*** et ***o.*** *Il outragea, nous outrageons.*

OUTRAGEUSEMENT adv.
1. D'une manière outrageuse.
2. Avec excès. *Elle se maquille outrageusement.*

OUTRANCE n. f.
Exagération. *L'outrance de son comportement.* SYN. excès.
LOCUTION
– ***À outrance,*** loc. adv. Jusqu'à l'excès. *Il mange à outrance.*

OUTRANCIER, IÈRE adj.
Excessif. *Des propos outranciers.* SYN. exagéré ; outré.

OUTRE n. f.
Sac de cuir destiné à contenir un liquide. *Il a de l'eau fraîche dans son outre.*

OUTRE prép.
En plus de. *Outre ses études, il travaille à temps partiel.*
LOCUTIONS
– ***En outre,*** loc. adv. De plus. *En outre, elle partit deux semaines en vacances.*
– ***Outre mesure,*** loc. adv. À l'excès, de façon exagérée. *Il dépense outre mesure.* SYN. exagérément.
– ***Outre que,*** loc. conj. En plus du fait que. *Outre qu'il est incompétent, il est désagréable.*
La locution conjonctive ***outre que*** est suivie de l'indicatif ou du conditionnel.
– ***Passer outre.*** Ne pas tenir compte. *Il passa outre à l'ordre donné.*

OUTRÉ, ÉE adj.
1. Exagéré. *Une admiration outrée.* SYN. excessif ; extrême.
2. (LITT.) Offusqué, indigné. *Un étonnement outré.*

OUTRECUIDANCE n. f.
(LITT.) Impertinence. *Elle a eu l'outrecuidance de me répondre.* SYN. arrogance ; effronterie ; présomption.
outrecuid**ance.**

OUTRECUIDANT, ANTE adj.
(LITT.) Impertinent. *Une réponse outrecuidante.* SYN. arrogant ; présomptueux.
outrecuid**ant.**

OUTREMER adj. inv. et n. m.
ADJECTIF DE COULEUR INVARIABLE
D'un bleu intense. *Des oriflammes outremer, bleu outremer.*
NOM MASCULIN
Lapis-lazuli. *Des outremers magnifiques.*
HOM. ***outre-mer,*** de l'autre côté de la mer.

OUTRE-MER adv.
De l'autre côté de la mer. *Une traversée outre-mer.*
HOM. ***outremer,*** bleu intense.

OUTREPASSER v. tr.
1. Dépasser les limites. *Il a outrepassé ses droits.* SYN. abuser ; excéder.
2. Enfreindre. *Outrepasser les ordres.*
CONJUGAISON : VOIR MODÈLE AIMER.

OUTRER v. tr.
1. Exagérer. *Outrer un effet.*
2. Indigner. *Il est outré par ces revendications.* SYN. offusquer.
CONJUGAISON : VOIR MODÈLE AIMER.

OUTRE-TOMBE (D') loc. adj. inv.
Qui vient d'au-delà de la mort. *Une voix d'outre-tombe.*

***OUTSOURCING**
Anglicisme pour ***impartition.***

OUVERT, ERTE adj.
1. Qui n'est pas fermé. *La fenêtre est ouverte. Il neige beaucoup : la route est-elle ouverte ?*
2. Où l'on peut entrer. *Ce magasin est ouvert le dimanche.* ANT. clos ; fermé.
3. Apte à comprendre. *Un esprit ouvert.* ANT. borné ; obtus.
4. Franc et direct. *Un visage ouvert.*
LOCUTIONS
– ***À bras ouverts,*** loc. adv. Chaleureusement.
– ***À cœur ouvert,*** loc. adv. Se dit d'une opération chirurgicale sur un cœur vide de sang.
– ***À cœur ouvert,*** loc. adv. (FIG.) Franchement.
– ***Grand ouvert, large ouvert,*** loc. adv. Tout à fait ouvert. *Les yeux grands ouverts, les fenêtres larges ouvertes.*
Employés adverbialement devant un adjectif commençant par une voyelle ou un ***h*** muet, les mots ***grand*** et ***large*** s'accordent généralement en genre et en nombre. Si l'invariabilité, plus logique, est également possible, elle est peu usitée. *Les yeux grand ouverts, les fenêtres large ouvertes.*
– ***Ouvert jour et nuit.*** Se dit d'une entreprise qui reste continuellement ouverte (Recomm. off.). *Cette pharmacie est ouverte jour et nuit.*
L'expression ***ouvert jour et nuit*** convient aux textes imprimés, tandis que ***ouvert 24 heures*** est de registre plutôt familier.

OUVERTEMENT adv.
Franchement. *Elle m'a parlé ouvertement.* SYN. directement.

OUVERTURE n. f.
1. Action d'ouvrir. *L'ouverture d'une porte.* ANT. fermeture.
2. État de ce qui est ouvert. *Les heures d'ouverture* (et non *d'affaires).
3. Orifice, trou. *Agrandir les ouvertures d'un mur.*

FORMES FAUTIVES

*ouverture. Anglicisme au sens de ***poste, débouché.*** *Il y a des postes d'infographistes à pourvoir, des postes vacants* (et non des *ouvertures) *dans cette entreprise.*

*ouvertures. Anglicisme au sens de ***débouchés.*** *Pour ce produit innovateur, les débouchés* (et non les *ouvertures) *sont rares.*

OUVRABLE adj.

– ***Jour ouvrable.*** Jour de la semaine où l'on peut travailler. *Tous les jours de la semaine sont des jours ouvrables, sauf le dimanche qui est un jour férié.* ANT. férié.

Le mot ne s'emploie que dans cette locution.

OUVRAGE n. m.

1. Travail. *Ne pas avoir d'ouvrage. Se mettre à l'ouvrage.* SYN. occupation ; tâche.

Familièrement, on emploie parfois le nom au féminin pour désigner un travail soigné. *C'est de la belle ouvrage.*

2. Objet. *Un ouvrage de bijouterie.*

3. Texte publié. *Un ouvrage de référence. Quel est le sujet de cet ouvrage ?*

OUVRAGÉ, ÉE adj.

Travaillé. *Une grille ouvragée.*

OUVRAGER v. tr.

Orner. *Ouvrager une nappe de broderies.*

CONJUGAISON : VOIR MODÈLE CHANGER.

Le ***g*** est suivi d'un ***e*** devant les lettres ***a*** et ***o***. *Il ouvragea, nous ouvrageons.*

OUVRANT, ANTE adj.

Qui ouvre. *Des toits ouvrants.*

OUVRÉ, ÉE adj.

Façonné. *Du cuivre ouvré.*

LOCUTION

– ***Jour ouvré.*** Jour de la semaine où l'on travaille. *Le lundi, le mardi, le mercredi, le jeudi et le vendredi sont dans cette entreprise des jours ouvrés ; le samedi est un jour ouvrable.*

OUVRE-BOÎTE n. m. (pl. *ouvre-boîtes*)

Ustensile servant à ouvrir les boîtes de conserve.

Le premier élément du mot composé ne prend pas la marque du pluriel parce que c'est un verbe. On écrit parfois ***un ouvre-boîtes.***

[Les *Rectifications* (1990) admettent : un ouvre-boite, des ouvre-boites.]

OUVRE-BOUTEILLE n. m. (pl. *ouvre-bouteilles*)

Ustensile servant à décapsuler les bouteilles. SYN. décapsuleur.

Le premier élément du mot composé ne prend pas la marque du pluriel parce que c'est un verbe. On écrit parfois ***un ouvre-bouteilles.***

OUVRER v. tr.

Façonner, orner. *Ouvrer du bois.* SYN. travailler.

CONJUGAISON : VOIR MODÈLE AIMER.

OUVREUR n. m.

OUVREUSE n. f.

Personne chargée de placer les spectateurs dans une salle de spectacle.

OUVRIER, IÈRE adj. et n. m. et f.

Qui fait un travail manuel. *Des ouvriers spécialisés. La force ouvrière.*

OUVRIR v. tr., intr., pronom.

VERBE TRANSITIF

1. Faire que ce qui était fermé ne le soit plus. *Ouvrir la porte.*

2. Pratiquer une ouverture. *Ouvrir un chemin dans la neige.*

3. (FAM.) Mettre en marche. *Ouvrir la radio, la lumière, l'eau.*

Dans ces expressions familières, l'usage l'a emporté sur la logique.

VERBE INTRANSITIF

Être ouvert. *Cette fenêtre ouvre sur le jardin.*

VERBE PRONOMINAL

1. Devenir ouvert. *Les fleurs s'ouvrent à la chaleur.*

2. Donner sur. *La cuisine s'ouvre sur la forêt.*

En ce sens, le verbe se construit avec la préposition ***sur.***

À la forme pronominale, le participe passé de ce verbe s'accorde avec le complément direct si celui-ci le précède. *Le genou qu'elle s'est ouvert en tombant. De nouvelles écoles se sont ouvertes dans ce quartier.* Le participe passé reste invariable si le complément direct suit le verbe. *Ils se sont enfin ouvert les yeux.*

LOCUTIONS

– ***Ouvrir la boîte de Pandore.*** (FIG.) S'exposer à de graves dangers, par allusion à Pandore, qui ouvrit la boîte où Zeus avait enfermé les misères humaines.

– ***Ouvrir la bouche.*** (FIG.) Parler. *Ils n'ont pas ouvert la bouche de la soirée.*

– ***Ouvrir la marche.*** Marcher en tête.

– ***Ouvrir l'appétit.*** Donner faim.

– ***Ouvrir le bal.*** Être le premier couple à danser. *C'est le prince et sa fiancée qui ont ouvert le bal.*

– ***Ouvrir le bal.*** (FIG.) Entamer quelque chose, être le premier à. *C'est ce spectacle qui ouvrira* (et non *partira) *le bal.*

– ***Ouvrir les bras à quelqu'un.*** (FIG.) L'accueillir chaleureusement.

– ***Ouvrir un commerce.*** L'établir, le fonder. *Ouvrir* (et non *partir) *un commerce.*

FORME FAUTIVE

*ouvrir la ligne. Impropriété pour ***répondre au téléphone, décrocher (le téléphone).***

CONJUGAISON : VOIR MODÈLE OUVRIR.

OUVROIR n. m.

Lieu où l'on fait des travaux d'aiguille destinés aux indigents. *L'ouvroir de la paroisse.*

OUZO n. m. (pl. *ouzos*)

Liqueur d'origine grecque parfumée à l'anis. *Des ouzos parfumés.*

OVAIRE n. m.

Le **o** est ouvert, [ɔvɛr].

Glande génitale féminine où se forment les ovules.

Attention au genre masculin de ce nom : ***un*** ovaire.

OVALE adj. et n. m.

Le **o** est ouvert, [ɔval].

ADJECTIF

D'une courbure allongée. *Une table ovale.*

NOM MASCULIN

Contour du visage. *Elle a un bel ovale.*

Attention au genre masculin de ce nom : ***un*** ovale.

ovale, un ***e*** aussi bien au masculin qu'au féminin.

OVARIECTOMIE n. f.

Les **o** sont ouverts, [ɔvarjɛktɔmi].

Ablation d'un ovaire ou des ovaires.

OVARIEN, IENNE adj.

Le **o** est ouvert, [ɔvarjɛ̃, jɛn].

Relatif à l'ovaire. *Le cycle ovarien.*

OVATION n. f.

Le **o** est ouvert, [ɔvɑsjɔ̃].

Acclamation, applaudissements nombreux. *Une longue ovation debout* (et non une *standing ovation) *souligna la victoire du nouveau président.*

OVATIONNER v. tr.

Le **o** est ouvert, [ɔvɑsjɔne].

Acclamer, applaudir. *Ils ont été ovationnés par tous.*

CONJUGAISON : VOIR MODÈLE AIMER.

***OVERBOOKING**

Anglicisme pour ***surréservation.***

CONJUGAISON DU VERBE **OUVRIR**

INDICATIF

PRÉSENT		PASSÉ COMPOSÉ		
j'	ouvre	j'	ai	ouvert
tu	ouvre**s**	tu	as	ouvert
elle	ouvre	elle	a	ouvert
il	ouvre	il	a	ouvert
nous	ouvr**ons**	nous	avons	ouvert
vous	ouvr**ez**	vous	avez	ouvert
elles	ouvr**ent**	elles	ont	ouvert
ils	ouvr**ent**	ils	ont	ouvert

IMPARFAIT		PLUS-QUE-PARFAIT		
j'	ouvr**ais**	j'	avais	ouvert
tu	ouvr**ais**	tu	avais	ouvert
elle	ouvr**ait**	elle	avait	ouvert
il	ouvr**ait**	il	avait	ouvert
nous	ouvr**ions**	nous	avions	ouvert
vous	ouvr**iez**	vous	aviez	ouvert
elles	ouvr**aient**	elles	avaient	ouvert
ils	ouvr**aient**	ils	avaient	ouvert

PASSÉ SIMPLE		PASSÉ ANTÉRIEUR		
j'	ouvr**is**	j'	eus	ouvert
tu	ouvr**is**	tu	eus	ouvert
elle	ouvr**it**	elle	eut	ouvert
il	ouvr**it**	il	eut	ouvert
nous	ouvr**îmes**	nous	eûmes	ouvert
vous	ouvr**îtes**	vous	eûtes	ouvert
elles	ouvr**irent**	elles	eurent	ouvert
ils	ouvr**irent**	ils	eurent	ouvert

FUTUR SIMPLE		FUTUR ANTÉRIEUR		
j'	ouvr**irai**	j'	aurai	ouvert
tu	ouvr**iras**	tu	auras	ouvert
elle	ouvr**ira**	elle	aura	ouvert
il	ouvr**ira**	il	aura	ouvert
nous	ouvr**irons**	nous	aurons	ouvert
vous	ouvr**irez**	vous	aurez	ouvert
elles	ouvr**iront**	elles	auront	ouvert
ils	ouvr**iront**	ils	auront	ouvert

CONDITIONNEL PRÉSENT		CONDITIONNEL PASSÉ		
j'	ouvr**irais**	j'	aurais	ouvert
tu	ouvr**irais**	tu	aurais	ouvert
elle	ouvr**irait**	elle	aurait	ouvert
il	ouvr**irait**	il	aurait	ouvert
nous	ouvr**irions**	nous	aurions	ouvert
vous	ouvr**iriez**	vous	auriez	ouvert
elles	ouvr**iraient**	elles	auraient	ouvert
ils	ouvr**iraient**	ils	auraient	ouvert

SUBJONCTIF

PRÉSENT			PASSÉ			
que	j'	ouvre	que	j'	aie	ouvert
que	tu	ouvre**s**	que	tu	aies	ouvert
qu'	elle	ouvre	qu'	elle	ait	ouvert
qu'	il	ouvre	qu'	il	ait	ouvert
que	nous	ouvr**ions**	que	nous	ayons	ouvert
que	vous	ouvr**iez**	que	vous	ayez	ouvert
qu'	elles	ouvr**ent**	qu'	elles	aient	ouvert
qu'	ils	ouvr**ent**	qu'	ils	aient	ouvert

IMPARFAIT			PLUS-QUE-PARFAIT			
que	j'	ouvr**isse**	que	j'	eusse	ouvert
que	tu	ouvr**isses**	que	tu	eusses	ouvert
qu'	elle	ouvr**ît**	qu'	elle	eût	ouvert
qu'	il	ouvr**ît**	qu'	il	eût	ouvert
que	nous	ouvr**issions**	que	nous	eussions	ouvert
que	vous	ouvr**issiez**	que	vous	eussiez	ouvert
qu'	elles	ouvr**issent**	qu'	elles	eussent	ouvert
qu'	ils	ouvr**issent**	qu'	ils	eussent	ouvert

IMPÉRATIF

PRÉSENT	PASSÉ	
ouvre	aie	ouvert
ouvr**ons**	ayons	ouvert
ouvr**ez**	ayez	ouvert

INFINITIF

PRÉSENT	PASSÉ
ouvr**ir**	avoir ouvert

PARTICIPE

PRÉSENT	PASSÉ
ouvr**ant**	ouvert, te ayant ouvert

***OVERDOSE**
Anglicisme pour ***surdose.***

***OVERTIME**
Anglicisme pour ***heures supplémentaires.*** *Faire des heures supplémentaires* (et non de l'*overtime, du *surtemps, du *temps supplémentaire).

OVIN, INE adj. et n. m.
Le *o* est ouvert, [ɔvɛ̃, in].
Qui est relatif au mouton, à la brebis. *Race ovine.*

OVIPARE adj. et n. m.
Le *o* est ouvert, [ɔvipar].
Se dit d'un animal qui pond des œufs. *Les oiseaux sont ovipares.*
ovipare.

OVNI n. m. (pl. *ovnis*)
Le *o* est ouvert, [ɔvni].
Sigle de ***objet volant non identifié.***
Objet ou phénomène d'origine inconnue qui est observé dans le ciel. *À plusieurs reprises, on a signalé des soucoupes volantes et autres ovnis.*
Cet acronyme est l'équivalent français de l'américain ***UFO (Unidentified Flying Object).***

OVOÏDE adj.
Les *o* sont ouverts, [ɔvɔid].
En forme d'œuf. *Une tête ovoïde.*
ovoïde.

OVOVIVIPARE adj. et n. m.
Les *o* sont fermés, [ɔvɔvivipar].
Se dit des animaux ovipares dont les œufs éclosent dans le corps de la femelle. *La vipère est ovovivipare. Les ovovivipares.*
ovovivipare.

OVULATION n. f.
Le *o* est ouvert, [ɔvylɑsjɔ̃].
Libération de l'ovule. *Les contraceptifs oraux suppriment l'ovulation.*

OVULE n. m.
Le *o* est ouvert, [ɔvyl].
Cellule femelle produite par l'ovaire, destinée à être fécondée.
Attention au genre masculin de ce nom : ***un*** ovule.

OVULER v. intr.
Le *o* est ouvert, [ɔvyle].
Avoir une ovulation. *Une ovulation mensuelle.*
CONJUGAISON : VOIR MODÈLE AIMER.

OXY-
La deuxième syllabe des mots commençant par ***oxy-*** se prononce ***ksi*** (et non *gzi).

OXYDABLE adj.
Susceptible d'être oxydé. *L'argent est oxydable.* ANT. inoxydable.

OXYDANT, ANTE adj.
Qui oxyde. *Des produits oxydants.*
HOM. ***occident,*** côté de l'horizon où le soleil se couche.

OXYDATION n. f.
Combinaison d'un corps simple avec l'oxygène.
oxydation.

OXYDE n. m.
Composé provenant de la combinaison d'un corps avec l'oxygène.
Attention au genre masculin de ce nom : ***un*** oxyde.
oxyde.

OXYDER v. tr., pronom.
Combiner avec l'oxygène, transformer plus ou moins en oxyde. *L'oxygène oxyde les métaux. Le fer s'oxyde au contact de l'air : il rouille.*
À la forme pronominale, le participe passé de ce verbe s'accorde toujours en genre et en nombre avec son sujet. *Ces plats d'argent se sont oxydés.*
CONJUGAISON : VOIR MODÈLE AIMER.
oxyder.

OXYGÉNATION n. f.
Action d'oxygéner. *Une oxygénation insuffisante du sang.*
oxygénation.

OXYGÈNE n. m.
Symbole *O* (s'écrit sans point).
Gaz incolore formant la partie de l'air essentielle à la respiration. *Le plongeur prit une bouteille d'oxygène.*
Attention au genre masculin de ce nom : ***un*** oxygène.
oxygène.

OXYGÉNER v. tr., pronom.
VERBE TRANSITIF
Ajouter de l'oxygène à une substance. *Oxygéner le sang.*
VERBE PRONOMINAL
(FAM.) Respirer de l'air pur. *Il faut aller s'oxygéner à la campagne.* SYN. prendre l'air.
À la forme pronominale, le participe passé de ce verbe s'accorde toujours en genre et en nombre avec son sujet. *Les élèves de cette école se sont oxygénés à la montagne.*
CONJUGAISON : VOIR MODÈLE POSSÉDER.
Le ***é*** se change en ***è*** devant une syllabe contenant un ***e*** muet, sauf à l'indicatif futur et au conditionnel présent. *J'oxygène,* mais *j'oxygénerai.*
[Les *Rectifications* (1990) admettent : il oxygènera, oxygènerait...]

OXYMORON n. m.
Figure de style qui consiste à rapprocher deux mots qui semblent contradictoires afin de produire un effet paradoxal. *Exemple d'oxymoron : un silence assourdissant.* SYN. oxymore.

OXYURE n. m.
Petit ver parasite.

OZ
Symbole de ***once.***

OZONE n. m.
Les ***o*** se prononcent comme dans le mot ***zone*** ou comme dans le mot ***bonne*** [ozon, ɔzɔn].
Corps simple gazeux.
Attention au genre masculin de ce nom : ***un*** ozone.
LOCUTIONS
– ***Couche d'ozone.*** Couche inférieure de la stratosphère, située entre 15 et 40 km d'altitude, dans laquelle on observe la quasi-totalité de l'ozone atmosphérique (GDT).
– ***Trou d'ozone.*** Zone de l'atmosphère où l'on observe une diminution de la concentration en ozone.

OZONISEUR ou **OZONISATEUR** n. m.
Appareil destiné à produire l'ozone à partir de l'oxygène.

P

P n. m. inv.
Seizième lettre de l'alphabet.

P
– *p,* symbole de ***pico.***
– *P,* symbole de ***phosphore.***
– *P,* symbole de ***péta-.***
– ***p.,*** abréviation de ***page*** ou ***pages.***
[T] L'abréviation ***pp.*** de ***pages*** est vieillie.
– ***p.,*** abréviation de ***pour*** dans la notation d'un pourcentage. *20 p. 100.*

Pa
Symbole de ***pascal.***

PACAGE n. m.
1. Action de faire paître le bétail.
2. Lieu où on fait paître le bétail. SYN. pâturage.
✏ pacage.

PACANE n. f.
Noix du pacanier. *Une tarte aux pacanes* (et non *pécanes). SYN. noix de pacane.

PACANIER n. m.
Grand arbre du sud-est des États-Unis dont le fruit comestible est la pacane.

***PACEMAKER**
Anglicisme pour ***stimulateur cardiaque, cardiostimulateur.***

PACHA n. m.
Gouverneur dans l'ancien Empire turc.
[T] Ce titre s'écrit avec une minuscule et se place après le nom. *Halil pacha.*
LOCUTION
– ***Vie de pacha.*** (FIG.) (FAM.) Vie nonchalante, dans le luxe.

PACHYDERME n. m.
1. (AU PLUR.) (VX) Ordre de mammifères.
Cet ordre a été remplacé par l'ordre des ***ongulés.***
2. Éléphant.
✏ pachyderme.

PACIFICATEUR, TRICE adj. et n. m. et f.
Qui abolit les dissensions et ramène la paix. *Une action pacificatrice.* SYN. conciliateur.

PACIFICATION n. f.
Action de rétablir la paix. *La pacification du Proche-Orient est-elle possible ?*

PACIFIER v. tr.
1. Rétablir la paix dans (un pays, une région). *Ce châtelain a réussi à pacifier la région.*
2. (FIG.) Apaiser, rétablir la tranquillité. *La ministre espère que les mesures prises pacifieront le milieu étudiant et mettront fin à la contestation.* SYN. calmer ; tranquilliser.
CONJUGAISON : VOIR MODÈLE ÉTUDIER.
Redoublement du ***i*** à la première et à la deuxième personne du pluriel de l'indicatif imparfait et du subjonctif présent. *(Que) nous pacifiions, (que) vous pacifiiez.*

PACIFIQUE adj. et n. m.
1. Qui aime la paix, qui la recherche. *Un peuple pacifique.*
2. Paisible, tranquille. *Des rencontres pacifiques.*
3. De l'océan Pacifique.
[T] Le nom et l'adjectif qui constituent l'élément distinctif du nom géographique s'écrivent avec une majuscule lorsqu'ils désignent l'océan ; par contre, le nom générique ***océan*** s'écrit avec une minuscule. *Le Pacifique, l'océan Pacifique.*
VOIR TABLEAU – GÉOGRAPHIQUES (NOMS).

PACIFIQUEMENT adv.
D'une manière pacifique.

PACIFISME n. m.
Courant de pensée qui vise la paix entre les États et préconise le désarmement.

PACIFISTE adj. et n. m. et f.
Partisan de la paix. *Un mouvement pacifiste.*

***PACK**
Anglicisme pour ***emballage.*** *Un emballage* (et non un *pack) *de six bouteilles.*

***PACKAGE**
Anglicisme pour ***progiciel.***

***PACKAGE DEAL**
Anglicisme pour ***accord global, entente globale.***

***PACKAGING**
Anglicisme pour ***conditionnement.***

PACOTILLE n. f.
(PÉJ.) Marchandises sans valeur. SYN. camelote.
LOCUTION
– ***De pacotille,*** loc. adj. Sans valeur. *Des bijoux de pacotille.*

PACTE n. m.
1. Traité, convention entre des pays. *Ces États ont conclu un pacte d'alliance, un pacte de non-agression.* SYN. entente ; marché.
2. Accord entre des personnes. *Un pacte d'amitié.*
[T] Les génériques (***accord, convention, pacte, traité,*** etc.) s'écrivent avec une minuscule lorsqu'ils sont suivis d'un nom propre. *Le pacte de l'Atlantique Nord.*

PACTISER v. intr.
Conclure un pacte, être de connivence avec. *Ces traîtres ont pactisé avec nos concurrents et leur ont livré des secrets de fabrication.*
CONJUGAISON : VOIR MODÈLE AIMER.

PACTOLE n. m.
(LITT.) Source de richesse, occasion de profit. *Ce travail est un vrai pactole.*

PADDOCK n. m.
Enceinte pour les chevaux de course. *Des paddocks.*
✎ **paddock.**

PAELLA n. f.
👄 Le nom se prononce à l'espagnole, [paeja, paela].
Plat espagnol composé de riz au safran cuit avec des légumes, des crustacés, de la viande, etc. *Des paellas aux crevettes.*
☞ Ce nom vient d'un mot espagnol qui signifie « poêle ».
[Les *Rectifications* (1990) admettent : paélia.]

PAF
Sigle de ***paysage audiovisuel français.***

PAF adj. inv.
(FAM.) Ivre. *Ils sont paf.*

PAF ! interj.
Interjection qui marque un coup de feu, un bruit de chute. *Paf ! le vase s'est brisé en mille morceaux !*
[T] L'interjection est toujours suivie d'un point d'exclamation qui est souvent repris à la fin de la phrase. Si la phrase exclamative n'est pas complète, le mot qui suit le point d'exclamation s'écrit avec une minuscule initiale.

PAGAIE n. f.
Rame utilisée pour la propulsion des canoés canadiens (pagaie simple) et des kayaks (pagaie double) (Recomm. off.). *Dans le canoé, on se sert de pagaies.*
☞ Ne pas confondre avec le nom ***pagaille,*** désordre.
✎ **pagaie.**

PAGAILLE ou **PAGAÏE** n. f.
👄 Le nom se prononce [pagaj] ; il rime avec ***paille.***
(FAM.) Désordre général. *On dirait qu'il y a eu un ouragan dans ce sous-sol : quelle pagaille !* SYN. fouillis.
☞ Ne pas confondre avec le nom ***pagaie,*** petit aviron.
✎ **pagaille, pagaïe.**

PAGAYER v. intr.
Ramer avec une pagaie. *Il pagaie avec vigueur pour remonter la rivière.*
CONJUGAISON : VOIR MODÈLE PAYER.
Le ***y*** peut être changé en ***i*** devant un ***e*** muet. *Il pagaye, il pagaie.* Cette dernière forme est plus courante.
Le ***y*** est suivi d'un ***i*** à la première et à la deuxième personne du pluriel de l'indicatif imparfait et du subjonctif présent. *(Que) nous pagayions, (que) vous pagayiez.*

PAGAYEUR, EUSE n. m. et f.
Personne qui pagaie.

PAGE n. f.
Abréviation ***p.*** (s'écrit avec un point).
[T] L'abréviation du nom pluriel est également ***p.*** ; l'abréviation ***pp.*** pour ***pages*** est aujourd'hui vieillie.
1. Chacun des deux côtés d'un feuillet de papier. *Combien y a-t-il de pages dans ce dictionnaire ? Vous trouverez le numéro de téléphone du magasin dans les pages jaunes de l'annuaire.*
2. Les caractères qui remplissent la page. *Lire une page.*
LOCUTIONS
– ***Belle page.*** (IMPRIM.) Page impaire (ou recto) du feuillet.
– ***Être à la page.*** Être à la mode, être informé de l'actualité. *Des adolescents bien renseignés qui sont à la page.*
– ***Fausse page.*** (IMPRIM.) Page paire (ou verso) du feuillet.
– ***Mise en pages.*** Opération par laquelle le metteur en pages rassemble les paquets de composition, les titres, les clichés, etc., pour composer les pages.
☞ On écrit parfois ***mise en page.***
– ***Page d'accueil.*** (INFORM.) Première page affichée à l'écran quand un internaute accède à un site Internet et qui permet de consulter les autres pages grâce à des hyperliens (Recomm. off.). *La nouvelle page d'accueil* (et non *home page) *du site de HEC Montréal.*
☞ Les termes ***page de bienvenue*** et ***page d'entrée*** ne sont pas retenus dans le GDT.
– ***Pages de garde.*** (IMPRIM.) Pages blanches placées au début et à la fin d'un livre.
– ***Page de titre.*** (IMPRIM.) Page du début d'un livre où se trouvent le faux-titre, le titre, le nom de l'auteur et de l'éditeur.
– ***Page-écran.*** (INFORM.) Nombre de lignes affichées à l'écran. *Des pages-écrans.*
– ***Tourner la page.*** (FIG.) Recommencer à neuf en oubliant le passé.

PAGE n. m.
(ANCIENN.) Jeune noble placé auprès d'un souverain. *Le prince est parti chasser avec ses pages préférés.*
☞ Attention au genre masculin du nom en ce sens.

***PAGETTE**
Marque déposée pour ***téléavertisseur.***

PAGINATION n. f.
Action de paginer. *Une pagination automatique.*

PAGINER v. tr.
Numéroter les pages d'un livre, d'un texte.
CONJUGAISON : VOIR MODÈLE AIMER.

PAGNE n. m.
Morceau d'étoffe drapé autour de la taille et qui sert de culotte. *Tarzan ne portait qu'un pagne.*
☞ Attention au genre masculin de ce nom : ***un*** pagne.

PAGODE n. f.
1. Temple asiatique.
2. (EN APPOS.) Se dit d'une manche qui s'évade vers le poignet. *Des manches pagode.*
☞ En apposition, le nom s'écrit sans trait d'union et il est invariable.

PAIE ou **PAYE** n. f.
👄 Orthographié avec ***i,*** le mot se prononce ***pè***; orthographié avec ***y,*** il rime avec ***oseille,*** [pɛ, pɛj].
Rémunération d'un employé. *Un bulletin de paie, de paye.*
FORME FAUTIVE
*paie de vacances. Calque de « *vacation pay* » pour ***indemnité de vacances.***
☞ Ne pas confondre avec les noms suivants :
• ***cachet,*** rémunération que reçoit l'artiste ;
• ***honoraires,*** rétribution variable de la personne qui exerce une profession libérale ;
• ***salaire,*** générique de toute rémunération convenue d'avance et donnée par n'importe quel employeur ;
• ***traitement,*** rémunération liée à un emploi d'une certaine importance.

PAIEMENT ou **PAYEMENT** n. m.
👄 Orthographiée avec ***i,*** la première syllabe se prononce ***pè***; orthographiée avec ***y,*** la première syllabe rime avec ***oseille,*** [pɛmɑ̃, pɛjmɑ̃].
1. Action de payer. *Le paiement d'une dette.* SYN. acquittement ; règlement.
2. Somme payée. *Un paiement en espèces.*
☞ Aujourd'hui, ce nom s'orthographie plutôt ***paiement.***

PAÏEN, ÏENNE adj. et n. m. et f.
Qui n'a pas de religion. *Les missionnaires de Nouvelle-France tentaient de convertir les païens à la religion chrétienne. Des coutumes païennes.*
✎ **païen.**

PAILLARD, ARDE adj. et n. m. et f.
Qui est grivois. *Des chansons paillardes.* SYN. (FAM.) cochon ; salé.

PAILLARDISE n. f.
Grivoiserie. *Vivre dans la paillardise.* SYN. débauche.

PAILLASSE n. f.
Lit de paille. *Dormir sur une paillasse.*

PAILLASSON n. m.
1. Petit tapis en fibres dures qui sert à s'essuyer les pieds devant une porte.
2. (FIG.) (FAM.) Personne, groupe dont la soumission est excessive, trop servile. *Ce béni-oui-oui est un véritable paillasson.* SYN. (FAM.) carpette.
➪ paillasson.

PAILLE adj. inv. et n. f.
NOM FÉMININ
1. Tige desséchée des graminées. *Une botte de paille.*
2. Paille tressée. *Des chapeaux de paille. Un panier de paille.*
3. Chalumeau pour boire. *Un verre et des pailles.*
ADJECTIF DE COULEUR INVARIABLE
De la couleur jaune clair de la paille. *Des mousselines paille.*
VOIR TABLEAU – COULEUR (ADJECTIFS DE).
LOCUTIONS
– ***Être sur la paille.*** (FIG.) Être réduit à coucher sur la paille, être dans la misère.
– ***Homme de paille.*** Prête-nom dans une affaire malhonnête. *Des hommes de paille.*
– ***Paille de fer.*** Tampon utilisé pour gratter, récurer les parquets.
☞ Pour les casseroles, on utilise surtout la ***laine d'acier.***
– ***Tirer à la courte paille.*** Tirer au sort.

PAILLETER v. tr.
Parsemer de paillettes. *Une tenue du soir pailletée.*
CONJUGAISON : VOIR MODÈLE APPELER.
Redoublement du ***t*** devant un ***e*** muet. *Je paillette, je pailletterai,* mais *je pailletais.*
[Les *Rectifications* (1990) admettent : il paillète, paillètera, paillèterait...]

PAILLETTE n. f.
Mince lamelle scintillante qu'on coud sur une étoffe. *Une robe brodée de paillettes.*

PAILLIS n. m.
Couche de matières isolantes (copeaux d'écorce, de bois, etc.) destinée à protéger le sol de la sécheresse et des mauvaises herbes. *Étendre un paillis dans la roseraie.*

PAIN n. m.
Aliment composé d'une pâte de farine pétrie et cuite au four après fermentation. *Une miche de bon pain de campagne. Une baguette de pain frais.*
LOCUTIONS
– ***Avoir du pain sur la planche.*** (FIG.) Avoir beaucoup de travail en perspective.
– ***Être bon comme du bon pain.*** Être très bienveillant et généreux.
– ***Gagner son pain à la sueur de son front.*** (FIG.) Gagner sa vie durement.
– ***Pain d'épice(s).*** Gâteau composé de farine, de seigle, de miel et d'épices.
▭ Selon la plupart des auteurs, le nom ***épice*** s'écrit au singulier dans cette expression ; cependant, la graphie au pluriel est également possible.
– ***Pain doré.*** ⚜ Tranche de pain trempée dans un mélange d'œufs battus et rôtie dans la poêle. *Antoine et Amélie ont mangé du pain doré nappé de sirop d'érable : c'était délicieux.* SYN. pain perdu.
– ***Pour une bouchée de pain.*** (FIG.) À bon compte. *Elle a acheté ce joli secrétaire pour une bouchée de pain.*
FORMES FAUTIVES
*pain brun. Calque de «*brown bread*» pour ***pain bis, pain de son.***
*pain de blé entier. Calque de «*whole wheat bread*» pour ***pain complet.***
HOM. ***pin,*** conifère.

PAIR adj. et n. m.
ADJECTIF
Se dit d'un nombre exactement divisible par deux. *Quatre est un nombre pair. Une page paire.* ANT. impair.
NOM MASCULIN
1. Égalité de valeur. *Ces deux monnaies s'échangent au pair.*
2. Personne qui exerce une fonction semblable. *Il prononcera une conférence devant ses pairs.*
LOCUTIONS
– ***Aller de pair.*** Aller ensemble. *Ces deux programmes vont de pair.*
– ***Hors (de) pair,*** loc. adj. Sans égal, exceptionnel. *Nous avons recruté des collaborateurs hors pair.*
☞ La locution est invariable.
– ***Travailler au pair.*** En échangeant le travail contre le logement et la nourriture. *Geneviève a travaillé au pair à New York.*
HOM.
• ***paire,*** ce qui va par couple ;
• ***père,*** celui qui a un enfant ;
• ***pers,*** couleur changeante.

PAIRE n. f.
Couple. *Une paire de gants, une paire de lunettes.*
HOM.
• ***pair,*** exactement divisible par deux ;
• ***pair,*** égalité de valeur ;
• ***père,*** celui qui a un enfant ;
• ***pers,*** couleur changeante.

PAISIBLE adj.
Calme, qui aime la paix. *Un lieu paisible, une vie paisible, un homme paisible.* SYN. pacifique ; tranquille.

PAISIBLEMENT adv.
D'une manière paisible. *Les enfants jouent paisiblement.* SYN. calmement ; pacifiquement ; tranquillement.

***PAISLEY**
Anglicisme pour ***cachemire.*** *Un motif cachemire* (et non *paisley).

PAÎTRE v. tr., intr.
VERBE TRANSITIF
Se nourrir de, en parlant des animaux. *Les vaches paissent l'herbe.* SYN. brouter.
VERBE INTRANSITIF
Brouter l'herbe. *Les vaches paissent dans le champ.*
LOCUTION
– ***Envoyer paître quelqu'un.*** (FIG.) (FAM.) L'envoyer promener.
CONJUGAISON : VOIR MODÈLE PAÎTRE.
INDICATIF PRÉSENT *Je pais, tu pais, il paît, nous paissons, vous paissez, ils paissent.* IMPARFAIT *Je paissais.* FUTUR *Je paîtrai, tu paîtras, il paîtra, nous paîtrons, vous paîtrez, ils paîtront.* CONDITIONNEL PRÉSENT *Je paîtrais, tu paîtrais, il paîtrait, nous paîtrions, vous paîtriez, ils paîtraient.* IMPÉRATIF PRÉSENT *Pais, paissons, paissez.* SUBJONCTIF PRÉSENT *Que je paisse.* PRÉSENT *Paissant.*
Les temps suivants n'existent pas : passé simple, participe passé, imparfait du subjonctif.
[Les *Rectifications* (1990) admettent : il pait, paitra, paitrait...]

PAIX n. f.
1. Situation d'un pays qui n'est pas en état de guerre. *Une manifestation pour la paix dans le monde.* SYN. accord ; entente. ANT. conflit ; guerre.
2. Sérénité. *Être en paix avec sa conscience.* SYN. harmonie ; tranquillité.
3. Calme. *La paix de la campagne contraste avec l'agitation du centre-ville.* SYN. quiétude.
LOCUTIONS
– ***Avoir la paix.*** (FAM.) Être tranquille.
– ***Faire la paix.*** (FIG.) Se réconcilier.
– ***Ficher la paix à quelqu'un.*** (FAM.) Laisser quelqu'un en repos, sans le déranger.
– ***La paix !,*** loc. interj. Interjection par laquelle on demande impérativement le silence, la tranquillité. SYN. chut ! ; silence ! ; taisez-vous !

P

CONJUGAISON DU VERBE **PAÎTRE**

INDICATIF

PRÉSENT

je **pais**
tu **pais**
elle **paît**
il **paît**

nous **paissons**
vous **paissez**
elles **paissent**
ils **paissent**

PASSÉ COMPOSÉ

(*n'existe pas*)

IMPARFAIT

je **paissais**
tu **paissais**
elle **paissait**
il **paissait**

nous **paissions**
vous **paissiez**
elles **paissaient**
ils **paissaient**

PLUS-QUE-PARFAIT

(*n'existe pas*)

PASSÉ SIMPLE

(*n'existe pas*)

PASSÉ ANTÉRIEUR

(*n'existe pas*)

FUTUR SIMPLE

je **paîtrai**
tu **paîtras**
elle **paîtra**
il **paîtra**

nous **paîtrons**
vous **paîtrez**
elles **paîtront**
ils **paîtront**

FUTUR ANTÉRIEUR

(*n'existe pas*)

CONDITIONNEL PRÉSENT

je **paîtrais**
tu **paîtrais**
elle **paîtrait**
il **paîtrait**

nous **paîtrions**
vous **paîtriez**
elles **paîtraient**
ils **paîtraient**

CONDITIONNEL PASSÉ

(*n'existe pas*)

SUBJONCTIF

PRÉSENT

que je **paisse**
que tu **paisses**
qu' elle **paisse**
qu' il **paisse**

que nous **paissions**
que vous **paissiez**
qu' elles **paissent**
qu' ils **paissent**

PASSÉ

(*n'existe pas*)

IMPARFAIT

(*n'existe pas*)

PLUS-QUE-PARFAIT

(*n'existe pas*)

IMPÉRATIF

PRÉSENT

pais
paissons
paissez

PASSÉ

(*n'existe pas*)

INFINITIF

PRÉSENT

paître

PASSÉ

(*n'existe pas*)

PARTICIPE

PRÉSENT

paissant

PASSÉ

(*n'existe pas*)

PAKISTANAIS, AISE adj. et n. m. et f.
Du Pakistan. *Le drapeau pakistanais. Un Pakistanais, une Pakistanaise.*
T L'adjectif s'écrit avec une minuscule ; le nom, avec une majuscule.

PAL n. m.
Pieu aiguisé. *Des pals.*
HOM.
• ***pale,*** extrémité d'un aviron ;
• ***pâle,*** peu coloré.

PALABRER v. intr.
(PÉJ.) Discourir longuement. *Les participants n'en finissent plus de palabrer et n'aboutissent à aucune conclusion.*
CONJUGAISON : VOIR MODÈLE AIMER.

PALABRES n. m. ou f. pl.
Longue discussion oiseuse. *Des palabres interminables.*
Ne pas confondre avec les mots suivants :
• ***causette,*** conversation familière ;
• ***conciliabule,*** réunion secrète ;
• ***conversation,*** entretien familier ;
• ***dialogue,*** conversation entre deux personnes ;
• ***entretien,*** conversation suivie avec quelqu'un.
Les ouvrages diffèrent sur le genre de ce nom. Le féminin semble préférable si l'on s'en tient à l'origine du mot, mais l'Académie lui donne les deux genres.

PALACE n. m.
Hôtel luxueux. *Des palaces au bord de la mer.*

PALADIN n. m.
Chevalier errant en quête de croisades, d'aventures guerrières.
Ne pas confondre avec le nom ***baladin,*** comédien ambulant.

PALAIS n. m.
1. Résidence d'un chef d'État ou d'un souverain. *Le palais de Versailles, le palais de Buckingham.*
Ne pas confondre avec les noms suivants :
• ***castel,*** petit château ;
• ***château,*** habitation royale ou seigneuriale généralement située à la campagne ;
• ***gentilhommière,*** petit château à la campagne ;
• ***manoir,*** habitation seigneuriale entourée de terres.
2. Vaste édifice.
T Les noms génériques de monuments, d'édifices s'écrivent avec une minuscule s'ils sont suivis d'un nom propre. *Le palais de l'Élysée, le palais du Louvre, le palais de Buckingham.* Les génériques ainsi que les adjectifs qui les précèdent s'écrivent avec une majuscule s'ils ne sont pas suivis d'un nom propre. *Le Grand Palais.*
3. Partie supérieure de la bouche. *Pour imiter le bruit que fait un cheval en marchant, on fait claquer sa langue contre son palais.*
LOCUTION
– ***Palais de justice*** ou ***Palais.*** Bâtiment où les tribunaux rendent la justice.
HOM. ***palet,*** disque plat.

PALAN n. m.
Appareil de levage. *Des palans électriques.*
palan.

PALANQUIN n. m.
Chaise à porteurs, dans les pays orientaux.
palanquin.

PALATAL, ALE, AUX adj. et n. f.
ADJECTIF
Qui se rapporte au palais de la bouche. *Des sons palataux.*
NOM FÉMININ
(PHONÉT.) Consonne prononcée avec un mouvement de la langue contre le palais. *Les consonnes* c, k, g, q *sont des palatales.*

PALE n. f.
1. Extrémité d'un aviron.
2. Partie d'une roue à aubes, d'une hélice. *Les pales du ventilateur.*
HOM.
• ***pal,*** pieu ;
• ***pâle,*** peu coloré.
pale.

PÂLE adj.
1. Dont le teint a perdu ses couleurs. *Caroline a eu un accident : elle est très pâle, car elle est encore sous le choc.* SYN. blafard ; blême ; livide.
2. Peu coloré. *Des gants bleu pâle.* SYN. clair.
Les adjectifs de couleur composés sont invariables. L'adjectif de nuance s'écrit sans trait d'union.
3. (FIG.) Sans éclat, terne. *Ce roman est une pâle imitation d'un livre qui avait eu beaucoup de succès.*
HOM. ***pale,*** extrémité d'un aviron.
pâle.

PALÉ(O)- préf.
Élément du grec signifiant « ancien ».
Les mots composés avec le préfixe ***paléo-*** s'écrivent sans trait d'union. *Paléolithique.*

PALEFRENIER n. m.
PALEFRENIÈRE n. f.
Le premier ***e*** ne se prononce pas, [palfʀənje].
Personne chargée du soin des chevaux.

PALEFROI n. m.
(ANCIENN.) Cheval de parade. ANT. destrier.

PALÉOGRAPHE n. m. et f.
Spécialiste de la paléographie.

PALÉOGRAPHIE n. f.
Science des écritures anciennes.

PALÉOGRAPHIQUE adj.
Relatif à la paléographie.

PALÉOLITHIQUE adj. et n. m.
ADJECTIF
Relatif à l'âge de pierre le plus ancien.
NOM MASCULIN
Première période préhistorique. *Le paléolithique correspond à la première période de la préhistoire.*
paléolithique.

PALÉONTOLOGIE n. f.
Science des animaux et des végétaux fossiles.

PALÉONTOLOGIQUE adj.
Relatif à la paléontologie.

PALÉONTOLOGISTE ou **PALÉONTOLOGUE** n. m. et f.
Spécialiste de la paléontologie.

PALESTINIEN, IENNE adj. et n. m. et f.
De Palestine. *Le drapeau palestinien. Un Palestinien, une Palestinienne.*
T L'adjectif s'écrit avec une minuscule ; le nom, avec une majuscule.

PALESTRE n. f.
Gymnase, dans l'Antiquité.
Attention au genre féminin de ce nom : ***une*** palestre.

PALET n. m.
Le ***t*** ne se prononce pas, [palɛ].
Disque plat utilisé dans plusieurs jeux.
HOM. ***palais,*** résidence d'un chef d'État, d'un roi.
palet.

PALETOT n. m.
Le ***e*** ne se prononce pas, [palto].
Manteau masculin. *Un paletot d'hiver.* SYN. pardessus.
paletot.

P

PALETTE n. f.
1. Petite planche. *Une palette de bois.*
2. Planchette sur laquelle le peintre étale ses couleurs. *Une belle palette de couleurs.*
3. (MANUT.) Emballage composé d'un treillis de planches servant à transporter des marchandises.
✏ palette.

PALETTISATION n. f.
Action de palettiser. *La palettisation facilite le transport et la manutention des marchandises.*
✏ palettisation.

PALETTISER v. tr.
(MANUT.) Mettre des marchandises sur palettes.
CONJUGAISON : VOIR MODÈLE AIMER.
✏ palettiser.

PALÉTUVIER n. m.
Arbre des régions tropicales.

PÂLEUR n. f.
Caractère de ce qui est pâle. *La pâleur de son teint est inquiétante.* SYN. blancheur.
✏ pâleur.

PALIER n. m.
1. Plateforme dans un escalier. *En montant l'escalier, Nouni s'arrête au palier pour se reposer un peu.*
2. (FIG.) Étapes successives.
3. (FIG.) Échelon, tranche. *Les taux d'imposition progressent par paliers.*
LOCUTIONS
– ***Palier de gouvernement.*** Au Canada, sphère de compétence du gouvernement où s'exerce un pouvoir politique. SYN. ordre de gouvernement.
Quand il est question de sphère de compétence de différents gouvernements, on privilégiera l'emploi du terme ***ordre de gouvernement.*** Les termes ***palier, niveau*** et ***échelon de gouvernement,*** qui sont courants dans la langue générale, ne sont pas retenus dans la terminologie officielle du système parlementaire canadien parce qu'ils se réfèrent à une organisation hiérarchique, alors que les gouvernements fédéral et provincial sont tous les deux souverains dans leurs champs de compétence respectifs (GDT).
– ***Par paliers,*** loc. adv. Progressivement, par étapes. SYN. par degrés.
HOM. ***pallier,*** corriger.
✏ palier, un seul ***l.***

PÂLIR v. tr., intr.
VERBE TRANSITIF
Rendre pâle. *Le soleil a pâli la couleur de ces rideaux.*
VERBE INTRANSITIF
1. Devenir pâle, blêmir. *Il a pâli de colère.*
2. Perdre ses couleurs. *À la lumière du soleil, cet imprimé pâlira.* SYN. s'atténuer ; s'estomper.
LOCUTION
– ***Son étoile pâlit.*** (FIG.) Son influence, sa renommée s'estompe.
CONJUGAISON : VOIR MODÈLE FINIR.
✏ pâlir, un accent circonflexe sur le ***a.***

PALISSADE n. f.
Clôture constituée de pieux plantés en terre. *Une palissade entourait le fort gardé par Dollard des Ormeaux.*
✏ palissade.

PALISSANDRE n. m.
Bois dur odorant de teinte violacée recherché pour l'ébénisterie. *Une table en bois de palissandre.*
Attention au genre masculin de ce nom : ***un*** palissandre.

PÂLISSANT, ANTE adj.
Qui devient pâle. *Des écolières perdues pâlissantes d'inquiétude.*

PALLIATIF, IVE adj. et n. m.
ADJECTIF
1. (MÉD.) Qui apporte une réduction passagère des symptômes sans guérir. *Un médicament palliatif.*
2. Dont l'efficacité est purement apparente et temporaire. *Des mesures palliatives qui ne règlent pas le problème de façon définitive.*
NOM MASCULIN
1. Remède qui soulage sans guérir.
2. Mesure provisoire. *C'est un palliatif du chômage.*
Ce nom se construit avec ***de*** et non ***à.***
LOCUTION
– ***Soins palliatifs.*** (MÉD.) Dans un hôpital, soins dispensés aux malades incurables en vue de rendre leurs derniers moments moins pénibles. *Unité de soins palliatifs pour les cancéreux.*

PALLIER v. tr.
Corriger quelque chose de manière incomplète, provisoirement. *Pour pallier ces inconvénients* (et non *à ces inconvénients), *voici ce que nous proposons.*
Le verbe se construit avec un complément direct et non avec la préposition ***à.***
Ne pas confondre avec le verbe ***remédier,*** apporter un remède à quelque chose de façon définitive.
HOM. ***palier,*** plateforme dans un escalier.
CONJUGAISON : VOIR MODÈLE ÉTUDIER.
Redoublement du ***i*** à la première et à la deuxième personne du pluriel de l'indicatif imparfait et du subjonctif présent. *(Que) nous palliions, (que) vous palliiez.*

PALMARÈS n. m.
Le ***s*** se prononce, [palmarɛs] ; le nom rime avec ***graisse.***
Liste des gagnants d'un concours, d'une compétition, etc. *Le palmarès* (et non le *hit-parade) *de la chanson française.*

PALME n. f.
1. Rameau de palmier. *La palme symbolise la victoire.*
2. Nageoire de caoutchouc qui accélère la vitesse du nageur. *Avec ces palmes, je nage très vite.*
LOCUTION
– ***Remporter la palme.*** Gagner.

PALMÉ, ÉE adj.
1. Qui a la forme d'une main ouverte. *Une feuille palmée.*
2. Dont les doigts sont réunis par une membrane. *Le canard a des pieds palmés.*

PALMERAIE n. f.
Plantation de palmiers. *La fantasia aura lieu près de la palmeraie de Marrakech.*

PALMIER n. m.
Arbre tropical à grandes feuilles palmées.

PALMIPÈDE adj. et n. m.
Dont les pieds sont palmés. *Le canard est un palmipède.*

PÂLOT, OTTE adj.
Un peu pâle. *La petite est pâlotte ; serait-elle malade ?*
✏ **pâlot,** pâlotte.

PALOURDE n. f.
Coquillage comestible.

PALPABLE adj.
1. Qui peut être palpé. *Cette tumeur n'est pas palpable.* ANT. impalpable.
2. (FIG.) Clair, évident. *Des résultats palpables.* SYN. concret.

PALPATION n. f.
Action de palper. *La palpation de l'abdomen n'a rien révélé.*

PALPER v. tr.
Examiner en explorant doucement avec la main. *Le médecin a palpé sa jambe douloureuse : heureusement, elle n'est pas fracturée.* SYN. toucher.
CONJUGAISON : VOIR MODÈLE AIMER.

PALPITANT, ANTE adj.
1. Qui palpite. *Julien flatte les naseaux palpitants de son cheval.*
2. (FAM.) Passionnant. *Des histoires palpitantes.* SYN. excitant; prenant; saisissant.
Ne pas confondre avec le participe présent invariable ***palpitant.*** *Ses paupières palpitant d'excitation, il se mit à crier.*

PALPITATION n. f.
1. Agitation anormale du cœur. *Il a eu des palpitations.*
2. Frémissements. *Les palpitations de ses narines.*
Ce nom s'emploie généralement au pluriel.

PALPITER v. intr.
1. Être agité de frémissements.
2. Battre très fort, en parlant du cœur.
CONJUGAISON : VOIR MODÈLE AIMER.

PALSAMBLEU ! interj.
Ancien juron marquant la surprise, le dépit, la colère, etc. *Palsambleu ! le pont-levis est abaissé : profitons-en !*
T L'interjection est toujours suivie d'un point d'exclamation qui est souvent repris à la fin de la phrase. Si la phrase exclamative n'est pas complète, le mot qui suit le point d'exclamation s'écrit avec une minuscule initiale.

PALTOQUET n. m.
Homme prétentieux et sans valeur.
paltoquet.

PALUDÉEN, ENNE adj.
Relatif aux marais. *Fièvre paludéenne.*

PALUDISME n. m.
Maladie parasitaire transmise par la piqûre d'un moustique.
paludisme.

PÂMER (SE) v. pronom.
1. (LITT.) (VX) Défaillir. *Elle se pâma, alors on tenta de la ranimer.* SYN. s'évanouir.
2. (FIG.) Être rempli d'admiration. *Les visiteuses poussaient de petits cris d'admiration et se pâmaient devant les tableaux du salon.*
Le participe passé de ce verbe, qui n'existe qu'à la forme pronominale, s'accorde toujours en genre et en nombre avec son sujet. *Les adolescentes se sont pâmées en apercevant leur idole.*
LOCUTION
– ***Se pâmer de rire.*** (FIG.) Rire à s'évanouir. *Elles se sont pâmées de rire en écoutant les bonnes blagues de Benoît.*
CONJUGAISON : VOIR MODÈLE AIMER.
pâmer.

PÂMOISON n. f.
(PLAISANT.) Admiration extrême au bord de l'évanouissement. *Ils sont en pâmoison devant ce chanteur.*
pâmoison.

PAMPA n. f.
La première syllabe se prononce ***pan,*** [pɑ̃pa].
Vaste plaine herbeuse de l'Amérique du Sud.

PAMPHLET n. m.
Petit écrit qui critique et attaque violemment quelqu'un.
FORME FAUTIVE
*pamphlet. Anglicisme au sens de ***brochure, dépliant, prospectus.***
pamphlet.

PAMPHLÉTAIRE adj. et n. m. et f.
Auteur de pamphlets. *Un auteur pamphlétaire. Une pamphlétaire.*

PAMPLEMOUSSE n. m.
Fruit comestible du pamplemoussier. *Un jus de pamplemousse.*

PAMPLEMOUSSIER n. m.
Arbre de la même famille que l'oranger, cultivé pour ses gros fruits juteux.

PAN n. m.
Partie d'un vêtement, d'une paroi, etc. *Un pan coupé, des pans de mur, un pan de chemise.*
HOM. ***paon,*** oiseau au beau plumage.

PAN- préf.
Élément du grec signifiant « tout ». *Panaméricain.*

P

PANACÉE n. f.
1. Remède qui guérit toutes les maladies.
2. (FIG.) Solution à tous les problèmes. *Cette mesure administrative n'est pas une panacée.*
L'expression *panacée universelle est un pléonasme.
panacée.

PANACHE n. m.
Aigrette, plumes d'une coiffure.
LOCUTION
– ***Avoir du panache.*** (FIG.) Avoir de la prestance, une fière allure.

PANACHER v. tr., pronom.
VERBE TRANSITIF
1. Orner d'un panache.
2. Composer d'éléments différents. SYN. mélanger.
VERBE PRONOMINAL
Devenir panaché, prendre des couleurs variées.
À la forme pronominale, le participe passé de ce verbe s'accorde toujours en genre et en nombre avec son sujet. *Les bosquets s'étaient panachés harmonieusement.*
CONJUGAISON : VOIR MODÈLE AIMER.

PANAFRICAIN, AINE adj.
Relatif à l'unité africaine.

PANAIS n. m.
Plante dont la racine est comestible.
panais.

PANAMA n. m.
Chapeau de paille masculin très léger. *Des panamas blancs.*

PANAMÉEN, ENNE adj. et n. m. et f.
Du Panama. *Le drapeau panaméen. Un Panaméen, une Panaméenne.*
T L'adjectif s'écrit avec une minuscule; le nom, avec une majuscule.

PANAMÉRICAIN, AINE adj.
Qui concerne l'ensemble du continent américain.

PANARABE adj.
Relatif à l'unité des peuples arabes.

PANARIS n. m.
Le ***s*** ne se prononce pas, [panari]; le nom rime avec ***riz.***
Inflammation située près d'un ongle. *Elle souffre d'un panaris au pouce.*
panaris.

PAN-BAGNAT n. m. (pl. *pans-bagnats*)
Pain rond coupé en deux et garni de salade niçoise. *Des pans-bagnats qui ont un goût de vacances.*

PANCARTE n. f.
Affiche. *Les manifestants brandissent leurs pancartes. Le voisin a planté une pancarte où il est écrit « À louer » : il cherche des locataires.* SYN. écriteau.

PANCETTA n. f. (pl. *pancettas*)
Le nom se prononce à l'italienne; la première syllabe rime avec ***panne,*** la deuxième syllabe se prononce ***tchet*** ou ***chet.***
Charcuterie composée de poitrine de porc salée, roulée et séchée. *La pancetta se présente traditionnellement sous la forme d'un saucisson.*
Dans certaines régions françaises, en particulier dans le Sud-Ouest, la région pyrénéenne et le Midi, la poitrine vendue roulée prend le nom de ***ventrêche*** (GDT).

P

PANCRÉAS n. m.
Le *s* se prononce, [pɑ̃kreɑs] ; le mot rime avec ***as***.
Glande du tube digestif.

PANCRÉATIQUE adj.
Relatif au pancréas.

PANDA n. m.
Le nom se prononce [pɑ̃da].
Mammifère noir et blanc qui ressemble à un ours. *Les pandas vivent dans les forêts de l'Inde et de la Chine.*

PANDÉMIE n. f.
1. (MÉD.) Maladie contagieuse qui touche un ou plusieurs continents. *L'Afrique est le continent le plus touché par la pandémie de sida. La pandémie de la grippe espagnole de 1918-1919.*
2. Épidémie qui s'étend à la planète entière.

PANÉ, ÉE adj.
Recouvert de chapelure. *Des croquettes de poulet panées.*

PANÉGYRIQUE n. m.
Éloge d'une personne, d'une cité ou d'une nation.
Ne pas confondre avec le mot ***apologie,*** discours, écrit ayant pour objet de défendre, de justifier une personne, une doctrine.
panégyrique.

***PANEL**
Anglicisme pour ***table ronde, échantillon, groupe témoin.***

PANER v. tr.
Recouvrir de chapelure avant de cuire. *Paner un filet de sole.*
CONJUGAISON : VOIR MODÈLE AIMER.
paner.

PANETIÈRE n. f.
Le ***e*** de la deuxième syllabe se prononce ou non [panətjɛr, pantjɛr].
Meuble où l'on conserve le pain.

PANETTONE n. m. (pl. *panettones*)
Le nom se prononce à l'italienne ; le ***e*** se prononce ***é*** et la dernière syllabe rime avec ***tonne.***
Pâtisserie italienne qui tient à la fois du pain et de la brioche (GDT). *En Italie, les panettones sont servis traditionnellement à Noël.*

PANIER n. m.
Récipient muni d'une anse qui sert à transporter des provisions, des marchandises. *Un panier de fruits. Un panier de paille.*
LOCUTIONS
– ***Le dessus du panier.*** (FIG.) Ce qu'il y a de meilleur.
– ***Le fond du panier.*** (FIG.) Ce qu'il y a de moins bon.
– ***Mettre dans le même panier.*** (FIG.) Juger de même valeur, considérer sur le même pied. SYN. mettre dans le même sac.
– ***Mettre tous ses œufs dans le même panier.*** (FIG.) Concentrer ses efforts, ses investissements dans une même affaire. ANT. diversifier.
– ***Panier à salade.*** (FIG.) (FAM.) Voiture destinée au transport des détenus ou des prévenus.
– ***Panier de crabes.*** (FIG.) Ensemble de personnes qui se combattent à l'intérieur d'un groupe.
– ***Panier percé.*** ⚜ (FIG.) (FAM.) Personne à qui on ne peut faire de confidence, qui ne peut garder un secret.
FORME FAUTIVE
*panier. Impropriété au sens de ***corbeille (à papier).***

PANIQUANT, ANTE adj.
Qui provoque la panique.

PANIQUE n. f.
Frayeur subite accompagnée d'affolement. *Pas de panique : il faut évacuer l'immeuble sans s'affoler.*
LOCUTIONS
– ***Attaque de panique.*** Crise d'anxiété aiguë caractérisée par des palpitations, des problèmes respiratoires, etc. *Elle a déjà été victime d'attaques de panique, mais elle est maintenant guérie.*
– ***Terreur panique, peur panique.*** Effroi violent et soudain.
L'adjectif ne s'emploie que dans ces expressions.

PANIQUER v. tr., intr.
VERBE TRANSITIF
(FAM.) Affoler. *L'examen oral le panique.* SYN. angoisser.
VERBE INTRANSITIF
(FAM.) Céder à la panique, perdre son sang-froid. *Ne panique pas, il y a certainement une solution.* SYN. s'affoler.
CONJUGAISON : VOIR MODÈLE AIMER.

PANNE n. f.
Interruption, arrêt de fonctionnement. *L'ascenseur est en panne, hors service* (et non *hors d'ordre).
LOCUTIONS
– ***Être en panne.*** (FIG.) Ne pas pouvoir continuer ce qui était entrepris.
– ***Panne sèche.*** Arrêt d'un véhicule, faute de carburant.
panne.

PANNEAU n. m. (pl. *panneaux*)
1. Partie d'une construction. *Des panneaux de contreplaqué.*
2. Surface destinée à l'affichage. *Des panneaux-réclames, des panneaux de signalisation, des panneaux indicateurs.*
LOCUTION
– ***Tomber dans le panneau.*** (FIG.) Être pris au piège.

PANONCEAU n. m. (pl. *panonceaux*)
Petite affiche. *Des panonceaux aux couleurs de notre entreprise jalonnent la route.*
panonceau.

PANOPLIE n. f.
1. Collection d'armes présentées sur un panneau.
2. (FIG.) Ensemble de moyens d'action. *Le service dispose d'une panoplie de directives couvrant chaque cas.*
En ce dernier sens, le nom est souvent ironique.
panoplie.

PANORAMA n. m.
Le ***o*** est ouvert, [panɔrama].
Vue étendue d'un paysage. *Cette route comporte des panoramas magnifiques.*

PANORAMIQUE adj.
1. Qui permet de contempler un vaste panorama. *De l'observatoire du mont Royal, on a une vue panoramique sur Montréal.*
2. Qui offre une excellente visibilité. *Une fenêtre panoramique.*

PANSE n. f.
(FAM.) Gros ventre. *« Tu as l'appétit plus grand que la panse », disait la grand-maman à celui qui se servait trop copieusement.*

PANSEMENT n. m.
Compresse stérile destinée à être appliquée sur une plaie. *Un pansement antiseptique.*
LOCUTION
– ***Pansement (adhésif).*** Bande adhésive comportant un petit pansement de gaze servant à protéger une blessure ou une plaie (GDT). *Ces pansements adhésifs* (et non *plasters) *seront utiles en cas d'éraflures.*

PANSER v. tr.
1. Prendre soin, faire la toilette d'un animal. *Panser son cheval.*
Les animaux que l'on panse ne sont pas blessés, contrairement aux personnes.
2. Soigner en appliquant un pansement. *Panser le genou d'un enfant.*
3. (FIG.) Apaiser une souffrance. *La gentillesse de ses amis pansera quelque peu sa douleur.*
HOM. ***penser,*** réfléchir.
CONJUGAISON : VOIR MODÈLE AIMER.

PANSU, UE adj.
Gros. *Un cuisinier pansu.* SYN. ventru.

PANTAGRUÉLIQUE adj.
Digne de Pantagruel, le bon géant épicurien de Rabelais qui aime boire et manger. *Un appétit pantagruélique.*

PANTALON n. m.
Culotte à jambes longues. *Un pantalon de velours. Une fillette en pantalon.*
Le nom s'emploie aujourd'hui au singulier lorsqu'il désigne un seul vêtement.

PANTELANT, ANTE adj.
Qui a une respiration haletante, qui suffoque. *Des blessés pantelants.*

PANTELER v. intr.
(VX) Respirer avec peine, haleter.
CONJUGAISON : VOIR MODÈLE APPELER.
Redoublement du ***l*** devant un ***e*** muet. *Je pantelle, je pantellerai,* mais *je pantelais.*
[Les *Rectifications* (1990) admettent : il pantèle, pantèlera, pantèlerait...]

PANTHÈRE n. f.
Mammifère carnassier au pelage jaune moucheté de noir. *La panthère d'Afrique se nomme* léopard, *celle d'Amérique,* jaguar.
panthère.

PANTIN n. m.
1. Personnage articulé dont on fait mouvoir les membres à l'aide d'un fil.
2. (FIG.) Personne sans volonté, influençable. SYN. fantoche; girouette; marionnette.

PANTOIS, OISE adj.
Stupéfait, très surpris. *L'enseignant était tout pantois devant l'audace de Nicolas.* SYN. ahuri; ébahi.

PANTOMIME n. f.
1. Art du mime.
2. Pièce mimée.
Attention au genre féminin de ce nom : ***une*** pantomime.

PANTOUFLARD, ARDE adj. et n. m. et f.
(FAM.) Casanier. *Son père est un peu trop pantouflard au goût de Laurent.*
pantouflard, un seul ***f.***

PANTOUFLE n. f.
Chaussure d'intérieur. *Se mettre en pantoufles.*
pantoufle, un seul ***f.***

PANURE n. f.
Pain émietté. *Passer une escalope dans la panure.* SYN. chapelure.

PAO
Sigle de ***publication assistée par ordinateur.***

PAON n. m.
Le **o** ne se prononce pas, [pɑ̃]; le nom rime avec ***pan.***
Oiseau au beau plumage dont la queue, chez le mâle, peut se déployer en éventail.
VOIR TABLEAU – ANIMAUX.
HOM. ***pan,*** partie d'un vêtement, d'un mur.

PAONNE n. f.
Le **o** ne se prononce pas, [pan]; le nom rime avec ***panne.***
Femelle du paon. *Le petit de la paonne est le paonneau.*

PAONNEAU n. m. (pl. *paonneaux*)
Petit de la paonne. *Des paonneaux craintifs.*

PAPA n. m.
Père, dans le langage des enfants, même devenus adultes. *Jouer au papa et à la maman.*
LOCUTIONS
– ***À la papa,*** loc. adv. (FAM.) Sagement, tranquillement. *Voyager à la papa.*
– ***De papa,*** loc. adj. (FAM.) Dépassé, d'une autre époque. *Les discothèques de papa.*

PAPAL, ALE, AUX adj.
Du pape. *Des emblèmes papaux. La bénédiction papale.*

PAPAUTÉ n. f.
1. Dignité du pape. *Jean-Paul II a accédé à la papauté en 1978.*
2. Gouvernement papal.

PAPAYE n. f.
Les deux ***a*** se prononcent ***a,*** [papaj]; le nom rime avec ***paille.***
Fruit comestible du papayer.

PAPAYER n. m.
Arbre dont le fruit est la papaye.

PAPE n. m.
Chef de l'Église catholique. *Notre Saint-Père le pape. Sa Sainteté le pape Jean-Paul II.*
T Les titres religieux s'écrivent généralement avec une minuscule. *L'abbé, l'archevêque, le cardinal, le curé, l'évêque.* Cependant, ces titres s'écrivent avec une majuscule dans deux cas : lorsque le titre remplace un nom de personne et dans les formules d'appel, de salutation. *Le Pape sera présent à la réunion.*
VOIR TABLEAU – TITRES DE FONCTIONS.

PAPERASSE n. f.
(PÉJ.) Papiers administratifs. *Il y a toujours trop de paperasse* ou *de paperasses, de formulaires inutiles.*
Le nom peut jouer le rôle d'un collectif et s'écrire au singulier pour désigner un ensemble de documents; il peut aussi être orthographié au pluriel si l'on veut insister sur la pluralité.

PAPERASSERIE n. f.
(PÉJ.) Prolifération de documents, de formulaires administratifs.

PAPETERIE n. f.
Le premier ***e*** est muet ou se prononce ***è,*** mais le deuxième ***e*** est toujours muet, [paptri, papɛtri].
1. Usine où l'on fabrique du papier. *Il exploite une papeterie* (et non un *moulin à papier).
2. Magasin où l'on vend des articles de bureau, des fournitures scolaires.
FORME FAUTIVE
*papeterie. Impropriété au sens de ***articles de bureau, papier à lettres.***
[Les *Rectifications* (1990) admettent : papèterie.]

PAPETIER, IÈRE adj.
Relatif au papier. *Au Québec, l'industrie papetière est très importante.*

PAPIER n. m.
1. Substance composée de fibres de bois agglomérées pour former une feuille mince. *Du papier à lettres, du papier journal, du papier d'emballage.*
2. Document écrit ou imprimé. *Il a perdu un papier important.*
3. (AU PLUR.) (ABSOL.) Papiers d'identité. *Montrez-moi vos papiers, s'il vous plaît.*
LOCUTIONS
– ***Papier carbone.*** Papier permettant d'obtenir des doubles. *Des papiers carbone, des carbones.*
En apposition, le nom ***carbone*** est invariable; employé seul, il prend la marque du pluriel.
– ***Papier ciré.*** Papier d'emballage, imprégné de cire, utilisé par exemple pour emballer les fromages (Recomm. off.).
– ***Papier d'aluminium.*** Feuille très mince de ce métal.
– ***Papier d'emballage.*** *Envelopper un colis dans du papier d'emballage* (et non *brun).
– ***Papier de soie.*** Papier très fin et translucide.
– ***Papier de verre, papier-(d')émeri.*** *Utiliser du papier-émeri* (et non *papier sablé).
– ***Papier hygiénique.*** *Un rouleau de papier hygiénique* (et non *de toilette).

P

– ***Papier mâché.*** Pâte de papier additionnée de colle. *Un jouet en papier mâché.*
– ***Papier paraffiné.*** Papier d'emballage imprégné de paraffine, utilisé pour emballer différents produits, mais plus spécialement les viandes et les charcuteries (Recomm. off.).
– ***Papier peint.*** Papier que l'on colle sur les murs. *Du papier peint fleuri.* SYN. tapisserie.
– ***Papier pelure.*** Papier à écrire très mince et translucide. *Du papier pelure* (et non *papier oignon).
– ***Sortie papier.*** (INFORM.) Document imprimé restituant l'information d'un système informatique. SYN. support papier.
Au pluriel, le nom ***sortie*** prend la marque du pluriel, alors que le nom apposé ***papier*** reste au singulier. *Des sorties papier* (ellipse de ***sorties sur papier***).
Le terme ***sortie papier*** s'oppose à celui de ***sortie électronique*** (affichée à l'écran, sur disque, sur clé USB, etc.).
FORMES FAUTIVES
*papier brun. Calque de «*brown paper*» pour ***papier d'emballage.***
*papier de toilette. Calque de «*toilet paper*» pour ***papier hygiénique.***
*papier oignon. Calque de «*onion skin paper*» pour ***papier pelure.***
*papier sablé. Calque de «*sand-paper*» pour ***papier de verre.***

PAPIER-MOUCHOIR n. m. (pl. *papiers-mouchoirs*)
Petit carré de papier très doux servant à se moucher ou à s'essuyer le visage (Recomm. off.). *Auriez-vous un papier-mouchoir* (et non *kleenex)*?* SYN. mouchoir de papier; mouchoir jetable.
Le terme ***kleenex*** est une marque déposée.

PAPILLE n. f.
Petite éminence à la surface des muqueuses. *Les papilles gustatives.*

PAPILLOME n. m.
Les deux *l* se prononcent comme un seul, [papilɔm].
(MÉD.) Tumeur bénigne de la peau d'origine virale. *Les verrues sont des papillomes.*

PAPILLON n. m.
Insecte muni de quatre ailes aux couleurs diverses. *La chenille devient une chrysalide, puis un papillon.*
LOCUTIONS
– ***Nage papillon, brasse papillon.*** Type de nage où les bras sont projetés latéralement à l'extérieur de l'eau. *Des brasses papillon.*
– ***Nœud papillon.*** Nœud dont la forme s'apparente à celle d'un papillon et qui peut remplacer la cravate. *Ce nœud papillon* (et non cette *boucle) *ajoute une touche d'originalité à sa tenue. Des nœuds papillon de soie.*
Dans les expressions où il est mis en apposition, le nom ***papillon*** est invariable et s'écrit sans trait d'union.

PAPILLONNER v. intr.
Voltiger d'idée en idée, de personne en personne, sans s'arrêter à aucune. SYN. s'éparpiller.
Ne pas confondre avec le verbe ***papilloter,*** cligner des paupières.
CONJUGAISON : VOIR MODÈLE AIMER.

PAPILLOTE n. f.
Papier dont on se servait pour enrouler les cheveux afin de les friser, dont on enveloppe les bonbons; feuillet d'aluminium dont on entoure certains aliments destinés à la cuisson. *Des coquelets en papillotes.*
papillote.

PAPILLOTER v. intr.
Cligner des paupières.
Ne pas confondre avec le verbe ***papillonner,*** voltiger d'idée en idée, de personne en personne.
CONJUGAISON : VOIR MODÈLE AIMER.
papilloter.

PAPOTAGE n. m.
(FAM.) Bavardage, commérage. *Bianca n'aime pas les papotages.*
papotage.

PAPOTER v. intr.
(FAM.) Bavarder, parler trop, dire des choses insignifiantes.
CONJUGAISON : VOIR MODÈLE AIMER.
papoter.

PAPRIKA n. m.
Variété de piment. *Saupoudrer la purée de paprika.*

PAPY-BOOM ou **PAPY-BOUM** n. m. (pl. *papy-booms* ou *papy-boums*)
(FAM.) Forte augmentation du nombre des personnes âgées au sein de la population. *Le phénomène du papy-boom s'accentue.*
Le mot est formé sur le modèle de ***baby-boom.***

PAPYRUS n. m.
Le *s* se prononce, [papirys]; ce nom rime avec ***autobus.***
1. Plante dont les Égyptiens employèrent l'écorce comme support d'écriture.
2. Manuscrit écrit sur une feuille de papyrus. *Des papyrus bien conservés.*
papyrus.

PÂQUE n. f. sing.
Fête juive. *Nos voisins ont célébré la pâque.*
Ne pas confondre avec le nom ***Pâques,*** fête chrétienne qui commémore la résurrection du Christ.
T En ce sens, le nom est féminin singulier et s'écrit avec une minuscule.

PAQUEBOT n. m.
Grand navire de commerce servant surtout au transport des passagers. *Un paquebot transatlantique.*
Ne pas confondre avec les noms suivants :
• ***bateau,*** bâtiment, grand ou petit, qui navigue sur la mer ou sur les rivières;
• ***canot,*** petite embarcation à rames, à voile ou à moteur;
• ***cargo,*** navire pour le transport des marchandises;
• ***pétrolier,*** navire-citerne pour le transport du pétrole;
• ***voilier,*** bateau à voiles;
• ***yacht,*** bateau de plaisance.
paquebot.

PÂQUERETTE n. f.
Petite marguerite à cœur jaune. *Un jardin rempli de pâquerettes.*
pâquerette, attention à l'accent circonflexe.

PÂQUES n. m. et f.
NOM MASCULIN SINGULIER
Fête chrétienne qui commémore la résurrection du Christ. *Cette année, Pâques est célébré le 15 avril.*
Ne pas confondre avec le nom ***pâque,*** fête juive.
T Malgré le *s* final, le nom est au masculin singulier (ellipse de ***jour de Pâques***) et s'emploie sans article et sans adjectif avec une majuscule initiale.
NOM FÉMININ PLURIEL
Accompagné d'un adjectif, le nom est au féminin pluriel. *Faire ses Pâques, Pâques fleuries.*

PAQUET n. m.
1. Assemblage de choses attachées ou emballées ensemble. *Un paquet de cigarettes, de gomme à mâcher.*
2. Colis. *Expédition d'un paquet par avion.*
LOCUTIONS
– ***Mettre le paquet.*** (FAM.) Faire le maximum.
– ***Paquet-cadeau.*** Emballage de fantaisie destiné aux présents. *Aimeriez-vous que je vous fasse des paquets-cadeaux?*
– ***Un paquet de.*** Une grande quantité de. *Elle a reçu un paquet de lettres. Il est tombé un paquet de neige.*
– ***Un paquet de nerfs.*** (FAM.) Personne très agitée, très nerveuse.

PAR prép.
La préposition marque une relation :
1. De **lieu.** À travers. *Passer par Trois-Rivières pour aller à Québec. Regarder par le hublot.*
2. De **temps.** Au cours de. *Par une belle nuit étoilée.*
3. De **distribution.** Pour chaque. *Il gagne 1000 $ par semaine. Des frais de 25 $ par personne.*
En ce sens, la préposition est suivie du singulier. *Ce rosier fleurit deux fois par année. Un berlingot de lait par élève.*
4. De **subdivision.** *Répartir ces animaux par classes et sous-classes.*
Si le complément exprime la fragmentation d'un tout, il se met au pluriel. *Classer par sections, par douzaines, par paires, par séries.*
5. De **cause.** *Engourdi par le froid.*
6. D'**agent.** *Ce roman a été écrit par une jeune femme.*
L'agent est l'auteur de quelque chose. Ex. : *La pomme est croquée par Julie.* Dans cette phrase, « Julie » est l'agent qui croque la pomme.
7. D'**instrument**, de **moyen.** *Voyager par avion.*
8. De **manière.** *Classer des données par ordre alphabétique.*
LOCUTIONS
– ***De par,*** loc. prép. Au nom de. *De par la loi, vous êtes arrêté.*
– ***Par ailleurs,*** loc. adv. D'un autre côté, d'un autre point de vue.
– ***Par-ci, par-là,*** loc. adv. Un peu partout. *Des fleurs poussent par-ci, par-là.*
– ***Par conséquent,*** loc. conj. Donc, d'où il résulte que.
– ***Par-devant, par-derrière, par-dessus, par-dessous,*** loc. prép.
Ces locutions s'écrivent avec un trait d'union, mais les expressions ***par en bas, par en haut, par ici, par l'avant, par l'arrière*** s'écrivent sans trait d'union.
– ***Par instants, par moments, par intervalles, par périodes.*** Dans ces expressions, le complément s'écrit au pluriel.
– ***Par trop,*** loc. adv. De façon excessive. *Il est par trop bête.*
FORME FAUTIVE
*par. Anglicisme au sens de ***sur.*** *Le tapis mesure 3 m sur* (et non *par) *4 m.*

PARA- préf.
Élément du grec signifiant « à côté de ». *Parascolaire.*
Les mots composés avec le préfixe ***para-*** s'écrivent en un seul mot, à l'exception de ceux dont le second élément commence par une voyelle. *Parascolaire, para-universitaire.*

PARABOLE n. f.
1. Allégorie. *La parabole évangélique de la multiplication des pains.*
Le nom ***parabole*** est le doublet du mot ***parole.***
VOIR TABLEAU – DOUBLETS.
2. (GÉOM.) Courbe.

PARABOLIQUE adj.
En forme de parabole. *Un miroir parabolique.*
LOCUTION
– ***Antenne parabolique.*** Antenne en forme de soucoupe qui capte des émissions de télévision retransmises par satellite.

PARACHÈVEMENT n. m.
(LITT.) Fait de mettre la dernière main à un ouvrage.

PARACHEVER v. tr.
Achever au plus haut point. SYN. (FAM.) fignoler ; mettre au point ; parfaire ; polir.
CONJUGAISON : VOIR MODÈLE LEVER.
Le ***e*** se change en ***è*** devant une syllabe contenant un ***e*** muet. *Il parachève,* mais *il parachevait.*

PARACHUTAGE n. m.
1. Action de parachuter des personnes, des choses. *Le parachutage des vivres dans la région sinistrée.*
2. (FIG.) Nomination inattendue d'une personne à un poste, candidature imprévue à une élection. *Les Trifluviens n'ont pas apprécié le parachutage de ce candidat originaire de Québec.*

PARACHUTE n. m.
Appareil permettant de freiner la chute d'une personne ou d'un objet qu'on lance d'un avion.

PARACHUTER v. tr.
1. Larguer d'un avion en vol une personne, une chose munie d'un parachute. *Des provisions ont été parachutées.*
2. (FIG.) Nommer une personne à une fonction, proposer un candidat à une élection, de façon inattendue. *Ce candidat a été parachuté dans cette circonscription qu'il ne connaît pas.*
CONJUGAISON : VOIR MODÈLE AIMER.

PARACHUTISME n. m.
Technique du saut en parachute.

PARACHUTISTE n. m. et f.
Personne qui pratique le parachutisme. *Des parachutistes hardies, mais prudentes.*

PARADE n. f.
1. Défilé militaire. *La parade du 14 juillet à Paris.*
2. (ZOOL.) Pour certains animaux, ensemble des attitudes et des gestes ritualisés qui ont pour but d'établir définitivement l'appariement et de favoriser une copulation féconde. SYN. danse nuptiale.
3. Manière de parer un coup, à l'escrime. *Une habile parade.*
LOCUTIONS
– ***De parade,*** loc. adj. De cérémonie. *Les académiciens portent leur tenue de parade.*
– ***Faire parade de quelque chose.*** (FIG.) Montrer avec ostentation ses connaissances, son pouvoir, ses sentiments, etc. *Ces conférenciers prétentieux font parade de leurs titres.* SYN. arborer ; exhiber ; faire étalage de.
L'expression a une connotation péjorative. Le nom ***parade*** reste au singulier.
FORMES FAUTIVES
*parade de mode. Anglicisme pour ***défilé de mannequins, de mode.***
*parade (du père Noël, de la Saint-Jean). Impropriété pour ***défilé.***

PARADER v. intr.
1. Faire un défilé. *Les militaires paradent en uniforme.*
2. (FAM.) Faire étalage de son apparence, de son savoir, etc., pour attirer l'attention. SYN. se montrer ; se pavaner.
CONJUGAISON : VOIR MODÈLE AIMER.

PARADIGME n. m.
1. (GRAMM.) Modèle de déclinaison, de conjugaison.
2. (DIDACT.) Modèle théorique qui sous-tend la recherche scientifique. *L'émergence d'un nouveau paradigme.*

PARADIS n. m.
1. Dans la religion chrétienne, ciel. *Les saints vont au paradis.*
2. (FIG.) Lieu enchanteur. *Cette propriété à la campagne, c'est un petit coin de paradis.* SYN. éden.
LOCUTIONS
– ***Être au paradis.*** (FIG.) Se sentir très bien, être très heureux.
– ***Paradis fiscal.*** Pays où les impôts à payer sont nuls ou faibles.
– ***Paradis terrestre.*** Le jardin d'Adam et Ève lors de la création.
– ***Vous ne l'emporterez pas en paradis.*** (FIG.) Vous serez puni.

PARADISIAQUE adj.
Digne du paradis. *Des plages paradisiaques.* SYN. enchanteur ; féerique.

PARADOXAL, ALE, AUX adj.
Qui s'apparente à un paradoxe. *Ton choix est paradoxal : tu détestes les épinards et pourtant, c'est ce que tu commandes.* SYN. contradictoire.

PARADOXALEMENT adv.
D'une manière paradoxale.

PARADOXE n. m.
1. Pensée, opinion contraire au bon sens et qui heurte les idées reçues.
2. Contradiction.

P

PARAFE
VOIR – PARAPHE.

PARAFER
VOIR – PARAPHER.

PARAFEUR
VOIR – PARAPHEUR.

PARAFFINE n. f.
Substance de consistance cireuse. *Grand-maman couvre les pots de confiture de paraffine afin de les conserver longtemps.*
✏ paraffine.

PARAGES n. m. pl.
Environs. *Les enfants jouent dans les parages.* SYN. voisinage.

paragr.
Abréviation de ***paragraphe.***

PARAGRAPHE n. m.
Abréviation ***paragr.*** (s'écrit avec un point).
Symbole typographique ¶.
Subdivision d'un texte en prose, marquée par un retour à la ligne au début et à la fin. *La composition de Fanny compte cinq paragraphes.*
FORME FAUTIVE
*paragraphe. Anglicisme au sens de ***(aller) à la ligne.***

PARAGUAYEN, ENNE adj. et n. m. et f.
Du Paraguay. *Le drapeau paraguayen. Un Paraguayen, une Paraguayenne.*
[T] L'adjectif s'écrit avec une minuscule; le nom, avec une majuscule.

PARAÎTRE v. intr., impers.
VERBE INTRANSITIF
1. Devenir visible. *Les bourgeons ont commencé à paraître.* SYN. se voir.
2. Sembler, avoir l'apparence de. *Martine a paru contente.* SYN. avoir l'air.
En ce sens, le verbe joue le rôle de l'auxiliaire ***être*** et l'adjectif ou le nom qui suit est attribut du sujet; cependant, il se conjugue avec l'auxiliaire ***avoir.***
3. Sembler avoir tel âge. *Éloi ne paraît pas ses 50 ans.* SYN. faire.
4. Être publié. *Le dictionnaire paraîtra à l'automne. Cette revue paraît tous les mois.*
En ce sens, le verbe peut se construire avec l'auxiliaire ***avoir*** pour marquer l'action (*Les essais qui ont paru au printemps se vendent bien*), avec l'auxiliaire ***être*** pour marquer l'état, le résultat de l'action (L'Encyclopédie visuelle *est parue*). Le participe passé peut également s'employer sans auxiliaire. *Les romans parus l'an dernier.*
VERBE IMPERSONNEL
Il semble que, on dit que. *Il paraît, il paraîtrait qu'il a gagné le gros lot.* SYN. paraît-il.
1° Le verbe se construit avec l'indicatif. *Il paraît que vous pensez à démissionner.* Il se construit avec le subjonctif si un adjectif précède la conjonction ***que.*** *Il paraît raisonnable que vous soyez consulté.*
2° Dans une phrase négative, il se construit avec le subjonctif. *Il ne paraît pas qu'il puisse arriver à temps.*
3° Dans les phrases qui expriment une supposition, une hypothèse, le verbe se construit avec le conditionnel. *Il paraît qu'elle serait malade.*
LOCUTIONS
– ***À ce qu'il paraît.*** (FAM.) Paraît-il. *À ce qu'il paraît, ce chanteur est très doué.* SYN. apparemment; selon les apparences.
– ***Laisser paraître.*** Révéler, montrer. *Laisser paraître son impatience.* SYN. manifester.
– ***Sans qu'il y paraisse.*** Sans que cela soit apparent.
Ne pas confondre avec le verbe ***apparaître,*** devenir brusquement visible, évident.
CONJUGAISON : VOIR MODÈLE PARAÎTRE.
[Les *Rectifications* (1990) admettent : il parait, paraitra, paraitrait...]

PARALANGAGE n. m.
(LING.) Ensemble des moyens de communication naturels non langagiers (gestuelle, intonation de la voix, etc.) qui accompagnent la parole.

PARALLÈLE adj. et n. m. et f.
ADJECTIF
1. Se dit de droites qui ne se rencontrent pas. *Des traits parallèles.*
2. (FIG.) Qui suit la même direction, semblable. *Des chemins parallèles, des carrières parallèles. Les rails sont parallèles.*
NOM MASCULIN
1. Comparaison, rapprochement. *Faire un parallèle entre deux romans. Mettre en parallèle les films d'un cinéaste.*
2. Cercle imaginaire de la Terre servant à mesurer la latitude et qui est parallèle à l'équateur. *La ville de Montréal est située au 45ᵉ parallèle.*
NOM FÉMININ
Droite parallèle à une autre. *Tracer une parallèle.*
✏ parallèle, un ***r***, deux ***ll***, un ***l***.

PARALLÈLEMENT adv.
1. D'une manière parallèle. *Deux sentiers tracés parallèlement.*
2. Simultanément. *Elle étudie l'anglais et l'espagnol parallèlement.* SYN. en même temps.
LOCUTION
– ***Parallèlement à,*** loc. prép. De façon parallèle à. *Parallèlement à ses études, Simon fait partie d'un orchestre.* SYN. en même temps que.
✏ parallèlement.

PARALLÉLISME n. m.
1. État de deux lignes, plans, choses parallèles. *Il n'est pas toujours possible de placer le projecteur exactement en face de la surface de projection, ce qui occasionne une distorsion du parallélisme de l'image.*
2. (FIG.) Symétrie, similitude entre des faits, des choses. *Ce texte prévoit la fin des subventions aux exportations agricoles, mais sans l'assortir d'une condition de strict parallélisme entre tous les grands pays exportateurs.*
LOCUTION
– ***Réglage du parallélisme des roues.*** Opération d'entretien consistant à mesurer la géométrie du train avant et à la corriger, si nécessaire, de façon à égaler la géométrie idéale déterminée par le constructeur de véhicules automobiles (GDT). *Effectuer le réglage du parallélisme* (et non l'*alignement) *des roues.* SYN. réglage du train avant.
✏ parallélisme.

PARALLÉLOGRAMME n. m.
(GÉOM.) Figure dont les côtés opposés sont égaux et parallèles. *Le rectangle est un parallélogramme.*
✏ parallélogramme.

PARALYMPIQUE adj.
Relatif aux jeux réunissant les athlètes handicapés pratiquant certains sports.
LOCUTION
– ***Jeux paralympiques.*** Compétitions handisports qui se déroulent parallèlement aux Jeux olympiques.

PARALYSANT, ANTE adj.
Qui paralyse. *Des gaz paralysants.*
✏ paralysant.

PARALYSÉ, ÉE adj. et n. m. et f.
ADJECTIF
Atteint de paralysie. *Ses jambes sont paralysées.*
NOM MASCULIN ET FÉMININ
Personne atteinte de paralysie. SYN. paralytique.

CONJUGAISON DU VERBE **PARAÎTRE**

INDICATIF

PRÉSENT		PASSÉ COMPOSÉ		
je	par**ais**	j'	ai	paru
tu	par**ais**	tu	as	paru
elle	par**aît**	elle	a	paru
il	par**aît**	il	a	paru
nous	par**aissons**	nous	avons	paru
vous	par**aissez**	vous	avez	paru
elles	par**aissent**	elles	ont	paru
ils	par**aissent**	ils	ont	paru

IMPARFAIT		PLUS-QUE-PARFAIT		
je	par**aissais**	j'	avais	paru
tu	par**aissais**	tu	avais	paru
elle	par**aissait**	elle	avait	paru
il	par**aissait**	il	avait	paru
nous	par**aissions**	nous	avions	paru
vous	par**aissiez**	vous	aviez	paru
elles	par**aissaient**	elles	avaient	paru
ils	par**aissaient**	ils	avaient	paru

PASSÉ SIMPLE		PASSÉ ANTÉRIEUR		
je	par**us**	j'	eus	paru
tu	par**us**	tu	eus	paru
elle	par**ut**	elle	eut	paru
il	par**ut**	il	eut	paru
nous	par**ûmes**	nous	eûmes	paru
vous	par**ûtes**	vous	eûtes	paru
elles	par**urent**	elles	eurent	paru
ils	par**urent**	ils	eurent	paru

FUTUR SIMPLE		FUTUR ANTÉRIEUR		
je	par**aîtrai**	j'	aurai	paru
tu	par**aîtras**	tu	auras	paru
elle	par**aîtra**	elle	aura	paru
il	par**aîtra**	il	aura	paru
nous	par**aîtrons**	nous	aurons	paru
vous	par**aîtrez**	vous	aurez	paru
elles	par**aîtront**	elles	auront	paru
ils	par**aîtront**	ils	auront	paru

CONDITIONNEL PRÉSENT		CONDITIONNEL PASSÉ		
je	par**aîtrais**	j'	aurais	paru
tu	par**aîtrais**	tu	aurais	paru
elle	par**aîtrait**	elle	aurait	paru
il	par**aîtrait**	il	aurait	paru
nous	par**aîtrions**	nous	aurions	paru
vous	par**aîtriez**	vous	auriez	paru
elles	par**aîtraient**	elles	auraient	paru
ils	par**aîtraient**	ils	auraient	paru

SUBJONCTIF

PRÉSENT			PASSÉ			
que	je	par**aisse**	que	j'	aie	paru
que	tu	par**aisses**	que	tu	aies	paru
qu'	elle	par**aisse**	qu'	elle	ait	paru
qu'	il	par**aisse**	qu'	il	ait	paru
que	nous	par**aissions**	que	nous	ayons	paru
que	vous	par**aissiez**	que	vous	ayez	paru
qu'	elles	par**aissent**	qu'	elles	aient	paru
qu'	ils	par**aissent**	qu'	ils	aient	paru

IMPARFAIT			PLUS-QUE-PARFAIT			
que	je	par**usse**	que	j'	eusse	paru
que	tu	par**usses**	que	tu	eusses	paru
qu'	elle	par**ût**	qu'	elle	eût	paru
qu'	il	par**ût**	qu'	il	eût	paru
que	nous	par**ussions**	que	nous	eussions	paru
que	vous	par**ussiez**	que	vous	eussiez	paru
qu'	elles	par**ussent**	qu'	elles	eussent	paru
qu'	ils	par**ussent**	qu'	ils	eussent	paru

IMPÉRATIF

PRÉSENT	PASSÉ	
par**ais**	aie	paru
par**aissons**	ayons	paru
par**aissez**	ayez	paru

INFINITIF

PRÉSENT	PASSÉ
par**aître**	avoir paru

PARTICIPE

PRÉSENT	PASSÉ
par**aissant**	paru, ue ayant paru

PARALYSER v. tr.
1. Frapper de paralysie. *L'attaque a paralysé son bras et sa jambe gauches. Elle est devenue paralysée* (et non *a paralysé).
2. (FIG.) Empêcher d'agir. *La peur l'a paralysé. Une panne d'électricité paralyse le centre-ville depuis trois heures.* SYN. arrêter.
CONJUGAISON : VOIR MODÈLE AIMER.
paralyser.

PARALYSIE n. f.
1. (MÉD.) Perte de la fonction motrice.
La ***paraplégie*** est la paralysie des membres inférieurs ; la ***quadriplégie*** touche les quatre membres et l'***hémiplégie,*** un côté du corps.
2. (FIG.) Arrêt complet d'une activité. *La grève a causé la paralysie des transports en commun.* SYN. blocage.
paralysie.

PARALYTIQUE adj. et n. m. et f.
ADJECTIF
Atteint de paralysie. *Un malade paralytique.* SYN. paralysé.
NOM MASCULIN ET FÉMININ
Personne atteinte de paralysie. *Une paralytique.*
paralytique.

PARAMÉDICAL, ALE, AUX adj.
Se dit du personnel qui se consacre au traitement des malades, sans appartenir au corps médical. *Les professions paramédicales.*

PARAMÈTRE n. m.
1. (MATH.) Symbole désignant, dans une équation, une grandeur donnée qui peut prendre des valeurs différentes.
2. (FIG.) Élément constant d'un calcul. *Le paramètre des versements hypothécaires est le taux d'intérêt.*

PARAMILITAIRE adj.
Se dit d'un groupement armé qui s'exerce militairement, mais en marge de l'armée régulière.

PARANGON n. m.
(VX) (LITT.) Ce qui peut servir de modèle. *Un parangon de justice.*

PARANOÏA n. f.
Type de maladie mentale caractérisée notamment par une méfiance aiguë, une surestimation de la personne, un délire de persécution. *Des paranoïas graves.*
paranoïa.

PARANOÏAQUE adj. et n. m. et f.
ADJECTIF
Relatif à la paranoïa. *Un délire paranoïaque.*
NOM MASCULIN ET FÉMININ
Personne atteinte de paranoïa. *C'est une paranoïaque.*
paranoïaque.

PARAPENTE n. m.
1. Parachute permettant de s'élancer dans les airs du sommet d'une montagne, d'une falaise.
2. Sport pratiqué avec ce parachute. *Faire un vol en parapente.*

PARAPENTISTE n. m. et f.
Personne qui pratique le sport du parapente.

PARAPET n. m.
Le *t* ne se prononce pas, [parapɛ] ; ce nom rime avec ***paix.***
Garde-fou. *Seul un parapet bordait le chemin au-dessus de la falaise.* SYN. garde-corps.
parapet.

PARAPHE ou **PARAFE** n. m.
Signature abrégée, souvent formée des initiales.

PARAPHER ou **PARAFER** v. tr.
Apposer son parafe, c'est-à-dire signer de ses initiales un texte, une modification, etc. *Toutes les pages du contrat doivent être paraphées* (et non *initialées).
CONJUGAISON : VOIR MODÈLE AIMER.

PARAPHEUR ou **PARAFEUR** n. m.
Classeur comportant plusieurs volets où sont classés les documents à parapher.

PARAPHRASE n. f.
Commentaire explicatif qui, dans certains cas, est jugé long et inutile.
Ne pas confondre avec le nom ***périphrase,*** explication d'une notion à l'aide de plusieurs mots.
paraphrase.

PARAPHRASER v. tr.
Faire une paraphrase, dire quelque chose en d'autres mots que ce qui a déjà été exprimé.
CONJUGAISON : VOIR MODÈLE AIMER.
paraphraser.

PARAPLÉGIE n. f.
Paralysie des membres inférieurs. *Il souffre de paraplégie : il ne peut marcher.*
VOIR – PARALYSIE.

PARAPLÉGIQUE adj. et n. m. et f.
Qui est atteint de paraplégie. *Un athlète paraplégique. Une paraplégique.*

PARAPLUIE n. m.
1. Objet qui sert de protection contre la pluie. *Des parapluies télescopiques.*
2. (FIG.) Protection. *Parapluie nucléaire.*

PARAPUBLIC, IQUE adj. et n. m.
ADJECTIF
Relatif au secteur parapublic. *Les hôpitaux sont des organismes parapublics. La gestion parapublique.*
NOM MASCULIN
Secteur gouvernemental qui jouit d'une autonomie plus considérable que les ministères et organismes de l'Administration. *Les employés des hôpitaux appartiennent au parapublic.*

PARASCOLAIRE adj.
Se dit d'une activité qui, même si elle se déroule dans le cadre de l'école, ne constitue pas un complément nécessaire à un enseignement (Recomm. off.). *Les cours de musique sont une des activités parascolaires de cette école.*

PARASITAIRE adj.
Causé par des parasites. *Une maladie parasitaire.*
parasitaire.

PARASITE adj. et n. m.
1. Organisme végétal ou animal qui vit aux dépens d'un autre organisme. *Un parasite végétal. Des vers parasites.*
2. Personne qui vit aux dépens d'une autre, de la société. *Ils ne travaillent pas et préfèrent être des parasites.*
Ce nom est de genre masculin. *Cette jeune personne est un parasite sympathique.*
LOCUTION
– ***(Bruits) parasites.*** Perturbations limitant la réception des signaux radioélectriques.

PARASITER v. tr.
1. Vivre en parasite aux dépens d'un être vivant, d'un groupe.
2. Perturber la réception des signaux radioélectriques par des bruits parasites.
CONJUGAISON : VOIR MODÈLE AIMER.

PARASOL n. m.
Grand parapluie qui sert de protection contre le soleil. *De beaux parasols colorés.*

PARATONNERRE n. m.
Dispositif destiné à protéger un bâtiment de la foudre.

PARAVENT n. m.
Ensemble de panneaux articulés qui sert à isoler quelque chose. *Des paravents joliment décorés.*

PARAVERBAL, ALE, AUX adj. et n. m.
(LING.) Qui relève du paralangage. *Les messages paraverbaux contredisent parfois les paroles d'une personne. C'est par le langage, le paraverbal (principalement l'intonation de la voix) et les mimiques que les spécialistes du dressage tentent de remettre les chiens récalcitrants dans le droit chemin.*

PARBLEU ! interj.
(VIEILLI) Interjection exprimant une affirmation. *Parbleu ! tu as tout à fait raison.*

PARC n. m.
1. Grand jardin. *Le parc La Fontaine, le parc des Braves.*
Les noms génériques (***jardin, parc, réserve,*** etc.) s'écrivent avec une minuscule lorsqu'ils sont précisés par un nom propre. *Le parc Montsouris, le parc Monceau.* Ils s'écrivent avec une majuscule lorsque l'adjectif qui suit précise l'appartenance à une catégorie. *Le Parc zoologique de San Diego.*
2. Vaste réserve où la flore, la faune sont protégées. *Un parc naturel, un parc national.*
3. Ensemble ou nombre de véhicules de même catégorie dont dispose une entreprise, un organisme, une collectivité, un pays ou une nation (Recomm. off.). *Un parc* (et non une *flotte) *de camions.*
4. Ensemble ou nombre d'appareils de même nature dont dispose une entreprise, un organisme, une collectivité, un pays ou une nation (Recomm. off.). *Le parc des ordinateurs d'une université, d'une entreprise.*
LOCUTIONS
– ***Parc de stationnement.*** Terrain ou bâtiment réservé au stationnement des véhicules (Recomm. off.).
– ***Parc industriel.*** Espace aménagé pour accueillir des entreprises de fabrication, de distribution et de services (Recomm. off.).
– ***Parc linéaire.*** Parc long et étroit aménagé en fonction d'une ou de plusieurs activités comportant des déplacements linéaires (GDT). *En bordure du fleuve, un parc linéaire a été créé sur quelque 2,5 kilomètres, entre le quai des Cageux et la côte de Sillery.*
– ***Parc public.*** Espace vert aménagé dans une agglomération en vue de l'agrément de sa population (Recomm. off.).
FORME FAUTIVE
*parc d'amusement. Calque de «*amusement park*» pour ***parc d'attractions, parc récréatif.***

PARCELLAIRE adj.
Fait, établi par parcelles. *Un rapport parcellaire.*

PARCELLE n. f.
Fragment, petite quantité d'une chose. *Je ne prendrai qu'une parcelle de ce beau gâteau.* SYN. morceau.

PARCE QUE loc. conj.
À cause de. *Ils ont remis l'expédition de ski parce qu'il faisait trop froid.* SYN. attendu que ; car ; vu que.
La locution conjonctive s'élide devant ***il, elle, ils, elles, on, un, une, à*** et le verbe se construit à l'indicatif ou au conditionnel suivant que l'on exprime une affirmation ou une supposition. *Elle est détendue parce qu'elle a terminé son travail. Il serait épuisé parce qu'il aurait trop travaillé.*
Ne pas confondre avec les mots ***par ce que*** signifiant « par le fait que ». *Le projet a été retenu par ce qu'il avait d'original.*

PARCHEMIN n. m.
1. Peau d'animal (mouton, chevreau, etc.) traitée pour l'écriture. *Aujourd'hui, le papier a remplacé le parchemin, mais demain, l'écran de l'ordinateur succédera peut-être au papier.*
2. Document écrit. *De vieux parchemins historiques.*

PARCHEMINÉ, ÉE adj.
Ridé et desséché comme du parchemin. *Une peau parcheminée.*

PARCHEMINER v. tr.
Donner l'aspect du parchemin.
CONJUGAISON : VOIR MODÈLE AIMER.

PARCIMONIE n. f.
Économie excessive. *Robert distribue du gâteau avec parcimonie.* SYN. avarice ; mesquinerie ; pingrerie.
parcimonie.

PARCIMONIEUSEMENT adv.
D'une manière parcimonieuse. SYN. mesquinement.
parcimonieusement.

PARCIMONIEUX, IEUSE adj.
Fait avec parcimonie. *Des cadeaux parcimonieux achetés à bon compte.* SYN. mesquin.
parcimonieux.

PARCOMÈTRE ou **PARCMÈTRE** n. m.
Appareil mesurant la durée de stationnement d'une automobile. *Mettre une pièce de monnaie dans le parcomètre, le parcmètre.*

PARCOURIR v. tr.
1. Aller d'un lieu à un autre. *Vanessa a parcouru toute la Gaspésie.* SYN. traverser.
2. Faire un trajet. *La distance à parcourir est de 300 km.* SYN. accomplir ; couvrir ; faire.
3. Examiner rapidement. *Parcourir un article.* SYN. survoler.
CONJUGAISON : VOIR MODÈLE COURIR.
INDICATIF PRÉSENT *Je parcours, tu parcours, il parcourt, nous parcourons, vous parcourez, ils parcourent.* IMPARFAIT *Je parcourais.* PASSÉ SIMPLE *Je parcourus.* FUTUR *Je parcourrai.* CONDITIONNEL PRÉSENT *Je parcourrais.* IMPÉRATIF PRÉSENT *Parcours, parcourons, parcourez.* SUBJONCTIF PRÉSENT *Que je parcoure.* IMPARFAIT *Que je parcourusse.* PARTICIPE PRÉSENT *Parcourant.* PASSÉ *Parcouru, ue.*

PARCOURS n. m.
Trajet à suivre pour passer d'un lieu à un autre. *Le parcours de Québec à Montréal se fait en 2 h 30 min.* SYN. chemin ; itinéraire.
LOCUTION
– ***Incident, accident de parcours.*** Fait fâcheux inhabituel.
parcours.

PARDESSUS n. m.
Manteau masculin. *Il a sali son pardessus en sautant par-dessus une flaque d'eau.* SYN. paletot.
Ne pas confondre avec la locution prépositive ***par-dessus,*** qui signifie « au-dessus de ».

PARDI ! interj.
Juron familier qui exprime une affirmation. *Pardi ! nous serions bien naïfs de croire cela !*
L'interjection est toujours suivie d'un point d'exclamation qui est souvent repris à la fin de la phrase. Si la phrase exclamative n'est pas complète, le mot qui suit le point d'exclamation s'écrit avec une minuscule initiale.

PARDON n. m.
1. Action de pardonner. *Le pardon d'une offense. Je te demande pardon si je t'ai fait de la peine.* SYN. grâce ; indulgence.
2. Formule de politesse pour s'excuser ou pour faire répéter. *Pardon ? Je n'ai pas bien compris.*

PARDONNABLE adj.
Qui peut être pardonné. *Une erreur pardonnable. Un étudiant pardonnable.* SYN. excusable.
L'adjectif se dit de personnes ou de choses.

PARDONNER v. tr., pronom.
VERBE TRANSITIF
Accorder le pardon, ne pas tenir rigueur à quelqu'un de quelque chose. *Léa a pardonné son oubli à Lulu.* SYN. excuser ; oublier.
Le complément direct du verbe est une chose, le complément indirect, une personne. *On pardonne quelque chose à quelqu'un.*

VERBE PRONOMINAL
Se trouver des excuses. *Léa ne se pardonne pas d'avoir oublié l'anniversaire de son ami.*
À la forme pronominale, le participe passé de ce verbe s'accorde en genre et en nombre avec le complément direct si celui-ci le précède. *Les erreurs qu'ils se sont pardonnées.* Le participe passé reste invariable si le complément direct suit le verbe. *Elles s'étaient pardonné leurs travers.* S'il n'y a pas de complément direct qui précède le verbe, le participe passé est invariable. *Les amis se sont pardonné volontiers.*
CONJUGAISON : VOIR MODÈLE AIMER.

PARE-
Élément du grec signifiant « préserver de ».
Les mots composés avec l'élément ***pare-*** s'écrivent avec un trait d'union. Au pluriel, l'élément ***pare-,*** qui est un verbe, est invariable, tandis que le second élément est parfois variable, parfois invariable. *Un gilet pare-balles, des pare-brise, un pare-chocs.*

-PARE, -PARITÉ suff.
Éléments du latin signifiant « engendrer ». *Ovipare, viviparité.*

PARE-BALLE(S) adj. et n. m. (pl. *pare-balles*)
Se dit d'un vêtement ou d'un dispositif protégeant des balles. *Un gilet pare-balle* ou *pare-balles, des gilets pare-balles.*

PARE-BRISE ou **PAREBRISE** n. m. inv. (pl. *pare-brise* ou *parebrises*)
Vitre avant d'un véhicule. *Des pare-brise incassables.*

PARE-CHOCS n. m. inv. (pl. *pare-chocs*)
Dispositif placé à l'avant et à l'arrière d'un véhicule pour amortir les chocs. *Des pare-chocs en caoutchouc.*
LOCUTION
– ***(Rouler) pare-chocs contre pare-chocs.*** Rouler très lentement, à cause d'un embouteillage. *En raison de l'affluence du dimanche soir, nous avons roulé longtemps pare-chocs contre* (et non *à) *pare-chocs sur l'autoroute.*
[Les *Rectifications* (1990) admettent : un pare-choc.]

PARE-ÉTINCELLE(S) n. m. (pl. *pare-étincelles*)
Écran que l'on place devant une cheminée pour arrêter la projection d'étincelles.

PARE-FEU adj. et n. m. (pl. *pare-feu* ou *pare-feux*)
ADJECTIF
Se dit d'un dispositif destiné à empêcher la propagation du feu. *Une porte pare-feu.*
NOM MASCULIN
1. Dispositif destiné à empêcher la propagation du feu. *Des pare-feux efficaces.*
2. (INFORM.) Dispositif informatique qui permet le passage sélectif des flux d'information entre un réseau interne et un réseau public, ainsi que la neutralisation des tentatives de pénétration en provenance du réseau public (GDT). SYN. coupe-feu.

PAREIL, EILLE adj., adv. et n. m. et f.
ADJECTIF
1. Identique. *Son ordinateur et le mien sont pareils. Elle a une voiture pareille à la tienne* (et non pareille *que la tienne, pareille *comme la tienne). SYN. même; similaire.
L'adjectif se construit avec la préposition ***à*** et non avec ***que*** ou avec ***comme.*** *Une maison pareille à celle de notre enfance.*
2. Tel. *Je n'ai jamais eu une surprise pareille. En pareil cas.* SYN. semblable.
ADVERBE
(FAM.) De façon identique, de la même manière. *Les deux amies se coiffent pareil.* SYN. de la même façon; pareillement; semblablement.
Pris adverbialement, le mot est invariable. L'emploi adverbial est familier; il est à éviter dans un texte écrit de niveau courant ou soutenu.
NOM MASCULIN ET FÉMININ
Personne incomparable, sans égale. *Il n'a pas son pareil pour faire de bonnes salades. Tu n'as pas ta pareille pour interpréter cette chanson.*
LOCUTIONS
– ***À nul autre pareil,*** loc. adj. (LITT.) Incomparable. *Une maison à nulle autre pareille.*
Attention à l'accord de cette locution adjective : l'adjectif ***pareil*** s'accorde avec le mot que la locution détermine, alors que les mots ***nul autre*** s'accordent généralement avec le nom que représente ***autre.***
– ***C'est du pareil au même.*** (FAM.) C'est la même chose.
– ***Rendre la pareille à quelqu'un.*** Se venger. *Ces motards rendront la pareille à ceux qui les ont attaqués.*
– ***Sans pareil.*** Sans égal. *Ces massages sont sans pareils* ou *sans pareil pour la détente. Des framboises sans pareilles.* SYN. incomparable.
Dans cette expression, l'adjectif s'accorde avec le nom auquel il se rapporte ou peut rester invariable.

PAREILLEMENT adv.
De la même manière. *Bonnes vacances ! – Et vous pareillement. Ces arbustes sont taillés pareillement aux nôtres. « Ces gens-là étaient étonnants, il faut le dire : ils laissaient tout derrière eux, pour recommencer à refaire tout pareillement à l'autre bout du monde »* (Gabrielle Roy, *La Détresse et l'Enchantement*).

PAREMENT n. m.
1. Surface apparente d'un ouvrage (d'un mur de maçonnerie, d'une pièce de menuisier, etc.).
2. Revers d'un vêtement. *Une veste avec des parements de velours aux poignets.*

PARENT, ENTE adj. et n. m. et f.
ADJECTIF
1. Qui a un lien de parenté. *Ils sont parents de loin.*
2. (FIG.) Semblable. *Des points de vue parents.* SYN. analogue.
NOM MASCULIN
Le père ou la mère. *Elle est parent unique : elle élève seule ses deux adolescents.*
NOM MASCULIN PLURIEL
Le père et la mère d'une personne. *Je vous présente mes parents.*
NOM MASCULIN ET FÉMININ
Membre de la même famille. *C'est une parente à moi.* SYN. proche.

PARENTAL, ALE, AUX adj.
Relatif aux parents. *Des liens parentaux. L'autorité parentale.*
LOCUTION
– ***Congé parental.*** Congé accordé à l'occasion de la naissance ou de l'adoption d'un enfant. *Les pères ont également droit à des congés parentaux.*

PARENTÉ n. f.
1. Liens qui unissent les membres d'une famille. *Quel est votre lien de parenté avec elle ? – C'est ma sœur.*
2. Ensemble des parents d'une personne. *« La parenté est arrivée », chantait Jacques Labrecque.* SYN. famille; proches.
3. Ressemblance. *Il y a une parenté entre ces deux œuvres.* SYN. rapport.

PARENTHÈSE n. f.
1. Bref commentaire, élément explicatif inséré dans une phrase. *Le terme « culture de l'érable à sucre » constitue une parenthèse explicative dans la phrase suivante : « L'acériculture (culture de l'érable à sucre) est une des composantes particulières de l'agriculture québécoise. »*

[T] L'élément intercalé peut être un mot, un groupe de mots ou une phrase qui n'est pas nécessairement entre parenthèses ; cette digression dans le corps d'une phrase peut être placée également entre virgules ou entre tirets. *La pomiculture – appelée également pomoculture – est la culture des arbres produisant des fruits à pépins, principalement des pommiers.*

2. Chacun des deux signes de ponctuation (parenthèse ouvrante et parenthèse fermante) qui signalent un élément explicatif intercalé dans une phrase. *Ouvrir, fermer la parenthèse. Mettre une expression entre parenthèses.*

VOIR TABLEAU – PARENTHÈSES.

LOCUTIONS

– ***Entre parenthèses,*** loc. adv. En passant, incidemment. *Ce projet qui, entre parenthèses, semble peu réaliste, ne devrait pas recevoir beaucoup d'appuis.* SYN. par parenthèse.

– ***Mettre entre parenthèses,*** loc. adv. (FIG.) Écarter, exclure. *Pour être réélu, le parti doit-il mettre entre parenthèses la visée souverainiste ?* SYN. mettre de côté.

– ***Mise entre parenthèses.*** Abandon, suppression, mise au rancart. «*Au calme de la mise entre parenthèses des certitudes et des attachements, on opposera l'affadissement de la vie même, la perte d'intensité, les impasses de la sérénité*» (Le Monde).

Dans ces locutions, le nom s'écrit au pluriel.

P

PARENTHÈSES

Les parenthèses sont le double signe de ponctuation (parenthèse ouvrante et parenthèse fermante) qui signale un élément explicatif intercalé dans une phrase.

Mettre un exemple entre parenthèses. Ouvrir, fermer une parenthèse.

[T] 1° Dans un passage déjà entre parenthèses, on emploie des crochets.

2° Dans un index alphabétique, une liste, les parenthèses indiquent une inversion destinée à faciliter le classement d'un mot, d'une expression. Ainsi, *géographiques (noms)* doit se lire *noms géographiques.*

3° Les parenthèses signifient également une possibilité de double lecture. *Exemple : antichoc(s).* L'adjectif peut s'écrire ***antichoc*** ou ***antichocs.***

ESPACEMENTS

Il y a une espace avant la parenthèse ouvrante et une espace après la parenthèse fermante. Par contre, on ne laisse pas d'espace après la parenthèse ouvrante ni avant la parenthèse fermante.

*L'expression **tenir pour acquis** (du verbe **acquérir**) signifie...*

[T] Si la parenthèse fermante est suivie d'un signe de ponctuation, il n'y a pas d'espace avant ce signe, à l'exception du deux-points. *Il vient de Nicolet (Québec). Et voici ce qu'a répondu la journaliste (interprétée par Andrée Lachapelle) : « Est-ce possible ? »*

VOIR TABLEAU ► **ESPACEMENTS.**

EMPLOIS

- **Citation.** « *Je vous entends demain parler de liberté.* » (Gilles Vigneault)
- **Date.** *L'Exposition universelle de Montréal (1967) a été un énorme succès.*
- **Donnée.** *Ce disque rigide (20 mégaoctets) est très fiable.*
- **Exemple.** *Les ongulés (ex. : éléphant, rhinocéros) sont des mammifères.*
- **Explication.** *L'ornithorynque (mammifère monotrème) est ovipare.*
- **Formule.** *L'eau (H_2O) est un composé d'oxygène et d'hydrogène.*
- **Mention.** *Louis XIV (le Roi-Soleil).*
- **Renvoi.** *Les règles de la ponctuation* (VOIR TABLEAU ► **PONCTUATION**).
- **Sigle, abréviation.** *L'Organisation de l'aviation civile internationale (OACI).*

PARER v. tr., pronom.
VERBE TRANSITIF DIRECT
1. (LITT.) Orner. *Elle avait paré ses cheveux de fleurs.* SYN. décorer ; embellir.
2. Éviter un coup. *Parer une attaque.* SYN. esquiver.
VERBE TRANSITIF INDIRECT
S'occuper de, faire face à. *Nous devons parer d'abord à l'approvisionnement en eau, qui est insuffisant.*
En ce sens, le verbe se construit avec la préposition ***à***.
VERBE PRONOMINAL
1. Se vêtir avec élégance. *Pour le bal, elle s'est parée d'une belle cape de velours.*
2. Se protéger de. *Il porte un anorak bien chaud pour se parer du froid sibérien.*
À la forme pronominale, le participe passé de ce verbe s'accorde toujours en genre et en nombre avec son sujet. *Ils se sont parés de tenues élégantes.*
LOCUTIONS
– ***Parer à toute éventualité.*** Prendre toutes les précautions qui s'imposent.
– ***Parer au plus pressé.*** Régler les problèmes les plus pressants, les plus graves.
CONJUGAISON : VOIR MODÈLE AIMER.
Attention à la troisième personne du singulier de l'imparfait qui s'écrit sans accent circonflexe devant le ***t***, contrairement au verbe ***paraître*** à l'indicatif présent.

PARE-SOLEIL n. m. inv. (pl. *pare-soleil*)
Écran protégeant des rayons du soleil. *Le soleil est aveuglant, il vaut mieux abaisser les pare-soleil de la voiture.*
[Les *Rectifications* (1990) admettent : des pare-soleils.]

PARESSE n. f.
Nonchalance qui empêche d'agir. *La paresse de mon chat.* SYN. apathie ; inaction ; indolence ; inertie. ANT. effort ; énergie.
paresse.

PARESSER v. intr.
Se laisser aller à la paresse. *Le dimanche, il est agréable de paresser un peu et de prendre son temps.*
CONJUGAISON : VOIR MODÈLE AIMER.
paresser.

PARESSEUSEMENT adv.
D'une manière paresseuse. SYN. nonchalamment. ANT. énergiquement.
paresseusement.

PARESSEUX, EUSE adj. et n. m. et f.
Inactif, qui évite l'effort. *Des minets paresseux. Ce sont des paresseux qui ne rêvent qu'à dormir.* SYN. apathique ; indolent. ANT. énergique ; travailleur.
paresseux.

PAR EXEMPLE loc. adv.
Abréviation ***p. ex.*** (s'écrit avec des points).
Il est préférable d'utiliser cette abréviation plutôt que les abréviations latines ***e. g.*** (*exempli gratia*) et ***v. g.*** (*verbi gratia*) qu'on réservera aux textes anglais.
Locution servant à citer un exemple destiné à illustrer, à expliquer. *Deux fois par jour, par exemple le matin et le soir.*

PARFAIRE v. tr.
Parachever. *Parfaire une œuvre. Il a parfait sa formation aux États-Unis.*
Ce verbe se conjugue comme ***faire***, mais il s'emploie seulement à l'infinitif et aux temps composés.
CONJUGAISON : VOIR MODÈLE FAIRE.

PARFAIT, AITE adj. et n. m.
ADJECTIF
1. Idéal, absolu. *Le bonheur parfait.* ANT. imparfait.
Cet adjectif ne peut se construire avec un comparatif ni un superlatif. *Une note parfaite* (et non *plus parfaite, *moins parfaite).
2. Excellent, exemplaire. *Une interprétation parfaite.*
3. Irréprochable. *Une employée parfaite.* SYN. impeccable ; modèle.
4. Accompli. *Un amant parfait.*
5. Complet. *Un parfait imbécile.*
En ce sens, l'adjectif précède généralement le nom qu'il qualifie.
NOM MASCULIN
1. (LITT.) Perfection. *Le parfait n'est pas de ce monde.*
2. Crème glacée aromatisée. *Un parfait à la pistache.*

PARFAITEMENT adv.
1. D'une manière parfaite. *Il parle parfaitement l'anglais et l'italien.*
2. Entièrement. *Un travail parfaitement accompli. Une explication parfaitement claire.* SYN. complètement.
3. Oui, assurément, certainement. *Ils ont fait ce choix ? Parfaitement.*

PARFOIS adv.
Quelquefois, à l'occasion. *Elle le voit parfois le jeudi.* SYN. de temps à autre ; de temps en temps.
parfois, en un seul mot.

PARFUM n. m.
1. Odeur agréable. *Le parfum du lilas.* SYN. senteur.
Ne pas confondre avec les noms suivants :
• ***odeur***, sensation olfactive, agréable ou désagréable, qui émane d'un corps ;
• ***relent***, odeur désagréable.
2. Goût d'un produit aromatisé. *Quel parfum* (et non *saveur, *essence) *choisirez-vous pour votre glace : vanille, chocolat ou pistache ?*
LOCUTION
– ***Mettre au parfum.*** (FAM.) Informer. *Est-ce qu'on t'a mis au parfum ? C'est ton projet qui a été retenu.*
parfum.

PARFUMÉ, ÉE adj.
1. Imprégné d'une odeur agréable. *Des sachets parfumés à la lavande.*
2. Aromatisé. *Une glace parfumée à la noisette.*

PARFUMER v. tr., pronom.
VERBE TRANSITIF
1. Imprégner d'une bonne odeur. *Elle a parfumé son armoire de lavande.*
2. Aromatiser. *Parfumer une glace à la vanille.*
VERBE PRONOMINAL
S'imprégner de parfum. *Elles se sont parfumées légèrement.*
À la forme pronominale, le participe passé de ce verbe s'accorde en genre et en nombre avec le complément direct si celui-ci le précède. *Les parties du corps qu'elle s'est parfumées. Son amie s'est parfumée discrètement.* Le participe passé reste invariable si le complément direct suit le verbe. *Elle s'est parfumé la nuque.*
CONJUGAISON : VOIR MODÈLE AIMER.

PARFUMERIE n. f.
1. Fabrication des parfums.
2. Boutique où l'on vend des parfums.

PARFUMEUR n. m.
PARFUMEUSE n. f.
Personne qui crée ou vend des parfums.

PARI n. m.
Gageure selon laquelle on risque une somme d'argent en tentant de prédire quelque chose. *Des paris risqués. J'ai fait le pari que notre équipe gagnerait : elle a perdu, donc j'ai dû donner 1 $ à Luc.*
pari.

PARIA n. m. (pl. *parias*)
1. En Inde, individu hors caste et dont le contact est une souillure. SYN. intouchable.
2. (FIG.) Personne rejetée par tous.

PARIER v. tr.
1. Faire un pari. *Je parie 10 $ sur cette équipe, sur ce cheval* ou *pour cette équipe, pour ce cheval*. SYN. gager ; jouer.
On peut parier une somme d'argent, quelque chose (complément direct). L'objet du pari est introduit par les prépositions ***sur, pour.*** Le nom du ou des autres parieurs est généralement introduit par la préposition ***avec.*** *Il a parié avec ses collègues que Luc serait en retard.* La préposition ***contre*** s'emploie dans l'expression ***parier à dix, quinze... contre un.***
2. (FIG.) Affirmer qu'une chose se produira, être certain de quelque chose. *Je parie qu'il sera très intéressé.*
CONJUGAISON : VOIR MODÈLE ÉTUDIER.
Redoublement du ***i*** à la première et à la deuxième personne du pluriel de l'indicatif imparfait et du subjonctif présent. *(Que) nous pariions, (que) vous pariiez.*

PARIEUR, IEUSE n. m. et f.
Personne qui aime parier.

PAR INTÉRIM loc. adv.
Le ***m*** se prononce, [parɛ̃terim].
Abréviation ***p. i.*** (s'écrit avec des points).
Provisoirement. *Cette fonction est exercée par intérim.*

PARIS-BREST n. m.
Gâteau composé de pâte à chou et de crème pralinée. *Des paris-brests délicieux.*
T Le nom de la pâtisserie s'écrit avec des minuscules.

PARISIEN, IENNE adj. et n. m. et f.
De Paris. *La région parisienne. Ce sont des Parisiens.*
T L'adjectif s'écrit avec une minuscule ; le nom, avec une majuscule.

PARITAIRE adj.
Qui regroupe un nombre égal de représentants des diverses parties. *Un comité paritaire* (et non *conjoint).

PARITÉ n. f.
1. Égalité. *Ces salariés réclament la parité entre leur salaire et celui de leurs collègues.* ANT. disparité.
2. (ÉCON.) Valeur égale de deux unités monétaires différentes.

PARJURE adj. et n. m. et f.
ADJECTIF
Qui viole son serment. *Un soldat parjure.*
NOM MASCULIN
Faux serment. *Commettre un parjure.*
NOM MASCULIN ET FÉMININ
Personne qui fait un faux serment.

PARJURER (SE) v. pronom.
Faire un faux serment, violer son serment. *Ils se sont parjurés.*
Le participe passé de ce verbe, qui n'existe qu'à la forme pronominale, s'accorde toujours en genre et en nombre avec son sujet. *Les accusés se sont parjurés sans vergogne.*
CONJUGAISON : VOIR MODÈLE AIMER.

PARKA n. m. ou f.
Manteau court, souvent fourré, comportant un capuchon. *Des parkas de duvet.*
Ce nom vient de l'inuktitut et s'emploie généralement au masculin au Québec, et au féminin dans le reste de la francophonie.

***PARKING**
Anglicisme pour ***stationnement, parc de stationnement.***

PARKINSON (MALADIE DE) n. f.
(MÉD.) Affection neurologique dégénérative qui se manifeste par un syndrome parkinsonien (tremblement de repos, rigidité musculaire, lenteur des mouvements, etc.) auquel s'ajoutent des perturbations de la marche et, fréquemment, des troubles psychiques variables et inconstants.

PARKINSONIEN, IENNE adj. et n. m. et f.
ADJECTIF
Relatif à la maladie de Parkinson. *Des symptômes parkinsoniens.*
NOM MASCULIN ET FÉMININ
Personne atteinte de la maladie de Parkinson.

PARLANT, ANTE adj.
1. Bavard. *Ils sont peu parlants : leurs répliques sont laconiques.*
2. Expressif. *Des photographies parlantes.*
3. Qui reproduit la parole. *Le cinéma parlant.* ANT. muet.

PARLÉ, ÉE adj.
Exprimé à l'aide de la parole (par opposition à ***écrit***). *Le journal parlé. La langue parlée et la langue écrite.* SYN. oral.

PARLEMENT n. m.
1. Assemblée ou ensemble de deux assemblées qui exercent le pouvoir législatif. *Le siège du Parlement est à Québec.*
T Si le nom désigne l'assemblée qui exerce le pouvoir législatif, il s'écrit avec une majuscule.
2. (PAR EXT.) Assemblée représentant un ensemble de pays. *Le Parlement européen.*
3. Édifice où siège l'assemblée qui exerce le pouvoir législatif d'un État. *Le parlement d'Ottawa.*
T En ce sens, le nom s'écrit avec une minuscule.

PARLEMENTAIRE adj. et n. m. et f.
Du Parlement. *Un régime parlementaire. Un parlementaire, une parlementaire.*

PARLEMENTARISME n. m.
Régime parlementaire.

PARLEMENTER v. intr.
Négocier longuement en vue d'un accord. *Ils ont parlementé longtemps avant que le ravisseur libère ses otages.* SYN. débattre ; discuter.
CONJUGAISON : VOIR MODÈLE AIMER.

PARLER v. tr., intr., pronom.
VERBE TRANSITIF DIRECT
Faire usage d'une langue. *Parler le français et l'anglais. Paul parle plusieurs langues : il est polyglotte.*
VERBE TRANSITIF INDIRECT
1. Exprimer sa pensée, ses sentiments. *Parler de musique, de cinéma. Je ne veux pas parler de ce sujet.*
En ce sens, le verbe se construit avec la préposition ***de.***
2. S'adresser à quelqu'un. *Parler à son ami, avec une amie. Il faudrait parler à la mère de ce garçon.* SYN. converser avec ; s'entretenir avec.
En ce sens, le verbe se construit avec les prépositions ***à, avec.***
VERBE INTRANSITIF
1. Articuler des mots. *Parler plus bas. Elle parle vite. Il a parlé pendant trente minutes.*
2. S'exprimer. *Parlons peu, mais parlons bien.*
3. Converser. *Marie-Ève parle avec ses amis tous les soirs.* SYN. bavarder ; deviser ; s'entretenir.
4. Traduire quelque chose. *Les chiffres parlent d'eux-mêmes* (et non *par eux-mêmes). SYN. témoigner de.
5. Dévoiler (quelque chose que l'on veut garder secret). *Ils n'ont pas réussi à la faire parler.*
VERBE PRONOMINAL
1. Être parlé. *Le portugais se parle au Portugal et au Brésil.*
2. S'adresser la parole. *Nous nous sommes parlé longuement.*

Le participe passé de ce verbe est invariable, sauf lorsqu'il est employé à la forme pronominale au sens de « être parlé ». *La langue française s'est parlée dans toute l'Europe autrefois. Ils ne se sont pas parlé depuis deux jours.*

LOCUTIONS

– ***Cela ne vaut pas la peine d'en parler.*** Ce n'est pas important.

– ***Parler à tort et à travers.*** Dire n'importe quoi. SYN. parler en l'air.

– ***Parler en l'air.*** Ne pas réfléchir avant de s'exprimer. SYN. parler à tort et à travers.

– ***Tu parles!*** (FAM.) Locution exclamative marquant le scepticisme. *Une restructuration? Tu parles! C'est un euphémisme pour dire que des postes seront supprimés.*

FORME FAUTIVE

*parler à travers son chapeau. Calque de «*to talk through one's hat*» pour ***parler à tort et à travers.***

CONJUGAISON : VOIR MODÈLE AIMER.

PARLER n. m.

1. Langage, manière de s'exprimer. *Un parler enfantin.*
2. (LING.) Langue propre à un groupe, à une région. *Le parler des Madelinots est coloré.*

PARLEUR, EUSE n. m. et f.

Personne qui parle beaucoup. Grand parleur, petit faiseur, *dit l'adage.*

LOCUTION

– ***Beau parleur.*** (PÉJ.) Personne qui fait de belles phrases, mais qui ne passe pas à l'action.

PARLOIR n. m.

Lieu où l'on reçoit les visiteurs (dans un couvent, une prison).

PARLOTE ou **PARLOTTE** n. f.

(FAM.) Conversation insignifiante. *Elle fait la parlote avec la voisine.* SYN. bavardage; papotage.

PARME adj. inv. et n. m.

ADJECTIF DE COULEUR INVARIABLE

De la couleur mauve de la violette de Parme. *Des velours parme.*

VOIR TABLEAU – COULEUR (ADJECTIFS DE).

NOM MASCULIN

Couleur parme. *Des parmes délicats.*

PARMESAN n. m.

Fromage à pâte dure de la région de Parme. *Du parmesan râpé.*

PARMI prép.

Au milieu de. *Il est heureux d'être parmi les personnes retenues, parmi vous, parmi la minorité des élus.*

La préposition s'emploie devant un nom, un pronom au pluriel ou devant un collectif.

PARODIE n. f.

1. Caricature, imitation comique. *Ce comédien exécute des parodies très réussies.*

Ne pas confondre avec le nom ***pastiche,*** œuvre artistique où l'on écrit à la manière d'un auteur.

2. (FIG.) Imitation trompeuse. *Une parodie de commission parlementaire.* SYN. caricature.

PARODIER v. tr.

Faire une parodie, imiter le style, le langage de quelqu'un en le ridiculisant. *Cet imitateur parodie le ministre à la perfection.* SYN. caricaturer.

CONJUGAISON : VOIR MODÈLE ÉTUDIER.

Redoublement du ***i*** à la première et à la deuxième personne du pluriel de l'indicatif imparfait et du subjonctif présent. *(Que) nous parodiions, (que) vous parodiiez.*

PARODIQUE adj.

(LITT.) Qui est relatif à la parodie. *Un pamphlet parodique.* SYN. caricatural.

PARODONTAL, ALE, AUX adj.

Relatif au parodonte. *Une infection parodontale.*

PARODONTE n. m.

(ANAT.) Ensemble de tissus qui relient les dents aux os des mâchoires (gencives, ligaments, etc.).

PARODONTIE n. f.

Le ***t*** se prononce ***s.***

Partie de la médecine dentaire qui étudie le parodonte, la prévention et le traitement des maladies parodontales (GDT). SYN. parodontologie.

PARODONTISTE n. m. et f.

Dentiste spécialiste des soins du parodonte.

PAROI n. f.

1. Cloison entre deux pièces. *Des parois trop minces.*
2. Surface rocheuse verticale. *Les parois du gouffre.*
3. Face interne. *La paroi vitrée d'un thermos.*

paroi.

PAROISSE n. f.

1. Territoire où s'exerce la juridiction d'un ministre du culte (curé, pasteur, etc.) (Recomm. off.).
2. Ensemble des membres d'une paroisse. *Toute la paroisse est au courant.*

LOCUTION

– ***Prêcher pour sa paroisse.*** Parler dans son propre intérêt.

PAROISSIAL, IALE, IAUX adj.

Relatif à la paroisse. *Des fêtes paroissiales.*

PAROISSIEN, IENNE n. m. et f.

Membre d'une paroisse. *Les paroissiens de Saint-Germain d'Outremont.*

PAROLE n. f.

1. Faculté d'exprimer la pensée par les mots. *Olivier a la parole facile.*
2. Propos. *Je te rapporte ses paroles textuellement.*
3. Promesse solennelle. *On peut lui faire confiance, nous avons sa parole. « Parole d'honneur, je reviens vous chercher », a-t-il affirmé.* SYN. engagement; serment.

LOCUTIONS

– ***Adresser la parole à quelqu'un.*** Parler à quelqu'un.

– ***Avoir la parole.*** Avoir le droit, la possibilité de parler, dans une assemblée, un débat, etc.

– ***Avoir le don de la parole.*** Avoir beaucoup d'éloquence.

– ***Couper la parole à quelqu'un.*** Interrompre quelqu'un.

– ***Croire quelqu'un sur parole.*** Se fier à son témoignage sans autre vérification.

– ***De belles paroles.*** Promesses vaines.

– ***De parole,*** loc. adj. Qui respecte sa promesse, fiable. *Olivier est de parole : on peut s'y fier entièrement.*

– ***Donner sa parole (d'honneur).*** S'engager solennellement.

– ***La parole est d'argent, mais le silence est d'or*** (Proverbe). Parfois, il est plus sage de se taire.

– ***Les paroles s'envolent, les écrits restent*** (Proverbe). Les mots sont éphémères, alors que les preuves écrites demeurent.

– ***Manquer de parole.*** Ne pas respecter ses engagements.

– ***N'avoir qu'une parole.*** Respecter ses engagements, ne pas revenir sur ses engagements.

– ***Prendre la parole.*** Commencer à parler.

FORME FAUTIVE

*prendre la parole de quelqu'un. Calque de «*to take someone's word*» pour ***se fier à la parole de quelqu'un.***

PAROLIER n. m.
PAROLIÈRE n. f.

Personne qui a écrit les paroles d'une chanson.

PARONYME adj. et n. m.

Se dit de mots qui se ressemblent, mais qui n'ont pas la même signification.

VOIR TABLEAU – PARONYMES.

P

PARONYMES

Mots qui se ressemblent, mais qui n'ont pas la même signification.

- ***accident*** ...... évènement malheureux
- ***incident*** ...... évènement secondaire imprévisible

- ***affectif*** .... qui concerne les sentiments
- ***effectif*** .... qui existe réellement

- ***agoniser*** ...... être sur le point de mourir
- ***agonir*** .... accabler

- ***allocation*** .... somme d'argent
- ***allocution*** .... discours bref

- ***amnésie*** ...... perte de la mémoire
- ***amnistie*** ...... annulation d'infractions

- ***arborer*** .... porter ostensiblement
- ***abhorrer*** ..... exécrer

- ***collision*** ...... choc de deux corps
- ***collusion*** ..... entente secrète

- ***confirmer*** .... rendre certain
- ***infirmer*** ...... remettre en question

- ***décade*** .... période de dix jours
- ***décennie*** ...... période de dix ans

- ***effiler*** .... défaire fil à fil
- ***affiler*** .... aiguiser un instrument tranchant

- ***émigrant*** ...... personne qui quitte son pays pour aller vivre à l'étranger
- ***immigrant*** .... personne entrant dans un pays étranger pour s'y établir

- ***éminent*** .... remarquable
- ***imminent*** ..... qui est tout près d'arriver

- ***éruption*** ...... jaillissement soudain et brutal
- ***irruption*** ..... entrée soudaine de personnes dans un lieu

- ***évoquer*** .... rappeler
- ***invoquer*** ...... faire appel à

- ***intégralité*** .... caractère de ce qui est entier
- ***intégrité*** ...... probité

- ***justesse*** .... précision, exactitude
- ***justice*** .... équité, impartialité

- ***lacune*** .... déficience
- ***lagune*** .... étendue d'eau salée séparée de la mer

- ***littéraire*** ...... qui concerne la littérature
- ***littéral*** .... conforme au texte

- ***notable*** .... digne d'être noté
- ***notoire*** .... qui est bien connu

- ***original*** .... inédit
- ***originaire*** ..... qui vient d'un lieu

- ***perpétrer*** ..... commettre (un délit, un crime)
- ***perpétuer*** ..... faire durer

- ***prodige*** .... personne extraordinaire
- ***prodigue*** ...... personne dépensière à l'excès

- ***vénéneux*** ..... qui contient une substance toxique, en parlant des végétaux
- ***venimeux*** ..... qui contient du venin, en parlant d'un animal

Ne pas confondre avec les noms suivants :

– ***antonymes,*** mots qui ont une signification contraire :

devant .... *derrière*
en avant .... *en arrière*
provisoire .... *permanent*
définitif .... *passager*

– ***homonymes,*** mots qui s'écrivent ou se prononcent de façon identique sans avoir la même signification :

air, mélange gazeux
air, mélodie
air, expression
aire, surface
ère, époque
hère, malheureux
hère, jeune cerf

– ***synonymes,*** mots qui ont la même signification ou une signification très voisine :

gravement ..... *grièvement*

VOIR TABLEAUX ▸ **ANTONYMES.** ▸ **HOMONYMES.** ▸ **SYNONYMES.**

PARONYMIE n. f.
Caractère des mots paronymes. *La paronymie des noms* allocation *(somme d'argent) et* allocution *(discours bref) peut entraîner des erreurs.*
paronymie.

PARONYMIQUE adj.
Relatif aux paronymes.
paronymique.

PAROTIDE n. f.
Glande salivaire située au-dessous de l'oreille.

PAROXYSME n. m.
Le degré extrême (d'un sentiment, d'une sensation). *Le paroxysme de l'excitation.* SYN. maximum ; sommet.
paroxysme.

PAROXYSMIQUE adj.
Relatif au paroxysme.
paroxysmique.

PARPAING n. m.
Le ***g*** ne se prononce pas, [parpɛ̃] ; le nom rime avec ***pain***.
Bloc de ciment. *Un mur en parpaings.*
parpaing.

PARQUER v. tr.
1. Mettre des animaux dans un parc. *Parquer des vaches dans un pré.*
2. (FIG.) (PÉJ.) Enfermer des personnes dans un lieu restreint, inapproprié. *Parquer des réfugiés dans des bâtiments désaffectés.*
3. Mettre en stationnement, garer. *Parquer sa voiture.* SYN. stationner.
CONJUGAISON : VOIR MODÈLE AIMER.

PARQUET n. m.
1. Assemblage de planches de bois qui forme le plancher d'une pièce. *Un beau parquet de chêne.*
Ne pas confondre avec le nom ***plancher,*** sol d'une pièce. *Un plancher de béton, un plancher métallique.*
2. Ensemble des magistrats d'une cour.
3. Enceinte où se réunissent les agents de change d'une Bourse de valeurs. *Le parquet de la Bourse.*

PARQUETER v. tr.
Recouvrir le sol d'un parquet.
CONJUGAISON : VOIR MODÈLE APPELER.
Redoublement du ***t*** devant un ***e*** muet. *Je parquette, je parquetterai,* mais *je parquetais.*
[Les *Rectifications* (1990) admettent : il parquète, parquètera, parquèterait...]

PARRAIN n. m.
1. Celui qui tient un enfant sur les fonts baptismaux. *Le parrain et la marraine, le filleul et la filleule.*
2. Personne qui assure la création, la réalisation de quelque chose. *Camille Laurin est le parrain de la Charte de la langue française.* SYN. auteur ; créateur ; initiateur ; (LITT.) promoteur.
3. (FAM.) Chef d'une mafia. *Le parrain a une offre à faire que l'on ne peut refuser.*

PARRAINAGE n. m.
Soutien moral ou financier accordé à quelqu'un, à quelque chose. *Le parrainage d'une campagne de souscription par un cabinet de comptables agréés.* SYN. appui.

PARRAINER v. tr.
Donner son soutien à, cautionner (une entreprise, une œuvre). *Ils ont accepté de parrainer notre campagne de sensibilisation.*
CONJUGAISON : VOIR MODÈLE AIMER.

PARRAINEUR, EUSE n. m. et f.
Personne, société qui parraine une entreprise, une émission, un événement. SYN. commanditaire.
Ce terme a fait l'objet d'une recommandation officielle en France pour remplacer l'emprunt à l'anglais ***sponsor.***

PARRICIDE adj. et n. m. et f.
ADJECTIF
Qui a tué son père ou sa mère. *Un fils parricide.*
NOM MASCULIN ET FÉMININ
Personne qui a commis un parricide.
NOM MASCULIN
Meurtre du père ou de la mère.
parricide.

PARSEMER v. tr.
1. Jeter des choses çà et là. *Elle parsème ses cheveux de fleurs.* SYN. émailler ; saupoudrer ; semer.
2. Être répandu çà et là. *Les marguerites qui parsèment l'herbe. Un parcours parsemé de difficultés.*
CONJUGAISON : VOIR MODÈLE LEVER.
Le ***e*** se change en ***è*** devant une syllabe contenant un ***e*** muet. *Il parsème,* mais *nous parsemons.*

PART n. f.
1. Portion qui revient à quelqu'un. *Sa part représente le quart des profits.*
Si le sujet du verbe est un collectif précédé du déterminant indéfini ***un, une*** et suivi d'un complément au pluriel, le verbe se met au singulier lorsque l'auteur veut insister sur le tout, l'ensemble ; au pluriel, s'il veut insister sur la pluralité, la multiplicité. *Une part des propriétés sera vendue, seront vendues.* Si le sujet du verbe est un collectif précédé du déterminant défini ***(le, la)***, d'un déterminant possessif ***(mon, ma, ton, ta, son, sa)***, d'un déterminant démonstratif ***(ce, cette)*** et s'il est suivi d'un complément au pluriel, le verbe se met généralement au singulier. *La part des héritiers sera vendue.*
VOIR TABLEAU – COLLECTIF.
2. Partie d'un tout destiné à être divisé. *Découper une tarte en quatre parts. Des parts égales.*
LOCUTIONS
– ***À part,*** loc. adj. Différent des autres, particulier. *Un cas à part.* SYN. exceptionnel ; inhabituel ; rare.
– ***À part,*** loc. prép. Excepté. *À part cet oubli, tout est parfait.* SYN. à l'exception de ; à l'exclusion de ; abstraction faite de ; hormis ; sauf.
La locution se construit sans la préposition ***de.*** *À part les bouquets, tout est au point.*
– ***À part,*** loc. adv. À l'écart. *Une table disposée à part. Prendre une personne à part pour lui parler.* SYN. de côté ; séparément.
– ***À part ça.*** (FAM.) Par ailleurs. *À part ça* (et non *de ça), *tout est prêt.*
– ***À part entière,*** loc. adj. Sans restriction. *Des citoyens à part entière.*
– ***De la part de,*** loc. prép. Au nom de. *De la part d'un ami qui vous veut du bien. Des fleurs de la part de votre amoureux.*
– ***De part en part,*** loc. adv. D'un côté à l'autre. *La balle l'a transpercé : elle a traversé son corps de part en part.*
– ***De part et d'autre,*** loc. adv. De tous les côtés. *Ils sont venus de part et d'autre du pays.*
On fait la liaison entre le nom ***part*** et la conjonction ***et.*** *De part (t) et.*
– ***De toutes parts, de toute part,*** loc. adv. De partout. *Des insectes s'infiltraient de toutes parts.*
Les deux formes sont correctes, mais le pluriel est plus fréquent.
– ***D'une part, d'autre part,*** loc. adv. D'un côté, d'un autre côté. *D'une part, nous avons exploré de nouveaux marchés ; d'autre part, nous avons créé de nouveaux stéthoscopes.*
– ***En bonne part, en mauvaise part.*** Dans un sens favorable, défavorable, en bien, en mal. *À l'origine, le mot* aléa *s'employait en bonne ou en mauvaise part ; aujourd'hui, on lui donne généralement une valeur péjorative.*
– ***Faire la part de.*** Considérer, tenir compte de. *Faire la part de l'inexpérience.*
– ***Faire la part des choses.*** Départager les faits pour juger adéquatement.

– ***Faire la part du feu.*** Sacrifier ce qui ne peut plus être sauvé pour préserver le reste.
– ***Faire part de quelque chose à quelqu'un.*** Informer quelqu'un de quelque chose. *Tu lui as fait part de ton inquiétude. Je lui ai fait part de mon intention.*
La locution se construit avec la préposition ***de*** suivie d'un nom. On évitera la construction avec la conjonction ***que*** suivie de l'indicatif qu'exige le verbe ***informer.*** *Je l'ai informé que je prendrai congé demain.*
– ***Mis à part,*** loc. prép. À l'exception de. *Mis à part cette personne, tous ont accepté de participer.*
Devant le nom, cette locution est généralement invariable. *Mis à part ces coquilles, tout est parfait.* Après le nom, le participe est variable. *Ces coquilles mises à part, le texte est parfait.*
– ***Nulle part,*** loc. adv. En aucun endroit. *Je ne le trouve nulle part.*
– ***Pour ma part,*** loc. adv. Quant à moi. *Pour ma part, je lui donne raison.* SYN. en ce qui me concerne ; personnellement.
– ***Prendre part à.*** Participer. *Ils prendront part à la fête. Nous prenons part à votre chagrin.*
Dans cette expression, le nom est invariable.
– ***Quelque part,*** loc. adv. En quelque lieu. *Vous ai-je déjà vu quelque part ?*
– ***Se tailler la part du lion.*** (FIG.) Prendre la plus grosse part, en utilisant la force ou son autorité.

FORMES FAUTIVES

*faire sa part. Calque de « *to do one's part* » pour ***apporter sa contribution, collaborer, contribuer à, participer à.***
*part. (BOURSE) Anglicisme au sens de ***action.***
*prendre la part de quelqu'un. Calque de « *to take somebody's part* » pour ***prendre la défense, le parti de quelqu'un.***

PARTAGE n. m.
Division d'une chose en plusieurs parts. *Le partage d'un gâteau en dix portions.* SYN. répartition.

LOCUTIONS

– ***En partage,*** (LITT.) À titre de part, d'héritage. *Recevoir en partage le don de l'émerveillement. Donner en partage.*
– ***Sans partage,*** loc. adv. Sans restriction. *Apprécier une œuvre sans partage.* SYN. complètement ; entièrement ; totalement.

PARTAGÉ, ÉE adj.
1. Réciproque. *Un amour partagé.*
2. Divisé. *Partagée sur le choix à faire, elle te demande conseil.*

LOCUTIONS

– ***Être partagé.*** Être divisé, perplexe.
– ***Les avis sont partagés.*** Les opinions varient.

PARTAGER v. tr., pronom.

VERBE TRANSITIF

1. Diviser une chose en plusieurs parts. *Nous partagerons un terrain en trois parties. Ils ont partagé les tâches entre les quatre colocataires.* SYN. répartir.
2. Participer à quelque chose. *Partager un repas, le chagrin d'un ami.*
3. Posséder, utiliser avec d'autres. *Partager une maison avec quelqu'un.*
En ce sens, le verbe se construit avec la préposition ***avec.***

VERBE PRONOMINAL

1. Répartir entre plusieurs. *Ils se sont partagé les profits.*
2. Répartir son temps. *Il se partage entre sa famille et son travail.*
À la forme pronominale, le participe passé de ce verbe s'accorde en genre et en nombre avec le complément direct si celui-ci le précède. *Le gâteau qu'ils se sont partagé. Les joueurs se sont partagés en deux groupes.* Le participe passé reste invariable si le complément direct suit le verbe. *Les actionnaires se sont partagé les profits de l'entreprise.*

CONJUGAISON : VOIR MODÈLE CHANGER.

Le ***g*** est suivi d'un ***e*** devant les lettres ***a*** et ***o.*** *Il partagea, nous partageons.*

PARTANCE n. f.
(VX) Moment où un navire va partir.

LOCUTIONS

– ***En partance,*** loc. adv. Sur le point de partir, en parlant d'un bateau, d'un avion, d'un train. *Avion en partance.*
– ***En partance pour,*** loc. prép. À destination de. *Ce bateau est en partance pour Marseille.* ANT. en provenance de.

PARTANT conj.
(VX) (LITT.) Par conséquent. *Vous serez présent, partant, vous pourrez juger de la situation par vous-même.* SYN. ainsi ; donc.

PARTENAIRE n. m. et f.
Personne avec qui l'on est associé, lié. *Votre partenaire de tennis est très habile. Nos partenaires américains ont une excellente réputation.*

LOCUTION

– ***Partenaires sociaux.*** Groupements représentant des intérêts particuliers différents mais engagés dans la réalisation d'un projet collectif commun (GDT). *Les associations professionnelles, patronales et syndicales sont des partenaires sociaux.*

PARTENARIAT n. m.
Entente entre des partenaires en vue de la réalisation de projets économiques, politiques, sociaux, etc. *Un partenariat fructueux.*

LOCUTION

– ***Partenariat public-privé (PPP).*** Entente intervenue entre un ministère, ou un organisme public, et une entreprise privée pour réaliser un projet ou fournir un service par la mise en commun de moyens matériels, intellectuels, humains ou financiers. *Le futur centre hospitalier sera construit en partenariat public-privé. La Municipalité a décidé de recourir à un PPP pour la construction de ce pont. Des partenariats public-privé.*

PARTERRE n. m.
1. Partie d'un jardin où sont disposés des motifs floraux. *De grands parterres de tulipes entourent le petit lac.*
2. Dans une salle de spectacle, ensemble des places derrière l'orchestre. *Un fauteuil au parterre.*

PARTHÉNOGENÈSE n. f.
(BIOL.) Mode de reproduction sans mâle à partir d'un ovule non fécondé.
parthénogenèse.

PARTI n. m.
1. Groupe de personnes partageant une opinion, des intérêts, etc. *Un parti politique. Pour quel parti voteras-tu ?*
T Les noms de partis politiques prennent une majuscule initiale au premier nom ainsi qu'à l'adjectif qui le précède. *Le Parti québécois, le Nouveau Parti démocratique.* Les noms des adeptes de partis politiques s'écrivent avec une minuscule. *Les libéraux, les conservateurs.*
2. (LITT.) Solution, façon de régler un problème. *Hésiter entre divers partis.*

LOCUTIONS

– ***Parti pris.*** Préjugé, idée toute faite. *J'ai un parti pris contre la lutte : ce sport me paraît très violent. Des partis pris regrettables.* SYN. partialité ; préjugé. ANT. impartialité ; objectivité.
L'expression s'écrit sans trait d'union et prend la marque du pluriel.
– ***Prendre le parti de.*** Se décider en faveur de.
– ***Prendre parti.*** Prendre position. *Elles ont pris parti pour une restructuration, contre cette modification.* SYN. choisir ; opter pour.
– ***Prendre son parti de*** (quelque chose). Se résigner. *Il a pris son parti de ce congédiement et s'est décidé à déménager.* SYN. se faire une raison.
– ***Tirer parti de.*** Profiter. *Ils ont su tirer parti de la situation.* SYN. exploiter ; tirer profit de ; utiliser.
Dans ces expressions, le nom reste au singulier.
HOM. ***partie,*** élément d'un ensemble.

P

PARTI, IE adj.
1. Absent. *Partie à vélo depuis hier, elle arrivera sous peu à Trois-Rivières.*
2. (FAM.) Ivre. *Il était complètement parti et ne se souvenait de rien.* SYN. éméché; gai.

PARTIAL, IALE, IAUX adj.
Le *t* se prononce comme un *s*, [parsjal]; l'adjectif rime avec ***glacial***.
Qui favorise quelqu'un, quelque chose au préjudice d'un autre, injuste. *Des avis partiaux.* SYN. subjectif. ANT. impartial; objectif.
Ne pas confondre avec le mot ***partiel***, incomplet.

PARTIALEMENT adv.
Avec partialité, subjectivement.

PARTIALITÉ n. f.
Préférence injuste. *Ils ont fait preuve de partialité pour cette équipe, à l'endroit de, en faveur de cette personne, contre ce concurrent.* SYN. subjectivité. ANT. impartialité; objectivité.

PARTICIPANT, ANTE adj. et n. m. et f.
Se dit d'une personne qui participe (à une activité, à une réunion, à une compétition, etc.). *Les participants étaient enthousiastes. Les classes participantes.*
Ne pas confondre avec le participe présent invariable ***participant***. *On a remercié tous les invités participant à la fête.*

PARTICIPATION n. f.
Action de participer, de collaborer à quelque chose. *Ta participation à cette recherche s'est avérée utile.* SYN. collaboration; concours.

PARTICIPE n. m.
(GRAMM.) Forme verbale employée à titre d'adjectif (participe passé sans auxiliaire) ou de verbe. *Le participe passé, le participe présent.*
VOIR TABLEAU – PARTICIPE PASSÉ.
VOIR TABLEAU – PARTICIPE PRÉSENT.

PARTICIPER v. tr. ind.
1. Prendre part à. *Participer aux réjouissances, à une excursion.*
2. Collaborer, apporter son concours. *Les amis participeront à cette entreprise audacieuse.* SYN. s'associer; coopérer.
3. Contribuer. *Les enfants ont participé à l'achat de ce cadeau.*
En ces sens, le verbe se construit avec la préposition ***à***.
4. (LITT.) Tenir de. *La tendresse participe de l'amour.*
En ce sens, le verbe se construit avec la préposition ***de***.
CONJUGAISON : VOIR MODÈLE AIMER.

PARTICIPIAL, IALE, IAUX adj.
(GRAMM.) Du participe. *Une phrase participiale.*

PARTICULARISATION n. f.
(DIDACT.) Différenciation, individualisation. ANT. généralisation.

PARTICULARISER v. tr.
Rendre particulier. SYN. individualiser. ANT. généraliser.
CONJUGAISON : VOIR MODÈLE AIMER.

PARTICULARISME n. m.
Caractère distinctif d'une population au sein d'une société. *Les particularismes du français québécois.*

PARTICULARITÉ n. f.
Caractéristique propre à quelqu'un, à quelque chose. *Des particularités intéressantes.*

PARTICULE n. f.
1. Très petite partie d'une matière, morceau microscopique de quelque chose. *Il y a des particules en suspension dans l'eau de la rivière.*
2. (LING.) Mot invariable monosyllabique. *La particule négative* ne.
LOCUTION
– ***Particule (nobiliaire).*** Préposition précédant un nom patronymique. *Dans le nom François René de Chateaubriand, le* de *est une particule nobiliaire.*
T Les particules nobiliaires s'écrivent avec une minuscule.

PARTICULIER, IÈRE adj. et n. m.
ADJECTIF
1. Qui appartient en propre (à quelqu'un, à quelque chose). *Elle a une voix très particulière.* SYN. personnel; propre. ANT. commun; général.
2. Individuel, distinctif. *Des traits particuliers. Un cas particulier. Signes particuliers : néant* (et non *nil). SYN. caractéristique; spécial; spécifique.
3. Destiné à une ou à quelques personnes. *Des cours particuliers* (et non *privés) *de piano.*
NOM MASCULIN
1. Personne privée. *Cet immeuble appartient à un particulier et non à une entreprise.*
2. Ce qui est spécifique. *Une progression qui va du particulier au général.*
LOCUTIONS
– ***En particulier,*** loc. adv. Seul à seul, en privé. *J'aimerais vous parler en particulier.*
– ***En particulier,*** loc. adv. Spécialement. *Elle adore les fruits, en particulier les framboises.* SYN. particulièrement; surtout.
FORME FAUTIVE
*particulier. Anglicisme au sens de ***soigneux, méticuleux, propre***.

PARTICULIÈREMENT adv.
Spécialement, de façon particulière. *Alex aime particulièrement la crème glacée aux pistaches : c'est celle qu'il préfère.* SYN. en particulier.

PARTIE n. f.
1. Élément d'un ensemble. *Une partie des élèves.* ANT. tout.
2. (DR.) Personne qui participe à un acte juridique. *Les parties contractantes. La partie adverse.*
3. Compétition sportive entre des concurrents, des équipes. *Une partie de hockey, de tennis.* SYN. ⚜ joute; match.
4. Durée d'un jeu. *Une partie de bridge, d'échecs.*
5. Fête, divertissement à plusieurs. *Organiser une partie* (et non un *party). *Une partie de pêche.*
LOCUTIONS
– ***Avoir affaire à forte partie.*** Affronter un adversaire redoutable, très fort.
– ***Avoir partie liée.*** Être engagé solidairement dans une activité, une affaire.
– ***En partie,*** loc. adv. Partiellement. *Vous avez raison en partie.* ANT. complètement; totalement.
– ***Être (à la fois) juge et partie.*** Avoir un pouvoir de décision dans une affaire où l'on a des intérêts. *Dans cette histoire, ils sont juge et partie.*
Cette expression est généralement invariable.
– ***Faire partie de.*** Appartenir à. *Ils font partie de ce groupe.*
Dans cette expression, le nom reste au singulier.
– ***Partie de sucre.*** ⚜ Fête printanière qui se tient dans une érablière et au cours de laquelle on déguste les produits de l'érable.
– ***Partie d'huîtres.*** ⚜ Rencontre amicale au cours de laquelle on déguste des huîtres.
– ***Partie par million (ppm).*** Nombre d'unités d'une substance par million d'unités du constituant principal (eau, air, sol, etc.) (GDT). « *Selon le Groupe international d'experts sur le climat (GIEC), le dépassement du seuil des 550 parties par million (ppm) de* CO_2 *dans l'atmosphère terrestre risque de précipiter un "changement climatique catastrophique"* » (*Le Devoir*).

– ***Partie prenante.*** Personne, organisation, entreprise qui est directement concernée par une affaire, une activité quelconque. *« Il mérite attention tant il est partie prenante des enjeux démocratiques »* (Libération) *« Les nationalistes, parties prenantes à l'accord, ont suspendu leur participation »* (Le Monde).
La locution se construit généralement avec la préposition ***de***; cependant, la construction avec la préposition ***à*** est également possible.
La locution est parfois orthographiée au singulier même si elle se rapporte à plusieurs personnes physiques ou morales. *On propose une autre conception de la politique, où le monde ouvrier et la jeunesse antimondialisation doivent être partie prenante.*
– ***Partie remise.*** Évènement différé. *Ce n'est que partie remise : nous nous reprendrons.*
– ***Prendre quelqu'un à partie.*** S'en prendre à quelqu'un. *Ces ministres ont été pris à partie par les députés de l'opposition.* SYN. attaquer; s'en prendre à.
Le nom ***partie*** est au singulier dans cette expression.
– ***Une (grande, petite, certaine) partie.*** *Une grande partie des jardins a été cultivée, ont été cultivés.*
Si le sujet du verbe est un collectif précédé du déterminant indéfini ***un, une*** et suivi d'un complément au pluriel, le verbe se met au singulier lorsque l'auteur veut insister sur le tout, l'ensemble; au pluriel, s'il veut insister sur la pluralité, la multiplicité. Si le sujet du verbe est un collectif précédé du déterminant défini ***(le, la)***, d'un déterminant possessif ***(mon, ma, ton, ta, son, sa)***, d'un déterminant démonstratif ***(ce, cette)*** et s'il est suivi d'un complément au pluriel, le verbe se met généralement au singulier. *La grande partie des étudiants a refusé.*
VOIR TABLEAU – COLLECTIF.
FORMES FAUTIVES
*prendre partie. Impropriété pour ***prendre parti.***
*tirer partie. Impropriété pour ***tirer parti.***
HOM. ***parti,*** groupe de personnes partageant une opinion.

PARTIEL, IELLE adj.
1. Qui ne concerne qu'une partie d'un tout. *Voici la liste partielle des élèves de l'école : elle ne comprend pas les noms des élèves de première et deuxième secondaire.* ANT. général.
2. Incomplet. *Des résultats partiels.* ANT. complet; entier; total.
LOCUTION
– ***À temps partiel,*** loc. adv. Quelques heures par semaine. ANT. à temps complet; à temps plein.
Ne pas confondre avec le mot ***partial,*** injuste.

PARTIELLEMENT adv.
En partie. *Nous avons atteint nos objectifs partiellement : certains ont été atteints, d'autres pas.*

PARTIR v. intr.
1. Quitter un lieu. *Partiras-tu à la campagne cet été ? Elle est partie en voyage.* SYN. s'en aller.
Le verbe se conjugue avec l'auxiliaire ***être.***
2. Prendre le départ, se mettre en marche. *« Rien ne sert de courir : il faut partir à point »* (Jean de La Fontaine, *Le Lièvre et la Tortue*). *Le cheval est parti au galop. Papa n'arrive pas à faire partir le moteur.*
Le verbe ***partir*** est intransitif : il ne peut se construire avec un complément direct. On ne peut pas *partir une moto, on ***fait partir une moto***; plutôt que *partir une entreprise ou *partir une mode, ***on crée*** ou ***on lance une entreprise*** ou ***une mode.***
3. Se déclencher, en parlant d'une arme à feu; jaillir, en parlant d'un projectile. *Faire partir un pétard, une fusée dans un feu d'artifice. Le coup est parti tout seul et son compagnon a été blessé.*
4. Avoir pour point de départ. *Cet avion part de Montréal pour aller à Chicoutimi.*
5. Disparaître. *J'espère que cette tache d'encre partira au lavage.* SYN. s'enlever.
LOCUTIONS
– ***À partir de,*** loc. prép. À compter de, dès (temps). *À partir du début de décembre jusqu'à la fin du mois, les magasins sont ouverts tous les soirs.*
– ***À partir de,*** loc. prép. Après (lieu). *À partir de Sainte-Adèle, la route est fermée en raison de la tempête de neige.*
FORMES FAUTIVES
*partir en affaires, partir une entreprise. Anglicismes pour ***créer une entreprise, lancer une affaire, lancer une entreprise, s'établir à son compte.***
*partir le bal. Impropriété pour ***ouvrir le bal.***
*partir une discussion, une polémique. Impropriété pour ***déclencher, engager, entamer, soulever une discussion, une polémique.***
*partir une mode. Anglicisme pour ***lancer une mode.***
*partir une rumeur. Impropriété pour ***faire courir, lancer, répandre*** une rumeur.
*partir une voiture, un moteur. Impropriété pour ***démarrer, faire partir une voiture, un moteur.***
CONJUGAISON : VOIR MODÈLE SORTIR.

PARTISAN, ANE adj. et n. m. et f.
ADJECTIF
Qui témoigne d'un parti pris. *Une attitude partisane.* SYN. partial; subjectif. ANT. impartial; objectif.
NOM MASCULIN ET FÉMININ
Personne favorable à. *Des partisans de la protection de l'environnement. C'est une partisane de cette candidature.* SYN. adepte; défenseur; disciple.

PARTITIF, IVE adj.
(LING.) Qui désigne une partie d'un tout. *Dans « Donnez-moi du café », « du » est un article partitif.*
L'article partitif est formé de la préposition ***de*** seule ou combinée avec l'article défini. Au masculin : ***du, de l', des***; au féminin : ***de la, de l', des.*** L'article partitif s'emploie devant les noms de choses qui ne se comptent pas pour marquer une certaine quantité. *Vendre de la laine.*

PARTITION n. f.
1. Division d'un pays. *Ces extrémistes prônent la partition du territoire québécois.*
2. (MUS.) Ensemble des parties d'une composition musicale qui sont notées par écrit. *Il est difficile de jouer du piano sans partition.*
FORME FAUTIVE
*partition. Anglicisme au sens de ***cloison.***

PARTOUT adv.
En tous lieux. *Je vous ai cherchés partout.*
FORME FAUTIVE
*en tout et partout. Impropriété pour ***en tout et pour tout.***
partout.

***PARTY**
Anglicisme pour ***partie, surprise-partie, fête.***

PARURE n. f.
Ce qui décore, embellit. *Une parure de perles.* SYN. ornement.

PARUTION n. f.
Le ***t*** se prononce comme un ***s***, [parysjɔ̃]; le mot rime avec ***lotion.***
Fait d'être publié, en parlant d'un livre, d'un article. *La date de parution est indéterminée.*

PARVENIR v. intr.
1. Arriver à destination. *Il est parvenu au sommet de la montagne.*
2. (FIG.) Atteindre le but fixé. *Elle est parvenue à le convaincre.* SYN. arriver à; réussir à.
3. Transmettre. *Étienne a fait parvenir une lettre à sa cousine du Liban.*
CONJUGAISON : VOIR MODÈLE VENIR.
Le verbe se conjugue avec l'auxiliaire ***être.***

PARTICIPE PASSÉ

Le participe passé est un receveur d'accord : selon le cas, il s'accorde en genre et en nombre avec le nom qu'il complète, avec le sujet du verbe ou avec le complément direct du verbe.

P

ACCORD DU PARTICIPE PASSÉ

▸ 1. Participe passé employé seul

ACCORD AVEC LE NOM AUQUEL IL SE RAPPORTE

Employé sans auxiliaire, le participe passé est un adjectif : il s'accorde en genre et en nombre **avec le nom auquel il se rapporte.**

*Un garçon **encouragé**. Une élève **décidée**. Des spectateurs **éblouis**.*

Si le participe passé se rapporte à des noms de genres différents, il se met au masculin pluriel. *Des adolescentes et des adolescents motivés.*

▸ 2. Participe passé employé avec l'auxiliaire *être* ou avec les verbes attributifs

ACCORD AVEC LE SUJET DU VERBE

Employé avec l'auxiliaire ***être***, le participe passé s'accorde en genre et en nombre ***avec le sujet du verbe.***

*La maison **est aménagée** avec goût. Les enfants **sont emballés** par ce jeu.*

Si le verbe a des sujets de genres différents, le participe passé se met au masculin pluriel. *Julie et Nicolas sont ravis d'être invités.*

Employé avec les verbes attributifs (ou verbes d'état) ***(être, demeurer, devenir, paraître, rester, sembler...),*** le participe passé est attribut du sujet : il s'accorde en genre et en nombre **avec le sujet du verbe.**

*Ils **semblent fatigués**. Elles **demeurent charmées** par cette mélodie.*

*Les élèves **paraissent captivés** par ce film.*

▸ 3. Participe passé employé avec l'auxiliaire *avoir*

ACCORD AVEC LE CDV QUI PRÉCÈDE LE VERBE

Employé avec l'auxiliaire ***avoir***, le participe passé s'accorde en genre et en nombre **avec le complément direct du verbe si ce dernier précède le verbe.**

La pomme (CDV) *que j'**ai mangée**.*

Les amis (CDV) *que j'**ai rencontrés**,* mais *j'**ai rencontré** mes amis* (CDV).

Pour trouver le CDV, on pose la question ***qui ?*** ou ***quoi ?*** après le verbe. J'ai mangé ***quoi ? Que,*** mis pour ***pomme.*** J'ai rencontré ***qui ? Que,*** mis pour ***amis.***

- Si le complément direct **précède le verbe : accord du participe passé.**
- Si le complément direct **suit le verbe : participe passé invariable.**

  *J'**ai mangé** une pomme et j'**ai rencontré** des amis.*

  *J'ai mangé **quoi ? Une pomme.** J'ai rencontré **qui ? Des amis.***

- Si le verbe n'a **pas de complément direct,** le **participe passé reste invariable.**

– *Martine et Vincent **ont parlé** à leurs amis.* Martine et Vincent ont parlé ***à qui ?*** Le verbe a seulement un complément indirect : le participe passé reste invariable.

– *Les travaux de construction **ont débuté.*** Il n'y a pas de complément du verbe : le participe passé reste invariable.

Les explosions qu'il y a eu. Les gouttes qu'il a plu ont mouillé la nappe.

– Le participe passé des verbes impersonnels est toujours invariable.

PARTICIPE PASSÉ | ***SUITE*** >

CAS PARTICULIERS

3.1 Participe passé employé avec l'auxiliaire *avoir* et suivi d'une phrase infinitive

ACCORD AVEC LE COMPLÉMENT DIRECT QUI PRÉCÈDE LE VERBE ET EST SUJET DE LA PHRASE INFINITIVE

Le participe passé suivi d'une phrase infinitive s'accorde en genre et en nombre avec le complément direct qui précède le verbe si ce complément est le sujet de la phrase infinitive.

Les oiseaux que j'ai entendus chanter. *J'ai entendu les oiseaux en train de chanter.*

J'ai entendu ***qui ? Que,*** mis pour ***oiseaux.***

On peut reformuler la phrase pour vérifier si la phrase infinitive a bien pour sujet le complément direct du verbe conjugué en employant la locution ***en train de*** suivie de l'infinitif. Ce sont les oiseaux qui font l'action de chanter et le complément direct ***que,*** mis pour ***oiseaux,*** précède le verbe : il y a donc accord du participe passé.

Par contre, il n'y a pas d'accord si la phrase infinitive n'a pas pour sujet le complément direct du verbe conjugué. *Les personnes que j'ai envoyé chercher sont arrivées.*

Ce ne sont pas les personnes qui font l'action de chercher : il n'y a donc pas accord du participe passé.

3.2 Participe passé du verbe *faire* et du verbe *laisser* suivi d'un infinitif

ABSENCE D'ACCORD

Elle les a laissé dormir. Les personnes que la direction a fait travailler.

Selon les *Rectifications orthographiques* (1990), le participe passé du verbe *laisser* suivi d'un infinitif est invariable dans tous les cas, même quand il est employé avec l'auxiliaire *avoir* et même quand l'objet [complément direct] est placé avant le verbe. Exemples : *Elle s'est laissé mourir* (comme déjà *elle s'est fait maigrir*) ; *je les ai laissé partir* (comme déjà *je les ai fait partir*). »

3.3 Participe passé précédé d'un collectif accompagné d'un complément au pluriel

ACCORD AU CHOIX

Le participe passé s'accorde avec le collectif singulier ***(classe, foule, groupe, multitude...)*** précédé d'un déterminant indéfini (*un, une*) ou avec le complément au pluriel, suivant l'intention de l'auteur qui veut insister sur l'ensemble ou sur la pluralité.

Un groupe de touristes que le festival a attiré a envahi les rues de la ville.

ou

Un groupe de touristes que le festival a attirés ont envahi les rues de la ville.

VOIR TABLEAU ▸ **COLLECTIF.**

3.4 Participe passé se rapportant aux pronoms *en* ou *le*

ABSENCE D'ACCORD

Le participe passé qui a pour complément direct le pronom ***en*** ou le pronom neutre ***le, l'*** lorsqu'il est élidé, reste invariable.

*J'ai cueilli des framboises et j'**en** ai mangé. La distance à parcourir est plus grande que je ne l'avais cru.*

1° Si le pronom ***en*** est précédé d'un adverbe de quantité ***(autant, beaucoup, combien, moins, plus...),*** le participe passé peut s'accorder en genre et en nombre avec le nom qui précède ou rester invariable. *Des limonades, combien j'**en** ai bues* ou *bu !*

2° Certains auteurs préconisent l'accord si le nom et l'adverbe précèdent le pronom ***en*** et l'absence d'accord si l'adverbe le suit. *Des pommes, combien j'en ai mangées ! Des framboises, j'en ai beaucoup mangé !*

3.5 Participe passé des verbes pronominaux

VOIR TABLEAU ▸ **PRONOMINAUX.**

P

PARTICIPE PRÉSENT

Le participe présent exprime une action qui a lieu **en même temps** que l'action du verbe de la phrase autonome (ou matrice). Il marque un rapport de simultanéité avec le verbe principal.

En jouant dehors, les enfants ont admiré le beau coucher de soleil.

La phrase participiale peut être remplacée par une phrase subordonnée relative. *Les enfants qui jouaient dehors ont admiré le beau coucher de soleil.*

FORME

Le participe présent se termine toujours par ***-ant.*** *Aimant, dormant, marchant, voyant.* Le participe présent des verbes du deuxième groupe [VOIR MODÈLE – **FINIR**] se termine par ***-issant.*** *Finissant, bâtissant, polissant, remplissant.*

ACCORD

Le participe présent est **invariable.**

Autrefois, le participe présent était variable. En 1679, l'Académie française décidait qu'il serait dorénavant invariable.

CONSTRUCTION

Le verbe de la phrase autonome (ou matrice) et le participe présent, s'il n'a pas son sujet propre, doivent avoir le même sujet.

Il est fautif d'employer un participe présent sans sujet propre qui ne se rapporte pas au sujet du verbe de la phrase autonome (ou matrice) qu'il accompagne.

Exemple de construction fautive : *Affichant des prix trop élevés, les clients de ce commerce préfèrent acheter ailleurs.

Explication : Le sujet de la phrase autonome (ou matrice) est le nom ***clients***, alors que le participe présent se rapporte à ***commerce.*** Il faudrait plutôt écrire : *Affichant des prix trop élevés, ce commerce a été déserté par ses clients* ou *Les clients préfèrent acheter ailleurs parce que ce commerce affiche des prix trop élevés.*

PARTICIPE PRÉSENT ET ADJECTIF PARTICIPE

L'adjectif participe joue le rôle d'un complément ou d'un attribut : il exprime **une manière d'être.** Contrairement au participe présent, qui est invariable, l'adjectif participe s'accorde en genre et en nombre avec le nom ou le pronom qu'il complète. *Des livres passionnants, des résultats excellents.*

Attention, de nombreux adjectifs participes ont des orthographes différentes de celles du participe présent du verbe de la même famille.

EXEMPLES DE DIFFÉRENCES ORTHOGRAPHIQUES

PARTICIPE PRÉSENT	ADJECTIF PARTICIPE
adhér**a**nt	adhér**e**nt
communi**qu**ant	communi**c**ant
convain**qu**ant	convain**c**ant
différ**a**nt	différ**e**nt
équival**a**nt	équival**e**nt
excell**a**nt	excell**e**nt
fati**gu**ant	fati**g**ant
intri**gu**ant	intri**g**ant
navi**gu**ant	navi**g**ant
néglige**a**nt	néglig**e**nt
précéd**a**nt	précéd**e**nt
provo**qu**ant	provo**c**ant
somnol**a**nt	somnol**e**nt
suffo**qu**ant	suffo**c**ant
zigza**gu**ant	zigza**g**ant

PARVENU, UE adj. et n. m. et f.
(PÉJ.) Nouveau riche. *Cette voiture clinquante convient bien à un parvenu. Des personnes vulgaires et parvenues.*

PARVIS n. m.
Le *s* ne se prononce pas, [parvi] ; le nom rime avec ***vie***.
Place située devant l'entrée d'une église, d'un grand bâtiment. *Le parvis de Notre-Dame.*
parvis.

PAS n. m.
1. Mouvement de mettre un pied devant l'autre pour marcher. *Il fait de grands pas, elle avance de quelques pas, puis revient sur ses pas.*
2. Façon de marcher. *Un pas cadencé, un pas de gymnastique.*
3. Trace laissée par une personne en marchant. *Les enfants ont raconté avoir vu des pas dans la neige.*
4. Seuil. *Sur le pas de la porte.*
LOCUTIONS
– ***À deux pas,*** loc. adv. Tout près. *Son travail est à deux pas d'ici.*
– ***À pas de loup,*** loc. adv. Très doucement pour ne pas être entendu.
– ***Céder le pas à quelqu'un.*** Lui donner la priorité.
– ***De ce pas,*** loc. adv. Immédiatement, à l'instant même. *J'y vais de ce pas !*
– ***Faire les cent pas.*** Aller et venir de façon répétée, impatiemment. *Elle faisait les cent pas en l'attendant.*
– ***Faire les premiers pas.*** Prendre l'initiative.
– ***Faire un faux pas.*** Glisser en marchant. *Il a fait un faux pas et s'est tordu la cheville.* SYN. trébucher.
– ***Faire un faux pas.*** (FIG.) Commettre une faute, un impair, une maladresse.
– ***Hâter le pas.*** Se presser, marcher rapidement. *Elle hâte le pas pour ne pas être en retard.* SYN. se dépêcher.
– ***Marcher dans les pas de quelqu'un.*** (FIG.) Suivre la voie de, imiter quelqu'un.
– ***Marquer le pas.*** (FIG.) Ne pas progresser.
– ***Mettre quelqu'un au pas.*** (FIG.) Lui faire entendre raison.
– ***Pas à pas,*** loc. adv. À pas lents, progressivement. *La production avance pas à pas.*
– ***Pas de la porte.*** Seuil.
– ***Prendre le pas sur quelqu'un.*** Devancer. SYN. dépasser ; prendre les devants.
– ***Se tirer d'un mauvais pas.*** Trouver une solution à une situation difficile.

PAS adv.
L'adverbe de négation est généralement précédé des particules de négation ***ne*** ou ***non.*** *Elle ne viendra pas. Non pas que je sois inquiète...* SYN. (LITT.) point.
VOIR TABLEAU – NE, NI, NON.
LOCUTION
– ***Pas de,*** loc. prép. Sans. *Nous n'avons pas de cigarettes, pas de sucre, pas d'argent ni de pain.*
Le complément se met au singulier ou au pluriel selon le sens.

PASCAL n. m.
Symbole ***Pa*** (s'écrit sans point).
Unité de pression. *Des pascals.*

PASCAL, ALE, ALS ou **AUX** adj.
Relatif à la fête de Pâques. *Des festins pascaux, la fête pascale.*

***PAS D'ADMISSION SANS AFFAIRES**
Calque de «*no admittance without business*» pour ***entrée interdite sans autorisation, interdit au public.***

PASHMINA n.m. (pl. *pashminas*)
1. Laine fine provenant du duvet d'une chèvre de l'Himalaya, utilisée pour le tissage de châles recherchés.
2. Le châle constitué de cette laine fine. *Les pashminas sont réputés pour leur douceur et leur légèreté.*

PASSABLE adj.
Ni bon ni mauvais, mais néanmoins satisfaisant. *Une note passable.* SYN. acceptable ; correct ; honnête ; moyen.

PASSABLEMENT adv.
1. D'une manière passable. *Il a réussi passablement.*
2. Assez. *Elle a passablement travaillé.* SYN. beaucoup.

PASSADE n. f.
Aventure. *Ce n'était qu'une passade.* SYN. caprice ; tocade.

PASSAGE n. m.
1. Action de passer. *Un droit de passage. Passage interdit. Le passage des oies sauvages au printemps.*
2. Couloir. *Margot a cherché un tapis pour son passage.* SYN. corridor.
3. Extrait d'un ouvrage que l'on cite. *Lisez ce passage, il est très beau.* SYN. citation.
LOCUTIONS
– ***Au passage,*** loc. adv. En passant. *Prévenez-le au passage.*
– ***De passage,*** loc. adv. Momentanément. *Elle est de passage à Québec.*
– ***Livrer passage.*** Laisser passer. *Ahuris, les spectateurs ont livré passage à un saltimbanque et à son ours apprivoisé.*
– ***Passage à niveau.*** Croisement d'une route et d'une voie ferrée. *Des passages à niveau* (et non *traverses de chemin de fer).
– ***Passage inférieur.*** Ouvrage aménagé au-dessous d'une voie de communication pour éviter le croisement de plusieurs voies.
– ***Passage obligé.*** (FIG.) Étape obligatoire, élément indispensable. *Les études constituent un passage obligé en ce qui a trait à la réussite professionnelle.*
– ***Passage supérieur.*** Passage d'une voie de communication au-dessus d'une autre pour éviter le croisement de plusieurs voies (Recomm. off.). *Nous devons emprunter le passage supérieur* (et non l'*overpass) *pour traverser la voie ferrée.* SYN. saut-de-mouton.
Ne pas confondre avec le nom ***viaduc,*** ouvrage routier ou ferroviaire construit à une grande hauteur afin d'enjamber une vallée, une dépression, etc., et comportant de nombreuses travées (GDT).

PASSAGER, ÈRE adj. et n. m. et f.
ADJECTIF
Qui dure peu longtemps. *Un malaise passager, vite disparu.* SYN. éphémère ; momentané ; temporaire.
Le Petit Robert consigne le sens de « très fréquenté » de l'adjectif ***passager*** en apposant la marque d'usage FAM. pour ***familier,*** tandis que *Le Petit Larousse* considère cet emploi comme critiqué. L'adjectif ne s'emploie pas en ce sens au Québec.
NOM MASCULIN ET FÉMININ
Personne qui utilise un moyen de transport. *Il y a 325 passagers dans cet avion.* SYN. voyageur.

PASSAGÈREMENT adv.
Pour peu de temps. *Ils sont ici passagèrement.* SYN. temporairement.

PASSANT, ANTE adj. et n. m. et f.
ADJECTIF
Où il passe beaucoup de monde. *Une rue passante.* SYN. animé ; fréquenté.
NOM MASCULIN ET FÉMININ
Personne qui passe. *Les passants regardent les vitrines.*

PASSATION n. f.
1. (DR.) Action de passer un contrat.
2. Action de transmettre des pouvoirs d'une personne à une autre. *La passation des pouvoirs du président.*
3. (DIDACT.) Fait de passer (un examen, un test). *La passation d'un oral.*

PASSE n. m.
Abréviation familière du nom ***passe-partout.*** *Le concierge a égaré son passe.*

PASSE n. f.
Action de passer quelque chose à quelqu'un. *Faire une passe à un coéquipier pour qu'il marque un but.*
LOCUTIONS
– ***Être dans une (bonne, mauvaise) passe.*** Se trouver dans une situation (favorable, défavorable).
– ***Être en passe de.*** Être sur le point de. *Ils sont en passe de réussir.*
– ***Mot de passe.*** Mot secret par lequel on peut se faire reconnaître. *Des mots de passe connus.*
FORME FAUTIVE
*passe. Au sens de ***laissez-passer, carte d'abonnement, billet de faveur,*** ce mot est un archaïsme.

PASSE-
Certains mots composés avec l'élément ***passe-*** s'écrivent avec un trait d'union. *Un passe-partout.* D'autres s'écrivent en un seul mot. *Un passeport.* L'élément ***passe-*** étant un verbe, il ne prend pas la marque du pluriel.

PASSÉ n. m.
1. Temps qui a été. *Cette histoire appartient au passé.* ANT. futur.
VOIR TABLEAU – PARTICIPE PASSÉ.
VOIR TABLEAU – PASSÉ (TEMPS DU).
2. Vie passée. *Elle a un passé difficile.* ANT. avenir.

PASSÉ prép.
Après, au-delà de. *Passé 17 heures, le magasin est fermé.*
Placé en tête de phrase, le participe ***passé*** est considéré comme une préposition et demeure invariable.

PASSE-CRASSANE n. f. (pl. *passe-crassanes*)
Variété de poire. *Des passe-crassanes juteuses.*

***PASSÉ DATE**
Anglicisme pour ***périmé, dont la date de péremption est dépassée.*** *La date de péremption de ce produit est le 15 mai : il est périmé* (et non *passé date). *Un médicament dont la date limite de consommation* ou *dont la date de péremption est dépassée* (et non *passé date).

PASSE-DROIT n. m. (pl. *passe-droits*)
Privilège accordé contre la règle, la justice.

***PASSÉ DÛ**
Calque de «*past due*» pour ***échu, en souffrance, arriéré.*** *Un délai échu* (et non *passé dû), *un compte en souffrance* (et non *passé dû), *des intérêts arriérés* (et non *passés dus).

PASSÉISME n. m.
Attachement excessif aux choses du passé.

PASSÉISTE adj. et n. m. et f.
Qui a un attachement excessif pour le passé, la tradition. *Ces passéistes prêchent le retour au passé. Des nostalgies passéistes.*

PASSEMENTERIE n. f.
Les ***e*** des deuxième et quatrième syllabes ne se prononcent pas, [pasmɑ̃tri].
Art, commerce des garnitures tissées dans l'aménagement intérieur (passements, cordons, glands, etc.). *Un cordon torsadé et terminé par un gland – parfait exemple de l'art de la passementerie – retenait le lourd rideau de velours.*

PASSE-MONTAGNE n. m. (pl. *passe-montagnes*)
Bonnet de laine qui couvre les oreilles et la nuque. SYN. cagoule.

PASSE-PARTOUT adj. inv. et n. m. inv. (pl. *passe-partout*)
ADJECTIF INVARIABLE
Qui convient en toute circonstance. *Une jupe passe-partout.*
NOM MASCULIN INVARIABLE
Abréviation familière ***passe.***
1. Clé permettant d'ouvrir plusieurs serrures.
2. Encadrement de carton dans lequel on peut placer un dessin, une image, etc. *Un passe-partout ivoire rehaussera l'aquarelle.*
[Les *Rectifications* (1990) admettent : un passepartout, des passepartouts.]

PASSE-PASSE n. m. inv.
– ***Tour de passe-passe.*** Tour d'adresse des prestidigitateurs et, au figuré, tromperie habile, manœuvre douteuse. *Le magicien exécute des tours de passe-passe. « L'objectif de 20 % de réduction des émissions sera réalisé à près de 80 % par des actions en dehors du territoire européen, grâce au tour de passe-passe de la compensation carbone dans les pays du Sud »* (*Le Monde*). SYN. tour de magie.
Le mot ne s'emploie que dans cette locution.
[Les *Rectifications* (1990) admettent : un passepasse, des passepasses.]

PASSE-PLAT n. m. (pl. *passe-plats*)
Guichet permettant de passer les assiettes de la cuisine à une autre pièce.

PASSEPOIL n. m.
Liséré qui borde certaines parties d'un vêtement, qui souligne l'arête d'un siège, d'un couvre-lit ou le bord d'un coussin. *Un passepoil* (et non *piping) *de couleur contrastante.*

PASSEPOILÉ, ÉE adj.
Garni d'un passepoil. *Des coussins passepoilés.*

PASSEPORT n. m.
Pièce d'identité officielle. *Il a un passeport français, elle a un passeport canadien.*
passeport, en un seul mot.

PASSER v. tr., intr., pronom.
VERBE TRANSITIF
1. Traverser. *Passer une rivière. Passer le seuil d'une maison. Ils ont passé la frontière, la douane* (et non *les douanes) *sans encombre.* SYN. franchir.
2. Prêter. *Passe-moi ton dictionnaire !*
3. Employer (du temps). *Julien a passé l'été à la campagne.* SYN. utiliser.
Lorsque le verbe indique la durée, le participe passé est invariable si le complément répond à la question « combien ? ». *Les trois semaines que Julien a passé à la campagne.* Le participe passé s'accorde selon la règle normale si le complément précède le verbe et répond à la question « quoi ? ». *Les vacances qu'il a passées à la campagne.*
4. Mettre sur soi. *Passer un tricot.* SYN. revêtir.
5. Subir une épreuve. *Je passerai mon examen de français le 20 mai.*
VERBE INTRANSITIF
1. Aller quelque part en traversant un lieu. *Passer par les montagnes. Passeras-tu par Trois-Rivières pour aller à Québec ?*
2. Disparaître, s'écouler. *Le temps passe trop vite.*
3. Être admis, réussir. *Fanny passera en cinquième année bientôt. C'est formidable, j'ai passé !*
4. Ne pas insister sur, feindre de ne pas voir, entendre. *Passons sur ces déclarations contestables.*
En ce sens, le verbe se construit avec la préposition ***sur.***
5. Être diffusé (à la télévision, au cinéma). *Cette émission passera à la télévision ce soir. Ce film ne passe plus dans les cinémas de Québec.*
Le verbe se conjugue avec l'auxiliaire ***avoir*** à la forme transitive. *Elle a passé ses vacances à la montagne.* Il se conjugue généralement avec l'auxiliaire ***être*** à la forme intransitive. *L'hiver est enfin passé.* L'emploi de l'auxiliaire ***avoir*** est un peu vieilli. *L'hiver a passé.*
VERBE PRONOMINAL
1. Avoir lieu. *L'histoire se passe au Moyen Âge.* SYN. arriver ; se produire.
2. S'écouler. *Deux ans se sont passés depuis notre rencontre.*

3. Se prêter. *Elles se sont passé des livres et des photos.*
4. Se priver de. *Elles se sont passées de gâteaux.* SYN. s'abstenir.
À la forme pronominale, le participe passé de ce verbe s'accorde en genre et en nombre avec le complément direct si celui-ci le précède. *Les vélos qu'elles se sont passés étaient en parfait état. Elles se sont facilement passées de voiture.* Le participe passé reste invariable si le complément direct suit le verbe. *Elles se sont passé des disques.*

LOCUTIONS
– ***En passant,*** loc. adv. Incidemment. *Soit dit en passant, j'avais prévu sa réaction.*
– ***Passer (un accord, une convention, un marché).*** Conclure (un accord, une convention, un marché) selon des modalités définies. *Les conventions que ces dirigeants ont passées.* SYN. ratifier; signer.
– ***Passer (un coup de fil, de téléphone).*** Téléphoner. *Passe-moi un coup de fil en soirée.*
– ***Passer comme une lettre à la poste.*** Être facilement accepté. *La proposition est passée comme une lettre à la poste.*
– ***Passer outre.*** (FIG.) Poursuivre une action sans tenir compte des objections. *Ils ont passé outre à mes conseils.*
– ***Passer pour.*** Être jugé comme, avoir la réputation de. *Il passe pour un menteur.*
– ***Passer sous silence.*** Taire, ne pas évoquer. *Il serait préférable de passer sous silence cet incident.*
– ***Passer tout droit.*** ⚜ Dépasser par erreur sa destination, se lever en retard.
– ***Passer une commande.*** Commander un bien, un service à un fournisseur. *Passer* (et non *placer) *une commande.*
– ***Passer un examen.*** Subir une épreuve d'évaluation (bien ou mal). *Je passerai mon examen de physique demain.*
– ***Passer un sapin.*** ⚜ (FAM.) Rouler quelqu'un. *Il nous a passé un sapin, il nous a eus.*

FORMES FAUTIVES
*passer (une loi, un règlement). Anglicisme pour ***voter*** (une loi), ***adopter, établir*** (un règlement).
*passer une remarque. Calque de «*to pass a remark*» pour ***faire une remarque, formuler une remarque.***

CONJUGAISON : VOIR MODÈLE AIMER.

PASSEREAUX ou **PASSÉRIFORMES** n. m. pl.
Ordre d'oiseaux le plus important qui regroupe des oiseaux percheurs et chanteurs de petite ou moyenne taille qui se nourrissent d'insectes, de graines ou de petits fruits et qui possèdent quatre doigts, dont l'un, doté d'une griffe, est dirigé vers l'arrière. *L'alouette, le cardinal et le moineau sont des passereaux ou des passériformes.*
Le terme français ***passereaux*** est employé dans la langue courante pour désigner les passériformes. Dans *Le Grand Dictionnaire terminologique,* l'OQLF indique que « ce terme correspond à une ancienne classification des oiseaux ».

PASSERELLE n. f.
1. Pont étroit réservé aux piétons. *Une passerelle d'avion.*
2. (FIG.) Voie, moyen d'accès. *Établir une passerelle entre des cursus universitaires.*

PASSEROSE n. f.
Plante qui fleurit en grappes de grosses corolles sur de hautes tiges. *Un joli bosquet de passeroses.* SYN. rose trémière.

PASSE-TEMPS n. m. inv. (pl. *passe-temps*)
Divertissement. *Des passe-temps* (et non *hobbies) *intéressants.* SYN. amusement; distraction; jeu.
[Les *Rectifications* (1990) admettent : passetemps.]

PASSEUR, EUSE n. m. et f.
1. Personne qui conduit un bateau pour traverser une rivière.
2. Personne qui fait passer une frontière illégalement.

PASSIBLE adj.
Qui mérite une amende, une peine à la suite d'un délit, d'un crime. *Il est passible de dix ans d'emprisonnement.*

PASSIF n. m.
1. (COMPT.) Ensemble des dettes d'une personne, d'une entreprise. *L'actif et le passif.*
2. (GRAMM.) La **voix passive** du verbe exprime l'action à partir de l'objet qui la subit, alors que la **voix active** considère l'action à partir du sujet qui la fait.
– À la **forme active,** on écrira : *La fillette mange la pomme.*
– À la **forme passive,** les rôles sont inversés : *La pomme est mangée par la fillette.*
En principe, tous les verbes transitifs directs peuvent se construire au passif, puisque c'est le complément direct de l'actif qui devient le sujet de la construction passive. Dans les faits, les verbes ***avoir*** et ***pouvoir*** ne peuvent être mis au passif. La voix passive se construit avec l'auxiliaire ***être*** et le participe passé s'accorde toujours avec le sujet du verbe.

PASSIF, IVE adj.
1. Inactif. *Agis, ne reste pas passif!* SYN. amorphe; inerte. ANT. actif.
2. (GRAMM.) Se dit de la forme verbale où le sujet subit l'action. *« L'orange est cueillie par l'enfant » est une forme passive.*

PASSION n. f.
1. Penchant irrésistible pour une personne. *Cette femme est sa passion.* SYN. adoration; amour.
2. Goût très vif pour quelque chose. *Il a la passion de l'informatique.*
Quand le nom désigne le supplice du Christ, il s'écrit avec une majuscule. *La semaine de la Passion.*

PASSIONNANT, ANTE adj.
Qui cause un vif intérêt. *Des documentaires passionnants.* SYN. captivant; excitant; intéressant; prenant.
Ne pas confondre avec le participe présent invariable ***passionnant.*** *La foule était nombreuse, les étudiants se passionnant pour ce chanteur.*
passionnant.

PASSIONNÉ, ÉE adj. et n. m. et f.

ADJECTIF
Ardent, fervent. *Une personne passionnée de cinéma.* SYN. fanatique; mordu.

NOM MASCULIN ET FÉMININ
Personne animée de passion. *C'est une passionnée de voile.*
passionné.

PASSIONNEL, ELLE adj.
Déterminé par la passion. *Des crimes passionnels.*

PASSIONNÉMENT adv.
D'une manière passionnée. *Un peu, beaucoup, passionnément, à la folie.*
passionnément.

PASSIONNER v. tr., pronom.

VERBE TRANSITIF
Causer un vif intérêt. *Cette présentation a passionné l'auditoire.* SYN. captiver; intéresser.

VERBE PRONOMINAL
Éprouver une passion. *Il se passionne pour l'astronomie.* SYN. s'emballer; s'enticher.
À la forme pronominale, le verbe se construit toujours avec la préposition ***pour.***
À la forme pronominale, le participe passé de ce verbe s'accorde toujours en genre et en nombre avec son sujet. *Elle s'est toujours passionnée pour la poésie.*

CONJUGAISON : VOIR MODÈLE AIMER.
passionner.

PASSIVEMENT adv.
D'une manière passive. *Ils attendent passivement une décision.* ANT. activement.

PASSIVITÉ n. f.
État de celui ou de ce qui est passif, amorphe, sans initiative.

P

TEMPS DU **PASSÉ**

AXE DU TEMPS

PASSÉ	PRÉSENT	FUTUR
AUTREFOIS, ON VOYAGEAIT EN BATEAU.	**AUJOURD'HUI,** ON SE DÉPLACE EN AVION.	**DEMAIN,** ON CIRCULERA EN NAVETTE SPATIALE.

Les cinq temps du passé indiquent qu'une action a eu lieu, qu'un état a existé à un moment qui a précédé l'instant présent.

1. L'IMPARFAIT EXPRIME

- Un **fait** habituel **dans le passé.** *Autrefois, on **s'éclairait** à la chandelle.*
- Un fait **non achevé**, secondaire, par rapport à un évènement achevé, principal. *Il **pleuvait** quand nous sommes arrivés à Gaspé.*
- Une **description de personne, de lieu, de chose** dans le **passé**. *La maison des étés de mon enfance **avait** des volets bleus.*
- Une **condition** pour qu'un fait hypothétique se réalise si la condition de la subordonnée est remplie. *Si j'**économisais**, je pourrais m'acheter un vélo.*

Le verbe de la phrase principale ou autonome est au conditionnel présent et la proposition subordonnée conditionnelle est introduite par la conjonction ***si.***

2. LE PASSÉ SIMPLE EXPRIME

- Un **fait passé** qui s'est produit il y a longtemps (passé lointain) en un **temps précis** et qui est **complètement achevé,** sans continuité avec le présent. *C'est à l'automne qu'il **vint** nous rendre visite.*

Le passé simple décrit **des actions coupées du présent** qui ont un début et une fin **(fait ponctuel),** alors que le passé composé traduit un fait passé dont les conséquences sont actuelles, dont le résultat est encore présent. Il s'emploie presque essentiellement à l'écrit. Dans la langue parlée, le passé simple est peu employé et relève plutôt de la langue littéraire en raison de ses terminaisons difficiles. Oralement, et même à l'écrit, ce temps est remplacé plutôt par le passé composé.

- Un **fait historique.** *Madeleine de Verchères **se battit** courageusement contre les Iroquois.*

Le passé simple convient particulièrement à la **narration dans le passé.**

3. LE PASSÉ COMPOSÉ (OU PASSÉ INDÉFINI) EXPRIME

- Un **fait passé** à un moment déterminé qui demeure **en contact avec le présent.** *Mes grands-parents **ont fait** un potager et **ont récolté** de beaux légumes.*

À la différence du passé simple, le passé composé exprime un fait passé dont les conséquences sont actuelles, dont le résultat est encore présent.

- Une **vérité générale**, un **fait d'expérience** qui remonte au passé, mais qui est **toujours vrai.** *Les Beaucerons **ont** toujours **eu** l'esprit d'initiative.*
- Un **fait passé** dont les **conséquences** sont **actuelles.** *Il n'**a** pas **eu** le temps de déjeuner aujourd'hui.*
- Un **fait non encore achevé**, mais **sur le point de l'être.** *Je suis à vous dans quelques minutes, **j'ai terminé.***
- Un **futur antérieur** avec ***si.*** *Si tu n'**as** pas **terminé** tes devoirs, nous n'irons pas au cinéma.*

Le passé composé de la plupart des verbes est formé à partir du présent de l'indicatif de l'auxiliaire ***avoir*** auquel est ajouté le participe passé du verbe conjugué. *Sophie **a joué**. Antoine **a couru.*** Cependant, certains verbes intransitifs ou pronominaux se conjuguent avec l'auxiliaire ***être.*** *Elle **est née** le 31 juillet 1976. Vincent s'**est** toujours **souvenu** d'elle.*

TEMPS DU PASSÉ | **SUITE** >

> *TEMPS DU PASSÉ* | ***SUITE***

4. LE PASSÉ ANTÉRIEUR EXPRIME

– Un **fait ponctuel** qui a **précédé un fait passé** exprimé au passé simple. *Dès qu'il **eut remis** son rapport, il se sentit en vacances.*

Peu utilisé, le passé antérieur s'emploie surtout dans une proposition subordonnée temporelle après une conjonction ou une locution conjonctive, ***lorsque, dès que, aussitôt que, quand, après que...***, où il accompagne un verbe principal au passé simple.

Le passé antérieur est formé à partir du passé simple des auxiliaires *avoir* ou *être*, auquel est ajouté le participe passé du verbe conjugué.

5. LE PLUS-QUE-PARFAIT EXPRIME

– Un **fait** entièrement **achevé** lors d'un **autre fait passé.** *Nous **avions** tout **rangé** quand ils sont rentrés.*

– Une **condition** pour qu'un **fait hypothétique** se soit réalisé **dans le passé.** *Si j'**avais été** présente, j'aurais pu t'aider.*

– Un **fait habituel** qui avait lieu **avant une action habituelle passée.** *Quand j'**avais mangé**, j'allais marcher un peu dans le parc.*

VOIR TABLEAUX ► **PRÉSENT.** ► **FUTUR.**

PASSOIRE n. f.
1. Ustensile destiné à filtrer, à égoutter des aliments.
2. (FIG.) Ce qui laisse tout passer. *La frontière canadienne est-elle une passoire ?*

PASTEL adj. inv. et n. m.
NOM MASCULIN
1. Crayon composé d'agglomérés de couleur. *Des pastels de toutes les couleurs.*
2. Œuvre exécutée au pastel. *Un pastel d'un paysage.*
3. Plante cultivée autrefois pour ses feuilles contenant une teinte bleue. *Le pastel fut supplanté par l'indigo, plus concentré. Il faut visiter le musée du pastel du château du Magrin, à proximité de Toulouse.*
ADJECTIF DE COULEUR INVARIABLE
Se dit d'une teinte atténuée, douce comme celle du pastel. *Des tons pastel. Des tricots bleu pastel.*
VOIR TABLEAU – COULEUR (ADJECTIFS DE).

PASTÈQUE n. f.
1. Plante cultivée pour son fruit volumineux à pulpe rose.
2. Ce fruit. *La pastèque est fraîche et sucrée.* SYN. melon d'eau.
pastèque.

PASTEUR n. m.
Ministre du culte protestant.

PASTEURISATION n. f.
Action de pasteuriser. *La pasteurisation du lait.*

PASTEURISER v. tr.
Chauffer un liquide alimentaire de façon à détruire les microbes tout en conservant son goût et sa valeur nutritive. *Pasteuriser du lait.*
CONJUGAISON : VOIR MODÈLE AIMER.

PASTICHE n. m.
Œuvre artistique où l'on imite un auteur en écrivant à sa manière.
Attention au genre masculin de ce nom : ***un*** pastiche.
Ne pas confondre avec le nom ***parodie***, imitation comique.

PASTICHER v. tr.
Imiter le style d'un auteur, d'un artiste.
CONJUGAISON : VOIR MODÈLE AIMER.

PASTILLE n. f.
Bonbon, médicament ayant une forme arrondie. *Une pastille de menthe.*
LOCUTION
– ***Pastille (autocollante).*** Petit morceau de papier adhésif coloré, généralement de forme ronde. *Des pastilles vertes signalent les passages du texte qui seront illustrés.*

PASTIS n. m.
Les deux *s* se prononcent, [pastis] ; le nom rime avec ***métisse.***
Apéritif anisé. *Le pastis rappelle l'été et les vacances.*

PASTORAL, ALE, AUX adj.
1. (LITT.) Qui appartient aux bergers. *Des chants pastoraux.*
2. Relatif à un pasteur spirituel.

PASTRAMI n. m. (pl. *pastramis*)
Épaule ou ronde de bœuf préparée en salaison, épicée, cuite et légèrement fumée. *« La salade se compose d'une julienne de pastrami poêlée et touillée avec du parmesan et des câpres »* (Le Soleil).

PATAQUÈS n. m.
Le *s* se prononce, [patakes].
1. Mauvaise liaison. *Exemple de pataquès : une liaison mal (t) à propos.*
2. Discours confus.
pataquès.

PATATE n. f.
(FAM.) Pomme de terre.
LOCUTION
– ***Patate douce.*** Plante dont les racines comestibles ont un goût sucré. *La patate douce* (et non *patate sucrée) *ressemble à la pomme de terre.*

FORMES FAUTIVES

*patate chaude. Calque de «*hot potato*» au sens de ***problème épineux, affaire embarrassante, question délicate.*** *Plutôt que de refiler ce problème épineux* (et non cette *patate chaude) *à un collègue, il vaudrait mieux le régler.*

*patates pilées. Impropriété pour ***purée (de pommes de terre).***

*patate sucrée. Calque de «*sweet potato*» pour ***patate douce.***

PATATI PATATA loc. adv.

Onomatopée ironique évoquant de longs bavardages prévisibles. *Et patati, et patata.*

PATATRAS ! interj.

Onomatopée évoquant le bruit d'un corps qui tombe, une dégringolade bruyante. *Patatras ! la bibliothèque vient de s'écrouler !*

[T] L'interjection est toujours suivie d'un point d'exclamation qui est souvent repris à la fin de la phrase. Si la phrase exclamative n'est pas complète, le mot qui suit le point d'exclamation s'écrit avec une minuscule initiale.

PATAUD, AUDE adj. et n. m. et f.

ADJECTIF

Lourd, gauche. *Des manières pataudes.* SYN. maladroit.

NOM MASCULIN ET FÉMININ

Personne à l'allure lourde et maladroite. SYN. gauche.

✏ patau**d**.

PATAUGEOIRE n. f.

Bassin peu profond destiné aux jeunes enfants.

PATAUGER v. intr.

1. Marcher dans une eau boueuse. *Nous pataugeons dans la boue.* SYN. barboter.

2. (FIG.) S'empêtrer dans ses paroles, dans ses actes. SYN. s'embourber.

CONJUGAISON : VOIR MODÈLE CHANGER.

Le ***g*** est suivi d'un ***e*** devant les lettres ***a*** et ***o***. *Il pataugea, nous pataugeons.*

***PATCH**

Anglicisme pour ***timbre (transdermique).***

PATCHOULI n. m.

👄 Le ***t*** se prononce, [patʃuli].

Plante aromatique dont on extrait un parfum.

✏ pa**tc**houl**i**.

PÂTE n. f.

1. Mélange à base de farine que l'on pétrit. *Une pâte feuilletée.*

2. Substance plus ou moins consistante. *Une pâte d'amandes, une pâte de fruits. De la pâte dentifrice.*

3. (AU PLUR.) Produits à base de semoule de blé dur. *J'adore manger des pâtes.*

☞ Les différentes sortes de pâtes sont les nouilles, les coquillettes, les vermicelles, les spaghettis, les raviolis, etc.

FORMES FAUTIVES

*pâte à dents. Calque de l'anglais «*tooth paste*» pour ***(pâte) dentifrice.***

*poudre à pâte. Calque de «*baking powder*» pour ***levure chimique.***

PÂTÉ n. m.

Préparation de charcuterie. *Des pâtés de foie.*

LOCUTIONS

– ***Pâté chinois.*** ⚜ Mets composé de pommes de terre, de maïs et de viande hachée.

– ***Pâté de maisons.*** Ensemble de maisons isolé par des rues. *Allons faire le tour du pâté de maisons* (et non du *bloc), *en marchant.*

HOM. ***pâtée,*** nourriture donnée à certains animaux.

PÂTÉE n. f.

Nourriture donnée à certains animaux. *Filou attend sa pâtée avec impatience.*

HOM. ***pâté,*** préparation de charcuterie.

PATELIN n. m.

(FAM.) Petit village. *Ils habitent un charmant patelin en pleine nature.*

PATENT, ENTE adj.

Évident, qui ne prête à aucune contestation. *Un fait patent.* SYN. manifeste.

FORME FAUTIVE

*cuir patent. Calque de «*patent leather*» pour ***cuir verni.***

✏ pat**e**nt.

PATENTE n. f.

⚜ (FAM.) Chose quelconque. *À quoi sert cette patente ? C'est un petit appareil qui sert à presser les citrons.*

FORME FAUTIVE

*patente. Impropriété au sens de ***brevet, invention.***

PATENTÉ, ÉE adj.

Attitré. *Un écologiste patenté, chevronné.*

FORME FAUTIVE

*patenté. Anglicisme au sens de ***breveté.***

PATENTER v. tr.

⚜ (FAM.) Bricoler, arranger tant bien que mal quelque chose. *Étienne a patenté un établi pour travailler le bois.*

FORME FAUTIVE

*patenter. Anglicisme au sens de ***breveter.*** *Cette invention a été brevetée* (et non *patentée).

CONJUGAISON : VOIR MODÈLE AIMER.

PATER n. m. inv.

👄 Le ***r*** se prononce, [pater] ; le nom rime avec ***air.***

Prière. *Réciter des* Pater *et des* Ave.

[T] Le nom s'écrit avec une majuscule et est invariable.

[T] En typographie soignée, les mots étrangers sont composés en italique. Dans des textes déjà en italique, la notation se fait en romain. Pour les textes manuscrits, on utilisera les guillemets.

PATÈRE n. f.

Support fixé à un mur, destiné à suspendre des vêtements.

☞ Ne pas confondre avec le nom ***portemanteau,*** support sur pied auquel on suspend les vêtements.

✏ pat**è**re.

PATERNALISME n. m.

Attitude à la fois protectrice et autoritaire, à la manière d'un père.

☞ Le nom a une connotation légèrement péjorative.

PATERNALISTE adj. et n. m. et f.

ADJECTIF

1. Relatif au paternalisme. *Des pratiques paternalistes.*

2. Qui fait preuve de paternalisme. *Un directeur paternaliste et dominateur.*

NOM MASCULIN ET FÉMININ

Partisan du paternalisme. *Des paternalistes peu appréciés.*

☞ Le terme a une connotation légèrement péjorative.

PATERNEL, ELLE adj.

Qui appartient au père. *La tendresse paternelle, un oncle paternel.*

PATERNELLEMENT adv.

En père. *Il a embrassé ses enfants bien paternellement.*

✏ paterne**ll**ement.

PATERNITÉ n. f.

1. État de père.

2. Qualité de créateur de quelque chose. *C'est à ce chef d'orchestre que revient la paternité de cette série de concerts.*

PÂTEUX, EUSE adj.

Qui a la consistance molle de la pâte. *Un fruit pâteux.*

✏ p**â**teux.

-PATHE, -PATHIE, -PATHIQUE suff.

Éléments du grec signifiant « ce qu'on éprouve ». *Névropathe, sympathie, sympathique.*

PATHÉTIQUE adj. et n. m.
ADJECTIF
Qui émeut profondément. *Des adieux pathétiques.* SYN. bouleversant ; émouvant ; touchant.
NOM MASCULIN
Ce qui est pathétique, propre à toucher profondément. *Le pathétique de ces adieux lui a brisé le cœur.*

PATHÉTIQUEMENT adv.
D'une manière pathétique. *Ils se sont séparés pathétiquement.*

PATHO- préf.
Élément du grec signifiant « maladie ». *Pathologie.*

PATHOGÈNE adj.
(MÉD.) Susceptible de provoquer une maladie. *Le pouvoir pathogène d'une arme bactériologique.*
pathogène.

PATHOLOGIE n. f.
1. Branche de la médecine qui étudie les maladies et les effets qu'elles provoquent.
2. Ensemble des signes caractéristiques d'une maladie. *La pathologie du cancer.*

PATHOLOGIQUE adj.
1. Relatif à la pathologie.
2. Anormal. *Une cytologie pathologique.*

PATHOLOGIQUEMENT adv.
De façon pathologique, d'une manière anormale.

PATHOLOGISTE adj. et n. m. et f.
Spécialiste de la pathologie, et spécialement de l'anatomie pathologique.

PATHOS n. m.
Le *o* est ouvert ou fermé et le *s* se prononce, [patɔs, patos].
(PÉJ.) Ton pathétique excessif. *Il y a trop de pathos dans cette pièce.* SYN. emphase.

PATIBULAIRE adj.
Sinistre, inquiétant, en parlant du visage. *Des motards aux mines patibulaires.*

PATIEMMENT adv.
Les lettres ***em*** se prononcent ***a*** et le premier ***t*** se prononce *s*, [pasjamɑ̃].
Avec patience. *Elle attendait patiemment son tour.*
patiemment.

PATIENCE n. f.
Le *t* se prononce *s*, [pasjɑ̃s] ; le mot rime avec ***science***.
1. Vertu qui permet de supporter avec résignation les contrariétés. *Ma patience a des limites : cesse de faire des bêtises !* ANT. impatience.
2. Qualité de la personne qui persévère dans son effort, qui sait attendre. *Le chercheur doit faire preuve de patience pour mener à bien ses recherches.* SYN. détermination ; persévérance.
3. Réussite (aux cartes). *Faire une patience.*
LOCUTIONS
– ***Perdre patience.*** S'impatienter, refuser d'attendre davantage.
– ***Prendre son mal en patience.*** Patienter.
patience.

PATIENT, IENTE adj. et n. m. et f.
Le *t* se prononce *s*, [pasjɑ̃, jɑ̃t].
ADJECTIF
Qui fait preuve de patience. *Ils seront patients et vous attendront quelque temps.*
NOM MASCULIN ET FÉMININ
Personne qui subit un examen, un traitement médical. *Le médecin doit visiter ses patients ce matin.*

PATIENTER v. intr.
Le *t* se prononce *s* [pasjɑ̃te].
Attendre avec patience. *Je patienterai encore quelques minutes.* ANT. s'impatienter.
CONJUGAISON : VOIR MODÈLE AIMER.

PATIN n. m.
Dispositif fixé à la base d'un objet pour en favoriser le glissement.
LOCUTIONS
– ***Être vite sur ses patins.*** (FAM.) (FIG.) Agir, prendre une décision rapidement.
– ***Patin à glace.*** Chaussure dont la semelle est pourvue d'une lame de métal pour glisser sur la glace. *Une paire de patins à glace pour jouer au hockey.*
– ***Patin à roulettes.*** Chaussure dont la semelle est pourvue de roulettes pour rouler sur une surface dure. *Julien a reçu des patins à roulettes. As-tu déjà essayé le patin à roulettes ?*
– ***Patin en ligne, patin à roues alignées.*** Chaussure dont la semelle est pourvue de roulettes alignées à la manière du patin à glace.

PATINAGE n. m.
1. Action de patiner (sur la glace, sur le sol). *Les championnats de patinage artistique.*
2. Dérapage (d'un véhicule). *Le verglas a provoqué des patinages tragiques.*
3. Action de produire une patine sur une surface. *Le patinage d'un candélabre.*

PATINE n. f.
Poli donné par le temps. *La belle patine des toitures de cuivre anciennes.*
Ne pas confondre avec le nom ***platine***, métal précieux.

PATINER v. tr., intr., pronom.
VERBE TRANSITIF
Produire la patine sur un objet. *Le temps a patiné ce magnifique bronze de Rodin.*
VERBE INTRANSITIF
1. Glisser avec des patins. *Elle patine sur le lac gelé.*
2. Déraper. *La chaussée était glissante et la voiture a patiné.*
3. (FAM.) Éluder une question, éviter d'y répondre. *Ce politicien n'a pas répondu à la question du journaliste : il a patiné habilement, comme à l'accoutumée.* SYN. louvoyer ; tergiverser.
VERBE PRONOMINAL
Acquérir une patine. *Ces beaux meubles de cerisier se sont patinés avec le temps.*
À la forme pronominale, le participe passé de ce verbe s'accorde toujours en genre et en nombre avec son sujet. *Des cuivres qui se sont bien patinés.*
CONJUGAISON : VOIR MODÈLE AIMER.

PATINEUR, EUSE n. m. et f.
Personne qui patine (sur la glace, sur un sol dur). *Les patineurs évoluent gracieusement sur la surface gelée du lac.*

PATINOIRE n. f.
Établissement où se trouve une piste de patinage. *Se rendre à la patinoire pour jouer au hockey.*

PATIO n. m.
Le *t* se prononce *t* ou *s*, [patjo, pasjo].
Cour intérieure. *Des patios ombragés.*

PÂTIR v. intr.
Subir un dommage, souffrir à cause de. *La culture des fruits et légumes a pâti du manque de soleil.*
Le verbe se construit avec la préposition ***de***.
CONJUGAISON : VOIR MODÈLE FINIR.
pâtir.

PÂTISSERIE n. f.
1. Gâteau. *Quelle pâtisserie choisir : une tartelette aux fraises ou un chou à la crème ?*
2. Fabrication et vente de gâteaux. *La pâtisserie est fermée en soirée.*
pâtisserie.

P

P

PÂTISSIER n. m.
PÂTISSIÈRE n. f.
Personne qui fabrique ou vend des pâtisseries.
✏ pâtissier.

PATOIS n. m.
Dialecte, parler local, avec un sens plutôt défavorable.

PATOISANT, ANTE adj.
Qui s'exprime en patois. *Des personnes âgées patoisantes.*

PÂTRE n. m.
(LITT.) Celui qui garde les troupeaux. SYN. berger.
✏ pâtre.

PATRES (AD)
VOIR – AD PATRES.

PATRIARCAL, ALE, AUX adj.
Relatif au patriarcat. *Des usages patriarcaux, des traditions patriarcales.*

PATRIARCAT n. m.
Organisation sociale fondée sur l'autorité absolue du père. ANT. matriarcat.
✏ patriarcat.

PATRIARCHE n. m.
1. Chef de certaines Églises.
2. Vieillard à la tête d'une nombreuse famille.

PATRIE n. f.
Nation à laquelle on appartient. *L'amour de la patrie.*
LOCUTION
– ***Mère patrie.*** Nation à laquelle se rattache une colonie.
☞ Cette expression s'écrit sans trait d'union.

PATRIMOINE n. m.
1. Biens familiaux.
2. Ensemble des richesses d'une collectivité. *La langue française fait partie de notre patrimoine.*
LOCUTION
– ***Patrimoine héréditaire.*** Caractères génétiques d'une personne. SYN. génome; patrimoine génétique.

PATRIMONIAL, IALE, IAUX adj.
Du patrimoine. *Des biens patrimoniaux.*

PATRIOTE adj. et n. m. et f.
Qui aime sa patrie. *Ils sont très patriotes. Ce sont des patriotes.*
✏ patriote.

PATRIOTIQUE adj.
Qui est inspiré par l'amour de la patrie. *Un chant patriotique.*

PATRIOTIQUEMENT adv.
En patriote. *Ces soldats ont agi patriotiquement.*

PATRIOTISME n. m.
Dévouement à la patrie, désir d'en préserver l'intégrité.

PATRON n. m.
Modèle de couture, d'artisanat, etc. *Tailler une robe d'après un patron.*

PATRON, ONNE n. m. et f.
1. Saint protecteur, sainte protectrice. *Saint Patrick est le patron de l'Irlande.*
2. Professeur de médecine. *Les grands patrons.*
3. Maître qui dirige un travail de recherche. *Un patron de thèse.*
4. Chef d'entreprise, supérieur hiérarchique. *Un patron* (et non un *boss) *efficace.*

PATRONAGE n. m.
Parrainage.
FORME FAUTIVE
*patronage. Anglicisme au sens de ***favoritisme.***
✏ patronage.

PATRONAL, ALE, AUX adj.
Qui se rapporte aux chefs d'entreprise. *Des comités patronaux. Une association patronale.*
✏ patronal.

PATRONAT n. m.
Ensemble des employeurs. *Conseil du patronat du Québec.*
✏ patronat.

PATRONNER v. tr.
Recommander, appuyer de son crédit. SYN. parrainer.
CONJUGAISON : VOIR MODÈLE AIMER.

PATRONNESSE adj. f.
(PÉJ.) Se dit d'une dame qui s'occupe d'œuvres de charité. *Les dames patronnesses de Jacques Brel.*
✏ patronnesse.

PATRONYME n. m.
Nom de famille transmis par le père, par opposition à ***matronyme,*** qui est transmis par la mère. *« Dubois » est un patronyme, « Pierre », un prénom.*
[T] Les patronymes s'écrivent avec une majuscule.
✏ patronyme.

PATRONYMIQUE adj.
Relatif au nom de famille. *Un nom patronymique.*
✏ patronymique.

PATROUILLE n. f.
Petit détachement de soldats, de personnes à qui l'on confie une mission de surveillance, de liaison, etc.

PATROUILLER v. intr.
Être en patrouille. *Ces policiers patrouillent dans le quartier en patins à roulettes.*
CONJUGAISON : VOIR MODÈLE AIMER.

PATROUILLEUR n. m.
Membre d'une patrouille. *Un patrouilleur de ski.*

PATTE n. f.
Membre assurant la marche chez l'animal. *La patte d'un chat.*
☞ Pour les humains, on emploie plutôt le mot ***jambe.***
LOCUTIONS
– ***Faire patte de velours.*** (FIG.) Se faire toute douceur avec le projet inavoué de nuire.
– ***Graisser la patte à quelqu'un.*** (FIG.) (FAM.) Le corrompre en lui offrant de l'argent, des avantages.
– ***Marcher à quatre pattes.*** Marcher à l'aide de ses pieds et de ses mains.
– ***Montrer patte blanche.*** (FIG.) Donner le mot de passe, se faire reconnaître avant de pénétrer quelque part. *Pour accéder à ce laboratoire, vous devez montrer patte blanche et disposer d'une carte magnétique.*
– ***Pattes de mouche.*** Écriture illisible. *J'ai du mal à déchiffrer tes pattes de mouche.*
– ***Retomber sur ses pattes.*** (FIG.) Se tirer adroitement d'un mauvais pas.

PATTE-
Les mots composés avec l'élément ***patte-*** s'écrivent avec des traits d'union et prennent la marque du pluriel au premier élément seulement. *Des pattes-d'oie, des pattes de mouche.*

PATTE-D'OIE n. f. (pl. *pattes-d'oie*)
Petite ride qui se forme à l'angle extérieur de l'œil.
☞ Le nom s'emploie généralement au pluriel.

PATTEMOUILLE n. f.
Chiffon humide dont on se sert pour repasser.

***PATTERN**
Anglicisme pour ***modèle, processus, déroulement.***

PÂTURAGE n. m.
Lieu où l'on fait paître le bétail. *Les vaches sont au pâturage.*
✏ pâturage.

PÂTURE n. f.
1. Lieu où l'on conduit le bétail pour qu'il puisse brouter l'herbe. SYN. pâturage.
2. Nourriture des animaux. *Le pélican apporte la pâture à ses petits.*
LOCUTION
– ***Donner, jeter en pâture.*** Offrir à la convoitise d'autrui.
pâture.

PAULOWNIA n. m. (pl. *paulownias*)
Attention à la prononciation, [polɔnja].
Arbre ornemental à fleurs bleues ou mauves odorantes.

PAUME n. f.
L'intérieur de la main, entre le poignet et les doigts. « *Laisse-moi seulement poser les paumes de mes mains sur mes paupières/Laisse-moi ne plus te voir* » (Alain Grandbois, *Les Îles de la nuit*).
paume.

PAUMÉ, ÉE adj. et n. m. et f.
(FAM.) Qui est perdu, déprimé, dépassé par les évènements.

PAUMER v. tr., pronom.
VERBE TRANSITIF
(FAM.) Perdre. *Yvon a paumé ses notes de cours.* SYN. égarer.
VERBE PRONOMINAL
(FAM.) S'égarer. *Les enfants se sont paumés dans le boisé, mais ils ont finalement retrouvé le sentier.*
À la forme pronominale, le participe passé de ce verbe s'accorde toujours en genre et en nombre avec son sujet. *Elle s'est paumée dans le dédale de la vieille ville.*
CONJUGAISON : VOIR MODÈLE AIMER.

PAUPÉRISATION n. f.
Appauvrissement. *La paupérisation de la population montréalaise.*

PAUPÉRISER v. tr.
Appauvrir. *Le départ des familles montréalaises vers la banlieue a paupérisé le centre-ville.*
CONJUGAISON : VOIR MODÈLE AIMER.

PAUPIÈRE n. f.
La première syllabe se prononce ***po*** avec un ***o*** fermé, [popjɛr].
Membrane mobile de l'œil. *Viviane s'est mis de l'ombre à paupières.*

PAUPIETTE n. f.
Tranche de viande roulée et farcie. *Des paupiettes de veau.*

PAUSE n. f.
Temps d'arrêt, interruption temporaire des activités. *Faire une pause de quelques minutes à 15 h et poursuivre le travail.*
LOCUTIONS
– ***Pause(-)café.*** Temps d'arrêt pour prendre le café, pour se détendre quelques minutes. *Des pauses(-)café.*
– ***Pause publicitaire.*** Brève interruption de la programmation d'un média électronique afin de permettre la diffusion d'un message promotionnel. *Notre émission se poursuivra à la suite de la pause publicitaire* (et non *commerciale).
– ***Pause(-)santé.*** Interruption momentanée d'une activité, d'un travail. *Des pauses(-)santé.*
FORME FAUTIVE
*pause commerciale. Calque de «*commercial break*» pour ***pause publicitaire.***
HOM. ***pose,*** action de poser.

PAUVRE adj. et n. m. et f.
ADJECTIF
1. Qui n'est pas riche. *Une personne pauvre.* SYN. démuni.
2. (Avant le nom) Malheureux, pitoyable. *Une pauvre femme.*
Selon la place de l'adjectif, le sens de ce mot varie : placé après le nom, l'adjectif signifie « qui a peu de biens » ; placé avant le nom, il signifie « pitoyable ».
NOM MASCULIN ET FÉMININ
Personne qui manque du nécessaire. SYN. défavorisé.
La forme féminine ***pauvresse*** est vieillie et littéraire.

PAUVREMENT adv.
1. D'une manière pauvre. *Il est pauvrement vêtu.* SYN. misérablement.
2. D'une manière insatisfaisante. *Cette œuvre a été pauvrement exécutée.* SYN. médiocrement.

PAUVRETÉ n. f.
1. Manque de nécessaire. *Ils vivent dans la pauvreté : ils ne peuvent manger à leur faim.* SYN. besoin ; indigence ; misère.
2. Insuffisance, médiocrité. *La pauvreté de son vocabulaire.* SYN. faiblesse.

PAVAGE n. m.
1. Action de paver. *Plusieurs ouvriers travaillent au pavage de la place Jacques-Cartier.*
2. Revêtement composé de pavés. *Le pavage d'une allée.*
FORME FAUTIVE
*pavage. Impropriété au sens de ***chaussée asphaltée, asphalte.***

PAVANE n. f.
Danse ancienne très lente.
pavane.

PAVANER (SE) v. pronom.
Marcher avec affectation, chercher à attirer l'attention. *Elles se sont pavanées avec leurs fourrures.* SYN. se montrer ; parader.
Le participe passé de ce verbe, qui n'existe qu'à la forme pronominale, s'accorde toujours en genre et en nombre avec son sujet. *Ils se sont pavanés en compagnie de vedettes de cinéma.*
CONJUGAISON : VOIR MODÈLE AIMER.
pavaner.

PAVÉ n. m.
Bloc cubique qui sert au revêtement des voies, des sols.
LOCUTION
– ***Être sur le pavé.*** (FIG.) Être réduit à la misère, sans domicile.
FORME FAUTIVE
*pavé. Impropriété au sens de ***chaussée.***

PAVEMENT n. m.
Revêtement de sol. *Un pavement en marbre.*

PAVER v. tr.
Recouvrir de pavés le sol d'une voie de circulation, d'un lieu. *La cour intérieure a été pavée de pierres.*
LOCUTION
– ***L'enfer est pavé de bonnes intentions.*** Les bonnes intentions peuvent résulter en quelque chose de désastreux.
FORMES FAUTIVES
*paver. Impropriété au sens de ***asphalter.***
*paver la voie à. Calque de « *to pave the way for* » pour ***frayer, ouvrir la voie à, préparer le chemin pour.***
CONJUGAISON : VOIR MODÈLE AIMER.

PAVILLON n. m.
1. Petit bâtiment isolé. *Un pavillon de lecture dans le jardin.*
2. Partie externe de l'oreille.

PAVOISEMENT n. m.
(LITT.) Action de pavoiser ; son résultat. *Le pavoisement des immeubles et des rues pour la fête nationale.*

PAVOISER v. tr., intr.
VERBE TRANSITIF
Orner de drapeaux, de décorations à l'occasion d'une fête. *L'hôtel de ville a été pavoisé à l'occasion de la venue de Charles de Gaulle.*
VERBE INTRANSITIF
(FAM.) Se réjouir, montrer de la fierté. *Il n'y a pas de quoi pavoiser, les résultats sont désastreux.*
CONJUGAISON : VOIR MODÈLE AIMER.

P

PAVOT n. m.
Plante cultivée pour ses fleurs et dont on tire l'opium.
➯ pavot.

PAYABLE adj.
Qui doit être payé à telle date, à telle personne. *Une somme payable dans les 30 jours.*
FORME FAUTIVE
*payable sur livraison. Calque de «*cash on delivery*» pour ***contre remboursement.***

PAYANT, ANTE adj.
1. Qu'il faut payer, non gratuit. *Des cartes d'abonnement payantes.*
2. (FIG.) Qui donne beaucoup d'argent. *Ce travail est très payant.* SYN. lucratif ; rémunérateur ; rentable.

PAYE
VOIR – PAIE.

PAYEMENT
VOIR – PAIEMENT.

PAYER v. tr., intr., pronom.
VERBE TRANSITIF
Acquitter une dette, donner de l'argent en échange d'un bien, d'un service. *Il a payé cette montre 100 $.*
Le complément direct de ce verbe peut désigner :
– Le bien ou le service obtenu. *Elle paie ses études.*
– L'obligation, la dette acquittée. *Il doit payer ses impôts.*
– Le destinataire du paiement. *Ils ont payé leur propriétaire.*
VERBE INTRANSITIF
1. (FAM.) Être rentable. *C'est un travail qui paie. Le crime ne paie pas, selon le proverbe.*
2. Donner une somme d'argent à titre de paiement. *Je n'ai pas encore payé mon loyer.*
VERBE PRONOMINAL
1. (FAM.) S'offrir quelque chose. *Les bons repas qu'ils se sont payés. Elle s'est payé le luxe d'un petit voyage à Québec.*
2. Prendre le paiement dû. *Payez-vous et gardez la monnaie.*
À la forme pronominale, le participe passé de ce verbe s'accorde en genre et en nombre avec le complément direct si celui-ci le précède. *Les bons hôtels qu'ils se sont payés. Ils se sont payés largement.* Le participe passé reste invariable si le complément direct suit le verbe. *Elle s'est payé le luxe d'un petit appartement à Paris.*
LOCUTIONS
– ***Ne pas payer de mine.*** Ne pas avoir une apparence avantageuse, mais posséder en revanche d'excellentes qualités. *Ce petit restaurant ne paie pas de mine, mais on y mange très bien et à bon compte.*
Cette locution s'est employée à la forme affirmative jusqu'au XIXe siècle. Aujourd'hui, elle s'emploie généralement à la forme négative et en parlant indifféremment d'animés ou d'inanimés.
– ***Payer d'audace, d'ingratitude, d'insolence,*** etc. Se montrer audacieux, ingrat, insolent, etc.
– ***Payer de sa personne.*** Participer activement à quelque chose, au détriment de sa santé, parfois de sa vie.
– ***Se payer de mots.*** Se contenter de promesses, de belles paroles.
– ***Se payer la tête de quelqu'un.*** (FAM.) Se moquer d'une personne. *Ils se sont payé sa tête avec subtilité.*
CONJUGAISON : VOIR MODÈLE PAYER.
Le ***y*** peut être changé en ***i*** devant un ***e*** muet. *Il paye, il paie.* Cette dernière forme est la plus fréquente.
Le ***y*** est suivi d'un ***i*** à la première et à la deuxième personne du pluriel de l'indicatif imparfait et du subjonctif présent. *(Que) nous payions, (que) vous payiez.*

PAYEUR, EUSE n. m. et f.
Personne qui paie ce qu'elle doit. *C'est un bon payeur.*
FORME FAUTIVE
*payeur de taxes. Calque de «*taxpayer*» pour **contribuable.**

PAYS n. m.
1. Territoire d'une nation. *Ce pays est immense. Les pays de l'Amérique du Nord sont le Canada, les États-Unis et le Mexique.*
T 1° Les génériques des noms de pays (***empire, confédération, fédération, principauté, république, union...***) s'écrivent avec une minuscule s'ils sont précisés par un nom propre. *La principauté de Monaco.*
2° Les génériques s'écrivent avec une majuscule lorsqu'ils sont accompagnés d'un adjectif. *La Confédération helvétique, la République française, l'Empire britannique.*
3° Font exception les noms de pays suivants : *les États-Unis, le Royaume-Uni.*
2. Région considérée du point de vue géographique. *Nous habitons un pays dont le climat est tempéré.* SYN. contrée ; lieu.
3. Lieu d'origine. *Quand je pars en voyage longtemps, je m'ennuie de mon pays.* SYN. patrie.
LOCUTIONS
– ***Être en pays de connaissance.*** Retrouver des personnes, des choses que l'on connaît bien.
– ***Mal du pays.*** Nostalgie de son pays d'origine.
– ***Pays en voie de développement.*** Sigle ***PVD*** (s'écrit avec ou sans points). Pays dont l'économie est sous-développée, dont les habitants ont un faible niveau de vie moyen, un revenu inférieur au revenu annuel mondial.
Cette expression a remplacé le terme ***pays sous-développé.***
– ***Voir du pays.*** Voyager beaucoup en traversant plusieurs pays.

PAYSAGE n. m.
1. Vue d'ensemble d'un site. *Ils admirent le paysage très pittoresque de la Gaspésie.*
2. Dessin, tableau représentant la nature. *Des paysages à l'aquarelle. Les magnifiques paysages de Cézanne.*
3. (FIG.) Environnement. *Le paysage culturel du Québec.* SYN. situation.

PAYSAGER, ÈRE adj.
Disposé comme un paysage. *Un jardin paysager, un aménagement paysager.*

PAYSAGISTE n. m. et f.
Architecte, jardinier chargé de réaliser un aménagement paysager.

PAYSAN, ANNE adj. et n. m. et f.
1. Se dit d'une personne habitant la campagne et s'occupant des travaux de la terre. SYN. agriculteur.
2. ⚜ Habitant.

Pb
Symbole de ***plomb.***

PC
Sigle de ***Parti conservateur*** (au Canada).

p. c.
Abréviation de ***pour cent.***

PCV
Sigle de ***à percevoir.***
Se dit d'une communication téléphonique payée par le destinataire. SYN. ⚜ à frais virés.

PDF adj. et n. m. inv.
Sigle de ***Portable Document Format.***
Format d'échange de documents électroniques qui permet de transmettre des documents contenant du texte, des graphiques, des images et de la couleur, indépendamment du matériel et du système d'exploitation utilisés (GDT). *Les abonnés du* Devoir *ont accès au contenu de l'édition du lendemain en format PDF. Des fichiers en PDF.*

P.-D.G. ou **PDG** ou **P.D.G.**
Sigle de ***président-directeur général, présidente-directrice générale.***

CONJUGAISON DU VERBE **PAYER**

INDICATIF

PRÉSENT

je	**paie / paye**
tu	**paies / payes**
elle / il	**paie / paye**
nous	pay**ons**
vous	pay**ez**
elles / ils	**paient / payent**

PASSÉ COMPOSÉ

j'	ai	payé
tu	as	payé
elle / il	a	payé
nous	avons	payé
vous	avez	payé
elles / ils	ont	payé

IMPARFAIT

je	pay**ais**
tu	pay**ais**
elle / il	pay**ait**
nous	pay**ions**
vous	pay**iez**
elles / ils	pay**aient**

PLUS-QUE-PARFAIT

j'	avais	payé
tu	avais	payé
elle / il	avait	payé
nous	avions	payé
vous	aviez	payé
elles / ils	avaient	payé

PASSÉ SIMPLE

je	pay**ai**
tu	pay**as**
elle / il	pay**a**
nous	pay**âmes**
vous	pay**âtes**
elles / ils	pay**èrent**

PASSÉ ANTÉRIEUR

j'	eus	payé
tu	eus	payé
elle / il	eut	payé
nous	eûmes	payé
vous	eûtes	payé
elles / ils	eurent	payé

FUTUR SIMPLE

je	**paierai / payerai**
tu	**paieras / payeras**
elle / il	**paiera / payera**
ns	**paierons / payerons**
vs	**paierez / payerez**
elles / ils	**paieront / payeront**

FUTUR ANTÉRIEUR

j'	aurai	payé
tu	auras	payé
elle / il	aura	payé
nous	aurons	payé
vous	aurez	payé
elles / ils	auront	payé

CONDITIONNEL PRÉSENT

je	**paierais / payerais**
tu	**paierais / payerais**
elle / il	**paierait / payerait**
ns	**paierions / payerions**
vs	**paieriez / payeriez**
elles / ils	**paieraient / payeraient**

CONDITIONNEL PASSÉ

j'	aurais	payé
tu	aurais	payé
elle / il	aurait	payé
nous	aurions	payé
vous	auriez	payé
elles / ils	auraient	payé

SUBJONCTIF

PRÉSENT

que	je	**paie / paye**
que	tu	**paies / payes**
qu'	elle / il	**paie / paye**
que	nous	pay**ions**
que	vous	pay**iez**
qu'	elles / ils	**paient / payent**

PASSÉ

que	j'	aie	payé
que	tu	aies	payé
qu'	elle / il	ait	payé
que	nous	ayons	payé
que	vous	ayez	payé
qu'	elles / ils	aient	payé

IMPARFAIT

que	je	pay**asse**
que	tu	pay**asses**
qu'	elle / il	pay**ât**
que	nous	pay**assions**
que	vous	pay**assiez**
qu'	elles / ils	pay**assent**

PLUS-QUE-PARFAIT

que	j'	eusse	payé
que	tu	eusses	payé
qu'	elle / il	eût	payé
que	nous	eussions	payé
que	vous	eussiez	payé
qu'	elles / ils	eussent	payé

IMPÉRATIF

PRÉSENT

paie / paye
pay**ons**
pay**ez**

PASSÉ

aie payé
ayons payé
ayez payé

INFINITIF

PRÉSENT

pay**er**

PASSÉ

avoir payé

PARTICIPE

PRÉSENT

pay**ant**

PASSÉ

payé, ée
ayant payé

P

PÉAGE n. m.
Droit de passage. *Un poste de péage.*
LOCUTIONS
– ***À péage*** (autoroute, pont, tunnel, etc.). Voie de communication dont l'accès est réservé aux véhicules pour lesquels un droit de passage a été payé.
– ***Chaîne (de télévision) à péage.*** Chaîne dont les émissions sont réservées aux abonnés. SYN. ⚜ chaîne payante.
péage.

***PEANUT**
Anglicisme pour ***cacahuète, arachide.***

PEAU n. f. (pl. *peaux*)
1. Revêtement du corps des animaux. *On fait des gants avec la peau du chevreau.*
2. Tissu qui recouvre le corps humain. *Elle a la peau très claire avec des taches de rousseur. Cette lotion rend la peau très douce.*
LOCUTIONS
– ***Dans la peau de quelqu'un.*** (FIG.) À sa place.
– ***Être bien, mal dans sa peau.*** (FIG.) Être à l'aise, mal à l'aise.
– ***Faire peau neuve.*** (FIG.) Changer d'apparence.
– ***N'avoir que la peau et les os.*** (FIG.) Être extrêmement maigre.
On dit aussi : ***n'avoir que la peau sur les os.***
– ***Risquer sa peau.*** (FAM.) (FIG.) Mettre sa vie en danger.
FORME FAUTIVE
*par la peau des dents. Calque de «*by the skin of one's teeth*» pour ***de justesse.***
HOM. ***pot,*** vase.

PEAUFINAGE n. m.
Action de peaufiner, de mettre au point un travail, une œuvre.

PEAUFINER v. tr.
1. Frotter avec une peau de chamois.
2. (FIG.) Mettre au point, fignoler un travail.
CONJUGAISON : VOIR MODÈLE AIMER.
peaufiner.

PÉCARI n. m.
Petit cochon sauvage d'Amérique dont le cuir est apprécié. *Des gants de pécari.*

PECCADILLE n. f.
La première syllabe se prononce ***pé,*** [pekadij].
(LITT.) Faute légère. *Je ne te reproche pas cette petite erreur, cette peccadille.*
peccadille.

PÉCHÉ n. m.
Faute. *Il a avoué ses péchés à son confesseur.*
LOCUTION
– ***Péché mignon.*** Faiblesse, léger défaut. *La pâtisserie est son péché mignon.*

PÊCHE adj. inv. et n. f.
NOM FÉMININ
1. Fruit du pêcher à noyau dur et dont la peau est veloutée. *De belles pêches mûres et bien juteuses.*
2. Action de pêcher. *La pêche à la ligne, la pêche au saumon. Ils attendent avec impatience l'ouverture de la pêche.*
ADJECTIF DE COULEUR INVARIABLE
D'un rose pâle légèrement doré. *Des collants pêche.*
VOIR TABLEAU – COULEUR (ADJECTIFS DE).

PÉCHER v. intr.
Commettre une faute, un manquement à une règle. *Elle a péché par omission. Il pèche contre les règles de la politesse.*
Ne pas confondre avec le verbe ***pêcher,*** prendre du poisson.
CONJUGAISON : VOIR MODÈLE POSSÉDER.
Le ***é*** se change en ***è*** devant une syllabe contenant un ***e*** muet, sauf à l'indicatif futur et au conditionnel présent. *Je pèche,* mais *je pécherai.*
[Les *Rectifications* (1990) admettent : il pèchera, pècherait...]

PÊCHER v. tr., pronom.
VERBE TRANSITIF
1. Prendre ou chercher à prendre (du poisson, des animaux aquatiques). *Il pêche la truite et le saumon.*
2. (FIG.) (FAM.) Imaginer, trouver. *On se demande où il a pêché que nous avions congé demain. Où as-tu pêché cette vieille photo ?*
VERBE PRONOMINAL
Être pêché. *La truite et le maskinongé se pêchent-ils dans les lacs des Laurentides ?*
À la forme pronominale, le participe passé de ce verbe s'accorde toujours en genre et en nombre avec son sujet. *Bien des poissons se sont pêchés dans ces ruisseaux au cours de l'été.*
Ne pas confondre avec le verbe ***pécher,*** commettre une faute.
CONJUGAISON : VOIR MODÈLE AIMER.
Le verbe conserve son accent circonflexe sur le premier ***e*** à tous les modes et temps.
pêcher.

PÊCHER n. m.
Arbre dont le fruit est la pêche. *Des fleurs roses de pêcher.*

PÉCHEUR, PÉCHERESSE adj. et n. m. et f.
Se dit d'une personne qui commet des péchés.
Ne pas confondre avec le nom ***pêcheur,*** celui qui pratique la pêche.
pécheur.
[Les *Rectifications* (1990) admettent : pècheur, pècheresse.]

PÊCHEUR n. m.
PÊCHEUSE n. f.
Personne qui pratique la pêche par métier ou comme passe-temps. *Un pêcheur de crevettes.*
Ne pas confondre avec le nom ***pécheur,*** celui qui commet des péchés.
pêcheur.

PECTORAL, ALE, AUX adj.
Relatif à la poitrine. *Les muscles pectoraux.*

PÉCULE n. m.
Somme économisée progressivement. *Amasser un bon pécule.*
Attention au genre masculin de ce nom : ***un*** pécule.

PÉCUNIAIRE adj.
Qui se rapporte à l'argent, qui est en argent. *Un appui, un parrainage pécuniaire* (et non *pécunier). SYN. financier.
pécuni**aire**.

PÉCUNIAIREMENT adv.
Financièrement. *Contribuer pécuniairement à une œuvre.*
pécuni**aire**ment.

***PÉCUNIER**
Impropriété pour ***pécuniaire.***

PÉD(I)-, PÉD(O)- préf.
Éléments du grec signifiant « enfant ». *Pédagogie, pédiatre.*

PÉDAGOGIE n. f.
1. Science de l'éducation des enfants, de la formation intellectuelle des jeunes et des adultes.
On emploie le terme ***andragogie*** pour désigner la science et la pratique de l'aide éducative à l'apprentissage pour des adultes dont la formation générale a été de courte durée.
2. Art d'enseigner ou méthodes d'enseignement propres à une discipline, à une matière, à un ordre d'enseignement, à un établissement d'enseignement ou à une philosophie de l'éducation (Recomm. off.). *Isabelle a étudié la pédagogie.*
3. Qualité d'une personne qui est bonne pédagogue. *Pietro a le sens de la pédagogie au plus haut point.*

PÉDAGOGIQUE adj.
Relatif à la pédagogie. *Des méthodes pédagogiques.* SYN. éducatif.

PÉDAGOGIQUEMENT adv.
Selon la pédagogie.

PÉDAGOGUE adj. et n. m. et f.
Se dit d'une personne qui a le sens de l'enseignement. *C'est une excellente pédagogue. Ce géographe n'est pas très pédagogue : il n'arrive pas à vulgariser sa matière, à intéresser ses élèves.*

PÉDALE n. f.
Levier actionné par le pied. *Les pédales d'une bicyclette, d'un orgue.*
LOCUTIONS
– ***Mettre la pédale douce.*** (FIG.) (FAM.) Atténuer ses propos, parler moins fort, plus discrètement. SYN. mettre un bémol ; mettre une sourdine.
– ***Perdre les pédales.*** (FAM.) (FIG.) Perdre son sang-froid.

PÉDALER v. intr.
Actionner une ou des pédales. *Antoine pédale très vite pour monter la côte.*
CONJUGAISON : VOIR MODÈLE AIMER.

PÉDALIER n. m.
Mécanisme d'une bicyclette comprenant les pédales, la roue dentée, etc.

PÉDANT, ANTE adj. et n. m. et f.
Qui affecte l'érudition, prétentieux. *Un ton pédant, des expressions pédantes. Ce sont des pédants insupportables.*

PÉDANTERIE n. f.
Affectation prétentieuse d'érudition.

-PÈDE, -PÉDIE suff.
Éléments du latin signifiant « pied ». *Quadrupède, orthopédie.*

PÉDÉRASTE n. m.
1. Homosexuel adulte ayant des rapports avec un jeune garçon.
2. Homosexuel.

PÉDÉRASTIE n. f.
1. Pratique homosexuelle d'un adulte avec un jeune garçon.
2. Homosexualité masculine.

PÉDESTRE adj.
Qui se fait à pied. *Une excursion pédestre.*

PÉDESTREMENT adv.
À pied.

PÉDIATRE n. m. et f.
Médecin spécialiste de la pédiatrie. *Anne voudrait devenir pédiatre.*
✏ pédiatre, sans accent circonflexe.

PÉDIATRIE n. f.
Branche de la médecine qui traite les maladies des enfants.
✏ pédiatrie, sans accent circonflexe.

PEDIBUS ou **PEDIBUS CUM JAMBIS** loc. adv.
Locution latine signifiant « avec les pieds et les jambes ».
(PLAISANT.) À pied. *Ils sont venus* pedibus cum jambis.
[T] En typographie soignée, les mots étrangers sont composés en italique. Dans des textes déjà en italique, la notation se fait en romain. Pour les textes manuscrits, on utilisera les guillemets.

PÉDICULE n. m.
Support d'un végétal, d'un organe. *Le pédicule d'un champignon.*
Ne pas confondre avec les noms suivants :
• ***pédoncule,*** support de la fleur de certains fruits ;
• ***pellicule,*** membrane mince.
Attention au genre masculin de ce nom : ***un*** pédicule.

PÉDICURE n. m. et f.
Personne chargée des soins des pieds.
Ne pas confondre avec le ***podologue*** qui traite les affections du pied.

PEDIGREE ou **PÉDIGRÉE** n. m.
Le ***e*** ou le ***é*** de la première syllabe se prononce ***é*** et la dernière syllabe rime avec ***gré,*** [pedigre].
1. Généalogie d'un animal de pure race. *Des pedigrees prestigieux. Établir le pédigrée d'un labrador.* SYN. ascendance ; lignée.
2. Document attestant la généalogie d'un animal de race. SYN. arbre généalogique.
3. Se dit par ironie de la généalogie d'une personne. *Des candidats sans pedigree* ou *pédigrée illustre.*
✏ **pedigree** *ou* **pédigrée.**

PÉDOLOGIE n. f.
Étude des sols.

PÉDOLOGUE n. m. et f.
Spécialiste de la pédologie.

PÉDONCULE n. m.
Support de la fleur de certains fruits.
Ne pas confondre avec les noms suivants :
• ***pédicule,*** support d'un organe ;
• ***pellicule,*** membrane mince.
✏ pédon**cule.**

PÉDOPHILE adj. et n. m. et f.
Qui est atteint de pédophilie.
✏ pédo**phile.**

PÉDOPHILIE n. f.
Déviation sexuelle de l'adulte qui ressent une attirance sexuelle pour les enfants.
✏ pédo**philie.**

***PEELING**
Anglicisme pour ***exfoliation.***

PÈGRE n. f.
Milieu du crime, ensemble de ceux qui vivent de trafics illicites. *Ces escrocs appartiennent à la pègre.*

PEIGNE n. m.
Instrument denté servant à coiffer, à retenir les cheveux. *Un peigne en écaille. Se donner un coup de peigne.*

PEIGNER v. tr., pronom.
VERBE TRANSITIF
Coiffer les cheveux, les poils avec un peigne. *Il a peigné la crinière de son magnifique cheval.*
VERBE PRONOMINAL
Démêler et coiffer ses cheveux, ses poils avec un peigne. *Peignez-vous, je vous en prie.*
À la forme pronominale, le participe passé de ce verbe s'accorde en genre et en nombre avec le complément direct si celui-ci le précède. *Les cheveux qu'elle s'est peignés. Elle s'est peignée à la manière de sa grand-mère.* Le participe passé reste invariable si le complément direct suit le verbe. *Ils se sont peigné la barbe avec soin.*
CONJUGAISON : VOIR MODÈLE AIMER.
INDICATIF PRÉSENT *Je peigne, tu peignes, il peigne, nous peignons, vous peignez, ils peignent.* IMPARFAIT *Je peignais, tu peignais, il peignait, nous peignions, vous peigniez, ils peignaient.* IMPÉRATIF PRÉSENT *Peigne, peignons, peignez.* SUBJONCTIF PRÉSENT *Que je peigne, que tu peignes, qu'il peigne, que nous peignions, que vous peigniez, qu'ils peignent.* PARTICIPE PRÉSENT *Peignant.* PASSÉ *Peigné, ée.*
Les lettres ***gn*** sont suivies d'un ***i*** à la première et à la deuxième personne du pluriel de l'indicatif imparfait et du subjonctif présent. *(Que) nous peignions, (que) vous peigniez.* Attention au passé simple de ce verbe, *peignai, peigna...* qui est à distinguer de celui de ***peindre,*** qui se conjugue *peignis, peignit...*

PEIGNOIR n. m.
Robe de chambre légère, généralement en tissu éponge.

***PEIGNURE**
Archaïsme pour ***coiffure.***

PEINARD ou **PÉNARD, ARDE** adj.
(FAM.) Tranquille, sans risques. *Un travail peinard, une sinécure.*

P

PEINDRE v. tr., pronom.
VERBE TRANSITIF
1. Recouvrir de peinture. *Il a peint sa maison en blanc.*
2. Représenter des êtres, des choses à l'aide de la peinture, de l'écriture. *Elle a peint très joliment ce paysage.*
Ne pas confondre avec le verbe ***peinturer,*** barbouiller, peindre maladroitement.
VERBE PRONOMINAL
1. Être peint. *Cet appartement s'est peint en un mois.*
2. Se voir. *La tristesse se peignait dans ses yeux.* SYN. apparaître ; se révéler.
À la forme pronominale, le participe passé de ce verbe s'accorde en genre et en nombre avec le complément direct si celui-ci le précède. *Les motifs qu'elle s'est peints sur le front.* Le participe passé reste invariable si le complément direct suit le verbe. *Elle s'est peint le signe de la paix sur la main.* S'il n'y a pas de complément direct, le participe passé s'accorde avec le sujet du verbe. *La surprise s'était peinte dans son regard.*
CONJUGAISON : VOIR MODÈLE ÉTEINDRE.
INDICATIF PRÉSENT *Je peins, tu peins, il peint, nous peignons, vous peignez, ils peignent.* IMPARFAIT *Je peignais, tu peignais, il peignait, nous peignions, vous peigniez, ils peignaient.* PASSÉ SIMPLE *Je peignis.* FUTUR *Je peindrai.* CONDITIONNEL PRÉSENT *Je peindrais.* IMPÉRATIF PRÉSENT *Peins, peignons, peignez.* SUBJONCTIF PRÉSENT *Que je peigne, que tu peignes, qu'il peigne, que nous peignions, que vous peigniez, qu'ils peignent.* IMPARFAIT *Que je peignisse.* PARTICIPE PRÉSENT *Peignant.* PASSÉ *Peint, peinte.*
Les lettres ***gn*** sont suivies d'un ***i*** à la première et à la deuxième personne du pluriel de l'indicatif imparfait et du subjonctif présent. *(Que) nous peignions, (que) vous peigniez.* Attention au passé simple de ce verbe, *peignis, peignit...,* qui est à distinguer de celui de ***peigner,*** qui se conjugue *peignai, peignas, peigna...*

PEINE n. f.
1. Douleur morale, tristesse. *Tu lui as fait de la peine.* SYN. chagrin.
Ne pas confondre avec les noms suivants :
- ***affliction,*** peine profonde ;
- ***chagrin,*** tristesse ;
- ***consternation,*** grande douleur morale ;
- ***douleur,*** souffrance physique ou morale ;
- ***prostration,*** abattement causé par la douleur.

2. Effort. *Il n'est pas au bout de ses peines. Elle s'est donné beaucoup de peine pour réunir ces documents.* SYN. mal.
3. Sanction applicable à une personne ayant commis une infraction (GDT). *Le coupable a été condamné à une peine* (et non *sentence) *de cinq ans de prison. Le tribunal a prononcé une peine d'emprisonnement contre le coupable. Il lui a infligé cette peine.*
Ne pas confondre avec le nom ***sentence,*** décision rendue sur une question litigieuse par l'autorité compétente.
LOCUTIONS
– ***À grand-peine,*** loc. adv. Difficilement. *Elle a réussi à grand-peine à les convaincre d'accepter.*
Cette locution s'écrit avec un trait d'union.
– ***À peine,*** loc. adv. Depuis très peu de temps. *À peine sont-ils arrivés que les invités se mettent à chanter « Bon anniversaire » !*
La locution adverbiale entraîne souvent l'inversion du pronom sujet.
– ***Avoir (de la) peine.*** Parvenir difficilement. *Ève a de la peine à garder son sérieux. Il a peine à ne pas éclater de rire.*
– ***Être en peine de.*** Manquer de. *Il est en peine d'amis.*
– ***Sans peine,*** loc. adv. Sans difficulté. *Ce logiciel s'utilise sans peine : il est très convivial.*
– ***Se mettre en peine.*** S'inquiéter. *Ne te mets pas en peine pour cet échec : tu réussiras à la deuxième tentative.*
– ***Sous peine de,*** loc. prép. Sous la menace de (quelque chose de fâcheux). *Il doit réduire sa vitesse sous peine de perdre son permis de conduire.*

PEINER v. tr., intr.
VERBE TRANSITIF
Chagriner. *Le départ de Paulo a peiné Annie.* SYN. affliger ; attrister.
VERBE INTRANSITIF
Se donner du mal. *Comme il a peiné sur cette dissertation !* SYN. s'efforcer ; s'évertuer.
CONJUGAISON : VOIR MODÈLE AIMER.

PEINT, PEINTE adj.
Couvert de peinture. *Attention, la rampe est fraîche peinte ! Des meubles de jardin en bois peint.*
LOCUTION
– ***Papier peint.*** Papier que l'on colle sur les murs. *Des papiers peints fleuris.*

PEINTRE n. m. et f.
1. Artiste qui exerce l'art de la peinture. *Marc-Aurèle Fortin est un peintre québécois.*
L'expression ***artiste peintre,*** qui s'écrit sans trait d'union, s'emploie par opposition à ***peintre en bâtiment.*** *Un artiste peintre de talent.*
2. Personne dont le métier consiste à appliquer de la peinture sur les murs, sur des surfaces. *Un peintre en bâtiment. M. Lafrance est un peintre habile et consciencieux.*

PEINTURE n. f.
1. Technique, art du peintre. *Elle fait de la peinture.*
2. Ouvrage de peinture. *Une peinture à l'huile d'une inconnue.*
3. Action d'enduire une surface de couleur. *Peinture en bâtiment.*
4. Couche de couleur. *Une peinture au latex, à l'huile.*
FORME FAUTIVE
*peinture fraîche. Calque de «*wet paint*» (sur une affiche) pour ***attention à la peinture.***

PEINTURER v. tr., pronom.
VERBE TRANSITIF
1. Barbouiller, peindre maladroitement. *Les enfants ont peinturé la cabane du jardin.* SYN. peinturlurer.
Ne pas confondre avec le verbe ***peindre,*** recouvrir de peinture, représenter des êtres, des choses à l'aide de la peinture, en français standard.
2. ⚜ Peindre. *Nous comptons peinturer la cuisine en vert.*
En ce sens, le verbe demeure usuel au Québec et dans la francophonie canadienne, mais il n'appartient plus à l'usage courant de la majorité des locuteurs du français, qui emploient le verbe ***peindre.***
VERBE PRONOMINAL
1. Être barbouillé, couvert de peinture.
2. ⚜ Être peint. *La pièce s'est peinturée en peu de temps.*
3. Se maquiller grossièrement. *Elle s'était peinturé les lèvres d'un rouge éclatant.*
À la forme pronominale, le participe passé de ce verbe s'accorde en genre et en nombre avec le complément direct si celui-ci le précède. *Les doigts que la fillette s'est peinturés. Les enfants se sont peinturés.* Le participe passé reste invariable si le complément direct suit le verbe. *Elle s'était peinturé les joues.*
CONJUGAISON : VOIR MODÈLE AIMER.

PEINTURLURER v. tr., pronom.
VERBE TRANSITIF
(FAM.) Barbouiller de peinture. *Elle lui a peinturluré le visage.* SYN. peinturer.
VERBE PRONOMINAL
Être couvert de couleurs appliquées maladroitement. *Les enfants se sont peinturlurés en bleu, blanc et rouge pour assister à la partie de hockey.*

À la forme pronominale, le participe passé de ce verbe s'accorde toujours en genre et en nombre avec son sujet. *Les clowns se sont peinturlurés de couleurs vives.*
CONJUGAISON : VOIR MODÈLE AIMER.

PÉJORATIF, IVE adj.
Se dit d'un mot, d'un élément qui comporte un sens défavorable, qui se dit en mauvaise part. *Les mots* peureux, opportuniste *sont péjoratifs. Les terminaisons* -aille, -ard, -esque, -ailler, -asser *sont péjoratives.* ANT. mélioratif.

PÉJORATIVEMENT adv.
Dans un sens péjoratif. *Le nom* parvenu *s'emploie péjorativement.*

PÉKINOIS, OISE adj. et n. m. et f.
ADJECTIF ET NOM MASCULIN ET FÉMININ
De Pékin. *La population pékinoise. Un Pékinois, une Pékinoise.*
T L'adjectif s'écrit avec une minuscule; le nom, avec une majuscule.
NOM MASCULIN
1. Langue parlée dans le nord de la Chine.
T Le nom de la langue s'écrit avec une minuscule.
2. Petit chien. *Ses pékinois jappaient à qui mieux mieux.*

PELABLE adj.
Se dit d'un papier peint, d'un autocollant, etc., qui s'enlève en détachant d'abord la couche extérieure de vinyle de son support de papier (Recomm. off.).

PELAGE n. m.
Poils d'un animal. *Ce chien a un pelage soyeux.*

PÊLE-MÊLE adv. et n. m. inv. (pl. *pêle-mêle*)
ADVERBE
En désordre. *Ses affaires sont pêle-mêle sur le lit.*
NOM MASCULIN INVARIABLE
1. Fouillis. *Sa chambre est un pêle-mêle indescriptible.* SYN. désordre; fatras.
2. Sous-verre ou cadre destiné à recevoir des photos.
L'adverbe et le nom sont invariables.
[Les *Rectifications* (1990) admettent : un pêlemêle, des pêlemêles.]

PELER v. tr., intr., pronom.
VERBE TRANSITIF
Ôter la peau d'un fruit ou de certains légumes. *Elle pèle des tomates puis tentera de peler des oignons sans pleurer.*
Éplucher se dit surtout pour « enlever la pelure, l'écorce » (généralement d'un légume, d'une noix, etc.). *Antoine épluche des pommes de terre.*
VERBE INTRANSITIF
Perdre le dessus de la peau par plaques. *Après ce coup de soleil, sa peau a pelé.*
VERBE PRONOMINAL
Être pelé. *Ces oignons se pèlent aisément, mais ils irritent les yeux.*
À la forme pronominale, le participe passé de ce verbe s'accorde toujours en genre et en nombre avec son sujet. *Ces clémentines se sont pelées rapidement.*
CONJUGAISON : VOIR MODÈLE CONGELER.
Le ***e*** se change en ***è*** devant une syllabe contenant un ***e*** muet. *Il pèle,* mais *il pelait.*

PÈLERIN n. m.
Le ***e*** de la deuxième syllabe ne se prononce pas, [pɛlʀɛ̃].
Personne qui fait un pèlerinage. *Les pèlerins de Saint-Jacques-de-Compostelle, de Saint-Benoît-du-Lac.*
Le nom ne s'emploie qu'au masculin, probablement en raison de l'homonymie avec ***pèlerine.***
pèlerin.

PÈLERINAGE n. m.
Voyage fait par dévotion à un lieu consacré. *L'oratoire Saint-Joseph est un lieu de pèlerinage.*
pèlerinage.

PÈLERINE n. f.
Le ***e*** de la deuxième syllabe ne se prononce pas, [pɛlʀin].
Cape avec ou sans capuchon. *Vêtu d'une pèlerine bleue, il marche sous la pluie.*

PÉLICAN n. m.
Oiseau aquatique au long bec pourvu d'une poche dilatable où il garde de la nourriture pour ses petits.
pélican.

PELISSE n. f.
Manteau doublé de fourrure.

PELLE n. f.
1. Instrument destiné à la manutention. *Une large pelle pour ôter la neige.*
2. Engin de levage. *Une pelle mécanique.*

PELLETAGE n. m.
La deuxième syllabe est muette, [pɛltaʒ].
Action de pelleter, de déplacer quelque chose à l'aide d'une pelle.
pelletage.

PELLETÉE n. f.
La deuxième syllabe est muette, [pɛlte].
Contenu d'une pelle. *Elle a lancé à son frère une grosse pelletée de neige.*

PELLETER v. tr.
Lorsque le ***t*** est doublé, la prononciation est « pel-let-te », [pɛlɛt], sur le modèle des verbes ***jeter*** (*je jette*), ***épousseter*** (*j'époussette*); toutefois, l'usage est de ne pas prononcer la deuxième syllabe : je « pel-te ».
Transporter avec la pelle. *Bianca pellette la neige qui s'est accumulée sur le trottoir.*
CONJUGAISON : VOIR MODÈLE APPELER.
Redoublement du ***t*** devant un ***e*** muet. *Je pellette, je pelletterai,* mais *je pelletais.*
[Les *Rectifications* (1990) admettent : il pellètera, pellèterait...]

PELLETERIE n. f.
Les deuxième et troisième ***e*** sont muets, [pɛltʀi].
1. Commerce des fourrures.
2. Les fourrures elles-mêmes.

PELLICULE n. f.
1. Membrane mince. *Une pellicule de plastique.*
Ne pas confondre avec les noms suivants :
• ***pédicule,*** support d'un organe;
• ***pédoncule,*** support de la fleur de certains fruits.
2. Morceau de peau qui se détache du cuir chevelu. *Un shampooing contre les pellicules.*
3. (CIN.) (PHOT.) Feuille mince et souple recouverte d'une couche sensible. *Une pellicule photographique.*
pellicule.

PELOTAGE n. m.
Le ***e*** de la première syllabe se prononce ou non, [pəlɔtaʒ, plɔtaʒ].
(FAM.) Action de peloter.

PELOTE n. f.
Le ***e*** de la première syllabe se prononce ou non, [pəlɔt, plɔt].
1. Balle à jouer. *La pelote basque.*
2. Boule formée avec des fils, de la laine, etc. *Une pelote de laine angora.*
pelote.

PELOTER v. tr.
Le ***e*** de la première syllabe se prononce ou non, [pəlɔte, plɔte].
(FAM.) Caresser, lutiner.
CONJUGAISON : VOIR MODÈLE AIMER.

P

PELOTON n. m.
Le *e* de la première syllabe se prononce ou non, [pəlɔtɔ̃, plɔtɔ̃].
1. Pelote. *Un peloton de laine.*
2. Groupe. *Le peloton de tête.*

PELOTONNER (SE) v. pronom.
Le *e* de la première syllabe se prononce ou non, [pəlɔtɔne, plɔtɔne].
Se blottir. *La chatte Maboule s'est pelotonnée dans les bras d'Étienne.*
Le participe passé de ce verbe, qui n'existe qu'à la forme pronominale, s'accorde toujours en genre et en nombre avec son sujet. *La petite Fredoudou s'est pelotonnée dans les bras de son papa.*
CONJUGAISON : VOIR MODÈLE AIMER.

PELOUSE n. f.
Le *e* de la première syllabe se prononce ou non, [pəluz, pluz].
Surface couverte de gazon. *Le jardinier tond la pelouse.*

PELUCHE n. f.
Le *e* de la première syllabe se prononce ou non, [pəlyʃ, plyʃ].
1. Tissu à poils longs qui imite la fourrure. *Un lapin en peluche.*
2. Animal, jouet en peluche. *Les petits adorent les peluches.*

PELURE n. f.
Le *e* de la première syllabe se prononce ou non, [pəlyr, plyr].
Peau ôtée de certains fruits ou de certains légumes. *La pelure de la banane, de la pomme, de la poire, de l'oignon, de la pomme de terre.*
La peau plus épaisse de certains fruits est l'***écorce***. *Des écorces d'orange, de citron.*
LOCUTION
– ***Papier pelure.*** Papier très fin et translucide. *Du papier pelure* (et non du *papier oignon).

PELVIEN, IENNE adj.
Relatif au bassin. *La cavité pelvienne.*

PELVIS n. m.
Le *s* se prononce, [pɛlvis] ; le nom rime avec ***vice***.
(ANAT.) Bassin.

PEMMICAN n. m.
Le *e* se prononce ***é*** ou ***è***, [pemikɑ̃, pɛmikɑ̃].
Viande séchée apprêtée par les Amérindiens.

PÉNAL, ALE, AUX adj.
Qui concerne les peines, les infractions qui entraînent des peines. *Des droits pénaux, le Code pénal.*

PÉNALEMENT adv.
En matière pénale.

PÉNALISANT, ANTE adj.
Qui constitue un désavantage. *Des surtaxes pénalisantes pour les entreprises québécoises du secteur du bois.*

PÉNALISATION n. f.
Désavantage. *La pénalisation des entreprises exportatrices par l'imposition d'une surtaxe sur le bois d'œuvre.*

PÉNALISER v. tr.
1. Infliger une punition à. *Être pénalisé pour omission de payer ses impôts.*
2. Désavantager. *Cet échec scolaire l'a grandement pénalisé.*
CONJUGAISON : VOIR MODÈLE AIMER.

PÉNALITÉ n. f.
Peine, sanction. *Le ministre du Revenu impose une pénalité pour les retards de paiement de la taxe ou de l'impôt.*

PÉNARD
VOIR – PEINARD.

PÉNATES n. m. pl.
(FIG.) (PLAISANT.) Foyer. *Regagner ses pénates.* SYN. domicile ; maison.
Attention au genre masculin de ce nom.

PENAUD, AUDE adj.
Honteux. *Sébastien est tout penaud de ses 15 fautes d'orthographe.* SYN. confus ; embarrassé ; honteux. ANT. fier.
pen**aud**, pen**aude**.

PENCHANT n. m.
Inclination, goût. *Il a un penchant pour la musique.* SYN. faible.

PENCHER v. tr., intr., pronom.
VERBE TRANSITIF
Incliner d'un côté. *Penche un peu la tête !* SYN. courber.
VERBE INTRANSITIF
1. N'être pas vertical, en position d'équilibre. *Le mur penche dangereusement.*
2. Être porté à choisir, à préférer. *Elle penche pour cette solution originale. Il penchait vers ce parti.*
En ce sens, le verbe se construit avec les prépositions ***pour, vers.***
VERBE PRONOMINAL
1. S'incliner. *Ne te penche pas par la portière !*
2. Étudier. *Elle s'est penchée sur ce problème.* SYN. s'intéresser.
À la forme pronominale, le participe passé de ce verbe s'accorde toujours en genre et en nombre avec son sujet. *Elle s'est penchée pour toucher la pointe de ses pieds.*
CONJUGAISON : VOIR MODÈLE AIMER.

PENDABLE adj.
(VX) Qui mérite d'être pendu.
LOCUTION
– ***Un tour pendable.*** Mauvaise plaisanterie. *Il leur a joué un tour pendable.*

PENDAISON n. f.
Action de mettre à mort une personne en la suspendant par le cou au moyen d'une corde. *La peine de mort est abolie au Canada : on ne condamne plus à la pendaison.*
LOCUTION
– ***Pendaison de crémaillère.*** Action de célébrer une nouvelle installation par un repas, une fête.

PENDANT prép.
Durant, au cours de. *Il a neigé pendant l'hiver.*
LOCUTION
– ***Pendant que,*** loc. conj. *Elle fait ses devoirs pendant que son frère étudie.*
Cette locution indique que deux actions ont lieu en même temps, alors que la locution conjonctive ***tandis que*** marque l'opposition entre deux actions simultanées.
pendant.

PENDANT n. m.
Contrepartie. *Cette œuvre est le pendant d'une création antérieure.*
LOCUTION
– ***Pendant d'oreille(s).*** Boucle d'oreille(s) à pendeloques.
Dans cette expression, le complément s'écrit au singulier ou au pluriel, ainsi que pour ***boucle d'oreille, boucle d'oreilles.***
pendant.

PENDANT, ANTE adj.
1. Qui pend. *La langue pendante.*
2. (DR.) Qui n'est pas réglé, qui est en cours. *L'affaire est toujours pendante.*
pendant.

PENDENTIF n. m.
Bijou suspendu au cou. *Un joli pendentif orné d'une perle.*
pendentif.

PENDERIE n. f.
Le *e* de la deuxième syllabe ne se prononce pas, [pɑ̃dri].
Placard où l'on suspend des vêtements. SYN. garde-robe.

PENDRE v. tr., intr., pronom.
VERBE TRANSITIF
1. Attacher une chose par le haut, à distance du sol. *Pends ton manteau, Olivier!* SYN. suspendre.
2. Mettre à mort une personne en la suspendant par le cou au moyen d'une corde. *On les a pendus pour trahison.*
VERBE INTRANSITIF
Tomber trop bas. *Sa jupe pend d'un côté.*
VERBE PRONOMINAL
1. Se suspendre. *Les singes se sont pendus à une branche pour se balancer.* SYN. s'accrocher.
2. Se suicider par pendaison. *Profondément déprimée, elle a tenté de se pendre.*
À la forme pronominale, le participe passé de ce verbe s'accorde toujours en genre et en nombre avec son sujet. *Les fillettes se sont pendues au cou de leurs parrains.*
LOCUTIONS
– ***Être pendu aux basques de quelqu'un.*** Le suivre de près, ne pas le quitter d'un pas.
– ***Être pendu aux lèvres de quelqu'un.*** (FIG.) Écouter quelqu'un avec grand intérêt.
– ***Pendre la crémaillère.*** Célébrer par un repas une nouvelle installation.
– ***Se jeter, se pendre au cou de quelqu'un.*** L'embrasser avec empressement.
CONJUGAISON : VOIR MODÈLE FENDRE.
INDICATIF PRÉSENT *Je pends, tu pends, il pend, nous pendons, vous pendez, ils pendent.* IMPARFAIT *Je pendais.* PASSÉ SIMPLE *Je pendis.* FUTUR *Je pendrai.* CONDITIONNEL PRÉSENT *Je pendrais.* IMPÉRATIF PRÉSENT *Pends, pendons, pendez.* SUBJONCTIF PRÉSENT *Que je pende.* IMPARFAIT *Que je pendisse.* PARTICIPE PRÉSENT *Pendant.* PASSÉ *Pendu, ue.*

PENDU, UE n. m. et f.
Qui est mort par pendaison. *Il a aperçu un pendu : une vision horrible.*

PENDULE n. m. et f.
NOM MASCULIN
Balancier. *Le pendule d'une horloge.*
Attention au genre masculin de ce nom en ce sens : ***un*** pendule.
NOM FÉMININ
Appareil de petite dimension qui indique l'heure. *Maman a placé une jolie pendule* (et non *horloge) *sur la cheminée.*
Attention au genre féminin de ce nom en ce sens : ***une*** pendule.
LOCUTION
– ***Remettre les pendules à l'heure.*** (FIG.) Faire le point, rétablir la vérité.
Ne pas confondre avec les noms suivants :
• ***coucou,*** appareil qui indique l'heure et dont la sonnerie imite le chant du coucou;
• ***horloge,*** appareil de grande dimension servant à mesurer le temps et à indiquer l'heure;
• ***réveille-matin*** ou ***réveil,*** appareil qui indique l'heure et qui peut sonner à une heure déterminée à l'avance.

PENDULETTE n. f.
Petite pendule. *Ève voudrait une pendulette à affichage numérique.*

PÊNE n. m.
Pièce de la serrure dont l'extrémité assure la fermeture de la porte. *Le pêne s'engage dans la gâche, pièce fixée au chambranle d'une porte.*
Attention au genre masculin de ce nom : ***un*** pêne.
HOM. ***peine,*** chagrin.

PÉNÉTRABLE adj.
1. Que l'on peut pénétrer, où l'on peut pénétrer.
2. (FIG.) Intelligible, que l'on peut comprendre. SYN. compréhensible.

PÉNÉTRANT, ANTE adj.
1. Qui pénètre. *Des effluves pénétrants.*
2. Perspicace, profond. *Des esprits pénétrants.*
Ne pas confondre avec le participe présent invariable ***pénétrant.*** *On ne se rassasiait pas de ces parfums pénétrant par la fenêtre.*

PÉNÉTRATION n. f.
1. Action de pénétrer.
2. Perspicacité. *Ils ont étudié la question avec rigueur et pénétration.*

PÉNÉTRER v. tr., intr., pronom.
VERBE TRANSITIF
1. Passer à travers, entrer profondément à l'intérieur de. *L'eau a pénétré mes chaussures.* SYN. traverser.
2. Découvrir. *On a pénétré son secret.*
VERBE INTRANSITIF
Entrer. *Elle eut un moment d'hésitation quand il pénétra dans la maison.* SYN. envahir; s'infiltrer.
VERBE PRONOMINAL
S'imprégner de. *Les élèves se sont pénétrés de ce sujet.*
À la forme pronominale, le participe passé de ce verbe s'accorde toujours en genre et en nombre avec son sujet. *Elles se sont pénétrées de cette musique divine.*
CONJUGAISON : VOIR MODÈLE POSSÉDER.
Le deuxième ***é*** se change en ***è*** devant une syllabe contenant un ***e*** muet, sauf à l'indicatif futur et au conditionnel présent. *Je pénètre,* mais *je pénétrerai.*
[Les *Rectifications* (1990) admettent : il pénètrera, pénètrerait...]

PÉNIBLE adj.
1. Difficile. *Il est pénible de devoir s'arrêter si près du but. Une tâche pénible et désagréable.* SYN. ardu; dur.
2. Douloureux, triste. *Son départ a été pénible : nous avions beaucoup de peine à nous séparer de lui. Perdre sa maison dans un incendie est bien pénible.* SYN. angoissant.

PÉNIBLEMENT adv.
Avec peine. *Papi marche péniblement : son dos le fait souffrir.*

PÉNICHE n. f.
Bateau plat. *Les péniches de la Seine.*

PÉNICILLINE n. f.
Antibiotique. *La pénicilline* (et non *pénincilline) *combat les infections.*
pénici**ll**ine.

PÉNINSULAIRE adj.
Relatif à une péninsule. *Le climat péninsulaire de l'Italie.*

PÉNINSULE n. f.
Vaste presqu'île. *La péninsule grecque. La péninsule ibérique comprend l'Espagne et le Portugal.*
Pris absolument, le nom qui désigne l'Espagne et le Portugal s'écrit avec une majuscule.

PÉNIS n. m.
Le ***s*** se prononce, [penis]; le nom rime avec ***tennis.***
(ANAT.) Sexe de l'homme. SYN. verge.

PÉNITENCE n. f.
Punition. *Comme pénitence, tu rangeras le sous-sol.*
LOCUTIONS
– ***Faire pénitence.*** Regretter une faute. SYN. se repentir.
– ***Mettre en pénitence.*** Imposer une punition pour une faute. *Ces élèves ont été mis en pénitence en raison de leur agressivité.*

P

PÉNITENCIER n. m.
Prison où l'on offre aux détenus la possibilité de s'instruire et de travailler.
Le nom ***prison*** est le générique qui désigne tout lieu de détention ; le ***bagne*** est une prison où l'on enferme les condamnés aux travaux forcés.

PÉNITENTIAIRE adj.
Relatif aux pénitenciers. *Un régime pénitentiaire.*
pénitenti**aire**.

PÉNOMBRE n. f.
Faible lumière, peu après le coucher du soleil ou peu avant son lever. *Dans la pénombre, elle ne le reconnut pas.* SYN. brunante ; crépuscule ; demi-jour.

PENSABLE adj.
Que l'on peut imaginer. *C'est à peine pensable.* SYN. concevable.
L'adjectif s'emploie généralement dans une phrase négative ou de sens négatif.

PENSANT, ANTE adj.
Qui est en mesure de penser, de réfléchir. *L'homme est un roseau pensant.* (Pascal) *Des têtes pensantes.* SYN. intelligent.

PENSE-BÊTE n. m. (pl. *pense-bêtes*)
(FAM.) Indication rappelant une tâche à accomplir. *Comme pense-bête, Léa a noué un ruban autour de son doigt pour ne pas oublier son rendez-vous chez le dentiste.*

PENSÉE n. f.
1. Faculté de penser. *Le langage est l'expression de la pensée.* SYN. esprit ; intelligence ; réflexion.
2. Idée. *À la pensée de son voyage prochain, Ève est très excitée.*
3. Fait d'avoir à l'esprit quelqu'un, quelque chose. *Je serai opérée à 9 h ; auras-tu une petite pensée pour moi ?*
4. Opinion, avis. *Je n'ose te dire le fond de ma pensée, ce que je pense vraiment, parce que tu serais fâché.*
5. Plante ornementale à fleurs veloutées et délicates. *Des pensées violettes.*
LOCUTIONS
– ***En pensée, par la pensée,*** loc. adv. Par l'esprit, par l'imagination. *Reportez-vous en pensée à ces moments heureux de votre enfance.*
– ***Lire dans la pensée de quelqu'un.*** Deviner ce qu'il pense.

PENSER v. tr., intr.
VERBE TRANSITIF DIRECT
1. Croire, avoir l'idée de, que. *Elle pense qu'il viendra, elle ne pense pas qu'il vienne.* SYN. estimer ; imaginer ; supposer.
Le verbe se construit avec le mode indicatif ou avec le mode subjonctif suivant le degré de certitude de la réponse.
2. Avoir l'intention de. *Je pense voyager sous peu.* SYN. compter ; projeter.
En ce sens, le verbe se construit avec l'infinitif, sans préposition.
VERBE TRANSITIF INDIRECT
Ne pas oublier. *Pense à son anniversaire !* SYN. se rappeler ; songer ; se souvenir.
En ce sens, le verbe se construit avec la préposition ***à***.
VERBE INTRANSITIF
Réfléchir. « *Je pense, donc je suis* » (René Descartes, *Discours de la méthode*).
LOCUTIONS
– ***Façon de penser.*** Jugement, opinion. *Je vais lui dire ma façon de penser.*
– ***Faire penser.*** Évoquer, rappeler. *Ce château de sable me fait penser aux vacances ensoleillées à la mer.*
HOM. ***panser,*** soigner.
CONJUGAISON : VOIR MODÈLE AIMER.

PENSEUR, EUSE n. m. et f.
Personne qui pense. Le Penseur *de Rodin.* (Statue)

PENSIF, IVE adj.
Perdu dans ses pensées. *Paula est pensive : elle s'ennuie de ses grands-parents qui vivent en Italie.* SYN. méditatif ; rêveur ; songeur.

PENSION n. f.
1. Somme payée régulièrement à une personne. *Une pension de retraite, une pension alimentaire.*
2. Petit établissement hôtelier. *Une pension de famille.*
LOCUTIONS
– ***Demi-pension.*** Logement, petit déjeuner et un repas.
– ***Pension complète.*** Logement, petit déjeuner et deux repas.

PENSIONNAIRE n. m. et f.
Personne qui prend pension dans un établissement scolaire, hôtelier, dans une famille. *Josée a été pensionnaire au pensionnat du Saint-Nom-de-Marie.* SYN. interne. ANT. externe.
pensio**nn**aire.

PENSIONNAT n. m.
Établissement scolaire qui accueille des élèves internes et externes. *Le pensionnat du Saint-Nom-de-Marie à Outremont.*
pensio**nn**at.

PENSIONNER v. tr.
Doter d'une pension. *Pensionner un invalide de guerre.*
CONJUGAISON : VOIR MODÈLE AIMER.
pensio**nn**er.

PENSIVEMENT adv.
D'un air pensif. *Il regarde pensivement ce tableau qui rappelle tant de beaux souvenirs.* SYN. songeusement.

PENSUM n. m. (pl. *pensums*)
Les lettres ***en*** se prononcent ***in*** et le ***m*** se prononce, [pɛ̃sɔm] ; le nom rime avec ***somme***.
1. (VIEILLI) Punition. *Des pensums inutiles.*
2. (FIG.) Tâche ennuyeuse. *La rédaction de ce rapport est un véritable pensum.*
Ce nom d'origine latine a été francisé et prend la marque du pluriel.

PENTA- préf.
Les lettres ***en*** se prononcent ***in***, [pɛ̃ta].
Élément du grec signifiant « cinq ». *Pentagone.*

PENTAGONE n. m.
Les lettres ***en*** se prononcent ***in***, [pɛ̃tagɔn].
(GÉOM.) Polygone qui a cinq angles et cinq côtés.

PENTATHLON n. m.
Les lettres ***en*** se prononcent ***in***, [pɛ̃tatlɔ̃].
Compétition olympique comportant des épreuves de cross, d'équitation, de natation, d'escrime et de tir.
VOIR – DÉCATHLON.
penta**th**lon.

PENTE n. f.
1. Inclinaison. *La rue est en pente.*
2. Terrain incliné. *Martin dévale les pentes enneigées en skis.* SYN. côte ; descente.

PENTECÔTE n. f.
Fête chrétienne. *La fête de la Pentecôte. Le lundi de Pentecôte.*
T Ce nom s'écrit toujours avec une majuscule.
Pentec**ô**te.

PENTHOTAL n. m.
Les lettres ***en*** se prononcent ***in***, [pɛ̃tɔtal].
Barbiturique. *Des penthotals.*
pent**h**otal.

PENTU, UE adj.
En pente. *Un toit pentu.*

PENTURE n. f.
Ferrure destinée à soutenir une porte, une fenêtre.

PÉNULTIÈME n. f.
(LING.) Avant-dernière syllabe.
La syllabe qui précède la pénultième est l'***antépénultième***.

PÉNURIE n. f.
Manque, rareté. *Il y a une pénurie de médicaments dans les pays d'Afrique.*

PÉPÈRE adj. et n. m.
ADJECTIF
(FAM.) Calme, tranquille, confortable. *Une vie pépère.* SYN. paisible.
NOM MASCULIN
Grand-père, dans le langage des enfants.

PÉPIEMENT n. m.
Cri du moineau, du poussin.
✏ pépiement, attention au ***e*** muet.

PÉPIER v. intr.
Crier, en parlant des jeunes oiseaux.
CONJUGAISON : VOIR MODÈLE ÉTUDIER.

PÉPIN n. m.
1. (FIG.) (FAM.) Obstacle imprévu, problème.
2. Graine de certains fruits. *Il y a des pépins dans ces raisins et dans cette orange. Les pépins d'une pomme. Des clémentines sans pépins.*
☞ Lorsqu'il y a plusieurs graines, ce sont des pépins; quand il n'y a qu'une graine, c'est un ***noyau***. Ainsi, dans la pêche, la prune, l'abricot, etc., la partie dure qui est au centre du fruit se nomme le ***noyau***. *Un noyau d'avocat, des noyaux de cerises, d'olives.*

***PÉPINE**
Impropriété pour ***chargeuse-pelleteuse***.

PÉPINIÈRE n. f.
1. Lieu où l'on cultive de jeunes arbres destinés à être transplantés.
2. (FIG.) Lieu où se forment des personnes en vue d'une profession, d'une activité. *L'École des HEC constitue une pépinière de créateurs d'entreprises et de gestionnaires.*
LOCUTION
– ***Pépinière d'entreprises.*** Organisme qui aide de nouvelles entreprises à démarrer en leur fournissant des locaux, des services multiples, des conseils et de la formation jusqu'à ce qu'elles deviennent autonomes, et en favorisant les échanges avec des entreprises déjà installées (Recomm. off.). SYN. incubateur d'entreprises.
✏ pépinière.

PÉPINIÉRISTE n. m. et f.
Personne qui cultive de jeunes arbres destinés à être transplantés.
✏ pépiniériste.

PÉPITE n. f.
1. Petite masse d'or à l'état brut.
2. Morceau. *Des biscuits aux pépites de chocolat.*

PEPTIDE n. m.
(BIOCHIM.) Molécule formée par plusieurs acides aminés réunis par des liaisons peptidiques. « *Il s'agit d'une molécule de petite taille, un peptide constitué de l'enchaînement de 25 acides aminés et voisin d'une famille de peptides connus pour leurs propriétés antimicrobiennes* » (*Le Monde*).
☞ Attention au genre masculin de ce nom : ***un*** peptide.

PEPTIDIQUE adj.
(BIOCHIM.) De la nature des peptides. *Une hormone peptidique.*

PÉQUISTE adj. et n. m. et f.
Adepte du Parti québécois (PQ). *Elle est péquiste. Des péquistes.*
☞ Le mot est formé à partir du sigle ***PQ***.

PERÇAGE n. m.
1. Action de percer (une matière). *Le perçage d'une pièce de métal. Perçage par poinçonnage.*
2. Pratique qui consiste à perforer différentes parties du corps pour y introduire un bijou ou un ornement (GDT). *Julie s'est fait faire un perçage* (et non *piercing).
3. Ornement porté à la suite d'un perçage. *Elle porte un perçage à la langue.*

PERCALE n. f.
Coton très fin. *Des draps de percale. Une belle percale.*
☞ Attention au genre féminin de ce nom.

PERÇANT, ANTE adj.
1. Vif et pénétrant. *Un froid perçant.*
2. D'une grande acuité. *Des yeux perçants.*
3. Aigu et puissant, en parlant d'un son.
HOM. ***persan***, de la Perse.
✏ perçant.

***PER CAPITA**
Anglicisme pour ***par personne***.

PERCE-
Les mots composés avec l'élément ***perce-*** s'écrivent avec un trait d'union. Au pluriel, l'élément ***perce-***, qui est un verbe, demeure invariable, tandis que le second élément est parfois variable, parfois invariable. *Des perce-oreilles.*

PERCÉE n. f.
1. Passage. *Une percée dans la forêt.* SYN. chemin; trouée.
2. Développement important. *Une percée scientifique. La découverte de ce vaccin est une percée remarquable.*

PERCEMENT n. m.
Action de pratiquer une ouverture. *Le percement du tunnel sous la Manche.*

PERCE-MURAILLE n. f. (pl. *perce-murailles*)
Plante croissant près des murs.

PERCE-NEIGE n. m. ou f. (pl. *perce-neige* ou *perce-neiges*)
Fleur printanière. *Les perce-neige ou perce-neiges viennent de sortir !*
☞ Ce mot est masculin ou féminin.

PERCE-OREILLE n. m. (pl. *perce-oreilles*)
Insecte.

PERCEPTEUR n. m.
PERCEPTRICE n. f.
Fonctionnaire qui se charge de la perception des impôts.

PERCEPTIBLE adj.
Qui peut être saisi par les sens. *Un bruit à peine perceptible.* SYN. discernable. ANT. imperceptible.

PERCEPTIBLEMENT adv.
D'une manière perceptible. ANT. imperceptiblement.

PERCEPTION n. f.
1. Acte par lequel l'esprit perçoit les objets. *La perception d'un son.*
2. Recouvrement. *La perception* (et non *collection) *des comptes.* SYN. rentrée.

PERCER v. tr., intr.
VERBE TRANSITIF
Trouer, pratiquer une ouverture. *Nous perçons ce mur pour ajouter une fenêtre.* SYN. ouvrir.
VERBE INTRANSITIF
1. Apparaître. *Le soleil perce à travers les nuages.*
2. Réussir, devenir connu. *Ce chanteur commence à percer.*
CONJUGAISON : VOIR MODÈLE AVANCER.
Le ***c*** prend une cédille devant les lettres ***a*** et ***o***. *Il perça, nous perçons.*

PERCEUSE n. f.
Outil servant à percer. *Une perceuse électrique* (et non une *drill).

P

PERCEVABLE adj.
Qui peut être perçu.

PERCEVOIR v. tr.
1. Saisir par les sens, par l'esprit. *Nous n'avons perçu aucun bruit. Percevoir la réalité de façon lucide.* SYN. discerner ; sentir.
2. Recouvrer une somme, un impôt. *Le gouvernement perçoit des taxes sur les cigarettes.* SYN. encaisser.
CONJUGAISON : VOIR MODÈLE APERCEVOIR.
INDICATIF PRÉSENT *Je perçois, tu perçois, il perçoit, nous percevons, vous percevez, ils perçoivent.* IMPARFAIT *Je percevais.* PASSÉ SIMPLE *Je perçus.* FUTUR *Je percevrai.* CONDITIONNEL PRÉSENT *Je percevrais.* IMPÉRATIF PRÉSENT *Perçois, percevons, percevez.* SUBJONCTIF PRÉSENT *Que je perçoive.* IMPARFAIT *Que je perçusse.* PARTICIPE PRÉSENT *Percevant.* PASSÉ *Perçu, ue.*

PERCHAUDE n. f.
⚜ Poisson d'eau douce de la famille de la perche.

PERCHE n. f.
1. Poisson dont la chair est appréciée.
2. Longue pièce de bois, de métal. *Le saut à la perche.*
LOCUTION
– ***Tendre la perche à quelqu'un.*** (FIG.) L'aider.

PERCHER v. tr., intr., pronom.
VERBE TRANSITIF
(FAM.) Placer en un endroit élevé. *Pourquoi as-tu perché mon chapeau sur l'armoire ?* SYN. (FAM.) jucher.
VERBE INTRANSITIF
Se poser sur une branche, en parlant d'un oiseau. *À la fin de son vol, la corneille perche au sommet du bouleau.*
VERBE PRONOMINAL
Se jucher. *Le chat s'est perché sur le toit.*
À la forme pronominale, le participe passé de ce verbe s'accorde toujours en genre et en nombre avec son sujet. *Des oiseaux s'étaient perchés sur une branche de l'olivier.*
CONJUGAISON : VOIR MODÈLE AIMER.

PERCHERON n. m.
Cheval de trait.

PERCHISTE n. m. et f.
1. Athlète qui fait des sauts à la perche.
2. (CIN.) Personne chargée du maniement de la perche au cinéma, à la télévision.

***PERCHMAN**
Anglicisme pour ***perchiste.***

PERCHOIR n. m.
1. Bâton sur lequel perche un oiseau. *Le perroquet est sur son perchoir.*
2. (FAM.) Tribune, estrade.

PERCLUS, USE adj.
Paralysé. *Un vieillard perclus de rhumatismes.* SYN. impotent.
➯ perclus.

PERCOLATEUR n. m.
Appareil qui sert à faire du café en grande quantité. *Le restaurant dispose d'un percolateur.*
Pour la maison, on emploie surtout le mot ***cafetière.***

PERCUSSION n. f.
Choc d'un corps contre un autre. *Le tambour, les cymbales, la caisse sont des instruments à percussion* ou *de percussion.*

PERCUSSIONNISTE n. m. et f.
Musicien qui joue d'un instrument à percussion.

PERCUTANT, ANTE adj.
1. Qui produit un choc. *Un projectile percutant.*
2. (FIG.) Frappant, qui retient l'attention. *Des discours percutants.* SYN. saisissant.

PERCUTER v. tr., intr.
VERBE TRANSITIF
Heurter, frapper. *Le camion a percuté un réverbère.*
VERBE INTRANSITIF
Heurter avec violence. *La voiture percuta contre un mur.*
CONJUGAISON : VOIR MODÈLE AIMER.

PERDANT, ANTE adj. et n. m. et f.
Se dit d'une personne qui perd. *Ce sont de bons perdants. Les équipes perdantes recevront un prix de consolation.* SYN. vaincu.

***PER DIEM**
Anglicisme pour ***indemnité quotidienne, forfait quotidien.***

PERDITION n. f.
(VX) État de ce qui est en danger de périr.
LOCUTIONS
– ***En perdition.*** En danger de faire naufrage, en parlant d'un navire. *Un voilier en perdition.*
– ***En perdition.*** Qui est menacé de destruction. *Une économie en perdition.*
– ***Lieu de perdition.*** Lieu moralement dangereux.

PERDRE v. tr., pronom.
VERBE TRANSITIF
1. Être privé de la compagnie de quelqu'un de façon définitive. *Il est triste d'avoir perdu son ami d'enfance. Le Canada a perdu plus de cent soldats dans cette guerre.*
2. Cesser d'avoir quelque chose. *Perdre son emploi. Andrée a perdu son parapluie dans le métro.*
Ne pas confondre avec le verbe ***égarer,*** perdre momentanément.
3. Ne pas gagner, être vaincu. *Perdre la bataille. Ils ont perdu leur procès.*
4. Gaspiller. *Ne perds pas ton temps : il est trop précieux.*
VERBE PRONOMINAL
1. Être perdu, cesser d'être. *Rien ne se perd, rien ne se crée.*
2. S'égarer, ne plus retrouver son chemin. *Ils se sont perdus dans la forêt.*
3. (FIG.) Avoir du mal à suivre, à comprendre quelque chose. *Il y a lieu de craindre que les spectateurs ne s'y retrouvent pas, qu'ils se perdent dans l'intrigue complexe de ce film.*
À la forme pronominale, le participe passé de ce verbe s'accorde toujours en genre et en nombre avec son sujet. *Elles se sont perdues dans les caves du château.*
LOCUTIONS
– ***Ne rien perdre pour attendre.*** Devoir se préparer à une revanche. *Tu ne perds rien pour attendre : nous nous reprendrons.*
– ***Perdre confiance.*** Ne plus avoir confiance. *Nous avons perdu confiance en eux.*
– ***Perdre conscience.*** S'évanouir. SYN. perdre connaissance.
– ***Perdre courage.*** Se décourager. *Ils ont perdu courage et ont abandonné l'escalade.*
– ***Perdre de vue quelqu'un, quelque chose.*** Rester longtemps sans en entendre parler, s'en désintéresser.
– ***Perdre du terrain.*** (FIG.) Se laisser devancer par la concurrence.
– ***Perdre espoir.*** Désespérer. *Il ne faut pas perdre espoir : nous allons les retrouver.*
– ***Perdre la face.*** Perdre sa dignité, son prestige, à la suite d'un échec.
– ***Perdre la vie.*** Mourir. *Ces pompiers ont perdu la vie en tentant de sauver les victimes d'un incendie criminel.*
– ***Perdre le nord.*** Perdre la tête, perdre son calme. SYN. s'affoler.
– ***Perdre l'esprit.*** Devenir fou. SYN. (FAM.) perdre la boule ; perdre la raison.
– ***Perdre patience.*** Ressentir de l'impatience, de l'irritation, de l'exaspération. *Ils ont perdu patience et sont partis après avoir attendu leur client pendant plus d'une heure.*

– ***Perdre son latin.*** Ne rien comprendre à quelque chose. *L'économie est florissante et la Bourse baisse : c'est à y perdre son latin.*
– ***Se perdre en conjectures.*** Faire de nombreuses hypothèses. *On se perd en conjectures sur les motifs de ce crime.*
CONJUGAISON : VOIR MODÈLE FENDRE.
INDICATIF PRÉSENT *Je perds, tu perds, il perd, nous perdons, vous perdez, ils perdent.* IMPARFAIT *Je perdais.* PASSÉ SIMPLE *Je perdis.* FUTUR *Je perdrai.* CONDITIONNEL PRÉSENT *Je perdrais.* IMPÉRATIF PRÉSENT *Perds, perdons, perdez.* SUBJONCTIF PRÉSENT *Que je perde.* IMPARFAIT *Que je perdisse.* PARTICIPE PRÉSENT *Perdant.* PASSÉ *Perdu, ue.*

PERDREAU n. m. (pl. *perdreaux*)
Jeune perdrix. *Des perdreaux blessés.*

PERDRIX n. f.
Oiseau gallinacé estimé comme gibier. *Des perdrix se chauffent au soleil automnal : trop tard, les chasseurs les ont aperçues.*
Au Québec, on désigne souvent sous ce nom la ***gélinotte*** et le ***tétras***.

PERDU, UE adj.
1. Égaré. *Les objets perdus.*
2. Inutile. *Toutes ces enquêtes, c'est du temps perdu.* SYN. gaspillé.
LOCUTIONS
– ***À corps perdu,*** loc. adv. Sans se ménager.
– ***À temps perdu,*** loc. adv. Pendant les loisirs.
– ***C'est peine perdue.*** C'est inutile.
– ***Objets perdus.*** Lieu où l'on rassemble les objets oubliés. *J'ai récupéré mes gants oubliés dans le métro au Bureau des objets perdus.*

PERDURER v. intr.
(LITT.) Continuer longtemps.
Les verbes ***persister, se poursuivre, se prolonger*** suffisent à rendre l'idée de quelque chose qui dure très longtemps ; le verbe ***perdurer*** est vieilli ou très littéraire.
CONJUGAISON : VOIR MODÈLE AIMER.

PÈRE n. m.
1. Celui qui a un ou plusieurs enfants. *Son père est médecin.*
2. Titre de civilité donné à un religieux. *Le père Bourgeois est un bon professeur de physique.*
[T] Le titre de civilité s'écrit avec une minuscule. Lorsqu'il désigne le pape, il s'écrit avec une majuscule. *Notre Saint-Père le pape.*
LOCUTION
– ***Père poule.*** Père qui entoure ses enfants exagérément. *Des pères poules.*
HOM.
• ***pair,*** exactement divisible par deux ;
• ***pair,*** personne qui exerce la même fonction ;
• ***paire,*** couple ;
• ***pers,*** couleur changeante.

PÉRÉGRINATION n. f.
Déplacements multiples. *Après toutes ces pérégrinations, il fait bon rentrer chez soi.*
Ce nom est généralement au pluriel.
pérégrination.

PÉREMPTION n. f.
(DR.) Prescription qui anéantit les actes de procédure après un certain délai.
LOCUTION
– ***Date de péremption.*** Date au-delà de laquelle un produit est impropre à la consommation, à l'utilisation. *La date de péremption de ce médicament est le 15 mai 2005 ; après cette date, il est périmé* (et non *passé date). SYN. date limite d'utilisation ; date limite de consommation.

PÉREMPTOIRE adj.
Irréfutable, sans réplique. *Un ordre péremptoire. Un ton péremptoire.* SYN. catégorique.
péremptoire.

PÉREMPTOIREMENT adv.
D'une manière péremptoire.
péremptoirement.

PÉRENNE adj.
(LITT.) Qui dure longtemps, permanent. *La fondation est aujourd'hui l'outil le plus pérenne pour faire du mécénat.* SYN. durable.

PÉRENNISATION n. f.
Action de pérenniser.

PÉRENNISER v. tr.
(LITT.) Rendre durable, permanent. *« Bien décidé à pérenniser un mouvement qui n'en est pour l'instant qu'à ses balbutiements, le gouvernement vient d'annoncer le lancement du troisième appel d'offres en faveur des campus numériques »* (*Le Monde*).
CONJUGAISON : VOIR MODÈLE AIMER.

PÉRENNITÉ n. f.
État de ce qui dure toujours, très longtemps. *La pérennité de la statuaire grecque.*
Attention à l'orthographe : pérennité.

PÉRÉQUATION n. f.
(ADM.) Répartition équitable. *La récente crise politique relative à la péréquation a mis en lumière l'urgence de rapatrier tous nos impôts au Québec pour les administrer nous-mêmes.*

PERESTROÏKA n. f.
Mot russe signifiant « réforme ».
Mouvement de restructuration, en URSS, qui préconisait notamment une plus grande transparence politique (*glasnost*).
[T] En typographie soignée, les mots étrangers sont composés en italique. Dans des textes déjà en italique, la notation se fait en romain. Pour les textes manuscrits, on utilisera les guillemets.
[Les *Rectifications* (1990) admettent : pérestroïka.]

PERFECTIBILITÉ n. f.
Caractère de ce qui est perfectible.

PERFECTIBLE adj.
Susceptible d'être amélioré. ANT. imperfectible.

PERFECTION n. f.
État de ce qui est parfait. SYN. excellence ; idéal.
LOCUTION
– ***À la perfection,*** loc. adv. Parfaitement. *Il chante à la perfection.*

PERFECTIONNEMENT n. m.
1. Action d'améliorer, de mettre au point quelque chose. *Le perfectionnement d'une imprimante.*
2. Action de donner de la formation au personnel d'une entreprise, d'un organisme. *Des cours de perfectionnement.*

PERFECTIONNER v. tr., pronom.
VERBE TRANSITIF
1. Améliorer, mettre au point quelque chose. *Étienne veut perfectionner son programme informatique.*
2. Donner une meilleure formation à quelqu'un. *Perfectionner des infographistes.*
VERBE PRONOMINAL
Améliorer ses connaissances, progresser. *Marie-Ève voudrait se perfectionner en anglais avec Lenny.*
À la forme pronominale, le participe passé de ce verbe s'accorde toujours en genre et en nombre avec son sujet. *Plusieurs diplômés se sont perfectionnés tout au long de leur carrière.*
CONJUGAISON : VOIR MODÈLE AIMER.

P

PERFECTIONNISME n. m.
Recherche excessive de l'excellence.

PERFECTIONNISTE n. m. et f.
Personne qui fait preuve de perfectionnisme.

PERFIDE adj.
1. (LITT.) Déloyal. *Un traître, un compagnon perfide.* SYN. fourbe.
2. Qui dénote de la perfidie. *Un geste perfide.* SYN. méchant; sournois.

PERFIDEMENT adv.
Avec perfidie.

PERFIDIE n. f.
(LITT.) Manque de loyauté. SYN. déloyauté; fourberie.

PERFORAGE n. m.
Action de perforer. *Le perforage de plaques d'acier.*

PERFORATEUR n. m.
Appareil de bureau servant à perforer des documents, des cartes, etc. *Utiliser un perforateur* (et non *punch) *à trois trous pour ses notes de cours.*

PERFORATION n. f.
1. Ouverture accidentelle d'un organe. *Une perforation de l'estomac.*
2. Trou. *Cette carte a reçu des perforations.*

PERFORER v. tr.
Trouer. *L'appareil a perforé la pièce de métal.* SYN. percer.
CONJUGAISON : VOIR MODÈLE AIMER.

PERFOREUSE n. f.
Machine servant à perforer.

PERFORMANCE n. f.
1. Résultat obtenu dans une épreuve sportive, équestre, etc. *La performance de ce jeune coureur automobile a été remarquable.*
2. (FIG.) Exploit, succès. *Dix sur dix, quelle performance!* SYN. prouesse.

PERFORMANT, ANTE adj.
Se dit d'une personne, d'une chose qui obtient d'excellents résultats en fonction des moyens mis en œuvre. *Les nouveaux ordinateurs sont très performants.*

***PERFORMER**
Forme inexistante pour ***avoir de bons résultats, briller, faire bonne figure, réussir, se surpasser,*** etc. *Nos étudiants ont fait bonne figure* (et non *bien performé) *au débat oratoire.*

PERFUSER v. tr.
Mettre sous perfusion. *Perfuser un malade.*
CONJUGAISON : VOIR MODÈLE AIMER.

PERFUSION n. f.
Injection lente et continue d'une substance dans un organisme. *Cette personne a été sous perfusion pendant trois jours.*
LOCUTION
– ***Perfusion sanguine.*** Transfusion continue.

PERGÉLISOL n. m.
Sol perpétuellement gelé des régions arctiques. « *Le réchauffement du climat pourrait faire disparaître d'ici 2100 presque tout le pergélisol des régions polaires du Canada, de la Russie et de l'Alaska* » (*Le Devoir*). *La fonte du pergélisol* (et non *permafrost) *en Arctique.*

PERGOLA n. f.
Tonnelle. *Des pergolas recouvertes de vignes.*
pergola.

PÉRI- préf.
Élément du grec signifiant « autour ».
Les mots composés du préfixe ***péri-*** s'écrivent sans trait d'union. *Périmètre, périphérie.*

PÉRICARDE n. m.
Enveloppe du cœur.
Attention au genre masculin de ce nom : ***un*** péricarde.

PÉRICLITER v. intr.
Décliner. *Une entreprise qui périclite.*
CONJUGAISON : VOIR MODÈLE AIMER.

PÉRIGÉE n. m.
Point de l'orbite d'un astre le plus proche de la Terre. ANT. apogée.
Attention au genre masculin de ce nom : ***un*** périgée.

PÉRIGOURDIN, INE adj. et n. m. et f.
Du Périgord. *Un pâté de foie périgourdin. Un Périgourdin, une Périgourdine.*
T L'adjectif s'écrit avec une minuscule; le nom, avec une majuscule.

PÉRIL n. m.
Le ***l*** se prononce, [peril]; le mot rime avec ***cil.***
(LITT.) Danger immédiat et très grave. *Le navire est en péril. La chaussée glissante a mis en péril la vie de plusieurs automobilistes.*
LOCUTIONS
– ***Au péril de sa vie.*** En risquant sa vie.
– ***À vos risques et périls.*** En acceptant de subir les conséquences qui découlent d'un acte.
– ***En péril de mort.*** (LITT.) En danger de mort.
– ***Il y a péril en la demeure.*** Le moindre retard serait nuisible.

PÉRILLEUX, EUSE adj.
Le mot rime avec ***glorieux.***
Dangereux. *Cet exercice de haute voltige est périlleux.*
LOCUTION
– ***Saut périlleux.*** Exercice selon lequel l'acrobate fait un tour complet sur lui-même.
périlleux.

PÉRIMÉ, ÉE adj.
1. Désuet, démodé. *La dot est un usage périmé.*
2. N'être plus valide.
3. Dont la date limite d'utilisation ou de consommation est dépassée. *Mon passeport est périmé* (et non *passé date). *Ces produits laitiers sont périmés : ils ne sont plus bons à manger.*

PÉRIMER (SE) v. pronom.
Devenir dépassé. *Le matériel informatique se périme rapidement.*
Le participe passé de ce verbe, qui n'existe qu'à la forme pronominale, s'accorde toujours en genre et en nombre avec son sujet. *Ces données se sont périmées rapidement.*
CONJUGAISON : VOIR MODÈLE AIMER.

PÉRIMÈTRE n. m.
1. Contour d'une figure plane. *La circonférence est le périmètre d'un cercle.*
2. Zone qui s'étend autour d'un point. *Les policiers ont établi un périmètre de sécurité autour de l'incendie.*
périmètre.

PÉRINATAL, ALE, ALS ou **AUX** adj.
Qui est relatif à la périnatalité. *Des soins périnataux* ou *périnatals.*

PÉRINATALITÉ n. f.
Période qui précède et qui suit immédiatement la naissance.

PÉRINATALOGIE n. f.
Branche de la médecine qui s'occupe du fœtus puis du nouveau-né.

PÉRIODE n. f.
Espace de temps. *Une période de repos.*

PÉRIODICITÉ n. f.
Fréquence. *La périodicité d'une revue.*
VOIR TABLEAU – PÉRIODICITÉ ET DURÉE.

PÉRIODIQUE adj. et n. m.
ADJECTIF
Qui revient à intervalles réguliers. *Des activités périodiques.*
NOM MASCULIN
Revue qui paraît régulièrement. *La revue* Science et Vie *est un périodique.*

T 1° Les titres d'ouvrages, d'œuvres d'art, les noms de journaux, de périodiques prennent une majuscule au mot initial. *Elle, Langue française.*

2° L'article défini ne prend la majuscule que s'il fait partie du titre. *Il lit* Le Devoir, La Presse, Le Monde.

3° Si un adjectif précède le substantif, tous deux prennent la majuscule. *Le Nouvel Observateur, Le Petit Débrouillard.*

4° Si un adjectif suit le substantif, il s'écrit avec une minuscule. *Le Figaro littéraire, Nuit blanche, Québec français, L'Actualité médicale.*

5° Si le titre est constitué de plusieurs mots clés, chacun s'écrit avec une majuscule. *Vie et Langage.*

6° Lorsqu'un titre est constitué d'une phrase, seul le premier mot s'écrit avec une majuscule.

VOIR TABLEAU – TITRES D'ŒUVRES.

PÉRIODIQUEMENT adv.
D'une manière périodique. *Sauvegarder périodiquement ses fichiers.*

PÉRIPATÉTICIENNE n. f.
(PLAISANT.) Prostituée.
péripatéticienne.

PÉRIPÉTIE n. f.
Le ***t*** se prononce ***s***, [peripesi] ; le mot rime avec ***si***.
Incident, évènement. *Un voyage rempli de péripéties.*
péripétie.

P

PÉRIODICITÉ ET DURÉE

1. CERTAINS ADJECTIFS COMPOSÉS AVEC LES PRÉFIXES ***BI-***, ***TRI-***, ***QUATRI-*** ET D'AUTRES PRÉFIXES PROPRES À CHAQUE CHIFFRE EXPRIMENT LA **PÉRIODICITÉ**.

▸ **Une fois...**

une fois par jour	***quotidien***	*Un appel quotidien.*
une fois par semaine	***hebdomadaire***	*Une revue hebdomadaire.*
une fois par mois	***mensuel***	*Un concours mensuel.*
une fois par année	***annuel***	*Une exposition annuelle.*
une fois tous les deux mois	***bimestriel***	*Des exercices bimestriels.*
une fois tous les deux ans	***bisannuel, biennal***	*Un évènement bisannuel* ou *biennal.*
une fois tous les trois mois	***trimestriel***	*Des bulletins trimestriels.*
une fois tous les trois ans	***trisannuel, triennal***	*Des retrouvailles trisannuelles* ou *triennales.*
une fois tous les six mois	***semestriel***	*Des examens semestriels.*

▸ **Deux fois par...**

deux fois par jour	***biquotidien***	*Un vol biquotidien.*
deux fois par semaine	***bihebdomadaire***	*Des livraisons bihebdomadaires.*
deux fois par mois	***bimensuel***	*Un examen bimensuel.*

On emploie l'adjectif ***semestriel*** pour exprimer la périodicité de deux fois par année, « une fois tous les six mois ».

▸ **Trois fois par...**

trois fois par semaine	***trihebdomadaire***	*Des cours trihebdomadaires.*
trois fois par mois	***trimensuel***	*Des visites trimensuelles.*

2. CERTAINS ADJECTIFS EXPRIMENT LA **PÉRIODICITÉ** OU LA **DURÉE**.

annuel	ce qui a lieu une fois par an	ou	ce qui dure un an
biennal	ce qui a lieu tous les deux ans	ou	ce qui dure deux ans
triennal	ce qui a lieu tous les trois ans	ou	ce qui dure trois ans
quatriennal	ce qui a lieu tous les quatre ans	ou	ce qui dure quatre ans
quinquennal	ce qui a lieu tous les cinq ans	ou	ce qui dure cinq ans
sexennal	ce qui a lieu tous les six ans	ou	ce qui dure six ans
septennal	ce qui a lieu tous les sept ans	ou	ce qui dure sept ans
octennal	ce qui a lieu tous les huit ans	ou	ce qui dure huit ans
novennal	ce qui a lieu tous les neuf ans	ou	ce qui dure neuf ans
décennal	ce qui a lieu tous les dix ans	ou	ce qui dure dix ans

PÉRIPHÉRIE n. f.
1. Surface extérieure d'un volume. *La périphérie d'un cercle.*
2. Banlieue, quartiers situés autour d'une ville. *Ils habitent à la périphérie de Montréal.*

PÉRIPHÉRIQUE adj. et n. m.
ADJECTIF
Qui est situé à la périphérie. *Des quartiers périphériques.*
NOM MASCULIN
(INFORM.) Matériel relié à une unité centrale de traitement et qui sert à l'entrée ou à la sortie de données. *Le clavier, l'imprimante, la souris sont des périphériques.*

PÉRIPHRASE n. f.
Explication d'une notion à l'aide de plusieurs mots. *« Le moment où le soleil va se lever » pour « l'aurore » est une périphrase.*
Ne pas confondre avec le nom ***paraphrase***, commentaire explicatif long et inutile.

PÉRIPLE n. m.
Voyage d'exploration par voie maritime autour du monde, d'un continent.
Au sens de « randonnée », de « voyage sur terre », l'emploi de ce nom est critiqué.

PÉRIR v. intr.
1. (LITT.) Mourir de façon violente. *Ils ont péri dans un incendie.* SYN. disparaître.
2. (LITT.) Être anéanti, disparaître, en parlant d'une chose. *Une tradition en voie de périr.*
Le verbe se conjugue avec l'auxiliaire ***avoir.***
CONJUGAISON : VOIR MODÈLE FINIR.

PÉRISCOPE n. m.
Appareil optique permettant à l'équipage d'un sous-marin en plongée de voir à la surface de la mer.

PÉRISSABLE adj.
Se dit de marchandises qui ne durent pas, qui ne se gardent pas longtemps. *Les fruits et les légumes sont des denrées périssables.*

PÉRITEXTE n. m.
Ensemble des différents textes (préface, note liminaire, index, etc.) qui accompagnent le texte principal d'un ouvrage. *La préface, l'introduction, la liste des abréviations, la liste des tableaux, la bibliographie composent le péritexte du* Multidictionnaire.

PERLE n. f.
1. Petite boule de nacre brillante et dure qui se forme dans certains mollusques. *Un collier de perles.*
2. (FIG.) Personne qui accomplit son travail à la perfection. *Mademoiselle Julie est une perle ; c'est une perle rare.*
3. Erreur. *Collectionner les perles dans les lettres aux journaux.* SYN. sottise.

PERLÉ, ÉE adj.
Orné de perles. *Un col perlé.*

PERLER v. intr.
Former des gouttes. *La sueur perlait sur son front.*
CONJUGAISON : VOIR MODÈLE AIMER.

PERLIMPINPIN n. m.
– ***Poudre de perlimpinpin.*** Poudre magique censée guérir tous les maux.
Le mot ne s'emploie que dans cette locution.

PERLUÈTE n. f.
Caractère d'imprimerie (&) qui a le sens de « et », employé exclusivement dans les raisons sociales pour unir des noms propres ou dans des expressions comme *& Fils, & Filles, & Associés, & Cie. Mes fournisseurs sont Lessard & Bertrand, grossistes.* SYN. esperluette, et commercial.

***PERMAFROST**
Anglicisme pour ***pergélisol.***

PERMANENCE n. f.
Continuité, caractère de ce qui est permanent. *La permanence de la loi de la gravité.*
LOCUTIONS
– ***Assurer la permanence.*** Assurer une présence ininterrompue. *Pendant les vacances d'été, nous ne sommes pas en mesure d'assurer la permanence.*
– ***En permanence,*** loc. adv. Sans interruption. *Cette pharmacie est ouverte en permanence.* SYN. constamment.
– ***Être de permanence.*** Devoir être au travail à un moment déterminé. *Ces pompiers sont de permanence* (et non *en devoir). SYN. être de garde ; être de service ; être en service.
permanen**c**e.

PERMANENT, ENTE adj. et n. m. et f.
ADJECTIF
Stable, qui dure constamment. *Elle a des maux de tête de façon permanente.*
NOM MASCULIN ET FÉMININ
Membre d'un organisme qui est chargé de tâches administratives. *Les permanents du syndicat.*
NOM FÉMININ
Traitement qui fait onduler les cheveux de façon durable. *On lui a fait une permanente très souple.*

PERMÉABILITÉ n. f.
Propriété des corps perméables.

PERMÉABLE adj.
Qui peut être traversé par un liquide, un gaz, etc. *Un matériau perméable qui n'assure pas l'étanchéité.* ANT. étanche ; imperméable.

PERMETTRE v. tr., pronom.
VERBE TRANSITIF
1. Autoriser, accorder. *L'école permet la consultation des dictionnaires. Je te permets d'aller au cinéma ce soir. Il permet que j'aille au cinéma.* SYN. approuver ; tolérer ; vouloir. ANT. défendre ; empêcher ; interdire.
2. Rendre possible. *Le courrier électronique permet de communiquer avec des correspondants rapidement et à peu de frais.*
Le verbe se construit avec un nom, avec l'infinitif ou avec la conjonction ***que*** suivie du subjonctif.
VERBE PRONOMINAL
1. S'accorder. *Les vacances qu'il s'est permises,* mais *les vacances qu'il s'est permis de prendre.*
2. Oser, prendre la liberté de. *Permettez-moi de me présenter. Léa s'est permis* (et non *permise) *de lui dire sa façon de penser.*
À la forme pronominale, le participe passé de ce verbe s'accorde en genre et en nombre avec le complément direct si celui-ci le précède. *Les petites folies qu'il s'est permises.* Le participe passé reste invariable si le complément direct suit le verbe. *Elles se sont permis des écarts à leur régime. Léa s'est permis* (et non *permise) *de lui dire ce qu'elle pensait de son comportement.*
CONJUGAISON : VOIR MODÈLE REMETTRE.
INDICATIF PRÉSENT *Je permets, tu permets, il permet, nous permettons, vous permettez, ils permettent.* IMPARFAIT *Je permettais.* PASSÉ SIMPLE *Je permis.* FUTUR *Je permettrai.* CONDITIONNEL PRÉSENT *Je permettrais.* IMPÉRATIF PRÉSENT *Permets, permettons, permettez.* SUBJONCTIF PRÉSENT *Que je permette.* IMPARFAIT *Que je permisse.* PARTICIPE PRÉSENT *Permettant.* PASSÉ *Permis, ise.*

PERMIS n. m.
Autorisation officielle écrite. *Le titulaire d'un permis de conduire, d'un permis de chasse.*

PERMIS, ISE adj.
Autorisé. *Des activités permises, tout à fait légales.* SYN. licite.

PERMISSIF, IVE adj.
Excessivement tolérant, qui répugne à interdire, à punir. *Des enseignants permissifs.*

PERMISSION n. f.
Autorisation. *Avec votre permission, j'aimerais sortir ce soir.* SYN. approbation ; consentement.

PERMUTABLE adj.
Qui peut être permuté.

PERMUTATION n. f.
Échange réciproque. *La permutation des pneus d'une voiture.*

PERMUTER v. tr., intr.
VERBE TRANSITIF
Intervertir deux choses, les substituer l'une à l'autre. *Permuter des pneus.*
VERBE INTRANSITIF
Échanger un poste, un horaire, etc., avec quelqu'un. *Ils ont permuté avec des collègues.*
CONJUGAISON : VOIR MODÈLE AIMER.

PERNICIEUSEMENT adv.
D'une manière néfaste. *Agir pernicieusement.*

PERNICIEUX, IEUSE adj.
Qui est de nature à nuire. *Une influence pernicieuse.* SYN. nocif ; nuisible.
pernicieux.

PÉRONÉ n. m.
Os de la jambe. *Une fracture du péroné.*
péroné.

PÉRORAISON n. f.
(DIDACT.) Conclusion d'un discours.

PÉRORER v. intr.
(PÉJ.) Parler avec emphase, discourir de façon prétentieuse. SYN. pontifier.
CONJUGAISON : VOIR MODÈLE AIMER.

PEROXYDE n. m.
(CHIM.) Oxyde qui contient le plus grand nombre d'atomes d'oxygène.

PERPENDICULAIRE adj. et n. f.
Qui forme un angle droit avec une droite. *La rue que vous cherchez est perpendiculaire à cette avenue. Des routes perpendiculaires. Tracer une perpendiculaire.*
perpendiculaire.

PERPENDICULAIREMENT adv.
À angle droit. *Cette maison est placée perpendiculairement à la rue.*
perpendiculairement.

PERPÉTRATION n. f.
(DR.) Action de commettre un acte criminel. *La destruction du 11 septembre 2001 : un évènement qui défie toujours l'imagination, plusieurs années après la perpétration des attaques.*

PERPÉTRER v. tr., pronom.
VERBE TRANSITIF
(DR.) Commettre (un délit, un crime). *Perpétrer un vol à main armée.*
VERBE PRONOMINAL
Être commis. *Un crime s'est perpétré dans cette bijouterie.*
À la forme pronominale, le participe passé de ce verbe s'accorde toujours en genre et en nombre avec son sujet. *De nombreux crimes s'étaient perpétrés.*
Ne pas confondre avec le verbe ***perpétuer,*** faire durer.
CONJUGAISON : VOIR MODÈLE POSSÉDER.
Le ***é*** se change en ***è*** devant une syllabe contenant un ***e*** muet, sauf à l'indicatif futur et au conditionnel présent. *Je perpètre,* mais *je perpétrerai.*
[Les *Rectifications* (1990) admettent : il perpètrera, perpètrerait...]

PERPÉTUEL, ELLE adj.
1. Continuel, éternel. *Un mouvement perpétuel, qui ne s'arrête jamais.* SYN. infini.
2. Fréquent, qui revient sans cesse. *De perpétuelles réclamations.* SYN. constant ; continuel ; habituel.

PERPÉTUELLEMENT adv.
Toujours. *Cet enfant est perpétuellement dans la lune.* SYN. constamment ; sans cesse.

PERPÉTUER v. tr., pronom.
VERBE TRANSITIF
Immortaliser. *Une rue perpétue maintenant le nom de cet auteur.*
VERBE PRONOMINAL
1. Se maintenir. *L'usage du français s'est perpétué en Nouvelle-France.* SYN. durer.
2. Se reproduire. *Protéger une espèce afin qu'elle puisse se perpétuer.*
À la forme pronominale, le participe passé de ce verbe s'accorde toujours en genre et en nombre avec son sujet. *Cette ancienne tradition s'est perpétuée jusqu'à nos jours.*
Ne pas confondre avec le verbe ***perpétrer,*** commettre un délit.
CONJUGAISON : VOIR MODÈLE AIMER.

PERPÉTUITÉ (À) loc. adv.
Pour toujours. *Emprisonnement à perpétuité.* SYN. à jamais.

PERPLEXE adj.
Hésitant, indécis. *Cette remarque la laissa perplexe.*

PERPLEXITÉ n. f.
Incertitude, indécision. *Elle regardait le nouveau venu avec perplexité.* SYN. indétermination.

PERQUISITION n. f.
Recherche ordonnée par la justice. *Police ! C'est une perquisition. Avez-vous un mandat de perquisition ?*
Ne pas confondre avec le nom ***réquisition,*** action de confisquer, de réclamer un bien par voie administrative.

PERQUISITIONNER v. intr.
Faire une perquisition. *Perquisitionner dans un laboratoire.*
Certains auteurs condamnent l'emploi de la forme transitive ; d'autres l'admettent. *Perquisitionner un lieu.* Dans un texte de style soutenu, il sera plus prudent d'employer le verbe intransitivement.
CONJUGAISON : VOIR MODÈLE AIMER.

PERRON n. m.
Plateforme extérieure à laquelle on accède par quelques marches, située au niveau de l'entrée principale d'une maison, d'un immeuble. *Le perron est décoré de petits sapins illuminés. « En veillant sur l'perron/Par les beaux soirs d'été »* (Camille Andréa, *Sur l'perron*).

PERROQUET n. m.
Oiseau au plumage coloré capable d'imiter la parole humaine. *Un perroquet mâle, un perroquet femelle.*
VOIR TABLEAU – ANIMAUX.
perroquet.

PERRUCHE n. f.
Petit perroquet à longue queue qui ne parle pas.
Ce mot a déjà désigné la femelle du perroquet. Aujourd'hui, le nom féminin désigne le petit oiseau mâle ou femelle à longue queue qui ne parle pas.
perruche.

PERRUQUE n. f.
Coiffure postiche. *Le vent a arraché sa perruque. Le père Noël portait une barbe et une perruque blanches.*

PERS, PERSE adj.
Au masculin, le *s* ne se prononce pas, [pɛr] ; l'adjectif rime avec ***père.***

D'une couleur changeante, entre le bleu et le vert, surtout en parlant des yeux. *Des yeux pers, tour à tour bleus, gris ou verts. « Tu as les yeux pers des champs de rosées »* (Gaston Miron, *L'Homme rapaillé*).
Certains auteurs accordent l'adjectif en genre dans un emploi littéraire. *L'onde perse.*
VOIR TABLEAU – COULEUR (ADJECTIFS DE).
HOM.
• ***pair,*** exactement divisible par deux;
• ***pair,*** personne qui exerce la même fonction;
• ***paire,*** couple;
• ***père,*** celui qui a eu un enfant.

PERSAN, ANE adj. et n. m. et f.
ADJECTIF ET NOM MASCULIN ET FÉMININ
De la Perse. *Des tapis persans, des miniatures persanes. Un Persan, une Persane.*
Aujourd'hui, on emploie plutôt le mot ***iranien*** pour qualifier ou désigner une personne.
VOIR – IRANIEN.
T L'adjectif s'écrit avec une minuscule; le nom, avec une majuscule.
NOM MASCULIN
Langue parlée en Iran. *Soraya parle le persan.*
T Le nom de la langue s'écrit avec une minuscule.
LOCUTION
– ***Chat persan.*** Chat à la fourrure longue et soyeuse.
HOM. ***perçant,*** vif et pénétrant.
persan, persane.

PERSE adj. et n. m. et f.
(HIST.) De l'ancienne Perse. *L'Empire perse. Les Perses.*

PERSÉCUTER v. tr.
1. Martyriser, tourmenter. *Les premiers chrétiens ont été persécutés par les Romains.*
2. Harceler, importuner. *Le chef d'orchestre a-t-il vraiment persécuté certains musiciens ?*
CONJUGAISON : VOIR MODÈLE AIMER.

PERSÉCUTION n. f.
Action de persécuter.

PERSÉIDES n. f. pl.
(ASTRON.) Étoiles filantes qui semblent venir de la constellation de Persée. *On peut observer les Perséides au cours du mois d'août.*
T Le nom s'écrit avec une majuscule initiale.

PERSÉVÉRANCE n. f.
Ténacité. *La persévérance vient à bout de tous les obstacles.* SYN. entêtement; obstination; opiniâtreté.
LOCUTIONS
– ***Persévérance scolaire.*** Maintien plus ou moins grand, au fil des années, des effectifs scolaires admis dans le système d'éducation ou engagés dans un cycle ou un programme d'études à une année donnée ou à un âge donné (GDT). *Il importe d'augmenter le taux de persévérance* (et non *rétention) *scolaire.*
– ***Persévérance scolaire.*** Fait, pour un élève, de poursuivre ses études en passant à la classe suivante d'un programme d'études ou en commençant un autre programme ou cycle d'études (Recomm. off.).

PERSÉVÉRANT, ANTE adj.
Qui fait preuve de persévérance. SYN. tenace; volontaire.
Les synonymes ***décidé, persévérant, tenace, volontaire*** ont un sens favorable, tandis que les adjectifs ***buté, entêté, têtu*** ont un sens défavorable. Selon le contexte, l'adjectif ***obstiné*** peut avoir une connotation favorable ou défavorable.

PERSÉVÉRER v. intr.
Continuer, durer. *S'il persévère dans ses efforts, il réussira.* SYN. s'acharner; poursuivre.
CONJUGAISON : VOIR MODÈLE POSSÉDER.
Le deuxième ***é*** se change en ***è*** devant une syllabe contenant un ***e*** muet, sauf à l'indicatif futur et au conditionnel présent. *Je persévère,* mais *je persévérerai.*
[Les *Rectifications* (1990) admettent : il persévèrera, persévèrerait...]

PERSIENNE n. f.
Contrevent à claire-voie. *Ferme les persiennes : il fait trop soleil.*
persienne.

PERSIFLAGE ou **PERSIFFLAGE** n. m.
Parole ironique. *Ces persiflages* ou *persifflages me laissent indifférente.* SYN. raillerie.

PERSIFLER ou **PERSIFFLER** v. tr.
(LITT.) Railler, se moquer de façon méprisante, tourner en dérision.
CONJUGAISON : VOIR MODÈLE AIMER.

PERSIL n. m.
Le ***l*** ne se prononce pas, [pɛrsi]; le mot rime avec ***si.***
Plante dont les feuilles sont employées comme assaisonnement. *Le taboulé contient du persil finement haché.*

PERSILLÉ, ÉE adj.
Parsemé de persil haché. *Jambon persillé.*
persillé.

PERSISTANCE n. f.
Constance, continuité, durée. *La persistance du mauvais temps est ennuyeuse; voilà huit jours qu'il n'a pas fait beau.*

PERSISTANT, ANTE adj.
Qui persiste. *Une grippe persistante, un arbre à feuillage persistant.* SYN. constant; durable.
Ne pas confondre avec le participe présent invariable ***persistant.*** *Les employés persistant à arriver en retard recevront un avertissement.*

PERSISTER v. intr.
1. Persévérer. *Ils ont persisté dans leur effort.* SYN. s'acharner; s'obstiner.
2. Continuer. *Je persiste à croire que nous finirons à temps.*
3. Durer. *Le malaise persiste.* SYN. continuer.
CONJUGAISON : VOIR MODÈLE AIMER.

PERSONA GRATA loc. adj. inv.
Locution latine signifiant « personne bienvenue ».
Cette expression s'emploie plutôt à la forme négative ***persona non grata*** pour parler d'une personne dont la présence n'est pas souhaitée. *Un conseiller malhonnête devenu* persona non grata.
T En typographie soignée, les mots étrangers sont composés en italique. Dans des textes déjà en italique, la notation se fait en romain. Pour les textes manuscrits, on utilisera les guillemets.
persona grata.

PERSONNAGE n. m.
1. Personne illustre. *Ce roi est un grand personnage de l'histoire.*
2. Rôle joué par un acteur. *Il y a six personnages dans ce film.*

PERSONNALISATION n. f.
Action de personnaliser.

PERSONNALISER v. tr.
Rendre personnel. *Des services personnalisés. Des lettres personnalisées.*
Ne pas confondre avec le verbe ***personnifier,*** incarner.
CONJUGAISON : VOIR MODÈLE AIMER.

PERSONNALITÉ n. f.
1. Ensemble des traits qui caractérisent une personne. *Il a une forte personnalité. Des tests de personnalité.*
2. Personnage important. *Il y aura un défilé auquel assisteront plusieurs personnalités.* SYN. dignitaire; notable.

PERSONNE n. f. et pron. indéf.
NOM FÉMININ
1. Être humain, individu. *Il a rencontré trois personnes très intéressantes. Quelques personnes nouvellement arrivées étaient là.*
Le nom peut être accompagné d'une indication numérale, contrairement au nom ***gens.***
2. (GRAMM.) Forme de la conjugaison d'un verbe suivant que le sujet est de la première personne (celui qui parle), de la deuxième personne (celui à qui l'on parle) ou de la troisième personne (celui dont on parle). *Il y a trois personnes du singulier et trois personnes du pluriel.*
PRONOM INDÉFINI
1. (Sens positif) Quelqu'un, quiconque. *Il travaille mieux que personne.*
Le pronom est considéré comme masculin même s'il se rapporte à une femme et il est toujours au singulier.
2. (Sens négatif) Nul, aucun. *Je n'ai vu personne. Il n'y a jamais personne qui soit d'accord. Personne n'est venu.*
1° Le pronom est accompagné d'une particule négative ***ne, ni, jamais, plus, rien,*** mais jamais de ***pas, point.*** Il peut se construire également avec la préposition ***sans.*** *Il est parti sans parler à personne.*
2° L'adjectif ou le participe qui se rapporte au pronom indéfini se met au masculin singulier. Si le pronom est sujet d'un verbe, celui-ci se met au singulier.
LOCUTIONS
– ***Comme personne.*** Mieux que tout autre. *Vous l'avez observé comme personne.*
– ***En la personne de,*** loc. prép. Représenté par. *Nous remercions la Municipalité en la personne de son maire ici présent.*
– ***En personne,*** loc. adj. Personnifié. *Ils sont l'honnêteté en personne.*
Dans cette expression, le nom ***personne*** est invariable.
– ***Grande personne.*** Adulte. *Tu as 18 ans, tu es une grande personne maintenant.*
– ***Par personne.*** Pour chaque personne. *Des coûts de 100 $ par personne* (et non *per capita).
– ***Personne à charge.*** Personne qui dépend d'une autre pour assurer sa subsistance. *Ce ménage compte deux personnes à charge* (et non *dépendants).
Peuvent être considérés comme ***personnes à charge*** le conjoint ainsi que toute personne qui fait partie de la lignée familiale, notamment les enfants mineurs, les enfants âgés de moins de 25 ans qui poursuivent des études, les enfants handicapés.
– ***Personne morale.*** (DR.) Entité dotée, dans les conditions prévues par la loi, de la personnalité juridique, et donc capable, à l'instar d'une personne physique, d'être titulaire de droits et d'obligations (GDT). *Une personne morale* (et non *entité légale).
– ***Personne-ressource.*** ⚜ Personne ayant acquis des connaissances par l'expérience ou la formation dans un domaine particulier, et à laquelle on fait appel pour toute question relevant de ce domaine (GDT). *Des personnes-ressources compétentes et dévouées.*

PERSONNEL n. m.
Ensemble des employés d'une entreprise, d'un organisme, etc. *Le personnel de cette entreprise est très compétent.* SYN. effectif ; ressources humaines.

PERSONNEL, ELLE adj.
Qui concerne une personne en propre. *Ces informations sont personnelles. La brosse à dents, le peigne sont des objets personnels.* ANT. collectif ; commun.
La mention ***PERSONNEL*** que l'on inscrit sur une enveloppe pour préciser le caractère confidentiel d'un envoi s'écrit au masculin singulier.

PERSONNELLEMENT adv.
1. De façon personnelle. *Il est personnellement responsable de cet accident.*
2. Quant à moi, à mon avis. *Personnellement, je crois qu'il a raison.*
3. En personne. *Je vais m'en charger personnellement.*

PERSONNIFICATION n. f.
1. Allégorie. *La déesse Flore est la personnification des fleurs et des jardins.*
2. Incarnation. *Ce chercheur est la personnification de la persévérance.*

PERSONNIFIER v. tr.
Incarner, donner une figure humaine à un être inanimé, abstrait. *Dans cette pièce, elle personnifie la justice.*
Ne pas confondre avec le verbe ***personnaliser,*** rendre personnel.
CONJUGAISON : VOIR MODÈLE ÉTUDIER.
Redoublement du ***i*** à la première et à la deuxième personne du pluriel de l'indicatif imparfait et du subjonctif présent. *(Que) nous personnifiions, (que) vous personnifiiez.*

PERSPECTIVE n. f.
1. Façon de représenter en trois dimensions. *Reproduire un paysage en perspective. Une erreur de perspective.*
2. Idée de quelque chose qui va arriver. *La perspective du travail qui l'attend la décourage.*
LOCUTIONS
– ***À la perspective de,*** loc. prép. À l'idée de. *À la perspective de devoir lui parler, elle s'inquiète.*
– ***En perspective,*** loc. adv. En vue. *J'ai beaucoup de voyages en perspective.* SYN. dans l'avenir.

PERSPICACE adj.
Qui comprend rapidement, qui déduit avec justesse, apte à comprendre. *Pierre est très perspicace, on ne peut rien lui cacher.* SYN. intelligent ; lucide.

PERSPICACITÉ n. f.
Finesse d'esprit, subtilité. SYN. intelligence ; lucidité.

PERSUADER v. tr., pronom.
VERBE TRANSITIF
Convaincre, décider. *Elle a persuadé François de venir. Ils tentent de persuader la direction de la gravité de la situation.*
La construction persuader quelque chose à quelqu'un est vieillie.
VERBE PRONOMINAL
(LITT.) Se rendre certain de. *Il s'est persuadé de la possibilité de son retour.*
À la forme pronominale, le participe passé de ce verbe s'accorde généralement en genre et en nombre avec son sujet. *Ils se sont persuadés de l'exactitude de leurs calculs. Léa s'était persuadée que son ami serait au rendez-vous.* De nombreux ouvrages soulignent que cet accord est facultatif, car on peut considérer le pronom *se* soit comme un complément direct, soit comme un complément indirect, ce qui permet indifféremment d'accorder le participe ou de le laisser invariable. Cependant, la construction *persuader quelque chose à quelqu'un* étant vieillie, l'accord avec le pronom *se* mis pour le sujet paraît plus logique.
LOCUTION
– ***Se persuader que.*** *Elles se sont persuadées qu'il leur avait menti.*
CONJUGAISON : VOIR MODÈLE AIMER.

PERSUASIF, IVE adj.
Qui a le talent de persuader. *Elle est très persuasive : elle arrive toujours à convaincre ses amis de lui acheter des billets.* SYN. convaincant.

P

PERSUASION n. f.
1. Action de persuader. *Il vaut mieux employer la persuasion que la force.*
2. Art, don de persuader. *Ce politicien possède une grande faculté de persuasion : il a beaucoup de charisme.*

PERTE n. f.
Privation de quelqu'un, de quelque chose. *La perte d'un ami. La perte de ses clés. Une perte de temps. Essuyer une perte, causer, faire subir une perte à quelqu'un.*
LOCUTIONS
– ***À perte.*** En perdant de l'argent. *Cet éditeur a publié à perte.*
– ***À perte de vue,*** loc. adv. Aussi loin qu'on puisse voir. *Et par là, il y a des forêts à perte de vue.*
– ***Courir à sa perte.*** Se diriger vers un échec.
– ***En perte de vitesse,*** loc. adv. Dont la vitesse est devenue insuffisante. *Un véhicule en perte de vitesse en raison d'une panne.*
– ***En perte de vitesse,*** loc. adv. (FIG.) Qui a perdu de son prestige, de sa popularité. *Un produit en perte de vitesse.*
– ***En pure perte,*** loc. adv. Inutilement. *Je l'ai prévenu en pure perte : il n'a pas tenu compte de mes conseils.*
– ***Passer une chose aux profits et pertes.*** (FIG.) En faire son deuil, la considérer comme perdue.

PERTINEMMENT adv.
La troisième syllabe se prononce ***na,*** [pɛrtinamɑ̃].
D'une manière pertinente. *Vous avez commenté pertinemment ce texte.*
LOCUTION
– ***Savoir pertinemment.*** Savoir parfaitement. *Elle sait pertinemment qu'il est dangereux d'agir ainsi.* SYN. être conscient de.
pertine**mm**ent.

PERTINENCE n. f.
Caractère de ce qui est pertinent, de ce qui convient. *La pertinence d'une étude, d'un commentaire, d'une remarque.* SYN. à-propos ; bien-fondé.
pertin**en**ce.

PERTINENT, ENTE adj.
Approprié, judicieux. *Cette proposition est très pertinente.*

PERTURBATEUR, TRICE adj. et n. m. et f.
Qui trouble, qui dérange. *Des influences perturbatrices.*

PERTURBATION n. f.
Dérèglement. *Des perturbations atmosphériques.*

PERTURBER v. tr.
Déranger, troubler. *Son intervention a perturbé la réunion.* SYN. bouleverser ; dérégler ; désorganiser.
CONJUGAISON : VOIR MODÈLE AIMER.

PÉRUVIEN, IENNE adj. et n. m. et f.
Du Pérou. *Le drapeau péruvien. Un Péruvien, une Péruvienne.*
T L'adjectif s'écrit avec une minuscule ; le nom, avec une majuscule.

PERVENCHE adj. inv. et n. m. et f.
NOM FÉMININ
Fleur bleue. *Les pervenches sont des fleurs vivaces.*
NOM MASCULIN
Couleur d'un bleu mauve. *Des pervenches superbes.*
ADJECTIF DE COULEUR INVARIABLE
De la couleur bleu mauve de la pervenche. *Des peignoirs pervenche.*
VOIR TABLEAU – COULEUR (ADJECTIFS DE).

PERVERS, ERSE adj. et n. m. et f.
Le *s* ne se prononce pas à la forme masculine, [pɛrvɛr].
Qui se plaît à faire le mal, méchant. *Un individu pervers. Des pervers sexuels.*
LOCUTION
– ***Effet pervers.*** Conséquence fâcheuse, contraire à ce qui est recherché. *Cette politique monétaire a eu des effets pervers dont le chômage et une certaine stagnation économique.*

PERVERSION n. f.
1. Action de pervertir, dépravation. SYN. corruption.
2. Déviation psychologique, désordre physiologique. *La boulimie est une perversion de l'appétit. Des perversions sexuelles.*

PERVERSITÉ n. f.
Penchant pour le mal, malveillance. SYN. dépravation.

PERVERTIR v. tr., pronom.
VERBE TRANSITIF
1. Corrompre, pousser à faire le mal. SYN. dépraver.
2. Détourner de son sens, de sa mission. *Un mouvement écologique perverti par les intérêts financiers.*
VERBE PRONOMINAL
1. Se corrompre. *Avec leurs amis peu recommandables, ces personnes se sont perverties.*
2. Dégénérer. *Un mouvement politique qui s'est perverti.*
À la forme pronominale, le participe passé de ce verbe s'accorde toujours en genre et en nombre avec son sujet. *Sous l'influence de l'alcool, sa logique s'est pervertie quelque peu, semble-t-il.*
CONJUGAISON : VOIR MODÈLE FINIR.

PESAGE n. m.
Action de peser. *Un appareil de pesage. Le pesage des poids lourds à l'époque du dégel.*

PESAMMENT adv.
Lourdement, sans grâce. *Il marche pesamment.* ANT. agilement.
pesa**mm**ent.

PESANT, ANTE adj.
1. Qui a un poids élevé, qui pèse lourd. *Une dalle de béton pesante.*
2. (FIG.) Pénible à supporter. *Une atmosphère pesante et désagréable.*
3. Massif, sans grâce. *Une démarche pesante.* ANT. élégant ; gracieux ; léger.
L'adjectif ***pesant*** se dit surtout d'un objet qui par sa nature a un grand poids, tandis que l'adjectif ***lourd*** désigne un objet qui paraît avoir beaucoup de poids, qui est difficile à porter.
LOCUTION
– ***Valoir son pesant d'or.*** (FIG.) Avoir une grande valeur.

PESANTEUR n. f.
1. Caractère de ce qui a un poids. *Les corps sont de pesanteurs différentes.* ANT. apesanteur.
2. Caractère de ce qui pèse lourd. *La pesanteur d'un piano.*
Ne pas confondre avec le nom ***poids,*** mesure de la masse. *Le poids* (et non la *pesanteur) *de ces pommes est de 1,5 kg.*
3. (FIG.) Lourdeur, force d'inertie, résistance au changement. *Les pesanteurs bureaucratiques.*
En ce sens, le nom s'emploie généralement au pluriel.

PÈSE-
Les mots composés avec l'élément ***pèse-*** s'écrivent avec un trait d'union et prennent la marque du pluriel au second élément. *Des pèse-personnes, des pèse-lettres.*

PÈSE-BÉBÉ n. m. (pl. *pèse-bébés*)
Balance qui sert à peser un jeune enfant. *Des pèse-bébés précis.*
VOIR – BALANCE.

PESÉE n. f.
Action de déterminer le poids de quelqu'un, de quelque chose. *La pesée des ingrédients nécessaires à la préparation d'un gâteau.*

PÈSE-LETTRE n. m. (pl. *pèse-lettres*)
Instrument électronique qui détermine le poids d'une lettre. *Des pèse-lettres indispensables.*
VOIR – BALANCE.

PÈSE-PERSONNE n. m. (pl. *pèse-personnes*)
Balance qui sert à peser une personne. *Des pèse-personnes à affichage numérique.*
Ne pas confondre avec les noms suivants :
• ***balance,*** terme générique utilisé surtout pour nommer l'instrument qui pèse des marchandises ;
• ***bascule,*** appareil de pesage pour les objets lourds (camions, wagons, etc.).

PESER v. tr., intr., pronom.
VERBE TRANSITIF
1. Déterminer le poids de. *Les fruits que nous avons pesés.*
En ce sens, le participe passé s'accorde si le complément direct précède le verbe, selon la règle normale.
2. (FIG.) Évaluer avec attention. *Il faut peser le pour et le contre de chaque solution.* SYN. considérer ; estimer ; jauger ; juger.
VERBE INTRANSITIF
1. Avoir un certain poids. *Claude pèse 45 kilos. Les kilos que ces fruits ont pesé.*
En ce sens, le participe passé est invariable parce que le verbe n'est pas construit avec un complément direct, mais plutôt avec un complément de mesure.
2. Appuyer fortement sur quelque chose. *Pèse sur cette manette pour actionner le mécanisme.* SYN. pousser.
En ce sens, le verbe se construit avec la préposition ***sur.***
S'il s'agit d'un bouton, il n'est pas nécessaire d'appuyer fortement ; on exerce une légère pression simplement. Dans ce cas, c'est le verbe ***presser*** qu'on emploie. *Presse le bouton et l'ordinateur se met en marche.*
3. (FIG.) Avoir un poids trop lourd. *Ces mensonges pèsent sur sa conscience.*
En ce sens, le verbe se construit avec la préposition ***sur.***
4. (FIG.) Influencer, orienter. *Ces considérations ont pesé sur mon choix.*
En ce sens, le verbe se construit avec la préposition ***sur.***
5. Être pénible. *Cet examen me pèse : j'ai hâte d'en avoir terminé. La visite chez le dentiste pèse à Oscar.*
En ce sens, le verbe se construit avec la préposition ***à.***
VERBE PRONOMINAL
Déterminer son poids. *Il s'était pesé pour voir s'il avait pris du poids.*
À la forme pronominale, le participe passé de ce verbe s'accorde toujours en genre et en nombre avec son sujet. *Elles se sont pesées fréquemment.*
LOCUTIONS
– ***Ne pas peser lourd.*** (FIG.) Ne pas avoir beaucoup d'importance. *Ces petits inconvénients ne pèsent pas lourd puisque nous avons réussi.* ANT. compter ; importer.
– ***Peser dans la balance.*** Compter, avoir de l'importance.
– ***Peser le pour et le contre.*** Examiner les aspects positifs et négatifs de quelque chose.
– ***Peser ses mots, ses paroles.*** Choisir ses mots avec soin.
– ***Tout bien pesé.*** Après avoir mûrement étudié la question. *Tout bien pesé, nous irons en Grèce pour nos vacances.* SYN. après mûre réflexion.
Dans cette locution, le participe passé s'écrit toujours au masculin singulier.
CONJUGAISON : VOIR MODÈLE LEVER.
Le ***e*** se change en ***è*** devant une syllabe contenant un ***e*** muet. *Il pèse,* mais *il pesait.*

PESETA n. f.
Le ***s*** se prononce ***z*** ou ***s,*** les ***e*** se prononcent ***é,*** [pezeta, peseta].
Ancienne unité monétaire de l'Espagne. *C'est l'euro qui a remplacé la peseta.*
VOIR TABLEAU – SYMBOLES DES UNITÉS MONÉTAIRES.
[Les *Rectifications* (1990) admettent : péséta.]

PESO n. m.
Le ***e*** se prononce ***é*** et le ***s*** se prononce ***z*** ou ***s,*** [pezo, peso].
Unité monétaire de plusieurs pays (Chili, Colombie, Cuba, Mexique, Philippines, Uruguay). *Compter des pesos.*
Le symbole de l'unité monétaire varie selon les pays.
VOIR TABLEAU – SYMBOLES DES UNITÉS MONÉTAIRES.
[Les *Rectifications* (1990) admettent : péso.]

P

PESSIMISME n. m.
Opinion de la personne qui considère les choses du mauvais côté, qui croit que tout va mal et que l'avenir est sombre. *Il vaut mieux prendre les choses du bon côté et faire preuve d'optimisme plutôt que de pessimisme.* ANT. optimisme.

PESSIMISTE adj. et n. m. et f.
Qui considère la réalité par son mauvais côté. *Un économiste pessimiste. Ces pessimistes finiront par nous décourager.* ANT. optimiste.

PESTE n. f.
1. Grave maladie contagieuse.
2. (FIG.) (FAM.) Enfant espiègle, personne détestable. *C'est une petite peste.*

PESTER v. intr.
Grogner, montrer sa mauvaise humeur. *Il ne cesse de pester contre son voisin.* SYN. fulminer ; maugréer.
CONJUGAISON : VOIR MODÈLE AIMER.

PESTICIDE adj. et n. m.
Se dit d'un produit qui détruit les parasites animaux ou végétaux. *Des substances pesticides. Employons les pesticides avec ménagement.*
pesticide.

PESTIFÉRÉ, ÉE adj. et n. m. et f.
1. Qui est atteint de la peste.
2. (FIG.) Qui n'est pas bienvenu, qu'on cherche à fuir. *On l'a traité comme un pestiféré.*

PESTILENTIEL, IELLE adj.
Qui répand une odeur infecte.
pestilentiel.

PESTO n. m.
Préparation de la cuisine italienne à base de basilic frais, d'huile d'olive, de parmesan et d'ail. *Les ingrédients du pesto sont pilés au mortier et liés par l'huile d'olive jusqu'à ce que l'on obtienne une sauce homogène au parfum fort où le basilic prédomine. Mangerez-vous des fusillis au pesto ou des tagliatelles au gorgonzola ?*

PET n. m.
Les lettres ***et*** se prononcent ***ê,*** [pɛ] ; le mot rime avec ***paix.***
(FAM.) Gaz intestinal qui sort de l'anus avec bruit.

PÉTA- préf.
Symbole ***P*** (s'écrit sans point).
Préfixe qui multiplie par 1 000 000 000 000 000 l'unité qu'il précède. *Des pétasecondes.*
Sa notation scientifique est $\boldsymbol{10^{15}}$.
VOIR TABLEAU – MULTIPLES ET SOUS-MULTIPLES DÉCIMAUX.

PÉTALE n. m.
Chacune des parties de la corolle d'une fleur. *Des pétales violets.*
Attention au genre masculin de ce nom : ***un*** pétale.

PÉTANQUE n. f.
Jeu de boules. *« Lance le cochonnet ! » crie Jules, qui adore jouer à la pétanque.*

PÉTARADANT, ANTE adj.
Qui fait entendre une suite de détonations. *Des motocyclettes pétaradantes.*

PÉTARADE n. f.
Suite de bruits violents. *Les pétarades d'un feu d'artifice.*

PÉTARADER v. intr.
Faire entendre une pétarade, une suite de détonations.
CONJUGAISON : VOIR MODÈLE AIMER.

PÉTARD n. m.
Petite charge d'explosif. *À la Saint-Jean, Étienne a fait exploser des pétards.*
LOCUTIONS
– ***Être en pétard.*** (FAM.) Être en furie. *Il est en pétard contre ces mous, ces amorphes qui n'arrivent pas à se décider.*
– ***Un pétard mouillé.*** Nouvelle qu'on croyait percutante, mais qui a peu de retentissement.

PET-DE-NONNE n. m. (pl. *pets-de-nonne*)
Le premier élément de ce nom composé se prononce comme le mot ***paix*** et le deuxième ***e*** se prononce ou non, [pɛdənɔn, pɛdnɔn].
Beignet soufflé. *Déguster de délicats pets-de-nonne.*
pet-de-nonne.

PÉTER v. tr., intr.
VERBE TRANSITIF
(FAM.) Briser, casser. *Il a pété sa bicyclette.*
VERBE INTRANSITIF
1. (FAM.) Faire un pet, évacuer des gaz intestinaux.
2. (FAM.) Faire un bruit sec et subit. *Les fusées ne cessaient de péter.* SYN. exploser.
LOCUTIONS
– ***Péter de.*** (FAM.) Déborder de. *Malgré ses 80 ans, il pète de santé.*
– ***Péter le feu.*** (FIG.) (FAM.) Être rempli d'énergie. *Aujourd'hui, je suis en forme : je pète le feu.*
– ***Péter les plombs.*** (FAM.) Perdre la tête, ne pas être raisonnable. SYN. (FAM.) disjoncter.
CONJUGAISON : VOIR MODÈLE POSSÉDER.
Le ***é*** se change en ***è*** devant une syllabe contenant un ***e*** muet, sauf à l'indicatif futur et au conditionnel présent. *Je pète*, mais *je péterai.*
[Les *Rectifications* (1990) admettent : il pètera, pèterait...]

PÈTE-SEC adj. inv. et n. m. et f. inv. (pl. *pète-sec*)
ADJECTIF INVARIABLE
Se dit d'une personne autoritaire dont le ton est cassant. *La supérieure est un peu pète-sec.*
NOM MASCULIN ET FÉMININ INVARIABLE
Personne autoritaire dont le ton est cassant. *D'affreux pète-sec.*

PÉTILLANT, ANTE adj.
1. Qui pétille, qui est gazeux. *De l'orangeade pétillante.*
2. Qui brille avec éclat. *Des yeux pétillants.* SYN. brillant.
Ne pas confondre avec le participe présent invariable ***pétillant.*** *Les enfants s'exclamaient devant les branches pétillant dans la flambée.*

PÉTILLEMENT n. m.
Scintillement. *Le pétillement du feu dans la cheminée.*

PÉTILLER v. intr.
1. Éclater avec de petits bruits secs. *Le bois pétille dans le feu de joie.* SYN. crépiter.
2. Dégager des bulles. *Le champagne pétille dans les coupes.*
3. Briller. *À la vue de tous ces cadeaux, les yeux des enfants pétillaient.* SYN. étinceler.
4. Faire preuve avec éclat. *Ses réponses pétillent d'intelligence et d'humour.*
CONJUGAISON : VOIR MODÈLE AIMER.
Les lettres ***ill*** sont suivies d'un ***i*** à la première et à la deuxième personne du pluriel de l'indicatif imparfait et du subjonctif présent. *(Que) nous pétillions, (que) vous pétilliez.*

PETIT, ITE adj. et n. m. et f.
ADJECTIF
1. Qui est au-dessous de la taille moyenne. *Elle est très petite pour son âge. Une petite maison.*
2. Jeune. *Un petit enfant. Quand j'étais petit...*
3. De faible quantité. *Une petite somme.* SYN. faible.
4. De peu d'importance. *Nous avons un petit problème.* ANT. grand.
NOM MASCULIN
1. Jeune animal. *Le petit du cerf et de la biche est le faon.*
2. Ce qui est petit. *L'ambition des petits.*
NOM MASCULIN ET FÉMININ
1. Enfant. *Tu vas bien, ma petite ?*
2. Personne de petite taille.
LOCUTIONS
– ***En plus petit,*** loc. adv. De taille réduite, miniature.
– ***L'infiniment petit.*** Les êtres microscopiques.
– ***Petit à petit,*** loc. adv. Progressivement. SYN. peu à peu.

PETIT-
Les mots composés avec l'élément ***petit-*** et qui désignent un lien de parenté s'écrivent avec un trait d'union et prennent la marque du pluriel aux deux éléments. *Des petites-filles.*

PETIT-BEURRE n. m. (pl. *petits-beurre*)
Biscuit. *Prendriez-vous quelques petits-beurre et une tasse de thé ?*
Seul le premier élément prend la marque du pluriel.

PETIT(-)DÉJEUNER n. m. (pl. *petits(-)déjeuners*)
S'abrège familièrement en ***petit-déj'***.
Premier repas du matin. *Les petits-déjeuners* ou *petits déjeuners copieux du dimanche matin.* SYN. déjeuner.

PETIT-DÉJEUNER v. intr.
(FAM.) Prendre son petit-déjeuner. *Viens donc petit-déjeuner avec moi.* SYN. déjeuner.
CONJUGAISON : VOIR MODÈLE AIMER.

PETITE ANNONCE n. f.
Dans un journal, offre ou demande d'emploi, de logement, etc. *Elle lit tous les jours les petites annonces* (et non les *annonces classées) *pour trouver un appartement.*

PETIT ÉCRAN n. m.
(FAM.) Télévision. *On l'a appris par le petit écran.*

PETITE ET MOYENNE ENTREPRISE n. f.
Sigle ***PME***. *C'est une PME dynamique.*
Entreprise ne comportant généralement pas plus de 50 employés. *Des petites et moyennes entreprises dynamiques.*

***PETITE FÈVE**
Impropriété au sens de ***haricot.***

PETITESSE n. f.
1. Faible dimension. *La petitesse de sa chambre.*
2. Mesquinerie, absence de grandeur d'âme, de générosité. *La petitesse de ces personnes racistes est désolante.* SYN. bassesse.

PETIT-FILS, PETITE-FILLE n. m. et f. (pl. *petits-fils, petites-filles*)
Fils, fille d'un fils ou d'une fille, par rapport au grand-père, à la grand-mère. *Sa petite-fille s'appelle Fanny.*
Le nom qui désigne la fille du fils ou de la fille s'écrit avec un trait d'union. Attention, le nom ***fille*** peut être simplement qualifié par l'adjectif ***petite*** ; dans ce cas, les deux mots ne sont pas unis par un trait d'union. *Une petite fille jouait dans le jardin.*

PETIT(-)FOUR n. m. (pl. *petits(-)fours*)
Petit gâteau (sec ou glacé). *Des petits fours* ou *petits-fours glacés au café.*

PÉTITION n. f.
Demande collective où figurent des signatures et qui est adressée à une autorité. *Signer une pétition pour l'interdiction de vendre des armes.*

PETIT-LAIT n. m. (pl. *petits-laits*)
Résidu liquide du lait caillé.
LOCUTION
– ***Boire du petit-lait.*** (FIG.) Être ravi, se délecter de bonnes paroles, d'une nouvelle agréable.

PETIT-NÈGRE n. m. sing.
Langage simplifié et incorrect. *C'est du petit-nègre, on n'y comprend rien.*

PETITS-ENFANTS n. m. pl.
Les enfants du fils ou de la fille, par rapport au grand-père, à la grand-mère.

PETIT-SUISSE n. m. (pl. *petits-suisses*)
Fromage crémeux.
LOCUTION
– ***(Petit) suisse.*** ⚜ Tamia rayé.

PÉTONCLE n. m.
Coquillage apprécié pour sa chair fine. *Des pétoncles grillés au goût délicat.*
Attention au genre masculin de ce nom : ***un*** pétoncle (comme ***un*** oncle).

PÉTRIFIER v. tr., pronom.
VERBE TRANSITIF
1. Changer en pierre. *Ces fossiles sont des insectes pétrifiés.*
2. (FIG.) Rendre immobile par la surprise, la peur, l'émotion. *Cette insulte la pétrifia.* SYN. fixer; paralyser.
VERBE PRONOMINAL
1. Se transformer en pierre. *Cette étoile de mer s'est pétrifiée il y a des centaines d'années.*
2. (FIG.) Se figer. *Elle s'est pétrifiée en apprenant la disparition de son collègue.*
À la forme pronominale, le participe passé de ce verbe s'accorde toujours en genre et en nombre avec son sujet. *Ces insectes se sont pétrifiés.*
CONJUGAISON : VOIR MODÈLE ÉTUDIER.
Redoublement du ***i*** à la première et à la deuxième personne du pluriel de l'indicatif imparfait et du subjonctif présent. *(Que) nous pétrifiions, (que) vous pétrifiiez.*

PÉTRIN n. m.
1. Réceptacle dans lequel on pétrit le pain.
Le pain est composé principalement de farine et d'eau que l'on mêle pour obtenir une pâte collante.
2. (FIG.) (FAM.) Situation embarrassante. *Ils sont dans le pétrin; comment vont-ils s'en sortir?*

PÉTRIR v. tr.
1. Malaxer, mêler une substance à une autre pour faire de la pâte. *Pétrir du pain.*
2. (FIG.) Façonner. *Pétrir de l'argile pour former un vase.*
LOCUTION
– ***Être pétri (d'orgueil, d'anxiété,*** etc.***).*** Fait de. *Ils sont pétris de contradictions et n'arrivent pas à se décider.*
CONJUGAISON : VOIR MODÈLE FINIR.

PÉTRISSAGE n. m.
Action de pétrir. *Le pétrissage mécanique d'une pâte.*

PÉTROCHIMIE n. f.
Science et industrie des produits chimiques dérivés du pétrole.

PÉTROCHIMIQUE adj.
Relatif à la pétrochimie. *Le secteur pétrochimique.*

PÉTRODOLLAR n. m.
Dollar provenant de la commercialisation du pétrole brut. *Des pétrodollars.*

PÉTROLE n. m.
Huile minérale naturelle employée comme source d'énergie. *Un puits de pétrole.*

PÉTROLIER, IÈRE adj. et n. m.
ADJECTIF
Relatif au pétrole. *L'industrie pétrolière.*
NOM MASCULIN
Navire citerne servant au transport du pétrole. *Des pétroliers géants.*
Ne pas confondre avec les noms suivants :
• ***bateau,*** bâtiment, grand ou petit, qui navigue sur la mer ou sur les rivières;
• ***canot,*** petite embarcation à rames, à voile ou à moteur;
• ***cargo,*** navire pour le transport des marchandises;
• ***paquebot,*** grand navire pour le transport des passagers;
• ***voilier,*** bateau à voiles;
• ***yacht,*** bateau de plaisance.

PÉTROLIFÈRE adj.
Qui contient du pétrole. *Des gisements pétrolifères.*

***PET SHOP**
Anglicisme pour ***animalerie.***

PETTO (IN)
VOIR – IN PETTO.

PÉTULANCE n. f.
Vivacité turbulente. *Parler avec pétulance.* SYN. exubérance.
pétulance.

PÉTULANT, ANTE adj.
Vif, turbulent. *Des répliques pétulantes et rafraîchissantes. « Ma nouvelle logeuse […] une pétulante Galloise, toute en drôleries, tours, farces et toujours à la course »* (Gabrielle Roy, *La Détresse et l'Enchantement*).
pétu**lant.**

PÉTUNIA n. m.
Plante ornementale qui produit des fleurs violettes, roses, blanches, etc. *De beaux pétunias retombants.* SYN. saint-joseph.
Attention au genre masculin de ce nom : ***un*** pétunia.

PEU adv.
Faiblement, en petite quantité, en petit nombre. *Elle est peu inquiète. Il mange peu. On la salua peu aimablement.*
L'adverbe modifie un adjectif, un verbe ou un autre adverbe.
Avec valeur de pronom
Un petit nombre de personnes, de choses. *Beaucoup de candidates se présentent, peu sont retenues.*
Le verbe se met à la troisième personne du pluriel et l'adjectif ou le participe passé se met au masculin pluriel ou au féminin pluriel, selon le cas.
Avec valeur de nom
– ***Le peu de.*** Une petite quantité suffisante. *Son succès malgré le peu de moyens reçus témoigne de son ingéniosité.*
– ***Le peu de.*** Le manque, l'insuffisance. *Le peu d'audace qu'il a montré explique peut-être cet échec.*
Après la locution ***le peu de,*** le verbe se met au singulier :
– l'adjectif ou le participe passé se met au masculin singulier (il s'accorde avec ***peu***) si l'auteur veut insister sur l'insuffisance;
– l'adjectif ou le participe passé s'accorde en genre et en nombre avec le complément si l'auteur veut signifier une quantité petite mais suffisante tout de même.
– ***Peu de, un peu de.*** Une petite quantité de personnes, de choses. *Peu d'élèves sont admirés ainsi. Peu de poires sont mûres. Je prendrais bien un peu de gâteau, s'il te plaît.*
Après les locutions ***peu de*** et ***un peu de,*** le verbe s'accorde avec le complément; l'adjectif et le participe passé s'accordent en genre et en nombre avec le complément.
LOCUTIONS
– ***À peu de chose(s) près,*** loc. adv. Presque. *L'économie des douze pays de la zone euro est à peu de chose près équivalente à celle des États-Unis.*
– ***À peu près,*** loc. adv. Presque. *J'ai à peu près fini, j'arrive!*
– ***De peu,*** loc. adv. Tout juste. *Tu l'as manqué de peu : il vient de partir.*
– ***Depuis peu.*** Récemment, de fraîche date. *Ils sont arrivés au pays depuis peu.* SYN. dernièrement.
– ***Peu à peu,*** loc. adv. Lentement. SYN. graduellement; petit à petit.
– ***Peu après,*** loc. adv. Quelques minutes, un peu plus tard. *Ils sont arrivés peu après eux.*
– ***Pour peu que,*** loc. conj. À la condition que.

P

La locution conjonctive est suivie du subjonctif. *Ils accepteront pour peu que vous les invitiez à l'avance.*
– ***Quelque peu,*** loc. adv. Un peu. *Les enfants ont eu peur quelque peu.*
– ***Sous peu,*** loc. adv. Bientôt, dans peu de temps. *Nous recevrons les colis sous peu.*
– ***(Un) tant soit peu.*** Le moindrement. *S'ils étaient (un) tant soit peu prudents, ils nous préviendraient.*
– ***Un peu,*** loc. adv. Légèrement, faiblement. *Alec est un peu fatigué après cette longue randonnée.*
– ***Un tout petit peu.*** Une très faible quantité.

PEUH ! interj.
Interjection marquant le mépris, le dédain. *Peuh ! quelle tenue ridicule !*
T L'interjection est toujours suivie d'un point d'exclamation qui est souvent repris à la fin de la phrase. Si la phrase exclamative n'est pas complète, le mot qui suit le point d'exclamation s'écrit avec une minuscule initiale.

PEUL ou **PEUHL, PEULE** ou **PEUHLE** adj. et n. m. et f.
Relatif aux Peuls, peuple d'Afrique occidentale (depuis le Sénégal jusqu'au Cameroun).
T L'adjectif s'écrit avec une minuscule ; le nom, avec une majuscule.

PEUPLADE n. f.
Petit groupement humain, dans une société primitive.

PEUPLE n. m.
Ensemble de personnes habitant un même territoire et formant une même nation. *Le peuple québécois. L'autodétermination ou le droit des peuples à disposer d'eux-mêmes.* SYN. société.
VOIR TABLEAU – PEUPLES (NOMS DE).

PEUPLÉ, ÉE adj.
Où il y a des habitants. *Une région densément peuplée.* SYN. habité.

PEUPLEMENT n. m.
1. Action de peupler. *Le peuplement de la Nouvelle-France.*
2. Faune et flore d'un milieu géographique.

PEUPLER v. tr., pronom.
VERBE TRANSITIF
Remplir un pays d'une population. *Au début de la colonie, on a peuplé ce pays avec des militaires.*
VERBE PRONOMINAL
Se remplir d'habitants. *Cette région s'est peuplée lentement. Ce pays n'a commencé à se peupler qu'au* XVII*e* *siècle.*
À la forme pronominale, le participe passé de ce verbe s'accorde toujours en genre et en nombre avec son sujet. *Cette ville ne s'est peuplée que récemment.*
CONJUGAISON : VOIR MODÈLE AIMER.

PEUPLIER n. m.
Attention à la prononciation de la première syllabe : ***peu*** (et non *pe), [pøplije].
Arbre de grande taille dont le bois léger est apprécié.

PEUR n. f.
Crainte violente, inquiétude. *La peur du noir.* SYN. (FAM.) frousse ; (FAM.) trouille.
LOCUTIONS
– ***Avoir peur de, que.*** Craindre. *Elle a peur de son ombre, de préciser ses attentes. Il a peur qu'elle soit triste.*
La locution se construit avec la préposition ***de*** suivie d'un nom ou d'un infinitif ou avec la conjonction ***que*** suivie du subjonctif. *Il a peur que son chien morde* ou *ne morde un enfant.* L'emploi du ***ne*** explétif est facultatif.
– ***Avoir plus de peur que de mal.*** N'éprouver qu'une grande crainte en échappant à un danger.
– ***De peur de,*** loc. prép. Par crainte de. *De peur d'un malentendu, de peur d'être critiqué, il n'a pas osé donner son avis.*
La locution se construit avec un nom ou un infinitif.
– ***De peur que,*** loc. conj. Dans la crainte que. *Ne lui révélez pas tout ce que vous savez de peur qu'il ne s'inquiète.*
La locution se construit avec un ***ne*** explétif et le subjonctif.
– ***Faire peur à.*** Effrayer. *Ces craquements sinistres ont fait peur aux enfants.*
– ***Prendre peur.*** Devenir inquiet, angoissé, s'effrayer. *À la vue de l'ambulance, elle prit peur.*

PEUREUSEMENT adv.
D'une manière peureuse. *Ils se sont cachés peureusement.* ANT. bravement ; courageusement ; hardiment.

PEUREUX, EUSE adj. et n. m. et f.
Qui est craintif. *Éléna et Boris ne sont pas peureux : ce petit chien ne les effraie pas.* ANT. brave.

PEUT-ÊTRE adv.
Probablement. *Elle gagnera peut-être le gros lot.* SYN. ⚜ possiblement.
Placé en début de phrase, l'adverbe entraîne généralement l'inversion du sujet. *Peut-être viendra-t-il.*
Ne pas confondre avec la troisième personne du singulier du verbe ***pouvoir*** suivi de l'infinitif ***être*** qui s'écrivent sans trait d'union. *Il peut être absent.*
LOCUTION
– ***Peut-être que,*** loc. conj. *Peut-être qu'il viendra, qu'elle viendrait.*
La locution conjonctive se construit avec l'indicatif ou le conditionnel.

p. ex.
Abréviation de ***par exemple.***

pH
Coefficient déterminant l'acidité ou la basicité d'un milieu.

-PHAGE suff.
Élément du grec signifiant « manger ». *Nécrophage, sarcophage.*

PHALANGE n. f.
1. Armée, groupe paramilitaire. *Les phalanges libanaises.*
2. Os des doigts et des orteils. *Les phalanges, les phalangines, les phalangettes.*

PHALANGETTE n. f.
Dernière phalange des doigts et des orteils.

PHALANGINE n. f.
Seconde phalange des doigts et des orteils.

PHALÈNE n. f.
Papillon nocturne.

PHALLIQUE adj.
Qui est relatif au phallus.

PHALLOCRATE n. m.
Adepte de la phallocratie.

PHALLOCRATIE n. f.
Le ***t*** se prononce ***s***, [falɔkrasi].
Attitude dominatrice des hommes par rapport aux femmes. SYN. machisme.
phallocratie.

PHALLOCRATIQUE adj.
Qui concerne la phallocratie. *Une mentalité phallocratique.*

PHALLUS n. m.
Le ***s*** se prononce, [falys] ; le nom rime avec ***cactus.***
Membre viril.

PHANTASME
VOIR – FANTASME.

PHARAON n. m.
Nom donné aux rois de l'Égypte ancienne. *Le pharaon Ramsès I*er*.*
L'expression *pharaon égyptien est redondante ; le nom s'écrit avec une minuscule.

PHARAONIEN ou **PHARAONIQUE, IENNE** ou **PHARAONIQUE** adj.
Qui se rapporte aux pharaons. *L'histoire pharaonique.*

PHARE n. m.
1. Projecteur lumineux fixé au sommet d'une tour afin de guider la navigation. *Un gardien de phare.*
2. Projecteur lumineux fixé à l'avant d'un véhicule. *Elle a oublié d'éteindre ses phares. Des phares antibrouillard.*
3. (EN APPOS.) Guide, modèle. *Une pensée-phare* ou *une pensée phare, un manifeste-phare* ou *un manifeste phare, des auteurs-phares* ou *des auteurs phares.*
En apposition, le nom s'écrit avec ou sans trait d'union et les deux mots prennent la marque du pluriel.
HOM.
• *far,* pâtisserie bretonne ;
• *fard,* maquillage.

PHARMACEUTIQUE adj.
Relatif à la pharmacie. *Des produits pharmaceutiques.*

PHARMACIE n. f.
1. Science de la préparation des médicaments.
2. Lieu où l'on vend les médicaments. *La pharmacie est ouverte tous les jours.*
3. Armoire où l'on range les médicaments. *Une armoire à pharmacie* ou *une pharmacie encastrée.*

PHARMACIEN n. m.
PHARMACIENNE n. f.
Personne qui prépare et vend des médicaments.

PHARMACOPÉE n. f.
Recueil d'informations sur les médicaments, codex.
pharmacopée.

PHARYNGITE n. f.
Inflammation du pharynx. *Il souffre d'une pharyngite et a perdu la voix.*
pharyngite.

PHARYNX n. m.
Le mot rime avec ***lynx,*** [farɛ̃ks].
Région du corps située entre la bouche et l'œsophage.
pharynx.

PHASE n. f.
Chacune des périodes successives d'un phénomène. *Les phases d'une opération.*
LOCUTION
– ***Être en phase avec*** (quelqu'un, quelque chose). Être en harmonie avec, en accord avec, au diapason de. *Cet organisme n'est plus en phase avec le milieu : il a perdu le contact.*
Ne pas confondre avec le nom ***phrase,*** ensemble de mots ayant un sens complet.

PHÉNICIEN, IENNE adj. et n. m. et f.
ADJECTIF ET NOM MASCULIN ET FÉMININ
De Phénicie. *La navigation phénicienne. Un Phénicien, une Phénicienne.*
T L'adjectif s'écrit avec une minuscule ; le nom, avec une majuscule.
NOM MASCULIN
Langue parlée par les Phéniciens. *Le phénicien.*
T Le nom de la langue s'écrit avec une minuscule.

PHÉNIX n. m.
Le ***x*** se prononce, [feniks] ; le nom rime avec ***rixe.***
1. Oiseau fabuleux de la mythologie.
2. Personne supérieure. *« Vous êtes le phénix des hôtes de ces bois »* (Jean de La Fontaine, *Le Corbeau et le Renard*). SYN. aigle.
HOM. ***phœnix,*** palmier.

PHÉNIX
VOIR – PHŒNIX.

PHÉNOMÉNAL, ALE, AUX adj.
Étonnant, surprenant. *Il a une mémoire phénoménale.* SYN. extraordinaire.

PHÉNOMÉNALEMENT adv.
Étonnamment. *Le géant Beaupré était phénoménalement grand.*

PHÉNOMÈNE n. m.
1. Fait observable. *Le phénomène des aurores boréales.*
2. Fait surprenant, personne extraordinaire. *Ce garçon est un vrai phénomène : il joue du violon remarquablement.*
phénomène.

PHI n. m. inv.
Lettre grecque.
Le ***phi*** est le symbole de la philosophie.
[Les *Rectifications* (1990) admettent : des phis.]

PHIL(O)- préf.
Élément du grec signifiant « ami ». *Philosophie.*
Les mots composés avec le préfixe ***philo-*** s'écrivent en un seul mot.

PHILANTHROPE n. m.
Personne qui aime le genre humain.
philanthrope.

PHILANTHROPIE n. f.
Amour du genre humain.
philanthropie.

PHILANTHROPIQUE adj.
Relatif à la philanthropie. *Des œuvres philanthropiques qui ont pour but de soulager la misère, de porter secours à ceux qui souffrent.* SYN. caritatif.
philanthropique.

PHILATÉLIE n. f.
Connaissance, art de collectionner les timbres-poste. *La philatélie est un passe-temps intéressant qui nous apprend la géographie.*
philatélie.

PHILATÉLIQUE adj.
Relatif à la philatélie. *Un club philatélique.*
philatélique.

PHILATÉLISTE n. m. et f.
Personne qui collectionne les timbres-poste.
philatéliste.

PHILHARMONIE n. f.
Association musicale qui donne des concerts publics.
philharmonie.

PHILHARMONIQUE adj.
Se dit de certaines associations musicales. *Une société philharmonique.*
philharmonique.

PHILIPPIN, INE adj. et n. m. et f.
Des îles Philippines. *Le drapeau philippin. Un Philippin, une Philippine.*
T L'adjectif s'écrit avec une minuscule ; le nom, avec une majuscule.

PHILODENDRON n. m.
Le ***o*** est ouvert et la troisième syllabe se prononce ***din,*** [filɔdɛ̃drɔ̃].
Arbuste ornemental.

PHILOLOGIE n. f.
Les ***o*** sont ouverts, [filɔlɔʒi].
Étude scientifique d'une langue par l'étude critique des textes. *Un certificat de grammaire et de philologie.*

PHILOLOGIQUE adj.
Les ***o*** sont ouverts, [filɔlɔʒik].
Relatif à la philologie. *Des études philologiques.*

P

NOMS DE **PEUPLES**

RÈGLES TYPOGRAPHIQUES

▸ Les **noms de peuples**, de races, d'habitants de régions, de villes s'écrivent avec une **MAJUSCULE.**

Les Québécois, les Canadiens, les Américains, les Chinois, les Européens.
Les Noirs, les Blancs, les Amérindiens, les Inuits.
Les Madelinots, les Beaucerons, les Gaspésiens, les Acadiens, les Louisianais, les Bretons, les Normands.
Les Montréalais, les Trifluviens, les Lavallois, les Parisiens, les Madrilènes.

– La dénomination des habitants d'un lieu (continent, pays, région, ville, village, etc.) est un GENTILÉ.

T Les noms de peuples composés et reliés par un trait d'union prennent la majuscule aux deux éléments. *Un Néo-Zélandais, un Sud-Africain, un Nord-Américain.*

T Les mots auxquels le préfixe ***néo***- est joint s'écrivent avec un trait d'union. *Un Néo-Écossais.* S'il s'agit d'un gentilé, le mot s'écrit avec deux majuscules ; si le préfixe signifie « de souche récente », le préfixe s'écrit avec une minuscule. *Un néo-Québécois.*

▸ Les **adjectifs de peuples,** de races, de langues s'écrivent avec une **MINUSCULE.**

Le drapeau québécois, la langue française, les peintres italiens, la race blanche, le sens de l'humour anglais.

T Les noms de peuples composés qui comportent un adjectif s'écrivent avec une majuscule au nom et une minuscule à l'adjectif. *Les Canadiens anglais, les Basques espagnols.*

T En fonction d'attribut, on emploie généralement un adjectif pour préciser la nationalité d'une personne, son appartenance à un peuple. Dans ce cas, le mot s'écrit avec une minuscule. *Je suis québécoise.* Cependant, il est également possible d'écrire le mot avec une majuscule initiale puisque l'attribut peut être aussi un nom. *Je suis Québécoise (une Québécoise).*

▸ Les **noms de langues** s'écrivent avec une **MINUSCULE.**

Apprendre le russe, le français, le chinois.

ÉCRITURE DU MOT *INUIT*

▸ **Nom masculin et féminin**

Membre d'une nation autochtone du Canada qui habite au nord du 55e parallèle.
Au Québec, il y a près de 6 000 Inuits. Un Inuit, une Inuite.

Ce nom a fait l'objet d'une seconde recommandation officielle (24 avril 1993) en vue de simplifier la graphie au masculin, au féminin et au pluriel (antérieurement ***Inuk*** au singulier, ***Inuit*** au pluriel). L'adjectif est maintenant variable. La langue des Inuits est l'**inuktitut.**

▸ **Adjectif**

Relatif aux Inuits. *La culture inuite, des objets inuits.*

PAYS OU ÉTAT	GENTILÉ MASCULIN	GENTILÉ FÉMININ
Afghanistan	un Afghan	une Afghane
Albanie	un Albanais	une Albanaise
Algérie	un Algérien	une Algérienne
Allemagne	un Allemand	une Allemande
Angleterre	un Anglais	une Anglaise
Arabie saoudite	un Saoudien	une Saoudienne
Argentine	un Argentin	une Argentine
Australie	un Australien	une Australienne
Autriche	un Autrichien	une Autrichienne

PAYS OU ÉTAT	GENTILÉ MASCULIN	GENTILÉ FÉMININ
Belgique	un Belge	une Belge
Birmanie	un Birman	une Birmane
Bolivie	un Bolivien	une Bolivienne
Brésil	un Brésilien	une Brésilienne
Bulgarie	un Bulgare	une Bulgare
Cambodge	un Cambodgien	une Cambodgienne
Cameroun	un Camerounais	une Camerounaise
Canada	un Canadien	une Canadienne

NOMS DE PEUPLES | ***SUITE*** >

> *NOMS DE PEUPLES* | ***SUITE***

PAYS OU ÉTAT	GENTILÉ MASCULIN	GENTILÉ FÉMININ
Chili	un Chilien	une Chilienne
Chine	un Chinois	une Chinoise
Chypre	un Cypriote	une Cypriote
	un Chypriote	une Chypriote
Colombie	un Colombien	une Colombienne
Corée	un Coréen	une Coréenne
Côte d'Ivoire	un Ivoirien	une Ivoirienne
Cuba	un Cubain	une Cubaine
Danemark	un Danois	une Danoise
Égypte	un Égyptien	une Égyptienne
Espagne	un Espagnol	une Espagnole
États-Unis	un Américain	une Américaine
Éthiopie	un Éthiopien	une Éthiopienne
Finlande	un Finlandais	une Finlandaise
France	un Français	une Française
Gabon	un Gabonais	une Gabonaise
Ghana	un Ghanéen	une Ghanéenne
Grèce	un Grec	une Grecque
Guadeloupe	un Guadeloupéen	une Guadeloupéenne
Guatemala	un Guatémaltèque	une Guatémaltèque
Guinée	un Guinéen	une Guinéenne
Haïti	un Haïtien	une Haïtienne
Hollande	un Hollandais	une Hollandaise
Hongrie	un Hongrois	une Hongroise
Inde	un Indien	une Indienne
Indonésie	un Indonésien	une Indonésienne
Iran	un Iranien	une Iranienne
Irak	un Irakien	une Irakienne
	un Iraquien	une Iraquienne
Irlande	un Irlandais	une Irlandaise
Islande	un Islandais	une Islandaise
Israël	un Israélien	une Israélienne
Italie	un Italien	une Italienne
Japon	un Japonais	une Japonaise
Jordanie	un Jordanien	une Jordanienne
Kenya	un Kenyan	une Kenyane
Koweït	un Koweïtien	une Koweïtienne
Liban	un Libanais	une Libanaise
Libye	un Libyen	une Libyenne
Luxembourg	un Luxembourgeois	une Luxembourgeoise
Madagascar	un Malgache	une Malgache
Mali	un Malien	une Malienne

PAYS OU ÉTAT	GENTILÉ MASCULIN	GENTILÉ FÉMININ
Maroc	un Marocain	une Marocaine
Mexique	un Mexicain	une Mexicaine
Monaco	un Monégasque	une Monégasque
Népal	un Népalais	une Népalaise
Niger	un Nigérien	une Nigérienne
Nigeria	un Nigérian	une Nigériane
Norvège	un Norvégien	une Norvégienne
Nouvelle-Zélande	un Néo-Zélandais	une Néo-Zélandaise
Pakistan	un Pakistanais	une Pakistanaise
Panama	un Panaméen	une Panaméenne
Paraguay	un Paraguayen	une Paraguayenne
Pérou	un Péruvien	une Péruvienne
Philippines	un Philippin	une Philippine
Pologne	un Polonais	une Polonaise
Portugal	un Portugais	une Portugaise
Québec	un Québécois	une Québécoise
République tchèque	un Tchèque	une Tchèque
Roumanie	un Roumain	une Roumaine
Russie	un Russe	une Russe
Rwanda	un Rwandais	une Rwandaise
Sénégal	un Sénégalais	une Sénégalaise
Slovaquie	un Slovaque	une Slovaque
Somalie	un Somali	une Somalie
	un Somalien	une Somalienne
Soudan	un Soudanais	une Soudanaise
Suède	un Suédois	une Suédoise
Suisse	un Suisse	une Suisse
Syrie	un Syrien	une Syrienne
Taïwan	un Taïwanais	une Taïwanaise
Tanzanie	un Tanzanien	une Tanzanienne
Tchad	un Tchadien	une Tchadienne
Thaïlande	un Thaïlandais	une Thaïlandaise
Togo	un Togolais	une Togolaise
Tunisie	un Tunisien	une Tunisienne
Turquie	un Turc	une Turque
Uruguay	un Uruguayen	une Uruguayenne
Venezuela	un Vénézuélien	une Vénézuélienne
Vietnam	un Vietnamien	une Vietnamienne
Yougoslavie	un Yougoslave	une Yougoslave
Zaïre	un Zaïrois	une Zaïroise
Zambie	un Zambien	une Zambienne

PHILOLOGUE n. m. et f.
Les *o* sont ouverts, [filɔlɔg].
Spécialiste de la philologie.

PHILOSOPHALE adj. f.
Les *o* sont ouverts, [filɔzɔfal].
– ***Pierre philosophale.*** Pierre des alchimistes qui devait changer les métaux en or.
Le mot ne s'emploie que dans cette locution.

PHILOSOPHE adj. et n. m. et f.
Les *o* sont ouverts, [filɔzɔf].
1. Qui étudie, qui connaît la philosophie. *Une philosophe respectée.*
2. Qui pratique la sagesse et vit dans la sérénité. *Malgré toutes ses épreuves, il demeure optimiste : c'est un sage et un philosophe.*
philosophe.

PHILOSOPHER v. intr.
Les *o* sont ouverts, [filɔzɔfe].
1. Étudier des questions philosophiques.
2. Raisonner. *Il continue à philosopher.*
CONJUGAISON : VOIR MODÈLE AIMER.
philosopher.

PHILOSOPHIE n. f.
Les *o* sont ouverts, [filɔzɔfi].
1. Science qui étudie les grands problèmes de la vie.
2. Théorie, conception du monde.
3. Sagesse. *Il réagit avec philosophie et sérénité.*
philosophie.

PHILOSOPHIQUE adj.
Les *o* sont ouverts, [filɔzɔfik].
Relatif à la philosophie. *Une attitude philosophique.*
philosophique.

PHILOSOPHIQUEMENT adv.
Les *o* sont ouverts, [filɔzɔfikmɑ̃].
Avec philosophie, sagesse.

PHILTRE n. m.
Boisson magique. *Un philtre d'amour, est-ce que cela existe vraiment ?*
HOM. ***filtre,*** dispositif destiné à filtrer.

PHLÉBITE n. f.
Inflammation d'une veine pouvant provoquer la formation d'un caillot.

PHLOX n. m. inv.
Plante ornementale cultivée pour ses fleurs colorées.
Attention au genre masculin de ce nom : ***un*** phlox.
phlox.

-PHOBE, -PHOBIE suff.
Éléments du grec signifiant « crainte ». *Xénophobe, xénophobie.*

PHOBIE n. f.
Peur angoissante. *La claustrophobie est la phobie des lieux fermés, l'agoraphobie, la phobie des lieux ouverts.*

PHŒNIX ou **PHÉNIX** n. m.
Palmier.
HOM. ***phénix,*** oiseau mythique.

PHON-, PHONO- préf.
Éléments du grec signifiant « son ». *Phonétique, phonologie.*

PHONATION n. f.
Production de la voix et du langage.

-PHONE, -PHONIE suff.
Éléments du grec signifiant « son ». *Téléphone, francophonie.*

PHONÈME n. m.
(LING.) Élément sonore pourvu d'une valeur distinctive dans une langue.

PHONÉMIQUE adj.
(LING.) Relatif au phonème.

PHONÉTICIEN n. m.
PHONÉTICIENNE n. f.
(LING.) Spécialiste de la phonétique.

PHONÉTIQUE adj. et n. f.
ADJECTIF
(LING.) Relatif aux sons du langage. *L'alphabet de l'Association phonétique internationale (API).*
NOM FÉMININ
(LING.) Partie de la linguistique qui étudie les sons du langage.
LOCUTION
– ***Écriture phonétique.*** Mode d'écriture où des signes établis correspondent à des sons distincts.
La transcription phonétique d'un mot se met généralement entre crochets.

PHONÉTIQUEMENT adv.
Au point de vue phonétique. *Un mot transcrit phonétiquement.*

PHONO-
VOIR – PHON-.

PHONOLOGIE n. f.
(LING.) Partie de la linguistique qui étudie la fonction des phonèmes dans une langue donnée.

PHONOLOGIQUE adj.
(LING.) De la phonologie.
La transcription phonologique d'un mot s'écrit entre barres obliques.

PHONOLOGUE n. m. et f.
(LING.) Spécialiste de la phonologie.

PHOQUE n. m.
Mammifère vivant près des côtes arctiques. *Un phoque qui fait tourner des ballons sur son nez.*

-PHORE suff.
Élément du grec signifiant « porter ». *Sémaphore, métaphore.*

PHOSPHORE n. m.
Symbole ***P*** (s'écrit sans point).
Corps simple inflammable, très toxique et luminescent dans l'obscurité.

PHOSPHORESCENCE n. f.
Luminescence. *La phosphorescence des lucioles.*
phosphorescence.

PHOSPHORESCENT, ENTE adj.
Les **o** sont ouverts et la troisième syllabe se prononce ***ré***, [fɔsfɔresɑ̃].
Qui est lumineux dans l'obscurité. *Les aiguilles de cette montre sont phosphorescentes.*
phosphorescent.

PHOTO adj. inv. et n. f.
Le premier **o** est ouvert, [fɔto].
ADJECTIF INVARIABLE
Relatif à la photographie, qui sert à photographier. *Des appareils photo.*
NOM FÉMININ
1. Art de fixer des images sur une surface sensible. *L'étude de la photo est passionnante.*
2. Image photographique. *Des photos d'identité.*
Ce mot est la forme abrégée de ***photographie.***
VOIR – PHOTOGRAPHIE.

PHOTO- préf.
Les *o* sont ouverts, [fɔtɔ].
Élément du grec signifiant « lumière ».
Les mots composés avec le préfixe ***photo-*** s'écrivent en un seul mot. *Photocopie, photoélectrique.*

PHOTOCOMPOSEUSE n. f.
(IMPRIM.) Machine de photocomposition.

PHOTOCOMPOSITION n. f.
(IMPRIM.) Procédé de composition photographique.

PHOTOCOPIE n. f.
Le deuxième *o* est fermé, [fɔtɔkɔpi].
1. Procédé de reproduction photographique d'un document. *Grâce à la photocopie, on peut avoir plusieurs exemplaires d'un document.*
2. Copie obtenue par ce procédé. *Il faut joindre deux photocopies de ton relevé de notes.*

PHOTOCOPIER v. tr.
Le deuxième *o* est fermé, [fɔtɔkɔpje].
Reproduire un document par la photocopie. *Tu dois photocopier ta recherche en deux exemplaires.*
CONJUGAISON : VOIR MODÈLE ÉTUDIER.
Redoublement du ***i*** à la première et à la deuxième personne du pluriel de l'indicatif imparfait et du subjonctif présent. *(Que) nous photocopiions, (que) vous photocopiiez.*

PHOTOCOPIEUR n. m.
Le deuxième *o* est fermé, [fɔtɔkɔpjœr].
S'abrège familièrement en ***copieur.***
Machine à photocopier. *Un photocopieur très perfectionné.*
SYN. photocopieuse.

PHOTOCOPILLAGE n. m.
(NÉOL.) (DR.) Action de photocopier un ouvrage partiellement ou en totalité sans autorisation.

PHOTOÉLECTRIQUE adj.
Qui mesure l'intensité lumineuse. *Une cellule photoélectrique.*
Certains auteurs écrivent le mot avec un trait d'union, d'autres, en un seul mot.

***PHOTO-FINISH**
Anglicisme pour ***photo d'arrivée.***

PHOTOGÉNIQUE adj.
Se dit d'une personne dont l'apparence est plus belle en photo, au cinéma, à la télévision qu'au naturel. *Un acteur photogénique.*

PHOTOGRAPHE n. m. et f.
Personne qui fait de la photographie par métier ou par plaisir. *Une photographe professionnelle, un photographe amateur.*

PHOTOGRAPHIE n. f.
Abréviation ***photo*** (s'écrit sans point).
1. Procédé permettant de fixer des images sur une surface. *Vincent aimerait étudier la photographie.*
2. Image ainsi obtenue. *Des photographies en couleurs, des photos d'identité.*
En ce sens, l'abréviation ***photo*** est couramment utilisée.

PHOTOGRAPHIER v. tr.
Reproduire par la photographie. *Annie photographie le chien qui plonge.*
CONJUGAISON : VOIR MODÈLE ÉTUDIER.
Redoublement du ***i*** à la première et à la deuxième personne du pluriel de l'indicatif imparfait et du subjonctif présent. *(Que) nous photographiions, (que) vous photographiiez.*

PHOTOGRAPHIQUE adj.
1. Relatif à la photographie. *L'art photographique.*
2. Qui sert à la photographie. *Une pellicule photographique. Des appareils photographiques* (et non des *kodak).

PHOTOGRAPHIQUEMENT adv.
Par la photographie.

PHOTOGRAVEUR n. m.
PHOTOGRAVEUSE n. f.
Spécialiste de la photogravure.

PHOTOGRAVURE n. f.
Production de clichés d'impression.

PHOTOJOURNALISME n. m.
Forme de journalisme qui repose sur l'utilisation de reportages photographiques pour informer. *Une occasion de voir les meilleurs clichés du photojournalisme, des images troublantes de la récente guerre au Liban aux corps de gymnastes en pleine contorsion.*

PHOTOJOURNALISTE n. m. et f.
Journaliste qui recourt aux reportages photographiques pour informer. *Un photojournaliste se bat avec le vent afin de prendre une photo du bord de mer dans la ville de Kingston en Jamaïque lors du passage de l'ouragan Dean.*

***PHOTO RADAR**
Impropriété pour ***radar photo, radar photographique.***

PHOTOSENSIBLE adj.
Sensible aux radiations lumineuses. *Une pellicule photosensible.*

PHOTOSTYLE n. m.
(INFORM.) Crayon optique.

PHOTOSYNTHÈSE n. f.
Transformation par les plantes du gaz carbonique de l'air à l'aide de l'énergie solaire.

PHRASE n. f.
Unité grammaticale qui forme un énoncé complet, c'est-à-dire qui parle d'une entité (le sujet de la phrase) et qui exprime quelque chose à son propos (le prédicat de la phrase) ; elle peut, facultativement, préciser les circonstances particulières de cet énoncé (le complément de la phrase).
Une phrase peut être constituée d'un seul mot. Elle peut être de premier niveau (autonome) ou de deuxième, troisième niveau (subordonnée).
VOIR TABLEAU – PHRASE (FONCTIONS DE LA).
VOIR TABLEAU – PHRASE (ANALYSE GRAMMATICALE DE LA).
VOIR TABLEAU – PHRASE (TYPES ET FORMES DE LA).

PHRASÉOLOGIE n. f.
1. Ensemble de constructions de phrases propres à une langue.
2. (PÉJ.) Assemblage de mots vides de sens.

PHYLACTÈRE n. m.
Bulle, dans les bandes dessinées. *Dans les phylactères de* Tintin, *il y a souvent des onomatopées ou des jurons.*
phylactère.

PHYSIATRE n. m. et f.
Médecin spécialiste qui voit au diagnostic, au traitement et à la prévention des douleurs et des troubles fonctionnels de l'appareil locomoteur causés par un accident, une maladie, une malformation congénitale ou une lésion d'origine sportive ou professionnelle (Recomm. off.).

PHYSIATRIE n. f.
Branche de la médecine qui diagnostique, prévient et traite les douleurs et les troubles de l'appareil locomoteur au moyen, entre autres, de la médication, d'infiltrations, d'orthèses, de la physiothérapie, de la chirurgie ou d'agents physiques (Recomm. off.).

PHYSICIEN n. m.
PHYSICIENNE n. f.
Spécialiste de la physique.

PHYSIO- préf.
Élément du grec signifiant « nature ». *Physionomie.*
Les mots composés avec le préfixe ***physio-*** s'écrivent en un seul mot.

PHYSIOLOGIE n. f.
Science des fonctions organiques des êtres vivants.

PHYSIOLOGIQUE adj.
Qui se rapporte à la physiologie. *Des besoins physiologiques.*

PHYSIOLOGIQUEMENT adv.
Du point de vue de la physiologie. *L'acuité visuelle diminue physiologiquement de manière plus ou moins rapide et importante au cours de la vie.*

P

ANALYSE GRAMMATICALE DE LA **PHRASE**[1]

La **phrase** est une unité grammaticale qui sert à parler d'une entité (***le sujet de la phrase***) et à dire quelque chose à son propos (***le prédicat de la phrase***) ; on y exprime aussi, facultativement, les circonstances particulières de cet énoncé (***le complément de la phrase***).

	PHRASE		
Sens	Ce dont on veut parler	Ce qu'on veut en dire	Circonstances particulières à propos de ce qu'on dit
Fonctions syntaxiques mettant ces sens en rapport	**Sujet de la phrase**	**Prédicat de la phrase**	**Complément de la phrase** (facultatif et mobile)
Exemples	*la voiture* *cet enfant*	*roule* *rit*	*quand le feu est vert* *toute la journée*

- Pour procéder à l'**analyse grammaticale de la phrase**, on utilise un modèle de référence, nommé *phrase de base*, représentant la structure de la phrase la plus fréquemment utilisée dans les productions écrites ou orales : une phrase déclarative, affirmative, active, neutre et personnelle (qui n'a donc subi aucune transformation, par exemple interrogative ou négative). Cette phrase peut être de premier niveau (autonome) ou de deuxième, troisième niveau (subordonnée).
- En tant que **phrase de premier niveau**, elle est autonome parce qu'elle n'entre pas dans une construction syntaxique d'ordre supérieur. Dans un texte, entre ces phrases, on retrouve habituellement une ponctuation : un point, un point-virgule, une virgule, un deux-points, un point d'exclamation, un point d'interrogation ou des points de suspension. En tant que **subordonnée**, la phrase peut occuper plusieurs fonctions syntaxiques à l'intérieur de la phrase de premier niveau.
- Du point de vue du mode du verbe, il y a trois catégories de phrases : la phrase à verbe conjugué (autonome ou subordonnée), la phrase infinitive (autonome ou subordonnée), la phrase participiale (subordonnée).

LES TROIS CONSTITUANTS DE LA PHRASE

▸ SUJET DE LA PHRASE

Trois catégories grammaticales peuvent occuper la fonction de **sujet de la phrase :**

- groupe du nom ;
- phrase infinitive (SUBORDONNÉE SUJET) ;
- phrase à verbe conjugué (SUBORDONNÉE SUJET).

	PHRASE DE BASE		
Fonctions syntaxiques	**Sujet de la phrase**	**Prédicat de la phrase**	**Complément de la phrase** (facultatif et mobile)
Exemples	*les promenades à vélo* *faire du vélo* *que nous roulions à vélo*	*sont amusantes* *est amusant* *m'amuse*	

ANALYSE GRAMMATICALE DE LA PHRASE | ***SUITE*** >

1. Conception du tableau : Annie Desnoyers.

P

▸ PRÉDICAT DE LA PHRASE

Une seule catégorie grammaticale est possible dans le cas du **prédicat de la phrase :**

– groupe du verbe.

	PHRASE DE BASE		
Fonctions syntaxiques	**Sujet de la phrase**	**Prédicat de la phrase**	**Complément de la phrase** (facultatif et mobile)
Exemples	*l'enfant* *l'enfant* *l'enfant* *l'enfant* *l'enfant* *l'enfant*	*dort* *aime les biscuits* *parle à son père* *met un dessin dans son sac* *est heureux* *rend ses parents heureux*	

▸ COMPLÉMENT DE LA PHRASE

Cinq catégories grammaticales peuvent occuper la fonction de **complément de la phrase :**

– groupe de la préposition ;
– groupe de l'adverbe ;
– groupe du nom ;
– phrase à verbe conjugué (SUBORDONNÉE CIRCONSTANCIELLE) ;
– phrase participiale (SUBORDONNÉE CIRCONSTANCIELLE).

	PHRASE DE BASE		
Fonctions syntaxiques	**Sujet de la phrase**	**Prédicat de la phrase**	**Complément de la phrase** (facultatif et mobile)
Exemples	*il* *il* *cet enfant* *la voiture* *il*	*dort* *dormait mieux* *rit* *roule* *décide de prendre ses gants*	*dans son bureau* *autrefois* *toute la journée* *quand le feu est vert* *le temps s'étant refroidi*

LES CINQ GROUPES DE LA GRAMMAIRE DE LA PHRASE

Un **groupe de mots** est un ensemble de mots organisés autour d'un noyau et pouvant jouer le même rôle syntaxique que ce dernier. Comme les éléments autres que le noyau sont facultatifs (sauf pour le groupe de la préposition), il arrive parfois qu'un groupe ne contienne qu'un seul mot, son noyau.

▸ GROUPE DU NOM

Le **groupe du nom** est formé d'un nom commun et de son déterminant ou d'un nom propre puis, facultativement, d'un complément du nom. Un pronom peut aussi remplacer le nom puis, facultativement, être suivi d'un complément du pronom.

	GROUPE DU NOM		
Fonctions syntaxiques	**Déterminant**	**Noyau** (nom / pronom)	**Complément du nom / du pronom** (facultatif)
Exemples	*les*	*promenades* *Louise* *celles* *aucune*	*à vélo* *de mon amie*

P

► GROUPE DU VERBE

Le **groupe du verbe** est formé d'un verbe et, selon ce que commande l'emploi de ce verbe, d'aucun, d'un ou de plusieurs compléments du verbe.

	GROUPE DU VERBE	
Fonctions syntaxiques	**Noyau** (verbe)	**Complément du verbe** (selon le verbe utilisé)
Exemples	*dort* *aime* *parle* *va* *met* *est* *rend*	 *les biscuits* *à son père* *dans sa chambre* *un dessin dans son sac* *heureux* *ses parents heureux*

► GROUPE DE LA PRÉPOSITION

Le **groupe de la préposition** est composé d'une préposition et, obligatoirement, d'un complément de la préposition.

	GROUPE DE LA PRÉPOSITION	
Fonctions syntaxiques	**Noyau** (préposition)	**Complément de la préposition** (obligatoire)
Exemples	*dans* *d'* *pour*	*sa chambre* *hier* *te voir arriver*

► GROUPE DE L'ADVERBE

Le **groupe de l'adverbe** contient un adverbe et, facultativement, un complément de l'adverbe.

	GROUPE DE L'ADVERBE	
Fonctions syntaxiques	**Noyau** (adverbe)	**Complément de l'adverbe** (facultatif)
Exemples	*conformément* *toujours*	*à vos dispositions*

► GROUPE DE L'ADJECTIF

Le **groupe de l'adjectif** contient un adjectif et, facultativement, un complément de l'adjectif.

	GROUPE DE L'ADJECTIF	
Fonctions syntaxiques	**Noyau** (adjectif)	**Complément de l'adjectif** (facultatif)
Exemples	*conforme* *bonne* *calme*	*à vos dispositions* *en maths*

VOIR TABLEAUX ► ADJECTIF. ► ADVERBE. ► COMPLÉMENT. ► GROUPE. ► NOM. ► PHRASE (FONCTIONS DE LA).
► PHRASE (TYPES ET FORMES DE LA). ► PRÉPOSITION. ► PRONOM. ► VERBE.

FONCTIONS DE LA **PHRASE**[1]

Une phrase peut être de premier niveau (autonome) ou de deuxième, troisième niveau (subordonnée).

Une **phrase de premier niveau** est autonome parce qu'elle n'est pas elle-même un constituant d'une construction syntaxique d'ordre supérieur; de ce fait, elle **n'a pas de fonction syntaxique.**

P

Dans un texte, entre les phrases de premier niveau, on retrouve habituellement une ponctuation : un point, un point-virgule, une virgule, un deux-points, un point d'exclamation, un point d'interrogation ou des points de suspension.

En tant que **subordonnée,** la phrase peut occuper plusieurs **fonctions** à l'intérieur de la phrase de premier niveau, c'est-à-dire qu'elle peut jouer un rôle syntaxique précis dans cette phrase, à la place d'un groupe de mots.

[*Ils se demandent* [*pourquoi on leur enseigne tant de notions* [*dont ils ne se souviendront plus bientôt.*]]]

[1er niveau (phrase autonome) sans fonction syntaxique] [2e niveau (phrase subordonnée) complément direct du verbe *se demandent*] [3e niveau (phrase subordonnée) complément du nom *notions*]

	PHRASE		
Sens	Ce dont on veut parler	Ce qu'on veut en dire	Circonstances particulières à propos de ce qu'on dit
Fonctions syntaxiques mettant ces sens en rapport	**Sujet de la phrase**	**Prédicat de la phrase**	**Complément de la phrase** (facultatif et mobile)
Catégories des mots pouvant occuper ces fonctions	• **Groupe du nom** • **Phrase infinitive** • **Phrase à verbe conjugué**	• **Groupe du verbe**	• **Groupe de la préposition** • **Groupe de l'adverbe** • **Groupe du nom** • **Phrase à verbe conjugué** • **Phrase participiale**

LES SIX FONCTIONS SYNTAXIQUES DE LA PHRASE SUBORDONNÉE

FONCTION DE SUJET DE LA PHRASE (subordonnée sujet)

- **Phrase à verbe conjugué** — ***Que nous roulions à vélo*** *m'amuse.*
- **Phrase infinitive** — ***Faire du vélo*** *m'amuse.*

FONCTION DE COMPLÉMENT DE LA PHRASE (subordonnée circonstancielle)

Les subordonnées circonstancielles servent à exprimer :
– le temps;
– la cause;
– la conséquence;
– la concession;
– l'opposition;
– le but;
– l'hypothèse ou la condition.

FONCTIONS DE LA PHRASE | SUITE >

1. Conception du tableau : Annie Desnoyers.

P

- **Phrase à verbe conjugué**

  La voiture roule ***quand le feu est vert.*** **(temps)**

  Il roulait trop vite ***de sorte qu'il a dérapé.*** **(conséquence)**

  Quoiqu'il ait déjà lu le texte, *il lui reste à le mémoriser.* **(concession)**

  Elle préfère la simplicité ***alors que sa sœur aime le luxe.*** **(opposition)**

  Elle a tout préparé ***afin que son protégé atteigne le sommet.*** **(but)**

  J'irais, ***si le temps était plus frais,*** *travailler au jardin.* **(condition)**

- **Phrase participiale**

  Le temps s'étant refroidi, *il décide de prendre ses gants.* **(cause)**

FONCTION DE COMPLÉMENT DU NOM OU DU PRONOM (subordonnée relative / complétive)

- **Phrase à verbe conjugué**

  Je vais téléphoner à la dame ***qui portait un chapeau hier soir.*** **(relative)**

  Mon amie Amélie est celle ***qui porte un petit chapeau fleuri.*** **(relative)**

  Le désir ***qu'elle revienne au plus vite*** *lui hantait l'esprit.* **(complétive)**

- **Phrase participiale**

  La dame ***portant un chapeau*** *est ma tante.* **(relative)**

FONCTION DE COMPLÉMENT DU VERBE (subordonnée complétive)

- **Phrase à verbe conjugué**

  À cause de ce temps frais, on pourrait croire ***que l'été est fini.***

  Rachel se demandait ***quel était ton tarif pour les corrections.***

- **Phrase infinitive**

  Antoine et Amélie aiment ***nous raconter des histoires drôles.***

FONCTION DE COMPLÉMENT DE L'ADJECTIF (subordonnée complétive)

- **Phrase à verbe conjugué**

  Ses parents sont certains ***qu'elle réussira l'examen final.***

FONCTION DE COMPLÉMENT DE LA PRÉPOSITION

- **Phrase infinitive**

  Il s'attend à ***recevoir une mention spéciale pour son texte.***

- **Phrase participiale**

  La dame est entrée en ***chantant joyeusement un air connu.***

VOIR TABLEAUX ► ADJECTIF. ► COMPLÉMENT. ► GROUPE. ► NOM. ► PHRASE (ANALYSE GRAMMATICALE DE LA).
► PRÉPOSITION. ► PRONOM. ► VERBE.

P

TYPES ET FORMES DE LA **PHRASE**[1]

La **phrase** est une unité grammaticale qui sert à parler d'une entité (le sujet de la phrase) et à dire quelque chose à son propos (le prédicat de la phrase) ; on y exprime aussi, facultativement, les circonstances particulières de cet énoncé (le complément de la phrase).

La phrase peut être de premier niveau (autonome) ou de deuxième, troisième niveau (subordonnée). Dans un texte, entre les phrases de premier niveau, donc autonomes, on retrouve habituellement une ponctuation ; le choix de cette ponctuation dépend du type de la phrase.

LES TYPES DE LA PHRASE (OBLIGATOIRES)

Dans ses nombreuses réalisations, la phrase est obligatoirement d'un des quatre types suivants, mais d'un seul (les types obligatoires de la phrase s'excluent mutuellement).

- La **phrase déclarative** énonce un fait, transmet une information.

  Le soleil s'est levé à 6 h 45. Mathieu rit souvent ; c'est un enfant joyeux. Ils iront quand vous serez prêts ; ils vous demandent donc de vous dépêcher.

  Elle se termine par un point, un point-virgule, une virgule, un deux-points ou des points de suspension. Même si elle peut contenir une phrase subordonnée interrogative comme complément du verbe, la phrase déclarative ne se termine jamais par un point d'interrogation.

  Rachel se demandait quel était ton tarif pour les corrections. Elle te dira combien valent ces logiciels.

- La **phrase interrogative** pose une question, demande une information.

  Est-ce que tu aimes cette musique ? Viens-tu ce soir au cinq à sept ?

  Elle se termine par un point d'interrogation.

- La **phrase impérative** exprime un ordre, une interdiction, un conseil, une demande, un souhait.

  Viens ici ; je te le dirai à ce moment-là. Soyez prudents en traversant la rue. Gardez tout avec vous, on ne sait jamais…

  Elle se termine par un point, un point-virgule, une virgule, un deux-points ou des points de suspension.

- La **phrase exclamative** exprime un sentiment intense.

  Quel plaisir d'être en vacances ! Que de découvertes nous faisons en voyage !

  Elle se termine par un point d'exclamation.

LES FORMES DE LA PHRASE (OU TYPES FACULTATIFS)

Les phrases, qu'elles soient déclaratives, interrogatives, impératives ou exclamatives, peuvent aussi, facultativement, subir une, deux ou toutes les transformations suivantes :
- d'affirmative à négative ;
- d'active à passive ;
- de neutre à emphatique ;
- de personnelle à impersonnelle.

- La **phrase négative** nie un fait, exprime qu'un énoncé est faux ou qu'il n'existe pas (selon l'émetteur). Elle peut aussi traduire un désir ou une défense.

  Le ciel n'est pas vert. Personne n'est venu ? Les élèves n'aimeraient pas que leur excursion à Québec soit annulée. Ne voyez aucune de vos amies pendant cinq jours.

- La **phrase passive** exprime une action subie par le sujet de la phrase.

  La pomme a été découpée en morceaux.

  Seuls les verbes transitifs directs peuvent se construire au passif.

TYPES ET FORMES DE LA PHRASE | ***SUITE*** >

1. Conception du tableau : Annie Desnoyers.

P

▸ La **phrase emphatique** met l'accent sur un de ses constituants.

Ma mère, elle adore la crème. Adore-t-elle la crème, ta mère? (reprise nom et pronom)
C'est ma mère qui adore la crème. C'est la crème que ma mère adore. (marqueur emphatique)

▸ La **phrase impersonnelle** transformée se construit avec un verbe occasionnellement impersonnel, c'est-à-dire qui existe aussi à la forme personnelle.

Il est arrivé un grave accident. Il est important de boire de l'eau. Il se tient une réunion à ce sujet.

PHRASE À CONSTRUCTION PARTICULIÈRE

Les phrases à construction particulière peuvent être de formes et de types divers.

Marie-Andrée? Le bonheur, ces vacances à la campagne. Au secours!

▸ **Phrase non verbale**

Il s'agit de la phrase nominale, de l'interjection, de l'apostrophe, de l'onomatopée.

Entrée interdite. Merveilleux, ce voyage! Chut! Clac!

▸ **Phrase à présentatif**

La phrase à présentatif se construit avec les présentatifs *il y a, voici, voilà, c'est.*

Il y a trois enfants ici. Voici mes enfants. C'est que mes enfants ne sont pas arrivés. C'est ta vie.

▸ **Phrase impersonnelle**

La phrase impersonnelle de construction particulière se construit avec un verbe essentiellement impersonnel, c'est-à-dire qui existe seulement à la forme impersonnelle, qui n'est pas transformé syntaxiquement à partir de la phrase de base.

Il pleut. Il fera beau demain. Il a déjà été question de ce problème.

VOIR TABLEAUX ▸ COMPLÉMENT. ▸ PHRASE (ANALYSE GRAMMATICALE DE LA). ▸ PONCTUATION. ▸ VERBE.

PHYSIOLOGISTE adj. et n. m. et f.
Spécialiste de la physiologie.

PHYSIONOMIE n. f.
1. Expression du visage. *Avoir une physionomie rieuse.*
2. (FIG.) Aspect particulier d'une chose, d'une personne, allure d'un phénomène, d'un processus. *La physionomie d'une région. Quelle est la physionomie du chômage?* SYN. allure; apparence.

PHYSIONOMISTE adj. et n. m. et f.
Qui a la mémoire des traits du visage et reconnaît facilement une personne déjà rencontrée. *Un douanier physionomiste. Un agent, qui a des qualités de physionomiste, surveille la porte d'accès aux bancs du public.*

PHYSIOTHÉRAPEUTE n. m. et f.
⚜ Personne spécialisée en physiothérapie. *Une physiothérapeute compétente et chaleureuse.* SYN. kinésithérapeute.

PHYSIOTHÉRAPIE n. f.
⚜ Traitement au moyen d'agents physiques : lumière, chaleur, exercice, etc. *Après sa fracture, la physiothérapie lui fera du bien.* SYN. kinésithérapie.

PHYSIQUE adj. et n. m. et f.
ADJECTIF
1. Qui se rapporte à la matière, à la nature. *Un phénomène physique.*
2. Qui a rapport au corps. *En général, les jeunes aiment bien l'heure de l'éducation physique.*
NOM MASCULIN
Apparence extérieure. *Un physique de jeune homme.*
NOM FÉMININ
Science des phénomènes naturels et des propriétés de la matière. *L'examen de physique était difficile.*
LOCUTION
– ***Entraînement physique.*** Forme d'entraînement planifiée et systématique, qui est conçue pour améliorer les composantes de la condition physique ou les maintenir à un certain niveau (GDT). *L'entraînement* (et non *conditionnement) *physique comprend en général l'entraînement cardiovasculaire, l'entraînement de la puissance, de la force et de l'endurance musculaires, et l'entraînement de la flexibilité.*
✏ physique.

PHYSIQUEMENT adv.
1. Du point de vue de la physique.
2. D'une manière physique, matérielle.
✏ physiquement.

PHYT(O)- préf.
Élément du grec signifiant « plante ».
Les mots composés du préfixe ***phyto-*** s'écrivent en un seul mot. *Phytotron.*

PHYTOTRON n. m.
Serre électronique. *Cette université dispose d'un immense phytotron où l'on expérimentera notamment l'action des pluies acides sur les végétaux.*
phytotron.

PI n. m. inv.
1. Lettre grecque.
2. Symbole du rapport entre le périmètre d'un cercle et son diamètre, dont l'expression numérique est ***3,1416.***
[Les *Rectifications* (1990) admettent : des pis.]

p. i.
Abréviation de ***par intérim.***

PIAFFER v. intr.
1. Frapper la terre des pieds de devant, en parlant du cheval.
2. (FIG.) Trépigner, frapper du pied. *Les enfants piaffent d'impatience.*
CONJUGAISON : VOIR MODÈLE AIMER.

PIAILLEMENT n. m.
Action de piailler. *Les piaillements des oisillons.*

PIAILLER v. intr.
Crier, en parlant des oiseaux. SYN. pépier.
CONJUGAISON : VOIR MODÈLE AIMER.
Les lettres ***ill*** sont suivies d'un ***i*** à la première et à la deuxième personne du pluriel de l'indicatif imparfait et du subjonctif présent. *(Que) nous piaillions, (que) vous piailliez.*

PIANISSIMO adv.
(MUS.) Très doucement.
T En typographie soignée, les mots étrangers sont composés en italique. Dans des textes déjà en italique, la notation se fait en romain. Pour les textes manuscrits, on utilisera les guillemets.

PIANISTE n. m. et f.
Personne qui joue du piano. *C'est une pianiste de talent.*

PIANISTIQUE adj.
Relatif au piano.

PIANO n. m.
Instrument de musique à clavier dont les cordes sont frappées par de petits marteaux. *Des pianos à queue.*

PIANO-BAR n. m. (pl. *pianos-bars*)
Bar où joue un pianiste. *Le légendaire piano-bar animé par Pierre Roche, à Québec.*

PIANOTER v. intr.
1. Jouer du piano de façon maladroite. *Elle pianote distraitement.*
2. Taper sur un clavier de matériel informatique. *Pianoter sur l'ordinateur.* SYN. (FAM.) ⚜ pitonner.
CONJUGAISON : VOIR MODÈLE AIMER.
pianoter.

PIASTRE n. f.
1. (VIEILLI) (FAM.) Dollar canadien. *« Tout le monde peut voir une piastre de papier vert »* (Hector de Saint-Denys Garneau, *Œuvres*).
2. Ancienne unité monétaire de nombreux pays. *La piastre est l'unité divisionnaire de la livre libanaise, de la livre égyptienne.*
VOIR TABLEAU – SYMBOLES DES UNITÉS MONÉTAIRES.

PIB
Sigle de ***produit intérieur brut.***

PIC n. m.
1. Sommet rocheux aux flancs escarpés (Recomm. off.). *Ils ont atteint le pic neigeux du Monte d'Oro en après-midi.*
Ne pas confondre avec les noms suivants :
• ***butte,*** petite colline ;
• ***colline,*** relief d'élévation modérée aux versants généralement en pente douce ;
• ***massif,*** ensemble montagneux non orienté qui se dégage du relief environnant ;
• ***mont,*** importante élévation se détachant du relief environnant ;
• ***montagne,*** relief élevé aux versants raides, occupant une grande superficie et appartenant à un système ;
• ***monticule,*** petite élévation du sol.
2. (FIG.) Intensité maximale d'un phénomène. *Un pic de popularité. L'épidémie de grippe a atteint son pic en janvier.*
3. Outil servant à creuser la terre. *Ils ont préparé le sol au pic et à la pelle.*
LOCUTIONS
– ***À pic,*** loc. adj. Vertical, abrupt. *Une paroi à pic.*
– ***À pic,*** loc. adv. À propos, au moment opportun. *Vous tombez à pic.*

PICADOR n. m.
Dans une corrida, cavalier qui attaque le taureau avec une pique. *Des picadors.*
Ce nom d'origine espagnole est francisé et prend la marque du pluriel.

PICARD, ARDE adj. et n. m. et f.
De Picardie. *Les roses picardes. Un Picard, une Picarde.*
T L'adjectif s'écrit avec une minuscule ; le nom, avec une majuscule.

PICCOLO ou **PICOLO** n. m.
Petite flûte. *Des piccolos charmants.*

PICHENETTE n. f.
Chiquenaude. *« Aïe ! il m'a fait une pichenette »*, *crie Sophie.*
SYN. ⚜ pichenotte.

PICHET n. m.
Récipient à anse. *Un pichet de vin.*

***PICKLES**
Anglicisme pour ***cornichons marinés.***

PICKPOCKET n. m. (pl. *pickpockets*)
Le ***t*** se prononce, [pikpɔkɛt].
Voleur à la tire. *Des pickpockets se sont emparés de son portefeuille.*

***PICK-UP**
Anglicisme pour ***enlèvement*** (des marchandises).
Anglicisme pour ***tourne-disques.***

***PICK-UP (TRUCK)**
Anglicisme pour ***camionnette.***

PICO- préf.
Élément de l'italien signifiant « petit ».
Symbole ***p*** (s'écrit sans point).
Préfixe qui multiplie par 0,000 000 000 001 l'unité qu'il précède. *Des picosecondes.*
Sa notation scientifique est 10^{-12}.
VOIR TABLEAU – MULTIPLES ET SOUS-MULTIPLES DÉCIMAUX.

PICOLER v. intr.
(FAM.) Boire du vin, de l'alcool. *Ils picolent un peu trop.*
CONJUGAISON : VOIR MODÈLE AIMER.

PICORER v. tr.
Prendre de la nourriture avec le bec, en parlant d'un oiseau. *Les poules picorent des graines.*
Ne pas confondre avec le verbe ***picoter,*** causer des picotements.
CONJUGAISON : VOIR MODÈLE AIMER.

P

P

PICOSECONDE n. f.
Symbole ***ps*** (s'écrit sans point).
Unité de mesure de temps correspondant à un millième de milliardième de seconde. « *Si l'on cherche quelques repères chronologiques sur la contraction du temps dans l'histoire, faut-il rappeler qu'on a commencé de parler de dixième de seconde en 1600, de centième de seconde en 1800, de milliseconde en 1850, de microseconde (millionième de seconde) en 1950, de nanoseconde (milliardième de seconde) en 1965, de picoseconde (millième de milliardième de seconde) en 1970, de femtoseconde (millionième de milliardième de seconde) en 1990, et qu'on parlera probablement en 2020 d'attoseconde, c'est-à-dire de milliardième de milliardième de seconde* » (*Le Monde diplomatique*, 2002) !

PICOTEMENT n. m.
Fourmillement. *Élise sent des picotements dans sa main.*

PICOTER v. tr.
1. Causer des picotements. *La fumée picote les yeux.*
2. Piquer avec le bec. « *Une poule sur un mur qui picote du pain dur* » (*Comptine*).
⊶ Ne pas confondre avec le verbe ***picorer***, prendre de la nourriture avec le bec, en parlant d'un oiseau.
CONJUGAISON : VOIR MODÈLE AIMER.
⇨ picoter.

PICTOGRAMME n. m.
Représentation graphique symbolique. *Le pictogramme du métro de Montréal est composé d'un cercle et d'une flèche.*

PICTURAL, ALE, AUX adj.
Qui est relatif à la peinture. *Des effets picturaux, des œuvres picturales.*

PIC-VERT
VOIR – PIVERT.

PIDGIN n. m.
⇔ Attention à la prononciation, [pidʒin].
(LING.) Langue mixte issue du contact de l'anglais et de langues autochtones d'Extrême-Orient, qui sert de langue d'appoint sans être langue maternelle d'une communauté.
⊶ Ne pas confondre avec les noms suivants :
• ***créole***, langue mixte issue du contact d'une langue européenne (français, anglais, espagnol, portugais) et de langues indigènes, africaines en particulier, devenue langue maternelle d'une communauté linguistique ;
• ***sabir***, langue mixte élémentaire résultant des contacts de langues très différentes les unes des autres, utilisable pour des communications très limitées dans des secteurs déterminés, notamment le commerce.

PIE adj. inv. et n. f.
NOM FÉMININ
1. Oiseau à plumage blanc et noir. *La pie jacasse.*
VOIR TABLEAU – ANIMAUX.
2. (FIG.) (FAM.) Personne bavarde. *Son frère est une pie, il adore bavarder.*
ADJECTIF DE COULEUR INVARIABLE
Se dit d'un animal dont le plumage, le pelage est de deux couleurs. *Des juments pie.*
VOIR TABLEAU – COULEUR (ADJECTIFS DE).

PIÈCE n. f.
1. Partie d'un tout. *Une pièce d'un casse-tête.*
2. Partie d'une habitation. *Cette maison comporte huit pièces* (et non *appartements).
3. Morceau de métal plat servant de monnaie. *Des pièces de 25 cents.*
4. Ouvrage dramatique. *Des pièces de théâtre.*
LOCUTIONS
– ***À la pièce, aux pièces.*** Se dit d'une personne payée proportionnellement au travail exécuté. *Elle travaille à la pièce.*
– ***De toutes pièces,*** loc. adv. Complètement. *Cette histoire est inventée de toutes pièces.*
⊶ Dans cette expression, le nom ***pièce*** se met toujours au pluriel.
– ***Mettre en pièces.*** Détruire. *Le chien a mis en pièces la poupée.*
⊶ Dans cette expression, le nom ***pièce*** se met toujours au pluriel.
– ***Pièce jointe.*** Abréviation ***p. j.*** (s'écrit avec des points). Document annexé à un envoi, à une lettre. *Pièce jointe à un procès-verbal.*
– ***Pièces justificatives.*** Documents qui servent à prouver ce qui est allégué.

PIÉCETTE n. f.
Petite pièce de monnaie. *Les enfants ont lancé des piécettes dans la fontaine.*
⇨ piécette.

PIED n. m.
1. Extrémité inférieure de la jambe de l'homme, de la patte des animaux qui ont des sabots (éléphant, cheval, bœuf, mouton, cerf, chameau, etc.). *Nouni a de petits pieds. Les pieds de devant du cheval.*
2. Base, support. *Les pieds d'une table. Le pied d'une colonne.*
3. Unité de mesure anglo-saxonne comportant 12 pouces et valant environ 30 centimètres. *Il mesure six pieds.*
[T] Le mot ***pied*** s'abrège ***pi*** (s'écrit sans point) s'il est précédé d'un nombre en chiffres. *Elle mesure 5 pi 6 po ou un peu plus.* Le Canada a adopté le Système international d'unités (SI) : on compte désormais en mètres.
LOCUTIONS
– ***À pied.*** En marchant. *Tous les jours, je vais à l'école à pied.*
⊶ L'expression ***marcher à pied,*** qui est une répétition de mots dont le sens est identique, est maintenant passée dans l'usage, mais on peut lui préférer ***aller à pied, marcher.***
– ***À pied sec.*** Sans se mouiller. *L'eau est haute : on ne peut traverser à pied sec.*
– ***À pieds joints.*** Les pieds réunis. *Ils ont sauté à pieds joints sur le matelas.*
– ***Attendre quelqu'un de pied ferme.*** Avec détermination, colère. *Nous attendions ce gaffeur de pied ferme.*
– ***Au pied de la lettre.*** Littéralement.
– ***Au pied levé.*** Sans préparation. *Il remplace l'acteur absent au* (et non *à) *pied levé.*
– ***Avoir bon pied, bon œil.*** Être encore agile, en forme (malgré l'âge). *À 93 ans, le père Lacroix a encore bon pied, bon œil.*
– ***Avoir les deux pieds dans la même bottine.*** ⚜ Manquer de débrouillardise, être maladroit.
– ***Avoir pieds et poings liés.*** Être réduit à l'impuissance.
– ***Casser les pieds.*** (FAM.) Ennuyer.
– ***Comme un pied.*** Très mal. *Il écrit, il joue comme un pied.*
– ***Des pieds à la tête, de la tête aux pieds.*** Complètement. *Elle s'est habillée de neuf de la tête aux pieds.*
– ***Être à pied d'œuvre.*** Être prêt pour l'exécution d'un travail. *Nous sommes à pied d'œuvre : toute la documentation est rassemblée, nous entreprenons la rédaction du projet de recherche.*
– ***Être au pied du mur.*** Ne plus pouvoir s'échapper, ne disposer d'aucune échappatoire possible.
– ***Fouler aux pieds.*** Mépriser.
– ***Marcher sur les pieds de quelqu'un.*** Chercher à l'évincer.
– ***Mettre à pied.*** Licencier.
– ***Mettre les pieds dans le plat.*** (FAM.) Gaffer.
– ***Mettre les pieds*** (dans un lieu). Y aller. *Je n'ai jamais mis les pieds dans ce théâtre.*
– ***Mettre quelqu'un au pied du mur.*** Le forcer à agir, à se décider.
– ***Mettre sur pied.*** Organiser. *Ces étudiants mettent sur pied une association.*
– ***Perdre pied, lâcher pied.*** Perdre l'équilibre. *Ils ont perdu pied et sont tombés.*

– ***Perdre pied, lâcher pied.*** (FIG.) Être dans une situation difficile. *Elles sont sur le point de perdre pied et de tout abandonner.*
– ***Pied de nez.*** Grimace. *Des pieds de nez espiègles.*
– ***Pieds nus, nu-pieds.***
Attention à l'adjectif ***nu,*** qui est invariable devant le nom (*elle est nu-tête*), variable après le nom (*elle est tête nue*).
– ***Remettre quelqu'un sur pied.*** Le guérir, le remettre d'aplomb. *Ce séjour à la campagne l'a remis sur pied.*
– ***Se jeter aux pieds de quelqu'un.*** Le supplier, l'implorer.
– ***Se lever du pied gauche.*** Être de mauvaise humeur.
– ***Sur pied.*** Levé, prêt. *Elle est sur pied dès 6 heures.*
– ***Travailler d'arrache-pied.*** Avec acharnement.
Cette expression s'écrit avec un trait d'union.

PIED-À-TERRE n. m. inv. (pl. *pied-à-terre*)
Attention à la liaison, [pjetatɛr].
Petit logement qu'on habite occasionnellement. *Des pied-à-terre pratiques.*

PIED-BOT n. m. (pl. *pieds-bots*)
Personne qui a un pied infirme.
pied-bot.

PIED-D'ALOUETTE n. m. (pl. *pieds-d'alouette*)
Plante ornementale. *Des pieds-d'alouette blancs, roses et jaunes égaient le jardin.*

PIED-DE-BICHE n. m. (pl. *pieds-de-biche*)
Outil composé d'un levier à tête.

PIED-DE-POULE adj. inv. et n. m. (pl. *pieds-de-poule*)
ADJECTIF INVARIABLE
Dont l'imprimé reproduit des pattes d'oiseau. *Des tailleurs pied-de-poule.*
NOM MASCULIN
Se dit d'un imprimé évoquant des pattes d'oiseau. *Des pieds-de-poule noir et blanc.*

PIED-DE-ROI n. m. (pl. *pieds-de-roi*)
Règle pliante en bois graduée en pieds et en pouces.

PIÉDESTAL n. m. (pl. *piédestaux*)
Socle. *Des piédestaux ornés de motifs sculptés.*
LOCUTION
– ***Mettre quelqu'un sur un piédestal.*** (FIG.) Lui témoigner une grande admiration qui n'est pas toujours méritée.
piédestal, en un seul mot.

PIÈGE n. m.
1. Dispositif qui sert à prendre des animaux. *Un piège à renard, à lièvre.*
2. (FIG.) Embûche. *Des questions pièges. Cette dictée était remplie de pièges.* SYN. chausse-trape ; écueil ; traquenard.
Mis en apposition, le nom prend la marque du pluriel.
piège.

PIÉGEAGE n. m.
Action de piéger. *Le trappeur pratique le piégeage des lièvres.*
piégeage.

PIÉGER v. tr.
1. Tendre un piège. *Le trappeur piégeait des renards.*
2. (FIG.) Prendre au piège. *Ils ont été piégés par cette tactique.*
CONJUGAISON : VOIR MODÈLE PROTÉGER.
Le ***é*** se change en ***è*** devant une syllabe contenant un ***e*** muet, sauf à l'indicatif futur et au conditionnel présent. *Je piège,* mais *je piégerai.*
[Les *Rectifications* (1990) admettent : il piègera, piègerait...]

PIE-GRIÈCHE n. f. (pl. *pies-grièches*)
Passereau. *La pie-grièche grise est un prédateur au bec crochu.*

***PIERCING**
Anglicisme pour ***perçage (corporel).***

PIERRE n. f.
1. Corps dur et solide, matière minérale qu'on détache des rochers. *Un bloc de pierre.*
2. Fragment ou morceau de pierre. *Les voyous lui lançaient des pierres.*
Le nom ***roche*** est un générique qui désigne la masse de substances minérales, tandis que la ***pierre*** est le matériau tiré de la roche dont on se sert dans la construction. Le ***caillou*** est un fragment de pierre de petite dimension.
LOCUTIONS
– ***Âge de pierre.*** Époque préhistorique.
– ***En pierre.*** Dans cette expression, le nom est généralement au singulier. *Une belle maison en pierre.*
– ***Être, rester de pierre.*** Être, rester insensible. *Malgré ses plaintes, il resta de pierre.*
– ***Faire d'une pierre deux coups.*** Atteindre deux objectifs par une seule action. *Vous avez fait d'une* (et non *une) *pierre deux coups.*
– ***Pierre philosophale.*** Pierre des alchimistes qui devait changer les métaux en or.
– ***Pierre ponce.*** Roche volcanique. *Elle frotte ses pieds rugueux avec des pierres ponces pour les adoucir.*
Les deux éléments prennent la marque du pluriel.
– ***Pierre précieuse.*** Minéral d'une grande rareté et d'un prix élevé que l'on emploie en joaillerie. *Le diamant, le saphir, l'émeraude, le rubis sont des pierres précieuses.*
FORME FAUTIVE
*pierre (aux reins, au foie). Impropriété pour ***calcul (rénal, biliaire).***

PIERRERIES n. f. pl.
Pierres précieuses travaillées. *Ce diadème regorge de pierreries.*
Ce nom ne s'emploie qu'au pluriel.

PIERROT n. m.
Personnage à la figure enfarinée des pantomimes.
pierrot.

PIETÀ n. f. inv. (pl. *pietà*)
Le ***e*** se prononce ***é,*** [pjeta].
Représentation de la Vierge portant sur ses genoux le corps du Christ mort. *Des* pietà *de marbre.*
T En typographie soignée, les mots étrangers sont composés en italique. Dans des textes déjà en italique, la notation se fait en romain. Pour les textes manuscrits, on utilisera les guillemets.
[Les *Rectifications* (1990) admettent : une piéta, des piétas.]

PIÉTÉ n. f.
Dévotion religieuse fervente. *Elle se recueille avec piété.*
Ne pas confondre avec le nom ***pitié,*** sympathie pour la douleur d'autrui.
piété.

PIÈTEMENT n. m.
Ensemble des pieds d'un meuble. *Le piètement de cette table est intéressant.*
piètement.

PIÉTINEMENT n. m.
1. Action de piétiner. *Le piétinement des marathoniens en attendant le signal du départ.*
2. (FIG.) Fait de ne pas avancer, de ne pas progresser.

PIÉTINER v. tr., intr.
VERBE TRANSITIF
Frapper avec les pieds. *Les chèvres ont piétiné le jardin.*
VERBE INTRANSITIF
1. Rester sur place, marquer le pas. *Les coureurs piétinent en attendant le signal du départ.*
2. (FIG.) Ne pas progresser. *Nous piétinons : aucun progrès depuis la dernière rencontre. Les recherches piétinent.* SYN. stagner.
CONJUGAISON : VOIR MODÈLE AIMER.

P

PIÉTON, ONNE adj. et n. m. et f.
ADJECTIF
Réservé aux piétons. *Une rue piétonne.* SYN. piétonnier.
NOM MASCULIN ET FÉMININ
Personne qui va à pied. *Les piétons ont la priorité au feu vert.*

PIÉTONNIER, IÈRE adj.
Réservé aux piétons. *Des voies piétonnières.* SYN. piéton.

PIÈTRE adj.
Médiocre. *Ce tissu est de piètre qualité.* SYN. mauvais ; quelconque.

PIÈTREMENT adv.
De façon médiocre. *Ils ont défendu leur cause piètrement.*

PIEU n. m. (pl. *pieux*)
Pièce de bois pointue. *Une clôture de pieux.*

PIEUSEMENT adv.
D'une manière pieuse. *La sacristine s'est agenouillée pieusement.*

PIEUVRE n. f.
Poulpe de grande taille. *La pieuvre a huit tentacules.*

PIEUX, PIEUSE adj.
Qui a de la piété. *Bianca est très pieuse.* SYN. religieux.

PIGE n. f.
– ***À la pige.*** Se dit d'un mode de rémunération à la ligne, à l'article, etc. *Un journaliste, une traductrice à la pige.* SYN. pigiste.
Le mot ne s'emploie que dans cette locution.

PIGEON n. m.
Oiseau granivore au plumage blanc, gris ou brun. *De beaux pigeons blancs. Le pigeon biset ne craint pas l'hiver.*
Le nom littéraire du pigeon est ***colombe.***
VOIR TABLEAU – ANIMAUX.
LOCUTION
– ***Pigeon voyageur.*** Pigeon dressé pour porter des messages d'un lieu à un autre grâce à son sens de l'orientation très développé. *Des pigeons voyageurs rapides.*
L'expression s'écrit sans trait d'union.

PIGEONNANT, ANTE adj.
Se dit, par allusion à la gorge du pigeon, d'une poitrine haute et ronde. *Des soutiens-gorge pigeonnants.*
pigeonnant.

PIGEONNE n. f.
Femelle du pigeon. *La pigeonne et ses pigeonneaux.*
pigeonne.

PIGEONNEAU n. m. (pl. *pigeonneaux*)
Petit du pigeon et de la pigeonne. *Les pigeonneaux roucoulent.*
pigeonneau.

PIGEONNIER n. m.
1. Lieu où l'on élève des pigeons. *Le charmant pigeonnier des Jardins des quatre-vents à Cap-à-l'Aigle.*
2. (FIG.) (FAM.) Étagère comportant un ensemble de compartiments destinés à recevoir le courrier des employés (d'une école, d'un hôpital, etc.), des membres d'une équipe. *Elle a trouvé dans son pigeonnier une enveloppe de bonne épaisseur, portant la mention « confidentiel ».*
pigeonnier.

PIGER v. tr., intr.
VERBE TRANSITIF
1. (FAM.) (PÉJ.) Comprendre. *Maxime n'a pas bien pigé l'explication.*
2. ⚜ (FAM.) Prendre. *Le musée a pigé des tableaux dans sa collection permanente pour constituer cette exposition.*
En ce sens, le verbe peut avoir une connotation péjorative. *Les gouvernements fédéral et provincial ont la fâcheuse habitude de piger à qui mieux mieux dans les poches des contribuables.*
3. ⚜ (FAM.) Tirer, prendre au hasard. *Sébastien a pigé le 7 et a gagné.*
VERBE INTRANSITIF
1. (FAM.) Prendre. *Le musée a pigé dans sa collection permanente pour constituer cette exposition. Les gouvernements fédéral et provincial ont la fâcheuse habitude de piger à qui mieux mieux dans les poches des contribuables.*
2. (FAM.) Dérober, détourner des fonds. *L'entreprise est soupçonnée d'avoir pigé dans la caisse de retraite des employés.*
Le verbe est couramment utilisé en ce sens au Québec et dans certaines autres régions de la francophonie, mais son emploi demeure régional.
CONJUGAISON : VOIR MODÈLE CHANGER.
Le ***g*** est suivi d'un ***e*** devant les lettres ***a*** et ***o***. *Il pigea, nous pigeons.*

PIGISTE n. m. et f.
1. Journaliste, rédacteur qui travaille à la pige. *Ce reportage a été rédigé par une pigiste.*
2. Personne qui travaille à son compte et qui accepte des mandats de certaines entreprises. *Nous confierons cette étude à des pigistes.*

PIGMENT n. m.
Substance colorée. *Cette peinture contient des pigments jaunes.*

PIGMENTAIRE adj.
Qui se rapporte aux pigments. *Des taches pigmentaires.*

PIGMENTATION n. f.
Coloration de la peau, d'une substance par un pigment. *Une pigmentation brune, une pigmentation claire.*

PIGMENTER v. tr.
Colorer par un pigment. *Pigmenter une peinture blanche.*
CONJUGAISON : VOIR MODÈLE AIMER.

PIGNON n. m.
1. Partie supérieure d'un mur, terminée en pointe. *La maison aux trois pignons.*
2. Roue d'engrenage.
3. Graine de la pomme de pin. *Une salade d'endives et de pignons.*
LOCUTIONS
– ***Avoir pignon sur rue.*** Avoir une maison à soi et, au figuré, avoir une certaine aisance.
– ***Avoir pignon sur rue.*** En parlant d'un magasin, d'une boutique, être situé sur une artère commerciale plutôt que dans un centre commercial. *Les cinq magasins Zone ont pignon sur rue.*
Dans cette expression, les noms demeurent au singulier.

PILAF n. m.
Plat composé de riz fortement épicé accompagné de volaille, de poisson ou de légumes. *Des pilafs, du riz pilaf.*

PILAIRE adj.
Relatif aux poils, aux cheveux.

PILASTRE n. m.
Pilier carré dans une construction.
VOIR – PILIER.

PILE adv. et n. f.
NOM FÉMININ
1. Entassement. *Une pile de livres.*
2. Appareil transformant de l'énergie chimique, solaire en électricité. *Il y a deux piles* (et non deux *batteries) *dans cette lampe de poche.*
3. Côté d'une pièce de monnaie qui ne porte pas une figure. ANT. face.
ADVERBE
Exactement. *Nous partirons à 3 heures pile.* SYN. précisément ; tapant.

LOCUTIONS
– ***Pile ou face,*** loc. adv. Au hasard du côté sur lequel tombe une pièce lancée en l'air. *On jouait à pile ou face pour décider où aller manger.*
– ***S'arrêter pile.*** (FAM.) S'arrêter net.
– ***Tomber pile.*** (FAM.) Arriver à propos. *Tu tombes pile, nous te cherchions.*
Dans ces expressions, le nom ***pile*** est invariable.

***PILÉES (PATATES)**
Impropriété pour ***purée (de pommes de terre).***

PILER v. tr., intr.
VERBE TRANSITIF
Broyer avec un pilon. *Piler de l'ail.* SYN. écraser.
VERBE INTRANSITIF
1. ⚜ (FAM.) Marcher dessus, fouler. *Ne pile pas sur le tapis avec tes bottes boueuses.*
2. ⚜ (FAM.) Écraser. *Gabriel a pilé sur son jouet, qui a été réduit en miettes.*
En ces sens de registre familier, le verbe demeure courant au Québec, dans la francophonie canadienne et dans certaines régions françaises, mais il n'appartient plus à l'usage de la majorité des locuteurs du français.
LOCUTIONS
– ***Piler sur son orgueil.*** ⚜ (FAM.) Mettre son orgueil de côté.
– ***Se piler sur les pieds.*** ⚜ (FAM.) Se trouver dans un espace restreint où il y a affluence.
CONJUGAISON : VOIR MODÈLE AIMER.

PILEUX, EUSE adj.
Relatif aux poils. *Le système pileux.*

PILIER n. m.
1. Massif de maçonnerie rond ou carré soutenant une construction.
Ne pas confondre avec les noms suivants :
• ***atlante,*** colonne sculptée en forme d'homme soutenant un entablement ;
• ***caryatide,*** colonne sculptée en forme de femme soutenant une corniche sur sa tête ;
• ***colonne,*** pilier circulaire soutenant les parties supérieures d'un édifice ;
• ***pilastre,*** pilier carré dans une construction.
2. (FIG.) Ce qui assure la stabilité, la solidité de quelque chose. *Ces professeurs sont les piliers de cette faculté universitaire.*

PILLAGE n. m.
Vol important, vandalisme. *Ce magasin a été l'objet d'un pillage : tout a été volé et détruit.*

PILLARD, ARDE adj. et n. m. et f.
Qui commet un vol. SYN. voleur.

PILLER v. tr.
Voler, saccager. *Des bandes armées ont pillé les magasins.*
CONJUGAISON : VOIR MODÈLE AIMER.
Les lettres ***ill*** sont suivies d'un ***i*** à la première et à la deuxième personne du pluriel de l'indicatif imparfait et du subjonctif présent. *(Que) nous pillions, (que) vous pilliez.*

PILLEUR, EUSE n. m. et f.
Personne qui pille. SYN. voleur.

PILON n. m.
Instrument à base arrondie utilisé pour piler. *Le pilon et le mortier des anciens pharmaciens.*
LOCUTION
– ***Mettre au pilon*** (en parlant d'un livre). Détruire, écraser un livre. SYN. pilonner.

PILONNAGE n. m.
Action de pilonner.
pilonnage.

PILONNER v. tr.
1. Écraser (un livre) avec un pilon. SYN. mettre au pilon.
2. Bombarder un objectif.
CONJUGAISON : VOIR MODÈLE AIMER.
pilonner.

PILORI n. m.
Poteau auquel étaient attachés les condamnés sur la place publique.
LOCUTION
– ***Mettre quelqu'un au pilori.*** (FIG.) Le vouer au mépris public.

PILOSITÉ n. f.
Système pileux. *Une pilosité légère, trop fournie.*

PILOTAGE n. m.
Art de conduire un navire (dans un port, sur un cours d'eau où il est difficile de naviguer), de piloter un avion. *Des cours de pilotage. Un poste de pilotage. Le pilotage des transatlantiques sur le Saint-Laurent est difficile.*

PILOTE n. m.
1. Personne qui conduit un navire, un avion, un engin, une voiture de course. *Julia voudrait devenir pilote d'avion. Ils sont pilotes sur le Saint-Laurent de père en fils.*
2. (EN APPOS.) À titre expérimental. *Des classes-pilotes* ou *des classes pilotes, une usine-pilote* ou *une usine pilote, un rôle-pilote* ou *un rôle pilote.* SYN. modèle.
En apposition, le nom s'écrit avec ou sans trait d'union et les deux mots prennent la marque du pluriel.
FORME FAUTIVE
*pilote. Anglicisme au sens de ***veilleuse, lampe témoin.***

PILOTER v. tr.
1. Conduire un navire, un avion, etc. *Sais-tu piloter ce voilier ?*
2. (FIG.) Guider. *J'ai piloté mes invités à travers la ville.*
CONJUGAISON : VOIR MODÈLE AIMER.
piloter.

PILOTIS n. m.
Le *s* ne se prononce pas, [pilɔti].
Ensemble de pieux enfoncés dans un sol mouvant pour servir de base à une construction. *Une maison sur pilotis protégée des inondations.*
pilotis, un *s* final.

PILULE n. f.
Médicament façonné en petite boule que l'on peut avaler. *Ces pilules sont des antibiotiques.*
LOCUTIONS
– ***Dorer la pilule.*** (FIG.) Présenter une chose désagréable sous un aspect favorable.
– ***La pilule.*** (FAM.) Se dit d'un produit sous forme de comprimés qui empêche la fécondation. *Prendre la pilule pour limiter les naissances.*
– ***Pilule du lendemain.*** Moyen contraceptif d'urgence. *La présidente du Chili a obligé tous les pharmaciens du pays à mettre gratuitement à la disposition des Chiliennes la pilule du lendemain.*
pilule.

PILULIER n. m.
Boîte à compartiments où sont disposés les médicaments à prendre pendant une certaine période. *Un pilulier hebdomadaire, un pilulier mensuel. Six sortes de médicaments, trois prises par jour, des petites pilules de toutes les couleurs soigneusement rangées dans des piluliers* (et non *dosettes). *Le pilulier électronique émet un signal vers un téléphone cellulaire lorsqu'une pilule est retirée : si le patient oublie une pilule ou s'il en prend trop, il reçoit un gentil message de rappel par téléphone.*

PIMBÊCHE adj. et n. f.
Femme qui prend des airs pincés. *Quelles chipies ! Quelles pimbêches !*
pimbêche.

P

PIMENT n. m.
Plante potagère dont le fruit à saveur très piquante sert de condiment. *Ajouter un peu de piment rouge dans la sauce à spaghetti.*
Ne pas confondre avec le nom ***poivron,*** fruit du piment doux.

PIMENTER v. tr.
1. Assaisonner de piment. *Ce plat thaïlandais est très pimenté : j'ai la bouche en feu.*
2. (FIG.) Mettre du piquant. *Ce récit amusant a pimenté la soirée.*
CONJUGAISON : VOIR MODÈLE AIMER.

PIMPANT, ANTE adj.
Coquet et frais. *Une tenue pimpante.*

PIN n. m.
Conifère élancé au feuillage persistant. *Le pin noir peut atteindre 30 m.*
HOM. ***pain,*** aliment à base de farine.

PINACLE n. m.
1. Sommet, partie qui couronne un immeuble.
2. (FIG.) Degré le plus élevé des honneurs.
LOCUTION
– ***Porter quelqu'un au pinacle.*** (FIG.) Formuler des paroles très élogieuses à son endroit. SYN. porter aux nues.

PINARD n. m.
(FAM.) Vin de qualité ordinaire.
pinard.

PINCE n. f.
1. Outil composé de deux parties articulées destinées à saisir, à serrer des objets. *Jean-Pierre a emprunté mes pinces pour serrer un boulon. Une pince à épiler.*
2. Partie des pattes de certains crustacés. *Des pinces de homard.*
3. Pli d'un vêtement. *Une jupe avec des pinces.*
LOCUTIONS
– ***Pince à linge.*** Petit dispositif à deux branches servant à suspendre des vêtements à sécher. SYN. épingle à linge.
– ***Pince(-)étau.*** Pince réglable permettant de tenir ou de serrer une pièce, un objet. *Des pinces-étaux* (et non *vise-grip) *à mâchoires droites, une pince étau à mâchoires incurvées.*

PINCÉ, ÉE adj.
Qui a une allure maniérée et désagréable. *Son air pincé le rend antipathique.*

PINCEAU n. m. (pl. *pinceaux*)
Ce mot rime avec **sot,** [pɛ̃so].
Ensemble de poils fixés à un manche dont on se sert pour appliquer de la peinture, de la colle, etc. *Le peintre doit nettoyer ses pinceaux.*

PINCÉE n. f.
Petite quantité d'une matière (poudre, grains) qu'on prend entre les doigts. *Une pincée de sel.*

PINCEMENT n. m.
Action de pincer, de se pincer. *Il ressentit un pincement douloureux.* SYN. serrement.
LOCUTION
– ***Un pincement au cœur.*** Serrement d'angoisse subite. *Elle a eu un pincement au cœur en reconnaissant son ancien copain.*

PINCE-MONSEIGNEUR n. f. (pl. *pinces-monseigneur*)
Levier utilisé par les cambrioleurs pour forcer une porte, une fenêtre.

PINCE-NEZ n. m. inv. (pl. *pince-nez*)
Lorgnon. SYN. binocle.

PINCE-NOTE(S) n. m. (pl. *pince-notes*)
Pince généralement métallique, dont les deux mâchoires articulées permettent de retenir des feuilles. *Ces pince-notes colorés plairont aux enfants.*

PINCER v. tr.
1. Serrer avec une pince, avec les doigts. *« Il m'a pincée ! » crie la petite fille.*
2. (FAM.) Surprendre, attraper. *Pincer un voleur.*
CONJUGAISON : VOIR MODÈLE AVANCER.
Le **c** prend une cédille devant les lettres ***a*** et ***o.*** *Il pinça, nous pinçons.*

PINCE-SANS-RIRE adj. et n. m. et f. inv. (pl. *pince-sans-rire*)
Se dit d'une personne qui fait des blagues en restant sérieuse. *Geneviève a le sens de l'humour et, en plus, elle est pince-sans-rire.*

PINCETTE n. f.
1. Petite pince.
2. (AU PLUR.) Instrument à deux branches employé pour manipuler les bûches dans une cheminée.
LOCUTION
– ***Ne pas être à prendre avec des pincettes.*** (FIG.) Être de mauvaise humeur.

PINÇON n. m.
Marque sur la peau. *Un gentil Portugais de Coimbra lui a fait un pinçon dans le cou.*
HOM. ***pinson,*** oiseau.
pinçon.

PINEAU n. m. (pl. *pineaux*)
Vin de liqueur charentais très apprécié.
HOM. ***pinot,*** cépage estimé.

PINÈDE n. f.
Forêt de pins. *Les chalets sont situés dans une pinède au bord de la mer.*

PINGOUIN n. m.
Oiseau palmipède de l'Arctique à ailes courtes et à plumage noir et blanc.
Ne pas confondre avec le nom ***manchot,*** oiseau palmipède de l'Antarctique.

PING-PONG n. m. inv. (pl. *ping-pong*)
Ce nom se prononce ***pigne-pongue,*** [piŋpɔ̃g].
Tennis de table. *Jouer au ping-pong.*
Ce nom onomatopéique est centenaire. Il a été créé en 1901 par les Anglais pour suggérer le bruit de la balle de ce jeu. La personne qui pratique ce sport est un ou une pongiste. [Les *Rectifications* (1990) admettent : un pingpong, des pingpongs.]

PINGRE adj. et n. m. et f.
Avare. *Des pingres de la pire espèce. Un oncle pingre dénommé Picsou.*

PINGRERIE n. f.
Avarice, économie excessive. *Ces cadeaux bon marché témoignent de sa pingrerie.* SYN. mesquinerie.

PINOT n. m.
Cépage estimé.
HOM. ***pineau,*** vin de liqueur charentais.

***PIN'S**
Anglicisme pour ***épinglette.***

PINSON n. m.
Oiseau apprécié pour son chant. *Les pinsons égaient la maison par leur chant mélodieux.*
LOCUTION
– ***Gai comme un pinson.*** De très bonne humeur.
HOM. ***pinçon,*** marque sur la peau.

PINTADE n. f.
Gallinacé au plumage sombre. *Une pintade mâle, une pintade femelle. Le petit de la pintade est le pintadeau. La pintade criaille.*

PINTADEAU n. m. (pl. *pintadeaux*)
Petit de la pintade. *Les pintadeaux cherchent la pintade.*

PINTE n. f.
⚜ Unité de mesure de capacité anglo-saxonne qui vaut un quart de gallon ou 1,136 litre. *Une pinte de lait.*

PIOCHAGE n. m.
Action de piocher.

PIOCHE n. f.
Outil servant à creuser la terre.
LOCUTION
– ***Une tête de pioche.*** (FIG.) (FAM.) Personne très têtue.

PIOCHER v. tr.
1. Creuser à la pioche.
2. (FIG.) (FAM.) Travailler avec acharnement. *Étienne pioche sa physique.* SYN. bûcher.
CONJUGAISON : VOIR MODÈLE AIMER.

PIOLET n. m.
Outil d'alpiniste, ferré à un bout et équipé d'une petite pioche à l'autre extrémité. *Pour cette escalade, il serait prudent de vous munir d'un piolet.*
✏ **piolet.**

PION n. m.
Petite pièce du jeu d'échecs, du jeu de dames.
LOCUTION
– ***Damer le pion à quelqu'un.*** (FIG.) Prendre l'avantage sur lui.

PIONNIER, IÈRE n. m. et f.
1. Défricheur. *Les premiers colons de la Nouvelle-France étaient des pionniers.*
2. (FIG.) Personne qui ouvre une nouvelle voie. *Marie Curie a été une pionnière dans le domaine des substances radioactives.* SYN. créateur; initiateur.

PIPE n. f.
Appareil composé d'un tuyau et d'un fourneau contenant du tabac. *Fumer une pipe.*
LOCUTION
– ***Tirer la pipe à quelqu'un.*** ⚜ (FAM.) Se moquer de lui, s'amuser à ses dépens.

PIPEAU n. m. (pl. *pipeaux*)
Petite flûte.

PIPELINE n. m.
Le nom se prononce [piplin, pajplajn].
Canalisation servant au transport de certains fluides.
On utilise aujourd'hui ***oléoduc, gazoduc***, etc., selon le cas.
VOIR – GAZODUC, OLÉODUC.

PIPER v. tr., intr.
VERBE TRANSITIF
Truquer. *Il a pipé les cartes. Les dés sont pipés.*
VERBE INTRANSITIF
(FAM.) Ne pas dire un mot, rester impassible. *Ne pas piper.*
CONJUGAISON : VOIR MODÈLE AIMER.

PIPERADE n. f.
Le premier ***e*** se prononce ***é***, [piperad].
Plat basque composé de tomates, de poivrons et d'œufs battus.
Le mot s'écrit aussi ***pipérade.***

PIPETTE n. f.
Petit tube employé en laboratoire. *Une pipette graduée.*

PIPI n. m.
(FAM.) Urine. *Fais pipi avant d'aller jouer dehors !*

***PIPING**
Anglicisme pour ***passepoil.***

PIQUANT, ANTE adj. et n. m.
ADJECTIF
1. Qui pique. *Sa barbe est piquante. Une sauce piquante.*
2. Mordant, vif. *Des paroles piquantes. Un entretien piquant.*
NOM MASCULIN
1. Épine de certains végétaux, excroissance de certains animaux. *Les piquants de l'oursin, d'un cactus.*
2. Ce qui est amusant. *Le piquant de l'histoire, c'est que...*

PIQUE n. m. et f.
NOM MASCULIN
Une des couleurs du jeu de cartes. *Un sept de pique, un pique.*
NOM FÉMININ
Arme dont la pointe est acérée.
✏ **pique.**

PIQUÉ, ÉE adj. et n. m.
ADJECTIF
Marqué de petits points. *Une porte piquée par des insectes. « Sur l'eau piquée de nénuphars [...]/Et tenue de cent mille tiges »* (Hector de Saint-Denys Garneau, *Œuvres*).
NOM MASCULIN
1. Étoffe de coton ornée d'un motif exécuté à l'aide de points de couture.
2. (AVIAT.) Descente très rapide à la verticale. *L'avion a fait un piqué et n'a pu se redresser.*
LOCUTION
– ***N'être pas piqué des vers, n'être pas piqué des hannetons.*** (FAM.) Être excellent. *Voici un petit muscat bien frais qui n'est pas piqué des vers.*

PIQUE-ASSIETTE n. m. et f. (pl. *pique-assiettes*)
Parasite qui profite de toutes les occasions pour manger gratuitement.

PIQUE-NIQUE ou **PIQUENIQUE** n. m. (pl. *pique-niques* ou *piqueniques*)
Repas pris en plein air. *D'amusants pique-niques.*

PIQUE-NIQUER ou **PIQUENIQUER** v. intr.
Faire un pique-nique. *C'est agréable de pique-niquer dans la forêt.*
CONJUGAISON : VOIR MODÈLE AIMER.

PIQUE-NIQUEUR, EUSE ou **PIQUENIQUEUR, EUSE** n. m. et f. (pl. *pique-niqueurs, euses* ou *piqueniqueurs, euses*)
Personne qui participe à un pique-nique. *Ces pique-niqueurs ont une jolie vue du fleuve.*

PIQUER v. tr., intr., pronom.
VERBE TRANSITIF
1. Faire une piqûre. *Quel insecte l'a piqué ? Une guêpe.*
2. Coudre. *Piquer un vêtement à la machine.*
3. Parsemer. *Piquer un gigot de gousses d'ail.*
4. Produire une sensation. *Le vent froid pique la peau.*
5. Produire une impression vive. *Piquer la curiosité de quelqu'un. Il a été piqué au vif par cette remarque.* SYN. exciter.
6. (FAM.) Voler. *On m'a piqué mon crayon !*
VERBE INTRANSITIF
Présenter des pointes aiguës. *Sa barbe pique.*
VERBE PRONOMINAL
1. Se faire une piqûre. *Elle s'est piquée avec une épine de rosier.*
2. Se fâcher. *Elle se pique de la moindre remarque.* SYN. se froisser; se vexer.
3. Se vanter. *Il se pique de connaître les bonnes manières.*
4. (ABSOL.) S'injecter de la drogue. *Je crains qu'ils ne se piquent.*
À la forme pronominale, le participe passé de ce verbe s'accorde en genre et en nombre avec le complément direct si celui-ci le précède. *La jambe qu'il s'est piquée. Elle s'est piquée à ses rosiers. Ils s'étaient piqués de votre indifférence.* Le participe passé reste invariable si le complément direct suit le verbe. *Elle s'est piqué le doigt.*
LOCUTIONS
– ***Piquer une colère.*** S'indigner, se mettre brusquement en colère.
– ***Piquer une tête dans l'eau.*** Plonger.
– ***Se piquer au jeu.*** Se laisser prendre. *Ils se sont piqués à ce jeu de patience.*
CONJUGAISON : VOIR MODÈLE AIMER.

PIQUERIE n. f.
⚜ Endroit où les toxicomanes peuvent venir s'injecter leur dose de drogue.

P

PIQUET n. m.
Petit pieu. *Le chien est attaché à un piquet.*
LOCUTIONS
– ***Piquet de grève.*** Groupe de grévistes assurant l'exécution des ordres de grève.
– ***Planté comme un piquet.*** Immobile. *Viens nous aider au lieu de rester planté comme un piquet !*
piquet.

PIQUETAGE n. m.
Manifestation collective de grévistes qui défilent avec des pancartes à l'extérieur de leur lieu de travail.

PIQUETER v. tr., intr.
VERBE TRANSITIF
Jalonner de piquets. *Piqueter un terrain.*
VERBE INTRANSITIF
Faire du piquetage. *Ces grévistes piquettent devant leur usine depuis une semaine.*
CONJUGAISON : VOIR MODÈLE APPELER.
Redoublement du ***t*** devant un ***e*** muet. *Je piquette, je piquetterai,* mais *je piquetais.*
[Les *Rectifications* (1990) admettent : il piquète, piquètera, piquèterait...]

PIQUETTE n. f.
(FAM.) Vin médiocre.

PIQÛRE n. f.
1. Blessure faite par une pointe, un dard. *Une piqûre d'insecte.*
2. Injection faite avec une seringue munie d'une aiguille. *Le médecin m'a fait une piqûre pour me vacciner contre la grippe.*
3. Points de couture. *Faire une piqûre sur un revers.*
[Les *Rectifications* (1990) admettent : piqure.]

PIRANHA n. m.
Petit poisson carnassier d'une grande voracité qui vit dans les eaux douces d'Amazonie. *Des piranhas voraces ont dévoré un mouton en quelques minutes : je ne voudrais pas leur servir de collation.*
piranha.

PIRATAGE n. m.
(INFORM.) Reproduction illégale. *Le piratage des logiciels se pratique couramment : c'est du vol.*

PIRATE n. m.
1. Bandit des mers. *« À l'abordage ! » crièrent les pirates redoutables.*
Ne pas confondre avec le nom ***corsaire,*** capitaine autorisé à capturer les bateaux ennemis en temps de guerre.
2. (EN APPOS.) Clandestin. *Une station de radio pirate, des éditions pirates.*
En apposition, le nom s'écrit sans trait d'union et les deux mots prennent la marque du pluriel.
LOCUTIONS
– ***Pirate de l'air.*** Personne armée qui détourne un avion.
– ***Pirate informatique.*** (NÉOL.) Personne qui exploite les failles d'un système informatique pour copier frauduleusement des logiciels ou pour dérober, altérer ou détruire des éléments d'information.

PIRATER v. tr.
1. Reproduire quelque chose sans payer de droits. *Pirater une édition.* SYN. copier.
2. (INFORM.) Copier un fichier, un logiciel sans autorisation. *Ils ont piraté une banque de données.*
CONJUGAISON : VOIR MODÈLE AIMER.

PIRATERIE n. f.
1. Actes de pillage commis en mer contre un bateau, ses passagers ou sa cargaison. *L'abordage d'un bateau et l'emprisonnement de l'équipage constituent un acte de piraterie.*
2. (INFORM.) Reproduction illégale. *La piraterie d'un logiciel.*
LOCUTION
– ***Piraterie aérienne.*** Détournement d'un avion par un pirate de l'air.

PIRE adj. et n. m.
ADJECTIF
1. (COMPARATIF) Plus mauvais, plus pénible. *Des deux solutions possibles, vous avez choisi la pire. Ce sont des menteurs de la pire espèce.*
L'adjectif ***pire*** est un comparatif qui signifie « plus mauvais, plus pénible ». On ne peut l'employer avec les adverbes ***plus, moins.*** *La situation est-elle pire* (et non *plus pire) *que ce que nous avions prévu ?*
2. (SUPERLATIF) Le plus mauvais. *C'est le pire de tous.* ANT. meilleur.
NOM MASCULIN
Ce qu'il y a de plus mauvais. *Pour le meilleur et pour le pire.*
LOCUTION
– ***Pas pire, pas trop pire.*** (FAM.) Assez bien, pas mal. *Comment as-tu trouvé l'examen ? Pas pire, il n'était pas trop difficile.*
FORME FAUTIVE
*au pire aller. Impropriété pour ***au pis aller.***

PIROGUE n. f.
Embarcation rudimentaire creusée dans un arbre.

PIROUETTE n. f.
1. Tour sur soi-même. *La gymnaste fait des pirouettes très réussies.*
2. (FIG.) Volte-face. *Le politicien répondit à cette question embarrassante par une pirouette et poursuivit son patinage habituel.*

PIS n. m.
Le ***s*** ne se prononce pas, [pi] ; le mot rime avec ***tapis.***
Mamelle de la femelle en lactation. *Les pis de la vache.*
pis.

PIS adj. et n. m.
Le ***s*** ne se prononce pas, [pi] ; le mot rime avec ***tapis.***
ADJECTIF
(LITT.) (COMPARATIF) Plus mal, plus grave. *Son état est pis que ce matin.*
NOM MASCULIN
(LITT.) La pire chose. *Le pis qui puisse se produire, c'est qu'il pleuve.* ANT. mieux.
Couramment, on emploie le nom ***pire.***
LOCUTIONS
– ***Aller de mal en pis,*** loc. adv. S'aggraver.
– ***Au pis aller,*** loc. adv. En mettant les choses au pire. *Au pis aller* (et non au *pire aller), *elle devra s'absenter deux jours.*
Contrairement au nom masculin, la locution s'écrit sans trait d'union.
– ***Qui pis est.*** Ce qui est plus fâcheux.
L'adjectif ***pis*** étant un comparatif, il ne peut s'employer avec ***plus*** ou ***moins.***
– ***Tant pis,*** loc. adv. Expression marquant la résignation. *Tant pis, nous n'irons pas en vacances.*

PIS-ALLER n. m. inv. (pl. *pis-aller*)
Solution de remplacement, succédané. *Nous ne devons pas nous contenter de pis-aller.*
Ne pas confondre avec la locution adverbiale ***au pis aller,*** en mettant les choses au pire.
Le nom s'écrit avec un trait d'union, tandis que la locution adverbiale s'écrit sans trait d'union.

PISCI- préf.
Élément du latin signifiant « poisson ». *Pisciculture.*
Les mots composés avec le préfixe ***pisci-*** s'écrivent en un seul mot.

PISCICOLE adj.
Relatif à la pisciculture. *Une entreprise piscicole.*
piscicole.

PISCICULTEUR n. m.
PISCICULTRICE n. f.
Personne qui fait l'élevage des poissons. *Ces pisciculteurs élèvent des truites.*
pisciculteur.

PISCICULTURE n. f.
Élevage des poissons.
pisciculture.

PISCINE n. f.
Bassin de natation. *Faire creuser une piscine.*
piscine.

PISCIVORE adj. et n. m. et f.
Qui se nourrit de poissons. *Le phoque est piscivore. Les hérons sont-ils des piscivores ?*

PISSALADIÈRE n. f.
Tarte niçoise garnie de tomates, d'anchois et d'olives noires.

PISSENLIT n. m.
Plante vivace à fleurs jaunes. *Les feuilles de pissenlit font une excellente salade.*
pissenlit.

PISSER v. tr., intr.
VERBE TRANSITIF
(FAM.) Laisser échapper un liquide. *Le blessé pisse le sang.*
VERBE INTRANSITIF
(FAM.) Uriner. SYN. (FAM.) faire pipi.
CONJUGAISON : VOIR MODÈLE AIMER.

PISSE-VINAIGRE n. m. (pl. *pisse-vinaigre* ou *pisse-vinaigres*)
Personne morose, portée sur la critique. *Ces pisse-vinaigre* ou *pisse-vinaigres sont insupportables.*

PISTACHE adj. inv. et n. f.
NOM FÉMININ
Graine verdâtre du pistachier. *De la glace aux pistaches.*
ADJECTIF DE COULEUR INVARIABLE
De la couleur vert pâle de la pistache. *Des gants pistache, une écharpe vert pistache.*
VOIR TABLEAU – COULEUR (ADJECTIFS DE).

PISTACHIER n. m.
Plante dont le fruit contient les pistaches.

PISTE n. f.
1. Trace. *Trouver les pistes du lièvre.*
2. Indice qui guide la recherche. *Les policiers ont une piste. Brouiller les pistes.*
3. Voie aménagée pour les avions. *Une piste d'atterrissage.*
LOCUTION
– ***Piste cyclable.*** Voie réservée aux cyclistes.
FORME FAUTIVE
*piste et pelouse. Calque de «*track and field*» pour ***athlétisme.***

PISTIL n. m.
Le ***l*** se prononce, [pistil] ; le mot rime avec ***fertile.***
Parties femelles d'une fleur.
Attention au genre masculin de ce nom : ***un*** pistil.

PISTOLET n. m.
1. Arme à feu à canon court. SYN. revolver.
2. (FIG.) Personne bizarre. *C'est un drôle de pistolet.* SYN. énergumène ; numéro.
pistolet.

PISTON n. m.
1. Pièce cylindrique d'une pompe, d'un moteur à explosion, d'un instrument de musique.
2. (FIG.) Influence. *Il faut avoir du piston pour obtenir ce poste.* SYN. appui ; protection.

PISTONNER v. tr.
(FAM.) Recommander un candidat à une place.
CONJUGAISON : VOIR MODÈLE AIMER.
pistonner.

PISTOU n. m.
Potage provençal aromatisé au basilic et à l'ail.

PITA n. m.
Pain sans levain en forme de galette, très courant dans la cuisine méditerranéenne (Liban, Grèce, etc.). *Des pitas garnis d'agneau grillé.*
Ce terme est fréquemment apposé au nom ***pain.*** Les deux mots prennent alors la marque du pluriel. *Des pains pitas cuits au charbon de bois.*

PITANCE n. f.
(VX) (PLAISANT.) Nourriture quotidienne.

***PITBULL**
Anglicisme pour ***bull-terrier.***

***PITCH**
Anglicisme pour ***argumentaire (d'une campagne publicitaire), démonstration, présentation (d'un projet), résumé (d'un film, d'une émission).***

PITCHPIN n. m.
Le ***n*** est muet, [pitʃpɛ̃].
Pin d'Amérique du Nord dont le bois est employé en ébénisterie.

PITEUSEMENT adv.
Lamentablement, d'un air piteux. *Le chien espiègle regardait son maître piteusement.*

PITEUX, EUSE adj.
1. Médiocre. *De piteux résultats.*
2. Déçu, triste. *Une mine piteuse.*
piteux.

PITHÉCANTHROPE n. m.
Grand singe fossile.
pithécanthrope.

-PITHÈQUE suff.
Élément du grec signifiant « singe ». *Australopithèque.*

PITHIVIERS n. m.
Pâtisserie feuilletée à la pâte d'amandes.
pithiviers.

PITIÉ n. f.
Sympathie pour la douleur d'autrui. SYN. commisération ; compassion.
LOCUTIONS
– ***Avoir pitié de quelqu'un.*** Plaindre quelqu'un.
– ***Faire pitié.*** Inspirer la compassion. *Ces enfants affamés font pitié.*
Ne pas confondre avec le nom ***piété,*** dévotion religieuse.

PITON n. m.
1. Clou dont la tête est en forme d'anneau.
2. Sommet d'une montagne isolée. *Des pitons rocheux.*
3. (FAM.) Bouton. *Appuie sur le piton pour fermer cet appareil.*
HOM. ***python,*** serpent.

PITONNAGE n. m.
1. (FAM.) Action d'utiliser un clavier d'ordinateur.
2. (FAM.) Action de passer d'une station de télévision à une autre. *Faire du pitonnage* (et non du *zapping). SYN. saut de chaîne ; (FAM.) zappage.

PITONNER v. intr.
1. (ALPIN.) Planter des pitons.
2. (FAM.) Utiliser un clavier d'ordinateur.
3. (FAM.) Changer fréquemment de station de télévision à l'aide d'une télécommande. SYN. zapper.
CONJUGAISON : VOIR MODÈLE AIMER.

P

PITOYABLE adj.
1. Qui excite la pitié. *Ces petits affamés sont pitoyables.*
2. (FIG.) Navrant, mauvais. *Des résultats pitoyables.*

PITOYABLEMENT adv.
D'une manière pitoyable, mauvaise.

PITRE n. m.
Bouffon. *Arrête de faire le pitre !*

PITRERIE n. f.
Bouffonnerie, plaisanterie. *Le clown fait ses pitreries.*

PITTORESQUE adj. et n. m.
ADJECTIF
Qui frappe, charme par son originalité. *Les pittoresques auberges anglaises.*
NOM MASCULIN
Caractère expressif et original. *Le pittoresque des petits villages gaspésiens.*
⌨ pittoresque.

PITTORESQUEMENT adv.
D'une manière pittoresque, originale.
⌨ pittoresquement.

PIVERT ou **PIC-VERT** n. m. (pl. *piverts* ou *pics-verts*)
Oiseau à plumage vert.

PIVOINE n. f.
Arbuste à fleurs volumineuses. *Des pivoines odorantes.*

PIVOT n. m.
1. Axe. *Le pivot d'un levier.*
2. Élément clé. *L'entrepreneur est un des pivots de l'activité économique.* SYN. base ; centre ; moteur.
⌨ pivot.

PIVOTANT, ANTE adj.
Qui pivote. *Des chaises pivotantes.*

PIVOTEMENT n. m.
Mouvement d'un corps qui tourne sur lui-même.

PIVOTER v. intr.
Tourner sur un pivot ou comme sur un pivot. *Le soldat a pivoté sur ses talons et est reparti dans la direction contraire.*
CONJUGAISON : VOIR MODÈLE AIMER.
⌨ pivoter.

PIXEL n. m.
(INFORM.) Plus petite surface homogène constitutive d'une image enregistrée par un système informatique. *Le nombre de pixels définit la précision de l'image.* SYN. point image.
☞ Ce nom provient de l'abréviation de «*picture element*» et a fait l'objet d'une recommandation officielle.

PIZZA n. f.
👄 Les lettres ***zz*** se prononcent ***dz,*** [pidza].
Plat italien ressemblant à une tarte garnie de tomates, olives, fromage, etc. *Des pizzas succulentes.*

PIZZERIA n. f. (pl. *pizzerias*)
👄 Les lettres ***zz*** se prononcent ***dz*** et le ***e*** se prononce ***é,*** [pidzerja].
Restaurant où l'on sert des pizzas. *Des pizzerias en vogue.*
[Les *Rectifications* (1990) admettent : pizzéria.]

p. j.
Abréviation de ***pièce jointe.***

PLACAGE n. m.
Revêtement. *Un placage de chêne. Une théière recouverte d'un placage d'argent.*
HOM. ***plaquage,*** action de plaquer, dans la langue des sports.
⌨ placage.

PLACARD n. m.
1. Espace de rangement aménagé dans un mur et fermé par une porte, où l'on peut suspendre des vêtements. *Ton manteau est dans le placard.* SYN. ⚜ garde-robe ; penderie.
2. (IMPRIM.) Épreuve en colonnes, pour les corrections. *Corriger des placards.*
LOCUTIONS
– ***Sortie du placard.*** (FAM.) Affirmation de son identité (sexuelle), révélation de son allégeance. *Vers l'âge de 19 ans, le chanteur a failli révéler son homosexualité* (et non *faire son coming out), *mais la peur d'inquiéter sa mère l'a empêché de le faire.*
– ***Placard (de cuisine).*** Assemblage de menuiserie, fermé par une porte et fixé à un mur. *Ranger la vaisselle dans les placards de cuisine.* SYN. ⚜ armoire (de cuisine).
– ***Placard publicitaire.*** Dans un journal, grande annonce publicitaire.

PLACARDER v. tr.
Coller un imprimé, une affiche, etc., sur un mur. *Ils ont placardé des affiches électorales sur tous les murs.*
CONJUGAISON : VOIR MODÈLE AIMER.

PLACARDISER v. tr.
Mettre de côté, ne plus s'occuper (de quelqu'un, de quelque chose). *Le rapport de la commission a déçu : il sera vraisemblablement placardisé.* SYN. jeter aux oubliettes ; mettre au placard ; (FAM.) tabletter.
CONJUGAISON : VOIR MODÈLE AIMER.

PLACE n. f.
1. Endroit, lieu. *Une place pour chaque chose, chaque chose à sa place.*
2. Espace découvert, généralement assez vaste, sur lequel débouchent plusieurs voies de circulation, la plupart du temps entouré de constructions et pouvant comporter un monument, une fontaine, des arbres ou d'autres éléments de verdure (Recomm. off.). *La place publique. La place Jacques-Cartier, la place d'Armes, la place d'Youville.*
☞ Les mots génériques des noms de voies de circulation ou odonymes (***avenue, boulevard, chemin, côte, place, route, rue,*** etc.) s'écrivent avec une minuscule et sont suivis du nom spécifique qui s'écrit avec une ou des majuscules. *La place des Cèdres.* Suivi d'un odonyme, le verbe ***habiter*** se construit sans préposition. *Marie-Ève habite 7, avenue Antonine-Maillet.*
☞ L'usage qui consiste à désigner par le mot ***place*** un immeuble ou un ensemble d'immeubles, commerciaux ou autres, est erroné.
VOIR TABLEAU – ODONYMES.
3. Emploi, rang dans une hiérarchie. *La place d'honneur.*
LOCUTIONS
– ***À la place de,*** loc. prép. Au lieu de. *J'aimerais prendre ce livre à la place de celui que j'ai reçu.*
– ***De place en place,*** loc. adv. Par-ci, par-là.
– ***En place,*** loc. adv. À la place qui doit être occupée. *Mettre les couverts en place.*
– ***En place,*** loc. adj. Qui jouit de l'autorité. *Les cadres en place sont inamovibles.*
– ***Faire du surplace.*** Rester immobile. *Il fait du surplace.* SYN. marquer le pas ; piétiner.
☞ L'expression peut s'écrire avec un trait d'union ou en un seul mot. *Faire du sur-place, du surplace.*
– ***Faire place à.*** Céder sa place, être remplacé par. *L'hiver fait place au printemps.*
– ***Faire place nette.*** Partir, vider les lieux. *Les locataires ont fait place nette sans régler leur loyer.*
– ***Ne pas tenir en place.*** Bouger constamment. *Les enfants ne tiennent pas en place.*
☞ Dans cette expression, le nom s'écrit au singulier.
– ***Par places,*** loc. adv. Par endroits.
– ***Prendre place.*** Se placer, pénétrer, embarquer, s'installer, s'asseoir, selon le cas. *Madame prit place dans son fauteuil moelleux.*

Attention à la confusion courante : la locution désigne l'action d'entrer quelque part, de pénétrer à l'intérieur d'un véhicule, d'un bâtiment, etc., et non de s'y trouver.
– ***Remettre quelqu'un à sa place.*** Le rappeler à l'ordre.
– ***Se mettre à la place de quelqu'un.*** S'imaginer dans la situation de quelqu'un. SYN. (FAM.) se mettre dans la peau de quelqu'un.
– ***Sur place.*** À l'endroit où l'on se trouve. *Vous pourrez vous approvisionner sur place.*
FORMES FAUTIVES
*place. Impropriété au sens de ***tour, complexe, édifice, centre.***
*place d'affaires. Calque de «*business place*» pour ***siège (social), établissement.***
*prendre place. Impropriété au sens de « se trouver » et de « avoir lieu ». *Ces blessés se trouvaient* (et non *prenaient place) *dans la voiture accidentée.*

PLACÉ, ÉE adj.
Qui occupe une certaine place. *Placé au sommet de la montagne, le chalet offre une vue magnifique.*
LOCUTIONS
– ***Être bien, mal placé pour.*** Être, ne pas être en mesure de. *Elle est mal placée pour critiquer ce choix qu'elle a naguère cautionné.*
– ***Être haut placé.*** Avoir une bonne situation, être au sommet de la hiérarchie. *Des personnages haut placés.*
Dans cette locution, le mot ***haut*** est pris adverbialement et est donc invariable.

PLACEBO ou **PLACÉBO** n. m. (pl. *placebos* ou *placébos*)
Le ***e*** se prononce ***é,*** [plasebo].
(MÉD.) Médicament fictif donné à titre expérimental afin de vérifier les effets psychologiques d'une médication.
LOCUTION
– ***Effet placebo*** ou ***placébo.*** Effet psychologique d'une action thérapeutique fictive. *Des effets placebos* ou *placébos.*

PLACEMENT n. m.
1. Affectation d'une somme d'argent à l'achat de valeurs mobilières ou immobilières en vue d'en tirer profit. *Il a fait de mauvais placements et a perdu beaucoup d'argent. Des placements à court terme.*
Par rapport au mot ***placement,*** le terme ***investissement*** désigne particulièrement l'acquisition de moyens de production.
2. Action de procurer un emploi, une place à quelqu'un.
LOCUTIONS
– ***Fonds commun de placement.*** (FIN.) Fonds constitué de sommes mises en commun par des investisseurs en vue d'un placement collectif selon des critères et des objectifs définis. *Un fonds commun de placement* (et non un *fonds mutuel) *rentable.*
– ***Service de placement.*** Service qui met en relation des employeurs à la recherche de main-d'œuvre et des demandeurs d'emploi. *Le service de placement de l'École des HEC est très efficace.*

PLACENTA n. m. (pl. *placentas*)
Les lettres ***en*** se prononcent ***in,*** [plasɛ̃ta].
Organe reliant l'embryon à l'utérus maternel.

PLACENTAIRE adj.
Les lettres ***en*** se prononcent ***in,*** [plasɛ̃tɛr].
Relatif au placenta. *Des échanges placentaires.*

PLACER v. tr., pronom.
VERBE TRANSITIF
1. Mettre dans un lieu, à une place. *Placer ses livres dans son bureau.* SYN. disposer; ranger.
2. Situer. *Elle place ses enfants au-dessus de tout.*
3. Faire un placement. *Il a placé son argent en obligations.* SYN. investir.
VERBE PRONOMINAL
Prendre une place, un rang. *Ils se sont placés en tête des participants.*
À la forme pronominale, le participe passé de ce verbe s'accorde en genre et en nombre avec le complément direct si celui-ci le précède. *Les nœuds de velours qu'elle s'est placés dans les cheveux sont du plus bel effet. Elle s'est placée au premier rang.* Le participe passé reste invariable si le complément direct suit le verbe. *Elle s'est placé des lunetes sur le nez.*
FORMES FAUTIVES
*placer un appel. Calque de «*to place a telephone call*» pour ***appeler, faire un appel (téléphonique), téléphoner, donner, passer un coup de téléphone, un coup de fil.***
*placer une commande. Calque de «*to place an order*» pour ***commander, passer une commande.***
*placer un grief. Anglicisme pour **formuler un grief.**
CONJUGAISON : VOIR MODÈLE AVANCER.
Le **c** prend une cédille devant les lettres ***a*** et ***o***. *Il plaça, nous plaçons.*

PLACIDE adj.
Paisible et doux. *Les vaches ont un regard placide.*

PLACIDEMENT adv.
D'une manière placide. *Elle accepta placidement ce nouveau coup du destin.*

PLACIDITÉ n. f.
Tranquillité sereine. SYN. flegme.

PLACOTAGE n. m.
(FAM.) Commérage.

PLACOTER v. intr.
(FAM.) Bavarder, faire des commérages. *Mes voisines adorent placoter.*
CONJUGAISON : VOIR MODÈLE AIMER.
placoter.

PLAFOND n. m.
1. Surface plane formant la partie supérieure d'un lieu couvert. *Un plafond décoré de moulures dorées.*
2. Limite supérieure, spatiale ou temporelle. *Le plafond nuageux est trop bas aujourd'hui pour voler.*
3. Maximum qu'on ne peut dépasser. *Cette dernière offre est un plafond.*
4. (EN APPOS.) Limite supérieure. *Des prix plafonds.* ANT. plancher.
En apposition, le nom s'écrit sans trait d'union et les deux mots prennent la marque du pluriel.

PLAFONNEMENT n. m.
Action de fixer un maximum qui ne peut être dépassé. *Le plafonnement des prix, des salaires.*
plafonnement.

PLAFONNER v. intr.
Atteindre un plafond, ne pas pouvoir dépasser un maximum. *Les profits plafonnent.*
CONJUGAISON : VOIR MODÈLE AIMER.
plafonner.

PLAFONNIER n. m.
Appareil d'éclairage fixé au plafond.
Ne pas confondre avec les noms suivants :
- ***applique,*** appareil d'éclairage fixé au mur;
- ***lampe,*** appareil d'éclairage muni d'un pied, d'une base;
- ***luminaire,*** appareil d'éclairage (terme générique);
- ***suspension,*** appareil d'éclairage suspendu au plafond.

plafonnier.

PLAGE n. f.
1. Portion dégagée d'un rivage, de faible pente, constituée de sable ou de galets (Recomm. off.). *Une plage de sable fin, peu fréquentée parce que difficilement accessible. Des plages de galets.*

2. Période de temps. *Des plages horaires libres de cours.*
3. Espace gravé d'un disque. *Ce microsillon comporte quatre plages par face.*

PLAGIAT n. m.
Action de plagier. *Les étudiants coupables de plagiat risquent l'exclusion.*
plagi**a**t.

PLAGIER v. tr.
Copier une œuvre (littéraire, musicale, etc.).
CONJUGAISON : VOIR MODÈLE ÉTUDIER.
Redoublement du ***i*** à la première et à la deuxième personne du pluriel de l'indicatif imparfait et du subjonctif présent. *(Que) nous plagiions, (que) vous plagiiez.*

PLAID n. m.
Le ***d*** se prononce, [plɛd] ; le nom rime avec ***aide***.
Couverture de lainage écossais.
Ne pas confondre avec le nom ***tartan,*** étoffe écossaise. *Une jupe de tartan* (et non de *plaid).

PLAIDABLE adj.
Qui peut être plaidé. *Une cause non plaidable.*

PLAIDER v. tr., intr.
VERBE TRANSITIF
1. Défendre une cause devant la justice. *Cet avocat a mal plaidé cette cause.*
2. Utiliser comme argument, faire valoir dans un plaidoyer. *Elle plaidera la légitime défense.*
3. (FIG.) Justifier par des raisons, des excuses. *Il a plaidé le découragement, l'extrême fatigue.*
VERBE INTRANSITIF
1. Contester ou soutenir quelque chose devant une juridiction. *L'avocat a plaidé pour lui.*
2. (FIG.) Témoigner en faveur de. *Son travail acharné plaide en sa faveur.*
LOCUTIONS
– ***Plaider coupable.*** (DR.) Répondre à un chef d'accusation par la reconnaissance de sa culpabilité (Recomm. off.). *Elle a plaidé coupable* (et non *enregistré, déposé un plaidoyer de culpabilité).
– ***Plaider non coupable.*** (DR.) Répondre à un chef d'accusation en contestant l'infraction imputée (Recomm. off.). *Il a plaidé non coupable* (et non *enregistré, déposé un plaidoyer de non-culpabilité).
L'adjectif s'accorde ou non avec un sujet au pluriel. *Ils plaident coupable ou coupables.*
CONJUGAISON : VOIR MODÈLE AIMER.

PLAIDEUR, EUSE n. m. et f.
Personne qui plaide.

PLAIDOIRIE n. f.
Action de plaider. *La plaidoirie de l'avocat a été émouvante.*
plaid**oi**rie.

PLAIDOYER n. m.
1. Discours d'un avocat. *Son plaidoyer a convaincu les jurés.*
Ne pas confondre avec les noms suivants :
- ***allocution,*** petit discours familier ;
- ***discours,*** exposé d'idées d'une certaine longueur ;
- ***sermon, prêche,*** discours d'un prédicateur.
2. (FIG.) Défense d'une cause, d'une idée.
FORMES FAUTIVES
*enregistrer un plaidoyer de culpabilité, de non-culpabilité. Impropriété pour ***plaider coupable, plaider non coupable.***
*plaidoyer de culpabilité. Calque de «*plea of guilty*» pour ***reconnaissance de culpabilité.***
*plaidoyer de non-culpabilité. Calque de «*plea of not guilty*» pour ***dénégation de culpabilité.***

PLAIE n. f.
Blessure. *Une plaie superficielle.*
LOCUTION
– ***Enfoncer, retourner le fer, le couteau dans la plaie.*** (FIG.) Raviver la souffrance, le chagrin de quelqu'un.

PLAIGNANT, ANTE adj. et n. m. et f.
(DR.) Personne qui se plaint en justice, demandeur.

PLAINDRE v. tr., pronom.
VERBE TRANSITIF
Avoir de la pitié pour quelqu'un. *Elle plaint ces enfants malades.* SYN. compatir.
VERBE PRONOMINAL
1. Se lamenter, exprimer une douleur physique ou morale. *Papi ne se plaint jamais malgré ses maux de dos. Elle se plaint d'être allergique à la fumée.* SYN. geindre ; gémir.
2. Exprimer son mécontentement. *Ils se sont plaints de discrimination. Il se plaint qu'on ne puisse aérer la pièce.* SYN. maugréer ; protester.
Le verbe se construit avec la préposition ***de*** suivie d'un nom, d'un infinitif ou avec la conjonction ***que*** suivie généralement du subjonctif. *Elle se plaint qu'on l'ait ignorée.*
À la forme pronominale, le participe passé de ce verbe s'accorde toujours en genre et en nombre avec son sujet. *Ils s'étaient plaints du retard.*
CONJUGAISON : VOIR MODÈLE CRAINDRE.
INDICATIF PRÉSENT *Je plains, tu plains, il plaint, nous plaignons, vous plaignez, ils plaignent.* IMPARFAIT *Je plaignais, tu plaignais, il plaignait, nous plaignions, vous plaigniez, ils plaignaient.* PASSÉ SIMPLE *Je plaignis.* FUTUR *Je plaindrai.* CONDITIONNEL PRÉSENT *Je plaindrais.* IMPÉRATIF PRÉSENT *Plains, plaignons, plaignez.* SUBJONCTIF PRÉSENT *Que je plaigne, que tu plaignes, qu'il plaigne, que nous plaignions, que vous plaigniez, qu'ils plaignent.* IMPARFAIT *Que je plaignisse.* PARTICIPE PRÉSENT *Plaignant.* PASSÉ *Plaint, plainte.*
Les lettres ***gn*** sont suivies d'un ***i*** à la première et à la deuxième personne du pluriel de l'indicatif imparfait et du subjonctif présent. *(Que) nous plaignions, (que) vous plaigniez.*

PLAINE n. f.
Surface étendue, généralement de basse altitude, peu accidentée et de faible dénivellation (Recomm. off.). *Les plaines de l'Ouest s'étendent à perte de vue. « Un autre genre de plaine s'offrait à notre vue, roulant à l'infini en larges et souples ondulations »* (Gabrielle Roy, *La Détresse et l'Enchantement*).

PLAIN-PIED (DE) loc. adv.
1. Au même niveau. *La terrasse est de plain-pied avec la salle à manger.*
2. (FIG.) Sur le même plan. *Chacun dans leur domaine, ils travaillent de plain-pied.* SYN. au diapason ; en harmonie ; sur la même longueur d'onde.
3. (FIG.) Facile d'accès, sans discontinuité. *« Il tâche d'établir un texte de plain-pied, où l'on entre sans effort »* (André Gide, *Journal,* cité dans le TLF).
plain-pied.

PLAINTE n. f.
1. Lamentation. *Les plaintes d'un chat affamé.* SYN. cri ; gémissement.
2. Expression du mécontentement d'une personne, d'un groupe. *Faire une plainte au propriétaire d'un immeuble.* SYN. protestation ; reproche.
LOCUTION
– ***Porter plainte.*** Déposer une plainte contre quelqu'un auprès d'une autorité. *Ils ont porté plainte* (et non *logé une plainte).
HOM. ***plinthe,*** moulure.

PLAINTIF, IVE adj.
Gémissant. *Un ton plaintif.* SYN. geignard ; pleurnichard.

PLAINTIVEMENT adv.
Avec un ton plaintif.

PLAIRE v. tr. ind., intr., impers., pronom.
VERBE TRANSITIF INDIRECT
Être agréable, être une source de plaisir. *Cette jeune fille plaisait à François. Cette idée lui plaît. Le livre* La Bergère de chevaux *a plu aux élèves.* SYN. attirer; charmer.
En ce sens, le verbe se construit avec la préposition ***à***.
VERBE INTRANSITIF
Susciter de l'attrait. *Cet auteur plaît beaucoup : il a un énorme succès. Le bonheur de plaire.*
VERBE IMPERSONNEL
– ***Il (me, te,*** etc.***) plaît de.*** *Il (m', t', etc.) est agréable. Il lui plaît de venir. Vous plairait-il d'être présents ? Servez-vous de ces framboises autant qu'il vous plaira.*
Cette construction est de style soutenu; dans la langue courante, on emploie plutôt ***ça (me, te,*** etc.) ***plaît.***
VERBE PRONOMINAL
1. S'aimer l'un l'autre. *Ils se sont plu tout de suite.*
2. Trouver du plaisir à se trouver dans un lieu. *Ils se plaisent dans cet endroit au bord de la mer.*
3. Prendre plaisir à faire quelque chose. *Elle se plaît à lire.* SYN. aimer; apprécier; s'intéresser à.
En ce sens, le verbe se construit avec la préposition ***à*** suivie de l'infinitif.
Le participe passé de ce verbe est toujours invariable. *Elles se sont plu dès leur première rencontre.*
LOCUTION
– ***S'il vous plaît*** (abréviation ***SVP*** ou ***svp***). Formule de politesse accompagnant une demande.
CONJUGAISON : VOIR MODÈLE PLAIRE.
[Les *Rectifications* (1990) admettent : il plait.]

PLAISAMMENT adv.
Les lettres ***am*** se prononcent ***a***, [plɛzamɑ̃].
De façon plaisante, agréable.
plaisa**mm**ent.

PLAISANCE n. f.
(VX) Plaisir, agrément.
LOCUTION
– ***De plaisance,*** loc. adj. Que l'on pratique pour son agrément. *La navigation de plaisance. La pêche de plaisance.*

PLAISANCIER, IÈRE n. m. et f.
Personne qui pratique la navigation de plaisance.

PLAISANT, ANTE adj. et n. m.
1. Qui plaît, agréable. *Un lieu plaisant.* SYN. attrayant; gai.
2. Charmant. *C'est une dame très aimable et plaisante.*
3. Amusant, sympathique. *Ce film était très plaisant.* SYN. divertissant. ANT. déplaisant.
LOCUTION
– ***Mauvais plaisant.*** Personne qui fait une plaisanterie désagréable. *Des mauvais plaisants peu astucieux.*

PLAISANTER v. tr., intr.
VERBE TRANSITIF
Taquiner, se moquer gentiment de quelqu'un. *Il plaisante toujours sa petite sœur.*
VERBE INTRANSITIF
Blaguer. *Elle est souvent en train de plaisanter : elle n'est pas très sérieuse.* SYN. s'amuser; badiner.
LOCUTION
– ***Ne pas plaisanter sur quelque chose.*** Prendre quelque chose très au sérieux. *Elle ne plaisante pas sur le respect des limites de vitesse.*
CONJUGAISON : VOIR MODÈLE AIMER.

PLAISANTERIE n. f.
Blague, farce. *Marie-Ève n'apprécie pas les mauvaises plaisanteries.* SYN. badinage; boutade.

PLAISANTIN adj. et n. m.
Blagueur. *Un air espiègle, plaisantin. Soyez raisonnable, cessez d'être un plaisantin !*

PLAISIR n. m.
Sensation agréable résultant de la satisfaction d'un besoin, d'un désir. *Ce fut un plaisir de vous parler. Quel plaisir d'aller voir le Cirque du Soleil ! Le comble du plaisir.*
Ne pas confondre avec les noms suivants :
• ***bonheur,*** état moral de plénitude qui comporte une idée de durée;
• ***gaieté,*** bonne disposition de l'humeur;
• ***joie,*** émotion profonde et agréable, souvent courte et passagère.
LOCUTIONS
– ***Au plaisir !*** Formule d'adieu. *Au plaisir ! Au plaisir de vous revoir !*
– ***Avec plaisir.*** Formule de politesse marquant une acceptation. *J'accepte avec plaisir votre aimable invitation.*
– ***Faire plaisir.*** Être agréable à. *Tes fleurs m'ont fait plaisir.*
Dans cette expression, le nom reste au singulier.
– ***Par plaisir.*** Pour s'amuser. *J'irai patiner par plaisir.*
– ***Selon son bon plaisir.*** Selon sa volonté, ses désirs.
FORME FAUTIVE
*il (me, nous) fait plaisir de. Construction fautive pour ***c'est avec plaisir que, nous avons le plaisir, l'honneur de.***

PLAN n. m.
1. Surface plane. *Un plan incliné.*
2. Représentation d'une ville, d'un réseau de communications. *Le plan de Montréal, le plan du métro.*
La ***carte*** est une représentation à échelle réduite d'une partie de la surface de la Terre.
3. Structure des idées directrices et des idées secondaires d'un écrit. *Avant de rédiger un rapport, il faut en établir le plan.*
4. Suite ordonnée d'actions en vue d'atteindre un objectif. *Un plan d'action, des plans stratégiques.*
LOCUTIONS
– ***À l'arrière-plan,*** loc. adv. Au dernier rang. *Tu vois Olivier à l'arrière-plan de la photo de classe ?*
La locution s'écrit avec un trait d'union.
– ***Au premier plan,*** loc. adv. Qui vient en premier lieu. *La question du décrochage scolaire doit être au premier plan.*
– ***Laisser en plan.*** Abandonner quelqu'un, suspendre un travail, un projet, une œuvre avant de l'avoir terminé. *Ils ont laissé leur copine en plan pour aller jouer au golf. Faute de temps, elle a dû laisser son jardinage en plan.*
– ***Plan de cuisson.*** Plaque encastrable comportant des plaques électriques ou des brûleurs à gaz.
– ***Plan de travail.*** Dans une cuisine, surface horizontale servant à diverses opérations. *Nettoie le plan de travail.*
Au Québec, c'est plutôt ***comptoir (de cuisine)*** qu'on emploie en ce sens.
– ***Rester en plan.*** Être abandonné. *Son projet de construire un chalet est resté en plan, faute d'argent.*
– ***Sur le plan de,*** loc. prép. Au point de vue de. *Sur le plan du contenu, il est très fort, mais en ce qui a trait à la forme, il a des progrès à faire.*
On préférera la construction ***sur le plan de*** à celle de ***au plan de,*** critiquée, mais de plus en plus courante.
– ***Sur tous les plans,*** loc. adv. Pour tous les aspects.
FORMES FAUTIVES
*plan d'assurance. Anglicisme pour ***régime d'assurance.***
*plan de match. Calque de «*game plan*» pour ***plan d'action, plan stratégique, stratégie.***
*plan de pension. Calque de «*pension plan*» pour ***régime de retraite.***
HOM.
• ***plan,*** plat;
• ***plant,*** végétal.

P

CONJUGAISON DU VERBE **PLAIRE**

INDICATIF

PRÉSENT	PASSÉ COMPOSÉ
je plais	j' ai plu
tu plais	tu as plu
elle plaît	elle a plu
il plaît	il a plu
nous plaisons	nous avons plu
vous plaisez	vous avez plu
elles plaisent	elles ont plu
ils plaisent	ils ont plu

IMPARFAIT	PLUS-QUE-PARFAIT
je plaisais	j' avais plu
tu plaisais	tu avais plu
elle plaisait	elle avait plu
il plaisait	il avait plu
nous plaisions	nous avions plu
vous plaisiez	vous aviez plu
elles plaisaient	elles avaient plu
ils plaisaient	ils avaient plu

PASSÉ SIMPLE	PASSÉ ANTÉRIEUR
je plus	j' eus plu
tu plus	tu eus plu
elle plut	elle eut plu
il plut	il eut plu
nous plûmes	nous eûmes plu
vous plûtes	vous eûtes plu
elles plurent	elles eurent plu
ils plurent	ils eurent plu

FUTUR SIMPLE	FUTUR ANTÉRIEUR
je plairai	j' aurai plu
tu plairas	tu auras plu
elle plaira	elle aura plu
il plaira	il aura plu
nous plairons	nous aurons plu
vous plairez	vous aurez plu
elles plairont	elles auront plu
ils plairont	ils auront plu

CONDITIONNEL PRÉSENT	CONDITIONNEL PASSÉ
je plairais	j' aurais plu
tu plairais	tu aurais plu
elle plairait	elle aurait plu
il plairait	il aurait plu
nous plairions	nous aurions plu
vous plairiez	vous auriez plu
elles plairaient	elles auraient plu
ils plairaient	ils auraient plu

SUBJONCTIF

PRÉSENT	PASSÉ
que je plaise	que j' aie plu
que tu plaises	que tu aies plu
qu' elle plaise	qu' elle ait plu
qu' il plaise	qu' il ait plu
que nous plaisions	que nous ayons plu
que vous plaisiez	que vous ayez plu
qu' elles plaisent	qu' elles aient plu
qu' ils plaisent	qu' ils aient plu

IMPARFAIT	PLUS-QUE-PARFAIT
que je plusse	que j' eusse plu
que tu plusses	que tu eusses plu
qu' elle plût	qu' elle eût plu
qu' il plût	qu' il eût plu
que nous plussions	que nous eussions plu
que vous plussiez	que vous eussiez plu
qu' elles plussent	qu' elles eussent plu
qu' ils plussent	qu' ils eussent plu

IMPÉRATIF

PRÉSENT	PASSÉ
plais	aie plu
plaisons	ayons plu
plaisez	ayez plu

INFINITIF

PRÉSENT	PASSÉ
plaire	avoir plu

PARTICIPE

PRÉSENT	PASSÉ
plaisant	plu
	ayant plu

PLAN, PLANE adj.
Plat. *Une surface plane.* SYN. uni.
HOM.
• ***plan***, surface plane;
• ***plant***, végétal.

PLANCHA n. f.
Le ***n*** se prononce, la première syllabe rime avec ***plane***; la deuxième se prononce ***tcha***.
Plaque chauffante servant à griller les aliments. *Une daurade à la plancha.*
Cet emprunt à l'espagnol signifie « gril ».

PLANCHE n. f.
1. Pièce de bois peu épaisse, plus longue que large, dont on se sert en menuiserie. *Des planches de pin.*
2. Surface de bois destinée à un usage particulier. *Une planche à repasser, une planche à dessin.*
3. (AU PLUR.) Théâtre. *Monter sur les planches.*
4. Illustration. *Cette encyclopédie comporte des planches en couleurs. Les planches du* Visuel *de Jean-Claude Corbeil.*
LOCUTIONS
– ***Planche à neige.*** Sport qui se pratique sur des surfaces enneigées, en position d'équilibre, les pieds écartés et décalés sur une planche spécialement conçue.
– ***Planche à roulettes.*** Planche montée sur quatre roues, sur laquelle on se déplace. *Faire de la planche à roulettes* (et non du *skateboard).
– ***Planche à voile.*** Planche munie d'un mât, d'une dérive et d'une voile que l'on fait avancer sur l'eau.
– ***Planche de salut.*** (FIG.) Moyen ultime de secours.

PLANCHER n. m.
1. Sol d'une pièce, séparation entre deux étages. *Un plancher de pin. Un plancher de béton recouvert de moquette.*
Ne pas confondre avec le nom ***parquet***, assemblage de lattes de bois qui recouvre le plancher d'une pièce.
2. (EN APPOS.) Limite inférieure. *Des prix planchers.* ANT. plafond.
En apposition, le nom s'écrit sans trait d'union et les deux mots prennent la marque du pluriel.
FORMES FAUTIVES
*plancher. Anglicisme au sens de ***étage, niveau.*** *Le rayon des jouets est au deuxième étage* (et non *plancher).
*prendre le plancher. Calque de «*to take the floor*» pour ***monopoliser l'attention, parler sans arrêt.***

PLANCHER v. tr. ind., intr.
VERBE TRANSITIF INDIRECT
(FAM.) Travailler de façon intensive. *Elle planche sur sa conférence.*
VERBE INTRANSITIF
(FAM.) Subir un examen, faire un exposé au collège, à l'université.
CONJUGAISON : VOIR MODÈLE AIMER.

PLANCHETTE n. f.
Petite planche. *Des planchettes de pin.*

PLANCHISTE n. m. et f.
Personne qui fait de la planche à voile. *Des planchistes audacieux qui pratiquent leur sport sur un lac gelé.* SYN. véliplanchiste.

PLANCTON n. m.
Le ***c*** se prononce, [plɑ̃ktɔ̃].
Ensemble des organismes microscopiques en suspension dans l'eau de mer ou dans l'eau douce. *Les baleines se nourrissent de plancton.*
plan**c**ton.

PLANER v. tr., intr.
VERBE TRANSITIF
Aplanir. *Planer une surface à l'aide d'un rabot.*
VERBE INTRANSITIF
1. Voler sans remuer les ailes, en parlant d'un oiseau; voler sans l'aide des moteurs, en parlant d'un avion. *Il laissa son avion planer pendant quelques minutes.*
2. (FIG.) Se sentir euphorique, être dans un état de bien-être total. *Depuis qu'il a appris la bonne nouvelle, il plane littéralement.*
3. (FIG.) Flotter de façon menaçante. *Une menace planait.* SYN. peser.
CONJUGAISON : VOIR MODÈLE AIMER.

P

PLANÉTAIRE adj.
1. Qui concerne les planètes. *Le système planétaire.*
2. Qui se rapporte à l'ensemble de la planète Terre. *Ils ont signé un accord planétaire, pour une diffusion mondiale.*
plané**taire**.

PLANÉTARIUM n. m. (pl. *planétariums*)
Le ***u*** se prononce **o**, [planetarjɔm].
Endroit où l'on recrée sur une voûte hémisphérique les mouvements des astres. *As-tu déjà visité le planétarium de Montréal ? C'est très intéressant.*
plané**tarium**.

PLANÈTE n. f.
Corps céleste qui tourne autour du Soleil. *La Terre, Jupiter, Vénus, Saturne sont des planètes.*
T Les noms de planètes, de constellations, d'étoiles s'écrivent avec une majuscule. *La Galaxie, Mercure, Saturne.*
VOIR – ASTRE.
planète.

PLANEUR n. m.
Avion léger sans moteur, apte à planer.

PLANIFICATEUR, TRICE adj. et n. m. et f.
ADJECTIF
Qui est relatif à la planification. *Des études planificatrices.*
NOM MASCULIN ET FÉMININ
Spécialiste de la planification. *Peut-on se fier aux planificateurs ?*

PLANIFICATION n. f.
Action de planifier. *De la planification à long terme.*

PLANIFIER v. tr.
Établir un plan comportant les objectifs à atteindre et les moyens à mettre en œuvre pour y parvenir. *Nous devons planifier notre excursion en montagne.*
CONJUGAISON : VOIR MODÈLE ÉTUDIER.
Redoublement du ***i*** à la première et à la deuxième personne du pluriel de l'indicatif imparfait et du subjonctif présent. *(Que) nous planifiions, (que) vous planifiiez.*

PLANQUE n. f.
1. (FAM.) Cachette.
2. (FIG.) (FAM.) Travail facile et bien rémunéré. *Ce boulot est une bonne planque.*

PLANQUER v. tr., pronom.
VERBE TRANSITIF
(FAM.) Mettre à l'abri, cacher. *Ils ont planqué leurs bagnoles.*
VERBE PRONOMINAL
(FAM.) Se cacher. *Les voleurs se sont planqués dans la forêt. Planquez-vous, les motards arrivent !*
Ce verbe est de niveau très familier. Pour un texte de registre plus soutenu, on emploiera plutôt ***se cacher, se mettre à l'abri.***
À la forme pronominale, le participe passé de ce verbe s'accorde toujours en genre et en nombre avec son sujet. *À l'approche des policiers, ils se sont planqués.*
CONJUGAISON : VOIR MODÈLE AIMER.

PLANT n. m.
Jeune plante que l'on vient de planter ou que l'on va replanter. *Des plants de tomates, de framboises.*
FORME FAUTIVE
*plant. Anglicisme au sens de ***usine.***
HOM. ***plan***, surface plane.

PLANTAIN n. m.
1. Plante dont on nourrit les petits oiseaux.
2. Bananier tropical dont le fruit est la banane plantain consommée comme légume.
✏ plantain.

PLANTATION n. f.
1. Action de planter. *La plantation d'un conifère.*
2. Terrain planté d'arbres, souvent d'une espèce particulière. *Une érablière est une plantation d'érables.*
3. Exploitation agricole des pays tropicaux. *Une plantation de coton.*

PLANTE n. f.
1. Végétal. *Les arbres, les arbustes, les herbes sont des plantes.*
2. Partie du pied de l'homme et de certains animaux. *La plante des pieds.*

PLANTER v. tr., pronom.
VERBE TRANSITIF
1. Mettre en terre des graines ou des plants. *Planter des carottes et des haricots d'Espagne.* SYN. semer.
Ne pas confondre avec les verbes suivants :
- ***ensemencer*** ou ***semer,*** jeter de la semence en terre;
- ***repiquer,*** mettre en terre des plantes.

2. Enfoncer quelque chose dans une matière plus ou moins dure. *Planter des clous. Je vais planter les piquets de ma tente ici.* SYN. enfoncer.
VERBE PRONOMINAL
1. Se poster immobile devant quelqu'un. *Elle s'est plantée devant lui.*
2. (FAM.) Subir un échec. *Je prends toutes mes précautions et j'étudie pour ne pas me planter.*
À la forme pronominale, le participe passé de ce verbe s'accorde en genre et en nombre avec le complément direct si celui-ci le précède. *Le clou qu'elle s'est planté dans le pied. Luc et Jean se sont plantés devant Jérôme, bien décidés à le convaincre de jouer avec eux.* Le participe passé reste invariable si le complément direct suit le verbe. *Elle s'est planté une épine dans le doigt.*
CONJUGAISON : VOIR MODÈLE AIMER.

PLANTEUR n. m.
PLANTEUSE n. f.
Agriculteur, agricultrice qui dirige une plantation tropicale.

PLANTOIR n. m.
(HORT.) Outil pointu servant à faire des trous en terre pour planter (des bulbes, des plants, des graines). *Un plantoir pour les bulbes de tulipes.*

PLANTON n. m.
Soldat de service auprès d'un officier.

PLANTUREUSEMENT adv.
En abondance. *Des mets raffinés servis plantureusement.*

PLANTUREUX, EUSE adj.
1. Abondant. *Un banquet plantureux.* SYN. copieux.
2. Bien en chair. *Une personne plantureuse.*

PLAQUAGE n. m.
(SPORTS) Action de plaquer. *Ce joueur a été blessé lors d'un plaquage.*
HOM. ***placage,*** revêtement.
✏ plaquage.

PLAQUE n. f.
1. Feuille (de métal, de verre, etc.). *Une plaque de cuivre.*
2. Pièce de métal portant des indications. *Une plaque d'immatriculation* (et non une *licence). *Une plaque commémorative signale que cette maison a été celle de Victor Hugo.*
LOCUTION
– ***Plaque tournante.*** (FIG.) Centre important qui détermine une situation. *Pour le transport aérien, New York et Paris sont des plaques tournantes.* SYN. carrefour.

PLAQUER v. tr.
1. Couvrir d'une couche de métal. *Des bijoux plaqués or. Le bijoutier plaque un bracelet d'or.*
2. Appliquer fortement. *Il l'a plaqué contre le mur. Le joueur a été plaqué au sol.*
3. (FAM.) Abandonner. *Son petit ami l'a plaquée.* SYN. laisser tomber.
CONJUGAISON : VOIR MODÈLE AIMER.

PLAQUETTE n. f.
1. Petite plaque. *La signalisation est indiquée sur des plaquettes de bois.*
2. (MÉD.) Élément du sang qui joue un rôle important dans la coagulation. *Les plaquettes sanguines.*
3. Petit livre de peu d'épaisseur. *Une plaquette de poèmes.*
Ne pas confondre avec les mots suivants :
- ***fascicule,*** partie d'un ouvrage qui paraît par fragments successifs;
- ***livre,*** écrit reproduit à un certain nombre d'exemplaires;
- ***tome,*** chacun des volumes d'un même écrit qui en comprend plusieurs.

PLASMA n. m.
Partie liquide du sang.

***PLASTER**
Anglicisme pour ***pansement (adhésif).***

PLASTIC n. m.
Explosif.
HOM. ***plastique,*** matière synthétique.
✏ plastic.

PLASTICAGE ou **PLASTIQUAGE** n. m.
Attentat au plastic.

PLASTICIEN n. m.
PLASTICIENNE n. f.
Médecin spécialiste de la chirurgie plastique. SYN. chirurgien plasticien; chirurgien plastique.

PLASTICITÉ n. f.
1. Souplesse.
2. Qualité de ce qui est plastique.

PLASTIE n. f.
Intervention de chirurgie plastique. *Une plastie des seins.*

PLASTIFIER v. tr.
Recouvrir de plastique. *Plastifier un tissu, une carte.*
CONJUGAISON : VOIR MODÈLE ÉTUDIER.
Redoublement du ***i*** à la première et à la deuxième personne du pluriel de l'indicatif imparfait et du subjonctif présent. *(Que) nous plastifiions, (que) vous plastifiiez.*

PLASTIQUE adj. et n. m. et f.
ADJECTIF
1. Relatif aux arts, à la beauté. *Les arts plastiques.*
2. Malléable, propre à être modelé.
NOM MASCULIN
Matière synthétique qui peut être moulée. *Ce beurrier est en plastique. Un plastique résistant.*
NOM FÉMININ
Beauté. *La plastique de ces gestes.*
LOCUTION
– ***Chirurgie plastique.*** Chirurgie destinée à restaurer, à donner de belles formes. SYN. chirurgie esthétique.
HOM. ***plastic,*** explosif.
✏ plastique.

PLASTIQUER v. tr.
Faire exploser au plastic. *Les motards ont plastiqué ce bar.*
CONJUGAISON : VOIR MODÈLE AIMER.

PLASTRON n. m.
1. Pièce matelassée qui couvre la poitrine.
2. Partie avant de certains vêtements.

PLASTRONNER v. intr.
1. Bomber la poitrine.
2. (FIG.) Adopter une attitude arrogante pour cacher une faiblesse.
CONJUGAISON : VOIR MODÈLE AIMER.

PLASTURGIE n. f.
Industrie de transformation des matières plastiques.

PLAT n. m.
1. Récipient plat. *Un plat allant au four à micro-ondes.*
2. Mets. *Un plat cuisiné, un plat de légumes, le plat du jour.*
3. Partie plate de certaines choses. *Le plat de la main.*
LOCUTION
– ***La vengeance est un plat qui se mange froid.*** (Proverbe) Il vaut mieux attendre un peu pour prendre sa revanche.

PLAT, PLATE adj.
Au masculin, le ***t*** est muet, [pla] ; l'adjectif rime avec ***la***.
1. Qui présente une surface sans relief, généralement horizontale. *Des cheveux plats, un toit plat, des souliers plats.*
2. Sans intérêt. *Ce qu'il dit est complètement plat.* SYN. ennuyeux ; monotone ; terne.
3. Non gazeux. *De l'eau plate.*
LOCUTIONS
– ***À plat,*** loc. adv. Horizontalement. *Mettre un livre à plat.*
– ***À plat ventre,*** loc. adv. Étendu sur le ventre. *Lire au soleil à plat ventre sur la plage : quel bonheur !*
– ***Être à plat.*** Être dégonflé, en parlant d'un pneu.
– ***Être à plat.*** (FIG.) Être déprimé, épuisé, en parlant d'une personne.
plat, plate.

PLATANE n. m.
Grand arbre à la forme majestueuse. *Une allée bordée de platanes.*

PLATEAU n. m. (pl. *plateaux*)
1. Tablette plate. *Les plateaux d'une balance.*
2. Surface plate sur laquelle on pose des verres, de la vaisselle, etc. *Un plateau de bois* (et non un *cabaret), *un plateau à fromages.*
3. Scène d'un théâtre. *Les comédiens sont sur le plateau pour la répétition générale.*
4. (GÉOGR.) Étendue de pays plate dont l'altitude est supérieure à celle des environs. *Un plateau calcaire.*
LOCUTION
– ***Plateau de sciage.*** Bâti recevant une scie circulaire. *Un plateau de sciage* (et non un *banc de scie).

PLATEBANDE ou **PLATE-BANDE** n. f. (pl. *platebandes* ou *plates-bandes*)
Espace de terre garni de fleurs, d'arbustes. *Des platebandes fleuries* ou *des plates-bandes remplies de rosiers.*
Le nom composé s'écrit en un seul mot ou en deux mots liés par un trait d'union.
LOCUTION
– ***Marcher sur les platebandes de quelqu'un.*** (FIG.) (FAM.) Empiéter sur son domaine.

PLATÉE n. f.
Contenu d'un plat. *Le chien Rouki a dévoré sa platée.*

PLATEFORME ou **PLATE-FORME** n. f. (pl. *plateformes* ou *plates-formes*)
1. Surface plate. *Ils ont construit une plateforme* ou *plate-forme pour les musiciens.*
2. (FIG.) Programme d'un parti politique. *Une plateforme* ou *plate-forme électorale.*

PLATEMENT adv.
Avec platitude. *Il refusa platement, sans explication.*

PLATINE adj. inv. et n. m. et f.
NOM MASCULIN
Métal précieux. *Cette bague, est-ce du platine ou de l'or ?*
NOM FÉMININ
Plaque portante. *La platine d'un tourne-disques.*
Ne pas confondre avec le nom ***patine***, poli donné par le temps.
ADJECTIF DE COULEUR INVARIABLE
Blond très clair. *Des cheveux platine.*
VOIR TABLEAU – COULEUR (ADJECTIFS DE).

PLATINÉ, ÉE adj.
De la couleur du platine. *Une chevelure platinée.*

PLATINER v. tr.
Recouvrir de platine. *Platiner un métal.*
CONJUGAISON : VOIR MODÈLE AIMER.

PLATITUDE n. f.
Caractère de ce qui est plat, sans intérêt. *La platitude d'un cours, d'un film, d'une remarque.*

PLATONIQUE adj.
Se dit d'un sentiment pur et spirituel. *Un amour platonique.*

PLATONIQUEMENT adv.
D'une manière platonique. *Ils s'aiment platoniquement.*

PLÂTRAGE n. m.
Action de plâtrer.
plâtrage.

PLÂTRAS n. m.
Matériaux de démolition.
plâtras.

PLÂTRE n. m.
1. Pâte dure faite à partir du gypse, employée comme revêtement ou pour immobiliser un membre fracturé. *François a une jambe dans le plâtre.*
2. Moulage de plâtre. *Les plâtres néoclassiques sont très populaires.*
LOCUTION
– ***Panneau de plâtre.*** Panneau fabriqué en usine, fait d'une couche de plâtre recouverte des deux côtés par un carton spécial (GDT). *Les murs ont été recouverts de panneaux de plâtre* (et non *gyproc).
plâtre.

PLÂTRER v. tr.
Enduire de plâtre. *Plâtrer une jambe fracturée.*
CONJUGAISON : VOIR MODÈLE AIMER.
plâtrer.

PLÂTRIER n. m.
PLÂTRIÈRE n. f.
Personne qui travaille le plâtre.
plâtrier.

PLAUSIBILITÉ n. f.
Qualité de ce qui est plausible. *La plausibilité d'une explication.*
plausibilité.

PLAUSIBLE adj.
Que l'on peut croire. *Son excuse est plausible.*
plausible.

PLAUSIBLEMENT adv.
D'une manière plausible. *Il sera plausiblement de notre côté.*
plausiblement.

***PLAY-BACK**
Anglicisme pour ***présonorisation.***

***PLAYBOY**
Anglicisme pour ***séducteur (professionnel).***

PLÈBE n. f.
1. Dans l'Antiquité romaine, classe du peuple inférieure aux patriciens.
2. (VIEILLI) (PÉJ.) Foule anonyme, masse populaire. *« La pharmacie Labow recrute ses clients dans la plèbe du Plateau »* (Réjean Ducharme, *L'Hiver de force*).

PLÉBISCITE n. m.
1. Manifestation de la confiance d'un peuple au chef de l'État.
2. (FIG.) Appui massif, large consensus.
✏ plébiscite.

PLÉBISCITER v. tr.
1. Ratifier quelque chose, élire quelqu'un à une très forte majorité.
2. (FIG.) Appuyer quelque chose de façon très largement majoritaire. *La population a plébiscité ce projet de loi.*
CONJUGAISON : VOIR MODÈLE AIMER.
✏ plébisciter.

PLÉIADE n. f.
Groupe de personnes formant une élite. *Une pléiade de pianistes, de poètes.*
☞ Ne pas confondre avec le nom ***myriade***, groupe nombreux.
☞ Pour désigner le groupe de poètes français de la Renaissance ainsi que le groupe d'étoiles de la constellation du Taureau, le nom s'écrit avec une majuscule. *La Pléiade, les Pléiades.*
✏ pléiade.

PLEIN, PLEINE adj., n. m. et prép.
ADJECTIF
1. Rempli au complet. *Un plein panier de fruits.*
2. Qui contient une grande quantité. *La rue est pleine de voitures. Une forêt pleine de gibier.* SYN. bondé.
3. Entier. *La Lune est pleine.*
NOM MASCULIN
1. Caractère de ce qui est entier, complet. *« Le plein, s.v.p. », demande-t-il au pompiste.*
2. (FIG.) Caractère de ce qui est à son sommet. *Les étudiants ont donné leur plein, ont fait le maximum pour gagner le débat oratoire.*
PRÉPOSITION
Autant que la chose peut en contenir. *Il a des livres plein la maison, des sous plein les poches.*
☞ Comme préposition, le mot est toujours invariable.
LOCUTIONS
– ***À plein,*** loc. adv. Pleinement. *Les jeunes s'amusaient à plein.*
– ***À plein temps, à temps plein,*** loc. adv. Pendant la durée normale de travail (environ 35 heures par semaine).
– ***Battre son plein.*** Être à son point culminant. *La fête battait son plein quand il s'est mis à pleuvoir.*
– ***De plein droit.*** En toute légitimité.
– ***De plein gré.*** Avec sa complète volonté.
– ***En plein,*** loc. adv. Complètement. *C'est en plein ça, vous avez la bonne réponse.*
– ***En plein air,*** loc. adv. Dehors. *La fête aura lieu en plein air.*
– ***En pleine mer,*** loc. adv. Au large. *Ils pêchent en pleine mer.*
– ***En plein soleil,*** loc. adv. Par un soleil éclatant, sans nuage.
– ***Faire le plein.*** Remplir un réservoir d'essence complètement.
– ***Tout plein,*** loc. adv. Beaucoup. *Il y avait tout plein de cadeaux autour de l'arbre de Noël.*
☞ Pris adverbialement, le mot est toujours invariable.

PLEIN AIR n. m.
Extérieur. *Les sports de plein air.*

PLEINEMENT adv.
Entièrement. *Nous sommes pleinement satisfaits de notre entente.* SYN. absolument ; parfaitement ; totalement.

PLEIN-EMPLOI ou **PLEIN EMPLOI** n. m.
(ÉCON.) Situation économique d'un pays où il n'y a pas de chômage. *Le plein(-)emploi est-il une utopie ?*

PLEIN-TEMPS adj. inv. et n. m. inv. (pl. *plein-temps*)
Qui travaille à temps complet. *Des employés plein-temps. L'hôpital a recruté deux plein-temps.*
☞ Par contre, l'expression ***à plein temps*** s'écrit sans trait d'union. *Il travaille à plein temps, à temps plein.*

PLÉNIER, IÈRE adj.
1. (VX) Complet.
2. Se dit d'une séance, d'une assemblée à laquelle tous les membres assistent. *Assemblée, réunion plénière.*

PLÉNIPOTENTIAIRE adj. et n. m.
Qui a les pleins pouvoirs de représentation diplomatique. *Un ministre plénipotentiaire.*
✏ plénipotenti**aire.**

PLÉNITUDE n. f.
(LITT.) Totalité, force. *La plénitude d'un instant.*

PLÉONASME n. m.
Répétition inutile de mots qui ont le même sens. SYN. redondance.
Voici quelques exemples de **pléonasmes fautifs** :
– *ainsi par exemple ;
– *ajouter en plus ;
– *comparer ensemble ;
– *hasard imprévu ;
– *monopole exclusif ;
– *monter en haut ;
– *panacée universelle ;
– *petite maisonnette ;
– *pléonasme redondant ;
– *première priorité ;
– *prévoir à l'avance ;
– *redemander de nouveau ;
– *tous sont unanimes.
☞ Certains pléonasmes sont intentionnels quand l'auteur veut insister sur quelque chose. *Je l'ai entendu de mes oreilles* est un pléonasme voulu.

PLÉONASTIQUE adj.
(DIDACT.) Qui constitue un pléonasme. Descendre en bas *est une expression pléonastique.*

PLÉTHORE n. f.
Abondance, emploi excessif. *Dans ce texte publicitaire, il y a une pléthore de majuscules.*
✏ plé**th**ore.

PLÉTHORIQUE adj.
(PÉJ.) Surabondant. *Une utilisation pléthorique des superlatifs.* SYN. excessif.
✏ plé**th**orique.

PLEUR n. m.
(LITT.) Larme. *À l'annonce de l'accident, ce ne furent que pleurs et grincements de dents.* SYN. gémissement ; lamentation ; plainte ; sanglot.
☞ Ce nom s'emploie généralement au pluriel.

PLEURER v. tr., intr.
VERBE TRANSITIF
Déplorer. *Il pleure la perte d'un ami.* SYN. regretter.
VERBE INTRANSITIF
Répandre des larmes. *Elle pleure d'émotion, il pleure à chaudes larmes.*
CONJUGAISON : VOIR MODÈLE AIMER.

PLEURÉSIE n. f.
Inflammation de la plèvre.

PLEUREUR, EUSE adj.
Se dit de certains arbres dont les branches s'inclinent vers le sol. *De grands saules pleureurs bordent le jardin.*

PLEURNICHARD, ARDE adj. et n. m. et f.
Qui a un ton plaintif, qui pleure sans raison. *Des enfants pleurnichards. Des pleurnichardes.* SYN. geignard.

PLEURNICHEMENT ou **PLEURNICHERIE** n. m. ou f.
Action de pleurnicher. *Cesse ces pleurnichements et dis-moi ce qui ne va pas.*

PLEURNICHER v. intr.
Se lamenter, pleurer sans raison. *Plutôt que de pleurnicher, agis et règle le problème !* SYN. geindre.
CONJUGAISON : VOIR MODÈLE AIMER.

PLEUROTE n. m.
Champignon comestible. *Une omelette aux pleurotes.*
pleurote.

PLEUTRE adj. et n. m.
Lâche. *Ces fuyards sont des pleutres, des combattants pleutres.* SYN. froussard ; peureux ; poltron ; (FAM.) poule mouillée.

PLEUTRERIE n. f.
Lâcheté. *Ils ont fait preuve de pleutrerie en s'enfuyant.* SYN. couardise ; poltronnerie.

PLEUVOIR v. impers., intr.
VERBE IMPERSONNEL
Tomber, en parlant de la pluie. *Il pleut à torrents, à verse, à boire debout.*
Attention à l'orthographe de l'expression ***à verse*** qui s'écrit en deux mots, contrairement au nom ***averse***.
VERBE INTRANSITIF
(FIG.) Venir en abondance. *Les suggestions pleuvent ; le comité aura l'embarras du choix.*
CONJUGAISON : VOIR MODÈLE PLEUVOIR.
La forme impérative n'existe pas. Ce verbe ne se conjugue qu'aux troisièmes personnes du singulier et du pluriel.

PLÈVRE n. f.
Enveloppe des poumons.

PLEXIGLAS n. m.
Le *s* se prononce, [plɛksiglɑs].
S'abrège familièrement en ***plexi*** (s'écrit sans point).
Matière plastique employée comme verre de sécurité. *Une table de plexiglas.*
T Ce nom est une marque déposée qui est passée dans l'usage et qui s'écrit maintenant avec une minuscule.
plexiglas.

PLI n. m.
1. Double épaisseur d'une étoffe, d'un papier, etc. *Les plis d'une jupe. Le pli bien repassé d'un pantalon.*
2. Ondulation. *La peau ridée de son arrière-grand-mère fait des plis.* SYN. ride.
3. Enveloppe. *Un chèque envoyé sous pli cacheté.*
LOCUTIONS
– ***Faux pli.*** Endroit où l'étoffe est froissée, mal ajustée.
– ***Mise en plis.*** Action de donner aux cheveux les ondulations désirées.
Dans cette expression, le nom se met au pluriel.
– ***Ne pas faire un pli.*** (FAM.) Être égal. *Ta remarque ne me fait pas un pli.* SYN. être indifférent ; indifférer.
– ***Prendre un pli.*** Acquérir une habitude. *Trop tard, le pli était déjà pris.*
HOM. ***plie***, poisson de mer dont la chair est appréciée.

CONJUGAISON DU VERBE **PLEUVOIR**

INDICATIF

PRÉSENT	PASSÉ COMPOSÉ
il pleut	il a plu

IMPARFAIT	PLUS-QUE-PARFAIT
il pleuvait	il avait plu

PASSÉ SIMPLE	PASSÉ ANTÉRIEUR
il plut	il eut plu

FUTUR SIMPLE	FUTUR ANTÉRIEUR
il pleuvra	il aura plu

CONDITIONNEL PRÉSENT	CONDITIONNEL PASSÉ
il pleuvrait	il aurait plu

SUBJONCTIF

PRÉSENT	PASSÉ
qu' il pleuve	qu' il ait plu

IMPARFAIT	PLUS-QUE-PARFAIT
qu' il plût	qu' il eût plu

IMPÉRATIF

PRÉSENT	PASSÉ
(*n'existe pas*)	(*n'existe pas*)

INFINITIF

PRÉSENT	PASSÉ
pleuvoir	avoir plu

PARTICIPE

PRÉSENT	PASSÉ
pleuvant	plu ayant plu

PLIAGE n. m.
Action de plier. *Faire le pliage des serviettes.*

PLIANT, ANTE adj. et n. m.
ADJECTIF
Qui se plie. *Des lits pliants. Des chaises pliantes.*
NOM MASCULIN
Siège sans bras ni dossier qu'on replie après usage.
Ne pas confondre avec le participe présent invariable ***pliant.*** *Tous les jours, on pouvait voir les campeurs pliant leurs tentes à cinq heures.*

PLIE n. f.
Poisson plat vivant dans les eaux froides de l'Atlantique Nord, à la face supérieure d'un brun jaunâtre assez pâle avec quelques taches sombres, dont la queue présente un bord triangulaire caractéristique et dont les yeux sont rapprochés l'un de l'autre (GDT).
Ce terme a fait l'objet d'un avis de normalisation de l'Office québécois de la langue française. Au Canada, la plie canadienne est souvent commercialisée sous l'appellation de ***sole,*** ce qui peut entraîner une confusion avec la ***sole commune*** (espèce *Solea solea,* couramment appelée ***sole***), autre poisson plat qui ne fréquente pas les eaux nord-américaines, mais qui peut être disponible en importation.
HOM. ***pli,*** double épaisseur de papier, d'étoffe.

PLIER v. tr., intr., pronom.
VERBE TRANSITIF
1. Faire un pli dans. *Plier un papier en deux.*
2. Incliner, fléchir. *Plier le bras, les genoux.*
3. Rapprocher les unes des autres les parties de. *Plier des vêtements. Plier une chaise longue pour la ranger.*
VERBE INTRANSITIF
S'affaisser, se courber. *Les branches plient sous le poids des pommes.*
Ne pas confondre avec le verbe ***ployer,*** courber en abaissant.
VERBE PRONOMINAL
Se soumettre à quelqu'un, à quelque chose. *Ils se sont pliés à ces exigences.* SYN. céder ; obéir.
À la forme pronominale, le participe passé de ce verbe s'accorde toujours en genre et en nombre avec son sujet. *Nous nous sommes pliés à leurs conditions.*
LOCUTION
– ***Plier bagage.*** (FIG.) Partir. *Les locataires ont plié bagage sans payer leur loyer.* SYN. s'en aller.
Le nom s'écrit au singulier dans cette expression.
CONJUGAISON : VOIR MODÈLE ÉTUDIER.
Redoublement du ***i*** à la première et à la deuxième personne du pluriel de l'indicatif imparfait et du subjonctif présent. *(Que) nous pliions, (que) vous pliiez.*

PLINTHE n. f.
Moulure au bas d'un mur. *Les plinthes sont en chêne.*
LOCUTION
– ***Plinthe chauffante.*** Appareil de chauffage de forme allongée et plate installé au bas d'un mur. *Des plinthes chauffantes électriques. Une plinthe chauffante à l'eau chaude.*
SYN. radiateur-plinthe.
HOM. ***plainte,*** lamentation.
plinthe.

PLISSAGE n. m.
Action de plisser. *Le plissage d'une étoffe, d'un rideau.*

PLISSER v. tr., intr., pronom.
VERBE TRANSITIF
Marquer de plis. *Plisser un tissu. Une jupe plissée. Elle plissait les yeux en tentant de déchiffrer le menu.* SYN. froncer.
VERBE INTRANSITIF
Avoir des plis. *Ce chemisier plisse un peu à la taille.*
VERBE PRONOMINAL
Devenir plissé. *Son front se plissa quand elle songea au travail qui l'attendait.*
À la forme pronominale, le participe passé de ce verbe s'accorde toujours en genre et en nombre avec son sujet. *Avec le passage du temps, sa peau s'est plissée.*
CONJUGAISON : VOIR MODÈLE AIMER.

PLOMB n. m.
Symbole ***Pb*** (s'écrit sans point).
Métal d'un gris bleuâtre. *Des soldats de plomb. Une vieille tuyauterie en plomb qu'il faudrait remplacer par des tuyaux de cuivre.*
LOCUTIONS
– ***Avoir du plomb dans l'aile.*** (FIG.) Être en difficulté.
– ***N'avoir pas de plomb dans la cervelle.*** (FIG.) Manquer de jugement.
– ***Péter les plombs.*** (FAM.) Perdre la tête. SYN. (FAM.) disjoncter.
– ***Soleil de plomb.*** Soleil cuisant.
– ***Sommeil de plomb.*** Sommeil très profond.
FORME FAUTIVE
*crayon de plomb. Anglicisme au sens de ***crayon à mine.***
plomb.

PLOMBAGE n. m.
Action de recouvrir de plomb. *Le plombage de cette dent est à refaire.*

PLOMBER v. tr., pronom.
VERBE TRANSITIF
Appliquer du plomb à quelque chose. *Plomber une dent.*
VERBE PRONOMINAL
Prendre une couleur grisâtre, semblable à celle du plomb. *Son teint s'est plombé.*
À la forme pronominale, le participe passé de ce verbe s'accorde toujours en genre et en nombre avec son sujet. *Leur peau s'est plombée.*
CONJUGAISON : VOIR MODÈLE AIMER.

PLOMBERIE n. f.
1. Travail d'installation et de réparation des conduites d'eau, de gaz d'une maison, d'un bâtiment. *Un entrepreneur de plomberie.*
2. Canalisations et installations sanitaires d'un bâtiment assurant l'alimentation en eau ou en gaz, de même que l'évacuation des eaux usées. *Réparer la plomberie.*

PLOMBIER n. m.
PLOMBIÈRE n. f.
Personne qui exécute des travaux de plomberie.

PLONGEANT, ANTE adj.
Qui va profondément. *Des décolletés plongeants.*

PLONGÉE n. f.
Action de plonger sous l'eau. *Avec un tuba et des palmes, Julia fait de la plongée sous-marine.*

PLONGEOIR n. m.
Tremplin. *La championne olympique sautera du plongeoir de trois mètres.*

PLONGEON n. m.
1. Action de sauter dans l'eau. *Marc a fait un plongeon en arrière.*
2. Chute de quelqu'un, de quelque chose qui tombe de très haut. *L'autobus a fait un plongeon dans le ravin.*

PLONGER v. tr., intr., pronom.
VERBE TRANSITIF
1. Enfoncer dans un liquide. *Plonger un récipient dans l'eau.* SYN. immerger.
2. Enfouir. *Les enfants adorent plonger leurs mains dans le sable chaud de la plage.*
3. Jeter dans (un certain état). *Mon invitation le plongea dans l'embarras.* SYN. mettre.
VERBE INTRANSITIF
Sauter dans l'eau. *Marie-Lou plongea du tremplin.*

VERBE PRONOMINAL
1. S'absorber dans une activité. *Il s'était plongé dans son travail et ne se laissait distraire par rien.* SYN. se concentrer.
2. (FIG.) S'immerger. *Dès leur arrivée au bord du lac, les enfants se plongeaient dans l'eau fraîche.*
À la forme pronominale, le participe passé de ce verbe s'accorde toujours en genre et en nombre avec son sujet. *Les experts se sont plongés dans la rédaction de leur rapport.*
CONJUGAISON : VOIR MODÈLE CHANGER.
Le ***g*** est suivi d'un ***e*** devant les lettres ***a*** et ***o***. *Il plongea, nous plongeons.*

PLONGEUR n. m.
PLONGEUSE n. f.
1. Personne qui pratique la plongée sous-marine.
Ce nom tend à remplacer ***homme-grenouille.***
2. Personne qui plonge d'un tremplin. *Sylvie Bernier est une excellente plongeuse, elle a gagné la médaille d'or.*
3. Personne qui lave la vaisselle dans un restaurant.

PLOYER v. tr.
(LITT.) Plier. *Le pommier ploie sous le poids de ses branches chargées de fruits.* SYN. courber.
Ne pas confondre avec le verbe ***plier,*** incliner, fléchir.
CONJUGAISON : VOIR MODÈLE EMPLOYER.
Le ***y*** se change en ***i*** devant un ***e*** muet. *Il ploie, il ploiera.*
Le ***y*** est suivi d'un ***i*** à la première et à la deuxième personne du pluriel de l'indicatif imparfait et du subjonctif présent. *(Que) nous ployions, (que) vous ployiez.*

***PLUG**
Anglicisme pour ***prise de courant.***
Anglicisme pour ***publicité clandestine.***

PLUIE n. f.
1. Eau qui tombe par gouttes du ciel. *Une pluie abondante tombe sur la ville. Des citernes recueillent l'eau de pluie.*
Ne pas confondre avec les noms suivants :
• ***averse,*** pluie subite, violente et de faible durée ;
• ***bruine,*** pluie fine et froide ;
• ***giboulée,*** averse soudaine de pluie souvent mêlée de neige, de grêle ;
• ***ondée,*** pluie assez forte, mais de courte durée ;
• ***orage,*** pluie abondante accompagnée d'éclairs et de tonnerre.
2. (FIG.) Ce qui tombe en abondance, comme la pluie. *Une pluie de confettis recouvrit les nouveaux mariés.* SYN. déluge.
LOCUTIONS
– ***Après la pluie, le beau temps.*** (Proverbe) Les désagréments sont passagers, tout finit par s'arranger.
– ***Ennuyeux comme la pluie.*** Monotone et triste.
– ***Faire la pluie et le beau temps.*** Exercer une grande influence.
– ***Parler de la pluie et du beau temps.*** Parler de choses insignifiantes.

PLUMAGE n. m.
Ensemble des plumes d'un oiseau. *Le perroquet a un plumage multicolore.*

PLUME n. f.
1. Production cutanée des oiseaux. *Les magnifiques plumes du paon. Un oreiller de plumes* ou *de plume.*
Le nom se met au pluriel ou au singulier selon qu'il est envisagé de façon singulière ou collective.
2. Instrument pour écrire. *Autrefois, on écrivait avec des plumes d'oie. « Au clair de la lune/Mon ami Pierrot/Prête-moi ta plume/pour écrire un mot »* (*Au clair de la lune,* chanson enfantine du XVIIe s.).
3. Pointe métallique montée sur un stylo et servant à écrire à l'encre. *La plume de mon stylo est dorée. Un stylo à plume* ou *un stylo plume dont il ne veut pas se séparer.*

FORME FAUTIVE
*plume-fontaine. Calque de «*fountain pen*» pour ***stylo à plume, stylo plume.***

PLUMEAU n. m. (pl. *plumeaux*)
Petit balai pour l'époussetage. *Des plumeaux en plumes d'autruche.*

PLUMER v. tr.
1. Arracher les plumes d'un oiseau. *Plumer une poule.*
2. (FIG.) (FAM.) Voler. *Ces courtiers malhonnêtes ont plumé quelques naïfs.* SYN. dépouiller ; duper ; rouler.
CONJUGAISON : VOIR MODÈLE AIMER.

PLUMETIS n. m.
Le *s* ne se prononce pas, [plymti].
Broderie recouvrant un motif.
plumetis.

PLUMIER n. m.
Étui destiné à recevoir les crayons, les stylos, etc. *Un joli plumier de bois d'olivier.*

PLUM-PUDDING n. m. (pl. *plum-puddings*)
Le premier ***u*** se prononce ***ou*** ou ***o*** et le deuxième se prononce ***ou,*** [plumpudiŋ, plɔmpudiŋ].
Gâteau aux fruits à l'anglaise. *Le traditionnel plum-pudding du Nouvel An.*
[Les *Rectifications* (1990) admettent : plumpouding.]

PLUPART (LA) n. f. et pron. indéf.
NOM FÉMININ
Le plus grand nombre de personnes, la majorité. *La plupart des enfants adorent faire de la bicyclette.*
1° ***La plupart*** + complément au pluriel. Le verbe se met au **pluriel** quand le collectif est suivi d'un complément au pluriel et le participe passé s'accorde avec le complément. *La plupart des électeurs se sont inscrits.*
2° ***La plupart*** + ***d'entre nous, d'entre vous.*** Le verbe se met à la troisième personne du pluriel et le participe passé s'accorde avec le complément pluriel. *La plupart d'entre nous ont été retenus.*
PRONOM INDÉFINI
Beaucoup, le plus grand nombre. *La plupart seront de la fête.*
Le verbe se met au pluriel quand ***la plupart*** est construit sans complément et le participe passé s'accorde avec le complément sous-entendu. *La plupart seront retenus.*
VOIR TABLEAU – COLLECTIF.
LOCUTIONS
– ***La plupart du temps,*** loc. adv. Ordinairement, le plus souvent. *À Vancouver, il pleut la plupart du temps en hiver.* SYN. habituellement.
– ***Pour la plupart,*** loc. adv. En majorité. *Ces étudiants sont bilingues pour la plupart.*

PLURAL, ALE , AUX adj.
(DIDACT.) Qui concerne plusieurs unités. *Des votes pluraux.*

PLURALISME n. m.
Régime politique composé de plusieurs partis, plusieurs tendances.

PLURALITÉ n. f.
Fait d'être plusieurs. *Le nom collectif* majorité *marque la pluralité.*

PLURI- préf.
Élément du latin signifiant « plusieurs ». *Plurilingue.*
Les mots composés avec le préfixe ***pluri-*** s'écrivent en un seul mot. *Pluridisciplinaire, pluriannuel.*

PLURIANNUEL, ELLE adj.
Qui dure plusieurs années. *Une location pluriannuelle de trois ans.*

PLURICELLULAIRE adj.
(BIOL.) Se dit d'un organisme vivant constitué de plusieurs cellules. *Une plante pluricellulaire.*

PLURIDISCIPLINAIRE adj.
Qui concerne plusieurs disciplines, plusieurs domaines. *Un groupe pluridisciplinaire.* SYN. multidisciplinaire.
Ne pas confondre avec l'adjectif ***disciplinaire,*** qui se rapporte à la discipline, aux sanctions. *Des mesures disciplinaires.*
pluridisciplin**aire.**

PLURIEL, IELLE adj. et n. m.
NOM MASCULIN
(GRAMM.) Forme d'un mot qui marque la pluralité, la multiplicité. *Il y a deux nombres en français : le singulier et le pluriel.*
VOIR TABLEAU – PLURIEL DES NOMS.
ADJECTIF
1. (GRAMM.) Qui exprime la pluralité. *Une forme plurielle.*
2. (LITT.) Multiple. *Une œuvre plurielle.*

PLURILINGUE adj. et n. m. et f.
Qui parle plusieurs langues. *Paul est plurilingue : il parle le français, l'anglais, l'arabe et l'italien.* SYN. polyglotte.

PLUS adv., n. m. et prép.
Le ***s*** ne se prononce généralement pas devant une voyelle ou un ***h*** muet; toutefois, le ***s*** se prononce en liaison. *Plus (z) on donne. Il est plus (z) honnête que son ami.*
ADVERBE
1. L'adverbe ***plus*** marque la supériorité.
– ***Plus*** + qualité. À un plus haut degré. *Les chênes sont plus résistants que les bouleaux. Cet article est luxueux : il est plus cher.*
– ***Plus de*** + quantité. Davantage. *Ils sont plus de mille participants. Le film dure plus de deux heures.*
– ***Plus d'un*** + verbe. *Plus d'un étudiant a peiné sur ce travail.*
Dans cette construction, le verbe s'accorde avec le complément qui suit le déterminant numéral : il se met au singulier, malgré la contradiction apparente. Selon le même raisonnement, le verbe se met au pluriel après l'expression ***moins de deux.*** *Moins de deux ans séparent ces accidents.*
2. Comparatif des adverbes ***beaucoup*** ou **très. Plus que** + comparaison. *Elles sont plus grandes que leurs cousines. Les parents s'inquiètent plus que les enfants.*
3. Superlatif relatif.
– Au plus haut degré. *Il est le plus gentil du monde.*
– ***Le, la, les plus... que*** + subjonctif. *C'est la solution la plus intéressante que nous puissions imaginer.*
Le verbe se met généralement au subjonctif; cependant, pour marquer davantage la réalité que la possibilité, on peut employer l'indicatif. *C'est la solution la plus intéressante que nous avons trouvée.*
VOIR TABLEAU – SUPERLATIF.
NOM MASCULIN
1. Signe de l'addition. *Remplacer un plus par un moins.*
2. La plus grande quantité. *Le plus que nous puissions espérer.*
Dans l'emploi comme nom, le ***s*** se prononce toujours.
PRÉPOSITION
En ajoutant une quantité. *Deux tomates plus un concombre. Deux plus sept égale neuf (2 + 7 = 9).*
En mathématiques, le ***s*** se prononce toujours.
LOCUTIONS
– ***Au plus,*** loc. adv. Pas davantage. *Nous marcherons pendant six kilomètres au plus.*
– ***D'autant plus que,*** loc. conj. Encore plus. *Il est d'autant plus apprécié qu'il est compétent et juste.*
Cette locution se construit avec l'indicatif ou le conditionnel.
– ***De plus,*** loc. adv. En outre. *Leur maison a brûlé et de plus, on a volé leur voiture.*
– ***De plus en plus,*** loc. adv. Toujours davantage. *Nous l'aimons de plus en plus.*
– ***Des plus*** + adjectif. Parmi les plus. *Une personne des plus aimables.*
1° L'adjectif ou le participe qui suit ***des plus, des moins, des mieux*** se met au pluriel et s'accorde en genre avec le nom auquel il se rapporte. *Cette personne est des plus compétentes. Un véhicule des plus performants.*
2° Si le sujet est un pronom neutre, un infinitif ou une phrase infinitive, l'adjectif reste invariable. *Acheter des titres miniers est des plus risqué.*
– ***En plus,*** loc. adv. En outre. *Il neige à plein ciel et en plus, il vente énormément.*
– ***Le plus que,*** loc. conj. Le maximum que. *Le plus qu'il soit prêt à concéder, c'est une petite augmentation.*
Cette locution est suivie du subjonctif.
– ***Ne plus,*** loc. adv. Avec la négation, l'adverbe marque la cessation d'une action, d'un état. *Nous n'irons plus au bois.*
– ***Ni plus ni moins,*** loc. adv. Exactement. *Elle lui a donné 20 $, ni plus ni moins.*
– ***On ne peut plus,*** loc. adv. Extrêmement. *Ces garçons sont on ne peut plus sympathiques.*
– ***Plus d'un,*** loc. pron. Plusieurs. *Plus d'un fut tenté. Plus d'un candidat est tombé dans le piège.*
Le verbe s'accorde au singulier avec le pronom indéfini, malgré la logique.
– ***Plus ou moins,*** loc. adv. À des degrés divers. *Nous avons plus ou moins aimé ce film.*
– ***Plus... plus, plus... moins,*** loc. adv. Ces adverbes mis en parallèle expriment un rapport d'augmentation ou de diminution. *Plus elle sème, plus elle récolte. Plus ils exigent, moins ils reçoivent.*
– ***Qui plus est,*** loc. adv. En outre. *Ils étaient en retard et, qui plus est, complètement trempés.*
– ***Raison de plus,*** loc. adv. Encore plus, à plus forte raison. *Tu as congé ? Raison de plus pour sortir avec nous.*
– ***Sans plus,*** loc. adv. Pas davantage. *Il habite à quelques pas sans plus de son travail.*
– ***Tant et plus,*** loc. adv. En abondance. *Ils ont reçu des cadeaux tant et plus.*
– ***Tout au plus,*** loc. adv. Pas davantage que. *J'en ai tout au plus pour quelques minutes.*
– ***Tout au plus,*** loc. adv. À peine. *Tu n'osais commenter, tout au plus risquais-tu un regard interrogatif.*
La locution adverbiale entraîne parfois l'inversion du sujet.
– ***Un peu plus,*** loc. adv. Il aurait suffi de peu de chose pour que. *Un peu plus et la voiture heurtait le piéton.*
VOIR – MOINS.

PLUSIEURS adj. indéf. et pron.
ADJECTIF INDÉFINI
Un certain nombre, le plus souvent peu élevé. *J'ai acheté plusieurs fruits.* SYN. divers; quelques.
Au Québec, le mot a conservé son sens original de « un bon nombre » que consignent Furetière (1690), l'Académie française dans la 4e édition de son *Dictionnaire* (1762) et Littré (1863-1873). En français européen d'aujourd'hui, l'adjectif exprime plutôt l'idée d'une quantité assez restreinte. Selon le GLLF, « l'adjectif se joint à un nom au pluriel pour indiquer un nombre entier indéterminé peu élevé à partir de deux ».
L'adjectif ou le pronom ***plusieurs*** est toujours au pluriel et conserve la même forme au masculin et au féminin.
PRONOM INDÉFINI
Un certain nombre de personnes. *Plusieurs sont en voyage.* SYN. certains; d'aucuns; quelques-uns.

PLUS-QUE-PARFAIT n. m.
Le ***s*** se prononce, [plyskəparfɛ].
(GRAMM.) Le plus-que-parfait de l'indicatif exprime :
– Un **fait ponctuel** entièrement achevé lors d'un **autre fait passé.** *Le spectacle était terminé quand nous sommes partis. Il avait neigé toute la journée quand nous avons quitté la ville.*

P

PLURIEL DES NOMS

Le nom se met au pluriel quand il désigne plusieurs êtres ou plusieurs objets. *Trois enfants. Cinq maisons.*
En français, la marque du pluriel ne s'inscrit qu'à compter de deux unités. *La somme s'élève à 1,5 million de dollars, à 2,5 milliers d'euros.*

PLURIEL DES NOMS

- Le pluriel des noms se forme en ajoutant un ***s*** à la forme du singulier. *Un arbre, des arbres; une fleur, des fleurs.*
- Les noms terminés au singulier par ***-s, -x, -z*** sont invariables. *Un refus, des refus; un prix, des prix; un nez, des nez.*
- Les noms terminés au singulier par ***-al*** font ***-aux*** au pluriel. *Un cheval, des chevaux; un fanal, des fanaux; un journal, des journaux.*
  EXCEPTIONS : ***avals, bals, cals, carnavals, cérémonials, chacals, festivals, narvals, pals, récitals, régals,*** qui suivent la règle générale.
  Certains noms ont les deux pluriels (***-als*** et ***-aux***) : *étal, idéal, val…*
- Les noms terminés au singulier par ***-eau, -au, -eu*** font ***-eaux, -aux, -eux*** au pluriel. *Une eau, des eaux; un tuyau, des tuyaux; un feu, des feux.*
  EXCEPTIONS : ***landaus, sarraus, bleus, pneus,*** qui suivent la règle générale.
- Les noms terminés au singulier par ***-ail*** font ***ails*** au pluriel, selon la règle générale. *Un chandail, des chandails; un détail, des détails; un rail, des rails.*
  EXCEPTIONS : ***baux, coraux, émaux, soupiraux, travaux, vitraux.***
  Les mots ***bercail, bétail*** ne s'emploient pas au pluriel.
- Les noms terminés au singulier par ***-ou*** font ***-ous*** au pluriel, selon la règle générale. *Un clou, des clous; un écrou, des écrous ; un fou, des fous.*
  EXCEPTIONS : ***bijoux, cailloux, choux, genoux, hiboux, joujoux, poux.***
- Certains mots ont un pluriel double, par exemple : ***aïeul, ciel, œil, travail.***
  Aïeuls, « grands-parents » et *aïeux* « ancêtres »; *ciels* « aspects du ciel en un lieu, en peinture » et *cieux* « espace indéfini et paradis »; *œils* « boucles (dans le domaine de la marine) et noms composés » et *yeux* « organe de la vue »; *travails* « appareil servant à maintenir de grands animaux » et *travaux* « ensemble d'activités ».

PLURIEL DES NOMS COMPOSÉS

VOIR TABLEAU ▸ **NOMS COMPOSÉS.**

PLURIEL DES NOMS PROPRES

- Les noms de peuples, de races, d'habitants de régions, de villes prennent la marque du pluriel. *Les Canadiens, les Noirs, les Beaucerons, les Trifluviens.*
- Les patronymes sont généralement invariables. *Les Fontaine sont invités.*
  Certains noms de familles royales, princières, illustres prennent parfois la marque du pluriel. *Les Bourbons, les Tudors.*
- Les noms propres employés par métaphore prennent la marque du pluriel. *Des Picassos, des Zolas, des dons Juans.*
- Les noms de marques commerciales sont invariables. *Des Peugeot, des Apple.*
  Les noms déposés passés dans l'usage sont devenus des noms communs qui prennent la marque du pluriel et s'écrivent avec une minuscule. *Des aspirines, des linoléums, des stencils.*

PLURIEL DES NOMS EMPRUNTÉS À D'AUTRES LANGUES

- Les noms empruntés à d'autres langues prennent généralement la marque française du pluriel, un *s* ajouté à la forme du singulier. *Des agendas, des graffitis, des leitmotivs, des médias, des spaghettis.*
  Certains emprunts sont invariables. *Des nota bene, des modus vivendi.* D'autres gardent le pluriel de leur langue d'origine. *Des errata, des ladies.* Les *Rectifications orthographiques* (1990) préconisent un pluriel régulier : *des erratas, des ladys.*

P

PLURIEL ET FÉMININ DES ADJECTIFS

FORMATION DU FÉMININ DES ADJECTIFS

Pour mettre un adjectif au féminin, comme pour le nom, il faut généralement ajouter un ***e*** à la forme du masculin. *Amical, amical**e**; coquin, coquin**e**; délicat, délicat**e**; grand, grand**e**; idiot, idiot**e**; intérieur, intérieur**e**; précis, précis**e**; pressé, pressé**e**; vert, vert**e**.*

Cas particuliers

- Les adjectifs terminés par ***-e*** conservent la même forme au masculin et au féminin. *Commode, rapide, sage.*
- Certains adjectifs doublent la consonne finale, par exemple *ba**s**, gra**s**, la**s**, épai**s**, gro**s**, méti**s**, exprè**s*** (*ba**sse**, gra**sse**, expre**sse**...*) et les adjectifs terminés par :
  - *-el, -eil* (ainsi que *genti**l*** et *nu**l***) : *naturel, nature**lle**; pareil, parei**lle**; gentil, genti**lle***;
  - *-en, -on* : *ancien, ancie**nne**; bon, bo**nne***;
  - *-et* et cinq adjectifs en *-ot* (*boulo**t**, maigrio**t**, pâlo**t**, so**t**, vieillo**t***) : *coquet, coque**tte**; sot, so**tte**.*

  EXCEPTIONS COURANTES : *complet, complète; concret, concrète; désuet, désuète; discret, discrète; incomplet, incomplète; indiscret, indiscrète; inquiet, inquiète; replet, replète; secret, secrète.*
- Les adjectifs terminés par ***-er, -ier*** font ***-ère, -ière***. *Amer, am**ère**; cher, ch**ère**; léger, lég**ère**; entier, ent**ière**; fier, f**ière**; premier, prem**ière**.*
- Les adjectifs terminés par ***-f*** font leur féminin en ***-ve***. *Bref, brè**ve**; naïf, naï**ve**; neuf, neu**ve**; vif, vi**ve**.*
- Les adjectifs terminés par ***-x*** font leur féminin en ***-se***. Heureux, heureu***se***; jaloux, jalou***se***.

  EXCEPTIONS COURANTES : *doux, douce; faux, fausse; roux, rousse.*
- Les adjectifs terminés par ***-c*** font leur féminin en ***-che*** ou en ***-que***. *Blanc, blan**che**; franc, fran**che**; sec, sè**che**; grec, grec**que**; laïc, laï**que**; public, publi**que**; turc, tur**que**.*
- Les adjectifs terminés par ***-eur*** qui dérivent d'un verbe font généralement leur féminin en ***-euse***. *Menteur, ment**euse**; rieur, ri**euse**; trompeur, tromp**euse**.*
- Les adjectifs terminés par ***-gu*** prennent un tréma sur le ***e*** du féminin, ou sur le ***u*** selon les *Rectifications orthographiques* (1990). *Aiguë, ambiguë, exiguë; aigüe, ambigüe, exigüe.*

  VOIR TABLEAU ▸ **RECTIFICATIONS ORTHOGRAPHIQUES.**
- Les adjectifs ***beau, fou, jumeau, mou, nouveau, vieux*** font au féminin *belle, folle, jumelle, molle, nouvelle, vieille.*

  EXCEPTIONS COURANTES : *bénin, bénigne; favori, favorite; frais, fraîche; long, longue; malin, maligne; tiers, tierce; vainqueur.*

  ☞ L'adjectif *vainqueur* est maintenant considéré comme épicène, c'est-à-dire qu'il conserve la même forme au masculin et au féminin (ex. : *l'équipe vainqueur*). Pour qualifier un nom féminin, on peut aussi employer un adjectif synonyme (ex. : *l'équipe victorieuse*).

FORMATION DU PLURIEL DES ADJECTIFS

Pour mettre un adjectif au pluriel, comme pour le nom, il faut généralement ajouter un ***s*** à la forme du singulier. *Grands, grandes; verts, vertes; coquins, coquines; pressés, pressées.*

Cas particuliers

- Les adjectifs terminés par ***-s*** et ***-x*** conservent la même forme au singulier et au pluriel. *Bas, doux, frais, niais, ingénieux.*
- Les adjectifs terminés par ***-al*** changent ***-al*** en ***-aux*** pour la plupart. *Général, généraux; loyal, loyaux; normal, normaux; spécial, spéciaux; tribal, tribaux.*

  EXCEPTIONS COURANTES : *bancal, boréal, fatal, frugal, glacial, jovial, matinal, natal, naval, pascal* qui font ***-als***. L'adjectif *final* fait au pluriel ***finals*** ou ***finaux***.
- Les adjectifs terminés par ***-eau*** prennent un *x* au pluriel. *Beau, beaux; jumeau, jumeaux; nouveau, nouveaux.*

– Un **fait habituel** qui avait lieu **avant un fait passé.** *Quand j'avais terminé mon travail, j'allais marcher un peu dans le parc.*
– Un **fait hypothétique** dans le passé. *Ah ! si j'avais su, j'aurais procédé autrement.*
VOIR TABLEAU – INDICATIF.
VOIR TABLEAU – PASSÉ (TEMPS DU).

PLUS-VALUE n. f. (pl. *plus-values*)
Le *s* est muet, [plyvaly]; la première syllabe se prononce ***plu***.
(ÉCON.) Augmentation de la valeur d'une chose. ANT. moins-value.

PLUTÔT adv.
1. De préférence. *Entre le ski et le patin, elle a opté plutôt pour le ski alpin.*
2. Assez. *Il est plutôt rapide, il fait plutôt froid.* SYN. passablement.
LOCUTIONS
– ***Ou plutôt,*** loc. adv. Plus précisément. *Cette banque de données commence à dater, ou plutôt, elle a plus de quinze ans de retard.* SYN. en réalité.
– ***Plutôt que,*** loc. conj. Au lieu de. *Catherine et Marie-Ève préfèrent aller nager plutôt que de regarder la télévision ou plutôt que jouer aux cartes.*
Suivie de l'infinitif, la locution conjonctive peut se construire avec ou sans la préposition ***de.***
Le verbe se met au singulier avec deux sujets coordonnés par ***plutôt que.*** *La fatigue, plutôt que la timidité, l'a amené à refuser l'invitation.*
HOM. ***plus tôt,*** avant.

PLUVIAL, IALE, IAUX adj.
Qui se rapporte à la pluie. *Des eaux pluviales servant à l'écoulement de l'eau de pluie.*

PLUVIEUX, IEUSE adj.
Abondant en pluie. *Le climat pluvieux de la Colombie-Britannique, une saison pluvieuse.*
pluvieux.

***P.M.**
Abréviation du latin «*post meridiem*» servant à la notation de l'heure dans le système anglais. En français, on emploie plutôt, par exemple, *17 h* ou *5 h du soir* (et non *5 h p.m.).
VOIR TABLEAU – HEURE.

PME
Sigle de ***petite et moyenne entreprise.***

PNB
Sigle de ***produit national brut.***

PNEU n. m.
Garniture caoutchoutée d'une roue de véhicule, de bicyclette, etc. *Des pneus radiaux, des pneus arrière.*

PNEUM(O)-
Élément du grec signifiant « poumon ».
Les mots composés de l'élément ***pneumo-*** s'écrivent en un seul mot. *Pneumonie.*

PNEUMATIQUE adj.
1. Relatif à l'air.
2. Qui fonctionne à l'air comprimé. *Un marteau pneumatique.*
3. Qui se gonfle à l'air. *Un matelas pneumatique, un canot pneumatique.*

PNEUMOCOQUE n. m.
(MÉD.) Bactérie responsable d'infections (pneumonie, méningite, etc.).
pneumo**coque.**

PNEUMOLOGIE n. f.
(MÉD.) Partie de la médecine qui traite les maladies du poumon.

PNEUMOLOGUE n. m. et f.
(MÉD.) Spécialiste de la pneumologie.

PNEUMONIE n. f.
Inflammation du poumon. *Antoine a fait une pneumonie, il était fiévreux et toussait beaucoup.*

PNUD
Sigle de ***Programme des Nations Unies pour le développement.***

POCHADE n. f.
1. Croquis exécuté rapidement en quelques coups de pinceau.
2. Écrit rédigé rapidement et sans soin.

POCHE n. f.
1. Petit sac fixé à un vêtement. *Mettre les mains dans ses poches. Une poche intérieure.*
2. Grand sac. *Une poche de farine.*
3. Compartiment. *Cette valise comprend de multiples poches.*
LOCUTIONS
– ***Argent de poche.*** Monnaie pour les menues dépenses.
– ***C'est dans la poche.*** (FAM.) C'est gagné.
– ***Connaître comme le fond de sa poche.*** (FIG.) Connaître très bien quelqu'un, quelque chose.
– ***De poche.*** De format réduit, qui peut aller dans la poche. *Un appareil photo de poche.*
– ***Livre de poche.*** Livre de format réduit et d'un prix abordable. *Des livres de poche.*
– ***N'avoir pas la langue dans sa poche.*** (FAM.) Avoir son franc-parler, parler d'abondance.

POCHER v. tr.
– ***Pocher l'œil à quelqu'un.*** Le meurtrir par un coup, causer une tuméfaction.
– ***Pocher un œuf.*** Cuire un œuf sans sa coquille dans l'eau bouillante, de manière à ce que le jaune se trouve couvert par le blanc comme dans une poche. *Pocher des œufs.*
Le mot ne s'emploie que dans ces locutions.
CONJUGAISON : VOIR MODÈLE AIMER.

POCHETTE n. f.
1. Étui plat, petite enveloppe. *Une pochette de disque, une pochette d'allumettes.*
2. Petit mouchoir. *Une cravate avec pochette assortie.*

POCHOIR n. m.
1. Pièce découpée sur laquelle on frotte une brosse enduite d'encre, de couleur, pour obtenir un dessin, un motif. *Tracer des feuilles de lierre au moyen d'un pochoir.*
2. Le dessin ainsi obtenu. *Un pochoir de feuilles de lierre.*

***PODCASTING**
Anglicisme pour ***baladodiffusion.***

PODIATRE n. m. et f.
Personne qui pose des diagnostics relatifs aux anomalies et aux affections locales du pied et qui traite celles-ci par des moyens chimiques, pharmaceutiques, chirurgicaux, biomécaniques (orthèses) ou par des manipulations (GDT).
Pour exercer la podiatrie au Québec, le podiatre doit être titulaire d'un diplôme de doctorat en médecine podiatrique. De plus, il doit obligatoirement appartenir à l'Ordre des podiatres du Québec et avoir un permis d'exercice délivré par celui-ci. En France et en Suisse, la personne qui effectue un travail similaire se nomme ***pédicure-podologue.***

PODIATRIE n. f.
Branche de la médecine consacrée au diagnostic et au traitement des anomalies et des affections locales du pied (GDT).

PODIUM n. m. (pl. *podiums*)
Le ***o*** est ouvert et le ***u*** se prononce ***o,*** [pɔdjɔm].
Estrade sur laquelle montent les champions. *Élise et Sébastien étaient heureux de monter sur le podium.*

P

PODOLOGIE n. f.
Les **o** sont ouverts, [pɔdɔlɔʒi].
Branche de la médecine qui traite les affections du pied. *Étude des affections du pied.*

PODOLOGUE n. m. et f.
Les **o** sont ouverts, [pɔdɔlɔg].
Personne qui traite les affections du pied.
Ne pas confondre avec le ***pédicure*** qui est chargé des soins des pieds.

POÊLE n. m. et f.
Se prononce comme ***poil,*** [pwal].
NOM MASCULIN
Appareil de chauffage servant également à la cuisson. *Un poêle à bois qui répand sa bonne chaleur et cuit les délicieuses tartes aux pommes de grand-maman. « Un air cru l'accueillit au seuil de la cuisine. Le poêle était mort »* (Germaine Guèvremont, *Le Survenant*).
NOM FÉMININ
Ustensile de cuisine plat, à long manche. *Faites revenir vos champignons à la poêle.*
Ne pas confondre avec les noms suivants :
• ***casserole,*** récipient muni d'un manche, parfois d'un couvercle ;
• ***chaudron,*** récipient assez profond à anse mobile ;
• ***fait-tout*** ou ***faitout,*** grand récipient à deux poignées muni d'un couvercle ;
• ***poêlon,*** casserole de métal, de terre allant au feu.
FORME FAUTIVE
*poêle. Impropriété au sens de ***cuisinière.***
poêle.

POÊLÉE n. f.
La première syllabe se prononce ***poil,*** [pwale].
Contenu d'une poêle. *Une poêlée de légumes grillés.*
poêlée.

POÊLER v. tr.
La première syllabe se prononce ***poil,*** [pwale].
Passer à la poêle. *Poêlez vos filets de truite.*
CONJUGAISON : VOIR MODÈLE AIMER.
poêler.

POÊLON n. m.
La première syllabe se prononce ***poil,*** [pwalɔ̃].
Casserole de métal, de terre allant au feu.
poêlon.

POÈME n. m.
Le **o** est ouvert, [pɔɛm].
Œuvre de poésie. *Émile Nelligan a écrit un poème intitulé* Soir d'hiver.
poème.

POÉSIE n. f.
Le **o** est ouvert, [pɔezi].
1. Art du langage propre à exprimer des sensations, des sentiments, des idées à l'aide d'images, de sonorités et d'harmonie.
2. Pièce de vers, petit poème. *Réciter une poésie.*
3. Caractère de ce qui est beau, de ce qui touche la sensibilité. *La poésie d'un coucher de soleil.*
poésie.

POÈTE n. m. et f.
Le **o** est ouvert, [pɔɛt].
1. Auteur, auteure qui fait de la poésie. *Gaston Miron, Jean-Guy Pilon et Anne Hébert sont des poètes du Québec.*
2. Personne qui ressent l'émotion poétique. *« Les poètes sont des oiseaux, tout bruit les fait chanter. »* (Chateaubriand)
poète.

POÉTESSE n. f.
Le **o** est ouvert, [pɔetɛs].
(VIEILLI) Femme poète.
Ce nom peut avoir une connotation péjorative, un sens restrictif. On emploie plutôt le nom ***poète.*** *La poète Denise Désautels.*
poétesse.

POÉTIQUE adj. et n. f.
Le **o** est ouvert, [pɔetik].
ADJECTIF
Propre à la poésie. *Une œuvre poétique.* La Belle et la Bête *de Jean Cocteau est un film poétique.*
NOM FÉMININ
Théorie de la création littéraire. *La poétique de Jacques Ferron.*
poétique.

POÉTIQUEMENT adv.
Le **o** est ouvert, [pɔetikmɑ̃].
D'une manière poétique.
poétiquement.

***POGNE**
Archaïsme pour ***poigne.***

POGNER
VOIR – POIGNER.

POIDS n. m.
1. Masse. *Déterminer le poids d'un corps.*
2. Mesure de la masse. *Votre poids est de 60 kg.*
3. (FIG.) Ce qui pèse. *Le poids d'un travail à faire.* SYN. fardeau.
4. (FIG.) Influence, valeur. *Ce conseiller n'a pas beaucoup de poids à l'hôtel de ville.* SYN. importance.
LOCUTIONS
– ***Avoir deux poids, deux mesures.*** (FIG.) Juger de façon partiale, en n'appliquant pas les mêmes critères à tous.
– ***Ne pas faire le poids.*** (FIG.) Ne pas être à la hauteur. SYN. ne pas être de taille.
– ***Poids lourd.*** Camion de fort tonnage destiné au transport des marchandises. *Des poids lourds qui roulent trop vite.*
– ***Poids santé.*** Poids approximatif que devrait avoir une personne, compte tenu de sa taille, selon des critères médicaux plutôt qu'esthétiques. *Des poids santé.*
Dans cette expression, le nom ***santé*** mis en apposition est invariable et n'est pas lié au nom ***poids*** par un trait d'union.
HOM. ***pois,*** plante grimpante cultivée pour ses graines.
poids, un ***s*** au singulier comme au pluriel.

POIGNANT, ANTE adj.
La première syllabe se prononce ***poi,*** [pwaɲɑ̃, ɑ̃t].
Émouvant. *Des adieux poignants.* SYN. bouleversant ; touchant.

POIGNARD n. m.
La première syllabe se prononce ***poi,*** [pwaɲar].
Couteau à lame courte. *Les poignards sont interdits dans les transports en commun.*

POIGNARDER v. tr.
La première syllabe se prononce ***poi,*** [pwaɲarde].
Blesser, tuer avec un poignard.
CONJUGAISON : VOIR MODÈLE AIMER.

POIGNE n. f.
La première syllabe se prononce ***poi,*** [pwaɲ].
1. Force du poignet.
2. (FIG.) Autorité, ascendant, fermeté.
LOCUTION
– ***Avoir de la poigne.*** Avoir de l'autorité, avoir, tenir en main. *Ce contremaître a de la poigne* (et non de la *pogne).

POIGNÉE n. f.
La première syllabe se prononce ***poi,*** [pwaɲe].
1. Quantité que la main peut contenir. *Une poignée de bonbons, de billes.*
2. Petite quantité. *Une poignée de participants dormait, dormaient effrontément.*

Si le sujet du verbe est un collectif précédé du déterminant indéfini ***un, une*** et suivi d'un complément au pluriel, le verbe se met au singulier lorsque l'auteur veut insister sur le tout, l'ensemble ; au pluriel, s'il veut insister sur la pluralité, la multiplicité. Si le sujet du verbe est un collectif précédé du déterminant défini ***(le, la)***, d'un déterminant possessif ***(mon, ma, ton, ta, son, sa)***, d'un déterminant démonstratif ***(ce, cette)*** et s'il est suivi d'un complément au pluriel, le verbe se met généralement au singulier. *La poignée de soldats tenait bon.*
VOIR TABLEAU – COLLECTIF.
3. Partie d'un objet conçue pour être prise avec la main. *La poignée d'un sac d'école.*
LOCUTIONS
– ***À poignées, par poignées,*** loc. adv. À pleines mains. *Les voleurs s'emparèrent des bijoux à poignées.*
– ***À poignées, par poignées,*** loc. adv. (FIG.) En grande quantité. *Les cultivateurs abandonnèrent leurs terres et émigrèrent par poignées vers la Nouvelle-Angleterre.*
– ***Poignée de main.*** Action de serrer la main de quelqu'un. *Des poignées de main cordiales.*

***POIGNER** ou **POGNER**
Archaïsme pour ***saisir, prendre, attraper.***

POIGNET n. m.
La première syllabe se prononce ***poi***, [pwaɲɛ].
1. Articulation qui unit la main à l'avant-bras.
2. Partie du vêtement qui recouvre le poignet. *Les poignets de ta chemise sont sales.*
poigne**t**.

POIL n. m.
Le ***i*** se prononce comme un ***a***, [pwal].
1. Production de l'épiderme couvrant la peau. *Des poils roux. Les poils de sa barbe.*
2. Ensemble des poils. *Ce chien a un beau poil ras et lustré.*
LOCUTIONS
– ***À poil.*** (FAM.) Nu.
– ***À rebrousse-poil,*** loc. adv. Dans le sens opposé des poils. *Caresser un chat à rebrousse-poil.*
– ***À rebrousse-poil,*** loc. adv. (FIG.) De façon maladroite. *Si tu prends ton collègue à rebrousse-poil, il se braquera et refusera son concours.* ANT. dans le sens du poil.
– ***À un poil près,*** loc. adv. De très près.
– ***Au poil.*** (FAM.) Parfaitement, exactement.
– ***Dans le sens du poil,*** loc. adv. (FIG.) De façon adroite. *Flatter quelqu'un dans le sens du poil.* ANT. à rebrousse-poil.
– ***Être de (bon, mauvais) poil.*** (FAM.) Être de (bonne, mauvaise) humeur.
– ***Reprendre du poil de la bête.*** Réagir, reprendre le dessus.

POILU, UE adj.
Qui a beaucoup de poils. *Nicolas est poilu.* SYN. velu.

POINÇON n. m.
Instrument à pointe servant à percer.
poinçon.

POINÇONNAGE ou **POINÇONNEMENT** n. m.
Action de poinçonner. *Le poinçonnage des billets.*
poinçonnage, poinçonnement.

POINÇONNER v. tr.
1. Marquer d'un poinçon. *Poinçonner une pièce de monnaie.*
2. Perforer. *Le contrôleur poinçonna son billet.*
FORME FAUTIVE
*poinçonner. Anglicisme au sens de ***pointer.***
CONJUGAISON : VOIR MODÈLE AIMER.
poinçonner.

POINÇONNEUR n. m.
POINÇONNEUSE n. f.
Personne qui poinçonne.
poinçonneur.

POINÇONNEUSE n. f.
Machine à perforer.
poinçonneuse.

POINDRE v. intr.
(LITT.) Apparaître. *Le soleil va poindre.* SYN. naître.
CONJUGAISON : VOIR MODÈLE JOINDRE.

POING n. m.
Main fermée. *Montrer le poing.*
LOCUTIONS
– ***Coup de poing.*** Coup porté avec la main fermée. *Une bataille à coups de poing.*
Dans cette expression, le nom ***poing*** s'écrit au singulier.
– ***Dormir à poings fermés.*** Dormir profondément.
– ***Être pieds et poings liés.*** (FIG.) Être réduit à l'inaction.
HOM.
• ***point***, ne pas ;
• ***point***, petite portion d'étendue.
poing, un ***g*** final.

POINSETTIA n. m. (pl. *poinsettias*)
Arbuste originaire du Mexique et d'Amérique centrale, aux feuilles rouges, cultivé comme plante ornementale d'intérieur, particulièrement populaire lors de la période des fêtes. *Nous avons reçu un magnifique poinsettia à Noël.*
Le terme ***poinsettia*** dérive du nom du botaniste américain Joel Roberts Poinsett. En Europe, c'est l'appellation ***étoile de Noël*** qui est usitée en ce sens.

POINT adv. et n. m.
NOM MASCULIN
1. Petite portion d'étendue. *Un point de départ, un point de chute. Des points d'intersection.*
2. Signe en forme de petite marque ronde. *Le deux-points, le point-virgule, le point d'interrogation.*
VOIR TABLEAU – PONCTUATION.
3. Piqûre. *Faire quelques points à un vêtement. Un point de surjet.*
4. Degré. *Au point où nous en sommes.*
5. Unité d'une échelle de grandeurs. *Il a récolté 80 points sur 100 pour sa dissertation.*
6. (TYPOGR.) Hauteur ou épaisseur du caractère qui s'exprime en points. *Des caractères de 12 points.* SYN. caractères typographiques.
ADVERBE
(LITT.) (VX) Pas. *Il n'y a point de vent aujourd'hui.*
LOCUTIONS
– ***À point***, loc. adv. À propos. *Tout vient à point à qui sait attendre* (Proverbe).
– ***À point***, loc. adv. Se dit d'un mode de cuisson des viandes entre saignant et cuit. *Un steak à point* (et non *médium).
– ***À point nommé,*** loc. adv. Au moment voulu, opportun. SYN. à propos.
– ***Au dernier point,*** loc. adv. Extrêmement.
– ***Au point que, à tel point que, à un point tel que,*** loc. conj. Si bien que, à un tel degré que.
La locution conjonctive est suivie du mode indicatif lorsque l'auteur veut marquer une certitude, un fait réel et que la proposition principale est affirmative. *Ils ont marché à tel point qu'ils ont eu des ampoules aux pieds.* La locution conjonctive est suivie du mode subjonctif lorsque la proposition principale est négative ou interrogative, ou lorsque le résultat est incertain. *Il n'est pas à ce point idiot qu'il faille lui conseiller d'abandonner la partie.*
– ***En tous points***, loc. adv. Absolument, à tous les égards. *Je lui donne raison en tous points.*
Dans cette locution, le nom s'écrit au pluriel.
– ***En tout point***, loc. adv. Entièrement. *Ils sont identiques en tout point.*
Dans cette locution, le nom s'écrit au singulier.

P

– ***Être sur le point de.*** Être près de. *Nous sommes sur le point de partir.*
Cette locution se construit avec l'infinitif.
– ***Faire le point.*** Déterminer la position d'un navire en mer et, par extension, définir, analyser une situation.
– ***Jusqu'à un certain point,*** loc. adv. Dans une certaine mesure.
– ***Mettre les points sur les*** i. Expliquer quelque chose, supprimer toute équivoque.
– ***Mise au point.*** Réglage d'un appareil en vue d'obtenir une image très nette; au figuré, clarification d'une question.
– ***Point cardinal.***
VOIR TABLEAU – POINTS CARDINAUX.
– ***Point chaud.*** Zone dangereuse. *Les points chauds à surveiller.*
– ***Point image.*** (INFORM.) Pixel.
– ***Point de non-retour.*** Étape où il n'est plus possible de revenir en arrière.
– ***Point mort.*** (MÉCAN.) Position du levier de changement de vitesse, où l'impulsion du moteur n'est plus transmise aux organes de propulsion. *Être au point mort* (et non au *neutre).
– ***Point mort.*** (FIG.) État d'une situation qui cesse d'évoluer.
– ***Point noir.*** Nom familier du ***comédon.***

FORMES FAUTIVES
*gagner son point. Calque de «*to gain, to win one's point*» pour ***avoir gain de cause.***
*point aveugle. Calque de «*blind spot*» pour ***angle mort.***
*point d'ordre. Calque de «*point of order*» pour ***règlement.*** *Faire appel au règlement, invoquer le règlement* (et non *soulever un point d'ordre).
HOM. ***poing,*** main fermée.

POINTAGE n. m.
1. Action de pointer. *Le pointage d'un revolver.*
2. Action de cocher une liste en vue d'un contrôle. *Une liste de pointage* (et non une *check list).
3. ⚜ (SPORTS) Décompte des points au cours ou à la fin d'une rencontre sportive. SYN. marque; résultat; score.

POINT DE VUE n. m.
1. Endroit d'où l'on découvre un paysage, une perspective intéressante. *Cette route de montagne comporte de beaux points de vue.* SYN. panorama; vue.
2. Le paysage ainsi aperçu.
3. (FIG.) Perspective, aspect sous lequel on envisage une question. *Le point de vue économique.* SYN. angle; optique.

POINTS CARDINAUX

Abréviations : est .... ***E.***
ouest ..... ***O.***
nord ...... ***N.***
sud .... ***S.***

L'écriture des noms de points cardinaux, ***nord, sud, est, ouest,*** et de leurs dérivés, ***midi, centre, occident, orient…,*** obéit à deux règles principales.

MAJUSCULE

Les points cardinaux s'écrivent avec une majuscule initiale lorsqu'ils servent à désigner spécifiquement un lieu géographique, ethnique, un nom de rue (odonyme).

Le Nord canadien, l'Amérique du Nord, le pôle Sud, les fleurs du Midi, rue Laurier Ouest, l'Orient et l'Occident. Il habite la Rive-Sud.

T Les points cardinaux prennent une majuscule lorsqu'ils ne sont pas suivis d'un complément déterminatif introduit par la préposition ***de.*** *Le Nord canadien,* mais *le nord des États-Unis.*

MINUSCULE

Les points cardinaux s'écrivent avec une minuscule quand ils sont employés comme noms ou comme adjectifs pour indiquer la direction, l'exposition.

Le vent du nord, une terrasse exposée au sud, la rive nord du Saint-Laurent.

▸ **Noms composés**

Les points cardinaux composés s'écrivent avec un trait d'union.

Le nord-ouest du Québec.

T Les noms de points cardinaux s'abrègent lorsqu'ils font partie de mesures de longitude et de latitude. *45° de latitude N.*

LOCUTIONS
– ***À (mon, ton, son) point de vue,*** loc. adv. Selon (mon, ton, son) avis, opinion. *À mon point de vue, il avait raison d'agir ainsi.*
– ***À tout point de vue*** ou ***à tous points de vue,*** loc. adv. À tous les égards. *À tout point de vue, tu as raison.*
– ***Au point de vue de, du point de vue de,*** loc. prép. En ce qui concerne. *Au point de vue de la terminologie* (et non *au point de vue terminologie).
Le complément de la locution prépositive ne doit pas être apposé, il est précédé d'un article défini.

POINTE n. f.
Extrémité pointue d'une chose. *La pointe d'une épée, d'un crayon, d'un parapluie.*
LOCUTIONS
– ***De pointe,*** loc. adv. À l'avant-garde. *Les technologies de pointe.*
– ***En pointe,*** loc. adv. En forme de pointe. *Des piquets de clôture taillés en pointe.*
– ***Heure de pointe.*** Heure d'affluence, de consommation maximale.
– ***La pointe des pieds.*** L'extrémité des pieds. SYN. le bout des pieds.
– ***Période de pointe.*** Période de la journée où l'écoute de la radio ou de la télévision atteint sa plus grande intensité. *Une émission diffusée en période de pointe* (et non *prime time).
– ***Sur la pointe des pieds.*** En marchant très doucement pour ne pas être entendu.

POINTER v. tr., intr., pronom.
VERBE TRANSITIF
1. Marquer d'un point. *Pointer des noms sur une liste.* SYN. cocher.
2. Diriger. *Pointer son télescope en direction du nord.*
VERBE INTRANSITIF
1. Commencer à paraître. *Le jour pointe.*
2. Se dresser en forme de pointe. *L'immeuble pointe vers le ciel.*
3. Enregistrer son heure d'arrivée et de départ. *Le personnel doit pointer* (et non *poinçonner) *à l'arrivée et au départ.*
VERBE PRONOMINAL
(FAM.) Se présenter. *Ils ne se sont pointés qu'à trois heures de l'après-midi.* SYN. arriver.
À la forme pronominale, le participe passé de ce verbe s'accorde toujours en genre et en nombre avec son sujet. *Elle ne s'est pointée qu'à la fin de la soirée.*
FORME FAUTIVE
*pointer du doigt. Calque de «*to point at somebody*» pour ***montrer du doigt, indiquer du doigt.***
CONJUGAISON : VOIR MODÈLE AIMER.

POINTEUSE n. f.
Machine sur laquelle les salariés pointent.

POINTILLAGE n. m.
Action de pointiller.

POINTILLÉ n. m.
Trait composé d'une suite de points. *Une section d'un formulaire délimitée par un pointillé.*

POINTILLER v. tr., intr.
VERBE TRANSITIF
Marquer avec des points. *Pointiller un dessin.*
VERBE INTRANSITIF
Dessiner, tracer à l'aide de points.
CONJUGAISON : VOIR MODÈLE AIMER.
Les lettres ***ill*** sont suivies d'un ***i*** à la première et à la deuxième personne du pluriel de l'indicatif imparfait et du subjonctif présent. *(Que) nous pointillions, (que) vous pointilliez.*

POINTILLEUX, EUSE adj.
Tatillon, exigeant à l'excès. *Jules est trop pointilleux.* SYN. méticuleux.
pointilleux.

POINTILLISME n. m.
Procédé graphique qui consiste à décomposer les tons en petites touches séparées.

POINTILLISTE adj. et n. m. et f.
Se dit des peintres qui utilisent le pointillisme. *Seurat appartient à l'école des pointillistes.*

POINTU, UE adj.
1. Qui se termine en pointe. *Un toit pointu.*
2. Très spécialisé. *Un sujet de thèse pointu.*

POINTURE n. f.
Dimension d'une chaussure, d'un gant, d'une coiffure. *Quelle pointure de gants désirez-vous? Je chausse la pointure 7 en Amérique du Nord, 37 en Europe.*
Le nom ***taille*** se dit surtout de la grandeur d'un vêtement.

POINT-VIRGULE n. m. (pl. *points-virgules*)
Signe de ponctuation qui sert à séparer des propositions assez longues et qui ont un lien logique. *Des points-virgules trop nombreux.*
VOIR TABLEAU – PONCTUATION.

POIRE n. f.
Fruit du poirier. *Une tarte aux poires et à la pâte d'amandes.*
LOCUTION
– ***Couper la poire en deux.*** Faire des concessions pour parvenir à une entente.

POIREAU n. m. (pl. *poireaux*)
Plante potagère dont on mange le pied. *Un potage aux poireaux.*

POIREAUTER v. intr.
(FAM.) Attendre. *Il m'a fait poireauter pendant deux heures.* SYN. patienter.
CONJUGAISON : VOIR MODÈLE AIMER.
poireauter.

POIRIER n. m.
Arbre fruitier qui produit les poires.

POIS n. m.
Plante grimpante cultivée pour ses graines. *Des pois mange-tout, des pois chiches, des petits pois frais.*
LOCUTIONS
– ***À pois.*** Imprimé de petites pastilles. *Un chemisier à pois.*
– ***Pois chiche.*** Légumineuse cultivée pour ses graines; graine jaune de cette plante. *Une purée de pois chiches.*
HOM. ***poids,*** masse.
pois.

POISON n. m.
Substance toxique qui peut faire mourir ou rendre très malade. *Le curare et l'arsenic sont des poisons.*

POISSER v. tr.
1. Enduire de poix, d'une matière gluante.
2. Salir avec une matière collante. *Des mains poissées par la résine des pins.*
CONJUGAISON : VOIR MODÈLE AIMER.

POISSEUX, EUSE adj.
Gluant. *Lave-toi les mains, elles sont poisseuses.* SYN. collant.
poisseux.

POISSON n. m.
1. Animal aquatique à respiration branchiale. *Des poissons d'eau douce. Le pisciculteur* ou *la piscicultrice élève des poissons.*
2. (AU PLUR.) Nom d'une constellation, d'un signe du zodiaque. *Elle est (du signe des) Poissons, elle est née entre le 20 février et le 20 mars.*

P

🅃 Les noms d'astres s'écrivent avec une majuscule.
LOCUTIONS
– ***En queue de poisson,*** loc. adv. Sans dénouement. *Une intrigue qui finit en queue de poisson.*
– ***Être comme un poisson dans l'eau.*** Se sentir tout à fait à l'aise et compétent dans un contexte donné.
– ***Ni chair ni poisson.*** Sans caractère, imprécis. *Ce texte est ni chair ni poisson* (et non *mi-chair mi-poisson).

POISSONNERIE n. f.
Magasin où l'on vend du poisson, des fruits de mer.

POISSONNEUX, EUSE adj.
Qui abonde en poisson. *Un lac poissonneux.*

POISSONNIER n. m.
POISSONNIÈRE n. f.
Personne qui vend du poisson.

POITRAIL n. m. (pl. *poitrails*)
La partie de devant du corps du cheval.

POITRINE n. f.
1. Partie avant du corps humain qui contient les poumons et le cœur. *Il berce son bébé contre sa poitrine.*
2. Seins de femme, gorge. *Une jolie poitrine pigeonnante.*

POIVRADE n. f.
Sauce composée de poivre, de sel et de vinaigre.

POIVRE n. m.
Condiment fait avec le fruit du poivrier. *Du poivre vert. Moudre du poivre. Un steak aux trois poivres.*
LOCUTION
– ***Poivre et sel,*** loc. adj. Se dit de cheveux grisonnants, alternativement noirs et blancs. *Une belle chevelure poivre et sel. Des cheveux poivre et sel.*
La locution adjective est invariable.

POIVRER v. tr.
1. Assaisonner de poivre. *Il poivre sa salade.*
2. (FIG.) Mettre du piquant dans des paroles, des écrits.
CONJUGAISON : VOIR MODÈLE AIMER.

POIVRIER n. m.
1. Arbuste dont les baies fournissent le poivre.
2. Poivrière.

POIVRIÈRE n. f.
Ustensile qui contient le poivre. SYN. poivrier.

POIVRON n. m.
Fruit du piment doux. *Des poivrons verts.*
Ne pas confondre avec le nom ***piment,*** condiment à saveur très piquante.

POIX n. f. inv.
Matière résineuse. *Du haut des mâchicoulis, les assiégés versaient de la poix brûlante sur les assaillants.*
poi**x**, avec un ***x*** final.

POKER n. m.
Le ***r*** se prononce, [pɔkɛr] ; le nom rime avec ***ère.***
Jeu de cartes. *Une partie de poker où l'on mise des sommes considérables.*

POLAIRE adj.
Relatif aux pôles terrestres, situé près de ces pôles. *Les régions polaires, les mers polaires.*

POLARISATEUR, TRICE adj.
Qui polarise.

POLARISATION n. f.
Modification des propriétés des rayons lumineux.

POLARISER v. tr., pronom.
VERBE TRANSITIF
1. (PHYS.) Soumettre au phénomène de la polarisation.
2. (FIG.) Concentrer en un point. *Ce candidat a polarisé l'intérêt des électeurs.*
VERBE PRONOMINAL
Concentrer son attention sur (quelqu'un, quelque chose). *Ils se sont polarisés* (et non *ils ont focusé) *sur cette question.*
SYN. focaliser.
À la forme pronominale, le participe passé de ce verbe s'accorde toujours en genre et en nombre avec son sujet. *Les enquêteurs se sont polarisés sur ces nouveaux faits.*
CONJUGAISON : VOIR MODÈLE AIMER.

POLDER n. m.
Le ***r*** se prononce, [pɔldɛr] ; le nom rime avec ***ère.***
Marais asséché. *Les polders des Pays-Bas.*

PÔLE n. m.
1. Chacune des deux extrémités de l'axe de rotation de la Terre. *Le pôle Nord, le pôle Sud.*
🅃 Dans les noms géographiques, les génériques s'écrivent avec une minuscule, tandis que les points cardinaux s'écrivent avec une majuscule.
VOIR TABLEAU – POINTS CARDINAUX.
2. (FIG.) Centre d'intérêt. *Cette ville dynamique est un pôle d'attraction. Un pôle de développement des produits pharmaceutiques.*
FORME FAUTIVE
*pôle à rideaux. Calque de «*curtain pole*» pour ***tringle à rideaux.***
p**ô**le.

POLÉMIQUE n. f.
Querelle, discussion. *Cette décision a suscité des polémiques. Une polémique à propos de, relative à, la privatisation de l'eau.*
SYN. controverse.

***POLE POSITION**
Anglicisme pour ***position de tête.***

POLI, IE adj. et n. m.
ADJECTIF
1. Uni, luisant. *Un métal bien poli.* SYN. lisse.
2. Courtois, qui fait preuve de politesse. *Soyez poli, s'il vous plaît.* ANT. impoli.
NOM MASCULIN
Éclat d'une chose lisse et brillante. *Le poli d'un plancher de chêne bien ciré.*
FORME FAUTIVE
*poli (à ongles, à chaussures). Anglicisme pour ***vernis*** (à ongles), ***cirage*** (à chaussures).

POLICE n. f.
1. Administration chargée d'assurer le respect des lois, le maintien de l'ordre public. *Appelez la police, il y a un cambrioleur !*
2. Acte qui constate un contrat d'assurance. *Une police d'assurance.*
LOCUTION
– ***Police de caractères.*** Famille de caractères typographiques. *La police de caractères Helvetica.* SYN. fonte.
FORMES FAUTIVES
*police. Impropriété au sens de ***policier.***
*police montée. Calque de «*mounted police*» pour nommer la ***Gendarmerie royale du Canada.***
poli**c**e.

POLICÉ, ÉE adj.
(LITT.) Civilisé. *Des manières policées.* SYN. courtois ; raffiné.
poli**c**é.

***POLICEMAN**
Anglicisme pour ***policier.***

POLICER v. tr.
1. (LITT.) Adoucir les mœurs de. « *Nous pourrions bientôt voir ce qu'une société de production télévisuelle ferait si elle était autorisée à planifier, policer et gouverner une ville* » (*Courrier international*).

2. (FIG.) Adoucir, humaniser. *La candidate à la présidence tente de policer son image et de rassurer, mais peine à cacher les changements profonds de gouvernance qu'elle entend mener.* SYN. civiliser.
CONJUGAISON : VOIR MODÈLE AVANCER.
Le **c** prend une cédille devant les lettres ***a*** et ***o***. *Il poliça, nous poliçons.*

POLICHINELLE n. m.
Personnage bouffon de la *commedia dell'arte.*

POLICIER, IÈRE adj.
Relatif à la police. *Une enquête policière, un roman policier, des chiens policiers.*

POLICIER n. m.
POLICIÈRE n. f.
Personne qui travaille dans un service de police. *Ce policier* (et non cette *police) *est très courtois.*

POLIMENT adv.
D'une manière courtoise et polie. *Elle a décliné poliment leur gentille invitation.* ANT. impoliment.
poliment.

POLIO n. f.
Abréviation familière de ***poliomyélite.***

POLIOMYÉLITE n. f.
Maladie caractérisée par des lésions de la moelle épinière entraînant des paralysies.
poliomyélite.

POLIR v. tr., pronom.
VERBE TRANSITIF
1. Rendre lisse et brillant. *Elle polit ses cuivres.* SYN. astiquer.
2. (FIG.) (LITT.) Parfaire. *Polir une œuvre.* SYN. (FAM.) fignoler ; parachever ; (FIG.) peaufiner ; perfectionner.
VERBE PRONOMINAL
1. Acquérir un fini lisse et brillant. *Ces plats de cuivre se sont polis difficilement.*
2. (FIG.) Se parfaire, se parachever. *Une telle œuvre se polit progressivement.*
À la forme pronominale, le participe passé de ce verbe s'accorde en genre et en nombre avec le complément direct si celui-ci le précède. *Les ongles qu'elle s'est polis. Avec ce papier de verre très fin, ces parquets se sont bien polis.* Le participe passé reste invariable si le complément direct suit le verbe. *Elles se sont poli les ongles soigneusement.*
CONJUGAISON : VOIR MODÈLE FINIR.
polir.

POLISSAGE n. m.
Action de polir. *Le polissage des souliers.*
polissage.

POLISSON, ONNE adj. et n. m. et f.
1. Espiègle. *Des gamins polissons.*
2. Grivois. *Une histoire polissonne.*

POLITESSE n. f.
Courtoisie, bienséance. *Elle le salua avec politesse.* ANT. effronterie ; impolitesse.

***POLITICAL CORRECTNESS**
Anglicisme pour ***rectitude politique, politiquement correct.***
L'expression *politiquement correct* est calquée sur l'anglais «*politically correct*», mais elle est passée dans l'usage français à titre d'adjectif composé ou de nom composé. *Partir en guerre contre le politiquement correct, contre la rectitude politique.*

POLITICIEN, IENNE adj. et n. m. et f.
Personne qui fait de la politique.
Ce nom se dit parfois en mauvaise part.

POLITICOLOGIE n. f.
(RARE) Science politique. SYN. politologie.

POLITICOLOGUE n. m. et f.
(RARE) Spécialiste de la politicologie, de la science politique. « *Le politicologue Ezra Suleiman, de l'université de Princeton* » (*Le Monde*). SYN. politologue.

POLITIQUE adj. et n. m. et f.
ADJECTIF
Relatif au gouvernement d'un État. *Un régime politique. Les institutions politiques.*
NOM MASCULIN
Personne habile à gouverner. *C'est un excellent politique qui a été nommé à la tête du pays.*
NOM FÉMININ
1. Science, art de gouverner un État. *La politique intérieure d'un pays. Faire de la politique.*
2. Énoncé général ou énoncé de principes indiquant la ligne de conduite adoptée par un organisme privé ou public, dans un secteur donné, pour la gestion de ses affaires (Recomm. off.). *Une politique de la qualité de la langue.*
On emploie abusivement le terme ***politique*** pour désigner des avis, des programmes, des instructions, des mesures, des décisions, des règles, des propositions, etc.

POLITIQUEMENT adv.
Selon les modalités de la politique. *Politiquement, cette orientation est dangereuse.*
LOCUTION
– ***Politiquement correct.*** Se dit d'une façon de s'exprimer qui est conforme aux usages admis par la société et qui vise à abolir toute discrimination notamment à propos des groupes minoritaires. *Partir en guerre contre le politiquement correct, contre la rectitude politique.*
Cette expression calquée sur l'anglais «*politically correct*» est passée dans l'usage à titre d'adjectif composé ou de nom composé.

POLITISATION n. f.
Action de politiser. *La politisation d'une fonction.*

POLITISER v. tr.
Donner un caractère politique à. *On a politisé la question linguistique.*
CONJUGAISON : VOIR MODÈLE AIMER.

POLITOLOGIE n. f.
(DIDACT.) Science politique. « *Les relations franco-américaines relèvent autant de la psychanalyse que de la politologie* » (*Le Point*). SYN. politicologie.

POLITOLOGUE n. m. et f.
(DIDACT.) Spécialiste de la politologie, de la science politique. « *La démonstration tient tout entière dans une analyse de ce que les politologues dénomment le "marché politique"* » (*Le Monde*). SYN. politicologue.

POLKA n. f.
Danse d'origine polonaise très rythmée. *Des polkas endiablées.*

***POLL**
Anglicisme pour ***bureau de vote, bureau de scrutin.***

POLLEN n. m.
Le ***n*** se prononce, [pɔlɛn] ; ce nom rime avec ***laine.***
Matière poudreuse produite par les étamines des plantes à fleurs, lesquelles constituent l'élément reproducteur mâle. *Les abeilles recueillent le pollen des fleurs.* « *Le pollen suave qui sourd des fleurs* » (Hector de Saint-Denys Garneau, *Œuvres*).
pollen.

POLLUANT, ANTE adj. et n. m.
ADJECTIF
Qui pollue. *Ces produits sont polluants.* SYN. pollueur.
NOM MASCULIN
Substance qui cause une pollution. *Des polluants dangereux.*

Ne pas confondre avec le participe présent invariable **polluant.** *Il faudra sévir contre l'emploi de produits polluant les eaux.*
polluant.

POLLUER v. tr.
Salir, dégrader l'environnement. *Ces substances qui ne sont pas biodégradables polluent les cours d'eau.* ANT. dépolluer.
CONJUGAISON : VOIR MODÈLE AIMER.

POLLUEUR, EUSE adj. et n. m. et f.
Qui pollue. *Les pollueurs seront poursuivis. Des substances pollueuses.*

POLLUTION n. f.
Dégradation d'un milieu naturel (eau, sol, air) par des substances, des déchets toxiques. *Il importe de réduire la pollution de l'environnement.*

POLO n. m. (pl. *polos*)
Le premier **o** est ouvert, [pɔlo].
1. Jeu d'équipe analogue au hockey, qui se joue à cheval.
2. Chemise de tricot à col ouvert. *Des polos de couleurs vives.*

POLOCHON n. m.
(FAM.) Traversin.

POLONAIS, AISE adj. et n. m. et f.
ADJECTIF ET NOM MASCULIN ET FÉMININ
De Pologne. *Le drapeau polonais. Un Polonais, une Polonaise.*
T L'adjectif s'écrit avec une minuscule; le nom, avec une majuscule.
NOM MASCULIN
Langue parlée en Pologne. *Elle étudie le polonais.*
T Le nom de la langue s'écrit avec une minuscule.

POLONAISE n. f.
Danse nationale des Polonais.
T Ce nom s'écrit avec une minuscule.

POLTRON, ONNE adj. et n. m. et f.
Lâche. *Ces employés lésés et néanmoins silencieux sont des poltrons.* SYN. froussard; peureux; pleutre; (FAM.) poule mouillée. ANT. brave; courageux.
poltron, poltronne.

POLTRONNERIE n. f.
Lâcheté. *Ils ont fait preuve de poltronnerie en se taisant.* SYN. couardise; pleutrerie. ANT. bravoure; courage.
poltronnerie.

POLY- préf.
Élément du grec signifiant « nombreux ».
Les mots composés avec le préfixe ***poly-*** s'écrivent en un seul mot. *Polytechnique.*

POLYARTHRITE n. f.
(MÉD.) Inflammation de plusieurs articulations. *Cette personne souffre de polyarthrite rhumatoïde.*

POLYCHROME adj.
Qui comporte plusieurs couleurs. *Une gravure polychrome.* ANT. monochrome.
polychrome.

POLYCHROMIE n. f.
État de ce qui est polychrome. ANT. monochromie.

POLYCLINIQUE n. f.
Établissement médical où l'on traite diverses maladies, où travaillent des médecins de différentes spécialités.
polyclinique.

POLYCOPIE n. f.
Reproduction d'un document par décalque.
Ce nom tend à être supplanté par celui de ***photocopie,*** reproduction photographique d'un document.
polycopie.

POLYCOPIER v. tr.
Reproduire par polycopie. *Vos notes de cours seront polycopiées.*
Ce verbe tend à être supplanté par celui de ***photocopier,*** reproduire photographiquement un document.
CONJUGAISON : VOIR MODÈLE ÉTUDIER.
Redoublement du ***i*** à la première et à la deuxième personne du pluriel de l'indicatif imparfait et du subjonctif présent. *(Que) nous polycopiions, (que) vous polycopiiez.*
polycopier.

POLYÉTHYLÈNE
VOIR – POLYTHÈNE.

POLYGAME adj. et n. m. et f.
1. Qui a plusieurs femmes, en parlant d'un homme. *Un sultan polygame.* ANT. monogame.
2. Qui a plusieurs maris, en parlant d'une femme. *Faire la connaissance d'une polygame, ce n'est pas chose courante.* ANT. monogame.
polygame, un seul ***m.***

POLYGAMIE n. f.
État d'une personne polygame. ANT. monogamie.
polygamie.

POLYGLOTTE adj. et n. m. et f.
Qui parle plusieurs langues. *Un guide polyglotte qui parle le français, l'anglais, l'italien et l'espagnol. Une polyglotte sympathique.* SYN. multilingue; plurilingue.
polyglotte.

POLYGONE n. m.
Figure plane qui a plusieurs angles et plusieurs côtés.
polygone.

POLYHANDICAPÉ, ÉE adj. et n. m. et f.
Qui présente différentes déficiences physiques ou mentales. *« La création d'espaces de stimulation destinés à des enfants polyhandicapés ou autistes »* (*Le Point*).

POLYMORPHE adj.
(DIDACT.) Qui prend différentes formes.
polymorphe.

POLYNÉSIEN, IENNE adj. et n. m. et f.
De Polynésie. *Le folklore polynésien. Un Polynésien, une Polynésienne.*
T L'adjectif s'écrit avec une minuscule; le nom, avec une majuscule.

POLYPE n. m.
(MÉD.) Excroissance, tumeur bénigne. *Faire l'excision d'un polype.*
polype.

POLYSÉMIE n. f.
Le **o** est ouvert, [pɔlisemi].
(LING.) Propriété d'un mot qui comporte plusieurs significations. *La polysémie du mot* plat *signifiant « récipient, mets, partie unie ».*
polysémie.

POLYSÉMIQUE adj.
Le **o** est ouvert, [pɔlisemik].
(LING.) Qui a plusieurs significations. *Le nom* plat *est polysémique, car il a plusieurs sens.*
polysémique.

POLYSTYRÈNE n. m.
Matière synthétique. *Un emballage en polystyrène* (et non en *styrofoam).
polystyrène.

POLYTECHNIQUE adj.
Qui concerne plusieurs sciences, plusieurs techniques.
LOCUTION
– ***École polytechnique.*** École universitaire où sont formés les ingénieurs de toutes les spécialités. *Éléna va à l'École polytechnique.*
T Si l'adjectif est employé seul, il prend alors une majuscule. *Elle est inscrite à Polytechnique.*

POLYTHÈNE ou **POLYÉTHYLÈNE** n. m.
Matière plastique translucide. *Une pellicule de polythène, de polyéthylène.*
polythène.

POLYTOXICOMANIE n. f.
(MÉD.) Usage simultané ou alterné de deux ou plusieurs substances (drogue, alcool, etc.).

POLYTRANSFUSÉ, ÉE adj. et n. m. et f.
(MÉD.) Qui a reçu plusieurs transfusions sanguines. *De nombreux hémophiles polytransfusés ont été contaminés par le virus du sida. Ces polytransfusés ont été sauvés par les dons de sang.*

POLYTRAUMATISÉ, ÉE adj. et n. m. et f.
(MÉD.) Qui présente plusieurs lésions graves, à la suite d'un même accident. *L'hôpital a reçu trois blessés polytraumatisés. Les polytraumatisés de la moto.*

POLYVALENCE n. f.
Caractère de ce qui est polyvalent. *La polyvalence d'une formation en administration.*
polyvalence.

POLYVALENT, ENTE adj.
Qui a plusieurs fonctions différentes, qui jouit de plusieurs possibilités. *Un antibiotique polyvalent. Des informations polyvalentes.*

POLYVALENTE n. f.
⚜ École secondaire où sont dispensés à la fois l'enseignement général et l'enseignement professionnel (Recomm. off.). *La polyvalente Pierre-Laporte.*

POMICULTEUR ou **POMOCULTEUR** n. m.
POMICULTRICE ou **POMOCULTRICE** n. f.
Personne qui cultive des arbres donnant des fruits à pépins, surtout des pommiers.
pomiculteur, pomoculteur, un seul ***m***.

POMICULTURE n. f.
Culture des arbres donnant des fruits à pépins (pommes, poires, etc.) (Recomm. off.).

POMMADE n. f.
Onguent. *Elle a enduit sa cheville douloureuse de pommade.*
pommade.

POMMARD n. m.
Vin rouge de Bourgogne, très réputé. *Boire un bon pommard.*
pommard.

POMME n. f.
Fruit du pommier. *Une belle pomme verte. Une tarte aux pommes chaude nappée de crème chantilly : quel délice !*

POMMEAU n. m. (pl. *pommeaux*)
Ornement qui sert de poignée à une canne. *Le capitaine du premier bateau qui parvient à Montréal au début de l'année reçoit la canne au pommeau d'or.*

POMME DE TERRE n. f. (pl. *pommes de terre*)
Plante dont on mange les tubercules. *Une purée de pommes de terre* (et non des *patates pilées).
Dans le vocabulaire de la cuisine, le nom s'emploie souvent de façon elliptique. *Pommes frites, pommes vapeur, pommes rissolées, pommes allumettes.*
LOCUTION
– ***Pomme de terre en robe des champs, en robe de chambre.*** Pomme de terre cuite avec sa peau.
Les deux expressions se disent.

POMMELÉ, ÉE adj.
Le ***e*** de la deuxième syllabe est muet, [pɔmle].
Se dit d'un ciel qui se couvre de nuages blancs de formes arrondies (cumulus).

POMMELER (SE) v. pronom.
Se couvrir de nuages de formes arrondies. *Le ciel se pommelle.*
Le participe passé de ce verbe, qui n'existe qu'à la forme pronominale, s'accorde toujours en genre et en nombre avec son sujet. *Les cieux se sont pommelés.*
CONJUGAISON : VOIR MODÈLE APPELER.
Redoublement du ***l*** devant un ***e*** muet. *Je me pommelle, je me pommellerai,* mais *je me pommelais.*
[Les *Rectifications* (1990) admettent : il se pommèle, pommèlera, pommèlerait...]

POMMETTE n. f.
1. Petite pomme. *De la gelée de pommettes.*
2. Partie plus ou moins arrondie de la joue, au-dessous de l'œil. *Cette Amérindienne a des pommettes saillantes.*

POMMIER n. m.
Arbre dont le fruit est la pomme. *Le terrain planté notamment de pommiers est un verger.*

POMOCULTEUR
VOIR – POMICULTEUR.

POMPAGE n. m.
Action de pomper (un liquide, un gaz). *Une station de pompage.*

POMPE n. f.
1. (VIEILLI) (LITT.) Faste, splendeur.
2. Machine dont la fonction est d'aspirer et de faire circuler un fluide (liquide ou gaz). *Une pompe à incendie, une pompe à air.*
3. Appareil servant à la vente des carburants. *Pompe à essence.*
LOCUTIONS
– ***À toute pompe, à toutes pompes,*** loc. adv. (FAM.) À toute vitesse.
– ***En grande pompe,*** loc. adv. Avec splendeur et apparat.
Cette locution s'emploie souvent de façon ironique pour signifier un manque de sobriété, une démonstration qui n'est pas de bon ton.
– ***Pompes funèbres.*** Entreprise chargée de l'organisation des funérailles. SYN. ⚜ salon funéraire ; ⚜ salon mortuaire.
FORME FAUTIVE
*pompe à gaz. Calque de « *gas pump* » pour ***distributeur d'essence, pompe à essence.***

POMPER v. tr.
Aspirer un fluide (liquide ou gaz). *Il y a de l'eau dans la cale du bateau, il faut la pomper.*
CONJUGAISON : VOIR MODÈLE AIMER.

POMPEUSEMENT adv.
(PÉJ.) D'une manière prétentieuse. *Le verbe* œuvrer *est employé pompeusement au sens de « travailler ».*

POMPEUX, EUSE adj.
Recherché, prétentieux. *Un discours pompeux.* SYN. emphatique ; pompier.
pompeux.

POMPIER n. m.
POMPIÈRE n. f.
Personne chargée de combattre les incendies.

POMPIER, IÈRE adj.
Emphatique et prétentieux. SYN. pompeux.

POMPISTE n. m. et f.
Personne préposée à la distribution du carburant. *Pour gagner un peu d'argent pendant l'été, Marie-Lou et Antoine sont pompistes.*

POMPON n. m.
Petite houppe. *Une tuque avec un pompon rouge.*
pompon.

POMPONNER v. tr., pronom.
Arranger avec soin et coquetterie. *Julia pomponne son chat. Elle s'est pomponnée pour le réveillon.*
À la forme pronominale, le participe passé de ce verbe s'accorde toujours en genre et en nombre avec son sujet. *Nouni s'est pomponnée pour être la plus belle.*
À l'origine, le verbe signifiait « orner de pompons ».
CONJUGAISON : VOIR MODÈLE AIMER.

PONÇAGE n. m.
Action de poncer une surface. *Le ponçage d'une table de bois.* SYN. polissage.
ponçage.

PONCE n. f.
Roche poreuse d'origine volcanique. *La plage de l'île de Lipari en Italie est constituée de galets de ponce.*
LOCUTION
– ***Pierre ponce.*** Fragment de roche volcanique servant au ponçage. *Des pierres ponces en forme de poisson.*
Le nom composé prend la marque du pluriel aux deux éléments.

PONCEAU adj. inv. et n. m.
ADJECTIF DE COULEUR INVARIABLE
Rouge vif et foncé comme le coquelicot. *Des écharpes ponceau. Des tricots rouge ponceau.*
NOM MASCULIN
Petit pont à arche unique. *Des ponceaux de pierre.*

PONCER v. tr.
Polir une surface. *Étienne ponçait la table avant d'appliquer un vernis.*
CONJUGAISON : VOIR MODÈLE AVANCER.
Le **c** prend une cédille devant les lettres ***a*** et **o**. *Il ponça, nous ponçons.*

PONCHO n. m.
Le nom se prononce à l'espagnole, le ***n*** est sonore et les lettres ***ch*** se prononcent ***tch***, [pɔntʃo].
Vêtement composé d'une couverture percée d'un trou au milieu pour y passer la tête. *Des ponchos colorés.*

PONCIF n. m.
Expression stéréotypée, métaphore passe-partout. *La mondialisation de l'économie : voilà un poncif dont on nous rebat continuellement les oreilles.* SYN. cliché; lieu commun.

PONCTION n. f.
1. (MÉD.) Opération chirurgicale à des fins de prélèvement d'un liquide ou d'injection d'un médicament.
2. (FIG.) Prélèvement. *L'impôt fait d'importantes ponctions dans nos chèques de paie.*

PONCTIONNER v. tr.
1. (MÉD.) Faire une ponction. *Ponctionner une hémorragie interne.*
2. (FIG.) Prélever une somme d'argent. *Par ses impôts et taxes, le gouvernement ponctionne les contribuables de plus en plus.*
CONJUGAISON : VOIR MODÈLE AIMER.

PONCTUALITÉ n. f.
Exactitude. *Ces élèves font preuve de ponctualité, ils sont toujours à l'heure.*

PONCTUATION n. f.
1. Ensemble des signes graphiques qui contribuent à la structuration du texte, qui marquent les rapports syntaxiques entre les phrases, les membres de phrase et apportent des précisions sémantiques.
La ponctuation indique les pauses, les modulations de la voix en fonction des nuances de la pensée.
2. Manière de ponctuer. *La ponctuation fantaisiste du poète Paul Eluard.*
3. Signes de ponctuation. *Les signes de ponctuation sont le point (.), la virgule (,), le point-virgule (;), le deux-points (:), le point d'interrogation (?), le point d'exclamation (!), les points de suspension (...).*
On distingue les signes de ponctuation des signes typographiques : le trait d'union (-), les parenthèses (()), le tiret (–), les guillemets (« »), les crochets ([]), la barre oblique (/), l'astérisque (*).
VOIR TABLEAU – PONCTUATION.

PONCTUEL, ELLE adj.
1. Qui est toujours à l'heure. *Il n'est pas ponctuel, il arrive toujours en retard.* SYN. exact.
2. (FIG.) Qui vise un fait limité dans le temps ou l'espace. *Un problème ponctuel, bien circonscrit. Le passé simple convient bien à la description de faits ponctuels passés, par opposition à l'imparfait qui exprime un fait qui dure dans le passé, un fait duratif.*

PONCTUELLEMENT adv.
Assidûment. *Il arrive ponctuellement à 8 h 55 tous les matins.*

PONCTUER v. tr.
1. Inscrire les signes de ponctuation nécessaires dans un texte. *Prends garde à bien ponctuer tes phrases !*
2. Marquer, accentuer. *Il ponctuait chaque exclamation d'un geste de la main.*
CONJUGAISON : VOIR MODÈLE AIMER.

PONDÉRATEUR, TRICE adj.
Qui maintient l'équilibre. SYN. modérateur.

PONDÉRATION n. f.
1. Réserve, mesure. *Agir avec pondération.* SYN. équilibre.
2. Attribution d'une valeur particulière à certains éléments d'un indice qui redonne une place proportionnelle à un prix ou à un facteur donné.

PONDÉRÉ, ÉE adj.
1. Équilibré, modéré dans ses prises de position. SYN. raisonnable; réfléchi. ANT. excessif.
2. (STAT.) Dont la valeur a été calculée selon un mode de pondération.

PONDÉRER v. tr.
1. Équilibrer. *Pondérer la composition d'un conseil d'administration.*
2. (STAT.) Établir la pondération des éléments servant au calcul d'un indice, d'une note, etc. *Pour être plus justes, ces résultats devraient être pondérés.*
CONJUGAISON : VOIR MODÈLE POSSÉDER.
Le ***é*** se change en ***è*** devant une syllabe contenant un ***e*** muet, sauf à l'indicatif futur et au conditionnel présent. *Je pondère,* mais *je pondérerai.*
[Les *Rectifications* (1990) admettent : il pondèrera, pondèrerait...]

PONDEUSE adj. et n. f.
Se dit d'une femelle d'oiseau qui pond beaucoup d'œufs. *Une poule pondeuse. Cette poule est une bonne pondeuse.*

PONDRE v. tr.
1. Faire des œufs, en parlant des ovipares. *La poule a pondu trois beaux œufs. Les poissons aussi pondent des œufs.*
2. (FIG.) (FAM.) Rédiger un texte. *Pondre une offre de service.*
CONJUGAISON : VOIR MODÈLE FENDRE.
INDICATIF PRÉSENT *Je ponds, tu ponds, il pond, nous pondons, vous pondez, ils pondent.* IMPARFAIT *Je pondais.* PASSÉ SIMPLE *Je pondis.* FUTUR *Je pondrai.* CONDITIONNEL PRÉSENT *Je pondrais.* IMPÉRATIF PRÉSENT *Ponds, pondons, pondez.* SUBJONCTIF PRÉSENT *Que je ponde.* IMPARFAIT *Que je pondisse.* PARTICIPE PRÉSENT *Pondant.* PASSÉ *Pondu, ue.*

PONEY n. m.
Le *o* est ouvert et les lettres ***ey*** se prononcent ***è*** ou ***é***, [pɔnɛ, pɔne].
Cheval de petite taille. *Des poneys dociles.*
poney.

PONGISTE n. m. et f.
Personne qui joue au ping-pong.

PONT n. m.
Construction qui relie les deux rives d'un cours d'eau, les deux bords d'une dépression. *Un pont suspendu. Le pont Jacques-Cartier.*
T Dans les odonymes, le nom ***pont*** s'écrit avec une minuscule. *Le pont Jacques-Cartier, le pont Mercier.*
LOCUTIONS
– ***Brûler, couper les ponts.*** (FIG.) Rompre toute relation avec quelqu'un, s'interdire tout retour en arrière.
– ***Faire le pont.*** (FIG.) Prendre congé entre deux jours fériés.
– ***Pont aérien.*** Liaison aérienne. *Un pont aérien de médicaments, de vivres pour les sinistrés.*

PONTAGE n. m.
(MÉD.) Intervention chirurgicale consistant à greffer une section de veine ou d'artère pour contourner une lésion. *Un pontage coronarien.*
Ce terme a fait l'objet d'une recommandation pour remplacer « by pass ».

PONTE n. m. et f.
NOM MASCULIN
(FAM.) Personnage important. *C'est un ponte de la finance.* SYN. mandarin.
NOM FÉMININ
Action de pondre. *C'est l'époque de la ponte des œufs.*

PONT ÉLÉVATEUR n. m. (pl. *ponts élévateurs*)
Appareil de levage servant à soulever un véhicule afin d'en faciliter l'entretien ou la réparation. *Le mécanicien place la voiture sur le pont élévateur* (et non *lift) *afin de remplacer le silencieux.*

PONTIFE n. m.
Le pape de l'Église catholique. *Le souverain pontife.*

PONTIFIANT, IANTE adj.
Qui pontifie. *Des conférenciers pontifiants.*

PONTIFICAL, ALE, AUX adj.
Relatif au pape, aux évêques. *La messe pontificale, les ornements et les zouaves pontificaux.* SYN. papal.

PONTIFICAT n. m.
1. Dignité de pape. *Jean-Paul II a accédé au pontificat en 1978.*
2. Durée pendant laquelle un pape occupe le Saint-Siège. *Le pontificat de Jean-Paul II dépasse deux décennies.*

PONTIFIER v. intr.
Parler de façon prétentieuse. SYN. déclamer; discourir.
CONJUGAISON : VOIR MODÈLE ÉTUDIER.
Redoublement du ***i*** à la première et à la deuxième personne du pluriel de l'indicatif imparfait et du subjonctif présent. *(Que) nous pontifiions, (que) vous pontifiiez.*

PONT-L'ÉVÊQUE n. m. inv. (pl. *pont-l'évêque*)
Fromage à pâte molle. *Des pont-l'évêque savoureux.*
T Ce nom est invariable et s'écrit avec des minuscules.

PONT-LEVIS n. m. (pl. *ponts-levis*)
Le ***e*** se prononce ou non et le ***s*** ne se prononce pas, [pɔ̃lәvi, pɔ̃lvi].
Pont qui se lève et s'abaisse. *Les ponts-levis des châteaux forts.*
pont-levis.

PONTON n. m.
Pont flottant. *Les pontons d'accostage de la marina.*

***POOL**
Anglicisme pour ***groupe, équipe, entente commerciale.***

POP adj. inv.
Abréviation familière de ***populaire.*** *Des musiques pop. Un groupe pop.*
[Les *Rectifications* (1990) admettent : pops (au pluriel).]

***POP-CORN**
Anglicisme pour ***maïs soufflé.***

POPELINE n. f.
Tissu. *Une jupe de popeline bleue.*

POPOTE n. f.
(FAM.) Cuisine. *Son papa aime faire la popote.*

POPULACE n. f.
(PÉJ.) Classes inférieures de la population.
Ce nom a une connotation défavorable.

POPULAIRE adj.
1. Qui concerne le peuple. *Le vote populaire.*
2. Qui plaît au grand public. *Une émission populaire.*
Ne pas confondre avec le mot ***populeux,*** qui se dit d'un endroit très peuplé.

POPULAIREMENT adv.
Dans le langage populaire.

POPULARISATION n. f.
Action de rendre populaire, de faire connaître quelque chose. *La popularisation de l'opéra.* SYN. vulgarisation.

POPULARISER v. tr., pronom.
VERBE TRANSITIF
Faire connaître, vulgariser. *Hubert Reeves a popularisé l'astronomie, Pavarotti, l'opéra.*
VERBE PRONOMINAL
Devenir populaire. *Au fil du temps, le golf s'est popularisé, s'est démocratisé.*
À la forme pronominale, le participe passé de ce verbe s'accorde toujours en genre et en nombre avec son sujet. *Les voyages sous les tropiques se sont popularisés.*
CONJUGAISON : VOIR MODÈLE AIMER.

POPULARITÉ n. f.
Caractère de quelqu'un ou quelque chose qui plaît, qui recueille la faveur populaire. *Ces humoristes ont une grande popularité.* SYN. renommée.

POPULATION n. f.
1. Ensemble des personnes qui habitent un pays, un lieu. *La population de l'agglomération de Montréal est de trois millions.*
2. (ÉCOL.) Ensemble des animaux et des végétaux d'une espèce donnée vivant dans un espace géographique défini.
LOCUTIONS
– ***Population étudiante.*** Ensemble des élèves inscrits dans les établissements d'enseignement universitaire d'un territoire (GDT). *La population* (et non *clientèle) *étudiante.*
– ***Population scolaire.*** Ensemble des élèves inscrits dans les établissements d'enseignement d'un territoire (GDT). *La population* (et non *clientèle) *scolaire.*

POPULEUX, EUSE adj.
Très peuplé. *New York est une ville très populeuse.*
Ne pas confondre avec le mot ***populaire,*** qui concerne le peuple.
populeux.

PORC n. m.
Le ***c*** est muet, [pɔr]; le nom rime avec ***pore.***
1. Animal domestique omnivore qui est élevé pour sa chair. *Cette agricultrice élève des porcs.* SYN. cochon.
VOIR TABLEAU – ANIMAUX.
2. Viande de cet animal. *Des côtelettes de porc.*
3. (FIG.) (FAM.) Personne malpropre et sans manières. *Ils se conduisent comme des porcs.*
HOM.
• ***pore,*** orifice de la peau;
• ***port,*** endroit aménagé pour recevoir les bateaux.

P

PONCTUATION

La ponctuation est constituée de l'ensemble des signes graphiques qui contribuent à la structuration du texte, qui marquent les rapports syntaxiques entre les phrases, les membres de phrase et qui apportent des précisions sémantiques.

SIGNES DE PONCTUATION	SIGNES TYPOGRAPHIQUES
. ..... le point	- .... le trait d'union
, ... la virgule	( ) ... les parenthèses
; .... le point-virgule	– ... le tiret
: .... le deux-points	« » les guillemets
? .... le point d'interrogation	[ ] ... les crochets
! .... le point d'exclamation	/ .... la barre oblique
... ... les points de suspension	* .... l'astérisque

FONCTIONS DES SIGNES DE PONCTUATION ET DES SIGNES TYPOGRAPHIQUES

LE POINT | . | .... PAS D'ESPACEMENT AVANT / UN ESPACEMENT APRÈS.

► Le point marque la **fin d'une phrase autonome déclarative ou impérative.** *Les lilas sont en fleur. Rendez-moi ce livre, svp.*

T Si l'abréviation est en fin de phrase, le point abréviatif et le point final se confondent.

► Le point s'emploie à la **fin d'un mot abrégé** dont on a retranché les lettres finales. ***M.** est l'abréviation de **Monsieur** et **M**^{me}, l'abréviation de **Madame**.*

T L'abréviation *M*^{me} ne prend pas de point parce que la dernière lettre du mot est conservée.

LA VIRGULE | , | .... PAS D'ESPACEMENT AVANT / UN ESPACEMENT APRÈS.

► 1. **Énumération et juxtaposition**

- La virgule sépare les **mots, les groupes de mots de même fonction** non unis par une conjonction ***(et, ou, ni)***. *Achète des pommes, des poires, des oranges et des pamplemousses.*
- La virgule marque aussi la **fin d'une phrase autonome déclarative ou impérative.** *L'avion se pose, il freine, puis s'immobilise.*

► 2. **Ajout d'une restriction, d'une explication**

- La virgule isole un élément **exprimant la restriction *(mais, or, pourtant, cependant, néanmoins, toutefois...)*, l'explication *(à savoir, c'est-à-dire, par exemple, car, donc...)*.** *Martine est malade, mais elle se soigne.*
- La virgule isole une **explication.** *Le béluga, appelé aussi baleine blanche, vit dans les eaux arctiques. Achète des légumes, par exemple des haricots et des carottes.*

  On met une virgule au début et à la fin du groupe adjectival explicatif : les virgules jouent ici le même rôle que les parenthèses.
- La virgule encadre également un **groupe nominal explicatif.** *La directrice, Louise Dubois, accueillera les nouveaux élèves.*
- La virgule met en relief une **phrase relative explicative.** *Ces jeunes sportifs, qui sont aussi de bons musiciens, participeront aux épreuves de tennis.*

  Pour distinguer la phrase relative explicative de la relative déterminative, on vérifie si elle est essentielle à la compréhension de la phrase. La relative déterminative n'est pas encadrée de virgules. *Les jeunes sportifs qui ont été choisis lors des épreuves participeront aux Jeux du Québec.*
- La virgule isole une **incise.** *Je termine cela, répondit-il, et j'arrive immédiatement.*

► 3. **Mise en relief d'éléments placés en tête de phrase**

La virgule marque un ajout ou un déplacement par rapport à l'ordre normal des éléments de base de la phrase (sujet, verbe, complément). Si l'ajout ou le déplacement est en début de phrase, une virgule s'impose ; si l'ajout ou le déplacement est en milieu de phrase, deux virgules sont nécessaires.

P

- La virgule met en évidence un **complément de phrase en début de phrase.** *L'an dernier, nos résultats ont été excellents.*
- La virgule souligne une **phrase subordonnée en début de phrase.** *Parce qu'il fait trop froid, nous avons remis notre excursion.*
- La virgule se place **après certains marqueurs de relation *(bref, d'abord, d'une part, d'autre part, du reste, en conclusion, en fait, enfin, en outre, en premier lieu, premièrement...).***

▸ 4. **Apostrophe**

- La virgule signale les **mots mis en apostrophe.** *Laurence, écoute-moi !*

LE POINT-VIRGULE | ; | .... PAS D'ESPACEMENT AVANT / UN ESPACEMENT APRÈS.

- Le point-virgule marque la **fin d'une phrase autonome déclarative ou impérative** qui est **logiquement reliée à une autre.** *Ces jeunes filles adorent la lecture; leur vocabulaire est riche.*
- Dans une **énumération,** le point-virgule sert à séparer des **éléments d'une certaine étendue** qui contiennent déjà des virgules. *Le pronom est un mot qui représente généralement un nom, un pronom ou un groupe nominal; un adjectif ou un groupe adjectival; une phrase.*
- Le point-virgule s'emploie aussi entre chaque **élément des énumérations *verticales*** introduites par le deux-points.

  La trousse de secours comprend :
  un thermomètre;
  des pansements;
  un onguent antibiotique.

LE DEUX-POINTS | : | .... UN ESPACEMENT AVANT / UN ESPACEMENT APRÈS.

- Le deux-points annonce une **citation** ou du **discours rapporté direct.** *Et il répondit : « Ce fut un plaisir. »*
- Le deux-points introduit une **énumération.** *Voici les articles que vous devez vous procurer : un canif, une gourde, un sac de couchage et des bottes de randonnée.*
- Le deux-points annonce un **exemple.** *Ex. : Les blés sont mûrs.*
- Le deux-points marque aussi la **fin d'une phrase autonome déclarative ou impérative.** Il exprime une **relation logique de cause** ou **de conséquence** entre cette phrase et la suivante. *Grand-papa est très savant : il est toujours en train de lire. Grand-maman est enrhumée : elle a pris froid pendant une randonnée en forêt.*

LE POINT D'INTERROGATION | ? | .... PAS D'ESPACEMENT AVANT / UN ESPACEMENT APRÈS.

- Le point d'interrogation se place à la **fin d'une phrase autonome interrogative.** *Comment ça va? Auriez-vous de la tarte aux pommes ?*

LE POINT D'EXCLAMATION | ! | .... PAS D'ESPACEMENT AVANT / UN ESPACEMENT APRÈS.

- Le point d'exclamation se place à la **fin d'une phrase autonome exclamative.** *Vous êtes là !*

  [T] Après une interjection, on met un point d'exclamation. *Hé !*

LES POINTS DE SUSPENSION | ... | .... PAS D'ESPACEMENT AVANT / UN ESPACEMENT APRÈS.

- Les points de suspension marquent une **énumération non achevée.** *Les prépositions **à, de, par, pour...** servent à introduire un complément.*

  [T] On emploie soit les points de suspension, soit l'abréviation ***etc.,*** mais non les deux à la fois.

P

- Les points de suspension indiquent que la **phrase autonome déclarative ou impérative** est **inachevée** du point de vue du sens. *Tu imagines ce que je veux dire…*

  T Les points de suspension se confondent avec le point final et sont toujours au nombre de trois.

- Les points de suspension marquent une **hésitation.** *Il se nomme… euh… Antoine, je crois.*

LE TRAIT D'UNION | - | .... PAS D'ESPACEMENT AVANT / PAS D'ESPACEMENT APRÈS.

- Le trait d'union réunit les **éléments des mots composés.** *Rez-de-chaussée. Jean-Pierre.*
- Le trait d'union s'emploie dans les **déterminants numéraux composés** quand les éléments sont l'un et l'autre inférieurs à ***cent*** et quand ils ne sont pas joints par la conjonction ***et*** (règle classique). *Quatre-vingts, trente-sept.*

  Selon les *Rectifications orthographiques* (1990), « on peut lier par un trait d'union les numéraux formant un nombre complexe, inférieur ou supérieur à cent ».

- Le trait d'union unit le **verbe** et le **sujet inversé,** le **verbe à l'impératif** et le **pronom personnel** qui le suit. *Aurai-je le temps de te voir? Donne-moi un peu de lait.*
- Le trait d'union marque **la coupure d'un mot** en fin de ligne.

VOIR TABLEAU ► **TRAIT D'UNION.**

LES PARENTHÈSES | () | .... **PARENTHÈSE OUVRANTE :** UN ESPACEMENT AVANT / PAS D'ESPACEMENT APRÈS.
PARENTHÈSE FERMANTE : PAS D'ESPACEMENT AVANT / UN ESPACEMENT APRÈS.

- Les parenthèses, composées de deux signes (parenthèse ouvrante et parenthèse fermante), servent à intercaler dans une phrase un **élément explicatif.** *L'expression tenir pour acquis (du verbe* ***acquérir****) signifie…*

  T Après la parenthèse fermante, il n'y a pas d'espace avant un signe de ponctuation à l'exception du deux-points. *Il vient de Nicolet (Québec).*

- Les parenthèses encadrent un **commentaire.** *L'école a informé les parents de la mise en vigueur (à compter du mois de mars) du nouveau règlement.*

VOIR TABLEAU ► **PARENTHÈSES.**

LE TIRET | – | .... UN ESPACEMENT AVANT / UN ESPACEMENT APRÈS.

- Le tiret sert à séparer une **explication,** un **commentaire.** *Les joueurs d'échecs – les vrais mordus – s'exercent tous les jours.*
- Le tiret indique le **changement d'interlocuteur** dans un dialogue.
  Le monarque s'avança vers son visiteur.
  « Que voulez-vous insinuer?
  – Je n'insinue pas, j'affirme! »
- Le tiret marque également les **éléments d'une énumération.**
  Munissez-vous de bons outils :
  – marteau,
  – scie,
  – tournevis.

LES GUILLEMETS | « » | .... **GUILLEMET OUVRANT :** UN ESPACEMENT AVANT / UN ESPACEMENT APRÈS.
GUILLEMET FERMANT : UN ESPACEMENT AVANT / UN ESPACEMENT APRÈS.

- Les guillemets sont de petits chevrons doubles qui se placent au commencement (guillemet ouvrant) et à la fin (guillemet fermant) d'une **citation,** d'un **dialogue,** d'un **mot,** d'une **locution que l'auteur désire isoler.** *Tous les vendredis, elle lit la chronique « Plaisirs ». Le réalisateur cria : « Silence, on tourne! »*

VOIR TABLEAU ► **GUILLEMETS.**

> *PONCTUATION* | ***SUITE***

LES CROCHETS [ ] .... CROCHET OUVRANT : UN ESPACEMENT AVANT / PAS D'ESPACEMENT APRÈS.
CROCHET FERMANT : PAS D'ESPACEMENT AVANT / UN ESPACEMENT APRÈS.

- Les crochets servent à marquer une **insertion** à l'intérieur d'une parenthèse, la **suppression d'un extrait dans une citation** [...], une **explication spécifique.** Dans le *Multidictionnaire*, la prononciation (selon l'Alphabet phonétique international) est indiquée entre crochets. *Abats* [aba].

LA BARRE OBLIQUE / .... PAS D'ESPACEMENT AVANT / PAS D'ESPACEMENT APRÈS.

- La barre oblique est utilisée dans l'inscription des **unités de mesure complexes abrégées,** des **fractions,** des **pourcentages,** de certaines mentions qui doivent être abrégées. *Une vitesse de 125 km/h, 2/3, 85 %.*

L'ASTÉRISQUE * .... PAS D'ESPACEMENT AVANT / UN ESPACEMENT APRÈS.

- L'astérisque indique un **appel de note**; il peut être simple, double ou triple (*, **, ***)
  Le béluga est un mammifère marin.*

  ** Le béluga est aussi appelé baleine blanche.*

  T Pour marquer un appel de note, l'astérisque se place après le mot, en exposant, avec ou sans parenthèses. L'astérisque est repris en bas de page pour introduire la note.

T Les espacements recommandés dans ce tableau s'appliquent aux documents produits par dactylographie ou traitement de texte. Dans l'édition, on recourt aux espacements plus détaillés prescrits par les codes typographiques.

VOIR TABLEAU ► **ESPACEMENTS.**

PORCELAINE n. f.
1. Poterie très fine. *Une tasse de porcelaine de Limoges.*
2. Objet en porcelaine. *Une collection de porcelaines.*
✎ porcel**ai**ne.

PORCELET n. m.
Jeune porc. *Les porcelets et la truie se vautrent dans la cochonnerie.*
VOIR TABLEAU – ANIMAUX.

PORC-ÉPIC n. m. (pl. *porcs-épics*)
Les deux **c** se prononcent ***k***, [pɔrkepik]; la liaison entre les deux mots se fait au singulier comme au pluriel : *un porc-(k)épic* et *des porcs-(k)épics.*
Mammifère rongeur plus gros que le hérisson et dont le corps est recouvert de piquants. *Des porcs-épics surpris par des chasseurs.*
Les deux éléments de ce nom composé prennent la marque du pluriel.

PORCHE n. m.
Construction destinée à abriter la porte d'entrée d'un édifice, d'une maison. *Attendez-moi sous le porche de l'immeuble, car il pleut.*

PORCHERIE n. f.
1. Bâtiment où l'on garde les porcs.
2. (FIG.) Lieu très sale.

PORCIN, INE adj.
Relatif au porc. *L'industrie porcine.*

PORE n. m.
Orifice de la peau. *Ses pores sont dilatés.*
Attention au genre masculin de ce nom : ***un*** pore.
HOM.
- ***porc,*** animal domestique;
- ***port,*** endroit aménagé pour recevoir les bateaux.

POREUX, EUSE adj.
Dont les petits trous laissent passer l'eau. *La pierre ponce est poreuse.* SYN. perméable.

PORNO adj. et n. m.
ADJECTIF
(FAM.) Forme abrégée de ***pornographique.*** Relatif à la pornographie. *Des films pornos.*
NOM MASCULIN
(FAM.) Forme abrégée de ***pornographie.*** Genre pornographique. *Une librairie spécialisée dans le porno.*

PORNOGRAPHE n. m.
Qui produit de la pornographie.

PORNOGRAPHIE n. f.
S'abrège familièrement en ***porno*** (s'écrit sans point).
Représentation de choses obscènes.

PORNOGRAPHIQUE adj.
S'abrège familièrement en ***porno*** (s'écrit sans point).
Relatif à la pornographie. *Une revue pornographique.*

POROSITÉ n. f.
État de ce qui est poreux. *La porosité de la pierre ponce.*

PORPHYRE n. m.
Roche volcanique très dure.
✎ por**phy**re.

PORRIDGE n. m.
Bouillie de farine d'avoine. *Tante Éva aimait manger son porridge au petit-déjeuner.*

PORT n. m.
1. Abri naturel ou artificiel pour les navires, pourvu des installations nécessaires à l'embarquement et au débarquement des passagers et des marchandises. *Un port maritime, fluvial. Le port de Québec.*
2. Action de porter. *Le port d'armes est réglementé.*

3. Prix du transport d'une lettre, d'un colis.
4. (INFORM.) Interface avec un canal de communication, directement reliée à la carte mère, qui gère et synchronise les échanges de données entre l'unité centrale de l'ordinateur et un périphérique, grâce à un logiciel pilote (GDT). *Chaque port possède un connecteur situé à l'arrière du boîtier d'un ordinateur.*
LOCUTIONS
– ***Arriver à bon port.*** (FIG.) Se rendre à destination sans difficulté.
– ***Port de plaisance.*** Aménagement portuaire conçu pour recevoir les embarcations destinées à l'agrément.
– ***Port d'armes.*** Fait de porter sur soi une ou des armes. *Un permis de port d'armes.*
Dans cette locution, le nom ***arme*** s'écrit au pluriel.
– ***Port dû.*** Expression indiquant que le prix du transport est payable par le destinataire à l'arrivée.
– ***Port payé.*** Expression indiquant que le transport des marchandises est aux frais de l'expéditeur.
HOM.
• *porc,* animal domestique ;
• *pore,* orifice de la peau.

PORTABILITÉ n. f.
Caractère d'un matériel, d'un appareil ou d'un programme portable.

PORTABLE adj. et n. m.
ADJECTIF
1. Mettable. *Cette robe n'est plus portable.*
2. Qu'on peut porter, transporter, mais qui n'est pas conçu spécialement à cette fin (Recomm. off.). *Un micro-ordinateur portable.*
3. (INFORM.) Se dit d'un logiciel compatible avec plusieurs ordinateurs.
NOM MASCULIN
Appareil (micro-ordinateur, téléphone, etc.) portatif. *Je vous ai laissé un message dans la boîte vocale de votre portable.*

PORTAGE n. m.
⚜ Action de porter une embarcation (généralement un canot) d'un cours d'eau à un autre, souvent pour éviter une section non navigable. *Les scouts ont fait du portage pour contourner la chute. « La douleur hallucinante/Des portages/Des partages obligatoires »* (Jean-Guy Pilon, *Comme eau retenue*).

PORTAIL n. m. (pl. *portails*)
1. Porte monumentale. *Le portail sculpté d'une cathédrale.*
2. (INFORM.) Site conçu pour servir de point d'entrée dans le réseau Internet et mettant à la disposition des internautes un large éventail de services et de ressources afin de les attirer et de les fidéliser. *Ces portails facilitent les recherches des internautes.* SYN. portail Internet.
LOCUTIONS
– ***Portail gouvernemental.*** (INFORM.) Portail mis en place par un gouvernement, constituant un point d'accès central aux renseignements et services gouvernementaux disponibles en ligne, ainsi qu'à l'ensemble des sites des ministères et organismes qui lui sont associés (GDT).
– ***Portail régional.*** (INFORM.) Portail d'information, souvent d'origine gouvernementale, consacré à une région géographique particulière et constituant un point d'accès unique à ses services, ses activités et son actualité (GDT).

PORTANT, ANTE adj.
Qui porte, qui sert de soutien dans une construction. *Un mur portant.*
LOCUTIONS
– ***À bout portant,*** loc. adv. De très près. *Le malfaiteur a tiré à bout portant sur sa victime.*
– ***Être bien, mal portant.*** Être en bonne, mauvaise santé. *Ils sont bien portants.*

PORTATIF, IVE adj.
Qui est conçu pour être facilement transporté avec soi. *Un micro-ordinateur portatif.*

PORTE n. f.
1. Ouverture pratiquée dans l'enceinte d'une ville, emplacement d'une ancienne porte. *La porte Saint-Jean. La porte de Versailles.*
2. Ouverture pour entrer dans un lieu ou en sortir. *Ferme la porte à clé. Une porte de garage.*
LOCUTIONS
– ***Aux portes de,*** loc. prép. Aux abords de.
– ***De porte en porte,*** loc. adv. De maison en maison. *Le facteur livre le courrier de porte en porte.*
La locution adverbiale s'écrit sans traits d'union ; le nom s'écrit avec des traits d'union. *Faire du porte-à-porte.*
– ***Enfoncer une porte ouverte.*** (FIG.) Découvrir ce qui est déjà su, tenter de vaincre un obstacle inexistant. SYN. se battre contre des moulins à vent.
– ***Frapper à la bonne porte.*** (FIG.) S'adresser à la personne appropriée.
– ***Mettre à la porte.*** Congédier. *Les retardataires ont été mis à la porte.* SYN. remercier ; renvoyer.
– ***Porte de sortie.*** (FIG.) Échappatoire.
– ***Porte(s) ouverte(s).*** Se dit d'une activité visant à informer le public par la visite, la présentation d'un organisme, d'un établissement d'enseignement, d'une entreprise. *Une journée portes ouvertes* ou *porte ouverte.*
– ***Prendre la porte.*** Sortir. *Il s'est mis en colère et a pris la porte.*
– ***Trouver porte close.*** Ne trouver personne.

PORTE adj.
Se dit d'une veine qui conduit le sang au foie. *La veine porte.*

PORTE-
Les mots composés avec l'élément ***porte-*** s'écrivent généralement avec un trait d'union. *Un porte-parole, un porte-clés, un porte-avions, un porte-bonheur,* mais *un portefeuille, un portemanteau.*
Le premier élément formé du verbe est invariable ; le second élément est généralement invariable et s'écrit tantôt avec un *s,* tantôt sans *s,* selon les cas. *Des porte-bonheur, un porte-bagages.*
Attention cependant au mot ***porte-fenêtre*** qui prend la marque du pluriel aux deux éléments, ***porte*** étant un nom.

PORTE-À-FAUX n. m. inv. (pl. *porte-à-faux*)
Partie d'une construction qui ne repose pas directement sur son point d'appui. *Une terrasse en porte-à-faux.*
LOCUTIONS
– ***En porte-à-faux,*** loc. adv. Qui ne repose pas directement sur son point d'appui, en parlant d'une construction. *Une terrasse en porte-à-faux qui domine la mer.*
– ***En porte-à-faux,*** loc. adv. Dont la stabilité est précaire.

PORTE-À-PORTE n. m. inv. (pl. *porte-à-porte*)
Démarchage à domicile. *Ces jeunes hommes font du porte-à-porte pour une œuvre de bienfaisance.*
Le nom masculin s'écrit avec des traits d'union alors que la locution adverbiale s'écrit sans traits d'union. *Le facteur livre le courrier de porte en porte.*

PORTE-AUTO(S) n. m. (pl. *porte-autos*)
Véhicule aménagé pour le transport des voitures. *Un porte-autos* ou *porte-auto.*

PORTE-AVION(S) n. m. (pl. *porte-avions*)
Navire de guerre aménagé pour le transport des avions et doté d'une plate-forme d'envol et d'atterrissage. *Un porte-avions* ou *porte-avion américain.*

PORTE-BAGAGE(S) n. m. (pl. *porte-bagages*)
1. Dispositif accessoire d'un véhicule (bicyclette, motocyclette, voiture) permettant de transporter des bagages. *Il faut prendre avec soi un minimum de chargement, réparti dans de petites sacoches fixées au guidon et sur un porte-bagages* ou *porte-bagage.*
2. Galerie ou filet installé au-dessus de la tête des voyageurs dans un véhicule de transport collectif, où l'on place des bagages. *J'ai oublié mon parapluie dans le porte-bagages de l'autocar.*
Pour une voiture, on emploie le nom ***galerie.***

PORTE-BANNIÈRE n. m. (pl. *porte-bannières*)
Personne qui porte une bannière.

PORTE-BÉBÉ n. m. (pl. *porte-bébés*)
1. Siège qu'on fixe sur les épaules pour porter un bébé.
2. Dispositif qui sert à transporter un bébé.

PORTE-BILLET(S) n. m. (pl. *porte-billets*)
Portefeuille destiné à recueillir uniquement les billets. *Un porte-billets* ou *porte-billet.*

PORTE-BONHEUR n. m. (pl. *porte-bonheur* ou *porte-bonheurs*)
Objet qui est censé porter chance. *Le trèfle à quatre feuilles est un porte-bonheur. Voici quelques porte-bonheur* ou *porte-bonheurs.* SYN. amulette ; fétiche. ANT. porte-malheur.

PORTE-BOUTEILLE(S) n. m. (pl. *porte-bouteilles*)
Casier à bouteilles. *Des porte-bouteilles pratiques. Un porte-bouteille* ou *porte-bouteilles.*

PORTE-CARTE ou **PORTE-CARTES** n. m. inv. (pl. *porte-cartes*)
Étui destiné à recevoir des cartes de visite, de crédit, d'identité, etc.

PORTE-CIGARE(S) n. m. (pl. *porte-cigares*)
Étui à cigares. *Un porte-cigares* ou *porte-cigare en argent.*

PORTE-CIGARETTE(S) n. m. (pl. *porte-cigarettes*)
Étui à cigarettes. *Un porte-cigarettes* **ou** *porte-cigarette artisanal.*

PORTE-CLÉ(S) ou **PORTE-CLEF(S)** n. m. (pl. *porte-clés* ou *porte-clefs*)
Anneau réunissant des clés. *Un porte-clés* ou *porte-clé, des porte-clés en argent.*
[Les *Rectifications* (1990) admettent : un porteclé, des porteclés.]

PORTE-CONTENEUR(S) n. m. (pl. *porte-conteneurs*)
Navire destiné au transport des conteneurs.

PORTE-COUTEAU n. m. (pl. *porte-couteaux*)
Ustensile sur lequel on dépose son couteau.

PORTE-CRAYON n. m. (pl. *porte-crayons*)
Petit tube dans lequel on insère un crayon afin d'en faciliter le maniement.
[Les *Rectifications* (1990) admettent : un portecrayon, des portecrayons.]

PORTE-DOCUMENT ou **PORTE-DOCUMENTS** n. m. inv. (pl. *porte-documents*)
Serviette plate ne comportant qu'une seule poche. *Acheter un porte-documents en cuir.*
Ne pas confondre avec les noms suivants :
- ***cartable,*** sac d'écolier à plusieurs compartiments ;
- ***mallette,*** petite valise rigide pour le voyage, le travail ;
- ***serviette,*** sac à compartiments qui sert à porter des livres, des documents.

PORTE-DRAPEAU n. m. (pl. *porte-drapeaux*)
Personne qui porte un drapeau.

PORTÉE n. f.
1. Nombre de petits que les femelles des mammifères mettent bas en une fois. *Une portée de quatre chatons.*
2. Distance à laquelle un projectile peut être lancé. *Un canon à longue portée.*
3. (FIG.) Force, efficacité. *Cet argument a eu beaucoup de portée.*
LOCUTIONS
– ***À la portée de,*** loc. prép. Accessible. *Ce livre est à la portée de tous.* SYN. au niveau de.
– ***Hors de portée,*** loc. adj. Inaccessible.

PORTEFAIX n. m.
Personne qui porte des fardeaux.
portef**aix.**

PORTE-FENÊTRE n. f. (pl. *portes-fenêtres*)
Fenêtre qui s'ouvre de plain-pied sur un balcon, une terrasse, un jardin. *Cette porte-fenêtre* (et non *porte-patio) *donne accès à la plage. Des portes-fenêtres neuves.*
Attention à ce mot composé qui prend la marque du pluriel aux deux éléments, le mot ***porte*** étant ici un nom.

PORTEFEUILLE n. m.
1. Étui à billets. *Des portefeuilles de cuir.*
Ne pas confondre avec le nom ***porte-monnaie,*** étui destiné à recevoir des pièces de monnaie.
2. Ensemble des valeurs mobilières d'une personne, d'une entreprise. *Elle gère un portefeuille diversifié.*
3. Fonction de ministre. *Le portefeuille des Affaires sociales, un ministre sans portefeuille.*
portefeuille.

PORTE-JARRETELLE(S) n. m. (pl. *porte-jarretelles*)
Sous-vêtement féminin muni de jarretelles servant à retenir des bas. *Un porte-jarretelles* ou *porte-jarretelle.*

PORTE-MALHEUR n. m. (pl. *porte-malheur* ou *porte-malheurs*)
Personne, chose qui est censée porter malheur. *On dit que les chats noirs sont des porte-malheur* ou *porte-malheurs.* ANT. porte-bonheur.

PORTEMANTEAU n. m. (pl. *portemanteaux*)
Support sur pied auquel on suspend les vêtements.
Ne pas confondre avec le nom ***patère,*** support fixé à un mur, destiné à recevoir des vêtements.
portemanteau, en un seul mot.

PORTEMINE ou **PORTE-MINE** n. m. (pl. *portemines* ou *porte-mines*)
Instrument dans lequel on insère une mine.

PORTE-MONNAIE n. m. (pl. *porte-monnaie* ou *porte-monnaies*)
Étui destiné à recevoir des pièces de monnaie. *Des porte-monnaie* ou *porte-monnaies de cuir.*
Ne pas confondre avec le nom ***portefeuille,*** étui à billets.
[Les *Rectifications* (1990) admettent : un portemonnaie, des portemonnaies.]

PORTE-NOM n. m. (pl. *porte-nom* ou *porte-noms*)
Insigne précisant le nom de la personne qui le porte. SYN. badge.

PORTE-PANIER n. m. (pl. *porte-panier* ou *porte-paniers*)
Rapporteur, mouchard (principalement à l'école ou à la maison). *Ce panier percé est aussi un porte-panier.*

PORTE-PARAPLUIE(S) n. m. (pl. *porte-parapluies*)
Objet destiné à recevoir les parapluies. *Un porte-parapluies* ou *porte-parapluie.*

PORTE-PAROLE n. m. et f. (pl. *porte-parole* ou *porte-paroles*)
Représentant officiel. *Claire est ma porte-parole, elle parle en mon nom. Des porte-parole* ou *porte-paroles officiels.*

***PORTE-PATIO**
Impropriété pour ***porte-fenêtre.***

PORTE-PLUME n. m. (pl. *porte-plumes*)
Petit instrument auquel on fixe une plume.
Aujourd'hui, on emploie plutôt l'expression ***stylo à plume.***
[Les *Rectifications* (1990) admettent : un porteplume, des porteplumes.]

P

PORTER v. tr., intr., pronom.
VERBE TRANSITIF
1. Tenir, soutenir. *Porter un cartable. Cette structure porte le toit de l'immeuble.*
2. Transporter. *Porter une lettre à la poste.*
3. Avoir sur soi. *Porter un pantalon, porter les cheveux longs, des lunettes.*
4. Apporter. *Porter assistance à quelqu'un, porter chance, porter intérêt.*
VERBE INTRANSITIF
Avoir pour objet. *Ces commentaires portent sur le dernier film de ce cinéaste.*
VERBE PRONOMINAL
1. Être en bonne ou en mauvaise santé. *Je me porte à merveille.* SYN. aller.
2. Être porté, en parlant d'un vêtement, d'une mode. *Le blanc se porte beaucoup en été. Les jupes se sont portées longues l'année dernière.*
3. (LITT.) Se diriger vers. *Les dignitaires se sont portés à la rencontre du président. Les soupçons s'étaient portés sur cet inconnu.*
À la forme pronominale, le participe passé de ce verbe s'accorde toujours en genre et en nombre avec son sujet. *Elle s'est portée candidate pour ce nouveau parti. Ils se sont portés au secours de ce malheureux, qui était sur le point de se noyer.*
LOCUTIONS
– ***Être porté à*** + infinitif. Avoir l'habitude de. *Il est porté à faire confiance à tout un chacun.*
– ***Porter des fruits, porter ses fruits.*** Donner de bons résultats. *L'enquête a porté des fruits* ou *ses fruits : nous avons des indices intéressants.*
– ***Se porter acquéreur, se rendre acquéreur.*** Acheter. *Elle s'est portée acquéreur de la propriété. Ils se sont rendus acquéreurs du domaine.*
Dans cette locution, le nom ***acquéreur*** s'accorde généralement en nombre avec le sujet du verbe.
– ***Se porter caution.*** (DR.) S'engager envers un créancier à remplir l'obligation du débiteur principal, dans le cas où le débiteur n'y aurait pas lui-même satisfait. *Les parents de Luc se sont portés caution de son loyer pour la durée du bail.*
Dans cette locution, le nom reste généralement au singulier.
– ***Se porter garant.*** (DR.) S'engager envers un créancier à remplir l'obligation du débiteur principal, dans le cas où le débiteur n'y aurait pas lui-même satisfait. *Elle s'est portée garante de l'emprunt.*
Dans cette locution, le nom s'accorde en genre et en nombre avec le sujet du verbe.
CONJUGAISON : VOIR MODÈLE AIMER.

PORTE-REVUE(S) n. m. (pl. *porte-revues*)
Accessoire de maison où l'on range les revues, les journaux. *Un porte-revues* ou *porte-revue en bois.*

PORTE-SAVON n. m. (pl. *porte-savons* ou *porte-savon*)
Support destiné à recevoir le savon.

PORTE-SERVIETTE n. m. (pl. *porte-serviettes*)
Accessoire destiné à suspendre des serviettes.

PORTEUR, EUSE adj. et n. m. et f.
NOM MASCULIN ET FÉMININ
1. Personne chargée de remettre une lettre, un colis à un destinataire.
2. Personne qui transporte des bagages, des colis. *Elle a confié ses valises à un porteur.*
3. Personne qui détient un titre dont le titulaire n'est pas indiqué. *Le chèque est libellé « au porteur ».*
Ne pas confondre avec les noms suivants :
• ***détenteur,*** personne qui conserve quelque chose à titre provisoire ;
• ***titulaire,*** personne qui possède juridiquement un droit, un titre de façon permanente.
ADJECTIF
1. Qui porte. *Un mur porteur. Une fusée porteuse.*
2. Qui a un potentiel intéressant. *Le domaine porteur de la recherche médicale.*
LOCUTION
– ***Mère porteuse.*** Femme qui porte l'ovule fécondé d'une autre femme pendant le temps de la grossesse. *Des* mères *porteuses, par opposition à* mères biologiques.

PORTE-VOIX n. m. inv. (pl. *porte-voix*)
Appareil destiné à amplifier la voix.

PORTFOLIO n. m.
1. Enveloppe rigide contenant des photographies, des estampes, des lithographies à tirage restreint.
2. Ensemble de travaux, de dessins, de textes, etc., choisis par un créateur, un auteur, un artiste, un photographe, etc., pour témoigner de son œuvre, pour faire état de ses réalisations. *Cette jeune designer dispose d'un portfolio intéressant.*
3. Ensemble de travaux judicieusement choisis par l'élève pour illustrer le progrès de son apprentissage dans une matière donnée (GDT).
Le portfolio, qui contient aussi les commentaires de l'enseignant, des autres élèves et des parents de l'élève, sert à évaluer autant le processus d'apprentissage que son résultat (GDT).

PORTIER n. m.
PORTIÈRE n. f.
Personne chargée d'ouvrir la porte (d'un immeuble, d'un hôtel, d'une voiture) et de surveiller les entrées et sorties.

PORTIÈRE n. f.
Porte d'une voiture, d'un train. *Les portières arrière de la voiture sont verrouillées afin que les enfants ne puissent les ouvrir de l'intérieur.*
Le nom ***porte*** s'emploie également en ce sens.

PORTILLON n. m.
Petite porte. *Les portillons du métro parisien.*

PORTION n. f.
Partie d'un tout. *Couper un gâteau en six portions égales.* SYN. part.

PORTIONNABLE adj.
Qui est conditionné en portions. *« La vente des plats cuisinés augmente grâce aux sachets portionnables, tout comme celle des légumes, qui se présentent de plus en plus en mélanges préparés d'avance »* (*L'Express*).

PORTIQUE n. m.
1. Galerie ouverte soutenue par une colonnade. *Le portique d'une église.*
2. Barre horizontale soutenue par deux poteaux, à laquelle sont fixés des agrès de gymnastique.
LOCUTION
– ***Portique de sécurité.*** Dispositif de détection utilisé dans les aéroports pour éviter le transport d'armes.
FORME FAUTIVE
*portique. Impropriété au sens de ***vestibule.***

PORTO n. m.
Vin produit au Portugal. *Des portos capiteux.*
T Le nom du vin s'écrit avec une minuscule ; le nom de la ville, avec une majuscule.

PORTORICAIN, AINE adj. et n. m. et f.
De Porto Rico. *Le drapeau portoricain. Un Portoricain, une Portoricaine.*
T L'adjectif s'écrit avec une minuscule ; le nom, avec une majuscule.
portoricain, en un seul mot.

PORTRAIT n. m.
1. Représentation d'une personne par le dessin, la peinture, la photographie, etc. *Julien a donné son portrait à Hélène.*
2. (FIG.) Description d'une personne. *Ce livre d'histoire trace bien le portrait de Jeanne Mance, la fondatrice du premier hôpital de Montréal, l'Hôtel-Dieu.*
Si ce nom peut parfois désigner la description d'une réalité complexe (par ex. : *faire le portrait d'une métropole*), il est préférable de recourir aux noms ***description, image, situation, tableau*** lorsqu'il s'agit de la représentation d'une chose. *Une description de l'évolution linguistique, le tableau des échanges commerciaux entre le Canada et les États-Unis.*
LOCUTION
– ***Être tout le portrait*** (de quelqu'un). Ressembler beaucoup (à quelqu'un).

PORTRAITISTE n. m. et f.
Peintre qui fait des portraits.

PORTRAIT-ROBOT n. m. (pl. *portraits-robots*)
1. Dessin du visage d'un individu d'après les témoignages. *La presse a diffusé plusieurs portraits-robots de l'assassin.*
2. (FIG.) Description. *Faites le portrait-robot de votre quartier.*

PORT-SALUT n. m. inv. (pl. *port-salut*)
Fromage à pâte ferme. *Des port-salut malodorants.*
Ce nom s'écrit avec un trait d'union et il est invariable.

PORTUAIRE adj.
Relatif à un port. *La zone portuaire.*
portu**aire.**

PORTUGAIS, AISE adj. et n. m. et f.
ADJECTIF ET NOM MASCULIN ET FÉMININ
Du Portugal. *Le drapeau portugais. Un Portugais, une Portugaise.*
T L'adjectif s'écrit avec une minuscule ; le nom, avec une majuscule.
NOM MASCULIN
Langue parlée principalement au Portugal et au Brésil. *Cinéa parle le portugais.*
T Le nom de la langue s'écrit avec une minuscule.

POSE n. f.
1. Action de poser, de mettre en place quelque chose. *La pose d'un store.*
2. Position du corps. *Gardez la pose, le petit oiseau va sortir.*
HOM. ***pause,*** temps d'arrêt.

POSÉ, ÉE adj.
Calme et sérieux. *Héloïse est très posée.* SYN. pondéré ; réfléchi ; sage.

POSÉMENT adv.
D'une manière posée. *Elle répondit posément aux questions.*

POSER v. tr., intr., pronom.
VERBE TRANSITIF
1. Mettre en place. *Poser des rideaux et des tableaux.* SYN. installer.
2. Énoncer. *Poser* (et non *demander) *une question.*
3. Soulever. *Cela pose un problème.*
VERBE INTRANSITIF
Servir de modèle. *Elle pose pour un peintre.*
VERBE PRONOMINAL
1. Revenir au sol, atterrir. *Les avions se sont posés sur la piste.*
2. Se placer. *Le chapeau se pose sur le côté de la tête.*
À la forme pronominale, le participe passé de ce verbe s'accorde avec le complément direct si celui-ci le précède. *La question qu'il s'est posée. Ces tourterelles se sont posées sur le banc du jardin.* Le participe passé reste invariable si le complément direct suit le verbe. *Les enfants se sont posé des questions.*
LOCUTION
– ***Poser le masque.*** (FIG.) Cesser de feindre. *Le jeu a assez duré, tu peux poser le masque.*
FORME FAUTIVE
*poser un geste. Impropriété pour ***faire un geste, accomplir, commettre un acte.***
Ne pas confondre avec le verbe ***déposer,*** se décharger d'une chose que l'on porte.
CONJUGAISON : VOIR MODÈLE AIMER.

POSEUR, EUSE adj. et n. m. et f.
Prétentieux. *Laisse tomber ce poseur désagréable.* SYN. affecté ; pédant.

POSITIF, IVE adj. et n. m.
ADJECTIF
1. Certain, réel. *Un fait positif.* SYN. évident ; sûr.
2. Qui exprime une affirmation, par opposition à ***négatif.*** *La réponse est positive.*
NOM MASCULIN
Ce qui est rationnel, pratique. *Nous voulons du positif, du concret.*
FORMES FAUTIVES
*être positif que. Calque de « *to be positive that* » pour ***être certain, convaincu, persuadé, sûr que.***
*testé positif (être). Calque de « *tested positive* » pour ***contrôle de dopage positif*** et, si le contexte est suffisamment clair, ***test positif, résultat du test positif.*** *Le test de XYZ était positif* ou *s'est révélé positif* (et non *XYZ a été testé positif).

POSITION n. f.
1. Emplacement de quelqu'un, de quelque chose. *La position d'un bateau, d'un meuble.* SYN. place ; situation.
2. Posture. *Une position détendue.* SYN. attitude ; pose.
3. Rang. *Il est en bonne position pour se classer premier.*
4. Ensemble des idées, avis. *Quelle est ta position à ce sujet ?*
LOCUTIONS
– ***Position de tête.*** Place de première ligne à la corde, attribuée sur la grille de départ au pilote qui a réalisé le meilleur temps aux essais officiels (Recomm. off.). *La voiture de Villeneuve était en position de tête* (et non *pole position).
– ***Prise de position.*** Action de prendre parti publiquement pour quelqu'un, pour quelque chose, de donner son avis, de professer une opinion. *Des prises de position étonnantes.*
FORMES FAUTIVES
*pole position. Anglicisme pour ***position de tête.***
*position. Anglicisme au sens de ***emploi, situation.***

POSITIONNEMENT n. m.
1. Action de disposer, de placer à un endroit précis.
2. Créneau d'un produit. *Le positionnement réussi d'un produit.*

POSITIONNER v. tr., pronom.
VERBE TRANSITIF
1. Placer précisément une pièce.
2. Définir le créneau d'un produit.
VERBE PRONOMINAL
Se situer de façon précise, acquérir une position déterminée. *Cette chaîne de montage est conçue de telle sorte que les pièces se positionnent automatiquement.*
À la forme pronominale, le participe passé de ce verbe s'accorde toujours en genre et en nombre avec son sujet. *L'entreprise s'est positionnée dans le peloton de tête de son secteur d'activité.*
CONJUGAISON : VOIR MODÈLE AIMER.

POSITIVEMENT adv.
D'une manière certaine, réelle. *Ils ont réagi positivement.* ANT. négativement.

POSITIVITÉ n. f.
Caractère de ce qui est positif.

POSOLOGIE n. f.
(MÉD.) Quantité de médicament à administrer à un malade, compte tenu de son âge, de son poids, etc.

P

POSSÉDANT, ANTE adj. et n. m.
ADJECTIF
Qui possède des capitaux. *La classe possédante.*
NOM MASCULIN
Ceux qui possèdent des richesses. *Faire partie des possédants.*
Ce nom s'emploie généralement au pluriel.

POSSÉDER v. tr., pronom.
VERBE TRANSITIF
1. Avoir à soi. *Posséder un beau jardin.* SYN. détenir.
2. Connaître. *Posséder son sujet.*
3. Contenir. *Ce pays possède beaucoup de richesses naturelles.* SYN. renfermer.
VERBE PRONOMINAL
Se contenir. *Elle ne se possède plus.* SYN. se dominer ; se maîtriser.
À la forme pronominale, le participe passé de ce verbe s'accorde toujours en genre et en nombre avec son sujet. *Quand ils ont entendu ces propos mensongers, ils ne se sont plus possédés.*
CONJUGAISON : VOIR MODÈLE POSSÉDER.
Le ***é*** se change en ***è*** devant une syllabe contenant un ***e*** muet, sauf à l'indicatif futur et au conditionnel présent. *Je possède,* mais *je posséderai.*
[Les *Rectifications* (1990) admettent : il possèdera, possèderait...]

POSSESSEUR n. m.
Personne qui possède (un bien). SYN. propriétaire.
Ce nom n'a pas de forme féminine.

POSSESSIF, IVE adj. et n. m.
Qui éprouve un désir de domination affective. *Il est trop possessif.*
VOIR TABLEAU – POSSESSIF ET PRONOM POSSESSIF (DÉTERMINANT).
VOIR TABLEAU – PRONOM.

POSSESSION n. f.
1. Le fait d'avoir un bien. *La possession d'une fortune. Les Fontaine sont entrés en possession de leur voilier.*
2. Le bien possédé. *Ce voilier est la possession des Fontaine.*
LOCUTIONS
– ***Être en la possession de.*** Appartenir à. *Ce tableau est en la possession d'un collectionneur.*
– ***Être en possession de.*** Posséder. *Un collectionneur est en possession du tableau.*
– ***Prendre possession de.*** S'installer dans un lieu, devenir propriétaire. *Ils ont pris possession de leur nouvelle maison, de leur voilier.*

POSSIBILITÉ n. f.
1. Caractère de ce qui est possible. *Nous aurons la possibilité de visiter l'Italie cet été.* ANT. impossibilité.
2. Moyen, occasion. *Si tu as la possibilité de m'appeler, je te donnerai des nouvelles.*

POSSIBLE adj. et n. m.
ADJECTIF
1. Qui peut être, qui peut se réaliser. *« Parmi toutes les choses possibles de l'instant/qui ne seront jamais »* (Alain Grandbois, « Au-delà ces grandes étoiles », *Les Îles de la nuit*).
L'adjectif est suivi de la préposition ***de*** suivie de l'infinitif ou de la conjonction ***que*** suivie du subjonctif. *Malheureusement, il n'est pas encore possible de guérir le sida. Il est possible qu'elle vienne à temps.*
2. Qui peut exister. *Nous avons exploré toutes les solutions possibles* (qui peuvent exister).
Quand il se rapporte à un nom, l'adjectif s'accorde avec ce nom.
ADJECTIF INVARIABLE
Le plus, le moins, le mieux, le meilleur... possible. Placé après un nom ou un adjectif pluriel accompagné d'un superlatif, l'adjectif est invariable. *Il faut aider le plus d'employés possible.* (On sous-entend : il faut aider le plus d'employés qu'il sera possible d'aider.) *Des encadrements les plus grands possible.* (On sous-entend : les plus grands qu'il sera possible de fabriquer.)
NOM MASCULIN
Ce qui est possible. *Faire son possible.*
LOCUTIONS
– ***Au possible,*** loc. adv. Au plus haut point. *Ces étudiants sont débrouillards au possible.* SYN. extrêmement.
– ***Dans la mesure du possible.*** Autant qu'il est possible.
– ***Faire (tout) son possible.*** Faire tout ce qui est en son pouvoir.
L'expression ***faire tout en son possible*** est vieillie.

POSSIBLEMENT adv.
Peut-être, vraisemblablement. *Il sera possiblement là.*
Cet adverbe demeure usuel au Québec et dans la francophonie canadienne, mais il n'appartient plus à l'usage courant de la majorité des locuteurs du français.

POST- préf.
Élément du latin signifiant « après ». *Postérieur.*
Les mots composés du préfixe ***post-*** s'écrivent en un seul mot, à l'exception de l'adjectif ***post-traumatique*** et des expressions latines. *Postsynchronisation, post-scriptum.*

POSTAL, ALE, AUX adj.
Relatif à la poste. *Des tarifs postaux. Une adresse postale.*

POSTDATER v. tr.
Inscrire une date postérieure à la date véritable.
Ne pas confondre avec le verbe ***antidater,*** inscrire une date antérieure à la date véritable.
CONJUGAISON : VOIR MODÈLE AIMER.

POSTDOCTORAL, ALE, AUX adj.
Abréviation familière ***postdoc.***
Qui est postérieur à l'admission au grade de docteur. *Des études postdoctorales.*

POSTE n. m. et f.
NOM MASCULIN
1. Lieu où un militaire est affecté. *Être fidèle au poste.*
2. Emploi, fonction. *Un poste de chercheur, d'architecte, d'informaticien. Pourvoir un poste, à un poste* (et non *combler un poste).
3. Opération inscrite dans un livre comptable. *Des postes budgétaires.*
4. Ensemble d'appareils, de dispositifs destinés à un usage particulier. *Un poste de télévision.*
NOM FÉMININ
Administration publique chargée de l'acheminement du courrier. *Un bureau de poste. La Poste.*
LOCUTIONS
– ***Poste (téléphonique).*** Ligne téléphonique intérieure. *Un poste téléphonique* (et non un *local, une *extension).
– ***Poste de pilotage.*** Emplacement d'un avion réservé au pilote.
– ***Poste de traite.*** Lieu où s'effectuait le commerce avec les Amérindiens et les Inuits (Recomm. off.).
– ***Poste-frontière.*** Lieu servant à l'administration des douanes sur les limites territoriales d'un État. *Des postes-frontières.*

POSTER v. tr., pronom.
VERBE TRANSITIF
1. Mettre à la poste. *Je dois aller poster* (et non *maller) *une lettre.*
2. Disposer des soldats, des policiers, etc., à un poste de surveillance. *Poster un gardien à l'entrée de la banque.*
VERBE PRONOMINAL
Se placer à un endroit afin d'assurer une action déterminée, notamment un guet, une surveillance. *Les policiers s'étaient postés à cette intersection pour arrêter les automobilistes qui roulaient trop vite.*
À la forme pronominale, le participe passé de ce verbe s'accorde toujours en genre et en nombre avec son sujet. *Les détectives se sont postés derrière un bosquet pour surveiller les contrebandiers.*
CONJUGAISON : VOIR MODÈLE AIMER.

***POSTER**
Anglicisme pour ***affiche.***

CONJUGAISON DU VERBE **POSSÉDER**

INDICATIF

PRÉSENT / PASSÉ COMPOSÉ

PRÉSENT		PASSÉ COMPOSÉ		
je	poss**ède**	j'	ai	possédé
tu	poss**èdes**	tu	as	possédé
elle	poss**ède**	elle	a	possédé
il	poss**ède**	il	a	possédé
nous	poss**édons**	nous	avons	possédé
vous	poss**édez**	vous	avez	possédé
elles	poss**èdent**	elles	ont	possédé
ils	poss**èdent**	ils	ont	possédé

IMPARFAIT / PLUS-QUE-PARFAIT

IMPARFAIT		PLUS-QUE-PARFAIT		
je	poss**édais**	j'	avais	possédé
tu	poss**édais**	tu	avais	possédé
elle	poss**édait**	elle	avait	possédé
il	poss**édait**	il	avait	possédé
nous	poss**édions**	ns	avions	possédé
vous	poss**édiez**	vs	aviez	possédé
elles	poss**édaient**	elles	avaient	possédé
ils	poss**édaient**	ils	avaient	possédé

PASSÉ SIMPLE / PASSÉ ANTÉRIEUR

PASSÉ SIMPLE		PASSÉ ANTÉRIEUR		
je	poss**édai**	j'	eus	possédé
tu	poss**édas**	tu	eus	possédé
elle	poss**éda**	elle	eut	possédé
il	poss**éda**	il	eut	possédé
nous	poss**édâmes**	ns	eûmes	possédé
vous	poss**édâtes**	vs	eûtes	possédé
elles	poss**édèrent**	elles	eurent	possédé
ils	poss**édèrent**	ils	eurent	possédé

FUTUR SIMPLE / FUTUR ANTÉRIEUR

FUTUR SIMPLE		FUTUR ANTÉRIEUR		
je	poss**éderai**	j'	aurai	possédé
tu	poss**éderas**	tu	auras	possédé
elle	poss**édera**	elle	aura	possédé
il	poss**édera**	il	aura	possédé
ns	poss**éderons**	ns	aurons	possédé
vs	poss**éderez**	vs	aurez	possédé
elles	poss**éderont**	elles	auront	possédé
ils	poss**éderont**	ils	auront	possédé

CONDITIONNEL PRÉSENT / CONDITIONNEL PASSÉ

CONDITIONNEL PRÉSENT		CONDITIONNEL PASSÉ		
je	poss**éderais**	j'	aurais	possédé
tu	poss**éderais**	tu	aurais	possédé
elle	poss**éderait**	elle	aurait	possédé
il	poss**éderait**	il	aurait	possédé
nous	poss**éderions**	nous	aurions	possédé
vous	poss**éderiez**	vous	auriez	possédé
elles	poss**éderaient**	elles	auraient	possédé
ils	poss**éderaient**	ils	auraient	possédé

SUBJONCTIF

PRÉSENT / PASSÉ

PRÉSENT			PASSÉ			
que	je	poss**ède**	que	j'	aie	possédé
que	tu	poss**èdes**	que	tu	aies	possédé
qu'	elle	poss**ède**	qu'	elle	ait	possédé
qu'	il	poss**ède**	qu'	il	ait	possédé
que	nous	poss**édions**	que	nous	ayons	possédé
que	vous	poss**édiez**	que	vous	ayez	possédé
qu'	elles	poss**èdent**	qu'	elles	aient	possédé
qu'	ils	poss**èdent**	qu'	ils	aient	possédé

IMPARFAIT / PLUS-QUE-PARFAIT

IMPARFAIT			PLUS-QUE-PARFAIT			
que	je	poss**édasse**	que	j'	eusse	possédé
que	tu	poss**édasses**	que	tu	eusses	possédé
qu'	elle	poss**édât**	qu'	elle	eût	possédé
qu'	il	poss**édât**	qu'	il	eût	possédé
que	nous	poss**édassions**	que	nous	eussions	possédé
que	vous	poss**édassiez**	que	vous	eussiez	possédé
qu'	elles	poss**édassent**	qu'	elles	eussent	possédé
qu'	ils	poss**édassent**	qu'	ils	eussent	possédé

IMPÉRATIF

PRÉSENT	PASSÉ	
poss**ède**	aie	possédé
poss**édons**	ayons	possédé
poss**édez**	ayez	possédé

INFINITIF

PRÉSENT	PASSÉ
poss**éder**	avoir possédé

PARTICIPE

PRÉSENT	PASSÉ
poss**édant**	possédé, ée
	ayant possédé

P

DÉTERMINANT **POSSESSIF ET PRONOM POSSESSIF**

DÉTERMINANT POSSESSIF

– Le déterminant possessif détermine le nom en indiquant le « possesseur » de l'être, de l'objet désigné.

On observe que le déterminant possessif est loin de toujours exprimer la possession réelle. En effet, il n'établit souvent qu'une simple relation de chose à personne, qu'un rapport de dépendance, de familiarité, d'affinité, de proximité, etc. ***Mon** avion, **ton** hôtel, **sa** ville, **nos** invités, **vos** étudiants, **leurs** amis.*

– Il s'accorde en genre et en nombre avec le nom déterminé. ***Ta** voiture, **son** ordinateur, **nos** livres.*

– Il s'accorde en personne avec le nom désignant le possesseur :

un seul possesseur : ***mon, ton, son** fils,*
***ma, ta, sa** fille*
***mes, tes, ses** fils* ou *filles*

plusieurs possesseurs : ***notre, votre, leur** fils* ou *fille*
***nos, vos, leurs** fils* ou *filles*

FORMES DU DÉTERMINANT POSSESSIF

UN SEUL POSSESSEUR	SINGULIER		PLURIEL
	MASCULIN	FÉMININ	
Première personne	***mon***	***ma***	***mes***
Deuxième personne	***ton***	***ta***	***tes***
Troisième personne	***son***	***sa***	***ses***

PLUSIEURS POSSESSEURS	SINGULIER	PLURIEL
Première personne	***notre***	***nos***
Deuxième personne	***votre***	***vos***
Troisième personne	***leur***	***leurs***

Devant un nom féminin commençant par une voyelle ou un ***h*** muet, c'est la forme masculine du déterminant qui est employée pour des raisons d'euphonie. ***Mon** amie, **ton** échelle, **son** histoire.*

VOIR TABLEAU ► **DÉTERMINANT.**

PRONOM POSSESSIF

– Le pronom possessif représente un nom de personne, d'animal ou de chose en précisant le « possesseur ». *Votre chien est bien dressé; **le nôtre** est très turbulent. J'ai mon crayon, prenez **le vôtre**.*

– Comme le déterminant possessif, le pronom possessif est loin de toujours marquer un rapport de possession; il n'exprime souvent qu'une simple relation, qu'un lien de dépendance, d'affinité, de proximité, etc.

1° Il ne faut pas confondre le pronom possessif et le déterminant possessif. *Notre chatte est blanche; **la vôtre** est noire.*

2° ***Notre*** est un déterminant possessif; ***la vôtre*** est un pronom possessif qui remplace « votre chatte ». Le déterminant s'écrit avec un ***o***; le pronom possessif s'écrit avec un ***ô*** et il est toujours précédé d'un article défini.

FORMES DU PRONOM POSSESSIF

UN SEUL POSSESSEUR	SINGULIER		PLURIEL	
	MASCULIN	FÉMININ	MASCULIN	FÉMININ
Première personne	***le mien***	***la mienne***	***les miens***	***les miennes***
Deuxième personne	***le tien***	***la tienne***	***les tiens***	***les tiennes***
Troisième personne	***le sien***	***la sienne***	***les siens***	***les siennes***

PLUSIEURS POSSESSEURS	SINGULIER		PLURIEL
	MASCULIN	FÉMININ	
Première personne	***le nôtre***	***la nôtre***	***les nôtres***
Deuxième personne	***le vôtre***	***la vôtre***	***les vôtres***
Troisième personne	***le leur***	***la leur***	***les leurs***

POSTÉRIEUR, IEURE adj. et n. m.
ADJECTIF
1. Qui vient après. *Une date postérieure à sa naissance.* SYN. ultérieur. ANT. antérieur.
2. Qui est derrière. *La partie postérieure de la jambe.* ANT. antérieur.
L'adjectif étant un comparatif, il ne peut être employé avec ***plus, moins.***
NOM MASCULIN
(FAM.) Derrière d'une personne. *Tomber sur le postérieur.*

POSTÉRIEUREMENT adv.
Plus tard. SYN. ultérieurement.

POSTERIORI (A)
VOIR – A POSTERIORI.

POSTÉRIORITÉ n. f.
État d'une chose postérieure à une autre. ANT. antériorité.

POSTÉRITÉ n. f.
1. (LITT.) Descendants. *La postérité nombreuse du premier colon établi en Nouvelle-France.*
2. Les générations à venir. *Travailler pour la postérité.*

***POST-GRADUÉ (ÉTUDIANT)**
Calque de « *post-graduate student* » pour ***étudiant de 3e cycle, étudiant de doctorat, doctorant.***

***POST-GRADUÉES (ÉTUDES)**
Calque de « *post-graduate studies* » pour ***études de 3e cycle, études de doctorat.***

POSTHUME adj.
Qui a lieu après la mort de quelqu'un. *Une décoration posthume, à titre posthume.*
posthume.

POSTICHE adj. et n. m.
ADJECTIF
Artificiel, faux. *Des cheveux postiches.*
NOM MASCULIN
Perruque. *Ce monsieur porte un postiche : il est ridicule.*
Attention au genre masculin de ce nom : ***un*** postiche.

POSTIER n. m.
POSTIÈRE n. f.
Personne qui travaille à la poste.

POSTILLON n. m.
1. (VX) Facteur.
2. Gouttelette de salive projetée involontairement en parlant.

POSTILLONNER v. intr.
Envoyer des postillons en parlant. *Ce comédien est seul en scène ; il jappe, hurle, postillonne, piétine, court, tape du pied, interpelle le public, s'épuise à la tâche d'être drôle.*
CONJUGAISON : VOIR MODÈLE AIMER.

***POST-IT (NOTE)**
Marque déposée pour ***papillon (adhésif).***

***POST(-)MORTEM**
Anglicisme au sens de ***analyse, rétrospective, bilan, examen*** (d'une situation, d'un échec).

POSTNATAL, ALE, ALS ou **AUX** adj.
Qui suit la naissance. *Des examens postnatals* ou *postnataux.*

POST-SCRIPTUM n. m. inv. (pl. *post-scriptum*)
Attention à la prononciation : [pɔstskriptɔm] ; le nom rime avec ***pomme.***
Abréviation ***P.-S.*** (s'écrit avec des points).
Note ajoutée au bas d'une lettre, après la signature. *P.-S. – Écris-moi vite !*
[Les *Rectifications* (1990) admettent : un postscriptum, des postscriptums.]

POSTSYNCHRONISATION n. f.
(CIN.) Addition du son après le tournage d'un film.
postsynchronisation.

POST-TRAUMATIQUE adj.
Qui résulte d'un traumatisme physique ou psychique. *Une amnésie post-traumatique. Ces personnes souffrent d'un stress post-traumatique en raison du climat de terreur engendré par les attentats régulièrement perpétrés dans le pays.*

POSTULAT n. m.
Proposition donnée comme vraie et dont l'admission est nécessaire.
postulat.

POSTULER v. tr., intr.
VERBE TRANSITIF DIRECT OU INDIRECT
Se porter candidat à un emploi. *Il a postulé* (et non *appliqué pour) *un poste* ou *à un poste d'infographiste.*
Le verbe peut se construire avec ou sans la préposition ***à.***
VERBE INTRANSITIF
Être candidat à une fonction. *Elle a décidé de postuler pour le poste de directrice.*
Le verbe peut également se construire avec la préposition ***pour.***
CONJUGAISON : VOIR MODÈLE AIMER.

POSTURE n. f.
Position du corps. *Une posture douloureuse.*
LOCUTION
– ***En bonne, mauvaise posture.*** (FIG.) Dans un contexte favorable, défavorable.

POT n. m.
Vase, récipient. *Un pot de fleurs, un pot à eau.*
1° La construction avec la préposition ***à*** indique ce que le récipient est destiné à contenir. *Un pot à lait.*
2° La construction avec la préposition ***de*** indique l'usage actuel du récipient. *Un pot de confitures.*
LOCUTIONS
– ***À la fortune du pot,*** loc. adv. Simplement.
– ***Découvrir le pot aux roses.*** Mettre à jour le secret d'une affaire.
– ***Pot d'échappement.*** (AUTO.) Chambre compartimentée fixée à la tuyauterie d'échappement pour assurer la détente des gaz (GDT). *Remplacer un pot d'échappement.* SYN. silencieux.
HOM. ***peau,*** revêtement du corps humain.

POTABLE adj.
1. Qualifie une eau qui peut être bue sans danger.
Ne pas confondre avec l'adjectif ***buvable,*** qui peut se boire, qui a un goût agréable.
2. (FAM.) Acceptable. *Ces résultats sont potables.* SYN. passable.

POTAGE n. m.
Bouillon de viande ou de légumes. *Un potage aux carottes.*
Par rapport au nom ***potage,*** le nom ***soupe*** désigne un plat plus consistant, moins liquide et moins raffiné. *Une soupe aux pois.*

POTAGER, ÈRE adj. et n. m.
ADJECTIF
Se dit des plantes cultivées pour la cuisine. *Les asperges, les pommes de terre sont des plantes potagères.*
NOM MASCULIN
Jardin où l'on cultive des légumes. *Grand-maman est allée cueillir des haricots dans son potager.*

POTASSER v. tr.
(FAM.) Étudier avec opiniâtreté.
CONJUGAISON : VOIR MODÈLE AIMER.

POTASSIUM n. m.
Les lettres ***um*** se prononcent ***omme,*** [pɔtasjɔm].
Symbole ***K*** (s'écrit sans point).
Métal alcalin.

POT-AU-FEU n. m. inv. (pl. *pot-au-feu*)
Bouilli de bœuf avec des légumes. *Des pot-au-feu succulents qui mijotent doucement sur le poêle à bois.*

POT-DE-VIN n. m. (pl. *pots-de-vin*)
Somme, cadeau donné pour obtenir une faveur.
☞ Le nom s'écrit avec des traits d'union.

POTEAU n. m. (pl. *poteaux*)
👄 Le premier **o** est ouvert, [pɔto].
Pièce de bois dressée verticalement. *Des poteaux électriques ont été arrachés par l'ouragan.*
✎ poteau.

POTELÉ, ÉE adj.
Dodu. *Ce bébé est bien potelé.* SYN. grassouillet.

POTENCE n. f.
1. Instrument qui sert à la pendaison.
2. Pendaison. *Ils risquent la potence.*
LOCUTION
– ***Gibier de potence.*** Personne qui mérite la pendaison.

POTENTAT n. m.
1. Personne qui exerce un pouvoir absolu dans un grand État. SYN. despote ; tyran.
2. (FIG.) (PÉJ.) Personnage important qui possède un pouvoir excessif du fait de sa richesse, de son pouvoir, de sa réussite. *Les potentats de la nouvelle économie ont perdu de leur superbe. « Son renvoi avait cependant été précédé, il y a plusieurs semaines, de l'expulsion du président du parti, véritable potentat local à l'origine des fraudes lors du scrutin municipal »* (*Le Monde*).

POTENTIALITÉ n. f.
Caractère de ce qui est potentiel. *La potentialité d'un conflit nucléaire ne laisse pas d'inquiéter.*

POTENTIEL, IELLE adj. et n. m.
ADJECTIF
Possible, virtuel. *Un succès potentiel.*
NOM MASCULIN
Capacité théorique, ce qui existe en puissance. *Le potentiel électrique du Québec est immense. Le potentiel économique d'un pays.*
LOCUTION
– ***À haut potentiel,*** loc. adj. D'envergure, de haut niveau. *Des chercheurs à haut potentiel.*
✎ potentiel.

POTENTIELLEMENT adv.
En puissance. *Un marché potentiellement très vaste.* SYN. virtuellement.
☞ Cet adverbe qui appartenait à la langue didactique est passé dans l'usage courant.
✎ potentiellement.

POTERIE n. f.
👄 Le ***e*** de la deuxième syllabe ne se prononce pas, [pɔtri].
1. Céramique. *Julien étudie la poterie.*
2. Objet en céramique. *De la poterie décorative.*

POTICHE n. f.
Vase d'Extrême-Orient. *Des potiches chinoises.*

POTIER n. m.
POTIÈRE n. f.
Personne qui fabrique et vend de la poterie.

POTIN n. m.
Commérage. *Bianca n'écoute pas les potins.* SYN. ragot.
☞ Ce nom s'emploie généralement au pluriel.

POTINER v. intr.
Faire des commérages.
CONJUGAISON : VOIR MODÈLE AIMER.

POTION n. f.
👄 Le premier **o** est fermé, [posjɔ̃].
Médicament liquide. *Obélix était tombé dans la potion magique.*

POTIRON n. m.
Grosse courge.

POT-POURRI n. m. (pl. *pots-pourris*)
1. Morceau de musique légère composé de différents airs connus. *Des pots-pourris agréables à entendre.*
2. Composition odorante de fleurs séchées, d'écorces, etc., destinée à parfumer l'air d'une pièce. *Un pot-pourri parfumé aux agrumes.*
[Les *Rectifications* (1990) admettent : un potpourri, des potpourris.]

POU n. m. (pl. *poux*)
Parasite de l'homme. *Il a des poux dans les cheveux.*
LOCUTION
– ***Herbe à poux.*** ⚜ Plante vivace dont la floraison peut provoquer le rhume des foins.
HOM. ***pouls,*** battement artériel.

POUAH ! interj.
Interjection marquant le dégoût. *Pouah ! quelle odeur !*
[T] L'interjection est toujours suivie d'un point d'exclamation qui est souvent repris à la fin de la phrase. Si la phrase exclamative n'est pas complète, le mot qui suit le point d'exclamation s'écrit avec une minuscule initiale.
✎ pouah.

POUBELLE n. f.
Récipient destiné à recevoir les ordures ménagères.

POUCE n. m.
1. Le plus gros doigt de la main. *Se donner un coup de marteau sur le pouce.*
2. Douzième partie du pied, unité de mesure anglo-saxonne valant environ 2,5 centimètres. *« Je peux vous bâtir un canot de neuf pieds, en pin, pas trop versant, avec une pince de dix-huit pouces et le derrière en sifflet »* (Germaine Guèvremont, *Le Survenant*).
[T] Le nom ***pouce*** s'abrège ***po*** (s'écrit sans point) s'il est précédé d'un nombre en chiffres. *Elle mesure 5 pi 6 po, tandis qu'il mesure 6 pi.*
LOCUTIONS
– ***Donner un coup de pouce à quelqu'un.*** Aider quelqu'un.
– ***Faire du pouce.*** ⚜ (FAM.) Faire signe aux automobilistes pour voyager gratuitement. SYN. auto-stop.
HOM. ***pousse,*** bourgeon.

POU-DE-SOIE
VOIR – POULT-DE-SOIE.

POUDING
VOIR – PUDDING.

POUDRE n. f.
1. Substance en grains très fins. *Du chocolat en poudre.*
2. Produit de maquillage qui adoucit la peau. *Éléonore se met de la poudre sur le visage.*
3. Explosif. *De la poudre à canon.*
LOCUTIONS
– ***Jeter de la poudre aux yeux.*** (FIG.) Vouloir éblouir par des apparences.
– ***Mettre le feu aux poudres.*** (FIG.) Déclencher une catastrophe, le mécontentement jusqu'alors contenu.
FORME FAUTIVE
poudre à pâte.** Calque de «*baking powder*» pour ***levure chimique.

POUDRER v. tr., pronom.
VERBE TRANSITIF
Recouvrir de poudre. *Elle lui a poudré le visage.*
VERBE PRONOMINAL
Se mettre de la poudre. *À la cour de Louis XIV, il était de bon ton de se poudrer.*

À la forme pronominale, le participe passé de ce verbe s'accorde en genre et en nombre avec le complément direct si celui-ci le précède. *La joue qu'elles s'étaient poudrée. Les fillettes s'étaient poudrées de la tête aux pieds.* Le participe passé reste invariable si le complément direct suit le verbe. *Elle s'est poudré le visage.*
CONJUGAISON : VOIR MODÈLE AIMER.

POUDRERIE n. f.
Neige poussée par des rafales. *La route est fermée en raison de la poudrerie : la visibilité est nulle. « Dans la blanche cérémonie/Où la neige au vent se marie/Dans ce pays de poudrerie/Mon père a fait bâtir maison »* (Gilles Vigneault, *Mon pays*). *« J'ai déblayé l'entrée [...] et j'ai vu que c'était tout à recommencer : la poudrerie avait tout remis où je l'avais pris »* (Réjean Ducharme, *Dévadé*).
Ne pas confondre avec le nom ***tempête de neige***, chute de neige abondante.

POUDREUX, EUSE adj. et n. f.
ADJECTIF
Qui ressemble à la poudre. *Une substance poudreuse.*
NOM FÉMININ
Neige fraîchement tombée et profonde. *Skier dans la poudreuse.*

POUDRIER n. m.
Boîte à poudre pour le maquillage.

POUDRIÈRE n. f.
1. Magasin où l'on conserve les explosifs, les munitions.
2. (FIG.) Pays, région où la situation politique est explosive. *La poudrière israélienne.*

POUDROIEMENT n. m.
(LITT.) Caractère de ce qui poudroie.
poudroiement.

POUDROYER v. intr.
(LITT.) S'élever en fine poussière.
CONJUGAISON : VOIR MODÈLE EMPLOYER.
Le ***y*** se change en ***i*** devant un ***e*** muet. *Il poudroie, il poudroiera.*

POUF n. m.
Siège rembourré, bas et sans dossier. *Des poufs.*

POUF ! interj.
Interjection marquant une explosion, une chute. *Pouf! le soufflé s'est dégonflé !*
T L'interjection est toujours suivie d'un point d'exclamation qui est souvent repris à la fin de la phrase. Si la phrase exclamative n'est pas complète, le mot qui suit le point d'exclamation s'écrit avec une minuscule initiale.

POUFFER v. intr.
– ***Pouffer (de rire).*** Éclater de rire malgré soi. SYN. s'esclaffer.
Le verbe ne s'emploie que dans cette locution.
CONJUGAISON : VOIR MODÈLE AIMER.

POUILLY n. m. (pl. *pouillys*)
Vin blanc réputé. *Des pouillys frais.*
T Le nom du vin s'écrit avec une minuscule et prend la marque du pluriel.

POULAILLER n. m.
Abri pour les poules. *Julien, va chercher quelques œufs dans le poulailler !*

POULAIN n. m.
Petit du cheval et de la jument.
VOIR TABLEAU – ANIMAUX.

POULAMON n. m.
Petit poisson de la famille des morues que l'on pêche même l'hiver à travers la glace. *Les poulamons sont très abondants dans le fleuve Saint-Laurent.* SYN. poisson des chenaux.
Le nom commercial *poulamon* a été normalisé par l'Office de la langue française et le Comité de normalisation de la terminologie des pêches commerciales. Le terme *poulamon atlantique* a été officialisé par l'Union européenne.

POULE n. f.
Femelle du coq élevée pour ses œufs et sa chair.
VOIR TABLEAU – ANIMAUX.
LOCUTIONS
– ***Chair de poule.*** (FAM.) Peau hérissée. *Il a la chair de poule, il a froid.*
– ***Poule mouillée.*** Personne craintive. SYN. pleutre; poltron.

POULET n. m.
Petit de la poule. *Manger un bon poulet rôti au Laurier.*
poulet.

POULETTE n. f.
Jeune poule. *La poulette grise a pondu dans la remise.*

POULICHE n. f.
Jeune jument. *La pouliche et le poulain galopent dans le champ.*
VOIR TABLEAU – ANIMAUX.

POULIE n. f.
Engin de levage composé d'une roue à jante sur laquelle passe une corde, une chaîne.

POULINER v. intr.
Mettre bas, en parlant de la jument.
CONJUGAISON : VOIR MODÈLE AIMER.

POULPE n. m.
Pieuvre. *Les tentacules du poulpe.*
Attention au genre masculin de ce nom, contrairement à ***pieuvre*** : ***un*** poulpe.

POULS n. m.
Les lettres ***ls*** sont muettes, [pu]; le nom rime avec ***pou.***
Battement artériel. *Son pouls est très rapide.*
HOM. ***pou,*** parasite de l'homme.
pouls.

POULT-DE-SOIE ou **POU-DE-SOIE** n. m. (pl. *poults-de-soie* ou *pous-de-soie*)
Étoffe de soie à gros grain. *Une robe du soir en poult-de-soie marine.*
Le nom s'écrit toujours avec des traits d'union.

POUMON n. m.
Organe de la respiration. *Une radiographie du poumon.*
L'adjectif correspondant à ce nom est ***pulmonaire.*** *Une radiographie pulmonaire.*
LOCUTIONS
– ***Avoir de bons poumons, des poumons.*** Avoir la voix forte et sonore.
– ***Crier à pleins poumons.*** Crier très fort, au point de se fatiguer les poumons. SYN. s'époumoner.
– ***Respirer à pleins poumons.*** Respirer profondément.

POUPE n. f.
Arrière d'un bateau. *Nous avons le vent en poupe.* ANT. proue.
LOCUTION
– ***Avoir le vent en poupe.*** (FIG.) Être favorisé par les circonstances, avoir du succès.

POUPÉE n. f.
Jouet en forme de petite figure humaine. *Elle joue à la poupée.*

POUPIN, INE adj.
Rebondi, rond. *Visage poupin.*

POUPON n. m.
Bébé naissant ou poupée représentant un bébé. *Elle berce son poupon doucement.*

POUPONNIÈRE n. f.
Établissement où l'on prend soin des nouveau-nés, des bébés.
pouponnière.

P

P

POUR n. m. et prép.
PRÉPOSITION
1. À la place de. *Il m'a prise pour une autre.*
2. En vue de, afin de. *Pour réussir, il faut travailler.*
3. À destination de. *Prendre l'avion pour Montréal.*
4. À cause de. *Cette voiture est appréciée pour sa faible consommation d'essence.*
5. Parce que. *Pour avoir aimé beaucoup, il a été très heureux.*
Pour marquer la cause, la préposition se construit avec l'infinitif.
6. Afin de. *Faire de l'exercice pour être en forme.*
Pour marquer l'intention, la préposition se construit avec l'infinitif.
7. Même si. *Cette hypothèse, pour être exacte, n'explique pas tout.*
Pour marquer la concession, la préposition se construit avec l'infinitif.
8. En échange de. *J'ai acheté ce manteau pour 200 $.*
NOM MASCULIN
Ce qui est favorable, le bon côté. ANT. contre.
LOCUTIONS
– ***Le pour et le contre.*** Les avantages et les inconvénients. *Il y a du pour et du contre. Peser le pour et le contre.*
Dans cette locution, les noms ***pour*** et ***contre*** s'emploient au singulier même s'ils regroupent plusieurs éléments favorables et défavorables.
– ***Pour ainsi dire.*** Si l'on peut s'exprimer ainsi.
– ***Pour peu que,*** loc. conj. À la condition que. *Elle acceptera pour peu que vous parliez.*
Cette locution se construit avec le subjonctif.
– ***Pour que,*** loc. conj. En vue de. *Je tiens à te prévenir longtemps à l'avance pour que tu puisses venir.*
Cette locution se construit avec le subjonctif.
– ***Pour toujours.*** À jamais.
FORMES FAUTIVES
*pour faire une longue histoire courte. Calque de «*to make a long story short*» pour ***en deux mots, somme toute, bref.***
*pour votre information. Calque de «*for your information*» pour ***à titre indicatif, à titre informatif, à titre de renseignement, à titre d'information, pour information.***

POURBOIRE n. m.
Gratification donnée par un client. *Des pourboires généreux.*
pourboire, en un seul mot.

POURCEAU n. m. (pl. *pourceaux*)
1. (LITT.) Porc. *Avons-nous gardé les pourceaux ensemble ?*
2. (FIG.) Personne dont l'apparence ou le comportement inspire de la répulsion. *Ils se conduisent comme des pourceaux.*
LOCUTION
– ***Jeter des perles aux pourceaux.*** (FIG.) Donner quelque chose de précieux à une personne qui ne sera pas en mesure de l'apprécier à sa juste valeur.
Cette locution provient de l'Évangile selon saint Matthieu.

POUR CENT
S'abrège en ***p. c., p. cent, p. 100*** ou s'écrit avec le symbole **%**.
Proportion par rapport à cent. *Le nombre d'élèves a augmenté de 25 %.*
T Le symbole est séparé par un espace du chiffre qu'il suit. *Les ventes ont grimpé de 25 %.* Lorsqu'on exprime un écart entre deux valeurs, il est possible de ne pas répéter le symbole. *Pour l'année prochaine, nous prévoyons une hausse de 5 à 10 %.*
Accord du verbe, de l'adjectif et du participe
1. Nom précédé d'un déterminant pluriel + ***pour cent.*** Le verbe se met obligatoirement au pluriel et l'adjectif ou le participe se met au masculin pluriel. *Les vingt-deux pour cent des enfants sont inscrits au cours de natation.*
2. ***Pour cent*** + nom au singulier. Le verbe se met au singulier et l'adjectif ou le participe se met au singulier et s'accorde en genre avec le nom. *Vingt pour cent de la classe est d'accord et se montre enchantée de la décision.*
3. ***Pour cent*** + nom au pluriel. Le verbe se met au pluriel et l'adjectif ou le participe s'accorde en genre et en nombre avec le nom. *Soixante-cinq pour cent des personnes interrogées ont été retenues.*
4. ***Pour cent*** + complément sous-entendu. Si le complément sous-entendu est au singulier, l'accord se fait au masculin singulier pour les pourcentages inférieurs à 2 %, au masculin pluriel dans les autres cas. *En ce qui a trait au budget publicitaire, 1,5 % sera affecté à la promotion du nouveau site Internet, 13 % seront affectés au lancement de notre nouveau produit.* Cependant, l'accord avec le complément sous-entendu est également possible. Si le complément sous-entendu est au pluriel, l'accord se fait en genre et en nombre avec ce complément. *Relativement aux dépenses, 5 % sont liées à la formation et au développement du personnel.*
FORME FAUTIVE
*un demi de un pour cent. Construction fautive pour ***un demi pour cent.*** *L'écart entre les deux candidats est d'à peine un demi* (et non *un demi de un) *pour cent.*

POURCENTAGE n. m.
Taux calculé sur cent unités. *Le pourcentage d'augmentation est de 15 %.*

POURCHASSER v. tr., pronom.
VERBE TRANSITIF
Poursuivre avec acharnement. *Pourchasser un cambrioleur.*
VERBE PRONOMINAL
Se poursuivre l'un l'autre sans répit. *Ces écureuils n'ont cessé de se pourchasser.*
À la forme pronominale, le participe passé de ce verbe s'accorde toujours en genre et en nombre avec son sujet. *Ils se sont pourchassés dans le jardin.*
CONJUGAISON : VOIR MODÈLE AIMER.

POURFENDRE v. tr.
1. (VX) Fendre de haut en bas d'un coup de sabre.
2. (FIG.) (PLAISANT.) Prendre à partie, condamner vigoureusement. *Les Ontariens ont pourfendu les dames qui tondaient leur pelouse les seins nus.*
CONJUGAISON : VOIR MODÈLE FENDRE.

POURLÉCHER (SE) v. pronom.
Se passer la langue sur les lèvres à la pensée de quelque chose de délicieux ou d'agréable. *Ils se sont pourléchés à la pensée de ce bon repas.*
Le participe passé de ce verbe, qui n'existe qu'à la forme pronominale, s'accorde en genre et en nombre avec le complément direct si celui-ci le précède. *La lèvre qu'il s'est pourléchée. Elle s'est pourléchée en voyant le panier de fruits.* Le participe passé reste invariable si le complément direct suit le verbe. *Ils se sont pourléché les babines.*
LOCUTION
– ***Se pourlécher les babines.*** (FAM.) Rêver à quelque chose de succulent.
CONJUGAISON : VOIR MODÈLE POSSÉDER.
Le ***é*** se change en ***è*** devant une syllabe contenant un ***e*** muet, sauf à l'indicatif futur et au conditionnel présent. *Je pourlèche,* mais *je pourlécherai.*
[Les *Rectifications* (1990) admettent : il pourlèchera, pourlècherait...]

POURPARLERS n. m. pl.
Discussion entre plusieurs États. *Entamer des pourparlers de paix.*
pourparlers, en un seul mot.

POURPIER n. m.
Plante à petites fleurs multicolores dont les feuilles charnues sont comestibles.

POURPRE adj. et n. m. et f.
ADJECTIF DE COULEUR VARIABLE
D'un rouge violet. *Des soieries pourpres.*
Cet adjectif de couleur prend la marque du pluriel lorsqu'il est simple ; composé, il est invariable.
VOIR TABLEAU – COULEUR (ADJECTIFS DE).
NOM MASCULIN
Couleur rouge violet. *Des rideaux d'un pourpre velouté.*
NOM FÉMININ
Matière colorante. *La pourpre est extraite d'un mollusque.*

POURPRÉ, ÉE adj.
De couleur rouge violet. *Une fleur pourprée.*

POURQUOI adv. et n. m. inv.
ADVERBE
Pour quelle raison. *Pourquoi devrions-nous abandonner ?* « *J'aurais voulu être un artiste/Pour pouvoir dire pourquoi j'existe* » (Luc Plamondon, *Le blues du businessman*).
NOM MASCULIN INVARIABLE
1. Raison, motif. *Chercher les pourquoi d'un geste.*
2. Interrogation. *Des pourquoi et des comment.*
LOCUTION
– ***C'est pourquoi.*** Introduit une explication. *Nous avons congé demain ; c'est pourquoi nous pouvons aller au cinéma ce soir.*

POURRI, IE adj. et n. m.
ADJECTIF
1. Altéré, gâté. *Des fruits pourris. Une pomme pourrie* (et non *pourrite).
2. (FAM.) Rempli de. *Un garçon pourri de talent.*
NOM MASCULIN
Ce qui est gâté. *Une odeur de pourri.*

POURRIEL n. m.
Message électronique importun et souvent sans intérêt, constitué essentiellement de publicité, qui est envoyé massivement à un grand nombre d'internautes, sans leur consentement (GDT). *Supprimer un pourriel* (et non *junk mail, *junk e-mail, *spam).
Proposé en mai 1997 par l'Office québécois de la langue française, le terme ***pourriel*** est formé par la réunion et la contraction des mots ***poubelle*** et ***courrier***.

POURRIR v. tr., intr.
VERBE TRANSITIF
Gâter, altérer. *L'humidité a pourri le bois.*
Le verbe se conjugue avec l'auxiliaire ***avoir*** pour exprimer l'action.
VERBE INTRANSITIF
Se corrompre, se détériorer. *Les fondations ont commencé à pourrir. La pomme est pourrie* (et non *pourrite). SYN. se putréfier.
Le verbe se conjugue avec l'auxiliaire ***être*** pour exprimer l'état.
CONJUGAISON : VOIR MODÈLE FINIR.

POURRISSEMENT n. m.
Détérioration, dégradation progressive. *Le pourrissement du climat de travail.*
pourrissement.

***POURRITE**
Impropriété pour ***pourrie.***

POURRITURE n. f.
1. État de ce qui est pourri. SYN. putréfaction.
2. (FIG.) Corruption morale.
pourriture.

POURSUITE n. f.
1. Action de poursuivre une personne, un animal. *Ils sont à la poursuite des cambrioleurs, de gibier.*
2. (FIG.) Recherche continuelle. *La poursuite du bonheur.*
3. Prolongation. *La poursuite d'une recherche.*
4. (DR.) Procès. *Engager des poursuites judiciaires.*

POURSUIVANT, ANTE n. m. et f.
Personne qui est à la poursuite de quelqu'un. *Le cambrioleur a semé ses poursuivants.*

POURSUIVRE v. tr., pronom.
VERBE TRANSITIF
1. Action de courir après une personne, un animal pour l'atteindre. *Poursuivre un fugitif.* SYN. pourchasser.
2. Chercher à obtenir. *Poursuivre un but.* SYN. viser.
3. (DR.) Déposer une action en justice contre quelqu'un. *Poursuivre une personne, une entreprise devant les tribunaux.* SYN. accuser.
4. Continuer. *Poursuivre son chemin, ses études.*
VERBE PRONOMINAL
Suivre son cours. *Les recherches se poursuivent.* SYN. se continuer.
À la forme pronominale, le participe passé de ce verbe s'accorde toujours en genre et en nombre avec son sujet. *La conversation s'est poursuivie longuement.*
CONJUGAISON : VOIR MODÈLE SUIVRE.
INDICATIF PRÉSENT *Je poursuis, tu poursuis, il poursuit, nous poursuivons, vous poursuivez, ils poursuivent.* IMPARFAIT *Je poursuivais.* PASSÉ SIMPLE *Je poursuivis.* FUTUR *Je poursuivrai.* CONDITIONNEL PRÉSENT *Je poursuivrais.* IMPÉRATIF PRÉSENT *Poursuis, poursuivons, poursuivez.* SUBJONCTIF PRÉSENT *Que je poursuive.* IMPARFAIT *Que je poursuivisse.* PARTICIPE PRÉSENT *Poursuivant.* PASSÉ *Poursuivi, ie.*

POURTANT adv.
Malgré cela, toutefois. *On nous avait annoncé du soleil, pourtant il pleut. Le prix de cette maison est très élevé, pourtant elle semble en mauvais état.* SYN. cependant ; mais ; néanmoins.
Cet adverbe marque l'opposition entre deux choses, deux propositions qui sont liées.

POURTOUR n. m.
Contour, bord. *Sur le pourtour du lac, il y a une piste cyclable.* SYN. périmètre ; périphérie.

POURVOIR v. tr., pronom.
VERBE TRANSITIF DIRECT
Munir, garnir. *Pourvoir une école d'un laboratoire informatique. Une maison pourvue de tous les appareils modernes.* SYN. équiper.
La construction transitive directe (*pourvoir un poste*) est plus usitée que la construction avec la préposition ***à.***
VERBE TRANSITIF INDIRECT
Fournir ce qui est nécessaire. *Il pourvoit aux besoins de ses parents âgés.* SYN. subvenir.
En ce sens, le verbe se construit avec la préposition ***à.***
VERBE PRONOMINAL
Se munir de. *Par prudence, il faudra se pourvoir de lampes de poche.* SYN. prendre.
À la forme pronominale, le participe passé de ce verbe s'accorde toujours en genre et en nombre avec son sujet. *Ils se sont pourvus de livres et de provisions pour tenir une bonne semaine.*
LOCUTION
– ***Pourvoir un poste, à un poste.*** Nommer quelqu'un à un emploi, à un poste. *On a pourvu* (et non *comblé) *le poste de directrice. Certains postes sont toujours à pourvoir. Ils comptent pourvoir au poste de chef de service sous peu.*
CONJUGAISON : VOIR MODÈLE POURVOIR.
Le ***y*** est suivi d'un ***i*** à la première et à la deuxième personne du pluriel de l'indicatif imparfait et du subjonctif présent. *(Que) nous pourvoyions, (que) vous pourvoyiez.*

POURVOIRIE n. f.
Établissement qui offre aux chasseurs et aux pêcheurs des installations et des services tels le logement, le transport, la location d'équipements et surtout la possibilité de pratiquer la chasse et la pêche sportive (Recomm. off.).

CONJUGAISON DU VERBE **POURVOIR**

INDICATIF

PRÉSENT		PASSÉ COMPOSÉ		
je	pourv**ois**	j'	ai	pourvu
tu	pourv**ois**	tu	as	pourvu
elle	pourv**oit**	elle	a	pourvu
il	pourv**oit**	il	a	pourvu
nous	pourv**oyons**	nous	avons	pourvu
vous	pourv**oyez**	vous	avez	pourvu
elles	pourv**oient**	elles	ont	pourvu
ils	pourv**oient**	ils	ont	pourvu

IMPARFAIT		PLUS-QUE-PARFAIT		
je	pourv**oyais**	j'	avais	pourvu
tu	pourv**oyais**	tu	avais	pourvu
elle	pourv**oyait**	elle	avait	pourvu
il	pourv**oyait**	il	avait	pourvu
nous	pourv**oyions**	nous	avions	pourvu
vous	pourv**oyiez**	vous	aviez	pourvu
elles	pourv**oyaient**	elles	avaient	pourvu
ils	pourv**oyaient**	ils	avaient	pourvu

PASSÉ SIMPLE		PASSÉ ANTÉRIEUR		
je	pourv**us**	j'	eus	pourvu
tu	pourv**us**	tu	eus	pourvu
elle	pourv**ut**	elle	eut	pourvu
il	pourv**ut**	il	eut	pourvu
nous	pourv**ûmes**	nous	eûmes	pourvu
vous	pourv**ûtes**	vous	eûtes	pourvu
elles	pourv**urent**	elles	eurent	pourvu
ils	pourv**urent**	ils	eurent	pourvu

FUTUR SIMPLE		FUTUR ANTÉRIEUR		
je	pourv**oirai**	j'	aurai	pourvu
tu	pourv**oiras**	tu	auras	pourvu
elle	pourv**oira**	elle	aura	pourvu
il	pourv**oira**	il	aura	pourvu
nous	pourv**oirons**	nous	aurons	pourvu
vous	pourv**oirez**	vous	aurez	pourvu
elles	pourv**oiront**	elles	auront	pourvu
ils	pourv**oiront**	ils	auront	pourvu

CONDITIONNEL PRÉSENT		CONDITIONNEL PASSÉ		
je	pourv**oirais**	j'	aurais	pourvu
tu	pourv**oirais**	tu	aurais	pourvu
elle	pourv**oirait**	elle	aurait	pourvu
il	pourv**oirait**	il	aurait	pourvu
nous	pourv**oirions**	nous	aurions	pourvu
vous	pourv**oiriez**	vous	auriez	pourvu
elles	pourv**oiraient**	elles	auraient	pourvu
ils	pourv**oiraient**	ils	auraient	pourvu

SUBJONCTIF

PRÉSENT			PASSÉ			
que	je	pourv**oie**	que	j'	aie	pourvu
que	tu	pourv**oies**	que	tu	aies	pourvu
qu'	elle	pourv**oie**	qu'	elle	ait	pourvu
qu'	il	pourv**oie**	qu'	il	ait	pourvu
que	nous	pourv**oyions**	que	nous	ayons	pourvu
que	vous	pourv**oyiez**	que	vous	ayez	pourvu
qu'	elles	pourv**oient**	qu'	elles	aient	pourvu
qu'	ils	pourv**oient**	qu'	ils	aient	pourvu

IMPARFAIT			PLUS-QUE-PARFAIT			
que	je	pourv**usse**	que	j'	eusse	pourvu
que	tu	pourv**usses**	que	tu	eusses	pourvu
qu'	elle	pourv**ût**	qu'	elle	eût	pourvu
qu'	il	pourv**ût**	qu'	il	eût	pourvu
que	nous	pourv**ussions**	que	nous	eussions	pourvu
que	vous	pourv**ussiez**	que	vous	eussiez	pourvu
qu'	elles	pourv**ussent**	qu'	elles	eussent	pourvu
qu'	ils	pourv**ussent**	qu'	ils	eussent	pourvu

IMPÉRATIF

PRÉSENT	PASSÉ
pourv**ois**	aie pourvu
pourv**oyons**	ayons pourvu
pourv**oyez**	ayez pourvu

INFINITIF

PRÉSENT	PASSÉ
pourv**oir**	avoir pourvu

PARTICIPE

PRÉSENT	PASSÉ
pourv**oyant**	pourvu, ue ayant pourvu

POURVOYEUR n. m.
POURVOYEUSE n. f.
1. Fournisseur de provisions.
2. ⚜ Personne à qui les pouvoirs publics ont accordé le droit d'exploiter une pourvoirie à des fins commerciales (Recomm. off.).

POURVU QUE loc. conj.
À condition que. *Pourvu qu'elle soit enfin d'accord. Pourvu qu'il ne fasse pas trop froid, on ira patiner demain.* SYN. du moment que ; si.
Cette locution conjonctive, qui sert à présenter une condition nécessaire à l'accomplissement d'un fait, se construit avec le subjonctif.

POUSSE n. f.
1. Action de pousser. *La pousse des cheveux.*
2. Bourgeon. *Des pousses de bambou.*
HOM. ***pouce,*** le plus gros doigt de la main.

POUSSÉ, ÉE adj.
Fait avec minutie et précision. *Une recherche poussée.* SYN. achevé.

POUSSE-CAFÉ n. m. (pl. *pousse-café* ou *pousse-cafés*)
Digestif. *Prendriez-vous un bon cognac comme pousse-café ?*

POUSSÉE n. f.
Pression. *Les policiers n'ont pu résister à la poussée de la foule en colère : les manifestants ont envahi l'hôtel de ville.*
LOCUTIONS
– ***Donner une poussée.*** Action de faire pression sur quelqu'un, quelque chose. *Il a donné une poussée à sa sœur, qui est tombée.*
– ***Poussée de fièvre.*** Accès soudain de fièvre.

POUSSE-POUSSE n. m. inv. (pl. *pousse-pousse*)
Voiture légère tirée par un homme, en Extrême-Orient.
[Les *Rectifications* (1990) admettent : un poussepousse, des poussepousses.]

POUSSER v. tr., intr., pronom.
VERBE TRANSITIF
1. Imprimer un mouvement à quelqu'un, à quelque chose en faisant pression. *Aide-nous à pousser la voiture en panne.*
2. Bousculer. *Cessez de pousser pour monter dans l'autobus : il n'y a plus de place !*
3. Faire agir. *Elle pousse son fils à faire ses devoirs.* SYN. inciter ; stimuler.
4. Faire avancer. *Le jardinier pousse une brouette remplie de terre.*
5. Produire. *Pousser un cri.* SYN. émettre.
VERBE INTRANSITIF
Croître. *L'herbe pousse. Mes cheveux ont poussé : ils sont trop longs.* SYN. se développer ; grandir.
VERBE PRONOMINAL
1. Se déplacer. *Poussez-vous un peu, je vous prie. Ils se sont poussés obligeamment.*
2. ⚜ (FAM.) Partir. *Il faut se pousser, les amis, on est en retard.*
À la forme pronominale, le participe passé de ce verbe s'accorde toujours en genre et en nombre avec son sujet. *Ils se sont poussés pour laisser s'asseoir cette future maman.*
LOCUTION
– ***Pousser quelqu'un à bout.*** Le mettre en colère.
CONJUGAISON : VOIR MODÈLE AIMER.

POUSSETTE n. f.
Petite voiture d'enfant. *La maman promène le bébé dans sa poussette.*

POUSSIÈRE n. f.
Matière réduite en poudre très fine. *Un nuage de poussière.*
LOCUTION
– ***Mordre la poussière.*** (FIG.) Perdre lors d'un combat, d'une compétition ; échouer. *Le Canadien a mordu la poussière et a été éliminé.*

POUSSIÉREUX, EUSE adj.
1. Couvert de poussière. *Ces livres sont poussiéreux.*
2. (FIG.) Vieilli, démodé. *Des méthodes poussiéreuses.*
poussiéreux.

POUSSIN n. m.
Petit poulet. *Le poussin piaille.*
VOIR TABLEAU – ANIMAUX.

POUTINE n. f.
⚜ Plat composé de frites et de fromage fondu en sauce.

POUTRE n. f.
Grosse pièce de bois, de métal servant à la construction. *Les poutres d'une charpente.*

POUTRELLE n. f.
Poutre d'acier utilisée dans la construction des charpentes métalliques.

POUVOIR v. tr., intr., impers., pronom.
VERBE TRANSITIF
1. Avoir la possibilité, le droit de faire quelque chose. *Julien peut aller jouer dehors : il a fini ses devoirs.*
2. Être capable de faire quelque chose. *C'est formidable, Fanny peut dessiner à l'ordinateur ! Si tu le peux, viens me voir.* SYN. avoir la capacité de.
3. Avoir l'autorité de, être en mesure de. *La directrice peut décider de fermer l'école s'il y a une tempête de neige.*
VERBE INTRANSITIF
Être en mesure de. Quand on veut, on peut, *dit l'adage.*
VERBE IMPERSONNEL
Risquer, être possible. *Prends un parapluie, il peut pleuvoir aujourd'hui !*
À la forme impersonnelle, le verbe se construit toujours avec l'infinitif.
VERBE PRONOMINAL IMPERSONNEL
Il est possible que. *Il se peut que la randonnée soit remise à la semaine prochaine s'il pleut.* SYN. il est possible que.
À la forme pronominale impersonnelle, le verbe se construit avec le subjonctif.
LOCUTIONS
– ***N'en pouvoir plus.*** Être épuisé, à bout de ressources. *Je n'en peux plus, il faut que je me repose un peu.*
– ***On ne peut mieux,*** loc. adv. Parfaitement. *La fête était on ne peut mieux réussie.*
Cette locution figée exprime un superlatif, un très haut degré.
CONJUGAISON : VOIR MODÈLE POUVOIR.
Le participe passé est invariable et la forme impérative n'existe pas.
On peut utiliser la forme littéraire du verbe (*je puis*) dans la tournure interrogative. *Puis-je vous aider ?* En tête de phrase et avec inversion du sujet, l'emploi de la forme littéraire marque un vœu, un souhait. *Puissent les évènements vous donner raison !*

POUVOIR n. m.
1. Faculté, possibilité. *Il a le pouvoir de refuser la proposition.*
2. Autorité. *Le pouvoir législatif, le pouvoir exécutif.*
3. Influence, ascendant. *Elle recherche le pouvoir.*
4. Mandat légal. *Un fondé de pouvoir(s).*
FORME FAUTIVE
*pouvoir. Anglicisme au sens de ***électricité, énergie électrique, puissance.***

***POWER BRAKES**
Anglicisme pour ***servofreins.***

***POWER CENTER**
Anglicisme pour ***mégacentre commercial.***

***POWER STEERING**
Anglicisme pour ***servodirection.***

ppm
Abréviation de ***partie par million.***

CONJUGAISON DU VERBE **POUVOIR**

INDICATIF

PRÉSENT		PASSÉ COMPOSÉ		
je	**peux**	j'	ai	pu
tu	**peux**	tu	as	pu
elle	**peut**	elle	a	pu
il	**peut**	il	a	pu
nous	**pouvons**	nous	avons	pu
vous	**pouvez**	vous	avez	pu
elles	**peuvent**	elles	ont	pu
ils	**peuvent**	ils	ont	pu

IMPARFAIT		PLUS-QUE-PARFAIT		
je	**pouvais**	j'	avais	pu
tu	**pouvais**	tu	avais	pu
elle	**pouvait**	elle	avait	pu
il	**pouvait**	il	avait	pu
nous	**pouvions**	nous	avions	pu
vous	**pouviez**	vous	aviez	pu
elles	**pouvaient**	elles	avaient	pu
ils	**pouvaient**	ils	avaient	pu

PASSÉ SIMPLE		PASSÉ ANTÉRIEUR		
je	**pus**	j'	eus	pu
tu	**pus**	tu	eus	pu
elle	**put**	elle	eut	pu
il	**put**	il	eut	pu
nous	**pûmes**	nous	eûmes	pu
vous	**pûtes**	vous	eûtes	pu
elles	**purent**	elles	eurent	pu
ils	**purent**	ils	eurent	pu

FUTUR SIMPLE		FUTUR ANTÉRIEUR		
je	**pourrai**	j'	aurai	pu
tu	**pourras**	tu	auras	pu
elle	**pourra**	elle	aura	pu
il	**pourra**	il	aura	pu
nous	**pourrons**	nous	aurons	pu
vous	**pourrez**	vous	aurez	pu
elles	**pourront**	elles	auront	pu
ils	**pourront**	ils	auront	pu

CONDITIONNEL PRÉSENT		CONDITIONNEL PASSÉ		
je	**pourrais**	j'	aurais	pu
tu	**pourrais**	tu	aurais	pu
elle	**pourrait**	elle	aurait	pu
il	**pourrait**	il	aurait	pu
nous	**pourrions**	nous	aurions	pu
vous	**pourriez**	vous	auriez	pu
elles	**pourraient**	elles	auraient	pu
ils	**pourraient**	ils	auraient	pu

SUBJONCTIF

PRÉSENT			PASSÉ			
que	je	**puisse**	que	j'	aie	pu
que	tu	**puisses**	que	tu	aies	pu
qu'	elle	**puisse**	qu'	elle	ait	pu
qu'	il	**puisse**	qu'	il	ait	pu
que	nous	**puissions**	que	nous	ayons	pu
que	vous	**puissiez**	que	vous	ayez	pu
qu'	elles	**puissent**	qu'	elles	aient	pu
qu'	ils	**puissent**	qu'	ils	aient	pu

IMPARFAIT			PLUS-QUE-PARFAIT			
que	je	**pusse**	que	j'	eusse	pu
que	tu	**pusses**	que	tu	eusses	pu
qu'	elle	**pût**	qu'	elle	eût	pu
qu'	il	**pût**	qu'	il	eût	pu
que	nous	**pussions**	que	nous	eussions	pu
que	vous	**pussiez**	que	vous	eussiez	pu
qu'	elles	**pussent**	qu'	elles	eussent	pu
qu'	ils	**pussent**	qu'	ils	eussent	pu

IMPÉRATIF

PRÉSENT	PASSÉ
(*n'existe pas*)	(*n'existe pas*)

INFINITIF

PRÉSENT	PASSÉ
pouvoir	avoir pu

PARTICIPE

PRÉSENT	PASSÉ
pouvant	pu ayant pu

PPP
Sigle de ***partenariat public-privé.***

P^r ou Pr, P^re ou Pre, P++R† ou PRE
Abréviations de ***professeur, professeure.***

PRAGMATIQUE adj.
1. Fondé sur des valeurs pratiques. *Une pensée pragmatique.*
2. Qui accorde la priorité à l'action. *Des gestionnaires pragmatiques.* SYN. efficace.

PRAGMATISME n. m.
Attitude de la personne qui prend pour critère la valeur pratique.

PRAIRE n. f.
Mollusque comestible.

PRAIRIE n. f.
Vaste pâturage. *Les vaches sont dans la prairie.* SYN. pré.
LOCUTION
– ***Les Prairies.*** Provinces canadiennes du Manitoba, de la Saskatchewan et de l'Alberta.
[T] En ce sens, le nom s'écrit avec une majuscule.

PRALIN n. m.
Préparation composée d'amandes rissolées dans du sucre, utilisée en pâtisserie.
➪ **pralin.**

PRALINE n. f.
Confiserie composée d'une amande rissolée dans du sucre.

PRALINER v. tr.
Parfumer au pralin. *Une glace pralinée.*
CONJUGAISON : VOIR MODÈLE AIMER.

PRATICABLE adj.
1. Réalisable. *Un programme praticable.* SYN. faisable; possible.
2. Où l'on peut rouler. *Une route praticable.* SYN. carrossable. ANT. impraticable.

PRATICIEN, IENNE n. m. et f.
1. Personne qui pratique un art, une science. *Les praticiens de la comptabilité.* ANT. théoricien.
2. Médecin, dentiste ou auxiliaire médical qui exerce son métier (par opposition à ***chercheur***).

PRATIQUANT, ANTE adj. et n. m. et f.
ADJECTIF
Qui pratique sa religion. *Des catholiques pratiquants, non pratiquants.*
NOM MASCULIN ET FÉMININ
Ce sont des pratiquants, des non-pratiquants.
À la forme négative, l'adjectif s'écrit sans trait d'union; le nom, avec un trait d'union.
Ne pas confondre avec le participe présent invariable ***pratiquant.*** *Ne seront admises que les personnes pratiquant le droit.*

PRATIQUE adj. et n. f.
ADJECTIF
1. Relatif à l'action. *Des exercices et des travaux pratiques.*
2. Utile, ingénieux. *Un appareil, un guide pratique.* SYN. commode.
NOM FÉMININ
Application des règles et des principes d'un art, d'une science, par opposition à ***théorie.*** *La pratique d'un sport, la pratique du droit.* SYN. exercice.
LOCUTIONS
– ***En pratique,*** loc. adv. Dans les faits. *C'est très beau tous ces principes, mais en pratique, ce n'est pas facile à faire.* SYN. concrètement; en fait; pratiquement; en réalité.
– ***Mettre en pratique.*** *Il a mis en pratique vos recommandations.* SYN. appliquer.
– ***Pratiques d'excellence.*** Savoirs ou manières de faire qui, dans une organisation, conduisent au résultat souhaité et qui sont portés en exemple auprès des pairs afin de leur faire partager l'expérience qui permettra une amélioration collective (GDT). *Nous devons nous inspirer des pratiques d'excellence* (et non *best practices) *du secteur.* SYN. pratiques exemplaires.
FORMES FAUTIVES
*à toutes fins pratiques. Calque de «*for all practical purposes*» pour ***en pratique, pratiquement, en fait.***
*pratique. Anglicisme au sens de ***exercice, entraînement*** (pour un sport), ***répétition.***

PRATIQUEMENT adv.
1. Dans la pratique (par opposition à ***théoriquement***). *Comment fait-on pratiquement pour imprimer ce dessin?* SYN. concrètement.
2. (FAM.) Presque. *Il a pratiquement terminé.* SYN. pour ainsi dire; quasiment.

PRATIQUER v. tr., pronom.
VERBE TRANSITIF
1. Suivre exactement, mettre en application une règle morale ou religieuse. *Pratiquer sa religion. Elles pratiquent l'altruisme.*
2. (ABSOL.) Observer les pratiques extérieures de sa religion. *Bon nombre de Québécois sont catholiques, mais ne pratiquent pas.*
3. Mettre en pratique (une règle, une méthode). *Pratiquer la prudence.* SYN. appliquer.
4. Exercer (une profession, une activité). *Il pratique la médecine depuis maintenant trente ans.*
5. Se livrer à une activité, à un sport. *Elle pratique l'escalade régulièrement.*
6. Faire une opération manuelle, exécuter un acte médical. *L'orthopédiste a pratiqué une intervention chirurgicale.*
VERBE PRONOMINAL
Être en usage. *Les sports d'hiver tels le patin et le ski se sont toujours pratiqués au Québec.*
À la forme pronominale, le participe passé de ce verbe s'accorde toujours en genre et en nombre avec son sujet. *Ces interventions chirurgicales se sont pratiquées autrefois.*
FORME FAUTIVE
*pratiquer. Anglicisme au sens de ***s'exercer à, s'entraîner*** (à un sport), ***répéter*** (un rôle). *S'exercer* (et non *se pratiquer) *à parler l'espagnol. La sœur d'Olivier s'exerce au* (et non *pratique le) *piano tous les jours.*
CONJUGAISON : VOIR MODÈLE AIMER.

PRÉ n. m.
Étendue de terre qui sert au pâturage. *Les chevaux courent dans le pré.* SYN. prairie.

PRÉ- préf.
Élément du latin signifiant « en avant ».
Les mots composés avec le préfixe ***pré-*** s'écrivent en un seul mot. *Préavis, préétabli, préretraite.*

PRÉALABLE adj. et n. m.
ADJECTIF
Qui doit être fait d'abord. *Une question préalable.* SYN. préliminaire.
NOM MASCULIN
1. Ensemble de conditions qui doivent être remplies avant que des négociations aient lieu. *Le préalable au cessez-le-feu.*
2. ⚜ Cours qui doit en précéder un autre dans le programme d'études d'un élève (Recomm. off.). *Il doit suivre ce préalable* (et non *prérequis).
3. ⚜ Condition (âge, taille, aptitude physique, etc.) qui doit être remplie avant de commencer ou de poursuivre des études (Recomm. off.). *Les élèves seront informés des préalables* (et non *prérequis).

P

LOCUTION
– ***Au préalable,*** loc. adv. D'abord. *Tu dois partir, mais mange un peu au préalable.* SYN. auparavant; avant.

PRÉALABLEMENT adv.
De manière préalable. *Elle a préalablement prévenu le directeur et a transmis son rapport.* SYN. auparavant.

PRÉAMBULE n. m.
1. (DR.) Texte préliminaire exposant les motifs des auteurs. *Le préambule d'une loi.*
2. Ce qui laisse présager quelque chose. *Ces manifestations sont le préambule d'une flambée de violence.* SYN. prélude; prémices.
LOCUTION
– ***Sans préambule,*** loc. adv. Directement, sans détour. *On m'informa sans préambule de mon congédiement.* SYN. d'entrée de jeu.

PRÉAU n. m. (pl. *préaux*)
Espace découvert au milieu d'un cloître. *Des préaux fleuris où règnent paix et sérénité.*

PRÉAVIS n. m.
Avis donné à l'avance. *Un préavis doit être transmis avant la mise à pied; le délai de préavis est de 15 jours.* SYN. avertissement.

PRÉCAIRE adj.
1. Dont la durée est incertaine. *Les postes à temps partiel sont souvent précaires.*
2. Fragile. *La paix est précaire dans cette région.* ANT. assuré; solide.
✏ préc**aire**.

PRÉCAIREMENT adv.
D'une manière précaire.

PRÉCANCÉREUX, EUSE adj.
Se dit d'une lésion susceptible de devenir cancéreuse. *Une tumeur précancéreuse.*

PRÉCARISATION n. f.
Action de précariser. *La précarisation de l'emploi et du revenu.*

PRÉCARISER v. tr., pronom.
VERBE TRANSITIF
Donner un caractère non permanent, peu stable. *La généralisation du temps partiel et des contrats à durée déterminée a précarisé le travail.* ANT. sécuriser.
VERBE PRONOMINAL
Devenir précaire, peu stable. *En raison de la récession, le travail risque de se précariser.*
📏 À la forme pronominale, le participe passé de ce verbe s'accorde toujours en genre et en nombre avec son sujet. *Les emplois du secteur automobile se sont précarisés.*
CONJUGAISON : VOIR MODÈLE AIMER.

PRÉCARITÉ n. f.
1. (LITT.) Fragilité. *La précarité d'une trêve.* SYN. incertitude; instabilité.
2. Caractère peu stable (d'un emploi, d'un revenu, etc.). *Les journalistes revendiquent la fin de la précarité des postes.*

PRÉCAUTION n. f.
1. Prudence. *Ces porcelaines sont fragiles : il faut les laver avec précaution.*
2. Mesure prise pour se garder contre quelque chose. *Un excès de précautions.*
⊶ Ne pas confondre avec le nom ***mesure,*** disposition que l'on prend pour agir.

PRÉCAUTIONNEUSEMENT adv.
Avec précaution. *Elle lave ses tasses de porcelaine précautionneusement.*

PRÉCAUTIONNEUX, EUSE adj.
Prudent. *Des bibliothécaires précautionneuses.* SYN. minutieux; soigneux.
✏ précautionneu**x**.

PRÉCÉDEMMENT adv.
👄 Le ***e*** de la troisième syllabe se prononce ***a,*** [presedamɑ̃].
Auparavant. *Le locataire a été prévenu précédemment de la fin du bail.* SYN. antérieurement; avant. ANT. après; ultérieurement.
✏ précéd**emm**ent.

PRÉCÉDENT, ENTE adj. et n. m.
ADJECTIF
Qui vient avant. *Les semaines précédentes.* SYN. antérieur. ANT. suivant.
NOM MASCULIN
Exemple antérieur invoqué comme justification pour agir. *Il ne faudrait pas créer de précédent.*
LOCUTION
– ***Sans précédent,*** loc. adj. Jamais vu, unique. *Des résultats sans précédent.*
⊶ Le nom reste au singulier dans cette locution.
⊶ Ne pas confondre avec le participe présent invariable ***précédant.*** *Les jours précédant l'évènement furent très heureux.*

PRÉCÉDER v. tr.
1. Venir avant (dans le temps). *L'heure qui précéda son départ.*
2. Venir avant (dans l'espace). *Les athlètes canadiens précédaient les athlètes américains dans le défilé d'ouverture des Jeux olympiques. Elle le précède dans le classement.*
CONJUGAISON : VOIR MODÈLE POSSÉDER.
Le deuxième ***é*** se change en ***è*** devant une syllabe contenant un ***e*** muet, sauf à l'indicatif futur et au conditionnel présent. *Je précède,* mais *je précéderai.*
[Les *Rectifications* (1990) admettent : il précèdera, précèderait...]

PRÉCEPTE n. m.
Règle de conduite. *Suivre les préceptes de l'Église.*
⊶ Ne pas confondre avec les noms suivants :
• ***commandement,*** ordre;
• ***instruction,*** indication précise pour l'exécution d'un ordre;
• ***prescription,*** ordre détaillé.

PRÊCHE n. m.
Sermon, prédication. *Les prêches de ce curé étaient intéressants parfois, mais le plus souvent, endormants.*
✏ pr**ê**che.

PRÊCHER v. tr., intr.
VERBE TRANSITIF
Conseiller. *Prêcher la prudence.* SYN. préconiser; prôner; recommander.
VERBE INTRANSITIF
Faire un sermon. *Cesse de prêcher, tu nous embêtes.* SYN. discourir; moraliser.
LOCUTION
– ***Prêcher dans le désert.*** Ne pas être entendu.
CONJUGAISON : VOIR MODÈLE AIMER.

PRÉCIEUSEMENT adv.
1. Avec un soin extrême. SYN. soigneusement.
2. Avec préciosité. *Écrire précieusement en réunissant mots savants et subjonctifs imparfaits.*

PRÉCIEUX, IEUSE adj.
1. Auquel on attache une grande valeur. *Ton amitié m'est précieuse.*
2. De grand prix. *Des pierres précieuses.*

PRÉCIOSITÉ n. f.
Affectation du langage, des manières.

PRÉCIPICE n. m.
Abîme. *L'alpiniste n'a pas peur des précipices. En montagne, on marche parfois au bord d'un précipice.* SYN. gouffre ; ravin.
précipice.

PRÉCIPITAMMENT adv.
À la hâte. *Ils sont partis précipitamment en oubliant de fermer à clé.* SYN. en vitesse ; rapidement ; vite.
précipitamment.

PRÉCIPITATION n. f.
Grande hâte. *Il est parti avec précipitation.* SYN. empressement.
LOCUTION
– ***Précipitations (atmosphériques).*** (MÉTÉOROL.) Pluie, neige, grêle. *On prévoit d'importantes précipitations.*
En ce sens, le nom s'emploie au pluriel.

PRÉCIPITÉ, ÉE adj.
À la hâte. *Les circonstances l'ont obligé à un retour précipité.*

PRÉCIPITER v. tr., pronom.
VERBE TRANSITIF
1. Projeter d'un lieu élevé. *Précipiter un agresseur du haut d'une falaise.* SYN. faire tomber.
2. Brusquer. *Il ne voudrait rien précipiter.* SYN. accélérer ; hâter ; presser.
3. Accélérer. *Précipiter son allure.*
VERBE PRONOMINAL
1. Tomber, se jeter d'un lieu élevé. *Les parachutistes se sont précipités dans le vide.*
2. Se hâter. *Elle s'est précipitée à son rendez-vous : enfin, elle pouvait retrouver son copain.* SYN. se dépêcher ; s'élancer ; s'empresser.
À la forme pronominale, le participe passé de ce verbe s'accorde toujours en genre et en nombre avec son sujet. *Les enfants se sont précipités à la rencontre de leurs amis.*
CONJUGAISON : VOIR MODÈLE AIMER.

PRÉCIS, ISE adj.
1. Clair, bien défini. *Il faut choisir des termes précis. Des indications exactes et précises.* ANT. approximatif ; imprécis ; vague.
2. Détaillé. *Les chiffres précis d'un compte.* SYN. explicite.
3. Exact. *À 2 heures précises, à midi précis.* SYN. juste ; pile ; tapant.

PRÉCIS n. m.
Résumé comportant les éléments essentiels d'une matière. *Un précis de biologie.* SYN. abrégé ; aide-mémoire.
précis.

PRÉCISÉMENT adv.
1. Avec précision. *Compter précisément.* SYN. exactement ; justement ; rigoureusement.
2. Justement. *Il allait précisément sortir quand le téléphone sonna.*

PRÉCISER v. tr., pronom.
VERBE TRANSITIF
1. Exprimer d'une manière précise. *Préciser un projet, une somme.* SYN. déterminer ; établir ; fixer.
2. Rendre clair. *Préciser une impression.*
VERBE PRONOMINAL
Devenir clair, distinct. *Les faits se sont précisés.*
À la forme pronominale, le participe passé de ce verbe s'accorde toujours en genre et en nombre avec son sujet. *La rumeur de la fermeture de l'usine s'est précisée.*
CONJUGAISON : VOIR MODÈLE AIMER.

PRÉCISION n. f.
1. Clarté, justesse. *Il s'exprime avec précision.* SYN. rigueur.
2. Exactitude rigoureuse. *La précision d'un calcul.*
3. (AU PLUR.) Explications détaillées. *Donnez-nous des précisions, que s'est-il passé exactement ?* SYN. détails.

PRÉCOCE adj.
1. Hâtif. *Ces tulipes sont précoces : elles fleurissent avant les autres.* ANT. tardif.
2. Dont la maturité, le développement se produit avant l'âge habituel. *Un enfant précoce.* ANT. retardé.
précoce.

PRÉCOCEMENT adv.
(LITT.) D'une manière précoce. SYN. de bonne heure. ANT. tardivement.

PRÉCOCITÉ n. f.
Caractère de ce qui est précoce. *La précocité d'une jeune violoniste.*

PRÉCOMPTE n. m.
Retenue salariale effectuée par l'employeur. *Un précompte syndical.*

PRÉCONÇU, UE adj.
(PÉJ.) Se dit d'un avis préétabli, d'une idée élaborée sans examen critique. *Une idée préconçue.*
préconçu.

PRÉCONISER v. tr.
Recommander. *Préconiser une nouvelle façon de faire.* SYN. conseiller ; prôner.
CONJUGAISON : VOIR MODÈLE AIMER.

PRÉCONTRAINT, AINTE adj.
Se dit d'un élément de béton armé (poutre, dalle, etc.) qui a été soumis à des efforts de traction ou de compression pour en accroître la résistance. *Du béton précontraint.*

PRÉCONTRAINTE n. f.
Technique de fabrication du béton selon laquelle il est soumis à des tractions et à des compressions en vue d'en accroître la résistance.

PRÉCURSEUR adj. m. et n. m.
ADJECTIF MASCULIN
Qui annonce, qui précède. *Les signes précurseurs du printemps.*
NOM MASCULIN
Celui qui innove, qui ouvre la voie. SYN. initiateur ; innovateur ; pionnier ; promoteur.
Ce mot ne s'emploie qu'au masculin.

PRÉDATEUR, TRICE adj. et n. m.
(ZOOL.) Se dit d'animaux qui se nourrissent de proies. *Une espèce prédatrice. Le faucon est un prédateur.*
LOCUTION
– ***Prédateur sexuel.*** Agresseur sexuel qui planifie ses actions, qui agit de sang-froid et qui fait de nombreuses victimes les unes à la suite des autres (GDT).

PRÉDÉCESSEUR n. m.
Personne qui a précédé quelqu'un dans une fonction, dans une dignité.
Ce mot ne s'emploie qu'au masculin.

PRÉDESTINATION n. f.
(LITT.) Détermination par avance des évènements auxquels on ne peut échapper. SYN. fatalité.

PRÉDESTINÉ, ÉE adj.
Destiné par avance. *Une personne prédestinée au bonheur.*

PRÉDESTINER v. tr.
Destiner d'avance à certaines choses. SYN. destiner ; prédisposer ; vouer.
CONJUGAISON : VOIR MODÈLE AIMER.

PRÉDICAT n. m.
1. Attribut dans une proposition.
2. (LING.) Ce qui est dit à propos de ce dont on parle (sujet ou thème) dans un énoncé. *Étienne* (sujet) *a réussi* (prédicat).

PRÉDICATEUR, TRICE n. m. et f.
Personne qui prêche la parole de Dieu.

PRÉDICATION n. f.
1. Action de prêcher une doctrine religieuse.
2. (LITT.) Sermon. SYN. homélie ; prêche ; prône.

P

Ne pas confondre avec les noms suivants :
• ***prédiction,*** prophétie ;
• ***prédilection,*** préférence.

PRÉDICTIBILITÉ n. f.
Caractère de ce qui est prédictible. *La prédictibilité d'un phénomène.* SYN. prévisibilité.

PRÉDICTIBLE adj.
Que l'on peut prévoir. *Une évolution prédictible.* SYN. prévisible.

PRÉDICTION n. f.
1. Action de prédire, faculté apparente de prévoir l'avenir.
2. Prophétie. *Ses prédictions se sont réalisées.*
Ne pas confondre avec les noms suivants :
• ***prédication,*** sermon ;
• ***prédilection,*** préférence.

PRÉDILECTION n. f.
Préférence. *Le jardin est un de ses lieux de prédilection.*

PRÉDIRE v. tr.
1. Annoncer ce qui doit arriver, par clairvoyance. *Peut-on vraiment prédire l'avenir ? Certains prétendent que oui ; d'autres en doutent.* SYN. prévoir.
2. Annoncer ce qui doit arriver, par raisonnement, calculs, etc. *Il avait prédit cette catastrophe. Elle a prédit qu'il finira à temps. Les volcanologues avaient prédit l'éruption de l'Etna quelques jours plus tôt.*
CONJUGAISON : VOIR MODÈLE DIRE.
INDICATIF PRÉSENT *Je prédis, tu prédis, il prédit, nous prédisons, vous prédisez, ils prédisent.* IMPARFAIT *Je prédisais.* PASSÉ SIMPLE *Je prédis.* FUTUR *Je prédirai.* CONDITIONNEL PRÉSENT *Je prédirais.* IMPÉRATIF PRÉSENT *Prédis, prédisons, prédisez.* SUBJONCTIF PRÉSENT *Que je prédise.* IMPARFAIT *Que je prédisse.* PARTICIPE PRÉSENT *Prédisant.* PASSÉ *Prédit, ite.*
Le verbe se conjugue comme ***dire,*** sauf à la deuxième personne du pluriel du présent de l'indicatif et de l'impératif. *(Vous) prédisez.*

PRÉDISPOSER v. tr.
Préparer, mettre dans une disposition favorable. *Ces aptitudes exceptionnelles vous prédisposent à l'exercice de cette profession.* SYN. prédestiner.
CONJUGAISON : VOIR MODÈLE AIMER.

PRÉDISPOSITION n. f.
Disposition naturelle à quelque chose. *Les membres de cette famille ont une prédisposition pour la musique.*

PRÉDOMINANCE n. f.
Qualité de ce qui est supérieur, de ce qui domine. *La prédominance de cette équipe est évidente.* SYN. prépondérance ; supériorité ; suprématie.
Ne pas confondre avec les noms suivants :
• ***prééminence,*** supériorité de droit ;
• ***proéminence,*** ce qui fait saillie.
prédominance.

PRÉDOMINANT, ANTE adj.
Qui prédomine, qui est le plus répandu. *Des facteurs prédominants.*

PRÉDOMINER v. intr.
Être le plus important, le plus répandu. *Dans ces pays, l'agriculture prédomine.*
CONJUGAISON : VOIR MODÈLE AIMER.

PRÉÉMINENCE n. f.
(LITT.) Supériorité absolue sur les autres. SYN. primauté.
Ne pas confondre avec les noms suivants :
• ***prédominance,*** prépondérance ;
• ***proéminence,*** ce qui fait saillie.
prééminence.

PRÉÉMINENT, ENTE adj.
Qui a une supériorité absolue. *Des chercheurs prééminents, des sommités dans leur domaine.*

PRÉENCOLLÉ, ÉE adj.
Enduit de colle. *Un papier peint préencollé.*

PRÉÉTABLIR v. tr.
Fixer à l'avance. *Un cheminement préétabli.*
CONJUGAISON : VOIR MODÈLE FINIR.

PRÉFABRICATION n. f.
Construction au moyen d'éléments standardisés.

PRÉFABRIQUÉ, ÉE adj. et n. m.
Qui est composé d'éléments préfabriqués. *Des maisons préfabriquées. Ces petits bâtiments rectangulaires sont du préfabriqué.*

PRÉFACE n. f.
Texte de présentation d'un ouvrage qui n'est généralement pas rédigé par l'auteur et qui est habituellement composé en italique.
Ne pas confondre avec les noms suivants :
• ***avant-propos,*** brève introduction d'un ouvrage, généralement rédigée par son auteur, pour en exposer le contenu et l'objectif poursuivi ;
• ***avertissement,*** texte placé entre le grand titre et le début de l'ouvrage, afin d'attirer l'attention du lecteur sur un point particulier ;
• ***introduction,*** court texte explicatif rédigé généralement par un auteur pour présenter son texte ;
• ***note liminaire,*** texte destiné à expliciter les symboles et les abréviations employés dans un ouvrage ;
• ***notice,*** brève étude placée en tête d'un livre pour présenter la vie et l'œuvre de l'auteur.
Ordre des textes : la ***préface*** précède l'***introduction,*** qui est suivie par la ***note liminaire,*** s'il y a lieu.

PRÉFACER v. tr.
Présenter par une préface. *Son ami préfaça son livre.*
CONJUGAISON : VOIR MODÈLE AVANCER.
Le **c** prend une cédille devant les lettres ***a*** et ***o***. *Il préfaça, nous préfaçons.*

PRÉFACIER, IÈRE n. m. et f.
Auteur d'une préface.

PRÉFÉRABLE adj.
Qui mérite d'être choisi, jugé meilleur. *Les transports en commun sont préférables à la voiture pour réduire la pollution.*
LOCUTION
– ***Il est préférable.*** Il convient, il vaut mieux. *Il est préférable de bien réfléchir avant de prendre une décision. Il est préférable que tu viennes pour le prévenir.*
La locution se construit avec la préposition ***de*** suivie de l'infinitif ou avec la conjonction ***que*** suivie du subjonctif.

PRÉFÉRABLEMENT adv.
De préférence. *Préférablement à ce gâteau, mange donc une pomme.* SYN. plutôt que.

PRÉFÉRÉ, ÉE adj. et n. m. et f.
ADJECTIF
Que l'on aime plus que les autres.
NOM MASCULIN ET FÉMININ
Personne que l'on préfère. *Les préférés du professeur.*

PRÉFÉRENCE n. f.
Ce que l'on aime le plus. *Ma préférence va aux framboises.* SYN. prédilection.
LOCUTIONS
– ***De préférence,*** loc. adv. Préférablement.
– ***De préférence à,*** loc. prép. Plutôt (que).
– ***De préférence à,*** loc. prép. Plutôt. *J'aimerais venir le vendredi de préférence au jeudi.*
– ***Par ordre de préférence,*** loc. adv. En classant selon le goût, les préférences.

PRÉFÉRENTIEL, IELLE adj.
Qui établit une préférence. *Un traitement préférentiel. Un taux préférentiel.*

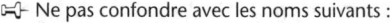

LOCUTION
– ***Taux préférentiel.*** Taux d'intérêt demandé par une banque à ses meilleurs clients. *Le taux préférentiel* (et non *prime rate) *est de 5 %.*
FORME FAUTIVE
*action préférentielle. Anglicisme pour ***action privilégiée.***
✐ préférentiel.

PRÉFÉRER v. tr.
1. Aimer mieux, avoir une préférence pour. *Elle a préféré le roman au film qu'on en a tiré. Il préfère que ses élèves soient curieux de tout.*
↝ Suivi de la conjonction ***que,*** le verbe se construit avec le subjonctif.
2. Choisir, opter pour. *Elle préfère fréquenter ce collège. Il préférera accepter ce poste plutôt que de perdre son emploi. La famille a préféré les vacances à la mer.*
↝ En ce sens, le verbe se construit avec un nom ou avec l'infinitif.
CONJUGAISON : VOIR MODÈLE POSSÉDER.
Le deuxième ***é*** se change en ***è*** devant une syllabe contenant un ***e*** muet, sauf à l'indicatif futur et au conditionnel présent. *Je préfère,* mais *je préférerai.*
[Les *Rectifications* (1990) admettent : il préfèrera, préfèrerait...]

PRÉFET n. m.
Haut fonctionnaire qui administre un département, en France.
LOCUTION
– ***Préfet de police.*** Haut fonctionnaire chargé de la police, en France.
✐ préfet.

PRÉFIGURATION n. f.
Action de préfigurer, ce qui préfigure. *Cette agitation politique est la préfiguration de graves conflits.* SYN. annonce ; présage.

PRÉFIGURER v. tr.
Annoncer, présenter les caractères d'une chose future. *Cette greffe de cellules-souches pour guérir la maladie de Parkinson préfigure la médecine de la prochaine décennie.* SYN. annoncer ; présager.
CONJUGAISON : VOIR MODÈLE AIMER.

PRÉFIXATION n. f.
(LING.) Formation d'un mot par adjonction d'un préfixe.

PRÉFIXE n. m.
(LING.) Élément qui se place au début d'un radical pour former une nouvelle unité lexicale. *Le préfixe* re- *marque la répétition :* redire, refaire, reprendre.
VOIR TABLEAU – PRÉFIXE.
⊢ L'élément qui se place après un radical est un ***suffixe.***

PRÉFIXÉ, ÉE adj.
(LING.) Composé avec un préfixe. *Un mot préfixé.*

PRÉFIXER v. tr.
(LING.) Composer avec un préfixe.
CONJUGAISON : VOIR MODÈLE AIMER.

PRÉHENSION n. f.
Action de prendre, de saisir un objet. *La main est un remarquable organe de préhension.*

PRÉHISTOIRE n. f.
Histoire de l'humanité depuis ses origines jusqu'aux premiers textes écrits. *Des peintures rupestres qui datent de la préhistoire.*
[T] Le nom ***préhistoire*** s'écrit avec une minuscule. *Un spécialiste de la préhistoire.*

PRÉHISTORIQUE adj.
1. Antérieur aux temps historiques. *Un homme préhistorique.*
2. (FIG.) Désuet. *Un procédé préhistorique.* SYN. démodé.

PRÉJUDICE n. m.
Tort, dommage causé par autrui.
LOCUTIONS
– ***Au préjudice de,*** loc. prép. Au désavantage de. *La quantité ne doit pas s'obtenir au préjudice de la qualité.*
– ***Porter préjudice à quelqu'un.*** Causer du tort à quelqu'un.
– ***Sans préjudice de.*** (LITT.) Sans parler de, sans tenir compte de.
FORMES FAUTIVES
*préjudice. Anglicisme au sens de ***préjugé, parti pris.***
*sans préjudice. Calque de «*without prejudice*» pour ***sous toutes réserves, sous réserve de tous droits.***
✐ préjudice.

PRÉJUDICIABLE adj.
Qui porte préjudice (à quelqu'un, à quelque chose). *Des commentaires préjudiciables aux bonnes relations qui s'étaient établies.* SYN. dommageable ; malfaisant ; nocif.

PRÉJUGÉ n. m.
Parti pris, opinion préconçue. *Il ne faut pas avoir de préjugés pour être juste. Des préjugés à l'endroit d'une personne, contre elle.*

PRÉJUGER v. tr.
VERBE TRANSITIF DIRECT
(LITT.) Décider sans examen, conjecturer. *Sans connaître le contexte, je ne veux préjuger les choix à faire.*
↝ Dans un style soutenu, le verbe est transitif direct et se construit sans la préposition ***de.***
VERBE TRANSITIF INDIRECT
Porter un jugement, sans examen préalable de la question. *Elle ne veut pas préjuger de la situation.*
↝ Dans la langue courante, le verbe se construit plutôt avec la préposition ***de.***
CONJUGAISON : VOIR MODÈLE CHANGER.
Le ***g*** est suivi d'un ***e*** devant les lettres ***a*** et ***o***. *Il préjugea,* mais *nous préjugeons.*

PRÉLART n. m.
⚜ (FAM.) Revêtement de sol. SYN. linoléum.

PRÉLASSER (SE) v. pronom.
Se reposer nonchalamment. *Elle s'est prélassée dans l'herbe.* SYN. s'abandonner ; se détendre.
▭ Le participe passé de ce verbe, qui n'existe qu'à la forme pronominale, s'accorde toujours en genre et en nombre avec son sujet. *Elles se sont prélassées dans le jardin.*
CONJUGAISON : VOIR MODÈLE AIMER.

PRÉLAT n. m.
Dignitaire ecclésiastique (cardinal, archevêque, évêque).
✐ prélat.

PRÉLÈVEMENT n. m.
1. Action de prélever. *Autoriser un prélèvement bancaire.*
2. Matière prélevée. *Un prélèvement de sang pour analyse.*
✐ prélèvement.

PRÉLEVER v. tr.
1. Retrancher une certaine partie sur un total. *Le gouvernement prélève une somme sur notre salaire à titre d'impôt.* SYN. enlever ; retenir ; retirer ; retrancher.
2. Prendre un échantillon. *Le médecin a prélevé un peu de sang pour en faire l'analyse.*
CONJUGAISON : VOIR MODÈLE LEVER.
Le ***e*** se change en ***è*** devant une syllabe contenant un ***e*** muet. *Il prélève,* mais *il prélevait.*

PRÉLIMINAIRE adj. et n. m. pl.
ADJECTIF
Qui précède la matière principale. *Un entretien préliminaire à l'engagement.*
NOM MASCULIN PLURIEL
1. Ensemble des actes qui précèdent un traité. *Des préliminaires interminables.*
2. Entrée en matière.
⊢ Le nom est toujours au pluriel.
⊢ Ne pas confondre avec le nom ***liminaire,*** texte placé au début d'un livre.

P

PRÉFIXE

Le **préfixe** est un élément qui se place avant un radical pour former un nouveau mot.
↬ Le **suffixe** est un élément qui se joint à la suite d'un radical pour former un dérivé.

Dans la composition des mots nouveaux (néologismes), le français emprunte surtout au **grec** et au **latin** des préfixes ou des éléments qui sont joints à un radical pour former une nouvelle unité lexicale. Ces préfixes présentent l'avantage d'être déjà connus et, ainsi, de favoriser la compréhension immédiate du néologisme.

▸ **Règles d'écriture**
Les préfixes se soudent généralement au radical : on observe une tendance marquée à supprimer les traits d'union pour constituer des unités lexicales simples. Seule la rencontre de deux voyelles impose parfois le trait d'union. *Méga-octet, micro-ordinateur.*

PRÉFIXES D'ORIGINE GRECQUE

PRÉFIXES	SENS	EXEMPLES
aéro-	« air »	*aérogare,aéroport*
agro-	« champ »	*agrochimie, agroalimentaire*
allo-	« autre »	*allophone*
amphi-	« en double »	*amphibie*
anti-	« contre »	*antibruit, antigel*
archéo-	« ancien »	*archéologie*
archi-	« degré extrême »	*archimillionnaire, archi-fou*
auto-	« de soi-même »	*autobiographie*
biblio-	« livre »	*bibliothèque*
bio-	« vie »	*biologie, bio-industrie*
cardi(o)-	« cœur »	*cardiologie*
cata-	« en dessous, en arrière »	*catacombe*
chir(o)-	« main »	*chiromancie*
cosmo-	« monde »	*cosmopolite*
grapho-	« écrire »	*graphologie*
hyper-	« au-dessus, au-delà »	*hypermarché*
kilo-	« mille »	*kilogramme*
meg-, méga-	« grand »	*mégajoule, méga-octet*
micro-	« petit »	*microfilm, micro-ondes*
mono-	« seul »	*monopole*
mytho-	« fable »	*mythologie*
néo-	« nouveau »	*néologisme*
orth(o)-	« droit »	*orthographe*
pan-	« tout »	*panaméricain*
para-, pare-	« à côté de »	*parascolaire*
péd(o)-	« enfant »	*pédiatrie*
penta-	« cinq »	*pentagone*
péri-	« autour »	*périmètre, périphérie*
philo-	« ami »	*philosophie, philologie*
phon-, phono-	« son »	*phonétique*
poly-	« nombreux »	*polytechnique*
pro-	« en faveur de »	*proaméricain*
psych(o)-	« âme »	*psychologie*
thermo-	« chaleur »	*thermomètre*
xén(o)-	« étranger »	*xénophobie*

PRÉFIXE | ***SUITE*** >

> *PRÉFIXE* | ***SUITE***

PRÉFIXES D'ORIGINE LATINE

PRÉFIXES	SENS	EXEMPLES
anglo-	« anglais »	*anglophone*
anté-	« avant »	*antérieur, antédiluvien*
aqua-	« eau »	*aquarelle, aquatique*
audio-	« j'entends »	*audiovisuel*
bi(s)-	« deux fois »	*bilingue, bimoteur, bimensuel*
calor-	« chaleur »	*calorifère*
centi-	« cent »	*centimètre*
co-	« avec »	*copropriété, coauteur, coédition*
curvi-	« courbe »	*curviligne*
déci-	« dix »	*décibel*
dis-	« séparation »	*dissocier*
ex-	« antérieurement »	*ex-mari, ex-ministre*
extra-	« en dehors »	*extraterrestre*
franco-	« de langue, d'ascendance française »	*franco-ontarien*
inter-	« entre »	*interurbain, international*
longi-	« long »	*longiligne*
mini-	« moins »	*minijupe*
multi-	« beaucoup, plusieurs »	*multicolore, multiethnique*
oct-, octa-, octi-, octo-	« huit »	*octogone*
omni-	« tout »	*omnipraticien, omnivore*
péd(i)-	« pied »	*pédicure*
pisci-	« poisson »	*pisciculture*
pluri-	« plusieurs »	*pluridisciplinaire*
post-	« après »	*postérieur, postérité*
pré-	« en avant »	*préretraite*
quadr(i)-	« quatre »	*quadrimoteur*
quinqu(a)-	« cinq »	*quinquennal*
quint-	« cinquième »	*quintuple*
radio-	« rayon »	*radiologie*
rect(i)-	« droit »	*rectiligne*
rétro-	« en arrière »	*rétrograder*
semi-	« demi »	*semi-automatique*
sérici-	« soie »	*sériciculture*
sub-	« sous »	*subconscient, subdiviser*
super-	« au-dessus »	*superpuissance, superposer*
sur-	« au-dessus »	*surabondance, surdoué*
sylvi-	« forêt »	*sylviculture*
trans-	« à travers »	*transatlantique*
tri-	« trois »	*triangle, tricycle*
ultra-	« au-delà »	*ultrason, ultrasecret*
uni-	« un »	*unilingue*
vidéo-	« je vois »	*vidéocassette*
viti-	« vigne »	*viticulture*

VOIR TABLEAUX ▸ **NÉOLOGISME.** ▸ **SUFFIXE.**

PRÉLIMINAIREMENT adv.
Préalablement.

PRÉLUDE n. m.
1. (MUS.) Série de notes jouées en introduction. *Ce pianiste a magnifiquement interprété les* Préludes *de Chopin.*
2. (FIG.) Ce qui précède quelque chose. *Le prélude à une collaboration.*
Ne pas confondre avec les noms suivants :
• ***commencement,*** début ;
• ***origine,*** ce qui sert de point de départ ;
• ***principe,*** ce qui désigne la cause première.

PRÉLUDER v. tr. ind.
(LITT.) Se produire avant autre chose, marquer le début de quelque chose. *Ces grèves sporadiques préludent à un mouvement global.* SYN. annoncer ; présager.
Le verbe se construit avec la préposition ***à.***
CONJUGAISON : VOIR MODÈLE AIMER.

PRÉMATURÉ, ÉE adj. et n. m. et f.
ADJECTIF
1. Qui vient trop tôt. *Ce geste est prématuré. Une retraite prématurée.*
2. Né avant le temps normal, avant terme. *Un bébé prématuré.*
NOM MASCULIN ET FÉMININ
Enfant né avant le temps normal. *Les prématurés sont placés en incubateur.*

PRÉMATURÉMENT adv.
Avant le temps normal, trop tôt. *Elle est morte prématurément.*

PRÉMÉDITER v. tr.
(PÉJ.) Préparer intentionnellement un crime, un acte répréhensible. *Préméditer un vol.* SYN. projeter.
Suivi de l'infinitif, le verbe se construit avec la préposition ***de.*** *Les cambrioleurs ont prémédité de faire exploser le coffre-fort.*
CONJUGAISON : VOIR MODÈLE AIMER.

PRÉMICES n. f. pl.
(LITT.) Début, commencement. *Les prémices de l'amour sont toujours délicieuses.*
Ce nom est toujours au pluriel.
HOM. ***prémisse,*** début d'un exposé.

PREMIER, IÈRE adj. et n. m. et f.
ABRÉVIATIONS
1er (premier), *1ers* (premiers), *1re* (première), *1res* (premières).
ADJECTIF
1. Qui vient avant les autres dans le temps ou dans l'espace. *Selon la Bible, le premier homme et la première femme furent Adam et Ève. Le premier jour de mai. Elles sont au premier plan.*
2. Qui vient en tête, qui est le meilleur. *Le premier prix. Elle s'est classée première.*
Attention à la place de l'adjectif quand il est accompagné d'un déterminant numéral. *Les cinq premières heures* (et non les *premières cinq heures). L'adjectif se place après le nombre, sauf lorsque celui-ci constitue un tout. *Les premières 24 heures furent dramatiques.*
3. Qui est dans son état d'origine. *Des matières premières.*
NOM MASCULIN ET FÉMININ
Personne, chose qui occupe le premier rang. *Elles sont les premières à arriver. Le premier de l'an, on fête le jour de l'An.*
NOM MASCULIN
Premier étage. *Ils habitent au premier.*
NOM FÉMININ
Première représentation d'un spectacle, d'une pièce de théâtre. *Un soir de première.*
LOCUTIONS
– ***À la première heure,*** loc. adv. Au tout début de la journée.
– ***Au premier chef,*** loc. adv. Au plus haut point.
– ***En premier,*** loc. adv. Tout d'abord, en tête.
– ***En premier lieu,*** loc. adv. Premièrement.
– ***Le premier venu.*** Personne inconnue à qui il serait imprudent de faire confiance.
– ***Le tout premier.*** Qui est précisément le premier. *Les tout premiers fruits. La toute première fleur.*
L'adjectif ***premier*** s'accorde en genre et en nombre, tandis que l'adverbe ***tout*** reste invariable au masculin, mais s'accorde au féminin par euphonie. *Les tout premiers élèves, les toutes premières skieuses.*
– ***Premier ministre.*** Chef du gouvernement dans un régime parlementaire. *Le premier ministre actuel sera-t-il réélu ?*
VOIR TABLEAU – NOMBRES.
VOIR TABLEAU – NUMÉRAL ET ADJECTIF ORDINAL (DÉTERMINANT).

PREMIÈREMENT adv.
Abréviation *1°* (s'écrit sans point).
En premier lieu. *Premièrement, fais un plan, puis rédige ton travail.* SYN. d'abord.

PREMIER-NÉ, PREMIÈRE-NÉE adj. et n. m. et f.
Le premier enfant. *Des premiers-nés, des premières-nées.*
Les deux éléments du mot composé s'accordent en genre et en nombre.

PRÉMISSE n. f.
Début d'un exposé, affirmation dont on tire une conclusion. *Votre prémisse est fausse, votre raisonnement ne tient donc pas.*
HOM. ***prémices,*** début, commencement.

PRÉMOLAIRE n. f.
Dent située entre les canines et les molaires.

PRÉMONITION n. f.
Pressentiment. *Elle a eu la prémonition de ce qui devait arriver.* SYN. intuition.

PRÉMONITOIRE adj.
Se dit d'un signe avant-coureur. *Un rêve prémonitoire.*

PRÉMUNIR v. tr., pronom.
VERBE TRANSITIF
(LITT.) Prendre des précautions pour se défendre contre quelque chose. *Prémunir un enfant contre un danger.* SYN. garder ; protéger.
Le verbe se construit avec la préposition ***contre.***
VERBE PRONOMINAL
Se garantir contre quelque chose. *Ils se sont prémunis contre le froid.* SYN. se garder de ; prendre ses précautions ; se protéger.
À la forme pronominale, le participe passé de ce verbe s'accorde toujours en genre et en nombre avec son sujet. *Elles se sont prémunies contre la pluie.*
CONJUGAISON : VOIR MODÈLE FINIR.

PRENANT, ANTE adj.
1. Qui emploie beaucoup de temps et d'énergie. *Un travail prenant.*
2. Saisissant, émouvant. *Des intrigues prenantes.* SYN. captivant ; touchant.
LOCUTION
– ***Partie prenante.*** Personne, organisation, entreprise qui est directement concernée par une affaire, une activité quelconque. *« Il mérite attention tant il est partie prenante des enjeux démocratiques »* (Libération). *« Les nationalistes, parties prenantes à l'accord, ont suspendu leur participation »* (Le Monde).
La locution se construit généralement avec la préposition ***de*** ; cependant, la construction avec la préposition ***à*** est également possible.
La locution est parfois orthographiée au singulier même si elle se rapporte à plusieurs personnes physiques ou morales. *On propose une autre conception de la politique, où le monde ouvrier et la jeunesse antimondialisation doivent être partie prenante.*

PRÉNATAL, ALE, ALS ou **AUX** adj.
Qui précède la naissance. *Des cours prénatals* ou *prénataux.*

PRENDRE v. tr., intr., pronom.
VERBE TRANSITIF
1. Saisir. *Prendre un crayon et un papier.*
2. Absorber de la nourriture, une boisson. *Prendre un repas. Prendrais-tu un bon café ?* SYN. avaler ; ingérer.
3. Contracter une maladie. *Prendre un rhume.* SYN. (FAM.) attraper.
4. Choisir. *Prends la crème glacée aux pistaches, elle est très bonne.* SYN. miser sur ; opter pour ; préférer ; privilégier.
5. Utiliser. *Prenez les moyens, les précautions qui s'imposent. Prends ta bicyclette.* SYN. avoir recours à ; employer ; faire usage de ; recourir à ; se servir de.
6. Considérer comme. *Prendre quelqu'un pour un fou.* SYN. regarder comme ; tenir pour.
VERBE INTRANSITIF
1. Choisir un chemin, une direction. *Prendre à droite.* SYN. emprunter.
2. Épaissir. *La glace commence à prendre : on pourra bientôt aller patiner sur le lac.* SYN. durcir ; se figer.
3. Amorcer la combustion, en parlant d'un feu. *Le feu ne prend pas. Le feu a pris dans le foin sec.*
4. Réussir. *Ce mode de communication qu'est Internet finira par prendre.*
5. S'enraciner. *Cette plante a pris.*
VERBE PRONOMINAL
1. Se saisir réciproquement. *Ils se sont pris la main.*
2. (FIG.) Se laisser captiver, séduire. *Elles se sont prises au jeu.*
3. S'accrocher. *Son chapeau s'est pris à une branche.*
À la forme pronominale, le participe passé de ce verbe s'accorde en genre et en nombre avec le complément direct si celui-ci le précède. *Les cheveux qu'elle s'est pris dans sa fermeture éclair. Elles se sont prises au jeu des devinettes.* Le participe passé reste invariable si le complément direct suit le verbe. *Elle s'est pris le pied dans une racine.*
LOCUTIONS
– ***À tout prendre,*** loc. adv. Tout bien réfléchi, après tout.
– ***C'est à prendre ou à laisser.*** La seule alternative est d'accepter ou de refuser l'offre qui est faite.
– ***Prendre contact.*** Entrer en rapport, en relation avec quelqu'un. *Je vous conseille de prendre contact avec cette architecte.*
– ***Prendre en compte.*** Considérer. *Nous devrons prendre en compte cette nouvelle réalité.* SYN. tenir compte de.
– ***Prendre la parole.*** Commencer à parler.
– ***Prendre le taureau par les cornes.*** (FIG.) S'attaquer de front à une difficulté, à un problème.
– ***Prendre l'initiative.*** Agir. *À toi de prendre l'initiative : la balle est dans ton camp.*
– ***Prendre part.*** Participer. *Nous prendrons part à la fête.*
– ***Prendre place.*** Se placer, pénétrer en un lieu, embarquer, s'installer, s'asseoir, selon le cas. *Prenez place, le spectacle va commencer ! Six des sept membres d'équipage qui avaient pu prendre place dans un canot de survie ont été récupérés, en état de choc, mais sains et saufs. Il ne suffit pas de prendre place dans la file d'attente des demandeurs de subventions pour obtenir satisfaction.*
Attention à la confusion courante : la locution désigne l'action d'entrer quelque part, de pénétrer à l'intérieur d'un véhicule, d'un bâtiment, etc., et non de s'y trouver.
– ***Prendre sur soi.*** Rester calme, se contenir.
– ***Prendre une bouchée.*** ⚜ (FAM.) Prendre un repas léger, manger un peu.
– ***S'en prendre à.*** Rendre quelqu'un, quelque chose responsable de ce qui arrive. *Elle s'en est prise à son voisin, qui faisait trop de bruit.*
– ***Se prendre à.*** Commencer à, se mettre à. *Il se prit à douter de lui.*
– ***Se prendre pour.*** Se considérer comme. *Te prends-tu pour Napoléon ?*
– ***S'y prendre.*** Agir d'une manière définie. *Voilà comment tu dois t'y prendre.* SYN. faire.
FORMES FAUTIVES
*prendre action. Calque de «*to take action*» pour ***agir, intervenir, passer aux actes, prendre des mesures.***
*prendre de l'avant, prendre de l'arrière, en parlant d'une montre, d'une pendule. Impropriété pour ***avancer, retarder.***
*prendre des procédures. Calque de «*to take proceedings against*» pour ***entamer une procédure contre, poursuivre (en justice).***
*prendre la parole de quelqu'un. Calque de «*to take someone's word*» pour ***se fier à la parole de quelqu'un.***
*prendre la part de quelqu'un. Calque de «*to take someone's part*» pour ***prendre la défense de quelqu'un.***
*prendre le plancher. Calque de «*to take the floor*» pour ***monopoliser l'attention, parler sans arrêt.***
*prendre le vote. Calque de «*to take a vote*» pour ***procéder au scrutin.***
*prendre offense. Calque de «*to take offense*» pour ***se froisser, se vexer.***
*prendre personnel. Calque de «*to take something personally, to take it personal*» pour ***se sentir (personnellement) visé, se sentir attaqué.***
*prendre place. Impropriété au sens de ***avoir lieu, se passer, se situer, se tenir.*** *Le concert a eu lieu* ou *s'est tenu* (et non *a pris place) *dans cette chapelle historique.*
*prendre place. Impropriété au sens de ***se trouver.*** *Ces blessés se trouvaient* (et non *prenaient place) *dans la voiture accidentée.*
*prendre pour acquis. Calque de «*to take for granted*» pour ***tenir pour acquis.***
*prendre un cours. Calque de «*to take a course*» pour ***suivre un cours, s'inscrire à un cours.***
*prendre une chance. Calque de «*to take a chance*» pour ***courir le risque, prendre le risque, tenter sa chance, courir sa chance.***
*prendre une marche. Calque de «*to take a walk*» pour ***faire une promenade, faire un tour.***
CONJUGAISON : VOIR MODÈLE APPRENDRE.

PRENEUR, EUSE adj. et n. m. et f.
Se dit d'une personne disposée à acheter. *Êtes-vous preneur ?*
LOCUTION
– ***Trouver preneur.*** Faire l'objet d'une acquisition. *Près de 87 millions des actions qu'ils détenaient ont trouvé preneur. Une cinquantaine de boutiques ont déjà trouvé preneur.*
Dans cette locution, le nom ***preneur*** demeure invariable.

PRÉNOM n. m.
Nom précédant le patronyme et servant à distinguer chacun des membres d'une même famille. *Appeler quelqu'un par son prénom. Elle a pour prénom Raphaëlle.*
Ne pas confondre avec les noms suivants :
• ***nom,*** vocable servant à nommer une personne ;
• ***pseudonyme,*** nom d'emprunt d'un auteur, d'un acteur, etc. ;
• ***sobriquet,*** nom familier, plaisant ou moqueur ;
• ***surnom,*** nom marquant une qualité, un défaut et qui s'ajoute au nom.
Les prénoms composés français se lient par des traits d'union. *Jean-Pierre.* La même règle s'applique aux initiales. *J.-P.* Les prénoms étrangers s'écrivent généralement sans trait d'union. *John Fitzgerald Kennedy.*

PRÉNOMMER v. tr., pronom.
VERBE TRANSITIF
Donner un prénom à quelqu'un. *Elle a prénommé sa fille Marie-Ève.*
VERBE PRONOMINAL
Avoir pour prénom. *Son fils se prénomme Étienne.*

À la forme pronominale, le participe passé de ce verbe s'accorde toujours en genre et en nombre avec son sujet. *Elle s'est prénommée Berthe.*
CONJUGAISON : VOIR MODÈLE AIMER.

P

PRÉNUPTIAL, IALE, IAUX adj.
Qui précède le mariage. *Des examens prénuptiaux.*

PRÉOCCUPANT, ANTE adj.
Qui inquiète, cause du souci. *Pour bon nombre de travailleurs, la précarité de l'emploi est préoccupante.* SYN. alarmant; inquiétant.

PRÉOCCUPATION n. f.
1. Désir. *Sa préoccupation est de leur faire plaisir.*
2. Souci, inquiétude. *La maladie de son amie lui cause bien des préoccupations.*
préoccupation.

PRÉOCCUPÉ, ÉE adj.
Soucieux, inquiet. *Préoccupée et surprise de la tournure des évènements, elle vient aux nouvelles. « Un homme d'un certain âge/Plutôt jeune et plutôt vieux/Portant des yeux préoccupés/Et des lunettes sans couleur »* (Hector de Saint-Denys Garneau, *Œuvres*). SYN. ennuyé; tracassé.

PRÉOCCUPER v. tr., pronom.
VERBE TRANSITIF
Inquiéter vivement. *Sa faiblesse me préoccupe.* SYN. chiffonner; ennuyer.
VERBE PRONOMINAL
1. S'inquiéter, avoir du souci au sujet de quelqu'un, de quelque chose. *Elle se préoccupe de sa santé.* SYN. se soucier de; se tourmenter.
2. S'intéresser à, prendre à cœur. *Ils se préoccupent du bien-être de leurs enfants.* SYN. se soucier de. ANT. se désintéresser; se moquer.
À la forme pronominale, le verbe se construit avec la préposition ***de.***
À la forme pronominale, le participe passé de ce verbe s'accorde toujours en genre et en nombre avec son sujet. *Les professeurs se sont préoccupés de donner une formation générale à leurs étudiants.*
CONJUGAISON : VOIR MODÈLE AIMER.

PRÉPARATIF n. m.
Arrangements en vue de quelque chose. *Des préparatifs de voyage.* SYN. disposition; mesure; précaution.
Ce nom s'emploie généralement au pluriel.

PRÉPARATION n. f.
1. Action de préparer. *La préparation d'un repas.* SYN. confection; organisation.
2. Chose préparée. *Une préparation chimique.* SYN. composition; mélange.

PRÉPARATOIRE adj.
Qui prépare. *Un cours préparatoire.*

PRÉPARER v. tr., pronom.
VERBE TRANSITIF
1. Rendre propre à un usage. *Préparer sa valise.* SYN. arranger; cuisiner.
2. Créer, organiser dans un but déterminé. *Préparer un spectacle.*
3. Apprêter. *Nouni préparera un festin pour la nuit de Noël.*
4. Former. *Préparer un étudiant à un examen.*
VERBE PRONOMINAL
1. Prendre les mesures qui s'imposent, faire le nécessaire pour être prêt, pour qu'une chose soit prête. *Elles se sont bien préparées pour leur examen.*
2. Se disposer à. *Il se prépare à partir.* SYN. s'apprêter; être sur le point de.
3. Être imminent. *Un orage se prépare.*
À la forme pronominale, le participe passé de ce verbe s'accorde en genre et en nombre avec le complément direct si celui-ci le précède. *Le goûter qu'elle s'est préparé. Ils se sont préparés à partir.* Le participe passé reste invariable si le complément direct suit le verbe. *Ils se sont préparé des mets de choix.*
LOCUTION
– ***Plat préparé.*** Plat cuisiné d'avance, que l'on n'a qu'à réchauffer avant de le consommer.
CONJUGAISON : VOIR MODÈLE AIMER.

PRÉPONDÉRANCE n. f.
Supériorité. *La prépondérance américaine en matière informatique.* SYN. domination; prédominance; prééminence; primauté.
prépondérance.

PRÉPONDÉRANT, ANTE adj.
Supérieur, qui joue un rôle majeur. *Une influence prépondérante.* SYN. prédominant; prééminent.

PRÉPOSÉ n. m.
PRÉPOSÉE n. f.
Personne subalterne chargée d'une fonction. *Une préposée aux renseignements.*

PRÉPOSER v. tr.
Affecter une personne à un poste. SYN. charger.
CONJUGAISON : VOIR MODÈLE AIMER.

PRÉPOSITIF, IVE adj.
(GRAMM.) Qui est de la nature de la préposition.
LOCUTION
– ***Locution prépositive.*** Groupe de mots qui joue le rôle d'une préposition. *Les locutions* à côté de, de manière à, quant à *sont des locutions prépositives.*

PRÉPOSITION n. f.
Mot invariable qui sert à introduire un complément.
VOIR TABLEAU – PRÉPOSITION.
VOIR TABLEAU – GROUPE.

PRÉPUCE n. m.
Repli libre formé par la peau qui vient recouvrir le gland de la verge.

***PRÉREQUIS**
Anglicisme pour ***préalable, conditions d'admissibilité, qualifications préalables.*** *Vous devez suivre ce préalable* (et non *prérequis). *Voici les conditions d'admissibilité* (et non *prérequis) *à ce poste.*

PRÉRETRAITE n. f.
Retraite anticipée. *Vous aurez bientôt 60 ans : songez-vous à une préretraite ?*

PRÉRETRAITÉ, ÉE adj. et n. m. et f.
Qui bénéficie d'une retraite anticipée. *Une personne préretraitée. Des préretraités très occupés.*

PRÉROGATIVE n. f.
Privilège exclusif attribué à certaines fonctions. *Les prérogatives des professeurs.* SYN. attribution; avantage.

PRÈS adv.
Proche. *Il habite tout près.* SYN. à côté; à deux pas; à proximité.
LOCUTIONS
– ***À cela près,*** loc. adv. Excepté cela. *Il pratique tous les sports, à cela près qu'il déteste le curling.* SYN. mis à part; sauf.
– ***À peu de chose(s) près,*** loc. adv. Presque. *L'économie des douze pays de la zone euro est à peu de chose près équivalente à celle des États-Unis.*
– ***À peu près,*** loc. adv. Approximativement. *Un total de 125 élèves à peu près.* SYN. environ; presque.
– ***De près,*** loc. adv. À proximité. *J'ai vu cet ours polaire de près.*
– ***Près de,*** loc. prép. À proximité, dans le voisinage. *Elle se plaça près de moi. Il est près de midi.*
Cette locution marque la proximité de lieu ou de temps.

PRÉPOSITION

La préposition est un mot invariable qui sert à introduire un complément, qu'il unit, par un rapport de temps, de lieu, de moyen, de manière, etc., à un mot, à un groupe de mots ainsi complétés.

▸ Quelques prépositions

À	DE	PAR
*Je viendrai **à** midi* (temps).	*Marcher **de** midi à minuit* (temps).	*Passer **par** Trois-Rivières* (lieu).
*Il habite **à** la campagne* (lieu).	*Se rapprocher **de** la ville* (lieu).	*Travailler dix heures **par** jour* (temps).
*Se battre **à** l'épée* (moyen).	*Une femme **de** tête* (manière).	*Voyager **par** bateau* (moyen).

DANS	EN	POUR
*Il arrivera **dans** une heure* (temps).	*Elle habite **en** Gaspésie* (lieu).	*Partir **pour** la campagne* (lieu).
*Elle travaille **dans** un bureau* (lieu).	***En** été comme **en** hiver* (temps).	*Partir **pour** deux jours* (temps).
*Boire **dans** un verre* (instrument).	*Une bague **en** or* (matière).	*Des bottes **pour** la pluie* (but).

Attention à certains mots qui sont tantôt des prépositions s'ils introduisent un complément, tantôt des adverbes s'ils n'en introduisent pas.

*Il y a un chien **derrière** l'arbre.* Le mot ***derrière*** introduit un complément de phrase : c'est une ***préposition.***

*Les chiens sont restés **derrière**.* Le mot ***derrière*** n'introduit pas de complément : c'est un ***adverbe*** qui modifie le verbe *rester.*

▸ Principales prépositions

à	contre	dès	envers	par	sauf
après	dans	devant	hors	parmi	selon
avant	de	durant	jusque	pendant	sous
avec	depuis	en	malgré	pour	sur
chez	derrière	entre	outre	sans	vers...

LOCUTION PRÉPOSITIVE (ou préposition composée)

La ***locution prépositive*** ou ***préposition composée*** est formée de plusieurs mots et joue le même rôle que la préposition : elle introduit un complément. *Un joli jardin a été aménagé **en arrière de** la maison.*

Les prépositions simples ou composées introduisent toujours un complément. Attention à certaines locutions qui n'introduisent pas de complément et qui sont alors des locutions adverbiales (ou adverbes composés).

*Les enfants jouent **en avant de** l'école.* La locution ***en avant de*** introduit un complément de phrase : c'est une ***préposition composée.***

*Regardez **en avant**.* La locution ***en avant*** n'introduit pas de complément : *c'est un* ***adverbe composé*** qui modifie le verbe *regarder.*

▸ Principales locutions prépositives (ou prépositions composées)

à cause de	à l'insu de	auprès de	de delà	en dehors de	par-delà
à condition de	à l'intention de	au prix de	de derrière	en dépit de	par-dessous
à côté de	à moins de	au sujet de	de dessous	en face de	par-dessus
à défaut de	à raison de	autour de	de dessus	en faveur de	par-devant
afin de	au cours de	au travers de	de devant	étant donné	par-devers
à force de	au-dedans de	aux dépens de	de façon à	face à	par rapport à
à l'abri de	au-dehors de	aux environs de	de manière à	faute de	près de
à la façon de	au-dessous de	avant de	d'entre	grâce à	proche de
à la faveur de	au-dessus de	conformément à	de par	hors de	quant à
à la mode de	au-devant de	contrairement à	de peur de	jusqu'à	sauf à
à l'égard de	au lieu de	dans le but de	du côté de	le long de	vis-à-vis de...
à l'encontre de	au milieu de	d'après	en bas de	loin de	
à l'exception de	au moyen de	d'avec	en deçà de	par-dedans	
à l'exclusion de	au pied de	de chez	en dedans de	par-dehors	

P

– ***Près de,*** loc. prép. Environ, un peu moins de. *Il y a près de 20 ans qu'il est venu dans ce pays. Il y a près de 20 pommiers à côté de la maison.*
– ***Près de*** + infinitif. Sur le point de. *Elle était près de changer d'avis.*
Cette expression ne doit pas être confondue avec ***prêt,*** qui signifie « disposé à » et qui se construit avec la préposition ***à.*** *Elle est prête à changer d'avis.*
HOM.
• ***prêt,*** somme prêtée ;
• ***prêt,*** disposé à.

PRÉSAGE n. m.
Signe heureux ou malheureux par lequel on juge de l'avenir. *Cette éclaircie est un bon présage. Je ne crois pas qu'un chat noir soit un mauvais présage.*

PRÉSAGER v. tr.
1. Annoncer par des signes. *La réduction des stocks, qui ont atteint leur niveau le plus bas depuis une décennie, laisse présager un redémarrage de la production. Ces longues délibérations ne présagent rien de bon.* SYN. augurer ; indiquer ; préfigurer.
2. Prévoir l'issue de quelque chose. *Nous ne pouvions présager que les résultats seraient si bons.*
Ce verbe se construit avec un complément direct.
CONJUGAISON : VOIR MODÈLE CHANGER.
Le ***g*** est suivi d'un ***e*** devant les lettres ***a*** et ***o.*** *Il présagea, nous présageons.*

PRÉ-SALÉ n. m. (pl. *prés-salés*)
Mouton qui vient d'un pâturage voisin de la mer. *Les prés-salés du Mont-Saint-Michel sont tendres et savoureux.*

PRESBYTE adj. et n. m. et f.
Qui est atteint de presbytie. *Une personne presbyte qui doit chausser ses lunettes pour lire. Des presbytes.* ANT. myope.
presbyte.

PRESBYTÈRE n. m.
Maison du curé dans une paroisse.
presbytère.

PRESBYTIE n. f.
Défaut de l'œil qui distingue mal les objets proches.
À l'opposé, la ***myopie*** est le défaut de l'œil qui distingue mal les objets éloignés.
presbytie.

PRÉSCOLAIRE adj.
Qui précède la scolarité obligatoire.

PRESCRIPTIBLE adj.
(DR.) Sujet à la prescription. *Des droits prescriptibles.* ANT. imprescriptible.

PRESCRIPTIF, IVE adj.
(LING.) Se dit d'une attitude consistant à recommander un usage linguistique en fonction de critères socioculturels, à le considérer comme prestigieux en raison de la classe qui l'utilise et à l'imposer au détriment des autres usages. SYN. normatif.
LOCUTION
– ***Norme prescriptive.*** (LING.) Usage valorisé par une communauté linguistique.
Alain Rey, directeur de la rédaction du *Grand Robert de la langue française,* oppose à la norme prescriptive la norme objective, qui désigne l'usage courant dans une communauté linguistique.

PRESCRIPTION n. f.
1. Ordre détaillé, recommandation, conseil thérapeutique émanant d'un médecin.
Quand la prescription est sous forme écrite, il s'agit d'une ***ordonnance.***
2. Ordre détaillé. *Les prescriptions de la loi en ce qui a trait aux droits d'auteur.* SYN. disposition ; règle.
Ne pas confondre avec les noms suivants :
• ***commandement,*** ordre ;
• ***instruction,*** indication précise pour l'exécution d'un ordre ;
• ***précepte,*** règle de conduite ;
• ***proscription,*** condamnation.
3. (DR.) Temps au bout duquel on ne peut plus poursuivre l'exécution d'une obligation. *Il y a prescription après dix ans.*
FORME FAUTIVE
*prescription. Impropriété au sens de ***ordonnance*** (d'un médecin).

PRESCRIRE v. tr., pronom.
VERBE TRANSITIF
1. Ordonner. *Prescrire des règlements internes.*
2. Recommander vivement. *Le médecin a prescrit des antibiotiques.* SYN. préconiser.
VERBE PRONOMINAL
S'éteindre, devenir périmé par prescription. *Ces droits se prescrivent après un certain délai.*
À la forme pronominale, le participe passé de ce verbe s'accorde toujours en genre et en nombre avec son sujet. *Ces poursuites se sont finalement prescrites.*
Ne pas confondre avec le verbe ***proscrire,*** condamner, interdire.
CONJUGAISON : VOIR MODÈLE ÉCRIRE.
INDICATIF PRÉSENT *Je prescris, tu prescris, il prescrit, nous prescrivons, vous prescrivez, ils prescrivent.* IMPARFAIT *Je prescrivais.* PASSÉ SIMPLE *Je prescrivis.* FUTUR *Je prescrirai.* CONDITIONNEL PRÉSENT *Je prescrirais.* IMPÉRATIF PRÉSENT *Prescris, prescrivons, prescrivez.* SUBJONCTIF PRÉSENT *Que je prescrive.* IMPARFAIT *Que je prescrivisse.* PARTICIPE PRÉSENT *Prescrivant.* PASSÉ *Prescrit, ite.*

PRÉSÉANCE n. f.
Droit de précéder quelqu'un. *Cette souveraine a préséance sur les autres invités.*

PRÉSENCE n. f.
Le fait pour une personne, une chose d'être dans un lieu déterminé. *Comment expliquer la présence de cette personne ici ?*
LOCUTIONS
– ***En présence,*** loc. adv. Face à face. *Les forces en présence.* SYN. en opposition.
– ***En présence de,*** loc. prép. En face de. *Il a signé en présence d'un témoin.* SYN. devant.
– ***Faire acte de présence.*** Être présent pendant quelques instants seulement. *Je vais faire acte de présence au cocktail et revenir aussitôt au bureau, car j'ai trop de travail.*
– ***Jetons de présence.*** Somme accordée aux membres des conseils d'administration.

PRÉSENT, ENTE adj. et n. m. et f.
ADJECTIF ET NOM MASCULIN ET FÉMININ
Qui est dans le lieu dont on parle, dans le temps où nous sommes. *Le temps présent. Elle est ici présente. Que les présents se lèvent !* ANT. absent.
Contrairement à l'adjectif ***absent,*** l'adjectif ***présent*** peut se construire avec la préposition ***à*** suivie d'un nom de lieu. *Il était présent à la réunion.*
NOM MASCULIN
1. Partie du temps correspondant au moment où l'on parle. *Vivre dans le présent.* ANT. futur ; passé.
2. (LITT.) Cadeau. *De jolis présents.* SYN. don ; offrande.
3. (GRAMM.) Temps indiquant que l'action s'accomplit au moment où l'on parle. Le présent exprime également :
– Une vérité éternelle. *Le ciel est bleu. Deux et deux font quatre.*
– Un fait habituel. *Il part tous les matins à 7 h 30.*
– Un fait actuel. *Il neige.*
– Un futur proche. *Un instant je vous prie, je suis à vous dans quelques minutes.*
VOIR TABLEAU – PARTICIPE PRÉSENT.
VOIR TABLEAU – PRÉSENT.

LOCUTIONS
– ***À présent,*** loc. adv. Maintenant. *Il n'était pas là, mais il est arrivé à présent.*
– ***À présent que,*** loc. conj. Maintenant que.
La locution se construit avec un verbe au présent. *À présent qu'elle est en vacances, elle peut aller jouer.* Quand le verbe est à un temps du passé, on préférera la locution conjonctive ***maintenant que.*** *Maintenant que le projet a été approuvé...*
– ***Jusqu'à présent.*** Jusqu'à aujourd'hui. *Jusqu'à présent* (et non *à date, *jusqu'à date), *on pouvait remettre des travaux écrits à la main. À compter d'aujourd'hui, on devra les faire à l'ordinateur.*

PRÉSENTABLE adj.
Qui a un bon aspect, une belle présentation. *Ce devoir n'est pas présentable, il est rempli de ratures et d'erreurs.* SYN. acceptable ; convenable.

PRÉSENTATEUR n. m.
PRÉSENTATRICE n. f.
Personne qui présente un spectacle, une émission, un produit.

PRÉSENTATION n. f.
1. Action de présenter. *Permettez-moi de faire les présentations.*
2. Action de faire connaître. *La présentation d'un film.*
3. Manière de présenter. *Une présentation originale.*

PRÉSENTEMENT adv.
En ce moment, actuellement. *Présentement, elle est absente, mais elle arrivera bientôt.* SYN. maintenant.
Cet adverbe demeure usuel au Québec et dans la francophonie canadienne, mais il n'appartient plus à l'usage courant de la majorité des locuteurs du français.

PRÉSENTER v. tr., intr., pronom.
VERBE TRANSITIF
1. Faire connaître une personne à une autre, en donnant son nom, sa qualité. *Permettez-moi de vous présenter mon frère.*
2. Offrir. *Il lui a présenté ses félicitations enthousiastes.*
3. Montrer, exposer. *Le Musée des beaux-arts présente une exposition de Magritte.*
4. Comporter. *Cette recherche présente quelques embûches.*
VERBE INTRANSITIF
(FAM.) ***Présenter bien, présenter mal.*** Faire bonne, mauvaise impression. *Elle a été engagée ; elle présente bien.*
Cette construction est critiquée. Dans la langue soutenue, on dira plutôt : *elle a une bonne présentation.*
VERBE PRONOMINAL
1. Se faire connaître à quelqu'un. *Je ne me suis pas présentée, je suis Paule Dubois.*
2. Se proposer, poser sa candidature à un poste, à une élection. *Se présenter comme candidat.* SYN. se porter.
3. Subir. *Se présenter à un examen.* SYN. passer.
4. Apparaître, survenir. *L'affaire se présente bien.*
5. Survenir. *Je viendrai te voir si l'occasion se présente.*
À la forme pronominale, le participe passé de ce verbe s'accorde toujours en genre et en nombre avec son sujet. *Elles se sont présentées aux tests linguistiques.*
CONJUGAISON : VOIR MODÈLE AIMER.

PRÉSENTOIR n. m.
Dans un établissement commercial, dispositif à l'aide duquel les produits sont mis en valeur. *Les nouveaux articles sont disposés sur un présentoir* (et non un *rack).

PRÉSERVATIF n. m.
Dispositif utilisé comme contraceptif. *Le condom est le préservatif masculin le plus courant.*
FORME FAUTIVE
*préservatif. Anglicisme au sens de ***agent de conservation.***

PRÉSERVATION n. f.
Action de préserver. *La préservation des espèces en voie de disparition.* SYN. protection ; sauvegarde.

PRÉSERVER v. tr.
1. Mettre à l'abri de, sauver d'un mal. *Cet imperméable te préservera de la pluie.*
2. (PAR EXT.) Protéger. *Il faut préserver l'environnement.*
CONJUGAISON : VOIR MODÈLE AIMER.

PRÉSIDENCE n. f.
1. Fait de présider. *Il est chargé de la présidence du colloque.*
2. Fonction de président. *Elle assure la présidence de cet organisme.*

PRÉSIDENT n. m.
PRÉSIDENTE n. f.
Personne qui préside une assemblée, une société, un pays, etc. *Le président d'une entreprise, d'un organisme, la présidente d'un conseil d'administration. J. F. Kennedy a été président des États-Unis. Michelle Bachelet est présidente de la République du Chili.*
président, contrairement au participe présent invariable, ***présidant.***

PRÉSIDENT-DIRECTEUR GÉNÉRAL n. m.
PRÉSIDENTE-DIRECTRICE GÉNÉRALE n. f.
Abréviations ***P.-D.G., p.-d.g., PDG, pdg.***
Personne qui préside le conseil d'administration d'une entreprise et assume sa direction générale.
Attention à la place du trait d'union entre les deux noms.

PRÉSIDENTIEL, IELLE adj.
Qui est relatif au président. *Le bureau présidentiel.*
présidentiel.

PRÉSIDER v. tr.
VERBE TRANSITIF DIRECT
Remplir les fonctions de président. *Il présidait la réunion. Elle préside son entreprise avec dynamisme.*
VERBE TRANSITIF INDIRECT
Veiller à, organiser. *Ils présidèrent au succès de la rencontre.*
Au sens de ***veiller à,*** le verbe se construit avec la préposition ***à.***
CONJUGAISON : VOIR MODÈLE AIMER.

PRÉSOMPTIF, IVE adj.
Désigné à l'avance. *Charles est l'héritier présomptif de la couronne d'Angleterre.*
Ne pas confondre avec le mot ***présomptueux*** qui qualifie une personne téméraire.

PRÉSOMPTION n. f.
1. Jugement fondé sur des apparences, non sur des preuves. SYN. supposition.
2. Témérité, confiance excessive en ses possibilités. SYN. prétention ; suffisance.

PRÉSOMPTUEUX, EUSE adj.
Qui est trop confiant en soi, téméraire. SYN. prétentieux ; suffisant.
Ne pas confondre avec le mot ***présomptif,*** qui est désigné d'avance.

PRÉSONORISATION n. f.
Interprétation simulée (d'une chanson, d'un texte, etc.) qui a déjà fait l'objet d'un enregistrement sonore. *Chanter en présonorisation* (et non en *lip-sync, en *play-back).
Ce nom a fait l'objet d'une recommandation officielle pour remplacer l'anglicisme *play-back.

PRESQUE adv.
À peu près. *Presque tous les élèves sont présents. Dans presque une heure, nous serons partis.*
L'élision ne se fait que devant le mot ***île.*** *Presqu'île.*
VOIR TABLEAU – ÉLISION.

P

PRÉSENT

AXE DU TEMPS

PASSÉ	PRÉSENT	FUTUR
AUTREFOIS, ON VOYAGEAIT EN BATEAU.	**AUJOURD'HUI,** ON SE DÉPLACE EN AVION.	**DEMAIN,** ON CIRCULERA EN NAVETTE SPATIALE.

Le **PRÉSENT** indique qu'un fait, qu'une action a lieu au moment où l'on parle.

- **Le PRÉSENT exprime :**

– un **fait actuel**, une **action présente.**

Il fait soleil aujourd'hui. Elle est à la campagne dans son jardin.

- **Le PRÉSENT exprime également :**

– une **vérité éternelle, générale.**

Le ciel est bleu. Il importe de bien maîtriser sa langue, car elle est le véhicule de la pensée.

Les proverbes, les maximes, les adages sont généralement au présent, car ils expriment des vérités permanentes. « *Rien ne sert de courir, il faut partir à point.* » (La Fontaine) *Pierre qui roule n'amasse pas mousse.*

– un **fait habituel.**

Les enfants partent tous les matins à 7 h 30 et reviennent à 16 h.

– un **fait scientifique.**

Deux et deux font quatre. « Tout corps plongé dans un liquide subit une poussée verticale, dirigée de bas en haut, égale au poids du fluide déplacé. » (Principe d'Archimède)

– un **fait historique.**

Samuel de Champlain fonde Québec en 1608.

Ce temps s'appelle aussi le présent narratif, car il raconte l'histoire de façon vivante et la rattache à l'actualité.

- **Le PRÉSENT peut aussi traduire :**

– un **passé récent.**

La partie de hockey se termine tout juste.

– un **futur proche.**

Attends-moi, j'arrive immédiatement. Nous partons en voyage demain.

Dans ces deux cas, la dimension passée ou future est indiquée à l'aide du verbe au présent accompagné d'une locution adverbiale (ou adverbe composé) pour le passé *(tout juste)* ou d'un adverbe pour le futur *(immédiatement).*

– une **action future** dans une subordonnée conditionnelle.

Si tu économises un peu, tu pourras t'acheter des patins.

VOIR TABLEAUX ► **CONCORDANCE DES TEMPS DANS LA PHRASE.** ► **FUTUR.** ► **PASSÉ (TEMPS DU).**

PRESQU'ÎLE n. f.
Île reliée à la terre par une langue de terrain.
Lorsque la presqu'île est d'une grande étendue, on emploie le nom ***péninsule.***
[Les *Rectifications* (1990) admettent : presqu'ile.]

PRESSAGE n. m.
1. Action de presser. *Le pressage d'un jus de fruits.*
2. Action de presser à la vapeur, dans un établissement où l'on fait le nettoyage des vêtements. *Faire faire un pressage* (et non un *pressing).
Ne pas confondre avec le nom ***repassage,*** action de presser avec un fer à repasser.

PRESSANT, ANTE adj.
1. Urgent. *Un besoin pressant de médicaments.*
2. Insistant. *Une demande pressante.* SYN. impératif.

***PRESS-BOOK**
Anglicisme pour ***dossier de presse.***

PRESSE n. f.
1. Machine destinée à comprimer un corps ou à y laisser une impression. *Une presse à imprimer, une presse à perforer du métal.*
2. Le journalisme. *La liberté de la presse.*
Par extension, on dit également ***presse parlée, écrite, télévisée.***
3. (AU PLUR.) Maison d'édition. *Les Presses universitaires.*
LOCUTION
– ***Mettre sous presse.*** Faire imprimer (un ouvrage). *Nous mettons* (et non *allons) *sous presse aujourd'hui.*

PRESSE-
Les mots composés avec l'élément ***presse-*** s'écrivent avec un trait d'union. Au pluriel, l'élément ***presse-,*** qui est un verbe, est invariable, tandis que le second élément est parfois variable, parfois invariable. *Presse-papiers.*

PRESSÉ, ÉE adj. et n. m.
ADJECTIF
1. Qui a été pressé pour en extraire le jus. *Une orange fraîchement pressée.*
2. Qui doit être fait sans délai, en toute hâte. *Un travail pressé.* SYN. pressant; urgent.
NOM MASCULIN
Ce qui est le plus important, le plus urgent. *Il faut parer au plus pressé.*

PRESSE-BOUTON adj. (pl. *presse-bouton* ou *presse-boutons*)
Entièrement automatique. *Une production presse-bouton. Des usines presse-boutons.*

PRESSE-CITRON n. m. (pl. *presse-citrons*)
Ustensile servant à extraire le jus des citrons, des oranges.
Ce nom composé était invariable, mais le mot ***citron*** prend maintenant la marque du pluriel selon la règle habituelle.

PRESSE-FRUIT(S) n. m. (pl. *presse-fruits*)
Appareil servant à extraire le jus des fruits.

PRESSENTIMENT n. m.
Sentiment instinctif d'un évènement à venir. *Madeleine a eu le pressentiment qu'un incident pénible allait se passer. « J'eus un pressentiment que je pourrais bien ne jamais la revoir »* (Gabrielle Roy, *La Détresse et l'Enchantement*). SYN. intuition; prémonition.

PRESSENTIR v. tr.
1. Deviner confusément. *Pressentir un drame.* SYN. prévoir.
2. Prendre contact avec quelqu'un. *Il a été pressenti* (et non *contacté) *par le parti écologique. On l'a pressenti pour la présidence.*
CONJUGAISON : VOIR MODÈLE SORTIR.
INDICATIF PRÉSENT *Je pressens, tu pressens, il pressent, nous pressentons, vous pressentez, ils pressentent.* IMPARFAIT *Je pressentais.* PASSÉ SIMPLE *Je pressentis.* FUTUR *Je pressentirai.* CONDITIONNEL PRÉSENT *Je pressentirais.* IMPÉRATIF PRÉSENT *Pressens, pressentons, pressentez.* SUBJONCTIF PRÉSENT *Que je pressente.* IMPARFAIT *Que je pressentisse.* PARTICIPE PRÉSENT *Pressentant.* PASSÉ *Pressenti, ie.*

PRESSE-PAPIER(S) n. m. (pl. *presse-papiers*)
1. Petit objet lourd posé sur des documents pour éviter qu'ils ne se dispersent. *Des presse-papiers amusants. Un presse-papiers ou presse-papier de cristal.*
2. (INFORM.) Zone de la mémoire vive qui sert à stocker temporairement des données que l'utilisateur veut transférer d'un logiciel d'application à un autre ou d'un endroit d'un document à un autre (GDT). *Le presse-papiers est utilisé dans les opérations de copier-coller et de couper-coller.*

PRESSE-PURÉE n. m. (pl. *presse-purée* ou *presse-purées*)
Passoire servant à préparer des purées de légumes.

PRESSER v. tr., intr., pronom.
VERBE TRANSITIF
1. Serrer avec force pour extraire un liquide. *Presser un citron, des raisins.* SYN. compresser; comprimer.
2. Exercer une pression sur. *Presser un bouton.* SYN. appuyer.
Si l'on doit appuyer fortement sur quelque chose, on emploie alors le mot ***peser.*** *Pèse sur cette manette pour actionner le mécanisme.*
3. Insister. *Je le pressai d'agir.* SYN. engager.
4. Accélérer. *Presser le pas.* SYN. brusquer; hâter.
VERBE INTRANSITIF
Être urgent. *Le temps presse, il faut partir. Voyons! on a tout le temps : rien ne presse.*
En ce sens, le verbe est intransitif, c'est-à-dire qu'il n'a pas de complément direct ni indirect. La construction avec la préposition ***de*** ou ***en*** est fautive. *Cela ne presse pas* (et non *nous n'en pressons pas).
VERBE PRONOMINAL
1. Se hâter. *Elles se sont pressées pour arriver à temps.* SYN. se dépêcher.
2. Se serrer, se tasser. *Ils se sont pressés autour de leurs joueurs de hockey préférés.*
À la forme pronominale, le participe passé de ce verbe s'accorde toujours en genre et en nombre avec son sujet. *Les spectateurs se sont pressés pour apercevoir l'illustre visiteur.*
CONJUGAISON : VOIR MODÈLE AIMER.

PRESSING n. m.
Anglicisme utilisé en France pour désigner un établissement où l'on nettoie et repasse les vêtements. SYN. ⚜ nettoyeur.

PRESSION n. f.
1. Poussée. *Une pression de la main suffit.*
2. Contrainte morale. *Trop de pression s'exerce sur lui. Il est sous pression.*
3. (PHYS.) Force qui agit sur une surface donnée. *La pression atmosphérique.*
LOCUTIONS
– ***Être sous pression.*** (FIG.) Être tendu, stressé.
– ***Faire pression.*** Insister. *Ses parents ont fait pression sur elle pour qu'elle fasse ce choix.*
Dans cette expression, le mot ***pression*** demeure au singulier.
– ***Pression artérielle.*** Pression exercée par le sang sur les parois des artères. *Une pression artérielle* (et non *sanguine) *normale.* SYN. tension artérielle.
FORMES FAUTIVES
*basse pression. Calque de «*low pressure*» pour ***hypotension.***
*haute pression. Calque de «*high pressure*» pour ***hypertension.***
*mettre de la pression sur quelqu'un. Calque de «*to put pressure on someone*» pour ***faire pression sur quelqu'un.***
*pression sanguine. Calque de «*blood pressure*» pour ***pression artérielle, tension artérielle.***

PRESSOIR n. m.
Presse qui sert à extraire le jus des raisins, des olives, etc.

PRESSURER v. tr.
1. Soumettre au pressoir des fruits pour en extraire le jus. *Pressurer des raisins.* SYN. écraser ; presser.
2. (FIG.) Prélever des impôts, des taxes à l'excès. SYN. exploiter ; saigner.
CONJUGAISON : VOIR MODÈLE AIMER.

PRESSURISATION n. f.
Mise sous pression normale.

PRESSURISER v. tr.
Maintenir l'intérieur d'un avion à une pression définie.
CONJUGAISON : VOIR MODÈLE AIMER.

PRESTANCE n. f.
Aspect imposant d'une personne. SYN. allure.

PRESTATAIRE n. m. et f.
Personne qui reçoit une prestation. *Les prestataires de l'aide sociale.*

PRESTATION n. f.
1. (ÉCON.) Forme d'activité économique consistant en la fourniture d'un service contre paiement. *La prestation d'un service comptable, bancaire.*
2. (DR.) Action de prêter serment.
3. (AU PLUR.) Versements ou fournitures qui ont pour objet l'indemnisation d'un risque social ou qui, d'une façon plus générale, sont destinés à assurer la sécurité économique de leur bénéficiaire (Recomm. off.). *Les prestations de vieillesse.*
4. Action de se produire en public. *Les joueurs de cette équipe de football ont fait une excellente prestation.*
☞ L'emploi du nom en ce sens est critiqué par certains auteurs.

PRESTE adj.
Prompt et agile. *Des acrobates prestes et bien exercés.* SYN. rapide ; vif.

PRESTEMENT adv.
Vivement. *Les voleurs à la tire disparurent prestement.*

PRESTIDIGITATEUR, TRICE n. m. et f.
Personne qui a une grande dextérité manuelle et qui exécute des tours d'adresse.
☞ Ne pas confondre avec le nom ***illusionniste,*** créateur d'illusion.

PRESTIDIGITATION n. f.
Art du prestidigitateur.

PRESTIGE n. m.
1. Attrait exercé par une personne, une chose. *Une image de prestige.*
2. Pouvoir d'imposer le respect, l'admiration. *Le prestige de ce chercheur.*

PRESTIGIEUX, IEUSE adj.
Qui a du prestige. *Un chercheur prestigieux.* SYN. admirable.
✎ prestigieu**x**.

PRESTO adv.
1. (MUS.) Très vite.
2. (FAM.) Rapidement.

***PRESTO**
Marque déposée pour ***autocuiseur.***

PRÉSUMÉ, ÉE adj.
Censé, réputé. *Il est présumé innocent. Une amie présumée.*

***PRÉSUMÉMENT**
Anglicisme pour ***probablement, vraisemblablement.***

PRÉSUMER v. tr.
VERBE TRANSITIF DIRECT
1. Supposer, donner quelque chose comme probable. *Nous présumons que cet employé était de bonne foi. Un symptôme qui laisse présumer une maladie grave.* SYN. croire.
2. Croire. *On peut logiquement présumer que le maire n'a pas lancé une telle initiative sans s'assurer du soutien de la population. Vous viendrez ce soir, je présume.*
VERBE TRANSITIF INDIRECT
Se faire une trop haute idée de. *Ne présumez pas de votre santé.* SYN. surestimer.
∽ En ce sens, le verbe se construit avec la préposition ***de.***
CONJUGAISON : VOIR MODÈLE AIMER.

PRÉSUPPOSÉ n. m.
Ce qui est supposé préalablement à une action, à une démarche.

PRÉSUPPOSER v. tr.
1. Supposer préalablement. *Avant toute chose, je présuppose que vous partagez mon point de vue.*
2. Nécessiter au préalable. *L'augmentation des étudiants admis présuppose le recrutement de nouveaux professeurs.*
CONJUGAISON : VOIR MODÈLE AIMER.

PRÊT n. m.
1. Action de prêter. *Le prêt d'une voiture.*
2. Somme prêtée pendant un certain temps. *La banque consent des prêts à un taux de 10 % par an. Un prêt hypothécaire.* ANT. emprunt.
☞ Le terme anglais «*loan*» désigne le ***prêt*** et l'***emprunt,*** alors que le français dispose de deux noms distincts : ***prêt*** (somme prêtée) et ***emprunt*** (somme empruntée).
HOM.
• ***près,*** proche ;
• ***prêt,*** disposé à.

PRÊT, PRÊTE adj.
Dont la préparation est terminée. *Venez, les enfants, le déjeuner est prêt !* SYN. préparé.
LOCUTIONS
– ***Fin prêt.*** Tout à fait prêt. *Elles étaient fin prêtes.*
☞ Dans cet emploi adverbial, le mot ***fin*** est invariable.
– ***Prêt à.*** Disposé à, décidé à. *Ils sont prêts à vous suivre.*
HOM.
• ***près,*** proche ;
• ***prêt,*** somme prêtée.

PRÊT-À-MONTER n. m. (pl. *prêts-à-monter*)
Ensemble de pièces ou d'éléments détachés vendu avec un plan de montage de l'objet que l'acheteur peut assembler lui-même (GDT).
☞ Le terme ***prêt-à-monter*** a fait l'objet d'une recommandation officielle en France pour remplacer l'emprunt à l'anglais ***kit.***

PRÊT-À-PORTER n. m. (pl. *prêts-à-porter*)
Ensemble des vêtements de confection. ANT. sur mesure.

PRÉTENDANT, ANTE n. m. et f.
(VIEILLI) (PLAISANT.) Personne qui aspire à la main d'une femme, d'un homme. *Ce charmant jeune homme ne manque pas de prétendantes.*

PRÉTENDRE v. tr., pronom.
VERBE TRANSITIF DIRECT
Soutenir. *Il prétend qu'on lui a volé sa voiture.* SYN. affirmer ; alléguer ; déclarer ; dire.
∽ Le verbe se construit à l'indicatif dans une tournure affirmative. Dans une tournure négative, il se construit avec le subjonctif. *Il ne prétend pas qu'on lui ait volé sa voiture.*
VERBE TRANSITIF INDIRECT
(LITT.) Souhaiter, désirer. *Cette personne peut prétendre à la direction.* SYN. aspirer à ; viser ; vouloir.
∽ En ce sens, le verbe se construit avec la préposition ***à.***
VERBE PRONOMINAL
Se dire. *Il se prétend avocat, mais je doute que ce soit vrai.* SYN. se déclarer.

À la forme pronominale, le participe passé de ce verbe s'accorde toujours en genre et en nombre avec son sujet. *Elle s'est prétendue vétérinaire, mais ce n'était pas le cas.*
CONJUGAISON : VOIR MODÈLE FENDRE.
INDICATIF PRÉSENT *Je prétends, tu prétends, il prétend, nous prétendons, vous prétendez, ils prétendent.* IMPARFAIT *Je prétendais.* PASSÉ SIMPLE *Je prétendis.* FUTUR *Je prétendrai.* CONDITIONNEL PRÉSENT *Je prétendrais.* IMPÉRATIF PRÉSENT *Prétends, prétendons, prétendez.* SUBJONCTIF PRÉSENT *Que je prétende.* IMPARFAIT *Que je prétendisse.* PARTICIPE PRÉSENT *Prétendant.* PASSÉ *Prétendu, ue.*

PRÉTENDU, UE adj.
Supposé, présumé, mais non sûr. *C'est un prétendu guérisseur.* SYN. soi-disant.

PRÉTENDUMENT adv.
Soi-disant. *Elle est prétendument clairvoyante.* SYN. faussement.

PRÊTE-NOM n. m. (pl. *prête-noms*)
Mandataire qui agit pour le véritable contractant.

PRÉTENTAINE ou **PRÉTANTAINE** n. f.
– ***Courir la prétentaine, la prétantaine.*** (VIEILLI) Être à la recherche d'aventures galantes.
Le mot ne s'emploie que dans cette locution.

PRÉTENTIEUSEMENT adv.
D'une manière prétentieuse. *Il roule prétentieusement dans sa grosse voiture.*

PRÉTENTIEUX, IEUSE adj. et n. m. et f.
Vaniteux, arrogant, qui prétend être ce qu'il n'est pas. *Cette personne est prétentieuse. La sottise de ces prétentieux est exaspérante.* SYN. fat ; infatué ; suffisant.
prétentieux.

PRÉTENTION n. f.
1. Droit de prétendre à quelque chose. *J'ai la prétention de penser que l'on examinera les candidatures de façon impartiale.*
2. Ambition. *Cette personne a la prétention de diriger le service.* SYN. dessein ; visée.
3. (PÉJ.) Vanité. *Il parle avec prétention.* SYN. affectation ; fatuité.
LOCUTION
– ***Sans prétention(s), sans aucune prétention.*** Très simple. *Venez dîner, ce sera sans prétention* ou *sans prétentions.* SYN. à la bonne franquette ; sans cérémonie.

PRÊTER v. tr., pronom.
VERBE TRANSITIF DIRECT
1. Mettre quelque chose à la disposition de quelqu'un pour un certain temps. *Prête-moi ton manteau. Olivier lui a prêté 1 $.* ANT. emprunter.
2. Attribuer. *On lui prête des intentions cachées.* SYN. donner ; imputer ; supposer.
VERBE TRANSITIF INDIRECT
Donner lieu à. *Cette phrase prête à confusion : elle est difficile à comprendre.* SYN. donner matière à.
VERBE PRONOMINAL
1. Être prêté. *Actuellement, l'argent se prête à 10 % par an.*
2. Consentir. *Ne vous prêtez pas à cette farce.* SYN. accepter.
3. Être propice à. *Avec cette belle neige qui vient de tomber, le temps se prête au ski aujourd'hui.* SYN. convenir à.
À la forme pronominale, le participe passé de ce verbe s'accorde toujours en genre et en nombre avec son sujet. *Les deux amis se sont prêtés au jeu.*
LOCUTIONS
– ***Prêter attention à.*** Être attentif. *Elle prête attention à ces conseils.*
– ***Prêter le flanc à.*** (FIG.) Donner prise à. *Cette nomination ne doit pas prêter le flanc* (et non *prêter flanc) *à la contestation : elle doit être incontestable.*
– ***Prêter l'oreille.*** Écouter attentivement.
– ***Prêter main-forte.*** Aider. *Allons leur prêter main-forte pour nettoyer le jardin.*
CONJUGAISON : VOIR MODÈLE AIMER.

PRÊTEUR, EUSE n. m. et f.
Personne qui consent un prêt. ANT. emprunteur.
LOCUTION
– ***Prêteur, prêteuse sur gage.*** Personne qui accorde des prêts moyennant la remise en gage de biens qu'elle gardera en sa possession ou vendra si l'emprunteur ne respecte pas son engagement de rembourser dans le délai fixé (GDT).

PRÉTEXTE n. m.
Motif apparent dont on se sert pour cacher la véritable raison. *Il nous donna comme prétexte qu'il avait du travail et il refusa de venir nous aider.* SYN. échappatoire ; excuse.
LOCUTIONS
– ***Être prétexte à.*** *Les vacances sont prétexte à de belles excursions.* SYN. être l'occasion de.
Dans cette expression, le nom peut se mettre au pluriel si l'on considère une pluralité de prétextes. *Ces réunions sont prétextes à des échanges professionnels et à des rencontres agréables.*
– ***Sous aucun prétexte,*** loc. adv. À aucun prix. *N'ouvrez la porte sous aucun prétexte : un prisonnier en fuite est dans les parages !* SYN. en aucun cas.
– ***Sous prétexte de,*** loc. prép. En invoquant comme raison. *Sous prétexte de nous consulter, il est venu nous exposer son point de vue.*
La locution prépositive est suivie d'un nom ou d'un verbe à l'infinitif.
– ***Sous (le) prétexte que,*** loc. conj. En prétendant que. *Il fut congédié sous prétexte qu'il n'était pas impartial.*
La locution conjonctive est suivie d'un verbe à l'indicatif.
FORME FAUTIVE
*sous un faux prétexte. Calque de «*under false pretences*» pour ***sous le prétexte, sous le faux motif de.***

PRÉTEXTER v. tr.
Donner pour prétexte. *Il a prétexté une douleur à l'épaule pour ne pas jouer.* SYN. alléguer ; invoquer.
CONJUGAISON : VOIR MODÈLE AIMER.

PRÉTOIRE n. m.
(LITT.) Tribunal.

PRÉTRAITÉ, ÉE adj.
Qui a été traité avant d'être utilisé. *Du bois prétraité.*

PRÊTRE n. m.
Membre du clergé. *Le prêtre célèbre la messe et baptise le nouveau-né.*
prêtre.

PRÊTRISE n. f.
Fonction de prêtre dans l'Église catholique.
prêtrise.

***PRETZEL**
Anglicisme pour ***bretzel.***

PREUVE n. f.
1. Ce qui tend à établir la vérité d'un fait. *Une preuve* (et non une *évidence) *d'innocence.* SYN. confirmation.
2. Témoignage. *« Ce petit bouquet de fleurs est la preuve de mon amitié », a écrit Florence à son copain François hospitalisé pour quelques jours.* SYN. gage ; marque ; signe.
3. Raisonnement par lequel on vérifie l'exactitude d'un résultat mathématique. *Faire la preuve d'une addition par soustraction.*
LOCUTIONS
– ***À preuve.*** À titre d'exemple.
– ***Faire preuve de.*** Démontrer. *Ils ont fait preuve de sang-froid.* SYN. montrer ; prouver.
Dans cette expression, le nom est invariable.

P

– ***Faire ses preuves.*** Montrer ses qualités, sa compétence, en parlant d'une personne, son efficacité, en parlant d'une chose. *Cette technique au laser a fait ses preuves : elle donne de bons résultats.*

PREUX adj. m. et n. m.
ADJECTIF MASCULIN
(VX) Brave.
NOM MASCULIN
(VX) Chevalier brave et vaillant. *Les preux partirent guerroyer.*

PRÉVALENCE n. f.
Nombre de personnes malades, de cas d'une maladie ou d'un événement tel qu'un accident, un suicide, un meurtre, recensé dans une population déterminée, sans distinction entre les cas nouveaux et les cas anciens (GDT).
Ne pas confondre avec le nom ***incidence,*** nombre de nouveaux cas d'une maladie, ou de personnes qui sont tombées malades, pendant une période donnée et dans une population déterminée.

PRÉVALOIR v. intr., pronom.
VERBE INTRANSITIF
(LITT.) L'emporter sur. *Au cours de cette élection, l'image prévaut sur le programme politique.* SYN. avoir le dessus ; prédominer.
VERBE PRONOMINAL
Faire valoir, tirer avantage. *Elles se sont prévalues de leurs droits. Il se prévaudra de ce privilège.*
À la forme pronominale, le verbe se construit avec la préposition ***de.***
À la forme pronominale, le participe passé de ce verbe s'accorde toujours en genre et en nombre avec son sujet. *Nous nous sommes prévalus de la possibilité de poursuivre nos études.*
FORME FAUTIVE
*prévaloir. Anglicisme au sens de ***avoir cours, exister.*** *Le contexte actuel* (et non *qui prévaut). *Le contexte qui existait* (et non *prévalait).
CONJUGAISON : VOIR MODÈLE VALOIR.
INDICATIF PRÉSENT *Je prévaux, tu prévaux, il prévaut, nous prévalons, vous prévalez, ils prévalent.* IMPARFAIT *Je prévalais.* PASSÉ SIMPLE *Je prévalus.* FUTUR *Je prévaudrai.* CONDITIONNEL PRÉSENT *Je prévaudrais.* IMPÉRATIF PRÉSENT *Prévaux, prévalons, prévalez.* SUBJONCTIF PRÉSENT *Que je prévale, que tu prévales, qu'il prévale, que nous prévalions, que vous prévaliez, qu'ils prévalent.* IMPARFAIT *Que je prévalusse.* PARTICIPE PRÉSENT *Prévalant.* PASSÉ *Prévalu.*

PRÉVENANCE n. f.
1. Action de prévenir les désirs de quelqu'un. *Tu es venue me chercher à la gare : quelle prévenance !* SYN. amabilité ; délicatesse ; gentillesse.
2. (AU PLUR.) Attentions. *De délicates prévenances.* SYN. égards.
prévenance.

PRÉVENANT, ANTE adj.
Attentionné. *Sa nièce est bien prévenante envers elle : elle lui rend mille services.* SYN. aimable ; délicat ; gentil.
L'adjectif se construit avec les prépositions ***envers, pour*** ou la locution prépositive ***à l'égard de.***

PRÉVENIR v. tr.
1. Informer à l'avance. *Il faut prévenir maman que nous rentrerons plus tard. Préviens-la de notre retard.* SYN. avertir.
Si l'information porte sur l'avenir, l'emploi du verbe ***prévenir*** se justifie ; si l'information appartient au passé ou au présent, on emploiera plutôt ***aviser, informer.*** *Je dois vous informer qu'une décision a été prise.*
2. Éviter par des précautions. *Prévenir un incendie, la contagion d'une maladie, les pannes techniques.*
CONJUGAISON : VOIR MODÈLE VENIR.
INDICATIF PRÉSENT *Je préviens, tu préviens, il prévient, nous prévenons, vous prévenez, ils préviennent.* IMPARFAIT *Je prévenais.* PASSÉ SIMPLE *Je prévins.* FUTUR *Je préviendrai.* CONDITIONNEL PRÉSENT *Je préviendrais.* IMPÉRATIF PRÉSENT *Préviens, prévenons, prévenez.* SUBJONCTIF PRÉSENT *Que je prévienne.* IMPARFAIT *Que je prévinsse.* PARTICIPE PRÉSENT *Prévenant.* PASSÉ *Prévenu, ue.*

PRÉVENTIF, IVE adj.
Qui a pour but de prévenir. *Un entretien préventif, des mesures préventives contre le vol, des examens préventifs.*
LOCUTION
– ***À titre préventif.*** Dans le but de prévenir quelque chose de fâcheux, de dangereux. SYN. par mesure de précaution.

PRÉVENTION n. f.
1. Ensemble de mesures prises en vue d'éviter des accidents, des inconvénients. *La prévention routière, la prévention des incendies.*
2. Opinion préconçue, préjugé. *Le juge doit se garder de toute prévention.*

PRÉVENTIVEMENT adv.
De façon préventive. *Le garage a rappelé ces véhicules défectueux préventivement.*

PRÉVENU, UE adj. et n. m. et f.
Se dit d'une personne soupçonnée d'être coupable. *Le prévenu comparaîtra ce matin.*

***PREVIEW**
Anglicisme pour ***bande-annonce.***

PRÉVISIBILITÉ n. f.
Caractère de ce qui est prévisible. *La faible prévisibilité des phénomènes économiques.* SYN. prédictibilité.

PRÉVISIBLE adj.
Qui peut être prévu. *Un succès prévisible.* SYN. probable. ANT. imprévisible.

PRÉVISION n. f.
Appréciation de l'évolution des tendances passées et actuelles et de leurs conséquences futures. *Des prévisions météorologiques incertaines. Des prévisions financières non fiables.*

PRÉVISIONNEL, ELLE adj.
Qui a fait l'objet de prévisions. *Un coût prévisionnel.*
prévisionnel.

PRÉVISIONNISTE n. m. et f.
(ÉCON.) Spécialiste des prévisions économiques.

PRÉVOIR v. tr.
1. Imaginer qu'une chose doit arriver. *Il avait prévu le désastre. Nous n'avions pas prévu cet orage.* SYN. s'attendre à ; pressentir.
Suivi de la conjonction ***que,*** le verbe se construit avec l'indicatif. *Elle prévoit que les travaux commenceront en septembre.*
2. Organiser à l'avance. *Prévoir la construction d'un aéroport.* SYN. planifier ; programmer.
Le verbe ***prévoir*** suivi de l'infinitif se construit aujourd'hui le plus souvent sans préposition. *Elle prévoit finir son travail demain.* Dans *Le Grand Robert de la langue française,* la construction avec la préposition ***de*** est accompagnée de la marque d'usage *vx* pour « vieux » et illustrée par un exemple : « *Ce que vous prévoyez de perdre* » (Mme de Sévigné, 8 févr. 1687).
LOCUTION
– ***Comme prévu.*** Dans la langue soutenue, on écrira plutôt ***comme il était prévu, comme il est prévu.***
CONJUGAISON : VOIR MODÈLE VOIR.
INDICATIF PRÉSENT *Je prévois, tu prévois, il prévoit, nous prévoyons, vous prévoyez, ils prévoient.* IMPARFAIT *Je prévoyais, tu prévoyais, il prévoyait, nous prévoyions, vous prévoyiez, ils prévoyaient.* PASSÉ SIMPLE *Je prévis.* FUTUR *Je prévoirai, tu prévoiras, il prévoira, nous prévoirons, vous prévoirez, ils prévoiront.* CONDITIONNEL PRÉSENT *Je prévoirais, tu prévoirais, il prévoirait, nous prévoirions, vous prévoiriez, ils prévoiraient.* IMPÉRATIF PRÉSENT

Prévois, prévoyons, prévoyez. SUBJONCTIF PRÉSENT *Que je prévoie, que tu prévoies, qu'il prévoie, que nous prévoyions, que vous prévoyiez, qu'ils prévoient.* IMPARFAIT *Que je prévisse.* PARTICIPE PRÉSENT *Prévoyant.* PASSÉ *Prévu, ue.*
Le ***y*** est suivi d'un ***i*** à la première et à la deuxième personne du pluriel de l'indicatif imparfait et du subjonctif présent. *(Que) nous prévoyions, (que) vous prévoyiez.*

PRÉVOYANCE n. f.
Qualité de la personne qui prend des précautions pour l'avenir. SYN. prudence; sagesse.

PRÉVOYANT, ANTE adj.
Qui prend les précautions qui s'imposent. *Ils ont été prévoyants : ils ont pris des imperméables.* SYN. avisé; prudent; sage. ANT. imprévoyant.

PRIE-DIEU n. m. inv. (pl. *prie-Dieu*)
Meuble sur lequel on s'agenouille pour prier.

PRIER v. tr., intr.
VERBE TRANSITIF
1. S'adresser à Dieu, aux saints. *Prier saint Jude, le patron des causes désespérées.*
2. Solliciter, demander avec insistance, déférence. *Prier le ministre d'accéder à une demande.* SYN. implorer; presser.
3. Inviter. *Le nouveau directeur vous prie de venir le rencontrer à 20 heures.*
En ce sens, le verbe se construit avec la préposition ***de.***
VERBE INTRANSITIF
S'adresser à Dieu, aux saints. *Elle priait avec ardeur. Prier pour le salut de son âme.* « *Non loin du lit, des voisins agenouillés priaient à voix haute* » (Gabrielle Roy, *La Détresse et l'Enchantement*).
LOCUTION
– ***Je vous en prie.*** Formule de politesse employée pour accompagner une demande, pour éluder des remerciements. *Merci infiniment. – Je vous en prie* (et non *bienvenue), *ce n'est rien.*
CONJUGAISON : VOIR MODÈLE ÉTUDIER.
Redoublement du ***i*** à la première et à la deuxième personne du pluriel de l'indicatif imparfait et du subjonctif présent. *(Que) nous priions, (que) vous priiez.*

PRIÈRE n. f.
1. Acte religieux par lequel on s'adresse à Dieu, aux saints.
2. Ensemble de phrases consacrées servant à prier. *Grand-maman récite sa prière.*
3. Demande pressante. *Adresser une prière au ministre.* SYN. requête.
LOCUTIONS
– ***À la prière de,*** loc. prép. À l'invitation de. *Il est venu à la prière de son ami d'enfance.*
– ***Prière de...*** Formule de politesse marquant un commandement, une interdiction. *Prière de* (et non *s'il vous plaît) *ne pas fumer.*
La formule de politesse ***s'il vous plaît*** et son abréviation ***SVP*** ne peuvent être suivies de l'infinitif; on emploiera plutôt ***prière de.***
– ***Prière d'insérer.*** Encart comportant des indications sur un ouvrage.
Les auteurs ne s'entendent pas sur le genre de cette expression, le masculin semble l'emporter actuellement. *Un prière d'insérer, des prières d'insérer.*

PRIEUR, EURE n. m. et f.
Supérieur, supérieure de certaines communautés religieuses.

PRIEURÉ n. m.
1. Communauté religieuse sous l'autorité d'un prieur.
2. Église de cette communauté.

PRIMA DONNA n. f. (pl. *prima donna*)
Première chanteuse d'un opéra.
Dans la langue de la musique, on emploie parfois le pluriel italien ***prime donne.***
[Les *Rectifications* (1990) admettent : une primadonna, des primadonnas.]

PRIMAIRE adj. et n. m.
ADJECTIF
1. Qui vient en premier dans le temps, qui occupe le premier degré. *L'ère primaire.*
2. Qui est relatif aux premières années de l'enseignement. *Au Québec, l'enseignement primaire dure six ans. Une école primaire.*
Employé comme nom, cet adjectif désigne l'enseignement du premier degré. *Pierre enseignait au primaire. Fanny terminera bientôt le primaire et commencera son secondaire.*
3. (ÉCON.) Se dit du secteur d'activité économique comprenant les activités productrices de matières premières (agriculture, pêche) et les mines. *L'économie rurale canadienne a été dominée par le secteur primaire, essentiellement l'agriculture et la forêt.*
Le ***secteur secondaire*** regroupe les activités de transformation des matières premières en biens (industrie); le ***secteur tertiaire,*** les services (administration, transport, informatique, etc.); le ***secteur quaternaire,*** les activités de recherche, de conseil.
4. Se dit d'une couleur de base qui ne peut être décomposée. *Le bleu, le jaune et le rouge sont les couleurs primaires à partir desquelles on peut obtenir toutes les autres couleurs.* SYN. fondamental.
5. Qui montre un sectarisme étroit, de courte vue, en parlant d'une idéologie, d'un courant de pensée. *Un antiaméricanisme primaire.*
NOM MASCULIN
1. Ordre de l'enseignement obligatoire, comportant généralement deux cycles, qui est préalable à l'enseignement secondaire (GDT). *Pierre enseignait au primaire. Fanny terminera bientôt le primaire* (et non son *cours primaire) *et commencera son secondaire. Cet élève est au primaire* (et non au *niveau primaire).
2. (ÉCON.) Secteur d'activité économique comprenant les activités productrices de matières premières (agriculture, pêche) et les mines. *Le primaire et le secondaire.*
FORMES FAUTIVES
*cours primaire. Impropriété pour ***enseignement primaire.***
*niveau primaire. Impropriété pour ***enseignement primaire.***
SYN. borné; obtus.

PRIMAUTÉ n. f.
Prééminence, suprématie de fait. *La primauté du pape.* SYN. prépondérance.
Ne pas confondre avec le nom ***priorité,*** privilège de passer en premier.

PRIME adj. et n. f.
NOM FÉMININ
1. Somme d'argent payée à un employé en plus de son salaire normal, à titre d'encouragement, d'aide. *Une prime de rendement* (et non un *bonus).
2. Somme payée par l'assuré à son assureur. *Les primes d'assurance ont augmenté cette année.*
3. Ce qu'on donne en plus. *Et en prime, la maison vous offre un calendrier.*
ADJECTIF
(VX) (LITT.) Premier. *Dans sa prime jeunesse, il n'était pas toujours sage.*
LOCUTION
– ***De prime abord.*** À première vue. *De* (et non *à) *prime abord, on lui donnerait le bon Dieu sans confession; cependant, sa conduite laisse à désirer.*

FORME FAUTIVE
*prime de séparation, de départ. Calque de «*severance pay*» pour ***indemnité de départ, indemnité de cessation d'emploi.***

PRIMER v. tr.
VERBE TRANSITIF DIRECT
Gratifier d'un prix, d'une récompense. *On a primé ces œuvres littéraires, on primera ces chevaux de race.*
VERBE TRANSITIF DIRECT OU INDIRECT
L'emporter sur. *Cet objectif prime tous les autres.* SYN. dominer.
On privilégiera la construction directe sans la préposition ***sur*** dans un texte de style soutenu. De nombreux auteurs condamnent l'emploi de la préposition ***sur,*** alors que d'autres l'admettent.
CONJUGAISON : VOIR MODÈLE AIMER.

***PRIMER**
Anglicisme pour ***apprêt.***

***PRIME RATE**
Anglicisme pour ***taux préférentiel.***

PRIMEROSE n. f.
Le *e* de la deuxième syllabe est muet, [primroz].
Rose trémière ou passerose.

PRIMESAUTIER, IÈRE adj.
(LITT.) Qui agit sans réflexion, spontanément. *Une fillette primesautière.*

***PRIME TIME**
Anglicisme pour ***période de pointe, heure(s) de pointe, heure(s) de grande écoute.***

PRIMEUR n. f.
1. Caractère de ce qui est nouveau.
2. (AU PLUR.) Fruits, légumes frais. *Un marchand de primeurs.*
LOCUTION
– ***Avoir la primeur de quelque chose.*** Être le premier à en être informé.

PRIMEVÈRE n. f.
Le *e* de la deuxième syllabe est muet, [primvɛr].
Plante qui fleurit au printemps.
primev**ère.**

PRIMIPARE adj. f.
Se dit d'une femme qui accouche pour la première fois.
Par opposition à ***multipare*** qui se dit d'une femme qui a mis au monde plusieurs enfants.
primip**are.**

PRIMITIF, IVE adj.
1. Qui est le premier, le plus ancien. *Les hommes primitifs de la préhistoire.*
2. Initial. *La couleur primitive de ce tissu était le jaune, mais on l'a teint en orangé.* SYN. premier.
3. Rudimentaire, très simple. *Une cabane primitive dans la forêt.* SYN. rustique.

PRIMITIVEMENT adv.
À l'origine. *Primitivement, les colons s'étaient établis ici.*

PRIMO adv.
En premier lieu. SYN. premièrement.
[T] En typographie soignée, les mots étrangers sont composés en italique. Dans des textes déjà en italique, la notation se fait en romain. Pour les textes manuscrits, on utilisera les guillemets.

PRIMORDIAL, IALE, IAUX adj.
1. Qui existe depuis l'origine.
2. Essentiel. *Des faits primordiaux, d'une importance primordiale.* SYN. capital ; fondamental.

PRINCE n. m.
Fils d'un souverain, fils ou mari d'une princesse. *Le prince Albert de Monaco. Le prince Charles est le fils de la reine Élisabeth d'Angleterre.*
[T] Les titres de noblesse s'écrivent avec une minuscule.
LOCUTION
– ***Bon prince,*** loc. adv. Conciliant, tolérant. *Elles se sont montrées bon prince.*
Cette locution adverbiale ne comporte pas de forme féminine et est invariable.

PRINCE-DE-GALLES adj. inv. et n. m. inv. (pl. *prince-de-galles*)
ADJECTIF INVARIABLE
Se dit d'un tissu de laine à fines rayures. *Un lainage prince-de-galles.*
[T] Ce mot s'écrit avec des minuscules, alors que le nom du prince s'écrit avec une majuscule. *Le prince de Galles.*
NOM MASCULIN INVARIABLE
Tissu de laine à fines rayures. *Un lainage en prince-de-galles.*

PRINCESSE n. f.
Fille d'un souverain, fille ou femme d'un prince. *La princesse Stéphanie.*
LOCUTION
– ***Aux frais de la princesse,*** loc. adv. Sans payer.

PRINCIER, IÈRE adj.
Digne d'un prince, d'une princesse. *Un bal princier.*

PRINCIPAL, ALE, AUX adj. et n. m.
ADJECTIF
Qui est le premier, le plus important. *Les principaux chefs d'État du monde étaient réunis à cette occasion. Cette jeune comédienne a obtenu un rôle principal.*
NOM MASCULIN
1. Capital d'une dette, par opposition aux intérêts. «*Je vous paierai, lui dit-elle [...] intérêt et principal*» (Jean de La Fontaine, *La Cigale et la Fourmi*).
2. Ce qui est essentiel. *Le principal, c'est que vous soyez sains et saufs.*
FORME FAUTIVE
*principal. Archaïsme au sens de ***directeur, directrice*** (de collège, d'école).

PRINCIPALEMENT adv.
Surtout, particulièrement. *Nous avons cueilli des fruits, des pommes principalement.* SYN. spécialement.

PRINCIPAUTÉ n. f.
Petit État gouverné par un prince. *La principauté de Monaco.*
VOIR – PAYS.

PRINCIPE n. m.
1. Origine, cause première. *Le principe de la vie.*
Ne pas confondre avec les noms suivants :
- ***commencement,*** début ;
- ***origine,*** ce qui sert de point de départ ;
- ***prélude,*** ce qui précède quelque chose.

2. Règle générale qui guide la conduite, idée à laquelle on tient. *Cette façon de faire est contraire à ses principes.*
LOCUTIONS
– ***De principe,*** loc. adj. Général, sans définir les conditions précises. *Un accord de principe.*
– ***En principe,*** loc. adv. Théoriquement, normalement.
– ***Question de principe.*** Choix qui résulte de règles de conduite adoptées, d'idées auxquelles on tient.

PRINTANIER, IÈRE adj.
Du printemps. *La fièvre printanière. Un timide soleil printanier.*
printanier, avec un seul ***n.***

PRINTEMPS n. m.
Saison qui succède à l'hiver et qui précède l'été. *Au printemps, il est agréable de voir les bourgeons et les premières fleurs.*
Tous les noms de saisons sont masculins.

PRIORI (A)
VOIR – A PRIORI.

***PRIORISATION**
Impropriété pour ***établissement de priorités, hiérarchisation, choix de priorités, classement de priorités.***

***PRIORISER**
Impropriété pour ***donner priorité à, établir des priorités, hiérarchiser.***

PRIORITAIRE adj.
Qui a la priorité, qui vient en premier. *Un dossier prioritaire.*

PRIORITÉ n. f.
1. Droit de passer avant les autres. *Les ambulances et les pompiers ont la priorité dans les rues.*
2. Fait de passer avant toute autre chose de par son importance. *Cette activité est de toute première importance : c'est une priorité pour nous.*
Ne pas confondre avec le nom ***primauté,*** prééminence.
L'expression *première priorité est un pléonasme.

PRIS, PRISE adj.
1. Occupé. *Elle est très prise en ce moment.*
2. Atteint de. *Il est pris d'une pneumonie.*

PRISE n. f.
1. Action de prendre, manière de saisir. *La prise d'une balle. Une prise de judo.*
2. Animal que l'on a pêché ou tué à la chasse. *Ce pêcheur a de belles prises : deux grosses truites.*
LOCUTIONS
– ***En prise directe.*** (FIG.) En étroite relation avec quelque chose.
– ***Être aux prises avec.*** Combattre quelqu'un, quelque chose. *Les dirigeants sont aux prises avec la diminution des budgets.*
– ***Lâcher prise.*** Abandonner la partie, renoncer à quelque chose. SYN. céder.
– ***Prise de bec.*** (FIG.) Querelle, discussion animée.
– ***Prise de courant, prise électrique.*** Dispositif électrique sur lequel on peut brancher des appareils.
– ***Prise de position.*** Action de prendre parti publiquement pour quelqu'un, pour quelque chose, de donner son avis, de professer une opinion. *Des prises de position étonnantes.*
– ***Prise de sang.*** Prélèvement sanguin. *On lui a fait une prise de sang pour savoir de quelle maladie il souffre.*
– ***Prise de terre.*** Conducteur métallique enfoui dans le sol et destiné à établir une liaison électrique avec celui-ci.
– ***Prise de vue.*** (PHOT.) Action d'enregistrer une image sur un support photographique en l'exposant à un rayonnement.
– ***Prise de vue(s).*** (CIN.) Tournage d'un plan par une caméra.

PRISER v. tr.
1. (LITT.) Apprécier. *Nous n'avons pas prisé votre attitude.*
2. Aspirer du tabac.
CONJUGAISON : VOIR MODÈLE AIMER.

PRISME n. m.
Figure géométrique qui a plusieurs faces parallèles à une même droite. *Un prisme de cristal.*

PRISON n. f.
1. Tout lieu où l'on retient quelqu'un prisonnier. *Il est en prison pour 15 ans.*
Le nom ***pénitencier*** désigne une prison où l'on offre aux détenus la possibilité de s'instruire et de travailler. Le ***bagne*** est la prison où l'on enferme les condamnés aux travaux forcés.
2. Peine d'emprisonnement.

PRISONNIER, IÈRE adj. et n. m. et f.
1. Qui est détenu dans une prison. *Cet homme est un ancien prisonnier.*
2. Qui est privé de sa liberté. *Ces vedettes sont prisonnières de leurs succès : elles ne peuvent se promener sans être accompagnées de gardes du corps.*
prisonnier.

PRIVATIF, IVE adj.
1. Se dit d'un préfixe qui marque la privation, l'absence, comme ***in-*** dans ***incomplet, inachevé.***
2. (DR.) Privé, exclusif. *Un jardin privatif.*
En ce sens, cet adjectif appartient à la langue juridique, mais le vocabulaire de la publicité immobilière l'emploie fréquemment en France, peu au Québec.

PRIVATION n. f.
Action de priver, de se priver de choses essentielles. *Ces réfugiés ont souffert de privations : ils avaient bien peu à manger.*

PRIVATISABLE adj. et n. f.
Entreprise qui peut faire l'objet d'une privatisation.

PRIVATISATION n. f.
Action de vendre à l'entreprise privée ce qui était la propriété de l'État. ANT. nationalisation.

PRIVATISER v. tr.
Action de procéder à la privatisation de. *Privatiser un hôpital.* ANT. nationaliser.
CONJUGAISON : VOIR MODÈLE AIMER.

PRIVAUTÉS n. f. pl.
Familiarités excessives. *Il s'est autorisé des privautés avec elle, des gestes qu'elle n'a pas appréciés.*

PRIVÉ, ÉE adj. et n. m.
ADJECTIF
Individuel, particulier. *Un jardin privé, des entretiens privés, une entreprise privée.* ANT. public.
NOM MASCULIN
1. Le secteur privé. *Dans le privé, les salaires sont parfois moins élevés que dans la fonction publique.*
2. La vie privée. *Ce politique tient à préserver le privé de sa famille.*
LOCUTION
– ***En privé.*** Seul à seul. *J'aimerais vous parler en privé.*
FORMES FAUTIVES
*chambre privée (dans un établissement de santé). Calque de «*private room*» pour ***chambre individuelle, chambre particulière, chambre à un lit*** (Recomm. off.).
*cours privé. Anglicisme pour ***cours particulier.***
*privé. Impropriété au sens de ***retiré, isolé.***
*secrétaire privé, privée. Anglicisme pour ***secrétaire particulier, particulière.***

PRIVER v. tr., pronom.
VERBE TRANSITIF
Enlever à quelqu'un, à quelque chose un avantage. *Priver les élèves de récréation. À cause de la tempête, les Montréalais ont été privés d'électricité pendant quelques heures.*
VERBE PRONOMINAL
Renoncer à. *Se priver de dessert pour maigrir.* SYN. s'abstenir.
À la forme pronominale, le participe passé de ce verbe s'accorde toujours en genre et en nombre avec son sujet. *Ils se sont privés de leur voiture pendant quelques jours.*
CONJUGAISON : VOIR MODÈLE AIMER.

PRIVILÈGE n. m.
1. Avantage particulier. *Le gagnant aura le privilège de choisir son prix en premier.* SYN. avantage ; droit ; prérogative.
2. Particularité, caractère spécifique. *Le rire est le privilège de l'être humain.*

PRIVILÉGIÉ, ÉE adj. et n. m. et f.
Qui jouit d'un privilège. *La classe privilégiée, une action privilégiée.*

PRIVILÉGIER v. tr.
Avantager, favoriser. *Privilégier le recyclage du papier.* SYN. préconiser.
FORME FAUTIVE
*privilégier (une hypothèse, une théorie). Impropriété au sens de ***accréditer.***
CONJUGAISON : VOIR MODÈLE ÉTUDIER.
Redoublement du ***i*** à la première et à la deuxième personne du pluriel de l'indicatif imparfait et du subjonctif présent. *(Que) nous privilégiions, (que) vous privilégiiez.*

P

PRIX n. m.
1. Valeur marchande d'un bien ou d'un service. *Le prix de cet article est de 25 $. Le prix de catalogue* (et non *liste), *la valeur marchande* (et non le *prix du marché).
[T] Lorsque le prix comporte un symbole d'unité monétaire (**$, €, £**), l'expression numérique doit être écrite en chiffres. *Le prix est de 15 $.* Si le nombre est écrit en toutes lettres, l'unité monétaire s'écrit également au long. *Quinze dollars.*
VOIR TABLEAU – SYMBOLES DES UNITÉS MONÉTAIRES.
2. Ce qu'il en coûte pour obtenir quelque chose. *Il a remporté la victoire, mais à quel prix !*
3. Récompense. *Décerner un prix d'excellence, le prix Nobel, le prix Goncourt.*
[T] Le mot ***prix*** s'écrit avec une minuscule lorsqu'il désigne la récompense ; quand il désigne le lauréat de la récompense, il s'écrit avec une majuscule. *C'est un Prix de Rome, un Prix Nobel.*
LOCUTIONS
– ***À aucun prix.*** En aucun cas.
– ***À prix d'or.*** Très cher.
– ***À tout prix.*** Coûte que coûte.
– ***Au prix de,*** loc. prép. Moyennant, à la condition de. *C'est au prix de sa vie qu'il a sauvé cet enfant.*
– ***Au prix fort.*** Sans réduction.
– ***Hors de prix.*** Exorbitant.
– ***Prix courant.*** Prix habituel auquel une entreprise vend un produit à ses clients.
– ***Prix coûtant.*** Prix payé par le grossiste ou le détaillant. *Vendre au prix coûtant, c'est-à-dire sans faire de bénéfice.*
– ***Prix de détail.*** Prix auquel un produit est vendu au consommateur par un détaillant.
– ***Prix de gros.*** Prix auquel un produit est vendu au détaillant par un grossiste.
– ***Sans prix.*** D'une valeur inestimable.
FORMES FAUTIVES
*prix coupé. Anglicisme pour ***prix réduit.***
*prix d'admission. Anglicisme pour ***entrée, prix d'entrée.***
*prix de liste. Calque de «*list price*» pour ***prix de catalogue, prix courant.***
*prix du marché. Calque de «*market price*» pour ***prix courant, valeur marchande.***
*prix de revient. Impropriété pour ***coût de revient.***

PRO adj. et n. m. et f. (pl. *pros*)
ABRÉVIATION
Abréviation familière de ***professionnel.***
ADJECTIF
(FAM.) Compétent, expérimenté. *Ce n'est pas très pro d'agir ainsi.*
NOM MASCULIN ET FÉMININ
(FAM.) Personne qui a une grande compétence, une solide expérience. *Ces jeunes cyclistes sont déjà des pros.*

PRO- préf.
Élément du grec et du latin signifiant « en faveur de ».
☞ Les mots composés avec le préfixe ***pro-*** s'écrivent en un seul mot, sauf si le deuxième élément est un sigle. *Proaméricain, pro-PC.*

PROACTIF, IVE adj.
Qui prend l'initiative de l'action, anticipe les difficultés et adopte des mesures pour les surmonter. *Une gestion proactive.* SYN. réactif.

PROBABILITÉ n. f.
1. Caractère de ce qui est probable. *La probabilité de son succès est grande.* SYN. possibilité ; vraisemblance.
2. Chance de réalisation d'un évènement. *Calcul des probabilités.*
LOCUTION
– ***Selon toute probabilité,*** loc. adv. Vraisemblablement.

PROBABLE adj.
Possible. *Son succès est probable.* SYN. vraisemblable.
LOCUTION
– ***Il est probable que.***
☞ 1° La locution impersonnelle se construit avec l'indicatif si l'action ou le fait est **probable.** *Il est probable qu'il fera beau ce soir.*
2° La locution impersonnelle se construit avec le subjonctif si l'action ou le fait est **improbable.** *Il est peu probable qu'il vienne ce soir* ou *il n'est pas probable qu'il vienne.*

PROBABLEMENT adv.
Vraisemblablement. SYN. peut-être ; (FAM.) ⚜ possiblement.

PROBANT, ANTE adj.
Qui sert de preuve, concluant. *Des pièces probantes, des résultats probants.* SYN. convaincant ; décisif ; éloquent.

***PROBATION (PÉRIODE DE)**
Calque de «*probationary period*» pour ***période d'essai, stage probatoire.*** *La période d'essai* (et non *de probation) *est de six mois.*

PROBATOIRE adj.
Propre à prouver la compétence d'un candidat. *Un stage probatoire.*

PROBE adj.
(LITT.) Intègre. *Une personne probe.* SYN. droit.

PROBITÉ n. f.
Intégrité, honnêteté. *La probité d'un tel geste.* SYN. droiture.

PROBLÉMATIQUE adj. et n. f.
ADJECTIF
Dont l'issue n'est pas assurée, qui fait problème. *Cette enquête est problématique.* SYN. aléatoire ; difficile ; litigieux.
NOM FÉMININ
1. Art de poser les problèmes.
2. Ensemble de problèmes dont les éléments sont liés. *La problématique du réchauffement climatique.*
☞ Ce nom désigne une pluralité de problèmes.
☞ Ne pas confondre avec le nom ***problème,*** difficulté à résoudre.

PROBLÉMATIQUEMENT adv.
D'une manière problématique.

PROBLÈME n. m.
1. Question à résoudre. *S'attaquer* (et non *s'adresser) *à un problème d'algèbre.*
2. Difficulté qu'il faut résoudre pour obtenir un résultat. *Un problème épineux, insurmontable, momentané, ponctuel, préoccupant, imprévisible. Les chercheurs se heurtent à des problèmes techniques. Examiner, soulever, régler, surmonter un problème.* SYN. ennui.
☞ Ne pas confondre avec le nom ***problématique,*** ensemble de problèmes dont les éléments sont liés.
LOCUTIONS
– ***Faire problème.*** (FAM.) Présenter des difficultés. *Ces refus feront problème.*
☞ Dans cette expression, le nom demeure au singulier.
– ***Pas de problème*** ou ***il n'y a pas de problème.*** (FAM.) Bien sûr, certainement. *Tu me prêtes ton crayon ? – Pas de problème !*
– ***Poser des problèmes.*** Entraîner des difficultés.
– ***Sans problème,*** loc. adv. Facilement. *Nous avons trouvé le disque sans problème.*

PROCÉDÉ n. m.
1. Moyen utilisé pour parvenir à un résultat déterminé. *Un procédé chimique. Un procédé de fabrication.* SYN. formule ; méthode ; système.
2. Manière d'agir. *Un procédé discutable.* SYN. comportement ; conduite.

LOCUTION
– ***Échange de bons procédés.*** Services rendus réciproquement.
Ne pas confondre avec les noms suivants :
• ***procédure,*** ensemble de règles administratives ;
• ***processus,*** suite de phases.

PROCÉDER v. tr. ind., intr.
VERBE TRANSITIF INDIRECT
1. Exécuter une activité, un acte de façon déterminée. *Les architectes doivent maintenant procéder à la conception des plans de la nouvelle école.* SYN. effectuer.
En ce sens, le verbe se construit avec la préposition ***à.***
On emploie ce verbe lorsqu'il s'agit d'une activité complexe.
2. (LITT.) Avoir sa source de. *La langue française procède du latin.* SYN. tenir de.
Ne pas confondre avec les verbes suivants :
• ***découler,*** être la suite nécessaire de ;
• ***dériver,*** être issu de ;
• ***émaner,*** sortir de ;
• ***provenir,*** venir de ;
• ***ressortir,*** s'imposer comme condition logique.
En ce sens, le verbe se construit avec la préposition ***de.***
VERBE INTRANSITIF
Agir. *Il faut procéder de façon prudente pour ne pas blesser ces oiseaux.*
CONJUGAISON : VOIR MODÈLE POSSÉDER.
Le ***é*** se change en ***è*** devant une syllabe contenant un ***e*** muet, sauf à l'indicatif futur et au conditionnel présent. *Je procède,* mais *je procéderai.*
[Les *Rectifications* (1990) admettent : il procèdera, procèderait...]

PROCÉDURE n. f.
1. (DR.) Manière de procéder en justice. *Engager une procédure.*
2. Ensemble des règles à suivre pour parvenir à un résultat dans le cadre d'une opération complexe. *Une procédure de recrutement.*
FORME FAUTIVE
*procédure. Anglicisme au sens de ***procédé, marche à suivre, méthode, mode d'action.***
Ne pas confondre avec les noms suivants :
• ***procédé,*** méthode, moyen ;
• ***processus,*** suite de phases, développement progressif.

PROCÈS n. m.
Problème entre deux ou plusieurs parties soumis à un tribunal. *Le procès des motards a duré plusieurs semaines.*
LOCUTIONS
– ***Faire le procès de quelque chose, quelqu'un.*** (FIG.) Accuser, blâmer, condamner, critiquer.
– ***Procès d'intention.*** Blâme fondé non sur les faits, mais sur les intentions prêtées.
– ***Sans autre forme de procès.*** Sans se préoccuper des formes convenables. SYN. sans plus de façon.
procès.

PROCESSEUR n. m.
(INFORM.) Unité centrale d'un ordinateur.

PROCESSION n. f.
Cortège solennel. *Une procession aux flambeaux.*

PROCESSUS n. m.
1. Suite des différentes phases d'un phénomène. *Un processus inflationniste. Des processus physiologiques.*
2. Développement progressif. *Un processus de croissance.*
Ne pas confondre avec les noms suivants :
• ***procédé,*** méthode, moyen ;
• ***procédure,*** ensemble de règles.

PROCÈS-VERBAL n. m. (pl. *procès-verbaux*)
Compte rendu officiel écrit qui rend compte d'une assemblée, d'une réunion, d'un évènement. *Veuillez me transmettre les procès-verbaux des dernières réunions. L'agent de police établit un procès-verbal du cambriolage.*
Pour être authentifié, le procès-verbal doit recevoir l'approbation des participants d'une assemblée, d'une réunion.
procès-verbal, avec un trait d'union.

PROCHAIN, AINE adj. et n. m.
ADJECTIF
1. Le plus proche, dans le temps. *Notre colloque se tiendra la semaine prochaine, soit les 15 et 16 juin prochains.*
S'il s'agit du mois courant, l'accord de l'adjectif se fait selon le nombre de jours (on sous-entend : *ces deux jours prochains*). Sinon, l'accord se fera avec le nom ***mois*** sous-entendu. *Nous prendrons congé les 9 et 10 juillet prochain* (on sous-entend : *du prochain mois*).
2. Le plus rapproché, dans l'espace. *Tourne à droite au prochain feu.* SYN. suivant.
Lorsque l'adjectif ***prochain*** accompagne un adjectif numéral, il suit cet adjectif. *Les deux prochains jours* (et non les *prochains deux jours).
NOM MASCULIN
(RELIG.) Autrui. *Il faut aimer son prochain.* SYN. semblable.
LOCUTIONS
– ***À la prochaine (fois) !*** (FAM.) À bientôt ! SYN. au revoir.
– ***La prochaine.*** (FAM.) La station suivante. *Je descends à la prochaine.*

PROCHAINEMENT adv.
D'ici peu. *Nous nous verrons prochainement.* SYN. bientôt.

PROCHE adj., adv. et n. m.
ADJECTIF
1. Qui n'est pas éloigné, dans le temps. *L'heure du départ est proche.* SYN. imminent.
2. Qui n'est pas éloigné dans l'espace. *Ces maisons sont proches de la mer.* SYN. avoisinant ; voisin.
3. (FIG.) Qui est peu différent. *Cette couleur est très proche de celle-ci.* SYN. semblable ; voisin.
ADVERBE
Près. *Ils habitent tout proche.*
Pris adverbialement, le mot est invariable.
Cet adverbe demeure usuel au Québec et dans la francophonie canadienne, mais il n'appartient plus à l'usage courant de la majorité des locuteurs du français.
NOM MASCULIN PLURIEL
Parents, êtres chers, amis intimes. *Retrouver ses proches à l'occasion d'une fête.*
LOCUTIONS
– ***De proche en proche,*** loc. adv. Peu à peu, progressivement. *De proche en proche, l'entreprise s'est établie dans tout le pays.* SYN. graduellement.
– ***Proche de,*** loc. prép. (FAM.) Près de. *Elles jouent proche d'ici.*
Cette locution prépositive demeure usuelle au Québec et dans la francophonie canadienne, mais elle n'appartient plus à l'usage courant de la majorité des locuteurs du français.

PROCHE-ORIENTAL, ALE, AUX adj.
Qui est relatif au Proche-Orient. *Des conflits proche-orientaux.*

PROCLAMATION n. f.
Publication solennelle. *La proclamation de la Charte canadienne des droits et libertés en 1982.*

PROCLAMER v. tr., pronom.
VERBE TRANSITIF
Annoncer solennellement. *Proclamer l'indépendance d'un pays. On a proclamé cet athlète vainqueur.*

P

VERBE PRONOMINAL
S'affirmer en tant que. *L'ours peut-il se proclamer le roi de la forêt ?*
À la forme pronominale, le participe passé de ce verbe s'accorde toujours en genre et en nombre avec son sujet. *Ils se sont proclamés élus.*
CONJUGAISON : VOIR MODÈLE AIMER.

PROCRASTINATION n. f.
Tendance à différer, à remettre au lendemain une décision ou l'exécution de quelque chose. SYN. ajournement ; différer ; temporiser.

PROCRASTINER v. intr.
Remettre quelque chose au lendemain. *Certains politiciens ont tendance à tergiverser, à procrastiner et à s'en tenir à des propos dilatoires.* SYN. ajourner ; différer ; temporiser.
CONJUGAISON : VOIR MODÈLE AIMER.

PROCRÉATION n. f.
(LITT.) (MÉD.) Action de procréer. *Procréation artificielle.*

PROCRÉATIQUE n. f.
(MÉD.) Domaine d'étude de la procréation artificielle. *« Comme toutes les technologies, la procréatique offre et offrira des possibilités toujours plus étendues d'intervention »* (*Libération*).

PROCRÉER v. tr.
(LITT.) (MÉD.) Engendrer, donner la vie. *Inaptitude à procréer.*
CONJUGAISON : VOIR MODÈLE CRÉER.

PROCURATION n. f.
1. (DR.) Mandat, pouvoir donné par une personne à une autre d'agir en son nom.
2. Acte écrit qui fait foi de cette délégation.
LOCUTION
– ***Par procuration.*** En déléguant une personne. *Les actionnaires ont voté par procuration.*

PROCURER v. tr., pronom.
VERBE TRANSITIF
1. Fournir. *Procurer du travail à un ami.* SYN. assurer ; donner.
2. Occasionner. *Il ne faudrait pas que cette décision vous procure des ennuis.* SYN. attirer ; causer ; valoir.
VERBE PRONOMINAL
Acquérir. *Les fruits qu'elle s'est procurés. Les étudiants qui se sont procuré des logiciels seront remboursés.* SYN. acheter ; obtenir.
À la forme pronominale, le participe passé de ce verbe s'accorde en genre et en nombre avec le complément direct si celui-ci le précède. *Les livres qu'il s'est procurés étaient très intéressants.* Le participe passé reste invariable si le complément direct suit le verbe. *Tous les étudiants se sont procuré le dictionnaire exigé.*
CONJUGAISON : VOIR MODÈLE AIMER.

PROCUREUR n. m.
PROCUREURE n. f.
Avocat ou avocate au service du gouvernement qui représente l'État dans les affaires pénales (GDT). SYN. ⚜ substitut du procureur général.

***PROCUREUR GÉNÉRAL**
Anglicisme au sens de ***ministre de la Justice***.

PRODIGALITÉ n. f.
1. Caractère d'une personne prodigue. SYN. libéralité.
2. (AU PLUR.) Dépenses excessives. SYN. gaspillage ; largesses.

PRODIGE n. m.
1. Phénomène extraordinaire. *Le télescope Hubble tient du prodige : il nous permet de découvrir des coins encore jamais explorés de l'univers.* SYN. merveille.
2. Personne, action extraordinaire. *Ce savant est un prodige : il a fait une découverte majeure. Des prodiges d'ingéniosité.* SYN. génie.
LOCUTION
– ***Enfant prodige.*** Enfant extrêmement précoce. *Mozart était un enfant prodige.*
Ne pas confondre avec le mot ***prodigue***, dépensier.

PRODIGIEUSEMENT adv.
Extrêmement. *Ce géant était prodigieusement fort.*

PRODIGIEUX, IEUSE adj.
Qui tient du prodige. *Un musicien prodigieux.*
Ne pas confondre avec les mots suivants :
• ***merveilleux***, qui est exceptionnel ;
• ***miraculeux***, qui tient du miracle ;
• ***surhumain***, qui dépasse les possibilités habituelles de la personne humaine.
prodigieux.

PRODIGUE adj.
1. Dépensier. *Un héritier prodigue.*
2. (FIG.) Qui distribue abondamment. *Être prodigue de paroles.*
En ce sens, l'adjectif se construit avec la préposition ***de***.
LOCUTION
– ***Enfant, fils prodigue.*** Enfant de retour au foyer après une longue absence, et que l'on accueille avec joie.
Ne pas confondre avec le mot ***prodige***, personne extraordinaire.

PRODIGUER v. tr., pronom.
VERBE TRANSITIF
1. (PÉJ.) Dépenser à l'excès, dilapider.
2. Donner, distribuer sans compter. *Prodiguer des soins de façon très dévouée.*
En ce sens, le mot ne comporte pas de connotation péjorative.
VERBE PRONOMINAL
Se donner, s'échanger quelque chose sans compter. *Les millions que ces financiers se sont prodigués sont maintenant envolés.*
À la forme pronominale, le participe passé de ce verbe s'accorde en genre et en nombre avec le complément direct si celui-ci le précède. *Les conseils amicaux qu'elles se sont prodigués.* Le participe passé reste invariable si le complément direct suit le verbe. *Les rescapés se sont prodigué les premiers soins.* S'il n'y a pas de complément direct, le participe passé s'accorde avec le sujet du verbe. *Ces avis se sont prodigués généreusement.*
CONJUGAISON : VOIR MODÈLE AIMER.
Ce verbe s'écrit toujours avec un ***u***, même devant les lettres ***a*** et ***o***. *Il prodigua, nous prodiguons.*

PRODUCTEUR, TRICE adj.
Qui produit. *Les entreprises productrices de biens.* SYN. productif.

PRODUCTEUR n. m.
PRODUCTRICE n. f.
1. Personne, entreprise qui crée un bien ou un service. ANT. consommateur.
2. Personne qui assure le financement d'un film, la réalisation d'une émission de radio ou de télévision.

PRODUCTIF, IVE adj.
1. Qui produit. *Des terres productives.* ANT. stérile.
2. Qui produit beaucoup. *Ce sol est productif.* SYN. fécond ; fertile.

PRODUCTION n. f.
1. Action de produire ; fait de se produire. *La production de gaz toxiques, d'énergie électrique.*
2. Ensemble des activités qui permettent la création de biens ou de services. *La gestion de la production.*
3. Biens créés, œuvres créées. *La production littéraire de la saison.*
4. Action de présenter. *La production d'une pièce de théâtre, d'une émission de télévision.*
5. (DR.) Action de présenter, de déposer des documents. *La production de pièces justificatives.* SYN. dépôt ; présentation.

PRODUCTIQUE n. f.
Ensemble des techniques qui concourent à la conception, à la mise en place, à la gestion et au contrôle des systèmes de production automatisés. (*Dictionnaire de la gestion de la production et des stocks,* Québec Amérique) *La productique comprend la conception assistée par ordinateur (CAO), la fabrication assistée par ordinateur (FAO), la robotique, l'utilisation des machines-outils à commande numérique.*
La productique fait appel aux ressources informatiques pour réussir l'intégration efficace du système de production.

PRODUCTIVITÉ n. f.
Rapport entre une production et l'ensemble des moyens humains, financiers et techniques mis en œuvre pour assurer cette production. *Il faut accroître la productivité de cette entreprise.*

PRODUIRE v. tr., pronom.
VERBE TRANSITIF
1. Créer. *Ce peintre a produit un tableau merveilleux.*
2. Causer. *Cette défectuosité a produit un accident.* SYN. entraîner; occasionner; provoquer.
3. Assurer la production de biens, de services. *Cette entreprise produit des voitures. Ce laboratoire produira des vaccins. Un éditeur qui produit un dictionnaire multimédia.*
4. (DR.) Présenter, soumettre des documents. *Pour votre demande de passeport, vous devez produire votre acte de naissance.* SYN. déposer; fournir.
VERBE PRONOMINAL
Arriver, survenir. *Des séismes se sont produits.* SYN. advenir; se passer.
À la forme pronominale, le participe passé de ce verbe s'accorde toujours en genre et en nombre avec son sujet. *Une catastrophe s'est produite.*
CONJUGAISON : VOIR MODÈLE CONDUIRE.
INDICATIF PRÉSENT *Je produis, tu produis, il produit, nous produisons, vous produisez, ils produisent.* IMPARFAIT *Je produisais.* PASSÉ SIMPLE *Je produisis.* FUTUR *Je produirai.* CONDITIONNEL PRÉSENT *Je produirais.* IMPÉRATIF PRÉSENT *Produis, produisons, produisez.* SUBJONCTIF PRÉSENT *Que je produise.* IMPARFAIT *Que je produisisse.* PARTICIPE PRÉSENT *Produisant.* PASSÉ *Produit, ite.*

PRODUIT n. m.
1. Bien, service créé. *Les produits de la terre. Un nouveau produit.*
2. Profit. *Le produit brut, le produit net, le produit des ventes.*
3. Résultat d'une multiplication. *Le produit de la multiplication de 3 par 2 est 6.*
LOCUTIONS
– ***Produit intérieur brut.*** (ÉCON.) Sigle ***PIB*** (s'écrit avec ou sans points). Valeur de tous les biens et services produits à l'intérieur des limites géographiques d'un pays ou d'un territoire au cours d'une période donnée.
– ***Produit national brut.*** (ÉCON.) Sigle ***PNB*** (s'écrit avec ou sans points). Valeur totale, au prix du marché des biens et services produits durant une période donnée (habituellement un an ou un trimestre) par les particuliers et les entreprises d'un pays.

PROÉMINENCE n. f.
Caractère de ce qui fait saillie, de ce qui dépasse.
Ne pas confondre avec les noms suivants :
• ***prédominance***, prépondérance;
• ***prééminence***, supériorité de droit.
proéminence.

PROÉMINENT, ENTE adj.
Qui fait saillie. *Un nez proéminent.* SYN. saillant.
proéminent.

PROF n. m. et f. (pl. *profs*)
Abréviation familière de ***professeur.*** *Marie-Ève a beaucoup apprécié sa prof de français.*

PROFANATEUR, TRICE n. m. et f.
Personne qui profane, notamment les choses sacrées.

PROFANATION n. f.
Action de profaner, de ne pas respecter quelque chose de sacré. SYN. violation.

PROFANE adj. et n. m. et f.
ADJECTIF ET NOM MASCULIN ET FÉMININ
Qui n'est pas initié, qui ne s'y connaît pas. *Une profane en musique, mais un expert en informatique. Elles sont profanes en mécanique.*
ADJECTIF ET NOM MASCULIN
Qui n'est pas religieux. *La musique profane. Le profane et le sacré.* ANT. sacré.

PROFANER v. tr.
1. Violer une chose sacrée. *Profaner une église.*
2. (FIG.) Dégrader une chose importante, manquer au respect qui lui est dû. SYN. avilir.
CONJUGAISON : VOIR MODÈLE AIMER.

PROFÉRER v. tr.
Prononcer avec violence. *Proférer des insultes.*
CONJUGAISON : VOIR MODÈLE POSSÉDER.
Le ***é*** se change en ***è*** devant une syllabe contenant un ***e*** muet, sauf à l'indicatif futur et au conditionnel présent. *Je profère,* mais *je proférerai.*
[Les *Rectifications* (1990) admettent : il profèrera profèrerait...]

PROFESSER v. tr.
Déclarer ouvertement. *Professer son appartenance à un parti politique.* SYN. manifester; proclamer.
CONJUGAISON : VOIR MODÈLE AIMER.

PROFESSEUR n. m.
PROFESSEURE n. f.
Abréviations : au masculin, ***P^{r}***; au féminin, ***P^{re}***; au masculin pluriel, ***P^{rs}***; au féminin pluriel, ***P^{res}*** (s'écrivent sans point). S'abrège familièrement en ***prof*** (s'écrit sans point).
Personne qui enseigne une science, un art, une technique. *Une professeure de biologie, un professeur de piano.*
Pour l'enseignement primaire, on emploiera plutôt le nom ***instituteur.*** Le nom ***enseignant*** est un générique qui regroupe les professeurs (enseignement secondaire et universitaire) et les instituteurs (enseignement primaire).

PROFESSION n. f.
1. Occupation déterminée par laquelle on gagne sa vie. *Quelle est votre profession ? – Électricien. Exercer la profession d'architecte.* SYN. métier.
Le nom désigne également un métier de nature intellectuelle, scientifique. *Les professions libérales.*
2. Déclaration publique d'une croyance, d'une opinion. *Une profession de foi.*

PROFESSIONNALISME n. m.
Qualité d'une personne qui exerce sa profession avec compétence, rigueur et sérieux. SYN. conscience professionnelle.

PROFESSIONNEL, ELLE adj. et n. m. et f.
ADJECTIF
1. Relatif à une profession, à un métier. *Une formation professionnelle.*
2. De profession. *Un skieur professionnel.* ANT. amateur.
NOM MASCULIN ET FÉMININ
Personne qui pratique une activité, un art, un sport, etc., afin d'en tirer une rémunération, par opposition à la personne qui l'exerce par agrément. *Un professionnel du golf, une professionnelle de la comptabilité.* ANT. amateur.
LOCUTIONS
– ***Déformation professionnelle.*** Manière de penser résultant de l'exercice d'une profession.

– ***Secret professionnel.*** Interdiction légale de divulguer des informations confidentielles obtenues dans l'exercice d'une profession.

PROFESSIONNELLEMENT adv.
De façon professionnelle. *Ces médecins agissent professionnellement.*

PROFESSORAL, ALE, AUX adj.
1. Relatif aux professeurs. *Le corps professoral de l'École des HEC.*
2. Digne d'un professeur. *Des tons professoraux.* SYN. docte; pédant; pontifiant.
En ce sens, l'adjectif a une connotation péjorative.

PROFIL n. m.
Le *l* se prononce, [prɔfil]; ce mot rime avec ***fil***.
1. Contour latéral d'un objet (par opposition à ***face***). *Martine a un joli profil.*
2. Ensemble d'éléments caractéristiques, d'aptitudes particulières d'une personne. *Un profil de scientifique, un profil de carrière. Vous avez tout à fait le profil que nous recherchons.*
LOCUTIONS
– ***De profil,*** loc. adv. En étant vu de côté. *On a dessiné son visage de profil.*
– ***Profil bas.*** Programme d'action minimal, attitude modérée et discrète. *Dans un contexte d'agitation sociale, le gouvernement a adopté un profil bas.*

PROFILAGE n. m.
1. (TECH.) Opération qui confère un profil déterminé à une pièce, à une carosserie.
2. Technique policière qui consiste à établir le profil psychologique d'un individu recherché à partir d'indices recueillis par les enquêteurs.
Le profilage est principalement utilisé pour élucider des cas de meurtres en série et d'agressions sexuelles (GDT).

PROFILÉ, ÉE adj. et n. m.
ADJECTIF
Laminé selon un profil défini. *Un fuselage profilé, un acier profilé.*
NOM MASCULIN
Objet fabriqué selon une forme définie. *Des profilés métallurgiques.*

PROFILER v. tr., pronom.
VERBE TRANSITIF
Donner un profil défini à quelque chose. *Profiler une carrosserie.*
VERBE PRONOMINAL
1. Se voir de profil. *Le temple se profile à l'horizon.* SYN. se découper; se dessiner.
2. (FIG.) S'esquisser, apparaître, commencer à se manifester. *Des chevauchements se profilent progressivement.*
À la forme pronominale, le participe passé de ce verbe s'accorde toujours en genre et en nombre avec son sujet. *Des solutions se sont profilées graduellement.*
CONJUGAISON : VOIR MODÈLE AIMER.

PROFILEUR n. m.
PROFILEUSE n. f.
Personne qui établit, à la suite d'un acte criminel dont l'auteur est inconnu, et à partir d'indices liés à cet acte et à la façon dont il a été perpétré, un profil social et psychologique de personnalité compatible avec l'acte en question (GDT). *Une profileuse de la Gendarmerie royale du Canada.*

PROFIT n. m.
1. Différence entre l'ensemble des gains d'une entreprise et l'ensemble de ses dépenses. *Un profit net. Faire, réaliser de bons profits.* SYN. bénéfice. ANT. déficit.
2. Utilité, avantage. *Ces recherches nous seront d'un bon profit.*
3. Bénéfice. *L'entreprise a fait des profits.* ANT. perte.
LOCUTIONS
– ***Au profit de,*** loc. prép. Au bénéfice de. *Cette soirée est organisée au profit des enfants malades.*
– ***Mettre à profit.*** Bénéficier de. *Elle a mis à profit cet enseignement.* SYN. exploiter.
– ***Tirer profit de.*** Profiter de. *Elle a tiré profit de ces cours.* SYN. tirer parti.
Dans cette expression, le nom reste au singulier.

PROFITABLE adj.
Qui procure un avantage; utile. *Une formation profitable. Ces activités sont très profitables.* SYN. avantageux; lucratif; rentable.

PROFITER v. tr. ind., intr.
VERBE TRANSITIF INDIRECT
1. Tirer avantage de. *Ils profitent de leurs vacances pleinement pour se reposer et voyager.*
En ce sens, le verbe se construit avec la préposition ***de*** suivie d'un nom ou avec la locution conjonctive ***de ce que*** suivie de l'indicatif. *Elle a profité de ce qu'il pleuvait pour étudier.*
2. Être utile. *Ses recherches ont beaucoup profité à ses étudiants.*
En ce sens, le verbe se construit avec la préposition ***à.***
3. Abuser de la générosité d'autrui. *Il y a des limites à profiter de moi ainsi!* SYN. exploiter.
VERBE INTRANSITIF
(FAM.) Se fortifier, grandir. *Les enfants ont bien profité au cours de l'été.*
CONJUGAISON : VOIR MODÈLE AIMER.

PROFITEROLE n. f.
Le ***e*** de la troisième syllabe est muet, [prɔfitrɔl].
Petit chou fourré de glace à la vanille ou de crème pâtissière, nappé d'une sauce au chocolat. *Comment résister à ces profiteroles au chocolat?*
profiterole.

PROFITEUR, EUSE n. m. et f.
(PÉJ.) Personne qui abuse de la générosité d'autrui.

PROFOND, ONDE adj., adv. et n. m.
ADJECTIF
1. Dont le fond est éloigné de la surface. *Un lac profond.*
Au Québec, on emploie aussi l'adjectif ***creux*** en ce sens.
2. Très grand. *Une transformation profonde.* SYN. complet.
3. Difficile à pénétrer. *Un profond mystère.* SYN. mystérieux; obscur.
4. Qui fait preuve de profondeur de pensée, d'un vaste savoir. *Un esprit profond.* ANT. superficiel.
ADVERBE
Profondément. *Ils ont creusé très profond.*
Pris adverbialement, le mot est invariable.
NOM MASCULIN
Profondeur. *Il a été touché au plus profond de son cœur.*
profond.

PROFONDÉMENT adv.
1. D'une manière profonde. *Ils dormaient profondément quand les cambrioleurs sont entrés : ils n'ont rien entendu. Calme-toi, respire profondément.*
2. Extrêmement. *Il est profondément certain de ce fait.*

PROFONDEUR n. f.
1. Caractère de ce qui est profond. *La profondeur d'un gouffre. Les profondeurs de l'océan.*
2. Distance entre la surface du sol, de l'eau jusqu'au fond. *Les mineurs sont à 200 m de profondeur. Étienne a plongé à 35 m de profondeur près de Tadoussac.*
3. Dimension. *Une piscine qui a deux mètres de profondeur. La profondeur, la hauteur et la largeur d'une armoire.*
Au Québec, on emploie aussi le nom ***creux*** en ce sens.
4. Pénétration de l'esprit. *Un philosophe qui a beaucoup de profondeur.*

PRO FORMA loc. adj. inv.
Facture anticipée établie par le vendeur avant la vente. *Des factures* pro forma.
T En typographie soignée, les mots étrangers sont composés en italique. Dans des textes déjà en italique, la notation se fait en romain. Pour les textes manuscrits, on utilisera les guillemets.

PROFUSÉMENT adv.
En abondance, avec profusion. *Une table profusément remplie de gâteaux et de glaces.*

PROFUSION n. f.
Surabondance, quantité importante (de choses). *Une profusion de fleurs. Des cadeaux à profusion.*
LOCUTION
– ***À profusion,*** loc. adv. En grande quantité, sans compter. *Le champagne coulait à profusion.* SYN. abondamment.

PROGÉNITURE n. f.
(PLAISANT.) Les enfants, par rapport aux parents. SYN. descendance.

PROGESTATIF, IVE adj. et n. m.
ADJECTIF
(MÉD.) Se dit de la progestérone et des substances qui lui sont apparentées. *Des hormones progestatives.*
NOM MASCULIN
(MÉD.) Substances naturelles ou médicamenteuses apparentées à la progestérone. *Ce produit libère en continu de faibles doses d'œstrogène et de progestatif, deux hormones couramment utilisées dans les contraceptifs oraux.*

PROGESTÉRONE n. f.
Hormone produite par l'ovaire.

PROGICIEL n. m.
(INFORM.) Ensemble complet et documenté de programmes conçu pour être fourni à plusieurs utilisateurs, en vue d'une même application ou d'une même fonction. *Un progiciel de gestion des approvisionnements.*
Ce nom provient de la fusion des mots ***produit*** et ***logiciel.***

PROGNATHE adj.
Les lettres ***gn*** se prononcent distinctement, [prɔgnat].
(DIDACT.) Se dit d'une personne dont la mâchoire inférieure est proéminente.
prognathe.

PROGRAMMABLE adj.
Qui peut être programmé. *Une cafetière programmable qui prépare le café à 7 h tous les matins.*

PROGRAMMATEUR n. m.
PROGRAMMATRICE n. f.
Personne chargée d'établir la programmation (de films, de spectacles, d'émissions).
Ne pas confondre avec ***programmeur, programmeuse,*** personne qui établit un programme informatique.

PROGRAMMATION n. f.
1. (INFORM.) Élaboration d'un programme informatique, d'un logiciel.
2. Organisation des programmes (cinéma, radio, télévision, etc.). *La programmation d'automne d'un réseau de télévision.*

PROGRAMME n. m.
1. Ensemble des matières d'un cours. *L'écologie est au programme du secondaire.*
2. Énumération des éléments d'un spectacle, d'un concert, d'un évènement. *Demandez le programme !*
3. Ensemble des émissions, des films, etc., qui seront présentés au cours d'une période. *À la télévision, le programme de la soirée est intéressant : il y a plusieurs émissions que j'aime.*
4. Ligne d'action. *Le programme d'un parti écologique. Cette réforme est au programme* (et non à l'*agenda) *du gouvernement.*
FORME FAUTIVE
*programme. Anglicisme au sens de ***émission*** (de télévision, de radio).
En français, le mot ***programme*** désigne un ensemble d'émissions, de films présentés au cours d'une période. *Le programme d'été d'un cinéma.*

PROGRAMME DES NATIONS UNIES POUR LE DÉVELOPPEMENT
Sigle *PNUD* (s'écrit avec ou sans points).

PROGRAMMER v. tr.
1. Établir un programme, inclure dans la programmation. *Programmer une série de conférences, une émission radiophonique, un film.*
2. (INFORM.) Élaborer un programme informatique, technique, etc. *À la maison, tout le monde, sauf papa, sait programmer le magnétoscope.*
3. Organiser à l'avance. *Nous avons programmé une escalade de la montagne, si le temps le permet.* SYN. prévoir.
CONJUGAISON : VOIR MODÈLE AIMER.

PROGRAMMEUR n. m.
PROGRAMMEUSE n. f.
(INFORM.) Personne qui établit un programme informatique, un logiciel.
Ne pas confondre avec ***programmateur, programmatrice,*** personne chargée d'établir la programmation (de films, de spectacles, d'émissions).

PROGRÈS n. m.
Développement, avancement. *Ève a fait de grands progrès en dessin. Des progrès dans le traitement de certains cancers.*
progrès.

PROGRESSER v. intr.
1. Faire des progrès. *Notre étude progresse.* SYN. avancer.
En ce sens, le verbe peut avoir un sens favorable ou défavorable. *Le mal a progressé et d'autres organes sont atteints.*
2. S'améliorer. *Simon a progressé en mathématiques.*
CONJUGAISON : VOIR MODÈLE AIMER.

PROGRESSIF, IVE adj.
1. Qui suit une progression. *Un taux d'imposition progressif.* ANT. dégressif.
2. Qui évolue peu à peu. *Une modification progressive de l'opinion.* SYN. graduel.

PROGRESSION n. f.
1. Accroissement graduel. *La progression des connaissances est constante.* ANT. régression.
VOIR TABLEAU – PROGRESSION DE L'INFORMATION.
2. Avance progressive. *La progression des alpinistes vers le sommet de l'Everest.*

PROGRESSISTE adj. et n. m. et f.
Partisan d'une doctrine politique axée sur le progrès social. *Une politique progressiste. Des progressistes convaincus.*

PROGRESSIVEMENT adv.
D'une manière progressive. *Ils établissent progressivement les modalités de leur collaboration.* SYN. graduellement ; pas à pas ; petit à petit ; peu à peu.

PROHIBER v. tr.
Interdire par la loi. *Le port d'armes est prohibé.* SYN. défendre.
CONJUGAISON : VOIR MODÈLE AIMER.
prohiber.

PROHIBITIF, IVE adj.
1. (DR.) Qui interdit légalement.
2. Se dit d'un prix très élevé qui empêche l'achat. *Le prix des figues fraîches est prohibitif.*
prohibitif.

P

PROGRESSION DE L'INFORMATION[1]

La notion de **progression de l'information** relève de la grammaire du texte ou cohérence textuelle. Elle concerne l'art de construire des paragraphes et explique comment l'information déjà connue (le **thème**) sert de base dans une phrase pour ajouter l'information nouvelle (le **propos**).

La tomate (**thème**) *est originaire de l'Amérique* (**propos**).
L'Amérique (**thème**) *est le continent d'origine de la tomate* (**propos**).

Les deux phrases ci-dessus ont la même signification, mais elles appartiennent à deux textes différents : la première fait partie d'un texte qui a pour thème la tomate et donne comme information nouvelle que celle-ci vient de l'Amérique ; la deuxième fait partie d'un texte qui a pour thème l'Amérique et donne comme information nouvelle que celle-ci est le lieu d'origine de la tomate.

Pour choisir le bon ordre dans lequel présenter l'information, il faut d'abord faire état de ce dont on parle (le thème), ensuite de ce qu'on en dit (le propos).

La tomate est originaire de l'Amérique. Ce continent a également donné au monde bien d'autres aliments, comme l'arachide, la courge, le maïs, le piment. Le fait que la tomate en soit originaire surprend le plus les gens, qui associent habituellement cette dernière à l'Italie et à la Méditerranée. Cette région a tellement bien su l'intégrer dans sa cuisine !

Analyse du paragraphe ci-dessus :

Thème (information connue ou qui vient d'être connue dans les phrases précédentes)	Propos (information nouvelle)
A* : tomate	B : originaire de l'Amérique
B : ce continent	C : donné au monde autres aliments (arachide, courge, maïs, piment)
A + B : le fait que la tomate en soit originaire	D : surprend les gens
D : qui (les gens)	E : associent à l'Italie et à la Méditerranée
E : cette région	F : su l'intégrer dans sa cuisine

*Chaque lettre symbolise une information différente.

Dans la construction d'un paragraphe, il faut s'assurer de regrouper toute l'information nouvelle qui concerne les éléments connus (ou qui viennent d'être connus dans les phrases précédentes). Cet ensemble complet d'information constitue un paragraphe cohérent. Ensuite, pour ajouter une information nouvelle qui deviendra un nouveau thème et qui permettra de communiquer d'autres renseignements, il faut créer un nouveau paragraphe.

Pour communiquer d'autres renseignements, il faut créer un nouveau paragraphe.

La tomate est originaire de l'Amérique. Ce continent a également donné au monde bien d'autres aliments, comme l'arachide, la courge, le maïs, le piment. Le fait que la tomate en soit originaire surprend le plus les gens, qui associent habituellement cette dernière à l'Italie et à la Méditerranée. Cette région a tellement bien su l'intégrer dans sa cuisine !

La tomate, comme la courge et le piment d'ailleurs, est un fruit. Ce classement biologique est souvent une autre cause d'étonnement. [...]

VOIR TABLEAU ► **REPRISE DE L'INFORMATION.**

1. Conception du tableau : Annie Desnoyers.

PROHIBITION n. f.
Interdiction légale de vendre certaines marchandises. *La prohibition de la vente de la cocaïne.*
✏ prohibition.

PROIE n. f.
1. Être vivant dont un prédateur s'empare pour s'en nourrir. *Le chat a dévoré sa proie, un oisillon tombé du nid.*
2. (FIG.) Victime. *Cette famille a été la proie des voleurs. « sans songer qu'elle-même, toute sa vie, avait été la proie de quelque profonde exigence intérieure »* (Gabrielle Roy, *La Détresse et l'Enchantement*).
3. (FIG.) Tout ce dont on s'empare avec violence. *Cette maison a été la proie des flammes.*
LOCUTIONS
– ***Être en proie à.*** Livré à. *Il est en proie aux moqueries de ses camarades.* SYN. être l'objet de.
– ***Lâcher la proie pour l'ombre.*** Choisir un avantage illusoire plutôt qu'un bénéfice réel.
– ***Oiseau de proie.*** Oiseau qui se nourrit de gibier.

PROJECTEUR n. m.
Appareil d'éclairage destiné à projeter un puissant rayon lumineux. *Les projecteurs éclairaient brillamment le chanteur.*

PROJECTILE n. m.
Corps lancé par une arme ou à la main. *Un projectile a fracassé la fenêtre.*
✏ projectile.

PROJECTION n. f.
Action de projeter. *La projection d'un film.*

PROJECTIONNISTE n. m. et f.
Technicien chargé de la projection des films.

PROJET n. m.
1. Idée d'une chose que l'on se propose d'exécuter. *Nous avons de beaux projets pour cet été.* SYN. dessein; plan.
☞ Le ***projet*** se définit par un caractère d'antériorité à la réalisation, contrairement au terme anglais qui recouvre les deux acceptions.
2. Plan d'une œuvre d'architecture.
☞ Dans ce dernier sens, ne pas confondre avec les noms suivants :
• ***canevas,*** plan, schéma d'un texte;
• ***croquis,*** dessin à main levée, plan sommaire;
• ***ébauche,*** première forme donnée à une œuvre;
• ***esquisse*** représentation simplifiée d'une œuvre destinée à servir d'essai;
• ***maquette,*** représentation schématique d'une mise en pages.
FORME FAUTIVE
*projet. Impropriété au sens de ***travaux, chantier, programme.***
✏ projet.

PROJETER v. tr., pronom.
VERBE TRANSITIF
1. Lancer avec force. *Le feu projette des brindilles enflammées. Les occupants de cette voiture ont été projetés contre le pare-brise.* SYN. envoyer; jeter.
2. Transposer une image, des rayons lumineux sur une surface. *Projeter un film. L'arbre projette son ombre sur le sol.*
3. Faire le projet de. *Ses parents projettent un voyage.* SYN. envisager.
VERBE PRONOMINAL
Être projeté. *Un film intéressant qui se projette dans plusieurs cinémas.*
▭ À la forme pronominale, le participe passé de ce verbe s'accorde toujours en genre et en nombre avec son sujet. *Les lueurs de l'incendie se sont projetées bien haut dans le ciel.*
CONJUGAISON : VOIR MODÈLE APPELER.
Redoublement du ***t*** devant un ***e*** muet. *Je projette, je projetterai,* mais *je projetais.*

PROLÉTAIRE n. m. et f.
Personne qui n'a que sa force de travail (généralement un travail manuel) comme source de revenus.
✏ prolétaire.

PROLÉTARIAT n. m.
Ensemble des prolétaires, des travailleurs manuels.
✏ prolétariat.

P

PROLIFÉRATION n. f.
Multiplication rapide. *La prolifération des cellules cancéreuses, des mauvaises herbes.*

PROLIFÉRER v. intr.
Se multiplier, se reproduire rapidement. *Les lapins prolifèrent dans la région.*
CONJUGAISON : VOIR MODÈLE POSSÉDER.
[Les *Rectifications* (1990) admettent : il prolifèrera, prolifèrerait...]

PROLIFICITÉ n. f.
(LITT.) Caractère de ce qui est fécond. *La prolificité d'une race de brebis.*
☞ Ce mot est de registre littéraire ou technique.

PROLIFIQUE adj.
1. Qui se multiplie rapidement. *Les lapins sont prolifiques.* SYN. fécond.
2. Qui produit beaucoup. *Ce chercheur est prolifique : il publie beaucoup.* SYN. productif.

PROLIXE adj.
Trop long, trop bavard. *Un discours prolixe et ennuyeux.*

PROLIXITÉ n. f.
(LITT.) Défaut d'une personne ou d'une chose prolixe.

PROLOGUE n. m.
Introduction, prélude. ANT. épilogue.
✏ prologue.

PROLONGATION n. f.
1. Action de prolonger dans le temps, d'ajouter à une durée. *La prolongation d'une entente, d'un délai.*
2. Temps ajouté à une durée déterminée. *L'équipe a perdu lors de la prolongation.*
☞ Ne pas confondre avec le nom ***prolongement,*** accroissement en longueur, dans l'espace.
FORME FAUTIVE
*aller en prolongation. Calque de «*to go into overtime*» pour ***jouer en prolongation.***

PROLONGEMENT n. m.
1. Action de prolonger dans l'espace. *Le prolongement d'une route, du métro.*
2. Accroissement en longueur. *Ce passage piétonnier est le prolongement de l'avenue.* SYN. continuation; suite.
LOCUTION
– ***Dans le prolongement de,*** loc. prép. Dans la suite de. *C'est dans le prolongement de cette rencontre que ces travaux ont été entrepris.*
☞ Ne pas confondre avec le nom ***prolongation,*** action de prolonger dans le temps, d'ajouter à une durée.

PROLONGER v. tr., pronom.
VERBE TRANSITIF
Augmenter la longueur, la durée de quelque chose. *Prolonger une autoroute. Il poursuit les recherches afin de prolonger la vie.*
VERBE PRONOMINAL
1. S'étendre plus loin. *Le sentier se prolonge dans la pinède jusqu'au bord de la mer.*
2. Durer plus longtemps que ce qui était prévu. *Les discussions se sont prolongées toute la nuit.* SYN. continuer; se poursuivre.
▭ À la forme pronominale, le participe passé de ce verbe s'accorde toujours en genre et en nombre avec son sujet. *La partie de bridge s'est prolongée plus longtemps qu'à l'habitude.*

Ne pas confondre avec le verbe ***proroger***, prolonger un délai qui avait été fixé.
CONJUGAISON : VOIR MODÈLE CHANGER.
Le ***g*** est suivi d'un ***e*** devant les lettres ***a*** et ***o***. *Il prolongea, nous prolongeons.*

***PRO-MAIRE**
Anglicisme pour ***maire suppléant***.

PROMENADE n. f.
1. Action de se promener. *Une promenade dans la forêt.* SYN. balade ; excursion ; randonnée.
2. Voie spécialement aménagée à l'intention des promeneurs (Recomm. off.). *La promenade Samuel De Champlain est un don du gouvernement du Québec à la capitale pour son 400e anniversaire.*

PROMENER v. tr., pronom.
VERBE TRANSITIF
Déplacer, faire aller dans plusieurs endroits, pour le plaisir. *Elle promène ses enfants de parc en parc.*
VERBE PRONOMINAL
Faire une promenade. *Allons nous promener à la campagne.* SYN. (FAM.) se balader.
À la forme pronominale, le participe passé de ce verbe s'accorde toujours en genre et en nombre avec son sujet. *Nous nous sommes promenés sur la plage abandonnée.*
LOCUTION
– ***Envoyer promener quelqu'un.*** (PÉJ.) Se débarrasser d'une personne importune. *Il insistait, mais je l'ai envoyé promener.*
CONJUGAISON : VOIR MODÈLE LEVER.

PROMENEUR, EUSE n. m. et f.
Personne qui se promène. *Nous avons croisé des promeneurs qui profitaient du soleil.* SYN. flâneur ; passant.

PROMESSE n. f.
Engagement de faire quelque chose. *Elle a tenu sa promesse et nous a offert un beau voyage. Une promesse d'achat.*

PROMETTEUR, EUSE adj.
Qui donne de grandes espérances, plein de promesses. *Des recherches prometteuses. Un talent prometteur.* SYN. encourageant.

PROMETTRE v. tr., pronom.
VERBE TRANSITIF
1. S'engager à faire quelque chose. *Tu m'as promis un bouquet de fleurs. Elle promet de l'aider de son mieux.* SYN. assurer ; garantir.
Le verbe se construit avec un complément direct, avec la préposition ***de*** suivie de l'infinitif ou avec la conjonction ***que*** suivie de l'indicatif futur ou du conditionnel. *Je lui ai promis que j'écrirai tous les jours* ou *que j'écrirais quotidiennement.*
2. (FIG.) Annoncer, faire espérer. *Ce ciel étoilé nous promet une belle journée.* SYN. laisser prévoir ; présager.
VERBE PRONOMINAL
1. Décider. *Elles se sont promis de ne pas succomber à cette tentation.*
Le participe passé suivi de l'infinitif est invariable.
2. Espérer. *Je me promets d'explorer le pays.* SYN. compter.
À la forme pronominale, le participe passé de ce verbe s'accorde en genre et en nombre avec le complément direct si celui-ci le précède. *Les vacances qu'il s'était promises. Elles se sont promises l'une à l'autre.* Le participe passé reste invariable si le complément direct suit le verbe. *Elles se sont promis de fréquentes visites. Jacinthe s'est promis d'assister à la réunion.*
CONJUGAISON : VOIR MODÈLE REMETTRE.
INDICATIF PRÉSENT *Je promets, tu promets, il promet, nous promettons, vous promettez, ils promettent.* IMPARFAIT *Je promettais.* PASSÉ SIMPLE *Je promis.* FUTUR *Je promettrai.* CONDITIONNEL PRÉSENT *Je promettrais.* IMPÉRATIF PRÉSENT *Promets, promettons, promettez.* SUBJONCTIF PRÉSENT *Que je promette.* IMPARFAIT *Que je promisse.* PARTICIPE PRÉSENT *Promettant.* PASSÉ *Promis, ise.*

PROMISCUITÉ n. f.
Voisinage désagréable. *La promiscuité des campings peut être fâcheuse.*
Ne pas confondre avec le nom ***proximité***, voisinage.

PROMO n. f. (pl. *promos*)
Abréviation familière de ***promotion***. *Les copines de la promo 1982.*

PROMONTOIRE n. m.
Cap de grande dimension. *De ce promontoire qu'est le cap Diamant, on a une vue magnifique du fleuve.*
promontoire.

PROMOTEUR n. m.
PROMOTRICE n. f.
1. (LITT.) Initiateur, précurseur, auteur. *Le promoteur de la paix. Une promotrice de la conservation du patrimoine architectural.*
2. Personne qui finance et dirige la construction d'immeubles. *Un promoteur immobilier.*

PROMOTION n. f.
1. Nomination à un poste supérieur, à un grade. *Elle a eu une promotion ; elle est maintenant vice-présidente.*
2. Ensemble des diplômés d'un établissement d'enseignement secondaire, collégial ou universitaire, ayant terminé, la même année, un programme d'études sanctionné par un même diplôme (Recomm. off.). *Elle est de la promotion des M.B.A. de 1982.*
Ne pas confondre avec les noms suivants :
- ***cohorte***, ensemble des élèves fréquentant ou ayant fréquenté la même classe (échelon du programme d'études) au cours du même intervalle de temps ;
- ***génération***, ensemble des personnes ayant à peu près le même âge à la même époque.

3. Ensemble de moyens mis en œuvre pour favoriser l'accès à de meilleures conditions de vie de certains groupes sociaux. *La promotion des femmes.*
4. Stimulation des ventes. *Cet article est en promotion* (et non *vente), *son prix est réduit de 25 %.*

PROMOTIONNEL, ELLE adj.
Propre à favoriser la vente. *Un prix promotionnel.*

PROMOUVOIR v. tr.
1. Favoriser, encourager. *Promouvoir la recherche médicale, la conservation du patrimoine.* SYN. soutenir.
2. Donner une promotion à quelqu'un. *Elle a été promue à la tête de l'entreprise.*
CONJUGAISON : VOIR MODÈLE ÉMOUVOIR.

PROMPT, PROMPTE adj.
Au masculin, le ***p*** et le ***t*** se prononcent ou non ; au féminin, le ***p*** se prononce ou non, [prɔ̃[pt], prɔ̃[p]t].
1. Rapide, expéditif. *Je vous souhaite un prompt rétablissement.*
2. Qui se met en colère facilement. SYN. colérique ; emporté ; irascible.
En ce sens, l'adjectif demeure usuel au Québec et dans la francophonie canadienne, mais il n'appartient plus à l'usage courant de la majorité des locuteurs du français.
prompt.

PROMPTEMENT adv.
Le ***p*** est muet, [prɔ̃tmɑ̃].
Rapidement. *Nous avons été servis promptement.* SYN. en peu de temps ; vite.
promptement.

PROMPTITUDE n. f.
Le ***p*** est muet, [prɔ̃tityd].
Rapidité, diligence. *Elle a exécuté le travail avec la plus grande promptitude.* SYN. célérité ; empressement.

PROMU, UE adj. et n. m. et f.
Personne qui a reçu une promotion. *Les dernières promues, les nouveaux promus.*

PROMULGATION n. f.
Action de promulguer une nouvelle loi. *La promulgation de la Charte de la langue française.*

PROMULGUER v. tr.
Édicter une loi. *Promulguer une loi. La Charte de la langue française a été promulguée en 1977.*
CONJUGAISON : VOIR MODÈLE AIMER.
Ce verbe s'écrit toujours avec un ***u***, même devant les lettres ***a*** et ***o***. *Il promulgua, nous promulguons.*

PRÔNER v. tr.
Vanter, recommander. *Ils prônent une grande ouverture d'esprit.* SYN. préconiser.
CONJUGAISON : VOIR MODÈLE AIMER.
⇨ prôner.

PRONOM n. m.
(GRAMM.) Mot représentant un nom, un adjectif, une phrase et dont les fonctions sont les mêmes que celles du nom (sujet, complément direct ou indirect du verbe, attribut, complément du nom, complément de phrase).
On distingue le pronom personnel, le pronom possessif, le pronom démonstratif, le pronom indéfini, le pronom relatif et le pronom interrogatif.
VOIR TABLEAU – PRONOM.

PRONOMINAL, ALE, AUX adj.
(GRAMM.) Se dit d'un verbe qui se conjugue avec deux pronoms de la même personne. *Les verbes* s'aventurer, se blottir *n'existent qu'à la forme pronominale ; ils se conjuguent :* je m'*aventure,* je me *blottis,* tu t'*aventures,* tu te *blottis...*
VOIR TABLEAU – PRONOMINAUX.

PRONOMINALEMENT adv.
(GRAMM.) Comme verbe pronominal. *Pronominalement, le verbe* promettre *a le sens de « décider » et d'« espérer ».*

PRONONÇABLE adj.
Qui peut se prononcer. *Ces patronymes truffés de consonnes sont difficilement prononçables.*

PRONONCÉ, ÉE adj.
1. Marqué, accusé fortement. *Une asymétrie marquée.*
2. Exprimé nettement. *Un goût prononcé pour les livres anciens.* SYN. fort ; marqué.

PRONONCER v. tr., pronom.
VERBE TRANSITIF
1. Articuler distinctement les sons. *Prononcer son nom. On ne prononce pas le* p *du nom* sculpture.
2. Débiter, dire. *Prononcer un discours.*
VERBE PRONOMINAL
1. S'articuler d'une certaine manière. *Dans les dates, le* x *de* dix *se prononce* s.
2. Donner son avis. *Ils se sont prononcés en faveur de cette proposition* ou *pour cette proposition* ou *contre ce projet.*
À la forme pronominale, le participe passé de ce verbe s'accorde toujours en genre et en nombre avec son sujet. *Elles se sont prononcées pour l'achat de cet appartement.*
CONJUGAISON : VOIR MODÈLE AVANCER.

PRONONCIATION n. f.
Manière d'articuler. *Un défaut de prononciation. Une prononciation claire. La prononciation du mot* management *à la française.*
⇨ prononciation.

PRONOSTIC n. m.
1. (MÉD.) Jugement du médecin sur l'évolution d'une maladie. *Un pronostic pessimiste.*
Le pronostic est donné à la suite du diagnostic.
2. (GÉN. AU PLUR.) Hypothèses. *Qui sera le champion ? Donnez-moi vos pronostics.* SYN. prévision.
Ne pas confondre avec le nom ***diagnostic***, détermination d'une maladie par ses symptômes.

PRONOSTIQUER v. tr.
1. (MÉD.) Établir le pronostic de.
2. Prévoir. *Vous hasarderez-vous à pronostiquer le résultat des élections ?* SYN. prédire.
CONJUGAISON : VOIR MODÈLE AIMER.

PRONUNCIAMIENTO n. m.
Attention à la prononciation, le ***u*** se prononce ***ou***, [prɔnunsjamjɛnto].
Coup d'État favorisé par l'armée. SYN. putsch.
🅃 En typographie soignée, les mots étrangers sont composés en italique. Dans des textes déjà en italique, la notation se fait en romain. Pour les textes manuscrits, on utilisera les guillemets.

PROPAGANDE n. f.
Action exercée sur l'opinion en vue de propager une idée, une doctrine. *Propagande électorale.*
⇨ propagande.

PROPAGANDISTE adj. et n. m. et f.
Personne qui fait de la propagande. *Les propagandistes de la philosophie néolibérale.*

PROPAGATEUR, TRICE n. m. et f.
Personne qui se donne pour mission de propager (une religion, une doctrine, etc.). *Les propagateurs de la foi, les propagatrices de l'alphabétisation.*

PROPAGATION n. f.
Extension, progrès. *La propagation d'un incendie, d'une révolte.*
⇨ propagation.

PROPAGER v. tr., pronom.
VERBE TRANSITIF
Répandre, diffuser dans le public. *Propager de fausses nouvelles. Il propageait une nouvelle théorie.*
VERBE PRONOMINAL
S'étendre, progresser. *L'infection s'est propagée aux membres inférieurs.* SYN. gagner ; se répandre.
À la forme pronominale, le participe passé de ce verbe s'accorde toujours en genre et en nombre avec son sujet. *Les mauvaises nouvelles se sont propagées rapidement.*
CONJUGAISON : VOIR MODÈLE CHANGER.
Le ***g*** est suivi d'un ***e*** devant les lettres ***a*** et ***o***. *Il propagea, nous propageons.*

PROPANE n. m.
Gaz inflammable. *Pour le camping, Luc utilise une bouteille de propane.*

PROPENSION n. f.
Penchant, inclination. *Elle a une propension à l'optimisme. Il a une propension à tout dépenser.* SYN. tendance.
Le nom se construit avec la préposition ***à*** suivie d'un nom ou d'un infinitif.
⇨ propension.

PROPHÈTE, PROPHÉTESSE n. m. et f.
Personne qui annonce l'avenir. *Les prophètes de la Bible.*
🅃 Lorsqu'il est question de Mahomet, le nom ***prophète*** s'écrit avec une majuscule. *Le Prophète qui fonda l'islam.*
LOCUTIONS
– ***Nul n'est prophète en son pays.*** (Proverbe) Il est plus difficile de se faire entendre dans son milieu qu'ailleurs.
– ***Prophète de malheur.*** Personne qui prédit des choses désagréables.
⇨ prophète.

PROPHÉTIE n. f.
Le ***t*** se prononce ***s***, [prɔfesi] ; le nom rime avec ***si***.
Annonce d'un évènement futur. *Ses prophéties se sont réalisées.* SYN. prédiction.
⇨ prophétie.

P

PRONOM

Le pronom est un mot qui représente un nom, un pronom ou un groupe nominal ; un adjectif ou un groupe adjectival ; une phrase. *Je te prête mon livre : prends-**en** grand soin et rends-**le**-moi demain.*

Les pronoms personnels ***en*** et ***le*** représentent le groupe nominal ***mon livre.***

*Les articles de ce journal sont intéressants, mais ceux de cet hebdomadaire **le** sont peu.*

Le pronom personnel ***le*** représente l'adjectif ***intéressants***.

*Ces personnes sont honnêtes. Je **le** crois, du moins.*

Le pronom personnel ***le*** représente la phrase ***Ces personnes sont honnêtes***.

1. PRONOM PERSONNEL

Le pronom personnel indique la personne de l'être ou de l'objet dont il est question.

PERSONNE	GENRE	NOMBRE	PRONOMS PERSONNELS SUJETS	PRONOMS PERSONNELS COMPLÉMENTS		
				COMPLÉMENT DIRECT	COMPLÉMENT INDIRECT	COMPLÉMENT DE LA PRÉPOSITION
1re	masculin/féminin	singulier	*je*	*me, moi*	*me*	*moi*
2e	masculin/féminin	singulier	*tu*	*te, toi*	*te*	*toi*
3e	masculin	singulier	*il*	*le, se*	*lui, en, y, se*	*lui*
	féminin	singulier	*elle*	*la, se*	*lui, en, y, se*	*elle*
	neutre	singulier	*on*	*en, se*	*lui, en, y, se*	*soi*
1re	masculin/féminin	pluriel	*nous*	*nous*	*nous*	*nous*
2e	masculin/féminin	pluriel	*vous*	*vous*	*vous*	*vous*
3e	masculin	pluriel	*ils*	*les, se*	*leur, en, y, se*	*eux*
	féminin	pluriel	*elles*	*les, se*	*leur, en, y, se*	*elles*
	masculin/féminin	pluriel	*ils*	*les, se*	*leur, en, y, se*	*eux*

La 1re personne est celle qui parle. ***Je*** *reviendrai demain. Elle **me** regarde. **Je** me souviens. Regarde-**moi.** Joue avec **moi.***
La 2e personne est celle à qui l'on parle. ***Tu*** *reviendras demain ? Elle **te** regarde. **Tu te** rappelles. Regarde-**toi.** Je viens avec **toi.***
La 3e personne est celle dont on parle. ***Elles*** *reviendront demain ? On **les** aime. **Elles** se coiffent. Regarde-**les*** ou *parle-**leur**. Viens avec **eux**. Danse avec **elles**.*

Devant une voyelle ou un ***h*** muet, certains pronoms s'élident : ***j', m', t', l', s'***. ***J'****aime, je **m'**ennuie, il **t'**aime, tu ne **l'**aimes pas, ils **s'**habituent.*

2. PRONOM POSSESSIF

- Le pronom possessif représente un nom de personne ou de chose en précisant le « possesseur ». ***Votre*** *chien est bien dressé ; **le nôtre** est très turbulent. Prends **ton** livre ; je prends **le mien**.*
- Comme le déterminant possessif, le pronom possessif est loin de toujours marquer un rapport de possession ; il n'exprime souvent qu'une simple relation, qu'un lien de dépendance, d'affinité, de proximité, etc.

Il ne faut pas confondre le pronom possessif et le déterminant possessif. ***Notre*** *chatte est blanche ; **la vôtre** est noire.* ***Notre*** est un déterminant possessif ; ***la vôtre*** est un pronom possessif qui remplace « votre chatte ». Le déterminant s'écrit avec un ***o*** ; le pronom possessif, avec un ***ô*** et il est toujours précédé d'un déterminant défini.

FORMES DU PRONOM POSSESSIF

UN SEUL POSSESSEUR	SINGULIER		PLURIEL	
	MASCULIN	FÉMININ	MASCULIN	FÉMININ
Première personne	*le mien*	*la mienne*	*les miens*	*les miennes*
Deuxième personne	*le tien*	*la tienne*	*les tiens*	*les tiennes*
Troisième personne	*le sien*	*la sienne*	*les siens*	*les siennes*

PLUSIEURS POSSESSEURS	SINGULIER		PLURIEL	
	MASCULIN	FÉMININ	MASCULIN	FÉMININ
Première personne	*le nôtre*	*la nôtre*	*les nôtres*	*les nôtres*
Deuxième personne	*le vôtre*	*la vôtre*	*les vôtres*	*les vôtres*
Troisième personne	*le leur*	*la leur*	*les leurs*	*les leurs*

3. PRONOM DÉMONSTRATIF

Le pronom démonstratif représente un nom, dont il prend le genre et le nombre, et un déterminant démonstratif ; il sert à montrer la personne ou la chose désignée par ce nom. *Ces fleurs sont plus odorantes que* ***celles-ci. C'****est magnifique.*

FORMES DU PRONOM DÉMONSTRATIF :

GENRE	SINGULIER	PLURIEL
MASCULIN	*celui (celui-ci, celui-là)*	*ceux (ceux-ci, ceux-là)*
FÉMININ	*celle (celle-ci, celle-là)*	*celles (celles-ci, celles-là)*
NEUTRE	*ce (ceci, cela)*	

4. PRONOM INDÉFINI

Le pronom indéfini représente une personne, une chose qu'il désigne d'une manière indéterminée, vague. ***L'un*** *dit oui,* ***l'autre*** *dit non. Nous n'avons* ***rien*** *mangé et nous n'avons vu* ***personne.***

- **Pronoms indéfinis variables :**

Aucun, certain, chacun, l'un, l'autre, le même, maint, nul, pas un, plus d'un, quelqu'un, tel, tout, un autre, un tel…

- **Pronoms indéfinis invariables :**

Autrui, on, personne, plusieurs, quelque chose, quiconque, rien…

5. PRONOM RELATIF

Le pronom relatif représente un nom ou un pronom et introduit une phrase relative. *La ville* ***dont*** *je parle est Montréal. L'enfant* ***qui*** *court ressemble à ton frère. Ceux* ***que*** *j'ai vus paraissent excellents.*

Le nom ou le pronom représenté par le pronom relatif est son antécédent.

- **Pronoms relatifs définis**

FORMES SIMPLES : ***qui, que, quoi, dont, où.***

FORMES COMPOSÉES : ***à qui, à quoi, de qui, de quoi,*** préposition + ***qui,*** préposition + ***quoi***

SINGULIER		PLURIEL	
MASCULIN	FÉMININ	MASCULIN	FÉMININ
lequel	*laquelle*	*lesquels*	*lesquelles*
duquel	*de laquelle*	*desquels*	*desquelles*
auquel	*à laquelle*	*auxquels*	*auxquelles*

La forme du pronom relatif varie selon sa fonction dans la phrase relative.

- **Pronoms relatifs indéfinis.** ***Quiconque*** *s'aventure en ces lieux s'expose à un danger.*
Quiconque, qui que ce soit, quoi que ce soit.

6. PRONOM INTERROGATIF

Le pronom interrogatif représente une personne, une chose que l'on ne connaît pas et sur laquelle porte l'interrogation. ***Qui*** *sont-ils ?* ***Quel*** *est ton nom ? Je me demande* ***ce que*** *tu veux.*

– **Interrogation dans une phrase autonome interrogative :** ***qui, que, quoi, quel, quelle, quels, quelles, lequel, laquelle, lesquels, lesquelles.*** *Lesquels de ces disques préférez-vous ?*

Le pronom ***lequel*** représente une personne, une chose dont on parle et avec laquelle il s'accorde en genre et en nombre. ***Lequel*** *de ces disques préférez-vous ?*

– **Interrogation dans une phrase subordonnée :** ***ce qui, ce que, lequel, laquelle, lesquels, lesquelles.***
Ils se demandent lequel de ces projets Thomas retiendra.

PROPHÉTIQUE adj.
Qui tient de la prophétie. *Un écrit prophétique.*
prophétique.

PROPHÉTISER v. tr.
Prédire ce qui doit arriver. SYN. prévoir.
CONJUGAISON : VOIR MODÈLE AIMER.
prophétiser.

PROPHYLACTIQUE adj.
Préventif. *Des mesures prophylactiques aptes à éviter la contagion.*
prophylactique.

PROPHYLAXIE n. f.
Ensemble des méthodes visant à la prévention des maladies.
prophylaxie.

PROPICE adj.
Favorable, qui convient à quelqu'un, à quelque chose. *Un terrain propice à la culture. Il importera de choisir l'heure propice à l'annonce de notre décision.* SYN. bon ; convenable ; opportun ; propre à.
propice.

PROPORTION n. f.
1. (AU PLUR.) Dimensions et rapport des parties entre elles. *Cet édifice a des proportions harmonieuses.*
2. Rapport entre deux quantités. *Les électeurs ont voté dans une proportion de 82 %.* SYN. pourcentage ; taux.
3. Étendue. *L'incendie a pris des proportions effrayantes.*
LOCUTIONS
– ***En proportion de,*** loc. prép. Par rapport à.
– ***Hors de proportion,*** loc. adj. Disproportionné.
– ***Toute(s) proportion(s) gardée(s).*** Cette expression qui marque une restriction dans la comparaison peut s'écrire au singulier et au pluriel. *Toutes proportions gardées, les Québécois achètent davantage de dictionnaires que les Français.*

PROPORTIONNEL, ELLE adj.
Qui est en rapport de convenance avec quelque chose. *Le prix des pommes est proportionnel à leur poids.*

PROPORTIONNELLEMENT adv.
En proportion. *Ils votent proportionnellement au nombre d'actions qu'ils possèdent.*

PROPORTIONNER v. tr.
Mettre en juste rapport. *Proportionner les éléments d'un édifice à l'ensemble des bâtiments.* SYN. équilibrer.
CONJUGAISON : VOIR MODÈLE AIMER.

PROPOS n. m.
Le premier **o** est ouvert, [prɔpo].
1. (LITT.) Résolution. *Le ferme propos.* SYN. intention.
2. Conversation, phrase, écrit. *Des propos mensongers.* SYN. parole.
LOCUTIONS
– ***À propos,*** loc. adv. À point, opportunément. *Elle est arrivée à propos.*
Le caractère d'une chose opportune est l'***à-propos.*** Le nom s'écrit avec un trait d'union.
– ***À propos,*** loc. adv. Au fait, à ce sujet. *À propos, vous a-t-on dit qui sera le lauréat de ce concours ?*
– ***À propos de,*** loc. prép. Au sujet de. *À propos de ce film...*
– ***À tout propos,*** loc. adv. À tout moment, constamment, sans cesse. *Ils nous interrompaient à tout propos.*
– ***Avoir le ferme propos de.*** Être résolu à. *Il a le ferme propos de ne pas recommencer.*
La locution est suivie de l'infinitif.
– ***De propos délibéré,*** loc. adv. De façon volontaire, voulue.
– ***Mal à propos, hors de propos,*** loc. adv. Sans raison, au mauvais moment. *Ses commentaires sont déplacés et mal à propos.* SYN. à contretemps.
– ***Tel n'est pas mon propos.*** Ce n'est nullement mon intention.

PROPOSER v. tr., pronom.
Le premier **o** est ouvert, [prɔpoze].
VERBE TRANSITIF
1. Faire connaître quelque chose, soumettre quelque chose au choix. *Je vous propose une randonnée à la montagne.* SYN. suggérer.
2. Présenter, offrir. *Je vous propose telle somme : c'est ma dernière offre. Elle nous a proposé de venir à la maison.* SYN. projeter ; songer à.
VERBE PRONOMINAL
1. Avoir le désir, la volonté de. *Ils s'étaient proposé d'aller à la campagne.*
Le participe passé suivi de l'infinitif est invariable.
2. Présenter sa candidature à un poste. *Elles se sont proposées comme chercheuses.*
À la forme pronominale, le participe passé de ce verbe s'accorde en genre et en nombre avec le complément direct si celui-ci le précède. *Le but qu'ils s'étaient proposé. Elle s'est proposée pour aider ses collègues.* Le participe passé reste invariable si le complément direct suit le verbe. *Ils s'étaient proposé de prendre des vacances.*
CONJUGAISON : VOIR MODÈLE AIMER.

PROPOSITION n. f.
Le premier **o** est ouvert, [prɔpozisjɔ̃].
Offre. *Rejeter une proposition.*

PROPRE adj. et n. m.
ADJECTIF
1. Qui appartient à quelqu'un. *C'est sa propre maison.*
En ce sens, l'adjectif se place avant le nom.
2. Qui convient. *Le mot propre. Ce terrain est propre à la construction.*
En ce sens, l'adjectif se place après le nom.
3. Qui n'est pas sale. *Cette chemise est propre. Sa maison est propre comme un sou neuf.* SYN. impeccable ; net.
NOM MASCULIN
1. Ce qui appartient exclusivement à quelqu'un, à quelque chose et qui le distingue.
2. Ce qui est net.
3. (FIG.) Ce qui est immoral, malséant. *C'est du propre !*
LOCUTIONS
– ***Au propre,*** loc. adv. Au sens propre. *Utiliser un mot au sens propre et au sens figuré.* ANT. au figuré.
– ***En main(s) propre(s),*** loc. adv. Personnellement. *Je lui ai remis le chèque en mains propres.*
– ***En propre,*** loc. adv. Personnellement. *Cette voiture lui appartient en propre.*
– ***Le propre de.*** La caractéristique distinctive de. *L'humour est le propre de l'humain.* SYN. apanage ; particularité ; spécificité.
– ***Mettre au propre.*** Recopier, mettre en pages un écrit qui n'était qu'un simple brouillon. SYN. mettre au net.
– ***Nom propre.*** Nom qui s'applique spécifiquement à une personne, à un groupe de personnes, par opposition à ***nom commun*** qui désigne une personne, une chose qui appartient à une espèce. *Les noms propres s'écrivent avec une majuscule. Étienne est un nom propre.*
VOIR TABLEAU – NOM.
– ***Propre à,*** loc. adj. Particulier à, spécifique de. *Des qualités propres à ces personnes.*
– ***Propre à,*** loc. adj. Apte à, approprié à. *Des terrains propres à la construction.*
– ***Sens propre.*** Sens premier d'un mot. *Le mot* naissance *a pour sens propre « venue au monde » et pour sens figuré, « début, commencement ».*

PROPRE-À-RIEN n. m. et f. (pl. *propres-à-rien*)
(FAM.) Personne incapable. *Ce sont des propres-à-rien, des voyous.*

PROPREMENT adv.
1. Avec netteté, soin. *Les élèves sont coiffés proprement.* SYN. convenablement ; correctement ; soigneusement.
2. Au sens propre du mot. *Le verbe* choquer *signifie proprement « faire subir un choc ».*
3. En propre, d'une manière exclusive. *L'éducation est un champ de compétence proprement provincial.*
LOCUTIONS
– ***À proprement parler,*** loc. adv. En employant les termes exacts.
– ***Proprement dit,*** loc. adj. Au sens restreint, précis. *Un escalier conduit au fort proprement dit.*

PROPRET, ETTE adj.
D'une propreté coquette et agréable. *Un jardin propret, une cuisine proprette.*

PROPRETÉ n. f.
Qualité de ce qui est propre. *La propreté de ses vêtements, de son jardin.*

PROPRIÉTAIRE n. m. et f.
Personne qui possède un bien en propre. *La propriétaire d'un immeuble. Ils sont propriétaires de ces actions.*

PROPRIÉTÉ n. f.
1. Droit de disposer d'un bien possédé en propre. *Hélène a la propriété d'une maison.* SYN. possession.
2. Terrain, construction possédée en propre. *Il a de nombreuses propriétés.*
3. Caractère particulier. *Les propriétés chimiques d'un corps.* SYN. caractéristique.

PROPULSER v. tr., pronom.
VERBE TRANSITIF
Projeter au loin. *Un missile propulsé par une fusée.*
VERBE PRONOMINAL
Se déplacer. *Un véhicule qui se propulse au gaz naturel.*
À la forme pronominale, le participe passé de ce verbe s'accorde toujours en genre et en nombre avec son sujet. *Ces voitures qui se sont propulsées à l'électricité doivent se recharger pendant la nuit.*
CONJUGAISON : VOIR MODÈLE AIMER.

PROPULSION n. f.
Action de mettre en mouvement. *La propulsion d'un navire.*

PROPYLÉE n. m.
1. Vestibule d'un temple.
2. (AU PLUR.) Portique à colonnes d'un temple grec.
propylée.

PRORATA n. m. inv. (pl. *prorata*)
Part respective. *Des prorata.* SYN. quote-part.
LOCUTION
– ***Au prorata de.*** En proportion de. *Les dividendes sont versés au prorata du nombre d'actions.*
[Les *Rectifications* (1990) admettent : des proratas.]

PROROGATION n. f.
1. Action de proroger, de reporter à une date ultérieure.
2. Suspension des séances d'une assemblée. *La prorogation d'une session parlementaire.*

PROROGER v. tr., pronom.
VERBE TRANSITIF
Prolonger un délai fixé, renvoyer à plus tard. *Proroger une échéance.*
VERBE PRONOMINAL
Prononcer sa propre prorogation, en parlant d'une assemblée délibérante. *Avec l'accord de la gouverneure générale, le Parlement a décidé de se proroger.*
À la forme pronominale, le participe passé de ce verbe s'accorde toujours en genre et en nombre avec son sujet. *L'assemblée s'est prorogée jusqu'à la fin de janvier 2009.*
Ne pas confondre avec le verbe ***prolonger,*** augmenter la longueur de quelque chose.
CONJUGAISON : VOIR MODÈLE CHANGER.
Le ***g*** est suivi d'un ***e*** devant les lettres ***a*** et ***o***. *Il prorogea, nous prorogeons.*

PROSAÏQUE adj.
Le **o** est fermé, [prozaik].
Terre à terre, vulgaire. *Des demandes prosaïques.* SYN. matérialiste.
prosaïque.

PROSAÏQUEMENT art.
D'une manière prosaïque. SYN. banalement ; terre à terre.

PROSAÏSME n. m.
Le **o** est fermé, [prozaism].
Caractère de ce qui est prosaïque, de ce qui concerne la vie courante et manque d'élévation.
prosaïsme.

PROSCIUTTO n. m.
Le nom se prononce à l'italienne ; les lettres ***sc*** se prononcent ***ch*** et le ***u***, ***ou***.
Jambon sec à l'italienne. *Des hors-d'œuvre de melon, de figues fraîches et de prosciutto.*

P

PRONOMINAUX

Les verbes pronominaux sont accompagnés d'un pronom personnel complément *(me, te, se, nous, vous)* qui représente le sujet. Aux temps composés, les verbes pronominaux se conjuguent avec l'auxiliaire **être.**

*Elle **se** regarde. Nous **nous** parlons. Elle **s'est** regardée. Nous **nous sommes** parlé.*

À l'infinitif, les verbes pronominaux sont toujours précédés du pronom *se* (*s'* devant un verbe qui commence par une voyelle ou un *h* muet). Certains verbes sont **essentiellement pronominaux,** c'est-à-dire qu'ils n'existent qu'à la forme pronominale *(se souvenir)*; d'autres sont **accidentellement pronominaux,** c'est-à-dire qu'ils peuvent exister sous une forme non pronominale, mais ils deviennent pronominaux à l'occasion. Ex. : *Aimer* et *s'aimer, contempler* et *se contempler, parfumer* et *se parfumer.* Le pronom peut être complément direct du verbe (CDV) ou complément indirect du verbe (CIV). *Ils se* (CDV) *sont consultés, elles se* (CIV) *sont succédé.*

1. LES VERBES PRONOMINAUX RÉFLÉCHIS

PARTICIPE PASSÉ : ACCORD AVEC LE CDV QUI PRÉCÈDE LE VERBE

Les pronominaux sont réfléchis lorsque l'action qu'ils marquent a pour objet le sujet du verbe.

Elle s'est parfumée. Elle a parfumé ***qui ? s'*** (CDV) mis pour le sujet.

Les pronominaux réfléchis se construisent avec un pronom personnel complément qui renvoie au sujet.

Les pronominaux réfléchis sont appelés **réciproques** lorsqu'ils marquent une action exercée par plusieurs sujets l'un sur l'autre, les uns sur les autres. Les pronominaux réciproques ont donc toujours un sujet au pluriel.

Martin et Jeanne se sont écoutés, ils se sont regardés. Ils ont écouté et regardé **qui ? *se*** mis pour Martin et Jeanne mutuellement. Martin a écouté et regardé Jeanne, et Jeanne a écouté et regardé Martin.

- **Accord du participe passé :** le participe passé des verbes pronominaux réfléchis ou réciproques s'accorde avec le complément direct qui précède le verbe. *Elle s'est habillée. Ils se sont salués. Elles se sont lavées,* mais *elles se sont lavé les mains.*

Attention, le participe passé des pronominaux réfléchis ou réciproques ne s'accorde pas si le complément direct suit le verbe. *Elles se sont lavé les mains.* Si le verbe est accompagné d'un pronom (***me, te, se,*** etc.) complément indirect, le participe passé ne s'accorde pas. *Ils se sont écrit. Elles se sont parlé.*

2. LES VERBES PRONOMINAUX NON RÉFLÉCHIS

PARTICIPE PASSÉ : ACCORD AVEC LE SUJET DU VERBE

Les pronominaux non réfléchis sont accompagnés d'un pronom (***me, te, se,*** etc.) qui n'est pas un complément direct, mais qui fait partie de la forme verbale, pour ainsi dire : ce pronom est sans fonction logique.

Exemples de verbes pronominaux non réfléchis :

s'apercevoir de	se connaître en	se moquer de	se résoudre à
s'approcher de	se défier	s'ouvrir	se saisir de
s'attaquer à	se départir de	se plaindre de	se servir de
s'attendre à	se douter de	s'en prendre à	se taire…
s'avancer	s'endormir	se prévaloir de	
s'aviser de	s'ennuyer	se railler de	
se battre en	se jouer de	se refuser à	

- **Accord du participe passé :** le participe passé des verbes pronominaux non réfléchis s'accorde avec le sujet du verbe. *Les enfants se sont moqués du comédien. Ils se sont tus quand le spectacle a commencé.*

PRONOMINAUX | ***SUITE >***

> *PRONOMINAUX | **SUITE***

P

3. LES VERBES ESSENTIELLEMENT PRONOMINAUX

PARTICIPE PASSÉ : ACCORD AVEC LE SUJET DU VERBE

Les verbes essentiellement pronominaux n'existent qu'à la forme pronominale.

Exemples de verbes essentiellement pronominaux :

s'absenter	se chamailler	s'empiffrer	s'évader	se méfier de	se réincarner
s'abstenir de	se contreficher	s'empresser de	s'évanouir	se méprendre	se renfrogner
s'accouder	se dédire	s'enfuir	s'évertuer	se morfondre	se repentir
s'accroupir	se démener	s'enquérir de	s'exclamer	s'obstiner	se ressourcer
s'acharner	se désendetter	s'ensuivre	s'extasier	se parjurer	se soucier de
s'adonner à	se désertifier	s'entraider	se formaliser	se prélasser	se souvenir de
s'affairer à	se désister	s'entredéchirer	se gargariser	se prosterner	se suicider
s'agenouiller	s'ébrouer	s'entremettre	se gausser	se ratatiner	se tapir
s'en aller	s'écrier	s'entretuer	s'immiscer	se raviser	se targuer de…
s'autodétruire	s'écrouler	s'envoler	s'ingénier à	se rebeller	
s'autoproclamer	s'efforcer de	s'époumoner	s'insurger	se rebiffer	
s'aventurer	s'égailler	s'éprendre de	s'interpénétrer	se récrier	
s'avérer	s'égosiller	s'esclaffer	se lamenter	se recroqueviller	
se blottir	s'emparer de	s'escrimer	se marrer	se réfugier	

- **Accord du participe passé :** le participe passé des verbes essentiellement pronominaux s'accorde avec le sujet du verbe. *Ils se sont abstenus de voter. Elles se sont absentées.*

Le verbe essentiellement pronominal ***s'arroger*** est le seul qui est transitif direct. Il s'accorde avec le complément direct qui précède le verbe. Si le complément direct suit le verbe, le participe passé est invariable. *Les pouvoirs qu'il s'est arrogés*, mais *il s'est arrogé des pouvoirs.*

4. LES VERBES PRONOMINAUX DE SENS PASSIF

PARTICIPE PASSÉ : ACCORD AVEC LE SUJET DU VERBE

Les pronominaux de sens passif correspondent à des emplois du verbe à la voix passive où le sujet subit l'action, mais ne la fait pas.

- Voix active. *On mange des pommes à la récréation.*
- Voix passive. *Les pommes sont mangées à la récréation.*
- Forme pronominale passive. *Les pommes se mangent à la récréation.*

Le pronom personnel ***se*** ne représente pas le sujet, car ce ne sont pas les pommes qui se mangent.

- **Accord du participe passé :** le participe passé des verbes pronominaux de sens passif s'accorde avec le sujet du verbe. *Ces produits se sont bien écoulés.*

5. LES VERBES PRONOMINAUX DONT LE PARTICIPE PASSÉ EST INVARIABLE

PARTICIPE PASSÉ : INVARIABLE

Certains verbes pronominaux, qui ne sont pas des verbes transitifs directs à la voix active, sont **invariables** à la forme pronominale, car ils sont accompagnés d'un pronom qui n'est pas un complément direct, mais un complément indirect.

Ils se sont succédé à la direction de l'entreprise. Elles se sont parlé longuement.

Le participe passé de ces verbes pronominaux est invariable.

s'appartenir	se déplaire	se plaire	se rire de	se suffire
se complaire	se mentir	se rendre compte	se sourire	se survivre
se convenir	se nuire	se ressembler	se succéder	

Le participe passé du verbe ***se faire*** suivi d'un infinitif est invariable.

Ils se sont fait construire une petite maison dans les Laurentides.

Suivi d'un nom ou d'un adjectif attribut du complément direct, le participe passé du verbe ***se faire*** s'accorde en genre et en nombre avec l'attribut. *Au fil des ans, elles se sont faites vieilles.*

P

PROSCRIPTION n. f.
1. Action de proscrire, interdiction. *La proscription des armes à feu.* SYN. interdit.
2. Condamnation. *La proscription des anglicismes.*
Ne pas confondre avec le nom ***prescription,*** ordre détaillé.

PROSCRIRE v. tr.
Interdire. *Proscrire la consommation de la cocaïne. Une construction fautive à proscrire.*
Ne pas confondre avec le verbe ***prescrire,*** ordonner, recommander.
CONJUGAISON : VOIR MODÈLE ÉCRIRE.
INDICATIF PRÉSENT *Je proscris, tu proscris, il proscrit, nous proscrivons, vous proscrivez, ils proscrivent.* IMPARFAIT *Je proscrivais.* PASSÉ SIMPLE *Je proscrivis.* FUTUR *Je proscrirai.* CONDITIONNEL PRÉSENT *Je proscrirais.* IMPÉRATIF PRÉSENT *Proscris, proscrivons, proscrivez.* SUBJONCTIF PRÉSENT *Que je proscrive.* IMPARFAIT *Que je proscrivisse.* PARTICIPE PRÉSENT *Proscrivant.* PASSÉ *Proscrit, ite.*

PROSCRIT, ITE adj. et n. m. et f.
ADJECTIF
1. Frappé de proscription. *Un peuple proscrit, réduit à l'exil.* SYN. exilé.
2. Banni de l'usage. *Des termes racistes proscrits.* SYN. interdit ; prohibé.
NOM MASCULIN ET FÉMININ
Personne qui a été bannie de sa patrie. *Les proscrits pouvaient rarement rentrer au pays.*

PROSE n. f.
Langage qui n'est pas en vers. *Ce texte est en prose alors que ce poème est en vers.* ANT. vers.

PROSÉLYTE n. m. et f.
Personne nouvellement convertie à une doctrine, à un mouvement. SYN. adepte ; partisan.
prosélyte.

PROSÉLYTISME n. m.
Zèle du prosélyte. *Ils cherchent à convaincre les participants, à les convertir à leur cause avec prosélytisme.*
prosélytisme.

PROSODIE n. f.
1. Connaissance des règles relatives à la longueur des syllabes dans la poésie. *La prosodie grecque.*
2. (LING.) Étude de l'accent, des pauses, de la durée des phonèmes.

PROSODIQUE adj.
Qui appartient à la prosodie. *Des règles prosodiques.*

***PROSPECT**
Anglicisme pour ***client potentiel.***

PROSPECTER v. tr.
Faire de la prospection. *Une entreprise prospecte la région pour découvrir de l'or.* SYN. rechercher.
CONJUGAISON : VOIR MODÈLE AIMER.

PROSPECTEUR n. m.
PROSPECTRICE n. f.
Personne qui fait de la prospection. *Des prospecteurs miniers.*

PROSPECTIF, IVE adj. et n. f.
ADJECTIF
Tourné vers l'avenir. *Des évaluations prospectives.*
NOM FÉMININ
Ensemble des recherches portant sur l'évolution future des sociétés. SYN. futurologie.

PROSPECTION n. f.
1. Exploration de terrains en vue de découvrir des métaux, des minéraux. *Des prospections minières.* SYN. recherche.
2. Recherche systématique en vue de l'accroissement de la clientèle d'une entreprise.

PROSPECTUS n. m.
Les *s* se prononcent, [prɔspɛktys] ; le nom rime avec ***cactus.***
Brochure publicitaire. *L'agence distribue des prospectus* (et non des *pamphlets). SYN. dépliant.

PROSPÈRE adj.
Qui est dans un état de réussite, de développement. *Une entreprise prospère.* SYN. florissant ; fructueux.
prospère.

PROSPÉRER v. intr.
Réussir, prendre de l'expansion. *Son entreprise a beaucoup prospéré.* SYN. se développer ; progresser.
CONJUGAISON : VOIR MODÈLE POSSÉDER.
[Les *Rectifications* (1990) admettent : il prospèrera, prospèrerait...]

PROSPÉRITÉ n. f.
Activité fructueuse. *Santé, bonheur et prospérité sont les vœux du Nouvel An.* SYN. fortune ; richesse ; succès.

PROSTATE n. f.
Glande qui entoure la portion initiale de l'urètre chez l'homme.

PROSTATIQUE adj.
Relatif à la prostate.

PROSTERNATION n. f.
Action de se prosterner.
Ne pas confondre avec le nom ***prostration,*** abattement causé par la douleur.

PROSTERNER (SE) v. pronom.
S'incliner très bas par respect. *Ils se sont prosternés devant la reine.*
Le participe passé de ce verbe, qui n'existe qu'à la forme pronominale, s'accorde toujours en genre et en nombre avec son sujet. *Les courtisans s'étaient prosternés devant l'empereur.*
CONJUGAISON : VOIR MODÈLE AIMER.

PROSTITUÉ, ÉE n. m. et f.
Personne qui se prostitue, qui accepte des rapports sexuels pour de l'argent.

PROSTITUER v. tr., pronom.
VERBE TRANSITIF
(LITT.) Dégrader, déshonorer. *Prostituer son talent.* SYN. avilir.
VERBE PRONOMINAL
1. Se livrer à la prostitution. *Ils se sont prostitués pour s'acheter de la drogue.*
2. (FIG.) Se déshonorer par intérêt. *Ces journalistes se sont prostitués pour un séjour de rêve à la mer, toutes dépenses payées.* SYN. se vendre.
À la forme pronominale, le participe passé de ce verbe s'accorde toujours en genre et en nombre avec son sujet. *Ces politiciens se sont prostitués pour quelques votes.*
CONJUGAISON : VOIR MODÈLE AIMER.

PROSTITUTION n. f.
1. Action de consentir à des relations sexuelles pour de l'argent.
2. (FIG.) Avilissement, dégradation.

PROSTRATION n. f.
Abattement causé par la douleur, la faiblesse extrême.
Ne pas confondre non plus avec le nom ***prosternation,*** action de se prosterner.
Ne pas confondre avec les mots suivants :
- ***affliction,*** peine profonde ;
- ***chagrin,*** tristesse ;
- ***consternation,*** grande douleur morale ;
- ***douleur,*** souffrance physique ou morale ;
- ***peine,*** douleur morale.

PROSTRÉ, ÉE adj.
Très abattu, accablé par le chagrin, la maladie. SYN. anéanti ; effondré.

PROT(O)- préf.
Élément du grec signifiant « primitif, premier ». *Prototype.*

PROTAGONISTE n. m. et f.
Personne qui joue un rôle important dans une pièce de théâtre et, au figuré, dans une affaire. SYN. acteur.
Ne pas confondre avec le nom ***antagoniste,*** adversaire, personne en conflit avec une autre.

PROTECTEUR, TRICE adj. et n. m. et f.
Qui protège. *Un casque protecteur. Cet abbé est le protecteur des sans-abri.*
LOCUTION
– ***Protecteur du citoyen.*** Personne indépendante chargée de défendre les droits des particuliers. SYN. ombudsman.

PROTECTION n. f.
1. Action de défendre quelqu'un. *La protection de la jeunesse.* SYN. aide ; appui ; assistance ; secours ; soutien.
2. Sauvegarde. *La protection de l'environnement.* SYN. conservation.
LOCUTIONS
– ***Par protection,*** loc. adv. Par faveur. *Il a obtenu ce poste par protection.*
– ***Protection rapprochée.*** Ensemble des moyens mis en œuvre pour protéger une personnalité (garde du corps, etc.).

PROTECTIONNISME n. m.
(ÉCON.) Doctrine prônant des mesures qui pénalisent la concurrence étrangère, notamment des tarifs douaniers élevés. ANT. libre-échange.

PROTECTIONNISTE adj. et n. m. et f.
Qui favorise le protectionnisme. *Des mesures douanières protectionnistes. Des protectionnistes en désaccord avec l'ALENA.* ANT. libre-échangiste.

PROTÉGÉ, ÉE n. m. et f.
Personne qui jouit de la protection de quelqu'un. *Émile est le protégé du président.*

PROTÈGE-CAHIER n. m. (pl. *protège-cahiers*)
Couverture qui sert à protéger un cahier.

PROTÈGE-DENTS n. m. inv. (pl. *protège-dents*)
Appareil servant à protéger les dents des boxeurs, de certains sportifs.
[Les *Rectifications* (1990) admettent : un protège-dent, des protège-dents.]

PROTÉGER v. tr., pronom.
VERBE TRANSITIF
1. Préserver, aider. *Protéger une enfant.* SYN. assister ; défendre ; secourir.
2. Garder à l'abri des inconvénients. *Cet auvent nous protège de la pluie, contre la pluie.* SYN. préserver.
VERBE PRONOMINAL
À la forme pronominale, le participe passé de ce verbe s'accorde en genre et en nombre avec le complément direct si celui-ci le précède. *Le genou qu'elle s'est protégé. Elles se sont protégées du soleil.* Le participe passé reste invariable si le complément direct suit le verbe. *Ils se sont protégé les yeux.*
CONJUGAISON : VOIR MODÈLE PROTÉGER.
Le ***é*** se change en ***è*** devant une syllabe contenant un ***e*** muet, sauf à l'indicatif futur et au conditionnel présent. *Je protège,* mais *je protégerai.*
Le ***g*** est suivi d'un ***e*** devant les lettres ***a*** et ***o***. *Il protégea, nous protégeons.*
[Les *Rectifications* (1990) admettent : il protègera, protègerait...]

PROTÈGE-TIBIA n. m. (pl. *protège-tibias*)
Appareil servant à protéger les jambes des joueurs de hockey, de football, etc.

PROTÉINE n. f.
Matière qui entre dans la composition des êtres vivants. *Il y a des protéines dans le bœuf et dans les œufs.*

PROTÉIQUE adj.
Qui se rapporte aux protéines. *Des substances protéiques.*

PROTÉOME n. m.
(NÉOL.) Ensemble des protéines contenues dans une cellule, un tissu ou un organisme vivant.

PROTÉOMIQUE n. f.
(NÉOL.) Ensemble des recherches portant sur les protéines (protéome) contenues dans une cellule, un tissu ou un organisme vivant.

PROTESTANT, ANTE adj. et n. m. et f.
Qui appartient au protestantisme. *Le culte protestant.*
T L'adjectif ainsi que le nom s'écrivent avec une minuscule.

PROTESTANTISME n. m.
Doctrine chrétienne qui ne reconnaît pas le pape.
T Les noms de religions s'écrivent avec une minuscule.

PROTESTATAIRE adj. et n. m. et f.
Qui proteste. *Des étudiants protestataires. Les protestataires occupent les bureaux du doyen.*

PROTESTATION n. f.
Témoignage d'opposition. *Les manifestants faisaient entendre leurs protestations véhémentes.*

PROTESTER v. tr. ind., intr.
VERBE TRANSITIF INDIRECT
Assurer avec force. *Il protesta de son innocence.*
En ce sens, le verbe se construit avec la préposition ***de.***
VERBE INTRANSITIF
1. Prétendre avec vigueur. *Il protesta qu'il avait été induit en erreur.* SYN. s'indigner ; se plaindre.
En ce sens, le verbe se construit avec la conjonction ***que*** suivie de l'indicatif.
2. S'opposer à. *Ils protestèrent contre ces mesures discriminatoires.* SYN. contester ; s'élever contre ; se plaindre de.
En ce sens, le verbe se construit avec la préposition **contre.**
CONJUGAISON : VOIR MODÈLE AIMER.

PROTHÈSE n. f.
Aide technique destinée à remplacer en tout ou en partie un organe ou un membre et à lui restituer sa fonction ou son aspect original (Recomm. off.). *Un amputé qui porte une prothèse.*
Ne pas confondre avec le nom ***orthèse,*** aide technique destinée à suppléer ou à corriger une fonction déficiente, à compenser les limitations ou même à accroître le rendement physiologique d'un organe ou d'un membre qui a perdu sa fonction, qui ne s'est jamais pleinement développé ou est atteint d'anomalies congénitales (Recomm. off.).
LOCUTION
– ***Prothèse dentaire.*** Appareil fixe ou mobile porteur de plusieurs dents (prothèse partielle) ou remplaçant la totalité des dents (prothèse totale) (Recomm. off.).
prothèse.

PROTHÉSISTE n. m. et f.
Personne qui fabrique des prothèses. *Une prothésiste dentaire habile.*

PROTOCOLAIRE adj.
Les ***o*** sont ouverts, [prɔtɔkɔlɛr].
Conforme aux règles du protocole. *Un accueil protocolaire.*
protocol**aire.**

P

P

CONJUGAISON DU VERBE **PROTÉGER**

INDICATIF

PRÉSENT

je	prot**ège**
tu	prot**èges**
elle	prot**ège**
il	prot**ège**
nous	prot**égeons**
vous	prot**égez**
elles	prot**ègent**
ils	prot**ègent**

PASSÉ COMPOSÉ

j’	ai	protégé
tu	as	protégé
elle	a	protégé
il	a	protégé
nous	avons	protégé
vous	avez	protégé
elles	ont	protégé
ils	ont	protégé

IMPARFAIT

je	prot**égeais**
tu	prot**égeais**
elle	prot**égeait**
il	prot**égeait**
nous	prot**égions**
vous	prot**égiez**
elles	prot**égeaient**
ils	prot**égeaient**

PLUS-QUE-PARFAIT

j’	avais	protégé
tu	avais	protégé
elle	avait	protégé
il	avait	protégé
nous	avions	protégé
vous	aviez	protégé
elles	avaient	protégé
ils	avaient	protégé

PASSÉ SIMPLE

je	prot**égeai**
tu	prot**égeas**
elle	prot**égea**
il	prot**égea**
ns	prot**égeâmes**
vs	prot**égeâtes**
elles	prot**égèrent**
ils	prot**égèrent**

PASSÉ ANTÉRIEUR

j’	eus	protégé
tu	eus	protégé
elle	eut	protégé
il	eut	protégé
nous	eûmes	protégé
vous	eûtes	protégé
elles	eurent	protégé
ils	eurent	protégé

FUTUR SIMPLE

je	prot**égerai**
tu	prot**égeras**
elle	prot**égera**
il	prot**égera**
ns	prot**égerons**
vs	prot**égerez**
elles	prot**égeront**
ils	prot**égeront**

FUTUR ANTÉRIEUR

j’	aurai	protégé
tu	auras	protégé
elle	aura	protégé
il	aura	protégé
nous	aurons	protégé
vous	aurez	protégé
elles	auront	protégé
ils	auront	protégé

CONDITIONNEL PRÉSENT

je	prot**égerais**
tu	prot**égerais**
elle	prot**égerait**
il	prot**égerait**
nous	prot**égerions**
vous	prot**égeriez**
elles	prot**égeraient**
ils	prot**égeraient**

CONDITIONNEL PASSÉ

j’	aurais	protégé
tu	aurais	protégé
elle	aurait	protégé
il	aurait	protégé
nous	aurions	protégé
vous	auriez	protégé
elles	auraient	protégé
ils	auraient	protégé

SUBJONCTIF

PRÉSENT

que	je	prot**ège**
que	tu	prot**èges**
qu’	elle	prot**ège**
qu’	il	prot**ège**
que	nous	prot**égions**
que	vous	prot**égiez**
qu’	elles	prot**ègent**
qu’	ils	prot**ègent**

PASSÉ

que	j’	aie	protégé
que	tu	aies	protégé
qu’	elle	ait	protégé
qu’	il	ait	protégé
que	nous	ayons	protégé
que	vous	ayez	protégé
qu’	elles	aient	protégé
qu’	ils	aient	protégé

IMPARFAIT

que	je	prot**égeasse**
que	tu	prot**égeasses**
qu’	elle	prot**égeât**
qu’	il	prot**égeât**
que	nous	prot**égeassions**
que	vous	prot**égeassiez**
qu’	elles	prot**égeassent**
qu’	ils	prot**égeassent**

PLUS-QUE-PARFAIT

que	j’	eusse	protégé
que	tu	eusses	protégé
qu’	elle	eût	protégé
qu’	il	eût	protégé
que	nous	eussions	protégé
que	vous	eussiez	protégé
qu’	elles	eussent	protégé
qu’	ils	eussent	protégé

IMPÉRATIF

PRÉSENT

prot**ège**
prot**égeons**
prot**égez**

PASSÉ

aie	protégé
ayons	protégé
ayez	protégé

INFINITIF

PRÉSENT

protéger

PASSÉ

avoir protégé

PARTICIPE

PRÉSENT

prot**égeant**

PASSÉ

protégé, ée
ayant protégé

PROTOCOLE n. m.
Les *o* sont ouverts, [prɔtɔkɔl].
1. Ensemble de règles à observer en matière d'étiquette. *Le Service du protocole a réglé la cérémonie dans ses moindres détails.*
2. (INFORM.) Ensemble des conventions qui déterminent le format et la synchronisation d'un message à échanger entre deux unités d'un réseau.
LOCUTION
– ***Protocole opératoire.*** Ensemble des étapes que doit suivre le chirurgien au cours d'une intervention chirurgicale (DDFM).
À la suite d'une intervention, le chirurgien doit rédiger le ***compte rendu*** (et non *protocole) ***opératoire*** (DDFM).
FORME FAUTIVE
*protocole opératoire. Impropriété au sens de ***compte rendu opératoire.***
protocole.

PROTON n. m.
Particule entrant avec le neutron dans la composition du noyau atomique.

***PROTONOTAIRE**
Impropriété pour ***secrétaire*** (à la Cour supérieure).

PROTOTYPE n. m.
1. Premier exemplaire d'un modèle (d'une machine, d'un véhicule, d'un logiciel) construit avant la fabrication en série.
2. Exemple parfait, modèle. *Elle est le prototype de l'ingéniosité.*

PROTUBÉRANCE n. f.
Saillie. SYN. proéminence. ANT. cavité.
protubérance.

PROTUBÉRANT, ANTE adj.
Qui forme une saillie. *Un ventre protubérant.* SYN. proéminent. ANT. creux.
protubérant.

PROU adv.
– ***Peu ou prou,*** loc. adv. (LITT.) Plus ou moins, peu ou beaucoup. *Ils seront peu ou prou, mais ils y seront.*
Le mot ne s'emploie que dans cette locution.

PROUE n. f.
Avant d'un bateau. *La coutume antique de décorer la proue des navires de statues de déesse.*
L'arrière du bateau est la ***poupe.***
LOCUTIONS
– ***Figure de proue.*** Sculpture de la tête, du buste d'une personne, parfois d'un animal, fixée à la proue des anciens bateaux.
– ***Figure de proue.*** (FIG.) Personnalité marquante, chef de file. *Une figure de proue de l'aménagement linguistique.*
proue.

PROUESSE n. f.
Exploit, fait d'armes. *On nous a raconté ses prouesses.* SYN. action d'éclat; haut fait.

PROUVABLE adj.
Qui peut être prouvé. *Ces suppositions sont-elles prouvables ?*

PROUVER v. tr., pronom.
VERBE TRANSITIF
1. Établir la vérité d'une chose. *Prouver son innocence.*
2. Démontrer. *Prouver sa bonne foi. Il a prouvé qu'il était innocent.* SYN. témoigner.
3. Montrer, révéler. *Ces réactions prouvent le bien-fondé de notre proposition.* SYN. témoigner de.
VERBE PRONOMINAL
Être démontré d'une manière indéniable. *Une animosité qui se prouve par des commentaires négatifs.*
À la forme pronominale, le participe passé de ce verbe s'accorde en genre et en nombre avec le complément direct si celui-ci le précède. *L'affection qu'ils se sont toujours prouvée.* Le participe passé reste invariable si le complément direct suit le verbe. *Ils se sont prouvé leurs sentiments.* S'il n'y a pas de complément direct, le participe passé s'accorde avec le sujet du verbe. *Les faits se sont prouvés indubitablement.*
CONJUGAISON : VOIR MODÈLE AIMER.

prov.
Abréviation de ***province.***

PROVENANCE n. f.
Origine. *Ce coucou est de provenance suisse.*
LOCUTION
– ***En provenance de,*** loc. adj. *Un bateau en provenance du Havre.* ANT. à destination de; en partance pour.
provenance.

PROVENÇAL, ALE, AUX adj. et n. m. et f.
De la Provence. *La cuisine provençale. Un Provençal, une Provençale, des Provençaux chaleureux.*
T L'adjectif s'écrit avec une minuscule; le nom, avec une majuscule.

PROVENIR v. intr.
1. Venir de. *Cette lettre provient de sa mère.*
2. Être produit directement par. *Le vin provient de la vigne.*
3. Tirer son origine de. *Le terme* calculer *provient du latin.*
Ce verbe s'emploie en parlant de choses; il ne peut avoir comme sujet une personne, selon la Banque de dépannage linguistique de l'OQLF. *Ces voyageurs sont originaires* ou *viennent* (et non *proviennent) *de l'Islande.*
Ne pas confondre avec les verbes suivants :
- ***découler,*** être la suite nécessaire de;
- ***dériver,*** être issu de;
- ***émaner,*** sortir de;
- ***procéder,*** avoir sa source dans;
- ***ressortir,*** s'imposer comme condition logique.

CONJUGAISON : VOIR MODÈLE VENIR.

PROVERBE n. m.
Formule exprimant une vérité d'expérience commune à un groupe. *Le dicton est souvent régional, alors que le proverbe connaît une diffusion plus étendue.*
T Typographiquement, on compose les proverbes, les devises, les maximes comme des citations, c'est-à-dire en italique. Quelques proverbes :
Aide-toi, le ciel t'aidera.
Après la pluie, le beau temps.
Chacun son métier, les vaches seront bien gardées.
Il n'y a pas de fumée sans feu.
La nuit porte conseil.
L'appétit vient en mangeant.
Les bons comptes font les bons amis.
Mieux vaut tard que jamais.
Nul n'est prophète en son pays.
Petit à petit, l'oiseau fait son nid.
Pierre qui roule n'amasse pas mousse.
Qui ne risque rien n'a rien.
Qui s'y frotte s'y pique.
Qui va à la chasse perd sa place.
Un tiens vaut mieux que deux tu l'auras.
Vouloir, c'est pouvoir.

PROVERBIAL, IALE, IAUX adj.
1. Qui tient du proverbe. *Des expressions proverbiales.*
2. Légendaire. *Son charisme est proverbial.*

PROVERBIALEMENT adv.
D'une manière proverbiale.

PROVIDENCE n. f.
1. Secours divin. *La divine Providence.*

Quand le nom désigne Dieu, il s'écrit avec une majuscule.
2. (FIG.) Personne qui aide, protège. *Il est la providence des faibles.* SYN. protecteur.
providence.

PROVIDENTIEL, IELLE adj.
Le ***t*** se prononce ***s***, l'adjectif rime avec ***ciel***.
Qui arrive à propos. *Une aide providentielle.*
providentiel.

PROVIDENTIELLEMENT adv.
D'une manière providentielle.

PROVIGNEMENT n. m.
(LING.) Procédé de formation de mots nouveaux par dérivation. *Les termes* progiciel, ludiciel, didacticiel *sont formés par provignement à partir du mot* logiciel.

PROVINCE n. f.
Abréviation ***prov.*** (s'écrit avec un point).
Division territoriale, de statut politique variable selon les pays. *Les provinces du Canada. La province de Québec.*
Les noms génériques de géographie s'écrivent avec une minuscule. Le nom ***province*** s'écrit avec une majuscule lorsqu'il est suivi d'un adjectif. *Les Provinces maritimes.* Dans le surnom géographique désignant le Québec, le nom ***province*** ainsi que l'adjectif qui le précède s'écrivent avec une majuscule. *La Belle Province.*

PROVINCIAL, IALE, IAUX adj. et n. m. et f.
ADJECTIF
Qui concerne une province. *Des accords provinciaux.*
ADJECTIF ET NOM MASCULIN ET FÉMININ
Qui vit en province, qui est caractéristique de la province. *Des habitudes provinciales. Ce sont des provinciaux.*
NOM MASCULIN SINGULIER
Le provincial. Au Canada, le gouvernement d'une province par opposition au gouvernement fédéral. *Le provincial vient d'approuver une réforme des soins médicaux.*

PROVISION n. f.
1. Réserve. *Le magasinier a des provisions de gommes à effacer et de crayons.*
2. Approvisionnement (alimentaire). *Faire ses provisions au supermarché.*
3. (BANQUE) Somme déposée à la banque pour garantir le paiement des chèques. *Un chèque sans provision* (et non *sans fonds).
Dans cette expression, le nom s'écrit au singulier.

PROVISIONNEL, ELLE adj.
Qui se fait par provision. *Des versements provisionnels.*
provisionnel.

PROVISIONNER v. tr.
Déposer une somme d'argent dans un compte bancaire afin d'être en mesure de faire des chèques. *Des chèques insuffisamment provisionnés, sans provision* (et non *sans fonds).
CONJUGAISON : VOIR MODÈLE AIMER.

PROVISOIRE adj.
Passager, pour un temps seulement. *Un poste provisoire, une solution provisoire.* SYN. temporaire. ANT. permanent.
provisoire.

PROVISOIREMENT adv.
1. En attendant. *Nous logerons provisoirement à l'hôtel.*
2. Momentanément. *Elle remplace momentanément le responsable.*

PROVOCANT, ANTE adj.
1. Qui incite à la violence. *Un ton provocant.* SYN. agressif ; belliqueux ; querelleur.
2. Qui excite le désir. *Une tenue provocante.* SYN. excitant.
Ne pas confondre avec le participe présent invariable ***provoquant***. *On ne pouvait plus circuler, les motocyclistes provoquant de nombreux embouteillages.*

PROVOCATEUR, TRICE adj. et n. m. et f.
ADJECTIF
Personne qui provoque des comportements violents, de l'agitation pour justifier l'intervention de la police. *Agent provocateur.*
NOM MASCULIN ET FÉMININ
Personne qui pousse à faire quelque chose par défi.

PROVOCATION n. f.
1. Action de provoquer. *Une provocation à la désobéissance civile.* SYN. incitation.
2. Défi. *Cette décision constitue une véritable provocation.*

PROVOQUER v. tr., pronom.
VERBE TRANSITIF
1. Exciter par des actes ou des paroles de défi. *Elle l'a provoqué et il a attaqué.* SYN. amener ; attaquer ; défier ; inciter ; pousser.
2. (ABSOL.) Exciter le désir. *Une voix qui provoque.* SYN. aguicher.
3. Occasionner. *Cette décision a provoqué bien des réactions négatives.* SYN. causer ; entraîner ; susciter.
VERBE PRONOMINAL
S'inciter mutuellement à faire quelque chose, en particulier à se battre. *Se provoquer inutilement.*
À la forme pronominale, le participe passé de ce verbe s'accorde toujours en genre et en nombre avec son sujet. *Ils s'étaient provoqués en duel.*
CONJUGAISON : VOIR MODÈLE AIMER.

PROXÉNÈTE n. m. et f.
Le ***o*** est ouvert, [prɔksenɛt].
Personne qui vit ou profite de la prostitution d'autrui.

PROXÉNÉTISME n. m.
Le fait de tirer des avantages de la prostitution d'autrui.

PROXIMITÉ n. f.
Voisinage. *La proximité des écoles est bien commode.*
LOCUTIONS
– ***À proximité***, loc. adv. Tout près. *Sa copine habite à proximité.*
– ***À proximité de***, loc. prép. Près de. *Leur maison est à proximité du métro.*
– ***De proximité***, loc. adj. Situé dans le voisinage immédiat. *Le dépanneur, la pharmacie sont des commerces de proximité.*
– ***De proximité***, loc. adj. (FIG.) Ancré dans la réalité, dans le quotidien. *Un journal de proximité.*

***PROXY**
Anglicisme pour ***serveur mandataire***.

PRUCHE n. f.
Conifère de l'est de l'Amérique du Nord (famille des pinacées), mesurant généralement entre 20 et 25 mètres, aux cônes de petite taille (12 à 20 mm) et aux aiguilles aplaties d'un vert foncé luisant sur le dessus et marquées de deux lignes blanchâtres de chaque côté de la nervure principale sur le dessous (GDT). *La pruche du Canada se mêle aux arbres feuillus (bouleau, hêtre, érable à sucre) et peut vivre plus de 600 ans.* SYN. tsuga du Canada.

PRUDE adj.
(LITT.) Qui affecte une attitude vertueuse. SYN. collet monté ; puritain ; sainte-nitouche.

PRUDEMMENT adv.
Le ***e*** de la deuxième syllabe se prononce ***a***, [prydamɑ̃].
Avec prudence. *Traversez les rues prudemment.*
prudemment.

PRUDENCE n. f.
Qualité qui consiste à éviter tout danger, tout risque. *Jean et Lucie roulent à bicyclette avec la plus grande prudence.*

PRUDENT, ENTE adj.
Avisé, prévoyant. *Colette et François sont prudents : ils regardent toujours à gauche et à droite avant de traverser la rue.*

PRUDERIE n. f.
Le *e* de la deuxième syllabe est muet, [prydri].
Affectation de vertu. *Une pruderie désuète.* SYN. pudibonderie.

PRUNE adj. inv. et n. f.
NOM FÉMININ
Fruit du prunier. *Ces prunes sucrées sont délicieuses.*
ADJECTIF DE COULEUR INVARIABLE
D'une couleur violet foncé. *Des bonnets prune.*
VOIR TABLEAU – COULEUR (ADJECTIFS DE).

PRUNEAU n. m. (pl. *pruneaux*)
Prune séchée. *Des céréales et des pruneaux.*

PRUNELLE n. f.
1. (ANAT.) Pupille de l'œil. SYN. pupille.
2. Petit fruit du prunellier.
3. Eau-de-vie extraite de petites prunes. *La prunelle de Bourgogne.*
LOCUTION
– ***Tenir comme à la prunelle de ses yeux à quelqu'un, à quelque chose.*** Y tenir par-dessus tout.

PRUNIER n. m.
Arbre cultivé pour son fruit, la prune.

PRURIT n. m.
Le *t* se prononce, [pryrit] ; le nom rime avec ***rite***.
(MÉD.) Vives démangeaisons de la peau.
prurit.

P.-S.
Abréviation de ***post-scriptum***.

PSALMODIER v. tr., intr.
Chanter des psaumes ; dire d'une façon monotone.
CONJUGAISON : VOIR MODÈLE ÉTUDIER.

PSAUME n. m.
Cantique de la Bible. *Les psaumes du roi David.*

PSEUD(O)- préf.
Élément du grec signifiant « menteur, faux ».
Les mots composés avec le préfixe ***pseudo-*** s'écrivent généralement avec un trait d'union lorsque le second élément existe isolément. Ce préfixe peut se joindre à une multitude de noms. *Du pseudo-beurre, un pseudo-menuisier.*

PSEUDONYME n. m.
Nom d'emprunt. *Molière est le pseudonyme de Jean-Baptiste Poquelin.*
Ne pas confondre avec les noms suivants :
- ***nom,*** vocable servant à nommer une personne ;
- ***prénom,*** nom placé devant le nom de famille ;
- ***sobriquet,*** nom familier, plaisant ou moqueur ;
- ***surnom,*** nom marquant une qualité, un défaut et qui s'ajoute au nom.

pseudonyme.

PSI n. m. inv.
Lettre grecque.

PSITT ! ou **PST !** interj.
Interjection destinée à attirer l'attention. *Psitt ! taxi !*
T L'interjection est toujours suivie d'un point d'exclamation qui est souvent repris à la fin de la phrase. Si la phrase exclamative n'est pas complète, le mot qui suit le point d'exclamation s'écrit avec une minuscule initiale.

PSORIASIS n. m.
Le *o* est ouvert et le *s* final se prononce, [psɔrjazis] ; le nom rime avec ***oasis***.
Maladie de la peau caractérisée par des plaques rouges.

PSY n. m. et f.
Abréviation familière de ***psychologue,*** de ***psychiatre*** ou de ***psychanalyste.*** *J'ai rendez-vous avec ma psy à 15 h.*

PSYCH(O)- préf.
Les lettres ***ch*** se prononcent ***k,*** sauf pour les mots ***psychisme, psychique***.
Élément du grec signifiant « âme ».
Les mots composés du préfixe ***psych(o)-*** s'écrivent en un seul mot. *Psychiatrie, psychologie.*

PSYCHANALYSE n. f.
Recherche des processus psychiques, selon la théorie formulée par Freud. *Suivre une psychanalyse.*
psychanalyse.

PSYCHANALYSER v. tr.
Soumettre à la psychanalyse. *Se faire psychanalyser.*
CONJUGAISON : VOIR MODÈLE AIMER.
psychanalyser.

PSYCHANALYSTE n. m. et f.
Spécialiste de la psychanalyse.
psychanalyste.

PSYCHANALYTIQUE adj.
Relatif à la psychanalyse. *Des recherches psychanalytiques.*
psychanalytique.

PSYCHÉ n. f.
Les lettres ***ch*** se prononcent ***ch*** (et non *k), [psiʃe] ; le nom rime avec ***chez***.
Grand miroir qui peut être incliné à volonté.
psyché.

PSYCHÉDÉLIQUE adj.
Relatif au psychédélisme. *Un rêve psychédélique.*
psychédélique.

PSYCHÉDÉLISME n. m.
État provoqué par des hallucinogènes.
psychédélisme.

PSYCHIATRE n. m. et f.
Médecin spécialiste des maladies mentales.
psychiatre, sans accent circonflexe.

PSYCHIATRIE n. f.
Partie de la médecine qui étudie et traite les maladies mentales.
psychiatrie, sans accent circonflexe.

PSYCHIATRIQUE adj.
Relatif à la psychiatrie. *Un hôpital psychiatrique.*
psychiatrique, sans accent circonflexe.

PSYCHIATRISATION n. f.
Action de psychiatriser.

PSYCHIATRISER v. tr.
(DIDACT.) Soumettre à un traitement psychiatrique, le plus souvent sans justification.
CONJUGAISON : VOIR MODÈLE AIMER.

PSYCHIQUE adj.
Les lettres ***ch*** se prononcent ***ch*** (et non *k), [psiʃik].
Qui concerne la pensée, les états de conscience. *L'équilibre psychique.*
psychique.

PSYCHISME n. m.
Les lettres ***ch*** se prononcent ***ch*** (et non *k), [psiʃism].
Ensemble des caractères psychiques d'une personne.
psychisme.

PSYCHOLOGIE n. f.
1. Étude scientifique des phénomènes psychiques. *La psychologie du comportement. Étudier la psychologie des adolescents.*
2. Aptitude à comprendre les sentiments d'autrui. *Un manque de psychologie et de doigté.*
3. État d'esprit, mentalité.
psychologie.

PSYCHOLOGIQUE adj.
Relatif à la psychologie. *Une analyse psychologique. La psychologie des retraités.*
psychologique.

P

PSYCHOLOGIQUEMENT adv.
Au point de vue psychologique. *Psychologiquement, ces cas sont intéressants.*
⌨ psychologiquement.

PSYCHOLOGUE adj. et n. m. et f.
1. Spécialiste de la psychologie.
2. Qui est apte à comprendre autrui. *Marie-Ève est très psychologue : elle devine ce que ressentent ses amis.*
⌨ psychologue.

PSYCHOPATHE n. m. et f.
Personne atteinte de psychopathie. *Un psychopathe sadique.*
⌨ psychopathe.

PSYCHOPATHIE n. f.
Déficience mentale caractérisée par un comportement antisocial.
⌨ psychopathie.

PSYCHOSE n. f.
1. (MÉD.) Maladie mentale. *Une psychose maniaco-dépressive.*
2. (FIG.) État collectif de panique devant un danger réel ou seulement possible, notamment une épidémie. *La psychose du sida, de la maladie de la vache folle.*
⌨ psychose.

PSYCHOSOMATIQUE adj.
Se dit d'une maladie organique liée à des facteurs émotionnels. *Une hypertension psychosomatique.*
⌨ psychosomatique.

PSYCHOTHÉRAPEUTE n. m. et f.
Personne qui pratique la psychothérapie.
⌨ psychothérapeute.

PSYCHOTHÉRAPIE n. f.
Thérapeutique qui utilise des procédés psychiques.
⌨ psychothérapie.

PSYCHOTHÉRAPIQUE adj.
(DIDACT.) Relatif à la psychothérapie. *Des méthodes psychothérapiques.*
⌨ psychothérapique.

PSYCHOTIQUE adj. et n. m. et f.
ADJECTIF
Relatif à la psychose. *Des troubles psychotiques.*
NOM MASCULIN ET FÉMININ
Personne atteinte de psychose. *Un psychotique maniaco-dépressif.*

PTT
Sigle de ***Postes, Télécommunications et Télédiffusion*** (ministère français).

PUANT, PUANTE adj.
1. Dont l'odeur est désagréable. *Une poubelle puante.* SYN. empesté ; malodorant ; nauséabond ; pestilentiel.
2. (FIG.) Fat, prétentieux. *Un personnage puant et rempli de préjugés.* SYN. bouffi ; plein de soi ; poseur ; suffisant.
LOCUTION
– ***Bête puante.*** ⚜ (FAM.) Mouffette.

PUANTEUR n. f.
Odeur très désagréable. *La puanteur d'un fromage.*

PUB n. m.
Le ***b*** est sonore ; le mot se prononce à l'anglaise ou il rime avec ***robe,*** [pœb, pɔb].
1. En Grande-Bretagne, établissement où l'on sert de la bière, des boissons alcoolisées.
2. Brasserie dont le décor est inspiré de celui des pubs.

PUB n. f.
Le ***u*** se prononce ***u*** et le ***b*** est sonore, [pyb] ; ce nom rime avec ***tube.***
Abréviation familière de ***publicité.*** *Une excellente pub.*

PUBÈRE adj.
Qui a atteint l'âge de la puberté. *Une jeune fille pubère.* ANT. impubère.
Ne pas confondre avec le mot ***nubile*** qui se dit de la personne en âge de se marier.

PUBERTÉ n. f.
Période de la vie au cours de laquelle l'enfant devient un adolescent, une adolescente.

PUBIEN, IENNE adj.
Relatif au pubis. *Des poils pubiens.*

PUBIS n. m.
Le ***s*** se prononce, [pybis] ; le nom rime avec ***ibis.***
Région triangulaire du bas-ventre.

PUBLIABLE adj.
Digne d'être publié. *Un document non publiable.* ANT. impubliable.

PUBLIC, IQUE adj. et n. m.
ADJECTIF
Qui concerne un groupe, une collectivité, une nation. *Les pouvoirs publics, la voie publique. L'opinion publique.*
Attention à la forme féminine de cet adjectif : publi***que.***
NOM MASCULIN
1. La population. *Les lions en semi-liberté fascinent le public.*
2. Ensemble des lecteurs, des auditeurs, des spectateurs d'un ouvrage, d'un média, d'un spectacle, etc. *Il chante devant un public conquis d'avance. Un bon public.*
LOCUTION
– ***En public,*** loc. adv. En présence de plusieurs personnes. *Il a fait cette déclaration en public.* SYN. publiquement.

PUBLICATION n. f.
1. Action de publier. *La publication d'un avis de normalisation à la* Gazette officielle du Québec.
2. Édition, diffusion. *La publication d'une encyclopédie.*
3. Ouvrage publié. *Des publications mensuelles. Une publication qui a eu beaucoup de succès.*
LOCUTION
– ***Publication assistée par ordinateur.*** (INFORM.) Sigle ***PAO*** (s'écrit avec ou sans points). Ensemble des techniques informatiques servant à la saisie des données, à leur présentation et à leur mise en pages. SYN. édition électronique ; éditique.

PUBLICISER v. tr.
Rendre public. *L'entreprise a décidé de publiciser sa stratégie de diversification.* « *Il saurait user de cette puissance pour publiciser des produits tels que l'espoir et la confiance* » (*L'Express*). « *Ce discours sur la lecture, remarquable par son unanimisme, l'est aussi par la stabilité des pratiques qu'il publicise* » (*Le Monde*). « *Si Marlène Dietrich a publicisé et érotisé le porte-jarretelles, elle détestait ce genre d'engin, selon sa fille* » (*Libération*).
CONJUGAISON : VOIR MODÈLE AIMER.

PUBLICISTE n. m. et f.
1. (VX) Journaliste.
2. Juriste spécialiste du droit public.
FORME FAUTIVE
*publiciste. Impropriété au sens de ***publicitaire.***

PUBLICITAIRE adj. et n. m. et f.
ADJECTIF
Relatif à la publicité. *Un message publicitaire.*
NOM MASCULIN ET FÉMININ
Personne, groupe qui se charge de la publicité d'un client. *Des publicitaires innovatrices.*
L'emploi du nom ***publiciste*** en ce sens est critiqué.

PUBLICITÉ n. f.
S'abrège familièrement en ***pub.***
1. Ensemble des moyens utilisés pour faire connaître une entreprise, un organisme, un produit, un service, à des fins commerciales ou sociales. *Anne est directrice de la publicité. Une agence de publicité.*
2. Message, annonce, affiche, etc., à caractère publicitaire. *Une publicité percutante.* SYN. message publicitaire.

PUBLIER v. tr.
1. Rendre public, divulguer. *Publier un avis, une nouvelle en exclusivité.*
2. Éditer, faire paraître un écrit. *Publier un auteur. Anne Hébert vient de publier un nouveau roman.* SYN. diffuser.
☞ En ce sens, le verbe peut avoir pour sujet aussi bien l'auteur d'un texte que son éditeur.
CONJUGAISON : VOIR MODÈLE ÉTUDIER.

PUBLIPOSTAGE n. m.
Prospection publicitaire par correspondance. *Les logiciels bureautiques facilitent grandement la préparation d'un publipostage* (et non d'un *mailing).

PUBLIQUEMENT adv.
En public. *Le président a déclaré publiquement qu'il refuserait de signer l'entente.* SYN. officiellement. ANT. secrètement.

PUBLIRÉDACTIONNEL n. m.
Publireportage.

PUBLIREPORTAGE n. m.
Reportage rédactionnel inséré dans un journal, une revue à des fins publicitaires.

PUCE n. f.
1. Insecte parasite vivant sur le corps des mammifères.
2. (INFORM.) Microplaquette qui comporte gravés sur elle les milliers de transistors et de diodes qui réalisent une fonction particulière dans un circuit intégré.
☞ Le nom ***puce*** est un terme familier qui désigne l'élément actif d'un circuit intégré.
LOCUTIONS
– ***Avoir la puce à l'oreille.*** (FIG.) Être méfiant, intrigué.
– ***Herbe à puce.*** ⚜ Plante vénéneuse répandue dans les sous-bois et dont le contact peut provoquer des démangeaisons de la peau.
– ***Marché aux puces.*** Marché où l'on vend des objets d'occasion.
– ***Mettre la puce à l'oreille.*** (FIG.) Éveiller la méfiance, les soupçons de quelqu'un.

PUCEAU adj. m. et n. m. (pl. *puceaux*)
(FAM.) Homme vierge. *Il est encore puceau. De mignons puceaux.*
☞ La forme féminine est ***pucelle.***

PUCELAGE n. m.
(FAM.) Virginité.
✏ pucelage.

PUCELLE adj. f. et n. f.
ADJECTIF FÉMININ
(FAM.) Se dit d'une femme vierge. *Une jeune fille pucelle.*
NOM FÉMININ
Femme vierge. *Des pucelles naïves.*
☞ La forme masculine est ***puceau.***
✏ pucelle.

PUCERON n. m.
Petit insecte parasite. *Ce rosier est couvert de pucerons : il faut vaporiser un insecticide.*

PUDDING ou **POUDING** n. m. (pl. *puddings* ou *poudings*)
Gâteau garni de fruits. *Le pudding est le gâteau de Noël des Anglais, spécialement le plum-pudding.*

PUDEUR n. f.
1. Retenue, honte instinctive à l'égard de ce qui peut blesser la décence. *Une pudeur d'adolescente.* SYN. modestie.
2. Délicatesse, respect. *Vous pourriez avoir la pudeur de ne pas intervenir.* SYN. réserve; retenue.
LOCUTION
– ***Attentat à la pudeur.*** (DR.) Délit qui consiste à porter atteinte à la décence.

PUDIBOND, ONDE adj.
Dont la pudeur est excessive. SYN. prude; puritain.
✏ pudibond.

PUDIBONDERIE n. f.
Pudeur excessive. *Faire preuve de pudibonderie.* SYN. pruderie; puritanisme.

PUDICITÉ n. f.
(LITT.) Pudeur, modestie. *La pudicité d'une tenue.* SYN. décence.

PUDIQUE adj.
1. Qui a de la pudeur. *Elle est très pudique et ne veut pas se montrer nue.*
2. Qui a de la réserve, une grande discrétion.

PUDIQUEMENT adv.
D'une manière pudique.

PUER v. tr., intr.
VERBE TRANSITIF
Dégager l'odeur désagréable de. *Il pue l'ail.* SYN. empester.
Le participe passé de ce verbe est invariable.
VERBE INTRANSITIF
Sentir mauvais, empester. *Ce fromage pue.*
CONJUGAISON : VOIR MODÈLE AIMER.

PUÉRICULTEUR n. m.
PUÉRICULTRICE n. f.
Personne spécialiste de la puériculture.

PUÉRICULTURE n. f.
Art de soigner et d'élever les tout-petits, de la naissance à trois ans.

PUÉRIL, ILE adj.
Qui ne convient qu'à un enfant, qui manque de sérieux, de maturité. *Ce comportement est puéril.* SYN. immature.
✏ puéril, puérile.

PUÉRILEMENT adv.
(LITT.) D'une manière puérile. *Son interlocuteur s'est mis en colère puérilement, sans motif sérieux.*

PUÉRILITÉ n. f.
Caractère de ce qui est puéril. *La puérilité de ses arguments.* SYN. futilité; insignifiance.

PUGILAT n. m.
Combat à coups de poing. *Un pugilat a éclaté.* SYN. (FAM.) bagarre; rixe.
✏ pugilat.

PUGILISTE n. m.
(LITT.) Boxeur.

PUGNACE adj.
(LITT.) Combatif. *Des orateurs aussi pugnaces qu'éloquents.*

PUGNACITÉ n. f.
(LITT.) Esprit combatif et déterminé. *La pugnacité de ces concurrents.*

PUÎNÉ, ÉE adj. et n. m. et f.
(VIEILLI) Qui est né après un de ses frères ou une de ses sœurs.
☞ On dit plutôt aujourd'hui ***cadet.***
✏ puîné.
[Les *Rectifications* (1990) admettent : puiné, puinée.]

P

PUIS adv.
1. Ensuite, après. *Il lui fit signe, puis vint la trouver.*
L'adverbe marque une succession dans le temps.
2. À côté, plus loin. *Sur la photo, tu reconnaîtras ma sœur, puis mon frère.*
L'adverbe marque une succession dans l'espace.
LOCUTIONS
– ***Et puis,*** loc. adv. Finalement.
La locution adverbiale introduit le dernier membre d'une énumération.
– ***Et puis,*** loc. adv. Au reste, d'ailleurs. *Il n'est pas au courant de cela, et puis, en quoi cela le concerne-t-il ?*
L'expression *et puis ensuite est un pléonasme.
HOM.
• ***puits,*** excavation ;
• ***puy,*** montagne volcanique.

PUISARD n. m.
Sorte de puits destiné à recevoir les eaux d'égout.
puisar**d**.

***PUISE**
Impropriété pour ***épuisette.***

PUISER v. tr.
1. Prendre de l'eau dans un puits, et par extension, prendre un liquide à l'aide d'un récipient. *Puiser de l'eau à une fontaine.*
2. (FIG.) Tirer, extraire. *Puiser des renseignements d'une encyclopédie.* SYN. emprunter ; glaner.
LOCUTION
– ***Puiser aux sources.*** Consulter les auteurs anciens, les textes originaux.
CONJUGAISON : VOIR MODÈLE AIMER.

PUISQUE conj.
Comme, étant donné que. *Puisqu'il est absent, on demandera à son collègue de le remplacer.* SYN. attendu que ; dès lors que ; parce que ; vu que.
La conjonction se construit avec l'indicatif ou le conditionnel ; elle marque le motif, la cause dont la proposition principale est la conséquence.
L'élision se fait devant les mots suivants : ***il, ils, elle, elles, en, on, un, une, ainsi.***
VOIR TABLEAU – ÉLISION.

PUISSAMMENT adv.
Avec force, intensité, d'une manière puissante.
puissa**mm**ent.

PUISSANCE n. f.
1. Pouvoir considérable. *La puissance d'un financier. La puissance infinie de l'imagination et de la créativité.*
2. Énergie physique, vigueur. *La puissance d'un athlète au sommet de sa forme.*
3. Force, énergie. *La puissance d'un moteur, la puissance d'un courant électrique.*
4. Pays puissant. *Les puissances et les superpuissances occidentales.*
LOCUTIONS
– ***À la $n^{ième}$ puissance,*** loc. adv. (FAM.) À l'extrême.
– ***En puissance,*** loc. adj. Virtuel, potentiel. *Un scientifique en puissance.*
– ***Puissance d'un nombre.*** Chaque degré auquel un nombre est élevé, lorsqu'il est multiplié par lui-même. *Élever un nombre à la puissance trois, deux puissance trois.*

PUISSANT, ANTE adj. et n. m. pl.
ADJECTIF
1. Qui produit de grands effets. *Un vent puissant a déraciné ce chêne. Des antibiotiques puissants.*
2. Qui a de l'intensité, de la force. *Un ténor à la voix puissante.* SYN. fort.
3. Qui est fort, robuste. *Un lutteur puissant.*
4. Qui a du pouvoir, de l'influence, des ressources financières importantes. *Un conglomérat puissant.*
NOM MASCULIN PLURIEL
Les personnes influentes, celles qui détiennent le pouvoir, les ressources financières pour agir. *Les puissants de ce monde.*

PUITS n. m.
1. Excavation destinée à atteindre une nappe d'eau souterraine. *Un puits artésien.*
2. Excavation destinée à l'exploitation d'un gisement. *Un puits de pétrole.*
LOCUTIONS
– ***Puits de lumière.*** Ouverture vitrée pratiquée dans un toit pour laisser pénétrer la lumière.
– ***Puits de ravitaillement.*** (AUTO.) Emplacement aménagé où le pilote s'arrête durant une course afin qu'une équipe de mécaniciens y effectue les ravitaillements en essence, les changements de pneus et les réparations nécessaires. *Le pilote n'a effectué que deux arrêts au puits de ravitaillement.*
HOM.
• ***puis,*** ensuite ;
• ***puy,*** montagne volcanique.
puit**s**.

PULL ou **PULL-OVER** n. m.
Anglicisme utilisé en France pour ***tricot*** (que l'on passe pardessus la tête).
[Les *Rectifications* (1990) admettent : pulloveur.]

PULLULER v. intr.
1. Se multiplier rapidement, proliférer. *Les insectes pullulent dans ce coin humide* (et non *ce coin humide pullule d'insectes). SYN. fourmiller ; se reproduire.
2. Être en grand nombre. *Les anglicismes pullulent dans ce texte.* SYN. abonder.
CONJUGAISON : VOIR MODÈLE AIMER.
pu**ll**uler.

PULMONAIRE adj.
Relatif au poumon. *Une radiographie pulmonaire.*
pulmon**aire**, un seul ***n.***

PULPE n. f.
Partie charnue des fruits et des légumes. *La pulpe d'une orange.*
FORME FAUTIVE
*pulpe. Anglicisme au sens de ***pâte à papier.***

PULPEUX, EUSE adj.
(LITT.) De la consistance de la pulpe, charnu. *Une peau pulpeuse. Des lèvres pulpeuses.*

PULSATION n. f.
Battement du cœur, des artères. *Les pulsations du cœur.*

PULSION n. f.
Tendance instinctive.

PULVÉRISABLE adj.
Qui peut être pulvérisé. *Un parfum pulvérisable.*

PULVÉRISATEUR n. m.
Appareil servant à vaporiser un liquide, une poudre. *Un pulvérisateur de laque.* SYN. atomiseur ; vaporisateur.

PULVÉRISATION n. f.
Action de pulvériser un liquide, une poudre.

PULVÉRISER v. tr., pronom.
VERBE TRANSITIF
1. Réduire en poudre, en miettes. *Pulvériser de la pierre.*
2. Projeter un liquide en fines gouttelettes. *Pulvériser un insecticide.* SYN. vaporiser.
3. Anéantir. *L'avion a été pulvérisé par une explosion.* SYN. broyer ; écraser.
VERBE PRONOMINAL
1. Être projeté en fines gouttelettes. *Cet insecticide se pulvérise avec un vaporisateur.*
2. Être réduit en poudre, être anéanti. *En tombant, le vase s'est pulvérisé, il s'est cassé en mille miettes.*

À la forme pronominale, le participe passé de ce verbe s'accorde toujours en genre et en nombre avec son sujet. *Lors des Jeux olympiques de Pékin, bien des records se sont pulvérisés.*
CONJUGAISON : VOIR MODÈLE AIMER.

PUMA n. m.
Mammifère carnassier du groupe des félins. *Des pumas blessés.* SYN. couguar.

PUNAISE n. f.
1. Insecte parasite de l'homme.
2. Petit clou à tête plate. *L'enseignant a fixé les photos sur le babillard avec des punaises.*
Dans cet ouvrage, l'icône de la punaise annonce une ***note***.

PUNAISER v. tr.
(FAM.) Fixer avec des punaises. *Punaiser une carte géographique au mur.*
CONJUGAISON : VOIR MODÈLE AIMER.

PUNCH n. m. (pl. *punchs*)
Le mot se prononce à l'anglaise, [pœntʃ].
Boisson composée de jus de fruits et de rhum. *Le planteur est un punch délicieux qui a le goût des vacances.*
FORMES FAUTIVES
*punch. Anglicisme pour ***effet de surprise, expression frappante, formule percutante, mordant***.
*punch. Anglicisme pour ***perforateur.***
[Les *Rectifications* (1990) admettent : ponch.]

PUNIR v. tr.
Infliger une peine pour une faute commise. *On a puni Sophie parce qu'elle a frappé un petit camarade.* SYN. châtier ; sanctionner. ANT. récompenser.
CONJUGAISON : VOIR MODÈLE FINIR.

PUNISSABLE adj.
Qui mérite punition. *Un crime punissable de l'emprisonnement à perpétuité.*

PUNITIF, IVE adj.
Dont le but est de punir. *Une expédition punitive.*
L'adjectif ne s'emploie que dans l'exemple cité.

PUNITION n. f.
Peine infligée à l'auteur d'une faute. *Comme punition, elle a eu une retenue.* SYN. châtiment ; sanction. ANT. récompense.

PUNK adj. inv. et n. m. et f.
Le mot se prononce [pɔ̃k], comme dans ***oncle***.
ADJECTIF INVARIABLE
Se dit de l'allure excentrique des punks. *Des coiffures punk.*
NOM MASCULIN ET FÉMININ
Contestataire qui affiche une allure agressivement excentrique. *À Londres, les punks constituent un attrait touristique.*
L'adjectif est invariable, mais le nom prend la marque du pluriel.

PUPILLE n. m. et f.
Les ***ll*** se prononcent comme dans ***pile,*** ou comme dans ***famille,*** [pypil, pypij].
NOM MASCULIN ET FÉMININ
Orphelin mineur. *Les pupilles de l'État.*
NOM FÉMININ
Orifice de l'œil, situé au centre de l'iris. *Des pupilles dilatées.* SYN. prunelle.

PUPITRE n. m.
Petit meuble présentant une surface inclinée. *Un pupitre d'écolier.*
Ne pas confondre avec le nom ***bureau,*** meuble comportant des tiroirs et une surface plate pour écrire.
pupitre.

PUR, PURE adj. et n. m. et f.
ADJECTIF
1. Qui est sans mélange. *Un jus d'orange pur, une étoffe pure laine. De l'eau pure.*
2. Qui est sans restriction. *C'est la pure vérité.* SYN. unique.
3. Chaste. ANT. impur.
4. Fondamental, qui ne s'écarte pas de sa nature spécifique. *Recherche pure.* SYN. appliqué.
NOM MASCULIN ET FÉMININ
Personne fidèle à une doctrine, à un parti. *Les purs du parti écologique.*
LOCUTIONS
– ***En pure perte,*** loc. adv. De façon totalement inutile. *Nous avons cherché en pure perte : rien, aucun indice.*
– ***Pur et dur.*** Qui applique strictement, rigoureusement une doctrine (politique, religieuse, etc.). *Des indépendantistes purs et durs.* SYN. orthodoxe.
– ***Pur et simple,*** loc. adj. Absolu. *Un refus pur et simple.*
– ***Pure laine.*** Se dit d'un tissu entièrement en laine.
– ***Pure laine.*** (FIG.) De souche. *Des Québécois pure laine.*

PURÉE n. f.
Plat composé de légumes écrasés. *De la purée de légumes, de pommes de terre* (et non des *patates pilées).
Mis en apposition, le nom est invariable. *Des biftecks purée.*
LOCUTION
– ***Purée de pois.*** (FIG.) Brouillard épais, comme le ***smog*** londonien (*«pea soup»*).

PUREMENT adv.
1. Uniquement. *Faire une chose purement par générosité.* SYN. simplement.
2. Totalement. *Une histoire purement incroyable.* SYN. intégralement.
LOCUTION
– ***Purement et simplement,*** loc. adv. Sans réserve ni condition.

PURETÉ n. f.
1. Qualité de ce qui est pur. *La pureté de l'air à la montagne.*
2. Clarté, limpidité. *La pureté d'un son, d'un diamant.*

PURGATIF, IVE adj. et n. m.
Laxatif. *Des fruits purgatifs. Un purgatif.*

PURGATOIRE n. m.
(RELIG.) État d'expiation temporaire.

PURGE n. f.
1. Action de purger.
2. (FIG.) Élimination d'individus tenus pour indésirables. *Le parti a fait une purge et s'est départi des éléments trop radicaux.* SYN. épuration.

PURGER v. tr., pronom.
VERBE TRANSITIF
1. Épurer, nettoyer, extraire l'air de quelque chose. *Purger* (et non *saigner) *un radiateur.*
2. Administrer un purgatif.
3. (DR.) Subir une peine à laquelle on a été condamné. *Purger dix ans de prison.*
VERBE PRONOMINAL
1. Prendre un produit contre la constipation.
2. (FIG.) Se débarrasser d'une chose néfaste. *Se purger de ses idées noires.*
À la forme pronominale, le participe passé de ce verbe s'accorde toujours en genre et en nombre avec son sujet. *Elle s'est purgée.*
LOCUTION
– ***Purger une peine.*** (DR.) Subir une peine de prison.
CONJUGAISON : VOIR MODÈLE CHANGER.
Le ***g*** est suivi d'un ***e*** devant les lettres ***a*** et ***o***. *Il purgea, nous purgeons.*

P

P

PURIFIANT, IANTE adj.
Qui purifie. *L'air purifiant et vivifiant de la campagne.*

PURIFICATION n. f.
Action de purifier.

PURIFIER v. tr., pronom.
VERBE TRANSITIF
Rendre pur. *Les chercheurs ont réussi à purifier le mélange.*
VERBE PRONOMINAL
1. Devenir plus pur. *L'eau se purifie en traversant ce système de filtration.*
2. Se rendre pur. *Par des ablutions, les musulmans doivent se purifier avant de prier à la mosquée.*
À la forme pronominale, le participe passé de ce verbe s'accorde toujours en genre et en nombre avec son sujet. *L'eau s'est purifiée.*
CONJUGAISON : VOIR MODÈLE ÉTUDIER.
Redoublement du ***i*** à la première et à la deuxième personne du pluriel de l'indicatif imparfait et du subjonctif présent. *(Que) nous purifiions, (que) vous purifiiez.*

PURIN n. m.
Partie liquide du fumier.

PURISME n. m.
1. (PÉJ.) Recherche excessive de la pureté du langage.
Ce nom a un sens défavorable.
2. Recherche de la conformité à un type idéal. *Le purisme architectural.* ANT. laxisme.

PURISTE adj. et n. m. et f.
ADJECTIF
(PÉJ.) Relatif au purisme. *Une recommandation puriste.*
NOM MASCULIN ET FÉMININ
1. (PÉJ.) Personne qui recherche une pureté de langage excessive. *Des puristes qui rejettent tous les néologismes.*
2. Personne qui recherche la conformité à un modèle idéal.
Ne pas confondre avec le mot ***puritain,*** qui se dit d'une personne prude, sévère à l'excès.

PURITAIN, AINE adj. et n. m. et f.
Prude, sévère à l'excès. *Des puritains hypocrites. Une personne puritaine, une sainte-nitouche.*
Ne pas confondre avec le mot ***puriste,*** qui se dit d'une personne recherchant la conformité à un modèle idéal.

PURITANISME n. m.
Rigorisme des puritains. SYN. pruderie; pudibonderie.

PURPURIN, INE adj.
(LITT.) De couleur pourpre. *Le ciel purpurin au couchant.*

PUR-SANG n. m. inv. (pl. *pur-sang*)
Cheval de course de pure race. *Des pur-sang rapides.*
Pris adjectivement, le mot s'écrit sans trait d'union. *Des chevaux pur sang.*

PURULENT, ENTE adj.
Qui contient du pus. *Il faut désinfecter cette plaie purulente.*
pu**r**ulent.

PUS n. m.
Le ***s*** ne se prononce pas, [py]; le nom rime avec ***trapu.***
Liquide pathologique résultant d'une inflammation.
pus.

***PUSHER**
Anglicisme pour ***revendeur de drogue, trafiquant de drogue.***

PUSILLANIME adj.
(LITT.) Craintif, faible, dépourvu de courage. *Des fonctionnaires pusillanimes qui n'osent se prononcer.* SYN. frileux; timoré.
pusi**ll**anime.

PUSILLANIMITÉ n. f.
(LITT.) Faiblesse de caractère, manque de courage.
pusi**ll**animité.

PUSTULE n. f.
Soulèvement inflammatoire de l'épiderme.

PUTAIN n. f.
(FAM.) Prostituée.
put**ain.**

PUTATIF, IVE adj.
(DR.) Supposé. *Un père putatif.*

PUTOIS n. m.
Petit mammifère à odeur nauséabonde. *Le putois s'apparente à la mouffette par son odeur fétide, mais s'en distingue par sa fourrure brunâtre.*

PUTRÉFACTION n. f.
Pourriture. *Des animaux morts qui sont en putréfaction.*

PUTRÉFIER v. tr., pronom.
VERBE TRANSITIF
Faire pourrir. *La chaleur a putréfié cette viande.*
VERBE PRONOMINAL
Tomber en putréfaction, se décomposer. *Par cette chaleur, les poissons se sont putréfiés rapidement.*
À la forme pronominale, le participe passé de ce verbe s'accorde toujours en genre et en nombre avec son sujet. *Plusieurs fruits s'étaient putréfiés.*
CONJUGAISON : VOIR MODÈLE ÉTUDIER.
Redoublement du ***i*** à la première et à la deuxième personne du pluriel de l'indicatif imparfait et du subjonctif présent. *(Que) nous putréfiions, (que) vous putréfiiez.*

PUTRESCIBLE adj.
(DIDACT.) Susceptible de pourrir. SYN. corruptible. ANT. imputrescible.
putre**sc**ible.

PUTRIDE adj.
Qui est en putréfaction.

PUTSCH n. m. (pl. *putschs*)
Le ***u*** se prononce ***ou,*** [putʃ].
Coup d'État. *Les militants ont orchestré un putsch.*
put**sch.**

PUTSCHISTE adj. et n. m. et f.
Personne qui participe à un putsch.
put**sch**iste.

PUY n. m.
Montagne volcanique. *Le puy de Dôme.*
T Dans les désignations géographiques, le nom ***puy*** est un générique qui s'écrit avec une minuscule, tout comme les noms ***lac, mer, océan, île, mont,*** etc.
HOM.
• ***puis,*** ensuite;
• ***puits,*** excavation.

PUZZLE n. m.
Anglicisme utilisé en France pour ***casse-tête.***

PVC
Sigle anglais utilisé pour le ***chlorure de polyvinyle.***
VOIR – CPV.

PVD
Sigle de ***pays en voie de développement.***

PYGMÉE adj. et n. m. et f.
Personne de très petite taille appartenant à certaines races d'Afrique. *Un Pygmée, une Pygmée, une tribu pygmée.*
T L'adjectif s'écrit avec une minuscule; le nom, avec une majuscule.
pygm**ée,** un ***e*** muet au masculin et au féminin.

PYJAMA n. m.
Le ***j*** se prononce ***j*** (et non *dj), [piʒama].
Vêtement de nuit composé d'un pantalon et d'une veste. *Des pyjamas de coton.*
pyjama.

PYLÔNE n. m.
Structure métallique destinée à supporter des câbles électriques aériens. *Les pylônes d'une ligne électrique.*
Attention au genre masculin de ce nom : ***un*** pylône.
pylône.

PYR(O)- préf.
Élément du grec signifiant « feu ».
Les mots composés du préfixe ***pyr(o)-*** s'écrivent en un seul mot. *Pyromane.*

PYRAMIDAL, ALE, AUX adj.
En forme de pyramide. *Des toits pyramidaux.*
pyramidal.

PYRAMIDE n. f.
1. Monument de l'ancienne Égypte qui servait de tombeau aux pharaons.
2. Entassement en forme de pyramide. *Des pyramides de fruits et de légumes mettent l'eau à la bouche. Les pyramides d'épices du souk d'Essaouira.*
LOCUTION
– ***Pyramide des âges.*** Représentation graphique de la répartition d'une population par âges.
pyramide.

PYREX n. m. inv.
Verre très résistant pouvant aller au feu. *Des plats en pyrex.*
T Ce nom déposé est passé dans l'usage et s'écrit maintenant avec une minuscule.

PYROGRAVURE n. f.
Le *o* est ouvert, [pirɔgravyr].
Gravure sur bois à l'aide d'une pointe métallique brûlante.
pyrogravure.

PYROMANE n. m. et f.
Le *o* est ouvert, [pirɔman].
Personne atteinte de pyromanie. *Le pyromane qui avait mis le feu à trois immeubles a été arrêté.* SYN. incendiaire.
pyromane.

PYROMANIE n. f.
Le *o* est ouvert, [pirɔmani].
Manie qui pousse certaines personnes à allumer des incendies.
pyromanie.

PYROTECHNICIEN n. m.
PYROTECHNICIENNE n. f.
Le *o* est ouvert, [pirɔtɛknisjɛ̃, pirɔtɛknisjɛn].
Spécialiste en pyrotechnie.
pyrotechnicien.

PYROTECHNIE n. f.
Le *o* est ouvert, [pirɔtɛkni].
Technique de l'utilisation des explosifs pour les feux d'artifice.
pyrotechnie.

PYROTECHNIQUE adj.
Le *o* est ouvert, [pirɔtɛknik].
Qui appartient à l'utilisation des explosifs pour les feux d'artifice. *Des pièces pyrotechniques.*
pyrotechnique.

PYTHIE n. f.
1. Prêtresse qui rendait les oracles à Delphes.
2. (LITT.) (FIG.) Prophétesse.
pythie.

PYTHON n. m.
Serpent de grande taille non venimeux qui étouffe ses victimes en les serrant dans ses anneaux. *La taille du python peut atteindre dix mètres.* SYN. boa constricteur.
HOM. ***piton,*** clou à tête en forme d'anneau ou sommet d'une montagne isolée.
python.

Q

Q n. m. inv.
Dix-septième lettre de l'alphabet.

Q
– *q*, symbole de ***quintal.***

Qc
Abréviation de ***Québec.***
T La Commission de toponymie recommande l'emploi de l'abréviation ***Qc*** de préférence au symbole ***QC*** s'il est nécessaire d'abréger. Dans la correspondance, il est toujours préférable d'écrire le nom au long.

QC
Symbole de ***Québec.***
T La Commission de toponymie recommande l'emploi de l'abréviation ***Qc*** de préférence au symbole ***QC*** s'il est nécessaire d'abréger. Dans la correspondance, il est toujours préférable d'écrire le nom au long.

QCM
Sigle de ***questionnaire à choix multiple(s).*** *Les banques et les commerces rempliront également un formulaire, de type QCM (questionnaire à choix multiples).* (Le Monde)

QG
Sigle de ***quartier général.***

QI
Sigle de ***quotient intellectuel.***

QI GONG n. m. inv.
La première syllabe se prononce ***tchi,*** la seconde rime avec ***gong.***
Expression chinoise signifiant « gymnastique respiratoire ».
Gymnastique d'origine chinoise comportant des exercices respiratoires accompagnés de mouvements lents qui visent la relaxation, la concentration mentale et l'équilibre entre les énergies de différents organes du corps.

qq.
Abréviation de ***quelque.***

qqch.
Abréviation de ***quelque chose.***

qqf.
Abréviation de ***quelquefois.***

qqn
Abréviation de ***quelqu'un.***

QU'
VOIR – QUE.

QUAD n. m. (pl. *quads*)
Les lettres ***qua*** se prononcent ***koua.***
Véhicule tout-terrain motorisé muni de quatre roues, d'un guidon et d'une selle. SYN. motoquad.

QUADR(I)- préf.
Élément du latin signifiant « quatre ».
Les mots composés avec le préfixe ***quadr(i)-*** s'écrivent sans trait d'union. *Quadrimoteur.*

QUADRA adj. inv. et n. m. et f. (pl. *quadras*)
NOM MASCULIN ET FÉMININ
(FAM.) Quadragénaire. *Ces demoiselles font la chasse aux quadras fortunés.*
ADJECTIF INVARIABLE
Des allures quadra.

QUADRAGÉNAIRE adj. et n. m. et f.
La première syllabe se prononce généralement ***ka,*** parfois ***koua,*** [kadraʒenɛr, kwadraʒenɛr].
Dont l'âge est compris entre quarante et quarante-neuf ans.
Ce mot s'abrège familièrement en ***quadra.***

QUADRANT n. m.
La première syllabe se prononce généralement ***ka,*** parfois ***koua,*** [kadrɑ̃, kwadrɑ̃].
(MATH.) Quart de circonférence du cercle.
HOM. ***cadran,*** surface divisée et graduée de certains appareils.
quadran**t**.

QUADRATIQUE adj.
La première syllabe se prononce ***ka*** ou ***koua,*** [kadratik, kwadratik].
(MATH.) Qui est élevé au carré.

QUADRATURE n. f.
La première syllabe se prononce ***ka*** ou ***koua,*** [kadratyr, kwadratyr].
(GÉOM.) Construction d'un carré.
LOCUTION
– ***Quadrature du cercle.*** (FIG.) Problème insoluble.
HOM. ***cadrature,*** ensemble de pièces d'horlogerie.

QUADRICHROMIE n. f.
La première syllabe se prononce ***ka*** ou ***koua.***
(IMPRIM.) Technique d'impression en quatre couleurs (cyan, magenta, jaune et noir).

QUADRIENNAL, ALE, AUX adj.
La première syllabe se prononce ***ka*** ou ***koua,*** [kadrijenal, kwadrijenal].
1. Qui dure quatre ans. *Un programme quadriennal.*
VOIR TABLEAU – PÉRIODICITÉ ET DURÉE.
2. Qui a lieu tous les quatre ans. *Les Jeux olympiques sont quadriennaux.*
quadrie**nn**al.

QUADRILATÈRE n. m.
La première syllabe se prononce ***ka*** ou ***koua,*** [kadrilatɛr, kwadrilatɛr].
1. (MATH.) Polygone qui a quatre côtés. *Le carré, le rectangle, le losange sont des quadrilatères.*
2. Terrain qui a quatre côtés rectilignes. *Un quadrilatère du centre-ville.*
quadrilatère.

QUADRILLAGE n. m.
La première syllabe se prononce ***ka,*** [kadrijaʒ].
1. Opération consistant à diviser un territoire en secteurs afin d'en assurer le contrôle, la surveillance, etc. *Les policiers ont procédé au quadrillage du boisé où les jeunes avaient établi leur tente.*
2. Ensemble des lignes qui divisent une surface en carrés. *Un papier au quadrillage très fin.*

QUADRILLE n. m.
La première syllabe se prononce ***ka,*** [kadrij].
Danse exécutée par quatre couples de danseurs.

QUADRILLER v. tr.
La première syllabe se prononce ***ka,*** [kadrije].
1. Diviser un territoire en secteurs afin d'en faciliter le contrôle, la surveillance, etc. *Les policiers à la recherche des fuyards ont quadrillé le centre-ville.*
2. Diviser en carrés. *Quadriller du papier. Des feuilles quadrillées.*
CONJUGAISON : VOIR MODÈLE AIMER.
Les lettres ***ill*** sont suivies d'un ***i*** à la première et à la deuxième personne du pluriel de l'indicatif imparfait et du subjonctif présent. *(Que) nous quadrillions, (que) vous quadrilliez.*

QUADRILLION
VOIR – QUATRILLION.

QUADRIMOTEUR adj. et n. m.
La première syllabe se prononce ***ka*** ou ***koua,*** [kadrimɔtœr, kwadrimɔtœr].
Avion qui possède quatre moteurs.

QUADRIPARTITE ou **QUADRIPARTI, IE** adj.
La première syllabe se prononce ***koua,*** [kwadripartit, kwadriparti].
Qui réunit des délégués de quatre partis, de quatre pays, etc. *Un comité quadripartite.*
La forme ***quadripartite*** est la plus usitée.

QUADRIPHONIE n. f.
La première syllabe se prononce ***koua,*** [kwadrifɔni].
Technique de la reproduction sonore utilisant quatre sources.

QUADRIPHONIQUE adj.
La première syllabe se prononce ***koua,*** [kwadrifɔnik].
De la quadriphonie. *Un enregistrement quadriphonique.*

QUADRIPLÉGIE n. f.
La première syllabe se prononce ***koua,*** [kwadripleʒi].
(MÉD.) Paralysie des quatre membres. SYN. tétraplégie.
VOIR – PARALYSIE.

QUADRIRÉACTEUR adj. et n. m.
La première syllabe se prononce généralement ***ka,*** parfois ***koua,*** [kadrireaktœr, kwadrireaktœr].
Avion qui possède quatre réacteurs. *La société aérienne a fait l'acquisition de deux quadriréacteurs. Un moyen-courrier quadriréacteur.*

QUADRUPÈDE adj. et n. m.
La première syllabe se prononce généralement ***ka,*** parfois ***koua,*** [kadrypɛd, kwadrypɛd].
Animal qui a quatre pattes ou quatre pieds. *Le cheval est un quadrupède.*
Le mot ***quadrupède*** ne se dit que des mammifères, tandis que le mot ***tétrapode*** se dit de tous les animaux à quatre pattes.

QUADRUPLE adj. et n. m.
La première syllabe se prononce généralement ***ka,*** parfois ***koua,*** [kadrypl, kwadrypl].
ADJECTIF
Qui vaut quatre fois une quantité. *Un quadruple rang d'élèves. Une quadruple portion de chocolat.*
NOM MASCULIN
Quantité qui vaut quatre fois une quantité déterminée. *Douze est le quadruple de trois.*

QUADRUPLER v. tr., intr.
La première syllabe se prononce généralement ***ka,*** parfois ***koua,*** [kadryple, kwadryple].
VERBE TRANSITIF
Multiplier par quatre. *Quadrupler un nombre.*
VERBE INTRANSITIF
Devenir quatre fois aussi grand. *Ses investissements ont quadruplé.*
CONJUGAISON : VOIR MODÈLE AIMER.

QUADRUPLÉS, ÉES n. m. et f. pl.
La première syllabe se prononce généralement ***ka,*** parfois ***koua,*** [kadryple, kwadryple].
Se dit de quatre enfants nés d'une même grossesse.

QUAI n. m.
1. Dans un port, partie du rivage aménagée pour assurer l'embarquement et le débarquement des passagers, le chargement et le déchargement des marchandises. *Une promenade sur les quais de Montréal.*
T Pris absolument au sens de « ministère français des Affaires étrangères », situé quai d'Orsay à Paris, le nom s'écrit avec une majuscule. *Le Quai n'est pas intervenu dans cette affaire.*
2. Plateforme longeant la voie (dans une gare, dans une station de métro) et qui est destinée à l'embarquement et au débarquement des voyageurs, au chargement et au déchargement des marchandises. *Pour Ottawa, embarquement au quai n° 7.*
3. Plateforme facilitant le chargement et le déchargement de marchandises. *L'entrepôt du magasin dispose d'un quai de chargement.*

QUALIFIABLE adj.
Qui peut être qualifié. *Son comportement n'est pas qualifiable.* ANT. innommable ; inqualifiable.
L'adjectif s'emploie surtout dans une phrase négative.

QUALIFIANT, IANTE adj.
Qui confère une qualification professionnelle. *Le développement accru de la promotion interne, avec des parcours de formation qualifiants, devrait contribuer à renouveler en nombre suffisant les compétences.*
LOCUTION
– ***Adjectif qualifiant.*** (GRAMM.) Adjectif qui exprime une qualité de l'être ou de l'objet désigné par le nom qu'il accompagne et avec lequel il s'accorde. *Exemples d'adjectifs qualifiants : des roses* odorantes, *une analyse* minutieuse.
VOIR TABLEAU – ADJECTIF.

QUALIFICATIF, IVE adj. et n. m.
ADJECTIF
Qui exprime, qui détermine la qualité. *Dans les sports, l'épreuve qualificative sert à choisir les joueurs, les équipes qui pourront concourir.*
NOM MASCULIN
Terme qui qualifie, qui exprime la manière d'être. *Un qualificatif peu flatteur. L'expression* poule mouillée *est un qualificatif peu flatteur, alors que l'adjectif* gentil *est un qualificatif flatteur.*
LOCUTION
– ***Adjectif qualificatif.*** (GRAMM.) Adjectif qui exprime une qualité de l'être ou de l'objet désigné par le nom auquel il se rapporte et avec lequel il s'accorde.

QUALIFICATION n. f.
Manière de qualifier, attribution d'une valeur.
LOCUTION
– ***Qualification professionnelle.*** Formation, aptitudes et expérience du travailleur qualifié.
FORME FAUTIVE
*qualifications. Anglicisme au sens de ***formation, compétence.***

QUALIFIÉ, ÉE adj.
1. Qui a les qualités exigées. *Il n'est pas qualifié pour ce poste. Des ressources humaines qualifiées.* SYN. compétent.
2. Qui satisfait aux conditions exigées. *Une athlète qualifiée pour les Olympiques.*
3. (DR.) Se dit d'un délit, d'un crime commis avec des circonstances aggravantes que la loi définit. *Ce braqueur de banque notoire a été reconnu coupable de vol qualifié, de possession d'armes et de tentative de meurtre.*

QUALIFIER v. tr., pronom.
VERBE TRANSITIF
1. Exprimer la qualité de, nommer. *On le qualifie de génial, de fou.* SYN. appeler.
En ce sens, le verbe se construit avec la préposition ***de.***
2. Donner qualité de. *Sa formation et son expérience la qualifient pleinement pour ce poste.*
En ce sens, le verbe se construit avec la préposition ***pour.***
3. Nommer, ne pas trouver assez de mots pour désigner quelque chose. *Sa conduite, qu'on ne saurait qualifier, est incompréhensible.*
En ce sens, le verbe se construit sans attribut et il exprime un blâme.
VERBE PRONOMINAL
(SPORTS) Réussir les épreuves éliminatoires. *Ils se sont qualifiés pour la demi-finale.*
À la forme pronominale, le participe passé de ce verbe s'accorde toujours en genre et en nombre avec son sujet. *L'équipe de l'école s'est qualifiée pour le championnat.*
CONJUGAISON : VOIR MODÈLE ÉTUDIER.
Redoublement du ***i*** à la première et à la deuxième personne du pluriel de l'indicatif imparfait et du subjonctif présent. *(Que) nous qualifiions, (que) vous qualifiiez.*

QUALITATIF, IVE adj.
Qui se rapporte à la qualité. *Une analyse qualitative.* ANT. quantitatif.

QUALITATIVEMENT adv.
Du point de vue de la qualité. ANT. quantitativement.

QUALITÉ n. f.
1. Manière d'être (bonne ou mauvaise) d'une chose. *Un produit de bonne qualité.*
2. Ce qui fait le mérite de quelqu'un (par opposition à ***défaut***). *Elle a beaucoup de qualités.*
3. Profession, titres. *Nom, prénom et qualité.*
LOCUTIONS
– ***Avoir qualité pour.*** Être habilité à. *Ils ont qualité pour décider de la question.*
En ce sens, le nom est invariable.
– ***Contrôle de la qualité.*** Vérification de la conformité d'un produit à sa définition ou à ses caractéristiques techniques.
– ***En qualité de,*** loc. prép. À titre de. *En qualité de présidente du jury, j'accorde mon vote à ce roman.*
– ***Gestion de la qualité.*** Ensemble des activités de planification, de direction et de contrôle destinées à établir ou à maintenir la qualité d'un produit. *La gestion de la qualité totale.*
La ***qualité*** définit la valeur des choses, tandis que la ***quantité*** détermine leur nombre, leur étendue.
– ***La qualité de la vie.*** Ensemble des conditions qui contribuent à créer une vie agréable.

QUALITICIEN n. m.
QUALITICIENNE n. f.
Personne responsable de la mise en œuvre du programme de gestion de la qualité adopté par une organisation et qui doit veiller à ce que les produits et services offerts soient conformes aux normes fixées.

QUAND adv. interr. et conj.
ADVERBE INTERROGATIF
À quel moment. *Quand aura lieu la fête ?*
L'adverbe s'emploie dans une **interrogation directe.** *Quand partirons-nous ?* Il s'emploie aussi dans une **interrogation indirecte.** *Dis-moi quand je pourrai te revoir.*
CONJONCTION DE SUBORDINATION
La conjonction unit une subordonnée circonstancielle à la principale en marquant :
1. Un **rapport de temps.** Lorsque. *Rentre quand il sera minuit.* SYN. au moment où.
2. La **simultanéité** de deux faits, une corrélation. Chaque fois que. *Quand il pleut, ses articulations lui font mal.*
3. La **cause.** Du moment que. *Quand il travaille, il réussit bien.* SYN. lorsque.
LOCUTIONS
– ***Quand même,*** loc. adv. Néanmoins, tout de même. *Tu n'es pas toujours très aimable, mais je t'aime quand même.* SYN. malgré tout.
– ***Quand bien même,*** loc. conj. Même si. *Quand bien même tu t'excuserais, je ne te pardonnerais pas.*
Cette locution conjonctive marque l'opposition et se construit avec le conditionnel. *Quand bien même vous insisteriez, je ne pourrais accepter votre proposition.*

QUANTA n. m. pl.
La première syllabe se prononce ***kan*** ou ***kouan,*** [kɑ̃ta, kwɑ̃ta].
Pluriel de ***quantum.*** *La théorie des quanta.*
Attention au pluriel latin en ***a.***
VOIR – QUANTUM.

QUANT À loc. prép.
Pour ce qui est de, en ce qui concerne une personne, une chose. *Quant à la disparition des logiciels, nous prendrons les mesures qui s'imposent.* SYN. à l'égard de ; relativement à.
La locution prépositive est toujours suivie de la préposition ***à*** ou de l'article contracté ***au.***
LOCUTIONS
– ***Quant à moi,*** loc. adv. En ce qui me concerne, pour ma part. *Quant à moi* (et non *tant qu'à moi), *je suis pleinement d'accord.*
L'expression *tant qu'à moi est vieillie.
– ***Quant au reste,*** loc. adv. Pour ce qui est du reste, des autres choses.

QUANT-À-SOI n. m. inv. (pl. *quant-à-soi*)
Réserve un peu hautaine, attitude distante.
LOCUTION
– ***Se tenir, rester sur son quant-à-soi.*** Garder ses distances. *Il se tenait sur son quant-à-soi.*
Le nom s'écrit avec deux traits d'union et renvoie à un sujet à la troisième personne.

QUANTIÈME n. m.
Jour du mois désigné par son numéro d'ordre. *Quel quantième sommes-nous ? Nous sommes le 3.*
Le quantième s'exprime en chiffres ; ce nom est d'emploi littéraire ou juridique.

QUANTIFIABLE adj.
Que l'on peut quantifier. *Cette donnée n'est pas quantifiable.*

QUANTIFICATION n. f.
Action de quantifier.

Q

QUANTIFIER v. tr.
Déterminer la quantité de. *Quantifier les coûts d'un projet.*
CONJUGAISON : VOIR MODÈLE ÉTUDIER.
Redoublement du ***i*** à la première et à la deuxième personne de l'indicatif imparfait et du subjonctif présent. *(Que) nous quantifiions, (que) vous quantifiiez.*

QUANTIQUE adj.
La première syllabe se prononce ***kan*** ou ***kouan,*** [kɑ̃tik, kwɑ̃tik].
(PHYS.) Relatif à la théorie des quanta.
LOCUTION
– ***Physique quantique.*** Branche de la physique moderne qui propose d'expliquer plusieurs phénomènes liés au fonctionnement de la matière par l'existence de quanta, lesquels correspondent à des niveaux d'énergie distincts et séparés à l'intérieur desquels les particules élémentaires viennent prendre position (GDT).
HOM. ***cantique,*** chant religieux.

QUANTITATIF, IVE adj.
Qui se rapporte à la quantité. *Une analyse quantitative.* ANT. qualitatif.

QUANTITATIVEMENT adv.
Du point de vue de la quantité. ANT. qualitativement.

QUANTITÉ n. f.
1. Caractère de ce qui peut être mesuré, compté. *Déterminer une quantité.*
2. Nombre d'unités qui servent à déterminer un ensemble d'éléments, une portion d'un tout. *Une quantité de huit oranges.*
La ***quantité*** détermine le nombre des choses, tandis que la ***qualité*** définit leur valeur, leur manière d'être.
3. Un grand nombre, une multitude. *Une quantité de maisons ont été rénovées. Quantité de branches sont tombées.*
L'accord du verbe ou de l'adjectif se fait avec le complément au pluriel des collectifs exprimant la quantité : ***assez (de), beaucoup (de), bien des, combien (de), la plupart (des), la totalité des, nombre (de), peu (de), quantité (de), tant (de), trop (de), une infinité de, une quantité de,*** etc.
VOIR TABLEAU – COLLECTIF.
LOCUTION
– ***En quantité,*** loc. adv. En grand nombre. *Des appels en quantité.* SYN. en abondance; beaucoup; en masse.

QUANTUM n. m. (pl. *quanta* ou *quantas*)
La première syllabe se prononce ***kan*** ou ***kouan,*** [kɑ̃tɔm, kwɑ̃tɔm].
1. (DR.) Somme déterminée. *Le quantum de la réclamation.*
En ce sens, on réservera ce terme à la langue juridique.
2. Quantité déterminée.
3. (PHYS.) Quantité élémentaire d'énergie. *La théorie des quanta.*
VOIR – QUANTA.
Attention au pluriel latin en ***a.***
[Les *Rectifications* (1990) admettent : un quanta, des quantas, des quantums.]

QUARANTAINE n. f.
1. Nombre approximatif de quarante. *Une quarantaine de dignitaires avaient été invités.*
Si le nom ***quarantaine*** est précédé du déterminant indéfini ***une*** et suivi d'un complément au pluriel, l'accord du verbe ou de l'adjectif se fait généralement avec le complément au pluriel. *Une quarantaine de personnes étaient présentes.* Si le nom ***quarantaine*** est précédé du déterminant défini ***la,*** d'un déterminant possessif ***(ma, ta, sa)*** ou d'un déterminant démonstratif ***(cette)*** et s'il est suivi d'un complément au pluriel, le verbe et l'adjectif peuvent s'accorder avec le sujet si l'auteur veut insister sur l'ensemble plutôt que sur la pluralité. *La quarantaine de personnes qui assistait au concert.*
VOIR TABLEAU – COLLECTIF.
2. Âge de quarante ans environ. *Elle était dans la quarantaine.*
3. Isolement imposé à des personnes contagieuses. *« Si l'on devait mettre en quarantaine tous les hommes de 40 ans »* (Philippe Clay, *La Quarantaine*).

QUARANTE adj. num. inv. et n. m. inv.
ADJECTIF NUMÉRAL CARDINAL INVARIABLE
Quatre fois dix. *Les quarante crayons verts. Quarante et un, quarante-deux.*
ADJECTIF NUMÉRAL ORDINAL INVARIABLE
Quarantième. *Page quarante.*
NOM MASCULIN INVARIABLE
Nombre quarante. *Un quarante écrit en chiffres dorés.*
T Pris absolument, au pluriel, le nom désigne les membres de l'Académie française et s'écrit avec une majuscule.
VOIR TABLEAU – NOMBRES.
VOIR TABLEAU – NUMÉRAL ET ADJECTIF ORDINAL (DÉTERMINANT).
LOCUTION
– ***S'en moquer comme de l'an quarante.*** (FAM.) S'en ficher complètement.

QUARANTIÈME adj. num. et n. m. et f.
ABRÉVIATIONS
40e (quarantième) ; ***40es*** (quarantièmes).
ADJECTIF NUMÉRAL ORDINAL
Nombre ordinal de quarante. *Le quarantième élève.*
NOM MASCULIN ET FÉMININ
Personne, chose qui occupe le quarantième rang. *Elles sont les quarantièmes.*
NOM MASCULIN
La quarantième partie d'un tout. *Les trois quarantièmes d'une quantité.*
VOIR TABLEAU – NOMBRES.
VOIR TABLEAU – NUMÉRAL ET ADJECTIF ORDINAL (DÉTERMINANT).

QUART n. m.
1. Quatrième partie d'un tout. *Elle a mangé les trois quarts de la tarte.*
Si le sujet du verbe est un collectif précédé du déterminant indéfini ***un, une*** et suivi d'un complément au pluriel, le verbe se met au singulier lorsque l'auteur veut insister sur le tout, l'ensemble; au pluriel, s'il veut insister sur la pluralité, la multiplicité. *Un quart des accidents est causé, sont causés par la négligence.* Si le sujet du verbe est un collectif précédé du déterminant défini ***(le, la),*** d'un déterminant possessif ***(mon, ma, ton, ta, son, sa),*** d'un déterminant démonstratif ***(ce, cette)*** et s'il est suivi d'un complément au pluriel, le verbe se met généralement au singulier. *Le quart des accidents est causé par la négligence.* Lorsqu'une fraction est précédée d'un déterminant au pluriel, l'accord du verbe se fait au pluriel. *Les trois quarts des participants ont voté pour cette candidate.*
2. (MAR.) Période de quatre ou de six heures au cours de laquelle une partie de l'équipage d'un bateau est au travail.
3. ⚜ (PAR EXT.) Période de travail d'une équipe de salariés dans une organisation. *Un quart* (et non *shift, *chiffre) *de nuit.* SYN. poste.
Ainsi que le précise *Le Grand Dictionnaire terminologique,* ce terme, qui appartient au vocabulaire de la marine, est fortement répandu au Québec pour signifier « poste » et, par extension, « équipe ».
LOCUTIONS
– ***Au quart de tour,*** loc. adv. Du premier coup, très rapidement. *La voiture démarre au quart de tour.*
– ***Aux trois quarts,*** loc. adv. Presque entièrement. *Ils ont acheté une maison démolie aux trois quarts pour une bouchée de pain.*
– ***Les trois quarts du temps,*** loc. adv. Le plus souvent. *Luc est devant son ordinateur les trois quarts du temps.*
– ***Passer un mauvais quart d'heure.*** Subir quelque chose de désagréable pendant quelques minutes.
– ***Quart d'heure.*** Quinze minutes. *Tous les quarts d'heure.*

T Lorsque le nom ***quart*** fait partie d'une expression horaire, l'heure doit être indiquée en toutes lettres. *Il est sept heures moins le quart, neuf heures trois quarts.* Pour exprimer le ***quart*** après l'heure, on emploie ***et*** ou ***un.*** *Il est huit heures et quart, huit heures un quart.*
– ***Trois quarts.*** Trois des quatre parties égales d'un tout. *Les trois quarts des personnes étaient opposés* ou *opposées.*
L'accord du verbe se fait au pluriel lorsqu'une fraction est précédée d'un déterminant au pluriel; l'accord en genre du participe ou de l'adjectif se fait avec l'expression numérale (au masculin) ou avec le complément. L'expression s'écrit sans trait d'union.

QUART-DE-ROND n. m. (pl. *quarts-de-rond*)
Moulure. *Le menuisier a posé des quarts-de-rond en chêne.*

QUARTERON n. m.
(PÉJ.) Un petit nombre. *« un quarteron de généraux en retraite »* (Charles de Gaulle, cité dans *Le Petit Robert*). SYN. poignée.

QUARTETTE n. m.
La première syllabe se prononce ***kouar,*** [kwartɛt].
Formation de quatre musiciens de jazz.
Pour la musique classique, on emploie plutôt le nom ***quatuor.***

QUARTIER n. m.
1. Portion d'une chose. *Un quartier de pomme, d'orange.*
2. Partie d'une ville. *Habiter un beau quartier, le quartier chinois de San Francisco ou de Montréal.*
LOCUTIONS
– ***Quartier général.*** Poste de commandement d'une armée. *Des quartiers généraux.*
T Ce terme s'abrège en ***QG*** (s'écrit avec ou sans points).
– ***Ne pas faire de quartier.*** Massacrer tout le monde.
HOM. ***cartier,*** fabricant de cartes à jouer.

QUART-MONDE n. m. (pl. *quarts-mondes*)
1. Au sein des pays en développement, les pays les moins développés.
2. Dans les pays riches, partie de la population la plus désavantagée sur les plans économique et social.

QUARTO adv.
La première syllabe se prononce ***kouar,*** [kwarto].
En quatrième lieu (après ***primo, secundo, tertio***). SYN. quatrièmement.
T En typographie soignée, les mots étrangers sont composés en italique. Dans des textes déjà en italique, la notation se fait en romain. Pour les textes manuscrits, on utilisera les guillemets.

QUARTZ n. m.
Les lettres ***qua*** se prononcent ***koua*** et le ***z*** se prononce ***s,*** [kwarts].
Roche cristallisée très dure que l'on retrouve dans la nature. *Le cristal de roche est un quartz.*
LOCUTION
– ***Montre à quartz.*** Montre comportant une lame de quartz.

QUASAR n. m.
La première syllabe se prononce ***koua*** ou ***ka,*** [kwazar, kazar].
(ASTRON.) Astre qui s'apparente à une étoile. *Les quasars.*
Ce néologisme est formé à partir de l'expression américaine «*quasi-stellar radio source*».

QUASI adv.
La première syllabe se prononce ***ka,*** [kazi].
Presque, à peu près. *Un obstacle quasi infranchissable. La quasi-totalité, la quasi-certitude.*
Suivi d'un adjectif, l'adverbe s'écrit sans trait d'union. Suivi d'un nom, l'adverbe s'écrit avec un trait d'union. Suivi d'un adverbe ou d'un pronom à valeur quantitative, l'adverbe s'écrit sans trait d'union. *Ils étaient quasi autant qu'eux. Il n'y avait quasi personne.*
L'emploi de l'adverbe est courant au Québec; jugé littéraire ou vieilli dans les dictionnaires français, l'adverbe est cependant relativement usité dans la presse française.

QUASIMENT adv.
Presque. *Cette maison est quasiment en ruine. Tu pourrais quasiment être sa mère. Il est quasiment épuisé.*
L'emploi de l'adverbe est courant au Québec; jugé littéraire ou vieilli dans les dictionnaires français, l'adverbe est cependant relativement usité dans la presse française.

QUATERNAIRE adj. et n. m.
La première syllabe se prononce ***koua,*** [kwatɛrnɛr].
ADJECTIF
1. Se dit de l'ère géologique la plus récente.
2. (ÉCON.) Se dit du secteur d'activité économique comprenant les activités de recherche, de conseil. *Le Québec se distingue par la vitalité de son secteur quaternaire, par la qualité de ses chercheurs ainsi qu'en témoignent ses percées scientifiques dans le domaine biomédical.*
Le ***secteur primaire*** regroupe les activités productrices de matières premières (agriculture, mines, etc.); le ***secteur secondaire,*** les activités de transformation des matières premières en biens (industrie); le ***secteur tertiaire,*** les services (administration, transport, informatique, etc.).
NOM MASCULIN
1. Ère géologique la plus récente.
2. (ÉCON.) Secteur d'activité économique comprenant les activités de recherche, de conseil. *Les diplômés universitaires travaillent principalement dans le tertiaire et le quaternaire.*

QUATORZE adj. num. inv. et n. m. inv.
ADJECTIF NUMÉRAL CARDINAL INVARIABLE
Treize plus un. *Quatorze heures.*
ADJECTIF NUMÉRAL ORDINAL INVARIABLE
Quatorzième. *Le quatorze décembre.*
NOM MASCULIN INVARIABLE
Nombre quatorze. *Des quatorze dorés.*
VOIR TABLEAU – NOMBRES.
VOIR TABLEAU – NUMÉRAL ET ADJECTIF ORDINAL (DÉTERMINANT).

QUATORZIÈME adj. num. et n. m. et f.
ABRÉVIATIONS
14e (quatorzième); ***14es*** (quatorzièmes).
ADJECTIF NUMÉRAL ORDINAL
Nombre ordinal de quatorze. *La quatorzième fleur.*
NOM MASCULIN
La quatorzième partie d'un tout. *Les trois quatorzièmes d'une quantité.*
NOM MASCULIN ET FÉMININ
Personne, chose qui occupe le quatorzième rang. *Elle est la quatorzième.*
VOIR TABLEAU – NOMBRES.
VOIR TABLEAU – NUMÉRAL ET ADJECTIF ORDINAL (DÉTERMINANT).

QUATORZIÈMEMENT adv.
En quatorzième lieu.

QUATRAIN n. m.
Strophe de quatre vers. *Exemple d'un beau quatrain : « Comme on voit sur la branche au mois de mai la rose/En sa belle jeunesse, en sa première fleur,/Rendre le ciel jaloux de sa vive couleur,/Quand l'aube de ses pleurs au point du jour l'arrose »* (Pierre de Ronsard, *Amours de Marie, «Sonnet pour Marie»*).

QUATRE adj. num. inv. et n. m. inv.
ADJECTIF NUMÉRAL CARDINAL INVARIABLE
Trois plus un. *Quatre as.*

Q

ADJECTIF NUMÉRAL ORDINAL INVARIABLE
Quatrième. *Le quatre décembre.*
NOM MASCULIN INVARIABLE
Nombre quatre. *Deux et deux font quatre. Des quatre géants.*
LOCUTIONS
– ***Couper les cheveux en quatre.*** (FIG.) Être trop subtil.
– ***Être tiré à quatre épingles.*** Avoir une tenue très soignée.
– ***Faire les quatre cents coups.*** Ne pas respecter les interdits, mener une vie désordonnée.
– ***Ne pas y aller par quatre chemins.*** Aller droit au but.
– ***Se mettre en quatre.*** Faire tout en son pouvoir pour qu'une chose réussisse, pour rendre service.
– ***Un de ces quatre matins.*** Bientôt, un de ces jours.
VOIR TABLEAU – NOMBRES.
VOIR TABLEAU – NUMÉRAL ET ADJECTIF ORDINAL (DÉTERMINANT).

QUATRE-MÂTS n. m. inv. (pl. *quatre-mâts*)
Voilier à quatre mâts. *Des quatre-mâts voguaient vers le large.*

***QUATRE PAR QUATRE**
Calque de «*four by four*» pour ***quatre roues motrices.***
On dit ***quatre-quatre*** dans le reste de la francophonie.

QUATRE-QUARTS n. m. inv.
Gâteau composé à poids égal de beurre, de farine, de sucre et d'œufs.

QUATRE-QUATRE n. f. inv. (pl. *quatre-quatre*)
Automobile à quatre roues motrices.

QUATRE-SAISONS n. f. inv. (pl. *quatre-saisons*)
Variété d'une plante qui se cultive tout au long de l'année (fraisier, salade, etc.).
LOCUTION
– ***Marchand de*** ou ***des quatre-saisons.*** Marchand qui vend des fruits et des légumes dans la rue.

QUATRE-VINGT(S) adj. num. et n. m. inv.
ADJECTIF NUMÉRAL CARDINAL
Quatre fois vingt. *Il a quatre-vingts ans, elle a quatre-vingt-deux ans.*
L'adjectif numéral cardinal ***vingt*** s'écrit avec un ***s*** s'il est multiplié par un nombre et s'il n'est pas suivi d'un autre adjectif numéral.
ADJECTIF NUMÉRAL ORDINAL INVARIABLE
Quatre-vingtième. *La page quatre-vingt. En mil neuf cent quatre-vingt-seize. Les années quatre-vingt.*
L'adjectif ordinal est invariable.
NOM MASCULIN INVARIABLE
Nombre quatre-vingts. *Un quatre-vingts, des quatre-vingts en lettres lumineuses.*
Le nom masculin est invariable, il s'écrit toujours avec un ***s.***
T 1° Attention aux nombres composés avec les mots ***million, milliard*** qui ne sont pas des adjectifs numéraux, mais des noms, et qui permettent donc la marque du pluriel à ***vingt*** si l'adjectif numéral est multiplié par un nombre. *Quatre-vingts millions de dollars.*
2° Après l'adjectif numéral, la conjonction ***et*** ne s'emploie pas devant ***un,*** contrairement à ***trente et un, quarante et un...*** *Quatre-vingt-un citrons, quatre-vingt-une tomates.*
3° Les adjectifs numéraux composés de ***quatre-vingt*** s'écrivent avec un trait d'union. *Quatre-vingt-deux, quatre-vingt-trois, quatre-vingt-dix, quatre-vingt-onze, quatre-vingt-dix-sept.*
VOIR TABLEAU – NOMBRES.
VOIR TABLEAU – NUMÉRAL ET ADJECTIF ORDINAL (DÉTERMINANT).

QUATRE-VINGTIÈME adj. num. et n. m.
ABRÉVIATIONS
80e (quatre-vingtième) ; ***80es*** (quatre-vingtièmes).
ADJECTIF NUMÉRAL ORDINAL
Nombre ordinal de quatre-vingts. *La quatre-vingtième personne.*
NOM MASCULIN
La quatre-vingtième partie d'un tout. *Les trois quatre-vingtièmes d'une quantité.*
NOM MASCULIN ET FÉMININ
Personne, chose qui occupe le quatre-vingtième rang. *Elles sont les quatre-vingtièmes.*
VOIR TABLEAU – NOMBRES.
VOIR TABLEAU – NUMÉRAL ET ADJECTIF ORDINAL (DÉTERMINANT).

QUATRIÈME adj. num. et n. m. et f.
ABRÉVIATIONS
4e (quatrième) ; ***4es*** (quatrièmes).
ADJECTIF NUMÉRAL ORDINAL
Nombre ordinal de quatre. *La quatrième heure.*
NOM MASCULIN ET FÉMININ
Personne, chose qui occupe le quatrième rang. *Elles sont les quatrièmes.*
La quatrième partie d'un tout est un ***quart.***
VOIR TABLEAU – NOMBRES.
VOIR TABLEAU – NUMÉRAL ET ADJECTIF ORDINAL (DÉTERMINANT).
LOCUTION
– ***Quatrième de couverture.*** Surface extérieure de la partie de la couverture qui constitue le dessous d'une publication. *La quatrième de couverture* (et non le *couvert 4) *d'un livre peut présenter brièvement l'ouvrage, son ou ses auteurs et donner de l'information technique (code à barres, prix, numéro international normalisé du livre [ISBN]).*

QUATRIÈMEMENT adv.
En quatrième lieu.

QUATRILLION n. m.
Les ***l*** se prononcent comme dans ***million*** [katriljɔ̃].
Nombre égal à un million de trillions, 10^{24}.
On écrit aussi ***quadrillion.***

QUATTROCENTO n. m. inv.
La première syllabe se prononce ***koua,*** [kwatrotʃɛnto].
Le XVe siècle, le début de la Renaissance. *Les peintres du quattrocento.*
Le mot italien *quattrocento* signifie « quatre cents », les Italiens ne tenant pas compte du nom ***mille*** dans les dates.
T En typographie soignée, les mots étrangers sont composés en italique. Dans des textes déjà en italique, la notation se fait en romain. Pour les textes manuscrits, on utilisera les guillemets.

QUATUOR n. m.
La syllabe ***qua*** se prononce ***koua,*** [kwatɥɔr].
1. Composition musicale écrite pour quatre instruments. *Les quatuors à cordes de Beethoven.*
2. Formation de quatre musiciens classiques. *Former des quatuors.*
Le ***quartette*** est une formation de quatre musiciens de jazz.

QUE, QU' conj. et pron.
CONJONCTION
Conjonction servant à introduire une phrase subordonnée. *Il est important que tu comprennes bien la situation.*
VOIR TABLEAU – QUE, CONJONCTION DE SUBORDINATION.
PRONOM
Pronom relatif reliant une phrase subordonnée relative à un nom ou à un pronom (l'antécédent). *La pomme que j'ai mangée. C'est toi que j'ai vu.*
VOIR TABLEAU – QUE, PRONOM.

QUÉBEC n. m.
Abréviation ***Qc*** (s'écrit sans point).
Symbole ***QC*** (s'écrit sans point).
Les habitants du Québec sont des Québécois.
T La Commission de toponymie recommande l'emploi de l'abréviation ***Qc*** de préférence au symbole ***QC*** s'il est nécessaire d'abréger. Dans la correspondance, il est toujours préférable d'écrire le nom au long.

QUÉBÉCISME n. m.
Attention à la prononciation de la troisième syllabe, [kebesism] ; le mot rime avec ***gallicisme***.
Mot ou expression propre au français en usage au Québec. *Les noms* cabane à sucre, cégep, débarbouillette, dépanneur, magasinage, maskinongé, motoneige *sont des québécismes.*
« Les québécismes doivent principalement servir à dénommer des réalités concrètes ou abstraites qui n'ont pas de correspondant ou qui ne sont pas encore dénommées en français, ou pour lesquelles les dénominations québécoises qui les expriment ont acquis un statut linguistique ou culturel qui les rend difficilement remplaçables. » (OLF, *Énoncé d'une politique linguistique relative aux québécismes*, Québec, 1985)
VOIR TABLEAU – QUÉBÉCISME.

QUÉBÉCOIS, OISE adj. et n. m. et f.
ADJECTIF
1. Qui est du Québec. *L'histoire québécoise, le Parti québécois. Ils sont originaires de Sherbrooke, de Trois-Rivières et de Montréal, ils sont québécois. Le théâtre québécois.*
2. Qui est de la ville de Québec. *Il est originaire de Québec, il est québécois.*
Dans cet exemple, l'attribut est un adjectif et s'écrit avec une minuscule. Il peut aussi être considéré comme un nom et s'écrira alors avec une majuscule. *Elle est Québécoise.*
T Quand le mot est adjectif, il s'écrit avec une minuscule.
NOM MASCULIN ET FÉMININ
1. Personne originaire du Québec ou qui y habite. *Un Québécois, une Québécoise. Des Québécois francophones, anglophones.*
2. Personne qui est originaire de la ville de Québec ou qui y habite. *Les Québécois sont fiers de leur ville.*
Le nom Québécois, attesté pour la première fois en 1754, a d'abord été utilisé pour désigner les habitants de la ville de Québec (dans ce sens, on le trouvait aussi orthographié Québecquois), alors que les habitants de la province étaient appelés Canadiens français. C'est à partir de la Révolution tranquille, dans les années 1960, que Québécois fut employé pour désigner à la fois les habitants de la province et ceux de la ville de Québec (GDT).
T L'adjectif s'écrit avec une minuscule ; le nom, avec une majuscule.
NOM MASCULIN
Le français en usage au Québec. *Il faudrait recenser tous les mots du québécois.* SYN. français québécois.
T Le nom de la langue s'écrit avec une minuscule.
VOIR TABLEAU – QUÉBÉCISME.
québécois.

QUEL, QUELLE adj. interr. et excl.
ADJECTIF INTERROGATIF
Déterminant questionnant sur la qualité, la nature, l'identité d'une personne ou d'une chose, qui ne s'emploie que dans une phrase interrogative.
ADJECTIF EXCLAMATIF
Déterminant marquant l'admiration, l'étonnement, la tristesse, etc., qui ne s'emploie que dans une phrase exclamative.
VOIR TABLEAU – QUEL.

QUELCONQUE adj.
1. N'importe quel. *Des personnes quelconques.*
2. Banal, ordinaire, médiocre. *Des résultats quelconques, une quelconque organisation.*
Placé avant le nom, l'adjectif a toujours un sens défavorable.

QUEL QUE, QUELLE QUE adj. rel.
Déterminant relatif placé immédiatement devant le verbe ***être*** au subjonctif exprimant une idée de concession, d'opposition. *Quelles que soient vos préoccupations, il vous faut agir rapidement.*
VOIR TABLEAU – QUEL.

QUELQUE adj. indéf. et adv.
ADJECTIF INDÉFINI
1. ***Quelque*** + nom au pluriel. Un petit nombre de, un certain nombre de. *Quelques articles.*
2. (LITT.) ***Quelque*** + nom au singulier. Un certain. *Son collègue avait quelque peine à le suivre.*
3. (LITT.) ***Quelque*** + nom + ***que*** + subjonctif. De quelque nature que soit quelqu'un, quelque chose. *Quelque déception qu'elle ait, elle restera imperturbable.*
La locution marque la concession, l'opposition.
Le déterminant indéfini ne s'élide que devant ***un, une*** pour former le pronom indéfini ***quelqu'un, quelqu'une.***
ADVERBE
1. ***Quelque*** + déterminant numéral. Environ, à peu près. *Quelque trois cents cavaliers.* SYN. approximativement.
2. (LITT.) ***Quelque*** + adjectif + ***que*** + subjonctif. Si, aussi. *Quelque sage qu'il soit, il ne pourra résister à cette proposition.*
3. (LITT.) ***Quelque*** + adverbe + ***que*** + subjonctif. Si, aussi. *Quelque longuement que vous lui expliquiez la situation, il posera encore d'autres questions.*
VOIR TABLEAU – QUELQUE.

QUELQUE CHOSE pron. indéf. m.
Abréviation ***qqch.*** (s'écrit avec un point).
Une chose quelconque. *Donnez-moi quelque chose de très joli.*
Malgré le genre féminin du nom ***chose***, la locution se construit avec un adjectif ou un participe au masculin singulier.

QUELQUEFOIS adv.
Abréviation ***qqf.*** (s'écrit avec un point).
Parfois, en certaines occasions. *Il m'arrive quelquefois de le regretter.*
Ne pas confondre avec les mots ***quelques fois***. *Je lui ai parlé quelques fois.*
quelquefois, en un seul mot.

QUELQUES
VOIR – QUELQUE.

QUELQU'UN, UNE, QUELQUES-UNS, UNES pron. indéf.
Abréviation ***qqn*** (s'écrit sans point).
1. Une personne déterminée ou indéterminée. *Quelqu'un est passé. C'est quelqu'un de très gentil.*
2. Un certain nombre. *Parmi ces propositions, il y en avait quelques-unes de très pertinentes.*
Le pronom indéfini s'accorde en genre et en nombre avec le complément et s'écrit avec un trait d'union au pluriel.
3. Une personne importante. *Cette dame, ce n'est pas n'importe qui, c'est quelqu'un.*
En ce sens, le pronom ne s'emploie qu'au masculin.
4. (AU PLUR.) Un nombre indéterminé. *Quelques-uns accepteront.*

QUÉMANDER v. tr., intr.
VERBE TRANSITIF
Solliciter avec insistance. *Elle ne cesse de quémander de l'argent.* SYN. quêter ; supplier.
VERBE INTRANSITIF
(VX) Mendier.
CONJUGAISON : VOIR MODÈLE AIMER.

QUÉMANDEUR, EUSE n. m. et f.
(LITT.) Personne qui quémande.

QU'EN-DIRA-T-ON n. m. inv. (pl. *qu'en-dira-t-on*)
Commérage. *Elle se moque du qu'en-dira-t-on et des on-dit.* SYN. potin ; ragot.

Q

QUE, CONJONCTION DE SUBORDINATION

La conjonction de subordination (ou subordonnant) ***que*** sert à introduire une phrase subordonnée sujet, attribut, complément du verbe, complément de phrase, complément du nom ou complément de l'adjectif. *Je pense **que** nous y arriverons.* Elle accompagne le subjonctif qui marque, notamment, le commandement, la demande, le souhait, le doute, la négation. *Elles souhaitent **que** nous puissions venir.* La conjonction sert également de corrélatif aux comparatifs. *Anna est plus sportive **que** Nellie.*

Devant une voyelle ou un ***h*** muet, la conjonction s'élide. ***Qu'il, qu'une.***

Il importe de ne pas confondre la conjonction de subordination ***que*** avec le pronom relatif ***que*** qui relie une phrase subordonnée relative à un nom ou à un pronom (l'antécédent). *La personne* (antécédent) *que je vois. Les villes* (antécédent) *que j'ai visitées. C'est elle* (antécédent) *que j'ai rencontrée.*

VOIR TABLEAU ► **QUE,** PRONOM.

- La conjonction introduit une **subordonnée sujet de la phrase.** ***Que** vous veniez ce soir nous fait un grand plaisir.*
- La conjonction introduit une **subordonnée complétive** (complément du verbe). *Il importe **que** tu réfléchisses. Je crois **que** tu as raison.*
  - La conjonction de subordination est répétée s'il y a coordination de phrases subordonnées. *Elle espère **que** tu réfléchiras et **que** tu accepteras sa proposition.*
- La conjonction introduit une **subordonnée circonstancielle** (complément de la phrase). *Nous serons là avant **que** le train (ne) parte.*
- La conjonction introduit une **subordonnée complétive** (complément du nom). *Elle caresse l'espoir **que** tous soient réunis sous peu.*
- La conjonction introduit une **subordonnée complétive** (complément de l'adjectif). *Ces candidats étaient ravis **que** leur candidature soit retenue.*
- La conjonction accompagne le **subjonctif.** *Je doute **que** les voyageurs puissent partir ce soir.*
- La conjonction introduit le **second terme d'un modificateur de comparaison.** *Il est plus grand **que** toi.*

Locutions conjonctives de subordination (ou subordonnants) avec *que*.
Ces subordonnants introduisent une phrase subordonnée circonstancielle.

à ce que
afin que
ainsi que
alors que
à mesure que
à présent que
après que
à supposer que
à tel point que
attendu que
au lieu que
à un point tel que
au point que
aussi bien que
aussitôt que
avant que
bien que
c'est-à-dire que
d'abord que
d'autant moins que
d'autant plus que
de crainte que
de façon que
de manière que
de même que
de peur que
depuis que
de sorte que
dès que
de telle façon que
de (telle) sorte que
du moment que
en admettant que
en attendant que
encore que
en même temps que
en tant que
étant donné que
excepté que
il est entendu que
jusqu'à ce que
le fait que
malgré que
moins que
parce que
pendant que
peut-être que
plus que
plutôt que
pour autant que
pour peu que
pour que
pourvu que
puisque
quoique
sans que
sauf que
si bien que
si tant est que
soit que... soit que
sous (le) prétexte que
supposé que
tandis que
tant que
tant... que
tellement que
toutes les fois que
trop... pour que
une fois que
vu que...

VOIR TABLEAU ► **CONJONCTION DE SUBORDINATION.**

QUE, PRONOM

PRONOM RELATIF MASCULIN ET FÉMININ

Le pronom relatif ***que*** relie une phrase subordonnée relative à un nom ou à un pronom (l'antécédent). L'antécédent du pronom ***que*** peut être une personne ou une chose. *La personne* [antécédent] ***que*** *j'ai rencontrée. C'est toi* [antécédent] ***que*** *j'ai remarqué. Les multiples villes* [antécédent] ***que*** *vous avez visitées ; celles* [antécédent] ***que*** *vous n'avez pas encore vues.*

Devant une voyelle ou un ***h*** muet, le pronom s'élide. *La montagne* ***qu'****il a escaladée. La promenade* ***qu'****Hélène fera.*

Il importe de ne pas confondre le pronom relatif ***que*** avec la conjonction de subordination ***que*** qui n'est pas liée à un antécédent et qui introduit une phrase subordonnée sujet, complément du verbe, complément de la phrase, complément du nom ou complément de l'adjectif ou le second terme d'une comparaison.

VOIR TABLEAU ▸ **QUE,** CONJONCTION DE SUBORDINATION.

▸ **Fonctions du pronom**

- **Complément direct du verbe de la relative.** *Les paysages* ***que*** *vous avez vus sont magnifiques.*
- **Attribut du verbe de la relative.** *Le scientifique* ***qu'****il est s'interroge.*

PRONOM INTERROGATIF NEUTRE

Le pronom interrogatif ***que*** introduit une phrase interrogative.

▸ **Fonctions du pronom**

1. Interrogation dans la phrase autonome interrogative
   - **Complément direct.** ***Que*** *dis-tu ?*

     La construction ***qu'est-ce que*** s'emploie également, mais elle est plus lourde.
   - **Attribut.** ***Qu'****est ce parfum ?*
   - **Complément d'un verbe impersonnel.** ***Que*** *va-t-il arriver ?*
2. Interrogation dans la phrase subordonnée
   - **Complément direct.** *Je ne sais* ***que*** *décider.*
   - **Attribut.** *Il ne sait* ***que*** *devenir.*

     T La phrase autonome interrogative est suivie d'un point d'interrogation. ***Que*** *veut-elle ?*
     Par contre, pour l'interrogation exprimée dans la subordonnée, la phrase autonome est déclarative et se termine par un point. *Il se demande* ***ce qu'****elle* (et non *qu'est-ce qu'elle) *veut.*

▸ **Locutions pronominales interrogatives** (ou **pronoms interrogatifs composés**)

Qu'est-ce qui. Que (sujet). *Qu'est-ce qui vous prend ?*

Qu'est-ce que. Que (complément). *Qu'est-ce que vous dites ?*

VOIR TABLEAU ▸ **PRONOM.**

Q

QUÉBÉCISME

Mot ou expression propre au français du Québec.

Les québécismes se répartissent en trois grandes catégories :

1. **les mots originaires des provinces de France** d'où sont venus s'établir en Nouvelle-France les premiers colons ;
2. **les mots créés sur le territoire québécois** pour nommer des réalités propres au Québec, pour désigner de nouvelles réalités ou pour éviter un emprunt à d'autres langues ;
3. **les emprunts** à l'anglais et aux langues amérindiennes.

1. QUÉBÉCISMES ORIGINAIRES DE FRANCE

ARCHAÏSMES

Formes lexicales anciennes, disparues ou en voie de disparition dans le français moderne européen, mais encore courantes au Québec et dans certaines régions de la francophonie.

On peut distinguer les archaïsmes de forme et les archaïsmes de sens :

- **Archaïsmes formels**
  Formes appartenant à un état de langue ancien, qui sont toujours vivantes au Québec, mais qui sont disparues de l'usage contemporain européen.
  achalandage, abrier, brunante, l'adjectif *croche* aux sens de « crochu » et « malhonnête », *dépendamment, ennuyant*
- **Archaïsmes sémantiques**
  Acceptions attestées en français des siècles antérieurs, qui n'ont pas survécu en français général, mais qui sont toujours courantes au Québec.
  garde-robe au sens de « placard », *goûter* au sens de « avoir le goût de », *jambette* au sens de « croc-en-jambe », *piger* aux sens de « prendre », « voler, détourner », *tantôt* aux sens de « un peu plus tôt » ou « un peu plus tard »

DIALECTALISMES

Formes lexicales anciennes qui proviennent de l'un ou l'autre des dialectes de la France et qui sont toujours courantes dans l'usage québécois et parfois dans certaines régions de la francophonie.

On peut distinguer les dialectalismes de forme et les dialectalismes de sens :

- **Dialectalismes formels**
  Unités lexicales originaires de certains parlers régionaux, qui sont toujours vivantes au Québec, mais qui ne sont pas usitées dans le français européen.
  écornifler, bleuet (airelle), *gadellier*
- **Dialectalismes sémantiques**
  Acceptions originaires de certains dialectes de France, qui ont survécu en français québécois, mais qui n'appartiennent pas à l'usage courant du français européen.
  bec au sens de « baiser », *creux* au sens de « profond », *mouiller* au sens de « pleuvoir »

2. QUÉBÉCISMES DE CRÉATION OU NÉOLOGISMES

NÉOLOGISMES

Formes lexicales anciennes ou récentes, créées sur le territoire québécois.

QUÉBÉCISME | ***SUITE*** >

On peut distinguer les néologismes de forme et les néologismes de sens :

- **Néologismes formels**
  Formes lexicales de création québécoise.
  aluminerie, baladodiffusion, courriel, débarbouillette, épluchette, érablière, motoneige, piquetage, pourvoirie

- **Néologismes sémantiques**
  Formes lexicales anciennes ou récentes, d'origine française ou étrangère, et dont au moins un des sens est propre à l'usage linguistique québécois.
  babillard au sens de « tableau d'affichage », *dépanneur* au sens de « épicerie de proximité », *laveuse* au sens de « lave-linge », *magasinage* au sens de « courses, lèche-vitrine », *polyvalente* au sens de « école secondaire »

3. QUÉBÉCISMES D'EMPRUNT

EMPRUNTS

Formes lexicales anciennes ou récentes, originaires d'une langue étrangère et intégrées dans l'usage linguistique des Québécois, avec ou sans adaptation phonétique, graphique, morphologique ou syntaxique.

EMPRUNTS À L'ANGLAIS

Formes lexicales ou acceptions originaires de l'anglais et intégrées dans l'usage linguistique des locuteurs québécois.

On peut distinguer les emprunts de forme et les emprunts de sens à l'anglais :

- **Anglicismes formels**
  Mots, expressions empruntés directement à l'anglais ou dont l'orthographe a été adaptée à celle du français.
  coroner, drave, draveur, registraire, triplex

  Ces emprunts sont nécessaires : ils désignent une réalité qui n'est pas nommée en français.

- **Anglicismes sémantiques**
  Emplois de mots français dans un sens qu'ils ne possèdent pas, sous l'influence de mots anglais qui ont une forme semblable.
  **batterie* au sens de « pile », **juridiction* au sens de « compétence »

  Ces emprunts sont critiqués parce qu'il existe des mots français pour nommer ces réalités.

EMPRUNTS AUX LANGUES AMÉRINDIENNES ET À L'INUKTITUT

Formes lexicales empruntées aux langues amérindiennes (amérindianismes) ou à l'inuktitut (inuitismes) pour désigner des réalités de la faune, de la flore, du climat, de la géographie, etc., qui sont propres au Québec.
achigan, atoka, maskinongé, ouananiche, ouaouaron

EMPRUNTS À D'AUTRES LANGUES

Formes lexicales empruntées à d'autres langues (xénismes) pour désigner généralement des réalités propres à d'autres cultures.
cacher, cachère, taboulé, pain pita

Q

QUENELLE n. f.
Rouleau de viande ou de poisson. *Des quenelles de brochet.*

QUENOUILLE n. f.
1. Petit bâton entouré de laine, de chanvre, etc., dont on se servait pour filer. *La quenouille maléfique de la Belle au bois dormant.*
2. Tige des roseaux.

QUERELLE n. f.
Dispute. *Une querelle de famille.* SYN. désaccord.
LOCUTION
– ***Chercher querelle à quelqu'un.*** Le provoquer, l'attaquer.

QUERELLER v. tr., pronom.
La deuxième syllabe se prononce ***ré,*** [kəʀele].
VERBE TRANSITIF
(VIEILLI) (LITT.) Gronder.
VERBE PRONOMINAL
Se disputer avec quelqu'un. *Ils se sont querellés.*
À la forme pronominale, le participe passé de ce verbe s'accorde toujours en genre et en nombre avec son sujet. *Ces deux sœurs ne se sont querellées que très rarement.*
CONJUGAISON : VOIR MODÈLE AIMER.

QUEL

QUEL, QUELLE, DÉTERMINANT INTERROGATIF

Le déterminant interrogatif ***quel, quelle*** questionne sur la qualité, la nature, l'identité d'une personne ou d'une chose.

Quel *bon vent vous amène ?* ***Quelle*** *amie as-tu rencontrée ?* ***Quels*** *fruits préférez-vous ?* ***Quelles*** *couleurs aimez-vous ?*

– **Phrase autonome interrogative.** ***Quelle*** *heure est-il ?*

– **Phrase subordonnée.** *Expliquez-moi* ***quels*** *problèmes vous avez.*

T La phrase autonome interrogative se termine par un point d'interrogation ; la phrase autonome déclarative se termine par un point même si elle contient une interrogation exprimée dans une phrase subordonnée.

QUEL, QUELLE, DÉTERMINANT EXCLAMATIF

Le déterminant exclamatif ***quel, quelle*** marque l'admiration, l'étonnement, la tristesse, etc.

Quelle *surprise et* ***quel*** *plaisir de vous retrouver tous !*

T La phrase exclamative se termine par un point d'exclamation.

QUEL QUE, QUELLE QUE, DÉTERMINANT RELATIF

Le déterminant relatif en deux mots ***quel que, quelle que,*** qui est placé immédiatement devant le verbe ***être* au subjonctif**, exprime une idée de concession, d'opposition.

Quelles *que soient vos qualités, il vous faut travailler pour réussir.*

Le déterminant relatif s'écrit en deux mots et s'accorde en genre et en nombre avec le sujet du verbe. ***Quels qu'****ils soient,* ***quelle que*** *soit votre joie.*

Il importe de ne pas confondre le déterminant relatif ***quel que*** avec le déterminant indéfini ***quelque*** ou l'adverbe ***quelque.***

- Déterminant relatif
  Quelles que *soient les directives, il les suivra.* ***Quels que*** *puissent être les commentaires, elle en tiendra compte.*
- Déterminant indéfini
  J'ai invité ***quelques*** *personnes et nous lirons* ***quelques*** *poèmes.*
- Adverbe
  Quelque *gentil que tu sois, laisse-moi, car je dois travailler.*

VOIR TABLEAUX ▸ **DÉTERMINANT.** ▸ **QUELQUE.**

QUELQUE

DÉTERMINANT INDÉFINI Abréviation *qq.* (s'écrit avec un point).

1. ***Quelque*** + nom au pluriel. Un petit nombre de. *Nous avons apporté **quelques** fruits. **Quelques** centaines de personnes.*
2. ***Quelque*** + nom au singulier. (LITT.) Un certain. *Son compagnon avait **quelque** peine à le suivre. Ce poème est de **quelque** troubadour du Moyen Âge.*
3. ***Quelque*** + nom + ***que*** + subjonctif. (LITT.) Quel que soit le... que, quelle que soit la... que. ***Quelques** paroles apaisantes **que** vous prononciez, vous n'arriverez pas à le consoler. **Quelque** chagrin **que** j'aie, jamais je n'en parlerai.*
   La locution, qui s'emploie dans un registre soutenu, marque la concession, l'opposition.

Le déterminant indéfini s'accorde avec le nom qu'il détermine et ne s'élide que devant ***un, une*** pour former le pronom indéfini ***quelqu'un, quelqu'une.***

ADVERBE

1. ***Quelque*** + déterminant numéral. Environ, à peu près. ***Quelque** cent personnes ont assisté au spectacle.*
   En ce sens, même s'il est précédé d'un déterminant au pluriel, le mot *quelque* est un adverbe et il est donc invariable. *Notre établissement se situe avantageusement au sein des quelque 12 600 écoles de gestion du monde.*
2. ***Quelque*** + adjectif + ***que*** + subjonctif. (LITT.) Si, aussi. ***Quelque** prudent **qu**'il soit, il ne pourra l'emporter sur son adversaire qui est un fin stratège.*
3. ***Quelque*** + participe passé + ***que*** + subjonctif. (LITT.). Si, aussi. ***Quelque** effrayés **qu**'ils soient, ils n'avoueront rien. **Quelque** endormies **qu**'elles aient été, elles ont tout entendu.*
4. ***Quelque*** + adverbe + ***que*** + subjonctif. (LITT.). Si, aussi. ***Quelque** doucement **que** vous retiriez son pansement, il a horriblement mal.*

L'adverbe ***quelque*** est invariable, comme tous les adverbes, et ne s'élide pas.

Locutions

– ***En quelque sorte,*** loc. adv. Pour ainsi dire, d'une certaine manière. *Ils mangent très peu : ils jeûnent en quelque sorte.*
– ***Et quelques,*** loc. adv. Et un peu plus. *Cent étudiants et quelques ont réussi.*
  La locution s'emploie après une quantité numérique.
– ***Quelque chose,*** loc. pronom. indéf. Une chose quelconque. *Donnez-moi quelque chose à manger.*
  Malgré le genre féminin du nom ***chose,*** la locution se construit avec un participe ou un adjectif au masculin singulier. *Je n'ai jamais vu quelque chose d'aussi joli.*
– ***Quelque part,*** loc. adv. En quelque lieu. *Est-ce que je vous ai déjà vu quelque part ?*
– ***Quelque peu,*** loc. adv. (LITT.) Assez. *Cette idée est quelque peu dépassée.*
– ***Quelque temps,*** loc. adv. Un certain temps. *Dans quelque temps, le printemps reviendra.*

VOIR TABLEAU ▸ **QUEL.**

RÉSUMÉ

DÉTERMINANT INDÉFINI			ADVERBE			
quelque + nom au pluriel	***quelque*** + nom au singulier	***quelque*** + nom + ***que*** + subjonctif	***quelque*** + déterminant numéral	***quelque*** + adjectif + ***que*** + subjonctif	***quelque*** + participe passé + ***que*** + subjonctif	***quelque*** + adverbe + ***que*** + subjonctif
« un petit nombre de »	« un certain »	« quel que soit le… que, quelle que soit la… que »	« environ, à peu près »	« si, aussi »	« si, aussi »	« si, aussi »
accord au pluriel	accord au singulier	accord	invariabilité	invariabilité	invariabilité	invariabilité
***Quelques** pommes sont mûres.*	*Ils se cachent dans **quelque** endroit.*	***Quelques** remarques **que** vous fassiez…*	***Quelque** cent participants étaient là.*	***Quelque** aimables **que** soient ces personnes…*	***Quelque** fatigués **que** nous soyons…*	***Quelque** rapidement **qu**'ils courent…*

Q

QUÉRIR v. tr.
(LITT.) Chercher quelqu'un pour l'amener, quelque chose pour l'apporter. *Allez quérir le médecin. « Les seuls souvenirs nets qu'il en avait gardés étaient d'une montagne où s'accrochait leur maison et dont les replis abondaient en airelles, en framboises, en mûres, qu'il mangeait par poignées en allant quérir les vaches »* (Ringuet, *Trente Arpents*).
Ce verbe ne s'emploie plus qu'à l'infinitif avec les verbes ***aller, envoyer, faire, venir.***
CONJUGAISON : VOIR MODÈLE ACQUÉRIR.

QUESTION n. f.
1. Interrogation. *Il n'a pas répondu à nos questions. Elle a posé* (et non *demandé) *une question pertinente.*
2. Problème, sujet d'étude. *C'est une question que le conseil devra trancher à sa prochaine réunion. Une question irrecevable* (et non *hors d'ordre). *Aborder* (et non *adresser) *une question.*
3. (FAM.) ***Question*** + nom. En ce qui concerne. *Question cordialité, il remporte la palme !*
LOCUTIONS
– ***En question.*** Dont on parle. *Le film en question est très bien structuré.*
– ***Hors de question.*** Qui n'est pas à envisager. *Cette solution est hors de question.*
– ***Il est question de*** + infinitif. On songe à. *Il est question de construire un immeuble.* SYN. il est possible que.
– ***Mettre, remettre en question.*** Mettre en cause, soumettre à une discussion. *Les membres ont mis en question* (et non *questionné) *cette élection.* SYN. contester ; mettre en doute.
– ***Question à choix multiple(s).*** Question accompagnée de réponses entre lesquelles on doit choisir.
La plupart des auteurs de dictionnaires préconisent le singulier pour le nom ***choix*** et l'adjectif qui le qualifie. On note cependant que le pluriel est fréquemment employé.
– ***Question de principe.*** Règle fondamentale. *Nous ne pouvons accepter cette offre : c'est une question de principe.*
FORMES FAUTIVES
*adresser une question. Anglicisme pour ***aborder une question.***
*demander une question. Calque de «*to ask a question*» pour ***poser une question.***
*question d'ordre. Anglicisme pour ***question de droit, de forme, point de règlement.***
*question hors d'ordre. Anglicisme pour ***question irrecevable, non réglementaire.***

QUESTIONNAIRE n. m.
Série de questions auxquelles une personne doit répondre. *Les élèves devront répondre à un questionnaire. Remplir* (et non *compléter) *un questionnaire.*
LOCUTION
– ***Questionnaire à choix multiple(s).*** Sigle ***QCM***. Questionnaire dans lequel les questions sont accompagnées de réponses entre lesquelles on doit choisir.
La plupart des auteurs de dictionnaires préconisent le singulier pour le nom ***choix*** et l'adjectif qui le qualifie. On note cependant que le pluriel est fréquemment employé.
FORME FAUTIVE
*compléter un questionnaire. Impropriété pour ***remplir un questionnaire.***
questionnaire.

QUESTIONNEMENT n. m.
(DIDACT.) Fait de s'interroger sur un problème.

QUESTIONNER v. tr., pronom.
VERBE TRANSITIF
Poser des questions à quelqu'un. *L'enseignant questionne l'élève sur une déclinaison latine.* SYN. interroger.
VERBE PRONOMINAL
S'interroger. *Quand cesseras-tu de te questionner sur la décision à prendre ?*
À la forme pronominale, le participe passé de ce verbe s'accorde toujours en genre et en nombre avec son sujet. *Les associés se sont questionnés sur le bien-fondé de certaines décisions.*
FORME FAUTIVE
*questionner (une affirmation, un compte). Anglicisme au sens de ***contester, douter de, mettre en doute, mettre en question, remettre en question, s'interroger sur.***
CONJUGAISON : VOIR MODÈLE AIMER.

QUÉTAINE adj.
(FAM.) De mauvais goût. *Des vêtements quétaines.*

QUÊTE n. f.
1. (LITT.) Recherche. *La quête du bonheur. La quête du sens.*
2. Action de recueillir des aumônes. *Ce paroissien faisait la quête tous les dimanches à l'église.*
LOCUTION
– ***En quête de,*** loc. prép. À la recherche de. *Se mettre en quête d'un restaurant.*

QUÊTER v. tr., intr.
VERBE TRANSITIF
Solliciter avec insistance. *Quêter un avancement.*
VERBE INTRANSITIF
Recueillir des aumônes. *Quêter pour la faim dans le monde.*
CONJUGAISON : VOIR MODÈLE AIMER.

QUÊTEUR, EUSE n. m. et f.
1. Personne qui quête, qui fait la quête (à l'église, pour un spectacle, etc.). *La quêteuse tendait son chapeau à tous les passants.*
2. Personne qui sollicite des faveurs. *Un quêteur de dons planifiés à l'université.*

QUETSCHE n. f.
Le ***u*** se prononce ***ou***, [kwɛtʃ].
Variété de prune de couleur violet foncé. *Une tarte aux quetsches.*
quetsche.

QUETZAL n. m. (pl. *quetzales* ou *quetzals*)
Unité monétaire du Guatemala. *Des quetzales* ou *quetzals.*
VOIR TABLEAU – SYMBOLES DES UNITÉS MONÉTAIRES.

QUEUE n. f.
1. Prolongement de la colonne vertébrale de nombreux animaux. *La queue du chien.*
2. (FIG.) Extrémité. *La queue d'une pomme, d'une casserole, d'une comète.*
3. File de personnes qui attendent leur tour. *Il y a une longue queue devant le cinéma. Faire la queue.*
LOCUTIONS
– ***À la queue leu leu,*** loc. adv. À la file.
Cette expression est une altération de « à la queue le loup ».
– ***Faire une queue de poisson.*** (FIG.) En parlant d'un conducteur, se rabattre trop rapidement à la suite d'un dépassement.
– ***Queue de poisson (finir, se terminer en).*** (FIG.) Se terminer brusquement, sans conclusion.
– ***N'avoir ni queue ni tête.*** (FIG.) Être dénué de sens.
HOM. ***queux,*** cuisinier.

QUEUE-D'ARONDE n. f. (pl. *queues-d'aronde*)
Type d'assemblage en ébénisterie.
queue-d'aronde, avec un trait d'union.

QUEUE-DE-CHEVAL n. f. (pl. *queues-de-cheval*)
Coiffure dans laquelle les cheveux sont attachés à l'arrière.
Certains auteurs écrivent ce nom sans traits d'union.

QUEUE-DE-PIE n. f. (pl. *queues-de-pie*)
(FAM.) Habit de cérémonie dont la veste comporte de longues basques.
queue-de-pie, avec des traits d'union.

QUI pron. rel.
Pronom qui relie une phrase subordonnée à un nom ou à un pronom (l'antécédent). *Le film qui l'a bouleversé raconte le génocide arménien.*
VOIR TABLEAU – QUI.

QUICHE n. f.
Tarte aux œufs battus. *Une quiche lorraine, une quiche aux asperges.*

QUICONQUE pron. rel. indéf.
1. Toute personne qui. *Il défie quiconque voudrait le contredire.*
2. N'importe qui, qui que ce soit. *Il est nécessaire à quiconque de connaître la loi.*

QUIDAM n. m.
La première syllabe se prononce ***ki*** ou ***koui.***
Personne dont on tait ou ignore le nom. Seuls quelques quidams assistaient à la conférence. SYN. individu.

QUIET, QUIÈTE adj.
(LITT.) Paisible, tranquille.

QUIÉTUDE n. f.
(LITT.) Calme, tranquillité. *La quiétude de la forêt.*

QUIGNON n. m.
Gros morceau de pain, extrémité d'un pain.

QUILLE n. f.
1. Pièce de bois en forme de bouteille que le joueur doit renverser avec une boule. *Jeu de quilles* (et non *bowling).
2. (MAR.) Pièce sur laquelle s'appuie la charpente d'un navire.

QUINCAILLERIE n. f.
1. Ensemble d'ustensiles, d'outils, de produits d'utilisation domestique, industrielle, etc.
2. Magasin où l'on vend ces produits.
quinc**aill**erie.

QUINCAILLIER ou **QUINCAILLER** n. m.
QUINCAILLIÈRE ou **QUINCAILLÈRE** n. f.
Personne qui tient une quincaillerie.

QUINCONCE n. m.
Plantation d'arbres, d'arbustes, selon une disposition par cinq.
LOCUTION
– ***En quinconce.*** Par groupes de cinq, dont quatre aux quatre angles d'un carré, d'un losange ou d'un rectangle et le cinquième au centre. *Des chênes plantés en quinconce. Des joueurs disposés en quinconce.*

QUININE n. f.
Médicament employé comme traitement du paludisme.

QUINQU(A)- préf.
Élément du latin signifiant « cinq ». *Quinquennal.*

QUINQUA n. m. et f. (pl. *quinquas*)
(FAM.) Quinquagénaire. *Aller à la recherche de quinquas sympathiques.*

QUINQUAGÉNAIRE adj. et n. m. et f.
La deuxième syllabe se prononce généralement ***ka,*** parfois ***koua,*** [kɛ̃kaʒenɛr, kɛ̃kwaʒenɛr].
Dont l'âge est compris entre cinquante et cinquante-neuf ans. *Un quinquagénaire en pleine forme. Une personne quinquagénaire.*
VOIR – CINQUANTENAIRE.

QUINQUENNAL, ALE, AUX adj.
La deuxième syllabe se prononce ***ké,*** [kɛ̃kenal].
1. Qui dure cinq ans. *Des plans quinquennaux.*
2. Qui a lieu tous les cinq ans. *Des réunions quinquennales.*
quinque**nn**al.

QUINQUENNAT n. m.
Durée d'un mandat de cinq ans. *En France, après avoir été un septennat, le mandat présidentiel est désormais un quinquennat.*

QUINQUINA n. m.
1. Arbuste d'Amérique centrale et des Andes dont l'écorce fournit la quinine.
2. Écorce possédant la propriété de diminuer la fièvre et de stimuler l'organisme.
3. Vin apéritif contenant un peu de quinquina.

QUINT- préf.
Élément du latin signifiant « cinquième ». *Quintuple.*

QUINTAL n. m. (pl. *quintaux*)
Symbole ***q*** (s'écrit sans point).
Unité de mesure de masse correspondant à 100 kilogrammes.

QUINTE n. f.
1. Accès de toux prolongé. *Il était secoué par des quintes de toux* ou *des quintes violentes.*
2. Suite de cinq cartes de même couleur.

QUINTESSENCE n. f.
La deuxième syllabe se prononce ***té,*** [kɛ̃tesɑ̃s].
(LITT.) Ce qui est essentiel, ce qu'il y a de plus raffiné dans une œuvre, une science, etc. SYN. substantifique moelle.

QUINTETTE n. m.
1. Œuvre musicale écrite pour cinq parties. *Quintette à cordes.*
2. Formation composée de cinq musiciens.

QUINTILLION n. m.
La dernière syllabe se prononce comme dans ***million,*** [kɛ̃tiljɔ̃].
Un million de quatrillions, 10^{30}.

QUINTO adv.
Le ***u*** se prononce ***ou,*** [kwinto]; la première syllabe se prononce comme dans ***couiner.***
En cinquième lieu (après ***primo, secundo, tertio, quarto***).
SYN. cinquièmement.
T En typographie soignée, les mots étrangers sont composés en italique. Dans des textes déjà en italique, la notation se fait en romain. Pour les textes manuscrits, on utilisera les guillemets.

QUINTUPLE adj. et n. m.
ADJECTIF
Qui vaut cinq fois une quantité. *Un quintuple rang d'élèves. Une quintuple portion de framboises.*
NOM MASCULIN
Quantité quintuple. *Cent est le quintuple de vingt.*

QUINTUPLER v. tr., intr.
VERBE TRANSITIF
Multiplier par cinq. *Quintupler son chiffre d'affaires.*
VERBE INTRANSITIF
Devenir cinq fois plus grand. *L'année dernière, les profits ont quintuplé.*
CONJUGAISON : VOIR MODÈLE AIMER.

QUINTUPLÉS, ÉES n. m. et f. pl.
Se dit de cinq enfants nés d'une même grossesse. *En 1934, la naissance des quintuplées Dionne suscita beaucoup d'intérêt.*

QUINZAINE n. f.
1. Nombre approximatif de quinze. *Une quinzaine de joueurs.*
2. (ABSOL.) Période de quinze jours. *Nous travaillerons beaucoup au cours de la quinzaine.*

QUINZE adj. num. inv. et n. m. inv.
ADJECTIF NUMÉRAL CARDINAL INVARIABLE
Quatorze plus un. *Quinze heures.*
ADJECTIF NUMÉRAL ORDINAL INVARIABLE
Quinzième. *Le quinze décembre.*
NOM MASCULIN INVARIABLE
Nombre quinze. *Des quinze lumineux.*
VOIR TABLEAU – NOMBRES.
VOIR TABLEAU – NUMÉRAL ET ADJECTIF ORDINAL (DÉTERMINANT).

Q

Q

QUI

PRONOM RELATIF MASCULIN ET FÉMININ

Le pronom relatif ***qui*** relie une proposition subordonnée à un nom ou à un pronom (l'antécédent). L'antécédent du pronom ***qui*** peut être une personne ou une chose. *L'amie* [antécédent] ***qui*** *m'a aidé est gentille. Ceux* [antécédent] ***qui*** *sont d'accord doivent lever la main. Un coucher de soleil* [antécédent] ***qui*** *nous a éblouis.*

Le pronom relatif est du même genre et du même nombre que le nom ou le pronom qu'il représente (l'antécédent); le verbe, le participe passé, l'attribut s'accordent avec l'antécédent. *C'est elle* ***qui*** *est venue. Vous* ***qui*** *êtes partis, revenez.*

▸ **Fonctions du pronom**

- **Sujet de la phrase relative.** *La colombe* ***qui*** *vole. Elle apprécie* ***qui*** *la comprend. Toi* ***qui*** *me conseilles toujours si judicieusement.*

  Sans antécédent, le pronom relatif a le sens de « quiconque ». ***Qui*** *vivra verra.*

- **Complément indirect du verbe.** *La personne à* ***qui*** *j'ai rêvé. L'amie à* ***qui*** *tu parleras.*

  Lorsque le pronom ***qui*** est employé avec une préposition, son antécédent ne peut être qu'une personne. Pour les animaux et les êtres inanimés, on emploie le pronom ***dont,*** qui convient également aux personnes, ou les pronoms relatifs composés, selon le cas. *Le chien auquel je rêve et dont je parle constamment. La maison dont je rêve.*

- **Complément de la phrase.** *L'ami avec* ***qui*** *je joue. Celui pour* ***qui*** *il travaille.*

▸ **Locutions**

– ***Ce qui*** et ***ce qu'il.***

Avec certains verbes qui admettent à la fois la construction personnelle et impersonnelle, les deux locutions s'emploient indifféremment. *Ce qui, ce qu'il importe. Il avait prévu ce qui, ce qu'il arrive.*

– ***N'importe qui,*** loc. pronom. indéfinie. Une personne quelconque. *Il ne faut pas vous adresser à n'importe qui.*

– ***Qui que,*** loc. pronom. indéfinie. *Qui que vous soyez, entrez, je vous en prie.*

Cette locution qui exprime une concession se construit avec le subjonctif.

– ***Qui que ce soit,*** loc. pronom. indéfinie. Une personne quelconque, n'importe qui. *Je ne parlerai pas à qui que ce soit.*

Cette locution exprime une idée d'indétermination.

– ***Qui que ce soit qui,*** loc. pronom. indéfinie. *Qui que ce soit qui vienne, je l'accueillerai.*

Avec cette locution qui marque la concession, le verbe se construit au subjonctif.

PRONOM INTERROGATIF MASCULIN ET FÉMININ

Le pronom interrogatif ***qui*** introduit une proposition interrogative et a le sens de ***quelle personne?*** ***Qui*** *vient prendre la relève?*

Le verbe, le participe, le participe passé, l'attribut s'accordent généralement au masculin singulier.

▸ **Fonctions du pronom**

1. Interrogation dans la phrase autonome interrogative
   - **Sujet.** ***Qui*** *chante ainsi?*
   - **Attribut.** ***Qui*** *es-tu?*
   - **Complément direct du verbe.** ***Qui*** *a-t-il rencontré?*
   - **Complément indirect du verbe.** *À* ***qui*** *parlez-vous?*
   - **Complément de la phrase.** *Avec* ***qui*** *travailles-tu?*

QUI | ***SUITE*** >

> *QUI* | ***SUITE***

2. Interrogation dans la phrase subordonnée
   - **Sujet.** *Je me demande **qui** gagnera le gros lot.*
   - **Complément direct du verbe.** *Je ne sais **qui** tu rencontres.*
   - **Complément indirect du verbe.** *Dis-moi à **qui** tu attribues le premier prix.*
   - **Attribut du sujet.** *Rappelez-vous **qui** elle est.*
   - **Complément de la phrase.** *Elle s'est demandé avec **qui** vous chanteriez.*

   [T] La phrase autonome interrogative est suivie d'un point d'interrogation. ***Qui** a prononcé ces mots ?* Par contre, pour l'interrogation exprimée dans la subordonnée, la phrase autonome est déclarative et se termine par un point. *Je me demande **qui** a prononcé ces mots.*

▸ **Locutions pronominales interrogatives**
- ***Qui est-ce qui.*** Qui (sujet). *Qui est-ce qui vient ?*
- ***Qui est-ce que.*** Qui (complément). *Qui est-ce que j'entends ?*

VOIR TABLEAU ▸ **PRONOM.**

Q

QUINZIÈME adj. num. et n. m.
ABRÉVIATIONS
15e (quinzième) ; *15es* (quinzièmes).
ADJECTIF NUMÉRAL ORDINAL
Nombre ordinal de quinze. *Le quinzième jour.*
NOM MASCULIN
La quinzième partie d'un tout. *Les trois quinzièmes d'une quantité.*
NOM MASCULIN ET FÉMININ
Personne, chose qui occupe le quinzième rang. *Elles sont les quinzièmes.*
VOIR TABLEAU – NOMBRES.
VOIR TABLEAU – NUMÉRAL ET ADJECTIF ORDINAL (DÉTERMINANT).

QUINZIÈMEMENT adv.
En quinzième lieu.

QUIPROQUO n. m.
Ce nom rime avec **coco** [kiproko].
Méprise au sujet d'une personne, d'une chose. *Des quiproquos* (et non *quipropos) *regrettables.*
Ne pas confondre avec le nom ***malentendu,*** erreur d'interprétation.
quipro**quo**.

QUISCALE n. m.
Grand passereau d'Amérique du Nord et du Sud, au bec long et pointu, aux yeux jaune pâle, au plumage d'un noir irisé, à la queue en forme de gouvernail de bateau. *Le chant du quiscale ressemble au grincement d'une poulie de corde à linge. Le quiscale n'est guère apprécié, car il dévaste les cultures.*

QUITTANCE n. f.
Reçu par lequel un créancier déclare que le débiteur a acquitté sa dette.
quittance.

QUITTE adj.
1. Libéré d'une obligation financière, morale. *Nous sommes quittes (de nos obligations) envers ce créancier.*
2. Libéré d'une obligation morale. *Depuis Hiroshima, les Japonais s'estiment quittes aux yeux de l'Histoire. Pourrez-vous nous tenir quittes de cette maladresse bien regrettable ?*
En ce sens, l'adjectif se construit surtout avec les verbes ***estimer, juger, tenir.*** *Au terme de leur contrat de cinq ans, elles s'estimeront quittes envers leur employeur, qui a financé leurs études.*
LOCUTIONS
– ***À quitte ou double.*** Au jeu, le fait de jouer une nouvelle partie qui doublera les gains ou les pertes.
– ***À quitte ou double.*** (FIG.) En jouant le tout pour le tout, au risque de tout perdre.
– ***En être quitte pour.*** N'avoir à subir que. *Ils en ont été quittes pour la peur.*
– ***Quitte à,*** loc. prép. Au risque de. *Ces étudiants ne font rien pendant deux mois, quitte à travailler comme des fous par la suite.*
Dans cette construction, le mot est invariable.

QUITTER v. tr., pronom.
VERBE TRANSITIF
Abandonner un lieu, une activité. *La directrice a quitté son bureau pour quelques minutes. Elle a quitté son emploi et son pays.* SYN. laisser ; partir.
Au sens de « s'en aller, partir », la construction intransitive (*il a quitté*) est vieillie. On emploiera plutôt les expressions suivantes : *il n'est pas au bureau* ou *il vient de partir* ou *il est absent du bureau,* selon le cas.
VERBE PRONOMINAL
Se séparer d'une personne. *Ils se sont quittés bons amis.*
À la forme pronominale, le participe passé de ce verbe s'accorde toujours en genre et en nombre avec son sujet. *Ils se sont quittés à regret.*
LOCUTION
– ***Ne quittez pas.*** (TÉL.) Le complément « l'écoute » est sous-entendu. *Allô ! ne quittez pas (l'écoute), je vous prie.*
FORME FAUTIVE
*quitter. Anglicisme au sens de ***démissionner.***
CONJUGAISON : VOIR MODÈLE AIMER.

QUI VIVE loc. interj. et n. m.
LOCUTION INTERJECTIVE
Cri d'une sentinelle qui entend un bruit, qui voit une personne. *Qui vive ?*
NOM MASCULIN INVARIABLE
Être sur ses gardes. *Être sur le qui-vive.*
Le nom s'écrit avec un trait d'union.

Q

QUOI

PRONOM RELATIF

Le pronom relatif neutre ***quoi*** relie une phrase subordonnée relative à un pronom de sens indéterminé *(ce, cela, rien, chose…),* à une phrase déjà énoncée. L'antécédent du pronom relatif ***quoi*** ne peut être qu'une chose. *Vous avez étudié l'histoire, ce* [antécédent] *en* ***quoi*** *vous avez eu raison.*

Le pronom ***quoi*** est précédé d'une préposition.

1. Avec un antécédent, il a le sens de ***lequel, laquelle, laquelle chose.***
   - **Complément indirect du verbe.** *Ce* ***à quoi*** *j'ai rêvé, c'est de partir en voyage.*
   - **Complément de la phrase.** *Voilà* ***en quoi*** *cette thèse est intéressante.*

   L'antécédent est un pronom ou une locution neutre : ***ce, rien, quelque chose.***
2. Sans antécédent, il a le sens de « ce qui est nécessaire ». *Emporte* ***de quoi*** *manger.*
3. ***Quoi que*** + subjonctif. Quelle que soit la chose que. ***Quoi que*** *vous fassiez, il sera d'accord.*

   Cette locution à valeur concessive se construit avec le subjonctif. Ne pas confondre avec la conjonction ***quoique,*** signifiant « bien que » et qui est suivie d'un verbe, généralement au subjonctif, d'un adjectif, d'un participe passé ou d'un complément. *Quoique nous ayons leur accord, il faudra nous montrer très prudents.*

Locutions

– ***À quoi bon ?*** Pourquoi ? *À quoi bon tout transcrire à la main ? C'est bien plus rapide à l'ordinateur.*
– ***Faute de quoi,*** loc. conj. Autrement, sinon. *Nous partirons tôt : faute de quoi, nous serons en retard.*
– ***Il n'y a pas de quoi.*** Formule de politesse employée à la suite de remerciements. *Merci beaucoup. Il n'y a pas de quoi* (et non *bienvenue).
– ***Il n'y a pas de quoi fouetter un chat.*** Ce n'est pas grave, c'est sans importance.
– ***Moyennant quoi,*** loc. conj. Grâce à quoi. *Prenons nos précautions, moyennant quoi, nous parviendrons à nos fins.*
– ***N'importe quoi,*** loc. pronom. Une chose quelconque. *N'achète pas n'importe quoi.*
– ***Quoi que ce soit,*** loc. pronom. Quelque chose. *Si vous désirez quoi que ce soit, prévenez-moi.*
– ***Quoi qu'il en soit,*** loc. conj. En tout état de cause. *Quoi qu'il en soit, il faut tout reprendre à zéro.*
– ***Sans quoi,*** loc. conj. Autrement, sinon. *Prends des vêtements chauds, sans quoi tu gèleras.*

PRONOM INTERROGATIF

1. **Interrogation dans la phrase autonome interrogative**
   - **Complément direct du verbe.** Quelle chose ? *Devinez* ***quoi*** *?*
   - **Complément indirect du verbe.** À quelle chose ? *À* ***quoi*** *rêves-tu ?*
   - **Complément de la phrase.** Avec quelle chose ? *Avec* ***quoi*** *sculptes-tu le bois ?*

   Suivi d'un adjectif, le pronom se construit avec la préposition ***de. Quoi de*** *plus joli qu'un bouquet de roses ?* ***Quoi de*** *nouveau ?*
2. **Interrogation dans la phrase subordonnée**

   Il ne sait pas ***de quoi*** *elle parle. Elle ne sait pas* ***quoi*** *conclure.*

   T La phrase autonome interrogative est suivie d'un point d'interrogation. *À* ***quoi*** *pensez-vous ?* Par contre, pour l'interrogation exprimée dans la subordonnée, la phrase autonome est déclarative et se termine par un point. *Je ne sais* ***quoi*** *dire.*

INTERJECTION

L'interjection marque la surprise, l'admiration, l'indignation. ***Quoi !*** *vous avez osé !* ***Hé quoi !*** *admettrez-vous que vous avez tort ?*

VOIR TABLEAU ► **INTERJECTION.** ► **PRONOM.**

***QUIZ**
Anglicisme pour ***jeu, jeu-questionnaire.***

QUOI pron. rel.
Pronom neutre qui relie une phrase subordonnée à un pronom de sens indéterminé (*ce, cela, rien, chose...*), à une phrase déjà énoncée. *Ce à quoi tu as pensé est ingénieux.*
VOIR TABLEAU – QUOI.

QUOIQUE conj.
1. Malgré le fait que, bien que. *Quoiqu'il ait beaucoup de travail, il a décidé de prendre congé.* SYN. même si.
La conjonction ***quoique,*** qui introduit une concession, est suivie d'un verbe au subjonctif, d'un adjectif, d'un participe passé, d'un participe présent ou d'un complément. *Quoique l'air du temps ne leur soit pas favorable, ils réussiront. Les vacances furent agréables quoique pluvieuses. Un souvenir toujours présent, quoique estompé par le passage du temps. L'Inde, quoique fonctionnant sur un mode tout à fait différent, a les mêmes préoccupations que la Chine. L'offre de platine restera déficitaire, quoique dans des proportions inférieures aux attentes de plusieurs analystes.*
L'élision ne se fait que devant les mots suivants : ***il, ils, elle, elles, en, on, un, une, ainsi.***
2. Cependant. *Il serait bien agréable de partir au Mexique à Noël, quoique je raterais* ou *je raterai de belles promenades dans la forêt enneigée.* SYN. mais.
La conjonction ***quoique,*** qui introduit une restriction, une objection, peut être suivie du conditionnel ou de l'indicatif.
Ne pas confondre avec les mots ***quoi que*** au sens de « quelle que soit la chose que ». *Quoi que vous disiez...*

QUOLIBET n. m.
Le mot se prononce [kɔlibɛ].
Raillerie malveillante. *La foule leur a lancé des quolibets.*
quolibet.

QUORUM n. m.
La première syllabe se prononce généralement ***ko,*** parfois ***kouo,*** [kɔrɔm, kwɔrɔm].
Nombre déterminé de participants qu'une assemblée doit réunir pour être en mesure de délibérer. *Des quorums atteints.*

QUOTA n. m. (pl. *quotas*)
La première syllabe se prononce ***ko,*** [kɔta].
1. Limite quantitative. *Des quotas d'importation.* SYN. contingent.
2. Objectif à atteindre, norme de rendement. *Des quotas de vente, de production.*

***QUOTATION**
Anglicisme pour ***devis (estimatif), proposition de prix.***

QUOTE-PART n. f. (pl. *quotes-parts*)
1. Part, contribution. *Chaque participant doit payer sa quote-part.* SYN. cotisation.
2. (FIN.) Part d'un avantage ou d'un engagement financier que chacune des parties en cause doit payer ou recevoir (GDT). *Le montant d'une quote-part est une quotité.*
Il peut s'agir, entre autres, de la quote-part des bénéfices d'une société revenant à une autre, de la quote-part des bénéfices d'une société de personnes revenant à chaque associé, de la quote-part des bénéfices de chacune des personnes associées à une opération financière ou de la quote-part des dépenses pour chacun des membres d'un groupement d'achats (GDT).
[Les *Rectifications* (1990) admettent : quotepart.]

QUOTIDIEN, IENNE adj. et n. m.
ADJECTIF
Qui a lieu tous les jours. *Une publication quotidienne.*
NOM MASCULIN
1. Ce qui appartient à la vie de tous les jours. *Il faut s'échapper du quotidien à l'occasion.*
2. Journal qui paraît tous les jours. Le Devoir *est un quotidien du matin.*

QUOTIDIENNEMENT adv.
Tous les jours. *Elle marche quotidiennement.*

QUOTIDIENNETÉ n. f.
(LITT.) Caractère de ce qui est quotidien.

QUOTIENT n. m.
Le ***o*** est ouvert, [kɔsjɑ̃].
(MATH.) Résultat d'une division. *Le quotient de 6 divisé par 2 est 3.*
LOCUTION
– ***Quotient intellectuel.*** Sigle ***QI*** (s'écrit avec ou sans points). Rapport du niveau intellectuel d'une personne à celui des personnes de son groupe d'âge.

QUOTITÉ n. f.
(DR.) Montant d'une quote-part.

R

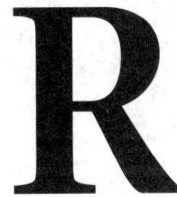

R n. m. inv.
Dix-huitième lettre de l'alphabet.

Ra
Symbole de ***radium.***

RABÂCHAGE n. m.
1. Action de rabâcher. SYN. radotage.
2. Répétitions lassantes. SYN. redite.
rabâchage.

RABÂCHER v. tr., intr.
Répéter sans cesse la même chose. *Il nous rabâche toujours la même histoire.* SYN. radoter ; ressasser.
Comme ***radoter,*** le verbe ***rabâcher*** peut se construire avec un complément direct ou sans complément. *Elle ne cesse de rabâcher.*
CONJUGAISON : VOIR MODÈLE AIMER.
rabâcher.

RABAIS n. m.
Diminution accordée sur un prix, particulièrement en raison d'un niveau de qualité inférieur, d'un défaut de conformité, pour une fin de série, etc. *Le marchand nous a accordé un rabais de 20 % sur cet article quelque peu défraîchi.*
Ne pas confondre avec les noms suivants :
- ***escompte,*** réduction de prix accordée en raison de l'acquittement d'une dette avant son échéance ;
- ***réduction,*** diminution accordée sur un prix ;
- ***remise*** (quantitative), diminution de prix accordée à un client important en fonction des quantités achetées en un lot.

LOCUTION
– ***Au rabais,*** loc. adv. À bon marché. *Une vente au* (et non *à) *rabais, travailler au rabais.*
rab**ais.**

RABAISSEMENT n. m.
1. Action de rabaisser. SYN. dépréciation ; dévalorisation.
2. Diminution de la hauteur, de la valeur.

RABAISSER v. tr., pronom.
VERBE TRANSITIF
1. Ramener à une hauteur moindre. *Ces tableaux sont placés trop haut : il faudrait les rabaisser.* SYN. baisser.
2. (FIG.) Déprécier, estimer à une valeur moindre. *Il s'emploie à rabaisser la compétence de ses collègues.* SYN. déconsidérer ; dénigrer ; dévaloriser ; discréditer.
VERBE PRONOMINAL
S'humilier. *Ils se sont rabaissés à accepter cet argent.*
À la forme pronominale, le participe passé de ce verbe s'accorde toujours en genre et en nombre avec son sujet. *Elle s'est rabaissée en agissant de façon si mesquine.*
CONJUGAISON : VOIR MODÈLE AIMER.

RABAT n. m.
Partie d'un vêtement, d'un article qui peut se replier. *Un sac à dos avec rabat.*

RABAT-JOIE adj. inv. et n. m. et f. (pl. *rabat-joie* ou *rabat-joies*)
Se dit d'une personne qui trouble la bonne humeur des autres par sa maussaderie. *Des rabat-joie* ou *rabat-joies incorrigibles. Elles sont rabat-joie. Quelle rabat-joie !* SYN. trouble-fête.
Ce mot s'écrit avec un trait d'union ; l'adjectif est invariable.
[Les *Rectifications* (1990) admettent : rabat-joies (adjectif, au pluriel).]

RABATTABLE adj.
Qui peut se replier. *Un lit rabattable.*

RABATTRE v. tr., pronom.
VERBE TRANSITIF
1. Rabaisser, remettre à plat. *Rabats ton capuchon, il ne pleut plus.*
2. Consentir une réduction. *Rabattre 20 % sur un prix.* SYN. réduire.
VERBE PRONOMINAL
1. Accepter, choisir (quelque chose), à défaut d'autre chose. *Il n'y avait plus de framboises, elles se sont rabattues sur les fraises.*
À la forme pronominale, le verbe se construit avec la préposition ***sur.***
Ne pas confondre avec le verbe ***rebattre,*** battre de nouveau.
2. Changer de direction abruptement. *Ce camionneur a provoqué un accident en se rabattant trop vite après un dépassement.*
3. Se replier. *Les sièges arrière de cette voiture se rabattent.*
À la forme pronominale, le participe passé de ce verbe s'accorde toujours en genre et en nombre avec son sujet. *Les chasseurs déçus se sont rabattus sur les pigeons d'argile.*
LOCUTION
– ***Rabattre le caquet à quelqu'un.*** Le faire taire, le remettre à sa place.
FORME FAUTIVE
*rabattre les oreilles. Impropriété au sens de ***rebattre les oreilles.***
CONJUGAISON : VOIR MODÈLE COMBATTRE.
INDICATIF PRÉSENT *Je rabats, tu rabats, il rabat, nous rabattons, vous rabattez, ils rabattent.* IMPARFAIT *Je rabattais.* PASSÉ SIMPLE *Je rabattis.* FUTUR *Je rabattrai.* CONDITIONNEL PRÉSENT *Je rabattrais.* IMPÉRATIF PRÉSENT *Rabats, rabattons, rabattez.* SUBJONCTIF PRÉSENT *Que je rabatte.* IMPARFAIT *Que je rabattisse.* PARTICIPE PRÉSENT *Rabattant.* PASSÉ *Rabattu, ue.*

RABBIN n. m.
Ministre du culte, dans une communauté juive.
✏ rabbin.

RABIBOCHER v. tr.
1. (FAM.) Réparer sommairement. SYN. rafistoler.
2. (FAM.) Réconcilier tant bien que mal.
CONJUGAISON : VOIR MODÈLE AIMER.

RABIQUE adj.
Relatif à la rage. *Le virus rabique.* ANT. antirabique.

RÂBLE n. m.
Bas du dos de certains animaux (lapin, lièvre). *Un râble de lapin à la moutarde.*
✏ râble.

RÂBLÉ, ÉE adj.
Trapu et musclé. *Un garçon petit de taille, mais râblé.*
✏ râblé.

RABOT n. m.
Outil de menuisier servant à rendre lisse la surface du bois.
✏ rabot.

RABOTAGE n. m.
Action de raboter.
✏ rabotage.

RABOTER v. tr.
Rendre lisse une surface de bois avec un rabot.
CONJUGAISON : VOIR MODÈLE AIMER.
✏ raboter.

RABOTEUX, EUSE adj.
Inégal, rempli de creux et de bosses. *Un chemin raboteux.*
✏ raboteux.

RABOUGRI, IE adj.
1. Se dit d'une plante qui croît difficilement. *Dans la toundra, les conifères sont rabougris.*
2. (FIG.) Petit, ratatiné. *Un chien rabougri.* SYN. chétif.

RABROUER v. tr.
Traiter avec rudesse, réprimander. *Elle s'est fait rabrouer de la plus belle façon.*
CONJUGAISON : VOIR MODÈLE AIMER.

RACAILLE n. f.
Ensemble de gens malhonnêtes. *Il vaut mieux ne pas traiter avec cette racaille.* SYN. canaille.

RACCOMMODAGE n. m.
Action de raccommoder. *Le raccommodage des chaussettes.* SYN. rapiéçage ; reprisage.
✏ raccommodage.

RACCOMMODEMENT n. m.
(FAM.) Réconciliation après une brouille.
✏ raccommodement.

RACCOMMODER v. tr., pronom.
VERBE TRANSITIF
Repriser, réparer des vêtements. *Papa raccommode ses chaussettes.* SYN. rapiécer.
VERBE PRONOMINAL
(FAM.) Se réconcilier. *Après cette querelle, les copains se sont raccommodés.*
📏 À la forme pronominale, le participe passé de ce verbe s'accorde toujours en genre et en nombre avec son sujet. *Les amis brouillés se sont raccommodés.*
CONJUGAISON : VOIR MODÈLE AIMER.
✏ raccommoder.

RACCOMPAGNER v. tr.
Ramener au point de départ. *Après la fête, je raccompagnerai votre petite fille.* SYN. reconduire.
CONJUGAISON : VOIR MODÈLE AIMER.

RACCORD n. m.
Liaison entre deux éléments. *Un raccord de tuyauterie.*
✏ raccord.

RACCORDEMENT n. m.
Jonction de deux éléments. *Le raccordement de deux tuyaux.*
✏ raccordement.

RACCORDER v. tr.
1. Faire un raccord. *Raccorder des tuyaux.* SYN. relier ; réunir.
2. Servir de lien, permettre de communiquer. *Ce chemin raccorde les deux routes.* SYN. lier.
CONJUGAISON : VOIR MODÈLE AIMER.
✏ raccorder.

RACCOURCI n. m.
1. Le chemin le plus court. *Chercher des raccourcis, prendre ou emprunter un raccourci. Vous irez plus vite par le raccourci.*
2. (FIG.) Ce qui est exprimé de façon très concise. *Des phrases lapidaires, des raccourcis frappants.*
LOCUTION
– ***En raccourci,*** loc. adv. En résumé, en bref.
✏ raccourci.

RACCOURCIR v. tr., intr., pronom.
VERBE TRANSITIF
Rendre plus court. *Raccourcir une jupe. Ces illustrations permettent de raccourcir l'explication.* SYN. abréger.
VERBE INTRANSITIF
Devenir plus court. *Les jours raccourcissent à l'automne.*
VERBE PRONOMINAL
Devenir plus court. *Son pantalon s'est raccourci au lavage.*
📏 À la forme pronominale, le participe passé de ce verbe s'accorde en genre et en nombre avec le complément direct si celui-ci le précède. *Les ongles qu'il s'est raccourcis.* Le participe passé reste invariable si le complément direct suit le verbe. *Elles se sont raccourci les cheveux.* S'il n'y a pas de complément direct, le participe passé s'accorde avec le sujet du verbe. *Les journées se sont raccourcies jusqu'à l'équinoxe d'hiver.*
LOCUTION
– ***À bras raccourcis.*** Avec les bras repliés pour frapper, avec violence. *Ils se jetèrent sur lui à bras raccourcis.*
CONJUGAISON : VOIR MODÈLE FINIR.
✏ raccourcir.

RACCROCHAGE n. m.
1. Action de raccrocher.
2. ⚜ Action de retourner aux études après une interruption. *Des mesures qui favorisent le raccrochage.* ANT. décrochage.

RACCROCHER v. tr., intr., pronom.
VERBE TRANSITIF
Accrocher de nouveau. *Raccrocher un tableau.*
VERBE INTRANSITIF
1. Interrompre brusquement une communication téléphonique. *Je n'ai pas eu le temps de la prévenir, elle avait raccroché.*
2. ⚜ Reprendre ses études après les avoir interrompues. ANT. décrocher.
VERBE PRONOMINAL
1. Se retenir à quelque chose pour échapper à un danger. *Il a pu se raccrocher à une branche.*
2. Se rattacher. *Ton exemple ne se raccroche pas bien à l'idée directrice du paragraphe.* SYN. se lier ; se rapporter.
📏 À la forme pronominale, le participe passé de ce verbe s'accorde toujours en genre et en nombre avec son sujet. *Pour éviter de glisser, elle s'est raccrochée à la main courante.*
CONJUGAISON : VOIR MODÈLE AIMER.
✏ raccrocher.

RACE n. f.
1. Groupe de personnes présentant des caractères communs.
[T] Les noms de races s'écrivent avec une majuscule. *Un Blanc, une Noire, les Jaunes.*
2. Subdivision de l'espèce zoologique. *La race canine.*

LOCUTION
– ***De race,*** loc. adj. De race pure. *Des chiens, des chevaux de race.* ANT. bâtard.

RACÉ, ÉE adj.
1. De race pure, en parlant d'un animal. *Un cheval racé.*
2. D'une distinction naturelle, en parlant d'une personne. *Une jeune fille racée et gracieuse.*

RACHAT n. m.
1. Action de racheter quelque chose. *Le rachat d'actions à la Bourse, d'une propriété, d'une rente.*
2. (RELIG.) Pardon d'une faute.
✏ rachat.

RACHETABLE adj.
Qui peut être racheté. *Des obligations et des actions privilégiées rachetables.*

RACHETER v. tr., pronom.
VERBE TRANSITIF
1. Acheter à nouveau. *Il faudra racheter de ces fruits, ils étaient délicieux.*
2. Compenser, faire pardonner. *Sa gentillesse rachète son insouciance.*
VERBE PRONOMINAL
Se réhabiliter après une faute, une erreur, se faire pardonner. *Elle s'est rachetée au prix de beaucoup d'efforts.* SYN. se rattraper.
📏 À la forme pronominale, le participe passé de ce verbe s'accorde toujours en genre et en nombre avec son sujet. *Les gaffeurs se sont rachetés par leur gentillesse.*
CONJUGAISON : VOIR MODÈLE CONGELER.
Le ***e*** se change en ***è*** devant une syllabe contenant un ***e*** muet. *Je rachète,* mais *je rachetais.*

RACHITIQUE adj.
Maigre et chétif. *Des enfants affamés et rachitiques.*

RACIAL, IALE, IAUX adj.
Qui est relatif à la race. *Des conflits raciaux, la discrimination raciale.*
📌 Ne pas confondre avec le mot ***raciste,*** qui se dit d'une personne qui fait preuve de racisme.

RACINE n. f.
1. Partie par laquelle un végétal est fixé au sol.
2. (FIG.) Origine. *Les racines de Luigi sont italiennes.*
3. (LING.) Élément de base d'un mot. *Les racines grecques et latines de plusieurs mots français.*
LOCUTIONS
– ***Prendre racine*** (en parlant d'une personne). (PÉJ.) Demeurer trop longtemps en un lieu. SYN. (FIG.) s'incruster.
– ***Racine d'un nombre.*** (MATH.) Nombre qui, multiplié par lui-même une ou plusieurs fois, reproduit ce nombre. *La racine carrée d'un nombre.*

RACISME n. m.
Attitude qui favorise un groupe racial en particulier et qui est hostile à d'autres groupes.
📌 Le mot ***racisme*** dénomme une hostilité à l'égard de certains groupes raciaux, alors que le mot ***xénophobie*** désigne la haine de tous les étrangers.

RACISTE adj. et n. m. et f.
Qui fait preuve de racisme, qui est hostile à certains groupes raciaux. *Des slogans racistes. Un, une raciste.*
📌 Ne pas confondre avec le mot ***racial*** qui se dit de ce qui est relatif à la race, ni avec le mot ***xénophobe*** qui qualifie une personne hostile à tous les étrangers.

***RACK**
Anglicisme pour ***étagère, présentoir, galerie, support.***

***RACK À VÉLOS**
Anglicisme pour ***support à vélos, arceau à vélos.***

***RACKET**
Anglicisme pour ***vol, escroquerie.***

RACLÉE n. f.
1. (FAM.) Volée de coups. *Les voyous lui ont donné une raclée.* SYN. correction.
2. (FIG.) (FAM.) Défaite majeure. *Les sondages ne prédisaient pas une telle raclée pour ce candidat.*

RACLER v. tr.
Frotter avec vigueur, enlever en grattant. *Elle racle le fond de la casserole.* SYN. gratter.
CONJUGAISON : VOIR MODÈLE AIMER.

RACLETTE n. f.
Plat suisse composé de fromage fondu.

***RACOIN**
Archaïsme pour ***recoin.***

RACOLAGE n. m.
Action de racoler.
✏ racolage.

RACOLER v. tr.
1. Recruter des clients, des électeurs par divers moyens.
📌 Le verbe a une connotation défavorable.
2. En parlant d'un prostitué, d'une prostituée, solliciter des clients.
CONJUGAISON : VOIR MODÈLE AIMER.
✏ racoler.

RACOLEUR, EUSE adj. et n. m. et f.
ADJECTIF
Accrocheur. *Une publicité racoleuse.*
NOM MASCULIN ET FÉMININ
Personne qui racole.
📌 L'adjectif et le nom ont une connotation défavorable.

RACONTAR n. m.
(FAM.) Rumeur, commérage. *Ce ne sont que des racontars, des cancans qui ne reposent sur rien.* SYN. cancan ; potin.
✏ racontar, sans ***d*** final.

RACONTER v. tr.
1. Faire le récit de. *Il a une façon merveilleuse de raconter les histoires.* SYN. conter ; narrer ; relater.
2. Inventer des histoires. *Il ne faut pas croire tout ce qu'on raconte.*
CONJUGAISON : VOIR MODÈLE AIMER.

RACONTEUR, EUSE n. m. et f.
Personne qui raconte bien. SYN. conteur.

RACORNIR v. tr.
Rendre coriace, desséché. *Un steak trop cuit, racorni.*
CONJUGAISON : VOIR MODÈLE FINIR.

rad n. m.
👄 Le ***d*** se prononce, [rad].
Symbole ***rd*** (s'écrit sans point).
1. Ancienne unité de mesure de dose absorbée de radiation. *Un certain nombre de rads, 5 rd.*
2. Symbole de ***radian.***
VOIR – GRAY.

RADAR n. m.
1. Appareil de détection permettant de localiser la présence d'un obstacle. *Ces navires sont équipés de radars.*
📌 Le nom ***radar*** est l'acronyme de ***Radio Detecting and Ranging.***
2. (EN APPOS.) D'un système de radar. *Des écrans radars, des systèmes radars.*
📏 En apposition, le nom s'écrit généralement sans trait d'union et les deux mots prennent la marque du pluriel.
LOCUTION
– ***Radar photo.*** Appareil muni d'un dispositif qui photographie le véhicule dépassant la vitesse permise. *Des radars photo* (et non *photo radars) *destinés à améliorer le bilan routier.* SYN. radar photographique.
📏 Dans cette expression, le nom ***photo*** est invariable.

RADE n. f.
Grand bassin protégé de la mer où les bateaux sont à l'abri.
LOCUTION
– ***Laisser en rade.*** (FAM.) Abandonner au propre et au figuré. SYN. laisser aller ; laisser tomber.

RADEAU n. m. (pl. *radeaux*)
1. Plateforme flottante. *Des radeaux de fortune.*
2. Sport consistant à descendre des rivières ou des rapides en radeau pneumatique (Recomm. off.). *Faire du radeau* (et non *rafting).
LOCUTION
– ***Radeau pneumatique.*** Embarcation gonflable insubmersible et utilisée pour la descente des rapides.

RADIAL, IALE, IAUX adj.
1. Relatif au radius. *Le nerf radial.*
2. Relatif au rayon. *Des pneus radiaux.*

RADIAN n. m.
Symbole ***rad*** (s'écrit sans point).
1. Unité de mesure d'angle.
2. Unité de mesure de vitesse angulaire.
LOCUTION
– ***Radian par seconde.*** Symbole ***rad/s*** (s'écrit sans points).

RADIATEUR n. m.
1. Appareil servant à diffuser la chaleur d'un système de chauffage.
Ne pas confondre avec le nom ***calorifère,*** système de chauffage central.
2. Appareil de refroidissement d'un moteur. *Le radiateur d'une voiture.*

RADIATEUR-PLINTHE n. m. (pl. *radiateurs-plinthes*)
Appareil de chauffage de forme allongée et plate installé au bas d'un mur. *Des radiateurs-plinthes électriques. Un radiateur-plinthe à l'eau chaude.* SYN. plinthe chauffante.

RADIATION n. f.
1. Émission de rayons. *Les radiations peuvent être très dangereuses.*
2. Action de radier d'un ordre professionnel. *Ce notaire coupable de détournement de fonds est passible de radiation de l'Ordre des notaires.*

RADICAL, ALE, AUX adj. et n. m. et f.
ADJECTIF
1. Fondamental. *Des changements radicaux.*
2. Intransigeant. *Des prises de position radicales.*
NOM MASCULIN ET FÉMININ
Partisan de réformes importantes. *Les radicaux du parti tentent d'imposer leur vision.*
LOCUTION
– ***Radical d'un mot.*** (LING.) Forme prise par la racine d'un mot. *Le radical du verbe* aimer *est* aim-, *tandis que la terminaison de l'infinitif est* -er. *Des radicaux.*

RADICALEMENT adv.
Totalement, absolument. *Les citoyens sont radicalement opposés à une hausse des taxes.* SYN. complètement ; tout à fait.

RADICALISATION n. f.
Action de radicaliser. *La radicalisation d'un mouvement syndical.* SYN. durcissement.

RADICALISER v. tr., pronom.
VERBE TRANSITIF
Rendre radical, plus intransigeant. *Certains éléments tentent de radicaliser le parti.*
VERBE PRONOMINAL
Devenir plus radical. *Les revendications syndicales se sont radicalisées.*
À la forme pronominale, le participe passé de ce verbe s'accorde toujours en genre et en nombre avec son sujet. *Cette formation politique s'est radicalisée.*
CONJUGAISON : VOIR MODÈLE AIMER.

RADICELLE n. f.
Ramification secondaire d'une racine.
Ne pas confondre avec le nom ***radicule,*** partie inférieure de la plante qui deviendra la racine.
radicelle.

RADICULE n. f.
Partie inférieure de la plante qui deviendra la racine.
Ne pas confondre avec le nom ***radicelle,*** ramification secondaire d'une racine.
Attention au genre féminin de ce nom : ***une*** radicule.
radicule.

RADIER v. tr.
Exclure d'un ordre professionnel. *Ce médecin a été radié pour deux ans.*
Ce verbe n'admet qu'un complément désignant une personne, alors que ***rayer*** se dit d'une chose.
CONJUGAISON : VOIR MODÈLE ÉTUDIER.
Redoublement du ***i*** à la première et à la deuxième personne du pluriel de l'indicatif imparfait et du subjonctif présent. *(Que) nous radiions, (que) vous radiiez.*

RADIEUX, IEUSE adj.
1. Brillant. *Un soleil radieux.* SYN. éclatant.
2. (FIG.) Rayonnant de bonheur. *Étienne est admis en médecine : un sourire radieux éclaire son visage.* SYN. heureux ; ravi.

RADIN, INE adj. et n. m. et f.
(FAM.) Avare, mesquin. *Je crois qu'elle est un peu radine* ou *radin. C'est un radin.*
Au féminin, on peut employer la forme féminine ou conserver la forme masculine.

RADIO adj. inv. et n. m. et f.
NOM FÉMININ
1. Abréviation de ***radiodiffusion.*** *J'ai entendu la nouvelle à la radio. Écoutez-vous la radio de Radio-Canada ?*
2. Poste récepteur de radiodiffusion. *Ils vendent des radios portatives.*
Attention au genre féminin de ce nom.
3. Abréviation de ***radiographie.*** *Maude a fait une chute de cheval et elle s'est fracturé la jambe : on a fait une radio de sa jambe à l'hôpital.*
ADJECTIF INVARIABLE
Radiophonique. *Des publicités radio.*
NOM MASCULIN
Radiotélégraphiste. *Il travaillait comme radio à bord d'un navire.*

RADIO-
Élément du latin signifiant « radiation ».
Les mots composés avec l'élément ***radio-*** s'écrivent en un seul mot, à l'exception de ceux dont le second élément commence par un ***i*** ou un ***o.*** *Radiodiffusion, radio-isotope.*

RADIOACTIF, IVE adj.
Qui se caractérise par sa radioactivité. *Ces substances sont dangereuses parce qu'elles sont radioactives.*

RADIOACTIVITÉ n. f.
Propriété de certains éléments (radium, uranium, etc.) d'émettre des radiations semblables aux rayons X.

RADIOAMATEUR n. m.
Personne qui émet et reçoit des messages sur ondes courtes, à titre d'amateur. *Les internautes prendront-ils le relais des radioamateurs ?*
Le nom s'écrit en un seul mot.

RADIOCASSETTE n. f.
Appareil de radio muni d'un lecteur de cassettes. *Une radiocassette portative.*

RADIODIFFUSER v. tr.
Transmettre par la radio. *Le débat sera radiodiffusé.*
CONJUGAISON : VOIR MODÈLE AIMER.

RADIODIFFUSION n. f.
S'abrège couramment en ***radio*** (s'écrit sans point).
Transmission par les ondes de nouvelles, de manifestations artistiques, sportives, etc.

RADIOGRAPHIE n. f.
S'abrège familièrement en ***radio*** (s'écrit sans point).
1. Ensemble des techniques permettant de photographier la structure interne du corps à l'aide de rayons X.
2. Image ainsi obtenue. *Une radiographie des poumons, des radios pulmonaires.*

RADIOGRAPHIER v. tr.
Photographier au moyen de rayons X. *Radiographier une jambe.*
CONJUGAISON : VOIR MODÈLE ÉTUDIER.
Redoublement du ***i*** à la première et à la deuxième personne du pluriel de l'indicatif imparfait et du subjonctif présent. *(Que) nous radiographiions, (que) vous radiographiiez.*

RADIOGRAPHIQUE adj.
Relatif à la radiographie. *Des images radiographiques.*

RADIO-ISOTOPE n. m. (pl. *radio-isotopes*)
Isotope radioactif d'un élément chimique.
radio-isotope, avec un trait d'union.

RADIOLOGIE n. f.
Science médicale traitant des applications des rayons X au diagnostic et au traitement des maladies.

RADIOLOGIQUE adj.
Qui se rapporte à la radiologie. *Des examens radiologiques.*

RADIOLOGUE ou **RADIOLOGISTE** n. m. et f.
Spécialiste de la radiologie.

RADIOMESSAGERIE n. f.
Système de radiocommunication permettant de transmettre par voie radioélectrique des messages en provenance ou à destination d'un terminal ou d'un groupe de terminaux mobiles (GDT). *À titre d'abonnés d'un service de radiomessagerie, ces employés peuvent recevoir des messages sur leur téléavertisseur.*

RADIOPHONIQUE adj.
Qui concerne la radiodiffusion. *Une émission radiophonique.*

RADIOREPORTAGE n. m.
Reportage radiodiffusé.

RADIORÉVEIL ou **RADIO-RÉVEIL** n. m. (pl. *radioréveils* ou *radios-réveils*)
Poste récepteur de radio muni d'un réveil. *J'ai programmé mon radioréveil à 6 h 20 : c'est la revue de presse qui me tire de mon sommeil.*
Attention au genre masculin de ce nom : ***un*** radioréveil.

RADIOTÉLÉPHONE n. m.
Appareil téléphonique sans fil fonctionnant à l'aide des ondes hertziennes.

RADIOTÉLÉPHONIE n. f.
Système de liaison téléphonique sans fil fonctionnant au moyen des ondes hertziennes.

RADIOTÉLÉPHONISTE n. m. et f.
Spécialiste de la radiotéléphonie.

RADIOTÉLÉVISÉ, ÉE adj.
Transmis à la radio et à la télévision. *Le spectacle sera radiotélévisé.*

RADIOTÉLÉVISION n. f.
La radio et la télévision. *Une société de radiotélévision.*

RADIOTHÉRAPEUTE n. m. et f.
Spécialiste en radiothérapie.
radiothérapeute.

RADIOTHÉRAPIE n. f.
Traitement à l'aide de radiations, de rayons X.
radiothérapie.

RADIOTHÉRAPIQUE adj.
Relatif à la radiothérapie.
radiothérapique.

RADIS n. m.
Plante potagère cultivée pour ses racines. *Elle adore les radis sur une tartine avec du beurre.*
LOCUTION
– ***Ne pas avoir un radis, n'avoir plus un radis.*** (FAM.) Être privé de ressources financières.
radis, un *s* final au singulier comme au pluriel.

RADIUM n. m.
Symbole ***Ra*** (s'écrit sans point).
Élément de la famille de l'uranium doué d'une intense radioactivité. *Des radiums.*

RADIUS n. m.
Le *s* se prononce, [radjys] ; le nom rime avec ***cactus***.
Os de l'avant-bras. *Le radius et le cubitus.*

RADOTAGE n. m.
Propos où l'on répète souvent la même chose. SYN. rabâchage ; redite.

RADOTER v. tr., intr.
1. Dire des choses sans suite, incohérentes.
2. Rabâcher, se répéter. *Il commence à radoter. Elle radote toujours les mêmes histoires.*
Comme ***rabâcher***, le verbe ***radoter*** peut se construire avec ou sans complément. *Elle ne cesse de radoter.*
CONJUGAISON : VOIR MODÈLE AIMER.
radoter.

RADOUCIR v. tr., pronom.
VERBE TRANSITIF
Rendre plus doux. *Tes encouragements l'ont radouci.* SYN. calmer.
VERBE PRONOMINAL
1. Devenir plus doux, en parlant de la température. *Le temps se radoucit.* SYN. se réchauffer.
2. Se calmer, devenir moins rude. *Ses paroles se sont radoucies.*
À la forme pronominale, le participe passé de ce verbe s'accorde toujours en genre et en nombre avec son sujet. *Son ardeur s'est radoucie avec le temps.*
CONJUGAISON : VOIR MODÈLE FINIR.

RADOUCISSEMENT n. m.
Fait de se radoucir. *Le radoucissement du temps.* SYN. réchauffement.
radoucissement.

rad/s
Symbole de ***radian par seconde.***

RAFALE n. f.
Coup de vent soudain. *Il y a de la poudrerie par rafales.* SYN. bourrasque.
rafale, un seul ***f***, un seul ***l***.

RAFALER v. intr.
Souffler par rafales, en parlant du vent ; tourbillonner par rafales, en parlant de la neige. *Il fait très froid et le vent rafale.*
Ce verbe a été emprunté au vocabulaire de la marine.
CONJUGAISON : VOIR MODÈLE AIMER.
rafaler, un seul ***f***, un seul ***l***.

RAFFERMIR v. tr., pronom.
VERBE TRANSITIF
1. Rendre plus ferme. *Il raffermit ses muscles.* SYN. durcir.
2. (FIG.) Fortifier. *Raffermir son autorité.* SYN. consolider.
VERBE PRONOMINAL
Devenir plus solide, plus stable. *Ses jambes fracturées se sont raffermies et il peut maintenant marcher.*

À la forme pronominale, le participe passé de ce verbe s'accorde toujours en genre et en nombre avec son sujet. *Sa détermination s'est raffermie.*
CONJUGAISON : VOIR MODÈLE FINIR.

R

RAFFERMISSEMENT n. m.
Fait de se raffermir. *Ces exercices favorisent le raffermissement des chairs.*

RAFFINAGE n. m.
Action de rendre plus pur. *Le raffinage du pétrole.*

RAFFINÉ, ÉE adj.
1. Qui a subi l'opération du raffinage. *Du sucre raffiné.*
2. Délicat, recherché. *Des plaisirs raffinés. Une décoration intérieure raffinée. Un style raffiné.* SYN. distingué ; élégant.

RAFFINEMENT n. m.
Délicatesse, subtilité. *La décoration est remplie de raffinement. Une cuisine empreinte de raffinement.*

RAFFINER v. tr.
VERBE TRANSITIF DIRECT
Procéder au raffinage d'une substance brute. *Raffiner le pétrole.*
VERBE TRANSITIF INDIRECT
Rechercher la subtilité, la délicatesse à l'extrême. *Elle cherche toujours à raffiner sur tout.* SYN. fignoler ; perfectionner ; soigner.
Le verbe se construit avec la préposition ***sur.***
CONJUGAISON : VOIR MODÈLE AIMER.

RAFFINERIE n. f.
Établissement industriel où s'effectue le raffinage (du pétrole, du sucre).

RAFFOLER v. tr. ind.
Aimer follement, se passionner (pour quelqu'un, quelque chose). *Les adolescentes raffolent de ce chanteur. Je raffole de la glace aux pistaches.* SYN. adorer.
Le verbe se construit avec la préposition ***de.***
CONJUGAISON : VOIR MODÈLE AIMER.
raffoler, deux ***f***, un ***l***.

RAFFUT n. m.
(FAM.) Vacarme. *Vous allez réveiller les petits : cessez ce raffut !* SYN. (FAM.) boucan ; chahut ; tapage ; tintamarre.
raff**ut**, sans accent sur le u.

RAFIOT ou **RAFIAU** n. m. (pl. *rafiots* ou *rafiaux*)
(FAM.) Embarcation de fortune. *Un vieux rafiot en ruine.*
rafi**ot**, rafi**au.**

RAFISTOLAGE n. m.
(FAM.) Action de rafistoler. SYN. bricolage.

RAFISTOLER v. tr.
(FAM.) Réparer de façon sommaire. SYN. (FAM.) bricoler ; (FAM.) rabibocher.
CONJUGAISON : VOIR MODÈLE AIMER.

RAFLE n. f.
Descente de police. *Ils ont été pris dans une rafle.*

RAFLER v. tr.
(FAM.) Emporter très rapidement la totalité de quelque chose. *Les clients ont raflé tous ces produits en peu de temps.*
CONJUGAISON : VOIR MODÈLE AIMER.

RAFRAÎCHIR v. tr., intr., pronom.
VERBE TRANSITIF
1. Rendre plus frais. *Le vent a rafraîchi l'air.* SYN. refroidir.
2. Renouveler, donner un nouvel éclat. *Il faudrait rafraîchir la décoration de cette maison.*
VERBE INTRANSITIF
Mettre au frais. *Mettre du vin à rafraîchir au réfrigérateur.*
VERBE PRONOMINAL
1. Devenir plus frais. *L'atmosphère s'est rafraîchie.*
2. Se procurer une sensation de fraîcheur. *Pour nous rafraîchir, allons nous baigner un peu.*
À la forme pronominale, le participe passé de ce verbe s'accorde toujours en genre et en nombre avec son sujet. *Ils se sont rafraîchis à la rivière.*
LOCUTION
– ***Rafraîchir la mémoire de quelqu'un.*** Lui rappeler des faits, lui permettre de se souvenir de quelque chose.
CONJUGAISON : VOIR MODÈLE FINIR.
[Les *Rectifications* (1990) admettent : rafraichir.]

RAFRAÎCHISSANT, ANTE adj.
1. Qui rafraîchit, qui apaise la soif. *Des boissons rafraîchissantes.*
2. (FIG.) Qui séduit par sa fraîcheur, sa spontanéité. *Des propos rafraîchissants, un point de vue original.*
[Les *Rectifications* (1990) admettent : rafraichissant, rafraichissante.]

RAFRAÎCHISSEMENT n. m.
1. Action de rendre, de devenir plus frais. *On annonce un rafraîchissement de la température.* ANT. radoucissement.
2. (AU PLUR.) Boissons fraîches. *Servir des rafraîchissements.*
[Les *Rectifications* (1990) admettent : rafraichissement.]

***RAFT**
Anglicisme pour ***radeau pneumatique.***

***RAFTING**
Anglicisme pour ***radeau.***

RAGAILLARDIR v. tr.
Donner de la vigueur. *Ce vieil alcool l'a ragaillardi* (et non *regaillardi). *Cette bonne soupe chaude te ragaillardira.* SYN. fortifier ; (FAM.) ravigoter ; (FAM.) retaper ; revigorer.
CONJUGAISON : VOIR MODÈLE FINIR.
rag**aill**ardir.

RAGE n. f.
1. Maladie infectieuse transmissible à l'homme par morsure (du chien, du chat, etc.). *Les écureuils peuvent transmettre la rage.*
2. Mouvement violent de colère. *Cette remarque anodine a provoqué sa rage.* SYN. colère ; fureur.
LOCUTIONS
– ***Faire rage.*** Atteindre une grande violence. *La tempête de neige faisait rage. Des incendies de forêt faisaient rage.*
Dans cette expression, le nom reste au singulier.
– ***Rage au volant.*** Agressivité excessive de certains conducteurs qui tentent de blesser ou de tuer un piéton, un autre conducteur ou un des passagers à la suite d'une altercation (GDT). *La rage au volant est une forme de violence routière.*
– ***Rage de dents.*** Mal de dents très violent.

RAGEANT, ANTE adj.
(FAM.) Qui provoque la colère. *Des retards rageants.* SYN. exaspérant ; irritant.
Ne pas confondre avec le participe présent invariable ***rageant.*** *Devant tant de mauvaise foi, les deux protestataires capitulèrent tout en rageant intérieurement.*
rag**eant.**

RAGER v. intr.
(FAM.) S'irriter, se mettre en colère. *Les voyageurs rageaient de ne pouvoir décoller en raison du brouillard.*
CONJUGAISON : VOIR MODÈLE CHANGER.
Le ***g*** est suivi d'un ***e*** devant les lettres ***a*** et ***o.*** *Il ragea, nous rageons.*

RAGEUR, EUSE adj.
(FAM.) Qui trahit la colère. *Un ton rageur.* SYN. furieux.

RAGEUSEMENT adv.
Avec rage. *Il claqua la porte rageusement.* SYN. furieusement.

RAGLAN adj. inv. et n. m.
La deuxième syllabe se prononce comme le mot ***gland,*** [raglɑ̃].

ADJECTIF INVARIABLE
Se dit d'une manche dont l'emmanchure est en biais jusqu'à l'encolure. *Des manches raglan.*
NOM MASCULIN
Manteau à manches raglan. *Des raglans bien coupés.*
L'adjectif est invariable, mais le nom prend la marque du pluriel.

RAGOT n. m.
(FAM.) Commérage. *Il ne faut pas écouter les ragots.* SYN. cancan ; potin.
ragot.

RAGOÛT n. m.
Plat de viande, de légumes, etc., cuits dans une sauce. *Du ragoût de veau.*
[Les *Rectifications* (1990) admettent : ragout.]

RAGOÛTANT, ANTE adj.
Appétissant. *Ces plats ne sont pas ragoûtants, sont peu ragoûtants.* ANT. dégoûtant.
Cet adjectif s'emploie surtout dans une phrase négative.
[Les *Rectifications* (1990) admettent : ragoutant, ragoutante.]

RAID n. m.
Le ***d*** se prononce, [rɛd] ; le mot rime avec ***raide***.
Expédition militaire menée en territoire ennemi. *Des raids punitifs.* SYN. attaque.
Ce mot emprunté à l'anglais depuis plus de cent ans est admis en français.
HOM. ***raide,*** rigide, droit.

RAIDE adj. et adv.
ADJECTIF
1. Rigide, droit. *Des cheveux raides.*
2. Très incliné. *Une pente raide.* SYN. abrupt ; escarpé.
3. (FIG.) Sans souplesse, inflexible. *Une attitude raide.*
ADVERBE
D'un seul coup. *Des animaux tués raide.* SYN. brusquement.
Pris adverbialement, le mot est invariable ; cependant, dans la locution ***raide mort,*** le mot prend la marque du pluriel. *Ils sont tombés raides morts.*
La graphie ***roide*** est archaïque ou littéraire.
LOCUTION
– ***Sur la corde raide.*** (FIG.) Qui est en danger de déséquilibre, comme un funambule sur une corde tendue, qui est dans une situation périlleuse. *Ces financiers sont sur la corde raide : ils sont menacés de faillite.*
HOM. ***raid,*** expédition militaire.

RAIDEUR n. f.
État de ce qui n'est pas souple, de ce qui est difficile à plier. SYN. rigidité.

RAIDIR v. tr., pronom.
VERBE TRANSITIF
Rendre raide. *Raidir ses muscles.* SYN. durcir ; tendre.
VERBE PRONOMINAL
Devenir raide, plus dur, au propre et au figuré. *Ses muscles se sont raidis. La position de l'association s'est raidie.* SYN. se tendre.
À la forme pronominale, le participe passé de ce verbe s'accorde toujours en genre et en nombre avec son sujet. *Faute d'exercice, ses muscles se sont raidis.*
CONJUGAISON : VOIR MODÈLE FINIR.

RAIE n. f.
1. Ligne, rayure. *Des raies vertes sur un fond blanc.*
2. Ligne de séparation des cheveux. *Elle se coiffe avec une raie à gauche.*
3. Poisson de mer dont le corps aplati est en forme de losange et dont la chair est appréciée. *Une raie au beurre noir.*
HOM. ***rets,*** filet, piège.

RAIF
Sigle de ***Réseau d'action et d'information pour les femmes.***

R

RAIFORT n. m.
La première syllabe se prononce ***rè,*** [rɛfɔr].
Condiment à saveur piquante.
raifort.

RAIL n. m.
1. Voie ferrée. *Un rail en mauvais état. Des rails.*
2. Chemin de fer. *Transport par rail.*
Ce mot emprunté à l'anglais depuis près de deux cents ans est admis en français. Il faut préciser que les Anglais avaient eux-mêmes emprunté ce mot à l'ancien français ***reille*** ou ***raille*** qui signifie « poutrelle, barreau » (Bloch et Von Wartburg).
Attention au genre masculin de ce nom : ***un*** rail.

RAILLER v. tr.
Se moquer de, tourner en ridicule. *Ne raillez pas sa maladresse.* SYN. ridiculiser.
CONJUGAISON : VOIR MODÈLE AIMER.
Les lettres ***ill*** sont suivies d'un ***i*** à la première et à la deuxième personne du pluriel de l'indicatif imparfait et du subjonctif présent. *(Que) nous raillions, (que) vous railliez.*
railler.

RAILLERIE n. f.
Moquerie. *Le pauvre Vincent a été l'objet de leurs railleries.* SYN. ironie ; plaisanterie.
raillerie.

RAILLEUR, EUSE adj. et n. m. et f.
ADJECTIF
Moqueur, sarcastique. *Un ton railleur.* SYN. ironique.
NOM MASCULIN ET FÉMININ
Personne qui aime à ridiculiser. *Des railleurs invétérés.*
railleur.

RAINETTE n. f.
Petite grenouille.
HOM. ***reinette,*** petite pomme à la peau tachetée.

RAINURE n. f.
Entaille longue et étroite. *Glissez la pièce dans la rainure.*

RAISIN n. m.
La première syllabe se prononce ***rè,*** [rɛzɛ̃].
Fruit de la vigne. *Des raisins verts. Une grappe de raisin. Du pain aux raisins.*
Dans l'expression ***jus de raisin,*** le nom s'écrit au singulier.
LOCUTION
– ***Mi-figue, mi-raisin.*** Ambivalence teintée de satisfaction et de mécontentement. *Des réponses mi-figue, mi-raisin.*

RAISON n. f.
1. Jugement, faculté de raisonner, sagesse. *Ce conducteur est très imprudent et roule trop vite : a-t-il perdu la raison ?*
2. Motif, explication. *Quelles sont les raisons de ce retard ?* SYN. cause.
LOCUTIONS
– ***Âge de raison.*** Âge auquel les enfants sont censés être raisonnables, environ sept ans.
– ***À plus forte raison,*** loc. adv. Encore plus. *Si ces craintes sont fondées lorsqu'il s'agit de pays démocratiques, à plus forte raison le sont-elles à propos d'États plus ou moins autoritaires.* SYN. a fortiori ; raison de plus.
La locution entraîne parfois l'inversion du sujet.
– ***À raison de,*** loc. prép. Au prix de, en proportion de. *Il travaille à raison de huit heures par jour.*
– ***À tort ou à raison.*** Sans ou avec raison valable.

R

– ***Avec raison,*** loc. adv. En connaissance de cause, à juste titre.
– ***Avoir raison.*** Ne pas se tromper. *Ils avaient raison.*
– ***Avoir raison de.*** Vaincre, l'emporter sur un adversaire.
– ***Comme de raison,*** loc. adv. ⚜ (FAM.) Évidemment, il va sans dire. *Comme de raison, tu as encore perdu tes gants.*
⊸ Cette expression de registre familier demeure usuelle au Québec et dans la francophonie canadienne, mais elle n'appartient plus à l'usage courant de la majorité des locuteurs du français.
– ***Donner raison à quelqu'un.*** Approuver ses idées, sa conduite.
– ***En raison de,*** loc. prép. En considération de, à cause de. *En raison de sa compétence, il a été désigné chef d'équipe.*
– ***Faire entendre raison à quelqu'un.*** Le convaincre au lieu d'employer la force.
– ***Non sans raison(s),*** loc. adv. Avec d'excellents motifs, de façon justifiée. *C'est non sans raisons* ou *raison que l'organisation a pris cette décision.*
– ***Perdre la raison.*** Devenir fou. *Ils agissent de façon insensée : ont-ils perdu la raison ?*
– ***Plus que de raison,*** loc. adv. Plus qu'il n'est convenable. *Ils ont mangé plus que de raison.* SYN. trop.
– ***Pour raison de,*** loc. prép. Pour cause de. *Il a donné sa démission pour raison de santé.*
– ***Raison d'être, de vivre.*** Ce qui donne un sens à la vie. *Ce travail, c'est sa raison de vivre.*
– ***Raison sociale.*** Dénomination d'une entreprise.
VOIR TABLEAU – RAISON SOCIALE.
– ***Sans raison,*** loc. adv. Sans motif. *Il a démissionné sans raison.*
– ***Se faire une raison.*** Se résigner. *Il faut bien se faire une raison : on n'a pas toujours congé.*

RAISONNABLE adj.
La première syllabe se prononce ***rè,*** [rɛzɔnabl].
1. Sensé, doué de raison. *Allez les enfants, soyez raisonnables et faites moins de bruit. Ce choix est raisonnable.* SYN. judicieux ; rationnel ; sage.
2. Acceptable. *Un prix raisonnable.* SYN. juste ; modéré.

RAISONNABLEMENT adv.
La première syllabe se prononce ***rè,*** [rɛzɔnabləmɑ̃].
1. D'une manière raisonnable. SYN. judicieusement ; rationnellement.
2. Modérément.

RAISONNEMENT n. m.
La première syllabe se prononce ***rè,*** [rɛzɔnmɑ̃].
1. Action, manière de raisonner. *C'est par le raisonnement que j'en suis venu à cette conclusion.* SYN. logique ; réflexion.
2. Enchaînement logique des idées. *Son raisonnement est juste.*

RAISONNER v. tr., intr., pronom.
La première syllabe se prononce ***rè,*** [rɛzɔne].
VERBE TRANSITIF
Ramener quelqu'un à la raison, le convaincre de faire preuve de bon sens. *Il a cherché à raisonner les pirates de l'air, mais en vain.*
VERBE INTRANSITIF
1. Réfléchir. *Ne raisonnez pas, acceptez, je vous en prie.* SYN. penser.
2. Discuter. *Les élèves devaient obéir sans raisonner.* SYN. argumenter ; discuter ; répliquer ; répondre.
VERBE PRONOMINAL
Écouter sa raison. *Ils se sont raisonnés et ont abandonné cette folle aventure.*
À la forme pronominale, le participe passé de ce verbe s'accorde toujours en genre et en nombre avec son sujet. *Les enfants se sont raisonnés et sont rentrés bien sagement à la maison.*
HOM. ***résonner,*** renvoyer un son en l'augmentant.
CONJUGAISON : VOIR MODÈLE AIMER.

RAJEUNIR v. tr., intr., pronom.
VERBE TRANSITIF
1. Faire paraître plus jeune. *Ces vêtements la rajeunissent.*
2. Donner une vigueur nouvelle. *Ce nouvel amour l'a rajeuni.* SYN. ragaillardir ; ranimer ; revigorer ; (LITT.) revivifier.
VERBE INTRANSITIF
Retrouver la vigueur, l'apparence de la jeunesse. *Elle a rajeuni et semble en pleine forme.*
À la forme intransitive, le verbe se conjugue avec l'auxiliaire ***avoir*** pour marquer le fait, avec l'auxiliaire ***être*** pour insister sur l'état. *Avec cette nouvelle coiffure, elle est rajeunie de cinq ans.*
VERBE PRONOMINAL
Se dire, se faire paraître plus jeune qu'on est. *Il cherche à se rajeunir en cachant ses cheveux gris. Elles se sont rajeunies de quelques années avec le concours de la chirurgie.*
À la forme pronominale, le participe passé de ce verbe s'accorde toujours en genre et en nombre avec son sujet. *Coquette, Nouni s'est rajeunie quelque peu en donnant son âge.*
CONJUGAISON : VOIR MODÈLE FINIR.

RAJEUNISSANT, ANTE adj.
Qui fait paraître plus jeune, qui a la propriété de rajeunir. *Des crèmes de beauté rajeunissantes.*

RAJEUNISSEMENT n. m.
Action de donner un caractère plus jeune. *Le rajeunissement d'une image graphique.*

RAJOUTER v. tr.
Ajouter de nouveau. *Ne rajoute plus de sucre.* SYN. remettre.
CONJUGAISON : VOIR MODÈLE AIMER.

RAJUSTEMENT ou **RÉAJUSTEMENT** n. m.
Action de rajuster, de réviser.
LOCUTION
– ***Rajustement*** ou ***réajustement des salaires.*** Remaniement des salaires en fonction de divers critères, notamment du coût de la vie. *Un rajustement* ou *un réajustement* (et non *ajustement) *des salaires est prévu.*
⊸ La forme ***réajustement*** est la plus courante.

RAJUSTER ou **RÉAJUSTER** v. tr., pronom.
VERBE TRANSITIF
1. Remettre en bon état, en ordre. *Rajuster sa cravate.*
2. Corriger. *Rajuster le tir.*
3. Adapter à de nouvelles conditions. *La hausse du coût des matières premières oblige l'entreprise à réajuster ses prix.*
VERBE PRONOMINAL
Se mettre en harmonie, en conformité avec quelque chose. *Les prix des studios se sont réajustés.*
À la forme pronominale, le participe passé de ce verbe s'accorde toujours en genre et en nombre avec son sujet. *Ils se sont rajustés facilement à leur nouveau mode de vie.*
LOCUTION
– ***Rajuster les salaires.*** Augmenter les salaires en fonction du coût de la vie.
⊸ Les deux formes du verbe sont en concurrence.
CONJUGAISON : VOIR MODÈLE AIMER.

RÂLE n. m.
Bruit anormal de la respiration.
➪ râle.

RALENTI, IE adj. et n. m.
ADJECTIF
Plus lent. *Une allure ralentie.* ANT. accéléré.
NOM MASCULIN
Vitesse réduite d'un moteur.
LOCUTIONS
– ***Au ralenti,*** loc. adv. À vitesse réduite, en parlant de la diffusion d'une bande vidéo ou audio. *Ce passage est au ralenti.*
– ***Au ralenti,*** loc. adv. (FIG.) Doucement, à une allure réduite. *En vacances, nous vivons au ralenti.*

RALENTIR v. tr., intr.
VERBE TRANSITIF
Diminuer la vitesse. *Ralentir son allure.* ANT. accélérer.
VERBE INTRANSITIF
Aller plus lentement. *On doit ralentir à proximité des écoles.* SYN. décélérer. ANT. accélérer.
CONJUGAISON : VOIR MODÈLE FINIR.

RALENTISSEMENT n. m.
Diminution de vitesse, d'activité. *Le ralentissement des affaires.* SYN. décélération.

RALENTISSEUR n. m.
Dispositif qui sert à réduire la vitesse des véhicules. *La Ville a installé des ralentisseurs (dos-d'âne artificiels) dans cette ruelle parce que certains automobilistes y roulaient trop vite.*

RÂLER v. intr.
1. Faire entendre un râle.
2. (FAM.) Grogner, protester à tout propos. *Ces citadins ne cessent de râler : ce qu'ils sont casse-pieds !* SYN. ronchonner ; (FAM.) rouspéter.
CONJUGAISON : VOIR MODÈLE AIMER.
✏ râler.

RÂLEUR, EUSE adj. et n. m. et f.
(FAM.) Se dit d'une personne qui proteste toujours. *Cet homme, quel râleur !* SYN. (FAM.) rouspéteur.
✏ râleur.

RALLIEMENT n. m.
Rassemblement. *Un point de ralliement.* SYN. regroupement.
✏ ralliement, attention au ***e*** muet de la deuxième syllabe.

RALLIER v. tr., pronom.
VERBE TRANSITIF
1. Rassembler. *Il rallie tous les membres de l'équipe.*
2. (FIG.) Réunir pour une cause commune. *Elle a réussi à rallier tous les participants.* SYN. mettre d'accord ; gagner ; unir.
VERBE PRONOMINAL
Se mettre d'accord avec quelqu'un, quelque chose, alors qu'on était en désaccord. *Ils se sont finalement ralliés à notre avis, à un point de vue.* SYN. se ranger.
📏 À la forme pronominale, le participe passé de ce verbe s'accorde toujours en genre et en nombre avec son sujet. *Les autres pays se sont ralliés sans tarder.*
CONJUGAISON : VOIR MODÈLE ÉTUDIER.
Redoublement du ***i*** à la première et à la deuxième personne du pluriel de l'indicatif imparfait et du subjonctif présent. *(Que) nous ralliions, (que) vous ralliiez.*

RAISON SOCIALE

La raison sociale est la dénomination d'une entreprise.

Les noms de sociétés, les noms sous lesquels des particuliers font des affaires, les noms de coopératives, les noms d'associations sont des raisons sociales.

L'Office québécois de la langue française a publié un guide sur la formulation des raisons sociales[1], dont sont reproduits ici les éléments essentiels.

COMPOSITION DE LA RAISON SOCIALE

Une raison sociale est généralement constituée de deux parties :
– une partie **générique** qui sert à identifier de façon générale une entreprise ;
– une partie **spécifique** qui sert à distinguer une entreprise d'une autre.

MAJUSCULES ET MINUSCULES

Outre les noms propres (patronymes, noms de lieux, etc.), seuls le premier mot du générique et le premier mot du distinctif prennent la majuscule, à moins que toute la raison sociale ne soit en majuscules.

Pâtisserie Aux délices de Madeleine.
Agence de voyages Au long cours.

[T] Si un adjectif précède le premier substantif de la dénomination, ces deux mots s'écrivent avec une majuscule. *La Nouvelle Société informatique.*

INDICATION DU STATUT JURIDIQUE

Abréviations : limitée .... ***ltée***
incorporée ..... ***inc.***
enregistrée ..... ***enr.***

Ces indications qui suivent la raison sociale de l'entreprise s'écrivent sous leur forme abrégée avec la minuscule.

Plomberie Dubois inc.

1. Office de la langue française. *Les raisons sociales,* Québec, Éditeur officiel du Québec, 1980, 18 p.

R

RALLONGE n. f.
Ce qui sert à allonger. *Une table à rallonges. Une rallonge* (et non une *extension) *électrique.*

RALLONGER v. tr., intr.
VERBE TRANSITIF
Rendre plus long en ajoutant une partie. *Elle rallongea sa jupe.*
Ne pas confondre avec le verbe ***allonger***, rendre ou devenir plus long.
VERBE INTRANSITIF
Devenir plus long. *Les jours rallongent au printemps.*
CONJUGAISON : VOIR MODÈLE CHANGER.
Le ***g*** est suivi d'un ***e*** devant les lettres ***a*** et ***o***. *Il rallongea, nous rallongeons.*

RALLUMER v. tr., pronom.
VERBE TRANSITIF
Allumer de nouveau. *Rallume la bougie que le vent a soufflée.*
VERBE PRONOMINAL
Être allumé de nouveau. *Les incendies de forêt se sont rallumés en raison des vents forts.*
À la forme pronominale, le participe passé de ce verbe s'accorde toujours en genre et en nombre avec son sujet. *La flamme olympique s'est rallumée.*
CONJUGAISON : VOIR MODÈLE AIMER.

RALLYE n. m. (pl. *rallyes*)
Compétition où les automobilistes doivent rallier un point défini après s'être soumis à certaines épreuves.
Ce mot emprunté à l'anglais depuis plus de cent ans est admis en français.
rallye, ce mot rime avec ***lit.***

***RAM (RANDOM ACCESS MEMORY)**
Anglicisme pour ***mémoire vive.***

-RAMA suff.
Élément du grec signifiant « vue ». *Panorama, diaporama.*

RAMADAN n. m.
La dernière syllabe se prononce comme le mot ***dans,*** [ramadɑ̃].
Période de jeûne diurne des musulmans. *Observer le ramadan.*
ramadan.

RAMAGE n. m.
1. Chant d'oiseaux. « *Si votre ramage se rapporte à votre plumage, vous êtes le phénix des hôtes de ces bois* » (Jean de La Fontaine, *Le Corbeau et le Renard*).
2. (AU PLUR.) Représentation de rameaux, de fleurs, etc., sur une étoffe. *Une belle nappe avec des ramages dans un camaïeu de vert.*
ramage.

RAMASSAGE n. m.
Action de ramasser. *Le ramassage du bois.*
LOCUTION
– ***Ramassage (scolaire).*** Transport par autobus des élèves qui fréquentent un établissement scolaire éloigné du lieu où ils habitent. SYN. transport scolaire.
ramassage.

RAMASSE-MIETTE(S) n. m. (pl. *ramasse-miettes*)
Ustensile qui sert à ramasser les miettes répandues sur la table. *Un ramasse-miettes* ou *ramasse-miette efficace.*

RAMASSER v. tr., pronom.
VERBE TRANSITIF
1. Recueillir ce qui est dispersé. *Nous ramasserons les devoirs demain matin.*
2. Épargner. *Elle ramasse son argent pour s'offrir des patins à roulettes.* SYN. économiser; mettre de côté.
3. Prendre par terre. *Les jardiniers ont fort à faire pour ramasser les feuilles mortes du Jardin botanique. Nous avons été dans les bois pour ramasser des champignons.*
VERBE PRONOMINAL
1. Être ramassé. « *Les feuilles mortes se ramassent à la pelle, les souvenirs et les regrets aussi* » (Jacques Prévert, *Les Feuilles mortes*).
2. Se mettre en boule. *Le chaton aimait à se ramasser tout contre Marie-Ève.*
3. (FAM.) Tomber, se retrouver à terre. *La voiture a dérapé et s'est ramassée dans le fossé.*
À la forme pronominale, le participe passé de ce verbe s'accorde toujours en genre et en nombre avec son sujet. *Les piétons ont glissé sur les trottoirs glacés et se sont ramassés sur le sol.*
CONJUGAISON : VOIR MODÈLE AIMER.
ramasser.

RAMASSIS n. m.
Assemblage de personnes, de choses sans valeur. *C'est un ramassis de vieilleries.*
Ce nom a une connotation péjorative.
ramassis.

RAMBARDE n. f.
1. (MAR.) Garde-corps destiné à servir d'appui. *Tenez-vous à la rambarde, car la mer est agitée.*
2. Rampe métallique. *La rambarde d'un poste d'observation.*

RAMDAM n. m.
Les deux ***m*** sont sonores, [ramdam] ; le nom rime avec ***dame.***
(FAM.) Tapage nocturne. *Ce ramdam est inadmissible.* SYN. (FAM.) boucan ; chahut ; raffut ; tintamarre.
Ce nom provient du mot arabe ***ramadan.***
ramdam.

RAME n. f.
1. Longue pièce de bois servant à manœuvrer une embarcation. *Une paire de rames.*
2. File de wagons. *Une rame de métro.*
3. Ensemble de 500 feuilles de papier. *Commander trois rames de papier pour l'imprimante.*

RAMEAU n. m. (pl. *rameaux*)
Petite branche d'arbre. *Des rameaux d'olivier.*

RAMENER v. tr., pronom.
VERBE TRANSITIF
1. Amener de nouveau quelqu'un. *Il a ramené son copain chez nous.*
Comme ***amener,*** ce verbe s'emploie en parlant des personnes, alors que ***rapporter*** s'emploie avec un complément non animé.
2. Faire revenir quelqu'un au lieu d'où il est parti. *Elle a ramené sa fille à la maison.* SYN. raccompagner ; reconduire.
3. Rétablir. *Elle a réussi à ramener la bonne humeur au sein du groupe.*
VERBE PRONOMINAL
Se résumer. *Notre mission se ramène à cette devise : protégeons la planète.* SYN. se réduire.
À la forme pronominale, le participe passé de ce verbe s'accorde toujours en genre et en nombre avec son sujet. *Toutes les conversations se sont ramenées à un seul sujet : l'arrivée de l'été.*
CONJUGAISON : VOIR MODÈLE LEVER.
Le ***e*** se change en ***è*** devant une syllabe contenant un ***e*** muet. *Il ramène,* mais *il ramenait.*

RAMEQUIN n. m.
1. Pâtisserie au fromage.
2. Petit plat servant à la cuisson au four.

RAMER v. intr.
Manœuvrer les rames d'une embarcation. *Il rame vers le large avec vigueur.*
CONJUGAISON : VOIR MODÈLE AIMER.

RAMEUR, EUSE n. m. et f.
Personne qui rame. *Les rameuses manœuvrent en cadence.*

RAMIFICATION n. f.
Embranchement, division. *Quelles sont les ramifications qui sous-tendent cette secte ?*

RAMIFIER (SE) v. pronom.
1. Se subdiviser. *À cet endroit où la route se ramifie, il faut aller à droite.* SYN. se diviser ; se partager.
2. (FIG.) Se subdiviser en ramifications. *Cette organisation secrète s'est ramifiée en Italie, aux États-Unis et au Canada.*
Le participe passé de ce verbe, qui n'existe qu'à la forme pronominale, s'accorde toujours en genre et en nombre avec son sujet. *Ces chênes se sont bien ramifiés depuis l'an dernier.*
CONJUGAISON : VOIR MODÈLE ÉTUDIER.

RAMOLLIR v. tr., pronom.
VERBE TRANSITIF
1. Rendre mou, plus faible. *La chaleur ramollit le beurre.* SYN. amollir.
2. Rendre moins ferme. *Ce doux farniente ramollit la détermination : pourtant le devoir nous appelle.* SYN. affaiblir ; ébranler.
VERBE PRONOMINAL
Devenir plus mou. *La glace s'est ramollie.*
À la forme pronominale, le participe passé de ce verbe s'accorde toujours en genre et en nombre avec son sujet. *Sa détermination ne s'est pas ramollie.*
Le verbe ***ramollir*** est plus courant que le verbe ***amollir.***
CONJUGAISON : VOIR MODÈLE FINIR.
ramollir.

RAMOLLISSANT, ANTE adj.
Qui ramollit, relâche les tissus. *Une substance ramollissante.*

RAMOLLISSEMENT n. m.
1. Fait de devenir plus mou, plus faible.
2. (FIG.) Diminution de la détermination, de la fermeté.

RAMONAGE n. m.
Action de ramoner ; résultat de cette action. *La municipalité recommande un ramonage annuel des cheminées.*

RAMONER v. tr.
Nettoyer une cheminée en enlevant la suie.
CONJUGAISON : VOIR MODÈLE AIMER.
ramoner.

RAMONEUR n. m.
RAMONEUSE n. f.
Personne dont le métier est de ramoner les cheminées. *Ces ramoneurs sont noirs de suie.*
ramoneur.

RAMPANT, ANTE adj.
Qui rampe. *La pervenche est une plante rampante. Les serpents sont des animaux rampants.*

RAMPE n. f.
1. Garde-corps placé le long d'un escalier pour servir d'appui. *La rampe est surmontée d'une main courante.*
2. Plan incliné (d'une rue, d'une route, etc.). *Une rampe d'accès. Une rampe de lancement d'avions, de fusées.*
3. Rangée de projecteurs qui éclairent la scène d'un théâtre. *Les feux de la rampe.*
LOCUTION
– ***Passer la rampe.*** (FIG.) Faire de l'effet, atteindre le public.
FORME FAUTIVE
*rampe. Anglicisme pour ***bretelle*** (d'une autoroute).

RAMPER v. intr.
1. Avancer lentement le ventre au sol. *Le serpent rampe.*
2. (FIG.) S'abaisser, manquer d'élévation. *Il n'est pas nécessaire de ramper ainsi pour plaire à votre patronne.* SYN. flagorner ; flatter.
CONJUGAISON : VOIR MODÈLE AIMER.

RAMQ
Sigle de ***Régie de l'assurance-maladie du Québec.***

RAMURE n. f.
1. Ensemble de branches.
2. Bois du cerf, du daim.
ramure.

RANCART n. m.
(VX) Rebut.
LOCUTIONS
– ***Mettre au rancart.*** (FAM.) Jeter au rebut. *Il a finalement mis au rancart* (et non à la *scrap) *son vieux grille-pain.* SYN. se débarrasser ; se défaire de ; jeter.
– ***Mise au rancart.*** (FIG.) Abandon. *La mise au rancart d'un projet.*
Le mot ***rancart*** ne s'emploie que dans la locution verbale ***mettre au rancart*** ou dans l'expression ***mise au rancart.***
rancart.

RANCE adj. et n. m.
ADJECTIF
Qui a pris une saveur âcre, en parlant des corps gras. *Une huile rance.* SYN. aigre.
NOM MASCULIN
Goût rance. *Ce beurre sent le rance.*

RANCH n. m. (pl. *ranchs* ou *ranches*)
Grande exploitation agricole où l'on élève le bétail, aux États-Unis. *Ces cow-boys travaillent dans des ranchs* ou *des ranches immenses.*
Ce mot emprunté à l'américain il y a plus de cent ans est admis en français.

RANCIR v. intr.
Devenir rance. *Cette huile a ranci.*
CONJUGAISON : VOIR MODÈLE FINIR.

RANCŒUR n. f.
Amertume tenace et amère. *Cette injustice a causé de la rancœur et de la déception.* SYN. rancune ; ressentiment.

RANÇON n. f.
1. Prix demandé, payé pour libérer un prisonnier, un otage. *Les ravisseurs ont demandé 100 000 $ de rançon.*
2. (FAM.) (FIG.) Prix, contrepartie de quelque chose d'agréable. *Avoir à signer des autographes, c'est la rançon de la gloire.*
rançon.

RANÇONNER v. tr.
1. Exiger une somme, des avantages pour relâcher une personne retenue prisonnière.
2. (FIG.) Exiger de quelqu'un un prix excessif. *Ces restaurateurs rançonnent les touristes.* SYN. abuser de ; exploiter. SYN. voler.
CONJUGAISON : VOIR MODÈLE AIMER.

RANCUNE n. f.
Colère, sentiment amer, désir de vengeance. *Elle n'éprouve pas de rancune, seulement de la déception.* SYN. rancœur ; ressentiment.
LOCUTION
– ***Sans rancune.*** Formule de réconciliation. *Sans rancune ? Soyons amis à nouveau.*

RANCUNIER, IÈRE adj. et n. m. et f.
Qui a de la rancune. *Elle n'est pas rancunière. C'est un rancunier.* SYN. vindicatif.

RAND n. m.
Unité monétaire de l'Afrique du Sud. *Des rands.*
VOIR TABLEAU – SYMBOLES DES UNITÉS MONÉTAIRES.

RANDONNÉE n. f.
Promenade. *Une belle randonnée à bicyclette, une randonnée pédestre dans la forêt. Du ski de randonnée.* SYN. excursion.

R

RANDONNEUR, EUSE n. m. et f.
Personne qui pratique la randonnée. *Ces randonneurs ont emprunté le sentier de grande randonnée qui traverse la Corse.*

RANG n. m.
Le ***g*** ne se prononce pas, le mot rime avec ***sang***.
1. Suite (de personnes, de choses) sur une même ligne. *Un rang d'élèves, un rang de perles.*
2. Place dans un ordre, une hiérarchie. *Ils sont au troisième rang.*
3. Portion de territoire, constituée d'une série de lots parallèles s'allongeant à partir d'une ligne, d'un cours d'eau ou d'un chemin et où, le cas échéant, s'alignent les habitations (Recomm. off.). *Les Fréchette habitent le Septième Rang.*
LOCUTIONS
– ***Au rang de,*** loc. prép. Parmi, au nombre de.
– ***De haut rang.*** De grande valeur.
– ***En rang d'oignon(s),*** loc. adv. En rang ou en file.
– ***Mettre au rang de.*** Compter parmi. *Vous serez mis au rang des innovateurs.*
– ***Rentrer dans le rang.*** Renoncer à son indépendance, se conformer aux normes.
– ***Se mettre en rang, en rangs.*** Se mettre sur un, sur plusieurs rangs. *Au son de la cloche, les élèves se sont mis en rangs.*
Alors que la ***file*** est en longueur, le ***rang*** est en largeur.
– ***Se mettre sur les rangs.*** (FIG.) Être candidat à un poste.
– ***Serrer les rangs.*** (FIG.) Se rapprocher. *Nous devrons serrer les rangs et travailler en étroite collaboration.*
rang.

RANGÉE n. f.
Suite de personnes, de choses placées sur une même ligne, côte à côte. *Une rangée de chênes. Mon siège est dans la septième rangée.* SYN. rang.

RANGEMENT n. m.
Action de mettre en ordre. *De temps à autre, il faut faire un peu de rangement. Une armoire de rangement.*

RANGER v. tr., pronom.
VERBE TRANSITIF
Mettre de l'ordre dans un lieu. *Ranger sa chambre.* SYN. ordonner; (FAM.) serrer.
Ne pas confondre avec le verbe ***arranger,*** disposer selon un plan, un ordre.
VERBE PRONOMINAL
1. Se mettre en ordre, en rang. *Ils se sont rangés le long du mur.*
2. Se placer. *Où ces plats se rangent-ils ?* SYN. caser; mettre; ordonner.
3. (FIG.) Se rallier sous l'autorité de quelqu'un. *Ils se sont rangés de notre côté, à notre avis.*
4. (ABSOL.) S'assagir. *Elle finira bien par se ranger. Elle s'est finalement rangée.*
À la forme pronominale, le participe passé de ce verbe s'accorde toujours en genre et en nombre avec son sujet. *Ces jeunes turbulents se sont finalement rangés.*
CONJUGAISON : VOIR MODÈLE CHANGER.
Le ***g*** est suivi d'un ***e*** devant les lettres ***a*** et ***o***. *Il rangea, nous rangeons.*

RANIMATION
VOIR – RÉANIMATION.

RANIMER v. tr., pronom.
VERBE TRANSITIF
Rendre l'ardeur, la vigueur, l'éclat. *Ranimer le feu dans la cheminée. Cette remontée des sondages ranimera la combativité de nos partisans.* SYN. attiser; aviver; raviver.
Ne pas confondre avec le verbe ***réanimer,*** procéder à la réanimation d'une personne, rétablir ses fonctions vitales, dans la langue médicale.
VERBE PRONOMINAL
1. Revenir à soi. *Elle s'est ranimée après un bref évanouissement.*
2. Reprendre une activité. *Le volcan s'est ranimé et il est en éruption à nouveau.*
À la forme pronominale, le participe passé de ce verbe s'accorde toujours en genre et en nombre avec son sujet. *La ferveur des partisans s'est ranimée.*
CONJUGAISON : VOIR MODÈLE AIMER.

RAP n. m.
Style de musique au rythme martelé sur lequel sont récitées des paroles, improvisées ou non. *Pour Loco Locass, la musique et le rap ne sont pas que pur divertissement : il y a matière à livrer des messages tout en s'amusant intelligemment.*
Le terme ***rap*** est un emprunt culturel à l'anglais.

RAPACE adj. et n. m.
ADJECTIF
1. Se dit des oiseaux de proie.
2. (LITT.) Avide de gain. *Des motards dangereux et rapaces liés à des requins de la finance.* SYN. cupide.
NOM MASCULIN
Oiseau carnivore. *Les vautours, les aigles sont des rapaces.*

RAPACITÉ n. f.
Avidité, cupidité. *La rapacité du fisc.*

RAPAILLER v. tr.
(FAM.) Ramasser des objets dispersés. *Rapaille tes cahiers, tes livres, tu es déjà en retard pour l'école !* L'Homme rapaillé, *œuvre de Gaston Miron.* SYN. grouper; réunir.
CONJUGAISON : VOIR MODÈLE AIMER.
Les lettres ***ill*** sont suivies d'un ***i*** à la première et à la deuxième personne du pluriel de l'indicatif imparfait et du subjonctif présent. *(Que) nous rapaillions, (que) vous rapailliez.*

RAPATRIABLE adj.
Qui peut être rapatrié, remporté dans le pays d'origine. *Des œuvres rapatriables.*

RAPATRIEMENT n. m.
Action de rapatrier. *Le rapatriement des soldats.*
rapatriement.

RAPATRIER v. tr.
Faire revenir dans le pays d'origine quelqu'un, quelque chose qui se trouvait à l'étranger. *Rapatrier les corps des victimes.*
CONJUGAISON : VOIR MODÈLE ÉTUDIER.
Redoublement du ***i*** à la première et à la deuxième personne du pluriel de l'indicatif imparfait et du subjonctif présent. *(Que) nous rapatriions, (que) vous rapatriiez.*

RÂPE n. f.
Ustensile qui sert à réduire certaines substances en morceaux, en poudre. *Une râpe à fromage.*
râpe.

RÂPER v. tr.
Réduire une substance en morceaux à l'aide d'une râpe. *Des carottes râpées.*
CONJUGAISON : VOIR MODÈLE AIMER.
râper.

RAPETISSEMENT n. m.
Le ***e*** de la deuxième syllabe se prononce ou non, [rapətismɑ̃, raptismɑ̃].
1. Action de rapetisser quelque chose, de se rapetisser.
2. Son résultat. *Le rapetissement d'un pantalon lavé à l'eau chaude.* SYN. rétrécissement.

RAPETISSER v. tr., intr.
Le ***e*** de la deuxième syllabe se prononce ou non, [rapətise, raptise].
VERBE TRANSITIF
Rendre plus petit. *Rapetisser une robe.*
VERBE INTRANSITIF
Devenir plus petit. *Son pantalon a rapetissé au lavage.* SYN. rétrécir.
CONJUGAISON : VOIR MODÈLE AIMER.

RÂPEUX, EUSE adj.
Rugueux. *Une étoffe rêche, râpeuse qui irrite la peau.*
râpeux.

RAPHIA n. m.
Plante de la famille des palmiers dont on emploie les fibres pour faire des liens, de la vannerie. *Un nœud de raphia lie ces fleurs des champs.*

RAPIDE adj. et n. m.
ADJECTIF
1. Qui va très vite. *Une voiture rapide, un chien rapide. Les enfants marchaient d'un pas rapide.*
2. Qui se fait sans délai. *Des réflexes rapides. Un calcul rapide. Des conclusions rapides, qui vont droit au but.*
NOM MASCULIN
1. Train qui ne s'arrête que dans les villes les plus importantes. *Le rapide va moins vite que le train à grande vitesse (TGV).*
2. Partie d'un cours d'eau, souvent hérissée de rochers, où le courant devient rapide et agité par suite d'un resserrement du lit ou d'une faible augmentation de la pente (Recomm. off.). *Ils ont descendu les rapides en canot.*
En ce dernier sens, ne pas confondre avec les noms suivants :
– ***cascade,*** chute d'eau de faible débit, comportant ordinairement plusieurs paliers ;
– ***cataracte,*** chute d'un grand cours d'eau, dont la dénivelée est importante ;
– ***chute,*** masse d'eau tombant brusquement à l'emplacement d'une rupture de pente.
T Les noms génériques de géographie s'écrivent avec une minuscule.

RAPIDEMENT adv.
Avec rapidité. *Delphine est essoufflée parce qu'elle a grimpé au sommet de la montagne trop rapidement.*

RAPIDITÉ n. f.
Grande vitesse. *La rapidité d'un avion. Il a renvoyé la balle avec rapidité.*

RAPIÉÇAGE n. m.
Action de rapiécer. *Le rapiéçage d'un vieux pantalon destiné aux travaux du jardinage.* SYN. raccommodage ; reprisage.
rapiéçage.

RAPIÉCER v. tr.
Repriser en mettant une pièce. *Un pantalon rapiécé.* SYN. raccommoder.
CONJUGAISON : VOIR MODÈLE AVANCER ET POSSÉDER.
Le **c** prend une cédille devant les lettres ***a*** et ***o***. *Il rapiéça, nous rapiéçons.*
Le ***é*** se change en ***è*** devant une syllabe contenant un ***e*** muet, sauf à l'indicatif futur et au conditionnel présent. *Je rapièce,* mais *je rapiécerai.*
rapiècer.
[Les *Rectifications* (1990) admettent : il rapiècera, rapiècerait...]

RAPIÈRE n. f.
(VX) (PLAISANT.) Épée longue et effilée pour frapper d'estoc (avec la pointe) dans les duels.
rapière.

RAPINE n. f.
(LITT.) Pillage. SYN. brigandage ; exaction ; vol.

RAPPEL n. m.
1. Action de faire revenir quelqu'un, quelque chose. *Ce constructeur automobile a fait le rappel des pièces défectueuses.*
2. Évocation. *Le rappel des évènements marquants de la dernière année.* SYN. souvenir.
LOCUTION
– ***Rappel à l'ordre.*** Réprimande.

RAPPELER v. tr., pronom.
VERBE TRANSITIF
1. Faire revenir une personne, un animal. *Le Canada a rappelé son ambassadeur. Luc, rappelle ton Filou : il dérange les voisins.*
2. Appeler de nouveau. *Rappelle-moi demain.*
3. Évoquer. *Cela me rappelle mes vacances chez ma grand-mère.*
VERBE PRONOMINAL
Se souvenir de. *Elle se rappelle ce moment* (et non *de ce moment) *délicieux. Les mots qu'elle s'est rappelés sont « monts et merveilles ». Avoir du mal à se rappeler les numéros de téléphone des amis.*
Le complément de ce verbe se construit sans la préposition ***de,*** contrairement au verbe ***se souvenir.*** *Je me rappelle ses yeux* (et non *de ses yeux) *magnifiques. Je me le rappelle* (et non je m'*en rappelle). Cependant, le verbe se construit avec la préposition ***de*** s'il est suivi d'un pronom personnel ou d'un infinitif. *Te rappelles-tu de nous ? Je me suis rappelé de lui téléphoner.*
À la forme pronominale, le participe passé de ce verbe s'accorde en genre et en nombre avec le complément direct si celui-ci le précède. *Les paroles que nous nous sommes rappelées. Nos amis se sont rappelés à notre bon souvenir.* Le participe passé reste invariable si le complément direct suit le verbe. *Ils se sont rappelé son adresse électronique. Elle s'est rappelé que le train partait à 13 h.*
Suivi de la conjonction ***que,*** le verbe se construit avec l'indicatif. *Nous nous sommes rappelé que la rentrée avait lieu le 5 septembre.*
CONJUGAISON : VOIR MODÈLE APPELER.
Redoublement du ***l*** devant un ***e*** muet. *Je rappelle, je rappellerai,* mais *je rappelais.*

RAPPEUR n. m.
RAPPEUSE n. f.
Personne qui compose ou chante du rap. *Les trois rappeurs de Loco Locass chantent Gaston Miron, la langue française et la souveraineté.*
Le terme ***rappeur*** (au féminin, ***rappeuse***) est un dérivé de *rap,* emprunt culturel à l'anglais.

RAPPLIQUER v. tr., intr.
VERBE TRANSITIF
Appliquer de nouveau. *Rappliquer une feuille d'or sur un encadrement.*
VERBE INTRANSITIF
(FAM.) Revenir. *Les voilà qui rappliquent.*
CONJUGAISON : VOIR MODÈLE AIMER.

RAPPORT n. m.
1. Exposé détaillé. *Ce rapport d'activité est bien structuré.*
2. Lien entre des personnes, des choses. *Des rapports logiques. Votre remarque n'a aucun rapport avec ce qui a été dit.* SYN. relation.
3. Relations entre des personnes. *Un rapport de parenté. Des rapports amicaux.*
4. Profit, bénéfice. *Ce placement est d'un bon rapport.* SYN. rendement.
LOCUTIONS
– ***Avoir (un) rapport avec, à.*** Se rattacher, être lié à. *Ses mauvais résultats ont un rapport avec ses absences.*
– ***En rapport avec,*** loc. prép. En comparaison. *Par rapport à moi, tu étudies très vite.*
La locution prépositive signifie « proportionné à, convenant à » ou « en relation avec (quelqu'un) ». Elle est utilisée improprement au sens de « par rapport à, concernant, au sujet de, relativement à ». *Relativement à* (et non *en rapport avec) *la décision du conseil, les faits sont les suivants.*
– ***En rapport avec.*** Qui correspond à, qui est en relation avec. *Ses fonctions ne sont pas en rapport avec son expérience.*

R

– ***Être en rapport avec quelqu'un.*** Être en relation avec quelqu'un. *Il y a longtemps que Luc n'est plus en rapport avec cet ami d'enfance.*
– ***Maison de rapport.*** (VIEILLI) Immeuble dont le propriétaire tire un revenu. *Des maisons de rapport.*
On dit plutôt aujourd'hui ***immeuble d'habitation, immeuble à usage locatif.***
– ***Mettre en rapport.*** Mettre en relation. *Mettez-moi en rapport avec un avocat.*
– ***Par rapport à,*** loc. prép. En relation avec, en fonction de. *Par rapport à moi, tu étudies très vite.*
– ***Sous le rapport de,*** loc. prép. Dans la perspective de, sous l'angle de. *Sous le rapport de la fiabilité, cet appareil est à recommander.* SYN. sur le plan de.
– ***Sous tous (les) rapports,*** loc. adv. À tous les égards, en tout point. *Une personne bien sous tous rapports.*
FORMES FAUTIVES
*rapport à. Archaïsme au sens de ***à cause de, parce que.***
*rapport d'impôt. Impropriété pour ***déclaration des revenus, déclaration fiscale.***

RAPPORTER v. tr., pronom.
VERBE TRANSITIF
1. Apporter une chose de son lieu d'origine. *Il a rapporté des légumes frais de la campagne.*
2. Apporter une chose au lieu où elle était. *J'aimerais que tu me rapportes ce livre. Rapporte la balle, Fido !* SYN. rendre.
Comme ***apporter,*** le verbe se construit avec un complément non animé, alors que ***amener*** s'emploie en parlant des personnes.
3. Produire, donner un bon revenu. *Ces actions rapportent beaucoup.*
4. Faire le récit de ce qu'on a vu et entendu. *Antoine m'a fidèlement rapporté l'incident.* SYN. conter ; raconter.
Ne pas confondre avec les mots suivants :
• ***conter,*** faire un récit d'une façon agréable ;
• ***narrer,*** faire un récit relativement long ;
• ***relater,*** rapporter un fait historique.
Au sens de « porter à la connaissance d'une autorité », on emploiera de préférence les verbes ***signaler*** (un accident, un crime), ***dénoncer*** (un suspect), ***déclarer*** (une perte, un sinistre) selon le cas.
5. Raconter de façon indiscrète. *Arrête de tout rapporter au professeur !* SYN. moucharder.
VERBE PRONOMINAL
Avoir rapport à. *Ces renseignements se rapportent à cet évènement.* SYN. concerner ; correspondre.
À la forme pronominale, le participe passé de ce verbe s'accorde toujours en genre et en nombre avec son sujet. *Les souvenirs qui s'étaient rapportés à cette rencontre devaient rester gravés à jamais dans sa mémoire.*
LOCUTION
– ***S'en rapporter à quelqu'un, à quelque chose*** (pour, au sujet de quelque chose). Avoir confiance, ajouter foi à cette personne, à cette chose. *Elle s'en est rapportée à leur jugement.* SYN. s'en remettre à.
FORME FAUTIVE
*se rapporter. Calque de «*to report oneself*» au sens de ***se présenter*** (au travail), ***rendre des comptes, rendre compte*** (à une autorité).
CONJUGAISON : VOIR MODÈLE AIMER.

RAPPORTEUR n. m.
Personne chargée de rendre compte d'une assemblée, d'un évènement devant une autorité, un groupe. *Nous entendrons maintenant le rapporteur du premier atelier.*

RAPPRENDRE ou **RÉAPPRENDRE** v. tr.
Apprendre de nouveau. *Il te faut réapprendre tes verbes irréguliers.*
La forme ***réapprendre*** est la plus usitée.
CONJUGAISON : VOIR MODÈLE APPRENDRE.

RAPPROCHEMENT n. m.
1. Action de rapprocher. *Le rapprochement de deux expressions voisines telles que* rabattre le caquet *et* clouer le bec.
2. Tentative de réconciliation. *Le rapprochement des parties patronale et syndicale.*
3. Comparaison, rapport. *On peut faire un rapprochement entre ces œuvres.* SYN. parallèle.

RAPPROCHER v. tr., pronom.
VERBE TRANSITIF
1. Approcher de plus près. *Rapproche ta chaise du feu.*
2. Lier par un rapport de ressemblance. *Rapprocher des adages.*
VERBE PRONOMINAL
1. Devenir proche. *Ils se sont rapprochés de leurs parents, de leur objectif.*
2. Devenir plus fréquent. *L'orage est à son maximum et les éclairs se rapprochent.*
3. Avoir un lien, un rapport avec. *Ces deux notions se rapprochent.* SYN. se ressembler.
À la forme pronominale, le participe passé de ce verbe s'accorde toujours en genre et en nombre avec son sujet. *Elles se sont rapprochées du but.*
CONJUGAISON : VOIR MODÈLE AIMER.

RAPSODIE
VOIR – RHAPSODIE.

RAPT n. m.
Les lettres ***pt*** se prononcent, [rapt] ; le mot rime avec ***apte.***
Enlèvement d'une personne. *Des rapts nombreux.*
Les noms ***rapt*** et ***enlèvement*** sont à préférer à ***kidnapping.***

***RAQUÉ (ÊTRE)**
Calque de «*to be wrecked*» pour ***être courbaturé, fatigué.***

RAQUETTE n. f.
1. Instrument de forme arrondie muni d'un manche pour jouer au tennis, au ping-pong. *Une raquette de tennis.*
2. Large semelle s'adaptant à la chaussure afin de faciliter la marche sur la neige molle. *Explorer la forêt enneigée en raquettes.*

RAQUETTEUR, EUSE n. m. et f.
Personne qui marche avec des raquettes sur la neige.

RARE adj.
1. Inhabituel. *Un fait rare. Il est rare qu'il soit en retard. Il n'est pas rare de l'entendre chanter.* SYN. inaccoutumé ; inusité.
2. Exceptionnel. *Une rare beauté, une pierre rare.* SYN. remarquable.
3. (AU PLUR.) Peu nombreux. *De rares spectateurs assistaient au spectacle.*
LOCUTIONS
– ***Devenir, se faire rare.*** Fréquenter moins souvent qu'autrefois une personne, un groupe d'amis. *Depuis quelques mois, elle se fait rare, ils se font rares.*
L'adjectif est attribut du sujet et s'accorde avec lui.
– ***Un oiseau rare.*** (FIG.) La personne qui réunit tous les attributs désirés.
La locution s'emploie souvent ironiquement.

RARÉFACTION n. f.
Fait de devenir rare. *La raréfaction des logements à louer.*

RARÉFIER v. tr., pronom.
VERBE TRANSITIF
Rendre rare. *Raréfier des denrées.*
VERBE PRONOMINAL
Devenir plus rare. *L'air se raréfie dans cette pièce close.*
À la forme pronominale, le participe passé de ce verbe s'accorde toujours en genre et en nombre avec son sujet. *Ces matières premières se sont raréfiées.*

CONJUGAISON : VOIR MODÈLE ÉTUDIER.
Redoublement du ***i*** à la première et à la deuxième personne du pluriel de l'indicatif imparfait et du subjonctif présent. *(Que) nous raréfiions, (que) vous raréfiiez.*

RAREMENT adv.
Peu souvent. *Il vient rarement nous voir.* ANT. fréquemment ; souvent.
Après cet adverbe placé en tête de phrase, le sujet est souvent inversé, surtout dans la langue soutenue. L'adverbe n'est pas accompagné de la particule de négation ***ne***. *Rarement venait-il au village voir ses vieux amis.*

RARETÉ n. f.
Qualité de ce qui est rare, exceptionnel. *C'est sa rareté qui fait la valeur du diamant.*

RARISSIME adj.
Extrêmement rare. *Ces pierres sont rarissimes et, par là, très précieuses.*

RAS, RASE adj. et adv.
ADJECTIF
1. Dont le poil est coupé très court, tondu. *Il a la barbe rase.*
2. Rempli jusqu'au bord. *Une tasse rase de raisins.*
ADVERBE
De très près. *L'herbe a été tondue très ras.*
Pris adverbialement, le mot est invariable.
LOCUTIONS
– ***À ras bord, à ras bords,*** loc. adv. Très plein, jusqu'au bord. *Il a rempli son verre à ras bord.*
Dans cette locution, le nom s'écrit au singulier ou au pluriel.
– ***Au ras de, à ras de,*** loc. prép. Au même niveau, à la surface de. *Au ras de l'eau, à ras de terre.*
– ***En avoir ras le bol.*** (FAM.) En avoir assez. *J'en ai ras le bol de tes salades !*
Cette expression s'écrit sans traits d'union, mais le nom masculin invariable s'écrit avec des traits d'union.
– ***En rase campagne,*** loc. adv. En terrain découvert.
– ***Faire table rase.*** Faire abstraction de toute idée préconçue.

RASADE n. f.
Contenu d'un verre plein à ras bords. *Une rasade de cognac.*

RASAGE n. m.
Action de raser. *Le rasage soigné de la barbe.*

RASANT, ANTE adj.
(FAM.) Ennuyeux. *Des allocutions de circonstance rasantes comme tout.* SYN. (FAM.) assommant ; embêtant.

RASCASSE n. f.
Poisson de la Méditerranée utilisé pour la préparation de la bouillabaisse.

RASE-MOTTE(S) n. m. (pl. *rase-mottes*)
Se dit d'un vol au ras du sol. *Ces avions volent en rase-mottes : ils font du rase-mottes. Un rase-mottes* ou *rase-motte casse-cou.*

RASER v. tr., pronom.
VERBE TRANSITIF
1. Couper tout près de la peau les cheveux, la barbe, les poils. *Le coiffeur l'a rasé adroitement. Mousse à raser.*
2. Passer tout près, frôler. *Un projectile l'a rasé, il a eu de la chance de ne pas être blessé.*
3. Démolir complètement. *Les promoteurs ont rasé cet immeuble ancien.* SYN. détruire.
4. (FAM.) Ennuyer. *Ces discours nous ont rasés.* SYN. (FAM.) assommer ; embêter.
VERBE PRONOMINAL
Se couper les poils, la barbe avec un rasoir. *Ils se sont rasés de près.*
À la forme pronominale, le participe passé de ce verbe s'accorde en genre et en nombre avec le complément direct si celui-ci le précède. *La partie du corps qu'il s'est rasée. Ils se sont rasés soigneusement.* Le participe passé reste invariable si le complément direct suit le verbe. *Ils se sont rasé les favoris.*
CONJUGAISON : VOIR MODÈLE AIMER.

RASEUR, EUSE adj. et n. m. et f.
Personne qui ennuie. *Il est plutôt raseur. Quel raseur !*

***RASH**
Anglicisme pour ***éruption*** (cutanée).

RAS-LE-BOL n. m. inv. (pl. *ras-le-bol*)
(FAM.) Fait d'en avoir assez, d'être fatigué de quelqu'un, de quelque chose. *Le ras-le-bol des examens.*
Le nom s'écrit avec des traits d'union, contrairement à la locution. *En avoir ras le bol.*

RASOIR n. m.
Instrument servant à raser les poils du visage. *Un rasoir électrique. Des rasoirs jetables* (et non *disposables).

RASSASIER v. tr., pronom.
VERBE TRANSITIF
Satisfaire l'appétit, les désirs de quelqu'un. *Ce repas les a rassasiés pleinement, ils ne peuvent plus rien avaler.* SYN. assouvir.
VERBE PRONOMINAL
Combler sa faim, au propre et au figuré. *J'ai toujours soif, je n'arrive pas à me rassasier de cette bonne eau fraîche. Se rassasier de lectures passionnantes.*
À la forme pronominale, le participe passé de ce verbe s'accorde toujours en genre et en nombre avec son sujet. *Elle s'est rassasiée de son plat préféré.*
CONJUGAISON : VOIR MODÈLE ÉTUDIER.
Redoublement du ***i*** à la première et à la deuxième personne du pluriel de l'indicatif imparfait et du subjonctif présent. *(Que) nous rassasiions, (que) vous rassasiiez.*

RASSEMBLEMENT n. m.
1. Action de rassembler. *Sonner le rassemblement.*
2. Réunion d'un grand nombre de personnes. *Un rassemblement de 65 000 personnes pour un Québec français.* SYN. regroupement.

RASSEMBLER v. tr., pronom.
VERBE TRANSITIF
Réunir. *Cette fête a rassemblé tous les camarades du collège.* SYN. grouper ; regrouper.
VERBE PRONOMINAL
Se grouper. *Ils se sont rassemblés en grand nombre sur la montagne.* SYN. s'assembler ; se réunir.
À la forme pronominale, le participe passé de ce verbe s'accorde toujours en genre et en nombre avec son sujet. *Les amis se sont rassemblés pour fêter les vacances.*
Ne pas confondre avec le verbe ***ressembler***, avoir une ressemblance avec.
CONJUGAISON : VOIR MODÈLE AIMER.

RASSEOIR v. tr., pronom.
VERBE TRANSITIF
Asseoir de nouveau. *Elle rassoit sa petite.*
VERBE PRONOMINAL
S'asseoir de nouveau. *Elles se sont rassises.*
À la forme pronominale, le participe passé de ce verbe s'accorde toujours en genre et en nombre avec son sujet. *Lasse d'attendre debout, elle s'était rassise.*
CONJUGAISON : VOIR MODÈLE ASSEOIR.
[Les *Rectifications* (1990) admettent : rassoir.]

RASSÉRÉNER v. tr., pronom.
VERBE TRANSITIF
Redonner la sérénité à. *Cette bonne nouvelle les a rassérénés.* SYN. apaiser ; rassurer ; tranquilliser.

R

VERBE PRONOMINAL
Redevenir serein, calme. *Elle s'est rassérénée.* SYN. s'apaiser; se calmer.
À la forme pronominale, le participe passé de ce verbe s'accorde toujours en genre et en nombre avec son sujet. *À l'annonce de l'heureux dénouement, ils se sont rassérénés.*
CONJUGAISON : VOIR MODÈLE POSSÉDER.
Le ***é*** de la troisième syllabe se change en ***è*** devant une syllabe contenant un ***e*** muet, sauf à l'indicatif futur et au conditionnel présent. *Je rassérène,* mais *je rassérénerai.*
rasséréner.
[Les *Rectifications* (1990) admettent : il rassérènera, rassérènerait...]

RASSIR v. intr.
Devenir rassis, se dessécher. *Le pain commence à rassir.*
Ce verbe est usité seulement à l'infinitif et au participe passé.
rassir.

RASSIS, IE adj.
Qui commence à durcir, à se dessécher. *Du pain rassis, une brioche rassie.*
La forme féminine logique ***rassise*** est peu usitée; on emploie plutôt ***rassie.***

RASSURANT, ANTE adj.
Qui est propre à redonner la confiance. *Ces réactions sont rassurantes, des propos rassurants qui nous tranquillisent. Des individus peu rassurants.* ANT. inquiétant.
Ne pas confondre avec le participe présent invariable ***rassurant.*** *Rassurant leurs parents inquiets, les enfants ont expliqué leur retard.*

RASSURER v. tr., pronom.
VERBE TRANSITIF
Rendre la confiance, la tranquillité à quelqu'un. *Ces explications les ont rassurés.* SYN. sécuriser; tranquilliser.
VERBE PRONOMINAL
Retrouver la confiance, se libérer de son inquiétude. *Léa doit consulter son médecin pour se rassurer sur son état de santé.*
À la forme pronominale, le participe passé de ce verbe s'accorde toujours en genre et en nombre avec son sujet. *Ses parents se sont rassurés lorsqu'ils ont appris qu'elle était saine et sauve.*
CONJUGAISON : VOIR MODÈLE AIMER.

RAT n. m.
Rongeur très nuisible. *Il y a parfois des rats dans les égouts.*
La femelle du rat est une ***rate.***
VOIR TABLEAU – ANIMAUX.
LOCUTION
– ***Un petit rat.*** Un jeune élève de la classe de danse, à l'Opéra.
rat.

RATAGE n. m.
Insuccès. *Cette comédie musicale a été un ratage complet, un échec cuisant.*

RATATINER v. tr., pronom.
VERBE TRANSITIF
Réduire la taille en déformant. *Le lavage a ratatiné mon chandail.*
VERBE PRONOMINAL
Rapetisser en se desséchant, se flétrir. *Ces fruits se sont ratatinés.*
À la forme pronominale, le participe passé de ce verbe s'accorde toujours en genre et en nombre avec son sujet. *Nos pommes s'étaient ratatinées.*
CONJUGAISON : VOIR MODÈLE AIMER.

RATATOUILLE n. f.
Mets provençal à base de tomates, d'oignons, de courgettes, etc.

RATE n. f.
1. Organe du corps situé sous la partie gauche du diaphragme. *On dit que le rire dilate la rate.*
2. Femelle du rat.
VOIR TABLEAU – ANIMAUX.
rate.

RATÉ, ÉE adj. et n. m. et f.
ADJECTIF ET NOM MASCULIN ET FÉMININ
Qui n'a pas réussi (sa vie, sa carrière), qui n'a pas atteint son but. *C'est un raté, il a échoué sur toute la ligne. Une expérience ratée.*
NOM MASCULIN
Anomalie, défectuosité dans le fonctionnement d'un appareil, d'un système (au propre et au figuré). *Les ratés d'un moteur. Les ratés électoraux d'un parti.*

RÂTEAU n. m. (pl. *râteaux*)
Instrument de jardinage servant à racler, à ratisser.
râteau.

RÂTELIER n. m.
1. Assemblage de montants disposé le long d'une écurie pour recevoir le fourrage destiné aux chevaux.
2. (FAM.) Dentier.
LOCUTION
– ***Manger à plusieurs râteliers.*** (FIG.) (FAM.) Tirer profit d'emplois différents; s'associer à des partis opposés.
râtelier.

RATER v. tr., intr.
VERBE TRANSITIF
1. Ne pas atteindre un but. *Il a raté son examen et devra se présenter à la reprise.* SYN. échouer à; manquer.
2. Manquer. *J'ai raté mon avion.*
VERBE INTRANSITIF
Ne pas réussir. *L'affaire a raté.* SYN. échouer.
CONJUGAISON : VOIR MODÈLE AIMER.

RATIBOISER v. tr.
1. (FAM.) Voler, ruiner.
2. Couper ras les cheveux de quelqu'un. *Le coiffeur a ratiboisé Monica.*
CONJUGAISON : VOIR MODÈLE AIMER.

RATIFICATION n. f.
Action de ratifier. *La ratification d'un traité.* SYN. approbation; confirmation.

RATIFIER v. tr.
Entériner ce qui a été conclu. *L'entente a été ratifiée.* SYN. approuver; confirmer.
CONJUGAISON : VOIR MODÈLE ÉTUDIER.
Redoublement du ***i*** à la première et à la deuxième personne du pluriel de l'indicatif imparfait et du subjonctif présent. *(Que) nous ratifiions, (que) vous ratifiiez.*

RATINE n. f.
Étoffe de laine. *Une veste de ratine bleue.*
Ne pas confondre avec le nom ***tissu(-)éponge,*** tissu dont les fils absorbent l'eau.

***RATING**
Anglicisme pour ***classement, évaluation, indice de performance.***

RATIO n. m.
Le ***t*** se prononce ***s,*** [rasjo].
Rapport établi entre deux éléments significatifs de l'exploitation d'une entreprise afin d'en suivre l'évolution. *Analyser des ratios : le ratio de liquidité, le ratio d'endettement.*
Ce mot d'origine latine appartient au vocabulaire financier ou économique : dans la langue courante, on emploiera plutôt le mot ***rapport.***

RATIOCINATION n. f.
Les deux ***t*** se prononcent ***s,*** [rasjɔsinasjɔ̃].
(LITT.) Action de ratiociner; raisonnements oiseux.

RATIOCINER v. intr.
Les deux *t* se prononcent *s*, [rasjɔsine].
Faire des raisonnements oiseux, subtils à l'extrême. SYN. discourir; disserter; ergoter; pérorer.
CONJUGAISON : VOIR MODÈLE AIMER.

RATION n. f.
Portion quotidienne de nourriture destinée à une personne, à un animal. *Donne à Rouki et à Filou leur ration d'eau et de viande pour la journée.* SYN. part.

RATIONALISATION n. f.
Action de rationaliser quelque chose.
rationalisation.

RATIONALISER v. tr.
1. Rendre rationnel. *Il importe de rationaliser les critères décisionnels.*
2. Organiser une activité économique afin d'en accroître l'efficacité au maximum. *Rationaliser la production d'un bien.*
CONJUGAISON : VOIR MODÈLE AIMER.
rationaliser.

RATIONALITÉ n. f.
Caractère de ce qui est rationnel, conforme à ce qui est raisonnable.
rationalité.

RATIONNEL, ELLE adj.
Qui est conforme à la raison. *Cette décision est bien rationnelle.* SYN. judicieux; raisonnable; sensé. ANT. irrationnel.
FORME FAUTIVE
*rationnel. Anglicisme au sens de ***logique, raisonnement.*** *La logique* (et non le *rationnel) *qui sous-tend cette décision nous échappe.*
rationnel.

RATIONNELLEMENT adv.
D'une manière rationnelle. *Ils ont décidé rationnellement.* SYN. judicieusement; raisonnablement.
rationnellement.

RATIONNEMENT n. m.
1. Action de rationner.
2. Résultat de cette action. *Les habitants de ce pays sont soumis à des rationnements de nourriture.*
rationnement.

RATIONNER v. tr., pronom.
VERBE TRANSITIF
Limiter la quantité d'une denrée, d'un produit. *Ils ont dû rationner l'essence, car il y en avait très peu.*
VERBE PRONOMINAL
Limiter sa consommation, faire des économies. *Les randonneurs ont dû se rationner pour ne pas manquer de nourriture.*
À la forme pronominale, le participe passé de ce verbe s'accorde toujours en genre et en nombre avec son sujet. *Ils se sont rationnés sérieusement.*
CONJUGAISON : VOIR MODÈLE AIMER.
rationner.

RATISSAGE n. m.
1. Action de ratisser. *Le ratissage des allées du jardin.*
2. Opération policière, militaire, de fouille méthodique d'un secteur. *Les policiers ont effectué le ratissage d'un quartier pour trouver des malfaiteurs.*
Alors que le nom ***râteau*** s'écrit avec un accent circonflexe, ***ratissage*** et ***ratisser*** s'écrivent sans accent.

RATISSER v. tr.
1. Nettoyer minutieusement le sol avec un râteau. *Elle ratisse les allées du jardin.*
2. (FIG.) Fouiller méthodiquement. *Les policiers ratissent la région à la recherche des fuyards.*
Alors que le nom ***râteau*** s'écrit avec un accent circonflexe, ***ratissage*** et ***ratisser*** s'écrivent sans accent.
CONJUGAISON : VOIR MODÈLE AIMER.

RATON n. m.
Petit du rat.
LOCUTION
– ***Raton laveur.*** Mammifère carnivore d'Amérique dont la fourrure est recherchée. *Des ratons laveurs.*
VOIR TABLEAU – ANIMAUX.

RATOUREUX, EUSE adj. et n. m. et f.
(FAM.) Se dit d'une personne astucieuse, rusée. SYN. habile; ingénieux; malin.
Ce mot s'emploie en bonne part.

RATTACHER v. tr., pronom.
VERBE TRANSITIF
1. Attacher de nouveau. *Elle a rattaché ses cheveux.* SYN. renouer.
2. Établir un rapport entre des personnes, des choses. *Il a rattaché cet indice à l'enquête en cours.* SYN. rapprocher; relier.
VERBE PRONOMINAL
Avoir un lien, une relation. *Nous croyons que ce fait se rattache au problème mentionné, à la question de l'unité nationale.* SYN. dépendre de.
À la forme pronominale, le verbe se construit avec la préposition ***à***.
À la forme pronominale, le participe passé de ce verbe s'accorde toujours en genre et en nombre avec son sujet. *Ces recherches se sont rattachées à son domaine d'études.*
CONJUGAISON : VOIR MODÈLE AIMER.

RATTRAPAGE n. m.
Action de rattraper ou de se rattraper.
LOCUTIONS
– ***Cours de rattrapage.*** Cours destiné à supprimer, à réduire un retard dans un apprentissage. SYN. cours de mise à niveau.
– ***Rattrapage scolaire.*** Activité ou ensemble de mesures qui vise à éliminer ou à réduire un retard dans l'apprentissage scolaire.
rattrapage.

RATTRAPER v. tr., pronom.
VERBE TRANSITIF
Attraper de nouveau, récupérer. *Il a rattrapé son chien, qui s'était enfui. Elle a rattrapé son retard.*
VERBE PRONOMINAL
1. Se retenir. *Elle s'est rattrapée à la rampe pour ne pas tomber.* SYN. se raccrocher.
2. Corriger une insuffisance. *Ils se sont rattrapés à temps et ont réussi l'examen.*
À la forme pronominale, le participe passé de ce verbe s'accorde toujours en genre et en nombre avec son sujet. *Elles se sont rattrapées grâce à leurs efforts.*
CONJUGAISON : VOIR MODÈLE AIMER.
rattraper.

RATURE n. f.
Trait annulant un ou plusieurs mots. *Un texte truffé de ratures.* SYN. biffure; suppression.

RATURER v. tr.
Biffer, rayer un mot. *L'enseignante n'accepte pas les copies raturées. Pourquoi as-tu raturé cette phrase ?* SYN. barrer; supprimer.
CONJUGAISON : VOIR MODÈLE AIMER.

RAUQUE adj.
Rude, enroué, en parlant d'un cri, de la voix. *Julie a mal à la gorge et sa voix est rauque.*

RAVAGE n. m.
1. Dégât, dommage. *L'ouragan a fait d'énormes ravages.*
2. Territoire forestier d'étendue variable servant de refuge à un groupe plus ou moins important de cervidés pendant l'hiver (GDT). *Il existe des ravages d'orignaux, des ravages de cerfs de Virginie ainsi que des ravages de caribous.*
Le 13 juillet 2004, la Commission de toponymie du Québec a approuvé le terme ***ravage*** ainsi que sa définition, pour la gestion des noms de lieux.

R

LOCUTION
– ***Faire des ravages.*** Avoir du succès en amour. *Ce charmant jeune homme fera des ravages auprès des adolescentes.*

RAVAGER v. tr.
1. Faire des dégâts, endommager. *Les chèvres ont ravagé le jardin : elles ont tout mangé.* SYN. détériorer ; saccager.
2. Détruire. *L'éruption volcanique a ravagé la petite ville voisine.* SYN. anéantir.
CONJUGAISON : VOIR MODÈLE CHANGER.
Le ***g*** est suivi d'un ***e*** devant les lettres ***a*** et ***o***. *Il ravagea, nous ravageons.*

RAVALEMENT n. m.
Nettoyage de la façade d'un immeuble.

RAVALER v. tr., pronom.
VERBE TRANSITIF
1. Nettoyer la façade d'un immeuble.
2. Avaler de nouveau. *Je lui ferai ravaler ses paroles, ses calomnies.*
3. (FIG.) Garder pour soi. *Ravaler sa colère.*
VERBE PRONOMINAL
(LITT.) S'avilir. *Ils se sont ravalés à accepter cette offre malhonnête.* SYN. s'abaisser ; s'humilier.
À la forme pronominale, le participe passé de ce verbe s'accorde toujours en genre et en nombre avec son sujet. *Ces voyous se sont ravalés au rang de brutes.*
CONJUGAISON : VOIR MODÈLE AIMER.

RAVAUDAGE n. m.
(VIEILLI) Raccommodage. *Faire du ravaudage.* SYN. raccommodage ; rapiéçage ; reprisage.

RAVAUDER v. tr.
(VIEILLI) Raccommoder, repriser un vêtement. *Elle ravaudait des bas troués.* SYN. rapiécer.
CONJUGAISON : VOIR MODÈLE AIMER.

RAVE n. f.
1. Plante potagère qui ressemble au navet.
2. Nom donné à plusieurs plantes cultivées pour leurs racines comestibles. *Des céleris-raves, des choux-raves.*

RAVI, IE adj.
Enchanté. *Elle est ravie des résultats. Nous sommes ravis de vous recevoir chez nous. Je suis ravie que vous puissiez venir.* SYN. content.
L'adjectif se construit avec la préposition ***de*** suivie d'un nom ou d'un infinitif ; quand le complément est une proposition, il se construit avec la conjonction ***que*** ou la locution conjonctive ***de ce que*** suivie du subjonctif. *Je suis ravie que vous soyez là.*

RAVIER n. m.
Petit plat servant à présenter les hors-d'œuvre.

RAVIGOTE n. f.
Vinaigrette relevée de fines herbes.

RAVIGOTER v. tr.
(FAM.) Donner de la vigueur, revigorer. *Ce café m'a ravigoté.* SYN. ragaillardir ; (FAM.) retaper ; (LITT.) revivifier.
CONJUGAISON : VOIR MODÈLE AIMER.
ravigoter.

RAVIN n. m.
Dépression profonde d'un terrain formée par le passage d'un torrent. *L'autocar est tombé dans le ravin.*

RAVINER v. tr.
1. Creuser le sol de ravins.
2. (FIG.) Creuser de rides. *Les intempéries ont raviné le visage de ce marin.* SYN. rider.
CONJUGAISON : VOIR MODÈLE AIMER.

RAVIOLI n. m. (pl. *raviolis*)
Petit carré de pâte farcie de viande hachée. *Ce soir, on mangera des raviolis.*
Certains auteurs conservent le pluriel italien du mot en ***i*** ; il paraît plus logique d'intégrer le mot au français et de mettre un ***s*** au pluriel.

RAVIR v. tr.
1. (LITT.) Enlever de force. *Il a été ravi à l'affection des siens.* SYN. emporter ; voler.
2. Plaire beaucoup à. *Ce roman l'a ravi.* SYN. enchanter ; enthousiasmer.
LOCUTION
– ***À ravir,*** loc. adv. À merveille. *Cette teinte lui va à ravir.*
CONJUGAISON : VOIR MODÈLE FINIR.

RAVISER (SE) v. pronom.
Changer d'avis. *Ils se sont ravisés et ont abandonné ce projet.*
Le participe passé de ce verbe, qui n'existe qu'à la forme pronominale, s'accorde toujours en genre et en nombre avec son sujet. *Elles se sont ravisées et n'ont pas donné leur accord au projet.*
CONJUGAISON : VOIR MODÈLE AIMER.

RAVISSANT, ANTE adj.
Charmant, extrêmement joli. *Des tableaux ravissants.*

RAVISSEMENT n. m.
Admiration, joie. *Les enfants regardaient le spectacle sur glace avec ravissement.* SYN. enchantement ; enthousiasme.

RAVISSEUR, EUSE n. m. et f.
Celui, celle qui enlève une personne de force. *Les ravisseurs ont transmis une demande de rançon.*

RAVITAILLEMENT n. m.
1. Action de ravitailler. *Un ravitaillement hebdomadaire.* SYN. approvisionnement.
2. Provisions, articles, etc., qui servent à ravitailler. *Notre ravitaillement arrive par bateau.*

RAVITAILLER v. tr., pronom.
VERBE TRANSITIF
Approvisionner. *Ce fournisseur ravitaille les bûcherons lorsqu'ils sont en forêt.*
VERBE PRONOMINAL
Se procurer ce qui est nécessaire. *Ils se sont ravitaillés au village.* SYN. s'approvisionner ; se fournir.
À la forme pronominale, le participe passé de ce verbe s'accorde toujours en genre et en nombre avec son sujet. *Les campeurs se sont ravitaillés au magasin général.*
CONJUGAISON : VOIR MODÈLE AIMER.
Les lettres ***ill*** sont suivies d'un ***i*** à la première et à la deuxième personne du pluriel de l'indicatif imparfait et du subjonctif présent. *(Que) nous ravitaillions, (que) vous ravitailliez.*

RAVIVER v. tr.
Rendre plus vif. *Raviver un feu, une passion.* SYN. aviver ; ranimer.
CONJUGAISON : VOIR MODÈLE AIMER.

RAYAGE n. m.
Action de rayer. *Le rayage d'un titre.* SYN. biffure ; suppression.
Ne pas confondre avec le nom ***rayure,*** façon dont une chose est rayée.

RAYÉ, ÉE adj.
1. Qui porte des rayures. *Une chemise rayée bleu et blanc.*
2. Biffé. *Cette somme a été rayée.* SYN. barré.

RAYER v. tr.
1. Faire des rayures sur un tissu, un papier, etc.
2. Détériorer par des rayures. *Il a rayé la table avec un couteau.* SYN. égratigner ; érafler.
3. Barrer, supprimer une inscription. *Rayer le nom d'un candidat sur une liste. Deux mots ont été rayés.* SYN. biffer ; supprimer.
Ce verbe se dit d'une chose, alors que le verbe ***radier*** n'admet qu'un complément désignant une personne.
4. Éliminer, exclure. *L'éruption de l'Etna a rayé de la carte ce petit village sicilien.* SYN. anéantir ; détruire.

CONJUGAISON : VOIR MODÈLE PAYER.
La conjugaison peut se faire avec le **y** ou le ***i***. *Je raye, tu rayes. Je rayerai, je rayerais. (Je raie, tu raies. Je raierai, je raierais).* Toutefois, la forme en **y** est la plus courante.

RAYON n. m.
1. Trait de lumière. *Un rayon de soleil.*
2. Radiation. *Des rayons X, des rayons infrarouges, des rayons ultraviolets.*
3. Droite reliant le centre d'un cercle à un point de la circonférence. *Les rayons d'une roue de bicyclette.*
4. Tablette d'une armoire, d'une bibliothèque. *Des rayons de livres.*
5. Partie d'un magasin. *Le rayon* (et non le *département) *des jouets.*
LOCUTIONS
– ***Rayon d'action.*** Zone d'activité. *Des rayons d'action très vastes.*
– ***Rayon de soleil.*** (FIG.) Personne ou chose qui enchante, qui égaie. *Ces fillettes sont les rayons de soleil de mamie et de papi.*
FORME FAUTIVE
*magasin à rayons. Impropriété pour ***grand magasin.***

RAYONNANT, ANTE adj.
Radieux. *Annie est rayonnante de joie, elle a gagné le premier prix.* SYN. éclatant.
rayonnant.

RAYONNE n. f.
Étoffe tissée de fibres artificielles.
rayonne.

RAYONNEMENT n. m.
1. Émission de radiations. *Le rayonnement du soleil.*
2. Diffusion, influence. *Le rayonnement d'une culture, d'une œuvre, de la langue française.*
rayonnement.

RAYONNER v. intr.
1. Se diffuser par rayonnement. *Le soleil rayonne sur la mer.* SYN. briller.
2. Traduire une grande joie. *Son visage rayonne de bonheur.* SYN. briller.
3. Se diffuser largement. *L'œuvre de cette romancière rayonne dans le monde entier.*
4. Exercer son action sur une certaine étendue. *Cette compagnie aérienne rayonne dans le monde entier.*
CONJUGAISON : VOIR MODÈLE AIMER.
rayonner.

RAYURE n. f.
1. Façon dont une chose est rayée. *De grandes rayures bleues.*
2. Marque laissée par un objet pointu. *Ce cendrier a fait une rayure sur la table.*
Ne pas confondre avec le nom ***rayage***, action de rayer.

RAZ n. m. inv.
Le **z** ne se prononce pas, [ra].
Courant violent. *La pointe du Raz.*
LOCUTIONS
– ***Raz de marée*** ou ***raz-de-marée.*** Vague gigantesque provoquée par un tremblement de terre, une éruption volcanique. *Des raz de marée* ou *raz-de-marée.*
Ce nom peut s'écrire avec ou sans traits d'union.
– ***Raz-de-marée.*** (FIG.) Bouleversement.
HOM. ***ras***, coupé très court.
raz.

RAZZIA n. f. (pl. *razzias*)
(FIG.) Se précipiter sur quelque chose, pour le dévaliser, le piller. *Prévoyant la pénurie, les gens ont fait une razzia sur les bouteilles d'eau.*

rd
Symbole de ***rad.***

RE-, RÉ- préf.
Élément du latin qui exprime une répétition (***refaire***), un mouvement vers un état antérieur (***revenir***).
Les mots composés du préfixe ***re-*** ou de sa variante ***ré-*** s'écrivent en un seul mot. *Réadaptation, réintégrer.*

RÉ n. m. inv.
Deuxième note de la gamme de ***do.***
T En typographie soignée, les notes de musique (***do*** ou ***ut, ré, mi, fa, sol, la, si***) se composent en italique ou en romain dans un texte en italique, mais jamais entre guillemets si l'on ne dispose pas d'italique. Les indications qui les accompagnent s'écrivent en romain (ou en italique, comme dans l'exemple qui suit, si la phrase est composée en italique). *Une étude en* sol *mineur, en* fa *dièse.* Lorsqu'il s'agit d'un titre d'œuvre (qui est donc déjà en italique), la note reste en italique. *Toccata et fugue en ré mineur de Bach.*

RÉA
Abréviation de ***régime d'épargne-actions.***

RÉACHEMINER v. tr.
Acheminer de nouveau. *L'idée est de réacheminer les conteneurs à peine déchargés à Barcelone vers leur destination finale.*
CONJUGAISON : VOIR MODÈLE AIMER.

RÉACTEUR n. m.
Moteur à réaction. *Cet avion est propulsé par quatre réacteurs.*

RÉACTIF, IVE adj.
Qui exerce une réaction, répond à une action, à un évènement. *Une gestion réactive.* ANT. proactif.

RÉACTION n. f.
1. Action de réagir. *Les réactions des élèves à l'annonce de leur succès ont été enthousiastes.* SYN. réponse.
2. Mouvement qui a lieu en sens opposé d'un mouvement précédent. *Par réaction à l'étude, elle a choisi le sport.*
LOCUTIONS
– ***En réaction à, contre, par réaction à, contre,*** loc. prép. En réponse à une action. *En réaction contre* ou *à la tradition familiale, il a opté pour la mécanique automobile.*
– ***Moteur à réaction.*** Propulseur par lequel les gaz dirigés vers l'arrière impriment une poussée au véhicule vers l'avant. SYN. réacteur.

RÉACTIONNAIRE adj. et n. m. et f.
Qui s'oppose aux innovations politiques et sociales et tente de faire revivre des institutions périmées. *Un parti réactionnaire. Ce sont des réactionnaires.* SYN. rétrograde.

RÉADAPTATION n. f.
1. Action d'adapter à nouveau une personne qui n'était plus adaptée.
2. Traitement (massages, exercices, etc.) visant à réduire les inconvénients d'un accident, d'une maladie, etc., afin d'adapter à nouveau les muscles, les organes à leur fonction. *Après l'amputation de sa jambe, il a séjourné à l'Institut de réadaptation pour apprendre à marcher avec sa prothèse.* SYN. rééducation.
Ne pas confondre avec le nom ***réhabilitation*** qui désigne l'action de faire recouvrer l'estime, la considération. La ***réadaptation*** ou ***rééducation*** est d'ordre physique, alors que la ***réhabilitation*** est d'ordre moral.

RÉADAPTER v. tr., pronom.
VERBE TRANSITIF
Adapter à nouveau. *Réadapter à la marche un garçon.* SYN. rééduquer.
VERBE PRONOMINAL
S'adapter de nouveau. *À la suite d'une opération à la hanche, Nouni a dû se réadapter afin de retrouver l'usage de ses jambes.*
À la forme pronominale, le participe passé de ce verbe s'accorde toujours en genre et en nombre avec son sujet. *Après son accident, elle s'est réadaptée à son travail.*
CONJUGAISON : VOIR MODÈLE AIMER.

R

RÉAGIR v. intr.
1. Répondre à une action antérieure. *Ils ont bien réagi à notre proposition.*
En ce sens, le verbe se construit avec la préposition ***à***.
2. Être en désaccord avec quelqu'un, quelque chose. *Les parents ont réagi contre cette décision; ils y sont opposés.* SYN. résister.
En ce sens, le verbe se construit avec la préposition ***contre***.
3. Faire un effort pour résister. *Allons! Il faut réagir. Réagir contre la bureaucratie.* SYN. bouger; se mobiliser; se motiver; se reprendre; se ressaisir.
CONJUGAISON : VOIR MODÈLE FINIR.

RÉAJUSTEMENT
VOIR – RAJUSTEMENT.

RÉAJUSTER
VOIR – RAJUSTER.

REAL n. m. (pl. *reals*)
Le ***e*** se prononce ***é***, [real].
Unité monétaire du Brésil.
VOIR TABLEAU – SYMBOLES DES UNITÉS MONÉTAIRES.

RÉALISABLE adj.
Que l'on peut réaliser. *Un projet réalisable.* SYN. faisable; possible.

RÉALISATEUR n. m.
RÉALISATRICE n. f.
1. Personne chargée de la direction d'une émission de radio ou de télévision.
2. Personne chargée de la mise en scène d'un film.

RÉALISATION n. f.
1. Action de rendre réel. *La réalisation d'un rêve.*
2. Action de réaliser. *La réalisation d'un film ou d'une série télévisée.*

RÉALISER v. tr., pronom.
VERBE TRANSITIF
1. Rendre concret, effectuer. *Réaliser un projet.* SYN. exécuter.
2. Diriger la réalisation d'un film, la production d'une émission de radio ou de télévision. SYN. créer; produire.
3. Vendre, liquider. *Il a réalisé son capital pour acheter un appartement.*
4. Comprendre, se rendre compte, prendre conscience de. *Antoine n'avait pas réalisé que son geste pouvait chagriner Delphine.*
Cet emploi calqué sur l'anglais a été critiqué, mais il est maintenant passé dans l'usage.
VERBE PRONOMINAL
1. Devenir réel. *Nos souhaits se sont réalisés.* SYN. arriver; se concrétiser.
2. S'épanouir. *Dans cette profession, elle s'est pleinement réalisée.*
À la forme pronominale, le participe passé de ce verbe s'accorde toujours en genre et en nombre avec son sujet. *Les prévisions des experts ne se sont pas réalisées.*
CONJUGAISON : VOIR MODÈLE AIMER.

RÉALISME n. m.
Attitude de la personne qui perçoit la réalité telle qu'elle est. *Il faut cesser de rêver et faire preuve de réalisme, de bon sens.* ANT. idéalisme.

RÉALISTE adj. et n. m. et f.
Se dit d'une personne qui fait preuve de réalisme, qui a le sens des réalités. *Une attitude réaliste. Un, une réaliste.* SYN. pragmatique. ANT. irréaliste.

RÉALITÉ n. f.
Ce qui existe. *Ne pas prendre ses désirs pour des réalités.* SYN. réel.
LOCUTION
– ***En réalité,*** loc. adv. Réellement. *Nous pensions terminer le travail demain; en réalité, ce ne sera que dans trois jours.*

***REALITY SHOW**
Anglicisme pour ***émission de télévérité*** (Recomm. off.).

RÉAMÉNAGEMENT n. m.
Nouvel aménagement. *Le réaménagement d'un bureau.*

RÉAMÉNAGER v. tr.
Aménager d'une nouvelle manière, sur de nouvelles bases. *Cette maison sera entièrement réaménagée.*
CONJUGAISON : VOIR MODÈLE CHANGER.
Le ***g*** est suivi d'un ***e*** devant les lettres ***a*** et ***o***. *Il réaménagea,* mais *nous réaménageons.*

RÉANIMATION ou **RANIMATION** n. f.
(MÉD.) Ensemble des moyens pris pour rétablir les fonctions vitales d'une personne. *La réanimation cardiaque.*

RÉANIMER v. tr.
Procéder à la réanimation d'une personne. *Tenter de réanimer un blessé.*
Le verbe ***réanimer*** s'emploie dans un contexte médical exclusivement, alors que le verbe ***ranimer*** signifie « rendre l'ardeur, la vigueur, l'éclat ».
CONJUGAISON : VOIR MODÈLE AIMER.

RÉAPPARAÎTRE v. intr.
Apparaître de nouveau. *Le problème a* ou *est réapparu.*
Ce verbe se conjugue avec l'auxiliaire ***avoir*** ou, moins fréquemment, avec l'auxiliaire ***être***.
CONJUGAISON : VOIR MODÈLE PARAÎTRE.
[Les *Rectifications* (1990) admettent : réapparaitre.]

RÉAPPRENDRE v. tr.
Apprendre de nouveau. *Après son accident, il a dû réapprendre à marcher.*
CONJUGAISON : VOIR MODÈLE APPRENDRE.

RÉAPPRENDRE
VOIR – RAPPRENDRE.

RÉAPPROPRIER (SE) v. pronom.
Découvrir de nouveau, rentrer en possession de. *À vélo grâce à Bixi, les Montréalais prendront plaisir à se réapproprier leur ville.* SYN. recouvrer; retrouver.
À la forme pronominale, le participe passé de ce verbe s'accorde en genre et en nombre avec le complément direct si celui-ci le précède. *La ferme qu'ils se sont réappropriée.* Le participe passé reste invariable si le complément direct suit le verbe. *La famille s'est réapproprié la maison ancestrale.*
CONJUGAISON : VOIR MODÈLE ÉTUDIER.

RÉAPPROVISIONNEMENT n. m.
Action de réapprovisionner. *Le réapprovisionnement périodique des travailleurs en forêt.*

RÉAPPROVISIONNER v. tr.
Approvisionner de nouveau. *L'entreprise réapprovisionne ses employés en forêt à l'aide d'un hélicoptère.*
CONJUGAISON : VOIR MODÈLE AIMER.

RÉASSURANCE n. f.
Opération par laquelle un assureur s'assure pour une partie des risques qu'il a couverts.

REBAPTISER v. tr.
Nommer d'un nouveau nom. *Boulevard René-Lévesque, c'est ainsi que l'ancien boulevard Dorchester a été rebaptisé.* SYN. renommer.
CONJUGAISON : VOIR MODÈLE AIMER.

RÉBARBATIF, IVE adj.
1. Désagréable, sévère. *Un visage rébarbatif.*
2. Aride, difficile. *Un livre rébarbatif.*
Cet adjectif ne se construit pas avec la préposition ***à***, contrairement à l'adjectif ***réfractaire***.

REBATTRE v. tr.
Battre de nouveau.
LOCUTION
– ***Rebattre les oreilles.*** Répéter à l'excès. *Elle nous rebat* (et non *rabat) *les oreilles de ces règles de grammaire sempiternelles.*

Ne pas confondre avec le verbe ***rabattre,*** rabaisser.
CONJUGAISON : VOIR MODÈLE COMBATTRE.

REBATTU, UE adj.
Sans cesse répété. *Un thème rebattu, usé à la corde.*

REBELLE adj. et n. m. et f.
1. Insoumis. *Des soldats rebelles. Les rebelles seront capturés.*
2. Hostile. *Ils sont rebelles à la discipline.* SYN. opposé ; récalcitrant.
3. Tenace. *Une fièvre rebelle aux médicaments.*

REBELLER (SE) v. pronom.
Se révolter contre l'autorité légitime. *Ils se sont rebellés contre cette décision.* SYN. s'insurger ; se rebiffer ; se soulever.
Le participe passé de ce verbe, qui n'existe qu'à la forme pronominale, s'accorde toujours en genre et en nombre avec son sujet. *Les ouvriers exploités se sont rebellés contre les abus des contremaîtres.*
CONJUGAISON : VOIR MODÈLE AIMER.

RÉBELLION n. f.
1. Révolte. *Le capitaine a mis fin à la rébellion.* SYN. désobéissance ; soulèvement.
2. Révolution. *La rébellion des Patriotes en 1837.* SYN. insurrection.
rébellion.

REBIFFER (SE) v. pronom.
Refuser vivement. *Ils se sont rebiffés contre cette décision unilatérale.* SYN. se révolter.
Le participe passé de ce verbe, qui n'existe qu'à la forme pronominale, s'accorde toujours en genre et en nombre avec son sujet. *Mécontents de ne pouvoir jouer dehors, les enfants se sont rebiffés.*
CONJUGAISON : VOIR MODÈLE AIMER.

REBLOCHON n. m.
Fromage à pâte molle. *De bons reblochons* (et non *roblochons).
T Le nom du fromage s'écrit avec une minuscule et prend la marque du pluriel.

REBOISEMENT n. m.
Plantation d'arbres sur un terrain anciennement boisé.

REBOISER v. tr.
Planter des arbres sur un terrain déboisé. ANT. déboiser.
CONJUGAISON : VOIR MODÈLE AIMER.

REBOND n. m.
Action de rebondir. *Les rebonds d'une balle.*
rebond.

REBONDI, IE adj.
Arrondi. *Des joues rebondies.* SYN. dodu ; rond.

REBONDIR v. intr.
1. Faire des bonds après avoir touché le sol. *Ce ballon rebondit bien sur le sol* ou *contre le mur.*
2. (FIG.) Avoir des répercussions imprévues. *Cette affaire a rebondi à l'étranger.*
CONJUGAISON : VOIR MODÈLE FINIR.

REBONDISSEMENT n. m.
1. Action d'un corps qui rebondit. *Les rebondissements d'un ballon.* SYN. rebond.
2. (FIG.) Répercussion, développement nouveau après un temps d'arrêt. *Les rebondissements d'un scandale.*
Le nom ***rebond*** s'emploie plutôt au sens propre, tandis que ***rebondissement*** est surtout d'emploi figuré.

REBORD n. m.
Bord de quelque chose, souvent en saillie. *Le rebord d'une piscine.* SYN. bordure.
rebord.

REBOURS n. m.
Sens contraire.
LOCUTIONS
– ***À rebours,*** loc. adv. À l'envers, à contre-courant. *Aller à rebours des opinions répandues.*
– ***À (au) rebours de,*** loc. prép. Au contraire de.
– ***Compte à rebours.*** Comptage inversé qui aboutit au zéro marquant le départ. *Le compte à rebours a commencé : 5, 4, 3, 2, 1, 0, partez !*
rebours.

REBOUTEUX ou **REBOUTEUR, EUSE** n. m. et f.
(FAM.) Personne qui, sans avoir de connaissances médicales, fait métier de remettre les luxations, de réduire les fractures.
La graphie ***rebouteur*** est rare.

REBROUSSE-POIL (À) loc. adv.
1. Dans le sens opposé à celui des poils. *Flatter un chien à rebrousse-poil.*
2. (FIG.) Maladroitement. *Attention de ne pas le prendre à rebrousse-poil, il pourrait réagir négativement.* SYN. à rebours.
à rebrousse-poil, avec un trait d'union.

REBROUSSER v. tr.
Relever les cheveux, les poils en sens contraire.
LOCUTION
– ***Rebrousser chemin.*** Revenir sur ses pas.
CONJUGAISON : VOIR MODÈLE AIMER.

REBUFFADE n. f.
Refus catégorique. *Essuyer une rebuffade.* SYN. fin de non-recevoir ; rejet.
rebuffade.

RÉBUS n. m.
Le *s* se prononce, [rebys] ; le mot rime avec ***autobus.***
Jeu d'esprit, énigme. *Jouer aux rébus.*
Ne pas confondre avec le nom ***rebut,*** déchet.
rébus.

REBUT n. m.
Produit qui est rejeté pour non-conformité aux normes et exigences spécifiées et qui doit être éliminé parce qu'il est inutilisable et irrécupérable par retouche ou transformation (GDT).
Ne pas confondre avec les noms :
- ***ordure,*** déchet,
- ***rébus,*** jeu d'esprit.

LOCUTIONS
– ***De rebut,*** loc. adj. Sans valeur, bon à jeter.
– ***Mettre, jeter quelque chose au rebut.*** S'en débarrasser. SYN. mettre au rancart.

REBUTANT, ANTE adj.
Décourageant, déplaisant. *Des travaux rebutants.* SYN. repoussant.
Ne pas confondre avec le participe présent invariable ***rebutant.*** *Les longs travaux rebutant les élèves, on décida de morceler le travail.*

REBUTER v. tr.
Dégoûter quelqu'un, déplaire à quelqu'un. *Ce travail la rebute.* SYN. décourager ; lasser.
CONJUGAISON : VOIR MODÈLE AIMER.

RECADRAGE n. m.
1. Action de modifier le cadrage d'une image.
2. (FIG.) Action de redéfinir le cadre d'une action, d'une politique, d'un projet.

RECADRER v. tr.
1. Modifier le cadrage d'une image.
2. (FIG.) Redéfinir le cadre d'une action, d'une politique, d'un projet. *Dans le contexte économique actuel, nous devons recadrer notre stratégie commerciale.*
CONJUGAISON : VOIR MODÈLE AIMER.

RÉCALCITRANT, ANTE adj.
Qui résiste avec entêtement. *Ces jeunes sont récalcitrants.* SYN. insoumis ; rebelle.

RECALER v. tr.
1. Caler de nouveau.
2. (FAM.) Refuser un candidat à un examen.
CONJUGAISON : VOIR MODÈLE AIMER.

RECAPITALISATION n. f.
(FIN.) Augmentation du capital d'une société en vue d'améliorer sa performance.
FORME FAUTIVE
Anglicisme au sens de ***restructuration, refonte du capital.***

RECAPITALISER v. tr.
(FIN.) Procéder à une augmentation du capital d'une société.
CONJUGAISON : VOIR MODÈLE AIMER.

RÉCAPITULATIF, IVE adj.
Qui sert à récapituler. *Une liste récapitulative.* SYN. résumé.

RÉCAPITULATION n. f.
Résumé, répétition. *La récapitulation des grands thèmes d'un exposé.*

RÉCAPITULER v. tr.
Reprendre, résumer. *Il récapitule ses tables de multiplication.*
CONJUGAISON : VOIR MODÈLE AIMER.

RECEL n. m.
Action de cacher des objets volés, une personne coupable. *Il est accusé de recel.*
recel.

RECELER ou **RECÉLER** v. tr.
1. Cacher volontairement un objet volé par autrui, une personne coupable.
2. Renfermer, contenir. *Cette région recèle de très jolies églises.*
CONJUGAISON : VOIR MODÈLE CONGELER.
Le ***e*** (ou le ***é***) se change en ***è*** devant une syllabe contenant un ***e*** muet. *Il recèle,* mais *il recelait.*

RECELEUR, EUSE n. m. et f.
Personne coupable de recel.
[Les *Rectifications* (1990) admettent : recéleur, recéleuse.]

RÉCEMMENT adv.
La deuxième syllabe se prononce ***sa***, [resamɑ̃].
Depuis peu de temps, dernièrement. *Je l'ai vu récemment.*
récemment.

RECENSEMENT n. m.
1. Dénombrement des habitants d'une ville, d'un pays. *Faire le recensement des électeurs.*
2. Inventaire d'éléments en vue d'en dresser un état.
recensement.

RECENSER v. tr.
1. Dénombrer une population. *Ces personnes recensent les électeurs.*
2. Répertorier, dénombrer des personnes, des choses.
CONJUGAISON : VOIR MODÈLE AIMER.
recenser.

RECENSION n. f.
1. Compte rendu critique d'un ouvrage. *Faire la recension d'un roman dans le journal.*
2. Examen critique, inventaire détaillé. *Recension des écrits portant sur un thème.* SYN. revue de littérature.
recension.

RÉCENT, ENTE adj.
Qui existe depuis peu de temps. *Une édition récente.*
FORME FAUTIVE
*pour récent qu'il soit. Calque de «*as recent as it may be*» pour ***quoique très récent, bien que très récent.*** *Quoique très récente* (et non *pour récente qu'elle soit), *cette réforme commence à porter des fruits.*

RECENTRAGE n. m.
1. Fait de se concentrer sur un nouvel objectif fondamental, de revenir à l'essentiel.
2. (ÉCON.) Concentration des activités d'une entreprise dans un secteur particulier. *Nous devons effectuer le recentrage du groupe sur une seule activité : l'énergie.*

RECENTRER v. tr.
1. Ramener à ce qui est fondamental, à l'essentiel.
2. (ÉCON.) Concentrer les activités d'une entreprise dans un secteur défini. *Cette acquisition permet à l'entreprise de se recentrer sur la chimie de spécialité, dont les marges sont plus élevées.*
CONJUGAISON : VOIR MODÈLE AIMER.

RÉCÉPISSÉ n. m.
Reçu. *Des récépissés multiples.*
récépissé.

RÉCEPTACLE n. m.
Le ***p*** se prononce, [reseptakl].
Contenant, lieu où se rassemblent plusieurs choses de provenances diverses.
réceptacle.

RÉCEPTEUR, TRICE adj. et n. m.
ADJECTIF
Qui reçoit. *Un poste récepteur.*
NOM MASCULIN
1. Partie de l'appareil téléphonique permettant de parler et d'écouter. *Raccrocher le récepteur du téléphone* (et non *fermer la ligne).
2. (LING.) Personne qui reçoit un message. SYN. destinataire. ANT. émetteur.

RÉCEPTIF, IVE adj.
1. Qui est apte à recevoir des impressions.
2. Qui est ouvert aux idées, aux suggestions. *Cette enseignante est très réceptive : soumettons-lui notre idée.*

RÉCEPTION n. f.
1. Action de recevoir. *La réception d'un colis.*
2. Accueil. *Ils ont fait bonne réception au nouvel ouvrage.*
3. Service chargé de l'accueil des visiteurs, des clients d'une entreprise, d'un hôtel, etc. *Adressez-vous à la réception.*
LOCUTION
– ***Accusé de réception.*** Avis confirmant qu'une chose a été reçue. *Des accusés de réception expéditifs.*

RÉCEPTIONNAIRE n. m. et f.
Personne chargée d'assurer la vérification des marchandises reçues.

RÉCEPTIONNER v. tr.
Vérifier si une marchandise reçue est en bon état et en conformité avec la commande donnée.
CONJUGAISON : VOIR MODÈLE AIMER.

RÉCEPTIONNISTE n. m. et f.
Personne chargée de l'accueil des clients, des visiteurs (d'une entreprise, d'un hôtel, etc.). *Adressez-vous à la réceptionniste.*

RÉCEPTIVITÉ n. f.
Aptitude à recevoir des impressions, à admettre de nouvelles idées.

RÉCESSION n. f.
Ralentissement de l'activité économique.
récession.

RECETTE n. f.
1. Ensemble des sommes perçues par une entreprise pour une période donnée. *La recette de la journée est excellente.*
2. Description détaillée de la manière de préparer un mets. *Des recettes de cuisine.*
3. Moyen. *Quelle est la recette du bonheur ?*

RECEVABILITÉ n. f.
(DR.) Qualité de ce qui est recevable. *La recevabilité d'une requête.*

RECEVABLE adj.
Admissible. *Cet argument n'est pas recevable.* ANT. irrecevable.

RECEVOIR v. tr.
1. Être mis en possession de ce qui est offert, donné, envoyé. *Recevoir une lettre.*
2. Accueillir. *Recevoir des amis.*
3. Être l'objet de quelque chose. *Recevoir un appel, des coups.*
[T] Employé elliptiquement devant une somme ou la désignation d'un article, le participe passé est invariable. *Reçu pour solde de tout compte la somme de 100 $.*
CONJUGAISON : VOIR MODÈLE APERCEVOIR.
INDICATIF PRÉSENT *Je reçois, nous recevons.* IMPARFAIT *Je recevais, nous recevions.* PASSÉ SIMPLE *Je reçus, nous reçûmes.* FUTUR *Je recevrai, nous recevrons.* CONDITIONNEL PRÉSENT *Je recevrais, nous recevrions.* IMPÉRATIF PRÉSENT *Reçois, recevons, recevez.* SUBJONCTIF PRÉSENT *Que je reçoive, que nous recevions.* IMPARFAIT *Que je reçusse, que nous reçussions.* PARTICIPE PRÉSENT *Recevant.* PASSÉ *Reçu, ue.*
Le ***c*** prend une cédille devant les lettres ***o*** et ***u***. *Il reçoit, il reçut.*

RECHANGE n. m.
(VX) Remplacement d'une chose par une autre semblable que l'on garde en réserve.
LOCUTIONS
– ***De rechange,*** loc. adj. Destiné à remplacer un élément de même type. *Des vêtements de rechange.*
– ***De rechange,*** loc. adj. (FIG.) De remplacement. *Une solution de rechange* (et non une *alternative).
Le mot ne s'emploie que dans ces locutions.

RECHAPAGE n. m.
Action de rechaper un pneu.
rechapage.

RECHAPER v. tr.
Remettre un pneu usagé en bon état.
Ne pas confondre avec le verbe ***réchapper,*** se tirer indemne de quelque chose.
CONJUGAISON : VOIR MODÈLE AIMER.
rechaper.

RÉCHAPPER v. intr.
Se tirer indemne d'une situation très dangereuse. *Il a réchappé d'un terrible accident, je crois qu'elle en réchappera.* SYN. s'en sortir.
Ne pas confondre avec le verbe ***rechaper,*** remettre un pneu usagé en bon état.
CONJUGAISON : VOIR MODÈLE AIMER.
réchapper.

RECHARGE n. f.
Ce qui permet de recharger. *Une recharge de stylo à bille, une recharge de parfum* (et non un *refill).

RECHARGEABLE adj.
Qu'on peut recharger. *Un stylo à bille rechargeable.*
rechargeable.

RECHARGER v. tr.
1. Charger de nouveau. *Il doit recharger* (et non *booster) *la batterie de sa voiture.*
2. Remettre une charge dans une arme.
CONJUGAISON : VOIR MODÈLE CHANGER.
Le ***g*** est suivi d'un ***e*** devant les lettres ***a*** et ***o***. *Il rechargea, nous rechargeons.*

RÉCHAUD n. m.
1. Petit appareil servant à chauffer ou à cuire les aliments. *Un réchaud de camping.*
2. Ustensile servant à garder les plats chauds.
réchaud.

RÉCHAUFFEMENT n. m.
Action de se réchauffer. *La disparition du courant froid de Trieste a accéléré le réchauffement de l'Adriatique.*
LOCUTION
– ***Réchauffement climatique.*** Augmentation de la température moyenne à la surface de la Terre due à l'accroissement des gaz à effet de serre dans l'atmosphère (GDT). SYN. réchauffement de la planète.

RÉCHAUFFER v. tr., pronom.
VERBE TRANSITIF
1. Redonner de la chaleur. *Le soleil nous réchauffe. Réchauffer un plat.*
2. (FIG.) Réconforter, ranimer. *Cet accueil réchauffe le cœur.*
VERBE PRONOMINAL
1. Redonner de la chaleur à son corps. *Elles n'arrivaient pas à se réchauffer. Elle s'est réchauffé les pieds. Elle s'est finalement réchauffée.*
2. Devenir plus chaud. *Le temps s'est réchauffé.*
À la forme pronominale, le participe passé de ce verbe s'accorde en genre et en nombre avec le complément direct si celui-ci le précède. *Le pied qu'elle s'est réchauffé. Nos amis se sont réchauffés au coin du feu.* Le participe passé reste invariable si le complément direct suit le verbe. *Elle s'est réchauffé les mains.*
CONJUGAISON : VOIR MODÈLE AIMER.

RÊCHE adj.
1. Rude au toucher. *Un tissu rêche. Une peau rêche.* SYN. rugueux.
2. Âpre au goût.
rêche.

RECHERCHE n. f.
1. Action de s'appliquer à trouver quelque chose, à l'obtenir. *André est à la recherche de ses clés. La recherche de la vérité.*
2. Travaux faits pour étudier une question. *Faire des recherches en biotechnologie.*
3. Raffinement. *Son appartement est décoré avec recherche.*
LOCUTIONS
– ***La recherche.*** Ensemble des travaux scientifiques qui tendent à la découverte de connaissances. *Un centre de recherche.*
En ce sens, le terme ***recherche*** est un collectif et s'écrit au singulier.
– ***Moteur de recherche.*** (INFORM.) Programme qui indexe le contenu de différentes ressources Internet, plus particulièrement de sites Web, et qui permet, à l'aide d'un navigateur Web, de rechercher de l'information selon différents paramètres, en se servant de mots-clés, ou par des requêtes en texte libre, et d'avoir accès à l'information ainsi trouvée (GDT). *Un moteur* (et non *engin) *de recherche très puissant.*
– ***Recherche et développement (R et D).*** Ensemble des activités visant la conception et la mise au point d'un nouveau produit.
– ***Recherche opérationnelle.*** Méthode d'analyse scientifique fondée sur la statistique et les mathématiques en vue de la détermination rationnelle des solutions les plus efficaces et les plus économiques.
FORME FAUTIVE
*engin de recherche. Calque de «*search engine*» pour ***moteur de recherche.***

RECHERCHÉ, ÉE adj.
1. Rare. *Une édition recherchée.*
2. Raffiné, soigné. *Un style recherché.* SYN. étudié ; travaillé.

RECHERCHER v. tr.
1. Chercher avec soin, être à la recherche de. *Il recherche la tranquillité.* SYN. viser.
2. Faire des recherches, une enquête sur quelqu'un, quelque chose. *La direction de l'école recherche les auteurs de cette mauvaise plaisanterie.*
CONJUGAISON : VOIR MODÈLE AIMER.

RECHERCHISTE n. m. et f.
⚜ Personne qui fait des recherches pour la radio, la télévision, le cinéma.

RECHIGNER v. tr. ind.
Témoigner de la mauvaise humeur, de la répugnance à faire quelque chose. *Rechigner à la besogne.* SYN. renâcler.
Le verbe se construit avec la préposition ***à***.
CONJUGAISON : VOIR MODÈLE AIMER.

R

RECHUTE n. f.
Réapparition d'une maladie. *Il est à nouveau fiévreux : il fait une rechute.*
rechute, sans accent.

RÉCIDIVE n. f.
Action de récidiver.

RÉCIDIVER v. intr.
Commettre à nouveau une infraction, un crime après avoir déjà été condamné.
CONJUGAISON : VOIR MODÈLE AIMER.

RÉCIDIVISTE adj. et n. m. et f.
(DR.) Personne qui a commis à nouveau une infraction, un crime après une condamnation.

RÉCIF n. m.
Rocher ou suite de rochers à fleur d'eau, dans la mer, constituant un danger pour la navigation (Recomm. off.). *Attention, le bateau va heurter un récif!*
Ne pas confondre avec le nom ***écueil,*** plus général, qui désigne un rocher, un banc de sable présentant un danger pour la navigation.

RÉCIPIENDAIRE n. m. et f.
1. Personne admise dans un corps avec cérémonial. *Un récipiendaire de l'Académie.*
2. Personne qui reçoit une décoration, un diplôme universitaire. *La récipiendaire d'un doctorat en linguistique.*
Pour désigner la personne qui gagne un prix, un concours, on emploiera plutôt ***gagnant, lauréat.***

RÉCIPIENT n. m.
Contenant. *Des récipients divers pour faire la cueillette des fraises et des framboises.*
récipient.

RÉCIPROCITÉ n. f.
Caractère de ce qui est réciproque. *Des accords de réciprocité.*

RÉCIPROQUE adj.
Partagé de part et d'autre. *Une amitié réciproque lie ces deux copains.* SYN. mutuel.
LOCUTIONS
– ***La réciproque est vraie.*** L'inverse est vrai.
– ***Rendre la réciproque.*** Rendre la pareille.

RÉCIPROQUEMENT adv.
Mutuellement. *Nous avons transmis réciproquement nos coordonnées.*

RÉCIT n. m.
Histoire orale ou écrite d'un évènement, d'une aventure. *Un récit captivant.* SYN. narration.
récit.

RÉCITAL n. m. (pl. *récitals*)
Représentation musicale donnée par un seul artiste. *Un récital de piano.*

RÉCITATION n. f.
1. Action de réciter un texte que l'on connaît par cœur. *La récitation d'une fable de La Fontaine.*
2. Texte à apprendre par cœur. *Savoir sa récitation.*

RÉCITER v. tr.
Dire à haute voix ce que l'on sait par cœur. *Réciter ses leçons.*
CONJUGAISON : VOIR MODÈLE AIMER.

RÉCLAMANT, ANTE n. m. et f.
(DR.) Personne qui fait une réclamation.

RÉCLAMATION n. f.
1. Action de revendiquer quelque chose, de protester contre quelque chose. SYN. demande ; plainte ; protestation.
2. Action de s'adresser à une autorité pour faire reconnaître un droit.
3. Écrit sur lequel est consignée la réclamation.

RÉCLAME n. f.
(VIEILLI) Publicité.
LOCUTIONS
– ***En réclame.*** En réduction. *Ces produits sont en réclame cette semaine.* SYN. en promotion.
– ***Faire de la réclame.*** Faire de la publicité pour quelqu'un, quelque chose.

RÉCLAMER v. tr., intr., pronom.
VERBE TRANSITIF
Demander avec insistance. *On réclame la démission du ministre.* SYN. exiger ; revendiquer.
VERBE INTRANSITIF
Se plaindre d'un tort subi. *Ces éternels contestataires sont toujours à réclamer.* SYN. protester.
VERBE PRONOMINAL
– ***Se réclamer*** (d'une personne). Se déclarer favorablement connu d'une personne, invoquer son appui. *Elles se sont réclamées de personnes haut placées.* SYN. se recommander de.
À la forme pronominale, le verbe se construit avec la préposition ***de.***
À la forme pronominale, le participe passé de ce verbe s'accorde toujours en genre et en nombre avec son sujet. *Ils se sont réclamés du droit d'exprimer leur désaccord.*
CONJUGAISON : VOIR MODÈLE AIMER.

RECLASSEMENT n. m.
1. Action de procéder à un nouveau classement. *Les nouvelles normes nous obligent à modifier le classement de nos produits.*
2. Action de procurer un nouvel emploi à des personnes ayant dû abandonner leur travail précédent, leur activité.
LOCUTION
– ***Reclassement externe.*** Ensemble des actions prises par un employeur pour aider un salarié qu'il licencie pour des raisons économiques à se trouver un emploi comparable dans une autre entreprise (GDT). *Cette société offre à ses cadres licenciés un service de reclassement externe* (et non *outplacement).

RECLUS, USE adj. et n. m. et f.
Isolé, enfermé. *Elle vivait en recluse. Une vie recluse.*

RÉCLUSION n. f.
1. (LITT.) Isolement. *Cet ermite vivait en réclusion dans la forêt.*
2. (DR.) Emprisonnement. *Il a été condamné à la réclusion à perpétuité.* SYN. détention ; incarcération.
réclusion.

RECOIN n. m.
1. Coin caché. *Il a cherché dans tous les recoins* (et non *racoins) *de la maison, mais n'a rien trouvé.*
2. (FIG.) Ce qu'il y a de plus intime. *Les recoins de l'âme.* SYN. repli.

RECOLLAGE ou **RECOLLEMENT** n. m.
Action de coller de nouveau. *Le recollage* ou *le recollement d'une planche, d'une tasse et de son anse.*

RECOLLER v. tr.
Coller de nouveau. *Recoller les morceaux d'une assiette.*
CONJUGAISON : VOIR MODÈLE AIMER.

RÉCOLTE n. f.
1. Action de recueillir les produits de la culture. *La récolte des framboises.*
Pour la récolte des fruits, des fleurs, des légumes, on emploie aussi le nom ***cueillette***; pour la récolte des céréales, on dit aussi ***moisson.***

2. Les produits recueillis. *Cette année, la récolte est abondante.*
3. Action de recueillir quelque chose. *Les jeunes ont fait la récolte des paniers de Noël.* SYN. collecte.

RÉCOLTER v. tr., pronom.
VERBE TRANSITIF
1. Faire la récolte de. *Récolter des pommes.*
2. (FIG.) (FAM.) Recueillir quelque chose. *Vous risquez de récolter une retenue si vous ne remettez pas vos devoirs. Récolter des renseignements précieux.*
VERBE PRONOMINAL
Être récolté, recueilli. *Les framboises se récoltent en juin et en septembre.*
À la forme pronominale, le participe passé de ce verbe s'accorde toujours en genre et en nombre avec son sujet. *Vous imaginez bien que de tels renseignements secrets ne se sont pas récoltés facilement.*
CONJUGAISON : VOIR MODÈLE AIMER.

RECOMMANDABLE adj.
Digne d'estime, qui mérite d'être recommandé. *Cette personne est peu recommandable.* SYN. estimable.

RECOMMANDATION n. f.
1. Action de désigner une personne ou une chose à l'attention favorable de quelqu'un, en soulignant ses mérites, ses avantages. *Une recommandation enthousiaste. Une lettre de recommandation.* SYN. appui ; références.
2. Conseil, ordre. *Ma mère me fait toujours la recommandation d'être prudent.* SYN. avis.
LOCUTION
– ***Recommandation officielle.*** Avis d'un organisme gouvernemental.
VOIR TABLEAU – AVIS LINGUISTIQUES ET TERMINOLOGIQUES.

RECOMMANDER v. tr., pronom.
VERBE TRANSITIF
1. Vanter les qualités d'une personne, d'une chose. *Recommander un bon restaurant à des amis.*
2. Conseiller vivement. *Je vous recommande de ne pas perdre de temps. Je vous recommande ce livre.*
VERBE PRONOMINAL
1. Invoquer l'appui de quelqu'un. *Ils se sont recommandés de leurs amis haut placés.* SYN. se réclamer de.
En ce sens, le verbe se construit avec la préposition ***de.***
2. Solliciter la protection de quelqu'un. *Elle s'est recommandée à Dieu. Se recommander au bon souvenir de quelqu'un.*
En ce sens, le verbe se construit avec la préposition ***à.***
À la forme pronominale, le participe passé de ce verbe s'accorde en genre et en nombre avec le complément direct si celui-ci le précède. *Les experts qu'elles se sont recommandés mutuellement sont très sollicités. Ils se sont recommandés à la clémence du tribunal.* Le participe passé reste invariable si le complément direct suit le verbe. *Elles se sont recommandé la prudence.*
LOCUTION
– ***Recommander un envoi postal.*** Payer une taxe postale spéciale pour garantir la livraison d'une lettre, d'un colis. *Il vaut mieux recommander* (et non *enregistrer) *ce colis.*
La mention ***recommandé*** s'écrit au masculin singulier. *Envoyer un paquet en recommandé.*
CONJUGAISON : VOIR MODÈLE AIMER.

RECOMMENCEMENT n. m.
Action de recommencer. SYN. répétition.

RECOMMENCER v. tr., intr.
VERBE TRANSITIF
Commencer de nouveau. *Recommencer son travail.* SYN. refaire ; répéter ; reprendre.
Suivi de l'infinitif, le verbe se construit avec la préposition ***à.*** *Le malade a recommencé à manger.*
VERBE INTRANSITIF
Se produire de nouveau. *La pluie recommence. Tout est à recommencer : on doit tout reprendre à zéro.*
LOCUTION
– ***Recommencer de plus belle.*** Recommencer avec plus d'ardeur.
CONJUGAISON : VOIR MODÈLE AVANCER.
Le **c** prend une cédille devant les lettres ***a*** et ***o.*** *Il recommença, nous recommençons.*

R

RÉCOMPENSE n. f.
Gratification, cadeau, don, etc., fait à quelqu'un en témoignage de reconnaissance, de satisfaction. *Ils ont obtenu des récompenses pour leur participation à ce concours. Une récompense de 1 000 $ sera offerte à la personne qui pourra donner des renseignements sur le chauffard.*

RÉCOMPENSER v. tr.
Donner une récompense à quelqu'un. *Ce sont environ 6 000 médailles d'or, d'argent et de bronze qui ont récompensé les champions des épreuves olympiques et para-olympiques à Pékin. Ce prix vise à récompenser l'excellence en matière de gestion de l'innovation.* ANT. châtier ; punir.
Suivi d'un infinitif, le verbe se construit avec la préposition ***de.*** *Ils ont récompensé les bénévoles qui ont consacré temps et énergie à leur cause.* Suivi d'un nom, le verbe se construit avec les prépositions ***de, pour.*** *Nous comptons récompenser les élèves de leur assiduité, pour leur participation.*
CONJUGAISON : VOIR MODÈLE AIMER.

RECOMPOSÉ, ÉE adj.
Qui a été composé de nouveau, réuni. *Une musique recomposée pour le tambour africain. Recomposée et rajeunie, l'équipe a retrouvé sa créativité et son efficacité.*
LOCUTION
– ***Famille recomposée.*** Famille comprenant des enfants issus d'une union antérieure d'un ou des conjoints.

RECOMPOSER v. tr.
Composer de nouveau. *Il vous faut recomposer ce numéro pour joindre notre ami.*
CONJUGAISON : VOIR MODÈLE AIMER.

RECOMPOSITION n. f.
Action de recomposer ; résultat de cette action.

RECOMPTAGE n. m.
Action de compter une deuxième fois.
FORME FAUTIVE
*recomptage des voix. Impropriété pour ***dépouillement judiciaire, second dépouillement.*** *Les concurrents ont exigé un second dépouillement* (et non *recomptage des voix).

RECOMPTER v. tr.
Compter de nouveau. *Veuillez regagner vos sièges : nous devons recompter les passagers de l'avion.*
CONJUGAISON : VOIR MODÈLE AIMER.

RÉCONCILIATION n. f.
Action de mettre d'accord des personnes brouillées.
FORME FAUTIVE
*réconciliation des comptes. Calque de « *reconciliation of accounts* » pour ***rapprochement des comptes.***

RÉCONCILIER v. tr., pronom.
VERBE TRANSITIF
1. Remettre d'accord des personnes. *J'ai réconcilié mon amie avec ses parents.*
2. Accorder des choses qui semblent opposées. *Réconcilier le néolibéralisme et la morale.*
Le verbe se construit avec la préposition ***avec*** ou la conjonction ***et.***
VERBE PRONOMINAL
Se remettre d'accord. *Ils se sont finalement réconciliés.*
À la forme pronominale, le participe passé de ce verbe s'accorde toujours en genre et en nombre avec son sujet. *Les amies brouillées se sont réconciliées.*

CONJUGAISON : VOIR MODÈLE ÉTUDIER.
Redoublement du ***i*** à la première et à la deuxième personne du pluriel de l'indicatif imparfait et du subjonctif présent. *(Que) nous réconciliions, (que) vous réconciliiez.*

R

***RECONDITIONNER**
Anglicisme pour ***remettre en bon état, remettre à neuf, réusiner (un moteur).***

RECONDUCTIBLE adj.
Qui peut être reconduit. *Un contrat reconductible.* SYN. renouvelable.

RECONDUCTION n. f.
(DR.) Renouvellement d'un bail, d'un contrat.

RECONDUIRE v. tr.
1. Accompagner. *Je dois reconduire cette petite fille à sa maman.*
2. (DR.) Renouveler un bail, un contrat. *Les baux ont été reconduits pour deux ans aux mêmes conditions.*
CONJUGAISON : VOIR MODÈLE CONDUIRE.

RECONFIGURATION n. f.
1. Donner une nouvelle forme à quelque chose.
2. (INFORM.) Modification de la configuration des éléments matériels et logiciels d'un système informatique, dans le but d'accomplir une fonctionnalité différente ou de permettre la poursuite des opérations après la défaillance d'une unité (GDT).
3. Démarche de remise en question et de redéfinition en profondeur des processus d'une organisation en vue de la restructurer pour la rendre plus efficace tout en réduisant les coûts (GDT). *La reconfiguration* (et non le *reengineering, la *réingénierie) *d'une entreprise.* SYN. refonte.

RÉCONFORT n. m.
Consolation. *Je vous remercie, vous m'avez apporté beaucoup de réconfort. « de ce peu de chaleur humaine je ressentis un tel réconfort que je m'en souviens encore aujourd'hui »* (Gabrielle Roy, *La Détresse et l'Enchantement*). SYN. soutien.

RÉCONFORTANT, ANTE adj.
Propre à réconforter. *Ces paroles sont réconfortantes.* SYN. encourageant; remontant.

RÉCONFORTER v. tr., pronom.
Consoler, donner de la vigueur, de l'entrain. *La nouvelle de votre venue le réconfortera.* SYN. encourager; remonter; soutenir; stimuler.
À la forme pronominale, le participe passé de ce verbe s'accorde toujours en genre et en nombre avec son sujet. *Ils se sont réconfortés en s'encourageant mutuellement.*
CONJUGAISON : VOIR MODÈLE AIMER.

RECONNAISSABLE adj.
Que l'on peut facilement reconnaître. *La couleur de ses cheveux le rend facilement reconnaissable.*

RECONNAISSANCE n. f.
1. Action d'identifier une personne, une chose. SYN. identification.
2. Action de reconnaître comme vrai, légitime. *La reconnaissance d'un droit, d'un gouvernement.*
3. Gratitude. *Il lui a témoigné beaucoup de reconnaissance. Voici un petit bouquet en reconnaissance de ce que vous avez fait pour moi.*
Le nom se construit avec les prépositions ***pour, envers*** ou avec la locution prépositive ***à l'égard de.*** *Ils ont de la reconnaissance pour leurs parents, envers leurs professeurs, à l'égard de leurs amis.*
LOCUTIONS
– ***Reconnaissance de culpabilité.*** Réponse de l'accusé à un chef d'accusation, consistant à admettre sa culpabilité à l'infraction qui lui est imputée (Recomm. off.). *Il a payé une amende de 500 000 dollars et signé une reconnaissance* (et non *un plaidoyer) *de culpabilité.* SYN. non-contestation de l'accusation.
– ***Reconnaissance de la parole, reconnaissance vocale.*** (INFORM.) Technique visant à reconnaître, dans une suite de signaux sonores, les sons prononcés par un locuteur. *Bientôt, grâce à la reconnaissance vocale, une personne pourra dicter un texte à son système informatique, qui en produira une sortie imprimée.*

RECONNAISSANT, ANTE adj.
Qui témoigne de la gratitude. *Elle est reconnaissante de son aide, ils sont reconnaissants envers leurs amis, à leur famille. Nous vous serions reconnaissants de nous confirmer votre participation avant le 15 avril.*
Cet adjectif, suivi d'un nom, se construit avec les prépositions ***de, envers, à***; suivi d'un infinitif, il se construit avec ***de.***

RECONNAÎTRE v. tr., pronom.
VERBE TRANSITIF
1. Identifier une personne, une chose. *Je le reconnais bien malgré toutes ces années, il n'a pas changé.*
2. Admettre comme vrai, légitime. *Elle reconnaît que c'est à vous de prendre cette décision. Ils reconnaissent qu'ils ont fait une erreur, avoir pris la mauvaise décision.*
3. Avouer. *Reconnaître ses torts.* SYN. confesser.
VERBE PRONOMINAL
1. Retrouver une ressemblance, une image. *François ne se reconnaît pas sur cette photo. Ils ne se sont pas reconnus après toutes ces années.*
2. Comprendre. *Il est parfois difficile de s'y reconnaître.*
3. Admettre quelque chose. *Se reconnaître coupable.*
À la forme pronominale, le participe passé de ce verbe s'accorde toujours en genre et en nombre avec son sujet. *Ils se sont reconnus après quelques secondes d'hésitation.*
CONJUGAISON : VOIR MODÈLE PARAÎTRE.
[Les *Rectifications* (1990) admettent : reconnaitre.]

RECONNU, UE adj.
1. Incontestable. *Un fait reconnu.*
2. Officiel. *Une autorité reconnue.*
3. Renommé. *Une cinéaste reconnue.*

RECONSIDÉRER v. tr.
Étudier de nouveau. *Il faut reconsidérer le dossier sous un autre angle.* SYN. réexaminer; revoir.
CONJUGAISON : VOIR MODÈLE POSSÉDER.
Le ***é*** se change en ***è*** devant une syllabe contenant un ***e*** muet, sauf à l'indicatif futur et au conditionnel présent. *Je reconsidère,* mais *je reconsidérerai.*
[Les *Rectifications* (1990) admettent : il reconsidèrera, reconsidèrerait...]

RECONSTITUER v. tr., pronom.
VERBE TRANSITIF
Recréer. *Il faut reconstituer le décor de l'époque.*
VERBE PRONOMINAL
Se rétablir dans son état original. *Les tissus brûlés se sont reconstitués.*
À la forme pronominale, le participe passé de ce verbe s'accorde toujours en genre et en nombre avec son sujet. *Ses forces se sont reconstituées pendant sa convalescence.*
CONJUGAISON : VOIR MODÈLE AIMER.

RECONSTITUTION n. f.
Action de former à nouveau, de recréer une chose disparue. *Une reconstitution historique.*

RECOPIER v. tr.
1. Copier de nouveau.
2. Mettre au propre un brouillon. *Les élèves disposent de 45 minutes pour recopier leur récit.*
CONJUGAISON : VOIR MODÈLE ÉTUDIER.

RECORD n. m.
1. Exploit sportif. *Battre un record. Établir de nouveaux records. Elle est détentrice d'un record de vitesse.*

2. (EN APPOS.) Qui n'a encore jamais été atteint. *Des résultats records, un chiffre record.*
Certains auteurs font du mot ***record*** apposé un adjectif invariable, mais on peut aussi le considérer comme un nom apposé qui prend la marque du pluriel et s'écrit sans trait d'union.
LOCUTION
– ***En un temps record,*** loc. adv. Très rapidement.
FORMES FAUTIVES
*briser un record. Impropriété pour ***battre, pulvériser un record.***
*record. Anglicisme au sens de ***dossier, archives, registre, disque.***

RECOUPEMENT n. m.
Examen d'un fait par regroupement de données provenant de sources différentes.

RECOUPER v. tr., pronom.
VERBE TRANSITIF
Couper de nouveau. *Elle a recoupé les cheveux de Laurence.*
VERBE PRONOMINAL
Coïncider. *Les histoires se recoupent. Les données se sont recoupées.* SYN. correspondre.
À la forme pronominale, le participe passé de ce verbe s'accorde toujours en genre et en nombre avec son sujet. *Plusieurs commentaires se sont recoupés.*
CONJUGAISON : VOIR MODÈLE AIMER.

RECOURBER v. tr.
Courber par une extrémité. *Un bâton recourbé.*
CONJUGAISON : VOIR MODÈLE AIMER.

RECOURIR v. tr. ind., intr.
VERBE TRANSITIF INDIRECT
1. Demander de l'aide à quelqu'un. *Recourir au médecin en cas d'urgence.*
2. Faire appel à. *Il devra recourir à un expert.* SYN. avoir recours à.
En ces sens, le verbe se construit avec la préposition ***à.*** Les pronoms relatifs à employer avec ce verbe sont ***auquel, à laquelle, auxquels, auxquelles.*** *Le médecin auquel nous avons recouru est le Dr Lebeau. La technique à laquelle je recours est formidable.*
VERBE INTRANSITIF
Courir de nouveau. *Pour retrouver leur forme, Loïc et Maud recourent tous les matins.*
CONJUGAISON : VOIR MODÈLE COURIR.

RECOURS n. m.
1. Action par laquelle on sollicite l'aide, le secours de quelqu'un. *Il n'y a aucun recours contre le vandalisme.*
2. Dernière ressource, dernier moyen auquel on recourt. *Vous êtes mon seul recours.*
LOCUTIONS
– ***Avoir recours à quelqu'un, à quelque chose.*** Demander de l'aide à quelqu'un, employer un moyen, quelque chose. *Ils ont eu recours aux pompiers pour éteindre l'incendie.* SYN. s'adresser.
– ***En dernier recours.*** Lorsque tous les autres moyens sont épuisés.
recours.

RECOUVREMENT n. m.
Action de recouvrer des sommes dues. *Le recouvrement* (et non la *collection) *des impôts.*

RECOUVRER v. tr.
1. (LITT.) Récupérer, retrouver. *Il a recouvré la santé.*
2. Recevoir une somme due. *La société recouvrera l'argent investi sous peu.* SYN. toucher.
Ne pas confondre avec le verbe ***recouvrir,*** couvrir de nouveau.
Le verbe ***recouvrer*** est le doublet du verbe de formation savante ***récupérer.***
CONJUGAISON : VOIR MODÈLE AIMER.

RECOUVRIR v. tr., pronom.
VERBE TRANSITIF
Couvrir de nouveau. *La neige recouvrira le sol bientôt.*
VERBE PRONOMINAL
1. Se couvrir l'un l'autre. *Les bardeaux du toit se recouvrent partiellement.*
2. Se couvrir. *Le sol s'est recouvert de glace.*
À la forme pronominale, le participe passé de ce verbe s'accorde toujours en genre et en nombre avec son sujet. *Les sommets des Laurentides s'étaient recouverts de neige.*
Ne pas confondre avec le verbe ***recouvrer,*** récupérer, retrouver.
CONJUGAISON : VOIR MODÈLE OUVRIR.

RÉCRÉATIF, IVE adj.
Divertissant. *Une soirée récréative.* SYN. amusant.

RÉCRÉATION n. f.
1. Divertissement. *Après cette longue journée de travail, nous avons besoin de récréation.* SYN. détente.
2. Temps d'arrêt entre les cours. *À 10 heures sonnait la récréation.*
Ce nom s'abrège familièrement en ***récré.***

RECRÉER v. tr., pronom.
VERBE TRANSITIF
Créer de nouveau. *Elle a recréé l'atmosphère des joyeuses rencontres de jadis. « Je recrée tes rives à l'image de ton abandon/Il n'y a plus rien à croire »* (Jean-Guy Pilon, *Comme eau retenue*).
VERBE PRONOMINAL
Se créer de nouveau. *L'atmosphère de notre enfance s'est recréée lors de cette soirée de Noël.*
À la forme pronominale, le participe passé de ce verbe s'accorde toujours en genre et en nombre avec son sujet. *Les conditions idéales se sont recréées et la Nasa a pu procéder au lancement de la navette spatiale.*
Ne pas confondre avec le verbe ***récréer,*** distraire, amuser.
CONJUGAISON : VOIR MODÈLE CRÉER.

RÉCRÉER v. tr., pronom.
VERBE TRANSITIF
(LITT.) Distraire, amuser. *Pour récréer les enfants, elle engagea un magicien.* SYN. divertir.
VERBE PRONOMINAL
(LITT.) Se divertir. *Ils se sont récréés en allant au spectacle.* SYN. se détendre.
Ne pas confondre avec le verbe ***recréer,*** créer de nouveau.
À la forme pronominale, le participe passé de ce verbe s'accorde toujours en genre et en nombre avec son sujet. *Les académiciens se sont récréés en travaillant au dictionnaire de l'Académie.*
CONJUGAISON : VOIR MODÈLE CRÉER.

RÉCRÉOTOURISTIQUE adj.
Se dit de ce qui a trait aux activités récréatives, plus spécialement les activités de loisir de plein air, présentant un potentiel touristique. *L'entreprise s'est donné comme mission de proposer des activités récréotouristiques (canot, kayak, randonnée pédestre et équestre, vélo de montagne, escalade).*

RÉCRIER (SE) v. pronom.
1. (LITT.) S'indigner. *Elles se sont récriées à la vue de cet acte de vandalisme tout à fait gratuit.*
Le verbe a une connotation plutôt négative.
2. Protester. *Ils se sont récriés contre cette décision.*
Le participe passé de ce verbe, qui n'existe qu'à la forme pronominale, s'accorde toujours en genre et en nombre avec son sujet. *Ils se sont récriés en apprenant la mauvaise nouvelle.*
CONJUGAISON : VOIR MODÈLE ÉTUDIER.

RÉCRIMINATION n. f.
1. Reproche.
2. (AU PLUR.) Protestations incessantes. *Ces récriminations sont lassantes.* SYN. doléance ; grief.

RÉCRIMINER v. intr.
Faire des reproches, des critiques. *Elle est toujours à récriminer. Il récrimine sans cesse contre ses collègues.*
CONJUGAISON : VOIR MODÈLE AIMER.

RÉCRIRE ou **RÉÉCRIRE** v. tr.
1. Écrire de nouveau. *Elle doit lui récrire la semaine prochaine.*
2. Rédiger d'une autre façon. *Récrire* ou *réécrire* (et non *rewriter) *un roman.*
CONJUGAISON : VOIR MODÈLE ÉCRIRE.

RECROQUEVILLER (SE) v. pronom.
Se replier, se blottir. *Ils se sont recroquevillés sur eux-mêmes.*
Le participe passé de ce verbe, qui n'existe qu'à la forme pronominale, s'accorde toujours en genre et en nombre avec son sujet. *Les chatons se sont recroquevillés sous l'édredon.*
CONJUGAISON : VOIR MODÈLE AIMER.

RECRU, UE adj.
(LITT.) Épuisé. *Elle est recrue de fatigue.* SYN. fourbu ; las ; rompu.
recru, sans accent.

RECRUDESCENCE n. f.
La troisième syllabe se prononce ***dé***, [rəkrydesɑ̃s].
Reprise après une accalmie. *Nous notons une recrudescence des actes violents.* SYN. augmentation ; reprise ; retour.
recrudescence.

RECRUE n. f.
1. Jeune militaire qui vient d'être appelé au service.
2. (FIG.) Personne qui vient s'ajouter à un groupe. *Nous avons de nouvelles recrues très intéressantes.*
Attention au genre féminin de ce nom : ***une*** recrue.

RECRUTEMENT n. m.
Engagement d'un salarié, d'un cadre.
L'***embauchage*** se dit surtout pour un ouvrier.

RECRUTER v. tr., pronom.
VERBE TRANSITIF
Engager du personnel. *L'école a recruté une bibliothécaire.*
VERBE PRONOMINAL
Être issu, être recruté, provenir de. *Les bons techniciens se recrutent dans ce cégep.*
À la forme pronominale, le participe passé de ce verbe s'accorde toujours en genre et en nombre avec son sujet. *Ces étudiants se sont recrutés dans les meilleurs collèges.*
CONJUGAISON : VOIR MODÈLE AIMER.

RECRUTEUR n. m.
RECRUTEUSE n. f.
Personne chargée de recruter des employés, des clients, des participants, etc.

RECT(I)- préf.
Élément du latin signifiant « droit ». *Rectiligne.*

RECTAL, ALE, AUX adj.
Relatif au rectum. *Des thermomètres rectaux.*

RECTANGLE n. m.
Parallélogramme à angles droits dont les côtés sont égaux deux à deux.

RECTANGULAIRE adj.
Qui a la forme d'un rectangle. *Un terrain rectangulaire.*

RECTEUR n. m.
RECTRICE n. f.
Personne à la tête d'une université.

RECTIFICATIF, IVE adj. et n. m.
ADJECTIF
Qui sert à corriger. *Une note rectificative.*
NOM MASCULIN
Texte qui rectifie une erreur. *La publication d'un rectificatif.*

RECTIFICATION n. f.
Action de rendre adéquat, correct. *Les* Rectifications orthographiques *de 1990.*
VOIR TABLEAU – RECTIFICATIONS ORTHOGRAPHIQUES.

RECTIFIER v. tr.
Corriger. *Il faudrait rectifier ces données qui sont inexactes.*
CONJUGAISON : VOIR MODÈLE ÉTUDIER.
Redoublement du ***i*** à la première et à la deuxième personne du pluriel de l'indicatif imparfait et du subjonctif présent. *(Que) nous rectifiions, (que) vous rectifiiez.*

RECTILIGNE adj.
Qui est en ligne droite. *Un jardin rectiligne.*

RECTITUDE n. f.
1. Qualité de ce qui est droit, exact. SYN. exactitude ; rigueur.
2. Conformité à la raison. *La rectitude de jugement.*
LOCUTION
– ***Rectitude politique.*** Façon de penser et de s'exprimer qui convient, conforme au bon ton, qui ne choque pas dans un milieu donné. SYN. politiquement correct.

RECTO n. m.
Abréviation ***r°*** (s'écrit sans point).
Endroit d'une feuille de papier. *Les rectos sont paginés en nombres impairs.* ANT. verso.
LOCUTION
– ***Recto verso,*** loc. adv. Au recto et au verso. *Faire des impressions recto verso.*
Pris adverbialement, le mot est invariable.

RECTUM n. m.
Le ***u*** se prononce ***o***, [rɛktɔm] ; le nom rime avec ***gomme***.
Partie terminale de l'intestin. *Des rectums.*

REÇU n. m.
Document prouvant que l'on a reçu quelque chose. *Pour récupérer mes chaussures chez le cordonnier, j'ai besoin du reçu qu'il m'a donné.*
LOCUTION
– ***Reçu officiel.*** Papier délivré par une personne ou un organisme. *Il importe de conserver les reçus officiels* (et non *reçus pour fins d'impôt, reçus aux fins de l'impôt) *des dons effectués au cours de l'année financière.*
Employé elliptiquement devant une somme ou la désignation d'un article, le participe passé est invariable. *Reçu pour solde de tout compte la somme de 100 $.*

RECUEIL n. m.
Assemblage d'écrits de même nature. *Des recueils de récits de science-fiction. Un beau recueil de poèmes.*

RECUEILLEMENT n. m.
État d'une personne qui médite, qui se concentre de façon intense. *« Moi ce n'est que pour vous aimer/Que je vous accueille/Dans la vallée spacieuse de mon recueillement »* (Hector de Saint-Denys Garneau, *Œuvres*). SYN. méditation ; réflexion.

RECUEILLIR v. tr., pronom.
VERBE TRANSITIF
1. Réunir, rassembler. *Il est chargé de recueillir les adresses de tous. Les dons recueillis seront versés à la fondation de l'hôpital Sainte-Justine et à Centraide.*
2. Offrir l'hospitalité à quelqu'un qui est en difficulté. *Les voisins ont recueilli cette famille.* SYN. accueillir ; héberger.
VERBE PRONOMINAL
Réfléchir, méditer. *Elle voudrait se recueillir quelques minutes dans la petite maison de son enfance.* SYN. se concentrer.
À la forme pronominale, le participe passé de ce verbe s'accorde toujours en genre et en nombre avec son sujet. *Elle s'est recueillie en entrant dans l'église.*

CONJUGAISON : VOIR MODÈLE CUEILLIR.
INDICATIF PRÉSENT *Je recueille, tu recueilles, il recueille, nous recueillons, vous recueillez, ils recueillent.* IMPARFAIT *Je recueillais, tu recueillais, il recueillait, nous recueillions, vous recueilliez, ils recueillaient.* PASSÉ SIMPLE *Je recueillis.* FUTUR *Je recueillerai.* CONDITIONNEL PRÉSENT *Je recueillerais.* IMPÉRATIF PRÉSENT *Recueille, recueillons, recueillez.* SUBJONCTIF PRÉSENT *Que je recueille, que tu recueilles, qu'il recueille, que nous recueillions, que vous recueilliez, qu'ils recueillent.* IMPARFAIT *Que je recueillisse.* PARTICIPE PRÉSENT *Recueillant.* PASSÉ *Recueilli, ie.*

RECUL n. m.
1. Mouvement en arrière. *Un mouvement de recul.*
2. Éloignement nécessaire (dans le temps ou dans l'espace) pour avoir une vue d'ensemble. *Avec le recul des années, je comprends mieux ce qui est arrivé.*
3. (FIG.) Distanciation prise par rapport à une situation, à un évènement. *Il nous faut prendre du recul pour être à même de porter un jugement.*

RECULÉ, ÉE adj.
1. Éloigné (dans l'espace). *Un endroit reculé. « Je revoyais le petit village si reculé qu'on l'avait toujours dit menacé d'être tôt ou tard oublié pour de bon »* (Gabrielle Roy, *La Détresse et l'Enchantement*). SYN. isolé ; perdu ; retiré.
2. Éloigné (dans le temps). *Dans les temps reculés, on habitait dans des cavernes.* SYN. ancien.

RECULER v. tr., intr.
VERBE TRANSITIF
1. Déplacer vers l'arrière. *Reculer la voiture pour sortir du garage.*
2. Retarder. *L'école a reculé la date de l'examen.* SYN. différer ; reporter.
VERBE INTRANSITIF
1. Aller en arrière. *La voiture recule. Ils ont reculé pour mieux sauter.* SYN. faire machine arrière ; faire marche arrière.
2. Diminuer, régresser. *Les cours boursiers reculent.*
3. (FIG.) Renoncer à quelque chose de difficile, de dangereux. *Nos concurrents ont reculé devant notre supériorité.* SYN. céder ; (FAM.) se dégonfler ; se replier ; se retirer.
En ce sens, le verbe se construit absolument ou avec la préposition ***devant***. *L'armée ennemie a décidé de reculer. Ils reculeront devant notre détermination.*
CONJUGAISON : VOIR MODÈLE AIMER.

RECULONS (À) loc. adv.
1. En reculant. *Rouler à* (et non *de) *reculons.*
2. (FIG.) À contrecœur. *Il s'est joint au groupe à reculons.* SYN. contre son gré.
à reculons, toujours avec un ***s***.

RÉCUPÉRABLE adj.
Qui peut être récupéré. *Des matières récupérables et recyclables.*

RÉCUPÉRATION n. f.
Action de récupérer. *La récupération des déchets recyclables.*

RÉCUPÉRER v. tr., intr.
VERBE TRANSITIF
1. Retrouver (ce qu'on avait perdu). *J'ai récupéré le porte-monnaie qu'on m'avait volé.*
2. Recycler. *Récupérer du papier journal.*
VERBE INTRANSITIF
Reprendre des forces. *Après cette bonne nuit de sommeil, il commence à récupérer.* SYN. se remettre.
CONJUGAISON : VOIR MODÈLE POSSÉDER.
Le ***é*** de la troisième syllabe se change en ***è*** devant une syllabe contenant un ***e*** muet, sauf à l'indicatif futur et au conditionnel présent. *Je récupère,* mais *je récupérerai.*
[Les *Rectifications* (1990) admettent : il récupèrera, récupèrerait...]

RÉCURAGE n. m.
Action de récurer.

RÉCURER v. tr.
Nettoyer en frottant avec un abrasif. *Récurer les casseroles.*
CONJUGAISON : VOIR MODÈLE AIMER.

RÉCURRENCE n. f.
(LITT.) Répétition, retour. *La récurrence éternelle des saisons.*
Ne pas confondre avec le nom ***résurgence***, fait de réapparaître.
récurrence.

RÉCURRENT, ENTE adj.
Qui se répète. *Des symptômes récurrents.*

RÉCUSATION n. f.
Action de récuser. *La récusation d'un témoignage.* SYN. refus ; rejet.

RÉCUSER v. tr., pronom.
VERBE TRANSITIF
1. (DR.) Refuser, par soupçon de partialité, un juge, un juré, un expert, etc.
2. Rejeter l'autorité, le témoignage de.
VERBE PRONOMINAL
Refuser une responsabilité, se déclarer soi-même incompétent.
À la forme pronominale, le participe passé de ce verbe s'accorde toujours en genre et en nombre avec son sujet. *Ces juges se sont récusés.*
CONJUGAISON : VOIR MODÈLE AIMER.

RECYCLABLE adj.
Qui peut être transformé de manière à être réintroduit dans un cycle de production pour la fabrication de nouveaux produits (GDT). *Des métaux recyclables.*
On emploie l'adjectif ***valorisable*** pour qualifier ce qui est relatif au potentiel de réutilisation d'un résidu, d'un déchet, d'un produit usagé, soit à des fins de production énergétique, de biodégradation, soit en vue de sa transformation pour la fabrication de nouveaux produits.

RECYCLAGE n. m.
1. Formation nouvelle ou complémentaire. *Plusieurs techniciens auraient besoin d'un bon recyclage.* SYN. mise à jour ; perfectionnement.
2. Action de soumettre une matière, des déchets à un nouveau traitement. *Le recyclage du papier.*

RECYCLER v. tr., pronom.
VERBE TRANSITIF
1. Soumettre quelqu'un à une formation, à du perfectionnement. *Recycler périodiquement son personnel.* SYN. perfectionner.
2. Soumettre quelque chose à un recyclage. *Recycler des bouteilles, des journaux. Ce papier est recyclé.* SYN. récupérer.
VERBE PRONOMINAL
Mettre à jour sa formation, acquérir une nouvelle formation. *Elles se sont recyclées en suivant un stage de formation professionnelle.* SYN. se perfectionner.
À la forme pronominale, le participe passé de ce verbe s'accorde toujours en genre et en nombre avec son sujet. *Ils se sont recyclés en participant à ce congrès.*
CONJUGAISON : VOIR MODÈLE AIMER.

RÉDACTEUR n. m.
RÉDACTRICE n. f.
Personne qui participe à la rédaction des textes d'un journal, d'un livre, d'une revue, etc. *Un rédacteur technique.*
LOCUTION
– ***Rédacteur en chef.*** Personne qui dirige la rédaction d'un journal, d'un périodique. *Elle a été nommée rédactrice en chef* (et non *éditrice) *du nouveau quotidien.*

RÉDACTION n. f.
1. Action de rédiger. *La rédaction d'un journal de voyage. La rédaction d'un contrat.* SYN. écriture.
2. Ensemble des journalistes d'un journal, d'un périodique, d'une publication. *Ces personnes assurent la direction de la rédaction du journal* Le Monde.

R

RECTIFICATIONS ORTHOGRAPHIQUES[1]

Le 6 décembre 1990 est publié au *Journal officiel de la République française* un texte intitulé « Les rectifications de l'orthographe ». Présentées par le Conseil supérieur de la langue française [France] avec l'aval de l'Académie française, ces propositions visent à simplifier certaines graphies et à supprimer des anomalies, des exceptions ou des irrégularités de l'orthographe française. Elles touchent un peu plus de 2000 mots du vocabulaire actuel, mais aussi et surtout l'écriture des nouveaux mots, tout particulièrement dans les domaines technique et scientifique.

Ainsi que l'écrit l'Office québécois de la langue française [www.oqlf.gouv.qc.ca], « les rectifications de l'orthographe sont des recommandations, des propositions ; même si elles sont officielles, elles n'ont pas de caractère obligatoire ».

Les rectifications se résument à quelques règles et portent principalement sur les points suivants :

- la soudure et le trait d'union ;
- le pluriel des noms composés ;
- la francisation des emprunts à d'autres langues ;
- les accents ;
- le participe passé du verbe *laisser* ;
- diverses anomalies, en particulier les séries désaccordées.

Pour la **correction des épreuves de français**, les formes rectifiées sont admises depuis quelques années et doivent être considérées comme des variantes orthographiques des formes traditionnelles, comme *clef* et *clé*, *lys* et *lis*, *événement* et *évènement*.

PRISE DE POSITION DE L'OFFICE QUÉBÉCOIS DE LA LANGUE FRANÇAISE (OQLF)

Diffusée dans sa *Banque de dépannage linguistique* [http://www.oqlf.gouv.qc.ca/ressources/bdl.html], la prise de position de l'OQLF se lit ainsi : « Bien que les rectifications orthographiques aient été proposées en 1990, l'utilisation effective des nouvelles formes n'est pas encore généralisée. Les flottements dans l'emploi des graphies rectifiées que l'on observe, entre autres dans les dictionnaires usuels, illustrent bien le fait que nous sommes encore dans une période de transition. À l'instar de l'Académie française, qui, en 1991, déclarait que les anciennes graphies demeuraient admises et qu'on ne pouvait pénaliser les nouvelles graphies, l'Office québécois de la langue française estime que ni les graphies traditionnelles ni les nouvelles graphies proposées ne doivent être considérées comme fautives. »

LES PRINCIPALES RÈGLES

Soudure et trait d'union

- Le trait d'union ou l'apostrophe est supprimé dans certains mots et les éléments sont soudés, notamment :
  - dans les mots composés formés avec *contr(e)-*, *entr(e)-*, *extra-*, *infra-*, *intra-*, *ultra-* ou avec des éléments « savants ».
    Contrejour, entretemps, s'entrainer, agroalimentaire, électroencéphalogramme.
  - dans les mots empruntés à d'autres langues et les onomatopées.
    Baseball, waterpolo, cowboy, exlibris, harakiri, statuquo; blabla, froufrou, tictac.
- Le trait d'union lie tous les éléments dans les numéraux composés, qu'ils soient inférieurs ou supérieurs à *cent*.
  Vingt-quatre années, cent-quarante-et-un ans.

RECTIFICATIONS ORTHOGRAPHIQUES | **SUITE >**

1. Conception du tableau : Karine Pouliot.

Pluriel des noms composés

- Le pluriel des noms composés du type *verbe + nom* (*brise-glace*) et *préposition + nom* (*avant-midi*) est régularisé : le nom prend la marque du pluriel seulement si le nom composé est au pluriel.
  Un brise-glace, des brise-glaces ; un essuie-main, des essuie-mains ; un porte-parole, des porte-paroles ; un avant-midi, des avant-midis ; un sans-abri, des sans-abris.

Francisation de l'orthographe des mots d'origine étrangère

- Les mots empruntés à da utres langues suivent la règle du singulier et du pluriel et sont accentués selon les règles du français.
  Un artéfact, des artéfacts ; un maximum, des maximums ; un média, des médias ; un référendum, des référendums ; un sandwich, des sandwichs ; un spaghetti, des spaghettis ; un véto, des vétos.

Accents et tréma

- On emploie l'accent grave plutôt que l'accent aigu devant une syllabe contenant un ***e*** dit muet.
  Assèchement, cèleri, crèmerie, évènement, règlementation.

  Cette règle régularise la conjugaison au futur et au conditionnel des verbes en ***é*** + consonne + ***er*** (comme *céder*).
  Il cèdera (céder), *elles répèteraient* (répéter).

  EXCEPTIONS : Les préfixes *dé-* et *pré-* (*démener, prélever*), les *é-* initiaux (*élever*) ainsi que *médecin, médecine.*

- On conserve l'accent circonflexe sur ***a***, ***e*** et ***o*** (*théâtre, forêt, côté*), mais pas sur ***i*** et ***u***.
  Abime, assidument, couter, croitre, disparaitre, envouter, flute, maitrise, trainer.

  EXCEPTIONS : On conserve l'accent circonflexe pour distinguer des homophones (ex. : *mur* et *mûr*; *du* et *dû*; *jeune* et *jeûne*; *sur* et *sûr*; *cru* et *crû*) et dans les terminaisons du passé simple (*-îmes, -îtes, -ûmes, -ûtes*) ou de l'imparfait du subjonctif (ex. : *quil prît* , de *prendre*; *qu'il crût*, de *croire*).

- Le tréma se place sur la voyelle qui doit être prononcée, indiquant qu'elle doit être prononcée séparément de la voyelle qui la suit ou qui la précède.
  Aigüe, ambigüe, ambigüité, contigüité, argüer, gageüre.

Simplification des consonnes doubles

- Les verbes en ***-eler*** et en ***-eter*** (sauf *appeler, jeter* et leurs dérivés) se conjuguent sur le modèle de *peler* ou de *acheter* : ils ne doublent pas le ***l*** ou le ***t***, mais s'écrivent avec un ***è***. Leurs dérivés en *-ement* suivent la même règle.
  Je morcèle, morcèlement (comme *je démantèle, démantèlement*) ; *je cachète* (comme *j'achète*).

  EXCEPTIONS : *J'appelle, tu appelles, il appelle, elles appellent...* (appeler) ; *j'interpelle...* (interpeler) ; *je jette...* (jeter) et leurs dérivés.

- La consonne qui suit le ***e*** dit muet est simple.
  Interpeler (comme *appeler*); *dentelière, lunetier* (comme *noisetier*).

Accord du participe passé de *laisser*

- Le participe passé du verbe ***laisser*** suivi d'un infinitif reste invariable (comme celui du verbe ***faire*** suivi d'un infinitif).
  *Nous les avons **laissé mijoter** une heure* (comme *Nous les avons **fait mijoter***).

Anomalies rectifiées

- Des familles sont réaccordées et des anomalies, corrigées.
  Bonhommie (comme *bonhomme*) ; *charriot* (comme *charrette*) ; *dissout* (comme *dissoute*) et *absout* (comme *absoute*) ; *persiffler, persifflage, persiffleur* (comme *siffler*) ; *corole, girole* (comme *bestiole, camisole*) ; *joailler, quincailler* (comme *poulailler*) ; *assoir ; ognon ; nénufar* (d'origine arabe, et non grecque comme *phare*).

R

3. Composition. *Demain, nous devons remettre une rédaction sur notre futur métier.* SYN. dissertation.
LOCUTION
– ***Secrétaire de rédaction.*** Personne chargée de la rédaction d'un journal, d'un ouvrage. *Un secrétaire de rédaction* (et non *chef de pupitre) *compétent.*

RÉDACTIONNEL, ELLE adj.
Relatif à la rédaction. *La correction rédactionnelle.*
✏ rédactionnel.

REDDITION n. f.
Le fait de se rendre. *La reddition des Allemands.* SYN. capitulation.
LOCUTION
– ***Reddition de comptes.*** Obligation imposée à un gestionnaire de répondre de l'exercice d'une responsabilité qui lui a été conférée, en fonction de paramètres qu'il a au préalable acceptés (GDT). *La vérificatrice générale estime que le gouvernement n'a pas respecté les exigences essentielles de la reddition de comptes* (et non *imputabilité) *au Parlement.* SYN. obligation de rendre compte.
✏ reddition.

REDÉFINIR v. tr.
Donner une nouvelle définition de. *Compte tenu de l'évolution de la situation, il nous faut redéfinir nos paramètres.*
CONJUGAISON : VOIR MODÈLE FINIR.

REDEMANDER v. tr.
Demander de nouveau. *Ce potage est délicieux. Je me permets d'en redemander.*
CONJUGAISON : VOIR MODÈLE AIMER.

REDÉMARRER v. intr.
1. Démarrer de nouveau. *La voiture s'est étouffée, redémarrera-t-elle ?*
2. (FIG.) Retrouver son activité, sa vigueur. *Les dépenses de consommation n'ont pas redémarré.*
CONJUGAISON : VOIR MODÈLE AIMER.

RÉDEMPTION n. f.
1. Rachat du genre humain par le Christ. *Le mystère de la Rédemption.*
T Le nom s'écrit avec une majuscule lorsqu'il désigne l'action du Christ, du Sauveur.
2. Action de se racheter. SYN. rachat.
✏ rédemption.

REDESCENDRE v. tr., intr.
VERBE TRANSITIF
Descendre de nouveau. *Il faudrait redescendre ce miroir que j'ai posé trop haut.*
VERBE INTRANSITIF
Baisser. *La mer a redescendu.*
CONJUGAISON : VOIR MODÈLE FENDRE.

REDEVABLE adj.
Qui a une obligation envers quelqu'un. *Je vous suis redevable de cette initiative.*

REDEVANCE n. f.
Rente, taxe qui doit être acquittée à termes fixes. *Des redevances élevées.*
On préférera ce terme à l'anglicisme ***royalties.***
✏ redevance.

RÉDHIBITOIRE adj.
Qui constitue un empêchement radical.
✏ rédhibitoire.

RÉDIGER v. tr.
Écrire sous une forme déterminée. *Nous rédigeons une petite histoire. Rédiger un acte notarié.*
CONJUGAISON : VOIR MODÈLE CHANGER.
Le ***g*** est suivi d'un ***e*** devant les lettres ***a*** et ***o.*** *Il rédigea, nous rédigeons.*

REDINGOTE n. f.
1. (ANCIENN.) Vêtement masculin à longues basques. *On peut voir la redingote grise de Napoléon aux Invalides.*
2. Manteau féminin cintré à la taille.
✏ redingote.

REDIRE v. tr.
VERBE TRANSITIF DIRECT
Dire de nouveau. *Elle lui redit sans cesse la même chose.* SYN. répéter.
VERBE TRANSITIF INDIRECT
Blâmer, critiquer. *Il n'a rien à redire.*
En ce sens, le verbe ne s'emploie qu'à l'infinitif et avec la préposition ***à.***
CONJUGAISON : VOIR MODÈLE DIRE.
Ce verbe se conjugue comme ***dire.*** *Vous redites* (et non *redisez).

REDITE n. f.
Répétition. *Cet article ne comporte que des redites.*

REDONDANCE n. f.
(PÉJ.) Défaut d'un texte, d'un discours qui donne une information déjà transmise. *Les expressions pléonastiques sont des redondances.*
✏ redondance.

REDONDANT, ANTE adj.
Qui présente des redondances. *L'expression « monter en haut » est redondante, c'est un pléonasme.*
✏ redondant.

REDONNER v. tr., intr.
VERBE TRANSITIF
1. Donner de nouveau. *Veux-tu me redonner ton numéro de téléphone, s'il te plaît ?*
2. Rendre ce qui avait été prêté. *Voilà, je te redonne le livre de poèmes de Paul Eluard que tu m'avais prêté.*
VERBE INTRANSITIF
Retomber. *Tu redonnes dans la manie de tout classer méthodiquement.*
En ce sens, le verbe se construit avec la préposition ***dans.***
CONJUGAISON : VOIR MODÈLE AIMER.

REDOUBLANT, ANTE adj. et n. m. et f.
Élève qui redouble une classe. *Des élèves redoublants. Ces redoublants finiront par réussir.* SYN. ⚜ doubleur.

REDOUBLEMENT n. m.
1. Action de redoubler. *Le redoublement d'une boîte à fleurs avec une toile géotextile.*
2. Accroissement important. *Le redoublement des attentats.*
3. Répétition d'une lettre, d'une syllabe. *Le redoublement de certaines consonnes constitue une difficulté orthographique.*
4. Fait de redoubler une année de scolarité.

REDOUBLER v. tr., intr.
VERBE TRANSITIF DIRECT
Répéter, recommencer. *Redoubler une classe.*
VERBE TRANSITIF INDIRECT
Montrer encore plus de. *Redoubler d'ardeur et d'attention.*
En ce sens, le verbe se construit avec la préposition ***de.***
VERBE INTRANSITIF
Augmenter, recommencer de plus belle. *L'orage redoubla.*
CONJUGAISON : VOIR MODÈLE AIMER.

REDOUTABLE adj.
Qui est à craindre, qui est très fort. *C'est un concurrent redoutable.* SYN. dangereux ; puissant ; terrible.

REDOUTABLEMENT adv.
D'une manière redoutable. *Ces étudiants sont redoutablement ingénieux.* SYN. terriblement.

REDOUTER v. tr.
Craindre grandement. *Elle redoute sa méchanceté. Il redoute d'avoir à se présenter à la reprise.* SYN. appréhender ; avoir peur.

1° Suivi de l'infinitif, le verbe se construit avec la préposition **de**. Dans la langue soutenue, le verbe **redouter** construit avec **que** suivi du subjonctif est souvent accompagné de la particule **ne** dite explétive, sans valeur négative, lorsqu'on redoute qu'un évènement (ne) se produise. *Ils redoutent que leurs adversaires soient ou ne soient mieux préparés qu'eux.*

2° Par contre, si l'on craint qu'un évènement ne se produise pas, l'emploi de la négation **ne... pas** est obligatoire. *Elle redoute que l'approvisionnement ne soit pas assuré à temps.*

3° Il en est ainsi pour les autres verbes exprimant une notion de crainte : **appréhender, craindre, avoir peur, trembler**, etc.

CONJUGAISON : VOIR MODÈLE AIMER.

REDOUX n. m.
Réchauffement temporaire du climat au cours de l'hiver. *Profitons du redoux pour aller skier.*

REDRESSEMENT n. m.
Action de redresser, de corriger une situation problématique. *Un plan de redressement de l'entreprise.*

REDRESSER v. tr., pronom.
VERBE TRANSITIF
1. Relever. *Elle a redressé la tête pour regarder les oiseaux au loin.* SYN. lever.
2. Rendre droit. *Le dentiste a réussi à redresser les dents de Martine.* SYN. rectifier.
3. Rétablir à un niveau acceptable à la suite de difficultés, remettre dans la bonne voie. *Elle redressa la situation et rendit l'entreprise profitable.* SYN. corriger.
VERBE PRONOMINAL
1. Se relever. *Redressez-vous, la directrice arrive !*
2. (FIG.) Reprendre sa progression après un fléchissement. *L'économie s'est redressée.*
À la forme pronominale, le participe passé de ce verbe s'accorde toujours en genre et en nombre avec son sujet. *Après de fortes baisses, les cours boursiers se sont redressés.*
CONJUGAISON : VOIR MODÈLE AIMER.

***RED TAPE**
Anglicisme pour **formalités administratives**.

RÉDUCTIBLE adj.
Qui peut être réduit. *Des frais réductibles.* SYN. compressible.

RÉDUCTION n. f.
1. Action de diminuer. *La réduction des dépenses.* SYN. compression ; diminution.
2. Terme général qui désigne une diminution accordée sur un prix. *Une réduction de 50 % sur les prix courants.*
Ne pas confondre avec les noms suivants :
- ***escompte***, réduction de prix accordée en raison de l'acquittement d'une dette avant son échéance ;
- ***rabais***, diminution accordée sur un prix, particulièrement en raison d'un niveau de qualité inférieur, d'un défaut de conformité, pour une fin de série, etc. ;
- ***remise*** (quantitative), diminution de prix accordée à un client important en fonction des quantités achetées en un lot.

RÉDUIRE v. tr., pronom.
VERBE TRANSITIF
Diminuer. *Il faut réduire les délais de livraison. Les prix ont été réduits de 50 %.* SYN. abaisser ; limiter ; restreindre.
VERBE PRONOMINAL
1. Se limiter à. *Ses réserves se réduisent à quelques boîtes.* SYN. se borner à.
À la forme pronominale et en ce sens, le verbe se construit avec la préposition **à**.
2. Se transformer en. *Les glaçons se sont réduits en eau.*
En ce sens, le verbe se construit avec la préposition **en**.
À la forme pronominale, le participe passé de ce verbe s'accorde toujours en genre et en nombre avec son sujet. *Leurs demandes se sont réduites à peu de chose.*
LOCUTION
– ***En être réduit à.*** Devoir, être contraint de. *Elle en était réduite à mendier du travail.*
CONJUGAISON : VOIR MODÈLE CONDUIRE.
INDICATIF PRÉSENT *Je réduis, tu réduis, il réduit, nous réduisons, vous réduisez, ils réduisent.* IMPARFAIT *Je réduisais.* PASSÉ SIMPLE *Je réduisis.* FUTUR *Je réduirai.* CONDITIONNEL PRÉSENT *Je réduirais.* IMPÉRATIF PRÉSENT *Réduis, réduisons, réduisez.* SUBJONCTIF PRÉSENT *Que je réduise.* IMPARFAIT *Que je réduisisse.* PARTICIPE PRÉSENT *Réduisant.* PASSÉ *Réduit, ite.*

RÉDUIT n. m.
1. Petite pièce sombre, recoin. SYN. cagibi.
2. Sève d'érable réduite par l'évaporation. *À la cabane à sucre, il est agréable de goûter au réduit.*

RÉDUIT, ITE adj.
1. Qui a subi une réduction, diminué. *Des prix réduits. Rouler à vitesse réduite.*
2. Construit à petite échelle. *Un modèle réduit d'un avion.*

RÉÉCHELONNEMENT n. m.
Réaménagement des échéances de remboursement d'une dette sur une période plus longue que celle qui était prévue antérieurement. *Le Brésil élimine progressivement tous les titres liés au rééchelonnement de sa dette extérieure.*

RÉÉCOUTER v. tr.
Écouter de nouveau. *Elle réécoute cette chanson sans jamais se lasser.*
CONJUGAISON : VOIR MODÈLE AIMER.

RÉÉCRIRE
VOIR – RÉCRIRE.

RÉÉCRITURE n. f.
Action de rédiger un texte sous une nouvelle forme. *La réécriture* (et non le *rewriting) *d'un roman.*

RÉÉDITER v. tr.
Éditer de nouveau, donner une nouvelle édition. *Il a réédité l'œuvre en l'enrichissant de nouveaux extraits.*
CONJUGAISON : VOIR MODÈLE AIMER.

RÉÉDITION n. f.
1. Action de rééditer, en apportant souvent des modifications.
2. Édition nouvelle. *Ce livre est une réédition.*
Alors que la réédition est souvent enrichie ou corrigée, la ***réimpression*** se fait sans modification.

RÉÉDUCATION n. f.
Action de rééduquer (un membre, une fonction), son résultat. *Rééducation musculaire. Rééducation* (et non *réhabilitation) *de la jambe, de la vue.* SYN. réadaptation.
Ne pas confondre avec le nom ***réhabilitation*** qui désigne l'action de faire recouvrer l'estime, la considération. La ***réadaptation*** ou la ***rééducation*** est d'ordre physique, alors que la ***réhabilitation*** est d'ordre moral.

RÉÉDUQUER v. tr.
1. Soumettre une personne blessée, handicapée à un traitement, à des exercices afin qu'elle recouvre l'usage de ses facultés, de ses membres. *Rééduquer un accidenté de la route.* SYN. réadapter.
2. Donner une nouvelle éducation. *Rééduquer des prisonniers.*
CONJUGAISON : VOIR MODÈLE AIMER.

RÉEL, ELLE adj. et n. m.
ADJECTIF
Qui existe véritablement. *Un danger réel, des progrès réels.* SYN. existant ; vrai.
NOM MASCULIN
Ce qui existe effectivement. *Le réel et l'irréel.* SYN. réalité. ANT. irréel.

R

RÉÉLECTION n. f.
Action de réélire. *La réélection du maire.*

RÉÉLIRE v. tr.
Élire de nouveau. *La députée a été réélue.*
CONJUGAISON : VOIR MODÈLE LIRE.

RÉELLEMENT adv.
Vraiment. *Il est réellement venu.* SYN. effectivement; véritablement.

RÉENGAGER
VOIR – RENGAGER.

REÉR
Les lettres ***eé*** se prononcent ***èè,*** [reɛr] (et non *rir).
Sigle de ***régime enregistré d'épargne-retraite.***

RÉÉVALUATION n. f.
1. Nouvelle évaluation. *Il faut procéder à une réévaluation de la fonte des glaciers.*
2. (FIN.) Relèvement de la parité d'une monnaie. ANT. dévaluation.

RÉEXAMINER v. tr.
Étudier à nouveau. *La question doit être réexaminée.* SYN. reconsidérer.
CONJUGAISON : VOIR MODÈLE AIMER.

RÉEXPÉDIER v. tr.
1. Expédier de nouveau. *Nous avons réexpédié des médicaments dans ce pays en guerre.*
2. Retourner un envoi à son expéditeur. *La lettre a été réexpédiée parce que son destinataire est inconnu.*
CONJUGAISON : VOIR MODÈLE ÉTUDIER.

réf.
Abréviation de ***référence.***
LOCUTIONS
– ***N/Référence, N/Réf., N/R.*** abréviations de ***notre référence.***
– ***V/Référence, V/Réf., V/R.*** abréviations de ***votre référence.***

REFAIRE v. tr., pronom.
VERBE TRANSITIF
1. Faire ce qu'on a déjà fait. *Refaire une lecture, un voyage.* SYN. recommencer; répéter; reprendre.
2. Réparer. *Il faut refaire à neuf cet appartement.* SYN. réaménager; restaurer.
VERBE PRONOMINAL
1. Retrouver la santé, ses forces. *Elle s'est refaite grâce à son séjour à la campagne.*
2. Récupérer sa mise, ses fonds. *Les joueurs espèrent toujours qu'ils pourront se refaire.*
À la forme pronominale, le participe passé de ce verbe s'accorde toujours en genre et en nombre avec son sujet. *Le marché financier a repris de la vigueur et les investisseurs se sont refaits.*
LOCUTION
– ***Se refaire une beauté.*** Rafraîchir son maquillage, sa coiffure. *Elle s'est refait une beauté avant de partir au théâtre.*
CONJUGAISON : VOIR MODÈLE FAIRE.

RÉFECTION n. f.
Action de refaire, de remettre à neuf. *La réfection des routes, des travaux de réfection.* SYN. réparation.

RÉFECTOIRE n. m.
Salle où les membres d'une communauté, d'une collectivité prennent leurs repas en commun.
Ne pas confondre avec les noms suivants :
• ***cafétéria,*** dans certains établissements, lieu où l'on peut consommer des boissons, se restaurer;
• ***cantine,*** endroit où l'on sert des repas pour une collectivité (entreprise, école).

RÉFÉRENCE n. f.
Abréviation ***réf.*** (s'écrit avec un point).
1. Action de renvoyer à une autorité, à un texte. *S'appuyer sur des références solides.*
2. (AU PLUR.) Attestations qui servent de recommandation à un candidat. *Avez-vous de bonnes références? Prendre des références.*
3. Indication placée en tête d'une lettre, d'un document et qui doit être rappelée dans la réponse en vue de faciliter le classement du courrier. *N/Réf. : MDD – MEV 1997/QA.*
Les références sont généralement constituées d'un groupe de lettres ou de chiffres qui se placent au-dessous de la vedette. Ce code correspond au numéro de document attribué par l'expéditeur (***Notre référence, N/Référence, N/Réf.*** ou ***N/R***) ou par le destinataire de la lettre (***Votre référence, V/Référence, V/Réf.*** ou ***V/R***) en fonction de leur plan général de classification.
VOIR TABLEAU – LETTRE TYPE.
LOCUTIONS
– ***Faire référence à.*** Se reporter à, s'appuyer sur. *Nous faisons référence au jugement rendu l'an dernier.*
Dans cette locution, le nom ***référence*** est toujours au singulier.
– ***Ouvrage de référence, livre de référence.*** Ouvrage qui sert à la consultation. *Les dictionnaires sont des ouvrages de référence.*
Dans ces expressions, le nom ***référence*** s'écrit au singulier.
– ***Référence bibliographique.*** La référence bibliographique – signalée dans le texte par l'appel de note – donne la source d'une citation. Elle peut apparaître au bas des pages, en caractères plus petits que ceux du corps du texte, à la fin des chapitres ou à la fin de l'ouvrage.

T Entre parenthèses, dans le texte
La référence (bibliographique ou autre) peut être donnée dans le corps du texte, entre parenthèses.
Selon le Bescherelle (L'Art de conjuguer, *Paris, Hatier, 1980), le verbe* asseoir...

Au bas des pages
Ces références suivent les règles de la bibliographie à deux différences près : le prénom de l'auteur précède son nom, et le numéro de la page d'où la citation est extraite est indiqué.

Répétition de la référence
Lorsqu'un même ouvrage fait l'objet de plusieurs citations, on utilise l'expression ***idem, ibidem*** signifiant « la même chose dans le même ouvrage », qui s'abrège en ***id., ibid.*** et s'écrit en italique dans un texte en romain. *Id., ibid., p. 98.*
VOIR TABLEAU – APPEL DE NOTE.
VOIR TABLEAU – RÉFÉRENCES BIBLIOGRAPHIQUES.
FORME FAUTIVE
*lettre de référence(s). Calque de «*reference letter*» pour ***lettre de recommandation.***

RÉFÉRENCER v. tr.
Indiquer la source d'une citation, doter d'une référence. *Toutes les définitions de cet ouvrage sont référencées.*
CONJUGAISON : VOIR MODÈLE AVANCER.
Le **c** prend une cédille devant les lettres ***a*** et ***o.*** *Il référença, nous référençons.*

RÉFÉRENDAIRE adj.
Relatif à un référendum. *Une campagne référendaire.*
référend**aire.**

RÉFÉRENDUM n. m. (pl. *référendums*)
La troisième syllabe se prononce ***rin*** ou ***ren,*** la quatrième, ***domme,*** [referɛ̃dɔm, referɑ̃dɔm].
Vote de l'ensemble des citoyens d'un pays sur une question d'intérêt général. *Quand aura lieu le prochain référendum sur l'avenir du Québec ?*
Ce mot d'origine latine est francisé; il s'écrit avec des accents et prend la marque du pluriel.

R

RÉFÉRENCES BIBLIOGRAPHIQUES

Ensemble des renseignements relatifs à un texte publié sous la forme d'un livre ou d'un article et qui comprennent principalement le nom de l'auteur, le titre du document, l'éditeur et la date de publication.

UNIFORMITÉ ET PRÉCISION

- Selon le contexte, les références bibliographiques seront plus ou moins concises, le nombre d'éléments d'information fournis pourra varier.
- Ainsi, à l'intérieur d'un texte, on citera parfois uniquement le nom de l'auteur et l'année de la publication ou le titre de l'ouvrage et la page de la citation. Cependant, les références complètes seront données dans la bibliographie finale.
- Il importe de présenter de façon uniforme les divers renseignements pour un même ouvrage, d'adopter des caractères identiques et de conserver une ponctuation uniforme.

La référence du livre est légèrement différente de la référence de l'article. Voici, dans l'ordre, les renseignements que ces références comprennent :

RÉFÉRENCE D'UN LIVRE

1. Le nom de l'auteur ou des auteurs.
2. Le titre du livre.
3. Le lieu de publication.
4. L'éditeur.
5. La date de publication.
6. Le nombre de pages.

NEPVEU, Pierre. *Lignes aériennes*, Montréal, Éditions du Noroît, 2002, 115 p.

1. Nom et prénom de l'auteur. 2. Titre. 3. Lieu de publication. 4. Éditeur. 5. Date de publication. 6. Nombre de pages.

▸ Le nom de l'auteur

- **Un seul auteur.** Le nom de l'auteur est noté en majuscules, il est séparé par une virgule du prénom écrit en minuscules avec une majuscule initiale et il est suivi d'un point.
  LECLERC, Félix. HÉBERT, Anne. VIGNY, Alfred de.

  Dans la mesure du possible, le prénom sera écrit au long.
- **Deux ou trois auteurs.** S'il y a deux ou trois auteurs, le nom et le prénom des autres auteurs sont écrits à la suite, dans l'ordre de la lecture cependant, et sont séparés par une virgule ou par la conjonction ***et.***
  BOILEAU, Pierre, Thomas NARCEJAC. ou BOILEAU, Pierre et Thomas NARCEJAC.
- **Plusieurs auteurs.** S'il y a plus de trois auteurs, on utilise ***et al.*** (abréviation de l'expression latine ***et alii***, signifiant « et les autres ») ou ***et collab.*** (abréviation de l'expression ***et collaborateurs***).
- **Collectif.** S'il s'agit d'un ouvrage collectif ou d'un document dont l'auteur ou les auteurs ne sont pas mentionnés, la référence commencera alors par le titre du document.
  Le Larousse des noms communs, Paris, Larousse, 2008, 1510 p.

▸ Le titre du livre

Le titre est en italique ou, si l'on ne dispose pas de caractères italiques, il est souligné et suivi d'une virgule. Les titres d'ouvrages prennent une majuscule au premier nom et éventuellement à l'adjectif et à l'article qui le précèdent.

Le *Guide de la communication écrite,* de Marie Malo. *L'Homme rapaillé*, de Gaston Miron.
Le Nouveau Petit Robert 2009.

T Si le titre comprend plusieurs mots mis en parallèle, chacun s'écrit avec une majuscule. *Guerre et Paix.* S'il est constitué d'une phrase, seul le premier mot s'écrit avec une majuscule. *La grammaire est une chanson douce*, d'Érik Orsenna. S'il y a un sous-titre, la règle des majuscules et des minuscules du titre s'applique de la même façon et le titre est séparé du sous-titre par un point. *Français de France et français du Canada. Les parlers de l'Ouest de la France, du Québec et de l'Acadie* sous la direction de Pierre Gauthier et Thomas Lavoie.

VOIR TABLEAU ▸ **MAJUSCULES ET MINUSCULES.**

▸ **Le numéro de l'édition**

S'il y a lieu, on inscrira le numéro de l'édition après le titre du livre.
Le Bon Usage, 13e édition.

▸ **La collection**

S'il y a lieu, la mention de la collection s'inscrit à la suite du titre et elle est suivie d'une virgule. Cette mention peut également figurer à la suite du nombre de pages, entre parenthèses, précédée de deux espaces et suivie d'un point après la parenthèse fermante.
PITCHER, Patricia. *Artistes, Artisans et Technocrates*, 2e éd. coll. Presses HEC, Montréal, Québec Amérique, 2008, 265 p.
[T] Le nom ***collection*** s'abrège ***coll.***

▸ **Le lieu, l'éditeur et la date de publication**

Le lieu de la publication, noté en minuscules et suivi d'une virgule, précède le nom de l'éditeur et la date de publication.
Montréal, Québec Amérique, 2009.

▸ **Le nombre de pages du livre**

345 p.
[T] On utilise l'abréviation de ***pages (p.).*** Quand l'ouvrage comprend plusieurs volumes, on écrit le nombre avant l'indication du nombre de pages à l'aide de l'abréviation ***vol.*** 2 vol., 345 p.

RÉFÉRENCE D'UN ARTICLE

1. Le nom de l'auteur ou des auteurs.
2. Le titre de l'article.
3. Le nom du périodique.
4. Le numéro de l'édition, du volume ou du périodique, s'il y a lieu.
5. La date de publication.
6. L'indication des pages de l'article.

LANCELIN, Anne. « Épicure. L'art d'être heureux », *Le Nouvel Observateur*, n° 2283, 7-13 août 2008, p. 10-16.

1. Nom et prénom de l'auteur.
2. Titre de l'article.
3. Nom du journal ou de la revue.
4. Volume et numéro de l'édition.
5. Date de publication.
6. Pages.

▸ **Le nom de l'auteur**

Le nom de l'auteur ou des auteurs d'un article se note comme celui d'un livre et il est suivi d'un point.
FORTIN, Jacques et Louise MARTEL.
[T] S'il y a plus d'un auteur, seuls les nom et prénom du premier auteur sont inversés afin de faciliter le classement alphabétique.

▸ **Le titre de l'article**

Le titre d'un article est généralement placé entre guillemets après le nom de l'auteur. Il est suivi d'une virgule et on écrit ensuite le nom du périodique (journal, revue), qui est mis en italique, ou souligné, à défaut d'italique.
DESCÔTEAUX, Bernard, « Une ministre muette », *Le Devoir*, vol. XCIX, n° 182, 13 août 2008, p. A6.

▸ **Le nom du périodique**

Le nom du périodique est en italique et il est suivi d'une virgule. Si l'on ne dispose pas de caractères italiques, le nom du périodique est souligné.
Courrier international, Gestion, Géo.

R

- **Le numéro du périodique et la date de publication**

On note le numéro du volume, s'il y a lieu, le numéro du périodique et la date de la parution.

Découvertes, vol. 3, n° 5, mai 2003.

- **L'indication des pages d'un article**

La notation des pages d'un article est faite à l'aide de l'abréviation ***p.*** (et non plus *pp.) suivie des numéros des première et dernière pages de l'article séparés par un trait d'union ou par la préposition ***à***.

p. 15-20 ou p. 15 à 20.

RÉFÉRENCES ÉLECTRONIQUES

- **Site Web**

- Le nom de l'auteur ou de l'organisme est noté en majuscules. S'il y a lieu, il est séparé par une virgule du prénom écrit en minuscules avec une majuscule initiale et il est suivi d'un point.
- Le titre de l'article ou du texte est placé entre guillemets et il est suivi d'une virgule.
- Le titre de la page d'accueil (titre du périodique, dénomination de l'organisme, raison sociale de l'entreprise, etc.) s'inscrit ensuite en italique et il est suivi d'une virgule.
- Le type de support figure entre crochets, s'il y a lieu, et la mention est suivie d'un point.
- L'adresse URL est notée entre crochets.
- La date de consultation du site est placée entre parenthèses.

GRAVEL, Pauline. « Une solution au rejet de greffe de moelle osseuse », *Le Devoir,* Éditions Internet, [en ligne]. [http://www.ledevoir.com] (9 juillet 2002)

OFFICE QUÉBÉCOIS DE LA LANGUE FRANÇAISE. *Le Grand Dictionnaire terminologique,* [en ligne]. [http://oqlf.gouv.qc.ca] (15 septembre 2008)

VILLERS-SIDANI, Étienne de, Kimberly L SIMPSON, Y-F LU, Rick C S LIN & Michael M MERZENICH. « Manipulating critical period closure across different sectors of the primary auditory cortex », *Nature Neuroscience*, vol. 11, n° 8, August 2008, p. 957-965, [en ligne] [www.nature.com/natureneuroscience] (10 août 2008)

- **Cédérom**

- Le nom de l'auteur ou de l'organisme est noté en majuscules. Il est séparé par une virgule du prénom écrit en minuscules avec une majuscule initiale et il est suivi d'un point.
- Le titre du document est écrit en italique et suivi d'une virgule.
- La mention de l'édition ou de la version, s'il y a lieu, figure ensuite et se termine par une virgule.
- Le type de support est noté entre crochets et est suivi d'une virgule.
- Le lieu de publication est noté en minuscules et suivi d'une virgule.
- Le nom de l'éditeur est inscrit en minuscules et suivi d'une virgule.
- La date de publication figure à la fin et est suivie d'un point.

Le Nouveau Petit Robert de la langue française, [cédérom], Paris, Le Robert, 2007.

VILLERS, Marie-Éva de. *Multidictionnaire de la langue française,* 5e éd., [cédérom], Montréal, Québec Amérique, 2010.

RÉFÉRENT n. m.
(LING.) Élément du monde (être ou objet) auquel renvoie un signe linguistique.

RÉFÉRENTIEL, IELLE adj.
(LING.) Relatif à la référence. *La fonction référentielle du mot renvoie à un objet réel.*
référentiel.

RÉFÉRER v. tr. ind., pronom.
VERBE TRANSITIF INDIRECT
1. (LING.) Faire référence à. *Le québécisme* bleuet *réfère à une variété d'airelle voisine de la myrtille.*
En ce sens, le verbe se construit avec la préposition ***à***.
2. (ADM.) (DR.) Faire rapport, s'en remettre à. *Il faut en référer au directeur.* SYN. en appeler à.
Le verbe ne se construit plus avec un complément direct à la forme transitive.
VERBE PRONOMINAL
Se reporter à, s'appuyer sur. *Je me réfère à ce tableau comparatif.* SYN. consulter; recourir à.
À la forme pronominale, le verbe se construit avec la préposition ***à***.
À la forme pronominale, le participe passé de ce verbe s'accorde toujours en genre et en nombre avec son sujet. *Les élèves se sont référés à leur manuel.*
FORMES FAUTIVES
*référant à notre entretien, à votre lettre... Impropriété pour ***à la suite de*** notre entretien, ***en réponse à*** ou ***pour faire suite à*** votre lettre.
*référer. Anglicisme au sens de ***adresser, diriger vers, envoyer.*** *Ce patient a été envoyé, adressé* (et non *référé) *au Dr Soucy par un collègue.*
*référer. Anglicisme au sens de ***transmettre, confier.*** *Le dossier sera transmis* (et non *référé) *au conseiller.*
*référer à. Anglicisme au sens de ***consulter.*** *Les étudiants pourront consulter* (et non *référer à) *l'horaire.*
*référer à. Anglicisme au sens de ***se référer à, se reporter à.*** *Nous nous référons* (et non *référons) ou *nous nous reportons à votre note du 20 décembre.*
En ce sens, on doit employer la forme pronominale.
*se référer à. Anglicisme pour ***faire allusion à, faire état de, mentionner, parler de.***
CONJUGAISON : VOIR MODÈLE POSSÉDER.
Le deuxième ***é*** se change en ***è*** devant une syllabe contenant un ***e*** muet, sauf à l'indicatif futur et au conditionnel présent. *Je me réfère,* mais *je me référerai.*
[Les *Rectifications* (1990) admettent : il réfèrera, réfèrerait...]

REFERMABLE adj.
Que l'on peut refermer après utilisation. *Ces crudités sont présentées dans des emballages refermables.*

REFERMER v. tr., pronom.
VERBE TRANSITIF
Fermer ce qui se trouve ouvert. *Elle a refermé la porte.*
VERBE PRONOMINAL
Se fermer de nouveau. *La porte s'est refermée doucement.*
À la forme pronominale, le participe passé de ce verbe s'accorde toujours en genre et en nombre avec son sujet. *Ses bras se sont refermés tendrement sur le petit enfant endormi contre elle.*
CONJUGAISON : VOIR MODÈLE AIMER.

REFILER v. tr.
(FAM.) (PÉJ.) Remettre quelque chose à quelqu'un en le dupant. *On m'a refilé des médicaments périmés et de faux billets.*
Ce verbe ne s'emploie qu'en mauvaise part.
FORMES FAUTIVES
*refiler (des données, des renseignements). Impropriété pour ***communiquer, transmettre.***
*refiler (un tuyau, un conseil). Impropriété pour ***donner un tuyau, un conseil.***
CONJUGAISON : VOIR MODÈLE AIMER.

***REFILL**
Anglicisme pour ***recharge.***

RÉFLÉCHI, IE adj.
Sage, raisonnable. *Il est trop réfléchi pour agir sur un coup de tête.* SYN. pondéré; prudent; sérieux. ANT. impulsif.
LOCUTIONS
– ***Tout bien réfléchi.*** Après avoir étudié la question. *Tout bien réfléchi, je pars demain.*
Dans cette expression, l'adjectif s'écrit toujours au masculin singulier.
– ***Verbe pronominal réfléchi.*** (GRAMM.) Verbe où le sujet et le complément désignent la même personne, le même être. *Elle se regarde.*
VOIR TABLEAU – PRONOMINAUX.

RÉFLÉCHIR v. tr., intr., pronom.
VERBE TRANSITIF DIRECT
Refléter. *Le miroir réfléchit l'image d'une belle dame mystérieuse. Les murs clairs réfléchissent la lumière du jour.* SYN. renvoyer.
VERBE TRANSITIF INDIRECT
Songer à, penser. *Il réfléchit à la question posée. Réfléchissez aux suites de cette décision.*
Le verbe se construit avec la préposition ***à***; le pronom relatif que l'on utilise avec le verbe à la forme transitive indirecte est ***auquel, à laquelle, auxquels, auxquelles.*** *Le problème auquel je réfléchis est celui-ci.*
VERBE INTRANSITIF
Étudier une question, considérer une possibilité. *Laissez-moi un peu de temps pour réfléchir. « Les miroirs feraient bien de réfléchir avant de renvoyer l'image »* (Jean Cocteau). SYN. penser.
VERBE PRONOMINAL
Donner une image par réflexion. *Le bouquet de pivoines se réfléchit dans le miroir. Le saule se réfléchissait dans l'eau calme du lac.* SYN. se refléter.
À la forme pronominale, le participe passé de ce verbe s'accorde toujours en genre et en nombre avec son sujet. *Les constructions illuminées se sont réfléchies dans la baie.*
CONJUGAISON : VOIR MODÈLE FINIR.

RÉFLÉCHISSANT, ANTE adj.
Qui réfléchit (la lumière, le son, une onde). *Des surfaces réfléchissantes.*
Ne pas confondre avec le participe présent invariable ***réfléchissant.*** *Construire des surfaces réfléchissant le son.*

RÉFLECTEUR n. m.
Appareil destiné à réfléchir (la lumière, le son, etc.). *De puissants réflecteurs.*

REFLET n. m.
1. Image réfléchie. *Le reflet des façades dans le fleuve.* SYN. réflexion.
2. (FIG.) Reproduction. *Cette maison accueillante est le reflet de ses occupants.*
3. Effet brillant produit par la lumière. *Ses cheveux ont des reflets roux.*
reflet.

REFLÉTER v. tr., pronom.
VERBE TRANSITIF
1. Réfléchir une image de façon atténuée. *Cette teinte chaude reflète la lumière.*
2. (FIG.) Être un reflet de. *Son écriture reflète son caractère.* SYN. exprimer; traduire.
VERBE PRONOMINAL
Produire un reflet. *Le château se reflète dans l'eau.*

À la forme pronominale, le participe passé de ce verbe s'accorde toujours en genre et en nombre avec son sujet. *L'incertitude s'est reflétée dans les décisions des consommateurs.*
CONJUGAISON : VOIR MODÈLE POSSÉDER.
Le ***é*** se change en ***è*** devant une syllabe contenant un ***e*** muet, sauf à l'indicatif futur et au conditionnel présent. *Je reflète,* mais *je refléterai.*
[Les *Rectifications* (1990) admettent : il reflètera, reflèterait...]

RÉFLEXE n. m.
Réponse automatique à un stimulus. *Bianca a d'excellents réflexes et joue bien au tennis.* SYN. réaction.
réflexe.

RÉFLEXION n. f.
1. Modification de la direction d'une onde qui rencontre un obstacle. *La réflexion de la lumière.*
2. Image réfléchie. SYN. reflet.
3. Action de réfléchir. *Elle demande un moment de réflexion.* SYN. concentration ; méditation.
4. Remarque malveillante. *Il se passerait de ses réflexions sarcastiques.* SYN. observation.
LOCUTION
– ***(Toute) réflexion faite.*** En ayant bien pesé la question. SYN. à la réflexion.
Dans cette expression, le nom s'écrit au singulier.

REFLUER v. intr.
Revenir vers un point de départ (surtout en parlant d'un liquide).
CONJUGAISON : VOIR MODÈLE AIMER.

REFLUX n. m.
Le ***x*** ne se prononce pas, [rəfly].
Mouvement de la mer qui se retire à la marée descendante. ANT. flux.
reflux.

REFONDATION n. f.
(POLIT.) Action de refonder un parti politique, un syndicat, etc. *« Il manque encore à cette refondation un corps de doctrine, au-delà de la volonté de changer la politique, d'instaurer un "ordre juste" »* (*Le Monde*).

REFONDER v. tr.
(POLIT.) Reconstruire sur de nouvelles valeurs, définir de nouvelles valeurs. *Nous souhaitons agir pour refonder le mouvement syndical, à moyen ou à long terme. Cet échec doit inciter la gauche à rénover ses idées, refonder ses stratégies et renouveler ses visages.*
CONJUGAISON : VOIR MODÈLE AIMER.

REFONDRE v. tr., intr.
VERBE TRANSITIF
1. Fondre à nouveau. *Refondre un bronze.*
2. (FIG.) Remanier, mettre à jour une édition, un ouvrage. *Une grammaire refondue et enrichie.*
VERBE INTRANSITIF
Devenir liquide à nouveau sous l'action de la chaleur, en parlant d'un corps à l'état solide. *La glace a refondu.*
CONJUGAISON : VOIR MODÈLE FENDRE.

REFONTE n. f.
1. Remaniement. *La refonte d'une loi, d'un ouvrage de référence.*
2. Démarche de remise en question et de redéfinition en profondeur des processus d'une organisation en vue de la restructurer pour la rendre plus efficace tout en réduisant les coûts (GDT). *La refonte des processus* (et non le *reengineering, la *réingénierie) *d'une entreprise.* SYN. reconfiguration.

REFORMAGE n. m.
Procédé chimique de raffinage d'une essence. *Le reformage* (et non le *reforming) *du pétrole.*

RÉFORME n. f.
Modification apportée en vue d'une amélioration. *La réforme de l'orthographe vise une simplification de l'écriture.*

REFORMER v. tr.
Former de nouveau, reconstituer.
CONJUGAISON : VOIR MODÈLE AIMER.

RÉFORMER v. tr.
Corriger, modifier en vue d'une amélioration. *Réformer un programme scolaire.*
CONJUGAISON : VOIR MODÈLE AIMER.

***REFORMING**
Anglicisme pour ***reformage.***

REFORMULER v. tr.
Donner une nouvelle formulation à. *Redéfinir et reformuler la mission d'une organisation.*
CONJUGAISON : VOIR MODÈLE AIMER.

REFOULEMENT n. m.
Action de refouler. *Le refoulement des contestataires.*

REFOULER v. tr.
1. Faire reculer. *Les policiers tentent de refouler les manifestants.* SYN. contenir ; repousser.
2. Retenir. *Elle avait du mal à refouler ses larmes. « Ce ciel vert d'étoiles/Cette nuit refoulant l'épaisseur de l'ombre »* (Alain Grandbois, *Les Îles de la nuit*). SYN. contenir ; réprimer.
CONJUGAISON : VOIR MODÈLE AIMER.

RÉFRACTAIRE adj.
1. Qui résiste à, rebelle. *Il est réfractaire à la discipline.*
En ce sens, l'adjectif se construit avec la préposition ***à.***
2. Qui résiste à de très hautes températures. *Un matériau réfractaire.*
réfract**aire.**

RÉFRACTION n. f.
Changement de direction d'un rayon lumineux.

REFRAIN n. m.
1. Rappel de certains mots à la fin d'un couplet d'une chanson, d'une strophe d'un poème. *Une chanson folklorique à refrain.* SYN. ritournelle.
2. (FIG.) Répétition constante. *On a eu droit au même refrain.* SYN. rengaine.

REFRÉNER ou **RÉFRÉNER** v. tr.
Mettre un frein à, contenir. *Refréner ses passions. Refrénez votre impatience, j'arrive.* SYN. calmer ; réprimer ; retenir.
CONJUGAISON : VOIR MODÈLE POSSÉDER.
Le ***é*** de la deuxième syllabe se change en ***è*** devant une syllabe contenant un ***e*** muet, sauf à l'indicatif futur et au conditionnel présent. *Je refrène,* mais *je refrénerai.*
[Les *Rectifications* (1990) admettent : il refrènera, refrènerait...]

RÉFRIGÉRANT, ANTE adj.
Qui refroidit. *Une substance réfrigérante.*

RÉFRIGÉRATEUR n. m.
S'abrège familièrement en ***frigo.***
Appareil servant à prolonger la conservation des denrées à l'aide du froid.
Le nom ***frigidaire*** est une marque déposée qui tend à passer dans l'usage familier comme synonyme de ***réfrigérateur.***

RÉFRIGÉRATION n. f.
Conservation par le froid (au-dessus du point de congélation).
Ne pas confondre avec les noms suivants :
• ***congélation,*** conservation des aliments par le froid (au-dessous du point de congélation) ;
• ***surgélation,*** congélation rapide à l'aide d'un procédé industriel.

R

R

RÉFRIGÉRER v. tr.
Refroidir, soumettre à la réfrigération. *Ces produits périssables doivent être réfrigérés. Cet appareil réfrigère bien fruits et légumes.*
CONJUGAISON : VOIR MODÈLE POSSÉDER.
Le *é* se change en *è* devant une syllabe contenant un *e* muet, sauf à l'indicatif futur et au conditionnel présent. *Je réfrigère,* mais *je réfrigérerai.*
[Les *Rectifications* (1990) admettent : il réfrigèrera, réfrigèrerait...]

REFROIDIR v. tr., intr.
VERBE TRANSITIF
1. Abaisser la température de. *Refroidir une boisson en y ajoutant des glaçons.* SYN. rafraîchir.
2. (FIG.) Diminuer. *La réaction des amis a refroidi son enthousiasme.* SYN. réduire.
VERBE INTRANSITIF
1. Devenir plus froid. *Son café a refroidi.*
2. (FIG.) Devenir moins vif. *Son ardeur a refroidi.*
CONJUGAISON : VOIR MODÈLE FINIR.

REFROIDISSEMENT n. m.
1. Diminution de la chaleur. *La météo annonce un refroidissement marqué du temps.*
2. Action de prendre froid, d'attraper un rhume. *Couvrez-vous, vous pourriez être victime d'un refroidissement.* SYN. grippe ; rhume.

REFUGE n. m.
1. Abri, lieu sûr. *Un refuge pour les sans-abri. Leur fille a trouvé refuge chez une amie.* SYN. retraite.
2. (EN APPOS.) Qui est sûr. *L'or et les obligations garanties constituent des valeurs refuges. Des titres boursiers refuges.*
En apposition, le nom s'écrit sans trait d'union et les deux mots prennent la marque du pluriel.
LOCUTION
– ***Refuge faunique.*** Territoire constitué des milieux privilégiés d'un habitat faunique en vue de sa protection, et où l'utilisation des ressources est réglementée (Recomm. off.).

RÉFUGIÉ, ÉE adj. et n. m. et f.
Se dit d'une personne qui a fui son pays pour des raisons politiques, pour échapper à la guerre, à un danger. *Une personne réfugiée, des réfugiés politiques.*

RÉFUGIER (SE) v. pronom.
Se rendre en un lieu, auprès de quelqu'un pour échapper à un danger. *Ils se sont réfugiés au Canada pour échapper à la police secrète de leur pays.*
Le participe passé de ce verbe, qui n'existe qu'à la forme pronominale, s'accorde toujours en genre et en nombre avec son sujet. *La petite s'était réfugiée chez une amie.*
CONJUGAISON : VOIR MODÈLE ÉTUDIER.
Redoublement du *i* à la première et à la deuxième personne du pluriel de l'indicatif imparfait et du subjonctif présent. *(Que) nous nous réfugiions, (que) vous vous réfugiiez.*

REFUS n. m.
Action de refuser. *Elle a dit non : c'est un refus clair et net. Ils se sont heurtés à un refus.* SYN. fin de non-recevoir ; rejet ; veto. ANT. accord ; consentement.
LOCUTION
– ***Ce n'est pas de refus.*** (FAM.) J'accepte volontiers.

REFUSER v. tr., pronom.
VERBE TRANSITIF
Ne pas accepter. *Le théâtre a refusé des spectateurs. Ces candidats ont été refusés.* SYN. écarter ; exclure.
À la forme transitive et suivi d'un infinitif, le verbe se construit avec la préposition **de.** *Martine refuse de rester après l'école.*
VERBE PRONOMINAL
Ne pas consentir. *Elles se sont refusées à signer. Les congés qu'elles se sont refusés.*
À la forme pronominale et suivi d'un infinitif, le verbe se construit avec la préposition ***à.***
À la forme pronominale, le participe passé de ce verbe s'accorde en genre et en nombre avec le complément direct si celui-ci le précède. *Les vacances qu'ils se sont refusées.* Le participe passé reste invariable si le complément direct suit le verbe. *Ils se sont refusé des moments de détente.* S'il n'y a pas de complément direct, le participe passé s'accorde avec le sujet du verbe. *Ils se sont refusés à tout compromis.*
CONJUGAISON : VOIR MODÈLE AIMER.

RÉFUTABLE adj.
Qui peut être réfuté. *Cette théorie est facilement réfutable.* ANT. irréfutable.

RÉFUTATION n. f.
Action de contrer les arguments d'un adversaire. *La réfutation de cet orateur a été très habile.*

RÉFUTER v. tr.
Nier le bien-fondé d'un raisonnement, d'une affirmation par des arguments solides.
CONJUGAISON : VOIR MODÈLE AIMER.
réfuter.

REGAGNER v. tr.
1. Gagner de nouveau (ce qui était perdu). *Il a regagné l'estime de ses supérieurs.* SYN. récupérer ; retrouver.
2. Retourner en un lieu. *Après ce long voyage, il regagna son petit coin de campagne avec joie.*
CONJUGAISON : VOIR MODÈLE AIMER.

***REGAILLARDIR**
Impropriété pour ***ragaillardir.***

REGAIN n. m.
Vigueur nouvelle, renouveau. *Un regain de ferveur.*
regain.

RÉGAL n. m. (pl. *régals*)
1. Mets très apprécié. *Ces gâteaux sont des régals.* SYN. délice.
2. (FIG.) Grand plaisir. *Ce sera un régal de les retrouver.*

RÉGALADE n. f.
– ***Boire à la régalade.*** Sans que le récipient touche les lèvres.
Le mot ne s'emploie que dans cette locution.

RÉGALER v. tr., pronom.
VERBE TRANSITIF
Offrir un bon repas, procurer un plaisir à quelqu'un. *Régaler ses invités.*
VERBE PRONOMINAL
Faire un bon repas, avoir du plaisir. *Ils se sont régalés : tout était délicieux.*
À la forme pronominale, le participe passé de ce verbe s'accorde toujours en genre et en nombre avec son sujet. *Nous nous sommes régalés : votre repas était exquis.*
CONJUGAISON : VOIR MODÈLE AIMER.

REGARD n. m.
1. Action, manière de regarder. *Un regard furtif.*
2. Ouverture au niveau du sol destinée à faciliter l'entretien, les réparations d'un appareil, d'une canalisation. *Regard de nettoyage, regard de visite.*
LOCUTIONS
– ***Au premier regard,*** loc. adv. Du premier coup d'œil.
– ***Au regard de,*** loc. prép. Par rapport à. *Au regard de la loi, il est coupable.* SYN. à l'égard de.
– ***Droit de regard.*** Possibilité de contrôler les actes de quelqu'un, de quelque chose. SYN. autorité ; contrôle.
– ***En regard,*** loc. adv. Vis-à-vis. *Texte avec illustration en regard.* SYN. en face.
– ***En regard de,*** loc. prép. Comparativement à. *En regard de ce qui est déjà fait, il reste peu à accomplir.* SYN. par rapport à ; relativement à.

REGARDANT, ANTE adj.
(FAM.) Mesquin, avare. *Elle n'est pas regardante sur l'argent de poche.* SYN. chiche.

REGARDER v. tr., pronom.
VERBE TRANSITIF DIRECT
1. Observer. *Elle regarde les enfants qui s'amusent.*
2. (FIG.) Considérer. *Nous allons regarder cette question.* SYN. examiner.
3. (LITT.) Considérer comme. *Ils l'ont toujours regardé comme leur fils.* SYN. estimer; prendre pour; tenir pour.
En ce sens, le verbe se construit avec la conjonction ***comme***.
4. Concerner. *Cette décision ne vous regarde pas.* SYN. intéresser; toucher.
VERBE TRANSITIF INDIRECT
Tenir compte de, prêter attention à. *Regarder à la dépense.*
En ce sens, le verbe se construit avec la préposition ***à***.
VERBE PRONOMINAL
Être face à face et se voir. *Ils se sont regardés longuement.* SYN. se contempler.
À la forme pronominale, le participe passé de ce verbe s'accorde toujours en genre et en nombre avec son sujet. *Elles se sont regardées avec étonnement.*
FORME FAUTIVE
*cela regarde (bien, mal). Calque de «*it looks good, bad*» pour ***les choses s'annoncent, se présentent bien, mal.***
CONJUGAISON : VOIR MODÈLE AIMER.

RÉGATE n. f.
Course de bateaux (généralement de voiliers). *Les régates sont un très joli spectacle.*
Ce nom s'emploie généralement au pluriel.
régate.

RÉGENCE n. f.
Fonction, dignité de régent.
LOCUTIONS
– ***La Régence.*** Régence du duc d'Orléans.
– ***Style Régence.*** Style qui évoque celui de la Régence. *Une commode de style Régence, un fauteuil Régence.*
En ce sens, le nom s'écrit avec une majuscule.

RÉGÉNÉRER v. tr.
Renouveler, redonner de la vigueur à. *Ce séjour à la mer te régénérera.*
CONJUGAISON : VOIR MODÈLE POSSÉDER.
Le ***é*** de la troisième syllabe se change en ***è*** devant une syllabe contenant un ***e*** muet, sauf à l'indicatif futur et au conditionnel présent. *Je régénère,* mais *je régénérerai.*
[Les *Rectifications* (1990) admettent : il régénèrera, régénèrerait...]

RÉGENT, ENTE adj. et n. m. et f.
Se dit d'une personne qui dirige une monarchie en l'absence du souverain.

RÉGENTER v. tr.
(PÉJ.) Diriger. *Détestable, cette manie de vouloir tout régenter !*
CONJUGAISON : VOIR MODÈLE AIMER.

RÉGICIDE adj. et n. m. et f.
1. Se dit d'une personne qui a assassiné un roi. *Ce prisonnier est un régicide.*
2. Se dit de l'assassinat d'un roi. *Un complot régicide.*

RÉGIE n. f.
Nom de certains organismes gouvernementaux. *La Régie des rentes du Québec (RRQ).*

RÉGIE DE L'ASSURANCE-MALADIE DU QUÉBEC
Sigle ***RAMQ*** (s'écrit avec ou sans points).

RÉGIE DES RENTES DU QUÉBEC
Sigle ***RRQ*** (s'écrit avec ou sans points).

REGIMBER v. intr., pronom.
VERBE INTRANSITIF
Refuser d'obéir. *Ils ont regimbé contre cette décision.* SYN. se braquer; se cabrer.
VERBE PRONOMINAL
Se rebeller, se rebiffer. *Ils se sont regimbés et ont refusé l'offre patronale.* SYN. s'insurger; s'opposer; se refuser à; se révolter.
À la forme pronominale, le participe passé de ce verbe s'accorde toujours en genre et en nombre avec son sujet. *Elle s'est regimbée en entendant cette accusation injuste.*
CONJUGAISON : VOIR MODÈLE AIMER.

RÉGIME n. m.
1. Mode de vie en matière d'hygiène, de nourriture. *Un régime amaigrissant.*
2. Organisation politique. *Le régime parlementaire, le régime présidentiel.*
3. Ensemble de règles relatives à un objet particulier. *Le régime matrimonial.*
4. Vitesse moyenne d'un moteur. *Rouler à plein régime, un régime de croisière.*
5. Grappe de fruits de certains arbres. *Un régime de bananes.*
LOCUTIONS
– ***Régime d'assurance.*** Ensemble de règles, de dispositifs et de dispositions qui établissent les modalités d'application d'une assurance à des assurés (GDT). *Les régimes d'assurance les plus courants sont le régime d'assurance vie, le régime d'assurance maladie, le régime d'assurance invalidité, le régime d'assurance salaire, le régime d'assurance de personnes et le régime d'assurance collective.*
– ***Régime de retraite.*** Ensemble des garanties permettant à des assurés ou à des participants de bénéficier d'une rente ou d'une pension dans des conditions et à un âge déterminés par leur régime. (Recomm. off.)

RÉGIME D'ÉPARGNE-ACTIONS
Sigle ***RÉA*** (s'écrit avec ou sans points).

RÉGIME DE RETRAITE DES EMPLOYÉS DU GOUVERNEMENT ET DES ORGANISMES PUBLICS
Sigle ***RREGOP*** (s'écrit avec ou sans points).

RÉGIME ENREGISTRÉ D'ÉPARGNE-RETRAITE
Sigle ***REÉR*** (s'écrit avec ou sans points).

RÉGIMENT n. m.
Corps militaire. *Le régiment de Carignan-Salières vint en Nouvelle-France en 1665 pour défendre les villages contre les attaques des Iroquois.*

RÉGION n. f.
1. Étendue de pays possédant des caractères particuliers qui lui confèrent une certaine unité. *La région prospère de la Beauce. Elle habite dans la région de Québec.*
2. Territoire situé à l'extérieur de Montréal ou de Québec. *S'installer, vivre en région.*
En ce sens, le nom s'écrit au singulier.
3. Partie du corps. *Elle a une douleur dans la région dorsale.*

RÉGIONAL, ALE, AUX adj.
Relatif à une région. *La cuisine régionale, le français régional, des bureaux régionaux.*
régional.

RÉGIONALE n. f.
Établissement d'enseignement secondaire desservant toute une région.

RÉGIONALISATION n. f.
Décentralisation à l'échelle d'une région. *La régionalisation administrative.*
régionalisation.

RÉGIONALISER v. tr.
Effectuer la régionalisation de. SYN. décentraliser.
CONJUGAISON : VOIR MODÈLE AIMER.
régionaliser.

R

RÉGIONALISME n. m.
(LING.) Expression, mot propre à une région, à un pays. *Les mots* babillard *et* cégep *sont des régionalismes québécois, des québécismes.*
VOIR – QUÉBÉCISME.
✏ régionalisme.

RÉGIR v. tr.
1. Déterminer l'organisation de. *Les lois qui régissent les activités économiques.* SYN. encadrer.
2. (VX) Commander, gouverner. *Les personnes qui régissent l'entreprise Dubois sont d'habiles gestionnaires.* SYN. diriger; gérer.
CONJUGAISON : VOIR MODÈLE FINIR.

RÉGISSEUR n. m.
RÉGISSEUSE n. f.
1. Personne qui gère une propriété pour le compte d'autrui.
2. Personne qui régit l'activité d'une scène de théâtre, d'un plateau de cinéma.

REGISTRAIRE n. m. et f.
⚜ Personne qui, dans un établissement d'enseignement, est chargée principalement de l'inscription, de l'admission et de la gestion des dossiers des étudiants.
☞ Cette désignation de fonction est inspirée de l'anglais «*registrar*»; cependant, nous ne lui connaissons pas d'équivalent français et elle est la seule usitée au Québec.

***REGISTRATEUR**
Archaïsme pour ***conservateur des hypothèques.*** (Code civil)

REGISTRE n. m.
Attention à la première syllabe qui se prononce ***re*** (et non *ré), [rəʒistr].
1. Livre où l'on inscrit des données dont on veut conserver le souvenir. *Inscrire son nom sur* ou *dans un registre.* SYN. répertoire.
2. Étendue de la voix d'une personne qui chante. SYN. ton.
3. Niveau de langage. *Le mot* bouquin *appartient au registre familier.* SYN. style; ton.

RÉGLABLE adj.
Qu'on peut régler. *Un siège à hauteur réglable.*
✏ réglable.

RÉGLAGE n. m.
Action de mettre au point un appareil, un mécanisme. *Le réglage du moteur est bien fait.* SYN. mise au point.
✏ réglage.

RÈGLE n. f.
1. Instrument servant à tracer une ligne droite, à mesurer une longueur. *Une règle métrique. Une règle à calcul.*
2. (FIG.) Norme, principe. *Procéder selon les règles. Les règles de l'accord du participe passé. C'est la règle du jeu.* SYN. loi; règlement; usage.
LOCUTIONS
– ***Dans les règles,*** loc. adv. Conformément à l'usage, aux règlements. *Un contrat rédigé dans les règles.*
– ***En bonne règle.*** Suivant l'usage.
– ***En règle,*** loc. adj. Conforme aux normes, aux règlements. *Un passeport en règle.* SYN. valide.
– ***En règle générale,*** loc. adv. Généralement, dans la majorité des cas.
– ***Les règles de l'art.*** Manière habituelle de procéder.

RÈGLEMENT n. m.
1. Ensemble de règles. *C'est le règlement du collège.*
2. Acte administratif unilatéral, à caractère général et impersonnel, pris pour l'application d'une loi en vertu d'une habilitation législative (Recomm. off.).
☞ Le règlement est un document à caractère obligatoire qui contient des dispositions législatives, réglementaires ou administratives, et qui a été adopté et publié par un organe légal détenteur des pouvoirs nécessaires à cet effet (GDT).
[T] 1° Dans les titres de textes législatifs, les mots génériques (***accord, arrêté, code, constitution, décret, loi, règlement,*** etc.) s'écrivent avec une majuscule.
2° Les numéros d'articles de codes, de lois, de règlements s'écrivent en chiffres arabes.
3. Paiement. *Le règlement doit se faire dans les 30 jours.*
LOCUTIONS
– ***Règlement de compte(s).*** Vengeance. *C'est un règlement de comptes de la maffia.*
– ***Règlement intérieur.*** Acte juridique énonçant l'ensemble des règles de fonctionnement d'un organisme, d'un groupement (Recomm. off.). *Le règlement intérieur* (et non *de régie interne) *d'une association.*
FORMES FAUTIVES
*avoir des dents, en parlant d'un règlement, d'une loi. Calque de «*to have teeth*» pour ***avoir du pouvoir.*** *Il faut renforcer le pouvoir de cette loi* (et non lui *donner des dents), *en imposant des amendes. Ce règlement est inefficace* (et non *n'a pas de dents).
*règlement hors cour. Calque de «*out-of-court settlement*» pour ***règlement à l'amiable.***

RÉGLEMENTAIRE adj.
Le ***é*** se prononce ***è,*** [rɛgləmɑ̃tɛr].
1. Conforme au règlement. *Une tenue réglementaire.*
2. Relatif à un règlement. *Un texte réglementaire.* SYN. légal.
[Les *Rectifications* (1990) admettent : règlementaire.]

RÉGLEMENTATION n. f.
Le ***é*** se prononce ***è,*** [rɛgləmɑ̃tasjɔ̃].
1. Action de soumettre à une loi, à des règlements.
2. Ensemble des lois et des règlements d'un domaine particulier. *La réglementation de la sécurité routière.*
[Les *Rectifications* (1990) admettent : règlementation.]

RÉGLEMENTER v. tr.
Le ***é*** se prononce ***è,*** [rɛgləmɑ̃te].
Soumettre à un règlement. *La chasse est réglementée.*
CONJUGAISON : VOIR MODÈLE AIMER.
✏ réglementer, malgré ***règlement.***
[Les *Rectifications* (1990) admettent : règlementer.]

RÉGLER v. tr.
1. Fixer, établir. *Régler une question.*
2. Payer. *Régler une facture.* SYN. acquitter.
3. Mettre au point. *Régler un moteur.*
CONJUGAISON : VOIR MODÈLE POSSÉDER.
Le ***é*** se change en ***è*** devant une syllabe contenant un ***e*** muet, sauf à l'indicatif futur et au conditionnel présent. *Je règle,* mais *je réglerai.*
[Les *Rectifications* (1990) admettent : il règlera, règlerait...]

RÉGLISSE n. f.
Plante dont la racine sert à fabriquer une confiserie. *Un bâton de réglisse.*
☞ Attention au genre féminin de ce nom : ***la*** réglisse.

RÉGNANT, ANTE adj.
Qui règne. *Le prince régnant.*

RÈGNE n. m.
1. Période pendant laquelle un souverain est au pouvoir. *Le règne de Victoria dura soixante-quatre ans, celui de Louis XIV, soixante-douze ans.*
2. Chacune des grandes divisions de la nature. *Le règne animal, le règne végétal et le règne minéral.*

RÉGNER v. intr.
1. Exercer le pouvoir comme roi, reine. *Les dix années que la reine a régné.*
▭ En ce sens, le participe passé est invariable. Le complément (***dix années***) répond à la question « pendant combien de temps ? » et non à la question « quoi ? ».
2. Exister. *Il règne un désordre inouï dans cette maison. L'amitié profonde qui régnait entre eux.* SYN. être; se manifester.

CONJUGAISON : VOIR MODÈLE POSSÉDER.
Le *é* se change en *è* devant une syllabe contenant un *e* muet, sauf à l'indicatif futur et au conditionnel présent. *Je règne,* mais *je régnerai.*
[Les *Rectifications* (1990) admettent : il règnera, règnerait...]

REGORGER v. intr.
Abonder. *Cette bibliothèque regorgeait d'ouvrages.*
CONJUGAISON : VOIR MODÈLE CHANGER.
Le *g* est suivi d'un *e* devant les lettres *a* et *o*. *Il regorgea, nous regorgeons.*

RÉGRESSER v. intr.
Reculer. *La maladie a régressé.* SYN. diminuer.
CONJUGAISON : VOIR MODÈLE AIMER.

RÉGRESSION n. f.
Recul, diminution. *La maladie est en régression. La régression de l'inflation.* ANT. progression.

REGRET n. m.
1. Chagrin, repentir. *Charles a du regret d'avoir commis une bêtise.* SYN. remords.
2. Déception. *Le regret de ne pas pouvoir prendre quelques jours de vacances.*
Dans la langue courante, on préférera l'expression ***avoir le regret de.***
LOCUTIONS
– ***À regret, sans regret,*** loc. adv. Malgré soi, sans hésitation. *Je pars de cet endroit à regret, sans regret.*
Dans ces expressions, le nom s'écrit au singulier.
– ***Avoir le regret de.*** Être dans la nécessité de. *J'ai le regret de ne pouvoir accepter votre invitation.*
La locution est suivie de l'infinitif.

REGRETTABLE adj.
Déplorable, malheureux. *Cet incident est regrettable.* SYN. fâcheux ; malencontreux.
L'adjectif exprime un mécontentement, une désapprobation de façon polie.

REGRETTER v. tr.
1. Ressentir l'absence, la mort de quelqu'un. *Elle regrette sa chère marraine.* SYN. pleurer.
2. Être désolé, déçu ou mécontent de quelque chose. *Il regrette de ne pouvoir être présent. Elle regrette qu'il ne puisse venir.*
Le verbe se construit avec la préposition ***de*** suivie de l'infinitif ou avec la conjonction ***que*** suivie du subjonctif.
3. Se repentir de, déplorer. *Il regrette ses paroles trop dures.*
CONJUGAISON : VOIR MODÈLE AIMER.

REGROUPEMENT n. m.
1. Action de regrouper. *Le regroupement des agriculteurs.*
2. Rassemblement. *Un regroupement de toutes les classes a eu lieu.*

REGROUPER v. tr.
Réunir pour former un groupe. *Le moniteur a regroupé les joueurs autour de lui.* SYN. rassembler.
CONJUGAISON : VOIR MODÈLE AIMER.

RÉGULARISATION n. f.
Action de rendre uniforme, de mettre en règle. *La régularisation d'un compte.*
Ne pas confondre avec le nom ***régulation,*** action de maintenir en équilibre.

RÉGULARISER v. tr.
1. Rendre conforme aux lois. *Régulariser sa situation.*
2. Rendre régulier. *Régulariser le niveau d'un cours d'eau.*
CONJUGAISON : VOIR MODÈLE AIMER.

RÉGULARITÉ n. f.
1. Qualité de ce qui est conforme aux règles. *La régularité d'un tournoi.*
2. Symétrie. *La régularité de ses traits.* SYN. harmonie.
3. Caractère régulier. *Julia travaille avec régularité, de façon uniforme.* SYN. uniformité.

RÉGULATEUR, TRICE adj. et n. m.
Qui régularise. *Un mécanisme régulateur. Un régulateur de vitesse.*

RÉGULATION n. f.
Action de maintenir en équilibre, à un rythme régulier (un système). *La régulation de la température, la régulation* (et non le *contrôle) *des naissances.*
Ne pas confondre avec le nom ***régularisation,*** action de rendre régulier, de mettre en règle.

RÉGULIER, IÈRE adj.
1. Conforme aux règles. *Un verbe régulier.*
2. Qui ne varie pas, constant, continu. *Un horaire régulier. Une vitesse régulière, des pouls réguliers.*
3. Symétrique. *Des traits réguliers.*
FORMES FAUTIVES
*assemblée régulière. Anglicisme pour ***assemblée ordinaire.***
*client régulier. Anglicisme pour ***bon client, habitué, client fidèle.*** *Cette dame est une bonne cliente* (et non *cliente régulière) *de la librairie ; ce monsieur est un habitué* (et non *client régulier) *du café voisin.*
*essence régulière. Anglicisme pour ***essence ordinaire.***
*heures régulières. Anglicisme pour ***heures normales.***
*membre régulier. Anglicisme pour ***membre en règle.***
*modèle régulier. Anglicisme pour ***modèle courant, modèle standard.***
*prix régulier. Anglicisme pour ***prix courant.***
*régulier. Anglicisme au sens de ***ordinaire, courant, normal, habituel.***
*salaire régulier. Anglicisme pour ***salaire de base.***

RÉGULIÈREMENT adv.
Avec régularité. *Des copains jouent avec nous régulièrement.* SYN. habituellement.

RÉGURGITER v. tr.
(DIDACT.) Rejeter quelques gorgées par la bouche. *Le bébé a régurgité un peu de lait.* SYN. rendre.
CONJUGAISON : VOIR MODÈLE AIMER.

RÉHABILITABLE adj.
Que l'on peut réhabiliter. *Ce criminel endurci est-il réhabilitable ?*

RÉHABILITATION n. f.
Action de faire recouvrer la considération d'autrui. *La réhabilitation d'un prisonnier.*
Ne pas confondre avec ***réadaptation*** ou ***rééducation*** qui désigne un traitement visant à réduire les inconvénients d'un accident, d'une maladie, en adaptant à nouveau les organes à leur fonction. La ***réhabilitation*** est d'ordre moral, alors que la ***réadaptation*** est d'ordre physique.
FORME FAUTIVE
*réhabilitation. Anglicisme au sens de ***réadaptation*** (d'un handicapé), ***rééducation*** (d'un membre, d'une fonction).

RÉHABILITER v. tr., pronom.
VERBE TRANSITIF
1. Rétablir une personne dans ses droits.
2. Faire recouvrer l'estime d'autrui à quelqu'un. *Ces criminels peuvent-ils être réhabilités ?*
VERBE PRONOMINAL
Se racheter. *Ces anciens prisonniers se sont réhabilités.*
À la forme pronominale, le participe passé de ce verbe s'accorde toujours en genre et en nombre avec son sujet. *Grâce à leur bonne conduite, ils se sont réhabilités.*
CONJUGAISON : VOIR MODÈLE AIMER.

RÉHABITUER v. tr.
Habituer de nouveau. *Cette activité réhabituera les enfants au travail scolaire.* SYN. réaccoutumer.
CONJUGAISON : VOIR MODÈLE AIMER.

R

REHAUSSER v. tr.
1. Rendre plus haut. *Il faudrait rehausser ce garde-fou.* SYN. surélever. ANT. rabaisser.
2. Faire ressortir, mettre en valeur. *Cette couleur rehausse son teint.* SYN. mettre en relief ; relever.
CONJUGAISON : VOIR MODÈLE AIMER.
✏ rehausser.

REHAUSSEUR n. m.
Dispositif qui permet de surélever un enfant de plus de 15 kilogrammes ou de 3 à 11 ans sur la banquette d'une voiture et de permettre un passage correct des sangles de la ceinture de sécurité sur le corps.

RÉIMPRESSION n. f.
1. Action de réimprimer. *La réimpression périodique d'un ouvrage.*
2. Œuvre réimprimée. *C'est une simple réimpression sous une nouvelle jaquette.* SYN. tirage.
La ***réimpression*** ne comporte pas de modification par rapport à l'édition originale, tandis que la ***réédition*** est souvent corrigée ou enrichie.

RÉIMPRIMER v. tr.
Imprimer de nouveau, sans modification. *L'ouvrage a été réimprimé, le dernier tirage étant épuisé.*
CONJUGAISON : VOIR MODÈLE AIMER.

REIN n. m.
1. Chacun des deux organes qui filtrent certains déchets de l'organisme et produisent l'urine.
2. (AU PLUR.) Partie inférieure de l'épine dorsale. *Papa a mal aux reins : son dos le fait souffrir.*
LOCUTIONS
– ***Avoir les reins solides.*** (FAM.) Être capable de faire face à une épreuve.
– ***Tour de reins.*** Mal de dos.

RÉINCARNER (SE) v. pronom.
Prendre un nouveau corps. *Aimerais-tu te réincarner en un porc-épic ?*
Le participe passé de ce verbe, qui n'existe qu'à la forme pronominale, s'accorde toujours en genre et en nombre avec son sujet. *Sous quelle forme se sont-ils réincarnés ?*
CONJUGAISON : VOIR MODÈLE AIMER.

REINE n. f.
1. Souveraine d'un royaume. *Élisabeth II est la reine du Royaume-Uni de Grande-Bretagne et d'Irlande.*
2. Femme d'un roi. *La reine Fabiola était l'épouse de Baudouin Ier, roi des Belges.*
[T] Ce titre s'écrit avec une minuscule.
HOM.
• ***rêne,*** courroie de la bride d'un cheval ;
• ***renne,*** mammifère de la famille des cervidés.

REINE-CLAUDE n. f. (pl. *reines-claudes*)
Variété de prune. *Des reines-claudes bien mûres.*

REINE-MARGUERITE n. f. (pl. *reines-marguerites*)
Plante appréciée pour ses fleurs colorées.

REINETTE n. f.
Petite pomme dont la peau est tachetée.
HOM. ***rainette,*** grenouille.

***RÉINGÉNIERIE** ou **REENGINEERING**
Impropriété pour ***reconfiguration (de la structure), refonte (des processus).***

RÉINITIALISATION n. f.
Remise d'un processus, d'un système dans un état standard de démarrage. *Procéder à la réinitialisation* (et non au *reset) *d'un ordinateur.*

RÉINITIALISER v. tr.
(INFORM.) Remettre (une application, un système informatique) dans son état initial.
CONJUGAISON : VOIR MODÈLE AIMER.

RÉINSÉRER v. tr.
Réintroduire. *Il faut réinsérer cette aiguille.*
CONJUGAISON : VOIR MODÈLE POSSÉDER.
[Les *Rectifications* (1990) admettent : il réinsèrera, réinsèrerait...]

RÉINSERTION n. f.
Action de réinsérer. *La réinsertion d'un groupe d'élèves dans une école.*
✏ réinsertion.

RÉINTÉGRATION n. f.
Action de réintégrer ; résultat de cette action. *La réintégration d'anciens employés qui avaient subi un licenciement économique.*

RÉINTÉGRER v. tr.
1. Revenir dans un lieu. *Réintégrer son appartement après les vacances.*
2. Rétablir quelqu'un dans la jouissance d'un droit, dans un emploi. *On l'a réintégré dans ses fonctions.*
CONJUGAISON : VOIR MODÈLE POSSÉDER.
[Les *Rectifications* (1990) admettent : il réintègrera, réintègrerait...]

RÉITÉRATION n. f.
(LITT.) Action de réitérer. SYN. renouvellement ; répétition.

RÉITÉRER v. tr.
Recommencer, répéter. *Je vous réitère mes remerciements. Des tentatives réitérées.* SYN. renouveler.
CONJUGAISON : VOIR MODÈLE POSSÉDER.
Le ***é*** se change en ***è*** devant une syllabe contenant un ***e*** muet, sauf à l'indicatif futur et au conditionnel présent. *Je réitère,* mais *je réitérerai.*
[Les *Rectifications* (1990) admettent : il réitèrera, réitèrerait...]

REJAILLIR v. intr.
1. Jaillir avec force, en parlant d'un liquide. *La boue a rejailli sur elle.* SYN. éclabousser.
2. (FIG.) Retomber, atteindre également. *Cette appréciation favorable rejaillit sur nous tous.*
CONJUGAISON : VOIR MODÈLE FINIR.

REJET n. m.
1. Refus. *Le rejet d'une proposition.* SYN. abandon.
2. (MÉD.) Phénomène de défense immunitaire qui se produit après une greffe.
✏ rejet.

REJETER v. tr.
1. Repousser, renvoyer. *Le pêcheur a rejeté la petite truite à l'eau.* SYN. relancer.
2. Refuser. *Cette suggestion a été rejetée.* SYN. éliminer ; exclure.
CONJUGAISON : VOIR MODÈLE APPELER.

REJETON n. m.
(FAM.) Enfant. *Les nombreux rejetons d'un couple.*

REJOINDRE v. tr.
1. Aller retrouver quelqu'un. *Elle a couru pour le rejoindre.*
2. Aboutir à un endroit. *Ce sentier rejoint la petite route.*
FORME FAUTIVE
*rejoindre. Impropriété au sens de « entrer en communication avec quelqu'un ». *Je n'ai pas réussi à le joindre* (et non à le *rejoindre) *par téléphone.*
CONJUGAISON : VOIR MODÈLE JOINDRE.

RÉJOUIR v. tr., pronom.
VERBE TRANSITIF
Rendre heureux, de bonne humeur. *Votre retour m'a réjoui énormément.* SYN. enchanter. ANT. attrister ; désoler ; peiner.
VERBE PRONOMINAL
Être heureux, éprouver de la satisfaction. *Il se réjouit des résultats obtenus, d'être là. La classe se réjouit que Martine ait été élue présidente.*

À la forme pronominale, le verbe se construit avec la préposition ***de*** suivie d'un nom ou d'un infinitif ou avec la conjonction ***que*** suivie du subjonctif. La construction avec la locution conjonctive ***de ce que*** suivie de l'indicatif ou du subjonctif est plus lourde, mais elle est également correcte. *Ils se réjouissent de ce que les étudiants aient apprécié la fête, ont apprécié la soirée.*
À la forme pronominale, le participe passé de ce verbe s'accorde toujours en genre et en nombre avec son sujet. *Elle s'est réjouie d'apprendre le retour de son ami.*
CONJUGAISON : VOIR MODÈLE FINIR.

RÉJOUISSANCE n. f.
1. Joie collective. *En signe de réjouissance, ils décorèrent et illuminèrent la maison.*
2. (AU PLUR.) Fête, divertissement. *Voici le programme des réjouissances.* SYN. festivités.

RÉJOUISSANT, ANTE adj.
Qui réjouit. *Une nouvelle réjouissante.* SYN. amusant. ANT. attristant.

RELÂCHE n. f.
1. (LITT.) Interruption momentanée d'une activité. *Prendre un peu de relâche.* SYN. pause.
2. Fermeture occasionnelle d'une salle de spectacle. *Le théâtre fait relâche tous les lundis.*
LOCUTION
– ***Sans relâche,*** loc. adv. Sans arrêt, sans répit. *Ils travaillent sans relâche.*
Ce nom était de genre masculin ou féminin ; aujourd'hui, l'emploi du masculin est vieilli et le féminin tend à l'emporter. Il est surtout employé dans des locutions où le genre n'est pas marqué. *Un moment de relâche, faire relâche, sans relâche.*
relâche.

RELÂCHEMENT n. m.
1. Manque de fermeté. *Le relâchement des tissus.*
2. (FIG.) Paresse, laisser-aller. *Vos travaux dénotent un certain relâchement.* SYN. désinvolture ; négligence.
relâchement.

RELÂCHER v. tr., pronom.
VERBE TRANSITIF
1. Desserrer. *Relâcher ses muscles.* SYN. décontracter ; détendre.
2. (FIG.) Diminuer l'effort, la discipline. *Relâcher l'ardeur au travail.*
3. Libérer. *Relâcher des prisonniers.*
VERBE PRONOMINAL
1. Devenir moins tendu. *La peau s'est relâchée avec l'âge.*
2. (FIG.) Perdre de sa vigueur. *La discipline s'est relâchée.* SYN. diminuer ; faiblir ; fléchir.
À la forme pronominale, le participe passé de ce verbe s'accorde toujours en genre et en nombre avec son sujet. *La tension s'est relâchée.*
CONJUGAISON : VOIR MODÈLE AIMER.
relâcher.

RELAIS n. m.
Point intermédiaire entre deux autres. SYN. étape.
LOCUTIONS
– ***Course de relais.*** Course par équipes où chaque coureur est remplacé à l'étape suivante par un coéquipier.
– ***Prendre le relais.*** (FIG.) Succéder à quelqu'un dans une fonction, dans une activité déjà engagée.
relais, un *s* final, même au singulier.
[Les *Rectifications* (1990) admettent : relai.]

RELANCE n. f.
Reprise. *La relance économique.*

RELANCER v. tr.
1. Renvoyer. *Il lui relança la balle.*
2. Poursuivre. *Elle l'a prié de ne plus la relancer.*
3. Donner un nouvel essor. *Relancer l'économie.*
CONJUGAISON : VOIR MODÈLE AVANCER.
Le *c* prend une cédille devant les lettres ***a*** et ***o***. *Il relança, nous relançons.*

RELATER v. tr.
Rapporter un fait en détail. *On lui relata les circonstances de sa naissance.*
Ne pas confondre avec les verbes suivants :
- ***conter,*** faire un récit d'une façon agréable ;
- ***narrer,*** faire un récit relativement long ;
- ***rapporter,*** faire un récit authentique.

CONJUGAISON : VOIR MODÈLE AIMER.

RELATIF, IVE adj.
1. Qui se rapporte à quelque chose. *Des renseignements relatifs à l'immigration.*
2. Incomplet, imparfait. *Des résultats relatifs, une exactitude relative.* SYN. partiel.

RELATION n. f.
1. Rapport, lien entre des choses. *On ne peut établir de relations entre ces deux évènements.* SYN. correspondance ; liaison.
2. Rapport entre des personnes. *Des relations amicales.*
3. Personne avec laquelle on est en rapport. *C'est une relation qu'il faut conserver.* SYN. connaissance.
En ce sens, le nom s'emploie souvent au pluriel pour désigner des connaissances, des amis influents. *Il a beaucoup de relations dans ce milieu.*
4. Rapport entre des pays, des nations, des groupes. *Ministère des Relations extérieures.*
LOCUTIONS
– ***En relation, en relations.*** En rapport avec quelqu'un. *Elle est toujours en relation* ou *en relations avec son amie d'enfance.*
La forme au singulier est la plus fréquente.
– ***Relations publiques.*** Ensemble des techniques d'information et de communication par lesquelles une entreprise cherche à se créer une image favorable, à faire connaître ses activités, ses produits tant auprès de son personnel que du public.

RELATIONNEL, ELLE adj.
Qui concerne les rapports entre les individus.

RELATIONNISTE n. m. et f.
Spécialiste des relations publiques qui se charge des communications d'une organisation avec ses clients, ses employés, ses actionnaires, la presse, etc.

RELATIVE n. f.
(GRAMM.) Subordonnée introduite par un pronom relatif. *Dans la phrase* J'ai mangé la pomme que tu as cueillie, *la relative* que tu as cueillie *est introduite par le pronom relatif* que.

RELATIVEMENT adv.
D'une manière relative. *Cette personne est relativement malade.* SYN. assez ; plutôt.
LOCUTION
– ***Relativement à,*** loc. prép. En ce qui concerne. *Relativement à ce voyage, nous attendons d'autres renseignements.* SYN. en ce qui a trait à ; quant à.

RELATIVISER v. tr.
Rendre relatif. *Il importe de bien relativiser cette difficulté, de l'évaluer à sa juste mesure en considérant la situation d'ensemble.*
CONJUGAISON : VOIR MODÈLE AIMER.

RELATIVITÉ n. f.
Caractère de ce qui est relatif. *La théorie de la relativité.*

***RELAX**
Anglicisme pour ***décontracté, détendu, reposant.***

RELAXANT, ANTE adj.
Qui détend, qui favorise la relaxation. *Une musique relaxante.* SYN. délassant ; reposant.

RELAXATION n. f.
Détente. *Des séances de relaxation.*

R

RELAXE n. f.
(DR.) Action de remettre un prisonnier en liberté.

RELAXER v. tr., pronom.
VERBE TRANSITIF
1. (DR.) Libérer un prisonnier.
2. Détendre. *Relaxer ses muscles.* SYN. reposer.
VERBE PRONOMINAL
(FAM.) Se détendre, se reposer. *Au bord de la mer, ils se sont relaxés.*
À la forme pronominale, le participe passé de ce verbe s'accorde toujours en genre et en nombre avec son sujet. *Elle s'est relaxée en nageant dans la mer limpide.*
CONJUGAISON : VOIR MODÈLE AIMER.

RELAYER v. tr., pronom.
VERBE TRANSITIF
Remplacer quelqu'un dans une activité, une course. *Relayer un coureur.*
VERBE PRONOMINAL
Se remplacer réciproquement, prendre la relève. *Elles se sont relayées à son chevet.* SYN. alterner.
À la forme pronominale, le participe passé de ce verbe s'accorde toujours en genre et en nombre avec son sujet. *Ils se sont relayés pour assurer la permanence.*
CONJUGAISON : VOIR MODÈLE PAYER.
Le ***y*** peut se changer en ***i*** devant un ***e*** muet. *Je relaie (je relaye). Je relaierai (je relayerai).* Les formes en ***aie*** sont plus couramment utilisées que les formes en ***aye.***
Le ***y*** est suivi d'un ***i*** à la première et à la deuxième personne du pluriel de l'indicatif imparfait et du subjonctif présent. *(Que) nous relayions, (que) vous relayiez.*

RELÉGUER v. tr.
Confiner à l'écart quelqu'un, quelque chose. *Le téléviseur a été relégué au sous-sol. On l'a reléguée aux archives, à son grand déplaisir.*
CONJUGAISON : VOIR MODÈLE POSSÉDER.
Le ***é*** se change en ***è*** devant une syllabe contenant un ***e*** muet, sauf à l'indicatif futur et au conditionnel présent. *Je relègue,* mais *je reléguerai.* Attention au ***u*** qui subsiste même devant les lettres ***a*** et ***o.*** *Il relégua, nous reléguons.*
[Les *Rectifications* (1990) admettent : il relèguera relèguerait...]

RELENT n. m.
1. Odeur désagréable qui persiste. *Un relent de friture et de vieux mégots.*
Ne pas confondre avec les mots suivants :
• ***odeur,*** sensation olfactive qui émane d'un corps ;
• ***parfum,*** odeur agréable.
2. (FIG.) Trace, indice de quelque chose. *Un relent d'anticléricalisme.*
Le nom a une connotation négative.
relent.

RELEVÉ adj. et n. m.
Le premier ou le deuxième ***e*** est muet, [rləve, rəlve].
ADJECTIF
1. Épicé. *Un plat indien très relevé.*
2. Élevé, noble. *Un style relevé.* SYN. recherché ; soutenu.
NOM MASCULIN
Liste, résumé écrit. *Un relevé de notes, le relevé des compteurs.*
LOCUTION
– ***Relevé de notes.*** Liste récapitulative établie par un établissement d'enseignement ou un organisme scolaire, et indiquant les cours suivis par un élève ainsi que la note obtenue pour chacun d'eux (Recomm. off.). *Veuillez nous transmettre votre relevé de notes.*

RELÈVE n. f.
1. Remplacement d'une personne ou d'une équipe par une autre. *Les infirmières de jour ont pris la relève de l'équipe de nuit auprès des malades.*
2. (FIG.) Succession. *Il faut préparer la relève à la direction de l'entreprise.*

RELÈVEMENT n. m.
Redressement, hausse. *Le relèvement des impôts.*

RELEVER v. tr., pronom.
Le premier ou le deuxième ***e*** est muet, [rləve, rəlve].
VERBE TRANSITIF DIRECT
1. Mettre plus haut. *Relever les yeux.* SYN. remonter.
2. Souligner. *Relever des erreurs.* SYN. noter ; trouver.
3. Remettre debout, rétablir. *Relever l'économie.* SYN. reconstruire ; redresser.
VERBE TRANSITIF INDIRECT
Dépendre de l'autorité de, être de la compétence de. *Cette décision relève de l'éditeur.*
En ce sens, le verbe se construit avec la préposition ***de.***
VERBE PRONOMINAL
1. Se remettre debout. *Elles se sont relevées.* SYN. se redresser.
2. Se relayer. *Ils se sont relevés avec ardeur.*
À la forme pronominale, le participe passé de ce verbe s'accorde toujours en genre et en nombre avec son sujet. *Elle s'était couchée, mais elle s'est relevée quand on a frappé à la porte.*
CONJUGAISON : VOIR MODÈLE LEVER.
Le ***e*** se change en ***è*** devant une syllabe contenant un ***e*** muet. *Je relève,* mais *je relevais.*

RELIEF n. m.
1. Saillie. *Un motif gravé en relief. Le relief du sol.*
2. (AU PLUR.) (LITT.) Restes des plats servis. *Les reliefs d'un banquet.*
LOCUTIONS
– ***En relief,*** loc. adj. Qui forme un relief. *Des motifs en relief.*
– ***Mettre en relief.*** Mettre en valeur, faire ressortir. *Ils ont mis en relief* (et non *mis l'emphase sur) *le talent oratoire de ces étudiants.*

RELIER v. tr.
1. Assembler, lier. *Relier les feuillets d'un livre.*
2. Faire communiquer. *Un pont qui relie deux rives.* SYN. faire raccorder ; unir.
CONJUGAISON : VOIR MODÈLE ÉTUDIER.
Redoublement du ***i*** à la première et à la deuxième personne du pluriel de l'indicatif imparfait et du subjonctif présent. *(Que) nous reliions, (que) vous reliiez.*

RELIEUR n. m.
RELIEUSE n. f.
Personne dont le métier est de relier des livres.

RELIGIEUSE n. f.
Pâtisserie composée d'une pâte à chou fourrée de crème pâtissière.

RELIGIEUSEMENT adv.
1. D'une manière religieuse.
2. Exactement. *Il comptait les points religieusement.* SYN. attentivement ; méticuleusement.

RELIGIEUX, IEUSE adj. et n. m. et f.
ADJECTIF
Relatif à la religion. *Une cérémonie religieuse.*
NOM MASCULIN ET FÉMININ
Personne qui fait partie d'une congrégation, d'un ordre religieux.

RELIGION n. f.
Ensemble de doctrines et de pratiques ayant pour objet les rapports de l'âme humaine avec le sacré. *Elle est de religion catholique, alors qu'Audrey est de religion protestante.*
T Les noms de religions s'écrivent avec une minuscule. *Le christianisme, le bouddhisme.*

RELIQUAIRE n. m.
Coffret destiné à recevoir des reliques. *Les flammes ont miraculeusement épargné le reliquaire qui contient un fragment d'os du saint patron de cette chapelle.*
✏ reliqu**aire**.

RELIQUAT n. m.
Ce qui reste (d'une somme, d'un compte, d'une commande). *Doit-on conserver les reliquats et vous les livrer ultérieurement ?*
✏ reliqu**at**.

RELIQUE n. f.
Ce qui reste d'un saint et qu'on vénère. *Ce fragment d'os est une relique du saint patron de cette chapelle.*

RELIRE v. tr., pronom.
VERBE TRANSITIF
Lire de nouveau. *Les élèves ont relu cette bande dessinée avec plaisir.*
VERBE PRONOMINAL
Lire ce qu'on a écrit pour se corriger. *Relisez-vous pour ne pas laisser de fautes d'orthographe.* SYN. réviser.
À la forme pronominale, le participe passé de ce verbe s'accorde toujours en genre et en nombre avec son sujet. *Manifestement, ces étudiants ne se sont pas relus : bien des erreurs subsistent dans leur copie.*
CONJUGAISON : VOIR MODÈLE LIRE.

RELIURE n. f.
1. Art de relier les livres. *La reliure d'art.*
2. Manière dont un livre est relié. *Une belle reliure en cuir vert.*
3. Couverture rigide. *Une reliure à trois anneaux* (et non un *cartable) *remplie de feuilles mobiles.*

RELOCALISER v. tr.
(NÉOL.) Déplacer, réimplanter (une entreprise, un établissement) en un autre lieu.
On emploie plutôt le verbe ***délocaliser*** si la nouvelle implantation se fait à l'étranger, ***muter*** en parlant d'un employé affecté à un autre poste, ***reloger*** s'il s'agit de donner un nouveau logement à quelqu'un.
CONJUGAISON : VOIR MODÈLE AIMER.

RELOGER v. tr., pronom.
VERBE TRANSITIF
Donner un nouveau logement à quelqu'un. *L'entreprise devra reloger* (et non *relocaliser) *ses employés mutés.*
VERBE PRONOMINAL
Trouver un logement de remplacement. *Les sinistrés se relogeaient dans les écoles désertées. Elles se sont relogées.*
À la forme pronominale, le participe passé de ce verbe s'accorde toujours en genre et en nombre avec son sujet. *Les sinistrés se sont relogés au centre communautaire.*
CONJUGAISON : VOIR MODÈLE CHANGER.

RELUIRE v. intr.
Briller. *Faire reluire l'argenterie. Les chandeliers reluisaient.*
CONJUGAISON : VOIR MODÈLE CONDUIRE.

RELUISANT, ANTE adj.
1. Qui reluit. *Des meubles reluisants.*
2. (FIG.) Brillant. *Un avenir pas très reluisant.*
En ce sens, l'adjectif ne s'emploie que dans une phrase négative.

RELUQUER v. tr.
(FAM.) Regarder avec insistance et convoitise.
CONJUGAISON : VOIR MODÈLE AIMER.

***REMAKE**
Anglicisme pour ***nouvelle version*** (d'un film).

REMANIEMENT n. m.
Modification. *Un remaniement ministériel.* SYN. réagencement; réorganisation.
✏ remani**ement**.

REMANIER v. tr.
Modifier l'organisation, la composition. *Un texte remanié.* SYN. agencer; arranger; réorganiser.
CONJUGAISON : VOIR MODÈLE ÉTUDIER.
Redoublement du ***i*** à la première et à la deuxième personne du pluriel de l'indicatif imparfait et du subjonctif présent. *(Que) nous remaniions, (que) vous remaniiez.*

REMARQUABLE adj.
Digne d'être remarqué, extraordinaire. *Une œuvre remarquable.* SYN. marquant.

REMARQUABLEMENT adv.
D'une manière remarquable. *Ils sont remarquablement vifs et curieux.* SYN. très.

REMARQUE n. f.
Observation. *Une remarque désagréable. Des remarques judicieuses.* SYN. commentaire.
Le nom peut s'employer en bonne ou en mauvaise part.

REMARQUER v. tr., pronom.
VERBE TRANSITIF
Noter. *Il a remarqué cette anomalie.* SYN. constater; observer.
VERBE PRONOMINAL
Se voir. *Sa cicatrice se remarque à peine.*
À la forme pronominale, le participe passé de ce verbe s'accorde toujours en genre et en nombre avec son sujet. *Des divergences entre les témoignages se sont remarquées.*
LOCUTION
– ***Faire remarquer.*** Signaler. *Je vous fais remarquer que tous les membres sont opposés à cette décision.* SYN. souligner.
CONJUGAISON : VOIR MODÈLE AIMER.

***REMASTÉRISER**
Anglicisme pour ***rematricer.***

REMATRICER v. tr.
Faire une nouvelle matrice, selon le procédé numérique, à partir du disque maître ou de la bande maîtresse d'un enregistrement audio ou vidéo, afin d'améliorer la qualité du son ou de l'image (GDT). *Une œuvre rematricée* (et non *remastérisée).
CONJUGAISON : VOIR MODÈLE AVANCER.
Le **c** prend une cédille devant les lettres ***a*** et ***o***. *Il rematriça, nous rematriçons.*

REMBLAI n. m.
Masse de terre destinée à relever un terrain. *Des remblais bien construits protègent les propriétés des inondations.*
✏ rembl**ai**.

REMBLAYAGE n. m.
Action de remblayer. *Le remblayage de terrains susceptibles d'être inondés.*

REMBLAYER v. tr.
Combler un creux, faire un terrassement à l'aide de matériaux, de terre, etc.
CONJUGAISON : VOIR MODÈLE PAYER.
Le ***y*** peut se changer en ***i*** devant un ***e*** muet. *Il remblaie (il remblaye). Il remblaiera (il remblayera).* La forme en ***aie*** est la plus usitée.

REMBOBINER v. tr.
Enrouler de nouveau autour d'une bobine. *Il faut rembobiner le film.*
CONJUGAISON : VOIR MODÈLE AIMER.

REMBOURRAGE n. m.
Action de rembourrer. *Le rembourrage d'un siège.*

REMBOURRER v. tr.
Garnir d'une matière. *Rembourrer un coussin de duvet.*
CONJUGAISON : VOIR MODÈLE AIMER.

REMBOURREUR n. m.
REMBOURREUSE n. f.
⚜ Personne qui rembourre, recouvre meubles et sièges de tissus d'ameublement.

R

REMBOURRURE n. f.
Matière servant à rembourrer.

REMBOURSEMENT n. m.
Action de rembourser. *Le remboursement d'un emprunt.*
LOCUTION
– ***Contre remboursement (C.R.).*** Contre paiement à la livraison. *Un envoi contre remboursement* (et non *COD).

REMBOURSER v. tr.
Rendre à quelqu'un l'argent prêté, dépensé. *L'entreprise lui rembourse ses frais de déplacement. Cet employé a été remboursé de ses frais. Les 100 $ qu'elle lui a remboursés.*
CONJUGAISON : VOIR MODÈLE AIMER.

REMBRUNIR (SE) v. pronom.
Devenir sombre, morose. *À cette évocation, ses traits se rembrunirent.*
Le participe passé de ce verbe, qui n'existe qu'à la forme pronominale, s'accorde toujours en genre et en nombre avec son sujet. *Elle s'est rembrunie en pensant à la corvée qui l'attendait.*
CONJUGAISON : VOIR MODÈLE FINIR.

REMÈDE n. m.
1. Médicament. *On cherche toujours un remède contre le sida.*
2. (FIG.) Solution. *Il faut trouver un remède au décrochage.*
Au sens figuré, le nom se construit surtout avec la préposition ***à***.
3. Ce qui sert à soulager une souffrance morale. *Un remède à la mélancolie, contre le désespoir.*
La construction avec la préposition ***contre*** donne un sens plus fort au nom.

REMÉDIER v. tr. ind.
Apporter un remède à quelque chose de façon définitive. *Je crois qu'elle pourra remédier à ces absences.* SYN. corriger.
Le verbe se construit avec la préposition ***à***.
Ne pas confondre avec le verbe ***pallier,*** corriger quelque chose de manière incomplète, provisoirement.
CONJUGAISON : VOIR MODÈLE ÉTUDIER.
Redoublement du ***i*** à la première et à la deuxième personne du pluriel de l'indicatif imparfait et du subjonctif présent. *(Que) nous remédiions, (que) vous remédiiez.*

REMEMBREMENT n. m.
Reconstitution d'un domaine, d'un pays morcelé.

REMEMBRER v. tr.
Rassembler. *Remembrer un État dont certaines parties avaient été annexées par des pays voisins.*
CONJUGAISON : VOIR MODÈLE AIMER.

REMÉMORER v. tr., pronom.
VERBE TRANSITIF
(LITT.) Évoquer, remettre en mémoire. *Cette odeur me remémore la cuisine de ma grand-mère.* SYN. rappeler.
VERBE PRONOMINAL
(LITT.) Se souvenir de. *Elle se remémorait les moindres instants de cette soirée. Les paroles qu'il s'est remémorées.* SYN. se rappeler.
À la forme pronominale, le participe passé de ce verbe s'accorde en genre et en nombre avec le complément direct si celui-ci le précède. *Les mots qu'elle s'est remémorés.* Le participe passé reste invariable si le complément direct suit le verbe. *Elle s'est remémoré une anecdote amusante.*
La forme pronominale est la plus courante.
CONJUGAISON : VOIR MODÈLE AIMER.
rememorer.

REMERCIEMENT n. m.
Écrit, paroles par lesquels on témoigne de la reconnaissance. *Une lettre de remerciements.* SYN. merci.
remerciement.

REMERCIER v. tr.
1. Témoigner sa reconnaissance. *Je vous remercie de la charmante soirée, pour vos jolies fleurs. Il la remercie de l'avoir attendu.*
Le complément du verbe se construit généralement avec la préposition ***de*** et parfois avec la préposition ***pour*** surtout lorsqu'il s'agit de choses qui se comptent. Si le verbe est suivi d'un infinitif, il se construit alors avec ***de.***
2. Congédier. *L'entreprise l'a remercié après quelques mois de travail.* SYN. renvoyer.
CONJUGAISON : VOIR MODÈLE ÉTUDIER.
Redoublement du ***i*** à la première et à la deuxième personne du pluriel de l'indicatif imparfait et du subjonctif présent. *(Que) nous remerciions, (que) vous remerciiez.*

REMETTRE v. tr., pronom.
VERBE TRANSITIF
1. Mettre une chose à la place qu'elle occupait. *Elle a remis le livre sur la table.* SYN. replacer.
2. Mettre de nouveau. *Elle a remis son imperméable.*
3. Confier. *Je vous remets le dossier.* SYN. donner; laisser.
4. Faire revenir quelqu'un; lui faire retrouver la santé, la paix. *Elle n'est pas encore remise de son accident.*
5. Reporter. *Ne remettez pas à demain ce que vous pouvez faire aujourd'hui.* SYN. différer; repousser; retarder.
VERBE PRONOMINAL
1. Se mettre de nouveau. *Elle s'est remise au tennis. Il s'est remis à courir.* SYN. recommencer.
2. Guérir, recouvrer la santé. *Elle s'est remise de sa pneumonie.* SYN. récupérer; se rétablir.
3. ***S'en remettre à.*** Faire confiance à. *Elles s'en sont remises à leur avocat.* SYN. se fier à.
À la forme pronominale, le participe passé de ce verbe s'accorde toujours en genre et en nombre avec son sujet. *Elle s'était remise à l'étude de l'italien.*
CONJUGAISON : VOIR MODÈLE REMETTRE.

RÉMINISCENCE n. f.
Souvenir vague, partiellement effacé. *Les réminiscences heureuses de l'enfance.*
réminiscence.

REMISAGE n. m.
Action de remiser. *Le remisage d'une voiture pour l'hiver.*

REMISE n. f.
1. Diminution de prix accordée à un client important en fonction des quantités achetées en un lot.
Ne pas confondre avec les noms suivants :
• ***escompte,*** réduction de prix accordée en raison de l'acquittement d'une dette avant son échéance;
• ***rabais,*** diminution accordée sur un prix, particulièrement en raison d'un niveau de qualité inférieur, d'un défaut de conformité, pour une fin de série, etc.;
• ***réduction,*** diminution accordée sur un prix.
2. Local où l'on range des objets. *Les outils de jardinage sont dans la remise.*
LOCUTION
– ***Remise à zéro.*** Remise d'un système à son état initial, le plus souvent à zéro. *Faire la remise à zéro* (et non le *reset) *d'un compteur, d'un chronomètre.*
FORME FAUTIVE
*remise. Impropriété au sens de ***règlement*** (d'une facture, d'un compte).

REMISER v. tr.
Ranger dans une remise. *On a remisé les meubles de jardin pour l'hiver.*
CONJUGAISON : VOIR MODÈLE AIMER.

RÉMISSION n. f.
1. Action de pardonner les fautes. *La rémission des péchés par le Christ.*
2. Diminution passagère des symptômes d'une maladie.
LOCUTION
– ***Sans rémission,*** loc. adv. Sans pardon. *Condamner sans rémission.*

CONJUGAISON DU VERBE **REMETTRE**

INDICATIF

PRÉSENT		PASSÉ COMPOSÉ		
je	remets	j'	ai	remis
tu	remets	tu	as	remis
elle	remet	elle	a	remis
il	remet	il	a	remis
nous	remettons	nous	avons	remis
vous	remettez	vous	avez	remis
elles	remettent	elles	ont	remis
ils	remettent	ils	ont	remis

IMPARFAIT		PLUS-QUE-PARFAIT		
je	remettais	j'	avais	remis
tu	remettais	tu	avais	remis
elle	remettait	elle	avait	remis
il	remettait	il	avait	remis
nous	remettions	nous	avions	remis
vous	remettiez	vous	aviez	remis
elles	remettaient	elles	avaient	remis
ils	remettaient	ils	avaient	remis

PASSÉ SIMPLE		PASSÉ ANTÉRIEUR		
je	remis	j'	eus	remis
tu	remis	tu	eus	remis
elle	remit	elle	eut	remis
il	remit	il	eut	remis
nous	remîmes	nous	eûmes	remis
vous	remîtes	vous	eûtes	remis
elles	remirent	elles	eurent	remis
ils	remirent	ils	eurent	remis

FUTUR SIMPLE		FUTUR ANTÉRIEUR		
je	remettrai	j'	aurai	remis
tu	remettras	tu	auras	remis
elle	remettra	elle	aura	remis
il	remettra	il	aura	remis
nous	remettrons	nous	aurons	remis
vous	remettrez	vous	aurez	remis
elles	remettront	elles	auront	remis
ils	remettront	ils	auront	remis

CONDITIONNEL PRÉSENT		CONDITIONNEL PASSÉ		
je	remettrais	j'	aurais	remis
tu	remettrais	tu	aurais	remis
elle	remettrait	elle	aurait	remis
il	remettrait	il	aurait	remis
nous	remettrions	nous	aurions	remis
vous	remettriez	vous	auriez	remis
elles	remettraient	elles	auraient	remis
ils	remettraient	ils	auraient	remis

SUBJONCTIF

PRÉSENT			PASSÉ			
que	je	remette	que	j'	aie	remis
que	tu	remettes	que	tu	aies	remis
qu'	elle	remette	qu'	elle	ait	remis
qu'	il	remette	qu'	il	ait	remis
que	nous	remettions	que	nous	ayons	remis
que	vous	remettiez	que	vous	ayez	remis
qu'	elles	remettent	qu'	elles	aient	remis
qu'	ils	remettent	qu'	ils	aient	remis

IMPARFAIT			PLUS-QUE-PARFAIT			
que	je	remisse	que	j'	eusse	remis
que	tu	remisses	que	tu	eusses	remis
qu'	elle	remît	qu'	elle	eût	remis
qu'	il	remît	qu'	il	eût	remis
que	nous	remissions	que	nous	eussions	remis
que	vous	remissiez	que	vous	eussiez	remis
qu'	elles	remissent	qu'	elles	eussent	remis
qu'	ils	remissent	qu'	ils	eussent	remis

IMPÉRATIF

PRÉSENT	PASSÉ
remets	aie remis
remettons	ayons remis
remettez	ayez remis

INFINITIF

PRÉSENT	PASSÉ
remettre	avoir remis

PARTICIPE

PRÉSENT	PASSÉ
remettant	remis, ise ayant remis

***REMIX**
Anglicisme pour ***réorchestration.***

REMMENER v. tr.
Reconduire, emmener la personne à son lieu de départ. *J'amènerai Nouni chez le médecin et je la remmènerai ensuite à la maison.*
☞ On remmène une personne du lieu où elle est à son lieu de départ.
CONJUGAISON : VOIR MODÈLE LEVER.
Le ***e*** de la deuxième syllabe se change en ***è*** devant une syllabe contenant un ***e*** muet. *Il remmène,* mais *il remmenait.*

REMNOGRAPHIE n. f.
(MÉD.) Image médicale fondée sur la résonance magnétique nucléaire. *La remnographie permet d'obtenir des images en temps réel,* in vivo *et* in situ, *qui peuvent être formatées en deux ou trois dimensions.* SYN. ⚜ image par résonance magnétique (IRM).

REMODELAGE n. m.
1. Action de donner une nouvelle forme à. *Le remodelage d'une artère commerciale.* SYN. rénovation.
2. (FIG.) Restructuration. *Le remodelage de l'organigramme d'une entreprise.* SYN. réorganisation.
3. Intervention de chirurgie esthétique consistant à retendre la peau pour réduire les rides et obtenir un effet de rajeunissement. *Cette comédienne a subi un remodelage* (et non *lifting) *du visage.*

REMODELER v. tr.
1. Donner une nouvelle forme à quelque chose pour le rendre conforme à un modèle. *Remodeler un visage.*
2. (FIG.) Donner une nouvelle disposition, un nouvel esprit à quelque chose. *La mairie de Montréal entend remodeler les quartiers riverains afin de mieux tirer profit du fleuve. Remodeler la structure d'une organisation.* SYN. réorganiser; restructurer.
CONJUGAISON : VOIR MODÈLE CONGELER.

REMONTANT, ANTE adj. et n. m.
ADJECTIF
Qui redonne des fleurs, des fruits au début de l'automne. *Un framboisier remontant.*
NOM MASCULIN
Tonique, cordial. *Prenez donc un petit remontant.*

REMONTÉE n. f.
1. Action de monter de nouveau. *Ils ont effectué la remontée du mont Blanc.*
2. Action de regagner le terrain perdu. *Ils perdaient, mais ils ont réussi une belle remontée.*
LOCUTION
– ***Remontée mécanique.*** Installation utilisée par les skieurs pour remonter les pentes.

REMONTE-PENTE n. m. (pl. *remonte-pentes*)
Dispositif servant à tirer les skieurs au sommet des pentes. SYN. monte-pente.

REMONTER v. tr., intr.
VERBE TRANSITIF
1. Monter de nouveau. *Les enfants ont remonté l'escalier. Elles aimeraient remonter la rivière en kayak.* ANT. redescendre.
2. Augmenter de nouveau. *Le prix de l'essence avait baissé; il remonte maintenant.* ANT. redescendre.
3. Assembler de nouveau. *Pourras-tu remonter ce moteur une fois que tu l'auras réparé ?*
VERBE INTRANSITIF
1. Revenir à l'origine. *Ce serait bien de voyager dans le temps et de remonter au siècle dernier.*
2. Retourner en haut. *Remonte dans ta chambre, je t'appellerai quand ce sera prêt.*
LOCUTION
– ***Remonter le moral à quelqu'un.*** L'encourager. SYN. réconforter; soutenir.
CONJUGAISON : VOIR MODÈLE AIMER.

REMONTRANCE n. f.
Réprimande. *Faire des remontrances à un élève indiscipliné.* SYN. blâme; reproche.
✎ remontrance.

REMONTRER v. tr.
Montrer de nouveau quelque chose (à quelqu'un). *On lui a remontré le fonctionnement du système d'alarme.*
LOCUTION
– ***En remontrer à quelqu'un.*** Lui prouver qu'on est supérieur.
☞ Le verbe ne s'emploie plus que dans cette expression, qui a une valeur négative.
CONJUGAISON : VOIR MODÈLE AIMER.

REMORDS n. m.
Honte causée par la conscience d'avoir mal agi. SYN. regret; repentir.
✎ remords, avec un ***s***, même au singulier.

REMORQUAGE n. m.
Action de remorquer. *Le remorquage d'une voiture en panne.*
☞ Le mot ***touage*** désigne le remorquage d'un navire.

REMORQUE n. f.
1. Traction exercée sur un véhicule à l'aide d'un autre. *Prendre une voiture en remorque.*
2. Véhicule sans moteur destiné à être tiré. *Une remorque de camion.*
LOCUTIONS
– ***Être à la remorque.*** Rester en arrière. *Il est toujours à la remorque.*
– ***Être à la remorque de quelqu'un.*** (FIG.) Le suivre aveuglément.
FORME FAUTIVE
*camion-remorque. Impropriété pour ***tracteur semi-remorque.***

REMORQUER v. tr.
Tirer un véhicule, un navire. *La dépanneuse a remorqué la voiture accidentée.*
☞ Le verbe ***touer*** ne s'emploie qu'en parlant d'un navire, d'une embarcation.
CONJUGAISON : VOIR MODÈLE AIMER.

REMORQUEUR n. m.
Petit bâtiment dont la fonction est de remorquer les autres navires. *Elle aimait observer le travail des remorqueurs dans le port.*

***REMORQUEUSE**
Impropriété pour ***dépanneuse.***
☞ La fonction de dépannage ne se résume pas seulement au remorquage, elle suppose également une possibilité de réparation sur le lieu de la panne qui pourra éventuellement éviter le remorquage jusqu'à un garage (GDT).

RÉMOULADE n. f.
Vinaigrette piquante. *Des céleris rémoulade.*
☞ En apposition, le nom reste au singulier.
✎ rémoulade.

REMOUS n. m. (pl. *remous*)
1. Endroit dans un cours d'eau où l'eau s'agite dans un sens contraire au courant (Recomm. off.). *Les remous des rapides du Saint-Laurent.*
2. (FIG.) Agitation. *Cette décision a provoqué beaucoup de remous.* SYN. désordre; perturbation.
✎ remous, un ***s***, même au singulier.

***REMOVER**
Anglicisme pour ***dissolvant, décapant.***

REMPART n. m.
1. Muraille fortifiée entourant une ville. *Les remparts de Québec.*
☞ Ne pas confondre avec les mots suivants :
• ***mur,*** ouvrage de maçonnerie qui soutient une construction;
• ***muraille,*** mur épais et élevé.
2. (FIG.) Ce qui sert de protection. *Les lois forment un rempart contre les désordres sociaux.*

***REMPIRER**
Forme inexistante pour ***s'aggraver, prendre de l'ampleur.*** *La situation s'aggrave* (et non *rempire) *en raison de l'inondation qui prend de l'ampleur.*

REMPLAÇABLE adj.
Qui peut être remplacé. *Une pièce remplaçable.* SYN. jetable.
✏ remplaçable.

REMPLAÇANT, ANTE n. m. et f.
Personne qui en remplace une autre. *Elle a trouvé une remplaçante.* SYN. intérimaire ; substitut ; suppléant.
✏ remplaçant.

REMPLACEMENT n. m.
Action de remplacer une personne, une chose. *Le remplacement d'une pile.* SYN. changement ; substitution.

REMPLACER v. tr., pronom.
VERBE TRANSITIF
1. Agir pour quelqu'un à titre provisoire ou permanent. *Annie a remplacé Martine pendant son congé de maternité.*
2. Substituer une chose à une autre. *Nous remplaçons ce produit par celui-ci.* SYN. changer.
VERBE PRONOMINAL
1. Prendre le relais l'un de l'autre. *Elles se sont remplacées à la tête de l'entreprise.* SYN. se relayer.
2. Être remplacé. *Des pièces originales qui se remplacent difficilement.*
📏 À la forme pronominale, le participe passé de ce verbe s'accorde toujours en genre et en nombre avec son sujet. *Ces chercheurs se sont remplacés tour à tour pendant leurs vacances.*
CONJUGAISON : VOIR MODÈLE AVANCER.
Le ***c*** prend une cédille devant les lettres ***a*** et ***o***. *Il remplaça, nous remplaçons.*

REMPLI, IE adj.
1. Plein. *Une tasse remplie de tisane.*
2. Truffé. *Un texte rempli de citations.*
3. Occupé. *Une semaine bien remplie.*

REMPLIR v. tr., pronom.
VERBE TRANSITIF
1. Rendre plein. *Remplis mon verre, j'ai soif.*
📌 Ce verbe a aujourd'hui remplacé le verbe ***emplir,*** qui est vieilli.
2. Ajouter les renseignements nécessaires. *Remplir* (et non *compléter) *un formulaire.*
3. Exercer une activité. *Remplir une fonction, une mission.* SYN. accomplir ; exercer.
4. Satisfaire à. *Sa candidature remplit toutes les conditions.*
VERBE PRONOMINAL
Devenir plein. *La piscine s'est remplie en trois jours.*
📏 À la forme pronominale, le participe passé de ce verbe reste invariable si le complément direct suit le verbe. *Ils se sont rempli les poches.* S'il n'y a pas de complément direct, le participe passé s'accorde en genre et en nombre avec le sujet du verbe. *La ville s'est remplie de touristes.*
FORMES FAUTIVES
*remplir une commande. Calque de «*to fill an order*» pour ***exécuter une commande.***
*remplir une ordonnance. Calque de «*to fill a prescription*» pour ***exécuter une ordonnance.***
*remplir une prescription. Calque de «*to fill a prescription*» pour ***exécuter une ordonnance.*** *J'ai demandé à la pharmacienne de bien vouloir exécuter* (et non *remplir) *l'ordonnance* (et non la *prescription) *du médecin.*
CONJUGAISON : VOIR MODÈLE FINIR.

REMPLISSAGE n. m.
1. Action de remplir. *Le remplissage d'une piscine.*
2. (FIG.) Développement superflu. *Faire du remplissage.*

REMPLUMER v. tr., pronom.
VERBE TRANSITIF
1. Couvrir de plumes.
2. (FIG.) (FAM.) Engraisser une personne, un animal trop maigre. *Il faut remplumer Fanny : elle est filiforme.*
VERBE PRONOMINAL
1. Se couvrir de plumes nouvelles, en parlant des oiseaux.
2. (FAM.) Reprendre du poids. *Ils se sont remplumés grâce à ce séjour à la campagne.* SYN. reprendre du poil de la bête.
3. (FIG.) Rétablir sa situation financière.
📏 Le participe passé de ce verbe, qui n'existe qu'à la forme pronominale, s'accorde toujours en genre et en nombre avec son sujet. *Ces joueurs, qui n'ont cessé de perdre, ne se sont pas remplumés.*
CONJUGAISON : VOIR MODÈLE AIMER.

R

REMPORTER v. tr.
1. Reprendre. *Elle lui a demandé de remporter ses cadeaux.*
2. Gagner. *Il a remporté le premier prix.* SYN. obtenir ; récolter.
CONJUGAISON : VOIR MODÈLE AIMER.

REMPOTER v. tr.
1. Placer une plante dans un autre pot, généralement plus grand. *Rempoter un citronnier.*
2. Changer la terre d'un pot.
CONJUGAISON : VOIR MODÈLE AIMER.

REMUANT, ANTE adj.
Agité, qui est sans cesse en mouvement. *Des enfants bien remuants.* SYN. turbulent.

REMUE-MÉNAGE n. m. (pl. *remue-ménage* ou *remue-ménages*)
Agitation. *C'est le déménagement de l'été, le grand remue-ménage. Des remue-ménage* ou *remue-ménages.* SYN. branle-bas.

REMUE-MÉNINGE(S) n. m. (pl. *remue-méninges*)
Technique de réflexion, de création fondée sur la mise en commun des idées, des suggestions de chacun des membres d'un groupe. *Faire un remue-méninges* (et non *brainstorming).

REMUEMENT n. m.
1. Action de remuer ; mouvement de ce qui remue. *« Le remuement des lèvres »* (Voltaire, *Lettres à Mme* du Deffant, 1760, cité par Littré). *« l'infini remuement des choses »* (Hélène Dorion, *Sans bord, sans bout du monde*).
2. (FIG.) Mouvement, agitation, troubles produits par quelque changement. *Causer du remuement. « À quelques pas de là, arrivent des bergers en faction tandis que, plus loin, des lecteurs d'étoiles surnommés les rois mages se mettent en marche vers Jérusalem... et bientôt Bethléem. [...] Beaucoup de remuement pour un enfant ! »* (Benoît Lacroix, *Le Devoir*).
3. (FIG.) Émotion morale. *« le remuement des cœurs par le fil secret des passions »* (François René de Chateaubriand, *Le Génie du christianisme,* cité dans *Le Grand Robert*). *« C'est moi ce remuement de larmes et tout chemin ravagé entre les dieux et toi »* (Rina Lasnier, *Présence de l'absence*).

REMUER v. tr., intr., pronom.
VERBE TRANSITIF
Mettre en mouvement. *Le chien remue la queue en signe de satisfaction.* SYN. agiter.
VERBE INTRANSITIF
Changer de place. *Il ne cesse de remuer.* SYN. bouger.
VERBE PRONOMINAL
1. Se mouvoir. *Il est ankylosé, il a du mal à se remuer.*
2. (FAM.) Se hâter. *Remuez-vous un peu, nous n'aurons jamais terminé à temps. Elles se sont remuées.*
📏 À la forme pronominale, le participe passé de ce verbe s'accorde en genre et en nombre avec le complément direct si celui-ci le précède. *Le pied qu'elle s'est remué. Les étudiants se sont remués pour terminer leurs travaux.* Le participe passé reste invariable si le complément direct suit le verbe. *Elle ne s'est pas remué le petit doigt pour lui.*

R

LOCUTION

– ***Remuer ciel et terre.*** (FIG.) Mettre en œuvre tous les moyens nécessaires pour atteindre un objectif.

CONJUGAISON : VOIR MODÈLE AIMER.

REMUGLE n. m.

(LITT.) Odeur désagréable de renfermé.

RÉMUNÉRATEUR, TRICE adj.

Qui procure des avantages financiers. *Un poste rémunérateur.*

RÉMUNÉRATION n. f.

Argent reçu pour prix d'un service, d'un travail.

✏ rémunération.

RÉMUNÉRER v. tr.

Donner une rémunération. *Ce travail est bien rémunéré* (et non *rénuméré). SYN. payer; rétribuer.

CONJUGAISON : VOIR MODÈLE POSSÉDER.

Le ***é*** se change en ***è*** devant une syllabe contenant un ***e*** muet, sauf à l'indicatif futur et au conditionnel présent. *Je rémunère,* mais *je rémunérerai.*

✏ rémunérer.

[Les *Rectifications* (1990) admettent : il rémunèrera, rémunèrerait...]

RENÂCLER v. intr.

Rechigner. *Il renâcle à la besogne.* SYN. répugner à.

CONJUGAISON : VOIR MODÈLE AIMER.

✏ renâcler.

RENAISSANCE n. f.

1. Nouvelle naissance. *Au printemps, c'est la renaissance de la nature.*

2. Au XVIe siècle en Italie et en Europe, renouveau littéraire, artistique, etc. *Les peintres de la Renaissance.*

[T] Lorsque ce nom désigne la période historique, il s'écrit avec une majuscule. *La Renaissance.*

En apposition, le nom est invariable. *Des façades Renaissance* (de style Renaissance).

RENAÎTRE v. intr.

1. Naître de nouveau. *La nature renaît au printemps.*

2. (FIG.) Se produire à nouveau. *Le mécontentement risque de renaître.* SYN. réapparaître; revivre.

Le participe passé est rare.

CONJUGAISON : VOIR MODÈLE NAÎTRE.

[Les *Rectifications* (1990) admettent : renaitre.]

RÉNAL, ALE, AUX adj.

Relatif au rein. *Des problèmes rénaux.*

RENARD n. m.

1. Mammifère carnivore dont la fourrure est appréciée. *Des renards argentés. La femelle du renard est une renarde; le petit, un renardeau.*

VOIR TABLEAU – ANIMAUX.

2. (FIG.) Personne habile et rusée. *Cet éditeur est un fin renard.*

En ce sens, le nom s'emploie généralement avec les adjectifs ***fin*** ou ***vieux*** et il n'a pas de connotation péjorative.

RENARDE n. f.

Femelle du renard.

VOIR TABLEAU – ANIMAUX.

RENARDEAU n. m. (pl. *renardeaux*)

Petit du renard. *Les renardeaux entourent la renarde.*

VOIR TABLEAU – ANIMAUX.

RENCHÉRIR v. intr.

1. Faire une enchère supérieure, offrir davantage d'argent. *Elle refuse de poursuivre; ils ont trop renchéri.*

2. Dire ou faire plus, aller plus loin. *Il renchérit sur tout ce que je dis.*

En ce sens, le verbe se construit avec la préposition ***sur.***

CONJUGAISON : VOIR MODÈLE FINIR.

RENCHÉRISSEMENT n. m.

Hausse de prix. *Le renchérissement des maisons et des appartements.*

RENCONTRE n. f.

Le fait, pour des personnes, des choses, de se trouver en contact. *Les copains ont organisé une rencontre au collège. La rencontre de deux cultures. Aller, venir à la rencontre d'un ami.*

RENCONTRER v. tr., pronom.

VERBE TRANSITIF

1. Se trouver en présence de quelqu'un de façon voulue ou par hasard. *Rencontrer une amie au restaurant.* SYN. croiser.

2. Affronter une équipe en compétition. *Ce soir, le Canadien de Montréal rencontrera les Sénateurs d'Ottawa.*

3. Se trouver en présence d'un obstacle. *La quille du voilier rencontra le fond de la baie.* SYN. se heurter; toucher.

4. (FIG.) Se trouver en présence d'une situation, d'une réaction. *Votre proposition a rencontré de vives résistances, une opposition totale. Rencontrer des complications, un problème, des difficultés.*

VERBE PRONOMINAL

1. Faire connaissance. *Il me semble que nous nous sommes déjà rencontrés.*

2. Se trouver en même temps au même endroit. *Ils se sont rencontrés au café par hasard.*

3. Partagez l'avis de quelqu'un. *Les grands esprits se rencontrent.*

4. Entrer en relation avec. *Leurs yeux se rencontrèrent un bref instant.*

À la forme pronominale, le participe passé de ce verbe s'accorde toujours en genre et en nombre avec son sujet. *Les partenaires s'étaient rencontrés pour planifier leurs activités.*

FORMES FAUTIVES

*rencontrer (un besoin, une demande). Anglicisme au sens de ***répondre à, satisfaire.***

*rencontrer (une condition). Anglicisme au sens de ***satisfaire à, remplir.***

*rencontrer (un critère, une exigence). Anglicisme au sens de ***répondre à, satisfaire.***

*rencontrer (un délai, une échéance). Anglicisme pour ***respecter.***

*rencontrer (une dépense, une dette, un paiement). Anglicisme au sens de ***faire face à, régler, s'acquitter de.***

*rencontrer (un engagement). Anglicisme au sens de ***honorer.***

*rencontrer (une norme). Anglicisme au sens de ***être conforme à.***

*rencontrer (un objectif). Anglicisme au sens de ***atteindre.***

CONJUGAISON : VOIR MODÈLE AIMER.

RENDEMENT n. m.

1. Produit, travail fourni. *Le rendement de cette employée est excellent.*

2. Rapport entre les capitaux investis et les revenus qu'on en tire. *Cet investissement offre un bon rendement* (et non un *retour). SYN. profit.

RENDEZ-VOUS n. m. inv. (pl. *rendez-vous*)

Abréviation ***r.-v.***

1. Convention entre deux ou plusieurs personnes de se retrouver en un lieu donné et à un moment déterminé. *Cet agenda ne permet pas d'inscrire plus de trois rendez-vous* (et non *appointements, *engagements) *par jour. J'ai rendez-vous avec vous. Des rendez-vous chez le dentiste.*

2. Lieu où des personnes se retrouvent habituellement. *Ce café est le rendez-vous des étudiants en médecine.*

LOCUTIONS

– ***Être au rendez-vous.*** Se manifester. *Le soleil est au rendez-vous : nous pourrons faire une belle randonnée.*

– ***Rendez-vous surprise.*** Rendez-vous arrangé par un tiers entre deux personnes qui ne se connaissent pas. *Organiser un rendez-vous surprise* (et non *blind date).

RENDORMIR v. tr., pronom.
VERBE TRANSITIF
Endormir à nouveau. *Lucie n'arrive pas à rendormir le bébé.*
VERBE PRONOMINAL
Se remettre à dormir. *La fillette s'est rendormie.* ANT. se réveiller.
À la forme pronominale, le participe passé de ce verbe s'accorde toujours en genre et en nombre avec son sujet. *Malgré le bruit, les enfants se sont rendormis très vite.*
CONJUGAISON : VOIR MODÈLE DORMIR.

RENDRE v. tr., pronom.
VERBE TRANSITIF
1. Remettre à quelqu'un ce qui lui est dû. *Elle lui a rendu ce qu'elle lui avait emprunté. Il lui a rendu la monnaie.* SYN. rembourser.
2. Faire passer quelqu'un, quelque chose à un nouvel état. *Cette décision le rendit fou de rage.*
VERBE PRONOMINAL
1. Se livrer. *Ils se sont finalement rendus.* SYN. capituler.
2. Aller à un endroit défini. *Elles se sont rendues en Europe.*
À la forme pronominale, le participe passé de ce verbe s'accorde toujours en genre et en nombre avec son sujet. *Elle s'est rendue chez le médecin.*
LOCUTIONS
– ***Rendre compte.*** Faire un compte rendu.
– ***Rendre grâce.*** Remercier.
– ***Se rendre à l'évidence.*** (FIG.) Comprendre, accepter un fait. *Rendez-vous à l'évidence : vous avez perdu votre pari.*
– ***Se rendre compte de.*** S'apercevoir de, comprendre. *Elles se sont rendu compte de leur erreur.*
Dans cette expression, le participe passé est invariable.
– ***Se rendre maître de.*** Maîtriser. *Ils se sont rendus maîtres de la situation.*
Le participe passé et l'attribut s'accordent avec le sujet du verbe.
CONJUGAISON : VOIR MODÈLE FENDRE.
INDICATIF PRÉSENT *Je rends, nous rendons.* IMPARFAIT *Je rendais, nous rendions.* PASSÉ SIMPLE *Je rendis, nous rendîmes.* FUTUR *Je rendrai, nous rendrons.* CONDITIONNEL PRÉSENT *Je rendrais, nous rendrions.* IMPÉRATIF PRÉSENT *Rends, rendons, rendez.* SUBJONCTIF PRÉSENT *Que je rende, que nous rendions.* IMPARFAIT *Que je rendisse, que nous rendissions.* PARTICIPE PRÉSENT *Rendant.* PASSÉ *Rendu, ue.*

RENDU, UE adj.
Parvenu à un certain endroit. *Vous voilà rendus, après trois heures de voiture.* SYN. arrivé.

RÊNE n. f.
Courroie de la bride d'un cheval servant à le diriger. *Tenir les rênes solidement.*
LOCUTION
– ***Tenir les rênes de.*** (FIG.) Diriger. *Le premier ministre tient les rênes de l'État.* SYN. gouverner.
HOM.
• ***reine,*** souveraine ;
• ***renne,*** mammifère de la famille des cervidés.
rêne.

RENÉGAT, ATE n. m. et f.
1. Personne qui a renié sa religion. *On les a traités de renégats.*
2. (FIG.) Personne qui abandonne son parti pour un autre, sa patrie pour une autre.
renégat.

RENFERMÉ adj. et n. m.
ADJECTIF
Secret, taciturne. *Il est très renfermé, peu communicatif.*
NOM MASCULIN
Odeur désagréable d'un lieu mal aéré. *Cette pièce sent le renfermé.*

RENFERMER v. tr., pronom.
VERBE TRANSITIF
Contenir. *Cette histoire renferme un mystère.* SYN. comprendre ; receler.
VERBE PRONOMINAL
Ne rien laisser paraître de ses sentiments. *Depuis cet incident, il s'est complètement renfermé sur lui-même.*
À la forme pronominale, le participe passé de ce verbe s'accorde toujours en genre et en nombre avec son sujet. *À la suite de cette épreuve, ils se sont renfermés dans le mutisme.*
CONJUGAISON : VOIR MODÈLE AIMER.

RENFLEMENT n. m.
Proéminence. *Le renflement des bourgeons.*

RENFLER v. tr., pronom.
VERBE TRANSITIF
Rendre bombé. *Ses muscles saillants renflent le tissu moulant.*
VERBE PRONOMINAL
Devenir plus rond. *La forme se renfle à la base.*
À la forme pronominale, le participe passé de ce verbe s'accorde toujours en genre et en nombre avec son sujet. *Sous l'action du vent, les voiles se sont renflées.*
CONJUGAISON : VOIR MODÈLE AIMER.

RENFLOUAGE ou **RENFLOUEMENT** n. m.
1. Remise à flot d'un navire. *Le renflouage, le renflouement d'un navire.*
2. (FIG.) Relance à l'aide d'une injection de fonds. *Le renflouement de l'économie.*

RENFLOUER v. tr.
1. Remettre à flot un navire.
2. (FIG.) Fournir des fonds pour sauver une entreprise. *Il faut renflouer cette librairie qui pourrait faire faillite.*
CONJUGAISON : VOIR MODÈLE AIMER.

RENFONCEMENT n. m.
Retrait. *Le renfoncement des orbites.* SYN. creux.

RENFONCER v. tr., intr.
VERBE TRANSITIF
Enfoncer plus avant.
VERBE INTRANSITIF
(FAM.) Enfoncer. *Il est difficile de courir quand nos pieds renfoncent dans la neige.*
CONJUGAISON : VOIR MODÈLE AVANCER.
Le **c** prend une cédille devant les lettres ***a*** et **o**. *Il renfonça, nous renfonçons.*

RENFORCER v. tr.
Rendre plus solide. *Il faudrait renforcer ces poutres pour mieux soutenir le plancher.* SYN. consolider ; solidifier.
CONJUGAISON : VOIR MODÈLE AVANCER.
Le **c** prend une cédille devant les lettres ***a*** et **o**. *Il renforça, nous renforçons.*

RENFORT n. m.
Augmentation du nombre de personnes, supplément de matériel. *Nous sommes débordés, envoyez-nous des renforts.*
LOCUTION
– ***À grand renfort de,*** loc. prép. À l'aide d'une grande quantité de. *À grand renfort de paroles.*
renfort.

RENFROGNER (SE) v. pronom.
Devenir maussade. *Ils se sont renfrognés en entendant ces commentaires négatifs.* SYN. s'assombrir ; se rembrunir.
Le participe passé de ce verbe, qui n'existe qu'à la forme pronominale, s'accorde toujours en genre et en nombre avec son sujet. *Les élèves se sont renfrognés en apprenant qu'ils seraient en retenue le lendemain.*
CONJUGAISON : VOIR MODÈLE AIMER.

RENGAGER ou **RÉENGAGER** v. tr., pronom.
VERBE TRANSITIF
Engager de nouveau. *L'entreprise a réengagé les employés qu'elle avait licenciés faute de travail.*
VERBE PRONOMINAL
Contracter un nouvel engagement.
À la forme pronominale, le participe passé de ce verbe s'accorde toujours en genre et en nombre avec son sujet. *Ils se sont rengagés dans la marine.*
CONJUGAISON : VOIR MODÈLE CHANGER.
Le ***g*** est suivi d'un ***e*** devant les lettres ***a*** et ***o***. *Il rengagea, nous rengageons. Il réengagea, nous réengageons.*

RENGAINE n. f.
Refrain trop souvent entendu. *On entend toujours la même rengaine.* SYN. ritournelle.
rengaine.

RENGAINER v. tr.
1. Remettre une arme dans son étui. *Les policiers rengainèrent leur revolver.*
2. (FIG.) (FAM.) Ne pas terminer ce qu'on voulait dire. *Elle a rengainé sa salutation.* SYN. (FAM.) ravaler.
CONJUGAISON : VOIR MODÈLE AIMER.
rengainer.

RENGORGER (SE) v. pronom.
Faire l'important. *Le député se rengorgeait devant les invités. Les élus se sont rengorgés sous les applaudissements.*
Le participe passé de ce verbe, qui n'existe qu'à la forme pronominale, s'accorde toujours en genre et en nombre avec son sujet. *Les vainqueurs de l'épreuve se sont rengorgés comme des paons.*
CONJUGAISON : VOIR MODÈLE CHANGER.
Le ***g*** est suivi d'un ***e*** devant les lettres ***a*** et ***o***. *Il se rengorgea, nous nous rengorgeons.*

RENIEMENT n. m.
Le fait de renier. *Le reniement de Judas.*
reniement.

RENIER v. tr.
1. Désavouer. *Renier des associés malhonnêtes.*
2. Renoncer à. *Renier sa foi.*
CONJUGAISON : VOIR MODÈLE ÉTUDIER.
Redoublement du ***i*** à la première et à la deuxième personne du pluriel de l'indicatif imparfait et du subjonctif présent. *(Que) nous reniions, (que) vous reniiez.*

RENIFLEMENT n. m.
Action de renifler. *Des reniflements exaspérants.*
reniflement.

RENIFLER v. tr., intr.
VERBE TRANSITIF
Sentir. *Renifler une bonne odeur.*
VERBE INTRANSITIF
Aspirer fortement par le nez. *Cesse de renifler, mouche-toi, je t'en prie !*
CONJUGAISON : VOIR MODÈLE AIMER.
renifler.

RENNE n. m.
1. Mammifère ruminant de la famille des cervidés. *Des troupeaux de rennes.*
2. ⚜ Caribou.
HOM.
- ***reine,*** souveraine ;
- ***rêne,*** courroie de la bride d'un cheval.

renne.

RENOM n. m.
Célébrité de quelqu'un, de quelque chose. *Un vin de renom, le renom d'un couturier.* SYN. renommée.
Ce nom ne s'emploie que dans un sens favorable.
renom, comme dans ***nom.***

RENOMMÉ, ÉE adj.
Réputé. *Une région renommée pour ses fromages.* SYN. célèbre ; fameux.
renommé.

RENOMMÉE n. f.
Célébrité de quelqu'un, de quelque chose. *La renommée de cette artiste est très grande : c'est une vedette de la chanson. Ce village doit sa renommée à son festival de musique annuel.*
Ce nom ne s'emploie que dans un sens favorable, alors que les noms ***notoriété, réputation*** se disent en bonne ou en mauvaise part.
renommée.

RENOMMER v. tr.
Nommer de nouveau. *Elle a été renommée conseillère.*
CONJUGAISON : VOIR MODÈLE AIMER.

RENONCEMENT n. m.
Fait de renoncer, sacrifice. *Le renoncement aux bons gâteaux est difficile.* SYN. abnégation ; détachement.
Ne pas confondre avec le nom ***renonciation,*** fait de renoncer à un droit.
renoncement.

RENONCER v. tr. ind.
1. Abandonner un droit sur quelque chose. *Ils ont renoncé à poursuivre, à une succession.*
2. Se priver de. *Renoncer aux plaisirs.*
Le verbe se construit avec la préposition ***à*** suivie d'un nom ou d'un infinitif ou avec la locution ***à ce que*** suivie d'un subjonctif. *Elle renonce à ce qu'on poursuive son associé.*
CONJUGAISON : VOIR MODÈLE AVANCER.
Le ***c*** prend une cédille devant les lettres ***a*** et ***o***. *Il renonça, nous renonçons.*

RENONCIATION n. f.
(DR.) Fait de renoncer à un droit. *La renonciation à un héritage.*
Ne pas confondre avec le nom ***renoncement,*** fait de renoncer, sacrifice.
renonciation.

RENONCULE n. f.
Plante vivace. *Une renoncule aquatique.*
Attention au genre féminin de ce nom : ***une*** renoncule.
renoncule.

RENOUER v. tr., intr.
VERBE TRANSITIF
Lier de nouveau ce qui était détaché. *Elle a renoué ses cheveux.*
VERBE INTRANSITIF
Rétablir des relations interrompues. *Renouer avec une amie d'enfance.* SYN. se réconcilier ; se retrouver.
En ce sens, le verbe se construit avec la préposition ***avec.***
CONJUGAISON : VOIR MODÈLE AIMER.

RENOUVEAU n. m. (pl. *renouveaux*)
1. (LITT.) Retour du printemps.
2. (FIG.) Renouvellement, reprise. SYN. regain ; renaissance.

RENOUVELABLE adj.
Qui peut être renouvelé. *Un abonnement renouvelable.*
LOCUTION
– ***Énergie renouvelable.*** Énergie tirée de sources inépuisables telles que l'énergie éolienne, l'énergie hydraulique, l'énergie solaire, par opposition aux énergies fossiles, produites à partir de ressources épuisables, comme le pétrole.
renouvelable.

RENOUVELER v. tr., pronom.
VERBE TRANSITIF
1. Donner une nouvelle apparence à, changer. *Renouveler son mobilier.*
2. Recommencer. *Renouveler une promesse.* SYN. refaire.
3. Prolonger. *Renouveler un bail, un passeport.*

VERBE PRONOMINAL
Se produire à nouveau. *Les éclairs se sont renouvelés.* SYN. se reproduire.
À la forme pronominale, le participe passé de ce verbe s'accorde toujours en genre et en nombre avec son sujet. *Ces pannes se sont renouvelées trop fréquemment.*
CONJUGAISON : VOIR MODÈLE APPELER.
Redoublement du ***l*** devant un ***e*** muet. *Je renouvelle, je renouvellerai,* mais *je renouvelais.*
[Les *Rectifications* (1990) admettent : il renouvèle, renouvèlera,renouvèlerait...]

RENOUVELLEMENT n. m.
1. Transformation, remplacement. *Le renouvellement de l'écriture par le multimédia.*
2. Reconduction. *Le renouvellement d'un bail. Le renouvellement d'un abonnement.*
[Les *Rectifications* (1990) admettent : renouvèlement.]

RÉNOVATION n. f.
Remise à neuf (d'un bâtiment, d'un local). *Des travaux de rénovation.* SYN. restauration.

RÉNOVER v. tr.
Aménager, remettre à neuf. *Rénover un appartement à grands frais.* SYN. restaurer.
CONJUGAISON : VOIR MODÈLE AIMER.

RENSEIGNEMENT n. m.
Indication, information. *C'est un renseignement qui nous sera très utile.*
LOCUTIONS
– ***À titre de renseignement,*** loc. adv. À titre informatif, à titre documentaire. *À titre de renseignement, je vous envoie notre brochure.*
– ***Bureau, guichet des renseignements.*** *Veuillez vous adresser au guichet des renseignements.*
– ***Pour tous renseignements*** ou ***pour tout renseignement, pour plus amples renseignements.*** Afin d'en savoir plus, d'avoir plus de détails. *Pour tous renseignements, n'hésitez pas à communiquer avec moi.*

RENSEIGNER v. tr., pronom.
VERBE TRANSITIF
Donner des indications. *Renseigner quelqu'un sur quelque chose.* SYN. informer.
VERBE PRONOMINAL
S'informer. *Il se renseigne sur les heures de départ du train. Elle s'est bien renseignée sur lui.*
À la forme pronominale, le participe passé de ce verbe s'accorde toujours en genre et en nombre avec son sujet. *La direction s'est renseignée sur les mesures à adopter en cas d'inondation.*
CONJUGAISON : VOIR MODÈLE AIMER.

RENTABILISABLE adj.
Qui peut être rentable. *Un investissement rentabilisable.*

RENTABILISATION n. f.
Fait de rentabiliser. *La rentabilisation d'un investissement.*

RENTABILISER v. tr.
Rendre rentable. *Rentabiliser une entreprise.*
CONJUGAISON : VOIR MODÈLE AIMER.

RENTABILITÉ n. f.
Capacité d'une entreprise, d'une technique, d'un capital ou d'une stratégie à produire une valeur supérieure à l'investissement en ressources financières, en temps, en travail. *Un taux de rentabilité élevé. Une faible rentabilité, une rentabilité insuffisante.*

RENTABLE adj.
1. Qui produit un revenu, qui est avantageux au point de vue économique. SYN. lucratif.
2. (FIG.) Productif, fructueux. *Des recherches rentables.*

RENTE n. f.
Revenu périodique d'un bien, d'un capital. *Elle vit de ses rentes. Elle touche 3000 $ de rente mensuelle.*

RENTIER, IÈRE n. m. et f.
Personne qui vit de ses rentes.

RENTRÉE n. f.
1. Reprise de l'activité, après une interruption. *La rentrée des classes.*
2. Encaissement. *Des rentrées d'argent.* SYN. recette.

RENTRER v. tr., intr.
VERBE TRANSITIF
1. Mettre à l'intérieur. *Rentrer sa voiture au garage, rentrer les foins.*
2. Dissimuler sous ou dans. *Rentrer son chemisier dans son pantalon.*
3. Retenir en soi. *Rentrer sa colère, ses larmes.*
VERBE INTRANSITIF
1. Entrer de nouveau. *Je les aperçois, ils viennent de rentrer dans l'immeuble.* ANT. ressortir.
Le verbe indique une répétition de l'action et ne s'emploie pas au sens de « pénétrer pour la première fois ».
2. Revenir chez soi. *Madame ne rentrera qu'à deux heures.*
3. Être compris dans. *Tous ces livres ne rentrent pas dans mon cartable.*
Le verbe intransitif se conjugue avec l'auxiliaire ***être.*** *Elle est rentrée tôt.*
LOCUTIONS
– ***Rentrer dans les détails.*** Expliquer quelque chose longuement, sous tous les aspects. SYN. détailler.
– ***Rentrer dans sa coquille.*** (FIG.) Se refermer sur soi-même. SYN. se replier.
– ***Rentrer dans ses frais.*** Être remboursé de ses dépenses, sans bénéfice ni perte.
– ***Rentrer en grâce.*** Regagner l'appui, la bienveillance d'une personne, d'un groupe.
– ***Rentrer en ligne de compte.*** Être considéré. *Ce financement externe ne doit pas rentrer en ligne de compte.*
– ***Rentrer sous terre.*** (FIG.) Vouloir se soustraire à la vue de quelqu'un par honte à la suite d'une erreur, d'une maladresse. *Après cette gaffe, j'aurais voulu rentrer sous terre.*
– ***Tout est rentré dans l'ordre.*** L'ordre est revenu. *Les pompiers ont maîtrisé l'incendie : tout est rentré dans l'ordre* (et non tout est *sous contrôle).
CONJUGAISON : VOIR MODÈLE AIMER.

RENVERSANT, ANTE adj.
Surprenant. *Une nouvelle renversante.* SYN. étonnant; sidérant.

RENVERSE n. f.
– ***Tomber à la renverse.*** Tomber sur le dos. *Elle est tombée à la renverse et s'est blessée.*
– ***Tomber à la renverse.*** (FIG.) Être très étonné. *Nous sommes tombés à la renverse en apprenant cette nouvelle.*
Le mot s'emploie surtout dans ces locutions.

RENVERSEMENT n. m.
Changement complet, bouleversement. *Le renversement du gouvernement. Un renversement de situation.*

RENVERSER v. tr., pronom.
VERBE TRANSITIF
1. Mettre à l'envers, inverser. *Renverser son verre.*
2. Faire tomber. *Un piéton a été renversé par un cycliste.*
3. Surprendre beaucoup. *Ils ont été renversés par cette décision.*
VERBE PRONOMINAL
Tomber à la renverse. *Ce verre de lait s'est renversé sur la nappe.*
À la forme pronominale, le participe passé de ce verbe s'accorde toujours en genre et en nombre avec son sujet. *Sous l'impact, la voiture s'est renversée.*
FORMES FAUTIVES
*renverser (un jugement, une décision). Anglicisme pour ***annuler, casser, infirmer*** (un jugement, une décision).

R

*renverser les charges. Calque de «*to reverse the charges*» pour ***virer les frais.***
CONJUGAISON : VOIR MODÈLE AIMER.

RENVOI n. m.
1. Action de renvoyer. *Le renvoi d'une lettre pour adresse incomplète.*
2. Congédiement. *On lui a signifié son renvoi.* SYN. licenciement.
3. Indication dans un texte qui renvoie le lecteur à une explication. *Des renvois à des illustrations.*

RENVOYER v. tr.
1. Envoyer de nouveau. *Il aimerait qu'on lui renvoie son livre. Renvoyer la balle.* SYN. retourner.
2. Faire se reporter. *Renvoyer* (et non *référer) *le lecteur à l'étymologie d'un mot.*
3. Congédier quelqu'un, le chasser. *La direction du collège a dû renvoyer ces élèves incorrigibles.*
4. Reporter à une date ultérieure.
FORME FAUTIVE
*renvoyer. Archaïsme au sens de ***vomir.***
CONJUGAISON : VOIR MODÈLE ENVOYER.

RÉORGANISATION n. f.
Restructuration. *Les technocrates adorent les réorganisations.*

RÉORGANISER v. tr.
Organisation selon un nouveau modèle.
CONJUGAISON : VOIR MODÈLE AIMER.

RÉORIENTATION n. f.
Action de réorienter. *La réorientation d'une carrière.*

RÉORIENTER v. tr., pronom.
VERBE TRANSITIF
Orienter dans une nouvelle direction. *Nous devons réorienter les recherches.*
VERBE PRONOMINAL
Choisir une nouvelle profession, un nouveau domaine. *Ils se sont réorientés dans les affaires.*
À la forme pronominale, le participe passé de ce verbe s'accorde toujours en genre et en nombre avec son sujet. *Ils se sont réorientés dans l'élevage des paons.*
CONJUGAISON : VOIR MODÈLE AIMER.

RÉOUVERTURE n. f.
Action d'ouvrir de nouveau (ce qui était fermé).
Si l'on parle de la réouverture (de quelque chose), on dit ***rouvrir*** (et non *réouvrir).

***RÉOUVRIR**
Impropriété pour ***rouvrir.***

REPAIRE n. m.
Refuge d'une bête sauvage, de malfaiteurs. SYN. antre.
HOM. ***repère,*** marque, jalon servant à une utilisation ultérieure.
repaire.

REPAÎTRE v. tr., pronom.
VERBE TRANSITIF
(LITT.) Nourrir, assouvir. «*Je veux repaître ma haine*» (Jean Cocteau, *La Machine infernale,* cité dans le TLF).
VERBE PRONOMINAL
(LITT.) Se rassasier, se délecter. *Ces tyrans se sont repus de crimes.*
À la forme pronominale, le participe passé de ce verbe s'accorde toujours en genre et en nombre avec son sujet. *Ils se sont repus de belles paroles et d'illusions.*
CONJUGAISON : VOIR MODÈLE PAÎTRE.
INDICATIF PRÉSENT *Je repais, tu repais, il repaît, nous repaissons, vous repaissez, ils repaissent.* IMPARFAIT *Je repaissais.* PASSÉ SIMPLE *Je repus, tu repus, il reput, nous repûmes, vous repûtes, ils repurent.* FUTUR *Je repaîtrai, tu repaîtras, il repaîtra, nous repaîtrons, vous repaîtrez, ils repaîtront.* CONDITIONNEL PRÉSENT *Je repaîtrais, tu repaîtrais, il repaîtrait, nous repaîtrions, vous repaîtriez, ils repaîtraient.* IMPÉRATIF PRÉSENT *Repais, repaissons, repaissez.* SUBJONCTIF PRÉSENT *Que je repaisse.* IMPARFAIT *Que je repusse, que tu repusses, qu'il repût, que nous repussions, que vous repussiez, qu'ils repussent.* PARTICIPE PRÉSENT *Repaissant.* PASSÉ *Repu, ue.*
[Les *Rectifications* (1990) admettent : repaitre.]

RÉPANDRE v. tr., pronom.
VERBE TRANSITIF
1. Verser (un liquide), disperser quelque chose. *Répandre de l'eau, du sel sur la chaussée glacée.*
2. Produire. *Le rôti qui cuit répand une odeur agréable.* SYN. dégager.
3. Diffuser. *Répandre une nouvelle.* SYN. propager.
VERBE PRONOMINAL
1. Déborder. *L'eau de la baignoire s'est répandue sur le plancher.*
2. Envahir. *Les élèves se sont répandus dans la cour de récréation.*
3. Se propager. *La bonne nouvelle s'est répandue très vite.*
À la forme pronominale, le participe passé de ce verbe s'accorde toujours en genre et en nombre avec son sujet. *La rumeur s'est répandue comme une traînée de poudre.*
CONJUGAISON : VOIR MODÈLE FENDRE.
INDICATIF PRÉSENT *Je répands, tu répands, il répand, nous répandons, vous répandez, ils répandent.* IMPARFAIT *Je répandais.* PASSÉ SIMPLE *Je répandis.* FUTUR *Je répandrai.* CONDITIONNEL PRÉSENT *Je répandrais.* IMPÉRATIF PRÉSENT *Répands, répandons, répandez.* SUBJONCTIF PRÉSENT *Que je répande.* IMPARFAIT *Que je répandisse.* PARTICIPE PRÉSENT *Répandant.* PASSÉ *Répandu, ue.*

RÉPANDU, UE adj.
Connu, courant. *Cet usage est très répandu.*

RÉPARABLE adj.
Qui peut être réparé. *Ce four sera difficilement réparable.*

RÉPARATEUR, TRICE adj.
Qui répare. *Un sommeil réparateur.*

RÉPARATEUR n. m.
RÉPARATRICE n. f.
Personne dont le métier est de réparer des objets, des appareils défectueux. *Un réparateur d'appareils électroménagers.*

RÉPARATION n. f.
Action de réparer ce qui est endommagé.

RÉPARER v. tr.
1. Remettre quelque chose en bon état, en état de fonctionner.
2. (FIG.) Corriger, racheter. *Réparer une maladresse, un oubli.*
LOCUTION
– ***Réparer ses forces.*** Retrouver sa vigueur, se rétablir pleinement.
CONJUGAISON : VOIR MODÈLE AIMER.

REPARTIE ou **RÉPARTIE** n. f.
Le premier ***e*** se prononce **é**, [reparti].
Réponse spirituelle. *Elle a le sens de la repartie* ou *répartie : elle trouve toujours quelque chose à répondre.* SYN. réplique.

REPARTIR v. intr.
1. Partir de nouveau. *Vous arrivez trop tard : l'autobus vient de repartir.*
2. Retourner à l'endroit d'où l'on vient. *Ils sont repartis chez eux.*
Le verbe se conjugue avec l'auxiliaire ***être.***
CONJUGAISON : VOIR MODÈLE SORTIR.

REPARTIR ou **RÉPARTIR** v. tr.
Le ***e*** se prononce ***é,*** comme dans ***réplique,*** [repartir].
(LITT.) Répliquer promptement. «*Vraiment, c'est bon !*», *a-t-elle reparti* ou *réparti.*
Le verbe se conjugue avec l'auxiliaire ***avoir.***
CONJUGAISON : VOIR MODÈLE SORTIR.

RÉPARTIR v. tr., pronom.
VERBE TRANSITIF
Distribuer entre plusieurs personnes. *Répartir les profits entre les associés.* SYN. diviser.
VERBE PRONOMINAL
Se partager. *Les profits se répartissent entre les trois associés.*

À la forme pronominale, le participe passé de ce verbe s'accorde en genre et en nombre avec le complément direct si celui-ci le précède. *Les tâches qu'ils se sont réparties. Les activités se sont réparties également dans toutes les filiales.* Le participe passé reste invariable si le complément direct suit le verbe. *Les collègues se sont réparti le travail.*
CONJUGAISON : VOIR MODÈLE FINIR.

RÉPARTITEUR n. m.
RÉPARTITRICE n. f.
Personne chargée de la répartition des éléments d'un ensemble. *Le répartiteur* (et non *dispatcher) *affecte les employés aux tâches les plus urgentes. La répartitrice des ambulanciers.*

RÉPARTITION n. f.
Action de répartir, partage. *Une répartition égale des fruits entre les enfants. La répartition* (et non *le dispatching) *des cas urgents. La répartition des tâches.* SYN. distribution; partage.

REPAS n. m.
Nourriture prise quotidiennement à des heures régulières. *Le repas du midi.*

REPASSAGE n. m.
Action de repasser du linge, des vêtements. *Le repassage d'une jupe.*

REPASSER v. tr., intr.
VERBE TRANSITIF
1. Presser du linge, des vêtements à l'aide d'un fer. *Je dois repasser ma chemise.*
2. Se remettre en mémoire, étudier. *Elle a repassé ses conjugaisons.* SYN. réviser; revoir.
VERBE INTRANSITIF
Passer de nouveau. *Repassez demain, nous aurons peut-être reçu le livre commandé.* SYN. revenir.
CONJUGAISON : VOIR MODÈLE AIMER.

REPÊCHER v. tr.
Retirer de l'eau ce qui y était tombé. *Les secouristes ont réussi à repêcher le baigneur imprudent qui s'était aventuré en eau profonde.*
CONJUGAISON : VOIR MODÈLE AIMER.

REPEINDRE v. tr.
Peindre à neuf. *L'appartement a été repeint de* ou *en blanc.*
CONJUGAISON : VOIR MODÈLE ÉTEINDRE.
Les lettres ***gn*** sont suivies d'un ***i*** à la première et à la deuxième personne du pluriel de l'indicatif imparfait et du subjonctif présent. *(Que) nous repeignions, (que) vous repeigniez.*

REPENSER v. tr., intr.
Reconsidérer. *Il faut reprendre à zéro et tout repenser. Repensez-y.*
CONJUGAISON : VOIR MODÈLE AIMER.

REPENTIR n. m.
Regret d'avoir commis une faute. SYN. remords.

REPENTIR (SE) v. pronom.
Regretter d'avoir fait une faute, une action. *Elles se sont repenties de ce geste. Les fautes dont ils se sont repentis.* SYN. se reprocher.
Le participe passé de ce verbe, qui n'existe qu'à la forme pronominale, s'accorde toujours en genre et en nombre avec son sujet. *La voleuse s'est repentie et a avoué son méfait.*
CONJUGAISON : VOIR MODÈLE SORTIR.
INDICATIF PRÉSENT *Je me repens, tu te repens, il se repent, nous nous repentons, vous vous repentez, ils se repentent.* IMPARFAIT *Je me repentais.* PASSÉ SIMPLE *Je me repentis.* FUTUR *Je me repentirai.* CONDITIONNEL PRÉSENT *Je me repentirais.* IMPÉRATIF PRÉSENT *Repens-toi, repentons-nous, repentez-vous.* SUBJONCTIF PRÉSENT *Que je me repente.* IMPARFAIT *Que je me repentisse.* PARTICIPE PRÉSENT *Se repentant.* PASSÉ *Repenti, ie.*

REPÉRABLE adj.
Qui peut être repéré. *Une étoile facilement repérable.*

REPÉRAGE n. m.
Action de repérer. *Le cinéaste fait le repérage des lieux de tournage.*
repérage.

RÉPERCUSSION n. f.
Conséquence. *Les répercussions de l'évènement ont été très grandes.* SYN. effet; retombée.

RÉPERCUTER v. tr., pronom.
VERBE TRANSITIF
Renvoyer dans une direction nouvelle. *Des murs qui répercutent la voix.* SYN. réfléchir.
VERBE PRONOMINAL
Avoir des conséquences directes. *La fatigue se répercute sur le moral.*
À la forme pronominale, le participe passé de ce verbe s'accorde toujours en genre et en nombre avec son sujet. *Les fluctuations des prix se sont répercutées sur les profits de l'entreprise.*
CONJUGAISON : VOIR MODÈLE AIMER.

REPÈRE n. m.
Marque, jalon servant à une utilisation ultérieure. *Un point de repère.*
HOM. ***repaire***, refuge d'une bête sauvage, de malfaiteurs.

REPÉRER v. tr., pronom.
VERBE TRANSITIF
Localiser. *Repérer les lieux.* SYN. situer; trouver.
VERBE PRONOMINAL
Se retrouver grâce à des marques, à des indications. *Elle s'est repérée dans la forêt grâce à ces traits sur les arbres.* SYN. se situer.
À la forme pronominale, le participe passé de ce verbe s'accorde toujours en genre et en nombre avec son sujet. *Ils se sont repérés facilement à San Francisco.*
CONJUGAISON : VOIR MODÈLE POSSÉDER.
Le ***é*** se change en ***è*** devant une syllabe contenant un ***e*** muet, sauf à l'indicatif futur et au conditionnel présent. *Je repère,* mais *je repérerai.*
[Les *Rectifications* (1990) admettent : il repèrera, repèrerait...]

RÉPERTOIRE n. m.
Recueil de données classées de façon méthodique. *Un répertoire téléphonique.*
répertoire.

RÉPERTOIRE ANALYTIQUE D'ARTICLES DE REVUES
Sigle *RADAR* (s'écrit sans points).

RÉPERTORIER v. tr.
Recenser et inscrire dans un répertoire, un registre. *Répertorier les abréviations et les formes fautives.*
CONJUGAISON : VOIR MODÈLE ÉTUDIER.
Redoublement du ***i*** à la première et à la deuxième personne du pluriel de l'indicatif imparfait et du subjonctif présent. *(Que) nous répertoriions, (que) vous répertoriiez.*

RÉPÉTER v. tr., pronom.
VERBE TRANSITIF
1. Redire. *Il répète sans cesse la même chose.* SYN. réciter.
2. Recommencer. *Répéter les mêmes gestes.*
3. S'exercer à dire, à exécuter ce qu'on devra faire en public. *Répéter une pièce de théâtre.* SYN. apprendre; repasser.
VERBE PRONOMINAL
1. Redire inutilement les mêmes choses. *Elle ne voudrait pas se répéter.* SYN. radoter.
2. Avoir lieu à nouveau. *Le festival se répétera tous les ans. Les ouragans se sont répétés tout au cours de l'été.* SYN. se reproduire.
À la forme pronominale, le participe passé de ce verbe s'accorde toujours en genre et en nombre avec son sujet. *Ces manifestations se sont répétées toute la semaine.*

CONJUGAISON : VOIR MODÈLE POSSÉDER.
Le deuxième ***é*** se change en ***è*** devant une syllabe contenant un ***e*** muet, sauf à l'indicatif futur et au conditionnel présent. *Je répète*, mais *je répéterai.*
[Les *Rectifications* (1990) admettent : il répètera, répèterait...]

R

RÉPÉTITIF, IVE adj.
Qui se répète. *Des informations répétitives, un travail répétitif.*

RÉPÉTITION n. f.
1. Action de répéter un mot, un geste. *La répétition d'une phrase par un perroquet.*
2. Action de répéter une pièce, un morceau de musique, etc. *Nous avons une répétition générale ce soir.*

REPEUPLEMENT n. m.
Action de repeupler. *Le repeuplement d'une forêt* (en végétaux, en animaux).

REPEUPLER v. tr.
Peupler de nouveau. *Repeupler une forêt de conifères et d'érables.*
CONJUGAISON : VOIR MODÈLE AIMER.

REPIQUAGE n. m.
Transplantation d'une plante provenant d'un semis.

REPIQUER v. tr.
1. Mettre en terre des plantes.
Ne pas confondre avec les verbes suivants :
• ***ensemencer*** ou ***semer,*** jeter de la semence en terre ;
• ***planter,*** mettre en terre des graines ou des plants.
2. Copier un enregistrement.
CONJUGAISON : VOIR MODÈLE AIMER.

RÉPIT n. m.
Sursis, détente. *Ils apprécieraient quelques minutes de répit, ils courent depuis deux heures.* SYN. délai ; interruption.
LOCUTION
– ***Sans répit,*** loc. adv. Sans arrêt. SYN. continuellement.
répi**t**.

REPLACER v. tr.
1. Remettre en place, placer en un autre lieu. *Replacer les meubles du salon après un grand ménage.*
2. Situer une personne, un évènement dans son contexte. *Je n'arrive pas à replacer ce ministre.*
CONJUGAISON : VOIR MODÈLE AVANCER.
Le **c** prend une cédille devant les lettres ***a*** et ***o***. *Il replaça, nous replaçons.*

REPLET, ÈTE adj.
Dodu, qui souffre d'embonpoint. *Une personne replète.* SYN. bien en chair ; (FAM.) grassouillet ; potelé.
reple**t**, replè**te**.

REPLI n. m.
1. Double pli, sinuosité. *Le repli d'un col.*
2. (FIG.) Recul. *Le repli du dollar après une hausse marquée.* SYN. diminution.

REPLIEMENT n. m.
1. Action de replier, de se replier.
2. (FIG.) État d'une personne qui s'isole du monde extérieur et se referme sur elle-même. *« Je n'étais pas sans m'apercevoir que notre vie en était une de repliement sur soi, menant presque inévitablement à une sorte d'assèchement »* (Gabrielle Roy, *La Détresse et l'Enchantement*).

REPLIER v. tr., pronom.
VERBE TRANSITIF
Plier de nouveau. *Replier un ourlet. Le soleil est de retour : tu peux replier ton parapluie.*
VERBE PRONOMINAL
Reculer. *Les soldats se sont repliés en désordre.* SYN. battre en retraite ; se retirer.
À la forme pronominale, le participe passé de ce verbe s'accorde toujours en genre et en nombre avec son sujet. *Les ennemis s'étaient repliés sur l'autre rive du fleuve.*
CONJUGAISON : VOIR MODÈLE ÉTUDIER.
Redoublement du ***i*** à la première et à la deuxième personne du pluriel de l'indicatif imparfait et du subjonctif présent. *(Que) nous repliions, (que) vous repliiez.*

RÉPLIQUE n. f.
1. Réponse. *Une réplique bien sentie.* SYN. repartie ; riposte.
2. Reproduction. *La réplique est très réussie ; elle est difficile à distinguer de l'original.* SYN. copie.

RÉPLIQUER v. tr., intr.
VERBE TRANSITIF
Répondre à ce qui a déjà été dit. *Il répliqua que son retard était motivé.* SYN. repartir ; rétorquer ; riposter.
VERBE INTRANSITIF
Discuter une affirmation, un commandement. *« Je n'admets pas qu'on réplique », dit le commandant.* SYN. contester.
CONJUGAISON : VOIR MODÈLE AIMER.

RÉPONDANT, ANTE n. m. et f.
1. Caution, personne qui se rend responsable pour quelqu'un. *Avez-vous un répondant pour votre emprunt ?*
2. Personne interrogée lors d'un sondage. *Les répondants favorisent le parti au pouvoir dans une proportion de 45 %.*
Le Grand Dictionnaire terminologique admet ce terme, qui est couramment utilisé en ce sens au Québec. Cependant, cet emploi – emprunté à l'anglais «*respondent*» – est critiqué par certains auteurs. On pourra préférer à ce terme ceux de ***sondé*** ou de ***personne sondée.***

RÉPONDEUR n. m.
Dispositif qu'on branche sur la ligne téléphonique et qui donne un message enregistré permettant aux correspondants de laisser un message. *Laisse-moi un message sur mon répondeur.*

RÉPONDRE v. tr., intr., pronom.
VERBE TRANSITIF DIRECT
Faire une réponse à ce qui est dit ou écrit. *Elle a répondu « oui ». Que lui répondra-t-il ? Elle lui a répondu* (et non *répond) *que tout était parfait.*
VERBE TRANSITIF INDIRECT
1. Donner une réponse à quelqu'un, à quelque chose. *Répondre aux questions d'un journaliste, répondre à une lettre.*
2. Être conforme à. *Ce logiciel répond à nos besoins.* SYN. satisfaire.
3. Se porter garant de, être la caution de. *Je réponds de cette personne, elle est fiable.* SYN. garantir.
En ce sens, le verbe se construit avec la préposition ***de.***
VERBE INTRANSITIF
Donner une réponse. *On ne répond pas : il n'y a personne. Je répondrai par télécopie. Les candidats ont bien répondu.*
VERBE PRONOMINAL
1. Correspondre, être en harmonie. *Ces deux tableaux se répondent admirablement.*
2. Échanger une réponse. *Se répondre sans tarder.*
À la forme pronominale, le participe passé de ce verbe est invariable. *Les deux amis se sont répondu par courriel.*
FORME FAUTIVE
*répondre à (un traitement, des antibiotiques. Calque de «*to respond to (treatment, antibiotics)*» pour ***réagir à (un traitement, des antibiotiques).***
CONJUGAISON : VOIR MODÈLE FENDRE.
INDICATIF PRÉSENT *Je réponds, tu réponds, il répond, nous répondons, vous répondez, ils répondent.* IMPARFAIT *Je répondais.* PASSÉ SIMPLE *Je répondis.* FUTUR *Je répondrai.* CONDITIONNEL PRÉSENT *Je répondrais.* IMPÉRATIF PRÉSENT *Réponds, répondons, répondez.* SUBJONCTIF PRÉSENT *Que je réponde.* IMPARFAIT *Que je répondisse.* PARTICIPE PRÉSENT *Répondant.* PASSÉ *Répondu, ue.*

RÉPONSE n. f.
Ce qui est dit ou écrit à quelqu'un qui a posé une question, qui a fait une demande. *Sa réponse est affirmative.*
LOCUTION
– ***Carte-réponse.*** Carte dont le libellé a été préparé et qu'il suffit de remplir pour répondre à une offre ou à un questionnaire. *Des cartes-réponses affranchies.*

REPORT n. m.
1. Action de reporter une somme, un total.
2. Action de différer une décision, une activité. *Le report d'une inauguration.* SYN. renvoi.

REPORTAGE n. m.
Compte rendu d'un journaliste destiné à être publié dans un journal, à être diffusé par la radio, la télévision. *Un reportage diffusé à l'échelle du pays.*

REPORTER n. m. et f.
La dernière syllabe se prononce ***tère*** ou ***teur,*** [rəpɔrtɛr, rəpɔrtœr].
Journaliste qui fait des reportages. *Des reporters talentueux, des reporters rigoureuses.*

REPORTER v. tr., pronom.
VERBE TRANSITIF
1. Transporter, placer ailleurs. *Reporter une somme.*
2. Remettre à plus tard. *Les jeux ont été reportés de quelques mois.* SYN. ajourner ; différer.
VERBE PRONOMINAL
1. Se transporter en pensée en un temps passé. *Reportons-nous aux premiers temps de la colonie.*
2. Se référer à. *Si l'on se reporte aux premiers énoncés.*
À la forme pronominale, en ces sens, le verbe se construit avec la préposition ***à.***
3. Se concentrer sur, se déplacer vers. *Son attention s'est reportée sur ces enfants, qui jouaient dans le jardin.*
En ce sens, le verbe se construit avec la préposition ***sur.***
À la forme pronominale, le participe passé de ce verbe s'accorde toujours en genre et en nombre avec son sujet. *Son affection s'est reportée sur un ami d'enfance.*
CONJUGAISON : VOIR MODÈLE AIMER.

REPOS n. m.
Sommeil, détente. *Elle aurait besoin de repos.*
repos.

REPOSANT, ANTE adj.
Qui repose. *Une lecture reposante.* SYN. délassant ; relaxant.

REPOSE-PIED ou **REPOSE-PIEDS** n. m. inv. (pl. *repose-pied* ou *repose-pieds*)
Appui pour les pieds. *Les repose-pied d'un avion, d'un autocar.*

REPOSER v. tr., intr., pronom.
VERBE TRANSITIF
1. Replacer quelque chose dans sa position initiale. *Repose ce livre où tu l'as pris !*
2. Poser à nouveau. *Elle a osé reposer sa question embarrassante.*
VERBE INTRANSITIF
1. (LITT.) Dormir. *Laissez-la reposer.*
2. Être établi sur. *Le projet repose sur des bases solides.*
En ce sens, le verbe se construit avec la préposition ***sur.***
VERBE PRONOMINAL
1. Se détendre, cesser de faire des efforts, de travailler. *Ils se sont reposés.* SYN. se délasser.
2. S'appuyer sur, compter sur quelqu'un, quelque chose. *Nous pouvons nous reposer sur nos collaborateurs, qui sont très compétents.* SYN. faire confiance à.
En ce sens, le verbe se construit avec la préposition ***sur.***
À la forme pronominale, le participe passé de ce verbe s'accorde toujours en genre et en nombre avec son sujet. *Étienne et Delphine se sont reposés à Hawaï.*
CONJUGAISON : VOIR MODÈLE AIMER.

REPOSE-TÊTE n. m. (pl. *repose-tête* ou *repose-têtes*)
Appuie-tête. *Des repose-tête bien conçus.*

REPOSITIONNABLE adj.
Se dit d'un adhésif qui peut être collé et décollé plusieurs fois. *Garnissez les étagères de bandes de broderie anglaise blanche très faciles à poser comme à entretenir puisqu'elles sont en adhésif repositionnable, imperméable et lessivable. Qui n'a pas rêvé d'un adhésif puissant, repositionnable et insensible à la poussière, grâce auquel il serait possible de se mouvoir, comme une araignée, sur une paroi verticale ?*

REPOUSSANT, ANTE adj.
Affreux, répugnant. *Les tarentules sont repoussantes.* SYN. dégoûtant ; hideux.

REPOUSSE n. f.
Action de repousser. *La repousse des cheveux.*

REPOUSSER v. tr., intr., pronom.
VERBE TRANSITIF
1. Faire reculer. *Les policiers ont repoussé les curieux.* SYN. chasser ; écarter ; éloigner.
2. Rejeter. *Repousser une demande.* SYN. refuser.
VERBE INTRANSITIF
Pousser de nouveau. *Ses cheveux repoussent très vite.*
VERBE PRONOMINAL
S'écarter mutuellement. *Les aimants se repoussent.*
À la forme pronominale, le participe passé de ce verbe s'accorde toujours en genre et en nombre avec son sujet. *Les chiots se sont repoussés avec vigueur.*
CONJUGAISON : VOIR MODÈLE AIMER.

RÉPRÉHENSIBLE adj.
Qui est à blâmer. *Un geste répréhensible.* SYN. blâmable ; condamnable.
répré**h**ensible.

REPRENDRE v. tr., intr., pronom.
VERBE TRANSITIF
1. Prendre de nouveau. *Reprendrez-vous un peu de gigot ?*
2. Continuer une activité interrompue. *Je vous prie de m'excuser, mais je dois reprendre mon travail.* SYN. recommencer ; se remettre à.
3. Réprimander. *Reprendre un enfant qui dit des gros mots.* SYN. blâmer ; corriger.
VERBE INTRANSITIF
Recommencer. *L'activité a repris.* SYN. redémarrer.
VERBE PRONOMINAL
Se ressaisir, se corriger. *Elles se sont reprises à temps et ont remédié à leur problème.*
À la forme pronominale, le participe passé de ce verbe s'accorde toujours en genre et en nombre avec son sujet. *Elle s'est reprise à croire au succès de l'entreprise.*
CONJUGAISON : VOIR MODÈLE APPRENDRE.

REPRENEUR n. m.
REPRENEUSE n. f.
(ÉCON.) Gestionnaire qui reprend, rachète une entreprise en difficulté. *Les élus du personnel souhaitent aussi que le repreneur signe un accord d'approvisionnement à long terme avec les trois usines britanniques de Ford.*

REPRÉSAILLES n. f. pl.
Riposte violente à titre de vengeance. *Des mesures de représailles.*
Le mot ne s'emploie qu'au pluriel.

REPRÉSENTANT n. m.
REPRÉSENTANTE n. f.
1. Personne qui représente quelqu'un, qui a reçu le mandat d'agir en son nom. SYN. mandataire.
2. Délégué. *Le représentant du Québec au Sommet de la francophonie. Une représentante syndicale.*
3. Personne qui fait des affaires pour le compte d'une ou de plusieurs maisons de commerce. *Un représentant (de commerce), une représentante commerciale.*

FORME FAUTIVE
*représentant des ventes. Calque de «*sales representative*» pour ***représentant (de commerce), représentant commercial, agent commercial.***

REPRÉSENTATIF, IVE adj.
Qui représente bien, qui constitue un bon exemple de. *Ce texte est bien représentatif de l'œuvre de ce poète.* SYN. caractéristique; typique.

REPRÉSENTATION n. f.
1. Le fait de représenter la réalité par l'image, l'écriture, etc. *Une représentation très réaliste.*
2. Le fait de jouer une pièce, de faire un spectacle. *La représentation aura lieu à 20 heures.*
3. Délégation. *Une représentation venue du Liban.*
FORME FAUTIVE
*sous de fausses représentations. Calque de «*under false pretences*» pour ***par abus de confiance, par fraude, par une déclaration mensongère, frauduleusement, sous des prétextes fallacieux.***

REPRÉSENTATIVITÉ n. f.
Caractère représentatif de quelqu'un, de quelque chose. *Nous nous permettons de mettre en doute la représentativité de cette personne. La représentativité de cet échantillon ne fait aucun doute.*

REPRÉSENTER v. tr., pronom.
VERBE TRANSITIF
1. Faire apparaître la réalité d'une manière concrète. *Le peintre a représenté ce paysage de façon réaliste.* SYN. décrire; dépeindre; évoquer; exprimer; présenter; rendre.
2. Constituer. *Cette décision représente une nouvelle ouverture d'esprit.* SYN. être.
3. Remplacer. *Le président est représenté par son directeur général.*
VERBE PRONOMINAL
1. Se rendre présent à l'esprit. *Comment vous représentez-vous cette personne ?* SYN. se figurer; s'imaginer; voir.
2. Se présenter de nouveau. *Ces candidats se sont représentés au concours.*
3. Survenir de nouveau. *De telles coïncidences ne se représentent pas fréquemment.*
À la forme pronominale, le participe passé de ce verbe s'accorde en genre et en nombre avec le complément direct si celui-ci le précède. *Ce pays qu'elle s'est toujours représenté comme un paradis terrestre. Ils se sont représentés aux élections provinciales.* Le participe passé reste invariable si le complément direct suit le verbe. *Elles se sont représenté ce voyage officiel comme des vacances.*
CONJUGAISON : VOIR MODÈLE AIMER.

RÉPRESSIBLE adj.
Qui peut être réprimé. *Un soupir répressible.* ANT. irrépressible.

RÉPRESSIF, IVE adj.
Qui punit. *Une loi répressive.*

RÉPRESSION n. f.
Action de réprimer. *La répression de la vente d'hallucinogènes.*

RÉPRIMANDE n. f.
Blâme, reproche. *Ce retard lui vaudra une réprimande.* SYN. observation.

RÉPRIMANDER v. tr.
Blâmer, reprocher une faute à quelqu'un. *On l'a réprimandé pour son retard.* SYN. reprendre.
CONJUGAISON : VOIR MODÈLE AIMER.

RÉPRIMER v. tr.
1. Contenir. *Elle avait du mal à réprimer un sourire.* SYN. cacher.
2. Châtier par des mesures sévères. *Réprimer les vols à main armée.*
Ne pas confondre avec les verbes suivants :
- ***corriger,*** frapper par punition;
- ***sévir,*** traiter rigoureusement.

CONJUGAISON : VOIR MODÈLE AIMER.

REPRISAGE n. m.
Raccommodage. *Le reprisage des chaussettes.* SYN. rapiéçage.

REPRISE n. f.
1. Action de reprendre. *La reprise d'une pièce, d'un film.*
VOIR TABLEAU – REPRISE DE L'INFORMATION.
2. Regain d'activité. *La reprise économique.* SYN. relance.
LOCUTION
– ***À maintes reprises, à plusieurs reprises, à différentes reprises,*** loc. adv. Plusieurs fois. *Il m'a appelée à plusieurs reprises.*

REPRISER v. tr.
Raccommoder. *Elle ne sait pas repriser correctement les chaussettes.*
CONJUGAISON : VOIR MODÈLE AIMER.

RÉPROBATEUR, TRICE adj.
Qui exprime le blâme, la réprobation. *Un regard réprobateur.* SYN. désapprobateur.

RÉPROBATION n. f.
Désapprobation, blâme sévère. *Ces actes malhonnêtes ont suscité une réprobation unanime du milieu universitaire.*

REPROCHE n. m.
Blâme, critique. *Je n'ai aucun reproche à te faire, tu as bien agi.* SYN. observation; remontrance.
LOCUTION
– ***Sans reproche(s).*** À qui l'on ne peut rien reprocher. *Ils sont sans reproche* ou *sans reproches.* SYN. irréprochable.

REPROCHER v. tr., pronom.
VERBE TRANSITIF
Attribuer une faute à quelqu'un, en le blâmant. *Il lui reproche son insouciance.*
VERBE PRONOMINAL
Se blâmer, se considérer comme responsable. *Je me suis reproché de lui avoir parlé ainsi. Elle n'a rien à se reprocher : elle a agi comme il le fallait.*
Suivi d'un infinitif, le verbe se construit avec la préposition ***de.***
À la forme pronominale, le participe passé de ce verbe s'accorde en genre et en nombre avec le complément direct si celui-ci le précède. *Les erreurs qu'elle s'est reprochées.* Le participe passé reste invariable si le complément direct suit le verbe. *Ils se sont reproché leur insouciance. Elle s'est reproché de ne pas avoir prévenu sa collègue de son retard.*
CONJUGAISON : VOIR MODÈLE AIMER.

REPRODUCTEUR, TRICE adj.
Qui sert à la reproduction. *Les organes reproducteurs.*

REPRODUCTIBLE adj.
Qui peut être reproduit. *Des documents d'archives reproductibles.*

REPRODUCTION n. f.
1. Action de reproduire, de se reproduire. *La reproduction humaine. Le taux de reproduction des Québécois est faible.*
2. Le fait de reproduire un texte, un son, une image. *Des procédés de reproduction.*

REPRODUIRE v. tr., pronom.
VERBE TRANSITIF
1. Imiter. *Reproduire un tableau.* SYN. rendre; représenter.
2. Copier. *Ce photocopieur reproduit même les couleurs. Un prototype reproduit à des milliers d'exemplaires.*
VERBE PRONOMINAL
1. Donner naissance à de nouveaux êtres. *Ils se sont reproduits en grand nombre.* SYN. se multiplier; se perpétuer.
2. Se répéter. *Ces évènements se sont reproduits souvent.* SYN. recommencer.

R

REPRISE DE L'INFORMATION[1]

La notion de reprise de l'information relève de la grammaire du texte ou cohérence textuelle. Mode de rappel des éléments déjà connus d'un texte, la reprise permet d'assurer la progression de l'information, tout en évitant la répétition.

VOIR TABLEAU ▸ PROGRESSION DE L'INFORMATION.

FORMES DE REPRISE

Les principales formes de reprise de l'information sont :

- le **déterminant défini**, **possessif** ou **démonstratif**

  ***Un homme** entra par la petite porte. **L'homme/Cet homme/Notre homme** portait un chapeau melon.*

- le **pronom**

  ***Un homme** entra par la petite porte. **Il** la referma soigneusement.*

- le **synonyme**

  Le nom habitation *a notamment le **sens** de « lieu où l'on habite ». Cette **signification** est la plus courante.*

- la **périphrase**

  *Le **castor** est un grand constructeur. Ce **symbole officiel du Canada** figure sur les pièces de cinq cents.*

- le **terme générique**, indiquant une relation de tout à partie

  *Le **castor** est un grand constructeur. Ce **rongeur** prépare en plus lui-même ses matériaux !*

- le **terme spécifique**, indiquant une relation de partie à tout

  *La construction des **bateaux** s'est toujours raffinée. D'ailleurs, les **paquebots** sont de nos jours des merveilles de technologie.*

- le **passage d'une classe grammaticale à l'autre** ou mots de même famille

  *Il **entra** lentement par la petite porte. Son **entrée** fut à peine remarquée.*

- l'**adverbe**

  *Il entra par **la petite porte**. **Là**, il s'arrêta net.*

VOIR TABLEAUX ▸ ADVERBE. ▸ DÉTERMINANT. ▸ FAMILLE DE MOTS. ▸ PRONOM. ▸ SYNONYMES.

En plus de ces formes de reprise, portant sur un seul élément d'information de la phrase antérieure, il existe aussi une forme de reprise portant sur la phrase antérieure au complet : ***ce que*** ou ***ce qui***, précédé d'une virgule.

__Elle a jugé négativement ces adolescents sans même leur avoir parlé, ce qui__ a beaucoup attristé leurs parents.

Pour choisir le bon pronom de reprise, il faut porter une attention particulière au genre, au nombre et à la personne de son antécédent. Si un pronom n'a pas le même genre ou nombre ou personne que l'information reprise, alors il y a une erreur de cohérence textuelle.

__Chaque étudiant__ doit se munir d'une clé USB. Nous __lui__ (et non *leur) *saurons gré de le faire avant le premier cours.*

Vous** êtes très fatigués de cette course. Il faut bien **vous (et non **se*) *reposer avant la prochaine.*

L'université** a revu sa politique sur les frais afférents. **Elle (et non **Ils*) *se devait de respecter les nouvelles normes.*

Pour choisir le bon pronom personnel sujet d'une phrase, à la 3e personne, il faut d'abord déterminer si ce pronom reprend le sujet ou un complément de la phrase précédente. S'il reprend le sujet, sa forme sera ***il/elle/ils/elles***. S'il reprend un complément, sa forme sera ***celui-ci/celle-ci/ceux-ci/celles-ci*** ou ***ce dernier/cette dernière***, etc. Si les pronoms sont inversés, alors il y a une erreur de cohérence textuelle.

*Ma mère a emmené **ma sœur** au restaurant hier soir. **Celle-ci*** (et non **Elle*) *fêtait ses 15 ans.*

1. Conception du tableau : Annie Desnoyers.

À la forme pronominale, le participe passé de ce verbe s'accorde toujours en genre et en nombre avec son sujet. *Ces erreurs ne se sont pas reproduites.*
CONJUGAISON : VOIR MODÈLE CONDUIRE.

R

REPROGRAPHIE n. f.
Ensemble des techniques de reproduction d'un document. *La photocopie est un procédé de reprographie.*

RÉPROUVER v. tr.
Condamner quelque chose, le rejeter. *Nous devons réprouver votre conduite indigne.* SYN. blâmer ; critiquer ; désapprouver ; stigmatiser.
CONJUGAISON : VOIR MODÈLE AIMER.

REPTATION n. f.
Action de ramper. *La reptation silencieuse des vers de terre.*

REPTILE n. m.
Vertébré rampant avec ou sans pattes. *Le serpent, le lézard, le crocodile sont des reptiles.*
reptile.

REPU, UE adj.
1. Rassasié. *Êtes-vous enfin repue, ma chère ?*
2. (FIG.) Dont les ambitions, les désirs sont assouvis.

RÉPUBLIQUE n. f.
Mode de gouvernement. *Dans une république, le chef de l'État est un président. La République française.*
T Dans les désignations de pays, le mot s'écrit avec une majuscule s'il est suivi d'un ou de plusieurs adjectifs.
VOIR – PAYS.

RÉPUDIATION n. f.
Action de répudier. *La répudiation de la deuxième épouse.*

RÉPUDIER v. tr.
1. Rejeter, repousser. *Ces jeunes répudient les héros qu'ils ont adorés hier.*
2. (DR.) Renoncer à (une succession, un legs, etc.). *Il répudia son héritage.*
CONJUGAISON : VOIR MODÈLE ÉTUDIER.

RÉPUGNANCE n. f.
1. Dégoût, répulsion. *La tarentule inspire de la répugnance. Des actes dégradants qui causent de la répugnance.* SYN. aversion ; horreur.
2. Réticence vive, réserve. *Avoir de la répugnance à condamner des collègues malgré les erreurs commises.*

RÉPUGNANT, ANTE adj.
Qui inspire du dégoût, au propre et au figuré. *Un insecte répugnant. Des actes répugnants.* SYN. abject ; affreux ; dégoûtant ; hideux ; horrible ; repoussant.
Ne pas confondre avec le participe présent invariable ***répugnant.*** *Seuls les soldats répugnant à envahir la ville restaient.*

RÉPUGNER v. tr. ind.
1. Faire horreur. *Elle répugne à devoir prendre cette décision. Il lui répugne d'agir ainsi.*
Le verbe se construit avec les prépositions ***à, de.***
2. Inspirer du dégoût, de l'aversion. *Cette odeur lui répugne. Cet homme me répugne.* SYN. dégoûter.
CONJUGAISON : VOIR MODÈLE AIMER.

RÉPULSIF, IVE adj. et n. m.
ADJECTIF
(LITT.) Répugnant, qui inspire du dégoût.
NOM MASCULIN
Produit qui éloigne les insectes, les animaux nuisibles. *Un répulsif en poudre à disposer autour des bulbes de tulipes pour écarter les écureuils vandales.*

RÉPULSION n. f.
Dégoût, antipathie. *Éprouver de la répulsion pour, à l'égard de quelqu'un.*

RÉPUTATION n. f.
Opinion publique favorable ou défavorable. *Un restaurant de bonne réputation. Cette personne a mauvaise réputation.*
Ne pas confondre avec les mots suivants :
- ***estime,*** opinion favorable qu'on a de la valeur de quelqu'un ;
- ***gloire,*** grande renommée ;
- ***honneur,*** considération accordée à un grand mérite.

LOCUTION
– ***De réputation.*** Pour en avoir entendu parler. *De réputation, c'est un excellent professeur.* SYN. réputé.

RÉPUTÉ, ÉE adj.
Célèbre, connu. *Un vin réputé, une auberge réputée pour sa bonne table.* SYN. estimé ; fameux ; renommé.

RÉPUTER v. tr.
(LITT.) Tenir pour, estimer. *La région de Charlevoix est réputée pour ses magnifiques paysages.* SYN. considérer comme.
CONJUGAISON : VOIR MODÈLE AIMER.

REQUÉRANT, ANTE adj. et n. m. et f.
(DR.) Demandeur. *La partie requérante, les requérants.*

REQUÉRIR v. tr.
1. (DR.) Réclamer en justice.
2. Solliciter, exiger. *Ces questions fondamentales requièrent toute notre attention.* SYN. demander.
L'emploi du verbe en ce sens est de style plutôt soutenu. Couramment, on préférera les verbes ***exiger, nécessiter, mobiliser, réclamer.*** Par contre, l'adjectif ***requis*** appartient à la langue courante.
CONJUGAISON : VOIR MODÈLE ACQUÉRIR.
INDICATIF PRÉSENT *Je requiers, tu requiers, il requiert, nous requérons, vous requérez, ils requièrent.* IMPARFAIT *Je requérais.* PASSÉ SIMPLE *Je requis.* FUTUR *Je requerrai.* CONDITIONNEL PRÉSENT *Je requerrais.* IMPÉRATIF PRÉSENT *Requiers, requérons, requérez.* SUBJONCTIF PRÉSENT *Que je requière, que nous requérions, qu'ils requièrent.* IMPARFAIT *Que je requisse.* PARTICIPE PRÉSENT *Requérant.* PASSÉ *Requis, ise.*

REQUÊTE n. f.
1. Demande instante, sollicitation par écrit adressée à quelqu'un ayant autorité pour prendre une décision. *Présenter une requête pour obtenir la libération d'une personne injustement détenue. Satisfaire à une requête. « La requête fut présentée à Louis XV »* (Victor Hugo, *Les Misérables*).
2. (PAR EXT.) Demande, prière, sollicitation orale ou écrite adressée à quelqu'un. *Les écrivains ont formulé une requête à la ministre des Affaires culturelles relativement à la reconnaissance du droit d'auteur sur Internet.*
FORME FAUTIVE
*requête. Anglicisme au sens de ***demande.*** *Remplir une demande d'achat* (et non une *requête), *une demande de consultation* (et non une *requête).

REQUIEM n. m. inv. (pl. *requiem*)
Le premier ***e*** se prononce ***é,*** le ***u*** se prononce ***u*** et le ***m*** est sonore, [rekɥijɛm] ; le nom rime avec ***poème.***
1. Prière pour les morts. *Une messe de* requiem.
2. Prière mise en musique. *Chanter des* requiem.
T Ce nom latin est invariable. Lorsqu'il désigne une œuvre musicale spécifique, le nom s'écrit avec une majuscule. *Le* Requiem *de Mozart.*
T En typographie soignée, les mots étrangers sont composés en italique. Dans des textes déjà en italique, la notation se fait en romain. Pour les textes manuscrits, on utilisera les guillemets.

REQUIN n. m.
1. Poisson très vorace. *Le requin bleu et le requin blanc sont féroces.*
2. (FIG.) Personne cupide. *Les requins de la finance.* SYN. rapace ; vautour.

REQUIS, ISE adj.
Nécessaire, exigé. *Les conditions requises.* SYN. obligatoire.

RÉQUISITION n. f.
1. (DR.) Requête.
2. Ordre militaire, administratif par lequel sont exigés des biens, des services.
FORME FAUTIVE
*réquisition. Anglicisme au sens de ***demande d'achat.***

RÉQUISITIONNER v. tr.
Se procurer par réquisition. *Réquisitionner des véhicules.*
CONJUGAISON : VOIR MODÈLE AIMER.

RÉQUISITOIRE n. m.
Discours, texte par lequel on accuse. *Un réquisitoire contre l'ingérence de l'État dans la vie privée.*
✏ réquisitoire.

RESCAPÉ, ÉE adj. et n. m. et f.
Personne qui a échappé à un accident, à un danger. *Des passagers rescapés. C'est une rescapée du terrible accident.* SYN. survivant.
✏ rescapé.

RESCAPER v. tr.
⚜ Sauver quelqu'un, le faire échapper à un danger, à une situation périlleuse. *Les marins ont rescapé les naufragés.*
CONJUGAISON : VOIR MODÈLE AIMER.

RESCINDER v. tr.
(DR.) Déclarer nul. *Rescinder une entente.* SYN. annuler.
CONJUGAISON : VOIR MODÈLE AIMER.
✏ rescinder.

RESCOUSSE n. f.
– ***À la rescousse.*** À l'aide, au secours. *Des navires sont venus à la rescousse du voilier en difficulté.*
Le mot ne s'emploie que dans cette locution.

RÉSEAU n. m. (pl. *réseaux*)
1. Ensemble de lignes de communication, de voies, etc., qui desservent une région. *Un réseau ferroviaire, routier, des réseaux téléphoniques, informatiques.*
2. Répartition des éléments d'une organisation ou d'une activité en différents points reliés les uns aux autres. *Démanteler un réseau de trafiquants de drogue.*
LOCUTION
– ***Réseau Internet.*** (NÉOL.) Réseau informatique mondial qui permet de transmettre de manière interactive des données informatiques, des images, des sons (GDT). SYN. Internet.
T Le mot ***Internet*** s'écrit avec une majuscule.

RÉSEAU D'ACTION ET D'INFORMATION POUR LES FEMMES
Sigle *RAIF* (s'écrit avec ou sans points).

RÉSEAUTAGE n. m.
⚜ Constitution d'un réseau de relations professionnelles efficaces. SYN. maillage.

RÉSÉDA adj. inv. et n. m.
NOM MASCULIN
Plante cultivée pour ses grappes de fleurs odorantes.
ADJECTIF INVARIABLE
D'une teinte vert-gris pâle. *Des imprimés réséda.*
VOIR TABLEAU – COULEUR (ADJECTIFS DE).

RÉSERVATION n. f.
Action de retenir une place (dans un hôtel, dans un avion, au théâtre, etc.). *Nous avons des réservations pour cette pièce de théâtre. Annuler* (et non *canceller) *des réservations.*

RÉSERVE n. f.
1. Opposition, désaccord. *J'ai des réserves à l'égard de ce projet. Ces personnes ont formulé des réserves sur ce candidat.* SYN. doute ; réticence.
En ce sens, le nom s'emploie généralement au pluriel.
2. Discrétion. *Il manque de réserve.* SYN. retenue.
3. Provision. *Accumuler des réserves en cas d'imprévu.* SYN. stock.
4. Territoire où la faune et la flore sont protégées. *Cette île est une réserve ornithologique* (et non un *sanctuaire d'oiseaux).
LOCUTIONS
– ***Avec réserve, avec des réserves,*** loc. adv. Avec des doutes.
– ***En réserve,*** loc. adv. De côté, à part. *Nous avons de l'eau en réserve.*
– ***Réserve écologique.*** Territoire constitué à même les terres publiques en vue de la conservation de ce territoire à l'état naturel, de la sauvegarde des espèces animales et végétales menacées, de la recherche scientifique et de l'éducation. (Recomm. off.)
– ***Réserve faunique.*** Territoire constitué en vue de la protection de la faune, où l'utilisation des ressources est réglementée (Recomm. off.).
– ***Réserve indienne.*** ⚜ Territoire occupé par des Amérindiens.
– ***Sans réserve,*** loc. adv. Entièrement, sans exception. *Je recommande cette candidate sans réserve.*
– ***Sous réserve de,*** loc. prép. En envisageant la possibilité de. *Sous réserve de modifications de dernière heure, le programme est adopté.*
– ***Sous toute réserve*** ou ***sous toutes réserves.*** Sans garantie, avec une possibilité d'inexactitude. *Ces données sont approximatives, je vous les transmets sous toute réserve* ou *sous toutes réserves.*
– ***Sous toutes réserves*** ou ***sous réserve de tous droits.*** Mention indiquant que le texte qui suit ne peut être invoqué à l'encontre des droits du signataire. *Sous toutes réserves* (et non *sans préjudice).
T Cette mention s'écrit en majuscules au début du document.

RÉSERVÉ, ÉE adj.
Discret dans ses actes, dans ses paroles. *Elle est très timide, très réservée.* SYN. modeste.

RÉSERVER v. tr.
1. Mettre de côté pour un usage particulier. *Réserver des livres à la bibliothèque. Réservez-moi des billets pour l'« Hommage non définitif à Gaston Miron ».*
2. Destiner à. *Nous avons réservé un accueil enthousiaste à notre médaillé d'or.*
LOCUTION
– ***Se réserver le droit de.*** Conserver la possibilité de. *Elle se réserve le droit de refuser la modification proposée.*
CONJUGAISON : VOIR MODÈLE AIMER.

RÉSERVOIR n. m.
Lieu, récipient où l'on conserve un liquide. *Un réservoir d'eau de pluie. C'est une panne sèche : le réservoir (d'essence) est vide.*

***RESET**
Anglicisme pour ***réinitialisation, remise à zéro.***

RÉSIDANT, ANTE adj. et n. m. et f.
Qui habite en un lieu. « *À Djakarta, les résidants et commerçants de la rue Jaksa* » (*Le Monde*). « *Les résidants du centre-ville sont mieux desservis par les transports en commun que ceux de la périphérie* » (*L'Express*). « *Tous les résidants du Québec, quelles que soient leur origine, leur religion, leur langue, leur culture, leur nationalité, pourraient devenir des citoyens québécois et ainsi participer à la vie commune sur un pied d'égalité, sans sacrifier leur identité ou leur nationalité* » (Michel Venne, *Le Devoir*). « *Les résidants des quartiers voisins de Notre-Dame-de-Grâce et Côte-des-Neiges ne pourraient devenir membres de la bibliothèque de Côte-Saint-Luc* » (*La Presse*). « *Il nous permet de mieux comprendre ce qu'ont vécu les résidants de la ville* » (*L'actualité*). « *Les résidants d'une maison de retraite* » (*Grand Robert de la langue française, 2001*).
Des deux graphies ***résidant*** et **résident** en concurrence au sens de « qui habite en un lieu », c'est la forme ***résidant*** qui semble s'imposer de plus en plus.
Ne pas confondre avec le nom ***résident,*** qui habite ailleurs que dans son pays d'origine.

R

⊶ Ne pas confondre avec le participe présent invariable ***résidant.*** *Les personnes résidant au Québec bénéficient du régime d'assurance-maladie.*

RÉSIDENCE n. f.
Demeure, lieu d'habitation. *Une jolie résidence secondaire.*
⊶ La ***résidence*** est la demeure habituelle, tandis que le ***domicile*** est la demeure légale.
LOCUTION
– ***En résidence*** (en parlant d'un écrivain, d'un artiste, d'un musicien, etc.). Créateur invité à séjourner en un lieu pour une période déterminée afin de participer aux activités d'une communauté universitaire, culturelle, etc. *Un auteur en résidence à l'Université de Montréal pendant une année.*

RÉSIDENT, ENTE n. m. et f.
1. Personne habitant ailleurs que dans son pays d'origine. *Les résidents mexicains aux États-Unis.*
⊶ Ne pas confondre avec le nom ***résidant,*** qui habite en un lieu.
2. Au Canada, se dit d'un médecin en cours de spécialisation. *Les résidents sont tenus de faire des gardes de nuit à l'hôpital.*
VOIR – RÉSIDANT.

RÉSIDENTIEL, IELLE adj.
Réservé aux habitations, par opposition à ***industriel, commercial.*** *Un quartier résidentiel* (et non *domiciliaire).
LOCUTIONS
– ***Ensemble résidentiel.*** Groupement important d'habitations collectives ou individuelles auquel sont adjoints des éléments d'équipement et qui présente une certaine unité architecturale (Recomm. off.). *Un ensemble* (et non *développement) *résidentiel d'avant-garde.*
– ***Ensemble résidentiel.*** Ensemble d'immeubles d'habitation conçu par un promoteur unique et formant un tout organisé (Recomm. off.). *Des ensembles résidentiels* (et non *développements domiciliaires) *intéressants.*
✏ résidentiel.

RÉSIDER v. intr.
1. Habiter. *Il réside à Outremont.*
2. (FIG.) Se trouver. *Voilà où réside le problème.* SYN. se situer.
CONJUGAISON : VOIR MODÈLE AIMER.

RÉSIDU n. m.
Ce qui reste. *Des résidus de la combustion.*
✏ résidu.

RÉSIGNATION n. f.
Soumission. *Il accepta cette nouvelle épreuve avec résignation.* SYN. renoncement.
FORME FAUTIVE
*résignation. Anglicisme au sens de ***démission.***

RÉSIGNÉ, ÉE adj.
Qui accepte son sort sans protester, qui a renoncé à résister. *Un chômeur non résigné.*

RÉSIGNER v. tr., pronom.
VERBE TRANSITIF
(LITT.) Se démettre de ses fonctions en faveur de quelqu'un. *Il a résigné ses fonctions, son emploi.*
VERBE PRONOMINAL
Se soumettre. *Ils se sont résignés à déménager.* SYN. accepter ; consentir ; se plier à ; se résoudre à.
📏 À la forme pronominale, le participe passé de ce verbe s'accorde toujours en genre et en nombre avec son sujet. *Ils se sont résignés à ne pas exiger davantage.*
CONJUGAISON : VOIR MODÈLE AIMER.

RÉSILIABLE adj.
(DR.) Qui peut être résilié. *Un bail résiliable.*
✏ résiliable.

RÉSILIATION n. f.
(DR.) Dissolution (d'un contrat).

RÉSILIENCE n. f.
1. (PHYSIOL.) Résistance d'un matériau aux chocs répétés. SYN. résistance aux chocs.
2. (PSYCHO.) Aptitude à faire face avec succès à une situation représentant un stress intense en raison de sa nocivité ou du risque qu'elle représente, ainsi qu'à se ressaisir, à s'adapter et à réussir à vivre et à se développer positivement en dépit de ces circonstances défavorables (GDT). *« Ils ont connu, les uns et les autres, une catastrophe, et ils ont reconstruit leur vie ; ce sont des exemples de "résilience", ce mot jadis utilisé seulement en physique des matériaux pour la résistance aux chocs, et qui s'emploie désormais dans le domaine moral »* (*Le Monde*).
⊶ Selon le GDT, le terme ***résilience,*** d'abord condamné comme calque de l'anglais, se répand de plus en plus en français, notamment dans la foulée des travaux sur le syndrome de stress post-traumatique.

RÉSILIENT, IENTE adj.
1. (PHYS.) Qui offre une grande résistance aux chocs. *Des matériaux résilients.*
2. (PSYCHO.) Qui peut surmonter des épreuves, un stress intense et se ressaisir malgré les difficultés. *Des enfants résilients.*

RÉSILIER v. tr.
(DR.) Annuler un acte, mettre fin à l'exécution d'un contrat. *Résilier un bail.* SYN. dissoudre.
CONJUGAISON : VOIR MODÈLE ÉTUDIER.
Redoublement du ***i*** à la première et à la deuxième personne du pluriel de l'indicatif imparfait et du subjonctif présent. *(Que) nous résiliions, (que) vous résiliiez.*

RÉSILLE n. f.
👄 Les ***ll*** se prononcent comme dans ***famille,*** [rezij].
Filet dans lequel on enserre les cheveux.

RÉSINE n. f.
Produit sécrété par certains arbres, notamment les conifères.

RÉSINEUX, EUSE adj. et n. m.
ADJECTIF
Qui produit de la résine.
NOM MASCULIN
Arbre qui produit de la résine. *Les conifères sont des résineux.*

RÉSISTANCE n. f.
1. Propriété par laquelle une force s'oppose à une autre. *La résistance de l'air.*
2. (FIG.) Opposition. *Il leur opposa une résistance désespérée.* SYN. refus.
3. Mouvement clandestin d'opposition aux occupants allemands en France pendant la Seconde Guerre mondiale. *La Résistance.*
🆃 En ce sens, le nom s'écrit avec une majuscule initiale.
✏ résistance.

RÉSISTANT, ANTE adj. et n. m. et f.
ADJECTIF
Qui résiste bien, solide. *Des tissus très résistants.* SYN. solide ; tenace.
⊶ Ne pas confondre avec le participe présent invariable ***résistant.*** *Les tissus résistant à l'usure sont appréciés.*
NOM MASCULIN ET FÉMININ
(ANCIENN.) Membre de la Résistance. *Ils furent des résistants héroïques.*
✏ résistant.

RÉSISTER v. tr. ind.
1. Ne pas céder, se maintenir. *Le barrage a bien résisté à la crue des eaux. Leur amitié a résisté à la lutte pour le pouvoir qui les a opposés.*
2. Se défendre, s'opposer. *Ils ont résisté aux envahisseurs.*
CONJUGAISON : VOIR MODÈLE AIMER.

RÉSOLU, UE adj.
Déterminé. *Ils sont résolus à le suivre.* SYN. décidé ; opiniâtre ; prêt.

RÉSOLUMENT adv.
D'une manière résolue. *Ils sont résolument contre cette proposition.*
résolument, sans accent circonflexe.

RÉSOLUTION n. f.
1. Action de résoudre. *La résolution d'un problème.*
2. Détermination. *Ils agissent avec beaucoup de résolution.*
3. Décision. *Il a pris de bonnes résolutions, notamment celle d'arrêter de fumer.*

RÉSONANCE n. f.
1. Propriété de réfléchir le son. *Une caisse de résonance.*
2. (FIG.) Écho, prolongement. *Ce concept a une nouvelle résonance.*
LOCUTION
– ***Imagerie par résonance magnétique (IRM).*** Méthode d'imagerie médicale basée sur le phénomène de la résonance magnétique qui permet d'obtenir des images tomographiques de la distribution d'éléments atomiques tels que l'hydrogène (GDT). SYN. tomographie à résonance magnétique; tomographie par résonance magnétique.
La graphie ***résonnance*** est vieillie.
résonance.

RÉSONNER v. intr.
Renvoyer un son en l'augmentant. *Les cloches résonnaient dans le soir.* SYN. retentir.
HOM. ***raisonner,*** ramener quelqu'un à la raison.
CONJUGAISON : VOIR MODÈLE AIMER.
résonner.

RÉSORBER v. tr., pronom.
VERBE TRANSITIF
Faire disparaître graduellement. *Il importe de résorber l'inflation, mais aussi le chômage.*
VERBE PRONOMINAL
Disparaître par résorption. *Ces hématomes se sont résorbés.*
À la forme pronominale, le participe passé de ce verbe s'accorde toujours en genre et en nombre avec son sujet. *L'enflure s'est résorbée en quelques jours.*
CONJUGAISON : VOIR MODÈLE AIMER.

RÉSORPTION n. f.
Disparition progressive. *La résorption d'un déficit.*
résorption.

RÉSOUDRE v. tr., pronom.
VERBE TRANSITIF
1. Trouver une réponse, une solution. *Résoudre un problème. L'énigme est résolue.*
2. Décider. *Il a résolu de déménager. Elle a résolu de tout reprendre à zéro.* SYN. choisir.
Le verbe se construit avec la préposition ***de.***
VERBE PRONOMINAL
1. Se décider à, être déterminé à. *Il s'est résolu à faire un grand ménage.*
2. Accepter, se résigner. *Nous devons nous résoudre à partir, à ce que tout ne soit pas parfait.* SYN. en venir à.
À la forme pronominale, le verbe se construit avec la préposition ***à,*** suivie de l'infinitif, ou avec la locution conjonctive ***à ce que,*** suivie du subjonctif.
À la forme pronominale, le participe passé de ce verbe s'accorde toujours en genre et en nombre avec son sujet. *Elle s'est résolue à demander une augmentation.*
CONJUGAISON : VOIR MODÈLE RÉSOUDRE.
La forme du participe passé ***résous, résoute*** est vieillie; on dit plutôt ***résolu, résolue.***

RESPECT n. m.
Les lettres ***ct*** ne se prononcent pas; attention à la liaison dans la locution ***respect (k) humain,*** [rɛspɛ, rɛspɛkymɛ̃].
1. Sentiment qui incite à traiter quelqu'un avec égards et considération. *Traitez cette invitée avec tout le respect qui s'impose. Mériter, inspirer, commander le respect. Manquer de respect à une personne.* SYN. déférence; politesse.
Le nom se construit avec les prépositions ***à, envers, pour*** et la locution prépositive ***à l'égard de.*** *Avoir, témoigner du respect à, envers, pour quelqu'un, à l'égard de quelqu'un.*
2. Le fait d'observer les règles imposées. *Le respect de la loi.*
3. (AU PLUR.) Hommages. *Mes respects à votre père.*
LOCUTIONS
– ***Respect humain.*** Crainte qu'on a du jugement d'autrui.
– ***Tenir quelqu'un en respect.*** Le menacer d'une arme.

RESPECTABILISER v. tr., pronom.
VERBE TRANSITIF
Donner une respectabilité, rendre respectable. *L'hommage rendu au chancelier allemand par Vladimir Poutine vise bien sûr à respectabiliser Gazprom.*
VERBE PRONOMINAL
Se donner un air respectable. *Les partis extrêmes ont compris qu'ils doivent se respectabiliser pour obtenir des voix.*
À la forme pronominale, le participe passé de ce verbe s'accorde toujours en genre et en nombre avec son sujet. *Ils se sont respectabilisés quelque peu.*
CONJUGAISON : VOIR MODÈLE AIMER.

RESPECTABILITÉ n. f.
Caractère de ce qui est respectable.

RESPECTABLE adj.
1. Qui est digne de respect. *Une personne très respectable.*
2. Considérable. *Un âge respectable.* SYN. honorable.
Ne pas confondre avec le mot ***respectueux,*** qui témoigne du respect.

RESPECTER v. tr., pronom.
VERBE TRANSITIF
1. Porter respect. *Il respecte énormément ce chercheur.*
2. Suivre (des règles). *Respecter le règlement.* SYN. obéir; observer.
VERBE PRONOMINAL
Être fidèle à sa réputation, agir de façon à conserver l'estime de soi. *Cet article n'est pas digne d'un journal qui se respecte.*
À la forme pronominale, le participe passé de ce verbe s'accorde toujours en genre et en nombre avec son sujet. *Ces adversaires ne se sont pas respectés.*
CONJUGAISON : VOIR MODÈLE AIMER.

RESPECTIF, IVE adj.
Qui concerne chacun, chaque chose parmi plusieurs. *Ils parlent de leur poste respectif* ou *de leurs postes respectifs.*
L'adjectif peut s'employer au singulier ou au pluriel.

RESPECTIVEMENT adv.
De façon respective. *Luc et Pierre sont âgés respectivement de 9 et 11 ans.*

RESPECTUEUSEMENT adv.
Avec respect. *Les enfants ont salué le curé respectueusement.*

RESPECTUEUX, EUSE adj.
Qui témoigne du respect. *Ces étudiants ne sont pas respectueux des autorités.* SYN. poli.
L'adjectif se construit avec les prépositions ***envers, de, pour*** ou la locution prépositive ***à l'égard de.***
Ne pas confondre avec le mot ***respectable,*** qui est digne de respect.

RESPIRATEUR n. m.
(MÉD.) Appareil qui sert à la ventilation artificielle des malades.

RESPIRATION n. f.
Action de respirer. *Une respiration rapide. Retenir sa respiration.*
LOCUTION
– ***Respiration artificielle.*** Ensemble des techniques visant à rétablir les fonctions respiratoires d'un blessé, d'un asphyxié. *On a pratiqué la respiration artificielle sur lui et on a réussi à le ranimer.*

R

CONJUGAISON DU VERBE **RÉSOUDRE**

INDICATIF

PRÉSENT

je	réso**us**
tu	réso**us**
elle	réso**ut**
il	réso**ut**
nous	résol**vons**
vous	résol**vez**
elles	résol**vent**
ils	résol**vent**

PASSÉ COMPOSÉ

j'	ai	résolu
tu	as	résolu
elle	a	résolu
il	a	résolu
nous	avons	résolu
vous	avez	résolu
elles	ont	résolu
ils	ont	résolu

IMPARFAIT

je	résol**vais**
tu	résol**vais**
elle	résol**vait**
il	résol**vait**
nous	résol**vions**
vous	résol**viez**
elles	résol**vaient**
ils	résol**vaient**

PLUS-QUE-PARFAIT

j'	avais	résolu
tu	avais	résolu
elle	avait	résolu
il	avait	résolu
nous	avions	résolu
vous	aviez	résolu
elles	avaient	résolu
ils	avaient	résolu

PASSÉ SIMPLE

je	résol**us**
tu	résol**us**
elle	résol**ut**
il	résol**ut**
nous	résol**ûmes**
vous	résol**ûtes**
elles	résol**urent**
ils	résol**urent**

PASSÉ ANTÉRIEUR

j'	eus	résolu
tu	eus	résolu
elle	eut	résolu
il	eut	résolu
nous	eûmes	résolu
vous	eûtes	résolu
elles	eurent	résolu
ils	eurent	résolu

FUTUR SIMPLE

je	réso**udrai**
tu	réso**udras**
elle	réso**udra**
il	réso**udra**
nous	réso**udrons**
vous	réso**udrez**
elles	réso**udront**
ils	réso**udront**

FUTUR ANTÉRIEUR

j'	aurai	résolu
tu	auras	résolu
elle	aura	résolu
il	aura	résolu
nous	aurons	résolu
vous	aurez	résolu
elles	auront	résolu
ils	auront	résolu

CONDITIONNEL PRÉSENT

je	réso**udrais**
tu	réso**udrais**
elle	réso**udrait**
il	réso**udrait**
nous	réso**udrions**
vous	réso**udriez**
elles	réso**udraient**
ils	réso**udraient**

CONDITIONNEL PASSÉ

j'	aurais	résolu
tu	aurais	résolu
elle	aurait	résolu
il	aurait	résolu
nous	aurions	résolu
vous	auriez	résolu
elles	auraient	résolu
ils	auraient	résolu

SUBJONCTIF

PRÉSENT

que	je	résol**ve**
que	tu	résol**ves**
qu'	elle	résol**ve**
qu'	il	résol**ve**
que	nous	résol**vions**
que	vous	résol**viez**
qu'	elles	résol**vent**
qu'	ils	résol**vent**

PASSÉ

que	j'	aie	résolu
que	tu	aies	résolu
qu'	elle	ait	résolu
qu'	il	ait	résolu
que	nous	ayons	résolu
que	vous	ayez	résolu
qu'	elles	aient	résolu
qu'	ils	aient	résolu

IMPARFAIT

que	je	résol**usse**
que	tu	résol**usses**
qu'	elle	résol**ût**
qu'	il	résol**ût**
que	nous	résol**ussions**
que	vous	résol**ussiez**
qu'	elles	résol**ussent**
qu'	ils	résol**ussent**

PLUS-QUE-PARFAIT

que	j'	eusse	résolu
que	tu	eusses	résolu
qu'	elle	eût	résolu
qu'	il	eût	résolu
que	nous	eussions	résolu
que	vous	eussiez	résolu
qu'	elles	eussent	résolu
qu'	ils	eussent	résolu

IMPÉRATIF

PRÉSENT

réso**us**
résol**vons**
résol**vez**

PASSÉ

aie résolu
ayons résolu
ayez résolu

INFINITIF

PRÉSENT

réso**udre**

PASSÉ

avoir résolu

PARTICIPE

PRÉSENT

résol**vant**

PASSÉ

résolu, ue
ayant résolu

RESPIRATOIRE adj.
1. Qui sert à la respiration. *Le système respiratoire, les voies respiratoires.*
2. Relatif à la respiration. *Des difficultés respiratoires.*
respiratoire.

RESPIRER v. tr., intr.
VERBE TRANSITIF
1. Absorber par la respiration. *Plutôt que de respirer l'air pollué, je préfère le bon air pur de la campagne.*
2. (FIG.) Exprimer, témoigner. *Cette maison respire le bonheur.* SYN. montrer; révéler.
VERBE INTRANSITIF
1. Absorber l'oxygène dans l'air et rejeter le gaz carbonique, en parlant des êtres vivants. *Il respire difficilement.*
2. (FAM.) Prendre un peu de répit. *Laissez-moi respirer un peu.*
3. (FIG.) Éprouver un vif soulagement après une inquiétude. *Ouf ! tout danger est écarté : nous respirons enfin !*
CONJUGAISON : VOIR MODÈLE AIMER.

RESPLENDIR v. intr.
Briller avec éclat. *Le lac resplendit sous le soleil d'été.* SYN. étinceler; luire.
CONJUGAISON : VOIR MODÈLE FINIR.

RESPLENDISSANT, ANTE adj.
Qui resplendit, rayonne. *Elle a une mine resplendissante.* SYN. brillant; éblouissant; éclatant; radieux.

RESPONSABILISATION n. f.
1. Action de donner à quelqu'un une certaine autonomie d'action en vue d'accroître son sens des responsabilités. *Une politique qui favorise la responsabilisation des étudiants.* SYN. autonomisation.
2. Fait d'être responsabilisé, de devoir rendre compte de ses actes.

RESPONSABILISER v. tr.
Confier des responsabilités à quelqu'un en vue d'accroître son autonomie.
CONJUGAISON : VOIR MODÈLE AIMER.

RESPONSABILITÉ n. f.
1. Obligation de remplir un engagement, de répondre de quelque chose, d'en être garant. *Elle a de lourdes responsabilités : elle élève seule ses trois enfants. Des responsabilités accablantes, écrasantes, importantes. Accepter, assumer, décliner, déléguer des responsabilités. Décliner, refuser, se dérober à, se soustraire à des responsabilités.*
2. Obligation faite à un salarié de n'importe quel échelon hiérarchique de s'acquitter d'une tâche ou d'une catégorie de tâches et de répondre de son exécution, à son supérieur ou à l'autorité compétente, suivant des critères établis et auxquels il a consenti (Recomm. off.). *Désormais, les gestionnaires ont la responsabilité* (et non l'*imputabilité) *de leur budget.*
LOCUTIONS
– ***Assurance sans égard à la responsabilité.*** Régime d'assurance automobile en vertu duquel l'assureur de la victime d'un accident de la route prend en charge le versement de l'indemnité prévue au contrat relativement aux blessures corporelles ou aux dommages matériels subis par l'assuré, qu'il y ait ou non responsabilité de la part de celui-ci (GDT). *Le régime sans égard à la responsabilité* (et non *no-fault) *a été adopté en 1978 au Québec.*
C'est la Société de l'assurance automobile du Québec qui indemnise les citoyens pour les blessures subies dans un accident de la route en vertu du Régime public d'assurance automobile du Québec, régime d'assurance sans égard à la responsabilité (GDT).
– ***Prendre ses responsabilités.*** Agir en respectant ses engagements, en acceptant les conséquences de ses actes.

RESPONSABLE adj. et n. m. et f.
ADJECTIF
1. Qui doit s'occuper de quelqu'un et répondre de ses actes. *Les parents sont responsables de leurs enfants de moins de 18 ans.*
2. Qui est coupable de quelque chose et doit réparer les dommages causés. *Cet automobiliste qui a brûlé le feu rouge sera tenu responsable de* (et non *pour) *l'accident.*
L'adjectif se construit avec la préposition ***de*** et non avec la préposition ***pour*** inspirée de l'anglais.
3. Conscient des conséquences de ses actes. *C'est une adolescente responsable : on peut lui faire confiance.* SYN. pondéré; réfléchi.
Ce mot ne se dit que d'une personne; une chose ne peut être la cause d'un fait fâcheux (elle ne peut être responsable). *La chaussée glissante a causé* (et non *est responsable) *de nombreux accidents.*
NOM MASCULIN ET FÉMININ
Autorité, personne qui a la possibilité de décider, qui a la responsabilité de quelque chose. *Cette décision concerne le responsable de l'unité administrative.*

RESSAC n. m.
La première syllabe se prononce ***re*** (et non *rè), [rəsak].
Choc de la vague qui revient sur elle-même.
ressac.

RESSAISIR v. tr., pronom.
La première syllabe se prononce ***re*** (et non *rè), [rəsezir].
VERBE TRANSITIF
Reprendre. *Ils ont ressaisi les évadés.*
VERBE PRONOMINAL
Se maîtriser, retrouver son sang-froid. *Laissez-le se ressaisir un instant. Elles se sont ressaisies.*
À la forme pronominale, le participe passé de ce verbe s'accorde toujours en genre et en nombre avec son sujet. *Une fois le choc passé, elle s'est ressaisie.*
CONJUGAISON : VOIR MODÈLE FINIR.

RESSASSER v. tr.
La première syllabe se prononce ***re*** (et non *rè), [rəsase].
Revenir sans cesse sur les mêmes questions. SYN. rabâcher; répéter.
CONJUGAISON : VOIR MODÈLE AIMER.
ressasser.

RESSEMBLANCE n. f.
La première syllabe se prononce ***re*** (et non *rè), [rəsɑ̃blɑ̃s].
Degré variable de similitude entre des personnes, des choses. *Il y a une grande ressemblance entre ces jumeaux.*
Ne pas confondre avec les noms suivants :
• ***conformité,*** état de choses semblables;
• ***identité,*** conformité totale;
• ***uniformité,*** nature de ce qui ne change pas de caractère, d'apparence.

RESSEMBLANT, ANTE adj.
La première syllabe se prononce ***re*** (et non *rè), [rəsɑ̃blɑ̃, ɑ̃t].
Qui ressemble à son modèle. *Cette aquarelle est très ressemblante.*

RESSEMBLER v. tr. ind., pronom.
La première syllabe se prononce ***re*** (et non *rè), [rəsɑ̃ble].
VERBE TRANSITIF INDIRECT
Être partiellement semblable, avoir des traits communs. *Il ressemble à sa mère.*
VERBE PRONOMINAL
Offrir une ressemblance. *Les jours se suivent et ne se ressemblent pas. La mère et la fille se ressemblent comme deux gouttes d'eau.*
Le participe passé de ce verbe est toujours invariable. *Ces deux sœurs se sont ressemblé jadis.*

LOCUTIONS
– ***Les jours se suivent et ne se ressemblent pas.*** La situation peut varier d'un jour à l'autre.
– ***Qui se ressemble s'assemble.*** Les personnes qui s'associent ont des affinités de caractères, de goûts.
Ce proverbe a souvent une connotation péjorative.
Ne pas confondre avec le verbe ***rassembler,*** réunir.
CONJUGAISON : VOIR MODÈLE AIMER.

RESSEMELAGE n. m.
La première syllabe se prononce *re* (et non *rè), et le *e* de la troisième syllabe se prononce ou non, [rəsəməlaʒ, rəsəmlaʒ].
Action de ressemeler.
ressemelage.

RESSEMELER v. tr.
La première syllabe se prononce ***re*** (et non *rè), et le ***e*** de la troisième syllabe se prononce ou non, [rəsəmle, rəsəmle].
Changer la semelle d'une chaussure.
CONJUGAISON : VOIR MODÈLE APPELER.
Redoublement du ***l*** devant un ***e*** muet. *Il ressemelle, je ressemellerai,* mais *je ressemelais.*
[Les *Rectifications* (1990) admettent : il ressemèle, ressemèlera, ressemèlerait...]

RESSENTIMENT n. m.
La première syllabe se prononce ***re*** (et non *rè), [rəsɑ̃timɑ̃].
Animosité, rancœur. *Éprouver du ressentiment envers un supérieur injuste.*
Le nom se construit avec les prépositions ***contre, envers*** ou avec la locution prépositive ***à l'égard de.***

RESSENTIR v. tr., pronom.
La première syllabe se prononce ***re*** (et non *rè), [rəsɑ̃tir].
VERBE TRANSITIF
Éprouver plus ou moins vivement. *Il ressent une douleur à la nuque. La famille ressentait une grande affection pour ce jardinier.* SYN. sentir.
VERBE PRONOMINAL
Éprouver les suites de. *Elles se sont longtemps ressenties de cette mauvaise chute.*
À la forme pronominale, le verbe se construit avec la préposition ***de.*** Le pronom relatif à employer est ***dont.*** *La chute dont il se ressent.*
À la forme pronominale, le participe passé de ce verbe s'accorde toujours en genre et en nombre avec son sujet. *Ses recherches se sont ressenties d'un financement insuffisant.*
CONJUGAISON : VOIR MODÈLE SORTIR.
ressentir.

RESSERREMENT n. m.
La première syllabe se prononce ***re*** (et non *rè), et le ***e*** de la troisième syllabe ne se prononce pas, [rəsɛrmɑ̃].
Action de resserrer. *Le resserrement d'un lien.*
resserrement.

RESSERRER v. tr., pronom.
La première syllabe se prononce ***re*** (et non *rè), [rəsere].
VERBE TRANSITIF
Serrer davantage. *Il faut resserrer les cordages.*
VERBE PRONOMINAL
1. Se renfermer dans des limites plus étroites. *Les parois de la grotte se resserrent et on peut à peine y passer.*
2. (FIG.) Devenir plus étroit. *La surveillance s'est resserrée autour du suspect.*
À la forme pronominale, le participe passé de ce verbe s'accorde toujours en genre et en nombre avec son sujet. *Nos liens d'amitié se sont resserrés.*
CONJUGAISON : VOIR MODÈLE AIMER.

RESSORT n. m.
La première syllabe se prononce ***re*** (et non *rè), [rəsɔr].
1. Pièce d'un mécanisme qui est constituée d'une matière élastique afin de réagir après avoir été comprimée. *Les ressorts de la suspension d'une voiture.*
2. Étendue géographique constituant l'objet de la compétence territoriale d'une autorité administrative ou juridictionnelle (Recomm. off.).
3. (FIG.) Ce qui fait agir. *Le goût du pouvoir est un puissant ressort.*
4. (FIG.) Activité, énergie. *Ces personnes ont prouvé qu'elles avaient du ressort lorsqu'elles ont pris la situation en main.*
LOCUTIONS
– ***Du ressort de,*** loc. prép. Qui relève de l'autorité de, dans le domaine de compétence de. *Cette question est du ressort de la ministre des Affaires culturelles.*
– ***En dernier ressort,*** loc. adv. Finalement, après avoir épuisé toutes les autres possibilités.

RESSORTIR v. intr., impers.
La première syllabe se prononce ***re*** (et non *rè), [rəsɔrtir].
VERBE INTRANSITIF
1. Sortir d'un lieu peu après y être entré. *Les passants entrent dans la boutique et en ressortent avec un petit paquet.*
2. Paraître davantage. *Avec ce chemisier blanc, son teint bronzé ressort.* SYN. se détacher; trancher.
VERBE IMPERSONNEL
Se dégager de. *Il ressort de cette étude que nos élèves ont beaucoup progressé.* SYN. résulter.
En ce sens, le verbe se construit avec la préposition ***de.***
LOCUTION
– ***Faire ressortir.*** Mettre en évidence, mettre en valeur. *Il importerait de faire ressortir ces excellents résultats.*
Ne pas confondre avec les verbes suivants :
- ***découler,*** être la suite nécessaire de ;
- ***dériver,*** être issu de ;
- ***émaner,*** sortir de ;
- ***procéder,*** avoir sa source dans ;
- ***provenir,*** venir de.

Le verbe se conjugue comme ***sortir*** et se construit avec l'auxiliaire ***être,*** alors que ***ressortir*** au sens de « être du ressort de » se conjugue comme ***finir.***
CONJUGAISON : VOIR MODÈLE SORTIR.
INDICATIF PRÉSENT *Je ressors, tu ressors, il ressort, nous ressortons, vous ressortez, ils ressortent.* IMPARFAIT *Je ressortais.* PASSÉ SIMPLE *Je ressortis.* FUTUR *Je ressortirai.* CONDITIONNEL PRÉSENT *Je ressortirais.* IMPÉRATIF PRÉSENT *Ressors, ressortons, ressortez.* SUBJONCTIF PRÉSENT *Que je ressorte.* IMPARFAIT *Que je ressortisse.* PARTICIPE PRÉSENT *Ressortant.* PASSÉ *Ressorti, ie.*

RESSORTIR v. tr. ind.
La première syllabe se prononce ***re*** (et non *rè), [rəsɔrtir].
1. (DR.) Être du ressort de, relever de la compétence de. *Ces questions ressortissent à la cour.* SYN. concerner; dépendre de.
2. (FIG.) (LITT.) Être du domaine de, relever de. *Cette soif d'écrire ressortissait au désir de durer.* SYN. appartenir à; se rattacher à.
En ces sens, le verbe se construit avec la préposition ***à.***
Le verbe, qui ne s'emploie qu'à la troisième personne du singulier ou du pluriel, se conjugue comme ***finir*** et se construit avec l'auxiliaire ***avoir,*** tandis que ***ressortir*** au sens de « sortir de nouveau » se conjugue comme ***sortir.***
CONJUGAISON : VOIR MODÈLE FINIR.
INDICATIF PRÉSENT *Il ressortit, ils ressortissent.* IMPARFAIT *Il ressortissait, ils ressortissaient.* PASSÉ SIMPLE *Il ressortit, ils ressortirent.* FUTUR *Il ressortira, ils ressortiront.* CONDITIONNEL PRÉSENT *Il ressortirait, ils ressortiraient.* SUBJONCTIF PRÉSENT *Qu'il ressortisse, qu'ils ressortissent.* IMPARFAIT *Qu'il ressortît, qu'ils ressortissent.* PARTICIPE PRÉSENT *Ressortissant.* PASSÉ *Ressorti.*

RESSORTISSANT, ANTE n. m. et f.
Personne qui relève d'un État dont elle n'a pas la nationalité. *Les ressortissants canadiens ont été évacués.*
ressortissant.

RESSOURCE n. f.
La première syllabe se prononce *re* (et non *rè), [rəsurs].
1. Moyen, recours. *J'ai encore la ressource de choisir.* SYN. possibilité.
2. Moyens (techniques, matériels). *Notre école a un urgent besoin de ressources financières et informatiques. Des ressources hydroélectriques.*
LOCUTIONS
– ***Personne-ressource.*** Personne ayant acquis des connaissances par l'expérience ou la formation dans un domaine particulier, et à laquelle on fait appel. *Des personnes-ressources compétentes.*
– ***Ressources humaines.*** Personnel d'une entreprise, d'un organisme.
– ***Sans ressource.*** (VIEILLI) Sans recours, sans remède. *Le mal est sans ressource.*
– ***Sans ressources.*** Sans argent, démuni. *Des réfugiés sans ressources.*
Le nom s'écrit généralement au singulier au sens de « sans recours, sans remède », au pluriel au sens de « sans argent ».

RESSOURCEMENT n. m.
Recyclage, retour aux sources.

RESSOURCER (SE) v. pronom.
Revenir aux sources, retrouver ses racines profondes. *Elles se sont ressourcées au bord de la mer.*
À la forme pronominale, le participe passé de ce verbe, qui n'existe qu'à la forme pronominale, s'accorde toujours en genre et en nombre avec son sujet. *Ils se sont ressourcés à la campagne.*
CONJUGAISON : VOIR MODÈLE AVANCER.

RESSURGIR
VOIR – RESURGIR.

RESSUSCITER v. tr., intr.
La première syllabe se prononce *ré* (et non *rè), [resysite].
VERBE TRANSITIF
1. Ramener de la mort à la vie. *C'est un miracle : Jésus-Christ a ressuscité Lazare !*
2. (FIG.) Faire renaître. *Ressusciter une ancienne coutume.*
VERBE INTRANSITIF
Revenir de la mort à la vie. *Le Christ est ressuscité.*
CONJUGAISON : VOIR MODÈLE AIMER.
ressusciter.

RESTANT, ANTE adj. et n. m.
ADJECTIF
Qui reste. *Elle lui donnera les livres restants.*
NOM MASCULIN
Ce qui reste. *Il réchauffe le restant du rosbif.* SYN. reste.

RESTAURANT n. m.
Établissement où l'on sert des repas. *Un bon petit restaurant.*

RESTAURATEUR n. m.
RESTAURATRICE n. f.
1. Personne qui restaure (des tableaux, des meubles, des bâtiments, etc.).
2. Personne qui exploite un restaurant.

RESTAURATEUR, TRICE adj.
Qui répare. *Une chirurgie restauratrice.*

RESTAURATION n. f.
1. Réparation, remise en bon état. *La restauration d'un immeuble.* SYN. rénovation.
2. Métier de restaurateur. *Il travaille dans la restauration.*
LOCUTION
– ***Restauration rapide.*** Cuisine à bon marché à consommer sur place ou à emporter. *La restauration rapide* (et non le *fast food).

RESTAURER v. tr., pronom.
VERBE TRANSITIF
1. Remettre en bon état, en respectant le style. *Ces maisons ont été bien restaurées.* SYN. rénover.
2. (LITT.) Remettre en honneur. *Restaurer la monarchie.* SYN. rétablir.
VERBE PRONOMINAL
Reprendre des forces en mangeant. *Pour poursuivre leur expédition, ils se sont restaurés un peu.* SYN. manger.
À la forme pronominale, le participe passé de ce verbe s'accorde toujours en genre et en nombre avec son sujet. *Elle s'est restaurée rapidement, puis a repris le travail.*
CONJUGAISON : VOIR MODÈLE AIMER.

RESTE n. m.
1. Ce qui demeure d'un ensemble quand on en a retranché une partie. *Le reste d'une somme. Le reste* (et non la *balance) *de la commande. Pour le reste de la journée, on pourra skier.*
2. (AU PLUR.) Nourriture qui reste après un repas. *Grand-maman sait bien apprêter les restes.*
LOCUTIONS
– ***Au reste, du reste,*** loc. adv. D'ailleurs. *Nous avons opté pour des photos sur place ; du reste, c'est plus économique.*
– ***De reste,*** loc. adv. En surplus. *Ils ont des provisions de reste.*
– ***Et le reste.*** Et les autres choses. *Nous avons apporté des pommes, des oranges et le reste.*
On emploie aussi en ce sens l'expression latine ***et cetera,*** qui s'abrège en ***etc.***
– ***Être en reste avec quelqu'un.*** Lui être redevable de quelque chose.
– ***Le reste de.*** Ce qui demeure (d'un ensemble). *Le reste des pommes a été dévoré* ou *ont été dévorées.*
Lorsque la locution est suivie d'un complément au pluriel, le verbe s'accorde généralement au singulier, mais il peut aussi se mettre au pluriel suivant l'intention de l'auteur qui veut insister sur la pluralité.
– ***S'en aller sans demander, sans attendre son reste.*** Se retirer rapidement par crainte d'avoir à subir d'autres difficultés.

RESTER v. intr.
1. Demeurer dans un lieu. *Ils sont partis, elle est restée. Frédéric a dû rester au lit parce qu'il était malade.*
2. Continuer d'être. *Les paroles s'envolent, les écrits restent.* SYN. demeurer ; durer ; persister.
3. Se maintenir, persister. *Un problème reste : nous n'avons plus d'argent.* SYN. subsister.
4. (FAM.) Habiter, résider en un lieu. *Il restait à la campagne.* SYN. résider.
En ce sens, le verbe demeure usuel au Québec et dans la francophonie canadienne, mais il n'appartient plus à l'usage courant de la majorité des locuteurs du français.
Le verbe se conjugue avec l'auxiliaire ***être.***
LOCUTIONS
– ***Ce qu'il reste, ce qui reste.*** Restant, solde.
Ces deux constructions sont admises.
– ***Il reste.*** Il y a encore. *Il restait 3 $ dans la caisse.*
– ***Il reste que.*** Il est vrai que. *Il reste que ce sujet est très délicat.*
Cette construction est suivie de l'indicatif.
FORME FAUTIVE
*être là pour rester. Calque de «*to be there to stay*» pour ***être bien établi, être là pour de bon.***
CONJUGAISON : VOIR MODÈLE AIMER.

RESTITUER v. tr.
1. Remettre ce qui a été pris. *La somme a été restituée intégralement.*
2. (VIEILLI) Vomir.
CONJUGAISON : VOIR MODÈLE AIMER.

RESTITUTION n. f.
Action de restituer. *La restitution d'une voiture volée.*

R

RESTOROUTE n. m.
Restaurant installé à proximité d'une autoroute.

RESTREINDRE v. tr., pronom.
VERBE TRANSITIF
Réduire, limiter. *Il importe de restreindre les frais.* SYN. comprimer ; diminuer.
VERBE PRONOMINAL
Réduire ses dépenses. *Elles se sont restreintes.*
À la forme pronominale, le participe passé de ce verbe s'accorde toujours en genre et en nombre avec son sujet. *L'enquête s'est restreinte.*
CONJUGAISON : VOIR MODÈLE ÉTEINDRE.
INDICATIF PRÉSENT *Je restreins, tu restreins, il restreint, nous restreignons, vous restreignez, ils restreignent.* IMPARFAIT *Je restreignais, tu restreignais, il restreignait, nous restreignions, vous restreigniez, ils restreignaient.* PASSÉ SIMPLE *Je restreignis.* FUTUR *Je restreindrai.* CONDITIONNEL PRÉSENT *Je restreindrais.* IMPÉRATIF PRÉSENT *Restreins, restreignons, restreignez.* SUBJONCTIF PRÉSENT *Que je restreigne, que tu restreignes, qu'il restreigne, que nous restreignions, que vous restreigniez, qu'ils restreignent.* IMPARFAIT *Que je restreignisse.* PARTICIPE PRÉSENT *Restreignant.* PASSÉ *Restreint, einte.*
Les lettres ***gn*** sont suivies d'un ***i*** à la première et à la deuxième personne du pluriel de l'indicatif imparfait et du subjonctif présent. *(Que) nous restreignions, (que) vous restreigniez.*

RESTRICTIF, IVE adj.
Qui limite. *Une clause restrictive.* SYN. limitatif.

RESTRICTION n. f.
Action de réduire la quantité, l'importance de quelque chose. *La restriction des dépenses.*
LOCUTION
– ***Sans restriction,*** loc. adv. Sans limites. *À la bibliothèque de l'école, on peut emprunter des livres sans restriction.*

RESTRUCTURATION n. f.
Action de donner une structure nouvelle.
LOCUTION
– ***Restructuration du capital.*** (FIN.) Changement apporté à la composition du capital d'une société. *Nous devons procéder à une restructuration du capital* (et non *recapitalisation). SYN. refonte de capital.

RESTRUCTURER v. tr.
Modifier la structure, l'organisation de quelque chose.
CONJUGAISON : VOIR MODÈLE AIMER.

RÉSULTANTE n. f.
Ce qui résulte de la combinaison de plusieurs facteurs. *La situation actuelle est la résultante de l'incurie et de l'incompétence de certains responsables.* SYN. conséquence.

RÉSULTAT n. m.
1. Conséquence finale. *Le résultat d'une enquête.*
2. Solution. *Quel est le résultat de cette multiplication ?*
FORME FAUTIVE
*avec le résultat que. Calque de « *with the result that* » pour ***avoir pour résultat, de sorte que.***

RÉSULTER v. intr., impers.
Être la conséquence, découler de. *Cet échec résulte d'une insuffisance d'étude et d'exercices.*
Le verbe se conjugue avec l'auxiliaire ***avoir*** pour marquer l'action ; avec l'auxiliaire ***être,*** pour marquer l'état. *Qu'en est-il résulté ? Qu'a-t-il résulté de cette action ?* Le verbe ne s'emploie qu'à l'infinitif, à la troisième personne des autres temps et aux temps composés.
FORME FAUTIVE
*résulter en. Calque de « *to result in* » pour ***provoquer, causer, entraîner, occasionner.*** *Sa déclaration a provoqué* (et non *a résulté en) *une abondante correspondance.*
CONJUGAISON : VOIR MODÈLE AIMER.

RÉSUMÉ n. m.
Compte rendu bref, sommaire. *Le résumé d'un livre. Prendre connaissance du résumé* (et non *abstract) *d'un article scientifique.*
LOCUTION
– ***En résumé,*** loc. adv. En bref.

RÉSUMER v. tr., pronom.
VERBE TRANSITIF
Présenter de façon brève. *Résumer un livre.*
VERBE PRONOMINAL
Se limiter. *Son action s'est résumée à la défense de cette cause.* SYN. se réduire.
À la forme pronominale, le participe passé de ce verbe s'accorde toujours en genre et en nombre avec son sujet. *Leurs vacances se sont résumées à quelques jours au bord de la mer.*
CONJUGAISON : VOIR MODÈLE AIMER.

RÉSURGENCE n. f.
Attention à la prononciation, [rezyrʒɑ̃s].
1. Réapparition à la surface d'eaux souterraines. *La résurgence d'une rivière souterraine.*
2. (FIG.) Fait de réapparaître, de resurgir. *La résurgence d'une idée oubliée.*
Ne pas confondre avec le mot ***récurrence,*** répétition, retour.
résurgence.

RESURGIR ou **RESSURGIR** v. intr.
Surgir de nouveau. *Le monstre a resurgi* ou *ressurgi et les spectateurs ont hurlé.*
CONJUGAISON : VOIR MODÈLE FINIR.

RÉSURRECTION n. f.
Retour de la mort à la vie. *La résurrection de Lazare.*
T Le nom s'écrit avec une majuscule lorsqu'il désigne le retour du Christ à la vie. *Le mystère de la Résurrection.*
résurrection.

RETABLE n. m.
Construction postérieure peinte ou sculptée qui surplombe une table d'autel.

RÉTABLIR v. tr., pronom.
VERBE TRANSITIF
Remettre en bon état, en vigueur. *Rétablir l'électricité.* SYN. ramener.
VERBE PRONOMINAL
Retrouver la santé. *Elle avait une vilaine grippe, mais elle s'est rétablie.* SYN. récupérer ; (FAM.) se retaper.
À la forme pronominale, le participe passé de ce verbe s'accorde toujours en genre et en nombre avec son sujet. *Après cette intervention chirurgicale, elle s'est rétablie rapidement.*
CONJUGAISON : VOIR MODÈLE FINIR.

RÉTABLISSEMENT n. m.
1. Action de rétablir quelque chose. *Le rétablissement de l'ordre.*
2. Retour à la santé. *Je vous souhaite un prompt rétablissement.* SYN. guérison.

RETAPER v. tr., pronom.
VERBE TRANSITIF
(FAM.) Remettre en bon état, en forme. *Retaper une maison de campagne.*
VERBE PRONOMINAL
(FAM.) Retrouver la santé. *J'aurais besoin de me retaper un peu, je ne me sens pas très bien. Ils se sont retapés rapidement.* SYN. récupérer ; se rétablir .
À la forme pronominale, le participe passé de ce verbe s'accorde toujours en genre et en nombre avec son sujet. *Quelques jours de repos et elle s'était déjà retapée.*
CONJUGAISON : VOIR MODÈLE AIMER.
retaper.

RETARD n. m.
Fait d'arriver après le moment prévu. *L'avion a deux heures de retard* (et non de *délai). ANT. avance.
LOCUTIONS
– ***En retard,*** loc. adv. Après le moment fixé. *Mariette est en retard comme d'habitude.*
– ***Sans retard,*** loc. adv. Le plus vite possible. *Je vous réponds sans retard.*

RETARDATAIRE adj. et n. m. et f.
Qui est en retard. *C'est une éternelle retardataire.*
✏ retardat**aire**.

RETARDEMENT n. m.
Action de retarder; état de ce qui est retardé.
LOCUTION
– ***À retardement.*** Se dit d'un mécanisme réglé pour agir après un temps déterminé. *Une bombe à retardement.*
Le mot ne s'emploie que dans cette locution.

RETARDER v. tr., intr.
VERBE TRANSITIF
1. Remettre à plus tard. *La construction a été retardée de deux mois.* SYN. différer; repousser.
2. Mettre en retard. *La panne d'électricité a retardé les voyageurs du métro.*
VERBE INTRANSITIF
1. Avoir du retard. *Cette montre retarde un peu.*
2. (FAM.) Avoir des idées démodées, ne pas être renseigné. *Tu retardes, mon pauvre ami, l'entreprise a été vendue il y a deux mois.*
CONJUGAISON : VOIR MODÈLE AIMER.

RETENIR v. tr., pronom.
VERBE TRANSITIF
1. Maintenir en place, contenir. *Retenir un enfant pour qu'il ne tombe pas. Une barrette retient ses cheveux.*
2. Contenir. *Retenir les eaux d'une rivière à l'aide d'un barrage.* SYN. garder.
3. Faire demeurer. *Retenir un ami à dîner.*
4. Garder dans sa mémoire. *Elle a retenu son visage, son nom.* SYN. se rappeler; se souvenir.
VERBE PRONOMINAL
1. Se raccrocher à quelque chose pour ne pas tomber. *Ils se sont retenus à des branches.* SYN. s'accrocher.
2. Réprimer une envie. *Elle a eu du mal à se retenir de rire.* SYN. se contenir.
À la forme pronominale, le participe passé de ce verbe s'accorde toujours en genre et en nombre avec son sujet. *Elle s'est retenue pour ne pas répliquer.*
CONJUGAISON : VOIR MODÈLE VENIR.

RÉTENTION n. f.
(MÉD.) Le fait de retenir dans le corps un liquide destiné à être évacué. *De la rétention d'eau.*
FORMES FAUTIVES
*rétention (d'effectif, de main-d'œuvre, de personnel). Impropriété pour ***maintien, conservation (de l'effectif, de la main-d'œuvre, du personnel).***
*rétention scolaire. Impropriété pour ***persévérance scolaire, maintien de l'effectif scolaire.***
Ne pas confondre avec le nom ***détention,*** privation de la liberté.
✏ rétention.

RETENTIR v. intr.
Produire beaucoup de bruit. *Les cloches joyeuses retentissent.* SYN. résonner.
CONJUGAISON : VOIR MODÈLE FINIR.

RETENTISSANT, ANTE adj.
1. Sonore. *Une voix retentissante.* SYN. bruyant.
2. (FIG.) Qui fait beaucoup de bruit. *Des succès retentissants.* SYN. éclatant.

RETENTISSEMENT n. m.
Répercussion. *Les retentissements d'une affaire.* SYN. conséquence.
✏ retentissement.

RETENUE n. f.
1. Réserve, discrétion. *Elle a fait preuve de retenue et n'a rien répondu.*
2. Punition. *Les retardataires ont été menacés d'une retenue vendredi après-midi.*
3. Prélèvement sur une rémunération. *Des retenues salariales.*

RÉTICENCE n. f.
1. Omission d'une chose qui devrait être dite. *Parler sans réticence.* SYN. réserve.
2. (PAR EXT.) Réserve, hésitation. *Je prends cette décision, mais avec une certaine réticence.*
L'extension de sens donnée au nom est condamnée par plusieurs auteurs : cependant, le mot est de plus en plus usité en ce sens.
✏ réticence.

RÉTICENT, ENTE adj.
Qui fait preuve de réticence, de réserve. *Elle n'a pas été réticente à nous informer.* SYN. hésitant.
L'adjectif se construit avec la préposition ***à.***
✏ réti**cent**.

RÉTIF, IVE adj.
Récalcitrant, difficile. *Un cheval rétif.* ANT. docile.

RÉTINE n. f.
Membrane de l'œil sensible à la lumière. *Un décollement de la rétine.*

RETIRÉ, ÉE adj.
1. Isolé. *Un endroit retiré.* SYN. écarté.
2. Qui n'a plus d'activité professionnelle. *Une personne retirée des affaires depuis peu.*

RETIRER v. tr., pronom.
VERBE TRANSITIF
1. Tirer vers soi. *Elle a retiré sa main.*
2. Ôter. *Retirer son manteau.* SYN. enlever.
3. Recueillir. *Ils ont retiré des intérêts de ce placement.* SYN. gagner.
VERBE PRONOMINAL
1. Cesser son activité, prendre sa retraite. *Ils se sont retirés après 40 ans de travail.* SYN. ⚜ (FAM.) accrocher ses patins.
2. S'en aller. *Elle s'est retirée dans sa chambre.* SYN. s'isoler; partir.
À la forme pronominale, le participe passé de ce verbe s'accorde toujours en genre et en nombre avec son sujet. *Elles se sont retirées à la montagne.*
CONJUGAISON : VOIR MODÈLE AIMER.

RETOMBANT, ANTE adj.
Qui retombe. *Les rameaux retombants du saule pleureur.*

RETOMBÉE n. f.
1. Choses, substances qui retombent. *Des retombées radioactives.*
2. (FIG.) Répercussions, conséquences. *Des retombées économiques.* SYN. effet.
Le nom s'emploie généralement au pluriel.

RETOMBER v. intr.
1. Tomber de nouveau.
2. Pendre, aller de haut en bas. *Sa longue chevelure retombe sur ses épaules.*
3. (FIG.) Appartenir finalement à. *La décision retombe sur elle.*
CONJUGAISON : VOIR MODÈLE AIMER.

RÉTORQUER v. tr.
Répliquer. *« Et comment ! » rétorqua-t-elle.*
CONJUGAISON : VOIR MODÈLE AIMER.

R

RETORS, ORSE adj.
(PÉJ.) Rusé, sans scrupules. *Un avocat retors.*
L'adjectif a une connotation nettement défavorable.
retors.

RÉTORSION n. f.
(DR.) Représailles d'un État à l'endroit d'un autre État par des procédés similaires à ceux employés contre lui. *Des mesures de rétorsion.*

RETOUCHE n. f.
Correction, modification. *La couturière fait une retouche* (et non une *altération) *au corsage.*

RETOUCHER v. tr.
Apporter des retouches. *Retoucher un tableau.* SYN. corriger; remanier.
CONJUGAISON : VOIR MODÈLE AIMER.

RETOUR n. m.
Mouvement vers le point d'origine, au point de départ. *Il sera de retour vers 18 heures.*
LOCUTIONS
– ***Aller et retour, aller-retour.*** *Elle a acheté deux billets d'aller-retour* ou *deux allers et retours* ou *deux allers-retours.*
– ***En retour,*** loc. adv. En échange. *En retour de ce travail, que me proposez-vous ?*
– ***Être de retour.*** Être rentré, revenu à l'endroit d'où l'on vient.
– ***Par retour du courrier.*** Dès la réception d'une lettre, par le courrier suivant. *Auriez-vous l'amabilité de me répondre par retour du courrier ?* SYN. sans délai; sans tarder.
– ***Retour du bâton.*** Contrecoup d'un événement, d'une décision, parfois d'un acte d'hostilité qui se retourne sur son auteur. *Le leader de U2 peut redouter le retour de bâton* (et non *backlash) *pour avoir transféré une partie de sa fortune aux Pays-Bas afin de payer moins d'impôts.* SYN. contrechoc; effet boomerang; réaction; retour de flamme; revirement.
– ***Retour en arrière.*** (CIN.) Séquence de cinéma par laquelle les spectateurs revivent une action antérieure à celle de la narration. *Des retours en arrière* (et non *flash-back) *nombreux.*
– ***Sans retour,*** loc. adv. À jamais.
FORMES FAUTIVES
*adresse de retour. Calque de «*return address*» pour ***adresse de l'expéditeur.***
*retour. Anglicisme au sens de ***rendement.*** *Le rendement* (et non *retour) *de nos investissements est excellent.*
*retour à l'école. Calque de «*back to school*» pour ***rentrée scolaire, rentrée des classes.***
*retour d'impôt. Calque de «*tax return*» pour ***remboursement d'impôt.***

RETOURNEMENT n. m.
Renversement. *Un retournement de situation.*

RETOURNER v. tr., intr., pronom.
VERBE TRANSITIF
1. Renvoyer au point de départ. *Cette lettre a été retournée à l'expéditeur, l'adresse étant inexacte.*
2. Tourner dans un autre sens. *Il faudrait retourner la terre.* SYN. renverser.
À la forme transitive, le verbe se conjugue avec l'auxiliaire ***avoir.***
VERBE INTRANSITIF
1. Revenir. *Elle est retournée chez elle. Ils ne voudraient pas retourner dans l'enfer de la mine.*
2. Se rendre de nouveau dans un lieu. *Il lui faut toujours retourner à la campagne. Elle est ravie de retourner à l'école.*
À la forme intransitive, le verbe se conjugue avec l'auxiliaire ***être*** et se construit avec les prépositions ***à, dans, chez.***
VERBE PRONOMINAL
Changer de position, regarder derrière soi. *Ils se sont retournés pour les saluer.*
À la forme pronominale, le participe passé de ce verbe s'accorde toujours en genre et en nombre avec son sujet. *Elle s'est retournée pour le voir une dernière fois.*
LOCUTIONS
– ***Savoir de quoi il retourne.*** Être au courant de la situation. *Voyons voir ce qu'il en est, il faut savoir de quoi il retourne exactement.*
– ***S'en retourner.*** S'en aller. *Elles s'en sont retournées.* SYN. repartir; revenir.
Ne pas confondre le verbe ***se retourner,*** qui désigne le fait de regarder en arrière, avec le verbe ***se détourner,*** s'écarter, s'éloigner.
FORME FAUTIVE
*retourner un appel téléphonique. Calque de «*to return a call*» au sens de ***rappeler.***
CONJUGAISON : VOIR MODÈLE AIMER.

RETRACER v. tr.
1. Tracer de nouveau. *Retracer une esquisse.*
2. Raconter, relater. *Il excellait à retracer les anecdotes les plus cocasses.* SYN. narrer.
FORME FAUTIVE
*retracer. Impropriété au sens de ***retrouver, localiser, repérer.***
CONJUGAISON : VOIR MODÈLE AVANCER.

RÉTRACTATION n. f.
Action de revenir sur ce qui a été dit. *L'inculpé a fait une rétractation.*

RÉTRACTER v. tr., pronom.
VERBE TRANSITIF
1. (LITT.) Désavouer ce qu'on a dit. *Rétracter son témoignage.*
2. Contracter. *L'escargot rétracte ses cornes.*
VERBE PRONOMINAL
1. Revenir sur son témoignage, retirer ce qui a été dit ou écrit. *Elles se sont rétractées et ont donné une autre version des faits.* SYN. désavouer; renier.
2. Se contracter. *Les muscles se sont rétractés.*
À la forme pronominale, le participe passé de ce verbe s'accorde toujours en genre et en nombre avec son sujet. *Les témoins se sont rétractés.*
CONJUGAISON : VOIR MODÈLE AIMER.

RETRAIT n. m.
Action de retirer. *Le retrait d'une somme à la banque.*
LOCUTION
– ***En retrait,*** loc. adv. En arrière d'un alignement. *Place cette longue citation en retrait.*
retrait.

RETRAITE n. f.
1. État d'une personne qui, après un certain nombre d'années de travail, cesse son activité professionnelle et reçoit une pension. *Elles sont à la retraite; il prendra une retraite anticipée.*
2. Rente versée à un retraité. *Des caisses de retraite, des fonds de retraite.*
3. Lieu où l'on se retire. *Une retraite à la campagne.*
4. Mouvement d'une armée qui recule. *La retraite de l'armée ennemie.*
LOCUTIONS
– ***Battre en retraite.*** Se retirer du combat. *Les troupes ont dû battre en retraite.*
– ***Battre en retraite.*** (FIG.) Renoncer à (une action, une revendication, etc.). *Les grévistes ont battu en retraite et ont donné leur appui à la convention collective.*
– ***Régime de retraite.*** Ensemble des garanties permettant à des assurés ou à des participants de bénéficier d'une rente ou d'une pension dans des conditions et à un âge déterminés par leur régime (Recomm. off.).

RETRAITÉ, ÉE adj. et n. m. et f.
Qui est à la retraite. *Des professeurs retraités. Des retraités prospères.*

RETRANCHEMENT n. m.
Fortification, obstacle servant à se protéger des attaques de l'ennemi.
LOCUTION
– ***Forcer quelqu'un dans ses derniers retranchements.*** (FIG.) Pousser quelqu'un à bout en détruisant ses derniers arguments.

RETRANCHER v. tr., pronom.
VERBE TRANSITIF
Supprimer un élément d'un tout. *Retranche 3 de 10 et tu obtiens 7. Retrancher une citation d'un texte.* SYN. ôter ; soustraire.
Le verbe se construit généralement avec la préposition ***de.***
VERBE PRONOMINAL
Se réfugier, se mettre à l'abri. *Ils se sont retranchés derrière une excuse administrative.* SYN. se protéger.
À la forme pronominale, le participe passé de ce verbe s'accorde toujours en genre et en nombre avec son sujet. *Les envahisseurs se sont retranchés dans la forêt.*
CONJUGAISON : VOIR MODÈLE AIMER.

RETRANSMISSION n. f.
Diffusion nouvelle d'une émission. *Retransmission télévisée.*

RÉTRÉCIR v. tr., intr., pronom.
VERBE TRANSITIF
Diminuer l'ampleur, le volume. *Rétrécir un vêtement.*
VERBE INTRANSITIF
Devenir plus petit. *Ces tissus ne rétrécissent pas au lavage.* SYN. rapetisser.
VERBE PRONOMINAL
Perdre de l'ampleur. *La route se rétrécit à partir de cet endroit. Ces déficits se sont rétrécis graduellement.*
À la forme pronominale, le participe passé de ce verbe s'accorde toujours en genre et en nombre avec son sujet. *En raison de la hausse des prix, sa marge de manœuvre s'est rétrécie.*
CONJUGAISON : VOIR MODÈLE FINIR.

RÉTRÉCISSEMENT n. m.
Le fait de devenir plus étroit. *Le rétrécissement d'un sentier, d'une artère.*
rétrécissement.

RÉTRIBUER v. tr.
Rémunérer. *Ces employés sont rétribués à l'heure.* SYN. payer.
CONJUGAISON : VOIR MODÈLE AIMER.

RÉTRIBUTION n. f.
Rémunération. *Ils ont reçu une juste rétribution pour leur travail.*
VOIR – SALAIRE.

RÉTRO adj. inv. et n. m.
ADJECTIF INVARIABLE
Qui s'inspire d'un style qui date de la première moitié du XXe siècle. *La mode rétro.*
NOM MASCULIN
Style des années 1920 à 1960. *Le rétro est-il encore en vogue ?*

RÉTRO- préf.
Élément du latin signifiant « en arrière ».
Les mots composés du préfixe ***rétro-*** s'écrivent en un seul mot. *Rétrograder.*

RÉTROACTIF, IVE adj.
Qui agit sur ce qui est antérieur. *Une augmentation rétroactive au début de l'année.*

RÉTROACTION n. f.
Information tirée d'une situation et utilisée pour le contrôle, la prévision ou la correction immédiate ou future de cette situation. *Il importe de recevoir la rétroaction* (et non le *feed-back).
LOCUTION
– ***Rétroaction (biologique).*** (MÉD.) Effet réactionnel engendré dans un organisme par son propre fonctionnement dont il assure le contrôle (GDT). *Observer la rétroaction biologique* (et non le *biofeedback).

RÉTROACTIVEMENT adv.
D'une manière rétroactive.

RÉTROACTIVITÉ n. f.
Caractère rétroactif. *La rétroactivité d'une mesure.*

RÉTROAGIR v. intr.
(LITT.) (DR.) Avoir un effet rétroactif.
CONJUGAISON : VOIR MODÈLE FINIR.

RÉTROCAVEUSE n. f.
Type de pelle dont le godet tourné vers le bas permet l'extraction du terrain au-dessous du niveau de la plate-forme de travail (GDT).

RÉTROCHARGEUSE n. f.
Chargeuse dont le godet peut être rempli à l'avant et déchargé à l'arrière, en passant par-dessus l'engin (Recomm. off.). *La rétrochargeuse* (et non le *back loader) *a l'avantage de pouvoir travailler dans des espaces restreints, comme dans les mines.*
Ne pas confondre avec le nom ***chargeuse-pelleteuse,*** engin de terrassement comportant à l'avant un équipement de chargeur et à l'arrière un équipement de pelle rétrocaveuse.

RÉTROGRADATION n. f.
Mesure par laquelle une personne doit occuper un poste inférieur au précédent. *Il a subi une rétrogradation* (et non une *démotion).

RÉTROGRADE adj.
1. Qui va en sens inverse. *Un mouvement rétrograde.*
2. (FIG.) Qui rejette le progrès. *Une décision rétrograde.* SYN. arriéré ; réactionnaire.

RÉTROGRADER v. tr., intr.
VERBE TRANSITIF
Faire reculer dans la hiérarchie. *Rétrograder un employé.*
VERBE INTRANSITIF
1. Reculer, régresser. *Ils ont rétrogradé dans la hiérarchie.*
2. (AUTO.) Changer de vitesse. *Avant de freiner, il faudrait rétrograder.*
CONJUGAISON : VOIR MODÈLE AIMER.

RÉTROPROJECTEUR n. m.
Appareil destiné à projeter sur un écran des textes, des images figurant sur un transparent.

RÉTROSPECTIF, IVE adj.
Qui concerne le passé. *Une étude rétrospective.* ANT. prospectif.

RÉTROSPECTION n. f.
Action de remonter dans le passé.

RÉTROSPECTIVE n. f.
1. Exposition récapitulative des œuvres d'un peintre, d'un auteur, etc. *Une magnifique rétrospective des impressionnistes.*
2. Présentation de l'ensemble des films d'un cinéaste. *Une rétrospective de Walt Disney.*

RÉTROSPECTIVEMENT adv.
D'une manière rétrospective, après coup. *Elle n'a compris que rétrospectivement, après une nuit de sommeil.*

RETROUSSÉ, ÉE adj.
Dont l'extrémité est relevée. *Un charmant nez retroussé.*

RETROUSSER v. tr.
Relever vers le haut. *Retrousse ton pantalon pour traverser le ruisseau.*
LOCUTION
– ***Retrousser ses manches.*** (FIG.) (FAM.) Se mettre résolument au travail.
CONJUGAISON : VOIR MODÈLE AIMER.

RETROUVAILLES n. f. pl.
Fait de se retrouver, en parlant de personnes qui étaient séparées. *Les retrouvailles des diplômés M.B.A. des HEC de 1982.*
Ce mot ne s'emploie qu'au pluriel.

RETROUVER v. tr., pronom.
VERBE TRANSITIF
Trouver de nouveau ce qui était égaré, oublié. *Il a retrouvé son chapeau. Je n'arrive pas à retrouver le nom de ce petit restaurant.*
VERBE PRONOMINAL
Être de nouveau (dans un lieu, parmi des personnes, dans une situation qu'on avait quittés). *Qu'il est agréable de se retrouver chez soi après un long voyage! Elles se sont retrouvées à la campagne avec bonheur.*
À la forme pronominale, le participe passé de ce verbe s'accorde toujours en genre et en nombre avec son sujet. *Les amis se sont retrouvés au café.*
FORME FAUTIVE
*retrouver. Impropriété au sens de ***trouver.*** *Vous trouverez* (et non *retrouverez) *cette explication dans vos notes de cours.*
CONJUGAISON : VOIR MODÈLE AIMER.

RÉTROVIRAL, ALE, AUX adj.
(MÉD.) Relatif à un rétrovirus. *Des infections rétrovirales humaines.*

RÉTROVIRUS n. m.
(MÉD.) Virus dont une forme, le VIH, provoque le sida.

RÉTROVISEUR n. m.
Miroir permettant au conducteur d'un véhicule de voir en arrière.

RETS n. m. pl.
Les lettres ***ts*** ne se prononcent pas, [rɛ]; le nom rime avec ***raie.***
1. (LITT.) Filet, piège pour capturer des fauves, des oiseaux, des poissons, etc.
2. (FIG.) Piège, embûche. *Tomber dans les rets d'un escroc.*
HOM.
• ***raie,*** poisson;
• ***raie,*** ligne, rayure.
rets.

RÉUNIFICATION n. f.
Action de réunifier. *La réunification des familles.*

RÉUNIFIER v. tr.
Recréer l'unité d'un groupe, d'un État.
CONJUGAISON : VOIR MODÈLE ÉTUDIER.
Redoublement du ***i*** à la première et à la deuxième personne du pluriel de l'indicatif imparfait et du subjonctif présent. *(Que) nous réunifiions, (que) vous réunifiiez.*

RÉUNION n. f.
1. Action de réunir, de regrouper. *La réunion de plusieurs éléments.* SYN. assemblage; rapprochement; union.
2. Assemblée de personnes. *La réunion a été fixée à 10 heures.* SYN. rencontre.

RÉUNIR v. tr., pronom.
VERBE TRANSITIF
1. Rapprocher ce qui est désuni, relier. *Ce pont réunit l'île à la terre. Réunir les parents et les enfants.* SYN. unir.
Le verbe se construit avec la préposition ***à*** ou avec la conjonction ***et.***
2. Rassembler. *Réunir des données, des preuves.*
VERBE PRONOMINAL
Se retrouver ensemble en un lieu. *Ils se sont réunis avec des collègues, entre amis.* SYN. se rencontrer.
À la forme pronominale, le participe passé de ce verbe s'accorde toujours en genre et en nombre avec son sujet. *La famille s'est réunie au salon.*
CONJUGAISON : VOIR MODÈLE FINIR.

RÉUSSI, IE adj.
1. Fait avec succès, bien exécuté. *Un examen réussi. Des tableaux réussis.*
2. Qui a du succès. *Une fête-surprise réussie.*

RÉUSSIR v. tr., intr.
VERBE TRANSITIF DIRECT
1. Faire avec succès. *Réussir un plat, un portrait, un aménagement.*
2. Accomplir avec succès. *Elle a réussi son examen.*
En ce sens, le verbe peut également être transitif indirect et se construire avec la préposition ***à.***
VERBE TRANSITIF INDIRECT
1. Obtenir un succès. *Elle a réussi à l'épreuve de français écrit.*
2. Parvenir à. *J'ai réussi à lui parler.*
VERBE INTRANSITIF
Avoir du succès. *Il a réussi dans la vie.*
CONJUGAISON : VOIR MODÈLE FINIR.

RÉUSSITE n. f.
Succès final, bon résultat. *Cette fête est une réussite.*

REVALORISATION n. f.
Action de revaloriser. *La revalorisation du travail manuel, de la monnaie.*

REVALORISER v. tr.
Donner une valeur plus grande à quelque chose. *Revaloriser une tâche.*
CONJUGAISON : VOIR MODÈLE AIMER.

REVANCHE n. f.
Le fait de reprendre un avantage perdu. *Prendre sa revanche au tennis.*
LOCUTIONS
– ***À charge de revanche.*** À condition de pouvoir rendre la pareille.
– ***En revanche,*** loc. adv. Par contre, en retour.
Le mot ne comporte pas l'idée de ressentiment qui est comprise dans ***vengeance.***

RÊVASSER v. intr.
S'abandonner à la rêverie. *C'est une lunatique qui ne cesse de rêvasser.*
CONJUGAISON : VOIR MODÈLE AIMER.

RÊVE n. m.
1. Images qui viennent à l'esprit pendant le sommeil. *« Le rêve, dans sa tête, bruissait toujours malgré tout »* (Gabrielle Roy, *La Détresse et l'Enchantement*).
Ne pas confondre avec les mots suivants :
• ***cauchemar,*** rêve pénible;
• ***rêverie,*** images, associations qui viennent à l'esprit lorsqu'on est éveillé;
• ***songe,*** rêve dont on tire des présages.
2. Désir, projet plus ou moins réalisable. *Caresser un rêve. Étienne a réalisé son double rêve d'être neurologue et papa.*
LOCUTION
– ***De rêve.*** Fabuleux, extraordinaire, hors du commun. *Un paradis, un lieu de rêve.*

RÊVÉ, ÉE adj.
Parfait, idéal. *Le poste rêvé. La maison de vacances rêvée.*

REVÊCHE adj.
Rébarbatif. *Un air pincé et revêche.*
revêche.

RÉVEIL n. m.
1. Passage de l'état de sommeil à l'état de veille. *Qu'il est agréable ce réveil en douceur avec le chant des oiseaux!*
2. Appareil qui indique l'heure et qui peut sonner à une heure déterminée à l'avance. *Régler le réveil à 6 h 30.*
Ne pas confondre avec les noms suivants :
• ***coucou,*** appareil qui indique l'heure et dont la sonnerie imite le chant du coucou;
• ***horloge,*** appareil de grande dimension servant à mesurer le temps et à indiquer l'heure;
• ***pendule,*** appareil de petite dimension qui indique l'heure.

RÉVEILLE-MATIN n. m. inv. (pl. *réveille-matin*)
Appareil indiquant l'heure qui peut sonner à une heure déterminée à l'avance. *Des réveille-matin électriques. Du lundi au vendredi, elle règle son réveille-matin à 6 h 30.* SYN. réveil.
L'emploi du nom ***réveille-matin*** est courant au Québec, mais il est jugé vieilli dans les éditions récentes du *Petit Robert* et du *Petit Larousse*.
[Les *Rectifications* (1990) admettent : des réveille-matins.]

RÉVEILLER v. tr., pronom.
VERBE TRANSITIF
Faire passer du sommeil à l'état de veille. *La sonnerie du téléphone l'a réveillé.* SYN. éveiller.
VERBE PRONOMINAL
1. Cesser de dormir. *Ils se sont réveillés à l'aube.* SYN. s'éveiller.
2. (FIG.) Prendre conscience de quelque chose. *Vas-tu te réveiller à la fin et te rendre compte qu'on te roule ?* SYN. comprendre ; réaliser.
À la forme pronominale, le participe passé de ce verbe s'accorde toujours en genre et en nombre avec son sujet. *Elle s'est réveillée brusquement.*
CONJUGAISON : VOIR MODÈLE AIMER.
Les lettres ***ill*** sont suivies d'un ***i*** à la première et à la deuxième personne du pluriel de l'indicatif imparfait et du subjonctif présent. *(Que) nous réveillions, (que) vous réveilliez.*

RÉVEILLON n. m.
Repas de fête pris à minuit à Noël et au jour de l'An.

RÉVEILLONNER v. intr.
Participer à un réveillon. *Les enfants adorent réveillonner.*
CONJUGAISON : VOIR MODÈLE AIMER.
réveillo**nn**er.

RÉVÉLATEUR, TRICE adj. et n. m.
ADJECTIF
Qui révèle, traduit. *Des oublis révélateurs.*
NOM MASCULIN
Ce qui révèle quelque chose, ce qui constitue un indice. *Les manières de table demeurent, pour les spécialistes, un révélateur social.*

RÉVÉLATION n. f.
1. Action de faire connaître ce qui était inconnu, secret.
2. Personne, chose révélée. *Cet auteur est la révélation de l'année.*

RÉVÉLER v. tr., pronom.
VERBE TRANSITIF
Faire connaître, découvrir ce qui était inconnu, secret. *Je vais vous révéler un grand secret.* SYN. dévoiler.
VERBE PRONOMINAL
Apparaître. *Son talent se révéla lentement. Ces données se sont révélées exactes.*
À la forme pronominale, le participe passé de ce verbe s'accorde toujours en genre et en nombre avec son sujet. *Ces collègues se sont révélés compétents et dévoués.*
CONJUGAISON : VOIR MODÈLE POSSÉDER.
Le deuxième ***é*** se change en ***è*** devant une syllabe contenant un ***e*** muet, sauf à l'indicatif futur et au conditionnel présent. *Je révèle,* mais *je révélerais.*
[Les *Rectifications* (1990) admettent : il révèlera, révèlerait...]

REVENDEUR n. m.
REVENDEUSE n. f.
Détaillant qui revend dans un circuit de distribution donné. *Un revendeur de produits informatiques.*
LOCUTION
– ***Revendeur (de billets).*** Personne qui cherche à vendre à prix gonflés, aux abords des salles de spectacle et des stades, des billets à ceux qui n'ont pu s'en procurer aux prix officiels (GDT). *Les revendeurs de billets* (et non *scalpers) *majorent les prix en fonction de la demande.*

REVENDICATEUR, TRICE adj. et n. m. et f.
Personne qui revendique. *Des syndicalistes revendicateurs. Des revendicatrices déterminées à obtenir ce qu'elles souhaitent.*

REVENDICATIF, IVE adj.
Qui traduit une revendication. *Des énoncés revendicatifs.*

REVENDICATION n. f.
Réclamation d'un droit. *Des revendications légitimes.*

REVENDIQUER v. tr.
Demander, réclamer avec insistance. *Revendiquer le droit de rester au Canada.* SYN. exiger.
CONJUGAISON : VOIR MODÈLE AIMER.

REVENEZ-Y n. m. inv.
Le deuxième ***e*** se prononce ou non, [rəvənezi, rəvnezi].
(FAM.) Se dit de quelque chose d'agréable qui incite à en reprendre. *Un petit goût de revenez-y.*

REVENIR v. intr.
1. Venir de nouveau. *Reviendras-tu demain pour me voir ?* SYN. retourner.
Ce verbe se conjugue avec l'auxiliaire ***être.***
2. Rentrer. *Ils sont revenus de vacances.*
3. Coûter. *À combien revient ce vélo ?*
LOCUTIONS
– ***N'en pas revenir, ne pas revenir de sa surprise, de son étonnement.*** (FAM.) Être très étonné. *Il est arrivé à temps : je n'en reviens pas !*
– ***Revenir à l'esprit.*** Se souvenir de. *Son nom me revient à l'esprit. Ça me revient.*
– ***Revenir au même.*** Être pareil. *Un dollar ou quatre vingt-cinq cents, cela revient au même.*
– ***Revenir de loin.*** (FIG.) Échapper à un grand danger, guérir d'une maladie grave.
– ***Revenir sur*** (un sujet). Parler de nouveau d'un sujet.
– ***Revenons à nos moutons.*** (FIG.) Reprendre un sujet après avoir parlé d'autre chose.
CONJUGAISON : VOIR MODÈLE VENIR.

REVENTE n. f.
1. Deuxième vente. *La revente d'actions de l'entreprise XYZ.*
2. Vente faite par un détaillant sans aucune transformation des biens proposés. *Ce commerçant effectue la revente des ordinateurs.*

REVENU n. m.
Ce qui est perçu par un particulier en rémunération du travail ou en rendement de rente, etc. *Elle a un revenu élevé.*
Lorsqu'il s'agit d'une entreprise, on utilise plutôt les termes ***bénéfice, produit d'exploitation.***
LOCUTION
– ***Déclaration de revenus.*** Déclaration fiscale. *Faire sa déclaration de revenus* (et non son *rapport d'impôt).

RÊVER v. tr., intr.
VERBE TRANSITIF DIRECT
Voir en rêve. *Chaque nuit, je rêve la même chose. Je rêve que je marche sur un fil.*
VERBE TRANSITIF INDIRECT
1. Faire un rêve. *Elle rêve souvent de son village natal. J'ai rêvé de lui.*
En ce sens, le verbe se construit avec la préposition ***de.***
2. Souhaiter. *Il rêve d'acheter une petite maison en Provence. Elle rêve d'un beau jardin.* SYN. désirer.
En ce sens, le verbe se construit avec la préposition ***de*** suivie d'un infinitif ou d'un nom, ou avec la préposition ***à*** suivie d'un nom. *Il rêve à une vie douce et tranquille.*
3. Imaginer. *À quoi rêves-tu ? Tu es encore dans la lune.* SYN. rêvasser ; songer à.
En ce sens, le verbe se construit plutôt avec la préposition ***à.***

R

VERBE INTRANSITIF
1. Faire des rêves. *Il rêve beaucoup.*
2. Avoir des lubies. *Vous rêvez, mon cher, ce que vous dites est absurde.* SYN. (FIG.) délirer.
LOCUTION
– ***Rêver en couleurs.*** ⚜ Faire des projets déraisonnables, prendre ses désirs pour des réalités.
CONJUGAISON : VOIR MODÈLE AIMER.

RÉVERBÉRATION n. f.
Réflexion diffuse de la lumière, de la chaleur ou du son.

RÉVERBÈRE n. m.
Appareil destiné à éclairer les rues. *L'allumeur de réverbères dans* Le Petit Prince *de Saint-Exupéry. « sous/le cercle pâle du réverbère »* (Alain Grandbois, *Les Îles de la nuit*).
✏ réverbère.

RÉVERBÉRER v. tr.
Réfléchir la lumière, la chaleur ou le son. *Cet écran réverbère le son.*
CONJUGAISON : VOIR MODÈLE POSSÉDER.
Le ***é*** de la troisième syllabe se change en ***è*** devant une syllabe contenant un ***e*** muet, sauf à l'indicatif futur et au conditionnel présent. *Il réverbère,* mais *il réverbérera.*
[Les *Rectifications* (1990) admettent : il réverbèrera, réverbèrerait...]

RÉVÉRENCE n. f.
1. (LITT.) Respect. *Parler d'un maître avec révérence.*
2. Salutation qui consiste à s'incliner en fléchissant le genou. *Elle avait appris à faire la révérence.*
LOCUTION
– ***Tirer sa révérence.*** (FIG.) Partir. *Il a tiré sa révérence sans se faire prier : on ne l'a plus revu.*

RÉVÉREND, ENDE adj.
Titre de certains religieux. *Le révérend père Lacoste.*
[T] Le mot s'écrit avec une minuscule.

RÉVÉRER v. tr.
Respecter profondément. *Elle révère le fondateur de ce parti.* SYN. vénérer.
CONJUGAISON : VOIR MODÈLE POSSÉDER.
Le deuxième ***é*** se change en ***è*** devant une syllabe contenant un ***e*** muet, sauf à l'indicatif futur et au conditionnel présent. *Je révère,* mais *je révérerai.*
[Les *Rectifications* (1990) admettent : il révèrera, révèrerait...]

RÊVERIE n. f.
Images, associations qui viennent à l'esprit lorsqu'on est éveillé. SYN. imagination ; songerie.
Ne pas confondre avec les mots suivants :
• ***cauchemar,*** rêve pénible ;
• ***rêve,*** images qui viennent à l'esprit pendant le sommeil ;
• ***songe,*** rêve dont on tire des présages.

REVERS n. m.
1. Côté opposé à la face principale de quelque chose. *Le revers de la main.*
2. Envers d'une médaille, d'une monnaie. *Le revers d'une pièce d'or, d'un napoléon.* ANT. avers.
3. Partie d'un vêtement qui semble repliée du dessous. *Le revers d'un pantalon.*
4. Au tennis, coup de raquette donné à gauche pour un droitier et inversement. *Cette joueuse a un bon revers.* ANT. coup droit.
5. Insuccès, échec. *Cette armée a subi un grave revers.*
Ne pas confondre avec les mots suivants :
• ***débandade,*** dispersement désordonné d'une armée ;
• ***défaite,*** perte d'une bataille.
LOCUTIONS
– ***Du revers de la main.*** (FIG.) De façon désinvolte, sans réfléchir. *On a rejeté notre proposition du revers de la main, sans la considérer.*
– ***Le revers de la médaille.*** (FIG.) L'aspect négatif de quelque chose, le mauvais côté.
– ***Revers de fortune.*** Difficultés financières. SYN. déboires.
✏ revers.

RÉVERSIBILITÉ n. f.
Qualité de ce qui est réversible. *La réversibilité d'un imperméable.* ANT. irréversibilité.
✏ réversibilité.

RÉVERSIBLE adj.
1. Qui peut s'effectuer en sens inverse. *Un mouvement réversible.* ANT. irréversible.
2. Qui peut être utilisé, porté à l'envers. *Un imperméable réversible.*
✏ réversible.

REVÊTEMENT n. m.
Ce qui recouvre. *Un revêtement de sol, des revêtements muraux.*

REVÊTIR v. tr., pronom.
VERBE TRANSITIF
1. Couvrir d'un vêtement d'apparat. *Philippe Beaussant a revêtu l'habit vert de l'Académie.* SYN. endosser.
2. Investir d'une dignité. *Elle a été revêtue de la plus haute autorité.*
3. (FIG.) Prendre un aspect, une apparence. *Les protestations revêtent une nouvelle forme : la pétition.*
4. Recouvrir. *Revêtir un mur de marbre.*
VERBE PRONOMINAL
1. Se vêtir de. *Se revêtir d'une chaude fourrure pour affronter le froid.*
2. Se couvrir de. *Le sol s'est revêtu de neige.*
À la forme pronominale, le participe passé de ce verbe s'accorde toujours en genre et en nombre avec son sujet. *Pour rester au sec, elles se sont revêtues d'un imperméable.*
CONJUGAISON : VOIR MODÈLE VÊTIR.

RÊVEUR, EUSE adj. et n. m. et f.
Qui se laisse aller à rêver. *Il est très convaincant, mais c'est un rêveur.*
✏ rêveur.

RÊVEUSEMENT adv.
En rêvant. *Elle regarde rêveusement le coucher de soleil.*
✏ rêveusement.

REVIENT n. m.
Coût, pour l'agent économique, du bien produit. *Des coûts de revient intéressants.*
L'expression ***coût de revient*** a remplacé le terme ***prix de revient*** parce que le mot ***prix*** désigne soit la somme d'argent liée à la vente d'un bien ou à la prestation d'un service, soit la mesure monétaire d'un bien ou d'un service.

REVIGORER v. tr.
Donner une nouvelle vigueur à. *Ce bon repas nous a revigorés.* SYN. ragaillardir ; (FAM.) ravigoter ; remonter ; (FAM.) retaper ; revivifier.
CONJUGAISON : VOIR MODÈLE AIMER.
✏ revigorer (et non *ravigorer).

REVIREMENT n. m.
Changement rapide et complet. *Cette décision est un revirement inattendu.* SYN. volte-face.

RÉVISABLE adj.
Qui peut être révisé. *Des prix révisables.*

RÉVISER v. tr.
1. Corriger un manuscrit, un texte destiné à la publication. SYN. revoir.
2. Remettre en bon état de marche, vérifier. *Faire réviser sa voiture.*
3. Revoir une leçon apprise. *Réviser ses verbes irréguliers.* SYN. repasser.

La forme ***reviser*** qui a existé concurremment à la forme actuelle est aujourd'hui vieillie.
CONJUGAISON : VOIR MODÈLE AIMER.

RÉVISEUR n. m.
RÉVISEURE ou **RÉVISEUSE** n. f.
Personne qui fait la révision, la correction des textes destinés à l'impression.

RÉVISION n. f.
1. Correction d'un texte, d'une épreuve typographique.
2. Vérification. *Prendre rendez-vous pour la révision des 10 000 km de sa voiture.*
3. Action de revoir un sujet. *Faire ses révisions à la veille d'un examen.*
La forme ***revision,*** qui a existé concurremment à la forme actuelle, est aujourd'hui vieillie.

REVISITER v. tr.
1. Visiter de nouveau (un lieu). *Nous avons revisité le musée Rodin.*
2. Interpréter une œuvre de façon différente, nouvelle. *« Cette comédienne puise la densité poignante du mythique personnage d'Antigone, imaginé par Sophocle, dans le texte de Cocteau (1928), revisité par Anouilh, en 1944 »* (*L'Express*). SYN. réinterpréter; réinventer.
3. (FIG.) Reconsidérer, repenser. *« Ce dossier revisite, reprend le fil perdu de la paix – pour essayer de sortir du labyrinthe de la haine »* (*Le Monde*). SYN. reprendre.
CONJUGAISON : VOIR MODÈLE AIMER.

REVITALISATION n. f.
Action de redonner vie à.

REVITALISER v. tr.
Faire revivre, redonner de la vigueur à. *Ces commerces ont revitalisé le quartier.* SYN. dynamiser.
CONJUGAISON : VOIR MODÈLE AIMER.

REVIVRE v. tr., intr.
VERBE TRANSITIF
Vivre de nouveau quelque chose. *Il revivait constamment cet incident tragique.*
VERBE INTRANSITIF
1. Revenir à la vie. *Elle revit : la respiration artificielle a été miraculeuse.*
2. Réapparaître. *L'espoir revit enfin.* SYN. renaître; revenir.
CONJUGAISON : VOIR MODÈLE VIVRE.

RÉVOCABLE adj.
Qui peut être révoqué. *Une clause révocable.*
révocable.

RÉVOCATION n. f.
Action de révoquer. *Cette loi novatrice a été l'objet de contestations qui ont bien failli mener à sa révocation trois ans plus tard.*

REVOIR v. tr., pronom.
VERBE TRANSITIF
1. Voir de nouveau. *Il a revu ce film avec plaisir.*
2. Réviser. *Les prévisions ont été revues à la lumière des données recueillies.* SYN. corriger; mettre à jour.
3. Retrouver. *Quelle joie de te revoir !*
VERBE PRONOMINAL
1. Se retrouver. *Ils se sont revus récemment.*
2. Voir de nouveau par la mémoire. *Elle s'est revue alors qu'elle prenait le train pour la première fois.*
À la forme pronominale, le participe passé de ce verbe s'accorde toujours en genre et en nombre avec son sujet. *Elles se sont revues brièvement.*
CONJUGAISON : VOIR MODÈLE VOIR.

REVOIR (AU) interj. et n. m. inv.
INTERJECTION
Formule de salutation signifiant « au plaisir de vous revoir, à bientôt ». *Au revoir ! n'oubliez pas que nous avons rendez-vous demain à 15 h !* SYN. (FAM.) bye; (FAM.) ciao.
On emploie ***au revoir*** pour saluer quelqu'un que l'on reverra, ***adieu*** pour prendre congé de quelqu'un que l'on ne reverra pas avant longtemps.
T L'interjection est toujours suivie d'un point d'exclamation qui est souvent repris à la fin de la phrase. Si la phrase exclamative n'est pas complète, le mot qui suit le point d'exclamation s'écrit avec une minuscule initiale.
NOM MASCULIN INVARIABLE
Salutation employée lorsqu'on prend congé de quelqu'un. *Des au revoir amicaux. Ce n'est qu'un au revoir.* SYN. (FAM.) salut.

REVOLER v. intr.
Voler de nouveau. *Cet oiseau blessé pourra revoler bientôt.*
FORME FAUTIVE
*revoler. Impropriété au sens de ***jaillir, gicler.***
CONJUGAISON : VOIR MODÈLE AIMER.

RÉVOLTANT, ANTE adj.
Qui révolte, qui indigne. *Des pratiques révoltantes.* SYN. choquant.

RÉVOLTE n. f.
1. Opposition vive et parfois violente d'un groupe à l'égard d'une autorité. *La révolte des Noirs en Afrique du Sud.*
2. Désaccord profond accompagné de colère contre quelqu'un, quelque chose. *Les nouvelles taxes ont provoqué la révolte des commerçants.*

RÉVOLTÉ, ÉE adj. et n. m. et f.
Qui est en révolte, rebelle. *Des pêcheurs révoltés.* SYN. contestataire; dissident.

RÉVOLTER v. tr., pronom.
VERBE TRANSITIF
Indigner, choquer. *Une telle inconscience les révoltait.* SYN. scandaliser.
Le verbe se construit avec la préposition **contre.** *Elle est révoltée contre cette décision injuste.* Suivi de l'infinitif, il se construit avec la préposition **de.** *Ils sont révoltés de voir les collègues profiter de la situation.*
VERBE PRONOMINAL
Se rebeller. *Ils se sont révoltés contre ces procédés.* SYN. s'indigner.
À la forme pronominale, le participe passé de ce verbe s'accorde toujours en genre et en nombre avec son sujet. *Elle s'est révoltée en apprenant cette injustice.*
CONJUGAISON : VOIR MODÈLE AIMER.

RÉVOLU, UE adj.
1. Achevé. *Avoir 18 ans révolus.*
2. Qui n'existe plus. *Une ère révolue.* SYN. passé.

RÉVOLUTION n. f.
1. Rotation complète d'un corps autour d'un axe. *La révolution de la Terre autour du Soleil.*
2. Changement brusque et capital. *La révolution industrielle. La Révolution française a eu lieu en 1789.*
T Le nom ***révolution*** s'écrit généralement avec une minuscule. *La révolution russe.* Quelques exceptions : *La Révolution française, la Révolution (1789), la Révolution tranquille.*

RÉVOLUTIONNAIRE adj. et n. m. et f.
ADJECTIF
1. Relatif à une révolution. *Des éléments révolutionnaires.*
2. Innovateur. *En 1960, l'informatique était une technique révolutionnaire.*
NOM MASCULIN ET FÉMININ
Partisan de la révolution. *C'est un révolutionnaire dangereux.*
révolutionnaire.

RÉVOLUTIONNER v. tr.
Bouleverser. *Révolutionner les méthodes traditionnelles.* SYN. changer.
CONJUGAISON : VOIR MODÈLE AIMER.

R

REVOLVER ou **RÉVOLVER** n. m.
Le premier *e* se prononce *é* et le *r* est sonore, [revɔlvɛr] ; le mot rime avec ***vert***.
Pistolet à barillet. *Des revolvers* ou *révolvers volés.*

RÉVOQUER v. tr.
Annuler, abolir. *Révoquer un contrat.*
CONJUGAISON : VOIR MODÈLE AIMER.

REVOYURE n. f.
(FAM.) Au revoir. *À la revoyure ! À la prochaine !*

REVUE n. f.
1. Inspection. *Une revue du matériel informatique.* SYN. examen ; recension des écrits ; révision.
2. Publication périodique. *Une revue scientifique, littéraire, une revue de mode.*
LOCUTIONS
– ***Passer en revue.*** Examiner soigneusement tous les éléments d'un ensemble.
– ***Revue de littérature.*** Dans le contexte universitaire et scientifique, examen de l'ensemble de la documentation touchant un sujet ou un domaine particulier. *Avant de rédiger leur thèse, les doctorants doivent effectuer une revue de la littérature relative au thème qu'ils abordent.* SYN. revue de la documentation.
– ***Revue de presse.*** Ensemble des articles de journaux relatifs à une question, à un évènement.

RÉVULSER v. tr., pronom.
VERBE TRANSITIF
Bouleverser. *Cette scène la révulsa.* SYN. répugner ; retourner ; révolter.
VERBE PRONOMINAL
Se retourner. *Ses yeux se révulsèrent.*
À la forme pronominale, le participe passé de ce verbe s'accorde toujours en genre et en nombre avec son sujet. *À la vue de cette scène de désolation, ses traits se sont révulsés.*
CONJUGAISON : VOIR MODÈLE AIMER.

***REWRITE**
Anglicisme pour ***récrire, réécrire.***

***REWRITER**
Anglicisme pour ***rédacteur, adaptateur.***

***REWRITING**
Anglicisme pour ***réécriture.***

REZ-DE-CHAUSSÉE n. m. inv. (pl. *rez-de-chaussée*)
La première syllabe se prononce comme la note de musique *ré*, [redʃose].
Local situé au niveau de la rue. *Des rez-de-chaussée* (et non *premiers planchers) *spacieux.*
Sous l'influence de l'anglais qui nomme le rez-de-chaussée «*first floor*», au Québec, le deuxième étage correspond souvent au premier étage du français international. Dans la mesure du possible, on rétablira l'usage français.
rez-de-chaussée, avec deux traits d'union.

REZ-DE-JARDIN n. m. inv. (pl. *rez-de-jardin*)
Étage situé au niveau du jardin. *Le rez-de-jardin de l'École des HEC est un magnifique espace.*
rez-de-jardin, avec deux traits d'union.

Rh
Symbole de ***facteur rhésus.***

RHABILLER v. tr., pronom.
VERBE TRANSITIF
Habiller de nouveau.
VERBE PRONOMINAL
Remettre les vêtements qu'on avait retirés. *Vous pouvez vous rhabiller, l'examen est terminé.*
À la forme pronominale, le participe passé de ce verbe s'accorde toujours en genre et en nombre avec son sujet. *Après avoir nagé dans la mer, Léa s'est rhabillée dans la cabine.*
LOCUTION
– ***Aller se rhabiller.*** (FAM.) (FIG.) Abandonner la partie, qui est perdue. *Tu peux aller te rhabiller : ce poste ne sera pas créé.*
CONJUGAISON : VOIR MODÈLE AIMER.

RHAPSODIE ou **RAPSODIE** n. f.
Morceau de musique de composition libre.
rhapsodie, rapsodie.

RHÉSUS n. m.
Le *s* final se prononce, [rezys] ; le nom rime avec ***cactus.***
Espèce de singe.
LOCUTION
– ***Facteur rhésus.*** Produit existant dans les globules rouges de certains sangs humains. *Rhésus positif* (abréviation Rh+), rhésus négatif (abréviation Rh-).

RHÉTORIQUE n. f.
1. Art de l'éloquence.
2. Emphase.
rhétorique.

RHINITE n. f.
(MÉD.) Inflammation aiguë de la muqueuse des voies respiratoires, particulièrement des fosses nasales. SYN. rhume.
LOCUTION
– ***Rhinite allergique.*** Allergie causée par la floraison de certaines graminées. *A-t-on mis au point un vaccin contre la rhinite allergique* (et non *fièvre des foins) *et l'asthme ? Des athlètes victimes d'une rhinite allergique.* SYN. rhume des foins.

RHINOCÉROS n. m.
Mammifère pachyderme très massif qui porte une ou deux cornes sur le nez. *Un rhinocéros femelle qui barrit.*
VOIR TABLEAU – ANIMAUX.
rhinocéros.

RHIZOME n. m.
Tige souterraine de certaines plantes vivaces.
rhizome.

RHÔ n. m. inv.
Lettre grecque.
[Les *Rectifications* (1990) admettent : un rho, des rhos.]

RHODODENDRON n. m.
Arbuste ornemental. *Les rhododendrons des jardins de la Colombie-Britannique sont magnifiques en mai.*
rhododendron.

RHUBARBE n. f.
Plante à larges feuilles dont les tiges sont comestibles. *Une tarte à la rhubarbe.*
rhubarbe.

RHUM n. m.
Le ***u*** se prononce comme **o** et le ***m*** est sonore, [rɔm] ; le mot rime avec ***homme.***
Alcool de canne à sucre. *Le rhum des Antilles.*

RHUMATISANT, ANTE adj.
Atteint de rhumatisme. *Des rhumatisants soulagés par un médicament.*
rhumatisant.

RHUMATISMAL, ALE, AUX adj.
Relatif au rhumatisme. *Des douleurs rhumatismales.*
rhumatismal.

RHUMATISME n. m.
Maladie des articulations. *Les articulations de grand-papa sont douloureuses : il souffre de rhumatisme.*
rhumatisme.

RHUMATOLOGIE n. f.
Spécialité de la médecine qui traite les rhumatismes.
rhumatologie.

RHUMATOLOGUE n. m. et f.
Spécialiste de la rhumatologie.
rhumatologue.

RHUME n. m.
Inflammation de la muqueuse nasale. *Elle a attrapé un rhume.*
LOCUTION
– ***Rhume des foins.*** Irritation de la muqueuse nasale, des yeux, d'origine allergique. *Elle souffre d'un rhume* (et non de la *fièvre) *des foins.* SYN. rhinite allergique.
✏ rhume.

RHUMERIE n. f.
Le ***u*** se prononce ***o***, [rɔmri].
Distillerie de rhum.
✏ rhumerie.

RIAL n. m.
Unité monétaire de l'Iran et de la République arabe du Yémen. *Des rials.*
VOIR TABLEAU – SYMBOLES DES UNITÉS MONÉTAIRES.

RIANT, RIANTE adj.
1. Qui exprime la gaieté. *Une expression riante.*
2. Agréable. *Des souvenirs riants.*

RIBAMBELLE n. f.
(FAM.) Quantité importante. *Une ribambelle d'enfants.*
✏ ribambelle.

RIBAUD, AUDE adj. et n. m. et f.
(LITT.) (VX) Débauché.

RIBOFLAVINE n. f.
Vitamine B_2 présente dans les céréales et certains légumes.

RICANEMENT n. m.
Moquerie. *Leurs ricanements et leurs paroles désagréables les rendent antipathiques.* SYN. raillerie.

RICANER v. intr.
Rire de façon sarcastique. SYN. se moquer.
CONJUGAISON : VOIR MODÈLE AIMER.

RICANEUR, EUSE adj. et n. m. et f.
1. Qui ricane de façon moqueuse. *Une personne ricaneuse. Des ricaneurs.*
2. ⚜ Rieur.
Au Québec, ce nom n'a pas une connotation péjorative et signifie plutôt « qui aime à rire ».

RICHE adj. et n. m. et f.
ADJECTIF
1. Qui possède beaucoup de biens. *Ils sont immensément riches.* SYN. fortuné.
2. Qui produit beaucoup. *Un sol riche.* SYN. fécond ; fertile.
3. Qui contient de nombreux éléments, des éléments en grand nombre. *Une bibliothèque très riche.*
NOM MASCULIN ET FÉMININ
Personne qui a beaucoup d'argent. On ne prête qu'aux riches, *dit le proverbe.*
LOCUTION
– ***Riche en, riche de.*** Qui possède en abondance. *Un sous-sol riche en pétrole. Une expérience riche d'enseignements.*

RICHEMENT adv.
D'une manière riche, magnifique. *Un palais richement décoré.*

RICHESSE n. f.
1. Abondance de biens, de ressources. *Ce milliardaire jouit d'une grande richesse. La richesse du sous-sol en cuivre, en or.*
2. (AU PLUR.) Objets de grand prix. *Les richesses d'un musée.* SYN. trésors.

RICHISSIME adj.
Extrêmement riche. *Un armateur richissime.*

RICIN n. m.
Purgatif. *Une cuillerée d'huile de ricin* (et non d'*huile de castor).

RICOCHER v. intr.
Faire des ricochets. *Le galet a ricoché plusieurs fois.*
CONJUGAISON : VOIR MODÈLE AIMER.

RICOCHET n. m.
Bond que fait une pierre lancée à la surface de l'eau.
LOCUTION
– ***Par ricochet,*** loc. adv. Indirectement.
✏ ricochet.

RICTUS n. m.
Le *s* se prononce, [riktys] ; le nom rime avec ***cactus***.
Grimace sarcastique. *Un rictus désagréable.*

RIDE n. f.
Sillon de la peau qui se creuse avec l'âge. *Une lotion contre les rides. « De nombreuses rides y marquaient le chagrin, l'âge, les déceptions »* (Gabrielle Roy, *De quoi t'ennuies-tu, Éveline?*).

RIDÉ, ÉE adj.
Qui a des rides. *Une peau ridée.*

RIDEAU n. m. (pl. *rideaux*)
Pièce d'étoffe souvent plissée destinée à tamiser la lumière, à masquer quelque chose. *Des rideaux à volants.*
Ne pas confondre avec les noms suivants :
• ***draperie,*** tissu drapé ;
• ***store,*** rideau ou panneau disposé devant une ouverture, qui s'enroule ou se replie ;
• ***tenture,*** étoffe qui orne une fenêtre, un mur.
LOCUTION
– ***Grimper aux rideaux.*** (FIG.) (FAM.) S'affoler, avoir une réaction (bonne ou mauvaise) excessive.

RIDER v. tr., pronom.
VERBE TRANSITIF
Marquer de rides. *Le vent ride la surface du lac.*
VERBE PRONOMINAL
Se couvrir de rides. *Avec l'âge, sa peau s'est ridée.*
À la forme pronominale, le participe passé de ce verbe s'accorde toujours en genre et en nombre avec son sujet. *Ses paupières se sont ridées.*
CONJUGAISON : VOIR MODÈLE AIMER.

RIDICULE adj. et n. m.
ADJECTIF
1. Qui excite la dérision, la moquerie. *Un accoutrement ridicule.* SYN. risible.
2. Insensé. *C'est un projet ridicule.* SYN. absurde ; saugrenu.
NOM MASCULIN
Ce qui cause le rire. *Le ridicule ne tue pas, malgré ce que dit le proverbe. La peur du ridicule.*
LOCUTION
– ***Tourner en ridicule*** (quelqu'un). Mettre en lumière ses aspects risibles, s'en moquer. SYN. ridiculiser ; tourner en dérision.
✏ ridicule.

RIDICULEMENT adv.
D'une manière ridicule. *Ils étaient ridiculement vêtus.*

RIDICULISER v. tr., pronom.
VERBE TRANSITIF
Tourner en ridicule. *Les élèves ont ridiculisé le sujet de la dissertation.*
VERBE PRONOMINAL
Se rendre ridicule. *Ils se sont ridiculisés en affirmant cela.*
À la forme pronominale, le participe passé de ce verbe s'accorde toujours en genre et en nombre avec son sujet. *Ils se sont ridiculisés en agissant ainsi.*
CONJUGAISON : VOIR MODÈLE AIMER.

RIDULE n. f.
Petite ride. *Des ridules entourent les yeux.*
✏ ridule.

RIEL n. m.
Unité monétaire du Cambodge. *Des riels.*
VOIR TABLEAU – SYMBOLES DES UNITÉS MONÉTAIRES.

RIEN n. m. et pron. indéf.
NOM MASCULIN
1. Peu de chose. *Un rien l'habille. Ils ont acheté cette maison pour un rien.*
2. (AU PLUR.) Insignifiances. *S'attacher à des riens.*
En ce sens, le nom s'écrit au pluriel.
PRONOM INDÉFINI
1. Quelque chose (sans particule négative). *Il est incapable de rien dire* (de dire quoi que ce soit).
2. Aucune chose (avec ***ne*** ou ***sans***). *Elle n'a rien fait. Il a signé sans rien changer.*
3. Nulle chose (sans particule négative). *Il a fait ce voyage pour rien. Tous ses espoirs sont réduits à rien. Je l'ai eu pour rien.*
LOCUTIONS
– ***Ce n'est pas rien.*** C'est beaucoup, c'est une chose considérable.
– ***Ce n'est rien.*** C'est sans importance.
– ***C'est moins que rien.*** (FAM.) Cela n'a aucune valeur.
– ***Comme si de rien n'était,*** loc. adv. Comme si rien n'était arrivé.
– ***Comme (un) rien,*** loc. adv. Très facilement.
– ***De rien.*** Il n'y a pas de quoi, je vous en prie. *Merci beaucoup. De rien* (et non *bienvenue).
– ***En rien,*** loc. adv. Pas du tout.
– ***En un rien de temps,*** loc. adv. Très rapidement.
– ***Il n'en est rien.*** C'est faux.
– ***Pour rien,*** loc. adv. Inutilement. *Tu as fait cette recherche pour rien.*
– ***Rien à rien,*** loc. adv. Absolument rien.
– ***Rien que.*** Seulement. *Donne-moi rien que 10 $.*
– ***Un rien de,*** loc. adv. Un petit peu. *Un rien de parfum.*

RIESLING n. m.
La lettre ***e*** ne se prononce pas, [rislin].
1. Cépage blanc cultivé en Alsace, en Rhénanie, etc.
2. Vin produit par ce cépage.
Le nom du vin s'écrit avec une minuscule.
riesling.

RIEUR, RIEUSE adj. et n. m. et f.
Qui rit, qui est enjoué. *Des écoliers rieurs.* SYN. gai.

RIGATONI n. m. (pl. *rigatonis*)
Pâtes alimentaires moulées en tube creux de grand diamètre et dont la surface rayée a donné le nom à cette variété de pâtes (GDT). *Des rigatonis à la sauce tomate.*
Certains auteurs conservent le pluriel italien du mot en ***i*** ; il paraît plus logique d'intégrer le mot au français et de mettre un *s* au pluriel.

RIGIDE adj.
1. Peu flexible. *Une tige rigide.*
2. Sévère. *Un professeur très rigide.* SYN. strict. ANT. souple.

RIGIDEMENT adv.
D'une manière rigide.

RIGIDITÉ n. f.
1. Raideur, absence de flexibilité. *La rigidité d'une pièce de bois.*
2. Sévérité. *La rigidité des règles de cet établissement.* ANT. souplesse.

RIGOLADE n. f.
Divertissement. *Ces élèves aiment un peu trop la rigolade : ils ne songent qu'à s'amuser.* SYN. amusement ; rire.
rigolade.

RIGOLE n. f.
Petit canal creusé pour permettre l'écoulement de l'eau.
rigole.

RIGOLER v. intr.
1. (FAM.) Rire, se divertir. *On a bien rigolé au cours de notre soirée annuelle.* SYN. blaguer.
2. (FAM.) Plaisanter. *Tu rigoles, j'espère ?* SYN. badiner.
CONJUGAISON : VOIR MODÈLE AIMER.

RIGOLO, OTE adj. et n. m. et f.
(FAM.) Qui est amusant. *C'est une rigolote. Des costumes rigolos.* SYN. comique ; drôle.

RIGOUREUSEMENT adv.
1. D'une manière catégorique. *Il est rigoureusement interdit de parler dans la bibliothèque.* SYN. absolument ; strictement.
2. Avec rigueur. *Une bibliographie établie rigoureusement.* SYN. exactement ; minutieusement.

RIGOUREUX, EUSE adj.
1. Sévère, inflexible. *Des règlements rigoureux.* SYN. rigide.
2. Précis. *Un examen rigoureux.* SYN. exact ; minutieux.

RIGUEUR n. f.
1. Grande dureté. *La rigueur du climat.* SYN. âpreté.
2. Fermeté. *Le colonel compte faire preuve de rigueur dans la direction des troupes.*
3. Précision, exactitude. *La rigueur d'une démonstration.*
LOCUTIONS
– ***À la rigueur,*** loc. adv. Au pis aller. *À la rigueur, il serait possible d'accepter ce compromis.*
– ***De rigueur,*** loc. adj. Obligatoire. *Ces exercices sont de rigueur.* SYN. exigé.
– ***En toute rigueur,*** loc. adv. Absolument, si l'on est rigoureux.
– ***Ne pas tenir rigueur.*** Pardonner. *Je ne te tiendrai pas rigueur de ces mots qui ont dépassé ta pensée.*

RILLETTES n. f. pl.
Viande de porc, de lapin, d'oie ou de volaille hachée, cuite longuement dans sa graisse.

RIME n. f.
Répétition de la syllabe finale. *Exemple de rime riche : chantier, charpentier.*
Ne pas confondre avec les noms suivants :
• ***allitération,*** répétition des mêmes consonnes dans des mots voisins ;
• ***assonance,*** répétition des mêmes voyelles, d'un même son final d'un vers.
LOCUTION
– ***Sans rime ni raison,*** loc. adj. Absurde. *Une décision sans rime ni raison.* SYN. insensé.

RIMER v. intr.
Avoir le même son final. *Le nom* demoiselle *rime avec l'adjectif* belle.
LOCUTION
– ***Cela ne rime à rien.*** Cela est dépourvu de sens.
CONJUGAISON : VOIR MODÈLE AIMER.

RIMMEL n. m.
Mascara. *Mettre du rimmel noir sur ses cils.*
Ce nom de marque est passé dans l'usage et s'écrit avec une minuscule.

RINÇAGE n. m.
Action de rincer. *Le rinçage de la lessive.*
rinçage.

RINCE-BOUCHE n. m. (pl. *rince-bouche* ou *rince-bouches*)
Liquide aromatisé destiné à rafraîchir l'haleine.

RINCE-DOIGT(S) n. m. (pl. *rince-doigts*)
Petit récipient rempli d'eau citronnée pour se rincer les doigts après un repas. *Un rince-doigts* ou *rince-doigt.*

RINCER v. tr., pronom.
VERBE TRANSITIF
Nettoyer en lavant, passer dans l'eau claire. *Rincer des verres.*
VERBE PRONOMINAL
Se laver à grande eau après s'être rincé. *En revenant de la plage, ils se sont rincés soigneusement pour éliminer le sable et le sel.*
À la forme pronominale, le participe passé de ce verbe s'accorde en genre et en nombre avec le complément direct si celui-ci le précède. *L'œil qu'elle s'est rincé. Elle s'est rincée sous la douche.* Le participe passé reste invariable si le complément direct suit le verbe. *Elle s'est rincé la bouche.*

CONJUGAISON : VOIR MODÈLE AVANCER.
Le *c* prend une cédille devant les lettres ***a*** et ***o***. *Il rinça, nous rinçons.*

RINGARD, ARDE adj. et n. m. et f.
ADJECTIF
(FAM.) Démodé, de mauvais goût. *Des thèmes ringards.* SYN. dépassé.
NOM MASCULIN ET FÉMININ
(FAM.) Personne incapable, démodée. *C'est un ringard.*

RIPAILLE n. f.
(FAM.) Faire bombance. *Ils ont fait ripaille chez Armand.*

RIPOSTE n. f.
1. Réplique prompte.
2. Contre-attaque vigoureuse, représailles.

RIPOSTER v. intr.
1. Répondre vivement. *« Tu n'es pas invité. – Je ne serais pas venu », riposta Sébastien.* SYN. répliquer.
2. Lancer une riposte. *Les soldats ont riposté à cette nouvelle attaque.* SYN. contre-attaquer.
CONJUGAISON : VOIR MODÈLE AIMER.

RIRE n. m.
1. Action de rire. *Un éclat de rire.*
2. Moquerie. *Sa proposition naïve provoqua les rires de toute l'assemblée.* SYN. ricanement ; risée.
LOCUTION
– ***Fou rire.*** Rire que l'on ne peut contenir. *Des fous rires.*

RIRE v. tr. ind., intr., pronom.
VERBE TRANSITIF INDIRECT
Se moquer de. *Elle riait de lui.*
En ce sens, le verbe se construit avec la préposition ***de***. Le pronom relatif à employer est ***dont***. *La personne dont il riait gentiment.*
VERBE INTRANSITIF
Manifester sa gaieté par des expirations saccadées. *Il rit aux éclats.* SYN. s'amuser ; (FAM.) se marrer ; (FAM.) rigoler.
VERBE PRONOMINAL
(LITT.) Se moquer. *Ils se sont ri de vous.* SYN. ridiculiser ; tourner en ridicule.
À la forme pronominale, le verbe se construit avec la préposition ***de***.
À la forme pronominale, le participe passé de ce verbe est invariable. *Elles se sont ri d'eux.*
LOCUTIONS
– ***Avoir le mot pour rire.*** Trouver toujours un motif de plaisanter. *Quel caractère jovial : il a toujours le mot pour rire.*
– ***Entendre à rire.*** Avoir le sens de l'humour. *Il est agréable de côtoyer des collègues qui entendent à rire.*
– ***Pour rire.*** À la blague. *Ne te fâche pas, ce n'était que pour rire.* SYN. pour badiner.
– ***Prêter à rire.*** Être risible, ridicule. *Ces propos exagérés prêtent à rire.*
– ***Rira bien qui rira le dernier.*** Se dit d'une personne qui se flatte trop tôt d'avoir gagné et à qui l'on pourrait ravir la victoire.
– ***Sans rire,*** loc. adv. Sérieusement.
– ***Un pince-sans-rire.*** Personne qui dit des choses drôles tout en demeurant sérieuse. *Des pince-sans-rire tordants.*
– ***Vous voulez rire ?*** Ce que vous dites n'est pas crédible.
CONJUGAISON : VOIR MODÈLE SOURIRE.
INDICATIF PRÉSENT *Je ris, tu ris, il rit, nous rions, vous riez, ils rient.* IMPARFAIT *Je riais, tu riais, il riait, nous riions, vous riiez, ils riaient.* PASSÉ SIMPLE *Je ris, tu ris, il rit, nous rîmes, vous rîtes, ils rirent.* FUTUR *Je rirai.* CONDITIONNEL PRÉSENT *Je rirais.* IMPÉRATIF PRÉSENT *Ris, rions, riez.* SUBJONCTIF PRÉSENT *Que je rie, que tu ries, qu'il rie, que nous riions, que vous riiez, qu'ils rient.* IMPARFAIT *Que je risse, que tu risses, qu'il rît, que nous rissions, que vous rissiez, qu'ils rissent.* PARTICIPE PRÉSENT *Riant.* PASSÉ *Ri.*
Redoublement du ***i*** à la première et à la deuxième personne du pluriel de l'indicatif imparfait et du subjonctif présent. *(Que) nous riions, (que) vous riiez.*

RIS n. m. pl.
Thymus (du veau, de l'agneau, etc.) apprécié en cuisine. *Des ris de veau.*
HOM. ***riz,*** céréale.
ris, un *s* au singulier comme au pluriel.

RISÉE n. f.
Moquerie. *Habillé ainsi, il a été la risée de tous ses amis.*

RISIBLE adj.
Comique de façon involontaire. *Une affirmation risible.* SYN. grotesque ; ridicule.

RISIBLEMENT adv.
D'une manière risible.

RISOTTO n. m. (pl. *risottos*)
Le *s* se prononce ***z***, [rizɔto].
Plat italien principalement composé de riz assaisonné de parmesan. *Il aime le risotto.*
risotto.

RISQUE n. m.
1. Possibilité d'accident, de malheur, de perte. *Cette aventure comporte des risques. Avoir le goût du risque. Ne vous exposez pas à un risque. La météo indique qu'il y aura un risque de verglas ce soir. Elle tient à éviter tout risque.* SYN. danger ; écueil ; embûche.
Contrairement au mot ***chance,*** le mot ***risque*** ne s'emploie qu'avec un sens défavorable.
2. Éventualité d'un évènement susceptible d'avoir des conséquences fâcheuses (incendie, accident, inondation, etc.). *Se garantir de tout risque, contre les risques. Une assurance tous risques.*
LOCUTIONS
– ***À risque(s),*** loc. adj. Exposé à un danger ; qui comporte un risque. *Une grossesse à risque* ou *à risques, une population à risque, des secteurs à risques.* SYN. dangereux ; périlleux ; risqué.
Dans cette locution, le nom peut s'écrire au singulier ou au pluriel.
– ***À ses risques et périls.*** En assumant la responsabilité de toutes les conséquences fâcheuses. *Si vous skiez en pleine tempête, c'est à vos risques et périls.*
– ***Au risque de,*** loc. prép. En s'exposant à. *Le pompier a sauvé l'enfant au risque de sa vie. Au risque de tout perdre, il a refusé l'offre.*
La locution est suivie d'un nom ou d'un infinitif.
– ***Ce sont les risques du métier.*** Ce sont les désavantages, les inconvénients liés à une situation.
– ***C'est un risque à courir.*** Il faut essayer malgré les inconvénients, les dangers.
– ***Courir un risque, prendre un risque, des risques.*** S'exposer à un danger. *Vous courez, vous prenez un risque* (et non *une chance) *en partant seul en pleine nuit. Tentez de courir le moins de risques possible.*
La locution ***courir le risque*** se construit avec la préposition ***de*** suivie de l'infinitif ou avec la conjonction ***que*** suivie du subjonctif. *Courir le risque de choquer, que l'on ne comprenne pas une décision.*
– ***Sans risque(s).*** Sans danger. *Un investissement sans risque(s).*

RISQUÉ, ÉE adj.
Qui comporte des risques. *Cette affaire est trop risquée.* SYN. dangereux ; périlleux.

R

RISQUER v. tr., pronom.
VERBE TRANSITIF DIRECT
S'exposer à un risque, mettre en danger. *Ils risquent leur vie.*
Suivi de la conjonction ***que***, le verbe se construit avec le subjonctif. *Ils risquent que les investisseurs n'aient plus confiance en eux.*
VERBE TRANSITIF INDIRECT
Être exposé à, avoir la possibilité de. *Le temps risque de changer.*
Le verbe transitif indirect se construit avec ***de*** et l'infinitif.
VERBE PRONOMINAL
Se hasarder à. *Ils se sont risqués à prédire le résultat de la partie de hockey. Elles se sont risquées à répliquer.* SYN. s'aventurer.
À la forme pronominale, le participe passé de ce verbe s'accorde toujours en genre et en nombre avec son sujet. *Elle s'est risquée à le contredire.*
Ce verbe ne s'emploie qu'en parlant d'évènements non désirés, qui comportent une issue fâcheuse. *Courir la chance* (et non *risquer) *de gagner le gros lot.*
CONJUGAISON : VOIR MODÈLE AIMER.

RISSOLER v. tr.
Rôtir de manière à faire prendre une couleur dorée. *Faire rissoler des pommes de terre. Des légumes qui rissolent.*
CONJUGAISON : VOIR MODÈLE AIMER.

RISTOURNE n. f.
1. Réduction accordée à un client. *Nous vous consentirons une ristourne de 15 %.*
2. Commission plus ou moins licite.
3. Part de profits qu'une coopérative verse annuellement à ses membres. *Tous les ans, la caisse d'Outremont verse des ristournes intéressantes à ses membres.*

RITE n. m.
Ensemble des règles qui fixent le déroulement d'une cérémonie liturgique ou non. *Des rites initiatiques.*

RITOURNELLE n. f.
1. Refrain. *La ritournelle d'une chanson à la mode.*
2. (FIG.) Rengaine. *Tu nous ennuies avec ta ritournelle.*

RITUEL, ELLE adj. et n. m.
ADJECTIF
Conforme aux rites. *Des prières rituelles.*
NOM MASCULIN
Ensemble de rites. *Le rituel d'un baptême.*

RIVAGE n. m.
Bande de terre qui borde une mer. *Enfin, on aperçoit le rivage! «Ô rivages adultes rêvés au matin/Avant les bois et les fleuves»* (Jean-Guy Pilon, *Comme eau retenue*). SYN. côte.
Pour un lac, une rivière, on dira plutôt ***rive***.

RIVAL, ALE, AUX adj. et n. m. et f.
ADJECTIF
Adversaire. *Des clans rivaux.* SYN. opposé.
NOM MASCULIN ET FÉMININ
Concurrent, concurrente. *Les rivaux se sont affrontés.* SYN. adversaire.
LOCUTION
– ***Sans rival,*** loc. adj. Inégalable. *Une beauté sans rivale.*

RIVALISER v. intr.
Lutter, être le rival de. *Rivaliser d'intelligence avec quelqu'un. Ils rivalisent pour obtenir la médaille d'or.* SYN. concurrencer.
CONJUGAISON : VOIR MODÈLE AIMER.

RIVALITÉ n. f.
1. Situation de personnes qui visent un même but. *La saine rivalité des athlètes olympiques.* SYN. concurrence.
2. Opposition. *Ces deux employés sont en rivalité.*

RIVE n. f.
Bande de terre qui borde un lac, une rivière. *La rive sud du Saint-Laurent.*
Pour la mer, on dit plutôt ***rivage***.
T Selon la Commission de toponymie du Québec, la région située devant Montréal, au sud du Saint-Laurent, s'écrit avec des majuscules et un trait d'union. *Rive-Sud* (désignation non officielle).

RIVER v. tr.
1. Fixer avec un rivet. *River un parapet à un mur.* SYN. attacher.
2. (FIG.) Attacher étroitement à. *Elles sont rivées à leur poste de télévision. Elle avait les yeux rivés sur lui.*
LOCUTION
– ***River son clou à quelqu'un.*** (FAM.) Le réduire au silence. SYN. clouer le bec ; rabattre le caquet.
CONJUGAISON : VOIR MODÈLE AIMER.

RIVERAIN, AINE adj. et n. m. et f.
ADJECTIF
Qui habite au bord d'un cours d'eau.
NOM MASCULIN ET FÉMININ
Personne qui habite le long d'un cours d'eau et par extension, d'une route, d'une forêt. *Ce chemin est réservé aux riverains.*

RIVET n. m.
Sorte de clou dont l'extrémité s'aplatit pour former une seconde tête.

RIVETER v. tr.
Fixer à l'aide de rivets.
CONJUGAISON : VOIR MODÈLE APPELER.
Redoublement du ***t*** devant un ***e*** muet. *Je rivette, je rivetterai,* mais *je rivetais.*
[Les *Rectifications* (1990) admettent : il rivète, rivètera, rivèterait...]

RIVETEUSE n. f.
Machine servant à fixer des rivets.

RIVIÈRE n. f.
Cours d'eau d'une certaine importance qui se jette dans un fleuve. *La rivière Chaudière se jette dans le Saint-Laurent.*
T Le terme générique (***lac, rivière, mont, mer, océan,*** etc.) d'un nom géographique s'écrit avec une minuscule, tandis que le nom, l'adjectif qui en constitue l'élément spécifique prend la majuscule.
Ne pas confondre avec les mots suivants :
- ***fleuve,*** cours d'eau important qui se jette dans la mer ;
- ***ruisseau,*** petit cours d'eau peu large ;
- ***torrent,*** cours d'eau de montagne, impétueux.

LOCUTION
– ***Rivière de diamants.*** (FIG.) Collier de diamants.

RIXE n. f.
Violente bataille. *Une rixe a éclaté dans ce bar.* SYN. (FAM.) bagarre ; combat ; échauffourée.

RIYAL n. m.
Unité monétaire de l'Arabie saoudite, du Qatar. *Des riyals.*
VOIR TABLEAU – SYMBOLES DES UNITÉS MONÉTAIRES.

RIZ n. m.
Céréale cultivée dans les terrains humides. *Des riz au curry délicieux.*
HOM. ***ris,*** thymus du veau, de l'agneau.
riz.

RIZICULTURE n. f.
Culture du riz.

RIZIÈRE n. f.
Terrain où l'on cultive le riz.

r°
Abréviation de ***recto***.

***ROAMING**
Anglicisme pour ***itinérance***. *Des frais d'itinérance* (et non de *roaming) *élevés.*

ROAST-BEEF
VOIR – ROSBIF.

ROBE n. f.
Vêtement féminin d'une seule pièce, composé d'un corsage et d'une jupe. *Une jolie robe de coton, une robe du soir.*
LOCUTIONS
– ***Pomme de terre en robe des champs, de chambre.*** Pomme de terre cuite au four avec sa peau.
Les deux expressions se disent.
– ***Robe de chambre.*** Vêtement d'intérieur féminin ou masculin.

ROBINET n. m.
Appareil installé sur une canalisation et destiné à permettre, interrompre ou régler le passage d'un liquide (généralement de l'eau) ou d'un gaz. *Ouvrir, fermer le robinet.*
robinet.

ROBINETTERIE n. f.
1. Industrie des robinets. *Monica est une spécialiste de la robinetterie.*
2. Ensemble de robinets. *Installer une nouvelle robinetterie.*
robinetterie.

ROBOT n. m.
Le premier *o* est ouvert, [rɔbo].
Appareil à commande électromagnétique pouvant se substituer à une personne pour l'exécution automatique de certaines tâches. *Dans la chaîne de montage, ce sont des robots qui assemblent les voitures.*
LOCUTION
– ***Portrait-robot.*** Portrait d'une personne recherchée, fait d'après les indications des témoins. *Des portraits-robots informatisés.*

ROBOTIQUE n. f.
Les deux *o* sont ouverts, [rɔbɔtik].
Ensemble des études et des techniques visant à mettre au point des systèmes aptes à remplacer ou à prolonger des opérations humaines.

ROBOTISATION n. f.
Les deux *o* sont ouverts, [rɔbɔtizasjɔ̃].
Action de robotiser. *La robotisation d'une production.*

ROBOTISER v. tr.
Les deux *o* sont ouverts, [rɔbɔtize].
Doter un établissement industriel de robots.
CONJUGAISON : VOIR MODÈLE AIMER.

ROBUSTE adj.
Solide, vigoureux. *Une santé robuste.* SYN. fort ; résistant.

ROBUSTESSE n. f.
Résistance. *La robustesse des percherons est proverbiale.* SYN. force ; vigueur.

ROC n. m.
Masse de pierre très dure. *Cette maison est bâtie sur le roc, elle ne bougera pas.*

ROCAILLE n. f.
Aménagement paysager comportant des pierres entre lesquelles sont plantés des arbustes, des fleurs.

ROCAILLEUX, EUSE adj.
Rempli de pierres. *Un chemin rocailleux.*

ROCAMBOLESQUE adj.
Rempli de péripéties invraisemblables. *Une histoire rocambolesque.* SYN. abracadabrant ; étonnant ; extravagant ; inconcevable ; inimaginable.

ROCHE n. f.
1. Bloc important de minéraux très durs, masse de pierre. *Une grotte creusée dans la roche.*
2. (FAM.) Fragment de pierre. *Les garçons ont lancé des roches dans le lac. « Mais laissez-moi traverser le torrent sur les roches »* (Hector de Saint-Denys Garneau, *Œuvres*). SYN. caillou.
Le nom ***roche*** est un terme général qui désigne la masse de substances minérales, tandis que la ***pierre*** est le matériau tiré de la roche dont on se sert dans la construction. Le ***caillou*** est un fragment de pierre de petite dimension.
LOCUTIONS
– ***Clair comme de l'eau de roche.*** Limpide, facile à comprendre. *Ses explications sont claires comme de l'eau de roche.*
– ***Il y a anguille sous roche.*** (FIG.) Il y a quelque chose de louche.

R

ROCHER n. m.
Masse de pierre dure, généralement escarpée. *Escalader un rocher. Le rocher Percé.*

ROCHEUX, EUSE adj.
Couvert de roches, composé de rochers. *Une île rocheuse au milieu du lac.*

ROCK ou **ROCK AND ROLL** adj. inv. et n. m.
NOM MASCULIN
1. Musique rythmée d'origine américaine (vers 1955). *Aimer le rock.*
2. Danse à quatre temps sur cette musique. *Danser le rock and roll.*
ADJECTIF INVARIABLE
Relatif à cette musique. *Des opéras rock.*

ROCKING-CHAIR n. m.
Anglicisme utilisé en France au sens de ***berceuse.***

ROCOCO adj. inv. et n. m.
Les trois *o* sont fermés, [rɔkɔko].
NOM MASCULIN
Style artistique en vogue au XVIIIe siècle.
ADJECTIF INVARIABLE
1. Qui appartient au rococo. *Des châteaux rococo.*
2. (PÉJ.) De mauvais goût, surchargé. *Des styles rococo.*

RODAGE n. m.
Le *o* est ouvert, [rɔdaʒ].
Action de roder. *Le rodage d'un spectacle.* SYN. mise au point.
rodage, sans accent circonflexe.

RODÉO n. m.
Festivités comportant divers jeux (maîtrise d'un cheval, d'un bœuf sauvage, etc.). *Des rodéos pittoresques.*
Ce nom espagnol est francisé : le *e* s'écrit avec un accent aigu et le mot prend la marque du pluriel.

RODER v. tr.
Le *o* est ouvert, [rɔde], comme dans ***roche.***
Mettre au point (un spectacle, un système). *Il faut roder la voiture : elle est neuve. Son spectacle a été bien rodé.*
Ne pas confondre avec le verbe ***rôder,*** aller et venir de façon suspecte.
CONJUGAISON : VOIR MODÈLE AIMER.
roder.

RÔDER v. intr.
Le *o* est fermé, [rode], comme dans ***ôter.***
Aller et venir avec une intention suspecte. *Les policiers ont surpris des personnes qui rôdaient dans le jardin.* SYN. vagabonder.
Ce verbe a un sens défavorable.
Ne pas confondre avec le verbe ***roder,*** mettre au point.
CONJUGAISON : VOIR MODÈLE AIMER.
rôder.

RÔDEUR, EUSE adj. et n. m. et f.
Personne qui rôde. *Le chien de garde a fait fuir les rôdeurs.*
rôdeur.

RODOMONTADE n. f.
Vantardise. *Ses rodomontades sont exaspérantes.* SYN. bravade ; exagération ; fanfaronnade.

ROGNE n. f.
(FAM.) Mauvaise humeur. *Être en rogne contre un collègue envieux.*

R

ROGNER v. tr.
1. Retrancher les bords de quelque chose.
2. Diminuer d'une petite quantité.
CONJUGAISON : VOIR MODÈLE AIMER.

ROGNON n. m.
Rein (de bœuf, de veau, de porc, etc.), dans le vocabulaire de la cuisine. *Des rognons sauce madère.*
FORME FAUTIVE
*rognon. Impropriété au sens de ***rein,*** en parlant d'une personne.

ROGUE adj.
Arrogant, hautain. *Un air rogue.*

ROI n. m.
Souverain d'un pays indépendant. *Charles deviendra-t-il roi d'Angleterre ?*
[T] Ce titre s'écrit avec une minuscule. *Le roi Dagobert.* Pour désigner la fête de l'Épiphanie, le nom s'écrit avec une majuscule. *La fête des Rois.*

ROITELET n. m.
Roi d'un très petit pays.
Ce nom a une connotation péjorative.

RÔLE n. m.
1. Registre officiel où sont inscrites, par ordre chronologique, les causes soumises à un tribunal.
2. Registre public définissant la valeur des biens immobiliers en vue d'établir l'impôt foncier. SYN. cadastre.
3. Personnage joué par un acteur. *Sylvie a eu un rôle : celui d'Alice au pays des merveilles.*
4. Influence. *Le Québec a joué un rôle capital dans cette entente.*
5. Fonction. *Le rôle de l'adverbe est de préciser ou de modifier le sens d'un mot.*
LOCUTION
– ***À tour de rôle,*** loc. adv. Chacun à son tour.

RÔLE-TITRE n. m. (pl. *rôles-titres*)
Rôle éponyme d'une œuvre interprétée (pièce de théâtre, film, série télévisée, etc.). *Le rôle-titre de Florence dans la pièce du même nom de Marcel Dubé. Les rôles-titres d'Albertine dans* Albertine en cinq temps *de Michel Tremblay.*

***ROLLER**
Anglicisme pour ***patin en ligne, patin à roues alignées.***

***ROM (READ ONLY MEMORY)**
Anglicisme pour ***mémoire morte.***

ROMAIN, AINE adj. et n. m. et f.
ADJECTIF
1. Qui est relatif à l'ancienne Rome ou à la Rome actuelle. *L'Empire romain, l'architecture romaine. Les restaurants romains.*
2. Caractères à traits perpendiculaires dont on se sert couramment. *Le texte est composé en romain, tandis que les exemples sont en italique.*
On emploie généralement au singulier les expressions ***en romain, en italique.***
NOM MASCULIN ET FÉMININ
De Rome. *J'envie les Romains et les Romaines, car Rome est une ville magnifique.*
[T] L'adjectif s'écrit avec une minuscule ; le nom, avec une majuscule.
NOM FÉMININ
Variété de laitue. *Faire une salade avec de la romaine et des tomates.*
LOCUTION
– ***Chiffres romains.*** Lettres capitales employées comme chiffres. *En chiffres romains, le 10 s'écrit X.*
VOIR TABLEAU – CHIFFRES ROMAINS.

ROMAN, ANE adj. et n. m.
ADJECTIF
Relatif à la langue et à l'architecture médiévale d'Europe. *Vézelay est un chef-d'œuvre de l'art roman.*
NOM MASCULIN
1. Langue issue du latin populaire qui a précédé le français.
2. Œuvre d'imagination d'une certaine longueur où l'auteur s'attache à créer des personnages, à faire revivre des aventures, à décrire des mœurs. *Un roman d'amour courtois.*
Ne pas confondre avec les noms suivants :
• ***conte,*** récit d'aventures qui sortent souvent de la réalité et s'apparentent au merveilleux, au fantastique ;
• ***nouvelle,*** récit bref centré généralement sur un évènement et comportant peu de personnages.

ROMANCE n. f.
Chansonnette. *Ce chanteur de charme chante des romances gentilles.*
FORME FAUTIVE
*romance. Anglicisme au sens de ***amour, idylle, passion.***

ROMANCER v. tr.
Donner le caractère d'un roman à des faits réels. *La biographie romancée d'un explorateur.*
CONJUGAISON : VOIR MODÈLE AVANCER.
Le **c** prend une cédille devant les lettres ***a*** et **o**. *Il romança, nous romançons.*

ROMANCIER n. m.
ROMANCIÈRE n. f.
Personne qui écrit des romans.

ROMAND, ANDE adj. et n. m. et f.
Qui appartient à la Suisse romande. *Les Suisses romands. Les Romands parlent le français.*
[T] L'adjectif s'écrit avec une minuscule ; le nom, avec une majuscule.

ROMANESQUE adj. et n. m.
ADJECTIF
1. Propre au roman. *Une intrigue romanesque.*
2. Sentimental, exalté. *Une passion romanesque.*
NOM MASCULIN
Qui a les caractères du roman. *Aimer le romanesque.*

ROMAN-FEUILLETON n. m. (pl. *romans-feuilletons*)
Roman publié par épisodes dans un journal. *Des romans-feuilletons désuets.*

ROMAN-FLEUVE n. m. (pl. *romans-fleuves*)
Roman très long portant sur plusieurs générations de personnages. *Des romans-fleuves interminables.*

ROMANICHEL, ELLE n. m. et f.
(PÉJ.) Tsigane. *Ce sont des romanichels.*

ROMAN-PHOTO n. m. (pl. *romans-photos*)
Intrigue relatée en photos auxquelles un dialogue très concis est intégré, à la manière des bandes dessinées. *Des romans-photos fleur bleue.*

ROMANTIQUE adj.
1. Qui appartient au romantisme. *Un poète romantique.*
2. Qui possède les caractéristiques du romantisme : sensibilité, imagination, rêverie. *Une lettre romantique.*

ROMANTISME n. m.
Mouvement artistique qui, rompant avec le classicisme, entend donner une place prépondérante à l'imagination et à la sensibilité.

ROMARIN n. m.
Le **o** est ouvert, [rɔmarɛ̃].
Plante aromatique. *Du romarin odorant.*

ROMPRE v. tr., intr., pronom.
VERBE TRANSITIF
(LITT.) Briser, séparer en deux. *Rompre le pain.*
VERBE INTRANSITIF
1. (LITT.) Céder brusquement. *Les liens ont rompu.* SYN. se casser ; se couper ; se séparer.
2. Mettre fin à une relation. *Elle a rompu* (et non *cassé) *avec lui.* SYN. se quitter ; se séparer.

VERBE PRONOMINAL
(LITT.) Se briser. *Les attaches se sont rompues.*
À la forme pronominale, le participe passé de ce verbe s'accorde en genre et en nombre avec le complément direct si celui-ci le précède. *Les membres qu'elle s'est rompus.* Le participe passé reste invariable si le complément direct suit le verbe. *Ils se sont rompu les os.* S'il n'y a pas de complément direct, le participe passé s'accorde avec le sujet du verbe. *Les liens se sont rompus.*
LOCUTIONS
– ***À bâtons rompus,*** loc. adv. Sans suite, de façon désordonnée. *Parler à bâtons rompus.*
– ***Rompre le silence.*** Commencer à parler. *Elle s'est enfin décidée à rompre le silence.*
CONJUGAISON : VOIR MODÈLE FENDRE.
INDICATIF PRÉSENT *Je romps, tu romps, il rompt, nous rompons, vous rompez, ils rompent.* IMPARFAIT *Je rompais.* PASSÉ SIMPLE *Je rompis.* FUTUR *Je romprai.* CONDITIONNEL PRÉSENT *Je romprais.* IMPÉRATIF PRÉSENT *Romps, rompons, rompez.* SUBJONCTIF PRÉSENT *Que je rompe.* IMPARFAIT *Que je rompisse.* PARTICIPE PRÉSENT *Rompant.* PASSÉ *Rompu, ue.*

RONCE n. f.
Plante épineuse. *Les ronces lui déchiraient les jambes.*

RONCHONNER v. intr.
(FAM.) Bougonner, grogner. *Il n'est jamais content et ne cesse de ronchonner.* SYN. grommeler ; maugréer ; (FAM.) râler.
CONJUGAISON : VOIR MODÈLE AIMER.

RONCHONNEUR, EUSE adj. et n. m. et f.
Bougon. *Un gardien ronchonneur. Des ronchonneuses incorrigibles.* SYN. grognon.

ROND, RONDE adj. et n. m.
ADJECTIF
1. Circulaire, sphérique. *Une table ronde. Une balle ronde. « Et ton genou rond comme l'île de mon enfance »* (Alain Grandbois, *Les Îles de la nuit*).
2. Entier, complet. *En chiffres ronds, c'est-à-dire sans fractions : 10 $ est un chiffre rond.*
3. Arrondi, courbé. *Le chat a le dos rond : il veut se faire caresser. Un ventre rond.*
NOM MASCULIN
Cercle. *Tracer des ronds sur la patinoire.*
LOCUTIONS
– ***Avaler tout rond.*** Avaler tout entier, d'une seule pièce. *Les petits gâteaux ont été avalés tout rond.*
– ***Tourner rond.*** Fonctionner de façon normale. *Les moteurs tournent rond.*
Pris adverbialement, le mot est invariable.

ROND-DE-CUIR n. m. (pl. *ronds-de-cuir*)
Bureaucrate. *Des ronds-de-cuir indécrottables.*

RONDE n. f.
1. Tournée de surveillance. *L'agent fait une ronde tous les quarts d'heure.*
2. Danse où les participants qui se tiennent la main sont disposés en cercle. *Faire une ronde tout autour de la Terre.*
3. (MUS.) Note qui vaut deux blanches ou quatre noires.
LOCUTION
– ***À la ronde,*** loc. adv. Tout autour. *Il n'y a pas un restaurant ouvert à la ronde : tout est fermé.*

RONDELLE n. f.
1. Petite pièce ronde. *Une rondelle de métal.*
2. Disque de caoutchouc dur que l'on utilise au hockey. *Il a lancé la rondelle dans le filet : c'est un but !*
3. Disque de métal ou de caoutchouc assurant le serrage et l'étanchéité d'une vis et d'un écrou. *Des rondelles* (et non des *washers) *indispensables.*

RONDEMENT adv.
1. Sans façon. *Parler rondement.* SYN. franchement ; simplement.
2. Rapidement. *L'affaire a été conclue rondement.* SYN. promptement.

RONDEUR n. f.
1. Qualité de ce qui est rond. *La rondeur d'un ballon.*
2. Partie ronde du corps. *Des rondeurs charmantes.*

RONDIN n. m.
1. Morceau de bois entier qu'on a laissé rond (par opposition à ***planches*** ou à ***quartier***).
2. Bois rond. *Une cabane de bois rond, en rondins.*

ROND-POINT n. m. (pl. *ronds-points*)
Carrefour circulaire vers lequel convergent plusieurs voies de circulation. *Des ronds-points congestionnés. Le rond-point des Champs-Élysées.* SYN. carrefour giratoire.
Le terme ***rond-point*** appartient à la langue générale ; celui de ***carrefour giratoire,*** à la langue technique.
[Les *Rectifications* (1990) admettent : un rondpoint, des rondpoints.]

RONFLANT, ANTE adj.
Prétentieux. *Des adjectifs trop ronflants.* SYN. pompeux.
Ne pas confondre avec le participe présent invariable ***ronflant.*** *Les dormeurs ronflant depuis une heure n'entendirent rien.*

RONFLEMENT n. m.
Bruit que l'on produit en ronflant. *Les ronflements du voisin m'empêchent de dormir.*
ronflement.

RONFLER v. intr.
1. Produire un bruit en respirant pendant le sommeil. *Est-ce que ton papa ronfle ?*
2. (FAM.) (FIG.) Dormir profondément. *Ils ronflent depuis 19 h hier soir.* SYN. dormir à poings fermés.
CONJUGAISON : VOIR MODÈLE AIMER.
ronfler.

RONFLEUR, EUSE n. m. et f.
Personne qui ronfle. *Ce ronfleur empêche les campeurs de dormir.*
ronfleur.

RONGEMENT n. m.
Action de ronger, état de ce qui est rongé.

RONGER v. tr.
1. Tourmenter. *L'inquiétude la rongeait. « Pour ces désespoirs rongeant comme un Vigilant cancer nos cœurs désertés »* (Alain Grandbois, *Les Îles de la nuit*).
SYN. miner.
2. Déchiqueter avec les dents. *Le chien ronge un os.* SYN. grignoter ; gruger.
3. (FIG.) Corroder. *L'acide a rongé ce métal.* SYN. altérer.
LOCUTION
– ***Se ronger les sangs.*** (FAM.) Se faire du souci.
CONJUGAISON : VOIR MODÈLE CHANGER.
Le ***g*** est suivi d'un ***e*** devant les lettres ***a*** et ***o***. *Il rongea, nous rongeons.*

RONGEUR n. m.
Mammifère possédant deux incisives longues et fortes. *Le lapin, le castor, l'écureuil sont des rongeurs.*

***RONNE**
Anglicisme pour ***tournée*** (du laitier, du facteur, etc.).

RONRONNEMENT n. m.
Action de ronronner. *Le ronronnement de son chat.*
ronronnement.

RONRONNER v. intr.
Émettre un petit ronflement régulier. *Le chat ronronne avec bonheur.*
CONJUGAISON : VOIR MODÈLE AIMER.
ronronner.

R

ROQUEFORT n. m.
Fromage de lait de brebis ensemencé d'une moisissure spéciale. *Un roquefort délicieux.*
T Le nom du fromage s'écrit avec une minuscule ; le nom de la ville de l'Aveyron, d'où il provient, s'écrit avec une majuscule.

ROQUET n. m.
Petit chien qui jappe sans arrêt.
✏ **roquet.**

ROQUETTE n. f.
Projectile autopropulsé non guidé. *Une roquette antichar.*

RORQUAL n. m. (pl. *rorquals*)
Mammifère marin voisin de la baleine caractérisé par sa nageoire dorsale et son ventre creusé de sillons longitudinaux. *Le rorqual est menacé par l'industrie baleinière dont il est une des principales proies.*
Il existe plusieurs espèces de rorquals, dont le rorqual commun, le rorqual bleu et le rorqual à bosse (GDT).

ROSACE n. f.
Ornement, vitrail en forme de rose. *Les belles rosaces des cathédrales gothiques.*

ROSACÉE n. f.
1. (AU PLUR.) Grande famille de plantes herbacées ou ligneuses, à feuilles dentées, alternes, simples ou composées, et dont la fleur, de forme régulière et comportant presque toujours cinq pétales, porte de nombreuses étamines soudées à la base.
2. (MÉD.) Affection cutanée du visage se traduisant par une rougeur, une couperose.

ROSÂTRE adj.
D'un rose terne. *Des plaies rosâtres.*

ROSBIF n. m.
Le *o* est ouvert, [rɔsbif].
Rôti de bœuf de première qualité. *Des rosbifs bien tendres.*
Cette forme francisée est à préférer à l'anglais «*roast-beef*».

ROSE adj. et n. m. et f.
NOM FÉMININ
Fleur odorante du rosier. *Un bouquet de roses blanches et de roses rouges.*
NOM MASCULIN
Couleur rose. *Des roses délicats.*
ADJECTIF DE COULEUR
De la teinte de la rose commune, intermédiaire entre le rouge et le blanc. *Des corsages roses.*
Cet adjectif de couleur prend la marque du pluriel lorsqu'il est simple ; composé, il est invariable. *Des gants rose pâle.*
VOIR TABLEAU – COULEUR (ADJECTIFS DE).
LOCUTIONS
– ***À l'eau de rose,*** loc. adj. Fleur bleue, sentimental. *Un roman à l'eau de rose.*
– ***Rose des vents.*** Figure circulaire à trente-deux divisions indiquant les points cardinaux.
– ***Rose trémière.*** Passerose. *Des roses trémières bordent un côté du jardin.*
– ***Voir la vie en rose.*** (FIG.) Être optimiste.

ROSÉ, ÉE adj. et n. m.
ADJECTIF
Légèrement rose. *Une teinte rosée très délicate.*
NOM MASCULIN
Vin d'un rouge clair. *Le rosé bien frais symbolise l'été.*

ROSEAU n. m. (pl. *roseaux*)
Plante aquatique. *Des roseaux se balançaient au vent.*

ROSÉE n. f.
Petites gouttelettes d'eau qui se déposent par condensation de la vapeur. *La rosée du matin.*

ROSERAIE n. f.
Jardin planté de rosiers. *La magnifique roseraie du Jardin botanique de Montréal.*

ROSIER n. m.
Arbrisseau épineux cultivé pour ses fleurs odorantes, les roses. *Un rosier grimpant. Des rosiers rustiques.*

ROSIR v. tr., intr.
VERBE TRANSITIF
Teinter de rose. *Le froid a rosi ses joues.*
VERBE INTRANSITIF
Prendre une teinte rose. *Ses joues rosissent d'excitation.*
CONJUGAISON : VOIR MODÈLE FINIR.

ROSSE adj. et n. f.
ADJECTIF
(FAM.) Mordant, sévère. *Ce correcteur est rosse.*
NOM FÉMININ
Personne méchante.
Attention au genre féminin de ce nom : ***une*** rosse.

ROSSÉE n. f.
Volée de coups.

ROSSIGNOL n. m.
Oiseau passereau dont le chant est agréable.
VOIR TABLEAU – ANIMAUX.

ROT n. m.
Le ***t*** ne se prononce pas, [ro] ; le mot rime avec ***boléro***.
Sortie bruyante d'air par la bouche. *Le bébé va faire son petit rot.*
✏ **rot.**

RÔT n. m.
(VX) (LITT.) Rôti. *Gargantua dégusta moult potages et quatre rôts de bœuf et de gibier.*
✏ **rôt.**

ROTATIF, IVE adj. et n. f.
ADJECTIF
Qui tourne. *Un jet rotatif, des foreuses rotatives.*
NOM FÉMININ
Presse à imprimer continue. *Ils ont installé une nouvelle rotative.*

ROTATION n. f.
1. Mouvement circulaire d'un corps autour d'un axe. *La rotation de la Terre autour du Soleil.* SYN. révolution.
2. (FIG.) Roulement. *La rotation des stocks.*

ROTER v. intr.
(FAM.) Faire un rot. SYN. éructer.
CONJUGAISON : VOIR MODÈLE AIMER.
✏ roter.

RÔTI, IE adj. et n. m. et f.
ADJECTIF
Grillé. *Du poulet rôti.*
NOM MASCULIN
Viande grillée au four, à la broche. *Un rôti de veau.*
NOM FÉMININ
⚜ Tranche de pain grillée. *Des rôties avec de la confiture.* SYN. toast.
Ce nom demeure usuel au Québec et dans la francophonie canadienne, mais il n'appartient plus à l'usage courant de la majorité des locuteurs du français.

ROTIN n. m.
Genre de palmier dont on utilise la tige pour faire des meubles. *Des causeuses de rotin.*

RÔTIR v. tr., intr., pronom.
Le ***ô*** est ouvert, [rɔtir].
VERBE TRANSITIF
Faire cuire en exposant au feu, à la chaleur. *Rôtir un poulet.* SYN. griller.
VERBE INTRANSITIF
Cuire. *As-tu mis les brochettes à rôtir ?*

VERBE PRONOMINAL
Se faire bronzer au soleil. *Les vacanciers se sont rôtis au soleil.*
À la forme pronominale, le participe passé de ce verbe s'accorde toujours en genre et en nombre avec son sujet. *Elle ne s'est rôtie que quelques minutes sur la plage.*
CONJUGAISON : VOIR MODÈLE FINIR.

RÔTISSAGE n. m.
Action de rôtir. *Le rôtissage d'un agneau.*

RÔTISSERIE n. f.
Le *ô* est ouvert, [rɔtisri].
Restaurant spécialisé dans les viandes rôties. *Aller manger à la rôtisserie* (et non au *barbecue).

RÔTISSOIRE n. f.
Le *ô* est ouvert, [rɔtiswar].
Appareil qui sert à faire griller les viandes.

ROTOCULTEUR n. m.
Engin à moteur muni de deux roues motrices, de poignées de commandes et de dents rotatives, et qui est destiné à labourer le sol.

ROTONDE n. f.
Édifice circulaire surmonté d'une coupole. *La rotonde de l'oratoire Saint-Joseph.*

ROTONDITÉ n. f.
Rondeur.

ROTULE n. f.
Os du genou. *As-tu une fracture de la rotule ?*
rotule.

ROTURIER, IÈRE adj. et n. m. et f.
Qui n'est pas noble. ANT. aristocrate.

ROUAGE n. m.
1. Chacune des parties mobiles d'un mécanisme.
2. (FIG.) Ensemble des moyens qui assurent le fonctionnement d'un système. *Les rouages administratifs.*

ROUBLE n. m.
Unité monétaire de la Russie. *Des roubles.*

ROUCOULADE n. f.
Bruit de l'oiseau qui roucoule.

ROUCOULEMENT n. m.
Cri du pigeon, de la tourterelle.

ROUCOULER v. tr., intr.
VERBE TRANSITIF
Dire d'une façon langoureuse. *Roucouler des mots tendres.*
VERBE INTRANSITIF
Crier, en parlant du pigeon et de la tourterelle. *Le pigeon roucoule.*
CONJUGAISON : VOIR MODÈLE AIMER.
roucouler.

ROUE n. f.
Disque rigide qui, en tournant sur un axe, est utilisé comme organe de déplacement. *Les roues avant, les roues arrière d'une voiture.*
LOCUTIONS
– ***Faire la roue,*** en parlant du paon. Déployer en éventail les plumes de sa queue.
– ***Faire la roue.*** Exercice de gymnastique consistant à faire une pirouette sur les mains.
– ***Faire la roue.*** (FIG.) Se pavaner.
FORME FAUTIVE
*roue. Anglicisme au sens de ***volant*** (de véhicule automobile).
HOM. ***roux,*** d'une couleur orangée.

ROUÉ, ÉE adj. et n. m. et f.
ADJECTIF
Battu violemment. *Roué de coups.*
NOM MASCULIN ET FÉMININ
(PÉJ.) Hypocrite et ambitieux. *Des roués décidés à réussir à n'importe quel prix.*

ROUER v. tr.
Battre violemment. *Les pauvres passants ont été roués de coups par ces malfaiteurs.*
CONJUGAISON : VOIR MODÈLE AIMER.

ROUET n. m.
Machine qui sert à filer la laine, le lin, etc.

ROUGE adj., adv. et n. m.
ADJECTIF DE COULEUR
D'une couleur semblable à celle du sang, du feu. *Des gants rouges.*
VOIR TABLEAU – COULEUR (ADJECTIFS DE).
ADVERBE
Pris adverbialement, le mot est invariable. *Ils voient rouge.*
NOM MASCULIN
La couleur rouge. *Des rouges éclatants, des rouges à lèvres.*
Cet adjectif de couleur prend la marque du pluriel s'il est simple ; composé, il est invariable. *Des bonnets rouge tomate.*
LOCUTIONS
– ***Être dans le rouge.*** Éprouver des difficultés financières, présenter un déficit.
Cette locution fait référence aux comptes déficitaires notés autrefois à l'encre rouge.
– ***Rouge à lèvres.*** Fard servant à colorer et à hydrater les lèvres.
– ***Voir rouge.*** (FIG.) Être furieux. *En apprenant la nouvelle de l'incendie criminel, ils ont vu rouge.*
Dans cette locution, l'adjectif est pris adverbialement et est donc invariable.

ROUGEÂTRE adj.
Qui tire sur le rouge. *Une égratignure rougeâtre.*

ROUGEAUD, AUDE adj.
Qui a le visage rouge. *Des vacanciers rougeauds.*
VOIR TABLEAU – COULEUR (ADJECTIFS DE).
rougeaud.

ROUGE-GORGE n. m. (pl. *rouges-gorges*)
Oiseau passereau à gorge rouge. *Des rouges-gorges se sont hasardés dans le jardin.*

ROUGEOIEMENT n. m.
Reflet rouge. *Le rougeoiement du feu dans la cheminée.*
rougeoiement.

ROUGEOLE n. f.
Maladie contagieuse de l'enfance.
rougeole.

ROUGEOYANT, ANTE adj.
Qui rougeoie. *Un soleil couchant aux couleurs rougeoyantes.*

ROUGEOYER v. intr.
Produire des reflets rouges, avoir une teinte rougeâtre. *Le feu de camp rougeoie dans l'obscurité.*
CONJUGAISON : VOIR MODÈLE EMPLOYER.
Le ***y*** se change en ***i*** devant un ***e*** muet. *Il rougeoie, il rougeoiera.*

ROUGET n. m.
Le ***t*** est muet, [ruʒɛ].
Poisson apprécié pour sa chair. *Des rougets grillés.*
rouget.

ROUGEUR n. f.
Coloration vive de la peau. *Il a de petites rougeurs au front.*

ROUGIR v. tr., intr.
VERBE TRANSITIF
Teinter de rouge. *Elle a rougi ses lèvres.*
VERBE INTRANSITIF
Devenir rouge. *Il s'est mis à rougir en entendant ces éloges.*
SYN. s'empourprer.
CONJUGAISON : VOIR MODÈLE FINIR.

R

ROUGISSANT, ANTE adj.
Qui rougit. *Des adolescents rougissants.* SYN. timide.
Ne pas confondre avec le participe présent invariable ***rougissant***. *Les feuilles rougissant à l'automne.*

ROUGISSEMENT n. m.
Le fait de rougir. *Le rougissement des feuilles de l'érable à l'automne.*

ROUILLE adj. inv. et n. f.
NOM FÉMININ
Substance rougeâtre produite par l'oxydation du fer. *Il y a de la rouille sur cette chaîne qui retient le bateau au quai.*
ADJECTIF DE COULEUR INVARIABLE
De la teinte brun rouge de la rouille. *Des chaussures rouille.*
VOIR TABLEAU – COULEUR (ADJECTIFS DE).

ROUILLÉ, ÉE adj.
1. Couvert de rouille. *Un vieux bateau rouillé.*
2. (FIG.) Qui manque d'agilité, faute d'activité. *Une mémoire rouillée.*

ROUILLER v. tr., intr., pronom.
VERBE TRANSITIF
Produire de la rouille. *L'humidité rouille le fer.*
VERBE INTRANSITIF
Se couvrir de rouille. *Cette chaise commence à rouiller.*
VERBE PRONOMINAL
(FIG.) Perdre son habileté, sa force par manque d'activité. *Avec le temps, on se rouille. Elles se sont rouillées par manque d'exercice.*
À la forme pronominale, le participe passé de ce verbe s'accorde toujours en genre et en nombre avec son sujet. *Cette table métallique s'est rouillée.*
CONJUGAISON : VOIR MODÈLE AIMER.
Les lettres ***ill*** sont suivies d'un ***i*** à la première et à la deuxième personne du pluriel de l'indicatif imparfait et du subjonctif présent. *(Que) nous rouillions, (que) vous rouilliez.*

ROULANT, ANTE adj.
Qui roule. *Ils sont chargés de l'entretien du matériel roulant.*
LOCUTION
– ***Fauteuil roulant.*** Siège à dossier et à bras monté sur roues permettant à une personne n'ayant pas l'usage de ses membres inférieurs de se déplacer (GDT). *Des fauteuils roulants* (et non *chaises roulantes) *ergonomiques.*

ROULEAU n. m. (pl. *rouleaux*)
Cylindre. *Des rouleaux de papier.*
LOCUTIONS
– ***Être au bout du rouleau.*** (FAM.) Être totalement épuisé, exténué.
– ***Rouleau à pâtisserie.*** Cylindre de bois comportant des poignées à ses extrémités et servant à abaisser la pâte.
– ***Rouleau compresseur.*** Engin automoteur, conçu pour le compactage des sols et des enrobés bitumineux, et composé de plusieurs cylindres métalliques lisses formant roues, montés sur châssis (Recomm. off.). *Le rouleau compresseur est un engin de poids élevé et à déplacement lent.* SYN. rouleau compacteur.

ROULEMENT n. m.
1. Mouvement de ce qui roule. *Le roulement de tonneaux.*
2. (FIG.) Succession de personnes, de choses. *Le roulement du personnel.* SYN. changement.

ROULER v. tr., intr., pronom.
VERBE TRANSITIF
1. Faire avancer quelque chose en le faisant tourner sur lui-même. *Rouler un baril.*
2. Tromper, duper. *Ce marchand ambulant les a roulés : il leur a vendu des tableaux contrefaits.*
VERBE INTRANSITIF
Avancer sur des roues. *La voiture roulait à plus de 100 kilomètres à l'heure, à 100 km/h.* SYN. circuler.
VERBE PRONOMINAL
1. Se tourner. *Ils se sont roulés dans l'herbe.*
2. S'enrouler. *Les enfants se sont roulés sous l'édredon.* SYN. se blottir.
À la forme pronominale, le participe passé de ce verbe s'accorde toujours en genre et en nombre avec son sujet. *Les enfants se sont roulés dans le sable.*
CONJUGAISON : VOIR MODÈLE AIMER.

ROULETTE n. f.
Petite roue. *Une table à roulettes.*
LOCUTION
– ***Marcher comme sur des roulettes.*** Aller bon train, en parlant d'une affaire.

ROULIS n. m.
Le *s* est muet, [ruli].
Mouvement d'oscillation latérale d'un bateau (à droite, à gauche). *Il y a trop de roulis pour manger.*
Ne pas confondre avec le nom ***tangage***, mouvement d'oscillation dans le sens de la longueur (à l'avant, à l'arrière).
roulis.

ROULOTTE n. f.
Remorque aménagée pour servir de logement de camping. SYN. caravane.

ROUMAIN, AINE adj. et n. m. et f.
ADJECTIF ET NOM MASCULIN ET FÉMININ
De Roumanie. *Une athlète roumaine. Un Roumain, une Roumaine.*
T L'adjectif s'écrit avec une minuscule ; le nom, avec une majuscule.
NOM MASCULIN
Langue parlée en Roumanie. *Nadia parle le roumain.*
T Le nom de la langue s'écrit avec une minuscule.

ROUPIE n. f.
Unité monétaire de l'Inde, du Népal et du Pakistan. *Des roupies.*
VOIR TABLEAU – SYMBOLES DES UNITÉS MONÉTAIRES.

ROUPILLER v. intr.
(FAM.) Dormir. *Tu cognes des clous, tu roupilles.*
CONJUGAISON : VOIR MODÈLE AIMER.

ROUQUIN, INE adj. et n. m. et f.
(FAM.) Roux. *Une fillette rouquine. Des petits rouquins.*
VOIR TABLEAU – COULEUR (ADJECTIFS DE).

ROUSPÉTER v. intr.
(FAM.) Protester. *Cesse de rouspéter.* SYN. bougonner ; maugréer ; (FAM.) râler.
CONJUGAISON : VOIR MODÈLE POSSÉDER.
Le ***é*** se change en ***è*** devant une syllabe contenant un ***e*** muet, sauf à l'indicatif futur et au conditionnel présent. *Je rouspète,* mais *je rouspéterai.*
[Les *Rectifications* (1990) admettent : il rouspètera, rouspèterait...]

ROUSPÉTEUR, EUSE adj. et n. m. et f.
(FAM.) Râleur. SYN. bougon ; grognon.

ROUSSELER v. tr., intr.
Se couvrir de taches de rousseur. *Elle est toute rousselée en été.*
CONJUGAISON : VOIR MODÈLE APPELER.

ROUSSEUR n. f.
Caractère de ce qui est roux. *La rousseur de ses cheveux.*
LOCUTION
– ***Tache de rousseur.*** Tache pigmentaire apparaissant sur certaines peaux très claires. SYN. tache de son.

ROUSSI n. m.
Odeur d'une chose qui commence à brûler. *Cela sent le roussi dans la cuisine.*

ROUSSIR v. tr., intr.
VERBE TRANSITIF
Brûler superficiellement. *Le soleil d'août a roussi la prairie.*
VERBE INTRANSITIF
Devenir roux. *Avec le soleil, mes cheveux ont roussi.*
CONJUGAISON : VOIR MODÈLE FINIR.

ROUTE n. f.
Abréviation ***r^{te}*** ou ***rte*** (s'écrit sans point).
Voie de communication large et fréquentée, de première importance par opposition au chemin, reliant deux ou plusieurs agglomérations (Recomm. off.). *Une jolie route de campagne.*
[T] Les mots génériques des noms de voies de circulation ou odonymes (***avenue, boulevard, chemin, côte, place, route, rue,*** etc.) s'écrivent avec une minuscule et sont suivis du nom spécifique qui s'écrit avec une ou des majuscules. *La route du Verger.* Suivi d'un odonyme, le verbe ***habiter*** se construit sans préposition. *Marie-Ève habite 7, avenue Antonine-Maillet.*
VOIR TABLEAU – ODONYMES.
LOCUTIONS
– ***Faire fausse route.*** Se tromper de chemin.
– ***Faire fausse route.*** (FIG.) Se tromper, faire erreur. *Ils ont fait fausse route en affirmant cela.*
Dans ces locutions, les mots ***fausse route*** restent au singulier.
– ***Faire route*** (avec quelqu'un). L'accompagner le long d'un trajet. *Elles ont fait route avec des amis pour rentrer.*
– ***Route express.*** Route aménagée pour la circulation rapide (Recomm. off.).

ROUTEUR n. m.
ROUTEUSE n. f.
NOM MASCULIN ET FÉMININ
Personne qui, dans une entreprise de publipostage, groupe des envois postaux selon leur destination.
NOM MASCULIN
(INFORM.) Équipement d'interconnexion, installé à un nœud de réseau, qui a pour fonction d'optimiser la transmission des données, en déterminant pour elles le meilleur chemin à emprunter (GDT).

ROUTIER, IÈRE adj. et n. m. et f.
ADJECTIF
Relatif aux routes. *La circulation routière, la sécurité routière.*
NOM MASCULIN
1. Conducteur de camion effectuant de longs parcours. *Les routiers roulent souvent la nuit.*
2. Restaurant où s'arrêtent les routiers.
NOM FÉMININ
Voiture conçue pour les longs trajets.

ROUTINE n. f.
Longue habitude, usage consacré. *Elle déteste la routine.*
LOCUTION
– ***De routine.*** Habituel. *Une vérification de routine.*
FORMES FAUTIVES
*routine. Anglicisme au sens de ***mode, méthode*** (d'entretien, de vérification, etc.).
*routine. Anglicisme au sens de ***élément*** répétitif d'un spectacle, ***exercice*** d'une démonstration (sportive, technique, etc.). *La gymnaste a raté son exercice* (et non *sa routine).

ROUTINIER, IÈRE adj.
Habituel, répétitif. *Des activités routinières.*

ROUVRIR v. tr., intr., pronom.
VERBE TRANSITIF
Ouvrir de nouveau. *Rouvrir* (et non *réouvrir) *un restaurant.*
On parle cependant de la ***réouverture*** de quelque chose.
VERBE INTRANSITIF
Être de nouveau ouvert. *C'est le printemps : le glacier Bilboquet est rouvert !*
VERBE PRONOMINAL
Être ouvert, s'ouvrir de nouveau. *Sa plaie s'est rouverte.*
À la forme pronominale, le participe passé de ce verbe s'accorde toujours en genre et en nombre avec son sujet. *Les négociations se sont rouvertes.*
CONJUGAISON : VOIR MODÈLE OUVRIR.

ROUX, ROUSSE adj. et n. m. et f.
ADJECTIF DE COULEUR
D'une couleur orangée. *Un écureuil roux.*
VOIR TABLEAU – COULEUR (ADJECTIFS DE).
NOM MASCULIN ET FÉMININ
Personne dont les cheveux sont roux. *Une jolie rousse.*
HOM. ***roue,*** disque rigide tournant sur un axe.

ROYAL, ALE, AUX adj.
1. Du roi. *Des privilèges royaux.*
2. Digne d'un roi. *Une splendeur royale.* SYN. splendide.

ROYALEMENT adv.
1. D'une manière royale. SYN. somptueusement.
2. Magnifiquement. *Ils ont été reçus royalement.*
3. (FAM.) Complètement. *Il s'en fiche royalement.* SYN. totalement.

***ROYALTIES**
Anglicisme pour ***redevances.***

ROYAUME n. m.
Pays à régime monarchique. *Le royaume du Maroc.*
LOCUTIONS
– ***Le royaume des cieux.*** Le paradis.
– ***Le royaume des ténèbres.*** L'enfer.

ROYAUTÉ n. f.
Pouvoir royal.
FORME FAUTIVE
*royautés. Anglicisme au sens de ***droits d'auteur, redevances.***

R. P.
Abréviation de ***révérend père.***
L'abréviation de ***révérends pères*** est ***RR. PP.*** (s'écrit avec des points).

R. R.
Abréviation de ***route rurale.***

-RR(H)AGIE suff.
Élément du grec signifiant « jaillir ». *Hémorragie.*

-RR(H)ÉE suff.
Élément du grec signifiant « couler ». *Logorrhée.*

RREGOP
Sigle de ***Régime de retraite des employés du gouvernement et des organismes publics.***

RRQ
Sigle de ***Régie des rentes du Québec.***

RSVP
Abréviation de ***répondez, s'il vous plaît.***

r^{te} ou **rte**
Abréviation de ***route.***

RU n. m.
Petit ruisseau.
HOM. ***rue,*** voie de circulation.
ru.

RUADE n. f.
Action de ruer. *Les ruades d'un cheval sauvage.*

RUBAN n. m.
Pièce de tissu longue et étroite. *Un ruban de velours noué dans les cheveux.*
LOCUTION
– ***Ruban correcteur.*** Mince bande collante opaque généralement de couleur blanche utilisée habituellement pour masquer des caractères alphanumériques imprimés ou manuscrits dans le but de les modifier (GDT).

R

RUBAN-CACHE n. m. (pl. *rubans-caches*)
Ruban autocollant sur support opaque servant en général à masquer une surface qui ne doit pas être peinte (GDT). *Couvrir les boiseries de ruban-cache* (et non *masking tape) *avant de peindre les murs.*

RUBÉOLE n. f.
Maladie contagieuse.

RUBICOND, ONDE adj.
Très rouge. *Un visage rubicond.*
VOIR TABLEAU – COULEUR (ADJECTIFS DE).
rubicond.

RUBIS n. m.
Le *s* ne se prononce pas, [rybi].
Pierre précieuse d'un rouge vif. *Un collier de rubis et de diamants.*
LOCUTION
– ***Payer rubis sur l'ongle.*** Régler ses comptes avec une exactitude scrupuleuse.
rubis.

RUBRIQUE n. f.
1. Titre (d'un article). *Je voudrais insérer une annonce sous* ou *à la rubrique « Offres d'emploi ».*
Le mot se construit avec les prépositions ***sous, à*** plutôt que ***dans.***
2. Article régulier sur un sujet particulier. *Tenir la rubrique informatique.* SYN. chronique.

RUCHE n. f.
1. Petit abri des abeilles.
2. Essaim d'abeilles.
ruche, sans accent circonflexe.

RUCHER n. m.
Ensemble de ruches.
rucher, sans accent.

RUDE adj.
1. Rugueux. *Une barbe rude. Une étoffe rude.*
2. Dur, pénible. *Un climat très rude.* SYN. difficile ; rigoureux.
3. Brutal. *Une personne rude.* SYN. bourru ; dur.

RUDEMENT adv.
1. Avec rudesse. *On la traite trop rudement.* SYN. brutalement ; cruellement ; durement.
2. (FAM.) Très. *Elle est rudement gentille.* SYN. beaucoup ; terriblement.

RUDESSE n. f.
Défaut de ce qui est rude, pénible. SYN. brutalité ; dureté.

RUDIMENTAIRE adj.
Primitif, insuffisant. *Une habitation rudimentaire.*

RUDOYER v. tr.
Traiter avec rudesse, brutaliser. *Ces pauvres orphelins ont été rudoyés.* SYN. malmener ; maltraiter.
CONJUGAISON : VOIR MODÈLE EMPLOYER.
Le ***y*** se change en ***i*** devant un ***e*** muet. *Il rudoie, il rudoiera.*
Le ***y*** est suivi d'un ***i*** à la première et à la deuxième personne du pluriel de l'indicatif imparfait et du subjonctif présent. *(Que) nous rudoyions, (que) vous rudoyiez.*

RUE n. f.
1. Voie de communication généralement bordée de bâtiments dans une agglomération (Recomm. off.). *Les garçons s'amusent dans* (et non *sur) *la rue. La rue Lajoie.*
VOIR TABLEAU – ODONYMES.
2. Dans un système de dénomination basé sur l'orientation des voies de communication (plan en damier), voie urbaine située dans un axe perpendiculaire à celui des voies portant le nom d'avenue. Dans un tel système, les rues sont généralement orientées dans la direction est-ouest (Recomm. off.).
T 1° Les mots génériques des noms de voies de circulation ou odonymes (***avenue,boulevard, chemin, côte, place, route, rue,*** etc.) s'écrivent avec une minuscule et sont suivis du nom spécifique qui s'écrit avec une ou des majuscules. *La rue Drolet, l'avenue De Lorimier.* Suivi d'un odonyme, le verbe ***habiter*** se construit sans préposition. *Marie-Ève habite 7, avenue Antonine-Maillet.*
2° Les noms génériques d'odonymes caractérisés par un adjectif numéral ordinal s'écrivent avec une majuscule. *La 18e Avenue, le Septième Rang, la 3e Rue.*
3° Si ces chiffres appartiennent à une date historique, ils s'écrivent en chiffres arabes et sont liés au nom de mois par un trait d'union (*rue du 4-Septembre*) ; s'ils font partie d'un nom de souverain, de pape, ils s'écrivent en capitales et en chiffres romains et sont liés par un trait d'union au nom propre (*rue Élisabeth-Ire, boul. Pie-IX).*
HOM. ***ru,*** petit ruisseau.

RUÉE n. f.
Foule de personnes qui se dirigent au même endroit. *La ruée vers l'or.*

RUELLE n. f.
Petite rue étroite. *Les enfants jouent au hockey dans la ruelle.*

RUER v. intr., pronom.
VERBE INTRANSITIF
Jeter les pieds de derrière avec force, en parlant d'un cheval. *Attention, ce cheval rétif peut ruer !*
VERBE PRONOMINAL
Se précipiter, le plus souvent en grand nombre. *Les spectateurs se ruèrent vers la sortie.* SYN. s'élancer ; foncer.
À la forme pronominale, le participe passé de ce verbe s'accorde toujours en genre et en nombre avec son sujet. *Les clients se sont rués sur les aubaines.*
LOCUTION
– ***Ruer dans les brancards.*** Protester vivement. SYN. se rebeller ; se rebiffer ; regimber.
CONJUGAISON : VOIR MODÈLE AIMER.

RUGBY n. m. (pl. *rugbys*)
Ce nom rime avec ***lubie,*** [rygbi].
Sport pratiqué avec un ballon ovale, permettant le plaquage d'un adversaire porteur du ballon et opposant deux équipes de quinze ou de treize joueurs qui cherchent à marquer le plus de points possibles en passant, portant ou bottant le ballon dans le but adverse (GDT).
Le terme ***ballon ovale*** est un synonyme courant en français européen.

RUGIR v. intr.
1. Crier, en parlant du lion.
2. (FIG.) Hurler. *Les spectateurs rugissaient d'indignation en voyant leur équipe injustement traitée par l'arbitre.*
CONJUGAISON : VOIR MODÈLE FINIR.

RUGISSANT, ANTE adj.
Qui rugit. *Des fauves rugissants.*

RUGISSEMENT n. m.
Cri du lion. *Des rugissements terrifiants.*

RUGOSITÉ n. f.
État d'une surface raboteuse.

RUGUEUX, EUSE adj.
Rude, raboteux. *Une surface rugueuse.* ANT. lisse ; poli.
rugueux.

RUINE n. f.
1. (GÉN. AU PLUR.) Débris d'une construction. *Les ruines d'un ancien château.*
Le nom s'écrit au singulier dans les expressions ***tomber en ruine, être en ruine, menacer ruine.***
2. Perte des biens, faillite, destruction. *Cette grève peut entraîner la ruine de l'entreprise.*

RUINER v. tr., pronom.
VERBE TRANSITIF
1. Ravager. *Cet orage violent a ruiné les framboisiers.* SYN. détruire; dévaster.
2. Causer la perte de la fortune. *La hausse des taux d'intérêt les a ruinés.*
VERBE PRONOMINAL
1. Perdre ses biens. *Ils se sont ruinés en construisant cette usine.*
2. (FIG.) Dépenser à l'excès. *Ils se sont ruinés au restaurant.* SYN. gaspiller.
À la forme pronominale, le participe passé de ce verbe s'accorde en genre et en nombre avec le complément direct si celui-ci le précède. *Les cheveux qu'elle s'est ruinés avec un fer. Ils se sont ruinés au jeu.* Le participe passé reste invariable si le complément direct suit le verbe. *Elle s'est ruiné la voix en s'égosillant ainsi.*
CONJUGAISON : VOIR MODÈLE AIMER.

RUINEUX, EUSE adj.
Très coûteux, prohibitif. *Ces travaux de restauration sont ruineux.*

RUISSEAU n. m. (pl. *ruisseaux*)
Petit cours d'eau peu large. *Des ruisseaux qui serpentent dans la campagne.*
Ne pas confondre avec les noms suivants :
- ***fleuve,*** cours d'eau important qui se jette dans la mer;
- ***rivière,*** cours d'eau qui se jette dans un fleuve;
- ***torrent,*** cours d'eau de montagne, impétueux.

VOIR TABLEAU – GÉOGRAPHIQUES (NOMS).

RUISSELANT, ANTE adj.
Mouillé. *Ils sont ruisselants de pluie.* SYN. trempé.
ruisselant.

RUISSELER v. intr.
1. Couler abondamment et de façon continue, comme l'eau d'un ruisseau. *Le tonnerre grondait et la pluie ruisselait sur le sol détrempé.*
2. Être couvert d'un liquide qui coule. *Ruisseler de sueur.*
CONJUGAISON : VOIR MODÈLE APPELER.
Redoublement du ***l*** devant un ***e*** muet. *Je ruisselle, je ruissellerai,* mais *je ruisselais.*
ruisseler.
[Les *Rectifications* (1990) admettent : il ruissèle, ruissèlera, ruissèlerait...]

RUISSELLEMENT n. m.
Action de ruisseler. *Le ruissellement des eaux de pluie.*
[Les *Rectifications* (1990) admettent : ruissèlement.]

RUMBA n. f.
Le ***u*** se prononce ***ou,*** le ***m*** se prononce, [rumba].
Danse cubaine. *Ils ont dansé des rumbas toute la soirée.*

RUMEUR n. f.
1. Bruit confus de voix. *La rumeur diffuse de la ville.*
2. Nouvelle qui se répand. *Ce n'est qu'une rumeur.*

RUMINANT n. m.
Mammifère ongulé qui possède un appareil digestif propre à la rumination. *Le bœuf, le mouton, la chèvre sont des ruminants.*

RUMINATION n. f.
Mode de digestion selon lequel les aliments sont absorbés dans l'estomac et ramenés dans la bouche pour être mâchés à nouveau.

RUMINER v. tr.
1. Pratiquer la rumination. *Les vaches ruminent patiemment.*
2. (FIG.) Retourner dans sa tête. *Il a ruminé cette idée toute la nuit.* SYN. remâcher; ressasser; songer à.
CONJUGAISON : VOIR MODÈLE AIMER.

RUPESTRE adj.
1. Qui pousse sur les rochers. *Une végétation rupestre.*
2. Inscrit sur une paroi rocheuse. *Des gravures rupestres.*
Ne pas confondre avec le mot ***champêtre,*** qui se rapporte à la campagne.

RUPIAH n. f.
Unité monétaire de l'Indonésie. *Des rupiahs.*
VOIR TABLEAU – SYMBOLES DES UNITÉS MONÉTAIRES.

RUPTURE n. f.
1. Cassure. *La rupture d'un câble a provoqué une panne.*
2. Interruption. *La rupture d'un contrat* (et non le *bris d'un contrat).
3. (FIG.) Séparation brusque. *Sa rupture avec son fiancé.*
LOCUTION
– ***Rupture de stock.*** Stock insuffisant de matières premières, de produits, qui empêche l'entreprise de répondre à la demande. *Cet article est en rupture de stock* (et non est *sold out, *stockout).

RURAL, ALE, AUX adj.
Relatif à la campagne. *Des propriétaires ruraux.*

RURALITÉ n. f.
Ensemble des caractéristiques du monde rural.

RUSE n. f.
Moyen astucieux pour tromper l'adversaire. *Recourir à la ruse pour arriver à ses fins.* SYN. astuce; finesse; habileté; stratagème; subterfuge.

RUSÉ, ÉE adj.
Astucieux, habile. *Un politicien rusé, mais honnête.* SYN. fin.

RUSER v. intr.
User de ruse. *L'équipe a rusé pour tromper ses adversaires et marquer un but.*
CONJUGAISON : VOIR MODÈLE AIMER.

***RUSH**
Anglicisme pour ***urgent.***

RUSSE adj. et n. m. et f.
ADJECTIF ET NOM MASCULIN ET FÉMININ
1. De Russie. *La révolution russe, les poètes russes. Un Russe, une Russe.*
2. (PAR EXT.) De l'ex-URSS. *Les fonctionnaires russes.*
T L'adjectif s'écrit avec une minuscule; le nom, avec une majuscule.
NOM MASCULIN
Langue parlée en Russie. *Boris parle le russe.*
T Le nom de la langue s'écrit avec une minuscule.

RUSTICITÉ n. f.
1. Caractère, apparence rustique.
2. Manque de raffinement. *La rusticité de ses manières.*
3. Caractère d'une plante rustique. *Ce rosier résiste à de grands froids et à la neige : sa rusticité est remarquable.*

RUSTIQUE adj.
1. Très simple. *Des meubles rustiques.* SYN. artisanal.
2. Résistant, en parlant d'une plante. *Un rosier rustique.*

RUSTRE adj. et n. m. et f.
Se dit d'un personnage grossier. *Des interlocuteurs rustres et vulgaires. Des rustres de la pire espèce.*
Ne pas confondre avec le nom ***cuistre,*** pédant ridicule.

RUT n. m.
Le ***t*** se prononce, [ryt]; le nom rime avec ***lutte.***
Période d'activité sexuelle au cours de laquelle les animaux recherchent l'accouplement.

RUTABAGA n. m.
Plante qui s'apparente au navet. *Des rutabagas fades.*

RUTILANT, ANTE adj.
Qui brille d'un vif éclat. *Des voitures rutilantes.* SYN. brillant; étincelant.

RUTILER v. intr.
Briller, étinceler. *L'argenterie fraîchement astiquée rutilait.*
CONJUGAISON : VOIR MODÈLE AIMER.

r.-v.
Abréviation de ***rendez-vous.***

RYE n. m.
Le nom se prononce comme ***rail,*** [raj].
Whisky de seigle. *Un rye canadien rafraîchi avec des glaçons, je vous prie.*

RYTHME n. m.
1. Cadence. *Marquer le rythme.* SYN. mesure ; mouvement.
2. Alternance régulière. *Le rythme des saisons.*
3. Mouvement régulier. *Le rythme cardiaque.*
rythme.

RYTHMÉ, ÉE adj.
Qui a du rythme. *Une musique rythmée.*
rythmé.

RYTHMER v. tr.
Donner un rythme à. *Rythmer une mélodie.*
CONJUGAISON : VOIR MODÈLE AIMER.
rythmer.

RYTHMIQUE adj.
Qui est soumis à un rythme. *Gymnastique rythmique.*
rythmique.

S

S n. m. inv.
⟹ Les lettres ***sc-*** placées au début d'un mot se prononcent ***s*** devant ***e*** ou ***i***, ***sk*** devant ***a, o, u***. *Scène, scandale.*
Dix-neuvième lettre de l'alphabet.

S
– ***s***, symbole de ***seconde.***
– ***S***, symbole de ***soufre.***
– ***S***, symbole de ***siemens.***
– ***s.***, abréviation de ***siècle.***
– ***S.***, abréviation de ***sud.***
VOIR TABLEAU – POINTS CARDINAUX.

$
Symbole de ***dollar.***

SA adj. poss. f. sing.
1. Déterminant possessif féminin de la troisième personne du singulier qui détermine le nom en indiquant le « possesseur » de l'objet désigné. Il s'accorde en genre et en nombre avec le nom déterminé. *Sa chambre.*
2. Le déterminant possessif s'accorde en personne avec le nom désignant le « possesseur ». Ainsi, le déterminant possessif ***sa*** renvoie à un seul « possesseur » d'un être, d'un objet de genre féminin. *C'est sa bicyclette* (un seul possesseur). *Regarde leur nouvelle voiture* (plusieurs possesseurs).
Devant un nom féminin commençant par une voyelle ou un ***h*** muet, c'est la forme masculine ***son*** qui est employée pour rendre la liaison plus harmonieuse entre le déterminant possessif et le mot qui suit. *Son amie, son histoire.*

SA
Sigle de ***société anonyme.***

SAAQ
Sigle de **Société de l'assurance automobile du Québec**.

SABAYON n. m.
Crème italienne, composée de jaunes d'œufs, de sucre et de liqueur.
sabayon.

SABBAT n. m.
⟹ Le ***t*** ne se prononce pas, [saba].
Repos hebdomadaire des juifs (le samedi).
sabbat.

SABBATIQUE adj. et n. f.
Se dit d'une année, d'une période de congé accordée aux professeurs universitaires (généralement tous les sept ans). *Une année sabbatique, deux sabbatiques de six mois. Elle aura droit à une sabbatique l'année prochaine.*
sa**bb**atique.

SABIR n. m.
1. (LING.) Langue mixte élémentaire résultant des contacts de langues très différentes les unes des autres, utilisable pour des communications très limitées dans des secteurs déterminés, notamment le commerce.
Ne pas confondre avec les noms suivants :
• ***créole***, langue mixte issue du contact d'une langue européenne (français, anglais, espagnol, portugais) et de langues indigènes, africaines en particulier, devenue langue maternelle d'une communauté linguistique ;
• ***pidgin***, langue mixte issue du contact de l'anglais et de langues autochtones d'Extrême-Orient, qui sert de langue d'appoint sans être langue maternelle d'une communauté.
2. (FIG.) (PÉJ.) Langage incompréhensible, charabia.

SABLAGE n. m.
Action de sabler. *Le sablage d'une surface rugueuse.*

SABLE adj. inv. et n. m.
NOM MASCULIN
Ensemble de petits grains produits par la désagrégation des roches. *Une plage de sable fin. Des plages de sable.*
ADJECTIF DE COULEUR INVARIABLE
De la couleur beige clair du sable. *Des imperméables sable.*
VOIR TABLEAU – COULEUR (ADJECTIFS DE).
LOCUTIONS
– ***Bâtir sur le sable.*** (FIG.) Mettre sur pied une entreprise qui ne repose pas sur des bases solides et dont la permanence est compromise.
– ***Le marchand de sable est passé.*** Se dit lorsque les enfants tombent de sommeil.
– ***Sables mouvants.*** Sables où l'on risque de s'enfoncer et de s'enliser.

SABLÉ, ÉE adj. et n. m.
ADJECTIF
Recouvert de sable. *Un trottoir sablé pour prévenir les chutes sur le sol glacé.*
NOM MASCULIN
Petit gâteau sec dont la pâte est friable.
FORME FAUTIVE
*papier sablé. Calque de «*sandpaper*» pour ***papier de verre, papier émeri, papier d'émeri.***

SABLER v. tr.
1. Recouvrir de sable. *Sabler la chaussée pour éviter qu'elle ne soit trop glissante.*
2. Nettoyer, rendre lisse à l'aide d'un papier de verre, de sable ou d'une substance qui polit. *On devra sabler le plancher avant de le vernir.*

LOCUTION
– ***Sabler le champagne.*** Boire du champagne à l'occasion d'une réjouissance.
Autrefois, le verbe ***sabler*** signifiait « boire d'un trait » ; aujourd'hui, il signifie plutôt « boire pour célébrer un évènement ».
Ne pas confondre avec ***sabrer le champagne,*** ouvrir une bouteille de champagne à l'aide d'un sabre.
CONJUGAISON : VOIR MODÈLE AIMER.

SABLIER n. m.
Appareil qui détermine le temps par l'écoulement du sable. *Un sablier de trois minutes, pour les œufs à la coque.*
Ne pas confondre avec le nom féminin ***clepsydre,*** horloge à eau.

SABLIÈRE n. f.
Carrière de sable.

SABLONNEUX, EUSE adj.
Qui est couvert de sable ou qui contient du sable. *Un sol sablonneux.*

SABORD n. m.
Ouverture dans un navire pour donner passage à la bouche des canons, à des conduits d'aération. *« Mille sabords ! » s'exclame le capitaine Haddock.*

SABORDER v. tr., pronom.
VERBE TRANSITIF
1. (MAR.) Faire couler un navire.
2. (FIG.) Détruire, mettre fin à. *Saborder son entreprise, un parti politique.*
VERBE PRONOMINAL
1. (MAR.) Couler volontairement son navire.
2. (FIG.) Anéantir, détruire volontairement une entreprise, une organisation. *Le Rassemblement pour l'indépendance nationale s'est sabordé.*
À la forme pronominale, le participe passé de ce verbe s'accorde toujours en genre et en nombre avec son sujet. *Cette association s'est sabordée.*
CONJUGAISON : VOIR MODÈLE AIMER.

SABOT n. m.
1. Grosse chaussure de bois. *Autrefois, on portait des sabots à la campagne.*
2. Ongle des mammifères ongulés (cheval, bœuf, mouton, etc.).
LOCUTIONS
– ***Arriver avec ses gros sabots.*** (FIG.) Cacher mal ses intentions.
– ***Sabot de Denver.*** Dispositif bloquant la roue d'un véhicule en stationnement illicite.
– ***Voir quelqu'un venir avec ses gros sabots.*** (FIG.) Deviner ses intentions.
sabot.

SABOTAGE n. m.
Action de saboter. *L'hypothèse d'un sabotage n'est pas écartée.*
sabotage.

SABOTER v. tr.
Nuire au déroulement normal d'une activité, d'une installation, détériorer volontairement. *Ils ont saboté la centrale nucléaire.*
CONJUGAISON : VOIR MODÈLE AIMER.
saboter.

SABOTEUR, EUSE n. m. et f.
Auteur d'un sabotage. *Ce déraillement est l'œuvre de saboteurs.*
saboteur.

SABRE n. m.
Arme faite d'une lame plus ou moins recourbée, qui ne tranche que d'un côté.

SABRER v. tr.
1. Tailler en pièces à coups de sabre.
2. (FIG.) Biffer, couper à l'excès dans un texte. *La direction a sabré le reportage* (et non *dans le reportage) *de ce journaliste.*
3. (FIG.) (FAM.) Réduire considérablement (l'effectif d'une organisation, son budget). *La direction a sabré 200 postes et amputé le budget de 15 %.* SYN. (FAM.) dégraisser (l'entreprise, le budget) ; faire des compressions ; pratiquer des coupes sombres ; supprimer (des postes, des emplois).
Ce verbe se construit avec un complément direct.
LOCUTION
– ***Sabrer le champagne.*** Ouvrir une bouteille de champagne à l'aide d'un sabre.
Ne pas confondre avec ***sabler le champagne,*** boire du champagne à l'occasion d'une réjouissance.
CONJUGAISON : VOIR MODÈLE AIMER.

SAC n. m.
Sorte de poche ouverte par le haut. *Un sac de papier, de toile, de plastique. Des sacs de plage, des sacs de sable.*
LOCUTIONS
– ***Avoir plus d'un tour dans son sac.*** Être astucieux, habile et ingénieux.
– ***L'affaire est dans le sac.*** L'entreprise sera un succès.
– ***Mettre à sac.*** Piller, dévaster. *Le village a été mis à sac par les soldats ennemis.*
– ***Mettre dans le même sac.*** (FIG.) Considérer sur le même pied, comme étant de même valeur.
– ***Prendre quelqu'un la main dans le sac.*** (FIG.) Le prendre en train de commettre un délit. SYN. surprendre quelqu'un en flagrant délit.
– ***Sac (à main).*** Pochette destinée à transporter l'argent, les papiers, etc. *Un sac à main de cuir* (et non une *bourse, une *sacoche). *Des sacs à main à bandoulière.*
– ***Sac à dos.*** Sac porté sur le dos. *Les sacs à dos ont remplacé les cartables. Ces jeunes voyagent avec un sac à dos pour tout bagage.*
– ***Sac d'écolier.*** Cartable, serviette.
– ***Sac de couchage.*** Enveloppe de tissu isolant dans laquelle on dort. *Avec ce sac de couchage polaire, on peut dormir sous la tente à des températures de 20 °C au-dessous de zéro.*
– ***Vider son sac.*** (FIG.) (FAM.) Dire la vérité, sans rien dissimuler.

SACCADE n. f.
Secousse brusque. *Le moteur fonctionne avec des saccades : il faudrait le régler.* SYN. à-coup ; soubresaut.
saccade.

SACCADÉ, ÉE adj.
Agité de mouvements brusques, irréguliers. *Une démarche saccadée.*
saccadé.

SACCAGE n. m.
Ravage comprenant vol et dégâts importants.

SACCAGER v. tr.
Ravager, détruire. *Les animaux ont saccagé le potager.*
CONJUGAISON : VOIR MODÈLE CHANGER.
Le ***g*** est suivi d'un ***e*** devant les lettres ***a*** et ***o***. *Il saccagea, nous saccageons.*

SACCHARINE n. f.
Les lettres ***ch*** se prononcent ***k***, [sakarin].
Édulcorant employé comme succédané du sucre. *Nouni met de la saccharine dans son café, mais elle ne se prive pas d'un bon dessert.*
[Les *Rectifications* (1990) admettent : saccarine.]

SACERDOCE n. m.
Prêtrise, dignité de celui qui peut célébrer la messe et administrer les sacrements.
sacerdoce.

SACERDOTAL, ALE, AUX adj.
Relatif au sacerdoce. *Des vêtements sacerdotaux.*

SACHET n. m.
Petit sac. *Un sachet de sucre, de chocolat au lait.*
✏ sachet.

SACO
Sigle de ***Service administratif canadien outre-mer.***

SACOCHE n. f.
Sac de cuir, de toile forte. *Une sacoche de facteur, de cycliste.*
FORME FAUTIVE
*sacoche. Impropriété au sens de ***sac à main.***
✏ sacoche.

SAC-POUBELLE n. m. (pl. *sacs-poubelle*)
Sac de plastique servant à recueillir les ordures ménagères.

SACRALISATION n. f.
Action de sacraliser ; résultat de cette action.

SACRALISER v. tr.
Attribuer un caractère sacré à une personne, à une chose.
CONJUGAISON : VOIR MODÈLE AIMER.

SACRE n. m.
1. Cérémonie religieuse de couronnement d'un roi, d'une reine, de consécration d'un évêque, d'un pape. *Le sacre de la reine. Le sacre d'un cardinal.*
2. ⚜ Blasphème, juron composé d'un nom d'objet sacré (calice, ciboire, etc.). *Il est interdit de blasphémer, de dire des sacres ici.*
Ce nom s'emploie aussi en ce sens dans certaines autres régions de la francophonie.

SACRÉ, ÉE adj. et n. m.
ADJECTIF
1. Qui a un caractère religieux, qui concerne le culte divin. *Des lieux sacrés, des livres sacrés.* ANT. profane.
En ce sens, l'adjectif se place après le nom.
2. (FAM.) Grand. *Une sacrée chance.* SYN. fameux ; inouï.
Placé avant le nom, l'adjectif s'emploie familièrement pour renforcer ce nom.
NOM MASCULIN
Caractère de ce qui transcende l'humain. *Le sacré et le profane.*
LOCUTION
– ***Feu sacré.*** Ferveur, enthousiasme.

SACREMENT n. m.
Acte rituel destiné à faire naître ou à augmenter la grâce divine. *Le baptême, l'eucharistie sont des sacrements.*

SACRER v. tr., intr.
VERBE TRANSITIF
Conférer un caractère sacré. *Le pape a sacré un évêque.*
VERBE INTRANSITIF
⚜ Blasphémer, dire des sacres. *Il ne cesse de sacrer.*
Ce verbe s'emploie aussi en ce sens dans certaines autres régions de la francophonie.
CONJUGAISON : VOIR MODÈLE AIMER.

SACRIFICE n. m.
1. Offrande rituelle. *Le sacrifice d'un agneau à une divinité.*
2. Renoncement, privation volontaire. *Ce pompier a fait le sacrifice de sa vie pour sauver cet enfant. Elle a fait des sacrifices pour terminer ses études.*
En ce sens, le nom s'emploie généralement au pluriel lorsqu'il s'agit de restrictions financières.

SACRIFIER v. tr., pronom.
VERBE TRANSITIF DIRECT
1. Offrir en sacrifice. *Abraham était prêt à sacrifier Isaac pour plaire à Dieu.* SYN. immoler.
2. Renoncer à quelqu'un, à quelque chose en considération de ce qui est jugé plus important. *Il a sacrifié un poste prestigieux à l'étranger pour rester avec sa famille.*
VERBE TRANSITIF INDIRECT
Se conformer à. *Sacrifier aux impératifs de la politique.* SYN. obéir à ; suivre.
En ce sens, le verbe se construit avec la préposition ***à.***
VERBE PRONOMINAL
S'offrir en sacrifice, se dévouer entièrement. *Ils se sont sacrifiés pour leurs enfants.* SYN. se donner ; s'oublier ; payer de sa personne.
À la forme pronominale, le participe passé de ce verbe s'accorde toujours en genre et en nombre avec son sujet. *Ces personnes se sont sacrifiées pour aider les démunis.*
CONJUGAISON : VOIR MODÈLE ÉTUDIER.

SACRILÈGE adj. et n. m.
ADJECTIF
Coupable de sacrilège. *Un vol sacrilège.* SYN. impie.
NOM MASCULIN
1. Profanation du sacré. *C'est un sacrilège que de voler dans une église.* SYN. impiété.
2. (FIG.) Action grave qui s'apparente à une profanation. *Démolir ce bel immeuble ancien serait un sacrilège.*

SACRISTAIN n. m.
SACRISTINE n. f.
Personne responsable de l'entretien d'une église et des objets du culte.
✏ sacristain, sacristine.

SACRISTIE n. f.
Lieu d'une église où l'on range les vêtements sacerdotaux, les objets du culte, etc.

SACRO-SAINT, SAINTE adj.
(IRON.) Tabou, objet d'un respect excessif. *Les sacro-saints usages, les sacro-saintes politesses.*
[Les *Rectifications* (1990) admettent : sacrosaint, sacrosainte.]

SACRUM n. m.
Les lettres ***um*** se prononcent ***om***, [sakrɔm].
Os de la partie inférieure du bassin, qui fait suite à la colonne vertébrale. *Des sacrums.*

SADIQUE adj. et n. m. et f.
1. Qui relève du sadisme. *Un comportement sadique. Ce sont des sadiques.*
2. Cruel. *Un plaisir sadique.*

SADIQUEMENT adv.
Avec sadisme.

SADISME n. m.
Perversion qui fait éprouver du plaisir à faire souffrir.
Ne pas confondre avec le nom ***masochisme***, perversion qui fait éprouver du plaisir à souffrir.

SADOMASOCHISME n. m.
Réunion des tendances sadiques et masochistes chez une personne.

SADOMASOCHISTE adj. et n. m. et f.
Qui relève du sadomasochisme. *Des tendances sadomasochistes. Un sadomasochiste qui s'ignore.*

SAFARI n. m.
Expédition de chasse, de photographie, en Afrique. *Un safari photographique.*
LOCUTION
– ***Safari-photo.*** Expédition où l'on prend des photos des animaux en liberté. *Des safaris-photos au Kenya.*

SAFRAN adj. inv. et n. m.
NOM MASCULIN
1. Plante cultivée pour ses fleurs qui produisent une substance aromatique qui sert également de colorant.
2. Variété de jaune. *Des safrans intenses.*
ADJECTIF DE COULEUR INVARIABLE
De la couleur jaune du safran. *Des turbans safran.*
VOIR TABLEAU – COULEUR (ADJECTIFS DE).

SAFRANER v. tr.
1. Assaisonner de safran. *Safraner du riz.*
2. (FIG.) Donner une couleur jaune comme le safran. *Les feuilles safranées par l'automne.*
CONJUGAISON : VOIR MODÈLE AIMER.

SAGA n. f.
1. Légende scandinave du Moyen Âge.
2. (PAR EXT.) Œuvre narrative d'une certaine ampleur.
3. (FIG.) Succession interminable de péripéties. *La saga du Stade olympique de Montréal et de son toit rétractable.*

SAGACE adj.
(LITT.) Perspicace. *Un analyste sagace.* SYN. intelligent; profond.

SAGACITÉ n. f.
Pénétration d'esprit. *Une recherche d'une grande sagacité.* SYN. intelligence; profondeur.

SAGE adj. et n. m. et f.
ADJECTIF
1. Sensé, raisonnable. *C'est une sage décision.* SYN. équilibré; sérieux.
2. Tranquille, docile. *Cet enfant est très sage.* SYN. calme; obéissant.
NOM MASCULIN ET FÉMININ
Personne qui fait preuve de sagesse. *Son père est un sage, un philosophe.*

SAGE-FEMME n. f. (pl. *sages-femmes*)
Femme dont la profession est de faire des accouchements. *Des sages-femmes compétentes et consciencieuses.*
[Les *Rectifications* (1990) admettent : une sagefemme, des sagefemmes.]

SAGEMENT adv.
1. Avec sagesse. *Ils ont sagement décidé de renoncer à une poursuite.* SYN. judicieusement; prudemment; raisonnablement.
2. Avec calme et docilité. *Les enfants jouaient sagement dans le jardin.* SYN. tranquillement.

SAGESSE n. f.
1. Raison, jugement. *Cette décision a été prise avec beaucoup de sagesse.* SYN. discernement.
2. Obéissance. *Cet enfant est d'une grande sagesse.* SYN. calme; docilité.

SAGITTAIRE n. m. et f.
NOM MASCULIN
Nom d'une constellation, d'un signe du zodiaque. *Elle est (du signe du) Sagittaire, elle est née entre le 22 novembre et le 20 décembre.*
[T] Les noms d'astres s'écrivent avec une majuscule.
NOM FÉMININ
Plante aquatique.
sagittaire.

SAGOUIN, INE n. m. et f.
Personne malpropre. *Vous avez certainement entendu parler de* La Sagouine *d'Antonine Maillet.*

SAHARIEN, IENNE adj. et n. f.
ADJECTIF
Du désert du Sahara.
NOM FÉMININ
Veste ceinturée comportant de nombreuses poches plaquées sur le modèle de l'uniforme militaire.

SAHEL n. m.
1. Région qui borde le désert du Sahara. *La famine sévit périodiquement dans le sahel.*
2. Vent du désert.
[T] Ce toponyme peut s'écrire avec une minuscule lorsqu'il désigne la zone de transition entre les régions désertiques et celles où règne le climat soudanais, et lorsqu'il nomme le vent du désert. Pris absolument, le nom désigne le Sahel algérien et s'écrit avec une majuscule. *Le Sahel.*

SAIGNANT, ANTE adj.
1. Qui saigne.
2. Peu cuit, en parlant d'une viande. *Quelle cuisson désirez-vous : bleu, saignant, à point ou bien cuit ?*

SAIGNÉE n. f.
1. Opération consistant à extraire du sang.
2. Perte en vies humaines. *La guerre et la famine ont constitué d'horribles saignées pour ce pays.*
3. (FIG.) Pertes financières. *Cette acquisition ruineuse a été une véritable saignée pour l'entreprise.*

SAIGNEMENT n. m.
Épanchement de sang. *Un saignement de nez.* SYN. hémorragie.

SAIGNER v. tr., intr.
VERBE TRANSITIF
1. Retirer du sang. *Autrefois, on saignait les malades à tout propos.*
2. (FIG.) Exiger d'une personne une somme considérable. *Par les impôts très lourds qu'ils imposent, les gouvernements saignent les contribuables.*
VERBE INTRANSITIF
Perdre du sang. *Elle saigne du nez souvent. Son genou saignait abondamment.*
LOCUTION
– ***Se saigner aux quatre veines.*** (FIG.) Se dépenser au maximum, se sacrifier. *Ces parents se sont saignés aux quatre veines pour payer les études de leurs enfants.*
FORME FAUTIVE
*saigner un radiateur. Impropriété pour ***purger un radiateur.***
CONJUGAISON : VOIR MODÈLE AIMER.

SAILLANT, ANTE adj.
La première syllabe se prononce ***sa***, [sajɑ̃, ɑ̃t].
1. Qui avance. *Un visage aux pommettes saillantes.*
2. Qui frappe, qui est en évidence. *Des faits saillants.* SYN. frappant; marquant; remarquable.
Ne pas confondre avec le participe présent invariable ***saillant.*** *Les muscles saillant sous la chemise.*

SAILLIE n. f.
La première syllabe se prononce ***sa***, [saji].
1. (LITT.) Trait d'esprit. *La conversation était émaillée de saillies et de rires.*
2. Partie qui avance, qui excède l'alignement. *Une large fenêtre en saillie.*
3. Accouplement chez les animaux en vue de la reproduction.
LOCUTION
– ***Faire saillie.*** Dépasser, former une avance. *Des balcons aux balustrades en fer forgé font saillie sur la façade.* SYN. saillir.
Dans cette locution, le nom ***saillie*** demeure au singulier.

SAILLIR v. tr.
La première syllabe se prononce ***sa***, [sajir].
S'accoupler, en parlant des animaux. *Le taureau saillit une vache.*
CONJUGAISON : VOIR MODÈLE FINIR.
INDICATIF PRÉSENT *Il saillit, ils saillissent.* IMPARFAIT *Il saillissait, ils saillissaient.* PASSÉ SIMPLE *Il saillit, ils saillirent.* FUTUR *Il saillira, ils sailliront.* CONDITIONNEL PRÉSENT *Il saillirait, ils sailliraient.* SUBJONCTIF PRÉSENT *Qu'il saillisse, qu'ils saillissent.* IMPARFAIT *Qu'il saillît, qu'ils saillissent.* PARTICIPE PRÉSENT *Saillissant.* PASSÉ *Sailli, ie.*

SAILLIR v. intr.
La première syllabe se prononce ***sa***, [sajir].
Avancer, faire saillie. *Ses muscles saillaient sous la chemise.*
CONJUGAISON : VOIR MODÈLE TRESSAILLIR.
INDICATIF PRÉSENT *Il saille, ils saillent.* IMPARFAIT *Il saillait, ils saillaient.* PASSÉ SIMPLE *Il saillit, ils saillirent.* FUTUR *Il saillera, ils sailleront.* CONDITIONNEL PRÉSENT *Il saillerait, ils sailleraient.* SUBJONCTIF PRÉSENT *Qu'il saille, qu'ils saillent.* PARTICIPE PRÉSENT *Saillant.* PASSÉ *Sailli.*
Le verbe ne s'emploie qu'à la troisième personne.

SAIN, SAINE adj.
1. Qui est en bonne santé, par opposition à ***malade.*** *Une peau saine.*
2. Équilibré, normal. *Un jugement sain.*
3. Salubre, qui favorise la bonne santé. *Un climat sain.*
LOCUTION
– ***Sain et sauf.*** Hors de danger, sans dommage. *Elles sont saines et sauves, ils sont sains et saufs.*
Au pluriel, on ne fait pas la liaison entre l'adjectif et la conjonction.
HOM.
• ***saint,*** sacré ;
• ***sein,*** mamelle de la femme ;
• ***seing,*** signature.

SAINDOUX n. m.
Graisse de porc fondue.
saindoux.

SAINEMENT adv.
1. D'une manière saine. *Ils ont réagi sainement à cette ingérence.*
2. Raisonnablement. *Juger sainement d'une situation.*

SAINT, SAINTE adj. et n. m. et f.
ADJECTIF
Abréviations S^t, S^{te}, S^{ts}, S^{tes} (saint, sainte, saints, saintes).
Qui est conforme à la loi divine, qui est consacré à Dieu. *Les lieux saints, l'Écriture sainte.*
NOM MASCULIN ET FÉMININ
Personne canonisée. *Une dévotion à sainte Thérèse de l'Enfant-Jésus.*
LOCUTIONS
– ***Il vaut mieux s'adresser à Dieu qu'à ses saints.*** Il est plus efficace de s'adresser au chef qu'à ses subalternes.
– ***Ne pas savoir à quel saint se vouer.*** Ne pas savoir à quelle aide recourir.
Les noms des saints sont souvent utilisés pour dénommer des lieux, des villes, des rues, des bâtiments. Plusieurs noms de famille du Québec comprennent l'adjectif ***saint*** ou ***sainte.*** *Les Saint-André habitent la rue Saint-Louis à Saint-Roch-de-l'Achigan.*
ÉCRITURE DU MOT *SAINT*
L'adjectif ***saint*** ou ***sainte*** est généralement écrit au long aussi bien dans un nom de famille que dans un nom de ville ou de rue. On ne doit l'abréger (S^t, S^{te}, S^{ts}, S^{tes}) que de façon exceptionnelle, en raison de contraintes d'espace.
• **Les noms de saints** : minuscule initiale sans trait d'union. *Ils prient sainte Thérèse et saint Jean-Baptiste.* Deux exceptions : *la Sainte Vierge, le Saint-Esprit.* Dans ces deux cas, l'adjectif s'écrit avec une majuscule. Il n'est pas lié au mot ***Vierge*** par un trait d'union, alors que le nom ***Saint-Esprit*** s'écrit avec un trait d'union.
• **Les noms de famille** : majuscule initiale et trait d'union. *Monsieur Saint-Pierre. Madame Sainte-Marie.*
• **Les noms géographiques, les noms de rues, de bâtiments et de fêtes** : majuscule initiale et trait d'union. *Il habite à Saint-Georges, en Beauce. La rue Sainte-Catherine. L'oratoire Saint-Joseph. L'école Saint-Germain. On fêtera la Saint-Jean-Baptiste.*
HOM.
• ***sain,*** équilibré ;
• ***sein,*** mamelle de la femme ;
• ***seing,*** signature.

SAINT-BERNARD n. m. (pl. *saint-bernard* ou *saint-bernards*)
Chien de montagne de forte taille, dont la fourrure est blanche et rousse. *C'est un saint-bernard qui a retrouvé les skieurs ensevelis sous la neige.*
Le nom s'écrit avec deux minuscules initiales et un trait d'union. Il prend la marque du pluriel pour certains auteurs et est invariable pour d'autres.

SAINTEMENT adv.
D'une manière sainte.

SAINT-ÉMILION n. m. (pl. *saint-émilion* ou *saint-émilions*)
Vin rouge. *Un saint-émilion d'un bon millésime.*
Le nom de la région s'écrit avec deux majuscules initiales ; le nom du vin s'écrit avec deux minuscules initiales. Il prend la marque du pluriel pour certains auteurs et est invariable pour d'autres.

SAINTE-NITOUCHE n. f. (pl. *saintes-nitouches*)
Personne hypocrite qui affecte la vertu. *Des saintes-nitouches exaspérantes. Ne faites pas vos saintes-nitouches !*
Le nom s'écrit avec des minuscules et un trait d'union.

SAINT-ESPRIT n. m.
Troisième personne de la Trinité. *Par l'opération du Saint-Esprit.*
Le nom s'écrit avec deux majuscules initiales et un trait d'union.

SAINTETÉ n. f.
Caractère de ce qui est saint. *La sainteté d'une martyre.*
LOCUTION
– ***Sa Sainteté.*** Titre de civilité du pape qui s'abrège en ***S.S.*** *S.S. le pape Jean-Paul II.*

SAINT-GLINGLIN (À LA) loc. adv.
(FAM.) Jamais. *Nous nous reverrons à la saint-glinglin ou dans la semaine des quatre jeudis.*

SAINT-HONORÉ n. m. (pl. *saint-honoré* ou *saint-honorés*)
Gâteau garni de petits choux et de crème Chantilly.
Ce nom s'écrit avec des minuscules et un trait d'union. Il prend la marque du pluriel pour certains auteurs et est invariable pour d'autres.

SAINT-JOSEPH n. m. inv. (pl. *saint-joseph*)
Nom courant du ***pétunia.*** *Elle a planté de beaux saint-joseph roses et des lierres dans ses boîtes à fleurs.* SYN. pétunia.

SAINT-PAULIN n. m. (pl. *saint-paulin* ou *saint-paulins*)
Fromage à pâte pressée.
Ce nom s'écrit avec des minuscules et un trait d'union. Il prend la marque du pluriel pour certains auteurs et est invariable pour d'autres.

SAINT-SIÈGE n. m.
Gouvernement du pape. *Le Saint-Siège est à Rome.*
Ce nom s'écrit avec deux majuscules et un trait d'union.

SAISIE n. f.
1. (DR.) Acte par lequel une personne, une société qui a prêté une somme d'argent fait saisir les biens de la personne qui ne peut lui rembourser la somme prêtée.
2. (INFORM.) Enregistrement d'une information dans un ordinateur, généralement à l'aide d'un clavier et d'une souris. *Le clavier et la souris servent à la saisie des données.*

SAISIR v. tr., pronom.
VERBE TRANSITIF
1. Capturer. *Saisir un fuyard.* SYN. attraper ; prendre.
2. Prendre vivement. *Il a saisi son bras.* SYN. s'emparer de ; empoigner.
3. Profiter de. *Saisir une occasion favorable.* ANT. manquer ; rater.
4. Comprendre. *Avez-vous saisi le sens de ma question ?* SYN. (FAM.) piger.
5. (DR.) Faire la saisie de. *Ses meubles ont été saisis.*
6. (INFORM.) Introduire une donnée dans un ordinateur. *Les codes des produits vendus sont saisis à l'aide d'un lecteur optique.*
VERBE PRONOMINAL
Prendre, s'emparer de. *Elles se sont saisies de la bouée qu'on leur tendait.*
À la forme pronominale, le participe passé de ce verbe s'accorde toujours en genre et en nombre avec son sujet. *Les policiers se sont saisis du voleur recherché.*

LOCUTION
– ***Saisir quelqu'un de quelque chose.*** L'informer. *Le ministre a saisi le maire de la gravité de la situation.*
CONJUGAISON : VOIR MODÈLE FINIR.

S

SAISISSABLE adj.
Qui peut être saisi. *Ces biens sont saisissables, alors que le régime de retraite ne peut faire l'objet d'une saisie.*

SAISISSANT, ANTE adj.
Qui surprend vivement. *Des tableaux saisissants.*

SAISISSEMENT n. m.
Impression subite causée par le froid, la peur. *Il est resté muet de saisissement.*
saisissement.

SAISON n. f.
1. Chacune des quatre parties de l'année qui dure trois mois. *Les saisons sont : le printemps, l'été, l'automne et l'hiver.*
T Les noms des saisons s'écrivent avec des minuscules.
2. Période de temps. *La saison des pluies, des fraises.*
LOCUTIONS
– ***Basse saison.*** Période de faible affluence touristique (par opposition à ***haute saison***).
– ***Belle saison.*** Été.
– ***En toute(s) saison(s).*** Tout au long de l'année. *Ces arbustes fleurissent en toute saison* ou *en toutes saisons.*
– ***Haute saison.*** Période d'affluence touristique (par opposition à ***basse saison***).
– ***Saison morte.*** Période d'inactivité (agricole, commerciale, etc.).

SAISONNIER, IÈRE adj.
Propre à une saison. *Les décorations de Noël sont des articles saisonniers qui ne se vendent qu'en décembre.*
saisonnier.

SAKÉ n. m.
Alcool de riz, apprécié au Japon. *Des sakés chauds.*

SALACE adj.
(LITT.) Lubrique. *Des plaisanteries salaces.* SYN. cru ; grivois.
salace.

SALACITÉ n. f.
(LITT.) Lubricité. *La salacité de ses propos est gênante.*
salacité.

SALADE n. f.
1. Plante. *La laitue, la chicorée, la batavia, la scarole, la romaine, entre autres, sont des salades.*
2. Mets composé de légumes, de feuilles, de plantes potagères, assaisonnés d'une vinaigrette, d'une mayonnaise. *Une salade de pommes de terre, de tomates, de lentilles, de poireaux. Une salade d'endives, de cresson, de homard, de poulet.*
3. (AU PLUR.) (FAM.) Mensonges. *Il raconte des salades.*
LOCUTION
– ***Salade de fruits.*** Fruits coupés en morceaux et servis froids.
Dans cette expression, le nom ***fruit*** s'écrit au pluriel parce qu'il désigne une multiplicité.

SALADIER n. m.
Plat dans lequel on sert la salade. *Un saladier de faïence.*

SALAIRE n. m.
Générique de toute rémunération convenue d'avance et donnée par n'importe quel employeur. *Le salaire d'un cadre, d'un ouvrier. Un salaire d'étudiant à 9 $ l'heure.*
Ne pas confondre avec les noms suivants :
• ***cachet***, rémunération que reçoit l'artiste ;
• ***honoraires***, rétribution variable de la personne qui exerce une profession libérale ;
• ***paie*** ou ***paye***, rémunération d'un employé ;
• ***traitement***, rémunération liée à un emploi d'une certaine importance sociale.
LOCUTIONS
– ***Rajustement*** ou ***réajustement des salaires.*** Remaniement des salaires en fonction de divers critères, notamment du coût de la vie. *Un rajustement, un réajustement* (et non *ajustement) *des salaires est prévu.*
– ***Révision des salaires.*** Modification des salaires en fonction de conditions particulières. *Le Service des ressources humaines procédera à une révision des salaires pour les employés titulaires d'un nouveau diplôme.*
FORME FAUTIVE
*ajustement des salaires. Impropriété pour ***rajustement, réajustement, révision des salaires.***

SALAISON n. f.
Opération par laquelle on sale des produits alimentaires pour assurer leur conservation.

SALAMALECS n. m. pl.
(FAM.) (PÉJ.) Salutations excessives. *Épargnez-moi vos salamalecs, je vous prie.*

SALAMANDRE n. f.
Batracien qui ressemble à un lézard. *La salamandre fait penser à un animal préhistorique miniature.*
La salamandre est la figure de blason de François Ier ; elle symbolise l'ardeur amoureuse.

SALAMI n. m.
Saucisson sec. *Des salamis épicés, manger du salami.*

SALANT adj. m.
Qui produit du sel. *Des marais salants.*

SALARIAL, IALE, IAUX adj.
Relatif au salaire. *Des écarts salariaux, une politique salariale.*

SALARIAT n. m.
Ensemble des salariés. ANT. patronat.
salariat.

SALARIÉ, ÉE adj. et n. m. et f.
Personne qui reçoit un salaire. *Les travailleurs salariés. Les salariés et les employeurs.*

SALAUD adj. m. et n. m.
NOM MASCULIN
1. (FAM.) Homme méprisable. *Ce sont des salauds.*
2. ⚜ (FAM.) Personne malpropre.
Le féminin de ce nom est ***salope.***
ADJECTIF MASCULIN
1. (FAM.) Répugnant, méprisable.
2. ⚜ (FAM.) Sale. *Des animaux salauds.*
3. ⚜ (FAM.) Sévère. *Un examen salaud.* SYN. difficile ; (FAM.) vache.
salaud.

SALE adj.
1. Malpropre. *Des mains sales.* SYN. crasseux.
En ce sens, l'adjectif est placé après le nom.
2. (FAM.) Mauvais, désagréable. *Un sale coup.* SYN. méchant ; vilain.
En ce sens, l'adjectif se place avant le nom.
HOM. ***salle***, pièce, local.

SALÉ, ÉE adj.
1. Qui contient du sel. *De l'eau salée.*
2. Assaisonné de sel. *Des légumes salés.*
3. Grivois. *Des histoires salées.* SYN. cru ; (LITT.) salace.

SALEMENT adv.
1. D'une manière sale. *Ces plombiers travaillent salement.* ANT. proprement.
2. (FAM.) Énormément. *Ils sont salement compromis dans cette affaire.* SYN. très.

SALER v. tr.
Saupoudrer de sel. *Tu as trop salé le potage.*
CONJUGAISON : VOIR MODÈLE AIMER.

SALETÉ n. f.
1. Chose sale. *Tes bottes boueuses ont laissé des saletés sur le tapis.*
2. État de ce qui est sale. *Ce logement est d'une saleté épouvantable.* SYN. malpropreté. ANT. propreté.
saleté.

SALICAIRE n. f.
Plante à petites fleurs pourpres qui pousse fréquemment au bord des cours d'eau, dans des lieux humides. *Dans la vallée du Saint-Laurent, les rives sont fleuries de salicaires.*

SALIÈRE n. f.
Petit récipient destiné à contenir le sel. *La base de cette salière est un moulin à poivre.*

SALIGAUD n. m.
1. (FAM.) Personne malpropre.
2. Salaud, personne ignoble. *Un traître, un saligaud de la pire espèce.*

SALIN, INE adj. et n. m.
ADJECTIF
Qui contient du sel. *Un goût salin, une solution saline.*
NOM MASCULIN
Marais salant.

SALINE n. f.
Établissement où l'on exploite le sel d'un marais salant, d'une mine de sel gemme.

SALINITÉ n. f.
Proportion de sel d'un liquide.
salinité.

SALIR v. tr., pronom.
VERBE TRANSITIF
1. Rendre sale, malpropre. *La petite a sali sa robe.* SYN. barbouiller; tacher.
2. (FIG.) Porter atteinte à. *Salir la réputation de quelqu'un.* SYN. diffamer; souiller; ternir.
VERBE PRONOMINAL
1. Devenir sale. *Cette veste blanche se salit vite.*
2. (FIG.) S'abaisser, se rendre méprisable. *Ces adversaires se sont salis sans retenue.*
À la forme pronominale, le participe passé de ce verbe s'accorde en genre et en nombre avec le complément direct si celui-ci le précède. *La main qu'il s'est salie. Les enfants se sont salis en jouant dans le jardin.* Le participe passé reste invariable si le complément direct suit le verbe. *Elle s'est sali les mains.*
CONJUGAISON : VOIR MODÈLE FINIR.

SALIVAIRE adj.
Relatif à la salive. *Les glandes salivaires.*
salivaire.

SALIVATION n. f.
Production de la salive.

SALIVE n. f.
Liquide produit par les glandes de la bouche.

SALIVER v. intr.
Produire de la salive. *À la vue de ces bons plats, il se met à saliver.*
CONJUGAISON : VOIR MODÈLE AIMER.

SALLE n. f.
1. Pièce d'une maison. *Une grande salle à manger, une belle salle de séjour, une salle* (et non *chambre) *de bain(s).*
2. Local. *Une salle de concerts, une salle de conférences.*
Dans ces expressions, le complément s'écrit au pluriel; il s'écrit au singulier dans les expressions ***salle de bal, salle de classe, salle d'étude, salle d'opération, salle de spectacle.***
LOCUTIONS
– ***Salle de bain*** ou ***salle de bains.*** Pièce aménagée pour y prendre bains et douches, équipée d'une installation sanitaire (lavabo, toilettes et parfois bidet) et de l'eau courante.
– ***Salle de jeu*** ou ***salle de jeux.*** Pièce aménagée pour le divertissement des enfants.
Le complément du nom peut s'écrire au singulier ou au pluriel dans ces locutions.
– ***Salle d'exposition.*** Salle où sont présentés les produits à vendre. *Nous avons rendez-vous avec le représentant à la salle d'exposition* (et non à la *salle de montre, au *showroom).
FORMES FAUTIVES
*salle à dîner. Calque de «*dining room*» pour ***salle à manger.***
*salle de montre. Calque de «*showroom*» pour ***salle d'exposition.***
HOM. ***sale,*** malpropre.

SALMIGONDIS n. m.
Le *s* final ne se prononce pas, [salmigɔ̃di].
Assemblage hétéroclite.
salmigondis.

SALMIS n. m.
Le *s* final ne se prononce pas, [salmi].
Ragoût de volailles, de gibier. *Un salmis de pintade.*
salmis.

SALOIR n. m.
Récipient dans lequel on met le sel, les viandes ou les poissons que l'on veut saler.

SALON n. m.
1. Pièce d'une maison. *Un grand salon où l'on reçoit les invités.*
2. Établissement commercial. *Un salon de thé, un salon de coiffure.*
3. Foire. *Le Salon du luminaire.*
T En ce sens, le nom s'écrit avec une majuscule.

SALOPE n. f.
(VULG.) Femme méprisable.
Ce mot tient lieu de féminin au mot ***salaud.***

SALOPERIE n. f.
1. (FIG.) Action mauvaise. *Cette injustice est une saloperie.*
2. (FAM.) Chose très sale, dégoûtante. *Enlève tes saloperies de poissons pourris d'ici, minet!* SYN. cochonnerie; saleté.

SALOPETTE n. f.
Vêtement composé d'un pantalon et d'un haut à bretelles. *Ce peintre porte une salopette et un chapeau de paille.*
salopette.

SALSEPAREILLE n. f.
Plante de la famille des liliacées.

SALSIFIS n. m.
Le *s* final ne se prononce pas, [salsifi].
Plante dont les racines sont comestibles.
salsifis.

SALT
Sigle de ***Strategic Arms Limitation Talks.***

SALTIMBANQUE n. m. et f.
Personne qui fait des tours d'adresse sur la place publique, dans les foires. SYN. acrobate; équilibriste; funambule.

SALUBRE adj.
Sain, qui favorise la bonne santé. *L'air de la campagne est plus salubre que celui de la ville.*

SALUBRITÉ n. f.
Caractère de ce qui est salubre. *La salubrité d'un climat.*

SALUER v. tr., pronom.
VERBE TRANSITIF
1. Adresser une marque de politesse, de déférence à quelqu'un. *Saluez votre père de ma part.*
2. Accueillir. *Ils ont salué avec enthousiasme le nouveau chef.*
VERBE PRONOMINAL
Se faire mutuellement des salutations. *Ces voisins ne manquent jamais de se saluer.*

À la forme pronominale, le participe passé de ce verbe s'accorde toujours en genre et en nombre avec son sujet. *Ils se sont salués amicalement.*
CONJUGAISON : VOIR MODÈLE AIMER.

SALUT n. m.
1. Préservation de la vie. *Les passagers n'ont dû leur salut qu'à leur ceinture de sécurité.*
2. Bonheur éternel. *Le salut de l'âme.*
3. Salutation. *Faire un salut de la main. Salut ! Je te verrai demain !*
LOCUTION
– ***Planche de salut.*** (FIG.) Ressource ultime.
salut.

SALUTAIRE adj.
Bienfaisant pour la santé, pour l'équilibre mental. *Un repos salutaire.*
salutaire, au masculin comme au féminin.

SALUTATION n. f.
1. Salut solennel. *Salutations officielles.*
VOIR TABLEAU – CORRESPONDANCE.
2. Formule de politesse qui termine une lettre. *Veuillez agréer, Madame la Présidente, mes salutations distinguées. Recevez, Monsieur, mes salutations les meilleures.*

SALVATEUR, TRICE adj.
(LITT.) Qui sauve. *L'intervention salvatrice des Alliés.*
VOIR – SAUVEUR.

SALVE n. f.
Décharge simultanée d'armes à feu. *Une salve de coups de canon.*
LOCUTION
– ***Salve d'applaudissements.*** Applaudissements nombreux.

SAMARE n. f.
Fruit ailé de l'érable, de l'orme.
samare.

SAMBA n. f.
Le ***m*** se prononce, [sɑ̃mba].
Danse brésilienne. *Des sambas endiablées.*

SAMEDI n. m.
Sixième jour de la semaine. *Le samedi 24 juin.*
T Les noms de jours s'écrivent avec une minuscule et prennent la marque du pluriel. *Je viendrai tous les samedis,* mais *je viendrai tous les jeudi et samedi de chaque semaine.* Attention à la construction de la dernière phrase où les noms de jours restent au singulier parce qu'il n'y a qu'un seul jeudi et qu'un seul samedi par semaine.
VOIR – JOUR.

SAMOURAÏ ou **SAMURAI** n. m. inv.
La dernière syllabe se prononce comme ***rail,*** [samuraj], quelle que soit l'orthographe.
(ANCIENN.) Guerrier japonais. *Des samouraïs* ou *des samurai inflexibles.*
Orthographié ***samouraï,*** le nom prend la marque du pluriel. Cependant, la graphie savante ***samurai*** est invariable.
samouraï, samurai.

SAMOVAR n. m.
Ustensile servant à la préparation du thé, en Russie. *Des samovars d'argent.*

SAMPAN n. m.
Les lettres ***m*** et ***n*** sont muettes, [sɑ̃pɑ̃] ; le nom rime avec ***antan.***
Embarcation chinoise à voile. *De petits sampans.*

SAMU
Sigle de ***Service d'aide médicale urgente*** (France).

SANATORIUM n. m. (pl. *sanatoriums*)
Les lettres ***um*** se prononcent ***om,*** [sanatɔrjɔm].
Établissement médical où l'on soigne les tuberculeux. *Des sanatoriums situés en montagne.*
Le nom s'abrège familièrement en ***sana*** (s'écrit sans point).

SANCERRE n. m.
Vin de Sancerre. *Un bon sancerre blanc bien frais.*
T Le nom du vin s'écrit avec une minuscule, tandis que le nom de la ville s'écrit avec une majuscule.

SANCTIFICATION n. f.
Action de sanctifier. *La sanctification de la fondatrice d'une communauté religieuse.*

SANCTIFIER v. tr.
Rendre saint, consacrer.
CONJUGAISON : VOIR MODÈLE ÉTUDIER.
Redoublement du ***i*** à la première et à la deuxième personne du pluriel de l'indicatif imparfait et du subjonctif présent. *(Que) nous sanctifiions, (que) vous sanctifiiez.*

SANCTION n. f.
1. Ratification. *La sanction d'une nouvelle loi.*
2. Consécration. *Ce néologisme recevra peut-être la sanction de l'usage.* SYN. confirmation ; validation.
3. Mesure punitive. *Une sanction administrative. Des sanctions économiques.* SYN. peine ; punition.
LOCUTION
– ***Sanction des études.*** Reconnaissance officielle, au moyen d'un diplôme, du succès d'un élève ou d'une élève à un programme d'études (Recomm. off.). *La sanction des études* (et non *certification) *conduit à la délivrance d'un diplôme.*

SANCTIONNER v. tr.
1. Ratifier. *Sanctionner une loi, un décret.* SYN. entériner.
2. Punir. *Les infractions seront sanctionnées.*
CONJUGAISON : VOIR MODÈLE AIMER.

SANCTUAIRE n. m.
Lieu saint. *Le sanctuaire de l'oratoire Saint-Joseph.*
FORME FAUTIVE
*sanctuaire d'oiseaux. Calque de « *bird sanctuary* » pour ***réserve (naturelle).*** *Une réserve ornithologique* (et non un *sanctuaire d'oiseaux).

SANDALE n. f.
Chaussure légère composée d'une semelle retenue par des lanières. *Des sandales blanches.*
sandale.

SANDWICH n. m. (pl. *sandwichs* ou *sandwiches*)
Tranches de pain entre lesquelles on met du poulet, du pâté, du fromage, etc. *Des sandwiches* ou *des sandwichs au jambon et fromage.*
Attention au genre masculin de ce nom : ***un*** sandwich.
LOCUTION
– ***En sandwich,*** loc. adj. (FIG.) (FAM.) Coincé, comprimé, tassé entre des personnes, des choses. *Tu t'es retrouvée prise en sandwich entre la direction et tes collègues.*
Deux formes sont admises pour le pluriel : ***sandwiches*** (pluriel anglais), ***sandwichs.***

SANDWICHERIE n. f.
Point de vente où l'on peut acheter des sandwichs, des boissons.

SANG n. m.
Le ***g*** ne se prononce pas, [sɑ̃] ; le nom rime avec ***sans.***
1. Liquide qui circule dans les veines et les artères du corps humain. *Une prise de sang. Une transfusion de sang.* « *Mon cœur/La source du sang/ Avec la vie dedans* » (Hector de Saint-Denys Garneau, *Œuvres*).
2. Race, famille. *Être de sang noble, un cheval pur sang.*

LOCUTIONS
– ***Avoir le sang chaud.*** (FIG.) Être colérique.
– ***Avoir quelque chose dans le sang.*** (FIG.) Être très doué ou passionné pour quelque chose.
– ***Fouetter le sang.*** (FIG.) Stimuler. SYN. exciter.
– ***Se faire du mauvais sang.*** (FIG.) S'inquiéter.
– ***Suer sang et eau.*** (FIG.) Se donner beaucoup de mal.

SANG-FROID n. m. inv.
Calme, présence d'esprit. *Au cours de l'incendie, il a fait preuve de beaucoup de sang-froid. Elle n'a pas perdu son sang-froid et a pris les mesures qui s'imposaient.*
Ce nom s'écrit avec un trait d'union.
sang-froid.

SANGLANT, ANTE adj.
Couvert de sang, où il y a beaucoup de sang. *Une guerre sanglante.*

SANGLE n. f.
Bande plate destinée à maintenir, à serrer. *Les sangles d'un parachute.*
sangle.

SANGLER v. tr., pronom.
VERBE TRANSITIF
Serrer avec une sangle. *Il sangle la selle de son cheval.*
VERBE PRONOMINAL
Se serrer étroitement, comme avec une sangle. *Se sangler dans un corsage bien cintré.*
À la forme pronominale, le participe passé de ce verbe s'accorde toujours en genre et en nombre avec son sujet. *Elle s'est sanglée dans une robe du soir très ajustée.*
CONJUGAISON : VOIR MODÈLE AIMER.
sangler.

SANGLIER n. m.
Porc sauvage. *Les défenses du sanglier sont dangereuses.*
La femelle du sanglier est une ***laie***, le petit, un ***marcassin*** ; le sanglier ***grommelle*** ou ***grumelle***.
sanglier.

SANGLOT n. m.
1. Gémissement accompagné par une crise de larmes. *« Je suis si gai, si gai, dans mon rire sonore,/Oh ! si gai, que j'ai peur d'éclater en sanglots ! »* (Émile Nelligan, *Poésies complètes*).
Le nom s'emploie généralement au pluriel.
2. (LITT.) Expression de la douleur. *« Les sanglots longs/Des violons/De l'automne/Blessent mon cœur/D'une langueur/Monotone »* (Verlaine, *Poèmes saturniens*). SYN. plainte ; pleur.
sanglot.

SANGLOTEMENT n. m.
Fait de sangloter. *Elle entendit une suite de sanglotements étouffés.*

SANGLOTER v. intr.
Pousser des sanglots. *La petite s'est éraflé le genou et sanglote.* SYN. pleurer.
CONJUGAISON : VOIR MODÈLE AIMER.
sangloter.

SANGRIA n. f. (pl. *sangrias*)
Le ***n*** est muet, [sɑ̃grija].
Boisson d'origine espagnole composée de vin rouge sucré et de fruits. *Des sangrias désaltérantes.*

SANGSUE n. f.
Le ***g*** est muet, [sɑ̃sy].
Ver qui suce le sang des vertébrés.
sangsue.

SANGUIN, INE adj.
Relatif au sang. *Les vaisseaux sanguins. La pression sanguine.*

SANGUINAIRE adj.
(LITT.) Qui se plaît à faire couler le sang. *Un bourreau sanguinaire.* SYN. cruel.
sanguinaire.

SANGUINE n. f.
Variété d'orange à la pulpe de couleur rouge.

SANGUINOLENT, ENTE adj.
Mêlé, teinté de sang. *Des traces sanguinolentes.*
sanguinolent.

SANITAIRE adj. et n. m.
ADJECTIF
1. Relatif à l'hygiène, à la santé. *Le service sanitaire.*
2. Se dit des appareils qui servent à la distribution et à l'évacuation de l'eau. *La baignoire, le lavabo, l'évier sont des appareils sanitaires.*
NOM MASCULIN
Les installations sanitaires. *Les sanitaires de l'école ont été refaits.*
Ce nom s'emploie généralement au pluriel.

SANS prép.
Cette préposition marque la privation, l'exclusion d'une personne, d'une chose. *Il est sorti sans manteau et sans gants. Elle n'est pas sans amis.*
Le nom qui suit la préposition s'écrit au singulier ou au pluriel selon le sens, la logique (un seul manteau, une paire de gants). *Une dictée sans fautes* (sans erreurs), *venez sans faute* (à coup sûr).
LOCUTIONS
– ***N'être pas sans savoir.*** Ne pas ignorer. *Tu n'es pas sans savoir que ton amie a eu une petite fille.*
La juxtaposition de la construction négative et de la préposition ***sans*** correspond à une affirmation signifiant « être au courant, savoir ».
– ***Non sans.*** Avec beaucoup de. *Il a réussi non sans mal. Elle a réussi non sans avoir beaucoup travaillé.*
La locution prépositive est suivie d'un nom ou d'un infinitif.
– ***Sans que,*** loc. conj. Cette locution marque une idée de concession négative, d'exclusion. *Il est parti sans qu'on puisse* (et non sans qu'on *ne puisse) *le retenir.*
La locution se construit avec le subjonctif et n'est pas suivie du ***ne*** explétif.
– ***Sans quoi,*** loc. adv. Autrement, sinon. *Prenez un imperméable, sans quoi vous serez trempé par l'orage.*

SANS-
Les noms composés de la préposition ***sans***- s'écrivent avec un trait d'union et sont invariables. *Des sans-abri, des sans-emploi, des personnes sans-allure.*

SANS-ABRI n. m. et f. (pl. *sans-abri* ou *sans-abris*)
Personne sans logement. *L'hiver est très pénible pour les sans-abri* ou *sans-abris.* SYN. ⚜ itinérant ; sans-logis.

SANS-ALLURE adj. et n. m. et f. inv. (pl. *sans-allure*)
⚜ (FAM.) Se dit d'une personne dénuée de jugement, de manières. *Quels écervelés, quels sans-allure !* SYN. ⚜ (FAM.) sans-dessein ; stupide.

SANS-CŒUR adj. inv. et n. m. et f. (pl. *sans-cœur* ou *sans-cœurs*)
(FAM.) Qui est insensible. *Des personnes sans-cœur. Ces ingrats sont des sans-cœur* ou *sans-cœurs.*

SANSCRIT
VOIR – SANSKRIT.

SANS DATE
Abréviation ***s. d.*** (s'écrit avec des points).

SANS-DESSEIN adj. inv. et n. m. et f. inv. (pl. *sans-dessein*)
⚜ (FAM.) Se dit d'une personne dénuée de bon sens, peu réfléchie. *Ce sont des sans-dessein, des écervelés : ils n'ont aucun jugement.* SYN. ⚜ (FAM.) sans-allure ; stupide.
sans-dessein.

SANS-EMPLOI n. m. et f. (pl. *sans-emploi* ou *sans-emplois*)
Personne privée d'emploi. *La restructuration de l'économie a augmenté le nombre des sans-emploi* ou *sans-emplois.* SYN. chômeur.

SANS-FAÇON adj. inv. et n. m. (pl. *sans-façon* ou *sans-façons*)
ADJECTIF INVARIABLE
Sans cérémonie, simple. *Une personne sans-façon.* ANT. cérémonieux.
NOM MASCULIN
Caractère de ce qui est fait simplement, sans cérémonie. *Des sans-façon* ou *sans-façons sympathiques.*

SANS-FAUTE n. m. (pl. *sans-faute* ou *sans-fautes*)
Performance parfaite. *Ces cavaliers ont effectué des sans-faute* ou *sans-fautes.*

SANS-FIL n. m. (pl. *sans-fi* ou *sans-fils*)
Poste téléphonique dont le combiné est relié par simple voie radioélectrique à un socle, lui-même branché au réseau, et qui permet à son utilisateur de se déplacer librement dans un rayon déterminé. *La vogue des sans-fil* ou *sans-fils.*
Le nom s'écrit avec un trait d'union; l'adjectif, sans trait d'union. *Un téléphone sans fil.*

SANS-GÊNE adj. inv. et n. m. et f. (pl. *sans-gêne* ou *sans-gênes*)
ADJECTIF INVARIABLE
Effronté. *Des garçons sans-gêne.* SYN. impoli; insolent.
NOM MASCULIN ET FÉMININ
Personne impolie. *Ces invités sont des sans-gêne* ou *sans-gênes de la pire espèce.*

SANSKRIT ou **SANSCRIT, ITE** adj. et n. m.
Le second *s* se prononce, le *t* ne se prononce pas, [sɑ̃skri].
Langue indo-européenne. *Des textes sanskrits, lire le sanskrit.*
Le nom de la langue s'écrit avec une minuscule.

SANS-LE-SOU n. m. inv. (pl. *sans-le-sou*)
(FAM.) Pauvre, sans ressources. SYN. démuni.

SANS-LOGIS n. m. et f. inv. (pl. *sans-logis*)
Personne sans logement.
Le mot ***sans-abri*** est plus couramment utilisé aujourd'hui.

SANS OBJET
Abréviation ***s. o.*** (s'écrit avec des points).
Mention utilisée dans les formulaires au sens de « question non pertinente ».

SANTAL n. m. (pl. *santals*)
Arbuste dont le bois a une odeur aromatique.

SANTÉ n. f.
1. État normal de l'organisme. *Être en santé, en bonne santé. Nouni a recouvré la santé : elle est guérie. L'exercice est bon pour la santé.*
Pris absolument, le nom désigne un bon état physiologique.
2. État habituel de l'organisme. *Elle a une santé délicate. Il a une santé de fer.*
3. (EN APPOS.) De nature à contribuer à la conservation d'une bonne santé. *Un poids santé, des collations santé.*
En apposition, le nom s'écrit sans trait d'union et il est invariable.

SANTON n. m.
Figurine provençale. *Des santons expressifs.*
santon.

SAOUDIEN ou **SÉOUDIEN, IENNE** adj. et n. m. et f.
De l'Arabie saoudite. *Le pétrole saoudien. Un Saoudien, une Saoudienne.*
L'adjectif s'écrit avec une minuscule; le nom, avec une majuscule.
La forme ***saoudien*** inspirée de l'anglais s'est finalement imposée.

SAOUL
VOIR – SOÛL.

SAPER v. tr.
1. Détruire les fondations d'un édifice, d'une construction.
2. (FIG.) Travailler à détruire quelque chose, en attaquant ses bases, ses principes. *Ces mesquineries sapent la loyauté des employés.* SYN. ébranler; miner.
CONJUGAISON : VOIR MODÈLE AIMER.

SAPERLIPOPETTE ! interj.
(PLAISANT.) (VX) Interjection familière marquant l'étonnement, l'exaspération. *Saperlipopette ! ils ont encore réussi à l'emberlificoter !*
L'interjection est toujours suivie d'un point d'exclamation qui est souvent repris à la fin de la phrase. Si la phrase exclamative n'est pas complète, le mot qui suit le point d'exclamation s'écrit avec une minuscule initiale.

SAPEUR-POMPIER n. m. (pl. *sapeurs-pompiers*)
Pompier.

SAPHIR n. m.
Pierre précieuse de teinte bleue. *Des saphirs magnifiques.*
saphir.

SAPIDE adj.
(DIDACT.) Qui a une saveur. ANT. insipide.

SAPIN n. m.
Arbre toujours vert de la famille des conifères. *Les feuilles du sapin sont des aiguilles. Un beau sapin de Noël. « Les hommes soupèrent en silence; et, dès la brunante, chacun, tombant de sommeil, avait regagné sa litière de sapin »* (Félix-Antoine Savard, *Menaud, maître-draveur*).
LOCUTIONS
– ***Sapin baumier.*** Arbre à la cime pyramidale régulière et effilée, au bois tendre et léger, dont les feuilles persistantes dégagent une forte odeur épicée. *Des sapins baumiers odorants.*
Le sapin baumier est l'arbre le plus cultivé par les producteurs d'arbres de Noël du Québec (GDT).
– ***Se faire passer un sapin.*** (FAM.) Se faire rouler. *Ils se sont fait passer un sapin.*
Devant un infinitif, la forme pronominale du participe passé du verbe faire est toujours invariable.

SAPINAGE n. m.
Branches de conifères. *Elle a tressé une belle couronne avec du sapinage. « Le fouet de cérémonie, pour la voiture légère, les sorties du dimanche, les soirs de bonne veillée, voisinait dans le coin avec le balai de sapinage »* (Germaine Guèvremont, *Le Survenant*). *« L'air est lourd, humide, chargé d'odeurs : feuilles mortes, humus, sapinage. Mais surtout le silence. Celui d'une route forestière où personne ne passe »* (Christiane Frenette, *La Nuit entière*).

SAPINIÈRE n. f.
Forêt de sapins. *Ils arpentent la sapinière enneigée avec des raquettes.*

SAPON- préf.
Élément du latin signifiant « savon ». *Saponifier.*

SAPONIFICATION n. f.
Production de savon.

SAPONIFIER v. tr.
Transformer en savon.
CONJUGAISON : VOIR MODÈLE ÉTUDIER.
Redoublement du ***i*** à la première et à la deuxième personne du pluriel de l'indicatif imparfait et du subjonctif présent. *(Que) nous saponifiions, (que) vous saponifiiez.*

SAPRISTI ! interj.
Interjection familière marquant l'étonnement, la déception. *Sapristi ! j'ai raté mon avion !*
[T] L'interjection est toujours suivie d'un point d'exclamation qui est souvent repris à la fin de la phrase. Si la phrase exclamative n'est pas complète, le mot qui suit le point d'exclamation s'écrit avec une minuscule initiale.

SARABANDE n. f.
1. Danse espagnole.
2. (FIG.) Agitation désordonnée, vacarme.
sarabande.

SARBACANE n. f.
Arme destinée à projeter des flèches.
Ne pas confondre avec le nom ***barbacane***, meurtrière.
sarbacane.

SARCASME n. m.
Raillerie, moquerie ironique. *Vos sarcasmes ne m'atteignent pas.* SYN. persiflage.

SARCASTIQUE adj.
Railleur, ironique. *Un ton sarcastique.* SYN. caustique.

SARCASTIQUEMENT adv.
De façon sarcastique. *Il répondit sarcastiquement : vous m'en voyez fort aise !*

SARCELLE n. f.
Canard sauvage.
sarcelle.

SARCLAGE n. m.
Action de sarcler. *Le sarclage du jardin.* SYN. désherbage.

SARCLER v. tr.
Enlever les mauvaises herbes, les racines. SYN. désherber.
CONJUGAISON : VOIR MODÈLE AIMER.

SARCLOIR n. m.
Outil de jardinage servant à sarcler.

SARCOME n. m.
Le *o* est fermé, [sarkom].
(MÉD.) Tumeur maligne.
sarcome, sans accent.

SARCOPHAGE n. m.
Tombeau de pierre. *Les sarcophages égyptiens contiennent les momies des pharaons.*
sarcophage.

SARDINE n. f.
Poisson de petite taille. *Des sardines grillées.*
LOCUTION
– ***Être serrés comme des sardines.*** (FIG.) Être à l'étroit. *À cette heure d'affluence dans le métro, nous étions serrés comme des sardines.*

SARDONIQUE adj.
Sarcastique. *Un rire sardonique.*

SARI n. m.
Vêtement féminin en Inde. *Des saris de soie.*
sari.

SARIGUE n. f.
Petit mammifère. *L'opossum est une sarigue.*
sarigue.

SARMENT n. m.
Tige ligneuse et grimpante de la vigne.
Ne pas confondre avec le nom ***serment***, engagement solennel.

SARRASIN n. m.
Céréale. *De la farine de sarrasin. Des crêpes de sarrasin.*

SARRAU n. m. (pl. *sarraus*)
Blouse ample portée sur les autres vêtements pour les protéger. *Des sarraus bleus d'écolier, un sarrau de sculpteur.*
Le Grand Dictionnaire terminologique condamne l'emploi du terme ***sarrau*** pour désigner le vêtement de travail du personnel médical. Les médecins, les chercheurs, les infirmières, les pharmaciens portent une blouse, nommée aussi ***blouse de laboratoire.***
FORME FAUTIVE
Impropriété au sens de ***blouse (de laboratoire).***
sarrau.

SARRIETTE n. f.
Plante odoriférante cultivée pour ses feuilles qui servent de condiment.
sarriette.

SAS n. m.
Le *s* final peut se prononcer ou non, [sas, sa].
1. Tamis à gros trous. *Passer de la farine au sas.*
2. Compartiment étanche qui permet la transition entre deux milieux dont les pressions sont différentes. *Le sas de la navette spatiale.*

SASK.
Abréviation de ***Saskatchewan.***

SASKATCHEWAN n. f.
Abréviation ***Sask.*** (s'écrit avec un point).
Les habitants de la Saskatchewan sont des Saskatchewanais, des Saskatchewanaises. *Une tradition saskatchewanaise.*

SASSAFRAS n. m.
Le *s* final ne se prononce pas, [sasafra].
Arbre dont les racines et le feuillage sont aromatiques.

SASSER v. tr.
1. Passer au sas. *Sasser la farine.*
2. (FIG.) Examiner minutieusement, à plusieurs reprises. *Sasser et ressasser un problème.*
CONJUGAISON : VOIR MODÈLE AIMER.

SATANÉ, ÉE adj.
(FAM.) Sacré, fieffé. *C'est un satané baratineur.*
L'adjectif s'emploie devant le nom.
satané.

SATANIQUE adj.
Diabolique. *Un homme satanique.* SYN. démoniaque.
satanique.

SATANISME n. m.
Culte de Satan, magie noire.
satanisme.

SATELLITAIRE adj.
Relatif aux satellites artificiels. *Ces voitures sont dotées d'un système de navigation satellitaire.*

SATELLITE n. m.
1. Astre qui gravite autour d'une planète. *La Lune est un satellite naturel de la Terre.*
2. Engin placé par une fusée sur l'orbite de la Terre, d'une planète. *Des satellites artificiels, un satellite météorologique, une émission de télévision par satellite.*
satellite.

SATIÉTÉ n. f.
Le premier ***t*** se prononce ***s***, [sasjete] ; le mot rime avec ***société.***
Le fait d'être rassasié, de ne plus avoir faim ni soif, d'avoir ses désirs satisfaits.
LOCUTION
– ***À satiété,*** loc. adv. Au point de satisfaire pleinement l'appétit. *Nous nous sommes régalés et nous avons mangé à satiété.*

SATIN n. m.
Étoffe brillante. *Une chemise de nuit en satin blanc.*

SATINÉ, ÉE adj.
Qui est doux et lustré comme le satin. *Une peau satinée.*

S

SATINER v. tr.
Donner l'aspect brillant du satin.
CONJUGAISON : VOIR MODÈLE AIMER.

SATIRE n. f.
Écrit qui caricature une situation, une personne. SYN. diatribe; pamphlet.
HOM. ***satyre,*** divinité mythologique à pieds de bouc.
⟹ satire.

SATIRIQUE adj.
Qui caricature une situation, une personne, qui critique en se moquant. *Un texte satirique.* SYN. caustique; mordant.

SATIRIQUEMENT adv.
De façon satirique. *Cet auteur a traité le sujet satiriquement.*

SATISFACTION n. f.
1. Contentement, bien-être qui résulte de l'accomplissement d'un désir, d'une action. *Martine a eu la satisfaction d'être élue présidente de la classe.* SYN. plaisir.
2. Action de satisfaire. *La satisfaction des besoins du consommateur.* SYN. assouvissement.
LOCUTIONS
– ***Donner satisfaction.*** Répondre à une exigence. *Ces nouveaux employés nous donnent pleinement satisfaction.* SYN. contenter; satisfaire.
– ***Obtenir satisfaction.*** Gagner sa cause. *Ils ont obtenu satisfaction.* SYN. avoir gain de cause.
Le nom reste au singulier dans ces locutions.

SATISFAIRE v. tr., pronom.
VERBE TRANSITIF DIRECT
1. Contenter pleinement. *Tu as satisfait toutes mes demandes : je suis très content.* SYN. combler.
2. Assouvir. *Satisfaire sa soif, sa curiosité.*
VERBE TRANSITIF INDIRECT
Répondre à une exigence. *Ces étudiants ont été admis, car ils satisfont à toutes les conditions.*
En ce sens, le verbe se construit avec la préposition ***à.***
VERBE PRONOMINAL
1. Se contenter, assouvir ses désirs. *Elles se sont satisfaites de peu, de cette offre.*
À la forme pronominale, en ce sens, le verbe se construit avec la préposition ***de.***
2. (ABSOL.) Assouvir un besoin naturel. *Les campeurs se sont satisfaits dans la forêt.*
À la forme pronominale, le participe passé de ce verbe s'accorde toujours en genre et en nombre avec son sujet. *Ses parents se sont satisfaits de cette réponse.*
CONJUGAISON : VOIR MODÈLE FAIRE.

SATISFAISANT, ANTE adj.
Les lettres ***ai*** se prononcent ***e,*** [satisfəzɑ̃]; le mot rime avec ***pesant.***
Qui contente, suffisant. *Ces résultats sont satisfaisants.* SYN. acceptable; convenable.
Ne pas confondre avec le participe présent invariable ***satisfaisant.*** *Des desserts satisfaisant les plus gourmands.*

SATISFAIT, AITE adj.
1. Content. *Ils sont très satisfaits des progrès accomplis, d'apprendre qu'ils ont réussi.*
L'adjectif se construit avec la préposition ***de*** suivie d'un nom ou d'un infinitif; il se construit également avec la conjonction ***que*** et le subjonctif. On évitera la locution conjonctive ***de ce que*** suivie de l'indicatif, qui est plus lourde. *Je suis satisfaite que vous soyez d'accord.*
2. Réalisé. *Un désir satisfait.* SYN. assouvi; comblé.

SATURATION n. f.
1. Action de saturer.
2. Sentiment de satiété.
3. (FIG.) État de quelque chose qui a atteint un point maximal. *Le marché n'a pas atteint la saturation : il est encore en croissance.*

SATURER v. tr.
1. Remplir. *Air saturé d'eau.*
2. Rassasier jusqu'au dégoût. *Les messages publicitaires dont on sature les consommateurs.*
CONJUGAISON : VOIR MODÈLE AIMER.

SATURNISME n. m.
Intoxication par le plomb.

SATYRE n. m.
Divinité mythologique à pieds de bouc.
HOM. ***satire,*** écrit caricatural.
⟹ satyre.

SAUCE n. f.
Préparation liquide onctueuse qui accompagne un plat. *Une sauce à la crème, béarnaise, béchamel.*
LOCUTIONS
– ***Allonger la sauce.*** (FIG.) Alourdir un texte de développements inutiles.
– ***À toutes les sauces.*** (FIG.) Sous toutes les formes, de toutes les façons. *Le « développement durable », une expression que l'on sert à toutes les sauces par les temps qui courent.*
– ***En sauce.*** Accommodé avec une sauce. *Que diriez-vous d'un saumon de l'Atlantique en sauce ?*

SAUCER v. tr.
1. ⚜ (FAM.) Tremper dans la sauce, dans un liquide. *Saucer son pain dans la soupe.*
Ce verbe de registre familier demeure usuel au Québec et dans la francophonie canadienne, mais il n'appartient plus à l'usage courant de la majorité des locuteurs du français.
2. Nettoyer la sauce d'une assiette avec un morceau de pain. *Gustave est un gourmand : il a saucé son plat avec un bout de pain pour ne rien laisser.*
CONJUGAISON : VOIR MODÈLE AVANCER.
Le ***c*** prend une cédille devant les lettres ***a*** et ***o.*** *Il sauça, nous sauçons.*

SAUCETTE n. f.
⚜ (FAM.) Baignade rapide. *L'eau étant glacée, les enfants n'ont fait qu'une saucette* ou *ils ont fait trempette.*

SAUCIÈRE n. f.
Récipient à bec dans lequel on sert les sauces.

SAUCISSE n. f.
Préparation de viande hachée et assaisonnée contenue dans un boyau. *Des saucisses grillées.*
⟹ saucisse.

SAUCISSON n. m.
Préparation de viandes assaisonnées cuites ou fumées. *Du saucisson à l'ail, s.v.p. ! Des tranches de saucisson sec.*
⟹ saucisson.

SAUCISSONNAGE n. m.
(FAM.) Action de découper en tranches.

SAUCISSONNER v. tr., intr.
VERBE TRANSITIF
1. (FAM.) Ficeler, attacher étroitement comme un saucisson. *Ces vêtements trop serrés te saucissonnent.*
2. (FAM.) Découper en tranches. *Saucissonner une série télévisée.*
VERBE INTRANSITIF
(FAM.) Pique-niquer. *Nous saucissonnerons dans une halte routière.*
CONJUGAISON : VOIR MODÈLE AIMER.

SAUF, SAUVE adj.
1. Qui est hors de danger, qui a échappé à la mort. *Elle est sauve, grâce à Dieu.* SYN. indemne; sauvé.
2. Intact. *Nous avons perdu, mais notre honneur est sauf.* SYN. préservé.

LOCUTIONS
– ***Avoir la vie sauve.*** Échapper à un grave danger.
– ***Sain et sauf.*** Hors de danger, sans dommage. *Elles sont saines et sauves, ils sont sains et saufs.*
Au pluriel, on ne fait pas la liaison entre l'adjectif et la conjonction.

SAUF prép.
À l'exception de, à l'exclusion de. *Sauf Pierre et Paul, ils seront tous présents.* SYN. excepté ; hormis.
LOCUTIONS
– ***Sauf erreur*** ou ***omission.*** Excepté si l'on se trompe ou omet un renseignement.
– ***Sauf que,*** loc. conj. Si ce n'est que, sous réserve de, que. *La journée a été excellente, sauf que nous avons manqué de nourriture.* SYN. excepté que ; hormis que.
La locution introduit une proposition conditionnelle marquant une réserve, une exception, et se construit avec l'indicatif.

SAUF-CONDUIT n. m. (pl. *sauf-conduits*)
Autorisation, laissez-passer. *Les autorités lui ont délivré un sauf-conduit.*
[Les *Rectifications* (1990) admettent : un saufconduit, des saufconduits.]

SAUGE n. f.
Plante aromatique. *Elle assaisonne la sauce de sauge et de thym.*

SAUGRENU, UE adj.
Bizarre, inattendu. *Une suggestion saugrenue.* SYN. absurde.
L'adjectif s'emploie à propos d'une chose ; lorsqu'il est question d'une personne, on dit plutôt ***bizarre, farfelu.***

SAULAIE n. f.
Plantation de saules.
sau**l**aie.

SAULE n. m.
Arbre qui pousse au bord des rivières, dans des lieux humides. *Un beau saule pleureur ombrage le jardin. « Les saules au bord de l'onde/La tête penchée/Le vent peigne leurs chevelures longues »* (Hector de Saint-Denys Garneau, *Œuvres*).
sau**l**e.

SAUMÂTRE adj.
1. Légèrement salé. *Une eau saumâtre.*
2. (FIG.) Désagréable, fâcheux. *Plaisanterie saumâtre.*
saum**â**tre.

SAUMON adj. inv. et n. m.
La première syllabe se prononce ***so***, avec un **o** fermé, [somɔ̃].
NOM MASCULIN
Poisson dont la chair de teinte rose est très appréciée. *Du saumon fumé. Des darnes de saumon.*
ADJECTIF DE COULEUR INVARIABLE
D'une teinte rose orangé. *Des chapeaux saumon.*
VOIR TABLEAU – COULEUR (ADJECTIFS DE).

SAUMONÉ, ÉE adj.
Dont la chair est rose comme celle du saumon. *Alex a pêché une truite saumonée.*
saumon**é**.

SAUMONEAU n. m. (pl. *saumoneaux*)
Petit saumon.
saumon**eau**.

SAUMURE n. f.
Solution produite par le sel fondu et les liquides provenant des viandes, des poissons, des légumes à conserver.

SAUNA n. m.
1. Bain de vapeur. *Un sauna nous ferait du bien.*
2. Pièce où l'on prend des bains de vapeur. *Cet hôtel met des saunas à la disposition des clients.*

SAUPOUDRAGE n. m.
Action de saupoudrer, au propre et au figuré. *Le saupoudrage des promesses électorales.*

SAUPOUDRER v. tr.
La première syllabe se prononce ***so***, avec un **o** fermé, [sopudre].
1. Couvrir d'une substance en poudre. *Des framboises saupoudrées de sucre.*
2. (FIG.) Distribuer des crédits budgétaires, des ressources entre une multitude de postes. *Saupoudrer des subventions minimes à des PME.*
CONJUGAISON : VOIR MODÈLE AIMER.
s**au**poudrer (et non *sou).

SAUPOUDREUSE n. f.
Ustensile de cuisine servant à saupoudrer.

SAUR adj. m.
Le mot se prononce [sɔr] ; le nom rime avec **sort**.
Hareng salé et fumé. *Des harengs saurs.*

-SAURE, -SAURIEN suff.
Éléments du grec signifiant « lézard ». *Tyrannosaure, dinosaure.*

SAUT n. m.
1. Action par laquelle le corps se projette à une certaine hauteur et à une certaine distance. *Effectuer, réaliser un saut puissant. Un saut en longueur, des sauts en hauteur, un saut à la perche. Faire un saut en parachute.* SYN. bond.
2. (FIG.) Chute, plongeon. *L'autocar a fait un saut de 30 mètres avant de s'écraser au fond du ravin.*
LOCUTIONS
– ***Au saut du lit.*** Dès le lever.
– ***Faire le saut.*** (FIG.) Prendre une décision importante.
– ***Faire un saut en un lieu.*** Y aller brièvement. *Je compte faire un saut à la campagne.*
– ***Saut à l'élastique.*** Exercice consistant à sauter dans le vide en étant retenu aux pieds par un élastique. *Les adeptes du benji pourront pratiquer le saut à l'élastique au cours de l'été.* SYN. benji.
HOM.
• ***sceau,*** cachet ;
• ***seau,*** récipient ;
• ***sot,*** stupide.
sau**t**.

SAUT DE CHAÎNE n. m.
Pratique du téléspectateur qui change fréquemment de station à l'aide de sa télécommande. *Faire des sauts de chaîne* (et non du *zapping). SYN. (FAM.) pitonnage ; zappage.

SAUT-DE-LIT n. m. (pl. *sauts-de-lit*)
Déshabillé. *Des sauts-de-lit délicatement brodés.*

SAUT-DE-MOUTON n. m. (pl. *sauts-de-mouton*)
(TECH.) Passage d'une voie de communication au-dessus d'une autre pour éviter le croisement de plusieurs voies. SYN. passage supérieur.

SAUTE n. f.
Changement subit. *Des sautes d'humeur.* SYN. variation.

SAUTÉ, ÉE adj. et n. m.
ADJECTIF
Rôti à la poêle, à feu vif. *Des pommes sautées.*
NOM MASCULIN
Mets cuit à feu vif dans une casserole. *Des sautés de veau.*

SAUTE-MOUTON n. m. (pl. *saute-mouton* ou *saute-moutons*)
Jeu d'enfants dans lequel on saute en s'appuyant sur un joueur courbé. *Jouer à saute-mouton.*

SAUTER v. tr., intr.
VERBE TRANSITIF
1. Franchir par un saut. *Il saute un obstacle, une haie.*
2. Omettre quelque chose. *Elle a sauté un mot.*

VERBE INTRANSITIF
1. Bondir. *Il sautait de joie.* SYN. s'élancer.
2. Faire un saut dans le vide. *As-tu déjà sauté en parachute ?*
3. Exploser. *La fusée a sauté.* SYN. éclater.
LOCUTIONS
– ***Faire sauter.*** Faire revenir. *Faire sauter des légumes dans du beurre.*
– ***Sauter aux yeux.*** (FIG.) Apparaître clairement, être évident.
– ***Sauter quelqu'un.*** (FAM.) Avoir des rapports intimes avec une personne.
Le verbe se conjugue avec l'auxiliaire ***avoir.***
CONJUGAISON : VOIR MODÈLE AIMER.

SAUTERELLE n. f.
Insecte sauteur herbivore. *La nuée de sauterelles a dévoré les récoltes.*
sauterelle.

SAUTERIE n. f.
(FAM.) (VX) Petite soirée intime où l'on danse. SYN. fête ; surprise-partie.

SAUTERNES n. m.
Vin blanc très fruité. *Boire un sauternes bien frais.*
T Le nom du vin s'écrit avec une minuscule, tandis que le toponyme s'écrit avec une majuscule.
sauternes.

SAUTILLEMENT n. m.
Action de sautiller. *Les sautillements gracieux des gymnastes.*
sautillement.

SAUTILLER v. intr.
Faire de petits sauts. *Il sautillait et gambadait.*
CONJUGAISON : VOIR MODÈLE AIMER.
Les lettres ***ill*** sont suivies d'un ***i*** à la première et à la deuxième personne du pluriel de l'indicatif imparfait et du subjonctif présent. *(Que) nous sautillions, (que) vous sautilliez.*

SAUTOIR n. m.
Long collier. *Un beau sautoir de perles.*
LOCUTION
– ***En sautoir.*** Autour du cou.

SAUVAGE adj. et n. m. et f.
La première syllabe se prononce ***so,*** avec un **o** fermé, [sovaʒ].
ADJECTIF
1. Se dit d'un animal qui n'est pas apprivoisé, qui vit en liberté. *Un cheval sauvage. Le lion est un animal sauvage.* ANT. domestique.
2. Qui pousse sans être cultivé. *Des framboisiers sauvages, du riz sauvage.*
3. Inhabité. *Une île sauvage.* SYN. désert.
4. (FIG.) Farouche, solitaire. SYN. craintif ; timide.
5. Anarchique. *Une grève sauvage.*
NOM MASCULIN ET FÉMININ
⚜ (VX) Amérindien. *Les sauvages de Nouvelle-France. Un Sauvage, une Sauvage.*
Ce nom, qui ne s'emploie plus, a un sens défavorable.
LOCUTION
– ***Chat sauvage.*** ⚜ Mammifère carnivore d'Amérique dont la fourrure est recherchée. *« Un homme vêtu d'un manteau de chat sauvage vient à sa rencontre sur la route, dans le grand froid de l'hiver »* (Anne Hébert, *Kamouraska*). SYN. raton laveur.
FORME FAUTIVE
*sauvage, sauvagesse. Impropriété au sens de ***autochtone, Amérindien.***

SAUVAGEMENT adv.
La première syllabe se prononce ***so,*** avec un **o** fermé, [sovaʒmɑ̃].
D'une manière sauvage. *On les a attaqués sauvagement.* SYN. cruellement.

SAUVAGEON, ONNE n. m. et f.
NOM MASCULIN
Jeune plant prélevé dans un milieu naturel par opposition à ceux qui sont obtenus en pépinière (GDT). *« Ceux qui préfèrent un sapin vraiment naturel choisissent un sauvageon coupé directement dans le bois »* (*La Presse*).
NOM MASCULIN ET FÉMININ
(FIG.) Enfant qui a grandi sans recevoir d'éducation. *Les professeurs ne savent plus comment contenir ces petits sauvageons, quand ce ne sont pas les parents qui viennent se plaindre parce que leur chéri a été grondé.* SYN. fruste.

SAUVAGERIE n. f.
La première syllabe se prononce ***so,*** avec un **o** fermé, [sovaʒri].
Brutalité, férocité. *La sauvagerie d'une attaque.* SYN. cruauté.

SAUVEGARDE n. f.
1. Protection, défense. *La sauvegarde du fait français au Québec.* SYN. préservation.
2. (INFORM.) Opération consistant à enregistrer des informations sur un support (clé USB, cédérom, disquette, disque rigide, etc.) en vue d'en prévenir la perte accidentelle. *De nombreux logiciels comportent un système de sauvegarde* (et non *back-up) *automatique.*

SAUVEGARDER v. tr.
1. Préserver, protéger. *Sauvegarder ses droits.* SYN. conserver ; défendre.
2. (INFORM.) Enregistrer des informations sur un support en vue de les conserver. *Sauvegarder* (et non *sauver) *un fichier.*
CONJUGAISON : VOIR MODÈLE AIMER.

SAUVE-QUI-PEUT n. m. inv. (pl. *sauve-qui-peut*)
Panique générale. *Le bateau coulait : c'était le sauve-qui-peut.* SYN. affolement ; débandade.

SAUVER v. tr., pronom.
VERBE TRANSITIF
1. Préserver quelqu'un d'un danger, de la mort. *Le naufragé a été sauvé de justesse. Ces adolescents ont sauvé les chatons de la noyade.*
2. Empêcher la destruction de quelque chose. *Sauver un immeuble historique de la démolition.* SYN. préserver ; sauvegarder.
3. Racheter. *L'excellent jeu des comédiens sauve cette pièce, dont le scénario est faible.*
VERBE PRONOMINAL
1. S'enfuir. *Ils se sont sauvés pendant que le gardien dormait.* SYN. s'échapper ; s'évader ; (FAM.) prendre la poudre d'escampette.
2. (FAM.) S'en aller. *Je suis en retard, je me sauve.* SYN. partir.
À la forme pronominale, le participe passé de ce verbe s'accorde toujours en genre et en nombre avec son sujet. *Les fillettes se sont sauvées quand elles ont aperçu un renard.*
FORME FAUTIVE
*sauver. Anglicisme au sens de ***économiser, épargner*** (de l'argent), ***faire des économies, gagner*** (du temps), ***ménager*** (ses forces), ***sauvegarder*** (un fichier).
CONJUGAISON : VOIR MODÈLE AIMER.

SAUVETAGE n. m.
Action de sauver. *Les pompiers ont réussi le sauvetage d'une famille dont la maison brûlait.*
LOCUTION
– ***Gilet*** ou ***ceinture de sauvetage.*** Accessoire gonflable ou garni d'une matière qui permet de rester à la surface de l'eau. *Mets ta ceinture de sauvetage si tu fais du ski nautique. Dans ce placard du bateau, tu trouveras des gilets de sauvetage.*
sauvetage.

SAUVETEUR, EUSE n. m. et f.
Personne qui participe à un sauvetage. *Les sauveteurs ont retiré une fillette du puits où elle était tombée.*
Ne pas confondre avec le nom ***sauveur,*** personne qui sauve, qui libère.

SAUVETTE n. f.
– ***À la sauvette,*** loc. adv. Rapidement, à la hâte. *Les enfants sont partis à la sauvette : ils ont laissé la maison en désordre.*
– ***Vente à la sauvette.*** Vente clandestine, sans autorisation.
Le mot ne s'emploie que dans ces locutions.

SAUVEUR adj. et n. m.
1. Jésus-Christ. *Le Sauveur. Un Dieu sauveur.*
Lorsqu'il est construit sans complément et qu'il désigne Jésus-Christ, le nom s'écrit avec une majuscule.
2. Personne qui sauve, qui libère. *Les chercheurs qui ont mis au point ce médicament sont les sauveurs de nombreux malades.*
La forme féminine de l'adjectif est ***salvatrice,*** mais le nom n'a pas de forme féminine.
Ne pas confondre avec le nom ***sauveteur,*** personne qui participe à un sauvetage.

SAVAMMENT adv.
1. Avec érudition. *Une démonstration savamment faite.*
2. Habilement. *Elle est savamment coiffée.*
savamment.

SAVANE n. f.
1. Grande plaine à la végétation rare, dans la zone tropicale.
2. Terrain bas, parfois marécageux, caractérisé par l'abondance des mousses et la rareté des arbres (Recomm. off.).
savane.

SAVANT, ANTE adj. et n. m. et f.
ADJECTIF
1. Qui a beaucoup de connaissances, en matière scientifique. *Ce chercheur est un savant réputé.*
2. Qui sait beaucoup de choses dans un domaine. *Elle est très savante en informatique.* SYN. expert.
NOM MASCULIN ET FÉMININ
Scientifique aux connaissances très étendues. *Les savants ne reçoivent pas suffisamment de fonds pour poursuivre leurs recherches. Hubert Reeves est un savant qui s'emploie à vulgariser l'astronomie.*
Ce nom s'emploie surtout pour désigner des spécialistes des sciences exactes ou expérimentales.
LOCUTIONS
– ***Animal savant.*** Animal dressé. *Ce dauphin est un animal savant qui sait faire beaucoup de choses.*
– ***Mot savant.*** Mot, souvent emprunté au grec ou au latin, employé dans un domaine scientifique, technique. *Le terme* étymologie *est un mot savant désignant la science qui recherche l'origine des mots.*

SAVARIN n. m.
Pâtisserie au rhum.
Ne pas confondre avec le nom ***navarin,*** ragoût de mouton.

SAVATE n. f.
Vieille chaussure, vieille pantoufle.
savate.

SAVEUR n. f.
Qualité particulière perçue par le goût. *Ces fruits sont sans saveur. Une saveur amère, sucrée.*
FORME FAUTIVE
*saveur. Impropriété au sens de ***parfum.*** *Le parfum* (et non la *saveur) *d'une glace.*

SAVOIR n. m.
Connaissances, érudition. *L'étendue de son savoir.*
LOCUTION
– ***Le gai savoir.*** La poésie des troubadours.

SAVOIR v. tr., pronom.
VERBE TRANSITIF
1. Avoir la connaissance de, posséder une science ou un art. *Elle sait lire et compter. Il sait l'anglais. Tu sais tes leçons par cœur.* SYN. connaître. ANT. ignorer.
2. Pouvoir, avoir la possibilité de. *Je saurai terminer ce long travail.*
En ce sens, au conditionnel et à la forme négative, le verbe se construit sans l'adverbe de négation ***pas*** et il est suivi d'un infinitif. *Je ne saurais vous dire. Il ne saurait en être question.*
3. Être apte à, avoir le talent, la force de faire quelque chose. *Elle sait répartir les tâches, tu sais écouter.*
4. (LITT.) Connaître l'existence de. *Il sait une petite clairière dans la forêt. « Nomme les êtres et les choses par leur nom, pour savoir qui tu es »* (Jean-Guy Pilon, *Comme eau retenue*).
VERBE PRONOMINAL
1. Connaître sa situation. *Ils se savaient menacés de licenciement.*
2. Être su. *Tout finit par se savoir.*
À la forme pronominale, le participe passé de ce verbe s'accorde toujours en genre et en nombre avec son sujet. *Elle s'était sue fragile.*
LOCUTIONS
– ***À savoir,*** loc. adv. C'est-à-dire. *Il y a plusieurs types de supports d'information, à savoir la disquette, le disque rigide, etc.*
Cette locution, précédée d'une virgule, introduit une énumération, une explication.
– ***À savoir que,*** loc. conj. Cela signifie que. *Cet immeuble est une copropriété, à savoir que chacun des quatre copropriétaires n'en possède que le quart.*
Cette locution introduit une explication et se construit avec l'indicatif.
– ***En savoir long sur quelqu'un, quelque chose.*** Être bien informé sur une personne, une chose.
– ***Faire savoir.*** Informer, annoncer. *Je vous ferai* (et non *laisserai) *savoir la date de la prochaine rencontre.*
– ***Je ne sache pas.*** (LITT.) Je ne crois pas. *Je ne sache pas qu'il y ait d'autres recherches portant sur ce sujet.*
– ***Je ne sais quoi, je-ne-sais-quoi.*** Chose difficile à définir, à exprimer. *Il se dégage de ce film un je ne sais quoi de tendre et de sympathique. « Ce je-ne-sais-quoi qui n'a de nom dans aucune langue »* (Bossuet). SYN. quelque chose.
Ce nom composé s'écrit avec ou sans traits d'union.
– ***N'être pas sans savoir.*** Ne pas ignorer.
Ne pas commettre l'erreur fréquente de remplacer le verbe ***savoir*** par ***ignorer.*** *Tu n'es pas sans savoir que la valeur des actions a beaucoup baissé.*
– ***Ne vouloir rien savoir.*** (FAM.) Ne pas vouloir en entendre parler. *Elle ne veut rien savoir de cette histoire.*
– ***Que je sache.*** (LITT.) À ma connaissance. *Ils ne sont pas encore élus, que je sache.*
Ce tour de registre soutenu ne s'emploie qu'avec une proposition principale négative.
– ***Qui sait ?*** Peut-être. *Il viendra, qui sait ?*
– ***Savoir gré.*** Être reconnaissant. *Elles lui sauront* (et non *seront) *gré de sa compréhension.*
FORME FAUTIVE
*laisser savoir. Calque de «*to let someone know*» pour ***faire savoir.*** *Je vous le ferai* (et non *laisserai) *savoir dès demain.*
CONJUGAISON : VOIR MODÈLE SAVOIR.

SAVOIR-FAIRE n. m. inv. (pl. *savoir-faire*)
1. Compétence, expérience. *Il nous a montré son savoir-faire.*
2. Ensemble des connaissances techniques d'une personne, d'une entreprise qui peuvent être mises à la disposition d'autrui, à titre onéreux ou gratuit. *Le savoir-faire* (et non *know-how) *technologique.*

SAVOIR-VIVRE n. m. inv. (pl. *savoir-vivre*)
Connaissance et pratique des règles de la politesse. *Il est impoli : il manque de savoir-vivre.* SYN. éducation ; politesse.

SAVON n. m.
Produit employé pour le nettoyage. *Un savon de toilette. Un savon à barbe.*
LOCUTION
– ***Passer un savon à quelqu'un.*** (FAM.) Le réprimander.

CONJUGAISON DU VERBE **SAVOIR**

INDICATIF

PRÉSENT		PASSÉ COMPOSÉ		
je	**sais**	j'	ai	su
tu	**sais**	tu	as	su
elle	**sait**	elle	a	su
il	**sait**	il	a	su
nous	**savons**	nous	avons	su
vous	**savez**	vous	avez	su
elles	**savent**	elles	ont	su
ils	**savent**	ils	ont	su

IMPARFAIT		PLUS-QUE-PARFAIT		
je	**savais**	j'	avais	su
tu	**savais**	tu	avais	su
elle	**savait**	elle	avait	su
il	**savait**	il	avait	su
nous	**savions**	nous	avions	su
vous	**saviez**	vous	aviez	su
elles	**savaient**	elles	avaient	su
ils	**savaient**	ils	avaient	su

PASSÉ SIMPLE		PASSÉ ANTÉRIEUR		
je	**sus**	j'	eus	su
tu	**sus**	tu	eus	su
elle	**sut**	elle	eut	su
il	**sut**	il	eut	su
nous	**sûmes**	nous	eûmes	su
vous	**sûtes**	vous	eûtes	su
elles	**surent**	elles	eurent	su
ils	**surent**	ils	eurent	su

FUTUR SIMPLE		FUTUR ANTÉRIEUR		
je	**saurai**	j'	aurai	su
tu	**sauras**	tu	auras	su
elle	**saura**	elle	aura	su
il	**saura**	il	aura	su
nous	**saurons**	nous	aurons	su
vous	**saurez**	vous	aurez	su
elles	**sauront**	elles	auront	su
ils	**sauront**	ils	auront	su

CONDITIONNEL PRÉSENT		CONDITIONNEL PASSÉ		
je	**saurais**	j'	aurais	su
tu	**saurais**	tu	aurais	su
elle	**saurait**	elle	aurait	su
il	**saurait**	il	aurait	su
nous	**saurions**	nous	aurions	su
vous	**sauriez**	vous	auriez	su
elles	**sauraient**	elles	auraient	su
ils	**sauraient**	ils	auraient	su

SUBJONCTIF

PRÉSENT			PASSÉ			
que	je	**sache**	que	j'	aie	su
que	tu	**saches**	que	tu	aies	su
qu'	elle	**sache**	qu'	elle	ait	su
qu'	il	**sache**	qu'	il	ait	su
que	nous	**sachions**	que	nous	ayons	su
que	vous	**sachiez**	que	vous	ayez	su
qu'	elles	**sachent**	qu'	elles	aient	su
qu'	ils	**sachent**	qu'	ils	aient	su

IMPARFAIT			PLUS-QUE-PARFAIT			
que	je	**susse**	que	j'	eusse	su
que	tu	**susses**	que	tu	eusses	su
qu'	elle	**sût**	qu'	elle	eût	su
qu'	il	**sût**	qu'	il	eût	su
que	nous	**sussions**	que	nous	eussions	su
que	vous	**sussiez**	que	vous	eussiez	su
qu'	elles	**sussent**	qu'	elles	eussent	su
qu'	ils	**sussent**	qu'	ils	eussent	su

IMPÉRATIF

PRÉSENT	PASSÉ	
sache	aie	su
sachons	ayons	su
sachez	ayez	su

INFINITIF

PRÉSENT	PASSÉ
savoir	avoir su

PARTICIPE

PRÉSENT	PASSÉ
sachant	su, sue
	ayant su

SAVONNAGE n. m.
Nettoyage au savon. *Un bon savonnage et la tache partira.*
⇨ savonnage.

SAVONNER v. tr., pronom.
Nettoyer avec du savon. *Il a savonné son chandail taché.*
À la forme pronominale, le participe passé de ce verbe s'accorde en genre et en nombre avec le complément direct si celui-ci le précède. *Le bras qu'elle s'est savonné. Ils se sont savonnés longuement.* Le participe passé reste invariable si le complément direct suit le verbe. *Les enfants se sont savonné les mains.*
CONJUGAISON : VOIR MODÈLE AIMER.
⇨ savonner.

SAVONNETTE n. f.
Petit pain de savon. *Des savonnettes parfumées.*
⇨ savonnette.

SAVONNEUX, EUSE adj.
Qui contient du savon. *Une eau savonneuse.*
⇨ savonneux.

SAVOURER v. tr.
1. Goûter avec plaisir. *Savourer un bon repas.* SYN. déguster; se régaler.
2. (FIG.) Apprécier quelque chose avec délices. *J'ai savouré ce roman merveilleux.* SYN. se délecter.
CONJUGAISON : VOIR MODÈLE AIMER.

SAVOUREUSEMENT adv.
De façon savoureuse. *Des légumes savoureusement apprêtés.*

SAVOUREUX, EUSE adj.
Qui a une saveur agréable. *Un gigot savoureux.* SYN. succulent.

SAVOYARD, ARDE adj. et n. m. et f.
De Savoie. *La cuisine savoyarde. Un Savoyard, une Savoyarde.*
T L'adjectif s'écrit avec une minuscule; le nom, avec une majuscule.

SAXOPHONE n. m.
Abréviations ***sax, saxo.***
Instrument à vent.

SAXOPHONISTE n. m. et f.
Personne qui joue du saxophone.

SAYNÈTE n. f.
(VIEILLI) Sketch. *Au collège, nous organisions des saynètes amusantes.*
⇨ saynète.

Sb
Symbole de ***antimoine.***

SBIRE n. m.
(PÉJ.) Homme de main. *Les sbires du chef des motards.*
⇨ sbire.

sc.
Abréviation de ***science(s).***

***SCAB**
Anglicisme pour ***briseur de grève.***

SCABREUX, EUSE adj.
Qui choque la décence. *Une histoire scabreuse.*

SCALPEL n. m.
Bistouri. *Le chirurgien emploie un scalpel pour couper la peau.*
⇨ scalpel.

SCALPER v. tr.
Arracher la peau du crâne et la chevelure. *Les Iroquois ont scalpé des missionnaires.*
CONJUGAISON : VOIR MODÈLE AIMER.

***SCALPER**
Anglicisme pour ***revendeur (de billets).***

SCANDALE n. m.
1. Fait révoltant. *Ces enfants enchaînés qui travaillent, c'est un scandale !*
2. Affaire malhonnête. *Un scandale politique.*

SCANDALEUSEMENT adv.
De façon scandaleuse. *Des employeurs payent scandaleusement peu pour des tâches requérant des compétences très pointues.*

SCANDALEUX, EUSE adj.
Qui cause du scandale, qui choque. *Une injustice scandaleuse.* SYN. choquant; honteux.

SCANDALISER v. tr., pronom.
VERBE TRANSITIF
Susciter l'indignation, choquer. *Ces pratiques malhonnêtes les ont scandalisés.* SYN. indigner; offusquer.
VERBE PRONOMINAL
S'offenser, se choquer. *Elles se sont scandalisées de cette injustice.* SYN. s'indigner; s'offusquer.
À la forme pronominale, le participe passé de ce verbe s'accorde toujours en genre et en nombre avec son sujet. *Ils se sont scandalisés de nos prises de position.*
CONJUGAISON : VOIR MODÈLE AIMER.

SCANDER v. tr.
Marquer la mesure, ponctuer. *Les manifestants scandaient leur mot d'ordre : « Finies les folies ! »*
CONJUGAISON : VOIR MODÈLE AIMER.

SCANDINAVE adj. et n. m. et f.
De Scandinavie. *Les langues scandinaves. Un Scandinave, une Scandinave.*
T L'adjectif s'écrit avec une minuscule; le nom, avec une majuscule.

SCANNER n. m.
Le nom se prononce à la française, [skanɛr]; le mot rime avec ***air.***
Scanographe. SYN. tomodensitomètre.
FORME FAUTIVE
*scanner. Anglicisme au sens de ***numériseur.***

***SCANNING**
Anglicisme pour ***balayage*** (d'une zone de mémoire).
Anglicisme pour ***numérisation.*** *La numérisation* (et non le *scanning) *d'images et de photographies anciennes.*

SCANOGRAPHE n. m.
(MÉD.) Appareil de radiodiagnostic qui peut reconstituer des images de l'organisme en coupes fines. SYN. scanner; tomodensitomètre.

SCANOGRAPHIE n. f.
1. Partie de la radiologie qui utilise un scanner ou tomodensitomètre.
2. Image obtenue à l'aide du scanographe, du tomodensitomètre.

SCAPHANDRE n. m.
Vêtement étanche muni d'une bouteille à air comprimé qui permet à un plongeur d'évoluer sous l'eau. *Le capitaine Haddock a revêtu un scaphandre pour explorer les fonds marins.*
⇨ scaphandre.

SCAPHANDRIER n. m.
SCAPHANDRIÈRE n. f.
Plongeur muni d'un scaphandre. *Ce scaphandrier a exploré l'épave qui gisait à 30 m sous la surface de la mer.*
⇨ scaphandrier.

SCARABÉE n. m.
Insecte voisin du hanneton.
Attention au genre masculin de ce nom : ***un*** scarabée.
⇨ scarabée.

SCARLATINE adj. et n. f.
Se dit d'une maladie contagieuse de l'enfance. *Fièvre scarlatine* ou *scarlatine.*

S

S

SCATO- préf.
Élément du grec signifiant « excrément ». *Scatologie.*

SCATOLOGIE n. f.
Écrit, propos où il est question d'excréments.
✏ scatologie.

SCATOLOGIQUE adj.
Qui se rapporte à la scatologie. *Des propos scatologiques.*
✏ scatologique.

SCEAU n. m. (pl. *sceaux*)
Le mot rime avec ***seau.***
Cachet. *Des sceaux officiels. L'établissement universitaire appose son sceau sur les relevés de notes.*
LOCUTION
– ***Sous le sceau du secret,*** loc. adv. Confidentiellement. *Je te confie cela sous le sceau du secret.*
HOM.
• ***saut,*** bond;
• ***seau,*** récipient;
• ***sot,*** stupide.

SCÉLÉRAT, ATE adj. et n. m. et f.
(LITT.) Qui est perfide, atroce. *Des scélérats qui ont profité de sa gentillesse. Une attitude scélérate.* SYN. infâme.
✏ scélérat.

SCÉLÉRATESSE n. f.
(LITT.) Perfidie.
✏ scélératesse.

***SCELLANT**
Anglicisme pour ***enduit protecteur.***

SCELLÉ n. m. pl.
Cachets de cire apposés par une autorité pour empêcher l'ouverture d'un meuble, d'un local. *Mettre un appartement sous scellés.*
✏ scellé.

SCELLEMENT n. m.
Action de sceller. *Le scellement d'une lettre, d'un contenant, d'une grille dans le béton.*
✏ scellement.

SCELLER v. tr.
1. Cacheter à l'aide d'un sceau. *Une lettre scellée d'un cachet.*
2. Fermer hermétiquement. *Sceller un récipient, une ouverture.*
3. Fixer un élément au moyen d'une substance qui fait prise. *Une rampe scellée dans le béton.*
HOM. ***seller,*** munir un cheval d'une selle.
CONJUGAISON : VOIR MODÈLE AIMER.
✏ sceller.

SCÉNARIO n. m. (pl. *scénarios* ou *scenarii*)
Canevas d'une pièce, d'un film, d'une émission. *Des scénarios bien structurés.*
Ce nom d'origine italienne s'écrit avec un accent aigu et prend la marque du pluriel, ou s'écrit sans accent et suit le pluriel italien. *Des scenarii.*
✏ scénario.

SCÉNARISER v. tr.
1. Concevoir le scénario d'une pièce de théâtre, d'un film, d'une émission de télévision, d'un spectacle, etc.
2. (FIG.) Mettre en scène. *Scénariser un évènement politique.*
CONJUGAISON : VOIR MODÈLE AIMER.

SCÉNARISTE n. m. et f.
Personne qui écrit des scénarios.

SCÈNE n. f.
1. Partie du théâtre où évoluent les acteurs. *Une scène tournante. Entrer en scène. Sortir de scène.* SYN. plateau.
2. Le théâtre. *Les arts de la scène.*
3. Subdivision d'un acte. *Acte II, scène III.*
T Le numéro de l'acte se compose en chiffres romains grandes capitales; le numéro de la scène se compose en chiffres romains petites capitales.
4. Séquence d'un film. *Cette scène est terrifiante.*
5. Lieu où se passe une action. *Les ambulanciers ont quitté la scène de l'accident.*
6. Dispute. *Ne fais pas de scène, je t'en prie : calme-toi.*
LOCUTION
– ***Mise en scène.*** Réalisation d'une œuvre au théâtre, au cinéma, à la télévision.
✏ scène.

SCÉNIQUE adj.
Relatif au théâtre. *L'art scénique.*
✏ scénique.

SCEPTICISME n. m.
1. État d'esprit d'une personne qui remet en question les croyances, les valeurs admises.
2. Manque de confiance à l'égard de quelque chose.

SCEPTIQUE adj. et n. m. et f.
Qui ne croit pas à quelque chose. *Elle restait sceptique sur ses chances de succès.* SYN. incrédule; méfiant.
HOM. ***septique,*** qui peut infecter.
✏ sceptique.

SCEPTRE n. m.
Bâton de commandement, symbole de l'autorité suprême. *Le sceptre du roi est en or.*
Ne pas confondre avec le nom ***spectre,*** fantôme.
✏ sceptre.

SCHAH
VOIR – CHAH.

SCHEIK
VOIR – CHEIKH.

SCHELEM
VOIR – CHELEM.

SCHÉMA n. m.
Dessin, représentation simplifiée. *Des schémas de fonctionnement. Julie a fait le schéma de la circulation sanguine.*
✏ schéma.

SCHÉMATIQUE adj.
Simplifié. *Une description schématique.* SYN. synthétique.
✏ schématique.

SCHÉMATIQUEMENT adv.
D'une manière schématique, simplifiée.
✏ schématiquement.

SCHÉMATISATION n. f.
(DIDACT.) Action de schématiser, de synthétiser.
✏ schématisation.

SCHÉMATISER v. tr.
1. Représenter à l'aide d'un plan, d'un dessin. *Julie a schématisé la circulation du sang.*
2. Simplifier, ramener à l'essentiel. *Schématiser la pensée d'un auteur.* SYN. synthétiser.
CONJUGAISON : VOIR MODÈLE AIMER.
✏ schématiser.

SCHÈME n. m.
Forme, structure. *Un schème de réflexion.*
✏ schème.

SCHILLING n. m.
1. Ancienne unité monétaire anglaise.
2. Ancienne unité monétaire de l'Autriche. *C'est l'euro qui a remplacé le schilling.*
VOIR TABLEAU – SYMBOLES DES UNITÉS MONÉTAIRES.

SCHISME n. m.
Division. *Le schisme du christianisme, d'un parti politique.*
Ne pas confondre avec le nom ***schiste,*** roche feuilletée.
✏ schisme.

SCHISTE n. m.
Se dit des roches susceptibles de se diviser en feuillets. *L'ardoise est un schiste. Les schistes bitumineux de l'Alberta.*
Ne pas confondre avec le nom ***schisme,*** division.
schiste.

SCHIZO- préf.
Élément du grec signifiant « fendre ». *Schizophrénie.*

SCHIZOPHRÈNE adj. et n. m. et f.
Les lettres ***schi*** se prononcent ***ski,*** [skizɔfrɛn].
Personne atteinte de schizophrénie. *Elle est schizophrène. Une schizophrène incurable.*
schizophrène.

SCHIZOPHRÉNIE n. f.
Les lettres ***schi*** se prononcent ***ski,*** [skizɔfreni].
Psychose caractérisée par la perte de contact avec la réalité.
schizophrénie.

SCHOONER n. m.
Les lettres ***schoo*** se prononcent ***skou*** ou ***chou,*** [skunœr, ʃunœr].
Goélette.

SCHUSS adv. et n. m.
Le ***u*** se prononce ***ou,*** [ʃus].
ADVERBE
Vite. *Elle descend schuss.*
NOM MASCULIN
Descente en ski effectuée en droite ligne. *Il aime descendre en schuss à l'occasion.*
schuss.

SCIAGE n. m.
Action de scier. *Le sciage de planches qui serviront à la construction d'une charpente.*
LOCUTION
– ***Bois de sciage.*** Bois scié qui est destiné à la construction, à la menuiserie.
sciage.

SCIE n. f.
Outil dont la lame dentée est destinée à couper des matières dures. *Une scie à bois. Une scie à métaux.*
LOCUTIONS
– ***En dents de scie.*** (FIG.) En pointes successives, avec des hauts et des bas. *Des résultats en dents de scie.*
– ***Scie à chaîne.*** Tronçonneuse. *Les bûcherons utilisent des scies à chaîne* (et non *chain saws).
– ***Scie circulaire.*** Scie dont l'outil de coupe se présente sous la forme d'un disque en acier de faible épaisseur, denté sur le pourtour et animé d'un mouvement circulaire. *Il a acheté une scie circulaire* (et non *ronde).
FORME FAUTIVE
*scie ronde. Calque de «*round saw*» pour ***scie circulaire.***
scie.

SCIEMMENT adv.
Le premier ***e*** se prononce ***a,*** [sjamɑ̃]; l'adverbe rime avec ***diamant.***
En connaissance de cause.
sciemment.

SCIENCE n. f.
Abréviation ***sc.*** (s'écrit avec un point).
Ensemble de connaissances ayant un objet déterminé. *Les sciences naturelles, humaines, pures.* SYN. savoir.
LOCUTION
– ***La science.*** Ensemble de connaissances universelles tendant à l'établissement de lois.

SCIENCE-FICTION n. f. (pl. *sciences-fictions*)
S'abrège familièrement en ***S. F.***
Texte portant sur une réalité imaginaire utilisant des données de la science. *Un livre de science-fiction.*

SCIENTIFIQUE adj. et n. m. et f.
ADJECTIF
1. Qui concerne les sciences. *La recherche scientifique, un terme scientifique.*
2. Conforme aux méthodes rigoureuses de la recherche. *Un travail scientifique.*
NOM MASCULIN ET FÉMININ
Savant spécialiste (d'une science expérimentale ou exacte). *Cette conférencière est une scientifique* (et non une *scientiste) de renom.
Dans le domaine des sciences, on parle d'un ***savant,*** d'un ***scientifique***; dans le domaine littéraire, d'un ***lettré,*** d'un ***érudit.***

SCIENTIFIQUEMENT adv.
D'une manière scientifique. *Un échantillon établi scientifiquement.*

*SCIENTISTE
Anglicisme au sens de ***scientifique.***

SCIER v. tr.
Couper avec une scie. *Scier du bois pour construire une table.*
CONJUGAISON : VOIR MODÈLE ÉTUDIER.
Redoublement du ***i*** à la première et à la deuxième personne du pluriel de l'indicatif imparfait et du subjonctif présent. *(Que) nous sciions, (que) vous sciiez.*

SCIERIE n. f.
Atelier où l'on scie le bois.
scierie.

SCINDER v. tr., pronom.
VERBE TRANSITIF
Diviser, séparer. *Scinder une recherche.*
VERBE PRONOMINAL
Se diviser. *L'association s'est scindée en trois groupes.* SYN. se fractionner.
À la forme pronominale, le participe passé de ce verbe s'accorde toujours en genre et en nombre avec son sujet. *L'association nationale s'est scindée en sections régionales.*
CONJUGAISON : VOIR MODÈLE AIMER.
scinder.

SCINTILLANT, ANTE adj.
Qui scintille. *Des lumières scintillantes.* SYN. brillant; étincelant.
scintillant.

SCINTILLEMENT n. m.
Action de scintiller. *Le scintillement d'un diamant.*
scintillement.

SCINTILLER v. intr.
Briller, étinceler. *Les étoiles scintillent.*
CONJUGAISON : VOIR MODÈLE AIMER.
Les lettres ***ill*** sont suivies d'un ***i*** à la première et à la deuxième personne du pluriel de l'indicatif imparfait et du subjonctif présent. *(Que) nous scintillions, (que) vous scintilliez.*
scintiller.

SCISSION n. f.
Division. *La scission d'un parti politique.* SYN. éclatement; fractionnement.
scission.

SCIURE n. f.
Poussière qui tombe du bois que l'on scie. *De la sciure de bois* appelée aussi *bran* (et non *brin) *de scie.*
sciure.

SCLÉR(O)- préf.
Élément du grec signifiant « dur ». *Sclérose.*

SCLÉROSANT, ANTE adj.
Qui provoque une sclérose. *Des produits sclérosants. Une attitude réactionnaire et sclérosante.*

SCLÉROSE n. f.
1. Durcissement d'un tissu, d'un organe. *Sclérose des artères.*
2. (FIG.) Vieillissement. *La sclérose des institutions.*
LOCUTION
– ***Sclérose en plaques.*** Maladie du système nerveux central.
sclérose, sans accent circonflexe.

SCLÉROSÉ, ÉE adj.
1. Atteint de sclérose. *Des artères sclérosées.*
2. (FIG.) Qui n'évolue plus, qui ne s'adapte pas à l'environnement. *Une bureaucratie sclérosée.*
sclérosé, sans accent circonflexe.

SCLÉROSER (SE) v. pronom.
1. Se durcir, en parlant d'un tissu, d'un organe, être atteint de sclérose. *Les artères se sont sclérosées.*
2. (FIG.) S'immobiliser, ne plus évoluer. *Des pratiques qui se sont sclérosées.* SYN. se figer.
Le participe passé de ce verbe, qui n'existe qu'à la forme pronominale, s'accorde toujours en genre et en nombre avec son sujet. *Ses cicatrices se sont sclérosées. Cette bureaucratie s'était sclérosée.*
CONJUGAISON : VOIR MODÈLE AIMER.

SCOLAIRE adj.
Relatif ou propre aux écoles, à la vie des écoles, à l'enseignement qu'on y donne et aux élèves qui les fréquentent (Recomm. off.). *L'année scolaire* (et non *académique), *le travail scolaire. Des manuels scolaires.*
LOCUTIONS
– ***Abandon scolaire.*** ⚜ Fait, pour un élève ou une élève, de quitter l'école avant la fin de la période de l'obligation scolaire (Recomm. off.). SYN. ⚜ décrochage.
– ***Transport scolaire.*** ⚜ Opération par laquelle les élèves sont conduits à l'école et ramenés à la maison au moyen d'autobus scolaires. SYN. ramassage (scolaire).
scol**aire**.

SCOLARISATION n. f.
Action de scolariser. *Le taux de scolarisation des Québécois a augmenté considérablement.*

SCOLARISER v. tr.
1. Pourvoir d'établissements scolaires.
2. Soumettre une personne à un régime scolaire. *Les habitants de ce quartier sont relativement scolarisés.*
3. Assurer à des enfants un enseignement scolaire (Recomm. off.).
CONJUGAISON : VOIR MODÈLE AIMER.

SCOLARITÉ n. f.
1. Durée des études accomplies par une personne (Recomm. off.). *Quel est votre niveau de scolarité ?*
2. Durée théorique d'un programme d'études (Recomm. off.). *La scolarité de maîtrise est de deux ans.*
3. Études scolaires. *Faire toute sa scolarité dans le même établissement.*
LOCUTIONS
– ***Droits de scolarité.*** Somme exigée d'un élève, d'un étudiant par l'établissement d'enseignement dans lequel il poursuit ses études (Recomm. off.). *Les droits* (et non *frais) *de scolarité sont proportionnels au nombre de cours suivis.*
– ***Scolarité obligatoire.*** Années d'études à temps plein légalement imposées à un enfant (Recomm. off.).

***SCOOP**
Anglicisme pour ***primeur, exclusivité.***

SCOOTER n. m.
Les lettres ***scoo*** se prononcent ***skou,*** la dernière syllabe se prononce à l'anglaise ou à la française, [skutœr, skutɛr].
Motocycle léger. *De petits scooters amusants.*
[Les *Rectifications* (1990) admettent : scooteur.]

-SCOPE, -SCOPIE, -SCOPIQUE suff.
Éléments du grec signifiant « examiner, observer ». *Microscope, radioscopie, télescopique.*

SCORBUT n. m.
Le ***t*** se prononce, [skɔrbyt] ; le nom rime avec ***butte.***
Maladie causée par une carence en vitamine C.
scorbut.

SCORE n. m.
1. Marque, nombre de points obtenus par des équipes, des adversaires dans un match. *Le score final est de 5 à 1.*
2. (FIG.) Résultat (chiffré ou non) ; classement. *J'ai eu un bon score pour mon examen de géographie.* SYN. note.

SCORIE n. f. pl.
1. Matière volcanique, résidu qui se sépare des métaux en fusion.
2. (FIG.) Résidu, déchet. *Les scories de la production littéraire.*
scorie.

SCORPION n. m.
1. Animal invertébré portant en avant une paire de pinces et dont l'abdomen est terminé par un aiguillon venimeux. *La piqûre du scorpion est dangereuse.*
2. Nom d'une constellation, d'un signe du zodiaque. *Elle est (du signe du) Scorpion, elle est née entre le 23 octobre et le 21 novembre.*
T Les noms d'astres s'écrivent avec une majuscule.

SCOTCH n. m. (pl. *scotches* ou *scotchs*)
Les lettres ***tch*** se prononcent, [skɔtʃ].
Whisky écossais. *Des scotches* ou *scotchs sans glaçons.*

***SCOTCH TAPE**
Anglicisme pour ***ruban adhésif.***

SCOTTISH-TERRIER ou **SCOTCH-TERRIER** n. m. (pl. *scottish-terriers* ou *scotch-terriers*)
Petit chien terrier originaire d'Écosse. *Elle avait un petit scottish-terrier* ou *scotch-terrier nommé « Rhinoféroce ».*

SCOUT, SCOUTE adj. et n. m. et f.
ADJECTIF
Relatif au scoutisme. *Une équipe scoute, le mouvement scout.*
NOM MASCULIN ET FÉMININ
Enfant, adolescent faisant partie d'un mouvement de scoutisme.
Le nom féminin courant est ***guide.*** Les jeunes scouts sont des louveteaux ; les jeunes scoutes, des jeannettes.

SCOUTISME n. m.
Mouvement ayant pour but de parfaire la formation des jeunes garçons et des jeunes filles par des activités de groupe en plein air.

SCRABBLE n. m. (pl. *scrabbles*)
Ce nom se prononce à l'anglaise ou à la française, [skrabəl, skrabl].
Jeu de société qui s'apparente aux mots croisés. *Des parties de scrabble bien enlevées. Des scrabbles de voyage.*
T Ce nom d'origine américaine est une marque déposée qui est passée dans l'usage. Il s'écrit avec une minuscule et prend un *s* au pluriel.

***SCRAP (METTRE À LA)**
Anglicisme pour ***mettre à la ferraille.***

***SCRAPBOOK**
Anglicisme pour ***album.***

***SCRAPBOOKING**
Anglicisme pour ***collimage, montage d'album-souvenir.***

***SCRAPER**
Anglicisme pour ***décapeuse.***

***SCREENING**
Anglicisme au sens de ***dépistage.*** *Le dépistage* (et non *screening) *des patients diabétiques.*

SCRIBE n. m.
1. (ANCIENN.) Copiste.
2. (PÉJ.) Gratte-papier. *Des discours rédigés par d'obscurs scribes.*

SCRIPT n. m.
Les lettres ***pt*** se prononcent, [skript]; le nom rime avec ***crypte***.
Type de caractères d'imprimerie qui ressemble à l'écriture manuscrite.
FORME FAUTIVE
*script. Anglicisme au sens de ***scénario***.

SCRIPTURAL, ALE, AUX adj.
Relatif à l'écriture. ANT. oral.
LOCUTION
– ***Monnaie scripturale.*** Technique bancaire qui permet d'effectuer des règlements par simples jeux d'écritures.
Aujourd'hui, on parle également de ***monnaie électronique*** qui devient le moyen de paiement généralisé.

***SCROLL BAR**
Anglicisme pour ***barre de défilement, bande de défilement***.

SCRUPULE n. m.
Hésitation à faire quelque chose pour des raisons morales.
LOCUTIONS
– ***Avoir scrupule à faire quelque chose.*** Se demander si on doit faire quelque chose.
– ***Une personne sans scrupule(s).*** Personne amorale, qui agit uniquement par intérêt.

SCRUPULEUSEMENT adv.
1. D'une manière scrupuleuse. *Se confesser scrupuleusement.*
2. Rigoureusement. *Rapporter scrupuleusement des paroles.* SYN. exactement; fidèlement.

SCRUPULEUX, EUSE adj.
1. Qui éprouve des scrupules.
2. Correct, honnête. *Une comptabilité scrupuleuse.* SYN. consciencieux; méticuleux; strict.

SCRUTATEUR n. m.
SCRUTATRICE n. f.
Personne chargée de surveiller le déroulement d'un scrutin et de participer à son dépouillement. *Il sera scrutateur d'un bureau de vote à l'occasion des prochaines élections.*

SCRUTER v. tr.
Examiner attentivement, observer. *Elle scrute le ciel à la recherche d'une étoile.*
CONJUGAISON : VOIR MODÈLE AIMER.

SCRUTIN n. m.
1. Vote au moyen de bulletins. *Un scrutin secret.*
2. Ensemble des opérations de vote. *Le scrutin du 30 octobre.*
scrutin.

SCULPTER v. tr.
Le ***p*** ne se prononce pas, [skylte]; le verbe rime avec ***ausculter***.
Façonner en taillant une matière dure. *Sculpter un buste dans une pièce de marbre. Il sculpte une pièce de bois.*
CONJUGAISON : VOIR MODÈLE AIMER.

SCULPTEUR n. m.
SCULPTEURE ou **SCULPTRICE** n. f.
Le ***p*** ne se prononce pas, [skyltœr].
Personne qui pratique l'art de la sculpture. *Le sculpteur Philippe Hébert est d'origine acadienne.*

SCULPTURAL, ALE, AUX adj.
Le ***p*** ne se prononce pas, [skyltyral].
1. Propre à la sculpture. *L'art sculptural.*
2. Digne d'être sculpté. *Des formes sculpturales.*

SCULPTURE n. f.
Le ***p*** ne se prononce pas, [skyltyr]; le nom rime avec ***culture***.
1. Art de sculpter. *Il fait de la sculpture et de la peinture.*
2. Œuvre du sculpteur. Le Baiser *de Rodin est une très belle sculpture.*

SCYTHE adj. et n. m. et f.
Relatif aux Scythes, peuple de l'Antiquité qui habitait le sud de la Russie d'aujourd'hui.
scythe.

s. d.
Abréviation de ***sans date***.
VOIR TABLEAU – RÉFÉRENCES BIBLIOGRAPHIQUES.

SDF n. m. et f. inv. (pl. *SDF*)
1. Sans lieu d'habitation. *Ces SDF sont contraints de dormir dans les parcs.* SYN. sans-abri; sans-logis.
2. Sigle de ***sans domicile fixe***.

SE pron. pers. m. et f.
Pronom personnel réfléchi masculin et féminin de la troisième personne du singulier et du pluriel employé comme complément direct, comme complément indirect. *Elle se lave. Ils se parlent.*
Le pronom personnel réfléchi sert à la formation des verbes pronominaux parce qu'il représente le sujet qui est à la fois l'auteur et l'objet de l'action.
VOIR TABLEAU – PRONOM.
Le pronom s'élide devant les verbes commençant par une voyelle ou un ***h*** muet. *Elle s'inquiète. Elles s'habillent.*

SÉANCE n. f.
1. Réunion d'une assemblée. *Ouvrir la séance par la lecture de l'ordre du jour. La séance est ouverte. La séance est suspendue.*
2. Temps consacré à une occupation, à une activité. *Une séance de travail.* SYN. période.
3. Spectacle. *L'enseignant a organisé une petite séance sur le thème de l'écologie.*
4. Projection d'un film. *Rendez-vous à la séance de 19 h 30 au cinéma Berri.*
LOCUTIONS
– ***Lever la séance.*** Déclarer une réunion terminée, clore une séance.
– ***Séance tenante,*** loc. adv. Sans délai, sur-le-champ.

SÉANT n. m.
– ***Sur son séant.*** Assis. *Elle s'est mise sur son séant.*
Le mot ne s'emploie que dans cette locution.

SÉANT, ANTE adj.
(LITT.) Convenable. *Il serait séant de l'informer de la situation.*

SEAU n. m. (pl. *seaux*)
Récipient. *Des seaux d'eau. Des seaux à champagne.*
LOCUTION
– ***Pleuvoir à seaux.*** Pleuvoir abondamment.
L'expression ***à siaux*** est vieillie.
HOM.
• ***saut,*** bond;
• ***sceau,*** cachet;
• ***sot,*** stupide.

SÉBACÉ, ÉE adj.
Qui produit le sébum. *Les glandes sébacées.*

SÉBILE n. f.
Il n'y a qu'un seul ***l***, [sebil].
Récipient rond et plat destiné à recevoir des offrandes, des dons. *La sébile d'un jongleur.*

SÉBORRHÉE n. f.
Sécrétion excessive de sébum.
séborrhée.

S

SÉBUM n. m.
La lettre ***u*** se prononce ***o***, [sebɔm] ; le nom rime avec ***pomme***.
Sécrétion grasse des glandes sébacées.
Ce mot d'origine latine est francisé ; il s'écrit avec un accent aigu et prend la marque du pluriel.

SEC, SÈCHE adj., adv. et n. m.
ADJECTIF
1. Aride, sans humidité. *Un climat sec. Mon maillot est-il sec ?* ANT. humide.
2. Desséché. *Une peau sèche. Du pain sec.*
3. Insensible, tranchant. *Un ton sec.* SYN. dur ; froid.
ADVERBE
Brusquement. *Ils démarrent sec.* SYN. rapidement.
Pris adverbialement, le mot est invariable.
NOM MASCULIN
Ce qui est sans eau, sans humidité. *Il pleut à boire debout : mettez-vous au sec chez moi.*

SÉCATEUR n. m.
Ciseau pour la taille des arbustes. *Maman prend un sécateur pour cueillir ses roses.*
sécateur.

SÉCESSION n. f.
Séparation, indépendance d'un État par rapport à son ancienne confédération. *La sécession des provinces du Canada est-elle envisageable ?*
sécession.

SÉCHAGE n. m.
Action de faire sécher. *Le séchage du bois.*
séchage.

SÈCHE-CHEVEUX n. m. inv. (pl. *sèche-cheveux*)
Appareil électrique destiné à faire sécher les cheveux. *Des sèche-cheveux puissants.* SYN. séchoir.
[Les *Rectifications* (1990) admettent : un sèche-cheveu.]

SÈCHE-LINGE n. m. (pl. *sèche-linge* ou *sèche-linges*)
Machine à sécher le linge. *Des sèche-linge* ou *sèche-linges peu énergivores.* SYN. sécheuse.

SÈCHEMENT adv.
Avec dureté. *Elle lui répondit sèchement.* SYN. durement ; froidement.
sèchement.

SÉCHER v. tr., intr., pronom.
VERBE TRANSITIF
Rendre sec. *Le soleil a séché mon maillot et mes cheveux.* ANT. mouiller.
VERBE INTRANSITIF
Devenir sec. *Le linge séchait sur la corde. La peinture a-t-elle séché ?*
VERBE PRONOMINAL
Se rendre sec. *Il importe de bien se sécher les cheveux avant de sortir dans l'air glacé.*
À la forme pronominale, le participe passé de ce verbe s'accorde en genre et en nombre avec le complément direct si celui-ci le précède. *Les mèches qu'elle s'est séchées. Ils se sont séchés au soleil.* Le participe passé reste invariable si le complément direct suit le verbe. *Les amies se sont séché les pieds avec une serviette.*
CONJUGAISON : VOIR MODÈLE POSSÉDER.
Le ***é*** se change en ***è*** devant une syllabe contenant un ***e*** muet, sauf à l'indicatif futur et au conditionnel présent. *Je sèche,* mais *je sécherai.*
sécher.
[Les *Rectifications* (1990) admettent : il sèchera, sècherait...]

SÉCHERESSE n. f.
Le ***é*** se prononce ***è*** ou ***é***, [sɛʃrɛs, seʃrɛs].
1. Aridité. *La sécheresse d'un climat.* ANT. humidité.
2. (FIG.) Insensibilité, froideur. *La sécheresse de son ton.* SYN. dureté.
[Les *Rectifications* (1990) admettent : sècheresse.]

SÉCHEUSE n. f.
Machine à sécher le linge. *Ils ont acheté une laveuse et une sécheuse.* SYN. sèche-linge.

SÉCHOIR n. m.
1. Dispositif de suspension servant à faire sécher. *Un séchoir à linge.*
2. Sèche-cheveux. *Un séchoir électrique.*

SECOND, ONDE adj.
Le ***c*** se prononce ***g***, et le ***e*** de la première syllabe se prononce ou non, [səgɔ̃, ɔ̃d, sgɔ̃, ɔ̃d].
Qui vient après le premier. *Cet enfant est leur second fils.*
On emploie généralement l'adjectif ***second*** quand il n'y a que deux éléments ; autrement, on utilisera plutôt ***deuxième.***
LOCUTIONS
– ***De seconde main.*** Qui vient d'un intermédiaire. *Un renseignement de seconde main.*
– ***Second proposeur.*** Personne qui, dans une assemblée délibérante, appuie une proposition. *Avons-nous un second proposeur* (et non *secondeur)*?* SYN. coproposeur.

SECONDAIRE adj. et n. m.
Le ***c*** se prononce ***g*** et le ***e*** de la première syllabe se prononce ou non, [səgɔ̃dɛr, sgɔ̃dɛr].
ADJECTIF
1. Qui vient au second rang, accessoire. *Cette question est secondaire.*
2. Qui est relatif à l'enseignement qui suit l'enseignement primaire. *Une école secondaire.*
3. (ÉCON.) Se dit du secteur d'activité économique qui regroupe les activités de transformation des matières premières en biens (industrie). *Cette entreprise entend non seulement produire des pièces, mais aussi proposer des solutions à l'industrie automobile et aéronautique ou, en d'autres mots, passer du secteur secondaire au tertiaire.*
NOM MASCULIN
1. (ÉCON.) Secteur d'activité économique comprenant les activités de transformation des matières premières en biens (industrie). *Le primaire et le secondaire.*
2. Ordre de l'enseignement obligatoire, comportant généralement deux cycles, qui suit l'enseignement primaire et le complète (GDT). *Les enseignants et les élèves du secondaire. Théo sera bientôt en troisième année du secondaire, en troisième du secondaire, en troisième secondaire, en 3e secondaire* ou *il a atteint la troisième année du secondaire, la troisième du secondaire, la troisième secondaire, la 3e secondaire* (et non il est en *secondaire III ou 3).
LOCUTIONS
– ***Effet secondaire.*** (MÉD.) Conséquence prévisible d'un médicament dans un domaine autre que celui pour lequel il est administré. *Ce médicament entraîne des effets secondaires* (et non *adverses).
Ne pas confondre avec ***effet indésirable,*** conséquence fâcheuse non recherchée.
– ***Enseignement secondaire.*** Enseignement qui suit l'enseignement primaire. *Les enseignants du secondaire. Marie-Ève est en 3e secondaire.*
– ***Secteur secondaire.*** Secteur d'activité économique qui regroupe les activités de transformation des matières premières en biens (industrie).
Le ***secteur primaire*** regroupe les activités productrices de matières premières (agriculture, mines, etc.) ; le ***secteur tertiaire,*** les services (administration, transport, informatique, etc.) ; le ***secteur quaternaire,*** les activités de recherche, de conseil.

FORMES FAUTIVES
*cours secondaire. Impropriété pour ***enseignement secondaire.***
*niveau secondaire. Impropriété pour ***enseignement secondaire.***

SECONDE n. f.
Le *c* se prononce ***g*** et le ***e*** de la première syllabe se prononce ou non, [səgɔ̃d, sgɔ̃d].
Symbole *s* (s'écrit sans point).
[T] Les symboles des unités de mesure n'ont pas de point abréviatif, ne prennent pas la marque du pluriel et ne doivent pas être divisés en fin de ligne. *Le train part à 15 h 35 min 10 s précises.*
1. Unité de mesure de temps correspondant à la soixantième partie de la minute. *Une durée de 15 secondes.*
[T] La notation de l'heure réunit les indications des unités par ordre décroissant, sans interposition de virgule et avec un espace de part et d'autre de chaque symbole. *14 h 25 min 45 s précisément.*
VOIR TABLEAU – HEURE.
2. (FIG.) Moment. *Je viens dans quelques secondes.* SYN. instant.
LOCUTIONS
– ***Dans une seconde,*** loc. adv. Très rapidement. *J'arrive dans une seconde, attends-moi.*
– ***En une fraction de seconde.*** Immédiatement, très vite. *En une fraction de seconde, le bateau a coulé à pic.*

SECONDER v. tr.
Le ***c*** se prononce ***g*** et le ***e*** de la première syllabe se prononce ou non, [səgɔ̃de, sgɔ̃de].
Aider. *Il est très bien secondé, le personnel est très compétent.* SYN. assister ; épauler.
FORME FAUTIVE
*seconder (une proposition). Anglicisme au sens de ***appuyer.*** *J'appuie* (et non je *seconde) *la proposition de Mme Dubois.*
CONJUGAISON : VOIR MODÈLE AIMER.

***SECONDEUR**
Anglicisme pour ***second proposeur, coproposeur.***

SECOUER v. tr., pronom.
VERBE TRANSITIF
1. Agiter quelque chose à plusieurs reprises. *Elle secoue le pommier pour en faire tomber les pommes mûres.*
2. Ébranler. *Cette mauvaise nouvelle nous a secoués.*
VERBE PRONOMINAL
(FIG.) Réagir. *Allons, secouez-vous, il ne faut pas vous décourager !* SYN. se reprendre.
À la forme pronominale, le participe passé de ce verbe s'accorde toujours en genre et en nombre avec son sujet. *Elles se sont secouées et ont repris courage.*
CONJUGAISON : VOIR MODÈLE AIMER.

SECOURIR v. tr.
Venir au secours de, porter assistance à quelqu'un en difficulté. *François a secouru son voisin malade.* SYN. aider.
CONJUGAISON : VOIR MODÈLE COURIR.
INDICATIF PRÉSENT *Je secours, tu secours, il secourt, nous secourons, vous secourez, ils secourent.* IMPARFAIT *Je secourais.* PASSÉ SIMPLE *Je secourus.* FUTUR *Je secourrai.* CONDITIONNEL PRÉSENT *Je secourrais.* IMPÉRATIF PRÉSENT *Secours, secourons, secourez.* SUBJONCTIF PRÉSENT *Que je secoure.* IMPARFAIT *Que je secourusse.* PARTICIPE PRÉSENT *Secourant.* PASSÉ *Secouru, ue.*

SECOURISME n. m.
Méthode de premiers soins aux blessés, aux malades.
secourisme.

SECOURISTE n. m. et f.
Membre d'une société de secours. *Les secouristes viennent en aide aux rescapés du naufrage.*
secouriste.

SECOURS n. m.
Assistance à quelqu'un qui est dans une situation dangereuse, difficile. *Demander du secours.* SYN. aide ; soutien.
LOCUTIONS
– ***Au secours !*** Appel à l'aide. SYN. S.O.S.
– ***De secours.*** D'urgence, destiné à servir en cas de nécessité. *Une sortie de secours, une roue de secours.*
secours.

SECOUSSE n. f.
Agitation brusque qui secoue. *Après quelques secousses, le train s'est mis en mouvement à destination de Québec.* SYN. à-coup ; choc.
LOCUTION
– ***Secousse sismique.*** Tremblement de terre.
Cette expression est critiquée par certains auteurs qui recommandent plutôt ***séisme, tremblement de terre*** ; dans les faits, l'expression n'est plus jugée pléonastique.
FORME FAUTIVE
*une bonne secousse. Expression ancienne au sens de ***un bon moment.***

SECRET, ÈTE adj. et n. m.
ADJECTIF
1. Qui est caché, confidentiel. *Un agent secret, des renseignements secrets. Des documents secrets.*
2. Réservé, discret. *Une personne secrète.*
NOM MASCULIN
1. Ce qui doit rester caché. *Garder un secret. Laurence a confié un secret à sa copine.*
2. Recette, moyen de réussir quelque chose. *Nouni a le secret des bons desserts. C'est un secret de fabrication.*
3. Discrétion totale. *Les concepteurs ont exigé le secret en ce qui a trait à leur nouveau produit.* SYN. silence.
LOCUTIONS
– ***Dans le secret.*** Au courant, dans la confidence. *Êtes-vous dans le secret ?*
– ***En secret,*** loc. adv. D'une manière secrète, confidentielle, sans témoins. SYN. en cachette .
– ***Secret-défense.*** Diffusion interdite de toute information liée à la défense nationale d'un pays. SYN. secret d'État.
– ***Secret professionnel.*** Interdiction légale de divulguer des renseignements confidentiels obtenus dans l'exercice d'une profession.
– ***Sous le sceau du secret.*** À la condition de garder le secret, de ne rien révéler.
– ***Un secret de Polichinelle.*** Quelque chose que tout le monde sait.
[T] Le nom du personnage de la *commedia dell'arte* s'écrit avec une majuscule.
secret, secrète.

SECRÉTAIRE n. m. et f.
Personne qui assume des fonctions administratives (correspondance, classement, etc.) dans un bureau.
LOCUTIONS
– ***Secrétaire de rédaction.*** Personne chargée de la rédaction d'un journal, d'un ouvrage. *Un secrétaire de rédaction* (et non *chef de pupitre) *compétent.*
– ***Secrétaire d'État.*** Membre du gouvernement responsable d'un département ministériel.
– ***Secrétaire général, générale.*** Personne chargée de l'organisation générale d'une entreprise, d'un établissement public, d'un organisme.

SECRÉTAIRE n. m.
Petit meuble sur lequel on peut écrire. *Un beau secrétaire Empire.*

S

SECRÉTARIAT n. m.
1. Fonction, métier de secrétaire. *Secrétariat de direction. Assurer le secrétariat.*
2. Ensemble du personnel chargé des tâches administratives d'un organisme, d'un bureau.
3. Le bureau lui-même. *Adressez-vous au secrétariat.*
secrétariat.

SECRÈTEMENT adv.
En secret. *Ils se sont écrit secrètement.* SYN. en cachette.
secrètement.

SÉCRÉTER v. tr.
Produire une substance. *Le foie sécrète la bile.*
CONJUGAISON : VOIR MODÈLE POSSÉDER.
Le ***é*** se change en ***è*** devant une syllabe contenant un ***e*** muet, sauf à l'indicatif futur et au conditionnel présent. *Je sécrète*, mais *je sécréterai.*
sécréter.
[Les *Rectifications* (1990) admettent : il sécrètera, sécrèterait...]

SÉCRÉTION n. f.
Le ***t*** se prononce *s*, [sekresjɔ̃]; le nom rime avec ***discrétion***.
1. Production d'une substance par une glande, un tissu, etc. *La sécrétion d'une hormone.*
2. La substance ainsi produite. *Des sécrétions de mucus. La sueur est une sécrétion des glandes sudoripares.*

SECTAIRE adj. et n. m. et f.
Fanatique, intolérant. *Des adeptes sectaires. Des sectaires dangereux.*
sectaire.

SECTE n. f.
Groupement de personnes adeptes d'une même doctrine. *La prolifération des sectes religieuses est inquiétante.*

SECTEUR n. m.
1. Domaine. *Un secteur d'activité. Un secteur de pointe. Le secteur privé et le secteur public.*
2. Division d'une entité territoriale créée à des fins administratives particulières (Recomm. off.).
3. (ÉCON.) Ensemble d'entreprises qui entrent dans la même catégorie. *Le secteur de la recherche pharmaceutique.*
LOCUTIONS
– ***Secteur primaire.*** (ÉCON.) Secteur qui regroupe les activités productrices de matières premières (agriculture, mines, etc.).
– ***Secteur quaternaire.*** (ÉCON.) Secteur qui regroupe les activités de recherche, de conseil.
– ***Secteur résidentiel.*** Secteur réservé à l'habitation. *Un secteur résidentiel* (et non *domiciliaire).
– ***Secteur secondaire.*** (ÉCON.) Secteur qui regroupe les activités de transformation des matières premières en biens (industrie).
– ***Secteur tertiaire.*** (ÉCON.) Secteur qui regroupe les services (administration, transport, informatique, etc.).

SECTION n. f.
1. Subdivision d'un ensemble. *On a divisé le quartier en plusieurs sections.*
2. Partie d'un ouvrage. *La première section du livre expose la théorie, alors que la seconde propose des exercices.*

SECTIONNEMENT n. m.
1. Division en sections. *Le sectionnement d'un territoire.*
2. Action de sectionner. *Le sectionnement accidentel d'un fil électrique.*
sectionnement.

SECTIONNER v. tr., pronom.
VERBE TRANSITIF
1. Diviser. *On a sectionné l'établissement en dix unités.*
2. Couper. *L'artère a été sectionnée.*
Le verbe s'emploie surtout pour désigner une coupure accidentelle.
VERBE PRONOMINAL
Se diviser en plusieurs parties. *La phalangette qu'il s'est sectionnée a repoussé.*
À la forme pronominale, le participe passé de ce verbe s'accorde en genre et en nombre avec le complément direct si celui-ci le précède. *Les doigts qu'elle s'est sectionnés.* Le participe passé reste invariable si le complément direct suit le verbe. *Elle s'est sectionné un orteil.* S'il n'y a pas de complément direct, le participe passé s'accorde avec le sujet du verbe. *Les fils électriques se sont sectionnés sous le poids des branches.*
CONJUGAISON : VOIR MODÈLE AIMER.

SECTORIEL, IELLE adj.
Relatif à un secteur. *Des prévisions sectorielles.*

SÉCULAIRE adj.
1. Centenaire. *Ce bâtiment est trois fois séculaire.*
2. Qui existe depuis plusieurs siècles. *Un cèdre du Liban séculaire.*
LOCUTION
– ***Année séculaire.*** Année qui termine le siècle. *Vivrons-nous la prochaine année séculaire ?*
séculaire.

SÉCULARISATION n. f.
Laïcisation. *La sécularisation des soins aux malades qui étaient assurés autrefois par les religieuses.*

SÉCULARISER v. tr.
Laïciser. *Séculariser l'enseignement.*
CONJUGAISON : VOIR MODÈLE AIMER.

SÉCULIER, IÈRE adj. et n. m.
ADJECTIF
Laïque.
NOM MASCULIN
Prêtre qui vit dans le monde (par opposition à régulier).

SECUNDO adv.
Les lettres ***un*** se prononcent ***on***, le ***c*** se prononce ***g***, [səgɔ̃do].
En second lieu.
L'adverbe s'emploie à la suite de ***primo***. *Primo, secundo, tertio.*
T En typographie soignée, les mots étrangers sont composés en italique. Dans des textes déjà en italique, la notation se fait en romain. Pour les textes manuscrits, on utilisera les guillemets.

***SÉCURE**
Anglicisme pour ***en sécurité, sûr.***

SÉCURISANT, ANTE adj.
Qui donne un sentiment de sécurité. *Des paroles sécurisantes.* SYN. apaisant; réconfortant.
Ne pas confondre avec le participe présent invariable ***sécurisant***. *Les précautions sécurisant les travailleurs.*

SÉCURISATION n. f.
Action de sécuriser. *Une sécurisation des établissements scolaires s'impose.*

SÉCURISÉ, ÉE adj.
(INFORM.) Qui assure la sécurité des données ou qui est protégé contre les accès non autorisés et les dégradations accidentelles et malveillantes (GDT). *Un site sécurisé, un achat sécurisé, des paiements sécurisés.*

SÉCURISER v. tr.
1. Mettre en confiance, donner un sentiment de sécurité. *Ces mesures efficaces ont sécurisé les passagers.* SYN. apaiser; réconforter.
2. Rendre un système, une installation, etc., plus sécuritaire, plus fiable. *Sécuriser des échafaudages.* SYN. fiabiliser.

3. (INFORM.) Protéger des données afin d'éviter leur manipulation par des personnes non autorisées, leur perte ou leur détérioration accidentelle ou intentionnelle. *Sécuriser un site Internet.*
Ce verbe a un sens plus fort que celui de ***rassurer.***
CONJUGAISON : VOIR MODÈLE AIMER.

SÉCURITAIRE adj.
1. Qui privilégie la sécurité publique. *Une politique sécuritaire.*
2. Qui vise la sécurité publique. *Un chantier de construction sécuritaire.*
3. ⚜ Qui assure la sécurité. *Des installations sécuritaires.* SYN. sûr.
Si l'on considère l'objet à qualifier non plus sur le plan de son efficacité, mais sur celui de sa conception, on emploiera plutôt le syntagme ***de sécurité.*** *Des chaussures de sécurité* (plan de la conception) *peuvent être plus ou moins sécuritaires* (plan de l'efficacité).
sécurit**aire.**

SÉCURITÉ n. f.
1. Tranquillité d'esprit qui résulte de l'absence de danger. *Se sentir en sécurité.* SYN. confiance.
2. Organisation, mesures destinées à assurer la sécurité. *La sécurité routière.*
Le nom ***sécurité*** tend à remplacer ***sûreté*** en ce sens.
LOCUTIONS
– ***De sécurité,*** loc. adj. Destiné à empêcher un accident. *Le port de la ceinture de sécurité est obligatoire.*
– ***En sécurité,*** loc. adv. À l'abri du danger. *Ici, vous êtes en sécurité.*
– ***En (toute) sécurité.*** À l'abri du risque. *Confiez-nous votre argent en toute sécurité : vous ne courez aucun risque.*
– ***Sécurité informatique.*** (INFORM.) Ensemble de mesures de sécurité physiques, logiques et administratives, et de mesures d'urgence, mises en place dans une organisation, en vue d'assurer la protection de ses biens informatiques, la confidentialité des données de son système d'information et la continuité de service (GDT).

SÉDATIF, IVE adj. et n. m.
ADJECTIF
Qui calme l'organisme. *Une action sédative.*
NOM MASCULIN
(MÉD.) Médicament calmant et analgésique. *Prendre des sédatifs.*

SÉDENTAIRE adj.
1. Qui ne comprend pas de déplacement, d'exercice. *Un travail sédentaire.*
2. Qui voyage peu. *Les gitans ne sont pas sédentaires.* ANT. nomade.
sédent**aire.**

SÉDIMENT n. m.
Dépôt. *Des sédiments marins.*
sédiment.

SÉDIMENTAIRE adj.
De la nature du sédiment.
sédimentaire.

SÉDIMENTATION n. f.
Formation de sédiments.
sédimentation.

SÉDITIEUX, IEUSE adj.
Qui incite à la révolte. *Des soldats séditieux.* SYN. agitateur.
séditieux.

SÉDITION n. f.
Révolte, soulèvement contre les autorités. SYN. agitation ; insurrection.
sédition.

SÉDUCTEUR, TRICE adj. et n. m. et f.
ADJECTIF
Qui cherche à séduire. *Un pouvoir séducteur.*
NOM MASCULIN ET FÉMININ
Personne qui fait des conquêtes. *C'est un séducteur* (et non un *playboy) *professionnel.*
Par rapport à l'adjectif ***séduisant,*** qui a un sens favorable, le nom ***séducteur*** a souvent un sens défavorable.

SÉDUCTION n. f.
1. Action de séduire. *Une tentative de séduction.*
2. Attrait. *La séduction du pouvoir.* SYN. agrément ; atout.

SÉDUIRE v. tr.
1. Conquérir, obtenir les faveurs de quelqu'un.
2. Charmer, fasciner. *Une idée qui le séduit beaucoup. Elle se laissa séduire par la beauté de ce paysage.* SYN. attirer ; captiver ; charmer ; fasciner ; plaire.
CONJUGAISON : VOIR MODÈLE CONDUIRE.
INDICATIF PRÉSENT *Je séduis, tu séduis, il séduit, nous séduisons, vous séduisez, ils séduisent.* IMPARFAIT *Je séduisais.* PASSÉ SIMPLE *Je séduisis.* FUTUR *Je séduirai.* CONDITIONNEL PRÉSENT *Je séduirais.* IMPÉRATIF PRÉSENT *Séduis, séduisons, séduisez.* SUBJONCTIF PRÉSENT *Que je séduise.* IMPARFAIT *Que je séduisisse.* PARTICIPE PRÉSENT *Séduisant.* PASSÉ *Séduit, ite.*

SÉDUISANT, ANTE adj.
1. Charmant. *Des personnes séduisantes.* SYN. attirant ; désirable ; fascinant.
2. Enchanteur, attrayant. *Des idées séduisantes.* SYN. tentant.
VOIR – SÉDUCTEUR.

SÉFARADE adj. et n. m. et f.
Juif originaire des pays méditerranéens.
T L'adjectif s'écrit avec une minuscule ; le nom, avec une majuscule.

SEGMENT n. m.
Partie, portion. *Un segment de droite, un segment de piston.*
segment.

SEGMENTAIRE adj.
1. Propre à un segment.
2. Formé de segments. *Une recherche segmentaire.*

SEGMENTATION n. f.
Division en segments. *La segmentation du marché.*

SEGMENTER v. tr., pronom.
VERBE TRANSITIF
Diviser en segments. *Segmenter un territoire en régions.* SYN. découper.
VERBE PRONOMINAL
Se diviser en segments. *Un parti politique qui risque d'éclater et de se segmenter.*
À la forme pronominale, le participe passé de ce verbe s'accorde toujours en genre et en nombre avec son sujet. *Une communauté qui s'est segmentée en différents groupes.*
CONJUGAISON : VOIR MODÈLE AIMER.
segmenter.

SÉGRÉGATION n. f.
Action de mettre quelqu'un ou quelque chose à part. *La ségrégation raciale.* SYN. discrimination.
ségrégation.

SEICHE n. f.
Mollusque marin. *La perruche aiguise son bec sur un os de seiche.*
seiche.

SEIGLE n. m.
Céréale. *Un pain de seigle.*
seigle.

SEIGNEUR n. m.
(ANCIENN.) Maître. *Le seigneur d'un château.*
T Lorsque le nom désigne Dieu, il s'écrit avec une majuscule. *Le Seigneur, Notre-Seigneur.*

LOCUTIONS
– ***À tout seigneur tout honneur.*** Il faut rendre à chacun la dignité qui lui est due.
– ***Grand seigneur.*** Personne qui vit dans la richesse.

SEIGNEURIAL, IALE, IAUX adj.
Qui appartient au seigneur. *Des droits seigneuriaux.*

S

SEIGNEURIE n. f.
(ANCIENN.) Domaine seigneurial. *La seigneurie* (et non *seigneurerie) *de Vaudreuil.*
⇨ seigneurie.

SEIN n. m.
1. Chacune des mamelles de la femme.
2. (LITT.) Poitrine. *Elle le serre contre son sein.*
LOCUTIONS
– ***Au sein de,*** loc. prép. (LITT.) Au milieu de, à l'intérieur de. *Un large consensus au sein de la francophonie.*
– ***Donner le sein.*** Allaiter.
HOM.
• ***sain,*** équilibré ;
• ***saint,*** sacré ;
• ***seing,*** signature.

SEING n. m.
Le *g* est muet, [sɛ̃] ; le nom rime avec ***sein.***
(VX) Signature qui atteste l'authenticité d'un document.
LOCUTIONS
– ***Blanc-seing.*** Signature sur un papier où il n'y a rien d'écrit. *Des blancs-seings.*
Le nom s'écrit avec un trait d'union et prend la marque du pluriel aux deux éléments.
– ***Sous seing privé.*** (DR.) Se dit d'un acte non enregistré devant notaire.
HOM.
• ***sain,*** équilibré ;
• ***saint,*** sacré ;
• ***sein,*** mamelle de la femme.
⇨ seing.

SÉISME n. m.
1. Tremblement de terre. *Au collège Brébeuf, le séismographe du père Tremblay a enregistré un séisme de faible intensité au nord de Montréal.* SYN. secousse sismique.
2. (FIG.) Perturbation importante, bouleversement. *Le premier tour de la présidentielle française de 2002 a créé un séisme politique : Le Pen a battu Jospin.*

SÉISMIQUE
VOIR – SISMIQUE.

SÉISMOGRAPHE
VOIR – SISMOGRAPHE.

SÉISMOLOGIE
VOIR – SISMOLOGIE.

SEIZE adj. num. inv. et n. m. inv.
ADJECTIF NUMÉRAL CARDINAL INVARIABLE
Quinze plus un. *Seize ans.*
ADJECTIF NUMÉRAL ORDINAL INVARIABLE
Seizième. *Le seize décembre.*
NOM MASCULIN INVARIABLE
Nombre seize. *Ils ont dessiné des seize.*
VOIR TABLEAU – NOMBRES.
VOIR TABLEAU – NUMÉRAL ET ADJECTIF ORDINAL (DÉTERMINANT).

SEIZIÈME adj. num. et n. m. et f.
ABRÉVIATIONS
16e (seizième), *16es* (seizièmes).
ADJECTIF NUMÉRAL ORDINAL
Nombre ordinal de seize. *La seizième heure.*
NOM MASCULIN
La seizième partie d'un tout. *Les trois seizièmes d'une quantité.*
NOM MASCULIN ET FÉMININ
Personne, chose qui occupe le seizième rang. *Elles sont les seizièmes.*

SEIZIÈMEMENT adv.
En seizième lieu.

SÉJOUR n. m.
Action de demeurer un certain temps en un lieu. *Ils ont fait un séjour de quelques semaines en Gaspésie.*
LOCUTION
– ***(Salle de) séjour.*** Pièce de la maison où l'on se tient généralement. *Il lit en écoutant de la musique dans la salle de séjour, dans le séjour.*

SÉJOURNER v. intr.
Résider temporairement dans un lieu. *Pendant l'été, ils séjournent à la montagne.*
CONJUGAISON : VOIR MODÈLE AIMER.

SEL n. m.
1. Substance blanche employée comme assaisonnement. *Mettre du sel sur ses frites.*
2. (FIG.) Ce qui donne du piquant. *Le sel de la vie.*
LOCUTION
– ***Sel gemme.*** Sel extrait des mines.
HOM.
• ***celle,*** pronom démonstratif féminin singulier ;
• ***selle,*** siège du cavalier ;
• ***selles,*** excréments.

SÉLECT, ECTE adj.
Le nom rime avec ***suspecte*** au masculin comme au féminin, [selɛkt].
(FAM.) Élégant, distingué. *Des restaurants sélects. Une société sélecte.*

SÉLECTIF, IVE adj.
Qui fait un choix. *Une mémoire sélective.*

SÉLECTION n. f.
Choix des éléments qui répondent le mieux à certains critères.

SÉLECTIONNER v. tr.
Choisir selon des critères définis en vue de ne retenir que les éléments les meilleurs. *Sélectionner des candidats. Le jury a sélectionné* (et non *nominé) *ces actions.* SYN. opter (pour) ; trier sur le volet.
CONJUGAISON : VOIR MODÈLE AIMER.
⇨ sélectionner.

SÉLECTIVEMENT adv.
D'une manière sélective.

***SELF-CONTROL**
Anglicisme pour ***maîtrise de soi.***

***SELF-MADE MAN**
Anglicisme pour ***autodidacte.***

***SELF-SERVICE**
Anglicisme pour ***libre-service.***

SELLE n. f.
1. Siège du cavalier.
2. Petit siège. *La selle d'un vélo.*
3. (AU PLUR.) Excréments. SYN. (FAM.) caca.
LOCUTIONS
– ***Être bien en selle.*** Être bien affermi dans sa place.
– ***Se remettre en selle.*** Se rétablir après une difficulté.
HOM.
• ***celle,*** pronom démonstratif féminin singulier ;
• ***sel,*** substance blanche employée comme assaisonnement.
⇨ selle.

SELLER v. tr.
Munir une monture d'une selle. *Elle sella sa jument et partit, aussitôt rejointe par les autres cavaliers.*
HOM. ***sceller,*** cacheter à l'aide d'un sceau.
CONJUGAISON : VOIR MODÈLE AIMER.

SELLERIE n. f.
Industrie du sellier.

SELLETTE n. f.
Petit siège de bois.
LOCUTION
– ***Être sur la sellette.*** (FIG.) Être interrogé comme un accusé.
sellette.

SELLIER n. m.
Fabricant de selles.
HOM. ***cellier,*** lieu où l'on entrepose le vin.

SELON prép.
1. Conformément à, suivant. *Ce participe passé est accordé selon les règles.*
2. D'après. *Selon cet article, le film est excellent.*
LOCUTIONS
– ***C'est selon.*** (FAM.) Peut-être, ça dépend.
– ***Selon que.*** Dans la mesure où. *« Selon que vous serez puissant ou misérable, les jugements de cour vous rendront blanc ou noir »* (Jean de La Fontaine, *Les Animaux malades de la peste*). SYN. suivant.
Cette locution se construit avec l'indicatif.

SEMAILLES n. f. pl.
Action de semer les grains. *Le printemps est le temps des semailles.*
Ce nom s'emploie toujours au pluriel.

SEMAINE n. f.
1. Période de sept jours (lundi, mardi, mercredi, jeudi, vendredi, samedi, dimanche). *Nous nous retrouverons vers la fin de la semaine.*
L'Organisation internationale de standardisation (ISO) recommande de considérer le lundi comme le premier jour de la semaine.
2. Période consacrée au travail. *Une semaine de 35 heures. Elle bénéficie de la semaine de quatre jours.*
LOCUTIONS
– ***À la petite semaine.*** (FAM.) Au jour le jour.
– ***Fin de semaine.*** Samedi et dimanche. *De belles fins de semaine en perspective.* SYN. week-end.
– ***La semaine des quatre jeudis.*** (FAM.) Jamais.
FORME FAUTIVE
*sur semaine. Calque de «*on weekdays*» pour ***en semaine.*** *En semaine* (et non *sur semaine), *nous fermons à 18 h 30.*

SEMAINIER n. m.
1. Agenda qui présente les jours de façon hebdomadaire.
2. Petit meuble à sept tiroirs.

SÉMANTICIEN n. m.
SÉMANTICIENNE n. f.
Spécialiste de sémantique.

SÉMANTIQUE adj. et n. f.
ADJECTIF
Qui se rapporte au sens des mots. *Des distinctions sémantiques.*
NOM FÉMININ
Étude du sens des mots.

SÉMAPHORE n. m.
Appareil servant à la signalisation des voies ferrées.
sémaphore.

SÉMASIOLOGIE n. f.
(LING.) Science des significations, partant du mot pour en étudier le sens.
Ne pas confondre avec le nom ***onomasiologie,*** science des significations, partant de la notion pour en étudier la désignation.

SEMBLABLE adj. et n. m.
ADJECTIF
1. De même nature, de même apparence. *Ces deux voitures sont semblables.* SYN. comparable.
Ne pas confondre avec les mots suivants :
• ***identique,*** rigoureusement, parfaitement semblable ;
• ***similaire,*** à peu près semblable.
2. Qui ressemble à. *Une maison semblable à une autre.*
L'adjectif se construit avec la préposition ***à.***
Les mots ***semblable*** et ***similaire*** sont des doublets.
VOIR TABLEAU – DOUBLETS.
NOM MASCULIN
Être humain. *Partager le sort de ses semblables.*

SEMBLABLEMENT adv.
Pareillement. *Des uniformes semblablement dépareillés.*

SEMBLANT n. m.
Apparence. *Un semblant de bonne humeur.*
LOCUTIONS
– ***Faire semblant de.*** Faire comme si, donner l'apparence de. *Ils font semblant d'être malades.* SYN. feindre ; simuler.
Le nom reste au singulier et la locution est suivie de l'infinitif.
– ***Ne faire semblant de rien.*** Ne rien laisser paraître.

SEMBLER v. intr., impers.
VERBE INTRANSITIF
Paraître, avoir l'air. *Ce plat semble délicieux.*
VERBE IMPERSONNEL
1. ***Il me semble*** + infinitif. Je crois. *Il me semble avoir entendu cela.*
2. ***Il semble que*** + indicatif ou conditionnel. Il est évident, probable que. *Il semble qu'il fera beau demain. Il semble que les ventes augmenteraient si les prix étaient plus bas.*
3. ***Il semble que*** + subjonctif. Il apparaît que. *Il semble que l'entreprise soit en difficulté.*
Selon le degré de certitude, le verbe se construit à l'indicatif, au conditionnel ou au subjonctif.
LOCUTIONS
– ***À ce qui semble, à ce qu'il semble.*** Il paraît.
– ***Ce me semble.*** (LITT.) Il me semble, à mon avis.
– ***Comme bon vous semblera.*** Comme il vous plaira.
– ***Sembler... à.*** Donner l'impression (à quelqu'un). *L'attente a semblé longue à Fanny.*
CONJUGAISON : VOIR MODÈLE AIMER.

SÈME n. m.
(LING.) Unité sémantique minimale.

SEMELLE n. f.
Pièce qui constitue le dessous d'une chaussure. *Ces chaussures sont imperméables : elles ont une semelle de caoutchouc.*
LOCUTIONS
– ***Battre la semelle.*** Taper des pieds pour se réchauffer, se promener sans but précis.
– ***Ne pas lâcher quelqu'un d'une semelle.*** (FAM.) Rester tout près. *Il ne m'a pas lâché d'une semelle, il était toujours à côté de moi.*
– ***Ne pas reculer d'une semelle.*** (FIG.) Ne pas renoncer à son point de vue, à ses demandes, rester sur ses positions.
semelle.

SEMENCE n. f.
Graine, substance fécondante. *Mettre des semences en terre au printemps.*
semence.

S

SEMER v. tr.
1. Mettre en terre des graines qui sont destinées à germer. *Semer des fleurs, des tomates.* SYN. ensemencer.
2. (FAM.) Se débarrasser de quelqu'un qui vous suit, qui vous ennuie. *Le cambrioleur a semé les policiers.*
LOCUTION
– ***On récolte ce qu'on a semé*** (Proverbe). Les résultats dépendent de nos actions.
CONJUGAISON : VOIR MODÈLE LEVER.
Le ***e*** se change en ***è*** devant une syllabe contenant un ***e*** muet. *Je sème,* mais *il semait.*

SEMESTRE n. m.
Période de six mois. *L'année comporte deux semestres.*

SEMESTRIEL, IELLE adj.
Qui a lieu deux fois par année, tous les six mois.
Ne pas confondre avec ***bisannuel,*** qui a lieu tous les deux ans, qui dure deux ans.

SEMESTRIELLEMENT adv.
Par semestre. *Elle doit s'inscrire semestriellement à ces cours.*

SEMEUR, EUSE n. m. et f.
Personne chargée des semailles.

SEMI-
Élément du latin signifiant « à demi ».
L'élément ***semi-,*** qui est invariable, se joint à un nom ou à un adjectif avec un trait d'union. *Des semi-conducteurs, des armes semi-automatiques.*
Par rapport au mot ***demi-*** qui s'emploie couramment, le préfixe ***semi-*** est de registre plus technique.

***SEMI-ANNUEL**
Calque de «*semi-annual*» pour ***semestriel.***

SEMI-AUTOMATIQUE adj.
Qui est partiellement automatique. *Une arme semi-automatique.*

SEMI-AUXILIAIRE adj. et n. m.
(GRAMM.) Se dit d'un verbe construit avec un infinitif et jouant le rôle d'un auxiliaire pour situer le moment de l'action (***auxiliaire de temps*** ou ***d'aspect***), pour marquer la possibilité, l'obligation, la probabilité (***auxiliaire de modalité***), pour indiquer que le sujet fait faire l'action par autrui (***auxiliaire factitif***).
Exemples d'auxiliaires de temps :
- **Antériorité**
– ***Aller*** + infinitif. *Le réveil va sonner.*
– ***Être sur le point de*** + infinitif. *Tu es sur le point de dormir.*
- **Simultanéité**
– ***Se mettre à*** + infinitif. *Les enfants se sont mis à jouer.*
– ***Finir de*** + infinitif. *Ils finissent de manger.*
- **Postériorité**
– ***Venir de*** + infinitif. *Elle vient de téléphoner.*
– ***Avoir fini de*** + infinitif. *Nous avons fini de discuter.*

Exemples d'auxiliaires de modalité :
- **Possibilité**
– ***Pouvoir*** + infinitif. *Ces adolescents peuvent fêter : ils ont réussi leurs examens.*
- **Obligation**
– ***Devoir*** + infinitif. *Ils doivent rentrer avant minuit.*
- **Probabilité**
– ***Pouvoir, devoir*** + infinitif. *Le chiffre d'affaires peut atteindre un million. Il doit neiger ce soir.*

Exemples d'auxiliaires factitifs :
– ***Faire*** + infinitif. *Nos voisins ont fait construire une maison.*
– ***Laisser*** + infinitif. *Ils ont laissé les enfants dormir.*
VOIR TABLEAU – AUXILIAIRE.

SEMI-CIRCULAIRE adj.
En demi-cercle. *Une allée semi-circulaire bordée de fleurs délimite le jardin.*

***SEMI-DÉTACHÉE (MAISON)**
Calque de «*semi-detached house*» pour ***maison jumelée.***

SEMI-FINI, IE adj.
(ÉCON.) Se dit d'un produit industriel qui a subi une transformation partielle (par opposition à ***matière première***), mais qui n'est pas encore propre à la consommation (par opposition à ***produit fini***). *Des produits semi-finis.* SYN. semi-ouvré.

SÉMILLANT, ANTE adj.
Les ***l*** se prononcent comme dans ***famille,*** [semijɑ̃, ɑ̃t].
Vif et enjoué. *Une brune sémillante.* SYN. fringant; gai.

SÉMINAIRE n. m.
1. Établissement où étudient les jeunes gens qui se destinent à la prêtrise. *Ils étudient au séminaire. Le Grand Séminaire de Québec.*
T Les génériques d'établissement d'enseignement s'écrivent avec une minuscule. Cependant, on veillera à respecter le nom officiel de l'établissement.
2. Réunion à caractère scientifique constituée d'un groupe restreint de personnes et généralement animée par un professeur, un chercheur ou un spécialiste (Recomm. off.).
T Les noms d'activités scientifiques, culturelles ou commerciales (colloque, congrès, journée, foire, forum, séminaire, symposium, etc.) s'écrivent avec une majuscule initiale lorsqu'ils désignent des événements particuliers. *Le Congrès mondial de neurologie. Le Symposium international de l'Association des obstétriciens et gynécologues du Québec. Le Salon du meuble de Paris. Le 25e Colloque des écrivains de l'Académie des lettres du Québec. La IIIe Journée québécoise des dictionnaires a eu lieu à Québec en avril 2008.*
Ne pas confondre avec les noms suivants :
- ***colloque,*** réunion de spécialistes invités, en nombre généralement limité, pour exposer, discuter et confronter leurs idées et leurs opinions sur un thème donné;
- ***congrès,*** assemblée regroupant un nombre important de personnes réunies pour délibérer sur un ou des sujets donnés;
- ***forum,*** réunion où sont débattues des questions d'une vaste portée, généralement dans le but d'établir une concertation entre les divers participants;
- ***symposium,*** congrès scientifique.

SÉMINAL, ALE, AUX adj.
Relatif au sperme. *Des conduits séminaux.*

SÉMINARISTE n. m.
Élève d'un séminaire.

SÉMIO- préf.
Élément du grec signifiant « signe ». *Sémiologie.*

SÉMIOLOGIE n. f.
Science qui étudie les systèmes de signes.

SÉMIOLOGIQUE adj.
Relatif à la sémiologie.

SÉMIOTICIEN n. m.
SÉMIOTICIENNE n. f.
Spécialiste de la sémiotique.

SÉMIOTIQUE adj. et n. f.
Se dit de la théorie des systèmes de signes.

SEMI-OUVRÉ, ÉE adj.
Se dit d'un produit partiellement fabriqué. *Des produits semi-ouvrés.* SYN. semi-fini.

***SEMI-PRIVÉE (CHAMBRE)**
Calque de «*semi-private room*» pour ***chambre à deux lits.***

SEMI-REMORQUE n. m. et f. (pl. *semi-remorques*)
NOM MASCULIN
Véhicule routier composé d'un tracteur et d'une remorque.
NOM FÉMININ
Remorque dont la partie antérieure s'articule sur l'arrière d'un tracteur routier.

SEMIS n. m.
Le *s* ne se prononce pas, [səmi].
1. Jeunes plants provenant de graines. *Nous irons bientôt chercher des semis à la pépinière pour les mettre en terre.*
2. Motif qui se répète. *Un tissu brodé d'un semis de marguerites.*
semi**s**, un *s* au singulier comme au pluriel.

SÉMITE adj. et n. m. et f.
Se dit de certains peuples du Proche-Orient.
T L'adjectif s'écrit avec une minuscule; le nom, avec une majuscule.

SÉMITIQUE adj.
Qui est relatif aux Sémites. *Les langues sémitiques.*

SEMONCE n. f.
Réprimande, avertissement. *Des coups de semonce.*
semon**c**e.

SEMONCER v. tr.
Réprimander. *Le directeur a semoncé ses employés.*
CONJUGAISON : VOIR MODÈLE AVANCER.
Le **c** prend une cédille devant les lettres ***a*** et ***o***. *Il semonça,* mais *nous semonçons.*

SEMOULE n. f.
Granules de blé, de riz.
LOCUTION
– ***Sucre semoule.*** Sucre dont les grains sont moins fins que le sucre en poudre.

SEMPITERNEL, ELLE adj.
(PÉJ.) Qui n'en finit pas. *Ses plaintes sempiternelles sont lassantes.* SYN. perpétuel.

SEMPITERNELLEMENT adv.
Sans cesse.

SÉNAT n. m.
Assemblée politique. *Le Sénat a rejeté cette réglementation.*
T Le nom s'écrit avec une majuscule.
séna**t**.

SÉNATEUR n. m.
SÉNATRICE n. f.
Membre du Sénat.

SÉNÉGALAIS, AISE adj. et n. m. et f.
ADJECTIF ET NOM MASCULIN ET FÉMININ
Du Sénégal. *Un restaurant sénégalais. Un Sénégalais, une Sénégalaise.*
NOM MASCULIN
Langue parlée au Sénégal. *Léopold parle le sénégalais.*
T Le nom de la langue s'écrit avec une minuscule.

SÉNILE adj.
Atteint de sénilité. *Ce vieillard est sénile.*
séni**l**e.

SÉNILITÉ n. f.
Ensemble de symptômes liés à la vieillesse, à l'affaiblissement des facultés.
séni**l**ité.

***SENIOR**
Anglicisme pour ***en chef, supérieur, premier, principal, confirmé, chevronné.***

***SÉNIORITÉ**
Anglicisme pour ***ancienneté.***

SENS n. m.
Le *s* final se prononce, sauf dans les locutions ***sens dessus dessous*** et ***sens devant derrière***, [sɑ̃s, sɑ̃dsydsu, sɑ̃dvɑ̃dɛrjɛr].
1. Faculté de l'organisme de percevoir des sensations. *La vue, l'ouïe, le goût, l'odorat et le toucher sont les cinq sens.*
2. Jugement. *Le bon sens.* SYN. raison; sagesse.
3. Signification. *Le sens d'une expression.*
4. Raison d'être. *Donner un sens à sa vie.*
5. Direction. *En sens inverse.*
LOCUTIONS
– ***À (mon, ton,*** etc.***) sens.*** Selon moi, toi, etc.; à mon, ton, etc., avis.
– ***Avoir du bon sens.*** Être raisonnable. *Cette proposition a du bon sens.* SYN. être logique; se tenir.
– ***En dépit du bon sens,*** loc. adv. De manière déraisonnable.
– ***En tous sens,*** loc. adv. Dans toutes les directions.
– ***Faire sens.*** Avoir un sens, être logique. *« Une fusion entre ces deux groupes pourrait-elle faire sens industriellement ? »* (Le Monde).
– ***Sans bon sens.*** À l'excès, d'une manière insensée. *Il dépense sans bon sens.* SYN. déraisonnablement.
– ***Sens dessus dessous.*** À l'envers, en désordre. *La chambre est sens* (et non *sans) *dessus dessous.*
Dans cette expression, le **s** final du mot ***sens*** ne se prononce pas.
– ***Sens devant derrière.*** De telle sorte que ce qui devrait être devant est derrière.
Dans cette expression, le **s** final du mot ***sens*** ne se prononce pas.
– ***Sens figuré.*** Signification d'un mot exprimée par une image. *Le sens figuré du verbe* survoler *est « examiner sommairement » ; le sens propre, « voler au-dessus ».*
– ***Sens interdit.*** Voie dans laquelle on ne peut s'engager.
– ***Sens propre.*** Le premier sens d'un mot. *Le sens propre du mot* sel *est « substance employée comme assaisonnement » ; son sens figuré, « ce qui donne du piquant ».*
– ***Sens unique.*** Voie où la circulation ne peut s'effectuer que dans la direction indiquée. *Cette rue est à sens unique* (et non un *one-way).
– ***Sixième sens.*** Intuition. *Patricia a un sixième sens : elle devine beaucoup de choses.*
– ***Tomber sous le sens.*** Être évident, clair.
FORME FAUTIVE
*faire du sens. Calque de «*to make sense*» pour ***avoir un sens, être logique, faire sens.***

SENSATION n. f.
1. Information perçue par les sens. *Une sensation visuelle, olfactive, auditive.*
2. Impression. *Une sensation agréable.*
LOCUTIONS
– ***À sensation,*** loc. adj. De nature à attirer l'attention. *Les journaux à sensation, une nouvelle à sensation.*
Dans cette expression, le nom reste au singulier.
– ***Faire sensation.*** Produire une forte impression (admiration, étonnement, etc.). *Elles ont fait sensation dans ces tenues flamboyantes.*
Dans cette expression, le nom reste au singulier.

SENSATIONNALISME n. m.
Recherche du sensationnel, notamment dans la presse écrite ou électronique. *Le sensationnalisme de certains quotidiens.*

SENSATIONNALISTE adj.
Qui relève du sensationnalisme. *Un titre sensationnaliste.*

SENSATIONNEL, ELLE adj. et n. m.
ADJECTIF
1. Qui provoque de l'étonnement. *Un évènement sensationnel.* SYN. extraordinaire.
2. (FAM.) Formidable. *Une équipe sensationnelle.* SYN. exceptionnel; remarquable.
NOM MASCULIN
Ce qui cause de l'étonnement, de l'intérêt. *À la recherche du sensationnel.*
sensatio**nn**el.

S

SENSÉ, ÉE adj.
Qui est plein de bon sens, raisonnable. *Une décision sensée.* SYN. judicieux ; sage.
HOM. ***censé,*** supposé, présumé.
✏ sensé.

SENSÉMENT adv.
D'une manière judicieuse, avec intérêt.
HOM. ***censément,*** en apparence.
✏ sensément.

***SENSEUR**
Anglicisme au sens de ***capteur.***

SENSIBILISATION n. f.
Action de sensibiliser. *La sensibilisation de l'opinion publique à cette question cruciale.*

SENSIBILISER v. tr.
Rendre sensible à quelque chose, faire prendre conscience à quelqu'un de quelque chose. *La directrice a sensibilisé les enseignants à ce problème.*
CONJUGAISON : VOIR MODÈLE AIMER.

SENSIBILITÉ n. f.
1. Faculté d'un organisme d'être sensible aux impressions.
2. Disposition d'une personne à ressentir profondément les impressions. *La grande sensibilité des poètes.*

SENSIBLE adj.
1. Apte à percevoir les sensations. *L'oreille des chiens est sensible à certains sons que nous n'entendons pas.*
En ce sens, l'adjectif se construit avec la préposition ***à.***
2. Qui est facilement ému, touché. *Une enfant très sensible.* SYN. émotif.
3. Perceptible. *Une amélioration sensible.*
4. Qui doit être traité avec un soin particulier. *Une question sensible.* SYN. délicat.

SENSIBLEMENT adv.
1. À peu près, presque. *Ces vélos sont sensiblement pareils.*
2. D'une manière visible, appréciable. *Cette pièce est sensiblement plus grande que celle-ci.*

SENSIBLERIE n. f.
Sensibilité excessive. *Cette sensiblerie n'est pas de mise ici.*
Ce nom a un sens défavorable.

SENSITIF, IVE adj.
Relatif aux sensations. *Les nerfs sensitifs.*
✏ sensitif.

SENSITIVE n. f.
Plante qui se rétracte quand on la touche.

SENSORIEL, IELLE adj.
Qui concerne les organes des sens. *Des excitations sensorielles.*

SENSUALITÉ n. f.
Tempérament d'une personne sensuelle.

SENSUEL, ELLE adj.
1. Qui est porté à rechercher ce qui flatte les sens. *Une personne sensuelle.*
2. Voluptueux, qui évoque la sensualité. *Une voix sensuelle.*

SENTENCE n. f.
1. (VIEILLI) Maxime courte contenant une morale. *Ce conteur émaillait ses récits de sentences.*
2. Décision rendue sur une question litigieuse par l'autorité compétente. *La sentence sera prononcée demain : le pirate informatique encourt une peine de prison de cinq ans. La sentence est tombée : trois ans de prison.* SYN. verdict.
Ne pas confondre avec le nom ***peine,*** sanction applicable à une personne ayant commis une infraction (GDT).
FORME FAUTIVE
*sentence suspendue. Calque de «*suspended sentence*» pour ***condamnation avec sursis.***

SENTENCIEUSEMENT adv.
De façon sentencieuse. « *"Un gouvernement se prépare toujours de façon responsable à toute éventualité", a rappelé M. Couillard sentencieusement* » (*Le Devoir*). SYN. dogmatiquement ; pompeusement.
✏ sentencieusement.

SENTENCIEUX, IEUSE adj.
(PÉJ.) Qui affecte la gravité, pompeux. *Un ton sentencieux.* SYN. dogmatique.

SENTEUR n. f.
Odeur agréable. *Une senteur délicieuse de pain chaud.* SYN. parfum.
Le nom ***senteur,*** comme le nom ***parfum,*** ne désigne qu'une bonne odeur ; il faut employer le nom ***odeur*** si la sensation olfactive qu'on veut décrire est désagréable.

SENTIER n. m.
Chemin étroit à l'usage des piétons. *Suivre un sentier bordé de rosiers rustiques qui longe la côte.*
LOCUTION
– ***Sortir des sentiers battus.*** (FIG.) Faire preuve d'originalité, d'imagination. *Il faut sortir des sentiers battus et innover.*
✏ sentier.

SENTIMENT n. m.
1. Intuition sensible, impression. *Avoir le sentiment qu'un malheur va arriver.*
2. État affectif. *Un sentiment de bonheur.*
✏ sentiment.

SENTIMENTAL, ALE, AUX adj.
1. Qui concerne la vie amoureuse. *Des problèmes sentimentaux.*
2. Romanesque, rêveur. *C'est une personne sentimentale.*
✏ sentimental.

SENTIMENTALEMENT adv.
D'une manière sentimentale.
✏ sentimentalement.

SENTIMENTALITÉ n. f.
Caractère de ce qui est sentimental.
Ce nom a souvent la connotation défavorable de la mièvrerie.
✏ sentimentalité.

SENTINELLE n. f.
Soldat qui assure la garde.
Bien qu'il désigne généralement un homme, ce nom est toujours féminin.

SENTIR v. tr., intr., pronom.
VERBE TRANSITIF
1. Percevoir par les sens. *Elle sent une douleur lancinante à une jambe. Tu sentais un parfum léger de lilas.*
2. Avoir conscience. *Tu sens que tu as raison, je sens qu'on me cache quelque chose.* SYN. deviner ; discerner ; pressentir.
3. Répandre une odeur. *La cuisine sent le brûlé.*
VERBE INTRANSITIF
1. (ABSOL.) Avoir une odeur désagréable. *Ce fromage commence à sentir.* SYN. empester ; puer.
En ce sens, le verbe a une valeur péjorative.
2. Avoir une certaine odeur. *Cette soupe sent bon* (et non *bonne).
VERBE PRONOMINAL
1. Éprouver un sentiment, une impression. *Ils se sentent coupables, elle se sent jeune.*
À la forme pronominale, le participe passé de ce verbe s'accorde toujours en genre et en nombre avec son sujet. *Elle s'est sentie mal à l'aise.*
2. ***Se sentir*** + infinitif. Avoir conscience de quelque chose. *Après quelques jours de repos, elle s'est sentie revivre.*

Le participe passé suivi de l'infinitif s'accorde avec le sujet qui fait l'action exprimée par l'infinitif. *Elles se sont senties faiblir.* Il reste invariable si le sujet n'accomplit pas l'action exprimée par l'infinitif. *Ils se sont senti pousser par la foule.*

LOCUTIONS

– ***Ne pas pouvoir sentir quelqu'un.*** (FIG.) Détester une personne. *Celle-là, je ne peux plus la sentir.*

– ***Se faire sentir.*** Se manifester. *Les effets du médicament se font sentir, déjà la douleur s'atténue.*

– ***Sentir bon, mauvais.*** *Les pivoines sentent bon, les marguerites sentent mauvais.*

Les adjectifs pris adverbialement sont invariables.

CONJUGAISON : VOIR MODÈLE SORTIR.

INDICATIF PRÉSENT *Je sens, tu sens, il sent, nous sentons, vous sentez, ils sentent.* IMPARFAIT *Je sentais.* PASSÉ SIMPLE *Je sentis.* FUTUR *Je sentirai.* CONDITIONNEL PRÉSENT *Je sentirais.* IMPÉRATIF PRÉSENT *Sens, sentons, sentez.* SUBJONCTIF PRÉSENT *Que je sente.* IMPARFAIT *Que je sentisse.* PARTICIPE PRÉSENT *Sentant.* PASSÉ *Senti, ie.*

SEOIR v. impers., tr. ind.

VERBE IMPERSONNEL

(LITT.) Convenir. *Il sied de lui offrir le choix.* ANT. messeoir.

En ce sens, le participe présent est ***séant.***

VERBE TRANSITIF INDIRECT

Aller bien à quelqu'un. *Cette coiffure vous sied à merveille.* SYN. convenir.

En ce sens, le participe présent est ***seyant.***

CONJUGAISON

INDICATIF PRÉSENT *Il sied, ils siéent.* IMPARFAIT *Il seyait, ils seyaient.* FUTUR *Il siéra, ils siéront.* CONDITIONNEL PRÉSENT *Il siérait, ils siéraient.* SUBJONCTIF PRÉSENT *Qu'il siée, qu'ils siéent.*

Ce verbe ne se conjugue qu'à la troisième personne du singulier et du pluriel, et aux temps simples.

SÉPALE n. m.

Chacune des pièces du calice de la fleur. *Des sépales soudés.*

Attention au genre masculin de ce nom : ***un*** sépale.

SÉPARATION n. f.

1. Action de séparer. *La séparation des bons et des mauvais fruits.*
2. Fait d'être séparé. *Une séparation qui dure depuis deux ans.*
3. Ce qui sépare. *Cette bibliothèque servira de séparation entre le bureau et la chambre.* SYN. démarcation.

FORMES FAUTIVES

*prime de séparation. Calque de «*severance pay*» pour ***indemnité de départ, indemnité de cessation d'emploi.***

*séparation. Anglicisme au sens de ***cessation d'emploi.***

SÉPARATISME n. m.

Mouvement politique qui recherche l'autonomie par rapport à un État. *Le séparatisme québécois.*

SÉPARATISTE adj. et n. m. et f.

Autonomiste. *Un mouvement séparatiste.* SYN. indépendantiste.

SÉPARÉMENT adv.

À part l'un de l'autre. *Les complices ont été interrogés séparément.*

SÉPARER v. tr., pronom.

VERBE TRANSITIF

1. Trier. *Il faudrait séparer les fruits trop mûrs des autres* ou *d'avec les autres.* SYN. classer.

Le verbe se construit avec ***de*** ou ***d'avec.***

2. Diviser. *Une clôture sépare les deux jardins.*
3. Désunir. *C'est une querelle qui les a séparés.* SYN. brouiller.

VERBE PRONOMINAL

1. Se diviser. *Lorsque le sentier se sépare, prends à droite.* SYN. se scinder.
2. Se quitter. *Ils se sont séparés bons amis.* SYN. rompre.

À la forme pronominale, le participe passé de ce verbe s'accorde en genre et en nombre avec le complément direct si celui-ci le précède. *Les propriétés qu'ils se sont séparées. Après cette épreuve, ils se sont séparés.* Le participe passé reste invariable si le complément direct suit le verbe. *Ils se sont séparé les livres de la bibliothèque.*

CONJUGAISON : VOIR MODÈLE AIMER.

S

SÉPIA adj. inv. et n. f.

NOM FÉMININ

1. Matière colorante brunâtre.
2. Lavis fait avec cette matière. *Des sépias figuratives.*

Attention au genre féminin de ce nom : ***une*** sépia.

ADJECTIF DE COULEUR INVARIABLE

De la teinte rouge-brun de la sépia. *Des photos sépia.*

VOIR TABLEAU – COULEUR (ADJECTIFS DE).

SEPT adj. num. inv. et n. m. inv.

Le ***p*** ne se prononce pas, mais le ***t*** se prononce toujours, même devant une consonne, [sɛt] ; le mot rime avec ***cet.***

ADJECTIF NUMÉRAL CARDINAL INVARIABLE

Six plus un. *Les sept péchés capitaux.*

ADJECTIF NUMÉRAL ORDINAL INVARIABLE

Septième. *Le sept décembre.*

NOM MASCULIN INVARIABLE

Nombre sept. *Des sept de cœur.*

VOIR TABLEAU – NOMBRES.

VOIR TABLEAU – NUMÉRAL ET ADJECTIF ORDINAL (DÉTERMINANT).

SEPTEMBRE n. m.

Neuvième mois de l'année. *Le 5 septembre. L'anniversaire d'Huguette est le 21 septembre.*

T Les noms de mois s'écrivent avec une minuscule.

VOIR TABLEAU – DATE.

SEPTENNAL, ALE, AUX adj.

Qui a lieu tous les sept ans. *Des congés septennaux.*

septennal.

SEPTENNAT n. m.

Mandat de sept ans. *En France, après avoir été un septennat, le mandat présidentiel est désormais un quinquennat.*

septennat.

SEPTENTRIONAL, ALE, AUX adj.

Du nord. *Les pays septentrionaux.*

septentrional.

SEPTICÉMIE n. f.

(MÉD.) Infection générale.

septicémie.

SEPTIÈME adj. num. et n. m. et f.

ABRÉVIATIONS

*7e* (septième), *7es* (septièmes).

ADJECTIF NUMÉRAL ORDINAL

Nombre ordinal de sept. *La septième heure.*

NOM MASCULIN

La septième partie d'un tout. *Les trois septièmes d'une quantité.*

NOM MASCULIN ET FÉMININ

Personne, chose qui occupe le septième rang. *Elles sont les septièmes.*

VOIR TABLEAU – NOMBRES.

VOIR TABLEAU – NUMÉRAL ET ADJECTIF ORDINAL (DÉTERMINANT).

SEPTIÈMEMENT adv.

En septième lieu.

SEPTIQUE adj.

Qui peut infecter, qui est infecté. *Des microbes, des plaies septiques.*

LOCUTION

– ***Fosse septique.*** Fosse d'aisances. *Construire une fosse septique* (et non *sceptique).

HOM. ***sceptique,*** personne incrédule.

S

SEPTUAGÉNAIRE adj. et n. m. et f.
Qui est âgé de soixante-dix ans environ. *Des septuagénaires alertes.*
⇨ septuagén**aire**.

SEPTUOR n. m.
Formation musicale de sept musiciens.

SEPTUPLE adj. et n. m.
Qui vaut sept fois autant. *Vingt et un est le septuple de trois.*

SEPTUPLER v. tr., intr.
VERBE TRANSITIF
Multiplier par sept. *Septupler les investissements.*
VERBE INTRANSITIF
Devenir sept fois plus élevé. *Le nombre des abonnés a septuplé.*
CONJUGAISON : VOIR MODÈLE AIMER.

SÉPULCRAL, ALE, AUX adj.
Funèbre, qui évoque la mort. *Des visages sépulcraux.*

SÉPULCRE n. m.
(LITT.) Tombeau.

SÉPULTURE n. f.
(LITT.) Lieu où repose le corps d'une personne morte. SYN. tombe.

SÉQUELLE n. f.
1. Incapacité qui demeure après une maladie. SYN. complications; suites.
2. (FIG.) Conséquence, suite fâcheuse. *Les séquelles d'une restructuration.*
☞ Ce nom s'emploie surtout au pluriel.
⇨ séquelle.

SÉQUENÇAGE n. m.
(GÉNÉT.) Détermination de l'ordre linéaire des composants d'une molécule. *Des chercheurs chinois viennent de réaliser le séquençage du génome du riz.*

SÉQUENCE n. f.
1. Suite ordonnée d'éléments. *Une séquence d'instructions en langage machine servant à lancer une opération.*
2. Suite d'images (dans un film). *Quelques séquences montraient les Laurentides.*
⇨ séquence.

SÉQUENTIEL, IELLE adj.
Le ***t*** se prononce *s*, [sekɑ̃sjɛl].
Relatif à une suite ordonnée. *Un ordre séquentiel.*
LOCUTION
– ***Accès séquentiel.*** (INFORM.) Mode d'exploitation d'un fichier imposant la lecture de toutes les données précédemment enregistrées avant celle qui est recherchée (par opposition à ***accès direct***).
⇨ séquentiel.

SÉQUESTRATION n. f.
Détention illégale d'une personne. *La séquestration des otages au Liban.* SYN. emprisonnement.
⇨ séquestration.

SÉQUESTRE n. m.
(DR.) Dépôt provisoire d'une chose. *Ses meubles ont été mis sous séquestre.* SYN. saisie.
⇨ séquestre.

SÉQUESTRER v. tr.
Emprisonner illégalement quelqu'un. *Les diplomates ont été enlevés et séquestrés.* SYN. détenir.
CONJUGAISON : VOIR MODÈLE AIMER.
⇨ séquestrer.

SÉQUOIA n. m. (pl. *séquoias*)
Le ***o*** est ouvert, [sekɔja].
Conifère gigantesque originaire de Californie. *Des séquoias de 1000 ans atteignent plus de 100 mètres de hauteur.*
⇨ séquoia, sans tréma.

SÉRAIL n. m.
(ANCIENN.) Palais du sultan ottoman.
☞ Ne pas confondre avec le nom ***harem***, partie du palais où étaient enfermées les femmes du sultan.

SÉRAPHIN n. m.
1. Ange. *Les séraphins et les chérubins.*
2. ⚜ Avare (d'après Séraphin Poudrier, personnage de Claude-Henri Grignon). *C'est un vrai séraphin.*

SERBO-CROATE n. m.
Langue slave. *Le serbo-croate est une langue parlée en Yougoslavie.*
T Le nom de la langue s'écrit avec une minuscule.

SEREIN, EINE adj.
1. (LITT.) Clair, pur. *Un ciel serein.*
2. Tranquille, calme. *Un regard serein.* SYN. paisible.
HOM. ***serin***, oiseau.
⇨ serein.

SEREINEMENT adv.
D'une manière sereine. *Elle accepte son sort sereinement.*
⇨ sere**i**nement.

SÉRÉNADE n. f.
Pièce musicale.
☞ À l'origine, la ***sérénade*** était exécutée la nuit sous les fenêtres de la personne que l'on désirait honorer; le nom avait pour antonyme ***aubade***, qui était un concert donné à l'aube.

SÉRÉNITÉ n. f.
Tranquillité d'esprit, calme. *La sérénité de l'âme.*

SERF, SERVE n. m. et f.
Le ***f*** se prononce ou non, [sɛrf, sɛr].
(ANCIENN.) Personne dépendant d'un seigneur. *Des serfs et des serves russes.*

SERGENT n. m.
SERGENTE n. f.
Sous-officier, sous-officière militaire. *Un sergent-chef.*

SÉRICI- préf.
Élément du latin signifiant « soie ».

SÉRICICOLE adj.
Qui concerne la sériciculture.

SÉRICICULTEUR n. m.
SÉRICICULTRICE n. f.
Qui fait l'élevage des vers à soie.

SÉRICICULTURE n. f.
Élevage des vers à soie.
VOIR – AGRICULTURE.

SÉRIE n. f.
1. Suite. *Une série d'erreurs a été commise, ont été commises.*
Si le sujet du verbe est un collectif précédé du déterminant indéfini ***un, une*** et suivi d'un complément au pluriel, le verbe se met au singulier lorsque l'auteur veut insister sur le tout, l'ensemble; au pluriel, s'il veut insister sur la pluralité, la multiplicité. Si le sujet du verbe est un collectif précédé du déterminant défini ***(le, la)***, d'un déterminant possessif ***(mon, ma, ton, ta, son, sa)***, d'un déterminant démonstratif ***(ce, cette)*** et s'il est suivi d'un complément au pluriel, le verbe se met généralement au singulier. *Cette série d'oublis aura été catastrophique.*
VOIR TABLEAU – COLLECTIF.
2. Ensemble, catégorie. *Classer des insectes par séries.*
LOCUTIONS
– ***De série.*** De fabrication courante. *Une bicyclette de série.* ANT. hors série.
– ***Fabrication, production en série.*** Méthode de production industrielle basée sur l'assemblage de produits divers, en grand ou en petit nombre, à partir de pièces uniformes et standardisées.

– ***Fin de série.*** Produit dont l'approvisionnement n'est plus assuré. *En janvier, les articles de fin de série* (et non *articles discontinués) *seront soldés.*
– ***Hors série,*** loc. adj. Qui n'est pas de fabrication courante. *Une voiture hors série.* ANT. de série.
– ***Hors série,*** loc. adj. Qui n'est pas habituel, remarquable. *Un cheminement hors série.* SYN. hors du commun ; inhabituel.

SÉRIEL, IELLE adj.
Qui appartient à une série. *Musique sérielle.*

SÉRIEUSEMENT adv.
1. D'une manière sérieuse. *Elle étudie sérieusement.* SYN. consciencieusement.
2. Vraiment. *Peut-on sérieusement envisager ce projet ?* SYN. véritablement.
3. Gravement. *Elle est sérieusement malade.*

SÉRIEUX, IEUSE adj. et n. m.
ADJECTIF
1. Consciencieux. *Une étudiante sérieuse.* SYN. appliqué.
2. Grave. *Un ton sérieux.* SYN. austère ; froid.
3. Important. *Un problème de vol très sérieux.*
4. Dangereux. *L'état de ce malade est sérieux.* SYN. inquiétant.
NOM MASCULIN
1. Gravité. *Elle travaille avec beaucoup de sérieux.*
2. Solidité. *Le sérieux d'une proposition.*
LOCUTIONS
– ***Garder son sérieux.*** Ne pas sourire, ne pas rire.
– ***Prendre au sérieux.*** Considérer, étudier avec attention. *Ce problème doit être pris au sérieux : on doit s'en occuper.*
– ***Se prendre au sérieux.*** Attacher une importance excessive à ses paroles, à ses actes. SYN. ⚜ (FAM.) se prendre pour un autre.

SÉRIGRAPHIE n. f.
Procédé d'impression à l'aide d'une trame de soie. *De belles sérigraphies.*

SERIN adj. inv. et n. m.
NOM MASCULIN
Petit oiseau à plumage jaune dont le chant est apprécié. *Un serin mâle, un serin femelle.*
ADJECTIF DE COULEUR INVARIABLE
De la couleur jaune du serin. *Des chapeaux serin, jaune serin.*
VOIR TABLEAU – COULEUR (ADJECTIFS DE).
HOM. ***serein,*** pur, calme.

SERINER v. tr.
1. Faire réciter une leçon en répétant.
2. Répéter inlassablement. *Cesseras-tu de me seriner tes sornettes ?*
CONJUGAISON : VOIR MODÈLE AIMER.

SERINGA ou **SERINGAT** n. m.
Arbuste cultivé pour ses fleurs blanches odorantes.

SERINGUE n. f.
Petite pompe à piston qui sert à injecter un liquide dans l'organisme. *Une seringue jetable. Il faut stériliser les seringues pour limiter la diffusion du sida.*

SERMENT n. m.
Engagement solennel. *Un serment d'allégeance. Témoigner sous serment.*
LOCUTION
– ***Prêter serment.*** Jurer solennellement.
Ne pas confondre avec le nom ***sarment,*** tige de la vigne.
HOM. ***serrement,*** action de serrer.

SERMON n. m.
1. Discours d'un prédicateur. SYN. homélie ; prêche.
Ne pas confondre avec les noms suivants :
- ***allocution,*** petit discours familier ;
- ***discours,*** exposé d'idées d'une certaine longueur ;
- ***plaidoyer,*** discours d'un avocat.

2. Réprimande ennuyeuse. *J'en ai assez de tes sermons !*

SERMONNER v. tr.
Réprimander, faire des reproches. *Cesseras-tu de me sermonner ?*
CONJUGAISON : VOIR MODÈLE AIMER.
sermonner.

SÉROPOSITIF, IVE adj. et n. m. et f.
Se dit d'une personne dont le sang contient des anticorps spécifiques, en particulier du sida. *Ces patients sont séropositifs, une séropositive.*

S

SERPE n. f.
Outil tranchant dont on se sert pour tailler les arbres, les haies, etc.

SERPENT n. m.
Reptile. *La vipère est un serpent venimeux.*
LOCUTION
– ***Serpent à sonnette.*** Serpent très venimeux dont la queue vibre comme un grelot. SYN. crotale.

SERPENTER v. intr.
Suivre une direction sinueuse, comme le serpent. *Un sentier qui serpente dans la forêt.* SYN. onduler.
CONJUGAISON : VOIR MODÈLE AIMER.

SERPENTIN n. m.
Petit ruban coloré qui se déroule lorsqu'on le lance. *Lancer des serpentins.*

SERPILLIÈRE ou **SERPILLÈRE** n. f.
Les ***ll*** se prononcent comme dans ***famille,*** [sɛrpijɛr].
Toile grossière qui sert au nettoyage, torchon. *Passer la serpillière* ou *serpillère.*

SERRE n. f.
1. Abri vitré où l'on cultive des végétaux. *Grand-maman rêve d'une petite serre où elle ferait pousser des plantes tropicales.*
2. (AU PLUR.) Griffes des oiseaux de proie. *Les serres d'un vautour.*
LOCUTIONS
– ***Gaz à effet de serre (GES).*** Gaz présent dans l'atmosphère, d'origine naturelle ou causé par les activités humaines, qui absorbe et renvoie les rayons infrarouges en provenance de la surface terrestre. *Une étude réalisée par des climatologues montre que le changement climatique (provoqué par les gaz à effet de serre des activités humaines) entraîne une hausse des précipitations – pluie et neige – entre 40 et 70° de latitude nord, soit en Russie, au Canada et en Europe.*
– ***Effet de serre.*** Processus naturel de réchauffement du climat causé par les gaz à effet de serre contenus dans l'atmosphère, principalement la vapeur d'eau, le dioxyde de carbone (CO_2) et le méthane (CH_4). *Au lieu d'accroître l'effet de serre, la voiture pourrait devenir source d'énergie en stockant l'électricité et en la redistribuant à la demande.*

SERRÉ, ÉE adj. et adv.
ADJECTIF
1. Tendu. *Ces liens sont trop serrés.*
2. Dont les concurrents sont de force égale. *Un match de tennis très serré.*
ADVERBE
Avec prudence. *Ils jouent serré, elle a calculé serré.*
Pris adverbialement, le mot est invariable.

SERRE-LIVRE(S) n. m. (pl. *serre-livres*)
Accessoire qui sert à retenir des livres. SYN. appuie-livre(s).

SERREMENT n. m.
Action de serrer. *Un serrement de main(s).*
LOCUTION
– ***Serrement de cœur.*** (FIG.) Émotion causée par la tristesse, la compassion.
HOM. ***serment,*** engagement solennel.

SERRER v. tr., pronom.
VERBE TRANSITIF
1. Comprimer. *Serrer un nœud.*
2. Presser. *Je lui ai serré la main.*
3. ⚜ (FAM.) Ranger. *Les enfants, serrez vos jouets !*

Ce verbe de registre familier demeure usuel au Québec et dans la francophonie canadienne, mais il n'appartient plus à l'usage courant de la majorité des locuteurs du français.
4. Rapprocher. *Serrer les rangs.*
VERBE PRONOMINAL
Se rapprocher. *Ils se sont serrés les uns contre les autres pour se réchauffer.* SYN. se coller.
À la forme pronominale, le participe passé de ce verbe s'accorde en genre et en nombre avec le complément direct si celui-ci le précède. *Les orteils qu'elle s'est serrés dans des escarpins trop étroits la faisaient souffrir. Elle s'est serrée contre son copain.* Le participe passé reste invariable si le complément direct suit le verbe. *Nous nous sommes serré la main.*
LOCUTIONS
– ***Serrer à droite.*** *Les camions doivent serrer à droite* (et non *garder la droite).
– ***Serrer le cœur, la gorge.*** (FIG.) Causer de l'angoisse, de l'émotion. SYN. émouvoir.
– ***Serrer les cordons de la bourse.*** Ne pas être généreux, ne pas donner d'argent.
– ***Se serrer la ceinture.*** (FIG.) Faire des économies, vivre frugalement, faute de moyens.
– ***Serrer les dents.*** (FIG.) Résister à la douleur.
CONJUGAISON : VOIR MODÈLE AIMER.

SERRE-TÊTE n. m. (pl. *serre-têtes*)
Bandeau servant à retenir les cheveux. *Anne-Marie portait souvent un serre-tête, des serre-têtes de velours.*

SERRURE n. f.
Dispositif qui assure la fermeture d'une porte. *Elle fit tourner la clef dans la serrure.*
LOCUTION
– ***Serrure de sûreté.*** Serrure difficile à forcer.
serrure.

SERRURERIE n. f.
1. Métier du serrurier.
2. Magasin où l'on vend des serrures.
serrurerie.

SERRURIER n. m.
SERRURIÈRE n. f.
Personne qui installe et répare des serrures.
serrurier.

SERTIR v. tr.
Fixer une pierre dans une monture. *Un diadème serti de diamants. Des diamants sertis dans un diadème.* SYN. enchâsser.
CONJUGAISON : VOIR MODÈLE FINIR.

SERTISSAGE n. m.
Action de sertir. *Le sertissage de diamants.*
sertissage.

SÉRUM n. m.
Le ***u*** se prononce **o**, [serɔm] ; le mot rime avec ***Rome***.
1. Partie liquide du sang constituée par le plasma débarrassé de fibrine. *Les résultats préliminaires d'un essai précédent ont montré l'apparition dans le sérum d'anticorps spécifiques chez plus de 98 % des sujets.* SYN. sérum sanguin.
2. Solution saline qui s'apparente au plasma. *Pour qui espère paraître dix ans de moins, retrouver un éclat juvénile ou faire peau neuve, le sérum fait désormais figure d'élixir de jouvence.*
Ne pas confondre avec le nom ***soluté***, solution utilisée soit en perfusion intraveineuse lente pour pallier les pertes liquidiennes importantes, soit comme solvant pour divers médicaments à administrer.

SERVANTE n. f.
(VIEILLI) Domestique, bonne.
Ce nom est la forme féminine de ***serviteur***. On dit plutôt aujourd'hui ***employée de maison***.

SERVEUR n. m.
SERVEUSE n. f.
NOM MASCULIN ET FÉMININ
Personne qui assure le service dans un restaurant.
NOM MASCULIN
(INFORM.) Système informatique qui héberge des services déterminés pour l'ensemble des usagers d'un réseau.
LOCUTION
– ***Serveur mandataire.*** (INFORM.) Élément de coupe-feu servant d'intermédiaire entre le navigateur d'un internaute utilisant un réseau local et le serveur Web qu'il veut consulter, permettant ainsi à des données de sortir du réseau local et d'y entrer, sans mettre en danger la sécurité du réseau (GDT). *On peut accéder à cette banque de données par un serveur mandataire* (et non *proxy).

SERVIABILITÉ n. f.
Qualité d'une personne serviable.

SERVIABLE adj.
Qui aime à rendre service. *Un garçon serviable qui cherche toujours à se rendre utile.*

SERVICE n. m.
1. Aide. *J'aurais un petit service à te demander.* SYN. bienfait ; faveur.
2. Action de servir les clients. *Le service est efficace dans ce garage. Un bon service après-vente.*
3. Pourcentage d'une addition, d'une note destinée au personnel. *Le service est compris. On donne 15 % de l'addition pour le service.*
4. Division administrative. *Le Service des ressources humaines, un chef de service.*
Les désignations des unités administratives s'écrivent généralement avec une majuscule initiale (exception : ***ministère***).
5. Assortiment d'objets. *Un service* (et non *set) *de vaisselle.*
6. Fonctionnement. *Le téléphone est en service. La distributrice est hors service* (et non *d'ordre).
LOCUTIONS
– ***De service, en service.*** Qui assure le travail, la permanence, la garde. *Le pharmacien de service* (et non *en devoir).
– ***Entreprise, société de services.*** (ÉCON.) Entreprise dont l'objet est de fournir des biens intangibles, d'offrir la prestation de services. *Les entreprises de services appartiennent aux secteurs tertiaire et quaternaire de l'économie. Les sociétés informatiques sont des entreprises de services.*
– ***État de service.*** Expérience d'une personne. *De brillants états de service.*
– ***Mise en service.*** Action de faire fonctionner. *La mise en service d'une centrale hydroélectrique.*
– ***Offre de service.*** Description des services proposés à un client et des conditions qui y sont liées.
Dans cette expression, le nom ***service*** est un collectif qui s'écrit au singulier, même s'il y a multiplicité de services.
– ***Rendre service.*** Être utile à quelqu'un. *Tu m'as rendu service en me prêtant ta raquette : merci beaucoup !*
– ***Service d'aide téléphonique.*** Service d'assistance mis en place par une organisation pour répondre aux questions des usagers, pour résoudre les problèmes de (ses membres, ses clients, etc.). *À la suite de l'inondation, le gouvernement a mis sur pied un service d'aide téléphonique* (et non une *hot line) *d'urgence destiné à la population du secteur touché.* SYN. service d'assistance téléphonique.

SERVICE ADMINISTRATIF CANADIEN OUTRE-MER
Sigle *SACO* (s'écrit avec ou sans points).

SERVICE D'AIDE MÉDICALE D'URGENCE
Sigle (France) *SAMU* (s'écrit avec ou sans points).

SERVIETTE n. f.
1. Linge dont on se sert pour s'essuyer. *Des serviettes de toilette, des serviettes de bain.*
La très grande serviette de bain se dit ***drap de bain.***
2. Sac à compartiments qui sert à porter des livres, des documents. *Une serviette de cuir.*
Ne pas confondre avec les noms suivants :
• ***cartable,*** sac d'écolier à plusieurs compartiments ;
• ***mallette,*** petite valise rigide pour le voyage, le travail ;
• ***porte-document,*** serviette plate ne comportant qu'une seule poche.
LOCUTIONS
– ***Serviette-éponge.*** Serviette en tissu bouclé. *Des serviettes-éponges rayées.*
– ***Serviette hygiénique.*** Bande de tissu absorbant que les femmes utilisent pendant la période des règles.
FORMES FAUTIVES
*jeter, lancer la serviette. Calque de «*to throw the towel*» pour ***abandonner (la partie), baisser les bras, baisser pavillon, capituler, déclarer forfait, démissionner, jeter l'éponge.***
*serviette sanitaire. Anglicisme pour ***serviette hygiénique.***

SERVILE adj.
1. (DIDACT.) Qui appartient à l'état d'esclave. *Une condition servile.*
2. (FIG.) Soumis de façon excessive, obséquieux. *Des employés serviles.* SYN. bas ; flagorneur ; flatteur ; (VULG.) lèche-cul ; rampant.
servile.

SERVILEMENT adv.
De façon servile. *Flatter servilement.* SYN. obséquieusement.

SERVILITÉ n. f.
Basse soumission. *Une servilité exaspérante.* SYN. flagornerie ; obséquiosité.
servilité.

SERVIR v. tr., pronom.
VERBE TRANSITIF DIRECT
1. S'acquitter d'une tâche auprès de quelqu'un. *Servir un client de façon efficace.*
2. Donner à manger. *Maman nous a servi du saumon et du riz.*
VERBE TRANSITIF INDIRECT
1. Être propre à un usage. *Cet outil sert à biner le sol.*
2. Être utile à, être profitable à. *Ces cartes routières ont bien servi à Jules.* SYN. aider.
En ce sens, le verbe se construit avec la préposition ***à.***
3. Tenir lieu de. *Cette pièce sert de bureau.*
En ce sens, le verbe se construit avec la préposition ***de.***
VERBE PRONOMINAL
1. Faire usage. *Elle s'est servie de cet outil pour travailler le bois.* SYN. employer ; utiliser.
2. Prendre d'un plat. *Je me suis servi deux fois du gâteau.*
3. S'approvisionner. *Ils se servent chez ce marchand de fruits et légumes.* SYN. se fournir.
À la forme pronominale, le verbe se construit avec la préposition ***de.***
À la forme pronominale, le participe passé de ce verbe s'accorde toujours en genre et en nombre avec son sujet. *Ils se sont servis copieusement.*
LOCUTION
– ***Ne servir de rien, à rien.*** Être inutile. *Ces précautions n'ont servi à rien.*
Les deux constructions sont équivalentes, mais de niveau différent : la construction avec la préposition ***de*** est de style plus soutenu.
CONJUGAISON : VOIR MODÈLE SERVIR.

SERVITEUR n. m.
1. (LITT.) Celui qui sert.
2. (VIEILLI) Domestique.
Ce nom est la forme masculine de ***servante.*** On emploie plutôt aujourd'hui ***domestique.***
LOCUTION
– ***Votre serviteur.*** La personne qui parle.

SERVITUDE n. f.
1. (LITT.) Contrainte, esclavage.
2. (DR.) Charge qui grève un bien immobilier. *Une servitude de passage, de vue.*

SERVO- préf.
Élément du latin signifiant « esclave ».
Joint à un nom sans trait d'union, le préfixe désigne une assistance automatique d'un mécanisme. *Une servodirection, des servofreins.*

SERVOCOMMANDE n. f.
Mécanisme destiné à amplifier l'effort afin d'assurer le fonctionnement d'un ensemble.
servocommande.

SERVODIRECTION n. f.
Direction assistée par une servocommande. *Une servodirection hydraulique.*
servodirection.

SERVOFREIN n. m.
Servocommande qui permet de remplacer partiellement, par une source d'énergie auxiliaire, l'effort du conducteur nécessaire à la production de la force de freinage (GDT). *Des servofreins bien réglés.*
servofrein.

SES adj. poss. pl.
1. Déterminant possessif pluriel de la troisième personne du singulier qui détermine le nom en indiquant le « possesseur » de l'objet désigné. Il s'accorde en genre et en nombre avec le nom déterminé. *Ses livres.*
2. Le déterminant possessif s'accorde en personne avec le nom désignant le « possesseur ». Ainsi, le déterminant possessif ***ses*** renvoie à un seul « possesseur » de plusieurs êtres, de plusieurs objets. *Regarde ses patins à roulettes* (un seul possesseur) *et leur nouvelle tondeuse* (plusieurs possesseurs).
VOIR TABLEAU – POSSESSIF ET PRONOM POSSESSIF (DÉTERMINANT).

SÉSAME n. m.
1. Plante oléagineuse. *Manger du poulet aux grains de sésame.*
2. (FIG.) Moyen magique d'atteindre un but, d'après le conte des *Mille et Une Nuits. Ce n'est pas un sésame, un sésame ouvre-toi.*

SESSION n. f.
1. Période d'activité d'un tribunal, d'une assemblée, etc. *La session parlementaire.*
2. Période de temps. *Une session d'examens.*
LOCUTION
– ***Session de bavardage.*** (INFORM.) Session d'échange d'idées interactive et en temps réel entre des internautes, effectuée à travers le service de bavardage Internet (GDT). SYN. bavardage.
HOM. ***cession,*** action de céder à une personne un bien, un droit à titre gratuit ou onéreux.

SESTERCE n. m.
Ancienne monnaie romaine.
Attention au genre masculin de ce nom : ***un*** sesterce.

***SET**
*set. Anglicisme pour ***assortiment, collection, ensemble, jeu, série.***
*set. Anglicisme pour ***mobilier*** (de salle à manger, salon, etc.).
*set de (couture, manucure, etc.). Anglicisme pour ***trousse de.***
*set de (couteaux, outils, etc.). Anglicisme pour ***assortiment de.***
*set de vaisselle. Anglicisme pour ***service de vaisselle.***
*set d'une partie de tennis. Anglicisme pour ***manche.***

CONJUGAISON DU VERBE **SERVIR**

INDICATIF

PRÉSENT		PASSÉ COMPOSÉ		
je	ser**s**	j'	ai	servi
tu	ser**s**	tu	as	servi
elle	ser**t**	elle	a	servi
il	ser**t**	il	a	servi
nous	ser**vons**	nous	avons	servi
vous	ser**vez**	vous	avez	servi
elles	ser**vent**	elles	ont	servi
ils	ser**vent**	ils	ont	servi

IMPARFAIT		PLUS-QUE-PARFAIT		
je	ser**vais**	j'	avais	servi
tu	ser**vais**	tu	avais	servi
elle	ser**vait**	elle	avait	servi
il	ser**vait**	il	avait	servi
nous	ser**vions**	nous	avions	servi
vous	ser**viez**	vous	aviez	servi
elles	ser**vaient**	elles	avaient	servi
ils	ser**vaient**	ils	avaient	servi

PASSÉ SIMPLE		PASSÉ ANTÉRIEUR		
je	ser**vis**	j'	eus	servi
tu	ser**vis**	tu	eus	servi
elle	ser**vit**	elle	eut	servi
il	ser**vit**	il	eut	servi
nous	ser**vîmes**	nous	eûmes	servi
vous	ser**vîtes**	vous	eûtes	servi
elles	ser**virent**	elles	eurent	servi
ils	ser**virent**	ils	eurent	servi

FUTUR SIMPLE		FUTUR ANTÉRIEUR		
je	ser**virai**	j'	aurai	servi
tu	ser**viras**	tu	auras	servi
elle	ser**vira**	elle	aura	servi
il	ser**vira**	il	aura	servi
nous	ser**virons**	nous	aurons	servi
vous	ser**virez**	vous	aurez	servi
elles	ser**viront**	elles	auront	servi
ils	ser**viront**	ils	auront	servi

CONDITIONNEL PRÉSENT		CONDITIONNEL PASSÉ		
je	ser**virais**	j'	aurais	servi
tu	ser**virais**	tu	aurais	servi
elle	ser**virait**	elle	aurait	servi
il	ser**virait**	il	aurait	servi
nous	ser**virions**	nous	aurions	servi
vous	ser**viriez**	vous	auriez	servi
elles	ser**viraient**	elles	auraient	servi
ils	ser**viraient**	ils	auraient	servi

SUBJONCTIF

PRÉSENT			PASSÉ			
que	je	ser**ve**	que	j'	aie	servi
que	tu	ser**ves**	que	tu	aies	servi
qu'	elle	ser**ve**	qu'	elle	ait	servi
qu'	il	ser**ve**	qu'	il	ait	servi
que	nous	ser**vions**	que	nous	ayons	servi
que	vous	ser**viez**	que	vous	ayez	servi
qu'	elles	ser**vent**	qu'	elles	aient	servi
qu'	ils	ser**vent**	qu'	ils	aient	servi

IMPARFAIT			PLUS-QUE-PARFAIT			
que	je	ser**visse**	que	j'	eusse	servi
que	tu	ser**visses**	que	tu	eusses	servi
qu'	elle	ser**vît**	qu'	elle	eût	servi
qu'	il	ser**vît**	qu'	il	eût	servi
que	nous	ser**vissions**	que	nous	eussions	servi
que	vous	ser**vissiez**	que	vous	eussiez	servi
qu'	elles	ser**vissent**	qu'	elles	eussent	servi
qu'	ils	ser**vissent**	qu'	ils	eussent	servi

IMPÉRATIF

PRÉSENT	PASSÉ	
ser**s**	aie	servi
ser**vons**	ayons	servi
ser**vez**	ayez	servi

INFINITIF

PRÉSENT	PASSÉ
ser**vir**	avoir servi

PARTICIPE

PRÉSENT	PASSÉ
ser**vant**	servi, ie ayant servi

SEUIL n. m.
1. Pièce de bois, de métal, de pierre qui est au bas de l'ouverture d'une porte.
2. Entrée d'une maison, d'une pièce. *Franchir le seuil de sa première maison, d'une salle à manger.*
3. (FIG.) Commencement, début. *Au seuil d'un nouveau millénaire.*
LOCUTIONS
– ***Seuil critique.*** Point au-delà duquel la situation devient dangereuse, à partir duquel les conditions se modifient. SYN. limite.
– ***Seuil de rentabilité.*** Niveau d'activité nécessaire pour assurer la couverture des charges d'exploitation d'une entreprise. *Atteindre le seuil de rentabilité ou le point mort* (et non le *break-even point).

SEUL, SEULE adj. et n. m. et f.
ADJECTIF
1. Unique. *Elle est la seule femme du groupe. « Un seul être vous manque et tout est dépeuplé »* (Lamartine, « Le Lac », *Méditations poétiques*).
En ce sens, l'adjectif se place avant le nom.
2. Solitaire. *C'est un homme seul.* SYN. esseulé ; isolé.
En ce sens, l'adjectif se place après le nom.
3. Seulement. *Seuls de bons résultats pourront nous permettre de continuer.*
En ce sens, l'adjectif se place en début de phrase et s'accorde généralement avec le nom auquel il se rapporte, malgré son emploi adverbial.
NOM MASCULIN ET FÉMININ
Une seule personne, la seule personne. *Elle est la seule à oser la contredire.*
Le verbe se construit avec l'indicatif dans le cas d'une affirmation, d'une certitude. Il se construit avec le subjonctif pour indiquer une possibilité. *Elle est la seule qui a collaboré. Ils sont les seuls qui puissent nous sortir de cette impasse.*
LOCUTIONS
– ***À seule fin de,*** loc. prép. Uniquement pour. *À seule fin d'épater la galerie.*
– ***Comme un seul homme.*** Ensemble.
– ***Seul à seul,*** loc. adj. En tête à tête. *Elles sont seule à seule* ou *seules à seules.*
L'adjectif peut s'accorder ou rester au singulier, selon le sens.
– ***Tout seul.*** Sans aide. *J'y arriverai toute seule.*

SEULEMENT adv.
1. Uniquement, sans autre chose. *Ils emportèrent seulement des livres. Ce cours se donne seulement le vendredi.*
2. Toutefois. *Elle nous avait prévenus, seulement personne n'a voulu la croire.*
LOCUTIONS
– ***Non seulement... mais (aussi, encore),*** loc. adv. La locution marque une opposition entre deux éléments dont le second renchérit sur le premier. *Le marché permet aux emprunteurs non seulement de se procurer de l'argent frais, mais encore de gérer leur dette.*
– ***Si seulement.*** Si au moins. *Si seulement on nous avait informés !*

SÈVE n. f.
Liquide nutritif circulant dans les végétaux. *Recueillir la sève des érables pour faire du sirop.*
sève.

SÉVÈRE adj.
1. Rigide, exigeant. *Un professeur très sévère.*
2. Qui blâme sans indulgence, dur. *Un châtiment sévère.*
3. Austère, sans décoration. *Un décor sévère.*
FORME FAUTIVE
*sévère. Anglicisme au sens de ***considérable, difficile, grave, important, majeur.*** *Des pertes considérables* (et non *sévères). *Une défaite grave* (et non *sévère). *Des déficits importants* (et non *sévères). *Une réduction majeure* (et non *sévère) *du nombre de postes.*

SÉVÈREMENT adv.
Avec sévérité. *Ce professeur corrige trop sévèrement.*
FORMES FAUTIVES
*sévèrement. Anglicisme au sens de ***grandement, gravement, lourdement.*** *Une économie lourdement* (et non *sévèrement) *atteinte par la hausse des taux d'intérêt.*
*sévèrement. Anglicisme au sens de ***radicalement.*** *Des données modifiées radicalement* (et non *sévèrement).
sévèrement.

SÉVÉRITÉ n. f.
Dureté, rigueur. *Il corrige avec sévérité : il ne tolère pas la moindre erreur.* ANT. indulgence.
FORME FAUTIVE
*sévérité. Anglicisme au sens de ***gravité.*** *La gravité* (et non la *sévérité) de l'infraction.

SÉVICES n. m. pl.
Brutalités, actes cruels exercés sur quelqu'un qu'on a sous son autorité.
Attention au genre masculin de ce nom qui s'emploie toujours au pluriel.
LOCUTION
– ***Sévices sexuels.*** Agression sexuelle posée par un individu qui recherche des stimulations et des contacts sexuels auprès d'une personne n'étant pas apte à donner son consentement en raison de son âge ou de son état psychologique (GDT). *Des sévices* (et non *abus) *sexuels.*
Bien que le terme ***abus sexuels*** soit employé dans certaines lois (notamment la Loi sur la protection de la jeunesse du Québec), l'OQLF recommande plutôt d'utiliser le terme ***sévices sexuels*** pour désigner cette notion.

SÉVIR v. intr.
1. Exercer des ravages. *Le froid sévit depuis un mois.*
2. Traiter rigoureusement. *Il faudrait sévir contre ces abus.* SYN. punir.
En ce sens, le verbe se construit avec la préposition ***contre.***
Ne pas confondre avec les verbes suivants :
- ***corriger,*** frapper par punition ;
- ***réprimer,*** châtier par des mesures sévères.

CONJUGAISON : VOIR MODÈLE FINIR.

SEVRAGE n. m.
1. Action de sevrer (un nouveau-né, un petit animal).
2. (FIG.) Privation graduelle de substances toxiques (drogue, alcool) au cours d'une cure de désintoxication.

SEVRER v. tr.
1. Cesser peu à peu l'allaitement d'un enfant, d'un petit animal pour lui donner une alimentation plus solide.
2. (FIG.) Priver quelqu'un de quelque chose. *Sevrer un toxicomane, une alcoolique.* SYN. désaccoutumer ; désintoxiquer.
CONJUGAISON : VOIR MODÈLE AIMER.
Le ***e*** se change en ***è*** devant une syllabe contenant un ***e*** muet. *Elle sèvre,* mais *elle sevrait.*

SEXAGÉNAIRE adj. et n. m. et f.
Qui est âgé de soixante ans environ. *Une sexagénaire dynamique.*
sexagén**aire.**

SEXAGÉSIMAL, ALE, AUX adj.
Qui a pour base le nombre soixante. *La division sexagésimale de l'heure en minutes, de la minute en secondes.*

T Le symbole de la division sexagésimale est constitué de deux points (:). L'emploi du symbole doit être limité à l'échange d'informations entre systèmes de données et à la présentation en tableau. *20 h 15 min 30 s (20:15:30).*
VOIR TABLEAU – HEURE.

***SEX-APPEAL**
Anglicisme pour ***charme sensuel, séduction.***

SEXE n. m.
1. Ensemble des caractères physiques et physiologiques propres aux mâles et aux femelles. *Sexe masculin et sexe féminin.*
2. Ensemble des hommes, ensemble des femmes. *L'égalité des sexes.*
3. Organes génitaux. *Le sexe de la femme.*
4. (FAM.) Sexualité. *Ce film contient des scènes de sexe et de violence.*

SEXISME n. m.
Discrimination fondée sur le sexe.

SEXISTE adj. et n. m. et f.
Se dit d'une personne qui fait preuve de sexisme. *C'est un sexiste incorrigible. Une formulation sexiste.*

SEXOLOGIE n. f.
Étude de la sexualité, des problèmes sexuels.

SEXOLOGUE n. m. et f.
Spécialiste de la sexologie.

SEXTANT n. m.
Instrument qui sert à mesurer les distances angulaires des astres, pour faire le point. *Des sextants et des boussoles.*
✎ sextant.

SEXTUOR n. m.
Formation musicale de six musiciens. *D'excellents sextuors.*

SEXTUPLE adj. et n. m.
Qui vaut six fois autant. *Un nombre sextuple. Vingt-quatre est le sextuple de quatre.*

SEXTUPLER v. tr., intr.
VERBE TRANSITIF
Multiplier par six. *Sextupler le chiffre d'affaires.*
VERBE INTRANSITIF
Devenir six fois plus élevé. *La quantité de fruits recueillis a sextuplé.*
CONJUGAISON : VOIR MODÈLE AIMER.

SEXUALITÉ n. f.
1. Ensemble des caractères propres à un sexe.
2. Ensemble des phénomènes liés à l'instinct sexuel.

SEXUÉ, ÉE adj.
Qui a un sexe. ANT. asexué.

SEXUEL, ELLE adj.
Relatif au sexe. *Le plaisir sexuel, l'éducation sexuelle.*
LOCUTION
– ***Sévices sexuels.*** Agression sexuelle posée par un individu qui recherche des stimulations et des contacts sexuels auprès d'une personne n'étant pas apte à donner son consentement en raison de son âge ou de son état psychologique (GDT). *Des sévices* (et non *abus) *sexuels.*
☞ Bien que le terme ***abus sexuels*** soit employé dans certaines lois (notamment la Loi sur la protection de la jeunesse du Québec), l'OQLF recommande plutôt d'utiliser le terme ***sévices sexuels*** pour désigner cette notion.

SEXUELLEMENT adv.
Du point de vue du sexe.
LOCUTION
– ***Maladie transmise sexuellement (MTS).*** ⚜ Maladie qui se communique par contagion principalement lors de rapports sexuels.
☞ L'expression synonyme employée dans le reste de la francophonie est ***maladie sexuellement transmissible (MST).***

***SEXY**
Anglicisme pour ***séduisant, suggestif.***

SEYANT, ANTE adj.
◌ La première syllabe se prononce ***è,*** [sɛjɑ̃, ɑ̃t].
Qui va bien. *Cette robe est très seyante.*

SHAH
VOIR – CHAH.

SHAMPOING ou **SHAMPOOING** n. m.
◌ Les lettres ***oing*** se prononcent ***oin,*** [ʃɑ̃pwɛ̃] (et non *ou).
1. Lavage des cheveux avec du savon. *Se faire un shampoing* ou *un shampooing.*
2. Liquide employé pour le lavage des cheveux. *Des shampoings très doux.*

SHAMPOUINER ou **SHAMPOOINER** v. tr.
Faire un shampooing.
CONJUGAISON : VOIR MODÈLE AIMER.

SHAMPOUINEUR ou **SHAMPOOINEUR** n. m.
SHAMPOUINEUSE ou **SHAMPOOINEUSE** n. f.
Personne qui fait des shampoings, dans un salon de coiffure.

SHANTUNG, SHANTOUNG ou **CHANTOUNG** n. m.
Étoffe de soie.

SHEKEL n. m.
Symbole ***ILS*** (s'écrit sans point).
Unité monétaire d'Israël. *Des shekels.*
VOIR TABLEAU – SYMBOLES DES UNITÉS MONÉTAIRES.

SHÉRIF n. m.
Officier chargé de l'administration policière d'un État, d'un comté. *L'étoile du shérif.*

SHERPA n. m.
Guide de montagne dans l'Himalaya. *Des sherpas.*

SHERRY n. m. (pl. *sherrys* ou *sherries*)
◌ Se prononce comme ***chéri,*** [ʃeri].
Nom anglais du vin de Xérès.

SHETLAND n. m.
◌ La lettre ***d*** se prononce, [ʃɛtlɑ̃d].
Laine, tissu d'Écosse. *Un chandail en shetland.*

SHILLING n. m.
◌ Se prononce [ʃiliŋ], le mot rime avec ***jogging.***
Unité monétaire du Kenya, de la Somalie et de la Tanzanie. *Des shillings.*
VOIR TABLEAU – SYMBOLES DES UNITÉS MONÉTAIRES.

SHOGOUN ou **SHOGUN** n. m.
◌ La dernière syllabe se prononce ***ounne*** (et non *onne), [ʃɔgun].
(ANCIENN.) Chef militaire du Japon. Des shogouns, des shoguns.

***SHOOTER**
Anglicisme pour ***lancer, tirer,*** dans la langue des sports.

***SHOOTER (SE)**
Anglicisme pour ***se piquer, s'injecter*** (un stupéfiant).

***SHOPPING**
Anglicisme pour ***magasinage, courses.***

***SHOPPING CENTER**
Anglicisme pour ***centre commercial.***

SHORT n. m.
Culotte courte de sport. *Elle est en short, elle porte un short vert. Des shorts blancs.*
☞ Ce nom emprunté à l'anglais il y a près de cent ans est admis en français.

***SHOW**
Anglicisme pour ***spectacle, foire commerciale.***

***SHOWBIZ**
Anglicisme pour ***industrie du spectacle.***

***SHOW BUSINESS**
Anglicisme pour ***industrie du spectacle.***

***SHOWROOM**
Anglicisme pour ***salle d'exposition.***
Le terme ***salle de montre*** est un archaïsme à éviter.

Si
Symbole de ***silicium.***

SI n. m. inv.
Septième note de la gamme de ***do.*** *Des* si *bémols.*
[T] En typographie soignée, les notes de musique (***do*** ou ***ut, ré, mi, fa, sol, la, si***) se composent en italique ou en romain dans un texte en italique, mais jamais entre guillemets si l'on ne dispose pas d'italique. Les indications qui les accompagnent s'écrivent en romain (ou en italique, comme dans l'exemple qui suit, si la phrase est composée en italique). *Une étude en* sol *mineur, en* fa *dièse.* Lorsqu'il s'agit d'un titre d'œuvre (qui est donc déjà en italique), la note reste en italique. *Toccata et fugue en ré mineur de Bach.*

SI adv. et conj.
ADVERBE
1. Adverbe de quantité et d'intensité (suivi d'un adjectif ou d'un adverbe)
– Aussi. *Elle n'est pas si naïve qu'on l'imagine. Il est rare de voir un garçon si gentil. Tu m'as demandé cette faveur si gentiment que j'ai dit oui.*
L'adverbe s'emploie en corrélation avec ***que*** ou seul.
– Tellement. *Il travaille si fort et il se repose si peu : des vacances lui feraient le plus grand bien. Elle chante si bien : c'est une merveilleuse cantatrice.*
2. Adverbe d'affirmation
– L'adverbe s'emploie en réponse à une question négative au sens de « oui ». *Ne participeront-ils pas à la fête ? Si, ils viendront.*
Après une question affirmative, on emploie plutôt ***oui.***
CONJONCTION
1. La conjonction introduit une condition (verbe de la principale au futur). À condition que. *Si tu viens jouer avec nous, nous aurons du plaisir. S'il fait beau, nous irons nous promener.*
La conjonction ***si*** ne perd son ***i*** (élision) que devant le pronom personnel masculin de la troisième personne au singulier ou au pluriel. *S'il venait, s'ils mangeaient,* mais *si elle venait.*
2. La conjonction introduit une hypothèse (verbe de la principale au présent ou au passé). S'il est vrai que. *Si l'informatique est un merveilleux outil, elle n'est pas encore tout à fait apprivoisée.*
3. La conjonction introduit une hypothèse (verbe de la principale au conditionnel). Dans le cas où, à supposer que. *Si j'avais su* (et non *si j'aurais su), *je ne serais pas venu.*
Attention, le verbe de la subordonnée est à l'imparfait et non au conditionnel.
4. La conjonction introduit une concession, une restriction.
– Même si. *Si les élèves ont fait des progrès, ils ne maîtrisent pas encore totalement cette matière.*
– Quelque... que. *Si compétente que soit cette personne, elle peut se tromper.*
5. La conjonction introduit une interrogation indirecte. *Elle se demandait s'il viendrait. Il se demande s'il ira.*
On peut employer le conditionnel ou le futur après la conjonction ***si*** dans le style indirect.
6. La conjonction est un modificateur corrélatif de conséquence de l'adjectif ou de l'adverbe. De telle sorte que, tellement que, si bien que. *Elle est si sérieuse qu'on ne peut jamais la faire rire. Les neiges ont fondu si rapidement que les terres ont été inondées.*
La locution conjonctive ***si... que*** modifie un adjectif ou un adverbe.
LOCUTIONS
– ***Avec des si, on mettrait Paris en bouteille.*** On peut supposer n'importe quoi, mais ce n'est pas nécessairement la réalité.
– ***On n'est jamais si bien servi que par soi-même.*** Il vaut mieux se charger soi-même de quelque chose plutôt que de s'en remettre aux autres.
– ***S'il vous plaît.*** Formule de politesse qui s'abrège ***s.v.p.*** ou ***S.V.P.*** (avec ou sans points). *Deux croissants, s'il vous plaît* ou *s.v.p.* ou *svp.*
La locution s'écrit sans traits d'union.
– ***Si on peut dire.*** Pour ainsi dire. *Ces hommes d'affaires sont en réunion, si on peut dire. En fait, ils jouent aux cartes !*

SI
Sigle de ***système international*** (d'unités). *Des unités SI.*

SIAMOIS, OISE adj. et n. m. et f.
Du Siam. SYN. thaïlandais.
LOCUTIONS
– ***Chat siamois.*** Chat aux yeux bleus et à la fourrure claire d'origine asiatique. *Une petite chatte siamoise, un beau siamois.*
– ***Frères siamois, sœurs siamoises.*** Jumeaux, jumelles rattachés l'un à l'autre par une partie de leur corps.
Le mot, qui signifiait autrefois « thaïlandais », ne s'emploie plus que dans les locutions citées.

SIAU n. m. (pl. *siaux*)
(VIEILLI) Seau.
LOCUTION
– ***Mouiller à siaux.*** (FAM.) (VIEILLI) Pleuvoir à verse, à torrents, en grande abondance.
Cette expression est vieillie, mais elle s'emploie encore par plaisanterie.

SIBÉRIEN, IENNE adj.
1. De Sibérie. *Le climat sibérien.*
2. (FIG.) Très rigoureux. *Un froid sibérien.*

SIBYLLE n. f.
Prophétesse de l'Antiquité gréco-romaine.
sibylle.

SIBYLLIN, INE adj.
1. Relatif à une sibylle.
2. (FIG.) Dont le sens est obscur. *Des propos sibyllins.*
sibyllin.

SIC adv.
Le **c** se prononce, [sik] ; comme dans ***clic.***
Mot latin signifiant « ainsi ».
[T] Cet adverbe se place entre parenthèses ou entre crochets après un mot ou un passage cité textuellement, avec ses erreurs.

SICAV
Sigle de ***société d'investissement à capital variable.***

SICILIEN, IENNE adj. et n. m. et f.
De Sicile. *Le paysage sicilien. Un Sicilien, une Sicilienne.*
[T] L'adjectif s'écrit avec une minuscule ; le nom, avec une majuscule.

SIDA ou **sida** n. m.
Sigle de ***syndrome immuno-déficitaire acquis*** ou ***syndrome d'immunodéficience acquise.***
Maladie très grave, souvent mortelle, caractérisée par la disparition des défenses immunitaires de l'organisme. *Il est atteint du sida* ou *de sida.*
Le médecin spécialiste du sida est un, une ***sidatologue.*** La spécialité médicale qui traite le sida est la ***sidatologie.***

SIDATIQUE adj. et n. m. et f.
Se dit d'une personne atteinte de sida. SYN. sidéen.
Dérivé du sigle de la maladie, ce terme s'est implanté le premier. Il est synonyme de ***sidéen*** qui tend à le supplanter actuellement.

SIDÉEN, ENNE adj. et n. m. et f.
Se dit d'une personne atteinte du sida. SYN. sidatique.

SIDÉRAL, ALE, AUX adj.
Qui est relatif aux astres. *Des mouvements sidéraux, l'espace sidéral, une clarté sidérale. « Avec ce cri lourd des astres ébranlant le silence sidéral »* (Alain Grandbois, *Les Îles de la nuit*).

SIDÉRANT, ANTE adj.
Qui provoque la stupéfaction. *Des résultats sidérants.* SYN. abasourdissant; renversant; stupéfiant.

SIDÉRER v. tr.
Stupéfier, ébahir. *Cette nomination l'a sidéré.* SYN. renverser.
CONJUGAISON : VOIR MODÈLE POSSÉDER.
[Les *Rectifications* (1990) admettent : il sidèrera, sidèrerait...]

SIDÉRURGIE n. f.
Industrie de la fonte, de l'acier.

SIDÉRURGIQUE adj.
Relatif à la sidérurgie. *L'industrie sidérurgique.*

SIÈCLE n. m.
Abréviation ***s.*** (s'écrit avec un point).
1. Période de cent ans. *Le vingtième siècle* ou *le XXe siècle; le XXIe siècle. La construction de cette cathédrale se fit au XIIe et au XIIIe siècle, au cours des XIIe et XIIIe siècles.*
Le nom ***siècle*** prend la marque du pluriel quand le déterminant qui précède les adjectifs ordinaux qui le qualifient est au pluriel. *Les quinzième et seizième siècles* ou *les XVe et XVIe siècles.* Le nom siècle s'écrit au singulier si le déterminant singulier est répété devant chaque adjectif ordinal. *Le quinzième et le seizième siècle* ou *le XVe et XVIe siècle. Du quinzième au seizième siècle* ou *du XVe au XVIe siècle.* Quand la mention des siècles est mise entre parenthèses et ne comporte pas de déterminant devant les adjectifs ordinaux, le nom siècle demeure au singulier. *La cathédrale de Chartres (XIIe et XIIIe siècle) est un chef-d'œuvre de l'art gothique.*
Le Ier siècle comprend l'an 1 à l'an 100, le IIe siècle va de 101 à 200... Le XXIe siècle a commencé en l'an 2001.
T L'adjectif ordinal s'écrit en toutes lettres ou se compose en chiffres romains (en petites capitales, si l'on dispose de ces caractères). Le nom s'écrit avec une majuscule dans les expressions le ***Grand Siècle*** (le siècle de Louis XIV, le XVIIe siècle), le ***Siècle des lumières*** (le XVIIIe siècle).
2. (AU PLUR.) (FAM.) Période très longue. *Il y a des siècles qu'on ne vous a reçus chez nous.* SYN. éternité.

SIÈGE n. m.
1. Meuble où l'on s'assoit. *Les sièges avant d'une voiture. Je vous en prie, prenez un siège.*
2. Lieu, unique ou principal, où est établi un organisme, une autorité (Recomm. off.). *Le siège de l'Office québécois de la langue française est à Montréal.*
Le terme ***siège*** est un générique désignant le lieu principal de tout type d'organisme, alors que l'expression ***siège social*** est réservée aux sociétés et aux associations.
3. Place occupée par le juge. *Un jugement rendu sur le siège, sans délibéré, séance tenante* (et non sur le *banc).
4. Place, mandat d'un membre d'une assemblée. *Ce parti a obtenu des sièges aux élections législatives.*
5. Opération militaire dirigée contre une place forte. *Les assaillants ont finalement levé le siège.*
LOCUTION
– ***Siège social.*** Principal établissement d'une société ou d'une association, où sont concentrées ses activités juridiques, administratives et de direction (Recomm. off.). *Le siège social* (et non le *bureau-chef, la *maison-mère, la *place d'affaires) *d'une société informatique.*
Si le contexte est suffisamment explicite, il est possible de recourir au terme générique ***siège*** sans l'adjectif ***social*** pour nommer le principal établissement d'une société. *Le siège de cette entreprise de biotechnologie est à Saint-Laurent.*

SIÉGER v. intr.
1. Faire partie d'une assemblée, d'un tribunal. *Elle siège au* (et non *sur le) *conseil d'administration de cette entreprise. Ce juge siégera dans cette affaire de blanchiment d'argent.*
2. Avoir son siège. *Le Parlement siège à Québec.* SYN. se situer; se trouver.
FORME FAUTIVE
*siéger sur (un comité, un conseil, une commission, etc.). Calque de «*to sit on a committee, on a board*» pour ***siéger à, faire partie d'un conseil, être membre d'une commission,*** etc.
CONJUGAISON : VOIR MODÈLE PROTÉGER.
Le ***é*** se change en ***è*** devant une syllabe contenant un ***e*** muet, sauf à l'indicatif futur et au conditionnel présent. *Je siège,* mais *je siégerai.*
[Les *Rectifications* (1990) admettent : il siègera, siègerait...]

SIEMENS n. m.
Symbole ***S*** (s'écrit sans point).
Unité de mesure de conductance électrique.
[Les *Rectifications* (1990) admettent : siémens.]

SIEN, SIENNE n. m. et pron. poss.
PRONOM POSSESSIF
Pronom possessif de la troisième personne du singulier. Qui est à lui. *Ces œuvres sont les siennes.*
Le pronom est toujours accompagné de l'article défini; le mot ***sien*** s'emploie parfois en fonction d'attribut, sans article, comme un adjectif. *Ces richesses sont siennes.*
NOM MASCULIN
Sien. Sa propre part. *Y mettre du sien.*
NOM MASCULIN PLURIEL
Siens. Ses proches. *Il aime les siens.*
LOCUTIONS
– ***Faire des siennes.*** (FAM.) Faire des bêtises.
– ***Faire sien.*** Adopter. *Les opinions qu'il a faites siennes.*

SIERRA n. f.
Chaîne de montagnes dans les pays de culture espagnole. *La sierra Madre. Des sierras.*
sierra.

SIESTE n. f.
Repos pris après le repas du midi. *Faire une petite sieste.* SYN. somme.

SIEUR n. m.
(VX) (IRON.) Monsieur. *Le sieur Duluth.*

SIFFLANT, ANTE adj. et n. f.
ADJECTIF
Qui émet un sifflement. *Une respiration sifflante.*
NOM FÉMININ
(PHONÉT.) Consonne prononcée avec un sifflement. *Les consonnes* s *et* z *sont des sifflantes.*
sifflant.

SIFFLEMENT n. m.
Bruit aigu. *Le sifflement du vent.*
sifflement.

SIFFLER v. tr., intr.
VERBE TRANSITIF
1. Moduler en sifflant. *Siffler une ancienne chanson.*
2. Huer. *L'auditoire les a sifflés, le spectacle était médiocre.*
VERBE INTRANSITIF
1. Produire un son aigu avec la bouche, avec un sifflet. *Ce chanteur siffle très bien. Le train a sifflé trois fois.*
2. Crier, en parlant du serpent, de la marmotte, du merle.
CONJUGAISON : VOIR MODÈLE AIMER.

SIFFLET n. m.
1. Petit instrument avec lequel on siffle. *Le policier donne quelques coups de sifflet. Le sifflet de l'arbitre.*
2. (AU PLUR.) Cris de désapprobation, huées. *Les sifflets ont obligé le soi-disant humoriste à mettre fin à son numéro.*

LOCUTION

– ***Couper le sifflet à quelqu'un.*** Décontenancer quelqu'un, lui couper la parole. SYN. interloquer; river son clou à.

SIFFLEUX n. m.

(FAM.) Marmotte.

SIFFLOTEMENT n. m.

Action de siffloter. *Les sifflotements joyeux des enfants.*

sifflotement.

SIFFLOTER v. tr., intr.

Siffler doucement. *Détendu, il sifflotait en explorant ce beau jardin.*

CONJUGAISON : VOIR MODÈLE AIMER.

siffloter, un seul ***t.***

SIGLAISON n. f.

Formation des sigles.

SIGLE n. m.

Abréviation constituée par les initiales de plusieurs mots et qui s'épelle lettre par lettre. *Les lettres INRS sont le sigle de* Institut national de la recherche scientifique.

VOIR TABLEAU – SIGLE.

SIGMA n. m. inv.

Lettre grecque.

[Les *Rectifications* (1990) admettent : des sigmas.]

SIGMOÏDE adj.

Qui a la forme d'un sigma (un M coudé).

SIGNAL n. m. (pl. *signaux*)

Signe convenu. *Des signaux de détresse. Le signal du départ de la course vient d'être donné.*

LOCUTION

– ***Donner le signal de.*** (FIG.) Déclencher. *Ce discours enflammé donna le signal de l'émeute. Je dois malheureusement rentrer, mais je ne voudrais pas donner le signal du départ.* SYN. provoquer.

SIGNALEMENT n. m.

Description physique d'une personne qu'on recherche. *On a donné le signalement de ce criminel aux policiers.*

SIGNALER v. tr., pronom.

VERBE TRANSITIF

1. Souligner, marquer (par un signal). *Les impropriétés sont signalées par un astérisque. Rien à signaler.*

2. Faire remarquer en attirant l'attention de. *On lui a signalé que des articles avaient disparu.* SYN. indiquer; marquer; montrer; souligner.

VERBE PRONOMINAL

Se distinguer. *Elle s'est signalée par son audace.* SYN. se singulariser.

À la forme pronominale, le participe passé de ce verbe s'accorde toujours en genre et en nombre avec son sujet. *Ils se sont signalés par leur détermination.*

FORMES FAUTIVES

*signaler (un numéro de téléphone). Impropriété pour ***composer, faire*** (un numéro de téléphone).

*signaler (le 0, le 411). Impropriété pour ***faire*** (le 0, le 411).

CONJUGAISON : VOIR MODÈLE AIMER.

SIGNALÉTIQUE adj.

Qui donne la description, le signalement. *Une fiche signalétique.*

SIGNALISATION n. f.

Ensemble de signaux d'une voie de circulation. *Des panneaux de signalisation. La signalisation routière.*

SIGNALISER v. tr.

Munir d'une signalisation. *Signaliser un itinéraire.*

CONJUGAISON : VOIR MODÈLE AIMER.

SIGNATAIRE n. m. et f.

Personne qui a signé un document. *Maman est la signataire de ce contrat.*

signat**aire.**

SIGNATURE n. f.

1. Nom manuscrit d'une personne selon un tracé invariable, apposé à la fin d'un document, d'un acte, pour en attester l'exactitude. *Arrives-tu à lire cette signature ?*

Le ***paraphe*** ou ***parafe*** est une signature abrégée, souvent formée des initiales.

2. Action de signer. *La signature du traité a eu lieu à Paris.*

CORRESPONDANCE

La **signature** se place sous la salutation.

• Poste de direction

Le titre, suivi d'une virgule, précède la signature et le nom.

La directrice des communications,
(*signature*)
Liette Lisa Monna

• Profession

Le titre, qui s'écrit avec une minuscule, figure à la suite de la signature et du nom, qui est suivi d'une virgule.

(*signature*)
Fanny Vergnolle, architecte

• Fonction

La désignation de fonction s'écrit avec une minuscule sous le nom, qui est suivi d'une virgule.

(*signature*)
Daniel Desmeules,
technicien en informatique

Signature double

Lorsqu'un document comporte plusieurs signatures, on les dispose les unes à côté des autres en plaçant à droite la signature de la personne située au degré le plus élevé de la hiérarchie.

Le directeur général,	La présidente,
(*signature*)	(*signature*)

Signature par procuration

En l'absence du signataire, la personne autorisée à signer fait précéder le titre du poste de la préposition ***pour.***

Pour la directrice,
(*signature*)

Dans certains cas, il peut être utile de mentionner le titre du signataire ainsi que le nom de la personne qui a autorisé la signature.

VOIR TABLEAU – CORRESPONDANCE.

LOCUTION

– ***Signature numérique.*** (INFORM.) Procédé d'identification du signataire d'un document électronique, basé sur l'utilisation d'un algorithme de chiffrement, qui permet de vérifier l'intégrité du document et d'en assurer la non-répudiation (GDT).

SIGNE n. m.

1. Indice, marque qui sert à représenter, à indiquer une chose. *Des signes de ponctuation.*

2. Geste. *Il a fait un signe de la main.*

3. Preuve, témoignage. *Ce petit cadeau est le signe de notre amitié.*

4. Division du zodiaque. *Elle est née sous le signe du Sagittaire.*

LOCUTION

– ***Donner signe de vie.*** Donner de ses nouvelles.

HOM. ***cygne***, oiseau aquatique.

SIGNER v. tr., pronom.

VERBE TRANSITIF

Apposer sa signature sur (un document, un tableau, etc.). *Le directeur a signé cette lettre.*

Dans le cas d'une œuvre d'art, on omet souvent la préposition après le verbe. *Une sculpture signée Camille Claudel.*

VERBE PRONOMINAL

Faire le signe de la croix. *Elles se sont signées.*

SIGLE

Le sigle est une abréviation constituée par les initiales de plusieurs mots et qui s'épelle lettre par lettre.

*SRC (**S**ociété **R**adio-**C**anada), PME (**p**etite et **m**oyenne **e**ntreprise), FTQ (**F**édération des **t**ravailleurs et travailleuses du **Q**uébec).*

S

▸ L'acronyme est un sigle composé des initiales ou des premières lettres d'une désignation, et qui, à la différence du sigle, se prononce comme un mot.

*ONU (**O**rganisation des **N**ations **U**nies), cégep (**c**ollège d'**e**nseignement **g**énéral **e**t **p**rofessionnel) et OVNI (**o**bjet **v**olant **n**on **i**dentifié) sont des acronymes.*

▸ **Points abréviatifs**

La tendance actuelle est d'omettre les points abréviatifs. Dans cet ouvrage, les sigles et les acronymes sont notés sans points ; cependant, la forme avec points est généralement correcte.

▸ **Genre et nombre des sigles**

Les sigles sont du genre et du nombre du mot principal de la désignation abrégée.

Le FMI (Fonds [masculin singulier] *monétaire international), la CSN (Confédération* [féminin singulier] *des syndicats nationaux).*

[T] À son premier emploi dans un texte, le sigle doit être précédé de la désignation au long.

ADN .... Acide désoxyribonucléique
AFP .... Agence France-Presse
AI .... Amnesty International
AID .... Agence internationale de développement
AIÉA .... Agence internationale de l'énergie atomique
BBC .... British Broadcasting Corporation
BCG .... Vaccin bilié de Calmette et Guérin
BIRD .... Banque internationale pour la reconstruction et le développement
BIT .... Bureau international du travail
BNQ .... Bureau de normalisation du Québec
CAC .... Conseil des Arts du Canada
CAO .... Conception assistée par ordinateur
CCCI .... Conseil canadien de la coopération internationale
CCDP ...... Commission canadienne des droits de la personne
CE .... Communauté européenne
CÉC .... Conseil économique du Canada
CÉI .... Communauté d'États indépendants
CIA .... Central Intelligence Agency
CLSC ...... Centre local de services communautaires
CNA .... Centre national des arts
CPV .... Chlorure de polyvinyle
CRTC ...... Conseil de la radiodiffusion et des télécommunications canadiennes
CSDM ..... Commission scolaire de Montréal
CSLF .... Conseil supérieur de la langue française
CSST .... Commission de la santé et de la sécurité du travail
CTF .... Commission de terminologie française
CUP .... Code universel des produits
DDT .... Dichloro-diphényl-trichloréthane
DSC .... Département de santé communautaire
ÉCG .... Électrocardiogramme
ÉEG .... Électroencéphalogramme
FMI .... Fonds monétaire international
GMT .... Greenwich Mean Time (Temps moyen de Greenwich)
GRC .... Gendarmerie royale du Canada
HAE .... Heure avancée de l'Est
HEC .... École des hautes études commerciales
HLM .... Habitation à loyer modique (Canada)
HLM .... Habitation à loyer modéré (France)
HNE .... Heure normale de l'Est
INRS .... Institut national de la recherche scientifique
IVG .... Interruption volontaire de grossesse
MIT .... Massachusetts Institute of Technology
MST .... Maladie sexuellement transmissible (France)
MTS .... Maladie transmise sexuellement (Canada)
NAS .... Numéro d'assurance sociale
OCDÉ ..... Organisation de coopération et de développement économiques
OGM ...... Organisme génétiquement modifié
OIT .... Organisation internationale du travail
OQLF ..... Office québécois de la langue française
OMC ...... Organisation mondiale du commerce
OMM ..... Organisation météorologique mondiale
OMS .... Organisation mondiale de la santé
ONF .... Office national du film
ONG .... Organisation non gouvernementale
OPQ .... Office des professions du Québec
PDG .... Président-directeur général
PIB .... Produit intérieur brut
PME .... Petite et moyenne entreprise
PNB .... Produit national brut
PVC .... voir CPV
RAMQ ..... Régie de l'assurance-maladie du Québec
RRQ .... Régie des rentes du Québec
SAAQ ...... Société de l'assurance automobile du Québec
SRC .... Société Radio-Canada
STM .... Société de transport de Montréal
TGV .... Train à grande vitesse
TPS .... Taxe sur les produits et services
TVQ .... Taxe de vente du Québec
UA .... Unité africaine
UE .... Union européenne

VOIR TABLEAUX ▸ **ABRÉVIATION (RÈGLES DE L').** ▸ **ACRONYME.**

À la forme pronominale, le participe passé de ce verbe s'accorde toujours en genre et en nombre avec son sujet. *Toutes les personnes présentes se sont signées.*
FORME FAUTIVE
*signer quelqu'un. Calque de «*to sign*» pour ***engager, recruter quelqu'un, passer un contrat avec quelqu'un, faire signer (un contrat) à quelqu'un, renouveler le contrat de quelqu'un.*** *Le Canadien a recruté* (et non *signé) *un excellent gardien de but.*
CONJUGAISON : VOIR MODÈLE AIMER.

SIGNET n. m.
1. Petit ruban, petit carton qui sert à marquer une page.
2. (INFORM.) Marque créée grâce à un article de menu, qui permet de conserver en mémoire la référence à un document, une page ou un site que l'internaute juge intéressant et qu'il veut retrouver rapidement lors d'une consultation ultérieure (GDT).
signet.

SIGNIFIANT, IANTE adj. et n. m.
ADJECTIF
Qui a du sens, qui transmet un sens. ANT. insignifiant.
NOM MASCULIN
(LING.) Forme matérielle d'un signe (par opposition à ***signifié***).

SIGNIFICATIF, IVE adj.
1. Qui traduit bien la pensée, l'intention. *Une phrase significative de ses états d'âme.* SYN. révélateur.
2. Dont on peut tirer des conclusions. *Ces statistiques ne sont pas significatives.*
FORME FAUTIVE
Anglicisme au sens de ***important, considérable.***

SIGNIFICATION n. f.
1. Sens. *La signification cachée de ce roman.*
2. (DR.) Notification faite par un huissier. *La signification d'une citation à comparaître* (et non d'un *subpœna).

SIGNIFICATIVEMENT adv.
De façon significative, marquée. *Le pourcentage des échecs a baissé significativement.*

SIGNIFIÉ n. m.
(LING.) Contenu d'un signe (par opposition à ***signifiant***). SYN. sens.

SIGNIFIER v. tr.
1. Avoir un sens. *Que signifie ce terme ?*
2. Faire savoir de façon formelle. *La direction lui a signifié son congédiement.* SYN. annoncer.
CONJUGAISON : VOIR MODÈLE ÉTUDIER.
Redoublement du ***i*** à la première et à la deuxième personne du pluriel de l'indicatif imparfait et du subjonctif présent. *(Que) nous signifiions, (que) vous signifiiez.*

SIKH, SIKHE adj. et n. m. et f.
Membre d'un groupe religieux de l'Inde. *Des sikhs, des communautés sikhes.*
T L'adjectif ainsi que le nom s'écrivent avec une minuscule.

SILENCE n. m.
1. État d'une personne qui se tait. *Elle a gardé le silence.*
2. Calme, absence de bruit. *Le silence de la nuit.*
LOCUTION
– ***Passer sous silence.*** Ne pas parler de quelque chose. *Il vaudrait mieux passer sous silence cette querelle.* SYN. taire.

SILENCIEUSEMENT adv.
D'une manière silencieuse. *Claudie joue silencieusement pour ne pas éveiller son petit frère qui dort.* SYN. en silence.

SILENCIEUX, IEUSE adj. et n. m.
ADJECTIF
1. Qui garde le silence. *Elle est restée silencieuse, elle n'a rien dit.* ANT. bavard.
2. Calme, sans bruit. *Une classe silencieuse, c'est rare !* ANT. bruyant.
NOM MASCULIN
Dispositif destiné à réduire le bruit (de l'échappement, d'une arme à feu). *Un revolver muni d'un silencieux. Il faudra remplacer le silencieux* (et non le *muffler) *de votre voiture.*

SILEX n. m.
Pierre dure composée de silice.

SILHOUETTE n. f.
1. Forme générale. *Avoir une jolie silhouette.* SYN. allure ; contour ; ligne.
2. Dessin de profil. *Tracer des silhouettes.*
silhouette.

SILICE n. f.
Minerai. *Le quartz est une silice.*
Attention au genre féminin de ce nom : ***une*** silice.
HOM. ***cilice,*** vêtement de crin.
silice.

SILICIUM n. m.
Le ***u*** se prononce ***o***, [silisjɔm].
Symbole ***Si*** (s'écrit sans point).
Corps simple très abondant dans la nature. *Le quartz, le granit, l'argile sont du silicium.*

SILICONE n. f.
Le ***o*** est fermé, [silikon] ; le nom rime avec ***cône.***
Matière plastique dérivée du silicium. *Appliquer de la silicone sur ses bottes pour les imperméabiliser.*
Attention au genre féminin de ce nom : ***la*** silicone.

SILLAGE n. m.
Trace que laisse un bateau derrière lui.
LOCUTION
– ***Dans le sillage de.*** (FIG.) Sur la trace de quelqu'un, à la suite de. *Elle marche dans le sillage de son père.*
Ne pas confondre avec le nom ***sillon,*** rainure faite dans la terre labourée.
sillage.

SILLON n. m.
Fente, rainure faite dans la terre labourée. *Les sillons tracés par la charrue.*
Ne pas confondre avec le nom ***sillage,*** trace que laisse un bateau derrière lui.
sillon.

SILLONNER v. tr.
1. Traverser en laissant une trace. *Un éclair a sillonné le ciel orageux.*
2. Parcourir en tous sens. *Ce capitaine a sillonné les mers.*
CONJUGAISON : VOIR MODÈLE AIMER.
sillonner.

SILO n. m.
Construction destinée à l'entreposage des produits agricoles. *Des silos de blé.*
silo.

SILVANER ou **SYLVANER** n. m.
Le ***r*** se prononce, [silvanɛr].
Vin blanc d'Alsace. *Des silvaners très frais.*
T Le nom du vin s'écrit avec une minuscule.

S'IL VOUS PLAÎT
Abréviation ***SVP*** ou ***svp*** (s'écrit avec ou sans points).
La locution s'écrit sans traits d'union.

SIMAGRÉES n. f. pl.
Manières, grimaces. *Faire des simagrées. Arrête tes simagrées.*
simagrées.

SIMIESQUE adj.
Qui tient du singe. *Une apparence simiesque.*
simiesque.

S

S

SIMIL(I)- préf.
Élément du grec signifiant « semblable ». *Similitude.*
Préfixe qui marque l'imitation d'une matière. *Du similicuir, des similimarbres.*
Les composés s'écrivent généralement en un seul mot.

SIMILAIRE adj.
Qui est analogue, à peu près semblable. *Des produits similaires.*
L'adjectif s'emploie sans complément. Avec un complément, on dira plutôt ***comparable à, analogue à.*** *Un article comparable à un autre.*
Les mots ***similaire*** et ***semblable*** sont des doublets.
Ne pas confondre avec les mots suivants :
- ***identique***, rigoureusement semblable ;
- ***semblable***, de même nature, de même apparence.

simil**aire.**

SIMILARITÉ n. f.
Caractère de ce qui est similaire.

SIMILI n. m.
Imitation. *Ce sac n'est pas en cuir, ce n'est que du simili.*

SIMILITUDE n. f.
Ressemblance complète. *La similitude des traits de ces jumeaux est étonnante.*
similitude.

SIMOUN n. m.
Vent brûlant des régions désertiques.
[T] Les noms de vents s'écrivent avec une minuscule.

SIMPLE adj.
Placé avant le nom
Qui est uniquement, seulement. *C'est une simple question de bon sens, une simple formalité.*
Placé après le nom
1. Qui n'est pas compliqué. *C'est une personne toute simple.*
2. Sans cérémonie. *Ce sera un repas très simple.* SYN. modeste.
3. Qui n'est pas composé. *Un corps simple.* SYN. élémentaire.
LOCUTION
– ***Simple d'esprit.*** Personne dont l'intelligence est déficiente. *Des simples d'esprit.* SYN. débile mental.

SIMPLEMENT adv.
1. Sans recherche. *Ils étaient vêtus simplement.*
2. Seulement. *Je croyais qu'il y avait des loups, mais c'étaient simplement des chiens.*
LOCUTION
– ***Purement et simplement.*** Complètement.

SIMPLET, ETTE adj. et n. m. et f.
Niais, simple d'esprit.

SIMPLICITÉ n. f.
Qualité de ce qui est simple, peu compliqué, modeste.
LOCUTION
– ***Simplicité volontaire.*** Mode de vie consistant à réduire sa consommation de biens en vue de mener une vie davantage centrée sur des valeurs essentielles (GDT).

SIMPLIFIABLE adj.
Qui peut être simplifié. *Un problème simplifiable.*

SIMPLIFICATEUR, TRICE adj.
Qui simplifie. *Une méthode simplificatrice.*

SIMPLIFICATION n. f.
Action de simplifier. *La simplification d'une fraction.*

SIMPLIFIER v. tr.
Rendre moins compliqué, faciliter. *Il faut simplifier ce calcul.*
CONJUGAISON : VOIR MODÈLE ÉTUDIER.
Redoublement du ***i*** à la première et à la deuxième personne du pluriel de l'indicatif imparfait et du subjonctif présent. *(Que) nous simplifiions, (que) vous simplifiiez.*

SIMPLISME n. m.
Simplification excessive.

SIMPLISTE adj.
Qui simplifie de façon excessive. *Une explication simpliste.*

SIMULACRE n. m.
Représentation factice, semblant. *Un simulacre de procès.*
simulacre.

SIMULATEUR n. m.
Appareil qui reproduit des conditions réelles de fonctionnement. *Un simulateur de vol.*
simulateur.

SIMULATION n. f.
1. Action de simuler, d'affecter un sentiment, un état. *Ta simulation du chagrin est très réussie.* SYN. affectation ; comédie ; feinte.
2. Représentation d'un phénomène à des fins expérimentales. *On a assisté à la simulation du décollage de la navette spatiale.*
simulation.

SIMULER v. tr.
Imiter. *Simuler un malaise.* SYN. affecter ; afficher ; faire semblant de ; feindre.
CONJUGAISON : VOIR MODÈLE AIMER.
simuler.

SIMULTANÉ, ÉE adj.
Qui a lieu en même temps. *Une interprétation simultanée.*

SIMULTANÉITÉ n. f.
Existence de deux ou de plusieurs choses en même temps. *La simultanéité de deux actions.* SYN. synchronisme.
simultan**é**ité.

SIMULTANÉMENT adv.
Au même instant. *Simultanément, les trapézistes se lancèrent dans l'espace.* SYN. en même temps.

SINCÈRE adj.
Franc, vrai. *Sois sincère : dis-moi ce que tu penses vraiment.* SYN. authentique ; loyal.
sincère.

SINCÈREMENT adv.
D'une manière sincère. *Je vous remercie bien sincèrement.*
sincèrement.

SINCÉRITÉ n. f.
Qualité de ce qui est sincère, loyal. *Je vous le dis en toute sincérité.*
sincérité.

SINÉCURE n. f.
Travail facile et bien rémunéré.
LOCUTION
– ***Ce n'est pas une sinécure.*** C'est difficile, complexe.

SINE DIE loc. adv.
Les ***e*** se prononcent ***é***, [sinedje].
(DR.) Sans fixer de date. *Le procès est reporté* sine die.
[T] En typographie soignée, les mots étrangers sont composés en italique. Dans des textes déjà en italique, la notation se fait en romain. Pour les textes manuscrits, on utilisera les guillemets.

SINE QUA NON loc. adj.
Le ***e*** se prononce ***é***, les lettres ***qu*** se prononcent ***cou***, et le ***n*** final se prononce, [sinekwanɔn].
Essentiel, absolument nécessaire. *Ce sont des conditions* sine qua non. SYN. impératif ; indispensable.
[T] En typographie soignée, les mots étrangers sont composés en italique. Dans des textes déjà en italique, la notation se fait en romain. Pour les textes manuscrits, on utilisera les guillemets.

SINGE n. m.
Mammifère de l'ordre des primates qui ressemble beaucoup à l'homme. *Il est malin comme un singe.*
La femelle du singe est la guenon.
VOIR TABLEAU – ANIMAUX.

SINGER v. tr.
Imiter quelqu'un, le tourner en dérision. SYN. caricaturer.
CONJUGAISON : VOIR MODÈLE CHANGER.
Le *g* est suivi d'un *e* devant les lettres *a* et *o*. *Il singea, nous singeons.*

SINGERIE n. f.
Imitation gauche, grimace. *Ces singeries ne sont pas drôles.* SYN. pitrerie.

SINGULARISER v. tr., pronom.
VERBE TRANSITIF
Rendre singulier, hors de l'ordinaire. *Sa grande taille et son teint clair le singularisaient.* SYN. caractériser; distinguer; particulariser.
À la forme transitive, le verbe s'emploie en bonne ou en mauvaise part.
VERBE PRONOMINAL
Se faire remarquer par des propos singuliers, par un comportement étrange. *Elles se sont singularisées par des accoutrements bizarres.*
À la forme pronominale, le participe passé de ce verbe s'accorde toujours en genre et en nombre avec son sujet. *Ces élèves se sont singularisés par leurs excellents travaux.*
Le verbe pronominal a souvent une connotation péjorative.
CONJUGAISON : VOIR MODÈLE AIMER.

SINGULARITÉ n. f.
1. (LITT.) Caractère de ce qui distingue en bien ou en mal. *La singularité d'une pensée.* SYN. originalité; particularité.
2. (AU PLUR.) Manières bizarres, excentricité.

SINGULIER, IÈRE adj. et n. m.
ADJECTIF
1. (GRAMM.) Qui est relatif à une seule personne (par opposition à ***pluriel***). *Un sujet singulier.*
2. Bizarre, étrange. *Un comportement singulier.* SYN. étonnant; rare.
3. (LITT.) Étonnant, admirable. *Un courage singulier.* SYN. extraordinaire; unique.
NOM MASCULIN
(GRAMM.) Catégorie grammaticale qui désigne un seul être, une seule idée, un seul objet. *Les entrées des dictionnaires sont au singulier.* ANT. pluriel.

SINGULIÈREMENT adv.
1. Particulièrement, principalement. *L'appui de la population a été très important et, singulièrement, celui des jeunes.* SYN. notamment.
2. Beaucoup. *Ces paroles m'ont agacée singulièrement.* SYN. fortement.
3. Bizarrement. *Ils étaient singulièrement déguisés.*

SINISTRE adj. et n. m.
ADJECTIF
1. Effrayant, de mauvais augure. *Des lieux sinistres.*
2. Mortellement ennuyeux. *Cette réunion était sinistre.*
NOM MASCULIN
1. Catastrophe qui cause des dommages (incendie, inondation, tornade, etc.).
Ne pas confondre avec le nom ***incendie,*** destruction par le feu.
2. Dommages causés à des objets assurés, pertes subies à l'occasion d'un sinistre. *Le remboursement des sinistres.*
LOCUTION
– ***Expert, experte en sinistres.*** Personne chargée d'enquêter sur un sinistre, de constater les dommages en résultant, en vue d'en négocier le règlement pour le compte de l'assuré ou de l'assureur (GDT). *Cet expert en sinistres* (et non *ajusteur) *fera l'évaluation des dommages causés par l'incendie.*
Dans cette locution, le nom ***sinistre*** peut également s'écrire au singulier : ***expert, experte en sinistre.***

SINISTRÉ, ÉE adj. et n. m. et f.
ADJECTIF
Qui a subi un sinistre. *La ville touchée par l'ouragan a été déclarée zone sinistrée.*
NOM MASCULIN ET FÉMININ
Personne qui a été victime d'un sinistre.

SINISTREMENT adv.
De façon sinistre.

SINO- préf.
Élément du latin signifiant « de la Chine ». *Un accord sino-japonais.*

SINOLOGIE n. f.
Étude de la langue et de la culture chinoises.

SINOLOGUE n. m. et f.
Spécialiste de la sinologie.

SINON conj.
1. Autrement, dans le cas contraire. *Le dossier sera prêt demain, sinon nous devrons reporter la réunion.* SYN. faute de quoi; sans quoi.
2. À l'exception de. *Sinon quelques touristes, les rues étaient désertes.* SYN. en dehors de; excepté; sauf.
sinon, en un seul mot.

SINUEUX, EUSE adj.
Tortueux. *Une route sinueuse.*

SINUOSITÉ n. f.
Caractère de ce qui est sinueux.

SINUS n. m.
Le *s* final se prononce, [sinys]; le mot rime avec ***puce.***
Cavité de certains os de la face. *Des sinus douloureux.*

SINUSITE n. f.
Inflammation des sinus de la face.

SIOUX adj. et n. m. et f.
Se dit d'un ensemble d'ethnies amérindiennes. *Un chef sioux. Les Sioux.*
T L'adjectif s'écrit avec une minuscule; le nom, avec une majuscule.
LOCUTION
– ***Des ruses de Sioux.*** (FIG.) Moyens habiles, astuces qu'on emploie pour arriver à ses fins.

SIPHON n. m.
1. Tuyau recourbé. *Il y a un siphon sous l'évier.*
2. Contenant sous pression servant à gazéifier un liquide.
siphon.

SIPHONNER v. tr.
Transvaser un liquide à l'aide d'un siphon. *On nous a siphonné de l'essence!*
CONJUGAISON : VOIR MODÈLE AIMER.
siphonner.

SIR n. m.
Le *i* se prononce ***eu.*** Le nom rime avec ***sœur,*** [sœr].
Titre d'honneur anglais qui précède un prénom et un nom de famille. *Sir Wilfrid Laurier. Sir Paul McCartney.*
Ce titre est toujours suivi du prénom de la personne désignée.

SIRE n. m.
Titre d'un souverain. *Nous avons perdu la Nouvelle-France, sire.*
Le nom ***sire*** est le doublet de ***seigneur*** et de ***sieur.***

SIRÈNE n. f.
1. Être fabuleux à corps de femme et à queue de poisson. *Ulysse s'est laissé séduire par le chant des sirènes.*
2. Appareil sonore produisant un son strident. *Une sirène d'alarme, une sirène d'ambulance.*
sirène.

SIROCCO n. m.
Vent très chaud du désert. *Le sirocco souffle depuis plusieurs jours.*
Les noms de vents s'écrivent avec une minuscule.
[Les *Rectifications* (1990) admettent : siroco.]

SIROP n. m.
Le *p* ne se prononce pas, [siro] ; le nom rime avec ***héros***.
1. Liquide concentré et sucré. *Du sirop de cassis, de framboise(s).*
Le complément du nom peut se mettre au singulier ou au pluriel.
2. Médicament. *Du sirop contre la toux.*
LOCUTION
– ***Sirop d'érable.*** Sirop onctueux obtenu en faisant bouillir de l'eau d'érable jusqu'à 112 °C (GDT).
Pour recevoir l'appellation de ***sirop d'érable,*** le sirop doit être obtenu uniquement par la concentration de l'eau d'érable, ou, par dilution ou dissolution, dans l'eau potable, d'un produit de l'érable, à l'exclusion de tout succédané (GDT).
sirop.

SIROTER v. tr.
Boire lentement. *Il sirotait un vieil armagnac.*
CONJUGAISON : VOIR MODÈLE AIMER.
siroter.

SIRUPEUX, EUSE adj.
De la consistance du sirop. *Un café sirupeux.*

SIS, SISE adj.
(DR.) (ADM.) Situé. *Un immeuble sis au 69, rue du Manoir. Une maison sise à Longueuil.*
Cet adjectif doit être réservé à la langue juridique ou administrative.

SISMIQUE ou **SÉISMIQUE** adj.
Relatif aux tremblements de terre. *Le sismographe a enregistré des secousses sismiques.*
Certains auteurs jugent que l'expression ***secousse sismique*** est un pléonasme, mais elle s'emploie couramment.

SISMOGRAPHE ou **SÉISMOGRAPHE** n. m.
Instrument servant à mesurer l'amplitude des tremblements de terre. *Le collège Brébeuf est doté d'un sismographe.*

SISMOLOGIE ou **SÉISMOLOGIE** n. f.
Science des tremblements de terre.

SISMOLOGUE n. m. et f.
Spécialiste de la sismologie. *Le père Tremblay est un sismologue réputé.*

SITAR n. m.
Instrument de musique à cordes de l'Inde.
HOM. ***cithare,*** instrument de musique à cordes de la Grèce antique.

***SITCOM**
Anglicisme pour ***comédie de situation*** (Recomm. off.).

SITE n. m.
1. Paysage. *Un site pittoresque, grandiose.*
2. Lieu géographique. *La protection des sites.*
3. Lieu occupé par une ville, un ensemble. *Un site urbain, un site archéologique. Des sites industriels.*
LOCUTIONS
– ***Site d'infection.*** Impropriété pour ***foyer d'infection*** (DDFM).
– ***Site historique.*** Lieu où se sont déroulés des évènements d'importance historique ou qui renferme des biens ou des monuments historiques.
– ***Site Internet.*** (INFORM.) Lieu où se trouve implanté un hôte Internet et qui est identifié par une adresse Internet (GDT).
FORMES FAUTIVES
*site. Anglicisme au sens de ***emplacement*** (d'un établissement, d'une entreprise, etc.).
*site. Anglicisme au sens de ***lieu.*** *Le lieu* (et non *site) *d'un accident.*

SITÔT adv.
Aussi rapidement, aussi vite. *Sitôt levé, il se met au travail.*
Ne pas confondre avec les mots ***si tôt.*** *Il est venu si tôt que tous dormaient encore.*
LOCUTIONS
– ***Pas de sitôt,*** loc. adv. Avant longtemps. *Je crois qu'on ne le reverra pas de sitôt.*
– ***Sitôt dit, sitôt fait,*** loc. adv. Aussitôt. SYN. sur-le-champ.
– ***Sitôt que,*** loc. conj. Dès que. *Sitôt qu'elle le vit, elle rosit d'émotion.*
La locution conjonctive se construit avec l'indicatif.
sitôt.

SITU (IN)
VOIR – IN SITU.

SITUATION n. f.
1. Emplacement. *La situation de la ville sur un port.*
2. Condition. *La situation économique.*
3. Emploi, fonction. *Elle a une bonne situation.*
LOCUTIONS
– ***Mettre en situation.*** Situer, mettre en contexte. *Ce réalisateur prend le risque de mettre en situation ces hommes préhistoriques – scènes de chasse ou de repas – et donc de se tromper.*
– ***Mettre en situation.*** Se donner les moyens de, prendre les mesures pour. *Il faut donc se mettre en situation de répondre aux aspirations morcelées et évolutives de tous ceux qui revendiquent de nouveaux droits, expriment de nouveaux besoins.* (Dominique de Villepin, cité par *Le Monde)*
– ***Situation de famille.*** État matrimonial (et non *statut marital) d'une personne. *Situation de famille : célibataire, marié, divorcé.*

SITUATIONNEL, ELLE adj.
Relatif à une situation. *Le stress situationnel provoque des réponses psychologiques qui pourraient accélérer le développement des lésions vasculaires.*

SITUER v. tr., pronom.
VERBE TRANSITIF
Définir la situation dans l'espace ou le temps. *Je situerais cette ferme à proximité de Berthier. Cette région est située à l'est de Montréal.*
VERBE PRONOMINAL
1. Se trouver en un lieu. *L'action du film se situe au Québec.*
2. Se classer. *L'école se situe au premier rang pour son parc informatique.*
À la forme pronominale, le participe passé de ce verbe s'accorde toujours en genre et en nombre avec son sujet. *Notre équipe s'est située au deuxième rang.*
CONJUGAISON : VOIR MODÈLE AIMER.

SIX adj. num. inv. et n. m. inv.
1° Le ***x*** ne se prononce pas devant une consonne ou un ***h*** aspiré. *Six tomates, six homards,* [si]. 2° Le ***x*** se prononce ***z*** devant une voyelle ou un ***h*** muet. *Six oranges, six hommes.* 3° Quand le mot est employé comme nom, le ***x*** se prononce toujours ***s***; quand le mot est employé comme adjectif, la consonne finale se prononce ***s*** en fin d'expression.
ADJECTIF NUMÉRAL CARDINAL INVARIABLE
Deux fois trois. *Six heures.*
ADJECTIF NUMÉRAL ORDINAL INVARIABLE
Sixième. *La page six.*
NOM MASCULIN INVARIABLE
Nombre six. *Des six de cœur.*
VOIR TABLEAU – NOMBRES.
VOIR TABLEAU – NUMÉRAL ET ADJECTIF ORDINAL (DÉTERMINANT).

SIXIÈME adj. num. et n. m. et f.
ABRÉVIATIONS
6ᵉ (sixième), *6ᵉˢ* (sixièmes).
ADJECTIF NUMÉRAL ORDINAL
Nombre ordinal de six. *La sixième heure.*
NOM MASCULIN
La sixième partie d'un tout. *Les trois sixièmes d'une quantité.*
NOM MASCULIN ET FÉMININ
Personne, chose qui occupe le sixième rang. *Elles sont les sixièmes.*
VOIR TABLEAU – NOMBRES.
VOIR TABLEAU – NUMÉRAL ET ADJECTIF ORDINAL (DÉTERMINANT).

SIXIÈMEMENT adv.
En sixième lieu.

***SKATE-BOARD**
Anglicisme pour ***planche à roulettes, rouli-roulant*** (marque déposée).

SKETCH n. m. (pl. *sketches* ou *sketchs*)
Petit spectacle généralement comique. *Des sketches* ou *sketchs réussis.*
✏ sketch.

SKI n. m.
1. Lame plate relevée à l'avant, destinée à glisser sur la neige, sur l'eau. *Aller en skis, à skis.*
2. Sport pratiqué à l'aide de ces lames. *Des cours de ski, une épreuve de ski, du ski nautique.*
LOCUTIONS
– ***Ski alpin*** ou ***ski de piste.*** Ski pratiqué sur des pentes à forte dénivellation, par opposition à ***ski de fond.***
– ***Ski de fond.*** Ski sur des parcours de faible dénivellation, par opposition à ***ski alpin.***
– ***Ski de randonnée.*** Ski pratiqué hors des pistes balisées.
– ***Ski nautique.*** Ski pratiqué sur l'eau.

SKIABLE adj.
Où l'on peut skier. *Des pistes skiables.*

***SKIDOO**
Impropriété (marque déposée) pour ***motoneige.***

SKIER v. intr.
Aller en skis. *Nous avons beaucoup skié cet hiver, surtout quand la neige était poudreuse.*
CONJUGAISON : VOIR MODÈLE ÉTUDIER.
Redoublement du ***i*** à la première et à la deuxième personne du pluriel de l'indicatif imparfait et du subjonctif présent. *(Que) nous skiions, (que) vous skiiez.*

SKIEUR, EUSE n. m. et f.
Personne qui pratique le ski. *Des skieurs experts.*

***SKIPPER**
Anglicisme au sens de ***barreur.***

s. l.
Abréviation de ***sans lieu.***
VOIR TABLEAU – RÉFÉRENCES BIBLIOGRAPHIQUES.

SLALOM n. m.
👄 Le ***m*** se prononce, [slalɔm] ; le nom rime avec ***homme.***
Descente en skis selon un tracé sinueux qui comporte des piquets qu'il faut contourner. *Il a gagné le slalom géant. Des slaloms réussis.*
✏ slalom.

SLANG n. m.
👄 Le ***g*** se prononce, [slɑ̃g] ; le nom rime avec ***gangue.***
Argot anglais ou américain. *Ce film est difficile à comprendre : il y a beaucoup de slang.*

***SLASH**
Anglicisme pour ***barre oblique.***

SLAVE adj. et n. m. et f.
ADJECTIF
Se dit de la race indo-européenne comprenant les Russes, les Polonais, les Tchèques, les Bulgares, etc.
NOM MASCULIN ET FÉMININ
Personne qui appartient à cette ethnie. *Un Slave et une Slave.*
🅃 L'adjectif s'écrit avec une minuscule ; le nom, avec une majuscule.
NOM MASCULIN
Langue parlée par les Slaves. *Andrej parle le slave.*
🅃 Le nom de la langue s'écrit avec une minuscule.

***SLEEPING**
Anglicisme pour ***wagon-lit.***

SLIP n. m.
👄 Le ***p*** se prononce, [slip] ; le nom rime avec ***lippe.***
Culotte très échancrée. *Le slip est un sous-vêtement masculin et féminin. Un maillot de bain constitué d'un slip et d'un soutien-gorge.*
FORME FAUTIVE
*slip. Anglicisme au sens de ***jupon.***
⚠ Ne pas confondre avec le nom ***caleçon,*** sous-vêtement masculin à jambes généralement courtes.

s. l. n. d.
Abréviation de ***sans lieu ni date.***
VOIR TABLEAU – RÉFÉRENCES BIBLIOGRAPHIQUES.

***SLOCHE**
Anglicisme pour ***gadoue, neige fondante.***

SLOGAN n. m.
👄 Le ***n*** ne se prononce pas, [slɔgɑ̃] ; le mot rime avec ***gant.***
1. Devise. *« En avant ! » tel était notre slogan.*
2. Phrase publicitaire, formule frappante. *« Rouler sans ton casque, es-tu tombé sur la tête ? » est un bon slogan.*

***SLOW MOTION**
Anglicisme pour ***ralenti.***

***SLUSH**
Anglicisme pour ***gadoue, neige fondante.***

SMOG n. m.
👄 Le ***g*** se prononce, [smɔg] ; le nom rime avec ***pédagogue.***
Brouillard très dense. *Le smog de Londres ou de Los Angeles.*

SMOKING n. m.
👄 Le ***o*** est ouvert, [smɔkiŋ].
Costume habillé d'homme, à revers de soie. *D'élégants smokings* (et non *tuxedos).
VOIR – HABIT.

***SNACK** ou **SNACK-BAR**
Anglicisme pour ***casse-croûte.***

SNOB adj. inv. en genre et n. m. et f.
👄 Le ***b*** se prononce, [snɔb] ; le nom rime avec ***robe.***
ADJECTIF INVARIABLE EN GENRE
Qui fait preuve de snobisme. *Elles sont snobs.*
NOM MASCULIN ET FÉMININ
Personne qui fait preuve de snobisme. *Des snobs désagréables.*

SNOBER v. tr.
Traiter avec mépris. *Ces pimbêches nous snobent.* SYN. dédaigner ; mépriser.
CONJUGAISON : VOIR MODÈLE AIMER.

SNOBINARD, ARDE adj. et n. m. et f.
(FAM.) (PÉJ.) Qui est légèrement snob.

SNOBISME n. m.
Attitude d'une personne qui fait étalage de manières empruntées à la haute société.

***SNOWBOARD**
Anglicisme pour ***planche à neige.***

S

S

s. o.
Abréviation de ***sans objet*** utilisée dans les formulaires, les tableaux.

***SOAP**
Anglicisme pour ***feuilleton (télévisé).***

SOBRE adj.
1. Qui mange et boit sans excès.
2. Classique, simple. *Une robe très sobre.* SYN. discret.
FORME FAUTIVE
*sobre. Anglicisme au sens de ***à jeun, dégrisé, n'a pas bu, n'est pas ivre.***

SOBREMENT adv.
1. Avec retenue, tempérance.
2. Simplement, sans ostentation. *Une personne vêtue sobrement.*

SOBRIÉTÉ n. f.
1. Modération, tempérance.
2. Simplicité, classicisme. *La sobriété de sa tenue.*

SOBRIQUET n. m.
Nom familier donné à une personne avec une intention moqueuse ou plaisante. *Gratifier quelqu'un d'un sobriquet.*
Ne pas confondre avec les noms suivants :
• ***nom,*** vocable servant à nommer une personne ;
• ***prénom,*** nom placé devant le nom de famille ;
• ***pseudonyme,*** nom d'emprunt d'un auteur, d'un acteur, etc. ;
• ***surnom,*** nom marquant une qualité, un défaut et qui s'ajoute au nom.
sobrique**t**.

SOC n. m.
Partie tranchante de la charrue.
so**c**.

SOCCER n. m.
Sport qui oppose deux équipes de onze joueurs et dont l'objectif est de faire pénétrer un ballon rond dans le but adverse en le propulsant avec les pieds ou toute autre partie du corps, à l'exception des bras et des mains que seuls les gardiens de but peuvent utiliser (GDT). *Même si plusieurs grandes nations de soccer étaient absentes, la Coupe du monde U-20 de 2007 a réuni une bonne partie de l'élite mondiale de la relève du football.* SYN. football (anglais).
En Amérique du Nord, c'est le terme anglais ***soccer*** qui s'est imposé pour distinguer le sport anglais et le football américain (ou canadien), appelés également ***football,*** mais inspirés du rugby anglais (rugby football) qui se joue avec un ballon ovale, qui permet également le plaquage et l'usage des mains. En français européen, c'est l'emprunt ***football*** qui s'est généralisé dans l'usage (GDT).

SOCIABILISER v. tr.
Rendre sociable, faire vivre en société. SYN. socialiser.
CONJUGAISON : VOIR MODÈLE AIMER.

SOCIABILITÉ n. f.
Qualité d'une personne sociable.
sociabilité.

SOCIABLE adj.
Qui est porté à vivre en groupe. *Une adolescente sociable.*

SOCIAL, ALE, AUX adj. et n. m.
1. Qui concerne la société. *Des changements sociaux, des classes sociales. L'économique et le social.*
2. Qui est relatif à une société commerciale. *Une raison sociale, des sièges sociaux.*
VOIR TABLEAU – RAISON SOCIALE.
LOCUTIONS
– ***Inadaptation sociale.*** Défaut d'adaptation, global ou partiel, d'une personne à la normalité, soit parce qu'elle ne parvient pas à s'intégrer à la société, soit parce qu'elle refuse les valeurs sur lesquelles est fondée la société (Recomm. off.).
– ***Mésadaptation sociale.*** Difficulté d'adaptation plus ou moins transitoire que manifeste, dans son comportement, une personne qui ne peut pas ou ne veut pas satisfaire aux exigences d'intégration à son environnement social (Recomm. off.).

SOCIALEMENT adv.
1. En société.
2. Qui concerne les rapports humains dans la société.
socialement.

SOCIALISER v. tr.
Rendre sociable, faire vivre en société. SYN. sociabiliser.
CONJUGAISON : VOIR MODÈLE AIMER.

SOCIALISME n. m.
Doctrine politique qui place le progrès social, l'intérêt collectif au-dessus des intérêts particuliers.
T Les noms de doctrines s'écrivent avec une minuscule.

SOCIALISTE adj. et n. m. et f.
Adepte du socialisme.

SOCIÉTAIRE adj. et n. m. et f.
ADJECTIF
Qui fait partie d'une société.
NOM MASCULIN ET FÉMININ
Membre d'une société d'acteurs. *Les sociétaires de la Comédie-Française.*

SOCIÉTAL, ALE, AUX adj.
De la société, relatif à la société. *Le marketing sociétal. Des choix sociétaux.*

SOCIÉTÉ n. f.
1. Communauté humaine. *La société actuelle, vivre en société.*
2. Groupement de personnes qui, dans les conditions prévues par la loi, affectent à une entreprise commune des biens ou leur industrie, en vue de partager le bénéfice qui pourra en résulter (Recomm. off.). *Une société commerciale, une société de fiducie* (et non un *trust), *une société secrète.*
Les sociétés se divisent en sociétés de personnes, formées en considération de la personne des associés, et en société de capitaux, où la personnalité des associés est indifférente ou secondaire. La catégorie des sociétés de personnes comprend les sociétés en nom collectif, en commandite et en participation, et celle des sociétés de capitaux comprend la société par actions, seule de son espèce au Québec et également seule dotée par la loi de la personnalité morale (GDT).
LOCUTIONS
– ***Société anonyme.*** Sigle ***SA*** (s'écrit avec ou sans points).
– ***Société de capitaux.*** Société dont la raison essentielle n'est pas la personnalité des associés, mais le capital qu'ils apportent, leur responsabilité étant limitée à cet apport (Recomm. off.).
La société de capitaux s'oppose à la société de personnes, dans laquelle la personne des associés est en principe la raison essentielle de la formation de la société.
– ***Société de personnes.*** Société dont chaque associé a consenti à faire partie en considération de la personne de ses coassociés, et dans laquelle tous les associés ou certains d'entre eux, selon le cas, sont indéfiniment responsables sur leur propre patrimoine des dettes de la société (Recomm. off.).
La société de personnes s'oppose à la société de capitaux, où la personne des associés est moins importante que le capital qu'ils apportent.
– ***Société de portefeuille.*** Société de placement de fonds qui gère un portefeuille de valeurs mobilières (et non *holding).
– ***Société d'investissement à capital variable.*** Sigle ***SICAV*** (s'écrit avec ou sans points).

SOCIÉTÉ DE L'ASSURANCE AUTOMOBILE DU QUÉBEC
Sigle ***SAAQ*** (s'écrit avec ou sans points).

SOCIÉTÉ DE TRANSPORT DE MONTRÉAL
Sigle *STM* (s'écrit avec ou sans points).

SOCIO-
Élément de ***social, société.***
Les mots composés avec l'élément ***socio-*** s'écrivent en un seul mot à l'exception de ceux dont le second élément commence par ***e,*** qui peuvent s'écrire en deux mots avec un trait d'union. *Sociolinguistique, socio-économique* ou *socioéconomique.*

SOCIOCULTUREL, ELLE adj.
Relatif à la culture d'un groupe social.
socioculturel, sans trait d'union.

SOCIO-ÉCONOMIQUE ou **SOCIOÉCONOMIQUE** adj.
Relatif à la société du point de vue économique. *Des catégories socio-économiques.*

SOCIOLINGUISTE n. m. et f.
Spécialiste de sociolinguistique.

SOCIOLINGUISTIQUE adj. et n. f.
Étude des relations entre le langage, la culture et la société. *Une étude sociolinguistique, la sociolinguistique.*

SOCIOLOGIE n. f.
Étude des sociétés humaines et des phénomènes sociaux.

SOCIOLOGIQUE adj.
Relatif à la sociologie. *Un phénomène sociologique.*

SOCIOLOGUE n. m. et f.
Spécialiste de sociologie.

SOCIOPOLITIQUE adj.
Qui concerne à la fois les phénomènes sociaux et politiques.

SOCIOPROFESSIONNEL, ELLE adj.
Qui définit un groupe en fonction de l'activité professionnelle et du comportement économique et social. *Des catégories socioprofessionnelles.*

***SOCKET**
Anglicisme pour ***douille.*** *Le culot d'une ampoule électrique s'insère dans la douille* (et non le *socket).

SOCLE n. m.
Piédestal. *Le socle d'une statue.*

SOCQUE n. m.
Chaussure.
socque.

SOCQUETTE n. f.
Chaussette. *Des socquettes blanches.*
socquette.

SODA n. m.
Le ***o*** est ouvert, [sɔda].
Boisson gazéifiée. *Des sodas glacés à la menthe.*
FORME FAUTIVE
*soda à pâte. Calque de «*baking soda*» pour ***bicarbonate de sodium.***

SODIUM n. m.
Le **o** est ouvert, [sɔdjɔm]; le nom rime avec ***gomme.***
Symbole ***Na*** (s'écrit sans point).
Métal que l'on trouve à l'état de chlorure. *Du bicarbonate de sodium.*

SODOMIE n. f.
Les **o** sont ouverts, [sɔdɔmi].
Pratique du coït anal.
sodomie.

SODOMISER v. tr.
Les **o** sont ouverts, [sɔdɔmize].
Pratiquer la sodomie.
CONJUGAISON : VOIR MODÈLE AIMER.
sodomiser.

SŒUR adj. et n. f.
NOM FÉMININ
1. Fille née de la même mère et du même père qu'une autre personne. *Une sœur aînée, une sœur cadette.*
Les noms ***belle-sœur*** et ***demi-sœur*** s'écrivent avec un trait d'union.
2. Titre de nombreuses religieuses. *Les sœurs des Saints-Noms de Jésus et de Marie.*
T Les titres religieux s'écrivent avec une minuscule.
ADJECTIF
Se dit d'êtres qui ont beaucoup d'affinités. *Des âmes sœurs.*

SŒURETTE n. f.
Petite sœur. *Elle a beaucoup d'affection et d'admiration pour sa sœurette.*

SOFA n. m.
Le ***o*** est ouvert, [sɔfa].
Lit de repos à trois dossiers dont on se sert aussi comme siège. *Des sofas moelleux.*
Ne pas confondre avec les noms suivants :
- ***canapé,*** long siège à dossier et à accoudoirs où peuvent s'asseoir plusieurs personnes, où peut s'étendre une personne;
- ***causeuse,*** petit canapé à deux places;
- ***divan,*** large sofa sans dossier qui peut servir de siège ou de lit.

SOFTBALL n. m.
Variété de baseball pratiqué avec une balle plus grosse et moins dure sur un terrain plus petit. *« Les formations canadiennes de softball féminin et de volleyball masculin ont atteint la finale de leur tournoi respectif, hier, aux Universiades »* (*Le Devoir*).

***SOFTWARE**
Anglicisme pour ***logiciel.***

SOI pron. pers. m. et f.
Pronom personnel masculin et féminin de la troisième personne du singulier. Lui, elle. *Penser aux autres avant de penser à soi.*
Le pronom se dit des êtres animés et des objets; il est toujours **complément,** sauf dans quelques expressions où il est **attribut.** *Rester soi, être soi, chacun pour soi, la confiance en soi, ne penser qu'à soi.*
VOIR TABLEAU – PRONOM.
LOCUTIONS
– ***À part soi,*** loc. adv. Dans son for intérieur.
– ***Cela va de soi.*** C'est tout naturel.
– ***Chez-soi.*** Domicile. *Retrouver son chez-soi avec plaisir. Des chez-soi douillets.*
Il faut distinguer le nom, qui s'écrit avec un trait d'union, du complément de phrase composé de la préposition et du pronom, qui s'écrit sans trait d'union, ***chez soi.*** *Rester chez soi bien au chaud.*
– ***En soi.*** De par sa nature.
– ***Prendre sur soi.*** Se dominer. *Prends sur toi et excuse-toi.*
– ***Soi-même.*** En personne. *Il faut tout vérifier soi-même.*
– ***Sur soi.*** Sur sa personne. *Ne pas avoir son passeport sur soi.*

SOI-DISANT adj. inv. et adv.
ADJECTIF INVARIABLE
Qui se prétend tel, sans l'être. *Des soi-disant aristocrates.*
L'adjectif, toujours invariable, se dit des personnes et il a un sens défavorable; pour qualifier une chose, on emploie plutôt ***prétendu.*** *Une prétendue réussite.*
ADVERBE
Prétendument. *L'auto était soi-disant à lui.*

SOIE n. f.
1. Poil de certains animaux. *Les soies du sanglier.*
2. Fil brillant produit par le ver à soie; étoffe faite de ce fil. *De magnifiques écharpes de soie.*

S

SOIERIE n. f.
Tissu de soie. *De belles soieries de toutes les couleurs.*
soierie.

SOIF n. f.
1. Besoin de boire. *Elle avait soif. Étancher sa soif avec de la bonne eau fraîche.*
Les expressions ***avoir très soif, si soif, trop soif*** sont jugées familières. En principe, l'adverbe modifie un adjectif et non un nom. Dans les faits, on note que ces emplois sont de plus en plus fréquents.
2. Désir impérieux. *La soif du pouvoir. Une soif d'affection.*
LOCUTION
– ***Jusqu'à plus soif.*** (FIG.) À satiété.

SOIGNÉ, ÉE adj.
1. Ordonné, recherché. *Une tenue très soignée.* SYN. impeccable.
2. Exécuté avec soin. *Un travail soigné, une typographie soignée.*

SOIGNER v. tr., pronom.
VERBE TRANSITIF
1. Avoir soin de quelqu'un, de quelque chose. *Soigner ses parents, soigner ses roses.*
2. Traiter. *Soigner un malade, soigner une grippe.*
VERBE PRONOMINAL
Prendre soin de soi-même, se donner les soins nécessaires. *Surtout repose-toi et soigne-toi pour te débarrasser de cette vilaine grippe.*
À la forme pronominale, le participe passé de ce verbe s'accorde toujours en genre et en nombre avec son sujet. *Elle s'est bien soignée.*
CONJUGAISON : VOIR MODÈLE AIMER.

SOIGNEUSEMENT adv.
Avec soin. *Un travail accompli soigneusement.*

SOIGNEUX, EUSE adj.
1. (VIEILLI) Qui est fait avec soin. *Un travail soigneux.* SYN. appliqué ; sérieux ; soigné.
2. Ordonné et propre. *Une employée soigneuse.*

SOIN n. m.
1. Application donnée à une chose. *Il étudie avec soin.*
2. (AU PLUR.) Moyens par lesquels on soigne (un malade). *Des soins attentifs, les premiers soins.*
LOCUTIONS
– ***Être aux petits soins pour, avec quelqu'un.*** Avoir des attentions délicates pour une personne.
– ***Prendre soin de.*** Veiller sur.
– ***Soins infirmiers.*** Ensemble des soins destinés au public dans le but d'assurer la prévention des maladies et des blessures ainsi que la promotion, la conservation et le rétablissement de la santé. *Le perfectionnement des soins infirmiers* (et non du *nursing).

SOIR n. m.
Fin du jour. *Un beau soir d'été. Il travaille tous les jeudis soir(s).*
Dans ce dernier exemple, il est plus logique d'écrire le nom ***soir*** au singulier parce qu'on sous-entend *tous les jeudis le soir.*
Couramment, le soir est la partie de la journée qui va de la fin de l'après-midi jusqu'à minuit.
VOIR – JOUR.

SOIRÉE n. f.
1. Partie de la journée comprise entre le coucher du soleil et le moment où l'on s'endort.
2. Réunion, fête qui a lieu le soir. *Une soirée d'information.*
3. Soirée-bénéfice. *Des soirées-bénéfice.*
Employé en apposition, le nom est lié par un trait d'union et le second élément est invariable.
LOCUTION
– ***Tenue de soirée.*** Vêtements habillés. *Les invités étaient en tenue de soirée.*

SOIT adv. et conj.
Le ***t*** se prononce lorsque le mot est un adverbe ; le ***t*** ne se prononce pas devant une consonne ou un ***h*** aspiré lorsque le mot est une conjonction ; il se prononce devant une voyelle ou un ***h*** muet, [swat, swa, swat].
CONJONCTION
1. C'est-à-dire. *Deux lampes à 85 $, soit 170 $.*
2. En supposant. *Soit un triangle équilatéral.*
En ce sens, la conjonction se place en tête de phrase.
ADVERBE D'AFFIRMATION
Oui (affaibli). Cet adverbe marque une concession, un accord non enthousiaste. *Soit, je veux bien le croire.* SYN. bon ; d'accord.
LOCUTIONS
– ***Soit... soit.*** Ou bien... ou bien. *Soit un chien, soit un chat.*
– ***Soit que... soit que,*** loc. conj.
La locution se construit avec le subjonctif. *Soit qu'il vienne, soit qu'il parte.*
– ***(Un) tant soit peu,*** loc. adv. Si peu que ce soit. *Si elle était un tant soit peu prévoyante, elle prendrait un parapluie.*

SOIXANTAINE n. f.
1. Nombre approximatif de soixante. *Une soixantaine de dignitaires avaient été invités.*
Si le nom ***soixantaine*** est précédé du déterminant indéfini ***une*** et suivi d'un complément au pluriel, l'accord du verbe ou de l'adjectif se fait généralement avec le complément au pluriel. *Une soixantaine de personnes étaient présentes.* Si le nom ***soixantaine*** est précédé du déterminant défini ***la,*** d'un déterminant possessif *(ma, ta, sa)* ou d'un déterminant démonstratif *(cette)* et s'il est suivi d'un complément au pluriel, le verbe et l'adjectif peuvent s'accorder avec le sujet si l'auteur veut insister sur l'ensemble plutôt que sur la pluralité. *La soixantaine de personnes qui assistait au concert.*
2. Âge d'à peu près soixante ans. *Elle est dans la soixantaine.*

SOIXANTE adj. num. inv. et n. m. inv.
ADJECTIF NUMÉRAL CARDINAL INVARIABLE
Six fois dix. *Soixante heures.*
ADJECTIF NUMÉRAL ORDINAL INVARIABLE
Soixantième. *La page soixante.*
NOM MASCULIN INVARIABLE
Nombre soixante. *Des soixante peints en chiffres dorés.*
VOIR TABLEAU – NOMBRES.
VOIR TABLEAU – NUMÉRAL ET ADJECTIF ORDINAL (DÉTERMINANT).

SOIXANTE-DIX adj. num. inv. et n. m. inv.
ADJECTIF NUMÉRAL CARDINAL INVARIABLE
Sept fois dix. *Soixante-dix heures.*
ADJECTIF NUMÉRAL ORDINAL INVARIABLE
Soixante-dixième. *Le numéro soixante-dix.*
NOM MASCULIN INVARIABLE
Nombre soixante-dix. *Des soixante-dix lumineux.*
VOIR TABLEAU – NOMBRES.
VOIR TABLEAU – NUMÉRAL ET ADJECTIF ORDINAL (DÉTERMINANT).

SOIXANTE-DIXIÈME adj. num. et n. m. et f.
ADJECTIF NUMÉRAL
Nombre ordinal de soixante-dix. *Le soixante-dixième jour.*
NOM MASCULIN
La soixante-dixième partie d'un tout. *Les trois soixante-dixièmes d'une quantité.*
NOM FÉMININ
Personne, chose qui occupe le soixante-dixième rang. *Elles sont les soixante-dixièmes.*

SOIXANTIÈME adj. num. et n. m. et f.
ADJECTIF NUMÉRAL
Nombre ordinal de soixante. *Le soixantième jour.*
NOM MASCULIN
La soixantième partie d'un tout. *Les trois soixantièmes d'une quantité.*
NOM FÉMININ
Personne, chose qui occupe le soixantième rang. *Elles sont les soixantièmes.*

SOJA ou **SOYA** n. m.
Le **o** est ouvert, [sɔʒa, sɔja].
Plante oléagineuse dont on extrait de l'huile et de la farine. *Des germes de soja, de soya.*

SOL n. m.
NOM MASCULIN
1. Partie de la surface de la terre. *Un hélicoptère vient de toucher le sol.*
2. Terre considérée quant à ses qualités productives. *Un sol fertile. Des sols arides.*
3. Plancher. *Des revêtements de sol.*
NOM MASCULIN INVARIABLE
Cinquième note de la gamme de **do.** *Une clé de* sol.
T En typographie soignée, les notes de musique (***do*** ou ***ut, ré, mi, fa, sol, la, si***) se composent en italique ou en romain dans un texte en italique, mais jamais entre guillemets si l'on ne dispose pas d'italique. Les indications qui les accompagnent s'écrivent en romain (ou en italique, comme dans l'exemple qui suit, si la phrase est composée en italique). *Une étude en* sol *mineur, en* fa *dièse.* Lorsqu'il s'agit d'un titre d'œuvre (qui est donc déjà en italique), la note reste en italique. *Toccata et fugue en ré mineur de Bach.*
LOCUTION
– ***Sol natal.*** Patrie.
HOM. ***sole,*** poisson.

SOLAGE n. m.
Fondations d'un immeuble, d'une maison. *Un solage en béton.*
Ce nom demeure usuel au Québec et dans la francophonie canadienne, mais il n'appartient plus à l'usage courant de la majorité des locuteurs du français.

SOLAIRE adj.
1. Relatif au Soleil. *La lumière solaire, le système solaire.*
2. Qui protège du soleil. *Des crèmes solaires.*

SOLARIUM n. m.
La lettre ***u*** se prononce **o**, [sɔlarjɔm]; le mot rime avec ***gomme.***
Lieu généralement vitré où la lumière solaire peut pénétrer. *Des solariums exposés au sud.*

SOLDAT n. m.
SOLDATE n. f.
Personne qui sert dans une armée.
soldat, soldate.

SOLDE n. m. et f.
NOM MASCULIN
1. Différence entre le crédit et le débit. *Demander le solde* (et non la *balance) *d'un compte à la banque. Un solde créditeur ou débiteur.*
2. Vente au rabais. *Ces articles sont en solde* (et non *vente). *Un solde après incendie* (et non une *vente de feu).
3. (AU PLUR.) Articles vendus au rabais. *Soldes de janvier. Des soldes avantageux.*
Attention au genre masculin du nom au sens de « vente au rabais ».
NOM FÉMININ
Rémunération des militaires.
LOCUTION
– ***Être à la solde de.*** (PÉJ.) Être payé pour soutenir une cause, pour défendre des intérêts.
FORMES FAUTIVES
*congé avec solde. Impropriété pour ***congé payé, congé avec traitement.***
*congé sans solde. Impropriété pour ***congé non payé, congé sans traitement.***

SOLDER v. tr., pronom.
VERBE TRANSITIF
Vendre au rabais. *Ces articles* (et non *items) *seront soldés le mois prochain.* SYN. réduire.
VERBE PRONOMINAL
Avoir pour résultat (bon ou mauvais). *La campagne d'information s'est soldée par une augmentation des inscriptions à l'école. Ses efforts se sont soldés par un échec.*
À la forme pronominale, le verbe se construit généralement avec la préposition ***par***; il peut aussi se construire avec la préposition ***en.*** *Se solder en un déficit.*
À la forme pronominale, le participe passé de ce verbe s'accorde toujours en genre et en nombre avec son sujet. *La rencontre s'est soldée par une victoire convaincante.*
CONJUGAISON : VOIR MODÈLE AIMER.

SOLDERIE n. f.
Magasin spécialisé dans la vente permanente d'articles soldés. *« Les petits portefeuilles sont choyés à la solderie de la boutique de Belœil avec des réductions allant jusqu'à 60 % du prix courant »* (*Voir*).

SOLE n. f.
Poisson apprécié pour sa chair. *Dans le port de Douvres, nous avons dégusté des filets de sole bien apprêtés.*
HOM. ***sol,*** partie de la surface de la terre.
sole.

SOLÉCISME n. m.
Erreur dans la construction syntaxique d'une phrase. *Exemple de solécisme : c'est nous qui *sont...* (au lieu de *sommes).*
L'impropriété, le barbarisme sont des erreurs de vocabulaire.

SOLEIL n. m.
1. Astre autour duquel gravite la Terre. *La Terre tourne autour du Soleil. Le lever du soleil.*
T Les mots ***soleil, lune, terre*** s'écrivent avec une majuscule lorsqu'ils désignent la planète, l'astre, le satellite lui-même, notamment dans la langue de l'astronomie et dans les textes techniques; ils s'écrivent avec une minuscule dans les autres utilisations. *La Terre tourne autour du Soleil. Une éclipse de Soleil. Un beau coucher de soleil, le clair de lune.*
VOIR – ASTRE.
2. Temps ensoleillé. *Il fait soleil aujourd'hui, il fait du soleil, il y a du soleil.*
LOCUTION
– ***Coup de soleil.*** Légère brûlure causée par le soleil. *Les rousses souffrent souvent de coups de soleil.*

SOLENNEL, ELLE adj.
La deuxième syllabe se prononce ***la,*** [sɔlanɛl].
1. Qui se fait avec un grand sérieux. *Une communion solennelle. Une promesse solennelle.*
2. D'une gravité exagérée. *Un ton trop solennel.* SYN. cérémonieux; pompeux.
solennel.

SOLENNELLEMENT adv.
La deuxième syllabe se prononce ***la,*** [sɔlanɛlmɑ̃].
1. En grand apparat. *Il a été décoré solennellement.*
2. Cérémonieusement. *Je jure solennellement de dire la vérité.*
solennellement.

SOLENNITÉ n. f.
La deuxième syllabe se prononce ***la***, [sɔlanite].
1. Majesté, caractère solennel. SYN. apparat.
2. Gravité affectée.
solennité.

S

SOLFÈGE n. m.
Étude des signes de la notation musicale. *Des exercices de solfège.*

SOLIDAIRE adj.
Se dit de personnes qui sont liées entre elles par des intérêts communs. *Il est resté solidaire du groupe. Elles étaient solidaires de la décision.*
L'expression *solidaires les uns des autres est un pléonasme.
Ne pas confondre avec le mot ***solitaire***, qui qualifie une personne seule.

SOLIDAIREMENT adv.
Tous ensemble. *Ils ont signé ce document solidairement.*

SOLIDARISER v. tr., pronom.
VERBE TRANSITIF
Rendre solidaire. *Cette épreuve les a solidarisés.*
VERBE PRONOMINAL
Devenir solidaire. *Les employés se sont solidarisés pour défendre leurs postes.*
À la forme pronominale, le participe passé de ce verbe s'accorde toujours en genre et en nombre avec son sujet. *Les journalistes se sont solidarisés avec les techniciens afin de protester contre le congédiement injustifié de leurs collègues.*
Le verbe ***solidariser***, à la forme pronominale, se construit avec la préposition ***avec***, tandis que le verbe ***désolidariser*** se construit avec les prépositions ***de***, ***d'avec***. *Ils se sont solidarisés avec les chargés de cours.*
CONJUGAISON : VOIR MODÈLE AIMER.

SOLIDARITÉ n. f.
1. Sentiment d'appartenance à un groupe, à une communauté, liens de fraternité entre des personnes. *La solidarité avec les grévistes, la solidarité entre les membres d'une équipe.* SYN. entraide.
Le nom se construit avec ***entre*** ou ***avec***.
2. Le fait d'être solidaire.

SOLIDE adj. et n. m.
ADJECTIF
1. Consistant (par opposition à ***liquide***). *Des aliments solides.*
2. Résistant, robuste. *Cette voiture est très solide.* ANT. fragile.
3. Rigoureux, sûr. *Une recherche solide.*
NOM MASCULIN
Corps solide. *Les solides ne sont ni liquides ni gazeux.* ANT. fluide.
FORME FAUTIVE
*solide. Anglicisme au sens de ***massif***. *Des portes de chêne massif* (et non *solide) *et une poignée en or massif* (et non *solide).

SOLIDEMENT adv.
Fermement. *Une rampe fixée solidement.*

SOLIDIFIER v. tr., pronom.
VERBE TRANSITIF
Rendre solide. *Une couche solidifiée de lave noire.*
VERBE PRONOMINAL
Devenir solide. *Le béton se solidifie en séchant. Les colles se sont solidifiées.* SYN. durcir.
À la forme pronominale, le participe passé de ce verbe s'accorde toujours en genre et en nombre avec son sujet. *Avec le froid intense, la glace s'est solidifiée.*
CONJUGAISON : VOIR MODÈLE ÉTUDIER.
Redoublement du ***i*** à la première et à la deuxième personne du pluriel de l'indicatif imparfait et du subjonctif présent. *(Que) nous solidifiions, (que) vous solidifiiez.*

SOLIDITÉ n. f.
Qualité de ce qui est solide. *La solidité de ces voitures est légendaire.* SYN. force ; robustesse. ANT. fragilité.

SOLIFLORE n. m.
Vase destiné à ne recevoir qu'une seule fleur. « *On nous installe à une table ravissante avec son soliflore original d'où émerge un magnifique dahlia aux couleurs vives* » (*Voir*).

SOLILOQUE n. m.
Discours d'une personne qui parle toute seule.
Ne pas confondre avec le nom ***monologue***, discours d'une personne seule qui pense tout haut, en présence de quelqu'un.
soliloque.

SOLILOQUER v. intr.
Se parler à soi-même.
CONJUGAISON : VOIR MODÈLE AIMER.
soliloquer.

SOLISTE n. m. et f.
Artiste qui interprète seul une pièce musicale. *La soliste a donné un concert remarquable.*

SOLITAIRE adj. et n. m. et f.
ADJECTIF
Seul. *Un garçon solitaire.* SYN. esseulé ; isolé.
NOM MASCULIN ET FÉMININ
Personne qui vit seule, qui aime la solitude. *Elle habite en dehors du village : c'est une solitaire.*
NOM MASCULIN
Diamant monté seul (sur une bague).
Ne pas confondre avec le mot ***solidaire***, qui se dit de personnes liées par des intérêts communs.

SOLITUDE n. f.
État temporaire ou durable d'une personne seule. *Cette personne souffre de la solitude.* SYN. isolement.

SOLIVE n. f.
Pièce de charpente soutenue par les poutres et qui sert à supporter un plancher, un plafond, etc.
solive.

SOLIVEAU n. m. (pl. *soliveaux*)
Petite solive.

SOLLICITATION n. f.
1. Action de solliciter.
2. Démarches pressantes. *Vos sollicitations m'indisposent.*
En ce sens, le nom s'emploie généralement au pluriel.
sollicitation.

SOLLICITER v. tr.
1. Prier avec insistance. *Elle sollicita l'appui de ses collègues. Solliciter une faveur, un poste. Il a été sollicité par un chasseur de têtes. On l'avait sollicité de se joindre à l'équipe.*
Suivi d'un infinitif, le verbe se construit avec la préposition ***de***.
2. Attirer, séduire. *Des vitrines magnifiques qui nous sollicitent constamment.* SYN. inviter ; tenter.
CONJUGAISON : VOIR MODÈLE AIMER.
solliciter.

SOLLICITUDE n. f.
Soin attentif, gentillesse. *Ces infirmières traitent les bébés de la pouponnière avec sollicitude.* « *Il était assez jeune, d'aspect agréable, avec des yeux bleus qui exprimaient une sorte de tendre sollicitude pour son prochain en peine ou désemparé* » (Gabrielle Roy, *La Détresse et l'Enchantement*).
sollicitude.

SOLO adj. inv. en genre et n. m. (pl. *solos*)
ADJECTIF INVARIABLE EN GENRE
Qui joue seul. *Des contrebasses solos.*
NOM MASCULIN
Pièce musicale interprétée par un seul artiste. *Des solos de batterie excellents.*

SOLSTICE n. m.
Chacun des deux moments de l'année correspondant au jour le plus long et au jour le plus court. *Le solstice d'été (21 juin), le solstice d'hiver (21 décembre), dans l'hémisphère Nord.*
solstice.

SOLUBLE adj.
1. Qui peut se dissoudre dans un liquide. *Le chocolat en poudre est soluble dans le lait.*
2. Qui peut être résolu. *Une question soluble.*

SOLUTÉ n. m.
(MÉD.) Solution utilisée soit en perfusion intraveineuse lente pour pallier les pertes liquides importantes, soit comme solvant pour divers médicaments à administrer. *Ces solutés de réhydratation orale doivent être dilués dans l'eau. Des solutés de perfusion.*
Ne pas confondre avec ***sérum***, partie liquide du sang constituée par le plasma débarrassé de fibrine.

SOLUTION n. f.
Du verbe *résoudre*
1. Résolution d'un problème donné, théorique ou pratique. *La solution d'un problème mathématique.*
2. Ensemble de décisions susceptibles de résoudre une difficulté. *Il faudrait trouver rapidement une solution.*
3. Dénouement, conclusion. *Aucune solution n'est intervenue dans l'enlèvement des diplomates.*
Du verbe *dissoudre*
1. Action de dissoudre un corps dans un liquide. *La solution du sucre dans l'eau.*
2. Liquide qui contient un corps dissous. *Une solution médicamenteuse.*

SOLUTIONNER v. tr.
Trouver une solution. *Les étudiants n'arrivent pas à solutionner ce problème.*
Ce mot est critiqué par de nombreux auteurs, mais il est passé dans l'usage ; on pourra lui préférer ***résoudre, apporter une solution.***
CONJUGAISON : VOIR MODÈLE AIMER.

SOLVABILITÉ n. f.
État de la personne physique ou morale qui est solvable.

SOLVABLE adj.
Qui peut payer ses dettes. *Ce client est solvable.*

SOLVANT n. m.
Corps qui peut dissoudre un autre corps. *Des solvants inflammables.*

SOMALI, IE ou **SOMALIEN, IENNE** adj. et n. m. et f.
De Somalie. *Un film somali* ou *somalien. Un Somali, un Somalien, une Somalie, une Somalienne.*
T L'adjectif s'écrit avec une minuscule ; le nom, avec une majuscule.

SOMBRE adj.
1. Qui reçoit peu de lumière. *Une pièce sombre.* SYN. obscur.
2. Taciturne, morose. *Une humeur sombre.*
LOCUTIONS
– ***Couleur sombre.*** Couleur foncée.
– ***Coupe sombre.*** Réduction importante. *Il y aura une coupe sombre dans les frais de représentation.*

SOMBRER v. intr.
1. Couler, en parlant d'un navire. *Le paquebot a sombré dans la mer agitée.*
2. (FIG.) Plonger, se perdre dans, se laisser envahir par. *Sombrer dans le sommeil, l'ennui. « Mais Clémence sombrait quand même dans le mutisme et une profonde mélancolie »* (Gabrielle Roy, *La Détresse et l'Enchantement*). SYN. s'enfoncer dans.
CONJUGAISON : VOIR MODÈLE AIMER.

SOMBRERO n. m.
Le ***e*** se prononce ***é***, [sɔ̃brero].
Chapeau mexicain à large bord. *Des sombreros brodés.*
[Les *Rectifications* (1990) admettent : sombréro.]

-SOME suff.
Élément du grec signifiant « corps ». *Chromosome.*

SOMMAIRE adj. et n. m.
ADJECTIF
Très simple, court, rudimentaire. *Une explication sommaire.* SYN. élémentaire.
NOM MASCULIN
Résumé. *Le sommaire d'un film.*
sommaire.

SOMMAIREMENT adv.
En résumé. *Une expérience sommairement décrite.* SYN. brièvement ; rapidement.
sommairement.

SOMMATION n. f.
1. Mise en demeure, ordre. *Le gardien fit une sommation et se mit à tirer.*
2. (MATH.) Somme de plusieurs quantités.
sommation.

SOMME n. m. et f.
NOM MASCULIN
Sieste. *Faire un petit somme.*
NOM FÉMININ
1. Résultat d'une addition. *La somme de 100 et de 15 est 115.*
2. Quantité déterminée d'argent. *Vous n'y pensez pas : c'est une grosse somme !*
Ne pas confondre avec le nom ***montant***, chiffre auquel s'élève un compte, un paiement.
LOCUTIONS
– ***En somme, somme toute,*** loc. adv. En résumé.
– ***Somme globale.*** Résultat de la compilation de divers totaux. *La somme globale* (et non le *grand total).
– ***Somme partielle.*** Résultat de l'addition d'une partie des quantités. *La somme partielle* (et non le *sous-total).

SOMMEIL n. m.
État d'une personne qui dort. *Avoir sommeil, tomber de sommeil.* ANT. veille.

SOMMEILLER v. intr.
Dormir légèrement. *Le malade sommeille après une nuit d'insomnie.* SYN. somnoler.
CONJUGAISON : VOIR MODÈLE AIMER.
Les lettres ***ill*** sont suivies d'un ***i*** à la première et à la deuxième personne du pluriel de l'indicatif imparfait et du subjonctif présent. *(Que) nous sommeillions, (que) vous sommeilliez.*

SOMMELIER n. m.
SOMMELIÈRE n. f.
Personne chargée du service des vins dans un restaurant.
sommelier.

SOMMER v. tr.
Demander avec insistance de faire quelque chose. *Il a sommé les malfaiteurs de se rendre.* SYN. ordonner.
CONJUGAISON : VOIR MODÈLE AIMER.

S

SOMMET n. m.
1. Partie la plus élevée de quelque chose. *Le sommet du mont Tremblant est enneigé. Es-tu monté au sommet de la tour du Stade olympique ?*
2. (FIG.) Degré le plus élevé. *Cette chanteuse est au sommet du palmarès : c'est elle qui vend le plus de disques au monde !*
3. (FIG.) Conférence réunissant des chefs d'État. *Le Sommet de la francophonie. Une conférence au sommet.*
T Lorsqu'il désigne la réunion des chefs d'État, le nom s'écrit avec une majuscule.

SOMMIER n. m.
Partie d'un lit sur lequel repose le matelas.
sommier.

SOMMITÉ n. f.
Spécialiste éminent. *Ce professeur est une sommité dans le domaine de la recherche médicale.*
sommité.

SOMNAMBULE adj. et n. m. et f.
Se dit d'une personne qui, dans son sommeil, fait certains actes (par exemple, marcher). *Il est somnambule : il est sorti pieds nus dans la neige ! Une somnambule.*
somnambule, un seul ***l***.

SOMNAMBULISME n. m.
État d'une personne somnambule.
somnambulisme.

SOMNIFÈRE adj. et n. m.
ADJECTIF
Qui provoque le sommeil.
NOM MASCULIN
Substance qui endort. *Prendre des somnifères.*
Le mot s'emploie surtout comme nom.
VOIR – SOPORIFIQUE.

SOMNOLENCE n. f.
État intermédiaire entre le sommeil et la veille. *Ce médicament peut provoquer de la somnolence.*
somnolence.

SOMNOLENT, ENTE adj.
Qui est à moitié endormi. *Des spectateurs somnolents.*
somnolent.

SOMNOLER v. intr.
Dormir légèrement. *Catherine a somnolé pendant ce film long et ennuyeux.* SYN. sommeiller.
CONJUGAISON : VOIR MODÈLE AIMER.
somnoler, un seul ***l***.

SOMPTUAIRE adj.
1. (VX) Relatif aux dépenses.
2. De luxe, excessif. *Des dépenses somptuaires.*
L'emploi de l'adjectif en ce sens est critiqué, car l'expression ***dépenses somptuaires*** constitue un pléonasme (sens premier du terme) ; cependant, l'expression est courante.
somptuaire.

SOMPTUEUSEMENT adv.
D'une manière somptueuse. *Les dignitaires étaient somptueusement vêtus.* SYN. luxueusement ; magnifiquement.

SOMPTUEUX, EUSE adj.
Luxueux, splendide. *Un palais somptueux, une fête somptueuse.* SYN. magnifique ; superbe.

SOMPTUOSITÉ n. f.
Magnificence. *La somptuosité d'un couronnement.*

SON adj. poss. m. sing.
1. Déterminant possessif masculin de la troisième personne du singulier qui détermine le nom en indiquant le « possesseur » de l'objet désigné. Il s'accorde en genre et en nombre avec le nom déterminé. *Son crayon.*
2. Le déterminant possessif s'accorde en personne avec le nom désignant le « possesseur ». Ainsi, le déterminant possessif ***son*** renvoie à un seul « possesseur » d'un être, d'un objet de genre masculin. *Lenny promène son chien Zoé* (un seul possesseur), *mais Marie-Ève et Étienne jouent avec leur chat Maboule* (plusieurs possesseurs).
Devant un nom féminin commençant par une voyelle ou un ***h*** muet, c'est aussi la forme masculine ***son*** qui est employée pour rendre la liaison plus harmonieuse entre le déterminant possessif et le mot qui suit. *Son amie, son histoire.*
VOIR TABLEAU – POSSESSIF ET PRONOM POSSESSIF (DÉTERMINANT).

SON n. m.
1. Bruit produit par des vibrations. *Les sons d'un violon ou d'une guitare sont différents.*
2. Intensité sonore. *Règle le son et baisse-le un peu : on ne s'entend pas ici.*
3. Élément du langage parlé. *La prononciation est la manière dont les sons d'une langue sont articulés.*
VOIR – ONOMATOPÉE.
4. Enveloppe des céréales. *Du pain de son.*
LOCUTIONS
– ***Au(x) son(s) de.*** En écoutant. *Ils patinent au son des valses viennoises.*
– ***Son et lumière.*** Spectacle nocturne, de nature généralement historique, composé d'illuminations d'édifices anciens accompagnées d'un commentaire.

SONAR n. m.
Instrument de détection sous-marine. *Des sonars ultramodernes.*
Le nom est un acronyme de l'anglais ***Sound Navigation Ranging.***

SONATE n. f.
Pièce de musique pour un ou deux instruments. *Les sonates pour piano de Beethoven.*
sonate, un seul ***t***.

SONATINE n. f.
Petite sonate.
sonatine.

SONDAGE n. m.
Choix d'un certain nombre d'unités dans un groupe (une population), destiné à permettre l'étude de ce groupe, en se fondant uniquement sur les caractéristiques des unités choisies. *Des sondages d'opinion indiquent que cette candidate sera élue.*
Dans l'expression citée en exemple, le nom ***opinion*** s'écrit au singulier.

SONDE n. f.
1. Instrument servant à mesurer la profondeur de l'eau, à connaître le fond marin.
2. Appareil servant à forer le sol.
3. (MÉD.) Instrument cylindrique servant à évacuer le contenu d'une cavité ou à introduire des aliments, des médicaments, etc. (DDFM). *Une sonde vésicale.*
LOCUTION
– ***Sonde spatiale.*** Engin destiné à étudier l'espace.

SONDÉ, ÉE adj. et n. m. et f.
ADJECTIF
Qui a répondu à un sondage. *Les consommateurs sondés.*
NOM MASCULIN ET FÉMININ
Personne interrogée lors d'un sondage. *Le quart des sondés favorise ce candidat.*

SONDER v. tr.
1. Examiner à la sonde. *On a sondé le fleuve à cet endroit, à la recherche d'une épave.*
2. (FIG.) Étudier attentivement. *Sonder les chances de succès d'une entreprise.* SYN. scruter.

3. Faire un sondage. *Sonder l'opinion.*
CONJUGAISON : VOIR MODÈLE AIMER.

SONDEUR n. m.
SONDEUSE n. f.
Personne qui fait des sondages.

SON ÉMINENCE
Abréviation ***S. Ém.*** (s'écrit avec des points).
Ce titre s'emploie pour un cardinal.

SON EXCELLENCE
Abréviation ***S. E.*** (s'écrit avec des points).
Ce titre s'emploie pour un ambassadeur ou un évêque.

SONGE n. m.
(LITT.) Rêve dont on tire des présages. *En songe, il a vu un château habité par des lézards.*
Ne pas confondre avec les noms suivants :
- ***cauchemar,*** rêve pénible ;
- ***rêve,*** images qui viennent à l'esprit pendant le sommeil ;
- ***rêverie,*** images, associations qui viennent à l'esprit lorsqu'on est éveillé.

***SONGÉ**
Impropriété au sens de ***intelligent, ingénieux, astucieux.***

SONGER v. tr. ind.
1. Penser à quelqu'un, à quelque chose. *Martine songe* (et non *jongle) *à son avenir. « Iseut, ce mât dansant où frémissent des toiles,/As-tu songé déjà que ce mât fut un pin ? »* (Robert Choquette, *Suite marine*). SYN. réfléchir à.
2. Avoir l'intention de. *Les élèves songent à acheter un hamster pour la classe.* SYN. envisager.
Le verbe se construit avec la préposition ***à.***
LOCUTION
– ***Faire songer à.*** Faire penser à. *Cet enfant me fait songer à toi quand tu étais petit.*
CONJUGAISON : VOIR MODÈLE CHANGER.
Le ***g*** est suivi d'un ***e*** devant les lettres ***a*** et ***o.*** *Il songea, nous songeons.*

SONGERIE n. f.
Rêverie. *Des songeries nostalgiques.*

SONGEUR, EUSE adj.
Pensif. *Ces réflexions la laissent songeuse. Un air songeur.*

SONIQUE adj.
Qui concerne la vitesse du son.
sonique.

SONNANT, ANTE adj.
Qui sonne, en parlant de l'heure. *À minuit sonnant, à trois heures sonnantes.*
LOCUTION
– ***En argent sonnant.*** En monnaie métallique. *Payer en argent sonnant ou en espèces sonnantes et trébuchantes.*

SONNER v. tr., intr.
VERBE TRANSITIF
Faire résonner. *Sonner les cloches. Les voisins ont sonné l'alarme quand ils ont vu la voiture en feu.*
VERBE INTRANSITIF
1. Émettre une sonnerie. *Le réveil a sonné, il est 8 heures.*
2. Actionner une sonnette. *On a sonné : va répondre, s'il te plaît.*
LOCUTIONS
– ***Être sonné.*** (FAM.) Être sous l'effet d'un coup, d'une émotion violente. SYN. être étourdi.
– ***Sonner bien.*** Avoir un son agréable, mélodieux. *Ta formule sonne bien.*
– ***Sonner faux, vrai.*** Sembler faux, vrai. *Une confession pathétique qui sonne faux.*
Dans ces locutions, les mots ***faux*** et ***vrai*** sont pris adverbialement et sont donc invariables.
– ***Sonner mal.*** Être désagréable à entendre, discordant. *Ces hiatus sonnent mal.*
CONJUGAISON : VOIR MODÈLE AIMER.

SONNERIE n. f.
Son produit par une sonnette. *La sonnerie du réveil. Entends-tu la sonnerie du téléphone ?*

SONNET n. m.
Le ***t*** est muet, [sɔnɛ].
Poème de quatorze vers partagés en deux quatrains et en deux tercets. *Les sonnets de Ronsard.*
sonnet.

SONNETTE n. f.
Instrument qui déclenche une sonnerie. *La porte d'entrée est munie d'une sonnette électrique.*
Ne pas confondre avec les noms suivants :
- ***bourdon,*** grosse cloche d'une cathédrale, d'une basilique ;
- ***carillon,*** groupe de petites cloches ;
- ***cloche,*** appareil sonore vibrant sous les coups d'un battant ;
- ***clochette,*** petite cloche.

sonnette.

SONO n. f.
Abréviation familière de ***sonorisation.*** *La sono d'Étienne est puissante.*

SONORE adj. et n. f.
ADJECTIF
1. Qui produit un son, des sons. *Laisse un message après le signal sonore.*
2. Relatif au son. *Des effets sonores, un film sonore.*
NOM FÉMININ
(PHONÉT.) Consonne prononcée avec une vibration des cordes vocales, par opposition à ***sourde.*** *Les consonnes* b, d, g, l, m, n, r, v, z *sont des sonores.*

SONORISATION n. f.
S'abrège familièrement en ***sono*** (s'écrit sans point).
1. Action de munir d'une installation pour diffuser les sons.
2. Ensemble des appareils utilisés pour sonoriser un lieu.

SONORISER v. tr.
1. (LING.) Rendre sonore une lettre sourde.
2. Ajouter des éléments sonores. *Sonoriser un diaporama.*
3. Doter d'une installation pour amplifier les sons.
CONJUGAISON : VOIR MODÈLE AIMER.

SONORITÉ n. f.
1. Qualité du son. *La sonorité chaude et douce d'une voix. La sonorité d'un stradivarius.* SYN. tonalité.
2. Propriété acoustique d'un lieu.

SONOTHÈQUE n. f.
Collection d'effets sonores.

SOPHISME n. m.
Raisonnement faux et de mauvaise foi.
sophisme.

SOPHISTICATION n. f.
Caractère sophistiqué.
sophistication.

SOPHISTIQUÉ, ÉE adj.
1. Recherché, parfois à l'excès. *Une tenue très sophistiquée.*
2. Complexe, très perfectionné, évolué. *Du matériel informatique sophistiqué.*
L'emploi de l'adjectif au sens de « très perfectionné », calqué sur l'anglais, est maintenant passé dans l'usage.
sophistiqué.

SOPHISTIQUER v. tr., pronom.
VERBE TRANSITIF
Raffiner, perfectionner, parfois à l'excès. *Sophistiquer une banque de données.*
VERBE PRONOMINAL
Devenir de plus en plus complexe et perfectionné. *Les créations multimédias se sont sophistiquées considérablement.*

À la forme pronominale, le participe passé de ce verbe s'accorde toujours en genre et en nombre avec son sujet. *Grâce à ce nouveau procédé, notre technique s'est sophistiquée notablement.*
CONJUGAISON : VOIR MODÈLE AIMER.

S

SOPORIFIQUE adj. et n. m.
ADJECTIF
1. Qui provoque le sommeil.
2. (FIG.) (FAM.) Très ennuyeux. *Un traité soporifique.*
Ce mot s'emploie généralement comme adjectif et il est souvent péjoratif.
NOM MASCULIN
Substance qui endort.
VOIR – SOMNIFÈRE.
Le nom ***somnifère*** est davantage usité.

SOPRANO n. m. et f.
Le premier ***o*** est ouvert, [sɔprano].
NOM MASCULIN
La plus aiguë des voix (de femme, de jeune garçon).
NOM MASCULIN ET FÉMININ
Personne qui a cette voix. *Des sopranos talentueuses.*

SORBET n. m.
Mets glacé à base de jus de fruits et ne contenant pas de lait ou de crème. *Un sorbet au citron.*
Ne pas confondre avec le nom ***glace,*** crème glacée.
sorbet.

SORBETIÈRE n. f.
Ustensile servant à préparer glaces et sorbets.
sorbetière.

SORBIER n. m.
Arbre qui produit de petits fruits rouges.

SORCELLERIE n. f.
Ensemble de pratiques magiques (incantation, maléfices, etc.).
sorcellerie.

SORCIER, IÈRE n. m. et f.
Personne qui pratique la sorcellerie.
LOCUTIONS
– ***Ce n'est pas sorcier.*** (FAM.) Ce n'est pas difficile. *Ce n'est pas sorcier de réunir ces renseignements.*
– ***Chasse aux sorcières.*** (FIG.) Poursuite systématique d'adversaires (souvent imaginaires).
– ***Il ne faut pas être sorcier pour.*** Nul besoin d'être un devin pour (savoir, comprendre, etc.).
Ne pas confondre avec le nom ***sourcier,*** personne qui découvre des sources.

SORDIDE adj.
1. Répugnant, sale et repoussant. *Des taudis sordides infestés de rats.* SYN. misérable.
2. (FIG.) Qui provoque un dégoût moral. *Un crime sordide.* SYN. ignoble ; infâme ; répugnant.

SORDIDEMENT adv.
De façon sordide.

SORNETTE n. f.
Propos futile et creux. *Raconter des sornettes.* SYN. baliverne ; fadaise ; histoire.
Le nom s'emploie surtout au pluriel.
sornette.

SORT n. m.
1. Maléfice. *Crois-tu vraiment que cette sorcière puisse jeter des sorts ?* SYN. charme ; ensorcellement ; malédiction ; sortilège.
2. (LITT.) Destin. *Le sort en a décidé autrement.* SYN. destinée.
LOCUTIONS
– ***Faire un sort à quelque chose.*** (FAM.) Le consommer entièrement. *On a fait un sort au rôti.*
La locution a un sens positif, contrairement à ce que l'on croit généralement.
– ***Le sort en est jeté.*** La décision est prise, de manière irrévocable. SYN. advienne que pourra.
Cette expression est la traduction des paroles attribuées à César qui se préparait à franchir le Rubicon : «*Alea jacta est*».
– ***Tirer au sort.*** Décider par le hasard. *On a tiré au sort le nom des gagnants.*

SORTABLE adj.
Qui est présentable. *Cet enfant n'est pas sortable ; il est trop turbulent.* SYN. convenable ; correct.

SORTANT, ANTE adj. et n. m. et f.
ADJECTIF
1. Dont le mandat est terminé. *Les maires sortants* (et non *sortant de charge).
2. Qui termine ou qui a terminé un programme d'études. *Un élève sortant.* ANT. entrant.
Le terme ***finissant*** est maintenant consacré par l'usage. Le terme ***sortant*** est surtout employé dans les écrits administratifs du ministère de l'Éducation ainsi que dans les statistiques (GDT).
Ne pas confondre avec le participe présent invariable ***sortant.*** *Les pensionnaires sortant le soir...*
NOM MASCULIN ET FÉMININ
Élève qui termine ou qui a terminé un programme d'études (Recomm. off.). *« Les sortantes de l'École des HEC. Cet écart se retrouve au niveau des conditions d'emploi : 42 % des sortants sans qualification ont un emploi, contre 72 % des titulaires d'un baccalauréat »* (Le Monde). ANT. entrant.

SORTE n. f.
1. Genre, catégorie, type d'êtres, de choses. *Une sorte d'oiseaux, des sortes de fleurs.* SYN. classe.
Ce nom a un sens favorable ou défavorable.
Si le nom ***sorte*** est précédé du déterminant ***une*** et suivi d'un complément au pluriel, c'est avec celui-ci que se fait généralement l'accord. *Une nouvelle sorte d'ordinateurs ont été inventés.* Si le nom est précédé d'un déterminant défini ***(la)***, d'un déterminant possessif ***(ma, ta, sa)*** ou d'un déterminant démonstratif ***(cette)*** et suivi d'un complément au pluriel, le verbe se met généralement au singulier. *Cette sorte de recherches est peu courante.*
VOIR TABLEAU – COLLECTIF.
2. ***Toute(s) sorte(s) de*** + nom au pluriel. Tous les genres de. *Toutes sortes de voitures sont présentées.*
L'accord du verbe ou de l'adjectif se fait au pluriel.
3. Espèce. *Une sorte de comédie. Une sorte de voyou est entré.*
Le nom s'emploie aussi pour marquer une chose dont le caractère est mal défini. En ce sens, le complément du nom se met au singulier et le verbe s'accorde avec ce complément.
LOCUTIONS
– ***De la sorte,*** loc. adv. Ainsi. *Ne crie pas de la sorte : tu réveilles le bébé.* SYN. de cette façon.
– ***De (telle) sorte que,*** loc. conj. Si bien que, de telle manière que.
La locution se construit avec l'indicatif pour marquer une conséquence réelle, un fait acquis. *Il a agi de telle sorte qu'il a gagné son pari.*
– ***De toute sorte,*** loc. adv. De n'importe quel type.
– ***De toutes sortes,*** loc. adv. De tous les types.
– ***En quelque sorte,*** loc. adv. Pour ainsi dire. *Par la pensée, nous étions déjà là-bas en quelque sorte.*
– ***Faire en sorte que.*** Veiller à. *Faites en sorte que nous arrivions à temps.* SYN. tâcher de.
La locution est suivie du subjonctif.

SORTIE n. f.
1. Action de quitter un lieu. *À 4 h, c'est la sortie des élèves.* SYN. départ.
2. Porte par laquelle on sort. *La sortie* (et non l'*exit) *est au fond à droite.*
3. Mouvement de colère. *Faire une sortie contre quelqu'un.*
4. (INFORM.) Ensemble d'informations traitées par l'ordinateur. *Les sorties* (et non *outputs) *apparaissent sous diverses formes : impression, affichage à l'écran, etc.*
LOCUTIONS
– ***Sortie-de-bain.*** Peignoir. *De belles sorties-de-bain.*
– ***Sortie électronique.*** (INFORM.) Ensemble de données traitées par ordinateur et conservées sous forme numérique sur un support de stockage (cédérom, disque dur, clé USB, etc.).
– ***Sortie papier.*** (INFORM.) Document où sont imprimées des données résultant d'un traitement informatique. *Des sorties papier.* SYN. support papier.

SORTILÈGE n. m.
1. Sort jeté. *Cette gitane prétend recourir aux sortilèges.*
2. (FIG.) Attrait irrésistible exercé sur quelqu'un. *Les sortilèges de l'amour.* SYN. charme.
sortilège.

SORTIR v. tr., intr., pronom.
VERBE TRANSITIF
1. Mener ou mettre dehors. *Sortir son chien et son vélo.*
À la forme transitive, le verbe se conjugue avec l'auxiliaire ***avoir.*** *Elle a sorti son parasol.*
2. Éditer, publier. *Sortir un roman.*
VERBE INTRANSITIF
1. Quitter un lieu. *Sortir de la maison, de la voiture.*
À la forme intransitive, le verbe se conjugue avec l'auxiliaire ***être.*** *Elles sont sorties du bureau.*
2. Commencer à paraître. *Les feuilles commencent à sortir.* SYN. apparaître ; éclore ; percer.
3. Être diffusé. *Ce livre vient de sortir.* SYN. paraître.
4. Être issu de. *Ces dirigeants sortent de l'École des HEC.*
VERBE PRONOMINAL
Se tirer d'affaire. *Est-ce qu'elle s'est sortie de ces difficultés ? Est-ce qu'ils s'en sont sortis ?* SYN. se tirer d'embarras.
À la forme pronominale, le participe passé de ce verbe s'accorde toujours en genre et en nombre avec son sujet. *La présidente s'est sortie facilement de ce mauvais pas.*
CONJUGAISON : VOIR MODÈLE SORTIR.

SORTIR n. m.
– ***Au sortir de,*** loc. prép. Au moment où l'on sort de. *Au sortir du lit.*
– ***Au sortir de,*** loc. prép. À la sortie (d'un lieu), à la fin (d'une époque, d'un évènement). *Au sortir de l'école, de l'automne, d'une rencontre.*
Le mot ne s'emploie que dans ces locutions.

SOS n. m.
Signal international (traduction probable de «*save our ship*») de détresse signifiant « au secours ». *Envoyer un SOS* ou *S.O.S.*
Le signal est composé de trois points (s), trois traits (o), trois points (s), (...---...) dans l'alphabet morse.

SOSIE n. m.
Le **o** est ouvert, [sɔzi].
Personne qui ressemble beaucoup à quelqu'un. *Elle est le sosie de la princesse.*
Ce nom ne comporte pas de forme féminine.

SOT, SOTTE adj. et n. m. et f.
Qui est niais, borné. *Une question sotte.* SYN. bête ; idiot ; stupide.
HOM.
• ***saut,*** bond ;
• ***sceau,*** cachet ;
• ***seau,*** récipient.
sot, sotte.

SOT-L'Y-LAISSE n. m. inv. (pl. *sot-l'y-laisse*)
Morceau de viande très fin, assez peu apparent, situé de chaque côté de la carcasse d'une volaille, au-dessus du croupion.

SOTTEMENT adv.
Bêtement. *Ils ont refusé notre offre sottement.* SYN. stupidement.
sottement.

SOTTISE n. f.
1. Manque d'intelligence et de jugement. SYN. bêtise ; gaffe ; stupidité.
2. Action, parole stupide, bête. *Je crois que j'ai fait une sottise. Débiter des sottises.* SYN. ânerie ; bévue ; idiotie ; imbécillité.

SOTTISIER n. m.
Recueil de sottises, d'erreurs grossières ou ridicules. SYN. bêtisier.

SOU n. m.
1. Pièce de monnaie de peu de valeur. *Elle a payé ce vieux livre quelques sous.*
2. ⚜ (FAM.) Cent (monnaie). *Le jus coûte 45 sous. « Car tous ces voisins-là pouvaient bien se chamailler jusqu'au dernier sou pour une question de clôture »* (Félix-Antoine Savard, *Menaud, maître-draveur*).
LOCUTIONS
– ***Appareil, machine à sous.*** Appareil de jeux de hasard qui fonctionne à l'aide de pièces de monnaie.
– ***Être près de ses sous.*** Être avare. *Oncle Picsou est très près de ses sous.* SYN. compter ses sous.
– ***N'avoir pas le sou.*** Être sans ressources, pauvre. SYN. être sans le sou.
– ***Question de gros sous.*** (FAM.) Question d'argent.
HOM.
• ***soue,*** étable à porc ;
• ***soûl,*** ivre.

SOUAHÉLI
VOIR – SWAHILI.

SOUBASSEMENT n. m.
Partie inférieure d'une construction.
soubassement.

SOUBRESAUT n. m.
Le **s** de la troisième syllabe se prononce **s** (et non *z), [subrəso] ; le mot rime avec ***saut.***
1. Mouvement brusque d'un véhicule, d'une chose. *Les soubresauts de la voiture sur un mauvais chemin.* SYN. secousse.
2. Saut involontaire d'une personne. SYN. sursaut.

SOUBRETTE n. f.
(LITT.) Femme de chambre.
soubrette.

SOUCHE n. f.
1. Partie du tronc d'un arbre qui reste en terre quand l'arbre a été coupé.
2. Origine d'une famille. *Les Archambault sont de souche française.*
LOCUTIONS
– ***De souche,*** loc. adj. D'origine. *Des Britanniques de souche, c'est-à-dire dont les ancêtres étaient britanniques* (par opposition à *immigré).*
Cette locution peut être perçue négativement.
– ***De vieille souche,*** loc. adj. D'une ancienne famille.
– ***Faire souche.*** (FIG.) Avoir des descendants. *Les Hébert ont fait souche en Nouvelle-France.*

CONJUGAISON DU VERBE **SORTIR**

INDICATIF

PRÉSENT

je	sors
tu	sors
elle	sort
il	sort
nous	sortons
vous	sortez
elles	sortent
ils	sortent

PASSÉ COMPOSÉ

je	suis	sorti, ie
tu	es	sorti, ie
elle	est	sortie
il	est	sorti
nous	sommes	sortis, ies
vous	êtes	sortis, ies
elles	sont	sorties
ils	sont	sortis

IMPARFAIT

je	sortais
tu	sortais
elle	sortait
il	sortait
nous	sortions
vous	sortiez
elles	sortaient
ils	sortaient

PLUS-QUE-PARFAIT

j'	étais	sorti, ie
tu	étais	sorti, ie
elle	était	sortie
il	était	sorti
nous	étions	sortis, ies
vous	étiez	sortis, ies
elles	étaient	sorties
ils	étaient	sortis

PASSÉ SIMPLE

je	sortis
tu	sortis
elle	sortit
il	sortit
nous	sortîmes
vous	sortîtes
elles	sortirent
ils	sortirent

PASSÉ ANTÉRIEUR

je	fus	sorti, ie
tu	fus	sorti, ie
elle	fut	sortie
il	fut	sorti
nous	fûmes	sortis, ies
vous	fûtes	sortis, ies
elles	furent	sorties
ils	furent	sortis

FUTUR SIMPLE

je	sortirai
tu	sortiras
elle	sortira
il	sortira
nous	sortirons
vous	sortirez
elles	sortiront
ils	sortiront

FUTUR ANTÉRIEUR

je	serai	sorti, ie
tu	seras	sorti, ie
elle	sera	sortie
il	sera	sorti
nous	serons	sortis, ies
vous	serez	sortis, ies
elles	seront	sorties
ils	seront	sortis

CONDITIONNEL PRÉSENT

je	sortirais
tu	sortirais
elle	sortirait
il	sortirait
nous	sortirions
vous	sortiriez
elles	sortiraient
ils	sortiraient

CONDITIONNEL PASSÉ

je	serais	sorti, ie
tu	serais	sorti, ie
elle	serait	sortie
il	serait	sorti
nous	serions	sortis, ies
vous	seriez	sortis, ies
elles	seraient	sorties
ils	seraient	sortis

SUBJONCTIF

PRÉSENT

que	je	sorte
que	tu	sortes
qu'	elle	sorte
qu'	il	sorte
que	nous	sortions
que	vous	sortiez
qu'	elles	sortent
qu'	ils	sortent

PASSÉ

que	je	sois	sorti, ie
que	tu	sois	sorti, ie
qu'	elle	soit	sortie
qu'	il	soit	sorti
que	nous	soyons	sortis, ies
que	vous	soyez	sortis, ies
qu'	elles	soient	sorties
qu'	ils	soient	sortis

IMPARFAIT

que	je	sortisse
que	tu	sortisses
qu'	elle	sortît
qu'	il	sortît
que	nous	sortissions
que	vous	sortissiez
qu'	elles	sortissent
qu'	ils	sortissent

PLUS-QUE-PARFAIT

que	je	fusse	sorti, ie
que	tu	fusses	sorti, ie
qu'	elle	fût	sortie
qu'	il	fût	sorti
que	nous	fussions	sortis, ies
que	vous	fussiez	sortis, ies
qu'	elles	fussent	sorties
qu'	ils	fussent	sortis

IMPÉRATIF

PRÉSENT

sors
sortons
sortez

PASSÉ

sois	sorti, ie
soyons	sortis, ies
soyez	sortis, ies

INFINITIF

PRÉSENT

sortir

PASSÉ

être sorti, ie

PARTICIPE

PRÉSENT

sortant

PASSÉ

sorti, ie
étant sorti, ie

SOUCI n. m.
1. Tracas, inquiétude. *Il a beaucoup de soucis.*
2. Importance attachée à quelque chose. *Elle a le souci du travail bien fait.* SYN. préoccupation.
LOCUTIONS
– ***C'est le cadet, le moindre, le dernier de mes soucis.*** Cela ne me préoccupe pas du tout.
– ***Se faire du souci.*** S'inquiéter. *Je me fais du souci pour eux : ils sont très âgés et malades.*

SOUCIER (SE) v. pronom.
S'inquiéter de. *Nous nous soucions beaucoup de vous et de votre famille. Elles se sont souciées de votre bien-être.* SYN. se préoccuper.
Le verbe se construit avec la préposition ***de.***
Le participe passé de ce verbe, qui n'existe qu'à la forme pronominale, s'accorde toujours en genre et en nombre avec son sujet. *Ces professeurs se sont souciés des débouchés qu'auront leurs étudiants.*
LOCUTION
– ***S'en soucier comme de l'an quarante.*** Se moquer d'une chose qui ne se produira peut-être jamais.
CONJUGAISON : VOIR MODÈLE ÉTUDIER.
Redoublement du ***i*** à la première et à la deuxième personne du pluriel de l'indicatif imparfait et du subjonctif présent. *(Que) nous nous souciions, (que) vous vous souciiez.*

SOUCIEUSEMENT adv.
(LITT.) Avec grand soin.

SOUCIEUX, IEUSE adj.
1. Qui a des tracas, des soucis. *Un air soucieux.* SYN. inquiet; préoccupé. ANT. insouciant.
2. ***Soucieux de*** + infinitif. Qui tient à faire quelque chose, qui se préoccupe de. *Elle est soucieuse de bien accomplir son travail.*

SOUCOUPE n. f.
Petite assiette qui se place sous une tasse.
LOCUTION
– ***Soucoupe volante.*** Objet volant d'origine mystérieuse.

SOUDAGE n. m.
Action de souder. *Le soudage de pièces métalliques.*
Ne pas confondre avec le nom ***soudure,*** assemblage permanent de deux pièces de métal.

SOUDAIN, AINE adj. et adv.
ADJECTIF
Subit, imprévu. *Une pluie soudaine.* SYN. brusque.
ADVERBE
Tout à coup. *Soudain, il se mit à pleuvoir.* SYN. soudainement.

SOUDAINEMENT adv.
Tout à coup, brusquement.

SOUDAINETÉ n. f.
Caractère de ce qui est soudain et imprévu. *La soudaineté d'une attaque.*

SOUDANAIS, AISE adj. et n. m. et f.
Du Soudan. *Une coutume soudanaise. Un Soudanais, une Soudanaise.*
T L'adjectif s'écrit avec une minuscule; le nom, avec une majuscule.

SOUDER v. tr., pronom.
VERBE TRANSITIF
Réunir par une soudure. *La rampe doit être soudée et fixée solidement.*
VERBE PRONOMINAL
Se réunir pour former un tout. *Ces blocs de glace se sont soudés.*
À la forme pronominale, le participe passé de ce verbe s'accorde toujours en genre et en nombre avec son sujet. *À la suite des difficultés que nous avons vécues ensemble, notre équipe s'est soudée.*
CONJUGAISON : VOIR MODÈLE AIMER.

SOUDEUR n. m.
SOUDEUSE n. f.
Personne qui fait de la soudure.

SOUDOYER v. tr.
Acheter les services de quelqu'un. *Le gardien a été soudoyé. Ces étudiants soudoient leurs camarades pour copier leurs travaux.*
CONJUGAISON : VOIR MODÈLE EMPLOYER.
Le ***y*** se change en ***i*** devant un ***e*** muet. *Il soudoie, il soudoiera.*

SOUDURE n. f.
1. Assemblage permanent de deux pièces de métal.
Ne pas confondre avec le nom ***soudage,*** action de souder.
2. Matière employée pour souder.

SOUE n. f.
(VX) Étable à porcs. SYN. porcherie.
HOM.
• ***sou,*** pièce de monnaie de peu de valeur;
• ***soûl,*** ivre.

SOUFFLE n. m.
1. Courant d'air. *On étouffe, il n'y a pas un souffle d'air.* SYN. vent.
2. Air rejeté par la respiration. *Peux-tu retenir ton souffle et plonger sous l'eau ?*
LOCUTIONS
– ***À bout de souffle.*** Épuisé. *J'ai trop couru, je suis à bout de souffle.* SYN. essoufflé.
– ***À couper le souffle.*** (FIG.) Extrêmement étonnant.
– ***Reprendre son souffle.*** S'arrêter pour reprendre sa respiration, des forces après un effort. SYN. reprendre haleine.
FORME FAUTIVE
*du même souffle. Calque de «*in the same breath*» pour ***dans la foulée, d'un seul élan, sur son élan.***
souffle.

SOUFFLÉ n. m.
Entremets dont la pâte gonfle au four. *Un soufflé au fromage.*
soufflé.

SOUFFLER v. tr., intr.
VERBE TRANSITIF
1. Expulser de l'air. *Souffler ses bougies d'anniversaire.*
2. Murmurer. *Elle lui a soufflé la réponse.* SYN. chuchoter.
3. (FAM.) Surprendre au plus haut point. *Sa sortie fracassante a soufflé ses collègues.* SYN. ahurir; ébahir.
VERBE INTRANSITIF
1. Déplacer l'air. *Le vent souffle fort et il neige.*
2. Respirer difficilement. *Au sommet, après la longue escalade, il soufflait beaucoup.* SYN. haleter.
3. S'arrêter pour reprendre haleine. *Laissez-moi souffler !*
LOCUTIONS
– ***Ne pas souffler mot.*** Ne rien dire, se taire à propos de quelque chose.
– ***Souffler le chaud et le froid.*** (FIG.) Selon les circonstances, louer et blâmer tour à tour une même chose, critiquer ou louanger quelqu'un.
CONJUGAISON : VOIR MODÈLE AIMER.
souffler.

SOUFFLERIE n. f.
1. Ensemble des machines soufflantes d'une usine, d'une mine, d'une forge, etc.
2. Ensemble des appareils qui produisent un courant d'air contrôlé en vue de l'étude des mouvements d'un fluide autour d'un matériel lors d'expériences.

SOUFFLET n. m.
1. Appareil destiné à souffler de l'air pour attiser le feu.
2. Gifle.
3. (FIG.) Affront. *Ce refus a été perçu comme un véritable soufflet.* SYN. camouflet; outrage.
soufflet.

SOUFFLETER v. tr.
1. (VIEILLI) Gifler.
2. (LITT.) (FIG.) Outrager.
CONJUGAISON : VOIR MODÈLE APPELER.
Redoublement du ***t*** devant un ***e*** muet. *Je soufflette, je soufflèterai,* mais *je souffletais.*
[Les *Rectifications* (1990) admettent : il soufflète, soufflètera, soufflèterait...]

SOUFFLEUR n. m.
SOUFFLEUSE n. f.
1. Personne qui souffle le verre.
2. Personne qui souffle les répliques au théâtre.
souffleur.

SOUFFLEUSE n. f.
Chasse-neige muni d'un dispositif en forme d'hélice qui souffle la neige. *La souffleuse n'a pas encore dégagé la route.*

SOUFFRANCE n. f.
Douleur physique ou morale. *La personne brûlée éprouve de terribles souffrances. La souffrance indicible de perdre un être cher.*
LOCUTIONS
– ***En souffrance,*** loc. adj. Se dit d'une affaire en suspens, non réglée.
– ***En souffrance,*** loc. adj. Se dit de marchandises qui n'ont pas encore été livrées. *Cet article est en souffrance* (et non *back order).
– ***En souffrance,*** loc. adj. Se dit d'une somme (créance, dette, intérêts) qui n'a pas été versée à la date prévue. *Un compte en souffrance* (et non *passé dû).
souffrance.

SOUFFRANT, ANTE adj.
Se dit d'une personne qui ne se sent pas bien, qui est légèrement malade. *Elle est un peu souffrante.* SYN. mal en point.
souffrant.

SOUFFRE-DOULEUR n. m. (pl. *souffre-douleur* ou *souffre-douleurs*)
Victime. *Elle est toujours le souffre-douleur de son frère.*
Attention au genre masculin de ce nom : ***un*** souffre-douleur.

SOUFFRETEUX, EUSE adj.
Maladif, de santé délicate. *Une maigrichonne souffreteuse.*
souffreteux.

SOUFFRIR v. tr., intr., pronom.
VERBE TRANSITIF
1. Supporter. *Il ne peut souffrir ces prétentieux.* SYN. endurer; sentir.
En ce sens, le verbe s'emploie surtout dans une phrase négative.
2. (LITT.) Tolérer. *Elle ne souffrira pas qu'on la contredise.* SYN. permettre.
En ce sens, le verbe se construit avec le subjonctif.
VERBE INTRANSITIF
1. Ressentir une souffrance physique ou morale. *Il souffre du dos. Elle a souffert d'une migraine. Ils ont souffert de l'emprisonnement injustifié de leur père. Ils souffrent de devoir vivre au jour le jour.*
Construit avec un complément de temps, le participe passé est invariable. *Les trois mois qu'elle a souffert* (« pendant lesquels »). Par contre, avec un complément direct qui précède le verbe, le participe passé s'accorde. *Les maux qu'elle a soufferts...*
2. Subir une perte, un dommage. *Nos pommiers ont souffert du froid en mai.*
À la forme intransitive, le verbe se construit avec la préposition ***de*** suivie d'un nom ou d'un infinitif, ou avec la locution conjonctive ***de ce que*** suivie de l'indicatif. *Elle souffre de ce qu'il lui a caché la vérité.*
VERBE PRONOMINAL
Se supporter réciproquement. *Ces professeurs n'ont jamais pu se souffrir : ils semblent allergiques l'un à l'autre.*
À la forme pronominale, le participe passé de ce verbe s'accorde toujours en genre et en nombre avec son sujet. *Ces administrateurs ne se sont jamais soufferts.*
CONJUGAISON : VOIR MODÈLE OUVRIR.
INDICATIF PRÉSENT *Je souffre, tu souffres, il souffre, nous souffrons, vous souffrez, ils souffrent.* IMPARFAIT *Je souffrais.* PASSÉ SIMPLE *Je souffris.* FUTUR *Je souffrirai.* CONDITIONNEL PRÉSENT *Je souffrirais.* IMPÉRATIF PRÉSENT *Souffre, souffrons, souffrez.* SUBJONCTIF PRÉSENT *Que je souffre.* IMPARFAIT *Que je souffrisse.* PARTICIPE PRÉSENT *Souffrant.* PASSÉ *Souffert, erte.*

SOUFRE n. m.
Symbole ***S*** (s'écrit sans point).
Élément chimique de couleur jaune.
soufre.

SOUFRIÈRE n. f.
Lieu d'où l'on extrait du soufre.
soufrière.

SOUHAIT n. m.
Vœu, désir. *Elle a fait le souhait de conduire un avion. Des souhaits de bon anniversaire.*
LOCUTIONS
– ***À souhait,*** loc. adv. Selon les désirs de quelqu'un. *Il fait beau à souhait.*
– ***À vos souhaits !*** Formule de politesse à l'endroit d'une personne qui éternue.
souh**ait.**

SOUHAITABLE adj.
Désirable. *Ces changements sont souhaitables.*
souh**ai**table.

SOUHAITER v. tr.
1. Désirer. *Il souhaite qu'elle revienne vite. Elle souhaite acheter un ordinateur.* SYN. espérer; rêver de; vouloir.
Le verbe se construit avec le subjonctif; suivi de l'infinitif, le verbe se construit sans préposition ou avec ***de***. *Elle souhaite (de) le rencontrer. Je vous souhaite d'être choisi.*
2. Formuler un souhait. *Je vous souhaite un bon voyage.*
CONJUGAISON : VOIR MODÈLE AIMER.
souh**ai**ter.

SOUILLER v. tr.
(LITT.) Salir. *Ces iconoclastes ont souillé un lieu sacré.* SYN. profaner.
CONJUGAISON : VOIR MODÈLE AIMER.
Les lettres ***ill*** sont suivies d'un ***i*** à la première et à la deuxième personne du pluriel de l'indicatif imparfait et du subjonctif présent. *(Que) nous souillions, (que) vous souilliez.*
sou**ill**er.

SOUILLURE n. f.
(LITT.) Tache, impureté, corruption.
sou**ill**ure.

SOUK n. m.
Le ***k*** se prononce, [suk].
Marché, dans les pays arabes. *Le souk des joailliers, les souks pittoresques.*

SOÛL, SOÛLE adj.
Le ***l*** est muet à la forme masculine, [su]; le mot rime avec ***sou***.
1. (FAM.) Ivre. *Ce conducteur soûl a pris un taxi pour retourner chez lui.*
2. (FIG.) Grisé. *Il est soûl de soleil et de grand air.*
LOCUTION
– ***Tout mon, ton... soûl,*** loc. adv. À satiété. *Il a dormi tout son soûl.*
La graphie ***saoul, saoule*** est vieillie.

HOM.
- ***sou,*** pièce de monnaie de peu de valeur ;
- ***soue,*** étable à porcs.

[Les *Rectifications* (1990) admettent : soul, soule.]

SOULAGEMENT n. m.
Apaisement de la douleur, de la souffrance, disparition de l'inquiétude. *Ce sirop contre la toux m'a procuré du soulagement. J'ai réussi mon examen : quel soulagement !*

SOULAGER v. tr., pronom.
VERBE TRANSITIF
1. Apaiser la souffrance. *Ce médicament vous soulagera.*
2. Calmer, débarrasser d'une inquiétude, d'un poids. *Cette bonne nouvelle m'a soulagé.* SYN. apaiser.
VERBE PRONOMINAL
1. Se procurer du soulagement. *Ils se sont soulagés de leur angoisse en allant aux nouvelles.*
2. (ABSOL.) Satisfaire un besoin naturel.
À la forme pronominale, le participe passé de ce verbe s'accorde toujours en genre et en nombre avec son sujet. *Elle s'est soulagée de son inquiétude en appelant son amie.*
CONJUGAISON : VOIR MODÈLE CHANGER.
Le ***g*** est suivi d'un ***e*** devant les lettres ***a*** et ***o***. *Il soulagea, nous soulageons.*

SOÛLARD, ARDE ou **SOÛLAUD, AUDE** n. m. et f.
(FAM.) Ivrogne.
On relève également la variante orthographique ***soûlot, ote.***
[Les *Rectifications* (1990) admettent : soulard, soularde.]

SOÛLER v. tr., pronom.
VERBE TRANSITIF
1. (FAM.) Enivrer.
2. (FIG.) Griser, faire tourner la tête. *Être soûlé de soleil et d'air marin.*
VERBE PRONOMINAL
S'enivrer. *Ils se sont encore soûlés.*
À la forme pronominale, le participe passé de ce verbe s'accorde toujours en genre et en nombre avec son sujet. *Elle espère qu'ils ne se sont pas soûlés.*
La graphie ***saouler*** est vieillie.
CONJUGAISON : VOIR MODÈLE AIMER.
[Les *Rectifications* (1990) admettent : souler.]

SOÛLERIE n. f.
(FAM.) Beuverie.
[Les *Rectifications* (1990) admettent : soulerie.]

SOULÈVEMENT n. m.
1. Fait de se lever.
2. (FIG.) Révolte, insurrection. *Le soulèvement des mineurs en raison de mesures de sécurité insuffisantes.*
soulèvement.

SOULEVER v. tr., pronom.
VERBE TRANSITIF
1. Lever lentement à faible hauteur. *Soulever un meuble.* SYN. hausser.
Ne pas confondre avec les verbes suivants :
- ***élever,*** placer à un niveau supérieur ;
- ***lever,*** porter de bas en haut ;
- ***surélever,*** accroître la hauteur de quelque chose.

2. Inciter à la révolte.
3. Exposer. *Soulever un problème, une question.* SYN. poser.
4. Provoquer. *Ce film a soulevé l'enthousiasme du public.* SYN. susciter.
VERBE PRONOMINAL
1. Se lever légèrement. *Soulève-toi un peu et tu verras la mer de ton lit.*
2. Se révolter. *La foule s'est soulevée.* SYN. s'insurger ; se rebeller.
À la forme pronominale, le participe passé de ce verbe s'accorde toujours en genre et en nombre avec son sujet. *La foule s'est soulevée contre les dignitaires de la tribune d'honneur.*
FORME FAUTIVE
*soulever un point d'ordre. Impropriété pour ***invoquer le règlement.***
CONJUGAISON : VOIR MODÈLE LEVER.
Le ***e*** se change en ***è*** devant une syllabe contenant un ***e*** muet. *Il soulève,* mais *il soulevait.*

SOULIER n. m.
Chaussure. *De bons souliers de marche. « Moi, mes souliers ont beaucoup voyagé »* (Félix Leclerc, *Moi, mes souliers*).
Ce nom s'emploie couramment au Québec et dans la francophonie canadienne, mais c'est le mot ***chaussure*** qui est le plus souvent employé en ce sens par la majorité des locuteurs du français.
LOCUTION
– ***Être dans ses petits souliers.*** (FIG.) Être dans une situation embarrassante.
FORME FAUTIVE
*être dans les souliers de quelqu'un. Calque de «*to be in somebody's shoes*» pour ***être à la place de quelqu'un, être dans la peau de quelqu'un.***

SOULIGNAGE ou **SOULIGNEMENT** n. m.
1. Action de tracer une ligne sous un ou plusieurs mots.
2. Trait qui souligne.
T Le soulignement s'emploie pour attirer l'attention du lecteur sur un mot, une expression. Dans les conventions typographiques, le texte souligné sera mis en italique.

SOULIGNER v. tr.
1. Tracer une ligne sous un mot, un groupe de mots. *Il faut que je souligne le titre du livre.* SYN. mettre en valeur ; signaler.
2. (FIG.) Mettre en évidence. *La directrice a souligné les progrès qu'ont faits Julien et Laurence.*
CONJUGAISON : VOIR MODÈLE AIMER.

SOUMETTRE v. tr., pronom.
VERBE TRANSITIF
1. Imposer des règles. *Soumettre les réfugiés à un contrôle.* SYN. assujettir ; astreindre ; obliger.
2. Proposer au jugement d'une personne, d'un groupe. *Cette question a été soumise au comité. Nous devons soumettre le problème à cet expert.* SYN. présenter.
VERBE PRONOMINAL
Accepter une décision, obéir. *Ils se sont soumis à la directive.* SYN. se conformer ; se plier à.
Le verbe se construit avec la préposition ***à.***
À la forme pronominale, le participe passé de ce verbe s'accorde toujours en genre et en nombre avec son sujet. *Elles se sont soumises à la décision du comité.*
CONJUGAISON : VOIR MODÈLE REMETTRE.
INDICATIF PRÉSENT *Je soumets, tu soumets, il soumet, nous soumettons, vous soumettez, ils soumettent.* IMPARFAIT *Je soumettais.* PASSÉ SIMPLE *Je soumis.* FUTUR *Je soumettrai.* CONDITIONNEL PRÉSENT *Je soumettrais.* IMPÉRATIF PRÉSENT *Soumets, soumettons, soumettez.* SUBJONCTIF PRÉSENT *Que je soumette.* IMPARFAIT *Que je soumisse.* PARTICIPE PRÉSENT *Soumettant.* PASSÉ *Soumis, ise.*

SOUMIS, ISE adj.
Docile, obéissant. *Des animaux bien dressés, soumis devant leur maîtresse.*

SOUMISSION n. f.
1. Docilité, obéissance. *Ils ont fait preuve de soumission et ont fait ce qu'on leur demandait.*
2. (DR.) Acte écrit par lequel un concurrent à un marché fait connaître ses propositions et s'engage à respecter les clauses du cahier des charges. *Présenter une soumission en réponse à un appel d'offres.*
FORME FAUTIVE
*soumission la plus basse. Calque de «*lowest tenderer*» pour ***moins-disant.***

S

SOUMISSIONNAIRE n. m. et f.
(DR.) Personne physique ou morale qui fait une soumission.
✏ soumissionnaire.

SOUMISSIONNER v. tr.
(DR.) Présenter une soumission en réponse à un appel d'offres. *Cette entreprise a soumissionné les travaux* (et non *pour les travaux) *de rénovation de cet édifice à un prix dépassant de 10 % à 20 % l'enveloppe fixée. Soumissionner à une adjudication.*
CONJUGAISON : VOIR MODÈLE AIMER.
✏ soumissionner.

SOUPAPE n. f.
1. Appareil ou dispositif qui peut s'ouvrir pour permettre le passage d'un liquide ou d'un gaz. *Une soupape de sûreté.*
2. (FIG.) Moyen susceptible de calmer un mouvement violent. *Ces quelques longueurs dans la piscine te serviront de soupape pour réduire ton énervement.*

SOUPÇON n. m.
1. Doute. *Les enquêteurs ont des soupçons sur ce commerçant.*
2. Une très petite quantité. *Je prendrais un soupçon de crème dans mon café.*

SOUPÇONNER v. tr.
1. Avoir des soupçons sur une personne, avoir l'impression qu'elle est coupable de quelque chose. *On le soupçonne d'être un trafiquant de drogue.* SYN. suspecter.
☞ En ce sens, le verbe a généralement une valeur défavorable et a pour complément quelque chose de négatif, de mauvais.
2. Imaginer. *Nous étions loin de soupçonner une telle abondance.* SYN. deviner ; se douter de ; pressentir.
CONJUGAISON : VOIR MODÈLE AIMER.
✏ soupçonner.

SOUPÇONNEUX, EUSE adj.
Méfiant, rempli de soupçons. *Un air soupçonneux.*
✏ soupçonneux.

SOUPE n. f.
Bouillon épaissi avec des légumes, du pain, etc. *De la soupe aux légumes, aux pois.*
☞ Par rapport au mot ***potage***, le nom ***soupe*** désigne un plat plus consistant, moins liquide et moins raffiné.

SOUPER n. m.
1. ⚜ Repas du soir. *J'aime bien avoir fini mes devoirs avant le souper. « Les hommes soupèrent en silence ; et, dès la brunante, chacun, tombant de sommeil, avait regagné sa litière de sapin »* (Félix-Antoine Savard, *Menaud, maître-draveur*).
☞ En ce sens, le nom demeure usuel au Québec, dans la francophonie canadienne, en Belgique et en Suisse, mais il n'appartient plus à l'usage courant de la majorité des locuteurs du français, qui emploient plutôt les noms ***dîner*** pour le repas du soir et ***déjeuner*** pour le repas du midi.
2. Repas pris dans la soirée, après le théâtre, un concert, etc.

SOUPER v. intr.
1. ⚜ Prendre le repas du soir. *Tu resteras souper* ou *à souper, n'est-ce pas ?*
☞ En ce sens, le mot est vieilli dans le reste de la francophonie où l'on emploie plutôt le verbe ***dîner*** pour le repas du soir et ***déjeuner*** pour le repas du midi.
2. Manger dans la soirée, après un spectacle, au cours d'une réception, etc. *Après le concert, nous avons été souper à la Brasserie alsacienne.*
LOCUTION
– ***En avoir soupé de.*** (FAM.) En avoir assez de.
CONJUGAISON : VOIR MODÈLE AIMER.

SOUPESER v. tr.
1. Soulever quelque chose pour juger de son poids.
2. (FIG.) Évaluer. *Soupeser les arguments de chacun.* SYN. jauger ; peser.
CONJUGAISON : VOIR MODÈLE LEVER.
Le ***e*** se change en ***è*** devant une syllabe contenant un ***e*** muet. *Il soupèse,* mais *il soupesait.*

SOUPIÈRE n. f.
Récipient à deux anses dans lequel on sert la soupe.

SOUPIR n. m.
Respiration bruyante. *Il pousse de gros soupirs.*
LOCUTION
– ***Rendre le dernier soupir.*** Mourir.

SOUPIRAIL n. m. (pl. *soupiraux*)
Petite ouverture d'une cave, d'un sous-sol.

SOUPIRANT, ANTE adj. et n. m.
(PLAISANT.) Amoureux. *Où est votre soupirant ce soir ?*

SOUPIRER v. tr., intr.
VERBE TRANSITIF
Dire en murmurant. *Les mots d'amour qu'il lui a soupirés à l'oreille.*
VERBE TRANSITIF INDIRECT
(LITT.) Désirer ardemment. *Elle soupire après son amour perdu.*
↬ Le verbe transitif indirect se construit avec la préposition ***après.***
VERBE INTRANSITIF
1. Pousser des soupirs. *Cesse de soupirer ainsi et prends ton courage à deux mains. Cœur qui soupire n'a pas ce qu'il désire* (Proverbe).
2. (VX) Être amoureux. *Soupirer pour une jeune beauté.*
CONJUGAISON : VOIR MODÈLE AIMER.

SOUPLE adj.
1. Agile, flexible. *Cette contorsionniste est extraordinairement souple.*
2. (FIG.) Qui peut s'adapter facilement à une situation.
✏ souple.

SOUPLEMENT adv.
De manière souple.

SOUPLESSE n. f.
1. Agilité. *La souplesse d'un acrobate.*
2. (FIG.) Flexibilité. *Elle a fait preuve de beaucoup de souplesse et s'est adaptée facilement à cette nouvelle école.*
✏ souplesse.

SOURCE n. f.
1. Eau qui sort du sol. *Une source d'eau fraîche dans un petit bois. Une eau de source limpide.*
2. (FIG.) Origine, cause. *La source de ce problème. « Mon cœur/La source du sang/Avec la vie dedans »* (Hector de Saint-Denys Garneau, *Œuvres*).
📏 À titre d'attribut, le nom ***source*** peut s'écrire au singulier ou au pluriel avec un sujet au pluriel. *Ces activités sont source de profits. Ces frustrations sont sources de stress, de même que la dégradation des relations entre les individus.*
3. Origine d'une information. *Citer ses sources.*
LOCUTIONS
– ***Couler de source.*** Être la conséquence normale. SYN. découler.
– ***Document source.*** Ensemble composé du fichier ASCII accompagné des commandes HTML qui ont été utilisées pour créer un document HTML, que l'on peut visualiser à partir d'un article de menu dans un navigateur Web (GDT). *Des documents sources.*
– ***Langue source.*** (LING.) Langue à traduire. ANT. langue cible.
– ***Prendre (sa) source, avoir sa source dans.*** Provenir de. *Le Saint-Laurent prend sa source dans le lac Ontario.*

– ***Remonter aux sources.*** (FIG.) Chercher l'origine de quelque chose, le point de départ.
– ***Retenue à la source.*** Prélèvement sur une rémunération. *Les cotisations syndicales font partie des retenues* (et non *déductions) *à la source.*
– ***Tenir une information de source sûre.*** Avoir été renseigné par une personne bien informée et à qui on peut se fier.

SOURCIER, IÈRE n. m. et f.
Personne qui découvre des sources.
Ne pas confondre avec le nom ***sorcier,*** personne qui pratique la sorcellerie.

SOURCIL n. m.
Le *l* ne se prononce pas, [sursi] ; le nom rime avec ***si.***
Poils qui suivent l'arcade sourcilière, au-dessus de l'orbite. *Ses sourcils sont noirs. Un froncement de sourcils.*
Ne pas confondre avec le nom ***cil,*** poil qui borde les paupières.

SOURCILLER v. intr.
Laisser paraître sa surprise, sa colère ou sa joie. *Elle n'a pas sourcillé en entendant ces mots.*
Au sens propre, le verbe a le sens de « bouger les sourcils en signe de mécontentement, de plaisir, d'impatience », mais on l'emploie toujours au sens figuré et généralement dans une phrase négative.
LOCUTION
– ***Sans sourciller.*** En restant impassible. *Il a reçu la mauvaise nouvelle sans sourciller.*
CONJUGAISON : VOIR MODÈLE AIMER.
Les lettres ***ill*** sont suivies du ***i*** à la première et à la deuxième personne du pluriel de l'indicatif imparfait et du subjonctif présent. *(Que) nous sourcillions, (que) vous sourcilliez.*

SOURCILLEUX, EUSE adj.
Méticuleux à l'excès. SYN. pointilleux.

SOURD, SOURDE adj. et n. m. et f.
ADJECTIF
1. Qui ne peut entendre ou qui n'entend pas bien. *Avec l'âge, il devient sourd.*
2. Étouffé. *Un bruit sourd.* ANT. sonore.
3. Se dit d'un son qui est émis sans vibration des cordes vocales, par opposition à ***sonore.***
NOM MASCULIN ET FÉMININ
Personne qui n'entend pas.
On emploie également le mot ***malentendant*** pour désigner une personne dont l'acuité auditive est réduite.
NOM FÉMININ
(PHONÉT.) Consonne prononcée sans vibration des cordes vocales. *Les consonnes* f, t, s, k *sont des sourdes.*
LOCUTIONS
– ***Cela n'est pas tombé dans l'oreille d'un sourd.*** Le message a bien été reçu.
– ***Dialogue de sourds.*** (FIG.) Discussion entre des personnes qui ne s'entendent pas, qui ne sont pas d'accord.
– ***Faire la sourde oreille.*** Ne pas vouloir entendre ou comprendre quelque chose.
– ***Il n'est pire sourd que celui qui ne veut pas entendre*** (Proverbe). Certains ne veulent pas comprendre et font semblant de ne pas entendre.
– ***Sourd à.*** (FIG.) Insensible à. *Il est demeuré sourd à ses supplications.*

SOURDEMENT adv.
D'une manière sourde. *Des explosions résonnaient sourdement.*

SOURDINE n. f.
1. Petit appareil destiné à amortir les sons.
2. Dispositif qui supprime le son d'un téléviseur momentanément. *Mettre la sourdine* (et non le *mute) *pendant les messages publicitaires.*
LOCUTIONS
– ***En sourdine,*** loc. adv. Sans bruit, faiblement. SYN. discrètement ; doucement.
– ***Mettre une sourdine à.*** (FIG.) Atténuer, taire.

SOURD-MUET, SOURDE-MUETTE adj. et n. m. et f.
Se dit d'une personne qui ne peut ni entendre ni parler. *Des sourds-muets, des personnes sourdes-muettes.*
Le nom prend la marque du pluriel aux deux éléments.

SOURDRE v. intr.
Jaillir de terre. *Il aperçut une source qui sourdait sous les fougères.*
CONJUGAISON
Ce verbe ne s'emploie qu'à l'infinitif et à la troisième personne du singulier et du pluriel de l'indicatif présent et imparfait. *Il sourd, ils sourdent. Il sourdait, ils sourdaient.*

SOURIANT, IANTE adj.
Qui sourit. *Elle est toujours souriante.* SYN. aimable.

SOURICEAU n. m. (pl. *souriceaux*)
Petit de la souris.
VOIR TABLEAU – ANIMAUX.

SOURICIÈRE n. f.
1. Piège à souris.
2. (FIG.) Piège tendu. *Les malfaiteurs sont tombés dans la souricière.*

SOURIRE n. m.
Mouvement des lèvres et des yeux de la personne qui sourit. *Esquisser un sourire affable, avenant. Un certain sourire. Des sourires radieux. « malgré ton sourire comme un départ/de barques blanches »* (Alain Grandbois, *Les Îles de la nuit*).
LOCUTIONS
– ***Être tout sourire(s).*** Être très souriant, parfois de façon feinte. *Ils sont tout sourire* ou *sourires, mais peut-on s'y fier?*
Dans cette expression, le nom peut être au singulier ou au pluriel.
– ***Garder le sourire.*** Conserver sa bonne humeur, son optimisme malgré une difficulté.
sourire.

SOURIRE v. tr. ind., intr., pronom.
VERBE TRANSITIF INDIRECT
Plaire. *Cette randonnée sourit à Geneviève.* SYN. convenir.
À la forme transitive indirecte, le verbe se construit avec la préposition ***à.***
VERBE INTRANSITIF
Rire légèrement par un mouvement des lèvres et des yeux. *Elles ont souri en entendant ces mots.*
VERBE PRONOMINAL
Sourire l'un à l'autre. *Ils se sont souri.*
Le participe passé de ce verbe est toujours invariable. *Elles se sont souri.*
CONJUGAISON : VOIR MODÈLE SOURIRE.
Redoublement du ***i*** à la première et à la deuxième personne du pluriel de l'indicatif imparfait et du subjonctif présent. *(Que) nous souriions, (que) vous souriiez.*

SOURIS n. f.
1. Petit mammifère rongeur. *Une souris blanche. Quand le chat n'est pas là, les souris dansent* (Proverbe).
VOIR TABLEAU – ANIMAUX.
2. (INFORM.) Dispositif qui, posé sur une surface et déplacé à la main, commande les mouvements d'un curseur. *La souris de l'ordinateur permet de dessiner.*
souris, avec un *s* au singulier comme au pluriel.

SOURNOIS, OISE adj.
Hypocrite, qui ne montre pas ses sentiments. ANT. direct ; franc.

S

CONJUGAISON DU VERBE SOURIRE

INDICATIF

PRÉSENT

je	souris
tu	souris
elle	sourit
il	sourit
nous	sourions
vous	souriez
elles	sourient
ils	sourient

PASSÉ COMPOSÉ

j'	ai	souri
tu	as	souri
elle	a	souri
il	a	souri
nous	avons	souri
vous	avez	souri
elles	ont	souri
ils	ont	souri

IMPARFAIT

je	souriais
tu	souriais
elle	souriait
il	souriait
nous	souriions
vous	souriiez
elles	souriaient
ils	souriaient

PLUS-QUE-PARFAIT

j'	avais	souri
tu	avais	souri
elle	avait	souri
il	avait	souri
nous	avions	souri
vous	aviez	souri
elles	avaient	souri
ils	avaient	souri

PASSÉ SIMPLE

je	souris
tu	souris
elle	sourit
il	sourit
nous	sourîmes
vous	sourîtes
elles	sourirent
ils	sourirent

PASSÉ ANTÉRIEUR

j'	eus	souri
tu	eus	souri
elle	eut	souri
il	eut	souri
nous	eûmes	souri
vous	eûtes	souri
elles	eurent	souri
ils	eurent	souri

FUTUR SIMPLE

je	sourirai
tu	souriras
elle	sourira
il	sourira
nous	sourirons
vous	sourirez
elles	souriront
ils	souriront

FUTUR ANTÉRIEUR

j'	aurai	souri
tu	auras	souri
elle	aura	souri
il	aura	souri
nous	aurons	souri
vous	aurez	souri
elles	auront	souri
ils	auront	souri

CONDITIONNEL PRÉSENT

je	sourirais
tu	sourirais
elle	sourirait
il	sourirait
nous	souririons
vous	souririez
elles	souriraient
ils	souriraient

CONDITIONNEL PASSÉ

j'	aurais	souri
tu	aurais	souri
elle	aurait	souri
il	aurait	souri
nous	aurions	souri
vous	auriez	souri
elles	auraient	souri
ils	auraient	souri

SUBJONCTIF

PRÉSENT

que	je	sourie
que	tu	souries
qu'	elle	sourie
qu'	il	sourie
que	nous	souriions
que	vous	souriiez
qu'	elles	sourient
qu'	ils	sourient

PASSÉ

que	j'	aie	souri
que	tu	aies	souri
qu'	elle	ait	souri
qu'	il	ait	souri
que	nous	ayons	souri
que	vous	ayez	souri
qu'	elles	aient	souri
qu'	ils	aient	souri

IMPARFAIT

que	je	sourisse
que	tu	sourisses
qu'	elle	sourît
qu'	il	sourît
que	nous	sourissions
que	vous	sourissiez
qu'	elles	sourissent
qu'	ils	sourissent

PLUS-QUE-PARFAIT

que	j'	eusse	souri
que	tu	eusses	souri
qu'	elle	eût	souri
qu'	il	eût	souri
que	nous	eussions	souri
que	vous	eussiez	souri
qu'	elles	eussent	souri
qu'	ils	eussent	souri

IMPÉRATIF

PRÉSENT

souris
sourions
souriez

PASSÉ

aie	souri
ayons	souri
ayez	souri

INFINITIF

PRÉSENT

sourire

PASSÉ

avoir souri

PARTICIPE

PRÉSENT

souriant

PASSÉ

souri
ayant souri

SOURNOISEMENT adv.
D'une manière sournoise. *Ils l'ont attaqué sournoisement de dos. « Au fond du bois/Le feu reprend/Sournoisement/De moins en plus fort »* (Hector de Saint-Denys Garneau, *Œuvres*).

SOURNOISERIE n. f.
Hypocrisie. *Ces sournoiseries sont exaspérantes.*

SOUS prép.
1. La préposition marque une position inférieure dans l'espace. *Il s'est abrité sous l'auvent. Sous les murs, il y a des fondations de béton. Sous son manteau, elle porte un chandail.*
2. La préposition marque la dépendance. *Ce projet est sous la responsabilité de l'enseignant. Prendre quelqu'un sous sa protection.*
3. À l'époque de. *L'ordonnance de Villers-Cotterêts fut proclamée. sous le règne de François Ier. C'est sous René Lévesque que la Charte de la langue française a été adoptée, soit en 1977.*
4. Moyennant, par le moyen de. *Sous la menace d'une retenue, les élèves turbulents se sont calmés.*
LOCUTIONS
– ***Sous peu,*** loc. adv. Bientôt, dans peu de temps. *Ils arriveront sous peu.*
– ***Sous prétexte de,*** loc. prép. En donnant comme raison.
FORMES FAUTIVES
*être sous enquête. Calque de «*to be under inquiry*» pour ***faire l'objet d'une enquête.***
*être sous l'influence de l'alcool. Calque de «*to be under the influence of alcohol*» pour ***être en état d'ébriété, être ivre.***
*sous contrôle. Calque de «*under control*» pour ***maîtrisé, rentré dans l'ordre.***
*sous étude. Calque de «*under study*» pour ***à l'étude.***
*sous l'autorité de quelqu'un. Calque de «*under authority*» pour ***relever de la compétence de quelqu'un.***
*sous observation. Calque de «*under observation*» pour ***en observation, sous surveillance.***

SOUS-
Les mots composés avec l'élément ***sous-*** s'écrivent en deux mots et prennent généralement la marque du pluriel.
L'élément marque une infériorité de rang, de fonction, d'ordre, une insuffisance. *Un sous-ministre, un sous-locataire, un sous-ensemble, le sous-emploi.*

SOUS-ALIMENTATION n. f.
Insuffisance de l'alimentation.

SOUS-ALIMENTÉ, ÉE adj.
Qui est alimenté insuffisamment. *Ces enfants sont affamés : ils sont sous-alimentés.*
sous-alimenté, avec un trait d'union.

SOUS-BOIS n. m. (pl. *sous-bois*)
Végétation qui pousse sous les arbres d'une forêt. *Des sous-bois humides où poussent les fougères et les champignons.*
sous-bois, avec un trait d'union.

***SOUS-CONTRACTER**
Anglicisme pour ***sous-traiter.***

***SOUS-CONTRACTEUR**
Anglicisme pour ***sous-traitant.***

***SOUS-CONTRAT**
Anglicisme pour ***sous-traitance.***

SOUSCRIPTEUR, TRICE n. m. et f.
Personne qui souscrit (à une œuvre, à une publication).

SOUSCRIPTION n. f.
Action de souscrire. *Une souscription à une œuvre. Une encyclopédie vendue par souscription.*

SOUSCRIRE v. tr. dir., intr.
VERBE TRANSITIF DIRECT
S'engager à verser une somme en contrepartie de quelque chose. *Souscrire un abonnement à un journal.*
VERBE TRANSITIF INDIRECT
Donner son adhésion. *Elle a souscrit à une modification dans un contrat.* SYN. appuyer ; consentir.
VERBE INTRANSITIF
S'engager à donner une somme. *Souscrire pour des œuvres de bienfaisance.*
CONJUGAISON : VOIR MODÈLE ÉCRIRE.
INDICATIF PRÉSENT *Je souscris, tu souscris, il souscrit, nous souscrivons, vous souscrivez, ils souscrivent.* IMPARFAIT *Je souscrivais.* PASSÉ SIMPLE *Je souscrivis.* FUTUR *Je souscrirai.* CONDITIONNEL PRÉSENT *Je souscrirais.* IMPÉRATIF PRÉSENT *Souscris, souscrivons, souscrivez.* SUBJONCTIF PRÉSENT *Que je souscrive.* IMPARFAIT *Que je souscrivisse.* PARTICIPE PRÉSENT *Souscrivant.* PASSÉ *Souscrit, ite.*

SOUS-DÉVELOPPÉ, ÉE adj.
(PÉJ.) Pays dont l'économie est faible, où le niveau de vie est très bas.
Cette expression étant péjorative, on dit plutôt aujourd'hui ***pays en voie de développement.***

SOUS-DÉVELOPPEMENT n. m. (pl. *sous-développements*)
État d'un pays dont l'économie est faible.

SOUS-EMPLOI n. m. inv. (pl. *sous-emploi*)
Insuffisance de l'emploi. SYN. chômage. ANT. plein-emploi.

SOUS-ENSEMBLE n. m. (pl. *sous-ensembles*)
Subdivision d'un ensemble.

SOUS-ENTENDRE v. tr.
Suggérer quelque chose, sans l'exprimer clairement. *Que voulez-vous sous-entendre en l'accusant de paresse ?* SYN. insinuer.
CONJUGAISON : VOIR MODÈLE FENDRE.
sous-entendre, avec un trait d'union.

SOUS-ENTENDU adj. et n. m. (pl. *sous-entendus*)
ADJECTIF
Non exprimé. *Quand je crie « Ici ! » à mon chien, le verbe sous-entendu est « viens ».*
NOM MASCULIN
Allusion. *Vos sous-entendus sont non fondés et insultants.* SYN. insinuation.

SOUS-ESTIMATION n. f.
Action de sous-estimer.

SOUS-ESTIMER v. tr., pronom.
VERBE TRANSITIF
Ne pas apprécier à sa juste valeur. *On sous-estime son courage.* SYN. sous-évaluer. ANT. surestimer ; surévaluer.
VERBE PRONOMINAL
Ne pas s'apprécier à sa juste valeur. *Il a tendance à se sous-estimer.* SYN. se mésestimer.
À la forme pronominale, le participe passé de ce verbe s'accorde toujours en genre et en nombre avec son sujet. *Léa s'est sous-estimée : elle ne se croyait pas en mesure de battre ce record.*
CONJUGAISON : VOIR MODÈLE AIMER.
sous-estimer, avec un trait d'union.

SOUS-ÉVALUATION n. f.
Action de sous-évaluer. *La sous-évaluation d'un immeuble.*

SOUS-ÉVALUER v. tr.
Estimer au-dessous de sa valeur réelle. *Cette maison est sous-évaluée.* SYN. sous-estimer. ANT. surévaluer.
CONJUGAISON : VOIR MODÈLE AIMER.

SOUS-JACENT, ENTE adj.
1. Qui est au-dessous. *Une surface sous-jacente.*
2. Qui est caché. *Les problèmes sous-jacents.*
sous-jacent, avec un trait d'union.

SOUS-LOCATAIRE n. m. et f. (pl. *sous-locataires*)
Personne qui loue un bien déjà loué à un locataire. *Si vous décidez de partir, il vous faudra trouver un sous-locataire.*

SOUS-LOCATION n. f. (pl. *sous-locations*)
Action de sous-louer. *Une sous-location pour l'été.*

S

SOUS-LOUER v. tr.
1. Louer d'un locataire. *Pour l'été, nous avons sous-loué une maison.*
2. Louer à un sous-locataire. *Cette famille, qui est partie pour un an, a sous-loué son appartement.*
CONJUGAISON : VOIR MODÈLE AIMER.
✎ **sous-louer**, avec un trait d'union.

SOUS-MAIN n. m. (pl. *sous-main* ou *sous-mains*)
Accessoire de bureau sur lequel on place le papier pour écrire. *De beaux sous-main* ou *sous-mains de cuir.*
LOCUTION
– ***En sous-main***, loc. adv. Secrètement. *Les agents ont agi en sous-main.*

SOUS-MARIN, INE adj. et n. m.
ADJECTIF
Qui est ou se fait sous la mer. *La plongée sous-marine.*
NOM MASCULIN
1. Navire qui peut naviguer sous l'eau. *Des sous-marins nucléaires.*
2. ⚜ (FIG.) Long sandwich.
✎ **sous-marin**, avec un trait d'union.

SOUS-MINISTRE n. m. et f.
⚜ Haut fonctionnaire qui seconde le ministre et qui est responsable de la gestion de l'ensemble du ministère.
✎ **sous-ministre**, avec un trait d'union.

SOUS-MULTIPLE adj. et n. m.
Se dit d'une quantité contenue exactement dans une autre un certain nombre de fois. *Huit est un sous-multiple de trente-deux. Des sous-multiples décimaux.*
VOIR TABLEAU – MULTIPLES ET SOUS-MULTIPLES DÉCIMAUX.
✎ **sous-multiple**, avec un trait d'union.

SOUS-PAYER v. tr.
Payer insuffisamment. *Ces étudiants sont sous-payés.*
CONJUGAISON : VOIR MODÈLE PAYER.

SOUS-PEUPLÉ, ÉE adj.
Peuplé insuffisamment. *Des régions sous-peuplées.* ANT. surpeuplé.
✎ **sous-peuplé**, avec un trait d'union.

SOUS-PEUPLEMENT n. m. (pl. *sous-peuplements*)
Peuplement insuffisant d'un pays.

SOUS-PLAT n. m. (pl. *sous-plats*)
⚜ Pièce, support sur lequel on pose les plats chauds.
☞ Le mot s'utilise aussi en Belgique.
✎ **sous-plat**, avec un trait d'union.

SOUS-PRODUCTION n. f. (pl. *sous-productions*)
Production insuffisante.

SOUS-PRODUIT n. m. (pl. *sous-produits*)
1. Produit dérivé d'un autre produit. *Le bitume est un sous-produit du pétrole.*
2. Imitation. *De pâles sous-produits des originaux.*

SOUSSIGNÉ, ÉE adj. et n. m. et f.
ADJECTIF
Dont la signature apparaît au bas d'un document.
☞ 1° Il n'y a pas de virgule entre le pronom, l'adjectif et le verbe.
2° Par contre, la mention du nom du signataire, de sa qualité ou de son adresse est inscrite entre virgules à la suite de l'adjectif. *Je soussignée, Florence Lesieur, affirme...*
3° L'adjectif s'accorde avec le pronom sujet. *Nous soussignés certifions...*
NOM MASCULIN ET FÉMININ
Personne qui a signé au bas d'un document. *Les soussignés reconnaissent...*
☞ On réservera ce mot à la langue administrative.

SOUS-SOL n. m. (pl. *sous-sols*)
1. Partie de l'écorce terrestre située au-dessous de la terre végétale. *Le sous-sol québécois est riche en cuivre, en or, en fer, etc.*
2. Niveau inférieur d'un bâtiment. *Les enfants disposent d'une salle de jeu au sous-sol.*
✎ **sous-sol**, avec un trait d'union.

***SOUS-TAPIS**
Anglicisme pour ***thibaude.***

SOUS-TENDRE v. tr.
Servir de fondement. *La théorie qui sous-tend cette expérience.*
CONJUGAISON : VOIR MODÈLE FENDRE.
✎ sous-tendre.

SOUS-TITRE n. m. (pl. *sous-titres*)
1. Titre secondaire. *Le sous-titre du* Visuel *se lit ainsi* : Dictionnaire thématique.
2. (CIN.) Traduction du dialogue d'un film en version originale. *Un film en italien avec sous-titres français.*
✎ **sous-titre**, avec un trait d'union.

SOUS-TITRER v. tr.
(CIN.) Ajouter des sous-titres à un film. *Un film italien sous-titré en français.*
CONJUGAISON : VOIR MODÈLE AIMER.

***SOUS-TOTAL**
Anglicisme pour ***total partiel.***

SOUSTRACTION n. f.
Action de retrancher d'un nombre un nombre plus petit. *Fais la soustraction suivante : 28 – 12. Combien reste-t-il ? 16.*
ANT. addition.

SOUSTRAIRE v. tr., pronom.
VERBE TRANSITIF
1. Retrancher d'un nombre. *Si tu soustrais 12 du nombre 28, tu obtiens 16.* SYN. déduire ; enlever. ANT. additionner.
2. Dérober. *On a soustrait des papiers importants.* SYN. ôter ; voler.
VERBE PRONOMINAL
Échapper. *Ils se sont soustraits à cette obligation.* SYN. manquer à.
⟿ À la forme pronominale, le verbe se construit avec la préposition ***à***.
▭ À la forme pronominale, le participe passé de ce verbe s'accorde toujours en genre et en nombre avec son sujet. *Ils se sont soustraits à la loi.*
CONJUGAISON : VOIR MODÈLE SOUSTRAIRE.
Le passé simple et l'imparfait du subjonctif sont inusités. Le ***y*** est suivi d'un ***i*** à la première et à la deuxième personne du pluriel de l'indicatif imparfait et du subjonctif présent. *(Que) nous soustrayions, (que) vous soustrayiez.*

SOUS-TRAITANCE n. f. (pl. *sous-traitances*)
Recours à des sous-traitants. *Des sous-traitances fréquentes* (et non des *sous-contrats).
✎ sous-traitance.

SOUS-TRAITANT, ANTE adj. et n. m.
Se dit d'une personne physique ou morale proposée par le titulaire d'un marché pour exécuter, sous la responsabilité du titulaire, une partie des prestations. *Ce sont des sous-traitants* (et non des *sous-contracteurs) *qui exécutent les travaux.*

SOUS-TRAITER v. tr.
Faire appel à un sous-traitant. *Les travaux de peinture ont été sous-traités* (et non *sous-contractés).
CONJUGAISON : VOIR MODÈLE AIMER.

SOUS-UTILISER v. tr.
Utiliser de façon insuffisante. *Ces employés compétents sont sous-utilisés.*
CONJUGAISON : VOIR MODÈLE AIMER.

CONJUGAISON DU VERBE **SOUSTRAIRE**

INDICATIF

PRÉSENT		PASSÉ COMPOSÉ		
je	soustra**is**	j'	ai	soustrait
tu	soustra**is**	tu	as	soustrait
elle	soustra**it**	elle	a	soustrait
il	soustra**it**	il	a	soustrait
nous	soustra**yons**	nous	avons	soustrait
vous	soustra**yez**	vous	avez	soustrait
elles	soustra**ient**	elles	ont	soustrait
ils	soustra**ient**	ils	ont	soustrait

IMPARFAIT		PLUS-QUE-PARFAIT		
je	soustra**yais**	j'	avais	soustrait
tu	soustra**yais**	tu	avais	soustrait
elle	soustra**yait**	elle	avait	soustrait
il	soustra**yait**	il	avait	soustrait
nous	soustra**yions**	nous	avions	soustrait
vous	soustra**yiez**	vous	aviez	soustrait
elles	soustra**yaient**	elles	avaient	soustrait
ils	soustra**yaient**	ils	avaient	soustrait

PASSÉ SIMPLE	PASSÉ ANTÉRIEUR		
(n'existe pas)	j'	eus	soustrait
	tu	eus	soustrait
	elle	eut	soustrait
	il	eut	soustrait
	nous	eûmes	soustrait
	vous	eûtes	soustrait
	elles	eurent	soustrait
	ils	eurent	soustrait

FUTUR SIMPLE		FUTUR ANTÉRIEUR		
je	soustra**irai**	j'	aurai	soustrait
tu	soustra**iras**	tu	auras	soustrait
elle	soustra**ira**	elle	aura	soustrait
il	soustra**ira**	il	aura	soustrait
nous	soustra**irons**	nous	aurons	soustrait
vous	soustra**irez**	vous	aurez	soustrait
elles	soustra**iront**	elles	auront	soustrait
ils	soustra**iront**	ils	auront	soustrait

CONDITIONNEL PRÉSENT		CONDITIONNEL PASSÉ		
je	soustra**irais**	j'	aurais	soustrait
tu	soustra**irais**	tu	aurais	soustrait
elle	soustra**irait**	elle	aurait	soustrait
il	soustra**irait**	il	aurait	soustrait
nous	soustra**irions**	nous	aurions	soustrait
vous	soustra**iriez**	vous	auriez	soustrait
elles	soustra**iraient**	elles	auraient	soustrait
ils	soustra**iraient**	ils	auraient	soustrait

SUBJONCTIF

PRÉSENT			PASSÉ			
que	je	soustra**ie**	que	j'	aie	soustrait
que	tu	soustra**ies**	que	tu	aies	soustrait
qu'	elle	soustra**ie**	qu'	elle	ait	soustrait
qu'	il	soustra**ie**	qu'	il	ait	soustrait
que	nous	soustra**yions**	que	nous	ayons	soustrait
que	vous	soustra**yiez**	que	vous	ayez	soustrait
qu'	elles	soustra**ient**	qu'	elles	aient	soustrait
qu'	ils	soustra**ient**	qu'	ils	aient	soustrait

IMPARFAIT	PLUS-QUE-PARFAIT			
(n'existe pas)	que	j'	eusse	soustrait
	que	tu	eusses	soustrait
	qu'	elle	eût	soustrait
	qu'	il	eût	soustrait
	que	nous	eussions	soustrait
	que	vous	eussiez	soustrait
	qu'	elles	eussent	soustrait
	qu'	ils	eussent	soustrait

IMPÉRATIF

PRÉSENT	PASSÉ	
soustra**is**	aie	soustrait
soustra**yons**	ayons	soustrait
soustra**yez**	ayez	soustrait

INFINITIF

PRÉSENT	PASSÉ
soustra**ire**	avoir soustrait

PARTICIPE

PRÉSENT	PASSÉ
soustra**yant**	soustrait, aite
	ayant soustrait

S

SOUS-VERRE n. m. (pl. *sous-verres*)
Image, photographie, etc., recouverte d'une plaque de verre.

SOUS-VÊTEMENT n. m. (pl. *sous-vêtements*)
Vêtement de dessous. *Alix porte des sous-vêtements chauds pour skier.*

SOUS-VIRER v. intr.
(AUTO.) Déraper par l'avant, vers l'extérieur de la courbe. ANT. survirer.
CONJUGAISON : VOIR MODÈLE AIMER.

***SOUS ZÉRO**
Anglicisme pour ***au-dessous de zéro.*** *Il fait 15 °C au-dessous de zéro* (et non *sous zéro ou *en bas de zéro).

SOUTANE n. f.
Longue robe du prêtre.

SOUTE n. f.
1. Cale d'un navire. *Des marchandises et des provisions sont entreposées dans la soute du cargo.*
2. Niveau inférieur de la carlingue d'un avion. *La soute à bagages.*

SOUTENABLE adj.
Qui peut être soutenu, défendu. *Une opinion parfaitement soutenable.* SYN. défendable.

SOUTENANCE n. f.
Action d'exposer une thèse de doctorat devant un jury.

SOUTÈNEMENT n. m.
Appui, construction destinée à soutenir (un remblai, une excavation, etc.). *Un mur de soutènement.*

SOUTENEUR n. m.
Personne qui tire avantage de la prostitution d'autrui. SYN. proxénète.

SOUTENIR v. tr., pronom.
VERBE TRANSITIF
1. Maintenir, supporter. *Cette poutre soutient la charpente.* SYN. porter.
2. Appuyer. *Soutenir* (et non *supporter) *des collègues.* SYN aider ; encourager ; épauler.
3. Aider financièrement. *Soutenir* (et non *supporter) *une mission commerciale organisée par des étudiants.* SYN. commanditer ; financer ; parrainer.
4. Affirmer. *Elle soutient que cette affirmation est exacte. Elle ne soutient pas que ce renseignement soit juste.* SYN. assurer ; faire valoir.
À la forme affirmative, le verbe est suivi de l'indicatif. À la forme négative, le verbe est généralement suivi du subjonctif, parfois de l'indicatif.
VERBE PRONOMINAL
1. Se maintenir en position d'équilibre. *Elle n'arrive plus à se soutenir sur l'eau, elle va couler ! Au secours !*
2. S'entraider. *Ces personnes se sont toujours soutenues.* SYN. s'épauler.
À la forme pronominale, le participe passé de ce verbe s'accorde toujours en genre et en nombre avec son sujet. *Les membres de notre famille se sont bien soutenus.*
LOCUTIONS
– ***Soutenir la comparaison.*** Se comparer souvent avantageusement.
– ***Soutenir le choc.*** Résister.
CONJUGAISON : VOIR MODÈLE VENIR.
INDICATIF PRÉSENT *Je soutiens, tu soutiens, il soutient, nous soutenons, vous soutenez, ils soutiennent.* IMPARFAIT *Je soutenais.* PASSÉ SIMPLE *Je soutins.* FUTUR *Je soutiendrai.* CONDITIONNEL PRÉSENT *Je soutiendrais.* IMPÉRATIF PRÉSENT *Soutiens, soutenons, soutenez.* SUBJONCTIF PRÉSENT *Que je soutienne.* IMPARFAIT *Que je soutinsse.* PARTICIPE PRÉSENT *Soutenant.* PASSÉ *Soutenu, ue.*

SOUTENU, UE adj.
1. Se dit d'un style, d'un langage qui évite toute familiarité, qui se maintient à un niveau élevé. *Un style, un registre soutenu* (par opposition à *familier).* SYN. littéraire.
2. Constant. *Des efforts soutenus.* SYN. ininterrompu.
3. Accentué. *Un vert soutenu.* ANT. pâle.

SOUTERRAIN, AINE adj. et n. m.
ADJECTIF
1. Qui est sous la terre. *Une rivière souterraine.*
2. (FIG.) Caché, clandestin. *Le marché souterrain de la drogue.*
NOM MASCULIN
Passage creusé sous la terre. *Un souterrain secret reliait l'église à ce bâtiment.*
souterrain.

SOUTIEN n. m.
1. Ce qui soutient.
2. (FIG.) Appui. *Un soutien* (et non *support) *moral précieux.* SYN. aide ; défense ; protection.
LOCUTIONS
– ***Soutien à domicile.*** Service offert à des personnes désirant demeurer chez elles malgré certaines incapacités, et consistant à la préparation de repas et autres tâches ménagères, à des soins hygiéniques, à l'achat de nourriture et de produits d'usage quotidien, etc. (GDT). *Le soutien à domicile est principalement destiné aux personnes âgées ou handicapées.*
– ***Soutien de famille.*** Personne qui assure la subsistance d'une famille.
soutien.

SOUTIEN-GORGE n. m. (pl. *soutiens-gorge* ou *soutiens-gorges*)
Sous-vêtement féminin servant à soutenir la poitrine. *Des soutiens-gorge* (et non des *brassières) *de dentelle.*
Le premier élément du mot composé est le nom ***soutien*** qui prend la marque du pluriel et non le verbe ***soutient*** ; le deuxième élément peut prendre la marque du pluriel ou non.
soutien-gorge.

SOUTIRER v. tr.
(PÉJ.) Obtenir par la ruse, la persuasion. *Il a réussi à lui soutirer 100 $ pour aller jouer au casino.* SYN. extorquer.
CONJUGAISON : VOIR MODÈLE AIMER.

SOUVENANCE n. f.
(LITT.) Souvenir. *J'ai souvenance de ces doux moments.*

SOUVENIR n. m.
1. Mémoire. *Dans mon souvenir, l'école primaire que je fréquentais était très grande.*
2. Choses, impressions que la mémoire a retenues. *J'ai de bons souvenirs de ce voyage. Des souvenirs d'enfance.* SYN. réminiscence.
3. Petit cadeau touristique. *Pierre achète des souvenirs de cette ville, jolies babioles qu'il offrira à ses amis au retour.*
Mis en apposition, le nom est précédé ou non d'un trait d'union et prend la marque du pluriel. *Des photos-souvenirs, des menus souvenirs.*
LOCUTIONS
– ***Album(-)souvenir.*** Recueil où sont consignés des textes, des illustrations, des témoignages relatifs à un événement, une personne, etc. *Des albums souvenirs largement illustrés.*
– ***En souvenir de,*** loc. prép. Pour rappeler, pour garder présent à la mémoire quelqu'un, quelque chose. *Voici une petite aquarelle en souvenir de ces moments agréables passés ensemble à Collioure.*
– ***Livre(-)souvenir.*** Ouvrage publié pour témoigner du passé, d'un événement. *L'École des HEC de Montréal a publié un livre-souvenir en 2007 à l'occasion du 100ᵉ anniversaire de sa fondation.*

SOUVENIR v. impers., pronom.
VERBE IMPERSONNEL
(LITT.) Revenir à la mémoire. *Il me souvient d'avoir lu ce poème. Te souvient-il de ce jour?*
VERBE PRONOMINAL
1. Se rappeler. *La devise du Québec est* Je me souviens. *Souviens-t'en* (et non *souviens-toi-z-en), *souvenons-nous-en, souvenez-vous-en.*
Contrairement au verbe ***se rappeler,*** qui se construit sans préposition, le verbe ***se souvenir*** se construit avec ***de***. *Ils se sont souvenus de leur promesse.*
2. Garder présent à la mémoire. *Je me souviens qu'il était là. Je ne me souviens pas qu'il soit venu. Elles se sont souvenues de cette rencontre.* SYN. (LITT.) se remémorer.
Suivi de la conjonction ***que***, le verbe se construit avec l'indicatif dans une phrase affirmative, avec le subjonctif, dans une phrase négative.
Le participe passé de ce verbe, qui n'existe qu'à la forme pronominale, s'accorde toujours en genre et en nombre avec son sujet. *Les amis dont Léa s'est souvenue.*
CONJUGAISON : VOIR MODÈLE VENIR.
INDICATIF PRÉSENT *Je me souviens, tu te souviens, il se souvient, nous nous souvenons, vous vous souvenez, ils se souviennent.* IMPARFAIT *Je me souvenais.* PASSÉ SIMPLE *Je me souvins.* FUTUR *Je me souviendrai.* CONDITIONNEL PRÉSENT *Je me souviendrais.* IMPÉRATIF PRÉSENT *Souviens-toi, souvenons-nous, souvenez-vous.* SUBJONCTIF PRÉSENT *Que je me souvienne.* IMPARFAIT *Que je me souvinsse.* PARTICIPE PRÉSENT *Se souvenant.* PASSÉ *Souvenu, ue.*

SOUVENT adv.
1. À de nombreuses reprises. *Jules a été souvent au cinéma ces derniers temps.* SYN. fréquemment. ANT. rarement.
2. Généralement. *Elle est souvent présente à nos rencontres.* SYN. habituellement; la plupart du temps.
FORME FAUTIVE
*plus souvent qu'autrement. Calque de «*more often than not*» pour ***la plupart du temps, le plus souvent.***

SOUVERAIN, AINE adj. et n. m. et f.
ADJECTIF
1. Efficace, excellent. *Ce médicament est souverain contre les maux de tête ou pour la fièvre.*
2. Indépendant. *Un État souverain.*
3. Qui n'est subordonné à personne. *Une autorité souveraine.*
NOM MASCULIN ET FÉMININ
Roi, empereur, monarque. *La souveraine actuelle de l'Angleterre est Élisabeth II.*

SOUVERAINEMENT adv.
1. D'une manière souveraine. *Ce gouvernement peut légiférer souverainement.*
2. Extrêmement, au plus haut point. *Une conférence souverainement soporifique.*

SOUVERAINETÉ n. f.
1. Autorité suprême d'un souverain, du peuple dans une démocratie. *La souveraineté du peuple.*
2. Indépendance d'un État. *Le Québec accédera-t-il à la souveraineté?*

SOUVERAINISTE adj. et n. m. et f.
Partisan de l'indépendance d'un État. *Un parti souverainiste. Les souverainistes québécois.*

SOUVLAKI n. m. (pl. *souvlakis*)
Brochette de poulet, d'agneau, etc., à la grecque. *Ces souvlakis étaient succulents.*

SOVIÉTIQUE adj. et n. m. et f.
De l'ex-URSS. *L'Union soviétique. Un Soviétique et une Soviétique.*
T L'adjectif s'écrit avec une minuscule; le nom, avec une majuscule.

SOYA
VOIR – SOJA.

SOYEUX, EUSE adj.
Qui a l'aspect brillant de la soie, qui est fin et doux. *Une étoffe soyeuse.*

SPA n. m.
1. Bain à remous. *Il faut vérifier quotidiennement le pH du spa – qui doit se situer entre 7,2 et 7,4 – et la teneur en désinfectant, que ce soit du chlore, du brome ou du lithium.*
2. Centre de remise en forme doté de saunas et de bains à remous. *Pour la Saint-Valentin, offrez à votre amie une journée dans un centre de santé avec spa et toute une gamme de massages, dit la réclame.*

SPACIEUSEMENT adv.
De façon spacieuse. *Ils sont logés spacieusement.*

SPACIEUX, IEUSE adj.
Vaste, grand. *Une bibliothèque spacieuse.*
spacieux.

SPAGHETTI n. m. (pl. *spaghettis*)
Les lettres ***gh*** se prononcent ***gu*** et le ***e*** se prononce ***é*** ou ***è***, [spageti, spagɛti].
Pâte alimentaire allongée. *Des spaghettis carbonara.*
Certains auteurs conservent le pluriel italien du mot en ***i***; il paraît plus logique d'intégrer le mot au français et de mettre un ***s*** au pluriel.
spaghetti.

***SPAM**
Anglicisme pour ***pourriel.***

SPARADRAP n. m.
(PHARM.) Adhésif, souvent combiné avec un petit pansement. *Des sparadraps couleur chair.*
Au Québec, le terme ***sparadrap*** n'est pas usité, le nom ***diachylon*** est vieilli et le mot ***plaster*** est un anglicisme; on privilégiera le terme ***pansement (adhésif).***

SPASME n. m.
Contraction musculaire. SYN. crampe; crispation.

SPASMODIQUE adj.
Qui est relatif au spasme. *Un mouvement spasmodique.*

SPATIAL, IALE, IAUX adj.
Le ***t*** se prononce comme un ***s***; le mot rime avec ***spécial.***
(DIDACT.) Qui est relatif à l'espace. *Des engins spatiaux, une navette spatiale.*
spatial.

SPATIO-TEMPOREL ou **SPATIOTEMPOREL, ELLE** adj.
Relatif à l'espace et au temps. *Une dimension spatiotemporelle.*
spatio-temporel.

SPATULE n. f.
Ustensile formé d'un manche et d'une lame plate.
spatule.

SPÉCIAL, IALE, IAUX adj.
1. Qui s'applique exclusivement à une personne, à une chose. *Un visage très spécial.* SYN. caractéristique; propre à; singulier. ANT. commun.
Ne pas confondre avec l'adjectif ***spécifique,*** qui est caractéristique d'une espèce.
2. Particulier, destiné à une personne, à un groupe. *Une classe spéciale de rattrapage. Des timbres spéciaux. Achetez l'édition spéciale!* SYN. exceptionnel. ANT. courant.
3. Bizarre, non courant. *Ce vêtement est un peu spécial.* SYN. excentrique; original.
FORMES FAUTIVES
*en spécial. Anglicisme pour ***au rabais, soldé.***
*livraison spéciale. Calque de «*special delivery*» pour ***livraison par exprès.***
*prix spécial. Anglicisme au sens de ***prix réduit.***

S

*spécial. Anglicisme au sens de ***extraordinaire.*** *Une assemblée extraordinaire* (et non *spéciale).
*spécial du jour. Anglicisme pour ***plat du jour, menu du jour.***
*spéciaux. Anglicisme au sens de ***soldes.***

SPÉCIALEMENT adv.
D'une manière spéciale. *Bruno a acheté ce livre spécialement pour moi.* SYN. en particulier ; particulièrement.

SPÉCIALISATION n. f.
Fait de se spécialiser. *Choisiras-tu une spécialisation en géographie ?*

SPÉCIALISÉ, ÉE adj.
Qui est relatif à un domaine particulier de l'activité, de l'enseignement. *Une formation spécialisée en finance. Le vocabulaire spécialisé de l'informatique.*

SPÉCIALISER v. tr., pronom.
VERBE TRANSITIF
Donner une formation précise. *Spécialiser des étudiants en infographie.*
VERBE PRONOMINAL
Acquérir des connaissances dans un domaine particulier. *Étienne s'est spécialisé en neurologie : il est neurologue.*
À la forme pronominale, le participe passé de ce verbe s'accorde toujours en genre et en nombre avec son sujet. *Sa nièce s'est spécialisée en pédiatrie.*
Le verbe se construit avec les prépositions ***en, dans.***
CONJUGAISON : VOIR MODÈLE AIMER.

SPÉCIALISTE adj. et n. m. et f.
1. Personne qui a reçu une formation poussée et qui a acquis une grande expérience dans un domaine particulier, surtout scientifique ou technique. *Une spécialiste de l'archéologie.* SYN. expert.
2. Médecin spécialisé dans un domaine précis (par opposition à ***généraliste***). *Un neurologue est un médecin qui est un spécialiste du système nerveux.*

SPÉCIALITÉ n. f.
1. Secteur d'études, d'activité déterminé. *Une spécialité en informatique. L'étude et la mise à jour des langues de spécialités, c'est-à-dire de la terminologie des différents domaines.* SYN. branche ; domaine.
2. Mets typique d'une région, d'un chef. *La spécialité du chef.*

SPÉCIEUX, IEUSE adj.
Qui est de nature à induire en erreur, qui n'a qu'une apparence de vérité. *Des affirmations spécieuses.*
spécieux.

SPÉCIFICATION n. f.
1. (DIDACT.) Action de spécifier, de déterminer précisément quelque chose. *La spécification des conditions d'un marché.*
2. Définition des caractéristiques d'un produit, d'un service. *Des spécifications techniques.*
spécification.

SPÉCIFICITÉ n. f.
Caractère de ce qui est spécifique. *La spécificité d'un virus.*
spécificité.

SPÉCIFIER v. tr.
Mentionner clairement, préciser. *As-tu spécifié la date de notre rendez-vous ?* SYN. indiquer.
CONJUGAISON : VOIR MODÈLE ÉTUDIER.
Redoublement du ***i*** à la première et à la deuxième personne du pluriel de l'indicatif imparfait et du subjonctif présent. *(Que) nous spécifiions, (que) vous spécifiiez.*
spécifier.

SPÉCIFIQUE adj.
Qui est propre à une espèce. *Le goût spécifique de l'érable. Un terme spécifique, par opposition à un terme générique.* ANT. générique.
L'adjectif ***spécifique*** se construit avec la préposition ***de.*** *Les caractéristiques spécifiques d'un champignon.* Par contre, l'adjectif ***propre*** se construit avec la préposition ***à.*** *Les qualités propres à cette personne sont le dynamisme et la détermination.*
Ne pas confondre avec l'adjectif ***spécial,*** propre à une personne, à une chose.
spécifique.

SPÉCIFIQUEMENT adv.
D'une manière spécifique.
spécifiquement.

SPÉCIMEN n. m. (pl. *spécimens*)
Le ***n*** se prononce, [spesimɛn] ; le mot rime avec ***mène.***
Échantillon. *Des spécimens d'insectes bien conservés sont exposés à l'Insectarium.*
Ce mot d'origine latine est francisé ; il s'écrit avec un accent aigu et prend la marque du pluriel.
FORME FAUTIVE
*spécimen (de sang, d'urine, etc.). Anglicisme au sens de ***prélèvement, échantillon (de sang, d'urine, etc.)*** (DDFM).

SPECTACLE n. m.
1. Ce qui s'offre à la vue et peut retenir l'attention. *Le spectacle de la mer qui vient battre les rochers.* SYN. scène ; tableau ; vue.
2. Représentation (cinématographique, théâtrale, etc.). *Un spectacle de ballet, de musique. Une salle de spectacle* ou *de spectacles.*
3. Secteur d'activité touchant le théâtre, le cinéma. *L'industrie du spectacle* (et non le *show business).
LOCUTIONS
– ***Au spectacle de,*** loc. prép. À la vue de. *Au spectacle de cette explosion, ils se mirent à crier au secours.* SYN. au vu de.
– ***Se donner en spectacle.*** S'exposer à la vue de, à l'attention de, pour attirer l'attention. SYN. s'afficher ; s'exhiber.

SPECTACULAIRE adj.
Impressionnant, frappant. *Un incendie spectaculaire, un succès spectaculaire.*
spectaculaire.

SPECTATEUR, TRICE n. m. et f.
Personne qui assiste à un spectacle. *Les spectateurs ont applaudi avec enthousiasme.*

SPECTRAL, ALE, AUX adj.
1. (LITT.) Qui a le caractère d'un fantôme. *Des personnages spectraux.*
2. Relatif au spectre de la lumière. *Une analyse spectrale.*

SPECTRE n. m.
1. Fantôme. *As-tu vu des spectres dans la Maison hantée de La Ronde ?*
2. Décomposition de la lumière solaire en couleurs allant du violet au rouge. *Les couleurs du spectre sont rouge, orangé, jaune, vert, bleu, indigo et violet.*
3. (FIG.) Apparition, vision de quelque chose de terrifiant. *Le spectre de la guerre.*
Ne pas confondre avec le nom ***sceptre,*** bâton de commandement, symbole de l'autorité.

SPÉCULATEUR, TRICE n. m. et f.
Personne qui fait de la spéculation financière.

SPÉCULATIF, IVE adj.
1. Qui s'attache à la spéculation, à l'étude théorique. *Une recherche spéculative.* ANT. pragmatique ; pratique.
2. Relatif à la spéculation financière. *Des titres spéculatifs.*

SPÉCULATION n. f.
1. (PHILOS.) Considération théorique. *Se livrer à des spéculations.* SYN. théorie. ANT. pratique.
2. Technique d'achat ou de revente de biens, de titres en vue de tirer profit des fluctuations de leur prix, de leur cours. *Les promoteurs font de la spéculation sur des immeubles du quartier.*
FORME FAUTIVE
*spéculations. Anglicisme au sens de ***conjecture, hypothèse, prédiction.***

SPÉCULER v. intr.
1. Réfléchir sur, examiner de façon théorique.
2. Faire des spéculations financières. *Spéculer sur des titres du secteur de la biotechnologie.*
CONJUGAISON : VOIR MODÈLE AIMER.

SPÉCULUM n. m.
Les lettres ***um*** se prononcent ***om,*** [spekylɔm] ; le nom rime avec ***pomme.***
Instrument médical destiné à faciliter l'examen d'une cavité. *Des spéculums jetables.*
Ce nom d'origine latine est francisé : il s'écrit avec un accent aigu et prend la marque du pluriel.

***SPEECH**
Anglicisme pour ***allocution, sermon.***

***SPEED BUMP**
Anglicisme pour ***ralentisseur.***

***SPEEDOMÈTRE**
Anglicisme pour ***indicateur de vitesse.***

SPÉLÉOLOGIE n. f.
Étude scientifique des grottes, des gouffres.

SPÉLÉOLOGIQUE adj.
Relatif à la spéléologie. *Des recherches spéléologiques.*

SPÉLÉOLOGUE n. m. et f.
Spécialiste de la spéléologie. *Les spéléologues ont découvert des grottes préhistoriques.*

SPERMAT(O)- préf.
Élément du grec signifiant « semence ».

SPERMATIQUE adj.
Relatif au sperme.

SPERMATOZOÏDE n. m.
Cellule reproductrice mâle.
spermatozoïde.

SPERME n. m.
Liquide produit par les glandes reproductrices de l'homme.

SPERMICIDE adj. et n. m.
Anticonceptionnel qui détruit les spermatozoïdes. *Un produit spermicide. Des spermicides efficaces.*
spermicide.

SPHÈRE n. f.
1. Corps solide en forme de boule. *La sphère terrestre.*
2. Domaine d'activité. *Les hautes sphères de la recherche médicale. Une sphère d'influence.*
Le nom ***sphère*** et ses composés ***atmosphère, stratosphère*** sont du genre féminin, alors que les noms ***hémisphère, planisphère*** sont du genre masculin.

SPHÉRIQUE adj.
Qui a la forme d'une sphère. *Un corps sphérique.* SYN. rond.

SPHINCTER n. m.
Le ***c*** et le ***r*** sont sonores, [sfɛ̃ktɛr] ; le nom rime avec ***terre.***
Muscle qui resserre un orifice naturel. *Des sphincters.*

SPHINX n. m.
Le ***x*** est sonore, [sfɛ̃ks], comme dans ***lynx.***
1. Dans l'Égypte ancienne, personnage mythique à corps de lion et à tête humaine chargé de garder les tombeaux.
[T] En ce sens, le nom s'écrit avec une minuscule ; le féminin peu usité de ce nom est ***sphinge.***
2. (FIG.) Personne énigmatique. *Ce président est un sphinx.*
sphinx.

SPHYGMOMANOMÈTRE n. m.
Appareil servant à mesurer la tension artérielle. SYN. tensiomètre.
sphygmomanomètre.

SPI n. m.
Abréviation familière de ***spinnaker.***

SPINNAKER n. m.
Le ***r*** se prononce ; le nom rime avec ***cœur*** ou avec ***équerre,*** [spinakœr, spinakɛr].
S'abrège familièrement en ***spi*** (s'écrit sans point).
Voile d'avant servant à accroître la vitesse. *Des spinnakers multicolores.*

SPIRALE n. f.
Courbe qui tourne autour d'un axe central, souvent en s'écartant de plus en plus. *La spirale d'une hélice de navire.*
LOCUTION
– ***En spirale,*** loc. adj. En colimaçon. *Un escalier en spirale.* SYN. en hélice.

SPIRITISME n. m.
Science occulte fondée sur les communications entre les vivants et les âmes des morts.

SPIRITUALITÉ n. f.
Caractère de ce qui est esprit.

SPIRITUEL, ELLE adj. et n. m. et f.
1. Qui se rapporte à l'esprit, d'ordre moral. *La vie spirituelle. Le spirituel et le temporel.* SYN. immatériel. ANT. matériel.
2. Qui a de l'esprit, drôle. *Une réponse spirituelle.* SYN. amusant ; fin.

SPIRITUELLEMENT adv.
1. En esprit, de l'ordre de l'esprit.
2. D'une manière spirituelle. *Il lui a répondu très spirituellement.*

SPIRITUEUX, EUSE adj. et n. m.
ADJECTIF
Qui contient de l'alcool.
NOM MASCULIN
Boisson forte en alcool. *Vins et spiritueux.*
Dans l'affichage des établissements autorisés à vendre des boissons alcooliques, on utilisera les expressions ***Vin, bière et spiritueux*** (et non *licence complète) pour les restaurants et ***Bière, vin et cidre*** (et non *épicier licencié) pour les épiceries.

SPLEEN n. m.
Les lettres ***ee*** se prononcent ***i,*** [splin], comme dans ***mine.***
(LITT.) Mélancolie. *Le spleen est un des thèmes des poètes romantiques et symbolistes.* SYN. ennui ; vague à l'âme.

SPLENDEUR n. f.
Beauté merveilleuse, majesté. *La splendeur du château de Chenonceaux.*
splendeur.

SPLENDIDE adj.
Magnifique, éclatant. *Les paysages splendides de la Corse. Il fait un temps splendide, idéal pour une randonnée.* SYN. merveilleux ; somptueux.
splendide.

SPLENDIDEMENT adv.
D'une manière splendide.

SPOLIATION n. f.
(DR.) Action de spolier.
spoliation.

S

SPOLIER v. tr.
(DR.) Dépouiller quelqu'un d'un bien, d'un droit.
CONJUGAISON : VOIR MODÈLE ÉTUDIER.
Redoublement du ***i*** à la première et à la deuxième personne du pluriel de l'indicatif imparfait et du subjonctif présent. *(Que) nous spoliions, (que) vous spoliiez.*
✏ spolier.

SPONGIEUX, IEUSE adj.
Qui ressemble à l'éponge, qui s'imbibe comme elle. *Une pelouse spongieuse.*

SPONSOR n. m.
Anglicisme utilisé en France au sens de ***commanditaire, parraineur.***

SPONSORING n. m.
Anglicisme utilisé en France au sens de ***commandite, parrainage.***

SPONSORISER v. tr.
Anglicisme utilisé en France au sens de ***commanditer, parrainer.***
CONJUGAISON : VOIR MODÈLE AIMER.

SPONTANÉ, ÉE adj.
1. Qui se fait de soi-même, sans cause extérieure. *Une réaction spontanée.* SYN. naturel.
2. Naturel, sincère. *Des personnes spontanées.*

SPONTANÉITÉ n. f.
Franchise, naturel. *Elle lui a répondu avec beaucoup de spontanéité qu'elle n'était pas d'accord.* SYN. sincérité.
✏ spontanéité.

SPONTANÉMENT adv.
1. Naturellement, sans y être obligé. *Il m'a spontanément offert son aide.*
2. Avec spontanéité. *« Pour Eveline, dans la vie, il y avait eu si peu d'étrangers, car spontanément elle était amie des êtres »* (Gabrielle Roy, *De quoi t'ennuies-tu, Éveline?*).
✏ spontanément.

SPORADIQUE adj.
Qui se produit occasionnellement. *Des grèves sporadiques.*
✏ sporadique.

SPORADIQUEMENT adv.
Occasionnellement. *Une production arrêtée sporadiquement.* SYN. de temps en temps; irrégulièrement.
✏ sporadiquement.

SPORE n. f.
Cellule reproductrice de certains végétaux. *Les spores des fougères.*
☞ Attention au genre féminin de ce nom : ***une*** spore.
HOM. ***sport,*** exercices physiques.

SPORT adj. inv. et n. m.
NOM MASCULIN
1. Ensemble des exercices physiques pratiqués individuellement ou collectivement et ayant pour but le développement du corps et de la saine compétitivité.
2. Forme particulière de cette activité. *Le ski est son sport préféré.*
ADJECTIF INVARIABLE
1. Approprié pour le sport, en parlant d'une chose. *Des vêtements sport.* SYN. de sport.
2. Loyal, selon l'esprit du sport, en parlant d'une personne. *Ils ont été très sport dans la défaite et nous ont offert leurs félicitations.* SYN. sportif.
☞ L'adjectif ne prend pas la marque du féminin ni du pluriel.
LOCUTIONS
– ***De sport,*** loc. adj. Approprié pour faire du sport. *Des chaussures de sport.*
– ***Le sport.*** Ensemble des exercices physiques comportant des règles précises et qui sont pratiqués sous forme de jeux individuels ou collectifs. *Ces jeunes aiment le sport. La pratique du sport est bonne pour la santé.*
HOM. ***spore,*** cellule reproductrice de certains végétaux.

SPORTIF, IVE adj. et n. m. et f.
ADJECTIF
1. Relatif aux sports. *Une compétition sportive. Les émissions sportives.*
2. Qui aime le sport, respecte l'esprit du sport. *Des personnes sportives et en forme.*
NOM MASCULIN ET FÉMININ
Personne qui pratique un sport. *Ces skieurs sont de grands sportifs.*

SPORTIVEMENT adv.
Avec un esprit sportif. *Ils ont accepté la défaite sportivement.*

SPOT n. m. (pl. *spots*)
👄 Le ***t*** se prononce, [spɔt]; le nom rime avec ***sotte.***
Projecteur à faisceau étroit. *Des spots montés sur un rail.*
FORME FAUTIVE
*spot. Anglicisme au sens de ***message publicitaire.***

***SPRAY NET**
Anglicisme pour ***laque.*** *J'ai mis un peu de laque* (et non de *spray net) *sur mes cheveux.*

***SPRINKLER**
Anglicisme pour ***gicleur.***

SQUALE n. m.
👄 Les lettres ***ua*** se prononcent ***oua,*** [skwal]; le nom rime avec ***poil.***
Poisson de grande taille très vorace. *Le requin est un squale.*
✏ squale.

SQUARE n. m.
👄 Le nom se prononce à la française, [skwar]; il rime avec ***poire.***
Petit jardin public, généralement situé sur une place et souvent entouré d'une grille. *Il a ses bureaux près du square* (et non *carré) *Dominion. « Nous avions atteint une sorte de petit square au bout d'une rue où il y avait un banc, quelques arbres, une fontaine peut-être »* (Gabrielle Roy, *La Détresse et l'Enchantement*).
☞ Ce terme ne peut être utilisé comme générique pour nommer les rues qui entourent le jardin public ni les immeubles qui y sont adjacents.

SQUASH n. m.
👄 Le ***u*** se prononce ***ou,*** [skwaʃ]; le nom rime avec ***gouache.***
Jeu de balle à l'intérieur d'une pièce fermée. *Il joue au squash et au tennis toutes les semaines.*

SQUATTER n. m. (pl. *squatters*)
👄 Le ***u*** se prononce ***ou*** et le ***r*** est sonore, [skwatɛr]; le nom rime avec ***terre.***
Personne sans abri qui s'installe dans un logement inoccupé.
[Les *Rectifications* (1990) admettent : squatteur, squatteuse.]

SQUAW n. f. (pl. *squaws*)
👄 Le ***u*** se prononce ***ou,*** [skwa].
(VIEILLI) Femme mariée, chez les Amérindiens.

SQUELETTE n. m.
1. Ensemble des os des vertébrés. *Ce squelette illustré permet d'étudier l'anatomie humaine.* SYN. ossature.
2. (FIG.) Plan, structure générale. *Le squelette d'un texte.*
✏ squelette.

SQUELETTIQUE adj.
Qui ressemble à un squelette, très maigre. *Ces personnes squelettiques meurent de faim.*
✏ squelettique.

SRAG
Sigle de ***syndrome respiratoire aigu grave.***
VOIR – SYNDROME.

S.S.
Sigle de l'allemand «*Schutz-Staffel*», police du parti nazi.

S^t^, S^te^, S^ts^, S^tes^
Abréviations de ***saint, sainte, saints, saintes.***

STABILISATEUR, TRICE adj. et n. m.
ADJECTIF
De nature à stabiliser. *Des effets stabilisateurs, une réglementation stabilisatrice.*
NOM MASCULIN
Dispositif destiné à augmenter la stabilité d'un navire, d'un avion.

STABILISATION n. f.
Action d'augmenter la stabilité de quelque chose.

STABILISER v. tr., pronom.
VERBE TRANSITIF
Rendre stable. *Le barrage permet de stabiliser le niveau des cours d'eau.*
VERBE PRONOMINAL
Devenir stable. *Les cours boursiers se sont stabilisés.*
À la forme pronominale, le participe passé de ce verbe s'accorde toujours en genre et en nombre avec son sujet. *Les prix du pétrole ne se sont pas encore stabilisés.*
CONJUGAISON : VOIR MODÈLE AIMER.

STABILITÉ n. f.
Caractère de ce qui est stable, de ce qui demeure dans le même état. *La stabilité d'un véhicule. La stabilité d'une institution.* SYN. équilibre ; solidité.

STABLE adj.
1. Qui est dans un état d'équilibre, durable. *Un échafaudage peu stable.* SYN. solide.
2. Durable, permanent. *Un poste stable.* ANT. précaire.
3. Caractère de ce qui garde ou retrouve son équilibre. *Un voilier stable.*

STADE n. m.
1. Étape d'un développement. *À ce stade-ci* (et non *stage), *nous en sommes à l'expérimentation du produit.*
2. Enceinte servant aux manifestations sportives. *Le Stade olympique de Montréal a reçu trois étoiles au classement du* Guide Michelin.
Ne pas confondre avec le nom ***stage,*** période d'apprentissage.

STAFF n. m.
Plâtre moulé. *Un buste d'éphèbe en staff.*
FORMES FAUTIVES
*staff. Anglicisme au sens de ***personnel.***
*staff. Anglicisme au sens de ***conseil, fonctionnel,*** par opposition à ***hiérarchique.***

STAGE n. m.
1. Période de formation pratique qui se situe soit en cours d'études, soit entre la fin des études et le début de l'activité professionnelle, ou encore, qui constitue un complément de formation ou un recyclage (Recomm. off.). *Les avocats, les comptables doivent faire un stage.*
2. (FIG.) Période de perfectionnement. *Les nouveaux employés feront un stage dans chaque service.*
Ne pas confondre avec le nom ***stade,*** étape d'un développement.
LOCUTION
– ***Stage en entreprise.*** Stage effectué dans une société commerciale ou industrielle. *Ces étudiants pourront faire un stage en entreprise* (et non *stage industriel, *stage d'entreprise).
FORME FAUTIVE
*stage. Impropriété au sens de ***stade.***

STAGFLATION n. f.
(ÉCON.) Situation économique caractérisée par une tendance à la récession qui s'accompagne d'un accroissement de l'inflation.

STAGIAIRE adj. et n. m. et f.
Personne qui fait un stage. *Elle a été stagiaire dans une entreprise de conception de logiciels. Des étudiants stagiaires.*

STAGNANT, ANTE adj.
Les lettres ***gn*** se prononcent distinctement ***stag/nant,*** [stagnɑ̃, ɑ̃t].
1. Qui ne s'écoule pas. *Des eaux stagnantes.*
2. (ÉCON.) (FIG.) Qui cesse de croître, ne fait pas de progrès. *Des chiffres d'affaires stagnants.*

STAGNATION n. f.
Les lettres ***gn*** se prononcent distinctement ***stag/nation,*** [stagnasjɔ̃].
1. État de ce qui est stagnant.
2. (ÉCON.) Phase d'arrêt de la croissance, absence d'activité. *La stagnation de l'économie.* SYN. inertie ; marasme.

STAGNER v. intr.
Les lettres ***gn*** se prononcent distinctement ***stag/ner,*** [stagne].
1. Ne pas couler, en parlant d'un liquide. *Dans cette baie, l'eau stagne et sent mauvais.* SYN. croupir.
2. (FIG.) Ne pas progresser, aller au ralenti. *Les négociations stagnent depuis un mois.*
CONJUGAISON : VOIR MODÈLE AIMER.

***STAINLESS STEEL**
Anglicisme pour ***acier inoxydable.***

STALACTITE n. f.
Concrétion calcaire qui se forme sous la voûte d'une caverne. *Les stalactites ressemblent aux glaçons qui pendent des toits en hiver, mais comme elles sont en pierre, elles mettent des centaines d'années à se former.*
Ne pas confondre avec le nom ***stalagmite,*** concrétion calcaire qui se forme sur le sol d'une caverne. Pour se rappeler la distinction entre ***stalagmite*** et ***stalactite,*** il suffit de penser à ***m*** pour « monter » et à ***t*** pour « tomber ».
Attention au genre féminin de ce nom : ***une*** stalactite.

STALAGMITE n. f.
Concrétion calcaire qui se forme sur le sol d'une caverne.
Ne pas confondre avec le nom ***stalactite,*** concrétion calcaire qui se forme sous la voûte d'une caverne. Pour se rappeler la distinction entre ***stalagmite*** et ***stalactite,*** il suffit de penser à ***m*** pour « monter » et à ***t*** pour « tomber ».
Attention au genre féminin de ce nom : ***une*** stalagmite.

STALLE n. f.
Compartiment d'un cheval dans une écurie. *Les stalles des chevaux viennent d'être nettoyées.*
stalle.

STANCE n. f.
1. (VX) Groupe de vers (entre trois et douze). *Une stance de quatre vers est un quatrain.* SYN. strophe.
2. (AU PLUR.) Poème lyrique d'inspiration religieuse, morale ou s'apparentant à l'élégie.
stance.

STAND n. m.
Le ***d*** se prononce, [stɑ̃d] ; le nom rime avec ***grande.***
Espace réservé à une catégorie de produits, à une entreprise, etc., dans une exposition. *Des stands bien conçus.*
FORME FAUTIVE
*stand de taxis. Anglicisme pour ***station de taxis.***

S

S

STANDARD adj. et n. m. (pl. *standards*)
ADJECTIF
1. (LING.) Se dit d'une langue qui constitue la norme de référence reconnue par une communauté linguistique. *La langue standard d'un groupe linguistique est généralement écrite; elle est enseignée à l'école, diffusée par les médias et employée dans les usages officiels. Les termes* courriel, pourvoirie, fin de semaine *appartiennent au français standard du Québec.*
2. Courant, conforme à la norme. *Des appareils d'éclairage standard* ou *standards.* SYN. normalisé.
L'adjectif est invariable pour certains auteurs, mais dans l'usage courant l'adjectif est francisé et prend la marque du pluriel.
NOM MASCULIN
1. Modèle, étalon. *Des standards adoptés par l'industrie électrique.*
2. Lieu où aboutissent les fils d'un réseau téléphonique.

STANDARDISATION n. f.
Normalisation. *La standardisation des symboles des unités de mesure.*

STANDARDISER v. tr.
Uniformiser, rendre standard. *On devrait standardiser les fiches électriques qui varient d'un pays à l'autre.*
CONJUGAISON : VOIR MODÈLE AIMER.

STANDARDISTE n. m. et f.
Téléphoniste affecté au service d'un standard.

***STAND-BY**
Anglicisme pour ***attente.***

***STAND DE PATATES**
Impropriété pour ***friterie.***

***STANDING**
Anglicisme pour ***niveau de vie, luxe.***

STAPHYLOCOQUE n. m.
(MÉD.) Bactérie pathogène causant diverses infections.
staphylocoque.

STAR n. f.
Vedette du cinéma et, par extension, personne qui joue un rôle de premier plan dans tout domaine. *Les stars de l'informatique.*

***STARTING-BLOCK**
Anglicisme pour ***bloc de départ.***

***STARTING-GATE**
Anglicisme pour ***barrière de départ.***

***START-UP**
Anglicisme pour ***entreprise émergente, jeune entreprise, entreprise en démarrage.***

-STAT suff.
Élément du grec signifiant « stable ». *Rhéostat, thermostat.*

STATION n. f.
1. Lieu d'arrêt des véhicules. *Une station de métro, une station de taxis.*
2. Façon de se tenir. *De longues stations debout.*
Le mot ***debout*** est invariable.
3. Ensemble des installations liées à la recherche scientifique, à la production d'émissions, etc. *Une station météorologique, une station spatiale, une station radiophonique.*
LOCUTIONS
– ***Station de ski.*** Lieu pourvu d'importantes installations destinées à la pratique du ski et au séjour des skieurs (Recomm. off.).
– ***Station libre-service.*** Poste de distribution d'essence où le service est assuré par le client lui-même.
La forme abrégée ***libre-service*** est aussi très courante.
– ***Station météorologique.*** Ensemble des installations et des équipements nécessaires aux observations météorologiques (Recomm. off.).
FORME FAUTIVE
*station. Anglicisme au sens de ***gare.***

STATIONNAIRE adj.
Qui est stable, qui n'évolue pas. *Son état est stationnaire.*
stationnaire, deux ***n.***

STATIONNEMENT n. m.
1. Action de stationner (un véhicule). *Stationnement interdit.*
2. Lieu réservé au stationnement de véhicules. *Laisser sa voiture dans un stationnement, dans un parc de stationnement* (et non un *parking).
stationnement.

STATIONNER v. tr., intr.
VERBE TRANSITIF
Ranger un véhicule à l'écart de la circulation. *Il est interdit de stationner de ce côté de la rue. La voiture est stationnée dans le garage souterrain.* SYN. garer; parquer.
Au Québec, l'emploi transitif est courant depuis longtemps. Dans le reste de la francophonie, ce sont les verbes ***garer*** et ***parquer*** qui sont couramment utilisés en ce sens, mais on note que l'emploi du verbe ***stationner*** avec un complément direct est de plus en plus usité, notamment dans la langue technique. Certains auteurs admettent l'emploi transitif *(Grand Robert,* 2001, J.-P. Colin, Hanse); d'autres le condamnent (Girodet).
VERBE INTRANSITIF
S'arrêter dans un lieu, en parlant d'un véhicule. *Défense de stationner.*
CONJUGAISON : VOIR MODÈLE AIMER.

STATION-SERVICE n. f. (pl. *stations-service* ou *stations-services*)
Poste de distribution d'essence où sont également assurés les services d'entretien courant des véhicules automobiles.
VOIR – STATION.

STATIQUE adj. et n. f.
ADJECTIF
1. Qui est en équilibre. *Une force statique.*
2. Qui ne progresse pas. *Des mentalités statiques.*
NOM FÉMININ
Branche de la mécanique qui étudie les conditions d'équilibre des forces.
FORMES FAUTIVES
*statique. (TÉL.) Anglicisme au sens de ***friture, (bruits) parasites.***
*statique. Anglicisme au sens de ***électricité statique.***

STATIQUEMENT adv.
De façon statique.

STATISTICIEN n. m.
STATISTICIENNE n. f.
Spécialiste de la statistique.

STATISTIQUE adj. et n. f.
ADJECTIF
Relatif à la statistique. *Une analyse statistique.*
NOM FÉMININ
1. Ensemble des méthodes permettant d'analyser l'information contenue dans diverses données chiffrées. *La statistique mathématique, la statistique descriptive.*
2. Ensemble de données chiffrées relatives à un domaine spécifique. *Des statistiques sur les exportations.*
En français, le terme ***statistique*** est un collectif au sens de « méthodes d'analyse » et s'emploie au singulier comparativement à l'anglais qui préfère le pluriel. *Le Bureau de la statistique.*

STATUAIRE n. m. et f.
NOM MASCULIN ET FÉMININ
(LITT.) Sculpteur de statues.
NOM FÉMININ
Art de faire des statues.

STATUE n. f.
Sculpture représentant une personne, un animal en entier. *Une statue de la Vierge Marie.*
Les dimensions d'une statue égalent la moitié au moins de la taille naturelle. Une sculpture qui a entre 25 et 80 cm de hauteur est une statuette et si sa hauteur est inférieure à 25 cm, on la nomme ***figurine.***
HOM. ***statut,*** ensemble de règles établies.
statue.

STATUER v. intr.
Prendre une décision au sujet de quelque chose avec autorité. *Statuer sur une question.* SYN. établir ; juger ; ordonner ; trancher.
Le verbe se construit avec la préposition ***sur.***
CONJUGAISON : VOIR MODÈLE AIMER.

STATUETTE n. f.
Petite sculpture représentant une personne ou un animal et qui a entre 25 et 80 cm de hauteur. *Le sorcier manipule une statuette.*
Les dimensions d'une statue égalent la moitié au moins de la taille naturelle. Une sculpture qui a entre 25 et 80 cm de hauteur est une statuette et si sa hauteur est inférieure à 25 cm, on la nomme ***figurine.***
VOIR – STATUE.

STATU QUO n. m. inv.
Le ***u*** de la deuxième syllabe se prononce ***u***; le ***u*** de la dernière syllabe se prononce ***ou,*** [statykwo].
Expression latine signifiant « dans l'état où les choses étaient auparavant ».
État actuel des choses. *On ne peut maintenir le* statu quo.
T En typographie soignée, les mots étrangers sont composés en italique. Dans des textes déjà en italique, la notation se fait en romain. Pour les textes manuscrits, on utilisera les guillemets.
[Les *Rectifications* (1990) admettent : un statuquo, des statuquos.]

STATURE n. f.
1. Taille. *Il était de stature imposante puisqu'il mesurait plus de 2 m.*
2. (FIG.) Importance, envergure. *La grande stature d'un créateur.*

STATUT n. m.
1. (AU PLUR.) Règles établies d'une société, d'un groupement. *Les statuts d'un parti politique, d'une société.*
2. Situation de fait. *Le statut de la femme.*
L'emploi de ce mot en ce sens, critiqué par certains auteurs, est passé dans l'usage.
FORMES FAUTIVES
*statut. Anglicisme au sens de ***loi.***
*statut civil. Calque de «*civil status*» pour ***état civil.***
HOM. ***statue,*** sculpture représentant une personne.
statut.

STATUTAIRE adj.
Ce qui est relatif à un statut, à des statuts. *Des règles statutaires.*
statutaire.

STATUTAIREMENT adv.
Conformément aux statuts.

***STATUTS**
Anglicisme au sens de ***Constitution.***

S^{té}
Abréviation de ***société.***

STEAK n. m. (pl. *steaks*)
Tranche de bœuf. *Des steaks saignants, à point* (et non *médiums), *bien cuits. Du steak haché, un steak tartare bien relevé, un steak frites.*
Ce mot emprunté à l'anglais depuis plus de cent ans est admis en français.
FORME FAUTIVE
*steak (de saumon). Anglicisme au sens de ***darne*** (de saumon).

STÈLE n. f.
Monument vertical, souvent funéraire. *Une stèle de marbre.*
stèle.

STELLAIRE adj.
Relatif aux étoiles.
stellaire.

STÉN(O)- préf.
Élément du grec signifiant « étroit ». *Sténose.*

STENCIL n. m.
Le ***n*** et le ***l*** se prononcent, [stɛnsil] ; le nom rime avec ***cil.***
Papier servant à la polycopie. *Des stencils.*

STÉNO n. f.
Abréviation de ***sténographie.*** *Elle connaît la sténo.*

STÉNODACTYLO n. m. et f.
Personne qui pratique la dactylographie et la sténographie. *Des sténodactylos très compétents.*
sténodactylo, en un seul mot.

STÉNOGRAPHIE n. f.
Abréviation ***sténo*** (s'écrit sans point).
Écriture simplifiée qui permet de noter la parole à la vitesse de la prononciation normale. *Apprendre la sténographie.*
sténographie.

STÉNOGRAPHIER v. tr.
Noter à l'aide de la sténographie.
CONJUGAISON : VOIR MODÈLE ÉTUDIER.
Redoublement du ***i*** à la première et à la deuxième personne du pluriel de l'indicatif imparfait et du subjonctif présent. *(Que) nous sténographiions, (que) vous sténographiiez.*
sténographier.

STÉNOGRAPHIQUE adj.
Relatif à la sténographie. *Des caractères sténographiques.*
sténographique.

STÉNOSE n. f.
(MÉD.) Rétrécissement. *La sténose d'une artère.*
sténose, sans trait d'union.

STENT n. m. (pl. *stents*)
(MÉD.) Dispositif servant à maintenir ouvert un vaisseau en cas de sténose. SYN. endoprothèse.
Le terme ***endoprothèse*** tend de plus en plus à remplacer le nom ***stent,*** qui reprend le patronyme du Dr Charles Stent, chirurgien-dentiste anglais du XIXe siècle, qui inventa un composé favorisant le maintien des greffes cutanées (DDFM).

STENTOR n. m.
Le ***r*** est sonore, [stɑ̃tɔr] ; le nom rime avec ***tort.***
Voix forte et retentissante.
Stentor était un guerrier à la voix puissante dans l'*Iliade,* récit du siège de Troie.

STEPPE n. f.
Vaste plaine à la végétation pauvre des régions semi-arides.
steppe.

STÉRÉO adj. inv. et n. f.
ADJECTIF INVARIABLE
Abréviation de ***stéréophonique.*** *Des chaînes stéréo* (et non des *systèmes de son).
NOM FÉMININ
Abréviation de ***stéréophonie.*** *Un concert diffusé en stéréo.*

STÉRÉO- préf.
Les mots composés du préfixe ***stéréo-*** s'écrivent en un seul mot. *Stéréophonie.*

STÉRÉOPHONIE n. f.
Procédé de reproduction des sons qui donne l'impression qu'il y a plusieurs sources sonores.
✎ stéréophonie.

STÉRÉOPHONIQUE adj.
Relatif à la stéréophonie. *Une chaîne stéréophonique.*
✎ stéréophonique.

STÉRÉOTYPE n. m.
Idée toute faite, cliché. *Certains livres contiennent des stéréotypes sexistes.*
✎ stéréotype.

STÉRÉOTYPÉ, ÉE adj.
Figé. *Des expressions sexistes et stéréotypées.*
✎ stéréotypé.

STÉRILE adj.
1. Qui ne produit pas de fruits. *Une terre stérile.* SYN. aride; désertique. ANT. fécond; fertile.
2. Qui ne peut se reproduire. *Un homme stérile.*
3. Exempt de microbes. *Un pansement stérile.*
✎ stérile.

STÉRILET n. m.
Dispositif anticonceptionnel.
✎ stérilet.

STÉRILISATION n. f.
Action de stériliser. *La stérilisation du lait pour le nouveau-né.*

STÉRILISER v. tr.
1. Rendre stérile (une personne), l'empêcher de se reproduire.
2. Rendre stérile (une chose) par la destruction des microbes. *Le dentiste stérilise ses instruments chirurgicaux.*
CONJUGAISON : VOIR MODÈLE AIMER.

STÉRILITÉ n. f.
1. Impossibilité de se reproduire, pour un être vivant. ANT. fertilité.
☞ On préférera ce terme à ***infertilité.***
2. Absence de microbes.
☞ Ne pas confondre avec les noms suivants :
• ***frigidité,*** absence de désir;
• ***impuissance,*** déficience physique ou psychologique, pour l'homme.

STERLING adj. inv.
👄 Se prononce [stɛrliŋ]; l'adjectif rime avec ***jogging.***
Monnaie anglaise. *Trente livres sterling.*

STERNE n. f.
Oiseau, appelé vulgairement ***hirondelle de mer.***
☞ Attention au genre féminin de ce nom : ***une*** sterne.

STERNUM n. m. (pl. *sternums*)
👄 Le ***u*** se prononce ***o,*** [stɛrnɔm]; le mot rime avec ***pomme.***
Os plat de la partie antérieure de la poitrine.

STÉROÏDE n. f.
Hormone sécrétée notamment par les glandes endocrines. *Ces joueurs de baseball ont reconnu avoir fait usage de stéroïdes et d'hormones de croissance. Chez cette athlète, la prise de stéroïdes anabolisants en pilules et en injections a favorisé l'apparition de traits masculins.*

STÉROÏDIEN, IENNE adj.
Relatif aux hormones stéroïdes. *Les anti-inflammatoires non stéroïdiens sont utilisés, depuis longtemps et à grande échelle, pour soulager les douleurs des personnes souffrant d'arthrose.*

STÉTHOSCOPE n. m.
(MÉD.) Instrument médical qui permet d'écouter à l'intérieur du corps (le cœur, les poumons, etc.). *Le papa de Laurence a inventé un stéthoscope électronique.*
✎ stéthoscope.

***STICKER**
Anglicisme pour ***autocollant.***

STIGMATE n. m.
Marque d'une plaie, cicatrice.
☞ Attention au genre masculin de ce nom : ***un*** stigmate.

STIGMATISATION n. f.
Action de stigmatiser.
✎ stigmatisation.

STIGMATISER v. tr.
1. Marquer de stigmates.
2. (FIG.) Blâmer, critiquer publiquement. *Ce député a stigmatisé l'attitude de l'opposition.* SYN. condamner; dénoncer.
CONJUGAISON : VOIR MODÈLE AIMER.
✎ stigmatiser.

STIMULANT, ANTE adj. et n. m.
ADJECTIF
Qui incite, encourage. *Une rémunération stimulante.* SYN. motivant.
NOM MASCULIN
Substance propre à accroître l'activité. *Ces médicaments sont des stimulants.* SYN. tonique.

STIMULATEUR n. m.
Appareil électrique implanté dans l'organisme, permettant de modifier une fonction physiologique (GDT). *Le stimulateur peut envoyer des stimulus au cœur, aux reins, à l'estomac, à la vessie, etc.*
LOCUTION
– ***Stimulateur cardiaque.*** Prothèse qui provoque la contraction du cœur. *Un stimulateur cardiaque* (et non *pacemaker). SYN. cardiostimulateur.

STIMULATION n. f.
Action de stimuler.

STIMULER v. tr.
1. Augmenter. *Stimuler la production d'une hormone.* SYN. activer; motiver.
2. Encourager. *Stimuler l'ardeur au travail.*
3. Exciter. *Le grand air stimule l'appétit.* SYN. aiguiser.
CONJUGAISON : VOIR MODÈLE AIMER.
✎ stimuler.

STIMULUS n. m. (pl. *stimulus* ou *stimuli*)
Agent susceptible de provoquer une réaction d'un organisme. *Des stimulus, des stimuli externes.*

STIPENDIER v. tr.
(LITT.) Acheter quelqu'un, le corrompre pour de l'argent. SYN. soudoyer.
CONJUGAISON : VOIR MODÈLE ÉTUDIER.
Redoublement du ***i*** à la première et à la deuxième personne du pluriel de l'indicatif imparfait et du subjonctif présent. *(Que) nous stipendiions, (que) vous stipendiiez.*

STIPULATION n. f.
Clause, convention. *Les stipulations d'un contrat.*

STIPULER v. tr.
Spécifier. *Il a été stipulé au contrat que la durée du bail ne pouvait excéder trois ans.*
CONJUGAISON : VOIR MODÈLE AIMER.
✎ stipuler.

STM
Sigle de ***Société de transport de Montréal.***

STOCK n. m.
Marchandises en magasin. *Il faut réduire nos stocks* (et non *l'inventaire). *Nous sommes en rupture de stock* (et non en *bris d'inventaire).
Ne pas confondre avec le nom ***inventaire***, relevé détaillé des marchandises d'une entreprise.
FORME FAUTIVE
*stock. Anglicisme au sens de ***actions***.
stock.

***STOCK-OPTION**
Anglicisme pour ***option d'achat d'actions, option sur actions, option sur titres***.

STOCKAGE n. m.
Action de mettre en stock, entreposage. *Le stockage de matières premières.*
stockage.

STOCKER v. tr.
Entreposer, mettre en stock. *Ces magasins ont stocké des articles en prévision de Noël.*
CONJUGAISON : VOIR MODÈLE AIMER.
stocker.

STOÏCISME n. m.
Courage, fermeté dans l'adversité. ANT. épicurisme.
stoïcisme.

STOÏQUE adj.
Courageux, ferme. *Des marcheurs stoïques.*
stoïque.

STOÏQUEMENT adv.
De façon stoïque. *Ils acceptent leur sort stoïquement.*
stoïque.

STOMACAL, ALE, AUX adj.
Relatif à l'estomac. *Des sucs stomacaux.*
VOIR – GASTRIQUE.
stomacal.

STOMAT(O)- préf.
Élément du grec signifiant « bouche ». *Stomatologue.*

STOMATOLOGIE n. f.
Spécialité de la médecine ou de la chirurgie dentaire qui traite des maladies de la bouche et du système dentaire.
stomatologie.

STOMATOLOGISTE ou **STOMATOLOGUE** n. m. et f.
Spécialiste de la stomatologie.
stomatologiste, stomatologue.

STOP interj. et n. m.
Le ***p*** se prononce, [stɔp] ; le nom rime avec ***isotope***.
NOM MASCULIN
1. Signal d'arrêt. *Les stops sont indiqués sur des panneaux de signalisation octogonaux rouges.* SYN. ⚜ arrêt.
2. (FAM.) Auto-stop. *Faire du stop.*
Au Québec, on emploie surtout l'expression familière ***faire du pouce***.
VOIR – AUTOSTOP OU AUTO-STOP.
INTERJECTION
Ordre d'arrêter. *Stop ! on ne passe pas.* SYN. halte.
T L'interjection est toujours suivie d'un point d'exclamation qui est souvent repris à la fin de la phrase. Si la phrase exclamative n'est pas complète, le mot qui suit le point d'exclamation s'écrit avec une minuscule initiale.
Ce mot emprunté à l'anglais il y a plus de deux cents ans est admis en français.

STOPPAGE n. m.
Action de repriser un tissu déchiré, usé.
stoppage.

STOPPER v. tr., intr.
VERBE TRANSITIF
1. Arrêter. *Stoppez les moteurs ! Nous avons été stoppés par un embouteillage.* ANT. démarrer.
2. Repriser un vêtement. *Il faudrait stopper cette déchirure.*
VERBE INTRANSITIF
S'arrêter. *Pour éviter un chien, nous avons stoppé brusquement.*
CONJUGAISON : VOIR MODÈLE AIMER.
stopper.

STOPPEUR, EUSE n. m. et f.
(FAM.) Auto-stoppeur. *Cette autoroute est interdite aux stoppeurs.*
stoppeur.

***STORAGE**
Anglicisme pour ***garde-meuble(s), entreposage***.

STORE n. m.
Rideau ou panneau disposé devant une ouverture, qui s'enroule ou se replie. *Elle baissa le store.*
Ne pas confondre avec les noms suivants :
- ***draperie***, tissu drapé ;
- ***rideau***, pièce d'étoffe souvent plissée destinée à tamiser la lumière, à masquer quelque chose ;
- ***tenture***, étoffe qui orne une fenêtre, un mur.

LOCUTION
– ***Store vénitien.*** Rideau à lamelles orientables.

STRABISME n. m.
Trouble de la vue caractérisé par un défaut de parallélisme des yeux.

STRADIVARIUS n. m. inv.
Le ***s*** final se prononce, [stradivarjys].
Violon fabriqué par Stradivarius. *De magnifiques stradivarius aux riches sonorités.*
T Le nom du violon s'écrit avec une minuscule.

STRANGULATION n. f.
Action d'étrangler. *Il est mort par strangulation.*
strangulation.

STRAPONTIN n. m.
Siège qu'on peut relever et abaisser à volonté (dans un véhicule, une salle de spectacle). *Les strapontins d'une limousine.*
strapontin.

STRASS ou **STRAS** n. m.
Le ou les ***s*** de la finale se prononcent, [stras].
Imitation de pierres précieuses. *Une broche en strass.*
Le nom s'orthographie généralement ***strass***.

STRATAGÈME n. m.
Ruse, astuce. *Elle réussit à détourner son attention par un habile stratagème.*
stratagème.

STRATE n. f.
1. Couche de terrain sédimentaire.
2. (FIG.) Disposition d'éléments en zones superposées. *Les strates des vestiges de civilisations anciennes à Byblos. « Sous la croûte terrestre, les roches du "manteau" – cette strate de roches plastiques à très haute température qui se situe au-dessus du noyau central – tourbillonnent »* (*Le Monde*). SYN. couche ; niveau ; plan.
strate.

STRATÈGE n. m.
Personne habile à concevoir des stratégies.

STRATÉGIE n. f.
Art de planifier et de coordonner un ensemble d'opérations en vue d'atteindre un objectif. SYN. plan.
Alors que la ***stratégie*** porte surtout sur la conception d'actions coordonnées, la ***tactique*** concerne la mise en œuvre, l'exécution de la stratégie.

STRATÉGIQUE adj.
Relatif à la stratégie. *Une décision stratégique.*

STRATÉGIQUEMENT adv.
Selon la stratégie. *Les manifestants se sont placés stratégiquement aux avant-postes.*

STRATIFICATION n. f.
Disposition par couches superposées.

STRATIFIÉ, ÉE adj. et n. m.
ADJECTIF
1. Qui est en couches superposées. *Des minéraux stratifiés.*
2. Divisé en groupes. *Un échantillon stratifié.*
NOM MASCULIN
Matériau constitué de couches de matières diverses qui sont collées. *Un comptoir en stratifié.*

STRATIFIER v. tr.
Disposer par strates, par couches superposées.
CONJUGAISON : VOIR MODÈLE ÉTUDIER.
Redoublement du *i* à la première et à la deuxième personne du pluriel de l'indicatif imparfait et du subjonctif présent. *(Que) nous stratifiions, (que) vous stratifiiez.*

STRATOCUMULUS n. m.
Le *s* final se prononce, [stratokymylys] ; le nom rime avec ***puce***.
Nuage bas formant une couche continue. *Des stratocumulus de faible épaisseur.*

STRATOSPHÈRE n. f.
Couche de l'atmosphère.
stratosph**è**re.

STRATOSPHÉRIQUE adj.
Relatif à la stratosphère. *Une sonde stratosphérique.*

STRATUS n. m.
Le *s* final se prononce, [stratys] ; le nom rime avec ***cactus***.
Bande de nuages de grande étendue. *Des stratus blanchâtres.*

STREPTOCOQUE n. m.
Bactérie qui cause de graves infections.
strepto**coque**.

STRESS n. m. inv.
Les *s* finals se prononcent, [strɛs] ; le mot rime avec ***tresse***.
Ensemble des réactions d'un organisme qui est soumis à diverses agressions. *Des stress éprouvants.* SYN. pression ; tension nerveuse.
Ce mot scientifique emprunté à l'anglais est admis en français.

STRESSANT, ANTE adj.
Qui cause un stress. *Un travail stressant, des conditions stressantes.* SYN. angoissant.

STRESSER v. tr.
Causer un stress, une tension. *Ils sont très tendus, trop stressés.* SYN. angoisser.
CONJUGAISON : VOIR MODÈLE AIMER.

STRICT, STRICTE adj.
Les lettres ***ct*** se prononcent au masculin comme au féminin, [strikt].
1. Rigoureux, exact. *C'est la stricte vérité.*
2. Rigide. *Ce professeur est très strict sur cette question.* SYN. austère ; sévère.
3. Sobre, sans ornements. *Une tenue très stricte.*
LOCUTIONS
– ***Au sens strict,*** loc. adv. Proprement, littéralement.
– ***Le strict nécessaire.*** Le minimum, l'essentiel.

STRICTEMENT adv.
De manière stricte. *Une affaire strictement personnelle.* SYN. uniquement.

STRICTO SENSU loc. adv.
Le *u* se prononce ***u***, [striktosɛ̃sy].
Locution latine signifiant « au sens strict ».
Proprement, littéralement. ANT. lato sensu.
T En typographie soignée, les mots étrangers sont composés en italique. Dans des textes déjà en italique, la notation se fait en romain. Pour les textes manuscrits, on utilisera les guillemets.

STRIDENT, ENTE adj.
Se dit d'un son aigu et perçant. *Une voix trop stridente.*
strident.

STRIDULATION n. f.
Cri de la cigale et de certains insectes.

STRIDULER v. intr.
Crier, en parlant de la cigale.
CONJUGAISON : VOIR MODÈLE AIMER.

STRIE n. f.
Fines rayures parallèles. *Les stries du revêtement de cette route réduisent le dérapage.*
Ce mot s'emploie généralement au pluriel.

STRIÉ, STRIÉE adj.
Marqué de stries. *Des pneus striés.*

STRIER v. tr.
Marquer de stries. *On a strié la chaussée pour réduire le dérapage.*
CONJUGAISON : VOIR MODÈLE ÉTUDIER.
Redoublement du *i* à la première et à la deuxième personne du pluriel de l'indicatif imparfait et du subjonctif présent. *(Que) nous striions, (que) vous striiez.*

***STRIPPING**
Anglicisme pour ***ablation de varices.***

***STRIP-TEASE**
Anglicisme pour ***effeuillage.***

STROBO- préf.
Élément du grec signifiant « rotation ». *Stroboscope.*

STROBOSCOPE n. m.
Instrument qui permet d'observer des objets animés d'un mouvement périodique rapide, à l'aide d'illuminations intermittentes.
stroboscope.

STROBOSCOPIE n. f.
Mode d'observation à l'aide du stroboscope.
stroboscopie.

STROPHE n. f.
Partie d'un poème, composée d'un nombre déterminé de vers. *Une strophe de quatre vers est un quatrain.*
stro**ph**e.

STRUCTURAL, ALE, AUX adj.
1. Relatif à la structure. *Des éléments structuraux.*
2. Qui analyse les structures. *La linguistique structurale.*

STRUCTURALISME n. m.
Théorie fondée sur la prééminence des structures par rapport aux éléments isolés.

STRUCTURALISTE adj. et n. m. et f.
Partisan du structuralisme.

STRUCTURATION n. f.
Action de structurer. *La structuration d'un texte.*

STRUCTURE n. f.
Disposition, arrangement des parties d'un tout. *La structure d'un édifice, d'une œuvre littéraire, une structure hiérarchique.* SYN. organisation.

STRUCTURÉ, ÉE adj.
Qui est doté d'une structure. *Un récit bien structuré.* SYN. organisé.

STRUCTUREL, ELLE adj.
(ÉCON.) Relatif aux structures. *Le chômage structurel.* ANT. conjoncturel.

STRUCTURELLEMENT adv.
D'une manière structurelle.

STRUCTURER v. tr., pronom.
VERBE TRANSITIF
Organiser selon une structure. *Il faudrait structurer davantage votre analyse.* SYN. construire.
VERBE PRONOMINAL
Se doter d'une structure. *Cette nouvelle organisation s'est structurée pour être plus efficace.*
À la forme pronominale, le participe passé de ce verbe s'accorde toujours en genre et en nombre avec son sujet. *Notre association s'est structurée géographiquement.*
CONJUGAISON : VOIR MODÈLE AIMER.

STRYCHNINE n. f.
Les lettres ***ch*** se prononcent ***k,*** [striknin] ; la première syllabe rime avec ***trique.***
Poison.
stry**ch**nine.

STUC n. m.
Le **c** se prononce, [styk] ; le nom rime avec ***truc.***
Enduit imitant le marbre dont on recouvre les murs. *Des stucs bien appliqués.*
stuc.

STUDIEUSEMENT adv.
Avec application. *Ils ont travaillé studieusement.*

STUDIEUX, IEUSE adj.
Qui aime l'étude, appliqué. SYN. travaillant.

STUDIO n. m.
1. Atelier (d'artiste, de photographe). *Des studios ensoleillés.*
2. Locaux aménagés pour le tournage de films, l'enregistrement d'émissions de radio ou de télévision. *Des studios dotés de tout le matériel nécessaire.*
3. Petit appartement composé d'une seule pièce. *Il a loué un joli studio* (et non un *bachelor).

STUPÉFACTION n. f.
Surprise, étonnement. *À la grande stupéfaction de tous, Marie-Ève se mit à chanter.* SYN. ahurissement ; ébahissement.

STUPÉFAIT, AITE adj.
Étonné, surpris. *Son air stupéfait fit rire tout le groupe.* SYN. abasourdi ; ébahi ; estomaqué.

STUPÉFIANT, IANTE adj. et n. m.
ADJECTIF
Étonnant. *Une nouvelle stupéfiante.* SYN. abasourdissant ; renversant ; sidérant ; surprenant.
NOM MASCULIN
Substance toxique qui produit l'inhibition des centres nerveux et peut provoquer l'accoutumance. *La vente des stupéfiants est réglementée.*
Ne pas confondre avec le mot ***narcotique,*** substance dont l'absorption entraîne l'engourdissement, le sommeil.

STUPÉFIER v. tr.
Étonner vivement. *Ces résultats nous ont stupéfiés* (et non *stupéfaits). SYN. ahurir ; sidérer.
CONJUGAISON : VOIR MODÈLE ÉTUDIER.
Redoublement du ***i*** à la première et à la deuxième personne du pluriel de l'indicatif imparfait et du subjonctif présent. *(Que) nous stupéfiions, (que) vous stupéfiiez.*

STUPEUR n. f.
Étonnement profond, ahurissement. *Ils ont été frappés de stupeur en apprenant la nouvelle et en sont restés muets.*

STUPIDE adj.
1. Niais, abruti. *Une question stupide.* SYN. sot.
2. Absurde, insensé. *Cet entêtement est stupide. Un accident stupide.*

STUPIDEMENT adv.
D'une manière stupide, sotte. SYN. bêtement.

STUPIDITÉ n. f.
Bêtise. SYN. idiotie ; imbécillité ; sottise.

STUPRE n. m.
(LITT.) Luxure, débauche avilissante.

STYLE n. m.
1. Manière d'exprimer sa pensée. *Le style d'un écrivain, d'un peintre.*
2. Ensemble des caractéristiques des œuvres d'art d'une époque. *Des meubles de style.*
T L'adjectif qui qualifie le nom ***style*** s'écrit généralement avec une minuscule. *Le style baroque, le style corinthien.* Les noms d'époques historiques qui déterminent le mot ***style*** s'écrivent avec une majuscule. *Le style Second Empire, le style Renaissance.*
3. (LING.) Niveau de langue. *Un texte de style soutenu ou littéraire.*
4. Manière de se comporter. *Le style de vie de la nouvelle génération.*

STYLÉ, ÉE adj.
Qui accomplit son travail selon les règles. *Un sommelier stylé.*
stylé.

STYLICIEN, IENNE n. m. et f.
Ce nom a fait l'objet d'une recommandation officielle pour remplacer ***designer,*** mais son usage ne s'est pas imposé.

STYLIQUE n. m.
Ce nom a fait l'objet d'une recommandation officielle pour remplacer ***design,*** mais son usage ne s'est pas imposé.

STYLISATION n. f.
Action de styliser.
stylisation.

STYLISER v. tr.
Représenter sous une forme décorative simplifiée. *Une fleur stylisée.*
CONJUGAISON : VOIR MODÈLE AIMER.
styliser.

STYLISME n. m.
Activité de styliste.
stylisme.

STYLISTE n. m. et f.
Personne dont la profession est de concevoir et d'adapter des styles de décoration, d'aménagement, d'habillement à un marché donné. *C'est une jeune styliste remplie de talent.*
styliste.

STYLISTIQUE adj. et n. f.
ADJECTIF
Propre au style. *Une étude stylistique, des particularités stylistiques.*
NOM FÉMININ
Étude scientifique des procédés du style.
stylistique.

STYLO n. m.
Porte-plume à réservoir d'encre. *Des stylos de toutes les couleurs.*
LOCUTIONS
– ***Stylo à bille, stylo-bille.*** Stylo dont la plume est remplacée par une petite sphère métallique. *Des stylos à bille, des stylos-billes jetables.*
– ***Stylo à plume, stylo plume.*** Stylo à réservoir d'encre. *Des stylos à plume* (et non des *plumes-fontaines) *pratiques.*

– ***Stylo correcteur.*** Tube rempli de liquide correcteur. *Des stylos correcteurs.*
– ***Stylo-feutre.*** Stylo à pointe de feutre. *Des stylos-feutres noirs.*
⇨ stylo.

S

***STYROFOAM**
Anglicisme pour ***mousse de polystyrène*** ou ***styromousse.***

STYROMOUSSE n. f.
Produit à base de polystyrène dilaté. SYN. mousse de polystyrène.

SU, SUE adj. et n. m.
ADJECTIF
Qui est connu, appris. *Des déclinaisons bien sues.*
NOM MASCULIN
(VIEILLI) Connaissance que l'on a de quelque chose.
LOCUTION
– ***Au vu (et au su) de.*** À la connaissance de. SYN. au grand jour. ANT. à l'insu de.
Le nom ne s'emploie que dans l'expression citée.

SUAIRE n. m.
(LITT.) Linceul.
LOCUTION
– ***Le saint suaire.*** Le nom de la relique sacrée s'écrit avec des minuscules.
⇨ suaire.

SUAVE adj.
D'une douceur exquise. *Un parfum suave.* SYN. délicat; délicieux.

SUAVEMENT adv.
D'une manière suave.

SUAVITÉ n. f.
Douceur exquise, délicatesse.

SUB- préf.
Élément du latin signifiant « sous ».
Les mots composés avec le préfixe ***sub-*** s'écrivent en un seul mot. *Subdiviser, subjectif.*

SUBALTERNE adj. et n. m. et f.
ADJECTIF
Subordonné. *Un emploi subalterne.*
NOM MASCULIN ET FÉMININ
Personne qui est soumise à l'autorité de quelqu'un, dans une structure hiérarchique.

SUBCONSCIENT, IENTE adj. et n. m.
ADJECTIF
Dont on a à peine conscience.
NOM MASCULIN
Ensemble des états psychiques subconscients.

SUBDIVISER v. tr., pronom.
Diviser à nouveau. *On a subdivisé les groupes en équipes. Les groupes se sont subdivisés en équipes.*
À la forme pronominale, le participe passé de ce verbe s'accorde toujours en genre et en nombre avec son sujet. *L'entreprise s'est subdivisée en trois filiales.*
CONJUGAISON : VOIR MODÈLE AIMER.

SUBDIVISION n. f.
1. Action de subdiviser. *Effectuer la subdivision d'un groupe.*
2. Partie d'une division. *Les subdivisions d'un chapitre.*

SUBIR v. tr.
1. Supporter. *Elle en a assez de subir ses sautes d'humeur.* SYN. endurer.
2. Être l'objet de quelque chose. *Il doit subir une opération cardiaque.*
Le participe passé de ce verbe est ***subi, ie***; il ne doit pas être confondu avec l'adjectif ***subit, ite.***
CONJUGAISON : VOIR MODÈLE FINIR.

SUBIT, ITE adj.
Le ***t*** ne se prononce pas à la forme masculine, [sybi].
Soudain. *Une mort subite.* SYN. brusque.
Ne pas confondre avec le participe passé ***subi, ie*** du verbe ***subir.***
⇨ subit, subite.

SUBITEMENT adv.
D'une manière subite. *Ils sont arrivés subitement.* SYN. brusquement; tout à coup.

SUBITO adv.
(FAM.) Subitement, tout à coup.

SUBJECTIF, IVE adj.
1. Personnel. *Les goûts sont toujours subjectifs.* SYN. individuel.
2. Influencé par la personnalité. *Votre perception est très subjective.* ANT. objectif.

SUBJECTIVEMENT adv.
D'une manière partiale.

SUBJECTIVITÉ n. f.
Caractère de ce qui est subjectif. ANT. objectivité.

SUBJONCTIF n. m.
(GRAMM.) Mode du verbe qui exprime une hypothèse, une action considérée dans la pensée plutôt que dans la réalité et qui marque le doute, l'incertitude, la crainte, la supposition, le souhait, la prière, la volonté, l'interdiction. *Doutes-tu qu'elles puissent s'imposer? Ils craignent qu'un ouragan n'atteigne la côte.*
VOIR TABLEAU – SUBJONCTIF.

SUBJUGUER v. tr.
Conquérir, charmer. *Le groupe a été subjugué par sa détermination et son éloquence.* SYN. fasciner; gagner.
CONJUGAISON : VOIR MODÈLE AIMER.
Ce verbe s'écrit toujours avec un ***u***, même devant les lettres ***a*** et ***o***. *Il subjugua, nous subjuguons.*

SUBLIMATION n. f.
1. Passage de l'état solide à l'état gazeux.
2. Exaltation, passage d'un sentiment à un plan élevé. *La sublimation d'un amour.* SYN. idéalisation.

SUBLIME adj. et n. m.
ADJECTIF
Extraordinaire, merveilleux. *Une interprétation sublime.* SYN. parfait.
NOM MASCULIN
Ce qu'il y a de plus beau. *Elle recherche le sublime.*

SUBLIMER v. tr.
1. Faire passer de l'état solide à l'état gazeux.
2. Exalter. *Sublimer un idéal.* SYN. idéaliser; magnifier.
CONJUGAISON : VOIR MODÈLE AIMER.

SUBLIMINAL, ALE, AUX adj.
Qui atteint l'inconscient. *Des messages subliminaux.*

SUBLINGUAL, ALE, AUX adj.
Le ***u*** de la troisième syllabe se prononce ***ou***, [syblɛ̃gwal].
Qui est sous la langue. *Une glande sublinguale.*

SUBMERGER v. tr.
1. Recouvrir complètement d'un liquide. *Le bateau a été rapidement submergé par les flots.*
Ne pas confondre avec les verbes suivants :
• ***émerger***, surgir d'un liquide;
• ***immerger***, plonger dans un liquide.
2. (FIG.) Envahir totalement. *Ils ont été submergés par les commandes et rapidement débordés.*
CONJUGAISON : VOIR MODÈLE CHANGER.
Le ***g*** est suivi d'un ***e*** devant les lettres ***a*** et ***o***. *Il submergea, nous submergeons.*

SUBMERSIBLE n. m.
Sous-marin.

SUBODORER v. tr.
Soupçonner. *Elle subodore une mauvaise plaisanterie.*
CONJUGAISON : VOIR MODÈLE AIMER.
subodorer.

SUBORDINATION n. f.
1. Dépendance d'une chose par rapport à une autre.
Ne pas confondre avec le nom ***subornation***, action de corrompre.
2. Hiérarchie établie entre des personnes qui dépendent les unes des autres. *Des liens de subordination.*
3. (GRAMM.) Construction d'une phrase selon laquelle une proposition dépend d'une autre.
LOCUTION
– ***Conjonction de subordination.*** Conjonction unissant une proposition subordonnée à une proposition principale. Quand, que, comme *sont des conjonctions de subordination.*

SUBORDONNANT n. m.
(GRAMM.) Mot ou locution qui établit un rapport de subordination entre deux phrases. *Dans la phrase : « Si le vent ne faiblit pas, nous n'irons pas en mer », la conjonction* «si» *est un subordonnant.*
VOIR TABLEAU – CONJONCTION DE SUBORDINATION.

SUBORDONNÉ, ÉE adj. et n. m. et f.
ADJECTIF
Qui dépend de quelqu'un, de quelque chose. *Une prime subordonnée au rendement.*
NOM MASCULIN ET FÉMININ
Subalterne. *Le chef de service est le subordonné du directeur.*
NOM FÉMININ
(GRAMM.) Phrase qui dépend syntaxiquement d'une phrase de premier niveau (autonome). *Une subordonnée circonstancielle.*
VOIR TABLEAU – PHRASE (ANALYSE GRAMMATICALE DE LA).
VOIR TABLEAU – PHRASE (FONCTIONS DE LA).
VOIR TABLEAU – PHRASE (TYPES ET FORMES DE LA).

SUBORDONNER v. tr.
1. Établir un ordre de dépendance.
2. Faire dépendre d'une condition. *La vente est subordonnée à l'accord du créancier hypothécaire.*
CONJUGAISON : VOIR MODÈLE AIMER.
subordonner.

SUBORNATION n. f.
Action de corrompre. *La subornation de témoins.* SYN. corruption.
Ne pas confondre avec le nom ***subordination***, hiérarchie, dépendance.

SUBORNER v. tr.
(LITT.) Corrompre. *Suborner un témoin, un expert.*
CONJUGAISON : VOIR MODÈLE AIMER.

***SUBPŒNA**
Anglicisme pour ***citation à comparaître, assignation.***

SUBREPTICE adj.
Caché, illicite. *Un procédé subreptice.* SYN. clandestin.
subreptice.

SUBREPTICEMENT adv.
En cachette, à l'insu de quelqu'un. *Il est entré subrepticement dans leur appartement.*
subrepticement.

SUBSÉQUEMMENT adv.
La troisième syllabe se prononce ***ka***, [sypsekamɑ̃].
1. (LITT.) (DR.) En conséquence.
2. Ultérieurement, ensuite.

SUBSÉQUENT, ENTE adj.
Qui vient après dans le temps, dans l'espace. *La violence du choc et l'incendie subséquent expliquent qu'on ne retrouve pas de débris importants* (Le Monde).

SUBSIDE n. m.
Le deuxième ***s*** se prononce ***z*** ou ***s***, [sybzid, sypsid]; dans le deuxième cas, le ***b*** se prononce ***p***.
Aide financière d'un pays à un autre pays. *Le Canada a voté des subsides destinés aux pays en voie de développement.*
Attention au genre masculin de ce nom : ***un*** subside.

SUBSIDIAIRE adj.
Accessoire, secondaire. *Un aspect subsidiaire.*
FORME FAUTIVE
*subsidiaire. Anglicisme au sens de ***filiale.***
subsidiaire.

SUBSIDIAIREMENT adv.
Accessoirement.

SUBSISTANCE n. f.
La deuxième syllabe se prononce ***zis***, [sybzistɑ̃s].
Ce qui sert à assurer l'existence matérielle. *Moyens de subsistance.*
subsistance.

SUBSISTER v. intr.
La deuxième syllabe se prononce ***zis***, [sybziste].
1. Continuer d'être, durer. *Cet usage ancien de 1000 ans subsiste encore aujourd'hui.* SYN. demeurer; se maintenir; persister; rester.
2. Pourvoir à ses besoins. *Ce travail lui permet de subsister tant bien que mal.*
Ne pas confondre avec le verbe ***substituer***, remplacer une personne, une chose par une autre.
CONJUGAISON : VOIR MODÈLE AIMER.

SUBSONIQUE adj.
Se dit d'une vitesse inférieure à celle du son. ANT. supersonique.
subsonique.

SUBSTANCE n. f.
1. Matière dont quelque chose est formé. *Des substances grasses.*
2. L'essentiel de. *Tirer la substance d'un entretien.* SYN. essence.
LOCUTION
– ***En substance***, loc. adv. En gros, en résumé. *En substance, voici ce qui est arrivé.*
substance.

SUBSTANTIEL, IELLE adj.
Le mot rime avec ***ciel***.
1. Nutritif. *Un repas substantiel.* SYN. nourrissant.
2. Dont le contenu est étoffé, riche. *Un texte substantiel.*
3. Important. *Des modifications substantielles.* SYN. appréciable; considérable.
substantiel.

SUBSTANTIELLEMENT adv.
De façon substantielle. *Les textes ont subi d'importants changements : ils ont été modifiés substantiellement.*

SUBSTANTIF n. m.
(GRAMM.) Mot ou groupe de mots qui désigne un être, une chose, une idée. *Le mot* substance *est un substantif féminin.* SYN. nom.

SUBSTANTIFIQUE adj.
– ***Substantifique moelle.*** (Rabelais). Essence d'un texte.
Le mot ne s'emploie que dans cette locution.

SUBSTANTIVEMENT adv.
(LING.) Comme un substantif. *Des verbes pris substantivement :* le boire *et* le manger.

SUBSTANTIVER v. tr.
(LING.) Donner à un mot le caractère d'un substantif.
CONJUGAISON : VOIR MODÈLE AIMER.

S

SUBJONCTIF

Le subjonctif exprime une action considérée **dans la pensée** plutôt que dans la réalité, une **hypothèse.** Mode par excellence de la phrase subordonnée, il marque :

- le **doute.** *Je doute qu'il **puisse** venir.*
- l'**incertitude.** *Je ne crois pas qu'elle **finisse** son travail à temps.*
- la **crainte.** *Mes parents craignent qu'il n'y **ait** pas assez de provisions.*
- la **supposition.** *Il ne suppose pas qu'on **bâtisse** une maison dans un marécage.*
- le **souhait.** *Tu souhaites qu'ils **réussissent.***
- la **prière.** *Sa marraine prie pour que Lorraine **guérisse.***
- la **volonté.** *Elle exigera que les messages **soient** bien **transmis.***
- l'**interdiction.** *La direction interdit qu'on **fasse** du bruit après 22 h.*

PRÉSENT DU SUBJONCTIF

On emploie le présent du subjonctif dans la phrase subordonnée lorsque l'action a lieu en même temps que l'action de la principale (PENDANT) ou postérieurement (APRÈS).

*Je ne crois pas qu'il **pleuve** en ce moment.* (simultanéité : PENDANT)
*Tu souhaiterais que tes amis **soient** présents.* (postériorité : APRÈS)

PASSÉ DU SUBJONCTIF

On emploie le passé du subjonctif dans la phrase subordonnée lorsque l'action a eu lieu AVANT celle de la principale.

*La direction a déploré que les élèves **soient arrivés** en retard pour l'examen.* (antériorité : AVANT)
*Les enfants regrettent que la neige **ait fondu** : ils ne peuvent aller skier.* (antériorité : AVANT)
*Elle souhaiterait qu'on l'**ait informée** personnellement.* (antériorité : AVANT)

IMPARFAIT ET PLUS-QUE-PARFAIT DU SUBJONCTIF

Ces temps du subjonctif s'emploient dans un registre littéraire lorsque le verbe de la phrase principale (ou autonome) est à un des temps du passé de l'indicatif ou du conditionnel. *Il aurait aimé qu'elle **vînt** le voir.* De façon courante, on emploie plutôt le présent ou le passé du subjonctif. *Il aurait aimé qu'elle **vienne** le voir.*

VERBES DE LA PRINCIPALE IMPOSANT LE SUBJONCTIF

Certains verbes de la phrase principale (ou autonome) imposent le mode subjonctif dans la phrase subordonnée.

- Les verbes qui expriment le **doute,** la **crainte,** l'**incertitude.**
  *Tu doutes qu'il **finisse** son travail à temps. Elle craint que les enfants n'**aient pris** froid.*
- Les verbes qui traduisent un **ordre,** une **défense.**
  *Le colonel ordonne que les soldats **soient** au garde-à-vous. Le gardien du musée interdit que l'on **s'assoie** sur ces socles.*
- Les verbes qui marquent l'**amour,** la **haine,** la **surprise.**
  *Nous sommes vraiment surpris que tes amis **aient décidé** de partir. Tu adorerais qu'il **coure** avec toi.*
- Certains **verbes impersonnels** tels ***arriver, convenir, importer…***
  *Il arrive que nous **soyons** en avance.*

On consultera le verbe à son entrée alphabétique dans le *Multidictionnaire* pour vérifier s'il impose une construction avec le mode subjonctif; si c'est le cas, une note sur la construction (précédée de l'icône ⟳) le précisera.

SUBJONCTIF | ***SUITE*** >

> SUBJONCTIF | SUITE

LOCUTIONS CONJONCTIVES DE SUBORDINATION IMPOSANT LE SUBJONCTIF

Certaines locutions conjonctives de subordination (ou subordonnants) sont toujours suivies du subjonctif dans la subordonnée.

*Rentre **avant qu'**il ne **pleuve**. Cache-toi **de peur** qu'on ne **t'aperçoive**. **Quoi que** tu **dises**, tu auras raison. **Qui que** tu **sois**...*

La locution conjonctive ***avant que*** se construit avec le subjonctif, mais la locution conjonctive ***après que*** se construit avec l'indicatif. *Après que vous aurez dormi un peu, vous vous sentirez mieux.*

On consultera les conjonctions et les locutions conjonctives à leur entrée alphabétique où les précisions sur le mode du verbe sont apportées.

EXEMPLES

à condition que	de manière que	peu s'en est fallu que	sans que
afin que	de peur que	pour autant que	si bien que
à moins que	du plus loin que	pour peu que	si peu que
à supposer que	en admettant que	pour que	si tant est que
au lieu que	en attendant que	pourvu que	soit que... soit que
avant que	encore que	quel que	supposé que
bien que	en sorte que	quelque... que	trop... pour que...
d'aussi loin que	jusqu'à ce que	qui que	
de crainte que	malgré que	quoique	
de façon que	moyennant que	quoi que	

VOIR TABLEAUX ▸ **CONCORDANCE DES TEMPS DANS LA PHRASE.** ▸ **CONJONCTION DE SUBORDINATION.** ▸ **IMPÉRATIF.** ▸ **INDICATIF.** ▸ **INFINITIF.**

SUBSTITUER v. tr., pronom.
VERBE TRANSITIF
Remplacer une personne, une chose par une autre. *Il a substitué le chapeau bleu au chapeau jaune* ou *il a remplacé le chapeau jaune par le chapeau bleu.*
Attention à l'ordre des mots et à l'emploi de la préposition, qui diffèrent de la construction propre au verbe ***remplacer.***
Ne pas confondre avec le verbe ***subsister,*** continuer d'être, durer.
VERBE PRONOMINAL
Prendre la place d'un autre. *Ils se sont substitués à leurs collègues absents.* SYN. remplacer.
À la forme pronominale, le participe passé de ce verbe s'accorde toujours en genre et en nombre avec son sujet. *Elle s'est substituée à la directrice.*
CONJUGAISON : VOIR MODÈLE AIMER.

SUBSTITUT n. m.
SUBSTITUTE n. f.
Personne qui remplace une autre personne, en cas d'absence.
substitut.

SUBSTITUTION n. f.
Action de substituer un élément à un autre, de remplacer un élément par un autre. *La commercialisation de la méthadone en gélules, un produit de substitution à l'héroïne disponible jusque-là uniquement sous forme de sirop en France, vient d'être autorisée. La substitution de la direction collégiale à la dictature de Staline n'a mis ni le parti ni le pays à l'abri de nouvelles crises.* SYN. remplacement.
Attention à l'ordre des mots et à l'emploi de la préposition, qui diffèrent de la construction propre au nom ***remplacement*** : on substitue l'élément B ***à*** l'élément A, tandis qu'on remplace l'élément A ***par*** l'élément B.
LOCUTION
– ***De substitution.*** De remplacement. *Une famille de substitution. Des produits de substitution. Des carburants de substitution.*
substitution.

SUBSTRAT n. m.
Le ***t*** final ne se prononce pas, [sypstra]; le nom rime avec bras.
1. Ce qui sert de base, d'infrastructure à quelque chose.
2. (LING.) Langue remplacée par une autre, dans un pays déterminé, de telle façon qu'elle continue à influencer la langue parlée ensuite.
substrat.

SUBTERFUGE n. m.
Stratagème, ruse. *Un habile subterfuge.* SYN. astuce.

SUBTIL, ILE adj.
1. Fin, délicat. *Une réponse subtile.* SYN. adroit.
2. Perspicace. *Un esprit subtil qui a saisi tout de suite l'importance du dossier.*
3. Léger. *Un parfum subtil.* SYN. suave.
4. Difficile à percevoir. *Des distinctions trop subtiles.* SYN. fin; ténu.

SUBTILEMENT adv.
Avec finesse et subtilité. *Ils ont analysé subtilement la situation.*

SUBTILISER v. tr.
Dérober. *On lui a subtilisé son portefeuille.* SYN. voler.
CONJUGAISON : VOIR MODÈLE AIMER.

SUBTILITÉ n. f.
1. Caractère de ce qui est subtil, fin. *La subtilité d'une explication.*
2. Distinctions trop détaillées. *Les subtilités d'une démonstration.* SYN. abstraction.

S

SUBTROPICAL, ALE, AUX adj.
Se dit d'une région située sous les tropiques. *Des zones subtropicales. Des climats subtropicaux.*

SUBURBAIN, AINE adj.
Qui entoure une ville. *Des transports suburbains.*

SUBVENIR v. tr. ind.
Fournir ce qui est nécessaire à. *Peut-il subvenir aux besoins de sa famille ? Il a subvenu à tous ses besoins.* SYN. pourvoir.
Le verbe se conjugue avec l'auxiliaire ***avoir*** et se construit avec la préposition ***à***.
Le participe passé de ce verbe est toujours invariable.
CONJUGAISON : VOIR MODÈLE VENIR.
INDICATIF PRÉSENT *Je subviens, tu subviens, il subvient, nous subvenons, vous subvenez, ils subviennent.* IMPARFAIT *Je subvenais.* PASSÉ SIMPLE *Je subvins.* FUTUR *Je subviendrai.* CONDITIONNEL PRÉSENT *Je subviendrais.* IMPÉRATIF PRÉSENT *Subviens, subvenons, subvenez.* SUBJONCTIF PRÉSENT *Que je subvienne.* IMPARFAIT *Que je subvinsse.* PARTICIPE PRÉSENT *Subvenant.* PASSÉ *Subvenu.*

SUBVENTION n. f.
Somme accordée par l'État à une personne, une entreprise, un organisme. *Une subvention destinée à la recherche.*
subvention.

SUBVENTIONNER v. tr.
Accorder une subvention. *Ces établissements sont subventionnés par l'État : les élèves les fréquentent gratuitement.*
CONJUGAISON : VOIR MODÈLE AIMER.

SUBVERSIF, IVE adj.
Propre à renverser les idées reçues. *Une philosophie subversive, un livre subversif.* SYN. contestataire.

SUBVERSION n. f.
Action destinée à troubler l'ordre établi. SYN. contestation.
subversion.

SUC n. m.
Liquide organique. *Les sucs gastriques.*
Ne pas confondre avec le nom ***sucre***, produit alimentaire extrait de la canne à sucre.
suc.

SUCCÉDANÉ adj. et n. m.
Se dit d'un produit de remplacement. *La saccharine est un succédané du sucre.* SYN. ersatz ; substitut.
succédané.

SUCCÉDER v. tr. ind., pronom.
VERBE TRANSITIF INDIRECT
1. Prendre la suite de. *Le fils succédera à son père.* SYN. remplacer.
2. Se produire après. *Le printemps succède à l'hiver.* SYN. suivre.
Le verbe transitif indirect se construit avec la préposition ***à***.
VERBE PRONOMINAL
1. Être à la suite. *Les maisons semblables se succèdent. « Les rues de mille villes se succédaient toutes/pareilles avec le même signe anonyme/de la pluie »* (Alain Grandbois, *Les Îles de la nuit*). SYN. se suivre.
2. Venir l'un après l'autre. *Les saisons se succèdent.*
Le participe passé de ce verbe est toujours invariable. *Quatre ministres se sont succédé à ce portefeuille. Ils se sont succédé à la tête de l'entreprise.*
Les expressions *se succéder l'un à l'autre, les uns aux autres sont des pléonasmes.
CONJUGAISON : VOIR MODÈLE POSSÉDER.
Le ***é*** se change en ***è*** devant une syllabe contenant un ***e*** muet, sauf à l'indicatif futur et au conditionnel présent. *Je succède,* mais *je succéderai.*
[Les *Rectifications* (1990) admettent : il succèdera, succèderait...]

SUCCÈS n. m.
Réussite. *Assurer le succès d'une entreprise.*
LOCUTION
– ***Succès d'estime.*** Succès restreint à un public de connaisseurs.
succès.

SUCCESSEUR n. m.
1. Personne qui succède, succédera. *Elle est le successeur de son père.*
2. (DR.) Héritier.
Ce nom ne comporte pas de forme féminine.

SUCCESSIF, IVE adj.
Qui se suivent. *Des explosions successives.*

SUCCESSION n. f.
1. (DR.) Héritage. *La succession de son grand-père. La liquidation d'une succession.*
2. Série. *Une succession d'évènements.* SYN. enchaînement ; suite.

SUCCESSIVEMENT adv.
L'un après l'autre. *Elle connut successivement Yves et Jean-Pierre.*

SUCCESSORAL, ALE, AUX adj.
(DR.) Qui est relatif aux successions. *Des droits successoraux.*

SUCCINCT, INCTE adj.
Les lettres ***ct*** ne se prononcent pas au masculin, [syksɛ̃] ; l'adjectif rime avec ***sain***.
Court, concis. *Un exposé succinct.* ANT. prolixe.
succinct.

SUCCINCTEMENT adv.
Le dernier ***c*** ne se prononce pas, [syksɛ̃tmɑ̃].
D'une manière concise. *Il nous a exposé l'affaire succinctement.*
succinctement.

SUCCION n. f.
Les lettres ***cc*** se prononcent ***ks***, [syksjɔ̃].
Action de sucer. *Exercer une forte succion.*
succion.

SUCCOMBER v. tr. ind., intr.
VERBE TRANSITIF INDIRECT
Céder à, ne pas résister. *Peut-être succomberez-vous à la tentation ? Les enfants ont succombé au sommeil.*
Le verbe se conjugue avec l'auxiliaire ***avoir***.
VERBE INTRANSITIF
1. (LITT.) Mourir. *Elle a succombé à une hémorragie.*
En ce sens, le verbe se construit avec la préposition ***à***.
2. (LITT.) Être accablé sous un fardeau. *Il a succombé sous le poids des difficultés.*
En ce sens, le verbe se construit avec la préposition ***sous***.
CONJUGAISON : VOIR MODÈLE AIMER.
succomber.

SUCCULENT, ENTE adj.
Délicieux. *Une pâtisserie succulente.* SYN. excellent ; savoureux.
succulent.

SUCCURSALE n. f.
Établissement n'ayant pas d'existence juridique indépendante. *Une succursale bancaire. Cette société possède deux succursales* (et non deux *branches).
Ne pas confondre avec le nom ***filiale***, unité de production décentralisée, juridiquement indépendante et dotée d'une complète autonomie de gestion, mais placée sous la direction d'une société mère qui possède la majorité de ses actions.
succursale.

***SUCE**
Impropriété pour ***tétine, sucette***.

SUCER v. tr.
Aspirer dans la bouche. *Cet enfant suce son pouce.*
CONJUGAISON : VOIR MODÈLE AVANCER.
Le ***c*** prend une cédille devant les lettres ***a*** et ***o***. *Il suça, nous suçons.*

SUCETTE n. f.
1. Petite tétine. *Le bébé pleure parce qu'il a perdu sa sucette* (et non sa *suce).
2. Bonbon fixé à une petite tige de bois. *Trois Sucettes à la menthe* (Sabatier). SYN. suçon.

SUÇON n. m.
1. Marque laissée sur la peau par des baisers.
2. Bonbon fixé à l'extrémité d'un bâtonnet. SYN. sucette.

SUCRE n. m.
Le *r* se prononce, [sykr] (et non *suc).
1. Produit alimentaire extrait de la canne à sucre. *Du sucre raffiné, du sucre d'érable, du sucre d'orge, du sucre candi.*
2. Morceau de sucre. *Du café avec deux sucres et un nuage de crème.*
3. Unité monétaire de l'Équateur. *Des sucres.*
VOIR TABLEAU – SYMBOLES DES UNITÉS MONÉTAIRES.
LOCUTIONS
– ***Faire les sucres.*** Travailler à l'exploitation d'une érablière.
– ***Partie de sucre.*** Fête à l'érablière. *Nous organisons une partie de sucre la semaine prochaine.*
– ***Sucre à la crème.*** Friandise préparée avec du sucre d'érable ou de la cassonade et de la crème.
– ***Sucre du pays.*** Sucre d'érable.
Ne pas confondre avec le nom ***suc***, liquide organique.

SUCRÉ, ÉE adj.
Qui a la saveur du sucre. *Un fruit sucré.* SYN. doux.

***SUCRE BRUN**
Calque de l'anglais «*brown sugar*» pour **cassonade.**

SUCRER v. tr.
Ajouter du sucre à quelque chose. *Sucrer un jus d'orange.*
CONJUGAISON : VOIR MODÈLE AIMER.

SUCRERIE n. f.
1. Raffinerie de sucre.
2. (AU PLUR.) Bonbons. *Elle ne peut résister aux sucreries.*

SUCRIER, IÈRE adj. et n. m.
ADJECTIF
Relatif à la fabrication du sucre. *L'industrie sucrière.*
NOM MASCULIN
Récipient destiné à contenir le sucre. *Un sucrier de porcelaine.*

SUD adj. inv. et n. m. inv.
NOM MASCULIN INVARIABLE
Abréviation ***S.*** (s'écrit avec un point).
Un des quatre points cardinaux, opposé au nord. *Marcher vers le sud.*
ADJECTIF INVARIABLE
Qui est au sud. *La rive sud du Saint-Laurent, le versant sud du mont Sutton. La façade sud d'un immeuble.*
T 1° Le point cardinal s'écrit avec une minuscule quand il est employé comme nom ou comme adjectif pour indiquer une orientation. *La terrasse est orientée au sud. L'entrée sud d'un immeuble.*
2° Les noms des points cardinaux qui déterminent un pays, une région, une ville, un odonyme s'écrivent avec une majuscule. *L'Afrique du Sud, l'Amérique du Sud.*
3° Dans une adresse, le point cardinal s'écrit avec une majuscule et suit le nom spécifique de l'odonyme. *Son bureau est situé boulevard Décarie Sud.*
T Le nom de la région administrative ***Rive-Sud*** s'écrit avec des majuscules et un trait d'union.
VOIR TABLEAU – POINTS CARDINAUX.

SUD-AFRICAIN, AINE adj. et n. m. et f. (pl. *des Sud-Africains, des Sud-Africaines*)
De l'Afrique du Sud. *Un leader sud-africain. Un Sud-Africain, une Sud-Africaine.*
T L'adjectif s'écrit avec des minuscules ; le nom, avec deux majuscules.

SUD-AMÉRICAIN, AINE adj. et n. m. et f. (pl. *sud-américains* ou *sud-américaines*)
De l'Amérique du Sud. *Un produit sud-américain. Un Sud-Américain, une Sud-Américaine.*
T L'adjectif s'écrit avec des minuscules ; le nom, avec deux majuscules.

SUDATION n. f.
Transpiration. *Cette chaleur suffocante provoque une abondante sudation.*

SUD-CORÉEN, ENNE adj. et n. m. et f. (pl. *sud-coréens* ou *sud-coréennes*)
De la Corée du Sud. *Un chant sud-coréen. Un Sud-Coréen, une Sud-Coréenne.*
T L'adjectif s'écrit avec des minuscules ; le nom, avec deux majuscules.

SUD-EST adj. inv. et n. m. inv.
Point de l'horizon qui est à égale distance entre le sud et l'est.

SUDOKU n. m. (pl. *sudokus*)
Les ***u*** se prononcent ***ou***, [sudoku].
Jeu de stratégie consistant en une grille divisée en neuf sections où l'on doit placer les chiffres de 1 à 9 de façon qu'ils ne figurent qu'une fois dans une même ligne, une même colonne et une même section (GDT). *Des sudokus difficiles.*
Le terme ***sudoku*** est un emprunt au japonais et signifie « chiffre unique ».

SUDORIFIQUE adj. et n. m.
Qui provoque la transpiration.
Ne pas confondre avec le mot ***soporifique***, qui endort.

SUDORIPARE adj.
Qui sécrète la sueur. *Les glandes sudoripares.*
sudoripare.

SUD-OUEST adj. inv. et n. m. inv.
Point de l'horizon qui est à égale distance entre le sud et l'ouest.

SUÈDE n. m.
Cuir fin d'aspect velouté. *Des gants de suède.* SYN. daim.
T En ce sens, le nom s'écrit avec une minuscule ; le nom du pays s'écrit avec une majuscule.

SUÉDOIS, OISE adj. et n. m. et f.
ADJECTIF ET NOM MASCULIN ET FÉMININ
De Suède. *Un design suédois. Un Suédois, une Suédoise.*
T L'adjectif s'écrit avec une minuscule ; le nom, avec une majuscule.
NOM MASCULIN
Langue parlée en Suède. *Ingrid parle le suédois.*
T Le nom de la langue s'écrit avec une minuscule.

SUÉE n. f.
(FAM.) Transpiration.

SUER v. tr., intr.
VERBE TRANSITIF
(LITT.) Exhaler. *Cette atmosphère sue la tristesse.* SYN. respirer ; transpirer.
VERBE INTRANSITIF
Transpirer. *Le thermomètre atteint 30 °C, nous suons à grosses gouttes.*
LOCUTIONS
– ***Faire suer.*** (FAM.) Ennuyer, contrarier. *Il nous fait suer, celui-là.* SYN. embêter.
– ***Suer sang et eau.*** Se donner beaucoup de mal pour quelque chose.
CONJUGAISON : VOIR MODÈLE AIMER.

SUEUR n. f.
Transpiration. *Ils sont en sueur.*
LOCUTION
– ***Des sueurs froides.*** Peur très vive.

SUFFIRE v. tr. ind., impers., pronom.
VERBE TRANSITIF INDIRECT
1. Être apte à satisfaire. *Elle ne peut suffire à la tâche. À chaque jour suffit sa peine.*
En ce sens, le verbe se construit avec la préposition ***à.***

S

2. Être en quantité suffisante. *Ce bois suffira pour le feu.*
En ce sens, le verbe se construit avec la préposition *pour.*
VERBE IMPERSONNEL
Il faut simplement. *Il a suffi d'un bon bain chaud pour me réchauffer.*
À la forme impersonnelle, le verbe se construit avec la préposition ***de*** suivie d'un nom ou d'un infinitif ou avec la conjonction ***que*** suivie du subjonctif. *Il suffit de nous prévenir quelques heures avant votre départ. Il suffit que vous veniez demain.*
VERBE PRONOMINAL
N'avoir pas besoin des autres. *Elle s'est suffi à elle-même tout au long de sa vie : elle est très autonome.*
Le participe passé de ce verbe est toujours invariable. *Pendant quelques mois, nous nous sommes suffi à nous-mêmes.*
CONJUGAISON : VOIR MODÈLE SUFFIRE.

SUFFISAMMENT adv.
En quantité suffisante. *Il a suffisamment le temps de venir nous rejoindre. Nous avons acheté suffisamment de provisions.* SYN. assez.
suffisamment.

SUFFISANCE n. f.
Prétention. *Sa suffisance et son ambition sont très désagréables.*
suffisance.

SUFFISANT, ANTE adj.
1. Qui suffit. *Je crois que ces provisions sont suffisantes pour la semaine.*
2. (PÉJ.) Prétentieux. *Son ton est trop suffisant.*
suffisant.

SUFFIXAL, ALE, AUX adj.
(LING.) Relatif au suffixe. *Des éléments suffixaux. L'élément suffixal* -graphie *a le sens de « écriture ».*
suffixal.

SUFFIXATION n. f.
(LING.) Formation de mots à l'aide de suffixes.
suffixation.

SUFFIXE n. m.
(LING.) Élément qui se place après le radical d'un mot pour former une nouvelle unité lexicale. *Les mots* microscope *(instrument qui permet de voir les objets très petits) et* télescope *(instrument qui sert à l'observation des objets au loin) comprennent tous deux le suffixe* -scope, *signifiant « examiner, observer ».* ANT. préfixe.
Le suffixe permet de changer la catégorie grammaticale d'un mot. Certains suffixes servent à former des noms (***-oire*** dans ***baignoire, balançoire***, ***-itude*** dans ***béatitude, exactitude***), des adjectifs (***-able*** dans ***aimable***, ***-ible*** dans ***risible***), des verbes (***-er*** dans ***rêver***, ***-iser*** dans ***ridiculiser***) et des adverbes (***-ment*** dans ***sagement***). D'autres suffixes apportent une nuance diminutive (***-et, -ette*** dans ***bâtonnet, fillette***) ou péjorative (***-âtre*** dans ***bellâtre***).
VOIR TABLEAU – SUFFIXE.
suffixe.

SUFFIXÉ, ÉE adj.
(LING.) Pourvu d'un suffixe. *Un élément suffixé.*

SUFFIXER v. tr.
(LING.) Pourvoir un mot d'un suffixe.
CONJUGAISON : VOIR MODÈLE AIMER.

SUFFOCANT, ANTE adj.
Qui gêne la respiration. *Une chaleur suffocante.* SYN. accablant; étouffant.
Ne pas confondre avec le participe présent invariable ***suffoquant.*** *Suffoquant dans la classe enfumée, les étudiants sortirent.*

SUFFOCATION n. f.
Étouffement. *Cette fumée peut causer une suffocation.*

SUFFOQUER v. tr., intr.
VERBE TRANSITIF
Étouffer, faire perdre la respiration à. *La fumée le suffoquait.*
VERBE INTRANSITIF
Avoir du mal à respirer. *Il faudrait pratiquer la respiration artificielle : il suffoque.* SYN. étouffer.
CONJUGAISON : VOIR MODÈLE AIMER.
suffoquer.

SUFFRAGE n. m.
Avis donné par un vote. *Le suffrage universel.*
suffrage.

SUFFRAGETTE n. f.
(HIST.) Femme réclamant le droit de vote.
suffragette.

SUGGÉRER v. tr.
Faire penser, proposer. *Ils suggèrent de diffuser l'information à l'aide de la télématique.* SYN. conseiller.
CONJUGAISON : VOIR MODÈLE POSSÉDER.
Le ***é*** se change en ***è*** devant une syllabe contenant un ***e*** muet, sauf à l'indicatif futur et au conditionnel présent. *Je suggère,* mais *je suggérerai.*
[Les *Rectifications* (1990) admettent : il suggèrera, suggèrerait...]

SUGGESTIF, IVE adj.
1. Évocateur. *Un récit suggestif.*
2. Qui provoque le désir. *Une tenue suggestive.*
FORME FAUTIVE
*suggestif de. Calque de « *suggestive of* » pour ***évocateur de, révélateur de*** (DDFM). *Ce symptôme est révélateur* (et non *suggestif) *de la maladie de Parkinson.*

SUGGESTION n. f.
Attention à bien prononcer le ***t***, [sygʒɛstjɔ̃], comme dans ***digestion.***
Proposition. *Voici quelques suggestions pour les vacances.*
Ne pas confondre avec le nom ***sujétion***, dépendance.

SUICIDAIRE adj. et n. m. et f.
ADJECTIF
1. Qui est prédisposé au suicide. *Ce jeune homme a un comportement suicidaire.*
2. (FIG.) Voué à l'échec. *Une entreprise suicidaire.* SYN. condamné.
NOM MASCULIN ET FÉMININ
Personne prédisposée au suicide. *Un, une suicidaire.*
suicidaire.

SUICIDE n. m.
1. Action de se donner la mort.
2. (EN APPOS.) Qui implique la mort de la personne qui y participe. *Des attentats suicides.*

SUICIDER (SE) v. pronom.
Se donner la mort. *Ils se sont suicidés ensemble.*
Le participe passé de ce verbe, qui n'existe qu'à la forme pronominale, s'accorde toujours en genre et en nombre avec son sujet. *Notre amie ne s'est pas suicidée : il s'agit plutôt d'un accident.*
CONJUGAISON : VOIR MODÈLE AIMER.

SUIE n. f.
Matière noire déposée par la fumée. *Après l'incendie, les murs étaient couverts de suie.*

SUIF n. m.
Le ***f*** se prononce, [sɥif].
Graisse animale.

SUINTEMENT n. m.
Écoulement lent et presque imperceptible d'un liquide.

CONJUGAISON DU VERBE **SUFFIRE**

INDICATIF

PRÉSENT

je	suffi**s**
tu	suffi**s**
elle	suffi**t**
il	suffi**t**
nous	suffi**sons**
vous	suffi**sez**
elles	suffi**sent**
ils	suffi**sent**

PASSÉ COMPOSÉ

j'	ai	suffi
tu	as	suffi
elle	a	suffi
il	a	suffi
nous	avons	suffi
vous	avez	suffi
elles	ont	suffi
ils	ont	suffi

IMPARFAIT

je	suffi**sais**
tu	suffi**sais**
elle	suffi**sait**
il	suffi**sait**
nous	suffi**sions**
vous	suffi**siez**
elles	suffi**saient**
ils	suffi**saient**

PLUS-QUE-PARFAIT

j'	avais	suffi
tu	avais	suffi
elle	avait	suffi
il	avait	suffi
nous	avions	suffi
vous	aviez	suffi
elles	avaient	suffi
ils	avaient	suffi

PASSÉ SIMPLE

je	suffi**s**
tu	suffi**s**
elle	suffi**t**
il	suffi**t**
nous	suff**îmes**
vous	suff**îtes**
elles	suffi**rent**
ils	suffi**rent**

PASSÉ ANTÉRIEUR

j'	eus	suffi
tu	eus	suffi
elle	eut	suffi
il	eut	suffi
nous	eûmes	suffi
vous	eûtes	suffi
elles	eurent	suffi
ils	eurent	suffi

FUTUR SIMPLE

je	suffi**rai**
tu	suffi**ras**
elle	suffi**ra**
il	suffi**ra**
nous	suffi**rons**
vous	suffi**rez**
elles	suffi**ront**
ils	suffi**ront**

FUTUR ANTÉRIEUR

j'	aurai	suffi
tu	auras	suffi
elle	aura	suffi
il	aura	suffi
nous	aurons	suffi
vous	aurez	suffi
elles	auront	suffi
ils	auront	suffi

CONDITIONNEL PRÉSENT

je	suffi**rais**
tu	suffi**rais**
elle	suffi**rait**
il	suffi**rait**
nous	suffi**rions**
vous	suffi**riez**
elles	suffi**raient**
ils	suffi**raient**

CONDITIONNEL PASSÉ

j'	aurais	suffi
tu	aurais	suffi
elle	aurait	suffi
il	aurait	suffi
nous	aurions	suffi
vous	auriez	suffi
elles	auraient	suffi
ils	auraient	suffi

SUBJONCTIF

PRÉSENT

que	je	suffi**se**
que	tu	suffi**ses**
qu'	elle	suffi**se**
qu'	il	suffi**se**
que	nous	suffi**sions**
que	vous	suffi**siez**
qu'	elles	suffi**sent**
qu'	ils	suffi**sent**

PASSÉ

que	j'	aie	suffi
que	tu	aies	suffi
qu'	elle	ait	suffi
qu'	il	ait	suffi
que	nous	ayons	suffi
que	vous	ayez	suffi
qu'	elles	aient	suffi
qu'	ils	aient	suffi

IMPARFAIT

que	je	suffi**sse**
que	tu	suffi**sses**
qu'	elle	suff**ît**
qu'	il	suff**ît**
que	nous	suffi**ssions**
que	vous	suffi**ssiez**
qu'	elles	suffi**ssent**
qu'	ils	suffi**ssent**

PLUS-QUE-PARFAIT

que	j'	eusse	suffi
que	tu	eusses	suffi
qu'	elle	eût	suffi
qu'	il	eût	suffi
que	nous	eussions	suffi
que	vous	eussiez	suffi
qu'	elles	eussent	suffi
qu'	ils	eussent	suffi

IMPÉRATIF

PRÉSENT

suffi**s**
suffi**sons**
suffi**sez**

PASSÉ

aie suffi
ayons suffi
ayez suffi

INFINITIF

PRÉSENT

suffi**re**

PASSÉ

avoir suffi

PARTICIPE

PRÉSENT

suffi**sant**

PASSÉ

suffi
ayant suffi

SUFFIXE

Le **suffixe** est un élément qui se joint à la suite d'un radical pour former un dérivé.
Le **préfixe** est un élément qui se place avant un radical pour former un nouveau mot.

S

Dans la composition des mots nouveaux (néologismes), le français puise dans ses ressources ou emprunte surtout au **grec** et au **latin** des suffixes ou des éléments qui sont joints à un radical pour former une nouvelle unité lexicale. Ces suffixes présentent l'avantage d'être déjà connus et, ainsi, de favoriser la compréhension immédiate du néologisme.

	SUFFIXES	SENS	EXEMPLES
SUFFIXES D'ORIGINE GRECQUE	***-cratie***	« puissance »	*aristocratie, démocratie*
	-graphie	« écriture »	*radiographie, télégraphie*
	-logie	« science »	*biologie, philologie*
	-onyme	« nom »	*toponyme, odonyme*
	-phile	« ami »	*francophile, bibliophile*
	-phobe	« crainte »	*agoraphobe, claustrophobe*
	-scope	« examiner »	*microscope, télescope*
	-thérapie	« traitement »	*physiothérapie, chimiothérapie*
SUFFIXES D'ORIGINE LATINE	***-cide***	« tuer »	*homicide, régicide*
	-culture	« cultiver »	*apiculture, horticulture*
	-duc	« conduire »	*gazoduc, oléoduc*
	-fère	« qui porte »	*ombellifère, mammifère*
	-lingue	« langue »	*bilingue, multilingue*
	-vore	« manger »	*herbivore, omnivore*
SUFFIXES DE NOMS	***-age***	« action »	*défrichage, affichage*
	-ateur	« agent »	*dessinateur, accélérateur*
	-erie	« spécialité »	*animalerie, bijouterie*
	-ette	« diminutif »	*maisonnette, fillette*
	-ier, ière	« métier »	*épicier, jardinière*
	-isme	« doctrine »	*automatisme, socialisme*
	-ite	« maladie »	*appendicite, bronchite*
	-ité	« qualité »	*rapidité, vélocité*
	-on	« diminutif »	*chaton, ourson*
	-ure	« ensemble »	*toiture, voilure*
SUFFIXES D'ADJECTIFS	***-able***	« possibilité »	*aimable, capable*
	-ais, aise	« origine »	*français, montréalaise*
	-âtre	« péjoratif »	*rougeâtre, douceâtre*
	-el, elle	« caractère »	*spirituel, temporelle*
	-ible	« possibilité »	*indestructible, risible*
	-ien, ienne	« origine »	*gaspésien, trifluvienne*
	-if, ive	« caractère »	*actif, vive*
	-ois, oise	« origine »	*chinois, québécoise*
SUFFIXES DE VERBES	***-er***	« action »	*planter, couper*
	-ir	« action »	*finir, polir*
	-asser	« péjoratif »	*rêvasser, finasser*
	-iser	« action »	*informatiser, automatiser*
SUFFIXES D'ADVERBES	***-ment***	« manière »	*rapidement, calmement*

VOIR TABLEAUX ▸ **NÉOLOGISME.** ▸ **PRÉFIXE.**

SUINTER v. intr.
Transpirer, s'écouler goutte à goutte. *Des parois rocheuses qui suintent. L'eau suinte le long de la muraille.* SYN. dégoutter.
CONJUGAISON : VOIR MODÈLE AIMER.

SUISSE adj. et n. m. et f.
ADJECTIF
De Suisse. *Le peuple suisse. Une montre suisse. Des fromages suisses.*
T L'adjectif s'écrit avec une minuscule.
NOM MASCULIN ET FÉMININ
Personne née en Suisse ou qui y habite. *Un Suisse, une Suisse ou Suissesse.*
T Le nom s'écrit avec une majuscule.
LOCUTION
– ***(Petit) suisse.*** ⚜ Tamia rayé. *« Elles traversèrent la zone des ronces et des vergnes, contournèrent les chênes géants, plongèrent dans les fougères en se tapant dans les mains pour faire danser les lièvres, les perdrix et les petits suisses »* (Antonine Maillet, *Le Chemin Saint-Jacques*).

SUITE n. f.
1. Série, succession. *Une suite de succès et d'échecs.*
En ce sens, le nom s'emploie généralement au singulier.
2. Ce qui vient après. *La suite d'un roman. Suite et fin d'un reportage.*
3. Escorte, ensemble des personnes qui accompagnent quelqu'un. *La reine et sa suite. La suite d'une vedette.* SYN. cour.
4. Résultat, conséquence. *Les suites d'une décision, d'un accident. Un malentendu qui n'a pas eu de suites.*
En ce sens, le nom s'emploie surtout au pluriel.
5. (MÉD.) Incapacité qui demeure après une maladie, un accident. *Les suites d'un infarctus.* SYN. complications; séquelles.
En ce sens, le nom s'emploie généralement au pluriel.
6. Cohérence, persévérance. *Elle a de la suite dans les idées.* SYN. constance; continuité.
7. Dans un hôtel, petit appartement. *Une suite au Ritz.*
Ce terme est réservé au domaine hôtelier; il ne saurait désigner des locaux, des bureaux.
LOCUTIONS
– ***À la suite de,*** loc. prép. Après. *Le directeur parlera à la suite du président.*
– ***À la suite de,*** loc. prép. À cause de. *À la suite de cette décision injuste, il décida de démissionner.* SYN. en raison de.
– ***Avoir de la suite dans les idées.*** Être constant et déterminé.
– ***Comme suite à.*** En réponse à. *Comme suite à votre demande du 15 avril, nous vous faisons parvenir...*
– ***Dans la suite,*** loc. adv. Après, depuis. *Ils ont déménagé et, dans la suite, je les ai revus à quelques reprises.*
– ***De suite,*** loc. adv. L'un après l'autre, sans interruption. *Il a écrit trois lettres de suite.*
Cette locution marque l'idée d'une absence d'interruption.
– ***De suite,*** loc. adv. ⚜ Immédiatement. *Viens de suite : nous t'attendons !* SYN. tout de suite.
Cette locution demeure usuelle au Québec et dans la francophonie canadienne, mais elle n'appartient plus à l'usage courant de la majorité des locuteurs du français.
– ***Donner suite à quelque chose.*** Faire en sorte qu'une chose ait un résultat. *Soyez assuré que nous donnerons suite à votre réclamation.*
– ***Et ainsi de suite,*** loc. adv. En continuant ainsi.
– ***Faire suite à.*** Succéder. *Les étapes de la correction et de la révision font suite à la rédaction.* SYN. suivre.
Dans cette expression, le nom ***suite*** est toujours au singulier.
– ***Par la suite,*** loc. adv. Après cela. *Par la suite, ils s'excusèrent.* SYN. ensuite; plus tard.
– ***Par suite de,*** loc. prép. En conséquence de. *Par suite de la tempête, les bureaux sont fermés.*
– ***Prendre la suite de quelqu'un.*** Prendre la relève de quelqu'un, lui succéder.
– ***Sans suite.*** (COMM.) Se dit d'un article qui ne sera pas conservé en stock. *De la vaisselle sans suite.* ANT. suivi.
– ***Tout de suite,*** loc. adv. Immédiatement, sans attendre. *Il arrive tout de suite.* SYN. à l'instant; aussitôt; sur-le-champ.
L'emploi de l'expression ***de suite*** en ce sens est familier et régional.
FORMES FAUTIVES
*suite. Anglicisme au sens de ***bureau, local.***
*suite à (votre lettre, votre demande, etc.). Dans une formule d'introduction, on écrira plutôt ***comme suite à, en réponse à.*** *Comme suite à* (et non *suite à) *votre appel téléphonique...*
*suite à. Dans le corps d'un texte, locution à remplacer par ***à cause de, à la suite de, en conséquence de, par suite de.*** *À cause d'une* (et non *suite à une) *panne d'électricité...*

SUIVANT, ANTE adj., n. m. et f. et prép.
ADJECTIF
Qui vient après. *La semaine suivante.* ANT. précédent.
NOM MASCULIN ET FÉMININ
Personne qui suit. *Au suivant ! À la suivante !*
PRÉPOSITION
1. Conformément à. *Suivant ce philosophe...*
2. En fonction de. *Le prix augmente suivant le poids du fruit.*
LOCUTION
– ***Suivant que,*** loc. conj. Selon que. *Suivant que les résultats seront prometteurs ou non, nous prendrons notre décision.*
La locution conjonctive se construit avec l'indicatif.

SUIVEUR, EUSE n. m. et f.
1. Personne qui suit.
2. (FIG.) Personne qui se contente d'être à la remorque de quelqu'un, de quelque chose, qui adopte la conduite, les idées de son entourage. SYN. mouton.

SUIVI adj. et n. m.
ADJECTIF
1. Continu, ininterrompu. *Des échanges épistolaires suivis.*
2. Fréquenté assidûment. *Les cours d'économie très suivis du professeur Parizeau.*
3. (COMM.) Qui est vendu sans interruption. *Des verreries suivies.* ANT. sans suite.
NOM MASCULIN
Action de suivre, de surveiller l'accomplissement d'une activité. *Assurer le suivi d'une affaire.*

SUIVRE v. tr., impers., pronom.
VERBE TRANSITIF
1. Venir après, par rapport au lieu, au temps, au rang, etc. *La rentrée aura lieu le jeudi qui suit la fête du Travail.*
2. Marcher sur les pas de quelqu'un. *Suivre un malfaiteur.*
3. S'intéresser à quelqu'un, à quelque chose. *Elle suit les variations de la Bourse. Il suit l'affaire avec le plus grand intérêt.*
4. Assister régulièrement à quelque chose. *Suivre* (et non *prendre) *un cours.*
VERBE IMPERSONNEL
(LITT.) Résulter. *D'où il suit que... Il s'en est suivi que...*
La construction impersonnelle exprime une conséquence logique dans un raisonnement.
VERBE PRONOMINAL
Se succéder. *Les jours se suivent et ne se ressemblent pas. Ils se sont suivis à la direction de cette affaire.*
À la forme pronominale, le participe passé de ce verbe s'accorde toujours en genre et en nombre avec son sujet. *Les enfants se sont suivis à la queue leu leu.*
LOCUTIONS
– ***Être suivi de.*** Être accompagné. *Elle est suivie de ses jeunes enfants.*

En ce sens, le verbe se construit avec la préposition ***de.***
– ***Être suivi par.*** Être surveillé de près. *Il est suivi par des agents depuis deux semaines.*
En ce sens, le verbe se construit avec la préposition ***par.***
– ***(Prière de) faire suivre.*** Mention placée sur une lettre afin que celle-ci puisse être acheminée à la nouvelle adresse du destinataire.
CONJUGAISON : VOIR MODÈLE SUIVRE.

SUJET, ETTE adj. et n. m.
ADJECTIF
Qui est susceptible de. *Elles sont sujettes à des allergies. Ils sont sujets à changer de camp.*
L'adjectif comporte une forme féminine. Comme nom, le mot ne s'emploie qu'au masculin.
NOM MASCULIN
1. Ressortissant d'un pays. *Ils sont sujets britanniques. Elle est sujet canadien.*
2. Cause, motif. *À quel sujet m'appelez-vous ? Un sujet de réflexion.*
3. Thème, question. *Le sujet de ce roman est une histoire d'amitié entre un homme et une baleine.*
4. (GRAMM.) Être ou objet qui fait l'action du verbe (verbe d'action) ou dont l'état est actualisé par le verbe (verbe d'état). *La petite fille* (sujet) *mange une pomme. La pomme* (sujet) *est verte.*
VOIR TABLEAU – SUJET.
5. Plante à laquelle on a greffé une partie d'une autre plante (greffon) pour en modifier les caractères.
LOCUTIONS
– ***Au sujet de,*** loc. prép. À propos de, relativement à. *As-tu des nouvelles au sujet de mon travail ?*
– ***Sujet à caution,*** loc. adj. Dont on doit se méfier, peu sûr. *Des intermédiaires sujets à caution, des statistiques sujettes à caution.*
FORMES FAUTIVES
*sujet. Anglicisme au sens de ***objet.***
En tête d'une lettre, d'une note, on emploie le mot ***objet*** pour définir le but de l'envoi.
VOIR TABLEAU – LETTRE TYPE.
*sujet à changement. Calque de «*subject to alteration*» pour ***donné, indiqué sous réserve de modifications, qui peut être modifié sans avis.***
*sujet à l'approbation de. Calque de «*subject to the approval of*» pour ***sous réserve de l'approbation de.***

SUJÉTION n. f.
Le ***t*** se prononce ***s***, [syʒesjɔ̃] ; le nom rime avec ***mission.***
Dépendance. *La sujétion économique entraîne la sujétion politique.* SYN. assujettissement ; soumission ; subordination.
Ne pas confondre avec le nom ***suggestion,*** proposition.
sujétion.

SULFUREUX, EUSE adj.
1. Qui contient du soufre. *Des eaux sulfureuses.*
2. (FIG.) Qui sent le soufre, qui est caustique. *Une diatribe sulfureuse.* SYN. corrosif.
sulfureux.

SULPICIEN, IENNE adj. et n. m. et f.
ADJECTIF
Qui appartient à la congrégation de Saint-Sulpice. *L'art sulpicien, la règle sulpicienne.*
NOM MASCULIN ET FÉMININ
Religieux, religieuse de la congrégation de Saint-Sulpice. *Les sulpiciens et les sulpiciennes. « Les sulpiciens ont vendu l'ancienne seigneurie par petites parcelles »* (Le Monde).
Les noms des membres d'ordre religieux s'écrivent avec une minuscule. *Le supérieur général des sulpiciens.*

SULTAN, ANE n. m. et f.
(ANCIENN.) Souverain de certains pays musulmans. *Le harem du sultan.*
sultan, sultane.

SULTANAT n. m.
Dignité de sultan.
sultanat.

SUMÉRIEN, IENNE adj. et n. m. et f.
ADJECTIF ET NOM MASCULIN ET FÉMININ
(ANTIQ.) De Sumer. *Un vestige sumérien. Un Sumérien, une Sumérienne.*
L'adjectif s'écrit avec une minuscule ; le nom, avec une majuscule.
NOM MASCULIN
Langue de Sumer. *Les caractères cunéiformes du sumérien constituent la première attestation de l'écriture.*
Le nom de la langue s'écrit avec une minuscule.

SUMMUM n. m. (pl. *summums*)
Les ***u*** se prononcent **o**, [sɔmɔm] ; le nom rime avec ***pomme.***
Le plus haut degré. *Le summum de la distinction et du raffinement.* SYN. maximum ; sommet.

SUNNISME n. m.
Branche de la religion musulmane.
Les noms de religions s'écrivent avec une minuscule.

SUNNITE adj. et n. m. et f.
Musulman adepte du sunnisme. *Ce sont des sunnites.*
L'adjectif ainsi que le nom s'écrivent avec une minuscule.

***SUNSET CLAUSE**
Anglicisme pour ***clause de temporisation.***

SUPER n. m.
Abréviation familière de ***supercarburant.*** *Quarante litres de super sans plomb.*

SUPER adj. inv.
(FAM.) Extraordinaire, formidable. *Ces copines sont super.* SYN. extraordinaire ; fabuleux ; merveilleux.

SUPER- préf.
Élément du latin signifiant « au-dessus ».
Les mots composés avec le préfixe ***super-*** s'écrivent en un seul mot. *Superpuissance, superposer.*

SUPERBE adj. et n. f.
ADJECTIF
Merveilleux, magnifique. *Un jardin superbe.* SYN. somptueux.
NOM FÉMININ
(LITT.) Fierté vaniteuse. *Sa superbe n'a d'égale que son arrogance.*

SUPERBEMENT adv.
Avec magnificence. *Ce palais est superbement aménagé.*

SUPERCARBURANT n. m.
Carburant dont l'indice d'octane est élevé. *Cette voiture requiert du supercarburant.*
Le nom s'abrège familièrement en ***super.***

SUPERCHERIE n. f.
Fraude. *Une habile supercherie.* SYN. tromperie.

SUPERFÉTATOIRE adj.
(LITT.) Superflu. *Des compliments superfétatoires.*
superfétatoire.

SUPERFICIE n. f.
Mesure de la surface. *Ce terrain a une superficie de 850 m^2.*
Ne pas confondre avec le mot ***surface,*** aire, étendue.
superficie.

SUPERFICIEL, IELLE adj.
Qui est en surface, qui ne va pas au fond des choses. *Une connaissance superficielle du sujet.* SYN. futile ; léger. ANT. profond.
superficiel.

CONJUGAISON DU VERBE **SUIVRE**

INDICATIF

PRÉSENT

je	suis
tu	suis
elle	suit
il	suit
nous	suivons
vous	suivez
elles	suivent
ils	suivent

PASSÉ COMPOSÉ

j'	ai	suivi
tu	as	suivi
elle	a	suivi
il	a	suivi
nous	avons	suivi
vous	avez	suivi
elles	ont	suivi
ils	ont	suivi

IMPARFAIT

je	suivais
tu	suivais
elle	suivait
il	suivait
nous	suivions
vous	suiviez
elles	suivaient
ils	suivaient

PLUS-QUE-PARFAIT

j'	avais	suivi
tu	avais	suivi
elle	avait	suivi
il	avait	suivi
nous	avions	suivi
vous	aviez	suivi
elles	avaient	suivi
ils	avaient	suivi

PASSÉ SIMPLE

je	suivis
tu	suivis
elle	suivit
il	suivit
nous	suivîmes
vous	suivîtes
elles	suivirent
ils	suivirent

PASSÉ ANTÉRIEUR

j'	eus	suivi
tu	eus	suivi
elle	eut	suivi
il	eut	suivi
nous	eûmes	suivi
vous	eûtes	suivi
elles	eurent	suivi
ils	eurent	suivi

FUTUR SIMPLE

je	suivrai
tu	suivras
elle	suivra
il	suivra
nous	suivrons
vous	suivrez
elles	suivront
ils	suivront

FUTUR ANTÉRIEUR

j'	aurai	suivi
tu	auras	suivi
elle	aura	suivi
il	aura	suivi
nous	aurons	suivi
vous	aurez	suivi
elles	auront	suivi
ils	auront	suivi

CONDITIONNEL PRÉSENT

je	suivrais
tu	suivrais
elle	suivrait
il	suivrait
nous	suivrions
vous	suivriez
elles	suivraient
ils	suivraient

CONDITIONNEL PASSÉ

j'	aurais	suivi
tu	aurais	suivi
elle	aurait	suivi
il	aurait	suivi
nous	aurions	suivi
vous	auriez	suivi
elles	auraient	suivi
ils	auraient	suivi

SUBJONCTIF

PRÉSENT

que	je	suive
que	tu	suives
qu'	elle	suive
qu'	il	suive
que	nous	suivions
que	vous	suiviez
qu'	elles	suivent
qu'	ils	suivent

PASSÉ

que	j'	aie	suivi
que	tu	aies	suivi
qu'	elle	ait	suivi
qu'	il	ait	suivi
que	nous	ayons	suivi
que	vous	ayez	suivi
qu'	elles	aient	suivi
qu'	ils	aient	suivi

IMPARFAIT

que	je	suivisse
que	tu	suivisses
qu'	elle	suivît
qu'	il	suivît
que	nous	suivissions
que	vous	suivissiez
qu'	elles	suivissent
qu'	ils	suivissent

PLUS-QUE-PARFAIT

que	j'	eusse	suivi
que	tu	eusses	suivi
qu'	elle	eût	suivi
qu'	il	eût	suivi
que	nous	eussions	suivi
que	vous	eussiez	suivi
qu'	elles	eussent	suivi
qu'	ils	eussent	suivi

IMPÉRATIF

PRÉSENT

suis
suivons
suivez

PASSÉ

aie suivi
ayons suivi
ayez suivi

INFINITIF

PRÉSENT

suivre

PASSÉ

avoir suivi

PARTICIPE

PRÉSENT

suivant

PASSÉ

suivi, ie
ayant suivi

S

SUJET

- Le sujet de la phrase désigne l'être ou la chose qui **fait l'action du verbe** (verbe d'action).
  Maman a planté des fleurs. Qui est-ce qui a planté des fleurs ? *Maman.*
- Le sujet de la phrase désigne l'être ou la chose qui se trouve dans **l'état exprimé par le verbe** (verbe attributif).
  Le chien Filou est gourmand. Qui est-ce qui est gourmand ? *Le chien Filou.*
- Le sujet de la phrase désigne l'être ou la chose qui **subit l'action du verbe** (phrase passive).
  La pomme est mangée par Julien. Qu'est-ce qui est mangé ? *La pomme.*

Pour trouver le sujet d'un verbe, on pose la question ***qui est-ce qui ?*** (pour un être vivant), ***qu'est-ce qui ?*** (pour une chose). Attention : dans une question, l'ordre des mots est inversé. *Plante-t-elle des fleurs ?*

CATÉGORIE DU SUJET

Le sujet peut être :

– un **groupe nominal :** un **nom commun**, son **déterminant** et un **complément,** un **nom propre** ou un **pronom.**
  La table *est ronde.* ***Jacques*** *joue du piano.* ***Nous*** *sommes d'accord.* ***Qui*** *est là ?*

– une **phrase infinitive.** ***Nager tous les jours*** *est bon pour la santé.*

– une **phrase à verbe conjugué.** ***Pierre qui roule*** *n'amasse pas mousse.*

ACCORD DU VERBE, DE L'ATTRIBUT DU SUJET, DU PARTICIPE PASSÉ

Le sujet de la phrase est un donneur d'accord. Il est important de pouvoir le reconnaître parce que c'est avec lui qu'on accorde le verbe, l'attribut du sujet ou le participe passé, s'il y a lieu. Quand le sujet de la phrase est une phrase (infinitive ou à verbe conjugué), l'accord se fait à la 3e personne du singulier.

Tu as dormi pendant deux heures. (Le verbe est à la deuxième personne du singulier parce que le sujet est ***tu.***) *Elle est adroite.* (L'attribut est au féminin singulier parce que le sujet du verbe est ***elle.***)
Les chats sont partis. (Le participe passé est au masculin pluriel parce que le sujet du verbe est ***les chats.***)

- **Sujet de personnes différentes**
  Si les sujets ne sont pas de la même personne, le verbe se met au pluriel et s'accorde avec la personne qui a la priorité; la 1re personne l'emporte sur les deux autres et la 2e personne, sur la 3e. *Vous et moi sommes d'avis que ce vin est excellent. Ta sœur et toi avez obtenu les meilleurs résultats.*
- **Sujet complexe**
  Lorsque le sujet se compose d'un pronom indéfini ou interrogatif complété par un pronom personnel, le verbe s'accorde à la 3e personne avec le pronom indéfini ou interrogatif (et non pas avec le pronom personnel).
  Certains d'entre vous ne seront (et non *serez) *pas d'accord.*
- **Nom collectif sujet**

– Nom collectif **employé seul.**
  Si le sujet est un collectif sans complément, le verbe se met **au singulier.**
  L'équipe gagna la partie.

– Nom collectif **suivi d'un complément au singulier.**
  Si le sujet est un collectif suivi d'un complément au singulier, le verbe se met **au singulier.**
  La plupart du temps se passa à jouer dehors.

– Nom collectif **précédé d'un déterminant indéfini et suivi d'un complément au pluriel.**
  Si le sujet est un collectif précédé d'un déterminant indéfini (*un, une*) et suivi d'un complément au pluriel, le verbe se met **au singulier** lorsque l'auteur veut insister sur le tout, l'ensemble, **au pluriel** s'il veut insister sur la pluralité.
  Une majorité d'élèves a réussi l'examen ou *une majorité d'élèves ont réussi l'examen.*

SUJET | SUITE >

> *SUJET* | ***SUITE***

– Nom collectif **précédé d'un déterminant défini, d'un déterminant possessif ou d'un déterminant démonstratif et suivi d'un complément au pluriel.**

Si le sujet est un collectif précédé d'un déterminant défini ***(le, la)***, d'un déterminant possessif ***(mon, ma)*** ou d'un déterminant démonstratif ***(ce, cette)*** et suivi d'un complément au pluriel, le verbe se met **au singulier** parce que l'accent est mis sur l'ensemble.

La bande de copains est en excursion. Mon groupe d'amis raffole de cette musique.

VOIR TABLEAU ▸ **COLLECTIF.**

S

SUPERFICIELLEMENT adv.
D'une manière superficielle. *Ils ont examiné superficiellement la situation sans régler les questions fondamentales.*

SUPERFIN, INE adj.
D'une qualité supérieure. *Du chocolat superfin.*

SUPERFLU, UE adj. et n. m.
ADJECTIF
Inutile, qui est en trop. *Des achats superflus.* ANT. nécessaire; obligatoire.
NOM MASCULIN
Ce qui excède le nécessaire. *Nous nous passerons de ces produits de luxe qui sont du superflu.* ANT. essentiel; indispensable.

SUPÉRIEUR, IEURE adj. et n. m. et f.
ADJECTIF
1. Qui est au-dessus, en haut (par opposition à ***inférieur***). *Le nombre d'exemplaires vendus est supérieur aux prévisions. Ils habitent à l'étage supérieur.*
L'adjectif se construit avec la préposition ***à***.
2. Qui surpasse en qualité, en mérite, en rang. *Ce film est supérieur à tout ce que ce cinéaste a fait jusqu'ici.* ANT. inférieur.
L'adjectif étant un comparatif, on ne peut l'employer avec ***le plus, le moins***; cependant, il s'emploie avec ***très, si, de beaucoup.*** *Cet article est très supérieur au précédent.*
NOM MASCULIN ET FÉMININ
1. Personne qui se situe au-dessus d'une autre dans la structure hiérarchique. *Elle est sa supérieure hiérarchique.*
2. Religieux, religieuse qui dirige un monastère, un couvent, etc. *La supérieure d'un couvent, la mère supérieure.*
T Les titres religieux s'écrivent avec une minuscule.

SUPÉRIEUREMENT adv.
Parfaitement, très. *Ces coureurs sont supérieurement rapides.*

SUPÉRIORITÉ n. f.
Qualité d'une personne, d'une chose qui est au-dessus des autres. *La supériorité de ce skieur est évidente.* SYN. excellence; prééminence.

SUPERLATIF n. m.
Degré de comparaison de l'adjectif exprimant la qualité d'un être ou d'un objet au degré le plus élevé (supériorité relative), au degré le moins élevé (infériorité relative) en comparaison avec d'autres êtres ou objets ou à un très haut degré (supériorité ou infériorité absolue), sans comparaison avec d'autres êtres ou objets.
VOIR TABLEAU – SUPERLATIF.

SUPERMARCHÉ n. m.
Vaste magasin offrant des produits alimentaires et courants en libre-service. *Des supermarchés qui font partie d'une chaîne.*

SUPERNOVA n. f. (pl. *supernovæ* ou *supernovas*)
(ASTRON.) Étoile qui devient soudainement plus brillante.

SUPERPOSABLE adj.
Que l'on peut superposer. *Des éléments superposables.*

SUPERPOSER v. tr., pronom.
VERBE TRANSITIF
Poser l'un au-dessus de l'autre. *Superposer les sections d'une bibliothèque.*
VERBE PRONOMINAL
S'ajouter à. *Ces tables peuvent se superposer.*
À la forme pronominale, le participe passé de ce verbe s'accorde toujours en genre et en nombre avec son sujet. *Ces motifs se sont superposés.*
CONJUGAISON : VOIR MODÈLE AIMER.

SUPERPOSITION n. f.
Action de superposer; ensemble d'éléments superposés.

SUPERPRODUCTION n. f.
Spectacle à grand déploiement. *Des superproductions ennuyeuses.*

SUPERPUISSANCE n. f.
État dont l'importance dépasse celle des autres puissances. *Les États-Unis et le Japon sont des superpuissances.*

SUPERSONIQUE adj. et n. m.
ADJECTIF
Se dit d'une vitesse qui dépasse celle du son. *Un avion supersonique.*
NOM MASCULIN
Avion dont la vitesse est supérieure à celle du son. *Le* Concorde *était un supersonique.* ANT. subsonique.

SUPERSTITIEUSEMENT adv.
D'une manière superstitieuse. *Refuser superstitieusement d'habiter au 13e étage.*
superstitieusement.

SUPERSTITIEUX, IEUSE adj.
Qui croit à certains présages favorables ou défavorables. *Les personnes superstitieuses ne passent jamais sous une échelle.*
superstitieux.

SUPERSTITION n. f.
Croyances et pratiques superstitieuses.
superstition.

SUPERSTRUCTURE n. f.
Partie de la construction qui excède un niveau déterminé. *La superstructure d'un pont.*
superstructure, en un seul mot.

S

SUPERLATIF

SUPERLATIF RELATIF

- Le superlatif relatif exprime la qualité d'un être ou d'un objet **au degré le plus élevé** (supériorité relative) ou **au degré le moins élevé** (infériorité relative), en comparaison avec d'autres êtres ou objets.

  La rose est la plus belle de toutes les fleurs **(supériorité relative).**

  Le pissenlit est la moins appréciée des fleurs **(infériorité relative).**

▸ Formation du superlatif relatif

- Le superlatif relatif est formé à l'aide du déterminant défini et de certains adverbes : ***le plus, le moins, le mieux, le meilleur, le moindre, des plus, des mieux, des moins.***

  *Tu es **la meilleure** des amies, c'est **le moindre** de tes soucis.*

▸ Déterminant qui précède un superlatif relatif

- Le déterminant reste neutre (masculin singulier) devant l'adjectif féminin ou pluriel si la comparaison porte sur **les différents états d'un seul être ou d'un seul objet.**

  *C'est le matin qu'elle est **le** plus attentive* (au plus haut degré).

- Si la comparaison porte sur **plusieurs êtres ou objets,** l'article s'accorde avec le nom auquel il se rapporte.

  *Cette personne est **la** plus compétente des candidates.*

▸ Accord de l'adjectif qui suit un superlatif relatif

- L'adjectif qui suit le superlatif relatif ***des plus, des mieux, des moins*** se met au pluriel et s'accorde en genre avec le nom auquel il se rapporte.

  *Cette animatrice est **des plus** compétentes. Ils ont construit un véhicule **des plus** résistants.*

SUPERLATIF ABSOLU

- Le superlatif absolu exprime la qualité d'un être ou d'un objet **à un très haut degré** (supériorité ou infériorité absolue), **sans comparaison avec** d'autres êtres ou objets.

  *La pivoine est **très** odorante* (supériorité absolue).

  *La marguerite est **très peu** odorante* (infériorité absolue).

▸ Formation du superlatif absolu

- Le superlatif absolu est formé à l'aide des adverbes ***très, fort, bien...*** ou des adverbes en ***-ment : infiniment, extrêmement, joliment...***

  *Un édifice **très** haut, un avion **extrêmement** rapide.*

- Dans la langue familière, le superlatif absolu est formé des éléments ***archi, extra, hyper, super, ultra...***

  *Elle est **super**-gentille, ce copain est **hyper**-sympathique.*

VOIR TABLEAUX ▸ **ADJECTIF.** ▸ **ADVERBE.**

SUPERVISER v. tr.
Contrôler, surveiller l'ensemble d'un travail. *Il supervise la production de ces articles.*
CONJUGAISON : VOIR MODÈLE AIMER.

SUPERVISEUR n. m.
SUPERVISEURE n. f.
Personne chargée de contrôler un travail, des activités.
Le ***superviseur*** est généralement un cadre inférieur qui relève d'un ***chef de service.***

SUPERVISION n. f.
Action de superviser. *Elle assure une supervision efficace.* SYN. surveillance.

SUPPLANTATION n. f.
Action d'un salarié qui, en vertu de son ancienneté, évince de son poste un autre salarié (GDT). *Cette personne a été affectée à ce poste par supplantation* (et non *bumping).
La supplantation peut avoir un effet permanent ou temporaire et être la cause soit d'une mise en disponibilité, soit d'un licenciement. D'une façon générale, la supplantation joue dans les cas de changements technologiques, de réorganisation d'entreprise ou de fermeture de départements ou de services (GDT).

SUPPLANTER v. tr.
1. Remplacer. *Les machines à écrire ont été supplantées graduellement par les micro-ordinateurs.*
2. Évincer un salarié de son poste en vertu de son ancienneté. *Supplanter* (et non *bumper) *un collègue.*
CONJUGAISON : VOIR MODÈLE AIMER.
supplanter.

SUPPLÉANCE n. f.
Remplacement temporaire. *Cet enseignant fait de la suppléance.*
suppléance.

SUPPLÉANT, ANTE adj. et n. m. et f.
Qui remplace quelqu'un dans ses fonctions, sans être titulaire. *Professeur suppléant.*
suppléant.

SUPPLÉER v. tr.
VERBE TRANSITIF DIRECT
Remplacer. *L'ingéniosité supplée les moyens limités.*
VERBE TRANSITIF INDIRECT
Ajouter ce qui manque pour combler une lacune. *Il faut suppléer aux faibles ressources par de l'ingéniosité.*
CONJUGAISON : VOIR MODÈLE CRÉER.
suppléer.

SUPPLÉMENT n. m.
1. Partie qui s'ajoute à une chose déjà complète. *Les suppléments d'une encyclopédie.*
Ne pas confondre avec le nom ***complément,*** ce qui s'ajoute à une chose pour qu'elle soit complète.
2. Somme payée en plus. *Pour le toit ouvrant, vous devez payer un supplément.*
LOCUTION
– ***En supplément,*** loc. adv. En plus. *Et en supplément, la maison vous offre ce parfum.*

SUPPLÉMENTAIRE adj.
Qui est en plus de ce qui est normal, qui est ajouté à une chose déjà complète. *Engager des employés supplémentaires pour la période des fêtes.*
Ne pas confondre avec les mots suivants :
- ***additionnel,*** qui s'ajoute ;
- ***complémentaire,*** qui constitue un complément.

LOCUTION
– ***Heures supplémentaires.*** Ensemble des heures de travail exécutées en plus de l'horaire normal et généralement à salaire majoré. *Faire des heures supplémentaires* (et non de l'*overtime, du *surtemps, du *temps supplémentaire).
supplémentaire.

SUPPLICATION n. f.
Imploration. *Cessez vos supplications, vous n'obtiendrez rien de plus.* SYN. appel ; requête.
supplication.

SUPPLICE n. m.
1. Torture. *Le supplice du pilori.*
2. Ce qui cause une vive douleur. *Ces maux de dos sont un supplice.*
3. (FIG.) Grande souffrance morale. *Le supplice de l'attente.* SYN. tourment.
LOCUTIONS
– ***Être au supplice.*** (FIG.) Endurer le martyre, surtout moralement. *Elle est au supplice depuis qu'elle est sans nouvelles d'eux.*
– ***Mettre au supplice.*** Tourmenter. *Vous me mettez au supplice par cette longue attente des résultats que vous m'imposez.*

SUPPLICIER v. tr.
1. Soumettre à un supplice. *Supplicier des prisonniers pour leur extorquer des renseignements.*
2. (FIG.) Mettre au supplice, faire souffrir cruellement.
CONJUGAISON : VOIR MODÈLE ÉTUDIER.
Redoublement du ***i*** à la première et à la deuxième personne du pluriel de l'indicatif imparfait et du subjonctif présent. *(Que) nous suppliciions, (que) vous suppliciiez.*

SUPPLIER v. tr.
Implorer, prier. *Il l'a suppliée de lui pardonner. Il supplie qu'on vienne l'aider.* SYN. conjurer.
Suivi d'un infinitif, le verbe se construit avec la préposition ***de.*** Suivi de la conjonction ***que,*** il se construit avec le subjonctif.
CONJUGAISON : VOIR MODÈLE ÉTUDIER.
Redoublement du ***i*** à la première et à la deuxième personne du pluriel de l'indicatif imparfait et du subjonctif présent. *(Que) nous suppliions, (que) vous suppliiez.*

SUPPLIQUE n. f.
Requête. *Une supplique sollicitant le maintien intégral de cette loi a été transmise au ministre chargé de son application.*

SUPPORT n. m.
Soutien. *Le support d'une corniche. Ces fondations de béton servent de support aux murs de l'immeuble.*
LOCUTIONS
– ***Support (d'information).*** (INFORM.) Tout dispositif apte à stocker des informations réutilisables. *Les disquettes, les disques rigides sont des supports magnétiques.*
– ***Support à vélos.*** Élément du mobilier urbain en métal auquel on peut attacher des vélos au moyen d'un cadenas afin de les garer en toute sécurité. *Des supports* (et non *racks) *à vélos ont été installés à proximité des établissements d'enseignement.* SYN. arceau à vélos.
– ***Support d'information.*** (INFORM.) Support de stockage sur lequel sont conservées des informations sous forme numérique (GDT).
– ***Support papier.*** (INFORM.) Document sur lequel sont imprimées des données résultant d'un traitement informatique. *Des supports papier. Le* Multidictionnaire *est publié sur support papier et sur support électronique.* SYN. sortie papier.
– ***Support publicitaire.*** Média utilisé par la publicité. *Les affiches, la presse sont des supports publicitaires courants.*
FORMES FAUTIVES
*support. Impropriété au sens de ***cintre.*** *Mets ton manteau sur un cintre* (et non *support).

*support. Anglicisme au sens de ***soutien, appui*** (moral), ***aide.*** *Nous avons besoin de votre appui, de votre soutien financier, de votre aide* (et non *support) *pour continuer notre travail.*
*traitement de support. Anglicisme pour ***traitement de soutien, traitement d'appoint*** (DDFM).

S

SUPPORTABLE adj.
Tolérable. *Cette douleur n'est pas supportable.* SYN. endurable.

SUPPORTER v. tr., pronom.
VERBE TRANSITIF
1. Soutenir. *Ces fondations supportent l'édifice.*
2. Tolérer, endurer. *Elle a supporté trop longtemps ces mensonges.* SYN. accepter.
Suivi d'un infinitif, le verbe se construit avec la préposition ***de.*** Suivi de la conjonction ***que,*** il se construit avec le subjonctif. *Elle supporte qu'on vienne en retard, mais elle ne supporte pas de se faire insulter.*
VERBE PRONOMINAL
Se tolérer mutuellement. *Ils n'arrivent plus à se supporter.* SYN. s'endurer.
À la forme pronominale, le participe passé de ce verbe s'accorde toujours en genre et en nombre avec son sujet. *Ils ne se sont jamais supportés.*
FORMES FAUTIVES
*supporter (un candidat). Anglicisme au sens de ***appuyer, soutenir.***
*supporter (un projet, une entreprise). Anglicisme au sens de ***financer.***
*supporter une famille. Anglicisme au sens de ***subvenir aux besoins d'une famille.***
CONJUGAISON : VOIR MODÈLE AIMER.

SUPPOSÉ, ÉE adj.
Hypothétique. *Les auteurs supposés de cette fresque.*
LOCUTION
– ***Supposé que,*** loc. conj. En posant l'hypothèse que. *Supposé que les ventes s'accroissent de 15 %.*
Placé en tête de phrase, l'adjectif est invariable. La locution conjonctive se construit avec le subjonctif.
FORME FAUTIVE
*être supposé de. Calque de «*to be supposed to*» pour ***être censé*** (faire quelque chose). *Elle est censée* (et non *supposée de) *venir.*
supposé.

SUPPOSÉMENT adv.
À ce que l'on suppose. « *Comment se rappeler l'horreur de la fin d'un régime supposément exécré ?* » (*Le Devoir*). « *Qu'est-ce qui empêcherait des entreprises américaines – supposément hyper-performantes – de venir s'installer ici ?* » (*La Presse*). SYN. hypothétiquement ; prétendument.
Cet adverbe n'est pas consigné dans les dictionnaires français ; cependant, il est bien formé et nous en relevons des occurrences de plus en plus nombreuses dans la presse québécoise ainsi que dans la presse française. *Elle parle, aujourd'hui, de ces histoires supposément advenues il y a un quart de siècle* (*Le Monde*). *Des dialogues supposément hyperréalistes* (*Libération*).

SUPPOSER v. tr.
1. Poser comme hypothèse. *Supposons qu'il pleuve, allons-nous pique-niquer ?*
En ce sens, le verbe se construit avec le subjonctif.
2. Penser, admettre. *Je suppose qu'il a raison.* SYN. croire ; présumer.
En ce sens, le verbe se construit avec l'indicatif.
3. Comporter comme condition. *La construction d'un château de glace suppose beaucoup de travail et du temps froid.* SYN. impliquer.
LOCUTION
– ***À supposer que,*** loc. conj. Si l'on pose comme hypothèse. *À supposer que l'on se mette d'accord.* SYN. admettre.
La locution conjonctive se construit avec le subjonctif.
CONJUGAISON : VOIR MODÈLE AIMER.
supposer.

SUPPOSITION n. f.
Hypothèse. *Ce ne sont que des suppositions, non des faits.* SYN. conjecture.
supposition.

SUPPOSITOIRE n. m.
Médicament introduit dans l'organisme par l'anus.
suppositoire.

SUPPÔT n. m.
(LITT.) Complice.
LOCUTION
– ***Suppôt de Satan.*** (FIG.) Personne diabolique.
suppôt.

SUPPRESSION n. f.
Action de supprimer. *La suppression de certains passages d'un roman.*
suppression.

SUPPRIMER v. tr., pronom.
VERBE TRANSITIF
1. Faire disparaître, retrancher. *Supprimer une scène de violence d'un film.* SYN. abolir ; annuler ; retirer.
2. Éliminer. *Les témoins de l'enlèvement ont été supprimés.* SYN. liquider ; ôter ; tuer.
VERBE PRONOMINAL
Se suicider. *Au comble du désespoir, elle s'est supprimée.*
À la forme pronominale, le participe passé de ce verbe s'accorde toujours en genre et en nombre avec son sujet. *Désespérés et souffrants, ils se sont supprimés.*
CONJUGAISON : VOIR MODÈLE AIMER.

SUPPURER v. intr.
Produire du pus. *Cette plaie a cessé de suppurer.*
Ne pas confondre avec le verbe ***supputer,*** jauger, évaluer.
CONJUGAISON : VOIR MODÈLE AIMER.
suppurer.

SUPPUTATION n. f.
Action de supputer, d'estimer.
supputation.

SUPPUTER v. tr.
Jauger, évaluer. *Ils supputent leurs chances de succès.*
Ne pas confondre avec le verbe ***suppurer,*** produire du pus.
CONJUGAISON : VOIR MODÈLE AIMER.

SUPRA adv.
Ci-dessus, plus haut (dans le texte). *Se reporter* supra.
T En typographie soignée, les mots étrangers sont composés en italique. Dans des textes déjà en italique, la notation se fait en romain. Pour les textes manuscrits, on utilisera les guillemets.

SUPRA- préf.
Élément du latin signifiant « au-dessus ».
Les mots composés avec le préfixe ***supra-*** s'écrivent en un seul mot. *Supraconduction.*

SUPRACONDUCTEUR, TRICE adj.
Qui présente de la supraconductivité. *Des alliages supraconducteurs.*

SUPRACONDUCTION ou **SUPRACONDUCTIVITÉ** n. f.
État de résistivité très faible de certains métaux lorsqu'ils sont au-dessous d'une certaine température.

SUPRANATIONAL, ALE, AUX adj.
Qui est au-dessus des institutions nationales. *Des organismes supranationaux.*

SUPRATERRESTRE adj.
Relatif à l'au-delà.

SUPRÉMATIE n. f.
Le *t* se prononce *s*, [sypremasi]; le mot rime avec ***assis***.
Supériorité, situation dominante. *La suprématie militaire d'un pays.* SYN. domination; prééminence.
suprématie.

SUPRÊME adj. et n. m.
ADJECTIF
Qui est au-dessus de tout. *Le pouvoir suprême. La Cour suprême.*
NOM MASCULIN
Plat composé des parties les plus délicates d'une viande, d'un poisson. *Un suprême de volaille.*
suprême.

SUR prép.
1. En haut, au sommet de. *Sur le toit, sur la colline, sur la tête, sur un cheval.* SYN. au-dessus de. ANT. sous.
2. À la surface. *Sur la terre. Du rouge sur les lèvres.*
3. Dans la direction de. *Tourner sur la gauche.* SYN. vers.
4. Au sujet de. *Il fait des recherches sur la plasticité du cerveau.*
5. D'après. *On ne peut juger sur les apparences. Je vous crois sur parole.*
6. Par rapport à (un nombre). *Sur dix personnes consultées, huit nous ont donné leur avis. Il a eu 16 sur 20 pour sa dissertation. Un tapis de 3 mètres sur* (et non *par) *4 mètres.*
LOCUTIONS
– ***Sur ce,*** loc. adv. Cela étant dit. *Sur ce, il partit en claquant la porte.*
– ***Sur l'heure, sur-le-champ,*** loc. adv. Immédiatement.
FORMES FAUTIVES
*siéger sur un conseil. Construction fautive pour ***siéger à un conseil.***
*sur la ligne. Construction fautive pour ***en ligne.*** *Madame Dupont est en* (et non *sur la) *ligne.*
*sur l'avion. Construction fautive pour ***dans l'avion.***
*sur le journal. Construction fautive pour ***dans le journal.***
*sur le (1er, 2e, 3e...) étage. Construction fautive pour ***au*** (1er, 2e, 3e...) ***étage.***
*sur semaine. Construction fautive pour ***en semaine.***
T La préposition entre dans la composition de certains toponymes; elle s'écrit alors avec une minuscule et est jointe aux autres éléments par des traits d'union. *Vaudreuil-sur-le-Lac, Villers-sur-Mer.*

SUR, SURE adj.
Qui a un goût acide. *Une pomme sure.*
HOM. ***sûr,*** certain.
sur, pas d'accent circonflexe.

SUR- préf.
Élément du latin signifiant « au-dessus ».
Les mots composés avec le préfixe ***sur*** s'écrivent en un seul mot. *Surabondance, surdoué.*

SÛR, SÛRE adj.
1. Certain. *Il est sûr que nous arriverons à temps.* SYN. assuré.
À la forme affirmative, le verbe se construit avec l'indicatif. À la forme négative, le verbe se construit avec l'indicatif ou le subjonctif. *Je ne suis pas sûre qu'il arrivera* ou *qu'il arrive à temps.*
2. Qui ne comporte aucun danger. *Ils sont en lieu sûr. Des placements sûrs.* SYN. sécuritaire.
3. Assuré, sans erreur. *Un jugement sûr.* SYN. solide.
LOCUTIONS
– ***À coup sûr,*** loc. adv. De façon certaine, immanquablement.
– ***Bien sûr,*** loc. adv. Assurément. *Bien sûr, je suis d'accord.*
SYN. certes; évidemment.
HOM. ***sur,*** qui a un goût acide.
[Les *Rectifications* (1990) admettent : surs, sure, sures (mais sûr).]

SURABONDANCE n. f.
Très grande abondance. *À cette saison, il y a une surabondance de légumes.* SYN. profusion.

SURABONDANT, ANTE adj.
Qui est très ou trop abondant. *Une production surabondante.*

SURABONDER v. intr.
1. Être très abondant. *Les publications de ce genre surabondent cette année.*
2. Avoir en abondance. *Le pays surabonde de blé.* SYN. regorger de.
CONJUGAISON : VOIR MODÈLE AIMER.

SURAJOUTER v. tr.
Ajouter en plus de ce qui a déjà été ajouté.
CONJUGAISON : VOIR MODÈLE AIMER.

SURALIMENTATION n. f.
Alimentation supérieure à la ration nécessaire.

SURALIMENTER v. tr.
Donner une alimentation trop riche en calories. *Suralimenter un enfant.*
CONJUGAISON : VOIR MODÈLE AIMER.

SURANNÉ, ÉE adj.
Désuet. *Des usages surannés.* SYN. démodé.
suranné.

***SURBOOKING**
Anglicisme pour ***surréservation.***

SURBRILLANCE n. f.
(INFORM.) Mise en valeur d'une section d'un texte, d'une partie de l'écran par une luminosité plus grande. *Mettre un mot en surbrillance et cliquer sur l'icône du* Multidictionnaire.

SURCAPACITÉ n. f.
Capacité de production excédentaire. *Jusqu'en janvier 2002, l'usine disposait d'une surcapacité.*

SURCHARGE n. f.
Excédent. *Une surcharge de travail.* SYN. surcroît; surplus.

SURCHARGER v. tr.
Charger à l'excès. *Surcharger un véhicule. Ces étudiants sont surchargés de lectures.* SYN. accabler.
CONJUGAISON : VOIR MODÈLE CHANGER.
Le ***g*** est suivi d'un ***e*** devant les lettres ***a*** et ***o***. *Il surchargea, nous surchargeons.*

SURCHAUFFE n. f.
Élévation de température.

SURCHAUFFER v. tr.
Chauffer à l'excès. *Cette maison est surchauffée.*
CONJUGAISON : VOIR MODÈLE AIMER.

SURCLASSER v. tr.
Surpasser nettement les autres candidats, dans un concours.
CONJUGAISON : VOIR MODÈLE AIMER.

SURCOÛT n. m.
Coût en sus. *Les modifications demandées entraîneront des surcoûts.*
[Les *Rectifications* (1990) admettent : surcout.]

SURCROÎT n. m.
Ce qui s'ajoute à quelque chose. *Un surcroît de travail.* SYN. supplément; surplus.
LOCUTION
– ***De surcroît, par surcroît,*** loc. adv. En supplément.
[Les *Rectifications* (1990) admettent : surcroit.]

S

SURDITÉ n. f.
1. État de la personne sourde.
2. Perte plus ou moins complète du sens de l'ouïe. *Il souffre de surdité partielle.*

SURDOSE n. f.
Dose excessive de médicament, de drogue. *Il a succombé à une surdose* (et non à une *overdose).

SURDOUÉ, ÉE adj. et n. m. et f.
Se dit d'une personne plus douée que la moyenne, dont le quotient intellectuel est très élevé.

SUREAU n. m. (pl. *sureaux*)
Arbrisseau produisant des fleurs odorantes. *Des sureaux garnis de petits fruits rouges.*

SUREFFECTIF n. m.
Personnel en surnombre dans une organisation. *L'entreprise a un sureffectif de près de 200 personnes sur 1 300 salariés.*

SURÉLÉVATION n. f.
Action de surélever. *La surélévation d'une estrade.*
✏ surélévation.

SURÉLEVER v. tr.
Accroître la hauteur de quelque chose. *Surélever une maison d'un étage.*
Ne pas confondre avec les verbes suivants :
• ***élever,*** placer à un niveau supérieur;
• ***lever,*** porter de bas en haut;
• ***soulever,*** lever lentement à faible hauteur.
CONJUGAISON : VOIR MODÈLE LEVER.
Le ***e*** se change en ***è*** devant une syllabe contenant un ***e*** muet. *Il surélève,* mais *nous surélevons.*

SÛREMENT adv.
Certainement. *Nos résultats seront sûrement bons.* SYN. à coup sûr; assurément.
[Les *Rectifications* (1990) admettent : surement.]

SUREMPLOI n. m.
(ÉCON.) Marché où la main-d'œuvre ne peut assurer la totalité du travail offert. ANT. sous-emploi.

SURENCHÈRE n. f.
1. Offre d'un prix supérieur à l'offre précédente. *La rareté d'un bien peut créer de la surenchère.*
2. (FIG.) Proposition, affirmation qui va au-delà de ce qui a été dit ou fait jusque-là. *Une surenchère médiatique.*
✏ surenchère.

SURENCHÉRIR v. intr.
Faire une surenchère.
CONJUGAISON : VOIR MODÈLE FINIR.

SURENDETTÉ, ÉE adj.
Qui a contracté des dettes excessives. *Des pays surendettés. Surendettée, la capitale allemande se voit contrainte de mettre en vente de nombreux logements. En Allemagne, environ 2,9 millions de ménages seraient aujourd'hui surendettés.*

SURESTIMATION n. f.
Action de surestimer, majoration.

SURESTIMER v. tr., pronom.
VERBE TRANSITIF
1. Évaluer un bien, un service à un prix supérieur à son prix réel. ANT. sous-évaluer.
2. (FIG.) Estimer une personne, une chose à une valeur trop élevée. *Elle a surestimé ses forces.*
VERBE PRONOMINAL
Avoir une opinion trop avantageuse de ses aptitudes, talents, qualités. *Il a une fâcheuse tendance à se surestimer.*
À la forme pronominale, le participe passé de ce verbe s'accorde toujours en genre et en nombre avec son sujet. *Ces technocrates se sont surestimés : leur restructuration a été désastreuse.*
CONJUGAISON : VOIR MODÈLE AIMER.

SURET, ETTE adj.
Légèrement acide. *Des prunes surettes.*
✏ suret, surette.

SÛRETÉ n. f.
1. Qualité d'une personne, d'une chose sur qui on peut compter.
2. Sécurité publique. *Un attentat contre la sûreté de l'État.*
3. Adresse, habileté. *La sûreté de sa main de chirurgien.* SYN. dextérité.
LOCUTIONS
– ***De sûreté,*** loc. adv. De nature à assurer la sécurité. *Une chaîne de sûreté, des épingles de sûreté, une soupape de sûreté.*
– ***En sûreté,*** loc. adv. À l'abri du danger.
VOIR – SÉCURITÉ.
[Les *Rectifications* (1990) admettent : sureté.]

SURÉVALUATION n. f.
Action de surévaluer. *La surévaluation d'une monnaie.*

SURÉVALUER v. tr.
Estimer au-dessus de sa valeur. *Cette maison est surévaluée.* ANT. sous-évaluer.
CONJUGAISON : VOIR MODÈLE AIMER.

SUREXCITATION n. f.
Énervement. *Avec la fête, les enfants sont dans un état de surexcitation joyeuse.* SYN. nervosité.

SUREXCITER v. tr.
Énerver, animer à l'excès. *Les élèves sont trop surexcités pour travailler sérieusement.*
CONJUGAISON : VOIR MODÈLE AIMER.

SUREXPOSER v. tr.
Soumettre trop longtemps à la lumière. *Cette photo est un peu surexposée, les couleurs ne ressortent pas bien.*
CONJUGAISON : VOIR MODÈLE AIMER.

SUREXPOSITION n. f.
Action de surexposer. *La surexposition de photos prises sous un soleil de plomb.*

SURF n. m.
La lettre ***u*** se prononce ***eu*** et les lettres ***rf*** se prononcent, [sœrf].
Sport consistant à se déplacer à l'aide d'une planche sur le sommet d'une vague.

SURFACE n. f.
1. Partie extérieure. *La surface de l'eau, du globe.*
2. (GÉOM.) Aire, étendue. *La surface d'un carré.*
Ne pas confondre avec le nom ***superficie,*** mesure d'une surface.
3. Partie apparente d'une chose. *Il ne faut pas s'arrêter à la surface, il importe de creuser un peu.*
4. Crédit, considération. *La surface financière d'une personne, sa surface sociale.*
LOCUTIONS
– ***De surface,*** loc. adj. Purement superficiel. *Une cordialité de surface.* SYN. apparent; superficiel.
– ***Faire surface.*** Émerger, en parlant d'un sous-marin.
– ***Faire, refaire surface.*** (FIG.) Réapparaître après un temps d'absence. *Ces anciennes vedettes ont fait, refait surface.*
Dans cette locution, le nom ***surface*** demeure invariable.
– ***Grande surface.*** Magasin en libre-service disposant d'un vaste espace pour offrir des produits variés. *L'ouverture des grandes surfaces se fait souvent à la périphérie des agglomérations.*

SURFACEUSE n. f.
Véhicule spécialement conçu pour rendre lisse la surface glacée d'une patinoire (GDT). *La surfaceuse* (et non *Zamboni) *supprime les aspérités de la glace.*
On évitera l'emploi du mot ***Zamboni,*** marque de commerce du nom de Frank J. Zamboni, inventeur de ce véhicule.

SURFAIRE v. tr.
(LITT.) Surestimer. *Sa réputation est surfaite.* SYN. exagérer; surévaluer.
CONJUGAISON : VOIR MODÈLE FAIRE.

SURFAIT, AITE adj.
Dont on surestime la valeur. *Un spectacle surfait.* SYN. surestimé.

SURF CERF-VOLANT n. m.
Sport nautique consistant à se tenir debout, les pieds décalés, sur une planche de surf et à se faire tirer par un cerf-volant de traction (GDT). *Faire du surf cerf-volant* (et non *kitesurf).

SURFEUR, EUSE n. m. et f.
Personne qui pratique le surf. SYN. adepte du surf.

SURFIN, INE adj.
De qualité supérieure, de luxe.

SURGÉLATION n. f.
Congélation à l'aide d'un procédé industriel, très rapide et à très basse température.
Ne pas confondre avec les noms suivants :
• ***congélation,*** conservation des aliments par le froid (au-dessous du point de congélation);
• ***réfrigération,*** conservation par le froid (au-dessus du point de congélation).

SURGELÉ, ÉE adj. et n. m.
Se dit d'une substance alimentaire conservée par une congélation très rapide et à très basse température. *Des produits surgelés. Les surgelés sont largement utilisés aujourd'hui.*

SURGELER v. tr.
Soumettre à une congélation à très basse température. *Cette coopérative agricole surgèle ses denrées périssables.*
CONJUGAISON : VOIR MODÈLE CONGELER.
Le ***e*** se change en ***è*** devant une syllabe contenant un ***e*** muet. *Il surgèle,* mais *il surgelait.*

SURGIR v. intr.
Apparaître brusquement. *Il n'a pu éviter cette voiture qui a surgi soudainement. « aussitôt avait surgi un marchand qui louait, à un schilling chacune, de bonnes couvertures »* (Gabrielle Roy, *La Détresse et l'Enchantement*). SYN. jaillir.
CONJUGAISON : VOIR MODÈLE FINIR.

SURHOMME n. m.
Homme supérieur.

SURHUMAIN, AINE adj.
Qui dépasse les possibilités habituelles de la personne humaine. *Vous demandez un effort surhumain.*
Ne pas confondre avec les mots suivants :
• ***merveilleux,*** exceptionnel;
• ***miraculeux,*** qui tient du miracle;
• ***prodigieux,*** qui tient du prodige.

SURIMPRESSION n. f.
Impression superposée de plusieurs images.

***SURINTENDANT**
Anglicisme pour ***chef de chantier, concierge, contremaître général, gérant, gérante (d'immeuble).***

SURIR v. intr.
Devenir aigre. *Cette crème a suri.*
CONJUGAISON : VOIR MODÈLE FINIR.
surir, sans accent.

SURJET n. m.
1. Point de couture. *Faire un surjet.*
2. Point de suture, en chirurgie.
surjet.

SURJETER v. tr.
Coudre avec un point de surjet.
CONJUGAISON : VOIR MODÈLE APPELER.

SUR-LE-CHAMP loc. adv.
Immédiatement. *On a sonné l'alarme et les pompiers sont arrivés sur-le-champ.*
sur-le-champ, avec deux traits d'union.

SURLENDEMAIN n. m.
Le jour qui suit le lendemain. *Il vint la voir le surlendemain de son arrivée.*

SURLIGNER v. tr.
Recouvrir un mot, une phrase, etc., à l'aide d'un surligneur. *Ne surligne que les éléments importants.*
CONJUGAISON : VOIR MODÈLE AIMER.

SURLIGNEUR n. m.
Feutre à encre transparente et fluorescente, généralement à pointe large, servant à mettre en valeur une partie d'un texte. *Des surligneurs verts, jaunes, roses ou turquoise.*

SURMENAGE n. m.
Excès de travail. *Il souffre de surmenage* (et non de *burnout) *: il a trop travaillé.* SYN. épuisement professionnel.
surmenage.

SURMENER v. tr., pronom.
VERBE TRANSITIF
Fatiguer, épuiser. *Il ne faut pas surmener les employés.*
VERBE PRONOMINAL
Travailler à l'excès. *Elles se sont surmenées et souffrent d'épuisement professionnel.* SYN. s'épuiser; se fatiguer.
À la forme pronominale, le participe passé de ce verbe s'accorde toujours en genre et en nombre avec son sujet. *Incapables de refuser une tâche, elles se sont surmenées.*
CONJUGAISON : VOIR MODÈLE LEVER.
Le ***e*** se change en ***è*** devant une syllabe contenant un ***e*** muet. *Il surmène,* mais *il surmenait.*

SUR-MESURE n. m. inv.
Ce qui est fait d'après les mesures, les spécifications d'une personne. *Le sur-mesure s'oppose au prêt-à-porter fabriqué en série.*
Le nom s'écrit avec un trait d'union; la locution adjective s'écrit sans trait d'union. *Des chemises sur mesure.*

SURMOI n. m.
(PSYCHAN.) L'un des trois éléments de la structure psychique avec le ***moi*** et le ***ça,*** qui exerce la censure contre les pulsions instinctives condamnées par les parents, par la société.

SURMONTABLE adj.
Que l'on peut surmonter. *Des épreuves difficilement surmontables.*

SURMONTER v. tr.
Vaincre, dominer. *Tous les obstacles qu'ils ont surmontés. J'ai réussi à surmonter ma peur des serpents.* SYN. maîtriser.
CONJUGAISON : VOIR MODÈLE AIMER.

SURNAGER v. intr.
Rester à la surface. *Quelques débris surnageaient.*
CONJUGAISON : VOIR MODÈLE CHANGER.
Le ***g*** est suivi d'un ***e*** devant les lettres ***a*** et ***o***. *Il surnagea, nous surnageons.*

SURNATUREL, ELLE adj. et n. m.
ADJECTIF
Qui ne s'explique pas par les lois de la nature. *Des pouvoirs surnaturels.*
NOM MASCULIN
Le sacré. *Crois-tu au surnaturel ?*

SURNOM n. m.
Nom ajouté ou substitué à certains patronymes et que l'usage a adopté.
Ne pas confondre avec les noms suivants :
• ***nom,*** vocable servant à nommer une personne;
• ***prénom,*** nom placé devant le nom de famille;

• ***pseudonyme,*** nom d'emprunt d'un auteur, d'un acteur, etc. ;
• ***sobriquet,*** nom familier, plaisant ou moqueur.

Les noms et les adjectifs qui composent un surnom s'écrivent avec une majuscule et généralement sans trait d'union. *Richard Cœur de Lion. Guillaume le Conquérant.* Exceptions : *le Roi-Soleil, le Prince-Président.*

SURNOMBRE n. m.
Quantité qui excède un nombre déterminé.
LOCUTION
– ***En surnombre.*** En trop. *Des réservations en surnombre.*

SURNOMMER v. tr.
Donner un surnom. *On le surnommait le Matou.*
CONJUGAISON : VOIR MODÈLE AIMER.

SURNUMÉRAIRE adj. et n. m. et f.
ADJECTIF
Qui est en plus du nombre habituel.
NOM MASCULIN ET FÉMININ
Employé qui ne fait pas partie de l'effectif permanent.

SUROÎT n. m.
1. Vent du sud-ouest.
2. Chapeau à large bord.
[Les *Rectifications* (1990) admettent : suroit.]

SURPASSER v. tr., pronom.
VERBE TRANSITIF
1. Être supérieur. *Elle a surpassé tous les autres candidats.* SYN. dépasser.
2. Excéder. *Ce travail surpasse ses capacités.* SYN. dépasser.
VERBE PRONOMINAL
Faire mieux qu'à l'ordinaire. *Les chefs se sont surpassés, le repas était délicieux.* SYN. se dépasser.
À la forme pronominale, le participe passé de ce verbe s'accorde toujours en genre et en nombre avec son sujet. *Mes coéquipières se sont surpassées.*
CONJUGAISON : VOIR MODÈLE AIMER.

SURPÊCHE n. f
Exploitation d'une pêcherie au-delà de son rendement optimal (GDT).

SURPEUPLÉ, ÉE adj.
Se dit d'un pays où la population est trop nombreuse par rapport à l'étendue, aux ressources. ANT. sous-peuplé.

SURPEUPLEMENT n. m.
Peuplement qui excède les ressources d'un pays, d'une région.

SURPLACE n. m.
État de quelqu'un, de quelque chose qui est immobile. *Faire du surplace.*
Ne pas confondre avec la locution adverbiale ***sur place,*** à l'endroit même.

SURPLOMB n. m.
En saillie. *Une terrasse en surplomb sur la mer.*
surplo**mb**, en un seul mot.

SURPLOMBER v. tr.
Faire saillie au-dessus de quelque chose. *Cette promenade sur les rochers qui surplombent la mer l'a effrayé.*
CONJUGAISON : VOIR MODÈLE AIMER.

SURPLUS n. m.
Le *s* final ne se prononce pas, [syrply].
Excédent. *Nous avons un surplus d'articles saisonniers.* SYN. reste.
LOCUTIONS
– ***Au surplus,*** loc. adv. Du reste.
– ***En surplus,*** loc. adv. En supplément.
– ***Surplus*** + complément au pluriel.
Lorsque le nom ***surplus*** est suivi d'un complément au pluriel, l'accord du verbe, de l'adjectif ou du participe se fait généralement au masculin singulier (avec ***surplus***). *Le surplus des marchandises a été retourné.*

SURPOPULATION n. f.
Population trop grande par rapport aux ressources d'un pays.

SURPRENANT, ANTE adj.
Étonnant. *Il est surprenant que nous n'ayons pas eu de ses nouvelles.* SYN. bizarre.
La construction impersonnelle ***il est surprenant que*** est suivie du subjonctif.

SURPRENDRE v. tr., pronom.
VERBE TRANSITIF
1. Prendre sur le fait. *Surprendre un malfaiteur.* SYN. (FAM.) pincer ; prendre au dépourvu.
2. Étonner. *Cette nouvelle m'a surprise au plus haut point.*
Le verbe se construit avec la préposition ***de*** suivie d'un nom ou de l'infinitif. *Ils sont surpris de son départ. Vous êtes surpris d'apprendre son retour.* Il peut aussi se construire avec la conjonction ***que*** suivie du subjonctif. *Elle est surprise qu'il finisse son travail si tard.*
VERBE PRONOMINAL
Se prendre soi-même sur le fait. *Je me surpris à rire de ces blagues.* SYN. s'étonner.
Le verbe se construit avec la préposition ***à*** suivie de l'infinitif.
À la forme pronominale, le participe passé de ce verbe s'accorde toujours en genre et en nombre avec son sujet. *Elles se sont surprises à croire ce qu'il racontait.*
CONJUGAISON : VOIR MODÈLE APPRENDRE.
INDICATIF PRÉSENT *Je surprends, tu surprends, il surprend, nous surprenons, vous surprenez, ils surprennent.* IMPARFAIT *Je surprenais.* PASSÉ SIMPLE *Je surpris.* FUTUR *Je surprendrai.* CONDITIONNEL PRÉSENT *Je surprendrais.* IMPÉRATIF PRÉSENT *Surprends, surprenons, surprenez.* SUBJONCTIF PRÉSENT *Que je surprenne.* IMPARFAIT *Que je surprisse.* PARTICIPE PRÉSENT *Surprenant.* PASSÉ *Surpris, ise.*

SURPRISE n. f.
1. Étonnement. *Quelle agréable surprise : je ne vous attendais pas !*
2. Cadeau inattendu. *Une petite surprise amusante.*
En apposition, le nom s'écrit avec ou sans trait d'union et les deux mots prennent la marque du pluriel. *Des fêtes-surprises* ou *des fêtes surprises.*
LOCUTION
– ***Par surprise,*** loc. adv. D'une manière imprévue, sans prévenir. *Ils sont arrivés par surprise.* SYN. à l'improviste.

SURPRISE-PARTIE n. f. (pl. *surprises-parties*)
Fête inattendue pour la personne dont on célèbre généralement l'anniversaire.

SURPROTÉGER v. tr.
Protéger à l'excès. *Des garçons que l'on a surprotégés.*
CONJUGAISON : VOIR MODÈLE PROTÉGER.
Le ***é*** se change en ***è*** devant une syllabe contenant un ***e*** muet, sauf à l'indicatif futur et au conditionnel présent. *Je surprotège,* mais *je surprotégerai.*
Le ***g*** est suivi d'un ***e*** devant les lettres ***a*** et ***o***. *Il surprotégea, nous surprotégeons.*

SURQUALIFICATION n. f.
État d'une personne possédant des connaissances et des qualités professionnelles supérieures à celles qui sont exigées pour un poste donné.

SURQUALIFIÉ, ÉE adj.
Se dit d'une personne dont les qualités professionnelles sont supérieures au niveau exigé pour un poste donné. *Cette candidate est malheureusement surqualifiée.*

SURRÉALISME n. m.
Mouvement littéraire, artistique qui prônait l'importance de l'imaginaire, de l'association des idées, de l'automatisme.
T Les noms de mouvements littéraires et artistiques s'écrivent avec une minuscule.
✏ surréalisme.

SURRÉALISTE adj. et n. m. et f.
Qui appartient au surréalisme. *Un poète surréaliste. C'était un surréaliste.*
T Les noms d'adeptes de mouvements littéraires et artistiques s'écrivent avec une minuscule.
✏ surréaliste.

SURRÉNAL, ALE , AUX adj. et n. f. pl.
ADJECTIF
Situé au-dessus du rein. *Des glandes surrénales.*
NOM FÉMININ PLURIEL
Glandes endocrines situées au-dessus des reins.

SURREPRÉSENTATION n. f.
Représentation excessive (d'un groupe, d'un élément) par rapport à son nombre total. *Le danger de la surreprésentation des intérêts particuliers dans le système politique.*

SURREPRÉSENTER v. tr.
Représenter de façon excessive un groupe, un élément dans un ensemble. *Le découpage des circonscriptions surreprésente le monde rural. Ce parti est surreprésenté à Québec et en Beauce.*
CONJUGAISON : VOIR MODÈLE AIMER.

SURRÉSERVATION n. f.
Réservations excédentaires (dans un avion, un établissement hôtelier, etc.) par rapport au nombre de places réelles. *Cette compagnie aérienne pratique la surréservation* (et non l'*overbooking, le *surbooking).

SURSAUT n. m.
Mouvement brusque causé par la surprise, la frayeur. *Il s'éveilla en sursaut.* SYN. soubresaut.

SURSAUTER v. intr.
Avoir un sursaut, un mouvement brusque causé par la surprise, la frayeur. *Son arrivée soudaine l'a fait sursauter.* SYN. tressaillir.
CONJUGAISON : VOIR MODÈLE AIMER.

SURSEOIR v. tr. ind.
(LITT.) (DR.) Différer. *Surseoir à une décision, à la publication d'un ouvrage.*
CONJUGAISON : VOIR MODÈLE SURSEOIR.
Le *y* est suivi d'un *i* à la première et à la deuxième personne du pluriel de l'indicatif imparfait et du subjonctif présent. *(Que) nous sursoyions, (que) vous sursoyiez.*
[Les *Rectifications* (1990) admettent : sursoir.]

SURSIS n. m.
Le *s* final est muet, [syrsi].
Répit, délai. *Quelques jours de sursis avant le retour au travail.*
✏ sursis, un *s* final au singulier comme au pluriel.

SURTAXE n. f.
Taxe supplémentaire. *Une surtaxe à l'importation.*

SURTAXER v. tr.
Charger d'une surtaxe.
CONJUGAISON : VOIR MODÈLE AIMER.

***SURTEMPS**
Anglicisme pour **heures supplémentaires.**

SURTITRE n. m.
Grand titre coiffant le titre principal d'un texte, d'un article.

SURTITRER v. tr.
1. Mettre un surtitre à un texte, à un article.
2. À l'opéra, au spectacle, afficher une traduction des paroles.
CONJUGAISON : VOIR MODÈLE AIMER.

SURTOUT adv.
Particulièrement. *Parmi les fruits, j'aime surtout les fraises et les poires.* SYN. principalement; spécialement.

SURVEILLANCE n. f.
Action de surveiller. *Hélène fait de la surveillance dans la cour de récréation.*

SURVEILLANT n. m.
SURVEILLANTE n. f.
Personne chargée de surveiller, d'exercer la discipline, dans un établissement scolaire.

SURVEILLER v. tr., pronom.
VERBE TRANSITIF
Observer attentivement, contrôler. *On doit surveiller les élèves dans la cour.*
VERBE PRONOMINAL
Être attentif à quelque chose. *À la suite d'une première réprimande, elles se sont surveillées.*
À la forme pronominale, le participe passé de ce verbe s'accorde toujours en genre et en nombre avec son sujet. *Ils se sont surveillés pour ne pas commettre un impair.*
FORME FAUTIVE
*surveiller. Impropriété au sens de ***suivre, regarder.*** *Regarder* (et non *surveiller) *une émission.*
CONJUGAISON : VOIR MODÈLE AIMER.
Les lettres ***ill*** sont suivies d'un ***i*** à la première et à la deuxième personne du pluriel de l'indicatif imparfait et du subjonctif présent. *(Que) nous surveillions, (que) vous surveilliez.*

SURVENIR v. intr.
Arriver à l'improviste, accidentellement. *Des incidents sont survenus.* SYN. se produire.
Ce verbe se conjugue avec l'auxiliaire ***être.***
CONJUGAISON : VOIR MODÈLE VENIR.

SURVÊTEMENT n. m.
Vêtement molletonné porté sur une tenue de sport. *Ce survêtement* (et non *sweat-shirt) *est très agréable à porter.*

SURVIE n. f.
Le fait de survivre. *Ces biologistes ont assuré la survie de cette espèce en voie de disparition.*
✏ survie.

SURVIRAGE n. m.
Action de survirer.

SURVIRER v. intr.
(AUTO.) Déraper par l'arrière, vers l'extérieur du virage. ANT. sous-virer.
CONJUGAISON : VOIR MODÈLE AIMER.

SURVIVANCE n. f.
Action de continuer à vivre, de subsister. *La survivance de la langue française en Amérique du Nord.*

SURVIVANT, ANTE adj. et n. m. et f.
ADJECTIF
Qui survit. *Les enfants survivants.*
Ne pas confondre avec le participe présent invariable ***survivant.*** *Les enfants survivant à leurs parents...*
NOM MASCULIN ET FÉMININ
Personne qui a échappé à la mort, à un grave danger. *Il y a quelques survivants du terrible accident.* SYN. rescapé.

SURVIVRE v. tr. ind., intr.
VERBE TRANSITIF INDIRECT
Demeurer en vie, vivre plus longtemps que. *Ils ont survécu à ce terrible accident.*
Le verbe se construit avec la préposition ***à.***
VERBE INTRANSITIF
Vivre encore, subsister. *Elle a survécu malgré ses graves brûlures.*
CONJUGAISON : VOIR MODÈLE VIVRE.

CONJUGAISON DU VERBE **SURSEOIR**

INDICATIF

PRÉSENT

je	surs**ois**
tu	surs**ois**
elle	surs**oit**
il	surs**oit**
nous	surs**oyons**
vous	surs**oyez**
elles	surs**oient**
ils	surs**oient**

PASSÉ COMPOSÉ

j'	ai	sursis
tu	as	sursis
elle	a	sursis
il	a	sursis
nous	avons	sursis
vous	avez	sursis
elles	ont	sursis
ils	ont	sursis

IMPARFAIT

je	surs**oyais**
tu	surs**oyais**
elle	surs**oyait**
il	surs**oyait**
nous	surs**oyions**
vous	surs**oyiez**
elles	surs**oyaient**
ils	surs**oyaient**

PLUS-QUE-PARFAIT

j'	avais	sursis
tu	avais	sursis
elle	avait	sursis
il	avait	sursis
nous	avions	sursis
vous	aviez	sursis
elles	avaient	sursis
ils	avaient	sursis

PASSÉ SIMPLE

je	surs**is**
tu	surs**is**
elle	surs**it**
il	surs**it**
nous	surs**îmes**
vous	surs**îtes**
elles	surs**irent**
ils	surs**irent**

PASSÉ ANTÉRIEUR

j'	eus	sursis
tu	eus	sursis
elle	eut	sursis
il	eut	sursis
nous	eûmes	sursis
vous	eûtes	sursis
elles	eurent	sursis
ils	eurent	sursis

FUTUR SIMPLE

je	surs**eoirai**
tu	surs**eoiras**
elle	surs**eoira**
il	surs**eoira**
nous	surs**eoirons**
vous	surs**eoirez**
elles	surs**eoiront**
ils	surs**eoiront**

FUTUR ANTÉRIEUR

j'	aurai	sursis
tu	auras	sursis
elle	aura	sursis
il	aura	sursis
nous	aurons	sursis
vous	aurez	sursis
elles	auront	sursis
ils	auront	sursis

CONDITIONNEL PRÉSENT

je	surs**eoirais**
tu	surs**eoirais**
elle	surs**eoirait**
il	surs**eoirait**
nous	surs**eoirions**
vous	surs**eoiriez**
elles	surs**eoiraient**
ils	surs**eoiraient**

CONDITIONNEL PASSÉ

j'	aurais	sursis
tu	aurais	sursis
elle	aurait	sursis
il	aurait	sursis
nous	aurions	sursis
vous	auriez	sursis
elles	auraient	sursis
ils	auraient	sursis

SUBJONCTIF

PRÉSENT

que	je	surs**oie**
que	tu	surs**oies**
qu'	elle	surs**oie**
qu'	il	surs**oie**
que	nous	surs**oyions**
que	vous	surs**oyiez**
qu'	elles	surs**oient**
qu'	ils	surs**oient**

PASSÉ

que	j'	aie	sursis
que	tu	aies	sursis
qu'	elle	ait	sursis
qu'	il	ait	sursis
que	nous	ayons	sursis
que	vous	ayez	sursis
qu'	elles	aient	sursis
qu'	ils	aient	sursis

IMPARFAIT

que	je	surs**isse**
que	tu	surs**isses**
qu'	elle	surs**ît**
qu'	il	surs**ît**
que	nous	surs**issions**
que	vous	surs**issiez**
qu'	elles	surs**issent**
qu'	ils	surs**issent**

PLUS-QUE-PARFAIT

que	j'	eusse	sursis
que	tu	eusses	sursis
qu'	elle	eût	sursis
qu'	il	eût	sursis
que	nous	eussions	sursis
que	vous	eussiez	sursis
qu'	elles	eussent	sursis
qu'	ils	eussent	sursis

IMPÉRATIF

PRÉSENT

surs**ois**
surs**oyons**
surs**oyez**

PASSÉ

aie sursis
ayons sursis
ayez sursis

INFINITIF

PRÉSENT

surs**eoir**

PASSÉ

avoir sursis

PARTICIPE

PRÉSENT

surs**oyant**

PASSÉ

sursis, ise
ayant sursis

SURVOL n. m.
1. Action de survoler. *Le petit avion a fait un survol de la région.*
2. (FIG.) Examen sommaire. *Faire un survol de la matière.*

SURVOLER v. tr.
1. Voler au-dessus. *Nous avons survolé la région de la Gaspésie.*
2. (FIG.) Examiner sommairement. *Il n'a pu que survoler ce livre, le lire en diagonale.*
CONJUGAISON : VOIR MODÈLE AIMER.

***SURVOLTAGE**
Impropriété au sens de ***démarrage-secours.***

SURVOLTER v. tr.
1. Augmenter le voltage.
2. Surexciter. *Les enfants sont survoltés par la fête.*
CONJUGAISON : VOIR MODÈLE AIMER.

SUS adv.
Le *s* final se prononce ou non, [sys, sy].
(VX) Dessus. *Courir sus à l'ennemi.*
LOCUTIONS
– ***En sus,*** loc. adv. En plus, en supplément. *Les frais de manutention sont en sus.* SYN. en surplus.
– ***En sus de,*** loc. prép. En plus de, en supplément de. *Les fournitures sont en sus de la main-d'œuvre.* SYN. en surplus de.

SUS-
Élément de ***dessus*** signifiant « ci-dessus ».
Les mots composés avec l'élément ***sus-***, dont le *s* final se prononce, s'écrivent en un seul mot. *Susmentionné, susnommé.*

SUSCEPTIBILITÉ n. f.
Caractère d'une personne susceptible, grande sensibilité. *Sa susceptibilité est trop grande : elle se fâche constamment.*
susceptibilité.

SUSCEPTIBLE adj.
1. (ABSOL.) Qui se vexe facilement. *Attention, il est très susceptible : la moindre remarque le met en colère.* SYN. chatouilleux ; irritable ; ombrageux ; pointilleux.
2. Qui est en mesure de, qui peut éprouver, recevoir. *Cette personne est susceptible de vous renseigner. Un garçon susceptible de tendresse.*
Ne pas confondre avec les mots suivants :
• ***apte,*** qui a les qualités nécessaires (en parlant d'une personne) ;
• ***capable,*** apte à bien faire quelque chose, de façon permanente.
3. Qui peut être (en parlant d'une chose). *Un projet susceptible d'être accepté. Le document est susceptible de modifications.*
L'adjectif se construit avec la préposition ***de.***
susceptible.

SUSCITER v. tr.
Soulever, provoquer. *La nouvelle a suscité beaucoup de commentaires.* SYN. causer ; occasionner.
CONJUGAISON : VOIR MODÈLE AIMER.
susciter.

SUSCRIPTION n. f.
Adresse écrite sur un document, sur une enveloppe.
VOIR TABLEAU – ADRESSE.

SUSDIT, DITE adj. et n. m. et f. (pl. *susdits* ou *susdites*)
Les *s* se prononcent, [sysdi].
(DR.) Qui a été nommé ci-dessus, plus haut. *Les personnes susdites.* SYN. susmentionné.

SUSHI n. m.
Le *u* se prononce ***ou,*** [suʃi].
Terme de cuisine japonaise désignant une boulette de riz décorée de poisson cru. *Des sushis délicieux.*

SUSMENTIONNÉ, ÉE adj. et n. m. et f.
Attention à bien prononcer le deuxième *s,* [sysmɑ̃sjɔne].
(DR.) Qui a été mentionné plus haut. SYN. susdit.

SUSNOMMÉ, ÉE adj. et n. m. et f.
Attention à bien prononcer le deuxième *s,* [sysnɔme].
(DR.) Qui a été nommé plus haut. *Les héritiers susnommés.*

S

SUSPECT, ECTE adj. et n. m. et f.
Le *c* et le *t* ne se prononcent généralement pas au masculin, alors que dans ***abject,*** ils se prononcent toujours.
ADJECTIF
Qui inspire des soupçons. *Des personnes suspectes.* SYN. douteux ; équivoque ; sujet à caution.
NOM MASCULIN ET FÉMININ
Personne considérée comme ayant pu commettre une infraction. *La police a arrêté des suspects.*
FORME FAUTIVE
*suspect. Impropriété au sens de ***susceptible.***

SUSPECTER v. tr.
Soupçonner. *Je les suspecte d'être affreusement jaloux.*
CONJUGAISON : VOIR MODÈLE AIMER.

SUSPENDRE v. tr., pronom.
VERBE TRANSITIF
1. Fixer une chose de telle sorte qu'elle pende. *Suspendre des ballons au plafond.* SYN. accrocher.
2. Interrompre. *Il suspendra ses activités au cours de l'été.* SYN. arrêter ; cesser.
VERBE PRONOMINAL
Se pendre, s'accrocher. *Les enfants se sont suspendus aux lianes pour sauter d'une branche à l'autre.*
À la forme pronominale, le participe passé de ce verbe s'accorde toujours en genre et en nombre avec son sujet. *Les spectateurs se sont suspendus aux lèvres de Fabrice Luchini tout au long de son spectacle.*
LOCUTION
– ***Être suspendu aux lèvres de quelqu'un.*** (FIG.) L'écouter avec la plus grande attention.
CONJUGAISON : VOIR MODÈLE FENDRE.
INDICATIF PRÉSENT *Je suspends, tu suspends, il suspend, nous suspendons, vous suspendez, ils suspendent.* IMPARFAIT *Je suspendais.* PASSÉ SIMPLE *Je suspendis.* FUTUR *Je suspendrai.* CONDITIONNEL PRÉSENT *Je suspendrais.* IMPÉRATIF PRÉSENT *Suspends, suspendons, suspendez.* SUBJONCTIF PRÉSENT *Que je suspende.* IMPARFAIT *Que je suspendisse.* PARTICIPE PRÉSENT *Suspendant.* PASSÉ *Suspendu, ue.*

SUSPENS n. m.
Le *s* final ne se prononce pas, [syspɑ̃].
Incertitude, attente.
Le nom ***suspens,*** employé par Mallarmé, pourrait remplacer l'emprunt à l'anglais ***suspense.*** (*Nouveau Petit Robert*)
LOCUTION
– ***En suspens,*** loc. adv. En attente, remis à plus tard. *La décision est en suspens.*
suspens.

SUSPENSE n. m.
Caractère d'une œuvre qui captive l'intérêt du spectateur, du lecteur, de l'auditeur et le tient en haleine. *Ce film est rempli de suspense.*
Ce nom pourrait être remplacé par ***suspens.***

SUSPENSION n. f.
1. Interruption. *La suspension des activités à la saison morte.* SYN. arrêt.
2. Manière dont un véhicule est soutenu, afin d'amortir les secousses de la route. *Cette voiture a une suspension hydraulique.*
3. Appareil d'éclairage suspendu au plafond. *Une jolie suspension ancienne.*
Ne pas confondre avec les noms suivants :
• ***applique,*** appareil d'éclairage fixé au mur ;

• ***lampadaire,*** appareil d'éclairage muni d'un long support vertical ;
• ***lampe,*** appareil d'éclairage muni d'un pied, d'une base ;
• ***luminaire,*** appareil d'éclairage (terme générique) ;
• ***plafonnier,*** appareil d'éclairage fixé au plafond.
✎ suspension.

SUSPICIEUX, IEUSE adj.
Soupçonneux, méfiant. *Un air suspicieux.*
✎ suspicieux.

SUSPICION n. f.
Méfiance à l'égard de la franchise, de l'imminence de quelqu'un. SYN. défiance.
✎ suspicion.

SUSTENTER v. tr., pronom.
VERBE TRANSITIF
(VIEILLI) Nourrir.
VERBE PRONOMINAL
(VIEILLI) (PLAISANT.) Se nourrir. *Ils se sont sustentés à l'auberge du village.*
À la forme pronominale, le participe passé de ce verbe s'accorde toujours en genre et en nombre avec son sujet. *Les chevaliers se sont sustentés au château.*
CONJUGAISON : VOIR MODÈLE AIMER.

SUSURREMENT n. m.
Action de susurrer. *Des susurrements d'approbation.*
✎ susurrement.

SUSURRER v. tr., intr.
Dire d'une voix douce. *Elle lui susurrait des mots d'amour.*
CONJUGAISON : VOIR MODÈLE AIMER.
✎ susurrer.

SUTURE n. f.
Action de coudre les lèvres d'une plaie ; le résultat de cette action. *Des points de suture.*
✎ suture.

SUTURER v. tr.
Faire une suture. *Suturer une plaie avec un fil de soie.* SYN. coudre.
CONJUGAISON : VOIR MODÈLE AIMER.
✎ suturer.

SVELTE adj.
Élancé, mince. *Une jeune fille très svelte.*

SVELTESSE n. f.
Qualité de ce qui est svelte.

SVP ou **svp**
Abréviation de ***s'il vous plaît.***
L'abréviation s'écrit avec ou sans points.

SWAHILI ou **SOUAHÉLI, IE** adj. et n. m.
Se dit d'une langue bantoue. *La langue swahilie, le swahili.*
T Les noms de langues s'écrivent avec une minuscule.

SWAP n. m.
Le ***p*** se prononce, [swap].
(ÉCON.) Crédit croisé.

***SWEATER**
Anglicisme pour ***chandail, gilet.***

***SWEAT-SHIRT**
Anglicisme pour ***survêtement*** (molletonné).

SYBARITE adj. et n. m. et f.
Jouisseur.
✎ sybarite.

SYCOMORE n. m.
Espèce d'érable.
✎ sycomore.

SYL-
VOIR – SYN-.

SYLLABE n. f.
Groupe de consonnes et de voyelles qui se prononce d'une seule émission de voix. *Le mot* symétrie *comporte trois syllabes :* sy-mé-trie.
Un mot formé d'une seule syllabe est un ***monosyllabe*** ; un mot composé de plusieurs syllabes est un ***polysyllabe.***
✎ syllabe.

SYLLABIQUE adj.
Relatif à la syllabe.
✎ syllabique.

***SYLLABUS**
Anglicisme au sens de ***plan de cours, sommaire.***
En français, ce terme appartient exclusivement au vocabulaire religieux pour désigner une liste de propositions émanant des autorités ecclésiastiques.

SYLLOGISME n. m.
Raisonnement composé de trois propositions : la majeure, la mineure et la conclusion. *Les lilas fleurissent au printemps ; les lilas sont en fleurs ; donc, nous sommes au printemps.*
✎ syllogisme.

SYLPHE n. m.
Génie de l'air, dans la mythologie germanique.
✎ sylphe.

SYLPHIDE n. f.
Génie féminin de l'air, dans la mythologie germanique.
✎ sylphide.

SYLV(I)- préf.
Élément du latin signifiant « forêt ».

SYLVANER
VOIR – SILVANER.

SYLVESTRE adj.
Relatif à la forêt.
✎ sylvestre.

SYLVICOLE adj.
Relatif à la sylviculture. *Une exploitation sylvicole.*
✎ sylvicole.

SYLVICULTEUR n. m.
SYLVICULTRICE n. f.
Personne qui exploite des forêts.
✎ sylviculteur.

SYLVICULTURE n. f.
Exploitation des forêts.
VOIR – AGRICULTURE.
✎ sylviculture.

SYM-
VOIR – SYN-.

SYMBIOSE n. f.
1. (BIOL.) Association étroite de deux organismes qui se prêtent un appui mutuel.
2. (FIG.) Union étroite entre des personnes, des choses.
✎ symbiose.

SYMBOLE n. m.
1. Image servant à représenter quelque chose. *Le lis est le symbole de la pureté.*
2. Signe conventionnel qui correspond à une chose précise, à une opération. *Des symboles alphanumériques. Le signe ÷ est le symbole de la division. Des symboles d'unités de mesure, d'unités monétaires, des symboles mathématiques, chimiques.*
VOIR TABLEAU – SYMBOLE.

SYMBOLE

Signe conventionnel constitué par :
- une lettre .... h ....(heure)
- un groupe de lettres .... km ....(kilomètre)
- un groupe de lettres et de chiffres .... H_2O ......(symbole chimique)
- un signe .... $ ....(dollar)
- un pictogramme .... ☞ ....(note, dans cet ouvrage)

Le symbole, indépendamment des frontières linguistiques, sert à désigner de façon très concise :
- un être
- une chose
- une grandeur
- une réalité

Les symboles s'emploient principalement dans les domaines scientifique et technique : symboles chimiques, mathématiques, symboles des unités monétaires, des unités de mesure.

▸ **Symboles chimiques**

Ag (argent) *C* (carbone) *N* (azote) *Na* (sodium)

▸ **Symboles mathématiques**

+ (addition) – (soustraction) **x** (multiplication) ÷ (division)

▸ **Symboles d'unités de mesure**

m (mètre) *h* (heure) *t* (tonne) *V* (volt)

▸ **Symboles d'unités monétaires**

$ (dollar) *€* (euro) *£* (livre sterling) *¥* (yen)

T Les symboles sont invariables et s'écrivent sans point abréviatif.

VOIR TABLEAU ▸ ABRÉVIATION (RÈGLES DE L').

RÈGLES D'ÉCRITURE DES SYMBOLES DES UNITÉS DE MESURE

Les symboles des unités de mesure, qui sont les mêmes dans toutes les langues, sont invariables et s'écrivent sans point abréviatif.

35 kg *20 cm* *12 s*

☞ Les symboles des unités de mesure sont normalisés et doivent être écrits sans être modifiés.

▸ **Place du symbole**

Le symbole se place après le nombre entier ou décimal et il en est séparé par un espacement simple.

0,35 m *23,8 °C*

Les sous-multiples d'unités non décimales s'écrivent à la suite sans ponctuation.

11 h 35 min 40 s

RÈGLES D'ÉCRITURE DES SYMBOLES DES UNITÉS MONÉTAIRES

Signes conventionnels qui désignent les monnaies internationales.

$ est le symbole de ***dollar***, **€** est le symbole de ***euro***, ***£*** est le symbole de ***livre sterling.***

T Les symboles des unités monétaires s'écrivent en majuscules, sans points abréviatifs et sont invariables.

▸ **Place du symbole**

En français, le symbole de l'unité monétaire se place à la suite du nombre après un espace, selon l'ordre de la lecture.

39,95 $ *25 ¢*

VOIR TABLEAU ▸ SYMBOLES DES UNITÉS MONÉTAIRES.

SYMBOLES DES UNITÉS MONÉTAIRES

Signes conventionnels qui désignent les monnaies internationales, les symboles des unités monétaires s'écrivent en majuscules, sans points et sont invariables.

S

▸ Place du symbole

En français, le symbole de l'unité monétaire se place après l'expression numérale, selon l'ordre de la lecture ; il est séparé du nombre par un espacement simple. *100 $.*

[T] Si l'expression numérale comporte une fraction décimale, le symbole de l'unité monétaire se place à la suite de cette fraction décimale, après un espacement simple. *39,95 $.* Attention, le signe décimal est la virgule et non plus le point ; il se note sans espacement avant ni après.

▸ Écriture des sommes d'argent

La notation peut se faire à l'aide de chiffres suivis du symbole de l'unité monétaire *(15 000 $)* ou en toutes lettres *(quinze mille dollars).* Pour les sommes supérieures à six chiffres – qui comprennent donc les noms ***million*** et ***milliard*** –, il est également possible de noter le nombre en chiffres suivi du nom ***million*** ou ***milliard*** et du nom de l'unité monétaire *(15 millions de dollars, 20 milliards d'euros).*

VOIR TABLEAU ▸ **MILLE, MILLION, MILLIARD.**

▸ Tableaux et statistiques

Dans les documents techniques, les tableaux, les statistiques, les états financiers, etc., on indique généralement en tête de colonne la mention ***en milliers de*** (dollars, euros, etc.) ou ***en millions de*** (dollars, euros, etc.), selon le cas. On recourt parfois aux préfixes ***k*** de *kilo* signifiant « mille » et ***M*** de *méga* signifiant « un million » et ***G*** de *giga* signifiant « un milliard » accolés au symbole de l'unité monétaire, ***k$*** symbole de *kilodollar* (1000 $), ***k€*** symbole de *kiloeuro* (1000 €) , ***M$*** symbole de *mégadollar* (1 000 000 $), ***G$***, symbole de *gigadollar* (1 000 000 000 $).

[T] Cette notation doit être réservée aux documents de nature technique où la place est très restreinte (tableaux, statistiques, etc.). Il n'y a pas d'espace entre le préfixe et le symbole de l'unité monétaire.

▸ Symboles courants d'unités monétaires

NOM DU PAYS OU DU CONTINENT	DÉSIGNATION DE LA MONNAIE	SYMBOLE
Canada	dollar canadien	$ CA
États-Unis	dollar des États-Unis	$ US
Europe	euro	€
Grande-Bretagne	livre sterling	£
Japon	yen	¥
Mexique	peso mexicain	$ MEX
Russie	rouble	RBL
Suisse	franc suisse	FS

▸ Code alphabétique des unités monétaires

Pour les échanges internationaux et les transferts électroniques de fonds, on recourt à un code alphabétique défini par la norme de l'International Organization for Standardization (ISO). Le code alphabétique du dollar canadien est ***CAD***, celui du dollar américain est ***USD***.

SYMBOLES DES UNITÉS MONÉTAIRES | ***SUITE*** >

▸ Liste des noms des unités monétaires

NOM DU PAYS	DÉSIGNATION DE LA MONNAIE	CODE ISO
Afghanistan	afghani	AFN
Afrique du Sud	rand	ZAR
Albanie	lek	ALL
Algérie	dinar algérien	DZD
Allemagne	euro	EUR
Andorre	euro	EUR
Angola	kwanza	AOA
Arabie saoudite	riyal saoudien	SAR
Argentine	peso argentin	ARS
Australie	dollar australien	AUD
Autriche	euro	EUR
Bangladesh	taka	BDT
Belgique	euro	EUR
Bénin	franc CFA	XOF
Birmanie (Myanmar)	kyat	MMK
Bolivie	boliviano	BOB
Botswana	pula	BWP
Brésil	real brésilien	BRL
Bulgarie	lev bulgare	BGN
Burkina Faso	franc CFA	XOF
Burundi	franc du Burundi	BIF
Cambodge	riel	KHR
Cameroun	franc CFA	XAF
Canada	dollar canadien	CAD
Centrafricaine (République)	franc CFA	XAF
Chili	peso chilien	CLP
Chine	yuan	CNY
Chypre	euro	EUR
Colombie	peso colombien	COP
Congo	franc CFA	XAF
Corée du Nord	won nord-coréen	KPW
Corée du Sud	won	KRW
Costa Rica	colon costaricain	CRC
Côte d'Ivoire	franc CFA	XOF
Croatie	kuna croate	HRK
Cuba	peso cubain	CUP
Danemark	couronne danoise	DKK
Dominicaine (République)	peso dominicain	DOP
Égypte	livre égyptienne	EGP
Émirats arabes unis	dirham des EAU	AED
Équateur	dollar des Etats-Unis	USD
Espagne	euro	EUR
Estonie	couronne estonienne	EEK
États-Unis	dollar des Etats-Unis	USD
Éthiopie	birr éthiopien	ETB
Finlande	euro	EUR
France	euro	EUR
Gabon	franc CFA	XAF
Géorgie	lari	GEL
Ghana	cedi	GHS
Grande-Bretagne	livre sterling	GBP
Grèce	euro	EUR
Guatemala	quetzal	GTQ
Guinée	franc guinéen	GNF
Haïti	gourde	HTG
	et dollar des Etats-Unis	USD
Honduras	lempira	HNL
Hongrie	forint	HUF
Inde	roupie indienne	INR
Indonésie	roupie indonésienne	IDR
Iran	rial iranien	IRR
Iraq	dinar iraquien	IQD
Irlande	euro	EUR
Islande	couronne islandaise	ISK
Israël	shekel	ILS
Italie	euro	EUR

NOM DU PAYS	DÉSIGNATION DE LA MONNAIE	CODE ISO
Japon	yen	JPY
Jordanie	dinar jordanien	JOD
Kenya	shilling kenyan	KES
Koweït	dinar koweïtien	KWD
Laos	kip	LAK
Lettonie	lats letton	LVL
Liban	livre libanaise	LBP
Liberia	dollar libérien	LRD
Libye	dinar libyen	LYD
Lituanie	litas lituanien	LTL
Luxembourg	euro	EUR
Madagascar	ariary malgache	MGA
Mali	franc CFA	XOF
Malte	euro	EUR
Maroc	dirham marocain	MAD
Mauritanie	ouguiya	MRO
Mexique	peso mexicain	MXN
Monténégro	euro	EUR
Népal	roupie népalaise	NPR
Nicaragua	cordoba d'or	NIO
Niger	franc CFA	XOF
Nigeria	naïra	NGN
Norvège	couronne norvégienne	NOK
Nouvelle-Zélande	dollar néo-zélandais	NZD
Ouganda	shilling ougandais	UGX
Pakistan	roupie pakistanaise	PKR
Panama	balboa	PRB
	et dollar des États-Unis	USD
Paraguay	guarani	PYG
Pays-Bas	euro	EUR
Pérou	sol	PEN
Philippines	peso philippin	PHP
Pologne	zloty	PLN
Portugal	euro	EUR
Qatar	riyal qatarien	QAR
Roumanie	leu	RON
Russie	rouble	RUB
Rwanda	franc rwandais	RWF
Saint-Marin	euro	EUR
Salvador	colon salvadorien	SVC
Sénégal	franc CFA	XOF
Sierra Leone	leone	SLL
Singapour	dollar de Singapour	SGD
Slovaquie	couronne slovaque	SKK
Slovénie	euro	EUR
Somalie	shilling somalien	SOS
Soudan	livre soudanaise	SDG
Suède	couronne suédoise	SEK
Suisse	franc suisse	CHF
Syrie	livre syrienne	SYP
Tanzanie	shilling tanzanien	TZS
Tchad	franc CFA	XAF
Tchèque (République)	couronne tchèque	CZK
Thaïlande	baht	THB
Togo	franc CFA	XOF
Tunisie	dinar tunisien	TND
Turquie	livre turque	TRY
Ukraine	hrivna	UAH
Uruguay	peso uruguayen	UYU
Venezuela	bolivar	VEF
Vietnam	dông	VND
Yémen	rial yéménite	YER
Zambie	kwacha	ZMK
Zimbabwe	dollar zimbabwéen	ZWD

SYMBOLIQUE adj. et n. f.
ADJECTIF
Qui sert de symbole. *Une portée symbolique, une représentation symbolique.*
NOM FÉMININ
1. Étude des symboles.
2. Ensemble des symboles propres à une doctrine, à une époque, etc. *La symbolique médiévale.*

SYMBOLIQUEMENT adv.
De façon symbolique. *C'est symboliquement à Berlin que la guerre froide a été enterrée deux fois.* (Le Monde)

SYMBOLISER v. tr.
1. Représenter par un symbole. *Le signe* x *en mathématiques symbolise la multiplication.*
2. Être le symbole de. *La fleur de lys – qui fait partie du drapeau québécois – a symbolisé la royauté française.*
CONJUGAISON : VOIR MODÈLE AIMER.

SYMBOLISME n. m.
1. Emploi de symboles.
2. Mouvement littéraire et artistique qui se caractérise par sa recherche de l'essence spirituelle des êtres et des choses, en réaction au naturalisme pragmatique.
[T] Les noms de mouvements littéraires, artistiques s'écrivent avec une minuscule.

SYMBOLISTE adj. et n. m. et f.
Qui appartient au symbolisme. *Verlaine fut un symboliste. Les poètes symbolistes.*
[T] Les noms d'adeptes de mouvements littéraires, artistiques s'écrivent avec une minuscule.

SYMÉTRIE n. f.
1. Correspondance exacte entre les deux moitiés d'un tout. SYN. équilibre.
2. Proportion, ordre. *La symétrie d'un agencement.* SYN. harmonie. ANT. asymétrie; dissymétrie.
symétrie.

SYMÉTRIQUE adj.
Qui présente une parfaite symétrie. *Des constructions symétriques.*

SYMPA adj. inv. en genre (pl. *sympas*)
Abréviation familière de ***sympathique.*** *Un restaurant sympa. Des amies sympas.*

SYMPATHIE n. f.
1. Penchant, bienveillance à l'égard d'une personne. *Témoigner de la sympathie à quelqu'un. Elle ressent de la sympathie pour son amie durement éprouvée.*
2. (LITT.) Disposition favorable à l'égard de quelque chose. *Examiner un projet avec sympathie.*
FORME FAUTIVE
*sympathies. Anglicisme pour ***condoléances.*** *Offrir ses condoléances* (et non ses *sympathies).
sympathie.

SYMPATHIQUE adj.
S'abrège familièrement en ***sympa*** (s'écrit sans point).
1. Aimable, qui attire la sympathie. *Ces personnes sont particulièrement sympathiques.* SYN. bienveillant; cordial.
2. (FAM.) Agréable, en parlant d'une chose. *Un restaurant très sympathique. Une ambiance sympathique.* SYN. plaisant.
sympathique.

SYMPATHIQUEMENT adv.
Avec sympathie. *Ils nous ont appuyés sympathiquement.*

SYMPATHISANT, ANTE adj. et n. m. et f.
Se dit d'une personne qui a des affinités pour un parti, une cause, sans y adhérer nécessairement. *La présence du nouveau chef a attiré de nombreux sympathisants.*

SYMPATHISER v. intr.
Éprouver de la sympathie pour quelqu'un. *Nous avons tout de suite sympathisé. Elle sympathise avec sa collègue.*
CONJUGAISON : VOIR MODÈLE AIMER.

SYMPHONIE n. f.
Composition musicale pour orchestre. *La neuvième symphonie de Beethoven.*
symphonie.

SYMPHONIQUE adj.
Qui a le caractère d'une symphonie. *Un concert symphonique.*
symphonique.

SYMPOSIUM n. m. (pl. *symposiums*)
Le ***u*** se prononce **o**, [sɛ̃pozjɔm]; le nom rime avec ***pomme.***
Congrès scientifique. *Des symposiums importants.*
[T] Les noms d'activités scientifiques, culturelles ou commerciales (colloque, congrès, journée, foire, forum, séminaire, symposium, etc.) s'écrivent avec une majuscule initiale lorsqu'ils désignent des événements particuliers. *Le Congrès mondial de neurologie. Le Symposium international de l'Association des obstétriciens et gynécologues du Québec. Le Salon du meuble de Paris. Le 25e Colloque des écrivains de l'Académie des lettres du Québec. La IIIe Journée québécoise des dictionnaires a eu lieu à Québec en avril 2008.*
Ne pas confondre avec les noms suivants :
• ***colloque,*** réunion de spécialistes invités, en nombre généralement limité, pour exposer, discuter et confronter leurs idées et leurs opinions sur un thème donné;
• ***congrès,*** assemblée regroupant un nombre important de personnes réunies pour délibérer sur un ou des sujets donnés;
• ***forum,*** réunion où sont débattues des questions d'une vaste portée, généralement dans le but d'établir une concertation entre les divers participants;
• ***séminaire,*** réunion à caractère scientifique constituée d'un groupe restreint de personnes et généralement animée par un professeur, un chercheur ou un spécialiste.

SYMPTOMATIQUE adj.
1. (MÉD.) Qui constitue un symptôme. *Une éruption cutanée symptomatique.*
2. Qui est l'indice de quelque chose. *Ce silence est symptomatique des divergences entre les deux parties.* SYN. caractéristique; révélateur.
symptomatique, sans accent.

SYMPTÔME n. m.
1. (MÉD.) Signe caractéristique d'une maladie. *La fièvre est un symptôme d'infection.*
2. (FIG.) Marque, indice de quelque chose. *Un symptôme avant-coureur de contestation.* SYN. manifestation.
symptôme.

SYN-, SYL-, SYM- préf.
Éléments du grec signifiant « avant ».
Ces préfixes expriment une communauté d'action, de pensée, de sentiment. *Synchronisme, syndicat.*

SYNAGOGUE n. f.
Temple consacré au culte israélite.
[T] Les noms d'édifices religieux s'écrivent avec une minuscule.
synagogue.

SYNALLAGMATIQUE adj.
(DR.) Se dit d'un contrat qui comporte des obligations réciproques entre les parties.
synallagmatique.

SYNCHRONE adj.
Les lettres ***ch*** se prononcent ***k,*** [sɛ̃krɔn]. Le **o** peut être ouvert ou fermé.
Qui se produit en même temps. SYN. simultané. ANT. asynchrone.
synchrone.

SYNCHRONIE n. f.
Les lettres ***ch*** se prononcent ***k***, [sɛ̃krɔni].
(LING.) Ensemble des phénomènes linguistiques considérés à une époque déterminée. ANT. diachronie.

SYNCHRONIQUE adj.
Les lettres ***ch*** se prononcent ***k***, [sɛ̃krɔnik].
Qui étudie des phénomènes, des faits arrivés à la même époque en différents lieux. *La linguistique synchronique.* ANT. diachronique.

SYNCHRONISATION n. f.
Les lettres ***ch*** se prononcent ***k***, [sɛ̃krɔnizasjɔ̃].
Mode de fonctionnement en cadence.

SYNCHRONISER v. tr.
Les lettres ***ch*** se prononcent ***k***, [sɛ̃krɔnize].
1. Établir un synchronisme entre différents éléments. *Des feux de circulation synchronisés.*
2. (CIN.) Mettre en concordance les images et le son d'un film. *Ce film est mal synchronisé.*
3. (INFORM.) Établir une liaison entre deux appareils informatiques en vue de mettre à jour des données, de coupler des fichiers. *Synchroniser l'agenda et le carnet d'adresses de son ordinateur et de son téléphone multimédia.*
CONJUGAISON : VOIR MODÈLE AIMER.
synchroniser.

SYNCHRONISME n. m.
Les lettres ***ch*** se prononcent ***k***, [sɛ̃krɔnism].
1. Rapport de deux phénomènes simultanés. *Le synchronisme de deux moteurs.*
2. Concordance de temps, état de ce qui vient à propos, en temps opportun. *Le synchronisme de cette diffusion est excellent* (et non le *timing). SYN. simultanéité.

SYNCOPE n. f.
Perte subite et totale de connaissance. *Il a eu une syncope, mais on a réussi à le ranimer.*
syncope.

SYNCOPÉ, ÉE adj.
Se dit d'une musique dont le rythme est fortement cadencé. *Une musique syncopée.*

SYNDIC n. m.
Le ***c*** se prononce, [sɛ̃dik] ; le nom rime avec ***robotique***.
(DR.) Délégué représentant les créanciers dans une faillite.
syndic.

SYNDICAL, ALE, AUX adj.
Relatif à un syndicat. *Des délégués syndicaux.*
syndical.

SYNDICALISATION n. f.
Action de syndicaliser, fait d'être syndicalisé.

SYNDICALISER v. tr.
Faire adhérer à un syndicat. SYN. syndiquer.
CONJUGAISON : VOIR MODÈLE AIMER.

SYNDICALISME n. m.
Le mouvement syndical.
syndicalisme.

SYNDICALISTE adj. et n. m. et f.
ADJECTIF
Relatif aux syndicats, au syndicalisme.
NOM MASCULIN ET FÉMININ
1. Adepte du syndicalisme.
2. Personne qui fait partie de l'organisation d'un syndicat, qui y joue un rôle actif.
Ne pas confondre avec le mot ***syndiqué***, personne appartenant à un syndicat.
syndicaliste.

SYNDICAT n. m.
Groupe de travailleurs qui s'unissent pour défendre leurs droits et leurs intérêts. *Un syndicat actif* (et non une *union active).
LOCUTIONS
– ***Syndicat d'initiative.*** Organisme chargé de la promotion touristique d'une région (en France).
– ***Syndicat financier.*** Groupement constitué pour assurer le placement de titres lors de leur émission.
syndicat.

SYNDIQUÉ, ÉE adj. et n. m. et f.
Qui est membre d'un syndicat. *Les employés de cette entreprise ne sont pas syndiqués. Les syndiqués et les syndiquées sont satisfaits des conditions de travail.*
Ne pas confondre avec le nom ***syndicaliste***, personne faisant partie de l'organisation d'un syndicat.
syndiqué.

SYNDIQUER v. tr., pronom.
VERBE TRANSITIF
Réunir en syndicat. *Syndiquer des employés.*
VERBE PRONOMINAL
Adhérer à un syndicat. *Ils se sont syndiqués depuis peu.*
À la forme pronominale, le participe passé de ce verbe s'accorde toujours en genre et en nombre avec son sujet. *Ces employés se sont syndiqués afin d'améliorer leurs conditions de travail.*
CONJUGAISON : VOIR MODÈLE AIMER.
syndiquer.

SYNDROME n. m.
Le ***o*** est ouvert ou fermé, [sɛ̃drɔm, sɛ̃drom].
(MÉD.) Ensemble des symptômes et anomalies caractéristiques d'une maladie. *Le syndrome de Down* (trisomie 21) *caractérise le mongolisme.*
LOCUTION
– ***Syndrome respiratoire aigu grave (SRAG).*** Infection pulmonaire grave, contagieuse, d'origine vraisemblablement virale, caractérisée par la brusque apparition d'une fièvre supérieure à 38 °C ainsi que par un ou plusieurs symptômes respiratoires (toux, essoufflement, difficulté à respirer) (GDT). SYN. syndrome respiratoire aigu sévère (SRAS).
syndrome, sans accent.

SYNECDOQUE n. f.
Figure de rhétorique où l'on prend la partie pour le tout, l'espèce pour le genre, le singulier pour le pluriel. *Payer tant par tête* (pour *payer tant par personne*).
VOIR TABLEAU – FIGURÉS (EMPLOIS).

SYNERGIE n. f.
1. (DIDACT.) Concours d'action entre divers organes dans l'accomplissement d'une fonction.
2. (FIG.) Action coordonnée de plusieurs éléments dans un but commun. *Favoriser la synergie entre fournisseurs, entreprises de production et distributeurs.*
synergie.

SYNERGIQUE adj.
Relatif à la synergie.
synergique.

SYNODE n. m.
Réunion d'évêques.
synode.

SYNONYME adj. et n. m.
Se dit de mots qui ont la même signification ou des sens très voisins.
VOIR TABLEAU – SYNONYMES.

SYNONYMIE n. f.
Qualité des mots synonymes. *Un rapport de synonymie entre deux mots.*
synonymie.

S

SYNONYMES

Les synonymes sont des mots qui ont la même signification ou des sens très voisins.

S

VERBES SYNONYMES

Les verbes qui suivent expriment tous l'idée de « faire connaître », mais selon diverses nuances :

citer .... faire connaître en nommant une personne, une chose;
désigner .... faire connaître par une expression, un signe, un symbole;
indiquer .... faire connaître une personne, une chose, en donnant un indice (détail caractéristique) qui permet de la trouver;
montrer .... faire connaître en mettant sous les yeux;
nommer .... faire connaître par son nom;
révéler .... faire connaître ce qui était inconnu;
signaler .... faire connaître en attirant l'attention sur un aspect particulier.

ADJECTIFS SYNONYMES

Les adjectifs qui suivent expriment tous l'idée de « ce qui est beau » à divers degrés :

admirable .... beau à la perfection;
joli .... d'une beauté gracieuse et plaisante;
magnifique .... beau par sa grandeur et son éclat;
merveilleux .... d'une beauté surprenante, féerique;
splendide .... d'une beauté éclatante, rayonnante.

NOMS SYNONYMES

Les noms qui suivent désignent tous « un vêtement porté par-dessus les autres vêtements pour se protéger des intempéries » :

anorak .... manteau à capuchon qui protège du vent et du froid;
cape .... manteau avec ou sans capuchon, ample et sans manches;
imperméable .... manteau qui protège de la pluie;
pelisse .... manteau doublé de fourrure;
paletot .... manteau d'homme, généralement en lainage chaud.

Ne pas confondre avec les noms suivants :

– ***antonymes,*** mots qui ont une signification contraire :
devant .... *derrière*
en avant .... *en arrière*
provisoire .... *permanent*
définitif .... *passager*

– ***homonymes,*** mots qui s'écrivent ou se prononcent de façon identique sans avoir la même signification :
air .... *mélange gazeux*
air .... *mélodie*
air .... *expression*
aire .... *surface*
ère .... *époque*
hère .... *malheureux*
hère .... *jeune cerf*

– ***paronymes,*** mots qui présentent une ressemblance d'orthographe ou de prononciation sans avoir la même signification :
acception .... sens d'un mot
acceptation ..... accord

VOIR TABLEAUX ▸ **ANTONYMES.** ▸ **HOMONYMES.** ▸ **PARONYMES.**

SYNOPSIS n. m.
Le *s* final se prononce, [sinɔpsis]; le nom rime avec ***saucisse.***
1. (DIDACT.) Synthèse, tableau synoptique. *Les professeurs ont distribué le synopsis du cours.*
2. (CIN.) Esquisse de scénario. *Proposer un synopsis.*
Ce nom s'emploie aujourd'hui au masculin, bien que de genre féminin à l'origine.

SYNOPTIQUE adj.
Qui offre une vue d'ensemble. *Un schéma synoptique.* SYN. synthétique.
synoptique.

SYNOVIAL, IALE, IAUX adj.
(MÉD.) Relatif à la synovie. *Un kyste synovial.*
synovial.

SYNOVIE n. f.
(MÉD.) Liquide qui lubrifie les articulations mobiles. *Un épanchement de synovie* (et non de *synovite).

SYNTAGMATIQUE adj. et n. f.
ADJECTIF
(LING.) Relatif au syntagme.
NOM FÉMININ
(LING.) Étude des syntagmes.

SYNTAGME n. m.
(LING.) Groupe de mots ayant une signification et une même fonction. *Un syntagme nominal, un syntagme verbal. Le nom composé* pomme de terre *est un syntagme.*

SYNTAXE n. f.
(GRAMM.) Description des relations entre les unités linguistiques du discours (mots, phrases) et des fonctions qui leur sont attachées. *L'emploi des prépositions, des modes relève de la syntaxe.*
syntaxe.

SYNTAXIQUE adj.
Relatif à la syntaxe. *Une construction syntaxique.*

SYNTHÈSE n. f.
1. Vision globale qui résulte de l'organisation des connaissances en un tout cohérent. *Un esprit de synthèse.*
2. Préparation d'un composé à partir d'éléments. *Une synthèse chimique.*
3. (EN APPOS.) Qui constitue un résumé, un exposé d'ensemble. *Une étude synthèse. Des études synthèses.*
En apposition, le nom s'écrit sans trait d'union et les deux mots prennent la marque du pluriel.
LOCUTION
– ***Note de synthèse.*** Texte concis dont l'objet est de traduire de façon complète et fidèle un dossier de presse comportant plusieurs pièces ou un document plus long.
synthèse.

SYNTHÉTIQUE adj.
1. Qui fait la synthèse, qui résume. *Un tableau synthétique.* ANT. analytique.
2. Obtenu par synthèse chimique. *Des textiles synthétiques. Un produit synthétique.*
3. Qui a un bon esprit de synthèse. *Une intelligence synthétique.* ANT. analytique.

SYNTHÉTISER v. tr.
1. Concevoir la synthèse de (quelque chose d'abstrait). *Synthétiser les échanges d'une rencontre.*
2. Produire par une synthèse. *Synthétiser une substance plastique.*
CONJUGAISON : VOIR MODÈLE AIMER.

SYNTHÉTISEUR n. m.
1. Appareil destiné à faire la synthèse d'éléments sonores.
2. Appareil électronique qui fait la synthèse des sons musicaux.
LOCUTION
– ***Synthétiseur de parole, vocal.*** (INFORM.) Périphérique apte à reproduire la voix humaine afin de permettre une communication orale avec l'ordinateur.
Ce nom s'abrège familièrement en ***synthé*** (s'écrit sans point).

SYNTONISATION n. f.
Réglage d'un récepteur de radiodiffusion.
syntonisation.

SYNTONISER v. tr.
Régler un récepteur de radiodiffusion à une fréquence déterminée. *Syntoniser Radio-Canada.*
CONJUGAISON : VOIR MODÈLE AIMER.

SYNTONISEUR n. m.
Dispositif électronique, faisant partie d'un appareil récepteur de télévision ou de radio, qui permet de recevoir les signaux transmis sur la fréquence porteuse du canal choisi par l'utilisateur et de rejeter, en même temps, tous les autres émis sur des fréquences appartenant à d'autres canaux (GDT). *Un syntoniseur* (et non *tuner) *double.*

SYPHILIS n. f.
Le *s* final se prononce, [sifilis]; le nom rime avec ***lis.***
Maladie transmise sexuellement.
syphilis.

SYPHILITIQUE adj. et n. m. et f.
Atteint de la syphilis.

SYRIEN, IENNE adj. et n. m. et f.
De Syrie. *Un avion syrien. Un Syrien, une Syrienne.*
T L'adjectif s'écrit avec une minuscule; le nom, avec une majuscule.

SYSTÉMATIQUE adj.
1. Méthodique, selon un système. *Un classement systématique.*
2. Soutenu. *Des refus systématiques.* SYN. habituel.
3. (PÉJ.) Rigide. *Cette méthode est trop systématique, elle ne tient pas compte de la réalité.* SYN. dogmatique.
systématique.

SYSTÉMATIQUEMENT adv.
D'une manière systématique. *Elles n'ont pas classé les tableaux systématiquement, mais plutôt alphabétiquement.*

SYSTÉMATISATION n. f.
Action d'ériger en système. *La systématisation de l'évaluation de la compétence linguistique.*
systématisation.

SYSTÉMATISER v. tr.
Construire en système. *Systématiser le traitement des dossiers.*
CONJUGAISON : VOIR MODÈLE AIMER.
systématiser.

SYSTÈME n. m.
1. Ensemble ordonné d'éléments qui assurent une fonction, qui concourent à un but. *Ils ont fait installer un système d'arrosage automatique pour le jardin. Le système respiratoire, un système de détection, un système informatique.*
2. Classification méthodique. *Le système métrique, le système international d'unités (SI).*
VOIR TABLEAU – SYMBOLE.
LOCUTIONS
– ***Système d'exploitation.*** (INFORM.) Logiciel de base d'un ordinateur destiné à commander l'exécution des programmes en assurant la gestion des travaux et des diverses opérations utiles.
– ***Système éducatif.*** Ensemble des structures et des ressources consacrées à l'éducation d'une population.
– ***Système expert.*** (INFORM.) Système informatique permettant de résoudre les problèmes dans un domaine d'application déterminé à l'aide d'une base de connaissances établie à partir de l'expertise humaine (GDT).

– ***Système GPS.*** Système de repérage qui s'effectue à partir de satellites géostationnaires disposés autour du globe. SYN. système mondial de localisation.

GPS est le sigle de ***Global Positioning System.***

– ***Système informatique.*** (INFORM.) Ensemble des logiciels et des matériels mis en œuvre en vue d'une ou de plusieurs applications déterminées.

FORMES FAUTIVES

*système. Anglicisme au sens de ***organisme.***

*système de son. Calque de «*sound system*» pour ***chaîne stéréo(phonique).***

système.

SYSTÉMIQUE adj.

Qui est relatif à un système dans son ensemble.

LOCUTION

– ***Approche systémique.*** Méthode d'analyse et de synthèse prenant en considération l'appartenance à un ensemble et l'interdépendance d'un système avec les autres systèmes de cet ensemble.

T

T n. m. inv.
Vingtième lettre de l'alphabet.

T
– *t,* symbole de ***tonne.***
– *T,* symbole de ***téra-.***
– *T,* symbole de ***billion.***
– *t,* lettre intercalaire, dite analogique ou euphonique, qui s'insère entre le verbe terminé par ***e, a*** ou ***c*** et le pronom sujet inversé (***il, elle, on***). *Viendra-t-il ? Chante-t-elle ? Vainc-t-on ?*
Le ***t*** intercalaire est joint au verbe et au pronom par des traits d'union.

T' pron. pers. m. et f.
1. Forme élidée de ***te*** devant une voyelle ou un ***h*** muet. *Il t'admire, elle t'honore.*
2. Forme élidée de ***toi*** devant ***en, y.*** *Garde-t'en bien, mets-t'y.*

TA adj. poss. f. sing.
1. Déterminant possessif féminin de la deuxième personne du singulier qui détermine le nom en indiquant le « possesseur » de l'objet désigné. Il s'accorde en genre et en nombre avec le nom déterminé. *Ta chambre.*
2. Le déterminant possessif s'accorde en personne avec le nom désignant le « possesseur ». Ainsi, le déterminant possessif ***ta*** renvoie à un seul « possesseur » d'un être, d'un objet de genre féminin. *Ta bicyclette* (un seul possesseur) *me plaît beaucoup. J'aime bien la couleur de votre voiture* (plusieurs possesseurs).
Devant un nom féminin commençant par une voyelle ou un ***h*** muet, c'est la forme masculine ***ton*** qui est employée pour rendre la liaison plus harmonieuse entre le déterminant possessif et le mot qui suit. *Ton amie, ton histoire.*
VOIR TABLEAU – POSSESSIF ET PRONOM POSSESSIF (DÉTERMINANT).

TABAC adj. inv. et n. m.
Le ***c*** ne se prononce pas, [taba].
NOM MASCULIN
1. Plante dont les feuilles peuvent être fumées. *Cet agriculteur cultive le tabac.*
2. Produit obtenu avec les feuilles du tabac. *Du tabac blond.*
3. Magasin où l'on vend cigarettes et journaux. SYN. débit de tabac ; ⚜ tabagie.
ADJECTIF DE COULEUR INVARIABLE
De la couleur brun-roux du tabac. *Des cuirs tabac.*
VOIR TABLEAU – COULEUR (ADJECTIFS DE).
LOCUTIONS
– ***Coup de tabac.*** (MAR.) Tempête.
– ***Faire un tabac.*** (FAM.) Faire fureur, obtenir beaucoup de succès.
– ***Passer à tabac.*** Rouer quelqu'un de coups.

TABAGIE n. f.
1. (PÉJ.) Pièce enfumée.
2. ⚜ Magasin de tabac et de journaux.

TABAGISME n. m.
Toxicomanie de ceux qui abusent de tabac.

TABASSER v. tr., pronom.
VERBE TRANSITIF
(FAM.) Frapper, rouer de coups. SYN. battre ; passer à tabac.
VERBE PRONOMINAL
Se rouer de coups. *Ces voyous n'ont cessé de se tabasser.*
À la forme pronominale, le participe passé de ce verbe s'accorde toujours en genre et en nombre avec son sujet. *Ces joueurs de hockey se sont tabassés.*
CONJUGAISON : VOIR MODÈLE AIMER.

TABATIÈRE n. f.
Petite boîte où l'on met du tabac. « *J'ai du bon tabac dans ma tabatière* » (Abbé Gabriel Charles de l'Atteignant, *J'ai du bon tabac,* XVIIIe).

TABERNACLE n. m.
Petite armoire sur l'autel, destinée à recevoir le ciboire.

TABLE n. f.
1. Meuble composé d'une surface plane posée sur des pieds et qui sert à divers usages. *Des tables de cuisine, une table à dessin, une table d'opération.*
2. Meuble composé d'un plateau sur lequel on pose la nourriture, les assiettes, les verres, les ustensiles servant aux repas. *Mettre la table, dresser la table, débarrasser* ou *desservir la table.*
3. La nourriture. *Dans sa famille, on apprécie la bonne table. Les arts de la table.*
4. Présentation d'informations dans un ordre méthodique. *Des tables de multiplication.*
LOCUTIONS
– ***Faire table rase.*** Faire abstraction de toute idée préconçue.
– ***Se mettre à table, passer à table.*** S'asseoir autour d'une table pour y manger.
– ***Table de cuisson.*** Plaque chauffante. *L'îlot central de la cuisine comporte une table de cuisson et une hotte escamotable.*
– ***Table des matières.*** Liste détaillée des questions traitées dans un texte, des chapitres, des illustrations, etc., et des pages auxquelles ils apparaissent.
– ***Table d'hôte.*** ⚜ Menu à prix fixes, comportant des plats variés. *Il en coûte moins cher d'opter pour la table d'hôte que de choisir des plats à la carte.*
– ***Table ronde.*** Réunion caractérisée par le principe d'égalité entre les participants, convoqués pour discuter d'un sujet précis. *Une table ronde* (et non un *panel).

– ***Table tournante.*** Table utilisée en spiritisme pour transmettre les messages des esprits.
– ***Table traçante.*** (INFORM.) Périphérique comportant un ou plusieurs stylets encreurs et dont les mouvements tracent automatiquement le caractère, le schéma désirés.
FORMES FAUTIVES
*sous la table (payer, se faire payer, travailler). Calque de «*under the table*» pour ***payer, se faire payer, travailler au noir.***
*table tournante. Calque de «*turntable*» pour **tourne-disque.**

TABLEAU n. m. (pl. *tableaux*)
1. Œuvre exécutée sur une toile. *Des tableaux représentant des paysages d'automne. Un tableau non figuratif.*
2. Représentation d'une chose. *Cette pièce trace le tableau de cette époque.* SYN. image ; récit.
3. Ensemble de renseignements disposés d'une façon schématique. *Ce dictionnaire comprend plusieurs tableaux.*
4. Panneau servant à l'écriture, à l'affichage. *L'horaire des cours est inscrit au tableau. Des tableaux indicateurs.*
LOCUTIONS
– ***Il y a une ombre au tableau.*** (FIG.) Un problème se présente.
– ***Tableau d'affichage.*** Panneau servant à des avis, des annonces, des messages. SYN. ⚜ babillard.
– ***Tableau de bord.*** Ensemble des appareils destinés à diriger la marche d'un véhicule. *Le tableau de bord d'une voiture, d'un avion.*

TABLÉE n. f.
Ensemble des personnes qui partagent un repas à la même table.

TABLER v. tr. ind.
Compter sur. *L'école a tablé sur la participation des parents.* SYN. miser sur.
Le verbe se construit avec la préposition ***sur.***
Le participe passé est toujours invariable.
CONJUGAISON : VOIR MODÈLE AIMER.

TABLETTE n. f.
1. Planche posée horizontalement. *Une bibliothèque avec des tablettes réglables.* SYN. planchette ; rayon.
2. Produit alimentaire de forme aplatie. *Une tablette de chocolat.*
LOCUTION
– ***Être (mis) sur une tablette.*** ⚜ (FAM.) (Généralement dans la fonction publique) Être, rester à ne rien faire, être tenu à l'écart d'une activité, tout en étant payé. SYN. être (mis) sur la touche.
FORME FAUTIVE
*tablette. Impropriété au sens de ***bloc (de papier), bloc-notes.***

TABLETTER v. tr.
⚜ (FAM.) Mettre de côté, ne plus s'occuper (de quelqu'un, de quelque chose). *Un rapport tabletté. Ces fonctionnaires ont été tablettés.* SYN. jeter aux oubliettes ; mettre au placard ; placardiser.
CONJUGAISON : VOIR MODÈLE AIMER.

TABLEUR n. m.
(INFORM.) Logiciel de création et de manipulation interactives de tableaux numériques visualisés. *Un tableur* (et non un *chiffrier) *jumelé à une banque de données.*

TABLIER n. m.
1. Vêtement de protection. *Claude porte un tablier pour faire la cuisine sans se salir.*
2. Plate-forme d'un pont. *Lors du tremblement de terre de San Francisco, le tablier d'un pont s'est effondré.*

TABLOÏD ou **TABLOÏDE** adj. et n. m.
Le ***d*** se prononce, [tablɔid] ; le nom rime avec ***ovoïde.***
NOM MASCULIN
Quotidien, périodique de petit format. *Les tabloïds sont de plus en plus appréciés.* Le Journal de Montréal *est un tabloïd* ou *tabloïde.*
ADJECTIF
Dont le format est la moitié du format habituel des journaux. *Des formats tabloïds populaires.*

TABOU, E adj. et n. m.
ADJECTIF
1. Interdit, dont on ne peut parler. *Des questions taboues, des mots tabous.*
Certains auteurs considèrent que l'adjectif est invariable, mais la tendance actuelle est de lui donner la marque du genre et du nombre.
2. Que l'on ne peut contester, critiquer.
NOM MASCULIN
Interdiction de caractère religieux, social. *Les tabous sexuels.*

TABOULÉ n. m. (pl. *taboulés*)
Plat d'origine libanaise composé de persil, de tomates, de blé concassé, de menthe fraîche et d'oignons, assaisonné de jus de citron et d'huile d'olive. *Des taboulés succulents.*

TABOURET n. m.
Petit siège qui n'a ni bras ni dos. *Un tabouret assorti à un fauteuil.*
On s'assoit ***sur*** un tabouret, une chaise ; par contre, on s'assoit ***dans*** un fauteuil.

TABULATEUR n. m.
Dispositif d'une machine à écrire, d'un ordinateur facilitant la saisie de données en colonnes.

TAC n. m.
– ***Répondre, riposter du tac au tac.*** Répondre avec vivacité et coup pour coup. *Elle a riposté, il a répondu du tac au tac* (et non du *tic au tac). SYN. repartir ; rétorquer.
La locution s'écrit sans traits d'union.
Le mot ne s'emploie que dans ces locutions.

TACHE n. f.
1. Marque, altération. *Une tache de peinture, de moisissure.* SYN. salissure.
2. Marque naturelle. *Un chien blanc avec des taches noires. Des taches de rousseur.*
LOCUTION
– ***Faire tache d'huile.*** S'étendre sans cesse. *Cette pratique a fait tache d'huile et s'est rapidement implantée.* SYN. essaimer ; se répandre.
Ne pas confondre avec le nom ***tâche,*** travail à accomplir.
tache, sans accent.

TACHÉ, ÉE adj.
Sali. *Sa robe est tachée d'encre.* SYN. maculé ; souillé.
taché.

TÂCHE n. f.
Travail à accomplir. *Elle a la lourde tâche d'assurer la direction de cet organisme. S'attaquer* (et non *s'adresser) *à une tâche.*
Ne pas confondre avec le nom ***tache,*** marque, altération.
tâche.

TACHER v. tr., pronom.
VERBE TRANSITIF
1. Salir, faire une ou des taches. *Il a taché son pantalon.* SYN. maculer ; souiller.
Ne pas confondre avec le verbe ***tâcher,*** tenter de, s'efforcer de.
2. (LITT.) Souiller. *Son nom est irrémédiablement taché.* SYN. entacher ; ternir.
VERBE PRONOMINAL
Se salir, se couvrir de taches. *La nappe s'est tachée quand un convive a renversé son verre de vin.*

À la forme pronominale, le participe passé de ce verbe s'accorde en genre et en nombre avec le complément direct si celui-ci le précède. *Les doigts qu'elle s'est tachés. Elles se sont tachées.* Le participe passé reste invariable si le complément direct suit le verbe. *Ils se sont taché les mains.*
CONJUGAISON : VOIR MODÈLE AIMER.
tacher, sans accent.

TÂCHER v. tr.
VERBE TRANSITIF DIRECT
Faire en sorte que, essayer. *Je tâcherai qu'on vous prévienne à temps.* SYN. chercher à.
Le verbe suivi de la conjonction ***que*** se construit avec le subjonctif. *Tâchons qu'on soit fier de nous.*
VERBE TRANSITIF INDIRECT
Tenter de. *Tâchez de venir, cela nous ferait tellement plaisir.* SYN. s'efforcer ; s'ingénier à.
Suivi de l'infinitif, le verbe se construit avec la préposition ***de***.
Ne pas confondre avec le verbe ***tacher***, salir, faire une ou des taches.
CONJUGAISON : VOIR MODÈLE AIMER.
tâcher.

TACHETER v. tr.
Parsemer de petites taches. *Le daim a une fourrure rousse tachetée de blanc.*
CONJUGAISON : VOIR MODÈLE APPELER.
Redoublement du ***t*** devant un ***e*** muet. *Je tachette, je tachetterai,* mais *je tachetais.*
[Les *Rectifications* (1990) admettent : il tachète, tachètera, tachèterait...]

TACHY- préf.
Les lettres ***ch*** se prononcent ***k***, [taki].
Élément du grec signifiant « rapide ». *Tachymètre.*

TACHYCARDIE n. f.
Les lettres ***ch*** se prononcent ***k***, [takikardi].
Accélération des battements cardiaques.
tachycardie.

TACHYMÈTRE n. m.
Les lettres ***ch*** se prononcent ***k***, [takimɛtr].
Compte-tours. *Le tableau de bord comprend notamment un tachymètre.*
tachymètre.

TACITE adj.
Sous-entendu, non affirmé. *Un accord tacite.*
tacite, au masculin comme au féminin.

TACITEMENT adv.
Implicitement. *Ils se sont entendus tacitement.*

TACITURNE adj.
Sombre, peu communicatif. *Il est d'humeur taciturne en se levant.* SYN. morose.

TACOT n. m.
Le ***t*** final ne se prononce pas, [tako] ; le nom rime avec ***coco***.
(FAM.) Vieille voiture. *Il roule dans un tacot bruyant.*
tacot.

TACT n. m.
Les lettres ***ct*** se prononcent, [takt] ; le nom rime avec ***acte***.
1. Sens du toucher qui perçoit les stimulations de la peau (contact, pression).
2. (FIG.) Doigté, délicatesse. *Il a agi avec beaucoup de tact. Un manque de tact impardonnable.* SYN. diplomatie.
Ne pas confondre avec le mot ***talc***, poudre.

TACTICIEN, IENNE n. m. et f.
Personne qui manœuvre habilement. *Cette ministre est une excellente tacticienne.* SYN. stratège.

TACTILE adj.
Relatif au toucher. *Les sensations tactiles.*
LOCUTION
– ***Écran tactile.*** (INFORM.) Écran de visualisation muni de dispositifs permettant la saisie d'informations diverses par simple pression ou déplacement du doigt sur l'écran.
tactile, au masculin comme au féminin.

TACTIQUE adj. et n. f.
ADJECTIF
Relatif à la façon de mettre un plan à exécution. *Des opérations tactiques.*
NOM FÉMININ
Art de mettre en œuvre, d'exécuter un plan, une stratégie. *Nous devons opter pour une autre tactique.*
La ***stratégie*** est antérieure à la ***tactique***, elle est l'art de planifier et de coordonner un ensemble d'opérations en vue d'un objectif.

TACTIQUEMENT adv.
Selon une tactique. *Aussi bien mentalement que tactiquement, il y a bien longtemps que l'équipe de France n'avait joué à un tel niveau de jeu avec autant de constance.* (Le Monde)

TAEKWONDO n. m.
Art martial d'origine coréenne. « *Karine Sergerie a raflé la médaille d'or dans la catégorie des 67 kg de l'épreuve de taekwondo disputée à Rio* » (*La Presse*).

TÆNIA
VOIR – TÉNIA.

TAFFETAS n. m.
Le ***e*** et le ***s*** ne se prononcent pas, [tafta].
Étoffe de soie. *Une robe de soirée en taffetas magenta.*
taffetas.

TAGINE ou **TAJINE** n. m.
1. Mets de la cuisine marocaine composé de viande ou de poisson accompagné de légumes que l'on fait braiser. *Est-ce qu'un tagine d'agneau aux pruneaux vous tenterait ?*
2. Récipient en terre vernissée comprenant une assiette épaisse assortie d'un couvercle conique, qui sert à la cuisson de ce mets.

TAGLIATELLE n. f. (pl. *tagliatelles*)
Le ***g*** ne se prononce pas, [taljatɛl].
Type de pâte alimentaire découpée en minces lanières. *Des tagliatelles* al dente.

TAHITIEN, IENNE adj. et n. m. et f.
Le ***t*** de la troisième syllabe se prononce ***s*** [taisjɛ̃, ɛn].
ADJECTIF ET NOM MASCULIN ET FÉMININ
De Tahiti. *Une danse tahitienne. Un Tahitien, une Tahitienne.*
T L'adjectif s'écrit avec une minuscule ; le nom, avec une majuscule.
NOM MASCULIN
Langue parlée à Tahiti. *Maya parle le tahitien.*
T Le nom de la langue s'écrit avec une minuscule.

TAÏAUT ! ou **TAYAUT !** interj.
Cri du chasseur lançant sa meute à la vue du gibier. *Taïaut ! allons-y, chers camarades !*
T L'interjection est toujours suivie d'un point d'exclamation qui est souvent repris à la fin de la phrase. Si la phrase exclamative n'est pas complète, le mot qui suit le point d'exclamation s'écrit avec une minuscule initiale.

TAIE n. f.
Enveloppe de tissu qui recouvre un oreiller. *Des taies* (et non des *têtes) *d'oreiller(s) brodées.*

TAILLABLE adj.
(ANCIENN.) Sujet à l'impôt. *Les nobles n'étaient point taillables.*
LOCUTION
– ***Être taillable et corvéable à merci.*** (FIG.) Être soumis à toutes les corvées, à de multiples impôts.

TAILLADER v. tr.
Couper, faire des entailles dans. *Ne taillade pas la table avec ton couteau.* SYN. entailler.
CONJUGAISON : VOIR MODÈLE AIMER.

TAILLE n. f.
1. Action de tailler. *La taille des arbustes.* SYN. coupe.
2. Dimension, grandeur. *Un pin de belle taille.*
3. Hauteur du corps humain. *Taille : 1 m 80. Il est de grande taille.* SYN. grandeur.
4. Partie du corps à la base du thorax. *Elle a la taille fine, une taille de guêpe.*
5. Dimension standard dans une série de confection. *La taille 10 ans.* SYN. grandeur.
Le nom ***taille*** se dit surtout de la grandeur d'un vêtement; le nom ***pointure***, de la dimension d'une chaussure, d'un gant, d'une coiffure.
LOCUTIONS
– ***De taille***, loc. adj. Important, considérable. *Tu as des appuis de taille.*
– ***Être de taille à*** + infinitif. Être apte à. *Es-tu de taille à affronter ce concurrent?* SYN. être capable de.
VOIR – GRANDEUR.

TAILLE-CRAYON n. m. (pl. *taille-crayons*)
Instrument muni d'une petite lame pour tailler les crayons. *À la rentrée, on cherche son taille-crayon* (et non son *aiguisoir).

TAILLE-DOUCE n. f. (pl. *tailles-douces*)
1. Procédé de gravure.
2. Estampe produite par ce procédé.

TAILLE-HAIE n. m. (pl. *taille-haies*)
Outil mécanique à moteur thermique ou électrique, muni d'une barre de coupe constituée d'une lame mobile à dents trapézoïdales coulissant sur une lame fixe par un mouvement alternatif, permettant de tailler les haies (GDT).

TAILLE-ONGLE(S) n. m. (pl. *taille-ongles*)
Instrument tranchant servant à couper les ongles. *Un taille-ongle* ou *taille-ongles.*

TAILLER v. tr., intr., pronom.
VERBE TRANSITIF
1. Rendre tranchant ou pointu. *Tailler un crayon.*
On ***taille*** le bois, mais on ***aiguise*** le métal.
2. Couper, donner une forme. *Tailler un arbuste en forme de pyramide, tailler des pierres.*
3. Couper dans une pièce d'étoffe des morceaux pour confectionner un vêtement.
VERBE INTRANSITIF
Faire une entaille. *Le cordonnier taille à même le cuir.*
VERBE PRONOMINAL
1. S'attribuer, obtenir. *Ils se sont taillé un beau succès.*
2. (FAM.) S'enfuir. *Les cambrioleurs ont réussi à se tailler.* SYN. s'échapper; fuir; (FAM.) prendre la poudre d'escampette; se sauver.
À la forme pronominale, le participe passé de ce verbe s'accorde en genre et en nombre avec le complément direct si celui-ci le précède. *Les succès que l'équipe s'est taillés. Les prisonniers se sont taillés en creusant un tunnel.* Le participe passé reste invariable si le complément direct suit le verbe. *Léa et Mélanie se sont taillé de jolies robes.*
LOCUTIONS
– ***Se tailler la part du lion.*** S'attribuer la plus grosse part.
– ***Tailler en pièces.*** Anéantir, détruire complètement.
– ***Tailler une bavette.*** (FAM.) Bavarder. SYN. converser; deviser; ⚜ jaser.
CONJUGAISON : VOIR MODÈLE AIMER.
Les lettres ***ill*** sont suivies d'un ***i*** à la première et à la deuxième personne du pluriel de l'indicatif imparfait et du subjonctif présent. *(Que) nous taillions, (que) vous tailliez.*

TAILLEUR n. m.
1. Personne qui fait des vêtements sur mesure pour hommes et, par extension, pour femmes.
En ce sens, le féminin est ***couturière.***
2. Artisan, technicien qui taille quelque chose. *Un tailleur de pierres précieuses, de marbre.*
3. Vêtement féminin composé d'une veste et d'une jupe de même tissu. *Un tailleur de tweed.*
LOCUTION
– ***Tailleur-pantalon.*** Vêtement féminin composé d'une veste et d'un pantalon. *Des tailleurs-pantalons sport.*

TAILLIS n. m.
Le *s* est muet, [taji].
Bois constitué de petits arbres. SYN. ⚜ boisé.
taillis.

TAIN n. m.
Substance dont on revêt le dos d'une glace. *Un miroir sans tain.*
HOM.
• ***teint***, coloration du visage;
• ***thym***, plante aromatique.
tain.

TAIRE v. tr., pronom.
VERBE TRANSITIF
Ne pas révéler ce que l'on n'est pas obligé de faire connaître. *Les secrets qu'il a tus. Taire son nom.* SYN. passer sous silence.
Ne pas confondre avec les verbes suivants :
• ***cacher***, dissimuler;
• ***celer***, tenir quelque chose secret;
• ***déguiser***, dissimuler sous une apparence trompeuse;
• ***masquer***, dissimuler derrière un masque;
• ***voiler***, cacher sous des apparences.
VERBE PRONOMINAL
Garder le silence. *Ils se sont tus longtemps.*
À la forme pronominale, le participe passé de ce verbe s'accorde en genre et en nombre avec le complément direct si celui-ci le précède. *L'inquiétude qu'ils s'étaient tue les minait.* Le participe passé reste invariable si le complément direct suit le verbe. *Elles s'étaient tu la gravité de la situation.* S'il n'y a pas de complément direct, le participe passé s'accorde avec le sujet du verbe. *À bout d'arguments, elles s'étaient tues.*
CONJUGAISON : VOIR MODÈLE PLAIRE.
INDICATIF PRÉSENT *Je tais, tu tais, il tait, nous taisons, vous taisez, ils taisent.* IMPARFAIT *Je taisais.* PASSÉ SIMPLE *Je tus.* FUTUR *Je tairai.* CONDITIONNEL PRÉSENT *Je tairais.* IMPÉRATIF PRÉSENT *Tais, taisons, taisez.* SUBJONCTIF PRÉSENT *Que je taise.* IMPARFAIT *Que je tusse.* PARTICIPE PRÉSENT *Taisant.* PASSÉ *Tu, tue.*
Le verbe se conjugue surtout à la forme pronominale.

***TAKE(-)OFF**
Anglicisme pour ***décollage, essor, progrès.***

TALC n. m.
Les lettres ***lc*** se prononcent, [talk]; le nom rime avec ***décalque.***
Poudre. *Après son bain, elle se met du talc parfumé.*
Ne pas confondre avec le nom ***tact***, doigté.
talc.

TALENT n. m.
Aptitude naturelle. *Il a beaucoup de talent pour la peinture. Cette personne a tous les talents.*
Dans la langue générale, les noms ***talent*** et ***aptitude*** sont synonymes; dans la langue de l'enseignement, on emploie plutôt le nom ***aptitude.*** *Elle a de l'aptitude pour les mathématiques.*
Ne pas confondre avec les noms suivants :
• ***esprit***, vivacité de l'intelligence;
• ***finesse***, possibilité de saisir les nuances;
• ***génie***, faculté créatrice;
• ***ingéniosité***, habileté à inventer des solutions.

TALENTUEUX, EUSE adj.
Qui a du talent. *Des romancières talentueuses.* SYN. compétent ; doué ; fort.

TALIBAN, ANE adj. et n. m. (pl. *talibans*)
ADJECTIF
Qui est propre à l'armée islamiste afghane. *Le régime taliban, le gouvernement taliban, la propagande talibane, les ambassadeurs talibans.*
NOM MASCULIN
Membre d'une armée islamiste afghane. *Les talibans n'ont pas donné suite aux demandes de l'ONU.*
Le mot ***taliban*** est le pluriel du mot arabe ***talib***. En français, il prend la marque du féminin et du pluriel. *Une attaque talibane. À Kaboul, les talibans multiplient les prises d'otages et les attentats suicides.*
L'adjectif et le nom s'écrivent avec des minuscules.
Ce mot vient de l'arabe «*talib*», qui signifie « étudiant en religion ».

TALION n. m.
Ancienne loi qui condamnait un coupable à subir un châtiment identique à la faute commise, selon l'adage *œil pour œil, dent pour dent.*
talion.

TALISMAN n. m.
Le *n* est muet, [talismɑ̃] ; le nom rime avec ***maman***.
Objet auquel on accorde des vertus magiques. *Des talismans mystérieux.* SYN. amulette ; fétiche ; gris-gris ; porte-bonheur.
talisman.

TALKIE-WALKIE
VOIR – WALKIE-TALKIE.

TALOCHE n. f.
(FAM.) Gifle. *Tes taloches et tes mauvais coups sont inacceptables.*

TALON n. m.
1. Partie arrière du pied. *Son talon est douloureux.*
2. Partie de la chaussure sur laquelle repose le talon. *Porter des talons hauts, des talons plats. Des talons aiguilles.*
Par synecdoque (expression de la partie pour le tout), les expressions ***talons hauts, talons plats*** peuvent signifier « chaussures à talons hauts, chaussures à talons plats ».
3. Partie d'une feuille de carnet, de registre qui demeure fixée à la souche lorsque la partie détachable (le ***volant***) est retirée. *Le talon d'un chèque.*
LOCUTIONS
– ***Avoir l'estomac dans les talons.*** (FIG.) Avoir une grande faim.
– ***Être sur les talons de quelqu'un.*** (FIG.) Le suivre de près. *Les détectives sont sur les talons de ces trafiquants.*
– ***Talon d'Achille.*** (FIG.) Point faible. SYN. défaut de la cuirasse.
– ***Tourner les talons.*** (FIG.) Partir subitement.

TALONNEMENT n. m.
Action de talonner.
talonnement.

TALONNER v. tr.
1. Suivre de près. *Les autres concurrents le talonnent.*
2. (FIG.) Harceler. *Ses créanciers ne cessent de le talonner.* SYN. poursuivre.
CONJUGAISON : VOIR MODÈLE AIMER.
talonner.

TALQUER v. tr.
Enduire de talc. *Après le bain, talquer la peau.*
CONJUGAISON : VOIR MODÈLE AIMER.

TALUS n. m.
Le *s* ne se prononce pas, [taly] ; le nom rime avec ***lu***.
Terrain en pente qui forme le côté d'une terrasse, le bord d'un fossé, etc. *Des talus recouverts de gazon.*
talus, un *s* au singulier comme au pluriel.

TAMANOIR n. m.
Mammifère qui capture les fourmis à l'aide de sa langue effilée et visqueuse. SYN. fourmilier.

TAMARIN n. m.
1. Fruit du tamarinier.
2. (PAR EXT.) Tamarinier.
3. Petit singe des forêts de l'Amazonie.

TAMARINIER n. m.
Arbre de la famille des légumineuses qui pousse dans les régions tropicales et qui est cultivé pour son fruit, le tamarin.

TAMARIS ou **TAMARIX** n. m.
Le *s* ou le *x* se prononce, [tamaris, tamariks] ; le nom rime avec ***hélice*** ou ***rixe***.
Arbrisseau décoratif. *Des tamaris fleuris.*
La graphie ***tamarix*** est rare.

TAMBOUR n. m.
1. Instrument à percussion sur lequel on frappe avec des baguettes. *Des coups de tambour.*
2. Personne qui bat du tambour. *« Trois jeunes tambours s'en revenant de guerre »* (*Trois jeunes tambours,* chanson de soldat, XVIIIe).
LOCUTIONS
– ***Sans tambour ni trompette,*** loc. adv. Sans bruit.
– ***Tambour battant,*** loc. adv. (FAM.) Rapidement.
Dans ces expressions, les noms sont au singulier.

TAMBOURIN n. m.
Petit tambour.

TAMBOURINAGE n. m.
Action de tambouriner.

TAMBOURINEMENT n. m.
Roulement de tambour.

TAMBOURINER v. tr., intr.
VERBE TRANSITIF
Jouer sur un tambourin. *Tambouriner un air populaire.*
VERBE INTRANSITIF
Faire un bruit répété. *La pluie tambourine sur les fenêtres.* SYN. frapper.
CONJUGAISON : VOIR MODÈLE AIMER.
tambouriner.

TAMIA n. m.
Petit écureuil au pelage roux rayé, originaire d'Amérique du Nord. *Les tamias sont très craintifs. « Des tamias rayés et des écureuils roux venaient effrontément s'ébattre autour de nous »* (Alfred DesRochers, *Élégies pour l'épouse en-allée*). SYN. (FAM.) ⚜ petit suisse.

TAMIL
VOIR – TAMOUL.

TAMIS n. m.
Le *s* est muet, [tami] ; le nom rime avec ***mi***.
Passoire. *Un tamis à farine.*
LOCUTION
– ***Passer au tamis.*** (FIG.) Trier soigneusement.
tamis, un *s* au singulier comme au pluriel.

TAMISAGE n. m.
Action de tamiser. *Le tamisage de la farine.*

TAMISER v. tr.
1. Passer au tamis. *Tamiser de la farine de sarrasin.*
2. Laisser passer la lumière en partie. *Le rideau tamise les rayons du soleil.* SYN. filtrer ; voiler.
CONJUGAISON : VOIR MODÈLE AIMER.

TAMOUL, E adj. et n. m. et f.
ADJECTIF
Qui appartient au groupe ethnique du sud de l'Inde et du Sri Lanka. *La littérature tamoule.*
T L'adjectif s'écrit avec une minuscule; le nom, avec une majuscule.
NOM MASCULIN ET FÉMININ
Personne de ce groupe ethnique. *Des Tamouls, des Tamoules.*
NOM MASCULIN
Langue parlée par les Tamouls.
En ce sens, on dit aussi ***tamil.***
T Le nom de la langue s'écrit avec une minuscule.

TAMPON n. m.
1. Bouchon. *Un tampon de liège.*
2. Morceau d'ouate stérilisée. *Enlever le vernis à ongles à l'aide d'un tampon imbibé de dissolvant. Des tampons hygiéniques.*
3. Ce qui amortit les heurts. *Servir de tampon entre les deux parties adverses.*
4. (EN APPOS.) Qui sert à atténuer les chocs. *Des zones tampons.*
En apposition, le nom s'écrit sans trait d'union et les deux mots prennent la marque du pluriel.
5. Cachet. *Le tampon de la poste.*
LOCUTION
– ***Tampon encreur.*** Plaque de caoutchouc gravée qui est imprégnée d'encre afin d'imprimer quelque chose. *Un tampon encreur* (et non *une étampe).

TAMPONNAGE n. m.
Action d'étendre un liquide avec des tampons.

TAMPONNEMENT n. m.
1. Action de tamponner.
2. Heurt violent de deux ou plusieurs véhicules.

TAMPONNER v. tr., pronom.
VERBE TRANSITIF
1. Marquer d'un cachet. *On a tamponné cette enveloppe. Tamponner la date sur le courrier reçu.*
2. Heurter violemment. SYN. frapper; percuter.
3. Étancher avec un tampon. *L'infirmière tamponne soigneusement l'incision.*
VERBE PRONOMINAL
1. Se heurter violemment (en parlant de véhicules, de personnes). *Les trains se sont tamponnés.*
2. Essuyer avec un tampon, un mouchoir. *Elles se sont tamponné les yeux nerveusement.*
À la forme pronominale, le participe passé de ce verbe s'accorde en genre et en nombre avec le complément direct si celui-ci le précède. *L'œil qu'elle s'est tamponné discrètement. Les voitures se sont tamponnées.* Le participe passé reste invariable si le complément direct suit le verbe. *Les spectateurs émus se sont tamponné les yeux.*
CONJUGAISON : VOIR MODÈLE AIMER.

TAMPONNEUR, EUSE adj.
Qui tamponne. *Un wagon tamponneur.*
LOCUTION
– ***Autos tamponneuses.*** Petites voitures d'un parc d'attractions à bord desquelles on s'amuse à se tamponner.

TAM-TAM n. m. (pl. *tam-tams*)
Tambour africain utilisé comme instrument de musique ou pour la transmission de messages. *Tous les dimanches de l'été se tient la fête des tam-tams sur le mont Royal.*
Seul le deuxième élément prend la marque du pluriel. [Les *Rectifications* (1990) admettent : un tamtam, des tamtams.]

***TAN**
Anglicisme pour ***bronzage.***

TANAGRA n. m. ou f.
1. Statuette grecque. *De jolis tanagras, de délicates tanagras.*
2. Jeune fille gracieuse. *De merveilleuses tanagras.*

TANCER v. tr.
(LITT.) Réprimander. *Elle le tança sévèrement.* SYN. admonester; chapitrer; gronder.
CONJUGAISON : VOIR MODÈLE AVANCER.
Le ***c*** prend une cédille devant les lettres ***a*** et ***o.*** *Il tança, nous tançons.*

TANCHE n. f.
Poisson apprécié pour sa chair délicate.

TANDEM n. m. (pl. *tandems*)
Le ***m*** se prononce, [tɑ̃dɛm]; le nom rime avec ***diadème.***
1. Bicyclette à deux places et à deux pédaliers. *Des tandems rapides.*
2. (FIG.) Ensemble de deux personnes ou de deux éléments liés par une fonction commune, un même but. *Ces collègues forment un tandem efficace. Selon Patricia Pitcher, l'artiste et l'artisan forment un tandem idéal.*

TANDIS QUE loc. conj.
Le ***s*** est muet, [tɑ̃dikə]; le premier mot rime avec ***bandit.***
1. Pendant le temps que. *Les voleurs se sont introduits tandis qu'elle dormait. Il faut battre le fer tandis qu'il est chaud* (Proverbe). SYN. alors que; au moment où; cependant (que); comme; quand.
En ce sens, la locution conjonctive marque la simultanéité.
2. Au lieu que. *Elle est très compétente, tandis que sa collègue est inexpérimentée.* SYN. alors que.
En ce sens, la locution conjonctive marque l'opposition.
Cette locution conjonctive se construit avec l'indicatif.

TANGAGE n. m.
Mouvement d'oscillation d'un bateau dans le sens de la longueur (à l'avant, à l'arrière).
Ne pas confondre avec le nom ***roulis,*** mouvement d'oscillation latérale d'un bateau (à droite, à gauche).
tangage.

TANGENT, ENTE adj. et n. f.
ADJECTIF
1. (GÉOM.) Qui est en contact avec une ligne en un seul point.
2. (FIG.) Qui est sur la limite, qui réussit de justesse.
NOM FÉMININ
(GÉOM.) Ligne droite qui touche une courbe en un seul point, sans la couper.
LOCUTION
– ***Prendre la tangente.*** (FAM.) Se sauver. SYN. s'enfuir.

TANGENTIEL, IELLE adj.
Qui est relatif aux tangentes.
tangentiel.

TANGERINE n. f.
Fruit qui provient du croisement de la mandarine et de l'orange amère (bigarade). *La tangerine se différencie de la clémentine par son écorce rougeâtre qui est plus épaisse et moins adhérente et son nombre inférieur de pépins* (GDT).

TANGIBLE adj.
1. Qui peut être touché. *Une enflure tangible.* SYN. palpable. ANT. intangible.
2. Sensible. *Une amélioration tangible.* SYN. certain; marqué; visible.
3. Évident. *Des résultats tangibles.* SYN. concret; réel.
tangible.

TANGIBLEMENT adv.
De façon tangible.

TANGO adj. inv. et n. m.
NOM MASCULIN
Danse à deux temps. *Des tangos argentins.*
ADJECTIF DE COULEUR INVARIABLE
De couleur orange foncé. *Des chapeaux tango.*
VOIR TABLEAU – COULEUR (ADJECTIFS DE).

TANGUER v. intr.
Se balancer d'avant en arrière. *Le bateau roule et tangue et nous tanguons.*
CONJUGAISON : VOIR MODÈLE AIMER.
Ce verbe s'écrit toujours avec un ***u***, même devant les lettres ***a*** et ***o***. *Il tangua, nous tanguons.*

TANIÈRE n. f.
1. Retraite d'une bête sauvage. *Le loup est dans sa tanière.* SYN. antre ; repaire.
2. (FIG.) Lieu retiré. *Luc est dans sa tanière à la campagne.* SYN. refuge ; retraite.
tanière, un seul ***n***.

TANIN ou **TANNIN** n. m.
1. Substance employée dans la préparation des cuirs.
2. Substance chimique soluble dans l'eau, présente dans les feuilles, les fruits, l'écorce, le bois, les racines de nombreuses plantes. *Le tanin, qui provient des pépins et de la peau du raisin, contribue à donner du corps au vin, de la couleur et du goût.*
Ce nom s'écrit avec un ou deux ***n***, mais le verbe ***tanner*** en prend deux.

TANK n. m. (pl. *tanks*)
(MILIT.) Char d'assaut. *Les tanks de l'ONU ont envahi la région.*
Ce mot emprunté à l'anglais depuis près de 100 ans est admis en français.

***TANKER**
Anglicisme pour ***navire-citerne, pétrolier.***

TANNAGE n. m.
Action de tanner les peaux.
tannage.

TANNANT, ANTE adj. et n. m. et f.
ADJECTIF
1. Qui tanne, en parlant des peaux. *Des produits tannants.*
2. (FAM.) Se dit de ce qui lasse, ennuie. *Il est tannant avec ses observations.* SYN. ennuyeux ; fatigant.
ADJECTIF ET NOM MASCULIN ET FÉMININ
(FAM.) Se dit d'un enfant espiègle, turbulent.
tannant.

TANNÉ, ÉE adj.
1. Bruni par le soleil. *Il a un teint tanné.*
2. Qui a été tanné. *Une peau de chevreau tannée.*
3. (FAM.) Fatigué, dont la patience est à bout. *Elle est tannée de ce désordre perpétuel.* SYN. agacé.
tanné.

TANNER v. tr.
1. Préparer les peaux avec du tanin pour en faire du cuir.
2. (FAM.) Importuner, agacer. *Ces plaintes constantes nous tannent.* SYN. ennuyer.
3. (FIG.) Rendre hâlé. *Le soleil lui a tanné la peau.* SYN. brunir ; hâler.
CONJUGAISON : VOIR MODÈLE AIMER.
tanner.

TANNERIE n. f.
1. Industrie du tannage.
2. Action de tanner les peaux.
tannerie.

TANNEUR n. m.
TANNEUSE n. f.
Personne préposée au tannage des peaux.

TANNIN
VOIR – TANIN.

TANT adv.
1. Tellement, en si grande quantité. *Alain a tant de livres qu'il a acheté un appartement pour les y ranger.*
2. ***Tant de*** + nom au pluriel. Une telle quantité de. *Tant de pommes sont tombées au cours de l'orage que nous n'avons pu toutes les ramasser.*
Le verbe, le participe ou l'attribut s'accorde avec le complément au pluriel.
LOCUTIONS
– ***En tant que*** + un nom, loc. conj. En qualité de, considéré comme. *Elle est là en tant que déléguée de son pays.*
Attention à l'erreur fréquente. *Il lui a parlé en tant* (et non *en temps) *que collègue.*
– ***En tant que*** + un verbe, loc. conj. Dans la mesure où, selon que. *« La loi, en général, est la raison humaine, en tant qu'elle gouverne tous les peuples de la terre »* (Montesquieu, *De l'Esprit des lois,* cité dans Le Grand Robert). SYN. comme.
– ***Si tant est que,*** loc. conj. À supposer que. *Si tant est que vous soyez cité.*
La locution se construit avec le subjonctif.
– ***Tant bien que mal,*** loc. adv. Avec difficulté, médiocrement. *Il a fini son travail tant bien que mal.*
– ***Tant et plus,*** loc. adv. Beaucoup, énormément. *Au cours du mois dernier, il a plu tant et plus.*
– ***Tant mieux,*** loc. adv. C'est très bien. *Tant mieux ! On prévoit du beau temps.*
La locution marque que l'on est satisfait de quelque chose.
– ***Tant pis,*** loc. adv. C'est dommage. *On prévoit de la pluie, tant pis !*
Cette locution marque le dépit, la déception résignée.
– ***Tant que,*** loc. conj. Aussi longtemps que. *Tant que le ciel sera bleu.*
La locution se construit avec l'indicatif.
– ***Tant... que,*** loc. conj. Aussi bien que. *Il a répondu cela tant par ignorance que par bêtise.*
– ***Tant s'en faut.*** Loin de là, bien au contraire. *Il n'est pas mesquin, tant* (et non *loin) *s'en faut.*
C'est par confusion avec l'expression *loin de là,* qui a la même signification, que l'on emploie fautivement *loin s'en faut.
– ***(Un) tant soit peu,*** loc. adv. Si peu que ce soit. *Si vous aviez réfléchi un tant soit peu ou tant soit peu, vous n'auriez pas dit cela.*

TANTALE n. m.
Métal qui ressemble à l'argent ou au platine.
LOCUTION
– ***Supplice de Tantale.*** Torture causée par la proximité de l'objet de ses désirs auquel il est impossible d'accéder.
T Le nom mythologique s'écrit avec une majuscule.

TANTE n. f.
1. Sœur du père ou de la mère. *Ma tante Éva était très gentille.*
2. Femme de l'oncle. *Tante Marcelle, tu n'aurais pas dû !*
En apostrophe, quand on s'adresse à la personne, on n'emploie généralement pas l'adjectif possessif en même temps que le prénom. *Bonjour, tante Berthe* (et non *ma tante Berthe). Dans tous les autres cas, on peut faire précéder le nom de l'article ou de l'adjectif possessif. *Bonjour, ma tante.*
3. Surnoms familiers : ***tata, tati, tantine, tantinette.***
HOM. ***tente,*** abri de toile.

TANTINE n. f.
Surnom familier de ***tante.*** *Bonjour, tantine !*

TANTINET n. m.
– ***Un tantinet,*** loc. adv. Un tout petit peu. *Ces craintes sont un tantinet exagérées.* SYN. légèrement ; un brin.
Le mot ne s'emploie que dans cette locution.

TANTÔT adv.
1. Bientôt, dans peu de temps. *Ils arriveront tantôt. « La personne qui est venue chez moi de sa part doit revenir tantôt pour savoir la réponse »* (Marivaux, *Les Fausses Confidences*).

2. ⚜ Il y a peu de temps. *Je l'ai vu tantôt. « Je voudrais, mamie, que vous eussiez été ici tantôt »* (Molière, *Le Malade imaginaire*). *« Tiens, c'est pour toi ; c'est le gars qu'est venu l'autre jour, qui a laissé ça tantôt »* (Anne Hébert, *Le Torrent*).
En ces sens, l'adverbe demeure usuel au Québec, dans la francophonie canadienne et dans certaines régions de France et de Belgique, mais il n'appartient plus à l'usage courant de la majorité des locuteurs du français pour lesquels il ne signifie plus que « cet après-midi ».
3. Cet après-midi. *Je vous verrai tantôt.*
LOCUTION
– ***Tantôt... tantôt,*** loc. adv. Parfois... parfois. *Tantôt il adore, tantôt il déteste.*
La locution adverbiale exprime la succession, l'alternance.

TANZANIEN, IENNE adj. et n. m. et f.
De Tanzanie. *Un Tanzanien, une Tanzanienne.*
T L'adjectif s'écrit avec une minuscule ; le nom, avec une majuscule.

TAO
Sigle de ***traduction assistée par ordinateur.***

TAOÏSME n. m.
Religion d'Extrême-Orient.
T Les noms de religions s'écrivent avec une minuscule.

TAOÏSTE adj. et n. m. et f.
Adepte du taoïsme.
T L'adjectif ainsi que le nom s'écrivent avec une minuscule.

TAON n. m.
Le **o** ne se prononce pas, [tɑ̃], comme dans ***paon*** et ***faon***; le mot rime avec ***tant.***
Insecte piqueur. *Elle est allergique à la piqûre des taons.*
HOM. ***temps,*** durée.

TAPAGE n. m.
1. Vacarme, désordre. *Elle ne peut dormir à cause du tapage.* SYN. boucan ; brouhaha ; chahut.
2. (FIG.) Scandale. *Cette affaire a fait beaucoup de tapage.*
tapage.

TAPAGEUR, EUSE adj.
1. Qui fait du bruit. *Des écoliers tapageurs.*
2. Voyant, criard. *Une voiture trop tapageuse à son goût.* SYN. tape-à-l'œil.
tapageur.

TAPAGEUSEMENT adv.
D'une manière bruyante.
tapageusement.

TAPANT, ANTE adj.
À l'instant même où sonne l'heure. *À midi tapant, à huit heures tapantes* ou *tapant.* SYN. précis.
Lorsqu'il qualifie le nom ***heure,*** l'adjectif prend la marque du féminin pluriel ou est invariable.
tapant.

TAPE n. f.
Coup de la main. *Une tape amicale.* SYN. claque ; gifle ; taloche.
tape.

***TAPE**
Anglicisme pour ***ruban adhésif*** ou (québécisme) ***galon, mètre(-)ruban,*** selon le cas.

TAPE-À-L'ŒIL adj. inv. et n. m. inv. (pl. *tape-à-l'œil*)
ADJECTIF INVARIABLE
Voyant. *Des voitures tape-à-l'œil.* SYN. criard ; tapageur.
NOM MASCULIN INVARIABLE
Ce qui est destiné à frapper, à faire de l'effet. *Elle n'aime pas le tape-à-l'œil.*
tape-à-l'œil.

TAPEMENT n. m.
Action de taper. *Des tapements de mains.*
tapement.

TAPER v. tr., intr., pronom.
VERBE TRANSITIF
1. Frapper. *Son frère a tapé le tapis.* SYN. battre.
2. (FAM.) Quémander de l'argent à quelqu'un.
VERBE INTRANSITIF
1. Donner des coups. *Taper des mains et des pieds.*
2. Dactylographier. *Elle tape très vite.*
VERBE PRONOMINAL
(FAM.) Faire une tâche désagréable. *Et en plus, il faut se taper le ménage.*
À la forme pronominale, le participe passé de ce verbe s'accorde en genre et en nombre avec le complément direct si celui-ci le précède. *La tâche qu'il s'est tapée était peu intéressante. Ils se sont tapés sans arrêt.* Le participe passé reste invariable si le complément direct suit le verbe. *Elle s'est tapé toute la recherche.*
LOCUTIONS
– ***Taper dans l'œil.*** (FAM.) Plaire.
– ***Taper sur les nerfs.*** (FAM.) Agacer.
FORME FAUTIVE
*taper (une ligne téléphonique). Anglicisme au sens de ***mettre sur écoute.***
CONJUGAISON : VOIR MODÈLE AIMER.

TAPETTE n. f.
(FAM.) Homosexuel efféminé.
Ce nom a une connotation péjorative.

TAPIN n. m.
(FAM.) Racolage.

TAPINOIS (EN) loc. adv.
À la dérobée. *Un garçon s'est introduit dans le jardin en tapinois.* SYN. en cachette ; en catimini ; furtivement ; subrepticement.
tapinois.

TAPIOCA n. m.
Fécule de manioc. *Une crème dessert au tapioca.*
tapioca.

TAPIR n. m.
Mammifère herbivore dont le nez est allongé en forme de trompe.

TAPIR (SE) v. pronom.
Se cacher, se blottir. *Elle s'était tapie sous le lit par crainte de l'orage.* SYN. s'abriter.
Le participe passé de ce verbe, qui n'existe qu'à la forme pronominale, s'accorde toujours en genre et en nombre avec son sujet. *Les voleurs se sont tapis dans le grenier.*
CONJUGAISON : VOIR MODÈLE FINIR.

TAPIS n. m.
1. Pièce textile dont on couvre le sol. *Un tapis persan.*
2. Tissu qui recouvre une surface. *Un tapis de table, de billard.*
LOCUTIONS
– ***Mettre un sujet sur le tapis.*** (FIG.) Aborder un sujet, en amener la discussion.
– ***Tapis roulant.*** Transporteur muni d'une surface plane et destiné à faciliter le déplacement de personnes, d'objets.
FORME FAUTIVE
*tapis mur à mur. Calque de «*wall to wall carpet*» pour ***moquette.***
tapis.

TAPISSER v. tr.
1. Orner de tapisseries, d'étoffes, de papier peint, etc., les murs d'une pièce. *La salle à manger est tapissée d'un imprimé fleuri.*

2. (FIG.) Couvrir une surface. *Le lierre tapisse la façade de cette maison.*
CONJUGAISON : VOIR MODÈLE AIMER.

TAPISSERIE n. f.
1. Tissu d'ameublement. *Un fauteuil recouvert de tapisserie.*
2. Ouvrage d'art fait au métier, à l'aiguille. *Des tapisseries de haute lice.*
3. Papier peint, tissu tendu sur les murs. *Rajeunir la tapisserie de la chambre.*

TAPISSIER n. m.
TAPISSIÈRE n. f.
1. Personne qui exécute à la main des tapisseries, des tapis.
2. Personne qui pose des revêtements muraux, qui recouvre des meubles. *Ce sont des tapissières-décoratrices.*

TAPONNAGE n. m.
(FAM.) Hésitation, essais et tentatives. *Après un peu de taponnage, on a réussi à réparer le moteur.*

TAPONNER v. intr.
(FAM.) Hésiter, faire des essais. *Arrête de taponner, choisis une fois pour toutes !*
CONJUGAISON : VOIR MODÈLE AIMER.

TAPOTEMENT n. m.
1. Action de tapoter.
2. Ensemble de petits coups légers. *Un massage par tapotements.*
tapotement.

TAPOTER v. tr.
Donner de petits coups légers et répétés. *Elle tapotait un petit tambour.*
CONJUGAISON : VOIR MODÈLE AIMER.
tapoter, un seul *t*.

TAQUET n. m.
Le *t* final est muet, [takɛ].
1. Cale de bois, pièce servant de butée.
2. Sorte de loquet. *Le taquet d'une porte de grange.*
taquet.

TAQUIN, INE adj. et n. m. et f.
Espiègle. *Colette aime faire des blagues : elle est taquine.* SYN. coquin ; mutin.

TAQUINER v. tr., pronom.
VERBE TRANSITIF
Plaisanter, sans méchanceté. *C'est une blague, c'était pour te taquiner.* SYN. agacer ; asticoter.
VERBE PRONOMINAL
Échanger des taquineries. *Se taquiner gentiment.*
À la forme pronominale, le participe passé de ce verbe s'accorde toujours en genre et en nombre avec son sujet. *Les enfants se sont taquinés.*
CONJUGAISON : VOIR MODÈLE AIMER.

TAQUINERIE n. f.
Espièglerie. *Heureusement, il ne cessera jamais de faire des taquineries.* SYN. blague ; farce ; plaisanterie.

TARABISCOTÉ, ÉE adj.
1. Orné à l'excès. *Des décors tarabiscotés.* SYN. baroque ; rococo ; surchargé.
2. (FIG.) Compliqué. *Un style trop tarabiscoté.* SYN. affecté ; emprunté ; maniéré ; précieux ; recherché.
tarabiscoté.

TARABUSTER v. tr.
1. Importuner, harceler. *Cesse de me tarabuster, tu m'ennuies.*
2. Causer de l'inquiétude. *Cette remarque me tarabuste.* SYN. ennuyer ; tourmenter ; tracasser.
CONJUGAISON : VOIR MODÈLE AIMER.

TARATATA ! interj.
Onomatopée qui marque l'incrédulité, le scepticisme. *Taratata ! on dit cela, mais la vérité est tout autre.*
T L'interjection est toujours suivie d'un point d'exclamation qui est souvent repris à la fin de la phrase. Si la phrase exclamative n'est pas complète, le mot qui suit le point d'exclamation s'écrit avec une minuscule initiale.

TARAUD n. m.
Vrille servant à faire un filetage intérieur.
FORME FAUTIVE
*taraud. Impropriété au sens de ***écrou.***
HOM. ***tarot,*** cartes servant au jeu et à la divination.
taraud.

TARAUDAGE n. m.
Action de tarauder.
taraudage.

TARAUDER v. tr.
1. Creuser un filetage à l'intérieur d'un cylindre, d'un cône creux.
2. (FIG.) Tourmenter moralement.
CONJUGAISON : VOIR MODÈLE AIMER.
tarauder.

TARAUDEUSE n. f.
Machine-outil servant à tarauder.
taraudeuse.

TARBOUCH ou **TARBOUCHE** n. m.
Bonnet rouge cylindrique à gland porté au Proche-Orient.
Ne pas confondre avec le nom ***babouche,*** pantoufle orientale.
Attention au genre masculin de ce nom : ***un*** tarbouche.

TARD adv.
Après le temps prévu. *Il est rentré très tard. Elle se couche tard.* ANT. tôt.
LOCUTIONS
– ***Au plus tard,*** loc. adv. En ne dépassant pas (tel moment). *Votre demande doit nous parvenir le 29 avril au plus tard.*
– ***Mieux vaut tard que jamais.*** (Proverbe) Il vaut mieux faire quelque chose en retard que de ne pas le faire.
– ***Plus tard,*** loc. adv. Ultérieurement. *Ils seront là plus tard.* ANT. plus tôt.
– ***Sur le tard.*** À un âge assez avancé, vers la fin de sa vie. *Il s'est mis à l'informatique sur le tard.*
– ***Tôt ou tard,*** loc. adv. Un jour ou l'autre. *Nous y arriverons tôt ou tard.* SYN. inévitablement.
HOM. ***tare,*** défaut grave.

TARDER v. intr., impers.
VERBE INTRANSITIF
1. Se faire attendre, prendre son temps. *Tu as tardé à venir, je t'attendais plus tôt.* ANT. se dépêcher ; se hâter ; se presser.
2. Être en retard. *Ne tarde pas, l'autobus passe à 8 h 15.*
Le verbe se construit sans complément ou avec la préposition ***à*** suivie de l'infinitif. *Nous ne tarderons pas à répondre à votre gentille invitation.*
VERBE IMPERSONNEL
Avoir hâte de, être impatient que. *Il me tarde de le retrouver. Il te tarde de le voir. Il lui tarde qu'elle soit de retour.*
À la forme impersonnelle, le verbe se construit avec la préposition ***de*** suivie de l'infinitif ou avec la conjonction ***que*** suivie du subjonctif.
Le verbe impersonnel marque l'impatience, la hâte, un désir pressant.
LOCUTION
– ***Sans tarder,*** loc. adv. Vite. *Appelle-moi sans tarder : j'ai hâte d'avoir de tes nouvelles.* SYN. rapidement.
CONJUGAISON : VOIR MODÈLE AIMER.

TARDIF, IVE adj.
1. Qui vient tard. *Des rosiers tardifs.* ANT. hâtif.
2. Qui a lieu tard. *Un souper tardif. Ne viens pas à une heure trop tardive.*

TARDIVEMENT adv.
D'une manière tardive. *Elle a répondu trop tardivement.*

TARE n. f.
1. Poids de l'emballage d'une marchandise. *Le poids net s'obtient en soustrayant la tare du poids brut.*
2. Défaut grave, généralement héréditaire, de l'homme, de l'animal.
HOM. ***tard,*** après le temps prévu.
⇨ tare.

TARÉ, ÉE adj. et n. m. et f.
ADJECTIF
Qui est affecté d'une tare. *Un animal taré.* SYN. dégénéré.
NOM MASCULIN ET FÉMININ
Personne atteinte d'une tare. *C'est un taré.*

TARENTELLE n. f.
Ancienne danse italienne d'un caractère gai et vif.
Ne pas confondre avec le nom ***tarentule,*** grosse araignée dont on redoute la piqûre.

TARENTULE n. f.
Grosse araignée redoutée pour ses piqûres.
Ne pas confondre avec le nom ***tarentelle,*** ancienne danse d'un caractère gai et vif.

TARGETTE n. f.
Petite plaque de métal servant à fermer les portes, les fenêtres.

TARGUER (SE) v. pronom.
(LITT.) Se prévaloir avec ostentation de. *Elles se sont targuées d'être expertes en la matière.* SYN. s'enorgueillir de ; se flatter de ; se vanter de.
Le verbe se construit avec la préposition ***de.***
Le participe passé de ce verbe, qui n'existe qu'à la forme pronominale, s'accorde toujours en genre et en nombre avec son sujet. *Ils se sont targués de convaincre leurs collègues.*
CONJUGAISON : VOIR MODÈLE AIMER.
Ce verbe s'écrit toujours avec un ***u,*** même devant les lettres ***a*** et ***o.*** *Il se targua, nous nous targuons.*

TARGUI
VOIR – TOUAREG.

TARIF n. m.
Le ***f*** se prononce, [tarif] ; le nom rime avec ***récif.***
1. Tableau qui indique le montant des droits à acquitter, les prix fixés pour certaines marchandises ou certains services. *Le tarif douanier. Voyager à tarif réduit.*
2. Prix usuel d'une marchandise, d'un service. *Le tarif est de 20 $ l'heure.*
⇨ tarif.

TARIFAIRE adj.
Relatif à un tarif. *Des modifications tarifaires.*
⇨ tarifaire.

TARIFER v. tr.
1. Fixer un prix, selon un tarif.
2. Établir un tarif pour un produit, un service.
CONJUGAISON : VOIR MODÈLE AIMER.

TARIFICATION n. f.
Action de tarifer.

TARIR v. tr., intr., pronom.
VERBE TRANSITIF
Mettre à sec. *Tarir un puits.* SYN. assécher.
VERBE INTRANSITIF
1. (LITT.) Cesser de couler. *Nos grands fleuves ne tariront jamais.* SYN. sécher.
2. (FIG.) ***Ne pas tarir.*** Ne pas taire, ne pas cesser de dire. *Il ne tarit pas d'éloges sur ses amis.*
VERBE PRONOMINAL
S'épuiser, s'arrêter de couler. *La source s'est tarie.*
À la forme pronominale, le participe passé de ce verbe s'accorde toujours en genre et en nombre avec son sujet. *Après quelques mois, les profits se sont taris.*
CONJUGAISON : VOIR MODÈLE FINIR.
⇨ tarir.

TAROT n. m.
Cartes servant au jeu et à la divination. *Fais-moi un tarot : dis-moi ce que l'avenir me réserve.*
HOM. ***taraud,*** vrille.

TARTAN n. m.
Lainage écossais, à larges carreaux aux couleurs particulières à chaque clan écossais. *Des tartans Black Watch. Une jupe de tartan.*

TARTARE adj. et n. m.
ADJECTIF
Se dit d'une mayonnaise fortement relevée. *Sauce tartare.*
NOM MASCULIN
Viande de bœuf hachée que l'on mange crue. *Je voudrais un tartare et une salade, svp.*

TARTE adj. et n. f.
NOM FÉMININ
Pâtisserie. *Une tarte au sucre, de bonnes tartes maison.*
ADJECTIF
(FAM.) Niais, peu dégourdi. *Ils sont tartes, ces visiteurs.* SYN. bête ; idiot ; niaiseux.

TARTELETTE n. f.
Petite tarte. *Une tartelette aux framboises.*

TARTINE n. f.
Tranche de pain recouverte de beurre, etc., ou destinée à l'être. *Une tartine de confiture ou de beurre d'arachide.*
Pour une tranche de pain recouverte de beurre, on dit aussi, au Québec, ***une beurrée.***

TARTINER v. tr.
Étendre du beurre, du chocolat, de la confiture, etc., sur une tranche de pain.
LOCUTION
– ***À tartiner,*** loc. adv. Facile à étendre sur du pain. *Du fromage à tartiner.* SYN. tartinable.
CONJUGAISON : VOIR MODÈLE AIMER.

TARTRE n. m.
1. Dépôt jaunâtre qui se forme autour des dents. *Un dentifrice qui élimine le tartre.*
2. Dépôt calcaire.
Attention au genre masculin de ce nom : ***du*** tartre.

TARTUFE ou **TARTUFFE** n. m.
Personne hypocrite. *Ces collègues sont des tartufes : on ne peut savoir ce qu'ils pensent vraiment.* SYN. faux ; flatteur.
T Le nom du personnage de Molière s'écrit avec une majuscule.

TARTUFERIE ou **TARTUFFERIE** n. f.
Hypocrisie. *Ne te laisse pas abattre par ces tartuferies qui sont courantes dans notre domaine.* SYN. fausseté ; flatterie.

TAS n. m.
1. Accumulation de choses non rangées. *Un tas de feuilles mortes jonchait, jonchaient le sol.*
Si le sujet du verbe est un collectif précédé du déterminant indéfini ***un, une*** et suivi d'un complément au pluriel, le verbe se met au singulier lorsque l'auteur veut insister sur le tout, l'ensemble ; au pluriel, s'il veut insister sur la pluralité, la multiplicité. Si le nom est précédé d'un déterminant défini ***(le, la),*** d'un déterminant possessif ***(mon, ma, ton, ta, son, sa)*** ou d'un déterminant démonstratif ***(ce, cette)*** est suivi d'un complément au pluriel, le verbe se met généralement au singulier. *Ce tas de débris bloque le passage.*
Ce mot est moins recherché que ***amas,*** qui a la même signification.
VOIR TABLEAU – COLLECTIF.

2. (FAM.) Grand nombre. *Nous avons reçu un tas d'appels.* SYN. multitude ; quantité.
LOCUTION
– ***Sur le tas.*** (FAM.) Sur le lieu du travail. *Une formation sur le tas.*

TASMANIEN, IENNE adj. et n. m. et f.
De Tasmanie. *Un Tasmanien, une Tasmanienne.*
T L'adjectif s'écrit avec une minuscule ; le nom, avec une majuscule.

TASSE n. f.
1. Récipient, généralement à anse, qui sert à boire. *Une tasse de porcelaine.*
2. Contenu d'une tasse. *Prendre une tasse de lait au chocolat.*

TASSEMENT n. m.
Affaissement, perte de vitesse. *Le tassement des fondations.*

TASSER v. tr., pronom.
VERBE TRANSITIF
Resserrer le plus possible. *Tasser des vêtements dans une valise.* SYN. comprimer.
VERBE PRONOMINAL
1. Se serrer les uns contre les autres. *Aux heures de pointe, les passagers doivent se tasser dans les voitures du métro.*
2. (FIG.) S'arranger. *Ne vous inquiétez pas : les difficultés se tasseront avec le temps.* SYN. s'aplanir ; s'atténuer.
À la forme pronominale, le participe passé de ce verbe s'accorde toujours en genre et en nombre avec son sujet. *Les passants se sont tassés pour laisser passer le cortège.*
CONJUGAISON : VOIR MODÈLE AIMER.

TASTE-VIN
VOIR – TÂTE-VIN.

TATA n. f.
Surnom familier de ***tante.***

TATAMI n. m.
Natte servant à couvrir le sol pour la pratique du judo, du karaté, etc. *Pour la sieste, les petits dorment sur des tatamis.*

TÂTER v. tr., pronom.
VERBE TRANSITIF DIRECT
1. Toucher, palper. *Tâter une étoffe, tâter un membre blessé.*
2. (FIG.) Étudier attentivement. *L'entreprise tâte ce nouveau marché.*
VERBE TRANSITIF INDIRECT
Faire l'expérience de. *J'ai tâté de plusieurs métiers.* SYN. essayer ; expérimenter.
En ce sens, le verbe se construit avec la préposition ***de.***
VERBE PRONOMINAL
1. Se palper. *Après sa chute, elle s'est tâtée prudemment, mais elle n'avait rien de cassé.*
2. (FIG.) Hésiter. *Ils se tâtent encore quant à la destination de leurs prochaines vacances.*
À la forme pronominale, le participe passé de ce verbe s'accorde en genre et en nombre avec le complément direct si celui-ci le précède. *La jambe qu'il s'est tâtée. Ils se sont tâtés pour vérifier s'ils étaient blessés.* Le participe passé reste invariable si le complément direct suit le verbe. *Elle s'est tâté le cou.*
LOCUTION
– ***Tâter le terrain.*** (FIG.) (FAM.) Étudier les circonstances, la situation avant de faire quelque chose.
CONJUGAISON : VOIR MODÈLE AIMER.

TÂTE-VIN ou **TASTE-VIN** n. m. (pl. *tâte-vin* ou *taste-vin* ou *tâte-vins* ou *taste-vins*)
Petite tasse d'argent servant à goûter le vin. *Les Chevaliers du taste-vin* (en Bourgogne).

TATILLON, ONNE adj. et n. m. et f.
Minutieux à l'excès. *Elle est un peu tatillonne.* SYN. méticuleux ; pointilleux.
Au féminin, on emploie également la forme du masculin. *Elle est très tatillon.* Le mot a un sens défavorable.
tatil**l**on, sans accent.

TÂTONNEMENT n. m.
1. Action de tâtonner. *Après des tâtonnements dans l'obscurité, il a trouvé l'interrupteur.*
2. (FIG.) Essai, tentative. *Après quelques tâtonnements, on a réussi à faire démarrer le moteur. « de ces tâtonnements, de ces allers, de ces retours, de ces errances, j'ai appris comme je n'aurais appris d'aucune ligne droite »* (Gabrielle Roy, *La Détresse et l'Enchantement*).
tâto**nn**ement.

TÂTONNER v. intr.
1. Chercher en tâtant. *Il tâtonne dans l'obscurité, à la recherche de l'interrupteur.* SYN. palper.
2. (FIG.) Procéder par essais, faire des tentatives. *À force de tâtonner, on a trouvé la solution.* SYN. essayer ; expérimenter.
CONJUGAISON : VOIR MODÈLE AIMER.
tâto**nn**er.

TÂTONS (À) loc. adv.
1. En tâtonnant dans l'obscurité. *Les campeurs marchaient à tâtons dans la nuit pour regagner leur tente.*
2. (FIG.) Au hasard, de façon non systématique. *L'enquête avance à tâtons.*
à tâton**s**, toujours au pluriel.

TATOU n. m. (pl. *tatous*)
Mammifère insectivore couvert d'une carapace.
FORME FAUTIVE
*tatou. Anglicisme au sens de ***tatouage.***

TATOUAGE n. m.
1. Action de marquer la peau de façon permanente au moyen d'injections d'encre.
2. Résultat de cette action. *Elle a un petit tatouage* (et non un *tatou) *à la cheville représentant un dauphin.*

TATOUER v. tr.
Tracer des dessins permanents sur le corps au moyen d'injections d'encre. *Il s'est fait tatouer une ancre. On a tatoué les anneaux olympiques sur le bras de cet athlète.*
CONJUGAISON : VOIR MODÈLE AIMER.

TAU n. m. inv.
Lettre grecque.
[Les *Rectifications* (1990) admettent : des taus.]

TAUDIS n. m.
Habitation misérable. *Ces logements sont de véritables taudis.* SYN. bouge.
taudi**s**, un *s* au singulier comme au pluriel.

TAUPE adj. inv. et n. f.
NOM FÉMININ
1. Mammifère insectivore qui vit sous terre où il creuse des galeries.
2. (FAM.) Espion infiltré dans un milieu en vue d'obtenir des renseignements secrets.
ADJECTIF DE COULEUR INVARIABLE
D'un beige grisâtre. *Des gants taupe.*
LOCUTION
– ***Myope comme une taupe.*** Se dit d'une personne dont la vision est faible.
tau**p**e.

TAUPINIÈRE n. f.
1. Petit monceau de terre formé par la taupe qui creuse ses galeries.
2. Galeries creusées par une taupe.

TAURE n. f.
Jeune vache, génisse.
taure.

TAUREAU n. m. (pl. *taureaux*)
1. Mammifère ruminant, mâle de la vache, qui sert à la reproduction. *Une course de taureaux.*
VOIR TABLEAU – ANIMAUX.
2. Nom d'une constellation, d'un signe du zodiaque. *Elle est (du signe du) Taureau, elle est née entre le 21 avril et le 21 mai.*
[T] Les noms d'astres s'écrivent avec une majuscule.
LOCUTION
– ***Prendre le taureau par les cornes.*** (FIG.) S'attaquer de front à une difficulté, à un problème.

TAUROMACHIE n. f.
Art de combattre les taureaux.
tauromachie.

TAUROMACHIQUE adj.
Relatif à la tauromachie.
tauromachique.

TAUTO- préf.
Élément du grec signifiant « le même ». *Tautologie.*

TAUTOLOGIE n. f.
Répétition d'une même idée en termes différents. Être sûr et certain *est un exemple de tautologie.*
La tautologie est parfois une figure de style voulue, qui ne doit pas être confondue avec le ***pléonasme,*** qui désigne un emploi redondant de mots, ni avec la ***lapalissade,*** qui désigne une évidence exprimée avec niaiserie.
tautologie.

TAUTOLOGIQUE adj.
Qui se rapporte à la tautologie.
tautologique.

TAUX n. m.
1. Expression arithmétique de la variation dans le temps d'un élément quantifié ou de la relation existant à un moment donné entre deux éléments quantifiés. *Un taux de réponse de 10 sur 20.*
2. Pourcentage. *Un taux de rendement de 15 %.*
[T] 1° On emploie généralement le signe **%** précédé d'un espace pour exprimer les taux d'intérêt, les pourcentages, etc. *Un prêt hypothécaire à 9 %.*
2° Dans certains textes de nature technique (chimie, pharmacie, art culinaire, etc.), on emploie parfois la formule ***p. 100.*** *Verser 20 p. 100 d'alcool, un taux de 3 p. 100.*
3° Dans un texte littéraire, on écrit le taux ou le pourcentage en toutes lettres. *Trois pour cent.*
LOCUTIONS
– ***Taux de change.*** Rapport entre l'unité monétaire d'un pays et le nombre d'unités monétaires d'un autre pays. *Le taux de change* (et non *l'échange) *a beaucoup varié.*
– ***Taux d'escompte.*** Taux d'intérêt fixé par la banque centrale d'un pays, que cette dernière applique lorsqu'elle réescompte les effets qui lui sont présentés par les banques.
– ***Taux d'intérêt.*** Rapport entre l'intérêt annuel déterminé et la somme empruntée ou investie. *Un taux d'intérêt de 8 %.*
– ***Taux directeur.*** Taux d'intérêt fixé par la banque centrale d'un pays à partir duquel sont calculés d'autres taux.
– ***Taux préférentiel.*** Taux d'intérêt demandé par une banque à ses meilleurs clients. *Le taux préférentiel* (et non *prime rate) *est de 5 %.*
taux.

TAVELER v. tr.
Tacheter par places. *L'insecticide a tavelé les pommes.*
CONJUGAISON : VOIR MODÈLE APPELER.
Redoublement du ***l*** devant un ***e*** muet. *Je tavelle, je tavellerai,* mais *je tavelais.*
[Les *Rectifications* (1990) admettent : il tavèle, tavèlera, tavèlerait...]

TAVELURE n. f.
Tache. *Un fruit marqué de tavelures.*

TAVERNE n. f.
1. Petit restaurant. *Une taverne grecque.*
2. ⚜ Endroit où l'on boit surtout de la bière.

TAXABLE adj.
Soumis à une taxe. *Les parfums sont taxables.*

TAXAGE n. m.
⚜ Extorsion d'objets divers ou d'argent, souvent accompagnée de violence, commise habituellement par des jeunes aux dépens d'autres jeunes (GDT). *Les écoles doivent adopter des mesures de prévention pour lutter contre l'intimidation et le taxage dont pourraient être victimes les élèves.*
Le mot ***taxage*** est dérivé du verbe ***taxer*** dans le sens familier de « voler, extorquer de force ».

TAXATION n. f.
Action de soumettre à une taxe. *Un régime de taxation équilibré.*

TAXE n. f.
Argent payé au gouvernement par les personnes d'un pays. *Des taxes scolaires. Ce prix comprend-il les taxes ?* SYN. impôt.
LOCUTIONS
– ***Hors taxes.*** Sans les taxes. *Ce parfum est vendu hors taxes dans la zone franche.*
– ***Taxe de vente du Québec (TVQ).*** Taxe à la consommation qui est appliquée sur la plupart des produits et des services au Québec.
– ***Taxe sur les produits et services (TPS).*** Impôt général de consommation imposé par le gouvernement fédéral.
FORMES FAUTIVES
*compte de taxes. Impropriété pour ***avis d'imposition.***
*taxe de bienvenue. Calque de «*welcome tax*» pour ***droits de mutation.***
*taxe foncière. Calque de « property tax » pour ***impôt foncier.***

TAXER v. tr.
1. Soumettre à une taxe. *Le gouvernement taxe les cigarettes et l'essence. Les produits de luxe sont taxés.*
2. Accuser quelqu'un de quelque chose. *On l'a taxé de vantardise.*
En ce sens, le verbe se construit avec la préposition ***de*** suivie d'un nom abstrait. Avec un adjectif, on emploiera plutôt le verbe ***traiter.*** *On l'a traité de lâche.*
3. (FAM.) Soutirer par la menace, la force. *Ces voyous m'ont taxé mon portefeuille* ou *de mon portefeuille.* SYN. extorquer ; (FAM.) piquer ; rançonner ; voler.
CONJUGAISON : VOIR MODÈLE AIMER.

TAXI n. m.
Voiture de location avec chauffeur. *J'ai pris un taxi pour me rendre chez mon copain parce que ma valise était trop encombrante. Ce chauffeur de taxi est très aimable. Une station de taxis.*
LOCUTION
– ***Avion-taxi, bateau-taxi,*** etc. (EN APPOS.) Véhicule qu'on peut louer. *Des avions-taxis* ou *des avions taxis, des bateaux-taxis* ou *des bateaux taxis.*
En apposition, le nom s'écrit avec ou sans trait d'union et les deux mots prennent la marque du pluriel.

TAXIDERMIE n. f.
Art d'empailler les animaux morts.

TAXIDERMISTE n. m. et f.
Personne qui empaille les animaux morts.

TAXIMÈTRE n. m.
Compteur de taxi qui enregistre la distance parcourue et la durée de la course afin d'établir la somme à payer.

TAXINOMIE n. f.
Science des lois de la classification.

TAXINOMIQUE adj.
Relatif à la taxinomie.

TCHADIEN, IENNE adj. et n. m. et f.
ADJECTIF ET NOM MASCULIN ET FÉMININ
Du Tchad. *Un Tchadien, une Tchadienne.*
L'adjectif s'écrit avec une minuscule ; le nom, avec une majuscule.
NOM MASCULIN
Groupe de langues africaines. *Étudier le tchadien.*
Le nom du groupe de langues africaines s'écrit avec une minuscule.

TCHADOR n. m.
Voile porté par certaines musulmanes.

TCHÉCOSLOVAQUE adj. et n. m. et f.
De Tchécoslovaquie. *Un peintre tchécoslovaque. Un Tchécoslovaque, une Tchécoslovaque.*
L'adjectif s'écrit avec une minuscule ; le nom, avec une majuscule. Aujourd'hui, on emploie surtout le mot ***tchèque*** ou le mot ***slovaque,*** selon le peuple désigné.

TCHÈQUE adj. et n. m. et f.
ADJECTIF ET NOM MASCULIN ET FÉMININ
De la République tchèque. *Un journal tchèque. Un Tchèque, une Tchèque.*
L'adjectif s'écrit avec une minuscule ; le nom, avec une majuscule.
NOM MASCULIN
Langue slave parlée par les Tchèques. *Vaclav parle le tchèque.*
Le nom de la langue s'écrit avec une minuscule.

TCHÉTCHÈNE adj. et n. m. et f.
ADJECTIF ET NOM MASCULIN ET FÉMININ
De la Tchétchénie. *La résistance tchétchène. Un Tchétchène, une Tchétchène.*
L'adjectif s'écrit avec une minuscule ; le nom, avec une majuscule.
NOM MASCULIN
Langue parlée par les Tchétchènes. *Parlez-vous le tchétchène ?*
Le nom de la langue s'écrit avec une minuscule.

TE pron. pers. m. et f.
Pronom personnel masculin et féminin de la deuxième personne du singulier.
VOIR TABLEAU – PRONOM.
EMPLOIS
– Complément direct
Le pronom représente la personne à qui l'on parle et indique qu'elle subit l'action. *Je te vois.*
Le pronom a la même fonction dans les verbes pronominaux réfléchis. *Tu t'es intéressé à ce projet.*
– Complément indirect
Le pronom indique que la personne à qui l'on parle subit indirectement l'action faite par le sujet. *Je voudrais te parler.*
Le pronom a la même fonction dans les verbes essentiellement pronominaux. *Tu te souviens.*
Le pronom s'élide devant une voyelle ou un ***h*** muet. *Il t'adore, il t'honore.*

***TEASER**
Anglicisme pour ***accroche (publicitaire), aguiche, annonce-mystère.***

***TECHNICALITÉ**
Anglicisme pour ***détail (technique), point technique.***

TECHNICIEN n. m.
TECHNICIENNE n. f.
Les lettres ***ch*** se prononcent ***k,*** [tɛknisjɛ̃, tɛknisjɛn].
Personne qui connaît et applique la technique d'un art, d'un métier. *Une technicienne de laboratoire expérimentée. Un technicien en informatique.*

TECHNICITÉ n. f.
Les lettres ***ch*** se prononcent ***k,*** [tɛknisite].
Caractère de ce qui est technique.

TECHNICO-COMMERCIAL, IALE, IAUX adj.
Se dit d'un représentant qui a une formation technique appropriée. *Des agents technico-commerciaux.*
technico-commercial, avec un trait d'union.

TECHNIQUE adj. et n. f.
ADJECTIF
1. Propre à une science, à un art. *Un terme technique.*
2. Qui concerne l'application de la théorie. *Un enseignement technique.*
NOM FÉMININ
Ensemble des procédés d'une science, d'un art, d'un métier. *La technique des impressionnistes. Les techniques informatiques.*
Ne pas confondre avec le nom ***technologie,*** ensemble des savoirs théoriques et pratiques de nature scientifique dans un domaine technique.

TECHNIQUEMENT adv.
Les lettres ***ch*** se prononcent ***k,*** [tɛknikmɑ̃].
De façon technique. *Un procédé qui n'est pas tout à fait au point techniquement.*

TECHNO adj. (pl. *technos*)
Abréviation familière de ***technologique.*** *Des enseignements très technos.*

TECHNOCRATE n. m. et f.
Les lettres ***ch*** se prononcent ***k,*** [tɛknɔkrat].
Haut fonctionnaire favorisant les questions techniques, économiques, au détriment de considérations sociales, politiques.
Ce nom a souvent une connotation péjorative.

TECHNOCRATIE n. f.
Les lettres ***ch*** se prononcent ***k*** et le ***t*** se prononce ***s,*** [tɛknɔkrasi] ; le nom rime avec ***scie.***
Pouvoir politique où l'influence prépondérante appartient aux technocrates.

TECHNOCRATIQUE adj.
Propre aux technocrates, à la technocratie. *Un contrôle technocratique.*

TECHNOLOGIE n. f.
Les lettres ***ch*** se prononcent ***k,*** [tɛknɔlɔʒi].
1. Étude des techniques et des procédés industriels.
Ne pas confondre avec le nom ***technique,*** ensemble des procédés d'une science, d'un art, d'un métier.
2. Ensemble de savoirs théoriques et pratiques de nature scientifique dans un domaine technique. *Les nouvelles technologies de l'information. Les technologies de pointe.*
LOCUTIONS
– ***Haute technologie.*** Technologie d'avant-garde issue de la recherche-développement et susceptible d'être mise en œuvre dans des applications industrielles et commerciales innovantes (Recomm. off.).
– ***Nouvelles technologies de l'information (NTI).*** Technologies de l'information qui se caractérisent par les développements récents dans les domaines des télécommunications (notamment les réseaux) et du multimédia, ainsi que par la convivialité accrue des produits et services qui en sont issus et qui sont destinés à un large public de non-spécialistes (GDT).

– ***Technologie moléculaire.*** Ensemble des techniques de conception et de fabrication de structures extrêmement petites qui sont mesurables en nanomètres. SYN. fabrication moléculaire; nanotechnologie.

TECHNOLOGIQUE adj.
Les lettres ***ch*** se prononcent ***k***, [tɛknɔlɔʒik].
Relatif à la technologie. *Les progrès technologiques.*

TECHNOPOLE n. f.
Centre urbain regroupant des centres de recherche et d'enseignement propices au développement d'industries de pointe. *« Cette technopole s'est donné pour mission de soutenir l'innovation technologique par le développement et la compétitivité des entreprises innovantes »* (*Les Affaires*). *« Certains souhaitent qu'une technopole des sciences de la vie se développe à proximité du Centre hospitalier universitaire de Montréal »* (*Le Devoir*).

TECHNOPÔLE n. m.
Secteur où se regroupent des entreprises de pointe, en vue de favoriser la création et le développement. *« Le futur Quartier de la santé à Montréal comprend divers projets, dont le technopôle Ville-Marie et son Centre international d'innovation thérapeutique »* (*Le Devoir*).

TECK ou **TEK** n. m.
Le ***k*** se prononce, [tɛk].
Grand arbre à bois très dur. *Une table de teck* ou *de tek.*

TECKEL n. m.
Basset à pattes très courtes.
tec**kel**.

TECTONIQUE adj. et n. f.
ADJECTIF
Relatif à la tectonique.
NOM FÉMININ
Partie de la géologie qui étudie les déformations de l'écorce terrestre.

***TEENAGER**
Anglicisme pour ***adolescent.***

TEE-SHIRT ou **TEESHIRT** n. m. (pl. *tee-shirts* ou *teeshirts*)
Les lettres ***ee*** se prononcent ***i*** et le ***i*** se prononce ***eu***, [tiʃœrt]. Ce nom se prononce à l'anglaise.
Maillot de coton à manches courtes et à encolure ras du cou.
La chemise de sport en tricot à col ouvert est un ***polo.***

TÉFLON n. m.
(Nom déposé) Substance qui a la propriété de résister à la chaleur et à l'usure, et de limiter l'adhérence. *Comme cette poêle est recouverte de téflon, les aliments ne collent pas pendant la cuisson.*
Ce nom est passé dans l'usage; même s'il constitue une marque de commerce, il s'écrit maintenant avec une minuscule.

TÉFLONISÉ, ÉE adj.
Recouvert de téflon.

TEIGNE n. f.
1. Mite.
2. Maladie du cuir chevelu.
3. (FAM.) Personne méchante.
4. ⚜ Personne importune, dont on ne peut se débarrasser.

TEINDRE v. tr., pronom.
VERBE TRANSITIF
1. Donner à une chose une couleur différente de celle qu'elle avait, à l'aide d'une teinture. *Ce jardin contient quelque 130 variétés de plantes qui ont pour propriété de pouvoir teindre des fibres textiles. Hercule Poirot teignait ses moustaches en noir.*
2. (FIG.) Colorer. *Le soleil couchant avait teint de rouge les eaux calmes du lac.*
VERBE PRONOMINAL
1. Se colorer. *Ces fibres synthétiques se teignent difficilement.*
2. Donner à ses cheveux une couleur artificielle. *Elle s'est teint* (et non *teindu) *les cheveux.*
À la forme pronominale, le participe passé de ce verbe s'accorde en genre et en nombre avec le complément direct si celui-ci le précède. *Les repousses qu'elle s'est teintes ne paraissent plus. Ils se sont teints en vert pour attirer l'attention.* Le participe passé reste invariable si le complément direct suit le verbe. *Ils se sont teint la moustache.*
CONJUGAISON : VOIR MODÈLE ÉTEINDRE.
INDICATIF PRÉSENT *Je teins, tu teins, il teint, nous teignons, vous teignez, ils teignent.* IMPARFAIT *Je teignais, tu teignais, il teignait, nous teignions, vous teigniez, ils teignaient.* PASSÉ SIMPLE *Je teignis.* FUTUR *Je teindrai.* CONDITIONNEL PRÉSENT *Je teindrais.* IMPÉRATIF PRÉSENT *Teins, teignons, teignez.* SUBJONCTIF PRÉSENT *Que je teigne, que tu teignes, qu'il teigne, que nous teignions, que vous teigniez, qu'ils teignent.* IMPARFAIT *Que je teignisse.* PARTICIPE PRÉSENT *Teignant.* PASSÉ *Teint, teinte.*
Les lettres ***gn*** sont suivies d'un ***i*** à la première et à la deuxième personne du pluriel de l'indicatif imparfait et du subjonctif présent. *(Que) nous teignions, (que) vous teigniez.*

TEINT n. m.
1. Coloration du visage. *Elle a un teint de rousse. Il a un teint bronzé.*
2. Manière de teindre. *Une étoffe bon teint ne doit pas déteindre.*
LOCUTIONS
– ***Bon teint*** ou ***grand teint***, loc. adj. Se dit d'une teinture qui résiste au lavage. *Ces serviettes sont garanties bon teint.*
Cette locution est invariable.
– ***Fond de teint.*** Maquillage qui donne au visage une couleur uniforme.
HOM.
• ***tain***, substance dont on revêt le dos d'une glace;
• ***thym***, plante aromatique.

TEINT, TEINTE adj.
Qui a subi une teinture. *Des étoffes teintes. Des cheveux teints* (et non *teindus).

TEINTE n. f.
1. Couleur. *Un tissu de soie dans de belles teintes de bleu.*
2. Nuance d'une couleur. *La teinte dorée de ses cheveux. Des demi-teintes.*
3. (FIG.) Petite dose. *Une teinte d'ironie pouvait se lire dans ses yeux.* SYN. pointe; soupçon.
tein**te**.

TEINTER v. tr.
Colorer légèrement. *Des lèvres teintées de rouge, des lunettes teintées.*
HOM. ***tinter***, sonner.
CONJUGAISON : VOIR MODÈLE AIMER.

TEINTURE n. f.
1. Action de teindre. *La teinture des cheveux.*
2. Substance propre à teindre. *Une teinture végétale.*
tein**ture**.

TEINTURERIE n. f.
Établissement où l'on se charge de l'entretien et du nettoyage des vêtements. SYN. ⚜ nettoyeur; ⚜ service de nettoyage.

TEINTURIER n. m.
TEINTURIÈRE n. f.
Personne dont le métier est de nettoyer les vêtements. SYN. nettoyeur.

TEK
VOIR – TECK.

TEL, TELLE adj. indéf. et pron.
ADJECTIF INDÉFINI
1. Pareil, semblable.
2. Si grand.
PRONOM INDÉFINI SINGULIER
(LITT.) Celui, quelqu'un.
☞ Le pronom ne s'emploie qu'au singulier.
VOIR TABLEAU – TEL.

tél.
Abréviation de ***téléphone.***

TÉLÉ n. f.
Abréviation familière de ***télévision.*** *Je n'ai pas beaucoup de temps pour écouter la télé* (et non la *TV, la *tévé).

TÉLÉ- préf.
Élément du grec signifiant « au loin, à distance ».
☞ Les mots composés du préfixe ***télé-*** s'écrivent en un seul mot, à l'exception de ***télé-enseignement.*** *Téléphone, téléimprimeur.*

TÉLÉACHAT n. m.
Achat à distance utilisant les techniques de télécommunication ou de radiodiffusion.

TÉLÉAVERTISSEUR n. m.
⚜ Petit récepteur sans fil auquel peut être acheminé un message numérique ou alphanumérique à partir d'un poste téléphonique. *Mon téléavertisseur* (et non *ma pagette, mon bell boy) *affiche ton numéro de téléphone.*
☞ L'expression ***récepteur de recherche de personne*** usitée en France ne s'est pas imposée au Québec malgré un premier avis officiel de l'OQLF qui recommande maintenant l'emploi du terme ***téléavertisseur.***

TÉLÉC.
Abréviation de ***télécopie.***

TÉLÉCHARGEMENT n. m.
(INFORM.) Chargement à distance de programmes informatiques, de données, etc., au moyen d'un réseau de télécommunications. *Ce téléchargement* (et non *downloading) *s'effectue facilement.*

TÉLÉCHARGER v. tr.
(INFORM.) Procéder à un téléchargement. *Télécharger* (et non *downloader) *un programme.*
CONJUGAISON : VOIR MODÈLE CHANGER.
Le ***g*** est suivi d'un ***e*** devant les lettres ***a*** et ***o.*** *Il téléchargea, nous téléchargeons.*

TÉLÉCHIRURGIE n. f.
(MÉD.) Intervention chirurgicale réalisée à l'aide d'instruments commandés à l'aide d'un système robotisé par un chirurgien situé à une certaine distance du patient. *Première mondiale, un chirurgien français opère une patiente de Strasbourg à 7 500 km de distance grâce à la téléchirurgie.*

TÉLÉCOMMANDE n. f.
1. Action de télécommander.
2. Appareil permettant d'actionner à distance un mécanisme. *Un téléviseur muni d'une télécommande.*

TÉLÉCOMMANDER v. tr.
Actionner un mécanisme à distance. *Télécommander un changement de poste.*
CONJUGAISON : VOIR MODÈLE AIMER.

TÉLÉCOMMUNICATION n. f.
Ensemble des procédés de communication à distance.

TÉLÉCOPIE n. f.
Procédé de télécommunication associant la téléphonie et la reprographie et permettant de transmettre à distance un document graphique. *Le contrat a été envoyé par télécopie* (et non par *fax).

TÉLÉCOPIER v. tr.
Transmettre et reproduire à distance un document par l'intermédiaire d'équipements terminaux raccordés au réseau de télécommunications (Recomm. off.). *Télécopie-moi* (et non *faxe-moi) *ce document.*
CONJUGAISON : VOIR MODÈLE ÉTUDIER.

TÉLÉCOPIEUR n. m.
Appareil permettant la transmission et la reproduction à distance de documents par l'intermédiaire du réseau de télécommunications (Recomm. off.). *Le télécopieur* (et non *fax) *est en voie d'être supplanté par le courrier électronique.*

TÉLÉDÉTECTION n. f.
Technique de la détection à distance. *Grâce à la télédétection, les géologues découvrent des gisements importants.*

TÉLÉDIFFUSER v. tr.
Diffuser par la télévision. *Les parties de hockey ne seront plus télédiffusées par Radio-Canada.*
CONJUGAISON : VOIR MODÈLE AIMER.

TÉLÉDIFFUSION n. f.
Action de télédiffuser. *La télédiffusion d'une cérémonie.*

TÉLÉDISTRIBUTION n. f.
Ensemble des modes de transmission unidirectionnelle ou bidirectionnelle, analogique ou numérique de signaux vidéo, audio ou autres, par câbles coaxiaux ou à fibres optiques, par faisceaux hertziens ou par satellites entre un ou plusieurs centres de distribution et un ensemble d'abonnés (Recomm. off.).
☞ Le nom ***câblodistribution*** désigne plus spécifiquement un procédé de diffusion d'émissions télévisées par câbles à l'intention d'un réseau d'abonnés.

TÉLÉ-ENSEIGNEMENT n. m.
Enseignement diffusé à l'aide de la télévision.

TÉLÉÉVANGÉLISTE n. m. et f.
Prédicateur qui recourt à la télévision pour prononcer des sermons. *« Jim Bakker, le téléévangéliste qui perdit son empire pour une aventure extraconjugale de 15 minutes, a été reconnu coupable hier d'avoir fraudé ses ouailles de 3,7 millions »* (*La Presse*).

TÉLÉFÉRIQUE ou **TÉLÉPHÉRIQUE** n. m.
Système de transport par câbles aériens. *On accède au sommet d'Anacapri par ce téléférique.*
☞ La graphie ***téléférique,*** plus simple, est à préférer.

TÉLÉGÉNIQUE adj.
Qui passe bien, qui a une belle apparence à la télévision. *Il est télégénique.*
✎ télégéni**que.**

TÉLÉGRAMME n. m.
Message transmis par télégraphe. *Vous avez reçu un télégramme d'Italie.*

TÉLÉGRAPHE n. m.
Appareil permettant de transmettre des informations en les transformant en signaux électriques.

TÉLÉGRAPHIE n. f.
Transmission de signaux.

TÉLÉGRAPHIER v. tr.
Envoyer un télégramme.
CONJUGAISON : VOIR MODÈLE ÉTUDIER.
Redoublement du ***i*** à la première et à la deuxième personne du pluriel de l'indicatif imparfait et du subjonctif présent. *(Que) nous télégraphiions, (que) vous télégraphiiez.*

TÉLÉGRAPHIQUE adj.
Expédié sous forme de télégramme. *Un message télégraphique.*
LOCUTION
– ***Style télégraphique.*** Style concis, comme dans un télégramme.

T

TEL

TEL, TELLE, DÉTERMINANT INDÉFINI

1. Pareil, semblable.

Je n'ai jamais entendu de ***telles*** *bêtises. Un* ***tel*** *talent lui permettra de progresser rapidement.*

Placé en début de phrase comme attribut, l'adjectif entraîne l'inversion du sujet. *Nous nous retrouvions tous autour de la table, car* ***telle*** *était sa volonté.*

2. Si grand.

Il se battit avec un ***tel*** *courage qu'il l'emporta. Une émotion* ***telle*** *qu'il en perdit la raison.*

3. *Tel* + nom. Se dit de personnes, de choses qu'on ne peut désigner de façon déterminée.

Ils viendront à ***telle*** *heure, à* ***tel*** *moment. Je vous donnerai* ***telle*** *ou* ***telle*** *information.*

ACCORD DU DÉTERMINANT

- ***Tel*** (non suivi de ***que***). Ainsi que.
  Elle était ***tel*** *un tigre. À vol d'oiseau, les lacs sont* ***telles*** *des gouttes d'eau.*
  Le déterminant s'accorde **avec le nom qui suit** et qui exprime la comparaison.
  Le déterminant indéfini peut aussi introduire une énumération ; il s'accorde alors avec les éléments de l'énumération. *Le projet a été évalué selon de nombreux critères* ***telles*** *la rentabilité, la qualité de la recherche, la pertinence des objectifs.*
- ***Tel que.*** Ainsi que.
  Une amazone ***telle qu****'un fauve. Les cavaliers surgirent tout à coup* ***tels que*** *des bêtes féroces.* ***Tels que*** *des libellules, les danseurs se mirent à voltiger.*
  Le déterminant s'accorde **avec le nom auquel il se rapporte** et qui le précède généralement, mais non obligatoirement.
  La locution ***tel que*** peut aussi introduire une énumération. Dans ce cas, le déterminant indéfini s'accorde avec le nom auquel il se rapporte. *Le projet a été évalué selon de nombreux critères* ***tels que*** *la rentabilité, la qualité de la recherche, la pertinence des objectifs.*
- ***Tel quel.*** Sans changement, dans l'état où il ou elle se trouve.
  Cette maison, je l'ai retrouvée ***telle quelle****, pareille à ce qu'elle était il y a de cela 30 ans.*
  La locution s'accorde en genre et en nombre **avec le nom auquel elle se rapporte.**
- ***Comme tel.*** En cette qualité.
  La langue officielle du Québec est le français et doit être reconnue ***comme telle*** *par tous.*
  Dans les expressions **comme tel, en tant que tel,** l'adjectif s'accorde avec le nom auquel il se rapporte.
- ***Tel que*** + participe passé.
  La loi a été adoptée ***telle qu****'elle avait été proposée.*
  L'ellipse du sujet et de l'auxiliaire (*telle que proposée*) est maintenant considérée comme correcte dans la langue courante. La construction avec le sujet et le verbe conjugué (*telle qu'elle a été proposée*) est cependant à privilégier. Si le déterminant ***tel*** renvoie à une proposition plutôt qu'à un nom ou à un pronom, cette construction est fautive (ex. : **tel que convenu, je vous transmets l'ordre du jour de notre prochaine réunion*). Dans ce cas, on écrira plutôt : *tel que nous en avons convenu* ou *comme convenu, je vous transmets l'ordre du jour de notre prochaine réunion.*
- ***De telle sorte que,*** loc. conj. De telle manière que, à tel point que.
  Il a travaillé ***de telle sorte qu****'il peut récolter aujourd'hui les fruits de ses efforts.*
  La locution se construit avec l'indicatif.

TEL, TELLE, PRONOM INDÉFINI SINGULIER

- (LITT.) Celui, quelqu'un.
  Tel *est pris qui croyait prendre.*
  Le pronom ne s'emploie qu'au singulier.
- ***Tel... tel.*** Celui-ci et celui-là.
  Tel *aime la lecture,* ***tel*** *préfère le sport.*
- ***Un tel, une telle.*** Quelqu'un, quelqu'une. *Une telle nous a prévenus.*
  La locution s'emploie pour remplacer un nom propre non précisé.
- ***Monsieur Untel, Madame Unetelle.*** Précédé d'un titre de civilité (monsieur, madame...), le pronom s'écrit avec une majuscule, à l'image d'un nom propre, et en un seul mot. *Monsieur Untel sera présent ainsi que Madame Unetelle.*

TÉLÉGRAPHIQUEMENT adv.
Par télégramme.

TÉLÉGRAPHISTE n. m. et f.
Personne chargée de livrer des télégrammes.

TÉLÉGUIDAGE n. m.
Procédé de guidage à distance d'un engin.

TÉLÉGUIDER v. tr.
Diriger par téléguidage. *Un missile téléguidé.*
CONJUGAISON : VOIR MODÈLE AIMER.

TÉLÉIMPRIMEUR n. m.
Téléscripteur.

TÉLÉINFORMATIQUE n. f.
Informatique mettant en œuvre des moyens de télécommunication.

TÉLÉMARKETING n. m.
Commercialisation d'un produit ou d'un service à l'aide des télécommunications. SYN. télévente.

TÉLÉMATIQUE n. f.
Ensemble de services informatiques dont la prestation est assurée à l'aide d'un réseau de télécommunications.

TÉLÉMÉDECINE n. f.
Ensemble des actes médicaux (diagnostics, interventions chirurgicales, surveillance continue, etc.) qui s'effectuent à distance au moyen d'un réseau de télécommunication.

TÉLÉOBJECTIF n. m.
Objectif photographique qui permet d'obtenir une image agrandie d'objets éloignés. *Grâce à son téléobjectif, Martin a pu photographier des oiseaux qui volaient au loin.*

TÉLÉPAIEMENT n. m.
Paiement à distance par voie électronique, grâce à Internet, au moyen d'argent électronique ou par l'envoi d'un numéro de carte de crédit. *Cette société a créé sur Internet un service de télépaiement pour les factures d'eau, de gaz, d'électricité et de téléphone.*

TÉLÉPATHIE n. f.
Perception intuitive entre des personnes éloignées.

TÉLÉPÉAGE n. m.
Péage autoroutier automatique par identification informatique, sans arrêt du véhicule. *Le télépéage est entré dans les mœurs : des installations permettant au conducteur de payer sans stopper son véhicule, par simple lecture à distance d'un badge par une antenne, sont opérationnelles en France depuis plusieurs années.*

TÉLÉPHONE n. m.
Abréviation ***tél.*** (s'écrit avec un point).
1. Appareil servant à transmettre la voix à distance. *Un téléphone sans fil. L'annuaire du téléphone.*
2. Réseau téléphonique. *Nous avons pu communiquer par téléphone.*
LOCUTIONS
– ***Numéro de téléphone.*** Suite de chiffres attribuée à une ligne téléphonique, qui permet d'établir des communications. *Son numéro de téléphone est le 514 340-6000 : on peut la joindre en composant le 514 340-6000. Le numéro de téléphone de Denis est le 450 458-1234 : on pourra le joindre ce soir au 450 458-1234. Le numéro de téléphone au domicile, le numéro de téléphone au travail.* SYN. numéro d'appel.
[T] La composition de l'indicatif régional étant maintenant obligatoire dans certaines régions, l'indicatif est noté désormais sans parenthèses. On laisse simplement un espace entre l'indicatif régional et le reste du numéro de téléphone, et on met un trait d'union avant les quatre derniers chiffres.
– ***Téléphone cellulaire.*** Système mobile de radiotéléphonie permettant l'accès à l'ensemble du réseau téléphonique.
– ***Téléphone multimédia.*** Téléphone cellulaire polyvalent qui peut traiter et reproduire des données, des images ou des sons regroupés dans des fichiers numériques, audio ou vidéo et donner accès à Internet. *En voyage, mon téléphone multimédia* (et non *iPhone) *s'est révélé très utile.*
L'appellation commerciale ***iPhone*** désigne un modèle particulier de téléphone polyvalent multimédia évolué, sans clavier ni stylet, qui est à la fois un téléphone cellulaire intelligent, un téléphone-baladeur et un terminal de poche donnant accès à Internet (GDT).
FORME FAUTIVE
*téléphone. Erreur au sens de ***appel téléphonique, coup de téléphone.*** *J'ai fait un appel téléphonique* (et non *téléphone).

TÉLÉPHONER v. tr., intr., pronom.
VERBE TRANSITIF ET INTRANSITIF
1. Transmettre par téléphone. *On vient de me téléphoner la nouvelle.*
2. Parler à quelqu'un au téléphone. *Téléphone-moi ce soir. J'ai téléphoné à mon amie.*
VERBE PRONOMINAL
Se communiquer quelque chose par téléphone. *On se téléphone et on déjeune. Ils se sont téléphoné hier.*
À la forme pronominale, le participe passé de ce verbe s'accorde en genre et en nombre avec le complément direct si celui-ci le précède. *La bonne nouvelle qu'ils se sont téléphonée.* Le participe passé reste invariable si le complément direct suit le verbe. *Ils se sont téléphoné l'heure de l'arrivée des voyageurs.* S'il n'y a pas de complément direct, le participe passé est invariable. *Elles se sont téléphoné tous les jours.*
CONJUGAISON : VOIR MODÈLE AIMER.

TÉLÉPHONIE n. f.
Système de télécommunication au moyen du téléphone.

TÉLÉPHONIQUE adj.
Relatif au téléphone. *Un réseau téléphonique, une conversation téléphonique.*
LOCUTIONS
– ***Permanence téléphonique, secrétariat téléphonique.*** Service chargé de recevoir les appels acheminés à un numéro particulier.
Ces expressions traduisent bien la désignation anglaise «*telephone answering service*».
– ***Service d'aide téléphonique.*** Service d'assistance mis en place par une organisation pour répondre aux questions des usagers, pour résoudre les problèmes de (ses membres, ses clients, etc.). *À la suite de l'inondation, le gouvernement a mis sur pied un service d'aide téléphonique* (et non une *hot line) *d'urgence destiné à la population du secteur touché.* SYN. service d'aide téléphonique.

TÉLÉPHONISTE n. m. et f.
Personne chargée du service téléphonique.

TÉLÉPORT n. m.
Ensemble structuré d'équipements en télécommunication.

TÉLÉRÉALITÉ n. f.
Genre télévisuel qui consiste à filmer, sur le vif, en temps réel, des gens anonymes ou non, dans des situations variées de plus en plus scénarisées et à télédiffuser en direct ou en différé l'intégralité ou les meilleurs extraits de leurs activités (GDT). *Des émissions de téléréalité.*

TÉLÉROMAN n. m.
⚜ Feuilleton télévisé. *Ce téléroman est très populaire.*

TÉLESCOPAGE n. m.
Action de se heurter, en parlant de véhicules.

TÉLESCOPE n. m.
Instrument d'optique qui sert à l'observation des astres.

T

TÉLESCOPER v. tr., pronom.
VERBE TRANSITIF
Heurter, en parlant de véhicules. *Le camion a télescopé deux voitures.*
VERBE PRONOMINAL
1. Se heurter. *Les trains se sont télescopés.*
2. (FIG.) Se juxtaposer. *Tous les souvenirs se télescopent.*
À la forme pronominale, le participe passé de ce verbe s'accorde toujours en genre et en nombre avec son sujet. *Lors de ce carambolage, plusieurs véhicules se sont télescopés.*
CONJUGAISON : VOIR MODÈLE AIMER.

TÉLESCOPIQUE adj.
1. Relatif au télescope. *Des photos télescopiques.*
2. Dont les éléments s'emboîtent les uns dans les autres. *Un siège télescopique.*

TÉLÉSCRIPTEUR n. m.
Appareil de télécommunication permettant l'impression à distance. *Les dépêches qui apparaissent au téléscripteur.* SYN. téléimprimeur.

TÉLÉSIÈGE n. m.
Téléférique comportant des sièges suspendus. *Un télésiège quadruple.*

TÉLÉSKI n. m.
Remonte-pente.

TÉLÉSOUFFLEUR n. m.
Appareil qui fait défiler sur un écran placé au-dessus de la caméra de télévision un texte que doit lire un journaliste, un animateur (présentation d'un téléjournal, reportage documentaire, etc.). *Le visiteur peut s'initier au travail du journaliste, le temps de présenter des nouvelles télévisées ou un bulletin météo, aidé par des spécialistes et par un télésouffleur.*

TÉLÉSPECTATEUR, TRICE n. m. et f.
Spectateur de la télévision. *Les téléspectateurs ont apprécié cette émission humoristique.*

TÉLÉTHON n. m.
Émission télévisée dont l'objet est de recueillir des fonds pour une cause déterminée. *Le téléthon de la paralysie cérébrale.*
téléthon.

TÉLÉTRAITEMENT n. m.
(INFORM.) Mode d'utilisation de l'informatique où des informations sont traitées à distance à l'aide d'un réseau de communications.

TÉLÉTRANSMETTRE v. tr.
Communiquer (des données, des renseignements) par le réseau Internet. *De plus en plus, les fournisseurs télétransmettent leurs factures à leurs clients plutôt que de recourir à la poste.*
CONJUGAISON : VOIR MODÈLE REMETTRE.

TÉLÉTRANSMISSION n. f.
Transmission de données, de renseignements, de documents par Internet.

TÉLÉTRAVAIL n. m.
Nouvelle forme de travail à distance qui permet au salarié, au travailleur autonome d'accomplir ses activités professionnelles à domicile grâce à la télématique.

TÉLÉTRAVAILLEUR n. m.
TÉLÉTRAVAILLEUSE n. f.
Salarié, travailleur autonome qui exerce ses activités professionnelles à domicile grâce à la télématique.

***TÉLÉTYPE**
Anglicisme pour ***téléimprimeur, téléscripteur.***

TÉLÉVENDEUR n. m.
TÉLÉVENDEUSE n. f.
Vendeur, vendeuse par téléphone.

TÉLÉVENTE n. f.
Vente par téléphone. *Faire de la télévente.* SYN. télémarketing.

TÉLÉVÉRITÉ n. f.
Émission de télévision qui reconstitue de manière aussi réaliste que possible des faits vécus, des événements, des personnes réelles (GDT). *Des émissions de télévérité* (et non *reality shows)*, des émissions-vérité, des télévérités.*

TÉLÉVISER v. tr.
Transmettre une émission par télévision. *Le journal télévisé.*
CONJUGAISON : VOIR MODÈLE AIMER.

TÉLÉVISEUR n. m.
S'abrège familièrement en ***télé.***
Poste récepteur de télévision. *Acheter un nouveau téléviseur en couleurs.* SYN. poste de télévision.
Mis en apposition, le nom ***couleur*** est invariable. *Un téléviseur couleur.*

TÉLÉVISION n. f.
S'abrège familièrement en ***télé*** (s'écrit sans point).
1. Ensemble des techniques qui permettent la transmission d'images et de sons à distance. *Une émission de télévision. Une chaîne de télévision.*
2. (FAM.) Téléviseur. *La télévision couleur, par câble.*
LOCUTIONS
– ***Télévision communautaire.*** Chaîne à la disposition de la collectivité.
– ***Télévision payante.*** Chaîne où les émissions sont diffusées sans messages publicitaires à un ensemble d'abonnés.

TÉLÉVISUEL, ELLE adj.
Relatif à la télévision.

TÉLEX n. m. (pl. *télex*)
Le ***x*** se prononce, [telɛks].
1. Service de transmission de données doté d'appareils téléimprimeurs.
2. Message transmis à l'aide de ce service. *Nous avons reçu des télex.*

TÉLEXER v. tr.
Transmettre par télex.
CONJUGAISON : VOIR MODÈLE AIMER.

TÉLEXISTE n. m. et f.
Personne préposée au télex.

TELLEMENT adv.
1. Beaucoup. *As-tu mal à la jambe ? Pas tellement.*
2. Très, énormément. *Elle était tellement contente quand elle a su qu'elle gagnait.*
3. Tant. *Ils sursautèrent, tellement l'explosion fut forte.*
LOCUTION
– ***Tellement que,*** loc. conj. À tel point que. *Ils ont tellement travaillé qu'ils sont épuisés.* SYN. au point que.
Quand la proposition principale est affirmative, le verbe se construit avec l'indicatif. Quand la principale est négative ou interrogative, le verbe se construit avec le subjonctif. *Est-il tellement occupé qu'il ne puisse se libérer ?*

TELLURIQUE ou **TELLURIEN, IENNE** adj.
Qui provient de la terre. *Une secousse tellurique.*

TÉMÉRAIRE adj.
Audacieux avec imprudence, irréfléchi. *Une entreprise téméraire.* SYN. entreprenant.
LOCUTION
– ***Jugement téméraire.*** Jugement porté sans preuves suffisantes, à la légère.
téméraire.

TÉMÉRAIREMENT adv.
Avec imprudence, audace.
témérairement.

TÉMÉRITÉ n. f.
Imprudence, audace excessive. SYN. assurance.

TÉMOIGNAGE n. m.
1. Rapport d'une personne sur ce qu'elle a vu ou entendu. *Des témoignages qui se recoupent.*
2. (DR.) Déposition faite par un témoin à la cour. *Un faux témoignage. Un témoignage d'expert.*
3. Marque, preuve. *Un témoignage d'affection, d'admiration.*
LOCUTIONS
– ***Rendre témoignage à.*** Rendre hommage. *On a rendu témoignage à son courage et à sa détermination.*
– ***Rendre témoignage de.*** Attester. *Son employeur a rendu témoignage de son honnêteté.*

TÉMOIGNER v. tr., intr.
VERBE TRANSITIF DIRECT
Manifester. *Il lui témoigne son affection.* SYN. exprimer.
VERBE TRANSITIF INDIRECT
Être la preuve de. *Toutes ces heures d'étude témoignent de sa volonté de réussir.* SYN. montrer ; révéler.
En ce sens, le verbe se construit avec la préposition ***de.***
VERBE INTRANSITIF
(DR.) Déclarer ; faire une déposition en justice. *Ils ont témoigné à la cour.*
LOCUTION
– ***Témoigner en faveur de quelqu'un, de quelque chose.*** (FIG.) Plaider la cause de.
CONJUGAISON : VOIR MODÈLE AIMER.
Les lettres ***gn*** sont suivies d'un ***i*** à la première et à la deuxième personne du pluriel de l'indicatif imparfait et du subjonctif présent. *(Que) nous témoignions, (que) vous témoigniez.*

TÉMOIN n. m.
1. Personne qui a vu ou entendu un fait et qui peut en faire rapport. *Un témoin oculaire.*
Ce nom ne comporte pas de forme féminine. *Elle a été le témoin involontaire de cette scène.*
2. (DR.) Personne qui témoigne sous serment en justice. *La déposition du témoin. Entendre des témoins.*
3. Témoignage, preuve. *Ces temples magnifiques sont les témoins d'une grande civilisation.*
Placé en début de phrase ou de membre de phrase, le nom est invariable. *Cette civilisation fut très importante, témoin ces temples magnifiques.*
4. (SCIENCES) Nom + ***témoin.*** Sujet non soumis à une expérience et qui sert de terme de comparaison pour les sujets soumis à cette expérimentation. *Des végétaux témoins.*
Mis en apposition, le nom prend la marque du pluriel et s'écrit sans trait d'union.
5. Modèle. *Une maison témoin, des appartements témoins.*
LOCUTIONS
– ***Lampe témoin.*** Lampe dont l'allumage permet de contrôler un fonctionnement. *Des lampes témoins.* SYN. témoin d'alerte ; voyant.
– ***Maison témoin.*** Maison construite pour attester le genre et la qualité de celles qui seront construites sur le même modèle (GDT). *Des maisons témoins* (et non *modèles) *bien aménagées.*
Mis en apposition, le nom ***témoin*** prend la marque du pluriel et s'écrit sans trait d'union.
– ***Prendre quelqu'un à témoin.*** Invoquer le témoignage de. *Je vous prends tous à témoin : il m'a giflé.*
Cette locution est invariable.
– ***Prendre quelqu'un pour témoin.*** Réclamer, requérir le témoignage de. *Il prit ses collègues pour témoins.*
Dans cette locution, le nom ***témoin*** s'accorde en nombre avec l'attribut.
– ***Sans témoins.*** Seul.
Dans cette expression, le nom s'écrit au pluriel.
– ***Témoin à charge.*** (DR.) Personne qui témoigne en justice contre un suspect. *Les dépositions des témoins à charge. Entendre les témoins à charge* (et non *de la Couronne). SYN. témoin de la poursuite. ANT. témoin à décharge.
– ***Témoin à décharge.*** (DR.) Personne qui témoigne en justice en faveur d'un suspect. SYN. témoin de la défense. ANT. témoin à charge.
FORME FAUTIVE
*témoin de la Couronne. Calque de «*Crown witness*» pour ***témoin à charge.***

TEMPE n. f.
Côté du front. *Il a reçu un coup à la tempe.*
tempe.

TEMPÉRAMENT n. m.
Caractère d'une personne, manière d'être. *Il a un tempérament colérique, ardent.*
LOCUTION
– ***Vente à tempérament.*** Vente dont le prix est réglé par une série de versements échelonnés sur un certain temps.
Cette pratique est peu courante aujourd'hui en raison de la libéralisation du crédit à la consommation.

TEMPÉRANCE n. f.
1. Sobriété dans l'usage de boissons alcoolisées, des aliments.
2. Modération. SYN. sobriété.

TEMPÉRATURE n. f.
1. Degré de chaleur ou de froid d'un lieu, d'un corps. *La température a baissé : il fait très froid en ce moment.*
T Les degrés de température s'expriment avec un zéro supérieur °. *Il fait 37,5 °C.*
VOIR – DEGRÉ.
2. Degré de chaleur du corps humain. *Tu ne te sens pas bien : as-tu pris ta température ? Ta température est à 40 °C : tu es fiévreuse.*
LOCUTION
– ***Avoir de la température.*** (FAM.) Se sentir fiévreux.
Ne pas confondre avec le nom ***temps,*** état de l'atmosphère.
FORME FAUTIVE
*température. Impropriété au sens de ***temps.*** *Un temps ensoleillé* (et non une *température ensoleillée). *Le mauvais temps* (et non la *mauvaise température).

TEMPÉRÉ, ÉE adj.
Qui n'est ni trop chaud ni trop froid. *Un climat tempéré.*

TEMPÉRER v. tr., pronom.
VERBE TRANSITIF
Atténuer, modérer. *Ces affirmations doivent être tempérées.*
VERBE PRONOMINAL
Se modérer. *Les vents se sont tempérés.* SYN. s'affaiblir.
À la forme pronominale, le participe passé de ce verbe s'accorde toujours en genre et en nombre avec son sujet. *Sa colère s'est tempérée.*
CONJUGAISON : VOIR MODÈLE POSSÉDER.
Le ***é*** se change en ***è*** devant une syllabe contenant un ***e*** muet, sauf à l'indicatif futur et au conditionnel présent. *Je tempère,* mais *je tempérerai.*
[Les *Rectifications* (1990) admettent : il tempèrera, tempèrerait...]

TEMPÊTE n. f.
Violente perturbation atmosphérique accompagnée de pluie ou de neige, de vents violents. *La tempête fait rage.*
LOCUTION
– ***Tempête de neige.*** Chute de neige abondante accompagnée de vents violents. *Nous avons eu plusieurs tempêtes de neige au cours de cet hiver.*
Ne pas confondre avec le nom ***poudrerie,*** au Québec, neige poussée par des rafales.

T

TEMPÊTER v. intr.
1. Siffler en parlant du vent.
2. (FIG.) Manifester son mécontement. SYN. fulminer; tonner.
CONJUGAISON : VOIR MODÈLE AIMER.

TEMPLE n. m.
1. Édifice consacré à une divinité. *L'imposant temple de Zeus à Agrigente.*
[T] Les noms génériques de monuments s'écrivent avec une minuscule.
2. Lieu du culte chez les protestants.

TEMPO n. m.
Le ***m*** est sonore ou non, [tɛmpo, tɛ̃po].
1. (MUS.) Vitesse à laquelle doit être exécutée la musique de jazz. *Des tempos trop lents.*
2. Rythme (d'un film, d'un ouvrage, d'une activité).

TEMPORAIRE adj.
Qui ne dure qu'un peu de temps, provisoire. *Cette solution est temporaire. Des emplois temporaires.*
☞ Ne pas confondre avec les mots suivants :
• ***temporal,*** relatif à la tempe;
• ***temporel,*** relatif aux choses matérielles.

TEMPORAIREMENT adv.
Provisoirement. *Le bureau est temporairement fermé.*

TEMPORAL, ALE, AUX adj.
De la tempe. *La région temporale, les nerfs temporaux.*
☞ Ne pas confondre avec les mots suivants :
• ***temporaire,*** provisoire
• ***temporel,*** relatif aux choses matérielles.

TEMPOREL, ELLE adj.
1. Qui est relatif aux choses matérielles (par opposition à ***spirituel***).
2. (GRAMM.) Qui marque le temps. *Une proposition temporelle.*
☞ Ne pas confondre avec les mots suivants :
• ***temporaire,*** provisoire;
• ***temporal,*** relatif à la tempe.

TEMPORISATEUR, TRICE adj. et n. m. et f.
ADJECTIF
Qui temporise. *Une démarche temporisatrice.*
NOM MASCULIN ET FÉMININ
Personne qui retarde quelque chose pour attendre une occasion plus favorable.

TEMPORISATION n. f.
Action de temporiser.
LOCUTION
– ***Clause de temporisation.*** Disposition législative prévoyant soit de rendre temporaire une loi, une disposition législative, etc., si un réexamen fait ultérieurement montre qu'elle a perdu son utilité, soit de la reconduire, si le réexamen montre qu'elle a conservé son utilité. *Une clause de temporisation* (et non *clause crépusculaire, *sunset clause).

TEMPORISER v. intr.
Différer une action, dans l'attente d'une meilleure occasion.
CONJUGAISON : VOIR MODÈLE AIMER.

TEMPS n. m.
1. La durée. *Le temps passe vite. «Ô temps, suspends ton vol!»* (Lamartine, «Le Lac», *Méditations poétiques*).
☞ L'unité de mesure de base est la ***seconde.***
VOIR TABLEAU – HEURE.
2. Espace de temps. *J'ai trop peu de temps à consacrer à la lecture. «J'entendais avec épouvante le tonnerre/du temps éclater dans mes veines»* (Alain Grandbois, *Les Îles de la nuit*). SYN. instant.
3. Époque. *Les temps modernes. Le bon vieux temps.* SYN. ère.
4. Période. *Le temps des récoltes. Le temps des fêtes.*
5. État de l'atmosphère, conditions météorologiques. *Il fait beau temps* (et non une *belle température). *C'est un vrai temps de chien.*
☞ Ne pas confondre avec le nom ***température,*** degré de chaleur ou de froid d'un lieu, d'un corps.
6. (GRAMM.) Série de formes verbales qui indique à quel moment s'accomplit l'action. *Le passé composé, le présent, le futur sont des temps du verbe qui marquent respectivement l'antériorité, la simultanéité et la postériorité.*
VOIR TABLEAU – FUTUR.
VOIR TABLEAU – PASSÉ (TEMPS DU).
VOIR TABLEAU – PRÉSENT.
LOCUTIONS
– ***À temps,*** loc. adv. Au bon moment. *Elle est arrivée à* (et non *en) *temps.* SYN. à point nommé. ANT. en retard.
– ***Au temps de,*** loc. prép. Pendant. *Au temps de ma jeunesse, racontait grand-papa, le laitier livrait le lait dans une voiture tirée par un cheval.* SYN. du temps de.
☞ La forme ***au temps de*** est la plus usuelle. Dans un registre plus soutenu, on emploie ***du temps de.***
– ***Au temps jadis,*** loc. adv. Autrefois.
– ***Au temps où,*** loc. adv. À l'époque où. *Au temps où nous nous retrouvions tous dans la forêt pour cueillir des fraises sauvages.*
– ***Avec le temps,*** loc. adv. À la longue, le temps aidant. *Avec le temps, ils s'habitueront à leur nouveau pays.* SYN. à la fin; finalement.
– ***Avoir fait son temps.*** Être dépassé. *La machine à écrire a fait son temps.* SYN. être démodé; être désuet; être périmé.
– ***Avoir le temps, avoir du temps devant soi.*** Ne pas avoir à se presser.
– ***Bon temps.*** Plaisir, divertissement. *Se donner du bon temps.*
– ***Dans le bon vieux temps,*** loc. adv. Autrefois.
☞ Cette locution marque une évocation nostalgique du passé.
– ***De notre temps,*** loc. adv. De nos jours, maintenant. *Des percées technologiques de notre temps.*
– ***De temps en temps, de temps à autre,*** loc. adv. Parfois. *Il est agréable d'aller au cinéma de temps à autre.* SYN. à l'occasion.
– ***De tout temps,*** loc. adv. Depuis toujours, de toute éternité.
☞ Cette locution s'écrit au singulier.
– ***En même temps,*** loc. adv. Simultanément, ensemble.
– ***En temps et lieu,*** loc. adv. Au moment et au lieu convenables.
☞ Cette locution s'écrit au singulier.
– ***En tout temps,*** loc. adv. Quel que soit le moment.
☞ Cette locution s'écrit au singulier.
– ***Entre-temps,*** loc. adv. Dans l'intervalle. *Elle lui avait écrit, mais entre-temps il l'appela.*
☞ Attention à l'orthographe : cette locution s'écrit avec un trait d'union.
– ***Être de son temps.*** Partager les idées de son époque.
– ***Gagner du temps.*** Agir plus rapidement. *La banque de données permet de gagner* (et non *sauver) *du temps et d'accéder immédiatement aux renseignements recherchés.*
– ***Gagner du temps.*** Temporiser, faire traîner les choses volontairement. *Cette nouvelle réclamation ne lui sert qu'à gagner du temps.*
– ***La plupart du temps,*** loc. adv. Le plus souvent. SYN. d'ordinaire; généralement; habituellement.
– ***N'avoir qu'un temps.*** Être éphémère. *La beauté n'a qu'un temps.*
– ***Perdre son temps.*** Ne rien faire, attendre inutilement.
– ***Prendre son temps.*** Faire quelque chose sans se hâter.
– ***Quelque temps,*** loc. adv. Pendant un certain moment.
– ***Se donner du bon temps.*** S'amuser, se distraire.
– ***Temps partiel.*** Période inférieure à la durée normale de travail.
– ***Temps plein.*** Période correspondant à la durée normale de travail, soit entre 30 et 40 heures par semaine.
☞ Cette locution s'écrit au singulier.

FORMES FAUTIVES
*en avant de son temps. Calque de «*ahead of time*» pour ***à l'avance, avant l'heure prévue.***
*en temps. Calque de «*on time*» pour ***à temps.***
*faire du temps. Calque de «*to serve time*» pour ***faire de la prison.***
*sauver du temps. Calque de «*to save time*» pour ***gagner du temps.***
*temps double. Calque de «*double time*» pour ***salaire majoré de 100 %.***
*temps et demi. Calque de «*time and a half*» pour ***salaire majoré de 50 %.***
*temps simple. Calque de «*straight-time rate*» pour ***salaire normal, salaire de base.***
*temps supplémentaire. Calque de «*overtime*» pour ***heures supplémentaires.***
HOM. ***taon,*** insecte piqueur.

TENACE adj.
1. Déterminé, persévérant. *Elle est tenace, elle y arrivera.* SYN. décidé ; volontaire.
Les synonymes ***décidé, persévérant, tenace, volontaire*** ont un sens favorable, tandis que les adjectifs ***buté, entêté, têtu*** ont un sens défavorable. Selon le contexte, l'adjectif ***obstiné*** peut avoir une connotation favorable ou défavorable.
2. (FIG.) Dont on ne parvient pas à se défaire, à se débarrasser. *Une toux tenace, des préjugés tenaces.* SYN. opiniâtre.
tenace, au masculin comme au féminin.

TÉNACITÉ n. f.
Persévérance, détermination. *Il faut avoir de la ténacité pour vaincre les obstacles et atteindre le but fixé.* SYN. obstination.
ténacité.

TENAILLE n. f.
Outil composé de deux branches mobiles qui se resserrent. *Les horribles tenailles du dentiste.*
Ce nom s'emploie généralement au pluriel.
LOCUTION
– ***Prendre en tenaille.*** Capturer, mettre au supplice.
Dans cette expression, le nom s'écrit au singulier.

TENAILLER v. tr.
1. Pincer avec des tenailles.
2. (FIG.) Tourmenter. *L'inquiétude la tenaille.* SYN. torturer.
CONJUGAISON : VOIR MODÈLE AIMER.
Les lettres ***ill*** sont suivies d'un ***i*** à la première et à la deuxième personne du pluriel de l'indicatif imparfait et du subjonctif présent. *(Que) nous tenaillions, (que) vous tenailliez.*

TENANCIER n. m.
TENANCIÈRE n. f.
Personne qui dirige un hôtel, un bar, etc. (souvent de réputation douteuse).

TENANT, ANTE adj. et n. m. et f.
1. Sportif qui détient un titre. *Elle est la tenante du championnat de ski. Ils sont les tenants de la coupe Stanley.*
2. Adepte, partisan. *Les tenants de l'indépendance.*
LOCUTIONS
– ***D'un seul tenant.*** D'une seule pièce.
– ***Les tenants et les aboutissants.*** (DR.) Tous les éléments d'une affaire, d'une question.
– ***Séance tenante.*** Sur-le-champ. *Le conseil a décidé séance tenante.*
L'adjectif n'est usité que dans l'expression citée.

TENDANCE n. f.
1. Prédisposition. *Une tendance à voir la vie du bon côté.* SYN. penchant.
2. Orientation. *Cette tendance politique est inquiétante.*
3. Direction. *Les tendances fondamentales* (et non les *trends) *de l'économie, de la démographie.*
LOCUTION
– ***Avoir tendance à.*** Être porté à. *Elles ont tendance à se réveiller tôt.*
Dans cette expression, le nom reste au singulier.
tendance.

TENDANCIEL, IELLE adj.
Qui traduit une tendance. *Il faut favoriser le renforcement de la croissance tendancielle de l'économie.*

TENDANCIELLEMENT adv.
Selon une tendance. *Pour des questions d'emploi du temps, les grands-parents sont tendanciellement plus disponibles, plus à l'écoute de l'enfant que les parents.*

TENDANCIEUSEMENT adv.
D'une manière tendancieuse.

TENDANCIEUX, IEUSE adj.
Partial, qui marque une tendance subjective. *Ce témoignage est tendancieux.*

TENDINITE n. f.
Inflammation d'un tendon.
tendinite.

TENDON n. m.
Ensemble de fibres par lesquelles un muscle se rattache à un os.
tendon.

TENDRE adj.
1. Rempli de tendresse et d'affection. *Des baisers très tendres pour ses enfants.* SYN. affectueux ; aimant.
2. Qui se coupe facilement. *Une viande tendre.* ANT. dur.
3. Atténué, pâle. *Des couleurs tendres, vert tendre.* ANT. foncé.
LOCUTION
– ***Âge tendre.*** Enfance.

TENDRE v. tr., pronom.
VERBE TRANSITIF DIRECT
1. Rendre droite une matière souple. *Tendre une étoffe. Je tends mon arc pour lancer une flèche.* SYN. raidir.
2. Déployer. *Tendre un piège.*
3. Avancer. *Tendre la main. Elle lui a tendu un livre.*
VERBE TRANSITIF INDIRECT
1. Viser. *Des subventions tendant à favoriser la création d'entreprises.* SYN. s'attacher à ; rechercher.
2. Avoir tendance à. *Cet enfant tend à négliger ses devoirs.*
Le verbe transitif indirect se construit avec la préposition ***à*** suivie d'un nom ou de l'infinitif.
VERBE PRONOMINAL
Devenir difficile en raison de pressions qui s'exercent. *Les relations entre ces deux pays se sont tendues.*
À la forme pronominale, le participe passé de ce verbe s'accorde en genre et en nombre avec le complément direct si celui-ci le précède. *La perche qu'ils s'étaient tendue. À partir de ce moment, les échanges se sont tendus.* Le participe passé reste invariable si le complément direct suit le verbe. *Ils s'étaient réciproquement tendu un piège.*
LOCUTION
– ***Tendre l'oreille.*** Écouter attentivement.
CONJUGAISON : VOIR MODÈLE FENDRE.
INDICATIF PRÉSENT *Je tends, tu tends, il tend, nous tendons, vous tendez, ils tendent.* IMPARFAIT *Je tendais.* PASSÉ SIMPLE *Je tendis.* FUTUR *Je tendrai.* CONDITIONNEL PRÉSENT *Je tendrais.* IMPÉRATIF PRÉSENT *Tends, tendons, tendez.* SUBJONCTIF PRÉSENT *Que je tende.* IMPARFAIT *Que je tendisse.* PARTICIPE PRÉSENT *Tendant.* PASSÉ *Tendu, ue.*

TENDREMENT adv.
Avec tendresse. *Elle les serre tendrement dans ses bras.* SYN. affectueusement.

TENDRESSE n. f.
Sentiment d'affection, d'attachement. *Elle l'écoute et le regarde avec toute la tendresse du monde.*
Ne pas confondre avec le nom ***tendreté,*** caractère de ce qui est tendre, en parlant d'une substance.

TENDRETÉ n. f.
Caractère de ce qui est tendre, en parlant d'une substance. *La tendreté d'un gigot.*
Ne pas confondre avec le nom ***tendresse,*** sentiment d'affection, d'attachement.

TENDRON n. m.
1. Pièce de viande, partie du thorax.
2. (VIEILLI) (FAM.) Jeune fille.
Ce nom est toujours masculin.

TENDU, UE adj.
1. Étiré, rendu droit. *Une corde bien tendue.*
2. Soumis au stress, à la tension. *Vous êtes trop tendu peut-être.* SYN. crispé. ANT. décontracté; détendu.
3. Difficile. *Des relations tendues.*

TÉNÈBRES n. f. pl.
(LITT.) Obscurité totale.
Ce nom ne s'emploie qu'au pluriel.

TÉNÉBREUX, EUSE adj.
(LITT.) Sombre, mystérieux.

TENEUR n. f.
1. Contenu. *Connaissez-vous la teneur de ces articles?*
2. Proportion d'un élément dans un mélange. *La teneur en alcool d'une boisson.*

TENEUR DE LIVRES n. m.
TENEUSE DE LIVRES n. f.
Personne chargée de la tenue des livres comptables.

TÉNIA ou **TÆNIA** n. m.
Ver parasite de l'intestin des mammifères.
On préférera la graphie plus simple ***ténia.***

TENIR v. tr., intr., impers., pronom.
VERBE TRANSITIF DIRECT
1. Avoir entre les mains. *Tenir un marteau. Ils tiennent la rampe de l'escalier.* SYN. saisir.
2. Maintenir. *L'ombre de cet arbre tient la maison au frais.* SYN. conserver; garder.
3. Détenir, posséder. *Je crois que vous tenez là une très bonne idée.* SYN. avoir.
4. Exercer une activité. *Cet acteur a bien tenu son rôle. Elle tient un magasin.*
VERBE TRANSITIF INDIRECT
1. Être lié par un sentiment durable. *Elle tient beaucoup à lui.*
2. Vouloir fermement. *Nous tenons à ces disques. Je tiens à arriver avant le coucher du soleil.*
En ce sens, le verbe se construit avec la préposition ***à*** suivie d'un nom ou d'un infinitif. Il peut aussi se construire avec la locution conjonctive ***à ce que*** suivie du subjonctif. *L'enseignante tient à ce que les leçons soient apprises.*
3. Ressembler. *Cet enfant tient de sa grand-mère.*
En ce sens, le verbe transitif indirect se construit avec la préposition ***de.***
VERBE INTRANSITIF
1. Être attaché, lié à quelque chose. *Ce bouton ne tient plus que par un fil.*
2. Résister. *Tenez bon, nous arrivons!* SYN. s'accrocher.
VERBE IMPERSONNEL
Il ne tient qu'à. Cela ne dépend que de. *Il ne tient qu'à lui que tout soit plus simple.*
VERBE PRONOMINAL
1. S'accrocher. *Il se tenait à une branche pour ne pas tomber dans le vide.*
2. Se prendre l'un l'autre. *Ils se sont tenus par le bras.*
3. Être en un lieu. *Elle se tient à l'ombre : le soleil est brûlant.*
4. Demeurer en un certain état. *Je me tiens tranquille pour ne pas réveiller le bébé.* SYN. rester.
5. Se considérer. *Il ne faut pas que vous vous teniez pour élus. Ils se sont tenus pour battus.*
À la forme pronominale, le participe passé de ce verbe s'accorde en genre et en nombre avec le complément direct si celui-ci le précède. *Les propos décousus qu'elles se sont tenus. Elle s'est tenue à l'ombre du chêne.* Le participe passé reste invariable si le complément direct suit le verbe. *Les amoureux se sont tenu la main.*
LOCUTIONS
– ***Être tenu à, de.*** Être obligé de. *L'avocat est tenu au secret professionnel. Nous sommes tenus de signaler toute violence faite à un enfant.*
– ***Qu'à cela ne tienne.*** Peu importe, il n'y a pas d'inconvénient.
– ***Savoir à quoi s'en tenir.*** Être fixé sur quelque chose. *J'ai hâte de savoir à quoi m'en tenir au sujet de l'excursion en forêt que nous ferons.*
À la suite d'un verbe à l'impératif, les deux pronoms personnels compléments sont liés par des traits d'union, le pronom complément direct précédant généralement le pronom complément indirect. *Tiens-le-toi pour dit.* Grevisse signale toutefois qu'il y a flottement dans l'usage et que l'on relève fréquemment la formulation *tenez-vous-le pour dit* sous la plume des meilleurs auteurs.
– ***S'en tenir à.*** Se limiter. *Tenez-vous-en à l'essentiel. Ils s'en sont tenus à des banalités.* SYN. se borner à.
– ***Tenir lieu.*** Remplacer. *Le chien leur tient lieu de compagnon.*
– ***Tenir quelque chose de quelqu'un.*** Avoir appris. *On tient cette information de source sûre.*
– ***Tenir... pour.*** Considérer. *Ils le tiennent pour un fumiste. Le succès est tenu* (et non *pris) *pour acquis.*
CONJUGAISON : VOIR MODÈLE VENIR.
INDICATIF PRÉSENT *Je tiens, tu tiens, il tient, nous tenons, vous tenez, ils tiennent.* IMPARFAIT *Je tenais.* PASSÉ SIMPLE *Je tins.* FUTUR *Je tiendrai.* CONDITIONNEL PRÉSENT *Je tiendrais.* IMPÉRATIF PRÉSENT *Tiens, tenons, tenez.* SUBJONCTIF PRÉSENT *Que je tienne.* IMPARFAIT *Que je tinsse.* PARTICIPE PRÉSENT *Tenant.* PASSÉ *Tenu, ue.*

TENNIS n. m.
Le *s* se prononce, [tenis]; le nom rime avec ***réglisse.***
1. Sport qui se pratique à deux ou quatre joueurs et qui consiste à envoyer une balle avec une raquette par-dessus un filet. *Jouer au tennis. Une joueuse de tennis.*
2. Terrain où l'on pratique ce sport. *Ce collège dispose de beaux tennis extérieurs.* SYN. court.
LOCUTION
– ***Tennis de table.*** Ping-pong.
tennis.

TENON n. m.
Partie saillante d'une pièce taillée de façon à entrer dans une mortaise.

TÉNOR adj. et n. m.
ADJECTIF
Se dit d'une voix d'homme élevée.
NOM MASCULIN
1. Personne qui a cette voix. *Des ténors talentueux.*
2. (FIG.) Personne qui joue un rôle prédominant dans une activité. *Les ténors de la publicité.*

TENSION n. f.
1. État de ce qui est tendu. *La tension d'un câble.*
2. Stress, nervosité. *À la veille de la représentation, la tension des acteurs était palpable.*
3. (GÉN. AU PLUR.) Désaccord, échanges tendus. *Il y a des tensions entre ces groupes à l'école.*

LOCUTIONS
– ***Haute tension.*** Tension électrique de plusieurs milliers de volts. *Il ne faut pas s'approcher des câbles à haute tension : on peut s'électrocuter, c'est très dangereux.*
– ***Tension (artérielle).*** Pression exercée par le sang sur les parois des artères. *Certaines personnes ont une tension artérielle* (et non *pression sanguine) *supérieure à la normale.* SYN. pression artérielle.
On dit familièrement ***avoir de la tension, faire de la tension.***
– ***Tension nerveuse.*** Stress, énervement.
tension.

TENTACULAIRE adj.
1. Relatif aux tentacules.
2. Qui croît dans toutes les directions, qui envahit. *Une ville tentaculaire. Une organisation clandestine tentaculaire.*
tentacul**aire.**

TENTACULE n. m.
Appendice mobile dont sont pourvus certains animaux. *Les tentacules visqueux de la pieuvre. La tarentule a-t-elle des tentacules? Non, c'est la pieuvre qui en a plusieurs ainsi que l'escargot.*
Attention au genre masculin de ce nom : ***un*** tentacule.

TENTANT, ANTE adj.
Alléchant, séduisant. *Des offres tentantes. Ce gâteau est bien tentant.*

TENTATEUR, TRICE n. m. et f.
Personne qui cherche à séduire.

TENTATION n. f.
1. Désir qui pousse à faire quelque chose. *Ne pas résister à la tentation et manger un beau cornet de crème glacée.*
2. Séduction, attrait. *Les vitrines regorgent de tentations.*

TENTATIVE n. f.
Essai. *Une tentative d'évasion. Après plusieurs tentatives, les chercheurs ont réussi à découvrir un vaccin contre cette maladie.*

***TENTATIVEMENT**
Anglicisme pour ***à titre d'essai, expérimentalement, provisoirement.***

TENTE n. f.
Abri de toile. *Une tente pour le camping.*
HOM. ***tante,*** sœur du père ou de la mère.

TENTE-CARAVANE n. f. (pl. *tentes-caravanes*)
Caravane tractable dont les parois de toile se replient pour le transport (Recomm. off.). *Des tentes-caravanes bien aménagées.* SYN. ⚜ tente-roulotte.
Le terme ***tente-roulotte,*** communément utilisé au Québec, tend à être remplacé dans l'usage officiel par ***tente-caravane*** (GDT).

TENTER v. tr.
1. Constituer une tentation. *Vous ne devriez pas me tenter ainsi. Olivier est tenté par le nouveau disque de ce groupe.*
2. Essayer quelque chose de difficile. *Ils vont tenter l'escalade du mont Saint-Bruno et la traversée du lac Noir à la nage. Tentez votre chance : vous réussirez.* SYN. chercher à.
Suivi de l'infinitif, le verbe se construit avec la préposition ***de.*** *Tenter de trouver un médicament pour enrayer une maladie.*
CONJUGAISON : VOIR MODÈLE AIMER.

TENTURE n. f.
Étoffe qui orne une fenêtre, un mur. *De lourdes tentures de velours.*
Ne pas confondre avec les noms suivants :
• ***draperie,*** tissu drapé;
• ***rideau,*** pièce d'étoffe souvent plissée destinée à tamiser la lumière, à masquer quelque chose;
• ***store,*** rideau disposé devant une ouverture, qui s'enroule ou se replie.

TENU, UE adj.
Entretenu. *Une maison bien tenue.*

TÉNU, UE adj.
1. Fin, fragile. *Un fil ténu. La toile ténue de l'araignée.*
2. Subtil, nuancé, difficile à percevoir. *Une distinction très ténue.*

TENUE n. f.
1. Manière de diriger. *La bonne tenue de cet établissement scolaire.* SYN. direction; organisation.
2. Manière de se conduire, de se vêtir. *Une tenue irréprochable, négligée.*
3. Uniforme, vêtements particuliers. *Tenue de combat, tenue de ski.*
LOCUTIONS
– ***Tenue de route.*** Manière dont un véhicule tient la route.
– ***Tenue des livres.*** Action de tenir la comptabilité d'une entreprise.

TEQUILA n. f.
Le ***e*** se prononce ***é,*** [tekila].
Alcool consommé au Mexique.
[Les *Rectifications* (1990) admettent : téquila.]

TER adv.
Le ***r*** se prononce, [tɛr]; le nom rime avec ***terre.***
L'adverbe indique la répétition, une troisième fois, d'un numéro d'ordre (dans une adresse, un document, etc.). *Il habite 16 ter, rue de Lille. Feuillet 20 ter.*

TÉRA- préf.
Symbole ***T*** (s'écrit sans point).
Préfixe qui multiplie par 1 000 000 000 000 l'unité qu'il précède. *Des térasecondes.*
Sa notation scientifique est 10^{12}.
VOIR TABLEAU – MULTIPLES ET SOUS-MULTIPLES DÉCIMAUX.

TÉRATO- préf.
Élément du grec signifiant « monstre ». *Tératogène.*

TÉRATOGÈNE adj.
Qui peut produire des malformations de l'embryon. *La thalidomide est un médicament tératogène.*

TÉRAWATT n. m.
Symbole ***TW*** (s'écrit sans point).
Unité de travail d'énergie représentant l'énergie fournie en 1 heure par une puissance de 1 000 milliards de watts.

TÉRAWATTHEURE n. m.
Symbole ***TWh*** (s'écrit sans point).
Unité de travail d'énergie représentant l'énergie fournie en 1 heure par une puissance de 1 000 milliards de watts.

TÉRÉBENTHINE n. f.
Résine de certains végétaux. *On utilise l'essence de térébenthine pour nettoyer les pinceaux, pour dissoudre les corps gras.*
térében**th**ine.

TERGAL n. m.
Étoffe synthétique de polyester. *Une jupe de tergal.*
Ce nom est une marque déposée qui est maintenant passée dans l'usage et qui s'écrit avec une minuscule.

TERGIVERSATION n. f.
Action de tergiverser. *Ces tergiversations sont exaspérantes. « Tout à coup, je n'étais plus aussi ridicule avec mon indécision, mes tergiversations, le manque de clarté sur moi-même et l'impossibilité de saisir ce que je voulais »* (Gabrielle Roy, *La Détresse et l'Enchantement*). SYN. hésitation; incertitude; indécision; irrésolution.

TERGIVERSER v. intr.
(LITT.) Hésiter, reporter une décision indéfiniment. SYN. atermoyer; temporiser.
CONJUGAISON : VOIR MODÈLE AIMER.

TERME n. m.
1. Fin, limite. *Le terme de notre randonnée sera le village de Val-Morin.*
2. Durée. *Le terme de ce contrat est de vingt ans.* SYN. période.
3. Expression, mot considéré par rapport à sa signification. *Des termes techniques, savants. Les termes* souris *et* imprimante *appartiennent au vocabulaire de l'informatique. Il est important d'employer les termes justes pour nommer les choses.*
4. Paroles prononcées. *Voici ses propres termes : « Sommes-nous des internautes ou des internouilles ? »*
5. Rapports. *Être en bons, en mauvais termes avec quelqu'un.*
Dans ces expressions, le nom s'écrit au pluriel.
LOCUTIONS
– ***À court, moyen, long terme.*** Dans un temps court, moyen ou long. *Nous construirons la bibliothèque à court terme.*
Dans les expressions ***à court terme, à moyen terme, à long terme,*** le nom ***terme*** s'écrit au singulier ; il en est ainsi pour l'expression ***à court ou à moyen terme*** qui signifie « soit à court terme, soit à moyen terme » où le nom ***terme*** est sous-entendu. Par contre, si l'expression désigne plusieurs termes, le nom peut s'écrire au singulier ou au pluriel : *à court et à moyen terme* ou *à court et à moyen termes.*
Dans ces expressions, le nom s'écrit au singulier.
– ***Aux termes de,*** loc. prép. Selon. *Aux termes de la loi, cet affichage est illégal.*
– ***En termes de,*** loc. prép. Dans le vocabulaire de. *« En termes de Poésie, on dit [...] »* (*Dictionnaire de l'Académie, 4*e éd.).
– ***En termes de,*** loc. prép. En ce qui a trait à, sur le plan de. *« En termes d'indifférence ou de reconnaissance tacite d'un élément positif »* (Alain Rey). *« Sacrée "année du siècle" en termes de créations d'emplois et de baisse du chômage, 2000 devait être le symbole de ce projet phare de la gauche »* (*Le Monde*). *« Elle apparaît clairement en termes d'urbanisme et de niveau de revenu, deux variables essentielles pour comprendre une ville »* (*L'Express*). *« La mondialisation, depuis 1990, ne se présentait qu'en termes de marchés »* (Antoine Robitaille, *Le Devoir*). SYN. en ce qui concerne ; en matière de ; pour ce qui est de ; relativement à ; sous l'angle de.
Cette locution, qui n'est pas répertoriée dans les dictionnaires, est cependant très usitée sous la plume de bons auteurs ainsi que dans la presse, et ce, dans l'ensemble de la francophonie.
– ***Mener à terme.*** Achever. *Il a su mener à terme son ambitieux programme.*
– ***Mettre un terme à.*** Faire cesser. *Il faudrait mettre un terme à ces discussions.*
– ***Toucher à son terme.*** Se terminer. *L'aventure touche à son terme.*
FORMES FAUTIVES
*terme (d'office). Calque de «*term of office*» pour ***mandat*** (d'un maire, d'un député, etc.).
*termes. Anglicisme au sens de ***conditions*** (d'un contrat).
*termes de référence. Calque de «*terms of reference*» pour ***mandat, attributions.***
*termes et conditions. Calque de «*terms and conditions*» pour ***conditions, stipulations, modalités.***
*termes faciles. Calque de «*easy terms*» pour ***facilités de paiement.***

TERMINAISON n. f.
1. Extrémité. *Les terminaisons nerveuses.*
2. (GRAMM.) Élément variable qui s'ajoute à la suite du radical d'un mot. *Les terminaisons des verbes en* -er.

TERMINAL, ALE, AUX adj. et n. m.
ADJECTIF
Final. *Une phase terminale.*
NOM MASCULIN
1. Installations situées à l'extrémité d'un pipeline.
2. Gare située en tête de ligne.
3. (INFORM.) Périphérique relié à un système d'ordinateur par une ligne de transmission de données et permettant la saisie ou la réception d'informations à traiter. *Des terminaux de point de vente.*

TERMINER v. tr., pronom.
VERBE TRANSITIF
1. Finir. *As-tu terminé ton travail ? La grève est terminée.* SYN. achever.
2. Constituer la fin de quelque chose. *Une série de cascades termine le film.*
VERBE PRONOMINAL
1. Avoir pour dernier élément. *Un mot qui se termine par la lettre* z. *Un toit qui se termine en pointe.*
2. Prendre fin. *Ce film se termine bien. Nos vacances se sont terminées trop rapidement.*
À la forme pronominale, le participe passé de ce verbe s'accorde toujours en genre et en nombre avec son sujet. *L'année s'est terminée dans la joie.*
CONJUGAISON : VOIR MODÈLE AIMER.

TERMINOLOGIE n. f.
1. Ensemble des termes propres à une science, à un art. *La terminologie médicale. La terminologie de la gestion.*
2. Partie de la linguistique qui étudie les désignations techniques servant à dénommer les concepts et les objets. *Une fiche de terminologie, une banque de terminologie.*
La ***terminologie*** recense le vocabulaire technique d'une science, d'un art ; la ***lexicographie*** étudie les unités lexicales d'une langue.

TERMINOLOGIQUE adj.
Qui se rapporte à la terminologie. *Une recherche terminologique, des travaux terminologiques.*

TERMINOLOGUE n. m. et f.
Spécialiste de la terminologie.

TERMINUS n. m.
Le *s* se prononce [tɛrminys] ; le mot rime avec ***sinus.***
Point d'arrêt d'une ligne de transport. *Terminus ! Tout le monde descend !*

TERMITE n. m.
Insecte qui se nourrit de bois.
Attention au genre masculin de ce nom : ***un*** termite.

TERMITIÈRE n. f.
Nid de termites.
termitière.

TERNE adj.
Fade, sans éclat. *Des cheveux ternes, un style terne.* SYN. morne ; plat.

TERNIR v. tr., pronom.
VERBE TRANSITIF
1. Rendre terne. *Ce produit a terni l'éclat du métal.*
2. (FIG.) Salir, porter atteinte à. *Cet incident a terni sa réputation professionnelle.* SYN. déprécier ; souiller.
VERBE PRONOMINAL
1. Devenir terne, perdre son éclat. *Exposé à l'air, l'argent se ternit.*
2. (FIG.) Perdre de sa valeur. *En raison des frasques commises, sa réputation s'est ternie.*
À la forme pronominale, le participe passé de ce verbe s'accorde toujours en genre et en nombre avec son sujet. *La théière d'argent s'est ternie.*
CONJUGAISON : VOIR MODÈLE FINIR.

TERRAIN n. m.
Espace de terre. *Acheter un terrain à la campagne. Des terrains vagues.*
LOCUTIONS
– ***Sur le terrain.*** Sur les lieux de l'action.
– ***Terrain de camping.*** Espace aménagé pour les campeurs. *Des terrains de camping bien ombragés.*

– ***Terrain de jeu*** ou ***terrain de jeux.*** Espace aménagé pour la pratique d'activités de récréation. *Des terrains de jeu* ou *des terrains de jeux magnifiquement entretenus.*
– ***Terrain d'entente.*** (FIG.) Compromis.
– ***Terrain glissant.*** (FIG.) Situation difficile.
– ***Tout-terrain.*** Se dit d'un véhicule qui peut rouler sur tous les types de terrains. *Des véhicules tout-terrains, des tout-terrains.*
La locution était invariable et sans trait d'union; elle s'écrit maintenant généralement avec un trait d'union et le mot ***terrain*** prend la marque du pluriel.

TERRASSE n. f.
1. Plateforme extérieure non couverte par un toit, terrain surélevé. *Un salon donnant sur une terrasse exposée au sud.*
2. Partie du trottoir devant un café, un restaurant, où sont disposées des tables et des chaises. *On mangera une salade à la terrasse du restaurant.*

TERRASSEMENT n. m.
Aménagement d'un terrain. *Des travaux de terrassement. Un engin de terrassement.*

TERRASSER v. tr.
1. Jeter à terre au cours d'un combat. *Les gardiens de sécurité ont terrassé le malfaiteur.*
2. (FIG.) Abattre, atteindre brutalement. *Il a été terrassé par une crise cardiaque. Une crise cardiaque l'a terrassé.*
CONJUGAISON : VOIR MODÈLE AIMER.

TERRE n. f.
1. Sol sur lequel nous marchons. *La terre se couvre de végétation au printemps.*
2. Matière qui recouvre le sol et que l'on peut cultiver. *Il est préférable de semer les vivaces en pleine terre.*
3. Terrain cultivé. *Labourer la terre. Mettre des graines en terre.*
4. Milieu où vivent les habitants de la planète. *Paix sur la terre aux hommes de bonne volonté.*
5. Planète du système solaire. *Nous habitons la Terre.*
T Les mots ***lune, soleil, terre*** s'écrivent avec une majuscule lorsqu'ils désignent la planète, l'astre, le satellite lui-même, notamment dans la langue de l'astronomie et dans les textes techniques; ils s'écrivent avec une minuscule dans les autres utilisations. *La Terre tourne autour du Soleil. Le noyau de la Terre,* mais *un tremblement de terre.*
LOCUTIONS
– ***À terre, par terre,*** loc. adv. Sur le sol. *Il est tombé à terre, par terre.*
Les deux expressions sont synonymes.
– ***Remuer ciel et terre.*** (FIG.) Prendre tous les moyens nécessaires pour atteindre un but.
– ***Terre à terre,*** loc. adj. Qui se limite aux choses pratiques de la vie courante. *Des désirs terre à terre.* SYN. matériel; pragmatique; prosaïque. ANT. élevé; poétique.
Dans cette expression, le nom reste au singulier.

TERREAU n. m. (pl. *terreaux*)
Humus. *Acheter du terreau pour transplanter des arbustes et créer une nouvelle plate-bande.*

TERRE-NEUVE n. m. inv. (pl. *terre-neuve*)
Chien originaire de l'île de Terre-Neuve. *De beaux terre-neuve de pure race.*

TERRE-NEUVE-ET-LABRADOR n. f.
Abréviation *T.-N.-L.* (s'écrit avec des points).
Ce toponyme s'écrit sans article lorsqu'il agit comme complément du nom, contrairement aux noms des autres provinces du Canada. *Les Terre-Neuviens, les Terre-Neuviennes sont les habitants de Terre-Neuve-et-Labrador; les Ontariens, les habitants de l'Ontario. Une tradition terre-neuvienne.*

TERRE-NEUVIEN, IENNE adj. et n. m. et f. (pl. *terre-neuviens*)
De Terre-Neuve-et-Labrador. *Un Terre-Neuvien, une Terre-Neuvienne. Le littoral terre-neuvien.*
T L'adjectif s'écrit avec des minuscules; le nom, avec des majuscules.

TERRE-PLEIN n. m. (pl. *terre-pleins*)
Terrain soutenu par des murets. *Les terre-pleins fleuris de la rue Bernard.*
[Les *Rectifications* (1990) admettent : un terreplein, des terrepleins.]

TERRER (SE) v. pronom.
1. Se cacher sous terre, en parlant d'un animal. *Le lièvre se terre prestement dans son terrier au moindre bruit.* SYN. se tapir.
2. (FIG.) Se réfugier dans un endroit isolé, sûr. *Ces fuyards se sont terrés dans les bois.* SYN. se cacher; disparaître; s'embusquer; se mettre à l'abri; (FAM.) se plaquer.
Le participe passé de ce verbe, qui n'existe qu'à la forme pronominale, s'accorde toujours en genre et en nombre avec son sujet. *Pour échapper à leurs poursuivants, ils se sont terrés dans la cave.*
CONJUGAISON : VOIR MODÈLE AIMER.

TERRESTRE adj.
1. De la Terre. *Un globe terrestre, l'écorce terrestre.*
2. Temporel (par opposition à ***spirituel***). *Les nourritures terrestres.*
3. Qui a lieu sur le sol (par opposition à ***aérien, maritime***). *Les transports terrestres.*

TERREUR n. f.
1. Effroi, frayeur extrême. *Depuis le vol à main armée qui a eu lieu, ces vendeurs vivent dans la terreur.* SYN. angoisse; épouvante.
2. Être, chose qui provoque une grande peur. *Ces voyous sont la terreur du voisinage.*

TERREUX, EUSE adj.
1. Propre à la terre, de la couleur de la terre. *Un teint terreux.*
2. Mêlé de terre. *Des bottes terreuses.* SYN. boueux.

TERRIBLE adj.
1. Propre à inspirer de la terreur. *La tarentule est un animal terrible. Un crime terrible.* SYN. effrayant; épouvantable; horrible; terrifiant.
2. Très pénible, qui a une grande intensité. *Il fait un froid terrible, – 40 °C.*
3. (FAM.) Extraordinaire, remarquable. *Un film terrible.*

TERRIBLEMENT adv.
1. (RARE) D'une manière terrible. *Ces prisonniers ont été traités terriblement.*
2. Extrêmement. *Il faisait terriblement froid. J'ai terriblement soif.*

TERRIEN, IENNE adj. et n. m. et f.
ADJECTIF
Relatif à la terre. *Un propriétaire terrien.*
NOM MASCULIN ET FÉMININ
Personne qui habite la Terre (par opposition à ***extraterrestre, martien,*** etc.).

TERRIER n. m.
1. Cavité creusée dans la terre par certains animaux et qui leur sert d'abri. *Faire sortir un renard de son terrier.*
2. Chien qui était autrefois dressé pour la chasse aux animaux à terrier (lièvre, renard, etc.). *Un terrier de race.*

TERRIFIANT, IANTE adj.
Propre à terrifier, à inspirer de l'horreur. *Des images terrifiantes.* SYN. effrayant; épouvantable; terrible.
Ne pas confondre avec le participe présent invariable ***terrifiant.*** *Les images terrifiant les enfants ne devraient pas être diffusées.*

TERMINOLOGIE GRAMMATICALE

Ce lexique grammatical établit la correspondance entre le vocabulaire des programmes de français du ministère de l'Éducation de 1980 (grammaire classique) et de 1995 (nouvelle grammaire).

T

Grammaire classique	Nouvelle grammaire
Adjectif démonstratif	déterminant démonstratif
Adjectif exclamatif	déterminant exclamatif
Adjectif indéfini	déterminant indéfini
Adjectif interrogatif	déterminant interrogatif
Adjectif numéral cardinal	déterminant numéral
Adjectif numéral ordinal	adjectif ordinal
Adjectif possessif	déterminant possessif
Adjectif qualificatif	adjectif adjectif qualifiant adjectif classifiant
Adjectif relatif	déterminant relatif
Adjectif verbal	participe adjectif
Adverbe	adverbe
Apposition	complément du nom
Article défini	déterminant défini
Article indéfini	déterminant indéfini
Article partitif	déterminant partitif
Attribut	attribut du sujet attribut du complément direct du verbe
Auxiliaire	auxiliaire auxiliaire de temps ou d'aspect auxiliaire de conjugaison auxiliaire de modalité auxiliaire factitif
Complément circonstanciel	complément de phrase complément de verbe
Complément d'agent	complément du verbe passif
Complément de l'adjectif	complément de l'adjectif
Complément déterminatif	complément du nom
Complément d'objet direct	complément direct du verbe
Complément d'objet indirect	complément indirect du verbe
Conditionnel	conditionnel
Conjonction de coordination	conjonction de coordination, coordonnant
Conjonction de subordination	conjonction de subordination, subordonnant
Épithète	complément du nom
Futur antérieur	futur antérieur
Futur simple	futur simple
Imparfait	imparfait
Impératif	impératif
Indicatif	indicatif
Infinitif	infinitif
Interjection	interjection
Locution adjective	adjectif (composé), adjectif (complexe)
Locution adverbiale	adverbe (composé), adverbe (complexe)

TERMINOLOGIE GRAMMATICALE | SUITE >

Locution conjonctive de coordination	coordonnant (composé)
Locution conjonctive de subordination	subordonnant (composé)
Locution nominale	nom (composé)
Locution prépositive	préposition (composée)
Nom commun	nom commun
Nom composé	nom composé
Nom propre	nom propre
Participe passé	participe passé
Participe présent	participe présent
Passé antérieur	passé antérieur
Passé composé	passé composé
Passé simple	passé simple
Phrase déclarative	phrase déclarative
Phrase exclamative	phrase exclamative
Phrase impérative	phrase impérative
Phrase interrogative	phrase interrogative
Plus-que-parfait	plus-que-parfait
Préposition	préposition
Présent	présent
Pronom démonstratif	pronom démonstratif
Pronom indéfini	pronom indéfini
Pronom interrogatif	pronom interrogatif
Pronom personnel	pronom personnel
Pronom possessif	pronom possessif
Pronom relatif	pronom relatif
Proposition	phrase
Proposition indépendante	phrase autonome ou matrice
Proposition principale	phrase autonome ou matrice
Proposition subordonnée	phrase subordonnée
Semi-auxiliaire	auxiliaire de temps ou d'aspect auxiliaire de modalité auxiliaire factitif
Style direct	discours rapporté direct
Style indirect	discours rapporté indirect
Subjonctif	subjonctif
Subordonnée circonstancielle	subordonnée circonstancielle
Subordonnée complétive	subordonnée complétive
Subordonnée relative	subordonnée relative
Superlatif	superlatif
Verbe d'état, verbe copule	verbe attributif
Verbe impersonnel	verbe impersonnel
Verbe intransitif	verbe intransitif
Verbe principal	verbe de la phrase autonome ou matrice
Verbe pronominal	verbe pronominal
Verbe transitif	verbe transitif
Voix active	phrase de forme active
Voix passive	phrase de forme passive

T

TERRIFIER v. tr.
Effrayer vivement, causer de la terreur. *Ces cris les ont terrifiés.* SYN. épouvanter; terroriser.
CONJUGAISON : VOIR MODÈLE ÉTUDIER.
Redoublement du ***i*** à la première et à la deuxième personne du pluriel de l'indicatif imparfait et du subjonctif présent. *(Que) nous terrifiions, (que) vous terrifiiez.*

TERRINE n. f.
1. Récipient de terre, de forme ronde. *Une terrine qui va au four.*
2. Contenu d'une terrine. *Une terrine de foie gras.*
terrine.

TERRITOIRE n. m.
1. Étendue de terre sur laquelle vit une collectivité nationale. *Le territoire québécois.*
2. Zone occupée par un animal. *Le chien marque son territoire.*
territoire.

TERRITOIRE DU YUKON n. m.
Abréviation ***Yn*** (s'écrit sans point).
Les habitants du Territoire du Yukon sont des Yukonnais, des Yukonnaises. *Une tradition yukonnaise.*

TERRITOIRES DU NORD-OUEST n. m. pl.
Abréviation *T. N.-O.* (s'écrit avec des points et un trait d'union).
Les habitants des Territoires du Nord-Ouest sont des Ténois, des Ténoises. *Une tradition ténoise.* Ce gentilé est formé à partir de l'acronyme de **T**erritoires du **N**ord-**O**uest.

TERRITORIAL, IALE, IAUX adj.
Qui concerne un territoire. *Des eaux territoriales.*
territorial.

TERRITORIALITÉ n. f.
Qualité de ce qui fait partie du territoire d'un pays.
territorialité.

TERROIR n. m.
1. Terre considérée du point de vue de la production agricole.
2. Région rurale considérée sous le rapport de la culture, de la langue. *Un accent du terroir.*

TERRORISER v. tr.
1. Soumettre à un régime de terreur. *Des soldats ennemis terrorisaient la population.* SYN. terrifier.
2. (FIG.) Intimider, épouvanter. *Un candidat terrorisé par le comité de sélection.* SYN. effrayer.
CONJUGAISON : VOIR MODÈLE AIMER.

TERRORISME n. m.
Ensemble d'actes de violence commis en vue de renverser le pouvoir établi, d'atteindre un but déterminé. *Le terrorisme ne peut se justifier.*

TERRORISTE adj. et n. m. et f.
Qui pratique le terrorisme. *L'avion a été détourné par des terroristes.*

TERTIAIRE adj. et n. m.
ADJECTIF
1. Se dit de l'ère géologique la plus récente à la fin de laquelle apparut l'homme.
2. (ÉCON.) Se dit du secteur d'activité économique qui regroupe les services (administration, transport, informatique, commerce, etc.). *Les services comptables appartiennent au secteur tertiaire.*
Le ***secteur primaire*** regroupe les activités productrices de matières premières (agriculture, mines, etc.); le ***secteur secondaire,*** les activités de transformation des matières premières en biens (industrie); le ***secteur quaternaire,*** les activités de recherche, de conseil.
NOM MASCULIN
(ÉCON.) Secteur d'activité économique qui regroupe les services (administration, transport, informatique, commerce, etc.). *Le tertiaire et le quaternaire.*

TERTIO adv.
Le deuxième ***t*** se prononce ***s***, [tɛrsjo]; le nom rime avec ***siau.***
Troisièmement.
[T] En typographie soignée, les mots étrangers sont composés en italique. Dans des textes déjà en italique, la notation se fait en romain. Pour les textes manuscrits, on utilisera les guillemets.

TERTRE n. m.
Monticule, butte dont le sommet est aplati.

TES adj. poss. pl.
1. Déterminant possessif pluriel de la deuxième personne du singulier qui détermine le nom en indiquant le « possesseur » de l'objet désigné. Il s'accorde en genre et en nombre avec le nom déterminé. *Tes jouets.*
2. Le déterminant possessif s'accorde en personne avec le nom désignant le « possesseur ». Ainsi, le déterminant possessif ***tes*** renvoie à un seul « possesseur » de plusieurs êtres, de plusieurs objets. *Fanny, joue avec* tes *animaux !* (un seul possesseur). *Fanny et Laurence, jouez avec* vos *animaux !* (plusieurs possesseurs).
VOIR TABLEAU – POSSESSIF ET PRONOM POSSESSIF (DÉTERMINANT).

TESSON n. m.
La première syllabe se prononce ***té,*** [tesɔ̃], comme dans ***thé.***
Débris de verre.

TEST n. m.
Les lettres ***st*** se prononcent, [tɛst]; le mot rime avec ***lest.***
1. Examen destiné à évaluer certaines aptitudes d'une personne dans un domaine spécifique. *Passer un test de français, de mathématiques. Les élèves ont été soumis à des tests de fin d'année.* SYN. épreuve.
2. Évaluation de nature qualitative ou quantitative des caractéristiques de quelque chose. *Faire des tests de laboratoire.*
Ce nom s'emploie surtout en psychologie, en médecine, en statistique; dans les domaines techniques, on emploiera de préférence ***épreuve, essai.***

TESTAMENT n. m.
1. (DR.) Acte par lequel une personne expose ses dernières volontés et prévoit à qui elle léguera ses biens après sa mort. *Grand-papa et grand-maman ont fait leur testament.*
2. Nom de deux des livres bibliques. *L'Ancien Testament, le Nouveau Testament.*
[T] Le nom des livres bibliques s'écrit avec une majuscule ainsi que l'adjectif qui le précède.

TESTAMENTAIRE adj.
Relatif à un testament. *Des dispositions testamentaires.*
Dans le nouveau Code civil, l'expression ***exécuteur testamentaire*** a été remplacée par le nom ***liquidateur, liquidatrice.***
testament**aire**.

TESTATEUR, TRICE n. m. et f.
(DR.) Personne qui a fait un testament.

TESTER v. tr., intr.
VERBE TRANSITIF
1. Soumettre à un test. *Tester des candidats.*
2. Expérimenter. *Le pilote de course a testé un nouveau moteur.* SYN. éprouver; essayer.
VERBE INTRANSITIF
(JUR.) Faire un testament. *Il a testé en faveur de ses enfants.*
FORME FAUTIVE
*testé positif (être). Calque de « *tested positive* » pour ***contrôle de dopage positif*** et, si le contexte est suffisamment clair, ***test positif, résultat du test positif.*** *Le test de XYZ était positif* ou *s'est révélé positif* (et non *XYZ a été testé positif). *Cet athlète a obtenu un résultat positif au contrôle antidopage; il a été déclaré positif.*
CONJUGAISON : VOIR MODÈLE AIMER.

TESTICULE n. m.
Glande génitale double des mâles qui produit les spermatozoïdes et qui sécrète l'hormone mâle.
Attention au genre masculin de ce nom : ***un*** testicule.

TESTOSTÉRONE n. f.
Hormone mâle produite par les testicules.
Attention au genre féminin de ce nom : ***une*** testostérone.

TÉTANISER v. tr.
1. Provoquer des symptômes semblables à ceux du tétanos.
2. (FIG.) Stupéfier, paralyser par l'émotion, la surprise, etc. *La peur les tétanisa.*
CONJUGAISON : VOIR MODÈLE AIMER.

TÉTANOS n. m.
Le **o** est fermé et le **s** se prononce, [tetanos].
Maladie infectieuse grave. *Un vaccin contre le tétanos.*

TÊTARD n. m.
Petit de la grenouille. *La mare est remplie de têtards.*
VOIR TABLEAU – ANIMAUX.
têtard.

TÊTE n. f.
1. Partie supérieure du corps humain, partie supérieure ou avant du corps des animaux. *Cette personne a une blessure légère à la tête. Julien a aperçu la belle tête de son cheval.*
2. Intelligence, jugement. *Avoir une idée en tête. J'ai la tête pleine de chiffres.*
3. Aspect du visage. *Il a une bonne tête, il paraît sympathique.*
4. Partie supérieure de quelque chose. *La foudre a frappé la tête du chêne.*
5. Position dominante, direction. *Elle est à la tête de l'entreprise. Ce cycliste est en tête du peloton.*
LOCUTIONS
– ***Aller la tête haute.*** (FIG.) Être fier à juste titre.
– ***À tue-tête,*** loc. adv. Très fort. *Ils criaient à tue-tête.*
– ***Avoir du front tout le tour de la tête.*** (FAM.) Être effronté, avoir du culot.
– ***Avoir la tête dure, avoir une tête de pioche.*** Être têtu à l'excès.
– ***Avoir la tête sur les épaules.*** (FIG.) Être raisonnable, équilibré.
– ***Avoir toute sa tête.*** Être pleinement conscient.
– ***Coup de tête.*** Décision impulsive, sans réflexion. *Il est parti sur un coup de tête.*
– ***Coûter les yeux de la tête.*** Être très cher.
– ***Donner sa tête à couper.*** Être certain, convaincu de quelque chose.
– ***En avoir par-dessus la tête.*** (FAM.) Être exaspéré par quelqu'un, par quelque chose. *Il en a par-dessus la tête de tous ces retards.*
– ***En tête,*** loc. adv. En mémoire. *Je n'ai pas son nom en tête.*
Ne pas confondre avec le nom masculin ***en-tête,*** dénomination officielle imprimée en tête d'un papier, qui s'écrit avec un trait d'union.
– ***En tête à tête.*** Seul à seul.
– ***En tête de, à la tête de,*** loc. prép. En avant de. *Le cycliste est en tête du peloton.*
Ces locutions s'écrivent sans trait d'union.
– ***Être tête heureuse.*** Être écervelé.
– ***Être tombé sur la tête.*** (FIG.) Avoir perdu l'esprit. *Es-tu tombé sur la tête ? Tu roules en vélo sans ton casque, c'est très dangereux.*
– ***Faire la tête.*** Être de mauvaise humeur, bouder.
– ***Faire une tête d'enterrement.*** Avoir l'air triste.
– ***Garder la tête haute.*** Demeurer digne, être déterminé malgré les obstacles.
– ***N'en faire qu'à sa tête.*** Ne pas tenir compte de l'avis des autres.
– ***Ne pas être la tête à Papineau.*** (FAM.) Ne pas être très vif d'esprit.
– ***Où ai-je la tête ?*** Ai-je perdu la raison ?
– ***Perdre la tête.*** (FIG.) Ne plus avoir toute sa raison, se montrer déraisonnable.
– ***Relever la tête.*** (FIG.) Reprendre de la confiance en soi, du courage.
– ***Sans queue ni tête.*** (FIG.) Déraisonnable, sans jugement. *C'est un projet sans queue ni tête.*
– ***Se creuser la tête.*** (FIG.) Chercher dans sa mémoire.
– ***Se mettre dans la tête.*** S'imaginer. *Comment as-tu pu te mettre cette idée dans la tête ?*
– ***Se mettre*** ou ***avoir martel en tête.*** S'inquiéter de façon exagérée.
– ***Se payer la tête de quelqu'un.*** (FIG.) Rire à ses dépens, s'en moquer.
– ***Se taper la tête contre les murs.*** (FAM.) (FIG.) Être découragé.
– ***Tenir tête.*** Résister. *Les policiers tiennent tête aux manifestants.*
– ***Tête baissée (foncer, se jeter).*** (FIG.) Sans réfléchir.
FORME FAUTIVE
*tête de violon. Calque de «*fiddle head*» pour **crosse de fougère.**

TÊTE-À-QUEUE n. m. inv. (pl. *tête-à-queue*)
Demi-tour complet d'un véhicule. *La voiture a fait un tête-à-queue en raison du verglas.*

TÊTE-À-TÊTE n. m. inv. (pl. *tête-à-tête*)
Entretien particulier entre deux personnes. *Des tête-à-tête agréables.*
Le nom s'écrit avec des traits d'union.
LOCUTION
– ***En tête à tête, en tête-à-tête,*** loc. adv. Seul à seul. *Les amoureux étaient en tête à tête, en tête-à-tête.*
La locution s'écrit avec ou sans traits d'union.

TÊTE-BÊCHE adv.
Se dit de deux personnes, de deux objets placés dans une position inverse. *Les statuettes sont placées tête-bêche dans la boîte.*
[Les *Rectifications* (1990) admettent : têtebêche.]

TÊTE-DE-MAURE adj. inv. et n. m. inv. (pl. *tête-de-Maure*)
ADJECTIF INVARIABLE
De couleur brun foncé.
VOIR TABLEAU – COULEUR (ADJECTIFS DE).
NOM MASCULIN INVARIABLE
Couleur brun foncé.

TÊTE-DE-MAURE n. f. (pl. *têtes-de-Maure*)
Fromage de Hollande. *Des têtes-de-Maure savoureuses.*

TÊTE-DE-NÈGRE adj. inv. et n. m. inv. (pl. *tête-de-nègre*)
ADJECTIF INVARIABLE
De couleur brun très foncé. *Des canapés tête-de-nègre.*
VOIR TABLEAU – COULEUR (ADJECTIFS DE).
NOM MASCULIN INVARIABLE
Couleur brun très foncé.

***TÊTE DE VIOLON**
Calque de l'anglais «*fiddle head*» pour **crosse de fougère.**

TÉTÉE n. f.
1. Action de téter. *C'est l'heure de la tétée pour bébé Luc !*
2. Quantité de lait que tète le nouveau-né. *La jeune maman donne la tétée plusieurs fois par jour.*
tétée.

TÉTER v. tr., intr.
Sucer le lait, en parlant d'un nourrisson, d'un jeune animal.
CONJUGAISON : VOIR MODÈLE POSSÉDER.
Le ***é*** se change en ***è*** devant une syllabe contenant un ***e*** muet, sauf à l'indicatif futur et au conditionnel présent. *Je tète,* mais *je téterai.*
[Les *Rectifications* (1990) admettent : il tètera, tèterait...]

TÉTINE n. f.
1. Pièce de caoutchouc percée d'une ouverture et qui permet à l'enfant de boire au biberon. *On doit stériliser les tétines.*
2. Sucette. *Bébé Fanny a perdu sa tétine* (et non sa *suce).

T

TÉTON n. m.
(FAM.) Sein.

TÉTR(A)- préf.
Élément du grec signifiant « quatre ». *Tétrapode.*

TÉTRAÈDRE n. m.
Figure à quatre faces triangulaires. *La pyramide est un tétraèdre.*

TÉTRAÉDRIQUE adj.
En forme de tétraèdre.

TÉTRAPLÉGIE n. f.
(MÉD.) Paralysie des quatre membres. SYN. quadriplégie.

TÉTRAPODE n. m.
Vertébré doté de quatre membres.
Le mot ***tétrapode*** se dit de tous les animaux à quatre pattes, tandis que le mot ***quadrupède*** ne se dit que des mammifères.

TÉTRAS n. m.
Le *s* ne se prononce pas, [tetra] ; le nom rime avec ***intra.***
Coq de bruyère.
Au Québec, le tétras est confondu avec la perdrix.

TÊTU, UE adj.
Qui a la tête dure, qui change difficilement d'idée. *Elle est trop têtue pour se ranger à votre avis.* SYN. buté ; entêté ; obstiné.
Les synonymes ***buté, entêté, têtu*** ont un sens défavorable, tandis que les adjectifs ***décidé, persévérant, tenace, volontaire*** ont un sens favorable. Selon le contexte, l'adjectif ***obstiné*** peut avoir une connotation favorable ou défavorable.
têtu.

TEUTON, ONNE adj. et n. m. et f.
Relatif à l'ancienne Germanie.
teutonne.

TEUTONIQUE adj.
Relatif aux Teutons.
teutonique.

TEXAN, ANE adj. et n. m. et f.
Le *x* se prononce ***ks,*** [tɛksɑ̃].
Du Texas. *Un chapeau texan. Un Texan, une Texane.*
[T] L'adjectif s'écrit avec une minuscule ; le nom, avec une majuscule.

TEXTE n. m.
1. Ensemble des mots d'un écrit. *Réviser un texte.*
2. Œuvre littéraire. *Un texte philosophique.*
LOCUTION
– ***Traitement de texte.*** (INFORM.) Ensemble des opérations telles que la saisie, la correction et la mise en forme, qui visent à établir un document à l'aide des techniques informatiques. *Un logiciel de traitement de texte jumelé à une banque de données.*
Dans cette expression, le mot ***texte*** est généralement au singulier, mais il peut s'écrire également au pluriel.

TEXTILE adj. et n. m.
ADJECTIF
1. Qui peut être divisé en fibres propres à faire un tissu. *Des matières textiles.*
2. Qui se rapporte au tissage, à la fabrication des tissus. *L'industrie textile.*
NOM MASCULIN
Matière, fibre qui peut être tissée. *La soie est un textile naturel, le nylon, un textile synthétique.*

TEXTO adv.
(FAM.) Textuellement. *Le président a été cité texto.*

***TEXTO**
Marque déposée pour ***message SMS, minimessage.***

TEXTUEL, ELLE adj.
Qui est exactement conforme au texte, aux paroles. *Une citation textuelle.*
LOCUTION
– ***Organisateur textuel.*** (GRAMM.) Mot ou groupe de mots qui établit la liaison entre des phrases, qui assure l'organisation générale d'un texte en marquant son articulation logique, une succession dans le temps ou une situation dans l'espace. SYN. connecteur.
VOIR TABLEAU – CONNECTEUR.

TEXTUELLEMENT adv.
Mot à mot. *Il n'a pas rapporté ses paroles textuellement.*

TEXTURE n. f.
1. État d'une étoffe tissée. *La texture douce d'un lainage.*
2. Composition d'une substance. *La texture d'une glace.*
3. Arrangement des éléments d'un corps, d'une substance.

TEXTURER ou **TEXTURISER** v. tr.
Donner une texture particulière. *Un revêtement texturé.*
CONJUGAISON : VOIR MODÈLE AIMER.

TGV
Sigle de ***train à grande vitesse.***

th
Symbole de ***thermie.***

THAÏ, THAÏE adj. et n. m. et f.
ADJECTIF ET NOM MASCULIN ET FÉMININ
Relatif aux peuples de la Thaïlande, de la Birmanie, du Laos, du Vietnam. *La cuisine thaïe. Un Thaï, une Thaïe.*
[T] L'adjectif s'écrit avec une minuscule ; le nom, avec une majuscule.
NOM MASCULIN
Langue parlée en Thaïlande.
[T] Le nom de la langue s'écrit avec une minuscule.

THAÏLANDAIS, AISE adj. et n. m. et f.
De Thaïlande. *Une danse thaïlandaise. Un Thaïlandais, une Thaïlandaise.*
[T] L'adjectif s'écrit avec une minuscule ; le nom, avec une majuscule.

THALAMUS n. m.
Le *s* se prononce, [talamys] ; le nom rime avec ***puce.***
Partie du cerveau.
thalamus.

THALASSO- préf.
Élément du grec signifiant « mer ». *Thalassothérapie.*

THALASSOTHÉRAPIE n. f.
Méthode thérapeutique fondée sur les bains de mer et le climat marin.
thalassothérapie.

THALIDOMIDE n. f.
Médicament dont l'emploi a provoqué des malformations de l'embryon.
thalidomide.

THANATO- préf.
Élément du grec signifiant « mort ». *Thanatologie.*

THANATOLOGIE n. f.
Étude scientifique de la mort.

THAUMATURGE adj. et n. m.
(LITT.) Personne qui fait des miracles.
thaumaturge.

THÉ n. m.
1. Feuilles du théier qui contiennent la théine. *Achetez-moi du thé, s.v.p.*
2. Boisson préparée avec les feuilles de thé. *Des salons de thé. Prendre un thé (au) citron. Le thé de 5 h est servi.*

LOCUTION
– ***Rose(-)thé.*** De la couleur ambrée du thé. *Des soies rose thé, rose-thé.*
VOIR TABLEAU – COULEUR (ADJECTIFS DE).
➾ thé.

THÉÂTRAL, ALE, AUX adj.
1. Qui a le caractère du théâtre. *Des jeux théâtraux.*
2. Qui ressemble au théâtre par l'emphase, l'exagération. *Elle a des intonations trop théâtrales.*

THÉÂTRALEMENT adv.
D'une manière emphatique, pompeuse.

THÉÂTRE n. m.
1. Édifice où l'on joue des ouvrages dramatiques, où l'on donne des spectacles. *Un théâtre dont l'acoustique est excellente.*
[T] Si le nom fait partie de la désignation d'une salle de spectacle, d'une troupe de théâtre, il s'écrit avec une majuscule. *Le Théâtre du Nouveau Monde, le Théâtre national populaire, le Théâtre national de l'Odéon.* Si le nom ne fait pas partie du nom officiel, il s'écrit alors avec une minuscule. *Le théâtre Port-Royal, le théâtre du Vieux-Colombier.*
2. Art de l'acteur. *Il fait du théâtre.*
3. Ensemble des pièces d'un auteur. *Le théâtre de Michel Tremblay.*
4. Lieu où se passent des évènements. *Cette région fut le théâtre d'un affrontement militaire.*
LOCUTION
– ***Coup de théâtre.*** Péripétie inattendue.

-THÉE suff.
Élément du grec signifiant « dieu ». *Athée.*

THÉIER, IÈRE adj. et n. m.
ADJECTIF
Relatif au thé. *Industrie théière.*
NOM MASCULIN
Arbre cultivé pour ses feuilles.

THÉIÈRE n. f.
Récipient dans lequel on sert le thé. *Une belle théière de porcelaine.*
➾ théière.

THÉINE n. f.
Caféine contenue dans le thé.

THÉMATIQUE adj. et n. f.
ADJECTIF
Relatif à un thème. *Un index thématique. À l'Expo 67, il y avait des pavillons thématiques.*
NOM FÉMININ
Ensemble des thèmes d'une œuvre. *La thématique de ce poète est très riche.*
➾ thématique.

THÈME n. m.
1. Motif, sujet. *Le thème de son exposé est tout à fait actuel.*
2. (LING.) Dans un énoncé, ce dont on parle par opposition à ce qui est dit à propos de ce dont on parle. *La voiture* (thème ou sujet) *roule à vive allure* (prédicat).
FORME FAUTIVE
*thème (musical). Anglicisme au sens de ***indicatif musical.*** *Le concerto n° 1 de Rachmaninov servait d'indicatif* (et non de *thème) *musical à l'émission* Apostrophes.
➾ thème.

THÉO- préf.
Élément du grec signifiant « dieu ». *Théologie.*

THÉOLOGIE n. f.
Science qui a pour objet les questions religieuses.
➾ théologie.

THÉOLOGIEN n. m.
THÉOLOGIENNE n. f.
Spécialiste de la théologie.

THÉOLOGIQUE adj.
Qui concerne la théologie. *Des études théologiques.*
➾ théologique.

THÉORÈME n. m.
Proposition destinée à être rendue évidente au moyen d'une démonstration. *Le théorème de Pythagore.*
➾ théorème.

THÉORICIEN, IENNE n. m. et f.
Personne qui étudie la théorie d'un art, d'une science (par opposition à ***praticien***).

THÉORIE n. f.
Ensemble de connaissances abstraites, d'idées, qui s'appliquent à un domaine particulier. ANT. pratique.
LOCUTION
– ***En théorie,*** loc. adv. De façon abstraite. ANT. en pratique.
➾ théorie.

THÉORIQUE adj.
1. Qui appartient à la théorie. *Les fondements théoriques de cette recherche.*
2. Qui se limite à la théorie et manque de réalisme. *Une hypothèse purement théorique.* ANT. pratique.
☞ En ce sens, l'adjectif a un sens défavorable.

THÉORIQUEMENT adv.
1. Selon la théorie (par opposition à ***pratiquement***). *Cette démonstration a été faite théoriquement, il faut maintenant en faire l'expérience.*
2. (FAM.) En principe. *Théoriquement, nous devrions être de retour à la fin du mois.*

-THÈQUE suff.
Élément du grec signifiant « armoire ».
☞ Les mots composés avec le suffixe ***-thèque*** s'écrivent en un seul mot. *Bibliothèque, discothèque.*

THÉRAPEUTE n. m. et f.
Personne qui soigne les malades, quelles que soient les techniques utilisées. *Une thérapeute qui emploie la kinésithérapie.*
➾ thérapeute.

THÉRAPEUTIQUE adj.
Qui est relatif au traitement des maladies. *L'efficacité thérapeutique d'un médicament.*
➾ thérapeutique.

-THÉRAPIE suff.
Élément du grec signifiant « soin ».
☞ Les mots composés avec le suffixe ***-thérapie*** s'écrivent en un seul mot. *Physiothérapie, radiothérapie.*

THÉRAPIE n. f.
Mode de traitement de certaines maladies psychiatriques. *Suivre une thérapie familiale.*
LOCUTION
– ***Thérapie génique.*** Traitement médical par introduction dans l'organisme d'un gène modifié en laboratoire. *Les maladies héréditaires, les cancers, les infections, la maladie d'Alzheimer comptent parmi les principales indications de la thérapie génique.* SYN. génothérapie.
➾ thérapie.

THERM- préf.
Élément du grec signifiant « chaleur ».
☞ Les mots composés du préfixe ***therm-*** s'écrivent en un seul mot. *Thermique.*

THERMAL, ALE, AUX adj.
Qui se rapporte aux eaux minérales chaudes. *Des eaux thermales, des établissements thermaux.*
➾ thermal.

T

THERMES n. m. pl.
Établissement de bains dans l'Antiquité gréco-romaine. *Les thermes de Caracalla à Rome.*
HOM. ***terme***, mot, expression.

THERMIE n. f.
Symbole ***th*** (s'écrit sans point).
Unité de quantité de chaleur.

THERMIQUE adj.
Relatif à la chaleur. *Une centrale thermique.*
thermique.

THERMO- préf.
Élément du grec signifiant « chaleur ».
Les mots composés avec le préfixe ***thermo-*** s'écrivent en un seul mot. *Thermomètre.*

THERMOÉLECTRICITÉ n. f.
Électricité produite par l'énergie thermique.
thermoélectricité, en un seul mot.

THERMOÉLECTRIQUE adj.
Relatif à la thermoélectricité.
thermoélectrique, en un seul mot.

THERMOMÈTRE n. m.
Instrument de mesure des températures. *Le thermomètre indique 40°, la malade est très fiévreuse.*
thermomètre.

THERMOMÉTRIE n. f.
Mesure des températures.
thermométrique.

THERMONUCLÉAIRE adj.
Se dit des réactions de fusion nucléaire provoquées par de hautes températures.
thermonucléaire.

THERMOPOMPE n. f.
Appareil de chauffage. SYN. pompe à chaleur.
thermopompe.

THERMOPROPULSION n. f.
Propulsion obtenue par énergie thermique.
thermopropulsion.

THERMOS n. m. ou f.
Le ***o*** est fermé et le ***s*** se prononce, [tɛrmos] ; le mot rime avec ***hausse***.
Récipient isolant où l'on peut conserver un liquide à la même température pendant quelque temps. *Mettre du chocolat chaud dans un thermos.*
Ce nom est une marque déposée qui est passée dans l'usage et s'écrit maintenant avec une minuscule. Les auteurs ne s'entendent pas sur le genre de ce nom ; au Québec, il est de genre masculin.
thermos.

THERMOSTAT n. m.
Le ***t*** final ne se prononce pas, [tɛrmɔsta] ; le ***o*** est ouvert et se prononce comme dans ***os***.
Appareil servant à régler la température. *Le thermostat de cette pièce est à 20 °C.*
thermostat.

THÉSAURISATION n. f.
(ÉCON.) Fait d'accumuler des valeurs de façon improductive. *Le bas de laine est un exemple de thésaurisation.*
thésaurisation.

THÉSAURISER v. tr.
(LITT.) Amasser de l'argent sans l'investir. *Ces personnes ont tendance à thésauriser. Elles ont thésaurisé des milliers de dollars.*
CONJUGAISON : VOIR MODÈLE AIMER.
thésauriser.

THÉSAURUS n. m. inv.
La premier ***s*** se prononce ***z*** et le ***s*** final se prononce, [tezɔrys].
(LING.) Répertoire alphabétique des mots d'une langue, d'un domaine scientifique, technique, etc.
La graphie latine, sans accent, est également possible.
thésaurus.

THÈSE n. f.
1. Proposition énoncée dont on cherche à démontrer la vérité, le bien-fondé. *Il défend la thèse du libéralisme économique.*
2. Recherche présentée pour l'obtention du grade de docteur. *Soutenir une thèse de doctorat.*
Pour la maîtrise, cet écrit est un ***mémoire***.
thèse.

THÊTA n. m. inv.
Lettre grecque.
[Les *Rectifications* (1990) admettent : des thêtas.]

THIAMINE n. f.
Vitamine B_1.
thiamine.

THIBAUDE n. f.
Tissu épais servant à doubler un tapis, une moquette. *Installer une thibaude* (et non un *sous-tapis) *sur laquelle on placera un tapis.*

THON n. m.
Poisson apprécié pour sa chair. *Une salade de thon.*
HOM. ***ton***, hauteur de la voix, couleur.
thon.

THONIER n. m.
Navire destiné à la pêche au thon.
thonier.

THORACIQUE adj.
Qui appartient au thorax. *La cage thoracique.*
thoracique.

THORAX n. m.
Le ***x*** se prononce, [tɔraks] ; le mot rime avec ***axe***.
Partie du tronc qui contient les poumons et le cœur.
thorax.

***THRILLER**
Anglicisme pour ***film*** ou ***roman d'aventures, film policier, film fantastique, livre à suspense.***

THROMBOSE n. f.
Formation de caillots dans un vaisseau sanguin.
thrombose.

THURIFÉRAIRE n. m.
1. (LITURG.) Porteur d'encensoir. *Les thuriféraires encensaient le chœur.*
2. (LITT.) (FIG.) Flatteur. *Ses fidèles thuriféraires célèbrent son œuvre à qui mieux mieux.*
thuriféraire.

THUYA n. m.
Le nom se prononce [tyja].
Conifère ornemental proche du genévrier. *Une haie de thuyas.* SYN. ⚜ cèdre.

THYM n. m.
Le ***m*** est muet, [tɛ̃] ; le nom rime avec ***étain***.
Plante aromatique. *Un gigot assaisonné de thym et de romarin.*
HOM.
- ***tain***, substance dont on revêt le dos d'une glace ;
- ***teint***, coloration du visage.

thym.

THYMUS n. m.
Le *s* final se prononce, [timys] ; le nom rime avec ***puce***.
Glande située à la partie inférieure du cou, qui n'existe que chez l'enfant et les jeunes animaux.
Le thymus de veau est couramment appelé ***ris de veau***.
thymus.

THYROÏDE n. f.
Glande endocrine située à l'avant du cou.
thyroïde.

THYROÏDIEN, IENNE adj.
Qui est relatif à la thyroïde. *Une insuffisance thyroïdienne.*

TIARE n. f.
Coiffure du pape.
tiare.

TIBÉTAIN, AINE adj. et n. m. et f.
ADJECTIF ET NOM MASCULIN ET FÉMININ
Du Tibet. *Un moine tibétain. Un Tibétain, une Tibétaine.*
T L'adjectif s'écrit avec une minuscule ; le nom, avec une majuscule.
NOM MASCULIN
Langue parlée au Tibet. *Elle parle le tibétain.*
T Le nom de la langue s'écrit avec une minuscule.

TIBIA n. m.
Os long de la face interne de la jambe. *Le tibia et le péroné. Des tibias fracturés.*

TIC n. m.
1. Mouvement involontaire répétitif. *Il a de nombreux tics : il bouge la tête de gauche à droite, fait des grimaces et cligne des yeux sans arrêt.*
2. Manie. *Elle a un tic de langage : elle ponctue chaque phrase du mot* tsé.
HOM. ***tique***, insecte parasite.
tic.

TICKET n. m.
Le ***t*** final ne se prononce pas, [tikɛ] ; le mot rime avec ***coquet***.
Petit rectangle de carton qui sert de billet d'admission dans un véhicule public, une exposition, etc. *Des tickets de métro.*
SYN. billet.
LOCUTIONS
– ***Ticket de caisse.*** Petit reçu où figurent le prix de chaque article ainsi que le montant total payé.
– ***Ticket modérateur.*** Partie des frais médicaux à la charge du bénéficiaire des soins. *Des tickets modérateurs.*
FORME FAUTIVE
*ticket. Anglicisme au sens de ***contravention***.

TIC-TAC ou **TIC TAC** n. m. inv. (pl. *tic-tac, tic tac*)
Bruit d'un mécanisme d'horlogerie. *Les tic-tac* ou *tic tac d'une horloge.*
[Les *Rectifications* (1990) admettent : un tictac, des tictacs.]

TIÈDE adj.
1. Légèrement chaud. *Un potage tiède.*
2. (FIG.) Qui manque d'enthousiasme. *Des applaudissements tièdes.*
tiède.

TIÈDEMENT adv.
Avec tiédeur. *Les spectateurs ont accueilli le spectacle tièdement.*

TIÉDEUR n. f.
1. Caractère de ce qui est légèrement tiède.
2. (FIG.) Manque d'enthousiasme. SYN. indifférence.
tiédeur.

TIÉDIR v. tr., intr.
VERBE TRANSITIF
1. Rendre tiède. *Le lait frais a tiédi le café de maman.*
2. (FIG.) Diminuer la ferveur. *Ces piètres résultats financiers ont tiédi sa détermination.*
VERBE INTRANSITIF
1. Devenir tiède. *Ton café tiédit.*
2. (FIG.) Perdre son intensité. *Sa ferveur a tiédi.*
CONJUGAISON : VOIR MODÈLE FINIR.
tiédir.

TIEN, TIENNE n. m. et pron. poss.
PRONOM POSSESSIF
Pronom possessif de la deuxième personne du singulier. Qui est à toi. *Ces enfants sont les tiens.*
Le pronom est toujours accompagné de l'article défini ; le mot ***tien*** s'emploie parfois en fonction d'attribut, sans article, comme un adjectif. *Cette maison est tienne.*
NOM MASCULIN
Tien. Ce qui t'appartient. *Y mettre du tien.*
NOM MASCULIN PLURIEL
Tiens. Tes proches, ta famille. *Tu te sens bien près des tiens.*

TIERCE n. f.
Intervalle de deux notes de musique.
VOIR – TIERS.
tierce.

TIERCÉ n. m.
Forme de pari où l'on mise sur les chevaux qui devraient se classer aux trois premières places.

TIERS, TIERCE adj. et n. m.
ADJECTIF
Troisième. *Une tierce personne.*
NOM MASCULIN
1. Troisième partie d'un tout. *Les deux tiers des participants ont voté pour la proposition.*
Si le sujet du verbe est un collectif précédé du déterminant indéfini ***un, une*** et suivi d'un complément au pluriel, le verbe se met au singulier lorsque l'auteur veut insister sur le tout, l'ensemble ; au pluriel, s'il veut insister sur la pluralité, la multiplicité. *Un tiers des élèves ont réussi, a réussi.* Si le sujet du verbe est un collectif précédé du déterminant défini ***(le, la)***, d'un déterminant possessif ***(mon, ma, ton, ta, son, sa)***, d'un déterminant démonstratif ***(ce, cette)*** et s'il est suivi d'un complément au pluriel, le verbe se met généralement au singulier. *Le tiers des élèves a réussi.* Si le sujet du verbe est un collectif précédé du déterminant défini pluriel, l'accord du verbe se fait au pluriel. *Les deux tiers des participants ont voté pour cette candidate.*
VOIR TABLEAU – COLLECTIF.
2. Troisième personne, et par extension, une personne étrangère. *Ce contrat doit être signé en présence d'un tiers.*
LOCUTION
– ***Deux tiers.*** Deux des trois parties égales d'un tout. *Les deux tiers des participantes sont persuadées* ou *persuadés du bien-fondé de la proposition.*
L'accord du verbe se fait au pluriel lorsqu'une fraction est précédée d'un déterminant au pluriel ; l'accord en genre du participe ou de l'adjectif se fait avec l'expression numérale (au masculin) ou avec le complément. L'expression s'écrit sans trait d'union.

TIERS-MONDE n. m. (pl. *tiers-mondes*)
Ensemble des pays en voie de développement.
On écrivait sans trait d'union l'expression ***tiers monde***. Elle s'écrit maintenant avec un trait d'union.

TIGE n. f.
1. Partie de la plante qui porte les feuilles. *La longue tige d'un rosier.*
2. Partie allongée et cylindrique de certains objets. *Une tige de métal.*

TIGNASSE n. f.
(FAM.) Chevelure mal coiffée.
tignasse.

T

TIGRE n. m.
Grand mammifère carnassier dont le pelage roux est rayé de bandes noires. *Un tigre du Bengale.*
VOIR TABLEAU – ANIMAUX.

TIGRÉ, ÉE adj.
Marqué de rayures. *Une fourrure tigrée, un maillot tigré.*

TIGRESSE n. f.
Femelle du tigre.
VOIR TABLEAU – ANIMAUX.

TILAPIA n. m.
Poisson tropical d'eau douce, originaire d'Afrique, à potentiel commercial élevé. *Poisson dont la chair blanche et maigre a conquis bon nombre de palais.*

TILDE n. m.
Le *e* est muet ou se prononce *é*, [tild, tilde].
Signe en forme de *s* couché (~), placé au-dessus du *n* en espagnol, lorsque ce *n* se prononce comme le *gn* français.
T Le tilde est également utilisé dans les transcriptions phonétiques pour indiquer la prononciation nasale d'une voyelle.

TILLEUL adj. inv. et n. m.
NOM MASCULIN
1. Arbre cultivé pour son bois blanc et ses fleurs odorantes dont on tire une infusion.
2. Infusion calmante préparée avec des fleurs de tilleul. *Je prendrais une tasse de tilleul ou de tilleul-menthe.*
ADJECTIF DE COULEUR INVARIABLE
D'un vert tendre. *Des velours tilleul, vert tilleul.*
VOIR TABLEAU – COULEUR (ADJECTIFS DE).
tilleul.

TIMBALE n. f.
1. Petit tambour.
Ne pas confondre avec le nom ***cymbale,*** instrument de musique à percussion.
2. Gobelet de métal. *Une timbale d'argent.*
3. Préparation culinaire (viande, crustacés, etc., en sauce) servie dans une croûte de pâtisserie.
timbale.

TIMBRAGE n. m.
Opération qui consiste à apposer un timbre.

TIMBRE n. m.
1. Marque d'une entreprise, d'une administration qui est apposée à l'aide d'un instrument. *Un timbre marqué* (et non une *étampe marquée) *à l'encre.* SYN. cachet ; tampon.
2. Qualité sonore d'une voix, d'un instrument de musique. *Le timbre d'un carillon.*
3. Pastille adhésive imprégnée d'un médicament, d'une substance qui pénètre dans l'organisme par la peau. *Un timbre* (et non *patch) *qui aide à cesser de fumer. Une hormonothérapie administrée par voie cutanée à l'aide d'un timbre transdermique.*
LOCUTIONS
– ***Timbre (transdermique).*** Pastille adhésive imprégnée d'un médicament, d'une substance qui pénètre dans l'organisme par la peau. *Un timbre transdermique* (et non *patch).
– ***Timbre(-poste).*** Vignette attestant le paiement d'un envoi postal. *Des timbres-poste rares, des timbres de collection.*
Seul le nom ***timbre*** prend la marque du pluriel.
Couramment, on emploie surtout le nom ***timbre.***

TIMBRÉ, ÉE adj.
1. Affranchi. *Une enveloppe timbrée.*
2. (FAM.) Légèrement fou. *Je crois qu'elle est un peu timbrée.* SYN. (FAM.) cinglé ; dingue.

TIMBRER v. tr.
1. Marquer d'un timbre.
2. Apposer un ou des timbres sur un envoi postal.
CONJUGAISON : VOIR MODÈLE AIMER.

***TIME-SHARING**
Anglicisme pour ***temps partagé.***

TIMIDE adj. et n. m. et f.
Qui manque d'assurance, embarrassé. *Une enfant timide. C'est une grande timide.* SYN. gêné ; intimidé.

TIMIDEMENT adv.
Avec timidité. *Ils s'excusèrent timidement.*

TIMIDITÉ n. f.
Manque d'assurance. « *Une timidité folle me saisissait à l'idée d'affronter la vie des seigneurs anglais, et je reculais toujours* » (Gabrielle Roy, *La Détresse et l'Enchantement*). SYN. embarras.

***TIMING**
Anglicisme pour ***synchronisme, moment propice, chronométrage, minutage,*** selon le cas.

TIMON n. m.
Longue pièce de bois servant à atteler des chevaux.

TIMONERIE n. f.
1. Partie du navire où sont rassemblés les appareils de navigation et la roue du gouvernail.
2. Ensemble des appareils de direction et de freinage d'un véhicule.

TIMORÉ, ÉE adj.
Craintif. *Une personne timorée.* SYN. peureux.

TINCTORIAL, ALE, AUX adj.
1. Qui sert à teindre. *Plante tinctoriale, le pastel était autrefois cultivé pour ses feuilles dont on extrayait une teinture bleue.*
2. Qui est relatif à la teinture.

TINTAMARRE n. m.
Vacarme, tapage. *Les pompiers, les policiers avec leurs sirènes hurlantes : quel tintamarre !* SYN. (FAM.) boucan ; brouhaha.
tintamarre.

TINTEMENT n. m.
Action de tinter. *Le tintement d'un carillon.*

TINTER v. intr.
Produire des sons clairs qui se succèdent. *Une cloche qui tinta trois fois.*
HOM. ***teinter,*** colorer légèrement.
CONJUGAISON : VOIR MODÈLE AIMER.

TINTINNABULER v. intr.
(LITT.) Sonner comme un ensemble de clochettes.
CONJUGAISON : VOIR MODÈLE AIMER.

TINTOUIN n. m.
1. (FAM.) Vacarme.
2. (FAM.) Ennui, tracas.
tintouin.

TIQUE n. f.
Insecte parasite.
HOM. ***tic,*** mouvement involontaire répétitif.
tique.

TIQUER v. intr.
(FAM.) Avoir l'attention arrêtée par un détail qui choque, étonne. *J'ai tiqué sur cette orthographe, ce n'est pas la bonne.*
CONJUGAISON : VOIR MODÈLE AIMER.

TIR n. m.
Action de lancer un projectile au moyen d'une arme dans une direction déterminée. *Un tir d'artillerie, un tir de barrage.*
LOCUTION
– ***Champ de tir, ligne de tir.***
Dans ces expressions, le nom ***tir*** s'écrit au singulier.

TIRADE n. f.
1. Longue suite de phrases débitée d'un seul trait par un personnage de théâtre.
2. Développement d'une certaine étendue portant sur un même sujet.

TIRAGE n. m.
1. Nombre d'exemplaires imprimés en une fois. *Un tirage de 30 000 exemplaires* (et non *copies). *Une revue à grand tirage.*
2. Action de tirer au sort des numéros. *Le tirage d'un prix, d'une loterie.*

TIRAILLEMENT n. m.
1. Le fait d'être partagé entre des sentiments, des possibilités contradictoires.
2. (GÉN. AU PLUR.) (FIG.) Conflits, absence de concertation. *Il y a des tiraillements entre les organismes chargés de l'application de cette loi.* SYN. désaccord ; tensions.

TIRAILLER v. tr.
1. Tirer par petits coups dans diverses directions.
2. (FIG.) Déchirer entre des possibilités contradictoires. *Il est tiraillé par les divers choix possibles.* SYN. écarteler.
CONJUGAISON : VOIR MODÈLE AIMER.
Les lettres ***ill*** sont suivies d'un ***i*** à la première et à la deuxième personne du pluriel de l'indicatif imparfait et du subjonctif présent. *(Que) nous tiraillions, (que) vous tirailliez.*

TIRAMISU n. m. (pl. *tiramisus*)
Le ***u*** se prononce ***ou,*** le nom rime avec ***sou,*** [su].
Dessert italien composé de couches alternées de mascarpone et de biscuits imbibés de café.

TIRE n. f.
1. Sucrerie obtenue par la réduction du sirop d'érable. *Il versa un peu de tire sur la neige et les enfants se régalèrent.*
2. Action de tirer à soi.
LOCUTION
– ***Vol à la tire.*** Vol qui consiste à tirer le contenu d'une poche, d'un sac dans une foule.

TIRÉ, ÉE adj. et n. m.
ADJECTIF
Étiré par la fatigue. *Les traits tirés.*
NOM MASCULIN
Personne à qui une autre (*le tireur*) ordonne de payer une certaine somme à l'ordre d'un tiers (*le bénéficiaire*). *Sur un chèque, par exemple, figurent le nom et la signature du tireur (titulaire du compte), le nom et l'adresse du tiré (la banque) et le nom du bénéficiaire (à l'ordre de...) ou preneur qui peut être le tireur lui-même lorsqu'il prend de l'argent à son compte* (GDT).
LOCUTIONS
– ***Tiré à part.*** Reproduction d'un article, d'un texte. *Des tirés à part gratuits.*
– ***Tiré à quatre épingles.*** (FIG.) Vêtu avec recherche. SYN. endimanché.

TIRE-AU-FLANC n. m. inv. (pl. *tire-au-flanc*)
Paresseux. *Des tire-au-flanc incorrigibles.*

TIRE-BOTTE n. m. (pl. *tire-bottes*)
Petite planche portant une entaille qui peut recevoir le pied d'une botte pour se débotter.

TIRE-BOUCHON ou **TIREBOUCHON** n. m. (pl. *tire-bouchons* ou *tirebouchons*)
Instrument servant à déboucher les bouteilles.
LOCUTION
– ***En tire-bouchon.*** En forme de spirale. *Un escalier en tire-bouchon. Le cochon a la queue en tire-bouchon.*

TIRE-BOUCHONNER ou **TIREBOUCHONNER** v. intr.
Plisser, former des tire-bouchons. *Des vieux pantalons qui tire-bouchonnent* ou *tirebouchonnent.*
CONJUGAISON : VOIR MODÈLE AIMER.

TIRE-D'AILE (À) loc. adv.
1. Avec des coups d'ailes rapides. *Les oiseaux s'enfuirent à tire-d'aile.*
On écrit également ***à tire d'ailes.***
2. (FIG.) Très rapidement. *Les véliplanchistes glissaient à tire-d'aile sur le lac.*

TIRE-FESSES n. m. inv. (pl. *tire-fesses*)
(FAM.) Remonte-pente.
[Les *Rectifications* (1990) admettent : un tire-fesse.]

TIRE-LARIGOT (À) loc. adv.
En quantité. *Tu pourras manger à tire-larigot.* SYN. à gogo.
[Les *Rectifications* (1990) admettent : tirelarigot (à).]

TIRE-LIGNE n. m. (pl. *tire-lignes*)
Instrument servant à tracer des lignes plus ou moins larges.

TIRELIRE n. f.
Petite boîte munie d'une fente dans laquelle on peut introduire une pièce de monnaie. *Des tirelires* (et non des *banques) *musicales.*

TIRER v. tr., intr., pronom.
VERBE TRANSITIF
1. Mouvoir vers soi. *Le remorqueur tire un navire. Tirer quelqu'un par le bras.*
2. Sortir. *Il a tiré deux billets de sa poche. Tirer quelqu'un du lit.*
3. Puiser. *Elle tirait l'eau du puits.*
4. Obtenir. *Le gouvernement tirera-t-il une leçon de ces évènements malheureux ?*
5. Avoir son origine. *Ce fromage tire son nom de cette légende.* SYN. provenir ; venir.
6. Obtenir un numéro gagnant. *Elle a tiré le gros lot.* SYN. gagner.
7. Tracer. *Tirer une ligne.*
8. Lancer un projectile au moyen d'une arme. *Ils ont tiré des flèches et des coups de feu.* SYN. projeter.
VERBE INTRANSITIF
1. Exercer une traction. *Tirer sur un câble.*
2. Être imprimé. *Une revue qui tire à 8000 exemplaires.*
3. Envoyer un projectile avec une arme. *Ils ont tiré sur lui.*
VERBE PRONOMINAL
1. (FAM.) S'enfuir. *Les prisonniers se sont tirés : ils ont pris la clé des champs.* SYN. s'échapper ; s'évader ; se sauver.
2. Régler un problème. *Je me suis tiré de cette situation difficile.*
En ce sens, le verbe se construit avec la préposition ***de.***
À la forme pronominale, le participe passé de ce verbe s'accorde en genre et en nombre avec le complément direct si celui-ci le précède. *Les flèches que ces combattants se sont tirées. Ils se sont tirés de cette situation fâcheuse avec brio.* Le participe passé reste invariable si le complément direct suit le verbe. *Les gamines se sont tiré la langue.*
LOCUTIONS
– ***Être tiré à quatre épingles.*** Être vêtu avec élégance.
– ***Se faire tirer l'oreille.*** Se faire prier.
– ***S'en tirer.*** Passer au travers, réussir. *Ils ont eu des difficultés, mais ils s'en tireront.* SYN. se débrouiller ; s'en sortir.
– ***Se tirer d'affaire, d'embarras.*** S'en sortir.
– ***Se tirer d'un mauvais pas.*** Sortir d'une situation fâcheuse.
– ***Tiré par les cheveux.*** (FIG.) Compliqué et peu logique. *Votre explication est tirée par les cheveux.*
– ***Tirer à boulets rouges sur quelqu'un.*** Critiquer violemment quelqu'un.
– ***Tirer à bout portant sur quelqu'un.*** Tirer un coup de feu de très près.
– ***Tirer à sa fin.*** Être sur le point de se terminer. *Cette ère d'austérité tire à sa fin, espérons-le.*
– ***Tirer au clair quelque chose.*** Clarifier une question.
– ***Tirer au sort.*** S'en remettre au hasard pour désigner quelqu'un, quelque chose.
– ***Tirer avantage de.*** Retirer un bénéfice de.
– ***Tirer la couverture à soi.*** Tenter de retirer plus que sa part.
– ***Tirer la langue.*** Avancer la langue hors de la bouche.
– ***Tirer la langue.*** (FIG.) Se moquer de quelqu'un.
– ***Tirer le diable par la queue.*** Disposer de peu de ressources.
– ***Tirer parti, tirer profit de.*** Profiter de. *Elles ont su tirer parti de la situation.*

Dans ces locutions, les noms ***parti*** et ***profit*** restent au singulier.
– ***Tirer quelqu'un d'un mauvais pas.*** L'aider à se sortir d'une situation difficile.
– ***Tirer satisfaction de.*** Se réjouir de.
– ***Tirer son chapeau.*** (FIG.) Rendre hommage au mérite d'une personne.
– ***Tirer son épingle du jeu.*** Profiter d'une situation délicate.
– ***Tirer sur.*** Ressembler. *Ce bleu tire sur le vert.*
– ***Tirer vanité de.*** S'enorgueillir de.
– ***Tirer vengeance de.*** Se venger de.
FORME FAUTIVE
*tirer les joints. Impropriété pour ***jointoyer.***
CONJUGAISON : VOIR MODÈLE AIMER.

TIRET n. m.
Petit trait horizontal identique au signe ***moins.***
T Le tiret est suivi d'un espacement simple.
Emplois du tiret
• Dans un **dialogue,** le tiret annonce un changement d'interlocuteur. *« Serez-vous des nôtres ?*
– Avec le plus grand plaisir.
– Vous m'en voyez ravie. »
• **Jalons énumératifs.** *Les questions porteront sur :*
– l'orthographe ;
– la grammaire ;
– la ponctuation ;
– la syntaxe ;
– le vocabulaire.
• **Mise en relief** d'un membre de phrase, d'une incidente explicative. Dans cet emploi, le double tiret, au début et à la fin du membre de phrase, est obligatoire au même titre que la parenthèse ouvrante et la parenthèse fermante. *Les participants au Sommet – pays occidentaux et orientaux – tenteront de se mettre d'accord sur cette importante question.*
VOIR TABLEAU – ÉNUMÉRATION.
VOIR TABLEAU – ESPACEMENTS.
VOIR TABLEAU – PONCTUATION.

TIREUR n. m.
Personne titulaire d'un compte bancaire qui émet un chèque, une lettre de change et donne l'ordre à la banque (le tiré) de payer une certaine somme à un tiers (le bénéficiaire). *Sur un chèque, par exemple, figurent le nom et la signature du tireur (titulaire du compte), le nom et l'adresse du tiré (la banque) et le nom du bénéficiaire (à l'ordre de...) ou preneur qui peut être le tireur lui-même lorsqu'il prend de l'argent à son compte* (GDT).

TIREUR, EUSE n. m. et f.
Personne qui tire à l'aide d'une arme. *Des tireurs isolés.*

TIROIR n. m.
Partie d'un meuble qui coulisse. *Un tiroir secret.*

TIROIR-CAISSE n. m. (pl. *tiroirs-caisses*)
Caisse d'un établissement commercial.

TISANE n. f.
Infusion médicamenteuse, calmante, stimulante, etc. *Une tisane de tilleul.*
tisane.

TISANIÈRE n. f.
Récipient à infusion pour les tisanes.

TISON n. m.
Reste d'une bûche qui a brûlé et qui est encore incandescente. *Noël au balcon, Pâques au tison.* (Proverbe) S'il fait chaud à Noël, il fera froid à Pâques.

TISONNER v. tr.
Remuer la braise pour attiser un feu.
CONJUGAISON : VOIR MODÈLE AIMER.
tisonner.

TISONNIER n. m.
Instrument pour remuer les braises.
tisonnier.

TISSAGE n. m.
Action de tisser.

TISSER v. tr.
Fabriquer des étoffes en entrelaçant les fils de la chaîne tendue sur un métier et ceux de la trame à l'aide d'une navette.
CONJUGAISON : VOIR MODÈLE AIMER.

TISSERAND n. m.
TISSERANDE n. f.
Personne qui tisse des étoffes.
tisserand.

TISSU n. m.
1. Étoffe. *Des tissus de coton, de fibres synthétiques.*
2. Suite d'éléments. *Ces déclarations sont un tissu de mensonges.*
3. Ensemble formé d'éléments enchevêtrés. *Le tissu social, le tissu urbain constituant un tout.*
LOCUTION
– ***Tissu-éponge.*** Tissu dont les fils absorbent l'eau. *Des tissus-éponges imprimés.*
Ne pas confondre avec le nom ***ratine,*** étoffe de laine.

TITAN n. m.
(LITT.) Personne d'une puissance extraordinaire. *Un travail de titan.*

TITANIQUE ou **TITANESQUE** adj.
(LITT.) Gigantesque. *Victor Hugo est l'auteur d'une œuvre titanesque.*

TITILLATION n. f.
(LITT.) Action de titiller.
titillation.

TITILLER v. tr.
(LITT.) Chatouiller légèrement et agréablement.
CONJUGAISON : VOIR MODÈLE AIMER.
Les lettres ***ill*** sont suivies d'un ***i*** à la première et à la deuxième personne du pluriel de l'indicatif imparfait et du subjonctif présent. *(Que) nous titillions, (que) vous titilliez.*
titiller.

TITRAGE n. m.
Action de donner un titre à un film, à un article, etc.

TITRE n. m.
1. Désignation de fonction, de grade universitaire, de dignité. *Un titre de maire, un titre de professeur et de chercheur. Un titre de noblesse. Des titres prestigieux.*
VOIR TABLEAU – FÉMINISATION DES TITRES.
2. Écrit qui sert à établir un droit. *Des titres de propriété, de créance. L'authenticité d'un titre.*
3. Désignation d'une œuvre. *Le titre d'un roman, d'un tableau, d'un film, d'un poème, d'une chanson.*
VOIR TABLEAU – TITRES D'ŒUVRES.
4. Phrase en gros caractères placée en tête d'un article de journal, d'un document. *Son nom apparaît en gros titre. Un titre sur cinq colonnes.*
LOCUTIONS
– ***À aucun titre,*** loc. adv. En aucune façon. *Cette proposition n'est acceptable à aucun titre.*
– ***À ce titre,*** loc. adv. Pour cette raison. *Il est le directeur et, à ce titre, il peut s'opposer à ce projet.*
– ***À juste titre,*** loc. adv. Justement, avec raison, à bon droit. *Cette décision a été prise à juste titre.*
– ***À titre + adjectif,*** loc. adv. (Suivi d'un adjectif à valeur de complément de manière) De manière. *À titre personnel, à titre exceptionnel.*
– ***À titre + adjectif,*** loc. adv. (Précédé ou suivi d'un adjectif à valeur quantitative) Pour une raison, des raisons. *À de nombreux titres, à plus d'un titre, à plusieurs titres, à titres divers.*

– ***À titre de,*** loc. prép. Comme, en tant que. *Je suis ici à titre d'amie, à titre amical, à plus d'un titre.*
– ***À titre gracieux, à titre gratuit,*** loc. adv. Gratuitement. *Un ouvrage transmis à titre gracieux.*
– ***Page de titre.*** (IMPRIM.) Page du début d'un livre où se trouvent le faux-titre, le titre, le nom de l'auteur et de l'éditeur.
– ***Rôle-titre.*** Rôle principal. *Des rôles-titres prestigieux.*
En apposition, le nom s'écrit avec un trait d'union et prend la marque du pluriel.
– ***Titre courant.*** Titre imprimé en bas ou en haut de chaque page.
– ***Titre de propriété.*** Acte qui sert à établir un droit de propriété.
– ***Titre de transport.*** Pièce, document confirmant le droit d'utiliser un moyen de transport. *Les billets de train, de bateau, d'avion, la carte mensuelle ou les tickets d'autobus et de métro, les correspondances sont des titres de transport.*

TITRER v. tr.
Intituler, donner un titre à. *Titrer un rapport.*
CONJUGAISON : VOIR MODÈLE AIMER.

TITUBANT, ANTE adj.
Vacillant. *Ce handicapé a une démarche titubante.* SYN. chancelant. ANT. ferme ; solide.

TITUBER v. intr.
Vaciller sur ses jambes. *Il était ivre et titubait.* SYN. chanceler.
CONJUGAISON : VOIR MODÈLE AIMER.

TITULAIRE adj. et n. m. et f.
NOM MASCULIN ET FÉMININ
Personne qui possède un diplôme en vertu de droits reconnus à toute personne ayant satisfait aux conditions exigées pour l'obtention du diplôme. *La titulaire d'une maîtrise.*
ADJECTIF ET NOM MASCULIN ET FÉMININ
1. Qui possède juridiquement. *Cet adolescent est titulaire d'un permis de chasse. Le titulaire d'un permis de conduire.*
Ne pas confondre avec les noms suivants :
• ***détenteur,*** personne qui conserve quelque chose à titre provisoire ;
• ***porteur,*** personne qui détient un titre dont le titulaire n'est pas indiqué. *Un chèque au porteur.*
2. Qui a une fonction pour laquelle il a été nommé en vertu d'un titre. *Un professeur titulaire. Le titulaire d'une chaire de gestion des arts.*

TITULARISATION n. f.
Action de titulariser, de rendre titulaire.

TITULARISER v. tr.
Nommer de façon permanente. *Après quelques années, les professeurs peuvent être titularisés.*
CONJUGAISON : VOIR MODÈLE AIMER.

T.-N.-L.
Abréviation de ***Terre-Neuve-et-Labrador.***

T. N.-O.
Abréviation de ***Territoires du Nord-Ouest.***

TNT
Sigle de ***trinitrotoluène*** (explosif très puissant).

TOAST n. m.
1. Tranche de pain grillée. *Un toast avec de la confiture.* SYN. rôtie.
Cet emprunt à l'anglais qui date de plus de cent ans est admis en français.
2. Action de boire à la santé de quelqu'un, au succès de quelque chose, etc. *Porter un toast, des toasts au bonheur des nouveaux mariés.*
Attention au genre masculin de ce nom : ***un*** toast.

***TOASTÉ**
Anglicisme pour ***grillé.***

***TOASTER**
Anglicisme pour grille-pain.

TOBOGGAN n. m.
Les ***o*** sont ouverts et le ***n*** est muet, [tɔbɔgɑ̃] ; le mot rime avec ***gant.***
1. Traîneau fait de planches recourbées à l'avant dont on se sert pour descendre les pentes enneigées. SYN. traîne sauvage.
2. Piste en pente du haut de laquelle les enfants se laissent glisser.
toboggan.

TOC
Sigle de ***trouble obsessionnel-compulsif.***

TOC n. m.
Imitation, objet faux. *Ces bijoux sont en toc. Ce n'est que du toc.*
HOM. ***toque,*** coiffure de forme cylindrique.

TOCCATA n. f.
Composition musicale. *Des toccatas de J.-S. Bach.*
toccata.

TOCSIN n. m.
Bruit de cloche destiné à donner l'alarme.
tocsin.

TOFU ou **TOFOU** n. m.
Produit alimentaire d'origine japonaise, à base de soya, se présentant comme du lait caillé (Recomm. off.).

TOGE n. f.
Robe, dans certaines professions. *La toge des magistrats, des avocats.*

TOGOLAIS, AISE adj. et n. m. et f.
Les ***o*** sont ouverts, [tɔgɔlɛ].
Du Togo. *Une coutume togolaise. Un Togolais, une Togolaise.*
T L'adjectif s'écrit avec une minuscule ; le nom, avec une majuscule.

TOHU-BOHU n. m. inv. (pl. *tohu-bohu*)
(FAM.) Désordre, vacarme. *Quel tohu-bohu, les enfants ! Un peu de calme, je vous prie !* SYN. (FAM.) boucan ; brouhaha ; tapage.
[Les *Rectifications* (1990) admettent : un tohubohu, des tohubohus.]

TOI pron. pers. m. et f.
Pronom personnel masculin et féminin de la deuxième personne du singulier.
EMPLOIS
– **Complément direct.** *Retiens-toi.*
– **Complément indirect.** *Il est à toi.*
Le pronom s'élide (il devient ***t'***) lorsqu'il est suivi de ***en*** ou de ***y***. *Olivier t'en parlera, François t'y rejoindra.*
– **Complément de phrase.** *Elle est chez toi.*
– **Complément du nom.** *En mémoire de toi.*
– **Complément de l'adjectif.** *Digne de toi.*
– **Attribut.** *Tu es toi-même.*
– **Sujet pour renforcer le pronom *tu*.** *Toi, tu as fait ça ?*
VOIR TABLEAU – PRONOM.
LOCUTION
– ***Chez toi.*** Dans ta maison.
La locution s'écrit sans trait d'union (*ils sont chez toi*), contrairement au nom masculin ***chez-toi*** (*ton chez-toi*).
Attention à l'accord du verbe de la proposition relative. *Toi qui le vois* (et non *voit).

TOILE n. f.
1. Tissu. *Un pantalon de toile, une nappe de toile.*
2. Pièce servant de support à une œuvre peinte, œuvre peinte sur toile. *Des toiles de Picasso.*
LOCUTIONS
– ***La Toile.*** Le réseau Internet. *La Toile du Québec.*
– ***Toile d'araignée.*** Réseau de fils tissés par l'araignée pour y prendre des insectes. *Une multitude de toiles d'araignée.*

– ***Toile de fond.*** Décor de théâtre et, au figuré, cadre général. *Tracer la toile de fond d'un évènement.*

FORME FAUTIVE

*toile. Impropriété pour ***store.***

TOILETTAGE n. m.

Action de faire la toilette d'un petit animal familier.

TOILETTE n. f.

1. Ensemble des soins de propreté. *Faire sa toilette. Une trousse de toilette.*

2. Tenue. *Une jolie toilette.* SYN. vêtement.

3. (AU PLUR.) Cabinet (d'aisances). *Où sont les toilettes, s'il vous plaît ? Aller aux toilettes* (et non *à la toilette).

En ce sens, le nom s'emploie au pluriel.

FORME FAUTIVE

*papier de toilette. Calque de «*toilet paper*» pour ***papier hygiénique.***

TOILETTER v. tr.

1. Faire la toilette d'un chien, d'un chat.

2. (FIG.) Parachever, mettre la dernière main à. *Toiletter un rapport.*

CONJUGAISON : VOIR MODÈLE AIMER.

TITRES DE FONCTIONS

▸ Titres de fonctions, de grades, de noblesse

De façon générale, ces titres sont des noms communs qui s'écrivent avec une minuscule.
Le pape, la présidente-directrice générale, le duc, la juge, le premier ministre.

Si le titre désigne une personne à qui l'on s'adresse, il s'écrit avec une majuscule.
Veuillez agréer, Madame la Présidente, ...

TITRES ET FONCTIONS AU FÉMININ

académicienne	ambulancière	assureuse	blanchisseuse	bruiteuse
acheteuse	animatrice	astrophysicienne	bottière	bûcheronne
administratrice	annonceure	auteure	bouchère	cadreuse
agente	ou annonceuse	aviatrice	boulangère	caissière
agente de bord	apicultrice	avicultrice	boulangère-	camionneuse
agente de	arboricultrice	avocate	pâtissière	caporale
voyages	arpenteuse	balayeuse	boxeuse	cartomancienne
agricultrice	artificière	banquière	brasseuse	cascadeuse
ajusteuse	artisane	bergère	brigadière	cavalière
ambassadrice	assistante	bijoutière	brodeuse	chapelière...

VOIR TABLEAU ▸ **FÉMINISATION DES TITRES.**

▸ Titres honorifiques

Le titre honorifique ainsi que l'adjectif et l'adverbe qui le précèdent s'écrivent avec une majuscule.
Sa Sainteté, Sa Très Gracieuse Majesté.

Suivis du nom propre, les titres honorifiques s'abrègent.
S. S. le pape Jean-Paul II, S. M. la reine Élisabeth II.

▸ Titres de civilité

Les titres de civilité s'écrivent avec une majuscule et ne s'abrègent pas dans l'adresse.
Monsieur Jacques Valbois.

[T] Dans les formules d'appel ou de salutation, le titre de civilité n'est pas suivi du patronyme.
Madame (et non *Madame Valbois).

Le titre s'abrège généralement lorsqu'il est suivi du patronyme ou d'un autre titre et qu'on ne s'adresse pas directement à la personne.
M. Roberge est absent, M. le juge est là.

Le titre s'écrit avec une minuscule initiale et ne s'abrège pas lorsqu'il est employé seul, sans être accompagné d'un nom propre, d'un titre ou d'une fonction, dans certaines constructions de déférence.
Oui, monsieur, madame est sortie. Je ne crois pas avoir déjà rencontré monsieur.

TITRES D'ŒUVRES

Les titres d'œuvres littéraires (poème, essai, roman, etc.) ou artistiques (peinture, sculpture, ballet, composition musicale), les noms de journaux, de périodiques s'écrivent avec une majuscule au nom initial et éventuellement à l'adjectif, l'adverbe, le déterminant qui le précèdent.

Le Dictionnaire visuel, les Concertos brandebourgeois, Le Nouveau Petit Robert, Les Très Riches Heures du duc de Berry.

T L'Office québécois de la langue française a adopté une règle simplifiée qui consiste à écrire le titre des ouvrages avec une seule majuscule initiale. *Le français au Québec. 400 ans d'histoire et de vie.* Les titres sont composés en italique dans un texte en romain. Dans un texte déjà en italique, la notation se fait en romain. Dans un manuscrit, on utilisera les guillemets ou le soulignement si le texte est destiné à l'impression.

- **Déterminant défini**

Le déterminant défini ne prend la majuscule que s'il fait partie du titre.

Il a lu L'Homme rapaillé *de Gaston Miron. Elle a consulté le* Dictionnaire de la comptabilité *de Fernand Sylvain.* Le Devoir, *mais le* Déjeuner sur l'herbe.

- **Adjectif**

Si l'adjectif précède le substantif, tous deux prennent la majuscule.

La Divine Comédie, le Grand Larousse de la langue française, Le Nouveau Petit Robert, Prochain Épisode.

Si l'adjectif suit le substantif, il s'écrit avec une minuscule.

Le Code typographique, Le Plaisir chaste, Les Noces barbares, Refus global.

- **Plusieurs substantifs**

Si le titre est constitué de plusieurs mots mis en parallèle, chacun s'écrit avec une majuscule.

Guerre et Paix, La Belle et la Bête, Artistes, Artisans et Technocrates.

- **Phrase ou groupe de mots**

Lorsqu'un titre est constitué d'une phrase, seul le premier mot s'écrit avec une majuscule.

Attendez que je me rappelle, Et tout le reste n'est rien, La grammaire est une chanson douce, À la recherche du temps perdu.

- **Sous-titre**

Le sous-titre s'écrit à la suite d'un point et suit les mêmes règles que le titre pour l'emploi des majuscules.

J'ai lu l'ouvrage Ce que parler veut dire. L'Économie des échanges linguistiques.
Des Mots et des Mondes. Dictionnaires, encyclopédies, grammaires, nomenclatures : *le sous-titre de cet ouvrage décrit bien son contenu.*

- **Contraction de la préposition *à* ou *de* et de l'article initial du titre**

En général, la contraction de la préposition et de l'article initial se fait.

La lecture du Devoir. *Le visionnement des* Quatre Cents Coups *de Truffaut.*

- **Accord du verbe, de l'adjectif et du participe**

Le verbe, l'adjectif et le participe s'accordent avec le titre si celui-ci débute par un nom précédé d'un déterminant ou si le titre est un nom propre féminin.

Les Champs magnétiques *sont une œuvre surréaliste.* La Joconde *fut peinte par Léonard de Vinci.*

- **Élision**

Il est préférable d'élider le déterminant qui précède un titre commençant par une voyelle ou un *h* muet.

*L'auteure d'*Émilie, Émilie *est Élisabeth Badinter.*

T Cependant l'absence d'élision est courante. *L'auteure de* Une saison dans la vie d'Emmanuel *est Marie-Claire Blais.*

TOISE n. f.
Appareil qui sert à mesurer la taille.

TOISER v. tr., pronom.
VERBE TRANSITIF
Regarder avec dédain. *Elle le toisa d'un regard sombre.*
VERBE PRONOMINAL
S'examiner l'un l'autre de façon arrogante. *Les adversaires se toisèrent longuement.*
À la forme pronominale, le participe passé de ce verbe s'accorde toujours en genre et en nombre avec son sujet. *Ils se sont toisés des pieds à la tête.*
CONJUGAISON : VOIR MODÈLE AIMER.

TOISON n. f.
Lainage des moutons.

TOIT n. m.
1. Couverture d'un édifice. *Un toit en pente, un toit d'ardoises.*
2. (FIG.) Habitation. *Ils sont à la recherche d'un toit.* SYN. logis ; maison.
3. Partie supérieure d'un véhicule. *Des toits ouvrants.*

TOITURE n. f.
Ensemble du toit et de sa structure. *Une belle toiture en pente couverte de cuivre.*

TÔLE n. f.
Métal en feuille obtenu par laminage. *Un toit recouvert de tôle.*
tôle.

TOLÉRABLE adj.
Admissible. *Cette erreur n'est pas tolérable.* SYN. supportable. ANT. intolérable.

TOLÉRANCE n. f.
1. Respect des opinions politiques, sociales, religieuses différentes des nôtres. ANT. intolérance.
2. Indulgence. *Elle a fait preuve de tolérance.* SYN. compréhension. ANT. intolérance.
3. Action de tolérer. *Les tolérances orthographiques.*

TOLÉRANT, ANTE adj.
Compréhensif. *Des instituteurs tolérants.* SYN. indulgent. ANT. intolérant.
Ne pas confondre avec le participe présent invariable ***tolérant***. *Les parents tolérant de tels écarts sont rares.*

TOLÉRER v. tr.
1. Permettre. *Tolérer des retards.* SYN. autoriser ; permettre.
2. Supporter. *Elle a du mal à tolérer les bêtises de cette personne.* SYN. endurer.
Le verbe est suivi du subjonctif après ***que***. *Elle tolère que vous arriviez en retard.*
CONJUGAISON : VOIR MODÈLE POSSÉDER.
Le ***é*** se change en ***è*** devant une syllabe contenant un ***e*** muet, sauf à l'indicatif futur et au conditionnel présent. *Je tolère,* mais *je tolérerai.*
[Les *Rectifications* (1990) admettent : il tolèrera, tolèrerait...]

TÔLERIE n. f.
Atelier où l'on travaille la tôle, où l'on répare les carrosseries. *Envoyer une voiture à la tôlerie.*

TOLLÉ n. m.
Mouvement collectif d'indignation et de colère. *Des tollés véhéments.*

TOMAHAWK n. m.
Le dernier ***a*** se prononce **o**, [tɔmaok].
Hache de guerre. *Les Amérindiens ont sorti leurs tomahawks.*
toma**hawk.**

TOMAISON n. f.
Indication du tome d'un ouvrage.
tomaison.

TOMATE n. f.
1. Plante cultivée pour ses fruits. *Paul a hâte de planter ses tomates.*
2. Fruit de cette plante. *Un jus de tomate, de la sauce tomate.*
LOCUTION
– ***Être rouge comme une tomate.*** Avoir le teint très coloré en raison d'une émotion (colère, surprise, timidité, etc.).
tomate.

TOMBAL, ALE, ALS ou **AUX** adj.
Relatif à la tombe.
LOCUTION
– ***Pierre tombale.*** Dalle funéraire qui recouvre une sépulture, monument dressé sur une tombe.
Le mot s'emploie surtout dans cette locution.
Ne pas confondre avec le nom ***épitaphe***, inscription sur un tombeau.

TOMBANT, ANTE adj.
Qui tombe. *Des épaules tombantes.*
Ne pas confondre avec le participe présent invariable ***tombant***. *Ses cheveux tombant sur ses épaules lui donnaient un air angélique.*
LOCUTION
– ***À la nuit tombante.*** Au crépuscule, à la brunante.

TOMBE n. f.
Lieu où un mort est enseveli.
Ne pas confondre avec les noms suivants :
• ***cercueil***, caisse où l'on dépose le corps d'un mort pour le mettre en terre ;
• ***tombeau***, monument funéraire.
LOCUTIONS
– ***Avoir un pied dans la tombe.*** Être sur le point de mourir.
– ***Être muet comme une tombe.*** Être extrêmement discret et capable de garder un secret.
– ***Se retourner dans sa tombe.*** (FIG.) Se dit en parlant d'une personne décédée qu'on imagine soulevée d'indignation par quelque chose.

TOMBEAU n. m. (pl. *tombeaux*)
Monument imposant, construit sur une tombe. *Des tombeaux grandioses.*
Ne pas confondre avec le nom ***tombe***, lieu où un mort est enseveli.
LOCUTION
– ***À tombeau ouvert***, loc. adv. (FIG.) Si vite qu'on risque la mort. *Ils roulaient à tombeau ouvert.*

TOMBÉE n. f.
(LITT.) Action de tomber. *La tombée des feuilles, du soir.*
LOCUTIONS
– ***Heure de tombée.*** Moment où il faut remettre un écrit, un texte pour un journal, ou par extension, tout autre travail. *Mon heure de tombée* (et non *deadline) *est à 15 h.* SYN. dernier délai.
– ***Tombée du jour, tombée de la nuit.*** Crépuscule, brunante.

TOMBER v. intr.
1. Être entraîné de haut en bas. *La petite fille est tombée de la balançoire. Elle est tombée par terre* ou *à terre.*
Le verbe se conjugue avec l'auxiliaire ***être***. *Les feuilles sont tombées. Il est tombé de la neige.* L'emploi de l'auxiliaire ***avoir*** est vieilli.
2. ***Tomber*** + adjectif ou nom. Devenir subitement (amoureux, malade, etc.). *Il est tombé amoureux* (et non *en amour). *La voiture est tombée en panne.*
LOCUTIONS
– ***Cela n'est pas tombé dans l'oreille d'un sourd.*** Le message est bien reçu, on y donnera suite.
– ***Cela tombe sous le sens.*** Être évident.
– ***Laisser tomber.*** Abandonner. *Tu devrais laisser tomber ce travail qui ne t'intéresse pas.*

– ***Les bras m'en tombent.*** (FIG.) Expression employée pour marquer la stupéfaction.
– ***N'être pas tombé de la dernière pluie.*** Avoir une longue expérience.
– ***Tomber (bien, mal).*** Arriver au bon, mauvais moment. *Tu tombes bien, toi : on a justement besoin d'un bon cuisinier.*
– ***Tomber d'accord avec quelqu'un.*** Aboutir à la même conclusion. *Elles sont tombées d'accord.*
– ***Tomber de Charybde en Scylla.*** Passer d'un mal à un autre, pire encore.
Les lettres ***ch*** du nom ***Charybde*** se prononcent ***k.***
– ***Tomber des nues.*** (FIG.) Être très surpris.
– ***Tomber de sommeil, de fatigue.*** Être épuisé.
– ***Tomber en ruine.*** S'écrouler. *Cette maison abandonnée tombe en ruine.*
CONJUGAISON : VOIR MODÈLE AIMER.

TOMBEREAU n. m. (pl. *tombereaux*)
Véhicule de transport à deux roues qui peut basculer pour le déchargement. *Des tombereaux remplis de sable.*
tombere**au.**

TOMBEUR n. m.
Séducteur. *Ce Maurice est un vrai tombeur : c'est un fieffé baratineur.*

TOMBOLA n. f.
Le ***m*** est muet et le ***o*** de la deuxième syllabe est ouvert, [tɔ̃bɔla].
Loterie où l'on peut gagner des lots en nature. *Organiser des tombolas au profit d'une œuvre de bienfaisance.*
tombola.

TOME n. m.
Le ***o*** est ouvert, [tɔm].
Chacun des volumes d'un même écrit qui en comprend plusieurs. *Un dictionnaire en neuf tomes. Le tome III d'une saga.*
Par opposition au nom ***tome***, le nom ***fascicule*** se dit d'une partie d'un ouvrage qui paraît par fragments successifs; le nom ***livre***, d'un écrit reproduit à un certain nombre d'exemplaires; le nom ***plaquette***, d'un petit livre de peu d'épaisseur.
HOM. ***tomme***, fromage de Savoie.

TOMME n. f.
Fromage de Savoie, à pâte pressée.
HOM. ***tome***, chacun des volumes d'un même écrit.

TOMMETTE ou **TOMETTE** n. f.
Petit carreau hexagonal, de couleur rouge brique dont on recouvre le sol.

TOMODENSITOMÈTRE n. m.
(MÉD.) Scanner.
Le nom ***tomodensitomètre*** a fait l'objet d'une recommandation spéciale pour remplacer l'anglicisme ***scanner.***

TON adj. poss. m. sing.
1. Déterminant possessif masculin de la deuxième personne du singulier qui détermine le nom en indiquant le « possesseur » de l'objet désigné. Il s'accorde en genre et en nombre avec le nom déterminé. *Ton cadenas.*
2. Le déterminant possessif s'accorde en personne avec le nom désignant le « possesseur ». Ainsi, le déterminant possessif ***ton*** renvoie à un seul « possesseur » d'un être, d'un objet de genre masculin. *Tu promènes ton chien Zoé* (un seul possesseur). *Tes amis jouent avec leur chat Maboule* (plusieurs possesseurs).
Devant un nom féminin commençant par une voyelle ou un ***h*** muet, c'est aussi la forme masculine ***ton*** qui est employée pour rendre la liaison plus harmonieuse entre le déterminant possessif et le mot qui suit. *Ton amie, ton histoire.*
VOIR TABLEAU – POSSESSIF ET PRONOM POSSESSIF (DÉTERMINANT).

TON n. m.
1. Hauteur moyenne de la voix, d'un son. *Un ton grave, un ton aigu.*
2. Inflexion de la voix. *Il l'a crié sur tous les tons. Elle parle d'un ton théâtral.*
3. Manière d'être. *Ces tenues sont de bon ton, de mauvais ton.*
4. Couleur considérée sous l'angle de son intensité. *Des tons pâles.*
LOCUTIONS
– ***Donner le ton.*** Déterminer la mode, le bon usage.
– ***Ton sur ton.*** Dans une même couleur, plus ou moins foncée. *Des imprimés ton sur ton.*
Cette locution est invariable.
HOM. ***thon***, poisson.

TONALITÉ n. f.
1. Ensemble des caractères d'un ton.
2. Couleur dominante (d'un tableau, d'une œuvre). *La tonalité lumineuse d'un tableau impressionniste.*

TONDEUSE n. f.
1. Machine servant à tondre le gazon. *Une tondeuse électrique.*
2. Instrument destiné à tondre les cheveux ou le poil des animaux. *Utiliser une tondeuse* (et non un *clipper).

TONDRE v. tr.
Couper à ras (les poils, la toison, etc.). *Il a tondu le gazon.*
CONJUGAISON : VOIR MODÈLE FENDRE.
INDICATIF PRÉSENT *Je tonds, tu tonds, il tond, nous tondons, vous tondez, ils tondent.* IMPARFAIT *Je tondais.* PASSÉ SIMPLE *Je tondis.* FUTUR *Je tondrai.* CONDITIONNEL PRÉSENT *Je tondrais.* IMPÉRATIF PRÉSENT *Tonds, tondons, tondez.* SUBJONCTIF PRÉSENT *Que je tonde.* IMPARFAIT *Que je tondisse.* PARTICIPE PRÉSENT *Tondant.* PASSÉ *Tondu, ue.*

TONIFIANT, IANTE adj.
Qui tonifie, fortifie. *Des exercices tonifiants.* SYN. fortifiant; vivifiant.

TONIFIER v. tr.
Avoir un effet fortifiant, affermir. *Les exercices tonifient les muscles.* SYN. fortifier.
CONJUGAISON : VOIR MODÈLE ÉTUDIER.
Redoublement du ***i*** à la première et à la deuxième personne du pluriel de l'indicatif imparfait et du subjonctif présent. *(Que) nous tonifiions, (que) vous tonifiiez.*

TONIQUE adj. et n. m.
ADJECTIF
1. Qui fortifie, affermit. *Une lotion tonique.*
2. (PHONÉT.) Qui porte le ton. *L'accent tonique.*
NOM MASCULIN
Médicament qui fortifie. *Prendre un tonique.*
tonique.

TONITRUANT, ANTE adj.
Bruyant, qui fait un bruit de tonnerre. *Une voix tonitruante.*

TONNAGE n. m.
Quantité de marchandises exprimée en tonnes. *Le tonnage d'un navire.*

TONNANT, ANTE adj.
Qui tonne, éclate. *Une voix tonnante.*

TONNE n. f.
Symbole ***t*** (s'écrit sans point).
1. Unité de mesure de masse équivalant à 1000 kilogrammes.
2. Unité de mesure équivalant à 2000 livres.
Depuis l'adoption du SI, la tonne kilométrique est en usage au Canada.
3. (FAM.) (FIG.) Grande quantité. *Pour les vacances, elle a emporté une tonne de livres.*

T

TONNEAU n. m. (pl. *tonneaux*)
1. Grand récipient cylindrique limité à chaque extrémité par un fond plat et destiné à contenir un liquide. *Des tonneaux de chêne.*
2. Contenu d'un tonneau. *Un tonneau de bière.*
LOCUTION
– ***Le tonneau des Danaïdes.*** (FIG.) Travail sans fin.

TONNELET n. m.
Petit tonneau. *Un tonnelet de cognac.*
➭ tonnelet.

TONNELLE n. f.
Treillis couvert de verdure. *Les jolies tonnelles fleuries des jardins de l'Andalousie.*
➭ tonnelle.

TONNER v. impers., intr.
VERBE IMPERSONNEL
Gronder, en parlant du tonnerre. *Il tonnait très fort et les enfants étaient effrayés.*
VERBE INTRANSITIF
(FIG.) Fulminer. *Le chef du clan tonnait contre les maladroits.* SYN. pester ; tempêter.
CONJUGAISON : VOIR MODÈLE AIMER.
➭ tonner.

TONNERRE n. m.
1. Bruit qui accompagne la foudre. *Le grondement du tonnerre, des coups de tonnerre.*
2. (FIG.) Grand bruit. *Un tonnerre d'acclamations.*
LOCUTION
– ***Du tonnerre.*** (FAM.) Remarquable. *Un chanteur du tonnerre.* SYN. formidable.
FORME FAUTIVE
*tonnerre. Impropriété au sens de ***foudre.*** *La foudre est tombée* (et non *le tonnerre est tombé) *sur cet arbre.*
➭ tonnerre.

TONSURE n. f.
Cercle rasé au sommet de la tête des ecclésiastiques.

TONSURER v. tr.
Donner la tonsure.
CONJUGAISON : VOIR MODÈLE AIMER.

TONTE n. f.
Action de tondre. *La saison de la tonte des moutons.*

TONTON n. m.
Surnom familier de ***oncle.*** *Notre tonton est particulièrement espiègle.*

TONUS n. m.
Le *s* se prononce, [tɔnys] ; le nom rime avec ***cactus.***
1. Tension musculaire.
2. Combativité, dynamisme, énergie. *Il faudrait leur donner un peu plus de tonus.*

TOP n. m.
Signal sonore. *Veuillez laisser un message après le top.*

TOPAZE n. f.
Pierre fine de couleur jaune.

TOPIAIRE adj. et n. f.
Se dit de la taille décorative des arbres et des arbustes. *L'art topiaire. La topiaire raffinée d'un jardin français.*

TOPINAMBOUR n. m.
Plante cultivée pour ses tubercules comestibles qui ressemblent à la pomme de terre.

TOPIQUE adj. et n. m.
Se dit d'un médicament qu'on applique directement sur la partie malade. *Un onguent topique. Des topiques.*

TOPO n. m.
Le premier o est ouvert, le deuxième, fermé, [tɔpo].
1. (FAM.) Bref exposé donnant la synthèse d'une question.
2. Bref reportage parlé. *Faire un topo sur un spectacle.*

TOPOGRAPHE n. m. et f.
Spécialiste de la topographie.

TOPOGRAPHIE n. f.
Représentation graphique et description détaillée d'un lieu spécifique.
Ne pas confondre avec le nom ***typographie,*** procédé d'impression.

TOPOGRAPHIQUE adj.
Relatif à la topographie. *Des données topographiques.*

TOPONYME n. m.
Nom propre attribué à une entité géographique. *Les toponymes désignent des pays, des villes, des régions, des cours d'eau, des montagnes, etc.* SYN. nom géographique.
Le terme ***nom de lieu*** s'emploie aussi en ce sens ; il désigne fréquemment des lieux habités, selon la Commission de toponymie du Québec.
VOIR TABLEAU – GÉOGRAPHIQUES (NOMS).

TOPONYMIE n. f.
1. Ensemble des noms de lieux d'une région, d'un pays.
On peut consulter le site de la Commission de toponymie du Québec [www.toponymie.gouv.qc.ca] afin d'obtenir tous les renseignements utiles sur les noms de lieux du Québec.
2. (LING.) Étude des noms de lieux et de leur origine.
➭ toponymie.

TOPONYMIQUE adj.
Relatif aux noms de lieux. *Un répertoire toponymique.*
➭ toponymique.

TOPONYMISTE n. m. et f.
Spécialiste de la toponymie.

TOQUADE n. f.
Engouement passager. *C'est sa dernière toquade.* SYN. caprice ; coup de tête ; fantaisie.
➭ toquade.

TOQUE n. f.
Coiffure de forme cylindrique. *La toque du chef. Une belle toque de castor.*
➭ toque.

TOQUÉ, ÉE adj. et n. m. et f.
NOM MASCULIN ET FÉMININ
(FAM.) Légèrement fou. *C'est un toqué, un farfelu.* SYN. (FAM.) cinglé ; timbré.
ADJECTIF
Amoureux. *Elle est toquée de ce garçon.*

TOQUER (SE) v. pronom.
(FAM.) S'enticher de. *Elle s'est toquée de lui.* SYN. s'éprendre.
Le participe passé de ce verbe, qui n'existe qu'à la forme pronominale, s'accorde toujours en genre et en nombre avec son sujet. *Les élèves se sont toquées de ce chanteur.*
CONJUGAISON : VOIR MODÈLE AIMER.

TORCHE n. f.
Flambeau rudimentaire. *Les marcheurs se sont fabriqué des torches avec des bâtons.*
LOCUTION
– ***Torche électrique.*** Lampe de poche.

TORCHER v. tr.
1. (FAM.) Essuyer avec un linge pour nettoyer.
2. (FAM.) Bâcler. *Ce travail a été torché, il faut tout reprendre.*
CONJUGAISON : VOIR MODÈLE AIMER.

TORCHÈRE n. f.
Appareil d'éclairage sur pied ou en applique dont la source lumineuse est généralement dirigée vers le haut.

TORCHON n. m.
Morceau de toile dont on se sert pour essuyer la vaisselle, pour nettoyer.
LOCUTION
– ***Le torchon brûle.*** (FIG.) Mésentente. *Le torchon brûle entre la direction et les employés.*

TORDAGE n. m.
Action de tordre des fils textiles.

TORDANT, ANTE adj.
(FAM.) Risible, amusant. *Cette imitation est tordante.* SYN. comique.

TORD-BOYAU(X) n. m. (pl. *tord-boyaux*)
(FAM.) Eau-de-vie de qualité médiocre. *Un affreux tord-boyaux.*
Le nom ***boyau*** s'écrit toujours au pluriel dans ce nom composé.

TORDRE v. tr., pronom.
VERBE TRANSITIF
1. Tourner quelque chose en sens contraire par ses deux extrémités. *Tordre du linge.*
2. Tourner violemment. *Maman, il m'a tordu le bras !*
VERBE PRONOMINAL
1. Plier violemment une articulation. *Elle s'est tordu la cheville.*
2. Se tortiller en tous sens. *Elle se tordait d'inquiétude.*
3. (FAM.) Rire bruyamment. *Ils se sont tordus au Festival Juste pour rire.* SYN. (FAM.) se marrer; rigoler.
À la forme pronominale, le participe passé de ce verbe s'accorde en genre et en nombre avec le complément direct si celui-ci le précède. *La cheville qu'il s'est tordue est douloureuse. Ces poutres se sont tordues.* Le participe passé reste invariable si le complément direct suit le verbe. *Elle s'est tordu le poignet.*
FORME FAUTIVE
*tordre le bras à quelqu'un. Calque de «*to twist someone's arm*» au sens de ***forcer la main à quelqu'un, insister lourdement.***
CONJUGAISON : VOIR MODÈLE FENDRE.
INDICATIF PRÉSENT *Je tords, tu tords, il tord, nous tordons, vous tordez, ils tordent.* IMPARFAIT *Je tordais.* PASSÉ SIMPLE *Je tordis.* FUTUR *Je tordrai.* CONDITIONNEL PRÉSENT *Je tordrais.* IMPÉRATIF PRÉSENT *Tords, tordons, tordez.* SUBJONCTIF PRÉSENT *Que je torde.* IMPARFAIT *Que je tordisse.* PARTICIPE PRÉSENT *Tordant.* PASSÉ *Tordu, ue.*

TORDU, UE adj.
1. Qui a subi une torsion. *Une barre de fer tordue.*
2. (FAM.) Fou, compliqué à l'excès. *Un raisonnement un peu tordu.*

TORÉADOR n. m.
(VIEILLI) Torero.

TORÉER v. intr.
Combattre le taureau, dans une corrida.
CONJUGAISON : VOIR MODÈLE CRÉER.

TORERO ou **TORÉRO** n. m.
TORERA ou **TORÉRA** n. f.
Le ***e*** se prononce ***é***, [tɔrero].
Personne qui combat les taureaux dans une corrida. *Ces toréras et toréros sont intrépides.*

TORNADE n. f.
(MÉTÉOROL.) Dépression atmosphérique tourbillonnaire très intense, mais de petite dimension et de courte durée. *La tornade Clara a détruit plusieurs maisons et déraciné beaucoup d'arbres.*
Ne pas confondre avec les noms suivants :
• ***bourrasque,*** coup de vent violent et de courte durée;
• ***cyclone,*** tempête caractérisée par un puissant tourbillon de vent destructeur et des pluies abondantes; en ce sens, c'est le nom ***ouragan*** qui est employé au Québec et dans la francophonie canadienne;
• ***trombe,*** colonne tourbillonnante qui soulève les eaux et déverse des torrents de pluie.
LOCUTION
– ***Comme une tornade.*** En coup de vent. *Ils sont passés comme une tornade.*

TORPEUR n. f.
Engourdissement. *La douce torpeur du sommeil.*

TORPILLAGE n. m.
Action de torpiller, au propre et au figuré. *Le torpillage d'un bateau, le torpillage d'un projet géant.*

TORPILLE n. f.
Engin explosif destiné à être lancé dans l'eau.

TORPILLER v. tr.
1. Faire exploser à l'aide de torpilles.
2. (FIG.) Tenter de faire échouer quelque chose par des manœuvres secrètes. *Les opposants ont réussi à torpiller son projet.*
CONJUGAISON : VOIR MODÈLE AIMER.
Les lettres ***ill*** sont suivies d'un ***i*** à la première et à la deuxième personne du pluriel de l'indicatif imparfait et du subjonctif présent. *(Que) nous torpillions, (que) vous torpilliez.*

TORRÉFACTION n. f.
Action de torréfier. *La torréfaction du café.*

TORRÉFIER v. tr.
Griller des grains. *Torréfier du cacao, du café.*
CONJUGAISON : VOIR MODÈLE ÉTUDIER.
Redoublement du ***i*** à la première et à la deuxième personne du pluriel de l'indicatif imparfait et du subjonctif présent. *(Que) nous torréfiions, (que) vous torréfiiez.*
torréfier.

TORRENT n. m.
Cours d'eau de montagne impétueux. *Camper à proximité d'un torrent. Le torrent du Diable.*
Ne pas confondre avec les noms suivants :
– ***fleuve,*** cours d'eau important qui se jette dans la mer;
– ***rivière,*** cours d'eau qui se jette dans un fleuve;
– ***ruisseau,*** petit cours d'eau peu large.
T Dans les désignations géographiques, le nom ***torrent*** est un générique qui s'écrit avec une minuscule, tout comme les mots ***fleuve, rivière, lac, mer, océan, baie, île, mont,*** etc.
LOCUTION
– ***À torrents.*** Beaucoup, en parlant de la pluie.
Dans cette expression, le nom s'écrit au pluriel.

TORRENTIEL, IELLE adj.
1. Propre aux torrents. *Des eaux torrentielles.*
2. Qui ressemble à un torrent. *Une pluie torrentielle.*
torrentiel.

TORRIDE adj.
Extrêmement chaud. *Un été torride.* SYN. brûlant; tropical.
torride.

TORS, TORSE adj.
Le ***s*** ne se prononce pas à la forme masculine, [tɔr].
1. Torsadé, tordu. *Un fil tors, des colonnes torses.*
2. Courbé, déformé. *Des jambes torses.*

TORSADE n. f.
Ornement tordu en hélice. *Une torsade de brocart avec des perles.*

TORSADER v. tr.
Disposer en torsade. *Torsader des rubans de velours.*
CONJUGAISON : VOIR MODÈLE AIMER.

TORSE n. m.
1. Buste. *Il a bombé son torse musclé.*
2. Figure humaine sans tête ni membres. *Un beau torse grec.*

TORT n. m.
1. Action blâmable. *Il a eu le tort de ne pas tout dire ce qu'il savait.*
2. Dommage moral, mal. *Il lui a causé du tort.*
LOCUTIONS
– ***À tort,*** loc. adv. Injustement, sans raison.
– ***À tort et à travers,*** loc. adv. Sans discernement.
– ***À tort ou à raison,*** loc. adv. Sans ou avec raison valable.
– ***Avoir tort.*** Ne pas avoir raison, se tromper.
– ***Donner tort à quelqu'un.*** Le blâmer, l'accuser.

TORTICOLIS n. m.
Le *s* est muet, [tɔrtikɔli] ; le mot rime avec ***colis.***
Contraction douloureuse d'un muscle du cou.
torticolis, un *s* au singulier comme au pluriel.

TORTILLEMENT n. m.
Action de tortiller.

TORTILLER v. tr., intr., pronom.
VERBE TRANSITIF
Tordre à plusieurs reprises. *Arrête de tortiller tes cheveux !*
VERBE INTRANSITIF
(FAM.) Remuer en se tournant sur soi-même. *Le poisson tortillait encore quand on a commencé à le cuire.*
VERBE PRONOMINAL
(FAM.) S'agiter en tous sens. *Les adolescentes se sont tortillées en chantant à tue-tête.*
À la forme pronominale, le participe passé de ce verbe s'accorde en genre et en nombre avec le complément direct si celui-ci le précède. *Les cheveux qu'elle s'est tortillés. La vigne s'est tortillée autour des treillis.* Le participe passé reste invariable si le complément direct suit le verbe. *Les juges se sont tortillé la barbiche avant de rendre leur décision.*
CONJUGAISON : VOIR MODÈLE AIMER.
Les lettres ***ill*** sont suivies d'un ***i*** à la première et à la deuxième personne du pluriel de l'indicatif imparfait et du subjonctif présent. *(Que) nous tortillions, (que) vous tortilliez.*

TORTIONNAIRE n. m.
Bourreau, personne qui inflige des tortures.
tortionnaire.

TORTUE n. f.
Reptile à quatre pattes et à carapace osseuse qui se déplace très lentement. *Le Lièvre et la Tortue* (fable de La Fontaine). *Certaines tortues vivent très longtemps.*
LOCUTION
– ***À pas de tortue,*** loc. adv. (FIG.) Très lentement.

TORTUEUSEMENT adv.
D'une manière tortueuse.

TORTUEUX, EUSE adj.
1. Qui contient plusieurs détours. *Une route tortueuse.*
2. (FIG.) Qui manque de franchise.

TORTURANT, ANTE adj.
Qui fait souffrir, cause une grande peine morale. *Des absences torturantes.*

TORTURE n. f.
1. Supplice. *Des instruments de torture.*
2. (FIG.) Douleur morale ou physique. *Cette attente est une torture. Quand serons-nous fixés ?*
LOCUTION
– ***Mettre à la torture.*** (FIG.) Tourmenter, angoisser. *Les examens le mettaient toujours à la torture.*

TORTURER v. tr., pronom.
VERBE TRANSITIF
1. Soumettre à des tortures. SYN. martyriser.
2. (FIG.) Faire souffrir, tourmenter.
VERBE PRONOMINAL
Se tourmenter. *Ils ne cessent de se torturer.*
À la forme pronominale, le participe passé de ce verbe s'accorde en genre et en nombre avec le complément direct si celui-ci le précède. *Les muscles qu'il s'est torturés en parcourant cette route à vélo sont douloureux. Elle s'est torturée à l'attendre.* Le participe passé reste invariable si le complément direct suit le verbe. *Ils se sont torturé les méninges pour trouver une solution.*
LOCUTION
– ***Se torturer le cerveau, l'esprit.*** S'interroger intensément.
CONJUGAISON : VOIR MODÈLE AIMER.

TORVE adj.
De travers, en parlant d'un œil, du regard.

TOSCAN, ANE adj. m. et m. et f.
ADJECTIF ET NOM MASCULIN ET FÉMININ
De la Toscane. *Une danse toscane. Un Toscan, une Toscane.*
L'adjectif s'écrit avec une minuscule ; le nom, avec une majuscule.
NOM MASCULIN
Dialecte de la Toscane. *Maria parle le toscan.*
Le nom de la langue s'écrit avec une minuscule.

TÔT adv.
De bonne heure. *Elle se lève tôt. Ne venez pas trop tôt.* ANT. tard.
LOCUTIONS
– ***Au plus tôt,*** loc. adv. Pas avant. *Ils finiront au plus tôt le 12 juin.* ANT. au plus tard.
– ***Tôt ou tard,*** loc. adv. Un jour ou l'autre.
L'expression ***tôt ou tard*** se prononce avec ou sans liaison.

TOTAL, ALE, AUX adj. et n. m.
ADJECTIF
Complet, entier. *Des données totales, des chiffres totaux.* SYN. général.
NOM MASCULIN
Quantité totale. *Si nous faisons le total de toutes les contributions, nous obtenons 1 000 000 $.*
La construction avec le nom en début de phrase est de niveau familier. *Elles ont parlé très longtemps ; total, elles se sont mises en retard.*
LOCUTIONS
– ***Au total,*** loc. adv. En définitive, somme toute, tout compte fait. *Ils ont beaucoup investi, mais au total, l'opération est une réussite.*
– ***Total général, total global.*** (COMPT.) Total que donne l'addition des différentes sommes partielles. *Le total général* (et non *grand total) *s'élève à quinze millions de personnes.*
– ***Total partiel.*** Somme qui constitue une partie du total général. *Le total partiel* (et non *sous-total) *est de 123 étudiants.*
FORMES FAUTIVES
*grand total. Calque de « *grand total* » pour ***total général, somme globale.***
*sous-total. Calque de « *subtotal* » pour ***total partiel.***

TOTALEMENT adv.
Entièrement. *Vous avez totalement raison.*

TOTALISATION n. f.
Action de totaliser.

TOTALISER v. tr.
1. Additionner. *Totaliser des sommes partielles.*
2. Compter au total. *L'effectif de cette entreprise totalise 500 employés.*
CONJUGAISON : VOIR MODÈLE AIMER.

TOTALITAIRE adj.
Se dit des régimes politiques non démocratiques.

TOTALITÉ n. f.
L'ensemble, le tout. *La totalité des participants ont donné leur accord.*
L'accord du verbe ou de l'adjectif se fait avec le complément au pluriel des collectifs exprimant la quantité : ***assez (de), beaucoup (de), bien des, combien (de), la plupart (des), la totalité des, nombre (de), peu (de), quantité (de), tant (de), trop (de), une infinité de, une quantité de,*** etc.
VOIR TABLEAU – COLLECTIF.
LOCUTION
– ***En totalité,*** loc. adv. Complètement, intégralement. SYN. au complet.

TOTEM n. m.
Le ***m*** se prononce, [tɔtɛm]; le mot rime avec ***thème.***
1. Animal, objet qui constitue l'emblème protecteur d'un groupe.
2. Représentation de cet animal, de cet objet. *Les grands totems de la Colombie-Britannique.*

TOTÉMIQUE adj.
Qui a les caractères du totem. *Une sculpture totémique.*

TOUAGE n. m.
Remorquage d'un navire.
FORME FAUTIVE
*touage. Impropriété au sens de ***remorquage*** (d'un véhicule).

TOUAREG, ÈGUE adj. et n. m. et f.
ADJECTIF
Relatif au peuple berbère du Sahara. *Les coutumes touareg* ou *touarègues.*
Au masculin singulier, le mot d'origine arabe est ***targui,*** le mot féminin, ***targuie.*** Cependant, on note une tendance à employer plutôt le mot variable ***touareg, touarègue, touaregs, touarègues,*** ou le mot invariable ***touareg.***
NOM MASCULIN ET FÉMININ
Un Touareg, une Touareg ou *Touarègue.*
T L'adjectif s'écrit avec une minuscule; le nom, avec une majuscule.
NOM MASCULIN
Langue parlée par les Touaregs. *Ahmed parle le touareg.*
T Le nom de la langue s'écrit avec une minuscule.

TOUBIB n. m.
Les deux ***b*** se prononcent, [tubib].
(FAM.) Médecin.

TOUCAN n. m.
Oiseau au plumage coloré et à gros bec. *De magnifiques toucans.*

TOUCHANT, ANTE adj.
Attendrissant, émouvant. *Des témoignages touchants, une scène touchante.*
Ne pas confondre avec le participe présent invariable ***touchant.*** *Les employés touchant une prime d'éloignement seront convoqués.*

TOUCHANT prép.
Concernant, au sujet de. *Quelques commentaires touchant cette question.* SYN. relativement à.

TOUCHE n. f.
1. Chacun des leviers qui composent le clavier d'un piano, d'un ordinateur, etc. *Les touches d'ivoire d'un piano. La touche de recul, une touche programmable* (et non une *clé).
2. Manière d'appliquer la couleur, par petites quantités. *De petites touches de rouge et de jaune éclairaient le tableau.*
3. (FIG.) Un peu de. *Sa présence espiègle met une touche de gaieté dans ce cadre sévère.*
LOCUTION
– ***Être (mis) sur la touche.*** (FIG.) Être tenu à l'écart d'une activité, sans pouvoir de décision. *Après sa gaffe, cet ancien directeur a été mis sur la touche.* SYN. ⚜ (FAM.) être (mis) sur une tablette.

TOUCHE-À-TOUT n. m. inv. (pl. *touche-à-tout*)
1. Enfant qui touche à tout.
2. (FIG.) Personne qui se disperse à faire toutes sortes d'activités.

TOUCHER n. m.
Un des cinq sens, à l'aide duquel on peut reconnaître la forme, la matière, la température, etc., d'un corps.

TOUCHER v. tr., pronom.
VERBE TRANSITIF DIRECT
1. Porter la main sur. *Toucher un tissu soyeux. Ne touche pas ce vase* ou *à ce vase.*
En ce sens, le verbe se construit directement ou avec ***à.***
2. Recevoir (un chèque, un salaire, etc.). *Il touche son salaire le jeudi.*
3. Concerner. *Cette restructuration ne vous touche pas.*
4. Émouvoir. *Nous avons été très touchés de votre gentille lettre, par votre joli bouquet, de recevoir votre visite.*
En ce sens, le verbe se construit avec les prépositions ***de, par.***
VERBE TRANSITIF INDIRECT
1. Modifier. *Ne touche pas à mon dessin.*
2. Aborder. *Nous touchons à une question capitale.*
3. Atteindre. *Ils touchent au but.*
4. S'en prendre à. *Ne touche pas à mon copain.*
Le verbe transitif indirect se construit avec la préposition ***à.***
VERBE PRONOMINAL
Être adjacent. *Nos deux terrains se touchent. Ils se sont touchés.*
À la forme pronominale, le participe passé de ce verbe s'accorde en genre et en nombre avec le complément direct si celui-ci le précède. *La joue qu'il s'est touchée est maculée d'encre. Ils se sont à peine touchés.* Le participe passé reste invariable si le complément direct suit le verbe. *Ils se sont touché la main.*
CONJUGAISON : VOIR MODÈLE AIMER.

TOUER v. tr.
Remorquer un navire. *Les petits remorqueurs touent le navire en panne.*
FORME FAUTIVE
*touer. Impropriété au sens de ***remorquer*** (un véhicule).
CONJUGAISON : VOIR MODÈLE AIMER.

TOUFFE n. f.
Groupement de choses de même nature. *Des touffes d'herbe, des touffes de cheveux.*
touffe.

TOUFFEUR n. f.
Chaleur étouffante.

TOUFFU, UE adj.
1. Qui est épais, bien garni. *Des cheveux touffus, du gazon touffu.*
2. (FIG.) Dense. *Un texte très touffu.*
touffu.

TOUILLAGE n. m.
Action de touiller.

TOUILLER v. tr.
(FAM.) Remuer pour mélanger. *Touiller la salade.*
CONJUGAISON : VOIR MODÈLE AIMER.
Les lettres ***ill*** sont suivies d'un ***i*** à la première et à la deuxième personne du pluriel de l'indicatif imparfait et du subjonctif présent. *(Que) nous touillions, (que) vous touilliez.*

TOUJOURS adv.
1. Sans cesse, continuellement. *Il a toujours faim.* SYN. constamment.
2. Éternellement. *La Terre tourne toujours autour du Soleil.*

3. Habituellement. *Il parle toujours au téléphone.* SYN. ordinairement.
LOCUTIONS
– ***Comme toujours,*** loc. adv. Comme à son habitude. *Comme toujours, elle est en retard.*
– ***Depuis toujours.*** De tout temps. *Il la connaît depuis toujours, c'est une amie d'enfance.*
– ***Pour toujours,*** loc. adv. À jamais, à perpétuité. *Il est parti pour toujours.* SYN. définitivement.
– ***Toujours est-il que.*** En tout cas. *Ils ont eu certaines difficultés à venir ; toujours est-il qu'ils sont arrivés avec deux jours de retard.*

TOULADI n. m. (pl. *touladis*)
⚜ Truite grise. *Ils pêchent le touladi, la truite mouchetée et la truite arc-en-ciel.*
☞ Attention au genre masculin de ce nom.

TOUNDRA n. f.
Végétation arctique de mousses et de lichens.

TOUPET n. m.
👄 Le ***t*** ne se prononce pas, [tupɛ] ; le nom rime avec ***paix***.
1. Petite touffe de cheveux qui surmonte le front.
2. (FAM.) (FIG.) Culot, effronterie. *Il a du toupet de me demander cela !*

TOUPIE n. f.
1. Jouet qui tourne au moyen d'un ressort, d'une ficelle. *En tournant, la toupie joue un air populaire.*
2. Outil, machine servant au travail du bois, du métal.
✏ toupie.

TOUR n. m. et f.
NOM MASCULIN
1. Mouvement circulaire. *J'aimerais bien faire le tour du monde. La Terre fait le tour du Soleil.*
2. Contour. *Tour de taille.* SYN. circonférence.
3. Mouvement qui exige de l'habileté. *Des tours de magie.*
4. Allure, tournure. *Cette affaire prend un mauvais tour.*
5. Rang successif. *Céder son tour. C'est à son tour de jouer.*
6. Promenade. *Allons faire un tour au village !*
7. Machine-outil. *Un tour à aléser, un tour à bois.*
NOM FÉMININ
1. Immeuble construit en hauteur. *Une tour de contrôle, la tour de la Bourse.*
2. Construction en hauteur. *La tour Eiffel.*
LOCUTIONS
– ***À double tour,*** loc. adv. En donnant deux tours de clé.
☞ Attention au nom qui demeure singulier dans cette expression.
– ***À tour de bras,*** loc. adv. Avec force. *Il frappa sur eux à tour de bras.*
– ***À tour de rôle,*** loc. adv. Chacun à son tour.
– ***En un tour de main,*** loc. adv. Très rapidement.
– ***Jouer un (bon) tour.*** User d'un stratagème.
– ***Tour à tour,*** loc. adv. Alternativement, l'un après l'autre.
– ***Tour de Babel.*** (FIG.) Endroit où l'on parle plusieurs langues, où l'on ne se comprend pas.
– ***Tour de force.*** Exploit. *Des tours de force admirables.*
– ***Tour de rein(s).*** (FAM.) Contraction douloureuse des muscles dorsaux.
☞ Les auteurs ne s'entendent pas sur le nombre du nom ***rein*** dans cette expression.
– ***Tour d'horizon.*** Observation de l'ensemble du panorama.
– ***Tour d'horizon.*** (FIG.) Examen général. *Faisons d'abord un tour d'horizon pour avoir un bon aperçu de la situation.*
– ***Tour d'ivoire.*** Isolement hautain. *Il est inaccessible dans sa tour d'ivoire.*

TOURBE n. f.
Matière spongieuse formée par la décomposition de végétaux. *Employer de la tourbe pour faciliter la transplantation d'arbustes.*
☞ Les plaques de terre couvertes d'herbe sont des ***plaques de gazon*** (et non de la *tourbe).
FORME FAUTIVE
*tourbe. Anglicisme au sens de ***gazon.***

TOURBEUX, EUSE adj.
Qui contient de la tourbe.

TOURBIÈRE n. f.
Formation végétale en terrain humide, résultant de l'accumulation de matières organiques partiellement décomposées (Recomm. off.).
☞ Ne pas confondre avec les noms suivants :
• ***baissière,*** enfoncement d'une terre, d'un champ, retenant l'eau de pluie ;
• ***fondrière,*** terrain bas souvent envahi par l'eau et généralement bourbeux ;
• ***marais,*** nappe d'eau stagnante de faible profondeur, envahie par la végétation aquatique ;
• ***marécage,*** étendue de terrain imprégnée ou recouverte d'eau, occupée par une végétation surtout arbustive.

TOURBILLON n. m.
1. Mouvement circulaire du vent, de l'eau, de choses. *Des tourbillons de sable poussés par le vent.*
2. (FIG.) Ce qui entraîne dans un mouvement rapide. *Le tourbillon de la gloire.*

TOURBILLONNANT, ANTE adj.
Qui tourbillonne. *De l'eau tourbillonnante.*

TOURBILLONNEMENT n. m.
Mouvement de ce qui tourbillonne.

TOURBILLONNER v. intr.
Se déplacer en tournant rapidement. *Les danseurs tourbillonnaient élégamment.*
CONJUGAISON : VOIR MODÈLE AIMER.

TOURELLE n. f.
Petite tour. *Un grand château décoré d'une multitude de gracieuses tourelles.*
✏ tourelle.

TOURISME n. m.
1. Action de voyager par plaisir. *Faire du tourisme.*
2. Ensemble des activités ayant pour objet la satisfaction des besoins des touristes. *Le tourisme constitue une ressource économique importante.*

TOURISTE n. m. et f.
Personne qui voyage par agrément. *Il y a de plus en plus de touristes européens qui visitent la région.*
LOCUTION
– ***Classe touriste.*** Tarif intermédiaire, moins coûteux que la première classe.

TOURISTIQUE adj.
Relatif au tourisme. *L'industrie touristique.*

TOURMALINE n. f.
Pierre fine.
✏ tourmaline.

TOURMENT n. m.
(LITT.) Souffrance physique ou morale. *Les tourments de la guerre.*

TOURMENTE n. f.
(LITT.) Tempête violente et courte. *Il neige à plein ciel : c'est la tourmente.*

TOURMENTÉ, ÉE adj.
1. Angoissé. *Il est de caractère tourmenté.*
2. Agité. *La mer tourmentée.*

TOURMENTER v. tr., pronom.
VERBE TRANSITIF
(LITT.) Faire souffrir. *Le remords le tourmente.* SYN. ronger.

VERBE PRONOMINAL
(LITT.) S'inquiéter. *Cette personne s'est tourmentée pour peu de chose.* SYN. se tracasser.
À la forme pronominale, le participe passé de ce verbe s'accorde toujours en genre et en nombre avec son sujet. *Elle s'est tourmentée en vain.*
CONJUGAISON : VOIR MODÈLE AIMER.

TOURNAGE n. m.
1. Action de façonner au tour. *Le tournage de colonnes de bois.*
2. (CIN.) Action de tourner un film. *Le tournage a duré trois mois.*
LOCUTION
– ***Revue de tournage.*** Document cinématographique sur les étapes de la mise en œuvre d'un long métrage, sur son tournage et les évènements qui l'entourent (GDT). *On présentera la revue de tournage* (et non le *making of) *de ce film ce soir.* SYN. coulisses du tournage ; documentaire de tournage.

TOURNANT adj. et n. m.
ADJECTIF
Qui tourne. *Des portes tournantes. Une grève tournante.*
NOM MASCULIN
1. Endroit où une route change de direction. *Prenez à gauche au prochain tournant. Des tournants dangereux.*
2. (FIG.) Changement de direction. *L'entreprise arrive à un tournant décisif de ses activités de diversification.*
LOCUTIONS
– ***Attendre quelqu'un au tournant.*** (FIG.) Se venger, quand l'occasion se présentera.
– ***Prendre le tournant.*** Emprunter une nouvelle voie en vue d'atteindre un objectif, de réussir. *La maison d'édition a su prendre le tournant du multimédia.*
FORME FAUTIVE
*point tournant. Calque de «*turning point*» pour ***tournant, moment décisif.***

TOURNEBOULER v. tr.
(FAM.) Bouleverser. *Cette histoire l'a tourneboulé.*
CONJUGAISON : VOIR MODÈLE AIMER.

TOURNEBROCHE n. m.
Mécanisme servant à faire tourner une broche à rôtir. *Des tournebroches efficaces.*
tournebroche, en un seul mot.

TOURNE-DISQUE n. m. (pl. *tourne-disques*)
Appareil servant à faire jouer des disques. *Les lecteurs de disques compacts remplacent peu à peu les tourne-disques* (et non *tables tournantes).

TOURNEDOS n. m.
Le ***s*** est muet, [turnədo].
Filet de bœuf coupé en tranches. *Des tournedos bien saignants.*
tournedos, en un seul mot.

TOURNÉE n. f.
1. Voyage en plusieurs endroits. *Ce chanteur fera une tournée au Québec.*
2. (FAM.) Ensemble des consommations offertes par quelqu'un à ceux qui sont avec lui, dans un bar, au restaurant. *C'est ma tournée !*

TOURNEMAIN (EN UN) loc. adv.
(LITT.) Très rapidement. *Elle a préparé sa valise en un tournemain.*
On dit aussi couramment ***en un tour de main.***
tournemain, en un seul mot.

TOURNER v. tr., intr., pronom.
VERBE TRANSITIF
1. Faire pivoter. *Elle tourne la broche pour faire griller l'agneau.*
2. Placer dans une direction opposée. *Tourne tes skis à l'envers.* SYN. retourner.
3. Diriger vers. *Elle tourna les yeux vers lui.*
4. Filmer. *Tourner un film. Silence ! On tourne.*
VERBE INTRANSITIF
1. Se mouvoir en rond. *La Terre tourne autour du Soleil.*
2. Fonctionner. *Le moteur tourne rond.*
3. Changer de direction. *Il faudra bientôt tourner à gauche.*
VERBE PRONOMINAL
Changer de position, de direction. *Elles se sont tournées vers nous.*
À la forme pronominale, le participe passé de ce verbe s'accorde en genre et en nombre avec le complément direct si celui-ci le précède. *Le pied qu'elle s'est tourné la fait souffrir. Les spectateurs se sont tournés vers les retardataires.* Le participe passé reste invariable si le complément direct suit le verbe. *Ils se sont tourné la tête pour les fusiller du regard.*
LOCUTIONS
– ***Se tourner les pouces.*** (FIG.) Être inactif.
– ***Se tourner vers quelque chose.*** (FIG.) Orienter son activité en ce sens.
– ***Tourner de l'œil.*** (FAM.) Perdre conscience.
– ***Tourner en ridicule.*** Tourner en dérision.
– ***Tourner la page.*** (FIG.) Recommencer à neuf.
– ***Tourner la tête à quelqu'un.*** (FIG.) Griser ou séduire quelqu'un.
– ***Tourner le dos à quelqu'un.*** (FIG.) Le laisser tomber.
– ***Tourner les coins ronds.*** Aller trop vite en besogne, expédier son travail.
– ***Tourner les pages d'un livre, d'une revue,*** etc. Le feuilleter.
– ***Tourner sa langue sept fois dans sa bouche avant de parler.*** (FIG.) Réfléchir longuement avant de dire quelque chose.
CONJUGAISON : VOIR MODÈLE AIMER.

TOURNESOL n. m.
Plante dont les fleurs se tournent vers le soleil. *Des tournesols en fleur.*

TOURNEVIS n. m.
Le ***s*** se prononce, [turnəvis] ; le nom rime avec ***vice.***
Outil servant à visser ou à dévisser des vis. *Ce tournevis s'adapte à tous les types de vis.*
tournevis, en un seul mot.

TOURNICOTER v. intr.
(FAM.) Tourner dans tous les sens.
CONJUGAISON : VOIR MODÈLE AIMER.
tournicoter.

TOURNIQUET n. m.
Dispositif pivotant placé à une entrée, à une sortie, pour ne laisser passer qu'une personne à la fois. *Les tourniquets du métro.*
tourniquet.

TOURNIS n. m.
Le ***s*** est muet, [turni].
(FAM.) Vertige.

TOURNOI n. m.
Épreuve sportive. *Des tournois de tennis.* SYN. championnat ; compétition.

TOURNOIEMENT n. m.
Action de tournoyer. *Le tournoiement des cerceaux colorés.*
tournoiement.

TOURNOYER v. intr.
Tourner en faisant plusieurs tours. *Le vent fait tournoyer les feuilles mortes.*
CONJUGAISON : VOIR MODÈLE EMPLOYER.
Le ***y*** se change en ***i*** devant un ***e*** muet. *Il tournoie,* mais *il tournoyait.*
Le ***y*** est suivi d'un ***i*** à la première et à la deuxième personne du pluriel de l'indicatif imparfait et du subjonctif présent. *(Que) nous tournoyions (que) vous tournoyiez.*

TOURNURE n. f.
1. Construction syntaxique. *Une tournure négative, impersonnelle.*
2. Évolution. *L'affaire prend une bonne tournure.*
LOCUTION
– ***Tournure d'esprit.*** Manière de penser.

***TOUR-OPÉRATEUR**
Anglicisme pour ***voyagiste.***

TOURTE n. f.
Pâte de forme arrondie dans laquelle on met de la viande, du poisson, etc.

TOURTEAU n. m. (pl. *tourteaux*)
Crabe de l'Atlantique dont la chair est appréciée. *Des tourteaux frais pêchés.*

TOURTEREAU n. m. (pl. *tourtereaux*)
Amoureux. *Les tourtereaux sont en voyage de noces.*

TOURTERELLE n. f.
Oiseau de la famille du pigeon, mais plus petit que ce dernier.
VOIR TABLEAU – ANIMAUX.

TOURTIÈRE n. f.
1. Ustensile de cuisine destiné à la cuisson des tourtes ou des tartes.
2. Pâte de forme arrondie dans laquelle on met de la viande, du poisson, etc. *Faire cuire des tourtières pour le réveillon.*

TOUS
VOIR – TOUT.

TOUSSAINT n. f.
Fête du 1er novembre, en l'honneur de tous les saints. *Le congé de la Toussaint.*
Le nom de la fête s'écrit avec une majuscule.
Touss**aint.**

TOUSSER v. intr.
Avoir un accès de toux. *Tu tousses beaucoup : prends donc du sirop contre la toux.*
CONJUGAISON : VOIR MODÈLE AIMER.

TOUSSOTEMENT n. m.
Action de toussoter ; bruit produit en toussotant.
toussotement.

TOUSSOTER v. intr.
Tousser légèrement et souvent.
CONJUGAISON : VOIR MODÈLE AIMER.
toussoter.

TOUT, TOUTE, TOUS, TOUTES adj., adv., n. m. et pron.
ADJECTIF
1. Complet, entier. *Ils ont joué dehors toute la journée. Le cultivateur labourera tout ce champ et fauchera toute cette prairie. Les enfants ont mangé toute ma tarte. Je vous le dis en toute franchise.*
L'adjectif détermine un nom au singulier précédé d'un article, d'un adjectif démonstratif, d'un adjectif possessif ou d'un nom sans article.
2. Seul, unique. *Pour tout repas, pour toute nourriture, ils n'avaient qu'un peu de pain.*
3. Tout entier. *Elle était toute à sa recherche.*
4. Au plus haut point. *Ce paysage est de toute beauté.*
ADJECTIF INDÉFINI
1. ***Tous, toutes.*** Sans exception. *Tous les murs de cette maison sont blancs, toutes les portes sont rouges.*
2. ***Tous, toutes.*** Chaque. *Ce médecin opère tous les vendredis, toutes les semaines* (et non *à toutes les semaines).
La construction avec la préposition ***à*** est vieillie.
3. ***Tout, toute*** + nom sans article. N'importe quel. *Tout chien errant sera capturé. Toute faute sera corrigée.*
En ce sens, le nom et l'adjectif indéfini sont au singulier.
4. ***Tout autre, toute autre.*** N'importe quel. *Toute autre personne* (n'importe quelle autre personne) *aurait agi ainsi.*
En ce sens, le mot ***tout*** est un adjectif et il est variable. Par contre, au sens de « complètement différent », il est adverbe et donc invariable.
5. ***Tout*** + titre d'œuvre. L'adjectif ne s'accorde que par euphonie devant un titre féminin qui commence par un article défini. *Elle lira toute* L'Illiade, mais *il a lu tout* Phèdre. *Elle a lu toutes* Les Fleurs du mal, mais *ils connaissent tout* Petits Poèmes en prose *de Baudelaire.*
Le ***s*** final de l'adjectif masculin pluriel ***tous*** ne se prononce pas.
ADVERBE
1. Entièrement, tout à fait. *Il est tout content.*
– ***Tout*** + adjectif masculin. *Ils sont tout fiers d'avoir gagné.*
L'adverbe est invariable.
– ***Tout*** + adjectif féminin commençant par une voyelle ou un ***h*** muet. *Elles sont tout amoureuses et tout heureuses.*
L'adverbe est invariable.
– ***Tout*** + adjectif féminin commençant par une consonne ou un ***h*** aspiré. *Elles sont toutes confuses et toutes honteuses.*
Devant un adjectif, le mot ***tout*** pris adverbialement est normalement invariable. Cependant, pour des raisons d'euphonie, le mot s'accorde en genre et en nombre devant un adjectif au féminin ou un participe passé féminin qui commence par une consonne ou un ***h*** aspiré.
2. ***Tout*** + gérondif. En même temps que. *Tout en lisant, elle écoutait de la musique.*
3. ***Tout*** + adverbe. Tout à fait. *Elle lui répondit tout net.*
4. ***Tout autre.*** Complètement différent. *C'est une tout autre musique* (une musique entièrement autre).
En ce sens, le mot ***tout*** est adverbe et donc invariable. Par contre, au sens de « n'importe quel », il est adjectif et donc variable.
NOM MASCULIN
1. La totalité. *Risquer le tout pour le tout.*
2. Ensemble formé de plusieurs éléments. *Mon premier est un métal précieux ; mon second est une créature spirituelle ailée ; mon tout est un fruit sucré.* (Réponse : orange)
3. Le principal, l'essentiel. *En cas d'incendie, le tout est de garder son sang-froid.*
PRONOM INDÉFINI
1. ***Tous, toutes.*** L'ensemble des personnes. *Toutes étaient présentes. Je les aime tous.*
2. ***Tout.*** Toutes les choses. *C'est tout ou rien. L'inondation a tout détruit, mais il va tout reconstruire.*
3. ***Tout.*** N'importe quoi. *Elle est préparée à tout. Prenez un peu de tout.*
Le ***s*** final du pronom masculin pluriel se prononce.
LOCUTIONS
– ***Après tout,*** loc. adv. En définitive.
– ***À tous coups,*** loc. adv. Chaque fois, constamment.
– ***À tous égards,*** loc. adv. Sous tous les rapports.
– ***À tous moments,*** loc. adv. Toujours.
– ***À tous points de vue,*** loc. adv. Sur tous les plans.
– ***À tout bout de champ,*** loc. adv. Constamment.
– ***À tout coup,*** loc. adv. Chaque fois, constamment.
– ***À toute allure,*** loc. adv. Très vite.
– ***À toute épreuve,*** loc. adj. Très solide, très robuste.
– ***À toute force,*** loc. adv. Coûte que coûte.
– ***À toute heure,*** loc. adv. N'importe quand.
– ***À toutes fins utiles,*** loc. adv. Pour servir le cas échéant.
– ***À toutes jambes,*** loc. adv. Le plus vite possible.
– ***À toute vitesse,*** loc. adv. Très rapidement.
– ***À tout hasard,*** loc. adv. Au cas où.
– ***À tout moment,*** loc. adv. À n'importe quel moment.
– ***À tout point de vue,*** loc. adv. À n'importe quel point de vue.
– ***À tout propos,*** loc. adv. Constamment.

– ***Comme tout,*** loc. adv. Extrêmement.
– ***De tous côtés,*** loc. adv. De toutes les directions.
– ***De tout cœur,*** loc. adv. Volontiers.
– ***De tout côté,*** loc. adv. De n'importe quel côté.
– ***De toute éternité,*** loc. adv. Depuis toujours.
– ***De toute façon,*** loc. adv. De n'importe quelle façon.
– ***De toute manière,*** loc. adv. De n'importe quelle manière.
– ***De toutes façons,*** loc. adv. Quoi qu'il arrive.
– ***De toutes manières,*** loc. adv. En tout cas.
– ***De toute part,*** loc. adv. De n'importe quel côté.
– ***De toutes parts,*** loc. adv. De tous les côtés.
– ***De toute sorte,*** loc. adv. De n'importe quel type.
– ***De toutes sortes,*** loc. adv. De tous les types.
– ***De tout temps,*** loc. adv. Depuis toujours.
– ***Du tout au tout,*** loc. adv. Complètement.
– ***En tous genres,*** loc. adj. De tous les types.
– ***En tous sens,*** loc. adv. Dans toutes les directions.
– ***En tout,*** loc. adv. Sans rien omettre.
– ***En tout cas,*** loc. adv. Quoi qu'il arrive.
– ***En toute amitié,*** loc. adv. Très amicalement.
– ***En toute franchise,*** loc. adv. Très franchement.
– ***En toute liberté,*** loc. adv. Très librement.
– ***En toute saison,*** loc. adv. À l'année.
– ***En toute simplicité,*** loc. adv. De façon très modeste.
– ***En toutes lettres,*** loc. adv. Au long.
– ***En tout et pour tout,*** loc. adv. Au total. *L'ordinateur et l'imprimante ont coûté 2000 $ en tout et pour tout* (et non *en tout et partout).
– ***En tout genre,*** loc. adj. De n'importe quel genre.
– ***En tout lieu,*** loc. adv. Partout.
– ***En tout sens,*** loc. adv. Dans n'importe quel sens.
– ***En tout temps,*** loc. adv. Toujours.
– ***Pas du tout,*** loc. adv. Nullement.
– ***Selon toute apparence,*** loc. adv. Très probablement.
– ***Tous azimuts,*** loc. adv. Dans toutes les directions.
– ***Tous feux éteints,*** loc. adv. Sans phares.
– ***Tout à coup,*** loc. adv. Brusquement.
– ***Tout à fait,*** loc. adv. Entièrement.
– ***Tout à l'heure,*** loc. adv. Dans quelques instants. « *Je vais revenir tout à l'heure* » (Molière, *Le malade imaginaire*).
– ***Tout compte fait,*** loc. adv. Réflexion faite.
– ***Tout de même,*** loc. adv. Néanmoins.
– ***Tout de suite,*** loc. adv. Immédiatement.
– ***Tout d'un coup,*** loc. adv. Subitement.
– ***Tout entier,*** loc. adv. Entièrement.
– ***Toutes proportions gardées,*** loc. adv. Proportionnellement.
– ***Tout le monde.*** L'ensemble des personnes.
Attention, le verbe est au singulier avec cette locution pour sujet.
– ***Tout le temps,*** loc. adv. Constamment.
– ***Tout un chacun,*** loc. pron. Chaque personne. *Elle veut tenter sa chance, comme tout un chacun* (et non *tous et chacun).
Attention, le verbe est au singulier avec cette locution pour sujet. *Tout un chacun aspire au bonheur.*
– ***Une fois pour toutes,*** loc. adv. Pour la dernière fois, d'une manière définitive.
FORMES FAUTIVES
*à toutes fins pratiques. Calque de «*for all practical purposes*» pour ***en pratique, en réalité, pour ainsi dire, pratiquement.***
*au tout début. Construction fautive pour ***dès le début, tout au début, initialement.***
Cette construction est admise par certains auteurs, mais elle demeure critiquée par la plupart des spécialistes.
*en tout et partout. Impropriété pour ***en tout et pour tout.***
*les tout débuts. Construction fautive pour ***les tout premiers débuts.***
*tous et chacun. Impropriété pour ***tout un chacun.***
VOIR TABLEAU – TOUT (ACCORD DE).

TOUT-À-L'ÉGOUT n. m. inv. (pl. *tout-à-l'égout*)
Réseau de canalisations reliant les habitations aux égouts.

TOUTEFOIS adv.
Néanmoins, cependant. *Cette voiture est très rapide, toutefois elle consomme beaucoup d'essence.* SYN. mais; pourtant.
L'adverbe introduit une proposition qui vient s'opposer à la proposition ou à la phrase précédente.
toutefois, en un seul mot.

TOUTOU n. m. (pl. *toutous*)
Chien, dans le langage des enfants. *De mignons toutous.*

TOUT-PETIT n. m. (pl. *tout-petits*)
Jeune enfant. *Ces tout-petits sont turbulents.* SYN. bébé.

TOUT-PUISSANT, TOUTE-PUISSANTE adj.
Qui a une très grande puissance. *Les dictateurs tout-puissants, les entreprises toutes-puissantes.*
Attention à l'accord de l'élément ***tout-*** qui ne se fait qu'au féminin; lorsque l'adjectif qualifie un nom masculin, l'élément ***tout-*** est invariable.
tout-puissant, avec un trait d'union.

TOUT-TERRAIN adj. et n. m. (pl. *tout-terrains*)
Se dit d'un véhicule qui peut rouler sur tous les types de terrains. *Un vélo tout-terrain. Des tout-terrains puissants.*
Abréviation *V.T.T.* (s'écrit avec ou sans points).

TOUT-VENANT n. m. inv. (pl. *tout-venant*)
Ce qui n'a pas fait l'objet d'une sélection. *Le tout-venant défilait dans la rue.*

TOUX n. f.
Expiration bruyante causée par une irritation. *Des quintes de toux, du sirop contre la toux.*
toux.

***TOWNHOUSE** ou **TOWN HOUSE**
Anglicisme pour ***maison en rangée.***

TOXICITÉ n. f.
Caractère de ce qui est toxique. *La toxicité d'un insecticide.*
toxicité.

TOXICO- préf.
Élément du latin signifiant « poison ». *Toxicomanie.*

TOXICOLOGIE n. f.
Science qui étudie les poisons.

TOXICOLOGIQUE adj.
Relatif à la toxicologie.

TOXICOLOGUE n. m. et f.
Médecin spécialiste en toxicologie.

TOXICOMANE adj. et n. m. et f.
Atteint de toxicomanie.

TOXICOMANIE n. f.
Habitude de se droguer avec des substances qui provoquent un état d'ivresse et de dépendance.

TOXIQUE adj. et n. m.
ADJECTIF
Qui empoisonne. *Une substance toxique.*
NOM MASCULIN
Poison. *Ces toxiques sont violents.*

TPS
Sigle de ***taxe sur les produits et services.***

TRAC n. m.
Le **c** se prononce, [trak]; le mot rime avec ***bric-à-brac.***
Angoisse ressentie avant d'agir, d'entrer en scène, etc. *Des tracs fous.*

T

ACCORD DE **TOUT**

TOUT, TOUTE, DÉTERMINANT DÉFINI (receveur d'accord)

▸ **Aux sens de** « complet, entier », « unique », « au plus haut point »

- ***Tout, toute*** + déterminant défini + nom .... variable .... *Il travaille **tout** l'été, **toute** la journée.*
- ***Tout, toute*** + déterminant démonstratif + nom .... variable .... *Elle repeint **tout** ce garage, **toute** cette maison.*
- ***Tout, toute*** + déterminant possessif + nom .... variable .... *Le chien a mangé **tout** son os, **toute** sa viande.*
- ***Tout, toute*** + nom .... variable .... *De **tout** cœur, en **toute** amitié, de **toute** beauté.*

En ces sens, le déterminant et le nom sont au singulier.

TOUT, TOUTE, TOUS, TOUTES, DÉTERMINANT INDÉFINI (receveur d'accord)

▸ **Aux sens de** « sans exception », « chaque », « n'importe lequel »

- ***Tous, toutes*** + déterminant + nom ou pronom .... variable .... *Vois **tous** les glands et **toutes** les feuilles. **Tous** les miens.*
- ***Tous, toutes*** + déterminant démonstratif + nom ...... variable .... *J'ai lu **tous** ces livres, **toutes** ces histoires.*
- ***Tous, toutes*** + déterminant possessif + nom .... variable .... *Elle a écouté **tous** mes disques, **toutes** mes chansons.*
- ***Tout, toute*** + nom ou pronom .... variable .... ***Toute** réclamation sera considérée. **Tout** cela n'est qu'une illusion.*
- ***Tout autre, toute autre*** + nom .... variable .... ***Toute autre** personne viendrait.*

TOUT, ADVERBE

▸ **Au sens de** « entièrement, tout à fait ».

- ***Tout*** + adjectif masculin .... invariable ..... *Ils sont **tout** joyeux.*
- ***Tout*** + adjectif féminin .... invariable ..... *Tu as bu la coupe **tout** entière.*
  (commençant par une voyelle ou un ***h*** muet) *Elles sont **tout** hésitantes (**h** muet).*
- ***Toute, toutes*** + adjectif féminin .... variable .... *Elles sont **toutes** gracieuses et **toutes** hâlées (**h** aspiré).*
  (commençant par une consonne ou un ***h*** aspiré)

  L'adverbe change de forme pour des raisons d'harmonie de la phrase (euphonie).
- ***Tout*** + adverbe .... invariable ..... *Ils roulaient **tout** doucement.*
- ***Tout autre*** « entièrement autre » .... invariable ..... *Une **tout autre** signification.*

TOUS, TOUTES, TOUT, PRONOM MASCULIN ET FÉMININ (receveur et donneur d'accord)

- ***Tous, toutes.*** Le pronom est au pluriel et il prend la marque du genre. .... ***Tous** et **toutes** étaient motivés.*
- ***Tout.*** Le pronom neutre est au singulier. .... *Ils comprirent **tout**.*

TOUT, NOM MASCULIN (donneur d'accord)

- ***Tout, touts.*** Le nom masculin prend la marque du pluriel. .... *Réunir des **touts** complets.*

TRAÇABILITÉ n. f.
Capacité de trouver, pour un produit donné, la trace de chacune des étapes de sa conception, de sa fabrication et de sa distribution ainsi que la provenance de ses composants. *Les supermarchés exigent des systèmes de traçabilité à toute épreuve : pour chaque boîte de produits frais, il faut savoir quand le fruit ou le légume a été cueilli, dans quel champ et par qui.*
La traçabilité permet de connaître les matières premières, matériaux et ingrédients d'un produit (traçabilité amont), les équipements utilisés dans sa fabrication, sa transformation et sa manutention dans l'entreprise (traçabilité interne) et le suivi de sa distribution (traçabilité aval) (GDT).

TRAÇANT, ANTE adj.
(INFORM.) Traceur. *Table traçante.*

TRACAS n. m.
Ennui, souci. *Cette affaire lui a causé bien des tracas.* SYN. difficulté ; préoccupation ; tourment.
tracas, un *s* au singulier comme au pluriel.

TRACASSER v. tr., pronom.
VERBE TRANSITIF
Donner du tracas. *Cette question la tracasse.* SYN. inquiéter ; préoccuper.
VERBE PRONOMINAL
Se tourmenter. *Ne vous tracassez pas pour si peu. Ils se sont tracassés à tort.* SYN. s'inquiéter.
À la forme pronominale, le participe passé de ce verbe s'accorde toujours en genre et en nombre avec son sujet. *Ses collègues se sont tracassés lorsqu'il a été question de compressions budgétaires.*
CONJUGAISON : VOIR MODÈLE AIMER.
tracasser.

TRACASSERIE n. f.
Difficulté, complication inutile. *Des tracasseries administratives.*

TRACASSIER, IÈRE adj.
Qui crée des difficultés sans raison. *Des procédés tracassiers.*

TRACE n. f.
1. Marque, empreinte. *Il a laissé des traces de pas sur la neige. Une trace de brûlure.*
2. Indice, marque, reste. *On ne trouve pas trace de ce document.*
LOCUTION
– ***Marcher sur les traces de quelqu'un, suivre les traces de quelqu'un.*** (FIG.) Suivre son exemple.

TRACÉ n. m.
1. Dessin reprenant les lignes principales d'un plan. *Le tracé d'un jardin.*
2. Parcours d'une route, d'une côte, etc. *Le tracé de la Transcanadienne.*

TRACER v. tr.
1. Représenter au moyen de traits. *Elle traça son portrait.* SYN. dessiner.
2. Décrire. *Tracer un tableau réaliste de la situation.* SYN. brosser.
3. Marquer un lieu. *Ils ont tracé une route qui contourne la montagne.*
4. (FIG.) Indiquer la voie à suivre. *Ses parents lui avaient tracé le chemin.*
CONJUGAISON : VOIR MODÈLE AVANCER.
Le *c* prend une cédille devant les lettres ***a*** et ***o***. *Il traça, nous traçons.*

TRACEUR, EUSE adj. et n. m.
ADJECTIF
Qui laisse une trace. *Une balle traceuse.*
NOM MASCULIN
1. (INFORM.) Périphérique comportant un ou plusieurs stylets encreurs et dont les mouvements tracent automatiquement le caractère, le schéma, le trait désiré. SYN. table traçante.
2. Produit de maquillage destiné à souligner le contour des yeux, à modifier leur ligne et leur dimension. *Un traceur* (et non *eye-liner) *noir.* SYN. ligneur.

TRACHÉAL, ALE, AUX adj.
Les lettres ***ch*** se prononcent ***k***, [trakeal].
Qui se rapporte à la trachée.

TRACHÉE n. f.
Canal qui relie le larynx aux bronches et sert au passage de l'air.
trachée.

TRACHÉITE n. f.
Les lettres ***ch*** se prononcent ***k***, [trakeit].
Inflammation de la trachée.

TRACHÉOBRONCHITE n. f.
Les lettres ***ch*** de la deuxième syllabe se prononcent ***k***, [trakeobrɔ̃ʃit].
Inflammation de la trachée et des bronches.

TRACHÉOTOMIE n. f.
Les lettres ***ch*** se prononcent ***k***, [trakeɔtɔmi].
(MÉD.) Ouverture de la trachée et mise en place d'une canule destinée à laisser passer l'air afin d'éviter l'asphyxie.

TRACT n. m.
Les lettres ***ct*** se prononcent, [trakt].
Brochure de propagande. *Des tracts subversifs.*

TRACTAGE n. m.
Action de tracter. *Le tractage d'une remorque.*

TRACTATION n. f. pl.
(PÉJ.) Manœuvres, négociations officieuses et laborieuses, marchandages. *La signature de ce marché a donné lieu à de nombreuses tractations.* SYN. manigance ; (FAM.) tripotage.

TRACTER v. tr.
Tirer au moyen d'un véhicule. *Une remorque tractée par un camion.*
CONJUGAISON : VOIR MODÈLE AIMER.

TRACTEUR, TRICE adj. et n. m.
ADJECTIF
Qui peut tracter. *La capacité tractrice d'un véhicule.*
NOM MASCULIN
Véhicule servant principalement aux travaux agricoles.
LOCUTION
– ***Tracteur semi-remorque.*** Ensemble de véhicules constitué d'un tracteur routier auquel est attachée une semi-remorque servant au transport de marchandises. *Des tracteurs semi-remorques* (et non *camions-remorques) *flambant neufs.*

TRACTION n. f.
1. Action de tirer. *La traction d'une locomotive.*
2. Exercice de gymnastique. *Faire des tractions.*
LOCUTION
– ***Traction avant.*** Véhicule dont l'effet moteur s'exerce sur les roues avant. *Des tractions avant qui ont une bonne tenue de route sur la neige.*

***TRADE-MARK**
Anglicisme pour ***marque de fabrique.***

TRADITION n. f.
1. Doctrines, usages, etc., transmis d'âge en âge. *Le réveillon de Noël est une tradition dans notre famille.*
2. Faits historiques ou légendaires qui nous ont été transmis. *Selon la tradition, ces peuples seraient originaires d'Asie.*

TRADITIONNEL, ELLE adj.
1. Fondé sur la tradition. *Des chansons traditionnelles.*
2. Qui est passé dans l'usage. *Le repas traditionnel du dimanche.* SYN. habituel.
traditionnel.

TRADITIONNELLEMENT adv.
Selon la tradition. *Traditionnellement, nous allons à Hudson pour la fête de Nouni.*

T

TRADUCTEUR n. m.
TRADUCTRICE n. f.
Personne qui a pour profession de traduire des textes d'une langue dans une autre. *Elle est traductrice du français à l'anglais dans une grande maison d'édition.*

TRADUCTION n. f.
1. Action de dire ou d'écrire dans une langue ce qui est exprimé dans une autre langue. *Une traduction de l'anglais au français. Une traduction simultanée.*
2. Version dans une autre langue du texte original traduit. *Lire une traduction d'un roman américain.*
3. (FIG.) Expression. *Ces vers sont la traduction exacte de son état d'âme.* SYN. reflet ; représentation.
LOCUTION
– ***Traduction assistée par ordinateur.*** Sigle *TAO* (s'écrit avec ou sans points). Traduction automatique.

TRADUIRE v. tr., pronom.
VERBE TRANSITIF
1. (DR.) Citer devant les tribunaux. *Ils ont été traduits en justice.*
2. Exprimer dans une langue ce qui était énoncé dans une autre langue. *Traduire de l'arabe en français.*
3. Exprimer par le langage, par un art. *Ce tableau traduit fidèlement la luminosité de la Provence, l'immensité du golfe du Saint-Laurent.*
4. Manifester. *Son visage rayonnant traduisait sa joie.*
VERBE PRONOMINAL
Être exprimé. *Sa colère s'est traduite par des cris rageurs.*
À la forme pronominale, le participe passé de ce verbe s'accorde toujours en genre et en nombre avec son sujet. *Cette stratégie s'est traduite en un programme d'action très étoffé.*
CONJUGAISON : VOIR MODÈLE CONDUIRE.
INDICATIF PRÉSENT *Je traduis, tu traduis, il traduit, nous traduisons, vous traduisez, ils traduisent.* IMPARFAIT *Je traduisais.* PASSÉ SIMPLE *Je traduisis.* FUTUR *Je traduirai.* CONDITIONNEL PRÉSENT *Je traduirais.* IMPÉRATIF PRÉSENT *Traduis, traduisons, traduisez.* SUBJONCTIF PRÉSENT *Que je traduise.* IMPARFAIT *Que je traduisisse.* PARTICIPE PRÉSENT *Traduisant.* PASSÉ *Traduit, uite.*

TRADUISIBLE adj.
Qui peut être traduit. *Un poème non traduisible.* ANT. intraduisible.

TRAFIC n. m.
Le *c* se prononce, [trafik].
1. Commerce illicite. *Le trafic de drogue(s), de devises, d'armes.*
2. Ensemble des mouvements de véhicules sur un axe de circulation. *Le trafic ferroviaire, aérien, maritime, routier.*
LOCUTION
– ***Trafic d'influence.*** Fait de se faire payer pour faire obtenir un avantage des autorités gouvernementales à quelqu'un. *Des trafics d'influence.*
trafic.

TRAFICOTER v. tr., intr.
VERBE TRANSITIF
(FAM.) Comploter.
VERBE INTRANSITIF
(PÉJ.) Se livrer à de petits trafics.
CONJUGAISON : VOIR MODÈLE AIMER.
traficoter.

TRAFIQUANT, ANTE n. m. et f.
(PÉJ.) Personne qui fait un trafic. *Des trafiquants de drogue.*
trafiquant.

TRAFIQUER v. tr., intr.
VERBE TRANSITIF
1. (FAM.) Modifier. *Ils ont trafiqué l'appareil téléphonique.*
2. (FIG.) Manigancer, comploter. *Je ne sais pas ce qu'il est en train de trafiquer.*
VERBE INTRANSITIF
Faire le trafic de quelque chose. *On peut soupçonner ces malfaiteurs de trafiquer.*
CONJUGAISON : VOIR MODÈLE AIMER.

TRAGÉDIE n. f.
1. Œuvre dramatique. *Une tragédie grecque.*
2. (FIG.) Catastrophe. *La tragédie du Boeing 747 qui s'est abîmé dans la mer.*

TRAGÉDIEN n. m.
TRAGÉDIENNE n. f.
Acteur, actrice qui interprète des tragédies.

TRAGIQUE adj. et n. m.
ADJECTIF
1. Propre à la tragédie. *Une pièce tragique.*
2. Dramatique, terrible. *Un accident tragique.*
NOM MASCULIN
1. Drame, caractère dramatique. *Le tragique d'une situation.*
2. La tragédie.

TRAGIQUEMENT adv.
D'une manière tragique. *Ils sont disparus tragiquement.*

TRAHIR v. tr., pronom.
VERBE TRANSITIF
1. Tromper la confiance de quelqu'un. *Cet espion a trahi son chef.*
2. Révéler. *Des tics trahissaient sa nervosité.*
VERBE PRONOMINAL
Laisser voir ce qu'on voulait tenir caché. *Ils se sont trahis en téléphonant à leur chef.*
À la forme pronominale, le participe passé de ce verbe s'accorde toujours en genre et en nombre avec son sujet. *Les fraudeurs se sont trahis en se présentant à la banque pour encaisser des chèques.*
CONJUGAISON : VOIR MODÈLE FINIR.
trahir.

TRAHISON n. f.
Action de trahir, résultat de cette action. *Commettre une trahison. Ces espions ont été condamnés pour trahison.*
LOCUTION
– ***Haute trahison.*** Intelligence avec l'ennemi, avec une puissance étrangère.
trahison.

TRAIN n. m.
1. Suite de wagons tirés par une locomotive. *Le train de Québec. Un train à grande vitesse.*
2. Allure. *Ils vont bon train. Un train d'enfer.*
3. (VIEILLI) Tapage. *Les enfants font trop de train : je ne peux pas étudier.* SYN. vacarme.
En ce sens, le nom est vieilli.
LOCUTIONS
– ***À fond de train,*** loc. adv. À grande allure.
– ***Boute-en-train.*** Personne de joyeuse compagnie. *Des boute-en-train animaient la fête. Elle est le boute-en-train de la classe.*
Ce nom n'a pas de forme féminine.
– ***Être en train.*** Être de bonne humeur. *Il est très en train aujourd'hui et ne cesse de faire des blagues.*
Ne pas confondre avec le nom ***entrain*** qui s'écrit en un seul mot.
– ***Être en train de.*** Cette expression marque une action en cours. *Il est en train de lire son journal.*
– ***Train de*** (mesures, lois, etc.). Suite de décisions administratives visant à un même objectif.
– ***Train de bois.*** Assemblage de troncs de bois que l'on fait flotter sur un cours d'eau.
– ***Train de vie.*** Ensemble des dépenses liées à un mode de vie. *Un grand train de vie.*
– ***Train routier.*** Ensemble de véhicules comprenant un tracteur et plusieurs remorques.

TRAÎNARD, ARDE n. m. et f.
Personne lente, négligente. *Ces traînards sont exaspérants.*
[Les *Rectifications* (1990) admettent : trainard, trainarde.]

TRAÎNE n. f.
Le bas d'une robe, d'un voile qui traîne. *La longue traîne d'une robe de mariée.*
LOCUTIONS
– ***À la traîne,*** loc. adv. En retard. *Ils sont encore à la traîne.*
– ***Traîne sauvage.*** ⚜ Traîneau fait de planches recourbées à l'avant dont on se sert pour descendre les pentes enneigées. *Les traînes sauvages dévalaient le mont Royal.* SYN. toboggan.
[Les *Rectifications* (1990) admettent : traine.]

TRAÎNEAU n. m. (pl. *traîneaux*)
Petit véhicule à patins conçu pour glisser sur la neige. *Dévaler la pente enneigée sur un petit traîneau rouge.*
[Les *Rectifications* (1990) admettent : traineau.]

TRAÎNÉE n. f.
Long trait laissé sur une surface ou dans l'espace. *Une traînée de sable, la traînée lumineuse d'une comète.* SYN. sillage; trace.
LOCUTION
– ***Comme une traînée de poudre,*** loc. adv. Très rapidement. *La rumeur s'est répandue comme une traînée de poudre.*
[Les *Rectifications* (1990) admettent : trainée.]

TRAÎNER v. tr., intr., pronom.
VERBE TRANSITIF
Tirer après soi. *Le voilier traîne une chaloupe.*
VERBE INTRANSITIF
1. Pendre. *Son manteau traîne à terre.*
2. Ne pas progresser. *Cette histoire traîne en longueur.* SYN. s'éterniser.
3. Être en désordre. *Des assiettes traînaient partout.*
VERBE PRONOMINAL
1. Marcher difficilement, progresser lentement. *Depuis cette opération, elle se traîne.*
2. Se prolonger inutilement. *Ce roman se traîne : je m'en suis lassée.*
📏 À la forme pronominale, le participe passé de ce verbe s'accorde toujours en genre et en nombre avec son sujet. *Dans la chaleur accablante de juillet, les heures se sont traînées interminablement.*
LOCUTION
– ***Traîner les pieds.*** (FIG.) Agir sans empressement, avec réticence. *Le Canada se tournera volontiers vers d'autres marchés si Washington continue à traîner* (et non *se traîner) les pieds dans le dossier du bois d'œuvre.
FORME FAUTIVE
*se traîner les pieds. Impropriété pour ***traîner les pieds.***
CONJUGAISON : VOIR MODÈLE AIMER.
[Les *Rectifications* (1990) admettent : trainer.]

TRAÎNERIE n. f.
⚜ (FAM.) Objet laissé à l'abandon, à la traîne (GPFC). *Les enfants, rangez vos traîneries !*

TRAÎNE-SAVATE(S) n. m. (pl. *traîne-savates*)
(FAM.) Paresseux, oisif. *Elle était un traîne-savates* ou *traîne-savate incorrigible.*
⚠ Ce nom n'a pas de forme féminine.

***TRAINING**
Anglicisme pour ***formation, entraînement.***

TRAIN-TRAIN ou **TRAINTRAIN** n. m. inv.
(FAM.) Routine. *Il faut savoir rompre le train-train.*

TRAIRE v. tr.
Extraire le lait des pis des vaches, des chèvres, etc.
CONJUGAISON : VOIR MODÈLE SOUSTRAIRE.
INDICATIF PRÉSENT *Je trais, tu trais, il trait, nous trayons, vous trayez, ils traient.* IMPARFAIT *Je trayais, tu trayais, il trayait, nous trayions, vous trayiez, ils trayaient.* FUTUR *Je trairai.* CONDITIONNEL PRÉSENT *Je trairais.* IMPÉRATIF PRÉSENT *Trais, trayons, trayez.* SUBJONCTIF PRÉSENT *Que je traie, que tu traies, qu'il traie, que nous trayions, que vous trayiez, qu'ils traient.* PARTICIPE PRÉSENT *Trayant.* PASSÉ *Trait, traite.*
Ce verbe ne se conjugue pas au passé simple ni au subjonctif imparfait.
Le ***y*** est suivi d'un ***i*** à la première et à la deuxième personne du pluriel de l'indicatif imparfait et du subjonctif présent. *(Que) nous trayions, (que) vous trayiez.*

TRAIT n. m.
1. Action de tirer un projectile. *Le javelot est une arme de trait.*
2. Traction. *Des animaux de trait.*
3. Ligne tracée d'un même mouvement. *Un trait noir, des traits hachurés.*
4. (AU PLUR.) Lignes caractéristiques du visage. *Elle a de jolis traits.*
5. Caractéristique d'une personne, d'une chose. *Les traits distinctifs de cet auteur. Citer les traits saillants d'une rencontre.*
LOCUTIONS
– ***À grands traits.*** Sommairement, sans détails. *Un contexte esquissé à grands traits.*
– ***Avoir trait à.*** Se rapporter à. *Ces commentaires ont trait à notre proposition.*
📏 Dans cette locution, le nom reste au singulier.
– ***Comme un trait,*** loc. adv. Très rapidement.
– ***Tirer un trait sur quelque chose.*** (FIG.) L'oublier pour toujours, y renoncer.
– ***Trait pour trait.*** Exactement semblable. *C'est son père, trait pour trait.*
– ***Trait d'union.*** Signe typographique qui réunit les éléments des mots composés, les éléments des déterminants numéraux composés quand les éléments sont l'un et l'autre inférieurs à ***cent*** et quand ils ne sont pas joints par la conjonction, le verbe et le sujet inversé et qui marque la coupure d'un mot en fin de ligne.
VOIR TABLEAU – TRAIT D'UNION.

TRAITANT, ANTE adj.
Qui traite de façon suivie. *Des médecins traitants.*

TRAITE n. f.
1. Action de traire. *La traite des vaches.*
2. (DR.) Lettre de change. *Il faut envoyer une traite pour la réservation de l'hôtel.*
3. (HIST.) Troc. *Les coureurs des bois faisaient la traite des fourrures en Nouvelle-France.*
LOCUTIONS
– ***D'une (seule) traite,*** loc. adv. Sans interruption.
– ***Poste de traite.*** Lieu où s'effectuait le commerce avec les Amérindiens et les Inuits (Recomm. off.).
FORME FAUTIVE
*c'est ma traite. Calque de «*this is my treat*» pour ***c'est ma tournée.***

TRAITÉ n. m.
1. Convention entre des États. *Un traité de libre-échange.*
🅃 Les génériques (***accord, convention, pacte,*** etc.) s'écrivent avec une minuscule lorsqu'ils sont suivis d'un nom propre. *Le traité de l'Atlantique Nord. Le traité de Versailles.*
2. Ouvrage où l'on traite d'un art, d'une science. *Un traité d'astronomie.*

TRAITEMENT n. m.
1. Rémunération liée à un emploi d'une certaine importance sociale.
⚠ Ne pas confondre avec les noms suivants :
• ***cachet,*** rémunération que reçoit l'artiste;
• ***honoraires,*** rétribution variable de la personne qui exerce une profession libérale;
• ***paie*** ou ***paye,*** rémunération d'un employé;

TRAIT D'UNION

Signe en forme de trait horizontal qui se place à mi-hauteur de l'écriture, sans espace avant ni après, et qui sert principalement à unir les éléments de certains mots composés, de certaines locutions et les syllabes d'un mot divisé en fin de ligne.

T

EMPLOIS

- Liaison des **éléments de certains mots composés.**
  Des sous-marins, un presse-citron, un garde-côte, le bien-être, un arc-en-ciel, un en-tête, des va-et-vient, des qu'en-dira-t-on.

  T Dans les mots composés, on a de plus en plus tendance à supprimer le trait d'union et à souder les éléments en vue de simplifier l'orthographe. À titre d'exemple, lors de sa création, le néologisme ***microéconomie*** s'écrivait avec un trait d'union (*micro-économie*) ; aujourd'hui, les deux éléments qui le composent sont soudés.

VOIR TABLEAU ▸ **NOMS COMPOSÉS.**

- Liaison des **formes verbales inversées.**
  « C'est ainsi », lui dit-il. Le savait-il ? Prend-on ce train ? Répondent-ils à vos demandes ? Où vais-je ?

  T Le verbe se joint par un trait d'union au pronom sujet inversé. Le trait d'union s'emploie avant et après le ***t*** euphonique qui sépare le verbe du pronom sujet. *Mesure-t-elle les conséquences de ce geste ? Pensa-t-elle à tout? Cela te convainc-t-il?*

- Liaison des **verbes à l'impératif aux pronoms** complément direct du verbe et complément indirect du verbe.

  T Le verbe à l'impératif se joint par un trait d'union au pronom personnel complément direct ou indirect qui le suit. *Raconte-moi ce qu'il t'a dit.* Si le verbe à l'impératif est suivi de deux pronoms, le pronom complément direct s'écrit avant le pronom complément indirect et deux traits d'union sont alors nécessaires. *Dis-le-moi.*

  Attention, le pronom ***en*** est joint au pronom personnel par un trait d'union, sauf lorsque le pronom est élidé. *Viens-t'en, va-t'en.*

VOIR TABLEAU ▸ **IMPÉRATIF.**

- Liaison du **pronom personnel** et de l'adjectif ***même.***
  Moi-même, toi-même, lui-même, elles-mêmes, nous-même(s), vous-même(s), eux-mêmes.

- Liaison de certains **préfixes (demi-, grand-, néo-, sous-,** etc.) à un nom.
  Une politique de non-ingérence. Un grand-père. Des néo-Québécois. Une demi-mesure. La sous-ministre.

- Liaison des **nombres inférieurs à cent** qui ne sont pas reliés par la conjonction ***et.***
  Quatre-vingt-deux, vingt et un, cent dix, deux cent trente-deux.

  T Selon la règle classique, le trait d'union s'emploie seulement entre les éléments qui sont l'un et l'autre inférieurs à ***cent,*** sauf s'ils sont joints par la conjonction ***et.*** Les *Rectifications orthographiques* (1990) admettent l'emploi du trait d'union dans tous les cas : « on peut lier par un trait d'union les numéraux formant un nombre complexe, inférieur ou supérieur à ***cent*** ».

VOIR TABLEAU ▸ **NOMBRES.**

- Liaison des **éléments spécifiques des noms de lieux** composés de plusieurs mots.
  Le boulevard René-Lévesque, Port-au-Persil, Cap-à-l'Aigle, la Nouvelle-Angleterre.

VOIR TABLEAU ▸ **GÉOGRAPHIQUES (NOMS).**

- Liaison des **prénoms,** des **patronymes.**
  Marie-Ève. Philippe Dubois-Lalande.

- **Coupure d'un mot** en fin de ligne.
  Ce dictionnaire comporte des tableaux relatifs aux difficultés ortho-
  graphiques.

VOIR TABLEAU ▸ **DIVISION DES MOTS.**

• ***salaire,*** générique de toute rémunération convenue d'avance et donnée par n'importe quel employeur.
2. Ensemble de soins thérapeutiques. *Un traitement préventif. Un malade en* (et non *sous) *traitement.*
3. Ensemble d'opérations. *Le traitement chimique d'une substance.*
LOCUTIONS
– ***Traitement de l'information, traitement des données.*** (INFORM.) Ensemble des opérations effectuées automatiquement sur des données afin d'en extraire certains renseignements qualitatifs ou quantitatifs.
– ***Traitement de texte(s).*** (INFORM.) Ensemble des opérations telles que saisie, correction et mise en forme, qui visent à établir un document à l'aide de techniques informatiques.
Dans cette expression, le nom ***texte*** est généralement au singulier, mais il peut s'écrire également au pluriel.

TRAITER v. tr., intr., pronom.
VERBE TRANSITIF DIRECT
1. Agir d'une certaine manière. *Ils ont toujours bien traité leurs petits animaux familiers.*
2. Étudier de façon approfondie. *Traiter un sujet dans une thèse.*
3. Soigner. *On devra traiter Delphine avec des antibiotiques.*
4. Soumettre une substance à l'action d'un agent (chimique, physique, etc.) pour la modifier. *On a traité ce métal contre la rouille.*
VERBE TRANSITIF INDIRECT
1. Qualifier. *Elle a traité le marchand de voleur.*
2. Avoir pour sujet, disserter sur. *De quoi traiterez-vous dans votre conférence ?* SYN. aborder ; parler.
Le verbe transitif indirect se construit avec la préposition ***de.***
VERBE INTRANSITIF
Négocier en vue de conclure un marché. *Ils sont désireux de traiter avec cette entreprise.*
VERBE PRONOMINAL
1. Prendre soin de soi, s'occuper l'un de l'autre. *Ces bons vivants se traitent bien. Ils se traitent avec respect.*
2. S'insulter, échanger des qualificatifs. *Ils se sont traités de voleurs.*
À la forme pronominale, le participe passé de ce verbe s'accorde toujours en genre et en nombre avec son sujet. *Elles s'étaient traitées correctement.*
CONJUGAISON : VOIR MODÈLE AIMER.

TRAITEUR n. m.
TRAITEUSE n. f.
Personne qui prépare des repas, des plats à emporter et à consommer à domicile, à l'endroit où se donne une réception.

TRAÎTRE, TRAÎTRESSE adj. et n. m. et f.
ADJECTIF
1. Déloyal. *Il a été traître à sa patrie.*
2. Dangereux. *Les guides de montagne voient quand la neige est traîtresse, devinent les crevasses, se méfient de la météo.*
NOM MASCULIN ET FÉMININ
Personne coupable d'une trahison. *Ces espions sont des traîtres.*
LOCUTION
– ***Pas un traître mot.*** Aucun mot. *Il n'a pas dit un traître mot quand il a été condamné.*
L'adjectif renforce la négation.
[Les *Rectifications* (1990) admettent : traitre, traitresse.]

TRAÎTREUSEMENT adv.
Avec traîtrise. *Il a livré traîtreusement leur secret.* SYN. par trahison.
[Les *Rectifications* (1990) admettent : traitreusement.]

TRAÎTRISE n. f.
Trahison. *Une grave traîtrise.* SYN. déloyauté ; perfidie.
[Les *Rectifications* (1990) admettent : traitrise.]

TRAJECTOIRE n. f.
Ligne décrite par un corps mobile. *La trajectoire d'un javelot.*

TRAJET n. m.
1. Espace à parcourir d'un lieu à un autre. *Un trajet de 15 km.* SYN. itinéraire ; parcours.
2. Fait de parcourir l'espace d'un point à un autre. *Il fit le trajet en voiture.*

***TRÂLÉE**
Archaïsme pour ***ribambelle*** (d'enfants).

TRAM n. m.
Le ***m*** se prononce, [tram] ; le nom rime avec ***trame.***
Abréviation familière de ***tramway.***

TRAME n. f.
1. Fils qui croisent les fils de la chaîne.
2. Intrigue. *La trame d'un roman.*
trame.

TRAMER v. tr., pronom.
VERBE TRANSITIF
1. Passer la trame entre les fils tendus du métier.
2. (FIG.) Comploter, ourdir un complot. *Ils trament une conspiration.* SYN. machiner.
VERBE PRONOMINAL
Être préparé en secret, en parlant d'un complot. *Qu'est-ce qui est en train de se tramer ?*
À la forme pronominale, le participe passé de ce verbe s'accorde toujours en genre et en nombre avec son sujet. *Des complots se sont tramés contre les envahisseurs.*
CONJUGAISON : VOIR MODÈLE AIMER.

TRAMONTANE n. f.
Le vent froid du nord, dans le Languedoc et le Roussillon.
Les noms de vents s'écrivent avec une minuscule.

TRAMPOLINE n. m.
1. Grande toile tendue par des ressorts sur laquelle on exécute des sauts.
2. Sport ainsi pratiqué. *Faire du trampoline.*
Attention au genre masculin de ce nom : ***un*** trampoline.

TRAMWAY n. m.
Le ***m*** se prononce, [tramwɛ].
Abréviation familière ***tram*** (s'écrit sans point).
Voiture circulant sur des rails plats et qui sert aux transports en commun. *Les tramways de San Francisco ont été remis à neuf.*

TRANCHANT, ANTE adj. et n. m.
ADJECTIF
1. Qui peut couper. *Une lame tranchante.* SYN. coupant.
2. (FIG.) Cassant, dur. *Il refusa d'un ton tranchant.* SYN. brusque ; mordant.
Ne pas confondre avec le participe présent invariable ***tranchant.*** *Les enfants ne tranchant pas leur viande...*
NOM MASCULIN
Le côté coupant d'un instrument. *Le tranchant d'un couteau.*
LOCUTION
– ***À double tranchant.*** (FIG.) Qui peut se retourner contre son auteur. *Une arme, un stratagème à double tranchant.*

TRANCHE n. f.
1. Morceau coupé finement. *Une tranche de pain. Du jambon en tranches.*
2. Disposition des nombres par groupes de trois chiffres. *Les tranches de chiffres s'écrivent sans ponctuation, ex. : 1 000 353.*
3. Partie d'un tout. *La première tranche des travaux commencera en avril.*

TRANCHÉ, ÉE adj.
1. Bien défini, net. *Des tons bien tranchés.* SYN. distinct. ANT. nuancé.
2. Cassant, dur, catégorique. *Un refus tranché.* SYN. tranchant.

TRANCHÉE n. f.
Excavation pratiquée dans la terre. *Les soldats étaient dans la tranchée.*

TRANCHER v. tr., intr.
VERBE TRANSITIF
1. Couper. *Elle a tranché du pain. Du jambon tranché fin.*
2. Décider sans appel. *La question a été tranchée, nous n'y reviendrons pas.*
Ne pas confondre avec les verbes suivants :
- ***arrêter,*** décider quelque chose dans son esprit ;
- ***décider,*** prendre une décision ;
- ***décréter,*** ordonner par décret ;
- ***ordonner,*** donner un ordre.

VERBE INTRANSITIF
1. Contraster. *Cette écharpe colorée tranchera bien sur ce tailleur marine.*
2. (FIG.) Se détacher clairement. *Son professionnalisme tranche sur l'amateurisme de ses collègues.* SYN. se distinguer ; ressortir.
CONJUGAISON : VOIR MODÈLE AIMER.

TRANQUILLE adj.
1. Calme. *Les élèves étaient tranquilles, pour une fois.* SYN. sage. ANT. agité ; espiègle ; turbulent.
2. Serein, paisible. *Une vie tranquille. Un petit coin tranquille à la campagne.*
LOCUTION
– ***Laisser quelqu'un tranquille.*** Ne pas le déranger. *Laissez-moi tranquille, je voudrais lire.*

TRANQUILLEMENT adv.
1. D'une manière tranquille, doucement. *Il marchait tranquillement.* SYN. calmement ; posément.
2. Sereinement, paisiblement. *Elle jardine tranquillement : cela la détend beaucoup.*

TRANQUILLISANT, ANTE adj. et n. m.
ADJECTIF
Qui tranquillise. *Une musique tranquillisante.* SYN. apaisant ; calmant.
NOM MASCULIN
Médicament qui atténue l'angoisse. *Il prenait des tranquillisants.*

TRANQUILLISER v. tr., pronom.
VERBE TRANSITIF
Calmer. *Je les ai tranquillisés en leur racontant cette légende amusante.* SYN. rassurer ; réconforter.
VERBE PRONOMINAL
Cesser d'être inquiet. *Voyons, tranquillisez-vous un peu, ce n'est pas bien grave. Ils se sont tranquillisés.* ANT. s'affoler ; s'inquiéter.
À la forme pronominale, le participe passé de ce verbe s'accorde toujours en genre et en nombre avec son sujet. *Les élèves turbulents se sont finalement tranquillisés.*
CONJUGAISON : VOIR MODÈLE AIMER.

TRANQUILLITÉ n. f.
Calme, quiétude. *Il est agréable de marcher dans la tranquillité du matin.* SYN. paix ; sérénité.

TRANS adj. inv.
Se dit d'un acide gras dans lequel les atomes d'hydrogène, liés aux atomes de carbone entre lesquels il existe une double liaison, sont placés de part et d'autre de la chaîne hydrocarbonée.
On trouve les acides gras trans dans l'huile végétale hydrogénée, le shortening, les aliments frits, etc., et, de façon générale, dans les aliments fabriqués industriellement (GDT).

TRANS- préf.
Élément du latin signifiant « à travers ».
Les mots composés avec l'élément ***trans-*** s'écrivent en un seul mot. *Transatlantique, transcanadien.*

TRANSACTION n. f.
1. Concessions menant à la conclusion d'un marché.
2. Opération commerciale ou boursière. *Beaucoup de transactions portaient sur ce titre boursier aujourd'hui.*
LOCUTION
– ***Transaction électronique.*** (INFORM.) Transaction effectuée, lors d'un achat ou d'un paiement en ligne, par l'intermédiaire du réseau Internet.

TRANSAT n. m. et f.
Le *t* final se prononce, [trɑ̃zat].
NOM MASCULIN
Chaise longue pliante.
NOM FÉMININ
Course de voiliers traversant l'océan Atlantique en solitaire. *Des transats passionnantes.*
Transat est l'abréviation de ***transatlantique.***

TRANSATLANTIQUE adj. et n. m.
ADJECTIF
Qui assure la liaison maritime entre l'Europe et l'Amérique.
NOM MASCULIN
Navire qui traverse l'océan Atlantique. *Ce transatlantique fait des croisières.*

TRANSBAHUTER v. tr.
(FAM.) Transporter. *Ils ont transbahuté les meubles du salon d'un endroit à l'autre.*
CONJUGAISON : VOIR MODÈLE AIMER.

TRANSBORDEMENT n. m.
Action de transborder. *Le transbordement des marchandises d'un cargo à des wagons.*

TRANSBORDER v. tr.
Faire passer quelqu'un, quelque chose d'un véhicule à un autre. *Les voyageurs ont été transbordés du train accidenté à un autre train.*
CONJUGAISON : VOIR MODÈLE AIMER.

TRANSBORDEUR n. m.
Navire servant au transport des voitures, des trains. *Ils ont pris un transbordeur* (et non un *car-ferry) *entre la France et la Grande-Bretagne.*
transbordeur, en un seul mot.

TRANSCANADIEN, IENNE adj. et n. f.
Qui traverse le Canada, de l'Atlantique au Pacifique. *La route transcanadienne. Rouler sur la transcanadienne.*

TRANSCENDANCE n. f.
1. Caractère de ce qui est transcendant.
2. (VIEILLI) Supériorité d'une personne, d'une chose sur une autre. SYN. excellence.
transcendance.

TRANSCENDANT, ANTE adj.
Qui s'élève au-dessus des autres. SYN. excellent ; supérieur. ANT. immanent.
transcendant.

TRANSCENDANTAL, ALE, AUX adj.
Se dit de la pensée qui ne résulte pas de l'expérience.
transcendantal.

TRANSCENDER v. tr.
(LITT.) Dépasser, s'élever au-dessus de tous. *L'amour transcende les autres sentiments.*
CONJUGAISON : VOIR MODÈLE AIMER.
transcender.

TRANSCONTINENTAL, ALE, AUX adj.
Qui traverse entièrement un continent. *Des modes de transport transcontinentaux. Une route transcontinentale.*

TRANSCRIPTION n. f.
1. Action de transcrire ; son résultat. *La transcription d'un manuscrit au micro-ordinateur.* SYN. saisie.
2. Écriture selon un autre mode d'expression. *Une transcription phonétique, une transcription en braille.* SYN. notation.
transcription.

TRANSCRIRE v. tr.
1. Copier de façon semblable ou selon une écriture différente. *Tu transcriras ta dissertation au propre.*
2. Faire une transcription. *Transcrire un mot selon la notation de l'Association phonétique internationale (API). Il a transcrit ce message codé en clair.*
CONJUGAISON : VOIR MODÈLE ÉCRIRE.
INDICATIF PRÉSENT *Je transcris, tu transcris, il transcrit, nous transcrivons, vous transcrivez, ils transcrivent.* IMPARFAIT *Je transcrivais.* PASSÉ SIMPLE *Je transcrivis.* FUTUR *Je transcrirai.* CONDITIONNEL PRÉSENT *Je transcrirais.* IMPÉRATIF PRÉSENT *Transcris, transcrivons, transcrivez.* SUBJONCTIF PRÉSENT *Que je transcrive.* IMPARFAIT *Que je transcrivisse.* PARTICIPE PRÉSENT *Transcrivant.* PASSÉ *Transcrit, ite.*

TRANSDERMIQUE adj.
Se dit de l'absorption d'un médicament, d'une substance qui pénètre dans l'organisme par la peau. *Un timbre transdermique* (et non *patch).

TRANSE n. f.
(LITT.) Vive inquiétude. *Les transes des candidats à un examen.* SYN. angoisse ; appréhension.
Le mot s'emploie généralement au pluriel, sauf dans l'expression ***être en transe.***

TRANSEPT n. m.
Les lettres ***pt*** se prononcent, [trɑ̃sɛpt], comme dans ***sceptique.***
Nef transversale d'une église.

TRANSFÉRABLE adj.
(DR.) Qui peut être transféré. *Des titres transférables.* SYN. cessible.

TRANSFÉRER v. tr.
1. (DR.) Transmettre un droit de propriété, selon les modalités prévues. *Transférer des valeurs mobilières.*
2. Transporter, selon les formalités requises. *Transférer le siège social d'une entreprise.*
FORMES FAUTIVES
*transférer. Anglicisme au sens de ***muter, affecter à un autre poste.***
*transférer. Anglicisme au sens de ***prendre une correspondance*** (pour les transports en commun).
*transférer. Anglicisme au sens de ***mettre en communication avec.*** *Un instant, s'il vous plaît, je vous mets en communication avec Mme Monat.*
CONJUGAISON : VOIR MODÈLE POSSÉDER.
Le ***é*** se change en ***è*** devant une syllabe contenant un ***e*** muet, sauf à l'indicatif futur et au conditionnel présent. *Je transfère,* mais *je transférerai.*
[Les *Rectifications* (1990) admettent : il transfèrera, transfèrerait...]

TRANSFERT n. m.
1. Déplacement de personnes, de choses. *Un transfert de populations, de fonds.*
2. (DR.) Action de transmettre un droit. *Des transferts de propriété, de titres boursiers.*
FORMES FAUTIVES
*transfert. Anglicisme au sens de ***correspondance*** (pour les transports en commun).
*transfert. Anglicisme au sens de ***mutation.*** *Nous l'avons perdu de vue depuis sa mutation* (et non son *transfert) *à Toronto.*

TRANSFIGURATION n. f.
Action de transfigurer ; état de ce qui est transfiguré.

TRANSFIGURER v. tr.
Transformer quelqu'un, quelque chose de façon extraordinaire, en l'améliorant. *La joie transfigurait son visage : elle était radieuse.* SYN. métamorphoser.
CONJUGAISON : VOIR MODÈLE AIMER.

TRANSFORMABLE adj.
Qui peut être transformé. *Un canapé transformable qui peut servir de lit.*

TRANSFORMATEUR n. m.
S'abrège familièrement en ***transfo*** (s'écrit sans point).
Appareil électrique qui modifie la tension, l'intensité d'un courant électrique. *Cette lampe halogène comprend un transformateur.*

TRANSFORMATION n. f.
Changement, modification d'une forme en une autre. *La transformation de la sève d'érable en sirop.*

TRANSFORMER v. tr., pronom.
VERBE TRANSITIF
Donner une nouvelle forme à une personne, à une chose. *L'adolescence l'a transformée. Transformer le bois en papier.* SYN. modifier.
VERBE PRONOMINAL
Changer d'apparence, de forme. *En quelques mois, les chiots se sont transformés en de beaux chiens.* SYN. devenir ; se métamorphoser.
À la forme pronominale, le participe passé de ce verbe s'accorde toujours en genre et en nombre avec son sujet. *Les bourgeons se sont transformés en fleurs magnifiques.*
CONJUGAISON : VOIR MODÈLE AIMER.

TRANSFRONTALIER, IÈRE adj.
Qui concerne les relations entre les États situés de part et d'autre d'une frontière ; qui se rapporte au franchissement d'une frontière. *Le caractère transfrontalier d'Internet rend les poursuites judiciaires difficiles. Des tunnels transfrontaliers.*

TRANSFUGE n. m.
Personne qui passe à l'ennemi et, par extension, qui passe à un autre camp. *Ce sont des transfuges de ce parti politique.*
Ne pas confondre avec le nom ***déserteur,*** personne qui abandonne son poste.

TRANSFUSÉ, ÉE adj. et n. m. et f.
Qui a reçu une ou plusieurs transfusions sanguines. *Un patient transfusé. Une transfusée.*

TRANSFUSER v. tr.
Faire une transfusion à une personne (le receveur). *Transfuser un patient opéré.*
CONJUGAISON : VOIR MODÈLE AIMER.

TRANSFUSION n. f.
Action d'injecter du sang.
LOCUTION
– ***Transfusion de sang, transfusion sanguine.*** Injection dans les veines d'une personne (le ***receveur***) du sang d'une autre personne (le ***donneur***). *On a dû lui faire une transfusion, car il avait perdu du sang.*

TRANSGENÈSE n. f.
(GÉNÉT.) Modification du génome d'un être vivant par intégration d'un ou de plusieurs gènes qui lui sont étrangers. *« Québec doit rapidement imposer "l'étiquetage obligatoire pour tout produit issu de la transgénèse afin que le consommateur puisse exercer son libre choix en toute connaissance de cause", estime la Commission québécoise de l'éthique de la science et de la technologie »* (*Le Devoir*).

TRANSGÉNIQUE adj.
Se dit d'un organisme issu d'une cellule dont le génome a été modifié par l'introduction d'un ADN étranger. *Une souris transgénique.*

LOCUTION
– ***Organisme transgénique.*** Organisme (bactérie, plante, animal) dont on a modifié le génome par l'introduction d'un ou de plusieurs gènes étrangers afin de lui conférer une caractéristique nouvelle ou améliorée qui sera transmissible à la descendance. SYN. organisme génétiquement modifié (OGM).

TRANSGRESSER v. tr.
Enfreindre (une loi, une règle, une obligation). *Ils ont transgressé le règlement.*
CONJUGAISON : VOIR MODÈLE AIMER.

TRANSGRESSION n. f.
Action de transgresser. *La transgression d'une loi.*

TRANSHUMANCE n. f.
Le *s* se prononce *z*, [trɑ̃zymɑ̃s].
Déplacement d'un troupeau vers d'autres pâturages, selon les saisons.
trans**h**umance.

TRANSHUMER v. tr., intr.
Le *s* se prononce *z*, [trɑ̃zyme].
VERBE TRANSITIF
Mener paître des troupeaux dans les montagnes.
VERBE INTRANSITIF
Paître en été dans les montagnes, en parlant de troupeaux.
CONJUGAISON : VOIR MODÈLE AIMER.
trans**h**umer.

TRANSI, IE adj.
Le *s* se prononce *s* ou *z*, [trɑ̃si, trɑ̃zi].
Engourdi par le froid. *Il fait froid et humide : nous sommes transis.*

TRANSIGER v. intr.
Faire un compromis, des concessions réciproques, afin de parvenir à un accord.
FORMES FAUTIVES
*se transiger. Impropriété au sens de ***coter, s'échanger, se négocier.*** *Les actions de Vega s'échangeaient aujourd'hui à 8 $,* ou *cotaient* ou *se négociaient* (et non *se transigeaient).
*transiger. Impropriété au sens de ***faire des affaires, négocier, traiter.***
CONJUGAISON : VOIR MODÈLE CHANGER.
Le ***g*** est suivi d'un ***e*** devant les lettres ***a*** et ***o***. *Il transigea, nous transigeons.*

TRANSIR v. tr.
Le *s* se prononce *s* ou *z*, [trɑ̃sir, trɑ̃zir].
Glacer, engourdir de froid, de peur, etc. *Ce vent froid les a transis.* SYN. pénétrer.
CONJUGAISON : VOIR MODÈLE FINIR.
Le verbe s'emploie seulement à l'infinitif, au participe, aux temps composés et à la troisième personne du singulier et du pluriel de l'indicatif présent et du passé simple.

TRANSISTOR n. m.
1. Composant électronique amplificateur.
2. Poste récepteur radiophonique portatif. *Des transistors d'excellente qualité.*

TRANSISTORISER v. tr.
Munir de transistors.
CONJUGAISON : VOIR MODÈLE AIMER.

TRANSIT n. m.
Le *s* se prononce *z* et le *t* final est sonore, [trɑ̃zit] ; le mot rime avec ***frite***.
1. Passage de voyageurs, transport de marchandises à travers une région.
2. Passage de voyageurs, de marchandises en franchise des droits de douane. *Les passagers en transit pour la Suisse doivent se diriger vers la porte 35.*

TRANSITAIRE n. m. et f.
Agent qui se charge du dédouanement des marchandises en transit.

TRANSITER v. tr., intr.
VERBE TRANSITIF
Passer quelque chose en transit. *Transiter des marchandises par Montréal.*
VERBE INTRANSITIF
Voyager en transit, en parlant de personnes. *Ils doivent transiter par Londres.*
Le verbe se construit avec la préposition ***par***.
CONJUGAISON : VOIR MODÈLE AIMER.

TRANSITIF, IVE adj.
(GRAMM.) Se dit d'un verbe qui peut avoir un complément direct ou indirect. *Les verbes* aimer *et* penser *sont des verbes transitifs.*
– Un verbe est **transitif direct** s'il peut avoir un complément direct. *Le chien aime* (qui ?) *les enfants* (complément direct).
– Un verbe est **transitif indirect** si son complément est construit avec les prépositions ***à*** ou ***de***. *Elle pense* (à qui ?) *à lui* (complément indirect). *Il doute de tout.*
VOIR TABLEAU – VERBE.

TRANSITION n. f.
1. Passage d'un état à un autre. *Une transition trop soudaine du froid au chaud.*
2. Charnière, manière de lier les parties d'un texte, d'un exposé. *Cette anecdote était une habile transition.*
3. Étape intermédiaire qui conduit d'un état à un autre. *La robotique s'est implantée sans transition dans cette entreprise.*

TRANSITIVEMENT adv.
(GRAMM.) Avec une construction transitive. *Le verbe* voir *se construit transitivement ou intransitivement.*

TRANSITIVITÉ n. f.
(GRAMM.) Caractère de ce qui est transitif. *La transitivité directe d'un verbe.*

TRANSITOIRE adj.
Provisoire. *Cette situation est transitoire.* SYN. passager.
transit**oire**.

TRANSLATION n. f.
1. (LITT.) Transfert des cendres d'une personne généralement très connue. *La translation des restes d'André Malraux au Panthéon.*
2. (DR.) Action de transférer. *La translation d'un titre de propriété.*

TRANSLITTÉRATION n. f.
(LING.) Transcription obtenue par transposition des caractères d'un alphabet dans les caractères d'un autre système d'écriture.

TRANSLUCIDE adj.
Qui laisse passer la lumière, mais non la couleur, la forme des objets. *Du verre translucide.* SYN. diaphane.
Ne pas confondre avec le mot ***transparent***, qui laisse voir nettement les objets.

TRANSMETTRE v. tr., pronom.
VERBE TRANSITIF
1. Céder la propriété. *Transmettre des actions.*
2. Léguer. *Il leur a transmis sa bibliothèque.* SYN. donner.
3. Communiquer. *Elle a transmis son message par téléphone.*
4. Contaminer. *On lui a transmis cette maladie très contagieuse.* SYN. donner.
VERBE PRONOMINAL
Se propager. *Cette infection s'est transmise par les moustiques.*
À la forme pronominale, le participe passé de ce verbe s'accorde toujours en genre et en nombre avec son sujet. *Cette tradition s'est transmise de mère en fille.*
CONJUGAISON : VOIR MODÈLE REMETTRE.

TRANSMISSIBLE adj.
1. Qui peut être transmis. *Des titres transmissibles.*
2. Contagieux. *Une maladie transmissible.*

TRANSMISSION n. f.
1. Action de transmettre, de léguer. *La transmission d'un bien.* SYN. cession.
2. Action de transporter un signal d'un émetteur vers un récepteur. *La transmission des données, d'un message.*
3. Ensemble des organes servant à communiquer la puissance aux roues motrices. *Cette voiture a une transmission automatique.*
LOCUTIONS
– ***Transmission de pensée.*** Communication par télépathie.
– ***Transmission des pouvoirs.*** Acte par lequel les pouvoirs d'un chef d'État, d'une assemblée sont remis au successeur.
– ***Transmission par satellite, par voie hertzienne.*** Télécommunication.

TRANSMUTER ou **TRANSMUER** v. tr., pronom.
VERBE TRANSITIF
Transformer, en parlant d'une substance. *Transmuter des déchets en source d'énergie.*
VERBE PRONOMINAL
(FIG.) Se transformer, se changer en autre chose. *Son opposition s'est transmutée en adhésion à notre cause.*
À la forme pronominale, le participe passé de ce verbe s'accorde toujours en genre et en nombre avec son sujet. *Les métaux ne se sont pas transmutés en or.*
CONJUGAISON : VOIR MODÈLE AIMER.

TRANSNATIONAL, ALE, AUX adj.
Qui réunit plusieurs nations. *Des accords transnationaux.*

TRANSPARAÎTRE v. intr.
1. Paraître au travers de quelque chose. *La peinture originale transparaît au travers de la laque.*
2. Être perçu. *Ses intentions ont transparu clairement.* SYN. apparaître; paraître.
Le verbe se conjugue avec l'auxiliaire ***avoir.***
CONJUGAISON : VOIR MODÈLE PARAÎTRE.
[Les *Rectifications* (1990) admettent : il transparait, transparaitra, transparaitrait...]

TRANSPARENCE n. f.
1. Qualité de ce qui est transparent. *La transparence de l'eau.* SYN. limpidité. ANT. opacité.
2. (FIG.) Clarté. *Les contribuables réclament plus de transparence dans la gestion des fonds publics.* SYN. limpidité.

TRANSPARENT, ENTE adj. et n. m.
ADJECTIF
Qui laisse voir nettement les objets. *Un chemisier transparent.*
Ne pas confondre avec les mots suivants :
• ***cristallin,*** transparent comme le cristal;
• ***diaphane,*** translucide;
• ***opalescent,*** qui a les nuances vives de l'opale;
• ***translucide,*** qui laisse passer la lumière, mais non la couleur, la forme des objets.
NOM MASCULIN
1. Papier ligné que l'on place sous une feuille de papier afin d'écrire droit.
2. Feuille d'acétate de cellulose utilisée pour les rétroprojections. *Avec cette imprimante à laser, nous pouvons imprimer nos tableaux sur des transparents* (et non des *acétates).

TRANSPERCER v. tr.
1. Passer au travers. *Une flèche lui transperça la jambe.* SYN. percer; traverser.
2. (FIG.) Pénétrer. *Le froid nous transperçait.* SYN. transir; traverser.
CONJUGAISON : VOIR MODÈLE AVANCER.
Le **c** prend une cédille devant les lettres ***a*** et ***o***. *Il transperça, nous transperçons.*

TRANSPIRATION n. f.
1. Action de transpirer. *La transpiration permet de réduire la température du corps.* SYN. sudation.
2. Sueur. *Ce maillot sent la transpiration.*
LOCUTION
– ***En transpiration.*** En sueur. SYN. en nage.

TRANSPIRER v. intr.
1. Éliminer la sueur par la peau. *Les pauvres déménageurs transpiraient énormément.* SYN. suer.
2. (FIG.) Commencer à être connu. *Cette information a transpiré à la suite de la dernière réunion.* SYN. filtrer; se répandre.
CONJUGAISON : VOIR MODÈLE AIMER.

TRANSPLANTABLE adj.
Qui peut être transplanté. *Des conifères transplantables.*

TRANSPLANTATION n. f.
1. Action de replanter un végétal. *La transplantation de rosiers, de plants de tomates.*
2. Action de transplanter un organe. *La transplantation d'un rein. Une transplantation cardiaque.*
Lorsqu'il y a rétablissement de vaisseaux, de conduits, on parle de ***transplantation*** plutôt que de ***greffe.*** *Une transplantation cardiaque, une greffe de la peau.*

TRANSPLANTER v. tr., pronom.
VERBE TRANSITIF
1. Replanter une plante en un autre endroit. *Transplanter des conifères.*
2. Greffer un organe. *On lui a transplanté un rein.*
3. (FIG.) Installer dans un autre lieu. *Les Acadiens ont été transplantés en Louisiane.*
VERBE PRONOMINAL
1. Être transplanté. *Ces grands palmiers se transplantent difficilement.*
2. (FIG.) Déménager, s'installer dans un autre lieu. *Il faut avoir une bonne faculté d'adaptation pour se transplanter sur un autre continent.*
À la forme pronominale, le participe passé de ce verbe s'accorde toujours en genre et en nombre avec son sujet. *Nos voisins se sont transplantés en Alabama.*
CONJUGAISON : VOIR MODÈLE AIMER.

TRANSPORT n. m.
1. Action de transporter d'un lieu à un autre. *Des moyens de transport, des frais de transport.*
2. (AU PLUR.) Déplacement de personnes, de choses à l'aide de divers moyens. *Les transports en commun, les transports maritimes et aériens. Un entrepreneur de transports.*
3. (LITT.) Enthousiasme, exaltation. *Modérer ses transports. Des transports de joie.* SYN. élan.

TRANSPORTABLE n. f.
Qui peut être transporté. *Un blessé transportable.*

TRANSPORTER v. tr., pronom.
VERBE TRANSITIF
Porter d'un lieu à un autre. *Transporter des colis.*
VERBE PRONOMINAL
Se rendre en un lieu. *Elles se sont transportées par l'imagination au bord de la mer.* SYN. se déplacer.
À la forme pronominale, le participe passé de ce verbe s'accorde toujours en genre et en nombre avec son sujet. *Avec leur professeur d'histoire, les étudiants se sont transportés par la pensée à la cour de Louis XIV.*
CONJUGAISON : VOIR MODÈLE AIMER.

TRANSPORTEUR n. m.
1. Entrepreneur de transports. *Cette entreprise est un important transporteur routier.*
2. Appareil de manutention. *Un transporteur automatique, un transporteur à godets, par gravité.*

TRANSPOSABLE adj.
Qui peut être transposé.

TRANSPOSER v. tr.
Modifier l'ordre de quelque chose. *En transposant les lettres du prénom MARIE, on peut former le mot AIMER.* SYN. intervertir.
CONJUGAISON : VOIR MODÈLE AIMER.

TRANSPOSITION n. f.
Inversion, transformation. *La transposition de syllabes peut provoquer des calembours amusants.*

TRANSSEXUEL, ELLE adj. et n. m. et f.
ADJECTIF
Se dit d'une personne qui passe d'un sexe à l'autre.
NOM MASCULIN ET FÉMININ
Personne qui a changé de sexe.
✏ transsexuel.

TRANSVASEMENT n. m.
Action de transvaser.

TRANSVASER v. tr.
Verser le contenu d'un récipient dans un autre. SYN. transvider.
CONJUGAISON : VOIR MODÈLE AIMER.

TRANSVERSAL, ALE, AUX adj.
Oblique, perpendiculaire. *Des chemins transversaux. Au coin, prends la rue transversale.*

TRANSVERSALEMENT adv.
D'une manière transversale.

TRANSVIDER v. tr.
Transvaser. *Transvider une huile d'olive dans un huilier.* SYN. verser.
CONJUGAISON : VOIR MODÈLE AIMER.

TRAPÈZE n. m.
1. Figure géométrique dont deux côtés opposés sont parallèles et inégaux.
2. Barre horizontale suspendue par ses extrémités. *Cet acrobate fait du trapèze volant.*
✏ trap**è**ze.

TRAPÉZISTE n. m. et f.
Gymnaste, acrobate qui fait du trapèze. *Les trapézistes du Cirque du Soleil.*
✏ trap**é**ziste.

TRAPPE n. f.
1. Piège creusé et dissimulé par des branchages ou piège à bascule. *Les animaux sont tombés dans la trappe. Des trappes à souris.*
2. ⚜ Chasse à l'aide de pièges. *Ces Amérindiens font de la trappe : ils chassent le renard, le castor et le lièvre.*
3. Ouverture dans un plancher, un plafond, etc., donnant accès à un autre lieu. *Cette trappe permet d'accéder au grenier.*
✏ tra**pp**e, contrairement au verbe ***attraper.***

TRAPPEUR n. m.
TRAPPEUSE n. f.
⚜ Personne qui vit de la chasse et fait le commerce de la fourrure. *En Nouvelle-France, les trappeurs pratiquaient la traite des fourrures. Aujourd'hui, il y a encore des personnes qui exercent le métier de trappeur.*
✏ tra**pp**eur.

TRAPPISTE n. m.
Moine cistercien. *Les trappistes d'Oka.*
[T] Les noms de membres d'ordres religieux s'écrivent avec une minuscule.
✏ tra**pp**iste.

TRAPPISTINE n. f.
Religieuse cistercienne.
[T] Les noms de membres d'ordres religieux s'écrivent avec une minuscule.
✏ tra**pp**istine.

TRAPU, UE adj.
1. Gros et court. *Une personne trapue.* SYN. courtaud ; râblé.
2. Massif. *Une armoire trapue.*
✏ trapu.

TRAQUENARD n. m.
Piège. *Ils sont tombés dans un traquenard.* SYN. chausse-trape ; embûche.
✏ traquen**ard.**

TRAQUER v. tr.
Serrer de près, poursuivre. *La police a traqué les cambrioleurs : ils se sont rendus.*
CONJUGAISON : VOIR MODÈLE AIMER.

***TRASH**
Anglicisme pour ***décadent, de rebut.***

TRATTORIA n. f. (pl. *trattorias*)
Petit restaurant populaire, en Italie.

TRAUMA n. m. (pl. *traumas*)
(MÉD.) Lésion, blessure grave.
✏ trauma.

TRAUMATIQUE adj.
Qui est relatif à une blessure, à un choc.

TRAUMATISANT, ANTE adj.
Qui traumatise. *La perte de personnes chères est très traumatisante.* SYN. bouleversant.
⊶ Ne pas confondre avec le participe présent invariable ***traumatisant.*** *Les échecs scolaires traumatisant les élèves...*

TRAUMATISER v. tr.
1. Provoquer une blessure. SYN. blesser.
2. Bouleverser émotivement de façon violente. *Ce drame les a traumatisés : ils sont en état de choc.*
CONJUGAISON : VOIR MODÈLE AIMER.

TRAUMATISME n. m.
1. Blessure. *Un traumatisme crânien.*
2. Choc émotif violent. *Il est difficile de se remettre du traumatisme causé par les inondations catastrophiques au Saguenay.*

TRAUMATOLOGIE n. f.
Spécialité médicale qui traite des traumatismes.

TRAUMATOLOGIQUE adj.
Relatif à la traumatologie.

TRAUMATOLOGISTE n. m. et f.
Spécialiste de la traumatologie.

TRAVAIL n. m. (pl. *travails*)
Appareil servant à maintenir en place de grands animaux pour les soigner, les opérer.
⊶ Au pluriel, le nom, en ce sens, s'orthographie ***travails.***

TRAVAIL n. m. (pl. *travaux*)
1. Ensemble d'activités exécutées en vue de parvenir à un résultat. *Des travaux manuels, un travail de programmation. Olivier s'est mis au travail : il veut construire une cabane dans un arbre.* SYN. (FAM.) boulot ; ouvrage ; tâche.
2. Emploi. *Il a un travail à temps partiel. Ils sont sans travail.* SYN. poste.
3. Recherche. *Catherine fait un travail sur Léonard de Vinci. Des travaux pratiques. Un travail de longue haleine.*
LOCUTIONS
– ***Travaux publics.*** Œuvres de construction, de réparation d'utilité générale. *Une entreprise de travaux publics.*
– ***Travaux*** ou ***travaux en cours.*** *Des travaux en cours* (et non *hommes au travail).
FORMES FAUTIVES
*se trouver un travail comme. Calque de «*to find oneself a job as*» pour ***trouver un poste de.***
*travail à contrat. Anglicisme pour ***travail à forfait.***

TRAVAILLANT, ANTE adj.
⚜ (FAM.) Personne qui aime travailler. *Ces élèves sont bien travaillants.* SYN. bûcheur ; consciencieux ; travailleur. ANT. paresseux.

TRAVAILLER v. tr., intr.
VERBE TRANSITIF DIRECT
1. Façonner. *Il travaille le bois, elle travaille son style.*
2. Préoccuper. *Cette idée de partir en voyage le travaille.* SYN. tarabuster ; tracasser.
VERBE TRANSITIF INDIRECT
S'efforcer de. *Elle travaille à relancer l'entreprise.*
VERBE INTRANSITIF
Exercer une activité professionnelle, faire un travail. *Ils travaillent en informatique, elles travaillaient à temps plein. Julie travaille dans le jardin : elle arrache les mauvaises herbes.*
CONJUGAISON : VOIR MODÈLE AIMER.
Les lettres ***ill*** sont suivies d'un ***i*** à la première et à la deuxième personne du pluriel de l'indicatif imparfait et du subjonctif présent. *(Que) nous travaillions, (que) vous travailliez.*

TRAVAILLEUR n. m.
TRAVAILLEUSE n. f.
NOM MASCULIN ET FÉMININ
Personne qui exerce une profession. *Les travailleurs intellectuels, les travailleurs manuels. La Fédération des travailleurs et travailleuses du Québec (FTQ).*
ADJECTIF
Qui aime le travail. *Un étudiant travailleur.* SYN. ⚜ travaillant.
LOCUTION
– ***Travailleur indépendant, travailleuse indépendante.*** Personne non salariée exerçant pour son propre compte une profession industrielle, commerciale ou libérale (Recomm. off.).

TRAVÉE n. f.
Portion d'une construction comprise entre deux points d'appui. *Les travées d'un pont.*
trav**ée.**

***TRAVELLER'S CHECK**
Anglicisme pour ***chèque de voyage.***

TRAVERS n. m.
Défaut léger, bizarrerie. *Il a bien quelques travers, mais il est très sympathique.* SYN. imperfection.
Ne pas confondre avec les noms suivants :
• ***malfaçon,*** défaut de fabrication ;
• ***vice,*** défaut qui altère gravement la constitution d'une chose.
LOCUTIONS
– ***À tort et à travers,*** loc. adv. Injustement, sans raison. *Il parle à tort et à travers* (et non *à travers son chapeau).
– ***À travers,*** loc. prép. Au milieu, de part en part. *Le soleil passe à travers le feuillage.*
Cette locution se construit sans la préposition ***de.***
– ***Au travers de,*** loc. prép. De part en part. *Elle est passée au travers de la porte vitrée.*
– ***De travers,*** loc. adv. Obliquement. *Son chapeau est placé de travers.* SYN. (FAM.) de guingois.
– ***De travers,*** loc. adv. (FIG.) Avec malveillance. *Elle le regarda de travers.*
– ***De travers,*** loc. adv. Mal. *Tout va de travers en ce moment.*
– ***En travers de,*** loc. prép. D'un côté à l'autre. *Il y avait une barrière en travers de la route.*

TRAVERSE n. f.
1. Pièce de bois, de métal qu'on met en travers d'une construction pour en assembler les éléments. *Les traverses d'une fenêtre.*
2. Chacune des poutres placées perpendiculairement à la voie, sous les rails, dont elle maintient l'écartement. *Des traverses de chemin de fer* (et non *dormants) *en mauvais état.*
3. ⚜ Lieu de passage d'un fleuve, d'une rivière, d'un lac ou d'un bras de mer où l'on exploite un service de traversier (Recomm. off.). *La traverse de Saint-Siméon.*
LOCUTION
– ***Chemin de traverse.*** Raccourci.
FORME FAUTIVE
*traverse (de chemin de fer). Anglicisme au sens de ***passage à niveau.***

TRAVERSÉE n. f.
Action de traverser la mer, un cours d'eau, un espace. *La traversée du lac Saint-Jean à la nage. La traversée de l'Atlantique en solitaire. Une traversée aérienne mouvementée.*

TRAVERSER v. tr.
1. Passer d'un côté à l'autre. *Traverser un lac à la nage. Il faut regarder à droite et à gauche avant de traverser une rue.*
2. Passer par. *Cette idée m'a traversé l'esprit. Il traverse une mauvaise passe.*
CONJUGAISON : VOIR MODÈLE AIMER.

TRAVERSIER n. m.
⚜ Navire spécialement conçu pour effectuer la traversée de passagers, de véhicules ou de wagons d'une rive à l'autre d'un fleuve, d'une rivière, d'un lac ou d'un bras de mer (Recomm. off.). *Prendre le traversier* (et non le *ferry, le *ferry-boat) *de Québec à Lévis.*

TRAVERSIN n. m.
Coussin cylindrique placé à la tête d'un lit.

TRAVERTIN n. m.
Roche calcaire. *Une table en travertin.*
traver**tin.**

TRAVESTI, IE adj. et n. m.
Se dit d'un homme qui se déguise en femme, d'une femme qui se déguise en homme. *Un spectacle de travestis.*
travest**i.**

TRAVESTIR v. tr., pronom.
VERBE TRANSITIF
Modifier le sens de, dénaturer. *Il a travesti la pensée de cet auteur.* SYN. déformer ; fausser.
VERBE PRONOMINAL
Se déguiser en prenant l'apparence d'un autre sexe. *Ils se sont travestis.*
À la forme pronominale, le participe passé de ce verbe s'accorde toujours en genre et en nombre avec son sujet. *Elle s'est travestie en pirate pour la mascarade.*
CONJUGAISON : VOIR MODÈLE FINIR.

TRÉBUCHEMENT n. m.
Action de trébucher.

TRÉBUCHER v. intr.
1. Faire un faux pas. *Il a trébuché sur un jouet.* SYN. buter.
2. (FIG.) Se heurter à une difficulté. *L'orateur a trébuché sur une citation latine.*
CONJUGAISON : VOIR MODÈLE AIMER.

TRÈFLE n. m.
1. Plante fourragère. *Un trèfle à quatre feuilles.*
2. Une des couleurs du jeu de cartes. *Un sept de trèfle.*
trèfle.

TRÉFONDS n. m.
(LITT.) Ce qu'il y a de plus secret. *Au tréfonds de son cœur.*
tréfon**ds.**

TREILLAGE n. m.
Assemblage de lattes. *Des vignes qui recouvrent un treillage.* SYN. treillis.

TREILLE n. f.
Vigne cultivée sur un treillage.

T

TREILLIS n. m.
La première syllabe se prononce ***tré*** et le ***s*** est muet, [treji].
1. Assemblage à claire-voie en bois, en métal, etc. *Des lierres et des clématites grimpent sur les treillis du jardin.* SYN. treillage.
2. Vêtement d'exercice ou de combat.
treillis, un *s* au singulier comme au pluriel.

TREIZE adj. num. inv. et n. m. inv.
ADJECTIF NUMÉRAL CARDINAL INVARIABLE
Douze plus un. *Treize à la douzaine.*
ADJECTIF NUMÉRAL ORDINAL INVARIABLE
Treizième. *Le treize décembre.*
NOM MASCULIN INVARIABLE
Nombre treize. *Des treize en lettres fluorescentes.*
VOIR TABLEAU – NOMBRES.
VOIR TABLEAU – NUMÉRAL ET ADJECTIF ORDINAL (DÉTERMINANT).

TREIZIÈME adj. num. et n. m. et f.
ABRÉVIATIONS
13e (treizième), ***13es*** (treizièmes).
ADJECTIF NUMÉRAL ORDINAL
Nombre ordinal de treize. *La treizième heure.*
NOM MASCULIN
La treizième partie d'un tout. *Les trois treizièmes d'une quantité.*
NOM MASCULIN ET FÉMININ
Personne, chose qui occupe le treizième rang. *Elles sont les treizièmes.*
VOIR TABLEAU – NOMBRES.
VOIR TABLEAU – NUMÉRAL ET ADJECTIF ORDINAL (DÉTERMINANT).

TREIZIÈMEMENT adv.
En treizième lieu.

TREKKING ou **TREK** n. m.
Excursion touristique à pied en haute montagne. *Faire du trekking au Népal.*

TRÉMA n. m.
Signe graphique formé de deux points qui signale qu'une voyelle se prononce séparément plutôt que de changer de son en s'unissant à une autre voyelle (***e, i, u***). *Les lettres* oi *se prononcent différemment des lettres* oï *; froide,* mais *anthropoïde, astéroïde.*
[T] Les majuscules prennent les accents, le tréma et la cédille lorsque les minuscules équivalentes en comportent (Recomm. off.).
tréma.

TREMBLANT, ANTE adj.
Qui tremble. *Des enfants tremblants de peur. Des mains tremblantes.*

TREMBLE n. m.
Type de peuplier. *Le bois du tremble est employé en menuiserie.*

TREMBLEMENT n. m.
Mouvement de ce qui tremble. *Le tremblement des feuilles sous le vent. Le tremblement de sa voix indique de l'inquiétude.* SYN. frémissement.
LOCUTION
– ***Tremblement de terre.*** Séisme. *Les tremblements de terre secouent souvent la Californie.*

TREMBLER v. intr.
1. Être agité de mouvements répétés. *Ses mains ne tremblent pas du tout. Elle tremblait de froid. Le sol a tremblé.* SYN. s'agiter; remuer.
2. (FIG.) Éprouver une violente crainte. *Ce réfugié tremble à l'idée de ne pouvoir rester au pays.* SYN. appréhender; avoir peur; craindre.
1° Le verbe se construit avec la préposition ***de*** suivie de l'infinitif ou avec ***que*** suivi du subjonctif. *Elle tremble que l'on ne puisse pas le joindre à temps.*
2° Il en est ainsi pour les verbes exprimant une notion de crainte : ***appréhender, craindre, avoir peur, redouter.***
CONJUGAISON : VOIR MODÈLE AIMER.

TREMBLOTANT, ANTE adj.
Qui tremble légèrement. *Une voix tremblotante.*

TREMBLOTE n. f.
(FAM.) Tremblement. *Avoir la tremblote.*
tremblote, un seul ***t***.

TREMBLOTEMENT n. m.
Petit tremblement.
tremblotement, un seul ***t***.

TREMBLOTER v. intr.
Trembler légèrement.
CONJUGAISON : VOIR MODÈLE AIMER.
trembloter, un seul ***t***.

TRÉMIE n. f.
Réceptacle en forme de pyramide renversée.
trémie.

TRÉMIÈRE adj. f.
– ***Rose trémière.*** Variété de guimauve très décorative. SYN. passerose.
Le mot ne s'emploie que dans cette locution.

TRÉMOLO n. m. (pl. *trémolos*)
Tremblement de la voix. *Ne nous fais pas ta comédie avec des trémolos dans la voix.*
Ce nom d'origine italienne est francisé : il s'écrit avec un accent sur le ***e*** et prend la marque du pluriel.

TRÉMOUSSEMENT n. m.
Action de se trémousser.

TRÉMOUSSER (SE) v. pronom.
Se tortiller. *Elles se trémoussaient en marchant. Ils se sont trémoussés.* SYN. s'agiter; remuer.
Le participe passé de ce verbe, qui n'existe qu'à la forme pronominale, s'accorde toujours en genre et en nombre avec son sujet. *Les danseurs se sont trémoussés aux accords des orchestres du Festival de jazz de Montréal.*
CONJUGAISON : VOIR MODÈLE AIMER.

TREMPAGE n. m.
Action de faire tremper. *Le trempage de vêtements à laver.*

TREMPE n. f.
Fermeté de caractère, résistance. *Ils n'étaient pas de la même trempe.*

TREMPÉ, ÉE adj.
Abondamment mouillé. *Venez à l'abri ou vous serez trempés par la pluie torrentielle.*

TREMPER v. tr., intr., pronom.
VERBE TRANSITIF
Mouiller, imbiber d'un liquide. *Elle trempait son pain dans la soupe.* SYN. plonger.
VERBE INTRANSITIF
1. Demeurer quelque temps dans un liquide. *Il a mis les vêtements à tremper.*
2. (FIG.) Participer à une affaire malhonnête, en être complice. *Tremper dans un complot.*
VERBE PRONOMINAL
Être très mouillé. *Ils se sont trempés en marchant sous la pluie.*
À la forme pronominale, le participe passé de ce verbe s'accorde toujours en genre et en nombre avec son sujet. *Les randonneurs se sont trempés en empruntant un sentier boueux.*
CONJUGAISON : VOIR MODÈLE AIMER.

TREMPETTE n. f.
Préparation dans laquelle on trempe un aliment. *Une trempette* (et non un *dip) *aux fines herbes pour des crudités.*

LOCUTION
– ***Faire trempette.*** (FAM.) Prendre un bain très court ou se baigner dans une eau peu profonde. *Nous avons fait trempette dans la rivière.*

TREMPLIN n. m.
1. Planche sur laquelle un plongeur prend appui pour s'élancer dans l'eau. *Elle a plongé du tremplin de trois mètres.* SYN. plongeoir.
2. Piste aménagée pour les sauts acrobatiques en ski. *Le skieur s'élance du tremplin et fait une double vrille.*
tremplin.

***TREND**
Anglicisme pour ***tendance*** (fondamentale).

TRENTAINE n. f.
1. Nombre approximatif de trente. *Une trentaine de dignitaires avaient été invités.*
Si le nom ***trentaine*** est précédé du déterminant indéfini ***une*** et suivi d'un complément au pluriel, l'accord du verbe ou de l'adjectif se fait généralement avec le complément au pluriel. *Une trentaine de personnes étaient présentes.* Si le nom ***trentaine*** est précédé du déterminant défini ***la***, d'un déterminant possessif ***(ma, ta, sa)*** ou d'un déterminant démonstratif ***(cette)*** et s'il est suivi d'un complément au pluriel, le verbe et l'adjectif peuvent s'accorder avec le sujet si l'auteur veut insister sur l'ensemble plutôt que sur la pluralité. *La trentaine de personnes qui assistait au concert.*
2. (ABSOL.) Âge d'à peu près trente ans. *Elle n'a pas encore atteint la trentaine. Il est dans la trentaine.*

TRENTE adj. num. inv. et n. m. inv.
ADJECTIF NUMÉRAL CARDINAL INVARIABLE
Vingt-neuf plus un. *Trente heures. Trente et un, trente-sept.*
ADJECTIF NUMÉRAL ORDINAL INVARIABLE
Trentième. *Le trente octobre.*
NOM MASCULIN INVARIABLE
Nombre trente. *Des trente en chiffres lumineux.*
VOIR TABLEAU – NOMBRES.
VOIR TABLEAU – NUMÉRAL ET ADJECTIF ORDINAL (DÉTERMINANT).

TRENTIÈME adj. num. et n. m. et f.
ABRÉVIATIONS
30e (trentième), ***30es*** (trentièmes).
ADJECTIF NUMÉRAL ORDINAL
Nombre ordinal de trente. *La trentième heure.*
NOM MASCULIN
La trentième partie d'un tout. *Les quatre trentièmes d'une quantité.*
NOM MASCULIN ET FÉMININ
Personne, chose qui occupe le trentième rang. *Elles sont les trentièmes.*
VOIR TABLEAU – NOMBRES.
VOIR TABLEAU – NUMÉRAL ET ADJECTIF ORDINAL (DÉTERMINANT).

TRENTIÈMEMENT adv.
En trentième lieu.

TRÉPANATION n. f.
Opération chirurgicale consistant à pratiquer une ouverture dans la boîte crânienne.

TRÉPANER v. tr.
Pratiquer une trépanation. *Le neurochirurgien a trépané ce patient.*
CONJUGAISON : VOIR MODÈLE AIMER.

TRÉPAS n. m.
(LITT.) Mort.
LOCUTION
– ***Passer de vie à trépas.*** Mourir.
trépas.

TRÉPASSER v. intr.
(LITT.) Mourir. *Il a trépassé au cours de la nuit ; il est trépassé depuis peu.*
Le verbe se conjugue avec l'auxiliaire ***avoir*** pour marquer l'action, avec l'auxiliaire ***être*** pour marquer l'état.
CONJUGAISON : VOIR MODÈLE AIMER.

TRÉPIDANT, ANTE adj.
1. Agité et rapide. *Des rythmes trépidants.* SYN. saccadé.
2. (FIG.) Qui est sans cesse en mouvement. *À New York et à Paris, la vie est trépidante.* ANT. calme ; paisible.

TRÉPIED n. m.
Support à trois pieds. *Un trépied pour appareil photographique.*

TRÉPIGNEMENT n. m.
Action de trépigner. *Les trépignements des enfants qui s'amusent.*

TRÉPIGNER v. intr.
Frapper des pieds contre le sol pour manifester sa colère, son impatience, sa joie, etc. *Nous trépignions d'impatience avant son arrivée.*
CONJUGAISON : VOIR MODÈLE AIMER.
Les lettres ***gn*** sont suivies d'un ***i*** à la première et à la deuxième personne du pluriel de l'indicatif imparfait et du subjonctif présent. *(Que) nous trépignions, (que) vous trépigniez.*

TRÈS adv.
Extrêmement. *Cette jeune fille est très intelligente.*
1° L'adverbe ***très*** marque le superlatif absolu en se joignant à un adjectif (*il a fait très froid cet hiver*), à un adverbe (*la tortue avance très lentement*) ou à un participe passé employé comme un adjectif (*ce banquet a été très apprécié*).
2° Si le participe passé n'est pas employé comme un adjectif, on utilise plutôt l'adverbe ***beaucoup***. *Nous avons beaucoup aimé ce film* (et non *très aimé).

TRÉSOR n. m.
1. Bien précieux. *Les plongeurs ont découvert un trésor enfoui dans une épave depuis trois cents ans : des pièces d'or, des pierres précieuses, des bijoux fabuleux dans un coffret.*
2. (FIG.) Tout ce qui est précieux. *Ces enfants sont des trésors de tendresse et de joie de vivre.*

TRÉSORERIE n. f.
1. Administration des finances publiques.
2. Liquidités. *Cette entreprise a des besoins de trésorerie.*

TRÉSORIER n. m.
TRÉSORIÈRE n. f.
Personne chargée de gérer les ressources financières d'une entreprise, d'un organisme.

TRESSAGE n. m.
Action de tresser. *Le tressage de fils d'or.*

TRESSAILLEMENT n. m.
Brusque mouvement involontaire sous l'effet d'une émotion subite. SYN. frémissement.

TRESSAILLIR v. intr.
La première syllabe se prononce ***tré***, [tresajir].
Sursauter, frémir involontairement sous l'effet d'une émotion subite. *En entendant ce craquement sinistre, elle tressaillit.*
CONJUGAISON : VOIR MODÈLE TRESSAILLIR.
Les lettres ***ill*** sont suivies d'un ***i*** à la première et à la deuxième personne du pluriel de l'indicatif imparfait et du subjonctif présent. *(Que) nous tressaillions, (que) vous tressailliez.*

TRESSE n. f.
Assemblage de trois mèches, de trois brins entrelacés. *Une belle tresse blonde. Elles se sont fait des tresses.* SYN. natte.

T

CONJUGAISON DU VERBE **TRESSAILLIR**

INDICATIF

PRÉSENT

je tressaille
tu tressailles
elle / il tressaille
nous tressaill**ons**
vous tressaill**ez**
elles / ils tressaill**ent**

PASSÉ COMPOSÉ

j'ai tressailli
tu as tressailli
elle / il a tressailli
nous avons tressailli
vous avez tressailli
elles / ils ont tressailli

IMPARFAIT

je tressaill**ais**
tu tressaill**ais**
elle / il tressaill**ait**
nous tressaill**ions**
vous tressaill**iez**
elles / ils tressaill**aient**

PLUS-QUE-PARFAIT

j'avais tressailli
tu avais tressailli
elle / il avait tressailli
nous avions tressailli
vous aviez tressailli
elles / ils avaient tressailli

PASSÉ SIMPLE

je tressaill**is**
tu tressaill**is**
elle / il tressaill**it**
nous tressaill**îmes**
vous tressaill**îtes**
elles / ils tressaill**irent**

PASSÉ ANTÉRIEUR

j'eus tressailli
tu eus tressailli
elle / il eut tressailli
nous eûmes tressailli
vous eûtes tressailli
elles / ils eurent tressailli

FUTUR SIMPLE

je tressaill**irai**
tu tressaill**iras**
elle / il tressaill**ira**
nous tressaill**irons**
vous tressaill**irez**
elles / ils tressaill**iront**

FUTUR ANTÉRIEUR

j'aurai tressailli
tu auras tressailli
elle / il aura tressailli
nous aurons tressailli
vous aurez tressailli
elles / ils auront tressailli

CONDITIONNEL PRÉSENT

je tressaill**irais**
tu tressaill**irais**
elle / il tressaill**irait**
nous tressaill**irions**
vous tressaill**iriez**
elles / ils tressaill**iraient**

CONDITIONNEL PASSÉ

j'aurais tressailli
tu aurais tressailli
elle / il aurait tressailli
nous aurions tressailli
vous auriez tressailli
elles / ils auraient tressailli

SUBJONCTIF

PRÉSENT

que je tressaille
que tu tressailles
qu'elle / qu'il tressaille
que nous tressaill**ions**
que vous tressaill**iez**
qu'elles / qu'ils tressaill**ent**

PASSÉ

que j'aie tressailli
que tu aies tressailli
qu'elle / qu'il ait tressailli
que nous ayons tressailli
que vous ayez tressailli
qu'elles / qu'ils aient tressailli

IMPARFAIT

que je tressaill**isse**
que tu tressaill**isses**
qu'elle / qu'il tressaill**ît**
que nous tressaill**issions**
que vous tressaill**issiez**
qu'elles / qu'ils tressaill**issent**

PLUS-QUE-PARFAIT

que j'eusse tressailli
que tu eusses tressailli
qu'elle / qu'il eût tressailli
que nous eussions tressailli
que vous eussiez tressailli
qu'elles / qu'ils eussent tressailli

IMPÉRATIF

PRÉSENT

tressaille
tressaill**ons**
tressaill**ez**

PASSÉ

aie tressailli
ayons tressailli
ayez tressailli

INFINITIF

PRÉSENT

tressaill**ir**

PASSÉ

avoir tressailli

PARTICIPE

PRÉSENT

tressaill**ant**

PASSÉ

tressailli
ayant tressailli

TRESSER v. tr.
1. Former une tresse avec des cheveux. *Tous les matins, elle tressait ses cheveux.* SYN. natter.
2. Fabriquer quelque chose en entrelaçant des fils, des joncs, etc. *Tresser le fond d'une chaise avec de la corde, de la paille ou des lanières de cuir (babiche).* SYN. entrecroiser.
CONJUGAISON : VOIR MODÈLE AIMER.

TRÉTEAU n. m. (pl. *tréteaux*)
Support porté par quatre pieds. *Les deux tréteaux d'une table.*

TREUIL n. m.
Appareil servant à soulever des fardeaux.

TRÊVE n. f.
1. Arrêt temporaire des combats entre deux camps opposés. SYN. cessez-le-feu.
2. (FIG.) Répit, pause. *S'accorder une trêve avant d'entreprendre un nouveau travail.*
LOCUTIONS
– ***Sans trêve***, loc. adv. Sans arrêt, de façon continue. *Ils ont marché sans trêve pour arriver au refuge avant la nuit.* SYN. continuellement.
– ***Trêve de...***, loc. prép. Assez de... *Trêve de bavardages, il faut se mettre au travail !*
trêve, un accent circonflexe.

TRÉVISE n. f.
Variété de chicorée originaire d'Italie dont les feuilles pourpres à nervures veinées de blanc ont un goût amer. *Une salade composée d'endives, de trévise et d'avocat.*

TRI n. m.
1. Action de choisir, de répartir. *Le tri des tomates bien mûres.* SYN. choix ; sélection.
2. (INFORM.) Classement des informations selon un ordre donné. *Ce logiciel fait le tri alphabétique des données.*
tri.

TRI- préf.
Élément du grec signifiant « trois ».
Les mots composés avec le préfixe ***tri-*** s'écrivent sans trait d'union. *Triangle, tricycle.*

TRIADE n. f.
Groupe de trois éléments. *Les nombres sont composés de triades* (ou tranches de trois chiffres) *séparées entre elles par un espace* (de droite à gauche pour les entiers, de gauche à droite pour les décimales). *1 865 234,626 12.*

TRIAGE n. m.
Action de trier, de classer selon certains critères. *Une infirmière effectue le triage des malades à leur arrivée aux urgences de l'hôpital. Le triage du bois.* SYN. sélection.
LOCUTION
– ***Gare de triage.*** Aire où l'on fait le regroupement et la séparation de wagons pour former les convois. *L'Université de Montréal a fait l'acquisition de la gare* (et non *cour) *de triage d'Outremont pour y aménager des pavillons et des résidences étudiantes.*

TRIANGLE n. m.
1. Figure géométrique à trois côtés. *Un triangle équilatéral.*
2. Instrument de percussion composé d'une tige d'acier pliée en triangle. *Annie frappe le triangle en cadence avec une baguette.*

TRIANGULAIRE adj.
Qui a la forme d'un triangle. *Un immeuble triangulaire.*
triangul**aire.**

TRIBAL, ALE, AUX adj.
Relatif à une tribu. *Des usages tribaux.*

TRIBALISME n. m.
Société composée de tribus.

TRIBORD n. m.
Le côté droit d'un navire quand on regarde vers l'avant. *Des pirates à tribord.*
Pour se rappeler la place de bâbord et de tribord, il suffit de penser au mot ***batterie*** (***ba***, à gauche, ***tri***, à droite).

TRIBU n. f.
1. Groupement de plusieurs familles de la même peuplade autour d'un chef. *Une tribu huronne, les tribus montagnaises.*
2. Groupe nombreux. *Une tribu de touristes a envahi, ont envahi le restaurant.*
Si le sujet du verbe est un collectif précédé du déterminant indéfini ***un, une*** et suivi d'un complément au pluriel, le verbe se met au singulier lorsque l'auteur veut insister sur le tout, l'ensemble ; au pluriel, s'il veut insister sur la pluralité, la multiplicité. Si le nom est précédé d'un déterminant défini ***(le, la)***, d'un déterminant possessif ***(mon, ma, ton, ta, son, sa)***, d'un déterminant démonstratif ***(ce, cette)*** et suivi d'un complément au pluriel, le verbe se met généralement au singulier. *Le 1er mai, la tribu des retardataires de l'impôt fait la queue au bureau de poste.*
VOIR TABLEAU – COLLECTIF.
HOM. ***tribut***, redevance, contribution.

TRIBULATIONS n. f. pl.
Mésaventures, péripéties. *Les tribulations de ces touristes inexpérimentés.*

TRIBUN n. m.
Défenseur habile d'une cause, orateur éloquent. *René Lévesque était un tribun remarquable.*

TRIBUNAL n. m. (pl. *tribunaux*)
Lieu où est rendue la justice. *Des tribunaux administratifs.*

TRIBUNE n. f.
1. Estrade destinée aux orateurs.
2. Gradins. *Les tribunes de l'Assemblée nationale.*
3. (FIG.) Lieu où l'on peut s'exprimer. *Cette conférence internationale lui a servi de tribune.*
LOCUTION
– ***Tribune téléphonique.*** Émission de radio où le public est invité à communiquer par téléphone avec un animateur ou un invité en studio. *Une tribune téléphonique* (et non une *ligne ouverte).

TRIBUT n. m.
Le ***t*** final est muet, [triby].
1. (HIST.) Redevance, contribution.
2. (LITT.) Dommage, sacrifice. *Ce pays a payé un lourd tribut à la guerre.*
HOM. ***tribu***, groupement de plusieurs familles autour d'un chef.

TRIBUTAIRE adj.
Qui dépend de. *Aujourd'hui, tous les pays sont tributaires de l'économie internationale.*

TRICENTENAIRE adj. et n. m.
ADJECTIF
Qui a trois cents ans. *Cette maison est tricentenaire.*
VOIR TABLEAU – PÉRIODICITÉ ET DURÉE.
NOM MASCULIN
Troisième centenaire. *On célébrera le tricentenaire de ce village.*

TRICEPS n. m.
Les lettres ***ps*** se prononcent, [trisɛps].
Muscle dont les extrémités sont composées de trois faisceaux.

TRICHER v. intr.
1. Tromper au jeu. *Jimmy ne cesse de tricher aux cartes : on ne peut lui faire confiance.*
2. Ne pas respecter une convention. *Il est interdit de tricher aux examens.*
CONJUGAISON : VOIR MODÈLE AIMER.

TRICHERIE n. f.
Action de tricher. SYN. tromperie.

TRICHEUR, EUSE n. m. et f.
Personne qui a l'habitude de tricher.

TRICOLORE adj.
Qui est de trois couleurs. *Le drapeau tricolore de la France : bleu, blanc, rouge.*
tricolore.

TRICORNE n. m.
Chapeau à trois cornes.

TRICOT n. m.
1. Action de tricoter. *Elle aime faire du tricot, il préfère la cuisine.* SYN. tricotage.
2. Tissu composé de mailles tricotées. *Un tricot de laine.*
3. Vêtement en tricot. *Un joli tricot pour les soirées fraîches.*

TRICOTAGE n. m.
Action de tricoter. *Le tricotage est un passe-temps utile.* SYN. tricot.

TRICOTER v. tr., intr.
Former des mailles avec un fil textile et des aiguilles. *Elle tricote une veste en laine.*
CONJUGAISON : VOIR MODÈLE AIMER.
tricoter, un seul ***t***.

TRICOTEUR, EUSE n. m. et f.
Personne qui tricote. *Ce sont d'infatigables tricoteuses.*

TRICTRAC n. m.
Les **c** se prononcent, [triktrak].
Jeu de dés, ancêtre du jacquet. *Des trictracs incrustés d'ivoire. Viens-tu faire un trictrac ? Je ne sais pas jouer au trictrac.*

TRICYCLE n. m.
Vélo à trois roues. *Félix aura bientôt un tricycle.*
tricycle.

TRIDENT n. m.
Fourche à trois dents. *Neptune a pour sceptre un trident.*

TRIDIMENSIONNEL, ELLE adj.
Qui a trois dimensions. *Une représentation tridimensionnelle sur écran où l'on voit l'effet de perspective, de profondeur.*
On emploie couramment l'abréviation ***3D***.

TRIENNAL, ALE, AUX adj.
1. Qui dure trois ans. *Une planification triennale.*
2. Qui a lieu tous les trois ans. *Des tournois triennaux.*
VOIR TABLEAU – PÉRIODICITÉ ET DURÉE.

TRIER v. tr.
1. Sélectionner, choisir, particulièrement ce qui est meilleur. *Trier des fraises et des framboises pour faire des confitures.*
2. Classer. *Ce logiciel trie les mots par ordre alphabétique.*
LOCUTION
– ***Trier sur le volet.*** (FIG.) Faire une sélection très rigoureuse. *Nous avons trié nos candidats sur le volet.*
CONJUGAISON : VOIR MODÈLE ÉTUDIER.
Redoublement du ***i*** à la première et à la deuxième personne du pluriel de l'indicatif imparfait et du subjonctif présent. *(Que) nous triions, (que) vous triiez.*

TRIGONOMÉTRIE n. f.
Partie de la géométrie qui a pour objet la détermination des éléments des triangles définis par des données numériques.

TRIGONOMÉTRIQUE adj.
Relatif à la trigonométrie. *Des tables trigonométriques.*

TRILINGUE adj. et n. m. et f.
1. Qui parle trois langues. *Leur père est trilingue. Un, une trilingue.*
2. Qui est en trois langues. *Un lexique trilingue français-anglais-espagnol.*

TRILLE n. m.
Répétition rapide de deux notes. *Les trilles du serin.*

TRILLION n. m.
Les ***l*** se prononcent comme un seul, [triljɔ̃].
Préfixe ***exa-*** (s'écrit sans point).
Symbole ***E*** (s'écrit sans point).
Un milliard de milliards, soit 1 000 000 000 000 000 000 (notation scientifique 10^{18}). *Les échanges commerciaux ont totalisé trois trillions de dollars, 3 trillions de dollars.*
Selon le système américain, la valeur est de 1 000 000 000 000 (notation scientifique 10^{12}).
Le mot ***trillion*** est un nom (et non un adjectif numéral cardinal) ; il prend donc la marque du pluriel. *Trois trillions de dollars, 15 trillions d'euros.*
VOIR TABLEAU – NOMBRES.

TRILOGIE n. f.
1. (ANCIENN.) Ensemble de trois tragédies grecques portant sur un même thème.
2. Groupe de trois œuvres. *La trilogie de Pagnol* (Marius, Fanny et César). *Les trilogies de Robertson Davies.*

TRIMARAN n. m.
Le ***n*** est muet, [trimarɑ̃].
Voilier à trois coques. *Des trimarans très rapides.*

TRIMBAL(L)AGE ou **TRIMBAL(L)EMENT** n. m.
Transport pénible.

TRIMBALER ou **TRIMBALLER** v. tr., pronom.
VERBE TRANSITIF
(FAM.) Transporter difficilement avec soi. *Elle devait trimbaler ou trimballer plusieurs colis.*
VERBE PRONOMINAL
(FAM.) Se déplacer. *Ils se trimbalaient avec toute la famille. Elles se sont trimballées longtemps avant de trouver.*
À la forme pronominale, le participe passé de ce verbe s'accorde toujours en genre et en nombre avec son sujet. *Elle s'est trimbalée toute la soirée avec un paquet encombrant.*
CONJUGAISON : VOIR MODÈLE AIMER.

TRIMER v. intr.
(FAM.) Travailler durement, peiner. *Il a trimé dur toute sa vie.*
CONJUGAISON : VOIR MODÈLE AIMER.

TRIMESTRE n. m.
1. Période de trois mois. *Les exportations ont augmenté au cours du dernier trimestre.*
2. Division de l'année scolaire ou universitaire d'une durée approximative de trois mois. *Début décembre, c'est presque la fin du trimestre d'automne.*

TRIMESTRIEL, IELLE adj.
1. Qui dure trois mois. *Un cours trimestriel.*
2. Qui a lieu tous les trois mois. *Des relevés de notes trimestriels.*

TRIMESTRIELLEMENT adv.
Tous les trois mois. *Un relevé mis à jour trimestriellement.*

TRIMOTEUR n. m.
Avion à trois moteurs.

TRINGLE n. f.
Barre métallique qui sert à soutenir des rideaux, des voilages, etc. *La tringle* (et non *pôle) *du rideau de douche.* SYN. barre.
tringle.

TRINITÉ n. f.
1. Ensemble des trois personnes divines. *Le mystère de la Trinité. La Sainte Trinité.*
En ce sens, le nom s'écrit avec une majuscule ainsi que l'adjectif qui le précède.
2. Groupe de trois éléments.

TRINITROTOLUÈNE n. m.
Sigle ***TNT*** (s'écrit sans point).
Explosif très puissant.

TRINQUER v. intr.
Frapper un verre contre un autre avant de boire. *Trinquons à notre succès.*
CONJUGAISON : VOIR MODÈLE AIMER.

TRIO n. m.
1. Ensemble de trois musiciens. *Des trios de jazz.*
2. Groupe de trois personnes. *Un joli trio d'incompétents.*

TRIOMPHAL, ALE, AUX adj.
1. Qui est un triomphe. *Des acclamations triomphales, des cris triomphaux. Un accueil triomphal.*
2. Qui constitue une réussite éclatante. *Un succès triomphal.*
Cet adjectif ne qualifie que des choses ; pour une personne, on emploiera plutôt ***triomphant.***
triomphal.

TRIOMPHALEMENT adv.
En triomphe. *Les vainqueurs ont défilé triomphalement.*
triomphalement.

TRIOMPHANT, ANTE adj.
1. Qui est victorieux. *Des candidates triomphantes.* SYN. gagnant.
Cet adjectif s'emploie en parlant d'une personne ; par contre, l'adjectif ***triomphal*** ne qualifie que des choses.
2. Qui exprime la victoire. *Des sourires triomphants.* SYN. éclatant ; radieux.
Ne pas confondre avec le participe présent invariable ***triomphant.*** *Les candidats triomphant aux élections.*
triomphant.

TRIOMPHE n. m.
1. Victoire éclatante. *Le triomphe de Marc Gagnon en patinage de vitesse aux Jeux olympiques de Salt Lake City.*
2. Réussite remarquable. *Cette représentation théâtrale fut un triomphe.* SYN. succès.
triomphe.

TRIOMPHER v. tr. ind., intr.
VERBE TRANSITIF INDIRECT
Remporter la victoire. *Les Castors de Nicolet ont triomphé de leurs adversaires, les Canards du lac Brome.* SYN. battre.
Le verbe transitif indirect se construit avec la préposition ***de*** et non avec la préposition ***sur.***
VERBE INTRANSITIF
1. Exceller, avoir du succès. *Cette troupe a triomphé pendant plusieurs mois.*
2. Remporter la victoire. *C'est ce parti qui a triomphé aux élections.* SYN. gagner.
CONJUGAISON : VOIR MODÈLE AIMER.

TRIPARTITE ou **TRIPARTI, IE** adj.
1. Divisé en trois parties. *Des comités tripartites* ou *tripartis.*
2. Composé de trois partis politiques. *Des conventions tripartites* ou *triparties.*
La forme ***tripartite*** est la plus couramment utilisée.

TRIPES n. f. pl.
1. Intestins des animaux.
2. Mets préparé avec l'estomac des ruminants.
3. (FIG.) (FAM.) Avec la plus profonde conviction. *Jouer au théâtre avec ses tripes. Édith Piaf chantait avec ses tripes.*

TRIPLE adj. et n. m.
ADJECTIF
Qui vaut trois fois autant. *La patineuse a fait un triple saut. Un formulaire en triple exemplaire* (et non *exemplaires).
NOM MASCULIN
Quantité qui vaut trois fois une quantité déterminée. *Douze est le triple de quatre.*

TRIPLEMENT n. m.
Action de tripler. *Le triplement d'un prix.*

TRIPLEMENT adv.
Trois fois. *Tu as été triplement chanceux en réussissant les trois épreuves.*

TRIPLER v. tr., intr.
VERBE TRANSITIF
Multiplier par trois. *Tripler une quantité. Supposons que nous avons 4 pommes ; si nous triplons cette quantité, nous obtenons 12 pommes.*
VERBE INTRANSITIF
Devenir triple. *Les ventes ont triplé en décembre.*
CONJUGAISON : VOIR MODÈLE AIMER.

TRIPLÉS, ÉES n. pl.
Groupe d'enfants jumeaux nés au nombre de trois. *Ils ont eu des triplés.*

TRIPLEX n. m.
Habitation comportant trois appartements. *Liliane habite le dernier étage d'un triplex.*

TRIPLICATA n. m.
Troisième copie. *Garder le triplicata pour vos dossiers.*

TRIPORTEUR n. m.
Tricycle muni d'une caisse servant à faire des livraisons.

TRIPOT n. m.
Le ***t*** final est muet, [tripo].
(PÉJ.) Maison de jeu.
tripot.

TRIPOTAGE n. m.
Manigance, tractation malhonnête. *Des tripotages électoraux, financiers.* SYN. (FAM.) (PÉJ.) magouille ; manœuvre.

TRIPOTER v. tr., intr.
VERBE TRANSITIF
(FAM.) Tâter sans précaution, nerveusement. *Elle tripotait toujours ses cheveux.*
VERBE INTRANSITIF
(FAM.) Se livrer à des manipulations, à des tractations douteuses. *Ces politiciens ont tripoté dans plusieurs dossiers louches.* SYN. (FAM.) magouiller ; trafiquer.
CONJUGAISON : VOIR MODÈLE AIMER.
tripoter.

TRIPTYQUE n. m.
Œuvre en trois parties.
L'œuvre en deux parties est un ***diptyque.***
triptyque.

TRISAÏEUL, EULE n. m. et f.
Arrière-arrière-grand-père, arrière-arrière-grand-mère. *Des trisaïeuls, des trisaïeux encore vivants, des trisaïeules alertes.*
Au-delà de ces générations, on dira ***quatrième aïeul, cinquième aïeul,*** etc.
VOIR – AÏEUL.

TRISOMIE n. f.
Anomalie chromosomique. *Le mongolisme est provoqué par la trisomie 21.*
Dans la profession médicale, on préconise le remplacement du nom ***mongolisme*** par l'expression ***trisomie 21.***

TRISTE adj.
1. Chagriné, peiné. *Il est triste depuis que sa copine l'a quitté.* SYN. affligé ; malheureux. ANT. gai ; joyeux.
2. Qui exprime la tristesse, qui n'est pas gai. *Une chanson triste.*
3. Qui cause du chagrin. *Nous avons une triste nouvelle à vous apprendre : votre copain est à l'hôpital.* SYN. désolant ; pénible.
4. Sombre, maussade, en parlant du temps. *Les jours tristes de novembre.*
5. Déplorable, méprisable. *Un triste personnage, une triste affaire.*

TRISTEMENT adv.
D'une manière triste, pénible. *Ils se séparèrent tristement.*

TRISTESSE n. f.
1. Peine, chagrin. *Il était dans un état de grande tristesse depuis l'accident de sa copine.* ANT. bonheur ; gaieté ; joie.
2. Caractère triste. *La tristesse d'un adieu, d'un jour pluvieux.*

TRISTOUNET, ETTE adj.
(FAM.) Légèrement triste. *Un déjeuner d'adieu tristounet.*

TRITHÉRAPIE n. f.
(MÉD.) Traitement d'une affection à l'aide de trois éléments. *Une trithérapie anticancéreuse. Une trithérapie antisida associant trois antiviraux.*

TRITON n. m.
Petit amphibien du groupe des salamandres qui vit dans les étangs et les lieux humides. *Le triton est doté d'une queue aplatie latéralement et d'une crête dorsale.*

TRITURER v. tr.
1. Broyer, décortiquer.
2. (FIG.) Manipuler, soumettre à diverses actions. *Triturer un texte.*
LOCUTION
– ***Se triturer la cervelle, les méninges.*** Se creuser la tête pour comprendre quelque chose.
CONJUGAISON : VOIR MODÈLE AIMER.

TRIVIAL, IALE, IAUX adj.
Vulgaire, grossier. *Des propos triviaux.*

TRIVIALEMENT adv.
D'une manière triviale.

TRIVIALITÉ n. f.
Caractère de ce qui est vulgaire. *La trivialité de son langage.*

TROC n. m.
Le c se prononce, [trɔk]; le mot rime avec **roc**.
Échange en nature, sans usage de monnaie. *En Nouvelle-France, on pratiquait le troc avec les Amérindiens en échangeant des bijoux, des miroirs contre des fourrures.*
troc.

TROGLODYTE n. m.
Habitant de maisons creusées dans le roc. *Ce sont des troglodytes qui vivent dans la région de Pétra.*
Le nom désigne la personne qui vit dans une grotte et non l'habitation creusée dans le roc.
troglodyte.

TROGLODYTIQUE adj.
Relatif aux troglodytes. *Des habitations troglodytiques.*
troglodytique.

TROGNON n. m.
Partie centrale d'un fruit, d'un légume dont on a retiré la partie comestible. *Un trognon de pomme.*

TROÏKA n. f.
Traîneau russe attelé à trois chevaux. *Des troïkas qui glissent sur la neige.*
troïka.

TROIS adj. num. inv. et n. m. inv.
ADJECTIF NUMÉRAL CARDINAL INVARIABLE
Deux plus un. *Trois heures. Vingt-trois, trois cent deux.*
ADJECTIF NUMÉRAL ORDINAL INVARIABLE
Troisième. *Le trois décembre.*
NOM MASCULIN INVARIABLE
Nombre trois. *Il avait des trois de pique et de trèfle.*
VOIR TABLEAU – NOMBRES.
VOIR TABLEAU – NUMÉRAL ET ADJECTIF ORDINAL (DÉTERMINANT).

TROISIÈME adj. num. et n. m. et f.
ABRÉVIATIONS
*3e* (troisième), *3es* (troisièmes).
ADJECTIF NUMÉRAL ORDINAL
Nombre ordinal de trois. *La troisième heure.*
Quand le déterminant qui précède des adjectifs ordinaux coordonnés est au pluriel, le nom qui est en relation avec ces ordinaux prend la marque du pluriel. *Les étudiants des premier, deuxième et troisième cycles.* Par contre, lorsqu'il y a répétition d'un déterminant au singulier devant des adjectifs ordinaux coordonnés, le nom qui est en relation avec ces ordinaux s'écrit généralement au singulier. *Les étudiants du premier et du troisième cycle.*
La troisième partie d'un tout est un ***tiers.*** *Les deux tiers d'un tout.*
NOM MASCULIN ET FÉMININ
Personne, chose qui occupe le troisième rang. *Elles sont les troisièmes.*
VOIR TABLEAU – NOMBRES.
VOIR TABLEAU – NUMÉRAL ET ADJECTIF ORDINAL (DÉTERMINANT).

TROISIÈMEMENT adv.
En troisième lieu. SYN. tertio.

TROIS-MÂTS n. m. inv.
Voilier à trois mâts. *De majestueux trois-mâts passent sous le pont de Québec.*
trois-mâts.

TROMBE n. f.
1. (MÉTÉOROL.) Colonne vaporeuse qui soulève la surface des eaux dans un mouvement rapide de rotation et déverse des torrents de pluie.
Ne pas confondre avec les noms suivants :
• ***bourrasque,*** coup de vent violent et de courte durée;
• ***cyclone,*** tempête caractérisée par un puissant tourbillon de vent destructeur et des pluies abondantes; en ce sens, c'est le nom ***ouragan*** qui est employé au Québec et dans la francophonie canadienne;
• ***tornade,*** dépression atmosphérique tourbillonnaire très intense, mais de petite dimension et de courte durée.
2. (FIG.) Pluie très abondante. *Des trombes d'eau se sont abattues sur la région du Saguenay : il est tombé plus de 200 mm de pluie en quelques heures.*
LOCUTION
– ***Arriver, partir en trombe.*** (FIG.) Très vite.

TROMBONE n. m.
1. Instrument à vent de la catégorie des cuivres. *Il joue du trombone.*
2. Petite agrafe servant à fixer des papiers et dont la forme ressemble à celle de l'instrument de musique. *Des trombones multicolores.*
Attention au genre masculin de ce nom : ***un*** trombone.
trombone, un seul ***n.***

TROMPE n. f.
1. Petit instrument à vent. *Une trompe de chasse.*
2. Appendice nasal de l'éléphant, du tapir. *L'éléphant se sert de sa trompe pour aspirer l'eau.*

TROMPE-L'ŒIL n. m. inv. (pl. *trompe-l'œil*)
Dessin, peinture qui donne l'illusion de relief. *Sur certains murs de la ville, on a peint des scènes en trompe-l'œil. Des trompe-l'œil réussis.*
Le nom invariable s'écrit avec un trait d'union.

TROMPER v. tr., pronom.
VERBE TRANSITIF
1. Mentir à quelqu'un, agir pour l'induire en erreur. *Ce vendeur nous a trompés, il a multiplié le prix par deux.* SYN. berner; duper; rouler.
2. Distraire momentanément. *Pour tromper l'attente, il lit une revue et, pour tromper sa faim, il mange une pomme.*
3. Induire en erreur. *La ressemblance des maisons l'a trompé.*
VERBE PRONOMINAL
Faire erreur. *Elles se sont trompées d'avion. Ils se sont trompés de route, mais ils ont fini par se retrouver!*
À la forme pronominale, le participe passé de ce verbe s'accorde toujours en genre et en nombre avec son sujet. *Elle s'est trompée en me remettant la monnaie.*
LOCUTION
– ***Si je ne me trompe.*** Sauf erreur.
CONJUGAISON : VOIR MODÈLE AIMER.

TROMPERIE n. f.
Action de tromper. *Des tromperies insignifiantes.* SYN. tricherie.

TROMPETTE n. m. et f.
NOM FÉMININ
Instrument à vent de la catégorie des cuivres. *Elle joue remarquablement de la trompette.*
NOM MASCULIN
Joueur de trompette.
En ce sens, on emploie plutôt le nom ***trompettiste.***
LOCUTION
– ***Sans tambour ni trompette.*** Sans bruit.
Dans cette expression, les noms sont au singulier.

TROMPETTISTE n. m. et f.
Personne qui joue de la trompette.

TROMPEUR, EUSE adj.
Qui peut donner lieu à une erreur. *Les apparences sont trompeuses.*

TROMPEUSEMENT adv.
D'une manière propre à tromper.

TRONC n. m.
Le **c** final ne se prononce pas, [trɔ̃] ; le mot rime avec ***rond.***
1. Partie principale d'un arbre, depuis le sol jusqu'aux branches. *L'immense tronc d'un séquoia.*
2. Partie du corps. *Le tronc massif d'un homme.*
tron**c**, un **c** final.

TRONCATION n. f.
(LING.) Mode d'abrègement d'un mot par suppression d'une ou de plusieurs syllabes. Cinéma *et* métro *sont des troncations de* cinématographe *et de* (chemin de fer) métropolitain.

TRONÇON n. m.
1. Morceau coupé, brisé d'une chose plus longue que large. *Des tronçons de colonnes.* SYN. fragment.
2. Partie d'une voie de circulation. *Un nouveau tronçon de l'autoroute va être ouvert prochainement.*
tronçon.

TRONCONIQUE adj.
En forme de tronc de cône. *Une figure tronconique.*
tronconique.

TRONÇONNAGE n. m.
Action de couper en tronçons. *Le tronçonnage d'un arbre.*
tronçonnage.

TRONÇONNER v. tr.
Couper en tronçons. *Tronçonner du bois.*
CONJUGAISON : VOIR MODÈLE AIMER.
tronçonner.

TRONÇONNEUSE n. f.
Scie à moteur servant à découper des pièces de bois, des barres métalliques, etc. *Le bûcheron maniait sa tronçonneuse* (et non *chain saw) *avec adresse.*
tronçonneuse.

TRÔNE n. m.
1. Siège élevé du souverain. *Assise sur son trône, la reine Élisabeth préside la cérémonie.*
2. (FIG.) Royauté. *Le trône d'Angleterre. Le prince Charles accédera-t-il au trône ?*
trône.

TRÔNER v. intr.
1. Siéger sur un trône. *Le Roi-Soleil trônait entouré de ses courtisans.*
2. (FIG.) Être disposé de manière à être bien visible, être en évidence. *Des photos de famille trônent sur son bureau.*
3. Être à la place d'honneur, comme sur un trône. *Les vainqueurs trônaient sur le podium.*
CONJUGAISON : VOIR MODÈLE AIMER.
trôner.

TRONQUER v. tr.
Retirer une partie importante de quelque chose. *Cet article est illisible, il a été tronqué.*
CONJUGAISON : VOIR MODÈLE AIMER.

TROP adv.
Avec excès. *Tu étudies trop ! – Je ne le pense pas.* SYN. exagérément.
LOCUTIONS
– ***De trop, en trop,*** En plus. *Il y a deux fauteuils de trop.*
– ***En trop,*** loc. adv. En surplus. *As-tu des bagages en trop ?* SYN. en excédent.
– ***Trop peu,*** loc. adv. Pas assez. *Il est trop peu économe.*
– ***Trop... pour*** + infinitif, loc. prép. Cette locution s'emploie pour exclure une hypothèse, une possibilité. *Il est trop prudent pour faire de la plongée seul* (il ne fait pas de plongée seul).
– ***Trop... pour que,*** loc. conj. Exclure une hypothèse, une possibilité. *Ces produits sont trop coûteux pour qu'ils puissent être diffusés massivement.*
HOM. ***trot,*** allure du cheval.

TROPHÉE n. m.
Marque, témoignage d'une victoire. *Il a gagné un trophée au tennis.*
trophée, attention au ***e*** muet final.

-TROPHIE suff.
Élément du grec signifiant « nourriture ». *Atrophie, hypotrophie.*

TROPICAL, ALE, AUX adj.
1. Propre aux tropiques. *Des climats tropicaux.*
2. (FIG.) Torride. *Une chaleur tropicale.*

TROPIQUE n. m.
Partie de la sphère terrestre parallèle à l'équateur, le long de laquelle le Soleil passe au zénith à chacun des solstices. *Le tropique du Capricorne est au sud de l'équateur, le tropique du Cancer est au nord.*
T Ce nom s'écrit avec une minuscule.

TROP-PERÇU n. m. (pl. *trop-perçus*)
Excédent d'un compte. *Des trop-perçus minimes.*

TROP-PLEIN n. m. (pl. *trop-pleins*)
1. Ce qui excède la capacité d'un contenant et qui déborde.
2. (FIG.) Ce qui est en trop. *Un trop-plein de tendresse.*

TROQUER v. tr.
Échanger. *Il a troqué ses skis contre des patins à roulettes.*
On troque quelque chose ***contre*** autre chose, parfois ***pour*** autre chose. *Elle troquera sa trottinette contre un vélo, pour une bicyclette.*
CONJUGAISON : VOIR MODÈLE AIMER.

TROQUET n. m.
Le ***t*** final est muet, [trɔkɛ].
(FAM.) Café.
troquet.

TROT n. m.
Le ***t*** final ne se prononce pas, [tro] ; le mot rime avec ***trop.***
Allure du cheval, entre le pas et le galop. *Les cavaliers allaient au trot dans la campagne.*
LOCUTION
– ***Au trot,*** loc. adv. (FIG.) Vivement. *Au trot, les amis ! Nous sommes en retard.*
HOM. ***trop,*** avec excès.
trot.

TROTTE n. f.
(FAM.) Longueur de chemin à parcourir. *Il y a une bonne trotte entre ces deux villages.*

TROTTE-MENU adj. inv.
(VX) (PLAISANT.) Qui trotte à petits pas. *Pour Jean de La Fontaine, l'expression* gent trotte-menu *désigne les souris.*

T

TROTTER v. intr.
1. Aller au trot. *Ce cheval trottait élégamment.*
2. (FIG.) Marcher vite et beaucoup. *Elles ont trotté toute la journée.*
3. (FIG.) Passer de façon fugace. *Cette idée me trottait dans la tête à l'occasion.*
CONJUGAISON : VOIR MODÈLE AIMER.

TROTTEUR, EUSE n. m. et f.
NOM MASCULIN ET FÉMININ
Cheval, jument dressée pour le trot. *C'est un excellent trotteur.*
NOM FÉMININ
Petite aiguille des secondes. *La trotteuse d'une montre.*

TROTTINEMENT n. m.
Action de trottiner.
⇨ trottinement.

TROTTINER v. intr.
Marcher rapidement et à petits pas. *La petite trottinait derrière sa maman.*
CONJUGAISON : VOIR MODÈLE AIMER.
⇨ trottiner.

TROTTINETTE n. f.
Planche montée sur deux roues alignées, la roue avant étant orientée par un guidon.
⇨ trottinette.

TROTTOIR n. m.
Partie latérale d'une rue qui est réservée aux piétons.
⇨ trottoir.

TROU n. m. (pl. *trous*)
Ouverture dans un corps. *Le trou de la serrure, les trous du gruyère.*
LOCUTION
– ***Trou de mémoire.*** Oubli. *J'ai un trou* (et non un *blanc) *de mémoire.*

TROUBADOUR n. m.
Poète médiéval qui écrivait en langue d'oc.
Ne pas confondre avec le nom ***trouvère***, poète médiéval qui écrivait en langue d'oïl.

TROUBLANT, ANTE adj.
1. Étonnant, étranger. *La ressemblance entre ces personnes est troublante.* SYN. confondant ; déconcertant.
2. Excitant. *Une voix troublante.*

TROUBLE n. m.
1. Émotion, agitation. *En entendant sa voix, un trouble délicieux l'envahit.* SYN. émoi.
2. Anomalie de fonctionnement. *Des troubles respiratoires.* SYN. problème.
3. (AU PLUR.) Désordre, agitation. *Des troubles politiques.*
FORMES FAUTIVES
*avoir du trouble. Anglicisme pour ***avoir des ennuis, des tracas, des difficultés, éprouver des problèmes.***
*causer, faire du trouble. Calque de «*to make trouble*» pour ***faire des histoires, des difficultés, causer des ennuis, des embêtements.***
*en trouble (en parlant d'une ligne téléphonique). Anglicisme pour ***en dérangement.***
*être dans le trouble. Calque de «*to be in trouble*» pour ***avoir des ennuis, avoir des problèmes, des difficultés.***
*se donner du trouble. Calque de «*to take the trouble*» pour ***se donner du mal, prendre la peine de.***

TROUBLE adj.
1. Qui n'est pas limpide, qui est brouillé. *Des eaux troubles.* ANT. cristallin.
2. Qui n'est pas net, suspect. *Cette explication semble trouble.* SYN. louche.

TROUBLE-FÊTE n. m. et f. (pl. *trouble-fête* ou *trouble-fêtes*)
Personne qui dérange. *Ces trouble-fêtes* ou *trouble-fête sont détestables.*
Au pluriel, ce nom composé peut prendre la marque du pluriel au dernier élément ou demeurer invariable.

TROUBLER v. tr., pronom.
VERBE TRANSITIF
1. (LITT.) Déranger, perturber. *Ils ont été accusés d'avoir troublé l'ordre public.*
2. Interrompre. *Vos pleurs ont troublé son sommeil.* SYN. déranger.
3. Toucher, causer de l'inquiétude. *Cette nouvelle l'aura troublé certainement.* SYN. angoisser ; inquiéter.
4. Émouvoir tendrement. *Il a été troublé par cet appel.*
VERBE PRONOMINAL
Perdre son sang-froid, être déconcerté. *Devant l'examinateur sévère, ils se sont troublés.*
À la forme pronominale, le participe passé de ce verbe s'accorde toujours en genre et en nombre avec son sujet. *Elles se sont troublées à l'annonce de cette mauvaise nouvelle.*
CONJUGAISON : VOIR MODÈLE AIMER.

TROUÉE n. f.
Ouverture. *Il y a une belle trouée de ciel bleu entre les nuages.* SYN. percée.

TROUER v. tr., pronom.
VERBE TRANSITIF
Percer. *À force de marcher, ils ont troué leurs chaussures. Des chaussettes trouées.* SYN. perforer.
VERBE PRONOMINAL
Être percé. *À force de rouler sur ces cailloux pointus, leurs pneus se sont troués.*
À la forme pronominale, le participe passé de ce verbe s'accorde toujours en genre et en nombre avec son sujet. *Leurs bottes se sont trouées et ils ont eu les pieds mouillés.*
CONJUGAISON : VOIR MODÈLE AIMER.

TROUILLE n. f.
(FAM.) Peur, inquiétude. *Quand on campe dans le bois, on a parfois la trouille.*

TROUPE n. f.
1. Groupe de militaires. *Une troupe armée.*
2. Rassemblement de personnes, de comédiens. *Une troupe de théâtre.*
Si le sujet du verbe est un collectif précédé du déterminant indéfini ***un, une*** et suivi d'un complément au pluriel, le verbe se met au singulier lorsque l'auteur veut insister sur le tout, l'ensemble ; au pluriel, s'il veut insister sur la pluralité, la multiplicité. *Une troupe de militaires envahit, envahirent la ville.* Si le sujet du verbe est un collectif précédé du déterminant défini ***(le, la)***, d'un déterminant possessif ***(mon, ma, ton, ta, son, sa)***, d'un déterminant démonstratif ***(ce, cette)*** et s'il est suivi d'un complément au pluriel, le verbe se met généralement au singulier. *Cette troupe de bérets bleus a fait preuve d'un courage admirable.*

TROUPEAU n. m. (pl. *troupeaux*)
Groupe d'animaux domestiques qui sont élevés, nourris en un même lieu. *Des troupeaux de moutons et de vaches.*
Si le sujet du verbe est un collectif précédé du déterminant indéfini ***un, une*** et suivi d'un complément au pluriel, le verbe se met au singulier lorsque l'auteur veut insister sur le tout, l'ensemble ; au pluriel, s'il veut insister sur la pluralité, la multiplicité. *Un troupeau de chèvres paissait, paissaient dans le champ.* Si le sujet du verbe est un collectif précédé du déterminant défini ***(le, la)***, d'un déterminant possessif ***(mon, ma, ton, ta, son, sa)***, d'un déterminant démonstratif ***(ce, cette)*** et s'il est suivi d'un complément au pluriel, le verbe se met généralement au singulier. *Ce troupeau de bœufs est d'une race très recherchée.*
VOIR TABLEAU – COLLECTIF.

TROUSSE n. f.
Pochette, étui où est rangé un ensemble d'objets. *Une trousse de toilette, de voyage, une trousse à outils, à couture, à tricot.*
LOCUTION
– ***Aux trousses de quelqu'un.*** (FIG.) À sa poursuite. *Les créanciers sont à ses trousses.*

TROUSSEAU n. m. (pl. *trousseaux*)
Ensemble de vêtements. *Les trousseaux des jeunes mariées.*
LOCUTION
– ***Trousseau de clés.*** Ensemble de clés maintenues par un porte-clés.

TROUSSER v. tr., pronom.
VERBE TRANSITIF
1. Relever (un vêtement). *Trousser ses jupes.*
2. Exécuter rapidement. *Un petit poème bien troussé.*
VERBE PRONOMINAL
Relever ses vêtements. *Elle s'est troussée pour traverser la rivière.*
À la forme pronominale, le participe passé de ce verbe s'accorde toujours en genre et en nombre avec son sujet. *Elles se sont troussées gracieusement pour ne pas salir leur robe du soir.*
CONJUGAISON : VOIR MODÈLE AIMER.

TROUSSEUR n. m.
(FAM.) Coureur. *C'est un trousseur de jupons.*

TROUVAILLE n. f.
Découverte. *Ils ont fait une belle trouvaille : un beau terrain où l'on pouvait camper.*

TROUVER v. tr., pronom., impers.
VERBE TRANSITIF
1. Découvrir ce que l'on cherchait. *Les enfants ont trouvé un trésor.*
2. Inventer. *Ce chercheur a trouvé un nouveau procédé.* SYN. créer ; imaginer.
3. Obtenir. *J'ai trouvé un travail intéressant.*
4. Estimer, juger. *Ils ont trouvé ce film très amusant.* SYN. considérer.
Le verbe qui suit se met à l'indicatif ou au conditionnel dans une phrase affirmative, au subjonctif dans une phrase négative. *Elle trouve que vous avez raison. Elle ne trouve pas que vous ayez raison.*
VERBE PRONOMINAL
1. Être situé en tel lieu. *Cette région se trouve au nord du fleuve.*
2. Se sentir. *Ils se sont trouvés mal.*
À la forme pronominale, le participe passé de ce verbe s'accorde en genre et en nombre avec le complément direct si celui-ci le précède. *La compagne de voyage qu'ils se sont trouvée. Ils se sont trouvés en difficulté, sans ressources.* Le participe passé reste invariable si le complément direct suit le verbe. *Elle s'était trouvé un petit appartement à proximité de l'université.*
VERBE IMPERSONNEL
Il arrive que. *Il se trouve que vous avez tout à fait raison.* SYN. en fait.
Le verbe impersonnel se construit avec l'indicatif.
LOCUTIONS
– ***Trouver à redire à quelque chose.*** Critiquer, faire des observations. *Ce critique musical est trop sévère : il trouve à redire à toutes les interprétations.* SYN. blâmer ; désapprouver.
– ***Trouver le temps long.*** S'ennuyer. *Seule, par ce dimanche pluvieux, j'ai trouvé le temps long.*
FORMES FAUTIVES
*trouvé coupable. Calque de «*found guilty*» pour ***reconnu coupable, déclaré coupable.***
*trouvé responsable. Calque de «*found responsible*» pour ***tenu responsable.***
CONJUGAISON : VOIR MODÈLE AIMER.

TROUVÈRE n. m.
Poète médiéval qui écrivait en langue d'oïl.
Ne pas confondre avec le nom ***troubadour,*** poète médiéval qui écrivait en langue d'oc.

TRUAND n. m.
Malfaiteur. *Ce sont de dangereux truands.* SYN. bandit ; voleur.
tru**and**, un ***d*** final.

TRUANDER v. tr.
Escroquer. *Ils se sont fait truander.* SYN. duper ; rouler.
CONJUGAISON : VOIR MODÈLE AIMER.

TRUC n. m.
1. (FAM.) Procédé, astuce. *Ils ont trouvé un truc pour contourner la difficulté. Les trucs du métier.* SYN. moyen ; stratagème.
2. (FAM.) Mot passe-partout qui sert à désigner une chose dont on ne sait pas le nom. *Ils ont acheté un truc formidable qui produit des sons étranges.* SYN. chose ; machin.

TRUCAGE
VOIR – TRUQUAGE.

TRUCHEMENT n. m.
1. Interprète.
2. (FIG.) Personne qui sert d'intermédiaire.
LOCUTION
– ***Par le truchement de.*** Par l'intermédiaire de. *Transmettre une offre à un pays étranger par le truchement de l'ambassadeur.*

TRUCIDER v. tr.
(FAM.) (PLAISANT.) Assassiner.
CONJUGAISON : VOIR MODÈLE AIMER.

TRUCULENCE n. f.
Caractère de ce qui est truculent. *La truculence de Rabelais.*

TRUCULENT, ENTE adj.
Pittoresque, comique. *Le capitaine Haddock est un personnage truculent de Hergé.*

TRUELLE n. f.
Spatule triangulaire. *La truelle du maçon.*
truelle.

TRUFFE n. f.
1. Champignon souterrain comestible très recherché.
2. Confiserie en forme de truffe. *De délicieuses truffes au chocolat.*
3. Nez de chien. *La truffe du chien est humide.*

TRUFFÉ, ÉE adj.
1. Garni de truffes. *Du foie gras truffé.*
2. (FIG.) Rempli. *Un texte truffé d'erreurs.* SYN. farci.

TRUFFER v. tr.
1. Garnir de truffes. *Ce foie gras est truffé.*
2. (FIG.) Remplir. *Il a truffé son discours de blagues.* SYN. bourrer ; farcir ; parsemer.
CONJUGAISON : VOIR MODÈLE AIMER.

TRUIE n. f.
Femelle du porc. *Une truie dodue entourée de ses porcelets.*
VOIR TABLEAU – ANIMAUX.

TRUISME n. m.
Évidence. *Ces affirmations sont des truismes.* SYN. lapalissade.

TRUITE n. f.
Poisson de rivière voisin du saumon, dont la chair est appréciée. *Une truite mouchetée, saumonée.*
LOCUTION
– ***Truite arc-en-ciel.*** Nom d'une espèce halieutique à potentiel commercial au Québec. *Nous avons pêché deux belles truites arc-en-ciel.*

Il existe au Québec quatre espèces de salmonidés dits truites (truite arc-en-ciel, truite brune, truite mouchetée et touladi) qui sont réservées exclusivement à la pêche de loisir. Deux seules exceptions commerciales sont admises : la truite arc-en-ciel élevée en pisciculture et le touladi lorsqu'il est capturé accidentellement dans les pêches commerciales (Recomm. off.).
truite.

TRUITICULTURE ou **TRUTTICULTURE** n. f.
Élevage des truites.

TRUMEAU n. m. (pl. *trumeaux*)
Pilier qui soutient le linteau d'un portail. *Le trumeau du beau portail de la basilique Sainte-Madeleine à Vézelay.*

TRUQUAGE ou **TRUCAGE** n. m.
1. (CIN.) Procédés techniques destinés à créer l'illusion d'une réalité fantastique. SYN. fraude.
2. Procédé trompeur. *Le truquage des résultats électoraux.* SYN. falsification.

TRUQUER v. tr.
1. Arranger à son avantage, trafiquer. *Truquer des cartes, une photographie.*
2. Fausser. *Ces élections ont été truquées.* SYN. falsifier.
CONJUGAISON : VOIR MODÈLE AIMER.

TRUQUEUR n. m.
TRUQUEUSE n. f.
Au cinéma, à la télévision, technicien, technicienne qui fait des truquages.

TRUST n. m.
Attention à la prononciation, [trœst].
(ÉCON.) Fusion de plusieurs entreprises dans le but de limiter la concurrence. *Le trust du pétrole.*
FORMES FAUTIVES
*in trust. Anglicisme au sens de ***en fiducie.***
*trust. Anglicisme au sens de ***fiducie.***

***TRUSTER**
Anglicisme au sens de ***faire confiance.***

TRUTTICULTURE
VOIR – TRUITICULTURE.

TSAR, TZAR ou **CZAR** n. m.
Le *t* se prononce *t* ou *d,* [tsar, dzar].
Titre donné à l'empereur de Russie et à certains souverains (Serbie, Bulgarie). *Alexandre II, tsar de Russie.*

TSARINE ou **TZARINE** n. f.
Le *t* se prononce *t* ou *d,* [tsarin, dzarin].
1. Impératrice de Russie. *Catherine II, la grande tsarine.*
2. Femme du tsar.

TSÉ-TSÉ ou **TSÉTSÉ** n. f. (pl. *tsé-tsés* ou *tsétsés*)
Mouche africaine qui provoque la maladie du sommeil. *Des tsé-tsés* ou *tsétsés dangereuses.*
Le nom s'emploie surtout en apposition. *Des mouches tsé-tsés.*

T-SHIRT
VOIR – TEE-SHIRT.

TSIGANE ou **TZIGANE** adj. et n. m. et f.
Le *t* se prononce *t* ou *d,* [tsigan, dzigan].
ADJECTIF ET NOM MASCULIN ET FÉMININ
Se dit d'un peuple venu de l'Inde qui mène une existence de nomade. *La musique tsigane. Un Tsigane, une Tsigane.*
T L'adjectif s'écrit avec une minuscule ; le nom, avec une majuscule.
NOM MASCULIN
Langue parlée par les Tsiganes.
T Le nom de la langue s'écrit avec une minuscule.

TSUNAMI n. m. (pl. *tsunamis*)
Vague océanique résultant d'un séisme ou d'une éruption sous-marine.

TSVP
Abréviation de ***tournez, s'il vous plaît.***

TTC
Sigle de ***toutes taxes comprises.***

TU pron. pers. m. et f.
Pronom personnel masculin et féminin de la deuxième personne du singulier. ***Tu*** est toujours sujet du verbe. *Tu chantes bien. Viendras-tu demain ?*
Ce pronom ne peut être séparé du verbe que par un autre pronom personnel ou par ***ne, en, y.*** *Tu ne vois rien. Tu en jurerais. Tu y passeras. Tu lui donnes raison. Aimes-tu les roses ?*
Le pronom s'emploie aussi comme un nom. *Est-ce que je peux utiliser le tu ou préférez-vous le vous ?*
VOIR TABLEAU – PRONOM.
LOCUTION
– ***Être à tu et à toi avec quelqu'un.*** Le tutoyer, être intime.

TUBA n. m.
1. Instrument à vent à pistons. *Ses voisins se sont plaints de son tuba trop bruyant.*
2. Tube servant à respirer sous l'eau. *Un plongeur équipé d'un tuba.*

TUBE n. m.
1. Tuyau cylindrique étroit. *Un tube en caoutchouc.*
2. Conduit naturel. *Le tube digestif.*
3. Contenant souple de forme cylindrique. *Un tube de dentifrice.*
4. (FAM.) Chanson très populaire. *Cette interprétation musicale a été tout de suite un tube.*
LOCUTION
– ***À pleins tubes,*** loc. adv. (FAM.) Très rapidement.

TUBERCULE n. m.
Racine de certaines plantes (pomme de terre, patate, topinambour). *Ce tubercule est un peu pâteux.*
Attention au genre masculin de ce nom : ***un*** tubercule.

TUBERCULEUX, EUSE adj. et n. m. et f.
ADJECTIF
Relatif à la tuberculose.
NOM MASCULIN ET FÉMININ
Personne atteinte de tuberculose.

TUBERCULOSE n. f.
Maladie infectieuse et contagieuse, le plus souvent des poumons.

TUBÉREUSE n. f.
Plante cultivée pour ses fleurs blanches très odorantes.

TUBULAIRE adj.
Qui a la forme d'un tube. *Des rayonnages tubulaires.*
tubulaire.

TUE-MOUCHE(S) adj. et n. m. (pl. *tue-mouches*)
Se dit d'un papier enduit de colle employé pour attraper les mouches. *Des papiers tue-mouches. Un tue-mouche* ou *tue-mouches.*

TUER v. tr., pronom.
VERBE TRANSITIF
Enlever la vie, faire mourir de façon violente. *Le cycliste a été tué dans un accident. Les chasseurs ont tué des perdrix.*
VERBE PRONOMINAL
1. Se suicider. *Elle s'est tuée pour ne pas lui survivre.*
2. Mourir accidentellement. *Ils se sont tués en faisant de l'alpinisme.*
3. (FIG.) S'épuiser. *Elle se tue à la tâche.*
4. (FIG.) S'évertuer à, tenter de. *Je me tue à vous le dire.*
En ce sens, le verbe est suivi de la préposition ***à*** et de l'infinitif.
À la forme pronominale, le participe passé de ce verbe s'accorde toujours en genre et en nombre avec son sujet. *Ils se sont tués à l'ouvrage.*

LOCUTION
– ***Tuer le temps.*** Se divertir pour passer le temps sans ennui. SYN. se désennuyer.
CONJUGAISON : VOIR MODÈLE AIMER.

TUERIE n. f.
Action de tuer sauvagement.
Ne pas confondre avec les noms suivants :
• ***carnage,*** massacre d'hommes ou d'animaux ;
• ***hécatombe,*** grande masse de personnes tuées, surtout au figuré ;
• ***massacre,*** meurtre d'un grand nombre d'êtres vivants.
tuerie.

TUE-TÊTE (À) loc. adv.
D'une voix très forte. *Les enfants criaient à tue-tête. Elle chantait à tue-tête dans sa douche.*
Cette locution est invariable.
tue-tête.

TUEUR, TUEUSE n. m. et f.
Meurtrier. *C'est un tueur et un trafiquant.* SYN. assassin.
LOCUTION
– ***Tueur à gages.*** Criminel payé pour commettre des meurtres.

TUILE n. f.
1. Plaque de terre cuite servant à couvrir un édifice. *Un beau toit de tuiles rouges.*
Ne pas confondre avec le nom ***carreau,*** plaque de terre cuite, de pierre, etc., servant à revêtir le sol.
2. Petit biscuit. *Elle aime faire des tuiles aux amandes.*
3. (FAM.) Malchance. *Il pleut pour notre pique-nique : quelle tuile !* SYN. embêtement.

TULIPE n. f.
Plante donnant de belles fleurs ornementales. *Des bulbes de tulipes Angélique d'un rose délicat.*
tulipe.

TULLE n. m.
Tissu léger à mailles rondes ou polygonales. *Un voile de tulle.*
Attention au genre masculin de ce nom : ***un*** tulle.

TUMÉFACTION n. f.
Enflure d'une partie d'un organe.

TUMÉFIER v. tr., pronom.
VERBE TRANSITIF
Causer une enflure anormale. *Le coup a tuméfié son œil.*
VERBE PRONOMINAL
Devenir enflé. *À la suite du coup reçu, son nez s'est tuméfié.*
À la forme pronominale, le participe passé de ce verbe s'accorde toujours en genre et en nombre avec son sujet. *Ses membres se sont tuméfiés.*
Le verbe s'emploie surtout à l'infinitif, au participe et à la troisième personne du singulier.
CONJUGAISON : VOIR MODÈLE ÉTUDIER.
Redoublement du ***i*** à la première et à la deuxième personne du pluriel de l'indicatif imparfait et du subjonctif présent. *Que nous tuméfiions, (que) vous tuméfiiez.*

TUMEUR n. f.
Augmentation anormale du volume d'un organe, d'un tissu, en raison d'une augmentation cellulaire anormale. *Une tumeur bénigne, une tumeur maligne.*
Attention au genre féminin de ce nom : ***une*** tumeur.

TUMULTE n. m.
Confusion, désordre bruyant. SYN. agitation ; vacarme.

TUMULTUEUSEMENT adv.
D'une manière tumultueuse.

TUMULTUEUX, EUSE adj.
(LITT.) Agité, violent. *Le vaisseau a sombré dans les flots tumultueux de la mer.*

TUMULUS n. m.
Le ***s*** se prononce, [tymylys] ; le nom rime avec ***cactus.***
Amas de terre, de pierres au-dessus d'une sépulture ancienne. *Le tumulus de Carnac, des tumulus bretons.*

***TUNER**
Anglicisme pour ***syntoniseur.***

TUNGSTÈNE n. m.
Les lettres ***un*** se prononcent ***eu*** et le ***g*** se prononce ***k,*** [tœkstɛn].
Symbole *W* (s'écrit sans point).
Métal gris utilisé pour les alliages, les filaments des lampes, etc.

TUNIQUE n. f.
Corsage long. *Elle portait une tunique sur un pantalon.*

TUNISIEN, IENNE adj. et n. m. et f.
De Tunisie. *Un village tunisien. Un Tunisien, une Tunisienne.*
T L'adjectif s'écrit avec une minuscule ; le nom, avec une majuscule.

TUNNEL n. m.
Galerie souterraine destinée au passage d'une voie de communication (sous un cours d'eau, un bras de mer ; à travers une élévation de terrain) (Recomm. off.). *Le tunnel du métro, le tunnel sous la Manche.*
Ne pas confondre avec le nom ***viaduc,*** voie aérienne.
LOCUTION
– ***Tunnel carpien.*** (ANAT.) Canal dans lequel passent les tendons fléchisseurs des doigts et le nerf médian.
Le synonyme ***canal carpien*** est d'emploi plus courant.
VOIR – CARPIEN.
tunnel.

TUQUE n. f.
Bonnet de laine. *Une belle tuque tricotée à la main.*

TURBAN n. m.
Coiffure drapée autour de la tête. *Elle portait toujours un turban.*
turban.

TURBINE n. f.
Dispositif doté d'une roue mobile actionnée par un fluide (eau, gaz, etc.). *Les turbines d'une centrale hydroélectrique.*

TURBO n. m.
Moteur à turbine. *Des moteurs turbo.*
En apposition, le nom est invariable et s'écrit sans trait d'union.

TURBOMOTEUR n. m.
Turbine à vapeur.

TURBOT n. m.
Poisson plat vivant dans l'Atlantique Nord-Est et dans la Méditerranée, à forme losangique et dont la peau présente des tubercules osseux perceptibles au toucher (GDT). *Le turbot peut atteindre une longueur maximale de 1 m.*
Ce terme a fait l'objet d'un avis de normalisation de l'OQLF. Il ne faut pas confondre le turbot, capturé en Europe principalement, avec le flétan du Groenland, qui vit dans les eaux froides de l'Atlantique Nord et du Pacifique Nord.
turbot.

TURBOTRAIN n. m.
Train dont l'énergie provient de turbines à gaz.

TURBULENCE n. f.
Agitation de l'air. *Veuillez boucler vos ceintures, nous traversons une zone de turbulences.*
turbulence.

TURBULENT, ENTE adj.
Espiègle, remuant. *Les enfants étaient turbulents aujourd'hui.* SYN. agité ; dissipé. ANT. sage.
turbulent.

TURC, TURQUE adj. et n. m. et f.
ADJECTIF ET NOM MASCULIN ET FÉMININ
De Turquie. *Un café turc. Un Turc, une Turque.*
[T] L'adjectif s'écrit avec une minuscule ; le nom, avec une majuscule.
NOM MASCULIN
Langue parlée en Turquie. *Aydin parle le turc.*
[T] Le nom de la langue s'écrit avec une minuscule.
⇨ turc, turque.

TURGESCENCE n. f.
Gonflement.
⇨ turgescence.

TURGESCENT, ENTE adj.
Gonflé.
⇨ turgescent.

TURLUPINER v. tr.
(FAM.) Tracasser, intriguer. *Cette histoire le turlupine.* SYN. préoccuper ; tarabuster ; tourmenter ; travailler.
CONJUGAISON : VOIR MODÈLE AIMER.

TURLUTER v. tr., intr.
⚜ (FAM.) Fredonner. *Elle turlute des berceuses.*
CONJUGAISON : VOIR MODÈLE AIMER.

TURLUTUTU ! interj.
Interjection marquant la moquerie, un refus. *Turlututu ! chapeau pointu !*
[T] L'interjection est toujours suivie d'un point d'exclamation qui est souvent repris à la fin de la phrase. Si la phrase exclamative n'est pas complète, le mot qui suit le point d'exclamation s'écrit avec une minuscule initiale.

***TURNOVER**
Anglicisme pour ***rotation.***

TURPIDE adj.
Ignominieux. *Un acte turpide.* SYN. abject ; honteux ; ignoble ; sordide.

TURPITUDE n. f.
Ignominie. *Cette turpitude leur est familière, quelle honte !*

TURQUOISE adj. inv. et n. m. et f.
NOM FÉMININ
Pierre fine d'un bleu tirant sur le vert. *Une broche ornée de turquoises.*
NOM MASCULIN
Couleur turquoise. *Des turquoises lumineux.*
ADJECTIF DE COULEUR INVARIABLE
De la couleur bleu-vert de la turquoise. *Des ceintures turquoise.*
VOIR TABLEAU – COULEUR (ADJECTIFS DE).

TUTÉLAIRE adj.
(LITT.) Qui protège. *Les dieux tutélaires.*

TUTELLE n. f.
Autorité légale de protéger un mineur, un interdit.

TUTEUR n. m.
TUTRICE n. f.
NOM MASCULIN ET FÉMININ
1. Enseignant ou enseignante, dont le rôle consiste à se tenir à la disposition d'un élève ou d'un groupe d'élèves pour les conseiller et les renseigner sur toutes matières d'ordre personnel, psychologique, scolaire ou familial.
2. (DR.) Soutien légal d'un mineur. *Elle est la tutrice de cet enfant. Le tuteur est nommé par le conseil de famille.*
NOM MASCULIN
Tige destinée à soutenir une plante. *Attacher les plants de tomates à des tuteurs.*

TUTOIEMENT n. m.
Action de tutoyer. *Le tutoiement convient aux personnes qui se connaissent bien.* ANT. vouvoiement.
⇨ tutoiement.

TUTORAT n. m.
Forme d'aide en enseignement individualisée, qui est offerte soit pour accompagner un élève ou un groupe d'élèves qui éprouvent des difficultés, soit pour donner une formation particulière, complémentaire ou à distance. *Pour contrer le décrochage, cette école a créé un programme de tutorat.* SYN. soutien.

TUTOYER v. tr., pronom.
VERBE TRANSITIF
Employer la deuxième personne du singulier pour s'adresser à quelqu'un. *Aujourd'hui, les enfants tutoient généralement leurs parents.* ANT. vouvoyer.
VERBE PRONOMINAL
Employer réciproquement la deuxième personne du singulier pour communiquer. *Ils se tutoient.*
▭ À la forme pronominale, le participe passé de ce verbe s'accorde toujours en genre et en nombre avec son sujet. *Ils ne se sont jamais tutoyés en public.*
CONJUGAISON : VOIR MODÈLE EMPLOYER.
Le ***y*** se change en ***i*** devant un ***e*** muet. *Il tutoie,* mais *il tutoyait.* Le ***y*** est suivi d'un ***i*** à la première et à la deuxième personne du pluriel de l'indicatif imparfait et du subjonctif présent. *(Que) nous tutoyions, (que) vous tutoyiez.*

TUTTI n. m. inv.
👄 Le ***u*** se prononce ***ou,*** [tuti].
(MUS.) Passage où tous les instruments jouent ensemble.
[Les *Rectifications* (1990) admettent : des tuttis.]

TUTTI QUANTI loc. adv.
👄 Les ***u*** se prononcent ***ou,*** [tutikwɑ̃ti].
Et tous les autres. *Achetons de la ciboulette, du romarin, du thym et* tutti quanti. SYN. et cetera.
⚐ La locution empruntée à l'italien signifie « tous, tant qu'ils sont » ; elle s'emploie à la fin d'une énumération incomplète.
[T] En typographie soignée, les mots étrangers sont composés en italique. Dans des textes déjà en italique, la notation se fait en romain. Pour les textes manuscrits, on utilisera les guillemets.

TUTU n. m.
Costume très court de danseuse, généralement garni d'un tissu léger. *De jolis tutus.*

***TUXEDO**
Anglicisme pour ***smoking.***

TUYAU n. m. (pl. *tuyaux*)
👄 Attention à bien prononcer le son ***i,*** [tɥijo].
1. Conduit tubulaire servant à faire passer un liquide, un gaz. *Des tuyaux de cuivre.*
2. (FAM.) Renseignement. *Il a un bon tuyau.*
LOCUTIONS
– ***Tuyau d'arrosage*** (et non *boyau d'arrosage). Conduit flexible servant à arroser.
– ***Tuyau d'incendie*** (et non *boyau d'incendie). Conduit flexible servant à acheminer l'eau de la borne d'incendie jusqu'au foyer d'incendie.

TUYAUTERIE n. f.
👄 Attention à bien prononcer le son ***i*** de ***tuy,*** [tɥijɔtri].
Ensemble de tuyaux. *Une tuyauterie de cuivre.*

TUYÈRE n. f.
👄 La première syllabe se prononce ***tu*** ou ***tui,*** [tyjɛr, tɥijɛr].
Élément d'une canalisation par où les fluides s'échappent à haute vitesse.

TWEED n. m.
Les lettres ***ee*** se prononcent ***i*** et le ***d*** se prononce, [twid].
Tissu de laine originaire d'Écosse servant à la confection des vêtements sport. *Une veste de tweed inusable. Des tweeds de qualité.*
Ce nom, emprunté à l'anglais depuis plus de cent cinquante ans, est admis en français.

TWIST n. m.
Les lettres finales ***st*** se prononcent, [twist].
Danse caractérisée par un déhanchement rapide.

TYMPAN n. m.
1. Membrane de l'oreille. *Tu vas lui crever le tympan avec ton vacarme.*
2. Partie d'un portail, dans les églises romanes ou gothiques.
tympan.

TYPE n. m.
1. Classe, genre. *Voilà un type de vélo que j'aimerais.*
Si le nom ***type*** est précédé du déterminant indéfini ***un*** et suivi d'un complément au pluriel, c'est avec celui-ci que se fait généralement l'accord. *Un nouveau type d'enquêtes ont été effectuées.* Si le nom est précédé d'un déterminant défini ***(le)***, d'un déterminant possessif ***(mon, ton, son)*** ou d'un déterminant démonstratif ***(ce)*** et suivi d'un complément au pluriel, le verbe se met généralement au singulier. *Ce type de recherches est peu commun.*
VOIR TABLEAU – COLLECTIF.
2. (EN APPOS.) Nom + ***type.*** Qui sert de modèle. *Des descriptions types, des formules types.*
En apposition, le nom s'écrit sans trait d'union et les deux mots prennent la marque du pluriel.
3. Ensemble de caractères distinctifs d'un groupe, d'une race. *Le type nordique, le type méditerranéen.*
4. (FAM.) Individu quelconque. *Il a vu un type entrer soudainement.*

TYPER v. tr.
Donner les caractéristiques marquées d'un type. *Il a bien typé son personnage.*
CONJUGAISON : VOIR MODÈLE AIMER.

TYPHOÏDE adj. et n. f.
NOM FÉMININ
– ***Fièvre typhoïde*** ou ***typhoïde.*** Maladie infectieuse.
ADJECTIF
Fièvre typhoïde.
typhoïde.

TYPHON n. m.
(MÉTÉOROL.) Tourbillon marin d'une extrême violence.
Selon le GDT, le terme ***typhon***, est réservé à l'ouragan qui se développe plus généralement en direction ouest du Pacifique occidental et qui balaie les régions limitrophes au trentième parallèle et les côtes des pays bordés par la mer de Chine.

TYPHUS n. m.
Le ***s*** final se prononce, [tifys] ; le nom rime avec ***cactus.***
Maladie infectieuse.
typhus.

TYPIQUE adj.
Caractéristique. *Une réponse typique de cette personne.* SYN. distinctif ; original.
L'adjectif se construit avec la préposition ***de*** (et non avec ***à***).

TYPIQUEMENT adv.
D'une manière typique.

TYPO
Abréviation familière de ***typographie.***

TYPO- préf.
Élément du grec signifiant « caractère ».

TYPOGRAPHE n. m. et f.
S'abrège familièrement en ***typo*** (s'écrit sans point).
Personne qui exerce l'art de la typographie.

TYPOGRAPHIE n. f.
S'abrège familièrement en ***typo*** (s'écrit sans point).
1. Ensemble des techniques permettant de reproduire un texte au moyen de caractères en relief.
2. Composition typographique.
3. Manière dont un texte est imprimé. *La typographie de cet ouvrage est claire et soignée.*
Ne pas confondre avec le nom ***topographie,*** représentation graphique et description détaillée d'un lieu précis.

TYPOGRAPHIQUE adj.
Relatif à la typographie. *Des corrections typographiques.*
LOCUTION
– ***Caractère typographique.*** Lettre, chiffre, symbole, signe servant à l'impression ou à l'affichage d'un texte. *Les caractères typographiques se classent en plusieurs familles ou fontes, selon la forme des lettres (Garamond, Lubalin, Helvetica, Futura, etc.).*
Les caractères typographiques se regroupent généralement en deux grands types : les caractères avec empattements et les caractères sans empattements.

TYPOLOGIE n. f.
Classification systématique. *Une typologie des systèmes économiques.*

TYPOLOGIQUE adj.
Qui est relatif à une typologie. *Un classement typologique.*

TYRAN n. m.
1. Dictateur, dirigeant qui abuse de son autorité.
2. (FIG.) Personne autoritaire. *Un tyran domestique.*
tyran, attention au ***y.***

TYRANNIE n. f.
1. Despotisme.
2. (LITT.) Abus de pouvoir.
tyrannie.

TYRANNIQUE adj.
1. Qui tient de la tyrannie. *Le pouvoir tyrannique d'une dictature.*
2. Autoritaire et injuste. *Un patron tyrannique.*
tyrannique.

TYRANNIQUEMENT adv.
D'une manière tyrannique. *Ce patron traite son personnel tyranniquement.*

TYRANNISER v. tr.
Traiter avec tyrannie, abuser de son autorité.
CONJUGAISON : VOIR MODÈLE AIMER.
tyranniser.

TYRANNOSAURE n. m.
Reptile dinosaurien qui atteignait plus de 15 mètres de long. *Le tyrannosaure est le plus grand carnivore qui ait jamais existé. Son frérot porte le surnom de « Tyrannosaure ».*
tyrannosaure.

TYROLIEN, IENNE adj. et n. m. et f.
Du Tyrol. *Une chanson tyrolienne. Les Tyroliens et les Tyroliennes.*
L'adjectif s'écrit avec une minuscule ; le nom, avec une majuscule.

TZAR
VOIR – TSAR.

TZARINE
VOIR – TSARINE.

TZIGANE
VOIR – TSIGANE.

U

U n. m. inv.
Vingt et unième lettre de l'alphabet.

U
Symbole de ***uranium.***

UBIQUITÉ n. f.
Le deuxième ***u*** se prononce ***u*** (et non *ou), [ybikɥite].
Faculté d'être partout à la fois. *Elle semblait avoir le don d'ubiquité.*

UBUESQUE adj.
Digne d'Ubu, personnage truculent d'Alfred Jarry.

UCT
Sigle de ***unité centrale de traitement.***

UHT
Sigle de ***ultra-haute température.***

UKASE
VOIR – OUKASE.

UKRAINIEN, IENNE adj. et n. m. et f.
Les lettres ***ai*** se prononcent ***è,*** [ykrɛnjɛ̃, jɛn].
ADJECTIF ET NOM MASCULIN ET FÉMININ
De l'Ukraine. *Le folklore ukrainien. Un Ukrainien, une Ukrainienne.*
T L'adjectif s'écrit avec une minuscule; le nom, avec une majuscule.
NOM MASCULIN
Langue parlée en Ukraine. *Boris parle l'ukrainien.*
T Le nom de la langue s'écrit avec une minuscule.

UKULÉLÉ n. m.
Guitare à quatre cordes pincées, traditionnelle des îles Hawaii. « *La guitare est un véritable lien social, une passerelle révélant les différentes particularités et ressemblances entre les communautés : elle se retrouve dans toutes les cultures sous la forme d'un oud, d'un ukulélé, d'une cithare, d'un bouzouki* » (*La Croix*).

ULCÉRATION n. f.
(MÉD.) Formation d'ulcère.

ULCÈRE n. m.
Lésion de la peau, d'une muqueuse qui ne cicatrise pas. *Un ulcère de l'estomac* ou *à l'estomac, des ulcères gastriques.*
Attention au genre masculin de ce nom : ***un*** ulcère.
ulcère.

ULCÉRÉ, ÉE adj.
1. Atteint d'ulcération. *Des plaies ulcérées.*
2. (FIG.) Irrité, blessé. *Des revendicateurs ulcérés.* SYN. froissé; offusqué; vexé.

ULCÉRER v. tr., pronom.
VERBE TRANSITIF
1. (MÉD.) Produire un ulcère.
2. (FIG.) Irriter, blesser et mettre en colère. *Cette accusation injuste les ulcéra.* SYN. froisser; offusquer; vexer.
VERBE PRONOMINAL
1. Se transformer en ulcère. *Des tissus qui se sont ulcérés.*
2. Se mettre en colère. *S'ulcérer en apprenant la trahison d'un ami.*
À la forme pronominale, le participe passé de ce verbe s'accorde toujours en genre et en nombre avec son sujet. *Ils se sont ulcérés en entendant ces affirmations mensongères.*
CONJUGAISON : VOIR MODÈLE POSSÉDER.
Le ***é*** se change en ***è*** devant une syllabe contenant un ***e*** muet, sauf à l'indicatif futur et au conditionnel présent. *Il ulcère,* mais *nous ulcérerons.*
[Les *Rectifications* (1990) admettent : il ulcèrera, ulcèrerait...]

ULCÉREUX, EUSE adj.
Qui a le caractère de l'ulcère, couvert d'ulcères.

ULTÉRIEUR, IEURE adj.
Qui arrive après. *La rencontre a été reportée à une date ultérieure.* SYN. futur; postérieur. ANT. antérieur.
L'adjectif étant un comparatif, il ne se construit pas avec ***plus, moins.*** Par contre, il peut se construire avec ***très, peu, bien.*** *Des faits très ultérieurs au lancement de la fusée.*

ULTÉRIEUREMENT adv.
Plus tard. *Nous verrons ultérieurement ce qu'il y a lieu de faire.* SYN. après; ensuite.

ULTIMATUM n. m. (pl. *ultimatums*)
Les lettres ***um*** se prononcent ***om,*** [yltimatɔm]; le nom rime avec ***tomme.***
1. Ensemble de conditions posées dont le rejet peut entraîner un conflit, des difficultés, etc. *C'est un ultimatum : vous vous rendez ou nous attaquons.*
2. Proposition impérative. *Des ultimatums irrecevables.*
Ce nom d'origine latine est francisé et prend la marque du pluriel.

ULTIME adj.
Dernier, après quoi il n'y a rien d'autre (dans le temps). *Une ultime demande.* SYN. final.
L'adjectif étant un superlatif, il ne peut se construire avec un comparatif.

ULTIMEMENT adv.
En dernier lieu, finalement. *Ultimement, il conviendra de prévenir les autorités.*

U

ULTRA- préf.
Élément du latin signifiant « au-delà » et qui exprime le plus haut degré.
1° Les mots composés avec le préfixe ***ultra-*** s'écrivent généralement en un seul mot. *Ultrason, ultrasecret,* mais *ultra-haute température.*
2° Les mots qui sont des créations de circonstance ou de fantaisie s'écrivent avec un trait d'union. *Ultra-pacifiste. Elle est ultra-sympathique.*

ULTRA-HAUTE TEMPÉRATURE
Sigle *UHT.*
Mode de stérilisation des produits périssables par chauffage à des températures élevées puis refroidissement sous vide. *Du lait ultra-haute température* ou *UHT.*

ULTRALÉGER, ÈRE adj.
Extrêmement léger. *Un avion ultraléger.*

ULTRAMODERNE adj.
Très moderne. *Un immeuble ultramoderne doté de tous les dispositifs électroniques possibles.*

ULTRAPROPRE adj.
Se dit de conditions de propreté nécessaires à certaines productions agroalimentaires, électroniques, pharmaceutiques, etc. *Cette entreprise est un acteur majeur dans sa spécialité, la construction de salles blanches, des équipements propres ou ultrapropres qui, indemnes de toute contamination moléculaire, servent à la production industrielle.*

ULTRAPROPRETÉ n. f.
État d'un lieu ultrapropre. *L'entreprise dispose d'une salle blanche de 120 mètres carrés capable de répondre à toutes les normes d'ultrapropreté imposées par les fabricants mondiaux d'électronique.*

ULTRASENSIBLE adj.
Extrêmement sensible. *Une tête de lecture ultrasensible.*

ULTRASON n. m.
Son de fréquence très élevée que l'oreille ne peut entendre. *Les ultrasons servent aux échographies médicales, aux appareils de détection sous-marine (sonar).*

ULTRASONIQUE ou **ULTRASONORE** adj.
Qui est relatif aux ultrasons. *Un dépistage ultrasonique.*

ULTRAVIOLET, ETTE adj. et n. m.
(PHYS.) Se dit des radiations qui, dans le spectre, sont au-delà du violet et invisibles à l'œil humain. *Des rayons ultraviolets. Des ultraviolets.*

ULULEMENT
VOIR – HULULEMENT.

ULULER
VOIR – HULULER.

UMLAUT n. m.
Les lettres ***m*** et ***t*** se prononcent, les ***u*** se prononcent ***ou,*** [umlaut].
(LING.) Inflexion vocalique de l'allemand qui se note par un tréma sur la voyelle.

UN, UNE adj., art. indéf., n. m. et f., pron. indéf.
ADJECTIF NUMÉRAL CARDINAL
Une unité. *Dans ce jardin poussent un saule et deux pommiers.*
ADJECTIF NUMÉRAL ORDINAL
Premier. *Le nom figure à la page un.*
ADJECTIF
Simple, unique. *La vérité une et indivisible.*
ARTICLE INDÉFINI
Le déterminant indéfini se rapporte à une personne, à une chose indéterminée ou non encore dénommée. *Elle a mangé une pomme.*
NOM MASCULIN INVARIABLE
Nombre qui exprime l'unité. *Le nombre 311 s'écrit avec un trois et deux un.*
NOM FÉMININ
Première page d'un quotidien. *Les grands titres de la une du Devoir.*
PRONOM INDÉFINI
Quelqu'un, une certaine personne. *L'une de vous peut-elle répondre à cette question ?*
VOIR TABLEAU – UN.

UNANIME adj.
Qui marque un commun accord. *L'équipe de Sophie et Hugo est le choix unanime de la classe : tous les élèves les ont choisis.*
SYN. général.
Suivi de l'infinitif, l'adjectif se construit avec les prépositions ***à, pour.*** *Elles sont unanimes à croire* ou *pour croire que ce choix est le meilleur.*

UNANIMEMENT adv.
À l'unanimité. *La classe a choisi unanimement Sophie et Hugo.*
SYN. à l'unisson ; collectivement.

UNANIMITÉ n. f.
Accord de tous. *Sophie et Hugo ont été élus à l'unanimité.* SYN. consensus.

***UNDERGROUND**
Anglicisme pour ***marginal, clandestin.***

UNE
VOIR – UN.

UNESCO
Sigle anglais de ***Organisation des Nations Unies pour l'éducation, la science et la culture*** (United Nations Educational, Scientific and Cultural Organization).

UNI, UNIE adj.
1. Uniforme, plane. *Un sol uni.* SYN. égal ; lisse.
2. D'une seule couleur et sans motif. *Un tissu uni de couleur claire.* ANT. imprimé.
3. Qui sont liés. *Des amis très unis. Les États-Unis. L'Organisation des Nations Unies (ONU).*

UNI- préf.
Élément du latin signifiant « un ».
Les mots composés avec le préfixe ***uni-*** s'écrivent en un seul mot. *Unilingue.*

UNICELLULAIRE adj.
(BIOL.) Se dit d'un organisme vivant constitué d'une seule cellule. *Des algues unicellulaires.* ANT. pluricellulaire.

UNICITÉ n. f.
Caractère de ce qui est unique. *L'unicité de chaque être.* ANT. multiplicité.

UNIDIMENSIONNEL, ELLE adj.
Qui ne comporte qu'une seule dimension au propre et au figuré. *Un plan unidimensionnel. « Qui ne voit que les chars et les canons, mais ne voit pas le mépris et l'humiliation, n'a qu'une vision unidimensionnelle de la tragédie palestinienne »* (Le Monde).

UNIDIRECTIONNEL, ELLE adj.
1. Qui a une seule direction. *« Les méthodes industrielles seront perfectionnées avec la mise en place d'une organisation "en flux unidirectionnel" allant de la matière première à l'assemblage final »* (*Les Échos*).
2. (INFORM.) Se dit d'un mode de transmission ou d'une voie de communication qui permet d'acheminer des données dans un seul sens.

UNIÈME adj. num.
Nombre ordinal de ***un*** qui ne s'emploie qu'à la suite des dizaines, des centaines, etc. *Vingt et unième. Quarante et unième, cinquante et unième. Quatre-vingt-unième.*
Avec la conjonction ***et,*** l'adjectif ***unième*** s'écrit sans trait d'union.
VOIR TABLEAU – NOMBRES.
VOIR TABLEAU – NUMÉRAL ET ADJECTIF ORDINAL (DÉTERMINANT).

UNIÈMEMENT adv.
L'adverbe ne s'emploie qu'à la suite des dizaines, des centaines, etc., pour signifier ***un***. *Vingt et unièmement.*

UNIFAMILIAL, ALE, AUX adj.
Se dit d'une habitation qui comporte un seul logement. *Une maison unifamiliale.* SYN. individuel.
Dans la francophonie, c'est l'expression ***maison individuelle*** qui est usitée en ce sens ; c'est également ce terme que recommande le GDT.

UNIFICATEUR, TRICE adj.
Qui unifie. *Des directives unificatrices.*

UNIFICATION n. f.
Action d'unifier ; son résultat. *L'unification de l'Allemagne : auparavant, il y avait l'Allemagne de l'Ouest et l'Allemagne de l'Est ; maintenant, il y a un seul pays, l'Allemagne.*

UNIFIER v. tr., pronom.
VERBE TRANSITIF
1. Faire l'unité de. *Cette enseignante a unifié la classe, qui était partagée en deux clans.* SYN. unir.
2. Ramener à l'unité. *Les deux Allemagnes ont été unifiées.* SYN. fusionner ; réunir.
3. Uniformiser. *Unifier les formats à l'aide d'une norme.* SYN. normaliser ; standardiser.
VERBE PRONOMINAL
Devenir uni. *Ils se sont unifiés pour mieux résister.* SYN. s'unir.
À la forme pronominale, le participe passé de ce verbe s'accorde toujours en genre et en nombre avec son sujet. *Les pratiques des ordres professionnels se sont unifiées et normalisées.*
CONJUGAISON : VOIR MODÈLE ÉTUDIER.
Redoublement du ***i*** à la première et à la deuxième personne du pluriel de l'indicatif imparfait et du subjonctif présent. *(Que) nous unifiions, (que) vous unifiiez.*

UNIFOLIÉ, ÉE adj. et n. m.
ADJECTIF
Qui n'a qu'une feuille.
NOM MASCULIN
Le drapeau canadien. *L'unifolié et le fleurdelisé.*

UNIFORME adj. et n. m.
ADJECTIF
1. Qui est régulier, sans changement. *Un horaire uniforme, un taux uniforme.*
2. Pareil. *Des tenues uniformes, des habitations uniformes.* SYN. même.
NOM MASCULIN
Tenue obligatoire. *Un uniforme militaire. Les élèves doivent porter un uniforme bleu marine.* SYN. costume.

UNIFORMÉMENT adv.
D'une façon uniforme. *La neige recouvre uniformément la pelouse.*

UNIFORMISATION n. f.
Action d'uniformiser ; son résultat. *L'uniformisation du vocabulaire technique est souhaitable.* SYN. harmonisation ; standardisation.

UNIFORMISER v. tr., pronom.
VERBE TRANSITIF
Rendre uniforme. *Uniformiser la taille des contenants.* SYN. harmoniser ; standardiser.
VERBE PRONOMINAL
Devenir uniforme. *Les logiciels se sont uniformisés et peuvent fonctionner avec l'un ou l'autre système.*
À la forme pronominale, le participe passé de ce verbe s'accorde toujours en genre et en nombre avec son sujet. *Les procédés se sont uniformisés.*
CONJUGAISON : VOIR MODÈLE AIMER.

UNIFORMITÉ n. f.
Nature de ce qui ne change pas de caractère, d'apparence. *L'uniformité du désert.*
Ne pas confondre avec les noms suivants :
- ***conformité***, état de choses semblables ;
- ***identité***, conformité totale ;
- ***ressemblance***, conformité partielle.

U

UNIJAMBISTE adj. et n. m. et f.
Personne qui n'a qu'une jambe. *Un skieur unijambiste. Une unijambiste.*

UNILATÉRAL, ALE, AUX adj.
1. Qui est relatif à un seul côté. *Des engagements unilatéraux.*
2. Qui ne provient que d'une seule partie, alors que les deux parties sont concernées. *Une modification unilatérale d'un contrat.*

UNILATÉRALEMENT adv.
Sans réciprocité. *Une décision prise unilatéralement.*

UNILINGUE adj. et n. m. et f.
Qui parle une seule langue. *Ces étudiants sont unilingues : ils ne parlent que le français. Ces jeunes filles sont des unilingues anglophones.* ANT. bilingue ; multilingue.

UNIMENT adv.
1. (LITT.) D'une manière égale, unie. SYN. également.
2. (FIG.) Très simplement. SYN. franchement.

UNION n. f.
1. Combinaison de plusieurs éléments ensemble. *L'union de deux fermes a permis la création d'un grand domaine.* SYN. association ; fusion ; réunion.
2. Mariage, vie maritale. *Une union heureuse.*
3. Association, accord. *L'union fait la force.* (Proverbe) SYN. alliance.
LOCUTION
– ***Trait d'union.*** Signe qui sert à unir les éléments de certains mots composés, les syllabes d'un mot divisé en fin de ligne. *Des traits d'union nombreux.*
VOIR TABLEAU – TRAIT D'UNION.
FORME FAUTIVE
*union. Anglicisme au sens de ***syndicat***.

UNION DES RÉPUBLIQUES SOCIALISTES SOVIÉTIQUES
Sigle ***URSS*** (s'écrit avec ou sans points).

UNION DOUANIÈRE DE LA BELGIQUE, DES PAYS-BAS ET DU LUXEMBOURG
Sigle ***Benelux*** (s'écrit sans points).

UNIQUE adj.
1. Seul. *C'est leur unique enfant.*
En ce sens, l'adjectif est généralement placé avant le nom.
2. Sans égal, exceptionnel. *Ce paysage est unique au monde. Un fait unique.* SYN. incomparable.
En ce sens, l'adjectif est placé après le nom.

UNIQUEMENT adv.
1. Seulement. *Son ambition, c'est uniquement d'atteindre le sommet : c'est son seul but.*
2. Exclusivement. *Cette pharmacie vend uniquement des médicaments : c'est rare !*

UNIR v. tr., pronom.
VERBE TRANSITIF
1. Mettre ensemble, assembler, rapprocher. *L'amitié qui unit ces deux personnes.* SYN. lier ; réunir.
2. Relier plusieurs éléments. *À l'impératif, le pronom est uni au verbe par un trait d'union.*
3. Lier. *La conjonction unit la proposition à une autre proposition.* SYN. rattacher.
4. Réunir. *Unir la mesure et la sagesse.*
Le verbe se construit généralement avec ***à*** ou ***et*** lorsqu'il a pour complément des personnes ou des choses destinées à s'unir.
5. Allier. *Unir la fougue avec la raison.*

UN

UN, UNE, DÉTERMINANT NUMÉRAL

Une unité. *Cette table mesure* ***un*** *mètre sur deux mètres. Elle a pris* ***un*** *café et deux croissants.*

1° Le déterminant numéral ***un*** prend la marque du féminin. *Vingt et* ***une*** *étudiantes.*

2° Selon la règle classique, le déterminant numéral ***un*** se joint aux dizaines à l'aide de la conjonction ***et*** sans traits d'union. *Trente* ***et un****, vingt* ***et un.*** Une seule exception : *quatre-vingt-****un.***

3° Selon la règle classique, le déterminant numéral ***un*** se joint aux centaines, aux milliers sans trait d'union et sans conjonction. *Cent* ***un****, mille* ***un.***

4° Cependant, les *Rectifications orthographiques* (1990) admettent l'emploi du trait d'union dans tous les cas : « on peut lier par un trait d'union les déterminants numéraux formant un nombre complexe, inférieur ou supérieur à ***cent*** ». Nous observons que, malgré les *Rectifications,* la règle classique est généralement appliquée.

5° La préposition ***de*** ne s'élide pas devant le déterminant numéral dans les textes de nature scientifique, technique ou commerciale. *Une distance* ***de un*** *kilomètre, le total* ***de un*** *million de dollars.*

Locutions

– ***Un par un, un à un,*** loc. adv. Un seul à la fois. *Elles passeront une par une.*

UN, UNE, ADJECTIF ORDINAL

Premier. *Chapitre* ***un****, acte* ***un****, page* ***un.*** *L'an deux mille* ***un*** *(2001).*

T L'adjectif ordinal s'écrit généralement en chiffre romain ou en chiffre arabe. *Chapitre I, page 1.*

VOIR TABLEAU ► **NOMBRES.**

UN, UNE, ADJECTIF

Simple, unique. *La vérité est* ***une*** *et indivisible.*

UN, NOM MASCULIN INVARIABLE

Nombre qui exprime l'unité. *Le nombre 111 s'écrit avec trois* ***un.***

T Devant le nom ***un,*** l'article ***le*** ne s'élide pas. *Ils habitent* ***le un*** *de la rue des Érables.*

UNE, NOM FÉMININ

Première page d'un quotidien. *Cet article figure* ***à la une*** *du journal du soir.*

Devant le nom féminin ***une,*** l'article ***la*** ne s'élide pas.

UN, UNE, DÉTERMINANT INDÉFINI

- Le déterminant indéfini se rapporte à une personne, à une chose indéterminée ou non dénommée.
- Le déterminant indéfini indique le nombre (un et non plusieurs), mais ne précise pas l'identité de l'être ou de la chose.

Il a rencontré ***un*** *ami. Elle a vu* ***un*** *cheval et* ***une*** *jolie maison.*

Le déterminant s'accorde en genre et en nombre avec le nom auquel il se rapporte. Le pluriel de l'article est ***des.***

VOIR TABLEAU ► **DÉTERMINANT.**

UN, UNE, UNS, UNES, PRONOM INDÉFINI

- Quelqu'un, une certaine personne. *L'****un*** *de vous peut-il m'aider ?*

UN | ***SUITE*** *>*

U

Locutions

- ***L'un et l'autre.*** Tous deux.
  L'un et l'autre viendra ou *viendront.*
  Le verbe se met au singulier ou au pluriel.
- ***L'un, l'une…, l'autre.*** Celui-là, celle-là par opposition à ***l'autre.***
  L'une chante, l'autre danse. L'un accepte, tandis que l'autre refuse.
- ***L'un, l'une l'autre, les uns, les unes les autres.*** Réciproquement.
  Ils s'aiment l'un l'autre. Elles s'aident les unes les autres. Les enfants se sont confiés aux uns et aux autres.
- ***L'un ou l'autre.*** Un seul des deux.
  Le verbe se met au singulier. ***L'une ou l'autre*** *sera présente.*
- ***Ni l'un ni l'autre, ni l'une ni l'autre.*** Aucun des deux.
  Ni l'un ni l'autre n'a accepté ou *n'ont accepté.*
  Le verbe se met au singulier ou au pluriel.
- ***Pas un.*** Aucun.
  Pas un ne réussira.
  Le pronom se construit avec ***ne.***
- ***Plus d'un, plus d'une*** + complément au pluriel.
  Plus d'un des candidats était déçu ou *étaient déçus.*
  Le verbe se met au singulier ou au pluriel.
- ***Plus d'un, plus d'une.***
  Plus d'une étudiante était satisfaite.
  Le verbe s'accorde au singulier avec le pronom indéfini, malgré la logique.
- ***Tout un chacun,*** loc. pronom. Tout le monde.
  Tout un chacun (et non *tous et chacun) *aspire au bonheur. Elle veut tenter sa chance, comme tout un chacun.*
  Cette locution pronominale sujet est au singulier : le verbe dont elle est le sujet est donc à la troisième personne du singulier.
- ***Un de ceux, une de celles qui, que.***
  Cette jeune étudiante est une de celles qui ont le plus travaillé.
  Le verbe se met au pluriel.
- ***L'un, l'une des…*** Une certaine personne.
  L'une des participantes a appuyé la proposition.
  Le verbe se met au singulier lorsque la locution a le sens de « une certaine personne », car on insiste alors sur l'individualité.
- ***Un, une des…*** Quelqu'un parmi.
  Un des auteurs qui se sont attachés à décrire cette situation.
  Le verbe se met au pluriel lorsque l'action concerne le complément au pluriel du pronom indéfini (la pluralité).
- ***Un, une des…*** Celui, celle qui.
  Une des athlètes qui a été sélectionnée… Les juges ont désigné un des champions.
  Le verbe se met au singulier lorsque la locution a le sens de « celui, celle qui », car on insiste alors sur l'individualité. *Une des personnes qui a le plus contribué, c'est le linguiste.*

Cette construction avec la préposition ***avec*** s'emploie surtout pour les personnes ou les choses non destinées à s'unir.
VERBE PRONOMINAL
S'associer, s'allier. *Ces partenaires se sont unis pour être plus puissants.* SYN. se joindre à.
À la forme pronominale, le participe passé de ce verbe s'accorde toujours en genre et en nombre avec son sujet. *Ces travailleurs se sont unis avec les agriculteurs de la région.*
CONJUGAISON : VOIR MODÈLE FINIR.

UNISEXE adj.
Qui convient indifféremment aux hommes et aux femmes. *Des vêtements unisexes.*

UNISEXUÉ, ÉE adj.
Se dit d'une fleur qui n'a qu'un seul sexe. *Des plantes unisexuées.*

UNISSON n. m.
Harmonie, accord. *Ils acceptèrent à l'unisson.* SYN. unanimité.

UNITAIRE adj.
Relatif à une unité. *Un prix unitaire de 100 $: tous ces objets sont vendus au même prix.*
unit**aire.**

UNITÉ n. f.
1. Qualité de ce qui forme un tout. *L'unité du groupe est à refaire.*
2. Caractère de ce qui est unique (par opposition à ***pluralité***). *Généralement, on n'achète pas les œufs à l'unité; ils sont emballés par 6 ou par 12.*
3. Nombre inférieur à dix. *Dans le nombre 732, le chiffre 2 correspond à celui des unités.*
4. Grandeur type servant de base à la mesure des autres grandeurs. *Les unités de mesure que nous utilisons appartiennent au SI.*
VOIR TABLEAU – SYMBOLE.
5. (ADM.) Structure organisée au sein d'un ensemble plus vaste. *Le Service de la comptabilité est l'une des unités administratives de cet établissement.*
LOCUTIONS
– ***Unité de valeur.*** Étalon servant à exprimer la valeur numérique attribuée à la charge de travail exigée pour l'atteinte des objectifs d'une activité de formation ou de recherche. SYN. crédit.
– ***Unité monétaire.*** Unité de valeur définie par référence à l'emplacement géographique des autorités monétaires responsables. *Le dollar, l'euro sont des unités monétaires.*

UNIVERS n. m.
1. Tout ce qui existe. *L'exploration spatiale repousse les limites de l'Univers.* SYN. monde.
T En ce sens, le nom s'écrit avec une majuscule.
2. Le milieu particulier à une personne. *Son travail et sa famille constituent tout son univers.* SYN. monde.
3. Milieu réel ou moral. *Un univers poétique.*

UNIVERSALISATION n. f.
Le fait de rendre universel. SYN. mondialisation.

UNIVERSALISER v. tr., pronom.
VERBE TRANSITIF
1. Rendre universel. *Le réseau Internet universalise l'accès à certaines données.*
2. Diffuser. *Universaliser une banque de données.*
VERBE PRONOMINAL
Devenir universel. *Un usage qui s'universalise.*
À la forme pronominale, le participe passé de ce verbe s'accorde toujours en genre et en nombre avec son sujet. *Ces échanges se sont universalisés.*
CONJUGAISON : VOIR MODÈLE AIMER.

UNIVERSALITÉ n. f.
Caractère de ce qui est universel.

UNIVERSEL, ELLE adj. et n. m.
ADJECTIF
1. Qui concerne l'Univers. *Gravitation universelle.*
2. Qui s'applique à tout. *La beauté est universelle.* ANT. individuel; particulier.
3. Qui concerne tous les pays. *En 2010, l'Exposition universelle se tiendra à Shanghai.*
NOM MASCULIN
Ce qui s'étend à tous les êtres, à tous les objets. *L'universel.* ANT. particulier.

UNIVERSELLEMENT adv.
De façon universelle. *Un principe universellement reconnu.*

UNIVERSITAIRE adj. et n. m. et f.
ADJECTIF
Relatif aux universités, à l'enseignement supérieur. *Des études universitaires, un grade universitaire, un diplôme universitaire.*
NOM MASCULIN ET FÉMININ
Personne qui enseigne dans une université. *Des universitaires éminents.*
LOCUTION
– ***Enseignement universitaire.*** *L'enseignement* (et non le *niveau, le *cours) *universitaire succède à l'enseignement collégial.*
Au Québec, les ordres d'enseignement sont : l'enseignement primaire, secondaire, collégial, universitaire. (Recomm. off.)
FORMES FAUTIVES
*cours universitaire. Impropriété pour ***enseignement universitaire.***
*niveau universitaire. Impropriété pour ***enseignement universitaire.***
*universitaire. Impropriété au sens de ***diplômé universitaire.***

UNIVERSITÉ n. f.
Établissement public ou privé d'enseignement supérieur.
T 1° Les noms génériques d'établissements d'enseignement s'écrivent avec une minuscule. *L'université de Paris.*
2° Cependant, on doit respecter la graphie du nom officiel de l'établissement. Au Québec, le nom ***université*** s'écrit généralement avec une majuscule. *L'Université de Montréal, l'Université Laval, l'Université McGill.*

UNIVOCITÉ n. f.
Caractère de ce qui est univoque.

UNIVOQUE adj.
Qui a le même sens dans des emplois différents. *Un mot univoque.* ANT. équivoque.

UNTEL ou **UN TEL, UNETELLE** ou **UNE TELLE** pron. indéf.
Personne anonyme. *Mme Unetelle. J'ai croisé un tel.*
Certains (Jean Girodet, *Le Grand Robert de la langue française,*) préconisent l'emploi du pronom masculin dans tous les cas. *Madame Untel, la famille Untel, les Untel.* D'autres (*Le Petit Larousse,* Daniel Péchoin et Bernard Dauphin, Joseph Hanse) emploient le féminin si le pronom représente une femme; enfin, André Jouette admet les deux orthographes.
T Précédé d'un titre de civilité (monsieur, madame...), le pronom s'écrit avec une majuscule, à l'image d'un nom propre, et en un seul mot. *Madame Unetelle sera présente.*

***UPGRADER**
Anglicisme pour ***mettre à niveau.***

UPSILON n. m. inv.
Le ***n*** se prononce, [ypsilɔn]; le nom rime avec ***donne.***
Lettre grecque.
[Les *Rectifications* (1990) admettent : des upsilons.]

***UP TO DATE**
Anglicisme pour ***à la dernière mode, à jour.***

URANIUM n. m.
Le dernier *u* se prononce *o*, [yranjɔm] ; le mot rime avec ***gomme***.
Symbole *U* (s'écrit sans point).
Métal radioactif naturel utilisé dans les usines nucléaires. *Les bombes atomiques ont été fabriquées avec de l'uranium.*

URBAIN, AINE adj. et n. m. et f.
ADJECTIF
1. De la ville. *L'aménagement urbain, la population urbaine.* ANT. rural.
2. D'une politesse raffinée. SYN. poli.
NOM MASCULIN ET FÉMININ
Qui habite la ville. *Ce sont des urbains depuis toujours.* SYN. citadin. ANT. campagnard ; rural.

URBANISATION n. f.
Déplacement de la population vers les villes.

URBANISER v. tr., pronom.
VERBE TRANSITIF
Donner un caractère urbain à.
VERBE PRONOMINAL
Se transformer en zone urbaine. *La région s'urbanise très rapidement.*
À la forme pronominale, le participe passé de ce verbe s'accorde toujours en genre et en nombre avec son sujet. *Notre région s'est urbanisée.*
CONJUGAISON : VOIR MODÈLE AIMER.

URBANISME n. m.
Ensemble des connaissances et des pratiques guidant le processus de planification et de gestion des territoires urbains et ruraux.

URBANISTE n. m. et f.
Spécialiste de l'urbanisme et de l'aménagement.

URBANITÉ n. f.
Civilité, politesse raffinée. SYN. affabilité.

URBI ET ORBI
Le *u* se prononce *u*, le deuxième mot rime avec ***net***, [yrbiɛtɔrbi].
Locution latine signifiant « à la ville et à l'univers ».
LOCUTIONS
– ***Urbi et orbi***, loc. adj. Se dit des bénédictions papales faites à Saint-Pierre de Rome et destinées au monde entier. *Des bénédictions* urbi et orbi.
– ***Urbi et orbi***, loc. adv. (FIG.) Partout, dans le monde entier. *Un lancement informatique* urbi et orbi.
T En typographie soignée, les mots étrangers sont composés en italique. Dans des textes déjà en italique, la notation se fait en romain. Pour les textes manuscrits, on utilisera les guillemets.

URÉE n. f.
Substance en dissolution dans l'urine.
urée.

URÉMIE n. f.
Accumulation excessive d'urée dans le sang.

URÉMIQUE adj.
Qui est relatif à l'urémie.

URETÈRE n. m.
Le *e* de la deuxième syllabe se prononce ou non, [yrətɛr, yrtɛr].
Canal qui conduit l'urine des reins à la vessie.
Attention au genre masculin de ce nom : ***un*** uretère.

URÈTRE n. m.
Canal qui conduit l'urine de la vessie à l'extérieur.
Attention au genre masculin de ce nom : ***un*** urètre.

URGEMMENT adv.
D'une manière urgente ; d'urgence. *Il faut sécuriser ce site urgemment afin de prévenir toute fraude.*

URGENCE n. f.
1. Caractère de ce qui est urgent. *L'urgence du problème. Des mesures d'urgence.*
2. Cas urgent. *C'est une urgence : il faut trouver un chirurgien.*
3. Service hospitalier qui reçoit les cas urgents. *Veuillez vous présenter à l'urgence* ou *aux urgences de l'hôpital.*
Au Québec et dans la francophonie canadienne, le nom s'emploie au singulier en ce sens. Pour la majorité des locuteurs du français, il s'emploie plutôt au pluriel. *Le Service des urgences d'un hôpital.*
LOCUTIONS
– ***D'urgence, de toute urgence***, loc. adv. Sans délai, immédiatement. *Elle doit être opérée d'urgence.*
– ***État d'urgence.*** Régime exceptionnel qui, en cas de troubles graves ou de catastrophe naturelle majeure, renforce les pouvoirs policiers des autorités civiles dans le but de protéger la population.
urgence.

URGENT, ENTE adj.
Qui ne peut être retardé, dont on doit s'occuper sans délai. *Une intervention urgente. Des opérations chirurgicales non urgentes* (et non *électives). SYN. pressant ; pressé.
urgent.

URGENTISTE n. m. et f.
Médecin spécialiste qui soigne les blessés et traite les malades au service des urgences d'un hôpital. SYN. urgentologue.

URGENTOLOGUE n. m. et f.
Médecin spécialiste qui soigne les blessés et traite les malades au service des urgences d'un hôpital. SYN. urgentiste.

URGER v. intr.
(FAM.) Être urgent, pressé. *Ça urge ! Appelez les pompiers !*
CONJUGAISON : VOIR MODÈLE CHANGER.
Le ***g*** est suivi d'un ***e*** devant la lettre ***a***. *Cela urgeait.*

URINAIRE adj.
Qui est relatif à l'urine. *Un conduit urinaire, les voies urinaires.*
urin**aire**.

URINAL n. m. (pl. *urinaux*)
(MÉD.) Vase à col incliné servant à faire uriner un homme alité.
Ne pas confondre avec le nom ***urinoir***, installation sanitaire où les hommes peuvent uriner.

URINE n. f.
Liquide sécrété par les reins et éliminé à l'extérieur du corps.

URINER v. intr.
Évacuer l'urine. *Le médecin lui a demandé d'uriner dans une petite bouteille.* SYN. (VULG.) pisser.
On emploie de façon courante l'expression familière ***faire pipi***.
CONJUGAISON : VOIR MODÈLE AIMER.

URINOIR n. m.
Installation sanitaire où les hommes peuvent uriner.
Ne pas confondre avec le nom ***urinal***, vase à col incliné servant à faire uriner un homme alité.

URL n. f.
Sigle de ***Universal Resource Locator.***
(INFORM.) Chaîne de caractères normalisés servant à identifier et à localiser des ressources consultables sur Internet et à y accéder à l'aide d'un navigateur (GDT). *Saisir une URL, une adresse URL. Dans une adresse URL, la barre oblique permet de spécifier un sous-répertoire.* SYN. adresse URL.

Une adresse URL (http://www.hec.ca/qualitecomm/), celle de la Direction de la qualité de la communication de HEC Montréal par exemple, comprend le nom du protocole de communication (http), des protocoles associés à d'autres services offerts sur Internet; le nom du serveur (www.hec.ca), nom de domaine de l'ordinateur hébergeant la ressource demandée; le chemin d'accès à la ressource (qualitecomm) qui permet au serveur de connaître l'emplacement de la ressource (c'est-à-dire le répertoire, le sous-répertoire et le nom du fichier demandé) et l'extension (html) qui indique le format dans lequel la page a été créée.

URNE n. f.
1. Vase décoratif de forme arrondie. *Une urne de marbre.*
2. Boîte où l'on dépose les bulletins de vote lors d'une élection. *Mon bulletin est dans l'urne* (et non la *boîte de scrutin).
LOCUTION
– ***Aller aux urnes.*** Aller voter.

UROLOGIE n. f.
Spécialité de la médecine qui traite des maladies des voies urinaires.

UROLOGUE n. m. et f.
Spécialiste de l'urologie.

URSS
Sigle de ***Union des républiques socialistes soviétiques.***

URSULINE n. f.
Religieuse de l'ordre de sainte Ursule. *C'est une ursuline.*
Le nom s'écrit avec une minuscule lorsqu'il désigne un membre de l'ordre religieux; quand il désigne l'ordre religieux, il s'écrit avec une majuscule. *Les Ursulines.*

URTICAIRE n. f.
Réaction allergique caractérisée par de petits boutons sur la peau. *Quand Martin mange des crevettes, il fait de l'urticaire : il a de petits boutons rouges qui sortent.*
Attention au genre féminin de ce nom : ***une*** urticaire.
urtic**aire.**

URUBU n. m. (pl. *urubus*)
Petit vautour d'Amérique. *Des urubus à tête rouge.*

URUGUAYEN, ENNE adj. et n. m. et f.
La troisième syllabe se prononce ***gouè,*** [yrygwɛjɛ̃, ɛ̃n].
De l'Uruguay. *Un mets uruguayen. Un Uruguayen, une Uruguayenne.*
L'adjectif s'écrit avec une minuscule; le nom, avec une majuscule.

US n. m. pl.
Le ***s*** se prononce, [ys]; le nom rime avec ***puce.***
(VX) Usages.
LOCUTION
– ***Us et coutumes.*** Usages traditionnels d'un milieu, d'un peuple. *Les us et coutumes de la région.*
Le mot ne s'emploie que dans cette locution.

USA
Abréviation de ***United States of America,*** dont l'équivalent français est ***É.-U.***

USAGE n. m.
1. Emploi d'une chose. *Il avait perdu l'usage d'un œil. Ils ont fait un usage abusif de cet appareil.* SYN. utilisation.
2. Façon habituelle de faire. *Il faut agir ainsi; c'est l'usage!* SYN. règle; tradition.
3. (LING.) Utilisation effective du langage par le plus grand nombre, à une époque déterminée, dans une communauté linguistique. *L'usage, c'est [...] la façon de parler de la plus saine partie de la cour, conformément à la façon d'écrire de la plus saine partie des auteurs du temps.* (Vaugelas)
LOCUTIONS
– ***À l'usage.*** Selon l'expérience. *À l'usage, la banque de données s'est révélée très efficace.*
– ***À l'usage de,*** loc. prép. Destiné à. *Cet abécédaire est à l'usage des enfants.*
– ***D'usage,*** loc. adj. Conforme aux règles. *Les formules d'usage.*
– ***En usage,*** loc. adj. Utilisé de façon courante. *Ce terme n'est plus en usage.* ANT. hors d'usage.
– ***Faire usage de.*** Employer. *En cette matière, il faut faire usage de bon sens.* SYN. utiliser.
– ***Hors d'usage,*** loc. adj. Désuet, vieilli. *Un terme hors d'usage.* ANT. en usage.
– ***Il est d'usage de...*** Il convient de...

USAGÉ, ÉE adj.
Qui a servi, mais qui est encore en bon état. *Un cartable usagé, mais toujours beau.*
Ne pas confondre avec le mot ***usé,*** détérioré par l'usure.
FORME FAUTIVE
*usagé. Anglicisme au sens de (marchandise) ***d'occasion.***

USAGER, ÈRE n. m. et f.
1. Personne qui fait usage d'un service public ou du domaine public. *Les usagers du train, du métro.*
2. Utilisateur (d'une langue). *Les usagers du français, de l'anglais.*
VOIR – CONSOMMATEUR.

USANT, ANTE adj.
Qui use la santé, les forces physiques ou morales. *Un stress usant. Des contraintes usantes.* SYN. épuisant; fatigant.

USB n. m.
Sigle de ***Universal Serial Bus.***
(INFORM.) Ensemble de circuits électriques qui permettent de relier en série, à l'unité centrale de traitement de l'ordinateur de nombreux périphériques sur un seul port.
LOCUTIONS
– ***Clé USB.*** (INFORM.) Petit support amovible en forme de clé, qui permet de stocker des données, dans le but de les sauvegarder ou de les transférer d'un ordinateur à un autre, en s'insérant dans les ports USB. *Dans l'Airbus A350, il sera possible de connecter un baladeur multimédia ou une clé USB à l'écran individuel.* SYN. clé de stockage; clé mémoire.
– ***Connecteur USB.*** (INFORM.) Connecteur, situé à l'arrière d'un boîtier d'ordinateur, qui permet de brancher plus de 120 périphériques sur un seul port, sans ordre hiérarchique précis (GDT). *Le connecteur USB permet de connecter des modems, des souris, des claviers, des imprimantes, etc.*

USÉ, ÉE adj.
1. Abîmé par l'usure. *Des chaussures usées.* SYN. détérioré.
Ne pas confondre avec ***usagé,*** qui a servi, mais qui est encore en bon état.
2. Banal, rebattu. *Un sujet usé, des plaisanteries usées.* SYN. démodé.
3. Affaibli. *Cet homme est très usé par la maladie.* SYN. épuisé.

USER v. tr., pronom.
VERBE TRANSITIF DIRECT
Détériorer par l'usure. *Elle a tellement marché qu'elle a usé ses chaussures.*
VERBE TRANSITIF INDIRECT
(LITT.) Employer. *Ils ont usé d'un subterfuge.* SYN. avoir recours à; faire usage de; utiliser.
Le verbe transitif indirect se construit avec la préposition ***de.***
VERBE PRONOMINAL
1. Se détériorer à l'usage. *Ses vêtements se sont usés.*
2. (FIG.) S'affaiblir progressivement. *La passion de Léon pour les papillons a fini par s'user.*
À la forme pronominale, le participe passé de ce verbe s'accorde toujours en genre et en nombre avec son sujet. *Ces parents se sont usés au travail.*
CONJUGAISON : VOIR MODÈLE AIMER.

USINAGE n. m.
Action d'usiner. *L'usinage de certaines pièces destinées au montage des moteurs.*

USINE n. f.
Établissement industriel où l'on transforme des matières premières en produits. *Une usine d'automobiles, de meubles, d'appareils d'éclairage.*

USINER v. tr.
1. Traiter une pièce à l'aide d'une machine-outil. *Usiner une hélice.*
2. Fabriquer dans une usine. *Usiner des appareils d'éclairage.* SYN. façonner.
CONJUGAISON : VOIR MODÈLE AIMER.

USITÉ, ÉE adj.
Se dit d'une expression, d'un mot usuel, d'emploi courant. *Le subjonctif imparfait est peu usité aujourd'hui.* SYN. usuel.

USTENSILE n. m.
Objet servant aux usages domestiques. *La passoire, la louche, les grands couteaux sont des ustensiles de cuisine. La fourchette est un ustensile, le bistouri, un instrument et le marteau, un outil.*
Ne pas confondre avec les noms suivants :
• ***instrument,*** objet qui sert, dans un art ou une science, à effectuer certaines opérations;
• ***outil,*** objet utilisé directement par la main pour faire un travail.

USUEL, ELLE adj.
Qui est courant. *Des pratiques usuelles. Les mots* élève, cégépien, étudiant *sont usuels; le mot* péricardite *est savant, on ne l'emploie pas couramment.* SYN. habituel; usité.
LOCUTION
– ***Orthographe usuelle.*** Graphie d'un mot indépendamment du rôle qu'il joue dans la phrase, par exemple ***rythme*** (et non *ritme). SYN. orthographe d'usage.
L'orthographe grammaticale régit la graphie d'un mot selon le rôle qu'il joue dans la phrase et définit donc les accords, par exemple, *la pomme qu'elle a mangée* (et non *mangé).

USUELLEMENT adv.
Couramment. *L'ordinateur s'emploie maintenant usuellement.*

USUFRUIT n. m.
(DR.) Jouissance d'un bien dont une autre personne a la propriété. *Elle a l'usufruit de cet immeuble.*
La propriété d'un bien sur lequel une autre personne a un droit d'usufruit est la ***nue-propriété.***

USUFRUITIER, IÈRE n. m. et f.
(DR.) Personne qui a l'usufruit d'un bien.

USURAIRE adj.
Qui est propre à l'usure. *Un taux usuraire.* SYN. excessif.
usur**aire.**

USURE n. f.
1. Détérioration résultant d'un usage prolongé. *L'usure d'un moteur.* SYN. dégradation.
2. Fait pour un prêteur de demander un taux d'intérêt excessif.

USURIER, IÈRE n. m. et f.
Personne qui prête de l'argent en pratiquant des taux usuraires.

USURPATEUR, TRICE n. m. et f.
Personne qui s'empare d'un pouvoir, d'un titre, etc., sans droit.

USURPATION n. f.
Action d'usurper.

USURPER v. tr.
S'emparer par violence ou par ruse d'un pouvoir, d'un titre appartenant à autrui. SYN. s'approprier; s'arroger.
CONJUGAISON : VOIR MODÈLE AIMER.

UT n. m. inv.
Le ***t*** se prononce, [yt].
Premier degré de la gamme de ***do.*** *Une symphonie en* ut *mineur.*
T En typographie soignée, les notes de musique (***do*** ou ***ut, ré, mi, fa, sol, la, si***) se composent en italique ou en romain dans un texte en italique, mais jamais entre guillemets si l'on ne dispose pas d'italique. Les indications qui les accompagnent s'écrivent en romain (ou en italique, comme dans l'exemple qui suit, si la phrase est composée en italique). *Une étude en* sol *mineur, en* fa *dièse.* Lorsqu'il s'agit d'un titre d'œuvre (qui est donc déjà en italique), la note reste en italique. *Toccata et fugue en ré mineur de Bach.*

UT
Sigle anglais de ***temps universel.***

UTC
Sigle anglais de ***temps universel coordonné.***
Le sigle ***GMT*** est souvent employé improprement pour désigner le temps universel coordonné (***UTC***).

UTÉRIN, INE adj.
1. Relatif à l'utérus. *Une hémorragie utérine.*
2. (DR.) Se dit d'enfants qui ont la même mère, mais non le même père. ANT. consanguin.

UTÉRUS n. m.
Le ***s*** se prononce, [yterys]; le mot rime avec ***russe.***
Organe de la gestation de la femme et des mammifères femelles.

UTILE adj.
Qui sert à quelque chose. *Des découvertes très utiles. Votre aide m'est utile.* SYN. indispensable; nécessaire.
LOCUTIONS
– ***À toutes fins utiles.*** Au cas où, pour servir le cas échéant. *Nous vous transmettons, à toutes fins utiles, la notice biographique de notre nouvel auteur. À toutes fins utiles, l'ouvrage formule plusieurs propositions législatives pour remédier à cette situation déplorable. Signalons, à toutes fins utiles, à ceux qui auraient raté cette excellente émission qu'elle sera rediffusée demain à 20 h.*
Cette locution n'est pas l'équivalent français de l'expression «*for all practical purposes*», qui se traduit par ***en pratique, pratiquement.***
– ***En temps utile,*** loc. adv. En temps opportun.

UTILEMENT adv.
D'une manière utile. *On m'a conseillé utilement d'acheter ces titres.*

UTILISABLE adj.
Qui peut être utilisé. *Cet outil est encore utilisable.*

UTILISATEUR, TRICE n. m. et f.
Personne qui fait usage d'une machine, d'un appareil. *Les utilisateurs et les utilisatrices de l'informatique.*
VOIR – CONSOMMATEUR.

UTILISATION n. f.
Action d'utiliser. *Les nombreuses utilisations médicales d'une découverte.*

UTILISER v. tr.
1. Se servir de, faire usage de. *Ils utilisent souvent ces ouvrages de référence.* SYN. employer.
2. Tirer profit de. *Elle a utilisé un vieux chapeau à plume pour son déguisement.* SYN. se servir de; tirer parti de.
CONJUGAISON : VOIR MODÈLE AIMER.

U

UTILITAIRE adj. et n. m.
ADJECTIF
Qui recherche l'utile. *Des études utilitaires.*
NOM MASCULIN
(INFORM.) Programme faisant généralement partie de la bibliothèque de programmes et destiné à augmenter les possibilités de base du système d'exploitation en permettant l'exécution d'opérations courantes telles que la conversion de supports de fichiers, le tri, la fusion, le diagnostic (GDT).
LOCUTION
– ***Véhicule utilitaire.*** Véhicule qui sert aux transports en commun, au transport des marchandises, par opposition à ***voiture de tourisme.***
✏ **utilitaire.**

UTILITARISME n. m.
Doctrine philosophique qui fait de l'utilité le principe de toutes les valeurs, aussi bien sur le plan de la connaissance que de l'action. *Ils sont partisans de l'utilitarisme économique.*

UTILITARISTE adj. et n. m. et f.
Qui concerne l'utilitarisme philosophique, qui est partisan de l'utilitarisme. *Une thèse utilitariste. Ces philosophes sont des utilitaristes.*

UTILITÉ n. f.
Qualité de ce qui est utile, de ce qui est propre à satisfaire un besoin. *L'utilité des mesures préventives. Votre contribution sera d'une grande utilité.*

UTOPIE n. f.
Projet chimérique qui ne tient pas compte de la réalité. SYN. illusion ; mirage.

UTOPIQUE adj.
Qui tient de l'utopie, irréalisable. SYN. imaginaire.

UTOPISME n. m.
Attitude de la personne qui est adepte de l'utopie, qui se berce d'illusions. SYN. rêveur.

UTOPISTE adj. et n. m. et f.
Se dit d'une personne qui manque de pragmatisme, qui conçoit ce qui paraît irréalisable. *Une ambition utopiste. Ces penseurs sont des utopistes.*

UV n. m. pl.
Rayonnement électromagnétique dont les longueurs d'onde se situent approximativement entre 4 et 400 nanomètres. SYN. rayonnement ultraviolet ; rayons ultraviolets.
LOCUTIONS
– ***Rayonnement ultraviolet A (UVA).*** Rayonnement ultraviolet dont les longueurs d'onde se situent entre 320 et 400 nanomètres (GDT).
– ***Rayonnement ultraviolet B (UVB).*** Rayonnement ultraviolet dont les longueurs d'onde se situent entre 280 et 320 nanomètres (GDT). *Les crèmes solaires à écran total protègent à la fois des UVA et des UVB, mais elles ne bloquent jamais la totalité des rayonnements.*
⊶ Les expositions prolongées, répétées et non protégées au rayonnement ultraviolet B favorisent le développement de cataractes et de cancers de la peau, accélèrent le vieillissement de la peau et peuvent affaiblir le système immunitaire (GDT).

UVULAIRE adj.
(MÉD.) Relatif à la luette.
LOCUTION
– ***Consonne uvulaire.*** (PHONÉT.) Consonne dont le lieu d'articulation se situe au niveau de la luette. *Un* r *uvulaire.*

V

V n. m. inv.
Vingt-deuxième lettre de l'alphabet.

V
– *V,* symbole de ***volt.***
– *V,* chiffre romain dont la valeur est de 5.
VOIR TABLEAU – CHIFFRES ROMAINS.
– *V.* ou *v.*, abréviation de ***voir.***

VACANCE n. f.
1. État d'un poste sans titulaire, d'un poste libre que l'on doit pourvoir. *La vacance de la direction financière.*
2. (AU PLUR.) Période d'arrêt des études, du travail ; temps de repos. *Ils prendront leurs vacances en août. Bonnes vacances ! Les vacances de Noël. « Vive les vacances, au diable les pénitences »* (Maurice Vidalin, *Vive les vacances*). SYN. congé.
En ce sens, le nom s'emploie toujours au pluriel.
LOCUTIONS
– ***Camp de vacances.*** Lieu aménagé pour recevoir des enfants qui y passeront une partie de leurs vacances sous la conduite de moniteurs. SYN. centre de vacances ; colonie de vacances.
– ***Les grandes vacances.*** Vacances scolaires d'été.
FORME FAUTIVE
*vacance (au singulier). Impropriété au sens de ***période de congé.*** *Elle a passé de belles vacances* (et non *une belle vacance).

VACANCIER, IÈRE n. m. et f.
Personne en vacances dans un lieu autre que son domicile habituel. *Pendant l'été, les vacanciers envahissent les petits villages de la côte.*

VACANT, ANTE adj.
1. Qui n'a pas de titulaire, à pourvoir. *Des postes vacants.* SYN. libre.
2. Inoccupé. *Une maison vacante.*
Ne pas confondre avec le participe présent invariable ***vaquant.*** *Les employés vaquant à leurs occupations...*

VACARME n. m.
Tapage, grand bruit. *Le vacarme des klaxons était assourdissant.* SYN. tintamarre.

VACATION n. f.
Honoraires (des experts, des membres de certaines professions).

VACCIN n. m.
Les deux **c** se prononcent ***ks,*** [vaksɛ̃] ; le nom rime avec ***tocsin.***
1. Culture d'un microbe qui, sous forme atténuée, est inoculée à une personne afin de la préserver de la maladie correspondante. *Un vaccin contre la rougeole, la méningite.*
2. (FIG.) Ce qui préserve d'un danger, d'un désagrément. *La lecture est un excellent vaccin contre l'ennui.*

VACCINATION n. f.
Les deux **c** se prononcent ***ks,*** [vaksinasjɔ̃].
Administration d'un vaccin. *Une vaccination obligatoire.*

VACCINER v. tr.
Les deux **c** se prononcent ***ks,*** [vaksine].
Administrer un vaccin. *On a vacciné ces adolescentes contre la rubéole. Martin s'est blessé le pied avec un clou rouillé : il a dû se faire vacciner contre le tétanos.*
LOCUTION
– ***Être majeur et vacciné.*** (FIG.) (FAM.) Être en âge de décider, de prendre ses responsabilités de façon autonome.
CONJUGAISON : VOIR MODÈLE AIMER.

VACHE adj. et n. f.
NOM FÉMININ
Femelle du taureau. *Les petits de la vache sont le veau et la génisse. La vache meugle* ou *beugle et vêle pour la mise bas.*
VOIR TABLEAU – ANIMAUX.
ADJECTIF
(FAM.) Sévère. *L'examen était très vache.* SYN. dur ; (FAM.) salaud.
LOCUTIONS
– ***Le plancher des vaches.*** (FIG.) (FAM.) Le sol, la terre ferme, par opposition à la mer, à l'air.
– ***Manger de la vache enragée.*** (FIG.) (FAM.) Être démuni, souffrir de privations.
– ***Parler français comme une vache espagnole.*** (FIG.) (FAM.) S'exprimer difficilement en français.
– ***Période de vaches maigres.*** Récession, période d'activité économique réduite.
– ***Vache à lait.*** (FIG.) (FAM.) Source de profit continuel. *La Société des alcools du Québec est la vache à lait du gouvernement.*

VACHEMENT adv.
(FAM.) Très, beaucoup. *Nos voisins sont vachement gentils.* SYN. rudement.

VACHERIE n. f.
(FAM.) Méchanceté, chose désagréable, paroles blessantes. *Il lui a fait une vacherie. Ces personnes ne peuvent s'empêcher de dire des vacheries.*

VACHERIN n. m.
1. Fromage de lait de vache, à pâte molle.
2. Pâtisserie à la meringue garnie de glace et de crème Chantilly. *Des vacherins irrésistibles.*

VACILLANT, ANTE adj.
Les lettres ***ll*** se prononcent comme dans ***brillant,*** [vasijɑ̃, ɑ̃t].
Chancelant. *La flamme vacillante des bougies.* SYN. clignotant ; tremblant.
Ne pas confondre avec le participe présent invariable ***vacillant.*** *Vacillant sur leurs pauvres jambes, ils tentent de marcher.*

VACILLEMENT n. m.
Les lettres ***ll*** se prononcent comme dans ***brillant,*** [vasijmɑ̃].
Mouvement de ce qui vacille. *Le vacillement d'une embarcation sur le lac agité.*
On dit aussi ***vacillation.***

VACILLER v. intr.
Les lettres ***ll*** se prononcent comme dans ***brillant,*** [vasije].
1. Ne pas être ferme, en équilibre. *Le chiot vacille sur ses pattes.* SYN. chanceler.
2. Trembler. *De grands flambeaux dont la flamme vacillait.* SYN. scintiller.
3. (FIG.) Perdre sa vigueur, sa fermeté. *Sa volonté et sa détermination commencent à vaciller.* SYN. s'affaiblir.
CONJUGAISON : VOIR MODÈLE AIMER.
Les lettres ***ill*** sont suivies d'un ***i*** à la première et à la deuxième personne du pluriel de l'indicatif imparfait et du subjonctif présent. *(Que) nous vacillions, (que) vous vacilliez.*

VA-COMME-JE-TE-POUSSE (À LA) loc. adv.
N'importe comment. *Elle a rangé sa chambre à la va-comme-je-te-pousse.* SYN. en vitesse ; précipitamment.
La locution s'écrit avec quatre traits d'union.

VACUITÉ n. f.
(LITT.) État de ce qui est vide, absence de valeur, de contenu. *La vacuité de ces textes est navrante.* SYN. vide.

VADE-MECUM n. m. inv. (pl. *vade-mecum*)
Les ***e*** se prononcent ***é*** et le ***u*** se prononce ***o,*** [vademekɔm].
(LITT.) Aide-mémoire. *Des* vade-mecum *bien faits. Le* vade-mecum *des médecins.*
T En typographie soignée, les mots étrangers sont composés en italique. Dans des textes déjà en italique, la notation se fait en romain. Pour les textes manuscrits, on utilisera les guillemets.
[Les *Rectifications* (1990) admettent : un vadémécum, des vadémécums.]

VADROUILLE n. f.
1. Instrument servant au nettoyage, sur un bateau.
2. Instrument composé d'un manche sur lequel sont assemblées des fibres végétales ou synthétiques. *Passer la vadrouille* (et non la *mop).
Dans le reste de la francophonie, on emploie plutôt l'expression ***balai à franges.***
3. (FAM.) Promenade sans but. *Elle est partie en vadrouille.*

VADROUILLER v. intr.
(FAM.) Faire une promenade sans but défini. SYN. se balader ; flâner.
CONJUGAISON : VOIR MODÈLE AIMER.
Les lettres ***ill*** sont suivies d'un ***i*** à la première et à la deuxième personne du pluriel de l'indicatif imparfait et du subjonctif présent. *(Que) nous vadrouillions, (que) vous vadrouilliez.*

VADROUILLEUR, EUSE n. m. et f.
(FAM.) Personne qui aime aller en vadrouille.

VA-ET-VIENT n. m. inv. (pl. *va-et-vient*)
Allées et venues continuelles d'une personne, d'une chose. *Des va-et-vient lassants. Le va-et-vient des avions.*
va-et-vient, avec deux traits d'union.

VAGABOND, ONDE adj. et n. m. et f.
ADJECTIF
1. Qui erre çà et là. *Une chatte vagabonde.* SYN. errant.
2. Instable, désordonné. *Une existence vagabonde.* SYN. désordonné.
NOM MASCULIN ET FÉMININ
Personne qui n'a pas de domicile fixe ni de métier. SYN. clochard ; sans-abri.

VAGABONDAGE n. m.
1. Habitude de vagabonder sans domicile ni travail.
2. (FIG.) État de l'esprit, de l'imagination qui passe d'une chose à une autre, sans se fixer.

VAGABONDER v. intr.
Se déplacer sans but déterminé. SYN. errer.
CONJUGAISON : VOIR MODÈLE AIMER.

VAGIN n. m.
Organe génital interne de la femme, de la femelle des mammifères, qui fait communiquer la vulve avec l'utérus.

VAGINAL, ALE, AUX adj.
Relatif au vagin. *Des tissus vaginaux, la muqueuse vaginale.*

VAGINITE n. f.
Inflammation du vagin.

VAGIR v. intr.
1. Pleurer, en parlant du nouveau-né.
2. Crier, en parlant du crocodile, du lièvre.
CONJUGAISON : VOIR MODÈLE FINIR.

VAGISSEMENT n. m.
1. Cri du nouveau-né.
2. Cri du crocodile, du lièvre.

VAGUE adj. et n. m. et f.
ADJECTIF
1. Imprécis, indéterminé. *Il nous a fait une réponse vague : il n'a pas voulu s'engager à venir.* SYN. confus ; flou ; incertain ; indéfini.
2. Dont on peut douter. *Ce ne sont que de vagues promesses.*
NOM MASCULIN
Caractère de ce qui est imprécis, indéterminé. *Le vague de sa réponse. Rester dans le vague.*
NOM FÉMININ
1. Mouvement de la surface de l'eau. *Le vent soulevait d'énormes vagues. « Les nuages du Nord aux vagues écumeuses »* (Robert Choquette, *À travers les vents*).
2. (FIG.) Mouvement massif soudain. *Des vagues de réfugiés qui demandent le droit de rester au pays.* SYN. déferlement.
3. (FIG.) Phénomène qui se propage subitement. *Des vagues d'attentats à la bombe.*
LOCUTIONS
– ***Faire des vagues.*** (FIG.) Créer des remous, de l'agitation. *L'intérêt bien compris du nouveau ministre est de ne pas faire de vagues, de ne pas provoquer de polémiques.*
– ***Terrain vague.*** Terrain ni cultivé ni construit.
– ***Vague à l'âme.*** Mélancolie.

VAGUELETTE n. f.
Petite vague. *Le bruit apaisant des vaguelettes qui battent le rivage.*

VAGUEMENT adv.
1. D'une manière imprécise, un peu. *On a vaguement décrit cette personne. Je le connais vaguement : je ne l'ai rencontré qu'une seule fois.*
2. D'une manière incertaine. *Ils ont vaguement promis de venir.*

VAGUER v. intr.
(LITT.) Errer. *Elle laissa vaguer son imagination.*
Ne pas confondre avec le verbe ***vaquer,*** s'occuper de.
CONJUGAISON : VOIR MODÈLE AIMER.
Ce verbe s'écrit toujours avec un ***u,*** même devant les lettres ***a*** et ***o***. *Il vagua, nous vaguons.*

VAHINÉ n. f.
Femme tahitienne. *Les vahinés de Gauguin.*
vahiné.

VAILLAMMENT adv.
(LITT.) Avec vaillance. *Les soldats de Napoléon combattirent vaillamment.* SYN. bravement ; courageusement.
vaillamment.

VAILLANCE n. f.
(LITT.) Courage, bravoure.
vaillance.

VAILLANT, ANTE adj.
1. (LITT.) Courageux, brave. *De vaillants explorateurs.* SYN. valeureux.
2. Être en bonne forme. *Elle a été malade et n'est pas encore bien vaillante.*
LOCUTION
– ***N'avoir pas un sou vaillant.*** (LITT.) Être complètement démuni.

VAIN, VAINE adj.
Qui reste sans résultat. *Les recherches ont été vaines : ils n'ont rien trouvé.* SYN. inutile. ANT. fructueux.
LOCUTION
– ***En vain,*** loc. adv. Inutilement.
HOM.
• ***vin,*** boisson ;
• ***vingt,*** dix-neuf plus un.

VAINCRE v. tr.
1. Triompher de. *Les Anglais ont vaincu les Français sur les plaines d'Abraham.* SYN. battre ; défaire ; écraser.
2. Surmonter. *Ils vainquirent tous les obstacles.*
Avec l'inversion du sujet ***il*** ou ***elle,*** on écrit ***vainc-t-il.***
CONJUGAISON : VOIR MODÈLE VAINCRE.
Le ***c*** du radical de l'infinitif se maintient au singulier du présent de l'indicatif et de l'impératif.

VAINCU, UE adj. et n. m. et f.
Qui a subi une défaite. *L'équipe vaincue. Les vaincus sont rentrés dans leur pays.* SYN. perdant.

VAINEMENT adv.
Inutilement. *Toute autre action serait tentée vainement.* SYN. en vain.

VAINQUEUR adj. et n. m. et f.
ADJECTIF
Victorieux. *L'athlète vainqueur de la course. La journaliste vainqueur du concours.* SYN. gagnant.
NOM MASCULIN ET FÉMININ
1. Personne qui a remporté une victoire. *Napoléon, le vainqueur d'Iéna.* SYN. triomphateur.
2. Personne qui a gagné une épreuve, un concours, etc. *La vainqueur d'un débat oratoire. En 2003, les étudiants des HEC ont été les vainqueurs des Jeux du commerce.* SYN. gagnant ; lauréat.
Dans *Le Nouveau Petit Robert de la langue française* 2009 ainsi que dans la 6e édition du *Français au bureau* (2005), ce mot est maintenant considéré comme épicène, c'est-à-dire qu'il est à la fois masculin et féminin et qu'il ne varie pas selon le genre.

VAIR n. m.
(VX) Fourrure blanche et grise d'un type d'écureuil, dit ***petit-gris.***
Dans le conte de Perrault, Cendrillon perd sa petite pantoufle de ***verre*** ou de ***vair,*** selon les éditions.
HOM.
• ***ver,*** animal invertébré ;
• ***verre,*** substance transparente ;
• ***verre,*** récipient pour boire ;
• ***vers,*** assemblage de mots dans un poème ;
• ***vert,*** couleur verte.
vair.

VAIRON n. m.
Petit poisson d'eau douce.

VAISSEAU n. m. (pl. *vaisseaux*)
1. Canal dans lequel le sang ou la lymphe circule. *Les artères, les veines sont des vaisseaux sanguins.*
2. (LITT.) Navire capable de tenir la mer. *Un vaisseau fantôme. « Ce fut un grand Vaisseau taillé dans l'or massif :/Ses mâts touchaient l'azur, sur des mers inconnues »* (Émile Nelligan, *Poésies complètes*).
LOCUTIONS
– ***Brûler ses vaisseaux.*** (FIG.) Agir de manière à ne plus pouvoir reculer (comme Agathocle de Syracuse au IIIe siècle avant J.-C.).
– ***Vaisseau amiral.*** Vaisseau ayant à son bord un amiral commandant la force navale.
– ***Vaisseau amiral.*** (FIG.) Principal élément d'une stratégie, activité, entité qui prédomine.
– ***Vaisseau spatial.*** Engin des astronautes. SYN. véhicule spatial.
VOIR – BATEAU.

VAISSELIER n. m.
Meuble servant à ranger la vaisselle. *Les assiettes et les plats de service en porcelaine de Limoges étaient disposés dans un élégant vaisselier.*
vaisselier, un seul ***l.***

VAISSELLE n. f.
Ensemble des plats qui servent à l'usage de la table. *Un service* (et non un *set) *de vaisselle en porcelaine.*
vaisselle.

VAL n. m. (pl. *vals* ou *vaux*)
Petite vallée. *Le Val de Loire.*
Le nom comporte deux pluriels : ***vals*** est le pluriel courant, tandis que le pluriel ancien ***vaux*** n'est usité que dans l'expression ***par monts et par vaux*** ou dans certains toponymes.
LOCUTIONS
– ***À vau-l'eau.*** Au fil du courant.
– ***Par monts et par vaux,*** loc. adv. Partout.
– ***S'en aller à vau-l'eau.*** Se perdre, se gâter.

VALABLE adj.
1. Qui est réglementaire, qui a une valeur juridique. *Ce contrat est valable.* SYN. légal ; valide.
2. Qui garde sa valeur. *Ces billets ne sont plus valables, ils sont périmés.*
3. Admissible. *Cette raison est valable.* SYN. acceptable ; recevable.
4. Qui a une valeur. *Un écrivain tout à fait valable. Un roman valable.*
En ce sens, le mot a été critiqué par de nombreux auteurs, mais il est maintenant passé dans l'usage.

VALABLEMENT adv.
D'une manière valable, efficace.

***VALANCE**
Anglicisme pour ***cantonnière.***

VALENCIENNES n. f.
Dentelle très fine qui était fabriquée à Valenciennes.
T Le nom de la dentelle s'écrit avec une minuscule.

VALÉRIANE n. f.
Plante à fleurs blanches ou roses ayant des propriétés médicinales.

V

CONJUGAISON DU VERBE **VAINCRE**

INDICATIF

PRÉSENT		PASSÉ COMPOSÉ		
je	vain**cs**	j'	ai	vaincu
tu	vain**cs**	tu	as	vaincu
elle	vain**c**	elle	a	vaincu
il	vain**c**	il	a	vaincu
nous	vain**quons**	nous	avons	vaincu
vous	vain**quez**	vous	avez	vaincu
elles	vain**quent**	elles	ont	vaincu
ils	vain**quent**	ils	ont	vaincu

IMPARFAIT		PLUS-QUE-PARFAIT		
je	vain**quais**	j'	avais	vaincu
tu	vain**quais**	tu	avais	vaincu
elle	vain**quait**	elle	avait	vaincu
il	vain**quait**	il	avait	vaincu
nous	vain**quions**	nous	avions	vaincu
vous	vain**quiez**	vous	aviez	vaincu
elles	vain**quaient**	elles	avaient	vaincu
ils	vain**quaient**	ils	avaient	vaincu

PASSÉ SIMPLE		PASSÉ ANTÉRIEUR		
je	vain**quis**	j'	eus	vaincu
tu	vain**quis**	tu	eus	vaincu
elle	vain**quit**	elle	eut	vaincu
il	vain**quit**	il	eut	vaincu
nous	vain**quîmes**	nous	eûmes	vaincu
vous	vain**quîtes**	vous	eûtes	vaincu
elles	vain**quirent**	elles	eurent	vaincu
ils	vain**quirent**	ils	eurent	vaincu

FUTUR SIMPLE		FUTUR ANTÉRIEUR		
je	vain**crai**	j'	aurai	vaincu
tu	vain**cras**	tu	auras	vaincu
elle	vain**cra**	elle	aura	vaincu
il	vain**cra**	il	aura	vaincu
nous	vain**crons**	nous	aurons	vaincu
vous	vain**crez**	vous	aurez	vaincu
elles	vain**cront**	elles	auront	vaincu
ils	vain**cront**	ils	auront	vaincu

CONDITIONNEL PRÉSENT		CONDITIONNEL PASSÉ		
je	vain**crais**	j'	aurais	vaincu
tu	vain**crais**	tu	aurais	vaincu
elle	vain**crait**	elle	aurait	vaincu
il	vain**crait**	il	aurait	vaincu
nous	vain**crions**	nous	aurions	vaincu
vous	vain**criez**	vous	auriez	vaincu
elles	vain**craient**	elles	auraient	vaincu
ils	vain**craient**	ils	auraient	vaincu

SUBJONCTIF

PRÉSENT			PASSÉ			
que	je	vain**que**	que	j'	aie	vaincu
que	tu	vain**ques**	que	tu	aies	vaincu
qu'	elle	vain**que**	qu'	elle	ait	vaincu
qu'	il	vain**que**	qu'	il	ait	vaincu
que	nous	vain**quions**	que	nous	ayons	vaincu
que	vous	vain**quiez**	que	vous	ayez	vaincu
qu'	elles	vain**quent**	qu'	elles	aient	vaincu
qu'	ils	vain**quent**	qu'	ils	aient	vaincu

IMPARFAIT			PLUS-QUE-PARFAIT			
que	je	vain**quisse**	que	j'	eusse	vaincu
que	tu	vain**quisses**	que	tu	eusses	vaincu
qu'	elle	vain**quît**	qu'	elle	eût	vaincu
qu'	il	vain**quît**	qu'	il	eût	vaincu
que	nous	vain**quissions**	que	nous	eussions	vaincu
que	vous	vain**quissiez**	que	vous	eussiez	vaincu
qu'	elles	vain**quissent**	qu'	elles	eussent	vaincu
qu'	ils	vain**quissent**	qu'	ils	eussent	vaincu

IMPÉRATIF

PRÉSENT	PASSÉ	
vain**cs**	aie	vaincu
vain**quons**	ayons	vaincu
vain**quez**	ayez	vaincu

INFINITIF

PRÉSENT	PASSÉ
vain**cre**	avoir vaincu

PARTICIPE

PRÉSENT	PASSÉ
vain**quant**	vaincu, ue
	ayant vaincu

VALET n. m.
1. Domestique. *Un valet d'écurie.*
2. Aux cartes, figure qui vient après le roi et la dame. *Un valet de cœur.*
LOCUTION
– ***Valet de nuit.*** Cintre sur pieds sur lequel on dispose ses vêtements pendant la nuit. On l'appelle aussi ***galant de nuit*** ou ***serviteur (muet).***
FORME FAUTIVE
*service de valet. Calque de «*valet parking*» pour ***voiturier, voiturière.***
valet.

***VALET PARKING**
Anglicisme pour ***voiturier, voiturière.***

VALÉTUDINAIRE adj.
(LITT.) (VX) Maladif, de santé frêle. *Une dame valétudinaire.* SYN. mal en point.
valétudin**aire.**

VALEUR n. f.
1. Qualités morales, intellectuelles d'une personne. *Une personne de valeur.* SYN. envergure ; mérite.
2. Importance, qualité. *La valeur d'une œuvre.*
3. Ce que vaut une chose. *La valeur d'un placement. Des objets de grande valeur.*
LOCUTIONS
– ***Être de valeur.*** (FAM.) Être dommage. *C'est de valeur, elle a perdu ses clés.*
– ***Valeur refuge.*** Placement non spéculatif. *L'or, l'immobilier sont des valeurs refuges.*
– ***Valeurs mobilières.*** Titres négociables, effets de commerce.
FORME FAUTIVE
*valeur au livre. Calque de «*book value*» pour ***valeur comptable.***

VALEUREUSEMENT adv.
Avec vaillance. *Les gardiens ont protégé les lieux valeureusement.*

VALEUREUX, EUSE adj.
(LITT.) Brave. *De valeureux guerriers.* SYN. courageux ; vaillant.

VALIDATION n. f.
Action de valider. *La validation de données, d'un billet de loterie.*

VALIDE adj.
1. En bonne santé, vigoureux (par opposition à ***infirme***). *Les personnes valides.* ANT. invalide.
2. Qui est réglementaire. *Votre permis de conduire est-il valide ?* SYN. admis ; approuvé ; en règle ; valable.

VALIDER v. tr.
Rendre valide. *Faire valider son bulletin de loto.*
CONJUGAISON : VOIR MODÈLE AIMER.

VALIDITÉ n. f.
Caractère de ce qui est valide. *La durée de validité d'un billet d'avion.*

VALISE n. f.
Sac de voyage qui se porte à la main. *Une valise à roulettes.* SYN. bagage.
Ne pas confondre avec le nom ***malle,*** coffre destiné à recevoir les effets qu'on emporte en voyage.
LOCUTION
– ***Mot-valise.*** (LING.) Mot composé d'éléments non signifiants empruntés à d'autres mots. *Le mot* didacticiel *est composé de* didacti- *et de* (logi)ciel. *Des mots-valises.*
FORME FAUTIVE
*valise. Impropriété au sens de ***coffre*** (de la voiture).

VALLÉE n. f.
1. Dépression entre des montagnes, souvent arrosée d'un cours d'eau.
2. Bassin d'un fleuve. *La vallée du Saint-Laurent, du Niagara.*
T Les noms génériques de géographie s'écrivent avec une minuscule.
vallée.

VALLON n. m.
Petite vallée. *Le village est situé dans un vallon où coule une rivière.* SYN. val.
vallon.

VALLONNÉ, ÉE adj.
Couvert de vallons. *Un terrain vallonné.*
vallonné.

V

VALLONNEMENT n. m.
État de ce qui est vallonné.
vallonnement.

VALOIR v. tr., intr., impers., pronom.
VERBE TRANSITIF
1. Justifier. *Ce paysage grandiose valait le détour. Les résultats de notre recherche ne valent pas l'énergie que nous y avons consacrée.*
2. Correspondre, équivaloir. *Le chiffre romain V vaut 5.* SYN. égaler.
3. Procurer. *Les félicitations que ce travail lui a values. Les critiques que cette décision lui vaudra.*
En ce sens, le participe passé s'accorde avec le complément direct qui précède le verbe.
VERBE INTRANSITIF
1. Avoir une certaine valeur, un certain prix. *La somme que cette propriété a valu l'an dernier.* SYN. coûter.
En ce sens, le participe passé est invariable. Le complément (***la somme***) répond à la question « combien ? » et non à la question « quoi ? ».
2. Avoir une grande valeur (morale, intellectuelle). *Cette recherche vaut qu'on y réfléchisse.*
Le verbe se construit avec un complément et avec la conjonction ***que*** suivie du subjonctif.
VERBE IMPERSONNEL
Il vaut mieux, mieux vaut. Il est préférable. *Il vaudrait mieux tout reprendre de zéro. Mieux vaut tout recommencer. Il vaut mieux que tu viennes le rencontrer.*
À la forme impersonnelle, le verbe est suivi de l'infinitif ou de la conjonction ***que*** et du subjonctif.
VERBE PRONOMINAL
Avoir la même valeur. *Les deux propositions se valent.*
À la forme pronominale, le participe passé de ce verbe s'accorde toujours en genre et en nombre avec son sujet. *Ces offres se sont values.*
LOCUTIONS
– ***Vaille que vaille.*** Tant bien que mal. *Ils progressent vaille que vaille.* SYN. péniblement.
– ***Valoir la peine.*** Mériter qu'on fasse l'effort de. *Va voir ce film : il en vaut la peine. Valoir la peine de s'y arrêter* ou *qu'on s'y arrête.*
La locution se construit avec la préposition ***de*** suivie de l'infinitif ou avec la conjonction ***que*** suivie du subjonctif.
CONJUGAISON : VOIR MODÈLE VALOIR.

VALOREM (AD)
VOIR – AD VALOREM.

VALORISABLE adj.
Relatif au potentiel de réutilisation d'un résidu, d'un déchet, d'un produit usagé, soit à des fins de production énergétique, de biodégradation, soit en vue de sa transformation pour la fabrication de nouveaux produits (GDT).
On emploie l'adjectif ***recyclable*** pour qualifier ce qui peut être transformé de manière à être réintroduit dans un cycle de production pour la fabrication de nouveaux produits (GDT).

VALORISANT, ANTE adj.
Qui valorise. *Des récompenses valorisantes.* SYN. gratifiant.

V

CONJUGAISON DU VERBE **VALOIR**

INDICATIF

PRÉSENT		PASSÉ COMPOSÉ		
je	va**ux**	j'	ai	valu
tu	va**ux**	tu	as	valu
elle	va**ut**	elle	a	valu
il	va**ut**	il	a	valu
nous	val**ons**	nous	avons	valu
vous	val**ez**	vous	avez	valu
elles	val**ent**	elles	ont	valu
ils	val**ent**	ils	ont	valu

IMPARFAIT		PLUS-QUE-PARFAIT		
je	val**ais**	j'	avais	valu
tu	val**ais**	tu	avais	valu
elle	val**ait**	elle	avait	valu
il	val**ait**	il	avait	valu
nous	val**ions**	nous	avions	valu
vous	val**iez**	vous	aviez	valu
elles	val**aient**	elles	avaient	valu
ils	val**aient**	ils	avaient	valu

PASSÉ SIMPLE		PASSÉ ANTÉRIEUR		
je	val**us**	j'	eus	valu
tu	val**us**	tu	eus	valu
elle	val**ut**	elle	eut	valu
il	val**ut**	il	eut	valu
nous	val**ûmes**	nous	eûmes	valu
vous	val**ûtes**	vous	eûtes	valu
elles	val**urent**	elles	eurent	valu
ils	val**urent**	ils	eurent	valu

FUTUR SIMPLE		FUTUR ANTÉRIEUR		
je	va**udrai**	j'	aurai	valu
tu	va**udras**	tu	auras	valu
elle	va**udra**	elle	aura	valu
il	va**udra**	il	aura	valu
nous	va**udrons**	nous	aurons	valu
vous	va**udrez**	vous	aurez	valu
elles	va**udront**	elles	auront	valu
ils	va**udront**	ils	auront	valu

CONDITIONNEL PRÉSENT		CONDITIONNEL PASSÉ		
je	va**udrais**	j'	aurais	valu
tu	va**udrais**	tu	aurais	valu
elle	va**udrait**	elle	aurait	valu
il	va**udrait**	il	aurait	valu
nous	va**udrions**	nous	aurions	valu
vous	va**udriez**	vous	auriez	valu
elles	va**udraient**	elles	auraient	valu
ils	va**udraient**	ils	auraient	valu

SUBJONCTIF

PRÉSENT			PASSÉ			
que	je	va**ille**	que	j'	aie	valu
que	tu	va**illes**	que	tu	aies	valu
qu'	elle	va**ille**	qu'	elle	ait	valu
qu'	il	va**ille**	qu'	il	ait	valu
que	nous	val**ions**	que	nous	ayons	valu
que	vous	val**iez**	que	vous	ayez	valu
qu'	elles	va**illent**	qu'	elles	aient	valu
qu'	ils	va**illent**	qu'	ils	aient	valu

IMPARFAIT			PLUS-QUE-PARFAIT			
que	je	val**usse**	que	j'	eusse	valu
que	tu	val**usses**	que	tu	eusses	valu
qu'	elle	val**ût**	qu'	elle	eût	valu
qu'	il	val**ût**	qu'	il	eût	valu
que	nous	val**ussions**	que	nous	eussions	valu
que	vous	val**ussiez**	que	vous	eussiez	valu
qu'	elles	val**ussent**	qu'	elles	eussent	valu
qu'	ils	val**ussent**	qu'	ils	eussent	valu

IMPÉRATIF

PRÉSENT	PASSÉ	
va**ux**	aie	valu
val**ons**	ayons	valu
val**ez**	ayez	valu

INFINITIF

PRÉSENT	PASSÉ
val**oir**	avoir valu

PARTICIPE

PRÉSENT	PASSÉ
val**ant**	valu, ue ayant valu

VALORISATION n. f.
Action de mettre en valeur. *La valorisation des paysages de la campagne, des auberges rurales.*

VALORISER v. tr.
1. Accroître la valeur, la rentabilité de. *Valoriser un placement.*
2. Augmenter l'estime portée à, donner plus de mérite à. *L'entreprise valorise le bénévolat de ses cadres.*
CONJUGAISON : VOIR MODÈLE AIMER.

VALSE n. f.
1. Danse à trois temps. *Les valses de Strauss.*
2. (FIG.) Changements fréquents. *La valse des remaniements ministériels.*
LOCUTION
– ***Valse-hésitation.*** (FIG.) Attitude indécise. *La valse-hésitation de l'Académie à l'égard des* Rectifications orthographiques *de 1990.*

VALSER v. intr.
Danser la valse. *Les danseurs valsaient harmonieusement.*
CONJUGAISON : VOIR MODÈLE AIMER.

VALSEUR, EUSE n. m. et f.
Personne qui danse la valse.

VALVE n. f.
Petite soupape à clapet utilisée pour le gonflage d'un pneu, d'un ballon, etc.
FORME FAUTIVE
*valve. Anglicisme au sens de ***robinet.***

VALVULE n. f.
Repli qui, dans les vaisseaux du corps, empêche le reflux du sang ou de la lymphe. *Les valvules du cœur.*
⊏⊐> valvule.

VAMP n. f.
Le ***p*** se prononce, [vɑ̃p].
(CIN.) Actrice qui jouait les rôles de femme fatale. *Des vamps irrésistibles.*

VAMPIRE n. m.
Fantôme qui vient sucer le sang des vivants pendant leur sommeil, d'après la croyance populaire. *Ce film met en scène des vampires effrayants.*

VAN n. m.
Le ***n*** est muet, [vɑ̃] ; le nom rime avec ***vent.***
1. Panier d'osier servant à trier le grain.
2. Voiture fermée, pour le transport des chevaux.

***VAN**
Anglicisme pour ***fourgonnette.***

VANDALE n. m. et f.
Personne qui détruit, mutile volontairement une œuvre d'art, un site, etc. *Ces voyous sont des vandales : ils ont peint des graffiti sur le socle du monument.* SYN. iconoclaste.
⊏⊐> vandale.

VANDALISER v. tr.
Se livrer à des actes de vandalisme, par volonté de nuire ou sans raison. *Vandaliser des cabines téléphoniques. « Une quarantaine de personnes ont péri dans l'explosion d'un oléoduc vandalisé par des pilleurs, à l'ouest de Lagos »* (La Presse). SYN. dévaster ; ravager ; saccager.
CONJUGAISON : VOIR MODÈLE AIMER.

VANDALISME n. m.
Action de détruire, de mutiler des œuvres d'art, des édifices, etc.

VANILLE n. f.
Les lettres ***ll*** se prononcent comme dans ***famille,*** [vanij].
Fruit du vanillier dont on tire un parfum apprécié en pâtisserie. *Du yogourt à la vanille.*

VANILLÉ, ÉE adj.
Les lettres ***ll*** se prononcent comme dans ***famille,*** [vanije].
Parfumé à la vanille. *Du sucre vanillé.*

VANILLIER ou **VANILLER** n. m.
Les lettres ***ll*** se prononcent comme dans ***famille,*** [vanije].
Plante tropicale qui produit la vanille.

VANITÉ n. f.
1. (LITT.) Vide, caractère de ce qui est vain. *La vanité de ces conversations frivoles.* SYN. insignifiance ; néant.
2. Orgueil, prétention. *Ils ont trop de vanité pour avouer qu'ils ont fait erreur.* SYN. fatuité ; suffisance.
LOCUTION
– ***Tirer vanité de.*** S'enorgueillir de. *Elles tirent vanité de leur succès rapide.*
Dans cette locution, le nom est invariable.
FORME FAUTIVE
*vanité. Anglicisme au sens de ***meuble-lavabo.***

VANITEUSEMENT adv.
Avec vanité. *Ils paradent vaniteusement dans leur voiture de collection.*

VANITEUX, EUSE adj.
Prétentieux, rempli de vanité. SYN. suffisant.

VANNE n. f.
Dispositif mobile d'une écluse, d'un barrage, servant à régler le débit de l'eau.
FORME FAUTIVE
*vanne. Anglicisme au sens de ***semi-remorque.***

VANNER v. tr.
1. Trier le grain au moyen d'un van.
2. (FIG.) Causer une grande fatigue. *Elle est complètement vannée.* SYN. éreinter.
CONJUGAISON : VOIR MODÈLE AIMER.

VANNERIE n. f.
Objets en osier, en rotin (paniers, corbeilles, meubles de jardin).

VANTAIL ou **VENTAIL** n. m. (pl. *vantaux* ou *ventaux*)
Panneau d'une porte, d'une fenêtre, etc., qui s'ouvre de deux côtés. *Les vantaux* ou *ventaux d'une armoire.*

VANTARD, ARDE adj. et n. m. et f.
Qui a tendance à se vanter. *Elle passait pour une personne vantarde. Ce ne sont que des vantards.*

VANTARDISE n. f.
Disposition habituelle à se vanter. *Sa vantardise est proverbiale.* SYN. fanfaronnade.

VANTER v. tr., pronom.
VERBE TRANSITIF
Louer beaucoup, parfois avec excès, quelqu'un, quelque chose. *Catherine nous a vanté ta gentillesse.* SYN. célébrer ; exalter ; louanger.
VERBE PRONOMINAL
1. Tirer vanité de. *Elles se sont vantées de connaître le ministre.* SYN. se glorifier de.
2. Prétendre. *Il se vante d'être le premier.* SYN. se faire fort de ; se targuer de.
À la forme pronominale, le participe passé de ce verbe s'accorde toujours en genre et en nombre avec son sujet. *Elles se sont vantées de convaincre les récalcitrants.*
HOM. ***venter,*** faire du vent.
CONJUGAISON : VOIR MODÈLE AIMER.

VA-NU-PIEDS n. m. et f. inv. (pl. *va-nu-pieds*)
(FAM.) Mendiant. *Ils se sont déguisés en va-nu-pieds. Une va-nu-pieds qui inspire la pitié.*
[Les *Rectifications* (1990) admettent : un vanupied, des vanupieds.]

VAPEUR n. f.
Substance gazeuse produite par l'évaporation d'un corps en ébullition. *De la vapeur d'eau. Une locomotive à vapeur.*

V

LOCUTIONS

– ***À toute vapeur,*** loc. adv. À toute vitesse.

– ***Pommes vapeur.*** Se dit de pommes de terre cuites au-dessus de l'eau en ébullition.

Mis en apposition, ce nom est invariable.

VAPOREUX, EUSE adj.

1. (LITT.) Voilé par des vapeurs. *Une aube vaporeuse.*
2. Qui a la transparence, la légèreté de la vapeur. *Un déshabillé vaporeux.*

VAPORISATEUR n. m.

Petit instrument de toilette servant à vaporiser un liquide, généralement du parfum.

VAPORISATION n. f.

Action de vaporiser. *La vaporisation d'une eau de toilette.*

VAPORISER v. tr., pronom.

VERBE TRANSITIF

1. Faire passer un liquide à l'état gazeux.
2. Projeter en gouttelettes très fines. *Elle aime vaporiser un peu de parfum dans la maison.*

VERBE PRONOMINAL

Se projeter en fines gouttelettes. *Il est agréable de se vaporiser un peu d'eau de toilette le matin.* SYN. se pulvériser.

À la forme pronominale, le participe passé de ce verbe s'accorde toujours en genre et en nombre avec son sujet. *Ces parfums se sont vaporisés abondamment.*

CONJUGAISON : VOIR MODÈLE AIMER.

VAQUER v. tr. ind.

S'occuper de. *Il pourra vaquer à ses affaires en toute tranquillité.* SYN. s'appliquer à ; s'attacher à ; se consacrer à.

Le verbe se construit avec la préposition ***à.***

Ne pas confondre avec le verbe ***vaguer,*** errer, dans un style littéraire.

CONJUGAISON : VOIR MODÈLE AIMER.

VARECH n. m.

Les lettres ***ch*** se prononcent ***k,*** [varɛk] ; le mot rime avec ***bec.***

Algues marines vivant le long des côtes.

vare**ch**.

VAREUSE n. f.

Veste de sport.

VARIA n. m. pl.

Mot latin signifiant « choses diverses ».

Extraits variés d'un auteur, d'écrits relatifs à une même question. *Des* varia.

T En typographie soignée, les mots étrangers sont composés en italique. Dans des textes déjà en italique, la notation se fait en romain. Pour les textes manuscrits, on utilisera des guillemets.

FORME FAUTIVE

*varia. Impropriété au sens de ***divers, questions diverses*** (dans un ordre du jour, un procès-verbal).

[Les *Rectifications* (1990) admettent : des varias.]

VARIABILITÉ n. f.

Caractère de ce qui est variable. *La variabilité du climat.*

VARIABLE adj. et n. f.

ADJECTIF

1. Qui est susceptible de varier, de changer souvent. *À l'automne, le temps est très variable.* SYN. changeant ; incertain ; instable.
2. Qui est conçu pour se modifier, s'adapter. *Une chaise à hauteur variable.* SYN. adaptable.

NOM FÉMININ

(MATH.) Terme d'une fonction auquel on peut attribuer des valeurs différentes.

LOCUTION

– ***Mot variable.*** (GRAMM.) Mot qui change de forme pour s'accorder en genre, en nombre, selon la fonction grammaticale. ANT. mot invariable.

VARIANTE n. f.

1. Texte qui diffère de l'original suivant les éditions. *Faire une étude des variantes d'un manuscrit.*
2. Forme légèrement différente d'une forme usuelle. *La graphie* tzigane *est une variante orthographique de* tsigane.

Ne pas confondre avec le nom ***variation,*** modification, changement.

VARIATEUR n. m.

Dispositif électrique permettant de faire varier le flux lumineux d'un appareil d'éclairage. *Le variateur* (et non *dimmer) *d'une lampe à halogène.* SYN. gradateur (de lumière).

VARIATION n. f.

Modification, changement. *Les variations du temps.*

Ne pas confondre avec le nom ***variante,*** forme différente d'une forme usuelle.

VARICE n. f.

Dilatation permanente d'une veine.

varice.

VARICELLE n. f.

Maladie contagieuse caractérisée par des éruptions de boutons. *Quand on a la varicelle, il ne faut pas se gratter, sinon les boutons laisseront des cicatrices.*

varicelle.

VARIÉ, ÉE adj.

Composé de parties, d'éléments divers. *Des produits variés.* SYN. divers ; diversifié.

VARIER v. tr., intr.

VERBE TRANSITIF

Diversifier, changer. *Il faut savoir varier les distractions.*

VERBE INTRANSITIF

1. Changer fréquemment. « *Souvent femme varie, bien fol est qui s'y fie.* » (François Ier et Victor Hugo) *Les prix varient constamment.* SYN. fluctuer.
2. Être différent. *Les avis varient relativement à cette décision.* SYN. différer.

CONJUGAISON : VOIR MODÈLE ÉTUDIER.

Redoublement du ***i*** à la première et à la deuxième personne du pluriel de l'indicatif imparfait et du subjonctif présent. *(Que) nous variions, (que) vous variiez.*

VARIÉTÉ n. f.

1. Type. *Des variétés de pêches et de prunes.*
2. Ensemble diversifié. *Ils vendent une variété de produits.* SYN. diversité.
3. (AU PLUR.) Spectacle composé de chansons, de danses, etc. *Variétés télévisées. Un artiste de variétés.*

VARIOLE n. f.

Maladie contagieuse grave.

variole.

VARLOPE n. f.

Grand rabot. *Donner quelques coups de varlope.*

varlope.

VARLOPER v. tr.

Aplanir une pièce de bois à la varlope. SYN. raboter.

CONJUGAISON : VOIR MODÈLE AIMER.

varloper.

VASCULAIRE adj.
Qui appartient aux vaisseaux. *Le système vasculaire.*
LOCUTION
– ***Accident vasculaire cérébral (AVC).*** (MÉD.) Hémorragie ou infarctus d'une région du cerveau.
Le GDT et le DDFM admettent le québécisme correctement formé ***accident cérébrovasculaire (ACV).***
vascul**aire**.

VASCULARISATION n. f.
Disposition des vaisseaux dans l'organisme.

VASCULARISÉ, ÉE adj.
Se dit d'un organe qui contient des vaisseaux. *La langue est très vascularisée.*

VASE n. m. et f.
NOM MASCULIN
Récipient. *Un vase de porcelaine.*
Attention à la construction : ***vase à fleurs*** désigne un récipient destiné à recevoir des fleurs, tandis que ***vase de fleurs*** désigne un récipient rempli de fleurs.
NOM FÉMININ
Dépôt de terre stagnant au fond de l'eau. *Il a marché dans la vase : ses bottes sont boueuses.* SYN. boue.
Ne pas confondre avec le nom ***boue,*** mélange d'eau et de terre.
LOCUTION
– ***En vase clos,*** loc. adv. Sans contact avec l'extérieur. *Ils vivent en vase clos.*

VASECTOMIE n. f.
(MÉD.) Résection partielle des canaux déférents de l'homme en vue de le rendre stérile.

VASECTOMISER v. tr.
Pratiquer une vasectomie sur un patient.
CONJUGAISON : VOIR MODÈLE AIMER.

VASELINE n. f.
Le premier ***e*** de la deuxième syllabe ne se prononce pas, [vazlin].
Graisse incolore servant à la lubrification et à la préparation de médicaments, de produits de beauté.

VASEUX, EUSE adj.
1. Qui a de la vase. *Une rivière vaseuse.*
2. (FIG.) Embrouillé, endormi, confus. *Un exposé vaseux.*

VASISTAS n. m.
Le premier ***s*** se prononce ***z*** et le ***s*** final est sonore, [vazistɑs].
Partie mobile d'une porte, d'une fenêtre servant à l'aération.

VASOCONSTRICTEUR, TRICE adj. et n. m.
(MÉD.) Se dit d'un agent (nerf, médicament, etc.) qui entraîne la contraction des vaisseaux sanguins et la diminution de leur diamètre.

VASOCONSTRICTION n. f.
(MÉD.) Diminution du diamètre d'un vaisseau sanguin par contraction de ses fibres musculaires.

VASODILATATEUR, TRICE adj. et n. m.
Se dit d'un agent (nerf, médicament, etc.) qui augmente le diamètre des vaisseaux sanguins par le relâchement des fibres musculaires. *Un vasodilatateur approuvé.*

VASODILATATION n. f.
(MÉD.) Augmentation du diamètre des vaisseaux sanguins par le relâchement des fibres musculaires.

VASOMOTEUR, TRICE adj.
Qui se rapporte à la diminution (vasoconstriction) ou à l'augmentation (vasodilatation) du calibre des vaisseaux sanguins. *Les nerfs vasomoteurs. Une rhinite vasomotrice.*

VASQUE n. f.
1. Bassin peu profond qui reçoit l'eau d'une fontaine.
2. Large coupe décorative. *Une jolie vasque remplie de fruits parfumés.*

VASSAL, ALE n. m. et f. (pl. *vassaux*)
NOM MASCULIN ET FÉMININ
(ANCIENN.) Personne qui dépendait d'un seigneur.
NOM MASCULIN
(FIG.) Se dit d'un groupe, d'un pays qui dépend d'un autre, qui lui est subordonné. *Ces pays sont les vassaux de cette grande puissance économique. Un pays vassal.*

VASTE adj.
1. D'une grande étendue. *Une vaste plaine s'étendait devant nous.* SYN. immense.
2. Très grand, de grande envergure. *Un vaste projet de reconstruction.* SYN. considérable.
3. Spacieux, large. *Cet appartement est vaste.* SYN. grand; immense.

VASTEMENT adv.
Largement. *Ils sont vastement installés.*

VAUDEVILLE n. m.
Le ***e*** de la deuxième syllabe est muet, [vodvil].
Comédie fondée sur les quiproquos, les situations compliquées.

VAUDOIS, OISE adj. et n. m. et f.
Du canton de Vaud. *La région vaudoise. Un Vaudois, une Vaudoise.*
L'adjectif s'écrit avec une minuscule; le nom, avec une majuscule.

VAUDOU adj. inv. et n. m.
ADJECTIF INVARIABLE
Se dit d'un culte animiste des Antilles qui comporte des pratiques de sorcellerie et certains éléments empruntés au rituel catholique; se dit aussi des divinités de ce culte. *Des pratiques vaudou.*
NOM MASCULIN
Culte animiste des Antilles. *Les vaudous.*
L'adjectif est invariable, mais le nom prend la marque du pluriel.

VAU-L'EAU adv.
– ***Aller à vau-l'eau, s'en aller à vau-l'eau.*** (FIG.) Aller à sa ruine, se gâter peu à peu. SYN. se dégrader; péricliter.
– ***À vau-l'eau,*** loc. adv. (FIG.) À la débandade.
– ***À vau-l'eau,*** loc. adv. Au fil de l'eau, au gré du courant.
Le mot ne s'emploie que dans ces locutions.

VAURIEN, IENNE n. m. et f.
Garnement. *Viens ici, petit vaurien!* SYN. canaille; chenapan; voyou.
Le féminin est rare.
vaur**ien**.

VAUTOUR n. m.
1. Oiseau rapace de grande taille qui se nourrit de chair animale morte. *« Comme un royal oiseau, vautour, aigle ou condor,/Je rêve de planer au divin territoire »* (Émile Nelligan, *Poésies complètes*).
2. (FIG.) Personne dure et rapace. *Ces agents guettent leurs futures proies comme des vautours.*

VAUTRER (SE) v. pronom.
1. S'étendre en se roulant. *Les cochons se vautrent dans la boue.*
2. S'étendre nonchalamment, à son aise. *Les enfants se sont vautrés dans les coussins de duvet.* SYN. s'avachir.
À la forme pronominale, le participe passé de ce verbe s'accorde toujours en genre et en nombre avec son sujet. *Les vacanciers se sont vautrés dans le sable chaud, un bon livre à la main.*
CONJUGAISON : VOIR MODÈLE AIMER.

VA-VITE (À LA)
À la hâte et sans soin. *Ils ont rédigé leur rapport à la va-vite.* SYN. sommairement.
à la va-vite, avec un trait d'union.

VEAU n. m. (pl. *veaux*)
1. Petit de la vache. *Des veaux bien constitués.*
VOIR TABLEAU – ANIMAUX.
2. Viande de cet animal. *Des rôtis de veau. Une escalope de veau.*

VECTEUR n. m.
1. (MATH.) Grandeur géométrique.
2. (FIG.) Ce qui véhicule quelque chose. *Ce quotidien est un excellent vecteur de l'information.*

VECTORIEL, IELLE adj.
(MATH.) Relatif aux vecteurs.

VÉCU, UE adj. et n. m.
ADJECTIF
Vrai. *C'est une histoire vécue.*
NOM MASCULIN
L'expérience vécue. *Ne nous parlez plus de votre vécu.*
Ce nom appartient au vocabulaire de la psychologie. On évitera d'en abuser dans la langue courante, notamment dans l'expression *au niveau du vécu.

VEDETTE n. f.
1. Petite embarcation rapide. *Une vedette de la marine.*
2. Personne très connue au cinéma, au théâtre, dans le monde du spectacle. *Jacques Brel était une grande vedette.*
Ce nom n'a pas de forme masculine.
3. (EN APPOS.) Qui joue un rôle de premier plan. *Des produits-vedettes.*
En apposition, le nom s'écrit généralement avec un trait d'union et les deux mots prennent la marque du pluriel.
LOCUTION
– ***Mettre en vedette.*** Mettre en valeur, en évidence. *Leurs noms ont été mis en vedette.*
Dans cette expression, le nom est invariable.

VÉGÉTAL, ALE, AUX adj. et n. m.
ADJECTIF
Qui appartient aux plantes, aux végétaux. *Le règne végétal, des aliments végétaux.*
NOM MASCULIN
Plante. *Les arbres sont des végétaux.*

VÉGÉTALISATION n. f.
1. Opération qui vise la reconstitution du couvert végétal d'un terrain dénudé par l'action de l'homme (talus, pistes de ski, etc.) ou par l'effet de catastrophes naturelles (GDT). *La végétalisation d'un talus. Les solutions techniques de lutte à la désertification sont connues (végétalisation des sols sensibles à l'érosion, stockage des eaux de pluie, utilisation de petites doses d'engrais et de semences sélectionnées).*
2. Mise en place d'une couverture végétale. *La végétalisation des toits et des façades permet de consommer 25 % d'énergie en moins. « La végétalisation des toitures, des murs, des rues, démontre aussi qu'une ville très urbanisée peut laisser une place à la nature »* (*Le Monde*).

VÉGÉTALISÉ, ÉE adj.
Qui a fait l'objet d'une végétalisation. *« Combinées, la naissance de la conscience écologique et la montée des coûts de l'énergie favorisent le développement de l'architecture verte : le toit végétalisé (toiture verte) isole mieux, assure fraîcheur en été et plus de chaleur en hiver »* (*L'actualité*).

VÉGÉTALISER v. tr.
(ÉCOL.) Mettre en place une couverture végétale. *Une étude d'Environnement Canada révèle que le fait de végétaliser 6 % de la superficie des toitures peut abaisser les températures estivales de 1 °C à 2 °C. La mairie de Paris entend parsemer les rues de 8 000 arbres supplémentaires, végétaliser des murs disgracieux et coloniser des espaces encore disponibles pour créer 30 nouveaux hectares de jardins.*
CONJUGAISON : VOIR MODÈLE AIMER.

VÉGÉTARIEN, IENNE adj. et n. m. et f.
ADJECTIF
Se dit d'un régime alimentaire qui exclut les viandes tout en permettant l'absorption du lait, du beurre, des œufs, etc.
NOM MASCULIN ET FÉMININ
Personne qui adopte une alimentation végétarienne.

VÉGÉTARISME n. m.
Alimentation dont les viandes sont exclues.

VÉGÉTATIF, IVE adj.
1. (VIEILLI) Qui est relatif à la vie des plantes.
2. Qui évoque la vie des végétaux par son inaction. *Une existence végétative.*

VÉGÉTATION n. f.
Ensemble des végétaux d'un lieu. *Dans cette contrée, la végétation est luxuriante.*

VÉGÉTER v. intr.
(FIG.) Être inactif, se développer difficilement. *Son entreprise végète.* SYN. vivoter.
CONJUGAISON : VOIR MODÈLE POSSÉDER.
Le ***é*** se change en ***è*** devant une syllabe contenant un ***e*** muet, sauf à l'indicatif futur et au conditionnel présent. *Je végète,* mais *je végéterai.*
[Les *Rectifications* (1990) admettent : il végètera, végèterait...]

VÉHÉMENCE n. f.
Fougue, violence. *Il protesta avec véhémence qu'il était innocent.* SYN. intensité.
véh**é**mence.

VÉHÉMENT, ENTE adj.
Emporté, fougueux. *Une protestation véhémente.* SYN. violent.
véh**é**ment.

VÉHICULAIRE adj.
(DIDACT.) Qui sert aux échanges entre des personnes, des groupes qui ne parlent pas la même langue, par opposition à ***vernaculaire.*** *L'anglais, langue véhiculaire de la planète.*

VÉHICULE n. m.
1. Engin servant à transporter des personnes, des choses. *L'automobile, le bateau, l'avion et même la bicyclette sont des véhicules.*
Noms propres de véhicules
Les noms propres de véhicules, les marques déposées s'écrivent avec une **majuscule** et sont invariables. *Des Bombardier, un Boeing, le* Queen Mary.
L'accord du participe passé et de l'adjectif se fait généralement avec la **désignation générique** sous-entendue. *Une* (voiture) *Renault qui a été mise au point en France.*
[T] En typographie soignée, les noms propres de véhicules (et non les marques) sont composés en italique. Dans des textes déjà en italique, la notation se fait en romain. Pour les textes manuscrits, on utilisera des guillemets.
2. (FIG.) Tout ce qui sert à transmettre. *La langue est le véhicule de la pensée.* SYN. canal.
LOCUTIONS
– ***Véhicule de plaisance.*** Véhicule, automobile ou tracté, pouvant servir de logement et généralement utilisé à des fins de loisirs (Recomm. off.).
– ***Véhicule spatial.*** Engin destiné à voyager dans l'espace. *Des véhicules spatiaux en orbite.* SYN. vaisseau spatial.
FORME FAUTIVE
*véhicule-moteur. Calque de l'anglais «*motor vehicle*» pour ***véhicule à moteur, véhicule automobile, véhicule motorisé.***
v**é**hicule.

VÉHICULER v. tr.
1. Transporter. *Ces marchandises ont été véhiculées par camion.*
2. (FIG.) Conduire, transmettre. *Cette œuvre véhicule une puissante conviction.*
CONJUGAISON : VOIR MODÈLE AIMER.

VEILLE n. f.
1. Action de veiller. *Il a passé de longues veilles à étudier.* SYN. soirée.
2. Jour qui précède celui dont on parle. *La veille de son départ.*
3. État d'une personne qui ne dort pas (par opposition à ***sommeil***). *Elle est en état de veille.*
4. Action de monter la garde, d'être aux aguets, au propre et au figuré. *Une veille efficace.*
LOCUTIONS
– ***Écran de veille.*** (INFORM.) Programme utilitaire qui, après une période d'inactivité déterminée, affiche des images animées afin de protéger l'écran. SYN. économiseur d'écran.
– ***Être à la veille de.*** Être sur le point de. *Souhaitons que les chercheurs soient à la veille de découvrir un vaccin contre le sida.*
– ***Veille économique.*** Ensemble des activités liées à la recherche, au traitement et à la diffusion de renseignements utiles à l'entreprise en vue de leur exploitation. *Assurer une veille économique* (et non une *intelligence d'affaires).
– ***Veille technologique.*** Surveillance de l'environnement de l'entreprise facilitant une adaptation rapide aux changements de ce dernier.

VEILLÉE n. f.
1. Période de temps qui suit le repas du soir jusqu'au coucher. *Avoir une veillée de lecture en perspective.*
2. Réunion de personnes entre le repas du soir et le coucher (surtout dans les campagnes). *Il y avait une veillée à la ferme. « Le fouet de cérémonie, pour la voiture légère, les sorties du dimanche, les soirs de bonne veillée, voisinait dans le coin avec le balai de sapinage »* (Germaine Guèvremont, *Le Survenant*). SYN. soirée.
3. Action de veiller, nuit passée au chevet d'un malade, d'un mort.

VEILLER v. tr., intr.
VERBE TRANSITIF DIRECT
Être au chevet de. *Veiller un malade, un enfant qui a des cauchemars.*
VERBE TRANSITIF INDIRECT
1. Être attentif à. *Il a veillé à la bonne marche des travaux. On veillera à économiser les provisions.* SYN. s'appliquer à ; s'attacher à ; s'occuper de.
En ce sens, le verbe se construit avec la préposition ***à*** suivie d'un nom ou d'un infinitif ; il se construit aussi avec ***à ce que*** et le subjonctif. *Elle a veillé à ce que tout soit en ordre.*
2. Prendre soin, s'occuper de. *Veiller sur ses enfants.*
En ce sens, le verbe se construit avec la préposition ***sur.***
VERBE INTRANSITIF
Rester éveillé. *Il a l'habitude de veiller très tard pour lire.*
CONJUGAISON : VOIR MODÈLE AIMER.
Les lettres ***ill*** sont suivies d'un ***i*** à la première et à la deuxième personne du pluriel de l'indicatif imparfait et du subjonctif présent. *(Que) nous veillions, (que) vous veilliez.*

VEILLEUR n. m.
– ***Veilleur de nuit.*** Gardien de nuit. *Des veilleurs de nuit consciencieux.*
Le mot ne s'emploie que dans cette locution.

VEILLEUSE n. f.
Petite lampe qui demeure allumée dans un endroit peu éclairé. *La veilleuse d'une couchette de train. « Sauf une veilleuse, toutes les lumières avaient été éteintes »* (Gabrielle Roy, *De quoi t'ennuies-tu, Éveline?*).
LOCUTION
– ***En veilleuse,*** loc. adv. Au ralenti. *Mettre un projet en veilleuse.* SYN. en attente.

VEINARD, ARDE adj. et n. m. et f.
(FAM.) Chanceux. *Un joueur veinard. Quelle veinarde !*

VEINE n. f.
1. Vaisseau sanguin. *Les veines et les artères.*
2. (FAM.) Chance. *Elle a beaucoup de veine d'avoir connu cet ami.*

VEINÉ, ÉE adj.
1. Qui a des veines apparentes ou saillantes. *Une peau veinée de bleu.*
2. Qui présente des veines ou qui imite les veines de la pierre, du bois, etc. *Un marbre veiné.*

VEINER v. tr.
Imiter par des couleurs les veines de la pierre, du bois, etc., dans un décor. *Veiner le plateau d'une table pour imiter un marbre.*
CONJUGAISON : VOIR MODÈLE AIMER.

VEINEUX, EUSE adj.
Relatif aux veines. *Le système veineux.*

VEINURE n. f.
Aspect veiné du bois, de certaines matières (pierre, marbre, etc.). *Les veinures d'un granit.*
veinure.

VÊLAGE n. m.
Action de mettre bas, en parlant généralement de la vache. *« Si le mâle était ici, si peu de temps après la saison de vêlage, la femelle ne pouvait pas être loin »* (Yves Thériault, *Agaguk*). SYN. vêlement.
vêlage.

VÉLAIRE adj. et n. f.
(PHONÉT.) Se dit d'un son qui s'articule dans l'arrière-bouche, près du voile du palais. *Une consonne vélaire. La consonne* k *est une vélaire.*
vélaire.

VELCRO n. m.
Bande de fermeture composée de deux rubans adhérant l'un à l'autre par leurs fibres textiles. *La poche s'attache à l'aide d'un velcro ou d'une fermeture velcro.*
Le mot est composé des noms ***velours*** et ***crochet.***

VÊLEMENT n. m.
Action de vêler. SYN. vêlage.

VÊLER v. intr.
Mettre bas, en parlant de la vache. *La vache rousse a vêlé.*
Le verbe conserve l'accent circonflexe à toutes les formes.
CONJUGAISON : VOIR MODÈLE AIMER.

VÉLIN n. m.
1. Peau de veau qui ressemble à un parchemin très fin. *Une reliure ancienne en vélin.*
2. Papier très fin qui imite le vélin. *Des vélins luxueux.* SYN. papier vélin.

VÉLIPLANCHISTE n. m. et f.
Personne qui fait de la planche à voile. *Avec ce bon vent, les véliplanchistes glissaient rapidement sur le lac agité.* SYN. planchiste.

VELLÉITAIRE adj.
Qui est sans volonté déterminée, qui ne passe pas à l'action. *Des fonctionnaires velléitaires.* SYN. amorphe ; apathique ; mou. ANT. décidé ; déterminé ; dynamique.
velléitaire.

VELLÉITÉ n. f.
Résolution faible, intention passagère qui n'est pas suivie d'un effet. *Des velléités de collaboration qui n'aboutissent pas.*
velléité.

VÉLO n. m.
1. Bicyclette. *Des vélos de course.*
2. Cyclisme, pratique de la bicyclette. *Aller à vélo, en vélo à l'école. Pierre-Carl aime le vélo et la guitare.*
LOCUTIONS
– ***Support à vélos.*** Élément du mobilier urbain en métal auquel on peut attacher des vélos au moyen d'un cadenas afin de les garer en toute sécurité. *Des supports* (et non *racks) *à vélos ont été installés à proximité des établissements d'enseignement.* SYN. arceau à vélos.
– ***Vélo de montagne.*** Vélo destiné aux sentiers cahoteux et aux terrains accidentés, caractérisé par un cadre robuste, un guidon droit, de larges pneus à crampons, de petits développements et une ou plusieurs suspensions (GDT). SYN. vélo tout-terrain (VTT).
– ***Vélo hybride.*** Vélo conçu pour rouler tant en ville que sur des chemins de terre, caractérisé par un guidon droit, une selle confortable et des roues de grand diamètre équipées de pneus assez larges qui absorbent les chocs (GDT). SYN. vélo tout chemin (VTC).
FORME FAUTIVE
*rack à vélos. Anglicisme au sens de ***support à vélos, arceau à vélos.***

VÉLOCITÉ n. f.
Le ***o*** est ouvert, [velɔsite].
(LITT.) Grande vitesse, rapidité. *Rouler avec vélocité.*

VÉLODROME n. m.
Les ***o*** sont fermés, [velodrom].
Piste servant aux courses cyclistes. *Le vélodrome du stade a été démantelé.*
vélodrome.

VELOURS n. m.
Le ***e*** se prononce ou non et le ***s*** ne se prononce pas, [vəlur, vlur]; le nom rime avec ***lourd.***
1. Étoffe dont l'endroit est couvert de poils très serrés. *Un beau velours de soie. Un pantalon de velours côtelé* (et non de *corduroy).
2. (FIG.) Ce qui est doux au toucher. *Le velours de sa peau est pareil à celui d'une pêche.*
LOCUTIONS
– ***De velours,*** loc. adj. (FIG.) Qui s'effectue en douceur. *Une révolution de velours.*
– ***Faire patte de velours.*** (FIG.) Témoigner douceur et gentillesse en cachant ses mauvaises intentions comme le chat qui rentre ses griffes et montre sa patte veloutée.
– ***Jouer sur du, le velours.*** Miser ses gains, sans risque de perte.
– ***Jouer sur du, le velours.*** (FIG.) S'engager dans une affaire dépourvue de risque.
– ***Une main de fer dans, sous un gant de velours.*** (FIG.) Une attitude ferme, mais empreinte de gentillesse et de compréhension.
velours.

VELOUTÉ, ÉE adj. et n. m.
ADJECTIF
Qui a la douceur, l'apparence du velours. *Une peau veloutée.* SYN. doux; satiné.
NOM MASCULIN
1. Qualité de ce qui est doux au toucher. *Le velouté d'un tissu.*
2. Potage onctueux. *Un velouté d'asperges.*

VELOUTEUX, EUSE adj.
Qui a le toucher du velours. SYN. velouté.

VELU, UE adj.
Couvert de poils. *Une poitrine masculine velue.* SYN. poilu.

VENAISON n. f.
Chair de gibier (chevreuil, cerf, élan, etc.).

VÉNAL, ALE, AUX adj.
Qui se vend. *L'amour vénal. Des politiciens vénaux.*

VÉNALEMENT adv.
D'une manière vénale.

VENANT n. m.
– ***À tout venant, à tous venants.*** Au premier venu, à tout le monde. *Ces textes ne sont pas accessibles à tout venant* ou *à tous venants.*
Le mot ne s'emploie que dans cette locution, qui peut s'écrire au singulier ou au pluriel.

VENDABLE adj.
Qui peut être vendu. *Ces produits sont tout à fait vendables.*

VENDANGE n. f.
1. Cueillette des raisins destinés à faire le vin.
2. (AU PLUR.) Période à laquelle on fait les vendanges, en automne.
vendange.

VENDANGER v. tr., intr.
VERBE TRANSITIF
Récolter les raisins. *Nous vendangeons la vigne du voisin également.*
VERBE INTRANSITIF
Faire la vendange. *Ils ont tardé à vendanger cette année.*
CONJUGAISON : VOIR MODÈLE CHANGER.
Le ***g*** est suivi d'un ***e*** devant les lettres ***a*** et ***o***. *Il vendangea, nous vendangeons.*
vendanger.

VENDANGEUR n. m.
VENDANGEUSE n. f.
Personne chargée de la récolte des raisins servant à fabriquer le vin.

VENDÉEN, ENNE adj. et n. m. et f.
De la Vendée. *Des huîtres vendéennes. Un Vendéen, une Vendéenne.*
T L'adjectif s'écrit avec une minuscule; le nom, avec une majuscule.

VENDETTA n. f. (pl. *vendettas*)
La deuxième syllabe se prononce ***dé*** ou ***dè***, [vɑ̃deta, vɑ̃dɛtta].
Vengeance exercée par toute une famille contre une autre, selon la tradition corse. *Des vendettas implacables.*

VENDEUR n. m.
VENDEUSE n. f.
Personne dont la fonction est de vendre, généralement dans un magasin. *Elles ont engagé deux nouvelles vendeuses. Un vendeur de voitures.*
FORME FAUTIVE
*vendeur (bon). Anglicisme au sens de ***succès*** (de librairie, de vente).

VENDEUR, ERESSE n. m. et f.
(DR.) Personne qui vend un bien meuble ou immeuble.
Dans la langue juridique, la forme féminine du nom ***vendeur*** est ***venderesse.***

VENDRE v. tr., pronom.
VERBE TRANSITIF
1. Céder la propriété d'un bien pour un certain prix. *Il a vendu sa voiture. Cette maison est à vendre à bon marché.*
2. Faire le commerce de. *Elle vend des accessoires de décoration et des appareils d'éclairage.*
3. Trahir pour de l'argent. *Il a vendu ses complices.*
VERBE PRONOMINAL
1. Être offert sur le marché. *Ces produits de luxe se vendent moins bien en ce moment.* SYN. s'écouler.
2. Se mettre en valeur. *Ta modestie t'empêche de te vendre, de parler de tes réussites.*
3. Se trahir involontairement. *Ils se sont vendus en révélant l'emplacement de la mine.*

À la forme pronominale, le participe passé de ce verbe s'accorde toujours en genre et en nombre avec son sujet. *Ces espions se sont vendus au plus offrant.*
LOCUTIONS
– ***À vendre.*** Mis en vente, offert à la vente.
– ***Vendre la mèche.*** Dévoiler ce qui devait rester secret.
– ***Vendre la peau de l'ours (avant de l'avoir tué).*** Tenir quelque chose pour acquis prématurément.
CONJUGAISON : VOIR MODÈLE FENDRE.
INDICATIF PRÉSENT *Je vends, tu vends, il vend, nous vendons, vous vendez, ils vendent.* IMPARFAIT *Je vendais.* PASSÉ SIMPLE *Je vendis.* FUTUR *Je vendrai.* CONDITIONNEL PRÉSENT *Je vendrais.* IMPÉRATIF PRÉSENT *Vends, vendons, vendez.* SUBJONCTIF PRÉSENT *Que je vende.* IMPARFAIT *Que je vendisse.* PARTICIPE PRÉSENT *Vendant.* PASSÉ *Vendu, ue.*

VENDREDI n. m.
Cinquième jour de la semaine. *Elle passera vendredi.*
T Les noms de jours s'écrivent avec une minuscule et prennent la marque du pluriel. *Je viendrai tous les vendredis,* mais *je viendrai tous les jeudi et vendredi de chaque semaine.* Attention à la construction de la dernière phrase où les noms de jours restent au singulier parce qu'il n'y a qu'un seul jeudi et qu'un seul vendredi par semaine.
T Le nom de la fête chrétienne s'écrit avec une majuscule. *Le Vendredi saint.*
VOIR – JOUR.

VENDU, UE adj. et n. m. et f.
ADJECTIF
Cédé pour un certain prix. *Ce tableau est vendu.*
ADJECTIF ET NOM MASCULIN ET FÉMININ
Qui s'est laissé corrompre pour de l'argent. *C'est un politicien vendu, un vendu.*

VENELLE n. f.
(LITT.) Petit chemin.

VÉNÉNEUX, EUSE adj.
Qui contient une substance toxique, en parlant des végétaux, des substances minérales. *Des champignons vénéneux.*
Ne pas confondre avec le mot ***venimeux,*** qui contient du venin, en parlant d'un animal.

VÉNÉRABLE adj.
Digne de respect. *Un scientifique vénérable présidait la séance.* SYN. respectable.
Cet adjectif s'emploie souvent par plaisanterie.

VÉNÉRATION n. f.
Admiration profonde. *Une vénération pour sa marraine, Éva.*

VÉNÉRER v. tr.
1. Avoir de la vénération pour les choses saintes. *Papa vénère la Vierge Marie.*
2. Témoigner un profond respect à quelqu'un. *Elle vénérait sa marraine.*
CONJUGAISON : VOIR MODÈLE POSSÉDER.
Le ***é*** se change en ***è*** devant une syllabe contenant un ***e*** muet, sauf à l'indicatif futur et au conditionnel présent. *Je vénère,* mais *je vénérerai.*
[Les *Rectifications* (1990) admettent : il vénèrera, vénèrerait...]

VÉNÉRIEN, IENNE adj.
(VIEILLI) Se dit d'une maladie transmise sexuellement (MTS).
L'expression ***maladie vénérienne*** tend à être remplacée par ***MTS.***

VÉNÉZUÉLIEN, IENNE adj. et n. m. et f.
Du Venezuela. *Une chanson vénézuélienne. Un Vénézuélien, une Vénézuélienne.*
T L'adjectif s'écrit avec une minuscule ; le nom, avec une majuscule.
Le nom du pays s'écrit sans accents, alors que le nom et l'adjectif s'écrivent avec des accents aigus.

VENGEANCE n. f.
Désir de se venger en châtiant l'auteur de l'offense subie. *La vengeance est un plat qui se mange froid.*
LOCUTION
– ***Par vengeance,*** loc. adv. Dans l'intention de se venger. *Ils l'ont dénoncé par vengeance.*
vengeance.

VENGER v. tr., pronom.
VERBE TRANSITIF
Punir une offense en châtiant l'auteur. *Venger une injure. Venger sa famille d'un affront.*
Le verbe a pour complément direct la chose dont on a eu à souffrir ou la personne qui en a souffert.
VERBE PRONOMINAL
Se faire justice, exercer un châtiment. *Ils se sont bien vengés de lui.*
À la forme pronominale, le participe passé de ce verbe s'accorde toujours en genre et en nombre avec son sujet. *Elle s'est bien vengée des désagréments qu'on lui a fait subir.*
CONJUGAISON : VOIR MODÈLE CHANGER.
Le ***g*** est suivi d'un ***e*** devant les lettres ***a*** et ***o***. *Il vengea, nous vengeons.*

VENGEUR, GERESSE adj. et n. m. et f.
(LITT.) Se dit d'une personne qui venge, qui punit.

VÉNIEL, IELLE adj.
Se dit d'une faute légère, excusable. *Des péchés véniels.* SYN. insignifiant.

VENIMEUX, EUSE adj.
1. Se dit d'un animal qui peut injecter du venin. *Un serpent venimeux.*
Ne pas confondre avec le mot ***vénéneux,*** qui contient une substance toxique, en parlant des végétaux.
2. (FIG.) Malveillant. *Des critiques venimeuses.* SYN. fielleux ; méchant ; perfide.
venimeux.

VENIN n. m.
1. Substance toxique sécrétée par certains animaux. *Le venin de la vipère, du scorpion.*
2. (FIG.) Malveillance, haine. *S'en prendre à un ennemi et cracher son venin contre lui.*
venin, un ***n*** final, malgré ***venimeux.***

VENIR v. intr.
1. Se transporter d'un lieu à un autre. *Elle viendra nous voir demain. Ils sont venus en avion.*
Le verbe ***venir*** comporte la notion d'un mouvement vers le lieu où l'on est, tandis que le verbe ***aller*** suppose qu'on part du lieu où l'on est pour se rendre ailleurs.
2. Provenir de. *Ces belles pivoines viennent de la campagne. Le mot agenda vient du latin.*
En ce sens, le verbe se construit avec la préposition ***de.***
3. Atteindre, parvenir. *Cela ne m'était pas venu à l'esprit. Elle est venue à ses fins.* SYN. arriver.
4. Naître, être produit. *Marie-Ève est venue au monde le 31 juillet 1976.*
5. ***Vienne, viennent.*** Placé en début de phrase, le verbe au subjonctif exprime un souhait dans un registre littéraire. *Vienne l'été, viennent les beaux jours, nous irons à la mer.*
LOCUTIONS
– ***À venir,*** loc. adj. Futur. *Les jours à venir, les enfants à venir.*
La locution s'écrit en deux mots.
– ***En venir à.*** Aller jusqu'à, en arriver à. *Ils en sont venus à se battre.* SYN. se résoudre à.
– ***En venir aux faits.*** Aller à l'essentiel. *Venons-en aux faits : que proposez-vous ?*
– ***Faire venir.*** Prier quelqu'un de se rendre à l'endroit où l'on est, demander, commander quelque chose.
– ***Laisser venir.*** Attendre sans se presser. *Nous devrions laisser venir les commentaires.*

– ***Laisser venir.*** Laisser approcher. « *Laissez venir à moi les petits enfants* » (*Évangile selon saint Marc*).
– ***S'en venir.*** ⚜ Venir. *J'aperçois au loin Jean-Claude, qui s'en vient à pied.*
– ***Venir à*** + infinitif. Cette construction marque une éventualité. *Si je venais à disparaître.*
– ***Venir à bout de.*** Vaincre, triompher de. *Nous sommes venus à bout de ses réticences.*
– ***Venir de*** + infinitif. Se produire tout juste, à l'instant même. *Le train vient de partir : vous l'avez raté de peu.*
☞ Cette locution exprime un passé très récent.
– ***Voir venir.*** (FIG.) Attendre, ne pas se presser. *Elle aime voir venir les évènements.*
– ***Voir venir.*** (FIG.) Deviner les intentions de quelqu'un. *Je vous vois venir avec vos gros sabots.*

FORMES FAUTIVES
*s'en venir. Impropriété au sens de ***devenir.*** *Un roman qui devient* (et non *s'en vient) *passionnant au fur et à mesure que nous en découvrons les personnages.*
*venir. Anglicisme au sens de ***se faire, exister, se fabriquer, se présenter, être offert*** (en parlant d'un produit commercial). *Ce vélo existe* (et non *vient) *en vert ou en marine. Ces tables se font* (et non *viennent) *en bois ou en métal.*
CONJUGAISON : VOIR MODÈLE VENIR.

VÉNITIEN, IENNE adj. et n. m. et f.
De Venise. *Une gondole vénitienne. Un Vénitien, une Vénitienne.*
[T] L'adjectif s'écrit avec une minuscule ; le nom, avec une majuscule.
VOIR – STORE.

VENT n. m.
Mouvement plus ou moins rapide d'une masse d'air qui se déplace suivant une direction déterminée. *Le vent du nord.* « *Haut dans les épinettes étrangères, le vent reprit* » (Gabrielle Roy, *La Détresse et l'Enchantement*).
LOCUTIONS
– ***À tout vent,*** loc. adv. De tous les côtés. Je sème à tout vent *est la devise de Larousse. Ils ont annoncé la nouvelle à tout vent.*
– ***Avoir vent de quelque chose.*** Apprendre indirectement.
– ***Contre vents et marées, contre vent et marée.*** (FIG.) Malgré tous les obstacles.
– ***Dans le vent,*** loc. adv. (VIEILLI) À la dernière mode.
☞ Il est amusant de constater que l'expression ***dans le vent*** est démodée : elle n'est plus dans le vent !
– ***En coup de vent,*** loc. adv. Brusquement, rapidement.
– ***Quel bon vent vous amène ?*** Quel est l'objet de votre visite ?
– ***Rose des vents.*** Figure circulaire à trente-deux divisions indiquant les points cardinaux.

VENTE n. f.
1. Convention entre deux personnes par laquelle l'une (le vendeur) s'oblige à livrer une chose et l'autre (l'acquéreur), à la payer. *Un contrat de vente.*
2. Action de vendre. *La vente d'une voiture. La vente au détail, en gros.*
LOCUTIONS
– ***En vente.*** Se dit d'un bien destiné à être vendu. *Cette maison est en vente.*
☞ Contrairement à l'anglais, où le mot «*sale*» comporte deux sens distincts : « vente » et « vente au rabais », le nom français ne signifie que l'action de vendre. Pour désigner une vente où le prix des articles a été réduit, on emploiera plutôt ***vente au rabais, solde.***
VOIR – RABAIS.
– ***Vente-débarras.*** Mise en vente à prix réduits, par un particulier, sur sa propriété, d'objets divers dont il veut se défaire (Recomm. off.). *Une vente-débarras* (et non *vente de garage).
☞ Dans la francophonie, on emploie en ce sens le terme ***vide-grenier.***
– ***Vente ferme.*** Vente définitive. *La vente des articles soldés est ferme* (et non *finale).
FORMES FAUTIVES
*vente. Impropriété au sens de ***vente au rabais, solde.***
*vente d'écoulement. Calque de «*clearance sale*» pour ***liquidation, solde.***
*vente de feu. Calque de «*fire sale*» pour ***solde après incendie.***
*vente de garage. Calque de «*garage sale*» pour ***vente-débarras.***
*vente de trottoir. Impropriété pour ***braderie.***
*vente finale. Calque de l'anglais «*all sales final*» pour ***vente ferme.***
*vente semi-annuelle. Calque de «*semi-annual sale*» pour ***solde semestriel.***

VENTER v. impers.
Se dit du vent qui souffle. *Il vente énormément : il ne serait pas prudent de sortir en voilier.*
HOM. ***vanter,*** louer, célébrer.
CONJUGAISON : VOIR MODÈLE AIMER.
✎ venter.

VENTEUX, EUSE adj.
Se dit d'un lieu, d'une période où il y a beaucoup de vent. *Ce cap est toujours venteux.*

VENTILATEUR n. m.
1. Appareil servant à renouveler l'air d'un lieu. *Un ventilateur* (et non un *éventail).
2. Appareil assurant le refroidissement d'un moteur.

VENTILATION n. f.
1. Action de renouveler l'air d'un local. *La ventilation de cette salle de cours est insuffisante.*
2. (COMPT.) Action de répartir une somme entre plusieurs comptes. *La ventilation des dépenses entre les divers services.*
SYN. répartition.

VENTILER v. tr.
1. Aérer. *Ventiler une chambre.*
2. (COMPT.) Répartir une somme entre plusieurs comptes ou rubriques.
CONJUGAISON : VOIR MODÈLE AIMER.

VENTOUSE n. f.
1. Petite cloche de verre. *On posait des ventouses aux malades pour atténuer la congestion.*
2. Organe de succion de certains animaux. *Les ventouses d'une sangsue.*
3. Dispositif de caoutchouc qui se fixe par vide partiel sur une surface plane. *Des fléchettes munies de ventouses.*

VENTRAL, ALE, AUX adj.
Relatif au ventre. *Le kangourou a une poche ventrale.*

VENTRE n. m.
Abdomen. *As-tu mal au ventre parce que tu as mangé trop de chocolat ?*
LOCUTIONS
– ***À plat ventre,*** loc. adv. Complètement allongé sur le ventre. *Ils sont à plat ventre.*
☞ Cette locution est invariable et s'écrit sans trait d'union.
– ***Ventre à terre,*** loc. adv. (FIG.) Très vite. *Elles ont accouru ventre à terre.*
☞ La locution est invariable.

VENTRE DE BŒUF n. m.
⚜ Renflement de la chaussée causé par le dégel.
☞ Le ***nid-de-poule*** est une dépression de la chaussée.

VENTRICULE n. m.
Chacune des deux cavités du cœur. *Le ventricule gauche et le ventricule droit.*
☞ Attention au genre masculin de ce nom : ***un*** ventricule.
✎ ventricule.

CONJUGAISON DU VERBE **VENIR**

INDICATIF

PRÉSENT		PASSÉ COMPOSÉ		
je	**viens**	je	suis	venu, ue
tu	**viens**	tu	es	venu, ue
elle	**vient**	elle	est	venue
il	**vient**	il	est	venu
nous	**venons**	ns	sommes	venus, ues
vous	**venez**	vs	êtes	venus, ues
elles	**viennent**	elles	sont	venues
ils	**viennent**	ils	sont	venus

IMPARFAIT		PLUS-QUE-PARFAIT		
je	**venais**	j'	étais	venu, ue
tu	**venais**	tu	étais	venu, ue
elle	**venait**	elle	était	venue
il	**venait**	il	était	venu
nous	**venions**	ns	étions	venus, ues
vous	**veniez**	vs	étiez	venus, ues
elles	**venaient**	elles	étaient	venues
ils	**venaient**	ils	étaient	venus

PASSÉ SIMPLE		PASSÉ ANTÉRIEUR		
je	**vins**	je	fus	venu, ue
tu	**vins**	tu	fus	venu, ue
elle	**vint**	elle	fut	venue
il	**vint**	il	fut	venu
nous	**vînmes**	ns	fûmes	venus, ues
vous	**vîntes**	vs	fûtes	venus, ues
elles	**vinrent**	elles	furent	venues
ils	**vinrent**	ils	furent	venus

FUTUR SIMPLE		FUTUR ANTÉRIEUR		
je	**viendrai**	je	serai	venu, ue
tu	**viendras**	tu	seras	venu, ue
elle	**viendra**	elle	sera	venue
il	**viendra**	il	sera	venu
nous	**viendrons**	ns	serons	venus, ues
vous	**viendrez**	vs	serez	venus, ues
elles	**viendront**	elles	seront	venues
ils	**viendront**	ils	seront	venus

CONDITIONNEL PRÉSENT		CONDITIONNEL PASSÉ		
je	**viendrais**	je	serais	venu, ue
tu	**viendrais**	tu	serais	venu, ue
elle	**viendrait**	elle	serait	venue
il	**viendrait**	il	serait	venu
nous	**viendrions**	nous	serions	venus, ues
vous	**viendriez**	vous	seriez	venus, ues
elles	**viendraient**	elles	seraient	venues
ils	**viendraient**	ils	seraient	venus

SUBJONCTIF

PRÉSENT			PASSÉ			
que	je	**vienne**	que	je	sois	venu, ue
que	tu	**viennes**	que	tu	sois	venu, ue
qu'	elle	**vienne**	qu'	elle	soit	venue
qu'	il	**vienne**	qu'	il	soit	venu
que	nous	**venions**	que	nous	soyons	venus, ues
que	vous	**veniez**	que	vous	soyez	venus, ues
qu'	elles	**viennent**	qu'	elles	soient	venues
qu'	ils	**viennent**	qu'	ils	soient	venus

IMPARFAIT			PLUS-QUE-PARFAIT			
que	je	**vinsse**	que	je	fusse	venu, ue
que	tu	**vinsses**	que	tu	fusses	venu, ue
qu'	elle	**vînt**	qu'	elle	fût	venue
qu'	il	**vînt**	qu'	il	fût	venu
que	nous	**vinssions**	que	nous	fussions	venus, ues
que	vous	**vinssiez**	que	vous	fussiez	venus, ues
qu'	elles	**vinssent**	qu'	elles	fussent	venues
qu'	ils	**vinssent**	qu'	ils	fussent	venus

IMPÉRATIF

PRÉSENT	PASSÉ	
viens	sois	venu, ue
venons	soyons	venus, ues
venez	soyez	venus, ues

INFINITIF

PRÉSENT	PASSÉ
venir	être venu, ue

PARTICIPE

PRÉSENT	PASSÉ
venant	venu, ue
	étant venu, ue

V

VENTRILOQUE adj. et n. m. et f.
Se dit d'une personne qui peut parler en conservant la bouche fermée. *Un clown ventriloque. Une ventriloque.*

VENU, UE n. m. et f.
NOM FÉMININ
Action de venir, arrivée. *La venue du printemps.*
NOM MASCULIN ET FÉMININ
1. ***Premier venu, première venue.*** N'importe qui. *Ils ne sont pas les premiers venus.*
2. ***Nouveau venu, nouvelle venue.*** Personne récemment arrivée. *Elles sont de nouvelles venues.*
LOCUTION
– ***Allées et venues.*** Déplacements. *On surveille ses allées et venues.*

VÊPRES n. f. pl.
Office religieux qui autrefois se célébrait à la fin de la journée.
✎ vêpres.

VER n. m.
Animal invertébré. *Un ver de terre.*
HOM.
- ***vair,*** fourrure d'écureuil;
- ***verre,*** substance transparente;
- ***verre,*** récipient pour boire;
- ***vers,*** assemblage de mots dans un poème;
- ***vert,*** couleur verte.

✎ ver.

VÉRACITÉ n. f.
Qualité de ce qui est vrai, conforme à la vérité. *La véracité d'un témoignage.* SYN. authenticité; exactitude; vérité.
☞ L'adjectif correspondant est ***véridique.***

VÉRANDA n. f.
Galerie couverte. *Des vérandas fleuries.*

VERBAL, ALE, AUX adj.
1. Qui se fait de vive voix (par opposition à ***écrit***). *Des contrats purement verbaux.* SYN. oral.
2. (GRAMM.) Relatif au verbe. *Des locutions verbales.*

VERBALEMENT adv.
Par la parole. *Je l'ai informé verbalement.* SYN. oralement.

VERBALISATION n. f.
Action de verbaliser, d'exprimer par le langage.
☞ Ne pas confondre avec le nom ***verbiage,*** bavardage inutile.

VERBALISER v. tr., intr.
VERBE TRANSITIF
(PSYCHO.) Extérioriser au moyen du langage. *Il n'arrive pas à verbaliser son ressentiment.*
VERBE INTRANSITIF
Dresser un procès-verbal, donner une contravention. *Votre voiture est en stationnement illégal : je me vois dans l'obligation de verbaliser. – Faites, faites, je vous en prie.*
CONJUGAISON : VOIR MODÈLE AIMER.

***VERBATIM**
Anglicisme pour ***textuellement, in extenso.***

VERBE n. m.
1. (GRAMM.) Mot qui, dans une phrase, exprime une action, un état. *Les désinences du verbe indiquent le mode, le temps, la personne de la conjugaison.*
VOIR TABLEAU – VERBE.
VOIR TABLEAU – GROUPE.
2. (LITT.) Expression de la pensée par les mots. *La magie du verbe.*
3. (THÉOL.) Jésus-Christ. *Le Verbe s'est fait chair.*
[T] En ce sens, le nom s'écrit avec une majuscule.

VERBEUSEMENT adv.
D'une manière verbeuse. *Ce dépliant décrit verbeusement les réalisations du gouvernement.*

VERBEUX, EUSE adj.
Qui emploie trop de mots, prolixe. *Une explication verbeuse.* SYN. bavard. ANT. bref; laconique; succinct.

VERBIAGE n. m.
Bavardage inutile. *Son verbiage m'exaspère.*
☞ Ne pas confondre avec le nom ***verbalisation,*** action de verbaliser.

VERDÂTRE adj.
Qui tire sur le vert. *Un teint verdâtre.*
✎ verdâtre.

VERDEUR n. f.
1. Acidité d'un fruit qui n'est pas encore mûr.
2. Liberté du langage.
3. Vigueur. *La verdeur de la jeunesse.*

VERDICT n. m.
👄 La lettre **c** se prononce et le ***t*** se prononce ou non, [vɛrdikt, vɛrdik].
Jugement, décision. *Le juge a rendu un verdict d'acquittement.* SYN. sentence.
✎ verdict.

VERDIR v. tr., intr.
VERBE TRANSITIF
Donner une teinte verte. *Le peintre verdit les portes du garage.*
VERBE INTRANSITIF
1. Se couvrir de feuilles, de verdure. *Les arbres se mettent à verdir.*
2. (FIG.) Devenir vert. *Il verdissait de peur à la vue de cet énorme chien.*
CONJUGAISON : VOIR MODÈLE FINIR.

VERDOYANT, ANTE adj.
Qui devient vert, en parlant des végétaux. *Des arbres verdoyants.*

VERDOYER v. intr.
(LITT.) Prendre une teinte verte, en parlant des végétaux. *Les pelouses commencent à verdoyer, elles verdoient tendrement.*
CONJUGAISON : VOIR MODÈLE EMPLOYER.
Le ***y*** se change en ***i*** devant un ***e*** muet. *Il verdoie, il verdoiera.*

VERDURE n. f.
1. Couleur verte des plantes, des feuilles.
2. (LITT.) Ensemble des plantes, des feuilles, au printemps et en été. *Un décor de verdure.*

VÉREUX, EUSE adj.
1. Qui contient des vers. *Des pommes véreuses.*
2. (FIG.) Douteux, louche. *Des affaires véreuses.* SYN. malhonnête.

VERGE n. f.
1. Petite baguette flexible.
2. Pénis.
3. ⚜ Unité de mesure de longueur correspondant à 0,914 m. *La verge comprend 3 pieds ou 36 pouces.*

VERGER n. m.
Terrain planté de pommiers, d'arbres fruitiers.

VERGETURE n. f.
(GÉN. AU PLUR.) Ensemble de petites raies rouges causées par la distension de la peau.

VERGLAÇANT, ANTE adj.
Se dit d'une pluie qui se congèle. *On annonce de la pluie verglaçante.*
✎ verglaçant.

VERGLACÉ, ÉE adj.
Couvert de verglas. *Soyez prudent, la chaussée est verglacée.* SYN. glacé.

VERGLACER v. impers.
Faire du verglas. *Il verglaçait quand l'accident s'est produit.*
CONJUGAISON : VOIR MODÈLE AVANCER.
Le *c* prend une cédille devant la lettre ***a****. Il verglaça.*

VERGLAS n. m.
Le *s* est muet, [vɛrgla].
Mince couche de glace causée par la congélation d'une pluie très fine au contact du sol.
verglas.

VERGOGNE n. f.
(VX) Honte.
LOCUTION
– ***Sans vergogne.*** Effrontément, sans scrupule. *Il ment sans vergogne.*
Le nom ne s'emploie plus que dans l'expression citée.

VERGUE n. f.
Pièce de bois attachée transversalement à un mât de navire pour soutenir et orienter la voile.
vergue.

VÉRIDIQUE adj.
Se dit d'un texte, d'une affirmation, etc., conforme à la vérité. *Un témoignage véridique.* SYN. exact ; vrai.
Le nom correspondant à cet adjectif est ***véracité***.

VÉRIDIQUEMENT adv.
D'une manière véridique.

VÉRIFIABLE adj.
Qui peut être vérifié. *Ces données sont vérifiables.*

VÉRIFICATEUR n. m.
VÉRIFICATRICE n. f.
Personne chargée d'examiner les états financiers d'une entreprise, d'un organisme en vue d'exprimer une opinion sur leur fidélité. *Les comptes seront soumis au vérificateur.* SYN. auditeur ; expert-comptable.

VÉRIFICATEUR ORTHOGRAPHIQUE n. m.
(INFORM.) Fonction d'un logiciel qui effectue une partie de la correction de l'orthographe.

VÉRIFICATION n. f.
1. Action de vérifier, d'examiner l'exactitude de quelque chose. *La vérification des passeports.*
2. Examen des registres et des documents comptables d'une entreprise, d'un organisme.

VÉRIFIER v. tr., pronom.
VERBE TRANSITIF
1. Examiner l'exactitude, l'authenticité, la conformité d'une chose. *On vérifie les registres comptables de cette entreprise. Nous vérifierons les faits auprès de* (et non *avec) *la direction. Elle a vérifié que la porte était bien fermée, si elle était verrouillée.* SYN. analyser ; contrôler ; inspecter.
Le verbe se construit avec les conjonctions ***que*** ou ***si*** suivies de l'indicatif.
2. Prouver, confirmer. *Les résultats ont vérifié les prévisions.*
VERBE PRONOMINAL
Se révéler juste. *Nos hypothèses se sont vérifiées.* SYN. s'avérer ; se confirmer.
À la forme pronominale, le participe passé de ce verbe s'accorde toujours en genre et en nombre avec son sujet. *Ses calculs se sont vérifiés.*
CONJUGAISON : VOIR MODÈLE ÉTUDIER.
Redoublement du ***i*** à la première et à la deuxième personne du pluriel de l'indicatif imparfait et du subjonctif présent. *(Que) nous vérifiions, (que) vous vérifiiez.*

VÉRIN n. m.
Appareil de levage.
vérin.

VÉRITABLE adj.
1. Réel, conforme à la vérité. *Ce cartable est en cuir véritable.* SYN. véridique ; vrai.
2. Incontestable. *C'est un véritable génie, un véritable escroc.*
En ce sens, l'adjectif, qui renforce une désignation souvent métaphorique, se place avant le nom.

VÉRITABLEMENT adv.
Réellement, vraiment. *L'a-t-on véritablement connu ?*

VÉRITÉ n. f.
Qualité de ce qui est conforme à la réalité, de ce qui est vrai. *La recherche de la vérité.* SYN. vrai.
LOCUTIONS
– ***À la vérité,*** loc. adv. Il est vrai que, j'en conviens.
Cette locution a une valeur concessive, elle introduit une mise au point.
– ***En vérité,*** loc. adv. Assurément.

VERLAN n. m.
Langage codé qui consiste à inverser les syllabes de certains mots, de certaines locutions. Africain *se dit en verlan* cainfri; fou, *se dit* ouf.
Comme tout argot, le verlan (inversion de ***l'envers***) permet de marquer l'appartenance à un groupe particulier, de n'être compris que des membres de ce groupe.

VERMEIL, EILLE adj. et n. m.
ADJECTIF DE COULEUR VARIABLE
(LITT.) D'un rouge vif. *Des joues vermeilles.*
VOIR TABLEAU – COULEUR (ADJECTIFS DE).
NOM MASCULIN
1. Couleur rouge vif. *Des vermeils éclatants.*
2. Argent doré. *Un service à thé en vermeil.*
vermeil, vermeille.

VERMICELLE n. m.
Pâte alimentaire façonnée en fil mince. *Un potage avec du vermicelle, des vermicelles.*
Attention au genre masculin de ce nom : ***un*** vermicelle.
vermicelle.

VERMIFUGE adj. et n. m.
Se dit d'un médicament qui provoque l'expulsion des vers parasitaires. *Une potion vermifuge. Des vermifuges puissants.*

VERMILLON adj. inv. et n. m.
ADJECTIF DE COULEUR INVARIABLE
Rouge vif. *Des soieries vermillon.*
VOIR TABLEAU – COULEUR (ADJECTIFS DE).
NOM MASCULIN
Couleur rouge vif. *Des vermillons voyants.*

VERMINE n. f.
Collectif désignant des insectes nuisibles. *L'extermination de la vermine.*

VERMOULU, UE adj.
Piqué de vers. *Une vieille cabane vermoulue.*

VERMOUTH ou **VERMOUT** n. m.
Apéritif. *Ils ont pris des vermouths frappés.*
T Le nom s'écrit avec une minuscule.
La graphie ***vermout*** est vieillie.

VERNACULAIRE adj.
(DIDACT.) Qui est propre à un pays, à une ethnie (par opposition à ***véhiculaire***). *Une langue vernaculaire.*

VERNI, IE adj.
Recouvert de vernis. *Une table vernie. Des souliers de cuir verni* (et non de *cuir patent).
verni.

VERNIR v. tr.
Recouvrir de vernis. *Vernir un parquet. Une table vernie.*
CONJUGAISON : VOIR MODÈLE FINIR.

V

VERBE

Élément essentiel de la phrase, le verbe en est le mot moteur; il exprime l'**action, l'état**, le **devenir** d'un sujet. Le verbe est le noyau du groupe du verbe. Ce dernier, ayant comme fonction d'être le prédicat de la phrase, il exprime ce qui est dit à propos du sujet. Le verbe est un receveur d'accord : il s'accorde en personne et en nombre avec son sujet.

MODÈLES DE CONJUGAISON DES VERBES

Les verbes se répartissent en deux modèles de conjugaison :

▸ **Premier modèle**

Les verbes se terminant par *-er.*

Aimer, appeler, avancer, changer, congeler, créer, employer, envoyer, étudier, payer, posséder…

▸ **Deuxième modèle**

Les verbes se terminant à l'infinitif par ***-ir*** et au participe présent par ***-issant.***

Aboutir, abrutir, affermir, agir, bannir, blêmir, bondir, choisir, divertir, éblouir, finir, investir…

Tous les autres verbes qui se terminent à l'infinitif par ***-ir*** et au participe présent par ***-ant.***

Acquérir, bouillir, courir, cueillir, dormir, faillir, fuir, ouvrir, sortir, servir, tressaillir, venir, vêtir…

Les verbes qui se terminent à l'infinitif par ***-oir.***

Apercevoir, devoir, émouvoir, falloir, pleuvoir, pouvoir, recevoir, savoir, valoir, voir, vouloir…

Les verbes qui se terminent à l'infinitif par ***-re.***

Apprendre, combattre, craindre, éteindre, faire, fendre, joindre, plaire, remettre, soustraire, vaincre…

☞ La grammaire classique place dans un troisième groupe les verbes qui ne se terminent pas à l'infinif par ***-er*** (1er groupe) et ceux qui ne se terminent pas à l'infinitif par ***-ir*** et au participe présent par ***-issant*** (2e groupe).

VOIR TABLEAU ▸ **AUXILIAIRE.**

CONJUGAISON DU VERBE

Les formes verbales se composent de deux éléments : le **radical** et la **terminaison**, appelée aussi *désinence.*

Alors que le radical porte la signification du verbe, la terminaison en indique le mode, le temps, la personne et le nombre.

La terminaison marque :

- le **mode** du verbe (indicatif, subjonctif, impératif, infinitif, participe). *Fini**ssons*** (indicatif), *fini**r*** (infinitif);
- le **temps** (présent, passé, futur, conditionnel). *Aim**ez*** (présent), *aim**iez*** (passé), *aim**erez*** (futur), *aim**eriez*** (conditionnel);
- la **personne**, le **nombre** du sujet (1re, 2e, 3e personne, singulier et pluriel). *Aim**ons*** (1re personne), *aim**ez*** (2e personne), *aim**ent*** (3e personne); *fini**s*** (singulier) et *fini**ssez*** (pluriel).

☞ Les terminaisons des verbes qui figurent dans cet ouvrage à titre de modèles de conjugaison sont notées en caractères gras.

VOIR TABLEAUX ▸ **FUTUR.** ▸ **IMPÉRATIF.** ▸ **INDICATIF.** ▸ **INFINITIF.** ▸ **PARTICIPE PASSÉ.**
▸ **PARTICIPE PRÉSENT.** ▸ **PASSÉ (TEMPS DU).** ▸ **PRÉSENT.** ▸ **SUBJONCTIF.**

VERBES TRANSITIFS ET INTRANSITIFS

- Les **verbes transitifs directs** ont un complément du verbe **joint directement au verbe, sans préposition.**

  L'enfant mange la pomme.
  L'enfant mange quoi ? La pomme.

VERBE | ***SUITE*** >

- Les **verbes transitifs indirects** ont un complément du verbe **relié indirectement au verbe par une préposition (*à*, *de*,** etc.).

  *Il parle **à** sa sœur.*
  *Vous souvenez-vous **de** lui ?*
  Il parle à qui ? À sa sœur. Vous vous souvenez de qui ? De lui.

- Les **verbes intransitifs** sont construits **sans complément direct ou indirect du verbe.** Par contre, comme dans toutes les phrases, il peut y avoir un complément de phrase.

  Le soleil plombe.
  L'herbe pousse dans le champ.
  L'enfant mange en ce moment.

- Les **verbes impersonnels** expriment un état qui ne comporte pas de sujet logique ; ils ne se construisent qu'**à la troisième personne du singulier** avec le sujet impersonnel *il.*

  ***Il** neige à plein ciel et **il** vente.*

VERBES PRONOMINAUX

- Le **verbe pronominal** est accompagné d'un pronom réfléchi de la même personne que le sujet parce qu'il désigne le même être, le même objet que le sujet.

  Tu te laves. Elles se sont parlé.

- Le **verbe pronominal** est **réfléchi** lorsque l'action porte sur le sujet.

  Bruno s'est coupé. Brigitte s'est blessée.

- Le **verbe pronominal** est **réciproque** lorsque deux ou plusieurs sujets agissent l'un sur l'autre ou les uns sur les autres.

  Ils se sont aimés.

  Le verbe pronominal réciproque ne s'emploie qu'au pluriel.

- Le **verbe pronominal** est **non réfléchi** lorsque le verbe exprime par lui-même un sens complet et que le pronom n'a pas de valeur particulière.

  S'en aller, s'évanouir, se douter, se taire, se moquer, s'enfuir...

FORME PRONOMINALE		
SINGULIER		
1re pers.	***je me parfume***	***je menfuis***
2e pers.	***tu te parfumes***	***tu t'enfuis***
3e pers. du fém.	***elle se parfume***	***elle s'enfuit***
3e pers. du masc.	***il se parfume***	***il s'enfuit***
PLURIEL		
1re pers.	***nous nous parfumons***	***nous nous enfuyons***
2e pers.	***vous vous parfumez***	***vous vous enfuyez***
3e pers. du fém.	***elles se parfument***	***elles s'enfuient***
3e pers. du masc.	***ils se parfument***	***ils s'enfuient***

VOIR TABLEAU ▸ **PRONOMINAUX.**

VERNIS n. m.
1. Enduit que l'on applique sur une surface pour la protéger, la rendre lisse, brillante. *Les peintres ont appliqué un vernis sur les boiseries de la salle à manger. Elle porte du vernis à ongles rouge.*
2. (FIG.) Aspect superficiel, apparence trompeuse. *Grattez un peu le vernis, vous risquez d'être déçu.*
vernis, un *s* final, au singulier comme au pluriel.

VERNISSAGE n. m.
1. Action de vernir; résultat de cette action. *Le vernissage d'une table.*
2. Inauguration d'une exposition de peinture. *Le vernissage aura lieu à la galerie à 19 heures.*
Pour une œuvre, une publication, un produit, on emploiera le nom ***lancement.***

VERNISSER v. tr.
Vernir la poterie. *Des pichets de céramique vernissée.*
CONJUGAISON : VOIR MODÈLE AIMER.

VÉRONIQUE n. f.
Plante herbacée à fleurs bleues.

VERRAT n. m.
Porc mâle qui sert à la reproduction.
verrat.

VERRE n. m.
1. Substance transparente dure et fragile que l'on obtient en faisant fondre un certain type de sable. *Le verre teinté d'un vitrail. Du verre taillé.*
2. Récipient pour boire. *Un verre à eau, des verres à vin.*
3. Contenu d'un verre. *Boire un verre d'eau. As-tu bu ton verre ?*
Par un procédé de langage, le nom du contenant peut aussi nommer le contenu.
4. Plaque de verre. *J'ai rayé le verre de ma montre.*
5. Verres qui corrigent la vision. *Grand-maman, qui est très myope, cherche toujours ses verres.* SYN. lunettes.
LOCUTIONS
– ***Une tempête dans un verre d'eau.*** (FIG.) Discussion, agitation qui se produit sans raison sérieuse.
– ***Verres de contact.*** Lentilles correctrices qui s'appliquent directement sur la cornée. SYN. lentilles cornéennes.
Les verres de contact ne sont pas en verre, mais en une matière plastique plus souple.
HOM.
- ***vair,*** fourrure d'écureuil;
- ***ver,*** animal invertébré;
- ***vers,*** assemblage de mots dans un poème;
- ***vert,*** couleur verte.

VERRERIE n. f.
1. Entreprise où l'on travaille le verre. *Les verreries de Murano.*
2. Objets de verre. *Des lustres ornés de verrerie.*

VERRIÈRE n. f.
Paroi vitrée (toit, mur). *Le plafond s'ouvrait sur une grande verrière.*

VERROTERIE n. f.
Petits objets de verre, pacotille.
verroterie.

VERROU n. m. (pl. *verrous*)
Pièce métallique d'une serrure qui coulisse pour bloquer une porte. *Pousser les verrous de sécurité. Tirer le verrou.*
Ne pas confondre avec le nom ***loquet,*** système de fermeture de porte comprenant une pièce mobile (la clenche) fixée sur la porte et qui vient se bloquer dans une pièce fixée au chambranle de la porte.
LOCUTION
– ***Mettre quelqu'un sous les verrous.*** (FIG.) Le mettre en prison.
un verr**ou**, des verrou**s**.

VERROUILLAGE n. m.
Le fait de verrouiller. *Le verrouillage d'une maison, d'un fichier.*
verrouillage.

VERROUILLER v. tr., pronom.
VERBE TRANSITIF
Fermer à l'aide d'un verrou. *Avez-vous verrouillé* (et non *barré) *la porte ?*
VERBE PRONOMINAL
S'enfermer. *Ils se sont verrouillés dans la forteresse.*
À la forme pronominale, le participe passé de ce verbe s'accorde toujours en genre et en nombre avec son sujet. *La porte s'était verrouillée automatiquement.*
CONJUGAISON : VOIR MODÈLE AIMER.
Les lettres ***ill*** sont suivies d'un ***i*** à la première et à la deuxième personne du pluriel de l'indicatif imparfait et du subjonctif présent. *(Que) nous verrouillions, (que) vous verrouilliez.*

VERRUE n. f.
Excroissance de la peau. *La sorcière avait une affreuse verrue sur le nez.*
verrue.

VERS n. m.
Assemblage de mots dans un poème. *Des vers libres, des vers de douze syllabes ou des alexandrins.*
HOM.
- ***vair,*** fourrure d'écureuil;
- ***ver,*** animal invertébré;
- ***verre,*** substance transparente;
- ***verre,*** récipient pour boire;
- ***vert,*** couleur verte.

VERS prép.
1. En direction de. *Ils roulent vers la Gaspésie.*
2. À peu près (à tel moment). *Nous nous retrouverons vers midi.* SYN. environ.

VERSANT n. m.
Chacune des deux pentes d'une montagne. *Skier sur le versant ensoleillé de la montagne. « Deux collines quatre versants/Les fleurs sauvages sur deux versants/L'ombre sauvage sur deux versants »* (Hector de Saint-Denys Garneau, *Œuvres*).

VERSATILE adj.
Inconstant, changeant. *Cette personne est très versatile : elle est imprévisible.* SYN. capricieux; instable.
Cet adjectif, qui a un sens plutôt défavorable, ne peut qualifier que des personnes.
FORME FAUTIVE
*versatile. Anglicisme au sens de ***aux talents variés, flexible, polyvalent*** (personne), ***tous usages, à tout faire, universel*** (objet).
versatile.

VERSATILITÉ n. f.
Caractère versatile. *La versatilité d'Hélène rend sa fréquentation difficile.* SYN. inconstance; instabilité.
FORME FAUTIVE
*versatilité. Anglicisme au sens de ***flexibilité, polyvalence.***

VERSE n. f.
– ***À verse,*** loc. adv. Abondamment, en parlant de la pluie. SYN. à torrents.
Le mot ne s'emploie que dans cette locution.

VERSÉ, ÉE adj.
Expérimenté dans la pratique d'un art, d'une science. *Il est versé en astronomie.* SYN. savant; spécialiste.

VERSEAU n. m. (pl. *verseaux*)
Nom d'une constellation, d'un signe du zodiaque. *Elle est (du signe) du Verseau, elle est née entre le 21 janvier et le 19 février.*
T Les noms d'astres s'écrivent avec une majuscule.
HOM. ***verso,*** envers d'une feuille de papier.

VERSEMENT n. m.
Action de verser une somme d'argent. *Cet achat peut se régler en plusieurs versements échelonnés sur un an.* SYN. paiement.

VERSER v. tr., intr.
VERBE TRANSITIF
1. Répandre, faire couler. *Verser du jus dans un pichet. « Verse, verse le vin ! verse encore et toujours,/Que je puisse oublier la tristesse des jours »* (Émile Nelligan, *Poésies complètes*).
2. Payer. *Verser une somme en espèces.* SYN. régler.
VERBE INTRANSITIF
Tomber sur le côté. *Sous l'impact, la voiture a versé.* SYN. culbuter ; se renverser.
CONJUGAISON : VOIR MODÈLE AIMER.

VERSET n. m.
Brève maxime extraite d'un livre sacré. *Des versets de la Bible, du Coran.*
verset.

VERSEUR adj. m.
Qui sert à verser. *Des becs verseurs.*

VERSIFICATION n. f.
Action de faire des vers.

VERSION n. f.
1. Traduction d'un texte d'une langue étrangère dans la langue de celui qui traduit (par opposition à ***thème***). *Une version latine, c'est-à-dire un texte en latin traduit en français.* ANT. thème.
2. Variante d'un texte, d'un programme informatique, d'un film. *C'est la version originale du film.*
3. Manière de raconter un fait. *La version du témoin semble exacte.* SYN. récit.

VERSO n. m. (pl. *versos*)
Abréviation *v°* (s'écrit sans point).
Envers d'une feuille de papier. *Voir la suite au verso. Les versos sont paginés en nombres pairs. Signer au verso* (et non *à l'endos) *d'un chèque.* ANT. recto.
LOCUTION
– ***Recto verso,*** loc. adv. Au recto et au verso. *Faire des impressions recto verso.*
Pris adverbialement, le mot est invariable.
HOM. ***verseau,*** nom d'une constellation.

VERSUS prép.
Abréviation ***vs*** (s'écrit sans point).
Par opposition à. *Économie* versus ou vs *écologie.*
T En typographie soignée, les mots étrangers sont composés en italique. Dans des textes déjà en italique, la notation se fait en romain. Pour les textes manuscrits, on utilisera les guillemets.
Ce mot a été emprunté au latin par l'intermédiaire de l'anglais. Il s'emploie dans les oppositions à deux éléments. On pourra lui préférer les locutions ***par opposition à, opposé à, contrairement à, par rapport à, selon le contexte*** ou tout simplement les conjonctions ***et, ou.***
FORME FAUTIVE
*versus. Anglicisme pour ***contre, c.*** (langue juridique). *Kramer c. Kramer* (et non Kramer *vs Kramer).

VERT, VERTE adj. et n. m.
ADJECTIF DE COULEUR VARIABLE
1. Qui est de la couleur verte de l'herbe, des feuilles. *Les beaux yeux verts de Delphine.*
VOIR TABLEAU – COULEUR (ADJECTIFS DE).
2. Qui n'a pas atteint la couleur de la maturité. *Des bananes encore vertes.*
3. Qui est jeune. *« le vert paradis des amours enfantines »* (Baudelaire, *Les Fleurs du mal*).
4. Se dit d'une odeur qui évoque la fraîche senteur des végétaux. *Ce parfum très frais, très vert est idéal pour l'été.*
5. Qui est caractérisé par une grande vitalité malgré un âge avancé. *Des nonagénaires encore verts.*
6. Qui a de la crudité, qui ne s'embarrasse pas des convenances. *Un dictionnaire de la langue verte.*
7. Qui a trait au mouvement écologiste. *Les candidats verts ont remporté 5 % des suffrages.*
8. Qui contribue au respect de l'environnement. *Des procédés verts. Des constructions vertes.*
Les adjectifs de couleur composés sont invariables. *Des robes vert tendre, vert amande, vert olive, vert pistache.*
ADJECTIF
Qui n'est pas mûr. *Ces fruits sont trop verts.*
NOM MASCULIN
Couleur intermédiaire entre le bleu et le jaune. *Teindre une étoffe en vert.*
LOCUTIONS
– ***Avoir la main verte.*** (FIG.) Savoir cultiver plantes et fleurs.
– ***Bâtiment vert.*** Bâtiment construit en vue de réduire ses impacts négatifs sur l'environnement. *Le bâtiment vert se caractérise notamment par ses matériaux écologiques ou recyclés, l'utilisation de capteurs solaires, le recyclage des eaux de pluie.* SYN. bâtiment écologique.
– ***Donner le feu vert à quelqu'un, à quelque chose.*** (FIG.) Autoriser, donner son accord.
– ***Langue verte.*** Argot. *Un dictionnaire de la langue verte.*
– ***Le billet vert.*** Dollar américain.
– ***Se mettre au vert.*** (FAM.) (FIG.) Aller à la campagne.
– ***Trouver les raisins trop verts.*** Critiquer, dédaigner ce qu'on ne peut obtenir.
– ***Une volée de bois vert.*** Série de coups vigoureux et bien appliqués.
– ***Une volée de bois vert.*** (FIG.) Critiques cinglantes.
HOM.
• ***vair,*** fourrure d'écureuil ;
• ***ver,*** animal invertébré ;
• ***verre,*** substance transparente ;
• ***verre,*** récipient pour boire ;
• ***vers,*** assemblage de mots dans un poème.

VERT-DE-GRIS adj. inv. et n. m. inv. (pl. *vert-de-gris*)
ADJECTIF DE COULEUR INVARIABLE
D'un vert grisâtre. *Des toits vert-de-gris.*
VOIR TABLEAU – COULEUR (ADJECTIFS DE).
NOM MASCULIN INVARIABLE
Dépôt verdâtre qui se forme sur le cuivre exposé à l'air.

VERTÉBRAL, ALE, AUX adj.
Qui se rapporte aux vertèbres. *La colonne vertébrale, des disques vertébraux.*
vertébral.

VERTÉBRÉ, ÉE adj. et n. m.
ADJECTIF
Qui a des vertèbres. *Les animaux vertébrés.*
NOM MASCULIN
Animal pourvu d'une colonne vertébrale. *Le cheval est un vertébré, alors que le ver est un invertébré.* ANT. invertébré.
vertébré.

VERTÈBRE n. f.
Chacun des os qui composent la colonne vertébrale. *Les vertèbres cervicales, lombaires.*
vertèbre.

VERTEMENT adv.
Avec sévérité. *Elle fut vertement réprimandée.* SYN. durement ; sévèrement.

VERTICAL, ALE, AUX adj. et n. f.
ADJECTIF
Perpendiculaire à l'horizon. *Des stores verticaux.* ANT. horizontal.

NOM FÉMININ
Position verticale, ligne droite qui a la direction du fil à plomb.
LOCUTION
– ***À la verticale,*** loc. adv. Verticalement.

VERTICALEMENT adv.
En suivant la verticale. *Les résultats figurent verticalement et les années, horizontalement.*

VERTICALITÉ n. f.
État de ce qui est vertical. ANT. horizontalité.

VERTIGE n. m.
1. Peur de tomber dans le vide. *Il ne peut grimper là-haut, il aurait le vertige.*
2. Perte d'équilibre, étourdissement. *Elle a des vertiges et a failli s'évanouir.*

VERTIGINEUSEMENT adv.
D'une manière vertigineuse. *Le prix des maisons a augmenté vertigineusement.* SYN. considérablement.

VERTIGINEUX, EUSE adj.
1. Qui donne le vertige. *La hauteur vertigineuse d'un gratte-ciel. « Au-dessus des sommets du nord vertigineux,/Le signe avant-coureur de ton âme loyale :/Un éblouissement d'aurore boréale »* (Alfred DesRochers, *À l'ombre de l'Orford*).
2. (FIG.) Très élevé. *Des prix vertigineux.* SYN. démesuré.

VERTU n. f.
1. (VIEILLI) (PLAISANT.) Chasteté.
2. Qualité particulière. *Les vertus d'un médicament.*
3. (LITT.) Disposition à accomplir certains devoirs, certains actes moraux. *La patience est une vertu difficile à pratiquer.*
LOCUTION
– ***En vertu de,*** loc. prép. (DR.) Par le pouvoir de, au nom de. *En vertu de la nouvelle loi, ces pratiques sont illégales.*
✏ vert**u**.

VERTUEUSEMENT adv.
D'une façon vertueuse.

VERTUEUX, EUSE adj.
(VIEILLI) (PLAISANT.) Honnête, sage, moral. *Une demoiselle vertueuse.*
LOCUTION
– ***Cercle vertueux.*** Enchaînement de circonstances dont le cumul entraîne l'amélioration d'une situation. ANT. cercle vicieux.

VERVE n. f.
Imagination créatrice, fantaisie. *Il est en verve ce soir. La verve d'un imitateur.* SYN. esprit.

VERVEINE n. f.
1. Plante aromatique dont une espèce a des vertus calmantes.
2. Infusion. *Une tasse de verveine.*
✏ verv**ei**ne.

VÉSICAL, ALE, AUX adj.
De la vessie. *Des calculs vésicaux.*

VÉSICULE n. f.
1. Organe en forme de petit sac. *La vésicule biliaire.*
2. Cloque sur la peau.
☞ Attention au genre féminin de ce nom : ***une*** vésicule.

VESPASIENNE n. f.
(VX) Urinoir public.

VESPÉRAL, ALE, AUX adj.
(LITT.) Du soir. *Les vents vespéraux.*

VESSE-DE-LOUP n. f. (pl. *vesses-de-loup*)
Type de champignon.

VESSIE n. f.
Partie du corps où s'accumule l'urine qui provient des reins.
LOCUTION
– ***Prendre des vessies pour des lanternes.*** (FAM.) (FIG.) Se méprendre grossièrement, croire des choses absurdes.

VESTALE n. f.
1. (ANCIENN.) Prêtresse chargée d'entretenir le feu sacré.
2. (LITT.) Femme très chaste.
✏ vestale.

VESTE n. f.
Vêtement court comportant des manches, ouvert à l'avant et qui se porte sur une chemise, un tricot. *Une veste de lainage, la veste d'un costume.*
☞ Ne pas confondre avec les noms suivants :
• ***chandail,*** tricot de laine se passant par la tête ;
• ***débardeur,*** tricot sans manches et à large encolure ;
• ***gilet,*** vêtement masculin sans manches porté sous le veston.

VESTIAIRE n. m.
1. Lieu où l'on dépose certains vêtements ou objets à l'entrée d'un théâtre, d'un musée, d'un établissement. *J'ai oublié mon parapluie au vestiaire du restaurant.*
2. (PAR EXT.) Vêtements laissés au vestiaire. *Donnez-moi mon vestiaire, je vous prie.*

VESTIBULE n. m.
Pièce située à l'entrée d'un édifice, d'une maison.
✏ vestibule.

VESTIGE n. m.
1. Marque (d'une chose disparue). *Les vestiges d'un ancien château.* SYN. reste ; ruine.
2. (FIG.) Ce qui reste (d'une chose abstraite). *Les vestiges de la civilisation grecque.* SYN. reste ; trace.
☞ Le nom s'emploie généralement au pluriel.

VESTIMENTAIRE adj.
Qui est relatif aux vêtements. *Une tenue vestimentaire.*
✏ vestiment**aire**.

VESTON n. m.
Veste d'un complet masculin. *Un veston et un gilet assortis.*
☞ La veste d'un tailleur se nomme plus spécialement ***jaquette.***
LOCUTION
– ***Complet-veston.*** Vêtement masculin comportant un veston et un pantalon. *Des complets-veston de lainage.* SYN. complet.
📏 Dans cette locution, seul le nom ***complet*** prend la marque du pluriel.

VÊTEMENT n. m.
Tout ce qui sert à couvrir le corps humain. *Ils doivent acheter de nouveaux vêtements pour l'hiver.*

VÉTÉRAN n. m.
1. Soldat qui a de longs états de service, ancien combattant. *Les vétérans de la dernière guerre.*
2. (FIG.) Personne très expérimentée dans un domaine. *C'est un vétéran de la chirurgie à cœur ouvert.*
✏ vétér**an**.

VÉTÉRINAIRE adj. et n. m. et f.
ADJECTIF
Qui est relatif aux soins donnés aux animaux. *La médecine vétérinaire.*
NOM MASCULIN ET FÉMININ
Personne qui pratique la médecine des animaux. *Élodie voudrait devenir vétérinaire.*
✏ vétérin**aire**.

VÉTILLE n. f.
Chose sans importance. *Il discute pour des vétilles.* SYN. bagatelle ; insignifiance.

VÊTIR v. tr., pronom.
VERBE TRANSITIF
(LITT.) Couvrir de vêtements. *Elle est toujours bien vêtue.*
VERBE PRONOMINAL
(LITT.) S'habiller. *Ils s'étaient vêtus de couleurs vives.*
À la forme pronominale, le participe passé de ce verbe s'accorde toujours en genre et en nombre avec son sujet. *Les mariés s'étaient vêtus de blanc.*
CONJUGAISON : VOIR MODÈLE VÊTIR.

VÉTIVER n. m.
Le *r* se prononce, [vetivɛr] ; le nom rime avec ***hiver***.
Plante cultivée pour ses racines odorantes.

VETO n. m. inv. (pl. *veto*)
Le *e* se prononce *é*, [veto].
Mot latin signifiant « je m'oppose ».
Refus de donner son accord. *Elle a mis son* veto, *ils nous ont opposé leur* veto. *Un droit de* veto. *Des* veto *catégoriques.*
T En typographie soignée, les mots étrangers sont composés en italique. Dans des textes déjà en italique, la notation se fait en romain. Pour les textes manuscrits, on utilisera les guillemets.
[Les *Rectifications* (1990) admettent : un véto, des vétos.]

VÊTU, UE adj.
Habillé. *Vêtus de cuir, ils ressemblent à des motards.*
L'adjectif se construit avec la préposition ***de***.

VÉTUSTE adj.
Très vieux et détérioré. *Des habitations vétustes.*

VÉTUSTÉ n. f.
(LITT.) État de ce qui est vétuste.

VEUF, VEUVE adj. et n. m. et f.
Se dit de la personne dont le conjoint est mort. *Un veuf inconsolable, une veuve joyeuse.*

VEULE adj.
(LITT.) Lâche, mou, sans énergie.
veu**le**.

VEULERIE n. f.
Caractère d'une personne veule, lâcheté, mollesse.
veu**lerie**.

VEUVAGE n. m.
État d'une personne veuve.

VEXANT, ANTE adj.
1. Irritant, contrariant. *Il est vexant de se faire réveiller en pleine nuit par un coup de téléphone.* SYN. rageant.
2. Blessant. *Des remarques vexantes.* SYN. cinglant.

VEXATION n. f.
Insulte, contrariété. *J'en ai assez de subir des vexations !* SYN. humiliation ; rebuffade.

VEXATOIRE adj.
Qui a le caractère d'une vexation. *Des manœuvres vexatoires.*
vexat**oire**.

VEXER v. tr., pronom.
VERBE TRANSITIF
Blesser, contrarier. *Il ne voulait pas vous vexer.* SYN. fâcher ; insulter ; irriter.
VERBE PRONOMINAL
Se fâcher, se formaliser. *Elles se sont vexées de ces commentaires désagréables.* SYN. se froisser ; s'offenser.
À la forme pronominale, le participe passé de ce verbe s'accorde toujours en genre et en nombre avec son sujet. *Ils s'étaient vexés de son impolitesse.*
CONJUGAISON : VOIR MODÈLE AIMER.

v. g.
Abréviation de «*verbi gratia*» qui signifie « par exemple ».
Il est préférable d'utiliser l'abréviation ***p. ex.*** plutôt que les abréviations latines ***v. g.*** («*verbi gratia*») et ***e. g.*** («*exempli gratia*») qu'on réservera aux textes anglais.

VIA prép.
Par. *Destination Nice via Paris. Nous avons découvert ces nouvelles destinations via Internet.*
Cet emploi, qui appartient au domaine des transports, est le seul usage correct en français. La préposition s'applique à un lieu. Selon le GDT, « puisque Internet et le Web (le cyberespace) sont perçus comme des lieux virtuels que l'on visite, dans lesquels on se déplace ou on navigue, on peut alors penser que le seul sens actuellement reconnu en français de *via* est respecté dans les expressions *via Internet, via l'Internet, via le Net* et *via le Web*. Dans les autres cas, il est recommandé d'utiliser la préposition *par*». *Un colis expédié par* (et non *via) *autocar. Une émission diffusée sur* (et non *via) *ondes hertziennes.*

VIABILISER v. tr.
Exécuter les travaux destinés à rendre un terrain habitable. *Ces lots sont viabilisés.*
CONJUGAISON : VOIR MODÈLE AIMER.

VIABILITÉ n. f.
1. État d'une voie de circulation où l'on peut rouler.
2. Aptitude à vivre d'un organisme.
3. Caractère viable de quelque chose.

VIABLE adj.
1. Qui peut vivre. *Ce nouveau-né est viable.*
2. Qu'on peut mener à bien, qui peut aboutir. *Le projet est-il viable ?*

VIADUC n. m.
Ouvrage routier ou ferroviaire construit à une grande hauteur afin d'enjamber une vallée, une dépression, etc., et comportant de nombreuses travées (GDT). *Dans la région de Québec, le viaduc ferroviaire de Cap-Rouge surplombe la voie ferrée.*
Ne pas confondre avec les noms suivants :
• ***passage supérieur***, passage d'une voie de communication au-dessus d'une autre pour éviter de la couper ;
• ***tunnel***, voie souterraine.
via**duc**.

VIAGER, ÈRE adj. et n. m.
ADJECTIF
Qui dure pendant la vie d'une personne et qui s'éteint à la mort. *Une rente viagère.*
NOM MASCULIN
Rente viagère.

VIANDE n. f.
Chair des animaux qui sert à la nourriture. *Elle préfère la viande blanche à la viande rouge.*

VIBRANT, ANTE adj.
1. Qui vibre.
2. Qui témoigne de l'émotion, de la ferveur. *Des plaidoyers vibrants.* SYN. ardent ; émouvant ; touchant.

VIBRAPHONE n. m.
Instrument de musique composé de lames d'acier qui sont frappées à l'aide de marteaux.

VIBRAPHONISTE n. m. et f.
Musicien qui joue du vibraphone.

VIBRATEUR n. m.
Appareil qui produit des vibrations mécaniques.

VIBRATILE adj.
Animé de mouvements vibratoires. *Des cils vibratiles.*
vibra**tile**.

V

CONJUGAISON DU VERBE **VÊTIR**

INDICATIF

PRÉSENT

je	vêts
tu	vêts
elle / il	vêt
nous	vêt**ons**
vous	vêt**ez**
elles / ils	vêt**ent**

PASSÉ COMPOSÉ

j'	ai	vêtu
tu	as	vêtu
elle / il	a	vêtu
nous	avons	vêtu
vous	avez	vêtu
elles / ils	ont	vêtu

IMPARFAIT

je	vêt**ais**
tu	vêt**ais**
elle / il	vêt**ait**
nous	vêt**ions**
vous	vêt**iez**
elles / ils	vêt**aient**

PLUS-QUE-PARFAIT

j'	avais	vêtu
tu	avais	vêtu
elle / il	avait	vêtu
nous	avions	vêtu
vous	aviez	vêtu
elles / ils	avaient	vêtu

PASSÉ SIMPLE

je	vêt**is**
tu	vêt**is**
elle / il	vêt**it**
nous	vêt**îmes**
vous	vêt**îtes**
elles / ils	vêt**irent**

PASSÉ ANTÉRIEUR

j'	eus	vêtu
tu	eus	vêtu
elle / il	eut	vêtu
nous	eûmes	vêtu
vous	eûtes	vêtu
elles / ils	eurent	vêtu

FUTUR SIMPLE

je	vêt**irai**
tu	vêt**iras**
elle / il	vêt**ira**
nous	vêt**irons**
vous	vêt**irez**
elles / ils	vêt**iront**

FUTUR ANTÉRIEUR

j'	aurai	vêtu
tu	auras	vêtu
elle / il	aura	vêtu
nous	aurons	vêtu
vous	aurez	vêtu
elles / ils	auront	vêtu

CONDITIONNEL PRÉSENT

je	vêt**irais**
tu	vêt**irais**
elle / il	vêt**irait**
nous	vêt**irions**
vous	vêt**iriez**
elles / ils	vêt**iraient**

CONDITIONNEL PASSÉ

j'	aurais	vêtu
tu	aurais	vêtu
elle / il	aurait	vêtu
nous	aurions	vêtu
vous	auriez	vêtu
elles / ils	auraient	vêtu

SUBJONCTIF

PRÉSENT

que	je	vêt**e**
que	tu	vêt**es**
qu'	elle / il	vêt**e**
que	nous	vêt**ions**
que	vous	vêt**iez**
qu'	elles / ils	vêt**ent**

PASSÉ

que	j'	aie	vêtu
que	tu	aies	vêtu
qu'	elle / il	ait	vêtu
que	nous	ayons	vêtu
que	vous	ayez	vêtu
qu'	elles / ils	aient	vêtu

IMPARFAIT

que	je	vêt**isse**
que	tu	vêt**isses**
qu'	elle / il	vêt**ît**
que	nous	vêt**issions**
que	vous	vêt**issiez**
qu'	elles / ils	vêt**issent**

PLUS-QUE-PARFAIT

que	j'	eusse	vêtu
que	tu	eusses	vêtu
qu'	elle / il	eût	vêtu
que	nous	eussions	vêtu
que	vous	eussiez	vêtu
qu'	elles / ils	eussent	vêtu

IMPÉRATIF

PRÉSENT

vêts
vêt**ons**
vêt**ez**

PASSÉ

aie vêtu
ayons vêtu
ayez vêtu

INFINITIF

PRÉSENT

vêt**ir**

PASSÉ

avoir vêtu

PARTICIPE

PRÉSENT

vêt**ant**

PASSÉ

vêtu, ue
ayant vêtu

VIBRATION n. f.
Mouvement qui oscille, tremblement. *Des vibrations sonores.*

VIBRATOIRE adj.
Constitué d'une suite de vibrations.
✏ vibrat**oire.**

VIBRER v. tr., intr.
VERBE TRANSITIF
Modifier un corps par des vibrations. *Vibrer du béton.*
VERBE INTRANSITIF
1. Résonner, produire des vibrations. *Une cloche qui vibre.*
2. (FIG.) Émouvoir, toucher. *Des chansons qui la faisaient vibrer.*
CONJUGAISON : VOIR MODÈLE AIMER.

VIBROMASSEUR n. m.
Appareil qui masse en faisant vibrer.
✏ **vibromasseur,** en un seul mot.

VICAIRE n. m.
Prêtre adjoint au curé dans une paroisse.

VICE n. m.
1. (LITT.) Défaut. *La gourmandise est-elle un vice ?*
Dans la langue courante, on emploie plutôt le mot ***défaut.***
2. Défaut qui altère gravement la constitution d'une chose. *Un vice de construction.* SYN. défectuosité.
Ne pas confondre avec les noms suivants :
• ***malfaçon,*** défaut de fabrication ;
• ***travers,*** défaut léger, bizarrerie.
HOM. ***vis,*** tige filetée.

VICE-
1. Élément invariable qui précède certaines désignations de fonctions exercées en second, en l'absence de quelqu'un. *Une vice-présidente, un vice-doyen.*
2. Les titres composés avec l'élément ***vice-*** s'écrivent avec un trait d'union et seul le deuxième élément prend la marque du pluriel.

VICE-CONSUL n. m.
VICE-CONSULE n. f.
Personne qui agit comme consul dans un endroit où il n'y a pas de consul.

VICE-PRÉSIDENCE n. f. (pl. *vice-présidences*)
Fonction de vice-président, de vice-présidente.

VICE-PRÉSIDENT n. m.
VICE-PRÉSIDENTE n. f.
1. Personne qui peut remplacer le président, en son absence.
2. Personne au sommet de la hiérarchie après le président dans une entreprise, un organisme.

VICE VERSA ou **VICE-VERSA** loc. adv.
Le premier ***e*** se prononce ***é*** ou est muet, [viseversa, visversa].
Réciproquement. *Disposer un carreau noir, puis un carreau blanc et vice versa.*
✏ vice(-)versa.

VICHY n. m. (pl. *vichys*)
1. Toile à petits carreaux. *Un vichy bleu et blanc.*
2. Verre d'eau minérale de la station thermale de Vichy. *Boire des vichys glacés.*
T Le nom du tissu, de l'eau minérale s'écrit avec une minuscule, tandis que le nom de la ville s'écrit avec une majuscule. *Un vichy,* mais *une eau de Vichy.*

VICHYSSOISE n. f.
Potage de poireaux que l'on consomme froid.

VICIÉ, ÉE adj.
Pollué, altéré. *Une atmosphère viciée.*

VICIER v. tr.
(LITT.) Corrompre. *Ces vapeurs toxiques vicient l'atmosphère. Il faudrait aérer, l'air est vicié.*
CONJUGAISON : VOIR MODÈLE ÉTUDIER.
Redoublement du ***i*** à la première et à la deuxième personne du pluriel de l'indicatif imparfait et du subjonctif présent. *(Que) nous viciions, (que) vous viciiez.*

VICIEUSEMENT adv.
De façon vicieuse.

VICIEUX, IEUSE adj. et n. m. et f.
Rempli de mauvais penchants, qui aime faire le mal. *Un animal vicieux. Des vicieuses.* SYN. pervers.
LOCUTIONS
– ***Cercle vicieux.*** Raisonnement faux, qui tourne en rond.
– ***Cercle vicieux.*** Enchaînement inextricable de situations. ANT. cercle vertueux.

VICINAL, ALE, AUX adj.
Se dit d'un petit chemin qui relie des villages. *Des chemins vicinaux.*

VICISSITUDES n. f. pl.
(LITT.) Succession de situations différentes, heureuses ou malheureuses. *Les vicissitudes de l'existence.*
✏ vicissitudes.

VICOMTE n. m.
VICOMTESSE n. f.
Titre de noblesse qui vient avant celui de ***baron.***
✏ vicomte.

VICOMTÉ n. f.
Terre d'une seigneurie appartenant à un vicomte.
Attention au genre féminin de ce nom : ***une*** vicomté.
✏ vicomté.

VICTIME n. f.
1. Personne qui souffre des agissements d'autrui, d'évènements malheureux, ou par sa propre faute. *Il a été victime d'une injustice.*
2. Personne tuée ou blessée. *La route a fait plusieurs victimes au cours des derniers jours. Les victimes du sida.*

VICTIMISATION n. f.
(PSYCHO.) Attitude par laquelle un sujet se pose en victime, dans le but conscient ou inconscient de susciter chez autrui un sentiment de pitié ou même de culpabilité, et de se protéger ainsi contre toute accusation ou punition, tout en revendiquant indirectement la satisfaction de ses besoins matériels ou affectifs (GDT). *« Au-delà de la victimisation des femmes,* Les Femmes dans un monde d'insécurité *(La Martinière) aborde aussi leur force de résilience et de survivance, jugée essentielle à l'édification de la paix »* (Le Devoir).

VICTIMISER v. tr.
Transformer (quelqu'un) en victime. *Victimiser un accusé. « Les jeunes ultras qui vont au stade vont donc avoir tendance à se victimiser, d'autant qu'ils se sentent déjà pénalisés par une campagne d'interdictions de stade »* (Le Monde).
Le GDT admet le nom ***victimisation,*** mais juge que le verbe ***victimiser*** est un calque inutile de l'anglais qui doit être évité.
CONJUGAISON : VOIR MODÈLE AIMER.

VICTOIRE n. f.
Succès militaire, sportif, etc. *Ils ont remporté la victoire.* SYN. réussite ; succès ; triomphe.
LOCUTION
– ***Crier, chanter victoire.*** Se glorifier d'un succès.

VICTORIEN, IENNE adj.
Relatif au règne de la reine Victoria. *De magnifiques maisons victoriennes.*

VICTORIEUSEMENT adv.
D'une manière victorieuse.

VICTORIEUX, IEUSE adj.
1. Vainqueur. *L'armée victorieuse.*
2. Qui exprime un succès. *Air victorieux.* SYN. triomphant.
L'adjectif féminin sert également de forme féminine à l'adjectif ***vainqueur.***

VICTUAILLES n. f. pl.
Vivres, provisions. *Il se chargera des victuailles.* SYN. nourriture.

VIDAGE n. m.
Action de vider. *Le préposé procédait au vidage des corbeilles à papier municipales.*

VIDANGE n. f.
Action de vidanger un réservoir. *Faire la vidange* (et non le *changement) *d'huile.*
FORME FAUTIVE
*vidanges. Impropriété au sens de ***déchets, ordures.*** *Faire l'enlèvement des ordures* (et non la *cueillette des vidanges).

VIDANGER v. tr.
Vider un réservoir pour le nettoyer.
CONJUGAISON : VOIR MODÈLE CHANGER.
Le ***g*** est suivi d'un ***e*** devant les lettres ***a*** et ***o***. *Il vidangea, nous vidangeons.*

VIDANGEUR n. m.
Personne qui fait la vidange de certains réservoirs.
FORME FAUTIVE
*vidangeur. Impropriété au sens de ***éboueur.***

VIDE adj. et n. m.
ADJECTIF
1. Qui ne contient rien. *Ce mur est vide : décore-le avec une belle affiche.* SYN. dépouillé.
2. Dépourvu (d'idées, de sentiments). *Une citation vide de sens.* SYN. creux.
3. Désert. *Un restaurant vide.*
NOM MASCULIN
1. Espace qui ne contient pas d'air. *Faire le vide dans un contenant.*
2. Espace sans objet. *Regarder dans le vide.*
3. Néant. *Le vide de son existence. « Tu reposes et je suis envahi par le vide/Les fantômes mêmes me sont ravis »* (Alain Grandbois, *Les Îles de la nuit*). SYN. vacuité.
4. Sentiment de privation, d'isolement. *Votre absence laissera un grand vide.* SYN. solitude.
LOCUTIONS
– ***À vide.*** Sans contenir de passagers, de marchandises à transporter. *Le camion est revenu à vide.*
– ***Dans le vide,*** loc. adv. Vainement, en pure perte. *Parler dans le vide, sans être entendu.*
– ***Faire le vide autour de soi.*** S'isoler. *Il est déprimé depuis quelques mois et il a fait le vide autour de lui.*
– ***Passage à vide.*** (FIG.) Moment difficile caractérisé par un manque d'énergie, une impossibilité d'agir.
– ***Vide juridique.*** Situation non prévue par la loi.

VIDÉASTE n. m. et f.
Personne qui réalise un document vidéo. *Des vidéastes amateurs.*
Le terme ***vidéaste*** est construit sur le modèle de ***cinéaste.***

VIDE-GRENIER n. m. (pl. *vide-greniers*)
Mise en vente à prix réduits, par un particulier, sur sa propriété, d'objets dont il veut se défaire. SYN. ⚜ vente-débarras.

VIDE-LINGE n. m. (pl. *vide-linges*)
Conduit vertical par lequel on achemine le linge sale à un étage inférieur. *Un vide-linge* (et non une *chute à linge) *pratique.*

VIDÉO adj. inv. et n. f.
ADJECTIF INVARIABLE
Qui est relatif à l'enregistrement et à la reproduction de l'image et du son sur un écran de visualisation. *Des cassettes vidéo, des écrans vidéo, une bande vidéo, des jeux vidéo.*
NOM FÉMININ
1. Ensemble des techniques vidéo qui permettent la diffusion sonore et visuelle sur un écran de télévision.
Attention au genre féminin de ce nom.
2. Film tourné à l'aide des techniques vidéo. *Visionner des vidéos.*
LOCUTION
– ***Club vidéo.*** Boutique où l'on peut généralement louer ou acheter des DVD, des vidéocassettes et des jeux vidéo.

VIDÉO- préf.
Élément du latin signifiant « je vois ».
Les mots composés du préfixe ***vidéo-*** s'écrivent en un seul mot. *Vidéocassette.*

VIDÉOCASSETTE n. f.
Cassette servant à l'enregistrement et à la reproduction de l'image et du son sur un écran de visualisation.

VIDÉOCLIP n. m.
Court film vidéo destiné à faire la promotion d'une chanson. *Les enfants raffolent des vidéoclips.* SYN. clip.

VIDÉOCONFÉRENCE n. f.
Téléconférence qui permet à ses participants de pouvoir se voir réciproquement, grâce à l'utilisation de caméras et d'écrans qu'on installe pour la transmission des images (GDT). SYN. visioconférence.

VIDÉODISQUE n. m.
Disque qui permet de reproduire le son et l'image.

VIDE-ORDURE(S) n. m. (pl. *vide-ordures*)
1. Conduit où l'on peut jeter des ordures ménagères, dans un immeuble. *Des vide-ordures* (et non *chutes à déchets).
2. Ouverture de ce conduit.

VIDÉOSCOPE n. m.
Appareil d'enregistrement et de reproduction des images et du son utilisant des bandes magnétiques. SYN. magnétoscope.

VIDÉOSURVEILLANCE n. f.
Système de surveillance de certains lieux à l'aide de caméras vidéo.

***VIDÉOTAPE**
Anglicisme pour ***bande-vidéo, bande magnétoscopique.***

VIDÉOTHÈQUE n. f.
Lieu où sont rassemblés les documents audiovisuels destinés à la télévision et à ses applications (GDT).

VIDE-POCHE ou **VIDE-POCHES** n. m. inv. (pl. *vide-poche* ou *vide-poches*)
Petit réceptacle où l'on dépose de menus articles. *Des vide-poches pratiques.*

VIDER v. tr., pronom.
VERBE TRANSITIF
1. Rendre vide. *J'ai vidé mon bureau parce que je déménage. Vider une bouteille de jus.*
2. (FAM.) Épuiser. *Cet effort soutenu l'a vidé.*
VERBE PRONOMINAL
Se désemplir. *Les rues se sont vidées très rapidement.* SYN. se libérer.
À la forme pronominale, le participe passé de ce verbe s'accorde toujours en genre et en nombre avec son sujet. *La piscine s'est vidée peu à peu.*
LOCUTION
– ***Vider les lieux.*** Partir d'un endroit.
CONJUGAISON : VOIR MODÈLE AIMER.

VIDEUR n. m.
Personne chargée d'expulser les clients indésirables d'un établissement (bar, discothèque, etc.). *Le videur* (et non *bouncer) *du cabaret.*

VIE n. f.
1. Fait d'être vivant, existence. *Le merveilleux privilège de donner la vie. « Mon cœur/La source du sang/Avec la vie dedans »* (Hector de Saint-Denys Garneau, *Œuvres*). ANT. mort.
2. Espace qui s'écoule entre la naissance d'une personne et sa mort. *Elle a eu une vie heureuse, une longue vie.* SYN. existence.
3. Vitalité, animation. *Cette discussion est pleine de vie.* ANT. ennui ; morosité.
LOCUTIONS
– ***À vie,*** loc. adv. Pour toute la durée de la vie. *Ce président est nommé à vie. Un criminel emprisonné à vie.*
– ***Durée de vie.*** Période pendant laquelle un bien, un produit conserve son efficacité, peut accomplir la fonction qui lui a été dévolue. *Ces piles ont une durée de vie de deux ans.*
– ***En vie,*** loc. adv. Vivant. *Dans cet aquarium, les homards sont en vie.*
– ***Jamais de la vie,*** loc. adv. En aucune manière, jamais.
– ***Ne pas donner signe de vie.*** Ne pas donner de ses nouvelles.
FORME FAUTIVE
*pour la vie. Calque de l'anglais «*for life*» au sens de ***à vie.***

VIEIL
VOIR – VIEUX.

VIEILLARD n. m.
1. Homme âgé.
2. (AU PLUR.) Personnes âgées.
La forme féminine ***vieillarde*** est rare et péjorative.

VIEILLERIE n. f.
Objet usé, ancien. *Ce ne sont que des vieilleries.* SYN. bric-à-brac.
Le nom s'emploie le plus souvent au pluriel.

VIEILLESSE n. f.
1. Dernière période de la vie normale. ANT. jeunesse.
2. État d'une personne âgée.

VIEILLI, IE adj.
1. Qui est âgé, marqué par la vieillesse. *Des traits vieillis.*
2. Qui a perdu de son actualité, de son intérêt avec le temps. *Des manières trop cérémonieuses vieillies.* SYN. démodé ; désuet.
Dans cet ouvrage, les mots ou expressions encore compréhensibles de nos jours, mais qui tendent à sortir de l'usage, sont accompagnés de la marque d'usage (vieilli).
3. (LING.) Qui est de moins en moins usuel, mais qui est toujours compris, en parlant d'un mot, d'une expression, d'une construction.

• Emplois vieillis
Certains mots ou certains sens deviennent de moins en moins courants, tout en restant encore compris. À titre d'exemples, le nom ***aéroplane*** est vieilli et a été supplanté par le nom ***avion.*** L'expression ***maladie vénérienne*** est vieillie et tend à être remplacée par ***maladie transmise sexuellement (MTS).***
Le même mot peut demeurer en usage au Québec et dans la francophonie canadienne, tout en étant vieilli ou vieux en français européen. En voici quelques exemples : *commérer,* « rapporter des potins » ; *ennuyer (s'),* « souffrir de l'absence de quelqu'un » ; *fendant,* « arrogant » ; *jambette,* « croc-en-jambe » ; *manger* (n. m.), « nourriture » ; *menterie,* « mensonge » *saucer,* « tremper » ; *serrer,* « ranger ».

• Archaïsmes
Certains mots ne s'emploient plus maintenant ou ont changé de sens ; ils sont devenus **vieux.** Ainsi, le verbe ***occire*** s'employait autrefois, on dit aujourd'hui ***tuer;*** le nom ***gazette*** a été remplacé par ***journal.*** Le nom ***habit*** ne veut plus dire ***costume,*** il ne désigne plus que le vêtement de cérémonie masculin à longues basques.
Dans cet ouvrage, les mots ou expressions peu compréhensibles aujourd'hui et rarement employés sont accompagnés de la marque d'usage (vx).

VIEILLIR v. tr., intr., pronom.
VERBE TRANSITIF
Rendre vieux, faire paraître vieux. *Cette coiffure la vieillit.* ANT. rajeunir.
VERBE INTRANSITIF
1. Devenir vieux. *Les adultes aimeraient bien arrêter de vieillir.* ANT. rajeunir.
2. Devenir démodé, perdre de son actualité. *Ce sujet n'a pas vieilli, il est toujours d'intérêt.* SYN. dater ; passer de mode.
Le verbe se conjugue avec l'auxiliaire ***avoir*** pour marquer l'action, avec l'auxiliaire ***être*** pour marquer l'état. *Elle a bien vieilli au cours de ces dernières années. Comme il est vieilli aujourd'hui !*
VERBE PRONOMINAL
Se faire paraître, se dire plus vieux qu'on ne l'est en réalité. *Elles se sont vieillies un peu pour entrer au cinéma.*
À la forme pronominale, le participe passé de ce verbe s'accorde toujours en genre et en nombre avec son sujet. *Ils se sont vieillis pour fréquenter les bars.*
CONJUGAISON : VOIR MODÈLE FINIR.

VIEILLISSANT, ANTE adj.
Qui vieillit. *Des gestionnaires vieillissants, une fonction publique vieillissante.*

VIEILLISSEMENT n. m.
1. Fait de prendre de l'âge.
2. (DÉMOGR.) Augmentation de la proportion des personnes âgées au sein d'une population.

VIEILLOT, OTTE adj.
Démodé, vieux. *Des tenues vieillottes.* SYN. désuet.

VIENNOISERIE n. f.
Ensemble de produits de la boulangerie servis principalement au petit déjeuner (brioches, croissants, etc.). *Une corbeille de viennoiseries et un café au lait.*

VIERGE adj. et n. f.
ADJECTIF
1. Qui n'a jamais eu de relations sexuelles.
2. Qui est intact. *Une feuille vierge, un casier judiciaire vierge.* SYN. sans tache.
3. Qui n'a jamais été exploité, exploré. *Une terre vierge, des régions polaires vierges.*
NOM FÉMININ
1. Femme qui n'a jamais eu de relations sexuelles.
2. Nom d'une constellation, d'un signe du zodiaque. *Elle est (du signe de la) Vierge, elle est née entre le 23 août et le 22 septembre.*
T Les noms d'astres s'écrivent avec une majuscule.
LOCUTIONS
– ***Forêt vierge.*** Forêt tropicale qui n'a pas été explorée.
– ***La Sainte Vierge, la Vierge.*** La Vierge Marie.
T En ce sens, le nom s'écrit avec une majuscule.

VIETNAMIEN, IENNE adj. et n. m. et f.
ADJECTIF ET NOM MASCULIN ET FÉMININ
Du Vietnam. *La cuisine vietnamienne. Un Vietnamien, une Vietnamienne.*
T L'adjectif s'écrit avec une minuscule ; le nom, avec une majuscule.
NOM MASCULIN
Langue parlée par les Vietnamiens. *Thanh parle le vietnamien.*
T Le nom de la langue s'écrit avec une minuscule.

VIEUX ou **VIEIL, VIEILLE** adj.
1. Qui est avancé en âge. *Ce monsieur est très vieux. Cette tortue est très vieille : est-elle centenaire ?*
Placé avant un nom qui commence par une voyelle ou un ***h*** muet, l'adjectif masculin s'orthographie ***vieil.*** *Un vieil arbre.*
2. Ancien. *Une vieille maison. Le Vieux-Montréal.*

3. Âgé. *Étienne est plus vieux que Marie-Ève. Sophie n'est pas assez vieille pour faire le trajet à pied.*
En ce sens, l'adjectif se construit avec un comparatif : ***moins, plus*** ou les adverbes ***assez, trop.***
4. (LING.) Se dit d'un mot, d'une expression peu compréhensible aujourd'hui et rarement employé, sauf par effet de style. À titre d'exemples sont considérés comme vieux les noms ***aboi*** au sens de « cri du chien », ***aérolite*** au sens de « météorite », ***chaland*** au sens de « client, acheteur », les verbes ***bayer*** au sens de « être grand ouvert », ***bouter*** au sens de « chasser d'un lieu ».
Ces mots, qui ne s'emploient plus aujourd'hui ou qui ont changé de sens, sont des archaïsmes. Dans cet ouvrage, ils sont accompagnés de la marque d'usage (vx).

VIF, VIVE adj. et n. m.
ADJECTIF
1. Agile, rempli de vitalité, rapide. *Une personne vive, marcher à pas vifs.* SYN. alerte ; énergique ; fringant ; vigoureux.
2. Qui comprend facilement, qui a des idées rapidement. *Un esprit vif, une imagination vive.* SYN. éveillé ; intelligent ; rapide.
3. Éclatant, lumineux. *Des rouges vifs, des couleurs vives.*
4. Grand. *Un vif succès, sa vive reconnaissance.* SYN. considérable ; prononcé.
5. Vivant. *Ils ont été brûlés vifs, elles ont été brûlées vives.*
En ce sens, l'adjectif ne s'emploie que dans certaines locutions figées.
NOM MASCULIN
1. Point essentiel. *Entrer dans le vif du sujet.* SYN. cœur.
2. Point sensible. *Elles ont été piquées au vif par cette insulte.* SYN. cœur.
LOCUTIONS
– ***À vif.*** Avec la chair à nu, non couverte de peau. *Une plaie à vif.*
– ***Avoir les nerfs à vif.*** (FIG.) Être très énervé, irritable.
– ***Couper, trancher dans le vif.*** (FIG.) Agir très énergiquement.
– ***De vive voix,*** loc. adv. En parlant. *Il me l'a dit de vive voix.*
– ***Piquer au vif.*** (FIG.) Offenser, provoquer.
– ***Sur le vif.*** D'après le modèle vivant, d'après nature. *Photographier des enfants sur le vif.*

VIGIE n. f.
Matelot chargé d'observer du haut d'un mât ou à l'avant d'un bateau. *« Bateau à bâbord ! » cria la vigie.*
Attention au genre féminin de ce nom, même s'il désigne généralement un homme : ***une*** vigie.
Ne pas confondre avec le nom ***vigile,*** surveillant, veilleur de nuit.

VIGILANCE n. f.
Surveillance. *Les enfants ont trompé sa vigilance et sont allés dans le petit bois.* SYN. attention.

VIGILANT, ANTE adj.
Attentif, soigneux. *Des gardiens vigilants.*

VIGILE n. m. et f.
NOM MASCULIN
Surveillant, veilleur de nuit. *Les cambrioleurs ont ligoté un des vigiles.*
Attention au genre masculin de ce nom, en ce sens : ***un*** vigile.
NOM FÉMININ
Veille de certaines fêtes religieuses (Noël, la Pentecôte, Pâques, etc.).
Ne pas confondre avec le nom ***vigie,*** matelot.

VIGNE n. f.
1. Arbuste dont le fruit est le raisin. *On a planté quelques pieds de vigne dans le jardin, et déjà, ils portent des fruits.*
2. Plantation de vignes. *Dans les Cantons-de-l'Est, on peut visiter des vignes.* SYN. vignoble.

VIGNERON n. m.
VIGNERONNE n. f.
Personne qui se consacre à la culture de la vigne et à la production du vin.
Ne pas confondre avec le nom ***vignoble,*** plantation de vignes.

VIGNETTE n. f.
1. Petit dessin figurant à titre d'ornement dans un livre (au commencement, à la fin des chapitres, etc.).
2. Document attestant le paiement de droits de stationnement à la municipalité. *Grâce aux vignettes, les habitants de la rue Willowdale peuvent garer leur voiture à proximité.*

VIGNOBLE n. m.
Plantation de vignes. *Un vignoble réputé.* SYN. vigne.
Ne pas confondre avec le nom ***vigneron,*** personne qui cultive la vigne.

VIGOGNE n. f.
Mammifère ruminant voisin du lama dont on utilise la laine fine.

VIGOUREUSEMENT adv.
Avec vigueur. *Il astiquait vigoureusement sa cuisine.*

VIGOUREUX, EUSE adj.
1. Robuste, solide, sain. *Des bûcherons vigoureux.*
2. Fort, énergique. *Des efforts vigoureux.*

VIGUEUR n. f.
1. Force, énergie. *Ils ont travaillé avec vigueur pour bêcher le jardin.* SYN. ardeur.
2. Fermeté, puissance. *La vigueur d'une réforme.*
LOCUTIONS
– ***Entrée en vigueur.*** Date à partir de laquelle une loi, un règlement, etc., s'applique. *La date d'entrée en vigueur* (et non la *date effective) *est le 1er janvier.*
– ***Être en vigueur.*** Se dit d'une loi, d'un règlement, etc., qui est en application. *La Charte de la langue française est en vigueur depuis 1977.* SYN. en usage.

VIH
Sigle de ***virus d'immunodéficience humaine*** (virus responsable du sida).

VIKING adj. et n. m. et f.
Relatif aux Vikings. *Des navires vikings.*
T Contrairement à l'adjectif, le nom prend une majuscule.

VIL, VILE adj.
(LITT.) Abject, méprisable. *Un acte vil.* SYN. bas ; indigne.
LOCUTION
– ***À vil prix,*** loc. adv. Au-dessous de sa valeur.

VILAIN, AINE adj.
1. Qui n'est pas gentil. *Un vilain petit canard.*
2. Mauvais, en parlant du temps. *Un vilain temps.*
3. Désagréable à voir. *Il a de vilaines dents.*
Cet adjectif se place généralement avant le nom.

VILAINEMENT adv.
D'une manière vilaine. *Elles étaient vilainement compromises dans une affaire louche.*
vilainement.

VILEBREQUIN n. m.
Le ***e*** de la deuxième syllabe est muet, [vilbrəkɛ̃].
Outil servant à percer des trous.
vilebrequin, un seul ***l.***

VILENIE ou **VILÉNIE** n. f.
Le ***e*** de la deuxième syllabe ne se prononce généralement pas quand le nom s'orthographie ***vilenie***; le ***e*** se prononce ***é*** s'il porte un accent aigu, [vilni, vileni].
(LITT.) Infamie, propos injurieux. SYN. bassesse ; méchanceté.
vilenie.

VILIPENDER v. tr.
1. (LITT.) Traiter avec mépris, bafouer.
2. Souiller la réputation en dépréciant ou en diffamant.
Ne pas confondre avec les verbes suivants :
• ***décrier,*** déprécier avec force, faire perdre la réputation, l'autorité ;
• ***dénigrer,*** chercher à diminuer la valeur d'une personne, d'une chose ;
• ***diffamer,*** porter atteinte à la réputation.
CONJUGAISON : VOIR MODÈLE AIMER.
vilipender.

VILLA n. f.
Maison de campagne avec un jardin. *Des villas au bord de la mer.*

VILLAGE n. m.
Agglomération rurale caractérisée par un habitat plus ou moins concentré, possédant des services de première nécessité et offrant une forme de vie communautaire (Recomm. off.). *Le village de Cap-à-l'Aigle.*
LOCUTION
– ***Village forestier.*** Agglomération sans statut juridique établie en forêt, regroupant des travailleurs forestiers et leurs familles (Recomm. off.).

VILLAGEOIS, OISE n. m. et f.
Habitant d'un village. *Les villageois sont tous réunis pour la nomination du maire.*
villag**eois.**

VILLE n. f.
1. Agglomération plus ou moins importante, caractérisée par un habitat concentré, dont les activités sont axées sur l'industrie, le commerce, les services et l'administration. (Recomm. off.) *Les villes de Montréal, de New York, de Paris. La ville de Vancouver sera l'hôte des Jeux olympiques en 2010.*
T Le nom qui désigne l'administration urbaine (notion administrative) s'écrit avec une majuscule. *La Ville de Montréal a entrepris des travaux de réfection de la chaussée.*
T Les noms génériques des toponymes (***ville, village,*** etc.) s'écrivent avec une minuscule. *En 2001, la ville de Montréal (région métropolitaine) comptait près de trois millions et demi d'habitants.*
2. Ensemble des habitants d'une agglomération urbaine. *Toute la ville en parle.*
Genre des noms de villes
Le genre des noms de villes est souvent établi en fonction de la terminaison. Les noms de villes qui se terminent par un ***e*** sont généralement féminins. Il est à remarquer toutefois que l'usage est flottant. Ainsi, on écrit ***la Rome éternelle,*** mais ***le vieux Nice. Marseille*** est tantôt féminin, tantôt masculin. Par contre, ***Paris*** est toujours du genre masculin et ***Alger,*** du genre féminin. On observe une tendance marquée à rendre masculins tous les noms de villes.

VILLÉGIATURE n. f.
Séjour à la campagne, à la montagne, à la mer. *Ils vont en villégiature à la mer.*
vill**é**giature.

VIN n. m.
Boisson obtenue par la fermentation du raisin. *Un bon vin blanc bien frais. Un vin mousseux.*
T 1° Les noms de vins qui viennent de toponymes s'écrivent avec une **minuscule.** *Du bordeaux, du bourgogne, un champagne, un côtes-du-rhône, un bon muscadet, un sauternes.*
2° Les noms simples prennent la marque du **pluriel.** *Des bourgognes, des champagnes, des muscadets.* Par contre, les noms composés sont invariables. *Des pouilly-fumé, des château-lafite.*
HOM.
• ***vain,*** inutile ;
• ***vingt,*** dix-neuf plus un.

VINAIGRE n. m.
Liquide acide provenant d'un vin fermenté. *Pour faire de la vinaigrette, on mélange de l'huile et du vinaigre.*
LOCUTIONS
– ***On prend plus de mouches avec du miel qu'avec du vinaigre*** (Proverbe). La douceur est plus convaincante que l'agressivité.
– ***Tourner au vinaigre.*** (FIG.) Mal tourner. *Les négociations ont tourné au vinaigre et se sont rompues.*

VINAIGRER v. tr.
Assaisonner avec du vinaigre.
CONJUGAISON : VOIR MODÈLE AIMER.

VINAIGRETTE n. f.
Assaisonnement fait d'huile et de vinaigre pour la salade, les crudités, etc.

VINDICATIF, IVE adj.
Qui est rancunier, porté à la vengeance.

VINDICATIVEMENT adv.
D'une manière vindicative, véhémente. *Ils ont protesté vindicativement.*

VINGT adj. num. et n. m. inv.
La lettre ***g*** ne se prononce jamais. Le ***t*** ne se prononce pas devant une consonne, il se prononce devant une voyelle ou un ***h*** muet. *Vin(gt) corbeaux, vin(g)t arbres, vin(g)t hôpitaux.* Dans les adjectifs numéraux composés, le ***t*** se prononce toujours. *Vin(g)t-quatre.*
ADJECTIF NUMÉRAL CARDINAL
Dix-neuf plus un. *Vingt heures.*
1° Le déterminant numéral prend la marque du pluriel s'il est multiplié par un nombre et s'il n'est pas suivi d'un autre déterminant de nombre. *Quatre-vingts feuilles, quatre-vingt-huit dollars.* Attention aux mots ***million, milliard,*** qui ne sont pas des déterminants numéraux, mais des noms. *Quatre-vingts millions.* Précédé de **cent** ou de **mille**, le déterminant numéral est toujours invariable. *Cent vingt personnes.*
2° Dans les déterminants numéraux composés, le trait d'union s'emploie entre les éléments qui sont l'un et l'autre inférieurs à ***cent,*** sauf si ces éléments sont joints par la conjonction ***et.*** *Cent quatre-vingts. Vingt et un. Vingt-cinq.*
VOIR TABLEAU – NOMBRES.
VOIR TABLEAU – NUMÉRAL ET ADJECTIF ORDINAL (DÉTERMINANT).
ADJECTIF NUMÉRAL ORDINAL INVARIABLE
Vingtième. *Le vingt décembre. En mil neuf cent quatre-vingt.*
Le déterminant numéral ordinal est invariable.
NOM MASCULIN INVARIABLE
Nombre vingt. *Des vingt en chiffres géants.*
HOM.
• ***vain,*** inutile ;
• ***vin,*** boisson.

VINGTAINE n. f.
1. Quantité approximative de vingt. *Une vingtaine de dignitaires avaient été invités.*
Si le nom ***vingtaine*** est précédé du déterminant indéfini ***une*** et suivi d'un complément au pluriel, l'accord du verbe ou de l'adjectif se fait généralement avec le complément au pluriel. *Une vingtaine de personnes étaient présentes.* Si le nom ***vingtaine*** est précédé du déterminant défini ***la,*** d'un déterminant possessif *(ma, ta, sa)* ou d'un déterminant démonstratif *(cette)* et s'il est suivi d'un complément au pluriel, le verbe et l'adjectif peuvent s'accorder avec le sujet si l'auteur veut insister sur l'ensemble plutôt que sur la pluralité. *La vingtaine de personnes qui assistait au concert.*
2. Âge d'à peu près vingt ans. *Une jeune fille d'une vingtaine d'années.*

VINGTIÈME adj. num. et n. m. et f.
ABRÉVIATIONS
20e (vingtième), ***20es*** (vingtièmes).

ADJECTIF NUMÉRAL ORDINAL
Nombre ordinal de vingt. *La vingtième heure.*
NOM MASCULIN
La vingtième partie d'un tout. *Les trois vingtièmes d'une quantité.*
NOM MASCULIN ET FÉMININ
Personne, chose qui occupe la vingtième place. *Elles sont les vingtièmes.*
VOIR TABLEAU – NOMBRES.
VOIR TABLEAU – NUMÉRAL ET ADJECTIF ORDINAL (DÉTERMINANT).

VINGTIÈMEMENT adv.
En vingtième lieu.

VINICOLE adj.
Relatif à la production du vin. *La région de la Loire est vinicole.*
✏ vinicole.

VINYLE n. m.
Produit chimique servant à la fabrication de matières plastiques et de textiles artificiels.
✏ vinyle, le *i* vient avant le *y*, comme dans l'alphabet.

VIOL n. m.
1. Action de posséder une personne contre sa volonté. *Il a été condamné pour viol.*
2. Fait de violer, de profaner un lieu. *Le viol d'une sépulture.* SYN. profanation.
HOM. ***viole***, ancien instrument de musique.

VIOLACÉ, ÉE adj.
Qui est légèrement violet. *Des lueurs violacées.*

VIOLACER v. tr., pronom.
VERBE TRANSITIF
Rendre violet. *Le froid violaçait ses doigts.*
VERBE PRONOMINAL
Prendre une couleur qui tire sur le violet. *À l'automne, cette vigne se violace.*
📏 À la forme pronominale, le participe passé de ce verbe s'accorde toujours en genre et en nombre avec son sujet. *Ces feuillages se sont violacés.*
CONJUGAISON : VOIR MODÈLE AVANCER.
Le **c** prend une cédille devant les lettres ***a*** et ***o***. *Il violaça, nous violaçons.*

VIOLATION n. f.
1. Transgression. *La violation de la loi peut avoir de graves conséquences.*
2. Dérogation. *La violation du secret professionnel, des frontières, des eaux territoriales.*
LOCUTION
– ***Violation de domicile avec agression.*** Intrusion violente dans un domicile habité afin d'y commettre des crimes en recourant à l'intimidation et à la séquestration de ses occupants (GDT). *Ces personnes ont été victimes d'une violation de domicile avec agression* (et non d'une *invasion de domicile). SYN. agression au domicile.

VIOLE n. f.
Ancien instrument de musique.
HOM. ***viol***, action de posséder une personne contre sa volonté.

VIOLEMMENT adv.
👄 Les lettres ***em*** se prononcent ***a*** [vjɔlamɑ̃] ; le mot rime avec ***galamment***.
Avec violence. *Elle ferma la porte violemment.*
✏ violemment.

VIOLENCE n. f.
1. Brutalité, contrainte. *Vol avec violence.*
2. Puissance. *La violence des vents était telle que des toits ont été emportés.*
LOCUTIONS
– ***Se faire violence.*** S'imposer de faire quelque chose.
– ***Violence routière.*** Acte de violence commis au volant d'un véhicule automobile. *La rage au volant est une forme de violence routière.*

VIOLENT, ENTE adj.
1. Brutal, coléreux. *Des gestes violents.* SYN. brusque.
2. Fort, intense. *Des vents violents, une violente tempête.* SYN. puissant.

VIOLENTER v. tr.
Obliger quelqu'un à faire quelque chose par la violence, la force. SYN. brutaliser ; contraindre.
CONJUGAISON : VOIR MODÈLE AIMER.

VIOLER v. tr.
1. Ne pas respecter. *Il a violé la loi.* SYN. braver ; contrevenir ; déroger à ; enfreindre ; transgresser.
2. Profaner un lieu, y pénétrer par la force. *La tombe du pharaon a été violée.*
3. Posséder une personne contre sa volonté.
LOCUTION
– ***Violer un secret.*** Révéler un secret.
CONJUGAISON : VOIR MODÈLE AIMER.

VIOLET, ETTE adj. et n. m.
ADJECTIF DE COULEUR VARIABLE
D'une couleur intermédiaire entre le rouge et le bleu. *Des velours violets. Une teinte violette.*
VOIR TABLEAU – COULEUR (ADJECTIFS DE).
NOM MASCULIN
Couleur violette. *Des violets épiscopaux.*

VIOLETTE n. f.
Plante donnant de petites fleurs odorantes violettes ou blanches.

VIOLEUR, EUSE n. m. et f.
Personne qui a commis un viol.

VIOLON n. m.
1. Instrument de musique à cordes que l'on fait vibrer à l'aide d'un archet.
2. Violoniste. *Il est premier violon dans un orchestre.*
LOCUTIONS
– ***Accorder ses violons.*** (FIG.) Se concerter, se mettre d'accord.
– ***Aller plus vite que les violons.*** (FIG.) Brusquer les choses, les précipiter.
– ***Violon d'Ingres.*** Passe-temps. *Le jardinage est son violon d'Ingres.*
🅃 Le nom ***Ingres*** (du peintre Jean Auguste Ingres) s'écrit avec une majuscule.
FORME FAUTIVE
*tête de violon. Calque de «*fiddle head*» pour **crosse de fougère.**
✏ violon.

VIOLONCELLE n. m.
Instrument de musique à cordes, plus grand et de son plus grave que le violon.
✏ violoncelle.

VIOLONCELLISTE n. m. et f.
Musicien, musicienne qui joue du violoncelle.
✏ violoncelliste.

VIOLONISTE n. m. et f.
Musicien, musicienne qui joue du violon.
✏ violoniste, un seul ***l***, un seul ***n***.

***VIP**
Anglicisme pour ***personnalité.***

VIPÈRE n. f.
1. Serpent venimeux. *La morsure de la vipère est venimeuse. Au Québec, il n'y a pas de vipères et les couleuvres ne sont pas dangereuses.*
2. (FIG.) Personne malveillante. *C'est une vipère : méfiez-vous.*

LOCUTION
– ***Langue de vipère.*** (FIG.) Personne qui se plaît à dénigrer, à discréditer par des calomnies. SYN. mauvaise langue.
vipère.

VIRAGE n. m.
1. Endroit où une route décrit une courbe. *Ce chemin de montagne est plein de virages* (et non *courbes). *Un dangereux virage en épingle à cheveux. Négocier un virage. Cette route de montagne n'est qu'une suite de virages.*
2. Changement d'orientation d'un véhicule. *Cet automobiliste a pris le virage trop vite, il a dérapé.*
3. (FIG.) Changement de direction (d'une pensée, d'un parti, etc.). *Un virage à droite.*
FORME FAUTIVE
*virage en U. Calque de l'anglais «*U turn*» pour ***demi-tour.***

VIRAGO n. f.
Femme qui a les allures d'un homme. *Des viragos brutales.*

VIRAL, ALE, AUX adj.
1. Qui se rapporte à un virus. *Des maladies virales. Ces nouvelles contaminations virales ont pour origine des oiseaux sauvages infectés sous l'effet de brusques changements climatiques modifiant les circuits de migrations. Contrairement aux autres hépatites virales B ou C, cette infection aiguë du foie, due au virus A, a une évolution le plus souvent favorable.*
2. (INFORM.) Relatif aux virus informatiques. *Une attaque virale. Productrice de contenus (carnets, sites, messages viraux), prête à s'enflammer pour ou contre une marque, la génération des 12-25 ans n'a pas fini de perturber l'ordre commercial établi.*

VIRÉE n. f.
(FAM.) Tour, promenade. *Faire une virée en ville.*

VIREMENT n. m.
Transfert de fonds d'un compte à un autre. *Faire des virements bancaires.*
LOCUTION
– ***Virement automatique.*** Opération consistant à déposer une somme directement dans un compte en banque. *Un virement automatique* (et non un *dépôt direct).
virement.

VIRER v. tr., intr.
VERBE TRANSITIF
1. Faire passer des fonds d'un compte à un autre. *Dans quel compte désirez-vous virer la somme ?*
2. (FAM.) Congédier. *Ils les a virés sans ménagement.* SYN. licencier; mettre à pied; renvoyer.
VERBE INTRANSITIF
1. Avancer en tournant, en parlant d'un véhicule. *Virez à gauche à la prochaine intersection.* SYN. tourner.
2. Changer de nuance. *Ce vert a légèrement viré au jaune.*
CONJUGAISON : VOIR MODÈLE AIMER.

VIREVOLTE n. f.
Le ***e*** de la deuxième syllabe ne se prononce pas, [virvɔlt].
1. Tour que fait une personne sur elle-même.
2. (FIG.) Changement brusque d'opinion. SYN. revirement.
virevolte, en un seul mot.

VIREVOLTER v. intr.
Le ***e*** de la deuxième syllabe ne se prononce pas, [virvɔlte].
Tourner rapidement sur soi. *Les papillons virevoltaient en tous sens.*
CONJUGAISON : VOIR MODÈLE AIMER.

VIRGINAL, ALE, AUX adj.
Pur. *Des aspects virginaux. Un blanc virginal.*

VIRGINITÉ n. f.
1. Pureté.
2. (LITT.) Caractère de ce qui est pur.
3. État de celui ou celle qui n'a jamais eu de relations sexuelles.

VIRGULE n. f.
1. **Signe décimal**
Signe qui sépare la partie entière et la partie décimale d'un nombre. *15,5 kilomètres.*
T La virgule décimale s'écrit sans espace; si le nombre est inférieur à l'unité, la virgule décimale est précédée d'un zéro. *0,75.*
VOIR TABLEAU – NOMBRES.
2. **Signe de ponctuation**
Signe qui sert à séparer divers éléments d'une phrase. La virgule marque un temps d'arrêt, une pause légère dans la phrase. Elle facilite la compréhension d'un texte en permettant, d'une part, des distinctions sémantiques et en structurant, d'autre part, l'organisation des différents mots ou groupes de mots à l'intérieur d'une proposition ou de plusieurs propositions dans la phrase.
VOIR TABLEAU – PONCTUATION.

VIRIL, ILE adj.
Relatif à l'homme. *Une voix virile.* SYN. mâle.

VIRILEMENT adv.
D'une manière virile.

VIRILITÉ n. f.
1. Ensemble des caractères physiques propres à l'homme.
2. Capacité d'engendrer. ANT. stérilité.

VIROLOGIE n. f.
Spécialité médicale qui traite des virus.

VIROLOGISTE ou **VIROLOGUE** n. m. et f.
Spécialiste de la virologie.

VIRTUEL, ELLE adj.
Qui est en puissance, potentiel. *Le marché virtuel de cette entreprise, c'est le monde entier.* SYN. possible.
LOCUTION
– ***Réalité virtuelle.*** Simulation d'un environnement à l'aide d'images en trois dimensions. *Avec ces lunettes, on peut visiter une station spatiale grâce à la réalité virtuelle.*

VIRTUELLEMENT adv.
1. En puissance.
2. Selon toute probabilité. *Cette entreprise est virtuellement celle à qui le marché sera attribué.*

VIRTUOSE adj. et n. m. et f.
Artiste extrêmement habile et doué. *C'est un virtuose du piano, une virtuose du violon.*

VIRULENCE n. f.
1. (MÉD.) Pouvoir pathogène d'un virus.
2. (FIG.) Violence. *La virulence d'une critique.*
virulence.

VIRULENT, ENTE adj.
1. Nocif et violent. *Un poison virulent.*
2. (FIG.) Mordant et violent. *Des critiques virulentes contre le gouvernement.*
virulent.

VIRUS n. m.
Le ***s*** se prononce, [virys]; le mot rime avec ***cactus.***
1. (MÉD.) Microorganisme infectieux rudimentaire contenant un seul type d'acide nucléique, soit un acide désoxyribonucléique ou un acide ribonucléique, qui utilise, pour la synthèse de ses propres constituants, les matériaux de la cellule qu'il parasite, et qui se reproduit à partir de son seul matériel génétique (GDT). *Le virus de la grippe, le virus du sida.*
2. (INFORM.) Programme malveillant qui se recopie au sein d'autres programmes ou sur des zones systèmes lui servant à leur tour de moyen de propagation, et qui produit diverses perturbations dans le fonctionnement d'un ordinateur. *Un virus a détruit tous ses fichiers.*

LOCUTION
– ***Le virus de.*** (FIG.) Goût très marqué pour quelque chose. *Très jeunes, nos amis ont attrapé le virus des randonnées en forêt.* SYN. ⚜ piqûre.

VIRUS D'IMMUNODÉFICIENCE HUMAINE
Sigle ***VIH*** (s'écrit avec ou sans points).

VIS n. f.
Le ***s*** se prononce, [vis]; le mot rime avec ***vice.***
Tige filetée qui se fixe sans écrou. *Les tablettes de la bibliothèque ont été fixées à l'aide de vis. On pose des vis à l'aide d'un tournevis.*
Ne pas confondre avec le nom ***boulon,*** dispositif de fixation composé d'une tige et d'un écrou.
LOCUTION
– ***Serrer la vis.*** Donner moins de liberté à quelqu'un, se montrer plus exigeant, plus sévère à son endroit.
HOM. ***vice,*** défaut.

VISA n. m.
Formule accompagnée d'un sceau, d'une signature apposée sur un document, un passeport pour le rendre valide. *Des visas obligatoires pour entrer dans ces pays.*

VISAGE n. m.
1. Partie avant de la tête. *De frais visages d'enfants. Un beau visage.* SYN. face; figure.
Par rapport aux noms ***visage*** et ***figure,*** le nom ***face*** est plus littéraire et s'emploie en parlant de Dieu ou dans le domaine médical.
2. Expression du visage. *Un visage radieux, un visage triste.*
3. (FIG.) Aspect d'une chose. *Le vrai visage de la campagne québécoise. « Visages de la terre, quand j'aurai dit vos noms, les fleuves n'auront pas cessé de polir les rocs oubliés »* (Jean-Guy Pilon, *Comme eau retenue*). SYN. image.
LOCUTION
– ***À visage découvert.*** Franchement, sans hypocrisie.

VISAGISTE n. m. et f.
Personne spécialisée dans l'art de mettre en valeur la beauté du visage par le maquillage, la coiffure, etc.

VIS-À-VIS adv. et n. m.
ADVERBE
Devant. *Il habite vis-à-vis.* SYN. en face.
NOM MASCULIN
Personne qui est en face d'une autre à table. *Je parlais avec mon vis-à-vis.*
Ce nom s'emploie au masculin, même s'il désigne une femme.
LOCUTIONS
– ***Vis-à-vis de,*** loc. prép. En face de. *L'école est vis-à-vis de la bibliothèque.*
– ***Vis-à-vis de,*** loc. prép. (FAM.) À l'égard de. *Cette personne a mal agi vis-à-vis de notre collègue.*
Dans un style soutenu, on préférera ***envers, à l'égard de.***

VISCÉRAL, ALE, AUX adj.
1. Relatif aux viscères. *Des troubles viscéraux.*
2. (FIG.) Profond. *Une angoisse viscérale.*

VISCÉRALEMENT adv.
Du fond du cœur, profondément. *Ils se détestaient viscéralement.*

VISCÈRE n. m.
(GÉN. AU PLUR.) Organe de l'abdomen, du thorax.
Attention au genre masculin de ce nom : ***un*** viscère.

VISCOSE n. f.
Cellulose servant à la fabrication de textiles synthétiques.

VISCOSITÉ n. f.
État de ce qui est visqueux. *La viscosité d'une huile.*

***VISE-GRIP**
Marque déposée pour ***pince(-)étau.***

VISÉE n. f.
1. Action de viser.
2. (FIG.) Dessein, but. *Des visées expansionnistes.*

VISER v. tr., intr.
VERBE TRANSITIF
1. Pointer une arme, un objet en direction d'un but, d'une cible. *Il avait visé le panier et il a réussi. Viser un canard sauvage.*
Le complément du verbe, qui désigne la partie du corps visée, se construit avec la préposition ***à.*** *Le lanceur visa à la jambe.*
2. Tenter d'atteindre. *Elle vise la présidence, rien de moins.* SYN. chercher; désirer; rechercher.
3. Concerner. *Cette remarque vise l'ensemble du personnel.*
VERBE INTRANSITIF
Diriger quelque chose vers un point. *Tu as mal visé et tu as raté la cible.*
LOCUTION
– ***Se sentir visé.*** Se croire l'objet d'une attaque, d'une critique.
CONJUGAISON : VOIR MODÈLE AIMER.

VISIBILITÉ n. f.
1. Qualité de ce qui est visible à l'œil.
2. Transparence de l'atmosphère. *Aujourd'hui, la visibilité est excellente, on peut apercevoir les montagnes au loin.*

VISIBLE adj. et n. m.
ADJECTIF
1. Qui peut être vu. *Cette étoile est visible à l'œil nu.*
2. Manifeste, évident. *C'est avec une satisfaction bien visible qu'il apprit la nouvelle.*
NOM MASCULIN
Ensemble des choses, telles qu'elles se voient. *Le visible et l'invisible.*

VISIBLEMENT adv.
Manifestement. *Ils étaient visiblement émus.*

VISIÈRE n. f.
Partie d'une coiffure qui fait saillie pour protéger le front et les yeux. *La visière d'une casquette.*

VISIOCONFÉRENCE n. f.
Téléconférence qui permet à ses participants de pouvoir se voir réciproquement, grâce à l'utilisation de caméras et d'écrans qu'on installe pour la transmission des images (GDT). SYN. vidéoconférence.

VISION n. f.
1. Perception par l'organe de la vue; la vue. *Un champ de vision.* SYN. vue.
2. Façon de concevoir quelque chose. *Une vision simpliste de la situation.* SYN. compréhension; perception.
3. Hallucination. *Elle a des visions maintenant : elle voit des serpents dans le salon et des araignées au plafond.* SYN. apparition.

VISIONNAGE n. m.
Action de visionner (un film, une émission). SYN. visionnement.

VISIONNAIRE adj. et n. m. et f.
Qui peut imaginer avec exactitude le futur, l'évolution. *Dans* Objectif Lune, *Hergé a prouvé qu'il était un visionnaire : il a conçu une fusée bien longtemps avant les premières fusées russes et américaines.*
visionnaire.

VISIONNEMENT n. m.
⚜ Action de regarder un film ou une émission de télévision.
En langue technique, le terme ***visionnement*** sous-entend qu'un regard critique et technique est posé sur l'œuvre visionnée (GDT).

VISIONNER v. tr.
1. Regarder un film, des diapositives, etc. *Ils visionnent les diapositives de leur dernier voyage.*
2. Examiner sur un écran de visualisation.
CONJUGAISON : VOIR MODÈLE AIMER.
✏ visionner.

VISIONNEUSE n. f.
Appareil servant à visionner un film, des diapositives, etc.
✏ visionneuse.

VISITE n. f.
Action d'aller voir. *La visite de la ville, la visite d'un ami, des visites médicales. Rendre visite à un parent.*
LOCUTION
– ***Carte de visite.*** Petit carton comportant le nom d'une personne ainsi que certains renseignements utiles. *Des cartes de visite en bristol.*
Le complément demeure au singulier.

VISITER v. tr.
1. ⚜ Aller voir quelqu'un, lui rendre visite. *Étienne visitera ses grands-parents à la campagne.*
En ce sens, le verbe s'emploie toujours au Québec et dans la francophonie canadienne, mais il n'appartient plus à l'usage courant de la majorité des locuteurs du français.
2. Se rendre auprès d'un patient pour l'examiner, le soigner. *Le chirurgien visite ses patients tous les jours.*
3. Parcourir un lieu. *Visiter un musée, un pays étranger. «[le courtisan] a des formules de compliment pour l'entrée et pour la sortie, à l'égard de ceux qu'il visite ou dont il est visité»* (Jean de La Bruyère, *Caractères*, cité par Littré). SYN. parcourir ; voir.
CONJUGAISON : VOIR MODÈLE AIMER.

VISITEUR, EUSE n. m. et f.
1. Touriste. *Nous avons beaucoup de visiteurs américains au cours de l'été.*
2. Personne qui fait une visite. *Ce musée a reçu des milliers de visiteurs cette année.*

VISON n. m.
1. Mammifère carnassier dont la fourrure est très appréciée. *Ces fermes pratiquent l'élevage du vison. « Plusieurs citoyens de chez nous gardaient des visons dans leur cour, et même des chevreuils qu'ils apprivoisaient »* (Félix Leclerc, *Pieds nus dans l'aube*).
2. (PAR EXT.) Vêtement de vison. *Un magnifique vison.*

VISQUEUX, EUSE adj.
Collant. *Qui a laissé le pot de miel aussi visqueux ?* SYN. poisseux.
✏ visqueux.

VISSER v. tr., pronom.
VERBE TRANSITIF
1. Fixer avec des vis. *On doit visser ces tablettes solidement.*
2. Fermer à l'aide d'un couvercle muni d'un pas de vis. *Vissez bien le bouchon de cette bouteille.*
VERBE PRONOMINAL
1. S'attacher avec une ou des vis, se serrer en tournant sur un pas de vis. *Ce couvercle se visse difficilement.*
2. (FIG.) Se fixer à. *Dans ce manège, il faut se visser à son banc pour ne pas être éjecté.*
À la forme pronominale, le participe passé de ce verbe s'accorde toujours en genre et en nombre avec son sujet. *Durant la projection de ce film d'horreur, les spectateurs s'étaient vissés à leur siège.*
CONJUGAISON : VOIR MODÈLE AIMER.
✏ visser.

VISU (DE)
VOIR – DE VISU.

VISUALISATION n. f.
(INFORM.) Affichage de données alphanumériques ou graphiques sur un écran.

VISUALISER v. tr.
1. Rendre visible, apparent. *Ce diagramme permet de visualiser l'évolution du taux de chômage.*
2. (INFORM.) Afficher des données à l'écran.
CONJUGAISON : VOIR MODÈLE AIMER.

VISUEL, ELLE adj. et n. m.
ADJECTIF
Relatif à la vue. *La mémoire visuelle. Un dictionnaire visuel illustré par des planches encyclopédiques.*
NOM MASCULIN
(INFORM.) Écran de visualisation.

VISUELLEMENT adv.
Au moyen de la vue.

VITAL, ALE, AUX adj.
1. Qui constitue la vie. *Des points vitaux, des signes vitaux.*
2. Essentiel. *Ces données sont vitales pour nous.* SYN. indispensable.

VITALITÉ n. f.
Énergie, dynamisme. *Ces enfants ont une vitalité débordante.* SYN. vigueur.

VITAM ÆTERNAM (AD)
VOIR – AD VITAM ÆTERNAM.

VITAMINE n. f.
Substance indispensable à l'organisme. *On trouve de la vitamine C dans les oranges.*
✏ vitamine.

VITAMINÉ, ÉE adj.
Se dit d'un aliment auquel on a ajouté des vitamines. *Des céréales vitaminées.*
✏ vitaminé.

VITAMINIQUE adj.
Relatif aux vitamines. *Des suppléments vitaminiques.*
✏ vitaminique.

VITE adj. et adv.
ADJECTIF
(LITT.) Rapide. *Les coureurs les plus vites.*
Comme adjectif, le mot prend la marque du pluriel.
ADVERBE
1. Rapidement. *Ils roulent trop vite. Le temps passe vite quand on s'amuse.*
À titre d'adverbe, le mot est invariable.
2. Dans peu de temps. *Nous finirons vite.* SYN. bientôt.
LOCUTION
– ***Au plus vite,*** loc. adv. Sans tarder.

VITESSE n. f.
1. Rapidité. *La vitesse de l'éclair.*
2. Allure. *À proximité de l'école, il faut rouler à faible vitesse.*
LOCUTIONS
– ***À deux vitesses, à plusieurs vitesses,*** loc. adj. Se dit d'un système d'accès inégal, de qualité variable et dont l'application est fonction de certaines caractéristiques (revenus, formation, etc.) des usagers. *Une médecine à deux vitesses.* SYN. dual.
– ***À toute vitesse,*** loc. adv. Très rapidement.
– ***En perte de vitesse,*** loc. adj. (FIG.) En décroissance. *Une option politique en perte de vitesse.* SYN. en baisse ; en déclin.
– ***En vitesse,*** loc. adv. Au plus vite. *Partez en vitesse, vous êtes en retard.*
– ***Gagner quelqu'un de vitesse.*** Le doubler, le dépasser.
– ***Train à grande vitesse (TGV).*** Train pouvant atteindre des vitesses de 300 km/h.
– ***Vitesse limite.*** Vitesse maximale permise sur une voie de circulation. *Des vitesses limites fixées à 100 km/h et à 150 km/h.*
Ces mots mis en apposition prennent tous deux la marque du pluriel et ne sont pas liés par un trait d'union.

V

VITI- préf.
Élément du latin signifiant « vigne ».
Les mots composés avec le préfixe ***viti-*** s'écrivent en un seul mot. *La viticulture.*

VITICOLE adj.
Relatif à la culture de la vigne et à la production du vin.

VITICULTEUR n. m.
VITICULTRICE n. f.
Personne qui se consacre à la culture de la vigne et à la production du vin. SYN. vigneron.

VITICULTURE n. f.
Culture de la vigne.

VITRAGE n. m.
Ensemble des vitres d'un immeuble.

VITRAIL n. m. (pl. *vitraux*)
1. Composition translucide constituée de morceaux de verre découpés, généralement colorés, assemblés au moyen de plomb pour former une décoration (Recomm. off.). *Les vitraux d'une église.*
2. Technique de la fabrication des vitraux. *Pratiquer l'art du vitrail.*

VITRE n. f.
Panneau de verre qui garnit une ouverture. *Remplacer la vitre cassée d'une fenêtre. « Ah ! comme la neige a neigé !/Ma vitre est un jardin de givre »* (Émile Nelligan, *Poésies complètes*).
Pour les vitres de la voiture, on emploie plutôt le nom ***glace***.

VITRER v. tr.
Garnir de vitres. *On a vitré la terrasse pour en profiter plus longtemps.*
CONJUGAISON : VOIR MODÈLE AIMER.

VITRERIE n. f.
Commerce du vitrier. *La vitrine est fracassée ? Appelez la vitrerie Lebeau !*

VITREUX, EUSE adj.
Sans éclat. *Un regard vitreux.* SYN. terne.

VITRIER n. m.
VITRIÈRE n. f.
Personne dont le métier est de travailler le verre, de poser les vitres.

VITRIFIABLE adj.
Qui peut être vitrifié. *Un parquet vitrifiable.*

VITRIFICATION n. f.
Action de transformer en verre ou de donner l'aspect du verre.

VITRIFIER v. tr.
1. Transformer en verre.
2. Recouvrir une matière d'un enduit plastique qui a l'aspect du verre. *Vitrifier un parquet pour le protéger et faciliter son entretien.*
CONJUGAISON : VOIR MODÈLE ÉTUDIER.
Redoublement du ***i*** à la première et à la deuxième personne du pluriel de l'indicatif imparfait et du subjonctif présent. *(Que) nous vitrifiions, (que) vous vitrifiiez.*

VITRINE n. f.
Partie d'un magasin, d'une boutique où les marchandises sont exposées derrière une vitre. *De magnifiques vitrines remplies de tentations.*
LOCUTION
– ***Lèche-vitrine.*** Action de flâner en regardant les vitrines. *Elle aime faire du lèche-vitrine.* SYN. ⚜ magasinage.
On écrit aussi ***lèche-vitrines.***

VITRIOL n. m.
Acide sulfurique concentré.
LOCUTION
– ***Au vitriol.*** (LITT.) (FIG.) D'un ton très critique, très corrosif. *Des commentaires au vitriol.*

VITRO (IN)
VOIR – IN VITRO.

VITUPÉRER v. tr., intr.
VERBE TRANSITIF
(LITT.) Blâmer fortement et vivement quelqu'un, quelque chose. *Il est insupportable et ne cesse de vitupérer ses collègues. Vitupérer la médiocrité de certains étudiants.* SYN. critiquer ; fustiger.
VERBE INTRANSITIF
Blâmer sévèrement quelqu'un, protester vivement contre quelqu'un ou quelque chose. *Il vitupère contre ses frères sans raison. Elle ne cesse de vitupérer.* SYN. critiquer ; déblatérer ; fulminer ; maugréer ; pester.
Dans la langue soutenue, le verbe se construit avec un complément direct, sans la préposition ***contre.***
CONJUGAISON : VOIR MODÈLE POSSÉDER.
Le ***é*** se change en ***è*** devant une syllabe contenant un ***e*** muet, sauf à l'indicatif futur et au conditionnel présent. *Je vitupère,* mais *je vitupérerai.*
[Les *Rectifications* (1990) admettent : il vitupèrera, vitupèrerait...]

VIVACE adj.
1. Qui vit plusieurs années, en parlant des plantes (par opposition à ***annuel***). *Les marguerites et les pivoines sont des fleurs vivaces.*
2. Durable. *Une rancœur vivace.* SYN. tenace.
vivace.

VIVACITÉ n. f.
1. Entrain, rapidité à agir. SYN. ardeur.
2. Caractère qui réagit vite. *L'avocat répliqua avec vivacité.*

VIVANT, ANTE adj. et n. m. et f.
ADJECTIF
1. Qui vit. *Les êtres vivants.* ANT. mort.
2. Plein de vitalité. *Des élèves vivants et intéressés. « Vivante rivière qui dessine les paysages de toute terre »* (Jean-Guy Pilon, *Comme eau retenue*).
3. Qui ressemble à ce qui vit. *Une description vivante.*
Ne pas confondre avec le participe présent invariable. *Des animaux vivant dans la jungle.*
NOM MASCULIN ET FÉMININ
1. Personne qui vit. *Les vivants et les morts.*
2. Ce qui comporte les caractéristiques spécifiques de la vie. *La biologie du vivant.*
3. Temps de la vie. *Du vivant de ton grand-père, de son vivant, ces espaces étaient de magnifiques jardins potagers.*
LOCUTIONS
– ***Bon vivant.*** Personne d'humeur joviale, facile à vivre, toujours prête à s'amuser, à profiter des bonnes choses de la vie.
– ***Du vivant de quelqu'un.*** Pendant sa vie. *Du vivant de son père, l'entreprise familiale était florissante.*
– ***Langue vivante.*** Langue toujours parlée et transmise. ANT. langue morte.

VIVAT ! interj. et n. m.
Le ***t*** ne se prononce pas, [viva].
INTERJECTION
Interjection marquant une vive approbation. *Vivat ! c'est fabuleux !* SYN. bravo.

T L'interjection est toujours suivie d'un point d'exclamation qui est souvent repris à la fin de la phrase. Si la phrase exclamative n'est pas complète, le mot qui suit le point d'exclamation s'écrit avec une minuscule initiale.

NOM MASCULIN

Acclamation en l'honneur de quelqu'un. *Des vivats fervents.*

vivat.

VIVE interj.

Formule d'acclamation. *Vive les vacances !*

Suivie d'un nom pluriel, l'interjection peut s'orthographier ***vivent***. Cependant, elle demeure plutôt au singulier.

VIVEMENT adv.

1. Rapidement. *Elles réagirent vivement et jetèrent du sable sur le feu.* SYN. promptement.
2. Avec vivacité, vigueur. *Ils se sont vivement opposés à ce projet de construction dans le parc.* SYN. fortement.
3. Vite. *Vivement les vacances ! Vivement que tout cela finisse !*

En ce sens, l'adverbe qui exprime un souhait se construit avec le subjonctif.

4. Beaucoup. *Nous tenons à vous remercier vivement pour votre accueil si généreux.*

VIVEUR n. m.

Personne qui mène une vie de plaisir.

VIVIER n. m.

Étang aménagé pour y conserver des poissons vivants. *Il y a des truites dans ce vivier.*

VIVIFIANT, IANTE adj.

Sain, qui donne de la vitalité. *Cet air pur est vivifiant.* SYN. stimulant.

VIVIFIER v. tr.

Donner de la vigueur, tonifier. *L'air pur de la mer nous vivifiera.* SYN. fortifier; stimuler.

CONJUGAISON : VOIR MODÈLE ÉTUDIER.

Redoublement du ***i*** à la première et à la deuxième personne du pluriel de l'indicatif imparfait et du subjonctif présent. *(Que) nous vivifiions, (que) vous vivifiiez.*

VIVIPARE adj. et n. m.

Se dit d'un animal dont les petits se développent à l'intérieur de l'organisme maternel. *Les ovipares, les vivipares.*

vivipare.

VIVIPARITÉ n. f.

Mode de reproduction des vivipares.

VIVO (EX)

VOIR – EX VIVO.

VIVO (IN)

VOIR – IN VIVO.

VIVOIR n. m.

Salle de séjour. *« Leur maison comptait une chambre principale au rez-de-chaussée, ainsi qu'un vivoir et une petite chambre à l'étage »* (*La Presse*).

VIVOTER v. intr.

Végéter. *Ils vivotent tant bien que mal grâce à de petits travaux saisonniers.* SYN. subsister.

CONJUGAISON : VOIR MODÈLE AIMER.

vivoter.

VIVRE n. m.

(AU PLUR.) Aliments, provisions.

LOCUTIONS

– ***Couper les vivres à quelqu'un.*** (FIG.) Ne plus lui donner une aide pécuniaire.

– ***Le vivre et le couvert.*** La nourriture et le logement.

VIVRE v. tr., intr., pronom.

VERBE TRANSITIF

1. Profiter de l'existence. *Vivre sa vie comme on l'entend. « Qu'est-ce que le spasme de vivre/À la douleur que j'ai, que j'ai ! »* (Émile Nelligan, *Poésies complètes*). *« Tout à jamais recommença pour une création nourrie du jour à vivre »* (Jean-Guy Pilon, *Comme eau retenue*).
2. Ressentir. *Les inquiétudes qu'il a vécues.* SYN. sentir.

En ce sens, le participe passé s'accorde puisqu'il s'agit d'un complément direct.

VERBE INTRANSITIF

1. Être en vie. *Ses grands-parents vivent toujours.* SYN. exister.
2. Avoir une vie qui s'étend sur une certaine période. *Les dix années qu'il a vécu auprès d'elle. « Et rose elle a vécu ce que vivent les roses, L'espace d'un matin »* (Malherbe, *Consolation à M. Du Périer*).

En ce sens, le participe passé est invariable. Le complément (***dix années***) répond à la question « pendant combien de temps ? » et non à la question « quoi ? ».

3. Habiter. *Ils vivent à la campagne.* SYN. résider.

VERBE PRONOMINAL

Être vécu. *L'épreuve de la maladie d'un être cher se vit difficilement.*

À la forme pronominale, le participe passé de ce verbe s'accorde toujours en genre et en nombre avec son sujet. *Cette épreuve s'est vécue avec courage.*

CONJUGAISON : VOIR MODÈLE VIVRE.

VIZIR n. m.

(ANCIENN.) Membre du conseil de certains pays islamiques, dont la Turquie.

LOCUTION

– ***Grand vizir.*** Premier ministre.

VOCABLE n. m.

1. (LING.) Unité de vocabulaire, mot servant à désigner un objet, une notion.
2. Nom du saint sous l'invocation duquel une église, une chapelle est placée. *Une église sous le vocable de saint Germain, une cathédrale sous le vocable de Notre-Dame.*

vocable.

VOCABULAIRE n. m.

1. Ensemble des mots d'une langue. *Il est intéressant d'étudier le vocabulaire français.*
2. Ensemble des mots que connaît une personne. *Son vocabulaire est riche et précis.*
3. Ensemble des termes d'un domaine. *Le vocabulaire de la gestion, de la médecine, de la mécanique des fluides.*
4. Ouvrage qui comprend les mots d'une spécialité avec leurs définitions. *Un vocabulaire de l'informatique.*

Ne pas confondre avec les noms suivants :

- ***dictionnaire***, recueil des mots d'une langue et des informations s'y rapportant, présentés selon un certain ordre (alphabétique, systématique, etc.) ;
- ***glossaire***, petit répertoire érudit d'un auteur, d'un domaine ;
- ***lexique***, ouvrage qui ne comporte pas de définitions et qui donne souvent l'équivalent dans une autre langue.

VOCAL, ALE, AUX adj.

Relatif à la voix. *Les cordes vocales.*

LOCUTIONS

– ***Boîte vocale.*** Répondeur téléphonique qui enregistre les messages des correspondants lorsque le destinataire n'est pas en mesure de répondre.

– ***Musique vocale.*** Musique écrite pour être chantée. ANT. musique instrumentale.

VOCALEMENT adv.

Par la voix, la parole. SYN. oralement.

VOCALIQUE adj.

Qui se rapporte aux voyelles. *Des alternances vocaliques.*

CONJUGAISON DU VERBE **VIVRE**

INDICATIF

PRÉSENT		PASSÉ COMPOSÉ		
je	**vis**	j'	ai	vécu
tu	**vis**	tu	as	vécu
elle	**vit**	elle	a	vécu
il	**vit**	il	a	vécu
nous	**vivons**	nous	avons	vécu
vous	**vivez**	vous	avez	vécu
elles	**vivent**	elles	ont	vécu
ils	**vivent**	ils	ont	vécu

IMPARFAIT		PLUS-QUE-PARFAIT		
je	**vivais**	j'	avais	vécu
tu	**vivais**	tu	avais	vécu
elle	**vivait**	elle	avait	vécu
il	**vivait**	il	avait	vécu
nous	**vivions**	nous	avions	vécu
vous	**viviez**	vous	aviez	vécu
elles	**vivaient**	elles	avaient	vécu
ils	**vivaient**	ils	avaient	vécu

PASSÉ SIMPLE		PASSÉ ANTÉRIEUR		
je	**vécus**	j'	eus	vécu
tu	**vécus**	tu	eus	vécu
elle	**vécut**	elle	eut	vécu
il	**vécut**	il	eut	vécu
nous	**vécûmes**	nous	eûmes	vécu
vous	**vécûtes**	vous	eûtes	vécu
elles	**vécurent**	elles	eurent	vécu
ils	**vécurent**	ils	eurent	vécu

FUTUR SIMPLE		FUTUR ANTÉRIEUR		
je	**vivrai**	j'	aurai	vécu
tu	**vivras**	tu	auras	vécu
elle	**vivra**	elle	aura	vécu
il	**vivra**	il	aura	vécu
nous	**vivrons**	nous	aurons	vécu
vous	**vivrez**	vous	aurez	vécu
elles	**vivront**	elles	auront	vécu
ils	**vivront**	ils	auront	vécu

CONDITIONNEL PRÉSENT		CONDITIONNEL PASSÉ		
je	**vivrais**	j'	aurais	vécu
tu	**vivrais**	tu	aurais	vécu
elle	**vivrait**	elle	aurait	vécu
il	**vivrait**	il	aurait	vécu
nous	**vivrions**	nous	aurions	vécu
vous	**vivriez**	vous	auriez	vécu
elles	**vivraient**	elles	auraient	vécu
ils	**vivraient**	ils	auraient	vécu

SUBJONCTIF

PRÉSENT			PASSÉ			
que	je	**vive**	que	j'	aie	vécu
que	tu	**vives**	que	tu	aies	vécu
qu'	elle	**vive**	qu'	elle	ait	vécu
qu'	il	**vive**	qu'	il	ait	vécu
que	nous	**vivions**	que	nous	ayons	vécu
que	vous	**viviez**	que	vous	ayez	vécu
qu'	elles	**vivent**	qu'	elles	aient	vécu
qu'	ils	**vivent**	qu'	ils	aient	vécu

IMPARFAIT			PLUS-QUE-PARFAIT			
que	je	**vécusse**	que	j'	eusse	vécu
que	tu	**vécusses**	que	tu	eusses	vécu
qu'	elle	**vécût**	qu'	elle	eût	vécu
qu'	il	**vécût**	qu'	il	eût	vécu
que	nous	**vécussions**	que	nous	eussions	vécu
que	vous	**vécussiez**	que	vous	eussiez	vécu
qu'	elles	**vécussent**	qu'	elles	eussent	vécu
qu'	ils	**vécussent**	qu'	ils	eussent	vécu

IMPÉRATIF

PRÉSENT	PASSÉ	
vis	aie	vécu
vivons	ayons	vécu
vivez	ayez	vécu

INFINITIF

PRÉSENT	PASSÉ
vivre	avoir vécu

PARTICIPE

PRÉSENT	PASSÉ
vivant	vécu, ue ayant vécu

VOCALISE n. f.
Exercice vocal, en chant. *La cantatrice fait des vocalises pour exercer sa voix.*

VOCALISER v. intr.
Faire des vocalises. *Elle vocalise comme un rossignol.*
CONJUGAISON : VOIR MODÈLE AIMER.

VOCATION n. f.
1. Aptitude particulière pour un domaine d'activité. *Ces jeunes ont une vocation théâtrale.* SYN. attirance ; goût ; talent.
2. Rôle particulier. *La vocation touristique de cette région.*

VOCIFÉRATION n. f.
Hurlement, paroles furieuses. SYN. (LITT.) vitupération.

VOCIFÉRER v. tr., intr.
Parler en hurlant. *Il est toujours à vociférer. Ils vocifèrent des insultes.* SYN. (LITT.) vitupérer.
CONJUGAISON : VOIR MODÈLE POSSÉDER.
Le ***é*** se change en ***è*** devant une syllabe contenant un ***e*** muet, sauf à l'indicatif futur et au conditionnel présent. *Je vocifère,* mais *je vociférerai.*
[Les *Rectifications* (1990) admettent : il vocifèrera, vocifèrerait...]

VODKA n. f.
Eau-de-vie d'origine russe. *Des vodkas avec du jus de tomate.*

VŒU n. m. (pl. *vœux*)
Souhait. *Nos vœux les meilleurs. Vous comblez mon vœu le plus cher.*
On offre, on adresse des vœux de bonheur. On fait, on formule le vœu que tout aille bien. On forme des vœux pour la réussite d'une entreprise.

VOGUE n. f.
Mode. *La vogue des pantalons fuseaux est revenue.* SYN. popularité.
LOCUTION
– ***En vogue,*** loc. adj. À la mode. *Les romans en vogue cet été.*

VOGUER v. intr.
(LITT.) Naviguer. *Et vogue le navire !*
CONJUGAISON : VOIR MODÈLE AIMER.

VOICI prép.
1. La préposition sert à indiquer une personne, une chose proche. *Voici notre maison et, plus loin, voilà celle de nos amis.*
Dans la langue courante, cette distinction n'est pas toujours respectée, la préposition ***voilà*** étant beaucoup plus utilisée que la préposition ***voici.***
VOIR – VOILÀ.
2. La préposition sert à désigner une chose dont il sera question, par opposition à ***voilà,*** qui renvoie à une chose dont on a parlé. *Voici ce qui arrivera.*
3. La préposition sert à désigner une chose qui commence à se produire (avec une valeur temporelle). *Voici l'orage qui commence. Voici venir les beaux jours.*
4. Il y a. *Nos amis sont venus voici une semaine.*

VOIE n. f.
1. Chemin. *La voie publique, la voie maritime, une voie ferrée.*
VOIR TABLEAU – ODONYMES.
2. Mode de transport. *Par la voie des airs.*
3. (FIG.) Direction. *La voie du succès.* SYN. chemin ; route.
4. Desseins divins. *Les voies du Seigneur sont impénétrables.*
LOCUTIONS
– ***Être en (bonne) voie de.*** Être sur le point de. *Ces chercheurs sont en bonne voie de réussir.*
– ***Par voie de conséquence.*** Comme suite logique. SYN. par conséquent.
– ***Une voie de garage.*** (FIG.) Impasse, emploi sans possibilité d'avancement.
– ***Voie de circulation.*** Partie de la chaussée délimitée de part et d'autre par des lignes continues ou discontinues, tracées longitudinalement à la route, dont la largeur est suffisante pour permettre le passage d'une file de véhicules avec la latitude de légers déplacements latéraux (Recomm. off.).
T Les mots génériques des voies de circulation (***avenue, boulevard, chemin, côte, place, route, rue, etc.***) s'écrivent en minuscules et sont suivis du nom spécifique qui s'écrit avec une ou des majuscules. *L'avenue de la Brunante, le boulevard René-Lévesque, le chemin Saint-Louis, la place d'Armes, la rue du Manoir.* Cependant, les voies de circulation caractérisées par un adjectif numéral ordinal s'écrivent avec une majuscule. *La 5e Avenue.* Les abréviations usuelles sont ***av.*** (avenue), ***bd,*** b^d ou ***boul.*** (boulevard), ***ch.*** (chemin), ***pl.*** (place), ***rte*** ou r^{te} (route).
– ***Voie de desserte.*** Voie auxiliaire généralement parallèle à une voie rapide et conçue pour permettre la circulation locale et desservir les propriétés riveraines (Recomm. off.). *Une voie de desserte* (et non *service).
– ***Voie lactée.*** Bande blanchâtre composée de milliards d'étoiles.
T Le nom ***voie*** désigne par métaphore la Galaxie et s'écrit avec une majuscule ; le déterminant qui suit s'écrit avec une minuscule.
– ***Voies de fait.*** (DR.) Actes de violence à l'égard d'une personne.
Le nom ***fait*** demeure au singulier dans cette locution.
FORME FAUTIVE
*voie de service. Calque de «*service road*» pour ***voie de desserte.***
HOM. ***voix,*** ensemble de sons produits par les cordes vocales.

VOILÀ prép.
1. La préposition sert à indiquer une personne, une chose relativement éloignée (par opposition à ***voici***). *Voilà que nous apercevons le petit village où nous nous rendons.*
La distinction entre les prépositions ***voilà*** et ***voici*** n'est pas toujours respectée, ***voilà*** tendant à supplanter ***voici*** dans la langue courante.
2. La préposition renvoie à une chose dont il a été question (par opposition à ***voici,*** qui désigne une chose dont il sera question). *Eh bien, voilà ce que je voulais vous confier.*
3. Il y a. *Voilà dix ans que je ne l'ai vu.*
LOCUTIONS
– ***En veux-tu, en voilà !,*** loc. adv. (FAM.) En abondance. *Des framboises en veux-tu, en voilà (en v'là) !*
– ***En voilà assez.*** Il est impossible d'en tolérer davantage.
voilà.

VOILAGE n. m.
Rideau léger. *Des voilages blancs habillent les fenêtres.*

VOILE n. m. et f.
NOM MASCULIN
1. Étoffe destinée à couvrir le visage ou la tête des femmes dans certaines circonstances. *Un voile de mariée.*
2. (FIG.) Ce qui empêche de voir. *Un voile de brouillard cachait la route.*
NOM FÉMININ
Pièce de toile fixée au mât d'un bateau pour recevoir le vent. *Les marins ont hissé les voiles. « La voile aux beaux frissons, la voleuse de vent »* (Robert Choquette, *Suite marine*).
LOCUTIONS
– ***Avoir le vent dans les voiles.*** (FIG.) Avoir beaucoup de succès dans ses entreprises.
– ***Faire voile.*** Naviguer. *Ils font voile vers la Bretagne.*
Dans cette expression, le nom est invariable.
– ***Jeter un voile sur.*** (FIG.) Dissimuler, ne pas parler de. *Le XIXe s. et la morale puritaine ont jeté un voile pudique sur ces sculptures, qui choquaient la bienséance.*

– ***Lever le voile sur.*** (FIG.) Révéler la vérité. *Les dirigeants ont levé le voile sur ce secret bien gardé : finalement, c'est la marque XYZ qui l'emporte et sera omniprésente.*
– ***Mettre les voiles.*** (FIG.) (FAM.) Partir précipitamment.
– ***Soulever un coin du voile.*** (FIG.) Laisser apercevoir la vérité.

VOILÉ, ÉE adj.
1. Qui porte un voile. *Une femme voilée.*
2. (FIG.) Dissimulé. *Le sens voilé d'un message.* SYN. caché.

VOILER v. tr., pronom.
VERBE TRANSITIF
1. Couvrir d'un voile.
Ne pas confondre avec les verbes suivants :
• ***cacher,*** dissimuler ;
• ***celer,*** tenir quelque chose secret ;
• ***déguiser,*** dissimuler sous une apparence trompeuse ;
• ***masquer,*** dissimuler derrière un masque ;
• ***taire,*** ne pas révéler ce que l'on n'est pas obligé de faire connaître.
2. (LITT.) Cacher sous des apparences. *Voiler les faits.*
VERBE PRONOMINAL
1. (FIG.) Se dissimuler, perdre de son éclat. *Le soleil s'est voilé.*
2. Se couvrir d'un voile. *Les écolières se voilaient d'une mantille pour assister à la messe.*
À la forme pronominale, le participe passé de ce verbe s'accorde en genre et en nombre avec le complément direct si celui-ci le précède. *L'œil qu'elle s'est voilé. Les dames se sont voilées pour entrer dans l'église.* Le participe passé reste invariable si le complément direct suit le verbe. *Les dames se sont voilé la tête.*
CONJUGAISON : VOIR MODÈLE AIMER.

VOILETTE n. f.
Petit voile fixé à la coiffure et qui cache partiellement le visage.

VOILIER n. m.
Bateau muni de voiles. *Un magnifique voilier à quatre mâts.*
Ne pas confondre avec les noms suivants :
• ***bateau,*** bâtiment, grand ou petit, qui navigue sur la mer ou sur les rivières ;
• ***canot,*** petite embarcation à rames, à voile ou à moteur ;
• ***cargo,*** navire pour le transport des marchandises ;
• ***paquebot,*** grand navire pour le transport des passagers ;
• ***pétrolier,*** navire-citerne pour le transport du pétrole ;
• ***yacht,*** bateau de plaisance.

VOILURE n. f.
Ensemble des voiles d'un navire.

VOIR v. tr., intr., pronom.
VERBE TRANSITIF DIRECT
1. Percevoir par la vue. *De son bureau, on voit la cime des arbres.* SYN. apercevoir.
2. Être témoin d'un évènement. *Ils ont vu l'accident se produire.* SYN. assister à.
3. Visiter, parcourir. *Nous avons vu tous les châteaux de la Loire.* SYN. découvrir.
4. Se trouver en présence de. *Venez donc prendre le thé, il y a si longtemps qu'on ne vous a vus.*
5. (FIG.) Constater. *Je vois que tu travailles fort.* SYN. s'apercevoir ; comprendre ; réaliser ; se rendre compte.
6. (FIG.) Supporter. *Elle ne peut plus la voir, elle est si désagréable.* SYN. endurer.
En ce sens, le verbe ne s'emploie que dans une tournure négative.
Le participe passé suivi d'un infinitif s'accorde en genre et en nombre avec le complément direct qui précède le verbe et qui fait l'action exprimée par l'infinitif. *Les enfants qu'elle a vus grandir,* mais *les arbres que j'ai vu couper.*
VERBE TRANSITIF INDIRECT
Veiller à. *Nous verrons à la qualité des travaux.* SYN. faire en sorte que ; prendre des mesures pour.
En ce sens, le verbe se construit avec la préposition ***à*** suivie d'un complément ou d'un infinitif, avec la locution conjonctive ***à ce que*** suivie du subjonctif.
VERBE INTRANSITIF
Percevoir par la vue. *Elle ne voit plus très bien.*
VERBE PRONOMINAL
1. Apercevoir sa propre image. *Elles se sont vues dans le miroir.*
2. Se regarder, se rencontrer. *Ils se sont vus, mais n'ont pas échangé une parole. Elles se voient une fois par mois.*
3. Être aperçu, être visible. *Cette étoile ne se voit qu'en été.*
4. Se trouver. *Ils se sont vus perdus au milieu de la forêt.*
À la forme pronominale, le participe passé de ce verbe s'accorde en genre et en nombre avec son sujet, s'il n'est pas suivi d'un verbe à l'infinitif. *Nous nous sommes vus tous les mois depuis janvier.* Lorsque le participe passé est suivi d'un infinitif, il s'accorde en genre et en nombre avec le complément direct qui précède le verbe, si ce complément direct fait l'action exprimée par l'infinitif. *Dans un rêve, elle s'était vue tomber dans un précipice.* Dans le cas contraire, le participe passé est invariable. *Elles se sont vu remettre la médaille du mérite universitaire.*
LOCUTIONS
– ***Avoir quelque chose à voir.*** Concerner, être en rapport avec. *Ces travaux n'ont rien à voir avec nous.*
– ***Laisser voir.*** Révéler. *Il a laissé voir son véritable caractère.*
– ***N'avoir rien à voir avec.*** Ne pas concerner, être sans relation avec. *Ces considérations n'ont rien à voir avec notre problème.* ANT. avoir un rapport avec ; être lié à.
– ***Pour voir.*** (FAM.) Afin d'essayer, pour savoir à quoi s'en tenir. *Allons-y pour voir.*
– ***Voir.*** Le verbe sert à renvoyer à un autre mot, dans un dictionnaire, un texte. Abréviation ***v.*** ou ***V.***
– ***Voir à.*** Veiller à. *Elle voit à la bonne marche des travaux.*
– ***Voir clair.*** (FIG.) Clarifier une question, la percevoir précisément.
– ***Voir le jour.*** (LITT.) Venir au monde.
– ***Voir loin.*** Prévoir. *C'est un visionnaire : il voit loin.*
– ***Voir venir.*** Attendre avant de prendre une décision.
– ***Voyons !*** Formule d'encouragement, d'exhortation. *Voyons, soyez raisonnable !*
CONJUGAISON : VOIR MODÈLE VOIR.
Le ***y*** est suivi d'un ***i*** à la première et à la deuxième personne du pluriel de l'indicatif imparfait et du subjonctif présent. *(Que) nous voyions, (que) vous voyiez.*

VOIRE adv.
Et même. *Cette précaution est inutile, voire dangereuse.*
L'expression pléonastique ***voire même*** est critiquée.
voir**e**.

VOIRIE n. f.
1. Ensemble des voies de communication publiques.
2. Entretien des voies publiques. *C'est la voirie qui se charge de déneiger les routes.*
voirie.

VOISIN, INE adj. et n. m. et f.
ADJECTIF
1. Qui est proche, à proximité. *Des immeubles voisins.*
2. Qui présente des analogies. *La vigogne est un animal voisin du lama. Le sens voisin d'un mot.*
NOM MASCULIN ET FÉMININ
Personne qui habite à proximité. *Nous avons de bons voisins.*

VOISINAGE n. m.
Proximité. *Le voisinage de la mer. Elle habite dans le voisinage.*

V

CONJUGAISON DU VERBE **VOIR**

INDICATIF

PRÉSENT

je	**vois**
tu	**vois**
elle	**voit**
il	**voit**
nous	**voyons**
vous	**voyez**
elles	**voient**
ils	**voient**

PASSÉ COMPOSÉ

j'	ai	vu
tu	as	vu
elle	a	vu
il	a	vu
nous	avons	vu
vous	avez	vu
elles	ont	vu
ils	ont	vu

IMPARFAIT

je	**voyais**
tu	**voyais**
elle	**voyait**
il	**voyait**
nous	**voyions**
vous	**voyiez**
elles	**voyaient**
ils	**voyaient**

PLUS-QUE-PARFAIT

j'	avais	vu
tu	avais	vu
elle	avait	vu
il	avait	vu
nous	avions	vu
vous	aviez	vu
elles	avaient	vu
ils	avaient	vu

PASSÉ SIMPLE

je	**vis**
tu	**vis**
elle	**vit**
il	**vit**
nous	**vîmes**
vous	**vîtes**
elles	**virent**
ils	**virent**

PASSÉ ANTÉRIEUR

j'	eus	vu
tu	eus	vu
elle	eut	vu
il	eut	vu
nous	eûmes	vu
vous	eûtes	vu
elles	eurent	vu
ils	eurent	vu

FUTUR SIMPLE

je	**verrai**
tu	**verras**
elle	**verra**
il	**verra**
nous	**verrons**
vous	**verrez**
elles	**verront**
ils	**verront**

FUTUR ANTÉRIEUR

j'	aurai	vu
tu	auras	vu
elle	aura	vu
il	aura	vu
nous	aurons	vu
vous	aurez	vu
elles	auront	vu
ils	auront	vu

CONDITIONNEL PRÉSENT

je	**verrais**
tu	**verrais**
elle	**verrait**
il	**verrait**
nous	**verrions**
vous	**verriez**
elles	**verraient**
ils	**verraient**

CONDITIONNEL PASSÉ

j'	aurais	vu
tu	aurais	vu
elle	aurait	vu
il	aurait	vu
nous	aurions	vu
vous	auriez	vu
elles	auraient	vu
ils	auraient	vu

SUBJONCTIF

PRÉSENT

que	je	**voie**
que	tu	**voies**
qu'	elle	**voie**
qu'	il	**voie**
que	nous	**voyions**
que	vous	**voyiez**
qu'	elles	**voient**
qu'	ils	**voient**

PASSÉ

que	j'	aie	vu
que	tu	aies	vu
qu'	elle	ait	vu
qu'	il	ait	vu
que	nous	ayons	vu
que	vous	ayez	vu
qu'	elles	aient	vu
qu'	ils	aient	vu

IMPARFAIT

que	je	**visse**
que	tu	**visses**
qu'	elle	**vît**
qu'	il	**vît**
que	nous	**vissions**
que	vous	**vissiez**
qu'	elles	**vissent**
qu'	ils	**vissent**

PLUS-QUE-PARFAIT

que	j'	eusse	vu
que	tu	eusses	vu
qu'	elle	eût	vu
qu'	il	eût	vu
que	nous	eussions	vu
que	vous	eussiez	vu
qu'	elles	eussent	vu
qu'	ils	eussent	vu

IMPÉRATIF

PRÉSENT	PASSÉ
vois	aie vu
voyons	ayons vu
voyez	ayez vu

INFINITIF

PRÉSENT	PASSÉ
voir	avoir vu

PARTICIPE

PRÉSENT	PASSÉ
voyant	vu, vue ayant vu

VOISINER v. intr.
1. (LITT.) Fréquenter ses voisins. *À la ville, on voisine moins qu'à la campagne. « Ce n'est pourtant pas que, là-bas, on voisinât beaucoup. Passé un certain âge, on va peu chez les autres. Pourtant, il n'est nouvelle qui en quelques heures ne se répande d'un bout à l'autre du rang, de voisin à voisin, par-dessus les clôtures mitoyennes. Car sur la terre, on se comprend sans presque jamais se parler; tandis que dans les villes, on se parle sans presque jamais se comprendre »* (Ringuet, *Trente Arpents*).
Ce verbe demeure usuel au Québec et dans la francophonie canadienne, mais il n'appartient plus à l'usage courant de la majorité des locuteurs du français.
2. Être à côté de. *Les rosiers voisinent avec les pivoines dans mon jardin.*
Le verbe se construit avec la préposition ***avec.***
FORME FAUTIVE
*voisiner. Impropriété au sens de ***avoisiner, s'approcher de, être approximativement de.*** *Le loyer avoisine* (et non *voisine) *700 $.*
CONJUGAISON : VOIR MODÈLE AIMER.

VOITURE n. f.
1. Véhicule qui sert au transport des personnes, des choses. *La mère de François a acheté une petite voiture.*
L'accord du participe passé et de l'adjectif se fait généralement avec la désignation générique sous-entendue. *Une luxueuse (voiture) Cadillac.*
T 1° Ce mot est de plus en plus utilisé pour remplacer le mot ***automobile.***
2° Les noms propres et les marques des voitures de fabrication industrielle s'écrivent avec une majuscule et sont invariables. *Une Renault, une Peugeot, des Jetta, des Golf.*
2. Véhicule roulant sur des rails, servant au transport des voyageurs. *En voiture! le train part dans une minute!*
Théoriquement, la ***voiture*** sert au transport des personnes par rail, alors que le ***wagon*** sert au transport des marchandises. Dans les faits, le mot ***wagon*** est employé pour des personnes et des choses.
LOCUTION
– ***Voiture hybride.*** Voiture automobile dont la production d'énergie est assurée par l'association d'un moteur thermique et d'un moteur électrique (GDT). *Les voitures hybrides classiques fonctionnent avec un moteur à essence sur grandes distances et des batteries qui prennent le relais en ville. Des voitures hybrides rechargeables d'un grand constructeur, technologie prometteuse pour l'économie en carburant et la réduction des émissions de gaz.*

VOITURETTE n. f.
Véhicule léger motorisé utilisé notamment par les golfeurs pour se déplacer sur un parcours de golf. *Pour faire ses courses, Nouni utilise une voiturette électrique* (et non un *cart).

VOITURIER n. m.
VOITURIÈRE n. f.
Personne chargée de garer les voitures des clients d'un restaurant, d'un hôtel. *Vous pouvez confier votre cabriolet au voiturier* (et non au *valet parking).

VOIX n. f.
1. Ensemble de sons produits par les cordes vocales. *Une belle voix grave.*
2. (FIG.) Appel, inspiration. *Entendre la voix de la raison.*
3. Expression d'une opinion, d'un vote. *Ce candidat a recueilli 4000 voix.*
LOCUTIONS
– ***De vive voix,*** loc. adv. En parlant. *Il me l'a dit de vive voix.*
– ***Rester sans voix.*** Demeurer muet (de peur, de surprise, d'émotion, etc.).
– ***Voix active, voix passive.*** (GRAMM.) Forme prise par le verbe suivant que l'action est faite ou subie par le sujet.
HOM. ***voie,*** chemin.
voix.

VOL n. m.
1. Déplacement aérien au moyen d'ailes. *Le vol des oiseaux.*
2. Groupe d'oiseaux qui volent ensemble. *« Entre des îles fourrées de broussailles glissa un vol triangulaire de canards fuyant instinctivement un hiver qu'ils ne connaissent point »* (Ringuet, *Trente Arpents*). SYN. volée.
3. Trajet en avion. *Nous prendrons le vol* (et non l'*envol, l'*envolée) *de 15 heures.*
4. Action de s'emparer du bien d'autrui. *C'est un vol à main armée* (et non *hold-up). *Des vols à l'étalage.*
LOCUTIONS
– ***À vol d'oiseau,*** loc. adv. (FIG.) En ligne droite.
– ***Au vol,*** loc. adv. Que l'on doit saisir au passage, sans disposer de temps.
– ***De haut vol,*** loc. adj. De grande envergure. *Un scientifique de haut vol.* SYN. de haut niveau; de haute volée.
– ***Prendre son vol.*** (FIG.) S'affranchir, gagner son indépendance.
– ***Saisir une occasion au vol.*** Profiter d'une occasion dès qu'elle se présente.

vol.
Abréviation de ***volume(s).***

VOLAGE adj.
Frivole. *Un amant volage.* SYN. infidèle.

VOLAILLE n. f.
Oiseau de basse-cour.

VOLANT, ANTE adj. et n. m.
ADJECTIF
Qui peut voler. *Des poissons volants.*
NOM MASCULIN
1. Dispositif qui assure la direction d'un véhicule. *Tourne le volant de la voiture* (et non le *steering) *pour éviter ce chiot!*
2. Petite sphère munie de plumes en couronne que les joueurs se renvoient à l'aide d'une raquette au badminton. *Un volant* (et non *moineau) *neuf.*
3. Partie détachable d'un carnet, d'un registre à souche, par opposition au ***talon.***

VOLATIL, ILE adj.
1. Qui se transforme facilement en vapeur. *Une substance volatile.*
2. (FIG.) Qui disparaît facilement. *Le bonheur est volatil, éphémère par nature.*
3. (ÉCON.) Sensible aux variations de la Bourse, en parlant de valeurs mobilières.
HOM. ***volatile,*** oiseau domestique.
volatil.

VOLATILE n. m.
Oiseau domestique. *La basse-cour regorgeait de volatiles.*
HOM. ***volatil,*** qui se transforme facilement en vapeur.
volatile.

VOLATILISER v. tr., pronom.
VERBE TRANSITIF
1. Réduire un corps en vapeur d'eau.
2. (FIG.) Faire disparaître. *Des principes altruistes volatilisés par le goût du pouvoir.*
VERBE PRONOMINAL
Disparaître. *Les sommes se sont volatilisées.*
À la forme pronominale, le participe passé de ce verbe s'accorde toujours en genre et en nombre avec son sujet. *Les cambrioleurs se sont volatilisés.*
CONJUGAISON : VOIR MODÈLE AIMER.

VOLATILITÉ n. f.
1. Caractère d'un corps volatil.
2. (FIG.) Fragilité, instabilité.
3. (ÉCON.) Sensibilité aux variations boursières, en parlant d'une action. SYN. instabilité.

VOL-AU-VENT n. m. inv. (pl. *vol-au-vent*)
Entrée de pâte feuilletée garnie d'une viande, d'un poisson en sauce. *Un vol-au-vent au poulet et aux champignons.*

VOLCAN n. m.
Cratère situé sur une montagne, d'où s'échappent de la cendre, de la lave en fusion, etc.

VOLCANIQUE adj.
Qui concerne les volcans. *Des boues volcaniques. Une éruption volcanique.*

VOLCANOLOGIE n. f.
Étude des volcans.
La forme ***vulcanologie*** est vieillie.

VOLCANOLOGIQUE adj.
Relatif à la volcanologie.

VOLCANOLOGUE n. m. et f.
Spécialiste de la volcanologie.

VOLÉE n. f.
1. Groupe d'oiseaux qui volent ensemble. *Une volée de canards sauvages.*
Si le collectif est précédé du déterminant indéfini ***une*** et suivi d'un complément au pluriel, l'accord du verbe ou de l'adjectif se fait généralement avec le complément au pluriel. *Une volée d'outardes traversaient le ciel.* Si le collectif est précédé du déterminant défini ***(la)***, d'un déterminant possessif ***(ma, ta, sa)*** ou d'un déterminant démonstratif ***(cette)*** et s'il est suivi d'un complément au pluriel, le verbe et l'adjectif peuvent s'accorder avec le sujet si l'auteur veut insister sur l'ensemble plutôt que sur la pluralité. *La volée de canards a atterri dans la baie.*
2. Suite de coups. *Ces voyous mériteraient une bonne volée.* SYN. raclée.
LOCUTIONS
– ***À la volée.*** Très rapidement, au passage.
– ***À toute volée,*** loc. adv. Avec force. *Il lança le poids à toute volée.*
Dans cette expression, le nom est au singulier.
– ***Une volée de bois vert.*** Série de coups vigoureux et bien appliqués.
– ***Une volée de bois vert.*** (FIG.) Critiques cinglantes.

VOLER v. tr., intr.
VERBE TRANSITIF
Dérober. *On leur a volé leur voiture.* SYN. s'emparer ; (FAM.) piquer ; ravir ; subtiliser.
VERBE INTRANSITIF
Se déplacer dans l'air. *Ils volent à haute altitude.*
CONJUGAISON : VOIR MODÈLE AIMER.

VOLET n. m.
Panneau de bois, de métal. *Les volets rouges d'une fenêtre.*
LOCUTION
– ***Trié sur le volet.*** (FIG.) Sélectionné de façon très rigoureuse.
volet.

VOLETER v. intr.
Le ***e*** de la deuxième syllabe se prononce ou non, [vɔləte, vɔlte].
Voler en changeant souvent de direction. *Les oiseaux voletaient au rythme du vent. « Les insectes bourdonnaient gaiement en voletant de massif en massif »* (Gabrielle Roy, *La Détresse et l'Enchantement*).
CONJUGAISON : VOIR MODÈLE APPELER.
Redoublement du ***t*** devant un ***e*** muet. *Je volette, je voletterai,* mais *je voletais.*
[Les *Rectifications* (1990) admettent : il volète, volètera, volèterait...]

VOLEUR, EUSE adj. et n. m. et f.
Personne qui vole ou qui a volé. *Ce sont des voleurs expérimentés.*

VOLIÈRE n. f.
Cage où l'on enferme les oiseaux. *Une belle volière remplie d'oiseaux tropicaux.*
volière.

VOLLEYBALL ou **VOLLEY(-BALL)** n. m. (pl. *volleyballs* ou *volley-balls*)
Le mot se prononce à l'anglaise, [vɔlɛbɔl].
Sport collectif qui oppose, sur un terrain délimité, en salle ou en plein air, deux équipes de six joueurs chacune, et consistant, pour les joueurs d'une équipe, à faire franchir le filet au ballon en le reprenant de volée et à la main, sans le laisser rebondir, de telle sorte que l'équipe adverse ne puisse pas le renvoyer (GDT). *Il excelle au volleyball* ou *volley-ball.*

VOLONTAIRE adj. et n. m. et f.
ADJECTIF
1. Qui se fait librement, par la volonté. *Un geste volontaire.* SYN. libre ; voulu.
2. Déterminé. *C'est une personne très volontaire.* SYN. décidé ; persévérant ; tenace.
Les synonymes ***décidé, persévérant, tenace, volontaire*** ont un sens favorable, tandis que les adjectifs ***buté, entêté, têtu*** ont un sens défavorable. Selon le contexte, l'adjectif ***obstiné*** peut avoir une connotation favorable ou défavorable.
Ne pas confondre avec le mot ***volontariste,*** qui croit pouvoir modifier le cours des choses par la volonté.
NOM MASCULIN ET FÉMININ
Personne qui propose librement ses services, notamment dans l'armée. *Y a-t-il des volontaires pour éplucher les pommes de terre ?*

VOLONTAIREMENT adv.
Intentionnellement. *Il l'a volontairement frappé.* SYN. délibérément ; exprès.

VOLONTARISTE adj. et n. m. et f.
Qui croit pouvoir modifier le cours des choses par la volonté. *Une approche utopique par sa dimension volontariste.*
Ne pas confondre avec le mot ***volontaire,*** qui se fait librement, par la volonté.

VOLONTÉ n. f.
1. Intention ferme de faire ou de ne pas faire quelque chose. *Ils ont agi contre sa volonté. « Corps sur les arbres les ronces les pierres/Sur les volontés d'homme à travers le sol »* (Jean-Guy Pilon, *Comme eau retenue*).
2. Détermination. *Ils ont beaucoup de volonté. Elle a une volonté de fer.*
3. (AU PLUR.) Caprices. *Il faisait toutes ses volontés, ses quatre volontés.*
LOCUTIONS
– ***À volonté,*** loc. adv. Autant qu'on en désire. *Servez-vous à volonté.*
– ***Bonne volonté, mauvaise volonté.*** Disposition à bien faire, à faire obstacle à quelque chose.
– ***Dernières volontés.*** Intentions formulées avant de mourir.
– ***Faire les quatre volontés de quelqu'un.*** Céder à tous les caprices d'une personne.

VOLONTIERS adv.
1. De bon gré, avec plaisir. *Je prendrais volontiers un jus bien frais.* SYN. certainement.
2. Facilement. *Elle le croit volontiers.*
volontiers.

VOLT n. m.
Le *o* est ouvert, [vɔlt].
Symbole *V* (s'écrit sans point).
Unité de mesure de force électromotrice. *Le courant est de 220 volts. La tension électrique est de 110 V* ou (elliptiquement) *de 110.*

VOLTAGE n. m.
(FAM.) Tension électrique. *Le voltage d'un appareil d'éclairage.*
On préférera le mot ***tension*** en ce sens. *Ce fer à repasser est à bivoltage* (110 V et 220 V), ou mieux, *à bitension.*

VOLTE-FACE n. f. inv. (pl. *volte-face*)
1. Revirement soudain. *Les marcheurs ont fait volte-face et sont revenus sur leurs pas.*
2. Changement d'avis, d'attitude. *Les volte-face du maire de la ville, qui a de nouveau annulé la décision prise la semaine dernière.*
Attention au genre féminin de ce nom : une volte-face.
volte-face, avec un trait d'union.
[Les *Rectifications* (1990) admettent : une volteface, des voltefaces.]

VOLTIGE n. f.
1. Exercices d'acrobatie. *Un exercice de voltige périlleux.*
2. (FIG.) Entreprise difficile. *C'est de la haute voltige que de convaincre le conseil.*

VOLTIGER v. intr.
1. Voler en battant des ailes. *Une hirondelle voltigeait autour de sa petite maison.*
2. Flotter au gré du vent. *Les samares voltigent doucement.*
CONJUGAISON : VOIR MODÈLE CHANGER.
Le ***g*** est suivi d'un ***e*** devant les lettres ***a*** et ***o***. *Il voltigea, nous voltigeons.*

VOLTIGEUR n. m.
Soldat d'un groupe de combat.

VOLTMÈTRE n. m.
Appareil qui sert à mesurer des différences de potentiel électrique en volts.

VOLUBILE adj.
Qui parle beaucoup. *Il n'est pas très volubile.* SYN. bavard.
volubile.

VOLUBILIS n. m.
Le *s* se prononce, [vɔlybilis] ; le nom rime avec ***lisse.***
Plante ornementale grimpante à fleurs colorées.
Attention au genre masculin de ce nom : ***un*** volubilis.

VOLUBILITÉ n. f.
Aisance, abondance de la parole. *Ils racontèrent leur expédition avec une volubilité étourdissante.*

VOLUME n. m.
Abréviation ***vol.*** (s'écrit avec un point).
1. Livre relié. *Une magnifique bibliothèque remplie de volumes anciens.*
2. Partie d'un ouvrage. *Un dictionnaire en trois volumes.* SYN. tome.
3. Étendue d'un corps à trois dimensions.
L'évaluation du volume (en mètres cubes) est le ***cubage,*** alors que la ***superficie*** est l'étendue d'un corps à deux dimensions.
4. Intensité des sons. *Pourriez-vous baisser le volume du téléviseur, on ne s'entend plus !*
volume.

VOLUMÉTRIQUE adj.
Qui se rapporte à la détermination des volumes.

VOLUMINEUX, EUSE adj.
Qui a un grand volume. *Des colis volumineux.* SYN. gros.

VOLUPTÉ n. f.
Plaisir des sens. *Elle plonge avec volupté dans la piscine d'eau fraîche.*

VOLUPTUEUSEMENT adv.
Avec volupté. *Le chat s'étire longuement et voluptueusement.*

VOLUPTUEUX, EUSE adj.
1. Qui exprime, qui inspire la volupté. *Une danse voluptueuse.* SYN. sensuel.
2. Qui procure du plaisir. *Des rêveries voluptueuses.* SYN. agréable ; délicieux ; doux.

VOLUTE n. f.
1. Spirale. *Les volutes d'un chapiteau ionique.*
2. (FIG.) Ce qui est en forme de spirale. *Des volutes de fumée.*
Attention au genre féminin de ce nom : ***une*** volute.

VOMIR v. tr.
Le *o* est ouvert, [vɔmir].
1. Rejeter par la bouche ce qui était dans l'estomac.
2. (FIG.) Projeter. *Le volcan vomissait des matières en fusion.*
3. (FIG.) Proférer. *Vomir des insultes.*
CONJUGAISON : VOIR MODÈLE FINIR.

VOMISSEMENT n. m.
Le *o* est ouvert, [vɔmismɑ̃].
Action de vomir ; matières vomies.
vomissement.

VOMITIF, IVE adj. et n. m.
Le *o* est ouvert, [vɔmitif, iv].
ADJECTIF
Qui fait vomir. *Un médicament vomitif.*
NOM MASCULIN
Substance qui provoque le vomissement. *Prendre un vomitif.*

VORACE adj.
Qui mange avec avidité. *Un ours vorace.* SYN. glouton.
vorace.

VORACEMENT adv.
Avec voracité. *Elles dévoraient voracement un pain chaud.* SYN. avidement ; goulûment.

VORACITÉ n. f.
Avidité. *La voracité d'un loup affamé.* SYN. gloutonnerie.

VOS
VOIR – VOTRE.

VOSGIEN, IENNE adj. et n. m. et f.
Des Vosges. *Les eaux vosgiennes. Un Vosgien, une Vosgienne.*
T L'adjectif s'écrit avec une minuscule ; le nom, avec une majuscule.

VOTANT, ANTE n. m. et f.
Personne habilitée à voter. *Les votants* (et non *voteurs) *ont été moins nombreux à la dernière élection.*

***VOTATION**
Archaïsme pour ***vote.***

VOTE n. m.
Acte par lequel une personne donne son opinion.
LOCUTION
– ***Vote de censure.*** Vote qui met en cause la responsabilité du gouvernement et la confiance que les députés lui accordent (GDT). *Le vote de censure* (et non de *non-confiance) *peut porter sur une motion de censure déposée par un député de l'opposition ou sur un projet de loi important (lié à la fiscalité ou aux finances, par exemple).*
FORMES FAUTIVES
*faire sortir le vote. Calque de « *to get out the vote* » pour ***inciter les gens à voter.***
*passer au vote. Impropriété pour ***procéder au vote, mettre aux voix.***
*prendre le vote. Calque de « *to take the vote* » pour ***voter, procéder au scrutin.***

*vote de grève. Calque de «*to take a strike vote*» au sens de ***tenir un scrutin sur la grève, voter sur la grève.***
*vote de non-confiance. Calque de «*vote of non-confidence*» pour ***vote de censure.***
*vote ouvert. Calque de «*open vote*» au sens de ***scrutin découvert.***

VOTER v. tr., intr.
VERBE TRANSITIF
Adopter par un vote majoritaire (une loi, une mesure, etc.). *Voter une loi.*
VERBE INTRANSITIF
Exprimer son opinion par un vote. *Le devoir du citoyen est d'aller voter. Voter pour, contre une candidate. Ils ont voté vert; elles ont voté utile.*
CONJUGAISON : VOIR MODÈLE AIMER.

***VOTEUR**
Impropriété pour ***votant.***

VOTRE adj. poss. m. et f. (pl. *vos*)
1. Déterminant possessif de la deuxième personne du pluriel et des deux genres.
2. Qui est à vous, qui vous appartient, qui est relatif à vous. *Votre jardin, vos amis.*
Le déterminant s'accorde en nombre avec le nom déterminé; il s'accorde en personne avec le nom désignant le «possesseur» et représente au moins deux possesseurs, dont celui à qui l'on parle.
VOIR TABLEAU – POSSESSIF ET PRONOM POSSESSIF (DÉTERMINANT).

VÔTRE n. m. et pron. poss. (pl. *vôtres*)
PRONOM POSSESSIF
Pronom possessif de la deuxième personne du pluriel et du genre masculin et féminin. Qui est à vous. *Cette patrie est la vôtre. Ces collègues sont les vôtres.*
Le pronom est toujours accompagné de l'article défini; le mot ***vôtre*** s'emploie parfois en fonction d'attribut, sans article, comme un adjectif. *Ces inquiétudes sont vôtres.*
NOM MASCULIN
Vôtre. Ce qui leur appartient. *Mettez-y du vôtre.*
NOM MASCULIN PLURIEL
Vôtres. Vos parents, vos proches, vos amis. *Il n'est pas des vôtres.*
vôtre.

VOUER v. tr., pronom.
VERBE TRANSITIF
1. Mettre sous la protection de Dieu, d'un saint. SYN. consacrer.
2. Consacrer. *Vouer sa vie à la recherche.* SYN. dédier.
3. Destiner à un mauvais sort. *Ce projet est voué à l'échec.* SYN. condamner.
Le complément indirect du verbe se construit avec la préposition ***à.***
VERBE PRONOMINAL
Se consacrer à Dieu, à la Vierge, à un saint par un vœu. *Pour tenir la promesse faite à la Vierge Marie, Monique s'est vouée au blanc et au bleu. François ne savait pas à quel saint se vouer.*
À la forme pronominale, le participe passé de ce verbe s'accorde toujours en genre et en nombre avec son sujet. *Elles se sont vouées à l'éducation des enfants.*
LOCUTION
– ***Ne pas savoir à quel saint se vouer.*** Ne pas savoir à qui recourir.
CONJUGAISON : VOIR MODÈLE AIMER.

VOULOIR n. m.
(VIEILLI) Volonté. *Selon son bon vouloir.*

VOULOIR v. tr., pronom.
VERBE TRANSITIF
1. Manifester sa volonté. *Il veut partir. Elle sait ce qu'elle veut. Nous voulons que vous restiez.* SYN. désirer; avoir l'intention de; tenir à.
Le verbe se construit avec un nom ou un infinitif; il peut aussi se construire avec ***que*** et le subjonctif.
2. Souhaiter. *Ils voudraient gagner le gros lot. Claude Dubois chante «J'aurais voulu être un artiste»* (Luc Plamondon et Michel Berger, *Le Blues du businessman*). SYN. désirer; rêver de.
3. Accepter. *Acceptez-vous de prendre Tristan comme époux? – Oui, je le veux.* SYN. consentir.
4. Demander. *Combien voulez-vous pour ce voilier?* SYN. exiger.
Le verbe comporte deux formes à l'impératif et au subjonctif présent. Les formes ***veuille, veuillez*** expriment une prière, un ordre atténué signifiant «je vous prie de vouloir» et s'emploient surtout dans les formules de politesse. *Veuillez me suivre, s'il vous plaît. Veuillez agréer, Madame, mes salutations respectueuses.* Les formes ***veux, voulons*** et ***voulez*** ne s'emploient que rarement.
VERBE PRONOMINAL
1. Prétendre avoir telle qualité, tel caractère. *Un dirigeant qui se veut équitable.*
2. Se souhaiter mutuellement quelque chose. *Deux amis qui ne se veulent que du bien.*
Le participe passé d'un verbe pronominal suivi d'un attribut du pronom réfléchi s'accorde en genre et en nombre avec le sujet. *Elle s'est voulue constamment optimiste et sûre de réussir.*
LOCUTIONS
– ***En veux-tu, en v'là!,*** loc. adv. (FAM.) En abondance.
– ***En vouloir à quelqu'un.*** Avoir de la rancune contre quelqu'un. *Il lui en veut terriblement.*
– ***Que veux-tu, que voulez-vous?*** Ces locutions introduisent une excuse. *Que veux-tu que je fasse?*
La locution est suivie de la conjonction ***que*** et du subjonctif.
– ***S'en vouloir.*** Éprouver de la rancune, de la haine l'un contre l'autre. *Ils s'en sont voulu longtemps, mais ils sont maintenant réconciliés.*
Dans cette expression, le participe passé de ce verbe est toujours invariable.
– ***S'en vouloir (de quelque chose).*** Éprouver du regret. *Elle s'en était voulu de ne pas avoir accepté son offre.*
Dans cette expression, le participe passé de ce verbe est toujours invariable.
– ***Vouloir dire.*** Avoir le sens de. *Le mot d'origine amérindienne* ouaouaron *veut dire «grenouille verte».* SYN. signifier.
CONJUGAISON : VOIR MODÈLE VOULOIR.

VOUS pron. pers. m. et f.
Pronom personnel masculin et féminin de la deuxième personne du pluriel.
VOIR TABLEAU – PRONOM.
EMPLOIS
– **Sujet.** *Vous acceptez de participer.*
– **En apposition.** *Vous, vous êtes persuadés d'avoir raison, mais nous croyons que vous êtes dans l'erreur.*
– **Complément direct.** *Parfumez-vous.*
Le pronom sert à s'adresser à plusieurs personnes ou à une personne que l'on vouvoie. On accordera le participe passé ou l'adjectif au singulier s'il s'agit d'une seule personne. *Vous étiez habillé de blanc.*
– **Complément indirect.** *Cette maison est à vous.*
– **Complément de phrase.** *Nous irons chez vous.*

V

CONJUGAISON DU VERBE **VOULOIR**

INDICATIF

PRÉSENT

je	**veux**
tu	**veux**
elle	**veut**
il	**veut**
nous	**voulons**
vous	**voulez**
elles	**veulent**
ils	**veulent**

PASSÉ COMPOSÉ

j'	ai	voulu
tu	as	voulu
elle	a	voulu
il	a	voulu
nous	avons	voulu
vous	avez	voulu
elles	ont	voulu
ils	ont	voulu

IMPARFAIT

je	**voulais**
tu	**voulais**
elle	**voulait**
il	**voulait**
nous	**voulions**
vous	**vouliez**
elles	**voulaient**
ils	**voulaient**

PLUS-QUE-PARFAIT

j'	avais	voulu
tu	avais	voulu
elle	avait	voulu
il	avait	voulu
nous	avions	voulu
vous	aviez	voulu
elles	avaient	voulu
ils	avaient	voulu

PASSÉ SIMPLE

je	**voulus**
tu	**voulus**
elle	**voulut**
il	**voulut**
nous	**voulûmes**
vous	**voulûtes**
elles	**voulurent**
ils	**voulurent**

PASSÉ ANTÉRIEUR

j'	eus	voulu
tu	eus	voulu
elle	eut	voulu
il	eut	voulu
nous	eûmes	voulu
vous	eûtes	voulu
elles	eurent	voulu
ils	eurent	voulu

FUTUR SIMPLE

je	**voudrai**
tu	**voudras**
elle	**voudra**
il	**voudra**
nous	**voudrons**
vous	**voudrez**
elles	**voudront**
ils	**voudront**

FUTUR ANTÉRIEUR

j'	aurai	voulu
tu	auras	voulu
elle	aura	voulu
il	aura	voulu
nous	aurons	voulu
vous	aurez	voulu
elles	auront	voulu
ils	auront	voulu

CONDITIONNEL PRÉSENT

je	**voudrais**
tu	**voudrais**
elle	**voudrait**
il	**voudrait**
nous	**voudrions**
vous	**voudriez**
elles	**voudraient**
ils	**voudraient**

CONDITIONNEL PASSÉ

j'	aurais	voulu
tu	aurais	voulu
elle	aurait	voulu
il	aurait	voulu
nous	aurions	voulu
vous	auriez	voulu
elles	auraient	voulu
ils	auraient	voulu

SUBJONCTIF

PRÉSENT

que	je	**veuille**
que	tu	**veuilles**
qu'	elle	**veuille**
qu'	il	**veuille**
que	nous	**voulions**
que	vous	**vouliez**
qu'	elles	**veuillent**
qu'	ils	**veuillent**

PASSÉ

que	j'	aie	voulu
que	tu	aies	voulu
qu'	elle	ait	voulu
qu'	il	ait	voulu
que	nous	ayons	voulu
que	vous	ayez	voulu
qu'	elles	aient	voulu
qu'	ils	aient	voulu

IMPARFAIT

que	je	**voulusse**
que	tu	**voulusses**
qu'	elle	**voulût**
qu'	il	**voulût**
que	nous	**voulussions**
que	vous	**voulussiez**
qu'	elles	**voulussent**
qu'	ils	**voulussent**

PLUS-QUE-PARFAIT

que	j'	eusse	voulu
que	tu	eusses	voulu
qu'	elle	eût	voulu
qu'	il	eût	voulu
que	nous	eussions	voulu
que	vous	eussiez	voulu
qu'	elles	eussent	voulu
qu'	ils	eussent	voulu

IMPÉRATIF

PRÉSENT

veuille/veux
voulons
veuillez/voulez

PASSÉ

aie voulu
ayons voulu
ayez voulu

INFINITIF

PRÉSENT

vouloir

PASSÉ

avoir voulu

PARTICIPE

PRÉSENT

voulant

PASSÉ

voulu, ue
ayant voulu

VOÛTE n. f.
1. Ouvrage de maçonnerie qui a la forme d'un arc.
2. (LITT.) Ce qui recouvre, ce qui est en forme de berceau. *La voûte des arbres, la voûte étoilée.*
LOCUTIONS
– ***Clef de voûte.*** Pierre centrale qui maintient toutes les autres.
– ***Clef de voûte.*** (FIG.) Élément central d'une argumentation, d'une thèse, d'un système.
Dans cette expression, le nom s'orthographie ***clef,*** alors que dans les autres emplois, les graphies ***clé*** et ***clef*** sont en concurrence, ***clé*** étant la plus courante.
FORME FAUTIVE
*voûte. Anglicisme au sens de ***chambre forte.***
[Les *Rectifications* (1990) admettent : voute.]

VOÛTÉ, ÉE adj.
Courbé. *Un dos voûté.*
[Les *Rectifications* (1990) admettent : vouté, voutée.]

VOÛTER v. tr., pronom.
VERBE TRANSITIF
Recouvrir d'une voûte.
VERBE PRONOMINAL
Devenir courbé. *Avec l'âge, il s'est voûté.*
À la forme pronominale, le participe passé de ce verbe s'accorde toujours en genre et en nombre avec son sujet. *Ces personnes âgées se sont voûtées.*
CONJUGAISON : VOIR MODÈLE AIMER.
[Les *Rectifications* (1990) admettent : vouter.]

VOUVOIEMENT ou **VOUSSOIEMENT** n. m.
Action de vouvoyer. *Le vouvoiement est parfois très agréable.*
La forme ***voussoiement*** est vieillie.
vouvoiement.

VOUVOYER ou **VOUSSOYER** v. tr., pronom.
VERBE TRANSITIF
S'adresser à une personne en employant le pronom ***vous.*** *La possibilité de vouvoyer ou de tutoyer la personne à qui l'on s'adresse est une des particularités de la langue française.*
VERBE PRONOMINAL
Employer réciproquement la deuxième personne du pluriel pour communiquer.
À la forme pronominale, le participe passé de ce verbe s'accorde toujours en genre et en nombre avec son sujet. *Ils se sont toujours vouvoyés en public.*
La forme ***voussoyer*** est vieillie.
CONJUGAISON : VOIR MODÈLE EMPLOYER.
Le ***y*** se change en ***i*** devant un ***e*** muet. *Il vouvoie,* mais *il vouvoyait.*
Le ***y*** est suivi d'un ***i*** à la première et à la deuxième personne du pluriel de l'indicatif imparfait et du subjonctif présent. *(Que) nous vouvoyions, (que) vous vouvoyiez.*

VOUVRAY n. m.
Les lettres ***ay*** se prononcent ***é,*** [vuvre].
Vin blanc.
T Le nom du vin s'écrit avec une minuscule, tandis que le nom de la région s'écrit avec une majuscule.

VOYAGE n. m.
1. Déplacement. *Un voyage d'affaires, un voyage en Italie, en avion. Bon voyage !*
2. Aller et retour d'un lieu à un autre. *Pour déménager, ils ont fait plusieurs voyages avec leur camionnette.*
LOCUTION
– ***Agent, agente de voyages.*** Personne qui exploite une agence de voyages.

VOYAGEMENT n. m.
Action de voyager, allées et venues. *« Cette nuit, l'occasion est bonne de nous rappeler ces moments de grand voyagement que fut pour Marie et sa famille la célébration du premier Noël »* (Benoît Lacroix, *Le Devoir*). *« Mes parents ont loué une maison en Gaspésie, pour une semaine ; [...] si on enlève les deux jours de voyagement, il reste cinq jours »* (Stéphane Laporte, *La Presse*). SYN. déplacement.
Ce nom, qui figure dans le *Dictionnaire historique* de La Curne de Sainte-Palaye (XIIIe-XVIe s.), n'est pas répertorié dans les dictionnaires français contemporains. Au Québec, son emploi s'est maintenu, mais il tend à sortir de l'usage courant.

VOYAGER v. intr.
Faire des voyages. *Ils adorent voyager pour découvrir de nouvelles régions ensemble. Elle voyageait beaucoup.*
CONJUGAISON : VOIR MODÈLE CHANGER.
Le ***g*** est suivi d'un ***e*** devant les lettres ***a*** et ***o.*** *Il voyagea, nous voyageons.*

VOYAGEUR, EUSE n. m. et f.
1. Personne qui voyage. *Des voyageuses infatigables.*
2. Passager d'un véhicule public. *Nous informons les voyageurs qu'il y a un retard de 20 minutes.*
LOCUTION
– ***Pigeon voyageur.*** Pigeon dressé pour revenir au lieu d'où il est parti. *Des pigeons voyageurs.*

VOYAGISTE n. m.
Personne morale ou physique qui commercialise des voyages à forfait directement ou par l'entremise d'agences de voyages (Recomm. off.). *Un voyagiste* (et non *tour-opérateur).

VOYANCE n. f.
Faculté de voir les évènements passés ou futurs.

VOYANT, ANTE adj. et n. m. et f.
ADJECTIF
Qui se voit de loin. *Des couleurs voyantes.*
NOM MASCULIN ET FÉMININ
1. Personne qui possède la vue. *Les voyants et les non-voyants.*
2. Personne qui prétend lire le passé, l'avenir. *Ils ont consulté une voyante pour voir ce que l'avenir leur réservait : elle leur a dit qu'ils finiront par vieillir après avoir beaucoup voyagé (ils le savaient déjà !).*
NOM MASCULIN
Témoin lumineux. *Le voyant du niveau d'huile. Des voyants utiles.*

VOYELLE n. f.
1. Son vocal. *Les six voyelles de l'alphabet français sont* a, e, i, o, u, y.
2. Lettre qui représente ce son. *La voyelle* i *avec son point est sympathique.*
voyelle.

VOYEUR, EUSE n. m. et f.
Personne qui assiste à des scènes érotiques, sans être vue.

VOYOU adj. et n. m. (pl. *voyous*)
ADJECTIF
Espiègle, digne d'un voyou. *Un sourire voyou.*
L'adjectif s'emploie en bonne part : il a un sens favorable.
NOM MASCULIN
Chenapan, vaurien. *De petits voyous.*
Ce mot ne comporte pas de forme féminine. Il a un sens plutôt défavorable, contrairement à l'adjectif.

VRAC n. m.
Marchandise sans emballage. *Un transporteur de vrac.*
LOCUTIONS
– ***En vrac,*** loc. adj. Sans emballage. *Des produits en vrac.* ANT. conditionné.
– ***En vrac,*** loc. adv. En désordre. *Ses vêtements gisaient en vrac sur le sol.* SYN. pêle-mêle.

V

V

VRAI, VRAIE adj., adv. et n. m.
ADJECTIF
1. Véritable, conforme à la vérité. *Une histoire vraie.* SYN. authentique ; véridique.
2. Réel. *Une vraie perle. Est-ce un vrai rosier ?*
ADVERBE
Conformément à la vérité. *Ils disent vrai.*
Pris adverbialement, le mot est invariable.
NOM MASCULIN
La vérité. *Départager le vrai du faux.*
LOCUTIONS
– ***Au vrai.*** Conformément à la vérité.
– ***À vrai dire, à dire vrai,*** loc. adv. Pour être sincère. SYN. franchement.
Ces deux locutions sont synonymes.
– ***Être dans le vrai.*** Avoir raison, ne pas faire erreur.

VRAIMENT adv.
1. Véritablement. *Elles sont vraiment gentilles, ces bibliothécaires.* SYN. réellement.
2. Certainement. *Je pense vraiment qu'il avait raison.*
vraiment.

VRAISEMBLABLE adj. et n. m.
ADJECTIF
Qui semble vrai, probable. *Des excuses vraisemblables.* SYN. possible.
NOM MASCULIN
Ce qui est vraisemblable, possible.
Il est vraisemblable que + indicatif. À la forme affirmative, l'expression se construit avec l'indicatif ou le conditionnel pour exprimer une hypothèse. *Il est vraisemblable que nous irons pique-niquer s'il fait beau.*
Il n'est pas vraisemblable que + subjonctif. À la forme négative ou interrogative, l'expression se construit avec le subjonctif. *Il n'est pas vraisemblable qu'il soit parti sans nous prévenir.*

VRAISEMBLABLEMENT adv.
Sans doute. *Nous serons là-bas vraisemblablement mardi.*

VRAISEMBLANCE n. f.
Apparence de vérité. *Ce film représente le Moyen Âge avec beaucoup de vraisemblance.*
vraisemblance.

VRAQUIER n. m.
Navire servant au transport de produits en vrac.
vraquier.

VRILLE n. f.
1. Organe de certaines plantes telle la vigne qui s'enroule en hélice autour des tuteurs, des branches.
2. Petite mèche servant à faire des trous. *Le vilebrequin comprend une vrille à son extrémité.*
LOCUTION
– ***Descente en vrille.*** Chute d'un avion qui fonce vers le sol en tournant sur lui-même.

VRILLER v. tr., intr.
VERBE TRANSITIF
Trouer avec une vrille. *Vriller un madrier.*
VERBE INTRANSITIF
Se déplacer en formant une vrille, une hélice. *Un avion qui vrille.*
CONJUGAISON : VOIR MODÈLE AIMER.
Les lettres ***ill*** sont suivies d'un ***i*** à la première et à la deuxième personne du pluriel de l'indicatif imparfait et du subjonctif présent. *(Que) nous vrillions, (que) vous vrilliez.*

VROMBIR v. intr.
Produire un vrombissement. *L'avion vrombissait* (et non *vrombrissait) *déjà.*
CONJUGAISON : VOIR MODÈLE FINIR.
vrombir.

VROMBISSEMENT n. m.
Vibration produite par un mouvement de rotation rapide. *Le vrombissement* (et non *vrombrissement) *d'un moteur.*

VS
Abréviation de ***versus.***

VTC ou **V.T.C.**
Sigle de ***vélo tout chemin*** (s'écrit avec ou sans points).

VTT ou **V.T.T.**
Sigle de ***vélo tout-terrain*** (s'écrit avec ou sans points).

VU prép.
Étant donné. *Vu leurs bonnes intentions, nous acceptons.*
Employé en tête de phrase, devant le nom, sans auxiliaire, le mot ***vu*** est invariable.
LOCUTIONS
– ***Au vu et au su de tous,*** loc. adv. À la connaissance de tout le monde, au grand jour. SYN. ouvertement. ANT. à l'insu de.
– ***Vu que,*** loc. conj. (FAM.) Étant donné que, attendu que. La locution se construit avec l'indicatif ou le conditionnel. *Vu que nous avons quelques jours, nous en profiterons pour nous reposer. Inutile d'y aller, vu que ce serait peine perdue.*
La locution se construit avec l'indicatif ou le conditionnel. *Vu que nous avons quelques jours, nous en profiterons pour nous reposer. Inutile d'y aller, vu que ce serait peine perdue.*
Cette locution de registre familier demeure usuelle au Québec et dans la francophonie canadienne, mais elle n'appartient plus à l'usage courant de la majorité des locuteurs du français.

VUE n. f.
1. Faculté de voir. *Elle a une bonne vue.* SYN. vision.
2. Étendue de ce que l'on peut voir d'un point. *Une vue superbe sur la mer.* SYN. panorama ; paysage.
3. Manière dont une chose se voit. *Une vue de profil.*
4. Idée. *Ce n'est qu'une vue de l'esprit.*
LOCUTIONS
– ***À perte de vue,*** loc. adv. Aussi loin qu'on puisse voir. *Des champs à perte de vue.*
– ***À première vue,*** loc. adv. Apparemment, dès le premier coup d'œil.
– ***À vue,*** loc. adv. (FIN.) À la première présentation. *Un dépôt, une traite à vue.*
– ***À vue de nez,*** loc. adv. (FAM.) Approximativement.
– ***À vue d'œil,*** loc. adv. Sensiblement, très vite. *Les enfants changent à vue d'œil.*
– ***De vue,*** loc. adv. Par la vue. *Elle le connaît de vue simplement.*
– ***En vue,*** loc. adj. Connu. *Des personnes en vue.*
– ***En vue de,*** loc. prép. Afin de. *Elle travaille en vue de faire vivre ses parents.* SYN. pour.
– ***Prise de vue.*** (PHOT.) Action d'enregistrer une image sur un support photographique en l'exposant à un rayonnement.
– ***Prise de vue(s).*** (CIN.) Tournage d'un plan par une caméra.

VULGAIRE adj. et n. m.
ADJECTIF
Trivial, commun. *Des paroles vulgaires.* SYN. sans distinction. ANT. distingué.
NOM MASCULIN
(LITT.) Ce qui est vulgaire, le commun des hommes.
LOCUTION
– ***Nom vulgaire.*** Désignation courante. *Le mot* gueule-de-loup *est le nom vulgaire du* muflier des jardins.
En ce sens, l'adjectif ne comporte aucune connotation péjorative.
vulgaire.

VULGAIREMENT adv.
1. Selon la désignation courante. *L'althœa est vulgairement nommée passerose.*
2. D'une manière vulgaire. *Ils sont vêtus vulgairement, de façon très voyante.*

VULGARISATEUR, TRICE adj. et n. m. et f.
ADJECTIF
Propre à vulgariser (des connaissances). *Une synthèse vulgarisatrice.*
Ce mot a un sens favorable.
NOM MASCULIN ET FÉMININ
Spécialiste de la vulgarisation scientifique. *Fernand Seguin était un remarquable vulgarisateur.*

VULGARISATION n. f.
Action de rendre faciles à comprendre des connaissances techniques. *La vulgarisation scientifique.*
Ce nom a un sens favorable.

VULGARISER v. tr., pronom.
VERBE TRANSITIF
Mettre à la portée de tous, rendre accessibles une science, un art. *Les enseignants doivent pouvoir vulgariser les connaissances scientifiques.* SYN. simplifier.
Ce verbe a un sens favorable.
VERBE PRONOMINAL
Devenir accessible à tous. *L'accès à Internet se vulgarise de plus en plus.*
À la forme pronominale, le participe passé de ce verbe s'accorde toujours en genre et en nombre avec son sujet.
CONJUGAISON : VOIR MODÈLE AIMER.

VULGARITÉ n. f.
Défaut d'une personne, d'une chose vulgaire. *Elle ne peut tolérer sa vulgarité.*
Ce nom a un sens défavorable.

VULNÉRABILITÉ n. f.
Caractère de ce qui est vulnérable. *La vulnérabilité d'un système informatique que peuvent déjouer certains internautes futés.* SYN. fragilité.

VULNÉRABLE adj.
1. Qui peut être touché, blessé, fragile. *Un point vulnérable.* SYN. sensible.
2. Qui peut être attaqué, discuté. *Un témoignage vulnérable.*

VULVAIRE adj.
Relatif à la vulve.
vulv**aire.**

VULVE n. f.
Partie externe des organes génitaux de la femme et des femelles de mammifères.

W

W n. m. inv.
Vingt-troisième lettre de l'alphabet.

W
– *W,* symbole de ***tungstène.***
– *W,* symbole de ***watt.***

WAGON n. m.
Le *w* se prononce *v,* [vagɔ̃].
Véhicule de chemin de fer tiré par une locomotive. *Des wagons réfrigérés, des wagons de marchandises, de bestiaux.*
Dans la langue des chemins de fer, le ***wagon*** sert au transport des marchandises, des animaux, tandis que la ***voiture*** sert au transport des personnes. Dans la langue courante, cependant, le nom ***wagon*** s'emploie de plus en plus pour désigner tout véhicule ferroviaire.
LOCUTION
– ***Wagon-citerne, wagon-lit, wagon-restaurant.*** Ces mots mis en apposition prennent la marque du pluriel aux deux éléments et sont joints par un trait d'union. *Des wagons-citernes, des wagons-lits, des wagons-restaurants.*
Les termes officiels de ***wagon-lit*** et de ***wagon-restaurant*** sont ***voiture-lit*** et ***voiture-restaurant.***

WAGONNÉE n. f.
Le *w* se prononce *v,* [vagɔne].
Contenu d'un wagon.

WAGONNET n. m.
Le *w* se prononce *v,* [vagɔnɛ].
Petit wagon servant au transport des minerais.
wagonnet.

***WALKIE-TALKIE** ou **TALKIE-WALKIE**
Anglicisme pour ***émetteur-récepteur portatif.***

***WALKMAN**
Anglicisme pour ***baladeur.***

WALLON, ONNE adj. et n. m. et f.
Le *w* se prononce *w,* [walɔ̃, ɔn].
ADJECTIF ET NOM MASCULIN ET FÉMININ
De la Wallonie (Belgique du Sud). *Un journal wallon. Un Wallon, une Wallonne.*
T L'adjectif s'écrit avec une minuscule ; le nom, avec une majuscule.
NOM MASCULIN
Dialecte parlé dans cette partie de la Belgique. *Jacques parle le wallon.*
T Le nom du dialecte s'écrit avec une minuscule.

WAPITI n. m.
Le *w* se prononce *w,* [wapiti].
Grand cerf du Canada et de Sibérie. *Des wapitis aux tons fauves.*
Le nom ***wapiti*** est un mot d'origine algonquine signifiant « daim blanc ».

WARRANT n. m.
Le *w* se prononce *w* ou *v* et le *t* ne se prononce pas, [warɑ̃, varɑ̃].
Récépissé délivré lors d'un dépôt de marchandises et qui est négociable comme une lettre de change. *Des warrants industriels.*
FORME FAUTIVE
*warrant. Anglicisme au sens de ***bon de souscription.***

WASABI n. m. (pl. *wasabis*)
Le *w* se prononce *w,* [wazabi].
Condiment de la cuisine asiatique se présentant sous forme de poudre ou de pâte de couleur verte, au goût très fort, extrait de la racine d'une plante nommée *Wasabia japonica* (GDT). *Le wasabi accompagne, dans les repas traditionnels japonais, des mets apprêtés avec du poisson cru, tels que les sushis.*

***WASHER**
Anglicisme pour ***rondelle.*** *Des rondelles* (et non des *washers) *indispensables.*

WATER-CLOSET(S) ou **WATERS** n. m. pl.
Abréviation ***W.-C.*** (s'écrit avec des points).
Toilettes.

WATER-POLO ou **WATERPOLO** n. m. (pl. *water-polos* ou *waterpolos*)
Le *w* se prononce *w,* [watɛrpɔlo].
Sport d'équipe qui se joue dans l'eau.

***WATERPROOF**
Anglicisme pour ***imperméable, à l'épreuve de l'eau.***

WATT n. m. (pl. *watts*)
Le *w* se prononce *w,* [wat].
Symbole ***W*** (s'écrit sans point).
Unité de puissance électrique. *Cette ampoule est de 50 watts, de 50 W.*
watt.

WATTHEURE n. m. (pl. *wattheures*)
Symbole ***Wh*** (s'écrit sans point).
Unité de travail et d'énergie correspondant à l'énergie de un watt pendant une heure.

WATTMÈTRE n. m.
Appareil de mesure des puissances électriques.

W

W.-C. n. m. pl.
Le ***w*** se prononce ***v***, [vese].
Abréviation de ***water-closet.*** *Où sont les W.-C. ?*

WEB n. m. inv. (pl. *Web*)
(INFORM.) Système basé sur l'utilisation de l'hypertexte, qui permet la recherche d'information dans Internet, l'accès à cette information et sa visualisation (GDT). *Des sites Web, des pages Web.* SYN. W3 ; WWW.
T Le nom s'écrit avec une majuscule initiale.

WEBCAMÉRA n. f.
Le ***w*** se prononce ***w***, [webkamera].
(INFORM.) Petite caméra numérique, branchée sur l'ordinateur, qui permet de diffuser régulièrement et en temps réel sur le Web des images vidéo en provenance de différents endroits sur la planète ou de réaliser des visioconférences par Internet (GDT). *« Une conférence virtuelle durant laquelle les participants peuvent poser des questions au conférencier par webcaméra interposée »* (*La Presse*). SYN. caméra Web ; webcam.

WEBMESTRE n. m. et f.
Le ***w*** se prononce ***w*** et le ***s*** est sonore, [wɛbmɛstr].
(INFORM.) Personne dont la principale responsabilité est la maintenance d'un site Web et la bonne marche d'un serveur Web, et qui peut également être chargée de la mise à jour ou même de la création des documents Web diffusés par l'organisation à laquelle elle est rattachée (GDT). SYN. administrateur de site.
On distingue parfois les appellations ***webmestre*** et ***infomestre***, le ou la ***webmestre*** ayant alors pour responsabilité la gestion et la maintenance d'un site Web, alors que l'***infomestre*** est responsable du contenu de ce site.
VOIR – ÉDIMESTRE.

WEEK-END n. m. (pl. *week-ends*)
Le ***w*** se prononce ***w***, les lettres ***ee*** se prononcent ***i*** et les lettres ***nd*** sont sonores, [wikɛnd].
Congé du samedi et du dimanche. *Ils partent à la campagne tous les week-ends.* SYN. ⚜ fin de semaine.
[Les *Rectifications* (1990) admettent : un weekend, des weekends.]

WESTERN n. m. (pl. *westerns*)
Le ***w*** se prononce ***w*** et les lettres ***rn*** sont sonores, [wɛstɛrn].
Film d'aventures illustrant la conquête de l'ouest de l'Amérique du Nord. *D'excellents westerns.*
LOCUTIONS
– ***Western-soya.*** Western à thème oriental.
– ***Western-spaghetti.*** Western italien.

***WETSUIT**
Anglicisme pour ***combinaison isothermique.***

Wh
Symbole de ***wattheure.***

WHIP n. m. et f. (pl. *whips*)
Le ***w*** se prononce ***w*** et le ***p*** est sonore, [wip].
Au Canada et dans les pays de tradition parlementaire britannique, député désigné par le chef de chaque parti pour assurer la cohésion du groupe ainsi que la discipline et l'assiduité de ses membres (GDT).

WHISKY n. m. (pl. *whiskies* ou *whiskys*)
Le ***w*** se prononce ***w***, [wiski].
Eau-de-vie d'origine écossaise obtenue par la distillation de grains (orge, avoine, seigle). *Des whiskies avec des glaçons.*

WHIST n. m.
Le ***w*** se prononce ***w*** et les lettres ***st*** sont sonores, [wist].
(ANCIENN.) Jeu de cartes, ancêtre du bridge.

WIFI n. m. (pl. *wifis*)
Le ***w*** se prononce ***w***, [wifi].
(INFORM.) Réseau local sans fil à haut débit destiné aux liaisons d'équipements informatiques. *Un projet de partenariat financier entre la Ville de Montréal et l'organisme Île sans fil dont l'objectif est de tapisser les parcs et lieux publics montréalais de 400 nouveaux points gratuits d'accès à Internet sans fil (WiFi).*
Le nom WiFi est une marque déposée qui est passée dans l'usage, mais auquel on pourrait préférer le terme ***réseau sans fil.***

WOK n. m. (pl. *woks*)
Le ***k*** se prononce ; le nom rime avec ***phoque***, [wɔk].
Poêle à hauts bords, à fond arrondi, en usage dans la cuisine asiatique. *Faire sauter des légumes dans un wok.*

WON n. m.
Unité monétaire de la Corée.
VOIR TABLEAU – SYMBOLES DES UNITÉS MONÉTAIRES.

***WORKAHOLIC**
Anglicisme pour ***accro du travail, bourreau de travail.***

WWW
Sigle de ***World Wide Web (Web).***

X

X n. m. inv.
Vingt-quatrième lettre de l'alphabet.

X
– *X,* chiffre romain dont la valeur est de 10.
VOIR TABLEAU – CHIFFRES ROMAINS.
– *X,* s'emploie pour désigner une personne qu'on ne veut ou ne peut pas nommer. *Monsieur X.*

X (RAYONS)
Radiations électromagnétiques. *Les radiographies sont prises au moyen de rayons X.*
[T] Dans cette expression, la lettre ***x*** s'écrit toujours en majuscule.

Xe
Symbole de ***xénon.***

XÉN(O)- préf.
Élément du grec signifiant « étranger ».
Les mots composés avec le préfixe ***xéno-*** s'écrivent en un seul mot. *Xénophobie.*

XÉNISME n. m.
(LING.) Élément (mot, expression) d'une autre langue emprunté pour désigner généralement une réalité propre à une autre culture. *Les noms* gaspacho, karaoke *et* taboulé *sont des xénismes.*

XÉNOGREFFE n. f.
(MÉD.) Greffe de cellules, d'un tissu ou d'un organe à partir d'un donneur qui appartient à une espèce différente de celle du receveur. SYN. hétérogreffe.

XÉNON n. m.
Le ***x*** se prononce ***gz*** ou ***ks,*** [gzenɔ̃, ksenɔ̃].
Symbole ***Xe*** (s'écrit sans point).
Gaz inerte.

XÉNOPHILE adj. et n. m. et f.
Le ***x*** se prononce ***gz*** ou ***ks,*** [gzenɔfil, ksenɔfil].
Qui aime les étrangers, ce qui vient de l'étranger. *Elles sont xénophiles. Des xénophiles sympathiques.* ANT. xénophobe.

XÉNOPHILIE n. f.
Le ***x*** se prononce ***gz*** ou ***ks,*** [gzenɔfili, ksenɔfili].
Amour de ce qui est étranger. ANT. xénophobie.

XÉNOPHOBE adj. et n. m. et f.
Le ***x*** se prononce ***gz*** ou ***ks*** et les ***o*** sont ouverts, [gzenɔfɔb, ksenɔfɔb].
Qui n'aime pas les étrangers, ce qui vient de l'étranger. *Ils ne sont pas xénophobes. Un xénophobe irréductible.* ANT. xénophile.
Ne pas confondre avec le mot ***raciste*** qui se dit de ce qui est hostile à certains groupes raciaux.
xéno**ph**obe.

XÉNOPHOBIE n. f.
Le ***x*** se prononce ***gz*** ou ***ks*** et les ***o*** sont ouverts, [gzenɔfɔbi, ksenɔfɔbi].
Haine des étrangers, de ce qui est étranger. ANT. xénophilie.
Le mot ***xénophobie*** désigne la haine de tous les étrangers, alors que le mot ***racisme*** dénomme une hostilité à l'égard de certains groupes raciaux.
xéno**ph**obie.

XÉRÈS ou **JEREZ** n. m.
Le ***x*** se prononce couramment ***gz,*** parfois ***k,*** et le ***s*** est sonore, [gzerɛs, kserɛs].
Vin blanc sec de la région de Jerez, en Espagne. *Je boirais bien du xérès.*
[T] Le nom du vin s'écrit avec une minuscule.
xérè**s**.

XI n. m. inv.
Lettre grecque.
[Les *Rectifications* (1990) admettent : des xis.]

XYLOPHONE n. m.
Le ***x*** se prononce ***gz*** ou ***ks,*** [gzilɔfɔn, ksilɔfɔn].
Instrument de musique composé de lamelles de bois de longueur décroissante sur lesquelles on frappe avec des baguettes.
xylo**ph**one.

Y

Y n. m. inv.
Vingt-cinquième lettre de l'alphabet.
Devant la plupart des mots commençant par *y*, l'élision ou la liaison ne se fait pas. *Le / yaourt, le / yacht.*
Dans cet ouvrage, les mots étrangers empêchant l'élision de la voyelle qui précède, ou la liaison entre deux mots, sont suivis de la mention (*y* aspiré). Seuls quelques mots français commençant par ***y*** permettent l'élision ou la liaison. *Les(z)yeux.*

Y adv. et pron. pers.
ADVERBE DE LIEU
En cet endroit-là. *Allez-vous là-bas ? J'y vais. J'y suis, j'y reste.*
L'adverbe ***y*** se place après le pronom. *Dirige-nous-y.*
L'élision et la liaison se font avec ce mot. *J'y vais. Vas-(z)y.*
PRONOM PERSONNEL MASCULIN ET FÉMININ
1. À lui, à elle, à eux, à elles. *Cette personne a un bon jugement ; vous pouvez vous y fier.*
2. À cela. *C'est terminé : je ne peux y croire.*
Impératif + *y*. Placé après un impératif se terminant par une voyelle (***a***, ***e***), l'adverbe ou le pronom ***y*** exige l'addition d'un ***s*** aux verbes qui n'en comportent pas afin de rendre la prononciation plus harmonieuse. Il est joint au verbe par un trait d'union. *Penses-y. Vas-y.*
VOIR TABLEAU – PRONOM.
LOCUTIONS
– ***Ça y est !*** Locution verbale qui marque l'accomplissement d'un souhait, la fin d'une activité, etc. *Ça y est ! Il arrive.*
– ***Est-ce qu'il y a ?*** Y a-t-il ? *Est-ce qu'il y a un volontaire pour manger ce gâteau ?*
– ***Il y a***, loc. verb. Il existe. *Il y avait une fois...*
– ***Il y va de***, loc. verb. Telle chose en dépend. *Il y va de notre succès.*
– ***Y a-t-il ?*** Est-ce qu'il y a ? *Y a-t-il un volontaire pour manger ce gâteau ?*
Il n'y a pas de trait d'union entre le pronom ***y*** et le verbe ***avoir***.

YACHT (*y* aspiré) n. m.
Le ***a*** se prononce comme un ***o*** ouvert ou fermé et les lettres ***cht*** se prononcent ***t***, [jɔt, jot].
Navire de plaisance. *Des yachts luxueux.*
Ne pas confondre avec les noms suivants :
• ***bateau***, bâtiment, grand ou petit, qui navigue sur la mer ou sur les rivières ;
• ***canot***, petite embarcation à rames, à voile ou à moteur ;
• ***cargo***, navire pour le transport des marchandises ;
• ***paquebot***, grand navire pour le transport des passagers ;
• ***pétrolier***, navire-citerne pour le transport du pétrole ;
• ***voilier***, bateau à voiles.

YACK ou **YAK** (*y* aspiré) n. m.
Ruminant à longue toison, voisin du buffle et qui vit au Tibet.

YANG (*y* aspiré) n. m.
Catégorie essentielle de la pensée taoïste chinoise, correspondant au mouvement. *Le yin et le yang.* ANT. yin.

YAOURT
VOIR – YOGOURT.

YAOURTIÈRE (*y* aspiré) n. f.
Appareil servant à préparer les yaourts.

YEN (*y* aspiré) n. m.
Le ***n*** se prononce, [jɛn].
Unité monétaire du Japon. *Des yens.*

YETI (*y* aspiré) n. m.
Le ***e*** se prononce ***é***, [jeti].
Créature fabuleuse de l'Himalaya surnommée « l'abominable homme des neiges ». *Des yetis imaginaires.*
yeti, sans accent.

YEUSE n. f.
Chêne vert. *À l'ombre de l'yeuse.*
L'élision et la liaison se font avec ce nom.

YEUX n. m. pl.
Pluriel de ***œil***. *Des yeux verts. « Mes yeux fermés refusent l'archange bleu/Les poids des profondeurs frissonnent sous moi »* (Alain Grandbois, *Les Îles de la nuit*). *« Des yeux bruns pour le jour, des yeux verts pour l'amour »* (Jean-Pierre Ferland, *Ton visage*).
La liaison se fait avec ce nom.
VOIR – ŒIL.

YÉ-YÉ ou **YÉYÉ** (*y* aspiré) adj. inv. et n. m. (pl. *yé-yé* ou *yéyés* ou *yéyés*)
ADJECTIF INVARIABLE
Se dit d'un style de chanson à la mode au début des années soixante.
NOM MASCULIN
Style de chanson à la mode au début des années soixante. *Le yé-yé est-il démodé ?*

YIDDISH (*y* aspiré) adj. inv. et n. m. inv.
Langue germanique des Juifs de l'Europe centrale. *Il parle le yiddish. L'écriture yiddish.*
T Le nom de la langue s'écrit avec une minuscule.
[Les *Rectifications* (1990) admettent : yidiche.]

YIN (*y* aspiré) n. m.
Catégorie essentielle de la pensée taoïste chinoise, correspondant à la passivité. *Le yin et le yang.* ANT. yang.

YLANG-YLANG
VOIR – ILANG-ILANG.

Y

Yn
Abréviation de ***Territoire du Yukon.***

YOD (*y* aspiré) n. m.
(PHONÉT.) Voyelle jouant le rôle d'une consonne et transcrite ***i*** (panier), ***y*** (oyez), ***il*** (vermeil), ***ille*** (taille).

YOGA (*y* aspiré) n. m.
Discipline spirituelle et corporelle qui vise à libérer l'esprit par la parfaite maîtrise du corps. *Faire du yoga.*

YOGI (*y* aspiré) n. m.
Personne pratiquant le yoga.

YOGOURT ou **YOGHOURT** ou **YAOURT** (*y* aspiré) n. m.
Au Québec, le nom se prononce le plus souvent ***yo-gour,*** dans le reste de la francophonie, il se prononce surtout ***ya-ourt*** (avec ou sans ***t*** final), [jɔgur, jaurt, jaur].
Lait caillé ayant subi une fermentation particulière. *Des yaourts* ou *des yoghourts* ou *yogourts aux bleuets.*

YOLE (*y* aspiré) n. f.
Embarcation allongée propulsée à l'aviron.

YOUGOSLAVE (*y* aspiré) adj. et n. m. et f.
De la Yougoslavie. *Un peintre yougoslave. Un Yougoslave, une Yougoslave.*
T L'adjectif s'écrit avec une minuscule ; le nom, avec une majuscule.

YOUPI interj.
Marque l'exubérance, l'enthousiasme, la joie. *Youpi ! c'est notre candidat qui a été élu.*
T L'interjection est toujours suivie d'un point d'exclamation qui est souvent repris à la fin de la phrase. Si la phrase exclamative n'est pas complète, le mot qui suit le point d'exclamation s'écrit avec une minuscule initiale.

YOYO ou **YO-YO** (*y* aspiré) n. m. (pl. *yoyos* ou *yo-yos*)
Jouet que l'on fait monter et descendre le long d'un fil enroulé. *Des yoyos* ou *yo-yos lumineux.*

YUAN (*y* aspiré) n. m.
Unité monétaire de la République populaire de Chine.
VOIR TABLEAU – SYMBOLES DES UNITÉS MONÉTAIRES.

YUCCA (*y* aspiré) n. m.
Le ***u*** se prononce ***ou,*** [juka].
Plante ornementale ressemblant à l'aloès. *Des yuccas géants.*

YUKON (TERRITOIRE DU) n. m.
Abréviation ***Yn*** (s'écrit sans point).
Les habitants du Territoire du Yukon sont des Yukonnais.

Z

Z n. m. inv.
Vingt-sixième lettre de l'alphabet.

ZAC
Sigle de ***zone d'aménagement et de conservation.***

ZAÏRE n. m.
Unité monétaire du Zaïre. *Des zaïres.*
VOIR TABLEAU – SYMBOLES DES UNITÉS MONÉTAIRES.

ZAÏROIS, OISE adj. et n. m. et f.
Du Zaïre. *Un costume zaïrois. Un Zaïrois, une Zaïroise.*
🆃 L'adjectif s'écrit avec une minuscule ; le nom, avec une majuscule.

ZAMBIEN, IENNE adj. et n. m. et f.
De la Zambie. *Une coutume zambienne. Un Zambien, une Zambienne.*
🆃 L'adjectif s'écrit avec une minuscule ; le nom, avec une majuscule.

***ZAMBONI**
Marque déposée pour ***surfaceuse.***

ZAPPAGE n. m.
Pratique du téléspectateur qui change fréquemment de station à l'aide de sa télécommande (GDT). SYN. (FAM.) pitonnage ; saut de chaîne.

ZAPPER v. intr.
Changer fréquemment de station de télévision à l'aide d'une télécommande (GDT). SYN. (FAM.) pitonner.
CONJUGAISON : VOIR MODÈLE AIMER.

ZÈBRE n. m.
Mammifère ongulé voisin du cheval et dont la robe claire est marquée de bandes foncées. *Le zèbre hennit.*
VOIR TABLEAU – ANIMAUX.

ZÉBRER v. tr.
Marquer de bandes foncées. *Un code zébré.* SYN. rayer.
CONJUGAISON : VOIR MODÈLE POSSÉDER.
Le ***é*** se change en ***è*** devant une syllabe contenant un ***e*** muet, sauf à l'indicatif futur et au conditionnel présent. *Je zèbre,* mais *je zébrerai.*
[Les *Rectifications* (1990) admettent : il zèbrera, zèbrerait...]

ZÉBRURE n. f.
Rayure semblable à celle du zèbre.

ZÉBU n. m. (pl. *zébus*)
Type de bœuf de grande taille possédant une bosse sur le dos.

ZEC n. f. (pl. *zecs*)
Sigle de ***zone d'exploitation contrôlée.***
⚜ Territoire établi par l'État québécois, destiné principalement au contrôle du niveau d'exploitation des ressources fauniques, et dont la gestion peut être déléguée à un organisme agréé (Recomm. off.). *Les zecs sont affectées à l'exploitation ou à la conservation de la faune.*

ZÉLÉ, ÉE adj.
Qui fait preuve de zèle. *Un travailleur zélé.* SYN. appliqué ; assidu ; attentif ; dévoué ; travailleur.
✏ zélé.

ZÈLE n. m.
1. Empressement pour une cause, une personne.
2. Ardeur, application. *Martine étudie avec zèle.*
LOCUTION
– ***Faire du zèle.*** Affecter un dévouement excessif. SYN. dévouement ; ferveur.
🔑 La locution a un sens défavorable.
✏ zèle.

ZEN adj. inv. et n. m.
👄 Le ***n*** se prononce, [zɛn] ; le nom rime avec ***peine.***
ADJECTIF INVARIABLE
Relatif au zen. *Des sectes zen.*
NOM MASCULIN
École bouddhiste.

ZÉNITH n. m.
👄 Le ***t*** se prononce, [zenit] ; le mot rime avec ***vite.***
1. Point du ciel situé au-dessus d'un point d'observation. *Au pôle Nord, l'étoile Polaire est tout près du zénith.*
2. (FIG.) Le plus haut degré que l'on puisse atteindre. *Il est au zénith du pouvoir.* SYN. sommet.
🔑 Le mot ***zénith*** vient d'une expression arabe signifiant « chemin au-dessus de la tête ».
✏ zéni**th**.

ZÉPHYR n. m.
(LITT.) Brise légère, tiède et agréable.
✏ zé**phy**r.

ZÉRO adj. num. inv. et n. m. (pl. *zéros*)
ADJECTIF NUMÉRAL CARDINAL INVARIABLE
Aucun. *Elle a fait zéro faute d'orthographe dans son examen. Du lait à zéro pour cent de matières grasses. Le vol à destination de San Francisco est à zéro heure trente.*
VOIR TABLEAU – NUMÉRAL ET ADJECTIF ORDINAL (DÉTERMINANT).
NOM MASCULIN
1. Valeur nulle d'une grandeur. *La réponse est zéro. Le degré zéro. Des zéros de conduite. Il fait 15 °C au-dessous de zéro* ou *moins 15 degrés* (et non *sous zéro ou *en bas de zéro).

2. Signe numérique en forme de ***0*** qui représente le chiffre zéro. *Des zéros en lettres lumineuses. Un salaire à plusieurs zéros.*
VOIR TABLEAU – NOMBRES.
LOCUTIONS
– ***Avoir le moral à zéro.*** Être complètement démoralisé.
– ***Croissance zéro.*** (ÉCON.) Croissance nulle. *Les économistes prévoient une croissance zéro pour l'an prochain.*
– ***Partir de zéro.*** Entreprendre quelque chose, lancer une entreprise sans moyens financiers.
– ***Réduire à zéro.*** Anéantir. *La bulle immobilière a réduit sa fortune à zéro.* SYN. annihiler.
– ***Repartir à zéro, de zéro.*** Recommencer quelque chose à la suite d'un échec.
– ***Reprendre quelque chose à zéro.*** Recommencer sur de nouvelles bases. SYN. mettre à plat; remettre à plat.

ZESTE n. m.
1. Écorce d'un fruit. *Un zeste de citron.*
2. (FIG.) Très petite quantité. *Un zeste de folie.* SYN. soupçon.
✏ zes**te**.

ZESTER v. tr.
Enlever le zeste d'une orange, d'un citron, etc.
CONJUGAISON : VOIR MODÈLE AIMER.

ZÊTA ou **DZÊTA** n. m. inv.
Lettre grecque.
[Les *Rectifications* (1990) admettent : des zêtas.]

ZEUGMA ou **ZEUGME** n. m.
Procédé de style, construction qui consiste à lier des mots ou des groupes de mots de façon qu'il soit inutile de répéter un mot ou un groupe de mots déjà exprimés dans une proposition voisine.
Attention aux zeugmas fautifs comportant des compléments qui ne se construisent pas avec la même préposition. **Il est allé et revenu de Québec en quatre heures* pour *Il est allé à Québec et en est revenu en quatre heures.*

ZÉZAIEMENT n. m.
Défaut de prononciation qui fait prononcer ***z*** au lieu de ***j***.
✏ zézai**e**ment.

ZÉZAYER v. intr.
Prononcer ***z*** au lieu de ***j***. *Cet enfant zézaie un peu : il dit « ze vais zouer dehors » au lieu de « je vais jouer dehors ».* SYN. zozoter.
CONJUGAISON : VOIR MODÈLE PAYER.
Le ***y*** peut être changé en ***i*** devant un ***e*** muet. *Il zézaie, il zézaiera.*
Le ***y*** est suivi d'un ***i*** à la première et à la deuxième personne du pluriel de l'indicatif imparfait et du subjonctif présent. *(Que) nous zézayions, (que) vous zézayiez.*

ZIBELINE n. f.
Mammifère carnivore de Sibérie apprécié pour sa fourrure très fine.

ZIGZAG n. m. (pl. *zigzags*)
Succession d'angles, de tournants. *La rivière fait des zigzags.*
✏ **zigzag**, en un seul mot.

ZIGZAGANT, ANTE adj.
Qui marche en zigzag, qui forme des zigzags comme l'éclair. *Des cheminements zigzagants.*
Ne pas confondre avec le participe présent invariable ***zigzaguant.*** *Ils roulaient en zigzaguant.*

ZIGZAGUER v. intr.
Faire des zigzags en avançant. *Cette voiture zigzaguait.*
CONJUGAISON : VOIR MODÈLE AIMER.
Ce verbe s'écrit toujours avec un ***u***, même devant les lettres ***a*** et ***o***. *Il zigzagua, nous zigzaguons.*

ZINC n. m.
Le ***c*** se prononce ***g***, [zɛ̃g]; le nom rime avec ***dingue***.
Symbole ***Zn*** (s'écrit sans point).
1. Métal dur d'un blanc bleuâtre.
2. (FAM.) Comptoir d'un café. *Prendre un sandwich et une bière sur le zinc.*

ZINNIA n. m.
Plante ornementale. *Des zinnias colorés.*
Attention au genre masculin de ce nom : ***un*** zinnia.

***ZIP** ou **ZIPPER**
Anglicisme pour ***fermeture éclair, fermeture à glissière.***

ZIRCON n. m.
Pierre qui ressemble au diamant.

ZIZANIE n. f.
Discorde, dispute.
LOCUTION
– ***Semer la zizanie.*** Susciter des discussions, des querelles.
✏ ziza**n**ie.

ZLOTY n. m.
Unité monétaire de la Pologne. *Des zlotys.*
VOIR TABLEAU – SYMBOLES DES UNITÉS MONÉTAIRES.

Zn
Symbole de ***zinc.***

ZODIACAL, ALE, AUX adj.
Relatif au zodiaque. *Les signes zodiacaux.*

ZODIAQUE n. m.
1. Zone de la sphère terrestre.
2. Zone divisée en 12 parties égales correspondant aux signes du zodiaque.
T Les noms d'astres, de constellations s'écrivent avec une majuscule. *Bélier, Taureau, Gémeaux, Cancer, Lion, Vierge, Balance, Scorpion, Sagittaire, Capricorne, Verseau, Poissons.*
VOIR – ASTRE.

ZONA n. m.
Le ***o*** est fermé, [zona].
Maladie virale caractérisée par des éruptions cutanées rougeâtres sur le trajet des nerfs sensitifs.

ZONAGE n. m.
Répartition d'un territoire en zones selon des critères particuliers (utilisation du sol, construction immobilière, activité industrielle ou commerciale). *Le zonage agricole.*

ZONE n. f.
1. Portion de territoire. *Une zone tropicale, littorale.* SYN. région.
2. Espace. *Une zone militaire, une zone de libre-échange.* SYN. secteur; section.
3. Domaine. *Des zones d'influence, une zone d'activité.*
LOCUTIONS
– ***Zone de libre-échange.*** (ÉCON.) Ensemble constitué de pays ayant admis entre eux la libre circulation des marchandises produites sur leur territoire. *La zone de libre-échange des Amériques (ZLÉA).*
– ***Zone euro.*** Ensemble des pays formant le nouvel espace monétaire européen depuis l'entrée en vigueur du traité sur la monnaie unique européenne (GDT).
– ***Zone franche.*** Zone où les marchandises sont exemptées de droits de douane.
FORME FAUTIVE
*zone de touage. Calque de l'anglais «*tow zone*» pour ***zone de remorquage*** (enlèvement des voitures en infraction).
✏ zone, sans accent circonflexe.

ZONÉ, ÉE adj.
Qui a fait l'objet d'un zonage. *Une région zonée.*
✏ zoné, sans accent circonflexe.

ZONE D'AMÉNAGEMENT ET DE CONSERVATION
Sigle *ZAC* (s'écrit avec ou sans points).
⚜ Territoire établi par l'Administration pour la gestion des réserves fauniques (Recomm. off.).

ZONE D'EXPLOITATION CONTRÔLÉE
Sigle *ZEC* (s'écrit avec ou sans points).
⚜ Territoire établi par l'État, destiné principalement au contrôle du niveau d'exploitation des ressources fauniques, et dont la gestion peut être déléguée à un organisme agréé (Recomm. off.).

ZONER v. tr.
Faire le zonage de. *Le gouvernement a zoné ces terrains.*
CONJUGAISON : VOIR MODÈLE AIMER.
✏ zoner, sans accent circonflexe.

ZOO n. m.
Les lettres ***oo*** se prononcent comme un seul ***o*** ou comme deux ***o***, [zo]ou [zoo], (et non *ou).
Jardin zoologique. *Des zoos merveilleux pour les enfants. Le zoo de Granby.*

ZOOLOGIE n. f.
Les deux ***o*** se prononcent, [zɔɔlɔʒi].
Partie des sciences naturelles qui étudie les animaux.

ZOOLOGIQUE adj.
Les deux ***o*** se prononcent, [zɔɔlɔʒik].
Relatif à la zoologie, aux animaux. *Un jardin, un parc zoologique.*

ZOOLOGISTE ou **ZOOLOGUE** n. m. et f.
Les deux ***o*** se prononcent, [zɔɔlɔʒist, zɔɔlɔg].
Spécialiste de la zoologie.

ZOUAVE n. m.
Soldat appartenant à certains corps. *Les zouaves pontificaux.*
LOCUTION
– ***Faire le zouave.*** (FIG.) (FAM.) Faire des pitreries.

ZOZOTER v. intr.
(FAM.) Zézayer.
CONJUGAISON : VOIR MODÈLE AIMER.

ZUCCHINI n. m. (pl. *zucchinis*)
Le ***u*** se prononce ***ou*** et les lettres ***ch*** se prononcent ***k***, [zukini].
Courge d'été cylindrique à peau mince et lisse, jaune ou verte, et à chair blanchâtre et aqueuse. « *Il y a des mariages inspirants comme la menthe et le zucchini ou les noix et les champignons, mais si on comprend les marches à suivre, on peut y aller selon ses goûts* » (Josée Di Stasio, citée dans *Voir*).
SYN. courgette.
Le terme ***zucchini***, qui est un emprunt de l'italien, est largement utilisé au Québec tant dans la langue courante que dans la langue du commerce (GDT).

ZUT ! interj.
(FAM.) Interjection marquant la colère, le dépit. *Zut ! j'ai raté mon autobus.*
[T] L'interjection est toujours suivie d'un point d'exclamation qui est souvent repris à la fin de la phrase. Si la phrase exclamative n'est pas complète, le mot qui suit le point d'exclamation s'écrit avec une minuscule initiale.

ZZZ onomat.
Onomatopée marquant un léger sifflement et, au figuré, le sommeil.

BIBLIOGRAPHIE

DICTIONNAIRES

ACADÉMIE FRANÇAISE. *Dictionnaire de l'Académie*, 4e éd., 1762, Atelier historique de la langue française, Redon [cédérom]; 5e éd., Éditions J.-J. Smits et Cie, 1798; 6e éd., Éditions Firmin Didot Frères, 1835.

BARBEAU, Victor. *Le français du Canada,* 2e éd., Québec, Garneau, 1970.

BEAUCHESNE, Jacques. *Dictionnaire des cooccurrences,* Montréal, Guérin, 2001.

BÉLISLE, Louis-Alexandre. *Dictionnaire général de la langue française au Canada,* Québec, Bélisle éditeur, 1957; 2e éd., 1971.

BERGERON, Marcel et Corinne KEMPA. *Vocabulaire d'Internet,* Office de la langue française, Québec, les Publications du Québec, 1995.

BLOCH, Oscar et Walther von WARTBURG. *Dictionnaire étymologique de la langue française,* 5e éd., Paris, PUF, 1968.

BUIES, Arthur. *Anglicismes et canadianismes,* Québec, Typographie de C. Darveau, [1888]; Montréal et Paris, Leméac-Éditions d'aujourd'hui, 1979.

CATACH, Nina. *Dictionnaire historique de l'orthographe française,* Paris, Larousse, 1995.

CELLARD, Jacques et Alain REY. *Dictionnaire du français non conventionnel,* Paris, Hachette, 1980.

Cobuild English Dictionary, London, Harper Collins Publishers, 1995.

COLIN, Jean. *Dictionnaire des difficultés du français,* Paris, Dictionnaires Le Robert, coll. « Les usuels du Robert », 1993.

COLPRON, Gilles. *Le Colpron. Le nouveau dictionnaire des anglicismes,* mise à jour de Constance Forest et de Louis Forest, Montréal, Beauchemin, 1994.

CORBEIL, Jean-Claude et Ariane ARCHAMBAULT. *Le Nouveau Dictionnaire thématique visuel,* Montréal, Québec Amérique, 2002.

DAGENAIS, Gérard. *Dictionnaire des difficultés de la langue française au Canada,* Québec – Montréal, Éditions Pedagogia, [1967]; 2e éd., Boucherville, Les Éditions françaises, 1984.

DARBELNET, Jean. *Dictionnaire des particularités de l'usage,* Québec, Presses de l'Université du Québec, 1986.

DEPECKER, Loïc. *Les mots des régions de France,* 2e éd., Paris, Belin, coll. « Le français retrouvé », 1990.

Dictionnaire de droit privé, Paul-A. Crépeau, E. C. Brierley (dir.), Montréal, Centre de recherche en droit privé et comparé du Québec, 1985.

Dictionnaire historique du français québécois, sous la direction de Claude Poirier, Sainte-Foy, Presses de l'Université Laval, 1998.

Dictionnaire Quillet de la langue française, Paris, Quillet, 3 vol., 1959.

Dictionnaire suisse romand, rédigé par André Thibault, Pierre Knecht (dir.), Genève, Éditions Zoé, 1997.

DUBOIS, Jean *et al. Dictionnaire de linguistique et des sciences du langage,* Paris, Larousse, 1994.

DUBUC, Robert. *Objectif 200 : deux cents fautes à corriger,* Montréal, Éditions Ici Radio-Canada et Leméac, 1971.

DUBUC, Robert et Jean-Claude BOULANGER. *Régionalismes québécois usuels,* Paris, Conseil international de la langue française, 1983.

DULONG, Gaston. *Dictionnaire des canadianismes,* Montréal, Larousse, 1989.

FOREST, Constance et Denise BOUDREAU. *Le Colpron : le dictionnaire des anglicismes,* 4e éd., Montréal, Éditions Beauchemin, 1998.

FURETIÈRE, Antoine. *Dictionnaire universel,* [1690]; cédérom « L'atelier historique de la langue française », Marsanne, Redon 1999.

FURETIÈRE, Antoine. *Le Dictionnaire universel,* [1690]; réimpression de l'édition originale précédée d'une biographie de son auteur et d'une analyse de l'ouvrage par Alain Rey, Paris, Le Robert, 3 vol., 1978.

GIRODET, Jean. *Pièges et difficultés de la langue française,* Paris, Bordas, 1988.

Grand Dictionnaire encyclopédique Larousse, Paris, Larousse, 15 vol., 1985.

Grand Larousse de la langue française, sous la direction de Louis Guilbert, René Lagane et Georges Niobey, Paris, Librairie Larousse, 7 vol. 1971-1978.

HANSE, Joseph. *Nouveau Dictionnaire des difficultés du français moderne,* 4e éd. établie d'après les notes de l'auteur avec la collaboration scientifique de Daniel Blampain, Louvain-la-Neuve, De Boeck – Duculot, 2000.

JOUETTE, André. *Dictionnaire d'orthographe et d'expression écrite,* Paris, Le Robert, 1993.

KŒSSLER, Maxime. *Les faux amis des vocabulaires anglais et américain,* Paris, Vuibert, 1975.

LENOBLE-PINSON, Michèle. *Anglicismes et substituts français,* Paris, Duculot, 1991.

Le Grand Robert de la langue française. Dictionnaire alphabétique et analogique de la langue française, 2e éd. augmentée par Alain Rey, Paris, Le Robert, 6 vol., 2001.

Le Larousse des noms communs, Paris, Larousse, 2008.

Le Nouveau Petit Robert. Dictionnaire alphabétique et analogique de la langue française, nouvelle édition millésime, Paris, Le Robert, 2009.

Le Petit Larousse illustré 2009, Paris, Larousse, 2009.

Le Robert & Collins super senior : Dictionnaire français-anglais/anglais-français, 3e éd., Paris, Dictionnaires Le Robert, 2 vol., 1995.

LITTRÉ, Émile. *Dictionnaire de la langue française,* Paris, Librairie de L. Hachette et Cie, 1863-1873; cédérom « L'atelier historique de la langue française », Marsanne, Redon 1999.

Longman Dictionary of Contemporary English, England, Longman Group Limited, 1992.

MASSIGNON, Geneviève. *Les Parlers français d'Acadie. Enquête linguistique*, Paris, Librairie C. Klincksieck, 2 vol., 1962.

MÉNARD, Louis et Fernand SYLVAIN. *Dictionnaire de la comptabilité et de la gestion financière*, 2e éd. Toronto, Institut canadien des comptables agréés, 2004.

MENEY, Lionel. *Dictionnaire québécois français*, Montréal, Guérin, 1999.

OFFICE DE LA LANGUE FRANÇAISE. *Canadianismes de bon aloi*, Cahiers de l'Office de la langue française n° 4, Québec, 1969.

OFFICE DE LA LANGUE FRANÇAISE. *Répertoire des avis linguistiques et terminologiques : mai 1979 – novembre 1996*, Québec, Les Publications du Québec, 1998.

OFFICE QUÉBÉCOIS DE LA LANGUE FRANÇAISE. *Le grand dictionnaire terminologique*, version Internet, 2009, [www.oqlf.gouv.qc.ca].

Oxford American Dictionary, New York/Oxford, Oxford University Press, 1980.

PÉCHOIN, Daniel et Bernard DAUPHIN. *Dictionnaire des difficultés du français d'aujourd'hui*, Paris, Larousse, 1998.

QUÉRIN, Serge. *Dictionnaire des difficultés du français médical*, nouvelle édition revue et augmentée, Saint-Hyacinthe et Paris, Edisem et Maloine, 2006.

REY, Alain. *Dictionnaire historique de la langue française*, Paris, le Robert, 2 vol., 1992.

SEUTIN, Émile et André CLAS. *Richesses et particularités de la langue écrite au Québec*, Montréal, Observatoire du français moderne et contemporain, Université de Montréal, 8 fascicules, 1979-1982.

SOCIÉTÉ DU PARLER FRANÇAIS AU CANADA. *Glossaire du parler français au Canada*, Québec, L'Action sociale, 1930.

THOMAS, Adolphe V. *Dictionnaire des difficultés de la langue française*, nouv. éd. rev. et corr., Paris, Larousse, 1981.

Trésor de la langue française. Dictionnaire de la langue du XIXe et du XXe siècle (1789-1960), Paul Imbs et Bernard Quemada (dir.), Paris, Éditions du Centre national de la recherche scientifique et Gallimard, 16 vol., 1971-1994.

Trésor de la langue française informatisé. Dictionnaire de la langue du XIXe et du XXe siècle (1789-1960), Paul Imbs et Bernard Quemada (dir.), Paris. 1971-1994, [http://atilf.atilf.fr/tlf.htm].

VILLERS, Marie-Éva. *Vocabulaire du micro-ordinateur*, Office de la langue française, Québec, Éditeur officiel du Québec, 1986.

VILLERS, Marie-Éva. *Vocabulaire des marchés publics*, Office de la langue française, Québec, Éditeur officiel du Québec, 1985.

VILLERS, Marie-Éva. *Vocabulaire de la gestion de la production*, Office de la langue française, Québec, Éditeur officiel du Québec, 1981.

VILLERS, Marie-Éva. *Vocabulaire des imprimés administratifs*, Office de la langue française, Québec, Éditeur officiel du Québec, 1979.

WEBSTER, Noah. *Webster's Third New International Dictionary of the English Language Unabridged*, version électronique [cédérom], éd. imprimée de 1993, Springfield (Massachusetts), G. & C. Merriam Company, 2003.

OUVRAGES SUR LA LANGUE FRANÇAISE

BERTRAND, Guy. *400 Capsules linguistiques*, Montréal, Lanctôt éditeur et Radio-Canada, 1999.

BERTRAND, Guy. *400 Capsules linguistiques*, tome 2, Montréal, Lanctôt éditeur et Radio-Canada, 2006.

BOUCHARD, Pierre, Noëlle GUILLOTON et Pierrette Vachon-L'Heureux. « La féminisation linguistique au Québec : vers l'âge mûr » dans *La féminisation des noms de métiers, fonctions, grades ou titres. Au Québec, en Suisse romande, en France et en Communauté française de Belgique*, Bruxelles, Éditions Duculot, 1999.

BUREAU DE LA TRADUCTION. *Le Guide du rédacteur*, 2e éd., Ottawa, Travaux publics et Services gouvernementaux Canada, 1996.

CAJOLET-LAGANIÈRE, Hélène, Pierre COLLINGE et Gérard LAGANIÈRE. *Rédaction technique, administrative et scientifique*, 3e édition revue et augmentée, Sherbrooke, Éditions Laganière, 1997.

CATACH, Nina. *La Ponctuation*, coll. « Que sais-je ? », Paris, Presses universitaires de France, 1996.

CHARTRAND, Suzanne-G., Denis AUBIN, Raymond BLAIN, Claude SIMARD. *Grammaire pédagogique du français d'aujourd'hui*, Boucherville, Graficor, 1999.

Code typographique : choix de règles à l'usage des auteurs et des professionnels du livre, 16e éd., Paris, Syndicat national des cadres et maîtrises du livre, de la presse et des industries graphiques, 1989.

COLIGNON, Jean-Pierre. *Un point, c'est tout ! La ponctuation efficace*. Montréal, Les Éditions du Boréal, 1993.

DOPPAGNE, Albert. *La bonne ponctuation : clarté, précision, efficacité de vos phrases*, 3e éd., Bruxelles, Duculot, 1998.

DOPPAGNE, Albert. *Majuscules, abréviations, symboles et signes : Pour une toilette parfaite du texte*, 3e éd., Bruxelles, Duculot, 1998.

DRILLON, Jacques. *Traité de la ponctuation française*, Paris, Gallimard, 1991.

DUBUC, Robert. *Au plaisir des mots*, Montréal, Linguatech, 2008.

GANDOUIN, Jacques. *Correspondance et rédaction administrative*, 7e éd., Paris, Armand Colin, 1998.

GENEVAY, Éric. *Ouvrir la grammaire*, Lausanne, éditions LEP, Loisirs et pédagogie, 1994.

GOURIOU, Ch. *Mémento typographique*, Paris, Édition du Cercle de la librairie, 1990, 1973.

GREVISSE, Maurice et André GOOSSE. *Le bon usage*, 14e édition, Bruxelles, Éditions De Boeck Université, 2007.

GRISELIN, Madeleine et collab. *Guide de la communication écrite*, 2e éd., Paris, Dunod, 1999.

GUILBERT, Louis. *La créativité lexicale*, coll. Langue et langage, Paris, Larousse, 1975.

GUILLOTON, Noëlle et Hélène CAJOLET-LAGANIÈRE. *Le français au bureau*, 6e édition, coll. « Guides de l'Office de la langue française », Québec, Les Publications du Québec, 2005.

LAURIN, Jacques. *Corrigeons nos anglicismes*, Montréal, Les Éditions de l'homme, 1975.

MALO, Marie. *Guide de la communication écrite au cégep, à l'université et en entreprise*, Montréal, Québec Amérique, 1996, réimpression, 2003.

« Les Rectifications de l'orthographe », *Journal officiel de la République française*, 6 décembre 1990, n° 100, Paris, Édition des documents administratifs, 1990.

RAMAT, Aurel. *Le Ramat de la typographie*, Saint-Lambert, Aurel Ramat éditeur, 2008.

RIEGEL, Martin, Jean-Christophe PELLAT, René RIOUL. *Grammaire méthodique du français*, Paris, PUF, 1994.

ROY, Gérard-Raymond et Mario DÉSILETS. *Grammaire pour comprendre la phrase et les accords*, Deauville, Didacticiels GRM, 2005.

SAUVAGE, Claude. *Le français au fil du temps et des mots*, Montréal, Éditions Études Vivantes, 1990.

SAUVÉ, Madeleine. *Observations grammaticales et terminologiques*, Montréal, Université de Montréal (fiches), 1972-1985.

SOCIÉTÉ RADIO-CANADA. *Fiches du Comité de linguistique*, Montréal, 1960-1993.

VAN COILLIE-TREMBLAY, Brigitte. *Correspondance d'affaires*, Montréal, Publications Transcontinental, 1991.

NORMES

ASSOCIATION FRANÇAISE DE NORMALISATION. ISO 690. *Normalisation française Z44-005. Documentation – Références bibliographiques : contenu, forme et structure.* Paris, AFNOR, 1987.

ASSOCIATION FRANÇAISE DE NORMALISATION. ISO 690-2 *Normalisation française Z44-005-2. Information et documentation – Références bibliographiques. Partie 2 : Documents électroniques, documents complets ou parties de documents.* Paris, AFNOR, 1998.

BUREAU DE NORMALISATION DU QUÉBEC. *Unité monétaire canadienne et autres : désignation et règles d'écriture*, 3e éd., Québec, BNQ, 1997(BNQ 9921-500).

BUREAU DE NORMALISATION DU QUÉBEC. *Dates et heures : représentation entièrement numérique*, 5e éd., Québec, BNQ, 1997, (BNQ 9990-951).

ŒUVRES CITÉES

ACADÉMIE FRANÇAISE. *Dictionnaire de l'Académie*, 4e éd., 1762, Atelier historique de la langue française, Redon [cédérom]; 5e éd., Éditions J.-J. Smits et Cie, 1798; 6e éd., Éditions Firmin Didot Frères, 1835.

APOLLINAIRE, Guillaume. *Alcools*, 1913, cité dans le *Trésor de la langue française informatisé, (1789-1960)*, Paris.

AUBERT DE GASPÉ, Philippe. *Les Anciens Canadiens*, [1863], édition critique par Aurélien Boivin, Montréal : Presses de l'Université de Montréal, Bibliothèque du nouveau monde, 2006.

AUBERT DE GASPÉ, Philippe. *Mémoires*, 1866, cité dans le fichier lexical du Trésor de la langue française au Québec.

BALZAC, Honoré de. *Le Lys dans la vallée*, 1836, cité dans le *Trésor de la langue française informatisé, (1789-1960)*, Paris.

BAUDELAIRE, Charles. *Les Fleurs du mal*, [1857], Paris, Gallimard, 2004.

BEAUCHEMIN, Yves. *Juliette Pomerleau*, Montréal, Québec Amérique, 1989.

BOILEAU, Nicolas. *L'Art poétique*, 1674, cité dans le *Trésor de la langue française informatisé, (1789-1960)*, Paris.

BOISSY, Jacques et John HUMBLEY. *Cahier de termes nouveaux*, Paris, Conseil international de la langue française, 1990.

BOUCHER, Pierre. *Histoire véritable et naturelle des mœurs & productions du pays de la Nouvelle France*, 1664, cité dans le fichier lexical du Trésor de la langue française au Québec.

BUIES, Arthur. *Québec en 1900*, cité dans le fichier lexical du Trésor de la langue française au Québec.

BUTEUX, Jacques. *Relations des jésuites, 1647-1655*, Montréal, Éditions du Jour, 1972.

CHAMPLAIN, Samuel de. *Voyages et descouvertures faites en la Nouvelle France, depuis l'année 1615 jusques à la fin de l'année 1618*, cité dans le fichier lexical du Trésor de la langue française au Québec.

CHAMPLAIN, Samuel de. *Les Voyages de la Nouvelle France occidentale, dicte Canada, faits par le Sr de Champlain*, 1632, cité dans le fichier lexical du Trésor de la langue française au Québec.

CHATEAUBRIAND, François René de. *Le Génie du christianisme*, 1802, cité dans Littré et *Le Grand Robert*.

CHOQUETTE, Robert. *À travers les vents*, Éditions Édouard Garand, 1925, dans *La poésie québécoise. Des origines à nos jours*, sous la direction de Laurent Mailhot et Pierre Nepveu, Montréal, Typo, 2007.

CHOQUETTE, Robert. *Suite marine*, 1953, dans *La poésie québécoise. Des origines à nos jours*, sous la direction de Laurent Mailhot et Pierre Nepveu, Montréal, Typo, 2007.

CORNEILLE, Pierre. *Le Menteur*, 1643, cité dans *Le Grand Robert*.

DELACROIX, Eugène. *Journal*, 1853, cité dans le *Trésor de la langue française informatisé, (1789-1960)*, Paris.

DELISLE, Jean. *La Terminologie au Canada. Histoire d'une profession*, Montréal, Linguatech, 2008.

DESCARTES, René. *Discours de la méthode*, 1637, cité dans le *Trésor de la langue française informatisé, (1789-1960)*, Paris.

DESROCHERS, Alfred. *À l'ombre de l'Orford*, [1948], dans *La poésie québécoise. Des origines à nos jours*, sous la direction de Laurent Mailhot et Pierre Nepveu, Montréal, Typo, 2007.

DESROCHERS, Alfred. *Élégies pour l'épouse en-allée*, 1967, cité dans le fichier lexical du Trésor de la langue française au Québec.

DESROSIERS, Léo-Paul. *Nord-Sud*, 1943, cité dans le fichier lexical du Trésor de la langue française au Québec.

Dictionnaire suisse romand, rédigé par André Thibault, Pierre Knecht (dir.), Genève, Éditions Zoé, 1997.

DORION, Hélène. *Passerelles et poussières*, 2000; *Les murs de la grotte*, 1998; *Pierres invisibles*, 1998; *Portraits de mer*, 1998 dans *D'argile et de souffle*, anthologie préparée par Pierre Nepveu, Montréal, L'Hexagone, 2002].

DORION, Hélène. *Sans bord, sans bout du monde – Poèmes*, Paris, Éditions de la différence, 1995.

DUCHARME, Réjean. *Dévadé*, Paris, Gallimard, 1990.

DUCHARME, Réjean. *L'Hiver de force*, Paris, Gallimard, 1973.

FERRON, Jacques. *Contes du pays incertain*, Montréal, Hurtubise, 1971.

FERRON, Jacques. *Les Grands Soleils*, cité dans *Richesses et particularités de la langue écrite au Québec, fasc. 3, Département de linguistique et philologie*, Montréal, Université de Montréal, 1981.

FRENETTE, Christiane. *La Nuit entière*, Montréal, Boréal, 2000.

FURETIÈRE, Antoine. *Le Dictionnaire universel* (réimpression de l'édition originale de 1690 précédée d'une biographie de son auteur et d'une analyse de l'ouvrage par Alain Rey), Paris, Le Robert, 3 vol., 1978.

GAGNIÈRE, Claude. *Au bonheur des mots*, Paris, Robert Laffont, 1989.

GARNEAU, Hector de Saint-Denys. *Lettres*, cité dans le fichier lexical du Trésor de la langue française au Québec.

GARNEAU, Hector de Saint-Denys. *Poésies complètes*, Montréal et Paris, Fides, 1949.

GARNEAU, Hector de Saint-Denys. *Œuvres*, édition critique par Jacques Brault et Benoît Lacroix, Montréal, PUM, 1971.

GÉLINAS, Gratien. *Les Fridolinades*, 1941-1942, cité dans le fichier lexical du Trésor de la langue française au Québec.

GIDE, André. *Journal*. 1939, cité dans le *Trésor de la langue française informatisé, (1789-1960)*, Paris.

GRANDBOIS, Alain. *Les Îles de la nuit*, Montréal, Fides, coll. « Bibliothèque canadienne-française », 1972.

GRIGNON, Claude-Henri. *Un homme et son péché*, [1933], Montréal, Stanké, 1977.

GUÈVREMONT, Germaine. *Le Survenant*, [1945], Bibliothèque canadienne-française, Montréal, Éditions Beauchemin 1971.

GUÈVREMONT, Germaine. *Marie-Didace*, [1947], 6ᵉ éd. Montréal, Fides, 1958.

GUYART, Marie, dite de l'Incarnation. *Correspondance*, [1626-1681], cité dans le fichier lexical du Trésor de la langue française au Québec.

HÉBERT, Anne. *Kamouraska*, Paris, Éditions du Seuil, 1970.

HÉBERT, Anne. *Le Torrent*, Montréal, Éditions Beauchemin 1950.

HUARD, Victor-Alphonse. *Labrador et Anticosti*, 1897, cité dans le fichier lexical du Trésor de la langue française au Québec.

HUGO, Victor. *Les Misérables*, 1862, cité dans le *Trésor de la langue française informatisé, (1789-1960)*, Paris.

HUGO, Victor. *Notre-Dame de Paris*, 1831, cité dans le *Trésor de la langue française informatisé, (1789-1960)*, Paris.

IONESCO, Eugène. *Théâtre*, Paris, Gallimard, 1954.

LABERGE, Alain et coll. *Histoire de la Côte-du-Sud*, 1993, cité dans le fichier lexical du Trésor de la langue française au Québec.

LABERGE, Marie. *La Cérémonie des anges*, Montréal, Boréal, 1998.

LABERGE, Marie. *Quelques adieux*, Montréal, Boréal, 1997.

LA FONTAINE, Jean de. *Fables*, [1668-1694], Paris, Flammarion, 1996.

LALONDE, Robert. *Où vont les sizerins flammés en été ? Histoires*, Montréal, Boréal, 1996.

LAMARTINE, Alphonse de. « Le lac », *Méditations poétiques*, [1820], Gallimard, 1981.

LASNIER, Rina, *L'ombre jetée*, Trois-Rivières, Les Écrits des Forges, 1987.

LASNIER, Rina. *Présence de l'absence*, [1956], dans *La poésie québécoise. Des origines à nos jours*, sous la direction de Laurent Mailhot et Pierre Nepveu, Montréal, Typo, 2007.

LECLERC, Félix. *Le Petit Livre bleu de Félix. Nouveau Calepin du même flâneur*, 1978, cité dans le fichier lexical du Trésor de la langue française au Québec.

LECLERC, Félix. *Pieds nus dans l'aube*, Montréal et Paris, Fides, 1958.

Le Grand Robert de la langue française. Dictionnaire alphabétique et analogique de la langue française, 2ᵉ éd. augmentée par Alain Rey, Paris, Le Robert, 6 vol., 2001.

LE JEUNE, Paul. *Relations des jésuites*, [1637-1641], Montréal, Éditions du Jour, 1972.

LITTRÉ, Émile. *Dictionnaire de la langue française*, [1863-1873], Paris, Librairie de L. Hachette et Cie. [Cédérom, L'atelier historique de la langue française, Marsanne, Redon, 1999.]

LOTI, Pierre. *Aziyadé*, [1879], Paris, Flammarion, 1989.

MAILHOT, Laurent et Pierre NEPVEU. *La Poésie québécoise. Des origines à nos jours*, Montréal, Typo, 2007.

MAILLET, Andrée. *Nouvelles montréalaises*, 1966, cité dans le fichier lexical du Trésor de la langue française au Québec.

MAILLET, Antonine. *Le Chemin Saint-Jacques*, [1996], cité dans le fichier lexical du Trésor de la langue française au Québec.

MALHERBE, François de. *Consolation à M. Du Périer*, 1598,

MARIVAUX. *Les Fausses Confidences*, [1737], Paris, Larousse, 1992.

MAUPASSANT, Guy de. *Contes et nouvelles*, 1887, cité dans le *Trésor de la langue française informatisé, (1789-1960)*, Paris.

MIRON, Gaston. *L'Homme rapaillé*, [1962] Montréal, L'Hexagone, 1994.

MOLIÈRE. *Le Malade imaginaire*, [1673], Paris, Larousse, 1990.

MONTESQUIEU. *De l'esprit des lois*, 1748, cité dans le *Trésor de la langue française informatisé, (1789-1960)*, Paris.

MORENCY, Pierre. *Le temps des oiseaux*, Québec, André Dupuis, 1975.

MORENCY, Pierre. *Lumière des oiseaux : histoires naturelles du Nouveau Monde*, Montréal, Boréal, 1992.

NELLIGAN, Émile. *Poésies complètes*, [1896-1899], Montréal, Fides, 1952.

NEPVEU, Pierre. *Lignes aériennes*, Montréal, Éditions du Noroît, 2002.

NOËL, Francine, *Myriam première*, Montréal, VLB Éditeur, 1987.

PERRAULT, Charles. *Contes*, [1781], Paris, Gallimard, 1999.

PILON, Jean-Guy. *Comme eau retenue – Poèmes 1954-1977*, Montréal, L'Hexagone, 1985.

RABELAIS, François. *Pantagruel, Gargantua*, [1534], Paris, Éditions Magnard, 1965.

RACINE, Jean. *Athalie*, 1691, cité dans le *Trésor de la langue française informatisé, (1789-1960)*, Paris.

RINGUET. *Trente arpents*, [1938], édition critique par Jean Panneton, Roméo Arbour et Jean-Louis Major, collection « Bibliothèque du Nouveau Monde », Montréal, PUM, 1991.

RIVARD, Adjutor. *Chez nous*, 1914, cité dans le fichier lexical du Trésor de la langue française au Québec.

RONSARD, Pierre de. *Amours de Marie*, 1574, cité dans le *Trésor de la langue française informatisé, (1789-1960)*, Paris.

ROY, Gabrielle. *Bonheur d'occasion*, [1945], Montréal, Beauchemin, 1966.

ROY, Gabrielle. « De quoi t'ennuies-tu, Éveline ? », dans *De quoi t'ennuies-tu, Éveline ?* suivi de *Ély ! Ély ! Ely !*, Montréal, Boréal Express, 1984.

ROY, Gabrielle. *La Détresse et l'Enchantement*, Paris, Arléa, 1984.

ROY, Pierre-Georges, *Les mots qui restent*, 1940, cité dans le fichier lexical du Trésor de la langue française au Québec.

SAINTE-BEUVE, Charles-Augustin. *Volupté*, 1834, cité dans le *Trésor de la langue française informatisé, (1789-1960)*, Paris.

SAND, George. *Maîtres sonneurs*, 1853, cité dans le *Trésor de la langue française informatisé, (1789-1960)*, Paris.

SAVARD, Félix-Antoine. *Menaud, maître-draveur*, [1937] Bibliothèque canadienne-française, Montréal, Fides, 1970.

SOCIÉTÉ DU PARLER FRANÇAIS AU CANADA. *Glossaire du parler français au Canada*, Québec, L'Action sociale, 1930.

STENDHAL. *Correspondance*, 1800-1842, cité dans le *Trésor de la langue française informatisé, (1789-1960)*, Paris.

THÉRIAULT, Yves. *Agaguk*, Montréal, Typo, 1993.

VALÉRY, Paul. *Correspondance*, 1918, cité dans le *Trésor de la langue française informatisé. (1789-1960)*, Paris.

VERLAINE, Paul. *Poèmes saturniens, Confessions*, [1866], Paris, Garnier-Flammarion, 1977.

VERLAINE, Paul. *Romances sans paroles*, [1875], cité dans *Le Grand Robert de la langue française*, Paris, Le Robert, 2001.

VILLON, François. *Œuvres complètes*, mis en français moderne par Claude Pinganaud, Paris, Arléa, 2005.

WEINSTOCK, Daniel. *Profession éthicien*, Benoît Melançon (dir.), Montréal, Presses de l'Université de Montréal, 2006.

BANQUE DE DONNÉES ET SITES INTERNET

BANQUE DE DÉPANNAGE LINGUISTIQUE, Office québécois de la langue française, [http://www.oqlf.gouv.qc.ca/ressources/bdl.html]

GRAND DICTIONNAIRE TERMINOLOGIQUE, Office québécois de la langue française, [http://www.oqlf.gouv.qc.ca/ressources/gdt.html]

FICHIER LEXICAL DU TRÉSOR DE LA LANGUE FRANÇAISE AU QUÉBEC, Université Laval, Québec, [www.spl.gouv.qc.ca]

TERMIUM, La banque de données terminologiques et linguistiques du gouvernement du Canada, Bureau de la traduction, Ottawa. [www.btb.termiumplus.gc.ca]

COMMISSION DE TOPONYMIE DU QUÉBEC, [http://www.toponymie.gouv.qc.ca/]

ABRÉVIATIONS DES OUVRAGES CITÉS

BDL	*Banque de dépannage linguistique* de l'Office québécois de la langue française
DDFM	*Dictionnaire des difficultés du français médical*
DHFQ	*Dictionnaire historique du français québécois*
GDT	*Grand Dictionnaire terminologique*
GLLF	*Grand Larousse de la langue française*
GPFC	*Glossaire du parler français au Canada*
TLF	*Trésor de la langue française. Dictionnaire de la langue du* XIXe *et du* XXe *siècle*
TLFQ	*Trésor de la langue française au Québec*

JOURNAUX ET PÉRIODIQUES

Courrier international

La Croix

L'actualité

La Presse

Le Devoir

Le Figaro

Le Monde

Le Nouvel Observateur

Les Affaires

Les Échos

L'Express

L'Humanité

Libération

Voir

CHANSONS

Au clair de la lune, chanson enfantine du XVIIe s.

Auprès de ma blonde, chanson de marche du XVIIe s.

C'est l'aviron, chanson paillarde du XVe s.

J'ai du bon tabac, abbé Gabriel Charles de l'Atteignant.

La Licorne, comptine.

Le bon roi Dagobert, chanson burlesque, 1750.

Meunier, tu dors, berceuse.

Mouille, mouille Paradis !, chanson du Poitou, 1871-1892, cité par Pierre-Georges Roy dans *Les Mots qui restent*.

Trois jeunes tambours, chanson de soldat du XVIIIe s.

Un, deux, trois, quatre, ma petite vache a mal aux pattes, comptine.

Une poule sur un mur qui picote du pain dur, comptine.

PAROLIERS DES CHANSONS CITÉES

ANDRÉA, Camille, *Sur l'perron*.

CLAY, Philippe, *La Quarantaine*.

DOR, Georges, *La Manic*.

DUTRONC, Jacques, *Les Cactus*.

FERLAND, Jean-Pierre, *Je reviens chez nous*.

FERLAND, Jean-Pierre, *Les Fleurs de macadam*.

FERLAND, Jean-Pierre, *Ton visage*.

LECLERC, Félix, *Le Petit Bonheur*.

LECLERC, Félix, *Moi, mes souliers*.

MOUFFE et Robert CHARLEBOIS, *Miss Pepsi*.

PLAMONDON, Luc et Michel BERGER, *Le Blues du business man*.

PRÉVERT, Jacques, *Les Feuilles mortes*.

VIDALIN, Maurice, *Vive les vacances !*

VIGNEAULT, Gilles, *Gens du pays*.

VIGNEAULT, Gilles, *Mon pays*.